Gräber
Finanzgerichtsordnung

Finanzgerichts-ordnung
mit Nebengesetzen

Kommentar

Begründet von

Dr. Fritz Gräber †
Vorsitzender Richter am Bundesfinanzhof a. D.

Bearbeitet von

Dr. Ulrich Herbert
Vorsitzender Richter am Finanzgericht Berlin-Brandenburg in Cottbus

Dr. Christian Levedag, LL.M. Tax (London)
Richter am Bundesfinanzhof in München

Dr. Eckart Ratschow
Richter am Bundesfinanzhof in München

Prof. Dr. Thomas Stapperfend
Präsident des Finanzgerichts Berlin-Brandenburg in Cottbus

Michaela Teller
Richterin am Bundesfinanzhof in München

10., neu bearbeitete Auflage 2025

C.H.BECK

Zitierweise:
Gräber/Herbert FGO § 33 Rn. 1
Gräber/Levedag FGO § 60 Rn. 1
Gräber/Ratschow FGO § 115 Rn. 1
Gräber/Stapperfend FGO § 69 Rn. 1
Gräber/Teller FGO § 40 Rn. 1

beck.de

ISBN 978 3 406 80277 5

Wilhelmstraße 9, 80801 München
info@beck.de
Druck und Bindung: Druckerei C.H.Beck
(Adresse wie Verlag)

Satz: Meta Systems Publishing & Printservices GmbH, Wustermark
Umschlag: Druckerei C.H.Beck Nördlingen

myclimate
shape our future

chbeck.de/nachhaltig
produktsicherheit.beck.de

Gedruckt auf säurefreiem, alterungsbeständigem Papier
(hergestellt aus chlorfrei gebleichtem Zellstoff)

Vorwort zur 10. Auflage

Manchmal kommt es anders, als man denkt. Als die Manuskripte für die 10. Auflage so gut wie fertig waren, kündigte das Bundesministerium der Justiz und für Verbraucherschutz (BMJV) nicht weniger als eine „Revolution“ an: Videoverhandlungen sollten im Gerichtsalltag „selbstverständlich“ werden. Das Gericht sollte eine Videoverhandlung anordnen können; auch eine vollvirtuelle Videoverhandlung, bei der sich sogar das Gericht nicht mehr im Gerichtssaal aufhält und die Richter nicht im selben Raum sein müssen, sollte ermöglicht werden (vgl. Pressemitteilung des BMJV Nr. 61/22 vom 23.11.2022, www.bmjv.de). Diese Änderungen sollten auch für die Fachgerichtsbarkeiten, insbesondere auch für die Finanzgerichtsbarkeit gelten. Verlag und Autoren waren sich sofort einig, dass eine Neuauflage kurz vor dieser weitreichenden Änderung der Gerichtspraxis nicht veröffentlicht werden könnte. Also blieben die Manuskripte zunächst in der Schublade. Bekanntlich ist die „Revolution“ in Form des Gesetzes zur Förderung des Einsatzes von Videokonferenztechnik in der Zivilgerichtsbarkeit und den Fachgerichtsbarkeiten (BGBl. 2024 I Nr. 237) dann etwas kleiner ausgefallen als angekündigt. Aber auch unabhängig von den gesetzlichen Vorgaben hat sich die Verhandlungspraxis in den Finanzgerichten schon grundlegend geändert. Und dieser Prozess schreitet voran: Die elektronische Akte ist seit einiger Zeit bei allen Finanzgerichten flächendeckend eingeführt. Posteingänge kommen (verpflichtend) fast ausschließlich nur noch über den elektronischen Rechtsverkehr. Der Anteil der mündlichen Verhandlungen, die als Videoverhandlungen durchgeführt werden, ist erheblich gestiegen. Höchstrichterliche Rechtsprechung existiert sowohl für die mit der Einführung von § 52d FGO verbundenen Fragen wie auch für die Anforderungen, die an eine rechtlich und technisch einwandfreie Videoverhandlung zu stellen sind. Die Neuauflage geht darauf selbstverständlich ausführlich ein. Da § 91a FGO entfallen ist, finden Sie die Erläuterungen zur Videoverhandlung (§ 128a ZPO) jetzt in der Kommentierung zu § 90 FGO.

Mit dem Kreditzweitmarktförderungsgesetz (BGBl. 2023 I Nr. 411) hat der Gesetzgeber das Steuerverfahrensrecht an das geänderte Personengesellschaftsrecht angepasst und neben der Einführung der §§ 14a, 183a AO auch § 48 FGO neu gefasst. In der Neuauflage steht nun eine Kommentierung der Neufassung (§ 48 nF FGO) neben der Kommentierung der Altfassung (§ 48 aF FGO), die für bestimmte Altverfahren noch von Bedeutung ist.

Eine „Wissenschaft für sich“ ist das Revisionsrecht. Im Mittelpunkt steht die mitunter mühsame Abgrenzung von Tat- und Rechtsfrage, denn nur Rechtsfragen sind revisibel. Die Neuauflage widmet sich diesem Thema mit einer Neukommentierung des § 118 FGO, der Vorschrift, in der das Spannungsverhältnis zwischen Tat- und Rechtsfrage im Kern geregelt ist. Während es sich dabei eher um Altbekanntes handelt, rumort es schon wieder an anderer Stelle. Das Ministerium der Justiz des Landes Nordrhein-Westfalen unternimmt derzeit einen Vorstoß mit dem Ziel, das Revisionszulassungsrecht der FGO zu öffnen. Dort ist man der Ansicht, die Fallzahlen beim BFH seien mittlerweile viel zu gering. Es bestehe die akute Gefahr, dass der BFH seiner Aufgabe der Rechtsvereinheitlichung und Rechtsfortbildung in der Breite nicht mehr gerecht werden könne. Dem soll durch die Einführung eines weiteren Revisionszulassungsgrunds und möglicherweise der

Streichung des Darlegungserfordernisses in § 116 III 3 FGO begegnet werden (vgl. Daniels DStR 2025, 1121). Das BMJV hat sich der Sache angenommen und hört derzeit unter anderem den BFH dazu an. Diese Planungen sind aber noch so wenig greifbar, dass sich der Verlag und die Autoren dazu entschieden haben, die Neuauflage nun trotzdem herauszubringen. Gegebenenfalls muss dann eine weitere Neuauflage in kürzerer Zeit nachfolgen.

Wie immer danken wir dem Verlag und speziell unserem Lektor, Herrn Andreas Goerdeler, sowie seiner Assistentin, Frau Dr. Lisa Siewert, für die engagierte Betreuung der Neuauflage und die gründliche Durchsicht der Manuskripte. Bei Fragen und Anregungen zu unserem Werk zögern Sie bitte nicht: Kommen Sie auf den Verlag (unter der E-Mail-Adresse Steuerrecht@beck.de) oder direkt auf uns zu. Wir haben immer ein offenes Ohr, denn wir schreiben den Gräber nicht für uns, sondern für Sie!

München, Cottbus im Juli 2025 *Die Verfasser*

Inhaltsverzeichnis

Abkürzungs- und Literaturverzeichnis XIII

Finanzgerichtsordnung (FGO)

Erster Teil. Gerichtsverfassung

Abschnitt I. Gerichte

Zum Rechtsschutz nach der FGO 3
§ 1 Unabhängigkeit der Finanzgerichte 14
§ 2 Gerichte und Instanzen in der Finanzgerichtsbarkeit 21
§ 3 Errichtung und Aufhebung von Finanzgerichten 24
§ 4 Anwendung des Gerichtsverfassungsgesetzes 25
§ 5 Besetzung der Finanzgerichte 42
§ 6 Übertragung des Rechtsstreits auf Einzelrichter 43
§§ 7–9 (weggefallen) 54
§ 10 Verfassung des Bundesfinanzhofs 54
§ 11 Zuständigkeit des Großen Senats 57
§ 12 Geschäftsstelle 70
§ 13 Rechts- und Amtshilfe 72

Abschnitt II. Richter

§ 14 Richter auf Lebenszeit 73
§ 15 Richter auf Probe 75

Abschnitt III. Ehrenamtliche Richter

§ 16 Stellung 76
§ 17 Voraussetzungen für die Berufung 77
§ 18 Ausschlussgründe 78
§ 19 Unvereinbarkeit 80
§ 20 Recht zur Ablehnung der Berufung 82
§ 21 Gründe für Amtsentbindung 83
§ 22 Wahl 87
§ 23 Wahlausschuss 88
§ 24 Bestimmung der Anzahl 89
§ 25 Vorschlagsliste 90
§ 26 Wahlverfahren 91
§ 27 Liste und Hilfsliste 92
§ 28 (weggefallen) 97
§ 29 Entschädigung 99
§ 30 Ordnungsstrafen 100

Abschnitt IV. Gerichtsverwaltung

§ 31 Dienstaufsicht 100
§ 32 Verbot der Übertragung von Verwaltungsgeschäften 103

Abschnitt V. Finanzrechtsweg und Zuständigkeit

Unterabschnitt 1. Finanzrechtsweg

Vor § 33: Sachentscheidungsvoraussetzungen (Sachurteilsvoraussetzungen, Prozessvoraussetzungen) – Prozesshandlungen ... 103
§ 33 Zulässigkeit des Finanzrechtswegs ... 118
Anhang zu § 33: Zulässigkeit des Rechtswegs, Entscheidung über den Rechtsweg, Wirkungen und Folgen der Verweisung ... 147
§ 34 (weggefallen) ... 161

Unterabschnitt 2. Sachliche Zuständigkeit

Vor §§ 35–39: Der Zuständigkeitsbegriff ... 161
§ 35 Zuständigkeit der Finanzgerichte ... 162
§ 36 Zuständigkeit des Bundesfinanzhofs ... 162
§ 37 (weggefallen) ... 163

Unterabschnitt 3. Örtliche Zuständigkeit

§ 38 Örtliche Zuständigkeit des Finanzgerichts ... 163
§ 39 Bestimmung des Gerichts durch den Bundesfinanzhof ... 167

Zweiter Teil. Verfahren

Abschnitt I. Klagearten, Klagebefugnis, Klagevoraussetzungen, Klageverzicht

Vor § 40: Typologie steuerlicher Verwaltungsakte ... 172
§ 40 Anfechtungs-, Leistungs- und Verpflichtungsklage ... 186
§ 41 Feststellungsklage ... 212
§ 42 Sachliche Grenzen der Klagebefugnis ... 226
§ 43 Verbindung von Klagen ... 237
§ 44 Außergerichtlicher Rechtsbehelf ... 242
§ 45 Sprungklage ... 260
§ 46 Untätigkeitsklage ... 270
§ 47 Klagefrist ... 279
§ 48 aF Klagebefugnis bei Feststellungsbescheiden ... 288
§ 48 nF Klagebefugnis bei Feststellungsbescheiden ... 340
§ 49 (weggefallen) ... 366
§ 50 Klageverzicht ... 366

Abschnitt II. Allgemeine Verfahrensvorschriften

§ 51 Ausschließung und Ablehnung von Gerichtspersonen ... 374
§ 52 Sitzungspolizei usw ... 402
§ 52a Übermittlung elektronischer Dokumente ... 418
§ 52b Elektronische Prozessakten ... 437
§ 52c Formulare; Verordnungsermächtigung ... 443
§ 52d Nutzungspflicht für Rechtsanwälte, Behörden und vertretungsberechtigte *Personen* [*ab 1.1.2026:* Bevollmächtigte] ... 444
§ 53 Zustellung ... 452
§ 54 Beginn des Laufs von Fristen ... 490
§ 55 Belehrung über Frist ... 495
§ 56 Wiedereinsetzung in den vorigen Stand ... 503

§ 57 Am Verfahren Beteiligte 547
§ 58 Prozessfähigkeit 564
§ 59 Streitgenossenschaft 591
§ 60 Beiladungen 599
§ 60a Begrenzung der Beiladung 676
§ 61 (weggefallen) 684
§ 62 Bevollmächtigte und Beistände 684
§ 62a (aufgehoben) 723

Abschnitt III. Verfahren im ersten Rechtszug

§ 63 Passivlegitimation 724
§ 64 Form der Klageerhebung 730
§ 65 Notwendiger Inhalt der Klage 738
§ 66 Rechtshängigkeit 757
§ 67 Klageänderung 760
§ 68 Änderung des angefochtenen Verwaltungsakts 767
§ 69 Aussetzung der Vollziehung 782
§ 70 Wirkungen der Rechtshängigkeit; Entscheidung über die Zulässigkeit des Rechtsweges 845
§ 71 Zustellung der Klageschrift 849
§ 72 Zurücknahme der Klage 853
§ 73 Verbindung mehrerer Verfahren 866
Vor § 74: Stillstand und Aussetzung des Verfahrens 874
§ 74 Aussetzung der Verhandlung 878
§ 75 Mitteilungen der Besteuerungsgrundlagen 905
Vor § 76: Verfahrensgrundsätze 906
§ 76 Erforschung des Sachverhalts durch das Gericht 914
§ 77 Schriftsätze 951
§ 77a (aufgehoben) 952
§ 78 Akteneinsicht 952
§ 79 Vorbereitung der mündlichen Verhandlung 966
§ 79a Entscheidung durch den Vorsitzenden oder den Berichterstatter ... 970
§ 79b Fristsetzung zur Angabe der Tatsachen 979
§ 80 Anordnung des persönlichen Erscheinens 990
§ 81 Unmittelbarkeit der Beweisaufnahme 994
§ 82 Verfahren bei der Beweisaufnahme 1003
§ 83 Beteiligtenöffentlichkeit der Beweisaufnahme 1039
§ 84 Zeugnisverweigerungsrecht 1041
§ 85 Pflichten der Zeugen 1046
§ 86 Aktenvorlage und Auskunftserteilung 1048
§ 87 Zeugnis von Behörden 1055
§ 88 Weiterer Grund für Ablehnung von Sachverständigen 1055
§ 89 Erzwingung der Vorlage von Urkunden 1056
§ 90 Entscheidung grundsätzlich auf Grund mündlicher Verhandlung ... 1056
§ 90a Entscheidung durch Gerichtsbescheid 1080
§ 91 Ladung der Beteiligten 1088
§ 91a (aufgehoben) 1104
§ 92 Gang der Verhandlung 1105
§ 93 Erörterung der Streitsache 1109
§ 93a (aufgehoben) 1117

§ 94 Protokoll 1117
§ 94a Verfahren nach billigem Ermessen 1129

Abschnitt IV. Urteile und andere Entscheidungen

§ 95 Urteil 1133
§ 96 Freie Beweiswürdigung, notwendiger Inhalt des Urteils 1135
§ 97 Zwischenurteil über Zulässigkeit der Klage 1177
§ 98 Teilurteil 1180
§ 99 Vorabentscheidung über den Grund 1182
§ 100 Aufhebung angefochtener Verwaltungsakte durch Urteil 1188
§ 101 Urteil auf Erlass eines Verwaltungsakts 1218
§ 102 Nachprüfung des Ermessensgebrauchs 1223
§ 103 Am Urteil beteiligte Richter 1235
§ 104 Verkündung und Zustellung des Urteils 1238
§ 105 Urteilsform 1245
§ 106 Gerichtsbescheide 1260
§ 107 Berichtigung des Urteils 1261
§ 108 Antrag auf Berichtigung des Tatbestandes 1265
§ 109 Nachträgliche Ergänzung eines Urteils 1271
§ 110 Rechtskraftwirkung der Urteile 1274
§§ 111, 112 (weggefallen) 1286
§ 113 Beschlüsse 1286
§ 114 Einstweilige Anordnungen 1288

Abschnitt V. Rechtsmittel und Wiederaufnahme des Verfahrens

Vor § 115: Rechtsschutz gegen Gerichtsentscheidungen 1312

Unterabschnitt 1. Revision

§ 115 Zulassung der Revision 1333
§ 116 Nichtzulassungsbeschwerde 1403
§ 117 (weggefallen) 1430
§ 118 Revisionsgründe 1430
§ 119 Fälle der Verletzung von Bundesrecht 1466
§ 120 Einlegung der Revision 1501
§ 121 Verfahrensvorschriften 1531
§ 122 Beteiligte am Revisionsverfahren 1534
§ 123 Unzulässigkeit der Klageänderung 1538
§ 124 Prüfung der Zulässigkeit der Revision 1542
§ 125 Rücknahme der Revision 1545
§ 126 Entscheidung über die Revision 1550
§ 126a Unbegründete Revision 1564
§ 127 Zurückverweisung 1567

Unterabschnitt 2. Beschwerde, Erinnerung, Anhörungsrüge

§ 128 Fälle der Zulässigkeit der Beschwerde 1571
§ 129 Einlegung der Beschwerde 1585
§ 130 Abhilfe oder Vorlage beim BFH 1588
§ 131 Aufschiebende Wirkung der Beschwerde 1592
§ 132 Entscheidung über die Beschwerde 1594

§ 133 Antrag auf Entscheidung des Gerichts ... 1599
§ 133a Anhörungsrüge ... 1600

Unterabschnitt 3. Wiederaufnahme des Verfahrens

§ 134 Wiederaufnahme des Verfahrens ... 1612

Dritter Teil. Kosten und Vollstreckung

Abschnitt I. Kosten

Vor § 135: Kostenbegriff, Gerichtskosten, Streitwert ... 1620
§ 135 Kostenpflichtige ... 1711
§ 136 Kompensation der Kosten ... 1718
§ 137 Anderweitige Auferlegung der Kosten ... 1724
§ 138 Kostenentscheidung durch Beschluss ... 1728
§ 139 Erstattungsfähige Kosten ... 1753
§§ 140, 141 (weggefallen) ... 1792
§ 142 Prozesskostenhilfe ... 1792
§ 143 Kostenentscheidung ... 1845
§ 144 Kostenentscheidung bei Rücknahme eines Rechtsbehelfs ... 1852
§ 145 Anfechtung der Kostenentscheidung; Beschwerde ... 1853
§§ 146 bis 148 (weggefallen) ... 1855
§ 149 Festsetzung der zu erstattenden Aufwendungen ... 1855

Abschnitt II. Vollstreckung

§ 150 Anwendung der Bestimmungen der AO ... 1861
§ 151 Anwendung der Bestimmungen der ZPO ... 1863
§ 152 Vollstreckung wegen Geldforderungen ... 1867
§ 153 Vollstreckung ohne Vollstreckungsklausel ... 1869
§ 154 Androhung eines Zwangsgeldes ... 1869

Vierter Teil. Übergangs- und Schlussbestimmungen

§ 155 Anwendung von GVG und ZPO ... 1871
§ 156 § 6 EGGVG ... 1897
§ 157 Folgen der Nichtigkeitserklärung von landesrechtlichen Vorschriften ... 1898
§ 158 Entsprechende Anwendung der §§ 94, 96 AO ... 1898
§ 159 § 43 EGGVG ... 1898
§ 160 Beteiligung und Beiladung ... 1899
§ 161 (Aufhebung von Vorschriften) ... 1899
§ 162 Verschlusssachen und Verordnungsermächtigung für Ausnahmen von § 52b ... 1899
§§ 163 bis 183 (weggefallen) ... 1902
§ 184 ... 1902

Sachverzeichnis ... 1903

Abkürzungs- und Literaturverzeichnis

AA	Auswärtiges Amt
aA	anderer Ansicht; am Anfang
AbgG	Abgeordnetengesetz
ABl.	Amtsblatt
abl.	ablehnend
ABlEG	Amtsblatt der Europäischen Gemeinschaften
Abs.	Absatz
Abschn.	Abschnitt
abw.	abweichend
AcP	Archiv für die civilistische Praxis
AdV	Aussetzung der Vollziehung
aE	am Ende
AEAO	Anwendungserlass zur Abgabenordnung
AEUV	Vertrag über die Arbeitsweise der Europäischen Union
aF	alte Fassung
AfA	Absetzung(en) für Abnutzung
AG	Amtsgericht; Die Aktiengesellschaft (Zeitschrift)
AGFGO	Gesetz zur Ausführung der FGO (Landesgesetze)
AGS	Anwaltsgebühren Spezial (Zeitschrift)
allg.	allgemein(e, en)
allgA	allgemeine Ansicht
Alt.	Alternative
aM	anderer Meinung
AMG	Arzneimittelgesetz
amtl.	amtlich
Amtl. Begr.	Amtliche Begründung
AmtshilfeRL-UmsG	Amtshilferichtlinie-Umsetzungsgesetz
Anders/Gehle	Anders/Gehle, Zivilprozessordnung mit Gerichtsverfassungsgesetz und anderen Nebengesetzen, 82. Auflage, München 2024
AnfG	Anfechtungsgesetz
Anh.	Anhang
AnhRügG	Anhörungsrügengesetz
Anl.	Anlage
Anm.	Anmerkung
AnwBl	Anwaltsblatt
AO	Abgabenordnung
AOÄndG	Entwurf eines Gesetzes zur Änderung der AO (Referentenentwurf v. 11.8.1992)
AO-Bericht	Bericht der Arbeitsgruppe „Außergerichtliches Rechtsbehelfsverfahren nach der AO“, BdF (Hrsg.), 1989
AOE	Entwurf einer Abgabenordnung (EAO 1974), BT-Drs. 7/79 und VI/1982
AöR	Archiv des öffentlichen Rechts
AO-StB	AO-Steuerberater (Zeitschrift)
AP	Arbeitsrechtliche Praxis, Nachschlagewerk des Bundesarbeitsgerichts, hrsg. von Hueck-Nipperdey-Dietz
Ap	Außenprüfung

Abkürzungs- und Literaturverzeichnis

ArbG	Arbeitsgericht(e)
ArbGG	Arbeitsgerichtsgesetz
arg.	argumentum
Art.	Artikel
AStG	Außensteuergesetz
AsylVfG	Asylverfahrensgesetz
Aufl.	Auflage
ausf.	ausführlich
AuslG	Ausländergesetz
AWV	Außenwirtschaftsverordnung
Az.	Aktenzeichen
BAföG	Bundesausbildungsförderungsgesetz
BAG	Bundesarbeitsgericht
BAGE	Sammlung der Entscheidungen des Bundesarbeitsgerichts
BAnz.	Bundesanzeiger
BauGB	Baugesetzbuch
BauNVO	Baunutzungsverordnung
Bay.	Bayern; bayerisch
BayGVBl.	Bayerisches Gesetz- und Verordnungsblatt
BayObLG	Bayerisches Oberstes Landesgericht
BayVBl.	Bayerische Verwaltungsblätter
BayVerfGH	Bayerischer Verfassungsgerichtshof
BayVGH	Bayerischer Verwaltungsgerichtshof
BayVGHE	Amtliche Sammlung von Entscheidungen des Bayerischen Verwaltungsgerichtshofs
BB	Betriebs-Berater (Zeitschrift)
BBesG	Bundesbesoldungsgesetz
BBG	Bundesbeamtengesetz
Bbg.	Brandenburg
Bd.	Band
BdF/BMF	Bundesminister(ium) der Finanzen
BdI/BMI	Bundesminister(ium) des Innern
BdJ/BMJ	Bundesminister(ium) der Justiz
BDSG	Bundesdatenschutzgesetz
beA	besonderes elektronisches Anwaltspostfach
BeamtStG	Beamtenstatusgesetz
BeckOK EStG	Kirchhof/Ratschow/Kulosa, Beck'scher Online-Kommentar zum EStG, 20. Auflage, München 2024
BeckOK KostR	Dörndorfer/Wendtland/Gerlach/Diehn, Beck'scher Online-Kommentar zum Kostenrecht, 47. Auflage, München 2024
BeckOK ZPO	Vorwerk/Wolf, Beck'scher Online-Kommentar zur ZPO, 55. Auflage, München 2024
BEG	Bundesentschädigungsgesetz
Beih.	Beihefter
Beil.	Beilage
bej.	bejahend
Bekl.	Beklagter
Bericht	Bericht der Bund-/Länder-Arbeitsgruppe Finanzgerichtsbarkeit, Bonn 1987
beSt	besonderes elektronisches Steuerberaterpostfach
betr.	betreffs; betreffend

BewG	Bewertungsgesetz
BFH	Bundesfinanzhof
BFHE	Sammlung der Entscheidungen des Bundesfinanzhofs
BFHEntlG	Gesetz zur Entlastung des Bundesfinanzhofs
BFH/NV	Sammlung amtlich nicht veröffentlichter Entscheidungen des Bundesfinanzhofs (Zeitschrift)
BFH-PR	Entscheidungen des BFH für die Praxis der Steuerberatung (Zeitschrift)
BFH/R	Sammlung amtlich veröffentlichter Entscheidungen des Bundesfinanzhofs in der Zeitschrift
BfJ	Bundesamt für Justiz
BgA	Betrieb gewerblicher Art
BGAktFV	Bundesgerichte-Aktenführungsverordnung
BGBl.	Bundesgesetzblatt
BGH	Bundesgerichtshof
BGHSt	Sammlung der Entscheidungen des Bundesgerichtshofs in Strafsachen
BGHZ	Sammlung der Entscheidungen des Bundesgerichtshofs in Zivilsachen
Bl.	Blatt
Blaurock	Blaurock, Handbuch Stille Gesellschaft, 10. Auflage, Köln 2025
Bln.	Berlin
BlStR	Blätter für Steuer-, Sozial- und Arbeitsrecht
BMF	Bundesminister(ium) der Finanzen
BMJ	Bundesminister(ium) der Justiz
BMJV	Bundesminister(ium) der Justiz und für Verbraucherschutz
Bp	Betriebsprüfung
BPatG	Bundespatentgericht
BPg	Die steuerliche Betriebsprüfung (Zeitschrift)
BpO	Betriebsprüfungsordnung
BR	Bundesrat
BRAGO	Bundesgebührenordnung für Rechtsanwälte
BranntwMonG	Gesetz über das Branntweinmonopol
BRAO	Bundesrechtsanwaltsordnung
BR-Drs.	Bundesrats-Drucksache
BReg	Bundesregierung
BSG	Bundessozialgericht
BSGE	Sammlung der Entscheidungen des Bundessozialgerichts
bspw.	beispielsweise
BStBl.	Bundessteuerblatt
BT	Bundestag
BT-Drs.	Bundestags-Drucksache
Buchholz	Buchholz, Sammel- und Nachschlagewerk der Rechtsprechung des Bundesverwaltungsgerichts, 9. Auflage, Köln 2012
Buchst.	Buchstabe(n)
Bunjes	Bunjes, Umsatzsteuergesetz, Kommentar, 23. Auflage, München 2024
BuW	Betrieb und Wirtschaft (Zeitschrift)
BVerfG	Bundesverfassungsgericht

Abkürzungs- und Literaturverzeichnis

BVerfGE	Sammlung der Entscheidungen des Bundesverfassungsgerichts
BVerfGG	Bundesverfassungsgerichtsgesetz
BVerwG	Bundesverwaltungsgericht
BVerwGE	Sammlung der Entscheidungen des Bundesverwaltungsgerichts (Band und Seite)
BW	Baden-Württemberg; baden-württembergisch
BZBl.	Bundeszollblatt
bzgl.	bezüglich
BZSt	Bundeszentralamt für Steuern
bzw.	beziehungsweise
CuR	Computer und Recht (Zeitschrift)
DACH	Schriftenreihe der Europäischen Anwaltsvereinigung eV, Bonn
DB	Der Betrieb (Zeitschrift); Durchführungsbestimmung
DBA	Doppelbesteuerungsabkommen
DB-PKH	Durchführungsbestimmungen zur Prozess- und Verfahrenskostenhilfe
ders.	derselbe
DGVZ	Deutsche Gerichtsvollzieher Zeitung
dh	das heißt
DHS	Dürig/Herzog/Scholz, Kommentar zum Grundgesetz (Loseblatt)
Die Justiz	Die Justiz (Zeitschrift)
DienstG	Dienstgericht
dies.	dieselbe(n)
Die Verwaltung	Die Verwaltung (Zeitschrift)
diff.	differenzierend
Diss.	Dissertation
DJ	Deutsche Justiz (Zeitschrift)
DJT	Deutscher Juristentag; Veröffentlichungen zum Deutschen Juristentag
DJZ	Deutsche Juristenzeitung
DK	Der Konzern (Zeitschrift)
DNotZ	Deutsche Notar-Zeitschrift
DÖV	Die öffentliche Verwaltung (Zeitschrift)
DR	Deutsches Recht (Zeitschrift)
DRiG	Deutsches Richtergesetz
DRiZ	Deutsche Richterzeitung
DRZ	Deutsche Rechtszeitschrift
DS	Die Sachverständigen (Zeitschrift)
DSB	Datenschutzberater (Zeitschrift)
DS-GVO	Datenschutzgrundverordnung
DStJG	Deutsche Steuerjuristische Gesellschaft; Veröffentlichungen der Deutschen Steuerjuristischen Gesellschaft eV (Band, Erscheinungsjahr)
DStPr	Deutsche Steuerpraxis (Zeitschrift)
DStR	Deutsches Steuerrecht (Zeitschrift)
DStZ/A	Deutsche Steuer-Zeitung, Ausgabe A
DStZ/B	Deutsche Steuer-Zeitung, Ausgabe B
DV	Die Verwaltung (Zeitschrift)
DVBl	Deutsches Verwaltungsblatt

DVO .... Durchführungsverordnung oder Durchführungsbestimmungen
DVP .... Deutsche Verwaltungspraxis (Zeitschrift)
DVStB .... Verordnung zur Durchführung des Steuerberatungsgesetzes

E .... (Amtliche) Entscheidungssammlung bzw. Entwurf eines Gesetzes
EFG .... Entscheidungen der Finanzgerichte
EG .... Einführungsgesetz bzw. Europäische Gemeinschaft
EGAO .... Einführungsgesetz zur Abgabenordnung
EG-BeitrG .... EG-Beitreibungsgesetz
eGbR .... eingetragene Gesellschaft bürgerlichen Rechts
EGGVG .... Einführungsgesetz zum Gerichtsverfassungsgesetz
EGH (EuGH) .... Gerichtshof der Europäischen Gemeinschaften
EGHE .... Sammlung der Entscheidungen des Europäischen Gerichtshofs
EGMR .... Europäischer Gerichtshof für Menschenrechte
EGStGB .... Einführungsgesetz zum Strafgesetzbuch
EGV .... EG-Vertrag (ab 1.12.2009 s. AEUV)
EGVO .... Verordnung der Europäischen Gemeinschaft
EGVÜ .... s. GVÜ
EhrRiEG .... Gesetz über die Entschädigung der ehrenamtlichen Richter mit zT abweichenden Regelungen für das Gebiet der ehemaligen DDR gem. Anl. I Kap. III Sachgebiet A Abschn. III Nr. 24 des Einigungsvertrages v. 31.8.1990
Einl. .... Einleitung
einschl. .... einschließlich
EinVertr .... Einigungsvertrag v. 31.8.1990
EinVertrG .... Einigungsvertragsgesetz
EMRK .... s. MRK
entspr. .... entsprechend(e, en)
Entw. .... Entwurf
EP .... Europäisches Parlament
ErbSt .... Erbschaftsteuer
ErbStDV .... Erbschaftsteuer-Durchführungsverordnung
ErbStG .... Erbschaftsteuergesetz
Erfinder-VO .... Verordnung über die einkommensteuerliche Behandlung der freien Erfinder
Erl. .... Erlass
Erläut. .... Erläuterungen
ERVV .... Elektronischer-Rechtsverkehr-Verordnung
ESt .... Einkommensteuer
EStDV .... Einkommensteuer-Durchführungsverordnung
EStG .... Einkommensteuergesetz
EU .... Europäische Union
EUAHiG .... EU-Amtshilfegesetz
EU-DBA-SBG .... EU-Doppelbesteuerungsabkommen-Streitbeilegungsgesetz
EÜR .... Einnahmenüberschussrechnung
EuG .... Gericht der Europäischen Union
EuGH .... Gerichtshof der Europäischen Union
EuGRZ .... Europäische Grundrechte-Zeitschrift

EuR	Europarecht (Zeitschrift)
EuRAG	Gesetz zur Umsetzung von Richtlinien der Europäischen Gemeinschaft auf dem Gebiet des Berufsrechts der Rechtsanwälte
EUSt	Einfuhrumsatzsteuer
EuStZ	Europäische Steuerzeitung
EUV	Vertrag über die Europäische Union
EuZW	Europäische Zeitschrift für Wirtschaftsrecht
evtl.	eventuell
EVwPO	Entwurf einer Verwaltungsprozeßordnung (VwPO), 1982, BT-Drs. 9/1851; zuletzt idF der BT-Drs. 10/3437 mit Berichtigung BT-Drs. 10/3477
EW	Einheitswert
EWG	Vertrag zur Gründung der Europäischen Wirtschaftsgemeinschaft (EWG-Vertrag)
EWGV	Vertrag zur Gründung der Europäischen Wirtschaftsgemeinschaft (EWG-Vertrag)
EWS	Europäisches Wirtschafts- und Steuerrecht (Zeitschrift)
Eyermann	Verwaltungsgerichtsordnung, Kommentar, 16. Auflage, München 2022
f.	folgende
FA	Finanzamt
FamFG	Familienverfahrensgesetz
FamRZ	Zeitschrift für das gesamte Familienrecht
FDK	Finkelnburg/Dombert/Külpmann, Vorläufiger Rechtsschutz im Verwaltungsstreitverfahren, 7. Auflage, München 2017
ff.	fortfolgende
FG	Festgabe; Finanzgericht(e); Freundesgabe
FG BBg	Finanzgericht Berlin-Brandenburg
FG Bbg	Finanzgericht Brandenburg
FG Bln	Finanzgericht Berlin
FG Brem	Finanzgericht Bremen
FG BW	Finanzgericht Baden-Württemberg
FG Düsseldorf	Finanzgericht Düsseldorf
HessFG	Hessisches Finanzgericht
FG Hmb	Finanzgericht Hamburg
FG Köln	Finanzgericht Köln
FG LSA	Finanzgericht Sachsen-Anhalt
FG München	Finanzgericht München
FG Münster	Finanzgericht Münster
FG MV	Finanzgericht Mecklenburg-Vorpommern
NdsFG	Niedersächsisches Finanzgericht
FG Nürnberg	Finanzgericht Nürnberg
FG RhPf	Finanzgericht Rheinland-Pfalz
FG Saarl	Finanzgericht des Saarlandes
SächsFG	Sächsisches Finanzgericht
SchlHFG	Schleswig-Holsteinisches Finanzgericht
ThürFG	Finanzgericht Thüringen
FGO	Finanzgerichtsordnung
FGOÄndG	Gesetz zur Änderung der Finanzgerichtsordnung und anderer Gesetze

2. FGOÄndG	Zweites Gesetz zur Änderung der Finanzgerichtsordnung und anderer Gesetze
Finbeh	Finanzbehörde
Fn.	Fußnote
FördG	Fördergebietsgesetz
FR	Finanz-Rundschau (Zeitschrift)
FS	Festschrift
FS 10 Jahre BVerwG	Külz/Naumann, Staatsbürger und Staatsgewalt. Verwaltungsrecht und Verwaltungsgerichtsbarkeit in Geschichte und Gegenwart. Jubiläumsschrift zum hundertjährigen Bestehen der deutschen Verwaltungsgerichtsbarkeit und zum zehnjährigen Bestehen des Bundesverwaltungsgerichtes, 1. Auflage, Heidelberg 1963
FS 75 Jahre FG Münster	Wolsztynski/Coenen/Krumm, Steuerrechtsschutz im Wandel der Zeit. Festschrift 75 Jahre Finanzgericht Münster, 1. Auflage, München 2024
FS Menger	Erichsen/Hoppe/von Mutius (Hrsg.), System des verwaltungsgerichtlichen Rechtsschutzes – Festschrift für Christian-Friedrich Menger zum 70. Geburtstag, 1. Auflage, Köln 1985
FVerw	Finanzverwaltung
FVG	Gesetz über die Finanzverwaltung
FWBS	Flick/Wassermeyer/Baumhoff/Schönfeld, Kommentar zum Außensteuerrecht (Loseblatt)
FZulG	Forschungszulagengesetz
G	Gesetz
GBl.	Gesetzblatt
GbR	Gesellschaft bürgerlichen Rechts
gem.	gemäß
GenG	Genossenschaftsgesetz
Gerold/Schmidt	Gerold/Schmidt, Kommentar zum Rechtsanwaltvergütungsgesetz, 26. Auflage, München 2023
GetrMVAV	Getreidemitverantwortungsabgabeverordnung
GewSt	Gewerbesteuer
GewStG	Gewerbesteuergesetz
GG	Grundgesetz für die Bundesrepublik Deutschland
ggf.	gegebenenfalls
ggü.	gegenüber
GKG	Gerichtskostengesetz
glA	gleicher Ansicht
Glanegger/Güroff	Gewerbesteuergesetz, 11. Auflage, München 2023
GmbH	Gesellschaft mit beschränkter Haftung
GmbHG	GmbH-Gesetz
GmbHR	Rundschau für GmbH (Zeitschrift)
GmS, GmSOGB	Gemeinsamer Senat der obersten Gerichtshöfe des Bundes
Gosch	Gosch, Kommentar zur Abgabenordnung, Finanzgerichtsordnung (Loseblatt)
Gottschalk/Schneider	Gottschalk/Schneider, Prozess- und Verfahrenskostenhilfe, Beratungshilfe, 10. Auflage, München 2022
GRCh	Charta der Grundrechte der EU
grdl.	grundlegend

grds.	grundsätzlich(e, er)
GrenzpendlerG	Gesetz zur einkommensteuerlichen Entlastung von Grenzpendlern und anderen beschränkt steuerpflichtigen natürlichen Personen und zur Änderung anderer gesetzlicher Vorschriften
GrESt	Grunderwerbsteuer
GrEStG	Grunderwerbsteuergesetz
GrS	Großer Senat
GrSt	Grundsteuer
GrStG	Grundsteuergesetz
Grüneberg	Bürgerliches Gesetzbuch, 83. Auflage, München 2024
GRUR-RR	Gewerblicher Rechtsschutz und Urheberrecht in der Praxis – Rechtsprechungsreport (Zeitschrift)
GS	Gesetzessammlung oder Gedächtnisschrift
GVBl., GVOBl.	Gesetz- und Verordnungsblatt
GVG	Gerichtsverfassungsgesetz
GVGA	Gerichtsvollzieher-Geschäftsanweisung
GVRZ	Zeitschrift für das gesamte Verfahrensrecht
GVÜ	auch EGVÜ: Brüsseler Übereinkommen über die gerichtliche Zuständigkeit und die Vollstreckung gerichtlicher Entscheidungen in Zivil- und Handelssachen
Hdb.	Handbuch
HFR	Höchstrichterliche Finanzrechtsprechung (Zeitschrift)
HGB	Handelsgesetzbuch
HHR	Herrmann/Heuer/Raupach, Kommentar zum Einkommensteuer- und Körperschaftsteuergesetz (Loseblatt)
HHS	Hübschmann/Hepp/Spitaler, Kommentar zur AO/FGO (Loseblatt)
hL	herrschende Lehre
hM	herrschende Meinung
Hmb	Hamburg
HRR	Höchstrichterliche Rechtsprechung (Rechtsprechungssammlung)
Hrsg.	Herausgeber
Hs.	Halbsatz
HZA	Hauptzollamt
iA	im Auftrag
iAllg	im Allgemeinen
idF	in der Fassung
idR	in der Regel
iE	im Ergebnis; im Einzelnen
ieS	im engeren Sinne
iGrds	im Grundsatz
iHv	in Höhe von
iL	in Liquidation
Inf	Die Information über Steuern und Wirtschaft (Zeitschrift)
InfAuslR	Informationsbrief Ausländerrecht (Zeitschrift)
insbes.	insbesondere
InsO	Insolvenzordnung
InvZul	Investitionszulage
InvZulG	Investitionszulagengesetz

iRd	im Rahmen des/der
iS	im Sinne
iSd	im Sinne des/der
ISR	Internationale Steuer-Rundschau (Zeitschrift)
IStR	Internationales Steuerrecht (Zeitschrift)
iSv	im Sinne von
iÜ	im Übrigen
iV	in Vertretung
iVm	in Verbindung mit
IWB	Internationale Wirtschaftsbriefe (Zeitschrift)
iwS	im weiteren Sinne
JA	Juristische Arbeitsblätter (Zeitschrift)
Jauernig/Hess	Jauernig/Hess, Zivilprozessrecht, 30. Auflage, München 2011
JBeitrG	Justizbeitreibungsgesetz
JBeitrO	Justizbeitreibungsordnung
JbFfSt	Jahrbuch der Fachanwälte für Steuerrecht
JDStJG	Jahrbuch der Deutschen Steuerjuristischen Gesellschaft eV, s. DStJG
JKomG	Justizkommunikationsgesetz
jM	juris – Die Monatszeitschrift
JR	Juristische Rundschau (Zeitschrift)
JStG	Jahressteuergesetz
JURA	Juristische Ausbildung (Zeitschrift)
JurBüro	Das Juristische Büro (Zeitschrift)
jurisPK-ERV	juris Praxis Kommentar Elektronischer Rechtsverkehr
JuS	Juristische Schulung (Zeitschrift)
Just	Just, Kostenverfahren in der Finanz- und Verwaltungsgerichtsbarkeit, 1. Auflage, Baden-Baden 2014
1. JustModG	1. Justizmodernisierungsgesetz
JVEG	Justizvergütungs- und Entschädigungsgesetz
JVKostG	Justizverwaltungskostengesetz
JW	Juristische Wochenschrift
JZ	Juristenzeitung
Kap.	Kapitel
KapESt	Kapitalertragsteuer
KapGes	Kapitalgesellschaft(en)
KapMuG	Kapitalanleger-Musterverfahrensgesetz
KFR	Kommentierte Finanzrechtsprechung
KfzSt	Kraftfahrzeugsteuer
KfzStG	Kraftfahrzeugsteuergesetz
KG	Kammergericht Berlin; Kommanditgesellschaft
Kissel/Mayer	Kissel/Mayer, Gerichtsverfassungsgesetz, 10. Auflage, München 2021
KiSt	Kirchensteuer
KK-OWiG	Mitsch, Karlsruher Kommentar zum Gesetz über Ordnungswidrigkeiten: OWiG, 5. Auflage, München 2018
KK-StPO	Hannich, Karlsruher Kommentar zur Strafprozessordnung: StPO, 9. Auflage, München 2023
Kl.	Kläger
Klein	Klein, Abgabenordnung, 18. Auflage, München 2024
KO	Konkursordnung

Abkürzungs- und Literaturverzeichnis

Koenig	Koenig, Abgabenordnung, 5. Auflage, München 2024
KÖSDI	Kölner Steuerdialog (Zeitschrift)
Komm.	Kommentar
Kopp/Ramsauer	Kopp/Ramsauer, Verwaltungsverfahrensgesetz, 25. Auflage, München 2024
Kopp/Schenke	Kopp/Schenke, Verwaltungsgerichtsordnung, 30. Auflage, München 2024
KostO	Kostenordnung
KostRÄG	Kostenrechtsänderungsgesetz 2021
KostRMoG	Kostenrechtsmodernisierungsgesetz
KostVfg	Kostenverfügung
KraftSt	Kraftfahrzeugsteuer
KraftStG	Kraftfahrzeugsteuergesetz
krit.	kritisch
KSM	Kirchhof/Söhn/Mellinghoff, Kommentar zum Einkommensteuergesetz (Loseblatt)
KSt	Körperschaftsteuer
KStDV	Körperschaftsteuer-Durchführungsverordnung
KStG	Körperschaftsteuergesetz
KStZ	Kommunale Steuerzeitschrift
Kühn/v. Wedelstädt	Kühn/v. Wedelstädt, Abgabenordnung und Finanzgerichtsordnung, 22. Auflage, Stuttgart 2018
Künzl/Koller	Künzl/Koller, Prozesskostenhilfe, 2. Auflage, Köln 2003
KV	Kostenverzeichnis
KVG	Kapitalverwaltungsgesellschaft
KVSt	Kapitalverkehrsteuer
KVStG	Kapitalverkehrssteuergesetz
KWW	Kahl/Waldhoff/Walter, Bonner Kommentar zum Grundgesetz (Loseblatt)
LAG	Landesarbeitsgericht(e); Lastenausgleichsgesetz
LAGE	Entscheidungen der Landesarbeitsgerichte
lat.	lateinisch
LBG	Landesbeamtengesetz(e)
LG	Landgericht
Lit.	Literatur
LKV	Landes- und Kommunalverwaltung (Zeitschrift)
Ls.	Leitsatz
LSG	Landessozialgericht
LSt	Lohnsteuer
LStDV	Lohnsteuer-Durchführungsverordnung
LStJA	Lohnsteuerjahresausgleich
LVG	Landesverwaltungsgericht
mAnm	mit Anmerkung
maW	mit anderen Worten
Mayer/Kroiß	Mayer/Kroiß, Rechtsanwaltsvergütungsgesetz, Kommentar, 8. Auflage 2021
MBl.	Ministerialblatt
MDR	Monatsschrift für Deutsches Recht
mE	meines Erachtens
MGVO	Milch-Garantiemengen-Verordnung
MHdB	Münchener Handbuch
mind.	mindestens

MinöSt	Mineralölsteuergesetz
MJM	Moritz/Jesch/Mann, Frankfurter Kommentar zum Kapitalanlagerecht, 1. Auflage, Frankfurt am Main 2019
MKS	Meyer-Ladewig/Keller/Schmidt, Sozialgerichtsgesetz, 14. Auflage, München 2023
MOG	Marktordnungsgesetz
MoPeG	Gesetz zur Modernisierung des Personengesellschaftsrechts
MRK/EMRK	Europäische Konvention zum Schutz der Menschenrechte
MüKoBGB	Münchener Kommentar zum Bürgerlichen Gesetzbuch, 10. Auflage, München 2025
MüKoZPO	Krüger/Rauscher, Münchener Kommentar zur Zivilprozessordnung, 6. Auflage, München 2022
von Münch/Kunig	von Münch/Kunig, Kommentar zum Grundgesetz, 7. Auflage, München 2021
Musielak/Voit	Musielak/Voit, Zivilprozessordnung, 21. Auflage, München 2024
MV	Mecklenburg-Vorpommern
mV	mündliche Verhandlung
mwN	mit weiteren (Literatur- bzw. Rechtsprechungs-)Nachweisen
MwStR	Mehrwertsteuerrecht (Zeitschrift)
mWv	mit Wirkung vom
Nachw.	(Literatur- bzw. Rechtsprechungs-)Nachweise
nF	neue Fassung
NJ	Neue Justiz (Zeitschrift)
NJOZ	Neue Juristische Online-Zeitschrift
NJW	Neue Juristische Wochenschrift
NJW-RR	Neue Juristische Wochenschrift - Rechtsreport
Nr.	Nummer
NSt	Neues Steuerrecht von A-Z (Loseblatt)
NuR	Natur und Recht (Zeitschrift)
nv	nicht veröffentlicht
NVwZ	Neue Zeitschrift für Verwaltungsrecht
NWB/F	Neue Wirtschaftsbriefe/Fach
NWVBl.	Nordrhein-Westfälische Verwaltungsblätter
NZA	Neue Zeitschrift für Arbeitsrecht
NZA-RR	Neue Zeitschrift für Arbeitsrecht – Rechtsprechungs-Report
NZB	Nichtzulassungsbeschwerde
NZFam	Neue Zeitschrift für Familienrecht
NZG	Neue Zeitschrift für Gesellschaftsrecht
NZI	Neue Zeitschrift für Insolvenz- und Sanierungsrecht
NZM	Neue Zeitschtrift für Miet- und Wohnungsrecht
NZS	Neue Zeitschrift für Sozialrecht
o.	oder
OFD	Oberfinanzdirektion
OHG	Offene Handelsgesellschaft
OLG	Oberlandesgericht
OLGZ	Entscheidungen der Oberlandesgerichte in Zivilsachen
OVG	Oberverwaltungsgericht

OVGE	Entscheidungen des OVG NRW und des NdsOVG
OZG	Onlinezugangsgesetz
PartG	Partnerschaftsgesellschaft
PartGG	Gesetz über Partnerschaftsgesellschaften Angehöriger Freier Berufe
PersGes	Personengesellschaft(en)
phG	persönlich haftender Gesellschafter
PKH	Prozesskostenhilfe
PKHFV	Prozesskostenhilfeformularverordnung
PKHVV	Prozesskostenhilfevordruckverordnung
PostG	Postgesetz
PostUmwG	Gesetz zur Umwandlung der Unternehmen der Deutschen Bundespost in die Rechtsform der Aktiengesellschaft
PrOVG	Preußisches Oberverwaltungsgericht
PTNeuOG	Gesetz zur Neuordnung des Postwesens und der Telekommunikation
PZU	Postzustellungsurkunde
RA	Rechtsanwalt
RADG	Rechtsanwaltsdienstleistungsgesetz
RAG	Reichsarbeitsgericht
RAGE	Sammlung der Entscheidungen des Reichsarbeitsgerichts (Band und Seite)
Rahm/Künkel	Rahm/Künkel, Handbuch Familien- und Familienverfahrensrecht (Loseblatt)
RAO	Reichsabgabenordnung
RAVPV	Rechtsanwaltsverzeichnis- und -postfachverordnung
RDi	Recht Digital (Zeitschrift)
Redeker/v. Oertzen	Verwaltungsgerichtsordnung, 17. Auflage, Stuttgart 2021
RefE	Referentenentwurf
Rev.	Revision
RFH	Reichsfinanzhof
RFHE	Sammlung der Entscheidungen des Reichsfinanzhofs
RG	Reichsgericht
RGBl.	Reichsgesetzblatt
RGSt	Sammlung der Entscheidungen des Reichsgerichts in Strafsachen
RGZ	Sammlung der Entscheidungen des Reichsgerichts in Zivilsachen
RHN	Rödder/Herlinghaus/Neumann, Körperschaftsteuergesetz, 2. Auflage, Köln 2023
RhPf	Rheinland-Pfalz
RiA	Recht im Amt (Zeitschrift)
RIW/AWD	Recht der internationalen Wirtschaft/Außenwirtschaftsdienst des Betriebsberaters (bis 1981: AWD; seit 1982: RIW)
rkr.	rechtskräftig
Rn.	Randnummer
RPflAnpG	Gesetz zur Anpassung der Rechtspflege im Beitrittsgebiet (Rechtspflege-Anpassungsgesetz)
Rpfleger	Der Deutsche Rechtspfleger (Zeitschrift)
RSG	Rosenberg/Schwab/Gottwald, Zivilprozessrecht, 18. Auflage, München 2018

Rspr.	Rechtsprechung
RsprEinhG	Gesetz zur Wahrung der Einheitlichkeit der Rechtsprechung der obersten Gerichtshöfe des Bundes
RStBl.	Reichssteuerblatt (Jahr und Seite)
RuP	Recht und Politik (Zeitschrift)
RVG	Rechtsanwaltsvergütungsgesetz
RW	Rechtswissenschaft (Zeitschrift)
RWP	Rechts- und Wirtschaftspraxis, Blattei-Handbuch, hrsg. von Hartmann und Böttcher, Stuttgart
S.	Satz bzw. Seite
s.	siehe
SAFleischWiG	Gesetz zur Sicherung von Arbeitnehmerrechten in der Fleischwirtschaft
SBV	Sonderbetriebsvermögen
SchlH	Schleswig-Holstein
Schmidt	Schmidt, Einkommensteuergesetz, 43. Auflage, München 2024
Schmidt-Räntsch	Schmidt-Räntsch, Deutsches Richtergesetz, 6. Auflage, München 2009
Schneider/Volpert	Schneider/Volpert, AnwaltKommentar RVG, 9. Auflage, Bonn 2021
Schnitger/Fehrenbacher	Schnitger/Fehrenbacher, Körperschaftsteuergesetz, 2. Auflage, Wiesbaden 2018
Schoch/Schneider	Schoch/Schneider, Kommentar zur Verwaltungsgerichtsordnung (Loseblatt)
SchwarzArbG	Schwarzarbeitsbekämpfungsgesetz
SchwbG	Schwerbehindertengesetz
SE	Societas Europaea (Europäische Gesellschaft)
Seeliger	Seeliger, Beweislast, Beweisverfahren, Beweisarten und Beweiswürdigung im Steuerprozeß, 1. Auflage, Berlin 1981
Sen.	Senat
SG	Sozialgericht(e)
SGB	Sozialgesetzbuch
SGb	Sozialgerichtsbarkeit (Zeitschrift)
SGG	Sozialgerichtsgesetz
SigG	Gesetz über Rahmenbedingungen für elektronische Signaturen und zur Änderung weiterer Vorschriften
SKB	Schmidt-Bleibtreu/Klein/Bethge, Kommentar zum Bundesverfassungsgerichtsgesetz (Loseblatt)
Slg.	Sammlung
Sölch/Ringleb	Sölch/Ringleb, Kommentar zum Umsatzsteuergesetz (Loseblatt)
sog.	sogenannt
SolZ(G)	Solidaritätszuschlag(sgesetz)
Sonnleitner/Witfeld	Sonnleitner/Witfeld, Insolvenz- und Sanierungsrecht, 2. Auflage, München 2022
SozR	Sozialrecht, Rechtsprechung und Schrifttum, hrsg. von Richtern des Bundessozialgerichts
Sp.	Spalte
SPK	Schwarz/Pahlke/Keß, Kommentar zur AO/FGO (Loseblatt)

St.	Steuer
Staats	Staats, Deutsches Richtergesetz, Kommentar, 1. Auflage, Baden-Baden 2012
Staatsbürger und Staatsgewalt	Jubiläumsschrift zum hundertjährigen Bestehen der deutschen Verwaltungsgerichtsbarkeit und zum zehnjährigen Bestehen des Bundesverwaltungsgerichts, 1963
StÄndG	Steueränderungsgesetz
StaRUG	Unternehmensstabilisierungs- und -restrukturierungsgesetz
StB	Der Steuerberater (Zeitschrift)
StBerG	Steuerberatungsgesetz
Stbg	Die Steuerberatung (Zeitschrift)
StBGebV	Steuerberatergebührenverordnung
StbJb	Steuerberater-Jahrbuch
StBP	Steuerliche Betriebsprüfung
StBPPV	Steuerberaterplattform- und -postfachverordnung
StBVV	Steuerberatervergütungsverordnung
StEd	Steuerlicher Eildienst
Stein/Jonas	Stein/Jonas, Zivilprozessordnung, 23. Auflage, Tübingen 2014
Stern	Klaus Stern, Verwaltungsprozessuale Probleme in der öffentlich-rechtlichen Arbeit, 6. Auflage, München 1987
Stern/Blanke	Stern/Blanke, Verwaltungsprozessrecht in der Klausur, 9. Auflage, München 2008
Steuerbev.	Steuerbevollmächtigter
SteuerStud	Steuer und Studium (Zeitschrift)
Steufa	Steuerfahndung
StGB	Strafgesetzbuch
StJ	Steuerliches Journal
StKongRep	Steuerberater-Kongress-Report
StMBG	Mißbrauchsbekämpfungs- und Steuerbereinigungsgesetz
Stpfl.	Steuerpflichtiger
StPO	Strafprozessordnung
str.	streitig
Streck	Streck, Körperschaftsteuergesetz, 10. Auflage, München 2022
StRefG	Steuerreformgesetz 1990
StRK	Steuerrechtsprechung in Karteiform
stRspr	ständige Rechtsprechung
StuF	Steuer und Finanzen (Zeitschrift)
StuW	Steuer und Wirtschaft (Zeitschrift)
StV	Strafverteidiger (Zeitschrift)
StVBG	Steuerverkürzungsbekämpfungsgesetz
StVj	Steuerliche Vierteljahresschrift
StWa	Steuerwarte (Zeitschrift)
su	siehe unter
SÜG	Sicherheitsüberprüfungsgesetz
Thomas/Putzo	Thomas/Putzo, Zivilprozessordnung, 45. Auflage, München 2024
ThürVBl.	Thüringer Verwaltungsblätter
Tipke/Kruse	Tipke/Kruse, Kommentar zur Abgabenordnung, Finanzgerichtsordnung (Loseblatt)

Toussaint	Toussaint, Kostenrecht, 54. Auflage, München 2024
Tz.	Textziffer
u.	und
ua	unter anderen
uä	und ähnliche(s)
Ubg	Die Unternehmensbesteuerung (Zeitschrift)
UCD	Umbach/Clemens/Dollinger, Bundesverfassungsgerichtsgesetz, 2. Auflage 2005
Ule	Ule, Verwaltungsprozeßrecht, 9. Auflage, München 1987
UmwStG	Umwandlungssteuergesetz
unstr.	unstreitig
UPR	Umwelt- und Planungsrecht (Zeitschrift)
UR	Umsatzsteuer-Rundschau (Zeitschrift)
Urt.	Urteil
USt	Umsatzsteuer
UStB	Umsatz-Steuerberater (Zeitschrift)
UStdd	Umsatzsteuer direkt digital (Zeitschrift)
UStDV	Umsatzsteuer-Durchführungsverordnung
UStG	Umsatzsteuergesetz
usw	und so weiter
uU	unter Umständen
UVR	Umsatz- und Verkehrssteuerrecht (Zeitschrift)
UZK	Zollkodex der Europäischen Union (Verordnung (EU) Nr. 952/2013)
v.	von, vom
VA	Verwaltungsakt(e)
va	vor allem
Var.	Variante
vAw	von Amts wegen
VBlBW	Verwaltungsblätter für Baden-Württemberg
VerfGH	Verfassungsgerichtshof
VerpflG	Verpflichtungsgesetz
VersR	Versicherungsrecht (Zeitschrift)
VerwArch	Verwaltungsarchiv
VerwRspr	Entscheidungssammlung Verwaltungsrechtsprechung in Deutschland
Vfg.	Verfügung
VG	Verwaltungsgericht
vGA	verdeckte Gewinnausschüttung
VGFGEntlG	Gesetz zur Entlastung der Gerichte in der Verwaltungs- und Finanzgerichtsbarkeit
VGH	Verwaltungsgerichtshof
VGHE	Sammlung der Entscheidungen des (bayerischen) Verwaltungsgerichtshofs
vgl.	vergleiche
VglO	Vergleichsordnung
VGS	Vereinigte Große Senate des BGH
Viskorf	Viskorf, Grunderwerbsteuergesetz, 21. Auflage, München 2024
VO	Verordnung
Voraufl.	Vorauflage = Gräber, FGO, 9. Auflage 2019
Vorb.	Vorbemerkung

VSA	Verschlusssachenanweisung des Bundes
VSF	Vorschriftensammlung der Bundesfinanzverwaltung
VSt	Vermögensteuer
VStG	Vermögensteuergesetz
VuV	Vermietung und Verpachtung
VV	Vergütungsverzeichnis zum RVG
VVDStRL	Veröffentlichungen der Vereinigung deutscher Staatsrechtslehrer
VwGO	Verwaltungsgerichtsordnung
VwGOÄndG	Viertes Gesetz zur Änderung der VwGO
VwPO	Verwaltungsprozessordnung s. EVwPO
VwVfG	Verwaltungsverfahrensgesetz
VwVG	Verwaltungsvollstreckungsgesetz
VwZG	Verwaltungszustellungsgesetz
VwZVG	Verwaltungszustellungs- und Vollstreckungsgesetz eines Bundeslandes
VZ	Veranlagungszeitraum
Vz.	Vorauszahlung
WahlO	Wahlordnung für die Präsidien der Gerichte
WEG	Wohnungseigentümergemeinschaft
wistra	Zeitschrift für Wirtschafts- und Steuerstrafrecht
Witte	Witte, Zollkodex, Kommentar, 8. Auflage, München 2022
WM	Wertpapier-Mitteilungen
WoGG	Wohngeldgesetz
WoGV	Wohngeldverordnung
WPflG	Wehrpflichtgesetz
WPO	Wirtschaftsprüferordnung
WuV	Wirtschaft und Verwaltung, Vierteljahresbeiträge zum Gewerbearchiv
ZA	Zollamt
ZAP	Zeitschrift für die Anwaltspraxis
zB	zum Beispiel
ZBR	Zeitschrift für Beamtenrecht
ZD	Zeitschrift für Datenschutz
ZfIR	Zeitschrift für Insolvenzrecht
ZfS	Zeitschrift für Sozialversicherung, Sozialhilfe und Versorgung
ZfZ	Zeitschrift für Zölle und Verbrauchsteuern
Ziff.	Ziffer
ZInsO	Zeitschrift für das gesamte Insolvenzrecht
ZIP	Zeitschrift für Wirtschaftsrecht; bis 1982: Zeitschrift für Wirtschaftsrecht und Insolvenzpraxis
ZK	Zollkodex (Verordnung (EWG) Nr. 2913/92)
ZKF	Zeitschrift für Kommunalfinanzen
ZLW	Zeitschrift für Luft- und Weltraumrecht
Zöller	Zöller, Zivilprozessordnung, 35. Auflage, Köln 2024
ZOV	Zeitschrift für offene Vermögensfragen
ZPO	Zivilprozessordnung
ZRP	Zeitschrift für Rechtspolitik
ZSEG	Gesetz über die Entschädigung von Zeugen und Sachverständigen

ZSteu	Zeitschrift für Steuern und Recht
ZStW	Zeitschrift für die gesamte Staatsrechtswissenschaft
zT	zum Teil
zugl.	zugleich
zust.	zustimmend
ZustRG	Zustellungsreformgesetz
zutr.	zutreffend
zw.	zweifelhaft
ZZP	Zeitschrift für Zivilprozess
zzt.	zurzeit

Finanzgerichtsordnung (FGO)

In der Fassung der Bekanntmachung v. 28.3.2001 (BGBl. I 442; berichtigt BGBl. I 2262 und BGBl. 2002 I 679)

Geändert durch Zustellungsreformgesetz v. 25.6.2001 (BGBl. I 1206), Gesetz zur Anpassung der Formvorschriften des Privatrechts und anderer Vorschriften an den modernen Rechtsgeschäftsverkehr v. 13.7.2001 (BGBl. I 1542), Gesetz zur Änderung des Finanzverwaltungsgesetzes und anderer Gesetze v. 14.12.2001 (BGBl. I 3714), Steueränderungsgesetz 2001 (StÄndG 2001) v. 20.12.2001 (BGBl. I 3794), Steuerverkürzungsbekämpfungsgesetz (StVBG) v. 19.12.2001 (BGBl. I 3922), Kostenrechtsmodernisierungsgesetz (KostRMoG) v. 5.5.2004 (BGBl. I 718), 1. Justizmodernisierungsgesetz v. 24.8.2004 (BGBl. I 2198), Anhörungsrügengesetz v. 9.12.2004 (BGBl. I 3220), Gesetz zur Vereinfachung und Vereinheitlichung der Verfahrensvorschriften zur Wahl und Berufung ehrenamtlicher Richter v. 21.12.2004 (BGBl. I 3599), Justizkommunikationsgesetz (JKomG) v. 22.3.2005 (BGBl. I 837; berichtigt BGBl. I 2022), Föderalismusreform-Begleitgesetz v. 5.9.2006 (BGBl. I 2098), Gesetz zur Neuregelung des Rechtsberatungsrechts v. 12.12.2007 (BGBl. I 2840), Gesetz zur Modernisierung von Verfahren im anwaltlichen und notariellen Berufsrecht v. 30.7.2009 (BGBl. I 2449), Gesetz über den Rechtsschutz bei überlangen Gerichtsverfahren und strafrechtlichen Ermittlungsverfahren v. 24.11.2011 (BGBl. I 2302), Gesetz zur Änderung von Vorschriften über Verkündung und Bekanntmachungen sowie der Zivilprozessordnung, des Gesetzes betreffend die Einführung der Zivilprozessordnung und der Abgabenordnung v. 22.12.2011 (BGBl. I 3044), Gesetz zur Förderung der Mediation und anderer Verfahren der außergerichtlichen Konfliktbeilegung v. 21.7.2012 (BGBl. I 1577), Gesetz zur Einführung von Kostenhilfe für Drittbetroffene in Verfahren vor dem Europäischen Gerichtshof für Menschenrechte sowie zur Änderung der Finanzgerichtsordnung v. 20.4.2013 (BGBl. I 829), Gesetz zur Intensivierung des Einsatzes von Videokonferenztechnik in gerichtlichen und staatsanwaltschaftlichen Verfahren v. 25.4.2013 (BGBl. I 935), Gesetz zur Umsetzung der Amtshilferichtlinie sowie zur Änderung steuerlicher Vorschriften v. 26.6.2013 (BGBl. I 1809), Gesetz zur Änderung des Prozesskostenhilfe- und Beratungshilferechts v. 31.8.2013 (BGBl. I 3533), Gesetz zur Förderung des elektronischen Rechtsverkehrs mit den Gerichten v. 10.10.2013 (BGBl. I 3786), Gesetz zur Durchführung der Verordnung (EU) Nr. 1215/2012 sowie zur Änderung sonstiger Vorschriften v. 8.7.2014 (BGBl. I 890), Zehnte Zuständigkeitsanpassungsverordnung v. 31.8.2015 (BGBl. I 1474), Gesetz zur Neuordnung des Rechts der Syndikusanwälte und zur Änderung der Finanzgerichtsordnung v. 21.12.2015 (BGBl. I 2517), Gesetz zur Modernisierung des Besteuerungsverfahrens v. 18.7.2016 (BGBl. I 1679), Gesetz zur Änderung des Sachverständigenrechts und zur weiteren Änderung des Gesetzes über das Verfahren in Familiensachen und in den Angelegenheiten der freiwilligen Gerichtsbarkeit sowie zur Änderung des Sozialgerichtsgesetzes, der Verwaltungsgerichtsordnung, der Finanzgerichtsordnung und des Gerichtskostengesetzes v. 11.10.2016 (BGBl. I 2222), Gesetz zur Einführung der elektronischen Akte in der Justiz und zur weiteren Förderung des elektronischen Rechtsverkehrs v. 5.7.2017 (BGBl. I 2208), Gesetz zur Durchführung der Verordnung (EU) Nr. 910/2014 des Europäischen Parlaments und des Rates vom 23.7.2014 über elektronische Identifizierung und Vertrauensdienste für elektronische Transaktionen im Binnenmarkt und zur Aufhebung der Richtlinie 1999/93/EG (eIDAS-Durchführungsgesetz) v. 18.7.2017 (BGBl. I 2745), Gesetz zur Erweiterung der Medienöffentlichkeit in Gerichtsverfahren und zur Verbesserung der Kommunikationshilfen für Menschen mit Sprach- und Hörbehinderungen (Gesetz über die Erweiterung der Medienöffentlichkeit in Gerichtsverfahren – EMöGG) v. 8.10.2017 (BGBl. I 3546), Gesetz zur Einführung einer zivilprozessualen Musterfeststellungsklage v. 12.7.2018 (BGBl. I 1151), Gesetz zur Einführung einer Karte für Unionsbürger und Angehörige des Europäischen Wirtschaftsraums mit Funktion zum elektronischen Identitätsnachweis sowie zur Änderung des Personalausweisgesetzes und weiterer Vorschriften v. 21.6.2019 (BGBl. I 846), Gesetz zur Regelung der Wertgrenze für die Nichtzulassungsbeschwerde in Zivilsachen, zum Ausbau der Spezialisierung bei den Gerichten sowie zur Änderung weiterer prozessrechtlicher Vorschriften v. 12.12.2019 (BGBl. I 2633), Gesetz zur Reform des Vormundschafts- und Betreuungsrechts v. 4.5.2021 (BGBl. I 882), Gesetz zur Fortentwicklung der Strafprozessordnung und zur Änderung weiterer Vorschriften v. 25.6.2021 (BGBl. I 2099), Gesetz zur Neuregelung des Berufsrechts der anwaltlichen und steuerberatenden Berufsausübungsgesellschaften sowie zur Änderung weiterer Vorschriften im Bereich der rechtsberatenden Berufe v. 7.7.2021 (BGBl. I 2363), Gesetz zum Ausbau des elektronischen Rechtsverkehrs mit den Gerichten und zur Änderung weiterer Vorschriften v. 5.10.2021 (BGBl. I 4607), Gesetz zur Stärkung der Aufsicht bei Rechtsdienstleistungen und zur Änderung weiterer Vorschriften v. 10.3.2023 (BGBl. I Nr. 64), Gesetz zur Umsetzung der Richtlinie (EU) 2020/1828 über Verbandsklagen zum Schutz der Kollektivinteressen der Verbraucher und zur Aufhebung der Richtlinie 2009/22/EG sowie zur Änderung des Kapitalanleger-Musterverfahrensgesetzes (Verbandsklagenrichtlinienumsetzungsgesetz – VRUG) v. 8.10.2023 (BGBl. I Nr. 272), Gesetz zur Förderung geordneter Kreditzweitmärkte und zur Umsetzung der Richtlinie (EU) 2021/2167 über Kreditdienstleister und Kreditkäufer sowie zur Änderung weiterer finanzrechtlicher Bestimmungen (Kreditzweitmarktförderungsgesetz) v. 22.12.2023 (BGBl. I Nr. 411), Gesetz zur weiteren Digitalisierung der Justiz v. 12.7.2024 (BGBl. I Nr. 234), Gesetz zur Modernisierung des Postrechts (Postrechtsmodernisierungsgesetz – PostModG) v.15.7.2024 (BGBl. I Nr. 236), Gesetz zur Förderung des Einsatzes von Videokonferenztechnik in der Zivilgerichtsbarkeit und den Fachgerichtsbarkeiten v. 15.7.2024 (BGBl. I Nr. 237) und Gesetz zur Einführung eines Leitentscheidungsverfahrens beim Bundesgerichtshof v. 24.10.2024 (BGBl. I Nr. 328)

Erster Teil. Gerichtsverfassung

Abschnitt I. Gerichte

Zum Rechtsschutz nach der FGO

Literatur: Zur Entwicklung des Rechtsschutzes in Steuersachen: Baum, Datenschutz im Steuerverwaltungsverfahren ab dem 25.5.2018 – Teil IV: Außergerichtlicher und gerichtlicher Rechtsschutz in Datenschutzfragen, NWB 2018, 3351; Becker, Rechtsnot und Rechtsschutz, StuW 1925, 547; Birk, Die Finanzgerichtsbarkeit – Erwartungen, Bedeutung, Einfluss, DStR 2014, 65; Dürr, Die Finanzgerichtsbarkeit im neuen Bundesgebiet, DStR 1992, 1049; Hensel, Der Reichsfinanzhof, StuW 1921, 192; Kumpf, Kaiserreich, Weimarer Republik und „Drittes Reich", Der RFH 1918–1938 aus der Sicht seines ersten Präsidenten, FS 75 Jahre RFH/BFH, 1993, 23; Kumpf, Der RFH im „Dritten Reich", DStZ 1994, 65; Myßen/Kraus, Steuerliches Datenschutzrecht: Verfahrensrechtsanpassung an die Datenschutz-Grundverordnung, DB 2017, 1860; Pfeiffer, Die besonderen Probleme des steuerlichen Rechtsschutzes in den neuen Bundesländern, DStJG 18 (1995), 137; Oswald, Fragen zur neuen Finanzgerichtsordnung, StuW 1966, 265 und StuW 1967, 561; Pausch, Vom Reichskammergericht zum Reichsfinanzhof, FS v. Wallis, 1985, 3; Pfirrmann, Steuerrechtsschutz nach dem Zweiten Weltkrieg, FS 100 Jahre Steuerrechtsprechung, 2018, 59; Popitz, Betrachtungen über Errichtung und Einrichtung des Reichsfinanzhofs, StuW 1928, 971; Schaz, Akteneinsicht im Finanzgerichtsprozess – Verschärfung der ohnehin schon restriktiven gerichtlichen Praxis durch den Gesetzgeber?, DStR 2017, 2302; Steinhauff, Der Aufbau der Finanzgerichtsbarkeit in den fünf jungen Bundesländern, FS F. Klein, 1994, 195; Tipke/Kruse/Seer Einf. FGO Rn. 1 ff.; Trossen, Die Auswirkungen der Modernisierung des steuerlichen Verfahrensrechts auf den gerichtlichen Rechtsschutz, FR 2015, 1021.

Übersicht

	Rn.
I. Die Anfänge der FGO	1
II. FGOÄndG 1992	4
III. Änderungen 1994 bis 1996	8
IV. 2. FGOÄndG	11
V. Änderungen 2001	14
VI. Änderungen 2004 bis 2005	18
VII. Änderungen 2006 bis 2009	25
VIII. Änderungen 2011 bis 2013	27
IX. Änderungen 2015 bis 2017	36
X. Änderungen 2019 bis 2024	44

I. Die Anfänge der FGO

Die **Geburtsstunde der Finanzgerichtsbarkeit** in Deutschland war die 1
Gründung des RFH im Jahre 1918. Der erstinstanzliche Rechtsschutz erfolgte bis zum Beginn des 2. Weltkriegs durch Finanzgerichte, die aber nicht durch

Berufsrichter gebildet wurden, sondern durch Finanzbeamte, die sachlich, aber nicht persönlich unabhängig waren, und ehrenamtliche Richter (Tipke/Kruse/Seer Einf. FGO Rn. 3; HHS/Schmid Einf. FGO Rn. 44).

Nach Gründung der Bundesrepublik Deutschland gab es zunächst **kein einheitliches Rechtsschutzsystem** im Steuerrecht. Während einige Länder den Rechtsschutz in der Eingangsinstanz durch die Verwaltungsgerichte gewährten, bestanden in anderen Ländern bereits erstinstanzliche Finanzgerichte. Revisions- und Beschwerdeinstanz war in allen Fällen der BFH (vgl. auch Pfirrmann FS 100 Jahre Steuerrechtsprechung, 2018, 59 (65 f.)).

Mit der seit 1.1.1966 geltenden **FGO v. 6.10.1965** (BGBl. I 1477) wurde eine einheitliche **zweistufige Finanzgerichtsbarkeit** für die gesamte Bundesrepublik Deutschland eingeführt. Im Überblick hat sich die Gesetzgebung zur FGO wie folgt entwickelt:

2 Das in den 70er Jahren des 20. Jh. stärker gewordene Selbstbewusstsein der Steuerpflichtigen und ihrer Berater sowie die nachlassende Scheu vor gerichtlichen Auseinandersetzungen mit Behörden führten zu einem starken Anstieg der Verfahrenseingänge bei allen Steuergerichten und dadurch auch zu stark ansteigenden Laufzeiten. Darauf reagierte der Gesetzgeber zunächst außerhalb der FGO mit sog. **Entlastungsgesetzen,** dem BFHEntlG v. 8.7.1975 (BGBl. I 1861) und dem VGFGEntlG v. 31.3.1978 (BGBl. I 446). Mit diesen Gesetzen wurde die Möglichkeit, gerichtliche Entscheidungen durch Rechtsmittel anzugreifen, eingeschränkt und es wurden Vorschriften erlassen, die den Gang der gerichtlichen Verfahren straffen und beschleunigen sollten. Diese Gesetze wurden mehrfach geändert und ihre begrenzte Geltungsdauer wiederholt verlängert. In wesentlichen Teilen haben die Regelungen später Eingang in die FGO gefunden (→ Rn. 4, 11 f.).

3 Anfang der 80er Jahre des 20. Jh. gab es Bestrebungen, den gesamten Rechtsschutz ggü. der öffentlichen Gewalt in einem einzigen Gesetz, der **VwPO,** zu regeln (vgl. BT-Drs. 9/1851; BR-Drs. 100/82; BT-Drs. 10/3437; BR-Drs. 148/83), die jedoch nicht erfolgreich waren. Zu unterschiedlich waren die jeweiligen praktischen Bedürfnisse und Rechtstraditionen.

II. FGOÄndG 1992

4 Durch das zum 1.1.1993 in Kraft getretene **FGOÄndG** v. 21.12.1992 (BGBl. I 2109) wurde das **VGFGEntlG** im Wesentlichen in die FGO **implementiert** und lief zum 31.12.1992 aus. Aus dem BFHEntlG wurde die Einschränkung der Beschwerdemöglichkeiten gegen Beschlüsse über Kosten (§ 128 IV) und im vorläufigen Rechtsschutz (keine zulassungsfreie Beschwerde) übernommen.

5 Folgende, heute aus dem finanzrichterlichen Arbeitsalltag nicht mehr wegzudenkende Instrumentarien wurden innerhalb der FGO normiert:
- Möglichkeit der Entscheidung durch den Einzelrichter (§ 6),
- Ausdehnung der Befugnisse des Berichterstatters (§§ 79, 79a),
- Ausschlussfristsetzungen gem. §§ 65 II 2, 79b,
- Möglichkeit der Entscheidung durch Gerichtsbescheid (§§ 79a II, 90a),
- Möglichkeit, das Verfahren nach billigem Ermessen zu bestimmen (§ 94a),
- Abschaffung des Dualismus von Antragsverfahren und Klageverfahren im einstweiligen Rechtsschutz (§ 69 VII),
- Zugangsvoraussetzungen für einen AdV-Antrag beim FG (§ 69 IV),

– sog. Entlastungstenor (§ 100 II),
– Begründungserleichterungen (§§ 105 V, 113 II).

Zwischenzeitlich wieder abgeschafft worden sind die Möglichkeit, eine Ausschlussfrist zur Vorlage einer Prozessvollmacht zu setzen (§ 62 III idF des FGO-ÄndG), und das Erfordernis, nach Ergehen eines Änderungsbescheids binnen einer Monatsfrist zu beantragen, diesen zum Gegenstand des Verfahrens zu machen (§ 68 S. 2; → Rn. 12, 25). 6

Alles in allem haben sich – wenn auch in unterschiedlicher Intensität – die Neuregelungen bewährt und zu einer größeren Effizienz der Finanzgerichte beigetragen. Sie haben auch verfassungsrechtlichen Prüfungen standgehalten. 7

III. Änderungen 1994 bis 1996

Durch das **GrenzpendlerG** v. 24.6.1994 (BGBl. I 1395) wurden parallel zur Neuregelung des außergerichtlichen Rechtsbehelfsverfahrens **(Wegfall des Beschwerdeverfahrens)** § 61 aufgehoben und § 63 II geändert sowie parallel zu den Regelungen zur Einspruchsbefugnis (§ 352 AO) die Regelungen zur **Klagebefugnis (§ 48)** neu gefasst. Ebenfalls in Anknüpfung an die AO (dort: § 364b AO) wurde in **§ 76 III** geregelt, welche Wirkungen **im Verwaltungsverfahren gesetzte Ausschlussfristen im Klageverfahren** haben. Die Regelungen waren ursprünglich im Entwurf eines Dritten Gesetzes zur Durchführung versicherungsrechtlicher Richtlinien des Rates der Europäischen Gemeinschaft enthalten (BT-Drs. 12/6959, 126 ff.), die noch heute zu Rate ziehen muss, wer den gesetzgeberischen Gedankengängen weiter nachspüren will als bis zu den BT-Drs. 12/6476 und 12/7427 oder zur BR-Drs. 359/94. 8

Durch **Art. 19 des JStG 1997** v. 20.12.1996 (BGBl. I 2049) wurde als Reaktion auf BFH GrS 3/93, BStBl. II 1995, 730 der vorläufige Rechtsschutz gegen Steuerjahresfestsetzungen nach Ergehen von Vorauszahlungsbescheiden und bei Anrechnung von Steuerabzugsbeträgen durch **§ 69 II 8 und III 4 idF des JStG 1997** eingeschränkt (zur Kritik s. Vorwort zu Gräber, 4. Aufl. 1997 und 6. Aufl. 2006; → § 69 Rn. 260). 10

IV. 2. FGOÄndG

Durch das **2. FGOÄndG v. 19.12.2000** (BGBl. I 1757) wurden mWv 1.1.2001 eine Reihe praktisch relevanter Änderungen, die der Rechtsschutzverbesserung und Verfahrensvereinfachung dienten, in die FGO eingefügt. Einige dieser Regelungen wurden aus dem **BFH-EntlG** übernommen, das **zum 31.12.2000 auslief.** 11

Zu nennen sind insbes.: 12

– für Angehörige der steuerberatenden Berufe **Wegfall der Pflicht, in jedem Fall die Bevollmächtigung durch eine schriftliche Originalvollmacht nachzuweisen** (§ 62 III 6, heute § 62 VI 4; die Möglichkeit, eine Ausschlussfrist zur Vorlage einer schriftlichen Prozessvollmacht zu setzen, blieb zunächst erhalten),
– **Abschaffung des Antragserfordernisses** bei Ergehen eines Änderungsbescheids während des Klageverfahrens **(§ 68),**

- **Neuregelung der Rechtsmittel gegen Gerichtsbescheide** (Wahlrecht zwischen Antrag auf mündliche Verhandlung und Revision, wenn die Revision zugelassen wurde, Entfallen der Möglichkeit der NZB, § 90a),
- Einführung der **Videokonferenz (§§ 91a, 93),**
- **Abschaffung der Streitwertrevision** (s. § 115; Übernahme aus dem BFH-EntlG),
- Neuregelung der **Zulassungsgründe** (Zulassungsgrund Fortbildung des Rechts oder Sicherung einer einheitlichen Rspr. statt Abweichung von höchstrichterlicher Rechtsprechung),
- Neuregelung des Rechtsmittelrechts dahin gehend, dass die **NZB und die Revision beim BFH einzulegen** sind (§§ 116 II, 120 I),
- **Verlängerung der Begründungsfristen** für NZB und Revision (§§ 116 III, 120 II),
- Schaffung der Möglichkeit, bei Bejahung von Verfahrensfehlern das Urteil im Verfahren über die NZB aufzuheben und an das FG zurückzuweisen (§ 116 VI),
- Schaffung der Möglichkeit, **notwendige Beiladungen im Revisionsverfahren** nachzuholen (§ 123 I 2),
- **Begründungserleichterungen** (§ 116 V 2, § 126 VI, teilweise Übernahme aus dem BFH-EntlG),
- automatischer Übergang ins Revisionsverfahren bei Zulassung (§ 116 VII 1),
- Möglichkeit der **Zurückweisung der Revision** als unbegründet durch **Beschluss** (§ 126a, Übernahme aus dem BFH-EntlG),
- **Erweiterung des Katalogs der nicht beschwerdefähigen Beschlüsse** (insbes. Aufnahme der Beschlüsse über die Ablehnung von Gerichtspersonen und über Prozesskostenhilfe, § 128 II).

13 Im Gefolge des 2. FGOÄndG wurde die FGO **am 28.3.2001 neu bekanntgemacht** (BGBl. I 442; berichtigt am 28.8.2001, BGBl. I 2262 und am 11.2.2002, BGBl. I 679).

V. Änderungen 2001

14 In **2001** ergaben sich zunächst Änderungen für das finanzgerichtliche Verfahren durch die **grundlegende Reform des Zustellungsrechts** im Rahmen der ZPO, auf die § 53 II verweist (G zur Reform des Verfahrens bei Zustellung im gerichtlichen Verfahren – **Zustellungsreformgesetz** – ZustRG – v. 25.6.2001, BGBl. I 206). Ua wurden die Zustellung von Dokumenten per Telekopie (gegen Empfangsbekenntnis, § 174 II ZPO) und die Ersatzzustellung durch Einlegen in den Briefkasten (§ 180 ZPO) eingeführt.

15 Als Vorläufer des heutigen § 52a wurde durch das **G zur Anpassung der Formvorschriften des Privatrechts und anderer Vorschriften an den modernen Rechtsgeschäftsverkehr** v. 13.7.2001 (BGBl. I 1542) der kurzlebige **§ 77a** (→ Rn. 22) eingeführt, der die Einreichung elektronischer Dokumente im Rahmen der Finanzgerichtsbarkeit ermöglichte.

VI. Änderungen 2004 bis 2005

18 Die für den Arbeitsalltag der Finanzgerichte einschneidenste Änderung in den Jahren **2004 und 2005** erfolgte außerhalb der FGO, nämlich durch die Novellierung der kostenrechtlichen Vorschriften (insbes. Änderung des GKG, Einführung des RVG) durch das **G zur Modernisierung des Kostenrechts** (KostRMoG) v. 5.5.2004 (BGBl. I 718; → Vor § 135 Rn. 6). Dadurch wurde die bis dahin bestehende Möglichkeit der kostenfreien Klagerücknahme abgeschafft (Nr. 6111 KV), ein Mindeststreitwert von seinerzeit 1.000 EUR (§ 52 IV GKG idF des KostRMoG) eingeführt, ebenso ein Gerichtskostenvorschuss (§ 6 I Nr. 4 GKG idF des KostRMoG). Ferner wurden die Gebührensätze angehoben. Diese Änderungen im Verbund hatten zur Folge, dass die Zahl der Verfahrenseingänge zurückging und der Aufwand pro Fall bei den verbleibenden Verfahren anstieg. Denn der Anteil der Verfahren, die sich durch Klagerücknahme erledigten, sank.

Ferner wurde die **Entschädigung der ehrenamtlichen Richter** im neuen **JVEG** angesiedelt, weshalb § 29 durch Art. 4 XXVII KostRMoG geändert wurde.

Mit dem Ersten G zur **Modernisierung der Justiz** v. 24.8.2004 (BGBl. I 19
2198), in Kraft (Art. 14) seit 1.9.2004, (1. Justizmodernisierungsgesetz) wurden in der FGO die folgenden Vorschriften geändert bzw. ergänzt:
- **§ 56 II 1** (Verlängerung der Begründungsfrist),
- **§ 72 I 3** (→ § 72 Rn. 26) und § 138 III (→ § 138 Rn. 20 f.), nach denen ein Schweigen des Beklagten als Prozesserklärung fingiert wird,
- Ausdehnung einzelrichterlicher Befugnisse in **§ 79a I** (dort → § 79a Rn. 1 ff.).

Im Gefolge verfassungsgerichtlicher Rspr. wurde durch das G über die Rechts- 20
behelfe bei Verletzung des Anspruchs auf rechtliches Gehör (**Anhörungsrügengesetz** - AnhRügG) v. 9.12.2004 (BGBl. I 3220), das seit dem 1.1.2005 gilt, der Rechtsbehelf der Anhörungsrüge (§ 133a) in die FGO eingefügt (Einzelheiten → § 133a Rn. 1 ff.).

Mit dem G über die Verwendung elektronischer Kommunikationsformen in 22
der Justiz (**Justizkommunikationsgesetz** – JKomG) v. 22.3.2005 (BGBl. I 837, mit Berichtigung v. 4.7.2005, BGBl. I 2022), wurde mit Wirkung **ab 1.4.2005** die Gleichstellung des Schriftverkehrs in der herkömmlichen Form mit der **elektronischen Datenübermittlung** in allen Prozessordnungen angestrebt (s. BT-Drs. 15/4067, 1). Für die **FGO** wurden in Art. 3 neben reinen **Textänderungen** (zB „übermitteln" statt „übersenden" in § 47 II 2) durch die Neuregelungen in den **§§ 52a u. 52b** (s. dort) die **elektronische Aktenführung** eingeleitet (s. zB die entsprechende Ergänzung in **§ 79b II Nr. 2** sowie in **§ 105 VI 2,** → § 105 Rn. 67; BT-Drs. 15/4067, 28). Die in die gleiche Richtung zielende Vorschrift des **§ 77a** wurde aufgehoben. Damit korrespondierend wurde in **§ 78 II 2, 4 u. 5** auch ein **Recht auf elektronische Akteneinsicht** begründet (→ § 78 Rn. 3, 18 ff.). Für den Fall der Informationsverweigerung (auch soweit es sich um Papiervorgänge handelt) wurde schließlich in **§ 86 III** ein **Zwischenverfahren** beim BFH eingeführt (→ § 86 Rn. 16 ff.).

Nicht zur Gesetzesreife gelangte erfreulicherweise der „Entwurf eines Gesetzes 23
zur Öffnung des Bundesrechts für die Zusammenführung von Gerichten der Verwaltungs-, Sozial- und Finanzgerichtsbarkeit in den Ländern" (**Zusammenführungsgesetz;** BR-Drs. 544/04; BT-Drs. 15/4109). Durch dieses G sollte eine Optionsmöglichkeit für die Länder geschaffen werden, nach der Verwaltungs-, Sozial- und Finanzgerichte in sog. einheitlichen Fachgerichten zusammengeführt werden (zur Kritik s. Vorwort zu Gräber, 6. Aufl. 2006; Tipke/Kruse/Seer Einf. FGO Rn. 63 mwN). Zu einer förmlichen Behandlung im Bundestag ist es nicht gekommen (s. BR-Drs. 126/08 [Beschluss], 2 f.). Dabei wird es hoffentlich bleiben. Denn die spezialisierte Behandlung steuerrechtlicher Probleme in einer gesonderten Fachgerichtsbarkeit hat sich in mehr als fünf Jahrzehnten bewährt (→ § 2 Rn. 3 f.).

VII. Änderungen 2006 bis 2009

25 Im Zuge der Vereinheitlichung des Rechts der Prozessvertretung kam es durch das **G zur Neuregelung des Rechtsberatungsrechts** (Art. 14) v. 12.12.2007 (BGBl. I 2840; BT-Drs. 16/3655) zu einer völligen Umgestaltung des **§ 62** mWv 1.7.2008. Im Interesse der Vereinheitlichung wurde das finanzgerichtliche Sonderinstrument einer Ausschlussfrist zur Vorlage der Prozessvollmacht entfernt. Die den BFH betreffenden Regelungen wurden in § 62 aufgenommen, verbunden mit der Aufhebung des § 62a sowie des hierauf bezogenen § 133a II 5.

VIII. Änderungen 2011 bis 2013

27 Im Gefolge jahrelanger Mahnungen des EGMR und BVerfG schuf der Gesetzgeber mit den §§ 198 ff. GVG Rechtsschutz- und Entschädigungsregelungen, um der Überlänge von Gerichtsverfahren und strafrechtlichen Ermittlungsverfahren entgegenzuwirken. Mit dem G über den **Rechtsschutz bei überlangen Gerichtsverfahren** und strafrechtlichen Ermittlungsverfahren v. 24.11.2011 (BGBl. I 2302, BR-Drs. 540/10, BT-Drs. 17/7217) verweist § 155 S. 2 mWv 3.12.2011 auf diese Regelungen und ordnet die Zuständigkeit des BFH für die Entscheidung über Entschädigungsansprüche und Wiedergutmachung an (→ § 155 Rn. 40 ff.).

28 Das **G zur Änderung von Vorschriften über Verkündung und Bekanntmachungen sowie der ZPO, des EGZPO und der AO** v. 22.12.2011 (BGBl. I 3044) enthält nur eine redaktionelle Folgeänderung des § 60a.

29 Durch Art. 8 des **G zur Förderung der Mediation und anderer Verfahren der außergerichtlichen Konfliktbeilegung** v. 21.7.2012 (BGBl. I 1577, BR-Drs. 60/11, BT-Drs. 17/8058) wurde der Verweis auf die ZPO in § 155 S. 1 ausdrücklich auf die § 278 V und § 278a ZPO erstreckt. Damit wird klargestellt, dass die gleichzeitig eingeführten bzw. geänderten Möglichkeiten der **Konfliktbeilegung durch einen Güterichter oder einen außergerichtlichen Mediator** auch im Rahmen der FGO Anwendung finden sollen (→ § 155 Rn. 30 ff.).

30 Als Reaktion auf eine Umorganisation der Familienkassen der Agentur für Arbeit hat der Gesetzgeber durch das **G zur Einführung von Kostenhilfe für Drittbetroffene in Verfahren vor dem EGMR sowie zur Änderung der FGO** v. 20.4.2013 (BGBl. I 829; BT-Drs. 17/13034, BR-Drs. 163/13) in § 38 IIa für die davon betroffenen Verfahren eine Sonderregelung unter Abkehr vom ansonsten geltenden Grundsatz der Zuständigkeit nach dem Behördensitz getroffen (→ § 38 Rn. 15 ff.).

31 Um die Durchführung von Verhandlungen im Wege der Videokonferenztechnik zu erleichtern, ist durch das **G zur Intensivierung des Einsatzes von Videokonferenztechnik in gerichtlichen und staatsanwaltschaftlichen Verfahren** v. 25.4.2013 (BGBl. I 935, BT-Drs. 17/1224, 17/12418) § 91a (→ Rn. 12) geändert worden, vor allem, indem die Regelungen des § 93a über die Vernehmung von Zeugen, Sachverständigen oder Beteiligten in § 91a eingefügt worden sind. Dabei hat der Gesetzgeber davon Abstand genommen, die Vernehmung von Zeugen usw vom Einverständnis der Beteiligten abhängig zu machen. Gleichzeitig wurde für die Inanspruchnahme von Videokonferenzverbindungen ein Auslagentatbestand eingeführt (Nr. 9019 KV).

Die Änderung des § 76 I 4 und des § 85 S. 2 durch Art. 23 des G zur Umsetzung der Amtshilferichtlinie sowie zur Änderung steuerlicher Vorschriften – **Amtshilferichtlinie-UmsetzungsG** – v. 26.6.2013 (BGBl. I 1809) stellt nur eine redaktionelle Folgeänderung dar. **32**

Keine Änderung der FGO, jedoch des die finanzgerichtlichen Verfahren betreffenden Kostenrechts brachte das Zweite Gesetz zur Modernisierung des Kostenrechts – **2. KostenrechtsmodernisierungsG** – v. 23.7.2013 (BGBl. I 2586). Der **Mindeststreitwert** wurde auf **1.500 EUR** erhöht, jedoch die **Kindergeldverfahren** vom Mindeststreitwert **ausgenommen** (§ 52 IV Nr. 1). Die Gebührensätze wurden erhöht, die Zahl der Gebührenstufen verringert (Anlage 2 zu § 34 I 3 GKG). Zur erneuten Änderung durch das G zur Durchführung der VO (EU) Nr. 1215/2012 sowie zur Änderung sonstiger Vorschriften v. 8.7.2014 (BGBl. I 890) → Vor § 135 Rn. 8. **33**

Durch das **G zur Änderung des Prozesskostenhilfe- und Beratungshilferechts** v. 31.8.2013 (BGBl. I 3533, berichtigt gem. BGBl. 2016 I 121, BR-Drs. 516/12, BT-Drs. 17/13538) sollen die Aufwendungen der Länder für Prozesskosten- und Beratungshilfe begrenzt oder sogar gemindert werden, ohne den effektiven Rechtsschutz für weniger bemittelte Beteiligte zu gefährden. Dieses Ziel soll dadurch erreicht werden, dass durch **umfassendere Prüfungen der wirtschaftlichen Verhältnisse** – auch nach der Gewährung von Prozesskostenhilfe – eine Fehlsubventionierung vermieden wird (vgl. insbes. § 120a ZPO). Über die Verweisungsnorm § 142 I wirken sich diese Änderungen auch auf das finanzgerichtliche Verfahren aus. Ferner ist nach § 142 II 1 nun auch die **Beiordnung** von Steuerbevollmächtigten, Wirtschaftsprüfern oder vereidigten Buchprüfern möglich. Schließlich ermöglicht § 142 III–VIII nach Maßgabe des Landesrechts, **Aufgaben** bei der Prüfung der persönlichen und wirtschaftlichen Verhältnisse **auf den Urkundsbeamten der Geschäftsstelle zu delegieren.** Die erneute Änderung des § 142 III durch das **G zur Durchführung der VO (EU) Nr. 1215/2012 sowie zur Änderung sonstiger Vorschriften** v. 8.7.2014 (BGBl. I 890) hatte redaktionelle Gründe (BT-Drs. 18/1492). **34**

Mit dem **G zur Förderung des elektronischen Rechtsverkehrs mit den Gerichten** v. 10.10.2013 (BGBl. I 3786, BR-Drs. 818/12, BT-Drs. 17/13948) drang der Gesetzgeber darauf, die Möglichkeiten der elektronischen Kommunikation in gerichtlichen Verfahren stärker zu nutzen. Dazu wurden über die elektronische Signatur hinaus weitere vom Gesetzgeber als sicher angesehene Kommunikationswege zugelassen (durch **Änderung des § 52a**), die Vorschriften über die Führung elektronischer Akten angepasst **(Änderung des § 52b)** und eine **Nutzungspflicht für Berufsträger und Behörden** eingeführt **(Einfügung des § 52d).** Gemäß Art. 26 des G zur Förderung des elektronischen Rechtsverkehrs mit den Gerichten gelten **großzügige Übergangsfristen** (Inkrafttreten der Neuregelung der §§ 52a u. 52b am 1.1.2018 und des § 52d am 1.1.2022). **35**

IX. Änderungen 2015 bis 2017

Zur Anpassung an die geänderte Ministeriumsbezeichnung wurde **§ 52c S. 1** durch Art. 172 der **Zehnten ZuständigkeitsanpassungsVO** v. 31.8.2015 (BGBl. I 1474) geändert. **36**

Da sich die 2013 eingeführte Sonderregelung des **§ 38 IIa** für die Zuständigkeit in Kindergeldverfahren (→ Rn. 30, → § 38 Rn. 15 ff.) bewährt hatte, wurde die **37**

Regelung durch Art. 3 des **G zur Neuordnung des Rechts der Syndikusanwälte und zur Änderung der FGO** v. 21.12.2015 (BGBl. I 2517, BT-Drs. 18/6915, 26) **entfristet.**

38 Durch das **G zur Modernisierung des Besteuerungsverfahrens** v. 18.7.2016 (BGBl. I 1679) hat der Gesetzgeber der Finanzverwaltung die Möglichkeit eröffnet, Aspekte der Verwaltungsökonomie und der Risikoprognose stärker in die Durchführung des Besteuerungsverfahrens einfließen zu lassen (zu den Auswirkungen auf den gerichtlichen Rechtsschutz Trossen FR 2015, 1021). Die dem zugrunde liegenden Weisungen unterliegen nach § 88 III 3 und V 4 AO sowie § 156 II 3 AO der Geheimhaltung, soweit eine Veröffentlichung die Gleichmäßigkeit und Gesetzmäßigkeit der Besteuerung gefährden könnten. Durch die **Einfügung eines Satzes 2 in § 86 II** mWv 1.1.2017 wird klargestellt, dass die Finanzverwaltung auch im Finanzgerichtsprozess nicht verpflichtet ist, Weisungen iSd § 88 III 1, 2 und V 1–3 AO sowie § 156 II 2 AO zu veröffentlichen, wenn diese nach § 88 III 3 und V 4 AO sowie § 156 II 3 AO der Geheimhaltung unterliegen (BT-Drs. 631/15, 142). Sofern über das Vorliegen der Voraussetzungen des § 86 II 2 Streit besteht, ist das sog. In-Camera-Verfahren gem. § 86 III durchzuführen (BT-Drs. 631/15, 143; vgl. Trossen FR 2015, 1021 (1024)).

39 Durch die Einfügung eines **Satzes 2 in § 66** hat das **G zur Änderung des Sachverständigenrechts und zur weiteren Änderung des FamFG sowie zur Änderung des SGG, der VwGO, der FGO und des GKG** vom 11.10.2016 (BGBl. I 2222) mWv 15.10.2016 bestimmt, dass die Rechtshängigkeit einer Klage nach § 155 S. 2 FGO iVm §§ 198 ff. GVG erst eintritt, wenn die Klageschrift zugestellt wurde. Diese Zustellung erfolgt erst nach Zahlung der Verfahrensgebühr, so dass erst danach ein Tätigwerden des BFH erforderlich ist (BT-Drs. 18/9092, 22; → § 66 Rn. 10).

40 Durch Art. 22 und 23 des **G zur Einführung der elektronischen Akte in der Justiz und zur weiteren Förderung des elektronischen Rechtsverkehrs** vom 5.7.2017 (BGBl. I 2208) wurde mit unterschiedlichen Zeitpunkten des Inkrafttretens (vgl. Art. 33 des G vom 5.7.2017) eine Vielzahl von Vorschriften im Zusammenhang mit der Einführung der Elektronischen Akte geändert. Die meisten Vorschriften wurden mWv 1.1.2018 geändert, weil der Gesetzgeber durch die Verwendung des Begriffs **„Protokoll“ statt „Niederschrift“** klarstellen wollte, dass Sitzungsprotokolle auch elektronisch erstellt werden können, was bei der Verwendung des Begriffs „Niederschrift“ zweifelhaft erscheinen könne. Ferner sollte die gesetzgeberische Terminologie vereinheitlicht werden (BT-Drs. 18/9416, 59, 18/12203, 89). Durch die Neufassung von **§ 78 II und III** mWv 1.1.2018 wurde die bisherige Rechtsprechung zur **Akteneinsicht,** die – was die Übersendung von Akten an Klägervertreter anbelangt – deutlich restriktiver ist als die anderer Gerichtszweige, im Wesentlichen kodifiziert (kritisch dazu Schaz DStR 2017, 2302). Die gesetzgeberische Motivation dafür ist den Gesetzgebungsmaterialien nur unvollkommen zu entnehmen, da eine Begründung für die Neuregelung für die Papierakten (§ 78 III) fehlt (vgl. BT-Drs. 18/12203, 73 f., 81, 88, 90). Die übrigen Änderungen (insbes. der §§ 52a und 52b) sind eher technischer Natur.

41 Durch Art. 11 XXVI des **G zur Durchführung der VO (EU) Nr. 910/2014 des Europäischen Parlaments und des Rates vom 23.7.2014 über elektronische Identifizierung und Vertrauensdienste für elektronische Transaktionen im Binnenmarkt und zur Aufhebung der Richtlinie 1999/93/EG** (eIDAS-DurchführungsG) wurde mWv 18.7.2017 in **§ 52a I 3 und III**

sowie **§ 78 II 5** jeweils der Verweis auf das SignaturG gestrichen, weil dieses gleichzeitig außer Kraft getreten ist (Art. 12 I Nr. 1 eIDAS-DurchführungsG) und die maßgeblichen Regelungen nunmehr der VO (EU) Nr. 910/2014 des Europäischen Parlaments und des Rates vom 23.7.2014 (ABl. EU L 257, 73) als unmittelbar geltendes Recht und dem durch das eIDAS-DurchführungsG eingeführten VertrauensdiensteG zu entnehmen sind (BR-Drs. 266/17, 28 ff.).

Art. 17 des **G zur Änderung des Bundesversorgungsgesetzes und anderer Vorschriften** vom 17.7.2017 (BGBl. I 2541; BT-Drs. 18/12611, 92 f.) hat mWv 25.5.2018 zur **Umsetzung der Datenschutz-GrundVO** vom 27.4.2016 **(VO (EU) 2016/679,** ABl. EU L 119, 1) Vorschriften über den Finanzgerichtsprozess in die AO eingefügt **(§ 32i AO).** Nach Art. 78 I VO (EU) 2016/679 hat jede natürliche oder juristische Person das Recht auf einen wirksamen gerichtlichen Rechtsbehelf gegen einen sie betreffenden rechtsverbindlichen Beschluss einer Aufsichtsbehörde. Nach Art. 78 II der VO (EU) 2016/679 hat jede betroffene Person unbeschadet eines anderweitigen verwaltungsrechtlichen oder außergerichtlichen Rechtbehelfs das Recht auf einen wirksamen gerichtlichen Rechtsbehelf, wenn die zuständige Aufsichtsbehörde sich nicht mit einer Beschwerde befasst oder die betroffene Person nicht innerhalb von drei Monaten über den Stand oder das Ergebnis der gemäß Art. 77 der VO (EU) 2016/679 erhobenen Beschwerde in Kenntnis gesetzt hat. Nach Art. 79 I der VO (EU) 2016/679 hat jede betroffene Person das Recht auf einen wirksamen gerichtlichen Rechtsbehelf, wenn sie der Ansicht ist, dass die ihr aufgrund dieser Verordnung zustehenden Rechte infolge einer nicht im Einklang mit dieser Verordnung stehenden Verarbeitung ihrer personenbezogenen Daten verletzt wurden. Für die Fälle des Art. 78 I und II der VO (EU) 2016/679 eröffnet § 32i I AO den **Finanzrechtsweg,** ebenso § 32i II AO für die Fälle des Art. 79 I der VO (EU) 2016/679. Ferner eröffnet § 32i III AO für bestimmte Streitigkeiten zwischen Behörden die Möglichkeit einer Feststellungsklage. Das ansonsten geltende Verfahrensrecht wird insoweit durch § 32i V–X AO modifiziert (erweiterter Kreis von Beteiligten; erweiterte Beiladungsmöglichkeiten, ebenso nach § 32i III 2 AO; kein Vorverfahren; in den Verfahren nach § 32i I AO aufschiebende Wirkung der Klage oder des Antrags). Ferner enthält § 32i V AO besondere Regelungen über die örtliche Zuständigkeit, die denen des § 38 I ähneln (→ § 38 Rn. 7 ff.). Weitere Einzelheiten s. BMF 12.1.2018, BStBl. I 2018, 185 Rn. 106 ff.; Myßen/Kraus DB 2017, 1860 (1870 f.); Baum NWB 2017, 3351; Kommentare zu § 32i AO. 42

Durch das **G über die Erweiterung der Medienöffentlichkeit in Gerichtsverfahren – EMöGG** – vom 8.10.2017 (BGBl. I 3546, BR-Drs. 492/16) sind die Möglichkeiten der Tonübertragung und von Tonaufnahmen von Gerichtsverhandlungen erweitert worden, was gem. § 52 I auch für Verfahren vor den FG oder dem BFH gilt (→ § 52 Rn. 2). 43

X. Änderungen 2019 bis 2024

Die Änderung des **§ 52c S. 4** durch Art. 5 II 8 des **G zur Einführung einer Karte für Unionsbürger und Angehörige des Europäischen Wirtschaftsraums mit Funktion zum elektronischen Identitätsnachweis sowie zur Änderung des Personalausweisgesetzes und weiterer Vorschriften** vom 21.6.2019, BGBl. I 846, vollzieht die erweiterten Identifizierungsmöglichkeiten durch die Einführung der sog. eID-Karte nach. 44

45 Mit Art. 7 des **G zur Regelung der Wertgrenze für die Nichtzulassungsbeschwerde in Zivilsachen, zum Ausbau der Spezialisierung bei den Gerichten sowie zur Änderung weiterer prozessrechtlicher Vorschriften** vom 12.12.2019, BGBl. I 2633, wurden **§ 52a II 1** geändert sowie **§ 52a III 2** und **§ 109 II 3** eingefügt. Die Änderung des § 52a dient der Klarstellung (BT-Drs. 19/15167, 29 f.). Die Ergänzung des § 109 II 3 folgt dem Vorbild des § 321 III 3 ZPO und entspricht dem allgemeinen Grundsatz, dass über Kostenfragen ohne mündliche Verhandlung entschieden werden kann (BR-Drs 366/19, 16, 21).

46 Durch das **KostenrechtsänderungsG 2021** vom 21.12.2020, BGBl. I 3229, wurden ua die **Gerichts- und Rechtsanwaltsgebühren** sowie die Gebühren- und Auslagensätze nach dem JVEG mWv 1.1.2021 **erhöht.** Ferner wurde in **Nr. 3104 Abs. 1 Nr. 1 RVG-VV** ein neuer Tatbestand für eine **fiktive Terminsgebühr** geschaffen, die anfällt, wenn in einer Sache, für die eine mündliche Verhandlung vorgeschrieben ist, eine Erledigung der Rechtssache iSd Nr. 1002 RVG-VV eingetreten ist. Damit soll die einvernehmliche Beilegung von Rechtsstreiten gefördert werden (BR-Drs 565/20, 95 f.).

47 § 32e AO verweist für den Umfang der aus den Informationsfreiheitsgesetzen herrührenden **Auskunftsansprüche** auf die §§ 32a bis 32d AO, die unmittelbar für die Ansprüche aus der Datenschutz-GrundVO (VO (EU) 2016/679) gelten. Insoweit ist nach § 32i AO der Finanzrechtsweg gegeben (→ § 33 Rn. 141), während für die Ansprüche nach den Informationsfreiheitsgesetzen der Verwaltungsrechtsweg gegeben war (→ 9. Aufl., § 33 Rn. 30 „Auskunft", „Insolvenz"). Um eine einheitliche Rechtsprechung sicherzustellen (BR-Drs. 503/20, 181 f.), wurde durch Art. 27 Nr. 8 Buchst. a **JStG 2020** v. 16.12.2020, BGBl. I 3096 mWv 29.12.2020 in **§ 32i II AO** ein Satz 2 eingefügt, nach dem der **Finanzrechtsweg** auch gegeben ist für Auskunfts- und Informationszugangsansprüche, deren Umfang nach § 32e begrenzt wird (→ § 33 Rn. 81).

48 Durch Art. 15 II 10 des **G zur Reform des Vormundschafts- und Betreuungsrechts** vom 4.5.2021, BGBl. I 882, wurde mWv 1.1.2023 die Verweisung in **§ 58 II 3** der geänderten Zivilrechtslage angepasst.

49 Das Berufsrecht der rechts- und steuerberatenden Berufe wurde durch das **G zur Neuregelung des Berufsrechts der anwaltlichen und steuerberatenden Berufsausübungsgesellschaften sowie zur Änderung weiterer Vorschriften im Bereich der rechtsberatenden Berufe** vom 7.7.2021, BGBl. I 2363, mWv 1.8.2022 grundlegend reformiert. Insbes. wurden dadurch auch interprofessionelle Berufsausübungsgesellschaften geregelt. In Art. 21 dieses G werden damit zusammenhängende Folgeänderungen in **§ 19 Nr. 5** (Katalog der mit dem Amt des ehrenamtlichen Richters unvereinbaren Berufe), **§ 52a IV 4 Nr. 2** (Einfügung des beA iSd § 31b BRAO) und **§ 62 II 2 Nr. 3** (Einfügung des Nr. 3a als Folgeänderung aus der Einführung der beschränkten geschäftsmäßigen Hilfe in Steuersachen gem. §§ 3d, 3e StBG) normiert (auf Vorschlag des Rechtsausschusses des BT, vgl. BT-Drs. 19/30516, 72). Durch dieses G (Art. 4 Nr. 35) wurden auch die im Kontext des § 52d (Benutzungspflicht seit dem 1.1.2023) relevanten Regelungen über das **beSt** (§§ 86c ff. StBG) eingeführt.

50 Mit Art. 17 bis 19 des **G zum Ausbau des elektronischen Rechtsverkehrs mit den Gerichten und zur Änderung weiterer Vorschriften** vom 5.10.2021, BGBl. I 4607, wurden die den elektronischen Rechtsverkehr betreffenden Vorschriften **§ 52a** und **§ 52d** geändert, insbes. im Hinblick auf die beabsichtigte Einführung eines elektronischen Bürger- und Organisationenpostfachs

(eBO). Das Inkrafttreten erfolgte gestaffelt: Art. 17 und 18 am 1.1.2022, Art. 19 am 1.1.2026 (Einführung der Nutzungspflicht für professionelle eBO-Nutzer). Ferner wurde in Art. 1 Nrn. 5 ff. des G vom 5.10.2021 das über § 53 II auch im Finanzgerichtsprozess relevante **Zustellungsrecht** in der ZPO mWv 1.1.2022 reformiert, insbes. durch Einfügung eines neuen **§ 173 ZPO** (Zustellung elektronischer Dokumente), was eine Neunummerierung weiterer Vorschriften zur Folge hatte.

Zwecks Änderung des Rechts der rechtsberatenden Berufe erging das **G zur Stärkung der Aufsicht bei Rechtsdienstleistungen und zur Änderung weiterer Vorschriften** vom 10.3.2023, BGBl. I Nr. 64, was u.a. zur Änderung des § 3 StBG führte. Mit Art. 13 III des G vom 10.3.2023 wurden in **§ 62 II** mWv 16.3.2023 entsprechende Folgeänderungen vorgenommen. 51

Weil durch das **VerbandsklagenrichtlinienumsetzungsG** vom 8.10.2023 (BGBl. I Nr. 272) die zuvor im 6. Buch der ZPO (§§ 606 – 614 ZPO) enthaltenen Regelungen über Musterfeststellungsklagen aufgehoben wurden (s. nunmehr die §§ 41 f. VerbraucherrechtedurchsetzungsG), bedurfte des der entsprechenden Einschränkung der Generalverweisung auf die ZPO in **§ 155 S. 1** nicht mehr, so dass diese durch Art. 20, 31 I VerbandsklagenrichtlinienumsetzungsG mWv 13.10.2023 aufgehoben wurde. 52

Im Gefolge der Novellierung des Personengesellschaftsrechts durch das MoPeG vom 10.8.2021, BGBl. I 3436, wurde durch Art. 27 **KreditzweitmarktförderungsG** vom 22.12.2023 (BGBl. I Nr. 411) **§ 48** an die neue Rechtslage angepasst und mWv 1.1.2024 (Art. 36 III KreditzweitmarktförderungsG; ohne weitergehende Übergangsregelung) grundlegend reformiert (parallel zur Neufassung des § 352 AO; vgl. BT-Drs. 20/9782, 206). Die Neuregelung war ursprünglich Teil des Entwurfs des WachstumschancenG (vgl. Art. 21 des Entwurfs in BR-Drs. 433/23, 52, 218, später Art. 23, vgl. BR-Drs. 588/23, 47 f.). Das WachstumschancenG wurde jedoch aufgrund eines Vermittlungsverfahrens erst verzögert verabschiedet (vgl. BR-Drs. 588/23 (B) und das spätere G vom 27.3.2024, BGBl. I Nr. 108). Daher entschieden sich die Bundestagsfraktionen, die (zu Recht) als zeitkritisch angesehenen MoPeG-Folgeänderungen in das KreditzweitmarktförderungsG zu überführen (vgl. BT-Drs. 20/9782, 185). 53

Um die Überführung von Altverfahren, die noch in Papierform geführt werden, in rein digitale Akten zu erleichtern, sind durch Art. 31 ff. des **G zur weiteren Digitalisierung der Justiz** vom 12.7.2024 (BGBl. I Nr. 234) die **§§ 52a und 52b** geändert und erneut ein § 162 eingeführt worden. Den Ländern ist insoweit mWv 17.7.2024 die Möglichkeit eingeräumt worden, für einen Übergang zur elektronischen Aktenführung per VO zu optieren. 54

Durch Art. 12 Nr. 8 des **G zur Förderung des Einsatzes von Videokonferenztechnik in der Zivilgerichtsbarkeit und den Fachgerichtsbarkeiten** vom 15.7.2024 (BGBl. I Nr. 237) wurden mWv 19.7.2024 (Art. 19 I dieses G) die bisherigen in der FGO enthaltenen Regelungen zur **Videokonferenz** in **§ 91a** (→ Rn. 12, 31) **aufgehoben.** Stattdessen findet für Videokonferenzen in der Finanzgerichtsbarkeit aufgrund der Generalverweisung in § 155 S. 1 und verschiedenen Einzelverweisen das **ZPO-Recht** Anwendung, insbes. **§ 128a und § 284 ZPO** (→ § 90 Rn. 35 ff.). Daneben wurden weitere Einzelvorschriften teils klarstellend, teils erweiternd an die neue Rechtslage angepasst (§ 64 I 2, § 65 I 5, § 71 I 4, § 79 I 2 Nr. 1 Hs. 2; § 80 I 2, § 82 und § 128 II). Im Bereich der ZPO-Normen haben sich abgesehen von §§ 128a, 284 ZPO für den Finanzgerichtsprozess besonders relevante Änderungen bei den Regelungen über die Pro- 55 tokollführung (§§ 160 ff. ZPO; → § 90 Rn. 61; § 94 Rn. 6, 10 f., 14 f.) und über die Terminänderung (§ 227 I 3 ZPO nF; → § 91 Rn. 5) ergeben. Schließlich wurde die bereits zuvor praktizierte richterliche Beratung im Wege der Videokonferenz (vgl. BFH IV R 35/19, NJW 2021, 1558; BGH LwZR 2/20, NJW-RR 2021, 190) in § 155 S. 1 FGO iVm § 193 I GVG nF klarstellend kodifiziert (BR-Drs. 228/23, 41 f.; → § 90 Rn. 68). Durch Art. 13 des G vom 15.7.2024 wurde die Auslagenpauschale für Videokonferenzen wieder abgeschafft (§ 90 Rn. 72). Grundlage des G ist der Vorschlag des Vermittlungsausschusses (BT-Drs. 20/11770), der wiederum in Teilen Bezug nimmt auf den Gesetzentwurf der BReg (BR-Drs.228/23) und die Änderungsvorschläge des Rechtsausschusses des Bundestags (BT-Drs. 20/9354), denen die Bundesratsmehrheit teilweise widersprochen hatte (vgl. BR-Drs. 604/1/23).

56 Durch Art. 12 des PostmodernisierungsG vom 15.7.2024 (BGBl. I Nr. 236) wurde in **§ 133a II 3** die **Bekanntgabevermutung** zur Anpassung an veränderte Arbeitsweisen bei Postdienstleistungsunternehmen mWv 1.1.2025 (Art. 43 II dieses G) auf 4 Tage verlängert.

57 Durch Art. 6 des **G zur Einführung eines Leitentscheidungsverfahrens beim Bundesgerichtshof** vom 24.10.2024 (BGBl. I Nr. 328) wird kraft ausdrücklicher Regelung in § 155 S. 1 Hs. 2 klargestellt, dass das **Leitentscheidungsverfahren** nach den §§ 552b und 565 ZPO im Finanzgerichtsprozess **nicht anzuwenden** ist.

58 Wegen weiterer Gesetzesänderungen aus der Zeit vor 2011 → 9. Aufl. Vor § 1.

§ 1 [Unabhängigkeit der Finanzgerichte]

Die Finanzgerichtsbarkeit wird durch unabhängige, von den Verwaltungsbehörden getrennte, besondere Verwaltungsgerichte ausgeübt.

Vgl. § 1 VwGO; § 1 SGG; § 1 GVG.

Literatur: Battis/Bahns, Aufkündigung des beamtenrechtlichen Dienst- und Treueverhältnisses?, DRiZ 2023, 104; Berlit, Der Richter als Sicherheitsrisiko? Richterliche Unabhängigkeit und IT-Sicherheit, jM 2016, 334; Birk, Ein (kritischer) Blick auf das finanzrichterliche Selbstverständnis, DStR 2018, 1; Böhmann, Übertragung des Amtes des Präsidenten des Finanzgerichts im weiteren Hauptamt – Kein Verstoß gegen die richterliche Unabhängigkeit und das Gebot des gesetzlichen Richters – Replik auf Trossen, DStR 2014, 1810, DStR 2014, 2547; Fischer, Innere Unabhängigkeit und Fiskalinteresse, DRiZ 1992, 445; Drüen, Richterseminar K: Effektiver Rechtsschutz für Steuerpflichtige – Garantie und Herausforderungen, IStR 2015, 609; Gärditz, Europäisches Justizverfassungsrecht, DRiZ 2019, 424; Geiger, Die Unabhängigkeit des Richters, DRiZ 1979, 65; Hebeler, Das Hinausschieben des Ruhestandseintritts von Richtern – Gesetzeslage und verfassungsrechtliche Bewertung, NJW 2023, 2974; Herberger, „Wir geben Ihrer Zukunft ein Zuhause: JVA" – Facebook als Gefahrenquelle für Richter, jM 2017, 79; Kirchhof, Richterliche Rechtsfindung, gebunden an „Gesetz und Recht", NJW 1986, 2275; Kohl, Ankündigung eines (Vor)Urteils – Replik zu Trossen, DStR 2014, 1810, DStR 2014, 2548; Kramer, Die Selbstverwaltung der Dritten Gewalt, NJW 2009, 3079; Kreth, Steter Tropfen höhlt den Stein, DRiZ 2013, 236; Pabsthart, Übertrifft die Anforderungen erheblich, DRiZ 1992, 297; Pezzer, Finanzgerichtsbarkeit im gewaltengeteilten Verfassungsstaat, DStR 2004, 525; Piorrek, Von der Pflicht eines Richters zum Ungehorsam, DRiZ 1990, 26; Piorrek, Politische Einflussnahme auf die Justiz im demokratischen Rechtsstaat, DRiZ 1993, 109; Plum, „Stechuhr" im Richterzimmer, DRiZ 2023, 376; Poseck, Besetzung von Richterpositionen – Status quo besser als sein Ruf, NJW 2022, 2734; Priepke, Richteramt und Beförderungssystem,

DRiZ 1978, 169; Radke, Datenhaltung und Datenadministration der Justiz und richterliche Unabhängigkeit, jM 2016, 8; Reimer, Zusammenspiel von Rechtsprechung und Gesetzgebung, FS 100 Jahre Steuerrechtsprechung, 2018, 227; Roller/Stadler, Flexibilisierung des Richtereinsatzes durch Übertragung eines weiteren Richteramts in einer anderen Gerichtsbarkeit, DRiZ 2009, 223; dies., Das Präsidentenamt an mehreren Gerichten, NVwZ 2015, 401; Schaffer, Dienstliche Beurteilungen von Richtern und Staatsanwälten, DRiZ 1992, 292; Scholz, Verfassungsrechtliche Rahmenbedingungen der IT-Ausstattung der Justiz, DRiZ 2012, 158; Schröder, Dienstzeiten und Anwesenheitspflichten für Richterinnen und Richter, NJW 2005, 1160; Sporré, Verfassungsgemäße Besoldung: (k)ein Buch mit sieben Siegeln?, DRiZ 2013, 56; Tappert, Unabhängige Justiz ohne Selbstverwaltung?, DRiZ 2018, 234; Trossen, Bestellung von Richtern im Abordnungs- und Erlassweg in der Finanzgerichtsbarkeit – Verstoß gegen die richterliche Unabhängigkeit und das Gebot des gesetzlichen Richters?, DStR 2014, 1810; Vultejus, Richter nach Noten – Noten für Richter, DRiZ 1993, 177; Wagner, Überlange Verfahrensdauer – Anmerkungen ua zur Entscheidung des BVerfG vom 2.9.2009 1 BvR 3171/08, DStR 2009, 2110; Wagner, Juristisches Neuland – über den Umgang von Richterdienstgerichten mit AfD-Richtern und -Staatsanwälten, NJW 2023, 501; Weber-Grellet, Institutionelle Unabhängigkeit der Justiz als Verfassungsgebot, FS 75 Jahre FG Münster, 2024, 53.

I. Begriff der Finanzgerichtsbarkeit

§ 1 stellt fest, dass es sich bei der Finanzgerichtsbarkeit um einen **Zweig der rechtsprechenden Gewalt** (Art. 92 ff. GG) handelt. Entsprechende Vorschriften enthalten § 1 GVG für die ordentliche Gerichtsbarkeit, § 1 VwGO für die Verwaltungsgerichtsbarkeit und § 1 SGG für die Sozialgerichtsbarkeit. Die Finanzgerichtsbarkeit ist ein selbständiger Gerichtszweig (weiteres s. zu § 2), der gleichrangig neben den übrigen vier Gerichtsbarkeiten – ordentliche Zivil- und Strafgerichtsbarkeit, Arbeitsgerichtsbarkeit, Verwaltungsgerichtsbarkeit und Sozialgerichtsbarkeit (Art. 95 I GG) – steht, wobei sich Unterschiede lediglich aus der Aufgabenverteilung ergeben. Den Finanzgerichten ist die Entscheidung über öffentlich-rechtliche Rechtsstreitigkeiten zugewiesen, für die der **Finanzrechtsweg** gem. § 33 eröffnet ist. Darüber hinaus haben die Finanzgerichte Angelegenheiten der gerichtlichen **Selbstverwaltung** (§ 4 FGO iVm §§ 21a ff. GVG; → § 4 Rn. 5 ff.) wahrzunehmen. Materiell sind die Finanzgerichte – ebenso wie die Sozialgerichte – **besondere Verwaltungsgerichte** (→ § 2 Rn. 3 ff.). – Sie sind Teil der sog. Dritten Gewalt (Art. 20 II, 92 ff. GG); ihnen dürfen – mit Ausnahme der Gerichtsverwaltung (§ 32) – keine Verwaltungsaufgaben übertragen werden (BVerfG 2 BvR 375/60 ua, NJW 1967, 1219; 1 BvL 34/79, NJW 1983, 2812; 2 BvL 5/83, NJW 1988, 405). 1

II. Unabhängigkeit der Finanzgerichte

§ 1 legt entsprechend der verfassungsrechtlichen Garantie unabhängiger Gerichte (Art. 20 II u. III, 92, 97, 101 GG) und insbes. in Übereinstimmung mit dem verfassungsrechtlichen **Grundsatz der Gewaltenteilung** (Art. 20 II GG) fest, dass die Finanzgerichte von den beiden anderen Gewalten (Gesetzgebung und vollziehende Gewalt) unabhängig sind. Auch unionsrechtlich folgt aus **Art. 19 I 2 EUV** (als Voraussetzung für einen effektiven Rechtsschutz) und aus **Art. 47 II GRCh,** dass in den vom Unionsrecht erfassten Bereichen der Rechtsschutz durch unabhängige Gerichte gewährt werden muss (EuGH C-357/19, EuZW 2022, 333 Rn. 227 ff. – Euro Box Promotion; C-430/21, NJW 2022, 2093 Rn. 40 ff. – 3

RS; C-817/21, EuZW 2023, 820 Rn. 45 f. – RI; Gärditz DRiZ 2019, 424 (425 ff.)). Die Finanzgerichte sind in Übereinstimmung mit dem Grundsatz der Gewaltenteilung **nicht weisungsgebunden** und **organisatorisch** von den Verwaltungsbehörden (der vollziehenden Gewalt) **getrennt** (§ 32; → Rn. 18). Die Selbständigkeit der Finanzgerichte ggü. den anderen Gerichtszweigen findet ihren Ausdruck in der Regelung der Rechtswegezuständigkeit (§ 33).

4 Die Selbständigkeit der Finanzgerichte findet ihre **Grenzen** insbes. darin, dass sie von den **Haushaltplänen der Legislative** abhängig sind (→ Rn. 11) und dass die **Besetzung von Richterstellen unter maßgeblicher Mitwirkung der Exekutive** und ggf. durch Richterwahlausschüsse (→ § 14 Rn. 2) erfolgt. Insoweit handelt es sich um eine verfassungs- und unionsrechtlich zulässige Verschränkung der Gewalten (Poseck NJW 2022, 2734 (2735)). Unter dem Einfluss anderer Regelungsmodelle im europäischen Ausland (vgl. zB FG Hmb 3 KO 28/14, EFG 2014, 1019) hat sich insbes. ab etwa 2009 im politischen Raum eine Diskussion über die **Selbstverwaltung der Justiz** entwickelt, die jedoch nicht zu konkreten gesetzgeberischen Beschlüssen geführt hat (vgl. zB Kramer NJW 2009, 3079; Weber-Grellet DRiZ 2012, 2 (46); Kreth DRiZ 2013, 236; Tappert DRiZ 2018, 234; dazu Poseck NJW 2022, 2734 (2737); krit. Weber-Grellet FS 75 Jahre FG Münster, 2024, 53).

III. Sachliche und persönliche Unabhängigkeit der Richter

6 Die Unabhängigkeit der Finanzgerichte (→ Rn. 3) wird ergänzt durch die **sachliche und persönliche Unabhängigkeit der Richter** (Art. 97 GG; §§ 25–37 DRiG). Durch sie soll der Anspruch der Bürger auf Gewährung von Rechtsschutz durch eine neutrale und am Ausgang des Verfahrens nicht interessierte Instanz sichergestellt werden. Die Unabhängigkeit gilt deshalb nicht nur für die **Berufsrichter,** sondern auch für die **ehrenamtlichen Richter** (§ 45 DRiG). Die Unabhängigkeit besteht nicht nur gegenüber der Exekutive, sondern in gewissem Rahmen **auch gegenüber der Legislative** (iE Reimer FS 100 Jahre Steuerrechtsprechung, 2018, 227 (236 f.)). Art. 97 GG ist zwar kein rügefähiges Grundrecht iSd § 90 BVerfGG (BVerfG 2 BvR 1473/20, NJW 2021, 3717; 1 BvR 2622/21, NVwZ 2022, 713), die sachliche und persönliche Unabhängigkeit der Richter gilt aber zugleich als hergebrachter Grundsatz des Richteramtsrechts, auf den sich der einzelne Richter gem. Art. 33 V GG berufen kann (BVerfG 2 BvR 74/60, NJW 1961, 915; 2 BvR 136/96, NJW 1996, 2149; 2 BvR 2576/11, NJW 2013, 2102; 2 BvL 17/09 ua, NJW 2015, 1935 Rn. 120; 1 BvR 2622/21, NVwZ 2022, 713). Sie ist jedoch **auf die eigentliche Spruchtätigkeit beschränkt,** also auf die Tätigkeiten, die mit der Rechtsfindung und der Sicherung des Rechtsfriedens in unmittelbarem Zusammenhang stehen, einschließlich der Tätigkeiten, die der Bearbeitung eines konkreten Verfahrens dienen, wie die Dezernatsbearbeitung, die Terminierung, das Laden von Zeugen und Beteiligten usw (sog. Kernbereich; BVerfG 2 BvR 1473/20, NJW 2021, 3717). Dies schließt die Tätigkeit des Präsidiums, insbes. iRd Beschlussfassung für die Geschäftsverteilung, ein, jedoch nicht die Tätigkeit iRd Gerichtsverwaltung (s. § 32; Schmidt-Räntsch DRiG § 25 Rn. 10 ff.).

1. Sachliche Unabhängigkeit

8 **Sachliche Unabhängigkeit** bedeutet, dass der Richter bei der Ausübung seines Amtes, dh iRd funktionell rechtsprechenden Tätigkeit, **nur an G und**

Recht gebunden ist (Art. 97 I, 20 III GG). Diese Bindung schränkt die Unabhängigkeit der Richter nicht ein, sondern stärkt sie (BVerfG 2 BvR 1473/20, NJW 2021, 3717). **Bindung an das G bedeutet nicht,** dass der Richter die geschriebenen Rechtssätze wortgetreu befolgen muss, sondern **„Gebundensein an Sinn und Zweck des Gesetzes"** (BVerfG 1 BvL 39/69, 1 BvL 14/72, BVerfGE 35, 263 (279); 1 BvR 479/92 ua, NJW 1998, 519). Hält der Richter ein Gesetz, auf dessen Gültigkeit es bei der Entscheidung ankommt, für **verfassungswidrig,** muss er das Verfahren nach Art. 100 I GG aussetzen (→ Vor § 74 Rn. 5; BeckOK BVerfGG/Geißler § 80 Rn. 1 ff.; → 9. Aufl. Anh. Rn. 60–92) und, wenn es sich um die Verletzung der Verfassung eines Bundeslandes handelt, die Entscheidung des für Verfassungsstreitigkeiten zuständigen Gerichts des Landes, oder wenn es sich um die Verletzung des GG handelt, die Entscheidung des BVerfG einholen (Art. 100 I GG). – Zur Vorlage an den Großen Senat beim BFH s. § 11 II–IV und zur **Vorlagepflicht nach Art. 267 AEUV (ex Art. 234 III EGV)** → Vor § 74 Rn. 7; Calliess/Ruffert/Wegener Art. 267 AEUV Rn. 1 ff.; → 9. Aufl. Anh. Rn. 155 ff. Die **Bindung** der Richter **an das „Recht"** ist aufgrund der Erfahrungen mit dem Nationalsozialismus in das GG aufgenommen worden. Art. 20 III GG stellt klar, dass es gesetzliches Unrecht geben kann und dass der Richter ein Gesetz, das gegen ungeschriebene Rechtsnormen (allgemein anerkannte Grundsätze der Menschlichkeit und Sittlichkeit) verstößt, nicht zur Grundlage richterlicher Entscheidungen machen darf. Eine solche Ausnahmesituation ist in einem demokratischen Rechtsstaat allerdings kaum vorstellbar (Tipke/Kruse/Brandis § 1 Rn. 12).

Die **sachliche Unabhängigkeit** ist vor allem dadurch gekennzeichnet, dass 9
jeder vermeidbare **Einfluss der vollziehenden Gewalt** (Weisungen, Anregungen oder Bitten) ebenso unzulässig ist wie jedwede Behinderung der Amtsausübung (vgl. zB BVerfG 2 BvR 74/60, NJW 1961, 915; 2 BvL 12/72 ua, NJW 1974, 179; 2 BvR 1058/05, HFR 2006, 1030; 2 BvR 2576/11, NJW 2013, 2102; BGH RiZ (R) 2/14, NJW 2015, 1250; Schnellenbach NJW 1989, 2227; Piorrek DRiZ 1993, 109). Damit sind auch mittelbare, subtile und psychologische Einflussnahmen der Exekutive auf die Rechtsstellung des Richters verboten (EuGH C-197/23, BeckRS 2024, 31174 Rn. 63 – S.; BVerfG 2 BvR 2576/11, NJW 2013, 2102; 2 BvR 2223/15, NVwZ 2016, 764; BGH RiZ (R) 3/15, BeckRS 2017, 130149; zu weiteren Einzelheiten s. Schmidt-Räntsch DRiG § 25 Rn. 6 f.). Die sog **Nichtanwendungserlasse** der FVerw sind für die Finanzgerichte nicht verbindlich. Ungeachtet des sich aus Art. 19 IV GG und § 155 S. 2 FGO iVm § 198 GVG ergebenden Beschleunigungsgebots (→ § 155 Rn. 40 ff.) bleibt es dem Richter überlassen, wann und wie er eine bestimmte Sache terminiert oder sonst fördert. Allerdings engt sich dieser Spielraum mit zunehmender Verfahrensdauer ein (BVerfG 1 BvR 1067/12, NJW 2013, 3630; 1 BvR 1346/22 ua, NVwZ 2023, 991; BFH X K 13/12, BStBl. II 2014, 179; X K 2/20, BStBl. II 2023, 38; BGH III ZR 192/21, NJW 2023, 1578; BVerwG 5 C 1/13 D, Buchholz 300 § 198 GVG Nr. 3). Daher sind Vorhalte oder negative Beurteilungen wegen geringer Erledigungszahlen nicht generell ausgeschlossen, wenngleich nur mit großer Sorgfalt und Vorsicht zulässig (vgl. § 26 II DRiG; BVerfG 2 BvR 1473/20, NJW 2021, 3717; BGH RiZ (R) 2/15, NJW 2018, 158; RiZ (R) 3/19, NJW 2020, 3320). – Die Gerichtsleitung darf auch nicht durch **dienstliche Beurteilungen** Einfluss auf den Kernbereich der richterlichen Tätigkeit nehmen (s. BVerfG 2 BvR 2223/15, NVwZ 2016, 764; BGH RiZ (R) 1/77, BGHZ 69, 309; RiZ (R) 5/08, NJW 2010, 302; OLG Koblenz DGH 1/15,

DRiZ 2017, 102; Kissel/Mayer/Mayer GVG § 1 Rn. 93 ff.; Schmidt-Räntsch DRiG § 26 Rn. 48). Ferner kann die sachliche Unabhängigkeit auch durch Senatsangehörige verletzt werden, soweit der Einzelrichter oder Berichterstatter der gesetzliche Richter ist (BVerfG 2 BvR 136/96, NJW 1996, 2149).

10 **Vorlagepflichten** nach Art. 100 GG (→ Vor § 74 Rn. 5) und Art. 267 AEUV (ex Art. 234 III EGV; → § 33 Rn. 6; → Vor § 74 Rn. 7) berühren die richterliche Unabhängigkeit jedoch ebenso wenig wie die **Bindung an** die auf Vorlage hin ergehende **Entscheidung des BVerfG oder des EuGH** (BVerfG 2 BvR 197/83, NJW 1987, 577; 2 BvR 687/85, NJW 1988, 1459; BFH V R 106/98, BStBl. II 2002, 551; XI R 11/09, BStBl. II 2023, 537 Rn. 65 f.). Entsprechendes gilt für die bindenden **Entscheidungen** anderer Gerichte **nach § 17a GVG** (→ Anh. § 33 Rn. 17 ff.) oder **nach § 126 V** (BVerfG 2 BvL 25/60, BVerfGE 12, 71; 2 BvR 661/16, NJW 2016, 3711; → § 126 Rn. 21 ff.).

11 **Unschädlich** ist die Wahrnehmung der **Dienstaufsicht** (§ 31; § 26 DRiG), wenn und soweit sie die richterliche Unabhängigkeit respektiert (vgl. hierzu BVerfG 2 BvR 1473/20, NJW 2021, 3717; BGH RiZ (R) 10/84, NJW 1986, 2705; RiZ (R) 5/90, NJW 1992, 46; RiZ (R) 1/10, NJW-RR 2011, 700; RiZ (R) 3/19, NJW 2020, 3320; BVerwG 2 B 35/89, NJW 1990, 849; Schaffer DRiZ 1992, 292; Pabsthart DRiZ 1992, 297; Vultejus DRiZ 1993, 177; iE → § 31 Rn. 1 ff.). – Ein Eingriff in die richterliche Unabhängigkeit soll nicht vorliegen, soweit in **Haushaltsplänen** Entscheidungen über die sachliche und personelle Ausstattung der Gerichte getroffen werden (BGH RiZ (R) 2/03, NJW 2005, 905; OVG Saarl 1 W 2/92, DRiZ 1993, 157; Scholz DRiZ 2012, 158), bloße Organisationsentscheidungen getroffen werden (BGH RiZ (R) 2/14, NJW 2015, 1250, dazu Radke jM 2016, 8; vgl. auch DienstG Cottbus DG 2/22, BeckRS 2023, 13052 zur Anwendung allgemeiner Infektionsschutzmaßnahmen), die dienstliche IT-Ausstattung mit dem IT-Netz der Exekutive verbunden wird (sofern keine Zugriffsrechte für gerichtsfremde Personen geschaffen werden; BVerfG 2 BvR 2576/11, NJW 2013, 2102), soweit die **richterliche Tätigkeit im Ausland** von der Zustimmung des anderen Staates abhängig ist (BGH RiZ (R) 3/77, NJW 1978, 1425) oder soweit eine (unecht) **rückwirkende Gesetzesänderung** laufende Verfahren beeinflusst (Art. 20 III GG). Zu den die Unabhängigkeit nicht tangierenden Organisationsentscheidungen gehören auch normative oder technische Vorgaben im Interesse der IT-Sicherheit, sofern es dafür einen sachlichen Grund gibt (vgl. Berlit jM 2016, 334). **Entscheidungen der Legislative** und davon ausgehend der Gerichtsverwaltung, die die Arbeitsweise des Richters beeinflussen (wie zB die Einführung der elektronischen Akte gem. § 52b), muss der Richter hinnehmen (BGH RiZ (R) 5/09, DRiZ 2011, 66).

2. Persönliche Unabhängigkeit

15 Die **persönliche Unabhängigkeit** der hauptamtlich und planmäßig endgültig angestellten Richter wird durch Art. 97 II GG garantiert. Sie soll die sachliche Unabhängigkeit der Richter bei der Wahrnehmung ihrer beruflichen Aufgaben gewährleisten (BVerfG 2 BvR 780/16, NJW 2018, 1935 Rn. 64; 1 BvR 1623/17, NVwZ 2023, 418). Inhaltlich bedeutet die persönliche Unabhängigkeit vor allem, dass ein Richter gegen seinen Willen **grds. unabsetzbar und unversetzbar** ist. Dienstenthebung, Dienstentlassung, Versetzung an eine andere Stelle oder in den vorzeitigen Ruhestand sind nur zulässig, wenn der Richter selbst zustimmt oder wenn sie aufgrund dienstgerichtlicher Entscheidung iRd Gesetze erfolgt

(BVerfG 2 BvL 13/60, NJW 1962, 1611; 2 BvR 1058/05, HFR 2006, 1030; 2 BvR 225/13, NVwZ-RR 2014, 1; vgl. auch §§ 21, 30, 32, 34 DRiG; krit. zu verschiedenen heute bestehenden Regelungen über das Hinausschieben des Ruhestandseintritts Hebeler NJW 2023, 2974; zu den insoweit fehlenden Regelungen für Bundesrichter: EuGH C-349/23, NJW 2025, 285 – Zetschek). Schließlich können Richter bei Veränderung der Einrichtung der Gerichte oder ihrer Bezirke auch gegen ihren Willen an ein anderes Gericht versetzt oder aus dem Amt entfernt werden (BVerfG 2 BvR 1058/05, HFR 2006, 1030 im Zusammenhang mit der Errichtung des FG BBg). Zur **Abordnung** eines planmäßigen Richters s. § 37 DRiG, → § 14 Rn. 1. Die Möglichkeit, einem Richter (ohne seine Zustimmung) ein **weiteres Richteramt bei einem anderen Gericht** zu übertragen (vgl. § 27 II DRiG; dazu Schmidt-Räntsch DRiG § 27 Rn. 14 ff.; Roller/Stadler DRiZ 2009, 223), spielt in der Finanzgerichtsbarkeit keine nennenswerte Rolle. Die rechtliche Möglichkeit dazu besteht auch iRd Finanzgerichtsbarkeit, weil § 27 II DRiG dies ohne besondere positive Regelung in der jeweiligen Verfahrensordnung ermöglicht (BFH I B 53/19, BFH/NV 2021, 345). Daher konnte auch der Präsident eines OVG durch LandesG mit der Wahrnehmung des Amtes eines Präsidenten des FG auf der Grundlage von § 27 II DRiG beauftragt werden (BFH I B 53/19, BFH/NV 2021, 345; Abweichung von der Voraufl.; aA Roller/Stadler NVwZ 2015, 401 mwN). – Darüber hinaus sichert auch die Tätigkeitszuweisung durch den **Geschäftsverteilungsplan** (§ 4 FGO iVm §§ 21e, 21g GVG) die Unabhängigkeit des Richters, weil dadurch eine durch seine Person und inhaltliche Ausrichtung beeinflusste Zuweisung von Streitsachen ausgeschlossen wird (BVerfG 2 BvR 2023/16, wistra 2017, 187) und er auch nicht gegen seinen Willen innerhalb des Gerichts aus seinem Amt gedrängt werden kann (BVerfG 2 BvR 411/61, NJW 1964, 1019; 2 BvR 610/12, 2 BvR 625/12, NJW 2012, 2334). Die Aufstellung eines Geschäftsverteilungsplans stellt aber **grds. keinen Eingriff in die richterliche Unabhängigkeit** dar. Ein Richter muss grds. für jede Tätigkeit iRd gerichtlichen Zuständigkeit einsetzbar und einsatzbereit sein. Dies kann sich jedoch bei Vorliegen besonderer Umstände (zB Umsetzung eines Richters ohne ausreichende sachliche Gründe) anders darstellen (BVerfG 2 BvR 1431/07, NJW 2008, 909; 2 BvR 877/16, NVwZ 2017, 51; BGH RiSt 1/21, HFR 2023, 804 Rn. 38 f.; VGH BW 4 S 1/11, NJW-RR 2011, 861; HmbOVG 3 Bs –73/18, NVwZ-RR 2018, 793; OVG Münster 1 B 1106/21, BeckRS 2021, 21952). – Die **Entbindung** eines Richters **von Verwaltungsaufgaben** ist auch gegen seinen Willen zulässig (vgl. Piorrek DRiZ 1990, 26). – Zur Einflussnahme der Justizverwaltung auf die **Beförderung** eines Richters s. BVerfG 2 BvR 74/60, NJW 1961, 915; Priepke DRiZ 1978, 169. – Die persönliche **Unabhängigkeit der ehrenamtlichen Richter** wird durch die nur unter bestimmten Voraussetzungen mögliche Abberufung gewährleistet (§ 21; § 44 II DRiG; BVerfG 2 BvR 225/13, NVwZ-RR 2014, 1).

Zur persönlichen Unabhängigkeit gehören eine angemessene **Besoldung** 16
(BVerfG 2 BvL 9–11/68, BStBl. II 1968, 467; 2 BvR 173/66 ua, NJW 1969, 1806; 2 BvL 17/09 ua, NJW 2015, 1935 Rn. 97 und 2 BvL 4/18, NVwZ-Beilage 2022, 90 Rn. 28: zwei-stufiges Prüfungsschema; Sporré DRiZ 2013, 56; zur Besoldung der Finanzrichter s. Schmidt-Bleibtreu BB 1968, 326) und angemessene Ruhestandsbezüge. Dies ergibt sich auch aus dem Recht der EU (EuGH C-64/16, EuZW 2018, 469 Rn. 45 – ASJP; C-146/23 ua, BeckRS 2025, 2372 – Sąd Rejonowy w Białymstoku Adoreikė). Dem wird die Richterbesoldung in Deutschland nicht immer gerecht (BVerfG 2 BvL 17/09 ua, NJW 2015, 1935

Rn. 97; 2 BvL 4/18, NVwZ-Beilage 2022, 90; Battis/Bahns DRiZ 2023, 104). Eine Besoldung nach Erfahrungsstufen ist zulässig (BVerwG 2 B 7/18, NVwZ 2019, 1675). – Zur grundsätzlichen Unzulässigkeit der Bindung an feste **Dienstzeiten** s. BVerfG 2 BvR 610, 625/12, NJW 2012, 2334; BGH RiZ 2/90, NJW 1991, 1103; RiZ (R) 2/01, NJW 2003, 282; Kissel/Mayer/Mayer GVG § 1 Rn. 154; Schmidt-Räntsch DRiG § 26 Rn. 29; diff. Schröder NJW 2005, 1160. Nach Art. 17 I RL 2003/88/EG ist der Dienstherr auch nicht verpflichtet, die **Arbeitszeit** der Richter zu erfassen, um sicherzustellen, dass die wöchentliche Höchstarbeitszeit nach Art. 6 RL 2003/88/EG nicht überschritten wird (Plum DRiZ 2023, 376). – Außerdem wird die richterliche Unabhängigkeit dadurch flankiert, dass sein Risiko, wegen einer fehlerhaften Amtsausübung strafrechtlich oder zivilrechtlich in Anspruch genommen zu werden, stark herabgesetzt ist (sog. Sperrwirkung des Tatbestands der Rechtsbeugung, § 339 StGB, vgl. BGH 4 StR 84/13, NStZ 2013, 655; s. auch BVerfG 2 BvR 661/16, NJW 2016, 3711; sog. Spruchrichterprivileg gem. § 839 II 1 BGB, vgl. BVerfG 1 BvR 1067/12, NJW 2013, 3630; BGH III ZR 200/04, NJW 2005, 436).

17 Zur **inneren Unabhängigkeit** eines Richters s. Kissel/Mayer/Mayer GVG § 1 Rn. 157 ff.; Geiger DRiZ 1979, 65; Pfeiffer DRiZ 1979, 229; Fischer DRiZ 1992, 445. Die frühere Tätigkeit eines Richters in der Finanzverwaltung begründet keine Zweifel an seiner (inneren) Unabhängigkeit (BVerfG 1 BvR 1271/87, HFR 1989, 272; BFH VIII B 16/08, BFH/NV 2010, 389, Verfassungsbeschwerde nicht zur Entscheidung angenommen durch BVerfG 1 BvR 1162/10, nv; BFH III B 33/12, BFH/NV 2012, 1991; X R 13/14, BFH/NV 2014, 1758). Gleiches gilt für die Zuordnung der Bayerischen Finanzgerichte zum Staatsministerium der Finanzen (BFH III B 96/10, BFH/NV 2011, 1874). Ohnehin kann im bundesweiten Maßstab keine Rede mehr davon sein, dass die Finanzgerichtsbarkeit von ehemaligen Mitgliedern der Finanzverwaltung dominiert sei (Drüen IStR 2015, 609 (611); Birk DStR 2018, 1 (2)).

18 Der Schutz der richterlichen Unabhängigkeit dient mittelbar auch der Sicherung der **Neutralität und Unparteilichkeit** der Richter, die ebenfalls Wesensmerkmale der richterlichen Tätigkeit sind. Verfassungsrechtlich wird sie aus Art. 20 II 2 und III GG sowie aus Art. 92, 97 und 101 I GG abgeleitet (vgl. BVerfG 2 BvR 235/64, BVerfGE 21, 139 unter C.II.1.; 2 BvR 780/16, NJW 2018, 1935 Rn. 52, 69 f.; 2 BvR 1333/17, NJW 2020, 1049 Rn. 96; 2 BvR 91/22, NJW 2022, 1236 Rn. 39; 1 BvR 1615/23, DStR 2024, 304 Rn. 4). Unionsrechtlich folgt sie in den vom Unionsrecht erfassten Bereichen aus Art. 19 I 2 EUV (EuGH C-619/18, NVwZ 2019, 1109 Rn. 73 – Kommission/Polen; C-430/21, NJW 2022, 2093 Rn. 41 – RS; C-817/21, EuZW 2023, 820 Rn. 46 f. – RI). Der Richter muss (nicht nur objektiv, sondern auch aus der Sicht der Verfahrensbeteiligten) im Verhältnis zu den Verfahrensbeteiligten und zum Streitgegenstand ein nichtbeteiligter und am Ausgang des Verfahrens uninteressierter Dritter sein (vgl. EuGH C-197/23, BeckRS 2024, 31174 Rn. 60 – S.). Einfachgesetzlich kommt das Neutralitätsprinzip in den **Regelungen über die Ausschließung und Ablehnung von Gerichtspersonen** (§ 51 FGO iVm §§ 41–49 ZPO) zum Ausdruck (→ § 51 Rn. 1), die zugleich zur Umsetzung der verfassungsrechtlichen Vorgaben erforderlich sind (BVerfG 2 BvR 780/16, NJW 2018, 1935 Rn. 69 f.; 2 BvR 1333/17, NJW 2020, 1049 Rn. 97 f.; 2 BvR 91/22, NJW 2022, 1236 Rn. 39; Kissel/Mayer/Mayer GVG § 1 Rn. 163). Auch das Verbot, **Rechtsgutachten** zu erstatten und **Rechtsauskünfte** zu erteilen (§ 41 I DRiG mit Genehmigungsvorbehalt für Professoren als Richter im Nebenamt, § 41 II

DRiG), dient diesem Zweck. Weitere Vorschriften, die darauf zielen, institutionell die Neutralität und Unparteilichkeit der Richter zu sichern, sind Vorschriften, die sicherstellen, dass die personelle Verzahnung zwischen den Organen der rechtsprechenden und der vollziehenden Gewalt auf das erforderliche Minimum beschränkt wird (BVerfG 2 BvR 780/16, NJW 2018, 1935 Rn. 52). Dies sind insbes. § 32 (s. dort) und § 4 DRiG, nach denen weder dem Gericht insgesamt noch einzelnen Richtern **Verwaltungsaufgaben** außerhalb der Gerichtsverwaltung übertragen werden dürfen.

Bei **Meinungsäußerungen eines Richters im außerberuflichen Bereich** 19
muss sich der Richter so verhalten, dass das Vertrauen in seine Unabhängigkeit nicht gefährdet wird (§ 39 DRiG; BVerfG 2 BvR 111/88, NJW 1989, 93; Wagner NJW 2023, 501; Schmidt-Räntsch DRiG § 39). Dies dient zugleich auch dazu, die Neutralität und Unparteilichkeit des Richters zu sichern (→ Rn. 18). Dabei kann auch das Verhalten als Abgeordneter des Deutschen Bundestags gewürdigt werden (DienstG Leipzig 66 DG 2/22, DVBl. 2023, 362). Das Richteramt darf nicht dazu benutzt werden, um unter Einsatz des damit verbundenen Ansehens und Vertrauens der Meinung des Amtsinhabers in der politischen Auseinandersetzung mehr Nachdruck zu verleihen (BVerfG 2 BvR 111/88, NJW 1989, 93; BVerwG 2 C 72/86, NJW 1988, 1748), auch nicht durch nicht entscheidungsunerhebliche politische Äußerungen in Gerichtsentscheidungen (BGH RiZ (R) 4/20, NVwZ-RR 2021, 459). Ebenso unterliegen Äußerungen in sozialen Medien dem Mäßigungsgebot (vgl. BGH 3 StR 482/15, NStZ 2016, 218; Herberger jM 2017, 39).

IV. Rechtsschutzgarantien

→ Vor § 76 Rn. 7 ff. 25

§ 2 [Gerichte und Instanzen in der Finanzgerichtsbarkeit]

Gerichte der Finanzgerichtsbarkeit sind in den Ländern die Finanzgerichte als obere Landesgerichte, im Bund der Bundesfinanzhof mit dem Sitz in München.

Vgl. § 2 VwGO; §§ 2, 38 I SGG; § 12 GVG.

Literatur: Birk, Ein (kritischer) Blick auf das finanzrichterliche Selbstverständnis, DStR 2018, 1; BFH (Hrsg.), FS 60 Jahre Bundesfinanzhof, 2010; Drüen, Richterseminar K: Effektiver Rechtsschutz für Steuerpflichtigen – Garantie und Herausforderungen, IStR 2015, 609; Glückselig/Rose, Notwendige Reformen des finanzgerichtlichen Revisionsrechts aus Sicht der Bundessteuerberaterkammer, DStR 2022, 811; Loose/Schatzl, Finanzgerichtliches Verfahren in Österreich und Deutschland – Gemeinsamkeiten – Unterschiede, AO-StB 2018, 240; Noch/Burkhard, Der Instanzenzug im Finanzrechtsweg und seine Verfassungskonformität, StuW 1999, 335; Offerhaus, Zweistufigkeit in der Finanzgerichtsbarkeit?, FR 2016, 711; Thesling, Zum Rechtsschutz in Steuersachen – Aktuelle Chancen und Herausforderungen, DStR 2023, 857; Wissenschaftlicher Arbeitskreis Steuerrecht des DWS-Instituts e.V., Gerichtlicher Rechtsschutz in Steuersachen in Gefahr?, DStR-Beih. 2024, 41.

I. Zweistufigkeit

1 Die **Finanzgerichtsbarkeit ist** im Gegensatz zur Sozial- und zur Verwaltungsgerichtsbarkeit (letztere mit Ausnahmen) **zweistufig,** dh es besteht **nur eine Tatsacheninstanz.** Dies ist verfassungsrechtlich unbedenklich (→ Vor § 76 Rn. 10). Die Frage, ob ein zwei- oder dreistufiger Aufbau zu wählen sei, war bis zum letzten Augenblick vor Verabschiedung der FGO umstritten. Die vom BT bereits beschlossene Dreistufigkeit wurde nach Anrufung des Vermittlungsausschusses durch den BR wieder in eine Zweistufigkeit umgewandelt. Die Diskussion über die Vor- und Nachteile beider Systeme ist seit Inkrafttreten der FGO immer wieder neu belebt worden, zunächst anlässlich der Beratungen des Gesetzes zur Entlastung des BFH v. 8.7.1975 (BGBl. I 1861; vgl. BT-Drs. 7/444, 28 ff.; 176. Sitzung des BT v. 5.6.1975, Stenografische Berichte S. 12246 ff.), sodann durch die Vorlage des „Entwurfs einer Verwaltungsprozessordnung" im Jahre 1978, dessen überarbeitete Fassung die Bundesregierung am 31.5.1985 dem BT zugeleitet hatte (BT-Drs. 10/3437), durch die Abschaffung der Streitwertrevision für die Geltungsdauer des BFHEntlG durch das G zur Beschleunigung verwaltungsgerichtlicher und finanzgerichtlicher Verfahren v. 4.7.1985 (BGBl. I 1274) und erneut – nach der stillschweigenden Verabschiedung von dem Gesetzesvorhaben „Verwaltungsprozessordnung" – durch die Entwürfe eines Gesetzes zur Änderung der FGO und anderer Gesetze v. 27.5.1988 (BT-Drs. 11/2386), v. 24.5.1991 (BT-Drs. 301/91) und v. 14.8.1991 (BT-Drs. 12/1061). Soweit in jüngerer Zeit die Zweistufigkeit kritisch betrachtet wurde, führte dies jedoch nicht zur Forderung nach einer dritten Instanz, sondern danach, Revisionen häufiger zuzulassen und in geringerem Umfang Rechtsstreite auf den Einzelrichter zu übertragen (vgl. Offerhaus FR 2016, 711; Birk DStR 2018, 1 (4); Glückselig/Rose DStR 2022, 811; Wissenschaftlicher Arbeitskreis Steuerrecht DStR-Beih. 2024, 41 (46 f.); dazu Thesling DStR 2023, 857 (859)).

II. Eigenständige Finanzgerichtsbarkeit

3 Die Finanzgerichtsbarkeit ist eine **besondere Verwaltungsgerichtsbarkeit** (neben der allgemeinen Verwaltungsgerichtsbarkeit und der Sozialgerichtsbarkeit und in dem durch § 33 definierten Zuständigkeitsbereich). Dies ist durch Art. 95 I, 108 VI GG **verfassungsrechtlich vorgegeben** (was allerdings nicht unumstritten ist, vgl. zum Diskussionsstand DHS/Jachmann-Michel GG Art. 95 Rn. 110). Es sprechen auch in der Sache die **besseren Argumente für eine eigenständige Finanzgerichtsbarkeit** (im Ergebnis glA Tipke/Kruse/Brandis § 2 Rn. 3; Gosch/Müller-Horn § 2 Rn. 4; Drüen IStR 2015, 609 (612); Birk DStR 2018, 1 (2)). Auf der Ebene des Verwaltungsverfahrens werden – trotz der in den 1970er Jahren entfalteten Bemühungen um Vereinheitlichung – durch die AO und die EinzelsteuerG vom allgemeinen Verwaltungs- und Sozialrecht abweichende Regelungen normiert. Die Sachmaterien haben wenige Berührungspunkte mit denen der Verwaltungs- und Sozialgerichte. Dass die Verwaltungsgerichte für bestimmte steuerliche „Restmaterien" zuständig bleiben (→ § 33 Rn. 18 f., 46, 70, 145), ebenso die Sozialgerichte für das Kindergeld nach dem BKGG (→ § 33 Rn. 84, 92), steht dem nicht entgegen, weil es sich vom Gesamtaufkommen und der Komplexität ausgehend um Materien geringer Bedeutung handelt. Mit der Eigenständigkeit der Finanzgerichtsbarkeit verbindet sich die berechtigte Erwar-

tung, dass die dort tätigen Richter in besonderer Weise befähigt sind, die maßgebenden Regelungen anzuwenden (BFH V B 34/17, BStBl. II 2019, 489).

Rechtspolitisch ist einzuräumen, dass der deutsche Weg einer gesonderten Finanzgerichtsbarkeit im **internationalen Vergleich** wenig Nachahmung gefunden hat. In Österreich gibt es eine ähnliche zweistufige Struktur mit dem Bundesfinanzgericht als Eingangsinstanz in der Hoheit des Bundes mit Sitz in Wien (und Außenstellen in der Mehrzahl der Landeshauptstädte) sowie dem VGH als Revisionsinstanz (Loose/Schatzl AO-StB 2018, 240). 4

Zwischenzeitlich wurde die Frage der **Zusammenführung der Verwaltungs-, Sozial- und Finanzgerichtsbarkeit** erörtert. Der vom BR eingebrachte Entwurf eines Gesetzes zur Öffnung des Bundesrechts für die Zusammenführung von Gerichten der Verwaltungs-, Sozial- und Finanzgerichtsbarkeit in den Ländern (Zusammenführungsgesetz – ZfG – BT-Drs. 15/4109 und BT-Drs. 16/1040) sah die Möglichkeit der Errichtung einheitlicher Fachgerichte und Oberfachgerichte in den Bundesländern vor (Gerichtsordnung der einheitlichen Fachgerichte – GOF – mit einer Optionsmöglichkeit für Bundesländer). – Der Entwurf ist zu Recht bisher nicht G geworden (→ Vor § 1 Rn. 23). Der Einsatz von Richtern der Finanzgerichte bei anderen Fachgerichten erscheint angesichts der eher knapp bemessenen Personalausstattung als unwahrscheinlich. Die Richter der anderen Fachgerichte müssten vor einem Einsatz in der Finanzgerichtsbarkeit angesichts der Kompliziertheit des Steuerrechts erst ausgebildet werden. Dies spricht dafür, die Finanzgerichtsbarkeit als selbständige Gerichtsbarkeit zu erhalten (→ Rn. 3). 5

III. Statistik und Status

In jedem Bundesland muss **mindestens ein Finanzgericht** errichtet werden. Ausnahme: § 3 II. Mehrere Finanzgerichte haben die Länder Nordrhein-Westfalen (in Düsseldorf, Köln und Münster) sowie Bayern (in München und Nürnberg) errichtet. Die Länder Berlin und Brandenburg haben von der Möglichkeit des § 3 II Gebrauch gemacht und das gemeinsame FG Berlin-Brandenburg in Cottbus errichtet. Daher gibt es **18 Finanzgerichte** mit ca. **450** tatsächlich einsetzbaren **Richtern** (Stand: 2018, Geschäftsbericht der Finanzgerichte EFG 2019, 1493). 6

Die Finanzgerichte sind als **obere Landesgerichte** den Oberlandesgerichten, Oberverwaltungsgerichten, Landesarbeitsgerichten und Landessozialgerichten, also Landesgerichten der zweiten Instanz, gleichgeordnet, obwohl sie ihrer Funktion nach erstinstanzliche Gerichte sind. Diese Einstufung beeinflusst den Rechtsmittelzug. So sind zB Beschwerden zum BFH nach § 17a IV 4 GVG nur nach Zulassung oder nach §§ 66 III 3, 68 I 5 GKG ausnahmslos nicht statthaft. Die Besoldung der an den Finanzgerichten tätigen Richter entspricht der Besoldung der Richter an anderen oberen Landesgerichten. Darin liegt keine Ungleichbehandlung der Richter anderer Eingangsinstanzen (BVerwG 2 B 28/24, BeckRS 2024, 41233; OVG BBg 4 B 13/20, NJOZ 2024, 797; vgl. auch BVerfG 2 BvR 173/66, NJW 1969, 1806). 7

Der durch G v. 29.6.1950 (BGBl. I 257) am 1.10.1950 errichtete **Bundesfinanzhof** mit Sitz in München (Art. 95 I GG) ist Nachfolger des 1918 gegründeten Reichsfinanzhofes. Nachdem der RFH mit dem Ende des Zweiten Weltkriegs seine Tätigkeit eingestellt hatte, wurden seine Aufgaben in der amerikanischen Besatzungszone zunächst durch den – gem. § 5 des Gesetzes v. 19.5.1948 (BayGVBl. 8

48 (87)) errichteten – Obersten Finanzgerichtshof (OFH) in München wahrgenommen (zu Einzelheiten s. BFH, FS 60 Jahre Bundesfinanzhof, 2010, 3 ff.). In der französischen Zone gab es kein oberstes Gericht; in der britischen Zone fungierte die Leitstelle der FVerw als oberstes Gericht. Der BFH ist Revisions- und Beschwerdegericht. Er verfügt über **11 Senate** mit ca. **60 Richterstellen.**

9 **Statistische Auskunft** über Eingangs- und Erledigungszahlen, die durchschnittliche Verfahrensdauer und die Altersstruktur der Bestände geben jährliche Veröffentlichungen des Statistischen Bundesamtes (s. www.destatis.de, Excel-Datei im Themenbereich 24261; für die Jahre bis 2021 s. die Rechtspflege Finanzgerichte, Fachserie 10 Reihe 2.5), ebenso Geschäftsberichte der Finanzgerichte (im dreijährigen Turnus, zuletzt für die Jahre 2019 bis 2021 in EFG 2023, 1) und die Jahresberichte des BFH (unter www.bundesfinanzhof.de/de/service/publikationen).

§ 3 [Errichtung und Aufhebung von Finanzgerichten]

(1) **Durch Gesetz werden angeordnet**

1. **die Errichtung und Aufhebung eines Finanzgerichts,**
2. **die Verlegung eines Gerichtssitzes,**
3. **Änderungen in der Abgrenzung der Gerichtsbezirke,**
4. **die Zuweisung einzelner Sachgebiete an ein Finanzgericht für die Bezirke mehrerer Finanzgerichte,**
5. **die Errichtung einzelner Senate des Finanzgerichts an anderen Orten,**
6. **der Übergang anhängiger Verfahren auf ein anderes Gericht bei Maßnahmen nach den Nummern 1, 3 und 4, wenn sich die Zuständigkeit nicht nach den bisher geltenden Vorschriften richten soll.**

(2) **Mehrere Länder können die Errichtung eines gemeinsamen Finanzgerichts oder gemeinsamer Senate eines Finanzgerichts oder die Ausdehnung von Gerichtsbezirken über die Landesgrenzen hinaus, auch für einzelne Sachgebiete, vereinbaren.**

Vgl. § 3 VwGO; §§ 7, 28 SGG.

Literatur: Lambrecht, Justiz in den neuen Ländern – am Beispiel des Finanzgerichts Berlin-Brandenburg, FS Spindler, 2011, 473.

1 Die in § 3 I Nr. 1–6 genannten **organisatorischen Maßnahmen** sowie die Bestimmung des Gerichtsbezirks und -sitzes bei der Errichtung eines FG können nur durch ein **G im formellen Sinne** (nicht durch Rechtsverordnung) verwirklicht werden (BVerfG 1 BvF 1/53, NJW 1953, 1177; 2 BvL 6/67, NJW 1969, 1291). Soweit es um die Organisation der Finanzgerichte der Länder geht, kommen nur Landesgesetze in Betracht. Dabei handelt es sich überwiegend um das AGFGO des jeweiligen Landes (Ausnahmen: Justizgesetze in Niedersachsen, Nordrhein-Westfalen und Sachsen, GerichtsstrukturG MeVO v. 7.4.1998 GVOBl. 444 (549), zuletzt geändert durch G v. 11.11.2013 GVOBl. 609; weitere Fundstellen → § 33 Rn. 144 f.).

2 **Zu § 3 I Nr. 1 u. 2:** Die Regelungen gelten auch für den BFH (Art. 95 I GG).

3 **Zu § 3 I Nr. 3:** → Rn. 1.

Zu § 3 I Nr. 4: Bei den **„Sachgebieten“** muss es sich nach dem Sinn der Vorschrift, klare Zuständigkeitsverhältnisse zu schaffen, um eindeutig abgrenzbare

Gebiete (zB ESt, Zölle) handeln. Die „mehreren Finanzgerichte" müssen demselben Land angehören, sonst gilt § 3 II. Auf der Grundlage des § 3 I Nr. 4 haben die Länder Bayern (Art. 1 II 2 AGFGO Bay.) und Nordrhein-Westfalen (§ 19 JustizG NW) die Zoll- und Verbrauchsteuersachen jeweils einem FG (in München bzw. Düsseldorf) zugewiesen.

Zu § 3 I Nr. 5: Außensenate („detachierte Senate") sind Teil des „Stammgerichts". Zur Fristwahrung genügt daher der Eingang bei einem solchen Senat (HHS/Sunder-Plassmann § 3 Rn. 40). Außensenate bestehen in Freiburg i Br. (des FG BW; § 1 II AGFGO BW) und Augsburg (des FG München; Art. 1 I 2 AGFGO Bay.). Die Umsetzung eines Richters vom Stammhaus in einen Außensenat oder umgekehrt ist keine Versetzung sondern eine Maßnahme der Geschäftsverteilung iSd § 21e GVG (Tipke/Kruse/Brandis § 3 Rn. 6). Nicht auf § 3 I Nr. 5, sondern auf § 91 III beruht die Durchführung auswärtiger Sitzungen (→ § 91 Rn. 20 ff.). 4

Zu § 3 I Nr. 6: Erfasst werden die Fälle, in denen die bereits anhängigen Verfahren nicht noch bei dem bisher zuständigen Gericht abgewickelt werden sollen. 5

Zu § 3 II: Die Länder haben von der durch § 3 II eröffneten Möglichkeit, durch **Staatsvertrag** – ggf. auch nur für einzelne Sachgebiete (→ Rn. 3) – gemeinsame Finanzgerichte oder gemeinsame Senate eines FG zu errichten oder Gerichtsbezirke über die Landesgrenzen hinaus auszudehnen, bisher nur vereinzelt Gebrauch gemacht. Als gemeinsames FG gibt es allein seit dem 1.1.2007 das von den Ländern Berlin und Brandenburg durch Staatsvertrag v. 26.4.2004 errichtete **gemeinsame FG Berlin-Brandenburg** mit Sitz in Cottbus (GVBl. Berlin 2004, 380; GVBl. I Bbg. 2004, 281). Die dagegen seitens eines Richters des FG Bln gerichtete Verfassungsbeschwerde war erfolglos (BVerfG 2 BvR 1058/05, HFR 2006, 1030; zum FG BBg s. auch Lambrecht, FS Spindler, 2011, 473 (483 ff.)). Darüber hinaus haben lediglich die Freie und Hansestadt Hamburg, Niedersachsen und Schleswig-Holstein einen Staatsvertrag über die Errichtung eines **gemeinsamen Senats beim FG Hamburg** geschlossen (und zwar für Zoll-, Verbrauchsteuer- und Finanzmonopolsachen, für andere Angelegenheiten, die der Zollverwaltung auf Grund von Rechtsvorschriften übertragen sind und für Angelegenheiten aus der Durchführung der Agrarmarktordnung der Europäischen Wirtschaftsgemeinschaft – Staatsvertrag v. 8., 14. u. 22.4.1981; zB GVOBl. SchlH 1981, 140; 1982, 37; Hmb. GVOBl. 1981, 109; 1982, 1). 6

§ 4 [Anwendung des Gerichtsverfassungsgesetzes]

Für die Gerichte der Finanzgerichtsbarkeit gelten die Vorschriften des Zweiten Titels des Gerichtsverfassungsgesetzes entsprechend.

Vgl. § 4 VwGO; § 6 SGG; § 6a ArbGG.

Literatur: Albert, Zur hinreichenden Bestimmtheit des gesetzlichen Richters – Anmerkungen zum BFH-Beschluss v. 26.1.1999 – I R 136/97, DStR 1999, 585, DStR 2001, 67; Dötsch, Das digitale Präsidium, MDR 2024, 11; Freymann/Geib, Geschäftsverteilungsmodell für die Zukunft?, DRiZ 2014, 372; Labusga/Petit, Die Veröffentlichung gerichtlicher Geschäftsverteilungspläne im Internet, NJW 2022, 300; Marquardt, Die Rechtsnatur präsidialer Geschäftsverteilungspläne gem. § 21e GVG und der Rechtsschutz des Richters, Diss. Tübingen 1998; Noethen, Justitia 1.0 – Geschäftsverteilung nach Verfahrenswerten, DRiZ 2023, 212; Roth, Gesetzlicher Richter und variable Spruchkörperbesetzungen, NJW 2000,

3692; Schoenfeld, Teilzeitbeschäftigung von Richtern und das Gebot des gesetzlichen Richters, DStZ 2019, 547; Stollenwerk/Pflüger, Fehler bei der Zuteilung von Verfahren im Turnus, DRiZ 2023, 182; Vogel, Das Recht auf den gesetzlichen Berichterstatter, jM 2018, 245; Zärban, Senatsinterne Geschäftsverteilung – Ermessen, Vertrauen und gesetzlicher Richter, MDR 1995, 1202.

Übersicht

	Rn.
I. Allgemeines	1
II. Die Regelungen der §§ 21a–21j GVG	5
1. Die Zusammensetzung des Präsidiums	5
2. Wahl zum Präsidium	8
3. Vertretung und Wechsel im Präsidium	20
4. Größe des Präsidiums	22
5. Aufgaben des Präsidiums und Geschäftsverteilung	25
6. Vorsitz im Spruchkörper	40
7. Geschäftsverteilung im Spruchkörper	48
8. Vertretung des Präsidenten	57
9. Beschlussfähigkeit des Präsidiums; Ersatzanordnung	58
10. Präsidium bei neu errichteten Gerichten	61

I. Allgemeines

1 Der im finanzgerichtlichen Verfahren entsprechend anwendbare zweite Titel des GVG (idF v. 9.5.1975, BGBl. I 1077, zuletzt geändert durch Art. 2 des G v. 27.12.2024, BGBl. I Nr. 438), enthält in den §§ 21a–21j GVG die wichtigen Vorschriften über das Präsidium und die Geschäftsverteilung.

2 Die in Bezug genommenen Regelungen des GVG sehen vor, dass von den Richtern eines Gerichts in geheimer und freier Wahl aus ihrem Kreis gewählte Richter als **Präsidium** (→ Rn. 5 ff.) nach abstrakten Kriterien im Vorhinein die **Geschäfte verteilen,** also bestimmen, in welchen Senatszusammensetzungen welche Richter über welche Rechtsstreitigkeiten entscheiden (→ Rn. 25 ff.). Auch auf der Ebene der einzelnen Senate müssen solche Regelungen getroffen werden (→ Rn. 48 ff.). Damit wird in richterlicher Selbstverwaltung (→ Rn. 27) **Art. 101 I 2 GG (Recht auf den gesetzlichen Richter)** umgesetzt. Es soll für den Rechtssuchenden erkennbar sein, welcher Spruchkörper für seinen Fall zuständig ist, und es soll ausgeschlossen werden, dass wegen der Person des Rechtssuchenden oder der Art des Falles ein bestimmter Richter für die Entscheidung des Falles vorgesehen oder ausgeschlossen wird. Damit dienen §§ 21a–21j GVG auch der **richterlichen Unabhängigkeit** (→ § 1 Rn. 15; BVerfG 2 BvR 2023/16, wistra 2017, 187).

II. Die Regelungen der §§ 21a–21j GVG

1. Die Zusammensetzung des Präsidiums

5 **§ 21a GVG [Präsidium]**

(1) Bei jedem Gericht wird ein Präsidium gebildet.

(2) Das Präsidium besteht aus dem Präsidenten oder aufsichtführenden Richter als Vorsitzenden und

1. bei Gerichten mit mindestens achtzig Richterplanstellen aus zehn gewählten Richtern,
2. bei Gerichten mit mindestens vierzig Richterplanstellen aus acht gewählten Richtern,
3. bei Gerichten mit mindestens zwanzig Richterplanstellen aus sechs gewählten Richtern,
4. bei Gerichten mit mindestens acht Richterplanstellen aus vier gewählten Richtern,
5. bei den anderen Gerichten aus den nach § 21b Abs. 1 wählbaren Richtern.

Das Präsidium ist ein **unabhängiges Organ** der richterlichen **Selbstverwaltung.** Das Präsidium ist nicht rechtsfähig. Es kann mangels prozessualer Beteiligtenfähigkeit weder klagen noch verklagt werden. Die **gerichtliche Überprüfung der Beschlüsse des Präsidiums** kann nur im Verwaltungsrechtsweg durch eine gegen das jeweilige Bundesland (BayVGH 3 CE 10.171, BeckRS 2011, 47830; aA OVG RhPf 10 B 11104/07, NJW-RR 2008, 579) bzw. – soweit der BFH betroffen ist – gegen die Bundesrepublik Deutschland (BayVGH 6 CE 15.2088, BayVBl. 2016, 813) gerichtete Klage erfolgen (vgl. § 78 I Nr. 1 VwGO). – In Betracht kommt bei berechtigtem Interesse eine **Feststellungsklage** des betroffenen (auch ehrenamtlichen) Richters gem. **§ 43 VwGO** und ein **Antrag auf Erlass einer einstweiligen Anordnung gem. § 123 VwGO** (zB BVerfG 2 BvR 785/90 ua, DRiZ 1991, 100; BGH RiZ (R) 5/89, NJW 1991, 425; BVerwG VII C 47.73, NJW 1976, 1224; 2 CB 54/84, DÖD 1986, 218; BayVGH 6 CE 15.2088, BayVBl. 2016, 813; VGH BW 4 S 1/11, NJW-RR 2011, 861; Hmb OVG 3 Bs 73/18, NVwZ-RR 2018, 793; OVG BBg OVG 4 S 18/24, BeckRS 2024, 21035; aA – Anfechtungsklage: VG Schleswig 9 H 281/89 (93), NVwZ-RR 1992, 111 mwN; s. auch Kissel/Mayer/Mayer GVG § 21e Rn. 120 ff.). Zum Wegfall des berechtigten Interesses mit Ablauf des Geschäftsjahres s. BVerfG 2 BvR 785/90 ua, DRiZ 1991, 100; BVerwG 2 CB 54/84, DÖD 1986, 218 mAnm Sangmeister). Da es sich beim Geschäftsverteilungsplan nicht um eine Maßnahme der Dienstaufsicht handelt, kommt ein Verfahren nach § 26 III DRiG (analog; jedenfalls grds.) nicht in Betracht (BGH RiZ 2/16, BeckRS 2022, 7571 Rn. 56 ff.). – Die Verfahrensbeteiligten können Präsidiumsbeschlüsse nicht anfechten (BayVerfGH 13-VII/84, NJW 1986, 1673). – Dem Präsidium gehören der Präsident des FG als geborenes Mitglied und die gewählten Mitglieder an, ferner der Vizepräsident mit beratender Stimme, wenn er nicht den Präsidenten vertritt oder selbst gewählt worden ist (§ 21c I 2 GVG). – Die **Zahl der Präsidiumsmitglieder** ist von der Größe des Richterkollegiums abhängig (§ 21a II GVG). Für die Bestimmung der konkreten Zahl ist die im Haushaltsplan angewiesene Zahl der Richterplanstellen maßgebend (§ 21d I GVG, → Rn. 22; vgl. OVG BBg 4 A 1.16, DRiZ 2016, 312). – § 21a II 2 GVG aF (vor der Änderung durch das G zur Stärkung der Unabhängigkeit der Richter und der Gerichte v. 22.12.1999, BGBl. I 2598), der festlegte, dass bei den Kollegialgerichten die Hälfte der gewählten Richter Vorsitzende Richter sein mussten, ist ersatzlos gestrichen worden. **Die Wahlberechtigten** (§ 21b I GVG) **können** vielmehr **frei** darüber **entscheiden,** ob sie Richter oder Vorsitzende Richter in das Präsidium wählen.

2. Wahl zum Präsidium

§ 21b GVG [Wahl zum Präsidium] 8

(1) [1]Wahlberechtigt sind die Richter auf Lebenszeit und die Richter auf Zeit, denen bei dem Gericht ein Richteramt übertragen ist, sowie die bei dem Gericht

tätigen Richter auf Probe, die Richter kraft Auftrags und die für eine Dauer von mindestens drei Monaten abgeordneten Richter, die Aufgaben der Rechtsprechung wahrnehmen. [2]Wählbar sind die Richter auf Lebenszeit und die Richter auf Zeit, denen bei dem Gericht ein Richteramt übertragen ist. [3]Nicht wahlberechtigt und nicht wählbar sind Richter, die für mehr als drei Monate an ein anderes Gericht abgeordnet, für mehr als drei Monate beurlaubt oder an eine Verwaltungsbehörde abgeordnet sind.

(2) Jeder Wahlberechtigte wählt höchstens die vorgeschriebene Zahl von Richtern.

(3) [1]Die Wahl ist unmittelbar und geheim. [2]Gewählt ist, wer die meisten Stimmen auf sich vereint. [3]Durch Landesgesetz können andere Wahlverfahren für die Wahl zum Präsidium bestimmt werden; in diesem Fall erlässt die Landesregierung durch Rechtsverordnung die erforderlichen Wahlordnungsvorschriften; sie kann die Ermächtigung hierzu auf die Landesjustizverwaltung übertragen. [4]Bei Stimmengleichheit entscheidet das Los.

(4) [1]Die Mitglieder werden für vier Jahre gewählt. [2]Alle zwei Jahre scheidet die Hälfte aus. [3]Die zum ersten Mal ausscheidenden Mitglieder werden durch das Los bestimmt.

(5) Das Wahlverfahren wird durch eine Rechtsverordnung geregelt, die von der Bundesregierung mit Zustimmung des Bundesrates erlassen wird.

(6) [1]Ist bei der Wahl ein Gesetz verletzt worden, so kann die Wahl von den in Absatz 1 Satz 1 bezeichneten Richtern angefochten werden. [2]Über die Wahlanfechtung entscheidet ein Senat des zuständigen Oberlandesgerichts, bei dem Bundesgerichtshof ein Senat dieses Gerichts. [3]Wird die Anfechtung für begründet erklärt, so kann ein Rechtsmittel gegen eine gerichtliche Entscheidung nicht darauf gestützt werden, das Präsidium sei deswegen nicht ordnungsgemäß zusammengesetzt gewesen. [4]Im Übrigen sind auf das Verfahren die Vorschriften des Gesetzes über das Verfahren in Familiensachen und in den Angelegenheiten der freiwilligen Gerichtsbarkeit entsprechend anzuwenden.

10 **Zu § 21b I GVG:** Die Teilnahme an der Wahl ist Pflicht (BVerwG VII A 1.73, DVBl. 1975, 727). Die Verletzung der **Wahlpflicht** kann – falls nicht persönliche Verhinderungsgründe (insbes. Krankheit) vorliegen – Maßnahmen der Dienstaufsicht (§ 26 DRiG) auslösen (Kissel/Mayer/Mayer GVG § 21b Rn. 16). – Wahlberechtigt sind auch Richter im Nebenamt (HHS/Sunder-Plassmann § 4 Rn. 17) und Richterinnen während des Mutterschutzes, jedoch nicht Richter, die mehr als drei Monate während der Elternzeit freigestellt sind (Tipke/Kruse/Brandis § 4 Rn. 5).

11 **Zu § 21b II GVG:** Die **Zahl der zu wählenden Richter** hängt von der Größe des Gerichts und davon ab, ob es sich um eine Erstwahl (§ 21j II GVG), eine Teilwahl (§ 21b IV GVG) oder eine Wahl nach § 21d II bzw. III GVG handelt. Im Falle einer Nachwahl (§ 21c II GVG, § 14 WahlO) ist ggf. nur ein Richter zu wählen. Nach § 21b II GVG kann jeder Wahlberechtigte höchstens so viele **Stimmen** vergeben, wie Richter bei der anstehenden Wahl in das Präsidium zu wählen sind (aber auch weniger). Pro wählbaren Richter darf nur eine Stimme abgegeben werden (Kissel/Mayer/Mayer GVG § 21b Rn. 12).

12 **Zu § 21b III 2 GVG:** Die Wahl kann **nicht abgelehnt** werden (BVerwG VII A 1.73, DVBl. 1975, 727). Auch eine **Niederlegung** des Amtes ist **nicht möglich** (Kissel/Mayer/Mayer GVG § 21b Rn. 16). Die bei Stimmengleichheit erfor-

derliche Auslosung hat – auch für die Nachrücker – der Wahlvorstand vorzunehmen (OLG Frankfurt a. M. 20 W 42/07 ua, DRiZ 2008, 184). **Zum Wechsel** s. § 21c II GVG (→ Rn. 20).

Zu § 21b III 3 GVG: Die Bundesländer haben die **Möglichkeit, das Verhältniswahlrecht einzuführen** und eine entsprechende Wahlordnung zu erlassen (Länderöffnungsklausel gegenüber der bundesrechtlichen WahlO → Rn. 16). 13

Zu § 21b IV GVG: Die Vorschrift regelt die **Amtszeit.** – § 21b IV 2 GVG hat nach der erstmaligen Anwendung des neuen Wahlrechts nur noch Bedeutung in Fällen der Neuerrichtung von Gerichten iSd § 21j GVG – → Rn. 61. 15

Zu § 21b V GVG: Das **Wahlverfahren** richtet sich nach der VO (WahlO) v. 19.9.1972 (BGBl. I 1821, zuletzt geändert durch das 1. BMJ-BereinigungsG v. 19.4.2006, BGBl. I 866). Die Sondervorschriften des § 21j IV GVG (→ Rn. 61) sind zu beachten. 16

Zu § 21b VI GVG (Wahlanfechtung): Anfechtungsberechtigt sind die Richter iSd § 21b I 1 (zu Einzelheiten s. Kissel/Mayer/Mayer GVG § 21b Rn. 18). Es ist nicht erforderlich, dass eigene Rechte des Anfechtenden verletzt sind; ein objektiver **Gesetzesverstoß genügt** (BVerwG VII A 1.73, DVBl. 1975, 727; OLG Frankfurt a. M. 20 W 42/07 ua, DRiZ 2008, 184). Für das Verfahren gelten die Vorschriften des FamFG. – **Beteiligte** sind der Antragsteller und das Präsidium (BVerwG VII A 7.72, DÖV 1974, 96; OVG BBg 4 L 1/20, NVwZ-RR 2020, 938, Rn. 15). Zuständig für die Entscheidung über die Wahlanfechtung ist beim FG und beim BFH der nach dem Geschäftsverteilungsplan zuständige Senat dieser Gerichte. – Im Falle einer **erfolgreichen Wahlanfechtung** ist die Wahl ungültig und muss wiederholt werden (OLG Frankfurt a. M. 20 W 42/07 ua, DRiZ 2008, 184; OLG Hamm I-15 Sbd 1/12, NJOZ 2013, 1466). Entscheidungen des fehlerhaft besetzten Präsidiums bleiben wirksam (BVerfG 2 BvL 14/70 ua, BVerfGE 31, 47). Gerichtliche Entscheidungen, die auf der Grundlage eines vom fehlerhaft gewählten Präsidium beschlossenen Geschäftsverteilungsplans ergangen sind, können nicht wegen der erfolgreichen Wahlanfechtung angegriffen werden (§ 21b VI 3 GVG; BFH I B 126/16, BFH/NV 2018, 205). 17

3. Vertretung und Wechsel im Präsidium

§ 21c GVG [Vertretung der Mitglieder des Präsidiums] 20

(1) [1]Bei einer Verhinderung des Präsidenten oder aufsichtführenden Richters tritt sein Vertreter (§ 21h) an seine Stelle. [2]Ist der Präsident oder aufsichtführende Richter anwesend, so kann sein Vertreter, wenn er nicht selbst gewählt ist, an den Sitzungen des Präsidiums mit beratender Stimme teilnehmen. [3]Die gewählten Mitglieder des Präsidiums werden nicht vertreten.

(2) Scheidet ein gewähltes Mitglied des Präsidiums aus dem Gericht aus, wird es für mehr als drei Monate an ein anderes Gericht abgeordnet oder für mehr als drei Monate beurlaubt, wird es an eine Verwaltungsbehörde abgeordnet oder wird es kraft Gesetzes Mitglied des Präsidiums, so tritt an seine Stelle der durch die letzte Wahl Nächstberufene.

Als einziges Mitglied des Präsidiums wird im **Verhinderungsfall** lediglich der Präsident (nach Maßgabe des § 21h GVG) vertreten (§ 21c I 1 und 3 GVG). Sein Vertreter, der Vizepräsident, darf der Präsidiumssitzung stets beiwohnen (ggf. mit beratender Stimme; § 21c I 2 GVG). – Die Gründe für den **Wechsel** eines gewählten Präsidiumsmitglieds sind in § 21c II GVG abschließend geregelt. – Unabhängig davon, wann das ausgeschiedene Mitglied gewählt worden ist, rückt das neue Mitglied von der Nachrückerliste der letzten Wahl nach (BGH III ZB 35/90, NJW 1991, 1183; OLG Frankfurt a. M. 20 W 42/07 ua, DRiZ 2008, 184). Das Präsidium stellt fest, wer nachrückt. Bei Streit ist nach § 21b VI GVG zu verfahren. – Fehlt ein Nächstberufener, muss eine Nachwahl stattfinden (§ 14 WahlO). – In beiden Fällen tritt der Nachfolger – auch hinsichtlich der Amtszeit – an die Stelle des Ausgeschiedenen (BGH III ZB 35/90, NJW 1991, 1183; OLG Frankfurt a. M. 20 W 42/07 ua, DRiZ 2008, 184).

4. Größe des Präsidiums

22 **§ 21d GVG [Größe des Präsidiums]**

(1) Für die Größe des Präsidiums ist die Zahl der Richterplanstellen am Ablauf des Tages maßgebend, der dem Tage, an dem das Geschäftsjahr beginnt, um sechs Monate vorhergeht.

(2) [1]Ist die Zahl der Richterplanstellen bei einem Gericht mit einem Präsidium nach § 21a Abs. 2 Nr. 1 bis 3 unter die jeweils genannte Mindestzahl gefallen, so ist bei der nächsten Wahl, die nach § 21b Abs. 4 stattfindet, die folgende Zahl von Richtern zu wählen:
1. bei einem Gericht mit einem Präsidium nach § 21a Abs. 2 Nr. 1 vier Richter,
2. bei einem Gericht mit einem Präsidium nach § 21a Abs. 2 Nr. 2 drei Richter,
3. bei einem Gericht mit einem Präsidium nach § 21a Abs. 2 Nr. 3 zwei Richter.

[2]Neben den nach § 21b Abs. 4 ausscheidenden Mitgliedern scheidet jeweils ein weiteres Mitglied, das durch das Los bestimmt wird, aus.

(3) [1]Ist die Zahl der Richterplanstellen bei einem Gericht mit einem Präsidium nach § 21a Abs. 2 Nr. 2 bis 4 über die für die bisherige Größe des Präsidiums maßgebende Höchstzahl gestiegen, so ist bei der nächsten Wahl, die nach § 21b Abs. 4 stattfindet, die folgende Zahl von Richtern zu wählen:
1. bei einem Gericht mit einem Präsidium nach § 21a Abs. 2 Nr. 2 sechs Richter,
2. bei einem Gericht mit einem Präsidium nach § 21a Abs. 2 Nr. 3 fünf Richter,
3. bei einem Gericht mit einem Präsidium nach § 21a Abs. 2 Nr. 4 vier Richter.

[2]Hiervon scheidet jeweils ein Mitglied, das durch das Los bestimmt wird, nach zwei Jahren aus.

Als Sondervorschrift zu § 21d I GVG ist § 21j III GVG (→ Rn. 61) zu beachten. – **Geschäftsjahr ist** – vom Fall der Neugründung eines FG abgesehen – stets **das Kalenderjahr** (Kissel/Mayer/Mayer GVG § 21d Rn. 9; Zöller/Lückemann GVG § 21d Rn. 1). – Veränderungen in der Zahl der Richterplanstellen wirken sich nach Maßgabe des Stichtagsprinzips (§ 21d I GVG) aus.

5. Aufgaben des Präsidiums und Geschäftsverteilung

25 **§ 21e GVG [Aufgaben und Befugnisse des Präsidiums; Geschäftsverteilung]**

(1) [1]Das Präsidium bestimmt die Besetzung der Spruchkörper, bestellt die Ermittlungsrichter, regelt die Vertretung und verteilt die Geschäfte. [2]Es trifft diese Anordnungen vor dem Beginn des Geschäftsjahres für dessen Dauer. [3]Der Präsident bestimmt, welche richterlichen Aufgaben er wahrnimmt. [4]Jeder Richter kann mehreren Spruchkörpern angehören.

(2) Vor der Geschäftsverteilung ist den Richtern, die nicht Mitglied des Präsidiums sind, Gelegenheit zur Äußerung zu geben.

(3) [1]Die Anordnungen nach Absatz 1 dürfen im Laufe des Geschäftsjahres nur geändert werden, wenn dies wegen Überlastung oder ungenügender Auslastung eines Richters oder Spruchkörpers oder infolge Wechsels oder dauernder Verhinderung einzelner Richter nötig wird. [2]Vor der Änderung ist den Vorsitzenden Richtern, deren Spruchkörper von der Änderung der Geschäftsverteilung berührt wird, Gelegenheit zu einer Äußerung zu geben.

(4) Das Präsidium kann anordnen, daß ein Richter oder Spruchkörper, der in einer Sache tätig geworden ist, für diese nach einer Änderung der Geschäftsverteilung zuständig bleibt.

(5) Soll ein Richter einem anderen Spruchkörper zugeteilt oder soll sein Zuständigkeitsbereich geändert werden, so ist ihm, außer in Eilfällen, vorher Gelegenheit zu einer Äußerung zu geben.

(6) Soll ein Richter für Aufgaben der Justizverwaltung ganz oder teilweise freigestellt werden, so ist das Präsidium vorher zu hören.

(7) [1]Das Präsidium entscheidet mit Stimmenmehrheit. [2]§ 21i Abs. 2 gilt entsprechend.

(8) [1]Das Präsidium kann beschließen, dass Richter des Gerichts bei den Beratungen und Abstimmungen des Präsidiums für die gesamte Dauer oder zeitweise zugegen sein können. [2]§ 171b gilt entsprechend.

(9) Der Geschäftsverteilungsplan des Gerichts ist in der von dem Präsidenten oder aufsichtführenden Richter bestimmten Geschäftsstelle des Gerichts zur Einsichtnahme aufzulegen; einer Veröffentlichung bedarf es nicht.

Zu § 21e I, II GVG: Nach § 21e I GVG bestimmt das Präsidium die **Besetzung** (zur **Überbesetzung** → Rn. 50) **der Spruchkörper** (Senate) mit den am Gericht tätigen Richtern (§ 5), es regelt die **Vertretung bei vorübergehender** (→ Rn. 32) **Verhinderung** (zB durch Urlaub, Dienstbefreiung, Krankheit; zur Vertretung des Vorsitzenden s. § 21f II GVG, → Rn. 40 ff.) und **dauernder Verhinderung** (→ Rn. 32) sowie die **Geschäftsverteilung** in sachlicher Hinsicht. In personeller Hinsicht muss der Geschäftsverteilungsplan für jeden Senat **die nach § 5 III erforderlichen Richter** namentlich benennen. Die Angabe „N.N." ist nur bei vorübergehender Verhinderung zulässig (BFH X B 126/13, BFH/NV 2014, 1060; → Rn. 41, 44). Ggf. müssen Richter gleichzeitig mehreren Senaten zugewiesen werden. Dann muss bestimmt werden, welche Tätigkeit im Kollisionsfall vorgeht (BGH 1 StR 55/73, NJW 1973, 1291). Nach hM ist auch der jeweilige Bruchteil der richterlichen Arbeitskraft zu vermerken (BFH V B 34/17, BStBl. II 2019, 489; BGH 2 StR 613/72, NJW 1974, 109; Kissel/Mayer/Mayer GVG § 21e Rn. 138; Tipke/Kruse/Brandis § 4 Rn. 19; Aufgabe der in der Vorauf. vertretenen Auffassung). Das Gleiche gilt bei Richtern im Nebenamt und bei Richtern, denen nach § 27 II DRiG ein Richteramt an einem anderen Gericht übertragen worden ist (BFH V B 34/17, BStBl. II 2019, 489) sowie bei Teilzeitkräften (Kissel/Mayer/Mayer GVG § 21e Rn. 138; Schoenfeld DStZ 2019, 547 (548); letzterer auch zu den Fragen, die sich für Teilzeitkräfte in Vertretungsfällen ergeben). – Der Geschäftsverteilungsplan gilt nur für die **Dauer** des Geschäftsjahres, für das er beschlossen worden ist (**Jährlichkeitsprinzip** – vgl. BFH VIII R 84/93 ua, BFH/NV 1996, 416; V B 36/15, BFH/NV 2016, 223; IX B 72/ 26

20, NJW 2021, 2232; BVerwG 4 BN 36/13, BauR 2014, 57). Daher muss der Geschäftsverteilungsplan Regelungen für die Zuweisung sowohl der bereits anhängigen (BFH I B 126/16, BFH/NV 2018, 205) als auch der erst künftig anfallenden Streitsachen (BFH X R 15/81, BFH/NV 1988, 446) enthalten. Die Geschäftsverteilung **innerhalb der Senate** richtet sich nach § 21g GVG (→ Rn. 48 ff.). – Vor der Entscheidung des Präsidiums über die Geschäftsverteilung ist den Richtern (Vorsitzenden und Richtern), die nicht Mitglied des Präsidiums sind, Gelegenheit zur **Äußerung** zu geben (§ 21e II GVG – allgemeine Anhörungspflicht; Kissel/Mayer/Mayer GVG § 21e Rn. 44); schriftliche Äußerung genügt; Anhörung in der Sitzung ist zweckmäßig. Es handelt sich um eine bloße Ordnungsvorschrift, deren Verletzung keine Rechtsfolgen auslöst (BayVGH 6 CE 15.2800, BayVBl. 2016, 813). Daneben schreibt § 21e V GVG die Anhörung des Richters vor, der einem anderen Spruchkörper zugeteilt oder dessen Zuständigkeit geändert werden soll, sofern nicht ein Eilfall gegeben ist (konkrete Anhörungspflicht). Diese gilt auch bei unterjährigen Änderungen (§ 21e III 2 GVG). Das Präsidium ist frei darin, in welcher Form es die Anhörungen durchführt (im Rahmen einer Sitzung, durch persönliche Gespräche des Präsidenten oder des mit Geschäftsverteilungsangelegenheiten betrauten Präsidialrichters, schriftlich usw; Kissel/Mayer/Mayer GVG § 21e Rn. 48; Zöller/Lückemann GVG § 21e Rn. 25). Wünscht der Anzuhörende, die Anhörung im Rahmen einer Präsidiumssitzung vorzunehmen, ist dem zu folgen (Kissel/Mayer/Mayer GVG § 21e Rn. 48). – Eine Begründung der Präsidiumsbeschlüsse ist nicht zwingend (OVG NRW 1 B 1106/21, BeckRS 2021, 21952), jedoch uU sinnvoll, um etwaigen Willküreinwänden (→ Rn. 30) vorzubeugen. – Indem § 21e I 3 GVG anordnet, dass der **Präsident** selbst bestimmt, welche richterlichen Aufgaben er wahrnimmt, verfolgt das GVG (und über die Verweisung in § 4 sowie mit § 5 I 2 auch die FGO) das Konzept des Richterpräsidenten, der sich nicht allein auf Führungs- und Organisationsaufgaben beschränkt, sondern die Funktionen eines Vorsitzenden Richters (→ Rn. 41) wahrnimmt (BFH V B 34/17, BStBl. II 2019, 489). Daraus folgt, dass der Präsident einen gewissen Anteil der Arbeit eines Vorsitzenden in dem von ihm geleiteten Senat übernehmen muss (zu den Einzelheiten vgl. BFH V B 34/17, BStBl. II 2019, 489, Rn. 23; I B 53/19, BFH/NV 2021, 345, Rn. 23 ff.). § 21e I 3 GVG erlaubt dem Präsidenten nur zu bestimmen, in welchem Senat er den Vorsitz übernimmt, nicht jedoch mit welchen sachlichen Zuständigkeiten und in welchem Umfang. Dies ist vielmehr durch den Geschäftsverteilungsplan zu bestimmen (BFH V B 34/17, BStBl. II 2019, 489, auch zu den Besonderheiten bei einem sog Doppelpräsidenten). – § 27 ergänzt § 21e GVG hinsichtlich der **ehrenamtlichen Richter.** – Zunächst ist es Sache des mit dem Verfahren befassten Senats, seine Zuständigkeit zu prüfen. Bejaht er diese, muss er über die Streitsache abschließend entscheiden, andernfalls die Sache formlos an den zuständigen Senat abgeben (BFH IV B 93/12, BFH/NV 2013, 575). Bei gerichtsinternen Meinungsverschiedenheiten über die **Auslegung des Geschäftsverteilungsplans** entscheidet das Präsidium (BFH VII S 39/85, BStBl. II 1986, 357 (358); VII R 17/87, BFH/NV 1988, 307; I R 83/11, BFH/NV 2015, 20; X B 52/23 (AdV), BStBl. II 2023, 1102); ist der Geschäftsverteilungsplan **lückenhaft,** ist das Präsidium befugt, ergänzende Regelungen zu treffen (BFH VII S 39/85, BStBl. II 1986, 357 (358); VII R 17/87, BFH/NV 1988, 307). Zur Auslegung des Geschäftsverteilungsplans s. BVerfG 1 BvR 1644/94, BB 1995, 1782; BFH VII R 17/87, BFH/NV 1988, 307. – Das Präsidium nimmt seine Aufgaben in einem nach seinem Ermessen zu bestimmenden **Verfahren** wahr (BVerwG 9 CB

12/80, NJW 1984, 575). Es entscheidet in Sitzungen oder im Umlaufverfahren (→ Rn. 59). Wie sich aus § 4 FGO iVm §§ 21a II Nr. 5, 21e I 3 GVG ergibt, wirken auch die Mitglieder des Präsidiums mit, die von getroffenen Beschlüssen selbst betroffen sind. Dies ist dem Charakter des Präsidiums als Selbstverwaltungsorgan immanent (BGH RiZ 2/16, BeckRS 2022, 7571, Rn. 67; Kissel/Mayer/Mayer, GVG § 21e Rn. 68). Das **Beratungs- und Abstimmungsgeheimnis** ist zu wahren, soweit nicht nach § 21e VIII GVG die Richteröffentlichkeit hergestellt ist (vgl. Kissel/Mayer/Mayer GVG § 21e Rn. 22f; Tipke/Kruse/Brandis § 4 Rn. 9; teilweise aA Zöller/Lückemann GVG § 21e Rn. 29). – Zur Frage, ob das Präsidium sich eine **Geschäftsordnung** geben darf, s. Kissel/Mayer/Mayer GVG § 21e Rn. 29 bejahend; Funk DRiZ 1973, 265 verneinend). – Zur **Beschlussfähigkeit** des Präsidiums s. § 26i I (→ Rn. 58).

27 Durch die in § 21e I 1 GVG genannten Maßnahmen, insbes. durch die Aufstellung des Geschäftsverteilungsplans, soll der **gesetzliche Richter (Art. 101 I 2 GG)** festgelegt werden und zwar grds. für das gesamte Geschäftsjahr im Voraus (zu den Ausnahmen s. § 21e III GVG, → Rn. 32). Die Aufstellung des Geschäftsverteilungsplans erfolgt iRd gerichtlichen **Selbstverwaltung** (BGH RiZ (R) 1/66, BGHZ 46, 148; RiZ (R) 9/84, NJW 1985, 1084; BayVerfGH 5-VII-77, NJW 1978, 1515). – Bei **willkürlichem Abweichen** vom Geschäftsverteilungsplan ist der Senat iSd §§ 115 II Nr. 3, 119 Nr. 1 nicht ordnungsgemäß besetzt (BFH VIII R 5/88, BFH/NV 1989, 517; VIII R 84/93 ua, BFH/NV 1996, 416; VIII R 1/96, BFH/NV 1997, 122; IX B 72/20, NJW 2021, 2232). Willkür kann allerdings nur angenommen werden, wenn die Entscheidung sich so weit von dem verfassungsrechtlichen Grundsatz des gesetzlichen Richters entfernt hat, dass sie nicht mehr zu rechtfertigen ist (BFH V B 29/07, BFH/NV 2008, 1501 (1503); IX B 72/20, NJW 2021, 2232 mwN; vgl. auch BVerfG 1 BvR 1750/19, AP GG § 101 Nr. 67; strenger BFH VI B 88/07, BFH/NV 2008, 401). Daran fehlt es, wenn die Handhabung einer gewachsenen Übung entspricht (BVerwG 4 B 53.13, BeckRS 2014, 47033), die nicht in Widerspruch zu einer eindeutigen Regelung des Geschäftsverteilungsplans steht (BVerwG 9 BN 1/15, NVwZ 2015, 1695). – Die **Verteilung** der Geschäfte auf die Senate muss **nach allgemeinen, abstrakten und objektiven Merkmalen** erfolgen (**Abstraktionsprinzip;** vgl. BVerfG 2 BvR 1843/00, NJW 2003, 345; 2 BvR 2023/16, wistra 2017, 187; BFH IX B 179/05, BFH/NV 2006, 1873 (1874); I B 140/12, BFH/NV 2013, 226; IX B 72/20, NJW 2021, 2232), die einzelne Sache „blindlings“ an den berufenen Richter gelangen (BVerfG 2 BvR 229/09, NJW 2009, 1734; 2 BvR 2023/16, wistra 2017, 187) und den Prinzipien der Vollständigkeit, der Bestimmtheit und der Vorauswirkungen entsprechen (BVerfG 1 PBvU 1/95, BStBl. II 1997, 672; BFH IV B 29/08, BFH/NV 2010, 669). Gegen eine Zuweisung ausgehend von den beteiligten Finbeh (BFH I B 140/12, BFH/NV 2013, 226) und nach belastungsorientierten Modellen (BFH II B 54/19, BStBl. II 2020, 586; vgl. auch Freymann/Geib DRiZ 2014, 372; Noethen DRiZ 2023, 212) bestehen keine Bedenken. Soweit bei belastungsorientierten Modellen Fehlzuordnungen geschehen, führen entsprechende Folgefehler nicht zu Besetzungsmängeln (kein „Domino-Effekt“; BFH II B 54/19, BStBl. II 2020, 586; Stollenwerk/Pflüger DRiZ 2023, 182 (184)), was der Rspr. zu Fehlern bei der Heranziehung von ehrenamtlichen Richtern entspricht (→ § 27 Rn. 11). Soweit Verfahren nach der zeitlichen Reihenfolge des Eingangs zugewiesen werden, müssen Bestimmungen getroffen werden, nach welchen Kriterien gleichzeitig eingegangene Verfahren zugeordnet werden (BayVGH 13a ZB 21.30046, NVwZ-RR 2021, 963). Die

Zuweisung bestimmter **Einzelsachen** oder einer Gruppe von Einzelfällen ist grds. **unzulässig** (BFH IX B 179/05, BFH/NV 2006, 1873 (1874); IX B 72/20, NJW 2021, 2232; BVerwG 4 CB 4/86, NJW 1987, 2031; BGH IX ZR 183/06, NJW 2009, 1351). Darum handelt es sich bei der Benennung bestimmter Az., soweit dem nicht nachvollziehbar hinreichend konkrete abstrakte Kriterien zugrunde liegen (BVerwG 2 C 2/19, NJW 2020, 3333). Das Abstraktionsprinzip hat den Zweck, das Vertrauen des Rechtssuchenden und der Öffentlichkeit zu unterstützen, dass die Gerichte sich seiner Sache unparteilich und sachlich annehmen, dass der Richter die Gewähr für Neutralität und Distanz gegenüber den Verfahrensbeteiligten bietet (BVerfG 2 BvR 610, 625/12, NJW 2012, 2334). Sog. Heilungsregelungen, also Regelungen im Geschäftsverteilungsplan, nach denen irrtümlich im falschen Senat aufgenommene Verfahren ab einem gewissen Verfahrensstadium nicht mehr an den eigentlich zuständigen Senat abgegeben werden können, sind zulässig und zu beachten (Sächsischer VerfGH Vf. 99-IV-18, NJW 2019, 2225; BGH 2 StR 495/83, NStZ 1984, 181; Kissel/Mayer/Mayer GVG § 21e Rn. 119; MüKoZPO/Papst § 21e GVG Rn. 101). § 21e I GVG lässt es zu, durch den jährlichen Geschäftsverteilungsplan bereits anhängige Streitsachen einem anderen Senat zuzuweisen (**Umverteilung;** BFH IX B 179/05, BFH/NV 2006, 1873 (1874); IV B 30/10, BFH/NV 2012, 431). Dabei ist eine gewisse Konkretisierung unvermeidlich. Durch sie wird das Recht auf den gesetzlichen Richter nicht verletzt. Das Abstraktionsprinzip soll lediglich gezielte und willkürliche Manipulationen verhindern (BFH VIII R 84/93 ua, BFH/NV 1996, 416; BVerwG 9 C 67/82, NJW 1985, 822). § 21e IV GVG sieht die Möglichkeit vor, dass es bei einer Änderung der Geschäftsverteilung bei der Zuständigkeit des bisher zuständigen Senats oder Berichterstatters bleibt (BFH IV R 26/95, BFH/NV 1996, 908). Das Recht auf den gesetzlichen Richter ist aber nicht verletzt, wenn der Senat nach der **Umsetzung** des bisherigen Berichterstatters in einen anderen Senat in neuer Besetzung über die Streitsache entscheidet (BFH IV R 87/93, BStBl. II 1996, 523). – Soweit sich diese Entscheidungen im Rahmen pflichtgemäßen Ermessens halten, sind sie im Revisionsverfahren nicht korrigierbar (BFH VII R 17/87, BFH/NV 1988, 307 (308); VIII R 80/93 ua, BFH/NV 1995, 416; BGH 1 StR 138/75, NJW 1975, 1424).

30 Die Aufstellung eines Geschäftsverteilungsplans stellt grds. **keinen Eingriff in die Rechte der betroffenen Richter** dar. Dies kann sich jedoch bei Vorliegen besonderer Umstände (zB Umsetzung eines Richters ohne ausreichende sachliche Gründe) anders darstellen (BVerfG 2 BvR 1431/07, NJW 2008, 909; 2 BvR 877/16, NVwZ 2017, 51; → § 1 Rn. 15). Der betroffene Richter kann im Verwaltungsrechtsweg auf Feststellung klagen (→ Rn. 5, auch zum vorläufigen Rechtsschutz). Bis zu einem rkr. Erfolg seines Rechtsbehelfs muss er zur Vermeidung von Dienstpflichtverletzungen dem angegriffenen Geschäftsverteilungsplan folgen (BGH RiSt 1/21, DVBl. 2023, 1212). Gegenüber Dritten sind die **Entscheidungen des Präsidiums unanfechtbar** (Kissel/Mayer/Mayer GVG § 21e Rn. 120). – Zur **Überprüfung im Rechtsmittelverfahren** → Rn. 37.

32 **Zu § 21e III GVG:** Eine **nachträgliche Änderung** der Geschäftsverteilung ist zulässig, wenn sie aus den in § 21e III GVG umschriebenen Gründen (Überlastung, ungenügende Auslastung, Wechsel oder dauernde Verhinderung einzelner Richter) erfolgt. Die Gründe sind zu **dokumentieren** (BVerfG 2 BvR 229/09, NJW 2009, 1734; BGH 5 StR 613/13, NStZ 2014, 287; 3 StR 516/15, NStZ 2016, 562; BVerwG 3 B 45/16, NVwZ 2019, 82). Eine **dauernde Verhinderung** liegt zB vor bei Tod, schwerer Erkrankung, amtsärztlich festgestellter Dienstunfähigkeit (§ 34 DRiG) oder langem Urlaub. Ob eine **Überlastung** vorliegt, entscheidet das Präsidium nach pflichtmäßigem Ermessen. Eine revisionsrechtliche Überprüfung ist deshalb nur eingeschränkt (Willkür) möglich (BFH IV R 121/89, BFH/NV 1991, 826 (827, 828); BGH 2 StR 398/79, HFR 1980, 252; 5 StR 574/97, NJW 1999, 154). Eine ungenügende Auslastung liegt vor, wenn ein neuer Senat eingerichtet wird (BFH IX B 72/20, NJW 2021, 2232), idR auch dann, wenn ein zusätzlicher Richter einem bestehenden Senat zugewiesen wird (vgl. BVerwG 2 C 2/19, NJW 2020, 3333). Fraglich ist, ob auch **andere Gründe** eine nachträgliche Änderung der Spruchkörperbesetzung gestatten. Gründe, die sich in einer nur vorübergehenden Verhinderung einzelner Richter erschöpfen, reichen jedenfalls nicht aus (BGH 4 StR 587/85, NJW 1986, 1884). Rücksichtnahme auf die Ausbildung des richterlichen Nachwuchses berechtigt ebenfalls nicht zur Änderung des Geschäftsverteilungsplans (BGH 5 StR 314/76, NJW 1976, 2029; BVerwG 9 C 902/82, HFR 1987, 99). Eine unterjährige Änderung der sachlichen Zuweisungen ist jedenfalls dann gerechtfertigt, wenn Rechtsprechungsaufgaben neu anfallen oder wegfallen (Zöller/Lückemann GVG § 21e Rn. 42; Tipke/Kruse/Brandis § 4 Rn. 25). Auch im Falle der nachträglichen Änderung der Geschäftsverteilung muss das **Abstraktionsprinzip** (→ Rn. 27) beachtet werden (BFH VIII R 84/93 ua, BFH/NV 1996, 416; IX B 72/20, NJW 2021, 2232; BVerwG 3 B 45/16, NVwZ 2019, 82). – Die während des Geschäftsjahres beschlossenen Änderungen gelten nur bis zu dessen Ablauf (→ Rn. 26). – Zur **Anhörungspflicht** s. § 21e III 2 und V GVG.

Zu § 21e VIII GVG: Das Präsidium kann **nach** seinem **Ermessen beschließen, dass die Richter** des Gerichts bei den Beratungen und Abstimmungen des Präsidiums für die gesamte Dauer oder zeitweise **zugegen sein können.** Jedenfalls bei Sitzungen des Präsidiums, in denen über die Geschäftsverteilung (§ 21e I GVG) oder über die Änderung der Geschäftsverteilung im laufenden Geschäftsjahr (§ 21e III GVG) entschieden wird, dürfte es im Hinblick auf die weitgehenden Anhörungsrechte (§ 21e II, III 2, V GVG) zweckmäßig sein, die Richteröffentlichkeit herzustellen. – Sind allerdings geschützte **persönliche Daten** eines Richters Gegenstand der Beratung, kann die **Richteröffentlichkeit** ausgeschlossen werden, **auf Antrag** ist sie **auszuschließen** (§ 21e VIII 2 iVm § 171b I, II GVG). Wegen des Ausnahmecharakters der Richteröffentlichkeit und der grds. nicht öffentlichen Beratung und Abstimmung über richterliche Entscheidungen (→ Rn. 26 aE) ist nichts dagegen einzuwenden, wenn Präsidien die Öffentlichkeit nur zurückhaltend zulassen (BVerfG 2 BvR 1431/07, NJW 2008, 909). 35

Zu § 21e IX GVG: Die Pflicht zur **Auflegung des Geschäftsverteilungsplans** umfasst die im Laufe des Geschäftsjahrs gefassten Beschlüsse zu seiner Änderung und die senatsinternen Geschäftsverteilungspläne (Kissel/Mayer/Mayer GVG § 21e Rn. 75). Das **Einsichtsrecht** umfasst grds. nur das laufende Geschäftsjahr (BVerwG 10 PKH 1.22, BeckRS 2023, 11861). Darüber hinaus ist eine Einsichtnahme nur bei Vorliegen eines berechtigten Interesses möglich; § 21e IX GVG gewährt nur ein Einsichtsrecht an Gerichtsstelle, jedoch kein Recht auf die Übersendung von Kopien (Zöller/Lückemann GVG § 21e Rn. 35). Zum Umfang des Einsichtsrechts s. BFH X B 44/17, BFH/NV 2018, 637. Die Anwendung der **InformationsfreiheitsG** der Länder hat die Rspr. bisher abgelehnt (vgl. OVG Münster 15 A 760/20, NJW 2023, 93). Für etwaige Rechtsstreitigkeiten bezüglich finanzgerichtlicher Geschäftsverteilungspläne ist der **Rechtsweg** zu den VG (und nicht nach §§ 23 ff. EGGVG zu den OLG) gegeben (FG Köln 6 K 235/23, BeckRS 2023, 8511; Kissel/Mayer/Mayer GVG § 23 EGGVG Rn. 13). Die 36

Übersendung von **Kopien** steht im Ermessen der Gerichtsleitung (BGH IV AR(VZ) 4/19, BeckRS 2019, 23723). Die Auflegung ist keine Wirksamkeitsvoraussetzung (BFH VII B 192/07, BFH/NV 2009, 594; OVG BBg 4 N 4.13, BeckRS 2014, 54582). Zur Einsichtnahme in den Geschäftsverteilungsplan als Voraussetzung für eine ordnungsgemäße Besetzungsrüge s. BFH IV R 52/92, BFH/NV 1993, 543 (544); VIII R 69/94, BFH/NV 1995, 912; V B 29/07, BFH/NV 2008, 1501. – Der **Geschäftsverteilungsplan des BFH** wird jährlich im BStBl. II und in jedem Band der Entscheidungssammlung abgedruckt und ist außerdem auf der Website des BFH einsehbar. Auch die Mehrzahl der **Finanzgerichte** veröffentlicht ihre Geschäftsverteilungspläne auf ihren Websites (zT nur hinsichtlich der sachlichen Zuständigkeiten der Senate; zu den datenschutzrechtlichen Aspekten: Labusga/Petit NJW 2022, 300).

37 Bei **Verstoß gegen den Geschäftsverteilungsplan** kann eine **Besetzungsrüge** (§§ 115 II Nr. 3, 116, 119 Nr. 1, 134 FGO iVm § 579 I Nr. 1 ZPO) nur Erfolg haben, wenn der Fehler auf **Willkür** bzw. Rechtsmissbrauch beruht (zB BVerfG 1 BvR 1750/19, AP GG § 101 Nr. 67; BFH V B 29/07, BFH/NV 2008, 1501 (1503); VII B 192/07, BFH/NV 2009, 594 (595); IV B 93/12, BFH/NV 2013, 575; I B 14/13, BFH/NV 2014, 880; V S 5/14 (PKH), BFH/NV 2014, 1381; BGH VGS 1/93 ua, NJW 1994, 1735; → Rn. 27, 52; → § 119 Rn. 9). Dies gilt auch, soweit Verstöße gegen das zur Aufstellung des Geschäftsverteilungsplans führende Verfahren geltend gemacht werden (BFH X B 44/17, BFH/NV 2018, 637; OLG Hamm 15 VA 12/18, BeckRS 2018, 14982). **Anders** verhält es sich, wenn der Geschäftsverteilungsplan **nicht den Vorschriften des § 21e GVG entspricht** (BVerfG 2 BvR 581/03, NJW 2005, 2689; 2 BvR 2023/16, wistra 2017, 187; BFH IV B 30/10, BFH/NV 2012, 431; X B 126/13, BFH/NV 2014, 1060; BGH IX ZR 183/06, NJW 2009, 1351). Dann führt jeder Fehler, der die Regelungen für die Zuweisung zu dem entscheidenden Senat oder die Besetzung der Richterbank berührt, zum Erfolg der Besetzungsrüge.

6. Vorsitz im Spruchkörper

40 **§ 21f GVG [Vorsitz in den Spruchkörpern]**

(1) Den Vorsitz in den Spruchkörpern bei den Landgerichten, bei den Oberlandesgerichten sowie bei dem Bundesgerichtshof führen der Präsident und die Vorsitzenden Richter.

(2) [1]Bei Verhinderung des Vorsitzenden führt den Vorsitz das vom Präsidium bestimmte Mitglied des Spruchkörpers. [2]Ist auch dieser Vertreter verhindert, führt das dienstälteste, bei gleichem Dienstalter das lebensälteste Mitglied des Spruchkörpers den Vorsitz.

41 § 21f GVG soll gewährleisten, dass ein besonders qualifizierter Richter den Vorsitz in dem Spruchkörper innehat, der den vielfältigen und verantwortungsvollen Aufgaben dieses Amtes gewachsen ist (BFH VII R 15/99, BStBl. II 2000, 88; BGH GSZ 1/61, NJW 1962, 1570; 4 StR 37/74, NJW 1974, 1572; 2 StR 346/11, NStZ 2012, 406). Der Vorsitzende soll in der Lage sein, einen richtunggebenden Einfluss auf die Senatsrechtsprechung auszuüben (BVerfG 2 BvR 610/12, NJW 2012, 2334, Rn. 22 ff.; BFH V B 34/17, BStBl. II 2019, 489, Rn. 21; BGH XII ZR 50/14, NJW-RR 2017, 635). Eine **Vertretung des Vorsitzenden** ist daher grds. **nur bei vorübergehender Verhinderung** (zB Urlaub, Dienstbefreiung, Erkrankung, Überlastung, termingebundenen Arbeiten) zulässig (BGH II

ZR 43/82, DRiZ 1983, 234; 1 StR 187/88, NJW 1989, 843; XII ZR 50/14, NJW-RR 2017, 635), nicht aber, wenn der Vorsitzende auf Dauer von seiner bisherigen Tätigkeit ausgeschlossen oder an der Wahrnehmung seiner Aufgaben verhindert ist (→ Rn. 44). Eine vorübergehende Verhinderung liegt auch vor, wenn der Vorsitzende am Tage vor dem Sitzungstermin aus dem Urlaub zurückgekehrt ist und sich deshalb auf die Sitzung nicht vorbereiten kann (BVerwG I C 55.77, Buchholz 310 § 133 VwGO Nr. 28) oder ein Gerichtspräsident durch Verwaltungs- oder Repräsentationsaufgaben an der Teilnahme an einer Sitzung verhindert ist (BGH XII ZR 50/14, NJW-RR 2017, 635; OVG RhPf 3 A 10151/16.OVG, NVwZ-RR 2017, 152). – Nimmt der Vorsitzende so oft nicht an den Sitzungen teil, dass er keinen **richtungsgebenden Einfluss** mehr auf die Rspr. des Senats hat, so ist der Senat nicht ordnungsmäßig besetzt (BGH GSZ 1/61, NJW 1962, 1570; XII ZR 50/14, NJW-RR 2017, 635); eine **Zeitspanne von etwa zwei Monaten,** in welcher kein Vorsitzender Richter den Vorsitz im Senat führt, **ist** jedoch **noch unschädlich** (BFH VII R 15/99, BStBl. II 2000, 88; II B 42/05, BFH/NV 2007, 77 (78); I B 120/06, BFH/NV 2007, 1686 (1687) – jeweils mwN). Wie hoch der Anteil an der Gesamtarbeitszeit des Vorsitzenden ist, den dieser für die Vorsitzendentätigkeit aufwendet, ist grds. unerheblich (BVerfG 2 BvR 610/12 ua, NJW 2012, 2334; OLG Bbg 2 U 13/08, BeckRS 2013, 8934; vgl. aber auch BFH V B 34/17, BStBl. II 2019, 489). – Seit der Einführung des fakultativen Einzelrichters (§§ 6, 79a III, IV) beschränkt sich dieses Erfordernis auf die Verfahren, in denen der Senat in voller Besetzung entscheidet oder in denen Entscheidungen nach § 69 III 5 oder § 114 II 3 durch den Vorsitzenden ergehen sollen.

Ist der Vorsitzende verhindert und wird er durch seinen Stellvertreter vertreten, 42
so ist dieser letztere „verhindert" (nicht dagegen ein etwa sonst noch fehlendes Senatsmitglied); es tritt also der geschäftsplanmäßige Vertreter des stellvertretenden Vorsitzenden ein, nicht der des anderen Beisitzers (BFH VII B 36/66, BStBl. III 1967, 516).

Das G bietet keinen Anhalt dafür, dass ein Vorsitzender Richter nur durch 43
einen Vorsitzenden Richter vertreten werden darf (BFH I R 40/72, BStBl. II 1975, 232). Die Vertretung kann jedoch nur durch einen **Richter auf Lebenszeit** wahrgenommen werden (§ 28 II 2 DRiG).

Ist ein **Vorsitzender** infolge Todes, Dienstunfähigkeit (§ 34 DRiG), Errei- 44
chung der Altersgrenze oder Versetzung in ein anderes Amt **endgültig verhindert,** ist eine Vertretung analog § 21f II 1 GVG für einen Zeitraum, der einer vorübergehenden längeren Erkrankung oder einem längeren Urlaub eines Vorsitzenden entspricht, statthaft (BFH I R 15/85, BStBl. II 1989, 424; VII R 15/99, BStBl. II 2000, 88; I B 120/06, BFH/NV 2007, 1686 (1687); → Rn. 41). Das BSG hat den Zeitraum der zulässigen Vakanz regelmäßig auf maximal sechs Monate begrenzt (BSG B 6 KA 34/06 B, NJW 2007, 2717; vgl. auch BGH VII ZR 173/13, NJW 2015, 1685). Bei einer länger währenden Vakanz muss der Vorsitz einem anderen Vorsitzenden übertragen werden **(Doppelvorsitz);** eine **Vertretung** durch den regelmäßigen Vertreter ist dann **grds. nicht zulässig** (BFH I R 15/85, BStBl. II 1989, 424; VII R 15/99, BStBl. II 2000, 88). Das gilt auch im Falle einer **Wiederbesetzungssperre** (BFH I R 15/85, BStBl. II 1989, 424; BGH VII ZB 6/85, NJW 1985, 2337; Kissel/Mayer/Mayer GVG § 59 Rn. 4, 13) und wenn sich im Falle einer **Erkrankung** des Vorsitzenden seine dauernde Dienstunfähigkeit abzeichnet (BGH VI ZR 137/04, NJW 2006, 154). – Ob die Vakanz im Vorsitz des Spruchkörpers unvermeidbar war, ist grds. unerheblich

(BFH VII R 15/99, BStBl. II 2000, 88; gilt auch für den Fall einer Konkurrentenklage, Kissel/Mayer/Mayer GVG § 59 Rn. 6, 13). Lediglich bei einer notstandsähnlichen Situation, in der Vakanzen auch durch Doppelvorsitze nicht mehr aufgefangen werden können, gelten die vorstehenden Grundsätze nicht (BGH 4 StR 556/12, NStZ-RR 2013, 259).

45 Führt ein stellvertretender Vorsitzender über den Zeitraum der vorübergehenden Verhinderung (→ Rn. 41, 44) hinaus die Vorsitzendengeschäfte, ist das Gericht nicht ordnungsgemäß besetzt (§ 119 Nr. 1, → § 119 Rn. 8). Auch Nichtigkeitsklage (§ 134 FGO iVm § 579 I Nr. 1 ZPO) ist möglich.

7. Geschäftsverteilung im Spruchkörper

48 **§ 21g GVG [Geschäftsverteilung innerhalb der Spruchkörper]**

(1) [1]Innerhalb des mit mehreren Richtern besetzten Spruchkörpers werden die Geschäfte durch Beschluss aller dem Spruchkörper angehörenden Berufsrichter auf die Mitglieder verteilt. [2]Bei Stimmengleichheit entscheidet das Präsidium.

(2) Der Beschluss bestimmt vor Beginn des Geschäftsjahres für dessen Dauer, nach welchen Grundsätzen die Mitglieder an den Verfahren mitwirken; er kann nur geändert werden, wenn es wegen Überlastung, ungenügender Auslastung, Wechsels oder dauernder Verhinderung einzelner Mitglieder des Spruchkörpers nötig wird.

(3) Absatz 2 gilt entsprechend, soweit nach den Vorschriften der Prozessordnungen die Verfahren durch den Spruchkörper einem seiner Mitglieder zur Entscheidung als Einzelrichter übertragen werden können.

(4) Ist ein Berufsrichter an der Beschlussfassung verhindert, tritt der durch den Geschäftsverteilungsplan bestimmte Vertreter an seine Stelle.

(5) § 21i Abs. 2 findet mit der Maßgabe entsprechende Anwendung, dass die Bestimmung durch den Vorsitzenden getroffen wird.

(6) Vor der Beschlussfassung ist den Berufsrichtern, die von dem Beschluss betroffen werden, Gelegenheit zur Äußerung zu geben.

(7) § 21e Abs. 9 findet entsprechende Anwendung.

49 **Zu § 21g I GVG: Die Verteilung der Geschäfte im Senat** erfolgt **durch Beschluss aller** dem Senat angehörenden **Berufsrichter mit Stimmenmehrheit** (§ 21g I 1 GVG), was mit der Gleichwertigkeit aller Richterämter begründet wird (BT-Drs. 14/979, 5). Für das Verfahren und die Formalien gelten die Regelungen für den gerichtlichen Geschäftsverteilungsplan (→ Rn. 59) entsprechend. Ist der Senat paritätisch (über)besetzt, entscheidet bei Stimmengleichheit das Präsidium (§ 21g I 2 GVG).

50 **Zu § 21g II, III GVG:** In dem vor Beginn des Geschäftsjahres nach § 21g I GVG zu fassenden Beschluss müssen zur Bestimmung des gesetzlichen Richters (Art. 101 I 2 GG) **Grundsätze** festgelegt werden, die **für die Bestellung des Berichterstatters** (§§ 65 II 1, 79, 79a, dazu BFH IV B 29/08, BFH/NV 2010, 669; I R 18/08, BFH/NV 2010, 941; Vogel jM 2018, 245), für die **Auswahl des Einzelrichters** (§ 6; dazu BFH IV B 7/10, BFH/NV 2012, 429; X B 118/12, BFH/NV 2013, 750) und für die **Bestimmung der** an den Senatsentscheidungen **mitwirkenden Richter bei** einem **überbesetzten Senat** (BVerfG 1 BvR 2435/18, DRiZ 2020, 406) maßgebend sind. Für diesen **Mitwirkungsplan** (senatsinter-

nen Geschäftsverteilungsplan) gelten die an den Geschäftsverteilungsplan (→ Rn. 26 f.) zu stellenden Anforderungen sinngemäß. Die Grundsätze müssen ein System in der Weise ergeben, dass die Bestimmung des gesetzlichen Richters bei jeder einzelnen Entscheidung nach generell abstrakten Merkmalen erfolgen kann. Die Richter des Senats haben bei der Beschlussfassung über den Mitwirkungsplan zu Beginn des Geschäftsjahres in dem genannten Rahmen nur einen begrenzten **Gestaltungsspielraum.** Sie müssen, was unter dem Aspekt der Vorhersehbarkeit zu empfehlen ist, die Bestimmung des Berichterstatters/Einzelrichters bzw. die Sitzgruppenbildung nach generell abstrakten Merkmalen (zB den Anfangsbuchstaben der Namen der Kläger oder der beklagten Finbeh, nach der Reihenfolge des Eingangs, den Az., den Endnummern der Zählkarten – BFH I R 136/97, BStBl. II 1999, 305; BVerwG 2 C 2/19, NJW 2020, 3333; krit. insoweit Albert DStR 2001, 67 – oder nach Sachgebieten) vornehmen (BGH II ZR 259/07, DStR 2009, 1545), dürfen mE aber auch Gesichtspunkte des Sachzusammenhangs berücksichtigen (krit. insoweit Zärban MDR 1995, 1203). Unzulässig ist die Benennung konkreter Verfahren, soweit dem nicht nachvollziehbar hinreichend konkrete abstrakte Kriterien zugrunde liegen (BVerwG 2 C 2/19, NJW 2020, 3333). Soweit die Person des Berichterstatters nicht den gesetzlichen Richter beeinflusst, ist der Gestaltungsspielraum größer (BFH I R 18/08, BFH/NV 2010, 941; → Rn. 52 aE). – Der Mitwirkungsplan muss **vor Beginn** eines jeden Geschäftsjahres für dessen Dauer aufgestellt und **schriftlich** niedergelegt werden (BFH X B 109/16, BFH/NV 2017, 1054; BGH XII ZR 75/06, NJW-RR 2009, 1220; 1 StR 493/16, NStZ 2017, 429). Auch insoweit gilt das **Jährlichkeitsprinzip** (BGH 2 StR 383/03, NJW 2004, 2992; 1 StR 493/16, NStZ 2017, 429). Der Mitwirkungsplan muss eine den Grundsätzen des § 21e GVG entsprechende **Vertretungsregelung** enthalten, wobei es zumindest zweckmäßig sein dürfte, die Vertreter – der Reihenfolge nach – namentlich festzulegen. Bei Zweifelsfragen entscheidet der Senat, um dessen interne Zuständigkeitsregelung es geht, selbst (OLG Bbg 1 Ws 8/14, BeckRS 2014, 6934). – Die Frage der verfassungsrechtlichen Beschränkung der Überbesetzung (**„unzulässige Überbesetzung";** BVerfG 2 BvR 42/63, NJW 1964, 1020; 2 BvR 166/64, NJW 1965, 1219; BFH VIII K 4/91, BStBl. II 1992, 252 (254); I R 19/94, BFH/NV 1995, 690) stellt sich nicht mehr.

Der Beschluss über die interne Geschäftsverteilungsregelung kann **im laufenden Geschäftsjahr** gem. § 21g II GVG nur **geändert** werden, wenn nach Beginn des Geschäftsjahres ein sachlicher Grund hierfür vorliegt, zB vorübergehende Arbeitsüberlastung, ungleichmäßige Auslastung der Richter, Vermeidung doppelten Arbeitsaufwands (zB BFH IV B 53/93, BFH/NV 1995, 234). Generelle Regelungen im Mitwirkungsplan sind zweckmäßig. Die Ausführungen zu § 21e III GVG (→ Rn. 32) gelten entsprechend. 51

Mitwirkungsgrundsätze, die den dargestellten Anforderungen nicht in jeder Hinsicht entsprechen, sind als fehlerhaft zu beurteilen. Etwaige **Besetzungsmängel** können gem. §§ 115 II Nr. 3, 116, 119 Nr. 1, 134 FGO iVm § 579 Nr. 1 ZPO, § 128 I FGO gerügt werden. Maßgebend ist dabei der für den Zeitpunkt der abschließenden Entscheidung geltende Mitwirkungsplan (BFH VI B 88/07, BFH/NV 2008, 401). Wie beim gerichtsweiten Geschäftsverteilungsplan iSd § 21e GVG führen Fehler in der Auslegung des senatsinternen Geschäftsverteilungsplans nur dann zu einem Besetzungsmangel, wenn die Abweichung auf Willkür schließen lässt (→ Rn. 37). Nimmt die **Berichterstattung** ein anderer als der nach dem senatsinternen Geschäftsverteilungsplan berufene Richter wahr, 52 führt dies nur dann zu einem Verfahrensfehler, wenn sich dies auf die Besetzung des Gerichts auswirkt. Letzteres kommt bei Senatsentscheidungen nur in Betracht, wenn der Senat überbesetzt ist (BFH I R 18/08, BFH/NV 2010, 941), iÜ nur, wenn der Richter als Berichterstatter gem. §§ 65 II, 79a III, IV oder als Einzelrichter (§ 6; §§ 66 VI 1, 68 I 5 GKG; § 33 VIII 1 RVG) entscheidet (BVerfG 1 PBvU 1/95, BStBl. II 1997, 672; 1 BvR 2435/18, DRiZ 2020, 406; BFH IV B 29/08, BFH/NV 2010, 669; Gosch/Müller-Horn § 4 Rn. 25 f.; Vogel jM 2018, 245).

53 **Zu § 21g III GVG:** S. zunächst die Ausführungen zu → Rn. 50. Entsprechendes wird man für die Fälle der **§§ 65 II, 79a III, IV** annehmen müssen (Gosch/Müller-Horn § 4 Rn. 25.1; Kopp/Schenke/Ruthig VwGO § 4 Rn. 22, soweit es den § 79a III, IV entsprechenden Regelungen der VwGO entspricht; Kopp/Schenke/Schenke VwGO § 87a Rn. 10; BFH X B 101/12, BFH/NV 2013, 749).

55 **Zu § 21g V GVG:** Ist eine **Beschlussfassung** der Mitglieder des Senats auch unter Berücksichtigung der Vertretungsregelung des § 21g IV GVG **nicht rechtzeitig möglich,** entscheidet der Senatsvorsitzende über die senatsinterne Geschäftsverteilung (→ Rn. 50, 53).

56 **Zu § 21g VII GVG:** Die Vorschrift verweist auf § 21e IX GVG (→ Rn. 36), so dass die dortigen Ausführungen entsprechend gelten. Der Mitwirkungsplan (→ Rn. 50, 53) für das laufende Geschäftsjahr ist in der Geschäftsstelle zur **Einsichtnahme** auszulegen. Den Verfahrensbeteiligten ist auf Anforderung Einsicht zu gewähren (BFH X B 93/15, BFH/NV 2016, 776; BGH VGS 1/93 ua, NJW 1994, 1735; OVG Münster 15 A 760/20, NJW 2023, 93). Darüber hinaus besteht ein Anspruch auf Bekanntgabe des Berichterstatters nicht (BFH X S 25/09, BFH/NV 2010, 1293; BGH 3 StR 425/06, NStZ 2007, 416).

8. Vertretung des Präsidenten

57 **§ 21h GVG [Vertretung des Präsidenten und des aufsichtführenden Richters]**

[1]Der Präsident oder aufsichtführende Richter wird in seinen durch dieses Gesetz bestimmten Geschäften, die nicht durch das Präsidium zu verteilen sind, durch seinen ständigen Vertreter, bei mehreren ständigen Vertretern durch den dienstältesten, bei gleichem Dienstalter durch den lebensältesten von ihnen vertreten. [2]Ist ein ständiger Vertreter nicht bestellt oder ist er verhindert, wird der Präsident oder aufsichtführende Richter durch den dienstältesten, bei gleichem Dienstalter durch den lebensältesten Richter vertreten.

Die Vorschrift regelt die **Vertretung des Präsidenten,** soweit es um die Wahrnehmung der dem Präsidenten nach dem GVG obliegenden Geschäfte, insbes. die Wahrnehmung der Aufgaben im Präsidium (§§ 21a–21i GVG) geht. Für die Vertretung in sonstigen Justizverwaltungsangelegenheiten gilt § 21h GVG nicht (BGH 4 StR 554/73, NJW 1974, 509). Für die Vertretung in der Rechtsprechungstätigkeit gelten die allgemeinen Regeln der §§ 21e I, 21f II GVG (→ Rn. 26 f., 40 ff.). – Die Vertretung des Präsidenten setzt seine (vorübergehende) Verhinderung (→ Rn. 41) voraus. Die Vertretung kann zeitlich unbegrenzt erfolgen, die Einschränkungen für die Vertretung eines Vorsitzenden (→ Rn. 41, 44 f.) gelten nicht (BFH I B 126/16, BFH/NV 2018, 205).

9. Beschlussfähigkeit des Präsidiums; Ersatzanordnung

58 **§ 21i GVG [Beschlussfähigkeit des Präsidiums]**

(1) Das Präsidium ist beschlußfähig, wenn mindestens die Hälfte seiner gewählten Mitglieder anwesend ist.

(2) [1]Sofern eine Entscheidung des Präsidiums nicht rechtzeitig ergehen kann, werden die in § 21e bezeichneten Anordnungen von dem Präsidenten oder aufsichtführenden Richter getroffen. [2]Die Gründe für die getroffene Anordnung sind schriftlich niederzulegen. [3]Die Anordnung ist dem Präsidium unverzüglich zur Genehmigung vorzulegen. [4]Sie bleibt in Kraft, solange das Präsidium nicht anderweit beschließt.

Zu § 21i I GVG: Im Einverständnis aller mitwirkungsberechtigten Mitglieder des Präsidiums können Beschlüsse auch im **Umlaufverfahren** gefasst werden (BFH XI B 23, 24/08 ua, ZSteu 2009, R538; BVerwG 7 C 11/90, NJW 1992, 254 mwN; Zöller/Lückemann GVG § 21i Rn. 3; Kopp/Schenke/Ruthig VwGO § 4 Rn. 4; krit. Kissel/Mayer/Mayer GVG § 21e Rn. 39). Bei schriftlichen Beschlüssen (zB im Umlaufverfahren) können die **Unterschriften** der Präsidiumsmitglieder **auch digital** (nach Maßgabe des § 52a VII 1 FGO bzw. § 130b S. 1 ZPO) geleistet werden (Dötsch MDR 2024, 11 (13)). Auch Beschlussfassungen per **Email** oder **Videokonferenz** sind zulässig (Zöller/Lückemann GVG § 21i Rn. 3; Gosch/Müller-Horn § 4 Rn. 30; Dötsch MDR 2024, 11 (14)). 59

Zu § 21i II GVG: Die in § 21i II GVG genannten **Ersatzanordnungen** (§ 21e GVG) werden durch den Präsidenten bzw. dessen Vertreter (§ 21h GVG) getroffen, wenn es sich um **unaufschiebbare Maßnahmen** handelt und das Präsidium nicht mehr rechtzeitig zusammengerufen werden kann bzw. wenn die Beschlussfähigkeit des Präsidiums (wegen Urlaubs oder Krankheit) nicht mehr hergestellt werden kann. Die Vorschrift ist mit Art. 101 I 2 GG vereinbar (BVerfG 2 BvR 344/81, NJW 1982, 29). – Das Genehmigungserfordernis bedeutet nicht, dass die Ersatzanordnung schwebend unwirksam ist. Vielmehr kann das Präsidium die Ersatzanordnung nur mit Wirkung für die Zukunft aufheben, ändern oder bestätigen. Darin liegt eine den Grundsatz des § 21e III GVG durchbrechende Ausnahme (Kissel/Mayer/Mayer GVG § 21i Rn. 11; Zöller/Lückemann GVG § 21i Rn. 7). – Bei **willkürlichem** oder missbräuchlichem **Verstoß** gegen § 21i II 1–3 GVG kann die **Besetzungsrüge** (§§ 115 II Nr. 3, 116, 119 Nr. 1, 134 FGO iVm § 579 I Nr. 1 ZPO) erhoben werden (→ Rn. 37). – Zur entsprechenden Anwendung des § 21i II 2–4 GVG bei der **Neuerrichtung von Gerichten** s. § 21j GVG (→ Rn. 61). 60

10. Präsidium bei neu errichteten Gerichten

§ 21j GVG [Anordnungen durch den Präsidenten; Frist zur Bildung des Präsidiums] 61

(1) [1]Wird ein Gericht errichtet und ist das Präsidium nach § 21a Abs. 2 Nr. 1 bis 4 zu bilden, so werden die in § 21e bezeichneten Anordnungen bis zur Bildung des Präsidiums von dem Präsidenten oder aufsichtführenden Richter getroffen. [2]§ 21i Abs. 2 Satz 2 bis 4 gilt entsprechend.

(2) [1]Ein Präsidium nach § 21a Abs. 2 Nr. 1 bis 4 ist innerhalb von drei Monaten nach der Errichtung des Gerichts zu bilden. [2]Die in § 21b Abs. 4 Satz 1 bestimmte Frist beginnt mit dem auf die Bildung des Präsidiums folgenden Geschäftsjahr, wenn das Präsidium nicht zu Beginn eines Geschäftsjahres gebildet wird.

(3) An die Stelle des in § 21d Abs. 1 bezeichneten Zeitpunkts tritt der Tag der Errichtung des Gerichts.

(4) [1]Die Aufgaben nach § 1 Abs. 2 Satz 2 und 3 und Abs. 3 der Wahlordnung für die Präsidien der Gerichte vom 19. September 1972 (BGBl I S. 1821) nimmt bei der

erstmaligen Bestellung des Wahlvorstandes der Präsident oder aufsichtführende Richter wahr. [2]Als Ablauf des Geschäftsjahres in § 1 Abs. 2 Satz 2 und § 3 Satz 1 der Wahlordnung für die Präsidien der Gerichte gilt der Ablauf der in Absatz 2 Satz 1 genannten Frist.

Die Vorschrift wurde durch Art. 17 Ziff. 2 des G v. 19.4.2006 (BGBl. I 866) aus § 30 RpflAnpG wörtlich übernommen. Sie gilt auch bei der Zusammenlegung von Gerichten (Kissel/Mayer/Mayer GVG § 21j Rn. 2; Zöller/Lückemann GVG § 21j Rn. 1).

§ 5 [Besetzung der Finanzgerichte]

(1) [1]Das Finanzgericht besteht aus dem Präsidenten, den Vorsitzenden Richtern und weiteren Richtern in erforderlicher Anzahl. [2]Von der Ernennung eines Vorsitzenden Richters kann abgesehen werden, wenn bei einem Gericht nur ein Senat besteht.

(2) [1]Bei den Finanzgerichten werden Senate gebildet. [2]Zoll-, Verbrauchsteuer- und Finanzmonopolsachen sind in besonderen Senaten zusammenzufassen.

(3) [1]Die Senate entscheiden in der Besetzung mit drei Richtern und zwei ehrenamtlichen Richtern, soweit nicht ein Einzelrichter entscheidet. [2]Bei Beschlüssen außerhalb der mündlichen Verhandlung und bei Gerichtsbescheiden (§ 90a) wirken die ehrenamtlichen Richter nicht mit.

(4) [1]Die Länder können durch Gesetz die Mitwirkung von zwei ehrenamtlichen Richtern an den Entscheidungen des Einzelrichters vorsehen. [2]Absatz 3 Satz 2 bleibt unberührt.

Vgl. § 5 VwGO; §§ 9 I, 10, 12 SGG; §§ 59, 60, 75 GVG.

1 § 5 I regelt die **personelle Organisation** des FG. Es dürfen Richter auf Probe und Richter kraft Auftrags tätig werden (→ Rn. 3; s. auch § 15). – Die **Anzahl der Senate** richtet sich in erster Linie nach der Zahl der im Haushaltsplan ausgewiesenen Vorsitzendenstellen; iÜ wird sie nach der hM durch die Justizverwaltung bestimmt (str.; vgl. vor allem Kissel/Mayer/Mayer GVG § 21e Rn. 13; → § 60 Rn. 2 ff.). Zum Teil bestehen dafür landesrechtliche Regelungen, vgl. zB § 89 JustizG Nds, nach dem der Präsident des FG (ggf. auf Weisung des Justizministeriums) die Anzahl der Senate bestimmt.

2 Nach § 5 II gilt für die FG als obere Landesgerichte (§ 2) die **Senatsverfassung.**

3 Die Senate entscheiden – sofern nicht der Einzelrichter, Vorsitzende oder Berichterstatter (§§ 6, 79a II, IV) tätig wird – in der **Besetzung** mit drei Berufsrichtern (s. § 14) und zwei ehrenamtlichen Richtern. – Nach § 29 DRiG darf bei der Spruchtätigkeit des Senats nur ein Richter auf Probe oder kraft Auftrags oder ein abgeordneter Richter als Berufsrichter mitwirken (→ § 15 Rn. 2). Die in § 29 II DRiG vorgesehene Ausnahme für Fälle der Rückabordnung dürfte bei den FG keine praktische Bedeutung erlangen. – Zur Entscheidung durch den Einzelrichter s. § 6; §§ 66 VI 1, 68 I 5 GKG; § 33 VIII 1 RVG; § 4 VII JVEG, durch den Vorsitzenden s. §§ 69 III 5, 79a II, 114 II 3 oder durch den Berichterstatter s. § 79a II, IV.

4 § 38 DRiG sieht vor, dass alle Richter (also auch Finanzrichter) den **Richtereid** leisten, der in seiner Grundform lautet: „Ich schwöre, das Richteramt getreu

dem Grundgesetz für die Bundesrepublik Deutschland und getreu dem Gesetz auszuüben, nach bestem Wissen und Gewissen ohne Ansehen der Person zu urteilen und nur der Wahrheit und Gerechtigkeit zu dienen, so wahr mir Gott helfe“ (§ 38 I DRiG). Abwandlungen gibt es aufgrund der Möglichkeit, auf die religiöse Beteuerungsformel zu verzichten (§ 38 II DRiG). Zudem kann durch LandesG die Verpflichtung auf die Landesverfassung hinzugefügt oder der Eid nicht in öffentlicher Sitzung vor einem Gericht, sondern vor einer anderen Stelle (z.B. dem Landesparlament) geleistet werden (§ 38 III DRiG). Die Vereidigung muss zwischen Ernennung und Beginn der Amtsausübung erfolgen, wobei Amtshandlungen des unbeeidigten Richters wirksam sind (Staats DRiG § 38 Rn. 3).

Die **ehrenamtlichen Richter** wirken bei Beschlüssen aufgrund mündlicher 5 Verhandlung und bei Urteilen auf Grund mündlicher Verhandlung und ohne mündliche Verhandlung (§ 90 II) mit, nicht aber bei Gerichtsbescheiden (§ 90a) und bei Beschlüssen außerhalb der mündlichen Verhandlung (§ 5 III 2; zur Entscheidung über die Wiedereröffnung der mündlichen Verhandlung → § 93 Rn. 12). Bei einem **Vorlagebeschluss** nach Art. 100 I GG, § 80 I BVerfGG müssen die ehrenamtlichen Richter jedoch mitwirken (BVerfG 1 BvL 22/70, BB 1970, 1287). Entsprechendes wird man für die Vorlage an den EuGH annehmen müssen (Tipke/Kruse/Brandis § 5 Rn. 5; Gosch/Müller-Horn § 5 Rn. 32; HHS/Sunder-Plassmann § 5 Rn. 49; SPK/Pahlke § 5 Rn. 15; aA FG Hmb 1 K 337/17, DStR 2020, 226). Eine Vorlage, die ohne die Beteiligung ehrenamtlicher Richter beschlossen wurde, wird aber vom EuGH nicht beanstandet (SPK/Fu § 5 Rn. 12; Gosch/Müller-Horn § 5 Rn. 32; vgl. EuGH C-9/20, DStR 2022, 255 – Grundstücksgemeinschaft Kollaustraße 136; C-355/22, MwStR 2023, 922 – Osteopathie Van Hauwermeiren). – Zur Mitwirkung von ehrenamtlichen Richtern an den Entscheidungen des Einzelrichters s. § 5 IV. Entsprechende gesetzliche Regelungen gab es bisher lediglich in Niedersachsen (§ 3 II AGFGO Nds aF). Die Regelung wurde durch das G v. 24.3.2006 (Nds. GVBl. 181) aufgehoben (vgl. §§ 88 ff. JustizG v. 16.12.2014, Nds GVBl. 436, zuletzt geändert durch G v. 8.2.2024, Nds GVBl. Nr. 8). – Zur Stellung und Wahl der ehrenamtlichen Richter s. iÜ §§ 16 ff.

Ein **Besetzungsfehler** kann gem. §§ 115 II Nr. 3, 119 Nr. 1, 134 FGO iVm 6 § 579 I Nr. 1 ZPO gerügt werden (→ § 119 Rn. 6 ff.).

§ 6 [Übertragung des Rechtsstreits auf Einzelrichter]

(1) **Der Senat kann den Rechtsstreit einem seiner Mitglieder als Einzelrichter zur Entscheidung übertragen, wenn**
1. **die Sache keine besonderen Schwierigkeiten tatsächlicher oder rechtlicher Art aufweist und**
2. **die Rechtssache keine grundsätzliche Bedeutung hat.**

(2) **Der Rechtsstreit darf dem Einzelrichter nicht übertragen werden, wenn bereits vor dem Senat mündlich verhandelt worden ist, es sei denn, dass inzwischen ein Vorbehalts-, Teil- oder Zwischenurteil ergangen ist.**

(3) [1]**Der Einzelrichter kann nach Anhörung der Beteiligten den Rechtsstreit auf den Senat zurückübertragen, wenn sich aus einer wesentlichen Änderung der Prozesslage ergibt, dass die Rechtssache grundsätzliche Bedeutung hat oder die Sache besondere Schwierigkeiten tatsächlicher**

oder rechtlicher Art aufweist. [2]Eine erneute Übertragung auf den Einzelrichter ist ausgeschlossen.

(4) **[1]Beschlüsse nach den Absätzen 1 und 3 sind unanfechtbar. [2]Auf eine unterlassene Übertragung kann die Revision nicht gestützt werden.**

Vgl. § 6 VwGO; § 348a ZPO.

Literatur: Albert, Zur Besetzung des Gerichts bei Wiederaufnahmeklagen gem. § 134 FGO, §§ 578 ff. ZPO gegen Urteile des Einzelrichters, DStZ 1998, 239; Birk, Ein (kritischer) Blick auf das finanzrichterliche Selbstverständnis, DStR 2018, 1; Buciek, Das FGO-Änderungsgesetz, DStR 1993, 118, 152; Felix, Der neu geschaffene „Finanz-Einzelrichter" – Ausbau oder Abbau des Steuer-Rechtsschutzes?, DB 1993, 1; Felix, Meine Meinung: Entscheidung durch den Einzelrichter nach § 6 FGO nF verfassungsgemäß?, FR 1993, 13; Gramich, Der Einzelrichter nach dem Gesetz zur Änderung der Finanzgerichtsordnung, DStR 1993, 6; Schmid, Bericht über den 4. Finanzrichtertag im Bundesfinanzhof – Zugleich Hinweis auf erste Folgerungen aus dem FGO-Änderungsgesetz, DStZ 1994, 363; Schnellenbach, Die Änderungen der VwGO durch das Gesetz zur Entlastung der Rechtspflege, DVBl. 1993, 232; Seer, Defizite im finanzgerichtlichen Rechtsschutz – zugleich eine kritische Auseinandersetzung mit dem 2. FGO-Änderungsgesetz v. 19.12.2000, StuW 2001, 3, 6.

Übersicht

	Rn.
I. Vorbemerkungen	1
II. Die Regelungen des § 6	5
1. Übertragung auf den Einzelrichter	5
a) Zuständigkeit, Zeitpunkt der Übertragung	5
b) Verfahren	7
c) Voraussetzungen, Inhalt der Entscheidung	10
aa) Begriff der Rechtsstreitigkeit iSd § 6, Ermessen	10
bb) Grenzen des Ermessens	11
cc) Auswahl des Einzelrichters	18
dd) Umfang der Übertragung	19
d) Wirkung der Übertragung, Stellung des Einzelrichters	22
e) Rechtsmittel	24
2. Zurückübertragung auf den Senat	30
a) Voraussetzungen, Einschränkung des Ermessens	30
b) Verfahren	31
c) Inhalt der Entscheidung	32
d) Wirkung der Rückübertragung	33
e) Rechtsmittel	34

I. Vorbemerkungen

1 Der durch das FGO-ÄndG v. 21.12.1992 (BGBl. I 2109) in die FGO aufgenommene § 6 ist § 348 ZPO aF (heute: § 348a ZPO) und § 76 AsylG (§ 31 AsylVfG aF) nachgebildet. Der Einführung des (fakultativen) Einzelrichters im finanzgerichtlichen Verfahren liegt die Annahme zugrunde, dass Entscheidungen des Einzelrichters und des Senats grds. gleichwertig sind (BFH VII R 15/99, BStBl. II 2000, 88). Ziel der Regelung ist die **Entlastung der Senate der Finanzgerichte** von weniger bedeutsamen Verfahren und eine spürbare Abkürzung der erheblich zu langen Verfahrensdauer (vgl. Stellungnahme des BR zum

Gesetzentwurf BT-Drs. 12/1061, 27). Die wesentliche Entlastung tritt dadurch ein, dass Einzelrichterfälle nicht für die Beratung im Senat aufbereitet werden müssen. Insbesondere in Flächenstaaten verringert sich der Fahraufwand (für ehrenamtliche Richter zum Sitzungsort; für weitere Berufsrichter bei auswärtigen Sitzungen gem. § 91 III). Einzelrichterentscheidungen haben inzwischen ihren festen Platz in der Spruchtätigkeit der FG. Im Jahre 2023 wurden in 14,9 % der bundesweit erledigten Klageverfahren die abschließenden Entscheidungen durch den Einzelrichter getroffen (ggü. 20,5 % durch Senatsentscheidungen, der Rest wurde vom Vorsitzenden oder Berichterstatter nach § 79a erledigt; Statistisches Bundesamt, www.destatis.de, Excel-Datei im Themenbereich 24261; für die Jahre bis 2021 s. die Rechtspflege Finanzgerichte, Fachserie 10 Reihe 2.5). Allerdings sind die Anteile von Gericht zu Gericht unterschiedlich. Die Spanne bewegt sich zwischen 0,3 % und 43,7 %. – Zur Kritik an der Regelung s. Gräber/Koch, 4. Aufl., Rn. 1; Tipke/Kruse/Brandis § 6 Rn. 3 und Kopp/Schenke/Ruthig VwGO § 6 Rn. 1.

Rechtspolitisch ist § 6 **erfolgreich.** Er ermöglicht, die knappe Ressource richterliche Arbeitskraft zielgerichtet einzusetzen. Es bestehen keine Anhaltspunkte, dass die FG mit diesem Instrument nicht verantwortungsvoll umgehen. 2

Gegen die Möglichkeit der Übertragung der Entscheidung auf den Einzelrichter bestehen **keine verfassungsrechtlichen Bedenken** (zB BFH VII R 15/99, BStBl. II 2000, 88; XI R 83/97, BFH/NV 2000, 332 (333); VII B 275/01, BFH/NV 2002, 926; vgl. auch BVerfG 2 BvR 1475/83, NJW 1984, 559 zu § 31 AsylVfG; BVerfG 2 BvR 1272/97, StE 1997, 735; s. aber Seer StuW 2001, 3 (6)). 3

Die Regelung des **§ 6 betrifft** die erstinstanzlichen FG, **nicht** den **BFH.** § 121 verweist nicht auf die Vorschriften über die Gerichtsverfassung, zu denen § 6 gehört. Für Entschädigungsklagen nach § 155 S. 2 FGO iVm §§ 198 ff. GVG folgt die Unanwendbarkeit des § 6 aus § 202 II 2 GVG (BFH X E 8/12, BFH/NV 2013, 763). Vgl. auch §§ 6 IV 2, 10 III. 4

Wegen Einzelrichterentscheidungen aufgrund anderer Regelungen → § 5 Rn. 3 für die FG und → § 10 Rn. 2 für den BFH.

II. Die Regelungen des § 6

1. Übertragung auf den Einzelrichter

a) Zuständigkeit, Zeitpunkt der Übertragung. Nach § 6 I 1 ist für die Übertragung des Rechtsstreits der **Senat** zuständig, nicht der Vorsitzende, der Berichterstatter oder das nach dem Mitwirkungsplan (→ § 4 Rn. 50, 53) als Einzelrichter vorgesehene Senatsmitglied. Der Beschluss wird unter Mitwirkung des Richters gefasst, dem der Rechtsstreit als Einzelrichter übertragen werden soll. – Bei **Überbesetzung** (→ § 4 Rn. 50) entscheidet der Senat in der zuständigen Sitzgruppe. – Da die Entscheidung eine Prognose erfordert, kann sie erst getroffen werden, wenn die Grundlagen für eine Überprüfung des § 6 I (→ Rn. 11–16) bekannt sind. Das ist idR **frühestens** der Fall, wenn Klagebegründung, Erwiderung und Akten vorliegen (BFH IV B 16/03, BFH/NV 2005, 1078; II B 56/21, BFH/NV 2022, 905; VIII B 129/22, BFH/NV 2024, 536), wobei Ausnahmen denkbar sind, zB im Falle der Mitwirkungsverweigerung (BFH VIII B 129/22, BFH/NV 2024, 536). Im Allgemeinen sollte die Übertragung erst erfolgen, wenn 5 der Berichterstatter sich so weit in das Verfahren eingearbeitet hat, dass die Schwierigkeiten des Falles und seine Bedeutung für die Allgemeinheit beurteilt werden können (vgl. Schmid DStZ 1994, 363 (364); aA wohl BFH VII R 15/99, BStBl. II 2000, 88). Die mit der Rückübertragung verbundenen Probleme (→ Rn. 30) werden dadurch vermieden. Zudem hat der Berichterstatter im vorbereitenden Verfahren nach §§ 79–79b im Wesentlichen die gleichen Befugnisse wie der Einzelrichter. – Zur **Auswahl** des Einzelrichters → Rn. 18. – **Verfrühte Übertragung** ist **Ermessensfehler** (→ Rn. 26). – IÜ → Rn. 13, 14, 16.

7 **b) Verfahren.** Die Übertragungsentscheidung ergeht durch **Beschluss** (§ 6 IV). Eine mündliche Verhandlung ist nicht erforderlich (BFH VIII B 78/08, BFH/NV 2009, 779). Im Hinblick auf die Unanfechtbarkeit der Übertragung des Rechtsstreits auf den Einzelrichter (§ 6 IV 1) ist den Beteiligten vor der Entscheidung **rechtliches Gehör** (Art. 101 I, 103 I GG) zu gewähren (BVerwG 6 C 30/98, NVwZ 2000, 1290; Kopp/Schenke/Ruthig VwGO § 6 Rn. 19; Gramich DStR 1993, 6 (8); Buciek DStR 1993, 118 (119)). Die Möglichkeit, sich bei Klageerhebung bzw. iRd Klageerwiderung zur Frage der Übertragung des Rechtsstreits auf den Einzelrichter zu äußern (§ 155 S. 1 FGO iVm §§ 253 III, 277 I 2 ZPO), genügt. Die Übertragung auf den Einzelrichter muss also nicht ausdrücklich von Seiten des Gerichts angekündigt oder angesprochen werden (BFH VII B 275/01, BFH/NV 2002, 926; VIII B 78/08, BFH/NV 2009, 779; III B 92/15, BStBl. II 2016, 844; II B 110/16, BFH/NV 2017, 1012; Gosch/Müller-Horn § 6 Rn. 29; Bedenken ohne abschließende Entscheidung: BFH X B 80/21, BFH/NV 2022, 1059; aA BVerwG 6 C 30/98, NVwZ 2000, 1290; Kopp/Schenke/Ruthig VwGO § 6 Rn. 19). Die Verletzung der Anhörungspflicht kann durch **rügelose Einlassung** der Beteiligten geheilt werden (§ 155 S. 1 FGO iVm § 295 ZPO; BFH VII B 94/02, BFH/NV 2003, 631 (632); X B 80/21, BFH/NV 2022, 1059).

8 Der Einzelrichter **muss** in dem Beschluss **nicht namentlich bezeichnet** werden, weil seine Person durch den senatsinternen Mitwirkungsplan/Einzelrichterplan (→ § 4 Rn. 50, 53; → Rn. 18) festgelegt ist, so dass bei einem Personalwechsel/einer Änderung des senatsinternen Mitwirkungsplans das Verfahren auf den nunmehr zuständigen Richter übergeht (stRspr zB BFH I R 136/97, BStBl. II 1999, 305; XI R 87/97, BFH/NV 2000, 578; VII B 275/01, BFH/NV 2002, 926 (927); II B 89/21, BFH/NV 2022, 907). – Der Beschluss **bedarf keiner Begründung** (§ 113 II; BFH XI R 87/97, BFH/NV 2000, 578; IX R 94/97, BStBl. II 2001, 415), auch nicht, wenn ein Beteiligter der Übertragung widersprochen hatte (BFH IX R 94/97, BStBl. II 2001, 415; VI B 26/16, BFH/NV 2017, 50). – Der Beschluss ist bei Übertragung aufgrund mündlicher Verhandlung zu verkünden, sonst anderweitig (formlos, § 155 S. 1 FGO iVm § 329 II 1 ZPO) **bekanntzugeben.** Zustellung (§ 53) ist nicht erforderlich (BFH V B 193/05, BFH/NV 2006, 1854 (1855); X B 159/09, BFH/NV 2011, 610; II B 110/10, BFH/NV 2011, 833 mwN).

10 **c) Voraussetzungen, Inhalt der Entscheidung. aa) Begriff der Rechtsstreitigkeit iSd § 6, Ermessen. Rechtsstreitigkeiten iSd § 6** sind nicht nur Klageverfahren, die durch Urteil oder Gerichtsbescheid abgeschlossen werden, sondern auch Beschlussverfahren (zB Aussetzung bzw. Aufhebung der Vollziehung – § 69 III u. VI; Wiederherstellung der hemmenden Wirkung – § 69 V 3; einstweilige Anordnung – § 114; Prozesskostenhilfe – § 142 – glA Tipke/Kruse/Brandis § 6 Rn. 5; Verweisung – § 155 S. 1 FGO iVm § 17a II GVG bzw. § 70

FGO iVm § 17a II GVG). Die Entscheidung, ob eine Sache dem Einzelrichter übertragen wird, steht im **Ermessen** des Senats, und zwar auch dann, wenn das FG bei den Beteiligten angefragt hat, ob der Übertragung der Sache auf den Einzelrichter Gründe entgegenstehen (BFH VII B 348/06, BFH/NV 2007, 1825). Der BFH versteht die Voraussetzungen des § 6 I nicht als tatbestandliche Voraussetzungen, deren Vorliegen erst dem Senat das Übertragungsermessen eröffnet, sondern lediglich als der Überprüfung durch das Rechtsmittelgericht entzogene Ermessensleitlinien (BFH II B 78/12, BStBl. II 2013, 172; VI B 26/16, BFH/NV 2017, 50; VI B 5/22, BFH/NV 2022, 1205). Dies beruht auf der vom Gesetzgeber vorgesehenen eingeschränkten Überprüfungsmöglichkeit (→ Rn. 26). Der Senat kann, wenn er die Voraussetzungen des § 6 I bejaht und die Ausschlussgründe des § 6 II fehlen, den Rechtsstreit dem Einzelrichter übertragen, ist jedoch nicht dazu verpflichtet (BFH X K 2/15, BStBl. II 2017, 350, Rn. 51). Im Hinblick darauf, dass die Qualität einer Senatsentscheidung im Zweifel höher ist als die eines Einzelrichters, spricht viel für einen eher zurückhaltenden Umgang mit dem Instrument der Einzelrichterübertragung (zB Birk DStR 2018, 1 (4)). Für die Ausübung von Ermessen ist aber kein Raum, soweit die Übertragung des Rechtsstreits auf den Einzelrichter kraft Gesetzes oder nach dem Sinn und Zweck der Regelung **ausgeschlossen ist** (→ Rn. 11, 12). Das **Einverständnis der Beteiligten** ist anders als in den Fällen des § 79a III, IV **nicht erforderlich** (BFH XI B 94/00, BFH/NV 2001, 200; XI B 202/02, BFH/NV 2003, 1541; II B 110/16, BFH/NV 2017, 1012). Im Rahmen der Ermessensentscheidung, die sich am Gesetzeszweck (→ Rn. 1) zu orientieren hat (→ Rn. 11 ff.), sind die von den Beteiligten vorgetragenen Argumente (rechtliches Gehör – → Rn. 7) zu würdigen. Entscheidend kommt es darauf an, wie die Beschleunigung des Verfahrens am besten zu verwirklichen ist. Dabei ist zu berücksichtigen, dass der Zweck des G auch auf andere Weise (zB durch Erörterungstermine oder Fristsetzungen – §§ 62 VI 1 Hs. 2, 65 II, 79b) erreicht werden kann (vgl. Gramich DStR 1993, 6 (7)). Auch die Berufserfahrung des nach dem Mitwirkungsplan berufenen Richters (→ Rn. 18) wird man in Betracht zu ziehen haben (vgl. Buciek DStR 1993, 118 (119). Für eine einschränkende Übertragungspraxis bei Richtern auf Probe und kraft Auftrags iSd § 15: Tipke/Kruse/Brandis § 15 Rn. 4; HHS/Schmid § 15 Rn. 14; aA SPK/Pahlke § 15 Rn. 2; Gosch/Müller-Horn § 6 Rn. 32. Gesetzliche Fristen dazu (wie in § 23b III 2 GVG, § 6 I 2 VwGO, § 348 I 2 Nr. 1 ZPO oder § 76 V AsylG) existieren jedoch nicht. Dies erscheint auch deshalb sachgerecht, weil nach § 6 die Übertragung auf den Einzelrichter weder obligatorisch (wie nach § 348 ZPO) noch das Ermessen in diese Richtung vorgeprägt ist (wie in § 76 V AsylG). Ferner verfügt ein großer Teil der den FG zugewiesenen Berufsanfänger bereits über mehrjährige Erfahrung in juristischen Berufen.

bb) Grenzen des Ermessens. Die **Übertragung des Rechtsstreits** auf den Einzelrichter ist **ausgeschlossen,**

- wenn die Sache **besondere Schwierigkeiten tatsächlicher oder rechtlicher** 11 **Art** aufweist (§ 6 I Nr. 1). Es muss sich in qualitativer Hinsicht um überdurchschnittliche Schwierigkeiten handeln. Quantitative Probleme tatsächlicher oder rechtlicher Art stehen der Übertragung nicht entgegen; durch § 6 soll gerade eine quantitative Entlastung des Senats erreicht werden (BFH VI B 75/02, BFH/NV 2003, 926; Kopp/Schenke/Ruthig VwGO § 6 Rn. 6). Außerdem gehören umfangreiche Streitsachen (zB sog. Punktesachen) mit einer größeren

Zahl von Rechtsproblemen zum richterlichen Alltag. Materien, zu denen bereits eine umfangreiche höchstrichterliche Rspr. vorliegt, weisen typischerweise keine besonderen Schwierigkeiten auf (BFH III B 55/12, BFH/NV 2014, 575). Besondere Schwierigkeiten sind zu bejahen, wenn die Rechtsfindung durch den Senat nicht als entbehrlich erscheint (vgl. Schnellenbach DVBl. 1993, 232). Das ist zB der Fall, wenn ein unübersichtlicher Sachverhalt zu beurteilen ist, der eine komplexe Glaubwürdigkeitsprüfung (Wertung widersprüchlicher Beweisergebnisse) erwarten lässt, wenn die Streitsache einen ganz außergewöhnlichen Umfang hat (zB § 60a), wenn außergewöhnlich komplizierte wirtschaftliche Zusammenhänge Gegenstand des Verfahrens sind oder wenn es um die Lösung ganz ausgefallener und komplizierter Rechtsfragen geht, ohne dass es sich deshalb schon um eine Rechtssache von grundsätzlicher Bedeutung handelt.

12 – wenn die Sache **grundsätzliche Bedeutung** hat (§ 6 I Nr. 2). – Wegen der Begriffsbestimmung ist zunächst auf die entsprechend anwendbaren Ausführungen zu → § 115 Rn. 100 ff. zu verweisen. – Grundsätzliche Bedeutung hat ein Rechtsstreit nicht mehr, wenn die Rechtsfrage höchstrichterlich entschieden ist, es sei denn, der Senat will hiervon abweichen (→ § 115 Rn. 143, 180 ff.). – Der Begriff der grundsätzlichen Bedeutung iSd § 6 I Nr. 2 **ist** jedoch **weiter als der** entsprechende **revisionsrechtliche Begriff.** Da das FG Tatsacheninstanz ist, kann ein Rechtsstreit auch wegen seiner tatsächlichen Seite (wegen tatsächlicher Feststellungen, die für zahlreiche andere Verfahren von Bedeutung sind) grundsätzliche Bedeutung haben (Tipke/Kruse/Brandis § 6 Rn. 8; Buciek DStR 1993, 118 (119)). Daher ist auch in Fällen, in denen eine Zulassung der Revision zur Fortbildung des Rechts (§ 115 II Nr. 2) geboten erscheint, eine Entscheidung durch den Vollsenat geboten (aA FG Düsseldorf 10 K 2219/14, EFG 2017, 1059). Grundsätzliche Bedeutung hat die Sache auch dann, wenn eine **Vorlage** an den **EuGH** (→ § 5 Rn. 5; → Vor § 74 Rn. 7) oder das **BVerfG** in Betracht kommt (BVerfG 1 BvL 23/97, NJW 1999, 274). Allerdings hat der **EuGH** die Vorlage eines originären Einzelrichters gem. § 348 ZPO in der Sache beantwortet und die an den EuGH gerichtete Frage, ob § 348 III ZPO (Übertragung auf den Senat) auf EuGH-Vorlagen nicht anzuwenden sei, für unzulässig erklärt (EuGH C-100/21, NJW 2023, 1111, Rn. 48 ff. – QB/Mercedes-Benz Group AG; vgl. auch EuGH C-355/22, MwStR 2023, 922, Rn. 24 – Osteopathie Van Hauwermeiren).

13 – wenn **bereits** vor dem Senat **mündlich verhandelt** worden ist, es sei denn, dass inzwischen ein Vorbehalts-, Teil- oder Zwischenurteil ergangen ist (**§ 6 II;** → Rn. 14). Die Regelung steht mit dem Zweck des § 6 (→ Rn. 1) im Einklang. Eine nennenswerte Entlastung des Senats und eine spürbare Verfahrensbeschleunigung ist nicht mehr erreichbar, wenn schon eine mündliche Verhandlung vor dem Senat – auch über einzelne Zulässigkeitsvoraussetzungen – durchgeführt worden ist. In diesem Stadium des Verfahrens hat sich bereits der ganze Senat mit der Sache befasst. Das Verfahren ist häufig schon bis zur Entscheidungsreife (→ Rn. 16) vorbereitet (§ 79 I 1). – § 6 II soll verhindern, dass der Einzelrichter sozusagen als „ausführendes Organ" tätig wird, nachdem der Senat die für die Entscheidung maßgeblichen Gesichtspunkte festgelegt hat. Eine solche Weichenstellung und – zumindest faktische – Beeinflussung des Einzelrichters wäre mit seiner Stellung im Verfahren (→ Rn. 22) nicht vereinbar (BFH I B 109/11, BFH/NV 2012, 1162). – Die Übertragung des Rechtsstreits auf den Einzelrichter muss deshalb spätestens zu Beginn der mündlichen

Verhandlung erfolgen (vor dem Sachvortrag; FG Nürnberg 5 K 813/11, BeckRS 2013, 96040). – **Zulässig ist** danach die **Übertragung** des Rechtsstreits auf den Einzelrichter **vor** Beginn, **während** oder **nach Durchführung eines Erörterungstermins** (BFH IV R 51/94, BFH/NV 1997, 242). Entsprechendes muss gelten, wenn der Termin zur mündlichen Verhandlung aus erheblichen Gründen (→ § 91 Rn. 4) aufgehoben wird und stattdessen (unter Verzicht auf Ladungsfristen) ein Erörterungstermin stattfindet (BFH IX B 92/97, BFH/NV 1998, 1500). – Im **schriftlichen Verfahren** (§ 90 II) ist die Übertragung des Rechtsstreits auf den Einzelrichter bis zum Beginn der abschließenden Beratung möglich (Kopp/Schenke/Ruthig VwGO § 6 Rn. 15). – Unzulässig soll die Übertragung nach einem vom Senat erlassenen Beweisbeschluss nach § 82 FGO iVm § 358 ZPO sein (OLG Köln 19 U 64/94, NJW-RR 1995, 512 – zw.), nicht jedoch nach einem Beweisbeschluss gem. § 82 FGO iVm § 358a ZPO (OLG Schleswig 8 U 202/76, SchlHA 1978, 69).

– Die Durchführung einer mündlichen Verhandlung steht der Übertragung des Verfahrens auf den Einzelrichter jedoch **nicht** entgegen, **wenn** „inzwischen", dh aufgrund der mündlichen Verhandlung, **ein Vorbehalts-** (§ 155 FGO iVm § 302 ZPO), **Teil-** (§ 98) **oder Zwischenurteil** (§§ 97, 99) **ergangen ist.** Diese Ausnahmeregelung ist mit dem Zweck des § 6 II (→ Rn. 13) vereinbar. In den genannten Fällen ist die Gefahr einer den Einzelrichter für das weitere Verfahren beeinflussenden Weichenstellung erheblich geringer (BFH I B 109/11, BFH/NV 2012, 1162). Eine Aussetzung des Verfahrens nach § 74 steht einem Vorbehalts-, Teil- oder Zwischenurteil nicht gleich (BFH I B 109/11, BFH/NV 2012, 1162). Nach Ergehen eines Vorbehalts-, Teil- oder Zwischenurteils darf allerdings keine weitere mündliche Verhandlung stattgefunden haben. Für sie würden die Ausführungen zu → Rn. 13 entsprechend gelten. **14**

– wenn der Einzelrichter den **Rechtsstreit** auf den Senat **zurückzuübertragen** hatte (**§ 6 III 2 –** → Rn. 30 ff.). **15**

Entgegen einer in der Literatur vertretenen Auffassung (Tipke/Kruse/Brandis § 6 Rn. 11; Zöller/Greger ZPO § 348a Rn. 3; Buciek DStR 1993, 118 (119)) kommt eine Übertragung auch noch in Betracht, **wenn der Rechtsstreit entscheidungsreif** ist. Auch in diesem Falle kann der Rationalisierungszweck des G (→ Rn. 1) noch verwirklicht werden, weil dieser gerade im geringeren Aufwand für die mündliche Verhandlung liegt (iE glA Gosch/Müller-Horn § 6 Rn. 33). **16**

cc) Auswahl des Einzelrichters. Die Auswahl des Einzelrichters muss **durch** den **senatsinternen Geschäftsverteilungsplan vorbestimmt** sein (§ 4, § 21g III GVG; BFH IV B 7/10, BFH/NV 2012, 429; X B 118/12, BFH/NV 2013, 750; → § 4 Rn. 50, 53), zB durch eine Regelung, wonach der jeweilige Berichterstatter zum Einzelrichter berufen ist. Bei einer solchen Regelung muss auch die Person des Berichterstatters bestimmt sein, wozu im Hinblick auf § 79a II–IV ohnehin Anlass besteht (→ § 4 Rn. 50, 52 f.). An diese Regelungen ist der Senat gebunden (Felix FR 1993, 13 (14); Buciek DStR 1993, 118 (119); ebenso BFH VI R 66/95, BFH/NV 1996, 572). Diese Anordnung darf nur in den engen Grenzen des § 21g II GVG geändert werden (→ § 4 Rn. 50). – Bei **Verstoß** gegen den senatsinternen Geschäftsverteilungsplan ist der Einzelrichter nicht gesetzlicher Richter, das Gericht bei Einzelrichterentscheidungen nicht vorschriftsmäßig besetzt (Art. 101 I 2 GG; §§ 115 II Nr. 3, 116 III 3, 119 Nr. 1; → Rn. 26). **18**

19 **dd) Umfang der Übertragung.** Die **Übertragung erfasst den gesamten Rechtsstreit** (→ Rn. 10) in der Lage, in der er sich im Zeitpunkt der Entscheidung über die Zuweisung an den Einzelrichter befindet. Sie erstreckt sich auf Nebenentscheidungen (zB Kosten, Vollstreckbarkeit), Folgeentscheidungen (zB Einstellung des Verfahrens, Entscheidungen im Kostenfestsetzungsverfahren – FG Hmb 3 KO 194/10, NJW-RR 2011, 720) und unselbständige Nebenverfahren, wie zB Prozesskostenhilfeverfahren (FG Hmb 3 K 157/13, BeckRS 2014, 94539); Entscheidungen nach §§ 107 ff. (Gosch/Müller-Horn § 6 Rn. 47); Gegenvorstellungen (FG Hmb III 56/05, EFG 2006, 689; 3 K 145/12, BeckRS 2013, 96086); Anhörungsrügen (FG Hmb III 56/05, EFG 2006, 689; 3 K 75/07, EFG 2008, 962; FG LSA 5 K 425/11, EFG 2012, 533; Gosch/Müller-Horn § 6 Rn. 47; Tipke/Kruse/Brandis § 6 Rn. 18; aA FG München 13 K 1037/11, BeckRS 2011, 96216) – die beiden letztgenannten auch, soweit sie sich gegen Entscheidungen richten, die der Senat vor der Übertragung getroffen hat, da der Einzelrichter mit der Übertragung an die Stelle des Senats tritt, → Rn. 22; Vollstreckungsanträge nach §§ 151 f. (vgl. OVG Bbg 3 K 65/15, NJW-RR 2017, 223). **Selbständige Nebenverfahren** (§§ 69, 114 – BFH VIII B 216/03, BFH/NV 2005, 1328; FG Hmb 3 V 33/12, EFG 2012, 1372; Gosch/Müller-Horn § 6 Rn. 47; SPK/Fu § 6 Rn. 14; aA Tipke/Kruse/Brandis § 6 Rn. 5: HHS/Sunder-Plassmann § 6 Rn. 30, 69) **und** selbständige **Zwischenverfahren** (wie zB die Richterablehnung – BFH VII B 80/97, BFH/NV 1998, 463; → § 51 Rn. 70; zum Sonderfall missbräuchlicher Ablehnungsanträge → § 51 Rn. 71) **werden nicht** automatisch **mitübertragen.** Ob die Voraussetzungen des § 6 I vorliegen, kann bei Haupt- und Nebenverfahren (zB aufgrund unterschiedlicher verfahrensrechtlicher Gegebenheiten) unterschiedlich zu beurteilen sein. Sofern das nicht der Fall ist, dürfte idR das Ermessen vorgeprägt sein, ein paralleles Verfahren des einstweiligen Rechtsschutzes dem Einzelrichter des Hauptsacheverfahrens zu übertragen. Bei der **Wiederholung eines bereits beschiedenen Antrags** bedarf es einer erneuten Übertragung (BFH VIII B 216/03, BFH/NV 2005, 1328). Der Vollsenat ist auch für Entscheidungen über ein **Wiederaufnahmeverfahren** zuständig (BFH X R 15/97 ua, BStBl. II 1999, 412; Tipke/Kruse/Brandis § 6 Rn. 24; aA Gosch/Müller-Horn § 6 Rn. 62; Albert DStZ 1998, 239).

20 Der Rechtsstreit muss dem Einzelrichter „zur Entscheidung" übertragen werden. Eine Zuweisung „zur Durchführung der Beweisaufnahme" oder „zur Vorbereitung" genügt nicht (Zöller/Greger ZPO § 348a Rn. 6 mwN; s. auch § 81 II).

22 **d) Wirkung der Übertragung, Stellung des Einzelrichters.** Der Übertragungsbeschluss wird erst **mit der Bekanntgabe** (→ Rn. 8) gegenüber beiden Beteiligten **wirksam** (BFH II R 29/94, BStBl. II 1994, 862 (863); II B 110/10, BFH/NV 2011, 833; vgl. Zöller/Feskorn ZPO § 329 Rn. 20 ff.). Mit der Übertragung des Rechtsstreits tritt der **Einzelrichter** an die Stelle des Senats. Er übernimmt das Verfahren in dem Stand, in dem es sich im Zeitpunkt der Übertragung befindet. Der Einzelrichter **ist** bis zum Abschluss des Verfahrens bzw. bis zur Rückübertragung des Verfahrens auf den Senat (→ Rn. 30 ff.) **erkennendes Gericht und gesetzlicher Richter** iSd Art. 101 I 2 GG (zB BFH V B 193/05, BFH/NV 2006, 1854 (1855); IX B 3/11, BFH/NV 2012, 700; VI B 26/16, BFH/NV 2017, 50 – jeweils mwN; → Rn. 29) und damit für alle das Verfahren betreffenden Entscheidungen bis zu dessen Abschluss durch Urteil oder Gerichtsbescheid (→ § 90a Rn. 3) zuständig. Solange sind die übrigen Mitlieder des Senats von jeder das Verfahren betreffenden Handlung und Entscheidung ausgeschlossen

(BVerfG 2 BvR 136/96, NJW 1996, 2149; 1 BvR 2295/08, NJW-RR 2010, 268). Eine andere Frage ist, ob die anderen Senatsmitglieder und insbes. der Vorsitzende Kenntnis von den Eingängen und der (nicht neutralisierten) Entscheidung des Einzelrichters erhalten dürfen (§ 30 AO). Das ist mE zu bejahen, weil die Sache weiterhin – latent – beim Senat anhängig ist (→ Rn. 30 ff.), die Mitwirkung der übrigen Senatsmitglieder als Vertreter in Betracht kommt und weil der Vorsitzende die Einheitlichkeit der Senatsrechtsprechung im Auge behalten muss. **Vor der Wirksamkeit der Übertragung vorgenommene Verfahrenshandlungen,** die ohne die Übertragung dem Senat oder (im Fall, dass der Einzelrichter nicht der Vorsitzende, sondern ein Beisitzer ist) dem Vorsitzenden vorbehalten sind, werden durch die spätere Bekanntgabe des Übertragungsbeschlusses nicht geheilt, sondern sind unwirksam oder anfechtbar. Daher dürfen zB Beschlüsse über die Übertragung auf den Einzelrichter nicht zusammen mit Entscheidungen ohne mündliche Verhandlung zur Post gegeben werden (VGH BW 11 S 393/16, BeckRS 2016, 45162; Kopp/Schenke/Ruthig VwGO § 6 Rn. 15, 30; vgl. auch OVG Münster 4 B 891/17, GewArch 2018, 117; Schenk NVwZ 2016, 1600 (1602)). – Für das **Verfahren vor dem Einzelrichter** gelten die allgemeinen Regeln. – Die **Wirkung der Übertragung** gilt unabhängig von der im Zeitpunkt des Übertragungsbeschlusses zuständigen Person für den Richter, der nach den allgemeinen Regelungen des senatsinternen Geschäftsverteilungsplans für das Verfahren zuständig ist (BFH I R 22/98, BStBl. II 1999, 60; IX B 6/13, BFH/NV 2013, 1418). Bei Änderungen in der senatsinternen Geschäftsverteilung (zB aufgrund eines Senatswechsels oder Ausscheiden aus dem Dienst) wird der nachrückende Richter zuständig. Wird das Verfahren durch Präsidiumsbeschluss einem anderen Senat des Gerichts zugewiesen, bleibt der Einzelrichter (nach Maßgabe des senatsinternen Mitwirkungsplans des anderen Senats) zuständig (BFH V B 193/05, BFH/NV 2006, 1854 (1855) mwN). Die Übertragung bindet aber nicht das Gericht, an das der Einzelrichter den Rechtsstreit (gem. § 17a II GVG) verweist (Kopp/Schenke/Ruthig VwGO § 6 Rn. 4; **aA** OLG Koblenz 8 U 90/84, MDR 1986, 153). – Wird der **Einzelrichter erfolgreich** wegen Befangenheit **abgelehnt** (→ § 51 Rn. 88), so wird sein geschäftsplanmäßiger Vertreter zuständig (BFH I R 22/98, BStBl. II 1999, 60; s. auch BFH VII B 80/97, BFH/NV 1998, 463). – Hebt der BFH das vom Einzelrichter erlassene Urteil (oder den Gerichtsbescheid) auf und verweist er den Rechtsstreit an das FG zurück, so ist **im zweiten Rechtsgang** wiederum der **Einzelrichter zuständig,** weil das zurückverwiesene Verfahren mit dem vorangegangenen erstinstanzlichen Verfahren eine Einheit bildet (BFH V B 193/05, BFH/NV 2006, 1854 (1855); II B 45/05, BFH/NV 2007, 466; VI B 26/16, BFH/NV 2017, 50; II B 56/21, BFH/NV 2022, 905; aA Kopp/Schenke/Ruthig VwGO § 6 Rn. 4; Rößler DStZ 1993, 97 (98)). Eine Ausnahme gilt, wenn der BFH, weil er die Voraussetzungen des § 6 I Nr. 1 u. 2 für die Übertragung des Rechtsstreits auf den Einzelrichter als nicht erfüllt ansieht, **ausdrücklich an** den **Vollsenat zurückverweist** (BFH VI R 98/95, BStBl. II 1996, 478; X R 37/19, BStBl. II 2021, 810; V R 19/20, BStBl. II 2023, 885; X B 58/23, BFH/NV 2023, 1327).

e) Rechtsmittel. Der **Zuweisungsbeschluss** gem. § 6 I ist **unanfechtbar** **24**
(§ 6 IV 1). Das gilt nach der eindeutigen gesetzlichen Regelung auch dann, wenn der Rechtsstreit (offensichtlich) zu Unrecht auf den Einzelrichter übertragen worden ist (→ Rn. 11–16). Eine **Beschwerde** (§ 128 I) ist unstatthaft (zB BFH III B 49/01, BFH/NV 2002, 666; VII B 275/01, BFH/NV 2002, 926 (927); X B

190/06, BFH/NV 2007, 932 (933)). **Rechtsmissbrauch** oder **Willkür** können nicht durch außerordentliche Beschwerde, sondern nur im Rechtsmittelverfahren gegen die abschließende Hauptsacheentscheidung (Besetzungsrüge, Verletzung des rechtlichen Gehörs) geltend gemacht werden (→ Rn. 26; BFH II B 13/04, BFH/NV 2005, 897 (898); VI B 166/04, BFH/NV 2005, 1089; Kopp/Schenke/Ruthig VwGO § 6 Rn. 26, 28). – Zur **Gegenvorstellung** und zu **§ 133a** → Vor § 115 Rn. 40; → § 133a Rn. 7.

26 Das **Urteil des Einzelrichters** kann mit den Rechtsmitteln angegriffen werden, die im Falle der Entscheidung des Rechtsstreits durch den Senat eingelegt werden könnten (Revision, Nichtzulassungsbeschwerde). Auch eine **Besetzungsrüge** (§§ 115 II Nr. 3, 116 III 3, 119 Nr. 1) ist möglich. Die Wirksamkeit der Übertragung ist dabei vom BFH uneingeschränkt zu überprüfen (zB BFH II B 45/05, BFH/NV 2007, 466 (467)), insbes. auch, ob der senatsinterne Geschäftsverteilungsplan den zuständigen Einzelrichter nach abstrakten Grundsätzen festlegt (BFH X B 118/12, BFH/NV 2013, 750). Begründet ist eine Besetzungsrüge davon abgesehen nur, wenn sich die Übertragung auf den Einzelrichter als **„greifbar gesetzeswidrig“** erweist (BFH IX B 9/06, BFH/NV 2007, 447 (448); II B 110/16, BFH/NV 2017, 1012; VIII B 105/21, BFH/NV 2022, 929; VI B 5/22, DStRK 2022, 305). Das ist der Fall, wenn die Übertragung mit der geltenden Rechtsordnung schlechthin unvereinbar ist, weil sie jeder Grundlage entbehrt und inhaltlich dem G fremd ist (BFH IX B 9/06, BFH/NV 2007, 447 (448); VI B 5/22, BFH/NV 2022, 1205; VIII B 129/22, BFH/NV 2024, 536). Greifbare Gesetzeswidrigkeit ist zB anzunehmen, wenn der Beschluss mangels Bekanntgabe nicht wirksam geworden ist (→ Rn. 8, 22), wenn die Einzelrichterübertragung verfrüht (also vor Eingang der für die Ermessensentscheidung wesentlichen Unterlagen; → Rn. 5) erfolgt ist (BFH V B 66/15, BFH/NV 2016, 1574; Ausnahmen möglich: BFH II B 56/21, BFH/NV 2022, 905), wenn der Einzelrichter sich selbst bestellt hat, wenn ihm der Rechtsstreit durch Verfügung des Vorsitzenden zugewiesen worden ist (BFH II B 56/21, BFH/NV 2022, 905), wenn nur eines von zwei gleichzeitig eingegangenen und inhaltlich gleichartigen Verfahren desselben Klägers wirksam dem Einzelrichter übertragen wird (BFH IV B 24/08, BeckRS 2009, 25014763), bei Verstoß gegen § 6 II (→ Rn. 13) oder § 6 III 2 (→ Rn. 15; BFH II B 56/21, BFH/NV 2022, 905). In den übrigen Fällen einer fehlerhaften Übertragung des Rechtsstreits (→ Rn. 11, 12, 14, 16) kann die Besetzungsrüge nur ausnahmsweise Erfolg haben (BFH III R 39/96, BFH/NV 1997, 860; V B 6/01, BFH/NV 2001, 1589 (1590); VI B 75/02, BFH/NV 2003, 926; II B 56/21, BFH/NV 2022, 905; s. auch BVerwG 6 C 30/98, NVwZ 2000, 1290). Allein daraus, dass der Rechtssache grundsätzliche Bedeutung zukommt und das FG von Urteilen des BFH abgewichen ist, kann eine „greifbare Gesetzwidrigkeit“ nicht hergeleitet werden (BFH II R 69/93, BFH/NV 1994, 725; VIII B 184/04, BFH/NV 2005, 556; II B 78/12, BStBl. II 2013, 173; aA BGH VI ZB 34/17, NJW-RR 2018, 1460; VI ZB 13/20, NJW-RR 2022, 570 zu § 568 S. 2 ZPO). – Bei willkürlichem Verstoß gegen § 6 kommt nach Ausschöpfung des Rechtswegs **Verfassungsbeschwerde** (Verletzung der Art. 101 I 2, 103 I GG) in Betracht (Gosch/Müller-Horn § 6 Rn. 100; s. auch Seer StuW 2001, 3 (6)). Die Heilung etwaiger Mängel des Übertragungsbeschlusses gem. § 155 FGO iVm § 295 II ZPO ist ausgeschlossen (BFH I B 109/11, BFH/NV 2012, 1162). War ein Übertragungsbeschluss unwirksam, müssen alle bis zur späteren, wirksamen Übertragung vorgenommenen Verfahrenshandlungen wiederholt werden

(BFH X B 118/12, BFH/NV 2013, 750). Bloße Formfehler sind jedoch heilbar (Musielak/Voit/Wittschier ZPO § 348a Rn. 16).

Gegen den vom Einzelrichter (§ 6) erlassenen **Gerichtsbescheid** sind grds. die allgemeinen Rechtsmittel (Antrag auf mündliche Verhandlung und – bei entsprechender Zulassung – Revision; BFH VI R 7/99, NVwZ-RR 2000, 192; → § 90a Rn. 15 ff.) gegeben. Erlässt der Einzelrichter (§ 6) den **Gerichtsbescheid** jedoch ausdrücklich **im vorbereitenden Verfahren** („gem. § 79a II, IV"), so ist dagegen (trotz unzutreffender Rechtsmittelbelehrung) nur der **Antrag auf mündliche Verhandlung** (§ 79a II 2) gegeben (BFH VI R 85/98, BStBl. II 1999, 302; XI R 76/98, BFH/NV 1999, 1617 (1618)). **27**

Ist der Rechtsstreit **nicht** auf den Einzelrichter **übertragen** worden, kann ein Rechtsmittel gegen das Urteil oder den Gerichtsbescheid des Senats nicht darauf gestützt werden, dass die Übertragung auf den Einzelrichter unterblieben ist (§ 6 IV). Die **unterlassene Übertragung ist** also **kein Grund für eine Besetzungsrüge** (§§ 115 II Nr. 3, 116 III 3, 119 Nr. 1). IÜ gelten für die Anfechtung des Urteils bzw. Gerichtsbescheides keine Besonderheiten. **28**

Entscheidet der Senat als Kollegialgericht (§ 5 III), obwohl der Rechtsstreit dem Einzelrichter zur Entscheidung übertragen worden war, ist das Gericht iSv § 119 Nr. 1 nicht ordnungsmäßig besetzt (BFH II B 45/05, BFH/NV 2007, 466 (467)). **29**

2. Zurückübertragung auf den Senat

a) Voraussetzungen, Einschränkung des Ermessens. Die Zurückübertragung steht im Ermessen des Einzelrichters (→ Rn. 10; nicht des Gesamtsenats vgl. BVerfG 2 BvR 1605/21, NJW 2023, 2336 zu § 568 S. 2 ZPO). Bei der Ausübung des Ermessens hat er das Interesse der Beteiligten an der Einheitlichkeit der Rspr. oder die nachträglich eingetretenen besonderen Schwierigkeiten gegenüber der durch die Rückübertragung drohenden Verfahrensverzögerung abzuwägen (Gramich DStR 1993, 6 (8) mwN). Er darf das Verfahren aber nur dann auf den Senat zurückübertragen, wenn sich aus einer **wesentlichen Änderung der Prozesslage** ergibt, dass die Rechtssache grundsätzliche Bedeutung hat oder besondere Schwierigkeiten tatsächlicher oder rechtlicher Art aufweist (§ 6 III 1). Eine wesentliche Änderung der Prozesslage kann zB infolge einer Klageänderung, eines völlig neuen Sach- oder Rechtsvortrags der Beteiligten, eines völlig neuen Beweisergebnisses, einer veränderten höchstrichterlichen Rspr. (FG LSA 3 K 572/13, EFG 2013, 1899; eher abl. HessFG 10 K 98/17, EFG 2024, 919 Rn. 29, Rev. BFH: X R 19/23) oder einer Rechtsänderung eintreten. Aus der nachträglichen Veränderung muss sich die **grundsätzliche Bedeutung** der zu treffenden Entscheidung (→ Rn. 12) oder ihre **besondere Schwierigkeit** (→ Rn. 11) ergeben. Bei der Übertragung der Sache auf den Einzelrichter bereits bekannte oder irrtümlich falsch gewertete Gesichtspunkte rechtfertigen die Zurückübertragung auf den Senat nicht (FG München 2 K 787/18, EFG 2020, 970; Tipke/Kruse/Brandis § 6 Rn. 21; Kopp/Schenke/Ruthig VwGO § 6 Rn. 22; Gramich DStR 1993, 6 (8)). **30**

b) Verfahren. Der Einzelrichter entscheidet ohne notwendige mündliche Verhandlung durch **Beschluss** (§ 6 IV 1). Den Beteiligten ist vor der Rückübertragung **rechtliches Gehör** zu gewähren (§ 6 III 1). – Wegen der Begründung und der Bekanntgabe des Beschlusses → Rn. 8. **31**

32 **c) Inhalt der Entscheidung.** Der Einzelrichter kann den Rechtsstreit nach dem Zweck des § 6 (→ Rn. 1) nur insgesamt auf den Senat zurückübertragen. Er darf also nicht einzelne (selbständige) Klagegegenstände zurückbehalten. Vorherige Abtrennung zurückgenommener oder erledigter Klagegegenstände ist mE jedoch unschädlich. – Zur **Zurückübertragung** des Rechtsstreits **nach Wechsel** des Einzelrichters **in einen anderen Senat** s. BFH IV R 26/95, BFH/NV 1996, 908 (die Zurückübertragung auf den „neuen Senat" ist jedenfalls nicht „greifbar" gesetzeswidrig – → Rn. 26).

33 **d) Wirkung der Rückübertragung.** Die Zurückübertragung ist für den Senat **bindend** (§ 6 III 2; → Rn. 15). Mit dem Beschluss endet die Entscheidungsbefugnis des Einzelrichters. Etwaige Zwischenentscheidungen des Einzelrichters bleiben für das weitere Verfahren wirksam (Einheit des Verfahrens). Für das anschließende Verfahren vor dem Senat gelten die allgemeinen Regeln. – Eine vom Einzelrichter durchgeführte **Beweisaufnahme** ist im Hinblick auf §§ 79 III, 81 II nur dann zu wiederholen, wenn der Senat das Beweisergebnis ohne unmittelbaren Eindruck vom Verlauf der Beweisaufnahme nicht sachgerecht würdigen kann.

34 **e) Rechtsmittel.** Der **Rückübertragungsbeschluss** (§ 6 III 1) ist **unanfechtbar** (§ 6 IV 1), und zwar auch dann, wenn die Voraussetzungen für die Zurückübertragung (→ Rn. 30) nicht erfüllt waren. Bei willkürlicher Rückübertragung ist eine Beschwerde gleichfalls ausgeschlossen (→ Rn. 24). Das Gleiche gilt für die Entscheidung, die Sache nicht auf den Senat zurückzuübertragen (BFH X B 43/13, BFH/NV 2013, 1260).

35 Aus dem Zusammenhang der S. 1 u. 2 des § 6 IV ergibt sich, dass das **Urteil/der Gerichtsbescheid des Einzelrichters** nicht mit der Begründung angefochten werden kann, die Zurückübertragung auf den Senat sei zu Unrecht unterblieben. § 6 IV 2 schließt die Besetzungsrüge (§§ 115 II Nr. 3, 116 III 3, 119 Nr. 1) grds. aus (→ Rn. 28). Abweichendes kommt nur bei greifbarer Gesetzeswidrigkeit in Betracht (BFH I B 105/08, ZSteu 2009, R735; vgl. auch BFH V B 3/22, BFH/NV 2023, 1224).

36 **Gegen das** nach Zurückübertragung ergangene **Urteil des Senats** kann (nur) bei „greifbarer Gesetzwidrigkeit" des Rückübertragungsbeschlusses mit Aussicht auf Erfolg **Besetzungsrüge** (§§ 115 II Nr. 3, 116 III 3, 119 Nr. 1) erhoben werden (BFH IV R 26/95, BFH/NV 1996, 908; IX B 144/08, BFH/NV 2009, 195; → Rn. 26). Ein derartiger Verfahrensfehler kann jedoch nicht daraus hergeleitet werden, dass infolge der Rückübertragung bisher nicht beteiligte Richter in das Verfahren einbezogen worden sind (BFH VII B 142/04, BFH/NV 2005, 1576), oder dass die in § 6 III 1 vorgesehene Anhörung des Stpfl. vor Erlass des Übertragungsbeschlusses unterblieben ist (BFH IX B 144/08, BFH/NV 2009, 195).

§§ 7–9 (weggefallen)

§ 10 [Verfassung des Bundesfinanzhofs]

(1) **Der Bundesfinanzhof besteht aus dem Präsidenten und aus den Vorsitzenden Richtern und weiteren Richtern in erforderlicher Anzahl.**

(2) [1]**Beim Bundesfinanzhof werden Senate gebildet.** [2]**§ 5 Abs. 2 Satz 2 gilt sinngemäß.**

(3) **Die Senate des Bundesfinanzhofs entscheiden in der Besetzung von fünf Richtern, bei Beschlüssen außerhalb der mündlichen Verhandlung in der Besetzung von drei Richtern.**

Vgl. § 10 VwGO.

Grundsätzlich entscheiden die Senate des BFH in der Besetzung mit **fünf Richtern.** Dies gilt für Urteile, Gerichtsbescheide, Beschlüsse nach § 126a sowie Beschlüsse innerhalb der mündlichen Verhandlung. Einem Senat können durch den Geschäftsverteilungsplan des Gerichts auch mehr als fünf Richter zugewiesen werden; das Gebot des gesetzlichen Richters (Art. 101 I 2 GG) wird dadurch nicht verletzt (BFH III R 194/90, BStBl. II 1994, 429; VI R 105/92, BStBl. II 1994, 836). Die Besetzung des Senats in Urteils- und Beschlusssachen ist in einem vor Beginn des Geschäftsjahrs aufzustellenden **Mitwirkungsplan** nach § 4 FGO iVm § 21g II Hs. 1 GVG zu regeln. Zu den Anforderungen an den Mitwirkungsplan → § 4 Rn. 49 ff.; BFH II R 49/89, BStBl. II 1992, 260; III B 270/90, BStBl. II 1994, 522; VI K 1–2/93, BFH/NV 1995, 716; VIII R 38/93, BStBl. II 1996, 153. 1

Beschlüsse außerhalb einer mündlichen Verhandlung trifft der Senat grds. in der Besetzung mit **drei Richtern,** soweit nicht das G ausdrücklich eine Entscheidung allein durch den Vorsitzenden, den Berichterstatter oder den Einzelrichter zulässt, wie zB § 69 III 5 (BFH I S 3/01, DStR 2001, 985 aE), § 155 S. 2 Hs. 2 iVm § 79a (Entschädigungsklagen wegen überlanger Verfahrensdauer; BFH X E 8/12, BFH/NV 2013, 763; X K 10/12, BFH/NV 2013, 953; X K 2/13, BFH/NV 2013, 1442), § 1 V, § 66 VI 1 GKG in der ab 1.8.2013 geltenden Fassung (Erinnerungen gegen den Kostenansatz; BFH X E 2/14, BFH/NV 2014, 894; XI E 1/14, BeckRS 2014, 95717; I E 3/14, BFH/NV 2015, 347; X S 1/18, BFH/NV 2018, 643 betr. Anhörungsrüge im Erinnerungsverfahren; hatte der Senat noch in Dreierbesetzung über die Erinnerung entschieden, entscheidet er in dieser Besetzung auch noch über eine dagegen erhobene Beschwerde: BFH III B 16/15, BFH/NV 2016, 1302) oder § 1 III, § 3 VIII RVG (Festsetzung des Gegenstandswerts; BFH VII S 37/14, BFH/NV 2015, 507). Durch Beschluss entscheidet der Senat zB über das Verfahren betreffende Anträge (Beiladung gem. § 123 I 2 iVm § 60 III 1; Gewährung von Akteneinsicht, BFH VIII B 123/20, BStBl. II 2021, 915, dort auch zum Sonderfall des § 78 II 5 Hs. 1; → § 78 Rn. 20), über Anträge auf Gewährung vorläufigen Rechtsschutzes (§ 69), über Beschwerden (§ 132), über Anhörungsrügen (§ 133a IV 2 u. 3, auch soweit sie sich gegen Urteile richten: BVerfG 1 BvR 1236/11, BStBl. II 2018, 303; BFH VI S 4/09, BeckRS 2009, 25015127; III S 49/10, BFH/NV 2011, 1177; XI S 8/20, BFH/NV 2021, 34; XI S 2/23, BFH/NV 2023, 1095; BVerwG 8 C 5/07, HFR 2008, 875; → § 133a Rn. 17), über Wertfestsetzungen gem. § 63 II 2 GKG (vgl. zB BFH III S 2/14, BStBl. II 2015, 37), aber auch über Revisionen, wenn er sie als unzulässig erachtet (§ 126 I; BFH VIII R 81/05, BFH/NV 2009, 1447). Letzteres gilt analog für Ergänzungsanträge gem. § 109 (BFH VII R 28/13, BFH/NV 2014, 1771). 2

Die Regel des § 10 III dient der **Vereinfachung,** weil es sich bei Beschlusssachen im Allgemeinen um Fragen von geringerer Bedeutung handelt; sie gilt jedoch nicht ausnahmslos. Führt die Beratung über die Zulässigkeit der Revision im Beschlussverfahren nach § 10 III zu dem Ergebnis, dass zwei von drei Richtern die Zulässigkeit bejahen, muss der Senat in der **Besetzung mit fünf Richtern** über die Zulässigkeit entscheiden; kommt dieser mehrheitlich zu dem Ergebnis, dass die Revision unzulässig ist, verwirft er sie durch Beschluss (BFH GrS 4/68, BStBl. II 1969, 435; HHS/Schmid § 10 Rn. 48). Die Revision kann auch dann in der Normalbesetzung verworfen werden, wenn sich erst bei der Beratung über die Revision in der Besetzung mit fünf Richtern die Unzulässigkeit des Rechtsmittels ergibt (BFH VII R 118/74, BStBl. II 1978, 228; VII R 91/77, BStBl. II 1978, 312; VIII R 79/93, BFH/NV 1995, 225; VI R 85/98, BStBl. II 1999, 302; VIII R 6/21, BFH/NV 2022, 332). Entsprechendes gilt für den Beschluss nach § 17a II GVG analog, wenn der Senat erst während der Beratung erkennt, dass für die Entscheidung über die Revision ein anderer Senat sachlich zuständig ist (BFH XI R 64/99, BFH/NV 2003, 183). In der Besetzung von fünf Richtern entscheidet der BFH grds. auch über einen Antrag auf Berichtigung des Tatbestands eines BFH-Urteils (BFH X S 22/21, BFH/NV 2022, 124). Ebenso entscheidet der BFH analog § 126 I in voller Besetzung durch Beschluss über einen unzulässigen Antrag auf mündliche Verhandlung nach Erlass eines Gerichtsbescheids (BFH VII R 49/06, BeckRS 2008, 25013098; XI R 51/06, BeckRS 2008, 25015930; IX R 8/17, BFH/NV 2019, 398; → § 126 Rn. 3). Auch über die Aufforderung zum Beitritt des BMF oder eine Vorlage an den EuGH entscheidet der BFH wegen „Wichtigkeit" in voller Besetzung. Zur Besetzung des Senats bei Entscheidungen über ein Wiedereinsetzungsgesuch wegen Versäumung der Revisions- oder Revisionsbegründungsfrist vgl. BFH VIII R 81/05, BFH/NV 2009, 1447.

3 Ist eine Revision (zB bei der Entscheidung über mehrere Veranlagungszeiträume in einem Verfahren) **teils unbegründet, teils unzulässig,** so kann in einer einheitlichen Entscheidung – und zwar durch Urteil – in der Besetzung mit fünf Richtern entschieden werden (BFH IV 126/64, BStBl. III 1967, 252). Dasselbe gilt, wenn beide Beteiligten Revision eingelegt haben, von denen eine unzulässig ist (BFH I R 148/68, BStBl. II 1971, 411; X R 40/91, BStBl. II 1994, 752; IV R 42/11, BFH/NV 2012, 1927; BVerwG III C 361.59, NJW 1963, 1218; Tipke/Kruse/Krumm § 126 Rn. 8). Nach der Regelung des § 126a kann der Senat in der Besetzung mit fünf Richtern durch Beschluss über eine Revision entscheiden, wenn er diese einstimmig für unbegründet hält.

4 Der Beschluss über die **Anrufung des GrS** (§ 11) muss stets in der Besetzung mit fünf Richtern gefasst werden, und zwar auch dann, wenn der GrS in einer Sache angerufen wird, über die letztlich in der Besetzung mit drei Richtern zu entscheiden ist (BFH GrS 4/68, BStBl. II 1969, 435). Entsprechendes gilt für die **Anrufung des BVerfG** im Normenkontrollverfahren nach Art. 100 I GG (Kopp/Schenke/Ruthig VwGO § 10 Rn. 1; BVerfG 2 BvL 51/69, NJW 1973, 451). In diesen Fällen muss der Vereinfachungsgedanke des § 10 III wegen der Bedeutung der Anrufung des GrS oder des BVerfG, die eine Entscheidung des Vollsenats erfordert, zurücktreten (→ § 11 Rn. 28). Der Beschluss zur **Vorlage an den EuGH** ist ebenfalls in der für den Erlass eines Urteils vorgesehenen Besetzung zu fassen (BFH V R 23/93, BB 1994, 1769; BVerwG 2 N 1/84, NVwZ 1986, 372; Tipke/Kruse/Brandis § 10 Rn. 3).

5 Beschlüsse, die **innerhalb einer mündlichen Verhandlung** ergehen (zB über die Ablehnung eines Richters oder den Ausschluss der Öffentlichkeit), sind immer von allen fünf Richtern zu fassen.

6 Über Anträge auf **Wiederaufnahme des Verfahrens** (§ 134 FGO iVm §§ 578 ff. ZPO) entscheidet der BFH durch Beschluss, wenn sich der Antrag gegen einen das Verfahren abschließenden rechtskräftigen Beschluss des BFH richtet (BFH I K 2/79, BStBl. II 1979, 710; VIII K 4/91, BStBl. II 1992, 252).

Verstöße gegen die Bestimmungen des § 10 III über die Besetzung des Senats stellen einen Wiederaufnahmegrund iSd § 134 FGO iVm § 579 I Nr. 4 ZPO dar, wenn sie willkürlich sind (BFH VIII K 4/91, BStBl. II 1992, 252; VII K 1/94, BFH/NV 1995, 795; VI K 3/95, BFH/NV 1996, 689). 7

§ 11 [Zuständigkeit des Großen Senats]

(1) **Bei dem Bundesfinanzhof wird ein Großer Senat gebildet.**

(2) **Der Große Senat entscheidet, wenn ein Senat in einer Rechtsfrage von der Entscheidung eines anderen Senats oder des Großen Senats abweichen will.**

(3) **[1]Eine Vorlage an den Großen Senat ist nur zulässig, wenn der Senat, von dessen Entscheidung abgewichen werden soll, auf Anfrage des erkennenden Senats erklärt hat, dass er an seiner Rechtsauffassung festhält. [2]Kann der Senat, von dessen Entscheidung abgewichen werden soll, wegen einer Änderung des Geschäftsverteilungsplanes mit der Rechtsfrage nicht mehr befasst werden, tritt der Senat an seine Stelle, der nach dem Geschäftsverteilungsplan für den Fall, in dem abweichend entschieden wurde, nunmehr zuständig wäre. [3]Über die Anfrage und die Antwort entscheidet der jeweilige Senat durch Beschluss in der für Urteile erforderlichen Besetzung.**

(4) **Der erkennende Senat kann eine Frage von grundsätzlicher Bedeutung dem Großen Senat zur Entscheidung vorlegen, wenn das nach seiner Auffassung zur Fortbildung des Rechts oder zur Sicherung einer einheitlichen Rechtsprechung erforderlich ist.**

(5) **[1]Der Große Senat besteht aus dem Präsidenten und je einem Richter der Senate, in denen der Präsident nicht den Vorsitz führt. [2]Bei einer Verhinderung des Präsidenten tritt ein Richter aus dem Senat, dem er angehört, an seine Stelle.**

(6) **[1]Die Mitglieder und die Vertreter werden durch das Präsidium für ein Geschäftsjahr bestellt. [2]Den Vorsitz im Großen Senat führt der Präsident, bei Verhinderung das dienstälteste Mitglied. [3]Bei Stimmengleichheit gibt die Stimme des Vorsitzenden den Ausschlag.**

(7) **[1]Der Große Senat entscheidet nur über die Rechtsfrage. [2]Er kann ohne mündliche Verhandlung entscheiden. [3]Seine Entscheidung ist in der vorliegenden Sache für den erkennenden Senat bindend.**

Vgl. § 11 VwGO; § 41 SGG; §§ 132, 138 GVG; § 45 ArbGG.

Auszug aus dem G zur Wahrung der Einheitlichkeit der Rspr. der obersten Gerichtshöfe – RsprEinhG – v. 19.6.1968 (BGBl. I 661), zuletzt geändert durch Art. 144 Zehnte ZuständigkeitsanpassungsVO v. 31.8.2015 (BGBl. I 1474).

§ 1 RsprEinhG Bildung des Gemeinsamen Senats

(1) Zur Wahrung der Einheitlichkeit der Rechtsprechung der in Artikel 95 Abs. 1 des Grundgesetzes genannten obersten Gerichtshöfe des Bundes wird ein Gemeinsamer Senat dieser obersten Gerichtshöfe gebildet.

(2) Der Gemeinsame Senat hat seinen Sitz in Karlsruhe.

§ 2 RsprEinhG Zuständigkeit

(1) Der Gemeinsame Senat entscheidet, wenn ein Oberster Gerichtshof in einer Rechtsfrage von der Entscheidung eines anderen obersten Gerichtshofs oder des Gemeinsamen Senats abweichen will.

(2) Sind nach den Gerichtsverfassungs- oder Verfahrensgesetzen der Große Senat oder die Vereinigten Großen Senate eines obersten Gerichtshofs anzurufen, so entscheidet der Gemeinsame Senat erst, wenn der Große Senat oder die Vereinigten Großen Senate von der Entscheidung eines anderen obersten Gerichtshofs oder des Gemeinsamen Senats abweichen wollen.

Literatur: Beisse, Von der Aufgabe des Großen Senats des Bundesfinanzhofs, FS für Wallis, 1985, 45; BFH (Hrsg.), FS 60 Jahre Bundesfinanzhof, 2010, 78 f., 436 ff.; Hanack, Der Ausgleich divergierender Entscheidungen in der obersten Gerichtsbarkeit, Hamburg/Berlin, 1962; Kapp, Die Grundsatzanrufung des Großen Senats des Bundesfinanzhofs, DStR 1983, 672; Kapp, Nichtanrufung des Großen Senats des Bundesfinanzhofs als verfassungswidrige objektive Willkür, FG Felix, 1989, 153; Kissel, Neues zur Gerichtsverfassung; III. Große Senate der obersten Gerichtshöfe, NJW 1991, 945; F. Klein, Funktionen des Großen Senats des BFH JbFStR 1991/92, 11; List, Der Große Senat des Bundesfinanzhofs, DStR 1983, 469; List, Anrufung und Verfahren des Großen Senats des Bundesfinanzhofs, DStZ 1987, 439; List, Neue Verfahrensordnung für den Großen Senat des BFH, DStR 1992, 382; May, Verfahrensfragen bei der Divergenzanrufung des Großen Senat, DRiZ 1983, 303; W. Meilicke, Zur Vorlagepflicht des BFH in Bilanzierungsfragen bei Personengesellschaften und Einzelunternehmen, BB 2001, 40; Meyer, Die Sicherung der Einheit der Rechtsprechung durch Divergenz- und Grundsatzvorlage, 1994; Offerhaus, Die Großen Senate der obersten Gerichtshöfe des Bundes, FS 75 Jahre RFH-BFH 1993, 623; vgl. ferner die Literaturhinweise in der 6. Aufl. 2006.

Übersicht

	Rn.
I. Allgemeines	1
II. Anrufung wegen Abweichung (Abs. 2)	4
1. Voraussetzungen	4
2. Ausnahmen von der Anrufungspflicht	17
3. Anfrageverfahren (Abs. 3)	20
III. Anrufung wegen Grundsätzlichkeit (Abs. 4)	26
IV. Vorlagebeschluss	28
V. Zusammensetzung des GrS	30
VI. Verfahren und Entscheidung des GrS	31
1. Verfahren	31
2. Wirkung der Entscheidung	34
VII. Gemeinsamer Senat der obersten Gerichtshöfe	35

I. Allgemeines

1 § 11 I sieht vor, dass beim BFH ein Großer Senat gebildet wird. Die Vorschrift beruht in ihrer gegenwärtigen Fassung auf dem Rechtspflege-VereinfachungsG v. 17.12.1990 (BGBl. I 2847), durch das insbes. die Besetzung des GrS und das Verfahren seiner Anrufung neu geregelt wurden. Die Einrichtung des GrS dient in erster Linie der **Wahrung einer einheitlichen Rspr.** innerhalb des BFH. Das gilt nicht nur für die Divergenzanrufung (Abs. 2), sondern auch für die Anrufung

wegen Grundsätzlichkeit (Abs. 4). In den Fällen des Abs. 4 soll die Rechtseinheit vorbeugend sichergestellt werden. Dies dient dem im Gleichheitssatz wurzelnden Postulat der Rechtsanwendungsgleichheit sowie dem aus dem Rechtsstaatsprinzip abgeleiteten Gebot der Rechtssicherheit (BFH GrS 1/13, BStBl. II 2015, 345). Daneben ist der GrS zur **Fortbildung des Rechts** berufen. In den Fällen der Divergenz (Abs. 2) ist die Anrufung des GrS zwingend vorgeschrieben (obligatorische Anrufung). Die Vorlage wegen Grundsätzlichkeit (Abs. 4) liegt im Ermessen des Gerichts (fakultative Anrufung; str., vgl. zum Streitstand → Rn. 26).

Der GrS entscheidet nach § 11 VII 1 nicht über die beim vorlegenden Senat anhängige Streitsache, sondern nur über die ihm vorgelegte Rechtsfrage. Die Zuständigkeit für die Entscheidung des Rechtsstreits bleibt beim vorlegenden Senat. Das Vorlageverfahren ist nur ein **Zwischenverfahren** mit interimistischem Charakter und einem besonderen Verfahrensgegenstand (Kopp/Schenke/Ruthig VwGO § 11 Rn. 1; HHS/Schmid § 11 Rn. 112). Wegen der Bindungswirkung der Entscheidung des GrS für den vorlegenden Senat → Rn. 34. 2

Bei willkürlicher (nicht nur irrtümlicher) **Missachtung der Vorlagepflicht,** die mE nur in den Fällen der Divergenz in Betracht kommt (ebenso HHS/Schmid § 11 Rn. 78; Tipke/Kruse/Brandis § 11 Rn. 20; aA Kapp DStZ 1987, 591), kann der Anspruch auf den gesetzlichen Richter (Art. 101 I GG) verletzt sein (BFH IX K 1/21, BStBl. II 2024, 181). Nach aktueller BFH-Rspr. ist der Verstoß nicht mit der Nichtigkeitsklage (§ 134 FGO iVm §§ 578 I, 579 I Nr. 1 ZPO; so noch BFH IV K 1/09, BFH/NV 2010, 218; I K 1/10, BFH/NV 2011, 1159; I K 1/14, BFH/NV 2015, 996; VIII K 1/16, BStBl. II 2017, 198; XI K 1/17, NJW 2018, 1710; aA BFH IX K 1/21, BStBl. II 2024, 181; IX K 2/21, BFH/NV 2023, 976) zu verfolgen, sondern muss (unmittelbar) mit der Verfassungsbeschwerde gerügt werden (BFH IX K 1/21, BStBl. II 2024, 181; s. auch Kopp/Schenke/Ruthig VwGO § 11 Rn. 1, 3; Schoch/Schneider/Pietzner/Bier VwGO § 11 Rn. 43; Leisner NJW 1989, 2446; allg. zur Vorlagepflicht BVerfG 2 BvR 948/75, NJW 1976, 2128; 1 BvR 308/88 ua, NJW 1989, 970; 1 BvR 1074/85, NJW 1989, 2613; 1 BvR 137/92, NJW 1993, 381). 3

II. Anrufung wegen Abweichung (Abs. 2)

1. Voraussetzungen

Eine Vorlage nach Abs. 2 ist geboten, wenn der erkennende Senat in einer Rechtsfrage von der Entscheidung eines anderen Senats **abweichen** will und wenn die divergierende Rechtsauffassung für den erkennenden Senat und für den Senat, der zuvor über diese Rechtsfrage entschieden hat, entscheidungserheblich ist/war. Eine Abweichung iSd § 11 II ist nur gegeben, wenn die neuere Rechtsauffassung zu einem anderen Entscheidungsergebnis führt; eine bloße Abweichung in der Begründung bei gleichem Ergebnis begründet keine Vorlagepflicht (Kopp/Schenke/Ruthig VwGO § 11 Rn. 5). 4

Die Abweichung muss in einer Rechtsfrage beabsichtigt sein (zur Unterscheidung zwischen Rechts- und Tatfrage → § 118 Rn. 45 ff.) und zwar **in derselben Rechtsfrage.** Für die erforderliche Identität der Rechtsfrage kommt es nicht notwendig darauf an, ob sie dieselbe Rechtsnorm betrifft; es genügt, dass die Rechtsfrage, die der Senat abweichend von der Entscheidung eines anderen Senats beantworten möchte, sich bei verschiedenen Vorschriften in gleicher Weise stellt

(BFH GrS 6/70, BStBl. II 1971, 274; GrS 8/77, BStBl. II 1979, 213; GrS 5/77, BStBl. II 1979, 570; GmsOGB GmS-OGB 1/72, NJW 1973, 1273; vgl. auch BFH V R 18/13, BStBl. II 2017, 543). Eine identische Rechtsfrage liegt nicht vor, wenn die frühere Entscheidung zwar zu derselben Rechtsnorm ergangen ist, aber einen Sachverhalt betraf, der mit dem des erkennenden Senats nicht vergleichbar ist (BFH I R 181/85, BStBl. II 1989, 990 unter II.3.c).

5 Will ein Senat in einem Verfahren, das aufgrund einer **summarischen Prüfung** der Sach- und Rechtslage ergeht (AdV; Prozesskostenhilfe), von der Entscheidung eines anderen Senats abweichen, kann er den GrS nur wegen solcher Rechtsfragen anrufen, die speziell diese Verfahren betreffen und dort abschließend geklärt werden können (BFH GrS 3/93, BStBl. II 1995, 730; IV B 105/09, BStBl. II 2010, 971; I B 128/12, BStBl. II 2013, 30; May DRiZ 1983, 306; Tipke/Kruse/Brandis § 11 Rn. 4; Schoch/Schneider/Pietzner/Bier VwGO § 11 Rn. 17). Hat ein Senat im Verfahren der AdV aufgrund summarischer Beurteilung eine bestimmte Rechtsfrage anders beantwortet, als es der Rechtsauffassung des erkennenden Senats entspricht, ist dieser nicht nach Abs. 2 zur Vorlage an den GrS verpflichtet (BFH V R 128/66, BStBl. II 1968, 488; I R 25/96, BStBl. II 1997, 714; VII R 21/07, BStBl. II 2008, 735; VIII B 64/22 (AdV), DStRE 2023, 116; II B 53/22, BFH/NV 2023, 382; X B 79/23, BFH/NV 2024, 1144: aA BFH IV R 40/97, BStBl. II 1999, 828; Tipke/Kruse/Brandis § 11 Rn. 4). Nicht der abschließenden Entscheidung von Rechtsfragen dienen **Kostenbeschlüsse nach § 138 I,** weil die Rechtslage insoweit ebenfalls nur summarisch geprüft wird (BFH VIII B 6/75, BStBl. II 1977, 119; offen lassend BFH I K 1/10, BFH/NV 2011, 1159). Auch ein Beschluss, mit dem ein Verfahren nach **§ 74** wegen eines **Musterverfahrens** ausgesetzt wird, dient nicht der abschließenden Entscheidung der zugrunde liegenden Rechtsfragen (BFH I B 128/12, BStBl. II 2013, 30). Ist ein Senat in einem früheren **Verfahren über eine NZB** von einer bestimmten Rechtsauffassung zum materiellen Recht ausgegangen, kann ein anderer Senat davon in einem späteren Revisionsverfahren abweichen, weil im NZB-Verfahren nicht über die der Beschwerde zugrunde liegende materielle Rechtsfrage entschieden wird (BFH V R 18/13, BStBl. II 2017, 543).

6 Ist Gegenstand der beabsichtigten Abweichung die Rechtsfrage der Vereinbarkeit einer bestimmten Norm des einfachen Rechts mit dem **Verfassungsrecht** oder dem Recht der **EU,** kommt eine Vorlage an den GrS nicht in Betracht, da diese nur wegen solcher Rechtsfragen zulässig ist, über die der GrS abschließend entscheiden kann (→ Rn. 8).

7 Nur wenn der erkennende Senat von der **Entscheidung** eines anderen Senats oder des GrS abweichen will, ist er zur Vorlage verpflichtet. Entscheidungen iSd § 11 II können Urteile, Gerichtsbescheide oder Beschlüsse (BFH GrS 2/13, BStBl. II 2014, 645) sein. Ein Gerichtsbescheid muss jedoch Bestand haben (BFH IV R 42/10, BStBl. II 2011, 878). Die Anrufung ist auch bei der beabsichtigten Abweichung von nicht zur Veröffentlichung bestimmten Entscheidungen erforderlich.

8 Ein **Vorlagebeschluss** (Anrufung des GrS, des GmS oder des BVerfG) ist ebenso wie der Beschluss über die Anfrage nach § 11 III und die Antwort des angefragten Senats keine „Entscheidung" iSd § 11 II, weil durch ihn nicht abschließend über die Rechtsfrage entschieden wird (hM, BFH III R 18/76, BStBl. II 1978, 446; GrS 4/82, BStBl. II 1984, 751; I B 6/09, BFH/NV 2010, 48; HHS/Schmid § 11 Rn. 28a; Kopp/Schenke/Ruthig VwGO § 11 Rn. 4; Schoch/Schneider/Pietzner/Bier VwGO § 11 Rn. 21 ff.).

Es muss sich um die Entscheidung eines **anderen Senats** des BFH oder des **GrS** handeln. Von seinen eigenen Entscheidungen kann der Senat ohne Anrufung des GrS abweichen. Ist wegen einer **Änderung des Geschäftsverteilungsplans** die Zuständigkeit für den Fall, der abweichend von der Rechtsauffassung des erkennenden Senats entschieden wurde, auf diesen übergegangen, so ist wegen der beabsichtigten Abweichung von der Entscheidung des früher zuständigen Senats die Anrufung des GrS nicht erforderlich (§ 11 III 2; BFH GrS 1/71, BStBl. II 1972, 68; IV R 143/82, BStBl. II 1985, 463; GrS 2/84, BStBl. II 1986, 207; XI R 85/93, BStBl. II 1995, 732; IV R 47/01, BStBl. II 2003, 507; I R 40/15, BStBl. II 2016, 537). Das gilt jedoch nicht, wenn der früher zuständige Senat auch künftig noch mit der konkreten Rechtsfrage befasst werden kann, die der nunmehr zuständige Senat abweichend entscheiden möchte (BFH GrS 2/84, BStBl. II 1986, 207; BSG GS 1/84, NZA 1985, 818; s. aber auch BGH VIII ZR 205/57, NJW 1958, 1133). Die letztgenannte Voraussetzung ist auch dann zu bejahen, wenn der früher zuständige Senat noch eine subsidiäre Zuständigkeit behalten hat (zB bei mehreren Streitpunkten oder hilfsweiser Geltendmachung; BFH GrS 1/13, BStBl. II 2015, 345). Keine relevante Abweichung iSd § 11 III liegt vor, wenn sowohl der erkennende als auch der andere Senat früher mit der Rechtsfrage befasst waren, jedoch der andere Senat nunmehr mit der Rechtsfrage nicht mehr befasst werden kann (BFH VIII R 41/09, BStBl. II 2014, 288). Tritt der Zuständigkeitswechsel nach der Anrufung des GrS ein, bleibt die Anrufung wirksam (BFH I R 207/67, BStBl. II 1973, 213). 9

Hat ein Senat des BFH sich – unter **Verletzung der Vorlagepflicht** – über die Rechtsauffassung in der Entscheidung eines anderen Senats hinweggesetzt, so beseitigt dieser Umstand nicht die Sperrwirkung der missachteten Entscheidung. Will sich der erkennende Senat der bereits erfolgten Abweichung eines anderen Senats anschließen, muss er den GrS anrufen (BFH GrS 1/76, BStBl. II 1977, 247; Schoch/Schneider/Pietzner/Bier VwGO § 11 Rn. 30). Die Anrufung des GrS ist aber auch dann erforderlich, wenn der erkennende Senat zu der Rechtsauffassung in der übergangenen Entscheidung zurückkehren möchte (BSG GS 2/73, BSGE 38, 248; HHS/Schmid § 11 Rn. 41). 10

Die Rechtsfrage muss für den vorlegenden Senat und den Senat, der früher entschieden hat, **entscheidungserheblich** sein (BFH GrS 1/75, BStBl. II 1976, 262; GrS 2/84, BStBl. II 1986, 207). Denn es ist nicht Aufgabe des GrS, Gutachten über abstrakte Rechtsfragen zu erstatten. Eine bestimmte Rechtsauffassung ist entscheidungserheblich, wenn sie für die Entscheidung **tragend** ist. Hierzu muss der entscheidungserhebliche Sachverhalt feststehen, da ansonsten nicht beurteilt werden kann, ob eine mögliche Abweichung entscheidungserheblich ist (BFH XI R 13/16, DStR 2018, 1711). Mit der Entscheidung, von der abgewichen werden soll, muss das seinerzeitige Verfahren abgeschlossen und die nach Meinung des anfragenden Senats nun abweichend zu beantwortende Rechtsfrage endgültig entschieden worden sein (BFH GrS 2/13, BStBl. II 2014, 645). Das ist nicht der Fall, wenn die Rechtsauffassung des erkennenden Senats und die davon abweichende Rechtsauffassung des anderen Senats zum selben Ergebnis führen (BFH III B 21/66, BStBl. III 1967, 533, unter III.3.b); II R 212/82, BStBl. II 1988, 309). Bei Abweichung von beiläufigen Bemerkungen (sog. **obiter dicta**) in einer Entscheidung besteht keine Vorlagepflicht (BFH III B 21/66, BStBl. III 1967, 533; XI R 24/09, BStBl. II 2013, 712; V R 27/11, BStBl. II 2013, 529; V R 22/14, BFH/NV 2015, 17; I R 9/15, BFH/NV 2017, 485; HHS/Schmid § 11 Rn. 37a). Zu den obiter dicta gehören auch bloße Hinweise (Empfehlungen) des Senats zur 11 weiteren Behandlung der Sache anlässlich der Zurückverweisung (→ § 126 Rn. 24; BFH I R 103/00, BStBl. II 2004, 171 unter III.A.2.c) bb) sowie Ausführungen im Leitsatz (s. aber BFH XI R 47/07, UR 2010, 908) oder in den Gründen, die verallgemeinernd über den entschiedenen Fall hinausgehen (BFH X R 72/90, BStBl. II 1993, 855; V R 27/11, BStBl. II 2013, 529; Schoch/Schneider/Pietzner/Bier VwGO § 11 Rn. 31). Eine Rechtsauffassung ist auch dann nicht tragend, wenn ein Senat seine Entscheidung **mehrfach (kumulativ) begründet** hat und wenn der später entscheidende Senat nur von einer dieser Begründungen abweichen will (BFH III B 34/74, BStBl. II 1977, 838; **aA** Tipke/Kruse/Brandis § 11 Rn. 8). Bei Abweichung von einer **alternativen Begründung** in einer Entscheidung ist die Vorlage erforderlich, wenn die Entscheidung bei Wegfall einer der Alternativbegründungen nicht bestehen bleiben könnte (HHS/Schmid § 11 Rn. 41; vgl. auch BVerfG 2 PBvU 1/11, NVwZ 2012, 1239). Schließlich kommt eine Abweichung in einer Rechtsfrage insoweit nicht in Betracht, als das Gericht iRd ihm durch die Vorschrift eingeräumten Spielraums auf der Grundlage zur **Ermessensentscheidung** tauglicher Gesichtspunkte entscheidet (BFH IV S 15/10, BStBl. II 2012, 246).

12 Eine Rechtsauffassung kann auch dann entscheidungserheblich (tragend) sein, wenn der Senat sie nicht ausdrücklich in den Entscheidungsgründen behandelt hat; es genügt, wenn er in der Divergenzentscheidung **konkludent** eine andere Rechtsauffassung vertreten hat als der vorlegende Senat und diese Auffassung ein unerlässliches Glied in der Gedankenkette seiner Entscheidung gewesen ist (BFH GrS 1/79, BStBl. II 1981, 164; GrS 1/84, BStBl. II 1985, 587; VIII B 49/90, BStBl. II 1992, 671). Für den **anrufenden Senat** ist die in der beabsichtigten Entscheidung vertretene Rechtsauffassung selbst dann entscheidungserheblich, wenn er mit einer **möglichen anderen Begründung,** mit der er nicht von der Entscheidung eines anderen Senats abweichen würde, zum selben Ergebnis kommen könnte. Denn es ist jedem Senat überlassen, die übergeordneten Rechtssätze zu bestimmen, aus denen er seine Entscheidung ableiten will (BFH GrS 5/71, BStBl. II 1974, 132; GrS 1/79, BStBl. II 1981, 164; GrS 2/84, BStBl. II 1986, 207; GrS 1/93, BStBl. II 1995, 617; GrS 1/96, BStBl. II 1998, 83; May DStZ 1983, 305 (309); Tipke/Kruse/Brandis § 11 Rn. 8; aA aber BFH XI R 38/12, BStBl. II 2017, 567; XI R 17/11, BStBl. II 2017, 581).

Die Entscheidungserheblichkeit der Rechtsfrage entfällt nicht schon deshalb, weil der vorlegende Senat zu dieser Rechtsfrage in einem vorhergehenden Rechtsgang eine bestimmte Rechtsauffassung vertreten hat; denn die grds. nach § 126 V bestehende Bindung an die im ersten Rechtsgang vertretene Rechtsauffassung entfällt, wenn diese im zweiten Rechtsgang vom GrS nicht geteilt wird (BFH GrS 1/05, BStBl. II 2007, 508; → § 126 Rn. 29 mwN).

2. Ausnahmen von der Anrufungspflicht

17 Nach Abs. 3 S. 1 ist die Vorlage wegen Abweichung nur zulässig, wenn der Senat, von dessen Entscheidung abgewichen werden soll, auf Anfrage des erkennenden Senats erklärt hat, dass er an seiner Rechtsauffassung festhält. Der Gesetzgeber hat damit die schon bisher bestehende Praxis des BFH (vgl. § 2 II der Geschäftsordnung des BFH, BStBl. II 1974, 286) bestätigt. Erklärt der andere Senat auf Anfrage, er **halte** an seiner früheren Rechtsauffassung **nicht mehr fest,** so entfällt die Anrufungspflicht, weil die Gefahr divergierender Entscheidungen innerhalb des BFH nicht mehr besteht (stRspr, BFH GrS 2/84, BStBl. II 1986,

207; BAG 1 ABR 80/77, BB 1979, 1767; BGH II ZB 2/73, NJW 1974, 702; BVerwG 2 C 34/80, NJW 1983, 2589; BSG B 13 RJ 38/04 R, BSGE 95, 286). Zur Anfragepflicht bei Wechsel der Senatszuständigkeit vgl. § 11 III 2; → Rn. 9, 20.

Entfällt nach Anrufung des GrS die **Divergenz,** weil der andere Senat inzwischen seine Ansicht geändert hat, so kann die Anrufung zurückgenommen werden (BFH VII R 17/77, BStBl. II 1978, 604 für den gleichgearteten Fall der Anrufung des GmSOGB). Trotz Abweichung besteht keine Pflicht zur Vorlage an den GrS, wenn die **Rechtsfrage zwischenzeitlich** durch den GrS, den GmSOBG, das BVerfG oder den EuGH (zur etwaigen Vorrangigkeit der EuGH-Anrufung s. BFH XI R 44/14, DStR 2017, 33) **entschieden** wurde und der später erkennende Senat sich dieser Rechtsansicht anschließen will (BFH IV R 72/05, BFH/NV 2008, 1311; XI R 11/09, DStR 2013, 1597 Rn. 64 ff.; VIII K 1/16, BStBl. II 2017, 198; BSG 5 RKnU 21/70, NJW 1973, 344; 8/2 RU 226/72, NJW 1974, 1063). Gleiches gilt, wenn die Entscheidung, von der abgewichen werden soll, durch eine Änderung der Rechtslage überholt ist (BFH IX R 39/97, BStBl. II 2003, 569; IV B 190/02, BStBl. II 2003, 269; BVerwG 4 C 4/01, NVwZ 2002, 1250; BSG 7 BAr 75/85, MDR 1986, 789). 18

Eine Anrufung des GrS kommt auch dann nicht in Betracht, wenn Gegenstand der divergierenden Rechtsauffassungen eine Frage ist, über die der GrS nicht abschließend entscheiden kann, weil die Entscheidungskompetenz einem anderen Gericht zugewiesen ist. Das gilt insbes. dann, wenn ein Senat die Frage der **Verfassungsmäßigkeit** eines nachkonstitutionellen Gesetzes abweichend von der Entscheidung eines anderen Senats des BFH entscheiden möchte. Denn für die abschließende Entscheidung über die Verfassungsmäßigkeit eines nachkonstitutionellen Gesetzes ist allein das BVerfG zuständig (Verwerfungsmonopol nach Art. 100 I GG). Liegen die Voraussetzungen des Art. 100 GG vor, muss der erkennende Senat selbst unmittelbar die Entscheidung des BVerfG einholen (BVerfGE 1 BvL 13/54, NJW 1957, 625; Schoch/Schneider/Pietzner/Bier VwGO § 11 Rn. 45). Entsprechendes gilt, wenn ein Senat die Frage der Vereinbarkeit einer Norm des einfachen Rechts mit dem **Recht der EU** abweichend von einem anderen Senat des BFH beantworten möchte. Denn insoweit ist die abschließende Entscheidung nach Art. 267 AEUV dem EuGH vorbehalten. Der erkennende Senat hat die Rechtsfrage unmittelbar dem EuGH zur Vorabentscheidung vorzulegen (BFH I R 13/02, BStBl. II 2003, 795; BSG 8/2 RU 226/72, NJW 1974, 1063). Eine Ausnahme von der Anrufungspflicht gilt nach § 184 II Nr. 5 (hierzu Tipke/Kruse/Brandis § 184) auch bei Abweichung von Entscheidungen des BFH, die vor Inkrafttreten der FGO ergangen und nicht gem. § 64 RAO aF veröffentlicht worden sind (BFH IX R 58/86, BStBl. II 1989, 778; X R 12/02, BStBl. II 2004, 722; GrS 1/12, BStBl. II 2013, 441). 19

3. Anfrageverfahren (Abs. 3)

Das Anfrageverfahren war bis zum Inkrafttreten des RpflVereinfG v. 17.12.1990 nur in der Geschäftsordnung des BFH geregelt. Nach der Neuregelung in § 11 III ist die Beachtung des Anfrageverfahrens **Zulässigkeitsvoraussetzung** einer Anrufung des GrS wegen Divergenz. Der erkennende Senat muss die Abweichungsanfrage an den Senat richten, von dessen Entscheidung er abweichen will. Soll von Entscheidungen mehrerer Senate abgewichen werden, ist bei allen anzufragen. Kann der Senat, von dessen Entscheidung abgewichen werden soll, wegen 20 einer **Änderung des Geschäftsverteilungsplans** mit der Rechtsfrage nicht mehr befasst werden, tritt der Senat an seine Stelle, der nach dem Geschäftsverteilungsplan für den Fall, in dem abweichend entschieden wurde, nunmehr zuständig wäre (Abs. 3 S. 2). Die Abweichungsanfrage ist deshalb weiterhin an den bisher zuständigen Senat zu richten, wenn dieser trotz Änderung des Geschäftsverteilungsplans aufgrund der ihm verbliebenen Zuständigkeit jederzeit wieder in die Lage kommen kann, erneut über die streitige Rechtsfrage entscheiden zu müssen (BFH XI R 85/93, BStBl. II 1995, 732; ebenso bereits zur früheren Rechtslage BFH GrS 2/84, BStBl. II 1986, 207; GrS 2/86, BStBl. II 1988, 348; → Rn. 9). Entsprechendes gilt, wenn der erkennende Senat, der von der Entscheidung eines anderen Senats abweichen will, aufgrund einer Änderung des Geschäftsverteilungsplans nunmehr für den Fall, der abweichend entschieden wurde, zuständig wäre; die Anfrage bei dem anderen Senat entfällt in diesem Fall nur dann, wenn der bisher zuständige Senat künftig nicht mehr in die Lage kommen kann, über die streitige Rechtsfrage entscheiden zu müssen (BFH GrS 1/87, BStBl. II 1989, 164). Das Anfrageverfahren ist nicht erforderlich, wenn ein Senat von einer Entscheidung des Großen Senats abweichen will. Denn „Senat, von dessen Entscheidung abgewichen werden soll" iSd § 11 III 1 ist nur ein Fachsenat, nicht der Große Senat selbst (BFH GrS 1/12, BStBl. II 2013, 441 Rn. 17).

21 Über die Anfrage und über die Antwort hat der jeweilige Senat durch **Beschluss** in der für Urteile geltenden Besetzung (vgl. § 10 III) zu entscheiden (§ 11 III 3). Das gilt auch dann, wenn in der Hauptsache durch Beschluss in der Besetzung mit drei Richtern zu entscheiden ist. Bei Senaten, die mit mehr als fünf Richtern besetzt sind, muss der senatsinterne Mitwirkungsplan (§ 21g GVG) regeln, welcher Richter bei der Entscheidung über eine Anfrage nach § 11 III ausscheidet. Eine bestimmte **Form** ist für die Beschlüsse im Anfrageverfahren in Abs. 3 nicht vorgeschrieben. Nach der früheren Praxis des BFH wurde dem angefragten Senat ein Entwurf der beabsichtigten Entscheidung mit einem Begleitschreiben des Vorsitzenden des erkennenden Senats übersandt, in dem der angefragte Senat um Mitteilung gebeten wurde, ob dieser der Abweichung zustimme. Da das G mittlerweile die Zulässigkeit der Vorlage nach Abs. 2 von der Durchführung des Anfrageverfahrens abhängig macht und der GrS ggf. die Beachtung der Vorschriften des Abs. 3 zu prüfen hat, müssen nunmehr die Beschlüsse über die Anfrage und ihre Beantwortung **schriftlich** gefasst und dem anderen Senat übermittelt werden.

22 Der Beschluss über die Anfrage ist zu **begründen** (ebenso HHS/Schmid § 11 Rn. 72). Zwar brauchen Beschlüsse, die nicht mit Rechtsmitteln angefochten werden können, grds. nicht begründet zu werden (§ 113 II). Für Anfragebeschlüsse iSd § 11 III ergibt sich die Begründungspflicht jedoch aus der Natur der Sache, weil anderenfalls eine sachgerechte Prüfung der Divergenzanfrage durch den angefragten Senat nicht möglich ist. Der anfragende Senat muss in seinem Beschluss deutlich machen, dass er die frühere Rechtsauffassung aufgeben will (BSG GS 1/84, BB 1985, 2048). Für die Begründung reicht es aus, dass dem Anfragebeschluss ein Entwurf der vom anfragenden Senat beabsichtigten Entscheidung beigefügt wird. Der Beschluss, durch den der Abweichungsanfrage zugestimmt wird, bedarf mE keiner Begründung. Versagt der angefragte Senat die Zustimmung, ist es aber zumindest zweckmäßig, dass er dem anfragenden Senat die hierfür maßgeblichen Erwägungen mitteilt, damit dieser abwägen kann, ob aus seiner Sicht gleichwohl überwiegende Gründe für die Aufgabe der bisherigen Rspr. und die Anrufung des GrS sprechen.

Nach der ständigen Praxis des BFH sind die Beteiligten von einem Anfragebeschluss zu unterrichten, dh ihnen sind mindestens der Tenor oder die Rechtsfrage der Divergenzanfrage mitzuteilen. Mittlerweile werden die Anfrage- und Antwortbeschlüsse auch regelmäßig veröffentlicht (zB BFH XI R 26/10, BFH/NV 2013, 417; V ER-S 2/12, BFH/NV 2013, 418; IX K 1/21, BStBl. II 2024, 181; BGH XI ZR 144/06, NJW 2008, 1312). Es erscheint auch zutreffend, den Verfahrensbeteiligten jedenfalls den Tenor oder die Rechtsfrage der Divergenzanfrage, idealerweise aber auch den Antwortbeschluss, mitzuteilen (s. Tipke/Kruse/Brandis § 11 Rn. 15). Die Beschlüsse nach § 11 III haben zwar lediglich einen vorbereitenden (gerichtsinternen) Charakter, sind jedoch von Bedeutung für den weiteren Verfahrensablauf, insbes. als zwingende Voraussetzung für das Vorlageverfahren bei Divergenz. Ihre Kenntnis kann die Äußerungen der Beteiligten im anschließenden Vorlageverfahren beeinflussen (iÜ s. § 329 II ZPO iVm § 155). Der anfragende Senat ist an seine im Anfragebeschluss geäußerte Rechtsansicht nicht gebunden; überzeugt ihn die Antwort des (nicht zustimmenden) angefragten Senats, kann er zu der bisherigen Rspr. zurückkehren. Auch der angefragte Senat ist nicht an seinen Beschluss gebunden; er kann nachträglich die zunächst verweigerte Zustimmung erteilen (BFH IX R 68/98, BStBl. II 2003, 875; → Rn. 29). Die Anfrage hat auch **keine Sperrwirkung** für die anderen Senate; sie können die Rechtsfrage weiterhin iSd der bisherigen Rspr. entscheiden (BGH IV ZR 45/94, NJW 1994, 2299; BVerwG VII C 51/74, NJW 1976, 1420; Kissel/Mayer GVG § 132 Rn. 27). 23

Bindungswirkung entfaltet demgegenüber der Beschluss eines angefragten Senats, mit dem er einer Änderung der bisherigen Rspr. zugestimmt hat. Ab diesem Zeitpunkt ist ihm eine Rückkehr zur „alten" Rspr. versagt, sofern er nicht vorher seinerseits den GrS anruft (BGH 1 ARs 16/16, NStZ-RR 2017, 112; HHS/Schmid § 11 Rn. 28).

III. Anrufung wegen Grundsätzlichkeit (Abs. 4)

Der **Begriff** der grundsätzlichen Bedeutung in § 11 IV ist im Wesentlichen inhaltsgleich mit dem in § 115 II, allerdings wird man verlangen müssen, dass die Anforderungen an die allgemeine Bedeutung der Rechtssache im Vergleich zu § 115 II strenger sind (Schoch/Schneider/Pietzner/Bier VwGO § 11 Rn. 54; eingehend dazu HHS/Schmid § 11 Rn. 81 u. 83 ff.). Die Anrufung nach § 11 IV liegt im **Ermessen** („kann") des Senats (BFH VII R 100/96, BStBl. II 1997, 787; Tipke/Kruse/Brandis § 11 Rn. 12; Schoch/Schneider/Pietzner/Bier VwGO § 11 Rn. 56). Die Beteiligten haben kein Recht auf Anrufung des GrS. Ob die vorgelegte Frage nach § 11 IV von grundsätzlicher Bedeutung ist, prüft der GrS mittlerweile selbst (BFH GrS 1/10, BStBl. II 2013, 317, Rn. 26; GrS 1/14, BStBl. II 2016, 265, Rn. 32; anders wieder GrS 1/15, BStBl. II 2017, 393, Rn. 37; s. auch HHS/Schmid § 11 Rn. 101 ff). Darüber, ob die Voraussetzungen der Anrufung (Fortbildung des Rechts oder Sicherung einer einheitlichen Rspr.) vorliegen, hat dagegen nicht der GrS, sondern allein der anrufende Senat zu befinden (BFH GrS 3/66, BStBl. II 1968, 285; GrS 2-3/77, BStBl. II 1978, 105; GrS 2/99, BStBl. II 2000, 632; GrS 1/10, BStBl. II 2013, 317, Rn. 26; Kopp/Schenke/Ruthig VwGO § 11 Rn. 8; Tipke/Kruse/Brandis § 11 Rn. 13). Die Anrufung des GrS nach Abs. 4 setzt voraus, dass mehrere Senate hiervon betroffen sein können (BFH X R 228/12, BStBl. II 2016, 81) und kommt deshalb nicht in 26

Betracht, wenn sich die Rechtsfrage nur für einen Fachsenat stellt (BFH II R 37/87, BStBl. II 1989, 524; II R 61/89, BFH/NV 1994, 373; Tipke/Kruse/Brandis § 11 Rn. 12; HHS/Schmid § 11 Rn. 86; List DStR 1987, 439; **aA** Offerhaus FS 75 Jahre RFH-BFH, 1993, 633; Kapp DStR 1987, 386; ders. DStZ 1987, 480 und 591). Sie dient letztlich der vorbeugenden Vermeidung einer Divergenz (vgl. BFH X R 28/12, BStBl. II 2016, 81; HHS/Schmid § 11 Rn. 79). Hält der erkennende Senat die Anrufung des GrS nach Abs. 4 für erforderlich, so ist der GrS an diese Auffassung gebunden (BFH GrS 1/15, BStBl. II 2017, 393). Ebenso wie bei der Vorlage wegen Abweichung ist die Vorlage nach Abs. 4 nur zulässig, wenn es für die Entscheidung auf die als rechtsgrundsätzlich erachtete Rechtfrage ankommt, sie also **entscheidungserheblich** ist (→ Rn. 11; BFH GrS 3/66, BStBl. II 1968, 285; GrS 2-3/77, BStBl. II 1978, 105; GrS 1/15, BStBl. II 2017, 393; HHS/Schmid § 11 Rn. 105; Tipke/Kruse/Brandis § 11 Rn. 12).

27 Der erkennende Senat kann seine Vorlage **kumulativ** auf beide Anrufungsgründe stützen (BFH GrS 2/13, BStBl. II 2014, 645). Der Zulassungsgrund der Abweichung ist zwar nur ein Unterfall der Zulassung wegen grundsätzlicher Bedeutung, er hat jedoch **Vorrang** vor der Grundsatzvorlage, da anderenfalls die besonderen Zulässigkeitsvoraussetzungen des § 11 III ohne Weiteres umgangen werden könnten (BGH GSZ 1/94, NJW 1995, 664; Schoch/Schneider/Pietzner/Bier VwGO § 11 Rn. 49; HHS/Schmid § 11 Rn. 100). Auch wenn die Vorlage in erster Linie auf grundsätzliche Bedeutung und nur hilfsweise auf Divergenz gestützt wird, ist sie nur zulässig, wenn der vorlegende Senat zunächst das Anfrageverfahren nach § 11 III durchgeführt hat (HHS/Schmid § 11 Rn. 99). Die kumulative Begründung der Vorlage kann gleichwohl sinnvoll sein, weil es möglich ist, dass der GrS die Entscheidungserheblichkeit der Rechtsfrage iRd § 11 II anders beurteilt als der vorlegende Senat; in diesem Fall bleibt die Vorlage als Grundsatzvorlage zulässig. Die zu § 11 aF ergangene Rspr., nach der eine unterlassene Anfrage vom GrS nachgeholt werden konnte (BFH GrS 1/84, BStBl. II 1985, 587; GrS 2/89, BStBl. II 1990, 837), ist obsolet (HHS/Schmid § 11 Rn. 100; List DStR 1992, 382 (385)).

IV. Vorlagebeschluss

28 Die Anrufung des GrS geschieht durch **Beschluss,** der zu begründen ist (HHS/Schmid § 11 Rn. 109). Die Rechtsfrage, über die der GrS entscheiden soll, ist genau zu bezeichnen. Die Zulässigkeit der Vorlage – in den Fällen der Anrufung nach Abs. 2 insbes. die Beachtung des Abs. 3 – sollte sich aus dem Vorlagebeschluss ergeben. Bestimmte Rechtsfragen können auch unter der Bedingung vorgelegt werden, dass eine logisch vorrangige – ebenfalls vorgelegte – Rechtsfrage vom GrS in einem bestimmten Sinn beantwortet wird (BFH GrS 1/86, BStBl. II 1988, 180). Die Entscheidungserheblichkeit der Rechtsfrage muss im Vorlagebeschluss nicht dargelegt werden (BFH GrS 2-3/77, BStBl. II 1978, 105), es ist aber zweckmäßig, im Vorlagebeschluss zu begründen, inwieweit die Entscheidung der Sache von der Beantwortung der Vorlagefrage abhängt. Der Beschluss kann ohne mündliche Verhandlung ergehen. Er ist stets in der Besetzung mit fünf Richtern zu fassen (§ 11 III 3 analog; so bereits vor der Neufassung des G BFH GrS 2/79, BStBl. II 1980, 156) und zwar auch dann, wenn der erkennende Senat im Ausgangsverfahren in der Besetzung mit drei Richtern zu entscheiden hat (→ § 10 Rn. 4; Tipke/Kruse/Brandis § 11 Rn. 15 – aber Dreierbesetzung im Sonderfall

einer verfahrensbezogenen Vorlage im AdV-Verfahren). Der Vorlagebeschluss ist den Beteiligten bekannt zu geben. Dies folgt aus ihrem Anspruch auf **rechtliches Gehör** (→ Rn. 23 mwN; sowie Schoch/Schneider/Pietzner/Bier VwGO § 11 Rn. 57).

Tritt nach der Anrufung des GrS ein **Wechsel der Zuständigkeit** ein, so wird dadurch die Anhängigkeit des Vorlageverfahrens nicht berührt (BFH I R 207/67, BStBl. II 1973, 213). „Erkennender Senat" iSd § 11 ist dann der nunmehr zuständige Senat (BFH GrS 1/85, BStBl. II 1987, 264). Die Vorlage ist auch dann zulässig, wenn bereits ein anderer Senat den GrS wegen derselben Rechtsfrage angerufen hat; dies gilt auch, wenn in einem Fall wegen Divergenz und im anderen wegen grundsätzlicher Bedeutung angerufen wurde (BFH GrS 2-3/77, BStBl. II 1978, 105; GrS 4/82, BStBl. II 1984, 751).

Mit der Anhängigkeit einer Rechtssache beim GrS werden regelmäßig bei 29
anderen Senaten anhängige Verfahren, in denen die vorgelegte Rechtsfrage ebenfalls entscheidungserheblich ist, ausdrücklich (§ 74) oder stillschweigend **ausgesetzt,** bis die Entscheidung des GrS vorliegt. Eine Sperrwirkung besteht jedoch nicht (HHS/Schmid § 11 Rn. 112). Auch die Beteiligten sind durch die Vorlage nicht gehindert, über das Verfahren durch Zurücknahme der Klage (oder der Revision) zu disponieren.

Soweit die Vorlage im Ermessen des erkennenden Senats lag, kann er sie bis zur Entscheidung des GrS durch **Aufhebung des Vorlagebeschlusses** zurücknehmen (HHS/Schmid § 11 Rn. 107; Kopp/Schenke/Ruthig VwGO § 11 Rn. 7). **Entfällt der Vorlagegrund,** zB weil der Senat, von dessen Entscheidung abgewichen werden soll, der Abweichung nachträglich zugestimmt hat, so ist der Vorlagebeschluss aufzuheben (BFH IX R 68/98, BStBl. II 2003, 875; X R 59/00, BFH/NV 2006, 1154). Gleiches gilt, wenn ein Senat nachträglich die Zulässigkeit seiner Vorlage verneint (BFH I R 6/96, BStBl. II 2001, 587; VIII R 48/98, BFH/NV 2004, 331).

V. Zusammensetzung des GrS

Die Besetzung des GrS ist in Abs. 5 geregelt und im Vergleich zu § 11 II aF 30
vereinfacht worden. Nach Abs. 5 S. 1 besteht der GrS aus dem Präsidenten und je einem Richter der Senate, in denen der Präsident nicht den Vorsitz führt. Bei einer Verhinderung des Präsidenten tritt ein Richter aus dem Präsidentensenat an seine Stelle (Abs. 5 S. 2). Den Vorsitz im GrS führt der Präsident oder bei dessen Verhinderung das dienstälteste Mitglied (Abs. 6 S. 2).

Bei derzeit elf Senaten des BFH gehören dem GrS elf Richter an. Diese Besetzungsregelung gilt sowohl für die Divergenzanrufung als auch für die Anrufung wegen grundsätzlicher Bedeutung. Damit sind die gegen § 11 II aF geäußerten Bedenken im Hinblick auf das Gebot des gesetzlichen Richters (Art. 101 I 2 GG) gegenstandslos geworden (BT-Drs. 11/3621, 30 f.). Obsolet geworden ist auch die Unterscheidung zwischen der Stammbesetzung und der erweiterten Ad-hoc-Besetzung des GrS (hierzu HHS/Schmid § 11 Rn. 9).

Die Mitglieder und ihre Vertreter werden – mit Ausnahme des Präsidenten, der geborenes Mitglied des GrS ist – vom Präsidium für ein Geschäftsjahr bestellt (Abs. 6 S. 1). Zur Kritik an der geltenden Besetzungsregelung vgl. List DStR 1992, 382 (385); Offerhaus FS 75 Jahre RFH-BFH, 1993, 628 ff.

VI. Verfahren und Entscheidung des GrS

1. Verfahren

31 Der GrS entscheidet zunächst über die **Zulässigkeit** der Vorlage und über die weiteren Verfahrensfragen. Er prüft insbes., ob eine Divergenz vorliegt und ob die vorgelegte Rechtsfrage für den anfragenden Senat entscheidungserheblich ist; bei Prüfung der Entscheidungserheblichkeit ist kein strenger Maßstab anzulegen (BFH GrS 2/87, BStBl. II 1990, 327 mwN; HHS/Schmid § 11 Rn. 105). Der GrS kann die vorgelegte Rechtsfrage ausgelegen und eine zu weit gefasste Vorlagefrage ggf. „präzisieren" (BFH GrS 4/92, BStBl. II 1995, 281). Bei der Prüfung der Entscheidungserheblichkeit der Vorlagefrage ist der GrS an die Rechtsauffassung des vorlegenden Senats zu den materiell-rechtlichen Vorfragen und an dessen Tatsachenwürdigung gebunden (BFH GrS 2/99, BStBl. II 2000, 632; GrS 1/10, BStBl. II 2013, 317; Schoch/Schneider/Pietzner/Bier VwGO § 11 Rn. 67 f.). Ist die Vorlage auf Divergenz (Abs. 2) gestützt, hat der GrS festzustellen, ob der vorlegende Senat zuvor erfolglos bei dem Senat, von dessen Entscheidung abgewichen werden soll, angefragt hat (→ Rn. 20). Fehlt es an dieser Voraussetzung, ist die Vorlage unzulässig. Das gilt nicht, wenn der anfragende Senat von der Rspr. mehrerer Senate abweichen will und die Anfrage nur (versehentlich) bei einem dieser Senate unterblieben ist, denn in diesem Fall ist die Vorlage in jedem Fall wegen Divergenz zulässig. Der GrS kann das unterbliebene Anfrageverfahren nicht selbst durchführen; die abweichende Rspr. zu § 11 aF (vgl. zB BFH GrS 4-6/89, BStBl. II 1990, 847) ist überholt (HHS/Schmid § 11 Rn. 9 ff.; List DStR 1992, 382 (385)). Zur Frage, ob die vorgelegte Rechtsfrage auch nach Auffassung des GrS grundsätzliche Bedeutung hat, wenn die Anrufung nach Abs. 4 erfolgt, → Rn. 26.

Die Rspr., wonach der GrS bei der Entscheidung über die Vorlage grds. an den vom erkennenden Senat gewählten **Anrufungsgrund gebunden** ist und diese Bindungswirkung nur ausnahmsweise entfallen kann (hierzu BFH GrS 8/77, BStBl. II 1979, 213, unter B.I.3.; GrS 1/79, BStBl. II 1981, 164; GrS 1/80, BStBl. II 1982, 217), ist ebenfalls überholt, da der Anrufungsgrund aufgrund der gesetzlichen Neufassung des § 11 V zur Zusammensetzung des GrS keine Bedeutung mehr hat (BFH GrS 2/92, BStBl. II 1993, 897).

32 Der GrS kann mehrere bei ihm anhängige Verfahren, die dieselbe Rechtsfrage betreffen, zur gemeinsamen Beratung und Entscheidung verbinden (§§ 121 iVm 73 I). Die Pflicht zur Wahrung des Steuergeheimnisses steht einer **Verbindung** nicht entgegen (BFH GrS 2-3/77, BStBl. II 1978, 105; GrS 2-3/88, BStBl. II 1990, 817; GrS 4-6/89, BStBl. II 1990, 847). Das gilt jedenfalls dann, wenn alle Prozessbeteiligten einer Verbindung zugestimmt haben.

Den Beteiligten des Verfahrens ist vor der Entscheidung des GrS über die Vorlage **rechtliches Gehör** zu gewähren (HHS/Schmid § 11 Rn. 121). Nach § 11 VII 2 kann der GrS nach seinem Ermessen **ohne mündliche Verhandlung** entscheiden. Da die Beteiligten Gelegenheit haben, ihre Rechtsauffassung zu der vorgelegten Rechtsfrage schriftlich darzulegen, entscheidet der GrS des BFH in aller Regel ohne mündliche Verhandlung.

33 Ist die **Anrufung des GrS unzulässig,** so lehnt der GrS die Vorlage durch Beschluss ohne mündliche Verhandlung ab (BFH GrS 5/70, BStBl. II 1971, 244) oder regt bei dem vorlegenden Senat die Zurücknahme der Vorlage an. Ist die **Vorlage zulässig,** so entscheidet der GrS durch **Beschluss** (nur) über die ihm

vorgelegte Rechtsfrage (§ 11 VII 1), nicht aber über den Ausgangsfall. Dabei steht es ihm frei, ob er sich darauf beschränkt, die Vorlagefrage zu bejahen oder zu verneinen oder ob er im Interesse der Fortbildung des Rechts eine differenzierende Antwort gibt (Kopp/Schenke/Ruthig VwGO § 11 Rn. 9; HHS/Schmid § 11 Rn. 123). Hat der anrufende Senat mehrere Rechtsfragen vorgelegt, die nur **zum Teil entscheidungserheblich** sind oder ist die Vorlagefrage weiter gefasst als für die Entscheidung des Falles erforderlich, entscheidet der GrS nur über den entscheidungserheblichen Teil der vorgelegten Rechtsfrage(n) (vgl. zB BFH GrS 2/99, BStBl. II 2000, 632). Erforderlichenfalls „präzisiert" der GrS die Vorlagefrage oder beschränkt sie auf den entscheidungserheblichen Umfang (BFH GrS 4/92, BStBl. II 1995, 281; Schoch/Schneider/Pietzner/Bier VwGO § 11 Rn. 72).

Für Verfahren vor dem GrS entstehen keine besonderen Kosten. Außergerichtliche Aufwendungen gehören zu den Kosten des Ausgangsverfahrens. Der GrS trifft deshalb **keine Kostenentscheidung** (Schoch/Schneider/Pietzner/Bier VwGO § 11 Rn. 75).

Der Beschluss des GrS ist schriftlich zu begründen und den Beteiligten bekannt zu geben.

2. Wirkung der Entscheidung

Der Beschluss des GrS **bindet** den **vorlegenden Senat** hinsichtlich der ent- 34
schiedenen Rechtsfrage (§ 11 VII 3). Ist nach der Entscheidung des GrS ein anderer Senat zuständig geworden, ist dieser an den Beschluss des GrS gebunden (BFH I R 207/67, BStBl. II 1973, 213). Die Bindungswirkung besteht nur in dem Verfahren, in dem der GrS angerufen wurde; eine weitergehende Bindungswirkung kommt der Entscheidung des GrS nicht zu. Es bestehen deshalb Bedenken gegen die Rspr. des GrS, dass auch in **anderen Verfahren** eine erneute Anrufung des GrS wegen derselben Rechtsfrage grds. unzulässig sei; eine Ausnahme soll dann gelten, wenn in der Zwischenzeit neue rechtliche Gesichtspunkte aufgetreten sind, die bei der ursprünglichen Entscheidung nicht berücksichtigt werden konnten, und/oder neue Rechtserkenntnisse eine andere Beurteilung der entschiedenen Rechtsfrage rechtfertigen könnten (BFH GrS 4/70, BStBl. II 1971, 207). Die Anrufung ist weiter auch dann zulässig, wenn die ursprüngliche Entscheidung schon lange zurückliegt und an ihr gewichtige Kritik geübt worden ist (GrS 1/12, BStBl. II 2013, 441) oder durch geänderte gesetzliche Regelungen neue rechtliche Rahmenbedingungen bestehen (BFH GrS 1/12, BStBl. II 2013, 441; GrS 1/13, BStBl. II 2015, 345). Diese Begrenzung des Anrufungsrechts steht im Widerspruch zum Wortlaut des § 11 VII, der die Bindungswirkung der Entscheidung des GrS ausdrücklich auf die „vorliegende Sache" erstreckt (ebenso Schoch/Schneider/Pietzner/Bier VwGO § 11 Rn. 78; diff. HHS/Schmid § 11 Rn. 45). Sie kann überdies zu einer Rechtserstarrung führen. In späteren Entscheidungen (BFH GrS 1/84, BStBl. II 1985, 587; GrS 1/12, BStBl. II 2013, 441; GrS 1/13, BStBl. II 2015, 345) hat der GrS zudem offengelassen, ob er an der Entscheidung in BFH GrS 4/70, BStBl. II 1971, 207 noch festhalten könnte.

Legt ein Senat in einem Verfahren des 2. Rechtsgangs dem GrS eine Rechtsfrage zur Entscheidung vor, so entfällt die Bindung des vorlegenden Senats an seine im 1. Rechtsgang vertretene Rechtsauffassung (§ 126 V), wenn diese im 2. Rechtsgang vom GrS nicht geteilt wird (BFH GrS 1/05, BStBl. II 2007, 508).

Ein Rechtsmittel gegen die Entscheidung des GrS ist nicht vorgesehen.

VII. Gemeinsamer Senat der obersten Gerichtshöfe

Literatur: BFH (Hrsg.), FS 60 Jahre Bundesfinanzhof, 2010, 80 f., 473 ff.; Kissel, Der Gemeinsame Senat der obersten Gerichtshöfe des Bundes, FS 75 Jahre RFH-BFH 1993, 591; Miebach, Der Gemeinsame Senat der obersten Gerichtshöfe des Bundes, 1971; Schulte, Rechtsprechungseinheit als Verfassungsauftrag, dargestellt am Beispiel des Gemeinsamen Senats der obersten Gerichtshöfe des Bundes, 1986.

35 Nach Art. 95 III GG ist zur Wahrung der Einheitlichkeit der Rspr. der in Abs. 1 genannten obersten Gerichtshöfe des Bundes ein Gemeinsamer Senat dieser Gerichte zu bilden. Diesem Verfassungsauftrag ist der Gesetzgeber durch das RsprEinhG v. 19.6.1968 (BGBl. I 661), zuletzt geändert durch Art. 144 V der VO vom 31.8.2015 (BGBl. I 1474) nachgekommen. Der GmSOGB hat seinen Sitz in Karlsruhe. Er ist anzurufen, wenn der BFH in einer Rechtsfrage von der Entscheidung eines anderen obersten Gerichtshofs oder des GmSOGB abweichen will (§ 2 I RsprEinhG). Eine solche Abweichung liegt nur vor, wenn ein Senat Rechtsvorschriften, die ihrem Wortlaut nach im Wesentlichen und ihrem Regelungsgehalt nach gänzlich übereinstimmen und deshalb nach denselben Grundsätzen auszulegen sind, anders auslegen würde, als es ein anderer Oberster Gerichtshof des Bundes in einem die Entscheidung tragenden Rechtssatz getan hat (BFH VII R 85/99, BStBl. II 2001, 247 mwN). IÜ gelten die zu § 11 II dargelegten Kriterien (→ Rn. 4 ff.; vgl. GmSOGB GmS-OGB 1/09, NJW 2011, 1211; GmS-OGB 1/10, NJW 2013, 1425). Sind zugleich die Voraussetzungen des § 11 III erfüllt, so kann nur der GrS den GmSOGB anrufen (vgl. dazu Kissel FS 75 Jahre RFH-BFH, 1993, 599 ff.). Ein Entscheidungsersuchen an den GmSOGB kann zurückgenommen werden, wenn die Divergenz, die Anlass für das Ersuchen war, inzwischen entfallen ist (BFH VII R 17/77, BStBl. II 1978, 604), oder wenn die unterschiedlich beantwortete Rechtsfrage zwischenzeitlich durch eine Entscheidung des BVerfG geklärt ist (BFH V S 10/07, BStBl. II 2009, 824). Eine Pflicht zur Vorlage besteht nicht, wenn der erkennende Senat von der Entscheidung eines anderen obersten Gerichtshofs abweichen will, die vor Inkrafttreten des RsprEinhG (BFH VIII K 4/91, BStBl. II 1992, 252; IX R 68/98, BStBl. II 2003, 2 aE; BVerwG 9 CB 698/82, NJW 1983, 2154) – nach **aA** nach Inkrafttreten des GG (vgl. Schoch/Schneider/Pietzner/Bier VwGO Anh. zu § 11 Rn. 10; Tipke/Kruse/Brandis § 11 Rn. 2; Gosch/Müller-Horn § 11 Rn. 34) – ergangen ist. Die Zusammensetzung des GmSOGB ist in §§ 3 ff. RsprEinhG, das Verfahren vor dem GmSOGB in §§ 10 ff. RsprEinhG geregelt; vgl. dazu näher HHS/Sunder-Plassmann § 1 Rn. 202 ff.; Schoch/Schneider/Pietzner/Bier VwGO Anh. § 11.

§ 12 [Geschäftsstelle]

[1]Bei jedem Gericht wird eine Geschäftsstelle eingerichtet. [2]Sie wird mit der erforderlichen Anzahl von Urkundsbeamten besetzt.

Vgl. § 13 VwGO; § 4 SGG; § 153 GVG.

Literatur: Friedrichs, Die Position des Richters und Staatsanwalts in der Serviceeinheit, DRiZ 2003, 376.

Die **Geschäftsstelle** übernimmt die nicht dem Richter vorbehaltenen, im Wesentlichen bürotechnisch und organisatorisch geprägten Tätigkeiten, die mit der Durchführung der nach der FGO vorgesehenen Verfahren verbunden sind. Soweit die Geschäftsstelle zB mit der Anordnung von Zustellungen, der Ermittlung des Streitwerts oder der Kostenfestsetzung befasst ist, übt sie auch sachbearbeitende Tätigkeiten aus. Typischerweise wird für jeden Senat eine Geschäftsstelle eingerichtet (s. zB § 8 I Geschäftsordnung des BFH v. 26.4.2023, BAnz AT 1.6.2023 S1), aber auch für mehrere Senate in einer sog. Serviceeinheit zusammengefasst. Die Summe der (Senats-)Geschäftsstellen bildet die Geschäftsstelle iSd § 12 S. 1 (vgl. Tipke/Kruse/Brandis § 12 Rn. 2). Die Befugnis zur Regelung der Einzelheiten steht aufgrund der Organisationsgewalt der Gerichtsverwaltung zu. Für die FG existieren zT landesrechtliche Regelungen im jeweiligen JustizG oder AGFGO. § 153 GVG ist nicht anwendbar (Art. 3 II des G zur Neuregelung des Rechts des Urkundsbeamten der Geschäftsstelle v. 19.12.1979, BGBl. I 2306; HHS/Schmieszek § 12 Rn. 4, 6). 1

Urkundsbeamter ist derjenige, der die nach der FGO dem „Urkundsbeamten" übertragenen Aufgaben wahrzunehmen hat. Einzelheiten ergeben sich für die FG aus dem Landesrecht (bei dem es sich um die Ausführungsgesetze zur FGO oder um Verwaltungsvorschriften handeln kann, zB sog Geschäftsstellenordnungen; vgl. HHS/Schmieszek § 12 Rn. 6; Tipke/Kruse/Brandis § 12 Rn. 3). Es muss sich nicht um Beamte im statusrechtlichen Sinn handeln. Vielmehr können auch Angestellte/Justizbeschäftigte die Funktion eines Urkundsbeamten iSd § 12 S. 2 übernehmen (Landesrecht; → Rn. 1). Die Übertragung bedarf vorbehaltlich entsprechender landesrechtlicher Regelungen keiner besonderen Form und ergibt sich idR aus der Zuweisung der Tätigkeit in der Geschäftsstelle/Serviceeinheit. 2

Der Urkundsbeamte wird eigenverantwortlich tätig

- als **Urkundsperson** beim Protokollieren von Klagen, Rechtsmitteln und Anträgen (zB §§ 64 I, 129 I, 133 I 2, 114 FGO iVm §§ 920 III, 924 II 3 ZPO, § 66 V 1 GKG, § 4 VI 1 JVEG, § 51 I FGO iVm § 44 I ZPO, § 155 S. 1 FGO iVm §§ 485, 486 IV ZPO), bei der Protokollführung in der mündlichen Verhandlung und bei Beweisaufnahmen (§ 94 FGO iVm §§ 159 I 2, 163 I ZPO),
- als **Kostenbeamter** (zB § 149 I; §§ 1 II Nr. 2, 19 GKG; § 11 III RVG), bei der Festsetzung der Entschädigung der Zeugen und ehrenamtlichen Richter nach dem JVEG,
- als **Bürobeamter** (Vornahme von Ladungen und Zustellungen – §§ 53, 91, 155 S. 1 FGO iVm §§ 274 I, 377 I 1 ZPO, Erteilung von Ausfertigungen, Auszügen und Abschriften aus den Akten – §§ 78, 155 S. 1 FGO iVm § 299 I ZPO, Anlage von Akten, Listen- und Registerführung, Erteilung von vollstreckbaren Ausfertigungen – § 151 IV – und Rechtskraftzeugnissen § 151 FGO iVm § 706 ZPO) sowie
- **uU** als **Dolmetscher** (§ 52 I FGO iVm § 190 GVG).

Richterliche Aufgaben können ihm im finanzgerichtlichen Verfahren nicht übertragen werden. Die Tätigkeit von Rechtspflegern ist in der Finanzgerichtsbarkeit gesetzlich nicht vorgesehen. – Soweit der Urkundsbeamte Entscheidungen trifft, kann nach § 133 ein **Antrag auf Entscheidung des Gerichts** (Erinnerung) gestellt werden (→ § 133 Rn. 1). Zur **Ablehnung** eines Urkundsbeamten **wegen Befangenheit** → § 51 Rn. 2.

Zur Tätigkeit des Urkundsbeamten als **Prüfungsbeamter** des Gerichts → § 81 Rn. 13, 19. 3

§ 13 [Rechts- und Amtshilfe]

Alle Gerichte und Verwaltungsbehörden leisten den Gerichten der Finanzgerichtsbarkeit Rechts- und Amtshilfe.

Vgl. § 14 VwGO; § 51 SGG; § 156 GVG.

Literatur: Gauter, Der ersuchte Richter in der Verwaltungsgerichtsbarkeit, NVwZ 1985, 173; Jellinek, Die Europäischen Übereinkommen über Amts- und Rechtshilfe, NVwZ 1982, 535; Meier, Europäische Amtshilfe, EuR 1989, 237; Laubrock, Europarat – OECD-Konvention zur steuerlichen Rechts- und Amtshilfe, BB 1987, 1224; Vogler, Die Bedeutung der Rechtsweggarantie des GG für den Rechtsschutz im Rechtshilfeverfahren, NJW 1982, 468.

1 Die grundsätzliche **Pflicht zur Rechts- und Amtshilfe** ergibt sich schon aus der Rahmenvorschrift des Art. 35 I GG, Ausführungsbestimmungen enthalten ua §§ 81 II, 86, 150, 151, 158, § 82 FGO iVm § 363 ZPO, die §§ 4–8 VwVfG und die §§ 111–115 AO. – **Einschränkungen** der Rechts- und Amtshilfe ergeben sich **aus** dem **Datenschutz** (§§ 3 ff., 67 ff. SGB X; §§ 25, 23 BDSG ggf. iVm Art. 9 II DS-GVO; s. dazu BMF 13.1.2020, BStBl. I 2020, 143) und dem **Sozialgeheimnis** (§ 35 SGB I).

2 **Rechtshilfe** leisten (andere) Gerichte (AG oder FG), wenn das Gesuch den Bereich der rechtsprechenden Tätigkeit betrifft (Bsp.: Gewährung von Akteneinsicht – § 78 III; → § 78 Rn. 14 f.; Zeugenvernehmung durch den ersuchten Richter – § 82 FGO iVm § 362 ZPO; → § 82 Rn. 8). – Zum **Inhalt des Rechtshilfeersuchens** s. BFH VIII B 23/84, BStBl. II 1984, 836. Für das **Verfahren** gelten die Vorschriften der §§ 156–168 GVG sinngemäß (§ 155 S. 1 – BFH VIII B 23/84, BStBl. II 1984, 836). **Zuständig** ist nach § 155 S. 1 FGO iVm § 157 I GVG grds. das AG, in dessen Bezirk die Amtshandlung vorgenommen werden soll. Wegen der größeren Sachnähe kann es auch ermessensgerecht sein, das örtlich zuständige FG zu ersuchen (wovon auch BFH VIII B 23/84, BStBl. II 1984, 836 ausgeht), jedoch keine anderen Gerichte (zB VG oder SG; Tipke/Kruse/Brandis § 13 Rn. 2; Gosch/Müller-Horn § 13 Rn. 3; teilweise aA HHS/Schmieszek § 13 Rn. 21). – **Bei Ablehnung der Rechtshilfe durch das** ersuchte **Amtsgericht** und Streit über die Rechtmäßigkeit der Ablehnung entscheidet das zuständige OLG (§ 159 I 1 GVG). Gegen die Entscheidung des OLG ist Beschwerde an den BGH möglich (§ 159 I 3 GVG). Bei Ablehnung der Rechtshilfe durch das ersuchte FG und Streit über die Rechtmäßigkeit der Ablehnung entscheidet der BFH (§ 159 I 2 GVG) letztinstanzlich ohne Beschwerdemöglichkeit (BFH VIII B 23/84, BStBl. II 1984, 836). – IÜ s. BAG 4 AS 7/90, NJW 1991, 1252.

3 **Amtshilfe** leisten (andere) Gerichte und Verwaltungsbehörden, wenn das Ersuchen auf eine sonstige Unterstützung des Gerichts bei der Vornahme von Amtshandlungen gerichtet ist, zB auf das Zurverfügungstellen von Räumen und Personal (Protokollführer) bei auswärtigen Terminen, die Überlassung von Akten und Urkunden zur Einsichtnahme (bei der Finbeh, vgl. BFH X B 132/19, BFH/NV 2020, 377, Rn. 23) oder die Erteilung von Auskünften. – Wird die **Amtshilfe verweigert,** kann grds. nur Dienstaufsichtsbeschwerde erhoben werden (Kopp/Schenke/Ruthig VwGO § 14 Rn. 3). – Ein **Beteiligter** (§ 57) kann die Amtshilfe, falls sich die Verweigerung ihm gegenüber als Verwaltungsakt oder Justizverwaltungsakt darstellt, mit der Verpflichtungsklage bzw. einem Antrag nach §§ 23 ff.

EGGVG erzwingen (BVerwG 1 C 7/85, NJW 1987, 202; Kopp/Schenke/Ruthig VwGO § 14 Rn. 3).

Zur **zwischenstaatlichen** Rechts- und Amtshilfe s. HHS/Schmieszek § 13 Rn. 54 ff. und Tipke/Kruse/Brandis § 13 Rn. 5. Insoweit fehlt es an „eingespielten" Verfahren für die Finanzgerichtsbarkeit, so dass die Gerichte auf die Kommunikationskanäle der Beteiligten, insbes. der Finanzverwaltung (zB iRd Informationsaustausches in Mehrwertsteuer- und Kindergeldsachen), angewiesen sind (vgl. HHS/Schmieszek § 13 Rn. 56). – Zur Rechts- und Amtshilfe des **EuGH** und der Organe der **EU** vgl. EuGH C-2/88 Imm., NJW 1991, 2410; Meier EuR 1989, 237. 4

Wer die durch die Rechts- und Amtshilfe entstehenden **Kosten** trägt, ergibt sich aus den für die handelnde Stelle geltenden Vorschriften. Im Rahmen der innerdeutschen Rechtshilfe trägt das ersuchte Gericht die Kosten (§ 155 S. 1 FGO iVm § 164 GVG). Wenn deutsche Finbeh tätig werden, können Behörden, die einem anderen Rechtsträger angehören als das ersuchende Gericht, die Erstattung von Auslagen verlangen, die den Betrag von 25 EUR übersteigen (§ 115 I AO; ähnlich § 8 I VwVfG, § 7 I SGB X). Außerdem können sie von den Beteiligten des Rechtsstreits Gebühren für gebührenpflichtige Amtshandlungen erheben (§ 115 II AO; ebenso § 8 II VwVfG, § 7 II SGB X). 5

Abschnitt II. Richter

§ 14 [Richter auf Lebenszeit]

(1) **Die Richter werden auf Lebenszeit ernannt, soweit nicht in § 15 Abweichendes bestimmt ist.**

(2) **Die Richter des Bundesfinanzhofs müssen das 35. Lebensjahr vollendet haben.**

Vgl. § 15 VwGO; §§ 11, 32, 38 II 2 SGG; § 28 I DRiG.

Literatur: Birk, Die Finanzgerichtsbarkeit – Erwartungen, Bedeutung, Einfluss, DStR 2014, 65; Böhmann, Übertragung des Amtes des Präsidenten des Finanzgerichts im weiteren Hauptamt – Kein Verstoß gegen die richterliche Unabhängigkeit und das Gebot des gesetzlichen Richters – Replik auf Trossen, DStR 2014, 1810, DStR 2014, 2547; Lange, Ernennung zum Präsidenten des BFH und zur Vizepräsidentin des BFH ohne vorige Tätigkeit an diesem Gericht?, DStR 2020, 2393; Loose, Besetzung von Beförderungsstellen an den obersten Bundesgerichten, DRiZ 2020, 390; Niewisch-Lennartz/Bornemann, Mehr Transparenz durch Richterwahlausschuss?, DRiZ 2017, 234; Poseck, Besetzung von Richterpositionen – Status quo besser als sein Ruf, NJW 2022, 2734; Schmidt-Räntsch, Deutsches Richtergesetz, Kommentar, 6. Aufl., 2009; Trossen, Bestellung von Richtern im Abordnungs- und Erlassweg in der Finanzgerichtsbarkeit – Verstoß gegen die richterliche Unabhängigkeit und das Gebot des gesetzlichen Richters?, DStR 2014, 1810.

Nach § 14 müssen die FG grds. mit auf Lebenszeit angestellten (Berufs-)Richtern besetzt sein (BVerfG 2 BvR 628/60 ua, NJW 1962, 1495; BGH VIII ZR 135/84, NJW 1985, 2336 mwN). Diesen ist in besonderem Maße die persönliche Unabhängigkeit garantiert (→ § 1 Rn. 6, 15). – Zur Verwendung von (Berufs-)Richtern auf Probe und kraft Auftrags s. § 15. – Der Einsatz **abgeordneter Richter** ist nach Maßgabe des § 37 DRiG beim FG möglich. Allerdings sind 1 die dafür bestehenden Grenzen zu beachten. Denn „besetzt" iSd § 5 III 1 sind die FG grds. nur, wenn die Richter an diesem Gericht planmäßig angestellt sind. Dafür sprechen auch Gründe der richterlichen Unabhängigkeit (BVerfG 2 BvR 628/60 ua, NJW 1962, 1495; 1 BvR 1623/17, NVwZ 2023, 418; BFH VIII B 16/23, BFH/NV 2024, 1195; BGH VIII ZR 135/84, NJW 1985, 2336; Trossen DStR 2014, 1810; → § 1 Rn. 15). Daher dürfen Richter der Eingangsinstanz nur für übliche Erprobungszeiten (etwa in Anlehnung an die Regelungen für Richter kraft Auftrags in § 16 I 1 DRiG: zwei Jahre) an das FG abgeordnet werden (BVerfG 1 BvR 1623/17, NVwZ 2023, 418; vgl. BFH VIII B 16/23, BFH/NV 2024, 1195). Bedenklich ist die – jedenfalls in der Vergangenheit gelegentlich geübte – Praxis, am FG tätige Richter nach erfolgreicher Erprobung für einige Jahre auf Stellen der Eingangsinstanz zu „parken", da Richter mit gleichem Amt und gleicher Richterfunktion nicht in Planstellen unterschiedlicher Besoldungsgruppen eingewiesen werden dürfen (BVerfG 2 BvR 780/16, NJW 2018, 1935, Rn. 59). Dementsprechend ist es zulässig und geboten, beim FG tätige gewesene Richter auf Probe nach erfolgreicher Erprobung sogleich zu Richtern am FG (Besoldungsgruppe R 2) zu ernennen und erforderliche Ausschreibungen entsprechend einzuschränken (OVG BBg 4 S 30.18, NVwZ-RR 2019, 429). Für **Richter im Nebenamt** gilt § 16 VwGO analog (Tipke/Kruse/Brandis § 14 Rn. 4; HHS/Schmid § 14 Rn. 25; aA Gosch/Müller-Horn § 14 Rn. 2; Böhmann DStR 2014, 2547). Da § 27 II DRiG (Übertragung eines Richteramts bei einem anderen Gericht) in der Finanzgerichtsbarkeit anwendbar ist (→ § 1 Rn. 15), hat die analoge Anwendung des § 16 VwGO nur Bedeutung bei Professoren, die im Nebenamt Richter am FG sind.

2 Für die **Ernennung** der Richter sind die Regelungen in Art. 95 II GG und im RichterwahlG für die Richter am BFH, in Art. 98 III und IV GG, §§ 10 ff., 75 DRiG, den Landesverfassungen und den Richtergesetzen der Länder maßgebend. – Die Richter am BFH werden im Einvernehmen durch den Bundesminister der Justiz und den Richterwahlausschuss iSd RichterwahlG berufen (vgl. zum Umfang der rechtlichen Bindung aus Art. 33 II GG BVerfG 2 BvR 2453/15, NJW 2016, 3425; zu den Besetzungsverfahren Loose DRiZ 2020, 390; Lange DStR 2020, 2393). Nach § 75 DRiG sind vor allen Richterernennungen oberhalb des Eingangsamts (also bei allen Ernennungen von Finanzrichtern und Richtern am BFH) als Ausdruck der richterlichen Selbstverwaltung die **Präsidialräte** zu beteiligen. Von der durch Art. 98 IV GG eingeräumten Möglichkeit **Richterwahlausschüsse** (dazu Poseck NJW 2022, 2734 (2736)) einzurichten, haben die Länder Berlin, Brandenburg, Bremen, Hamburg, Hessen, Rheinland-Pfalz, Schleswig-Holstein, Thüringen und – mit Einschränkungen („Konfliktausschuss") – Baden-Württemberg Gebrauch gemacht, jedoch Besetzung und Kompetenzen höchst unterschiedlich ausgestaltet (s. Schmidt-Räntsch DRiG Vor § 8 Rn. 9 ff.). In Niedersachsen haben Bestrebungen, ihn einzuführen (vgl. Niewisch-Lennartz/Bornemann DRiZ 2017, 234, kontrovers zu den dafür und dagegen sprechenden Gründen), nicht zu einer entsprechenden Regelung geführt. – IÜ ist ausschließlich die Exekutive zuständig. – Eine Besonderheit stellen die Wahl der Richter des **FG BBg** durch den Gemeinsamen Richterwahlausschuss der Länder Berlin und Brandenburg (Art. 2 Fachobergerichte-Staatsvertrag Berlin und Brandenburg, GVBl. Bln. 2004, 380) und die gemeinschaftliche Ernennung durch die Landesregierungen dar (doppelte Dienstherrenschaft; Art. 2 I 1 und Art. 6 Fachobergerichte-Staatsvertrag Berlin und Brandenburg).

Ein **Verstoß gegen § 14** kann mit der Nichtzulassungsbeschwerde oder der Revision (unvorschriftsmäßige Besetzung) gerügt werden (§§ 115 II Nr. 3, 116 III 3, 119 Nr. 1). Möglich ist auch eine Wiederaufnahmeklage (§ 134 FGO iVm § 579 I Nr. 1 ZPO) und – subsidiär bei Willkür – eine Verfassungsbeschwerde wegen Verletzung des Art. 101 I 2 GG. 3

§ 15 [Richter auf Probe]

Bei den Finanzgerichten können Richter auf Probe oder Richter kraft Auftrags verwendet werden.

Vgl. § 17 VwGO; § 11 III SGG; §§ 22 V, 59 III GVG.

Literatur: Lippold, Der Richter auf Probe im Lichte der Europäischen Menschenrechtskonvention, NJW 1991, 2383.

Die Regelung gilt nur für die erstinstanzlichen FG, **nicht** für den **BFH** (vgl. § 28 I DRiG). – Zum „Richter auf Probe" s. §§ 12, 13, 22 DRiG, zum „Richter kraft Auftrags" (an das Gericht abgeordnete Beamte) s. §§ 14 ff., 23 DRiG. Nach Ablauf einer Erprobungszeit von idR drei bzw. zwei Jahren ist über ihren Verbleib beim FG zu entscheiden (→ § 14 Rn. 1). In der Finanzgerichtsbarkeit haben Richter auf Probe häufig bereits berufliche Erfahrung in privatwirtschaftlichen Positionen (zB als RA) gesammelt, während Richter kraft Auftrags häufig aus Positionen in der FVerw oder der Staatsanwaltschaft an das FG abgeordnet werden. 1

Die Verwendung eines Richters **kraft Auftrags** oder **auf Probe** ist nicht verfassungswidrig, sondern durch den Zweck der Erprobung gerechtfertigt (BVerfG 2 BvR 780/16, NJW 2018, 1935 Rn. 66 ff.; BFH IV R 199/66, BStBl. II 1969, 37), muss jedoch andererseits auf den erforderlichen Erprobungszeitraum beschränkt sein, weil die fehlende Unabsetzbarkeit die persönliche Unabhängigkeit des Richters beeinträchtigt (BVerfG 2 BvR 2269/93, NJW 1998, 1053; 2 BvR 780/16, NJW 2018, 1935 Rn. 67; 1 BvR 1623/17, NVwZ 2023, 418; OVG BBg 4 S 30.18, NVwZ-RR 2019, 429; → § 1 Rn. 15). Die Verwendung von Richtern iSd § 15 steht der ordnungsgemäßen Besetzung des Spruchkörpers nicht entgegen (BFH VIII R 5/88, BFH/NV 1989, 517). Nach § 29 S. 1 DRiG darf bei einer gerichtlichen Entscheidung nur ein Richter auf Probe oder ein Richter kraft Auftrags oder ein abgeordneter Richter (→ § 14 Rn. 1) mitwirken. Die Regelung dient der Sicherung der richterlichen Unabhängigkeit (Schmidt-Räntsch DRiG § 29 Rn. 3; s. BVerfG 2 BvR 628/60 ua, NJW 1962, 1495; 2 BvR 2494/06, NVwZ 2007, 693; 2 BvR 780/16, NJW 2018, 1935 Rn. 68; → § 1 Rn. 15). Das bedeutet, dass in einem Kollegialgericht (Senat) **immer zwei Richter am Finanzgericht auf Lebenszeit** mitwirken müssen. Richter auf Probe, kraft Auftrags usw können aber als Einzelrichter tätig werden (→ § 6 Rn. 10 aE). – Richter kraft Auftrags oder auf Probe sowie abgeordnete Richter müssen als solche im Geschäftsverteilungsplan kenntlich gemacht werden (§ 29 S. 2 DRiG). Sie tragen (in Urteilen usw) die Amtsbezeichnungen „Richter am Finanzgericht" und „Richter" (§ 19a II, III DRiG). 2

Wegen der Folgen eines Verstoßes gegen § 15 → § 14 Rn. 3. 3

Abschnitt III. Ehrenamtliche Richter

§ 16 [Stellung]

Der ehrenamtliche Richter wirkt bei der mündlichen Verhandlung und der Urteilsfindung mit gleichen Rechten wie der Richter mit.

Vgl. § 19 VwGO; § 19 I SGG; § 30 GVG.

Literatur: Gehrmann, Der demokratische Auftrag des ehrenamtlichen Richters und sein Informationsbedürfnis, DRiZ 1988, 126; Kramer, Soll der Staat sich heute noch ehrenamtliche Richter leisten?, DRiZ 2002, 150; Reim, Fachkenntnisse der ehrenamtlichen Richter – Überforderung bei der Entscheidungsfindung, DRiZ 1992, 139; Schmidt-Räntsch, Das neue Benachteiligungsverbot für ehrenamtliche Richter, NVwZ 2005, 166; Stoffregen, Der Schöffe als „juristischer Halblaie"?, ZRP 1987, 52.

1 Die Vorschrift ergänzt § 5 III, IV. Sie bestimmt, dass die **ehrenamtlichen Richter** an den Entscheidungen der FG (beim BFH gibt es keine ehrenamtlichen Richter – § 10 III) **mit den gleichen Rechten** mitwirken wie die Berufsrichter. – Zum Umfang der Mitwirkung → § 5 Rn. 5. – Die Vorschriften über die Ausschließung und Ablehnung von Gerichtspersonen gelten auch für die ehrenamtlichen Richter (§ 51).

2 Durch die ehrenamtlichen Richter soll **externer, insbesondere wirtschaftlicher Sachverstand** die Beratungen der Berufsrichter bereichern. Dies betrifft in erster Linie Streitfälle, in denen wirtschaftliche Wertungsfragen (zB Fragen der Angemessenheit) oder Fragen der Glaubwürdigkeit eine Rolle spielen. Außerdem sind die Beratungen mit den ehrenamtlichen Richtern ein Prüfstein dafür, ob die Berufsrichter ihre Gedankengänge juristischen Laien verständlich machen können (vgl. auch Tipke/Kruse/Brandis § 16 Rn. 2; Gosch/Müller-Horn § 16 Rn. 2; HHS/Schmid § 16 Rn. 8).

3 Der ehrenamtliche Richter (§§ 44 ff. DRiG) ist **unabhängig** und nur dem G unterworfen (Art. 97 GG, § 45 I DRiG iVm § 25 DRiG). Er kann vor Ablauf seiner Amtszeit nur unter bestimmten gesetzlichen Voraussetzungen und gegen seinen Willen nur durch gerichtliche Entscheidung abberufen werden (§§ 44 II, 44b DRiG; s. auch § 21). – Zur Sicherung seiner Unabhängigkeit enthält **§ 45 Ia DRiG** ein Benachteiligungs- und Kündigungsverbot (vgl. Schmidt-Räntsch DRiG § 45 Rn. 5 ff.).

Die Vorschrift lautet:

(1a) [1]Niemand darf in der Übernahme oder Ausübung des Amtes als ehrenamtlicher Richter beschränkt oder wegen der Übernahme oder Ausübung des Amtes benachteiligt werden. [2]Ehrenamtliche Richter sind für die Zeit ihrer Amtstätigkeit von ihrem Arbeitgeber von der Arbeitsleistung freizustellen. [3]Die Kündigung eines Arbeitsverhältnisses wegen der Übernahme oder der Ausübung des Amtes ist unzulässig. [4]Weitergehende landesrechtliche Regelungen bleiben unberührt.

4 Der ehrenamtliche Richter hat ein **Recht auf umfassende Information** über die zu entscheidenden Streitsachen (BFH XI S 5/08 (PKH), BFH/NV 2008, 1863 (1865) mwN). Vor Beginn der mündlichen Verhandlung ist die Gewährung von Akteneinsicht, Übersendung von Aktenauszügen oder Aushändigung von Beweis-

mitteln in Betracht zu ziehen (BGH 3 StR 421/96, NJW 1997, 1792). Bei komplizierten Sachverhalten kann den ehrenamtlichen Richtern zur Vorbereitung auf den Termin eine Zusammenstellung des wesentlichen Inhalts der Akten, ggf. auch ein Votum übersandt werden. Im Regelfall ist der Sachvortrag in der mündlichen Verhandlung, verbunden mit Ergänzungen in einem Gespräch vor der Sitzung oder während der Beratung ausreichend (BFH XI S 5/08 (PKH), BFH/NV 2008, 1863 (1865); VIII B 23/08, BeckRS 2008, 25014335; X B 117/14, BFH/NV 2015, 659; VI B 65/21, BFH/NV 2022, 1185). – Zum **Fragerecht** in der mündlichen Verhandlung → § 93 Rn. 5, zur **Beratung und Abstimmung** → § 52 Rn. 40 ff. – An der Abfassung (schriftlichen Formulierung) der Entscheidungen ist der ehrenamtliche Richter nicht beteiligt. Er braucht sie auch nicht zu unterschreiben (§ 105 I 4).

Der ehrenamtliche Richter muss das Amt übernehmen und den vorgeschriebenen Eid (das Gelöbnis) leisten (§ 45 VI, VII DRiG – → § 28 Rn. 1 ff.). Er ist zur **Unparteilichkeit** verpflichtet (§ 45 III, VI DRiG) und hat das **Steuergeheimnis** (§ 30 AO) und das **Beratungsgeheimnis** (§ 45 I 2 DRiG) zu wahren. 5

§ 17 [Voraussetzungen für die Berufung]

[1]Der ehrenamtliche Richter muss Deutscher sein. [2]Er soll das 25. Lebensjahr vollendet und seinen Wohnsitz oder seine gewerbliche oder berufliche Niederlassung innerhalb des Gerichtsbezirks haben.

Vgl. § 20 VwGO; § 16 I SGG; §§ 31, 33 GVG.

Literatur: Vgl. § 16.

§ 17 ist durch das G zur Vereinfachung und Vereinheitlichung der Verfahrensvorschriften zur Wahl und Berufung ehrenamtlicher Richter v. 21.12.2004 (BGBl. I 3599 (3601)) mWv 1.1.2005 geändert worden. Einerseits ist das **Mindestalter** der ehrenamtlichen Richter von 30 auf **25 Jahre** herabgesetzt und damit an das der Schöffen angeglichen worden. Andererseits kommt es hinsichtlich des Wohnsitzes nur auf die Verhältnisse im Zeitpunkt der Wahl an (HmbOVG 3 AS 20/08, NJW-RR 2009, 276). Die zuvor in § 17 S. 2 enthaltenen Wörter „während des letzten Jahres vor seiner Wahl" und „gehabt" sind mit Rücksicht auf die gestiegene Mobilität der Bevölkerung gestrichen worden. 1

Ein **Verstoß gegen** die zwingende Vorschrift des **§ 17 S. 1** (zum Begriff des „Deutschen" s. Art. 116 I GG) führt zu einem Verfahrensmangel iSd §§ 115 II Nr. 3, 116 III 3, 119 Nr. 1 (NZB/Revision) bzw. § 134 FGO iVm § 579 I Nr. 1 ZPO (Nichtigkeitsklage). Der ehrenamtliche Richter muss allerdings zuvor gem. § 21 I Nr. 1 von seinem Amt entbunden worden sein (Kopp/Schenke/Ruthig VwGO § 20 Rn. 2; BSG 14a/6 RKa 30/91, BSGE 71, 97). Dies ergibt sich daraus, dass die FGO keine dem § 18 II Nr. 1 DRiG entsprechende Regelung enthält (Gosch/Müller-Horn § 17 Rn. 7). – Bei willkürlicher Mitwirkung können die Rechtsmittel auch auf Verletzung des Rechts auf den gesetzlichen Richter (Art. 101 I 2 GG) gestützt werden. Außerdem ist subsidiär die Erhebung einer Verfassungsbeschwerde möglich (BVerfG 2 BvR 615/11, NJW 2012, 3228). 2

Auf einen **Verstoß gegen** die Sollvorschrift des **§ 17 S. 2** kann die NZB bzw. die Revision gem. §§ 115 II Nr. 3, 116 III 3, 119 Nr. 1, die Nichtigkeitsklage gem. § 134 FGO iVm § 579 I Nr. 1 ZPO oder eine Verfassungsbeschwerde nur 3 dann gestützt werden, wenn der ehrenamtliche Richter vor der Mitwirkung bereits auf Antrag des Präsidenten (§ 21 I Nr. 1) bzw. auf eigenen Antrag (§ 21 Nr. 5) von seinem Amt entbunden war (Tipke/Kruse/Brandis § 17 Rn. 5; Gosch/Müller-Horn § 17 Rn. 7; aA Kopp/Schenke/Ruthig VwGO § 20 Rn. 3: Verstoß hat keine prozessualen Folgen). Dasselbe ist anzunehmen, wenn sich die fehlende Eignung für das Amt des ehrenamtlichen Richters aus § 44a DRiG ergibt (→ § 18 Rn. 7).

4 Für ehrenamtliche Richter existiert anders als für Berufsrichter (§§ 48, 76 I DRiG) und Schöffen (§ 33 Nr. 2 GVG) **keine Altersgrenze** (BVerwG 5 CB 42.90, BeckRS 1990, 31259328). – Personen, die die Regelaltersgrenze nach dem SGB VI erreicht haben, dürfen die Berufung zum Amt des ehrenamtlichen Richters ablehnen (§ 20 I Nr. 6; → § 20 Rn. 2). Der Wahlausschuss (§§ 23, 26) darf bei Kandidaten, deren Alter deutlich über die Regelaltersgrenze hinausreicht, im Hinblick auf die fünfjährige Dauer der Amtszeit jüngeren Kandidaten den Vorzug geben.

§ 18 [Ausschlussgründe]

(1) **Vom Amt des ehrenamtlichen Richters sind ausgeschlossen**

1. **Personen, die infolge Richterspruchs die Fähigkeit zur Bekleidung öffentlicher Ämter nicht besitzen oder wegen einer vorsätzlichen Tat zu einer Freiheitsstrafe von mehr als sechs Monaten oder innerhalb der letzten zehn Jahre wegen einer Steuer- oder Monopolstraftat verurteilt worden sind, soweit es sich nicht um eine Tat handelt, für die das nach der Verurteilung geltende Gesetz nur noch Geldbuße androht,**
2. **Personen, gegen die Anklage wegen einer Tat erhoben ist, die den Verlust der Fähigkeit zur Bekleidung öffentlicher Ämter zur Folge haben kann,**
3. **Personen, die nicht das Wahlrecht zu den gesetzgebenden Körperschaften des Landes besitzen.**

(2) **Personen, die in Vermögensverfall geraten sind, sollen nicht zu ehrenamtlichen Richtern berufen werden.**

Vgl. § 21 VwGO; § 17 I SGG; § 32 GVG.

Literatur: Vgl. § 16.

1 **§ 18** ist durch das Einführungsgesetz zur Insolvenzordnung v. 5.10.1994 (BGBl. I 2911 – EGInsO) **mWv 1.1.1999 geändert worden.** Die Vorschrift soll verhindern, dass ungeeignete Personen das Amt eines ehrenamtlichen Richters ausüben. Ungeeignet sind solche Personen, bei deren Mitwirken an gerichtlichen Entscheidungen das Vertrauen in die Rspr. erschüttert werden könnte (vgl. BFH II B 12/21, BFH/NV 2021, 1520).

2 **Zu § 18 I Nr. 1 u. 2:** Wegen des Verlustes der Fähigkeit, öffentliche Ämter zu bekleiden, s. §§ 45–45b StGB. Zu den Straftaten, bei deren Ahndung auch der Verlust der Fähigkeit, öffentliche Ämter zu bekleiden, angeordnet werden kann, gehören nach § 375 I AO auch Steuerstraftaten. Es kommt nur auf die Erhebung der Anklage an, nicht darauf, ob das Strafgericht die Anklage zugelassen hat und ob die Anordnung des Verlustes der Fähigkeit, öffentliche Ämter zu bekleiden, wahrscheinlich ist. Dies ist wegen § 21 V (→ Rn. 4, § 21 Rn. 9) verfassungsrechtlich unbedenklich (BFH II B 12/21, BFH/NV 2021, 1520).

Zu § 18 I Nr. 3: Abzustellen ist auf das **Wahlrecht** zu den Körperschaften des Landes, in dem der ehrenamtliche Richter seinen Hauptwohnsitz hat (FG Hmb AR 22/71 (II), EFG 1972, 29). – Kein Wahlrecht besitzen Personen, denen dieses Recht (zB nach § 39 II BVerfGG, § 45 V StGB, dazu Schönke/Schröder/Kinzig StGB § 45 Rn. 12) aberkannt worden ist und die nach dem jeweiligen Landesrecht vom aktiven Wahlrecht ausgeschlossen sind (vor allem wegen Anordnung einer Betreuung oder Unterbringung in einem psychiatrischen Krankenhaus nach §§ 63, 20 StGB). Unschädlich ist es, wenn Personen mangels Hauptwohnsitzes im Sitzland des FG nicht wahlberechtigt sind. Abweichende Stimmen aus der Verwaltungsgerichtsbarkeit (HmbOVG 3 So 6/02, NVwZ-RR 2002, 552; OVG BBg 4 E 4/21, NVwZ-RR 2021, 520) sind auf die FGO nicht übertragbar, weil § 17 S. 2 – anders als § 20 S. 2 VwGO – als räumlichen Anknüpfungspunkt auch die berufliche Niederlassung kennt (Tipke/Kruse/Brandis § 18 Rn. 2; iE ebenso Gosch/Müller-Horn § 18 Rn. 6; HHS/Schmid § 18 Rn. 13). Dieser würde sonst außerhalb Bayerns und Nordrhein-Westfalens (wo die Gerichtsbezirke nicht das gesamte Bundesland abdecken) leerlaufen. 3

Wer entgegen § 18 I als ehrenamtlicher Richter tätig ist, muss von seinem Amt entbunden werden (§ 21 I Nr. 1, III; kein Ermessen: BFH II B 12/21, BFH/NV 2021, 1520). In Fällen, in denen die Amtsentbindung auf **§ 18 I Nr. 2** beruht, kann der ehrenamtliche Richter nach **§ 21 V** (→ § 21 Rn. 9) die Aufhebung des Entbindungsbeschlusses verlangen, wenn der (bisherige) ehrenamtliche Richter rkr. außer Verfolgung gesetzt oder freigesprochen worden ist (vgl. BFH II B 12/21, BFH/NV 2021, 1520). Soweit die **Amtsentbindung** darauf beruht, dass der ehrenamtlichen Richter nach § 45 I, II StGB iVm § 45a I StGB mit Rechtskraft des Strafurteils die Fähigkeit verloren hat, öffentliche Ämter zu bekleiden, wirkt die Entbindung nur deklaratorisch (§ 45 III StGB; HHS/Schmid § 18 Rn. 17; Tipke/Kruse/Brandis § 18 Rn. 3; Gosch/Müller-Horn § 18 Rn. 8). – Urteile, an denen der nach § 18 I ausgeschlossene Richter mitgewirkt hat, sind nach einer Verurteilung gem. § 45 I oder II StGB oder einer Amtsentbindung (→ § 17 Rn. 2) gem. §§ 115 II Nr. 3, 116 III 3, 119 Nr. 1 anfechtbar. – Ist die Entscheidung rechtskräftig geworden, kommt auch Nichtigkeitsklage (§ 134 FGO iVm § 579 I Nr. 1 ZPO) in Betracht. 4

Zu § 18 II: In **Vermögensverfall** geraten ist derjenige, in dessen Person ein Insolvenzgrund iSd §§ 16–19 InsO (Zahlungsunfähigkeit, drohende Zahlungsunfähigkeit, Überschuldung) eingetreten ist (vgl. die zu § 46 II Nr. 4 StBerG ergangene Rspr., zB BFH VII B 159/02, BFH/NV 2004, 91; VII R 21/02, BStBl. II 2004, 1016; VII B 40/13, BFH/NV 2014, 732; VII R 14/13, BFH/NV 2014, 1598). Er ist dann im Regelfall („sollen nicht … berufen werden") ungeeignet, das Amt eines ehrenamtlichen Richters auszuüben. Andererseits lässt es die Sollvorschrift des § 18 II nF zu, ausnahmsweise die besonderen Umstände des Einzelfalls zu berücksichtigen. So kann zB jemand, der unverschuldet – etwa durch betrügerische Aktivitäten eines Geschäftspartners – in Vermögensverfall geraten ist, durchaus geeignet sein, das Amt eines ehrenamtlichen Richters wahrzunehmen (vgl. Kopp/Schenke/Ruthig VwGO § 21 Rn. 3). 5

Wird der **Vermögensverfall** eines ehrenamtlichen Richters erst nach der Wahl bekannt oder tritt dieser erst nach der Wahl ein und stellt der Präsident des FG einen **Entbindungsantrag** nach § 21 I Nr. 1, muss der nach § 21 III zuständige Senat eine Ermessensentscheidung treffen, ob die den Vermögensverfall begründenden Umstände Anlass für eine Abberufung geben. Da es sich bei § 18 II nur um eine Sollvorschrift handelt und § 21 I Nr. 1 für eine Abberufung voraussetzt, 6 dass eine Berufung zum ehrenamtlichen Richter zwingend ausgeschlossen ist, müssen gravierende, das Vertrauen in eine zuverlässige Amtsausübung oder das öffentliche Ansehen in Frage stellende Umstände zu Tage getreten sein, um Anlass für eine Abberufung zu geben (BFH II B 98/14, BFH/NV 2015, 998; HHS/Schmid § 18 Rn. 21; Tipke/Kruse/Brandis § 18 Rn. 4; Gosch/Müller-Horn § 18 Rn. 9).

7 **Weitere Ausschlussgründe** sind in **§ 44a DRiG** normiert, der lautet:

§ 44a Hindernisse für Berufungen als ehrenamtliche Richter

(1) Zu dem Amt eines ehrenamtlichen Richters soll nicht berufen werden, wer

1. gegen die Grundsätze der Menschlichkeit oder der Rechtsstaatlichkeit verstoßen hat oder
2. wegen einer Tätigkeit als hauptamtlicher oder inoffizieller Mitarbeiter des Staatssicherheitsdienstes der ehemaligen Deutschen Demokratischen Republik im Sinne des § 6 Abs. 4 des Stasi-Unterlagen-Gesetzes vom 20. Dezember 1991 (BGBl. I S. 2272) oder als diesen Mitarbeitern nach § 6 Abs. 5 des Stasi-Unterlagen-Gesetzes gleichgestellte Person für das Amt eines ehrenamtlichen Richters nicht geeignet ist.

(2) Die für die Berufung zuständige Stelle kann zu diesem Zweck von dem Vorgeschlagenen eine schriftliche Erklärung verlangen, dass bei ihm die Voraussetzungen des Absatzes 1 nicht vorliegen.

Das zu seiner Änderung eingeleitete Gesetzgebungsverfahren (vgl. den Entwurf der BReg, BR-Drs. 371/23), das auf den zusätzlichen Ausschlussgrund „fehlende Gewähr für den Eintritt für die freiheitliche demokratische Grundordnung“ zielte, ist vom 20. Deutschen Bundestag nicht zum Abschluss gebracht worden.

§ 19 [Unvereinbarkeit]

Zum ehrenamtlichen Richter können nicht berufen werden

1. **Mitglieder des Bundestages, des Europäischen Parlaments, der gesetzgebenden Körperschaften eines Landes, der Bundesregierung oder einer Landesregierung,**
2. **Richter,**
3. **Beamte und Angestellte der Steuerverwaltungen des Bundes und der Länder,**
4. **Berufssoldaten und Soldaten auf Zeit,**
5. **Rechtsanwälte, Notare, Patentanwälte, Steuerberater, Mitglieder der Geschäftsführungs- und Aufsichtsorgane von Berufsausübungsgesellschaften im Sinne der Bundesrechtsanwaltsordnung, der Patentanwaltsordnung und des Steuerberatungsgesetzes, ferner Steuerbevollmächtigte, Wirtschaftsprüfer, vereidigte Buchprüfer und Personen, die fremde Rechtsangelegenheiten geschäftsmäßig besorgen.**

Vgl. § 22 VwGO; § 17 II–IV SGG; §§ 33f. GVG.

Literatur: Vgl. § 16.

1 § 19 dient vor allem der **Verhinderung von Interessen- und Pflichtenkonflikten,** aber in Übereinstimmung mit dem Grundsatz der Gewaltenteilung auch der Sicherung der **Unabhängigkeit der Gerichte.** Die Aufzählung der Hinde-

rungsgründe ist **abschließend** (BFH VIII B 228/07, ZSteu 2009, R240). Das Hindernis der Unvereinbarkeit der Ämter besteht, wenn die zum ehrenamtlichen Richter gewählte Person im Zeitpunkt ihrer Berufung (Beginn der Wahlperiode; s. Anm. zu § 22) einem Amt einer der in § 19 I Nr. 1–5 aufgezählten Gruppen angehört (OVG NRW 16 F 41/93, DÖV 1993, 831). Denn die vom G unterstellte Konfliktlage besteht nicht mehr, wenn die in § 19 Nr. 1–5 beschriebenen Tätigkeiten vor der Berufung beendet werden. Die Gegenmeinung (zB HmbOVG 3 AS 20/08, NVwZ-RR 2009, 276; Albers MDR 1984, 888; HHS/Schmid § 19 Rn. 2; Gosch/Müller-Horn § 19 Rn. 1; Tipke/Kruse/Brandis § 19 Rn. 3; Kopp/Schenke/Ruthig VwGO § 22 Rn. 1), die auf den Zeitpunkt der Wahl zum ehrenamtlichen Richter abstellt, geht jedenfalls teilweise davon aus, dass der Zeitpunkt der Wahl und die Berufung zwingend zusammenfallen.

Zu § 19 Nr. 1: Erfasst werden aktive Mitglieder **gesetzgebender Körperschaften** (des Bundes und der Länder) und des Europäischen Parlaments. Mitglieder von Gemeinde-, Stadt- oder Kreisvertretungen, Gemeinde-, Stadt-, Kreis- oder Bezirksräte gehören nicht zu den ausgeschlossenen Personen (Kopp/Schenke/Ruthig VwGO § 22 Rn. 2; HHS/Schmid § 19 Rn. 4). – Siehe auch §§ 4 I, 36 II DRiG. 2

Zu § 19 Nr. 2: Gemeint sind **aktive Berufsrichter** ohne Rücksicht auf ihren Status, dh unabhängig davon, ob sie haupt- oder nebenberuflich, auf Probe oder kraft Auftrags tätig sind. – **Nicht erfasst** werden ehrenamtliche Richter (vgl. § 20 I Nr. 2) und Richter im Ruhestand (→ Rn. 1) oder in der Dienstfreistellungsphase der Altersteilzeit (HessVGH 1 Y 1382/05, DÖV 2005, 878; HHS/Schmid § 19 Rn. 6). – Zur Verfassungsmäßigkeit s. BVerwG V C 46.55, DÖV 1957, 214. 3

Zu § 19 Nr. 3: Ausgeschlossen sind alle aktiven (BFH VIII B 228/07, ZSteu 2009, R240; → Rn. 1, 3) Beamten und Angestellten der **Steuer- und Zollverwaltung des Bundes und der Länder, nicht** Beamte und Angestellte der Vermögensverwaltung (HHS/Schmid § 19 Rn. 8). Entscheidend ist, dass der ehrenamtliche Richter keiner Finanzbehörde iSd § 6 II AO angehört, also zB nicht einer Familienkasse der Bundesagentur für Arbeit, da letztere Beklagte in einem FG-Verfahren sein kann. 4

Zu § 19 Nr. 4: Ein Interessen- und Pflichtenkonflikt ist bei dieser Personengruppe nur schwer vorstellbar (HHS/Schmid § 19 Rn. 9). Die Regelung widerspricht auch dem Gedanken des „Bürgers in Uniform“. 5

Zu § 19 Nr. 5: Bei den im einzelnen aufgeführten Berufsgruppen kommt es darauf an, ob die aktive Tätigkeit als solche den jeweiligen berufsrechtlichen Vorschriften entspricht, nicht jedoch, ob sie selbständig oder unselbständig ausgeübt wird. – Personen, die fremde Rechtsangelegenheiten **geschäftsmäßig** besorgen, müssen grds. selbständig sein (FG RhPf III 140/66, EFG 1966, 414; HHS/Schmid § 19 Rn. 11). Gewerkschaftssekretäre und andere Verbandsvertreter sind deshalb vom Amt des ehrenamtlichen Richters nicht ausgeschlossen (BVerwG IV C 27.66, DVBl. 1970, 283; HHS/Schmid § 19 Rn. 11; **aA** Kopp/Schenke/Ruthig VwGO § 22 Rn. 2), wohl aber Beratungsstellenleiter eines Lohnsteuer-Hilfevereins, wenn sie die Beratungsstelle selbständig führen (FG München 1 S 481/98, EFG 1998, 891; HHS/Schmid § 19 Rn. 11). Die Terminologie wurde im Bereich der Berufsausübungsgesellschaften durch Art. 21 Nr. 1 des G zur Neuregelung des Berufsrechts der anwaltlichen und steuerberatenden Berufsausübungsgesellschaften sowie zur Änderung weiterer Vorschriften im Bereich der rechtsberatenden Berufe v. 7.7.2021, BGBl. I 2363, mWv 1.8.2022 über die zuvor 6 in der Norm genannten Steuerberatungsgesellschaften hinaus erweitert (→ Vor § 1 Rn. 49).

7 **Folgen der Nichtbeachtung des § 19:** Ein ehrenamtlicher Richter, der entgegen § 19 berufen worden ist, muss von seinem Amt entbunden werden; entsprechendes gilt, wenn die Voraussetzungen des § 19 nachträglich eintreten (§ 21 I Nr. 1, III). – Bei Nichtbeachtung einer erfolgten Amtsentbindung ist das Gericht nicht (mehr) ordnungsgemäß besetzt (→ § 17 Rn. 2).

§ 20 [Recht zur Ablehnung der Berufung]

(1) **Die Berufung zum Amt des ehrenamtlichen Richters dürfen ablehnen**
1. **Geistliche und Religionsdiener,**
2. **Schöffen und andere ehrenamtliche Richter,**
3. **Personen, die zwei Amtsperioden lang als ehrenamtliche Richter beim Finanzgericht tätig gewesen sind,**
4. **Ärzte, Krankenpfleger, Hebammen,**
5. **Apothekenleiter, die kein pharmazeutisches Personal beschäftigen,**
6. **Personen, die die Regelaltersgrenze nach dem Sechsten Buch Sozialgesetzbuch erreicht haben.**

(2) **In besonderen Härtefällen kann außerdem auf Antrag von der Übernahme des Amtes befreit werden.**

Vgl. § 23 VwGO; § 18 I SGG; § 35 GVG.

Literatur: Vgl. § 16.

1 **§ 20 I Nr. 3** ist durch das G zur Vereinfachung und Vereinheitlichung der Verfahrensvorschriften zur Wahl und Berufung ehrenamtlicher Richter v. 21.12.2004 (BGBl. I 3599 (3601)) mWv 1.1.2005 geändert worden. Nunmehr sind Personen, die bereits zwei volle Amtsperioden (bisher acht Jahre) als ehrenamtliche Richter tätig gewesen sind, berechtigt, die Berufung abzulehnen. Die Änderung trägt dem Umstand Rechnung, dass in der Übergangszeit unterschiedlich lange Amtsperioden absolviert sein konnten. – **§ 20 dient** der Berücksichtigung der persönlichen Belange der zu ehrenamtlichen Richtern gewählten Personen. Die **Aufzählung** der Ablehnungsgründe (§ 20 I Nr. 1–6) **ist abschließend** (BFH VII B 152/88, BFH/NV 1989, 529). Gegebenenfalls ist die Härteklausel (§ 20 II) zu prüfen. Nach § 20 I besteht ein Rechtsanspruch auf Freistellung (→ Rn. 2), wobei es im Belieben des gewählten ehrenamtlichen Richters steht, den ihn betreffenden Ablehnungsgrund geltend zu machen. Die Befreiung von der Übernahme des Amtes nach § 20 II steht **im Ermessen** des Gerichts (→ Rn. 3).

2 **Zu § 20 I: Geistliche und Religionsdiener** iSd **Nr. 1** sind nicht nur die Amtsträger der großen christlichen Kirchen; auch Amtsträger anderer Religionsgemeinschaften können sich uU auf diese Vorschrift berufen (BVerwG VIII C 46.68, NJW 1970, 1285; HessVGH 1 Y 2402/86, NVwZ 1988, 161). Die Angehörigen der in § 20 I Nr. 1, 4 und 5 genannten Berufsgruppen müssen die genannten **Berufe tatsächlich ausüben,** ohne dass dies vollschichtig geschehen muss (vgl. OVG Lüneburg 13 PS 293/22, NVwZ-RR 2023, 131). Eine zwei Amtsperioden überschreitende Tätigkeit als ehrenamtlicher Richter beim Finanzgericht iSd **Nr. 3** berechtigt auch dann zur Ablehnung des Amtes, wenn sie mit Unterbre-

chungen ausgeübt worden ist (Tipke/Kruse/Brandis § 20 Rn. 2). Tätigkeiten als ehrenamtlicher Richter in anderen Gerichtsbarkeiten sind in die Berechnung des Zeitraums wegen des Analogieverbots (→ Rn. 1) jedoch nicht einzubeziehen (Kopp/Schenke/Ruthig VwGO § 23 Rn. 1).

Die in Art. 6 des **Gesetzentwurfs** der Bundesregierung v. 17.12.2008 zur Modernisierung von Verfahren im anwaltlichen und notariellen Berufsrecht, zur Errichtung einer Schlichtungsstelle der Rechtsanwaltschaft sowie zur Änderung der Verwaltungsgerichtsordnung, der Finanzgerichtsordnung und kostenrechtlicher Vorschriften (BT-Drs. 16/1385) vorgesehene Änderung des **§ 20 I Nr. 6** ist zum 1.9.2009 in Kraft getreten. Die Wörter „das 65. Lebensjahr vollendet" sind durch die Wörter „die Regelaltersgrenze nach dem Sechsten Buch Sozialgesetzbuch erreicht" ersetzt worden. Die Änderung trägt dem Umstand Rechnung, dass das Renteneintrittsalter schrittweise (§ 235 SGB VI) auf 67 Jahre (§ 35 S. 2 SGB VI) angehoben wird.

Zu § 20 II: Zur Frage, in welchen Fällen ein **Härtefall** vorliegen kann, s. BFH 3
VII B 152/88, BFH/NV 1989, 529; → § 21 Rn. 5.

Verfahren. Sowohl in den Fällen der Ablehnung der Berufung zum Amt des 4
ehrenamtlichen Richters (§ 20 I Nr. 1–6) als auch in den Fällen, in denen aus Härtegründen ein Antrag auf Befreiung von der Übernahme gestellt wird (§ 20 II), bedarf es zur Freistellung des zum ehrenamtlichen Richter Gewählten eines **Gerichtsbeschlusses** (§ 21 I Nr. 2, III, IV). Der Beschluss hat **keine Rückwirkung.** Bis zum Ergehen des Beschlusses übt der Ablehnende bzw. der seine Freistellung Beantragende das Amt des ehrenamtlichen Richters mit allen Rechten und Pflichten aus (BVerwG III C 108.61, NJW 1963, 1219; Kopp/Schenke/Ruthig VwGO § 23 Rn. 4; Tipke/Kruse/Brandis § 20 Rn. 5).

Wird ein gewählter ehrenamtlicher Richter, der von seinem Ablehnungsrecht 5
(§ 20 I) Gebrauch gemacht oder einen Antrag nach § 20 II gestellt hat, entgegen der vom Präsidium beschlossenen Reihenfolge (§ 27) nicht zur Sitzung herangezogen, obwohl er noch nicht von seinem Amt freigestellt worden ist, so ist das Gericht nicht ordnungsgemäß besetzt. Ebenso ist es, wenn der ehrenamtliche Richter nach seiner Freistellung durch Gerichtsbeschluss noch zu Sitzungen herangezogen wird. – In beiden Fällen liegt ein Verfahrensmangel iSd §§ 115 II Nr. 3, 116 III 3, 119 Nr. 1 bzw. § 134 FGO iVm § 579 I Nr. 1 ZPO vor. Bei Willkür oder Rechtsmissbrauch ist auch subsidiär die Erhebung einer Verfassungsbeschwerde (Art. 101 I 2 GG) möglich (BVerfG 2 BvR 615/11, NJW 2012, 3228).

§ 21 [Gründe für Amtsentbindung]

(1) **Ein ehrenamtlicher Richter ist von seinem Amt zu entbinden, wenn er**

1. **nach den §§ 17 bis 19 nicht berufen werden konnte oder nicht mehr berufen werden kann oder**
2. **einen Ablehnungsgrund nach § 20 Abs. 1 geltend macht oder**
3. **seine Amtspflichten gröblich verletzt hat oder**
4. **die zur Ausübung seines Amtes erforderlichen geistigen oder körperlichen Fähigkeiten nicht mehr besitzt oder**
5. **seinen Wohnsitz oder seine gewerbliche oder berufliche Niederlassung im Gerichtsbezirk aufgibt.**

(2) **In besonderen Härtefällen kann außerdem auf Antrag von der weiteren Ausübung des Amtes entbunden werden.**

(3) [1]**Die Entscheidung trifft der vom Präsidium für jedes Geschäftsjahr im Voraus bestimmte Senat in den Fällen des Absatzes 1 Nr. 1, 3 und 4 auf Antrag des Präsidenten des Finanzgerichts, in den Fällen des Absatzes 1 Nr. 2 und 5 und des Absatzes 2 auf Antrag des ehrenamtlichen Richters.** [2]**Die Entscheidung ergeht durch Beschluss nach Anhörung des ehrenamtlichen Richters.**

(4) **Absatz 3 gilt sinngemäß in den Fällen des § 20 Abs. 2.**

(5) **Auf Antrag des ehrenamtlichen Richters ist die Entscheidung nach Absatz 3 aufzuheben, wenn Anklage nach § 18 Nr. 2 erhoben war und der Angeschuldigte rechtskräftig außer Verfolgung gesetzt oder freigesprochen worden ist.**

Vgl. § 24 VwGO; § 22 SGG; §§ 52f. GVG.

Literatur: S. § 16; Frehse, Die Mitgliedschaft eines ehrenamtlichen Richters in einer verfassungsfeindlichen Partei, NZA 1993, 915; Heil, Die Beurlaubung oder zeitweise Amtsentbindung ehrenamtlicher Richterinnen und Richter der Arbeitsgerichtsbarkeit, NZA 1993, 913.

1 § 21 ergänzt die in den §§ 17–20 enthaltenen Regelungen. Die Vorschrift legt fest, dass ein gewählter ehrenamtlicher Richter, der sein Amt übernommen hat, im Interesse der Rechtssicherheit **nur durch Beschluss des zuständigen Senats** (§ 21 III) von seinem Amt entbunden werden kann. Damit konkretisiert § 21 für den Bereich der Finanzgerichtsbarkeit die Generalklausel des § 44 II DRiG und dient der Wahrung der richterlichen Unabhängigkeit (BVerfG 2 BvR 225/13, NVwZ-RR 2014, 1) sowie der Wahrung des Rechts der Beteiligten auf den gesetzlichen Richter (Art. 101 I 2 GG). – Zum **Verfahren** → Rn. 6ff.

2 Die Gründe, aus denen ein ehrenamtlicher Richter von seinem Amt entbunden werden muss bzw. aus denen er die Abberufung beanspruchen kann, sind in § 21 I Nr. 1–5 geregelt. – Zur Entbindung vom Amt eines ehrenamtlichen Richters wegen des Bestehens oder Entstehens eines **Berufungshindernisses iSd § 21 I Nr. 1 iVm §§ 17–19** s. die Anm. zu §§ 17–19. – Der Entbindungsgrund iSd § 21 I Nr. 4 kann in analoger Anwendung auch vorliegen, wenn die zur Ausübung seines Amtes erforderlichen geistigen oder körperlichen Fähigkeiten bereits im Zeitpunkt der Wahl des ehrenamtlichen Richters nicht vorlagen (OVG Hmb 3 AS 18/23, NVwZ-RR 2024, 535; Tipke/Kruse/Brandis § 21 Rn. 2; HHS/Schmid § 21 Rn. 9; Gosch/Müller-Horn § 21 Rn. 8). § 21 I Nr. 4 ist auch bei mangelnden deutschen Sprachkenntnissen des ehrenamtlichen Richters anwendbar (OVG Hmb 3 AS 18/23, NVwZ-RR 2024, 535). – Ein ehrenamtlicher Richter der trotz Bestehens eines **Ablehnungsgrundes iSd § 20 I** (→ § 20 Rn. 2) zum ehrenamtlichen Richter gewählt wurde oder bei dem während der Amtszeit ein Ablehnungsgrund iSd § 20 I entsteht, ist auf einen Antrag nach § 21 I Nr. 2 von seinem Amt zu entbinden. – Durch **§ 44b DRiG** ist die abschließende Aufzählung der Entbindungsgründe um die Fälle erweitert worden, in denen die in § 44a DRiG bezeichneten Umstände (→ § 18 Rn. 7) nachträglich bekannt werden. § 44b DRiG lautet:

§ 44b DRiG Abberufung von ehrenamtlichen Richtern

(1) Ein ehrenamtlicher Richter ist von seinem Amt abzuberufen, wenn nachträglich in § 44a Abs. 1 bezeichnete Umstände bekannt werden.

(2) Das Verfahren richtet sich nach den Vorschriften, die im Übrigen für die Abberufung eines ehrenamtlichen Richters der jeweiligen Art gelten, soweit in den Absätzen 3 und 4 nichts anderes bestimmt ist.

(3) [1]Wenn ein Antrag auf Abberufung gestellt oder ein Abberufungsverfahren von Amts wegen eingeleitet worden ist und der dringende Verdacht besteht, dass die Voraussetzungen des § 44a Abs. 1 vorliegen, kann das für die Abberufung zuständige Gericht anordnen, dass der ehrenamtliche Richter bis zur Entscheidung über die Abberufung das Amt nicht ausüben darf. [2]Die Anordnung ist unanfechtbar.

(4) [1]Die Entscheidung über die Abberufung ist unanfechtbar. [2]Der abberufene ehrenamtliche Richter kann binnen eines Jahres nach Wirksamwerden der Entscheidung die Feststellung beantragen, dass die Voraussetzungen des § 44a Abs. 1 nicht vorgelegen haben. [3]Über den Antrag entscheidet das nächsthöhere Gericht durch unanfechtbaren Beschluss. [4]Ist das nächsthöhere Gericht ein oberstes Bundesgericht oder ist die Entscheidung von einem obersten Bundesgericht getroffen worden, entscheidet ein anderer Spruchkörper des Gerichts, das die Entscheidung getroffen hat. [5]Ergibt sich nach den Sätzen 3 und 4 kein zuständiges Gericht, so entscheidet das Oberlandesgericht, in dessen Bezirk die Entscheidung getroffen worden ist.

Das zur Änderung des § 44b DRiG eingeleitete Gesetzgebungsverfahren (vgl. den Entwurf der BReg, BR-Drs. 371/23), das auf den zusätzlichen Ausschlussgrund „fehlende Gewähr für den Eintritt für die freiheitliche demokratische Grundordnung" zielte, ist vom 20. Deutschen Bundestag nicht zum Abschluss gebracht worden.

Zur Entbindung eines ehrenamtlichen Richters wegen früherer Tätigkeit als inoffizieller Mitarbeiter des Staatssicherheitsdienstes der ehemaligen DDR s. FG MV 2 S 2/94, EFG 1995, 282.

Bei **gröblicher Verletzung der Amtspflichten** (→ § 16 Rn. 5) iSd **§ 21 I** 3
Nr. 3 kommt eine Entbindung vom Amt nur dann in Betracht, wenn andere Maßnahmen – insbes. Ordnungsgeldfestsetzungen nach § 30 I 1 – keinen Erfolg hatten (OVG Bln IV E 11.78, DRiZ 1979, 190; OVG NRW 16 E 14/86, NVwZ 1987, 233; OVG LSA 1 P 147/11, LKV 2011, 570; HmbOVG 3 AS 14/15, NVwZ-RR 2015, 639; s. aber auch OVG Bln II L 13.78, DRiZ 1978, 371). – Eine grobe Verletzung der Amtspflicht liegt zB vor, wenn sich der Gewählte beharrlich weigert, das Amt anzutreten (OVG Bln II L 13.78, DRiZ 1978, 371; IV E 11.78, DRiZ 1979, 190; OVG LSA 1 P 147/11, LKV 2011, 570), wenn der ehrenamtliche Richter das Beratungsgeheimnis (§§ 45 I 2, 43 DRiG) verletzt und keine Gewähr besteht, dass sich dies nicht wiederholen wird (VGH BW 1 S 1430/24, NVwZ-RR 2025, 146) oder wenn sich der ehrenamtliche Richter beharrlich weigert, Tatsachen anzuzeigen, die die Besorgnis der Befangenheit begründen können (VGH BW 1 S 886/23, NVwZ-RR 2023, 784). Soweit ehrenamtliche Richter gegen ein landesrechtliches Verbot, in einer gerichtlichen Verhandlung keine wahrnehmbaren Symbole oder Kleidungsstücke zu tragen verstoßen (wollen) („Kopftuchverbot"; zB nach § 2 I JustizneutralitätsG NRW v. 9.3.2021, GVBl. NRW 290; vgl. auch BVerfG 2 BvR 1333/17, NJW 2020, 1049), sind sie vom Amt des ehrenamtlichen Richters zu entbinden, wobei dahingestellt bleiben kann, ob es sich um eine gröbliche Verletzung von Amtspflichten (§ 21

I Nr. 3) oder eine Unfähigkeit iSd § 21 I Nr. 4 (→ Rn. 2) handelt (vgl. OLG Hamm 5 Ws 64/24, BeckRS 2024, 8731). Außerdienstliches Verhalten kann nur dann als grobe Amtspflichtverletzung angesehen werden, wenn dadurch das Vertrauen in die Integrität des Richters erschüttert wird (BVerfG 2 BvR 337/08, NJW 2008, 2568; 2 BvR 225/13, NVwZ-RR 2014, 1).

4 In **Härtefällen** (s. auch § 20 II) kann der ehrenamtliche Richter – nach dem Ermessen des Gerichts – auf Antrag von der weiteren Ausübung seines Amtes entbunden werden (§ 21 II).

5 Ein Härtefall kann bei äußeren Umständen vorliegen, die die (weitere) Ausübung des Amtes als unzumutbar erscheinen lassen. In Anbetracht der Tatsache, dass ein effektiver Einsatz ehrenamtlicher Richter deren Mitwirkungsbereitschaft voraussetzt (HHS/Schmid § 20 Rn. 11) und grds. kein Mangel an mitwirkungswilligen ehrenamtlichen Richtern besteht, ist insoweit kein besonders strenger Maßstab anzulegen (vgl. auch Tipke/Kruse/Brandis § 20 Rn. 4). – Eine **besondere Härte** kann sich zB aus körperlicher Gebrechlichkeit, besonderen familiären Verhältnissen (BFH VII B 152/88, BFH/NV 1989, 529 (530, 531); SächsOVG 3 F 12/17, BeckRS 2017, 117739; s. aber OVG Saarl 1 F 6/11, NVwZ-RR 2011, 348), einer außerordentlichen beruflichen Beanspruchung (BayVGH 5 S 83 A. 624, NVwZ 1984, 593), häufigen und längerdauernden beruflich bedingten Ortsabwesenheiten (SächsOVG 3 F 4/00, SächsVBl. 2000, 221 (Ls.); 3 F 4/13, jeweils in der Entscheidungsdatenbank des SächsOVG) oder einem nach der Wahl eingetretenen Vermögensverfall (BFH II B 98/14, BFH/NV 2015, 998) ergeben, **nicht** jedoch aus einer starken beruflichen Belastung (BFH VII B 152/88, BFH/NV 1989, 529), aus vorübergehenden Problemen bei der Betreuung von Kindern (BayVGH 5 S 83 A. 624, NVwZ 1984, 593) oder weil der gewählte ehrenamtliche Richter den Richtereid mit der Begründung nicht leisten will, er stehe nicht auf dem Boden des GG und habe auch von den übrigen Gesetzen keine „gute Meinung" (HmbOVG Verw. 4/97, NJW 1998, 773).

6 **Verfahren.** Ein ehrenamtlicher Richter kann nach **§ 44 II DRiG** vor Ablauf seiner Amtszeit nur unter den gesetzlich bestimmten Voraussetzungen und gegen seinen Willen nur durch Entscheidung eines Gerichts abberufen werden. Die Abberufung kann nur durch die Entscheidung des geschäftsplanmäßig zuständigen Senats des Gerichts erfolgen und zwar in den Fällen des § 21 I Nr. 1, 3 u. 4 auf Antrag des Präsidenten des FG, in den Fällen des § 21 I Nr. 2 u. 5 sowie des § 21 II auf Antrag des ehrenamtlichen Richters. Da mit einer Verlegung des Wohnsitzes in ein anderes Bundesland nicht der Verlust des Wahlrechtes iSd § 18 I Nr. 3 einhergeht (→ § 18 Rn. 3), gibt die Verlegung des Wohnsitzes dem Präsidenten des FG kein Recht, die Entbindung des ehrenamtlichen Richters zu beantragen. Die Entscheidung ergeht durch **Beschluss** ohne mündliche Verhandlung (Besetzung: § 5 III 2). Eine vorherige **Anhörung** des ehrenamtlichen Richters ist nur erforderlich, wenn er den Antrag auf Entbindung vom Amt nicht selbst gestellt hatte (BFH VII B 152/88, BFH/NV 1989, 529 (530, 531)).

7 Dem **Beschluss** kommt **keine Rückwirkung** zu. Er ist vielmehr **konstitutiv,** dh der ehrenamtliche Richter ist bis zu seiner Entbindung vom Amt ehrenamtlicher Richter mit allen Rechten und Pflichten und zwar auch dann, wenn die Gründe für die Amtsentbindung von Anfang an vorgelegen haben (zB BVerwG III C 108.61, NJW 1963, 1219; BSG 1 S 8/92, Breithaupt 1993, 347 = DÖV 1993, 537 (Ls.); Kopp/Schenke/Ruthig VwGO § 24 Rn. 3; → § 17 Rn. 2). Die Wirkung des Beschlusses tritt mit dessen Zustellung an den ehrenamtlichen Richter ein. Die Rechtskraft ist nur von Bedeutung, wenn nach § 131 I 2 die Vollzie-

hung ausgesetzt wurde (HHS/Schmid § 21 Rn. 17). Die Entbindung wirkt für die restliche Dauer der Wahlperiode und kann grds. nicht wieder rückgängig gemacht werden (Ausnahmen: § 21 V, → Rn. 9; § 21 II, bei dem nicht vom Amt des ehrenamtlichen Richters, sondern nur von dessen weiterer Ausübung entbunden wird (HHS/Schmid § 21 Rn. 18)). – In Fällen des § 45 I, II StGB ist die Verlustwirkung nach §§ 45 III, 45a I StGB mit Rechtskraft des Strafurteils zu beachten (→ § 18 Rn. 4). – Wirkt ein ehrenamtlicher Richter an den Entscheidungen des Gerichts mit, obwohl er von seinem Amt entbunden worden ist, so ist das Gericht nicht ordnungsgemäß besetzt (Art. 101 I 2 GG; BFH V R 2/92, BFH/NV 1995, 397). NZB, Revision (§§ 115 II Nr. 3, 116 III 3, 119 Nr. 1) und Nichtigkeitsklage (§ 134 FGO iVm § 579 I Nr. 1 ZPO) sind möglich, ggf. kann subsidiär auch Verfassungsbeschwerde erhoben werden (→ § 17 Rn. 2, 3).

Rechtsmittel. Gegen die Entscheidung ist die **Beschwerde** (§ 128 I) an den 8
BFH gegeben. Beschwerdebefugt ist der ehrenamtliche Richter, der von seinem Amt entbunden worden ist. Beschwerdebefugt ist auch der Präsident des FG, wenn und soweit er die Amtsentbindung beantragt hatte (BFH VII B 152/88, BFH/NV 1989, 529). – Die **Abberufung** eines ehrenamtlichen Richters **nach § 44b DRiG** (→ Rn. 2) ist jedoch **unanfechtbar** (§ 44b IV 1 DRiG).

Aufhebung des Beschlusses (§ 21 V). Zum Anwendungsbereich → § 18 9
Rn. 2, 4. Die Aufhebung wirkt nur für die Zukunft (BGH 4 StR 319/87, NJW 1988, 82). – Wegen der Konsequenzen für die Zeit bis zum Ergehen des Beschlusses → § 17 Rn. 2. – Gegen die Aufhebung des Beschlusses ist die Beschwerde (§ 128 I) gegeben.

Eine **vorläufige Entbindung vom Amt** (mit den Folgen des → § 17 Rn. 2) 10
ist im G nicht vorgesehen, aber in entsprechender Anwendung des § 35 DRiG möglich (Kopp/Schenke/Ruthig VwGO § 24 Rn. 5; **aA** OVG BBg 4 E 11.12, BeckRS 2012, 55695; HHS/Schmid § 21 Rn. 19; Tipke/Kruse/Brandis § 21 Rn. 5; Gosch/Müller-Horn § 21 Rn. 16; Schoch/Schneider/Panzer VwGO § 24 Rn. 14). – Die Entscheidung ist mit der Beschwerde (§ 128 I) anfechtbar. – In den Fällen des **§ 44b DRiG** (→ Rn. 2) ist eine **vorläufige Entscheidung** ausdrücklich vorgesehen (§ 44b III 1 DRiG). Die Entscheidung ist unanfechtbar (§ 44b III 2 DRiG).

§ 22 [Wahl]

Die ehrenamtlichen Richter werden für jedes Finanzgericht auf fünf Jahre durch einen Wahlausschuss nach Vorschlagslisten (§ 25) gewählt.

Vgl. § 25 VwGO; § 13 I SGG; § 47 GVG.

Die **Amtsperiode** für ehrenamtliche Richter ist durch das G zur Vereinfa- 1
chung und Vereinheitlichung der Verfahrensvorschriften zur Wahl und Berufung ehrenamtlicher Richter v. 21.12.2004 (BGBl. I 3599 (3601)) mWv 1.1.2005 auf **fünf Jahre** verlängert worden.

Es ist zulässig, die Wahl mit Wirkung auf einen in der Zukunft liegenden 2
Stichtag (insbes. den Tag nach dem Ablauf der laufenden Wahlperiode, zB 1.1. des Folgejahres) vorzunehmen (HHS/Schmid § 22 Rn. 3; Schoch/Schneider/Panzer VwGO § 25 Rn. 3). Davon geht auch ersichtlich das OVG NRW (16 F 41/93, DÖV 1993, 831) aus. Diese Auffassung entspricht einem praktischen Bedürfnis, weil die neu gewählten ehrenamtlichen Richter zunächst durch das

Präsidium nach § 27 I den einzelnen Senaten zugeteilt werden müssen. Sodann müssen die Geschäftsstellen mit einer Vorlaufzeit von mehreren Wochen (um auf Absagen wegen Verhinderung reagieren zu können) die ehrenamtlichen Richter zu den ersten Senatssitzungen in der neuen Amtszeit laden können. Dies entspricht der Rechtslage für die Schöffen (§ 42 I 1 GVG), was sich auch aus dem Jährlichkeitsprinzip bei der Aufstellung der Sitzungstage (§ 45 I GVG) ergibt. Die Amtszeit beginnt frühestens mit der Wahl (§ 26) oder dem iRd Wahl festgelegten Beginn der Amtsperiode und endet frühestens mit der Neuwahl oder dem dabei festgelegten Beginn der nächsten Amtsperiode. Dies gilt auch dann, wenn die Neuwahl erst nach Ablauf der regelmäßigen Amtszeit stattfindet (§ 26 II).

3 Auch ohne ausdrückliche gesetzliche Regelung ist es zulässig, analog § 52 VI GVG eine **Nach- oder Ergänzungswahl** von ehrenamtlichen Richtern aus der für die laufende Amtsperiode aufgestellten Vorschlagsliste vorzunehmen, wenn durch mehrfache Entbindungen von ehrenamtlichen Richtern (§ 21) oder Errichtung eines neuen Senats die nach § 24 erforderliche Zahl von ehrenamtlichen Richtern unterschritten wird (HHS/Schmid § 22 Rn. 4; Tipke/Kruse/Brandis § 22; Schoch/Schneider/Panzer VwGO § 29 Rn. 11). Die Amtszeit der nachgewählten ehrenamtlichen Richter endet mit der Amtszeit der iRd Hauptwahl gewählten ehrenamtlichen Richter (Umkehrschluss aus § 52 VI 2 GVG analog; HHS/Schmid § 22 Rn. 4; Tipke/Kruse/Brandis § 22; Eyermann/Schübel-Pfister VwGO § 29 Rn. 9; aA Schoch/Schneider/Panzer VwGO § 25 Rn. 4: volle fünf Jahre).

§ 23 [Wahlausschuss]

(1) **Bei jedem Finanzgericht wird ein Ausschuss zur Wahl der ehrenamtlichen Richter bestellt.**

(2) **[1]Der Ausschuss besteht aus dem Präsidenten des Finanzgerichts als Vorsitzendem, einem durch die Oberfinanzdirektion zu bestimmenden Beamten der Landesfinanzverwaltung und sieben Vertrauensleuten, die die Voraussetzungen zur Berufung als ehrenamtlicher Richter erfüllen. [2]Die Vertrauensleute, ferner sieben Vertreter werden auf fünf Jahre vom Landtag oder von einem durch ihn bestimmten Landtagsausschuss oder nach Maßgabe der Landesgesetze gewählt. [3]In den Fällen des § 3 Abs. 2 und bei Bestehen eines Finanzgerichts für die Bezirke mehrerer Oberfinanzdirektionen innerhalb eines Landes richtet sich die Zuständigkeit der Oberfinanzdirektion für die Bestellung des Beamten der Landesfinanzverwaltung sowie des Landes für die Wahl der Vertrauensleute nach dem Sitz des Finanzgerichts. [4]Die Landesgesetzgebung kann in diesen Fällen vorsehen, dass jede beteiligte Oberfinanzdirektion einen Beamten der Finanzverwaltung in den Ausschuss entsendet und dass jedes beteiligte Land mindestens zwei Vertrauensleute bestellt. [5]In Fällen, in denen ein Land nach § 2a Abs. 1 des Finanzverwaltungsgesetzes auf Mittelbehörden verzichtet hat, ist für die Bestellung des Beamten der Landesfinanzverwaltung die oberste Landesbehörde im Sinne des § 2 Abs. 1 Nr. 1 des Finanzverwaltungsgesetzes zuständig.**

(3) **Der Ausschuss ist beschlussfähig, wenn wenigstens der Vorsitzende, ein Vertreter der Finanzverwaltung und drei Vertrauensleute anwesend sind.**

Vgl. § 26 VwGO; § 40 GVG.

§ 23 enthält Regelungen über die Bildung und Tätigkeit des **Ausschusses** zur Wahl (ggf. auch der Nachwahl) der ehrenamtlichen Richter. Einzige Aufgaben des Wahlausschusses ist es, die erforderliche Zahl (§ 24) der ehrenamtlichen Richter aus der vom Präsidenten des FG aufgestellten Vorschlagsliste (§ 25) auszuwählen. Dabei hat der Wahlausschuss die Voraussetzungen, unter denen ein ehrenamtlicher Richter berufen werden kann (§§ 17–19), zu beachten. 1

Die **Amtsperiode** für die Vertrauensleute und deren Vertreter (§ 23 II 2) ist durch das G zur Vereinfachung und Vereinheitlichung der Verfahrensvorschriften zur Wahl und Berufung ehrenamtlicher Richter v. 21.12.2004 (BGBl. I 3599 (3601)) mWv 1.1.2005 in Übereinstimmung mit der Verlängerung der Amtsperiode für ehrenamtliche Richter (§ 22) **auf fünf Jahre verlängert** worden. 2

Zusammensetzung des Wahlausschusses. Ausschussvorsitzender (§ 23 II 1) **ist** kraft Amtes **der Präsident** des FG, im Verhinderungsfall sein ständiger Vertreter. Die Wahrnehmung dieser Aufgabe ist der **richterlichen Tätigkeit** zuzuordnen (BGH 5 StR 464/79, NJW 1980, 2364; aA Gosch/Müller-Horn § 23 Rn. 2.1; HHS/Schmid § 23 Rn. 5; s. auch BVerwG 9 CB 36/87, NJW 1988, 219). – Dem Wahlausschuss gehört außerdem ein durch die OFD bzw. das Landesfinanzministerium (§ 23 II 5; vgl. Tipke/Kruse/Krumm FVG § 2a Rn. 2) zu bestimmender **Beamter der Landesfinanzverwaltung** an (§ 23 II 1). Das kann ein Beamter sein, der ständig als Vertreter der Finbeh vor dem FG auftritt (BFH II R 47/86, BStBl. II 1987, 438 (439); VIII R 41/86, BFH/NV 1990, 511) oder ad hoc kurzfristig bestellt wird (BFH VIII R 41/86, BFH/NV 1990, 511). – Die Sonderregelung für die Fälle des § 3 II und die Fälle, in denen ein FG für mehrere OFD-Bezirke zuständig ist (§ 23 II 3, 4), hat derzeit nur Bedeutung für das FG Hmb (wegen des gemeinsamen Zollsenats; s. dazu HHS/Schmid § 23 Rn. 6, 9) und das FG BBg (→ § 3 Rn. 6). Hinsichtlich des FG BBg haben die beteiligten Länder von der Optionsmöglichkeit des § 23 II 4 Gebrauch gemacht (Art. 18 des Staatsvertrags v. 26.4.2004, GVBl. 2004, 380, GVBl. I 2004, 281) und entsenden jeweils einen Vertreter der Landesfinanzverwaltung und vier Vertrauensleute (was zulässig ist, s. HHS/Schmid § 23 Rn. 9). – Die **sieben Vertrauensleute** (oder eine abw. Zahl in den Fällen des § 3 II) und deren Vertreter, die die Voraussetzung zur Berufung als ehrenamtlicher Richter (§§ 17–19 FGO; § 44a DRiG) erfüllen müssen, werden (vorbehaltlich einer anderweitigen gesetzlichen Regelung) durch den Landtag, in den Stadtstaaten durch die Bürgerschaft oder das Abgeordnetenhaus bzw. durch einen Ausschuss dieser Gremien gewählt (§ 23 II 2). Für ihre **Entbindung** ist vorbehaltlich abw. landesrechtlicher Regelungen (zB § 34 II SächsJustizG) das für ihre Wahl zuständige Gremium (Landesparlament bzw. dessen Ausschuss) zuständig. Dies entspricht sowohl dem allg. Grundsatz, dass Parlamentsentscheidungen – abgesehen von der Verfassungsgerichtsbarkeit – nicht durch Gerichte aufgehoben werden können, als auch dem actus-contrarius-Grundsatz (Aufgabe der in der Voraufl. vertretenen Ansicht; aA – § 21 entsprechend – Tipke/Kruse/Brandis § 23 Rn. 2; Gosch/Müller-Horn § 23 Rn. 5; HHS/Schmid § 23 Rn. 11). – Zur **Beschlussfähigkeit** s. § 23 III. 3

Zu den Auswirkungen einer fehlerhaften Besetzung bzw. **Zusammensetzung des Wahlausschusses auf die Ordnungsmäßigkeit der Besetzung des Gerichts** → § 26 Rn. 4. 4

§ 24 [Bestimmung der Anzahl]

Die für jedes Finanzgericht erforderliche Anzahl von ehrenamtlichen Richtern wird durch den Präsidenten so bestimmt, dass voraussichtlich

jeder zu höchstens zwölf ordentlichen Sitzungstagen im Jahre herangezogen wird.

Vgl. § 27 VwGO; § 13 III–V SGG; § 43 GVG.

Der Präsident hat die **erforderliche Anzahl** von ehrenamtlichen Richtern unter Beachtung des § 27 I 2 aufgrund der im Gericht gewonnenen Erfahrungen so zu bestimmen, dass die ehrenamtlichen Richter voraussichtlich an mehreren Sitzungen im Jahr teilnehmen. – § 24 lässt die Heranziehung der ehrenamtlichen Richter zu mehr als zwölf Sitzungstagen im Jahr zu (Gosch/Müller-Horn § 24 Rn. 2; HHS/Schmid § 24 Rn. 4).

§ 25 [Vorschlagsliste]

[1]Die Vorschlagsliste der ehrenamtlichen Richter wird in jedem fünften Jahr durch den Präsidenten des Finanzgerichts aufgestellt. [2]Er soll zuvor die Berufsvertretungen hören. [3]In die Vorschlagsliste soll die doppelte Anzahl der nach § 24 zu wählenden ehrenamtlichen Richter aufgenommen werden.

Vgl. § 28 VwGO; § 14 SGG; §§ 36–39 GVG.

1 Durch das G zur Vereinfachung und Vereinheitlichung der Verfahrensvorschriften zur Wahl und Berufung ehrenamtlicher Richter v. 21.12.2004 (BGBl. I 3599 (3601)) ist der Zeitpunkt für die Aufstellung der Vorschlagsliste entsprechend der Verlängerung der Amtsperiode der ehrenamtlichen Richter (§ 22) neu geregelt und gleichzeitig die Anzahl der in die Vorschlagsliste aufzunehmenden wählbaren Kandidaten in Anlehnung an die in anderen Gerichtsbarkeiten geltenden Regeln auf die doppelte Anzahl der nach § 24 zu wählenden Richter begrenzt worden.

2 Die ehrenamtlichen Richter sollen grds. **aus der Bevölkerung des** gesamten **Gerichtsbezirks** ausgewählt werden. Aus diesem Grunde soll der Präsident des FG die Vorschlagslisten erst **nach Anhörung der** im FG-Bezirk aktiven **Berufsvertretungen** (Gewerkschaften, Kammern, Verbände usw) aufstellen. Die gleichmäßige Berücksichtigung aller Bevölkerungsgruppen ist in § 25 anders als in § 36 II GVG (für die Wahl der Schöffen) nicht vorgesehen. Eine analoge Anwendung des § 36 II GVG kommt wegen der unterschiedlichen Aufgaben der Laienrichter in den verschiedenen Gerichtszweigen nicht in Betracht (offen BFH II R 47/86, BStBl. II 1987, 438; VII R 78/93, BFH/NV 1995, 403).

3 In die Vorschlagslisten soll die **doppelte Anzahl** der nach § 24 zu wählenden ehrenamtlichen Richter aufgenommen werden (mind. 24 Kandidaten je Senat – § 27 I 2). Da es sich um eine Sollvorschrift handelt, führt die Aufnahme einer geringeren Zahl nicht zur Rechtswidrigkeit der Wahl, sofern keine ausreichende Zahl von (geeigneten) Kandidaten zur Verfügung steht. In der Liste dürfen nur solche Personen erfasst werden, die die Voraussetzungen der §§ 17–19 erfüllen. Kandidaten, die bereits als ehrenamtliche Richter tätig sind, dürfen bei der Wahl bevorzugt werden (BFH VIII R 41/86, BFH/NV 1990, 511). Die Aufstellung der Vorschlagsliste hat insoweit VA-Charakter, als Personen, die nicht in die Vorschlagsliste aufgenommen worden sind, von der Wahl ausgeschlossen sind. Diese können dagegen mit einem Widerspruch (Widerspruchsbehörde nach § 73 I 2 Nr. 2 VwGO: der Präsident des FG) und einer Klage vor dem VG (Klageart wohl: Anfechtungs- und allgemeine Leistungsklage) vorgehen. Die Erfolgsaussichten

sind gering (zum Streitstand iE s. HHS/Schmid § 25 Rn. 17; Gosch/Müller-Horn § 25 Rn. 8 jeweils mwN).

Da § 25 S. 2 u. 3 als Sollvorschriften ausgestaltet sind, können Verletzungen dieser Vorschriften eine **Besetzungsrüge** (§§ 115 II Nr. 3, 116 III 3, 119 bzw. § 134 FGO iVm § 579 I Nr. 1 ZPO) nicht rechtfertigen. Eine Besetzungsrüge **kann** auch **nicht** mit der Begründung **erhoben werden,** bestimmte Berufsvertretungen seien in einem zu geringen Umfang berücksichtigt worden (BFH II R 47/86, BStBl. II 1987, 438 (439); VIII R 41/86, BFH/NV 1990, 511 (512); VII R 78/93, BFH/NV 1995, 403). 4

§ 26 [Wahlverfahren]

(1) **Der Ausschuss wählt aus den Vorschlagslisten mit einer Mehrheit von mindestens zwei Dritteln der Stimmen die erforderliche Anzahl von ehrenamtlichen Richtern.**

(2) **Bis zur Neuwahl bleiben die bisherigen ehrenamtlichen Richter im Amt.**

Vgl. § 29 VwGO; § 13 II SGG; § 42 GVG.

Literatur: Vogt/Kurth, Der Streit um die Frankfurter Schöffenwahl, NJW 1985, 103.

Die Wahl der ehrenamtlichen Richter kann nur mit einer **Mehrheit** von mindestens **zwei Dritteln der Stimmen** (der erschienenen Mitglieder; s. Tipke/Kruse/Brandis § 26 Rn. 1; Gosch/Müller-Horn § 26 Rn. 3; aA HHS/Schmid § 26 Rn. 8) erfolgen. – Zur **Beschlussfähigkeit** des Wahlausschusses s. § 23 III. – Zum **Wahlverfahren** s. BFH II R 47/86, BStBl. II 1987, 438 (439); VII R 187/85, BFH/NV 1989, 532 (533); VIII R 41/86, BFH/NV 1990, 511 (512); IX R 52/91, BFH/NV 1992, 761; BVerwG 9 CB 36/87, NJW 1988, 219; 9 C 256/86, NVwZ 1988, 724. – Eine **Auslosung** ist keine Wahl (BFH II R 47/86, BStBl. II 1987, 438; IX R 52/91, BFH/NV 1992, 761; BGH 2 StR 327/84, NJW 1984, 2839). Ein summarisches Abstimmungsverfahren aufgrund der den Ausschlussmitgliedern vorliegenden Vorschlagslisten bleibt eine Wahl als bewusste individuelle und konkrete – personenbezogene – Entscheidung (BVerfG 1 BvR 7/88, HFR 1989, 443; BFH II R 47/86, BStBl. II 1987, 438; VIII R 41/86, BFH/NV 1990, 511 (512); IX R 52/91, BFH/NV 1992, 761). 1

Der Wahlausschuss entscheidet nach pflichtgemäßem **Ermessen** (Kopp/Schenke/Ruthig VwGO § 29 Rn. 2). Differenzierungen zwischen Kandidaten, die für die Hauptliste und für die Hilfsliste (→ § 27 Rn. 2, 8 ff.) vorgesehen sind, dürfen dabei nicht vorgenommen werden; die Aufstellung der Hilfsliste ist Sache des Präsidiums (§ 27 II). Sachfremd sind auch Erwägungen politischer und wirtschaftlicher Art. Es entspricht jedoch sachgerechter Ermessensausübung, Kandidaten, die nach §§ 17–19 von der Wahl ausgeschlossen sind, oder die erklärt haben, von ihrem Ablehnungsrecht (§ 20) Gebrauch machen zu wollen, nicht zu berücksichtigen. 2

Die **Wahl** jedes einzelnen ehrenamtlichen Richters **ist Verwaltungsakt** (HmbOVG Bs V 37/85, NJW 1985, 2354; Kopp/Schenke/Ruthig VwGO § 29 Rn. 3; vgl. SächsOVG 3 F 13/09, NJW 2009, 2474). Anfechtungsberechtigt sind die in die Vorschlagliste aufgenommenen Kandidaten, wobei gleichgültig ist, ob sie gewählt werden, und die Aufsichtsbehörde. Diese können dagegen mit einem Widerspruch (Widerspruchsbehörde nach § 73 I 2 Nr. 2 VwGO: Der Präsident 3 des FG) und einer Klage vor dem VG (Klageart: Anfechtungs- oder Verpflichtungsklage) vorgehen. Ein ehrenamtlicher Richter, der gegen seine erfolgte Wahl vorgehen will, kann alternativ auch seine Entbindung nach § 21 beantragen. Keines der beiden Verfahren hat Vorrang vor dem anderen (ähnlich wie bei der Wahlmöglichkeit zwischen Klage und Änderungsverfahren nach §§ 164 II, 172 ff. AO). – **Fehler im Wahlverfahren** führen nur dann zur **Nichtigkeit** der Wahl, wenn zugleich eine Verletzung des Art. 101 I 2 GG vorliegt, nämlich wenn der Verfahrensfehler so schwerwiegend ist, dass von einer Wahl im Rechtssinne nicht mehr gesprochen werden kann (BGH 1 StR 577/87, NJW 1988, 3164) oder wenn er aufgrund seiner Eigenart das in Art. 101 I 2 GG verbürgte Prinzip der Gesetzlichkeit des Richters im Sinne einer sich für jeden einzelnen Rechtsstreit „blindlings" ergebenden Entscheidungszuständigkeit verletzen kann (BFH VIII R 41/86, BFH/NV 1990, 511 (512); BVerwG 9 C 256/86, NVwZ 1988, 724; s. auch BVerfG 2 BvR 1205/81, NJW 1982, 2368). IÜ ist die Entscheidung des Wahlausschusses nur anfechtbar (BVerwG 6 CB 36/85, Buchholz 310 § 28 VwGO Nr. 2; 9 CB 36/87, NJW 1988, 219; BGH 1 StR 330/85, NJW 1986, 1356). Rechtlich unerheblich sind Fehler iSd § 46 VwVfG (BVerwG 9 CB 36/87, NJW 1988, 219; 9 C 256/86, NVwZ 1988, 724).

4 **Fehler bei der Wahl** der ehrenamtlichen Richter führen vor der Aufhebung der Wahl nur dann zur nicht ordnungsgemäßen Besetzung des Gerichts (§§ 115 II Nr. 3, 116 III Nr. 3, 119 Nr. 1; § 134 FGO iVm § 579 I Nr. 1 ZPO; Art. 101 I 2 GG), wenn keine echte Wahl stattgefunden hat (→ Rn. 1 aE, 3), die Wahl als willkürlich einzustufen ist und damit die Gefahr einer Manipulation der Richterbank befürchten lässt (BVerfG 1 BvR 1269/87, BeckRS 1990, 6950; BFH VIII R 9/92, BStBl. II 1993, 55; IV R 32/00, BStBl. II 2001, 651; VIII R 40/00, BFH/NV 2001, 1575) oder wenn die Wahl nichtig ist (→ Rn. 3). Die vom Gericht getroffenen Entscheidungen sind aber auch in diesem Fall weder nichtig noch als „Nicht-Urteile" zu qualifizieren (BVerfG 2 BvR 114/71 ua, BVerfGE 31, 181; 2 BvR 1350/84, NJW 1985, 125; BVerwG 1 CB 39/87, Buchholz 310 § 26 VwGO Nr. 2; 9 CB 36/87, NJW 1988, 219). – **Nach Aufhebung der Wahl** unter Mitwirkung des fehlerhaft gewählten Richters ergangene Urteile sind in jedem Fall mit der Nichtzulassungsbeschwerde bzw. der Revision (§§ 115 II Nr. 3, 116, 119 Nr. 1) anfechtbar. Auch eine Nichtigkeitsklage (§ 134 FGO iVm § 579 I Nr. 1 ZPO) ist möglich. Gegebenenfalls kann auch Verfassungsbeschwerde (Art. 101 I 2 GG) erhoben werden. – Zum **Anspruch** der Beteiligten (§ 57) **auf Einsicht in die Unterlagen der Wahl** und der Heranziehung der ehrenamtlichen Richter s. BFH IV R 32/00, BStBl. II 2001, 651; VIII B 31/22, BFH/NV 2023, 1215).

5 Je nachdem, ob die ehrenamtlichen Richter mit sofortiger Wirkung oder auf einen Stichtag (→ § 22 Rn. 2) gewählt worden sind, wird ihre **Wahl** unmittelbar mit dem Wahlakt oder mit dem Beginn des Stichtags **wirksam.** Die Vereidigung begründet nicht die Eigenschaft als ehrenamtlicher Richter, sondern ist nur Voraussetzung für die Ausübung des Dienstes (→ § 28 Rn. 2). Sollte die Wahl erst nach Ablauf der vorhergehenden Amtsperiode erfolgen oder unwirksam sein (Gosch/Müller-Horn § 26 Rn. 8), bleiben die bisherigen ehrenamtlichen Richter im Amt (§ 26 II).

§ 27 [Liste und Hilfsliste]

(1) [1]**Das Präsidium des Finanzgerichts bestimmt vor Beginn des Geschäftsjahrs durch Aufstellung einer Liste die Reihenfolge, in der die**

ehrenamtlichen Richter heranzuziehen sind. [2]Für jeden Senat ist eine Liste aufzustellen, die mindestens zwölf Namen enthalten muss.

(2) **Für die Heranziehung von Vertretern bei unvorhergesehener Verhinderung kann eine Hilfsliste ehrenamtlicher Richter aufgestellt werden, die am Gerichtssitz oder in seiner Nähe wohnen.**

Vgl. § 30 VwGO; § 26 SGG; § 49 GVG.

Literatur: Vgl. § 16.

I. Senatslisten

1. Allgemeines

Zu § 27 I: Die Vorschrift dient ebenso wie die Regelung über die Geschäftsverteilung (→ § 4 Rn. 26 ff.) der Bestimmung des **gesetzlichen Richters** iSd Art. 101 I 2 GG. 1

Das Präsidium verteilt vor Beginn des Geschäftsjahres die ehrenamtlichen Richter **auf die einzelnen Senate;** es legt die Reihenfolge ihrer Heranziehung durch Aufstellung der Hauptlisten (je Senat eine Liste mit mindestens zwölf Namen – § 27 I 2) fest, regelt die **Vertretung** (BVerwG VII C 26/61, NJW 1962, 268; BFH VI R 11/85, BFH/NV 1986, 548) und stellt die **Hilfslisten** auf (§ 27 II – → Rn. 8 ff.). Dabei entscheidet das Präsidium nach pflichtgemäßem Ermessen. – Bei der Verteilung auf die einzelnen Senate dürfen besondere Fachkenntnisse der ehrenamtlichen Richter berücksichtigt werden, notwendig ist dies aber nicht (BFH VIII R 40/00, BFH/NV 2001, 1575). Zulässig ist es, die ehrenamtlichen Richter nach einer Neuwahl vorrangig den Senaten zuzuordnen, in denen sie bisher tätig waren (BFH IV R 32/00, BStBl. II 2001, 651; VIII R 40/00, BFH/NV 2001, 1575). – Die Listen dürfen im laufenden Geschäftsjahr grds. nicht geändert werden (→ Rn. 3; Ausnahme: insbes. Auflösung oder Neueinrichtung eines Senats im Laufe des Geschäftsjahres; → § 4 Rn. 32). 2

2. Heranziehung der ehrenamtlichen Richter

Die Frage, in welcher Weise die **Zuteilung** der ehrenamtlichen Richter **zu den einzelnen Sitzungen** des Senats vorzunehmen ist, wird durch § 27 I nicht beantwortet. Geregelt werden muss im Geschäftsverteilungsplan, ob die ehrenamtlichen Richter über die fünfjährige Dauer ihrer Bestellung fortlaufend durchzuzählen sind, oder ob nach jedem Jahreswechsel wieder mit dem ersten ehrenamtlichen Richter in der Liste zu beginnen ist. Beides ist zulässig (BFH XI R 17/97, BFH/NV 1999, 1243; VIII B 31/22, BFH/NV 2023, 1215; BVerwG 3 B 27/21, NVwZ 2022, 646). Die Zuteilung kann im Geschäftsverteilungsplan nach der zeitlichen Abfolge der Sitzungstage oder nach der zeitlichen Folge der Ladungen vorgesehen werden (BFH X R 15/94, BFH/NV 1995, 626; VIII R 70/93, BFH/NV 1997, 31; V B 29/07, BFH/NV 2008, 1501; IX B 94/15, BFH/NV 2016, 581; BVerwG 8 B 114/00, NVwZ-RR 2000, 646; 3 B 27/21, NVwZ 2022, 646). Fehlt für eine bestimmte Frage eine ausdrückliche Regelung, kommt es auf die bei der Anwendung des Geschäftsverteilungsplans im Gericht **„gewachsene Übung"** an (zB BFH IV R 181/79, BStBl. II 1981, 400; VII R 187/85, BFH/NV 1989, 532 (533); XI R 17/97, BFH/NV 1999, 1243; V B 29/07, BFH/NV 3

2008, 1501). In jedem Fall muss die Reihenfolge aber **nach generell abstrakten** (Manipulationen nach Möglichkeit ausschließenden) **Merkmalen** festgelegt werden (BFH V B 29/07, BFH/NV 2008, 1501; VIII B 23/08, BeckRS 2008, 25014335; BVerwG 8 B 64/13, BeckRS 2014, 49602; → § 4 Rn. 27, 50).

4 Sind nach dem Beschluss des Präsidiums die ehrenamtlichen Richter nach den laufenden Nummern der Liste zu den Sitzungen heranzuziehen, richtet sich die Reihenfolge der Heranziehung nach den auf Grund von Terminbestimmungen notwendigen Ladungen. Die Terminierung hat dabei in Übereinstimmung mit der allgemeinen Gerichtspraxis zu erfolgen, sobald eine Sache entscheidungsreif ist. Unzulässig ist es, entscheidungsreife Sachen solange nicht zu terminieren, bis „genehme" ehrenamtliche Richter an der Reihe sind (BFH X R 15/94, BFH/NV 1995, 626). Bestehen ausreichende Anhaltspunkte für eine derartige Manipulation, kann eine **Besetzungsrüge** Erfolg haben (BFH X R 15/94, BFH/NV 1995, 626; → Rn. 11). – Zur Frage, wie zu verfahren ist, wenn nachträglich eine Sitzung „eingeschoben" wird, s. BFH IV R 181/79, BStBl. II 1981, 400; BVerwG 7 C 11/90, NJW 1992, 254 (256): Bei entsprechender Regelung im Geschäftsverteilungsplan bedarf es keiner „Umladung" der bereits geladenen ehrenamtlichen Richter; vielmehr sind die nächsten nach der Hauptliste heranzuziehenden ehrenamtlichen Richter zu laden.

5 Ist der nach der Hauptliste für den Sitzungstag einzuteilende oder eingeteilte **ehrenamtliche Richter verhindert** (→ Rn. 6), ist der geschäftsplanmäßig bestimmte **Vertreter** heranzuziehen. Dies kann der nächste **nach der Hauptliste** noch nicht zu einer Sitzung geladene ehrenamtliche Richter sein, wenn dies den (ggf. durch Auslegung zu ermittelnden – BFH VI R 11/85, BFH/NV 1986, 548 (549); BVerwG VI CB 24/76, BayVBl. 1976, 569) Regelungen des Geschäftsverteilungsplans (→ § 4 Rn. 26) oder der im Gericht gewachsenen Übung (→ Rn. 3) entspricht (zur Heranziehung der **Hilfsliste** → Rn. 8 ff.). Bei kurz vor der mündlichen Verhandlung auftretenden Verhinderungen darf auf den nächsten telefonisch erreichbaren und verfügbaren Vertreter zurückgegriffen werden (BFH II B 166/03, BFH/NV 2005, 705; BVerwG 2 B 36/10, IÖD 2010, 238; vgl. auch BVerwG 8 B 64/13, BeckRS 2014, 49602). Eine Vorschrift im Geschäftsverteilungsplan, dass die Heranziehung eines verhinderten ehrenamtlichen Richters nicht durch Ladung zur nächsten Sitzung nachzuholen ist, ist ebenso zulässig (BVerwG I C 31/72, Buchholz 310 § 30 VwGO Nr. 8) wie das allerdings zur Unübersichtlichkeit führende Gegenteil (Tipke/Kruse/Brandis § 27 Rn. 4; Gosch/Müller-Horn § 27 Rn. 5).

6 Eine **Verhinderung** liegt immer dann vor, wenn der ehrenamtliche Richter erfolgreich abgelehnt worden ist (BFH IX R 42/91, BFH/NV 1995, 481 (482)) oder wenn er seine Verhinderung nach eigener pflichtgemäßer Abwägung unter Angabe des Grundes mitteilt (BFH IV R 66/95, BFH/NV 1996, 840 mwN; VIII R 40/00, BFH/NV 2001, 1575; BVerwG 7 C 11/90, NJW 1992, 254 (256) mwN). Zu solchen Gründen gehören neben Krankheit zB auch der Urlaub (BVerwG 3 B 27/21, NVwZ 2022, 646) oder die beruflich bedingte Verhinderung (BFH IV R 66/95, BFH/NV 1996, 840) eines ehrenamtlichen Richters. Es kann sogar genügen, dass er lediglich nicht erscheint (BVerwG VII C 5/76, HFR 1976, 539; BFH I R 54/98, BFH/NV 2000, 321; II B 166/03, BFH/NV 2005, 705). Eine Verhinderung liegt auch vor, wenn absehbar ist, dass der ehrenamtliche Richter erst mit erheblicher Verspätung erscheinen wird. Wann eine erhebliche Verspätung vorliegt, kann durch den Geschäftsverteilungsplan geregelt werden. Fehlt es daran, liegt sie jedenfalls bei einer Verspätung von einer Stunde (aA

Kissel/Mayer/Mayer GVG § 54 Rn. 21: 15 Minuten Verspätung als erhebliche Verzögerung iSd § 54 II 2 GVG) und mehr vor, da die pünktliche Durchführung der geladenen Verhandlungen sicherzustellen ist. Als erheblich ist daher zu Recht eine Verspätung von mindestens 75 Minuten angesehen worden (BFH II B 166/03, BFH/NV 2005, 705). Dagegen ist ein ehrenamtlicher Richter nicht verhindert, wenn er darum gebeten hat, nur geladen zu werden, wenn der Verhandlungstermin geraume Zeit zuvor feststehe (BFH IV R 32/00, BStBl. II 2001, 651; BVerwG VI C 104.73, HFR 1974, 501). Eine **förmliche Feststellung** der Verhinderung (zB in einem Aktenvermerk) ist gesetzlich **nicht vorgeschrieben** (BFH V R 67/97, BFH/NV 1999, 643; BVerwG 2 C 5/80, DVBl. 1981, 493). – Eine **Überprüfung** der Verhinderung durch den Vorsitzenden ist im Allgemeinen nicht erforderlich, es sei denn, dass Anhaltspunkte für eine pflichtwidrige Entscheidung des ehrenamtlichen Richters vorliegen (BFH IV R 66/95, BFH/NV 1996, 840; IV R 32/00, BStBl. II 2001, 651; VIII R 40/00, BFH/NV 2001, 1575; BVerwG 2 B 36/10, BeckRS 2010, 50301). Dies gilt auch, wenn der ehrenamtliche Richter noch nicht vereidigt war. IÜ kommt es nicht darauf an, ob der ehrenamtliche Richter unverschuldet verhindert war (BFH I R 54/98, BFH/NV 2000, 321). Teilt der ehrenamtliche Richter jedoch wiederholt seine Nichtteilnahme ohne die Angabe konkreter Hinderungsgründe mit, besteht Anlass für den Vorsitzenden, die Gründe zu ermitteln und ggf. eine Glaubhaftmachung anzufordern (BFH IV R 32/00, BStBl. II 2001, 651).

3. Unterbrechung der Verhandlung

Ist eine **Verhandlung unterbrochen** worden, ist sie mit denselben ehrenamtlichen Richtern fortzuführen (BFH II R 41/92, BFH/NV 1994, 880; II B 46/05, BFH/NV 2006, 587 (588); V B 26/06, BFH/NV 2006, 2293). Dagegen ist im Falle der **Vertagung** (Anberaumung eines neuen Termins) die Liste über die Heranziehung der ehrenamtlichen Richter zu beachten, so dass idR an mehreren in derselben Streitsache durchgeführten mündlichen Verhandlungen unterschiedliche Richter mitwirken (BFH II B 172/03, BFH/NV 2005, 509 (511); II B 46/05, BFH/NV 2006, 587 (588); V B 26/06, BFH/NV 2006, 2293 – jeweils mwN; vgl. BFH III B 76/16, BFH/NV 2017, 1050; → § 81 Rn. 9; → § 103 Rn. 4). Eine Vertagung und nicht nur eine bloße Unterbrechung der mündlichen Verhandlung wird angenommen, wenn die zweite Verhandlung mehr als neun Wochen nach der ersten stattfindet (BFH I R 138/67, BStBl. II 1969, 297; I B 83/09, BFH/NV 2010, 913: mehr als elf Monate; V B 57/10, BFH/NV 2011, 615: mehr als vier Monate; II B 26/22, BFH/NV 2023, 729: zehn Wochen), ebenso, wenn eine Vertagung beschlossen wurde und wenn die zweite Verhandlung mehr als sieben Wochen nach der ersten stattfindet (BFH VIII R 70/93, BFH/NV 1997, 31; V B 63/14, BFH/NV 2015, 1001). Der gleiche Rechtsgedanke liegt § 229 StPO zugrunde. Die dort genannten Fristen sind jedoch wegen des noch ausgeprägteren Mündlichkeits- und Unmittelbarkeitsgrundsatzes (vgl. KKStPO/Arnoldi StPO § 229 Rn. 1) nicht auf die FGO übertragbar (aA Gosch/Wendl § 93 Rn. 48). Da selbst nach § 229 III StPO ua krankheitsbedingte Unterbrechungen von bis zu zwei Monaten unbeachtlich sind, können iRd FGO auch sonst Unterbrechungen jedenfalls von bis zu sechs Wochen hingenommen werden (BFH VII R 122/73, BStBl. II 1977, 431: Zulässige Unterbrechung für knapp fünf Wochen). Die FG haben einen Ermessensspielraum, ob sie die mündliche Verhandlung unterbrechen oder vertagen. Nach der angeführten Rspr. des BFH 7 ist dieser Ermessensspielraum überschritten, wenn der Abstand zwischen den Sitzungstagen neun Wochen beträgt (BFH I R 138/67, BStBl. II 1969, 297; II B 26/22, BFH/NV 2023, 729).

II. Hilfslisten

8 **Zu § 27 II:** Da bei kurzfristigen Absagen infolge unvorhergesehener Verhinderung die Heranziehung des nächsten Ehrenamtlichen zu Schwierigkeiten führen kann, lässt § 27 II (insbes. für Gerichte mit großen Bezirken) die Aufstellung einer **Hilfsliste** ehrenamtlicher Richter zu, die am Gerichtssitz oder in seiner Nähe wohnen. Bestehen mehrere Gerichtsstandorte (bei Außensenaten), oder finden regelmäßig in einem Ort auswärtige Sitzungen statt (§ 91 III), können mehrere Hilfslisten für die verschiedenen Sitzungsorte aufgestellt werden (§ 27 II analog). Es ist zulässig, ehrenamtliche Richter sowohl in die Haupt- als auch in die Hilfsliste aufzunehmen (BFH VIII B 25/85, BFH/NV 1990, 299 (300)). Die in der Hilfsliste aufgeführten ehrenamtlichen Richter sind auch dann die gesetzlichen Richter iSd Art. 101 I 2 GG, wenn sie **noch nicht vereidigt** sind (→ § 28 Rn. 3) und vor der mündlichen Verhandlung keine Gelegenheit hatten, sich in die Akten einzuarbeiten (BFH IV R 41/95, BFH/NV 1996, 623 (625); → § 16 Rn. 4). – Die ehrenamtlichen Richter der Hilfsliste dürfen nur bei **„unvorhergesehener Verhinderung“** des nach der Hauptliste eingeteilten ehrenamtlichen Richter nach näherer Maßgabe des Geschäftsverteilungsplans als dessen Vertreter herangezogen werden (BFH VI R 11/85, BFH/NV 1986, 548 (549); VIII R 45/99, BFH/NV 2001, 1594).

9 **Unvorhergesehen** ist eine Verhinderung (→ Rn. 6) nur, wenn sie erst nach Absendung der Ladung bekannt wird (BFH IX R 42/91, BFH/NV 1995, 481 (482); IV R 66/95, BFH/NV 1996, 840; I R 54/98, BFH/NV 2000, 321; BVerwG VI C 104.73, HFR 1974, 501; 7 C 11/90, NJW 1992, 254 (256)). IÜ ergibt sich aus den Regelungen des Geschäftsverteilungsplans sowie der gerichtlichen Übung, wann der Vertreter nicht aus der regulären Liste der ehrenamtlichen Richter, sondern aus der Hilfsliste iSd § 27 II heranzuziehen ist (BFH VI R 11/85, BFH/NV 1986, 548; BVerwG 7 C 11/90, NJW 1992, 254 (256)). Fehlt es an entsprechenden Regelungen oder einer gerichtlichen Übung, kann als Vertreter der nächste ehrenamtliche Richter **nach der Hilfsliste** herangezogen werden, wenn eine einwöchige Ladungsfrist nicht mehr gewahrt werden kann (ähnlich Tipke/Kruse/Brandis § 27 Rn. 6; Gosch/Müller-Horn § 27 Rn. 13; vgl. auch BFH II B 166/03, BFH/NV 2005, 705).

10 Die **Entscheidung** über die Ladung des geschäftsplanmäßig bestimmten Vertreters bzw. eines ehrenamtlichen Richters der Hilfsliste **obliegt** grds. dem **Vorsitzenden,** sie kann aufgrund einer generellen Ermächtigung aber auch der Geschäftsstelle überlassen werden. IÜ wird durch eine (möglicherweise vorsorgliche) Ladung noch keine Entscheidung über die Gerichtsbesetzung getroffen (BVerwG 9 C 136/82, NVwZ 1984, 579). Zur telefonischen Ladung → Rn. 5.

III. Rechtsfolgen bei Regelverstößen

11 Bei **Verletzung der Regeln** über die Aufstellung der Haupt- und Hilfsliste sowie Nichtbeachtung der für die Heranziehung der ehrenamtlichen Richter maßgebenden Reihenfolge ist das Gericht in dem konkret zur Entscheidung anste-

henden Verfahren nicht vorschriftsmäßig besetzt. Revision und NZB (§ 115 II Nr. 3, 116 III 3, 119 Nr. 1) sind aber **nur** möglich, **wenn** die Listen iSd § 27 nicht ordnungsgemäß aufgestellt worden sind (BFH VIII B 31/22, BFH/NV 2023, 1215) oder die Entscheidung über die Heranziehung bestimmter ehrenamtlicher Richter von **willkürlichen Erwägungen** bestimmt ist, wenn sich also die Entscheidung so weit von dem verfassungsrechtlichen Grundsatz des gesetzlichen Richters entfernt hat, dass sie nicht mehr zu rechtfertigen ist (BFH I R 54/98, BFH/NV 2000, 321; V B 29/07, BFH/NV 2008, 1501; → § 119 Rn. 6 ff.; und zum Inhalt der Rüge → § 120 Rn. 66). Unter den gleichen Voraussetzungen kommt eine Nichtigkeitsklage in Betracht (§ 134 FGO iVm § 579 I Nr. 1 ZPO; Zöller/Greger ZPO § 579 Rn. 2). Die zur Darlegung eines etwaigen Besetzungsfehlers erforderlichen Unterlagen hat die Gerichtsverwaltung dem Beteiligten auf Anforderung zur Verfügung zu stellen (BFH VIII B 31/22, BFH/NV 2023, 1215). – Fehler bei der Heranziehung der ehrenamtlichen Richter in einer Sache führen nicht im Wege des sog. **Domino-Effekts** dazu, dass in den Folgeterminen in anderen Sachen der gesetzliche Richter nicht gewahrt ist (BFH IV R 32/00, BStBl. II 2001, 651; V B 28/07, BFH/NV 2008, 1451; V B 32/07, BFH/NV 2008, 1508).

§ 28 (weggefallen)

Literatur: Wüllenkemper, Erneute Vereidigung mehrfach wiederbestellter ehrenamtlicher Richter?, DRiZ 2012, 92.

Aufgehoben durch Art. 9 des G v. 20.12.1974 (BGBl. I 3686). Die **Vereidigung der ehrenamtlichen Richter** erfolgt seither nach § 45 II–VIII DRiG. 1

§ 45 II–VIII DRiG hat folgenden Wortlaut:

(2) [1]Der ehrenamtliche Richter ist vor seiner ersten Dienstleistung in öffentlicher Sitzung des Gerichts durch den Vorsitzenden zu vereidigen. [2]Die Vereidigung gilt für die Dauer des Amtes, bei erneuter Bestellung auch für die sich unmittelbar anschließende Amtszeit. [3]Der Schwörende soll bei der Eidesleistung die rechte Hand erheben.

(3) [1]Der ehrenamtliche Richter leistet den Eid, indem er die Worte spricht:

„Ich schwöre, die Pflichten eines ehrenamtlichen Richters getreu dem Grundgesetz für die Bundesrepublik Deutschland und getreu dem Gesetz zu erfüllen, nach bestem Wissen und Gewissen ohne Ansehen der Person zu urteilen und nur der Wahrheit und Gerechtigkeit zu dienen, so wahr mir Gott helfe."

[2]Der Eid kann ohne die Worte „so wahr mir Gott helfe" geleistet werden. [3]Hierüber ist der Schwörende vor der Eidesleistung durch den Vorsitzenden zu belehren.

(4) [1]Gibt ein ehrenamtlicher Richter an, daß er aus Glaubens- oder Gewissensgründen keinen Eid leisten wolle, so spricht er die Worte:

„Ich gelobe, die Pflichten eines ehrenamtlichen Richters getreu dem Grundgesetz für die Bundesrepublik Deutschland und getreu dem Gesetz zu erfüllen, nach bestem Wissen und Gewissen ohne Ansehen der Person zu urteilen und nur der Wahrheit und Gerechtigkeit zu dienen."

[2]Das Gelöbnis steht dem Eid gleich.

(5) Gibt ein ehrenamtlicher Richter an, daß er als Mitglied einer Religions- oder Bekenntnisgemeinschaft eine Beteuerungsformel dieser Gemeinschaft verwenden wolle, so kann er diese dem Eid oder dem Gelöbnis anfügen.

(6) [1]Die ehrenamtlichen Richter in der Finanzgerichtsbarkeit leisten den Eid dahin, die Pflichten eines ehrenamtlichen Richters getreu dem Grundgesetz für die Bundesrepublik Deutschland und getreu dem Gesetz zu erfüllen, das Steuergeheimnis zu wahren, nach bestem Wissen und Gewissen ohne Ansehen der Person zu urteilen und nur der Wahrheit und Gerechtigkeit zu dienen. [2]Dies gilt für das Gelöbnis entsprechend.

(7) Für ehrenamtliche Richter bei den Gerichten der Länder können der Eid und das Gelöbnis eine zusätzliche Verpflichtung auf die Landesverfassung enthalten.

(8) Über die Verpflichtung des ehrenamtlichen Richters auf sein Amt wird ein Protokoll aufgenommen.

2 Der **ehrenamtliche Richter** wird zwar durch die Wahl in sein Amt berufen, er darf aber erst dann als Richter (§ 16) tätig werden, wenn er den vorgeschriebenen **Eid** (§ 45 VI 1, VII DRiG) **oder** das an seiner Stelle zugelassene **Gelöbnis** (§ 45 VI 2, IV, VII DRiG) abgelegt hat (§ 45 II DRiG). Vereidigung bzw. Gelöbnis sind **wesentliche Merkmale** der Bestellung zum ehrenamtlichen Richter (BVerwG VII P 1.62, BVerwGE 15, 96; 2 WD 17/80, NJW 1981, 1110) oder jedenfalls zwingende Voraussetzung für seine Amtsausübung (BVerwG 10 B 6/04, NVwZ 2005, 231). Zur Ablegung des Eides oder Gelöbnisses ist der ehrenamtliche Richter verpflichtet. Bei Weigerung drohen ihm Ordnungsstrafen (§ 30) oder die Entbindung vom Amt (§ 21 I Nr. 3; HHS/Schmid § 28 Rn. 3).

3 Eid bzw. Gelöbnis sind vor der ersten Dienstleistung **in öffentlicher Sitzung** des Gerichts durch den Vorsitzenden abzunehmen (§ 45 II 1 DRiG). Der Senat muss in voller Besetzung anwesend sein, wobei die dem Senat angehörenden und zur Sitzung herangezogenen ehrenamtlichen Richter noch nicht vereidigt sein bzw. das Gelöbnis noch nicht abgelegt haben müssen. Der Heranziehung von vereidigten (bzw. das Gelöbnis abgelegt habenden) ehrenamtlichen Richtern (Ersatzleuten) bedarf es deshalb nicht (zB BFH IV R 41/95, BFH/NV 1996, 623 (625); VII S 22/06 (PKH), BFH/NV 2007, 1903 (1904); VII B 68/06, BFH/NV 2007, 2242 (2243); Kopp/Schenke/Ruthig VwGO § 31 Rn. 2). – Eid bzw. Gelöbnis sind zweckmäßigerweise vor Beginn einer in einem konkreten Streitfall durchzuführenden mündlichen Verhandlung zu leisten bzw. abzulegen. § 45 II 1 DRiG lässt es aber auch zu, dass der Eid bzw. das Gelöbnis in einer öffentlichen Sitzung abgelegt werden, an der der ehrenamtliche Richter, der bisher noch nicht vereidigt ist bzw. der das Gelöbnis noch nicht abgelegt hat, nicht beteiligt ist (HHS/Schmid § 28 Rn. 4; Kopp/Schenke/Ruthig VwGO § 31 Rn. 2, 3).

4 Sind beide ehrenamtliche Richter unvereidigt bzw. haben beide das vorgeschriebene Gelöbnis noch nicht abgelegt, müssen sie **einzeln vereidigt** werden bzw. das Gelöbnis ablegen (RG I 904/27, RGSt 61, 374; HHS/Schmid § 28 Rn. 4; Kopp/Schenke/Ruthig VwGO § 31 Rn. 2).

5 Die **Vereidigung** bzw. Ablegung des Gelöbnisses **gilt** für die Dauer des Amtes, bei erneuter Bestellung **auch für** die sich **unmittelbar anschließenden Amtszeiten** (§ 45 II 2 DRiG). Nach dem Wortlaut kommt zwar auch in Betracht, dass bei einer erneuten (dritten, fünften usw Wiederwahl in Folge) eine erneute Vereidigung bzw. Ablegung des Gelöbnisses erforderlich wird. Dies würde jedoch dem Zweck des § 45 II 2 DRiG widersprechen, die Eidesleistung bzw. das Gelöb-

nis nicht durch dauernde Wiederholungen zu entwerten (Tipke/Kruse/Brandis § 28 Rn. 1; HHS/Schmid § 28 Rn. 9; Wüllenkemper DRiZ 2012, 92; aA Schmidt-Räntsch DRiG § 45 Rn. 15). Eine erneute Vereidigung bzw. Ablegung des Gelöbnisses ist also nicht erforderlich, wenn der ehrenamtliche Richter nach Ablauf der Amtszeit wiederholt für unmittelbar anschließende Amtsperioden am selben Gericht wiedergewählt wird (BSG B 13 R 177/17 B, NZS 2017, 920; HHS/Schmid § 28 Rn. 9). Dies ist anders, wenn zwischen den Amtsperioden eine zeitliche Lücke besteht (BAG 2 AZN 1389/19, NJW 2020, 2206; Tipke/Kruse/Brandis § 28 Rn. 1; HHS/Schmid § 28 Rn. 9).

Wirkt ein nicht vereidigter Richter (bzw. ein ehrenamtlicher Richter, der das vorgeschriebene Gelöbnis nicht abgelegt hat) an Entscheidungen mit, ist das Gericht **nicht ordnungsgemäß besetzt** (BVerwG VII P 1.62, BVerwGE 15, 96; 10 B 6/04, NVwZ 2005, 231; BSG B 13 R 177/17 B, NZS 2017, 920; BAG 2 AZN 1389/19, NJW 2020, 2206; Kopp/Schenke/Ruthig VwGO § 31 Rn. 4) mit der Folge, dass NZB und **Revision** (§§ 115 II Nr. 3, 116 III 3, 119 Nr. 1) möglich sind und – ggf. – **Nichtigkeitsklage** gem. § 134 FGO iVm § 579 I Nr. 1 ZPO erhoben werden kann. – Die **Nichtbeachtung der** bei der Vereidigung bzw. Ablegung des Gelöbnisses zu beachtenden **Förmlichkeiten** berühren die Wirksamkeit der Vereidigung bzw. des Gelöbnisses jedoch nicht (zum Fehlen der Öffentlichkeit iSd § 45 II DRiG s. BFH VII S 22/06 (PKH), BFH/NV 2007, 1903 (1904); VII B 68/06, BFH/NV 2007, 2242 (2243); X B 19/07, BFH/NV 2008, 1342 (1344); BVerwG 2 WD 17/80, NJW 1981, 1110; zum Nichterheben der rechten Hand – § 45 II 3 DRiG s. BVerwG 2 WD 17/80, NJW 1981, 1110; zum Fehlen des Protokolls s. BFH VII S 22/06 (PKH), BFH/NV 2007, 1903 (1904); VII B 68/06, BFH/NV 2007, 2242 (2243); BVerwG 2 WD 17/80, NJW 1981, 1110; Kopp/Schenke/Ruthig VwGO § 31 Rn. 4). 6

§ 29 [Entschädigung]

Der ehrenamtliche Richter und der Vertrauensmann (§ 23) erhalten eine Entschädigung nach dem Justizvergütungs- und -entschädigungsgesetz.

Vgl. § 32 VwGO; § 19 II SGG; § 55 GVG.

Literatur: Pfab/Schießl, Besteuerung der Entschädigung für ehrenamtliche Richter (Schöffen), FR 2011, 795.

§ 29 ist durch das KostRMoG mit Wirkung ab 1.7.2004 geändert worden. Bis zu diesem Zeitpunkt wurden die ehrenamtlichen Richter nach dem EhrRiEG (aufgehoben mWv 1.7.2004 durch G v. 5.5.2004, BGBl. I 718) entschädigt. 1

Die ehrenamtlichen Richter erhalten für Verdienstausfall, Zeitversäumnis, Fahrtkosten bzw. Fußwegstrecken und sonstigen Aufwand eine Entschädigung (§§ 5–7, 15–18 JVEG). Die Vergütungssätze für die Nutzung des eigenen Kfz, für Zeitversäumnis, Verdienstausfall usw in §§ 5 II 1 Nr. 2, 16–18 JVEG wurden durch Art. 6 I Nr. 5, 14–16 des KostenrechtsänderungsG 2021 v. 21.12.2020 (BGBl. I 3229) mWv 1.1.2021 erhöht. Die Entschädigungen begründen keine Einkünfte iSd § 18 I Nr. 3 EStG. Die Entschädigung für Verdienstausfall gem. § 18 JVEG ist aber nach § 24 Nr. 1 Buchst. a EStG iVm §§ 13 ff. EStG (je nachdem, welcher Einkunftsart der ausgefallene Verdienst unterfällt) steuerpflichtig, nicht jedoch die Entschädigung für Zeitversäumnis gem. § 16 JVEG (BFH IX R 2

10/16, BStBl. II 2018, 571 = BFH/PR 2017, 169 (mit Anm. Ratschow); s. auch Pfab/Schießl FR 2011, 795.

§ 30 [Ordnungsstrafen]

(1) [1]**Gegen einen ehrenamtlichen Richter, der sich ohne genügende Entschuldigung zu einer Sitzung nicht rechtzeitig einfindet oder der sich seinen Pflichten auf andere Weise entzieht, kann ein Ordnungsgeld festgesetzt werden.** [2]**Zugleich können ihm die durch sein Verhalten verursachten Kosten auferlegt werden.**

(2) [1]**Die Entscheidung trifft der Vorsitzende.** [2]**Er kann sie bei nachträglicher Entschuldigung ganz oder zum Teil aufheben.**

Vgl. § 33 VwGO; § 21 SGG; § 56 GVG.

Anlass zu Ordnungsgeldfestsetzungen geben alle Pflichtverletzungen des ehrenamtlichen Richters, insbes. das unentschuldigte Fernbleiben zu einer Sitzung (s. FG Münster 15 O 1/07, EFG 2008, 802; HmbOVG 3 AS 14/15, NVwZ-RR 2015, 639; HessVGH 1 E 1094/15, NVwZ-RR 2015, 841), aber zB auch, wenn er den Eid oder das Gelöbnis verweigert, es ablehnt, sich an der Abstimmung zu beteiligen, sich überhaupt mit der zur Entscheidung anstehenden Sache zu befassen oder die Übernahme des Amtes verweigert (OVG NRW 16 E 14/86, NVwZ 1987, 233). Zum **Ordnungsgeld** (zwischen 5 EUR und 1.000 EUR), zur Gewährung von Zahlungserleichterungen und zur Verjährung s. Art. 6–9 EGStGB v. 2.3.1974 – BGBl. I 469 (471 f.), zuletzt geändert durch G v. 27.3.2024 – BGBl. I Nr. 109. **Ersatzordnungshaft** ist **unzulässig.** – Zu den gem. § 30 I 2 dem ehrenamtlichen Richter aufzuerlegenden Kosten gehören zB die durch die Hinzuziehung eines Vertreters (Ersatzmanns) und das Erscheinen der Beteiligten zum Termin entstandenen Kosten sowie die Auslagen des Gerichts. – Der Vorsitzende entscheidet durch Beschluss; das Rechtsmittel ist die Beschwerde (§ 128 I) ohne Vertretungszwang gem. § 62 IV, da ehrenamtliche Richter keine Beteiligten sind (SächsOVG 2 F 1/04, SächsVBl 2005, 137; iE glA HessVGH 1 E 1094/15, NVwZ-RR 2015, 841 – str.; aA der BFH zu Zeugen und Sachverständigen; → § 62 Rn. 61).

Abschnitt IV. Gerichtsverwaltung

§ 31 [Dienstaufsicht]

Der Präsident des Gerichts übt die Dienstaufsicht über die Richter, Beamten, Angestellten und Arbeiter aus.

Vgl. § 38 I VwGO; §§ 9 II, 30 II, 38 III SGG; § 22 GVG; § 26 DRiG.

Literatur: Haberland, Problemfelder für die richterliche Unabhängigkeit, DRiZ 2002, 301; Papier, Richterliche Unabhängigkeit und Dienstaufsicht, NJW 1990, 8; Pezzer, Finanzgerichtsbarkeit im gewaltengeteilten Verfassungsstaat, DStR 2004, 525; Rudolph, Die Unabhängigkeit des Richters, DRiZ 1984, 135; Schaffer, Die Unabhängigkeit der Rechtspfleger und der Richter, BayVBl. 1991, 641; Spinner, Die Dienstrichterin Edith Gräfl, NZA 2021, 1311; Steindorfner, Qualitätsmanagement und Benchmarking, DRiZ 2003, 272; Weber-

Grellet, (Irr-)Wege aus der Justizmisere, NJW 1990, 1777; Wittreck, Richterliche Erledigungszahlen als Gegenstand der Dienstaufsicht, NJW 2012, 3287; ders., Erledigungszahlen unter (Dienst-)Aufsicht?, DRiZ 2013, 60.

§ 31 überträgt die **Dienstaufsicht** über die Berufsrichter (§ 26 DRiG), Beamten, Angestellten und Arbeiter des Gerichts dem **Präsidenten** des jeweiligen FG. Dem Präsidenten des BFH obliegt die Dienstaufsicht über die Angehörigen seines Gerichts. – Die Dienstaufsicht ist Teil der Gerichtsverwaltung (§ 32). Der Präsident übt die Dienstaufsicht als **weisungsgebundenes Justizverwaltungsorgan** aus. Er kann bei der Ausübung der Dienstaufsicht Richter seines Gerichts (§ 42 DRiG) oder andere Personen zur Hilfe heranziehen. – **Oberste Dienstaufsichtsbehörde** ist im Bund der Bundesjustizminister bzw. sein Vertreter im Amt und in den Bundesländern nach Maßgabe der FGO-Ausführungsgesetze der für die Finanzgerichtsbarkeit zuständige Fachminister, sein ständiger Vertreter oder der Ministerpräsident (BGH RiZ (R) 6/81, NJW 1983, 889; Schmidt-Räntsch DRiG § 26 Rn. 7, 16). – Die **ehrenamtlichen Richter** unterliegen nicht der Dienstaufsicht des Präsidenten (§ 2 DRiG). 1

Die Dienstaufsicht soll die Wahrung der richterlichen Pflichten und einen ordnungsgemäßen Geschäftsablauf gewährleisten. Sie dient damit der **Sicherstellung des Justizgewährungsanspruchs** des Bürgers (→ Vor § 76 Rn. 7 ff.). Der Präsident hat die zur Erfüllung dieses Zwecks erforderlichen Maßnahmen zu ergreifen und Anordnungen zu treffen, wobei die Dienstaufsicht auf **Leitung, Organisation und Überwachung des Gerichtsbetriebes** beschränkt ist und die rechtsprechende Tätigkeit (→ Rn. 3) ebenso wenig erfasst wie die gerichtliche Selbstverwaltung (→ § 4 Rn. 1 ff.). Um eine Maßnahme der Dienstaufsicht handelt es sich jedoch nur, wenn sich die Maßnahme mit dem konkreten Verhalten eines einzelnen Richters oder mehrerer Richter befasst. Dagegen sind bloße Meinungsäußerungen einer dienstaufsichtsführenden Stelle zu einer Rechtsfrage keine Maßnahmen der Dienstaufsicht (BGH RiZ 3/12, NJW-RR 2013, 1215; RiZ (R) 5/13, NJW-RR 2014, 702) – Die Entscheidung über **Dienstaufsichtsbeschwerden** gegen Angehörige seines Gerichts obliegt dem Präsidenten (BFH IV B 117/04, BFH/NV 2006, 348). Für die Bearbeitung von Dienstaufsichtsbeschwerden gegen den Präsidenten ist der Fachminister (regelmäßig der Justizminister) zuständig (→ Rn. 1). 2

Die **Dienstaufsicht über Richter** (→ Rn. 1) findet gem. **§ 26 DRiG** ihre Grenze in der **richterlichen Unabhängigkeit** (→ § 1 Rn. 3 ff.). – Die Vorschrift hat folgenden Wortlaut: 3

§ 26 DRiG Dienstaufsicht

(1) Der Richter untersteht einer Dienstaufsicht nur, soweit nicht seine Unabhängigkeit beeinträchtigt wird.

(2) Die Dienstaufsicht umfaßt vorbehaltlich des Absatzes 1 auch die Befugnis, die ordnungswidrige Art der Ausführung eines Amtsgeschäfts vorzuhalten und zu ordnungsgemäßer, unverzögerter Erledigung der Amtsgeschäfte zu ermahnen.

(3) Behauptet der Richter, daß eine Maßnahme der Dienstaufsicht seine Unabhängigkeit beeinträchtige, so entscheidet auf Antrag des Richters ein Gericht nach Maßgabe dieses Gesetzes.

Nach **§ 26 I DRiG** sind Maßnahmen der **Dienstaufsicht unzulässig,** soweit sie die richterliche Unabhängigkeit antasten. Die Dienstaufsicht muss sich **jedweder Einflussnahme auf** die richterliche Entscheidung im Bereich der **Rechtsanwen-**

dung enthalten (zB BGH RiZ (R) 3/75, NJW 1977, 437; RiZ (R) 1/90, NJW 1991, 421; RiZ (R) 2/00, NJW-RR 2002, 574; RiZ (R) 1/10, NJW-RR 2011, 700; RiZ (R) 2/15, NJW 2018, 158; RiZ (R) 4/94, NJW 1995, 731 betr. **Telefonbenutzung;** s. Schmidt-Räntsch DRiG § 26 Rn. 22 ff., 28 ff.). – Zur Behandlung von **Dienstaufsichtsbeschwerden** s. Kissel/Mayer/Mayer GVG § 1 Rn. 99, § 12 Rn. 131 ff. – Bei **offensichtlich fehlerhafter Amtsausübung** sollen Maßnahmen der Dienstaufsicht jedoch zulässig sein (BGH RiZ (R) 3/75, NJW 1977, 437; RiZ (R) 3/07, NJW-RR 2008, 1660; RiZ (R) 5/08, NJW 2010, 302; RiZ (R) 4/09, NJOZ 2012, 151; krit. Wassermann JZ 1986, 536). Auch Vorhalte wegen **unterdurchschnittlicher Erledigungszahlen** sind dem Grunde nach zulässig (vgl. § 26 II DRiG; BVerfG 2 BvR 1473/20, NJW 2021, 3717; BGH RiZ (R) 2/15, NJW 2018, 158; RiZ (R) 3/19, NJW 2020, 3320; Schmidt-Räntsch DRiG § 26 Rn. 24; Wittreck NJW 2012, 3287 und DRiZ 2013, 60). Auch eine Geschäftsprüfung ist zulässig, soweit sie keinen unzulässigen Erledigungsdruck ausübt und nicht auf eine direkte oder indirekte Weisung oder psychische Einflussnahme hinausläuft, wie der Richter künftig verfahren oder entscheiden soll (BGH RiZ (R) 1/19, RiZ (R) 2/19, MDR 2023, 870). – Die **Grenzen** des § 26 I DRiG sind ferner **nicht überschritten,** wenn die Maßnahmen der Dienstaufsicht **lediglich** die **äußere Ordnung** des Verfahrens betreffen (zB BGH RiZ (R) 1/90, NJW 1991, 421; RiZ (R) 3/10, NJW 2012, 939; RiZ (R) 2/15, NJW 2018, 158; krit. Rudolph DRiZ 1984, 139). – Zur Frage, ob die neuen Steuerungsmodelle für das Gerichtsmanagement lediglich die äußere Ordnung des Verfahrens betreffen s. Haberland DRiZ 2002, 308 ff.; Pezzer DStR 2004, 525 (533 f.).

4 Die Beschränkungen des § 26 DRiG gelten auch für die **Beurteilung eines Richters** (BGH RiZ (R) 3/96, DRiZ 1998, 20; RiZ (R) 5/00, NJW 2002, 359; RiZ (R) 5/08, NJW 2010, 302; OLG Stuttgart DGH 2/15, NVwZ-RR 2016, 920; OLG Koblenz DGH 1/15, DRiZ 2017, 102; Schmidt-Räntsch DRiG § 26 Rn. 41 ff.; → § 1 Rn. 9).

5 Maßnahmen der Dienstaufsicht sind jedoch zulässig, soweit ein Richter im Bereich der **Gerichtsverwaltung** tätig wird (BGH RiZ 2/62, DRiZ 1963, 440; s. auch BGH RiZ (R) 6/88, NJW 1991, 426).

6 Als **Maßnahme der Dienstaufsicht** sieht § 26 II DRiG lediglich Vorhalt und Ermahnung vor (BGH RiZ (R) 1/66, BGHZ 46, 147 (150); RiZ (R) 1/96, DRiZ 1997, 467; RiZ (R) 2/14, NJW 2015, 1250; Schmidt-Räntsch DRiG § 26 Rn. 35 ff.). Dies gilt auch, soweit es um Fragen der äußeren Ordnung geht. Auch die äußere Ordnung kann daher nicht mit Weisungen durchgesetzt werden (BGH RiZ (R) 2/14, NJW 2015, 1250). Daneben sind Maßnahmen nach dem Disziplinarrecht denkbar (Schmidt-Räntsch DRiG § 26 Rn. 35).

7 Ist ein Richter der Meinung, dass eine Maßnahme der Dienstaufsicht seine **Unabhängigkeit beeinträchtigt,** kann er das Richterdienstgericht anrufen (§ 26 III DRiG iVm §§ 77 ff., 61 f. DRiG). Dabei kann sich der Richter außer gegen die in § 26 II DRiG ausdrücklich genannten Vorhalte und Ermahnungen auch gegen andere, ggf. mittelbare Einflussnahmen wenden, die seine Unabhängigkeit beeinträchtigen (BGH RiZ (R) 6/13, NJW-RR 2017, 763; RiZ (R) 1/19, RiZ (R) 2/19, MDR 2023, 870). Gegen Entscheidungen des Präsidiums ist das Verfahren nach § 26 III DRiG nicht eröffnet (grds. auch nicht analog), weil das Präsidium keine Dienstaufsicht ausübt (BGH RiZ 2/16, BeckRS 2022, 7571). – Ist ein Richter durch Maßnahmen der Dienstaufsicht **in** seinem allgemeinen **Dienstverhältnis betroffen** (BVerwG 2 C 34/80, NJW 1983, 2589; BGH RiZ (R) 3/83, NJW 1984, 2531), ist der Rechtsweg zu den **Verwaltungsgerich-**

ten eröffnet. Dies ergab sich früher aus § 71 III DRiG, § 126 I BRRG, nunmehr aus den in den Landesrichtergesetzen (zB § 10 RichterG Bbg) enthaltenen Verweisungen auf das Beamtenrecht und § 54 I BeamtStG, für die Richter am BFH aus § 46 DRiG iVm § 126 I BBG. Das gilt auch für die dienstliche **Beurteilung** eines Richters. – Zur **Abgrenzung** s. BVerfG 2 BvR 2223/15, NVwZ 2016, 764; BVerwG 2 C 34/80, NJW 1983, 2589; BGH RiZ (R) 3/83, NJW 1984, 2531; RiZ (R) 2/14, NJW 2015, 1250; RiZ (R) 2/15, NJW 2018, 158; Spinner NZA 2021, 1311 (1312 f.).

§ 32 [Verbot der Übertragung von Verwaltungsgeschäften]

Dem Gericht dürfen keine Verwaltungsgeschäfte außerhalb der Gerichtsverwaltung übertragen werden.

Vgl. § 39 VwGO; §§ 9, 30, 38 SGG.

§ 32 konkretisiert den in § 1 niedergelegten Grundsatz der **Gewaltenteilung** (→ § 1 Rn. 3). Unzulässig ist danach die Übertragung allgemeiner Verwaltungsgeschäfte auf die FG (vgl. § 4 I DRiG). Aufgaben der **Gerichtsverwaltung** (Personal-, Haushalts-, Rechnungs- und Kassenwesen, Ausbildung der Referendare, Fortbildung der Gerichtsangehörigen) müssen die FG jedoch wahrnehmen (vgl. § 4 II DRiG; Schmidt-Räntsch DRiG § 4 Rn. 30 f.). Zu den Aufgaben der Gerichtsverwaltung, die Richtern beim BFH übertragen sind, s. BFH (Hrsg.), FS 60 Jahre Bundesfinanzhof, 2010, 91 ff. Zur Gerichtsverwaltung gehören aber **weder die Erstattung von Gutachten noch die Fortbildung von Richtern anderer Gerichtszweige.** – S. auch §§ 4, 40–42 DRiG.

Abschnitt V. Finanzrechtsweg und Zuständigkeit

Unterabschnitt 1. Finanzrechtsweg

Vor § 33: Sachentscheidungsvoraussetzungen (Sachurteilsvoraussetzungen, Prozessvoraussetzungen) – Prozesshandlungen

Übersicht

	Rn.
I. Sachentscheidungsvoraussetzungen	1
1. Allgemeine Bedeutung	1
2. Allgemeine Prüfungsvoraussetzungen	3
a) Vorrangige Prüfung	3
b) Darlegungspflicht	11
c) Maßgeblicher Prüfungszeitpunkt	13
3. Die Sachentscheidungsvoraussetzungen im Einzelnen	16
a) Positive Sachentscheidungsvoraussetzungen	16
b) Rechtsschutzbedürfnis	18
c) Negative Sachentscheidungsvoraussetzungen	27

Rn.
II. Prozesshandlungen ... 30
1. Allgemeines ... 30
2. Wirksamkeitsvoraussetzungen ... 31
a) Prozesshandlungsvoraussetzungen ... 31
b) Form ... 32
c) Unbedingtheit ... 33
d) Zugang ... 34
e) Unwiderruflichkeit ... 37
3. Auslegung ... 40

I. Sachentscheidungsvoraussetzungen

1. Allgemeine Bedeutung

1 Mit dem letzten Abschnitt des Ersten Teils der FGO beginnt, in systematisch nicht ganz überzeugender Gliederung, noch immer unter der allgemeinen Überschrift „Gerichtsverfassung", die Behandlung der **Sachentscheidungsvoraussetzungen** (die auch Prozessvoraussetzungen genannt werden, BGH II ZR 255/16, DStR 2018, 421 unter II.1.). Das sind die Voraussetzungen, die erfüllt sein müssen, damit das Gericht in die Lage versetzt wird, in eine Sachprüfung einzutreten (BFH VII R 122/80, BStBl. II 1984, 791 (793)) und durch Beschluss, Gerichtsbescheid oder Urteil in der Sache zu entscheiden. Soweit Klageverfahren betroffen sind, ist auch der Begriff Sachurteilsvoraussetzungen verbreitet (BFH X B 75/13, BFH/NV 2014, 1073). Fehlen die Sachentscheidungsvoraussetzungen, wird der Rechtsbehelf oder das Rechtsmittel **als unzulässig** abgewiesen oder verworfen, in Klageverfahren durch sog Prozessurteil. Daher ist auch der Begriff **Zulässigkeitsvoraussetzungen** verbreitet (BFH X B 75/13, BFH/NV 2014, 1073; Tipke/Kruse/Krumm Vor § 40 Rn. 1). Die Unzulässigkeit hat idR die weitere Folge, dass auch eine spätere **Verfassungsbeschwerde** wegen Verstoßes gegen den Subsidiaritätsgrundsatz unzulässig ist (BVerfG 2 BvR 2/90, HFR 1991, 111; 1 BvR 2628/07, BVerfGE 128, 90; 1 BvR 2628/07, NJW 2011, 1058, letzteres auch zu möglichen Ausnahmen).

2 Die folgenden Ausführungen betreffen insbes. die Sachentscheidungsvoraussetzungen in Klageverfahren. Zu den besonderen Sachentscheidungsvoraussetzungen im Verfahren des einstweiligen Rechtsschutzes → § 69 Rn. 130 ff.; → § 114 Rn. 6 ff. und für die Rechtsmittelverfahren → Vor § 115 Rn. 60 ff.; → § 116 Rn. 6 ff.; → § 120 Rn. 3 ff.; → § 124 Rn. 1; → § 128 Rn. 1, 17 f.

2. Allgemeine Prüfungsvoraussetzungen

3 **a) Vorrangige Prüfung.** Die nachstehend (→ Rn. 16 ff.) genannten positiven und negativen Voraussetzungen sind Gegenstand einer **vorrangigen Prüfung** (BFH I B 16/01, BStBl. II 2001, 13; X B 136/19, BFH/NV 2020, 774; BGH XII ZR 216/05, NJW 2008, 1227). Dies ergibt sich schon rein sachlogisch daraus, dass sie nach ihrem Sinn und Zweck vorliegen müssen, bevor das Gericht in eine Sachprüfung eintritt. Ferner folgt es daraus, dass nur das zulässigerweise mit der Sachprüfung befasste Gericht eine der Rechtskraft fähige Entscheidung in der Sache fällen soll (BFH I B 16/01, BStBl. II 2001, 13; X S 15/22 (PKH), BFH/NV 2023, 385; BVerwG 6 B 133/18, NVwZ 2019, 649, Rn. 21; Zöller/Greger

ZPO Vor § 253 Rn. 10). Denn auch die im Rahmen einer unzulässigen Klage ergangene Entscheidung erwächst in Rechtskraft (§ 110), wobei sich jedoch bei einer wegen Unzulässigkeit zurückgewiesenen Klage die Rechtskraft darauf beschränkt (BFH I R 57/11, BStBl. II 2016, 633 Rn. 25; III B 39/15, BFH/NV 2015, 1689; Tipke/Kruse/Krumm Vor § 40 Rn. 24). Dagegen erwächst die trotz Unzulässigkeit der Klage ergangene Entscheidung in der Sache auch insoweit in Rechtskraft, wenn das FG nur in der Sache entschieden hat (BFH VIII B 36/04, BFH/NV 2006, 86; BGH XII ZR 216/05, NJW 2008, 1227). Dies gilt nicht im Fall der Klageabweisung als unzulässig und jedenfalls unbegründet, wobei die Obergerichte zT eine eingeschränkte Rechtskraftwirkung klarstellend feststellen (vgl. BVerwG 6 B 133/18, NVwZ 2019, 649, Rn. 22). Die Entscheidung durch Sachurteil im Rahmen einer unzulässigen Klage stellt grds. einen Verfahrensmangel dar (BFH IV R 40/98, BStBl. II 1999, 563; IV B 12/14, BFH/NV 2014, 1570; X B 118/16, BFH/NV 2017, 1437; XI B 123/17, BFH/NV 2019, 565; auch → Rn. 7 ff.).

Keine Rolle spielt dagegen grds. die **Reihenfolge,** in der die Sachentscheidungsvoraussetzungen geprüft werden (BFH VII R 98/91, BFH/NV 1993, 486; Tipke/Kruse/Krumm Vor § 40 Rn. 23; Zöller/Greger ZPO Vor § 253 Rn. 11). Eine Ausnahme bilden die Regelungen über den Rechtsweg und die Zuständigkeit, weil kein unzuständiges Gericht die übrigen Sachentscheidungsvoraussetzungen prüfen sollte (BFH III S 12/15, BFH/NV 2015, 1421; Tipke/Kruse/Krumm Vor § 40 Rn. 23). 4

Die Frage, ob eine Klage zulässig ist, hat außer für die Frage, ob das Gericht in die Sachprüfung eintritt, noch für folgende Verfahrensfragen Bedeutung: 5

- nur bei zulässigen Klagen kann ein **Änderungsbescheid** nach **§ 68** zum Gegenstand des Verfahrens werden (→ § 68 Rn. 60 f.);
- eine **Klageänderung** iSd **§ 67** kommt nur in Betracht, wenn sowohl die ursprüngliche als auch die geänderte oder erweiterte Klage zulässig sind (→ § 67 Rn. 18);
- bei unzulässigen Klagen muss grds. **keine Akteneinsicht** gewährt werden, wenn die Akteneinsicht nicht erkennbar für die Darlegung der Zulässigkeit erforderlich ist (BFH VII B 24/08, BFH/NV 2009, 1124). Auch bei einer unzulässigen NZB versagt der BFH in stRspr die Akteneinsicht (BFH VII B 87/00, BFH/NV 2001, 147; XI B 21/04, BFH/NV 2004, 1120; X B 55/06, BFH/NV 2006, 1694; II S 24/10 (PKH), BFH/NV 2011, 201; krit. dazu Tipke/Kruse/Brandis § 78 Rn. 21; → § 78 Rn. 6);
- die Unzulässigkeit einer Klage steht der einfachen **Beiladung** (§ 60 I) entgegen (→ § 60 Rn. 29), einer notwendigen Beiladung (§ 60 III) nur, wenn die Unzulässigkeit offenkundig ist (→ § 60 Rn. 31);
- **erledigt** sich bei einer unzulässigen Klage die **Hauptsache,** werden die Kosten dem Kläger auferlegt (→ § 138 Rn. 41).

Der **Grundsatz der vorrangigen Prüfung** der Zulässigkeit gilt jedoch nicht uneingeschränkt. Höchstrichterlich anerkannt sind folgende **Ausnahmen:** Die Prüfung des **Rechtsschutzbedürfnisses** (→ Rn. 18 ff.) kann unterbleiben, wenn die Unbegründetheit der Klage bereits feststeht. Denn die Funktion des Rechtsschutzbedürfnisses besteht darin zu verhindern, dass Prozessgegner und Gericht ohne ausreichendes Interesse an gerichtlichem Rechtsschutz durch ein Verfahren belastet werden. Dem würde eine aufwändige Prüfung des Rechtsschutzbedürfnisses bei klarer Sachlage widersprechen (BGH KVR 25/94, NJW 1996, 193 unter IV.; aA BFH XI B 176/03, BeckRS 2004, 25007623). Ferner 6 kann die Prüfung der **Zulässigkeit einer Nichtzulassungsbeschwerde** unterbleiben, wenn feststeht, dass sie jedenfalls unbegründet ist. Die Rechtskraft des FG-Urteils tritt unabhängig davon ein, ob die NZB als unzulässig verworfen oder als unbegründet zurückgewiesen wird (BFH II B 140/86, BStBl. II 1987, 344; III B 30/10, BFH/NV 2011, 998; vgl. auch BFH VI B 74/22, DStRE 2023, 1332). Bei **Revisionen** gilt dies schon wegen der unterschiedlichen Besetzung (→ § 126 Rn. 4) nicht (→ § 10 Rn. 1 f.). **Beschlüsse gem. § 69 III** erwachsen nicht in materieller Rechtskraft (BFH IV B 41/77, BStBl. II 1978, 584; IV S 11/10, BFH/NV 2011, 1894). Daher dürfte es auch hier zulässig sein, die Zulässigkeit dahinstehen zu lassen, wenn ein Antrag nach § 69 III jedenfalls unbegründet ist. Anders verhält es sich mit **Beschlüssen gem. § 114,** die in materieller Rechtskraft erwachsen (BFH II B 112/91, BStBl. II 1992, 250). Jedoch ist die Reichweite dieser Rechtskraftwirkung auf die erstrebte vorläufige Regelung beschränkt und erfasst nicht das Hauptsacheverfahren (HHS/Lange § 114 Rn. 141). Ein Dahinstehenlassen der Zulässigkeit erscheint daher bei jedenfalls unbegründeten Anträgen gem. § 114 hinnehmbar.

7 Zulässig ist es ferner, die Klage als **unzulässig und jedenfalls unbegründet** abzuweisen (HHS/Rauda § 95 Rn. 33; aA BVerwG 6 B 133/18, NVwZ 2019, 649, Rn. 21; Tipke/Kruse/Krumm Vor § 40 Rn. 24). Hat das FG die Klage zu Unrecht als unzulässig angesehen, hat ein Rechtsmittel nur Erfolg, wenn die Klage mindestens teilweise begründet war oder die Feststellungen des FG nicht ausreichen, um darüber entscheiden zu können (BFH IV B 76/05, BStBl. II 2007, 466; VIII B 187/10, BFH/NV 2011, 1518; VIII R 16/20, BStBl. II 2022, 380).

8 **In der Praxis** ist die **Abweisung** einer Klage oder eines anderen **Rechtsbehelfs als jedenfalls unbegründet nicht selten** anzutreffen. Diese Verfahrensweise der FG wird durch den Umstand beeinflusst, dass die Abweisung der Klage, die zu Unrecht als (nur) unzulässig erfolgt, in der Regel zur Zurückverweisung zum Zwecke der Sachprüfung führt (vgl. zB BFH IV R 40/98, BStBl. II 1999, 563; I R 10/05, BFH/NV 2006, 750; V R 49/15, BFH/NV 2016, 1754; IV B 85/16, BFH/NV 2018, 51; VIII R 16/20, BStBl. II 2022, 380; abw. BFH VII B 325/00, BFH/NV 2001, 1227), was zu einer zeitlichen und kostenmäßigen Zusatzbelastung der Beteiligten und des FG führt. Dagegen führt eine unzutreffende Entscheidung in der Sache (statt einer Abweisung mangels Zulässigkeit) idR zur abschließenden Entscheidung des BFH durch Abweisung der Klage als unzulässig (vgl. BFH IV B 12/14, BFH/NV 2014, 1570; X B 118/16, BFH/NV 2017, 1437; V R 19/21, BStBl. II 2022, 774; abw. BFH VI B 94/13, BFH/NV 2014, 176). Hat das FG zu Recht die Zulässigkeit der Klage verneint und sie (entgegen den in → Rn. 3 dargestellten Erwägungen) außerdem als unbegründet abgewiesen, führt dies idR nicht zur Aufhebung des Urteils (vgl. BFH III B 82/13, BFH/NV 2014, 1505; BVerwG 6 B 133/18, NVwZ 2019, 649, Rn. 21 f.). Ferner ist zu berücksichtigen, dass der Gesichtspunkt der **Rechtskraft,** der ein wesentlicher Anlass für den Vorrang der Zulässigkeitsprüfung ist, **im Finanzgerichtsverfahren keine große praktische Bedeutung** hat (vgl. auch Tipke/Kruse/Krumm Vor § 40 Rn. 24). Denn die Masse der Verfahren entfällt auf Verfahren des Steuerfestsetzungs- oder Feststellungsverfahrens, bei denen (von Veranlagungen unter dem Vorbehalt der Nachprüfung abgesehen) idR aus Gründen der Rechtsbehelfsfristen, der Korrekturvorschriften und/oder der Festsetzungs- bzw. Feststellungsverjährung eine erneute gerichtliche Überprüfung in der Sache keine Aussicht auf Erfolg verspricht.

Selbst wenn sich die Entscheidung in der Sache unter **Dahinstehenlassen oder fehlerhaftem Bejahen der Zulässigkeit der Klage** als verfahrensfehlerhaft darstellt, führt dies (allein) **nicht zwangsläufig** zur **Aufhebung der finanzgerichtlichen Entscheidung** oder jedenfalls nicht zur Zurückverweisung. Denn der BFH prüft die Zulässigkeit der Klage in eigener Zuständigkeit (allerdings auch mit der Möglichkeit der Zurückverweisung; → Rn. 14). Sieht er die dahingestellt gelassene Zulässigkeit nicht als gegeben an, weist er ggf. die Klage als unzulässig ab (→ Rn. 8). Sieht er die Klage als zulässig an, prüft er bei einer zulässigen Revision die Entscheidung in der Sache, wozu er bei ausreichenden Feststellungen in der Lage ist (§ 126 III 1 Nr. 1 oder IV, vgl. zB BFH IV R 40/98, BStBl. II 1999, 563; I R 82/17, BStBl. II 2020, 229: VIII R 16/20, BStBl. II 2022, 380; uU aA BFH VIII B 12/10, BFH/NV 2010, 1846). Bei einer zulässigen NZB prüft der BFH dann, ob Zulassungsgründe oder Verfahrensfehler hinsichtlich der Erwägungen des FG zur Begründetheit vorliegen (vgl. zB BFH X B 96/21, BFH/NV 2022, 1187, Rn. 34 ff.). 9

b) Darlegungspflicht. Da der Kläger durch das Bejahen der Sachentscheidungsvoraussetzungen begünstigt wird, ist er für insoweit – ungeachtet der Amtsermittlungspflicht des Gerichts (§ 76 I 1) – **darlegungspflichtig.** Dies gilt in besonders hohem Maße für die Darlegung der Klagebefugnis gem. § 40 II, also für die Darlegung der subjektiven und objektiven Beschwer. 11

c) Maßgeblicher Prüfungszeitpunkt. Das **Finanzgericht** muss die Sachentscheidungsvoraussetzungen **grds.** nach der Sach- und Rechtslage zum **Schluss der mündlichen Verhandlung** (ggf. nach Wiedereröffnung) prüfen (BFH VIII B 3/89, BStBl. II 1990, 1068). Bei Entscheidungen ohne mündliche Verhandlung kommt es insoweit auf den Zeitpunkt an, an dem die Entscheidung versandt wird (BFH XI B 100/99, BFH/NV 2002, 356; V B 244/03, BFH/NV 2005, 376). **Einzelne Sachentscheidungsvoraussetzungen** müssen aber zu **früheren Zeitpunkten** vorliegen, zB die formgerechte Klageschrift (§ 64 I) innerhalb der Klagefrist (§ 47 I), die Bezeichnung der in § 65 I 1 genannten Angaben innerhalb einer Ausschlussfrist nach § 65 II 2 (→ § 65 Rn. 71). Die Zugangsvoraussetzungen des § 69 IV müssen bei Antragstellung vorliegen (→ § 69 Rn. 145). Das FG kann vorab durch **Zwischenurteil** über die Zulässigkeit entscheiden (§ 97). 13

Der **BFH prüft** die **Sachentscheidungsvoraussetzungen** von Amts wegen und ohne Bindung an die tatsächlichen Feststellungen der Vorinstanz (BFH XI R 3/09, BFH/NV 2010, 1450; III R 59/11, BFH/NV 2013, 1992; I R 29/13, BFH/NV 2015, 27; IV R 4/18, DStRE 2021, 399; → § 118 Rn. 162 ff.), ggf. auch durch eigene Beweiserhebungen, zB durch die Einvernahme von Zeugen (vgl. BFH X R 14/21, BStBl. II 2023, 588; X R 13/23, BFH/NV 2024, 1420). Dabei müssen – von den in → Rn. 13 erwähnten Ausnahmen abgesehen – die Sachentscheidungsvoraussetzungen auch noch im Zeitpunkt der Entscheidung durch den BFH vorliegen (BFH IV R 1/16, BFH/NV 2018, 206, Rn. 44; IV R 4/18, DStRE 2021, 399, Rn. 47). Es steht im Ermessen des BFH, die erforderlichen tatsächlichen Feststellungen nach einer Zurückverweisung durch das FG treffen zu lassen (§§ 126 III 1 Nr. 2, 116 VI; BFH IX R 47/83, BStBl. II 1986, 268; XI R 1/07, BStBl. II 2007, 833; VI B 94/13, BFH/NV 2014, 176; VIII B 133/13, BFH/NV 2015, 45 aE). Bei Fragen der Wiedereinsetzung in Klage- oder Ausschlussfristen ist die Zurückverweisung zwingend (BFH I B 16/01, BStBl. II 2002, 13). 14

3. Die Sachentscheidungsvoraussetzungen im Einzelnen

16 **a) Positive Sachentscheidungsvoraussetzungen.** Zu den **positiven Sachentscheidungsvoraussetzungen** in erster Instanz (wegen des Rechtsmittelverfahrens → Vor § 115 Rn. 60 ff.; wegen des Beschwerdeverfahrens → § 116 Rn. 6 ff.; → § 128 Rn. 1, 17 f.) gehören:

- **Wirksamkeit der Klageerhebung,** dh unbedingte Anrufung des Gerichts zum Zwecke förmlicher Rechtsschutzgewährung (→ § 40 Rn. 3 ff.);
- in Fällen rechtsgeschäftlicher Vertretung: **wirksame Vollmachterteilung** (§ 62 VI; → § 62 Rn. 5 ff., 80 ff.);
- **Schriftlichkeit** (§ 64 I, § 52a), ggf. **auf dem zugelassenen Weg übermittelt** (§ 52d);
- **Ordnungsmäßigkeit** der Klageerhebung (**§ 65 I 1;** → § 65 Rn. 4): Bezeichnung des Klägers (→ § 65 Rn. 13 ff.), des Beklagten (→ § 65 Rn. 23 ff.) und des Klagebegehrens (→ § 65 Rn. 30 ff.), bei Anfechtungs- und Verpflichtungsklagen auch der angefochtenen Hoheitsmaßnahme (→ § 65 Rn. 40 ff.);
- Unterwerfung unter die **deutsche Gerichtsbarkeit** (keine Exterritorialität – § 155 S. 1 FGO iVm §§ 18–20 GVG); die Vorschriften haben im Finanzgerichtsprozess keine praktische Bedeutung, weil die Immunität nicht gilt, soweit der Immune selbst ein Verfahren anstrengt (Kissel/Mayer/Mayer GVG § 18 Rn. 24);
- **Deutschsprachigkeit** (§ 52 I FGO iVm § 184 GVG; zur Notwendigkeit einen **Dolmetscher** hinzuzuziehen – § 52 I FGO iVm § 185 I GVG; jeweils → § 52 Rn. 30; (Kissel/Mayer/Mayer GVG § 184 und § 185; Zöller/Lückemann GVG §§ 184, 185);
- **Finanzrechtsweg** (§ 33; durch rechtskräftige Bejahung der Zulässigkeit des Rechtswegs oder Verweisung kann nach § 155 S. 1 FGO iVm § 17a II GVG eine Bindung erzeugt werden, so dass weitere Prüfungen entbehrlich sind, → Anh. § 33 Rn. 28 ff.);
- **Erfolglosigkeit des außergerichtlichen Vorverfahrens** (§ 44 I; Ausnahmen geregelt in den §§ 45 und 46);
- **Wahrung der Klagefrist** (§ 47; im Fall der Untätigkeitsklage § 46 I 2); mit Heilungsmöglichkeit nach § 56;
- **Klagebefugnis** (§ 40 II; → § 40 Rn. 75 ff.; Spezialfall der **Beschwer** – zu dieser → Vor § 115 Rn. 100 ff.): in subjektiver Hinsicht mit der Besonderheit des § 48 aF/nF bei bestimmten Feststellungsbescheiden iSd §§ 179 ff. AO; in objektiver Hinsicht mit Einschränkungen gem. § 42 bei Änderungsbescheiden (§ 351 I AO) und im Regelungsbereich von Grundlagenbescheiden (§§ 351 II, 171 X AO; str., → § 42 Rn. 37 f.); insoweit besteht eine besondere **Darlegungspflicht** des Klägers (→ Rn. 11);
- **Beteiligtenfähigkeit** (Steuerrechtsfähigkeit § 57);
- **Prozessfähigkeit** (§ 58);
- richtiger **Beklagter** (→ § 63 Rn. 2 ff.);
- **Örtliche** (§§ 38, 39) und **sachliche** (§§ 35–38) **Zuständigkeit** (unter Berücksichtigung der Verweisungsregelung des § 70 FGO iVm § 17a II GVG, → Anh. § 33 Rn. 17 ff.; → § 70 Rn. 1 ff.);
- im Falle der **Feststellungsklage:** besonderes Feststellungsinteresse (§ 41 I aE);
- **Rechtsschutzbedürfnis** (→ Rn. 18 ff.).

18 **b) Rechtsschutzbedürfnis.** Bereits durch die Regelungen des § 40 II und § 41 I (Feststellungsinteresse) hat der Gesetzgeber deutlich gemacht, dass der Klä-

ger für die Beanspruchung des Gerichts und des Beklagten ein legitimes Bedürfnis nachweisen muss. Es ist darüber hinaus anerkannt, dass eine Klage trotz des Vorliegens oder der Unerheblichkeit der gesetzlichen Voraussetzungen unzulässig sein kann, wenn ihr das allgemeine **Rechtsschutzbedürfnis** (auch Rechtsschutzinteresse genannt; vgl. zB BFH IV R 1/16, BFH/NV 2018, 206, Rn. 44) fehlt. Die Funktion des Rechtsschutzbedürfnisses besteht darin zu verhindern, dass Prozessgegner und Gericht ohne ausreichendes Interesse an gerichtlichem Rechtsschutz durch ein Verfahren belastet werden (BGH KVR 25/94, NJW 1996, 193 unter IV.).

Das allgemeine Rechtsschutzbedürfnis fehlt bei **objektiv sinnlosen Klagen,** 19
wenn also der Kläger kein schutzwürdiges Interesse an dem begehrten Urteil haben kann (Zöller/Greger ZPO Vor § 253 Rn. 18), zB weil der Kläger das erstrebte Ziel bereits erreicht hat (BFH I B 179/12, BFH/NV 2014, 48; XI R 23/12, BFH/NV 2017, 293; FG Münster 7 K 585/20 E (PKH), ZInsO 2021, 1022) oder aus tatsächlichen und/oder rechtlichen Gründen nicht (mehr) erreichen kann (BFH X R 28/07, BStBl. II 2010, 348; vgl. BFH I R 59/15, BStBl. II 2018, 624), zB weil über die zwischen den Beteiligten umstrittene Frage bereits in einem anderen Verfahren in einer nach § 110 FGO oder § 183 I InsO bindenden Weise entschieden worden ist (BFH V R 39/14, BStBl. II 2017, 755; IV R 1/16, BFH/NV 2018, 206, Rn. 45; auch → § 66 Rn. 6). Es fehlt ferner, wenn sich das vom Kläger verfolgte Ziel auf andere, offensichtlich **einfachere Weise** erreichen lässt (BFH III R 53/13, BStBl. II 2015, 282; X S 23/18, BFH/NV 2019, 35; IX R 28/22, DStRE 2024, 1458; Tipke/Kruse/Krumm Vor § 40 Rn. 18). Auch bei der **Verfolgung rechtsmissbräuchlicher Ziele** fehlt es am Rechtsschutzbedürfnis (Tipke/Kruse/Krumm Vor § 40 Rn. 18; HHS/Braun § 40 Rn. 165; → Rn. 27). Schließlich werden Fälle, in denen ohne weiteres das (Fort-)Bestehen einer Beschwer iSd § 40 II verneint werden kann, teilweise als Fälle fehlenden Rechtsschutzbedürfnisses angesehen, wobei die Handhabung zT nicht einheitlich ist (vgl. zu 0 EUR-Festsetzungen BFH XI R 4/00, BFH/NV 2000, 1465; I R 41/18, BFH/NV 2019, 1109 einerseits und BFH III B 204/09, BFH/NV 2011, 638; VI R 49/16, BStBl. II 2020, 86 andererseits). Die Anwendungsbereiche beider normativer Ansätze sind nicht strikt voneinander abgegrenzt, weil dies auch nicht praktisch relevant ist. Im Folgenden werden in erster Linie solche Fallkonstellationen abgehandelt, in denen man eine jedenfalls formelle Beschwer noch bejahen könnte (iÜ → § 40 Rn. 95 ff.). Insbesondere bei **schwerwiegenden Grundrechtseingriffen** ist jedoch zu prüfen, ob es trotz des Wegfalls einer formellen Beschwer ein legitimes Rehabilitierungsinteresse gibt (BVerfG 1 BvR 625/15, NJW 2015, 3432). Jedenfalls kann das Rechtsschutzbedürfnis nicht verneint werden, wenn die Frage, ob sich durch einen Erfolg der Klage die Rechtsposition des Klägers verbessert, nicht ohne weiteres verneint werden kann (BFH VIII R 16/20, BStBl. II 2022, 380).

Im Bereich der **Anfechtungs- und Verpflichtungsklagen** wurde in folgen- 20
den Fällen das Rechtsschutzbedürfnis versagt:

- das Rechtsschutzbedürfnis für eine Klage gegen eine **Anrechnungsverfügung** entfällt grds. spätestens mit dem Erlass eines auf die gleiche Streitfrage gerichteten Abrechnungsbescheids nach § 218 II AO (BFH I B 79/06, BFH/NV 2007, 207; s. aber auch SächsFG 6 K 1178/05, BeckRS 2013, 95912);
- Klage auf **Erörterung des Sach- und Streitstands** nach § 364a AO (BFH I R 63/11, BStBl. II 2012, 539); zur Klage auf Durchführung einer Schlussbesprechung gem. § 201 I AO s. FG LSA 3 K 1195/17, BeckRS 2021, 18152;

- Klage gegen **Fristsetzung nach § 364b AO** (BFH XI B 93/19, BFH/NV 2020, 754);
- der Kläger betreibt das Verfahren weiter, obwohl die **Hauptsache erledigt** ist (→ § 138 Rn. 75; → § 68 Rn. 61 ff.; zur Möglichkeit ggf. auf einen Fortsetzungsfeststellungsantrag nach § 100 I 4 umzustellen → § 100 Rn. 80 ff.). In der Regel dürfte es auch an der Beschwer iSd § 40 II fehlen. Bereits die **Abhilfezusage** des Beklagten lässt das Rechtsschutzbedürfnis entfallen (BFH III B 95/09, BFH/NV 2010, 2294);
- Klage gegen eine **Kapitalertragsteueranmeldung,** wenn nach einem Antrag nach § 32d IV EStG ein Einkommensteuerbescheid ergangen ist (BFH VIII R 45/15, BStBl. II 2019, 306);
- für einen **Leistungsantrag** nach § 100 I 2 auf Auszahlung streitiger Beträge muss ein besonderes Rechtsschutzbedürfnis dargelegt werden (BFH I R 20/10, BStBl. II 2011, 822; I R 65/10, BFH/NV 2012, 924; VI R 37/18, BFH/NV 2021, 1085, Rn. 70);
- für Klagen auf die Bildung von **Lohnsteuerabzugsmerkmalen** (gesonderte Feststellung nach § 39 I 4 EStG; früher: Eintragungen auf der **Lohnsteuerkarte**) entfällt das Rechtsschutzbedürfnis mit Abschluss des Lohnkontos am 28.2. des Folgejahres (§ 41b I 2 EStG; BFH III R 50/09, BFH/NV 2011, 786) oder nach Ablauf der Frist für den Lohnsteuer-Jahresausgleich am 28.2. (bis zum VZ 2015: 31.3.) des Folgejahres (§ 42b III 1 EStG; BFH III R 2/12, BFH/NV 2014, 549; VI R 55/08, BStBl. II 2017, 715). Danach kommt aber ein Übergang zur Fortsetzungsfeststellungsklage in Betracht (BFH X R 28/07, BStBl. II 2010, 348; III R 50/09, BFH/NV 2011, 786; X R 36/09, BStBl. II 2014, 109; III B 30/13, BFH/NV 2013, 1625; → § 100 Rn. 84, 92);
- zu Unrecht ist auch die **mangelnde Mitwirkung** am Klageverfahren als Grund für die Verneinung des Rechtsschutzbedürfnisses angesehen worden (FG Hmb 8 K 9/08, EFG 2009, 140). Die mangelnde Mitwirkung hat Auswirkungen auf die Intensität der Ermittlungspflichten, lässt jedoch den durch Art. 19 IV GG verbürgten Anspruch auf Rechtsschutz nicht gänzlich entfallen (HHS/Braun § 40 Rn. 166; Hollatz EFG 2009, 141);
- Klagen gegen **Prüfungsanordnungen,** nachdem die Prüfung bereits durch Übersendung des Prüfungsberichts abgeschlossen ist (BFH V B 23/15, BFH/NV 2016, 53);
- für Klagen, mit denen dem angerufenen Gericht die Legitimation oder die Existenz abgesprochen wird (**„Reichsbürger“;** HessFG 4 K 1406/13, BeckRS 2014, 94199);
- eine nach Eintritt der **Restschuldbefreiung** nach §§ 286 ff. InsO fortgeführte Klage (FG Hmb 3 K 148/11, EFG 2012, 727);
- nach **Rücknahme der Klage** fortgeführte Verfahren (FG München 10 K 581/11, BeckRS 2012, 95491; → Rn. 27);
- hat der Kläger eine **Untätigkeitsklage** iSd § 46 nach Ergehen der Einspruchsentscheidung in der Hauptsache für erledigt erklärt, fehlt ihm für eine erneute Klage das Rechtsschutzbedürfnis. Dies ist jedoch nicht der Fall, wenn er eine (unzulässige) Klage mit dem Ziel erhebt, die Behörde zum Erlass der Einspruchsentscheidung zu verpflichten (BFH VIII B 33/95, BFH/NV 1996, 559; III B 101/11, BFH/NV 2012, 1628);
- **nicht existente Verwaltungsakte,** für die nicht einmal ein Rechtsschein besteht (BFH X R 33/09, BFH/NV 2011, 1496). Insoweit dürfte es auch an der Beschwer iSd § 40 II fehlen;

- der Kläger erhebt Einwendungen, wegen derer der angefochtene Bescheid bereits **nach § 165 I 2 AO für vorläufig erklärt** und bereits ein entsprechendes Musterverfahren anhängig gemacht wurde (BFH III B 26/07, BFH/NV 2008, 374; III R 35/15, BStBl. II 2018, 662; X B 58/23, BFH/NV 2023, 1327; krit. Seer FS 75 Jahre FG Münster, 2024, 129 (131 ff.)). Dies gilt aber nicht, wenn die Vorläufigkeitserklärung erst während des Klageverfahrens erfolgte (BFH XI B 98/04, BFH/NV 2006, 952; X B 60/07, BFH/NV 2009, 205; jedenfalls wenn der Kläger eigene Überlegungen und Gründe vorträgt, BFH X R 10/10, BFH/NV 2011, 977) oder wenn der Kläger besondere Gründe verfahrensrechtlicher oder materiell-rechtlicher Art geltend machen kann (BFH VI R 37/01, BFH/NV 2005, 1323; III R 39/08, BStBl. II 2011, 11; X R 32/08, BStBl. II 2013, 423; X B 58/23, BFH/NV 2023, 1327). Als besondere Gründe sind insoweit denkbar zB ein nachvollziehbares Interesse, ein Verfahren nach § 69 III durchzuführen, oder die Gefahr, dass die Einwendungen nicht vollständig iRd Musterverfahrens geklärt werden können (vgl. zB BFH X B 58/23, BFH/NV 2023, 1327; IX R 9/22, BStBl. II 2024, 282, Verfassungsbeschwerde anhängig unter dem Az. 2 BvR 1712/23);
- bei Eintritt der **Vollbeendigung einer Personengesellschaft** während des Klageverfahrens, wenn die Klagebefugnis der Personengesellschaft ausnahmsweise allein aus dem Schutz ihrer eigenen steuerrechtlichen Sphäre folgte (BFH IV R 4/18, DStRE 2021, 399);
- für eine Anfechtungsklage gegen einen Steuer- oder Haftungsbescheid, wenn bei Klageerhebung bereits unstreitig **Zahlungsverjährung** eingetreten war (BFH I R 8/18, BFH/NV 2024, 514, Rn. 23 f.);
- Klage gegen eine **Zurückweisung** eines Bevollmächtigten nach **§ 80 V AO,** wenn das entsprechende Verwaltungsverfahren abgeschlossen ist (FG Hmb 3 K 8/13, BeckRS 2014, 94115).

Wesentliche Bedeutung hat das allgemeine Rechtsschutzbedürfnis iRd übrigen Klagearten, insbes. der **allgemeinen Leistungsklage** (§ 40 I; s. FG Düsseldorf 12 K 1831/11 AO, DK 2014, 124, im Ergebnis bestätigt durch BFH I R 85/13, BStBl. II 2016, 479: fehlende Klagebefugnis; → § 40 Rn. 42 ff.; auch in der Form der vorbeugenden Unterlassungsklage BFH VII R 69/11, BFH/NV 2013, 739; VII R 36/13, BFH/NV 2016, 1189) oder der **Vollstreckungsgegenklage** (§ 151 I FGO iVm § 767 ZPO; BFH VII B 150/12, BFH/NV 2013, 1597), weil insoweit die Filterwirkung des Vorverfahrens (§ 44 I) fehlt. Zu den allgemeinen Leistungsklagen gehören auch Klagen gegen den Arbeitgeber auf Änderung der **Lohnsteuerbescheinigung** nach § 41b I 3 EStG, für die es am Rechtsschutzbedürfnis fehlt (BFH VI B 110/07, BFH/NV 2008, 944; FG Münster 10 K 811/11 L, BeckRS 2012, 94332). Einer allgemeinen Leistungsklage wird ohne den vorherigen Versuch, den Anspruch ohne Prozess durchzusetzen, idR das Rechtsschutzbedürfnis fehlen. 21

Im Bereich der **Feststellungsklagen** (§ 41, § 100 I 4) wird es bei Sachverhalten, die bei anderen Klagearten zur Verneinung des allgemeinen Rechtsschutzbedürfnisses führen, idR am erforderlichen Feststellungsinteresse fehlen, da dieses nur eine besondere Erscheinungsform des allgemeinen Rechtsschutzbedürfnisses ist (BFH V R 39/14, BStBl. II 2017, 755; vgl. auch BFH VII R 30/15, BFH/NV 2018, 405). Zu **vorbeugenden Feststellungs- und Unterlassungsklagen** → § 41 Rn. 20 ff. 22

Zum Rechtsschutzbedürfnis iRd **einstweiligen Rechtsschutzes** → § 69 Rn. 137 ff.; → § 114 Rn. 15 ff.; → § 74 Rn. 77. Zum fehlenden Rechtsschutz- 23 bedürfnis im Zusammenhang mit **Rechtsmittelverfahren** → Vor § 115 Rn. 66, 101, 130 ff.; zu Beschwerden wegen Anträgen auf Akteneinsicht s. BFH VI B 63/02, BFH/NV 2004, 207; I B 179/12, BFH/NV 2014, 48; wegen Aussetzung und Wiederaufnahme von Verfahren, die rechtskräftig abgeschlossen sind s. BFH XI B 28/11, BFH/NV 2012, 249; zum **Antrag auf mündliche Verhandlung** nach § 90a II 1 → § 90a Rn. 20.

24 Auch im Rahmen von **Nebenverfahren** kann das Rechtsschutzbedürfnis fehlen:

– hat ein Beteiligter die **Akten** bereits (ggf. in einem anderen Verfahren) **eingesehen,** fehlt in der Regel das Rechtsschutzbedürfnis für eine erneute Akteneinsicht (BFH X B 22/12, BFH/NV 2013, 226) oder für eine Entscheidung über die Übersendung in seine Kanzlei (BFH I B 179/12, BFH/NV 2014, 48);
– für ein **Befangenheitsgesuch** fehlt zB das Rechtsschutzbedürfnis, wenn eine Tätigkeit des abgelehnten Richters im konkreten Verfahren nicht mehr in Betracht kommt oder sich wegen Beendigung der Instanz nicht mehr auf die Sachentscheidung auswirken kann (→ § 51 Rn. 29);
– für einen **Berichtigungsantrag nach § 94 FGO iVm § 160 IV 1 ZPO, § 107 oder § 108** besteht ein Rechtsschutzbedürfnis nur, wenn die Berichtigung entscheidungserheblich ist oder jedenfalls wegen eines anhängigen Rechtsmittels sein kann (→ § 94 Rn. 20; → § 107 Rn. 10; → § 108 Rn. 15). Dabei bleiben Verfahren vor dem BVerfG und dem EGMR außer Betracht (BFH X S 25/09, BFH/NV 2010, 1293; IX S 17/21, BFH/NV 2023, 973);
– für eine Beschwerde wegen **Bestellung eines Notanwalts** (→ § 62 Rn. 72) in einem abgeschlossenen Verfahren (BFH VIII B 54/19, BFH/NV 2020, 768);
– für einen Antrag auf **Streitwertfestsetzung** (§ 63 II 2 GKG) bedarf es eines besonderen Rechtsschutzbedürfnisses (→ Vor § 135 Rn. 149), das fehlt, wenn sich die Höhe des Streitwerts aus den Anträgen der Beteiligten eindeutig ermitteln lässt, anders bei der Wertfestsetzung nach § 33 I RVG (BFH X S 25/12, BFH/NV 2013, 741). Das Rechtsschutzbedürfnis besteht bei nicht bezifferten Anträgen (BFH IV S 3/10, BFH/NV 2010, 1476), bei noch nicht einheitlich entschiedenen Fragen der Streitwertbemessung (BFH XI S 1/15, BStBl. II 2015, 906; X S 22/16, BFH/NV 2017, 615; VI S 12/17, BFH/NV 2018, 1090) oder schwierig zu überschauenden Auswirkungen der Anträge (BFH I B 171/08, BFH/NV 2010, 1107).

27 **c) Negative Sachentscheidungsvoraussetzungen.** Außerdem dürfen folgende negative Sachentscheidungsvoraussetzungen einer Anrufung des Gerichts nicht entgegenstehen:

– **frühere Rechtshängigkeit** (§ 155 S. 1 FGO iVm § 17 I 2 GVG, § 66; BFH VII R 43/05, BFH/NV 2007, 396; → § 66 Rn. 6 f.);
– **Rechtskraft** (§ 110; → § 110 Rn. 49; BFH VII R 43/05, BFH/NV 2007, 396; X B 224/07, BFH/NV 2008, 1187; V B 54/14, BFH/NV 2015, 223; BGH XII ZR 216/05, NJW 2008, 1227);
– **Klageverzicht** (§ 50; → § 50 Rn. 7);
– **Klagerücknahme** (§ 72; BFH XI R 1/07, BStBl. II 2007, 833; X B 136/19, BFH/NV 2020, 774);
– **Verwirkung** prozessrechtlicher Befugnisse (BVerfG 2 BvR 255/67, BVerfGE 32, 305; 1 BvR 1127/04, BeckRS 2006, 22715; BVerwG 1 B 103/17, BeckRS 2017, 112343); idR nach einjähriger Untätigkeit nach Ergehen der beanstandeten Maßnahme (BFH II 149/65, HFR 1972, 540; V B 129/02,

BFH/NV 2004, 205; XI R 1/07, BStBl. II 2007, 833; FG BW 9 K 334/86, EFG 1993, 673), nicht wegen bloßen „Nichtbetreibens" nach Klageerhebung (vgl. HHS/Braun § 40 Rn. 166; Hollatz EFG 2009, 141; aA FG Hmb 8 K 9/08, EFG 2009, 140);
- **rechtsmissbräuchliche** Rechtsverfolgung (BVerfG 1 BvR 2552/18 ua, NZA 2021, 891; FG Düsseldorf 11 K 1730/20 AO, BeckRS 2022, 43913; OVG NRW 4 A 448/23, DVBl 2023, 1494; s. auch BFH III B 138/92, BStBl. II 1992, 673; X B 18/92, BFH/NV 1993, 732; III B 187/94, BFH/NV 1996, 412 jeweils zu rechtsmissbräuchlichen Untätigkeitsklagen iSd § 46), die aber noch nicht vorliegt, wenn der Kläger wiederholt Klagen erhebt, die bei gleicher Sachverhaltsgestaltung schon wiederholt für Vorjahre abgewiesen wurden (aA FG BW I 365/82, EFG 1985, 510; anders, wenn die Klagen den gleichen Streitgegenstand betreffen: BVerfG 1 BvR 2552/18 ua, NZA 2021, 891), nicht konkret die Fragen formuliert, die einem zur mündlichen Verhandlung zu ladenden Sachverständigen gestellt werden sollen (BFH X B 189/08, BFH/NV 2010, 910) oder im Verlaufe des Verfahrens seine Rechtsansicht ändert (BFH X B 162/09, BFH/NV 2010, 2011);
- sonstige Bindung aus **Treu und Glauben,** insbes. wegen der Zusage, die Klage zurückzunehmen (BFH X R 93/95, BFH/NV 1999, 937; weitere Einzelheiten → Vor § 76 Rn. 23 f.);
- die Subsidiarität (§ 41 II 1) bei der **Feststellungsklage** (→ § 41 Rn. 32 ff.).

II. Prozesshandlungen

1. Allgemeines

Prozesshandlungen im Sinne dieses Abschnitts sind alle auf eine prozessrechtliche Wirkung abzielenden, dh den Prozessablauf gestaltenden oder bestimmenden Handlungen der Beteiligten (Zöller/Greger ZPO Vor § 128 Rn. 14). Es handelt sich um Willenserklärungen besonderer Art, für die dem Grunde nach die Regelungen für Willenserklärungen allgemeiner Art gelten. Letztere werden jedoch vielfach durch das Prozessrecht verdrängt und/oder modifiziert. Es wird unterschieden zwischen **Erwirkungshandlungen** und **Bewirkungshandlungen.** Erwirkungshandlungen sind Prozesshandlungen, die eine gerichtliche Entscheidung herbeiführen sollen, zB Anträge, Beteiligtenvorbringen (Zöller/Greger ZPO Vor § 128 Rn. 14; umfassend Nissen/Elzer MDR 2024, 1277). Bewirkungshandlungen sind Prozesshandlungen, die die Prozesslage unmittelbar beeinflussen (BFH III R 7/97, BStBl. II 2001, 200; BAG 6 AZR 133/20, NJW 2023, 467; Zöller/Greger ZPO Vor § 128 Rn. 14), zB die Klageerhebung (BFH X B 61/01, BFH/NV 2002, 347), beiderseitige Erledigungserklärungen (BFH VIII R 60/79, BStBl. II 1984, 697; V B 59/11, BFH/NV 2012, 2013; BAG 6 AZR 133/20, NJW 2023, 467), Klagerücknahmen (NdsFG 9 K 365/01, EFG 2004, 1239) oder der Verzicht auf eine mündliche Verhandlung (§ 90 II; BFH III R 7/97, BStBl. II 2001, 200; III B 32/17, BFH/NV 2018, 211). 30

2. Wirksamkeitsvoraussetzungen

a) Prozesshandlungsvoraussetzungen. Die Person, die die Prozesshandlungen vornimmt, muss über die **Prozesshandlungsvoraussetzungen** verfügen. Sie muss also beteiligtenfähig (→ § 57 Rn. 11) und prozessfähig (§ 58; BFH III 31

B 86/01, BFH/NV 2003, 1197; IX B 11/11, BFH/NV 2011, 1891), bei Verfahren vor dem BFH auch postulationsfähig (§ 62 IV; BFH V B 256/02, BFH/NV 2004, 649) sein und muss im Falle der Stellvertretung über die erforderliche (gesetzliche oder rechtsgeschäftliche) Vertretungsmacht verfügen (BFH VII B 126/00, BFH/NV 2001, 1268; Zöller/Greger ZPO Vor § 128 Rn. 16).

32 **b) Form.** Die Prozesshandlung muss in der erforderlichen **Form** vorgenommen werden. Für die wichtigsten Prozesshandlungen ist ausdrücklich Schriftform (→ § 64 Rn. 7 ff.; ggf. in elektronischer Form iSd §§ 52a, 52d, → § 52a Rn. 2 ff; → § 52d Rn. 1 ff., oder zu Protokoll des Urkundsbeamten; → § 64 Rn. 28) vorgeschrieben (sofern sie nicht im Rahmen einer mündlichen Verhandlung oder eines Erörterungstermins erklärt werden), nämlich für die Klageerhebung (§ 64 I), die Klagerücknahme außerhalb der mündlichen Verhandlung (§ 155 S. 1 FGO iVm § 269 II 2 ZPO), die Erledigungserklärung (§ 155 S. 1 FGO iVm § 91a I 1 ZPO), den Wiedereinsetzungsantrag für schriftlich vorzunehmende fristgebundene Prozesshandlungen (§ 155 S. 1 FGO iVm § 236 I ZPO), den Antrag auf mündliche Verhandlung (§ 64 I analog; → § 90a Rn. 19) und Rechtsmittel (§§ 116 II 3, 120 I 1, 129 I; auch bei der Erinnerung allg. Auffassung, zB → § 149 Rn. 15; Tipke/Kruse/Brandis § 149 Rn. 18). Nicht einheitlich über die Gerichtsbarkeiten wird beurteilt, ob ein Verzicht auf eine mündliche Verhandlung (§ 90 II) schriftlich erfolgen muss (→ § 90 Rn. 11). Allgemein geht die Tendenz dahin, dass alle Prozesshandlungen **schriftlich oder zu Protokoll** erklärt werden müssen, weil telefonischen oder nicht protokollierten mündlichen Erklärungen die erforderliche Sicherheit hinsichtlich ihres Inhalts und (bei Telefonaten) der Identität des Erklärenden fehlt (HHS/Schallmoser § 90 Rn. 40; Zöller/Greger ZPO Vor § 128 Rn. 19; Ausnahme: Verlegungsanträge, → § 91 Rn. 2). Daher kann auch der zur Wahrung von Ausschlussfristen (§§ 65 II 2, 79b) erforderliche Sachvortrag nur wirksam erfolgen, wenn die allg. Schriftformerfordernisse gewahrt bleiben (FG Düsseldorf 10 K 3452/18 U, EFG 2021, 1669; NdsFG 7 K 183/22, EFG 2023, 643). In den Fällen der § 67 II, § 72 I 3 und § 138 III hat auch **Schweigen,** ggf. iVm rügelosem Einlassen, Erklärungscharakter (iÜ → § 138 Rn. 8).

33 **c) Unbedingtheit.** Prozesshandlungen sind nur wirksam, wenn sie **unbedingt** und **vorbehaltlos** vorgenommen werden (BFH X R 9/15, BFH/NV 2018, 42; III B 32/17, BFH/NV 2018, 211). **Zulässig** sind allein von **interprozessualen Bedingungen** abhängig gemachte Erwirkungshandlungen, insbes. der Hilfsantrag iRd Klageverfahrens (BFH VI B 58/07, BFH/NV 2008, 237; → § 40 Rn. 4 f.; → § 43 Rn. 15 ff.; zum Meinungsstand hinsichtlich der sog unechten Eventualklage s. BFH XI E 1/23, BFH/NV 2023, 1415). Keine bedingte Prozesshandlung ist die „vorsorglich" vorgenommene Handlung. Sie entfaltet volle Wirksamkeit (BFH VI 91/65, HFR 1965, 517; IX B 88/89, BFH/NV 1990, 253; zum Ganzen s. Zöller/Greger ZPO Vor § 128 Rn. 20), wenn sich nicht aus den Gesamtumständen ergibt, dass eine nur bedingte Erklärung gewollt war (vgl. BFH IX R 28/17, BFH/NV 2019, 110).

34 **d) Zugang.** Für den **Zugang** ist erforderlich, dass die Willensbekundung derart in den **Verfügungsbereich des** Empfängers (idR des **Gerichts;** s. dazu BFH X R 122/98, BStBl. II 1999, 662) gelangt sein muss, dass dieser von ihr Kenntnis nehmen kann (→ § 47 Rn. 16). Anders als bei privatrechtlichen Willenserklärungen kommt es aber nicht darauf an, ob die Kenntnisnahme am Eingangstag noch zu erwarten ist. Daher reichen der Einwurf in den Hausbriefkasten nach Dienst-

schluss (BFH VIII B 3/03, BFH/NV 2003, 1441; Tipke/Kruse/Brandis § 47 Rn. 6 f.; HHS/Steinhauff § 47 Rn. 99), die Einlegung in ein bei einem Postdienstleister eingerichtetes und nach außen bekannt gegebenes Postfach (BGH VII ZB 20/85, NJW 1986, 2646; FG München 13 K 55/08, EFG 2010, 745; Tipke/Kruse/Brandis § 47 Rn. 7; HHS/Steinhauff § 47 Rn. 99), der Eingang bei einer von mehreren Gerichten unterhaltenen gemeinsamen Briefannahmestelle oder der Eingang bei einem Außensenat (und umgekehrt; HHS/Steinhauff § 47 Rn. 106) aus. Wenn das Gericht nicht durch technische Maßnahmen (zB Nachtbriefkasten) sicherstellt, dass die genaue Zugangszeit feststeht, muss es bei der Anbringung des Eingangsstempels davon ausgehen, dass die Post am frühestmöglichen Zugangstag eingegangen ist. Andernfalls ist bei fristgebundenen Schriftsätzen ggf. Wiedereinsetzung in den vorigen Stand zu gewähren (→ § 56 Rn. 90).

Der Zugang bei einem **anderen** als dem als Adressaten bezeichneten **Gericht** 35 wahrt nicht die Frist, gilt also nicht als bei dem als Adressaten bezeichneten Gericht als zugegangen (Tipke/Kruse/Brandis § 47 Rn. 8; HHS/Steinhauff § 47 Rn. 105; zur etwaigen Wiedereinsetzung → § 56 Rn. 90; Ausnahme: die Anbringung der Klage beim FA, § 47 II; → § 47 Rn. 19 ff.). Zur Wirkung einer an das falsche Gericht adressierten Klage → § 64 Rn. 5.

Bei **Telefaxsendungen** ist der Zugang mit dem vollständigen Empfang und 36 damit der Speicherung der gesendeten Signale im Empfangsgerät des Gerichts bewirkt, auf die Vollständigkeit des Ausdrucks kommt es nicht an (BVerfG 1 BvR 1656/09, DStR 2014, 420; BGH IV ZB 20/05, NJW 2006, 2263; BFH VIII B 88/09, BFH/NV 2010, 919; XI B 70/12, BFH/NV 2013, 401; VII B 147/14, BFH/NV 2016, 214). Entscheidend für die Wahrung einer Frist ist, dass der bestimmende Schriftsatz vollständig und mit Unterschrift vom Empfangsgerät gespeichert wurde, während es auf etwaige Doppel und Anlagen nicht ankommt (BFH I B 66/11, BFH/NV 2012, 957; X B 6, 7/12, BFH/NV 2013, 385). Der VI. und VIII. Senat des BFH wollen allerdings unter Hinweis auf die BGH-Rspr. die Wahrung der Schriftform erst mit dem Ausdruck als gegeben ansehen (BFH VIII R 9/10, BStBl. II 2014, 748; VI B 117/19, BFH/NV 2020, 1270; ähnlich BGH XII ZB 424/14, NJW 2015, 1527), wobei für die Fristwahrung die Speicherung der elektronischen Signale ausreicht (BFH VI B 117/19, BFH/NV 2020, 1270). Der BFH stellt für den Zeitpunkt der Speicherung der gesendeten Signale wesentlich auf die vom Telefaxgerät des Gerichts ausgewiesene Uhrzeit ab (BFH VIII B 88/09, BFH/NV 2010, 919; I B 66/11, BFH/NV 2012, 957; s. aber auch BFH X B 6, 7/12, BFH/NV 2013, 385). Der OK-Vermerk in einem Sendebericht stellt keinen Zugangsnachweis dar (BFH VI B 117/19, BFH/NV 2020, 1270), eröffnet aber uU Wiedereinsetzungsmöglichkeiten (BGH VI ZB 7/15, NJW-RR 2016, 816). IÜ → § 56 Rn. 80.

Entsprechendes gilt bei Sendungen im **elektronischen Rechtsverkehr** (§ 52a V 1; → § 52a Rn. 37).

e) Unwiderruflichkeit. Auf Prozesshandlungen sind die **Vorschriften über** 37 **die Anfechtung** von Willenserklärungen (§§ 119 ff. BGB) **nicht anwendbar** (BFH XI R 15/04, BStBl. II 2005, 644; III B 81/14, BFH/NV 2015, 1268; IX B 90/22, BFH/NV 2023, 1096). Denn das Prozessrecht will die Verfahrenslage weitgehend vor Unsicherheit schützen. Dem entsprechend finden sich in den prozessrechtlichen Vorschriften auch keine ähnlichen oder auf die §§ 119 ff. BGB verweisenden Regelungen (BGH IVb ZR 589/80, NJW 1981, 2193; Zöller/Greger ZPO Vor § 128 Rn. 21). Willensmängel führen nur dann zur Unwirksamkeit einer Prozesshandlung, wenn **Restitutionsgründe iSd § 134 FGO iVm §§ 579, 580 ZPO** vorliegen (BFH X B 178/01, BFH/NV 2002, 1339; X B 62/05, BeckRS 2005, 25008123; X B 63/05, BeckRS 2005, 25008128; BAG 6 AZR 133/20, NJW 2023, 467) oder wenn die Prozesshandlung Folge einer **unzulässigen Einwirkung** auf den Kläger seitens des Gerichts und/oder der Finbeh durch Drohung, Druck, Täuschung oder unbewusste Irreführung ist (BFH II B 26/69, BStBl. II 1972, 352; X B 136/19, BFH/NV 2020, 774; IX B 90/22, BFH/NV 2023, 1096). Letztere liegt auch dann vor, wenn ein Richter versehentlich durch eine falsche Einschätzung der Rechtslage den Rechtssuchenden (auch wenn er durch einen fachkundigen Prozessvertreter vertreten wird) zu einer für ihn nachteiligen Prozesshandlung (zB Klagerücknahme) veranlasst (BFH XI R 15/04, BStBl. II 2005, 644; FG LSA 4 K 791/04, EFG 2014, 430; → § 72 Rn. 21).

38 Im Einklang damit sind Bewirkungshandlungen **nicht widerrufbar** (für die Klagerücknahme BFH V R 40/05, BStBl. II 2007, 271; IX B 90/22, BFH/NV 2023, 1096; → § 72 Rn. 19 ff.; für die Erledigungserklärung nach Eingang der Erledigungserklärung des Prozessgegners BAG 6 AZR 133/20, NJW 2023, 467; → § 138 Rn. 16 f.; für die Beschwerderücknahme BFH VI B 134/90, BFH/NV 1992, 49; für den Rügeverzicht iSd § 155 S. 1 FGO iVm § 295 ZPO im Zusammenhang mit Beweisaufnahmen BFH VII B 239/97, BFH/NV 1999, 1093; III B 125/18, BFH/NV 2019, 1115; für den Verzicht auf mündliche Verhandlung nach § 90 II → § 90 Rn. 15 ff.; BFH VIII R 36/08, BStBl. II 2011, 126; für die Zustimmung zur Entscheidung durch den konsentierten Einzelrichter nach § 79a III u. IV BFH II S 39/10 (PKH), BStBl. II 2011, 657, anders für die Verweigerung einer solchen Zustimmung BFH X R 5/18, BFH/NV 2020, 698). Eine erhobene Klage kann zwar nach § 72 zurückgenommen werden, jedoch wird dadurch die Klageerhebung nicht ungeschehen gemacht, so dass sie entsprechende Kosten auslöst.

39 Allerdings können **offenbare,** insbes. auf einem Verschreiben oder sonstigem Versehen beruhende **Irrtümer** richtiggestellt werden, wenn sie dem Empfänger der Erklärung bekannt oder erkennbar waren (BFH III R 7/97, BStBl. II 2001, 200 unter II.5.; X B 61/01, BFH/NV 2002, 347). Letztlich handelt es sich dabei um eine sachgerechte Auslegung der Prozesserklärung (→ § 72 Rn. 20).

3. Auslegung

40 Prozesshandlungen sind wie andere Willenserklärungen der **Auslegung** zugänglich, wobei nach **§ 133 BGB** der wirkliche Wille des Erklärenden zu erforschen und nicht am buchstäblichen Sinn des Ausdrucks zu haften ist (BVerfG 2 BvR 1493/11, NVwZ 2016, 238; BFH IX B 181/05, BFH/NV 2007, 1511; XI B 87/11, BFH/NV 2012, 1981; III B 82/13, BFH/NV 2014, 1505; IV R 27/20, BFH/NV 2023, 377). Erklärter Wille ist das, was bei objektiver Würdigung für denjenigen erkennbar geworden ist, für den die Erklärung bestimmt ist (Auslegung aus dem **Empfängerhorizont;** BFH X B 93/07, BFH/NV 2008, 1181). Dabei ist nicht nur die Erklärung selbst, sondern die objektive Bedeutung des Gesamtverhaltens des Erklärenden einschließlich der Nebenumstände in die Auslegung einzubeziehen (BFH VI B 44/09, BFH/NV 2009, 1822; V B 66/12, BFH/NV 2013, 1933; VI R 58/14, BStBl. II 2016, 621; V S 20/16 (PKH), BFH/NV 2016, 1734).

41 Aus Art. 19 IV GG folgt, dass Prozesshandlungen von Stpfl., auch soweit sie von fachkundigen Beratern vertreten werden (BVerfG 1 BvR 1126/11, NJW 2014, 991; 2 BvR 1493/11, NVwZ 2016, 238; BFH IV R 4/03, BFH/NV 2005, 162; XI B 206/04, BFH/NV 2006, 68; V B 66/12, BFH/NV 2013, 1933; IV

R 27/20, BFH/NV 2023, 377; s. aber auch BFH V B 114/08, BFH/NV 2009, 400; VIII B 95/09, BFH/NV 2010, 217; X B 198/10, BFH/NV 2011, 1166; IV S 1/12, BFH/NV 2012, 967), möglichst so auszulegen sind, dass ihr Rechtsschutzbegehren zum Erfolg geführt wird (**Grundsatz rechtsschutzgewährender Auslegung;** BFH VIII B 12/10, BFH/NV 2010, 1846; X R 44/11, BFH/NV 2014, 594; XI B 61/22, BFH/NV 2023, 379; vgl. BVerfG 2 BvR 2181/20, StV 2023, 97). Dies gilt insbes. dann, wenn nach den Gesamtumständen der Inhalt der Erklärung nicht frei von Zweifeln ist (BFH IV R 4/03, BFH/NV 2005, 162; XI B 206/04, BFH/NV 2006, 68; IV B 98/06, BFH/NV 2007, 2322; IV B 141/11, BFH/NV 2013, 574). Zweifel am Inhalt der Erklärung werden bei Fachkundigen seltener auftreten als bei steuerlichen und juristischen Laien (BFH V B 114/08, BFH/NV 2009, 400; VIII B 95/09, BFH/NV 2010, 217; IV S 1/12, BFH/NV 2012, 967; I R 29/13, BFH/NV 2015, 27). Bei Zweifeln am Inhalt der Erklärung ist das gewollt, was nach den Maßstäben der Rechtsordnung vernünftig ist und der recht verstandenen Interessenlage entspricht (BFH III R 85/09, BStBl. II 2013, 19; IV R 41/12, BFH/NV 2016, 227; VIII R 27/15, BStBl. II 2017, 441; VII B 121/19, BFH/NV 2021, 326; ähnlich BFH XI B 206/04, BFH/NV 2006, 68; IV B 141/11, BFH/NV 2013, 574: gewollt ist, dass das Ergebnis dem Willen eines verständigen Beteiligten entspricht; BFH I B 118/13, BFH/NV 2014, 1556; VI R 58/14, BStBl. II 2016, 621). Nach der Rspr. des **BVerfG** ist die Auslegung von Prozesshandlungen grds. wohlwollend am erkennbaren Rechtsschutzanliegen zu orientieren (**Grundsatz wohlwollender Auslegung;** BVerfG 1 BvR 1126/11, NJW 2014, 991; 1 BvR 3164/13, NJW 2016, 2018).

Gleichwohl muss sich für den Erklärungsinhalt noch ein **Anhaltspunkt in der (verkörperten) Erklärung selbst** finden lassen (BFH I B 104/07, BFH/NV 2008, 799; XI B 87/11, BFH/NV 2012, 1981; V R 2/13, BStBl. II 2013, 844; IV R 47/11, BStBl. II 2015, 532; I B 81/17, BFH/NV 2018, 515). Dabei kommt es allerdings auf die Wortwahl nicht entscheidend an, sondern auf den gesamten Inhalt der Willenserklärung (BVerfG 1 BvR 1126/11, NJW 2014, 991; BFH V B 66/12, BFH/NV 2013, 1933; V R 50/13, BStBl. II 2014, 813; VIII R 16/21, BFH/NV 2024, 1415). Ferner können **auch außerhalb der Erklärung liegende weitere Umstände** berücksichtigt werden (BFH IV B 56/08, BFH/NV 2010, 1108; VIII B 174/19, BFH/NV 2021, 638; V B 14/20, BFH/NV 2021, 1520). Dabei ist auch auf die **Steuerakten** zurückzugreifen (BFH IV B 198/01, BFH/NV 2003, 190; XI B 46/02, BFH/NV 2004, 1417; VII B 98/04, BFH/NV 2007, 1345; VI B 44/09, BFH/NV 2009, 1822; X B 47/10, BFH/NV 2011, 1713). Denn es ist zu berücksichtigen, dass das FA eines der beiden Adressaten von Rechtsbehelfen ist (vgl. § 47 II; BFH III R 132/85, BStBl. II 1989, 846; VII B 26/09, BFH/NV 2010, 441; XI B 129–132/13, BFH/NV 2014, 1385; VI R 58/14, BStBl. II 2016, 621; IV R 27/20, BFH/NV 2023, 377; aA HHS/Braun § 40 Rn. 31). Auch die vom FA verwendeten Formulierungen (BFH IV R 8/13, BStBl. II 2015, 1046; VI R 58/14, BStBl. II 2016, 621) und der weitere im Verfahren erfolgte Vortrag ist in die Auslegung einzubeziehen (BFH V R 2/11, BStBl. II 2012, 634; VI R 58/14, BStBl. II 2016, 621; IX R 4/19, BStBl. II 2020, 368; IV R 27/20, BFH/NV 2023, 377). Legt sich ein Beteiligter auf Befragen eindeutig fest oder tritt er Auslegungsvorschlägen des Gerichts mit Bestimmtheit entgegen, ist für eine abweichende Auslegung kein Raum (BFH IV B 56/08, BFH/NV 2010, 1108; ähnlich BFH I R 29/13, BFH/NV 2015, 27; IV R 27/20, BFH/NV 2023, 377; BVerwG 1 C 34/22, NVwZ-RR 2024, 478, Rn. 20 f.). Es kommt auch nicht darauf an, ob die Prozesserklärung bei vernünftiger Betrach- 42 tung aus der Sicht eines sachverständigen Dritten dem objektiven Interesse des Klägers entspricht (BVerwG 1 C 34/22, NVwZ-RR 2024, 478, Rn. 20 f.; BGH XII ZB 80/07, NJW-RR 2008, 85 aE; FG BBg 7 K 7068/21, BeckRS 2022, 22309); es ist nicht Sache des Gerichts, die der Prozesserklärung zugrunde liegenden Motive zu deuten oder zu erforschen (vgl. FG München 13 K 2970/05, BeckRS 2007, 26023444; FG BBg 7 K 7068/21, BeckRS 2022, 22309). IÜ → § 40 Rn. 3; → § 65 Rn. 10, 32 ff., 42; → § 72 Rn. 8, 20.

43 Von der Auslegung ist die **Umdeutung** zu unterscheiden. Letztere führt analog § 140 BGB dazu, dass eine Prozesshandlung, die unwirksam oder zur Erfolglosigkeit verurteilt ist, in eine Erfolg versprechende Prozesshandlung umgedeutet wird. Im Hinblick darauf, dass die Rspr. die Anforderungen an die Verkörperung eines Sinngehalts im Wortlaut der Erklärung stark herabgesetzt hat, ist die praktische Bedeutung der Umdeutung eher gering einzuschätzen. Es besteht Einigkeit darüber, dass **Erklärungen fachkundiger Vertreter nicht** umgedeutet werden können. Dies hat praktische Bedeutung insbes. insoweit, dass eindeutig bezeichnete Rechtsbehelfe oder Rechtsmittel von fachkundigen Vertretern auch dann nicht anderweitig ausgelegt oder umgedeutet werden, wenn die benannten Rechtsbehelfe oder Rechtsmittel unstatthaft sind (BFH V B 114/08, BFH/NV 2009, 400; VIII B 95/09, BFH/NV 2010, 217; I B 207/09, BFH/NV 2011, 48; IV S 1/12, BFH/NV 2012, 967; XI B 140/13, BFH/NV 2014, 879; I R 29/13, BFH/NV 2015, 27; X B 94/14, BFH/NV 2015, 218; IX R 11/15, BFH/NV 2016, 1676; s. auch FG Münster 8 K 1080/21, EFG 2023, 382; Fink EFG 2015, 788). Dies gilt aber nicht, wenn – dem Wortlaut nach – in der FGO nicht vorgesehene Rechtsmittel erhoben werden, die nach der Art der darin erhobenen Einwände (insbes. der Rüge, das rechtliche Gehör sei verletzt worden) als Anhörungsrüge auszulegen sind (BVerfG 1 BvR 1126/11, NJW 2014, 991; BFH I S 12/12, BFH/NV 2013, 733; aA BFH X B 198/10, BFH/NV 2011, 1166; IV S 1/12, BFH/NV 2012, 967).

§ 33 [Zulässigkeit des Finanzrechtswegs]

(1) **Der Finanzrechtsweg ist gegeben**

1. **in öffentlich-rechtlichen Streitigkeiten über Abgabenangelegenheiten, soweit die Abgaben der Gesetzgebung des Bundes unterliegen und durch Bundesfinanzbehörden oder Landesfinanzbehörden verwaltet werden,**
2. **in öffentlich-rechtlichen Streitigkeiten über die Vollziehung von Verwaltungsakten in anderen als den in Nummer 1 bezeichneten Angelegenheiten, soweit die Verwaltungsakte durch Bundesfinanzbehörden oder Landesfinanzbehörden nach den Vorschriften der Abgabenordnung zu vollziehen sind,**
3. **in öffentlich-rechtlichen und berufsrechtlichen Streitigkeiten über Angelegenheiten, die durch den Ersten Teil, den Zweiten und den Sechsten Abschnitt des Zweiten Teils und den Ersten Abschnitt des Dritten Teils des Steuerberatungsgesetzes geregelt werden,**
4. **in anderen als den in den Nummern 1 bis 3 bezeichneten öffentlich-rechtlichen Streitigkeiten, soweit für diese durch Bundesgesetz oder Landesgesetz der Finanzrechtsweg eröffnet ist.**

(2) **Abgabenangelegenheiten im Sinne dieses Gesetzes sind alle mit der Verwaltung der Abgaben einschließlich der Abgabenvergütungen oder**

sonst mit der Anwendung der abgabenrechtlichen Vorschriften durch die Finanzbehörden zusammenhängenden Angelegenheiten einschließlich der Maßnahmen der Bundesfinanzbehörden zur Beachtung der Verbote und Beschränkungen für den Warenverkehr über die Grenze; den Abgabenangelegenheiten stehen die Angelegenheiten der Verwaltung der Finanzmonopole gleich.

(3) **Die Vorschriften dieses Gesetzes finden auf das Straf- und Bußgeldverfahren keine Anwendung.**

Vgl. § 40 VwGO; § 51 SGG; § 13 GVG; § 2 ArbGG.

Literatur: Fu, Rechtsschutz gegen Insolvenzanträge des Finanzamtes, DStR 2010, 1411; Hellmann, Der Rechtsweg gegen die Versagung der Akteneinsicht durch die Finanzbehörde nach Abschluß des steuerstrafrechtlichen Ermittlungsverfahrens, DStZ 1994, 371; Kalmes, Konkursantrag des Finanzamts und einstweilige Anordnung als vorläufiger Rechtsschutz, BB 1989, 818; Mann, Zu viele Richter verderben das Recht, DStR-Beih 2018, 45.

Übersicht

Rn.

I. Vorbemerkungen ... 1
1. Rechtswegezuweisung ... 1
2. Entscheidungskompetenz ... 5
3. Einhaltung der Rechtswegezuständigkeit ... 7
II. Eröffnung des Finanzrechtswegs ... 9
1. § 33 I Nr. 1 – Öffentlich-rechtliche Streitigkeiten über bestimmte Abgabenangelegenheiten ... 9
a) Öffentlich-rechtliche Streitigkeiten ... 10
b) Allgemeiner Begriff der Abgabenangelegenheiten iSd § 33 II ... 14
c) Öffentlich-rechtliche Streitigkeiten über Abgabenangelegenheiten ... 17
aa) Begrenzung durch Gesetzgebungskompetenz und Verwaltungshoheit ... 18
bb) Sonstige Einschränkungen der Rechtswegezuständigkeit (insbes. § 33 III) ... 21
d) ABC der Abgabenangelegenheiten (§ 33 I Nr. 1) ... 30
2. § 33 I Nr. 2 – Öffentlich-rechtliche Streitigkeiten über die Vollziehung von Verwaltungsakten, die keine Abgabenangelegenheiten betreffen, durch Bundes- und Landesfinanzbehörden ... 133
3. § 33 I Nr. 3 – Öffentlich-rechtliche und berufsrechtliche Streitigkeiten über bestimmte im StBerG geregelte Angelegenheiten ... 136
4. § 33 I Nr. 4 – Finanzrechtsweg kraft ausdrücklicher bundes- oder landesgesetzlicher Zuweisung ... 140

I. Vorbemerkungen

1. Rechtswegezuweisung

1 Der durch Art. 19 IV GG garantierte möglichst lückenlose und effektive **gerichtliche Schutz des Einzelnen** gegen Eingriffe der (deutschen) öffentlichen

Gewalt (BVerfG 2 BvR 630/73, BStBl. II 1976, 271; 1 BvR 857/07, NVwZ 2011, 1062; 1 BvR 1126/11, NJW 2014, 991) ist für den Bereich der **Abgabenangelegenheiten** (→ Rn. 14 ff.) mit Ausnahme der Straf- und Bußgeldverfahren (→ Rn. 21 ff.) der Finanzgerichtsbarkeit zugewiesen (vgl. die Begründung zum Regierungsentwurf – BT-Drs. IV/1446, 43). Der Finanzrechtsweg kann im Einzelfall jedoch nur nach näherer Maßgabe des § 33 beschritten werden (BFH VII B 23/71, BStBl. II 1971, 813). Eine unzulässige Einschränkung des verfassungsrechtlich garantierten Rechtsschutzes kann hierin nicht gesehen werden, weil Art. 19 IV GG Rechtsschutz nur iRd geltenden Prozessordnungen gewährleistet (BVerfG 2 BvR 23/65, BVerfGE 27, 297 ff.). Es liegt auch kein die Verfassungsmäßigkeit des § 33 tangierender Verstoß gegen das Zitiergebot (Art. 19 I 2 GG) vor (BFH VI B 98/11, BFH/NV 2012, 759). – Für **verfassungsrechtliche Streitigkeiten** (zum Begriff vgl. BVerwG 6 C 6/23, NVwZ 2025, 856; Kopp/Schenke/Ruthig VwGO § 40 Rn. 31 ff.) ist der Finanzrechtsweg verschlossen. Das ergibt sich zwar nicht aus dem Wortlaut des § 33 (anders § 40 I 1 VwGO), wohl aber aus Art. 93 GG, den Spezialvorschriften des § 13 Nr. 5–8 BVerfGG sowie entsprechenden landesrechtlichen Bestimmungen (FG BBg 29.7.2010 – 13 V 13127/10, BeckRS 2010, 149223). – **Bürgerlich-rechtliche Streitigkeiten** gehören vor die ordentlichen Gerichte, soweit nicht besondere Gerichtsbarkeiten (Arbeitsgerichte, Schifffahrtsgerichte) eingerichtet sind (§ 13 GVG). – Zur Entscheidung **öffentlich-rechtlicher Streitigkeiten** nichtverfassungsrechtlicher Art sind die Verwaltungsgerichte berufen, soweit die Streitigkeiten nicht durch Bundesgesetz einem anderen Gericht ausdrücklich zugewiesen sind (§ 40 VwGO). Eine solche „Zuweisung" ist an die Sozialgerichte (§ 51 SGG) und die Finanzgerichte (§ 33) erfolgt.

2 Ob das im konkreten Streitfall anzuwendende **G gültig** ist **oder nicht,** hat für die Bestimmung des Rechtswegs keine Bedeutung, weil gerade auch diese Frage einer gerichtlichen Überprüfung zugeführt werden soll (BVerfG 2 BvR 1167/84 ua, NJW 1986, 1483; NdsFG 11 K 361/10, EFG 2012, 837; FG LSA 5 K 1027/11, EFG 2013, 1158).

2. Entscheidungskompetenz

5 Ist der Finanzrechtsweg eröffnet, erstreckt sich die Entscheidungskompetenz der FG auf bürgerlich-rechtliche, verwaltungs- und sozialrechtliche **Vorfragen** (umgekehrt sind grds. auch die Gerichte der anderen Gerichtszweige befugt, über abgabenrechtliche Vorfragen zu entscheiden – vgl. zB BFH V R 4/04, BStBl. II 2005, 415 einerseits und BGH VIII ZR 179/13, NJW 2014, 2940 andererseits). Darüber hinaus ist das FG verpflichtet, ein Rechtsschutzbegehren, das in verschiedenen Rechtswegen verfolgt werden kann, **unter allen Gesichtspunkten** zu prüfen (§ 155 S. 1 FGO iVm § 17 II GVG; → Anh. § 33 Rn. 14). – Eine **Einschränkung der Entscheidungskompetenz** gilt für die Fälle, in denen eine Bindung an die Entscheidungen anderer Behörden oder Gerichte besteht (Tatbestands- oder Feststellungswirkung – vgl. BFH VII R 4/19, BFH/NV 2022, 1274; Tipke/Kruse/Seer AO § 88 Rn. 48 ff.; Steinhauff AO-StB 2010, 271). Das ist insbes. bei rechtsgestaltenden Entscheidungen der Fall. Die strafgerichtliche Verurteilung wegen Steuerhinterziehung bindet die FG allerdings nicht (→ § 81 Rn. 11). – Eine weitere **Einschränkung der Kompetenz** der FG ergibt sich daraus, dass im Einzelfall eine Aussetzung des Verfahrens (§ 74) geboten ist oder doch als zweckmäßig erscheint (→ Anh. § 33 Rn. 14; → § 74 Rn. 3 ff.); zur

Vorlagepflicht nach Art. 100 GG BeckOK BVerfGG/Geißler BVerfGG § 80 Rn. 1 ff.; → Vor § 74 Rn. 5; → 9. Aufl. Anh. Rn. 60 ff.

Die Prüfungskompetenz der FG erstreckt sich grds. auch auf die Vereinbarkeit des nationalen Rechts mit dem **Recht der EU** (EuGH C-87/90, EuZW 1993, 60; C-312/93, DVBl. 1996, 249; C-446/98, DStRE 2001, 260 – Fazenda Publica; C-617/10, NJW 2013, 1415, Rn. 45 – Fransson; BFH V R 17/13, BStBl. II 2015, 513; → 9. Aufl. Anh. Rn. 101 ff.). Letztinstanzliche Gerichte sind jedoch nach Art. 267 AEUV (Art. 234 III EGV aF) in bestimmten Fällen verpflichtet, Rechtsfragen, die das Unionsrecht betreffen, dem EuGH zur Vorabentscheidung vorzulegen (Calliess/Ruffert/Wegener AEUV Art. 267 Rn. 1 ff.; → Vor § 74 Rn. 7; → 9. Aufl. Anh. Rn. 155 ff.). – Zum **Vorrang des Unionsrechts** → 9. Aufl. Anh. Rn. 101 ff., 190 ff. – Der **EuGH** ist für die Vorlagefrage **gesetzlicher Richter** iSd Art. 101 I 2 GG (→ 9. Aufl. Anh. Rn. 182 ff.). 6

3. Einhaltung der Rechtswegezuständigkeit

Die Zulässigkeit des Finanzrechtswegs ist als **Sachentscheidungsvoraussetzung** grds. in jeder Lage des Verfahrens von Amts wegen zu prüfen (→ Vor § 33 Rn. 4). – Das Rechtsmittelgericht hat jedoch nur eine eingeschränkte Prüfungsbefugnis. Es muss bei Einhaltung des Verfahrens nach § 17a III GVG die Entscheidung des erstinstanzlichen Gerichts als bindend hinnehmen (→ Anh. § 33 Rn. 40). 7

II. Eröffnung des Finanzrechtswegs

1. § 33 I Nr. 1 – Öffentlich-rechtliche Streitigkeiten über bestimmte Abgabenangelegenheiten

§ 33 I Nr. 1 eröffnet den Finanzrechtsweg in öffentlich-rechtlichen Streitigkeiten über Abgabenangelegenheiten iSd § 33 II, soweit die Abgaben der Gesetzgebung des Bundes unterliegen und durch Bundes- oder Landesfinanzbehörden (zum Begriff s. § 6 AO, §§ 1, 2 FVG) verwaltet werden. 9

a) Öffentlich-rechtliche Streitigkeiten. Die Frage, ob Streitigkeiten öffentlich-rechtlicher oder (im Gegensatz dazu) bürgerlich-rechtlicher Art sind, ist nach der „**wahren Rechtsnatur des … Anspruchs,** wie sie sich aus dem tatsächlichen Vortrag der klagenden Partei ergibt", zu beantworten (GmSOGB GmS-OGB 1/85, NJW 1986, 2359; GmS-OGB 1/88, NJW 1990, 1527; BFH VII B 277/03, BFH/NV 2004, 288; III S 4/14, BFH/NV 2014, 1077; BGH IX ZB 36/09, NJW 2011, 1365; VIII ZB 20/20, NVwZ 2021, 660; BVerwG 10 AV 1/16, NVwZ 2017, 329). Welche Kriterien für die Unterscheidung zwischen öffentlichem und privatem Recht maßgebend sind, ist nicht endgültig geklärt. In der Rechtslehre werden eine Reihe von Theorien diskutiert (s. die Übersicht über den Meinungsstand bei Kopp/Schenke/Ruthig VwGO § 40 Rn. 11 ff.), die jedoch in der Gerichtspraxis keine Rolle spielen. Letztlich prüfen die Gerichte, welchem Rechtsgebiet die streitentscheidende Anspruchsgrundlage entstammt (vgl. zB BFH III S 4/14, BFH/NV 2014, 1077; BGH IX ZB 36/09, NJW 2011, 1365; BVerwG 7 B 2/12, NZI 2012, 1020). 10

Das Abgabenrecht gehört nach allen Abgrenzungskriterien **in seinem Kernbereich zum öffentlichen Recht.** 11

14 **b) Allgemeiner Begriff der Abgabenangelegenheiten iSd § 33 II.** Der **Begriff der Abgabenangelegenheiten** (§ 33 II) ist weit gefasst. Nach dem G sind hierunter sämtliche Maßnahmen der Finbeh zu verstehen, die mit der Anwendung abgabenrechtlicher Vorschriften im Zusammenhang stehen, insbes. solche, die der Verwirklichung bzw. Durchsetzung des (öffentlich-rechtlichen) Abgabenanspruchs dienen.

15 Zu den **Abgabenangelegenheiten, die mit der Verwaltung der Abgaben zusammenhängen** (§ 33 II Hs. 1), gehören alle Streitigkeiten über **Steuern** (§ 3 AO) und **Ein- und Ausfuhrabgaben** gem. Art. 5 Nr. 20 u. 21 UZK (§ 3 III AO), insbes. **Zölle. Gebühren, Beiträge und Sonderabgaben** (zu Letzteren s. BVerfG 2 BvL 19/83 ua, BStBl. II 1984, 858 (864 ff.) mwN; 2 BvR 1139/12, NVwZ 2014, 1306; Klein/Gersch AO § 3 Rn. 21 ff.; Tipke/Kruse/Drüen AO § 3 Rn. 28 ff.) sind zwar Abgaben iSd § 33 II, Streitigkeiten hierüber gehören aber grds. nicht vor die FG, weil diese Abgaben weder der Gesetzgebung des Bundes unterliegen noch von Bundes- oder Landesbehörden verwaltet werden (Ausnahme: Vollstreckungsgebühren gem. §§ 337 ff. AO; Zollgebühren gem. § 178 AO; Gebühren für verbindliche Auskünfte gem. § 89 III–VII AO, FG München 3 K 3055/07, EFG 2010, 1452; vgl. auch BFH I R 61/10, BStBl. II 2011, 536; → Rn. 17). – Abgabenangelegenheiten sind außerdem alle mit der Verwaltung der **Abgabenvergütungen** zusammenhängenden Angelegenheiten (§ 33 II Hs. 1), insbes. Streitigkeiten über **Kindergeld,** Altersvorsorgezulage („Riesterrente"), Mobilitätsprämie (§§ 101 ff., 107 EStG), Zollvergütungen und Investitionszulagen.

Abgabenangelegenheiten sind außerdem sonstige mit der **Anwendung abgabenrechtlicher Vorschriften zusammenhängende Angelegenheiten** (§ 33 II Hs. 1 – → Rn. 30 ff.). Maßnahmen der Bundesfinanzbehörden zur Beachtung der Verbote und Beschränkungen für den **Warenverkehr über die Grenze** sind jedoch nur Abgabenangelegenheiten, soweit sie mit einer **abgabenrechtlichen Zollbehandlung** bei der Einfuhr, Ausfuhr oder Durchfuhr im Zusammenhang stehen (ausführlich BFH VII R 37/85, BStBl. II 1986, 410 (411 ff.); s. ferner FG München 14 K 1638/10, BeckRS 2011, 95573; ThürFG 2 V 38/13, nv). Die Angelegenheiten der Verwaltung der **Finanzmonopole** stehen den Abgabenangelegenheiten gleich, sind jedoch nach dem Auslaufen der entsprechenden Bestimmungen nicht mehr von praktischer Bedeutung (zum Zündwarenmonopol vgl. BGBl. 1982 I 1241; zum am 31.12.2017 ausgelaufenen Branntweinmonopol vgl. § 166 I 2 BranntwMonG v. 8.4.1922, RGBl. I 405, zuletzt geändert durch G v. 10.3.2017, BGBl. I 420). – Wegen der Einzelfälle → Rn. 30 ff.

17 **c) Öffentlich-rechtliche Streitigkeiten über Abgabenangelegenheiten.** Nach **§ 33 I Nr. 1** liegen öffentlich-rechtliche Streitigkeiten über Abgabenangelegenheiten nur vor, soweit die Abgaben der (ausschließlichen und konkurrierenden) Gesetzgebung des Bundes unterliegen und durch Bundes- und Landesfinanzbehörden verwaltet werden.

18 **aa) Begrenzung durch Gesetzgebungskompetenz und Verwaltungshoheit.** Zur **Gesetzgebungskompetenz** s. Art. 105 I–IIa GG iVm Art. 106 I Nr. 1–7 GG bzw. Art. 72 II GG. – Zwar hat der Bund die Gesetzgebungskompetenz für Zölle weitgehend auf die EU übertragen (Art. 28 I, 29 ff. AEUV), Auswirkungen auf die Rechtswegezuständigkeit hat dies aber nicht, weil insoweit lediglich die Verteilung der Gesetzgebungskompetenz zwischen dem Bund und den Ländern eine Rolle spielt (Tipke/Kruse/Krumm § 33 Rn. 18). Auch das Inkraft-

treten des ZK am 1.1.1994 bzw. des UZK am 1.5.2016 hat nichts daran geändert, dass gem. § 33 I Nr. 1 in Zollsachen, soweit die Zölle durch Bundesfinanzbehörden verwaltet werden, der Rechtsweg zu den FG eröffnet ist (Art. 243–246 ZK; Art. 44 II Buchst. b UZK; Witte/Alexander UZK Art. 44 Rn. 47; s. auch BFH VII R 47/13, BFH/NV 2014, 1605). Nicht in den Anwendungsbereich des § 33 Nr. 1 fallen die **örtlichen Verbrauch- und Aufwandsteuern** (solange und soweit sie nicht bundesgesetzlich geregelten Steuern gleichartig sind); ihre Regelung steht in der ausschließlichen Gesetzgebungskompetenz der Länder (Art. 105 IIa GG). Der Finanzrechtsweg kann insoweit allenfalls nach § 33 I Nr. 4 (→ Rn. 140 ff.) eröffnet sein. – Wegen der Einzelheiten wird auf die Kommentierungen der Art. 105, 106, 72 GG, zB in Jarass/Pieroth GG, verwiesen.

Die **Verwaltungshoheit** ist in Art. 108 GG geregelt. Danach gilt Folgendes: 19
Die **Bundesfinanzbehörden** (vgl. § 1 FVG) verwalten die Zölle, Finanzmonopole, die bundesgesetzlich geregelten Verbrauchsteuern einschl. der Einfuhrumsatzsteuer und Biersteuer, die Kraftfahrzeugsteuer und sonstige auf motorisierte Verkehrsmittel bezogenen Verkehrssteuern sowie die Abgaben iRd EU (Art. 108 I GG).

Die **Landesfinanzbehörden** verwalten die übrigen Steuern (Art. 108 II GG) und zwar

- **im Auftrage des Bundes:** Einkommen-, Lohn-, Kapitalertrag-, Körperschaft- und Umsatzsteuer (ohne Einfuhrumsatzsteuer), Solidaritätszuschlag, Kapitalverkehr-, Versicherungs- und Wechselsteuer, Ergänzungs- und Lastenausgleichsabgaben oder
- **als eigene Angelegenheit:** die Erbschaft-, Grunderwerb-, Rennwett- und Lotteriesteuer, Feuerschutz- und die (inzwischen abgeschaffte) Vermögensteuer sowie die Spielbankabgaben. Das gilt grds. auch für die **Realsteuern** (Gewerbe- und Grundsteuern), die den Gemeinden (Gemeindeverbänden) zufließen. Nach Art. 108 IV GG kann die Verwaltung der Steuern insoweit aber ganz oder teilweise durch G den Gemeinden (Gemeindeverbänden) übertragen werden. Das ist hinsichtlich der Festsetzung der GewSt und GrSt mit Ausnahme der Stadtstaaten Berlin, Bremen und Hamburg in allen Bundesländern geschehen. In den **Flächenländern** werden die Realsteuern nur teilweise durch die Landesfinanzbehörden verwaltet (§ 2 FVG; § 6 AO). Für die Feststellung der Besteuerungsgrundlagen (ua der **Grundsteuerwerte;** → Rn. 70), die **Festsetzung der Messbeträge,** die Zerlegung und Zuteilung (§§ 184 ff., 190 AO) sind die Landesfinanzbehörden zuständig; Klagen gegen die von den Landesfinanzbehörden erlassenen Bescheide sind vor den **Finanzgerichten** zu erheben (§ 33 I Nr. 1). – Für die **Festsetzung der GewSt** und **GrSt** sind die Gemeinden zuständig. Rechtsschutzbegehren sind insoweit vor den **Verwaltungsgerichten** zu verfolgen. – In den **Stadtstaaten** werden die GewSt und die GrSt durch die Finanzämter festgesetzt, so dass der **Finanzrechtsweg** gegeben ist.

bb) Sonstige Einschränkungen der Rechtswegezuständigkeit (insbes. § 33 III). Straf- und Bußgeldverfahren (§ 33 III) sind wegen der nach Zielsetzung und Inhalt bestehenden Unterschiede zum Abgabenverwaltungsrecht den **ordentlichen Gerichten** zugewiesen. IÜ haben die Finbeh nach § 386 AO bei Steuerstraftaten grds. den Status strafrechtlicher Ermittlungsbehörden. § 33 III galt nach Art. 246 ZK auch für Zollsachen. Für den UZK gilt auch ohne ausdrückliche Regelung nichts anderes (vgl. Witte/Alexander UZK Art. 44 Rn. 76). – Für die Bestimmung des gegen Maßnahmen der Steuerfahndung eröffneten Rechtswegs 21 kommt es entscheidend darauf an, in welcher Funktion und in welchem Verfahren die Finbeh erkennbar tätig geworden ist. Wird die Steuerfahndung oder auf ihre Veranlassung das Wohnsitzfinanzamt **nach Einleitung** eines Steuerstraf(-ordnungswidrigkeits-)verfahrens und unter Hinweis darauf tätig, ist für die Überprüfung ihrer Maßnahmen einschl. der damit zwangsläufig verbundenen Ermittlung von Besteuerungsgrundlagen (§ 208 I Nr. 1 AO) der **ordentliche Rechtsweg** gegeben (BFH I B 28/86, BStBl. II 1987, 440; VII R 82/85, BStBl. II 1988, 359; IV B 87/01, BFH/NV 2002, 352; VII B 121/06, BStBl. II 2009, 839; BVerwG 1 C 11/73, NJW 1975, 893; NdsFG 6 V 142/01, EFG 2003, 1799; FG BW 4 V 7/06, EFG 2006, 947; Schick JZ 1982, 125 (128); krit. Zeller DStZ 1984, 330; zur Frage, ob dies auch gilt, wenn die Maßnahme über die für das eingeleitete Strafverfahren notwendigen Ermittlungen hinausgeht, s. Schick JZ 1982, 125 (129, 130); Bilsdorfer DStR 2022, 1840; SchlHFG III 247/79 (V), EFG 1982, 284; NdsFG X 644/98 V, EFG 1999, 662 (663)). Der ordentliche Rechtsweg ist auch gegeben, wenn die Streitigkeit ausschließlich Fragen betrifft, die sich gerade im Zusammenhang mit oder anlässlich der Einstellung eines Steuerstrafverfahrens stellen (BFH VII B 341/03, BStBl. II 2004, 458). Ebenso ist es bei Streit darüber, ob im Rahmen einer Steuerfahndungsprüfung eine Schlussbesprechung abgehalten werden muss (BFH IV B 54/89, BFH/NV 1990, 151 (152)). Der ordentliche Rechtsweg ist auch gegeben, wenn und solange die Steuerfahndung im Zusammenhang mit einem allgemeinen Strafverfahren tätig wird (FG Saarl 2 K 33/90, EFG 1990, 641). – Geht es um **Maßnahmen im Besteuerungsverfahren** (§ 208 I Nr. 2, 3 AO) **vor Einleitung** eines Steuerstraf(-ordnungswidrigkeits-)verfahrens, ist der **Finanzrechtsweg** eröffnet; ebenso ist es **nach Einleitung** eines solchen Verfahrens, wenn die Steuerfahndung erkennbar im Besteuerungsverfahren tätig geworden ist (BFH I B 28/86, BStBl. II 1987, 440; VII R 82/85, BStBl. II 1988, 359). Wird **nach Einstellung des Ermittlungsverfahrens** Einsicht in die Strafakten verlangt oder die Namhaftmachung (Benennung) des Anzeigeerstatters begehrt, ist gleichfalls der **Finanzrechtsweg** gegeben (→ Rn. 33, 76).

22 **Auskunftsersuchen der Finbeh vor Einleitung** eines Steuerstraf- oder Ordnungswidrigkeitsverfahrens sind danach im **Finanzrechtsweg** anzugreifen. **Nach Einleitung** eines solchen Verfahrens ist der **ordentliche Rechtsweg** gegeben, wenn die Steuerfahndung eindeutig erkennbar im Steuerstraf(-ordnungswidrigkeits-)verfahren tätig geworden ist (§ 404 AO iVm §§ 94, 95, 102 StPO bzw. §§ 208 I Nr. 1, 93 AO). In diesem Fall handelt die Steuerfahndung ihrer Funktion nach (vgl. § 404 S. 1 AO) als Justizbehörde iSd § 23 EGGVG, das Auskunftsersuchen ist also als **Justizverwaltungsakt** vor den ordentlichen Gerichten (und zwar dem zuständigen OLG – § 25 EGGVG) anzufechten (BFH VII R 2/82, BStBl. II 1983, 482 (484); ebenso für Maßnahmen der Polizei bei Verfolgung strafbarer Handlungen BVerwG I C 11/73, NJW 1975, 893; BGH StB 210/78, NJW 1979, 882). Entsprechendes gilt, wenn der Dritte auf Grund eines von der Steuerfahndungsstelle beantragten richterlichen Beschlusses zur Vermeidung der möglichen Durchsuchung und Beschlagnahme (§§ 103, 94, 95 StPO) ersucht wird, **Auskünfte** zu erteilen, und nach Erteilung der Auskunft **Entschädigungsansprüche nach dem JVEG** geltend macht (BFH VII R 92/79, BStBl. II 1981, 349; anders – Finanzrechtsweg – bei Einholung einer schriftlichen Auskunft im Besteuerungsverfahren – § 208 I Nr. 2, 3 AO – → Rn. 21 aE). § 33 III gilt jedoch nicht, soweit ein FA für ein **nicht der Verfolgung von Steuerstraftaten zuzuordnendes**

Ermittlungsverfahren Auskünfte erteilt (BFH V S 5/14 (PKH), BFH/NV 2014, 1381; FG BW 1 K 3881/11, EFG 2014, 798).

23 Auch eine **Fristsetzung zur Entrichtung verkürzter Steuern** (§ 371 III AO) gehört zu den Maßnahmen, die dem Strafverfahren zuzurechnen sind. Der Finanzrechtsweg ist also nicht gegeben. Zuständig sind – jedenfalls nach Eröffnung des Hauptverfahrens – die Strafgerichte (BFH IV R 94/77, BStBl. II 1982, 352 (354); HessFG VI 137/71, EFG 1973, 389).

24 **Kraft ausdrücklicher Zuweisung** ist der ordentliche Rechtsweg immer gegeben

- in **Amtshaftungssachen** (→ Rn. 34),
- für die richterliche Anordnung einer **Durchsuchung zum Zwecke der Vollstreckung** in Sachen (§ 287 IV AO; → Rn. 55; vor der gesetzlichen Neuregelung war der Rechtsweg zu den FG gegeben – BFH VII B 49/79, BStBl. II 1980, 408),
- bei **Widerspruch** eines Dritten **gegen** die **Vollstreckung** (§ 262 AO – BFH VII B 66/80, BStBl. II 1981, 348; FG Bln VII 579/80, EFG 1981, 350; FG BW 9 K 8/93, EFG 1994, 254),
- bei Klage auf **vorzugsweise Befriedigung** (§ 293 II AO),
- bei Streit über die Rangfolge einer Forderungspfändung (§ 320 AO) und
- bei Anordnung des persönlichen Sicherheitsarrestes (§ 326 AO).

d) ABC der Abgabenangelegenheiten (§ 33 I Nr. 1)

Abrechnungsbescheide 30

Für Klagen gegen Abrechnungsbescheide (§ 218 II AO) ist der **Finanzrechtsweg** eröffnet (§ 33 I Nr. 1). Dies gilt auch dann, wenn das FA **im Insolvenzverfahren** des Steuerschuldners gegen einen Vorsteuererstattungsanspruch der Masse mit einer Insolvenzsteuerforderung aufgerechnet hatte: Einwendungen des Insolvenzverwalters gegen die Zulässigkeit der Aufrechnung sind im Wege der Anfechtungsklage gegen den Abrechnungsbescheid vor dem FG geltend zu machen (BGH IX ZR 89/05, NJW-RR 2007, 398; FG Köln 4 K 4021/11, EFG 2014, 2156; s. auch → Rn. 39 und → Rn. 81).

Abschöpfungen 31

→ 7. Aufl.

Abtretung 32

Die Abtretung von Ansprüchen auf Erstattung von Steuern, Haftungsbeträgen, steuerlichen Nebenleistungen und Steuervergütungen nach Maßgabe des § 46 AO ändert nichts an der Rechtsnatur der Zahlungsansprüche. Sie behalten ihren öffentlich-rechtlichen (abgabenrechtlichen) Charakter. **Streitigkeiten zwischen** dem **Abtretungsempfänger** (Zessionar) **und** dem **Steuergläubiger** gehören deshalb vor die **Finanzgerichte** (BFH VII R 116/86, BStBl. II 1987, 863; VII B 229/91, BFH/NV 1994, 479; VII B 228/97, BFH/NV 1999, 43). Dies gilt auch für den **Streit über** die **Wirksamkeit** (§ 46 III, IV AO) **der Abtretung** (FG Bln V 231/72, EFG 1976, 18), für **Erstattungsansprüche nach § 37 II AO** (BFH VII R 69/91, BStBl. II 1995, 846; VII R 3/93, BFH/NV 1994, 441; VII R 129/92, BFH/NV 1994, 447) und für die Klärung der Frage, ob die zur Abwendung der Beitreibung (Sicherung der Abgabenforderung) vorgenommene Abtretung einer Hypothekenforderung an die Finbeh gültig ist (→ Rn. 111).

33 **Akteneinsicht**

Die Entscheidung über die Gewährung von Akteneinsicht gehört grds. zu den mit der Verwaltung der Abgaben durch die Finbeh zusammenhängenden Angelegenheiten (§ 33 II Hs. 1). Demgemäß ist der **Finanzrechtsweg** eröffnet bei Streit über die Frage, ob **Einsicht in Steuerakten** (BFH VII R 19/09, BStBl. II 2010, 729), einen **Außenprüfungsbericht,** insbes. in einen Betriebsprüfungsbericht (BFH IV R 2/76, BStBl. II 1977, 318), einen gelegentlich einer Betriebsprüfung erstellten **Ermittlungsbericht** über nichtsteuerliche Straftaten genommen werden darf (BFH VII R 110/68, BStBl. II 1972, 284) oder ob ein Außenprüfungsbericht zu übersenden ist (BFH IV R 127/78, BStBl. II 1981, 457). Dasselbe gilt bei Streit darüber, ob Steuerhaftenden Akten zugänglich gemacht werden dürfen (BFH I R 189/70, BStBl. II 1973, 119; ThürFG 3 V 714/11, EFG 2013, 486). – Verlangt ein **parlamentarischer Untersuchungsausschuss** Akteneinsicht, ist der Finanzrechtsweg eröffnet (→ Rn. 76).

Dagegen war vor Inkrafttreten des § 32i II 2 AO (→ Rn. 141) vielfach der Verwaltungsrechtsweg gegeben, wenn Akteneinsichtsgesuche auf die Informationsfreiheitsgesetze des Bundes oder der Länder gestützt wurden (→ 9. Aufl. Rn. 30 „Akteneinsicht", „Insolvenz"). Nunmehr ist – jedenfalls dann, wenn sich die Finbeh auf die in den §§ 32a–32d AO genannten Gesichtspunkte beruft – auch insoweit der Finanzrechtsweg eröffnet (vgl. FG BBg 16 K 11306/19, EFG 2022, 828).

Besonderheiten gelten für die **Einsichtnahme in die Ermittlungsakten** nach Einleitung eines Steuerstraf- oder Bußgeldverfahrens. Solange ein Steuerstraf- oder Bußgeldverfahren schwebt, kann die Akteneinsicht nur **vor den ordentlichen Gerichten** (§§ 23 ff. EGGVG, § 147 StPO) durchgesetzt werden (→ Rn. 21). – **Nach Einstellung des Ermittlungsverfahrens** bzw. nach Abschluss des Steuerstraf- und Bußgeldverfahrens ist für eine Klage auf Akteneinsicht wieder der Finanzrechtsweg gegeben (BFH IV R 2/76, BStBl. II 1977, 318; NdsFG I 368/89, EFG 1993, 531; FG MV I 174/93, EFG 1995, 50; → Rn. 21; aA – ordentlicher Rechtsweg – zB Hellmann DStZ 1994, 371). Das gilt auch für die Klage des Denunzierten auf Einsicht in die Fahndungsakten (BFH VII R 25/82, BStBl. II 1985, 571 (572); VII B 4/97, BStBl. II 1997, 543).

Soweit Rechtsmittel gegen Entscheidungen über die Akteneinsicht gem. § 78 eingelegt werden, ist der Finanzrechtsweg eröffnet. Dies gilt jedoch nicht, soweit Akteneinsicht in **Akten abgeschlossener finanzgerichtlicher Verfahren** begehrt wird. Insoweit ist der **Verwaltungsrechtsweg** eröffnet (→ § 78 Rn. 31 ff.).

Zur Einsichtnahme in **finanzgerichtliche Geschäftsverteilungspläne** → § 4 Rn. 36.

34 **Amtshaftung**

Schadenersatzansprüche wegen schuldhafter Amtspflichtverletzung (§ 839 BGB) sind vor den **ordentlichen Gerichten** geltend zu machen (Art. 34 S. 3 GG – → Rn. 24; zB FG BW 4 K 2089/09, EFG 2009, 1582; BGH III ZR 59/10, DB 2011, 1503; Nissen, Amtshaftung im Bereich der Finanzverwaltung, 1997). Zu den Amtshaftungsansprüchen gehören auch die Ansprüche aufgrund unionsrechtlicher Staatshaftung, jedenfalls soweit daraus ein Zahlungsanspruch abgeleitet wird (KG 9 U 3/08, GRUR 2010, 64; OLG Bbg 2 U 13/08, BeckRS 2013, 8934; Tipke/Kruse/Seer Europarechtsschutz Rn. 21; Staudinger/Wöstmann BGB § 839 Rn. 548). Darunter fallen jedoch nicht die **Schadensersatzansprüche** gegen Finanzbehörden **nach Art. 82 I DS-GVO,** über die im Finanzrechtsweg zu entscheiden ist (BFH II B 92/21, BStBl. II. 2022, 535; entspr. BSG B 1 SF 1/22 R, NZS 2023, 655 für den Sozialrechtsweg). – Die Klage auf **Namhaftmachung des Beamten,** der die Amtspflichtverletzung begangen hat, ist entgegen FG Düsseldorf XIII/IV 111/80 AO, EFG 1987, 196 nicht im Verwaltungs-, sondern im Finanzrechtsweg zu verfolgen, weil der Streit mit der Anwendung abgabenrechtlicher Vorschriften zusammenhängt (§ 33 II 1 Hs. 2; Tipke/Kruse/Krumm § 33 Rn. 60; aA Gosch/v. Beckerath § 33 Rn. 185). Zur Rechtslage, wenn der Anspruch auf die Informationsfreiheitsgesetze des Bundes oder der Länder gestützt wird, → Rn. 81 (zum Akteneinsichtsrecht des Insolvenzverwalters).

Amtshilfe 35

Gegen Maßnahmen der Amtshilfe leistenden Behörden iSd §§ 1, 2 FVG ist der **Finanzrechtsweg** eröffnet. Leistet eine andere Behörde der Finbeh Amtshilfe (§§ 111 ff. AO, § 13 FVG, § 19 ZollVG), ist gegen ihre Maßnahmen der **Verwaltungsrechtsweg** gegeben, weil sie nicht als Hilfsstelle der Finbeh tätig wird.

Anspruch auf Rechnungserteilung (§ 14 II UStG) 36

Klagen auf Erteilung einer Rechnung mit Umsatzsteuerausweis (§ 14 I UStG) sind **vor den ordentlichen Gerichten** zu verfolgen (zB BGH VIII ZR 64/87, BB 1988, 926; VIII ZR 50/92, BB 1993, 247; VIII ZR 65/09, DStR 2010, 1120). Nach der Rspr. des BGH besteht ein solcher Anspruch aber erst, wenn die Steuerbarkeit, die Steuerpflicht des Umsatzes und die Höhe des maßgeblichen Steuersatzes bestandskräftig feststehen. Bis zu diesem Zeitpunkt sei die Ausstellung der Rechnung wegen der möglichen Rechtsfolgen (§ 14c UStG) für den Leistenden unzumutbar (BGH VIII ZR 64/87, NJW 1988, 2042; VII ZR 137/87, NJW 1989, 302; VII ZR 247/13, DStRE 2014, 1887). – Die Durchsetzung des Anspruchs auf Rechnungserteilung vor den ordentlichen Gerichten ist danach von der Klärung des konkreten umsatzsteuerlichen Rechtsverhältnisses abhängig. Fehlt es daran, muss der Leistungsempfänger zunächst durch Erhebung einer **Feststellungsklage vor den Finanzgerichten** (§ 41) Steuerbarkeit, Steuerpflicht und Höhe des Steuersatzes klären (BFH V R 94/96, BStBl. II 1997, 707; XI R 12/08, BStBl. II 2011, 819; FG Bbg 1 K 1228/94 U, EFG 1995, 991; s. auch Bunjes/Korn UStG § 14 Rn. 59 f.). – Ein etwaiger **Anspruch des Übernehmers von Anlieferungs-Referenzmengen** gegen die Verkaufsstelle auf Ausstellung einer Rechnung mit Umsatzsteuerausweis ist jedoch im **Verwaltungsrechtsweg** (§ 40 I 1 VwGO) geltend zu machen (BGH VIII ZB 61/07, BFH/NV 2008 Beilage S. 320).

Ansprüche aus dem Arbeitsverhältnis 37

Ansprüche des Arbeitnehmers gegen den Arbeitgeber auf **Erteilung, Ergänzung** oder **Berichtigung** der **LSt-Bescheinigung** (§ 41b I 2 ff., III 1 EStG) sind vor den **Arbeitsgerichten** zu verfolgen, **wenn** es **im Kern** um **arbeitsrechtliche Fragen** geht, insbes. darum, in welcher Höhe Arbeitslohn überhaupt gezahlt wurde, oder ob und ggf. mit welchem Inhalt eine Nettolohnvereinbarung bestand (BFH VI R 57/04, BStBl. II 2008, 434; VI B 108/07, BFH/NV 2009, 175; vgl. auch FG Münster 8 K 1968/10, EFG 2011, 1735; 10 K 811/11 L, BeckRS 2012, 94332; aA LAG BW 21 Ta 2/11, BeckRS 2011, 70734), weil dann die maßgebende Natur des Anspruchs im Arbeitsrecht verortet ist. Dagegen ist der **Finanzrechtsweg** eröffnet, wenn der Rechtsstreit durch **spezifisch steuer-**

rechtliche Fragen bestimmt wird, etwa die Frage, wann nach einkommensteuerrechtlichen Kriterien der Zufluss eingetreten ist (BAG 10 AZB 8/13, DStR 2013, 1345) oder ob ein Anspruch auf die **Energiepreispauschale** gem. §§ 112 ff. EStG besteht (BFH VI S 24/23, DStRE 2024, 631; FG Münster 11 K 1588/23 KG (PKH), EFG 2023, 1616, die solche Klagen aber als unzulässig ansehen; LAG Düsseldorf 3 Ta 240/23, NZA-RR 2024, 95; LAG Nürnberg 7 Ta 81/23, NZA-RR 2024, 45).

38 **Ansprüche aus dem Steuerschuldverhältnis (§ 37 AO)**

Die Durchführung der Besteuerung, das Erhebungsverfahren und die Vollstreckung sind im Allgemeinen Abgabenangelegenheiten iSd § 33 II. Streitigkeiten aus diesem Bereich gehören deshalb grds. vor die **Finanzgerichte;** das gilt auch für steuerliche Nebenleistungen iSd § 3 III AO und Steuervergütungen (→ Rn. 15). – Zu den Besonderheiten im Steuerstraf- und Bußgeldverfahren → Rn. 21, 22, 33.

Der Finanzrechtsweg ist auch eröffnet, wenn der **Fiskus Steuerschuldner** ist (BFH II R 204/83, BStBl. II 1986, 148; V R 66/03, BFH/NV 2005, 710; IV R 91/06, BFH/NV 2008, 1298). Für Streitigkeiten über **Rückforderungs-/ Erstattungsansprüche** als Kehrseite der Leistungsansprüche (BFH VI R 102/ 77, BStBl. II 1981, 44; VII R 55/86, BFH/NV 1989, 751; BGH VII ZR 244/ 76, NJW 1978, 1385; BVerwG 4 C 40/77, NJW 1980, 2538; 8 C 37/88, NJW 1990, 2482; FG Münster 13 K 3148/10 AO, EFG 2013, 1249) ist gleichfalls der Finanzrechtsweg eröffnet. Ebenso ist es im Falle **irrtümlicher Auszahlungen** (BFH VI R 253/70, BStBl. II 1974, 369; VII B 262/02, BFH/NV 2003, 1532; Birk SGb 1979, 302; Bethge NJW 1978, 1801; Tipke/Kruse/Krumm § 33 Rn. 36; abw. – ordentlicher Rechtsweg – BGH VII ZR 244/76, NJW 1978, 1385), bei **fehlgeleiteter Überweisung** von Erstattungsansprüchen (BFH VII R 171/84, BStBl. II 1988, 41), wenn der Stpfl. die Abtretung der zivilrechtlichen Ansprüche des FA verlangt (§ 281 BGB – Drittschadensliquidation) und im Falle der **Geltendmachung des Anspruchs durch den Erben** (§ 265 AO). Dies gilt aber nur, soweit das FA die Erstattung mittels Rückforderungsbescheid geltend macht (BFH VII R 27/11, BStBl. II 2012, 167 – Änderung der Rspr. hinsichtlich der zugrunde liegenden Leistungsbeziehungen). – Ein öffentlich-rechtlicher Anspruch aus einem Steuerschuldverhältnis wird auch mit einer auf **Auszahlung** einer **Ausfuhrerstattung** gerichteten Klage geltend gemacht und zwar auch, wenn es nicht um die eigentliche Festsetzung der Erstattung, sondern lediglich um die Auszahlung geht (BFH VII R 2/75, BStBl. II 1978, 464). Ebenso ist es, wenn der Kläger die **Erstattung** eines Betrages wegen **rechtsgrundloser Leistung** begehrt, den er im Rahmen einer Abschöpfungsaussetzung nach Gemeinschaftsrecht gezahlt hat, um der Inanspruchnahme aus einer als Kaution gestellten Bürgschaft durch die Verwaltung zuvor zu kommen (BFH VII R 38/77, BStBl. II 1980, 249).

39 **Aufrechnung**

Der Grundsatz, dass der Charakter des geltend gemachten Anspruchs für die Bestimmung des Rechtswegs maßgeblich ist, gilt auch für die Aufrechnung. Dementsprechend ist der Finanzrechtsweg eröffnet, wenn als **Hauptforderung** vom FA oder vom Stpfl. ein **Anspruch aus dem Steuerschuldverhältnis** geltend gemacht wird. Die Rechtsnatur der Gegenforderung (mit der aufgerechnet wird) ist für die Rechtswegfrage ohne Bedeutung. – Entsprechendes gilt für den Fall, dass gegen eine **rechtswegfremde Hauptforderung** des FA oder des Stpfl. mit einer (Gegen-)Forderung aus dem Steuerschuldverhältnis aufgerechnet wird: Zulässig ist der Rechtsweg, der für die Geltendmachung der Hauptforderung eröffnet ist (BFH VII 327/64, BStBl. II 1968, 384; VI R 100/99, BFH/NV 2001, 21 (22)). – Zur Frage, ob das Gericht des zulässigen Rechtswegs auch über die rechtswegfremde Gegenforderung, mit der aufgerechnet wird, entscheiden darf, → Anh. § 33 Rn. 14. – Zur Frage, ob das Verfahren bei Aufrechnung mit einer bestrittenen rechtswegfremden Gegenforderung ausgesetzt werden muss, → Anh. § 33 Rn. 14.

Da die Aufrechnungserklärung die rechtsgeschäftliche Ausübung eines Gestaltungsrechts (Willenserklärung) ist (zB BFH VII R 148/83, BStBl. II 1987, 536; VII R 12/06, BStBl. II 2008, 307; III R 88/09, BFH/NV 2011, 1326: Klein/Werth AO § 226 Rn. 5 ff.), muss der Stpfl. **bei Streit über die Wirksamkeit der Aufrechnung den Erlass eines Abrechnungsbescheides** (§ 218 II AO) beantragen, gegen den er Anfechtungsklage erheben kann (zB BFH VII R 148/83, BStBl. II 1987, 536 aE; I R 20/10, BStBl. II 2011, 822). Lehnt das FA den Antrag ab, kann der Stpfl. Verpflichtungsklage (HessFG 6 K 2207/96, EFG 1999, 930) erheben. Weigert sich das FA, den durch Abrechnungsbescheid festgesetzten Betrag zu erstatten, kann der Stpfl. Leistungsklage (→ § 40 Rn. 35) erheben. Zur Aufrechnung im Rahmen eines Insolvenzverfahrens → Rn. 81.

Hat das FA die **Aufrechnung** nicht als schuldrechtliches Gestaltungsrecht gem. § 226 I AO iVm §§ 388, 389 BGB erklärt, sondern **durch Verwaltungsakt** vorgenommen, ist in jedem Fall der **Finanzrechtsweg** (Anfechtungsklage) eröffnet, weil ein VA dieses Inhalts nicht hätte ergehen dürfen (BFH VII R 148/83, BStBl. II 1987, 536; VII R 50/86 ua, BStBl. II 1988, 366; VII R 145/83, BFH/NV 1988, 213 (214)).

Auskunft 40

Für Streitigkeiten über Auskunftsbegehren eines Stpfl. an die Finbeh ist **grundsätzlich** der **Finanzrechtsweg** eröffnet (zum Auskunftsverlangen gegenüber dem Bundesamt für Finanzen (jetzt: Bundeszentralamt für Steuern) s. FG Köln 2 K 382/96, EFG 1998, 963). – Klagen, die **Mitteilungen nach § 184 III AO** der Finanzämter an die hebeberechtigten Gemeinden betreffen, sind im **Finanzrechtsweg** zu erheben (FG Düsseldorf 12 K 1831/11 AO, DK 2014, 124). – Zur Auskunftspflicht des FA im Rahmen eines Gewerbeuntersagungsverfahrens → Rn. 71. – Nach Einleitung eines **Straf- und Bußgeldverfahrens** und während dessen Dauer sind an die Finbeh gerichtete Auskunftsbegehren jedoch im **ordentlichen Rechtsweg** zu verfolgen (→ Rn. 21, 33). **Nach Abschluss** des Verfahrens ist **wieder** der **Finanzrechtsweg** gegeben. Das gilt auch, soweit **Auskünfte aus Steuerfahndungsakten** begehrt werden (BFH IV R 2/76, BStBl. II 1977, 318; FG MV I 174/93, EFG 1995, 50). Für Streitigkeiten darüber, ob das FA verpflichtet ist, dem Denunzierten **Auskunft über die Informationsperson** zu erteilen, ist (nach Einstellung des Straf- und Bußgeldverfahrens) gleichfalls der **Finanzrechtsweg** eröffnet (BFH VII R 25/82, BStBl. II 1985, 571 (572); VII B 4/97, BStBl. II 1997, 543; FG Köln 11 K 6922/1998, EFG 2000, 903; VG Aachen 8 K 1116/18, ZD 2022, 634; → Rn. 33) und zwar auch dann, wenn die Klage ein fremdes Steuerrechtsverhältnis betrifft, denn nach § 33 II 1 Hs. 2 genügt es, dass die Angelegenheit mit der Anwendung abgabenrechtlicher Vorschriften durch die Finbeh im Zusammenhang steht (aA FG RhPf 5 K 2084/95, EFG 1996, 30; 1 K 1992/95, BeckRS 1996, 30831119: allg. Verwaltungsrechtsweg). Zu Auskünften gegenüber Parlamentsausschüssen → Rn. 76.

Die Frage, ob das FA auf Grund eines verwaltungsgerichtlichen Beweisbeschlusses zur Auskunftserteilung über steuerliche Verhältnisse des Klägers verpflichtet ist, soll nach BFH VII R 54/70, BStBl. II 1975, 298 im Verwaltungsrechtsweg zu klären sein (vgl. auch BFH VII B 199/67, BStBl. II 1969, 491; ebenso HHS/Braun § 33 Rn. 131). Die Entscheidung überzeugt nicht, weil abgabenrechtliche Vorschriften, insbes. § 30 AO, zu prüfen sind und Grenzen und Durchsetzbarkeit des Beweisbeschlusses im Hinblick auf die Gleichwertigkeit der Gerichtszweige auch im Finanzrechtsweg geprüft werden kann. → Rn. 76, 110.

Für Auskunftsansprüche gegenüber Finbeh nach den **Informationsfreiheitsgesetzen,** die in der Praxis häufig von **Insolvenzverwaltern** geltend gemacht wurden, sah die Rspr. vor dem Inkrafttreten des § 32i II 2 AO weithin den Verwaltungsrechtsweg als eröffnet an. Nunmehr dürfte idR auch insoweit der Finanzrechtsweg eröffnet sein (→ Rn. 81).

Auch **Auskunftsansprüche nach der DS-GVO** (VO (EU) 2016/679) gegenüber Finbeh sind nach § 32i II 1 AO regelmäßig vor den FG geltend zu machen (→ Rn. 81, 141). Diese können daher dem gesetzlichen Auftrag nachkommen, ein Rechtsschutzbegehren unter allen Gesichtspunkten zu prüfen (§ 155 S. 1 FGO iVm § 17 II GVG; → Anh. § 33 Rn. 14). Die erwähnten Abgrenzungsfragen im Zusammenhang mit Steuerstrafverfahren bleiben jedoch weiterhin von Bedeutung, da die DS-GVO insoweit keine Anwendung findet, sondern allenfalls nationale Datenschutzgesetze (→ Rn. 53, 141; vgl. BFH II B 82/19, BStBl. II 2020, 624; FG München 15 K 1212/19, EFG 2022, 727).

Zu **Auskunftsersuchen der Finanzbehörde** (Steuerfahndung) → Rn. 22.

41 **Außenprüfung (Betriebsprüfung)**

Der **Finanzrechtsweg** ist eröffnet bei Streit über **Prüfungsanordnungen** (§ 196 AO), bei Streit darüber, ob **Einsicht in** einen **Betriebsprüfungsbericht** zu gewähren ist (→ Rn. 33), bei Streit darüber, ob das FA berechtigt ist, nach einer Außenprüfung **Kontrollmitteilungen** an die Wohnsitzfinanzämter von Kunden des geprüften Unternehmens zu versenden (BFH VII B 290/99, BStBl. II 2001, 665; VII R 47/07, BStBl. II 2009, 509; s. auch FG BW 3 V 37/96, EFG 1997, 519 betr. Weitergabe des durch die Steuerfahndung anlässlich einer rechtmäßigen Durchsuchung sichergestellten Kontrollmaterials) und bei Streit darüber, ob das zuständige **Zollkriminalamt** die gelegentlich einer Außenprüfung getroffenen Feststellungen über Vorgänge im Bereich des Antidumpingzollrechts den Zollbehörden anderer EU-Mitgliedstaaten und der Kommission der EU im Wege der **Spontanauskunft** mitteilen darf (BFH VII R 95/98, BFH/NV 2000, 531). Dasselbe gilt bei Streit über die **Teilnahme eines Gemeindebediensteten** an einer Betriebsprüfung (§ 21 III FVG), wenn das FA die Teilnahme analog § 197 AO angekündigt hatte (BVerwG 8 C 30/92, BStBl. II 1995, 522 (526)); hatte die Gemeinde die Teilnahme jedoch **durch Verwaltungsakt** angeordnet, ist Rechtsschutz im allgemeinen **Verwaltungsrechtsweg** zu gewähren (BFH VIII R 188/85, BStBl. II 1990, 582; aA FG Düsseldorf XV 243/83, EFG 1984, 300).

42 **Ausstellung Lohnsteuerkarte**

Zur früheren Rechtslage → 7. Aufl.; zur aktuellen Rechtslage → Rn. 88.

45 **Baukindergeld**

Der Finanzrechtsweg ist ebenso wenig eröffnet (Nöcker AO-StB 2019, 93 (95)) wie der Verwaltungsrechtsweg (OVG Lüneburg 10 OB 99/21, NJW-Spezial 2022, 174; aA Nöcker AO-StB 2019, 93 (95)); stattdessen ist der **Zivilrechtsweg** eröffnet (OLG Frankfurt aM 23 U 200/20, BeckRS 2021, 63424), da es sich um eine privatrechtlich ausgestaltete staatliche Subvention handelt.

Bescheinigungen 46

Für Streitigkeiten über die Ausstellung und den Inhalt von **Einkommensbescheinigungen** (BFH IV R 25/66, BStBl. II 1968, 754), von steuerlichen **Unbedenklichkeitsbescheinigungen** (BFH II R 168/70, BFHE 106, 277; BVerwG VII C 67/67, HFR 1970, 351) und von Bescheinigungen über das für das Kalenderjahr ausgezahlte **Kindergeld** (§ 68 III EStG; BFH III R 40/13, BStBl. II 2014, 783) ist der **Finanzrechtsweg** eröffnet. Zu Lohnsteuerbescheinigungen → Rn. 37. Die dortigen Ausführungen gelten für **Kapitalertragsteuer-Bescheinigungen** (§ 45a II, III EStG) entsprechend.

Der allgemeine **Verwaltungsrechtsweg** ist demgegenüber gegeben für Streitigkeiten über die Erteilung oder den Inhalt der **Bescheinigungen nach § 7h II EStG** (BFH IX B 146/04, BeckRS 2005, 25008973; VGH BW 3 S 2856/08, BeckRS 2010, 53677; BVerwG 8 B 165/96, StRK, EStG 1990 § 7h R.1; 10 B 31/05, HFR 2006, 404), **§ 7i II EStG** (VGH BW 5 S 3150/84, NVwZ 1986, 242), **§ 7k II Nr. 5 EStG,** für Streitigkeiten wegen Übernahmebescheinigungen iSd **§ 52 MilchquotenVO** (VG Trier 5 K 198/09.TR, ZfZ 2009, 335) und bei Streit um die Erteilung einer **amtsärztlichen Bescheinigung** für steuerliche Zwecke (BVerwG VII C 75/74, BStBl. II 1977, 300).

Soweit das **UStG** Rechtsfolgen, insbes. Steuerbefreiungen, an das Vorliegen von **Bescheinigungen öffentlicher Dienststellen** knüpft (vgl. § 4 Nr. 20, 21 UStG) ist für auf die Erteilung der Bescheinigungen oder gegen sie gerichtete Klagen der allgemeine **Verwaltungsrechtsweg** eröffnet (BFH V R 83/84, BStBl. II 1989, 815; VG Frankfurt aM 6 K 2133/11, NJW 2013, 807; vgl. BVerwG 9 B 80/07, UR 2009, 25; 9 C 4/12, NVwZ 2014, 378; 9 B 63/13, NVwZ-RR 2014, 856). Dies gilt wohl auch für die vom BZSt zu erteilende Bescheinigung gem. § 4 Nr. 11b S. 2 UStG (Weymüller MwStR 2016, 626; offen gelassen von BFH V R 20/15, BStBl. II 2016, 548 mwN zum Streitstand). Das für das zuständige BZSt örtlich zuständige FG Köln bejaht in stRspr stillschweigend die Zulässigkeit des Finanzrechtswegs (zB FG Köln 2 K 1715/11, EFG 2016, 774), so dass der BFH idR gem. § 17a V GVG daran gebunden ist.

Beschlagnahme 47

Nicht der Finanzrechtsweg, sondern der **ordentliche Rechtsweg** ist gegeben, wenn im Straf- oder Bußgeldverfahren Einwendungen gegen die Beschlagnahme von Einfuhren durch Zolldienststellen erhoben werden (BFH VII B 23/71, BStBl. II 1971, 813). Anders verhält es sich, wenn die Beschlagnahme außerhalb des Strafverfahrens erfolgt, zB zum Zwecke des Arten- (HessFG 7 K 2128/07, NuR 2008, 135; VG Augsburg Au 2 K 17/1240, BeckRS 2017, 134292) oder des Gesundheitsschutzes (SächsFG 4 K 412/21, BeckRS 2021, 46997).

Branntweinmonopol 48

Streitigkeiten über die Verwaltung des (ausgelaufenen; → Rn. 15 aE) Branntweinmonopols sind im **Finanzrechtsweg** zu verfolgen (BFH VII R 17/78, BStBl. II 1981, 204; VII R 121/85, BFH/NV 1989, 14).

Bürgschaft pp 49

Ansprüche aus Bürgschaft, Garantievertrag und Schuldversprechen oder Schuldübernahme sind vor den **ordentlichen Gerichten** geltend zu machen (§ 192 AO – BFH II 240/65, BStBl. II 1974, 557). Dasselbe gilt für eine Klage, mit der die Freigabe der Bürgschaft und die Herausgabe der Bürgschaftsurkunde begehrt wird (BFH VII B 277/03, BFH/NV 2004, 288; aA FG Hmb IV 24/85, EFG 1990, 323).

50 **Buchführungspflicht (§§ 140, 141 AO)**

Streitigkeiten sind im Finanzrechtsweg zu klären (BFH XI B 16/98, BFH/NV 1998, 1220).

53 **Datenschutz**

Für einen Rechtsstreit wegen des Anspruchs auf Löschung oder Berichtigung personenbezogener Daten aus einer Steuerakte nach § 19 DatenschutzG NW aF ist der Finanzrechtsweg gegeben (OVG Münster 16 E 1195/13, NVwZ-RR 2015, 70), ebenso, wenn der Kläger sich auf einen allg. Folgenbeseitigungsanspruch beruft (FG Köln 2 K 3093/08, EFG 2010, 1860); anders, wenn die Finbeh gem. § 208 AO in ihrer Eigenschaft als Strafverfolgungsbehörde gehandelt hat (Verwaltungsrechtsweg; BFH II B 82/19, BStBl. II 2020, 624 zu Ansprüchen aus dem BDSG). Zu Verfahren auf der Grundlage der DS-GVO (VO (EU) 2016/679) → Rn. 141.

54 **Duldung**

→ Rn. 74; → Anh. § 33 Rn. 11.

55 **Durchsuchungsanordnung**

Einwendungen gegen eine richterliche Durchsuchungsanordnung gem. § 287 IV AO sind **im ordentlichen Rechtsweg** zu verfolgen (BFH VII S 23/06 (PKH), BFH/NV 2007, 1463; FG München 3 K 76/07, EFG 2011, 767). Aus der systematischen Stellung des § 287 IV AO ergibt sich, dass diese Sonderzuweisung nur gilt, soweit die Durchsuchung zur Durchführung einer Sachpfändung angeordnet worden ist, nicht aber, wenn die Durchsuchung der Vollstreckung anderer Leistungen (zB Wegnahme einer Urkunde im Wege des unmittelbaren Zwangs) dienen soll (dann Finanzrechtsweg: FG BW 9 V 11/93, EFG 1993, 804; FG BBg 5 S 5159/14, EFG 2014, 2018 mAnm Pfützenreuter; ebenso BFH VII B 249/05, BFH/NV 2006, 151 zur Durchsuchungsanordnung nach § 210 II AO). Für Durchsuchungsanordnungen auf der Grundlage von § 4 I iVm § 2 I SchwarzarbeitsbekämpfungsG gilt die Sonderzuweisung nach § 23 SchwarzarbeitsbekämpfungsG (FG Münster 10 V 3258/17 S, EFG 2018, 536; → Rn. 140). Dagegen ist für Rechtsbehelfe gegen die **Art und Weise** der Durchführung der Durchsuchung durch Finbeh zum Zwecke der Vollstreckung von Abgabenangelegenheiten iSd § 33 II oder iRd § 33 I Nr. 2 der **Finanzrechtsweg** eröffnet (FG Hmb 4 K 203/14, BeckRS 2016, 94393).

58 **Einfuhrgenehmigung**

Der **Finanzrechtsweg** ist eröffnet (VG Darmstadt III E 274/76, RIW/AWD 1977, 122; FG München 14 K 1638/10, BeckRS 2011, 95573).

59 **Einstehen für Verbindlichkeiten aus einem fremden Steuerschuldverhältnis**

Verpflichtet sich ein Dritter (BFH VII R 71/94, BFH/NV 1996, 92) durch Vertrag (§ 48 II AO), für Leistungen aus einem fremden Steuerschuldverhältnis einzustehen, kann der Steuergläubiger ihn nur nach den Vorschriften des bürgerlichen Rechts in Anspruch nehmen (§ 192 AO). Ansprüche des FA aus Bürgschaft, Garantievertrag, Schuldversprechen oder Schuldübernahme sind deshalb im **ordentlichen Rechtsweg** zu verfolgen (→ Rn. 49). **Verlangt der Dritte**

(Bürge usw) das von ihm Geleistete (§ 192 AO) vom Steuerfiskus **zurück,** muss er seinen Anspruch gleichfalls **im ordentlichen Rechtsweg** geltend machen (BFH II 240/65, BStBl. II 1974, 557; BGH III ZR 149/82, NVwZ 1984, 266).

Mit der Zahlung der fremden Steuerschuld (§ 192 AO) geht der Anspruch aus dem Steuerschuldverhältnis kraft Gesetzes nach Maßgabe der §§ 268 III, 426 II, 774 I, 1143 I, 1150, 1225, 1249 BGB auf den Dritten über. Etwaige **Rückgriffsansprüche** des Dritten **gegen den Steuerschuldner** sind zivilrechtlicher Natur und deshalb im **ordentlichen Rechtsweg** geltend zu machen (BGH VIII ZR 108/72, NJW 1973, 1077; Stolterfoth JZ 1975, 658 ff.; → Rn. 74; aA Rimmelspacher JZ 1975, 165; ZZP 95, 280 ff.). Das gilt auch für etwaige (gem. §§ 412, 401 BGB) auf den Dritten übergegangene Sicherungsrechte (BGH VIII ZR 108/72, NJW 1973, 1077 zur Geltendmachung insolvenz- und vollstreckungsrechtlicher Vorrechte und BGH VII ZR 84/78, NJW 1979, 2198 zur Unanwendbarkeit der §§ 34, 69 AO).

Fiskus 62

→ Rn. 38.

Folgenbeseitigungsanspruch 63

Der auf Beseitigung des durch unrechtmäßiges Verwaltungshandeln verursachten Zustandes gerichtete Folgenbeseitigungsanspruch hat öffentlich-rechtlichen Charakter und stellt – soweit es um das Handeln einer Finbeh in Abgabenangelegenheiten geht – eine Abgabenangelegenheit dar. Der Anspruch ist deshalb im **Finanzrechtsweg** geltend zu machen (BFH II R 20/78, BeckRS 1982, 5241; FG BW II 7/80, EFG 1981, 114; FG Köln 2 K 3093/08, EFG 2010, 1860; VG Münster 8 K 2614/14, BeckRS 2016, 51368; vgl. auch FG Hmb 4 K 42/15, BeckRS 2017, 94536).

Fristsetzung zur Entrichtung verkürzter Steuern (§ 371 III AO) 64

Für Rechtsschutzbegehren ist der **ordentliche Rechtsweg** eröffnet (→ Rn. 23).

Gas-/Wärmepreisbremse (§§ 123 ff. EStG) 67

Die aufgrund des **Erdgas-Wärme-SoforthilfeG** v. 15.11.2022 (BGBl. I 2035), zuletzt geändert durch G vom 26.7.2023 (BGBl. I Nr. 202), gezahlten Leistungen werden in § 123 EStG als steuerbare und steuerpflichtige Einkünfte definiert, so dass es sich um Steuervergütungen handelt. Bei Streitigkeiten, die insoweit mit Landes- oder Bundesfinanzbehörden bestehen, ist daher der Finanzrechtsweg eröffnet, § 33 II Hs. 1.

Gebühren 68

→ Rn. 15.

Gebührenanspruch des steuerlichen Beraters 69

Der Gebühren(Honorar)-Anspruch ist zivilrechtlicher Natur und folglich vor den **ordentlichen Gerichten** geltend zu machen (BFH VII B 221/90, BFH/NV 1991, 619).

Gewerbesteuer, Grundsteuer 70

Einwände gegen die Feststellung der Besteuerungsgrundlagen, die Mess-, Zerlegungs- und Zuteilungsbescheide sind im **Finanzrechtsweg** zu verfolgen (→ Rn. 19). Dies gilt auch für die **Grundsteuerwertfeststellungen** zum 1.1.2022 ff. (BFH II B 78/23 (AdV), BStBl. II 2024, 543), auch in den Ländern, die von der Abweichungsbefugnis nach Art. 72 III 1 Nr. 7 GG Gebrauch gemacht haben. Denn dem Grunde nach besteht auch insoweit die Gesetzgebungskompetenz des Bundes (Tipke/Kruse/Krumm § 33 Rn. 19a f.; Gosch/v. Beckerath § 33 Rn. 215.1). – Für **Klagen gegen** die auf der Grundlage der Messbescheide erlassenen **GewSt- und GrSt-Bescheide** ist grds. der **Verwaltungsrechtsweg** gegeben (BFH I B 18/71, BStBl. II 1971, 738; VIII R 188/85, BStBl. II 1990, 582; BVerwG VII C 6/64, BVerwGE 19, 68; FG Münster 11 V 3094/12 E G, EFG 2013, 528 betr. Aussetzung der Vollziehung; → Rn. 19). Das gilt auch für den Rechtsschutz gegen die im Zusammenhang mit der Erhebung und Vollstreckung getroffenen Maßnahmen (BFH I 101/60 S, BStBl. III 1962, 238; BVerwG VII C 35/62, BVerwGE 19, 125). – In den **Stadtstaaten** Berlin, Bremen und Hamburg wird die GewSt und die GrSt durch die Landesfinanzbehörden verwaltet, so dass für Streitigkeiten der **Finanzrechtsweg** eröffnet ist (→ Rn. 19).

71 **Gewerbeuntersagung**

Für eine Klage auf Rücknahme des Antrags auf Gewerbeuntersagung in der Form einer allgemeinen Leistungsklage ist der Finanzrechtsweg eröffnet (FG Nürnberg II 141/06, DStRE 2007, 981 (982)). Dasselbe gilt, wenn streitig ist, ob das FA im Rahmen seiner Verwaltungs- bzw. Vollstreckungstätigkeit Auskunft über das steuerliche Verhalten des Klägers geben bzw. einen Antrag auf Gewerbeuntersagung wegen Steuerrückständen stellen durfte (BFH VII R 56/93, BStBl. II 1994, 356; FG Nürnberg II 41/06, DStRE 2007, 981 (982)).

74 **Haftung, Duldung**

Einwände gegen Haftungs- oder Duldungsbescheide (§ 191 I, IV AO) sind im **Finanzrechtsweg** zu verfolgen. Das gilt auch dann, wenn sich die Haftung aus zivilrechtlichen Vorschriften ergibt (BGH IX ZB 141/05, DStR 2006, 1901; Tipke/Kruse/Krumm § 33 Rn. 39). Zivilrechtlicher Natur sind jedoch **Ansprüche auf Rückzahlung,** die auf Grund von Haftungs- oder Duldungsbescheiden auf die Abgabenschuld eines anderen geleistet worden sind; sie sind deshalb im **ordentlichen Rechtsweg** geltend zu machen (BFH II 240/65, BStBl. II 1974, 557 (558); BGH III ZR 149/82, NVwZ 1984, 266; → Rn. 59). Das Gleiche gilt für **Ausgleichsansprüche gem. § 426 BGB** unter Haftungsschuldnern, die als Gesamtschuldner in Anspruch genommen wurden (BGH III ZB 13/20, NVwZ 2021, 742). Eine **vorbeugende Unterlassungsklage** gegen einen drohenden Duldungsbescheid ist demgegenüber im **Finanzrechtsweg** zu verfolgen, weil es um die Frage geht, ob die Finbeh von der Möglichkeit, einen Duldungsbescheid zu erlassen, Gebrauch machen darf (BGH IX ZB 141/05, DStR 2006, 1901; IX ZB 187/05, FamRZ 2006, 1836 unter Aufgabe von BGH IX ZR 265/89, NJW 1991, 1061).

75 **Hausverbot**

Eine Klage gegen ein generelles Hausverbot durch einen FA-Vorsteher ist keine abgabenrechtliche Streitigkeit, wenn das Hausverbot nicht auf ein konkretes steuerliches Verwaltungsverfahren beschränkt ist, so dass der Rechtsweg zu den **Verwaltungsgerichten** eröffnet ist (FG Münster 14 K 3004/10, EFG 2011, 351 in Abgrenzung zu BSG B 14 SF 1/08 R, DVP 2011, 393; B 14 SF 1/14 R, NZS 2014, 918; ebenso HmbOVG 3 So 119/13, NJW 2014, 1196).

76 **Herausgabe von Beweismitteln und Steuerakten**

Für Streitigkeiten über die Herausgabe von Steuerakten **an** einen **parlamentarischen Untersuchungsausschuss** ist der **Finanzrechtsweg** eröffnet, weil es um die Reichweite des Steuergeheimnisses (§ 30 AO) und damit um eine Abgabenangelegenheit geht (BFH VII B 126/92, BFH/NV 1993, 579; teilweise aA im Hinblick auf § 36 PUAG für Untersuchungsausschüsse des Deutschen Bundestags Tipke/Kruse/Krumm § 33 Rn. 51; → Rn. 110; aA FG München 16 K 2542/92, EFG 1993, 199). Gleiches gilt, wenn sich ein Stpfl. gegen das Finanzministerium wendet und von diesem begehrt, keine persönlichen Daten des Stpfl. gegenüber dem Finanzausschuss des Landtages zu offenbaren (FG Saarl 2 V 1089/16, EFG 2016, 969). Dagegen ist der Verwaltungsrechtsweg eröffnet, wenn der Stpfl. von dem Finanzausschuss begehrt, es zu unterlassen, persönliche Daten des Stpfl. beim Finanzministerium zu erfragen, weil der Landtagsausschuss keine Finbeh iSd § 33 II ist (OVG Saarl 2 E 112/16, BeckRS 2016, 47500). – Die Klage auf Herausgabe der durch die Steuerfahndung **sichergestellten Beweismittel** ist nach Einstellung des Strafverfahrens gleichfalls im **Finanzrechtsweg** zu verfolgen (FG Bln 5 B 5060/99, EFG 1999, 1092). Das Gleiche gilt, wenn Belege im Verwaltungsverfahren eingereicht wurden (NdsFG 7 K 228/08, EFG 2010, 1852) oder soweit der Kläger auf die Feststellung klagt, dass die Herausgabe von Unterlagen an eine Polizeibehörde, die in einem Strafverfahren wegen des Verdachts des Betrugs gegen den Kläger ermittelt, rechtswidrig war (keine Tätigkeit des FA als Ermittlungsbehörde; BFH V S 5/14 (PKH), BFH/NV 2014, 1381; FG BW 1 K 3881/11, EFG 2014, 798).

Herausgabe Versteigerungserlös 77

Die Klage eines Dritten auf Herausgabe des Erlöses aus der (rechtswidrigen) Versteigerung einer ihm gehörenden Sache ist im **ordentlichen Rechtsweg** zu verfolgen (FG BW 9 K 8/93, EFG 1994, 254).

Hinterlegung 78

Die Frage, ob die Finbeh einen **Erstattungsbetrag hinterlegen** darf, ist im **Finanzrechtsweg** zu entscheiden (FG Brem II 144/69, EFG 1970, 621; FG Nürnberg V 111/79, BeckRS 1979, 1116; Tipke/Kruse/Krumm § 33 Rn. 47 aE; Gosch/v. Beckerath § 33 Rn. 87).

Insolvenz 81

Der **Antrag** des FA auf **Eröffnung des Insolvenzverfahrens** ist zwar eine insolvenzrechtliche Verfahrenshandlung, die mangels Regelung eines Rechtsverhältnisses (die Eröffnung des Insolvenzverfahrens wird erst angestrebt) **nicht** als **Verwaltungsakt** qualifiziert werden kann (BFH VII B 59/11, BFH/NV 2011, 2105; FG Münster 12 V 1054/00 AO, EFG 2000, 634; SächsFG 3 V 271/13, BeckRS 2013, 94927; Klein/Werth AO § 251 Rn. 7; Tipke/Kruse/Loose AO § 251 Rn. 18; App DB 1986, 990; Kalmes DStZ 1983, 188 f.; **aA** – Verwaltungsakt – HessFG B III 5/79, BeckRS 1979, 1005), mit dieser Erkenntnis ist die Frage, ob Rechtsschutz gegen den Insolvenzantrag durch die ordentlichen Gerichte oder die FG zu gewähren ist, aber noch nicht geklärt. Entscheidend für die Abgrenzung ist, dass der Insolvenzantrag insofern in einem engen sachlichen Zusammenhang mit der Verwaltung der Abgaben steht, als er auf die Realisierung von Abgabenansprüchen abzielt. Hinzu kommt, dass in einem Rechtsschutzverfahren die Ermessensentscheidung der Finbeh (§ 5 AO) beurteilt werden muss. Danach ist der Insolvenzantrag als Abgabenangelegenheit iSd § 33 II Hs. 1 anzusehen mit der Folge, dass **Rechtsschutzbegehren gegen** den **Insolvenzantrag** einer Finbeh **im Finanzrechtsweg** zu verfolgen sind (BFH VII R 30/89, BFH/NV 1990, 710 (711); VII B 265/01, BFH/NV 2004, 464; VII B 59/11, BFH/NV 2011,

2105; BGH IX ZB 4/18, NZI 2021, 268, Rn. 56; FG Saarl 1 K 67/03, EFG 2004, 759; SächsFG 3 V 271/13, BeckRS 2013, 94927; FG LSA 3 V 916/15, EFG 2015, 2194; Tipke/Kruse/Krumm § 33 Rn. 40; aA – ordentlicher Rechtsweg – Kalmes BB 1989, 818 (819); iE gleicher Auffassung AG Göttingen 74 IN 174/10, ZInsO 2011, 1258; Fu DStR 2010, 1411) und zwar **bis zur Eröffnung des Insolvenzverfahrens** (BGH VII B 41/77, BStBl. II 1978, 313) durch Leistungsklage (BFH VII B 159/10, BFH/NV 2011, 2104; FG Saarl 1 K 67/03, EFG 2004, 759) und anschließend im Wege der Feststellungsklage. **Vorläufiger Rechtsschutz** ist unter den Voraussetzungen des § 114 gleichfalls durch die FG zu gewähren (→ § 114 Rn. 52).

Schadenersatzansprüche wegen **Amtspflichtverletzung** (BGH III ZR 293/88, NJW 1990, 2675) sind jedoch im ordentlichen Rechtsweg zu verfolgen (→ Rn. 34).

Der **Finanzrechtsweg** ist auch eröffnet bei Streit über die **Feststellung** einer Steuerforderung **als Insolvenzforderung** gem. § 251 III AO (BFH II R 59/90, BStBl. II 1993, 613; Tipke/Kruse/Krumm § 33 Rn. 41; Klein/Werth AO § 251 Rn. 27), bei Streit über die **Herabsetzung** (§ 130 AO) einer in die Insolvenztabelle **eingetragenen Steuerforderung** (BFH V R 13/11, BStBl. II 2012, 298; V R 1/12, BFH/NV 2013, 906), bei Streit darüber, ob die Finbeh auf eine in der Insolvenztabelle rechtskräftig festgestellte Steuerforderung aus **Billigkeitsgründen verzichten** muss (BFH II R 59/90, BStBl. II 1993, 613), ob eine Steuerforderung eine Masseverbindlichkeit iSd § 55 IV InsO darstellt (FG Hmb 2 K 22/22, DStR 2024, 2840) oder bei der (partiell die Restschuldbefreiung ausschließenden) **Feststellung,** dass einer Insolvenzforderung eine **Steuerstraftat** des Schuldners nach den §§ 370, 373 AO oder § 374 AO zugrunde liegt (vgl. §§ 174 II, 302 Nr. 1 InsO; BFH VII R 25/17, BStBl. II 2019, 19; FG BBg 16 K 11072/19, EFG 2021, 1871 mAnm Gerten; aA OLG Hamm 7 U 58/17, NZI 2019, 337). Dagegen ist bei einem Rechtsstreit über die Rechtsbeständigkeit eines gerichtlich bestätigten **Insolvenzplans** (vgl. §§ 217 ff. InsO) auch dann der **Rechtsweg zu den ordentlichen Gerichten** gegeben, wenn davon der Bestand oder die Durchsetzbarkeit von Steuerforderungen abhängt (OLG Stuttgart 4 W 52/19, ZIP 2019, 2169). – **Einwendungen des Insolvenzverwalters gegen** seine Inanspruchnahme als Haftender gem. **§ 69 AO** sind im **Finanzrechtsweg** zu verfolgen (BFH VII R 49/08, BStBl. II 2010, 13). Dagegen soll bei Streitigkeiten über die Haftung des Konkursverwalters nach § 82 KO (§ 60 InsO) der ordentliche Rechtsweg eröffnet sein (BGH IX ZR 61/88, NJW 1989, 303; VI ZR 77/77, NJW 1980, 55; IX ZR 47/86, NJW 1987, 844; OLG Düsseldorf I-7 U 22/11, ZInsO 2012, 2296). Zur Abgrenzung der Anwendungsbereiche des § 69 AO und des § 60 InsO s. Klein/Rüsken AO § 69 Rn. 105. Die Abgrenzungsproblematik ist durch die InsO geklärt. **Haftungsansprüche** gegen den Insolvenzverwalter **nach § 60 InsO** sind wegen der zivilrechtlichen Ausgestaltung der Haftung **im ordentlichen Rechtsweg** zu verfolgen, sofern nicht das FA den Insolvenzverwalter durch VA in Anspruch nimmt (Gosch/v. Beckerath § 33 Rn. 115; → Rn. 74; zweifelnd Tipke/Kruse/Krumm § 33 Rn. 44; vgl. auch FG Hmb 2 K 22/22, DStR 2024, 2840).

Der ordentliche Rechtsweg ist **auch** gegeben **bei Streit über** die **insolvenzrechtliche Anfechtung** nach §§ 129 ff. InsO (BGH IX ZR 89/05, BFH/NV 2007 Beilage S. 264; IX ZR 55/15, NJW 2016, 403, Rn. 23). Dies gilt auch bei Ansprüchen auf Rückgewähr in anfechtbarer Weise geleisteter Steuern nach § 143 I InsO (BFH VII B 95/12, BStBl. II 2012, 854; VII R 15/13, BStBl. II

2014, 359; VII R 16/13, BFH/NV 2015, 8; BGH IX ZB 36/09, NJW 2011, 1365; OLG Frankfurt aM 4 W 46/22, ZInsO 2024, 2235; BAG 10 AZB 4/14, NZI 2014, 1013). Dagegen ist der Rechtsweg zu den Gerichten für Arbeitssachen gegeben, wenn der Insolvenzverwalter vom Arbeitnehmer die **Rückzahlung der** vom Schuldner (Arbeitgeber) vor Insolvenzeröffnung **geleisteten Vergütung** fordert; denn der Anspruch ist auf die Rückabwicklung einer arbeitsrechtlichen Leistungsbeziehung gerichtet (GmSOGB 1/09, NJW 2011, 1211). Eine Ausnahme gilt allerdings in den Fällen, in denen über die Wirksamkeit einer **Aufrechnung** gestritten wird: Handelt es sich bei Haupt- und Gegenforderung um Steueransprüche, ist der Finanzrechtsweg eröffnet (BGH IX ZR 89/05, BFH/NV 2007 Beilage S. 264; vgl. auch BFH VII R 57/10, ZIP 2013, 379; VII R 37/13, BStBl. II 2015, 856; VII R 29/14, MwStR 2015, 974; OLG Düsseldorf I-12 W 1/18, DStR 2018, 1446). – Wegen des Zusammenhangs mit den zivilrechtlich basierten **Rückgewähransprüchen** ist auch für **Auskunftsansprüche,** die deren Durchsetzung dienen, der Rechtsweg zu den ordentlichen Gerichten eröffnet (BFH VII B 229/09, BFH/NV 2010, 1637; BGH IX ZR 58/06, NZI 2009, 722). Soweit die Auskunft anderen Interessen dient, bleibt es aber beim Finanzrechtsweg (BFH II R 17/11, BStBl. II 2013, 639). Im Hinblick auf mögliche Anfechtungsansprüche begehren oftmals Insolvenzverwalter auf der Grundlage landesrechtlicher **Informationsfreiheitsgesetze Einsicht in die Steuerakten** des Insolvenzschuldners. Insoweit war nach der bisherigen Rspr. der Rechtsweg zu den Verwaltungsgerichten eröffnet (zB BFH II B 65/19, BStBl. II 2020, 622; BVerwG 7 B 2/12, NZI 2012, 1020; vgl. auch BGH III ZB 59/13, NZG 2014, 110; BSG B 12 SF 1/10 R, NZI 2013, 197). Für Verfahren auf der Grundlage der **DS-GVO** (VO (EU) 2016/679) ist bereits seit dem 25.5.2018 durch § 32i AO der Finanzrechtsweg normiert (→ Rn. 141). Im Zusammenhang damit ist in **§ 32i II 2 AO** (durch G v. 21.12.2020, BGBl. I 3096, mWv 29.12.2020) ebenfalls der **Finanzrechtsweg** für andere Auskunfts- und Informationszugangsansprüche (also auch nach den Informationsfreiheitsgesetzen) normiert worden, deren Umfang wiederum nach § 32e AO begrenzt wird (FG BBg 16 K 11306/19, NZI 2022, 404; FG MV 2 K 349/21, EFG 2024, 1449, Rev. BFH: IX R 1/24; → Vor § 1 Rn. 47). In der Praxis dürfte nunmehr weitgehend der Finanzrechtsweg eröffnet sein, insbes. dann, wenn Auskünfte über steuerliche Verhältnisse begehrt werden und die Finbeh unter Berufung auf die §§ 32a–32d die Auskunft verweigert (vgl. Tipke/Kruse/Krumm AO § 32i Rn. 6 f.; Gosch/Schober AO § 32i Rn. 17.1).

IÜ ist der **Finanzrechtsweg** grds. **für** alle **Streitigkeiten aus dem Steuerrechtsverhältnis** zwischen dem Insolvenzschuldner und der Finbeh eröffnet. Im Finanzrechtsweg zu entscheiden ist deshalb die Frage, ob ein **Steuererstattungsanspruch** an den Insolvenzschuldner auszuzahlen ist oder in die Insolvenzmasse fällt (BFH IV R 278/66, BStBl. II 1968, 496; VIII R 58/77, BStBl. II 1979, 639). Dasselbe gilt für die Frage, ob ein im Insolvenzverfahren geltend gemachter Anspruch auf **Rückzahlung einer Investitionszulage** besteht (BFH III R 111/75, BStBl. II 1978, 204). Auch wenn der Insolvenzverwalter nach **§ 93 InsO** gegen einen GbR-Gesellschafter Ansprüche aus Gesellschafterhaftung für Steueransprüche geltend macht, ist der Finanzrechtsweg eröffnet (BFH III S 4/14, BFH/NV 2014, 1077; XI S 17/20, NZI 2021, 186; FG Hmb 1 K 171/16, EFG 2017, 145; zweifelnd Tiemann EFG 2017, 146; vgl. auch VG Arnsberg 5 K 4079/15, NZI 2017, 173).

84 **Kindergeldangelegenheiten**

Nach dem BKGG aF war in Kindergeldsachen der Rechtsweg zu den SG eröffnet. Dies hat sich durch das JStG 1996 v. 11.10.1995 (BGBl. I 250) und die Neufassung des § 5 I Nr. 11 FVG geändert. Seitdem gehören Streitigkeiten in Kindergeldangelegenheiten nach § 15 BKGG nur noch in den in § 1 BKGG genannten Fällen vor die SG. Der **Rechtsweg zu den Sozialgerichten** ist danach gegeben, wenn der Anspruchsberechtigte weder unbeschränkt steuerpflichtig ist (§ 1 I, II EStG) noch als unbeschränkt steuerpflichtig behandelt wird (§ 1 III EStG) und bestimmte Tätigkeiten (§ 1 I Nr. 1–3 BKGG) ausübt oder die Merkmale des § 1 I Nr. 4 BKGG erfüllt. Der Sozialrechtsweg ist außerdem gegeben, wenn der Anspruch auf Kindergeld von dem Kind selbst (insbes. von Vollwaisen) geltend gemacht wird (§ 1 II BKGG) oder wenn es um Kindergeldansprüche von nicht unbeschränkt steuerpflichtigen Ausländern nach Maßgabe der §§ 1 III, 17 BKGG geht.

Dies gilt insbes. **für Streitigkeiten über die Festsetzung des Kindergeldes** (§§ 70, 72 EStG). Insoweit handelt es sich um **Abgabenangelegenheiten,** weil das Kindergeld als Steuervergütung gewährt wird (§ 33 II Hs. 1 – → Rn. 15). – Der Finanzrechtsweg ist auch eröffnet für Klagen auf Kindergeld nach dem „Abkommen zwischen der Bundesrepublik Deutschland und der Türkei über soziale Sicherheit" (FG Brem 498091K 1, EFG 1999, 570; BFH VI R 45/12, BFH/NV 2014, 83). – Streitigkeiten zB über die **Auszahlung, Nachzahlung und Rückforderung** von Kindergeld (§§ 70, 72, 74 EStG; vgl. zB BFH VI R 76/12, BStBl. II 2014, 36; III R 41/13, BStBl. II 2014, 717) bzw. die **Aufrechnung** der Familienkassen (§ 75 EStG) mit Ansprüchen auf Rückzahlung von Kindergeld gegen Ansprüche auf laufendes Kindergeld bzw. die Aufrechnung eines getrennt lebenden Ehegatten mit einem Anspruch auf Erstattung von Kindergeld gegen einen späteren Kindergeldanspruch des anderen Ehegatten (§ 75 I, II EStG) gehören gleichfalls vor die FG (BFH III B 166/10, BFH/NV 2011, 1007; auch → Rn. 39). In allen Fällen wird ein Anspruch aus dem Steuerschuldverhältnis geltend gemacht, weil das Kindergeld als Steuervergütung zu zahlen ist. – Der Finanzrechtsweg ist auch gegeben bei Streit über die **Pfändung von Kindergeldansprüchen** (vgl. § 76 EStG), wenn die Pfändung durch eine Bundes- oder Landesfinanzbehörde vorgenommen wurde (§ 33 I Nr. 1 oder 2) oder wenn im Rahmen eines Abrechnungsbescheids (§ 218 II AO) streitig ist, ob die Pfändung wirksam war (iÜ vgl. OVG LSA A 3 S 46/97, BeckRS 2008, 30858; LG Erfurt 2 T 131/07, BeckRS 2008, 13058). Auch diese Streitigkeiten betreffen eine Abgabenangelegenheit, weil sie mit dem als Steuervergütung zu zahlenden Kindergeld in engem Zusammenhang stehen.

Ferner ist für Streitigkeiten zwischen einem **Sozialleistungsträger** und der Familienkasse über die **Abzweigung** von Kindergeld (§ 74 I 4 EStG; BFH VI R 181/97, BStBl. II 2001, 443 (444); III R 2/11, BStBl. II 2013, 584) oder das Bestehen eines **Erstattungsanspruchs** (§ 74 II EStG iVm § 104 SGB X; FG RhPf 4 K 1903/01, EFG 2003, 631; BFH III R 24/11, BStBl. II 2014, 32) der **Finanzrechtsweg** eröffnet, ebenso für den gegenläufigen Anspruch der Familienkassen auf **Rückerstattung** gem. § 74 II EStG, § 112 SGB X (FG LSA 4 K 68/00, EFG 2004, 276; BFH III R 89/03, BStBl. II 2006, 544).

Die in diesem Bereich durch den Entwurf eines G zur Einführung einer Kindergrundsicherung (BT-Drs. 20/9092) vorgesehenen Änderungen sind nicht Gesetz geworden.

Kontrollmitteilungen 85
→ Rn. 41.

Lohnsteuerabzugsmerkmale 88
Anders als beim früheren Lohnsteuerkartensystem werden die Lohnsteuerabzugsmerkmale nach § 39 EStG 2012 ff. nach § 39 II 1 EStG 2012 ff. vom Wohnsitz- oder Betriebsstätten-FA gebildet. Insoweit handelt es sich um **gesonderte Feststellungen iSd § 179 I AO** (§ 39 I 4 EStG), so dass zweifellos der **Finanzrechtsweg** eröffnet ist. Zwar sind nach § 39 I 3 EStG von den Meldebehörden mitgeteilte Daten für das FA grds. bindend, jedoch gilt dies nicht uneingeschränkt (s. § 39 I 2 EStG und BT-Drs. 17/6263, 49 f.). Wenn gleichwohl der Stpfl. gegen eine Mitteilung einer Meldebehörde gerichtlich vorgehen will, muss er den Verwaltungsrechtsweg beschreiten, weil die Meldebehörden für das Verfahren nach § 39 I 3 ebenso wenig wie für das Verfahren nach § 39e II 2–4 EStG als Landes- oder Bundesfinanzbehörden fingiert werden (anders: § 39 VI EStG aF).

Lohnsteuerkarte 89
→ Rn. 88 und → 7. Aufl. Rn. 30 „Ausstellung Lohnsteuerkarte".

Milchquote 92
Klagen gegen Bescheinigungen nach der MilchquotenVO sind im Verwaltungsrechtsweg zu erheben (VG Trier 5 K 198/09.TR, ZfZ 2009, 335; s. aber auch BFH VII R 44/07, BFH/NV 2012, 1841); iÜ → Rn. 36.

Mobilitätsprämie (§§ 101 ff. EStG) 93
Die **Mobilitätsprämie** wird in § 107 EStG als Steuervergütung definiert, so dass gem. § 33 II Hs. 1 der Finanzrechtsweg eröffnet ist (Brandis/Heuermann/Böwing-Schmalenbrock EStG § 107 Rn. 16; Tipke/Kruse/Krumm § 33 Rn. 47a; Schober FR 2021, 482 (487)).

Nettolohnvereinbarung 94
→ Rn. 37.

Pfändung steuerlicher Erstattungsansprüche 97
Die Pfändung eines Steuererstattungsanspruchs ändert nichts an seinem abgabenrechtlichen Charakter (→ Rn. 32, 38). Für die gegen die Finbeh gerichtete Klage des Pfändungsgläubigers auf Zahlung und Auskunft über das Bestehen von Erstattungsansprüchen ist deshalb der **Finanzrechtsweg** gegeben (BFH VII R 116/86, BStBl. II 1987, 863; VII R 109/98, BStBl. II 2000, 573). – Die **Wirksamkeit des Pfändungs- und Überweisungsbeschlusses** ist bei Streit hierüber als zivilrechtliche Vorfrage (→ Rn. 5) vom FG zu überprüfen (BFH VII R 116/86, BStBl. II 1987, 863; FG Düsseldorf XIII/IV 239, 79, EFG 1982, 576; FG BW 13 K 68/01, EFG 2005, 82). – **Pfändet** die **Finbeh irrtümlich** Gegenstände eines Dritten, ist für den Herausgabeanspruch des Dritten der **ordentliche Rechtsweg** gegeben (FG LSA II 444/97, EFG 1998, 1023).

Präferenznachweise 98
Lehnt die Zollbehörde die **Ausstellung** eines Präferenznachweises (vgl. Witte/Stein UZK Art. 64 Rn. 29 ff.) ab, ist die auf Erteilung des Präferenznachweises gerichtete Klage im **Finanzrechtsweg** zu erheben (BFH VII R 92/85, BStBl. II 1988, 953). Dasselbe gilt für die Klage, mit der die **Rücknahme des Präferenznachweises** angefochten wird (BFH VII R 92/85, BStBl. II 1988, 953), und für die Klage, mit der durchgesetzt werden soll, dass die deutsche Zollbehörde

Mitteilungen über das Ergebnis ihrer Überprüfung der **Echtheit und Richtigkeit** eines Präferenznachweises an ausländische Zollbehörden unterlässt (BFH VII R 122/83, ZfZ 1987, 47 (49)).

99 **Prozesskosten**

Die Gebührenklage eines Prozessbevollmächtigten wegen der Vertretung des Mandanten gehört vor die **ordentlichen Gerichte** (BFH VII B 221/90, BFH/NV 1991, 619; → Rn. 69, 74). Entsprechendes gilt für die **Vollstreckungsabwehrklage gegen** einen **Kostenfestsetzungsbeschluss** des FG nach § 11 RVG (FG BW 13 K 70/91, EFG 1991, 554 – anders bei einer Erinnerung gegen den Kostenfestsetzungsbeschluss, vgl. FG Brem 2 94 020 E 2, EFG 1994, 583) und für den Streit um die **Rückzahlung** einer (wegen eines zunächst zu hoch angesetzten Streitwerts) zu hohen **Prozesskostenerstattung** (BFH VII R 76/70, BStBl. II 1973, 502). Dagegen ist der **Finanzrechtsweg** eröffnet, wenn der Kläger **aus** einem **Kostenfestsetzungsbeschluss gem. § 149 vollstrecken** will (§§ 151 I 2, 152 I; → § 152 Rn. 1 ff.) und das FA dagegen **Vollstreckungsabwehrklage** gem. § 767 ZPO erhebt (FG Bln 1 K 1232/03, EFG 2004, 1732; BFH VII B 150/12, BFH/NV 2013, 1597) sowie einen Antrag auf **einstweilige Einstellung der Zwangsvollstreckung** gem. § 769 ZPO stellt (SchlHFG 2 V 378/07, EFG 2008, 1054).

102 **Realsplitting (§ 10 I Nr. 1 EStG)**

Der Abzug der Unterhaltsleistungen als Sonderausgabe ist von der Zustimmung des geschiedenen oder getrenntlebenden Ehegatten abhängig (zB BFH X R 137/88, BStBl. II 1990, 1022; X B 53/11, BFH/NV 2013, 972). Verweigert der Empfänger der Unterhaltszahlungen die **Zustimmung,** kann sie durch ein **im ordentlichen Rechtsweg** erstrittenes Urteil (BGH XII ZR 266/96, HFR 1999, 53; XII ZR 128/02, NJW-RR 2005, 225; BFH IX R 53/84, BStBl. II 1989, 192) oder durch einen vor den ordentlichen Gerichten abgeschlossenen **Prozessvergleich** ersetzt werden.

103 **Rückgriffsansprüche**

→ Rn. 59, 74.

104 **Rückzahlungsansprüche bei Leistungen für einen Dritten (§ 192 AO)**

→ Rn. 59, 74.

107 **Schadenersatzansprüche wegen einstweiliger Anordnung und Steuerarrest**

Schadenersatzansprüche wegen ungerechtfertigter einstweiliger Anordnung nach § 114 III FGO iVm § 945 ZPO sind nach ganz hM **im ordentlichen Rechtsweg** geltend zu machen (zB BFH VII B 142/86, BFH/NV 1988, 94; BGH VI ZR 124/72, NJW 1975, 540; VI ZR 165/78, NJW 1981, 349; Tipke/Kruse/Loose § 114 Rn. 95; Gosch/Gosch § 114 Rn. 145; Kopp/Schenke/Schenke VwGO § 123 Rn. 45; **aA** – Finanzrechtsweg – BVerwG VI C 8/61, BVerwGE 18, 72 (77); Gosch/v. Beckerath § 33 Rn. 141; Schwarz NJW 1976, 215 (218); Schwarz FR 1983, 184; Grunsky JuS 1982, 177 (178); Schoch/Schneider/Schoch VwGO § 123 Rn. 206). – Entsprechendes gilt für Schadenersatzansprüche nach ungerechtfertigtem **Steuerarrest** (§ 324 AO); ob § 945 ZPO in diesen Fällen Anwendung findet, ist aber höchstrichterlich noch ungeklärt (BGH III ZR 249/11, NJW-RR 2012, 1490).

Schadenersatzansprüche gegen Berater 108

Schadenersatzansprüche gegen den steuerlichen Berater wegen fehlerhafter Beratung sind **im ordentlichen Rechtsweg** zu verfolgen (BFH VII B 221/90, BFH/NV 1991, 619).

Steuerfahndungsprüfung 109

Zunächst → Rn. 21. – Der **Finanzrechtsweg** ist aber eröffnet, wenn sich eine Bank (ein Kreditinstitut) nach Prüfung und Auswertung bankinterner Konten gegen die beabsichtigte Versendung von **Kontrollmitteilungen** an die inländischen Wohnsitzfinanzämter ihrer nicht verfahrensbeteiligten Kunden (BFH VII B 40/97, BFH/NV 1998, 424; VII B 28/99, BFH/NV 2000, 1384; VII B 277/00, BFH/NV 2001, 709; NdsFG X 524/98 V, EFG 1999, 149) bzw. an die für die Kunden zuständigen ausländischen Behörden (FG Köln 2 V 7278/99, EFG 2000, 598) wendet. Ebenso ist es, wenn der Bankkunde die Weitergabe von Kontoinformationen verhindern will (NdsFG X 524/98 V, EFG 1999, 149).

Steuergeheimnis (§ 30 AO) 110

Streitigkeiten, in denen es entscheidend auf die **Reichweite des Steuergeheimnisses** (§ 30 AO) ankommt, sind im **Finanzrechtsweg** zu entscheiden, weil es sich um eine mit der Anwendung der abgabenrechtlichen Vorschriften zusammenhängende Angelegenheit (§ 33 II Hs. 1) handelt. Dies gilt zB für den Streit, ob dem Haftenden die Steuerakte des Steuerschuldners zugänglich gemacht werden darf (BFH I R 189/70, BStBl. II 1973, 119), den Streit, ob der Inhalt von Steuerakten an die für die Festsetzung der GewSt zuständige Stelle (Gemeinde) weitergeleitet werden darf (zB FG Düsseldorf 12 K 1831/11 AO, DK 2014, 124), ob die oberste Dienstbehörde zum Schutz des Vertrauens in die rechtschaffene Dienstausübung in den Finanzämtern geschützte Inhalte aus Akten von Stpfl. veröffentlichen darf (FG BBg 7 V 7357/07, EFG 2008, 182), für die Übermittlung von Akteninhalten wegen des Verdachts einer Straftat (FG Münster 4 K 1605/19 StB, DStRE 2023, 1127) und für die Klage eines Finanzbeamten, dem für die Steuerveranlagung zuständigen FA zu untersagen, Daten aus seiner Steuerakte an die Disziplinarbehörde weiter zu geben (FG BBg 7 V 7060/07, EFG 2007, 1711; aA – Zuständigkeit der Disziplinargerichte – FG Düsseldorf 18 V 6743/98 AE AO, EFG 2000, 87). Für den Streit, ob dem Insolvenzverwalter auf der Grundlage landesrechtlicher Informationsfreiheitsgesetze Einsicht in die Steuerakten des Insolvenzschuldners gewährt werden darf, → Rn. 81. – IÜ → Rn. 40, 76. Zu Verfahren auf der Grundlage der ab 25.5.2018 geltenden DS-GVO (VO (EU) 2016/679) → Rn. 141.

Steuersicherungsverträge 111

Streitigkeiten aus einer zwischen dem Steuerschuldner und der Finbeh getroffenen Vereinbarung, nach der der Steuerschuldner der Finbeh zur Sicherstellung der Steuerforderung gegen Verzicht auf Beitreibungsmaßnahmen ein Grundpfandrecht einräumt oder überträgt, sind im **Finanzrechtsweg** zu klären. Es handelt sich um die Abwicklung eines Steuerschuldverhältnisses und damit um eine mit der Verwaltung der Abgaben im Zusammenhang stehende Angelegenheit iSd § 33 II Hs. 1 (FG Bln V 231/72, EFG 1976, 18 – bestätigt durch BFH, s. EFG 1978, 415; Tipke/Kruse/Krumm § 33 Rn. 49; **aA** BFH VII R 106/75, BStBl. II 1979, 442).

112 **Steuerstraf- und Bußgeldverfahren**
→ Rn. 21–23, 33, 40, 109.

113 **Stundung von Gerichtskosten**
Für Streitigkeiten über die Stundung der im finanzgerichtlichen Verfahren entstandenen Gerichtskosten ist der allgemeine Verwaltungsrechtsweg (§ 40 I VwGO) eröffnet (BFH VII B 230/00, BFH/NV 2001, 472).

117 **Umsatzsteuer**
→ Rn. 36, 46 (letzter Abs.).

118 **Unbedenklichkeitsbescheinigung**
→ Rn. 46.

121 **Verspätungsgeld**
Verspätungsgelder iSd **§ 22a V EStG,** durch die Träger der Altersversorgung zur rechtzeitigen Übermittlung von **Rentenbezugsmitteilungen gem. § 22a I EStG** angehalten werden sollen, werden in § 3 IV Nr. 9 AO als steuerliche Nebenleistung definiert, so dass dagegen der Finanzrechtsweg eröffnet ist (BFH X R 32/17, BStBl. II 2019, 438).

122 **Verständigungsverfahren nach DBA**
Streitigkeiten im Zusammenhang mit der Einleitung eines Verständigungsverfahrens auf der Grundlage eines DBA gehören als Abgabenangelegenheiten vor die **Finanzgerichte** (BFH I R 16/78, BStBl. II 1982, 583).

123 **Veröffentlichung von Gerichtsentscheidungen**
Ein Verfahren, das darauf zielt, eine Gerichtsentscheidung durch Einstellung in eine öffentliche Datenbank zu veröffentlichen, ist – unabhängig davon, von welchem Gericht die Entscheidung getroffen wurde – vor den allgemeinen **Verwaltungsgerichten** zu führen (OLG Hamm 15 VA 18/21, NVwZ-RR 2022, 329; aA für die Löschung einer Entscheidung eines ordentlichen Gerichts VGH BW 2 S 3145/19, Die Justiz 2020, 169: Ordentlicher Rechtsweg gem. § 23 I 1 EGGVG).

126 **Währungsausgleichsbeträge**
→ 7. Aufl. Rn. 30 „Währungsausgleichsbeiträge".

127 **Warenverkehr**
Einwendungen gegen Maßnahmen der Bundesfinanzbehörden zur Beachtung der Verbote und Beschränkungen für den Warenverkehr iRd Markenrechts sind gem. § 33 II im Finanzrechtsweg zu verfolgen (BFH VII R 88/98, BFH/NV 2000, 406; VII R 89/98, BFH/NV 2000, 613). – Vgl. Art. 58 II ZK, Art. 134 I UZK. – IÜ → Rn. 15.

128 **Widerruf- und Unterlassungsansprüche**
Ansprüche auf Widerruf/Unterlassung rufgefährdender **dienstlicher Äußerungen im hoheitlichen Bereich** sind im **Finanzrechtsweg** zu verfolgen (BGH VI ZR 246/76, NJW 1978, 1860; FG BBg 7 V 7357/07, EFG 2008, 182). – Ansprüche gegen einen bestimmten Beamten auf Widerruf von **Tatsachenbehauptungen** außerhalb der hoheitlichen Tätigkeit (BGH GSZ 1/60, BGHZ 34, 99 (106 f.)) sind demgegenüber im **ordentlichen Rechtsweg** geltend zu machen (FG Hmb III 50/74 (V), BeckRS 1977, 927).

Zölle 131

Streitigkeiten über Zölle, Zollpräferenzen und Abschöpfungen sind Streitigkeiten über Abgabenangelegenheiten iSd § 33 I Nr. 1, II Hs. 1. Für sie ist deshalb der **Finanzrechtsweg** eröffnet (→ Rn. 15, 98).

Zwangsvollstreckung 132

Der **ordentliche Rechtsweg** ist gegeben bei Streit über die **Rechte Dritter in der Zwangsvollstreckung** (→ Rn. 24). Streitigkeiten über die **Kosten der Eintragung** einer **Zwangssicherungshypothek** (BFH VII B 142/86, BFH/NV 1988, 94 (95)) und deren Löschung (FG BW II 7/80, EFG 1981, 114) sind gleichfalls von den ordentlichen Gerichten zu entscheiden. Der ordentliche Rechtsweg ist außerdem gegeben für das Begehren auf **Einstellung eines Zwangsversteigerungsverfahrens,** das – nach Aufhebung der Arrestanordnung durch das FA und Beitritt der Gerichtskasse – nur noch der Durchsetzung des Anspruchs auf Zahlung der Kosten für die Eintragung der Sicherungshypothek dient (BFH VII B 142/86, BFH/NV 1988, 94). – **Einwände gegen** einen Antrag auf Anordnung der **Zwangsverwaltung** (FG Saarl 1 K 193/98, EFG 1999, 156), Eintragung einer Sicherungshypothek (BFH VII R 77/88, BStBl. II 1990, 44; VII B 52/97, BFH/NV 1997, 830) oder auf Zwangsversteigerung (BFH VII B 85/87, BStBl. II 1988, 566; VII B 243/07, BFH/NV 2008, 1990) sind jedoch **im Finanzrechtsweg** zu verfolgen.

2. § 33 I Nr. 2 – Öffentlich-rechtliche Streitigkeiten über die Vollziehung von Verwaltungsakten, die keine Abgabenangelegenheiten betreffen, durch Bundes- und Landesfinanzbehörden

§ 33 I Nr. 2 eröffnet den **Rechtsweg zu den Finanzgerichten,** soweit den Bundes- und Landesfinanzbehörden kraft Gesetzes die Vollziehung von VA übertragen ist, die keine Abgabenangelegenheiten betreffen, und **soweit** die **Vollziehung nach** den Vorschriften **der AO** erfolgt und hieraus (idR Beitreibungsmaßnahmen) öffentlich-rechtliche **Streitigkeiten** (→ Rn. 10 f.) **über die Rechtmäßigkeit der Vollstreckungshandlungen** entstehen. **Einwendungen** gegen den zu vollstreckenden Verwaltungsakt oder die Vollstreckbarkeit gehören jedoch grds. nicht vor die FG (BFH VII B 7/74, BStBl. II 1976, 296; LSG Nds-Brem L 11 AS 152/23 B ER, BeckRS 2023, 38305; Klein/Rätke AO § 347 Rn. 6). – Die gesetzliche Verpflichtung der Finanz- und Hauptzollämter, in „anderen Angelegenheiten“ ergangene VA zu vollziehen, ergibt sich zB aus §§ 4 Buchst. b, 5 **VwVG** (vgl. FG BBg 7 V 7177/15, EFG 2016, 666; OVG Münster 12 E 667/15, BeckRS 2015, 49531) und dem **EU-BeitreibungsG** v. 7.12.2011 (BGBl. I 2592, zuletzt geändert durch G v. 26.6.2013, BGBl. I 1809). Weitere Anwendungsfälle können sich aus dem Landesrecht ergeben (zB Art. 25 VwZVG Bayern; FG München 10 V 1871/16, BeckRS 2016, 95621; aA für Hamburg FG Hmb 1 V 108/15, EFG 2016, 127 – zweifelhaft). – Die Vollstreckung kann aber auch ohne gesetzliche Verpflichtung im Wege der **Amtshilfe** (§§ 114, 250 AO) erfolgen (Klein/Rätke AO § 347 Rn. 7). 133

Durch G v. 24.6.1994 (BGBl. I 1395) ist § 33 I Nr. 2 dem Wortlaut des § 347 I Nr. 2 AO angepasst worden. – Die Änderung hat zur Folge, dass **in den Fällen des § 33 I Nr. 2** (→ Rn. 133) die oft schwierige Prüfung entfällt, ob nach Bundes- oder Landesgesetzen ein anderer Rechtsweg gegeben ist: Ist das Rechtsbe- 134 helfsverfahren nach § 347 I Nr. 2 AO durchzuführen, ist der Finanzrechtsweg eröffnet. – Abweichend von der früheren Rechtslage (FG BW II 110/69 Z, EFG 1970, 566) ist der **Finanzrechtsweg** zB eröffnet, wenn die **Vollstreckung von Sozialforderungen,** für deren gerichtliche Geltendmachung an sich der Sozial- oder Verwaltungsrechtsweg gegeben ist (vgl. § 62 SGB X), durch die Hauptzollämter erfolgt (§ 4 Buchst. b VwVG iVm § 66 I 1 SGB X; BayLSG L 7 AS 260/14 B ER, BeckRS 2014, 68989).

3. § 33 I Nr. 3 – Öffentlich-rechtliche und berufsrechtliche Streitigkeiten über bestimmte im StBerG geregelte Angelegenheiten

136 § 33 I Nr. 3 erfasst öffentlich-rechtliche (→ Rn. 10 f.) und berufsrechtliche Streitigkeiten über

- die **Hilfeleistung in Steuersachen** (Erster Teil des StBerG: §§ 1–31); zB BFH VII R 37/94, BStBl. II 1995, 10; VII R 23/09, BStBl. II 2011, 188; VII R 26/15, BFH/NV 2016, 1589; vgl. auch FG Münster 4 K 1605/19 StB, DStRE 2023, 1127;
- die **Voraussetzungen für die Berufsausübung** (Zweiter Abschnitt des Zweiten Teils des StBerG: §§ 35–55h; § 7 DVStB). – Zur **prüfungsfreien Bestellung** s. zB BFH VII B 55/07, BFH/NV 2008, 411; VII R 29/08, BStBl. II 2009, 549; zur **Prüfungszulassung** s. zB BFH VII R 18/00, BStBl. II 2001, 263; VII R 45/07, BStBl. II 2010, 205; zum **Widerruf der Bestellung** s. zB BFH VII R 14/13, BFH/NV 2014, 1598; VII B 23/17, BFH/NV 2017, 1633; vgl. auch BFH VII B 172/12, BFH/NV 2013, 1230; zum **Widerruf der Anerkennung einer Steuerberatungsgesellschaft** s. BFH VII R 54/10, BFH/NV 2013, 594; VII R 26/10, BStBl. II 2014, 593; zu **Prüfungsentscheidungen** s. BVerfG 1 BvR 40/00, HFR 2000, 601; BFH VII R 1/03, BStBl. II 2004, 842; VII B 15/12, BFH/NV 2013, 265; zum Streit über das Führen eines Zusatzes zur Berufsbezeichnung: BFH VII B 185/14, BFH/NV 2016, 787; NdsFG 6 K 10/17, DStR 2018, 2290;
- jedoch **nicht** über den Dritten Abschnitt des Zweiten Teils des StBerG, zB **Ausnahmegenehmigungen** nach **§ 57 IV Nr. 1 Hs. 2 StBerG** (BVerwG 8 C 26/11, DStR 2013, 678). Dies gilt auch bei einem Zusammenhang mit dem Widerruf einer Bestellung (BVerwG 8 C 6/12, DStR 2013, 679; aA BFH VII R 47/10, BStBl. II 2012, 49; VII B 110/09, BFH/NV 2012, 797; VII B 172/12, BFH/NV 2013, 1230); krit. zur aufgespaltenen Rechtswegzuständigkeit Mann DStR-Beih 2018, 45;
- jedoch **nicht** über die Erteilung einer **Fachberaterbezeichnung,** die auf einer Fachberaterordnung nach § 85a II Nr. 2 iVm IV Nr. 11 StBerG beruht (VG Ansbach AN 4 K 08.01857, DStRE 2010, 575 zu § 86 StBerG aF);
- die **Übergangsvorschriften** (Sechster Abschnitt des Zweiten Teils des StBerG: §§ 154–157d) und
- die **Festsetzung von Zwangsmitteln,** insbes. **Zwangsgeld,** zur Durchsetzung der Untersagung der Hilfeleistung in Steuersachen und zur Durchsetzung von Aufsichtsmaßnahmen (Erster Abschnitt des Dritten Teils des StBerG: § 159).

137 **Sonstige berufsrechtliche Streitigkeiten** gehören **nicht** vor die FG (FG Hmb III 96/74, EFG 1975, 42; FG Münster VII 1873/84, EFG 1985, 368).

4. § 33 I Nr. 4 – Finanzrechtsweg kraft ausdrücklicher bundes- oder landesgesetzlicher Zuweisung

Der Rechtsweg zu den FG ist zB nach folgenden **bundesgesetzlichen** Vorschriften gegeben: § 66 I 1 GKG (**Erinnerung** gegen den **Kostenansatz** – s. zB BFH X E 2/14, BFH/NV 2014, 894; XI E 1/22, BFH/NV 2023, 146; **nicht aber,** soweit **Stundung** der im finanzgerichtlichen Verfahren entstandenen **Gerichtskosten** begehrt wird – BFH VII B 230/00, BFH/NV 2001, 472); WoPG: § 8 III; 5. VermBG: § 14 VIII; InvZulG: § 14 S. 2; FZulG: § 12 S. 2; Altersvorsorgezulage: §§ 79 ff., 98 EStG (BFH X R 41/13, BStBl. II 2016, 525); Energiepreispauschale: § 120 II EStG (→ Rn. 37); SchwarzarbeitsbekämpfungsG: § 23 (BFH II B 79/07, BFH/NV 2008, 1102; FG Münster 10 V 3258/17 S, EFG 2018, 536; auch wenn es um Kontrollbefugnisse der Zollbehörden im Zusammenhang mit dem G zur Sicherung von Arbeitnehmerrechten in der Fleischwirtschaft v. 17.7.2017 geht (BGBl. I 2541, zuletzt geändert durch G v. 22.12.2020, BGBl. I 3334): BFH VII B 85/21, BFH/NV 2022, 514; FG Hmb 4 K 91/21, EFG 2024, 1826, Rev. BFH: VII R 15/24); ZerlegungsG: § 11. – Der Finanzrechtsweg ist – falls nicht schon § 33 I Nr. 1 eingreift – auch nach § 34 I 1 MOG idF der Bekanntmachung vom 7.11.2017 (BGBl. I 3746), zuletzt geändert durch G v. 20.12.2022 (BGBl. I 2752), eröffnet, zB für die Klage einer Molkerei auf Feststellung, sie sei zur Berechnung und Mitteilung der Milchquoten an das HZA nicht verpflichtet (BFH VII R 184/85, HFR 1986, 471), bei die Referenzmenge betreffenden Feststellungsklagen und bei Streit über die Abgabenanmeldung der Molkerei gegenüber dem HZA (FG Hmb IV 54/87, EFG 1990, 32), bei Streitigkeiten um Zinsen und Folgenbeseitigungsansprüchen wegen zu Unrecht vorenthaltener Ausfuhrerstattungen (FG Hmb 4 K 42/15, BeckRS 2017, 94536), bei Streitigkeiten über Zinsen auf Milchabgaben (BFH VII R 10/17, DStRE 2018, 314; FG Düsseldorf 4 K 2307/15 MOG, BeckRS 2016, 122868) oder für Streitigkeiten zwischen dem Milcherzeuger und der Molkerei über die Einbehaltung von Abgaben nach der Milchquotenregelung (BFH VII B 53/85, BStBl. II 1985, 553; zweifelnd FG Hmb IV 110/87 N, EFG 1989, 127), nicht aber für Streitigkeiten wegen Übernahmebescheinigungen iSd § 52 MilchquotenVO (→ Rn. 46). 140

Eine weitere Rechtswegzuweisung zu den FG enthält seit dem 25.5.2018 **§ 32i I–III AO** zur Umsetzung der seit diesem Zeitpunkt geltenden **DS-GVO (VO (EU) 2016/679)** vom 27.4.2016 (→ Vor § 1 Rn. 42; vgl. BFH II R 43/19, BStBl. II 2022, 427; FG München 15 K 193/20, EFG 2022, 1353; Klein/Maetz AO § 32i Rn. 1 ff.; Gosch/Schober AO § 32i Rn. 11 ff.; Tipke/Kruse/Krumm AO § 32i Rn. 3 ff.; SPK/Myßen AO § 32i Rn. 18 ff.). Diese umfasst nicht Ansprüche, die gegen ein FG (wegen der von diesem praktizierten Behandlung verfahrensbezogener Daten; BFH IX B 99/24, BeckRS 2025, 1341; FG BBg 16 K 5011/22, EFG 2022, 897: Zuständigkeit der VG) oder eine Finbeh, die als Strafverfolgungsbehörde (§§ 208, 386 AO) tätig geworden ist (BFH II B 82/19, BStBl. II 2020, 624: DS-GVO nicht anwendbar, iÜ VG zuständig), geltend gemacht werden. Zu Schadensersatzansprüchen nach Art. 82 I DS-GVO → Rn. 34. Durch das G v. 21.12.2020 (BGBl. I 3096, mWv 29.12.2020) ist der Anwendungsbereich dieser Regelung erweitert worden. Nach **§ 32i II 2 AO** ist nunmehr auch für andere Auskunfts- und Informationszugangsansprüche (also auch nach den Informationsfreiheitsgesetzen), deren Umfang nach § 32e AO begrenzt wird, ebenfalls der Finanzrechtsweg normiert (FG BBg 16 K 11306/19, NZI 2022, 404; → Vor § 1 Rn. 47; → Rn. 81). Die Regelung ist jedoch nicht 141 einschlägig, wenn sich ein Auskunftsbegehren nicht auf steuerliche Daten richtet (BVerwG 10 B 2.22, NVwZ 2023, 421).

142 **Landesgesetzliche Vorschriften** über die Eröffnung des Rechtswegs zu den FG (§ 33 I Nr. 4) betreffen Abgaben, die der Landesgesetzgebung unterliegen (Art. 105 II a GG) und von Landesfinanzbehörden verwaltet werden. Sie sind (ua) in den Ausführungsgesetzen der Länder zur FGO enthalten (→ Rn. 144 ff.). – Zur **Spielbankabgabe** in Niedersachsen s. BFH II B 7/93, BFH/NV 1995, 1012; II R 11/93, BFH/NV 1995, 1013; zur Glücksspielabgabe in Schleswig-Holstein s. SchlHFG 5 V 242/14, ZfWG 2015, 491; zur „Hundebestandsaufnahme" in Bremerhaven s. FG Brem 299017 K 2, EFG 1999, 851.

143 Nach den einschlägigen landesgesetzlichen Bestimmungen ist in **Kirchensteuerangelegenheiten** zT der Verwaltungs- und zT der Finanzrechtsweg gegeben.

144 Der **Finanzrechtsweg** ist **in Kirchensteuersachen** eröffnet in

Baden-Württemberg, soweit die Verwaltung den **Landesfinanzbehörden** übertragen ist (§ 4 AGFGO v. 29.3.1966, GBl. 49, zuletzt geändert durch G v. 23.5.2017, GBl. 265; §§ 17 I, 21 I KiStG idF der Bekanntmachung v. 15.6.1978, GBl. 369, zuletzt geändert durch G v. 18.12.2018, GBl. 1561); s. BFH I R 33/97, BStBl. II 1998, 126; I R 76/08, BStBl. II 2010, 1061; I R 6/21, BFH/NV 2022, 728; der Finanzrechtsweg ist nach FG BW IX K 337/83, EFG 1988, 130 auch gegeben, soweit die Klage – nach Ablehnung durch die Religionsgemeinschaft – auf Erlass von KiSt gerichtet ist; s. auch FG BW 10 K 265/96, EFG 1997, 1132; 3 K 148/05, DStRE 2009, 833;

Bayern, Art. 5 S. 1 Nr. 1, 3 AGFGO v. 23.12.1965, GVBl. 357, zuletzt geändert durch VO v. 26.3.2019, GVBl. 98; Art. 17 f. KiStG Bayern idF der Bekanntmachung v. 21.11.1994, GVBl. 1026, zuletzt geändert durch G v. 9.11.2021, GVBl. 606, soweit die Finanzämter für die Verwaltung zuständig sind;

Bremen, soweit die Verwaltung nach § 9 KiStG Bremen idF der Bekanntmachung v. 23.8.2001, BremGBl. 263, zuletzt geändert durch G v. 19.5.2020, BremGBl. 338) **Landesfinanzbehörden** übertragen ist (Art. 6 Nr. 1 AGFGO v. 23.12.1965, GBl. 156, zuletzt geändert durch G v. 14.10.2003, GBl. 364);

Hamburg, § 5 II AGFGO v. 17.12.1965, GVBl. 225, zuletzt geändert durch G v. 16.1.1989, HmbGVBl. 5;

Mecklenburg-Vorpommern, § 24 I KiStG v. 30.10.2014, GVOBl. 586, zuletzt geändert durch G v. 8.5.2018, GVOBl. 171), und zwar auch dann, wenn die Kirchen die Steuer selbst verwalten;

Nordrhein-Westfalen, § 113 S. 1 JustizG NRW v. 26.1.2010, GV NRW 30, zuletzt geändert durch G v. 10.12.2024, GV NRW 1207; § 14 IV KiStG idF v. 22.4.1975, GV NRW 439, zuletzt geändert durch G v. 19.11.2019, GV NRW 860; FG Köln 11 K 2874/90, EFG 1997, 1130;

Saarland, § 5 AGFGO v. 16.12.1965, ABl. Saarl. 1078 zuletzt geändert durch G v. 15.2.2006, ABl. Saarl. 474; § 16 I, II KiStG idF der Bekanntmachung v. 5.5.2015, ABl. I 284 zuletzt geändert durch G v. 12.2.2020, ABl. I 265; § 16 III KiStG: bei kommunaler Verwaltung der KiSt Verwaltungsrechtsweg;

Sachsen, § 36 Nr. 3 SächsJustizG v. 24.11.2000, GVBl. 482, zuletzt geändert durch G v. 13.12.2023, GVBl. 884; § 13 I KiStG Sachsen v. 14.2.2002, GVBl. 82, zuletzt geändert durch G v. 13.12.2023, GVBl. 876;

Thüringen, § 4 Nr. 3 AGFGO v. 18.6.1993, GVBl. 334, zuletzt geändert durch G v. 8.8.2014, GVBl. 527; vgl. BFH I B 26/18, BFH/NV 2019, 287; ThürFG 2 K 648/08, EFG 2009, 1250.

Der **Verwaltungsrechtsweg** ist in Kirchensteuersachen eröffnet in **145**

Baden-Württemberg, soweit die Verwaltung den Kirchen oder den Gemeinden obliegt (§§ 14, 16 KiStG – → Rn. 144; FG BW 9 K 227/92, EFG 1995, 138);

Berlin, § 65 JustizG Bln v. 22.1.2021, GVBl. 75, zuletzt geändert durch G v. 20.12.2023, GVBl. 459; § 9 I 1, III KiStG v. 4.2.2009, GVBl. 23, zuletzt geändert durch G v. 1.4.2019, GVBl. 246;

Brandenburg, § 5 Bbg. FinanzgerichtsG v. 10.12.1992, GVBl. I 504, zuletzt geändert durch G v. 10.7.2014, GVBl. I Nr. 37; § 9 I 1 KiStG Bbg. v. 18.12.2008, GVBl. 358, zuletzt geändert durch G v. 1.4.2019, GVBl. I Nr. 19;

Bremen, soweit sich Streitigkeiten bei der Verwaltung durch die Kirchen ergeben (§ 8 III KiStG – → Rn. 144);

Hessen, § 4 II AGFGO v. 17.12.1965, GVBl. I 347, zuletzt geändert durch G v. 21.12.1976, GVBl. I 532; § 13 I KiStG v. 12.2.1986, GVBl. I 90, zuletzt geändert durch G v. 20.2.2020, GVBl. 146; BFH VI B 60/08, BFH/NV 2010, 468;

Niedersachsen, § 91 S. 2 JustizG v. 16.12.2014, Nds. GVBl. 436, zuletzt geändert durch G v. 8.2.2024, Nds. GVBl. Nr. 8; § 10 II KirchensteuerrahmenG idF v. 10.7.1986, Nds. GVBl. 281, zuletzt geändert durch G v. 23.3.2022, Nds. GVBl. 201; nach § 8 II KirchensteuerrahmenG ist für Klagen gegen einen Aufteilungsbescheid ausnahmsweise der Finanzrechtsweg eröffnet;

Rheinland-Pfalz, § 4 S. 2 AGFGO v. 16.12.1965, GVBl. 265, zuletzt geändert durch G v. 6.11.1989, GVBl. 225; § 13 I KiStG v. 24.2.1971, GVBl. 59, zuletzt geändert durch G v. 18.6.2019, GVBl. 101; BFH VI B 108/11, BFH/NV 2012, 1612;

Saarland → Rn. 144;

Sachsen-Anhalt, § 5 S. 2 AGFGO v. 24.8.1992, GVBl. 654, zuletzt geändert durch G v. 8.3.2021, GVBl. LSA 88; § 9 I 1 KiStG Sachsen-Anhalt v. 7.12.2001, GVBl. 557, zuletzt geändert durch G v. 6.11.2024, GVBl. LSA 316;

Schleswig-Holstein, § 12 I KiStG idF v. 10.3.2009, GVOBl. 87, zuletzt geändert durch G v. 1.7.2014, GVOBl. 127, lex specialis zu § 57 LandesjustizG v. 17.4.2018, GVOBl. 231, zuletzt geändert durch G v. 17.3.2022 – s. SchlHFG IV 226/78 ua, EFG 1979, 251.

Wegen weiterer landesgesetzlicher Rechtswegzuweisungen s. die Ausführungs- **146**
gesetze der Länder zur FGO (AGFGO) oder Justizgesetze (zB → Rn. 144 f.) oder das GerichtsstrukturG MV v. 7.4.1998, GVOBl. 444 (549), zuletzt geändert durch G v. 11.11.2013, GVOBl. 609.

Zur Frage, ob durch die Eröffnung des Rechtswegs Landesrecht revisibel wird, **147**
→ § 118 Rn. 36.

Anhang zu § 33: Zulässigkeit des Rechtswegs, Entscheidung über den Rechtsweg, Wirkungen und Folgen der Verweisung

Literatur: Fischer, Aktuelle Entwicklungen und Entscheidungen zur Willkür von Verweisungsbeschlüssen, MDR 2016, 500; Kissel, Neues zur Gerichtsverfassung, NJW 1991, 945; Schumann, Die prozessuale Behandlung der Aufrechnung mit einer rechtswegfremden Forderung, DStR 2015, 700.

Übersicht

Rn.

I. Vorbemerkungen ... 1
II. Überblick ... 5
1. Zulässigkeit des Rechtswegs (§ 17, 17c GVG) ... 5
a) Allgemeines ... 5
b) Fortdauer der Zulässigkeit des Rechtswegs (§ 17 I 1 GVG) 10
c) Klagesperre (§ 17 I 2 GVG) ... 12
d) Umfang der Sachprüfung (§ 17 II GVG) ... 14
III. Entscheidung über den Rechtsweg (§ 17a GVG) ... 17
1. Anwendungsbereich ... 17
2. Entscheidung ... 18
a) Entscheidung bei Zulässigkeit des Rechtswegs (§ 17a III, IV GVG) ... 18
b) Entscheidung bei Unzulässigkeit des Rechtswegs (§ 17a II, IV GVG) ... 22
3. Bindungswirkung ... 28
a) Bindung bei rechtskräftiger Bejahung der Zulässigkeit des Rechtswegs (§ 17a I GVG) ... 28
b) Bindende Wirkung der Verweisung (§ 17a II 3 GVG) ... 32
4. Rechtsmittel ... 38
5. Unanfechtbarkeit mit der Hauptsache (§ 17a V GVG) ... 40
IV. Folgen der Verweisung (§ 17b GVG) ... 42

I. Vorbemerkungen

1 Die Wirkungen der Rechtshängigkeit einer Sache, die Rechtswegentscheidung und -verweisung sowie die Wirkungen bzw. Kostenfolgen einer Rechtswegverweisung werden durch die §§ 17, 17a und 17b GVG geregelt. Die Regelung gilt nicht nur (unmittelbar) für die ordentliche Gerichtsbarkeit (§ 2 EGGVG), sondern aufgrund der in den einzelnen Verfahrensordnungen bestehenden allg. Verweisungsvorschriften (§ 155 FGO, § 173 VwGO, § 202 SGG, § 48 ArbGG) einheitlich für alle fünf Gerichtsbarkeiten des Art. 95 GG.

Die Regelung ist auf die Verweisung wegen örtlicher und sachlicher Zuständigkeit entsprechend anzuwenden (§ 70 S. 1).

2 Die Regelungen sollen der Beschleunigung und Vereinfachung des Verfahrens und der Kostenersparnis dienen (Amtl. Begründung BT-Drs. 11/7030, 36 f.). Erreicht werden soll dies insbes. durch

- möglichst **frühzeitige Entscheidung** von Streitigkeiten **über den Rechtsweg** (§ 17a III, V GVG),
- **Verweisung von Amts wegen** bei Unzulässigkeit des Rechtswegs (§ 17a II GVG),
- **bindende** (aufdrängende) **Wirkung** der Verweisung (§ 17a II GVG),
- **Beschränkung des Instanzenzugs** in Rechtswegstreitigkeiten (§ 17a IV, V GVG).

Dies dient der **Effektivität des Rechtsschutzes** (→ Vor § 76 Rn. 8 f.) und genügt auch **unionsrechtlichen Anforderungen** (vgl. BFH IX B 99/24, BeckRS 2025, 1341, Rn. 15 ff.).

II. Überblick

1. Zulässigkeit des Rechtswegs (§ 17, 17c GVG)

§ 17 GVG [Rechtshängigkeit, Entscheidung des Rechtsstreits]

(1) [1]Die Zulässigkeit des beschrittenen Rechtsweges wird durch eine nach Rechtshängigkeit eintretende Veränderung der sie begründenden Umstände nicht berührt. [2]Während der Rechtshängigkeit kann die Sache von keiner Partei anderweitig anhängig gemacht werden.

(2) [1]Das Gericht des zulässigen Rechtsweges entscheidet den Rechtsstreit unter allen in Betracht kommenden rechtlichen Gesichtspunkten. [2]Artikel 14 Abs. 3 Satz 4 und Artikel 34 Satz 3 des Grundgesetzes bleiben unberührt.

§ 17c GVG [Zuständigkeitskonzentrationen; Änderungen der Gerichtsbezirksgrenzen]

(1) Werden Zuständigkeitskonzentrationen oder Änderungen der Gerichtsbezirksgrenzen aufgrund dieses Gesetzes, aufgrund anderer bundesgesetzlicher Regelungen oder aufgrund Landesrechts vorgenommen, stehen in diesen Fällen bundesrechtliche Bestimmungen, die die gerichtliche Zuständigkeit in anhängigen und rechtshängigen Verfahren unberührt lassen, einer landesrechtlichen Zuweisung dieser Verfahren an das neu zuständige Gericht nicht entgegen.

(2) [*in finanzgerichtlichen Verfahren nicht anwendbar*]

a) Allgemeines. § 17 I GVG enthält Vorschriften über die **Klagesperre** und die **Fortdauer der Zulässigkeit des Rechtswegs** (→ Rn. 12, 10). Die Regelung gilt auch für die Zuständigkeit der Gerichte innerhalb des jeweiligen Rechtswegs (§ 70). § 17 II GVG erweitert die Entscheidungskompetenz des Gerichts des zulässigen Rechtswegs. 5

Die Zulässigkeit des Rechtswegs ist **Sachentscheidungsvoraussetzung** (→ Vor § 33 Rn. 16). Sie ist weiterhin von Amts wegen zu prüfen, allerdings nur noch in der ersten Instanz, grds. nicht mehr in dem die Hauptsache betreffenden Rechtsmittelverfahren (§ 17a V GVG – → Rn. 40). 6

Die **Prüfung der Zulässigkeit des Rechtswegs** erfolgt nach den Verfahrensgrundsätzen, nach denen das Gericht auch sonst judiziert. Für die Frage, ob der Finanz- oder ein anderer Rechtsweg eröffnet ist, kommt es auf die „wahre Rechtsnatur" des Klagebegehrens an (→ § 33 Rn. 10 ff.). Dabei ist zu beachten, dass § 33 zwingendes Recht enthält. Eine **Rechtswegvereinbarung** (Prorogation) ist unwirksam (vgl. RG III 890/22, RGZ 108, 244; V 537/27, RGZ 122, 101). Prozessökonomische Erwägungen können uU die Auslegung von Vorschriften über Rechtswegzuständigkeiten beeinflussen, sind ansonsten aber unbeachtlich (OVG Münster 5 B 757/23, BeckRS 2023, 26401). – Zur Frage, ob und (ggf.) bis zu welchem Zeitpunkt Veränderungen der tatsächlichen und/oder rechtlichen Verhältnisse bei der Prüfung zu berücksichtigen sind → Rn. 10. 7

Die **Kompetenz** zur Entscheidung über die Zulässigkeit des Rechtswegs ist den erstinstanzlichen Gerichten der verschiedenen Gerichtszweige **ohne jede Einschränkung** übertragen, soweit keine Bindung eingetreten ist (→ Rn. 14 f.).

b) Fortdauer der Zulässigkeit des Rechtswegs (§ 17 I 1 GVG). Nach § 17 I 1 GVG wird die Zulässigkeit des im konkreten Fall beschrittenen Rechtswegs durch eine nach Rechtshängigkeit eintretende Veränderung der sie begrün- 10 denden Umstände nicht berührt **(perpetuatio fori).** Dabei ist gleichgültig, ob die Veränderung auf Umständen tatsächlicher oder rechtlicher Art beruht. Der Grundsatz der perpetuatio fori greift deshalb auch in den Fällen ein, in denen nach Eintritt der Rechtshängigkeit durch **Änderung der gesetzlichen Vorschriften** ein anderer Rechtsweg begründet wird (BFH VII B 8/80, BStBl. II 1981, 136; BGH KZB 12/01, NJW 2002, 1351; OVG BBg 12 L 53/20, NVwZ-RR 2021, 546), sofern nicht das G selbst ausdrücklich eine abweichende Regelung trifft. Diese Regelung ist aus Gründen der Prozessökonomie getroffen worden. Die vom bisher zuständig gewesenen Gericht geleistete Arbeit soll nicht entwertet werden (BFH VI S 7/03, BStBl. II 2005, 573; V B 29/07, BFH/NV 2008, 1501; FG Brem 2 K 82/13 1, EFG 2014, 1657). Aus Gründen der Prozessökonomie kann die ursprüngliche **Unzulässigkeit** des Rechtswegs **geheilt** werden. Es genügt, wenn bis zur letzten mündlichen Verhandlung in der ersten Instanz Umstände tatsächlicher oder rechtlicher Art eintreten, aus denen sich die Zulässigkeit des beschrittenen (und zunächst unzulässigen) Rechtswegs ergibt (BGH V ZR 83/91, NJW 1992, 1757; BAG 10 AZB 98/14, NJW 2015, 718; FG BBg 16 K 11306/19, EFG 2022, 828; Kissel NJW 1991, 945 (948)). Das muss auch noch in der Beschwerdeinstanz (→ Rn. 38) gelten. Bei **Änderungen der Gerichtsorganisation** sind abw. Regelungen nach **§ 17c I GVG** zulässig.

11 Im Falle einer **Änderung des Streitgegenstandes** (Klageänderung) ist die Zulässigkeit des Rechtswegs jedoch – wie bisher – neu zu prüfen (BFH V S 21/04, BStBl. II 2005, 101; X S 42/08, BFH/NV 2009, 780; → Rn. 32; → § 38 Rn. 9); ein gesetzlicher **Beklagtenwechsel** ist aber weder eine Änderung des Streitgegenstandes noch eine Klageänderung (BFH VI S 7/03, BStBl. II 2005, 573; → § 38 Rn. 8). Entsprechendes gilt, wenn nach Erhebung einer Klage gegen einen **Duldungsbescheid** das Insolvenzverfahren über das Vermögen des Klägers eröffnet wird, der **Insolvenzverwalter** den Rechtsstreit aufnimmt, in die Klägerstellung einrückt und der bisherige Kläger in die Beklagtenrolle (BFH VII R 14/11, BStBl. II 2013, 128; VII R 8/19, BFH/NV 2021, 1091; FG Brem 2 K 82/13 1, EFG 2014, 1657).

12 **c) Klagesperre (§ 17 I 2 GVG).** § 17 I 2 GVG besagt, dass **bei Rechtshängigkeit** (§ 66) eine **neue Klage** in derselben Sache **unzulässig** ist (→ § 66 Rn. 6 f.).

14 **d) Umfang der Sachprüfung (§ 17 II GVG). § 17 II 1 GVG erweitert** die **Entscheidungskompetenz** des Gerichts des zulässigen Rechtswegs (das ist der von dem erstinstanzlichen Gericht angenommene oder gem. § 17a II, III festgestellte Rechtsweg) gegenüber der Rechtslage vor dem 1.1.1991. Das angerufene Gericht hat nicht nur die Vorfragenkompetenz (→ § 33 Rn. 5). Es ist vielmehr in den Fällen, in denen der Klageanspruch auf mehrere, verschiedenen Rechtswegen zugeordnete Grundlagen gestützt wird, zur Entscheidung über sämtliche Klagegründe verpflichtet. Voraussetzung ist lediglich, dass der Rechtsweg für einen der Klagegründe gegeben ist (BFH VII R 4/19, BFH/NV 2022, 1274; BGH III ZR 53/90, NJW 1991, 1686; BSG B 12 SF 1/14 R, Breithaupt 2016, 484; OVG NRW 23 A 949/89, NVwZ 1993, 590; 9 B 1056/22, NWVBl. 2023, 287; s. auch BGH I ZB 3/92, NJW 1993, 471; Kopp/Schenke/Ruthig VwGO Anh. § 41 Rn. 5). Lediglich Anspruchsgrundlagen, die offensichtlich nicht gegeben sind bzw. erkennbar nur mit dem Ziel geltend gemacht werden, einen bestimmten Rechtsweg beschreiten zu können, bleiben bei der Prüfung des Rechtswegs außer Betracht (BVerwG 5 B 144/91, NVwZ 1993, 358; BSG B 7 SF 1/16 R,

BeckRS 2017, 134323; Kopp/Schenke/Ruthig Anh. § 41 Rn. 5). **Gemischte Rechtsverhältnisse,** bei denen ein und derselbe Klageanspruch in verschiedenen Rechtswegen verfolgt werden kann, werden im finanzgerichtlichen Verfahren selten sein. In seinem Mittelpunkt steht die Aufhebung, Abänderung, der Erlass oder die Feststellung der Nichtigkeit von VA. Lediglich im Bereich der (sonstigen) Leistungsklage (→ § 40 Rn. 42 ff.) sind derartige Fallgestaltungen vorstellbar (BFH II B 59/13, BFH/NV 2014, 1504). Ohnehin muss es sich um einen einheitlichen Streitgegenstand im Sinne eines **einheitlichen prozessualen Anspruchs** handeln (im Gegensatz zu einer Mehrheit prozessualer Ansprüche; BGH I ZR 126/18, NJW 2020, 3386; BVerwG 7 B 45/15, NVwZ 2017, 242; 10 AV 1/16, NVwZ 2017, 329; vgl. auch BVerwG 7 B 5/12, NVwZ 2012, 1563; → Rn. 15). Der geltend gemachte Anspruch muss gleichzeitig unter allen geltend gemachten rechtlichen Gesichtspunkten begründet sein können (Anspruchsnormenkonkurrenz), so dass § 17 II 1 GVG dann nicht einschlägig ist, wenn nur entweder der eine oder der andere rechtliche Gesichtspunkt durchgreifen kann (alternative Klagebegründung; BVerwG 10 B 25/17, NVwZ 2018, 993). – Aus § 17 II 1 GVG folgt auch, dass das FG grds. alle Vorfragen aus anderen Rechtsgebieten prüfen und entscheiden muss (BFH VII R 4/19, BFH/NV 2022, 1274; zu den Einschränkungen → § 33 Rn. 5). Unterlässt das Gericht eine durch § 17 II 1 GVG gebotene Inzidentprüfung kann dies eine Verletzung des Art. 19 IV GG darstellen (BVerfG 1 BvR 1634/04, NVwZ 2010, 1482). – § 17 II 1 GVG erfasst unter bestimmten Voraussetzungen nicht die Fälle, in denen eine **rechtswegfremde Forderung** zur **Aufrechnung** gestellt wird. Vielmehr ist diese Konstellation vergleichbar mit den Fällen der objektiven Klagenhäufung (→ Rn. 15) oder der Widerklage, für die ebenfalls keine rechtswegfremde Entscheidungsbefugnis besteht. Schließlich sollte der mit dem ausdifferenzierten Rechtswegesystem verbundene Zweck, eine fachlich besonders qualifizierte Bearbeitung sicherzustellen, nur sehr zurückhaltend im Interesse der Prozessökonomie konterkariert werden. Wird eine Klage erhoben, in deren Rahmen sich ein Beteiligter auf eine Aufrechnung mit einer rechtswegfremden Gegenforderung beruft, ist das FG-Verfahren bis zur rechtskräftigen Entscheidung über die Gegenforderung **grds.** nach **§ 74 auszusetzen** (BFH VII B 73/01, BStBl. II 2002, 509; VII R 56/04, BFH/NV 2005, 1759; VII B 253/06, BFH/NV 2007, 968; VII R 12/16, BStBl. II. II 2018, 737; BVerwG 3 B 68/97, NJW 1999, 160; BAG 5 AZB 3/01, NJW 2002, 317; FG Münster 14 K 3276/11 AO, EFG 2012, 1420; FG BBg 7 K 7224/11, EFG 2015, 828; Schumann DStR 2015, 700). Voraussetzung ist jedoch, dass die Aufrechnung zwischen den Beteiligten des finanzgerichtlichen Verfahrens erfolgt (BFH VII R 12/16, BStBl. II 2018, 737) und dass sich die Rechtskraft der finanzgerichtlichen Entscheidung sowohl auf den Gläubiger als auch auf den Schuldner der rechtswegfremden Gegenforderung erstreckt, woran es vielfach fehlt, wenn zwar der Zessionar, jedoch nicht der Zedent einer abgetretenen Gegenforderung am finanzgerichtlichen Verfahren beteiligt ist (BFH VII R 12/16, BStBl. II 2018, 737; ebenso BFH XI R 45/20, BStBl. II 2023, 1082; OLG Hamm I-24 U 64/19, NJW-RR 2020, 1146, Rn. 103 f. zu einer nach § 27 XIX 3 UStG abgetretenen Gegenforderung; insoweit aA NdsFG 5 K 106/21, EFG 2022, 1045). Fehlt es daran, steht eine Aussetzung im Ermessen des FG. Insbes. wenn mit der Prüfung der rechtswegfremden Gegenforderung auch steuerliche Fragen verbunden sind, spricht dies für eine Entscheidung durch das FG (BFH XI R 45/20, BStBl. II 2023, 1082, Rn. 22; vgl. auch BFH V B 23/22 (AdV), DStR 2023, 2341). S. iÜ zur Abgrenzung BFH V B 144/17, MwStR 2018, 616). Im Falle der Aussetzung des Verfahrens nach § 74 muss das FG demjenigen, der sich auf eine bestrittene, nicht rechtskräftig festgestellte rechtswegfremde Gegenforderung beruft (typischerweise der Finbeh) aufgeben, innerhalb einer bestimmten Frist Klage auf Zahlung oder Feststellung der behaupteten Forderung zu erheben. Geschieht dies nicht, ist die Forderung als nicht bestehend zu behandeln (BFH VII R 56/04, BFH/NV 2005, 1759).

Die **rechtswegüberschreitende Kompetenz** eines Gerichts gilt nach **§ 17 II 2 GVG** nicht in den Fällen der **Art. 14 III 4 und 34 S. 3 GG,** in denen kraft ausdrücklicher grundgesetzlicher Anordnung der ordentliche Rechtsweg zu beschreiten ist. Zur Frage, ob eine Teilverweisung möglich ist, → Rn. 23.

15 Die Erweiterung der Entscheidungskompetenz durch § 17 II GVG betrifft **ausschließlich gemischte Rechtsverhältnisse** (Kissel NJW 1991, 945 (950); → Rn. 14). In Fällen der **objektiven Klagehäufung** (→ § 43 Rn. 1) ist die Zulässigkeit des Rechtswegs für jeden Klageanspruch gesondert zu prüfen und nach § 17a II, III GVG (→ Rn. 18 ff.) zu verfahren (BGH III ZR 53/90, NJW 1991, 1686; I ZR 126/18, NJW 2020, 3386; BVerwG 9 B 63/13, NVwZ-RR 2014, 856; FG München 15 K 1212/19, EFG 2022, 727 zu Anträgen auf Auskunft und Akteneinsicht). Zu Unrecht für eine Identität von Abrechnungsbescheid iSd § 218 II AO und bereicherungsrechtlichem Rückforderungsanspruch (§ 812 I 1 Fall 1 BGB): FG Köln 10 K 3397/09, EFG 2012, 1017.

§ 17 II GVG gilt **auch** für **Hilfsanträge,** die in einem anderen Rechtsweg zu verfolgen wären, wenn es sich um einen einheitlichen prozessualen Anspruch (→ Rn. 14) im Verhältnis zum Hauptantrag handelt, für den der Finanzrechtsweg eröffnet ist (HHS/Steinhauff § 34 Rn. 62 f.; Zöller/Lückemann GVG § 17 Rn. 7; Kissel/Mayer/Mayer GVG § 17 Rn. 55; vgl. dazu auch BGH I ZR 126/18, NJW 2020, 3386).

III. Entscheidung über den Rechtsweg (§ 17a GVG)

§ 17a GVG [Rechtsweg]

(1) Hat ein Gericht den zu ihm beschrittenen Rechtsweg rechtskräftig für zulässig erklärt, sind andere Gerichte an diese Entscheidung gebunden.

(2) [1]Ist der beschrittene Rechtsweg unzulässig, spricht das Gericht dies nach Anhörung der Parteien von Amts wegen aus und verweist den Rechtsstreit zugleich an das zuständige Gericht des zulässigen Rechtsweges. [2]Sind mehrere Gerichte zuständig, wird an das vom Kläger oder Antragsteller auszuwählende Gericht verwiesen oder, wenn die Wahl unterbleibt, an das vom Gericht bestimmte. [3]Der Beschluß ist für das Gericht, an das der Rechtsstreit verwiesen worden ist, hinsichtlich des Rechtsweges bindend.

(3) [1]Ist der beschrittene Rechtsweg zulässig, kann das Gericht dies vorab aussprechen. [2]Es hat vorab zu entscheiden, wenn eine Partei die Zulässigkeit des Rechtsweges rügt.

(4) [1]Der Beschluß nach den Absätzen 2 und 3 kann ohne mündliche Verhandlung ergehen. [2]Er ist zu begründen. [3]Gegen den Beschluß ist die sofortige Beschwerde nach den Vorschriften der jeweils anzuwendenden Verfahrensordnung gegeben. [4]Den Beteiligten steht die Beschwerde gegen einen Beschluß des oberen Landesgerichts an den obersten Gerichtshof des Bundes nur zu, wenn sie in dem Beschluß zugelassen worden ist. [5]Die Beschwerde ist zuzulassen, wenn die Rechtsfrage

grundsätzliche Bedeutung hat oder wenn das Gericht von der Entscheidung eines obersten Gerichtshofes des Bundes oder des Gemeinsamen Senats der obersten Gerichtshöfe des Bundes abweicht. [6]Der oberste Gerichtshof des Bundes ist an die Zulassung der Beschwerde gebunden.

(5) Das Gericht, das über ein Rechtsmittel gegen eine Entscheidung in der Hauptsache entscheidet, prüft nicht, ob der beschrittene Rechtsweg zulässig ist.

(6) Die Absätze 1 bis 5 gelten für die in bürgerlichen Rechtsstreitigkeiten, Familiensachen und Angelegenheiten der freiwilligen Gerichtsbarkeit zuständigen Spruchkörper in ihrem Verhältnis zueinander entsprechend.

1. Anwendungsbereich

§ 17a GVG regelt **Kompetenzkonflikte** zwischen den in Art. 95 I GG 17
genannten Gerichtszweigen. Im Verhältnis zur Verfassungsgerichtsbarkeit ist § 17a GVG unanwendbar (BVerfG 2 BvG 1/02 ua, NVwZ 2004, 468; BVerwG 3 PKH 5/12, ZOV 2012, 297 aE; 6 C 6/23, NVwZ 2025, 856; FG BBg 13 V 13127/10, BeckRS 2010, 149223; VGH BW 14 S 1183/23, BeckRS 2023, 23288).

§ 17a GVG gilt nicht nur für das **Klageverfahren,** sondern auch für die selbstständigen (Neben-)Verfahren des **vorläufigen Rechtsschutzes** (§§ 69, 114; FG Düsseldorf 18 V 6743/98, BeckRS 1998, 14820; BVerwG 3 B 10.00, ZOV 2002, 236; BGH X ARZ 76/17, NJW-RR 2017, 1215). Davon ging auch schon die überwiegende Meinung zu § 34 aF aus (→ 2. Aufl. § 34 Rn. 3; s. auch BFH VIII S 4/94, BFH/NV 1995, 800; VII S 25/00, BFH/NV 2001, 56; VIII S 23/12, BFH/NV 2013, 570; aA Kopp/Schenke/Ruthig VwGO Anh. § 41 Rn. 2a). Entsprechendes wird man auch für sog. isolierte **Prozesskostenhilfeverfahren** (→ § 142 Rn. 59 f.) annehmen müssen (BGH XII ZB 276/20, FamRZ 2021, 113; FG Köln 6 K 235/23, BeckRS 2023, 8511; OVG Saarl 1 E 148/22, BeckRS 2022, 25633; OVG BBg 1 M 2/23, BeckRS 2023, 288; HHS/Steinhauff § 34 Rn. 30; Gosch/v. Beckerath § 33 Rn. 390; offen BAG 5 AS 5/92, NJW 1993, 751; **aA** OLG Karlsruhe 19 W 16/07, MDR 2007, 1390; OLG München 1 W 2523/10, BeckRS 2010, 29648; BayVGH 5 C 14.1654, NVwZ-RR 2014, 940; OVG LSA 3 O 141/20, LKV 2021, 40; HessLSG L 5 R 202/13 B, BeckRS 2014, 66684; Kissel/Mayer/Mayer GVG § 17 Rn. 7; Kopp/Schenke/Ruthig Anh. § 41 Rn. 2b; Thomas/Putzo/Hüßtege GVG § 17a Rn. 3), ebenso für das Vollstreckungsverfahren (BGH X ARZ 76/17, NJW-RR 2017, 1215). – Das Verfahren muss iSd § 66 **anhängig** sein; aufgrund von Rücknahme oder Hauptsachenerledigung nicht mehr anhängige Verfahren sind nicht zu verweisen (BAG 9 AS 4/16, NJW 2016, 3469). – § 17a GVG ist auf Streitigkeiten über die Zuständigkeit eines Senats innerhalb eines FG nicht analog anwendbar. Vielmehr entscheidet bei gerichtsinternen Meinungsverschiedenheiten das Präsidium (→ § 4 Rn. 26; → § 70 Rn. 5). – IÜ → Rn. 1 ff.

2. Entscheidung

a) Entscheidung bei Zulässigkeit des Rechtswegs (§ 17a III, IV GVG). 18
Hält das erstinstanzliche Gericht (ggf. der Einzelrichter – §§ 6, 79a III, IV) den Rechtsweg für zulässig und wird die Zulässigkeit des Rechtswegs von keinem der Beteiligten gerügt, braucht über diese Fragen nicht gesondert entschieden werden. Der Senat bzw. der Einzelrichter kann die Zulässigkeit des Rechtswegs nach pflichtgemäßem Ermessen im Vorabverfahren (BAG 7 AZB 56/16, NZA 2017,

1140) oder **in der Endentscheidung zur Hauptsache** – auch stillschweigend – mit aussprechen (BGH I ZB 3/92, NJW 1993, 471; BFH VII B 244/10, BFH/NV 2011, 1535). Ist die Rechtslage objektiv zweifelhaft, entspricht es – mit **Ausnahme** von **Eilverfahren** (FG Saarl 2 V 1089/16, EFG 2016, 969, Rn. 26) – pflichtgemäßer Ermessensausübung, **von Amts wegen** eine **Vorabentscheidung** zu treffen (§ 17a III 1 GVG). Das bedeutet, dass über die Rechtswegfrage vor der Entscheidung zur Hauptsache, nicht notwendig aber vor Beginn der mündlichen Verhandlung durch besonderen Beschluss (→ Rn. 19) zu entscheiden ist. Bei **Rüge der Zulässigkeit des Rechtswegs** durch einen Beteiligten muss das Gericht die Zulässigkeit in jedem Fall vorab aussprechen (§ 17 III 2 GVG). Die Rüge muss als Prozesshandlung ausdrücklich erfolgen. Das Rügerecht erlischt weder mit dem Beginn der Verhandlung zur Hauptsache noch mit dem Ablauf einer etwaigen Klageerwiderungsfrist. § 282 III ZPO ist im finanzgerichtlichen Verfahren wegen des Untersuchungsgrundsatzes nicht anwendbar. Unterlässt das FG gleichwohl die Vorabentscheidung, hat dies eine eingeschränkte Bindung nach § 17a V in der Rechtsmittelinstanz zur Folge (→ Rn. 40). Für den BFH gilt die Vorabentscheidungspflicht jedoch nicht, da gegen seine Entscheidungen ohnehin niemals die Beschwerdemöglichkeit eröffnet wäre (BFH X R 32/17, BStBl. II 2019, 438; vgl. auch BGH V ZR 326/94, NJW 1996, 1890).

19 Die **Vorabentscheidung** erfolgt **durch Beschluss;** mündliche Verhandlung ist nicht erforderlich (§ 17a IV 1 GVG). In jedem Fall ist den Beteiligten **rechtliches Gehör** (Art. 103 I GG) zu gewähren. Schriftliche Anhörung genügt, wobei in einem **Eilverfahren** rechtliches Gehör auch telefonisch gewährt werden kann (BFH IV S 15/03, BStBl. II 2004, 84 (85)). Der Beschluss muss **begründet** werden (§ 17a IV 2 GVG; vgl. BAG 9 AS 2/18, NJW 2018, 3197). Es ist **keine Kostenentscheidung** zu treffen, weil es sich um ein unselbstständiges Zwischenverfahren handelt (vgl. § 17b II GVG – aber → Rn. 44 für das Beschwerdeverfahren). Der Beschluss ist den Beteiligten zuzustellen (§ 53 I), wenn er ohne mündliche Verhandlung ergangen ist oder wenn er – nach mündlicher Verhandlung – nicht verkündet worden ist und die Beschwerde zugelassen wurde (→ Rn. 38; → § 53 Rn. 2). Bei Verkündung ist mangels ausdrücklicher gesetzlicher Regelung eine Zustellung nicht erforderlich (→ § 53 Rn. 4).

22 **b) Entscheidung bei Unzulässigkeit des Rechtswegs (§ 17a II, IV GVG).** Ist das erstinstanzliche Gericht der Überzeugung, dass der eingeschlagene Rechtsweg unzulässig ist, kann es wegen Fehlens einer Sachentscheidungsvoraussetzung (→ Rn. 6) keine Entscheidung zur Hauptsache treffen. In diesem Fall muss das Gericht – nach Anhörung der Beteiligten – **vorab von Amts wegen** die **Unzulässigkeit des Rechtswegs aussprechen und den Rechtsstreit** zugleich an das zuständige Gericht des zulässigen Rechtswegs **verweisen** (§ 17a II 1 GVG). Entgegen dem früheren Recht ist also eine **Klageabweisung als unzulässig** (mangels Zulässigkeit des beschrittenen Rechtswegs) **nicht mehr möglich.**

Die **Prüfung** hat sich auf die Frage zu beschränken, welcher Rechtsweg für das prozessuale Begehren zulässig ist. Ob die übrigen Prozessvoraussetzungen für ein Verfahren vor dem zuständigen Gericht gegeben sind, ist für die Verweisung unerheblich (BVerwG 6 B 8/01, NJW 2001, 1513; VGH BW 5 S 1512/90, NJW 1991, 1905). Allerdings scheidet die Verweisung aus, wenn ein Kläger parallel zu einem zivilgerichtlichen Verfahren oder nach dessen erfolglosem Betreiben gegen einen nicht passiv legitimierten Beklagten versucht, zivilrechtliche Vorfragen im finanzgerichtlichen Verfahren in seinem Sinne feststellen zu lassen (BFH II R 18/

01, BeckRS 2001, 25006423; FG BBg 3 K 3138/08, EFG 2013, 719). Im Regelfall ist keine Entscheidung über einen PKH-Antrag zu treffen (FG Hmb 4 K 154/16, BeckRS 2017, 94048; VGH BW 1 S 1915/18, Die Justiz 2020, 14; OLG Stuttgart 10 W 2/11, NJW-RR 2011, 1502; aA OVG Münster 4 D 10/18, NWVBl. 2018, 351).

In den Fällen der **Klagehäufung** (→ § 43 Rn. 1; → § 59 Rn. 3) ist die Feststellung der Unzulässigkeit des Rechtswegs hinsichtlich einzelner Klagen und deren Verweisung (§ 17a II 1 GVG) nur nach vorheriger Trennung der Verfahren (§ 73) möglich (BGH III ZR 166/89, NVwZ 1990, 1104; I ZB 42/96, NJW 1998, 826; HHS/Steinhauff § 34 Rn. 60). Eine **Teilverweisung** ist iÜ ausgeschlossen (§ 17 II GVG; BVerwG 5 B 1/21, NVwZ 2022, 412). Jedenfalls in finanzgerichtlichen Verfahren liegt im Regelfall eine Klagehäufung vor, soweit das Klagebegehren ua auch auf Art. 14 III 4, 34 S. 3 GG (§ 17 II 2 GVG) gestützt wird. Denn der **Amtshaftungsanspruch** ist ein anderer prozessualer Anspruch als ein – möglicherweise – im Betrag identischer Anspruch auf Zinsfestsetzung, Erlass von Abgaben, Kostenerstattung nach § 77 EStG, Herabsetzung einer Steuerfestsetzung usw. Die Klage auf Schadensersatz wegen Amtshaftung kann daher abgetrennt und an das zuständige LG (§ 71 II Nr. 2 GVG) verwiesen werden (HessFG 10 K 1350/22, EFG 2024, 1144, Rn. 45 ff.; BayVGH 19 B 98.3259, BeckRS 1998, 17982; aA BSG B 13 R 437/11 B, BeckRS 2012, 75930; s. auch BGH III ZR 166/89, NVwZ 1990, 1104; LAG Hamm 2 Ta 21/16, BeckRS 2016, 74326). **23**

Nach § 17a II 1 GVG ist auch zu verfahren, wenn ein Gericht in derselben Sache den zu ihm beschrittenen Rechtsweg rechtskräftig für zulässig erklärt hat und die Sache bei dem Gericht des zulässigen Rechtswegs nicht mehr rechtshängig ist. Einerseits ist das später angerufene Gericht an die Entscheidung über die Zulässigkeit des Rechtswegs gebunden (→ Rn. 28 f.) und andererseits greift die Klagesperre (→ Rn. 11) nach Beendigung der Rechtshängigkeit nicht mehr ein. Das Gericht des zulässigen Rechtswegs hat anschließend über die Zulässigkeit der Klage iÜ (→ Vor § 33 Rn. 16 ff.) zu befinden. **24**

Sind innerhalb des zulässigen Rechtswegs **mehrere Gerichte sachlich und/oder örtlich zuständig,** wird an das vom Kläger oder Antragsteller auszuwählende Gericht verwiesen oder, wenn die Wahl unterbleibt, an das vom verweisenden Gericht zu bestimmende (§ 17a II 2 GVG). – Zur **Bindung** des Gerichts, an das verwiesen worden ist, → Rn. 28 ff. **25**

Die **Verweisung** erfolgt nach Anhörung der Beteiligten (§ 17a II 1 GVG) **durch Beschluss.** – Die Unterbrechungswirkung eines eröffneten Insolvenzverfahrens gem. § 155 S. 1 FGO iVm § 240 ZPO steht auch einer Verweisung entgegen (BGH X ARZ 119/23, NZI 2024, 551). – Wegen der Einzelheiten → Rn. 19; wegen der Kosten → Rn. 19, 44. **26**

3. Bindungswirkung

a) Bindung bei rechtskräftiger Bejahung der Zulässigkeit des Rechtswegs (§ 17a I GVG). Hat ein Gericht den zu ihm beschrittenen Rechtsweg **rechtskräftig für zulässig** erklärt, sind andere Gerichte an diese Entscheidung gebunden (§ 17a I GVG). Dabei ist gleichgültig, ob die Zulässigkeit des Rechtswegs vorab oder in der Endentscheidung zur Hauptsache (→ Rn. 18) bejaht worden ist. Die Gerichte der anderen Gerichtszweige sind **bei Identität des Streitgegenstandes** (→ Rn. 14) in beiden Fällen an die Entscheidung gebunden. **28**

Davon ist nur unter besonderen Umständen eine Ausnahme zu machen. – Zum Umfang der Bindungswirkung → Rn. 32–34. – Zur Bindungswirkung des Rechtsmittelgerichts → Rn. 40.

Ein nach Beendigung der Rechtshängigkeit in derselben Sache vor einem Gericht eines anderen Gerichtszweiges erhobenes Rechtsschutzbegehren ist deshalb an das Gericht zu verweisen, das die Zulässigkeit des (zunächst) zu ihm beschrittenen Rechtswegs rechtskräftig bejaht hat (→ Rn. 24). Dasselbe muss gelten, wenn die Sache gleichzeitig bei Gerichten verschiedener Gerichtszweige anhängig gemacht worden ist und eines der angerufenen Gerichte den zu ihm beschrittenen Rechtsweg rechtskräftig bejaht hat (Kissel/Mayer/Mayer GVG § 17 Rn. 51).

Ist das Verfahren noch bei dem Gericht anhängig, das die Zulässigkeit des Rechtswegs bejaht hat, sind weitere Klagen/Anträge in derselben Sache vor einem Gericht eines anderen Rechtswegs als unzulässig abzuweisen (→ Rn. 12).

30 Eine § 17a I GVG entsprechende Regelung fehlt für den Fall, dass ein Gericht den zu ihm beschrittenen **Rechtsweg rechtskräftig für unzulässig erklärt** hat (§ 17a II 1 GVG). Da die Verweisung für das Adressatgericht bei Identität des Streitgegenstandes (→ Rn. 14) hinsichtlich des Rechtswegs stets bindend ist (→ Rn. 32 ff.), besteht auf den ersten Blick kein Handlungsbedarf. Die Frage der Bindung kann sich aber für ein drittes Gericht ergeben, wenn es früher oder gleichzeitig angerufen worden ist (bei späterer Anrufung greift § 17 I 2 GVG ein; → Rn. 12). Meines Erachtens ergibt sich die Bindung dann aus der materiellen Rechtskraft der Entscheidung über die Unzulässigkeit des Rechtswegs (Anders/Gehle/Vogt-Beheim GVG § 17a Rn. 13), so dass eine Verweisung an das Gericht, das die Zulässigkeit des Rechtswegs verneint hat, ausgeschlossen ist.

32 **b) Bindende Wirkung der Verweisung (§ 17a II 3 GVG).** Der formell rechtskräftige **Verweisungsbeschluss** ist für das Gericht, an das der Rechtsstreit verwiesen worden ist, **bei Identität des Streitgegenstandes** (→ Rn. 14) hinsichtlich des Rechtswegs **bindend.** Das bedeutet, dass das in dem Verweisungsbeschluss bezeichnete Gericht den Rechtsstreit weder zurück- noch (an ein drittes Gericht) weiterverweisen kann (BVerwG 1 WB 46.12, BeckRS 2015, 50598; Kissel NJW 1991, 945 (949)). Damit ist die früher streitig gewesene Frage nach der Zulässigkeit der **Weiterverweisung** in dem Sinne geklärt, dass der Rechtsweg mit der Verweisung endgültig festliegt, eine Weiterverweisung an einen anderen Rechtsweg also **unzulässig** ist (BGH III ZB 2/04, NJW-RR 2005, 142; → Rn. 34). Die Bindungswirkung tritt jedoch nicht ein, wenn nach (zulässiger) Klageänderung ein neuer Streitgegenstand zu beurteilen ist (BFH V S 21/04, BStBl. II 2005, 101; VI S 7/03, BFH/NV 2005, 1196; → § 38 Rn. 9), ohne förmlichen Beschluss die Akten an ein anderes Gericht übersandt werden (BGH X ARZ 101/24, NJW-RR 2024, 994) oder wenn sich das Gericht, an das verwiesen worden ist, zuvor rechtskräftig für unzuständig erklärt hatte (BGH X ARZ 101/24, NJW-RR 2024, 994).

Die **Bindungswirkung** tritt **auch** dann ein, **wenn** der **Verweisungsbeschluss mit den gesetzlichen Vorschriften über den Rechtsweg nicht im Einklang** steht oder wenn er mit Verfahrensmängeln (die nicht in der Versagung des rechtlichen Gehörs bestehen) behaftet ist (BFH VII B 221/90, BFH/NV 1991, 619 (620, 621); VI S 17/05, BFH/NV 2006, 329; II R 50/14, BStBl. II 2016, 691; BGH X ARZ 167/13, HFR 2013, 1159; X ARZ 146/14, NZS 2014, 675; s. auch BFH VII B 202/05, BFH/NV 2007, 251 (252)). Das ergibt sich aus dem Zweck der Neuregelung, ausgehend von der Gleichwertigkeit aller Gerichtszweige Rechtswegstreitigkeiten abzukürzen. – Der Verweisungsbeschluss entfaltet **ausnahmsweise keine Bindungswirkung** hinsichtlich des Rechtswegs, wenn er auf der Versagung des rechtlichen Gehörs gegenüber einem oder mehreren Verfahrensbeteiligten beruht (BFH IX S 5/94, BFH/NV 1995, 907; VI S 7/03, BStBl. II 2005, 573; X S 42/08, BFH/NV 2009, 780; III S 12/15, BFH/NV 2015, 1421; BAG 9 AS 5/17, BeckRS 2017, 129754; aA BGH X ARZ 174/15, NZA-RR 2015, 552; X ARZ 329/19, DGVZ 2019, 258, wenn von der Möglichkeit einer Beschwerde kein Gebrauch gemacht wurde) oder **offensichtlich unhaltbar** ist. Das ist zB der Fall, wenn sich die Verweisung bei Auslegung und Anwendung der maßgeblichen Normen in einer nicht mehr hinnehmbaren **willkürlichen** Weise von dem verfassungsrechtlichen Grundsatz des gesetzlichen Richters entfernt und damit unter Berücksichtigung rechtsstaatlicher Grundsätze nicht mehr verständlich erscheint, also allenfalls bei „extremen Verstößen" gegen die maßgeblichen Vorschriften. In einem solchen Fall muss die Bindungswirkung des Verweisungsbeschlusses hinter dem Rechtsgedanken des Art. 101 I 2 GG zurücktreten (BFH VII B 341/03, BStBl. II 2004, 458; X S 42/08, BFH/NV 2009, 780; VI S 10/11, BFH/NV 2012, 771; II R 50/14, BStBl. II 2016, 691; BVerwG 5 AV 4/21, NVwZ-RR 2022, 894; 2 AV 2/24, NVwZ 2024, 1347; BGH X ARZ 167/13, HFR 2013, 1159; X ARZ 326/17, NJW-RR 2018, 250; BAG 9 AS 5/17, BeckRS 2017, 129754; zur Abgrenzung s. BFH VI S 17/05, BFH/NV 2006, 329; diese Voraussetzungen bejahend BGH 2 ARs 196/16, NJW 2017, 1689; ähnlich Kopp/Schenke/Ruthig VwGO Anh. § 41 Rn. 22; vgl. Fischer MDR 2016, 500). Letzteres wurde bejaht bei einem offensichtlichen Verstoß gegen den Grundsatz der perpetuatio fori (§ 17 I 1 GVG; → Rn. 10; BFH VI S 7/03, BStBl. II 2005, 573), nach einer Verweisung eines Amtshaftungsprozesses an das FG (FG BW 4 K 2089/09, EFG 2009, 1582; → Rn. 14, 23), bei einer Verweisung eines von Amts wegen zu betreibenden Verfahrens durch ein Familiengericht an ein VG (BVerwG 6 AV 4/21, NJW 2021, 2600), beim Übersehen einer einschlägigen Norm (BSG B 11 SF 5/23 S, BeckRS 2023, 15236), bei einer Verweisung (nahezu) ohne Begründung (BAG 10 AS 2/15, NJW 2015, 2523; 9 AS 2/18, NJW 2018, 3197) oder bei einer Verweisung durch ein Gericht, bei dem der Rechtsstreit nicht (mehr) anhängig war (BAG 10 AS 9/15, NZA 2016, 446). – **Negative Kompetenzkonflikte** sind damit grds. ausgeschlossen; entstehen sie dennoch, ist § 39 I Nr. 4 entsprechend anzuwenden (BFH VII B 341/03, BStBl. II 2004, 458; BGH X ARZ 167/13, HFR 2013, 1159; X ARZ 101/24, NJW-RR 2024, 994; BVerwG 5 AV 4/21, NVwZ-RR 2022, 894). Zuständig ist das oberste Bundesgericht, das zuerst angerufen wird (BGH X ARZ 167/13, HFR 2013, 1159; X ARZ 76/17, NJW-RR 2017, 1215; BVerwG 5 AV 4/21, NVwZ-RR 2022, 894; 6 AV 3/24, NVwZ 2025, 433; BAG 9 AS 5/17, BeckRS 2017, 129754; BSG B 4 SF 4/16 R, BeckRS 2016, 113426). Für die Beseitigung von Fehlern des verweisenden Gerichts ist grds. das Beschwerdeverfahren (→ Rn. 38) der richtige Weg. – Zur **Bindungswirkung einer gesetzwidrigen Rückverweisung** s. BGH III ZB 33/99, NJW 2000, 1343; Xa ARZ 283/10, MDR 2011, 253; BVerwG 1 WB 46/12, BeckRS 2015, 50598. Die **Bindung** erfasst nicht nur das Gericht, an das verwiesen worden ist, sondern auch das im Instanzenzug übergeordnete **Rechtsmittelgericht** (→ Rn. 40).

Die Bindungswirkung bezieht sich grds. **nur** auf das **konkrete Verfahren,** das 33
verwiesen worden ist. Bei Verweisung eines Prozesskostenhilfeverfahrens oder

eines vorläufigen Rechtsschutzverfahrens (§§ 69, 114) erstreckt sich die Bindungswirkung deshalb **nicht** auf die **nachfolgende Hauptsache** (zB BFH VII R 37/85, BStBl. II 1986, 410 (411); VIII R 188/85, BStBl. II 1990, 582; BGH XII ARZ 14/91, NJW-RR 1991, 1342; Xa ARZ 167/09, NJW-RR 2010, 209; BAG 5 AS 5/92, NJW 1993, 751). Ist jedoch zunächst die Hauptsache verwiesen worden, tritt die Bindungswirkung auch für die **nachfolgenden Nebenverfahren** ein, wenn das Gericht als Gericht der Hauptsache bzw. als Prozessgericht für derartige Nebenverfahren zuständig ist (vgl. für den Fall des § 262 AO iVm §§ 771, 769 II ZPO: FG Brem II 198/90 V, EFG 1990, 557 (558)).

34 Die **Bindung** an den Verweisungsbeschluss gilt **nur hinsichtlich des Rechtswegs.** Das Gericht, an das der Rechtsstreit verwiesen worden ist, kann deshalb das Verfahren innerhalb seines Rechtswegs aus Gründen der sachlichen oder örtlichen Zuständigkeit weiterverweisen (BGH 1 ARs 3/20, NStZ-RR 2021, 52; BAG AZB 45/17, NZA 2017, 1143; BSG B 12 SF 1/10 R, NZI 2013, 197; FG Hmb II 202/05, EFG 2006, 992; HessVGH 10 B 1898/22, NVwZ-RR 2023, 310; Kissel NJW 1991, 945 (949); Thomas/Putzo/Hüßtege GVG § 17a Rn. 12).

35 Das Gericht, an das verwiesen worden ist, hat bei **fehlerhafter,** aber bindender **Verweisung** das einschlägige materielle Recht anzuwenden und – im Rahmen seiner **„Hausverfahrensordnung“** – diejenige Klage- und Verfahrensart zu wählen, die dem Rechtsschutzbegehren am besten gerecht wird (BFH VI S 17/05, BFH/NV 2006, 329; BVerwG IV C 216/65, NJW 1967, 2128; BGH IX ZB 40/89, NJW 1990, 1794; XII ZR 116/23, FamRZ 2025, 42; BSG B 8 SO 38/14 BH, BeckRS 2015, 67027; Kopp/Schenke/Ruthig VwGO Anh. § 41 Rn. 25).

4. Rechtsmittel

38 Gegen die Beschlüsse nach § 17a II, III GVG (→ Rn. 18 ff.) ist grds. die Beschwerde gegeben (§ 17a IV 3 GVG). Da die FG obere Landesgerichte sind (§ 2), ist die Beschwerde zum BFH (§§ 128 ff.) jedoch nur statthaft, wenn sie in dem Beschluss **ausdrücklich zugelassen** worden ist (§ 17a IV 4 GVG; BFH IX B 77/06, BFH/NV 2006, 2095; VII B 282/06, BFH/NV 2007, 264; X B 62/12, BFH/NV 2012, 1820; XI B 29/24, BFH/NV 2024, 1057). Die Entscheidung über die Zulassung kann **nachträglich** getroffen werden (BFH VII B 282/06, BFH/NV 2007, 264; X B 62/12, BFH/NV 2012, 1820). Die Beschwerde ist **auch im vorläufigen Rechtsschutz** zulässig (BFH VII B 277/00, BStBl. II 2001, 306; HmbOVG 3 So 119/13, NJW 2014, 1196; aA BVerwG 6 B 65/06, NVwZ 2006, 1291; BSG B 3 SF 1/08 R, SozR 4–1720 § 17a Nr. 4 zur weiteren Beschwerde an das BVerwG bzw. BSG). – Die Zulassung hat – abw. von § 128 III – zu erfolgen, wenn die Rechtsfrage grundsätzliche Bedeutung hat (vgl. § 115 II Nr. 1, 2 Fall 1) oder wenn das FG von der Entscheidung eines obersten Gerichtshofes des Bundes oder des Gemeinsamen Senats der obersten Gerichtshöfe des Bundes (nicht einer Entscheidung des BVerfG oder des EuGH) abweicht (§ 17a IV 5 GVG). Die Beschwerde ist im Interesse der Einheitlichkeit der Rspr. weit gefasst. Eine **Nichtzulassungsbeschwerde** ist **nicht vorgesehen** (BFH VII S 16/97, BFH/NV 1997, 794; IV B 146/99, BFH/NV 2000, 413 (414); IX B 125/01, BFH/NV 2002, 513 (514); BVerwG 4 B 223/93, NVwZ 1994, 782; Kissel NJW 1991, 949; vgl. auch die Erläuterungen zu → § 69 Rn. 265 ff.). – Die Möglichkeit, eine **außerordentliche Beschwerde** wegen „greifbarer Gesetzesverletzung“ einzulegen, besteht seit Einfügung des § 133a nicht mehr (→ Vor § 115 Rn. 50 f.). Auch eine Auslegung als **Gegenvorstellung** kommt nicht in

Betracht (BFH XI B 140/13, BFH/NV 2014, 879; iÜ → Vor § 115 Rn. 40 ff.). – Der BFH ist an die Zulassung der Beschwerde gebunden (§ 17a IV 6 GVG). – Es gelten die Vorschriften über den **Vertretungszwang** (→ § 62 Rn. 55 ff.).

Ist die Zulässigkeit des Rechtswegs in der Entscheidung über die Hauptsache (stillschweigend) mit ausgesprochen worden, ist eine Beschwerde nicht statthaft. Die Bejahung des Rechtswegs kann dann mit der Hauptsache nur angefochten werden, wenn das FG über eine Rüge des Rechtswegs nicht vorab (§ 17a III 2 GVG) entschieden hat (→ Rn. 40). **39**

Zur **Aussetzung des Hauptsacheverfahrens** bis zum Abschluss des Beschwerdeverfahrens → § 74 Rn. 3 ff.

5. Unanfechtbarkeit mit der Hauptsache (§ 17a V GVG)

§ 17a V GVG **schließt** in Übereinstimmung mit dem Zweck der Regelung die **Überprüfung** des Rechtsweges **durch** das **Gericht aus, das über** ein **Rechtsmittel gegen eine Entscheidung in der Hauptsache befindet.** Diese Beschränkung bedeutet eine Abkehr von dem früher geltenden Grundsatz, nach dem die Zulässigkeit des Rechtswegs in jeder Lage des Verfahrens und in jeder Instanz von Amts wegen zu prüfen war. Die Regelung gilt nicht nur für das Revisionsverfahren, sondern auch für das eine Hauptsache betreffende Beschwerdeverfahren (zB im vorläufigen Rechtsschutz – BFH VII B 40/97, BFH/NV 1998, 424 (426) und in selbstständigen Nebenverfahren). Grundsätzlich reicht es für die Bindung des Rechtsmittelgerichts nach § 17a V GVG aus, dass das FG die Zulässigkeit des Rechtswegs in der Hauptsacheentscheidung ausdrücklich oder stillschweigend bejaht hat (BFH V R 40/04, BStBl. II 2009, 208; V R 20/15, BStBl. II 2016, 548; VII R 23/21, BStBl. II 2022, 791). Dies gilt aber **nicht, wenn** das erstinstanzliche Gericht **trotz** einer **Rüge,** dass der Finanzrechtsweg nicht eröffnet sei, **ohne** eine **Vorabentscheidung** nach § 17a III 2 GVG in der Hauptsache entschieden hat. Denn den Beteiligten soll jedenfalls dem Grunde nach die Beschwerdemöglichkeit (→ Rn. 38) eröffnet werden (BFH II R 50/14, BStBl. II 2016, 691; VII R 8/19, BFH/NV 2021, 1091; BVerwG 3 C 55/04, BVerwGE 124, 321; BGH XII ZB 289/21, NJW-RR 2022, 217; VIII ZR 293/23, NJW-RR 2024, 1059; HHS/Steinhauff § 34 Rn. 177). Entsprechendes gilt, wenn das erstinstanzliche Gericht die Klage abgewiesen hat, weil der Rechtsweg nicht eröffnet sei (BSG B 1 KR 3/19 B, NZS 2021, 688). Da das FG bei einem Verstoß gegen § 17a III 2 GVG nicht vor die Frage gestellt wird, ob es nach § 17a IV 4 und 5 GVG die Beschwerde zulässt, ist dem BFH die Möglichkeit, den Rechtsweg zu prüfen, auch dann eröffnet, wenn das FG die Revision nicht zugelassen hat (iE glA BFH V S 5/14 (PKH), BFH/NV 2014, 1381; aA BGH IX ZR 55/15, NJW 2016, 403). Die Beschränkung nach § 17a V GVG gilt **auch in den Fällen der Verweisung.** Das Rechtsmittelgericht kann deshalb im Allgemeinen nur noch als Beschwerdegericht iRd Vorabentscheidungsverfahrens (§ 17a II–IV GVG) mit Fragen der Zulässigkeit des Rechtswegs befasst werden. IÜ muss es die in der ersten Instanz getroffenen Entscheidungen zur Zulässigkeit des Rechtswegs regelmäßig hinnehmen (BFH V R 40/04, BStBl. II 2009, 208; II B 59/13, BFH/NV 2014, 1504), es sei denn, dass die unzutreffende Annahme der Zuständigkeit auf Gründen beruht, die offensichtlich unhaltbar und unter Berücksichtigung rechtsstaatlicher Grundsätze nicht mehr verständlich sind, und sie sich deshalb in einer nicht mehr hinnehmbaren, willkürlichen Weise vom verfassungsrechtlichen Grundsatz des gesetzlichen Richters (Art. 101 I 2 GG) entfernt (BFH V B 39/ **40**

13, BFH/NV 2014, 715; II B 59/13, BFH/NV 2014, 1504; → Rn. 32). – **Ausnahmsweise** muss das Rechtsmittelgericht über die Zulässigkeit des Rechtsweges befinden, wenn gegen ein Urteil, durch das die Klage wegen Unzulässigkeit des Rechtswegs abgewiesen worden ist, Revision eingelegt wird (BSG B 9 V 24/98 R, NVwZ-RR 2000, 648).

IV. Folgen der Verweisung (§ 17b GVG)

§ 17b GVG [Anhängigkeit nach Verweisung; Kosten]

(1) [1]Nach Eintritt der Rechtskraft des Verweisungsbeschlusses wird der Rechtsstreit mit Eingang der Akten bei dem im Beschluß bezeichneten Gericht anhängig. [2]Die Wirkungen der Rechtshängigkeit bleiben bestehen.

(2) [1]Wird ein Rechtsstreit an ein anderes Gericht verwiesen, so werden die Kosten im Verfahren vor dem angegangenen Gericht als Teil der Kosten behandelt, die bei dem Gericht erwachsen, an das der Rechtsstreit verwiesen wurde. [2]Dem Kläger sind die entstandenen Mehrkosten auch dann aufzuerlegen, wenn er in der Hauptsache obsiegt.

(3) Absatz 2 Satz 2 gilt nicht in Familiensachen und in Angelegenheiten der freiwilligen Gerichtsbarkeit.

42 **Nach** Eintritt der **Rechtskraft des Verweisungsbeschlusses** wird der **Rechtsstreit** mit Eingang der Akten **bei dem im Beschluss bezeichneten Gericht anhängig** (§ 17b I 1 GVG). Das gilt auch dann, wenn die Verweisung sachlich falsch ist (BAG 10 AS 9/15, NZA 2016, 446; → Rn. 32).

Mit der Formulierung „wird anhängig" ist keine neue Rechtshängigkeit gemeint, sondern **nur** die **prozessuale Zuordnung des Rechtsstreits** zu dem Adressatgericht (Amtliche Begründung BT-Drs. 11/7030, 38; BVerwG 7 C 12/18, NVwZ 2020, 1189; Kissel NJW 1991, 945 (949)). Aktenübersendung (nach Eintritt der Rechtskraft) und Registrierung des Verfahrens bei dem Gericht, an das verwiesen worden ist, sind reine Formalakte. Der Rechtsstreit wird bei dem Gericht, an das er verwiesen worden ist, so anhängig, als ob er bei ihm von Anfang an rechtshängig gewesen wäre. Das Verfahren vor dem verweisenden Gericht bildet mit dem Verfahren vor dem Adressatgericht eine Einheit. Die bisherigen **Prozesshandlungen** der Beteiligten und Maßnahmen des Gerichts sind grds. so zu behandeln, als ob sie vor oder von dem Adressatgericht vorgenommen worden wären, es sei denn, das Verfahrensrecht schreibt ausdrücklich etwas anderes vor. So ist insbes. eine mündliche Verhandlung zu wiederholen (§ 103). – Wegen der Einzelheiten s. Kopp/Schenke/Ruthig VwGO Anh. § 41 Rn. 26 – Hinsichtlich der Zulässigkeit des Rechtswegs ist § 17a I GVG (→ Rn. 28 f.) zu beachten.

43 Die **Wirkungen,** die der Eintritt **der Rechtshängigkeit** hat, **bleiben trotz der Verweisung bestehen** (§ 17b I 2 GVG). Dies bedeutet vor allem, dass eine durch die ursprüngliche Klageerhebung eingetretene **Fristwahrung** fortgilt (BFH X K 5/14, BFH/NV 2015, 515). Zur Wahrung der Klagefrist (vgl. § 47) genügt es also, dass die Klage im unzulässigen Rechtsweg rechtzeitig erhoben worden ist (→ § 64 Rn. 5). IÜ bleiben die **materiell-rechtlichen Wirkungen** der Rechtshängigkeit (zB § 236 AO) rückwirkend erhalten. Für die Frage, ob Rechtshängigkeit eingetreten war, kommt es darauf an, dass die Voraussetzungen der Prozessordnung erfüllt sind, unter der die Klage erhoben wurde (BVerwG 7 C 12/18,

NVwZ 2020, 1189). Eine bei einem Zivilgericht erhobene Klage ist daher nur rechtshängig geworden, wenn sie zugestellt wurde (§ 253 I ZPO; → § 66 Rn. 6).

Das Verfahren vor dem zuerst angerufenen Gericht und dem Gericht, an das der Rechtsstreit verwiesen worden ist, bildet **kostenrechtlich** eine **Einheit** (§ 17b II 1 GVG). Das Adressatgericht hat also über die gesamten Kosten einschließlich der durch die Anrufung des ersten Gerichts entstandenen Kosten zu entscheiden. **44**

Für die **Kosten des Beschwerdeverfahrens** (→ Rn. 38) gilt dies jedoch nicht. Über sie hat grds. das Beschwerdegericht zu befinden (BFH II B 82/19, BStBl. II 2020, 624; BGH V ZB 31/92, NJW 1993, 2541; BVerwG 8 B 30/14, NVwZ-RR 2015, 69; 7 B 45/15, NVwZ 2017, 242). Allerdings ergehen bei erfolgreichen Rechtswegbeschwerden keine Kostenentscheidungen, weil es dann keinen unterliegenden Beteiligten gibt (BFH VII B 4/97, BStBl. II 1997, 543; II B 92/21, BStBl. II 2022, 535; → § 143 Rn. 9 f.; aA BSG B 1 SF 1/20 R, BeckRS 2021, 10445 für das SGG).

Dem Kläger/Antragsteller sind die entstandenen **Mehrkosten** auch dann aufzuerlegen, wenn er in der Hauptsache obsiegt (§ 17b II 2 GVG). „Mehrkosten" sind der Unterschied zwischen den Gesamtkosten vor beiden Gerichten und den Kosten, die dem Beklagten bei sofortiger Anrufung des Gerichts des richtigen Rechtswegs entstanden wären (Thomas/Putzo/Seiler ZPO § 281 Rn. 18). Beruht die Klageerhebung beim unzuständigen Gericht auf einer falschen Rechtsbehelfsbelehrung, sind die Mehrkosten nach § 137 S. 2 FGO der FinBeh aufzuerlegen (FG LSA 5 K 577/21, NJ 2023, 271). – Im Verhältnis zur Staatskasse gilt § 4 GKG.

§ 34 (weggefallen)

Aufgehoben durch G v. 17.12.1990 (BGBl. I 2809): → **Anh. § 33.**

Unterabschnitt 2. Sachliche Zuständigkeit

Vor §§ 35–39: Der Zuständigkeitsbegriff

Literatur: Herz, Die gerichtliche Zuständigkeitsbestimmung, Diss. Erlangen-Nürnberg 1990.

Die §§ 35–39 legen fest, **welches FG** für die Entscheidung des konkreten Rechtsstreits **zuständig** ist (Zuständigkeit ieS). Gleichzeitig wird dadurch der gesetzliche Richter (Art. 101 I 2 GG) bestimmt. Die Zuständigkeit des FG ist – ebenso wie die Zulässigkeit des Rechtswegs (§ 33, §§ 17–17b GVG – → Anh. § 33 Rn. 1 ff.) – **Sachentscheidungsvoraussetzung** (→ Vor § 33 Rn. 4, 16). Die Rechtswegfrage ist logisch vorrangig. Ein FG kann nur dann zuständig sein, wenn der Finanzrechtsweg eröffnet ist. Entsprechend ist die sachliche vor der örtlichen Zuständigkeit zu prüfen. **1**

Zu unterscheiden sind die sachliche, die örtliche und die funktionelle Zuständigkeit (s. Tipke/Kruse/Brandis § 35 Rn. 1; Gosch/Schoenfeld § 70 Rn. 1, 5; HHS/Steinhauff Vor §§ 35–39 Rn. 30 ff.; Zöller/Schultzky ZPO § 1 Rn. 5 ff.). Die Vorschriften über die **sachliche Zuständigkeit** (§§ 35 f.) bestimmen nach **2** der Art der Angelegenheit, welches Gericht das Verfahren erstinstanzlich zu erledigen hat. Die Vorschriften über die **örtliche Zuständigkeit** (§ 38) legen fest, welches Gericht erster Instanz das Verfahren wegen seiner räumlichen Beziehung zu der Streitsache (wegen seines örtlichen Sitzes) zu übernehmen hat. Die (im G nicht ausdrücklich geregelte) **funktionelle Zuständigkeit** ist ein Unterfall der sachlichen Zuständigkeit (aA BFH IV B 190/02, BStBl. II 2003, 269) und betrifft die Frage, welches Rechtspflegeorgan in ein und derselben Streitsache welche Funktionen wahrzunehmen hat (Beispiele: Abgrenzung der Zuständigkeiten im Instanzenzug – auch **instanzielle Zuständigkeit** genannt, zB BFH X K 5/14, BFH/NV 2015, 515, Abgrenzung der Zuständigkeiten des Vorsitzenden, des Berichterstatters und des Urkundsbeamten sowie des Senats und des Einzelrichters, zB FG Hmb 1 K 175/20, EFG 2021, 1561; s. aber auch BVerwG 4 B 37/13, ZLW 2014, 653).

§ 35 [Zuständigkeit der Finanzgerichte]

Das Finanzgericht entscheidet im ersten Rechtszug über alle Streitigkeiten, für die der Finanzrechtsweg gegeben ist.

Vgl. § 45 VwGO; § 8 SGG; §§ 23 ff., 71 GVG.

Literatur: Vgl. Vor §§ 35–39.

1 § 35 weist die erstinstanzliche **(sachliche) Zuständigkeit** (→ Vor §§ 35–39 Rn. 2) innerhalb des Finanzrechtswegs (§ 33) für **alle** Verfahren den FG zu. Nur ausnahmsweise ist der BFH erstinstanzlich zuständig, → § 36 Rn. 1, 3.

2 Soweit Streitsachen nach **§ 3 I Nr. 4, II** einem von mehreren Gerichten eines Bundeslandes oder dem eines anderen Bundeslandes zugewiesen worden sind (zB für Zoll- und Verbrauchsteuersachen; → § 3 Rn. 3, 6), handelt es sich um eine **Frage der örtlichen,** nicht der sachlichen **Zuständigkeit** (vgl. BFH III R 31/15, BStBl. II 2017, 642; FG Hmb 4 K 154/16, BeckRS 2017, 94048; aA wohl Gosch/v. Beckerath § 35 Rn. 10.2).

§ 36 [Zuständigkeit des Bundesfinanzhofs]

Der Bundesfinanzhof entscheidet über das Rechtsmittel
1. **der Revision gegen Urteile des Finanzgerichts und gegen Entscheidungen, die Urteilen des Finanzgerichts gleichstehen,**
2. **der Beschwerde gegen andere Entscheidungen des Finanzgerichts, des Vorsitzenden oder des Berichterstatters.**

Vgl. § 49 VwGO; 39 I SGG; §§ 133, 135 GVG.

Literatur: Vgl. Vor §§ 35–39.

1 § 36 regelt die **funktionelle Zuständigkeit** (→ Vor §§ 35–39 Rn. 2) **des BFH** im Instanzenzug. – Zur Zuständigkeit des BFH iÜ s. § 39 (Zuständigkeitsbestimmung), § 86 III (Verweigerung der Aktenvorlage; → § 86 Rn. 16) und § 155 S. 2 FGO iVm § 201 I GVG (Verzögerungsentschädigung; → § 155 Rn. 85).

2 Der **BFH** ist als **Rechtsmittelgericht** einerseits für Entscheidungen über Revisionen (§§ 115, 118 ff.) und Nichtzulassungsbeschwerden (§ 116) gegen

Urteile und Revisionen gegen Gerichtsbescheide (§ 90a II) und andererseits für Entscheidungen über Beschwerden gegen Beschlüsse der FG einschließlich der Beschlüsse des Vorsitzenden oder des Berichterstatters (§ 79a I, IV) oder des Einzelrichters (§§ 6, 79a III, IV) zuständig. Rechtsmittel zum BFH gegen andere finanzgerichtliche Entscheidungen (zB Verfügungen) sind nicht eröffnet, es fehlt schon an der Zuständigkeit des BFH, da diese anderen Entscheidungen in § 36 nicht erwähnt sind (BFH IX R 20/16, BFH/NV 2017, 165). Zur Zulässigkeit einer **Gegenvorstellung** gegen Beschlüsse des BFH → Vor § 115 Rn. 40 ff.

In den Sachen, in denen der BFH als Rechtsmittelgericht zuständig ist, ist er **3** auch für die mit der Hauptsache zusammenhängenden **Nebenverfahren** (erst- und letztinstanzlich) zuständig, also für die Entscheidung über Ablehnungsgesuche (§ 51 I FGO iVm § 45 I ZPO; § 82 FGO iVm § 406 II, IV ZPO), über die Aussetzung der Vollziehung (§ 69 III 1 – → § 69 Rn. 211) und über die Gewährung von PKH (§§ 114 ff. ZPO – → § 142 Rn. 87), jedoch nicht für Entscheidungen über einstweilige Anordnungen (§ 114 II 2; → § 114 Rn. 7).

§ 37 (weggefallen)

Aufgehoben durch Art. 1 des G v. 21.12.1992 (BGBl. I 2109).

Unterabschnitt 3. Örtliche Zuständigkeit

§ 38 [Örtliche Zuständigkeit des Finanzgerichts]

(1) **Örtlich zuständig ist das Finanzgericht, in dessen Bezirk die Behörde, gegen welche die Klage gerichtet ist, ihren Sitz hat.**

(2) **[1]Ist die in Absatz 1 bezeichnete Behörde eine oberste Finanzbehörde, so ist das Finanzgericht zuständig, in dessen Bezirk der Kläger seinen Wohnsitz, seine Geschäftsleitung oder seinen gewöhnlichen Aufenthalt hat; bei Zöllen, Verbrauchsteuern und Monopolabgaben ist das Finanzgericht zuständig, in dessen Bezirk ein Tatbestand verwirklicht wird, an den das Gesetz die Abgabe knüpft. [2]Hat der Kläger im Bezirk der obersten Finanzbehörde keinen Wohnsitz, keine Geschäftsleitung und keinen gewöhnlichen Aufenthalt, so findet Absatz 1 Anwendung.**

(2a) **[1]In Angelegenheiten des Familienleistungsausgleichs nach Maßgabe der §§ 62 bis 78 des Einkommensteuergesetzes ist das Finanzgericht zuständig, in dessen Bezirk der Kläger seinen Wohnsitz oder seinen gewöhnlichen Aufenthalt hat. [2]Hat der Kläger im Inland keinen Wohnsitz und keinen gewöhnlichen Aufenthalt, ist das Finanzgericht zuständig, in dessen Bezirk die Behörde, gegen welche die Klage gerichtet ist, ihren Sitz hat.**

(3) **Befindet sich der Sitz einer Finanzbehörde außerhalb ihres Bezirks, so richtet sich die örtliche Zuständigkeit abweichend von Absatz 1 nach der Lage des Bezirks.**

Vgl. § 52 VwGO; § 57 SGG; §§ 12–35 GVG.

Literatur: Vgl. Vor §§ 35–39.

I. Allgemeines

1 Zum Begriff der **örtlichen Zuständigkeit** und wegen ihres Charakters als Sachentscheidungsvoraussetzung → Vor §§ 35–39 Rn. 1, 2. Zu den Sonderzuweisungen (zB für Zoll- und Verbrauchsteuersachen nach § 3 I Nr. 4, I) → § 35 Rn. 2.

2 Die **abschließenden Regelungen** des § 38 gelten nicht nur für Klage-, sondern **auch für Antragsverfahren** (zB §§ 69, 114), soweit nicht schon ein Hauptsacheverfahren rechtshängig ist oder gleichzeitig rechtshängig wird (→ Rn. 20; Tipke/Kruse/Brandis § 38 Rn. 1; HHS/Steinhauff § 38 Rn. 12; aA SPK/Ossinger § 38 Rn. 3, der auch insoweit auf das Gericht der Hauptsache abstellt; mit gleicher Tendenz: Gosch/v. Beckerath § 38 Rn. 3; offen: BFH III S 12/15, BFH/NV 2015, 1421). Die praktische Auswirkung des Streits ist idR gering. Ein Abstellen auf das Gericht, das für ein potentielles parallel geführtes Hauptsacheverfahren zuständig wäre, wirft aber uU die Frage nach dem richtigen Beklagten/Antragsgegner auf, die ansonsten zu Recht kein Kriterium für die Zuständigkeit des angerufenen Gerichts ist (→ Rn. 7). Aus Gründen der Rechtsklarheit ist daher ein Abstellen auf den vom Antragsteller genannten Antragsgegner und die daran anknüpfende Regelung des § 38 I vorzugswürdig. Die einmal begründete Zuständigkeit bleibt bestehen, auch wenn sich die Zuständigkeit begründenden Umstände nach Eintritt der Rechtshängigkeit ändern (Grundsatz der perpetuatio fori; → Anh. § 33 Rn. 10; → § 70 Rn. 6; → Rn. 8).

3 **Vereinbarungen über die örtliche Zuständigkeit** (Gerichtsstandsvereinbarungen) sind unzulässig. Sie sind mit dem Untersuchungsgrundsatz (→ § 76 Rn. 5, → § 76 Rn. 10 ff.; vgl. auch § 39 I Nr. 5) nicht vereinbar (Kopp/Schenke/Schenke VwGO § 52 Rn. 2).

4 Zur Frage, wie zu verfahren ist, wenn ein örtlich unzuständiges Gericht angerufen wird, s. § 70.

5 Durch das G zur Einführung von Kostenhilfe für Drittbetroffene in Verfahren vor dem EGMR sowie zur Änderung der FGO v. 20.4.2013 (BGBl. I 829; BT-Drs. 17/13034; BR-Drs. 163/13) ist mit dem Abs. 2a eine **Sonderregelung für Verfahren des Familienleistungsausgleichs (Kindergeld)** eingefügt worden (→ Rn. 15 ff.).

II. Grundsatz – § 38 I, III – Sitz der Behörde

7 Grundsätzlich ist das FG örtlich zuständig, in dessen Bezirk die Finbeh als beklagte Behörde (bzw. Antragsgegner – vgl. § 63) ihren Sitz hat, mag sie zu Recht oder zu Unrecht in Anspruch genommen worden sein (§ 38 I; BFH X S 42/08, BFH/NV 2009, 780; III B 10/08, BFH/NV 2010, 658; IX B 36/10, BeckRS 2010, 25016532), mag sie zu Recht oder zu Unrecht ihre Zuständigkeit angenommen haben (BFH V R 11/17, BFH/NV 2018, 41). Der Sitz einer Behörde befindet sich dort, wo die Verwaltung geführt wird und die Behördenleitung ansässig ist (Tipke/Kruse/Brandis § 38 Rn. 1). Befindet sich der **Sitz der Finanzbehörde** außerhalb ihres Bezirks, ist das FG örtlich zuständig, in dessen Bezirk sich der Bezirk der Behörde befindet (§ 38 III; vgl. im Zusammenhang mit einer KiSt-Sache BFH I S 4/93, BFH/NV 1993, 676). Praktische Bedeutung hat dies derzeit auch für das in Bremerhaven ansässige, jedoch für einen Bezirk in Niedersachsen zuständige FA Wesermünde (vgl. Gosch/Schober AO § 32i

Rn. 25). Was Bezirk eines FG ist, bestimmt gem. § 3 I Nr. 3 der Landesgesetzgeber durch formelles Gesetz, idR iRd AGFGO bzw. Landesjustizgesetze (→ § 33 Rn. 144 f.). In den Fällen des § 3 II geschieht dies im Zusammenhang mit einem Staatsvertrag (→ § 3 Rn. 6).

Tritt nach Klageerhebung durch Vorgänge im Bereich des Stpfl. (zB Wechsel des Sitzes/Wohnsitzes) ein **Wechsel der örtlichen Zuständigkeit der Finanzbehörde** ein, lässt dies die Beklagtenstellung der beklagten Finanzbehörde unberührt (→ § 63 Rn. 20) und dementsprechend auch die örtliche Zuständigkeit des FG (BFH X S 42/08, BFH/NV 2009, 780; III B 10/08, BFH/NV 2010, 658). – Wird **durch** einen **Organisationsakt** ein **Zuständigkeitswechsel** herbeigeführt, geht jedoch die Beklagtenstellung auf die andere Behörde über (→ § 63 Rn. 21). Die Zuständigkeit des FG berührt dies nicht, schon weil der bisherige und der neue Beklagte im Regelfall weiterhin ihren Sitz im Bezirk des FG haben werden. Aber auch wenn ausnahmsweise durch den Organisationsakt der Behördensitz aus dem Bezirk des FG herausverlegt wird, bleibt die Zuständigkeit des angerufenen FG erhalten, weil sich allein durch den Organisationsakt der Streitgegenstand des FG-Verfahrens nicht ändert (BFH I R 87/04, BFH/NV 2005, 1198; IX B 36/10, BeckRS 2010, 25016532; XI R 29/13, BFH/NV 2014, 724; I R 43/12, BFH/NV 2015, 306; Grundsatz der perpetuatio fori; → Anh. § 33 Rn. 10 f.; → § 70 Rn. 6). 8

Wird jedoch ein **Änderungsbescheid von einer anderen Finanzbehörde** erlassen als der ursprüngliche Bescheid und wird der Änderungsbescheid gem. § 68 Gegenstand des Klageverfahrens, so richtet sich die Klage nunmehr gegen die Finbeh, die den Änderungsbescheid erlassen hat (Beteiligtenwechsel; → § 63 Rn. 22). Haben die Finbeh, gegen die sich die Klage ursprünglich richtete, und die Finbeh, gegen die sich die Klage nach Änderung des angefochtenen Bescheides richtet, in verschiedenen FG-Bezirken ihren Sitz, hat der **Wechsel** des Beklagten gleichzeitig den Wechsel **des zuständigen FG** zur Folge. Da sich der Streitgegenstand geändert hat, gilt der Grundsatz der perpetuatio fori nicht (BFH V S 21/04, BStBl. II 2005, 101; X S 42/08, BFH/NV 2009, 780; III S 12/15, BFH/NV 2015, 1421; → Anh. § 33 Rn. 11; → § 70 Rn. 6). 9

III. Ausnahmen

1. § 38 II – oberste Finanzbehörden

Der Grundsatz des § 38 I, III wird im Interesse des Klägers bzw. Antragstellers (er soll möglichst ortsnah Rechtsschutz erlangen können) in den Fällen durchbrochen, in denen eine **oberste Finanzbehörde** (Bundes- oder Landesministerium; vgl. § 6 II Nr. 1 AO, § 1 Nr. 1, § 2 I Nr. 1 FVG; Gosch/v. Beckerath § 38 Rn. 12) Verfahrensgegner ist: Die örtliche Zuständigkeit des FG richtet sich dann im Allgemeinen nicht nach dem Behördensitz, sondern dem **Wohnsitz** (§ 8 AO), (hilfsweise) der **Geschäftsleitung** (§ 10 AO) und (ganz hilfsweise) dem **gewöhnlichen Aufenthalt** (§ 11 AO) **des Klägers** bzw. Antragstellers (§ 38 II 1 Hs. 1). Hat der Kläger mehrere Wohnsitze im Bezirk der obersten Finbeh, die in unterschiedlichen FG-Bezirken liegen, hat er ein Wahlrecht, welches FG er anruft. Ein Abstellen auf den Lebensmittelpunkt oÄ (dafür Tipke/Kruse/Brandis § 38 Rn. 2; Gosch/v. Beckerath § 38 Rn. 14; HHS/Steinhauff § 38 Rn. 30) erfordert uU aufwändige Ermittlungen, was der zügigen Erledigung der Verfahren abträglich ist. Daher sind die Angaben des Klägers zu seinem Wohnsitz usw grds. der Zustän- 12 digkeitsbestimmung zugrunde zu legen, es sei denn, ihre Unrichtigkeit ist offensichtlich (ähnlich zu § 38 IIa: FG Nürnberg 3 K 968/13, BeckRS 2014, 94476 – Plausibilität ausreichend). Hat der Kläger (Antragsteller) im Bezirk der obersten Finbeh weder seinen Wohnsitz, seine Geschäftsleitung noch seinen gewöhnlichen Aufenthalt, befindet er sich also in einem anderen Bundesland oder im Ausland, gilt § 38 I (→ Rn. 7 ff.). Die Regelung ist auf andere Behörden mit bundesweiter oder länderübergreifender Zuständigkeit nicht analog anwendbar, wofür insbes. spricht, dass der Gesetzgeber die Regelung des § 38 IIa nicht auf andere Fälle bundesweiter Zuständigkeiten von Behörden, die keine obersten Finbeh sind, erstreckt hat (Tipke/Kruse/Brandis § 38 Rn. 1; Gosch/v. Beckerath § 38 Rn. 12; HHS/Steinhauff § 38 Rn. 27; vgl. für die Klagen gegen die zentrale Stelle iSd § 91 EStG – Zulagen zur „Riester-Rente“: BFH X R 41/13, BStBl. II 2016, 525). Im Hinblick auf die Möglichkeit, im Rahmen sog. Videokonferenzen (§ 155 S. 1 FGO iVm § 128a ZPO; → § 90 Rn. 35 ff.) mündlich zu verhandeln, stellt die Entfernung zum Gerichtsort kein Hindernis für einen effektiven Rechtsschutz da (BFH X R 41/13, BStBl. II 2016, 525).

13 Handelt es sich bei dem Verfahren gegen eine oberste Finanzbehörde um **Streitigkeiten über Zölle, Verbrauchsteuern** und **Monopolabgaben,** ist das FG örtlich zuständig, in dessen Bezirk der streitige Abgabentatbestand (zB die Abfertigung einer eingeführten Ware zum freien Verkehr – Art. 79 ff. ZK, Art. 201 ff. UZK) verwirklicht worden ist (§ 38 II Hs. 2). Die praktische Relevanz dieser Regelung ist zweifelhaft (Tipke/Kruse/Brandis § 38 Rn. 3).

2. § 38 IIa – Kindergeld

15 Die Regelung ist durch das **G zur Einführung von Kostenhilfe für Drittbetroffene in Verfahren vor dem EGMR sowie zur Änderung der FGO** v. 20.4.2013 (BGBl. I 829; BT-Drs. 17/13034; BR-Drs. 163/13) eingefügt worden. Anlass war die Neuordnung der Familienkassen der Bundesagentur für Arbeit (s. dazu zB BFH III R 3/13, BStBl. II 2014, 576; VII S 3/21, BStBl. II 2021, 551), die dazu führte, dass in den Bezirken einiger FG keine Familienkasse der Bundesagentur mehr ansässig ist, so dass die Kindergeldfälle sehr ungleich über die FG verteilt worden wären. Aus Sicht der beklagten Familienkassen (insbes. solchen mit bundesweiten Sonderzuständigkeiten) drohen potentiell eine Vielzahl von langen Dienstreisen. In der Gerichtspraxis ist jedoch zu beobachten, dass die Verfahren idR jeweils per Videokonferenzen durch die Beklagten (§ 155 S. 1 FGO iVm § 128a ZPO; → § 90 Rn. 35 ff.) oder aufgrund von Prozessvollmachten von der örtlich nächstgelegenen Familienkasse vertreten werden.

16 Erfasst werden nicht nur Verfahren, die die Festsetzung von Kindergeld betreffen, sondern auch Verfahren betr. die Erhebung, Vollstreckung und Haftung von bzw. für Kindergeld (BFH VII S 3/21, BStBl. II 2021, 551; auch → § 33 Rn. 84). Bei mehreren Haftenden können sich daraus gespaltene Zuständigkeiten ergeben, was Anlass gibt, analog § 39 I Nr. 5 FGO die Zuständigkeit durch den BFH bestimmen zu lassen (→ § 39 Rn. 8).

17 Die Regelung ist **an § 38 II 1 Hs. 1 und S. 2 angelehnt.** Die dort erläuterten Grundsätze gelten iRd § 38 IIa entspr., allerdings nicht für öffentliche Körperschaften, die die Abzweigung von Kindergeld begehren und die weder einen Wohnsitz noch einen gewöhnlichen Aufenthaltsort haben (FG BW 3 K 3150/18, BeckRS 2019, 7695; mit gleicher Tendenz Tipke/Kruse/Brandis § 38 Rn. 4; Wendt EFG 2015, 1291; aA NdsFG 14 K 93/14, EFG 2015, 1290; FG LSA 4 K 788/23, NJ

2024, 140; Abweichung von der Voraufl.). Ein besonderes Schutzbedürfnis, wie bei den zT finanziell schlecht gestellten natürlichen Personen, ist insoweit nicht gegeben. Anders als bei § 38 II 2 stellt § 38 IIa 2 als Auffangregelung nicht auf den Wohnsitz im Bezirk des Beklagten, sondern auf den Wohnsitz in Deutschland ab.

Nach § 38 IIa 3 aF galt die Regelung **zunächst befristet bis zum 30.4.2016.** 18
Es sollte zunächst beobachtet werden, ob die Regelung für die betroffenen Behörden handhabbar ist. Da sich die Regelung bewährt hatte, wurde sie durch Art. 3 des G zur Neuordnung des Rechts der Syndikusanwälte und zur Änderung der FGO v. 21.12.2015 (BGBl. I 2517, BT-Drs. 18/6915, 26) **entfristet.**

3. Nicht in § 38 geregelte Fälle

Nicht nach den Grundsätzen des § 38 werden Verfahren örtlich zugewiesen, die 20
Nebenverfahren zu anderweitig anhängigen oder anhängig gewesenen Verfahren sind, also zB Anträge auf einstweiligen Rechtsschutz (§§ 69, 114; Tipke/Kruse/Brandis § 38 Rn. 1), PKH (§ 142), Kostenfestsetzungsanträge (§ 149 I), Anhörungsrügen (§ 133a), Erinnerungen (§ 66 GKG, § 149 II), Vollstreckungsmaßnahmen (§§ 151 ff.) und damit im Zusammenhang stehende Vollstreckungsgegenklagen (Tipke/Kruse/Loose § 151 Rn. 5). Insoweit ist das FG der Hauptsache zuständig (s. zB §§ 69 III 1, VI 1, 114 II 1: Gericht der Hauptsache; vgl. Gosch/v. Beckerath § 38 Rn. 3; → § 69 Rn. 211; → § 114 Rn. 7, 75), unabhängig davon, wo sich der (Wohn-)Sitz der Beteiligten befindet, wenn das Nebenverfahren anhängig wird. Soweit das FG als Vollstreckungsgericht tätig wird (§ 151 I 2), richtet sich die Zuständigkeit nach § 828 II ZPO (Tipke/Kruse/Loose § 151 Rn. 5; Gosch/Brandt § 151 Rn. 27).

Besondere Regelungen zur Bestimmung des örtlich zuständigen FG enthält 21
§ 32i V AO für die **Verfahren nach der DS-GVO,** der sie entweder nach dem Sitz der Aufsichtsbehörde (§ 32i V 1 AO), nach dem Sitz des Beklagten (s. zB FG BBg 16 K 2059/21, EFG 2022, 985) oder nach dem Sitz des Auftragsverarbeiters (§ 32i V 2 AO) zuweist (iE vgl. Gosch/Schober AO § 32i Rn. 24 ff.).

Nicht von § 38 geregelt werden Fälle, in denen die in § 38 I–IIa genannten 22
Abgrenzungskriterien nicht greifen, zB bei Klagen gegen **Privatrechtssubjekte** (BFH VI B 68/08, BFH/NV 2008, 2036; VI S 10/11, BFH/NV 2012, 771; III S 4/14, BFH/NV 2014, 1077), zB auf Änderung einer Lohnsteuerbescheinigung oder Gewährung der Energiepreispauschale gem. §§ 112 ff. EStG (→ § 33 Rn. 37), bei Klagen eines Insolvenzverwalters nach § 93 InsO (BFH III S 4/14, BFH/NV 2014, 1077; XI S 17/20, NZI 2021, 186). Auch nach einem Verweisungsbeschluss, der den Rechtsstreit an ein bestimmtes FG verweist, ist dieses nach § 155 S. 1 FGO iVm § 17a II 4 GVG hinsichtlich der örtlichen Zuständigkeit nicht gebunden (BFH VI S 10/11, BFH/NV 2012, 771). Dementsprechend ist in diesen Fällen stets der BFH um eine Bestimmung des zuständigen Gerichts zu ersuchen (§ 39 I Nr. 5; → § 39 Rn. 8).

§ 39 [Bestimmung des Gerichts durch den Bundesfinanzhof]

(1) **Das zuständige Finanzgericht wird durch den Bundesfinanzhof bestimmt,**

1. **wenn das an sich zuständige Finanzgericht in einem einzelnen Fall an der Ausübung der Gerichtsbarkeit rechtlich oder tatsächlich verhindert ist,**

2. wenn es wegen der Grenzen verschiedener Gerichtsbezirke ungewiss ist, welches Finanzgericht für den Rechtsstreit zuständig ist,
3. wenn verschiedene Finanzgerichte sich rechtskräftig für zuständig erklärt haben,
4. wenn verschiedene Finanzgerichte, von denen eines für den Rechtsstreit zuständig ist, sich rechtskräftig für unzuständig erklärt haben,
5. wenn eine örtliche Zuständigkeit nach § 38 nicht gegeben ist.

(2) [1]**Jeder am Rechtsstreit Beteiligte und jedes mit dem Rechtsstreit befasste Finanzgericht kann den Bundesfinanzhof anrufen.** [2]**Dieser kann ohne mündliche Verhandlung entscheiden.**

Vgl. § 53 VwGO; § 58 SGG; § 36 ZPO.

Literatur: Vgl. Vor §§ 35–39.

I. Allgemeines

1 § 39 soll im Interesse der Gewährung eines lückenlosen Rechtsschutzes sicherstellen, dass auch in den Fällen, in denen die Vorschriften über die örtliche und sachliche Zuständigkeit der FG (einschließlich der Regelungen über die Verweisung – § 70) nicht weiterhelfen, ein FG für die Erledigung der Streitsache zuständig ist (BFH VI S 11/06, BFH/NV 2007, 1162 (1163)). – Die **Bestimmung des FG** erfolgt in aller Regel hinsichtlich der örtlichen Zuständigkeit, aber auch hinsichtlich der sachlichen Zuständigkeit (zB in den Fällen der Nr. 1 u. 4). – Voraussetzung für die Durchführung des Verfahrens nach § 39 ist, dass der Finanzrechtsweg eröffnet ist (BFH VI S 10/11, BFH/NV 2012, 771; III S 4/14, BFH/NV 2014, 1077).

2 § 36 ZPO (Bestimmung des zuständigen Gerichts durch das im Rechtszug höhere Gericht) ist im finanzgerichtlichen Verfahren (über § 155 S. 1) nicht anwendbar, weil § 39 eine Sonderregelung enthält (BFH VII B 341/03, BStBl. II 2004, 458).

II. Die einzelnen Fälle der Zuständigkeitsbestimmung

3 **Zu § 39 I Nr. 1:** Das an sich zuständige FG muss in einer konkreten Streitsache **aus rechtlichen** (zB bei erfolgreicher Ablehnung jedes einzelnen Richters oder bei Ausschließung aller Richter vom Richteramt; vgl. BAG 8 AS 17/23, NJW 2024, 781; OLG Bbg 1 AR 57/19, NJW-RR 2020, 635) **oder tatsächlichen Gründen** (zB in Katastrophenfällen, bei Tod, Krankheit oder längerer Verhinderung aller Richter) **funktionsunfähig** sein. Das ist der Fall, wenn so viele Richter des FG (im organisatorischen Sinne) verhindert sind, dass überhaupt kein beschlussfähiger Spruchkörper mehr besteht (BFH IX S 24/97, BFH/NV 1999, 62 (63); VII S 30/06, BFH/NV 2007, 96 (97)). Bei **Mängeln in der Gerichtsorganisation** (nicht ordnungsgemäße Konstituierung oder Besetzung des FG) liegt keine Verhinderung iSd § 39 I Nr. 1 vor, so dass eine Zuständigkeitsbestimmung durch den BFH nicht erfolgen kann (BFH I S 7/68, BStBl. II 1968, 744; VII S 39/85, BStBl. II 1986, 357). Ebenso wenig kann der BFH den nach dem Geschäftsverteilungsplan zuständigen Senat eines FG bestimmen, wenn **zwischen den Senaten** ein **negativer Kompetenzkonflikt** entstanden ist; für diese Ent-

scheidung ist allein das Präsidium zuständig (BFH VII S 39/85, BStBl. II 1986, 357; s. auch BFH IV B 93/12, BFH/NV 2013, 575; → § 4 Rn. 26).

Zu § 39 I Nr. 2: Die **Ungewissheit** muss **in tatsächlicher Hinsicht** bestehen. Rechtliche Ungewissheit genügt nicht (BVerwG IV ER 401/58, BVerwGE 8, 109). 4

Zu § 39 I Nr. 3: Zunächst → § 70 Rn. 15. – Es muss ein **positiver Kompetenzkonflikt** zwischen verschiedenen FG dadurch entstanden sein, dass sich mehrere FG rechtskräftig für zuständig erklärt haben. Hat eines der FG bereits eine rechtskräftige Sachentscheidung getroffen, ist Nr. 3 nicht mehr anwendbar (BVerwG VI ER 400/58/5, NJW 1960, 1541; BGH IV ARZ 42/79, NJW 1980, 188; OLG Koblenz 4 SmA 36/05, OLGR Koblenz 2005, 958). Das gilt auch, wenn bereits eine Beweisaufnahme stattgefunden hat (BGH I ARZ 513/77, NJW 1978, 321; BayObLG AR 1 Z 84/87, BayObLGZ 1987, 389; Vollkommer MDR 1987, 805), oder wenn bereits ein Verweisungsbeschluss vorliegt (Vollkommer MDR 1987, 805). 5

Zu § 39 I Nr. 4: Zunächst → § 70 Rn. 15. – Erfasst werden alle Fälle, in denen ein **negativer Kompetenzkonflikt** zwischen verschiedenen FG (BFH I S 4/93, BFH/NV 1993, 676 (677); IX S 5/94, BFH/NV 1995, 907; X S 42/08, BFH/NV 2009, 780) oder zwischen einem FG und dem Gericht eines anderen Gerichtszweiges entstanden ist. Im letztgenannten Fall ist der BFH zuständig, wenn er als erstes Bundesgericht angerufen wird (BFH VII B 341/03, BStBl. II 2004, 458; VI S 17/05, BFH/NV 2006, 329; → Anh. § 33 Rn. 32 aE). – Auch hier wird wie bei Nr. 3 eine rechtskräftige Entscheidung vorausgesetzt (BFH IX S 5/94, BFH/NV 1995, 907; X S 42/08, BFH/NV 2009, 780), wobei einer der vorangegangenen Verweisungsbeschlüsse keine Bindungswirkung entfalten darf (BFH X S 42/08, BFH/NV 2009, 780); gleichgültig ist, ob die Beschlüsse rechtmäßig ergangen sind (BFH I S 4/93, BFH/NV 1993, 676); außerdem darf noch keine rechtskräftige Sachentscheidung vorliegen (→ Rn. 5). Der BFH prüft sodann, welcher der zuvor ergangenen Beschlüsse Bindungswirkung iSd (§ 70 FGO iVm) § 17a II 3 GVG hat (zu den dafür maßgebenden Kriterien → Anh. § 33 Rn. 32; vgl. zB BVerwG 3 AV 1/21, NVwZ 2022, 421; 5 AV 4/21, NVwZ-RR 2022, 894). 6

Anders als bei Nr. 3 muss eines der FG zuständig sein (BFH X S 42/08, BFH/NV 2009, 780; aA BGH IV ARZ 17/78, NJW 1978, 1163; HHS/Steinhauff § 39 Rn. 98 f.). Ist das nicht der Fall, ist eine Zuständigkeitsbestimmung durch den BFH ausgeschlossen, das Gesuch muss also abgelehnt werden. Denn im Verfahren nach § 39 I Nr. 4 besteht kein Bedürfnis ein **drittes Gericht** als zuständig zu bestimmen, weil der Kläger nach einer Ablehnung des Gesuchs nicht gehindert ist, das dritte Gericht anzurufen (Tipke/Kruse/Brandis § 39 Rn. 6). 7

Zu § 39 I Nr. 5: § 38 muss sich **aus tatsächlichen Gründen** als **lückenhaft** erweisen. Das ist zB der Fall, wenn der Finanzrechtsweg eröffnet ist, sich jedoch aus § 38 das zuständige FG nicht ergibt (BFH IV S 24/23, BFH/NV 2024, 42), zB bei Klagen gegen Privatrechtssubjekte (BFH III S 4/14, BFH/NV 2014, 1077; XI S 17/20, NZI 2021, 186; → § 38 Rn. 22). Bei der Bestimmung des örtlich zuständigen FG ist grds. auch dann auf den Sitz des Beklagten abzustellen, wenn es sich bei ihm nicht um eine Behörde, sondern um eine juristische Person des privaten Rechts (zB AG oder GmbH) handelt (BFH VI S 10/11, BFH/NV 2012, 771; XI S 17/20, NZI 2021, 186; VI S 24/23, DStRE 2024, 631). Dies ist jedoch nicht zwingend, wenn das Interesse des Klägers an einem ortsnahen Rechtsschutz für eine andere Zuweisung spricht (BFH VI S 24/23, DStRE 2024, 631). – Die 8

Vorschrift ist analog anwendbar, wenn in Kindergeldfällen mehrere miteinander verknüpfte Bescheide an Adressaten ergangen sind, für die nach den Maßstäben des § 38 IIa 1 unterschiedliche FG zuständig sind (zB Haftungsbescheide, mit denen gegenüber mehreren Miterben Rückforderungsansprüche als Gesamtrechtsnachfolger eines Kindergeldberechtigten geltend gemacht werden; BFH VII S 3/21, BStBl. II 2021, 551). In diesen Fällen wird es idR sachgerecht sein, entspr. § 38 IIa 2 das FG als zuständig zu bestimmen, in dessen Bezirk die Beklagte ihren Sitz hat (BFH VII S 3/21, BStBl. II 2021, 551). – Die §§ 13 ff. ZPO sind (auch über § 155 S. 1) nicht analog anwendbar (offenlassend BFH VI B 68/08, BFH/NV 2008, 2036; VI S 24/23, DStRE 2024, 631), weil § 38 die örtliche Zuständigkeit der FG abschließend regelt.

III. Verfahren und Entscheidung

9 Das Verfahren ist **antragsgebunden.** Jeder am Rechtsstreit Beteiligte (§ 57 – also auch der Beigeladene) und jedes mit dem Rechtsstreit befasste FG kann den BFH anrufen (§ 39 II 1). Die **Beteiligten** können den Antrag – jedenfalls in den Fällen des § 39 I Nr. 1, 2 u. 5 – auch **schon vor Rechtshängigkeit** der Streitsache stellen (Tipke/Kruse/Brandis § 39 Rn. 8 mwN). § 62 IV (Vertretungszwang) ist zu beachten (BFH VII S 30/06, BFH/NV 2007, 96 (97) mwN; VI S 11/06, BFH/NV 2007, 1162; → § 62 Rn. 60 ff.; aA HHS/Steinhauff § 39 Rn. 129). Das Verfahren kann auch durchgeführt werden, während das Hauptsacheverfahren nach § 155 S. 1 FGO iVm § 240 ZPO wegen Insolvenzeröffnung über das Vermögen des Klägers unterbrochen ist (BGH X ARZ 578/13, NJW-RR 2014, 248; X ARZ 3/22, NJW 2022, 2936; X ARZ 119/23, NZI 2024, 551). Das Verfahren darf noch nicht auf der Ebene des FG rkr. abgeschlossen sein (vgl. BVerwG 6 AV 1/17, NVwZ-RR 2017, 676), wobei auch die Notwendigkeit, über die Wirksamkeit einer Rücknahme eines Rechtsbehelfs zu entscheiden, Anlass für eine Zuständigkeitsbestimmung geben kann (BFH III S 12/15, BFH/NV 2015, 1421; aA wohl BGH X ARZ 586/22, NJW-RR 2023, 703 zu § 36 I Nr. 6 ZPO). Eine bestimmte **Form** für den Bestimmungsantrag eines Beteiligten ist nicht vorgeschrieben. Das mit der Sache befasste FG (der Senat) muss über die Anrufung des BFH jedoch durch Beschluss entscheiden. Das FG ist zur Anrufung des BFH verpflichtet, weil erst durch die Entscheidung des BFH feststeht, wer der gesetzliche Richter ist. Unterlässt das FG die Anrufung, ist der BFH jedoch idR im Rechtsmittelverfahren gehindert, die Zuständigkeit des FG zu prüfen (§ 70 FGO iVm § 17a V GVG; → Anh. § 33 Rn. 40).

10 Der **BFH** hat zu prüfen, ob die Voraussetzungen des § 39 vorliegen. Er entscheidet über das Gesuch – auch nach mündlicher Verhandlung (§ 39 II 2) – durch **Beschluss** (§ 155 S. 1 FGO iVm § 37 II ZPO). Der Beschluss ist, sofern eine mündliche Verhandlung stattgefunden hat, im Allgemeinen zu verkünden (§ 155 S. 1 FGO iVm § 329 I ZPO), andernfalls formlos mitzuteilen (§ 155 S. 1 FGO iVm § 329 II 1 ZPO). Er ist **unanfechtbar** (§ 155 S. 1 FGO iVm § 37 II ZPO; BFH III S 4/14, BFH/NV 2014, 1077; VII S 3/21, BStBl. II 2021, 551). Eine **Kostenentscheidung** ergeht nicht, weil durch das Verfahren gem. § 39 grds. keine (zusätzlichen) Kosten ausgelöst werden (BFH IV S 24/23, BFH/NV 2024, 42; Abweichung von der Voraufl.). Ggf. sind die Kosten in der Endentscheidung zu erfassen (BFH X S 42/08, BFH/NV 2009, 780; VII S 3/21, BStBl. II 2021,

551; ebenso BVerwG 20 F 9/22, NVwZ-RR 2022, 933 für den Fall, dass das Bestimmungsverfahren für erledigt erklärt wird).

Der Beschluss ist für das als zuständig bestimmte FG **bindend** und ein erneuter **11** Antrag nach § 39 unzulässig (BVerwG 6 AV 6/20, NVwZ-RR 2020, 1143; zB Tipke/Kruse/Brandis § 39 Rn. 9), ausnahmsweise jedoch **nicht bei willkürlicher,** offensichtlich gesetzeswidriger **Entscheidung** (BVerwG 4 ER 401/81, NVwZ 1982, 370; Kopp/Schenke/Schenke VwGO § 53 Rn. 13 mwN; → Anh. § 33 Rn. 32). – Rechtskräftige Entscheidungen des FG über die Zuständigkeit sind wirkungslos, soweit sie mit dem BFH-Beschluss nicht im Einklang stehen (BVerwG VI ER 400/58/5, NJW 1960, 1541). Mit der Zuständigkeitsbestimmung durch den BFH ist das Verfahren bei dem als zuständig bestimmten Gericht anhängig und zwar in dem Stand, in dem es sich gerade befindet (Tipke/Kruse/Brandis § 39 Rn. 9).

Zweiter Teil. Verfahren

Abschnitt I. Klagearten, Klagebefugnis, Klagevoraussetzungen, Klageverzicht

Vor § 40: Typologie steuerlicher Verwaltungsakte

Übersicht

	Rn.
I. Funktionsbeschreibung des steuerlichen Rechtsschutzes gegen Verwaltungsakte	1
1. Konkretisierungsfunktion	3
2. Titelfunktion	6
3. Verfahrensfunktion	7
II. Allgemeine Begriffsbestimmung des Verwaltungsakts	10
1. Anknüpfung an § 118 AO	10
2. Allgemeine Typologie des Verwaltungsakts	15
III. Zur Typologie des Steuerverwaltungsaktes	34
1. Allgemeines	34
2. Steuerbescheide und gleichgestellte Steuerverwaltungsakte	35
a) Formen von Bescheiden	35
b) Steuerbescheide mit Nebenbestimmungen gem. §§ 164, 165 AO	39
c) Besonderheiten einzelner Bescheidformen	41
3. Feststellungsbescheide	44
4. Die wichtigsten sonstigen Steuerverwaltungsakte	48
5. Ausblick: Vollautomatischer Steuerverwaltungsakt	55

I. Funktionsbeschreibung des steuerlichen Rechtsschutzes gegen Verwaltungsakte

1 Dem Verfassungsgebot des Art. 19 IV GG entspr. ist in den verwaltungsgerichtlichen Verfahrensordnungen ein **umfassender Rechtsschutz** gegen Verwaltungsakte und Realakte sichergestellt (in der VwGO und im SGG durch die Generalklauseln – § 40 VwGO, § 51 SGG); in der FGO zusätzlich zu der entsprechenden Regelung in § 33 durch die ausdrückliche und selbständige Erwähnung der sog. schlichten Leistungsklage in § 40 I letzter Fall; näher: → § 40 Rn. 31.

2 Dies ist bei Steuer-VA auf deren einschneidende Wirkung zurückzuführen. Auch im Steuerrecht sind folgende **Funktionen** des VA zu unterscheiden (HHS/Müller-Franken AO § 118 Rn. 12 ff.):
– die Konkretisierungsfunktion,
– die Titelfunktion und
– die Verfahrensfunktion.

1. Konkretisierungsfunktion

Der Steuer-VA setzt **materielles** Recht für den Einzelfall „griffig" **um.** Hierin liegt seine fundamentale Bedeutung. Das gilt in besonderem Maße für das Steuerrecht: einmal, weil die Grundsätze der **Gleichmäßigkeit** und **Gesetzmäßigkeit** der Besteuerung dort regelmäßig keine andere Form des Verwaltungshandelns zulassen, zum anderen deshalb, weil es sich regelmäßig als unmöglich erweist, die Rechtsfolge für ein bestimmtes Steuerrechtsverhältnis einfach aus dem G „abzulesen" (Martens StuW 1965, 570). Es bedarf vielmehr (vor allem bei so komplexen Sachverhalten, wie sie zur Ermittlung von periodischen Steuern erforderlich sind, sowie sonst bei der Regelung von Dauerschuldverhältnissen für beide Seiten) der fortschreitenden **Verdeutlichung** der materiell-rechtlichen Bindung durch konkrete Einzelfallentscheidungen in Gestalt des Steuer-VA (vgl. auch Martens StuW 1988, 100 (102 f.); ähnlich auch HHS/Müller-Franken AO § 118 Rn. 13 mwN). 3

Im Hinblick auf die Rechtswirklichkeit im Abgabenrecht ist aber nicht nur der Steuerbescheid, der eine Geldleistungspflicht normiert, pflichtbegründend. Auch für den feststellenden Steuer-VA gilt die Charakterisierung, dass er ein Rechtsverhältnis begründet, ändert oder beendet (BFH I R 214/82, BStBl. II 1986, 21; vgl. auch Tipke/Kruse/Seer AO § 118 Rn. 33): Solange dieses nicht per VA festgestellt wird, realisiert man den kraft Gesetzes entstandenen Steueranspruch nicht. 5

2. Titelfunktion

Mit der Befugnis bzw. Verpflichtung der Verwaltung zur Einzelfallregelung durch VA verbunden ist das im Abgabenrecht besonders weitreichende **Vollstreckungsprivileg** (§§ 218 I, 249 ff. AO), dh das Recht der Finbeh, sich (im Unterschied zu anderen Gläubigern) den Titel für die Vollstreckung aus VA (mit Hilfe eines Leistungsgebots, § 254 I 1 AO) selbst zu beschaffen und zwar (abweichend von sonstigen Verwaltungsbehörden) grds. (soweit nicht ausnahmsweise die Vollziehung ausgesetzt oder gehemmt ist) unabhängig von der Einlegung eines Rechtsbehelfs (vgl. § 80 I VwGO einerseits und §§ 361 I AO, 69 I FGO iVm § 251 I AO andererseits). 6

3. Verfahrensfunktion

Mit dem Wirksamwerden des VA (§ 124 I 1 AO) ist zugleich für das Verfahren (für das außergerichtliche Vorverfahren wie für das Klageverfahren) das **Objekt eines Rechtsschutzbegehrens** iSd §§ 355 ff. AO, 40 ff. festgelegt (s. § 44 II). 7

Für das finanzgerichtliche Verfahren kommt dieser Funktion des VA wegen der Anerkennung der schlichten Leistungsklage (in § 40 I letzter Fall) zwar keine den Rechtsweg von vornherein begrenzende, wohl aber eine für den Verfahrensablauf und die Art der Rechtsschutzgewährung noch immer sehr gewichtige Bedeutung zu (Löwer JuS 1980, 805 (807)): zB für die Wahl der Klageart, die Frage der Notwendigkeit eines außergerichtlichen Vorverfahrens und der Fristgebundenheit wie auch für den vorläufigen Rechtsschutz (v. Groll DStJG 2018, 47 (50 ff.)). Einem Steuer-**VA gegenüber** hat der Rechtsuchende noch immer die klarere und in mehrfacher Hinsicht (kostenloses außergerichtliches Vorverfahren, „besserer" vorläufiger **Rechtsschutz** durch Aussetzung der Vollziehung) auch **günstigere Position,** als wenn er mit sonstigem Verwaltungshandeln konfrontiert 8 wird. Im Lichte des Art. 19 IV GG drängt sich daher die Auslegungsmaxime auf: „Im Zweifel für den VA“ (v. Groll DStJG 2018, 47 (56)).

II. Allgemeine Begriffsbestimmung des Verwaltungsakts

1. Anknüpfung an § 118 AO

10 Die FGO selbst sagt nicht, was sie meint, wenn sie in § 40 I 1 vom „Verwaltungsakt“ (VA) spricht. Es gilt (vgl. BT-Drs. IV/1446, 46) die kodifizierte **Begriffsbestimmung** der § 35 I VwVfG, **§ 118 I AO,** wonach unter VA jede Verfügung, Entscheidung oder andere hoheitliche Maßnahme zu verstehen ist, die eine Behörde zur Regelung eines Einzelfalls auf dem Gebiet des öffentlichen Rechts trifft und die auf unmittelbare Rechtswirkung nach außen gerichtet ist.

11 Für den Geltungsbereich des Unions-Zollkodex (UZK – bis 2015 Zollkodex), dh für Zölle und bei der Einfuhr erhobene Verbrauchsteuern, wird die Begriffsbestimmung des § 118 AO verdrängt durch die Legaldefinition in **Art. 5 Nr. 39 UZK,** der von **„Entscheidung“** spricht (s. HHS/Müller-Franken AO § 118 Rn. 11, 11a). Die unterschiedlichen Begriffsbestimmungen lassen bedeutsame inhaltliche Abweichungen nicht erkennen (vgl. Tipke/Kruse/Seer AO Vor § 118 Rn. 7 mwN): Nach beiden Teilrechtsordnungen geht es um hoheitliche Maßnahmen zur Regelung von **Abgabenangelegenheiten** iSd § 33 II bzw. von Steuerrechtsverhältnissen iSd §§ 33 ff. AO, dh um **Steuerverwaltungsakte.**

2. Allgemeine Typologie des Verwaltungsakts

15 Im Allgemeinen werden folgende VA unterschieden (vgl. auch Tipke/Kruse/Seer AO § 118 Rn. 33 ff.; HHS/Müller-Franken AO § 118 Rn. 273 ff.):

16 – **rechtsfeststellende** (deklaratorische) **Verwaltungsakte,** das sind solche VA, die gesetzlich vorgesehene Ansprüche, Rechtsverhältnisse oder sonstige Umstände feststellen (darin erschöpft sich der Regelungsgehalt zB der Steuerbescheide und Feststellungsbescheide; v. Groll DStJG 2018, 47 (61) mwN), **und rechtsgestaltende Verwaltungsakte,** dh solche, die Rechtspositionen begründen, ändern oder beseitigen (wie zB die Fixierung des Beginns der Buchführungspflicht nach § 141 II 1 AO: BFH IV R 8/82, BStBl. II 1983, 254; IV R 10/88, BFH/NV 1990, 617);

17 – **begünstigende Verwaltungsakte,** dh ein subjektives Recht bzw. einen rechtlich relevanten Vorteil begründende oder bestätigende VA **und belastende Verwaltungsakte,** dh mit einem entsprechenden Nachteil verbundene (auch einen erstrebten Vorteil versagende) VA;

18 – **gebundene Verwaltungsakte,** dem strikten Gesetzesvollzug verpflichtete VA, **und Ermessensakte,** dh solche, für deren Erlass oder Ausgestaltung der Gesetzgeber der Verwaltung einen Spielraum zur eigenverantwortlichen Wahl zwischen mindestens zwei Möglichkeiten verliehen hat;

19 – **Verwaltungsakte** mit und ohne **Dauerwirkung;**

20 – Streng **einseitige** (von Amts wegen zu erlassende) **und mitwirkungsbedürftige Verwaltungsakte** (von einem Antrag des Betroffenen abhängige VA);

21 – **rechtmäßige Verwaltungsakte,** dh im Einklang mit den einschlägigen Rechtsvorschriften stehende Akte, **und rechtswidrige** VA. **Rechtswidrige Verwaltungsakte** beruhen auf der unrichtigen Anwendung bestehender Rechtssätze im Erlasszeitpunkt oder bei der Entscheidung wurde von einem

Sachverhalt ausgegangen, der sich als unrichtig erweist (BVerwG IV C 86.58, BVerwGE 13, 28; III C 153.67, BVerwGE 31, 222). Zu diesen sind auch die ermessensfehlerhaften VA zu zählen.

Nach dem **Grad der Rechtswidrigkeit** werden unterschieden:

- **Verwaltungsakte,** deren Rechtswidrigkeit ausschließlich in heilbaren bzw. unbeachtlichen **Verfahrens- und Formfehlern** besteht (§§ 126, 127 AO; BFH I R 151/80, BStBl. II 1985, 607; IV R 143/84, BStBl. II 1987, 412 zu § 127 AO); **22**
- **Mangelhafte Verwaltungsakte,** dh aus anderen Gründen fehlerhafte bzw. rechtswidrige VA, die zwar (sofern nicht nichtig, → Rn. 24) Wirksamkeit erlangen und behalten (§ 124 I 2 und II AO), jedoch unter bestimmten Voraussetzungen (falls Umdeutung nach § 128 AO ausscheidet) aufhebbar (rücknehmbar oder abänderbar) und iÜ nach den Regeln auf dem Gebiet des Abgabenrechts und denen der FGO **anfechtbar** sind (Tipke/Kruse/Seer AO § 118 Rn. 44); ein erhöhtes Maß an Rechtswidrigkeit erfordert gem. **Art. 19 S. 2 EVertr** die Anfechtbarkeit von VA, die vor dem Wirksamwerden des Beitritts in der ehemaligen DDR erlassen wurden (Unvereinbarkeit mit rechtsstaatlichen Grundsätzen: BFH X R 146/93, BStBl. II 1995, 686; XI R 1/95, BFH/NV 1996, 874; VII B 272/04, BFH/NV 2005, 1507). Der BFH sieht die Auslegung des Merkmals als geklärt an (BFH IV B 28/95, BFH/NV 1996, 300; X B 50/04, BFH/NV 2005, 166; X B 147/08, BFH/NV 2008, 1656). **23**
- **Nichtige Verwaltungsakte,** dh mit einem besonders schwerwiegenden, offenkundigen Mangel behaftete und daher unwirksame VA (§§ 124 III, 125 I AO; zur **Teilnichtigkeit** – § 125 IV AO, zu den absoluten Nichtigkeitsgründen s. § 125 II; zum **Verhältnis Grundlagen-/Folgebescheid** – BFH X R 21/04, BFH/NV 2007, 186). Offenkundige und besonders schwerwiegende Fehler iSd § 125 I treten in der Praxis in folgenden Fallkonstellationen auf (s. näher Klein/Ratschow AO § 125 Rn. 4 ff.): **24**
  - **Unbestimmte (mehrdeutige) Verwaltungsakte (§ 119 AO)** hinsichtlich der Bezeichnung des Inhaltsadressaten und des Regelungsinhalts des VA, wenn sich etwa Tenor und Inhalt widersprechen und der Inhalt auch durch Auslegung nicht ermittelt werden kann (BFH VI R 30/81, BStBl. II 1985, 581; I R 309/82, BStBl. II 1986, 42; VI R 52/81, BStBl. II 1987, 139; VII R 173/85, BStBl. II 1989, 220; III R 8/03, BStBl. II 2006, 287; V B 205/04, BFH/NV 2007, 5; II R 5/04, BStBl. II 2007, 472; II R 17/06, BStBl. II 2008, 46; X B 154/04, BFH/NV 2008, 1116; IV R 91/05, BFH/NV 2008, 1289; IV R 65/01, BStBl. II 2009, 699; V R 25/10, BFH/NV 2011, 1541; XI R 40/10, BFH/NV 2013, 182; X R 38/11, BFH/NV 2013, 1125; II R 53/10, BStBl. II 2013, 755; II R 64/11, BFH/NV 2014, 716; I R 57/11, BStBl. II 2016, 633; II R 31/13, BStBl. II 2016, 637; VIII R 59/13, BFH/NV 2016, 726). **Eine Unterfallgruppe hierzu bilden Verwaltungsakte, die an ein nicht mehr existierendes Steuerrechtssubjekt** als Inhaltsadressat bekanntgegeben werden (BFH I R 119/82, BStBl. II 1985, 541; X R 47/88, BStBl. II 1993, 174; I R 52/05, BFH/NV 2006, 1243; IV R 91/05, BFH/NV 2008, 1289; IV R 67/07, BFH/NV 2010, 1606; Klein/Ratschow AO § 122 Rn. 30–32 zu Einzelfällen);
  - **Materiell-rechtliche Fehler:** Selbst grobe **Schätzungsfehler führen** idR **nicht** zur Nichtigkeit. Verlässt die Schätzung den durch die Umstände des Einzelfalls gezogenen Schätzungsrahmen, ist sie – lediglich – rechtswidrig und der Bescheid wirksam und anzufechten. Ausnahmsweise kann eine feh-

lerhafte Schätzung die Nichtigkeit des auf ihr beruhenden VA zur Folge haben, wenn sich das FA nicht an den wahrscheinlichen Besteuerungsgrundlagen orientiert, sondern bewusst zum Nachteil des Stpfl. geschätzt hat (sog. **„Strafschätzung"** BFH X R 33/99, BFH/NV 2002, 1415; II R 58/04, BStBl. II 2006, 793; I R 50/00, BStBl. II 2001, 381; II B 90/06, BFH/NV 2008, 13; VII R 40/08, BFH/NV 2009, 1287; X R 42/12, BFH/NV 2015, 142; X B 22/18, BFH/NV 2018, 1237 jeweils mwN); eine Strafschätzung liegt auch vor, wenn das Schätzungsergebnis trotz vorhandener Möglichkeiten, den Sachverhalt aufzuklären und Schätzungsgrundlagen zu ermitteln, krass von den tatsächlichen Gegebenheiten abweicht und in keiner Weise erkennbar ist, dass überhaupt und ggf. welche Schätzungserwägungen angestellt wurden (BFH X R 42/12, BFH/NV 2015, 145). Der Verstoß eines VA **gegen das Unionsrecht** führt nicht zur Nichtigkeit (→ 9. Aufl. Anh. Rn. 101 ff.).

25 Die **Abgrenzung Anfechtbarkeit/Nichtigkeit** kann im Einzelfall schwierig sein. Für die Praxis hat diese Unterscheidung zwischen dem nur anfechtbaren und dem nichtigen VA für den Rechtsschutz jedoch dadurch an Gewicht verloren, dass man zum einen wegen dieser Abgrenzungsschwierigkeiten, zum anderen wegen des Rechtsscheins, den auch nichtige VA auslösen, die **Anfechtung trotz Nichtigkeit** zugelassen hat (so die amtliche Begründung zu § 42 des VwGO-Entwurfs BT-Drs. 1/4278, 35; § 41 II 2).

27 Weiterhin sind abgrenzbar in der Typologie von VA bestimmte Formen der Zusammenfassung verschiedener Einzelfallregelungen in einem Schriftstück:

28 – **in subjektiver Hinsicht:** VA, die mehrere Adressaten betreffen; vor allem die an mehrere Gesamtschuldner gerichteten Steuerbescheide iSd § 155 III AO (Klein/Rüsken AO § 155 Rn. 68 ff.; zum zusammengefassten ESt-Bescheid bei der Veranlagung von Ehegatten BFH VIII R 225/83, BStBl. II 1985, 603; IV R 104/94, BStBl. II 1995, 681; III R 8/03, BStBl. II 2006, 287; Nöcker AO-StB 2009, 299; zur Zusammenfassung von Prüfungsanordnungen bei Ehegatten BFH III R 52/86, BStBl. II 1989, 257; X R 104/88, BStBl. II 1990, 612);

29 – **in objektiver Hinsicht:** Beispiele sind die **Bündelung** der Entscheidungen zu mehreren, denselben Steuerschuldner betreffenden Steuerfällen: zB (bei periodischen Steuern) die Steuerfestsetzung für mehrere Kalenderjahre **in einem Bescheid,** die übliche Verbindung von Steuerfestsetzung und Steueranrechnung (zB § 36 II EStG); ferner die Zusammenfassung mehrerer Haftungsfälle (**Sammelhaftungsbescheide,** s. BFH VI R 182/80, BStBl. II 1986, 921; zum Begriff auch → § 68 Rn. 32) oder von Steuerfestsetzung und Billigkeitsmaßnahmen (§ 163 AO; zB BFH VIII R 33/02, BStBl. II 2004, 927; IV R 32/06, BFH/NV 2008, 569; HHS/v. Groll AO § 163 Rn. 145 – jeweils mwN) oder, etwa bei der LSt, die gemeinsame Erfassung von Steuerschuld und Steuerhaftung (BFH VI R 176/82, BStBl. II 1985, 266);

30 – die **Zusammenfassung verschiedener** gesonderter oder auch gesonderter und einheitlicher **Feststellungen von Besteuerungsgrundlagen** in einem Bescheid (zur Funktion des Feststellungsbescheids als Grundlagenbescheid → Rn. 44; zur Selbständigkeit der Feststellungen auch → § 68 Rn. 33).

31 Dass es **teilbare Verwaltungsakte** gibt u. Teilregelungen in ihrer Wirksamkeit getrennt zu bewerten sind, folgt aus den §§ 124 II, 125 IV AO (§§ 43 II, 44 IV VwVfG), §§ 100 I 1, 101 S. 1 (§§ 113 I 1, 114 VwGO: „Soweit …", vgl. auch GrS 3/68, BStBl. II 1969, 192) und aus der in den §§ 172 ff. AO vorausgesetzten Teilbarkeit der Bestandskraft von Steuerbescheiden und ihnen gleichgestellten

SteuerVA (HHS/v. Groll AO Vor §§ 172–177 Rn. 72 ff., 81 ff., § 172 Rn. 7). Es hängt jeweils von dem (durch G festgelegten) Inhalt der Einzelfallregelung ab, ob und inwieweit ein VA teilbar ist. Bei **Nebenbestimmungen** (§ 120 AO) kommt es auf den Grad ihrer Selbständigkeit an (→ Rn. 39 f.; BFH X R 51/06, BStBl. II 2009, 892 zu § 165 AO; IV R 107/90, BFH/NV 1993, 296 zu § 164 AO; HHS/ Braun § 40 Rn. 64 ff.; → § 68 Rn. 22). Maßgeblich für die Frage der Teilbarkeit ist der Verfügungssatz (Tenor) des VA (BFH GrS 2/87, BStBl. II 1990, 327), nicht etwa seine Begründung.

Teilbare Einzelfallregelungen enthalten vor allem VA, die nach Menge, 32
Größe, Zahl oder Zeitdauer bemessene Aussagen, also vor allem **Geldleistungen** (s. auch § 100 II 1) oder **teilbare Sachleistungen** (§ 48 II VwVfG) betreffen. Teilbar sind somit auch die wichtigsten Typen von Steuer-VA:

- **Feststellungsbescheide (Grundlagenbescheide),** weil in ihnen mehrere selbständige Einzelfallregelungen zusammengefasst sind (§§ 171 X, 179 I AO). Der Feststellungsbescheid stellt sich als eine Zusammenfassung einzelner Feststellungen von Besteuerungsgrundlagen dar, die – soweit sie eine rechtlich selbständige Würdigung enthalten – auch als selbständiger Gegenstand eines Klageverfahrens in Betracht kommen und demgemäß einem eigenständigen prozessualen Schicksal unterliegen (stRspr, zB BFH VIII R 38/01, BFH/NV 2004, 1372; IV R 15/08, BStBl. II 2011, 764; IV R 36/08, BFH/NV 2011, 1361; IV R 42/10, BStBl. II 2011, 878; IV R 31/09, BFH/NV 2012, 1448; IV R 22/10, BStBl. II 2014, 621; → § 68 Rn. 33; zur Unterscheidung gesonderte/einheitliche und gesonderte Feststellung BFH IV B 150/07, BFH/NV 2009, 358).
- **Steuerbescheide,** soweit sie auf eine Geldleistung lauten, ihre Aussage in einer betragsmäßigen Festsetzung besteht (s. zB BFH VII R 32/98, BStBl. II 2000, 33 zur Festsetzung von Einfuhrabgaben) und **die den Steuerbescheiden gleichgestellten Verwaltungsakten** (→ Rn. 35). Zur Teilbarkeit von Kindergeldbescheiden → § 68 Rn. 34.
- **Billigkeitsentscheidungen** gem. §§ 163, 227 AO, in denen für mehrere Streitjahre Billigkeitsregelungen getroffen werden, sowie **Sammelhaftungsbescheide** (→ Rn. 29; → § 68 Rn. 32).

Für den Steuerprozess folgt hieraus ua, dass **Teilanfechtung, Teilaufhebung** 33
(Bescheidänderung), **Teilbestandskraft** und **Teilrechtskraft** nicht nur bei Feststellungsbescheiden, sondern auch bei Steuerbescheiden und bei allen sonst teilbaren Steuer-VA (zB Sammelerlass- oder Billigkeitsbescheiden; Kindergeldbescheiden) in Betracht kommen (zur Bedeutung für § 68 bei Teilabhilfen → § 68 Rn. 32 ff.). Die **Teilanfechtung eines Steuerbescheids** ist indes ein Ausnahmefall und ist nur anzunehmen, wenn der Wille, von einem weiteren Begehren abzusehen, deutlicher zum Ausdruck kommt als in der bloßen Anfechtung des Steuerbescheids wegen eines bestimmten Streitpunkts; ein solcher Wille zu einer bindenden Beschränkung des Antrags darf ohne Vorliegen besonderer Umstände nicht unterstellt werden (BFH GrS 2/87, BStBl. II 1990, 327; IX R 28/00, BFH/ NV 2003, 1140; → Rn. 35). In **§ 367 IIa AO** ist allerdings seit dem JStG 2007 v. 13.12.2006 (BGBl. I 2903) die Möglichkeit, Teileinspruchsentscheidungen hinsichtlich einzelner Besteuerungsgrundlagen zu erlassen, ausdrücklich eröffnet worden (zur gerichtlich voll überprüfbaren Frage der Sachdienlichkeit des Erlasses einer Teileinspruchsentscheidung s. BFH III R 39/08, BStBl. II 2011, 11; X R 50/09, BStBl. II 2012, 536; zum Erlass von Änderungsbescheiden nach einer

Teileinspruchsentscheidung gem. § 68 s. BFH I R 46/12, BStBl. II 2014, 979; → § 68 Rn. 65 ff.).

III. Zur Typologie des Steuerverwaltungsaktes

1. Allgemeines

34 Weil – wie vor allem die §§ 40, 42, 48, 57, 65, 100 u. 110 zeigen – Prozessrecht ohne den Hintergrund des zu verwirklichenden materiellen Rechts letztlich unverständlich bleibt und das Instrument des VA in mehrfacher Hinsicht als Klammer zwischen beiden Rechtsgebieten anzusehen ist (→ Rn. 1), wird den nachfolgenden Einzelbetrachtungen eine Kurzübersicht über die wichtigsten Steuer-VA vorangestellt.

2. Steuerbescheide und gleichgestellte Steuerverwaltungsakte

35 **a) Formen von Bescheiden.** Durch **Steuerbescheid** ieS entscheidet die Finbeh in Schriftform verbindlich darüber, wer welche Steuer in welcher Höhe schuldet (Steuerfestsetzung – §§ 155 II 1, 157 I 2 AO). Bedeutsam für die Rolle der verschiedenen Steuer-VA im Rechtsschutzverfahren ist das Verständnis der **Besteuerungsgrundlagen** (§ 157 II AO; zur Bedeutung dieses Begriffs als Sachverhaltsausschnitt, Tatbestandsmerkmal und Element des VA: v. Groll DStJG 18, 47 (71); HHS/v. Groll AO Vor §§ 172–177 Rn. 75 ff. – jeweils mwN). Sie bilden bei den Steuerbescheiden kraft ausdrücklicher gesetzlicher Anordnung (§ 157 II AO) einen **unselbständigen Teil der Regelung** – zu den **Steueranmeldungen** → Rn. 37.

36 Den Steuerbescheiden **gleichgestellt** (s. dazu auch HHS/v. Groll AO Vor §§ 172–177 Rn. 45 ff. mwN) sind **ua:**

- **Freistellungsbescheide** (§ 155 I 3 AO). Freistellungsbescheide sind begrifflich Steuerbescheide, die nach dem Willen des FA den Stpfl. verbindlich davon unterrichten, dass eine Steuer von ihm aufgrund des geprüften Sachverhalts dem Grunde nach überhaupt nicht oder für einen bestimmten Veranlagungs- oder Erhebungszeitraum nicht gefordert wird (BFH I R 65/90, BStBl. II 1992, 322; I R 152/93, BStBl. II 1998, 711; I R 47/05, BFH/NV 2007, 2; II R 31/06, BFH/NV 2008, 1435; II B 18/08, BFH/NV 2008, 1866; X B 38/14, BFH/NV 2015, 156); zur **Freistellungs- oder Nichtveranlagungsbescheinigung** als begünstigende Verfügungen iSd § 130 II AO s. BFH I R 65/90, BStBl. II 1992, 322; I B 246/93, BStBl. II 1994, 899; I R 34/99, BStBl. II 2001, 291);
- **Ablehnungsbescheide** (§ 155 I 3 AO; BFH V B 152/87, BStBl. II 1988, 286);
- **Vergütungsbescheide** (§ 155 V AO; Klein/Rüsken AO § 155 Rn. 92) und Kindergeldbescheide (→ Rn. 42; → § 68 Rn. 34).

37 **Steueranmeldungen** des Stpfl. gem. § 150 I 3 AO sind Steuerfestsetzungen, die kraft Rechtsfolgenverweisung nicht endgültige Hoheitsakte (§ 168 S. 1 iVm § 164 AO) sind (HHS/v. Groll AO Vor §§ 172–177 Rn. 40); es handelt sich bei der Steueranmeldung um eine besondere Form der Steuererklärung, in der die Steuer selbst zu berechnen und bei Fälligkeit zu entrichten ist (§ 167 I 1 AO).

38 **Vorauszahlungsbescheide** (vgl. § 37 III 1 EStG) sind Steuerbescheide. Allerdings ist der den Vorauszahlungsbescheid ablösende Einkommensteuerbescheid

für den Veranlagungszeitraum alleinige Grundlage für die Verwirklichung des Anspruchs auf die mit Ablauf des Veranlagungszeitraums entstandene Einkommensteuer (§ 36 I EStG, § 218 I 1 AO) und ist ebenfalls Grundlage für die Einbehaltung der als Vorauszahlungen für den Veranlagungszeitraum entrichteten Beträge (BFH GrS 3/93, BStBl. II 1995, 730). Es handelt sich um vorläufige Bescheide mit von vornherein zeitlich begrenztem Regelungsgehalt (→ § 68 Rn. 30). Zur Problematik, wenn ein Vorsteuerüberhang besteht, aufgrund einer Insolvenzeröffnung aber keine USt-Jahresschuld festgesetzt werden kann, s. BFH VII R 30/11, BFH/NV 2013, 603; → Rn. 62 zur USt.

b) Steuerbescheide mit Nebenbestimmungen gem. §§ 164, 165 AO. Steuerbescheide unter dem Vorbehalt der Nachprüfung (§ 164 AO)/mit Vorläufigkeitsvermerk (§ 165 AO): Den Besonderheiten des Steuerrechts entsprechend eröffnet die AO spezielle, in dieser Ausgestaltung und Verbreitung dem allgemeinen Verwaltungsrecht fremde Möglichkeiten für die Finbeh, von einer endgültigen Regelung (Steuerfestsetzung) vorerst abzusehen: 39

- durch die (aus tatsächlichen wie aus rechtlichen Gründen gestattete) Steuerfestsetzung unter dem **Vorbehalt der Nachprüfung (§ 164 AO),** der eine unselbständige Nebenbestimmung darstellt (→ Rn. 40). Wegen dieser Verbindung zum Regelungsgehalt des VA kann ein unter dem Vorbehalt der Nachprüfung stehender Bescheid sowohl aufgrund besserer tatsächlicher Erkenntnis als auch aufgrund einer geänderten rechtlichen Beurteilung der Besteuerungsgrundlagen ohne Einschränkung in vollem Umfang aufgehoben oder geändert werden (BFH IV R 69/98, BStBl. II 1999, 691). **Als Steuerbescheid** mit verkürztem Inhalt ist **der Aufhebungsbescheid für den Vorbehalt nach § 164 III 2 AO** anzusehen (BFH III B 40/82, BStBl. II 1983, 622).
- durch die (immer nur auf Teile der in einem Steuerbescheid getroffenen Regelung beschränkte) vorläufige Steuerfestsetzung **(§ 165 I 1 AO)** im Hinblick auf die dort geregelten Fälle, die ebenfalls unselbständige Nebenbestimmung ist (→ Rn. 40). Siehe zur Unwirksamkeit eines Vorläufigkeitsvermerks: zB BFH X R 22/05, BStBl. II 2008, 2; X R 20/10, BFH/NV 2014, 524; zur Umdeutung in solchen Fällen BFH II R 44/05, BStBl. II 2009, 754; zur Reichweite bei einer Vorläufigkeit gem. § 165 I 2 Nr. 3 AO BFH X R 9/05, BStBl. II 2006, 858; zur zu erwartenden Gesetzesauslegung durch den BFH X B 39/08, BFH/NV 2008, 1645; zu § 165 I 2 Nr. 4 s. HHS/Heuermann AO § 165 Rn. 60 ff. Zur Änderung und Endgültigerklärung des vorläufigen Steuerbescheids s. § 165 II 2 AO.

Nachprüfungsvorbehalt und Vorläufigkeitsvermerk sind **unselbständige Nebenbestimmungen** (**zu § 164 AO** s. zB BFH IV R 168–170/79, BStBl. II 1981, 150; III B 40/82, BStBl. II 1983, 622; **zu § 165 I 1 AO** s. BFH IV R 64/83, BStBl. II 1985, 648; Klein/Rüsken AO § 164 Rn. 60 und § 165 Rn. 83). 40

c) Besonderheiten einzelner Bescheidformen. Die Entscheidung über einen **Antrag nach § 125 V AO** im Hinblick auf einen Steuerbescheid **(Nichtigkeitsfeststellungsbescheid)** kann Regelungswirkung haben und daher ihrerseits einen der Bestandskraft fähigen VA darstellen, der Grundlagenbescheid iSd § 171 X AO für den Einkommensteuerbescheid ist (BFH X R 15/10, BStBl. II 2015, 109). 41

In ihrer Besonderheit zu beachten, und zwar auch hinsichtlich des Rechtsschutzes, sind die **Vergütungsbescheide,** vor allem im Hinblick darauf, dass auf sie die für die Steuerfestsetzung geltenden Vorschriften nur entsprechend anzuwenden 42 sind (§ 155 V AO). Das hat seinen Hauptgrund im völlig unterschiedlichen Regelungsgegenstand: Während der Steuerbescheid die Rechtsbeziehung zwischen Steuergläubiger und Steuerschuldner regelt, **betrifft** der Steuervergütungsbescheid einen Anspruch, der zwar auch dem Steuerschuldverhältnis zugeordnet ist (§ 37 I AO), aber einen **Dritten,** am Steuerschuldverhältnis selbst Nichtbeteiligten, betrifft, auf den die Steuerlast zunächst wirtschaftlich überwälzt worden ist (s. auch HHS/Boeker AO § 37 Rn. 12; BFH VII R 37/07, BFH/NV 2008, 2062; oder § 50a III–V EStG FG München 7 K 3826/05, EFG 2009, 1119; Köhler ua DStR 2010, 8). Als Vergütungsbescheid (§ 155 V AO) qualifiziert das G (§ 31 S. 3, § 70 I 1 EStG) auch den **Kindergeldbescheid** (BFH VI B 215/98, BStBl. II 1999, 231; III R 85/06, BStBl. II 2007, 598; HHS/v. Groll AO Vor §§ 172–177 Rn. 55; zum **Verhältnis ESt-Bescheid/Kindergeldfestsetzung** BFH III B 70/05, BFH/NV 2007, 1083, ESt-Bescheid ist kein Grundlagenbescheid; zum **Aufhebungsbescheid** BFH VIII R 107/01, BFH/NV 2002, 1290; zum **Ablehnungsbescheid** BFH VIII B 121/02, BFH/NV 2003, 168 als teilbarem VA; → § 68 Rn. 34; VIII R 12/03, BFH/NV 2004, 786 und **zum Regelungsinhalt einer Kindergeldfestsetzung** III R 6/13, BStBl. II 2015, 149; zur Korrektur nach **§ 70 IV EStG** zB BFH III R 70/06, BFH/NV 2007, 2064; III S 1/07, BFH/NV 2007, 2113; zum Antrag auf schlichte Änderung – **§ 172 I 1 Nr. 2 Buchst. a AO** BFH III R 67/06, BFH/NV 2007, 2063; zur Korrektur nach **§ 173 AO** BFH III R 72/05, BFH/NV 2007, 1458; III B 108/07, BFH/NV 2008, 337; III B 4/08, BFH/NV 2008, 1810; III B 128/07, BFH/NV 2008, 1843 – jeweils mwN; zur **Konkurrenz von § 70 II–IV EStG u. §§ 172 ff. AO** BFH VIII R 67/01, BFH/NV 2002, 1294).

43 Die Besonderheit des **Umsatzsteuerbescheids** besteht darin, dass er auf eine **negative Steuerschuld** lauten kann, wenn nämlich die Vorsteuerabzugs- und Vorsteuerberichtigungsbeträge zugunsten des Unternehmers, die nach der Technik des G (§§ 15, 15a, 16 II, 17 UStG) ebenso wie die Umsätze (§§ 1, 16 I 2 UStG) unselbständige Besteuerungsgrundlagen für die Steuerfestsetzung (iSd § 157 I 2 und II AO) bilden (BFH V R 13/11, BStBl. II 2012, 298), die Umsatzbeträge übersteigen und einen Saldo zu Gunsten des Steuerschuldners ergeben. Hieraus folgt, dass Vorsteuerberichtigungsbeträge gem. § 15a UStG und Berichtigungsansprüche gem. § 17 II UStG zugunsten des Unternehmers **auch in der Insolvenz** keine eigenständigen (aufrechenbaren) Steuervergütungsansprüche darstellen. Zur insolvenzrechtlichen Unselbständigkeit eines Berichtigungsanspruchs nach § 17 II UStG und dessen fehlender Aufrechenbarkeit, auch wenn der Tatbestand der Berichtigungsvorschrift des § 17 II UStG vor Eröffnung des Insolvenzverfahrens verwirklicht wird, s. die Änderung der Rspr. durch BFH VII R 29/11, BStBl. II 2013, 36. Eine vom FA erklärte Aufrechnung wird daher in der Regel gegenstandslos, wenn die aufgerechneten Beträge iRd Jahressteuerfestsetzung oder bei der zwecks Anmeldung zur Insolvenztabelle durchzuführenden Steuerberechnung gem. § 16 UStG in eine Saldierung einzubeziehen, die betreffenden Beträge also dem gleichen Besteuerungszeitraum zuzuordnen sind (BFH VII R 56/09, BFH/NV 2013, 413).

3. Feststellungsbescheide

44 Anders als beim Steuerbescheid bilden beim **Feststellungsbescheid (Grundlagenbescheid)** iSd §§ 171 X, 179 ff. AO die Besteuerungsgrundlagen einen je für sich selbständig anfechtbaren Teil der Gesamtregelung (§ 157 II Hs. 2 AO). Die dem Regelungsbereich von Grundlagenbescheiden zugewiesenen (Teil-)Ent-

scheidungen sind für Folgebescheide **verbindlich** (§ 182 I 1 AO; s. auch § 175 I 1 Nr. 1 AO; zur Bindungswirkung HHS/v. Groll AO § 175 Rn. 105 ff., 140 ff.) und darum, soweit die Bindungswirkung reicht, nur gegenüber dem Grundlagenbescheid anfechtbar (s. § 42 FGO iVm § 351 II AO).

Relevant sind vor allem die **einheitlichen und gesonderten Feststellungsbescheide (§§ 179, 180 AO).** Zur **verfahrensrechtlichen Selbständigkeit** der darin getroffenen Feststellungen bereits → Rn. 32; → § 68 Rn. 33. S. **zur Abgrenzung der Regelungsbereiche von Grundlagen-/Folgebescheid** BFH X R 31/05, BFH/NV 2009, 708; X R 3/07, BFH/NV 2009, 711; hier insbes. **zum Negativbescheid** BFH IX R 27/90, BStBl. II 1993, 820; I R 93/05, BStBl. II 2007, 76; IV R 89/05, BFH/NV 2008, 1984, zum Nichtvorliegen einer Mitunternehmerstellung; zur **Mehrstufigkeit** BFH II B 129/05, BFH/NV 2006, 1616; speziell zum Fall der **doppelstöckigen PersGes** BFH I R 79/06, BFH/NV 2008, 729; X B 210/05, BFH/NV 2008, 1649; zum prinzipiellen **Vorrang der einheitlichen und gesonderten** – § 180 I Nr. 2 Buchst. a AO – vor der gesonderten – § 180 I Nr. 2 Buchst. b AO – **Feststellung** BFH IV R 91/06, BFH/NV 2008, 1298; zur **Verbindung** der einheitlichen u. gesonderten Feststellung mit einer solchen – nach **§ 180 V Nr. 1 AO** – Feststellung von Einkünften, die unter ein DBA fallen BFH I R 110/05, BStBl. II 2007, 521. Sowohl Feststellungsbescheide nach § 180 I Nr. 2 Buchst. a AO als auch die Bescheide zur Feststellung von Besteuerungsgrundlagen gem. § 180 V Nr. 1 AO sind jedoch nicht an die PersGes selbst, sondern an die an ihr beteiligten Gesellschafter (Mitunternehmer) zu richten. Ein Feststellungsbescheid, der dies nicht beachtet, ist nichtig (BFH I R 57/11, BStBl. II 2016, 633: Änderung der Rspr.). Zur **Auslegung** von Feststellungsbescheiden s. BFH IV R 89/05, BFH/NV 2008, 1984; IV B 12/08, BFH/NV 2008, 2039; zur Anwendbarkeit des **§ 127 AO** BFH IX B 5/07, BFH/NV 2007, 1628); zum Erlass als **Sammelbescheid** BFH VIII R 20/86, BFH/NV 1991, 219; zum **Richtigstellungsbescheid** (§ 182 III AO) s. BFH I R 38/07, BFH/NV 2009, 881. 45

Das G kennt noch weitere Fälle steuerlicher Grundlagenbescheide (keine abschließende Aufzählung): **§ 18 I 1 AStG:** BFH I R 62/00, BStBl. II 2002, 334; zu **§ 10d IV** (früher III) **EStG:** BFH IX R 74/06, BStBl. II 2009, 124; IX R 72/06, BStBl. II 2009, 639; IX R 90/07, BStBl. II 2009, 816; IX R 70/06, BStBl. II 2009, 897; Ettlich DB 2009, 18; zu **§ 15a IV EStG:** BFH VIII R 32/01, BStBl. II 2004, 359; zu **§ 10a S. 4 GewStG:** I R 92/98, BStBl. II 1999, 733; VIII B 89/97, BFH/NV 1999, 215; zu **§ 17 II u. III GrEStG:** BFH II R 120/91, BStBl. II 1994, 819; II R 54/01, BStBl. II 2004, 658; zum **Verhältnis Billigkeitsentscheidung/Steuerfestsetzung – § 163 AO:** Die abweichende Steuerfestsetzung aus Billigkeitsgründen gem. § 163 AO ist für den Steuerbescheid ein Grundlagenbescheid, s. näher HHS/v. Groll AO § 163 Rn. 136 ff.; **zum Verhältnis ESt-/GewSt-Messbescheid** (§ 7 S. 1 GewStG) und zur Bedeutung des § 35b GewStG: BFH X B 154/07, BFH/NV 2008, 1361. Der Gewerbesteuermessbescheid eines Verlustentstehungsjahrs ist kein Grundlagenbescheid für den Steuerbescheid des Abzugsjahrs – s. BFH VIII R 96/04, DStR 2006, 461; allgemein zu **GewSt-Messbescheiden** – § 184 I 4 AO; **zum Verhältnis GewSt-Messbescheid und Gewerbesteuerbescheid bei § 35 EStG:** § 35 III 2 EStG und BFH IV R 8/09, BStBl. II 2012, 183. Zur Bindungswirkung des **KSt-Bescheids** zur Annahme einer vGA auf Gesellschafterebene oder für eine verdeckte Einlage für den ESt-Bescheid s. **§ 32a KStG.** Der KSt-Bescheid ist kein Grundlagenbescheid für den St-Bescheid des Gesellschafters s. BFH VIII R 9/ 46

09, BStBl. II 2013, 149; VIII R 55/10, BFH/NV 2012, 269; VIII R 31/12, GmbHR 2015, 772; zur entspr. Anwendung des § 171 X iRd § 32a I 2 KStG s. BFH VIII R 30/12, BStBl. II 2015, 858.

47 **Ressortfremde Grundlagenbescheide:** Verbindliche Feststellungen für Steuer-VA können auch in Grundlagenbescheiden getroffen werden, die selbst nicht in die Kompetenz von Finanzbehörden fallen und ihrerseits im Verwaltungsrechtsweg angreifbar sind (**„Mitwirkungsakte";** andere VA iSd § 171 X – s. auch HHS/v. Groll AO § 175 Rn. 110 ff., 119 ff. mwN; Klose AO-StB 2012, 308 ff.; v. Wedelstädt AO-StB 2014, 150); zB **zu § 7i II EStG** (Denkmalschutz) BFH IX R 62/98, BStBl. II 2003, 912; X R 8/08, BStBl. II 2009, 960; X R 7/12, BStBl. II 2015, 12; zu **§ 7h EStG** BFH X R 15/13, BStBl. II 2015, 367; nach **§ 33b EStG/§ 65 EStDV** (Körperbehinderung) BFH III R 244/83, BStBl. II 1988, 436; Schmidt/Loschelder EStG § 33b Rn. 42; zu **§ 4 Nr. 20 Buchst. a S. 2 UStG:** Bescheinigung der zuständigen Landesbehörde zur Gleichheit der kulturellen Aufgaben s. BFH XI R 40/09, BFH/NV 2012, 798; **zur rückwirkenden Erteilung** BFH V R 27/11, BStBl. II 2013, 529 und die Neuregelung – § 171 X durch G v. 22.12.2014 (BGBl. I 2417); zu **§ 4 Nr. 20 Buchst. a S. 3 UStG** s. BFH V R 27/11, BStBl. II 2013, 529; Sölch/Ringleb/Oelmaier UStG § 4 Nr. 20 Rn. 31 f.; **zu § 4 Nr. 21 Buchst. a Doppelbuchst. bb UStG** s. BFH V R 62/02, BStBl. II 2004, 252; V R 58/05, BFH/NV 2008, 1418; Sölch/Ringleb/Oelmaier UStG § 4 Nr. 21 Rn. 66–69; ferner im Bereich der **Milchgarantiemengenregelung** BFH VII R 110/92, BFH/NV 1995, 173; VII B 25/00, BeckRS 2000, 25004893). – Mit der Neufassung des § 2 II KraftStG durch Art. 2 Nr. 2 Buchst. a VerkehrStÄndG ist die regelmäßig von der **Zulassungsbehörde** vorgenommene **Einordnung der Fahrzeugklasse und der Aufbauart** auch für die Kfz-Steuer **verbindlich** (anders noch BFH VII R 1/97, BStBl. II 1997, 627; VII B 266/02, BFH/NV 2003, 658; II R 1/10, BFH/NV 2011, 1021); Entsprechendes gilt bei der Beurteilung von Besteuerungsgrundlagen technischer Art (wie zB Schadstoff- und Kohlendioxidemissionen oder Schadstoffarmut).

4. Die wichtigsten sonstigen Steuerverwaltungsakte

48 **Haftungs- und Duldungsbescheide:** Zu den in der Praxis bedeutsamen Steuer-VA zählen die in § 191 I AO geregelten Haftungsbescheide (und Duldungsbescheide); zur Ausgestaltung als Sammelbescheid → Rn. 29, 32.

49 **Prüfungsanordnungen:** Der praktisch wohl bedeutsamste Bereich der **Ermessensausübung** im Abgabenrecht ist der FVerw auf dem Gebiet der Außenprüfung (§§ 193 ff. AO) eröffnet, der ein schriftlicher VA, die **Prüfungsanordnung,** vorauszugehen hat (§§ 196–198 AO). Siehe zur Außenprüfung und zur Prüfungsanordnung allg. Drüen AO-StB 2009, 88 mwN; Drüen AO-StB 2014, 343, insbes. zum **Ermessenscharakter** dieses VA und den in der BpO fixierten Regeln zur Selbstbindung des Ermessens; s. auch Tormöhlen AO-StB 2012, 154 u. AO-StB 2013, 279 zur Entwicklung der Rspr.; Tormöhlen AO-StB 2013, 192 zum Rechtsschutz.

50 **Verbindliche Zusagen/Verbindliche Auskunft und andere Auskünfte:** Streitig ist die Qualifikation der im Abgabenrecht (im Gegensatz zum sonstigen VerwR – § 38 VwVfG, § 34 SGB X einerseits, §§ 89 ff., 204 ff. AO, § 42e EStG, §§ 23 u. 26 ZG andererseits) geregelten **verbindlichen Zusage und anderer Auskunftsformen.** §§ 204–207 AO beinhalten nur eine Regelung für Zusagen im Anschluss an eine Außenprüfung. Die **Zusage gem. § 204 AO** wirkt in die

Zukunft; sie enthält als VA die Verpflichtung zu einer bestimmten Behandlung eines Sachverhalts in künftigen Jahren (vgl. ua BFH IV R 49/88, BFH/NV 1991, 363; VIII R 25/85, BStBl. II 1986, 520). Die Bindungswirkung einer Zusage setzt voraus, dass der Stpfl. auf die Erklärung der Behörde vertraut und in diesem Vertrauen Dispositionen getroffen hat (BFH IX R 74/06, BStBl. II 2009, 124). Daneben existiert in § 89 II AO die Möglichkeit für die Verwaltung, **verbindliche Auskünfte** zu erteilen (Ermessen). Die Erteilung und Ablehnung einer verbindlichen Auskunft ist ebenfalls ein VA (Klein/Rätke AO § 89 Rn. 36). Eine negative verbindliche Auskunft kann gerichtlich im Wege der Verpflichtungsklage nur daraufhin überprüft werden, ob die Behörde den zu beurteilenden Sachverhalt zutreffend erfasst hat und ob dessen rechtliche Einordnung in sich schlüssig und nicht evident rechtsfehlerhaft ist (BFH IX R 11/11, BStBl. II 2012, 651; I R 34/12, DStR 2014, 1601). Auch eine dem Arbeitgeber erteilte **Anrufungsauskunft (§ 42e EStG)** stellt nicht nur eine Wissenserklärung (unverbindliche Rechtsauskunft) des Betriebsstätten-FA darüber dar, wie im einzelnen Fall die Vorschriften über die Lohnsteuer anzuwenden sind, sondern ist vielmehr feststellender VA iSd § 118 S. 1 AO, mit dem sich das FA selbst bindet (BFH VI R 54/07, BStBl. II 2010, 996); auch die **Auskunft nach § 15 IV 5. VermBG** ist ein VA iSv § 118 S. 1 AO (BFH VI R 90/13, BStBl. II 2015, 48).

Zur **Auskunftserteilung außerhalb des § 204 AO** ist anerkannt, dass **unverbindliche Auskünfte keine VA sind,** allerdings kann die Ablehnung einer Auskunftserteilung VA sein; zur LSt-Anrufungsauskunft s. Schmidt/Krüger EStG § 42e; zur verbindlichen **Zolltarifauskunft und Ursprungsauskunft** s. Klein/Maetz AO § 204 Rn. 34–39.

Insolvenz (→ § 68 Rn. 40): Nach § 87 InsO, der über die Verweisung in **51**
§ 251 II AO („Unberührt bleiben die Vorschriften der Insolvenzordnung […]") auch im Steuerrecht zu beachten ist, können die **Insolvenzgläubiger** ihre Forderungen (hier: Steuerforderungen des FA) nur entsprechend den Vorschriften über das Insolvenzverfahren verfolgen (BFH VIII R 14/02, BStBl. II 2005, 246 noch zur Rechtslage nach der Konkursordnung; I R 41/07, BFH/NV 2009, 719 mwN). Ebenso dürfen nach Eröffnung des Insolvenzverfahrens keine Bescheide mehr erlassen werden, in denen Besteuerungsgrundlagen festgestellt werden, welche die Höhe der zur Tabelle anzumeldenden Steuerforderungen beeinflussen könnten (BFH I R 11/97, BStBl. II 1998, 428). Hingegen ist das FA grds. nicht gehindert, zB **eine negative Umsatzsteuer festzusetzen,** weil mit einem solchen Bescheid das FA keine Insolvenzforderung festsetzt, die nach § 87 InsO nur nach den Vorschriften über das Insolvenzverfahren verfolgt werden kann, sondern einen Erstattungsbetrag, der nicht zur Tabelle anzumelden ist (BFH XI R 63/07, BStBl. II 2010, 11; XI R 22/11, BStBl. II 2014, 332).

Gem. **§ 251 III AO** ist die Finbeh jedoch nach Insolvenzeröffnung befugt, mit Hilfe eines Steuer-VA besonderer Art einen zur Insolvenztabelle angemeldeten Anspruch aus dem Steuerschuldverhältnis nach Widerspruch des Insolvenzverwalters **als Insolvenzforderung** geltend zu machen. Es handelt sich um einen feststellenden VA, der gem. § 130 AO änderbar ist (BFH V R 13/11, BStBl. II 2012, 298; Klein/Werth AO § 251 Rn. 27). Ein gem. § 251 III AO erlassener Bescheid hat die Feststellung zum Inhalt, dass der bestrittene Anspruch in der geltend gemachten Höhe besteht und iSv § 38 InsO begründet ist. Festgestellte Steueransprüche werden von der rechtskraftähnlichen Wirkung des Tabelleneintrages iSv § 178 III InsO erfasst, so dass sie ohne Steuerbescheid durchgesetzt werden können. Wird der Feststellungsbescheid unanfechtbar, wirkt er in entsprechender

Anwendung der Regelung in § 183 I InsO wie eine rechtskräftige Entscheidung gegenüber dem Insolvenzverwalter und allen Insolvenzgläubigern (BFH XI R 22/11, BStBl. II 2014, 332; Klein/Werth AO § 251 Rn. 27).

Wird eine **Steuerforderung hingegen zunächst widerspruchslos in die Insolvenztabelle eingetragen,** gilt sie zwar gem. § 178 III InsO als rechtskräftig festgestellt, gleichwohl kann der Insolvenzverwalter auch in diesem Fall beantragen, dass die festgestellte Forderung gem. § 130 AO rechtswidrig und deshalb herabzusetzen ist. Die Ablehnung des Änderungsantrags ist ein anfechtbarer VA, der vor dem FG angefochten werden kann (BFH V R 13/11, BStBl. II 2012, 298; V R 1/12, BFH/NV 2013, 906; Klein/Werth AO § 251 Rn. 25). Die Entscheidung des FA über die Rücknahme des Feststellungsbescheids nach § 130 I AO ist eine Ermessensentscheidung, die von den Gerichten gem. § 102 nur eingeschränkt überprüft werden kann (BFH XI R 22/11, BStBl. II 2014, 332). **Masseforderungen** (§ 55 InsO) sind durch Steuerbescheid gegenüber dem Insolvenzverwalter oder einem vorläufigen Insolvenzverwalter geltend zu machen (Klein/Werth AO § 251 Rn. 21; BFH V R 48/13, BStBl. II 2015, 506 zu § 55 IV InsO). Der **Antrag des FA auf Eröffnung des Insolvenzverfahrens** ist **kein Verwaltungsakt;** dies gilt auch für die **Zustimmung zu/die Ablehnung von einem Insolvenzplan durch das Finanzamt** (Klein/Werth AO § 251 Rn. 34).

52 **Abrechnungsbescheid (§ 218 II AO):** Bei Streitigkeiten über die Verwirklichung von Ansprüchen aus dem Steuerschuldverhältnis (etwa bei streitigen Zahlungspflichten nach der formellen Bescheidlage aufgrund einer Aufrechnung, Erfüllung, Zahlungsverjährung), aus Steuerbescheiden, Steuervergütungsbescheiden, Haftungsbescheiden und aus VA, durch die steuerliche Nebenleistungen festgesetzt werden (zB Verspätungszuschläge gem. § 152 AO/Zinsbescheide), sowie aus Säumniszuschlägen und aus Erstattungsansprüchen ist ein **Abrechnungsbescheid** zu erlassen, der ein anfechtbarer VA ist (Klein/Werth AO § 218 Rn. 10, 30 ff., 35; zur Neufassung des § 218 II 1 AO s. das G v. 22.12.2014, BGBl. I 2417).

53 **Erlass (§ 227 AO):** Die Gewährung oder Ablehnung eines Erlasses im Erhebungsverfahren aufgrund sachlicher oder persönlicher Billigkeitsgründe ist ein VA.

54 **Erhebung/Vollstreckung:** Die gewährte oder abgelehnte **Stundung** (§ 222 AO) ist ein VA (Klein/Werth AO § 222 Rn. 55). **Zinsbescheide** (§§ 233a ff., 239 AO) sind ebenfalls Verwaltungsakte. In der **Vollstreckung** sind das Leistungsgebot (§ 254 AO, s. Klein/Werth AO § 254 Rn. 4), die Ablehnung einer Einstellung/Beschränkung der Vollstreckung (§§ 257, 258 AO), die Aufteilung der Steuerschuld durch Aufteilungsbescheid (§§ 268 ff., 279 AO), die Anordnung der Abgabe der Vermögensauskunft und die Eintragungsanordnung (§ 284 AO) VA. Gleiches gilt für die Vfg. zur Pfändung beweglicher Sachen (§ 281 AO), die Anordnung der Versteigerung (§ 296 AO) und Pfändungsverfügungen zur Vollstreckung in Forderungen und andere Vermögensrechte (§ 309) sowie Einziehungsverfügungen (§ 314 AO), Arrestanordnungen (§ 324 AO) und die Androhung und Festsetzung von Zwangsmitteln (§§ 332, 333 AO).

5. Ausblick: Vollautomatischer Steuerverwaltungsakt

55 Gegenwärtig ist die Modernisierung des Verfahrensrechts nicht mehr länger nur Gegenstand intensiver Diskussion, sondern bereits in die Wege geleitet. Zunächst hatte sich ein interdisziplinäres Projekt des BMF und einer Wirtschaftsprüfungsgesellschaft mit der Einführung eines „Selbstveranlagungsverfahrens zur Ertragsbesteu-

erung von Unternehmen“ (Stellungnahme des Deutschen Steuerberaterverbands v. 19.2.2014 – S 01/14) befasst sowie eine Bund-Länder-Arbeitsgruppe am 21.11.2014 einen Diskussionsentwurf zur „Modernisierung des Besteuerungsverfahrens“ veröffentlicht (www.bundesfinanzministerium.de; Stellungnahmen des Deutschen Steuerberaterverbands v. 10.2.2015 – S 02/15 und der Bundessteuerberaterkammer v. 28.3.2014). Im Jahr 2016 wurde dann das Gesetz zur Modernisierung des Besteuerungsverfahrens vom 18.7.2016 (BGBl. I 1679) verabschiedet (Stellungnahmen des Deutschen Steuerberaterverbands v. 24.9.2015 – S 13/15 – u. v. 14.3.2016 – S 03/16; s. auch zB v. Wedelstädt AO-StB 2016, 196).

Ein zentraler Punkt iRd Modernisierung des Besteuerungsverfahrens war die Einführung von **§ 155 IV AO,** der es der FVerw erlaubt, eine Steuerfestsetzung (Steuerbescheid) ausschließlich automationsgestützt (vollautomatisch) vorzunehmen und zu ändern sowie mit solchen Steuerbescheiden verbundene Steuer-VA automationsgestützt zu erlassen (elektronische Steuerbescheide). Dem Stpfl. wird es im Gegenzug ermöglicht, auf eine eigenständige Erklärung von eDaten – dh der Steuerverwaltung bereits von mitteilungspflichtigen Dritten übermittelte Daten – verzichten zu können. In diesem Fall gelten die der FVerw von dritter Seite übermittelten Daten als vom Stpfl. angegebene Daten. Das Unterlassen der fraglichen Angaben durch den Stpfl. stellt dann keine Verletzung der Mitwirkungspflicht dar, weil die Steuererklärung als vollständig gilt. Die Datenübermittlungen Dritter werden auch nicht zu bindenden Grundlagenbescheiden. Dem Stpfl. steht es nach **§ 150 VII AO** jedoch frei, in der Steuererklärung in einem sog. „qualifizierten Freitextfeld“ auch künftig eigene Angaben zu machen. Soweit seine Angaben dann von den von dritter Seite übermittelten Daten abweichen, muss der Steuerfall nach **§ 155 IV 3 AO** insoweit durch einen Sachbearbeiter im FA geprüft werden. Dies führt zu einer **Zweiteilung** des Festsetzungsverfahrens in vollmaschinell ungeprüfte und personell geprüfte Veranlagungen mit anschließender Bescheidbekanntgabe. Diese Zweiteilung des Verfahrens soll einerseits eine Beschleunigung der Veranlagung bewirken, andererseits den gezielten Einsatz von personellen Prüfungen im Bereich der Risikofälle ermöglichen, um die Ressourcen besser auszunutzen. 56

Die **Bekanntgabe** eines elektronischen Steuerbescheids iSd § 155 IV AO wird nach **§ 122a AO** über das ELSTER-Portal elektronisch ermöglicht, indem dieser Bescheid dort zur elektronischen Abholung durch den Stpfl. mit dessen Zustimmung in seinem elektronischen Postfach bereitgestellt wird. Der VA gilt dann am vierten Tag nach Absendung der elektronischen Benachrichtigung über die Bereitstellung der Daten an die abrufberechtigte Person als bekannt gegeben (§ 122a IV 1 AO; bis 31.12.2024: am dritten Tag); dies gilt nicht, wenn die Benachrichtigung nicht oder zu einem späteren Zeitpunkt zugegangen ist – in diesem Fall gilt derjenige Tag als Bekanntgabetag, an dem der VA von der abrufberechtigten Person erstmals tatsächlich abgerufen wurde (§ 122a IV 3 und 4 AO); im Zweifel hat die Behörde (wie sonst auch) den Zugang der Benachrichtigung und den Zeitpunkt des Zugangs des VA zu beweisen (§ 122a IV 2 AO). Hat die abrufberechtigte Person weder die Benachrichtigung über die Datenbereitstellung erhalten noch den VA tatsächlich abgerufen, ist die Bekanntgabe unwirksam und muss wiederholt werden, ggf. in anderer Art und Weise (etwa per Brief). Abzuwarten bleibt, ob die Berechnung der Länge der Rechtsbehelfsfrist künftig Probleme aufwerfen wird, weil diese an die Benachrichtigung geknüpft wird, dass der elektronische Steuerbescheid abgerufen werden kann. Elektronische Übermittlungen an das ELSTER-Postfach sind mit Zustimmung des Stpfl. auch für die Einspruchsentscheidung und die Prüfungsanordnung möglich (§ 366 AO u. § 196 AO). 57

58 Eine im Diskussionsentwurf für **§ 89 I AO** nF vorgesehene Bestimmung, wonach die Beratungs- und Hinweispflicht der Finbeh – für den Bescheidadressaten erkennbar – bei vollmaschineller Steuerfestsetzung nicht gelten sollte (§ 89 I 3 AO nF) ist ebenso wie die angedachte Herabsenkung der Anforderungen an die Bescheidbegründung in **§ 121 AO** nF (Rn. 68–70 des Diskussionsentwurfs v. 21.11.2014) nicht umgesetzt worden.

59 Für diese **rein elektronisch erzeugten Steuerbescheide und Steuer-VA** wurde flankierend eine eigenständige Korrekturvorschrift in § 175b AO geschaffen; zudem wurde § 173a AO eingefügt:

– **§ 175b AO** sieht die Änderung von Steuerbescheiden bei Datenübermittlung durch Dritte vor, weil die durch Dritte übermittelten Daten keine Bindungswirkung iSv Grundlagenbescheiden haben. Nach **Abs. 1** ist ein Steuerbescheid aufzuheben oder zu ändern, soweit von der mitteilungspflichtigen Stelle an die Finbeh übermittelte Daten iSd § 93c AO bei der Steuerfestsetzung nicht oder nicht zutreffend berücksichtigt wurden (s. BFH X R 5/21, BStBl. II 2022, 398; IX R 20/23, BStBl. II 2024, 587). Unerheblich ist, worauf die unzutreffende Berücksichtigung der übermittelten Daten durch die Finbeh zurückzuführen ist (BFH IX R 20/23, BStBl. II 2024, 587). Gelten diese Daten nach § 150 VII 2 AO als Angaben des Stpfl. und sind diese zu Ungunsten des Stpfl. unrichtig oder unvollständig, ist der Bescheid, in dem die Daten berücksichtigt wurden, zu Gunsten des Stpfl. aufzuheben oder zu ändern **(Abs. 2).** Eine Aufhebung oder Änderung hat schließlich nach **Abs. 3** zu erfolgen, soweit eine erforderliche Einwilligung des Stpfl. in die Datenübermittlung nicht vorliegt.
– Nach **§ 173a AO** wird die Aufhebung oder Änderung von Steuerbescheiden vorgeschrieben, soweit dem Stpfl. bei Erstellung seiner Steuererklärung Schreib- oder Rechenfehler unterlaufen sind und er deshalb der Finbeh bestimmte, nach den Verhältnissen zum Zeitpunkt des Bescheiderlasses rechtserhebliche Tatsachen unzutreffend mitgeteilt hat. Ein „Verklicken" beim Import von steuerlichen Daten in das ELSTER-Portal ist kein nach § 173a AO korrigierbarer Schreibfehler (BFH IX R 17/22, BStBl. II 2024, 90). Von der im Diskussionsentwurf noch vorgesehenen, zeitlichen Einschränkung der Änderbarkeit (ein Jahr nach Bekanntgabe des Steuerbescheids) wurde abgesehen. Ein Gleichlauf zur Änderungsmöglichkeit nach § 129 AO ist nicht gegeben, da nach dem klaren Wortlaut der Vorschrift nur Schreib- oder Rechenfehler bei der Erstellung einer Steuererklärung zur Aufhebung oder Änderung berechtigen, nicht aber ähnliche offenbare Unrichtigkeiten (BFH IX R 30/19, DStR 2020, 2247) und andere Fehler (BFH IX B 57/21, BFH/NV 2022, 803).

Zu den neuen Korrekturvorschriften s. zB Dißars BB 2017, 1307.

§ 40 [Anfechtungs-, Leistungs- und Verpflichtungsklage]

(1) **Durch Klage kann die Aufhebung, in den Fällen des § 100 Abs. 2 auch die Änderung eines Verwaltungsakts (Anfechtungsklage) sowie die Verurteilung zum Erlass eines abgelehnten oder unterlassenen Verwaltungsakts (Verpflichtungsklage) oder zu einer anderen Leistung begehrt werden.**

(2) **Soweit gesetzlich nichts anderes bestimmt ist, ist die Klage nur zulässig, wenn der Kläger geltend macht, durch den Verwaltungsakt oder**

durch die Ablehnung oder Unterlassung eines Verwaltungsakts oder einer anderen Leistung in seinen Rechten verletzt zu sein.

(3) **Verwaltet eine Finanzbehörde des Bundes oder eines Landes eine Abgabe ganz oder teilweise für andere Abgabenberechtigte, so können diese in den Fällen Klage erheben, in denen der Bund oder das Land die Abgabe oder einen Teil der Abgabe unmittelbar oder mittelbar schulden würde.**

Vgl. § 42 VwGO, § 54 SGG, § 24 I EGGVG und auch § 350 AO.

Literatur: Bartone, Notwendiger Klageinhalt und Ausschlussfristen, AO-StB 2018, 49; Bettermann, Die Verpflichtungsklage nach der Bundesverwaltungsgerichtsordnung, NJW 1960, 649; Bettermann, Anfechtbare und nichtanfechtbare Verfahrensmängel, FS Menger, 1985, 709; Brenner, Der Verwaltungsakt mit Nebenbestimmungen, JuS 1996, 281; Brüning, Die Konvergenz der Zulässigkeitsvoraussetzungen der verschiedenen verwaltungsrechtlichen Klagearten, JuS 2004, 863; Cöster, Kassation, Teilkassation und Reformation von Verwaltungsakten durch die Verwaltungs- und Finanzgerichte, 1979; Helm, Konkurrentenklagen im Steuerrecht – Prozessuale Instrumente des Wirtschaftsordnungsrechts, StuW 2021, 265; Jesse, Einspruch und Klage, 1999; Körner, Der Steuerprozess, 2007; Laubinger, Die Anfechtbarkeit von Nebenstimmungen, VerwA 1982, 345; Laubinger, Die isolierte Anfechtungsklage, FS Menger, 1985, 443; Michel, Steuerrechtliche Konkurrentenklagen, HFR 2023, 410; Pietzcker, Rechtsschutz gegen Nebenbestimmungen – unlösbar?, NVwZ 1995, 15; Pietzcker, Die Verwaltungsgerichtsbarkeit als Kontrollinstanz, Verwaltungskontrolle, 2001, 89; Remmert, Nebenbestimmungen zu begünstigenden Verwaltungsakten, VerwA 88 (1997), 112; Rödel, Klagearten im verwaltungsgerichtlichen Verfahren, ZAP Fach 19, 827; Schemmann, Parteifähigkeit im Zivilprozess, 2002; Schenke, Die vorbeugende Unterlassungs- und Feststellungsklage im Verwaltungsprozess AöR 95, 223; Schenke, Eine unendliche Geschichte: Rechtsschutz gegen Nebenbestimmungen, FS Roellecke, 1997, 281; Schnapp/Cordewener, Welche Rechtsfolgen hat die Fehlerhaftigkeit eines Verwaltungsakts?, JuS 1999, 39, 147; Schreiber, Klage und Urteil im Zivilprozess, Jura 2004, 385; Taube/Egbert, Gemeinsamkeiten und Unterschiede zwischen außergerichtlichem und gerichtlichem Rechtsbehelfsverfahren – Einspruchsverfahren und Klageverfahren im ersten Rechtszug, AO-StB 2014, 318; Wernsmann, Klagearten und Klagebefugnis im Konkurrentenrechtsstreit, Die Verwaltung 2003, 67; Weyreuther, Die Rechtswidrigkeit eines Verwaltungsakts und die „dadurch" bewirkte Verletzung „in … Rechten", FS Menger, 1985, 681; Wiegand, Drittschutz im Spannungsverhältnis zwischen Verfassung, Gesetz und Verwaltungshandeln, BayVBl. 1994, 609 u. 647; sa Kopp/Schenke sowie Schoch/Schmidt-Aßmann/Pietzner Vor u. zu § 42.

Übersicht

	Rn.
I. Vorbemerkung	1
II. § 40 I – Klage und Klagearten	3
1. Begriff und Erhebung der Klage	3
2. Wirkung und Funktion der finanzgerichtlichen Klage	7
3. Die einzelnen Klagearten	9
a) Überblick	9
b) Klagen auf Aufhebung/Änderung/Erlass eines „Verwaltungsakts"	12
4. Die Anfechtungsklage (§ 40 I Fall 1)	13
a) Ausrichtung auf Aufhebung oder Änderung eines Verwaltungsakts	13
b) Abgrenzung zur Verpflichtungsklage	15

	Rn.
c) Weitere Sachentscheidungsvoraussetzungen der Anfechtungsklage	20
5. Verpflichtungsklage (§ 40 I Fall 2 Var. 1 und 2)	22
6. Andere (sonstige) Leistungsklage (§ 40 I Fall 3)	31
7. Einzelfälle	42
a) Anspruch auf Abwehr von Nicht-Verwaltungsakten über die Leistungsklage	42
b) Rechtsschutz im Zusammenhang mit Steuerverwaltungsakten	54
III. § 40 II – Klagebefugnis	75
1. Inhalt und Funktion der Regelung	75
2. „Soweit gesetzlich nichts anderes bestimmt ist"	79
3. Geltendmachen der Rechtsverletzung	83
a) Anforderungen der „Möglichkeitstheorie"	83
b) Konkretisierung der Anforderungen für die Klagearten des § 40 I	86
aa) Anfechtungsklage	86
bb) Verpflichtungs- und Leistungsklagen	89
4. Objektive Seite der Klagebefugnis (Rechtswidrigkeit)	95
a) Steuerbescheide	95
aa) Grundsatz	95
bb) Wichtige Ausnahmen	96
cc) Nullbescheide	99
b) Besonderheiten bei Feststellungsbescheiden	102
5. Zur subjektiven Seite der Klagebefugnis	125
6. Rechtsfolgen	135
IV. § 40 III	140

I. Vorbemerkung

1 Mit § 40 kommt der Gesetzgeber für die Finanzgerichtsbarkeit in dem durch § 33 abgesteckten Rahmen dem Verfassungsauftrag des Art. 19 IV GG nach, für ausgewogenen Rechtsschutz zu sorgen (DHS/Schmidt-Aßmann GG Art. 19 Abs. 4 Rn. 4 ff. mwN), indem er (in § 40 I und in § 41 I) die zulässigen **Klagearten** (→ Rn. 9) und außerdem (in § 40 II) die allg. Regeln der **Klagebefugnis** (→ Rn. 75 ff.) fixiert. Damit ist zugleich die Basis gelegt für die Spezialfälle der Klagebefugnis in § 40 III (→ Rn. 140) wie auch in den §§ 41, 42 u. 48.

2 Sowohl in seiner Bedeutung für das Klagesystem der FGO als auch mit seiner prinzipiellen Aussage zur Klagebefugnis korrespondiert § 40 mit den §§ 100–102, aus denen sich ergibt, welcher Art die Entscheidung sein muss, die das Gericht dem Rechtsuchenden auf sein Klagebegehren hin zu erteilen hat, und mit den §§ 64, 65, in denen die Förmlichkeiten festgelegt sind, die der Kläger auf dem Weg zur Sachentscheidung hin zu beachten hat.

II. § 40 I – Klage und Klagearten

1. Begriff und Erhebung der Klage

3 Gemeinsame Voraussetzung aller in § 40 I geregelten **Klagearten** ist, dass durch „Klage" die Aufhebung/Änderung/der Erlass eines VA oder einer anderen

Leistung begehrt wird. **Eine Klage** ist nach allgemeiner Definition ein formalisiertes und konkretisiertes (§§ 64 I, 65 I 1) Verlangen des Rechtsuchenden nach gerichtlichem Rechtsschutz in Form eines Urteils oder Gerichtsbescheids (§§ 100, 101, 90a), das erkennen lassen muss, dass gerichtlicher Rechtsschutz begehrt wird (BFH II R 96/75, BStBl. II 1978, 70; I R 67/85, BStBl. II 1989, 848). Dies gilt nicht nur im Bereich der in § 40 I geregelten Klagen, sondern auch im Bereich der Feststellungsklage (→ § 41 Rn. 12 ff.). Es muss ein solches – vom Rechtsuchenden stammendes – **Begehren** (nicht notwendig ein entsprechender Antrag) mit der erforderlichen **Bestimmtheit** unter Einhaltung der Minimalanforderungen an eine Klageschrift (BFH GrS 2/87, BStBl. II 1990, 327; → § 64 Rn. 5 ff.; → § 65 Rn. 10 ff.) vorgebracht werden, sonst fehlt es gerade bei verwaltungsaktbezogenen Klagen bereits an der Fristwahrung gem. § 47 (→ § 47 Rn. 15 ff.). Unklarheiten der eingehenden Erklärung hat das Gericht nach den allgemeinen, für das Verständnis aller im Rechtsleben maßgeblichen Willensbekundungen geltenden Regeln nach Möglichkeit zu beseitigen. Gegenstand der **Auslegung** ist die **verkörperte Prozesserklärung** (dh die Rechtsbehelfsschrift), deren Inhaltsadressat gem. § 64 (auch im Fall des § 47 II) das Gericht sein muss (→ § 47 Rn. 20).

Die Auslegung der Prozesserklärung richtet sich nach den **Grundsätzen der rechtsschutzgewährenden Auslegung** (→ § 44 Rn. 11 f.; → § 47 Rn. 21; → Vor § 33 Rn. 40 ff.). Ziel der Auslegung ist es, den wirklichen Willen des Erklärenden zu erforschen (§ 133 BGB). Auf die Wortwahl und die Bezeichnung, auch auf die Sachlichkeit des Vorbringens (dazu BFH IV R 139–140/91, BStBl. II 1993, 119) kommt es nicht entscheidend an, sondern auf den gesamten Inhalt der Willenserklärung. Dabei können auch außerhalb der Erklärung liegende weitere Umstände berücksichtigt werden (vgl. aus der stRspr zB BFH IV R 61/95, BFH/NV 1997, 232; VI B 114/01, BStBl. II 2002, 306; X B 134/14, BFH/NV 2016, 54 zur Auslegung des Klagebegehrens; BFH XI B 129–132/13, BFH/NV 2014, 1385 zur missverständlichen Bezeichnung des Beklagten sowie BFH III B 82/13, BFH/NV 2014, 1505; VI B 75/14, BFH/NV 2015, 51; VI R 80/13, BStBl. II 2015, 115 jeweils zur Auslegung, ob eine Klage erhoben werden sollte; s. auch BFH I R 67/85, BStBl. II 1989, 848; V R 2/87, BFH/NV 1992, 44 zu dem FA kommentarlos übersandten Steuererklärungen). Der BFH ist als Revisionsgericht bei der Beurteilung von Prozesserklärungen nicht an das Auslegungsergebnis des FG gebunden (vgl. zB BFH VI B 75/14, BFH/NV 2015, 51).

Die **bedingte Klageerhebung** führt zur Unzulässigkeit der Klage, wenn diese 4
von einer **außerprozessualen Bedingung,** also einem Ereignis außerhalb eines bereits eröffneten Verfahrens, abhängig gemacht wird (stRspr zB BFH XI B 45/16, BFH/NV 2017, 57). Dies ist von der Rspr. bei einer Klageerhebung „für den Fall" der Nichtabhilfe durch das FA oder einer Klageerhebung nur dann, „wenn keine Kostenbelastung eintritt", entschieden worden (s. BFH IX B 126/93, BFH/NV 1994, 871; XI B 107/99, BFH/NV 2001, 615; VI B 58/07, BFH/NV 2008, 237; III B 13/09, BFH/NV 2010, 931; XI B 45/16, BFH/NV 2017, 57; FG München 5 K 2858/13, BeckRS 2014, 95657). Von einer unzulässigen außerprozessualen Bedingung ist der BFH zB auch dann ausgegangen, wenn die Klage unter der Bedingung erfolgte, dass das FA „trotz der vorgelegten weiteren Unterlagen an seiner Auffassung festhalten sollte" (BFH IX B 126/93, BFH/NV 1994, 871) oder „dass das FA den begangenen Festsetzungsfehlern selbst abhilft und eine zutreffende Steuerfestsetzung vornimmt" (BFH XI B 107/99, BFH/NV 2001,

615). Zur Abgrenzung gegenüber unschädlichen „innerprozessualen" Bedingungen in Form von Hilfs- und Eventualanträgen → § 43 Rn. 15 ff.

5 Die Klageerhebung unter der **Bedingung, dass Prozesskostenhilfe** (PKH) gewährt wird, ist nach der stRspr des BFH unzulässig (BFH V S 18/17 (PKH), BFH/NV 2018, 225) und ermöglicht keine Fristwahrung gem. § 47 I (→ § 56 Rn. 69).

2. Wirkung und Funktion der finanzgerichtlichen Klage

7 Der **Kläger** allein bestimmt durch seine Klageerhebung im finanzgerichtlichen (wie in anderen) Verfahren, ob, mit welchem Inhalt und in welchem Umfang eine Sache streitig wird und – wie die §§ 67, 72 und 138 zeigen – in gleicher Weise, ob und inwieweit es hierbei bleibt. Die Bestimmung des Verfahrensgegenstands (§§ 40 II, 65 I 1, → § 65 Rn. 30 ff.) ist seine Sache. Mit Erhebung der Klage wird diese **rechtshängig** (→ § 66 Rn. 1 ff.).

3. Die einzelnen Klagearten

9 **a) Überblick.** Die allgemeine, am Zivilrecht orientierte Dogmatik unterscheidet **drei Klagearten:**

- **Gestaltungsklagen,** die auf unmittelbare Rechtsänderung – Schaffung, Beseitigung oder Abänderung von Rechtspositionen – durch Urteil gerichtet sind;
- **Leistungsklagen,** mit denen ein Tun, Dulden oder Unterlassen des Beklagten erstrebt wird;
- **Feststellungsklagen,** die auf Feststellung des Bestehens oder Nichtbestehens eines Rechtsverhältnisses, im Verwaltungsprozess auch auf Feststellung der Nichtigkeit eines VA, abzielen.

10 Die **FGO** eröffnet in § 40 I bzw. § 41 Rechtsschutz durch

- **Anfechtungsklage** (VA-bezogene Gestaltungsklage; → Rn. 13 ff.; zur **Fortsetzungsfeststellungsklage** als Unterform s. § 100 I 4),
- **Verpflichtungsklage** (VA-bezogene Leistungsklage; → Rn. 22 ff.),
- **sonstige** (andere) **Leistungsklage** (nicht VA-bezogen – → Rn. 31 ff.),
- **Feststellungsklage** (nur in der letzten Tatbestandsvariante des § 41 VA-bezogen).

Die drei in § 40 I aufgezählten Klagearten sind prinzipiell gleichwertig. Ihre **Statthaftigkeit** richtet sich im konkreten Einzelfall nach der Art des behördlichen Verhaltens, von dem die behauptete Rechtsbeeinträchtigung ausgeht. Keine Klagearten in diesem Sinne sind die **Sprungklage** (§ 45) und die **Untätigkeitsklage** (§ 46), welche lediglich vom Erfordernis eines durchgeführten oder abgeschlossenen Vorverfahrens entlasten (→ § 44 Rn. 37).

12 **b) Klagen auf Aufhebung/Änderung/Erlass eines „Verwaltungsakts".** § 40 I verlangt für die **Anfechtungsklage,** dass sie auf Aufhebung oder Änderung (in den Fällen des § 100 II) eines bestehenden „Verwaltungsakts" gerichtet sein muss. Die **Verpflichtungsklage** ist gerichtet auf die Aufhebung eines Ablehnungsbescheids und den Erlass eines „Verwaltungsakts". Diese beiden verwaltungsaktbezogenen Klagearten mit der Ausrichtung auf den Steuer-VA bilden die typische Besonderheit des Steuerprozesses (dazu v. Groll DStJG 18, 47 (53 ff.)). Zur Ausfüllung des Merkmals „Verwaltungsakt" wird auf die Ausführungen → Vor § 40 Rn. 34 ff. zur Typologie der Steuer-VA verwiesen.

4. Die Anfechtungsklage (§ 40 I Fall 1)

a) Ausrichtung auf Aufhebung oder Änderung eines Verwaltungsakts. 13
Weil es im Abgabenrecht nach wie vor (trotz aller außersteuerlicher Lenkungszwecke, § 3 I 1 Hs. 2 AO) hauptsächlich um die Abwehr von hoheitlichen Eingriffen geht, steht in der Praxis des finanzgerichtlichen Verfahrens die **Anfechtungsklage** als Instrument des **Rechtsschutzes gegenüber dem Steuerverwaltungsakt im Vordergrund.**

Die Anfechtungsklage ist stets dann die richtige Klageart, wenn es dem Kläger darum geht, eine bestehende Maßnahme zu korrigieren, dh aufzuheben oder zu ändern. **Gegenstand der Klage** ist nach § 44 II idR der ursprüngliche und wirksame VA in Gestalt der Einspruchsentscheidung (zu diesem Verfahrensverbund s. § 44 II, → § 44 Rn. 40 ff.; dort auch zu anerkannten Fallgruppen einer isolierten Anfechtungsklage gegen die Rechtsbehelfsentscheidung). Im Fall einer auf Aufhebung des VA gerichteten Anfechtungsklage (→ Rn. 15) wird die Aufhebung des ursprünglichen VA und der Einspruchsentscheidung und im Fall einer Abänderungsklage (→ Rn. 14, 17) die Änderung des angefochtenen Bescheids in Gestalt der Einspruchsentscheidung begehrt. Dieser Verfahrensgegenstand wird in den Fällen des **§ 68** jeweils ausgewechselt. Zudem können ein nichtiger VA und ein unwirksam bekannt gegebener VA mit der Anfechtungsklage angefochten werden (zur Klagefrist → § 47 Rn. 6; sowie zur Feststellungsklage in diesen Fällen → § 41 Rn. 24 ff.). Die Begründetheit der Klage setzt nach § 100 I 1 voraus, dass der angefochtene VA rechtswidrig und der Kläger hierdurch in seinen Rechten verletzt ist. Zur **isolierten Anfechtungsklage gegen einen Ablehnungsbescheid** → Rn. 26.

Die Anfechtungsklage als verwaltungsaktbezogene Klage kann auf **Aufhebung** 14
(Kassation) und nach der in § 40 I auf § 100 II enthaltenen Verweisung auch auf **Änderung** eines bestehenden (→ Rn. 10) VA gerichtet sein. § 100 II 1 erfasst **Geldbescheide** und „gleichgestellt" **auf Geld gerichtete Bescheide;** hierzu gehören nach dem G auch Feststellungsbescheide. In der Entscheidung über eine begründete Anfechtungsklage hebt das Gericht den angefochtenen Bescheid entweder auf (echte/unechte Kassation → § 100 Rn. 17 ff.), kann aber alternativ in den Fällen des § 100 II (sog. Betragsfestsetzung, → § 100 Rn. 30 ff.) die Steuer selbst festsetzen/die Feststellungen ändern oder über die Änderung bestimmter Besteuerungsgrundlagen entscheiden und die Berechnung der Steuer dem FA übertragen (§ 100 II 2 und 3). Die Abänderungsklage ermöglicht dem Gericht also, den angefochtenen VA (§ 44 II) nur in Höhe eines Teilbetrags der festgesetzten Steuer zu ändern, weil nicht der gesamte Steuerbescheid rechtswidrig ist (HHS/Braun § 40 Rn. 44, 58; zur Teilbarkeit des Steuerbescheids → Vor § 40 Rn. 31 f.). Ficht der Kläger einen Steuerbescheid mit der Anfechtungsklage an, ist nur ausnahmsweise – bei eindeutiger Prozesserklärung – von einer von vornherein beabsichtigten begrenzten Teilanfechtung des VA auszugehen (BFH X R 1/86, BStBl. II 1989, 376); im Regelfall wird trotz der Angabe, durch welche Besteuerungsgrundlage sich der Kläger in seinen Rechten verletzt sieht, die gesamte Steuerfestsetzung angefochten (BFH GrS 2/87, BStBl. II 1990, 327 für einen ESt-Bescheid; V R 35/87, BFH/NV 1992, 569 für einen USt-Bescheid; I R 77/86, BStBl. II 1991, 471 für einen GewSt-Messbescheid). Will der Kläger ausnahmsweise und ausdrücklich nur eine Teilanfechtung, muss er gegen einen Steuerbescheid mit den Besteuerungsgrundlagen als verfahrensrechtlich unselbständigen Bestandteilen des Bescheids (§ 157 AO) nur eine Abänderungsklage erheben (HHS/Braun § 40 Rn. 63).

15 **b) Abgrenzung zur Verpflichtungsklage. Abgrenzung der Aufhebungsklage zur Verpflichtungsklage:** Im Fall der Verpflichtungsklage in der Alternative der Vornahmeklage (BFH III R 36/02, BFH/NV 2004, 1655) hat die Behörde einen Antrag auf Erlass eines beantragten VA abgelehnt; hiergegen brauchen nicht parallel eine Anfechtungsklage (gerichtet auf Kassation des Ablehnungsbescheids) und eine Verpflichtungsklage erhoben werden, sondern nur eine Verpflichtungsklage (allg. Meinung, Gosch/v. Beckerath § 40 Rn. 78, 104, 111; HHS/Braun § 40 Rn. 85; BFH IV 7/65, BStBl. II 1970, 625). Dies hat bei Begründetheit der Klage zur Folge, dass das Gericht den begehrten Bescheid nicht selbst erlassen, sondern nach § 101 die beklagte Behörde entweder zum Erlass des VA oder zur Neubescheidung verurteilen kann. Die Aufhebung des Ablehnungsbescheids muss im Falle des Erfolgs der Klage neben der Verpflichtung im Urteilstenor nicht zwingend ausgesprochen werden, ist aber auch aus Klarstellungsgründen zweckmäßig und üblich (zB BFH VI R 34/18, BStBl. II 2021, 446; HHS/Rauda § 101 Rn. 33). Zur **isolierten Anfechtungsklage gegen den Ablehnungsbescheid** → Rn. 26.

16 Zur Klage gegen die Aufhebung einer Kindergeldfestsetzung, die wirtschaftlich auf eine Verpflichtung der Familienkasse auf Weitergewährung des Kindergelds gerichtet ist s. BFH III R 53/13, BStBl. II 2015, 282: Vorrang der Anfechtungsklage, gerichtet auf Aufhebung des Aufhebungsbescheids.

17 **Abgrenzung der Abänderungsklage zur Verpflichtungsklage:** Abänderungsbegehren als Unterfall der Anfechtungsklage sind nur gegenüber VA iSd § 100 II 1 und auf betragsmäßige Änderungen abzielend zulässig. Diese für den Rechtsschutz gegenüber **Geldbescheiden,** (ausf. → § 100 Rn. 30 ff.) und damit für den Steuerprozess typische Klagesituation bringt Abgrenzungsprobleme zur Verpflichtungsklage (§ 40 I Fall 2) in Fällen mit sich, in denen sich der Rechtsuchende gegen die Ablehnung eines solchen VA wehrt. Gemeint sind unter anderem Sachverhalte, in denen der Kläger zB einen Einkommensteueränderungsbescheid (etwa nach § 164 II oder §§ 172 ff. AO), einen geänderten Kindergeldbescheid, einen geänderten Gewinnfeststellungsbescheid, der einen höheren als bisher anerkannten Verlust feststellen soll, oder einen geänderten Umsatzsteuerbescheid, der einen höheren Vorsteuerüberhang festsetzen soll, begehrt (HHS/Braun § 40 Rn. 95). Die Abgrenzung zwischen den Klagearten entscheidet darüber, ob das Gericht selbst abändern kann (§ 100 II) oder nach § 101 zu entscheiden hat.

Nach **hM** (BFH VI B 2/69, BStBl. II 1970, 686; III R 17/97, BFH/NV 2001, 914; vgl. auch Gosch/v. Beckerath § 40 Rn. 80 ff.; Tipke/Kruse/Krumm § 40 Rn. 11 mwN; HHS/Braun § 40 Rn. 97) richtet sich die **Qualifizierung des Begehrens nach** dem **Grund der Ablehnung im Ablehnungsbescheid** der Behörde:

– Lehnt das FA den Erlass des VA aus formellen (verfahrensrechtlichen) Gründen (dh ohne Sachprüfung) ab, ist Rechtsschutz durch die Verpflichtungsklage eröffnet. Denn in diesem Fall liegt keine abänderbare materielle Regelung durch die Behörde vor. Beispiele sind die Ablehnung der Änderung eines Bescheids, etwa weil die Voraussetzungen der §§ 172 ff. AO nicht vorlagen oder die Festsetzungsverjährung eingetreten war (BFH VIII R 101/69, BStBl. II 1974, 319; IV R 153/80, BStBl. II 1983, 324 zu § 173; VIII R 28/84, BStBl. II 1990, 558 zu § 174 AO; s. auch I R 21/88, BFH/NV 1991, 785; VIII R 4/96, BFH/NV 1998, 1195; IX R 53/07, BFH/NV 2009, 364).

– Beruht eine Ablehnung auf materiellen Gründen auf Grundlage einer Sachprüfung, ist die Anfechtungsklage (Abänderungsklage) zu wählen. Hiervon ist jedenfalls dann auszugehen, wenn die Behörde auf einen Änderungsantrag hin aus sachlichen Gründen eine **bezifferte Regelung** trifft (BFH III R 17/97, BFH/NV 2001, 914) die hinter dem Antrag zurückbleibt.

18 Nach der noch in der 7. Aufl. vertretenen Auffassung richtet sich die Bestimmung der Klageart hingegen allein nach dem Tenor des VA und der Rechtsbeeinträchtigung des Klägers (§ 40 II): Bestehe diese darin, dass der **Erlass eines Verwaltungsakts überhaupt versagt** worden sei, sei **Klageziel** eine **Verpflichtung** der Behörde (→ Rn. 22 ff.); wende sich der Kläger dagegen, dass der existierende **Verwaltungsakt nicht** den **erstrebten Inhalt** habe, sei sein Begehren auf **„Abänderung“** (teilweise Aufhebung → § 100 Rn. 20 f.) der getroffenen Regelung gerichtet.

In Einzelfällen können diese unterschiedlichen Ansätze zu einer abweichenden Bestimmung der Klageart führen, wenn ein Ablehnungsbescheid aus materiellen Gründen ergeht. Gosch/v. Beckerath § 40 Rn. 84 f. hat zudem herausgearbeitet, dass die hM die oben genannte Abgrenzung nicht stets durchhält. Gleichwohl wird hier der hM auf Grundlage der auf § 110 gestützten Argumentation gefolgt. Die hM stützt das „Durchschauen“ auf den Charakter des Ablehnungsgrunds (über den Tenor hinweg) zutreffend darauf, dass dieser bei Bestätigung des Ablehnungsbescheids durch ein finanzgerichtliches Urteil in Rechtskraft (§ 110) erwachsen würde (Gosch/v. Beckerath § 40 Rn. 89). Dies rechtfertigt die dargestellte Anknüpfung zur Abgrenzung der Klagearten an den Grund, aus dem dem Antrag des Klägers nicht stattgegeben wurde.

19 Geht es nicht um den Erlass eines Geldbescheids, so ist gegen einen Ablehnungsbescheid im Wege der **Verpflichtungsklage** vorzugehen (→ Rn. 22; Tipke/Kruse/Krumm § 40 Rn. 17; Gosch/v. Beckerath § 40 Rn. 78, 91). Zur Abgrenzung von der **isolierten Anfechtungsklage gegen den Ablehnungsbescheid** → Rn. 26.

20 **c) Weitere Sachentscheidungsvoraussetzungen der Anfechtungsklage.** Die Zulässigkeit der **Anfechtungsklage** setzt neben der hinreichenden Klagebefugnis des Klägers (§ 40 II) ein erfolglos abgeschlossenes Vorverfahren (§ 44 I, dort zum sog. objektiven und subjektiven Identitätserfordernis, → § 44 Rn. 14) voraus und dass innerhalb der Klagefrist (§ 47) eine den Minimalanforderungen entsprechende Klage (→ Rn. 3 ff.) erhoben wird. Zur Klageerhebung bei nicht durchgeführtem oder nicht abgeschlossenem Vorverfahren s. §§ 45, 46.

5. Verpflichtungsklage (§ 40 I Fall 2 Var. 1 und 2)

22 Während sich die Anfechtungsklage gegen etwas Vorhandenes, einen schon erlassenen VA, richtet, wendet sich die **Verpflichtungsklage** gerade dagegen, dass ein **Verwaltungsakt** (noch) **nicht ergangen** ist, dh dass entweder

23 – der Erlass eines bestimmten VA (durch VA) abgelehnt wurde – Weigerungsklage, Vornahmeklage (Verpflichtungsklage ieS) – oder

24 – die Finbeh überhaupt (noch) nicht tätig geworden ist und nach entsprechendem Einspruch gem. § 347 I 2 AO eine zulässige Untätigkeitsklage – **nicht** zu verwechseln mit § 46 – Verpflichtungsklage iwS – erhoben wird.

25 Die **Verpflichtungsklage ieS** (Weigerungs- oder Vornahmeklage – § 40 I Fall 2 Var. 1) ist gerichtet auf den Erlass eines VA, dessen Erlass durch Ablehnungsbescheid abgelehnt wurde. Sie bedarf ebenfalls der erfolglosen Durchführung eines

Vorverfahrens (§ 44; → Rn. 20 – zu den Ausnahmen → § 45 Rn. 7, 16) und ist fristgebunden (§ 47 I 2). Kennzeichnend für diesen Klagetyp ist die Existenz einer **negativen Verwaltungsentscheidung** und die damit verbundene Konkretisierung der Sach- und Rechtslage (zum maßgeblichen **Zeitpunkt** für die gerichtliche Prüfung – → § 101 Rn. 6: BFH XI R 25/05, BFH/NV 2007, 2261). Eine solche Klage ist **nur zulässig, wenn** der **Antrag auf Erlass** des begehrten VA **zuvor abgelehnt** wurde (s. zur unzulässigen sog. **„Untätigkeitssprungklage"** – BFH II R 145/86, BStBl. II 1989, 981; II R 83/88, BFH/NV 1992, 267; III R 36/02, BFH/NV 2004, 1655; II B 49/11, BFH/NV 2012, 757; VII B 180/13, BFH/NV 2014, 1723; III R 54/11, BFH/NV 2015, 477; zur Durchsetzung eines Korrekturanspruchs – §§ 172 ff. AO: BFH I R 93/05, BStBl. II 2007, 76). Der **Mangel** eines fehlenden Vorverfahrens ist danach **unheilbar,** wenn kein Ablehnungsbescheid ergangen ist. Hier akzeptiert der BFH kein „Hineinwachsen in die Zulässigkeit" wie in anderen Fällen vorzeitiger Klageerhebung (hierzu näher → § 44 Rn. 33; → § 45 Rn. 7; → § 46 Rn. 5).

26 Eine **Vornahmeklage** beinhaltet außer dem Verpflichtungs- notwendigerweise auch ein Anfechtungsbegehren, gerichtet auf Beseitigung der entgegenstehenden Verwaltungsentscheidung. Es ist dem Kläger auf Grund seiner Verfügungsbefugnis über den Prozessstoff (Dispositionsmaxime) aber unbenommen, sich in Weigerungsfällen mit einem engeren Begehren zu begnügen und (nach Durchführung eines Vorverfahrens oder gem. §§ 45, 46) nur eine **isolierte Anfechtungsklage gegen den Ablehnungsbescheid** anstatt einer Verpflichtungsklage zu erheben, die das Anfechtungsbegehren in sich aufnehmen würde (BFH VII R 57/73, BStBl. II 1977, 36 mwN; ebenso aus dem Schrifttum Gosch/v. Beckerath § 40 Rn. 92–94; Tipke/Kruse/Krumm § 40 Rn. 13; HHS/Braun § 40 Rn. 90 f.; zur Abgrenzung von isolierten Anfechtungsklagen gegen die Rechtsbehelfsentscheidung → § 44 Rn. 43 ff.). Zu den historischen Ursachen des früheren Meinungsstreits um die Zulässigkeit der isolierten Anfechtungsklage gegen den Ablehnungsbescheid in diesen Fällen s. Gräber/v. Groll → 7. Aufl., § 40 Rn. 24–27.

27 Die Verpflichtungsklage in Form der **Untätigkeitsklage** (§ 40 I 1 Fall 2 Var. 2) ist gerichtet auf den Erlass eines unterlassenen VA. Der Antrag auf Erlass eines VA ist in diesem Fall nicht durch Ablehnungsbescheid abgelehnt worden, sodass zunächst ein (Untätigkeits-)Einspruch gem. § 347 I 2 AO zu erheben ist. Wird in der Rechtsbehelfsentscheidung über den Untätigkeitseinspruch der Erlass des VA abgelehnt, kann im Anschluss eine Verpflichtungsklage mit dem Ziel erhoben werden, die Behörde zum Erlass des beantragten VA zu verurteilen. Hat das FA über den Antrag auf Erlass eines VA nicht entschieden, ist der sog. Untätigkeitseinspruch nach § 347 I 2 AO somit das Vorverfahren iSd § 44 I für die Verpflichtungsklage auf Erlass des begehrten VA (BFH I R 74/02, BFH/NV 2006, 19; V R 48/04, BStBl. II 2009, 315).

Wird auch über den Untätigkeitseinspruch nicht in angemessener Zeit entschieden, kann die Verpflichtungsklage in Form der **Untätigkeits-Verpflichtungsklage** gem. § 46 I (→ § 46 Rn. 5 zur „doppelten Untätigkeit") erhoben werden.

Eine Untätigkeitsklage gem. § 46 II kommt aber unmittelbar in Betracht, wenn es sich um einen VA der in § 348 Nr. 3, 4 AO genannten Behörden handelt (→ § 46 Rn. 31; Tipke/Kruse/Krumm § 40 Rn. 19).

28 Sowohl im Fall der Untätigkeits-Verpflichtungsklage nach abgeschlossenem Vorverfahren (§ 44) als auch im Fall der Untätigkeits-Verpflichtungsklage (§ 46) nach nicht abgeschlossenem Vorverfahren führt der Erlass eines bezifferten VA während des Klageverfahrens, der dem begehrten VA nicht (vollständig) ent-

spricht, nicht zur Erledigung des Verfahrens. Die Untätigkeitsklage kann als Anfechtungsklage fortgeführt werden (BFH V R 48/04, BStBl. II 2009, 315; HHS/Braun § 40 Rn. 81; Tipke/Kruse/Krumm § 40 Rn. 19; ausf. → § 46 Rn. 25 ff.). Ergeht bereits während des Rechtsbehelfsverfahrens über den Untätigkeitseinspruch ein Ablehnungsbescheid oder ein bezifferter Bescheid, der dem beantragten VA nicht entspricht, ist str., ob sich das Einspruchsverfahren erledigt oder erneut ein Einspruch erhoben werden muss (→ § 46 Rn. 29).

Im Fall der **begründeten Verpflichtungsklage,** wenn also das FA den Erlass 29 des beantragten VA zu Unrecht abgelehnt hat, richtet sich die Entscheidung des Gerichts nach § 101. Das FA wird aufgrund des Anspruchs des Klägers zum Erlass des VA oder zur Neubescheidung verurteilt (→ § 101 Rn. 2 ff.), das FG darf den VA nicht wie in den Fällen der Abänderungsklage selbst erlassen (→ Rn. 18). Zum **einstweiligen Rechtsschutz** → § 69 Rn. 5, → § 119 Rn. 3.

6. Andere (sonstige) Leistungsklage (§ 40 I Fall 3)

Die sonstige (oder andere, allgemeine) Leistungsklage ist im Unterschied zur 31 Verpflichtungsklage nicht auf Erlass eines VA, sondern auf ein sonstiges **Tun, Dulden** oder **Unterlassen** gerichtet (BFH VII R 60/20, DStRE 2024, 559). Die allgemeine Leistungsklage ist daher auch in der Ausgestaltung als vorbeugende Unterlassungsklage anerkannt. Sie ist anders als die verwaltungsaktbezogenen Klagen **nicht fristgebunden** (§ 47) und unmittelbar, **ohne** vorherige **Durchführung eines** außergerichtlichen **Vorverfahrens** (§ 44) zulässig. In jedem Fall bedarf es auch bei der Leistungsklage einer **individuellen Beschwer** (§ 40 II; → Rn. 75 ff.). Ebenso bedarf es eines Rechtsschutzbedürfnisses, welches fehlt, wenn der Kläger sein Ziel auf wesentlich einfacherem Wege, insbes. im Wege der Anfechtungsklage erreichen kann (BFH VII R 60/20, DStRE 2024, 559). Zum **einstweiligen Rechtsschutz** → § 69 Rn. 5, → § 119 Rn. 3.

Entscheidend ist danach zur Abgrenzung gegenüber den verwaltungsaktbezoge- 32 nen Klagen, ob das, was begehrt wird, gem. § 118 I als (Steuer-)VA oder als tatsächliche Handlung (Realakt) zu qualifizieren ist (allg. Meinung Gosch/v. Beckerath § 40 Rn. 122; Tipke/Kruse/Krumm § 40 Rn. 23 f.; HHS/Braun § 40 Rn. 129 f.). Zu den Einzelfällen → Rn. 42 ff.

Hieraus ergibt sich weitergehend eine **Subsidiarität** gegenüber der **Anfech-** 33 **tungsklage und der Verpflichtungsklage:**

- Hat das FA einen Antrag auf Vornahme einer bestimmten Handlung durch VA 34 abgelehnt, müssen nach hM im Schrifttum Anfechtungs- und Leistungsklage kombiniert werden. Erforderlich ist die Beseitigung des Ablehnungsbescheids durch die Anfechtungsklage, der **Schwerpunkt** des Klageziels liegt aber **weiterhin** in der **Gewährung der** begehrten **Leistung** (vgl. Tipke/Kruse/Krumm § 40 Rn. 24; HHS/Braun § 40 Rn. 130; Gosch/v. Beckerath § 40 Rn. 122). Die BFH-Rspr. hält in diesen Fällen entgegen dem einhelligen Schrifttum aber **die Verpflichtungsklage** für vorrangig (BFH I R 66/84, BFH/NV 1988, 319; II S 28/10 (PKH), BFH/NV 2012, 381 – mit Übergang zur Feststellungsklage im Revisionsverfahren s. BFH II R 49/10, BStBl. II 2012, 168; I R 63/11, BStBl. II 2012, 539; ebenso BVerwG 6 C 10.21, BVerwGE 177, 211). IÜ ist das **Rechtsschutzinteresse idR nur** gegeben, **wenn** die Finbeh die erstreckte Leistung **zuvor** (durch VA) **abgelehnt** hat.
- Die **Geltendmachung eines Zahlungsanspruchs** (ggf. Erstattungsanspruchs, 35 § 37 II AO) oder die Erhebung einer Klage „auf Zahlung“ ist unzulässig, wenn

nicht zuvor über den Anspruch in einem **Abrechnungsbescheid** bestandskräftig entschieden wurde (BFH VII R 60/20, DStRE 2024, 559); eine auf Zahlung gerichtete Leistungsklage kann deshalb nur dann Erfolg haben, wenn aufgrund eines abgeschlossenen Verwaltungsverfahrens der geltend gemachte Anspruch durch VA festgestellt ist und nur seine Verwirklichung (Erfüllung) iSd § 218 I AO noch aussteht (s. BFH VII R 103/83, BStBl. II 1986, 702; VII B 312/97, BFH/NV 1999, 150; VII R 97/98, BFH/NV 2000, 412 zum Vorrang der Anfechtungsklage; BFH VII R 60/20, DStRE 2024, 559; FG Münster 13 K 3148/10 AO, EFG 2013, 1249 – nachgehend BFH II B 59/13, BFH/NV 2014, 1504; FG Köln 4 K 4021/11, EFG 2014, 2156 – auch zur Umdeutung in eine Anfechtungsklage). Diese einhellige Rechtspraxis ist in der Neufassung des § 218 II 1 AO durch Ersetzung des Worts „Verwaltungsakt" durch „Abrechnungsbescheid" gesetzlich klargestellt worden (BT-Drs. 18/3017, 34; s. Steinhauff jurisPR-SteuerR 6/2015 Anm. 1).

36 Weitergehend kann ein **Konkurrenzverhältnis** zwischen der allgemeinen Leistungsklage und der Feststellungsklage bestehen. § 41 II 1 bestimmt, dass die Feststellung des Bestehens oder Nichtbestehens eines Rechtsverhältnisses nicht begehrt werden kann, soweit der Kläger seine Rechte durch Gestaltungs- oder Leistungsklage verfolgen kann oder hätte verfolgen können. Die Subsidiaritätsklausel des § 41 II ist einschränkend auszulegen: Droht keine Umgehung der für Anfechtungs- und Verpflichtungsklagen geltenden Bestimmungen über Fristen und Vorverfahren, steht § 41 II 1 der Feststellungsklage ebenso wenig entgegen wie in Fällen, in denen diese den effektiveren Rechtsschutz bietet. Kann die zwischen den Beteiligten streitige Frage sachgerecht und ihrem Rechtsschutzinteresse voll Rechnung tragend durch ein Feststellungsurteil geklärt werden, verbietet es sich, sie auf eine Gestaltungs- oder Leistungsklage zu verweisen, in deren Rahmen das Rechtsverhältnis, an dessen selbständiger Feststellung ein berechtigtes Interesse besteht, einerseits nur Vorfrage wäre, andererseits die weiteren Elemente des geltend zu machenden Anspruchs nur untergeordnete Bedeutung hätten (BFH II R 49/10, BStBl. II 2012, 168 zum Begehren, die Steuer-Identifikationsnummer und die dazu gespeicherten Daten löschen zu lassen). Zum Verhältnis zwischen **Feststellungsklage (§ 41) und vorbeugender Unterlassungsklage** → § 41 Rn. 21 ff.

37 Die Leistungsklage ist begründet, wenn der Kläger einen Anspruch auf das Tun der Behörde oder einen Unterlassungsanspruch gegen die Behörde hat.

7. Einzelfälle

42 **a) Anspruch auf Abwehr von Nicht-Verwaltungsakten über die Leistungsklage.** Das Verlangen auf **Akteneinsicht** während **des Verwaltungs- oder Rechtsbehelfsverfahrens** ist im Wege der Leistungsklage geltend zu machen, (NdsFG I 368/89, EFG 1993, 531; FG Saarl 1 K 151/94, EFG 1995, 156; FG BBg 16 K 5109/20, EFG 223, 305; HHS/Braun § 40 Rn. 134). Dies gilt nach der BFH-Rspr. nicht, wenn das begehrte Verhalten vom FA durch VA abgelehnt wurde, weil dann eine Verpflichtungsklage zu erheben ist (→ Rn. 34).

43 **Begehren iRd Außenprüfung auf ein Handeln des Finanzamts:** Mit der Leistungsklage kann grds. ein Rechtsanspruch auf ordnungsgemäße Sachverhaltsdarstellung eines unstreitigen Sachverhalts im Betriebsprüfungsbericht verfolgt werden; eine Verpflichtungsklage auf Änderung eines Betriebsprüfungsberichts ist mangels VA-Qualität unzulässig, weil der Betriebsprüfungsbericht keine Regelung

trifft, sondern den Erlass eines Steuerbescheids vorbereitet (BFH V B 116/13, BFH/NV 2014, 1722; Nöcker AO-StB 2014, 1722). Siehe zur Klage auf Erteilung eines Prüfungsberichts oder auf Erstellung einer Prüferbilanz FG BW III K 272/86, DStZ/E 1987, 379; zur Abgrenzung: FG Düsseldorf VIII 512/74 S, EFG 1977, 31; FG Nürnberg V 148/81, EFG 1982, 392; FG Saarl 1 K 151/94, EFG 1995, 156.

Abwehr von Mitwirkungshandlungen/der Weitergabe von Kontrollmitteilungen: Wendet sich ein Stpfl. gegen eine Aufklärungsmaßnahme während einer Außenprüfung (zB die Vorlage von Belegen), die nicht als selbständig anfechtbarer VA anzusehen ist, so kann er seine Rechte im nachfolgenden Steuerfestsetzungsverfahren durch eine Anfechtungsklage verfolgen. Eine vorbeugende Unterlassungsklage gegen die Anfertigung von Kontrollmitteilungen oder das Fertigen mandantenbezogener Kopien ist zwar denkbar, aber nur ausnahmsweise zulässig, wenn der Stpfl. substantiiert dartut, durch ein bestimmtes, künftig zu erwartendes Handeln der Finbeh in eigenen Rechten verletzt zu werden und dass ein Abwarten bis zur tatsächlichen Rechtsverletzung unzumutbar sei, weil die Rechtsverletzung dann nicht mehr oder nur schwerlich wiedergutzumachen sei (BFH VIII R 61/06, BStBl. II 2009, 579; HHS/Steinhauff § 41 Rn. 166 mwN; HHS/Braun § 40 Rn. 146 mwN; s. zur **Auswertung von Prüfungsberichten:** SächsFG 2 K 23/07, EFG 2008, 1931: Leistungsklage wegen vorrangiger Anfechtungsklage unzulässig, nachgehend BFH VII B 176/08, BFH/NV 2009, 1959; zur Klage gegen die Weitergabe von Prüfungsfeststellungen auch FG Bln III 659, 660/81, EFG 1984, 33). 44

Klagen zur Verpflichtung des FA zur **Herausgabe** von Unterlagen und von Originalbelegen (vgl. auch Bauer DStR 1988, 140; NdsFG 2 K 228/08, EFG 2010, 1852) oder einen Informanten zu benennen (FG RhPf 5 K 2084/95, EFG 1996, 30) sind Leistungsklagen (→ Rn. 31, 33). Hier ist aber darauf hinzuweisen, dass sich in diesen Fällen der oben genannte Meinungsstreit (→ Rn. 34) auswirken kann und immer dann, wenn das begehrte Verhalten vom FA durch VA abgelehnt wurde, nach der BFH-Rspr. eine Verpflichtungsklage zu erheben ist. Insoweit muss die vor BFH I R 66/84, BFH/NV 1988, 319 ergangene Rspr. richtig eingeordnet werden. 45

Die Verpflichtung des FA zur **Rücknahme des Antrags auf Insolvenzeröffnung** ist über eine Leistungsklage zu verfolgen (BFH VII B 159/10, BFH/NV 2011, 2104). 46

Das **Verbot der Auskunftserteilung** an ausländische Finbeh (DBA- und Nicht-DBA-Fall iVm § 117 II AO) ist im Wege der vorbeugenden Unterlassungsklage zu verfolgen (BFH I B 12/92, BStBl. II 1992, 645 – Abwehranspruch gem. § 1004 I 1 BGB in analoger Anwendung – iVm § 30 AO; zum vorläufigen Rechtsschutz durch einstweilige Anordnung s. FG Köln 2 V 1375/15, IStR 2015, 835; 2 V 2498/16, DStRE 2018, 33). 47

Im Fall eines **Auskunftsersuchens der deutschen Finanzverwaltung** (§ 90 I AO) an ausländische Steuerbehörden wird der Stpfl. regelmäßig zuvor angehört, sodass er durch vorbeugende Unterlassungsklage Rechtsschutz suchen kann (s. BMF 29.5.2019 BStBl. I 480 Tz. 3.2.1 u. 3.2.2); die Feststellungsklage als nachträgliche Maßnahme ist jedoch ebenfalls eröffnet. Zu Auskunftsersuchen an ausländische Finbeh **zur Vorbereitung einer Vollstreckung** inländischer Steuerforderungen im Ausland ist Rechtsschutz gegenüber dem FA im Wege der vorbeugenden Leistungsklage zu suchen (BFH VII R 52/08, BStBl. II 2010, 51). 48

49 Zum **Anspruch auf Löschung der Steueridentifikationsnummer und damit gespeicherter Daten:** s. BFH II S 28/10 (PKH), BFH/NV 2012, 381; zur Abgrenzung von Verpflichtungs- und Leistungsklage und dem zulässigen Übergang des Klägers zur Feststellungsklage im Revisionsverfahren s. BFH II R 49/10, BStBl. II 2012, 168.

50 Zur **Auszahlung** eines durch Bescheid festgesetzten Anspruchs zB auf Auszahlung negativer USt (Vorsteuerüberhang) ist Leistungsklage zu erheben (s. BFH V B 75/91, BFH/NV 1992, 678; zur Klage auf **Zahlung von Prozesszinsen** s. BFH V R 98/70, BStBl. II 1975, 300 – Anfechtungsklage). Zur Klage auf Zahlung von in einem Abrechnungsbescheid festgesetzten Forderungen des Stpfl. iÜ → Rn. 35.

51 **Erstattungsansprüche des Jobcenters** nach § 74 II EStG iVm §§ 102–105 SGB X oder der Familienkasse nach § 112 SGB X sind mit der allgemeinen Leistungsklage geltend zu machen, da zwischen den Leistungsträgern kein Über- und Unterordnungsverhältnis besteht (BFH III R 89/03, BStBl. II 2006, 544; III R 36/21, BStBl. II 2023, 711).

52 Zur statthaften Klageart betr. die **Klage auf Auskunftserteilung u. Zurverfügungstellung von Kopien personenbezogener Daten nach Art. 15 I u. III DS-GVO** als Verpflichtungsklage nach § 40 I Fall 2 FGO, als allgemeine Leistungsklage nach § 40 I Fall 3 FGO oder als allgemeine Leistungsklage kombiniert mit einer Anfechtungs- bzw. Verpflichtungsklage gegen die Ablehnung des Begehrens s. BFH IX R 35/21, BStBl. II 2024, 682; IX R 20/22, BFH/NV 2025, 191.

54 **b) Rechtsschutz im Zusammenhang mit Steuerverwaltungsakten.** Die Klagen auf **Erlass eines Steuerbescheids** (zB auf Durchführung einer ESt-Veranlagung nach § 46 EStG s. BFH VI R 25/06, BFH/NV 2007, 33), auf Erlass eines Vorauszahlungsbescheids, oder eines **Abrechnungsbescheids** nach § 218 II AO, auf Freistellung von einer Steuer nach § 155 AO oder nach der (abgelehnten) Erteilung einer Freistellungsbescheinigung nach § 44a V EStG, sind Verpflichtungsklagen. Die Klage auf Erteilung einer Freistellungsbescheinigung nach § 39d III 4 iVm § 39b VI EStG ist ebenfalls Verpflichtungsklage (BFH I R 19/13, BFH/NV 2015, 333).

55 Wird eine Änderung der Veranlagungsart begehrt (zB die **Zusammenveranlagung** zur ESt anstelle einer durchgeführten Einzelveranlagung), unterfällt dies der Verpflichtungsklage (BFH VI R 396/70, BStBl. II 1973, 487; III R 18/02, BStBl. II 2004, 980; III R 48/03, BStBl. II 2005, 865). Das FG kann das FA nur unter Aufhebung des Ablehnungsbescheids und der Einspruchsentscheidung zum Erlass eines Zusammenveranlagungsbescheids verpflichten (s. aber auch zur AdV BFH III B 187/11, BFH/NV 2012, 1328) und nunmehr § 26 II 4 EStG zur Änderbarkeit des Wahlrechts bis zur formellen Bestandskraft.

56 Die **erstmalige Eintragung** von Merkmalen **auf der Lohnsteuerkarte** ist im Wege der Verpflichtungsklage geltend zu machen (BFH VIII R 54/81, BStBl. II 1983, 315). Hingegen sind im Wege der Anfechtungs-/Abänderungsklage betragsmäßige Änderungen der eingetragenen Merkmale zu verfolgen (BFH X R 28/07, BStBl. II 2010, 348; → Rn. 17); zur **Änderung der Steuerklassen** – Anfechtungsklage (BFH III B 41/12, BFH/NV 2013, 549: AdV). Im Rahmen der Lohnsteuerabzugsmerkmale des **ELSTAM**-Verfahrens (Katalog des § 39 IV EStG) bestimmt § 39 I 4 EStG, dass die Lohnsteuerabzugsmerkmale gesonderte Feststellungen bilden, die kraft Gesetzes unter dem Vorbehalt der

Nachprüfung stehen. Gegen die Bildung und Änderung oder Ablehnung einer Änderung der Merkmale auf Antrag des Arbeitnehmers ist der Einspruch gegeben. Die Mitteilung als solche kann ohne Rechtsbehelfsbelehrung ergehen (§ 39 I 7 EStG – Verlängerung der Einspruchsfrist); ein Ablehnungsbescheid ist aber zu erteilen, wenn einem Antrag des Arbeitnehmers auf Bildung/Änderung nicht entsprochen wird. Hier ist die Anfechtungsklage/Abänderungsklage der zutreffende Rechtsbehelf, wenn zwar ELSTAM festgestellt werden, diese aber dem Antrag des Klägers nicht vollständig entsprechen (Schmidt/Krüger EStG § 39 Rn. 10). Gleiches gilt, wenn ELSTAM ohne Aufnahme eines beantragten **Freibetrags** (§ 39a EStG) festgestellt werden (Schmidt/Krüger EStG § 39a Rn. 21).

Die **Aufhebung oder Änderung eines bestandskräftigen Steuerbescheids** 57
gem. den §§ 172 ff. AO jeweils **nach** vorheriger **Ablehnung** der begehrten Korrektur ist mit der Verpflichtungsklage zu verfolgen (§ 44; → Rn. 17).

Die Klage **auf Erlass oder Erweiterung** eines Vorläufigkeitsvermerks (§ 165 58
AO) ist eine Verpflichtungsklage (BFH X R 51/06, BStBl. II 2009, 892; im Einspruchsverfahren X R 32/08, BStBl. II 2013, 423). Die **Anfechtung einer Nebenbestimmung** (nicht der Steuerfestsetzung) kann nur im Wege der Anfechtungsklage gegen den gesamten Bescheid erfolgen (BFH IV R 168–170/79, BStBl. II 1981, 150; X R 109/87, BStBl. II 1990, 278; kritisch hierzu HHS/Braun § 40 Rn. 66 ff.). Nebenbestimmungen sind aber dann selbständig anfechtbar, soweit sie eigenständige Regelungen enthalten (s. zB BFH I B 230/08, BFH/NV 2009, 1779). Beantragt der Kläger, nachträglich **den Vorbehalt der Nachprüfung** aufzuheben und die Steuer niedriger festzusetzen, so ist – nach Antragsablehnung durch die Finbeh – das Klagebegehren der Sache nach auf die Änderung eines formell bestandskräftigen Steuerbescheids gerichtet. Dieses Begehren kann nicht mit der Anfechtungsklage, sondern nur mit der Verpflichtungsklage verfolgt werden (BFH VIII R 37/88, BFH/NV 1991, 516).

Die abgelehnte Durchführung einer einheitlichen und/oder gesonderten **Fest-** 59
stellung von Einkünften iSd §§ 179 ff. AO **(negativer Feststellungsbescheid)** ist durch Verpflichtungsklage in der Hauptsache und im vorläufigen Rechtsschutz im Wege der AdV (→ § 69 Rn. 42 ff.; BFH GrS 2/85, BStBl. II 1987, 637; zum unwirksamen negativen Gewinnfeststellungsbescheid IV R 66/99, BFH/NV 2002, 524) zu verfolgen. Eine begehrte positive Feststellung in einem Grundlagenbescheid, dass zB eine GbR Mitunternehmerschaft und ein gewerblicher Gewinn auf Ebene der Gesamthand festzustellen ist, kann für jede dieser Feststellungen nur im Wege einer Verpflichtungsklage herbeigeführt werden. Ausnahmsweise kann dieses Ziel mit einer Anfechtungsklage verfolgt werden, wenn sich die Klage gegen einen negativen Feststellungsbescheid richtet, der einen positiven Feststellungsbescheid aufhebt (BFH VIII R 63/93, BStBl. II 1996, 93). Verpflichtungsklage ist auch bei Streit um die **Anerkennung der** dem Kläger abgesprochenen **Mitunternehmereigenschaft** in einem Feststellungsbescheid (§ 15 I 1 Nr. 2 EStG; BFH VIII R 154/85, BStBl. II 1986, 896) zu erheben.

Die Verpflichtungsklage ist richtige Klageart, wenn eine einheitliche und/oder 60
gesonderte **Feststellung einzelner Besteuerungsgrundlagen** in einem Feststellungsbescheid beantragt und aus formellen Gründen abgelehnt wurde (zB in Fällen der Änderung eines Gewinnfeststellungsbescheids nach §§ 172 ff. AO, BFH VIII R 4/96, BFH/NV 1998, 1195; zu einer Verpflichtungsklage auf Feststellung eines Sanierungsgewinns iHv 0 EUR im Gewinnfeststellungsbescheid gem. § 163 AO, wenn die Klägerin die tatsächliche Feststellung eines solchen Sanierungsgewinns begehrt s. FG BBg 6 K 6209/11, EFG 2014, 975). Eine Anfechtungsklage

ist allerdings zu erheben, **wenn** die Änderung einer **Feststellung aus** materiellen Gründen abgelehnt wird (s. etwa BFH IV R 5/08, BStBl. II 2010, 912; IV R 3/10, BStBl. II 2012, 14; IV R 8/09, BStBl. II 2012, 183 zu § 35 EStG) **oder** schon vorhanden ist und geändert werden soll (wenn etwa auch bei einem auf 0 EUR festgestellten Gewinn oder Gewinnanteil eines Mitunternehmers um eine ziffernmäßige Veränderung gestritten wird – s. BFH VIII B 84/78, BStBl. II 1979, 567; → Rn. 15 f.).

61 Für die Durchsetzung des aus der Aufhebung oder Änderung des Grundlagenbescheids herzuleitenden Anspruchs auf entsprechende **Korrektur des Folgebescheids** (§§ 175 I 1 Nr. 1, 182 AO) ist Verpflichtungsklage zu erheben (s. BFH III R 204/81, BStBl. II 1986, 245; Klein/Rüsken AO § 175 Rn. 55; HHS/v. Groll AO § 175 Rn. 205).

62 Bei Streit um die **erstmalige Berücksichtigung einer Gemeinde bei der Zerlegung** nach den §§ 185 ff. AO, §§ 28 ff. GewStG ist Verpflichtungsklage und zur **Änderung der Zerlegung** ist Anfechtungsklage zu erheben (BFH IV R 197/71, BStBl. II 1975, 828; I R 227/75, BStBl. II 1978, 160).

63 Eine gem. § 168 S. 2 AO erforderliche, zu Unrecht **verweigerte Zustimmung** der Finbeh **zur geänderten Kapitalertragsteuer-Anmeldung** ist mit der Verpflichtungsklage (BFH I R 10/09, BStBl. II 2009, 974) zu verfolgen. Dies gilt auch zur Gewährung der **Investitionszulage,** s. BFH III R 17/97, BFH/NV 2001, 914; → Rn. 17.

64 Gegen die Festsetzung der Steuer in einer **USt-Voranmeldung** oder in einem **USt-Bescheid,** die entgegen der Steueranmeldung keine negative USt-Schuld ausweist, sind Einspruch und Anfechtungsklage zu erheben, da es um die betragliche Änderung eines Steuerbescheids geht (Sölch/Ringleb/Treiber UStG § 18 Rn. 193 mit Hinweis auf BFH V R 109/73, BStBl. II 1977, 227; V R 4/04, BStBl. II 2005, 415). Die gem. § 168 S. 2 AO notwendige Zustimmung zu einer Steueranmeldung, die eine Erstattungsforderung ausweist, ist zwar ein VA (BFH V R 42/01, BStBl. II 2002, 642; V R 29/02, BStBl. II 2003, 904), wird aber als solche nicht isoliert eingeklagt. Ist eine Zustimmung erteilt worden, die zur Festsetzung einer zu niedrigen Steuer oder einer Erstattung geführt hat, kann der Unternehmer gleichwohl in seinen Rechten verletzt sein, wenn sich die Festsetzung in späteren Veranlagungszeiträumen zu seinen Ungunsten auswirken kann (BFH IX R 37/91, BStBl. II 1995, 410; V R 29/02, BStBl. II 2003, 904). In diesem Fall ist die erst auf Grundlage der Zustimmung des FA als Steuerfestsetzung unter Vorbehalt der Nachprüfung geltende Voranmeldung oder Jahreserklärung mit Einspruch und Anfechtungsklage anzugreifen (BFH V R 24/06, HFR 2009, 817). Zur **Zustimmung gem. § 14c UStG** im Berichtigungsverfahren s. Sölch/Ringleb/Leipold UStG § 14c Rn. 385 (VA).

65 Die Gewährung versagter **Billigkeitsmaßnahmen** (§§ 222, 227 AO) ist im Wege der Verpflichtungsklage einzuklagen, und zwar auch in Fällen des § 163 AO, wenn eine Änderung der Steuerfestsetzung aus Billigkeitsgründen erreicht werden soll (BFH II R 104/70, BStBl. II 1972, 183; I R 43/89, BStBl. II 1991, 427; V B 134/09, BFH/NV 2011, 326).

66 Gegen die Weigerung des FA, einem **abweichenden Wirtschaftsjahr** (§§ 4a I Nr. 2 EStG, 8b EStDV) zuzustimmen, ist Verpflichtungsklage zu erheben (BFH I R 76/82, BStBl. II 1983, 672; NdsFG 4 K 238/08, EFG 2010, 1592; nachgehend BFH IV R 13/10, BStBl. II 2015, 226).

67 Die Klage auf **Zulassung zur Steuerberater-Prüfung** ist Verpflichtungsklage (BFH VII R 27/93, BStBl. II 1994, 822).

Zum Rechtsschutz gegen eine **sog. negative verbindliche Auskunft** ist eine Verpflichtungsklage zu erheben (BFH IX R 11/11, BStBl. II 2012, 651; I R 34/12, BFH/NV 2014, 1014; → Vor § 40 Rn. 50). Dies gilt auch für den Rechtsschutz gegen eine inhaltlich vom Antrag abw. Lohnsteueranrufungsauskunft gem. § 42e EStG (BFH VI R 28/13, BFH/NV 2014, 1734; ebenso auf Erteilung einer Anrufungsauskunft nach § 15 IV 5. VermBG – BFH VI R 90/13, BStBl. II 2015, 48). 68

Die Überprüfung eines mit einem Rechtsbehelf angefochtenen **Betragserrechnungsbescheids** iSd § 100 II 3 Hs. 2 kann durch Einspruch und Anfechtungsklage erfolgen (BFH I R 67/10, BFH/NV 2012, 6). 69

III. § 40 II – Klagebefugnis

Literatur: Bachof, Rechtsweg, Parteifähigkeit, Prozessführungsrecht und Sachlegitimation im Verfassungsstreit, AöR 79, 107; Brohm, Die Konkurrentenklage, FS Menger, 1985, 235; Englisch, Zur negativen Konkurrentenklage im Unternehmenssteuerrecht, StuW 2008, 43; Epiney, Gemeinschaftsrecht und Verbandsklage, NVwZ 1999, 485; Erhardt-Rauch, Die Konkurrentenklage im Steuerrecht, DStZ 2004, 641; Erichsen, Der Innenrechtsstreit, FS Menger, 1985, 211; di Fabio, Grundrechte als Argument – Drittwirkungslehre und Wertordnungsidee, FS für R. Herzog, 2009, 35; Frenz, Verwaltungsgerichtlicher Rechtsschutz in Konkurrenzsituationen, 1999; Heidrich, Rechtsbehelfsbefugnis bei Umwandlungen, DStR 2013, 2670; Jesse, Rechtsbehelfsbefugnis bei körperschaftsteuerlicher Organschaft, DStZ 2001, 113; Jochum, Verwaltungsverfahrens- und Verwaltungsprozeßrecht, 2004, 79 ff.; Knobbe-Keuk, Die Konkurrentenklage im Steuerrecht, BB 1982, 385; Koch, Der Grundrechtsschutz des Drittbetroffenen, 2000; Kohlepp, Konkurrentenklage im Umsatzsteuerrecht, DStR 2011, 145; Lüke, Die Abgrenzung der Klagebefugnis im Verwaltungsprozess, AöR 84, 185 ff.; Michel, Steuerrechtliche Konkurrentenklagen, HFR 2023, 410; Pietzcker, Drittwirkung – Schutzpflicht – Eingriff, FS Dürig, 1990, 345; Pohl/Raupach, Die Drittanfechtung im Umwandlungssteuerrecht, FS Frotscher, 2013, 495; Schlacke, Überindividueller Rechtsschutz, 2008; Schulte, Individualrechtsschutz gegen Normen im Gemeinschaftsrecht, Kieler Diss., 2004; Sinewe/Frase, Die Praxis der steuerrechtlichen Konkurrentenklage, BB 2011, 1567; von Wedelstädt, Einspruchs- und Klagebefugnis bei einheitlichen und gesonderten Feststellungsbescheiden, AO-StB 2006, 230; Wernsmann, Klagearten und Klagebefugnis im Konkurrentenrechtsstreit, Die Verwaltung 2003, 67.

1. Inhalt und Funktion der Regelung

Es entspricht der Rechtsschutzgarantie der Verfassung (Art. 19 IV 1 GG), dass nur demjenigen der Rechtsweg gegenüber der öffentlichen Gewalt offensteht, der durch diese **in seinen Rechten** (und zwar in seinen Rechten aus Abgabenangelegenheiten iSd § 33 II 1) verletzt wird. Nur wer sich mit einem Klagebegehren solchen Inhalts an das Gericht wendet, hat einen Anspruch auf Sachprüfung und Sachentscheidung. Und nur eine Klage, die den inhaltlichen Anforderungen des § 40 II genügt, erlaubt die Anrufung des Gerichts („eröffnet" den Rechtsweg nach Art. 19 IV 1 GG, vgl. HHS/Braun § 40 Rn. 152: „Ausschluss der Popularklage" und Tipke/Kruse/Krumm § 40 Rn. 31: „Schutz des Selbstbetroffenen"; Gosch/v. Beckerath § 40 Rn. 127 ff.). Die sog. **Popularklage** (im Interesse der Allgemeinheit zB an der generellen Richtigkeit einer Regelung) ist damit ausgeschlossen. Die Vorschrift des § 40 II regelt (entsprechend den §§ 42 II VwGO, 54 I 2 SGG) die **Klagebefugnis** als **Sachurteilsvoraussetzung** (→ Vor § 33 Rn. 16). Es handelt sich um die vom Prozessrecht verliehene, zumeist **im materi-** 75

ellen Recht wurzelnde Rechtsmacht, eine gesetzlich geschützte individuelle, **abgabenrechtliche Rechtsposition** im Klageweg durchzusetzen zu können. Dieser über das reine Prozessrecht hinausreichende Charakter der Klagebefugnis erweist sich darin, dass sich die durch § 40 II aufgeworfene Zulässigkeitsfrage, ob die behauptete **Verletzung eigener Rechte** im konkreten Fall in Betracht kommt, durchweg ohne **Rückgriff auf das materielle Recht** nicht beantworten lässt.

Das Interesse an der **Klärung allgemeiner Rechtsfragen,** etwa durch Einholung „gerichtlicher Gutachten" genügt den Anforderungen des § 40 II nicht. Allerdings ist zu konstatieren, dass im Hinblick auf die Rüge gleichheitswidriger Begünstigungsausschlüsse nach Art. 3 I GG durch Angehörige einer von einer Steuernorm nicht begünstigten Gruppe die aktuelle Rspr. des BVerfG weitergehende Klagemöglichkeiten eröffnet.

76 Nur eine Klage, die den inhaltlichen Anforderungen des § 40 II genügt, erlaubt die Anrufung des Gerichts („eröffnet" den Rechtsweg nach Art. 19 IV 1 GG). Dies legt den Schluss nahe, dass es sich hierbei um eine Sachurteilsvoraussetzung handelt, die **schon zum Zeitpunkt der Klageerhebung** erfüllt sein muss und nicht etwa durch eine nachträgliche Korrektur des Begehrens während der Instanz bis zum Abschluss der mündlichen Verhandlung (→ Vor § 33 Rn. 13) geschaffen werden kann (zust. HHS/Braun § 40 Rn. 160). Allerdings dürfte unbestritten sein, dass die angedeutete angegriffene Rechtsverletzung spätestens bis zu diesem Zeitpunkt (nach Fristsetzung gem. §§ 79b I, 65 II, das Klagebegehren ist bis zum Fristablauf zu substantiieren – → Rn. 77 ff.) geltend gemacht werden kann (Gosch/v. Beckerath § 40 Rn. 179; HHS/Braun § 40 Rn. 169). Die Klagebefugnis **muss bis zum Prozessende** (dh auch in der Revisionsinstanz – § 121 S. 1) fortbestehen. Wird der Rechtsuchende klaglos gestellt, wird die Klage unzulässig und es bleibt nur die Erledigungserklärung (§ 138 I u. II; s. dort).

Diese speziell auf materiell-rechtliche Positionen des Abgabenrechts zugeschnittene Zulässigkeitsvoraussetzung ist zu unterscheiden von einem uU darüber hinaus erforderlichen Rechtsschutzinteresse (→ Vor § 33 Rn. 18; zur Abgrenzung von der Klagebefugnis s. auch HHS/Braun § 40 Rn. 163 ff., der im allg. Rechtsschutzbedürfnis eine Frage sieht, die der Frage der eigenen Rechtsverletzung des Klägers vorgelagert ist).

77 Bezugspunkte der Rechtsverletzung gem. § 40 II sind in Anlehnung an § 40 I ein erteilter VA, die Ablehnung oder das Unterlassen eines VA oder einer anderen Leistung. Soweit gesetzlich nichts anderes bestimmt ist, ist die **Klage nur zulässig, wenn der Kläger geltend macht,**
- im Falle der Anfechtungsklage durch den VA,
- im Falle der Verpflichtungsklage durch die Ablehnung oder Unterlassung eines VA,
- im Falle der sonstigen (anderen) Leistungsklage durch ein sonstiges Verhalten der Finbeh oder durch die Ablehnung oder Unterlassung einer anderen Leistung

in seinen Rechten verletzt zu sein.

Im Anwendungsbereich der **Feststellungsklage** wird die Notwendigkeit einer individuellen Rechtsverletzung durch das Erfordernis eines berechtigten Interesses (zu **§ 41,** → § 41 Rn. 29) konkretisiert. Im Bereich der **Fortsetzungsfeststellungsklage** (§ 100 I 4) sind kumulativ die Rechtsverletzung gem. § 40 II als Sachentscheidungsvoraussetzung einer zulässigen Klage bis zum Eintritt der Erledigung und für die Fortführung des Begehrens nach Erledigung des VA ein berechtigtes Interesse erforderlich (→ § 100 Rn. 80 ff.).

Die Vorschrift des § 40 II gilt daher unmittelbar **für sämtliche Klagearten** sowie für **andere Rechtsschutzbegehren** entsprechend (s. für das **Revisionsverfahren:** zB BFH IV R 91/06, BFH/NV 2008, 1298; iÜ § 121 S. 1; für das **Beschwerdeverfahren** BFH III B 34/01, BFH/NV 2002, 665; für den **vorläufigen Rechtsschutz:** BFH VII B 96/87, BStBl. II 1988, 67; VII B 40/97, BFH/NV 1998, 424 jeweils zu § 114; zur AdV → § 69 Rn. 33). Siehe zum Ganzen auch HHS/Braun § 40 Rn. 155 ff. 78

2. „Soweit gesetzlich nichts anderes bestimmt ist"

Von der Notwendigkeit, die Verletzung „eigener Rechte" geltend machen zu müssen, erlaubt der Einleitungssatz des § 40 II in „gesetzlich bestimmten" Fällen Ausnahmen und lässt die zulässige Erhebung der Klage durch Dritte (zB als Prozessstandschafter) zu. Hierunter fallen unter anderem 79

- die für die Praxis des finanzgerichtlichen Verfahrens bedeutsame Regelung des **§ 48 I Nr. 1** (Klageerhebung des vertretungsberechtigten Geschäftsführers/Klagebevollmächtigten im Namen der Feststellungsbeteiligten als Prozessstandschafter, → § 48 aF Rn. 4, 32 ff.; → § 48 nF Rn. 1).
- **Klagen eines Insolvenzverwalters,** dessen (auf die Insolvenzmasse beschränkte) umfassende Verwaltungsbefugnis (§§ 80, 85 InsO) auch die Wahrnehmung der Interessen der Insolvenzmasse gegenüber dem FA umfasst (BFH X R 30/04, BFH/NV 2004, 1547; VIII R 14/02, BStBl. II 2005, 246; I R 41/07, BFH/NV 2009, 719). Die Inanspruchnahme der „Masse" durch das FA führt in diesem Rechtskreis zu einer Verletzung „eigener Rechte" gem. § 40 II (ausf. Tipke/Kruse/Loose AO § 251 Rn. 35 ff.; Klein/Werth AO § 251 Rn. 9 ff.; zur Fortführung unterbrochener Verfahren → § 44 Rn. 18). Bei Steuerbescheiden, die Masseforderungen (§ 55 InsO) sind, ist der Insolvenzverwalter ohnehin unmittelbarer Adressat des Bescheids (→ Rn. 83).
- Steuerfestsetzungen gegenüber den Erben berühren **nicht** die Verwaltungsrechte des **Testamentsvollstreckers/Nachlassverwalters,** weshalb sich aus diesen nicht dessen Klagebefugnis ableiten lässt (BFH X B 328/94, BStBl. II 1996, 322). Werden Steuerbescheide an den Nachlassverwalter bzw. Testamentsvollstrecker bekannt gegeben, weil das FA auf den Nachlass zugreifen möchte, sind diese ausnahmsweise klagebefugt (BFH X R 37/99, BStBl. II 2003, 867).

Da nur „gesetzliche" Ausnahmen die Möglichkeit eröffnen, ohne eigene Rechtsverletzung den Prozess zu führen, ist klargestellt, dass vertragliche Vereinbarungen zur Begründung einer gewillkürten Prozessstandschaft im finanzgerichtlichen Verfahren nicht anzuerkennen sind (BFH VIII B 53/80, BStBl. II 1981, 696; V R 86/85, BStBl. II 1991, 729; I B 81/08, BFH/NV 2009, 948). 80

§ 40 II steht überdies im Zusammenhang mit § 42, der die Regelungen in § 351 I und II AO in Bezug nimmt. Die in § 42 geregelten Anfechtungsbeschränkungen sind deklaratorisch (→ § 42 Rn. 5). Für die Anfechtung von Änderungsbescheiden, die einen unanfechtbaren Bescheid ändern, spricht die Vorschrift aus, dass eine Rechtsverletzung nur hinsichtlich des „neuen" Regelungsgehalts des Änderungsbescheids vorliegen kann. Für die unmittelbare Anfechtung eines Folgebescheids ist aus § 42 abzuleiten, dass eine Rechtsverletzung auf Ebene des Folgebescheids nicht vorliegt, soweit dieser die Feststellungen eines Grundlagenbescheids übernimmt. 81

3. Geltendmachen der Rechtsverletzung

83 **a) Anforderungen der „Möglichkeitstheorie". Geltend machen** muss der Kläger die Rechtsbeeinträchtigung. Nach der „Möglichkeitstheorie" sind die Voraussetzungen des § 40 II erfüllt, wenn das Klagevorbringen es als zumindest möglich erscheinen lässt, dass die angefochtene Entscheidung eigene Rechte des Klägers verletzt (vgl. § 42 II VwGO; BVerwG 7 C 102.82, NVwZ 1983, 610; 11 C 35.92, BVerwGE 92, 32; BFH IV R 2/21, BStBl. II 2024, 481; IV R 9/22, BStBl. II 2025, 102; Kopp/Schenke/Schenke VwGO § 42 Rn. 66). Danach ist – entsprechend umgekehrt – die Klagebefugnis nur dann nicht gegeben, wenn offensichtlich und eindeutig nach keiner Betrachtungsweise die vom Kläger geltend gemachten Rechte bestehen oder ihm zustehen können (BFH VII R 116/82, BStBl. II 1987, 346; VII B 243/05, BStBl. II 2008, 436; VII R 36/06, BFH/NV 2008, 181; IV R 33/12, BFH/NV 2013, 1120; zust. Gosch/v. Beckerath § 40 Rn. 139f; HHS/Braun § 40 Rn. 176; Tipke/Kruse/Krumm § 40 Rn. 43). Als Unterfall der Möglichkeitstheorie ist die sog. **Adressatentheorie** anzusehen. Sie besagt, dass der Adressat eines belastenden VA grds. in seinen Rechten verletzt sein kann (vgl. HHS/Braun § 40 Rn. 182 mwN; Gosch/v. Beckerath § 40 Rn. 158). Der Rechtsbehelfsführer braucht – soweit es um die Prüfung seiner Rechtsbehelfsbefugnis geht – aber nicht tatsächlich beschwert zu sein (BFH VIII B 53/80, BStBl. II 1981, 696). Der Kläger wird hierdurch aber nicht seiner Substantiierungspflicht enthoben, sie reduziert sich nur. Die potenzielle objektive Rechtswidrigkeit des VA muss weiterhin vom Kläger mit Tatsachenangaben untermauert werden (vgl. HHS/Braun § 40 Rn. 182 mwN).

84 § 40 II steht nach der Rspr. des BFH im Zusammenhang mit den Anforderungen gem. **§ 65 I 1.** Der BFH verlangt mit Recht (BFH GrS 1/78, BStBl. II 1980, 99) präzise Behauptungen des Klägers, welche aufgrund des darzulegenden Sachverhalts die Annahme rechtfertigen, dass eine Verletzung seiner Rechte vorliegen soll.

85 Nach diesem Maßstab ist auch zu prüfen, ob die Anwendung des abstrakten Rechtssatzes, auf den sich der Kläger beruft, in der dargelegten Sachverhaltskonstellation in Betracht kommt. Dies wirft iRd Zulässigkeit die Frage auf, ob sich der Kläger auf eine einschlägige (individualschützende) **Schutznorm beruft** (s. Kopp/Schenke/Schenke VwGO § 42 Rn. 78, 81, 83 ff. mwN). Maßgeblich sind für den Finanzgerichtsprozess nur abgabenrechtliche Rechtspositionen (ebenso Gosch/v. Beckerath § 40 Rn. 159, 160). Eine solche wurde etwa verneint für den weder am Steuerrechtsverhältnis noch am Steuerschuldverhältnis beteiligten **Verbraucher** durch einen USt-Bescheid (s. dazu auch BGH VII ZR 280/05, BFH/NV-Beil. 2008, 261; v. Groll FR 2007, 540, jeweils mwN).

86 **b) Konkretisierung der Anforderungen für die Klagearten des § 40 I. aa) Anfechtungsklage. Bei Anfechtungsklagen** muss angegeben werden, dass ein VA vorliegt und worin die durch ihn verursachte Rechtsverletzung liegt (→ Rn. 84). Klagebefugt ist, wer geltend macht, durch diesen VA selbst in seinen Rechten verletzt zu sein (BFH VIII B 53/80, BStBl. II 1981, 696; zum Adressaten des VA → Rn. 83). Es muss eine Rechtsverletzung geltend gemacht werden, wirtschaftliche Interessen genügen **nicht** (BFH VII R 36/06, BFH/NV 2008, 181).

87 Grundsätzlich muss der **Tenor** des VA (Ausspruch, Entscheidungssatz, das Ergebnis der Regelung) objektiv rechtswidrig sein und in subjektiver Hinsicht die geltend gemachte Rechtsverletzung beinhalten; dh bei Anfechtung eines Steu-

erbescheids fehlt die Klagebefugnis, wenn sich das Begehren zwar auf die Besteuerungsgrundlagen (§ 157 II AO) bezieht, aber zu keiner anderen festzusetzenden Steuer führt (BFH I R 81/05, BFH/NV 2007, 1287). Zu den Ausnahmen → Rn. 96.

Bei der **isolierten Anfechtungsklage** gegen eine Rechtsbehelfsentscheidung 88
ist darzulegen, warum allein diese den Kläger in eigenen Rechten verletzen soll (zu den anerkannten Fallgruppen → § 44 Rn. 43 ff.).

bb) Verpflichtungs- und Leistungsklagen. Bei Verpflichtungsklagen ist 89
für die Klagebefugnis nicht allein ausreichend, dass nach einem Antrag des Klägers ein Ablehnungsbescheid ergangen und der Einspruch erfolglos geblieben ist. Es ist nach der Möglichkeitstheorie maßgeblich darauf abzustellen, ob nach den geschilderten Umständen dem Kläger der geltend gemachte Anspruch auf den Erlass des beantragten VA (ein subjektives öffentliches Recht) zustehen kann; dies muss derjenige Anspruch sein, der auch bisher im außergerichtlichen Verfahren verfolgt worden ist (Gosch/v. Beckerath § 40 Rn. 172–174; HHS/Braun § 40 Rn. 186). Im Fall der Ermessens-VA muss ein möglicherweise bestehender Anspruch auf fehlerfreie Ermessensausübung dargetan werden (→ § 102 Rn. 3).

Bei der **Leistungsklage** gelten dieselben Anforderungen an die Darlegung 90
eines möglicherweise eingreifenden subjektiv öffentlichen Abwehrrechts oder Anspruchs (s. BFH I R 85/13, BStBl. II 2016, 479). Das Ziel der Klage muss jedoch ein Realakt und kein VA sein (→ Rn. 31 ff.).

4. Objektive Seite der Klagebefugnis (Rechtswidrigkeit)

a) Steuerbescheide. aa) Grundsatz. Für diese wichtigsten Steuerverwal- 95
tungsakte ergibt sich aus § 157 II AO, dass die **Besteuerungsgrundlagen,** bei denen es sich um steuerlich relevante Einzelfeststellungen handelt, die eine selbständige rechtliche Würdigung beinhalten und inhaltlich trennbar sind, nur einen nicht selbständig anfechtbaren Teil der Regelung bilden und zur Begründung iSd § 121 AO zählen (→ Vor § 40 Rn. 32). Die unrichtige Begründung eines Steuerbescheids mit richtigem Tenor (Höhe der Steuerfestsetzung) löst daher für sich allein keine Rechtsverletzung iSd §§ 40 II, 100 II 1 aus (BFH VIII R 39/67, BStBl. II 1973, 323; IV B 121/02, BeckRS 2003, 25003076; Tipke/Kruse/Krumm § 40 Rn. 50; → Rn. 87). Aus § 157 II Fall 1 AO folgt somit die Regel, dass gegenüber dem objektiven Inhalt von Steuerbescheiden eine Rechtsverletzung iSd § 40 II grds. nur wegen einer **zu hohen Steuerfestsetzung** geltend gemacht werden kann (dazu grds. BFH I R 10/92, BStBl. II 1998, 63 auch zur Konkurrentenklage; s. auch BFH III R 23/98, BStBl. II 2001, 338; I R 35/11, BStBl. II 2013, 560).

bb) Wichtige Ausnahmen. (Klagebefugnis trotz Erhöhung der Steuerfestset- 96
zung/Klage allein wegen der Besteuerungsgrundlagen):
- Ein Stpfl. wird durch die zu niedrige Feststellung eines Gewinns oder die Feststellung eines Verlusts anstelle eines Gewinns beschwert, wenn jene sich in späteren Veranlagungszeiträumen zu seinen Ungunsten auswirken können (BFH IX R 190/85, BStBl. II 1990, 460; III R 96/07, BStBl. II 2012, 719).
- Eine für unrichtig gehaltene Behandlung einer Besteuerungsgrundlage erweist sich in einem späteren Veranlagungszeitraum als nachteilig. Ein **unrichtiger Bilanzansatz,** der sich im Streitjahr steuerlich nicht oder nur vorteilhaft für den Steuerschuldner auswirkt, kann gleichwohl schon für diesen Veranlagungs-

zeitraum eine Rechtsverletzung iSd § 40 II darstellen, wenn er in späteren Jahren mit Nachteilen verbunden sein kann (s. zB BFH IV R 238/83, BFH/NV 1987, 504; XI R 5/90, BStBl. II 1992, 969; I R 81/05, BFH/NV 2007, 1287; Gosch/v. Beckerath § 40 Rn. 186.2; Stapperfend FR 2008, 937).

Eine weitere Ausnahme von dem Grundsatz der Unselbständigkeit der Besteuerungsgrundlagen bei Steuerbescheiden gilt, wenn solchen Besteuerungsgrundlagen (zB im Einkommensteuerbescheid) **Tatbestandswirkung** für ein Rechtsverhältnis des Steuerschuldners zu anderen Behörden zukommt (BFH VI R 148/72, BStBl. II 1975, 382; IX R 124/92, BStBl. II 1995, 628 – Klagebefugnis sogar bei Nullbescheiden; BFH III R 49/93, BStBl. II 1996, 654; IX R 31/11, BFH/NV 2013, 1075; I R 79/15, BFH/NV 2017, 851 – Beschwer bei einer Messbetragsfestsetzung von 0 EUR wegen der Bindungswirkung für den Verlustfeststellungsbescheid → Rn. 99).

97 Da die Rechtswidrigkeit des Steuerbescheids sich idR allein aus der zu hohen Steuerfestsetzung ergibt, dürfen in die Prüfung der Rechtswidrigkeit des Bescheids **keine Folgewirkungen des Bescheids in anderen Bereichen** einbezogen werden:

– Dies gilt etwa für Fragen des Erhebungsverfahrens (Einwendungen gegen das Leistungsgebot und umgekehrt – BFH VII R 55/89, BFH/NV 1991, 350; VII S 39/92, BFH/NV 1995, 950; s. auch Klein/Werth AO § 256 Rn. 1 f.). Eine Verknüpfung zwischen Steuerfestsetzungs- und Steuererhebungsverfahren stellt die Regelung des § 36 II Nr. 2 EStG her. Danach wird auf die Einkommensteuer die durch Steuerabzug erhobene Einkommensteuer angerechnet, soweit sie auf die bei der Veranlagung erfassten Einkünfte entfällt und nicht die Erstattung beantragt oder durchgeführt worden ist. Der BFH hat aus diesem Grunde die Anfechtung des ESt-Bescheids mit dem Ziel der Anrechnung der Abzugssteuer als zulässig angesehen (zu den Einkünften aus Kapitalvermögen VIII R 58/92, BStBl. II 1995, 362; abgelehnt in VIII R 17/09, BFH/NV 2013, 1581; zur Lohnsteueranrechnung – zB bei Schwarzlohn – vgl. VI R 238/80, BStBl. II 1986, 186; VI R 4/84, BFH/NV 1988, 566; s. auch VI R 46/07, BStBl. II 2010, 72 – dazu krit. Schmidt/Loschelder EStG § 36 Rn. 11).
– Die Wirkung des angefochtenen Bescheids auf „Folgesteuern" („Annexsteuern") kann bei Steuerbescheiden keine Klagbefugnis begründen. So kann die Klage gegen die zu niedrige Festsetzung der ESt-Schuld nicht darauf gestützt werden, die gleiche steuerliche Behandlung könne zu Nachteilen bei der GewSt führen (BFH I R 169/72, BStBl. II 1975, 37).

98 Bei **inhaltlich miteinander zusammenhängenden Verwaltungsakten** bzw. bei **verfahrensrechtlich voneinander abhängigen Verwaltungsakten** müssen schon iRd Zulässigkeitsprüfung die verschiedenen Regelungsbereiche der VA in subjektiver wie objektiver Hinsicht voneinander abgegrenzt werden, um zu ermitteln, von welchem VA im konkreten Verfahren die behauptete Rechtsverletzung in Wirklichkeit ausgeht. Dies gilt insbes. mit Blick auf § 42 im Verhältnis von Grundlagen- und Folgebescheid (zu letzterem → § 42 Rn. 5) und bei zusammengefassten Bescheiden mit abtrennbaren Einzelregelungen (s. zur Abgrenzung der Beschwer bei Sammelbescheiden BFH VI R 12/05, BStBl. II 2009, 116; X R 51/06, BStBl. II 2009, 892). In diesem Zusammenhang ist auch auf das objektive und subjektive **Identitätserfordernis** zwischen dem mit der Klage angefochtenen VA und dem VA, über den in der Rechtsbehelfsentscheidung entschieden worden ist, hinzuweisen (→ § 44 Rn. 14 ff.).

cc) Nullbescheide. Unzulässig ist daher **in der Regel** die Anfechtungsklage gegen einen ESt-Bescheid, in dem die **Steuerschuld** auf **0 EUR (sog. Nullbescheid)** festgesetzt ist (BFH I R 174/86, BStBl. II 1990, 91; VIII R 21/95, BFH/NV 1998, 1356; XI R 62/97, BStBl. II 2000, 3; XI R 4/00, BFH/NV 2000, 1465; VIII B 106/06, BFH/NV 2007, 1164). Etwas anderes kommt nur in Betracht, wenn sich der Bescheid für den Stpfl. deshalb nachteilig auswirkt, weil in ihm angesetzte Besteuerungsgrundlagen im Rahmen anderer Verfahren verbindliche Entscheidungsvorgaben liefern (BFH I R 76/14, BStBl. II 2017, 704; I R 25/19, DStR 2022, 2197; I R 41/19, BStBl. II 2024, 654; IX R 7/22, BStBl. II 2024, 406). 99

Zur gestiegenen Bedeutung der Anfechtung von Nullbescheiden im Zusammenhang mit einer **Verlustfeststellung** für die Rechtslage vor und nach den Änderungen in § 10d IV, V durch das JStG 2010 s. jedoch Schmidt/Heinicke EStG § 10d Rn. 45; Butler NWB 2013, 1636. Danach kann der Stpfl. ggf. auch gegen einen Nullbescheid klagen, da auch ein Nullbescheid aufgrund der Bindungswirkung für den Verlustfeststellungsbescheid eine Beschwer auslöst (BFH I R 30/15, BFH/NV 2017, 826; I R 76/14, BStBl. II 2017, 704; I R 19/15, BStBl. II 2019, 81; IV R 7/20, BFH/NV 2021, 1206; IV R 30/18, BStBl. II 2021, 939; III R 56/20, BStBl. II 2023, 875). Erstrebt der Stpfl. die gesonderte Feststellung eines höheren verbleibenden Verlustvortrags, muss er daher gegen den ESt-Bescheid des Entstehungs- oder des Rücktragsjahres klagen, wenn und soweit in diesen Bescheiden Besteuerungsgrundlagen, aus denen sich die geltend gemachte Erhöhung des Verlustvortrags ergeben soll, nicht oder nicht zutreffend berücksichtigt sind (BFH IX R 3/19, BStBl. II 2021, 859; XI R 18/22, BFH/NV 2024, 1358). Ist dagegen streitig, ob eine im Steuerbescheid (in zutreffender Höhe) berücksichtigte Besteuerungsgrundlage den Verlustabzug erhöht, muss die Klage gegen den Feststellungsbescheid gerichtet werden, da sich der Steuerbescheid in diesem Fall nicht nachteilig für die Verlustfeststellung auswirkt (BFH IX R 3/19, BStBl. II 2021, 859; IX R 7/22, BStBl. II 2024, 406). Siehe auch BFH IX R 5/20, BStBl. II 2021, 600; IX R 7/21, BStBl. II 2023, 104.

Nur **scheinbare Ausnahmen** von dem Grundsatz, dass ein auf 0 EUR (oder eine zu niedrige Steuerschuld) lautender Steuerbescheid keine Beschwer enthält, sind die Fälle, in denen sich die Bedeutung der Steuerfestsetzung nicht in der Konkretisierung des Steuerschuldverhältnisses erschöpft oder die **Beeinträchtigung** in Wirklichkeit **nicht in der Steuerfestsetzung selbst,** sondern in einer (stillschweigend) damit verbundenen anderen Aussage der Finbeh liegt – wenn zB 100

- die eigentliche Beeinträchtigung in der prinzipiellen **Bejahung der Steuerpflicht** zu sehen ist (so für den Fall der VSt: BFH II R 24/91, BStBl. II 1995, 653; für die GewSt: BFH I R 138/79, BStBl. II 1984, 451; XI R 23/96, BStBl. II 1997, 437; IV R 91/06, BFH/NV 2008, 1298; IV R 80/05, BStBl. II 2009, 266); zur Bejahung der Steuerschuldnerschaft s. FG MV 2 K 439/97, EFG 1999, 827; FG RhPf 6 K 1991/00, DStRE 2003, 1167;
- die eigentliche Beeinträchtigung **nicht** in der Festsetzung der **KSt-Schuld** auf **0 EUR** liegt, sondern in der damit (wenn auch unausgesprochen) verbundenen, verselbständigten Aussage, es bestehe für einen gemeinnützigen Verein eine Steuerpflicht (s. BFH I R 153/93, BStBl. II 1995, 499; I R 17/12, DStR 2014, 944; V R 49/15, BFH/NV 2016, 1754; V R 52/15, BStBl. II 2018, 218);
- in einem auf **0 EUR** lautenden **ESt-Bescheid** erstmals und ausschließlich verbindlich über die Frage zu entscheiden ist, ob und in welchem Umfang eine

Rücklage nach § 6c EStG wirksam gebildet worden ist (BFH IV R 41/13, BStBl. II 2016, 984);
- ein **USt-Bescheid auf 0 EUR** lautet, weil die positiven Besteuerungsgrundlagen zu hoch bzw. (die Vorsteuerbeträge) zu niedrig angesetzt wurden (BFH V B 107/98, BFH/NV 1999, 1649).

102 **b) Besonderheiten bei Feststellungsbescheiden.** Bei **Feststellungsbescheiden** kann die geltend gemachte Rechtsverletzung allein aus der rechtswidrigen gesonderten Feststellung oder allein aus der (vermeintlich) unzutreffenden Regelung einzelner Besteuerungsgrundlagen resultieren, unabhängig von deren steuerlichen Auswirkungen. Denn die gesonderte Feststellung von Besteuerungsgrundlagen stellt stets einen eigenständigen VA dar, der eine selbständige Beschwer entfalten kann (stRspr, s. BFH I R 35/11, BStBl. II 2013, 560; IV R 4/18, DStRE 2021, 399; → Vor § 40 Rn. 44 mwN). Bei (einheitlichen und gesonderten) Feststellungsbescheiden ist daher die **Klagebefugnis nach Maßgabe des § 48** (s. näher dort) **geregelt.** Zu Beispielsfällen getrennt anfechtbarer/einklagbarer Feststellungen:

103 – Unabhängig von der konkreten steuerlichen Auswirkung im Folgebescheid ist allein **die Zuordnung von Einkünften** zu einer bestimmten Einkunftsart iSd § 2 I 1 Nr. 1–7 EStG anfechtbar, selbst wenn deren Höhe nicht streitig ist (BFH VI 29/63 U, BStBl. III 1964, 144; IV R 249/82, BStBl. II 1985, 676; IV R 54/02, BStBl. II 2004, 868; XI R 32/01, BStBl. II 2005, 431; VIII R 77/05, BFH/NV 2008, 53);

104 – ebenso allein die Qualifikation von Einkünften als **steuerpflichtige** Einkünfte;

105 – die **Verteilung** von Einkünften unter den Feststellungsbeteiligten;

106 – **die Höhe,** in der ein bestimmter Gewinn (zB des laufenden Gesamthandsgewinns) oder Anteil hieran festgestellt und die Art und Weise, wie er verteilt wird; der in Feststellungsbescheiden häufig angegebene „Gesamtgewinn" bezeichnet lediglich rechnerisch die Summe der verschiedenen Besteuerungsgrundlagen, er entfaltet aber keinerlei Rechtswirkungen (BFH IV R 48/16, DStR 2020, 923);

107 – die Feststellung eines zu niedrigen Gewinns;

108 – Feststellungen im Bereich des **Sonderbetriebsvermögens** (zB der Sonderbetriebseinnahmen und -ausgaben);

109 – **Feststellungen zur Qualifizierung eines Gewinns:** als steuerpflichtiger statt als Sanierungsgewinn, als laufender statt als tarifbegünstigter Veräußerungsgewinn; als außerordentlicher Gewinn iSd § 34 EStG; als Gewinn aus Gewerbebetrieb, oder als Gewinn bzw. Verlust aus gewerblicher Tierzucht/Tierhaltung iSd § 15 IV EStG;

110 – das **Bestehen einer Mitunternehmerschaft** und wer an ihr beteiligt ist (BFH IV R 13/19, BFH/NV 2022, 414);

112 – Feststellungen von Besteuerungsgrundlagen, die nur **einen** (ehemaligen) **Mitgesellschafter** betreffen;

113 – Feststellungen zum **steuerlichen Einlagenkonto** (§ 27 KStG) s. BFH I R 35/11, BStBl. II 2013, 560; I R 96/15, BFH/NV 2018, 237; I R 53/19, BStBl. II 2023, 504;

115 – **bei EW-Bescheiden** jeweils unabhängig voneinander im Hinblick auf Wert, Art und Zurechnung (BFH II R 55/91, BFH/NV 1994, 772);

– **zur Stromsteuer** s. BFH VII R 74/10, BFH/NV 2011, 2178; zur **Mineralölsteuer** s. BFH VII R 37/09, BFH/NV 2010, 2122;

– zur gesonderten Feststellung von Hinzurechnungsbeträgen **nach § 18 I AStG** (BFH I R 21/80, BStBl. II 1985, 119); 117
– eine auf den erstmaligen **Erlass eines Verlustfeststellungsbescheids nach § 15b IV EStG** gerichtete Klage ist idR mangels Beschwer unzulässig (BFH IV R 9/22, BStBl. II 2025, 102). 118

5. Zur subjektiven Seite der Klagebefugnis

Aus der **Begrenzung der Klagebefugnis auf** die **Geltendmachung der Verletzung eigener Rechte** folgt, dass die persönlichen Voraussetzungen des § 40 II nur erfüllt 125
– (im Regelfall) der **Adressat des Verwaltungsaktes/der Maßnahme** bzw. der **Antragsteller** (→ Rn. 83, 89, 90); 126
– (ausnahmsweise) ein **Drittbetroffener,** der, ohne Adressat einer Maßnahme oder Unterlassung zu sein, substantiiert und in sich schlüssig eine Rechtsbeeinträchtigung iSd § 40 II vorbringt. Es genügt die mittelbare Verletzung eines subjektiven Rechts in Abgabenangelegenheiten (→ § 33 Rn. 9 ff.), sofern die Rechtsvorschrift(en), die verletzt sein soll(en), zumindest auch dem Schutz von Individualinteressen des Rechtsuchenden dienen **(„Schutznormtheorie");** 127
– der nach § 360 AO **Hinzugezogene** (s. § 360 IV AO; BFH VII B 202/99, BFH/NV 2000, 960; X B 114/05, BFH/NV 2006, 1869; X R 16/06, BStBl. II 2009, 732; V R 81/07, BStBl. II 2010, 109; zum Beigeladenen → § 60 Rn. 84);
– ein zur **Drittanfechtung Befugter:** zum Drittanfechtungsrecht des Einbringenden gegen den KSt-Bescheid der aufnehmenden Gesellschaft in Fällen des § 20 UmwStG, mit dem er geltend machen kann, die der Steuerfestsetzung der aufnehmenden Gesellschaft zu Grunde gelegten Werte des eingebrachten Vermögens seien zu hoch (s. BFH I R 79/10, BStBl. II 2012, 421; I R 2/11, BFH/NV 2012, 1649; verneint nach Verschmelzung von KapG auf PersGes BFH I R 1/13, BFH/NV 2015, 690; und im Fall des Formwechsels von KapG in PersGes BFH I R 5/12, BFH/NV 2013, 743);
– der **Steuerschuldner:** bei Anmeldung von einzubehaltenden und abzuführenden Steuerabzugsbeträgen (§ 168 AO) durch einen Dritten (Vergütungsschuldner) kann auch der Steuerschuldner (Vergütungsgläubiger) die Anmeldung (§ 168 AO) regelmäßig aus eigenem Recht anfechten (BFH I R 27/12, BStBl. II 2013, 682; s. auch Klein/Rüsken AO § 168 Rn. 18).

Keine Möglichkeit zur Drittanfechtung eines KSt-Bescheids durch den Gesellschafter der KapGes bietet **§ 32a KStG.** Die Vorschrift des § 32a KStG trifft keine materiell-rechtliche Regelung, sondern hat ausschließlich verfahrensrechtliche Bedeutung. Sie ist als Änderungsnorm eigenständige Rechtsgrundlage für den Erlass, die Aufhebung oder die Änderung eines Steuerbescheids gegenüber dem Anteilseigner einer KapGes, wenn gegenüber der KapGes ein Steuerbescheid aufgrund einer vGA/verdeckten Einlage erlassen, aufgehoben oder geändert wird (BFH VIII B 170/08, DStR 2009, 795; VIII R 9/09, BStBl. II 2013, 149). Der Gesellschafter ist in seinen Rechtsschutzmöglichkeiten wegen der fehlenden materiell-rechtlichen Bindung des KSt-Bescheids für seinen ESt-/KSt-Bescheid aber in keiner Weise eingeschränkt, weshalb auch kein Bedürfnis für eine Drittanfechtung besteht. Keine Möglichkeit der Drittanfechtung besteht zudem bei Feststellungsbescheiden zum steuerlichen Einlagekonto iSd **§ 27 II KStG** (BFH I R 53/19, BStBl. II 2023, 504).

128 Als problematisch erweist sich in diesem Zusammenhang die **Zusammenveranlagung** von Ehegatten (§ 26b EStG), bei der eine im Grunde („bis zur Zusammenrechnung“) getrennte Einkunftsermittlung, in einen nur äußerlich zusammengefassten Bescheid (§ 155 III 1 AO) einmündet (für den eine spezielle Bekanntgaberegelung gilt: § 122 VII AO). Dem entspricht die **getrennte Rechtsbehelfsbefugnis beider Ehegatten** (→ § 44 Rn. 12). Andererseits aber darf die Steuer den Ehegatten gegenüber (wegen der Einheitlichkeit der Einkommensermittlung) nicht unterschiedlich festgesetzt werden (zur Frage der Beiladung → § 60 Rn. 137). In **glaubensverschiedenen Ehen** ist der eine Ehegatte in den **KiSt-Angelegenheiten** des anderen nicht klagebefugt (BFH I R 81/08, BStBl. II 2011, 379).

129 Im Falle der **Gesamtschuldnerschaft von Miterben** steht es dem FA frei, ob es diese gem. § 155 III AO in einem zusammengefassten Bescheid oder aber jeweils durch Einzelbescheide in Anspruch nehmen will. Das hat entsprechende Konsequenzen für die Klagebefugnis. Zur Klagebefugnis des **Testamentsvollstreckers/Nachlasspflegers** → Rn. 79.

130 **Schuld und Haftung** begründen grds. (trotz Gesamtschuldnerschaft) getrennte Steuerrechtsverhältnisse mit unterschiedlichen prozessualen Konsequenzen. Im Grundsatz kann nur der Haftende den Haftungsbescheid angreifen (zum Einwendungsdurchgriff und zu § 166 AO s. Klein/Rüsken AO § 191 Rn. 191). Ausnahmsweise wird dem Steuerschuldner eine Rechtsbehelfsbefugnis gegenüber dem Haftungsbescheid im LSt-Recht eingeräumt (§ 42d EStG s. Schmidt/Krüger EStG § 42d Rn. 59).

132 In den unterschiedlichen Fällen der **Abtretung** steuerlicher Erstattungsansprüche geht (wegen der öffentlich-rechtlichen Natur des Steuerrechtsverhältnisses) nur der reine **Zahlungsanspruch** als eigene Rechtsposition auf den Zessionar über, iÜ bleibt grds. allein der Zedent klagebefugt (BFH I R 62/81, BStBl. II 1986, 565; VII B 227/09, BFH/NV 2010, 2238; zur Beiladung → § 60 Rn. 51).

133 Im **Treuhandverhältnis** ist grds. nur der Treuhänder klagebefugt (BFH IX B 3/03, BFH/NV 2004, 918; IV B 15/10, BFH/NV 2011, 5). Auch in Fällen der **ertragsteuerlichen Organschaft** richtet sich die prozessuale Stellung nach der materiell-rechtlichen Wertentscheidung; klagebefugt ist daher im Anwendungsbereich der §§ 14 ff. KStG grds. nur der Organträger (FG Bln 7 K 7106/03, EFG 2004, 766; FG Düsseldorf 6 K 3922/02, EFG 2005, 399; zur Klagebefugnis innerhalb einer **Mehrmütterorganschaft:** BFH I B 85/05, BFH/NV 2007, 729). Dies gilt ebenso bei der **umsatzsteuerlichen Organschaft,** in der nur ein USt-Bescheid gegenüber dem Organträger für den Organkreis ergeht (→ § 60 Rn. 107).

134 Obgleich das Dartun der Verletzung eigener Rechte in solchen Fällen eines besonders detaillierten Vorbringens bedarf und auf eine Norm gestützt sein muss, die zumindest auch dem **Individualinteresse** des Rechtsuchenden zu dienen bestimmt ist (dh drittschützenden Charakter haben muss – **Schutznormtheorie** → Rn. 85), haben Rechtsschutzbegehren **Drittbetroffener,** vor allem in der Form der **Konkurrentenklage,** auch im Steuerrecht praktische Bedeutung. Gerügt werden kann zB die zu niedrige Besteuerung des Wettbewerbers (BFH VII R 50–51/82, BStBl. II 1985, 12; I R 10/92, BStBl. II 1998, 63; V R 30/99, BStBl. II 2000, 705; XI R 23/14, DStR 2017, 1987; VII R 24/03, BStBl. II 2007, 243 – zum vorbereitenden Auskunftsanspruch; I R 30/06, BStBl. II 2009, 126; VII R 4/11, BStBl. II 2012, 541 zur vorbereitenden Auskunftsklage gegen das FA; V R 34/11, BStBl. II 2013, 460; speziell zur **negativen** oder auch defensi-

ven **Konkurrentenklage:** BFH I R 30/06, BStBl. II 2009, 126; Englisch StuW 2008, 43 – jeweils mwN).

6. Rechtsfolgen

Bei Verwerfung der Klage als unzulässig mangels einer Klagebefugnis gem. 135
§ 40 II erlässt das FG ein **Prozessurteil** (zur Einordnung des § 40 II als Sachentscheidungsvoraussetzung → Rn. 75). Gleiches gilt, wenn die Klagebefugnis während des Verfahrens wegfällt: So wird die Klage gegen einen auf 0 EUR lautenden ESt-Bescheid unzulässig, wenn ein solcher Bescheid während des Klageverfahrens ergeht, da es dem Kläger dann an der gem. § 40 II erforderlichen – sachlichen Beschwer fehlt (→ Rn. 95 ff.). Ergeht im Zusammenhang mit der Herabsetzung der ESt auf 0 EUR aber zugleich ein Bescheid über die gesonderte Feststellung des verbleibenden Verlustvortrags auf den 31.12. des Streitjahres, wird dieser gem. § 68 S. 1 neben dem geänderten ESt-Bescheid zum Gegenstand des Klageverfahrens und nimmt die ursprünglich im ESt-Bescheid enthaltene Beschwer auf (BFH X B 113/14, BFH/NV 2015, 510).

Nach stRspr des BFH ist ein Verfahrensmangel iSd § 115 II Nr. 3 anzunehmen, wenn das FG rechtsfehlerhaft durch Prozess- anstatt durch Sachurteil entscheidet und dadurch auch den Anspruch auf rechtliches Gehör verletzt (BFH VI B 114/01, BStBl. II 2002, 306; VII B 98/04, BFH/NV 2007, 1345; III B 95/09, BFH/NV 2010, 2294; X B 205/15, BFH/NV 2016, 1742; X S 18/16 (PKH), BFH/NV 2017, 909; XI B 123/17, IStR 2019, 670).

Hat das FG eine Klage mangels Klagebefugnis als unzulässig abgewiesen, kann im folgenden Beschwerdeverfahren eine Rechtsfrage nur dann grundsätzliche Bedeutung iSd § 115 II Nr. 1 haben, wenn von ihrer Beantwortung abhängt, ob das FG eine Sachentscheidung hätte treffen müssen, anstatt durch Prozessurteil zu entscheiden. Das ist nicht der Fall, wenn das FG die Unzulässigkeit der Klage – unabhängig von der Beantwortung der Rechtsfrage – zutreffend damit begründet, der Kläger habe die Möglichkeit, in eigenen Rechten verletzt und damit klagebefugt zu sein (§ 40 II), nicht ausreichend dargelegt (vgl. zB zur Darlegungslast gem. § 116 III 3 bei Nullbescheiden BFH VIII B 106/06, BFH/NV 2007, 1164; VII B 226/12, BFH/NV 2013, 1590).

Hat das FG die Klage durch Sachurteil abgewiesen, obwohl wegen fehlender Sachurteilsvoraussetzungen (fehlender Klagebefugnis) ein Prozessurteil hätte ergehen müssen, ist die Revision mit der Maßgabe zurückzuweisen, dass die Klage unzulässig war (§ 126 IV – BFH I R 75/05, BFH/NV 2007, 1506, mwN; IV R 33/12, BFH/NV 2013, 1120; IV R 21/10, BFH/NV 2013, 1586; IV R 19/11, BFH/NV 2014, 75). Dies gilt jedoch nur, wenn die Klage nach den vom FG getroffenen Feststellungen zweifelsfrei unbegründet ist. Ist dies nicht der Fall, ist die Vorentscheidung aufzuheben und die Sache an das FG zurückzuverweisen (§ 126 II – BFH VIII R 77/05, BFH/NV 2008, 53).

IV. § 40 III

Literatur: Bauer/Krause, Innerorganisatorische Streitigkeiten im Verwaltungsprozess, JuS 1996, 411 u. 512; Erichsen, Der Innenrechtsstreit, FS Menger, 1985, 211; Lerche, Strukturfragen des verwaltungsgerichtlichen Organstreits, FS Knöpfle, 1996, 171; Roth, Verwaltungsrechtliche Organstreitigkeiten, 2001; Söhn, Klagerecht der Gemeinden im Steuermessverfahren, StuW 1993, 354.

140 Die Vorschrift regelt eine (auf den Finanzgerichtsprozess beschränkte) eng begrenzte **Ausnahme vom Grundsatz des Ausschlusses von Insichprozessen** (Kopp/Schenke/Schenke VwGO § 63 Rn. 7) beim Auseinanderfallen von Ertragsberechtigung und Verwaltungszuständigkeit in Fällen offensichtlicher Interessenkollision (Zusammentreffen von Steuerschuldnerschaft und Verwaltungstätigkeit bei der Finbeh; zB Klagebefugnis der Gemeinde, wenn die Grundsteuer für ein Grundstück oder die GewSt eines Betriebs des Landes str. ist). Im verwaltungsgerichtlichen Verfahren ist § 40 III nicht anwendbar (BVerwG 9 C 6/10, HFR 2012, 218). Erklärtermaßen (BT-Drs. IV/446, 46 zu § 39) sollte dies allerdings zu keiner generellen, sondern nur zu einer **begrenzten Erweiterung der Klagebefugnis** führen – begrenzt auf die Kollisionsfälle, in denen die verwaltende Körperschaft gleichzeitig unmittelbar oder mittelbar **als Steuerschuldner** in Betracht kommt. Der Rechtsgrund hierfür muss dem **Abgabenrecht** zuzuordnen sein (→ Rn. 75). Aus § 40 III kann grds. keine allgemeine Klagebefugnis der hebeberechtigten Gemeinde gegenüber dem GewSt-Messbescheid hergeleitet werden (BFH I B 54/96, BStBl. II 1997, 136; BFH IV B 8/16, BFH/NV 2017, 1323; s. zur Problematik auch BFH III R 60/74, BStBl. II 1976, 426; str. – s. Gosch/v. Beckerath § 40 Rn. 246 ff.). Ausnahmsweise klagebefugt auch gegenüber dem GewSt-Messbescheid ist dagegen die **zerlegungsberechtigte Gemeinde im Fall einer Interessenkollision** iSd § 40 III (s. dazu BFH I B 6/01, BStBl. II 2002, 91). Ohnedies **unberührt** von dieser Sonderregelung ist die **Klagebefugnis der** förmlich **am Zerlegungsverfahren beteiligten Gemeinde** (§ 186 Nr. 2 AO) in diesem Verfahren – sie ergibt sich unmittelbar aus § 40 II.

§ 41 [Feststellungsklage]

(1) **Durch Klage kann die Feststellung des Bestehens oder Nichtbestehens eines Rechtsverhältnisses oder der Nichtigkeit eines Verwaltungsakts begehrt werden, wenn der Kläger ein berechtigtes Interesse an der baldigen Feststellung hat (Feststellungsklage).**

(2) [1]**Die Feststellung kann nicht begehrt werden, soweit der Kläger seine Rechte durch Gestaltungs- oder Leistungsklage verfolgen kann oder hätte verfolgen können.** [2]**Dies gilt nicht, wenn die Feststellung der Nichtigkeit eines Verwaltungsakts begehrt wird.**

Vgl. § 43 VwGO, § 55 SGG, § 256 ZPO.

Literatur: Christonakis, Das verwaltungsprozessuale Rechtsschutzinteresse, 2004; Drüen, Rechtsschutz gegen Betriebsprüfungsmaßnahmen, AO-StB 2009, 88; Ehlers, Die Klagearten und besonderen Sachentscheidungsvoraussetzungen im Kommunalverfassungsstreitverfahren, NVwZ 1990, 105; Ehlers, Verwaltungsgerichtliche Feststellungsklage, Jura 2007, 179; Engelhardt, Die Klagebefugnis im Verwaltungsprozess, JZ 1961, 588; Haueisen, Die Feststellungsklage im Verwaltungsprozess, NJW 1952, 913; Knöpfle, Feststellungsinteresse und Klagebefugnis bei verwaltungsprozessualen Feststellungsklagen, FS Lerche, 1993, 771; Kunig, Die Zulässigkeit verwaltungsgerichtlicher Feststellungsklagen, Jura 1997, 326; Laubinger, Feststellungsklage und Klagebefugnis, VerwA 82 (1991), 459; Lässig, Zulässigkeit der vorbeugenden Feststellungsklage bei drohendem Bußgeldbescheid, NVwZ 1988, 410; Mo, Zum Anspruchsbegriff bei der Feststellungsklage, Freiburger Diss., 1987; v. Mutius, Zur „Subsidiarität" der Feststellungsklage, VerwA 63 (1972), 229; Ruckdäschel, Vorbeugender Rechtsschutz im Verwaltungsprozess, DÖV 1961, 675; Ruppel, Vorbeugende Feststellungsklage im Steuerrecht,

FR 1971, 337; Ruppel, Wie ist bei Rechtswidrigkeit einer Außenprüfung das Verwertungsverbot geltend zu machen?, BB 1996, 1913; Schenke, Vorbeugende Unterlassungs- und Feststellungsklage im Verwaltungsprozess, AöR 95 (1970), 233; Schenke, Die Fortsetzungsfeststellungsklage, FS Menger, 1985, 461; Schenke, Neue Wege im Rechtsschutz gegen vorprozessual erledigte Verwaltungsakte?, NVwZ 2000, 1255; K. Schmidt, Nichtigkeitsklagen als Gestaltungsklagen, JZ 1988, 729; Schnapp, Die Nichtigkeit des Verwaltungsakts – Qualität oder Qualifikation, DVBl. 2000, 247; Selb, Die Verwaltungsgerichtliche Feststellungsklage, Diss. Mannheim, 1997; Siemer, Rechtschutz im Spannungsfeld zwischen Normenkontrolle und Feststellungsklage, FS Menger, 1985, 501, 508 ff.; Steinhauff, Zum – vielfältigen – Rechtsschutz gegen nichtige Steuerbescheide, AO-StB 2011, 302; Trzaskalik, Die Rechtsschutzzone im Zivil- und Verwaltungsprozess, 1978; Ule, Vorbeugender Rechtsschutz im Verwaltungsprozess, VerwA 65 (1974), 291; Weßling/Romswinkel, Zur Wirkung nichtiger Steuerbescheide, AO-StB 2007, 218.

Übersicht

	Rn.
I. Inhalt und Bedeutung	1
II. Voraussetzungen (§ 41 I)	6
1. Allgemeines	6
2. Bestehen oder Nichtbestehen eines Rechtsverhältnisses	12
a) Begriff des Rechtsverhältnisses	12
b) Zeitliche Anforderungen an das Rechtsverhältnis	19
3. Einzelfragen zu positiven und negativen Feststellungsklagen	23
4. Feststellung der Nichtigkeit/Unwirksamkeit eines Verwaltungsaktes	24
5. Besonderes Feststellungsinteresse	28
III. Subsidiarität (§ 41 II)	32
1. Abgrenzung von § 41 II 1 und § 41 II 2	32
2. Bezugspunkt der Subsidiaritätsprüfung	34
3. Subsidiarität bei Steuerbescheiden und Feststellungsbescheiden	35
IV. Zum Verfahren	38
V. Urkunden- und Zwischenfeststellungsklage	43
1. Zwischenfeststellungsklage	43
2. Urkundenfeststellungsklage	47

I. Inhalt und Bedeutung

1 Die **Feststellungsklage** zielt nicht auf unmittelbare Wirkung durch Gestaltung (Kassation oder Änderung von VA), auch nicht auf Durchsetzung eines Leistungsbegehrens, sondern begnügt sich mit einem **klarstellenden Richterspruch:** mit der Feststellung (§ 41 I Fall 1), dass ein Rechtsverhältnis besteht (positive Feststellungsklage) bzw. nicht besteht (negative Feststellungsklage) oder gem. § 41 I Fall 2, dass ein VA nichtig ist (erstrebte Urteilsformel: „Es wird festgestellt, dass …"). Sie vervollständigt auf diese Weise das Rechtsschutzsystem der FGO. Beide Fälle der Feststellungsklage verlangen ein berechtigtes Interesse des Klägers (§ 41 I) und sind gegenüber den verwaltungsaktbezogenen Anfechtungs- und Verpflichtungsklagen subsidiär (§ 41 II 1). Die Subsidiarität gilt nicht, wenn die Nichtigkeit eines VA begehrt wird (§ 41 II 2).

2 Gegenüber § 40 ist § 41 **Auffangtatbestand.** Die geringere Intensität des Feststellungsbegehrens korrespondiert mit einem generell und abstrakt weitergezoge-

nen Anwendungsbereich. Diese Ausgangslage erklärt, dass die Feststellungsklage einerseits

- an ein besonderes Rechtsschutzinteresse geknüpft ist (§ 41 II 1), andererseits aber
- ohne außergerichtliches Vorverfahren (§ 44) und
- ohne Einhaltung einer Frist (§ 47) erhoben werden darf.

3 Weil selbst nichtige VA (wegen des Rechtsscheins, den sie vor allem im Abgabenrecht dank des Privilegs der FVerw erzeugen, sich ihre Vollstreckungstitel selbst zu beschaffen) im Zweifel der Kassation im Wege einer Anfechtungsklage bedürfen und daher anfechtbar sind (→ Rn. 24), spielt die Feststellungsklage in der finanzgerichtlichen Praxis noch immer eine eher **untergeordnete Rolle.**

5 Abzugrenzen ist die allgemeine Feststellungsklage von der **Fortsetzungsfeststellungsklage. Gemeinsam** ist beiden Formen, dass sowohl die Fortsetzungsfeststellungsklage iSv § 100 I 4 als auch die (allgemeine) Feststellungsklage iSv § 41 I für ihre Zulässigkeit jeweils voraussetzen, dass der Kläger ein „berechtigtes Interesse" an der von ihm begehrten Feststellung besitzt (zB BFH X B 56/04, BFH/NV 2005, 714). Der **Unterschied** besteht zwischen beiden Klagearten jedoch hinsichtlich der einklagbaren Feststellung. Die allgemeine Feststellungsklage ermöglicht über die positive und negative Feststellung des Bestehens eines Rechtsverhältnisses nicht die Prüfung der Rechtsmäßigkeit eines VA. Ein VA ist als solcher kein Rechtsverhältnis, sondern er begründet, verändert oder beendet ein solches (BFH I R 214/82, BStBl. II 1986, 21). Nach Erledigung eines VA (grds. auch bei Erledigung vor Klageerhebung, s. BFH VIII R 415/83, BStBl. II 1990, 721; VIII R 5/10, BStBl. II 2014, 220; HHS/Steinhauff § 41 Rn. 99; HHS/Rauda § 100 Rn. 160 f.; s. aber verschärfend I R 43/06, BStBl. II 2008, 134) ist statt einer Anfechtungs- oder Verpflichtungsklage zur Fortsetzung des Verfahrens unter bestimmten Voraussetzungen die Fortsetzungsfeststellungsklage eröffnet (§ 100 I 4; → § 100 Rn. 80 ff.).

Die sog. **Insolvenzfeststellungsklage** (§ 185 II InsO) ist keine Feststellungsklage gem. § 41, auch wenn die Rspr. dort ebenfalls ein berechtigtes Interesse verlangt. Sie kommt zum Tragen, wenn in einem anhängigen finanzgerichtlichen Verfahren, das einen insolvenzrechtlichen Passivprozess betrifft, nach Widerspruch des Insolvenzverwalters oder -schuldners der Verwalter oder das FA das Verfahren aufnimmt. Bei Aufnahme des Rechtsstreits durch das FA wandelt sich das Anfechtungsverfahren kraft Gesetzes in ein Insolvenzfeststellungsverfahren. Dieser veränderten Prozesssituation, die zu einem Wechsel der Beteiligtenrollen führt (→ § 57 Rn. 38), haben die Beteiligten durch Umstellung ihrer Anträge Rechnung zu tragen. Das FA begehrt als Kläger zur Beseitigung des Widerspruchs die Feststellung, dass die zur Insolvenztabelle angemeldete Forderung einzutragen ist (BFH VII R 11/05, BStBl. II 2006, 573; VII R 61/06, BStBl. II 2008, 790; VII R 30/08, BFH/NV 2009, 414; HHS/Jatzke AO § 251 Rn. 426).

II. Voraussetzungen (§ 41 I)

1. Allgemeines

6 Sachprüfung und Sachentscheidung verlangen (da die Feststellungsklage nicht fristgebunden ist, spätestens im Zeitpunkt der letzten mündlichen Verhandlung) neben den allgemeinen **Zulässigkeitsvoraussetzungen** (→ Vor § 33) die Erfüllung folgender spezieller Zulässigkeitsanforderungen:

– Unter dem Gesichtspunkt der **Klagebefugnis** (entsprechend den Anforderungen zu § 40 II – dort → § 40 Rn. 75 ff.) ein substantiiertes, in sich schlüssiges Vorbringen iSd § 41 I, dh eine Darlegung, die, ihre Richtigkeit unterstellt, mit hinreichender Deutlichkeit die Feststellung des Bestehens/Nichtbestehens eines Rechtsverhältnisses oder aber die Nichtigkeit eines VA sowie erkennen lässt, dass eine Gefährdung des Klägers in eigenen Rechten als möglich erscheint (BFH I R 10/92, BStBl. II 1998, 63; V R 86/85, BStBl. II 1991, 729; VIII R 55/89, BFH/NV 1991, 401). Dieses Erfordernis steht neben der Voraussetzung eines berechtigten Interesses nach § 41 I (glA HHS/Steinhauff § 41 Rn. 331 ff.; abl. zB Gosch/v. Beckerath § 41 Rn. 71); 7
– ein **besonderes Rechtsschutzinteresse** iSd § 41 I (→ Rn. 28 ff.) und 8
– **negativ,** soweit nicht die Nichtigkeit eines VA in Frage steht, den Ausschluss der Möglichkeit, Rechtsschutz im Wege der Gestaltungs- oder Leistungsklage zu erlangen (Beachtung der **Subsidiaritätsklausel,** § 41 II 1 und 2; → Rn. 32 ff.). 9

Die Einhaltung dieser Sachentscheidungsvoraussetzungen soll sicherstellen, dass einerseits (im Hinblick auf Art. 19 IV GG) die **Rechtsschutzlücke** geschlossen wird, die § 40 I mit seiner Konzentration auf die praktisch bedeutsameren Klagearten hinterlässt, und dass andererseits die Feststellungsklage durch das Erfordernis einer Beschwer gem. § 40 II Popularklagen ausschließt. 10

2. Bestehen oder Nichtbestehen eines Rechtsverhältnisses

a) Begriff des Rechtsverhältnisses. Die begehrte Feststellung muss nach den beiden ersten Varianten des § 41 I auf ein **Rechtsverhältnis** abzielen, dh auf eine bestimmte, aus einem konkreten Sachverhalt resultierende, auf Grund von Rechtsnormen geordnete rechtliche Beziehung zwischen Personen oder zwischen Personen und Sachen (BFH VII R 100/70, BStBl. II 1973, 536; II R 47/79, BStBl. II 1981, 581; XI R 66/98, BStBl. II 2000, 533; V B 29/07, BFH/NV 2008, 1501; zur **Abgrenzung vom VA:** BFH XI R 37/05, BFH/NV 2007, 2227). Um das Bestehen eines Rechtsverhältnisses in diesem Sinn geht es auch, wenn die Rechtswidrigkeit von Verwaltungshandeln, das keinen VA darstellt (§ 118 S. 1 AO), festgestellt werden soll (BFH I R 79/07, BFH/NV 2008, 1807; II R 49/10, BStBl. II 2012, 168 zur Zuteilung der Identifikationsnummer und der dazu erfolgenden Datenspeicherung; BFH X R 7/21, BStBl. II 2023, 178 zu einem in einem Freistellungsbescheid enthaltenen bloßen Hinweis auf die vom FA vorgenommene Subsumtion unter § 10b I 8 Nr. 2 EStG). 12

Nicht unter § 41 fallen die **Feststellung der Gültigkeit von Rechtsnormen** (weil die FGO insoweit unmittelbaren Rechtsschutz – wie in § 47 VwGO – nicht vorsieht), von Tatsachen oder von Werturteilen ohne unmittelbaren Bezug zu einem Steuerrechtsverhältnis (zT abweichend für die – insoweit anders ausgestaltete – VwGO: Kopp/Schenke/Schenke VwGO § 43 Rn. 13 f. mwN; für die FGO wie hier: BFH II R 47/79, BStBl. II 1981, 581; zur Abgrenzung zu einer „verschleierten" Normenkontrollklage: BFH VII R 184/85, BFHE 146, 302 mwN). Anderes gilt nur in dem Ausnahmefall, dass der Kläger unmittelbar durch die Norm aufgrund der Auferlegung bestimmter (zB unionsrechtlicher) Mitwirkungspflichten in seinen Rechten betroffen ist (zur Vertiefung HHS/Steinhauff § 41 Rn. 81). 13

Das Rechtsverhältnis muss im Hinblick auf § 33 zumindest auch **abgabenrechtlicher Natur** sein: Es muss sich um ein Steuerrechtsverhältnis (Steuerpflicht- 14 verhältnis iSd § 33 AO oder Steuerschuldverhältnis iSd § 37 AO) handeln. Das Rechtsverhältnis muss aber **nicht ausschließlich** abgabenrechtlicher Natur sein. Jedoch ist ein Feststellungsbegehren, das allein die privatrechtlichen Beziehungen eines Klägers zu seinen Vertragspartnern und/oder ausschließlich deren abgabenrechtliche Verhältnisse betrifft, unzulässig (vgl. zB BFH X R 42/81, BFH/NV 1989, 54; V R 86/85, BStBl. II 1991, 729; XI R 25/08, BFH/NV 2011, 839).

15 Das Feststellungsbegehren muss nicht das gesamte Rechtsverhältnis betreffen. Es kann auf **Teilfragen** (zB einzelne Rechte und Pflichten, die auf diesem Rechtsverhältnis beruhen) zielen, **sofern** diese einer **selbständigen Feststellung fähig** sind und § 41 II nicht entgegensteht:

Ein auf § 41 gestütztes Klagebegehren darf aber nicht bloße Elemente, unselbständige Teile, Vorfragen oder bestimmte, wenn auch rechtserhebliche Eigenschaften einer Person oder Sache zum Gegenstand haben (BFH X R 42/81, BFH/NV 1989, 54; V R 94/96, BStBl. II 1997, 707; zB das Vorliegen eines Mietverhältnisses als Vorfrage der Einkünfteerzielung s. BFH IX B 100/03, BFH/NV 2004, 532; § 41 II 1 → Rn. 32). Aus der Rspr. des EuGH ergibt sich nichts anderes, dh unionsrechtliche Fragen sind vorrangig iRd Anfechtung von Steuerbescheiden zu klären (BFH V B 113/08, BFH/NV 2010, 939; XI B 99/12, BFH/NV 2014, 366).

16 Das Steuerrechtsverhältnis muss zwar nicht unmittelbar zwischen den Verfahrensbeteiligten bestehen, der Rechtsuchende muss jedoch gleichwohl durch die erstrebte Feststellung unmittelbar betroffen sein und ein **eigenes Feststellungsinteresse** geltend machen. Er hat daher das **Rechtsverhältnis,** um das es ihm geht, hinreichend zu **konkretisieren,** da es iRd Feststellungsklage um eine Streitentscheidung und nicht um die Klärung abstrakter Rechtsfragen geht (→ Rn. 7 u. 10; vgl. BFH VII R 42/76, BStBl. II 1977, 767; VII R 14/78, BStBl. II 1981, 586; VII R 56/93, BStBl. II 1994, 356; NdsFG 3 K 401/08, BeckRS 2012, 94369; Siemer, FS Menger, 1985, 509 f.; vgl. iÜ Kopp/Schenke/Schenke VwGO § 43 Rn. 17 ff. mwN).

19 **b) Zeitliche Anforderungen an das Rechtsverhältnis.** Die erstrebte Feststellung muss grds. ein **gegenwärtiges Steuerrechtsverhältnis** betreffen (bzw. selbständige Teilfragen hierzu – → Rn. 15), wozu aber auch Rechte und Pflichten zählen, die von einem künftigen Bedingungseintritt abhängig sind (BGH V ZR 48/82, NJW 1984, 2950). Ausnahmsweise sind auch Feststellungen zu einer vergangenen Rechtsbeziehung zulässig, wenn deren Wirkungen in die Gegenwart hineinreichen (Kopp/Schenke/Schenke VwGO § 43 Rn. 25). Eine solche Klage kann auch dann noch zulässig sein, wenn das Rechtsverhältnis schon erloschen ist, sofern das Klagevorbringen konkrete gegenwärtige oder zukünftige Folgewirkungen erkennen lässt (FG Düsseldorf 4 K 7342/96 Z, EFG 1999, 483 – nachgehend BFH VII R 95, 96/98, BFH/NV 2000, 531 zu Spontanauskünften der Zollbehörden).

20 Auf ein künftiges Steuerrechtsverhältnis darf eine **vorbeugende Feststellungsklage** ausnahmsweise gerichtet werden, wenn dies zur Erreichung effektiven Rechtsschutzes unumgänglich ist (zum besonderen Rechtsschutzinteresse → Rn. 28 ff.; u. zur Subsidiarität → Rn. 32), weil der Kläger nicht in zumutbarer Weise auf die an sich nach der Verfahrensordnung angemessenen und vom Gesetzgeber auch als ausreichend erachteten Rechtsschutzmöglichkeiten verwiesen werden kann (s. zu Beispielen zulässiger und unzulässiger vorbeugender Feststellungsklagen BFH V R 92/66 und V R 10/67, BStBl. II 1970, 648; VII R 100/

70, BStBl. II 1973, 536; VII R 69/76, BStBl. II 1977, 785 – Zulassung zur Steuerberaterprüfung; BFH II R 47/79, BStBl. II 1981, 581 – keine Zulässigkeit bei Fragen der künftigen Besteuerung einer Familienstiftung; VII R 69/11, BFH/NV 2013, 739). Zu prüfen ist demnach, ob dem Kläger, sofern die Feststellungsklage als unzulässig beurteilt würde, eine Rechtsschutzlücke entstünde (HHS/Steinhauff § 41 Rn. 155, 160, 170; Gosch/v. Beckerath § 41 Rn. 74; Kopp/Schenke/Schenke VwGO § 43 Rn. 24).

Problematisch ist unter dem Gesichtspunkt der Subsidiarität (§ 41 II) die **Abgrenzung zur vorbeugenden Unterlassungsklage** (Kopp/Schenke/Schenke VwGO § 42 Rn. 15; HHS/Steinhauff § 41 Rn. 165 ff.). Hat sich die vorbeugende Unterlassungsklage erledigt, kann diese in eine Feststellungsklage nach § 41 I übergehen (BFH X R 25/19, BStBl. II 2024, 87). Der BFH wendet den Subsidiaritätsgrundsatz gem. § 41 II 1 auch im Verhältnis zwischen Feststellungs- und vorbeugender Leistungsklage regelmäßig zugunsten der Leistungsklage an (BFH VII B 159/10, BFH/NV 2011, 2104; Steinhauff AO-StB 2011, 363; s. Beispiele → Rn. 23). 21

In jüngerer Zeit hat die Rspr. vermehrt zur Abwehr inländischer Vollstreckungsmaßnahmen entschieden, die auf ausländischen EU-Beitreibungsersuchen beruhten: Eine auf Feststellung der Rechtswidrigkeit bereits ergriffener Vollstreckungshandlungen gerichtete Klage ist wegen Subsidiarität der Feststellungsklage gegenüber einer Anfechtungsklage grds. unzulässig. Eine Klage auf Feststellung der Rechtswidrigkeit einer künftigen Vollstreckung, weil ein Beitreibungsersuchen keine wirksame Vollstreckungsgrundlage darstellen soll, ist unzulässig, wenn die Rechtmäßigkeit des Ersuchens bereits als Vorfrage in einem anhängigen Klageverfahren gegen eine ergriffene Vollstreckungsmaßnahme zu klären ist (BFH VII R 69/11, BFH/NV 2013, 739). Der BFH bejaht allerdings unter besonderen Umständen die Zulässigkeit der Feststellungsklage, wenn eine Vollstreckung aus dem umstrittenen Beitreibungsersuchen erstmalig bevorsteht und die zu erwartenden Vollstreckungsmaßnahmen über die reine Geldleistung hinausgehende einschneidende Beeinträchtigungen mit sich bringen, vor denen eine AdV gegen die jeweilige Vollstreckungsmaßnahme nicht schützen könnte (BFH VII R 21/10, BStBl. II 2011, 401; VII R 30/15, BFH/NV 2018, 405; Steinhauff jurisPR-SteuerR 23/2013 Anm. 5). Im Rahmen der Feststellung der Rechtswidrigkeit einer aufgrund des Beitreibungsersuchens künftig zu erwartenden Vollstreckung kann das FG die Vollstreckung wegen des Fehlens eines der Formvorschrift des § 4 I Nr. 1 EG-BeitrG entsprechenden Zahlungsbescheids in amtlicher Ausfertigung oder beglaubigter Kopie für unzulässig erklären, aber – klarstellend – ergänzen, dass dies nur solange gilt, bis der Mangel beseitigt ist (BFH VII R 1/14, BFH/NV 2015, 801). Zur Prüfung des Verstoßes des ausländischen Vollstreckungstitels gegen den ordre public s. FG München 6 K 434/11, IStR 2013, 439. 22

3. Einzelfragen zu positiven und negativen Feststellungsklagen

Feststellung der Rechtsmäßigkeit von Verwaltungshandeln: 23

- Die Rechtmäßigkeit der **Zuteilung der Identifikationsnummer** und der dazu erfolgenden Datenspeicherung kann im Wege der Feststellungsklage geklärt werden (BFH II R 49/10, BStBl. II 2012, 168).
- Eine Klage auf Feststellung der Rechtswidrigkeit eines vom FA gestellten **Antrags auf Insolvenzeröffnung** ist unzulässig, da der Schuldner sein Ziel über eine vorgreifliche Leistungsklage auf Rücknahme des Antrags erreichen

kann (BFH VII B 159/10, BFH/NV 2011, 2104). Rechtsschutz gegen einen Insolvenzantrag des FA kann der Stpfl. somit nur durch eine allgemeine Leistungsklage (§ 40 I Fall 3) vor dem FG erlangen; der vorläufige Rechtsschutz richtet sich nach § 114 (Bartone jurisPR-SteuerR 8/2012 Anm. 5; s. auch BFH VII B 166/09, BFH/NV 2010, 1122; VII B 226/10, BFH/NV 2011, 1017).

– **Die Rechtmäßigkeit des Betretens einer Wohnung durch Finanzbeamte,** um iRd Veranlagung tatsächliche Feststellungen zum Vorliegen eines häuslichen Arbeitszimmers zu treffen (BFH VIII B 71/09, BFH/NV 2010, 1415; VIII R 8/19, DStR 2022, 2002), kann Gegenstand der Feststellungsklage sein.
– **Auskunftserteilung und -ersuchen an ausländische Finbeh (§ 117 I und II AO):** Gegen die **Auskunftserteilung** durch deutsche Finbeh kann Rechtsschutz über die Feststellungsklage nur nachträglich erreicht werden, da das Rechtsverhältnis durch die Auskunftserteilung entsteht (s. BFH I R 79/07, BFH/NV 2008, 1807). Die Klage ist gegen die Behörde zu richten, die über die Auskunftserteilung entscheidet, also das BZSt oder das BMF und nicht das FA (Klein/Rätke AO § 117 Rn. 80). Praxisrelevanter ist daher der Rechtsschutz durch vorbeugende Unterlassungsklage (s. BFH I B 12/92, BStBl. II 1992, 645: Abwehranspruch gem. § 1004 I 1 BGB in analoger Anwendung iVm § 30 AO; ebenso BMF v. 29.5.2019, BStBl. I 480, Tz. 3.2.1; Herlinghaus, FS Herzig, 2010, 933; Klein/Rätke AO § 117 Rn. 78). Zum Informationsaustausch deutscher Finbeh nach dem EUAHiG (BGBl. 2013 I 1809) iVm §§ 117, 117a–117c AO und den fortbestehenden Rechtsschutzmöglichkeiten über die vorbeugende Unterlassungsklage und gem. § 41 s. Marquardt/Betzinger BB 2014, 3033 (3038); Klein/Rätke AO § 117 Rn. 154. Im Fall eines **Auskunftsersuchens** der deutschen FVerw (§ 90 I AO) an ausländische Steuerbehörden wird der Stpfl. regelmäßig zuvor angehört, sodass er durch vorbeugende Unterlassungsklage Rechtsschutz suchen wird; die Feststellungsklage als nachträgliche Maßnahme ist jedoch ebenfalls eröffnet. Zu **Auskunftsersuchen** an ausländische Finbeh **zur Vorbereitung einer Vollstreckung** inländischer Steuerforderungen im Ausland ist Rechtsschutz gegenüber dem FA im Wege der vorbeugenden Leistungsklage zu suchen (BFH VII R 52/08, BStBl. II 2010, 51).
– **Auskunftserteilung der Finanzbehörde an andere inländische öffentliche Stellen:** Mit der Feststellungsklage kann der Umfang der Verpflichtung der Finbeh nach § 30 AO geklärt werden. S. zur Offenbarung von erheblichen (auch nicht bestandskräftig festgesetzten) Steuerrückständen gegenüber den Gewerbebehörden BFH VII R 77/84, BStBl. II 1987, 545; VII R 39, 43/02, BStBl. II 2003, 828. Über die Feststellungsklage kann nach den vorstehenden Entscheidungen nur nachträglich geklärt werden, ob die Auskunftserteilung rechtmäßig war (s. Klein/Maetz AO § 30 Rn. 271 auch zum Rechtsschutz durch vorbeugende Unterlassungsklage).
– **Vorlagepflicht von Belegen in der Außenprüfung:** Wendet sich ein Stpfl. gegen eine Aufklärungsmaßnahme während einer Außenprüfung, die nicht als selbständig anfechtbarer VA anzusehen ist, so kann er seine Rechte im nachfolgenden Steuerfestsetzungsverfahren durch eine Anfechtungsklage verfolgen. Diese Möglichkeit schließt das Feststellungsinteresse und mithin die Zulässigkeit einer Feststellungsklage iSd § 41 aus (BFH VIII R 3/98, BStBl. II 1999, 199). Zu Prüfungsmaßnahmen mit eigenständiger VA-Qualität s. § 100 I 4; BFH XI R 33/93, BFH/NV 1995, 621; VIII R 5/10, BStBl. II 2014, 220).

Eine **vorbeugende Unterlassungsklage** gegen die Anfertigung von Kontrollmitteilungen als schlicht hoheitliches Handeln ist ebenfalls nur ausnahmsweise zulässig, wenn der Stpfl. substantiiert dartut, durch ein bestimmtes, künftig zu erwartendes Handeln der Finbeh in eigenen Rechten verletzt zu werden und dass ein Abwarten bis zum Erlass des Bescheids unzumutbar sei, weil die Rechtsverletzung dann nicht mehr oder nur schwerlich wiedergutzumachen sei (HHS/Steinhauff § 41 Rn. 166 mwN). Hingegen fehlt für eine vorbeugende Unterlassungsklage gegen die Finbeh, die sich bereits vor Beginn der Außenprüfung verpflichtet, keine mandantenbezogenen Kopien oder Kontrollmitteilungen anzufertigen, in aller Regel das erforderliche besondere Rechtsschutzbedürfnis (BFH VIII R 61/06, BStBl. II 2009, 579).

- **Tatsächliche Verständigung:** Ist der Stpfl. der Ansicht, eine tatsächliche Verständigung sei unwirksam, so muss er sich mit einer Anfechtungsklage gegen den Steuerbescheid wehren, der auf der tatsächlichen Verständigung basiert; eine auf Feststellung der Unwirksamkeit der tatsächlichen Verständigung gerichtete Klage ist unzulässig (BFH III B 144/16, BStBl. II 2017, 1165). Da es sich bei einer tatsächlichen Verständigung nicht um einen VA handelt, kommt auch eine Nichtigkeitsfeststellungsklage (§ 41 II 2) nicht in Betracht.
- **„Hinweise" in KSt-Freistellungsbescheiden:** Auch hiergegen kann Rechtsschutz im Wege einer Feststellungsklage erlangt werden; maßgebender Beurteilungszeitpunkt ist der Schluss der mündlichen Verhandlung vor dem FG (BFH X R 7/21, BStBl. II 2023, 178; auch → Rn. 23, „Steuerliche Einzelpflichten").

Klärung steuerrechtlicher Vorfragen vor zivilrechtlicher Klage auf Rechnungserteilung:

Zum Streit zwischen Leistendem und Leistungsempfänger, ob eine Rechnung mit USt-Ausweis ausgestellt werden muss, um den Vorsteuerabzug beanspruchen zu können, hat der BFH (V R 94/96, BStBl. II 1997, 707) unter Hinweis auf die damalige Rspr. des BGH (VIII ZR 64/87, BGHZ 103, 284) entschieden, dass idR für die gerichtliche Durchsetzung des Anspruchs auf Rechnungserteilung mit Steuerausweis nur der Rechtsweg zu den ordentlichen Gerichten gegeben ist. Er hat ein Feststellungsbegehren nach § 41 aber ausnahmsweise für zulässig erachtet, wenn steuerrechtliche Vorfragen – etwa die Frage der Umsatzsteuerbarkeit und Umsatzsteuerpflicht (s. dazu SächsFG 2 K 656/07, EFG 2009, 1410, nachgehend BFH XI R/09, BFH/NV 2011, 1724) – umstritten sind, um dem Leistenden nicht das Risiko aufzubürden, nach dem Urteil des Zivilgerichts zu Unrecht in Rechnung gestellte Umsatzsteuer nach § 14c I 1 oder II 1 UStG zu schulden. Eine Klage vor den Zivilgerichten gegen den Leistenden auf Erteilung einer Rechnung mit ausgewiesener USt wäre zudem ohne Erfolg geblieben, da diese **bei zweifelhafter Steuerrechtslage** den Beklagten nur zur Erteilung einer solchen Rechnung verurteilten, wenn das zuständige FA die Leistung bestandskräftig als umsatzsteuerpflichtige Leistung veranlagt hatte. Ließen sich steuerrechtliche Vorfragen aber ohne Schwierigkeiten klären, hatten die Zivilgerichte der Klage auf Rechnungserteilung entweder stattzugeben oder diese abzuweisen (BGH V ZR 224/00, NJW 2002, 1276).

Der BGH hat später angedeutet, dass die Zivilgerichte auch bei zweifelhafter Steuerrechtslage über die Klage auf Rechnungserteilung mit Steuerausweis entscheiden sollten, da auch bei einer falschen Einschätzung der Rechtslage durch das Zivilgericht die Korrekturmöglichkeiten des § 14c I 2 UStG und § 14c II 1 UStG bestünden, da steuerrechtliche Vorfragen grds. von den Zivilgerichten selbständig zu beantworten seien (BGH V ZR 224/00, NJW 2002, 1276). Erst wenn die Beurteilung der Steuerpflicht der Leistung auf erhebliche Schwierigkeiten stoße und ernsthaft die Gefahr bestehe, dass das FA und das FG diese abweichend von der Einschätzung des Zivilgerichts beurteilen könnten, dürften die Zivilgerichte von einer Sachentscheidung absehen, um den Leistenden durch eine Verurteilung auf Rechnungserteilung nicht der Gefahr der Haftung nach § 14c I 1 und II 1 UStG auszusetzen.

Eine Feststellungsklage beim FG, mit der der Leistungsempfänger gegenüber dem für ihn nicht zuständigen FA die Feststellung begehrt, es liege eine steuerpflichtige Leistung vor, über die ihm eine Rechnung mit Vorsteuerausweis zu erteilen sei, ist jedenfalls bei einer unzweifelhaften steuerlichen Rechtslage mangels berechtigten Interesses (→ Rn. 29 ff.) unzulässig, wenn zB weder über die Steuerbarkeit und Steuerpflicht der Leistung noch über die Höhe des Steuersatzes Streit besteht (BFH XI R 5/09, BFH/NV 2011, 1724). Der BFH folgt damit weiterhin der Auffassung des BGH, dass steuerrechtliche Vorfragen bei Klagen auf Rechnungserteilung vorrangig von den Zivilgerichten zu entscheiden sind. Zur Frage der Subsidiarität der Feststellungsklage gegenüber der zivilrechtlichen Klage → Rn. 34.

Steuerliche Einzelpflichten:

- Der Antrag, festzustellen, ob und in welchem Umfang ein Verein **befugt ist, Spendenbestätigungen auszustellen,** kann Gegenstand einer Feststellungsklage sein (BFH XI R 66/98, BStBl. II 2000, 533; auch → Rn. 23, „Feststellung der Rechtsmäßigkeit von Verwaltungshandeln").
- Die Feststellung, dass die Buchführung nicht bereits aus dem Grund als formal ordnungswidrig angesehen werden darf, weil veraltete Buchführungssoftware verwendet wird, kann Gegenstand einer Feststellungsklage sein (FG Münster 13 K 3764/09, EFG 2013, 638, nachgehend BFH X K 11/13, BFH/NV 2014, 1748).
- **Aufforderung zur Abgabe der Anlage EÜR:** Kein Rechtsschutz über die Feststellungsklage, da die Aufforderung, die Anlage EÜR innerhalb einer bestimmten Frist nachzureichen, einen anfechtbaren VA darstellt (BFH X R 18/09, BStBl. II 2012, 129).
- **Abgabe elektronischer Steuererklärungen:** Die Rechtmäßigkeit der Verpflichtung, Umsatzsteuervoranmeldungen elektronisch übermitteln zu müssen (§ 18 I 1 UStG), hat der BFH auf Grundlage eines Antrags gem. § 150 VIII AO, von dieser Verpflichtung aufgrund eines Härtefalls abzusehen, im Rahmen einer Verpflichtungsklage auf Erteilung der Gestattung überprüft (BFH XI R 33/09, BStBl. II 2012, 477). Eine Feststellungsklage wäre gem. § 41 II unzulässig.

4. Feststellung der Nichtigkeit/Unwirksamkeit eines Verwaltungsaktes

24 Die Feststellung der Unwirksamkeit bzw. Nichtigkeit eines VA (§§ 124 III und 125 AO) kann Gegenstand eines Feststellungsbegehrens (§ 41 I Fall 2 – **Nichtigkeitsfeststellungsklage;** ausf. dazu HHS/Steinhauff § 41 Rn. 190 ff.) sein. Dies verlangt unter dem Gesichtspunkt der Klagebefugnis prinzipiell dasselbe wie § 40 II (→ Rn. 7) und ein **besonderes Feststellungsinteresse** (→ Rn. 23, 29). Nach der Rspr. des BFH ist eine auf Beseitigung des Rechtsscheins der ordnungsgemäßen **Bekanntgabe** eines VA gerichtete Feststellungsklage gegenüber einer

auf das gleiche Rechtsschutzziel gerichteten Anfechtungsklage nicht subsidiär, selbst wenn § 41 II 2 die Subsidiarität der Feststellungsklage ausdrücklich nur für die auf Feststellung der Nichtigkeit gerichteten Feststellungsklage ausschließt (BFH X R 54/06, BStBl. II 2010, 732; Levedag IWB 2010, 512; HHS/Steinhauff § 41 Rn. 182).

Die **Anfechtung solcher Bescheide ist trotz Nichtigkeit** zugelassen (BFH IV R 62/83, BFH/NV 1987, 19; → § 40 Rn. 13). Daher **empfiehlt sich in der Praxis** in solchen Fällen **die Anfechtungsklage.** Hinzu kommt, dass sich die Anfechtungsklage sowohl für den vorläufigen Rechtsschutz als auch für den Übergang zur Fortsetzungsfeststellungsklage iSd § 100 I 4 als günstiger erweist.

Die Nichtigkeitsfeststellungsklage setzt weder ein **außergerichtliches Vorverfahren** (§ 44 – dort → § 44 Rn. 5) noch **ein erfolgloses Antragsverfahren nach § 125 V AO** voraus (BFH V R 36/06, BStBl. II 2008, 686; aber → Rn. 37). Das erforderliche besondere Feststellungsinteresse (→ Rn. 28 f.) ist bei einem Antrag auf Feststellung der Nichtigkeit eines VA grds. gegeben, weil von einem nichtigen VA der Rechtsschein der Wirksamkeit ausgeht und die Gefahr besteht, dass sich das FA eines nicht gegebenen Rechtsanspruchs berühmt (BFH VIII R 94/87, BFH/NV 1988, 214; IX R 83/88, BStBl. II 1990, 789, aber verneint in V R 36/06, BStBl. II 2008, 686 u. XI B 106/21, BFH/NV 2023, 140). 25

Nichtig und damit unwirksam ist ein **VA,** soweit er an einem besonders schwerwiegenden Mangel leidet und dies bei verständiger Würdigung aller in Betracht kommender Umstände offenkundig ist (§§ 125 I, 124 III AO). Dies ist nicht schon dann der Fall, wenn dem VA die gesetzliche Grundlage fehlt oder eine unrichtige Rechtsanwendung zu Grunde liegt, sondern nur, wenn er die an eine ordnungsmäßige Verwaltung zu stellenden Anforderungen in einem so erheblichen Maße verletzt, dass von niemandem erwartet werden kann, ihn als verbindlich anzuerkennen (→ Vor § 40 Rn. 24; → § 47 Rn. 6). Bloße Anfechtbarkeit des in Frage stehenden VA genügt iRd § 41 nicht (§ 41 II → Rn. 35). 26

5. Besonderes Feststellungsinteresse

Als weitere Sachurteilsvoraussetzung verlangt § 41 I ein **berechtigtes,** nicht wie § 256 ZPO ein rechtliches, **Interesse an der alsbaldigen Feststellung** (s. dazu auch HHS/Steinhauff § 41 Rn. 230 ff.), dh es genügt auch ein schützenswertes ideelles oder wirtschaftliches Interesse. Die Feststellung einer steuerrechtlichen Rechtslage **zur Vorbereitung eines Zivilprozesses** dürfte regelmäßig nicht ausreichen, um die Zulässigkeit der Feststellungsklage zu begründen, da die Zivilgerichte steuerliche Vorfragen selbst zu entscheiden haben (→ Rn. 23 zur Klage auf Rechnungserteilung; zur Amtshaftung: BFH VII R 43/69, BStBl. II 1971, 114). Die **Wiederholungsgefahr** (hierzu BFH VIII B 123/23, BFH/NV 2025, 396) und ein **Rehabilitationsinteresse,** vor allem nach schwerwiegendem Grundrechtsverstoß, können ein Feststellungsinteresse begründen (BFH VII R 39, 43/02, BStBl. II 2003, 828). Auch bei Erhebung der **Nichtigkeitsfeststellungsklage** muss ein berechtigtes Interesse bestehen (BFH V R 86/85, BStBl. II 1991, 729). 28

In jedem Fall muss es sich (zum Zwecke der Abgrenzung gegenüber der Popularklage) um ein **eigenes Interesse** des Klägers handeln (zum Bezug zu § 40 II → Rn. 7). 29

30 Ein besonderes Interesse an vorbeugendem Rechtsschutz zur Abwendung erheblicher Nachteile wird auch für die **vorbeugende Feststellungsklage** (→ Rn. 20, 23) verlangt.

III. Subsidiarität (§ 41 II)

1. Abgrenzung von § 41 II 1 und § 41 II 2

32 Um den **Vorrang des** idR einfacheren und effektiveren Rechtsschutzes nach **§ 40** zu sichern und der Umgehung zwingender Vorschriften (wie der §§ 44 und 47) vorzubeugen, bestimmt § 41 II 1, dass die auf Feststellung des Bestehens oder Nichtbestehens eines Rechtsverhältnisses gerichtete Feststellungsklage nur zulässig ist, wenn der Kläger seine Rechte **nicht durch Gestaltungs- oder Leistungsklage** (zum Meinungsstreit im Bereich der VwGO Kopp/Schenke/Schenke VwGO § 43 Rn. 28) künftig verfolgen kann oder bisher schon hätte verfolgen können (Subsidiaritätsklausel, → Rn. 35 f.). Die Subsidiarität der Feststellungsklage ist eine **negative Sachentscheidungsvoraussetzung** (BFH VII R 69/76, BStBl. II 1977, 785; X R 54/06, BStBl. II 2010, 732; IV R 38/07, BStBl. II 2010, 60; V R 11/17, BFH/NV 2018, 14). Die konkrete, **zeitlich** prinzipiell **nicht eingegrenzte Möglichkeit,** Anfechtungs-, Verpflichtungs- oder Leistungsklage zur Wahrung einer Rechtsposition erheben zu können (s. zB BFH V B 29/07, BFH/NV 2008, 1501; VII B 126/07, BFH/NV 2009, 422; → Rn. 20–23 zur vorbeugenden Feststellungsklage), steht nach § 41 II 1 der Erhebung einer Feststellungsklage entgegen, wenn diese Klagearten gegenüber der Feststellungsklage einen gleichwertigen Rechtsschutz bieten. Nur (auch dem Umfang nach) **gleichwertiger Rechtsschutz** durch eine der vorrangigen Klagearten schließt die Feststellungsklage aus, nicht aber wenn dort nur Teilerfolge zu erwarten sind (zur Rechtfertigung der Subsidiaritätsklausel BFH VII R 51/94, BFH/NV 1995, 862; vertiefend HHS/Steinhauff § 41 Rn. 350 ff.).

33 **Im Fall der Nichtigkeit eines Verwaltungsakts** besteht diese Subsidiarität jedoch nicht (§ 41 II 2). Der BFH sieht auch eine auf die Beseitigung des Rechtsscheins der ordnungsgemäßen Bekanntgabe eines VA gerichtete Feststellungsklage gegenüber einer auf das gleiche Rechtsschutzziel gerichteten Anfechtungsklage als nicht subsidiär an, selbst wenn § 41 II 2 die Subsidiarität der Feststellungsklage ausdrücklich nur für die auf Feststellung der Nichtigkeit gerichtete Feststellungsklage ausschließt (BFH X R 54/06, BStBl. II 2010, 732; Levedag IWB 2010, 512; HHS/Steinhauff § 41 Rn. 182).

2. Bezugspunkt der Subsidiaritätsprüfung

34 Die Frage, ob der Kläger seine Rechte durch Gestaltungs- oder Leistungsklage verfolgen kann oder hätte verfolgen können, muss allein aus dem abgabenrechtlichen Normbereich heraus beantwortet werden. Es geht nur um Rechtspositionen, für deren Durchsetzung der **Finanzrechtsweg** (§ 33) **eröffnet** ist (bzw. eröffnet gewesen wäre; str.). Der BFH (VII R 56/93, BStBl. II 1994, 356) hat bislang offengelassen, ob die Feststellungsklage iSv § 41 II 1 auch dann subsidiär ist, wenn eine Gestaltungs- oder Leistungsklage auf einem anderen als dem finanzgerichtlichen Rechtsweg möglich ist. **Vorrangig** zur Feststellungsklage sind bislang also **nur finanzgerichtliche Gestaltungs- und Leistungsklagen** (→ Rn. 23 zum

Verhältnis Zivilrecht/Steuerrecht; **aA** HHS/Steinhauff § 41 Rn. 454; Gosch/v. Beckerath § 41 Rn. 77).

3. Subsidiarität bei Steuerbescheiden und Feststellungsbescheiden

Für den Regelungsbereich von Steuer- und Feststellungsbescheiden 35
kommt eine zulässige positive oder negative Feststellungsklage (§ 41 I 1) daher aufgrund der Subsidiaritätsklausel so gut wie **nicht** in Betracht. Denn die Feststellungsklage ist bereits im Vorfeld des Erlasses eines Steuerbescheids unzulässig, wenn „in absehbarer Zukunft" ein Steuerbescheid zu erlassen ist und dieser dann im Wege der Anfechtungsklage angefochten werden kann. Maßgeblich für die Subsidiarität der Feststellungsklage ist demnach, ob die Anfechtungs- oder Verpflichtungsklage statthafte Klageart ist (BFH IV R 1/72, BStBl. II 1973, 533; VII R 59/93, BFH/NV 1995, 640; VIII R 3/98, BStBl. II 1999, 199; IV B 43/06, BFH/NV 2007, 2127; zur Gewinnfeststellung IV B 8/99, BFH/NV 2000, 458).

Im Fall der **Konkurrentenklage** wegen der Besteuerung oder Nichtbesteuerung eines Mitbewerbers muss der Kläger ebenfalls die gegen den Stpfl. erlassenen Steuerbescheide bzw. Freistellungsbescheide im Wege der Drittanfechtung vorrangig angreifen. Ist für einen in der Vergangenheit liegenden Besteuerungszeitraum oder Stichtag **noch kein Steuerbescheid ergangen,** kann der Dritte unter den Voraussetzungen des § 41 auch Feststellungsklage erheben. Diese erledigt sich jedoch in der Hauptsache, falls vor der Entscheidung über die Feststellungsklage Steuerbescheide für den betreffenden Zeitraum bzw. Stichtag erlassen werden, da sie unzulässig wird. Eine Klage mit dem Ziel, eine Finbeh zur Besteuerung einer anderen Person für künftige Zeiträume oder Stichtage zu verpflichten, ist unzulässig (BFH I R 10/92, BStBl. II 1998, 63).

Die Subsidiarität gilt auch in anderen **Drittanfechtungskonstellationen.** Im Falle der Einbringung eines (Teil-)Betriebs oder Mitunternehmeranteils iSd § 20 UmwStG kann das aufnehmende Unternehmen (die Körperschaft) weder durch Anfechtungsklage noch durch Feststellungsklage geltend machen, die der Steuerfestsetzung des Einbringungsjahres zugrundeliegenden Bilanzansätze des eingebrachten Vermögens seien unzutreffend. Ein solches Begehren kann nur der Einbringende im Wege der sog. Drittanfechtung gegen den Körperschaftsteuerbescheid des Einbringungsjahres durchsetzen (BFH I R 79/10, BStBl. II 2012, 421; I R 2/11, BFH/NV 2012, 1649). → § 60 Rn. 123.

Die Subsidiaritätsklausel greift auch im Verhältnis zu anderen Steuer-VA (zu 36
den Erscheinungsformen → Vor § 40 Rn. 35 ff.). Nicht anwendbar ist § 41 im Streit um die vorab durch Abrechnungsbescheid zu klärende Frage, inwieweit eine Steuerschuld erloschen ist (BFH III R 125/73, BStBl. II 1977, 396; VII B 4/04, BFH/NV 2005, 657); zur Feststellung der Unzulässigkeit von Maßnahmen im Vollstreckungsverfahren BFH VII B 102/91, BFH/NV 1994, 377; zu weiteren Fällen s. HHS/Steinhauff § 41 Rn. 380 ff.

Im Anwendungsbereich der **Nichtigkeitsfeststellungsklage/Feststellung** 37
der Unwirksamkeit gilt die Subsidiarität nicht (§ 41 II 2). Zur Feststellung der Nichtigkeit einer **Prüfungsanordnung** kann Nichtigkeitsfeststellungsklage erhoben werden (vgl. zB BFH IX R 84/88, BStBl. II 1991, 120; VIII R 94/87, BFH/NV 1988, 214), nicht aber zur Feststellung der Rechtswidrigkeit (BFH VIII R 192/83, BFH/NV 1988, 104; → Rn. 12, 22: VA ist kein Rechtsverhältnis). Eine Feststellungsklage ist jedoch zulässig, wenn mit ihr die Feststellung begehrt wird,

dass der mit dem Einkommensteuerbescheid äußerlich verbundene **Verwaltungsakt über die Festsetzung eines Verspätungszuschlags** wegen verspäteter Abgabe der Einkommensteuererklärung gem. § 125 AO nichtig ist (BFH IV R 202/83, BFH/NV 1989, 12).

Mit der Entscheidung des BFH **X R 15/10, BStBl. II 2015, 109,** eine Nichtigkeitsfeststellung durch das FA könne Regelungswirkung haben und daher ihrerseits zu einem bestandskräftigen VA führen, verändert sich der Rechtsschutz im Bereich der Nichtigkeitsfeststellung. Wird die **Nichtigkeit eines Verwaltungsakts** durch **einen Verwaltungsakt gem. § 125 V AO festgestellt,** trifft dieser eine Entscheidung darüber, ob der VA, auf den er sich bezieht, nichtig ist. Bezieht sich diese Nichtigkeitsfeststellung durch VA auf einen Grundlagenbescheid, entscheidet sie darüber, ob der Grundlagenbescheid für den Folgebescheid Bindung entfalten konnte und ob deshalb die entsprechenden Folgerungen gezogen werden durften und dürfen. Damit hat die Nichtigkeitsfeststellung gem. § 125 V AO selbst Bindungswirkung für das Folgebescheidverfahren; es handelt sich um einen Grundlagenbescheid für den Einkommensteuerbescheid, wenn der bisherige Grundlagenbescheid nichtig ist.

Wird über die Nichtigkeit gem. § 125 V seitens des FA durch VA entschieden, so kann dieser VA mit der Anfechtungsklage angefochten werden. Wird er bestandskräftig, schließt dies gleichwohl eine spätere Nichtigkeitsfeststellungsklage gem. § 41 nicht aus; jedoch ist diese (trotz Geltung des § 41 II 2) entweder mangels eines besonderen Feststellungsinteresses unzulässig, jedenfalls aber unbegründet. Denn FA und Kläger sind durch den bestandskräftigen Bescheid gem. § 125 V inhaltlich gebunden, wenn dieser die Nichtigkeit verneint (vgl. auch Schuster jurisPR-SteuerR 23/2008 Anm. 1; Steinhauff jurisPR-SteuerR 50/2014 Anm. 2; Nöcker NWB 2015, 166). Dem Erfolg der Klage auf Feststellung der Nichtigkeit des Steuerbescheids steht die Rechtskraft des Sachurteils über eine Anfechtungsklage gegen diesen Bescheid entgegen (BFH I B 16/01, BStBl. II 2002, 13; HHS/Steinhauff § 41 Rn. 511), was hier entsprechend gelten muss. Abzulehnen ist die Auffassung, eine Nichtigkeitsfeststellungsklage gem. § 41 I sei nicht mehr ohne Vorverfahren gem. § 44 I möglich (Mihm AO-StB 2015, 4). Denn die Entscheidung BFH X R 15/10, BStBl. II 2015, 109 gibt dem FA nur eine weitere verfahrensrechtliche Handlungsoption. Nimmt das FA diese nicht wahr, bleibt es bei den unter → Rn. 25 dargelegten Sachentscheidungsvoraussetzungen für die Nichtigkeitsfeststellungsklage.

IV. Zum Verfahren

38 1. Es gelten die **allgemeinen Sachentscheidungsvoraussetzungen** (→ Vor § 33 Rn. 1 ff.) mit der schon erwähnten Besonderheit, dass die Feststellungsklage nicht von der Einhaltung einer Frist (§ 47) oder dem erfolglosen Abschluss eines außergerichtlichen Vorverfahrens (§ 44) abhängig ist. **Richtiger Beklagter** ist die Erlassbehörde (§ 63 I Nr. 1 und 2; dort → § 63 Rn. 10). Nach § 63 I Nr. 3 ist auch die Klage auf Feststellung der Nichtigkeit eines Steuerbescheids gegen die Behörde zu richten, die den Bescheid erlassen hat (BFH II B 48/99, BFH/NV 2000, 1112).

39 2. Ein **Übergang von der Feststellungsklage zur Anfechtungs- oder Verpflichtungsklage** stellt eine Klageänderung iSv § 67 dar (BFH II R 18/02, BFH/NV 2004, 203). Diese ist im Revisionsverfahren gem. § 123 I unzulässig.

3. **Rechtskraft:** 40
Nach § 110 I bindet auch ein Feststellungsurteil iSd § 41 I. § 110 I wird auch auf Urteile angewendet, mit denen die Nichtigkeit eines VA festgestellt oder dies abgelehnt wird (BFH X R 54/06, BStBl. II 2010, 732; X R 15/10, BStBl. II 2015, 109). Vollstreckbar ist jedoch nur die Kostenentscheidung. Durch die Rechtskraftwirkung ist – vorbehaltlich der Möglichkeiten eines Restitutions- oder Wiederaufnahmeverfahrens – über den Streitgegenstand abschließend entschieden.

Eine Anfechtungsklage, mit der sich ein Kläger erneut gegen die Festsetzung von Umsatzsteuer sowie gegen die Rechtmäßigkeit eines Betriebsprüfungsberichts wendet, ist unzulässig, wenn das FG schon **im Rahmen einer zuvor erhobenen Feststellungsklage** mit der Rechtmäßigkeit des Berichts und der Steuerfestsetzungen befasst war und mit rechtskräftigem Urteil über den Antrag des Klägers auf Feststellung der Nichtigkeit des Betriebsprüfungsberichts und der Umsatzsteuerfestsetzungen entschieden hat (FG München 14 K 3967/08, BeckRS 2010, 26030139).

Der selbständigen Klage auf Feststellung der Nichtigkeit des Steuerbescheids steht hingegen die Rechtskraft des Sachurteils über eine Anfechtungsklage gegen diesen Bescheid nicht entgegen (BFH I B 16/01, BStBl. II 2002, 13).

4. Die **fehlerhafte Verneinung oder Bejahung** des Feststellungsinteresses ist 41
ein Verfahrensfehler iSd § 115 II Nr. 3 und kein Rechtsanwendungsfehler (→ § 115 Rn. 310, „Feststellungsinteresse"; BFH VII B 105/06, BFH/NV 2007, 1902; XI B 46/10, BFH/NV 2011, 448). Zur Anwendung des § 126 IV aufgrund des Subsidiaritätsgrundsatzes s. BFH VII B 279/98, BFH/NV 2000, 324.

5. **Vorläufiger Rechtsschutz:** § 114 (BFH III B 24/82, BeckRS 1982, 5184; 42
VII B 9/22, BFH/NV 2023, 862; zur Nichtigkeitsfeststellungsklage I B 113/91, BFH/NV 1993, 349; → § 114 Rn. 21). Werden unwirksame oder nichtige VA angefochten, so kommt unter den weiteren gesetzlichen Voraussetzungen in § 361 II AO, § 69 II und III auch eine AdV in Betracht.

V. Urkunden- und Zwischenfeststellungsklage

1. Zwischenfeststellungsklage

Weitgehend ungeklärt ist, ob **§ 256 II ZPO,** der unter bestimmten Vorausset- 43
zungen die Zwischenfeststellung eines im Prozessverlauf streitig gewordenen präjudiziellen Rechtsverhältnisses vorsieht, über § 155 auch im finanzgerichtlichen Verfahren entsprechend gilt. Der BFH (StRK AO § 251 Rn. 25) hat dies, allerdings zur Rechtslage nach der RAO, die keine Feststellungsklage kannte, verneint.

Der Auffassung des BFH ist beizupflichten. **§ 41** enthält eine zwar an § 256 44
ZPO „angelehnte" (BT-Drs. 1/4278, 35 zu § 42 VwGO), aber doch eigenständige und **in sich abgeschlossene Regelung** (vgl. zur Entstehungsgeschichte: BT-Drs. IV/1446, 46, IV zu §§ 38–40 einerseits und die nur beispielhafte Fassung in § 43 Nr. 4 bzw. § 44 Nr. 4 der früheren Entwürfe – BT-Drs. 2/1716, 37 und 3/127, 38 – andererseits).

Doch auch wenn man gleichwohl eine Lücke iSd § 155 (→ § 155 Rn. 3) 45
annehmen wollte, sind es **„grundsätzliche Unterschiede"** iSd Verweisungstatbestands, die einer sinngemäßen Anwendung des § 256 II ZPO im finanzgerichtlichen Verfahren entgegenstehen: Das materielle Abgabenrecht diktiert, was wem

gegenüber wie iSd § 118 AO geregelt werden und unter welchen Umständen es Bestand haben soll (§§ 130 ff., 172 ff. AO). Vor allem aber ist das Abgabenrecht überall dort, wo präjudizielle Rechtsverhältnisse in Frage stehen, mit Hilfe des Instrumentariums Grundlagen-/Folgebescheid bis in das Prozessrecht hinein mit einem festen Regelwerk ausgestattet. Aufgabe des Prozessrechts ist es nicht, diese Ausgangslage zu verändern, sondern in dem durch das materielle Abgabenrecht abgesteckten Rahmen unter dem Gesichtspunkt des Rechtsschutzes Klarheit darüber herbeizuführen, was zwischen den Verfahrensbeteiligten als rechtens gelten soll.

46 So mag es vielfach durchaus im Interesse von Kläger und Finbeh liegen, bestimmte Besteuerungsgrundlagen (zB die Qualifikation von Einkünften oder die Behandlung bestimmter Bilanzpositionen) auch außerhalb der §§ 179 ff. AO verbindlich und über die Grenzen der „Abschnittsbesteuerung" hinaus „ein für alle Mal" gerichtlich feststellen zu lassen, oder vorab Klarheit über die steuerliche Behandlung eines Vorhabens zu erreichen (was mit Hilfe der Zwischenfeststellungsklage durchaus möglich erscheint; s. aber § 89 ff. AO). Nur ändert das alles nichts daran, dass das materielle Abgabenrecht (aus welchen Gründen auch immer) derartige Regelungen nicht vorsieht. **Fehlt** aber ein **entsprechender materiellrechtlicher Anspruch,** ist auch kein Raum für ein solches prozessuales Begehren (ebenso Gosch/v. Beckerath § 41 Rn. 16; HHS/Steinhauff § 41 Rn. 89 f. mwN).

2. Urkundenfeststellungsklage

47 Für die **Urkundenfeststellungsklage** (§ 256 I Fall 2 ZPO) gibt es über die Verweisung des § 155 im finanzgerichtlichen Verfahren weder Bedarf noch Rechtsgrundlage (ebenso HHS/Steinhauff § 41 Rn. 83 f.; Gosch/v. Beckerath § 41 Rn. 16; Kopp/Schenke/Schenke VwGO § 43 Rn. 13 aE mwN): Resultieren aus der Echtheit/Unechtheit einer Urkunde Rechtsbeeinträchtigungen iSd §§ 40 II, 41, so ist ohne spezielle Klageform für ausreichenden Rechtsschutz gesorgt; ist das nicht der Fall, so fehlt auch das Rechtsschutzbedürfnis.

§ 42 [Sachliche Grenzen der Klagebefugnis]

Auf Grund der Abgabenordnung erlassene Änderungs- und Folgebescheide können nicht in weiterem Umfang angegriffen werden, als sie in dem außergerichtlichen Vorverfahren angefochten werden können.

Literatur: Beierl, Die Einkünftequalität bei gemeinsamer wirtschaftlicher Betätigung im ESt-Recht, 1987, 588; Dötsch, Der KSt-Bescheid als Grundlagenbescheid, DB 1988, 1516; Geist, Die Wirkungen des § 232 I RAO und des § 42 Abs. 1 FGO bei Feststellungsbescheiden iSd §§ 214, 215 AO, DStR 1967, 723, 764; Gersch, Ergehen eines geänderten Grundlagenbescheids – Konsequenzen für den Folgebescheid, AO-StB 2005, 138; Gorski, Die Grenzen der Anfechtbarkeit berichtigter Steuerbescheide nach § 42 Abs. 1 FGO und § 232 Abs. 1 RAO, DStR 1975, 595; v. Groll, Zum vorläufigen Rechtsschutz im Bereich von Feststellungsbescheiden, StuW 1979, 172; Isler, Zulässigkeit einer Klage gegen Nullbescheid, AO-StB 2017, 140; Kies, Besonderheiten bei Einspruchsverfahren gegen korrigierte Steuerbescheide, DStR 2001, 1555; Klose, Die Anpassung von Folgebescheiden bei Erlass oder Änderung ressortfremder Grundlagenbescheide, AO-StB 2012, 308; Kulla, Gedanken zur Auswirkung der §§ 177 und 351 AO auf geänderte Steuerbescheide, DStZ (A) 1980, 51; Ling, § 351 II AO – eine Zulässigkeitsvorschrift?, DStZ 93, 659; Macher, Die beschränkte Anfechtbarkeit von Steuerverwaltungsakten, StuW 1985, 33; Mennacher, Selbständige Anfechtung von

Gewerbesteuermessbescheiden beim Verlustrücktrag und verfahrensrechtliche Folgen, DStR 1980, 284; Meßmer, Umfang der Rechtsmittelbefugnis im Verfahren der einheitlichen und gesonderten Feststellung von Besteuerungsgrundlagen, StuW 1966, 33; Neufang/Neufang, Veranlagung von Ehegatten ab 2013 und Steuerschuldnerschaft, StB 2014, 145; Roggan, Der vorläufige Rechtsschutz gegen Feststellungs- und Folgebescheide, Göttinger Diss. 1981; Seitrich, § 351 eine reine Zulässigkeitsnorm, FR 1983, 551; Söhn, Änderung von Steuerbescheiden und wiederholende Verfügung, StuW 1969, 222; Söhn, Die Anfechtung von Folgebescheiden, StuW 1974, 50; Steinhauff, Anfechtungsbeschränkung bei Berichtigungsbescheiden – Sperrwirkung des § 351 AO, AO-StB 2014, 177; Streck/Mack, Grundprobleme der VO über die gesonderte Feststellung von Besteuerungsgrundlagen nach § 180 II AO, DStR 1987, 707; Unterberger, Grenzen der Anfechtung von Änderungsbescheiden im Steuerrecht nach §§ 232 I AO, 42 I, Münchener Diss. 1973; v. Wedelstädt, Die Aufhebung und Änderung von Steuerbescheiden, Beilage Nr. 20/86 zum BB, S. 27; v. Wedelstädt, Bindungswirkung von Grundlagenbescheiden: Voraussetzungen – Umfang – Rechtsfolgen, AO-StB 2009, 203; v. Wedelstädt, Ressortfremde Verwaltungsakte als Grundlagenbescheide, AO-StB 2014, 150; Werth, Änderung von Antrags- und Wahlrechten, FR 2016, 628; Woerner/Grube, Die Aufhebung und Änderung von Steuerverwaltungsakten, 6. Aufl. 1988, 125 f. u. 157 ff.

Übersicht

	Rn.
I. Inhalt und Bedeutung der Regelung	1
1. Historische Entwicklung	1
2. Bezugnahme auf § 351 AO	2
II. Anfechtungsbeschränkung im Fall der Änderung (§ 42 FGO iVm § 351 I AO)	8
1. Normzweck	8
2. Voraussetzungen	9
a) Erfasste Typen von Steuerverwaltungsakten	9
b) Geänderter Steuerverwaltungsakt	16
c) Änderungsbescheid	21
3. Rechtsfolge	25
III. Anfechtungsbeschränkung im Verhältnis Grundlagen-/Folgebescheid (§ 42 FGO iVm § 351 II AO)	30
1. Normzweck	30
2. Voraussetzungen	33
3. Rechtsfolge	37

I. Inhalt und Bedeutung der Regelung

1. Historische Entwicklung

Diese allein im finanzgerichtlichen Verfahren anzutreffende Regelung begnügt sich seit ihrer Neufassung (durch Art. 54 des G v. 14.12.1976, BGBl. I 3351) mit einer **Verweisung auf § 351 I und II AO** (früher § 323 RAO 1931), allerdings ohne diese zu zitieren. Eine inhaltliche Änderung brachte die Aufnahme der Verweisung auf § 351 I u. II AO gegenüber dem vorherigen, in der FGO selbst umschriebenen Rechtszustand nicht. Der Bezug auf § 351 I u. II AO ergibt sich aus den Voraussetzungen des § 42, dass von der Regelung erfasste Änderungs- und Folgebescheide nicht weiter angefochten werden können, als sie in dem außergerichtlichen Vorverfahren angefochten werden konnten. Es soll ausgeschlossen werden, dass im Klageverfahren gegen einen Änderungs- oder Folgebe- 1 scheid, der nach einem bereits unanfechtbaren (Grundlagen-)Bescheid ergeht, eine verfahrensrechtliche Statusverbesserung eintreten kann (→ Rn. 8, 30). Der Änderungsbescheid ist ab seiner wirksamen Bekanntgabe alleinige Rechtsgrundlage hinsichtlich seines gesamten Regelungsinhalts für die Zukunft. Wird das Einspruchsverfahren über den Änderungsbescheid oder geänderten Folgebescheid abgeschlossen, ist gem. § 44 II Verfahrensgegenstand des anschließenden Klageverfahrens der Änderungs- oder Folgebescheid, jeweils in Gestalt der Einspruchsentscheidung (→ § 44 Rn. 40 ff.). Es können auch während des anschließenden finanzgerichtlichen Verfahrens weitere Änderungsbescheide und geänderte Folgebescheide ergehen, da die Vorschriften über Rücknahme, Widerruf, Aufhebung und Änderung von VA nach § 132 S. 1 AO ebenfalls gelten (Tipke/Kruse/Seer AO § 351 Rn. 6, 22; **a.A.** BFH VII R 122/80, BStBl. 1984, 791; HHS/Steinhauff § 42 Rn. 80). Diese späteren Bescheide werden gem. § 68 zum Verfahrensgegenstand. Deshalb ist auch für das finanzgerichtliche Verfahren eine Regelung darüber geboten, in welchem Umfang solche Änderungs- oder Folgebescheide angefochten werden dürfen (Gosch/v. Beckerath § 42 Rn. 9).

2. Bezugnahme auf § 351 AO

2 Nach dem Gesetzeszusammenhang ist die Regelung in den zweiten Teil („Verfahren"), Abschn. I („Klagearten, Klagebefugnis, Klagevoraussetzungen …") eingeordnet; der durch die Bezugnahme inkorporierte § 351 AO findet sich im siebenten Teil der AO (Überschrift „Außergerichtliches Rechtsbehelfsverfahren"), im Abschn. 1 **(„Zulässigkeit"),** und lautet:

§ 351 AO Bindungswirkung anderer Verwaltungsakte

(1) Verwaltungsakte, die unanfechtbare Verwaltungsakte ändern, können nur insoweit angegriffen werden, als die Änderung reicht, es sei denn, dass sich aus den Vorschriften über die Aufhebung und Änderung von Verwaltungsakten etwas anderes ergibt.

(2) Entscheidungen in einem Grundlagenbescheid (§ 171 Absatz 10) können nur durch Anfechtung dieses Bescheids, nicht auch durch Anfechtung des Folgebescheids, angegriffen werden.

3 Die einheitliche Fassung des § 42 und beider Abs. des § 351 AO („können … angegriffen werden") ebenso wie deren Stellung im Normgefüge (→ Rn. 2), vor allem aber der Zweck der Gesamtregelung, machen deutlich, dass es sich bei beiden Tatbestandsvarianten des § 351 I u. II AO um **Anfechtungsbeschränkungen** handelt. Die Anfechtungsbeschränkung des **§ 351 I AO** bei Änderungsbescheiden stellt eine **Sachentscheidungsvoraussetzung** des Einspruchsverfahrens dar, dh greift der Stpfl. den Änderungs-VA entgegen § 351 I über die Änderung hinaus an, so ist der Rechtsbehelf insoweit unzulässig (BFH V R 127/71, BStBl. II 1976, 438; XI R 25/21, DStR 2025, 327). Die Anfechtungsbeschränkung des **§ 351 II AO** zielt nach der BFH-Rspr. hingegen auf die Begründetheitsebene: Ein Einspruch gegen einen Folgebescheid mit Einwendungen gegen den Grundlagenbescheid ist danach nicht unzulässig, sondern – ungeachtet der Ergänzungsfunktion zu § 40 II (→ Rn. 5 f.) – **unbegründet,** weil bei einem Einspruch der Bescheid in vollem Umfang und damit auch die Frage der Bindungswirkung hinsichtlich der Wirksamkeit des Grundlagenbescheids zu prüfen ist (BFH VIII R 57/76, BStBl. II 1979, 678; I R 162/84, BStBl. II 1988, 142 mwN; I R 10/05, BFH/NV 2006, 750; IV R 100/06, BFH/NV 2010, 2056;

VIII R 2/10, BFH/NV 2012, 776; I R 13/16, BStBl. II 2019, 632; AEAO zu § 351, Nr. 4; v. Wedelstädt AO-StB 2009, 203 (207), aber **str. aA** Gosch/v. Beckerath § 42 Rn. 67; Tipke/Kruse/Seer AO § 351 Rn. 54; HHS/Steinhauff § 42 Rn. 24 ff.). Zu den Auswirkungen für das Klageverfahren weiter → Rn. 30 ff.

Mit der Anknüpfung an das außergerichtliche Vorverfahren gem. § 44 I ist § 42 auf **verwaltungsaktbezogene Klagen** zugeschnitten (→ Rn. 1; → § 44 Rn. 22). Er betrifft vorrangig Anfechtungsbegehren. Der Kläger wehrt sich gegen die Änderungen eines unanfechtbaren VA durch einen Änderungsbescheid oder gegen die Änderung eines Folgebescheids (nach Änderung des Grundlagenbescheids). Damit gilt § 42 sowohl für Anfechtungsklagen als auch für Verpflichtungsklagen in Gestalt der Vornahmeklage (mit denen auch die Aufhebung des Ablehnungsbescheids neben der Verurteilung der beklagten Behörde zum Erlass eines bestimmten VA begehrt wird – glA Gosch/v. Beckerath § 42 Rn. 7; HHS/Steinhauff § 42 Rn. 41). Im Hinblick auf die AdV s. **§ 69 II 4** (→ § 69 Rn. 55; „Folgebescheide"; „Grundlagenbescheide").

Inhaltlich geht es in beiden Fällen des § 351 I u. II AO darum, **Folgerungen** 4
festzulegen, die sich **aus** der **Bindungswirkung** bestimmter VA für die Anfechtungsmöglichkeit ergeben. **Rechtsschutz** soll danach eröffnet sein

- **im Fall der Änderung** eines schon bestandskräftigen VA (§ 351 I) **nur, soweit** (unter Durchbrechung der Bestandskraft) **etwas anderes geregelt** würde als bisher (→ Rn. 1, 8 ff.);
- im Verhältnis **Grundlagen-/Folgebescheid** (§ 351 II) nur, soweit im Folgebescheid überhaupt etwas iSd § 118 AO neu geregelt und der Folgebescheid nicht nur an den Grundlagenbescheid angepasst würde.

Dies **folgt** im Grunde **schon** mittelbar **aus § 40 II,** nämlich aus dem dort 5
verankerten Erfordernis der (zumindest teilweisen) Identität von angefochtenem und rechtsverletzendem VA (→ § 40 Rn. 77 f.). Nur soweit eine solche Kongruenz besteht, kann eine Anfechtungsklage Erfolg haben (§ 100 I 1, II, III). § 42 ist also im Verhältnis zu § 40 II sowohl iVm § 351 I AO als auch iVm § 351 II AO als lex specialis zu begreifen (→ § 40 Rn. 81): In beiden Fällen soll die Rechtsschutzmöglichkeit nicht weiter reichen als die Betroffenheit des Rechtsuchenden durch die jeweils in Frage stehende Einzelfallregelung:

- Im Fall eines Änderungsbescheids, der einen unanfechtbaren Bescheid ändert, besteht die angreifbare Rechtsverletzung nur im Umfang der Bescheidänderung zu Lasten des Bescheidadressaten.
- Im Verhältnis Grundlagen-/Folgebescheid muss die Regelung des Grundlagenbescheids angefochten werden (§ 351 II), nur sie vermag eine Rechtsverletzung zu begründen, nicht jedoch die Anpassung im Folgebescheid.

Das Zusammenspiel mit § 40 II verdeutlicht den **deklaratorischen und** 6
ergänzenden Charakter des § 42. Ein Änderungsbescheid nimmt den ursprünglichen Bescheid in seinen Regelungsinhalt auf und suspendiert diesen für die Dauer der Wirksamkeit des Änderungsbescheids (BFH GrS 1/72, BStBl. II 1973, 231; VII R 16/03, BStBl. II 2006, 346; I R 23/08, BFH/NV 2009, 1961; III R 53/13, BStBl. II 2015, 282). Trotz der ersetzenden Wirkung des Änderungsbescheids für den unanfechtbaren aufgehobenen VA liegt aufgrund der Änderung eine den Kläger beschwerende Neuregelung nur vor, soweit die Änderung reicht. Zu fragen ist also nach dem Regelungsgehalt des suspendierten (ursprünglichen) VA, um zu ergründen, wie weit die Änderung reicht. Gleiches gilt im Verhältnis Grundlagen-/Folgebescheid aus Sicht des Folgebescheids für Feststellungen, die

für den Folgebescheid Bindungswirkung entfalten (§§ 171 X, 182 I AO); im Umfang der Übernahme der bindenden Feststellungen fehlt es auf Ebene des Folgebescheids an einer selbständigen und verbindlichen Regelung (Steinhauff AO-StB 2014, 177).

II. Anfechtungsbeschränkung im Fall der Änderung (§ 42 FGO iVm § 351 I AO)

1. Normzweck

8 Im Spannungsfeld zwischen Rechtssicherheit (Bindungswirkung, Bestandskraft) und Individualrechtsschutz soll durch § 42 FGO iVm § 351 I AO für den Fall der Änderung eines Steuer-VA sichergestellt werden, dass **die Änderungsmöglichkeit,** die sich durch den Änderungs-Folgebescheid für den Betroffenen eröffnet, nicht weiter reicht als die hierdurch bewirkte Veränderung seiner Rechtsposition: Der Kläger soll, was seine Anfechtungsmöglichkeit angeht, durch eine Änderung nicht schlechter, aber auch nicht besser gestellt sein als zuvor (BFH V R 127/71, BStBl. II 1976, 438; Tipke/Kruse/Seer AO § 351 Rn. 1). Der schon bestandskräftig geregelte, unveränderte Teil des VA soll (weil insoweit eine Rechtsverletzung iSd §§ 40 II, 100 I nicht mehr in Frage steht) unberührt bleiben (BFH VIII R 67/76, BStBl. II 1978, 44).

2. Voraussetzungen

9 **a) Erfasste Typen von Steuerverwaltungsakten.** Dieser Zwecksetzung (→ Rn. 1, 8) entspricht es, wenn § 351 I AO, anders als sein Vorläufer (§ 232 I RAO; ebenfalls anders als § 42 – → Rn. 1), **keinerlei Begrenzung auf** einen **bestimmten Typ von** (Steuer-)**Verwaltungsakt** erkennen lässt und hinsichtlich der Tatbestandsmerkmale „ändern" bzw. „Änderung" und „Aufhebung" (→ § 68 Rn. 20 ff.) weit interpretiert wird. Voraussetzung ist allerdings, dass der Änderungsbescheid **„aufgrund der Abgabenordnung"** erlassen wird (→ Rn. 10 ff.). Diese Formulierung des § 42 ist aber nicht wörtlich zu verstehen. Ihre Bedeutung erschließt sich aus der Systematik des hierdurch angesprochenen Korrekturrechts der AO. Wie sich aus § 172 I 1 Nr. 2d AO ergibt, sind auch die Korrekturnormen, die außerhalb der AO angesiedelt sind, in deren System integriert (s. dazu näher HHS/v. Groll AO Vor §§ 172–177 Rn. 58, 65 sowie § 172 Rn. 185, 203 ff. mwN). Die aus § 42 folgenden Beschränkungen gelten also zB auch für auf § 10d EStG oder auf § 70 II EStG gestützte Änderungsbescheide (zu § 10d BFH IX R 11/12, BFH/NV 2013, 1069; weitere Beispiele HHS/v. Groll AO § 172 Rn. 203 ff.).

10 Somit gilt § 351 I AO **für alle Steuerverwaltungsakte,** für die nach den §§ 172 ff. AO zu korrigierenden **Steuerbescheide** und **Feststellungsbescheide, andere gleichgestellte Bescheide** wie Steuervergütungen gem. § 155 IV, Steuermessbescheide, Zerlegungs- und Zuteilungsbescheide und Zinsbescheide (zur Typologie der Steuer-VA → Vor § 40 Rn. 34 ff.; sowie Gosch/v. Beckerath § 42 Rn. 27; HHS/Steinhauff § 42 Rn. 50d).

11 Die in ihrem Bestand von den §§ 130, 131 AO abhängigen Geld-VA (vor allem Haftungs-, Erstattungs- und Abrechnungsbescheide, Anrechnungsverfügungen, zB gem. § 36 EStG Feststellungsbescheide nach § 251 III AO, Verspätungszuschläge) fallen ebenfalls unter § 351 I AO iVm § 42 (glA Gosch/v. Beckerath § 42

Rn. 28; Tipke/Kruse/Seer AO § 351 Rn. 6, 22; FG RhPf 4 K 1758/12, EFG 2013, 824 mit kritischer Anm. von Reuß – Verspätungszuschlag; FG Hmb 3 K 257/13, EFG 2014, 1563: Billigkeitserlass; a.A. aber BFH VII R 122/80, BStBl. II 1984, 791; HHS/Steinhauff § 42 Rn. 7, 80). Die unterschiedlichen Fassungen des § 351 I AO („Verwaltungsakte") einerseits und des § 42 („Änderungs- und Folgebescheide") andererseits stellen dies nicht in Frage. Auch ein ganz oder teilweise nach § 130 AO zurückgenommener oder nach § 131 AO widerrufener VA ist – jedenfalls im Hinblick auf die §§ 40 II, 47 – nur im Umfang der Änderung angreifbar.

Die Gegenmeinung, derzufolge die Anwendung des § 351 I auf Steuerscheide 12
beschränkt ist (ua BFH VII R 122/80, BStBl. II 1984, 791; HHS/Steinhauff § 42 Rn. 55 f.), argumentiert hauptsächlich vom Wortlaut der §§ 130, 131 AO her, wo nicht von „ändern", sondern von „Rücknahme" bzw. „Widerruf" die Rede ist. Das überzeugt nicht: Nach Wortlaut und **Zweck** der Regelung (→ Rn. 1, 8) kommt es im Geltungsbereich des § 42 und des § 351 AO allein darauf an, inwieweit sich durch Korrektur eines unanfechtbar gewordenen VA die **Rechtsschutzsituation** des Klägers (aus seiner Sicht betrachtet) ändert. Die Frage nach dem VA-Typ oder nach der (passenden oder unpassenden) Bezeichnung der Korrektur liefert keine für die Begrenzung der Änderungsbefugnis beachtlichen Erkenntnisse. Das bedeutet: **Fälle der Rücknahme (§ 130 AO) oder des Widerrufs (§ 131 AO)** sind **nur insoweit** vom Anwendungsbereich der §§ 351 I AO, 42 **ausgegrenzt, als sie noch nicht bestandskräftige Einzelfallregelungen betreffen.** Auch dem Schlusssatz des § 351 I AO kommt in diesem Zusammenhang keine eigenständige Bedeutung zu (dazu iÜ → Rn. 28).

Eine Beschränkung des Regelungsbereichs auf **„Geldbescheide"** (→ § 100 13
Rn. 31) ist ebenfalls nicht erkennbar, allerdings stellt sich hier auf Grundlage des Regelungsgehalts des neuen VA die Frage, ob dieser über den Bereich der Änderung hinaus geht (Gosch/v. Beckerath § 42 Rn. 29).

Der Klarstellungsfunktion des § 351 I AO entspricht es, seinem Regelungsbe- 14
reich auch Änderungsbescheide aufgrund von **Berichtigungen nach § 129 AO** zuzuordnen, obgleich diese Vorschrift nicht zur inhaltlichen Umgestaltung berechtigt und darum – systematisch konsequent – nicht von „ändern" spricht (zur Statthaftigkeit des Einspruchs BFH VIII R 67/81, BStBl. II 1984, 511; ebenso der RegE AOÄG 1992, der nicht umgesetzt wurde; Gosch/v. Beckerath § 42 Rn. 30).

Auch die **inhaltliche Abänderung begünstigender Steuerverwaltungs-** 15
akte fällt – soweit unanfechtbare Regelungen in Frage stehen – unter § 351 I AO (ebenso Gosch/v. Beckerath § 42 Rn. 31, 39): Anfechtung des ganzen oder teilweisen Wegfalls der Begünstigung, aber keine Möglichkeit, eine weitergehende Begünstigung zu erreichen.

Das Begehren **auf Änderung der Veranlagungsart** fällt nicht unter § 351 AO, sondern stellt sich als ein besonderes Verpflichtungsbegehren dar, selbst wenn der Antrag erst nach Abgabe übereinstimmender Erledigungserklärungen oder Ergehen einer Änderungsfestsetzung gestellt wird. § 351 AO kommt nicht zur Anwendung, da die Besteuerungsgrundlagen unberührt bleiben (BFH III R 32/91, BStBl. II 1993, 824; III R 49/00, BStBl. II 2002, 408; III R 15/10, BFH/NV 2013, 1071; s. ab dem VZ 2013 aber § 26 II 4 EStG).

b) Geänderter Steuerverwaltungsakt. Der ursprüngliche Steuer-VA muss 16
zum Zeitpunkt der Änderung formell **unanfechtbar** gewesen sein. **Bezugs-**

punkt des bestandskräftigen Regelungsinhalts ist bei Steuerbescheiden der Tenor (= die Höhe der Steuer, vgl. BFH VI R 63/02, BFH/NV 2007, 924), bei Feststellungsbescheiden die jeweilige selbständig anfechtbare Feststellung, bei teilbaren VA jeder trennbare Gegenstand und bei Teileinspruchsentscheidungen (§ 367 IIa AO) der im Tenor bestimmte Umfang der Bestandskraft. Unerheblich ist bei Teileinspruchsentscheidungen, wenn das FA die nicht bestandskräftig werdende Steuer nicht der Höhe nach (betragsmäßig) genau bestimmt hat; eine solche Bezifferung, wie sie § 157 I 2 AO für den Steuerbescheid als solchen verlangt, ist zur Abgrenzung des Regelungsinhalts der Teileinspruchsentscheidung nicht erforderlich (BFH X R 50/09, BStBl. II 2012, 536). Eine Teileinspruchsentscheidung kann sich allerdings auch nur auf unstreitige Teile eines Bescheids (alle nicht ausdrücklich angegriffenen Bestandteile des Bescheids) beziehen (BFH X R 50/09, BStBl. II 2012, 536).

17 Zur **Unanfechtbarkeit** des ursprünglichen VA kommt es durch
- Ablauf der Rechtsbehelfs-/Klagefrist (§§ 355 AO, 47);
- Rechtsbehelfs-/Klageverzicht (§§ 354 AO, 50);
- Rücknahme des Rechtsbehelfs/der Klage (§§ 362 AO, 72);
- eine Rechtsbehelfsentscheidung, die nicht mit der Klage angegriffen wird;
- übereinstimmende Erledigungserklärungen iSd § 138 (BFH III R 49/00, BStBl. II 2002, 408; XI R 21/02, BStBl. II 2003, 888);
- eine unanfechtbare Gerichtsentscheidung (§ 110).

18 Die Unanfechtbarkeit muss endgültig **feststehen.** Korrekturen im Verlaufe eines außergerichtlichen Rechtsbehelfsverfahrens oder eines Klageverfahrens wie die Wiedereinsetzung in den vorigen Stand (§ 110 AO) oder die Abgabe einer unwirksamen Rücknahmeerklärung (BFH II R 21/04, BFH/NV 2005, 1964) lösen die Anfechtungssperre nach Wortlaut und Sinn der Regelung nicht aus (BFH IV R 11/78, BStBl. II 1981, 5). Somit gilt § 351 I AO auch nicht, wenn ein von Beginn an angefochtener „offener" Bescheid während des Einspruchsverfahrens oder im Klageverfahren (§ 365 III AO; § 68) geändert wird.

19 Der geänderte VA muss eine **endgültige sachliche Regelung** beinhaltet haben: Darum und wegen § 351 I letzter Hs. AO („es sei denn ...") gilt § 351 I AO **nicht bei Änderungen nach § 164 II 1 AO** (BFH V B 24/99, BStBl. II 1999, 335; IV B 103/07, BFH/NV 2010, 865) oder nach **§ 165 II 2 AO.** Änderungen nach § 165 II 2 AO sind nach Art und Umfang nur in dem durch die Vorläufigkeit wirksam gesteckten Rahmen zulässig, dh für den nicht vorläufigen Teil der Steuerfestsetzung tritt Unanfechtbarkeit mit der Folge des § 351 I ein (BFH IX R 7/11, BStBl. II 2013, 359). Nach Erledigung des Rechtsstreits in der Hauptsache kann aber ein weiterer Vorläufigkeitsvermerk in den Bescheid, den das FA seiner vor dem FG gegebenen Zusage entsprechend erlässt, **wegen § 351 I AO** nicht mehr aufgenommen werden, wenn der Vorbehalt im ursprünglichen VA nicht enthalten war (BFH XI R 21/02, BStBl. II 2003, 888).

20 Ein **Vollabhilfebescheid,** der gem. § 367 II 3 AO zur Erledigung des Einspruchsverfahrens führt, ist nicht unanfechtbar, sondern kann mit dem Einspruch angefochten werden (BFH XI R 47/05, BStBl. II 2007, 736). Geschieht dies nicht, wird der Bescheid formell unanfechtbar und es gilt die Anfechtungsbeschränkung des § 351 I AO.

21 **c) Änderungsbescheid.** Nach Wortlaut, Sinnzusammenhang und Normzweck ist unter „ändern" **jede Art der Umgestaltung** des Regelungsgehalts eines bestandskräftigen Steuer-VA zu verstehen (s. auch HHS/v. Groll AO Vor

§§ 172–177 Rn. 113, § 172 Rn. 151, § 175 Rn. 170; ausf. → Rn. 26 ff.). Nur insoweit, als die abändernde Regelung tatsächlich Neues für den Betroffenen bringt, soll die Frage nach der Rechtswidrigkeit des Steuer-VA (§§ 40 II, 100 I 1) neu gestellt werden dürfen (→ Rn. 5 f.). Bei **wiederholenden Verwaltungsakten** bedarf es der Anwendung des § 42 FGO iVm § 351 I AO nicht, denn es ergibt sich die Unzulässigkeit der Klage in solchen Fällen schon aus § 40 II bzw. § 47 I.

Für das Eingreifen der § 42 FGO, § 351 I AO, vor allem für den in diesem Zusammenhang unerlässlichen Vergleich alte/neue Einzelfallregelung (→ Rn. 6), interessiert nur deren Existenz **bis zur Änderung,** nicht ihr weiteres, durch die Änderung ausgelöstes Schicksal. 22

§ 351 I AO findet weder auf Ergänzungsbescheide (§ 179 III AO), die Fortschreibung von Einheitswerten (§ 22 BewG) noch auf Erstbescheide Anwendung (Steinhauff AO-StB 2014, 177; HHS/Steinhauff § 42 Rn. 92 ff. mit weiteren Beispielen). 23

3. Rechtsfolge

Ein Verstoß gegen § 42 FGO iVm § 351 I AO macht die **Klage unzulässig** (BFH X B 53/03, BFH/NV 2004, 156; XI R 25/21, DStR 2025, 327). Der RefE zum AOÄndG 1992 sah unter anderem vor, in der Überschrift zum Ausdruck zu bringen, dass es sich um eine Zulässigkeitsregelung handelt, wurde aber nicht umgesetzt. 25

Der Anfechtungsrahmen ist fixiert durch den Gegenstand der Änderung. In der Regel kommt es dabei auf den jeweiligen **Tenor** (Ausspruch) des ursprünglichen wie des ändernden VA an (→ Rn. 16): Deren Gegenüberstellung markiert normalerweise eine **quantitative Anfechtungssperre.** Es können innerhalb des Änderungsrahmens nicht nur sämtliche Einwendungen erhoben werden, die sich nach Erlass des ursprünglichen Bescheids ergeben haben; vielmehr ist der Stpfl. auch berechtigt, solche Einwendungen vorzubringen, die er bereits gegen den ursprünglichen Bescheid hätte vorbringen können (BFH VI R 63/02, BFH/NV 2007, 924 mwN); es sei denn, die Unanfechtbarkeit des ursprünglichen VA beruht auf einem rechtskräftigen Urteil (zur inhaltlichen Bindungswirkung § 110 → Rn. 10 ff.). Die Überprüfung eines mit einem Rechtsbehelf angefochtenen Betragserrechnungsbescheids iSd **§ 100 II 3 Hs. 2** (→ § 100 Rn. 47 f.) ist angesichts der Rechtskraft des vorangegangenen Urteils grds. darauf beschränkt, ob das FA die in jenem Urteil enthaltenen Vorgaben rechnerisch zutreffend umgesetzt hat. Sie erstreckt sich aber auch auf die Frage, ob seit Ergehen des Urteils Umstände eingetreten sind, die eine Änderung des VA gebieten (BFH I R 67/10, BFH/NV 2012, 6). 26

Unbefristete Wahlrechte können auf Grundlage des § 42 FGO iVm § 351 AO bis zum Eintritt der Festsetzungsverjährung ausgeübt werden, wenn das FA einen Änderungsbescheid (zB gem. § 173 I Nr. 1 AO) erlässt und damit selbst innerhalb des Änderungsrahmens eine zuvor eingetretene formelle Bestandskraft (§ 351 AO) durchbricht; die Änderung der Antrags- oder Wahlrechtsausübung ist aber gleichwohl nur dann möglich, wenn die dadurch zu erzielende Steueränderung den durch die partielle Durchbrechung der Bestandskraft gesetzten Rahmen nicht verlässt (BFH X R 56/13, BStBl. II 2016, 967; s. auch Werth FR 2016, 632). Für das Veranlagungswahlrecht der §§ 26, 26a EStG war anerkannt, dass es im Verfahren gegen einen Änderungsbescheid des FA gem. § 173 I Nr. 1 AO 27 ausgeübt werden kann (BFH III R 15/10, BFH/NV 2013, 1071); allerdings hat der Gesetzgeber die Änderung der Wahl der Veranlagungsart mit Wirkung ab VZ 2013 durch § 26 II 4 EStG eingeschränkt (hierzu Schmidt/Kulosa EStG § 26 Rn. 25 f.; HHR/Münch EStG § 26 Rn. 80 ff.; Neufang/Neufang StB 2014, 145). Auch ist die kompensatorische Ausübung eines unbefristeten Wahlrechts iRd § 177 III AO gegen einen Änderungsbescheid des FA, der auf § 173 I Nr. 1 AO gestützt wird, möglich (BFH IV R 35/09, BFH/NV 2011, 2045). Auf dieser Grundlage hat das FG Münster 4 K 3386/12 E, EFG 2013, 940 auch die Ausübung des Wahlrechts auf Günstigerprüfung gem. § 32d VI EStG anerkannt (s. ferner zur nachträglichen Ausübung des § 7g EStG SächsFG 6 K 824/14, BB 2014, 2355). Auch bei Änderungsanträgen des Stpfl., die aufgrund einer Korrekturvorschrift gem. §§ 172 ff. AO die Bestandskraft durchbrechen, können unbefristete Wahlrechte noch ausgeübt werden (BFH X R 33/12, BStBl. II 2015, 138 zum Antrag auf Realsplitting; VI R 17/05, BStBl. II 2006, 806 zur Ausübung des Veranlagungswahlrechts gem. § 46 II Nr. 8 EStG im Zusammenhang mit einem Änderungsantrag nach § 173 I Nr. 2 AO).

28 Das gilt vor allem für den praktisch häufigsten Fall der **Heraufsetzung der Steuerfestsetzung durch Änderungsbescheid:** In Höhe des Änderungsbetrags darf angefochten, aber auch beiderseits saldiert werden, und zwar auch mit Auswirkungen auf die Grundlagen der ursprünglichen, iErg nicht mehr angreifbaren Steuerfestsetzung (vor allem nach § 177 AO; → Rn. 27). Der Kläger kann auf Grundlage des § 351 I letzter Hs. AO den Änderungsbescheid jedoch über den Änderungsrahmen hinaus angreifen, wenn er dies auf der Grundlage von Änderungsvorschriften auch gegenüber dem ursprünglichen VA hätte tun können (Gosch/v. Beckerath § 42 Rn. 40). In diesem Fall hat die materielle Bestandskraft Vorrang vor der für den ursprünglichen VA schon eingetretenen formellen Bestandskraft.

III. Anfechtungsbeschränkung im Verhältnis Grundlagen-/Folgebescheid (§ 42 FGO iVm § 351 II AO)

1. Normzweck

30 Auch die Regelung der § 42 FGO, § 351 II AO hat (ebenso wie diejenige der § 42 FGO, § 351 I AO, → Rn. 6 f.) nur **klarstellende Bedeutung:** Dass **von zwei (oder mehreren) Verwaltungsakten,** die sich (teilweise) mit der Regelung desselben Sachverhaltskomplexes befassen, **nur einer zu einer Rechtsverletzung** führen und den Kläger in eigenen Rechten (§ 100 I) verletzen kann, folgt im Grunde schon aus dem in § 40 II verankerten Grundsatz der Identität von angefochtenem und rechtsverletzendem VA. Eine vergleichbare, auf Zuschlagsteuern beschränkte, Spezialregelung enthalten **§ 51a V 1 EStG** und § 1 V SolZG (s. dazu BFH I R 2/10, BStBl. II 2011, 761; I R 23/11, DStR 2012, 2058; → Rn. 31). Hieraus folgt auch die **Umkehrbarkeit** der Regel: Eigenständige Entscheidungen in einem Folgebescheid dürfen nur durch eine gegen diesen, nicht durch eine gegen den Grundlagenbescheid gerichtete Anfechtungsklage angegriffen werden (s. zB zum Verhältnis ESt/KiSt-Bescheid BFH I R 7/07, BFH/NV 2008, 986; I R 99/06, BStBl. II 2011, 40).

31 Es handelt sich um eine reine **Rechtsfolgeregelung,** da hier nur aus dem in § 171 X AO definierten Verhältnis von Grundlagen-/Folgebescheid und aus der

an anderer Stelle (§§ 175 I 1 Nr. 1, 182 AO) geregelten Bindungswirkung des Grundlagenbescheids die verfahrensrechtlichen Konsequenzen gezogen werden.

2. Voraussetzungen

Wenn § 351 II AO von **„Entscheidungen"** spricht, so sind damit die verschiedenen Einzelfallregelungen iSd § 118 AO gemeint, die **in einem Grundlagenbescheid,** im Gegensatz zum Steuerbescheid, verselbständigt (und nur äußerlich zusammengefasst) enthalten sein können (nichts anderes meint § 157 II AO mit selbständig anfechtbaren […] „Besteuerungsgrundlagen", die „gesondert festgestellt werden", vgl. auch § 179 I AO; → Vor § 40 Rn. 44). 33

Als **Grundlagenbescheid** ist **gem. § 171 X 1 AO** 34
- ein Feststellungsbescheid (§§ 179 ff. AO),
- ein Steuermessbescheid (§ 184 AO) oder
- ein anderer VA

anzusehen, der für die Steuerfestsetzung bindend ist. Der Begriff des **Folgebescheids** beruht auf der Legaldefinition des § 182 I AO (s. zum Begriff des Grundlagen- und Folgebescheids Klein/Ratschow AO § 182 Rn. 4; zu Beispielen von Grundlagen- und Folgebescheiden → Vor § 40 Rn. 45 ff.).

Der Grundlagenbescheid muss nicht unbedingt von einer Finbeh stammen (sog. **ressortfremder Grundlagenbescheid**). § 351 II AO iVm § 42 haben im Bereich der ressortfremden Grundlagenbescheide (→ Vor § 40 Rn. 47) aber nur eine eingeschränkte Bedeutung. Denn in aller Regel benötigt der Stpfl. die spezifischen Feststellungen dieses Grundlagenbescheids, um eine Steuervergünstigung oder -befreiung in Anspruch nehmen zu können. Die Anfechtung des Folgebescheids mit Verweis auf einen unzutreffenden Inhalt des ressortfremden Grundlagenbescheids scheitert an § 351 II AO iVm § 42. Ist die Feststellung des ressortfremden Grundlagenbescheids, die Bindungswirkung für den Steuerbescheid hat, zugleich materielles Tatbestandsmerkmal der Steuernorm, muss der Stpfl. ohnehin im statthaften Rechtsweg den ressortfremden Grundlagenbescheid mit dem benötigten Inhalt einklagen; § 351 II AO iVm § 42 sind hier ohne Bedeutung (v. Wedelstädt AO-StB 2014, 150). 35

Eine Besonderheit stellen **mehrstufige Grundlagenbescheide** dar, bei denen ein Grundlagenbescheid (regelmäßig ein Feststellungsbescheid) die Basis für einen weiteren Feststellungsbescheid (weiterer Grundlagenbescheid) bildet, der im Verhältnis zu diesem als Folgebescheid und im Verhältnis zu dem ihm nachgeordneten Steuerbescheid seinerseits als Grundlagenbescheid fungiert (vgl. zB für die doppelstöckige PersGes BFH I R 49/09, BStBl. II 2011, 482 mwN; zur Publikumspersonengesellschaft mit Treuhand-Kommanditist BFH X R 23/97, BFH/NV 2002, 614; IV R 35/10, BFH/NV 2013, 1945; zum Fall der Unterbeteiligung BFH I R 191/84, BStBl. II 1989, 343; VIII R 11/02, BStBl. II 2006, 253). Auch in diesen komplexeren Fällen ist für den Anwendungsbereich des § 42 FGO iVm § 351 II AO die **Abgrenzung der Regelungsbereiche** der aneinander anknüpfenden Feststellungsbescheide entscheidend. 36

3. Rechtsfolge

Aus der Fassung des § 351 II AO („können nur […] angegriffen werden"), der Stellung im Normgefüge und vor allem aus der Funktion (→ Rn. 5 ff.) wird mit beachtlichen Argumenten gefolgert, dass es sich (wie bei den § 351 I AO, § 42) um eine **spezielle Sachentscheidungsvoraussetzung für Anfechtungsklagen** 37 handelt und Verstöße zur Unzulässigkeit der Klage und ihrer Abweisung durch Prozessurteil führen müssen (BFH IV R 67/95, BFH/NV 1997, 114; HHS/Siegers AO § 351 Rn. 11 ff.; Gosch/v. Beckerath § 42 Rn. 67; Tipke/Kruse/Seer AO § 351 Rn. 54; HHS/Steinhauff § 42 Rn. 24 ff., 171).

38 Die Anfechtungsbeschränkung des § 351 II AO zielt nach der gefestigten BFH-Rspr. hingegen auf die **Begründetheitsebene:** Ein Einspruch gegen einen Folgebescheid mit Einwendungen gegen den Grundlagenbescheid ist danach nicht unzulässig, sondern unbegründet, weil bei einem Einspruch der Folgebescheid als Verfahrensgegenstand in vollem Umfang auf seine Rechtmäßigkeit und damit auch die Frage der Bindungswirkung hinsichtlich der Wirksamkeit des Grundlagenbescheids zu prüfen ist (BFH VIII R 57/76, BStBl. II 1979, 678; I R 162/84, BStBl. II 1988, 142 mwN; I R 10/05, BFH/NV 2006, 750; IV R 100/06, BFH/NV 2010, 2056; VIII R 2/10, BFH/NV 2012, 776; I R 13/16, BStBl. II 2019, 632; AEAO zu § 351, Nr. 4; v. Wedelstädt AO-StB 2009, 203 (207)). Dieser Rspr. wird hier auch für das finanzgerichtliche Verfahren gefolgt.

Die Gegenauffassung überfrachtet die Zulässigkeitsprüfung. Die Abweisung der Klage als unzulässig ist nur gerechtfertigt, wenn ohne weiteres feststeht, dass ein bestandskräftiger Grundlagenbescheid vorliegt und der Kläger Einwendungen gegen eine unanfechtbare Feststellung auf der Ebene des Folgebescheids erhebt. Im Rahmen der Begründetheit der Klage gegen den Folgebescheid ist nämlich zu prüfen, ob überhaupt, und wenn ja, in welchem Umfang eine Bindungswirkung für den Folgebescheid an den Grundlagenbescheid eingetreten ist (BFH I R 162/84, BStBl. II 1988, 142; IV R 100/06, BFH/NV 2010, 2056 mwN zur Rspr.). Das FG, welches zunächst nur den Rechtsstreit hinsichtlich des Folgebescheids vor Augen hat, ist daher auf den Vortrag der Beteiligten und die Beiziehung der Akten zum Grundlagenbescheid angewiesen, um beurteilen zu können, ob ein wirksamer, unanfechtbarer Grundlagenbescheid vorliegt. Denn die gegen einen Folgebescheid gerichtete Klage ist auch nach der Gegenmeinung zulässig, wenn mit ihr das Fehlen eines wirksamen Grundlagenbescheids geltend gemacht wird (HHS/Steinhauff § 42 Rn. 27, 188). Wenn das Gericht, welches über die Klage gegen den Folgebescheid zu entscheiden hat, feststellen kann, dass ein wirksamer und unanfechtbarer Grundlagenbescheid mit Bindungswirkung vorliegt, kann es gem. § 351 II AO die Einwendungen gegen den Grundlagenbescheid im Klageverfahren gegen den Folgebescheid unberücksichtigt lassen (BFH VIII R 57/76, BStBl. II 1979, 678; I R 162/84, BStBl. II 1988, 142) und muss **durch Sachurteil** entscheiden. In **allen anderen** Fällen, in denen Zweifel an der Unanfechtbarkeit und Wirksamkeit eines vorhandenen Grundlagenbescheids bestehen, ist zu prüfen, ob das Verfahren gegen den Folgebescheid gem. § 74 (→ § 74 Rn. 22 ff.) auszusetzen ist. Von einer solchen Aussetzung des Verfahrens kann ausnahmsweise nur abgesehen werden, wenn eine Entscheidung in einem Verfahren über den Grundlagenbescheid nicht zu erwarten ist (BFH I B 14/98, BFH/NV 1999, 1383; IV R 100/06, BFH/NV 2010, 2056).

39 Da auf Ebene der Begründetheit über die Anfechtungsbeschränkung des § 42 FGO iVm § 351 II AO zu entscheiden ist, sind **Beiladungen** nach § 60 III vorzunehmen, weil diese nur bei offensichtlich unzulässigen Klagen entbehrlich sein können – → § 60 Rn. 24). Allerdings betrifft dies allenfalls solche Klageverfahren, in denen ein Feststellungsbeteiligter unmittelbar gegen seinen Einkommensteuerbescheid (bzw. einen anderen Folgebescheid) klagt; hinsichtlich der dort streitigen Besteuerungsgrundlage müssten in diesem Verfahren dann noch die Voraussetzungen der notwendigen Beiladung erfüllt sein.

Umdeutung eines gegen den „Folgebescheid gerichteten Rechtsbehelfs" in einen gegen den „Grundlagenbescheid gerichteten Rechtsbehelfs" kommt idR nicht in Betracht (SchlHFG III 172/80, EFG 1981, 218; zur Auslegung bzw. Umdeutung s. auch HHS/Steinhauff § 42 Rn. 189 f.). 40

§ 43 [Verbindung von Klagen]

Mehrere Klagebegehren können vom Kläger in einer Klage zusammen verfolgt werden, wenn sie sich gegen denselben Beklagten richten, im Zusammenhang stehen und dasselbe Gericht zuständig ist.

Vgl. § 44 VwGO, § 56 SGG, § 260 ZPO.

Literatur: Bartone, Das neue Gerichtskostengesetz in der Beratungspraxis, AO-StB 2005, 22; Baumgärtel, Wesen und Begriff der Prozesshandlung einer Partei im Zivilprozess, 1957, 128 f.; Behrends, Die Anspruchshäufung im Zivilprozess, 1935; Brandhuber, Konnexität bei Haupt- und Hilfsantrag, Regensburger Diss. 1987; Brox, Zur Problematik von Haupt- und Hilfsanspruch, FS für C. Heymanns Verlag, 1965, 121 ff.; Bucerius, Eventuell verbundene Anträge, ZZP 37 (1908), 193; Cahn, Eventuelle und alternative Klageanträge, JW 1920, 1014; Fleischmann, Sachliche Zuständigkeit bei Haupt- und Hilfsantrag, NJW 1993, 506; Gagel, Eventualanträge und Widerklagen gegenüber dem Prozessgegner und Drittbeteiligten, SGb 1989, 405; Georgiades, Die Anspruchskonkurrenz im Zivilrecht und Zivilprozessrecht, 1968; Grube, Zum Hilfsantrag im Steuerprozess, DStZ 2011, 913; Gruber, Trennung und Verbindung finanzgerichtlicher Verfahren unter kostenrechtlichen Aspekten, Inf 1991, 207; Merle, Zur eventuellen Klagenhäufung, ZZP 83 (1972), 436; Rütter, Die uneigentliche Eventualklagenhäufung, VersR 1989, 1241; Saenger, Klagenhäufung und alternative Klagebegründung, MDR 1994, 860; Steinhauff, Zum Hilfsantrag im Steuerprozess, AO-Steuerberater 2012, 16; Wagner, Die Praxis des Steuerprozesses, ZSteu 2009, 87.

I. Vorbemerkung

1. Sachlicher Anwendungsbereich

Die Vorschrift regelt die **Zusammenfassung mehrerer Klagebegehren** (prozessualer – nicht etwa materieller – Ansprüche) durch den Kläger. § 43 erfasst nur die **objektive Klagehäufung** (zur Abgrenzung zur subjektiven Klagehäufung → § 59 Rn. 3): Geltendmachen mehrerer prozessualer Ansprüche desselben Klägers gegen denselben Beklagten. Im finanzgerichtlichen Verfahren kann es zu einer Kombination subjektiver und objektiver Klagehäufungen kommen, zB wenn Eheleute gegen zusammengefasste Einkommensteuerbescheide für mehrere Veranlagungszeiträume Klage erheben (BFH III R 153/86, BFH/NV 1987, 256; HHS/Steinhauff § 43 Rn. 27). 1

§ 43 ermöglicht Klagehäufungen **für sämtliche Klagearten** der FGO, da die Regelung keine Beschränkung auf bestimmte Klagearten vorsieht. Zulässig ist somit auch die Verbindung von Feststellungsklagen und sonstigen Leistungsklagen mit Anfechtungsklagen oder Verpflichtungsklagen oder auch die Verbindung mehrerer Anfechtungs- oder Verpflichtungsklagen (HHS/Steinhauff § 43 Rn. 32, 150 f.). So ist bspw. eine Verbindung der Anfechtung einer Steuerfestsetzung mit einem Verfahren wegen abweichender Steuerfestsetzung aus Billigkeitsgründen (§ 163 S. 3 AO) möglich (BFH IV R 23/07, BStBl. II 2011, 654; I R 32/11, BStBl. II 2015, 175). Die Regelung gilt entsprechend **für mehrere Antragsbe-** 2

gehren (§ 69), nicht aber für die Kombination von Klage- und Antragsbegehren (Gosch/v. Beckerath § 43 Rn. 4, 41; HHS/Steinhauff § 43 Rn. 33; zum Verwaltungsprozess Kopp/Schenke/Schenke VwGO § 44 Rn. 1). **§ 43 ist im Revisionsverfahren nicht anwendbar** (→ Rn. 19).

2. Zweck und Bedeutung

3 Mehrere Klagebegehren aus Gründen der Verfahrensökonomie (und auch aus Kostengründen – → Rn. 9, 18) einer **gemeinsamen Verhandlung und Entscheidung** zuzuführen (ein Ergebnis, das auch durch Verbindung der Verfahren nach § 73 I 1 erreichbar ist; und zwar auch nur zur gemeinsamen Entscheidung: BFH X B 330/94, BFH/NV 1996, 153 mwN), empfiehlt sich im finanzgerichtlichen Verfahren vor allem dann, wenn ein und derselbe Sachverhalt (mit gleichgelagerten Fragen der Ermittlung) und/oder ein und dasselbe Rechtsproblem verschiedene Steuerarten bzw. mehrere Veranlagungszeiträume betrifft. Dabei steht es im Belieben des Klägers, ob er im Anschluss an mehrere Einspruchsentscheidungen (zu mehreren VZ) eine Klage für alle Streitjahre oder im Anschluss an eine Einspruchsentscheidung über mehrere VZ mehrere Klagen erhebt. Erhebt er **eine** Klage mit mehreren Klagebegehren, werden diese sämtlich rechtshängig; es liegt eine sog. **ursprüngliche Klagehäufung iSd § 43 vor** (s. BFH VII B 47/72, BStBl. II 1974, 137; V R 18/92, BFH/NV 1993, 544; zur nachträglichen Klagehäufung → Rn. 15).

4 Unabhängig von einem solchen Interesse an der gemeinsamen **Verfolgung mehrerer Klagebegehren** in einem Verfahren kann sich aber unter dem Gesichtspunkt umfassenden Rechtsschutzes oder der Kostenersparnis (→ Rn. 18) auch die Notwendigkeit zur Kombination **verschiedenartiger** prozessualer Ansprüche (Klagearten) ergeben (zB Verbindung von Kassation eines VA und schlichter Leistung zur Folgenbeseitigung – vgl. die Spezialregelungen in § 100 I 2, III; HHS/Steinhauff § 43 Rn. 16–22).

II. Voraussetzungen und Rechtsfolgen der objektiven Klagehäufung

1. Voraussetzungen

5 Die **Voraussetzungen für eine Verbindung** mehrerer Klagebegehren gem. § 43 sind

- ein Kläger (§ 57 Nr. 1),
- ein Beklagter (§ 57 Nr. 2, § 63),
- ein Zusammenhang zwischen den in Frage stehenden Ansprüchen,
- ein zuständiges Gericht.

6 **a) Mehrere Klagebegehren, die im Zusammenhang stehen.** Zum Begriff des **Klagebegehrens** → § 65 Rn. 30 ff. Da § 43 nur die Kumulation solch prozessualer Ansprüche erfasst (→ Rn. 1), ist die Norm nicht anzuwenden in Fällen der mehrfachen materiell-rechtlichen Begründung, die der Kläger innerhalb eines Klagebegehrens vorbringt oder bei materiell-rechtlichen Haupt- und Hilfsbegründungen (HHS/Steinhauff § 43 Rn. 35, 47, 78).

7 Die Klagehäufung setzt voraus, dass mehrere Klagebegehren **im Zusammenhang stehen.** Das Merkmal ist anhand des oben beschriebenen Normzwecks

(→ Rn. 3 u. 4), eine Verfahrensbeschleunigung durch die gemeinsame Verhandlung und Entscheidung der verschiedenen Klagebegehren zu erreichen und einen umfassenden Rechtsschutz zu ermöglichen, nicht eng auszulegen. Der notwendige Zusammenhang muss damit kein rechtlicher (zB dieselbe Rechtsfrage in mehreren Streitjahren) sein, sondern kann auch ein **tatsächlicher** (derselbe Sachverhalt in mehreren Streitjahren) **oder wirtschaftlicher** Zusammenhang sein (FG Brem 2 93 049 K 2, EFG 1994, 574; zur Klage gegen einen Gewinnfeststellungs- und Umsatzsteuerbescheid BFH V R 53/81, BeckRS 1983, 5527; glA HHS/Steinhauff § 43 Rn. 154–157; Gosch/v. Beckerath § 43 Rn. 51–53).

Das **Rangverhältnis** verschiedener Klagebegehren kann jedoch unterschiedlich sein. Je nach dem Verhältnis, in dem die verschiedenen Klagebegehren zueinander stehen, kann es sich handeln um eine 8

(1) **kumulative Klagehäufung** (mehrere gleichrangige Klagebegehren sollen zusammengefasst zum Erfolg führen): Eine solche kumulative Klagehäufung liegt nicht nur vor, wenn mehrere VA nebeneinander angefochten werden, sondern auch, wenn mehrere verfahrensrechtlich selbständige Feststellungen aus einem einheitlichen und gesonderten Gewinnfeststellungsbescheid mit einer Klage angefochten werden (BFH VIII R 352/82, BStBl. II 1988, 544; VIII R 30/99, BStBl. II 2001, 621). 9

(2) **alternative Klagehäufung:** Begehrt wird eine der Klage stattgebende Entscheidung über eines von mehreren Klagebegehren. Die Auswahl des Begehrens, dem stattgegeben werden soll, wird dem Gericht überlassen. Diese Art der Klagehäufung ist mangels Bestimmtheit idR unzulässig (BFH VII R 68/85, BFH/NV 1988, 457). 10

(3) **eventuelle Klagehäufung:** Neben einem mit einem Hauptantrag geltend gemachten prozessualen Anspruch wird – für den Fall, dass der Kläger insoweit erfolglos bleibt – hilfsweise ein anderes Klagebegehren zur Entscheidung gestellt, wobei zur Vermeidung bedingter Klagebegehren Gleichzeitigkeit und Gleichartigkeit des verfolgten Ziels gegeben sein müssen und die Bedingung nur auf innerprozessuale Vorgänge bezogen sein darf (aber → Rn. 17 zu unechten Hilfsanträgen; BFH VI B 107/04, BFH/NV 2004, 1421 auch zu mehreren jeweils nachrangigen Hilfsanträgen). Anerkannt ist auch die Möglichkeit einer eventuellen Klagehäufung in Gestalt der **uneigentlichen eventuellen Klagehäufung,** wenn der Hilfsantrag für den Fall des Obsiegens mit dem Hauptantrag gestellt wird und der Kläger für alle Klagebegehren eine stattgebende Entscheidung begehrt (s. Gosch/v. Beckerath § 43 Rn. 60; HHS/Steinhauff § 43 Rn. 95 ff.). 11

b) Zuständigkeit desselben Gerichts. Es muss der Finanzrechtsweg für alle kumulativ oder haupt- und hilfsweise geltend gemachten Klagebegehren eröffnet sein (§ 33 – bei Fehlen dieser Voraussetzung → Anh. § 33 Rn. 23; HHS/Steinhauff § 43 Rn. 136 ff., 203 ff.) und dasselbe FG sachlich (§§ 35, 36) und örtlich (§§ 38, 39) für alle Begehren zuständig sein (s. auch Kopp/Schenke/Schenke VwGO § 44 Rn. 6). **Grenzen der objektiven Klagehäufung** ergeben sich aber uU aus: 12

- einer abweichenden geschäftsplanmäßigen Zuweisung der vom Kläger verbundenen prozessualen Ansprüche an verschiedene Spruchkörper des angerufenen FG zum Zeitpunkt der Verbindung (vgl. iÜ → § 73 Rn. 6);
- der in § 73 I 2 verankerten Befugnis des FG, zusammengefasste Klagebegehren zu trennen (→ § 73 Rn. 20).

2. Rechtsfolgen

14 **a) Selbständigkeit der Klagebegehren.** Primäre Rechtsfolge der Klagehäufung ist das alle Klagebegehren erfassende einheitliche Verfahren. Es liegt nicht eine Zusammenfassung mehrerer Klageverfahren, sondern nur eine Klage vor, über die in einem Verfahren zu entscheiden ist (BFH VII B 47/72, BStBl. II 1974, 137). Gleichwohl kann bspw. der Verzicht auf mündliche Verhandlung auf einen abtrennbaren Teil des Verfahrens beschränkt werden (BFH I R 7/69, BStBl. II 1971, 181; Gosch/Wendl § 90 Rn. 27; HHS/Schallmoser § 90 Rn. 46; → § 90 Rn. 12). Erfolgte aufgrund einer verbundenen Klage wegen Gewinnfeststellung und Umsatzsteuer einer KG für die Gewinnfeststellung eine notwendige Beiladung durch das FG, so wirkt die Beiladung auch für das Verfahren über die Anfechtung der Umsatzsteuer (BFH V R 53/81, BeckRS 1983, 5527).

Durch eine gemeinsame Klageerhebung miteinander verbundene Verfahren können vom Gericht nur durch ausdrücklichen gerichtlichen Trennungsbeschluss gem. § 73 I 2 getrennt werden (BFH VIII B 39/09, BFH/NV 2010, 2089). Werden nach § 43 mehrere prozessuale Ansprüche **in einer Klage zusammen** verfolgt, so bleiben aber iRd einheitlichen Verfahrens die einzelnen Klagebegehren inhaltlich **selbständig.** Das verdeutlicht der Begriff der Klagehäufung ebenso wie der Umstand, dass die Verbindung durch das Gericht jederzeit wieder gelöst werden kann (§ 73 I 2) und einem unterschiedlichen prozessualen Schicksal der verschiedenen Begehren nicht entgegensteht. Zur Selbständigkeit aller anhängig gemachten Klagebegehren **hinsichtlich der Sachentscheidungsvoraussetzungen** s. BFH I R 89/80, BStBl. II 1982, 150; VIII R 31/01, BStBl. II 2002, 464. Bei Fehlen von Sachentscheidungsvoraussetzungen kann im Falle einer kumulativen Klagehäufung hinsichtlich eines Klagebegehrens ein **Teilurteil** (§ 98) ergehen (HHS/Steinhauff § 43 Rn. 116).

Die inhaltliche Selbständigkeit der einzelnen Klagebegehren **in materiellrechtlicher Hinsicht** zeigt sich auch darin, dass zwischen ihnen **nicht saldiert** werden darf (BFH VIII R 241/72, BStBl. II 1975, 385).

15 **b) Besonderheiten der eventuellen Klagehäufung.** Zur **ursprünglichen Klagehäufung** durch Klageerhebung → Rn. 3. Wird ein **Hilfsantrag** erst nach Ablauf der Klagefrist für den Hauptantrag, insbes. In der mündlichen Verhandlung, **nachträglich gestellt,** ist vor der Zulässigkeit der Klagehäufung iSd § 43 zu prüfen, ob eine gem. § 67 zulässige Klageänderung vorliegt, was die Einwilligung des FA verlangt oder dass das FG diese für sachdienlich hält (BFH II R 145/86, BStBl. II 1989, 981; II R 83/88, BFH/NV 1992, 267; X R 51/06, BStBl. II 2009, 892; VII B 180/13, BFH/NV 2014, 1723). Dies ist nur der Fall, wenn der neue Antrag den Voraussetzungen des durchgeführten außergerichtlichen Vorverfahrens (§ 44) und der Wahrung der Klagefrist (§ 47) genügt (BFH VIII B 55/96, BFH/NV 1998, 282; V R 48/04, BStBl. II 2009, 315; Grube DStZ 2011, 913 (916)).

16 Bei der eventuellen Klagehäufung wird der Hilfsanspruch zwar mit Einreichung der Klage rechtshängig, so dass sofort über ihn verhandelt werden kann; hat jedoch der Hauptantrag Erfolg und tritt somit **die innerprozessuale Bedingung,** an die das Hilfsbegehren gebunden ist, nicht ein, so entfällt hiermit zugleich auch rückwirkend dessen Rechtshängigkeit mit der Folge, dass über den Hilfsantrag nicht mehr zu entscheiden ist (BFH VII R 68/85, BFH/NV 1988, 457; VIII R 30/99, BFH/NV 2001, 827; VI B 107/04, BFH/NV 2004, 1421). **Ändert** der

Kläger nachträglich **das Eventualverhältnis** von Haupt- und Hilfsantrag, so liegt darin eine Klageänderung iSd § 67 (HHS/Steinhauff § 43 Rn. 89).

In Fällen, in denen **Haupt- und Hilfsantrag aufgrund eines einheitlichen Sachverhalts** auf ein gleichartiges wirtschaftliches Ziel gerichtet sind, ist bei der Entscheidung **die vom Kläger vorgegebene Rangfolge** der Anträge zu beachten und in dieser Reihenfolge zu entscheiden (HHS/Steinhauff § 43 Rn. 81, 94, 117). Reicht allerdings der vom Kläger gestellte „Hilfsantrag" über seinen Hauptantrag hinaus, wird das FG bei Auslegung des gesamten Begehrens zunächst über den weiter gehenden „Hilfsantrag" als eigentlichen Hauptantrag entscheiden (Grube DStZ 2011, 913 (915); BFH IV R 15/08, BStBl. II 2011, 764). An die vom Kläger gewählte Reihenfolge der Anträge ist das FG zudem dann nicht gebunden, soweit es um die Frage geht, ob der angefochtene Bescheid nichtig oder sonst unwirksam ist (→ § 96 Rn. 45 ff.; Grube DStZ 2011, 913 (915)). 17

Betreffen **Haupt- und Hilfsantrag unterschiedliche** Sachverhalte und sind daher nicht gleichartig und gleichrangig, bedarf es auch bei Erfolg des Hauptantrags eines Ausspruchs über den **(unechten) Hilfsantrag** (BFH VIII R 21/69, BStBl. II 1973, 55; VIII R 31/01, BStBl. II 2002, 464; I R 12/14, BFH/NV 2014, 1544; HHS/Steinhauff § 43 Rn. 94). Ist aufgrund unterschiedlicher Sachverhalte zwingend über den Hilfsantrag zu entscheiden, kann, wenn der Hauptantrag nicht entscheidungsreif ist, das den Hilfsantrag betreffende Begehren abgetrennt und über dieses vorab entschieden werden (BFH I R 12/14, BFH/NV 2014, 1544).

c) Kosten. Bedeutsam ist die einheitliche Klageerhebung auch für die **Kosten,** weil bei kumulativer Klagehäufung eine Klage erhoben wird, die zu einer vorläufigen Kostenrechnung führt (Bartone AO-StB 2005, 22 (25); → Vor § 135 Rn. 108 ff.). 18

d) Nichtzulassungsbeschwerde/Revision. Entscheidet das Gericht **durch Endurteil über alle Klagebegehren,** kann es die Zulassung der Revision auf einzelne Klagebegehren (Streitgegenstände) beschränken. Ist die vollumfängliche Anfechtung des Urteils beabsichtigt, muss hinsichtlich aller Klagebegehren NZB oder Revision eingelegt und jeweils begründet werden (→ Vor § 115 Rn. 1; → § 115 Rn. 6 f.); der Beschwerdeführer kann seine NZB aber auch auf einzelne Streitgegenstände beschränken. Hinsichtlich jedes Klagebegehrens (Streitgegenstands) muss bei Vollanfechtung des Urteils ein Zulassungsgrund in der NZB oder in der Revision ein Aufhebungsgrund dargelegt werden. Aufgrund der Teilbarkeit der Streitgegenstände kann die Revision nur hinsichtlich einzelner Klagebegehren zuzulassen, nur teilweise zulässig, nur teilweise begründet und das Verfahren teilweise zurückzuverweisen sein (→ § 126 Rn. 3, 11, 13, 20). Gibt das FG bei objektiver Klagehäufung einer auf zwei Klagegründe gestützten Klage aus einem Klagegrund statt, fällt auch der nicht beschiedene Klagegrund aufgrund eines zulässigen Rechtsmittels des Klägers der Rechtsmittelinstanz an (HHS/Steinhauff § 43 Rn. 192 mit Verweis auf BGH XI ZR 245/90, NJW 1992, 117). 19

§ 43 ist im Revisionsverfahren nicht anwendbar. Eine Zusammenfassung zweier Revisionsbegehren in einer Revision aufgrund einer Verbindung im Revisionsverfahren (→ § 73 Rn. 12) ist, wenn das FG zwei Urteile erlassen hat, nicht allein deshalb möglich, weil der Streitgegenstand der beiden Streitjahre das gleiche „Objekt" betrifft (BFH III R 15/80).

Wird bei einer **eventuellen Klagehäufung** die Klage hinsichtlich des Hauptantrags abgewiesen, so wird das Hauptbegehren nur dann Gegenstand des **Rechtsmittelverfahrens,** wenn **der Kläger** gegen die Abweisung ein Rechtsmittel 20 einlegt (BFH VII R 68/85, BFH/NV 1988, 457). Hat der Kläger nur mit seinem Hilfsantrag Erfolg und legt er gegen die Abweisung des Hauptantrags Revision ein, so wird gegenüber der Finbeh die Entscheidung über den Hilfsantrag rechtskräftig, sofern diese nicht ihrerseits ein Rechtsmittel einlegt (HHS/Steinhauff § 43 Rn. 189). Wird ein Hilfsantrag **erstmals** im Revisionsverfahren **vom Kläger** geltend gemacht, liegt darin eine nach § 123 unzulässige Klageerweiterung, ebenso wenn der Kläger einen im Klageverfahren gestellten Hilfsantrag im Revisionsverfahren als weiteren Hauptantrag verfolgen oder den Hilfsantrag zum Hauptantrag erheben will (→ § 123 Rn. 2).

Legt **der Beklagte** ein zulässiges Rechtsmittel gegen das nur dem Hilfsantrag stattgebende Urteil ein, so fällt der Hauptantrag der Rechtsmittelinstanz nur bei einem Anschlussrechtsmittel auch des Klägers an (HHS/Steinhauff § 43 Rn. 193).

§ 44 [Außergerichtlicher Rechtsbehelf]

(1) **In den Fällen, in denen ein außergerichtlicher Rechtsbehelf gegeben ist, ist die Klage vorbehaltlich der §§ 45 und 46 nur zulässig, wenn das Vorverfahren über den außergerichtlichen Rechtsbehelf ganz oder zum Teil erfolglos geblieben ist.**

(2) **Gegenstand der Anfechtungsklage nach einem Vorverfahren ist der ursprüngliche Verwaltungsakt in der Gestalt, die er durch die Entscheidung über den außergerichtlichen Rechtsbehelf gefunden hat.**

Vgl. §§ 68, 79 VwGO, § 78 SGG.

Literatur: Büchele, Anfechtungs- und Verpflichtungsklage gegen fehlerhafte Eintragungen auf der Lohnsteuerkarte?, DStR 1983, 435; Dawin, Gegenstand der Anfechtungsklage nach § 79 I 1 VwGO, NVwZ 1987, 872; Focke, Rechtsmittel gegen Entscheidungen der Zollbehörde, ZfZ 2014, 330; Geserich, Unstatthaftigkeit des erneuten Einspruchs bei (Teil)Einspruchsentscheidung innerhalb der Rechtsbehelfsfrist, HFR 2015, 8; Geserich, NWB 2014, 3790; Gräber, Anfechtung der in der Einspruchsentscheidung enthaltenen Endgültigkeitserklärung eines Steuerbescheides, DStR 1974, 131; Heyne, Das Vorverfahren nach der VwGO, der FGO und dem SGG, Würzburger Diss.1973; Hofmann, Das Widerspruchsverfahren als Sachentscheidungsvoraussetzung, FS Menger, 1985, 60; Intemann, Ausgewählte Probleme der Teileinspruchsentscheidung, DB 2008, 1005; Jellinek, Verwaltungsakt und Rechtsmittelbescheid als Gegenstand der Anfechtungsklage, NJW 1958, 81; Jellinek, Das erfolglose Vorverfahren als Prozessvoraussetzung des verwaltungsgerichtlichen Verfahrens, DVBl 1959, 308; Kopp, Die Rechtsschutzfunktion des Widerspruchsverfahrens, FS für Redeker, 1993, 543; Kranenberg, Klageverfahren der zusammen veranlagten Ehegatten, AO-StB 2010, 51; Lühn, Teil-Einspruchsentscheidungen bei Änderungsanträgen und Masseneinsprüchen nach dem JStG 2007, StB 2007, 292; Müller, Der Verfahrensgegenstand von Anfechtungs- und Verpflichtungsklagen und der Zeitpunkt der rechtlichen Beurteilung von Verpflichtungsklagen, NJW 1982, 1370; Neckels, Wie effektiv ist das außergerichtliche Vorverfahren nach der Abgabenordnung?, DStZ(A) 1992, 465 u. 526; Nöcker, Klageverfahren der zusammenveranlagten Ehegatten, AO-StB 2009, 299; Presting, Zur Notwendigkeit des Widerspruchsverfahrens, DÖV 1976, 269; Pump, Vorteilhafte Nutzung der Möglichkeiten des Einspruchsverfahrens, Inf 1992, 24; Pump/Krüger, Die isolierte Anfechtung der Einspruchsentscheidung in der finanzgerichtlichen Klage – Ein prozessualer Verfahrensfehler mit Konsequenzen, DStR 2013, 891; Raupach, Die Einspruchsentscheidung als alleiniger Klagegegenstand, DStR 1970, 170; Rößler, Muss die zurückweisende außergerichtliche Rechtsbehelfsentscheidung bereits bei Klageerhebung vorliegen?, DStZ (A) 1978, 24; Rüssel, Zukunft des Widerspruchsverfahrens, NVwZ 2006, 523; Saradjuk/Pump, Wann beginnt die

Einspruchspflicht gegen den Steuerbescheid bei unterschiedlichen Formen der Bekanntgabe?, DStR 2015, 1788; v. Schledorn, Zulässigkeit einer Klage auf Widerspruchsentscheidung, NVwZ 1995, 250; Schneider, Erste Gerichtsverfahren hinsichtlich der Teileinspruchsentscheidung sind anhängig, Stbg 2008, 23; Schuhmann, Kann die Einspruchsentscheidung einen Bekanntgabemangel heilen?, DStZ 1992, 623; Seitrich, Statthafter Rechtsbehelf bei Aufhebung des Nachprüfungsvorbehalts in der Einspruchsentscheidung, DB 1984, 1904; Steinhauff, Die isolierte Anfechtung der Einspruchsentscheidung in der Klage – Verfahrensfehler mit Konsequenzen, AO-StB 2013, 179; Stier, Die Verwaltungsrechtsbehelfe (Einspruch, Beschwerde) als Prozessvoraussetzung des steuergerichtlichen Verfahrens, DStR 1965, 325; Stier, Das richtige Vorverfahren als notwendige Sachurteilsvoraussetzung, Inf 1968, 245; Stolterfoth, Die Verwirklichung des Rechtsschutzes im außergerichtlichen Rechtsbehelfsverfahren, DStJG 18 (1995) 77; Strunz, Einspruch, Beschwerde und Dienstaufsichtsbeschwerde, DStZ 1992, 272; Taube/Egbert, Gemeinsamkeiten und Unterschiede zwischen außergerichtlichem und gerichtlichem Rechtsbehelfsverfahren, Einspruchsverfahren und Klageverfahren im ersten Rechtszug, AO-StB 2014, 318; Walchshöfer, Die Abweisung einer Klage als „zur Zeit" unzulässig oder unbegründet, FS für Schwab, 1990, 521; Wartner, Das außergerichtliche Vorverfahren als Prozessvoraussetzung der finanzgerichtlichen Klage, FR 1966, 300; Zirkel, Zum Begriff des erfolglosen Vorverfahrens iSv § 44 FGO, DStR 1967, 286.

Übersicht

	Rn.
I. Inhalt und Zweck der Regelung	1
1. § 44 I	1
2. § 44 II	2
II. Voraussetzungen und Rechtsfolgen des § 44 I	3
1. Der statthafte außergerichtliche Rechtsbehelf	3
2. Erfolglosigkeit des Vorverfahrens	10
a) Begriff des Vorverfahrens	10
b) Identität der Verfahrensgegenstände und Beteiligten	14
aa) Objektive Identität	15
bb) Subjektive Identität	19
c) Förmlicher Abschluss des Vorverfahrens	22
d) Erfolglosigkeit	27
3. Nachholbare Sachurteilsvoraussetzung	33
4. Rechtsfolgen	37
III. § 44 II – Verfahrensgegenstand	40
1. Inhalt und Bedeutung der Vorschrift	40
2. Verfahrensverbund von Verwaltungsakt und Einspruchsentscheidung	41
3. Zulässigkeit der isolierten Anfechtungsklage	45

I. Inhalt und Zweck der Regelung

1. § 44 I

§ 44 I enthält die Aussage, dass wenn nicht die besonderen Voraussetzungen der Sprungklage (§ 45) oder der Untätigkeitsklage (§ 46) gegeben sind, **für die Zulässigkeit der Klage** ein statthafter außergerichtlicher Rechtsbehelf erhoben werden und dieses Vorverfahren ganz oder zum Teil vor der Klageerhebung erfolglos geblieben sein muss. Die Erfolglosigkeit des außergerichtlichen Rechtsbehelfs ist **unverzichtbare Sachentscheidungsvoraussetzung** (BFH VI R 176/82, 1

BStBl. II 1985, 266; III R 213/82, BStBl. II 1985, 521; V R 47/11, BFH/NV 2013, 1101). Ob ein Vorverfahren erfolglos geblieben ist, ist als Sachurteilsvoraussetzung **von Amts wegen in jeder Verfahrenslage,** also auch noch vom BFH zu überprüfen (BFH I R 214/73, BStBl. II 1976, 76; VI R 176/82, BStBl. II 1985, 266). Zweck der Regelung ist es, den Betroffenen vor der Inanspruchnahme gerichtlichen Rechtsschutzes auf den einfachen, kostensparenden Weg einer vollständigen neuerlichen Nachprüfung der Sach- und Rechtslage durch die Finbeh (§ 367 II 1 AO) zu verweisen, um so zu verhindern, dass die Gerichte der Finanzgerichtsbarkeit als einzige Tatsacheninstanz mit nicht hinreichend vorbereiteten Verfahren belastet werden (BT-Drs. 03/127, 39). Es geht also
- aus der Sicht des Gerichts um eine Filterfunktion,
- aus der Sicht des Rechtsuchenden um zusätzlichen kostenlosen (außergerichtlichen) Rechtsschutz (allerdings mit der Gefahr der Schlechterstellung – § 367 II 2 AO),
- aus der Sicht der Verwaltung um Selbstkontrolle.

Zur verfassungsrechtlichen Würdigung des Erfordernisses eines erfolglos gebliebenen außergerichtlichen Rechtsbehelfsverfahrens als Sachentscheidungsvoraussetzung s. Gosch/v. Beckerath § 44 Rn. 37–39.

2. § 44 II

2 § 44 II fixiert den **Gegenstand der Anfechtungsklage** und der **Verpflichtungsklage** (falls diese ein Anfechtungsbegehren enthält; → Rn. 3) für den Regelfall („nach einem Vorverfahren") auf den ursprünglichen VA in der Gestalt der Rechtsbehelfsentscheidung. Damit erfüllt die Norm zwei Funktionen: Sie legt nach der äußeren Form fest, gegen welche Einzelfallregelung iSd § 118 AO die Klage zu richten (was als Objekt des Verfahrens anzusehen) ist, und wozu sich dann ggf. später ein (teilweise) stattgebendes Urteil zu äußern hat (Verfahrensgegenstand). Die Einspruchsentscheidung, mit der der Einspruch als unzulässig verworfen oder als unbegründet zurückgewiesen wird, ist ebenfalls ein VA und steht mit dem Steuerbescheid in einem **Verfahrensverbund,** da Klagegegenstand in diesem Fall der ursprüngliche VA in Gestalt der Einspruchsentscheidung ist (→ Rn. 40 ff.).

II. Voraussetzungen und Rechtsfolgen des § 44 I

1. Der statthafte außergerichtliche Rechtsbehelf

3 Der Begriff der Klage in § 44 I als formalisiertes und konkretisiertes prozessuales Begehren (→ § 40 Rn. 3) umfasst im Ausgangspunkt sämtliche Klagearten der §§ 40, 41. § 44 I bezieht sich auf einen Teilbereich, nämlich auf Klagen in Fällen, in denen die AO statthafte außergerichtliche Rechtsbehelfe gegen Steuer-VA in den §§ 347, 348 AO bereitstellt. Positiv markiert wird der Geltungsbereich der Vorschrift somit durch diese Verweisung auf die Vorschriften der **AO,** die bestimmen, ob ein **außergerichtlicher Rechtsbehelf gegeben** ist. Seit dem **1.1.1996** (dh gem. Art. 97 § 18 III EGAO: soweit ein VA angefochten wird, der nach diesem Zeitpunkt durch Bekanntgabe – §§ 122, 124 I AO – wirksam geworden ist) gibt es als außergerichtlichen Rechtsbehelf **nur noch** den **Einspruch,** der in den folgenden Fällen statthaft ist:

§ 347 AO Statthaftigkeit des Einspruchs

(1) [1]Gegen Verwaltungsakte

1. in Abgabenangelegenheiten, auf die dieses Gesetz Anwendung findet,
2. in Verfahren zur Vollstreckung von Verwaltungsakten in anderen als den in Nummer 1 bezeichneten Angelegenheiten, soweit die Verwaltungsakte durch Bundesfinanzbehörden oder Landesfinanzbehörden nach den Vorschriften dieses Gesetzes zu vollstrecken sind,
3. in öffentlich-rechtlichen und berufsrechtlichen Angelegenheiten, auf die dieses Gesetz nach § 164a des Steuerberatungsgesetzes Anwendung findet,
4. in anderen durch die Finanzbehörden verwalteten Angelegenheiten, soweit die Vorschriften über die außergerichtlichen Rechtsbehelfe durch Gesetz für anwendbar erklärt worden sind oder erklärt werden,

ist als Rechtsbehelf der Einspruch statthaft. [2]Der Einspruch ist außerdem statthaft, wenn geltend gemacht wird, dass in den in Satz 1 bezeichneten Angelegenheiten über einen vom Einspruchsführer gestellten Antrag auf Erlass eines Verwaltungsakts ohne Mitteilung eines zureichenden Grundes binnen angemessener Frist sachlich nicht entschieden worden ist.

(2) Abgabenangelegenheiten sind alle mit der Verwaltung der Abgaben einschließlich der Abgabenvergütungen oder sonst mit der Anwendung der abgabenrechtlichen Vorschriften durch die Finanzbehörden zusammenhängenden Angelegenheiten einschließlich der Maßnahmen der Bundesfinanzbehörden zur Beachtung der Verbote und Beschränkungen für den Warenverkehr über die Grenze; den Abgabenangelegenheiten stehen die Angelegenheiten der Verwaltung der Finanzmonopole gleich.

(3) Die Vorschriften des Siebenten Teils finden auf das Straf- und Bußgeldverfahren keine Anwendung.

Nicht statthaft ist der Einspruch in den gem. § 348 AO angeführten Fällen: 4

§ 348 AO Ausschluss des Einspruchs

Der Einspruch ist nicht statthaft

1. gegen Einspruchsentscheidungen (§ 367),
2. bei Nichtentscheidung über einen Einspruch,
3. gegen Verwaltungsakte der obersten Finanzbehörden des Bundes und der Länder, außer wenn ein Gesetz das Einspruchsverfahren vorschreibt,
4. gegen Entscheidungen in Angelegenheiten des Zweiten und Sechsten Abschnitts des Zweiten Teils des Steuerberatungsgesetzes,
5. (weggefallen)
6. in den Fällen des § 172 Absatz 3.

Nach § 347 I 1 ist gegen VA, die im Katalog der Regelung genannt sind (zur Typologie der Steuer-VA → Vor § 40 Rn. 34 ff.) und gegen Ablehnungsbescheide, mit denen Anträge auf Erlass eines begünstigenden VA abgelehnt werden, der Einspruch statthaft. Ist der Einspruch oder ein anderer außergerichtlicher Rechtsbehelf (→ Rn. 7) statthaft, ist nach § 44 I das erfolglos gebliebene Vorverfahren **Sachentscheidungsvoraussetzung** für die Zulässigkeit der Klage, es sei denn, die Klage ist gem. §§ 45, 46 zulässig (→ Rn. 8). § 44 I erfasst damit im Kern die verwaltungsaktbezogenen **Anfechtungs- und Verpflichtungsklagen.** In den Fällen der **Fortsetzungsfeststellungsklage** ist zwischen der Erledigung des VA vor und nach Klageerhebung zu unterscheiden; die Zulässigkeitsvorausset- 5 zungen der Anfechtungs- oder Verpflichtungsklage und damit die Durchführung eines erfolglosen Vorverfahrens sind bis zum Eintritt des die Hauptsache erledigenden Ereignisses einzuhalten (→ § 100 Rn. 83 ff. mwN zur Rspr.).

6 **Keine Sonderregelungen** galten bislang **für Verfahren in Zollsachen** (s. auch Art. 245 ZK der Gemeinschaften, demzufolge die Regelung des Rechtsbehelfsverfahrens Sache der Mitgliedstaaten war; HHS/Steinhauff § 44 Rn. 9; FG Hmb 4 K 189/12, BeckRS 2013, 95580; Focke ZfZ 2014, 330). Seit dem 1.5.2016 gilt der Zollkodex der Union (UZK, VO Nr. 952/2013), dessen Art. 43–55 Regelungen zu Rechtsbehelfen gegen Entscheidungen der Zollbehörden enthalten. Da es sich insoweit nur um einen Mindeststandard handelt, gelten im Übrigen auch weiterhin die Regelungen des einzelnen Mitgliedstaats (ebenso Tipke/Kruse/Seer AO § 347 Rn. 6; s. auch FG Hmb 4 V 16/17, BeckRS 2017, 113170).

7 **Andere Formen statthafter außergerichtlicher Rechtsbehelfe** gegen VA, für die der Rechtsweg gem. § 33 eröffnet ist, sind ebenfalls von § 44 I erfasst (s. Gosch/v. Beckerath § 44 Rn. 73, 88 zum Widerspruch gegen Kirchensteuerbescheide).

8 Eine Klage ist ohne endgültig erfolglos gebliebenes Vorverfahren demgemäß **nur** zulässig (→ Rn. 5), wenn

- **kein außergerichtlicher Rechtsbehelf** statthaft ist (§ 348 Nr. 1–4, 6 AO), vor allem aber in den Fällen, in denen **kein VA** vorliegt (s. auch § 347 I 1: „Gegen Verwaltungsakte …"). Dies gilt sowohl bei Feststellungsklagen (§ 41), die auf die Feststellung eines bestehenden oder nichtbestehenden Rechtsverhältnisses gerichtet sind, als auch bei den Nichtigkeitsfeststellungsklagen (zur Feststellungsklage bei unwirksamer Bekanntgabe FG Düsseldorf 13 K 7534/04 F, EFG 2011, 682 mAnm Leitner; → § 41 Rn. 25; sowie bei der sonstigen Leistungsklage und § 40 I letzter Fall; → § 40 Rn. 31);
- die Voraussetzungen des § 45 I **(Sprungklage)** erfüllt sind; dh, wenn bei Anfechtungs- oder Verpflichtungsklagen die Finbeh der unmittelbaren Anrufung des Gerichts (rechtzeitig) zustimmt (zu den Einzelheiten → § 45 Rn. 16),
- die Anordnung eines dinglichen Arrests angegriffen wird (§ 45 IV; → § 45 Rn. 36 f.),
- die Voraussetzungen der **Untätigkeitsklage (§ 46)** erfüllt sind (BFH V R 47/11, BFH/NV 2013, 1101; zu § 347 I 2 AO → § 46 Rn. 2 f.).

Ein während eines Gerichtsverfahrens ergehender Änderungsbescheid wird nach § 68 I 1 Gegenstand des Verfahrens; **§ 68 I 2** schließt für solche Bescheide ausdrücklich eine doppelte Rechtshängigkeit im Sinne eines Nebeneinanders von Einspruchs- und Klageverfahren aus (→ § 68 Rn. 85).

9 Die **unmittelbare Klageerhebung** ist auch zulässig, wenn die außergerichtliche **Rechtsbehelfsentscheidung** den **Kläger erstmals beschwert.** Hierzu gehören folgende Anwendungsfälle in der Praxis: Eine Einspruchsentscheidung ergeht, ohne dass Einspruch erhoben wurde. Diese ist rechtswidrig. Die der Einspruchsentscheidung innewohnende Beschwer kann durch **Erhebung einer isolierten Anfechtungsklage** beseitigt, aber keine Entscheidung in der Sache erreicht werden (BFH IV R 68/02, BFH/NV 2005, 553 zur Bekanntgabe der Einspruchsentscheidung an Ehegatten, die nicht beide Einspruch erhoben hatten). Richtet sich eine Einspruchsentscheidung an die Gesellschafter einer PersGes, nachdem der Einspruch von der PersGes selbst eingelegt worden war, so fehlt es sowohl für eine Klage der PersGes als auch für eine Klage der Gesellschafter an einem abgeschlossenen Vorverfahren. Die Einspruchsentscheidung löst damit bei

dem Gesellschafter als Adressat eine zusätzliche Beschwer aus, gegen die er sich im Wege der Anfechtungsklage wenden darf (BFH VIII R 14/95, BFH/NV 1999, 145; I R 33/06, BFH/NV 2007, 2236). Zu weiteren Fällen → Rn. 16. Zum Erfordernis des abgeschlossenen Vorverfahrens bei durchgeführter und unterbliebener **Hinzuziehung** → Rn. 20.

2. Erfolglosigkeit des Vorverfahrens

a) Begriff des Vorverfahrens. § 44 I verlangt für die Zulässigkeit der Klage, 10
dass ein **außergerichtliches Rechtsbehelfsverfahren statthaft** (§§ 347, 348 AO; → Rn. 3) und **ganz oder zum Teil erfolglos** geblieben ist. Das Verfahren zur Entscheidung über den außergerichtlichen Rechtsbehelf bezeichnet § 44 I als **Vorverfahren.** Ein Vorverfahren in diesem Sinne setzt eine Initiative des Rechtsuchenden in Gestalt der Einlegung des Einspruchs (SchlHFG III 172/80, EFG 1981, 219) voraus (→ Rn. 11), dh im Anschluss an eine vom FA irrtümlich erlassene Einspruchsentscheidung, ohne dass ein solcher erhoben wurde, kann nur im Wege **der isolierten Anfechtungsklage** die Aufhebung der Einspruchsentscheidung erreicht werden (→ Rn. 9; ebenso Gosch/v. Beckerath § 44 Rn. 81 f.).

Ist hingegen ein Einspruch erhoben worden, wird den Erfordernissen des § 44 I auch dann genügt, wenn das **FA dies nicht erkannt** hat, somit nicht in dem Bewusstsein handelt, ein Vorverfahren durchzuführen und statt einer förmlichen Rechtsbehelfsentscheidung einen abschlägigen VA erlässt (BFH III R 140/70, BStBl. II 1974, 417; VII R 46/94, BFH/NV 1995, 758).

Ob der Stpfl. einen Einspruch erhoben hat, richtet sich bei nicht eindeutigen 11
Erklärungen gegenüber dem FA nach dem Grundsatz der rechtsschutzgewährenden Auslegung (s. zB BFH IV R 48/02, BStBl. II 2004, 964; IV R 35/04, BFH/NV 2007, 1509; II R 52/07, BFH/NV 2010, 824; III R 56/13, BFH/NV 2015, 206). In entsprechender Anwendung der §§ 133, 157 BGB sind auch außerprozessuale Verfahrenserklärungen auszulegen. Hiernach ist eine schriftliche Erklärung des Stpfl. gegenüber dem FA so auszulegen, dass dasjenige gewollt war, was nach den Maßstäben der Rechtsordnung vernünftig ist und der recht verstandenen Interessenlage entspricht. Lässt die Äußerung eines Stpfl. ungewiss, ob er einen Rechtsbehelf einlegen will, so ist unter Beachtung des verfassungsrechtlichen Gebots der Gewährung effektiven Rechtsschutzes die Erklärung **im Zweifel als Rechtsbehelf** zu betrachten, um zu Gunsten des Stpfl. den Eintritt der Bestands- oder Rechtskraft zu verhindern (BFH VI R 37/94, BFH/NV 1997, 363; V R 87/01, BStBl. II 2003, 505; XI R 42/04, BFH/NV 2007, 1283; → Vor § 33 Rn. 40 ff.). Eine rechtsschutzgewährende Auslegung kann auch dann geboten sein, wenn der Stpfl. durch eine rechtskundige Person vertreten wird (vgl. zB BFH IV R 48/02, BStBl. II 2004, 964; XI B 206/04, BFH/NV 2006, 68; XI B 149/05, BFH/NV 2006, 2035; VI R 12/05, BStBl. II 2009, 116).

Um eine Erklärung als Einspruch auslegen zu können, ist keine Substantiierung des Begehrens notwendig. Nach **§ 357 III 2 AO** soll zwar angegeben werden, inwieweit der VA durch den Einspruch angefochten und seine Aufhebung beantragt wird. Es handelt sich dabei jedoch um eine **bloße Sollvorschrift** und nicht um eine zwingende Darlegungsanforderung für den Einspruch. Die Pflicht, einen Einspruch zu begründen, ergibt sich auch nicht aus § 350 AO; dh die Begründung ist somit ebenfalls kein Pflichtbestandteil der Erklärung. Der Einspruch führt auch ohne ein ausdrückliches Begehren des Einspruchsführers gem. § 367 II 1 AO zu einer erneuten Prüfung des VA in vollem Umfang (sog. Gesamtaufrollung). Der rechtsschutzgewährenden Auslegung von Erklärungen als Einlegung eines Einspruchs steht nach der Rspr. auch nicht entgegen, dass sich aufgrund des § 367 II 2 AO durch die Annahme eines in Gang gesetzten Einspruchsverfahrens auch nachteilige Änderungen des angefochtenen Bescheids zu Lasten des Einspruchsführers ergeben können. Denn der Einspruchsführer kann in diesem Fall nach dem gesetzlich erforderlichen Verböserungshinweis den Einspruch vorher zurücknehmen. Es genügt daher für den Erklärungsgehalt einer Einspruchseinlegung, wenn das **Vorliegen einer Beschwer** nach einer verständigen Prüfung des angefochtenen VA **als möglich erscheint und der Einspruchsführer dessen Änderung oder Aufhebung begehrt** (s. zum Ganzen zB BFH II R 90/83, BStBl. II 1986, 243; VI R 7/04, BFH/NV 2008, 9; II R 52/07, BFH/NV 2010, 824).

Kommt das FG auf der Grundlage einer rechtsschutzgewährenden Auslegung zu dem Ergebnis, eine Erklärung sei als Einspruch auszulegen, so kann der BFH diese **Auslegung durch das Finanzgericht nur daraufhin überprüfen,** ob das FG die gesetzlichen Auslegungsregeln beachtet und nicht gegen Denkgesetze oder Erfahrungssätze verstoßen hat (BFH VI R 12/05, BStBl. II 2009, 116; X R 51/06, BStBl. II 2009, 892; II R 52/07, BFH/NV 2010, 824; IX R 4/19, BStBl. II 2020, 368). Revisionsrechtlich nachprüfbar ist jedoch, ob die Erklärung zur Einspruchseinlegung auslegungsbedürftig war. Hieran fehlt es, wenn die Erklärung nach Wortlaut und Zweck einen eindeutigen Inhalt hatte (BFH I R 93/00, BFH/NV 2002, 613; IV R 35/04, BFH/NV 2007, 1509; I R 61/16, BFH/NV 2019, 898; III R 50/20, BStBl. II 2021, 866). Ein **gegen einen Sammelbescheid** (wie zB Festsetzung von ESt, Nachzahlungszinsen, SolZ und KiSt) **gerichtetes Einspruchsschreiben** kann auslegungsbedürftig sein (BFH VI R 12/05, BStBl. II 2009, 116; X R 44/11, BStBl. II 2014, 234). Bezieht sich die in dem Einspruchsschreiben enthaltene Begründung nur auf einen dieser VA (zB die Zinsfestsetzung), ist der Einspruch dahingehend auszulegen, dass nur derjenige VA angefochten ist, auf den sich die Einspruchsbegründung bezieht (BFH X B 34/17, BFH/NV 2017, 1411). Zur Auslegung von Einsprüchen gegen miteinander verbundene Bescheide s. auch BFH IX R 4/19, BStBl. II 2020, 368; III R 34/20, BFH/NV 2022, 705.

12 Häufig kommt es bei Einsprüchen von **Ehegatten** gegen Einkommensteuerbescheide auf Grundlage einer Zusammenveranlagung zu Zweifelsfragen. Nach stRspr hat ein von dem einen Ehegatten eingelegter Rechtsbehelf nicht ohne Weiteres die Wirkung eines auch im Namen des anderen Ehegatten eingelegten Rechtsbehelfs. Für die wirksame Rechtsbehelfseinlegung des einen Ehegatten für den anderen Ehegatten ist erforderlich, dass der den Rechtsbehelf führende Ehegatte unmissverständlich zum Ausdruck bringt, diesen auch für den anderen Ehegatten einlegen zu wollen, und anzunehmen ist, dass der den Rechtsbehelf einlegende Ehegatte aufgrund der gemeinsamen, von beiden Eheleuten unterschriebenen Einkommensteuererklärung von dem anderen Ehegatten wirksam zur Vornahme aller im Besteuerungsverfahren erforderlichen Rechtshandlungen bevollmächtigt worden ist (BFH X R 38/05, BStBl. II 2007, 823; X R 17/12, BFH/NV 2012, 1939; X R 27/12, BFH/NV 2013, 560; III R 59/12, BFH/NV 2013, 709; VI B 1/14, BFH/NV 2015, 332). Liegen diese Voraussetzungen nicht vor und erlässt das FA eine Einspruchsentscheidung gegenüber beiden Ehegatten trotz Einspruchseinlegung nur für einen Ehegatten, kann der durch die Einspruchsentscheidung beschwerte Ehegatte die **isolierte Aufhebung der Einspruchsentscheidung** im Wege der Anfechtungsklage verlangen (vgl. zB BFH

IV R 68/02, BFH/NV 2005, 553; X R 28/13, BFH/NV 2014, 351; → Rn. 9; s. auch Gosch/v. Beckerath § 44 Rn. 100–103).

13 Die **Einspruchsverfahren mehrerer Einspruchsführer** sind nur äußerlich zusammengefasst und bleiben grds. selbständig (→ § 59 Rn. 12). Erfüllt ein Streitgenosse die Voraussetzungen des Abs. 1, wirken sie auch zugunsten anderer **notwendiger Streitgenossen.** Die für notwendige Streitgenossen auch im finanzgerichtlichen Verfahren entsprechend anwendbare Vertreterfiktion (§ 59 iVm § 62 ZPO) bewirkt, dass das von einem Streitgenossen erfolglos durchgeführte Vorverfahren als Sachurteilsvoraussetzung auch zu Gunsten der anderen wirkt (HHS/Steinhauff § 44 Rn. 189, 298; Gosch/v. Beckerath § 44 Rn. 108 mit Hinweis auf BFH V R 98/83, BStBl. II 1990, 360).

14 **b) Identität der Verfahrensgegenstände und Beteiligten.** Um von der Erfolglosigkeit des Vorverfahrens sprechen zu können, müssen idR – objektiv – der **Verfahrensgegenstand** des außergerichtlichen Vorverfahrens, über den in der Einspruchsentscheidung entschieden wird, der **Streitgegenstand** des Klageverfahrens und – subjektiv – die Beteiligten beider Verfahren **identisch** sein.

15 **aa) Objektive Identität.** Maßgeblich für die **Identitätsprüfung** ist der **Regelungsgehalt** des in Frage stehenden VA. Danach richtet sich, ob die für § 44 I erforderliche Identität vorliegt, und zwar in objektiver und subjektiver Hinsicht (BFH VI R 176/82, BStBl. II 1985, 266 zur Nichtübereinstimmung in objektiver (inhaltlicher) Hinsicht). Es muss im Klageverfahren **inhaltlich um dieselbe Sache** gehen wie zuvor im außergerichtlichen Rechtsbehelfsverfahren. Soweit ein teilbarer und verfahrensrechtlich selbständiger Bestandteil des VA oder bei Feststellungsbescheiden eine verfahrensrechtlich selbständige Feststellung (→ Vor § 40 Rn. 45; → § 43 Rn. 9) nicht angefochten wurde, tritt Bestandskraft ein und ist das Vorverfahren nicht erfolglos geblieben. Wenn der Kläger im Klageverfahren zu einem anderen oder einem weiteren Begehren übergeht (§ 67), muss auch für dieses § 44 I erfüllt sein (BFH II R 145/86, BStBl. II 1989, 981; V R 48/04, BStBl. II 2009, 315; IV R 15/08, BStBl. II 2011, 764; VII B 180/13, BFH/NV 2014, 1723; iÜ → § 67 Rn. 18 f.). Bei Zusammenfassung mehrerer prozessualer Klagebegehren (§ 43 – objektive Klagehäufung) muss das Erfordernis des § 44 I für jedes einzelne Begehren gesondert erfüllt sein, da trotz der Zusammenfassung der einzelnen Begehren in einer Klage diese inhaltlich selbständig bleiben (→ § 43 Rn. 9; zum Identitätserfordernis bei Feststellungsbescheiden: FG Hmb 3 K 26/08, EFG 2008, 1767).

16 **Änderung des angefochtenen Bescheids im Einspruchsverfahren/durch die Einspruchsentscheidung:** Wird der angefochtene VA im Verlauf des außergerichtlichen Rechtsbehelfsverfahrens **im Wege der Teilabhilfe** geändert, für endgültig erklärt oder verbösert (§ 367 II 2 AO), wird das objektive Identitätserfordernis erfüllt, da gem. § 365 III AO der neue VA „automatisch" Gegenstand des Einspruchsverfahrens wird. Der Änderungsbescheid nimmt den ursprünglichen Bescheid in seinen Regelungsinhalt mit auf. Solange der Änderungsbescheid Bestand hat, entfaltet der ursprüngliche Bescheid keine Wirkung. Der ursprüngliche Bescheid ist in dem Umfang, in dem er in den Änderungsbescheid aufgenommen ist, suspendiert und bleibt dies für die Dauer der Wirksamkeit des Änderungsbescheids (BFH GrS 1/72, BStBl. II 1973, 231). Alleiniger Gegenstand des Einspruchsverfahrens ist demnach der Änderungsbescheid, über den iRd Einspruchsentscheidung zu entscheiden ist (ebenso HHS/Steinhauff § 44 Rn. 182 f.; → Rn. 8).

Wird ein Nachprüfungsvorbehalt (§ 164 III AO) vom FA in der Einspruchsentscheidung aufgehoben, ist trotz dessen Wirkung als erneute Steuerfestsetzung hiergegen **unmittelbar die Klage,** nicht ein erneuter Einspruch, als Rechtsbehelf zu erheben (BFH IV R 216/82, BStBl. II 1984, 85; IV R 17/07, BStBl. II 2010, 631).

Eine Einspruchsentscheidung, die **über den Gegenstand des Einspruchsverfahrens hinausgeht,** indem erstmals ein weiterer selbständig anfechtbarer VA erlassen wird, ist rechtswidrig. Denn die Entscheidungsbefugnis des FA im Einspruchsverfahren wird durch den angefochtenen VA begrenzt; die Einspruchsentscheidung darf nicht auf Personen, Steuergegenstände oder Zeiträume ausgedehnt werden, die von dem angefochtenen VA nicht erfasst waren (BFH VIII R 40/84, BStBl. II 1990, 561; VII R 1/93, BFH/NV 1995, 657). Aus § 367 II 2 AO folgt nichts anderes, weil dem FA auch die Verböserungsmöglichkeit nur iRd ihm eingeräumten Überprüfungsmöglichkeit und damit nur in den Grenzen des von im angefochtenen VA erfassten Lebenssachverhalts zusteht (BFH II R 32/90, BFH/NV 1994, 758). Wird zB in einer Einspruchsentscheidung, die über einen Sammelhaftungsbescheid entscheidet, ein weiterer Haftungssachverhalt aufgenommen, liegt insoweit nicht ein erstmaliger VA vor, der „ohne Vorverfahren" nur gem. § 45 angefochten werden könnte. Eine Einspruchsentscheidung, in der das FA über den Gegenstand des Einspruchsverfahrens hinausgeht, ist ebenfalls als verfahrensabschließende Einspruchsentscheidung ergangen und kann von dem dadurch Beschwerten sofort mit der Klage angefochten werden; die Klage ist mithin nicht nur unter den Voraussetzungen des § 45 I 1 zulässig (BFH X B 91/13, BFH/NV 2013, 1540). Die Rspr. eröffnet alternativ die Möglichkeit der isolierten Anfechtung dieses verfahrensrechtlich selbständigen Gegenstands der Entscheidung (→ Rn. 46).

Zur **Vollabhilfe im Einspruchsverfahren** → Rn. 24.

17 In **Kindergeldverfahren** geht der BFH für **Verpflichtungsklagen** davon aus, dass die Bindungswirkung eines Bescheids, mit dem die Familienkasse die beantragte Gewährung von Kindergeld ablehnt, sich bis zum Ende des Monats der Bekanntgabe der Einspruchsentscheidung verlängert, wenn der Einspruch keine Einschränkung des zeitlichen Regelungsbereichs enthält (also sich nur gegen die Ablehnung der Gewährung wendet) und durch die Familienkasse als unbegründet zurückgewiesen wird (BFH III R 71/10, BStBl. II 2013, 380). Durch den Ablehnungsbescheid wird nach der Rspr. das aus Sicht der Familienkasse zunächst beendete Verwaltungsverfahren fortgesetzt. Enthält auch der Einspruch keine zeitliche Konkretisierung, ist das Begehren des Kindergeldberechtigten auf Festsetzung von Kindergeld dahin zu verstehen, dass er nicht lediglich eine Überprüfung der bereits abgelehnten – die Vergangenheit betreffenden – Ansprüche begehrt. Vielmehr macht er mit einem zeitlich nicht eingeschränkten Einspruch deutlich, dass er neben der Überprüfung der bereits abgelehnten Kindergeldansprüche an seinem Begehren hinsichtlich der Kindergeldfestsetzung durch Erlass eines Dauerverwaltungsakts auch mit Wirkung für die Zukunft festhält. Dadurch fallen zugleich die Monate bis zur Entscheidung über den Einspruch in das fortgesetzte Verwaltungsverfahren, obwohl Gegenstand des Einspruchsverfahrens der frühere Ablehnungsbescheid als angefochtener VA ist. Denn die Familienkasse prüft nicht primär die Rechtmäßigkeit der Ablehnung, sondern entsprechend dem Verpflichtungsbegehren des Kindergeldberechtigten, ob der Einspruchsführer Anspruch auf Kindergeld gem. §§ 62 ff. EStG hat und deshalb der begünstigende Dauerverwaltungsakt zu erlassen ist (BFH III R 66/04, BStBl. II 2006, 184; III R 65/09, BFH/

NV 2011, 991). Da eine positive Kindergeldfestsetzung nach dieser Rspr. Bindungswirkung für die Zukunft hat, der Kindergeldanspruch aber erst mit Beginn jedes Monats neu entsteht und die Entscheidung hierüber aufgrund des Einspruchs gleichsam vertagt wurde, ist die **Sach- und Rechtslage im Zeitpunkt der Entscheidung über den Einspruch maßgebend.** Die Entscheidung über den Einspruch schließt mithin auch die Monate seit Ergehen der Ablehnungsentscheidung ein.

Das **Finanzgericht** kann den Anspruch auf Kindergeld **nach dem objektiven Identitätserfordernis** in § 44 I (in Form des objektiven zeitlichen Regelungsgegenstands der Einspruchsentscheidung) aber **nur in dem zeitlichen Umfang** zum Gegenstand seiner Inhaltskontrolle machen, in dem die Familienkasse den Kindergeldanspruch geregelt hat. Im Falle einer sachlichen Prüfung des Kindergeldanspruchs durch die Familienkasse im Einspruchsverfahren umfasst der zulässige Verfahrensgegenstand des Einspruchsverfahrens und des anschließenden finanzgerichtlichen Verfahrens deshalb den Kindergeldanspruch bis zur Bekanntgabe der Einspruchsentscheidung (BFH III R 41/07, BStBl. II 2012, 681; V R 61/10, BStBl. II 2014, 475; III R 56/13, BFH/NV 2015, 206). Hätte das FG nach dem Identitätserfordernis über die Klage für einen bestimmten Zeitraum nicht in der Sache entscheiden dürfen, sondern vielmehr zunächst der Familienkasse Gelegenheit geben müssen, auch für diesen Zeitraum eine Einspruchsentscheidung zu erlassen, so ist sein Urteil wegen Verletzung des § 44 I aufzuheben. Die Sache ist an das FG zurückzuverweisen (BFH V R 61/10, BStBl. II 2014, 475; zu § 44 I als Sachentscheidungsvoraussetzung → Rn. 1).

Wird ein **Insolvenzverfahren** während eines Einspruchsverfahrens über das 18
Vermögen des Einspruchsführers eröffnet oder ein starker vorläufiger Insolvenzverwalter bestellt, werden das Besteuerungsverfahren, aber auch Rechtsbehelfsfristen und -verfahren sowie die Klagefrist und das Klageverfahren unterbrochen (§ 240 ZPO; Klein/Werth AO § 251 Rn. 13; zur entsprechenden Anwendung von § 240 S. 1 ZPO auf das Einspruchsverfahren s. BFH VIII R 21/16, BStBl. II 2021, 171). VA über die Festsetzung von Ansprüchen aus dem Steuerschuldverhältnis, zB Steuerbescheide und Einspruchsentscheidungen, dürfen nach Eröffnung des Insolvenzverfahrens nicht mehr ergehen (Tipke/Kruse/Loose AO § 251 Rn. 42, 44).

Nach Eröffnung des Insolvenzverfahrens über das Vermögen des Steuerschuldners ist die Feststellung einer vor Insolvenzeröffnung mit einem Einspruch angefochtenen und im Prüfungstermin **vom Insolvenzverwalter bestrittenen Steuerforderung** durch **Aufnahme des unterbrochenen Einspruchsverfahrens** zu betreiben. Der Insolvenzverwalter kann das unterbrochene Einspruchsverfahren entspr. § 180 II InsO durch Erklärung gegenüber dem FA aufnehmen und tritt dadurch in die Rechtsstellung des Einspruchsführers als Partei kraft Amtes ein (BFH VII R 63/03, BStBl. II 2005, 591; Tipke/Kruse/Loose AO § 251 Rn. 50). Nimmt der Insolvenzverwalter das Einspruchsverfahren nicht auf, kann die Finbeh das Verfahren von sich aus weiter betreiben (§ 185 InsO). Im Rahmen des fortzuführenden Einspruchsverfahrens hat die Prüfung der Berechtigung des FA zu erfolgen, eine bestimmte Steuerforderung als Insolvenzforderung in der Tabelle feststellen zu lassen. Dies schließt die Prüfung der Rechtmäßigkeit der Steuerforderung ein. Aufgrund der bereits festgesetzten Steuer durch einen Steuerbescheid kommt der Erlass eines Feststellungsbescheids nach § 251 III AO in einem solchen Fall nicht mehr in Betracht (BFH VII R 63/03, BStBl. II 2005, 591). Wurde die mit dem angefochtenen Bescheid festgesetzte Steuer bereits vor der Insolvenzeröffnung gezahlt, kann das FA das unterbrochene Einspruchsverfahren erst nach der Beendigung des Insolvenzverfahrens fortsetzen (BFH VIII R 21/16, BStBl. II 2021, 171).

Hat der Insolvenzverwalter die Forderung im Prüfungstermin anerkannt und **nur der Insolvenzschuldner diese bestritten,** kann das FA das Einspruchsverfahren gegen den Schuldner fortsetzen (§ 184 S. 2 iVm § 185 S. 2 InsO). Der Schuldner ist wie im finanzgerichtlichen Verfahren zunächst nicht Verfahrensbeteiligter (→ § 57 Rn. 38 mwN). Nimmt das FA das Einspruchsverfahren nicht auf, obliegt es nach § 184 II 2 InsO dem Schuldner, den Widerspruch durch Aufnahme des unterbrochenen Einspruchsverfahrens, wodurch er zum Verfahrensbeteiligten wird, zu verfolgen. Erhebt der Schuldner Klage, ohne das unterbrochene Einspruchsverfahren wieder aufzunehmen, ist die Klage wegen des fehlenden Vorverfahrens unzulässig (BFH VII B 49/12, BFH/NV 2013, 1451).

19 **bb) Subjektive Identität.** Im Hinblick auf das **subjektive Identitätserfordernis** müssen die **Hauptbeteiligten** des Einspruchs- und Klageverfahrens übereinstimmen (BFH V R 37/77, BFH/NV 1987, 111; I R 159/85, BFH/NV 1990, 635; V R 59/88, BFH/NV 1994, 41).

Probleme im Hinblick auf das subjektive Identitätserfordernis treten auf, wenn der ursprüngliche Einspruchsführer „wegfällt" und das FA die Einspruchsentscheidung an einen nicht mehr existierenden Inhaltsadressaten (unwirksam) bekannt gibt. Klagt in diesem Fall der Gesamtrechtsnachfolger, der nicht Inhaltsadressat der Einspruchsentscheidung ist, ist die Klage unzulässig, obwohl verfahrensrechtlich mit der Gesamtrechtsnachfolge im Rechtsbehelfsverfahren ein Beteiligtenwechsel eintritt (BFH V R 37/77, BFH/NV 1987, 111; X R 53/91, BStBl. II 1993, 346; IV R 96/90, BFH/NV 1992, 506; V R 59/88, BFH/NV 1994, 41; HHS/Steinhauff § 44 Rn. 190 f., 299; zur **Auslegung,** wer bei mehrdeutiger Einlegung des Einspruchs als Einspruchsführer und Inhaltsadressat der Einspruchsentscheidung anzusehen ist s. zB BFH I R 98/05, BStBl. II 2008, 186).

20 Der **hinzugezogene Dritte** erlangt im Einspruchsverfahren die Stellung eines Verfahrensbeteiligten (§§ 359 Nr. 2, 360 I u. IV AO – BFH X R 16/06, BStBl. II 2009, 732). Ihm gegenüber ist das Einspruchsverfahren auch durch eine Einspruchsentscheidung abzuschließen. Fehlt es hieran (zB weil eine notwendige Hinzuziehung zum Einspruchsverfahren unterblieben ist), ist das Klageverfahren im Regelfall auszusetzen, damit die Bekanntgabe der Einspruchsentscheidung nachgeholt werden kann (HHS/Steinhauff § 44 Rn. 254; BFH II R 59/86, BStBl. II 1987, 302; → Rn. 33). Das Vorverfahren ist aus Sicht des Hinzugezogenen erfolglos abgeschlossen, wenn das FA dem Einspruch des Einspruchsführers in der Einspruchsentscheidung vollständig abhilft, dem Hinzugezogenen die Einspruchsentscheidung bekannt gibt und in der Einspruchsentscheidung (bindende) Feststellungen trifft, die gem. § 174 V iVm IV AO im Folgeänderungsverfahren für den Hinzugezogenen zu einer nachteiligen Korrektur führen können (BFH X R 16/06, BStBl. II 2009, 732; → § 60 Rn. 8).

Die Klage eines nach § 360 III AO **Hinzuzuziehenden aber nicht Hinzugezogenen** ist trotz einer ihm gegenüber nicht erlassenen Einspruchsentscheidung zulässig. Der Mangel der Hinzuziehung kann sowohl durch eine Beiladung im Klageverfahren gem. § 60 III (ein Sachurteil darf in diesem Fall aber erst dann ergehen, wenn die vom FA erlassene Einspruchsentscheidung auch dem notwendig Hinzuzuziehenden gegenüber wirksam geworden ist – BFH II R 59/86, BStBl. II 1987, 302) als auch durch die Klageerhebung durch den Hinzuzuziehenden selbst geheilt werden (BFH IV B 91/99, BFH/NV 2000, 1217; IV B 21/01, BStBl. II 2004, 239; VIII R 32/01, BStBl. II 2004, 359; VIII R 52/04, BStBl. II 2006, 847). Ein zum Einspruchsverfahren der Gesellschaft fehlerhaft nicht hinzugezogener Gesellschafter/Feststellungsbeteiligter kann sich somit hinsichtlich des Vorverfahrens iSd § 44 I auf das Einspruchsverfahren der Gesellschaft/Gemeinschaft gegen die angefochtene Feststellung berufen. Umgekehrt kann sich die fehlerhaft zum Einspruchsverfahren des Gesellschafters nicht hinzugezogene Gesellschaft im Klageverfahren hinsichtlich des erfolglos gebliebenen Vorverfahrens auf dessen Einspruchsverfahren berufen. Voraussetzung dafür ist, dass der Gesellschafter gem. § 352 AO einspruchsbefugt war. Denn eine notwendige Hinzuziehung nach § 360 III AO setzt ebenso wie eine notwendige Beiladung gem. § 60 III eine Rechtsbehelfsbefugnis des Rechtsbehelfsführers voraus (BFH IV R 48/02, BStBl. II 2004, 964). Siehe zu anderen Fallkonstellationen der unterbliebenen Hinzuziehung aus der Rspr. BFH II R 73/85, BStBl. II 1989, 851; VIII R 123/85, BFH/NV 1992, 46; VIII R 20/93, BFH/NV 1995, 318; Klein/Rätke AO § 360 Rn. 18f.; Tipke/Kruse/Brandis § 60 Rn. 112.

c) Förmlicher Abschluss des Vorverfahrens. Erfolglos geblieben ist ein außergerichtlicher Rechtsbehelf, wenn er ganz oder teilweise durch Einspruchsentscheidung als unbegründet zurückgewiesen, aber auch, wenn er als unzulässig verworfen wurde. Maßgeblich ist der **förmliche Abschluss** des Verfahrens durch eine Entscheidung des FA, da § 367 II 1 AO den Abschluss des Verfahrens durch eine Einspruchsentscheidung vorgibt (BFH I R 60/04, BFH/NV 2007, 2238; zur Beendigung des Einspruchsverfahrens durch Vollabhilfebescheid → Rn. 24). **22**

Die **Entscheidung** des FA über den außergerichtlichen Rechtsbehelf muss aber – wie jeder andere VA auch (vgl. v. Groll DStJG 2018, 347 (363 ff.)) – **nicht notwendig als solche bezeichnet** sein (BFH III R 140/70, BStBl. II 1974, 417; VII B 228/94, BFH/NV 1995, 809 und für die Entscheidung des FA über eine „Dienstaufsichtsbeschwerde" BFH VII R 46/94, BFH/NV 1995, 758). Auch Erklärungsbewusstsein oder Bekanntgabewille des FA sind **nicht** erforderlich (ebenso wenig die **zutreffende Qualifizierung des** zu beurteilenden **Verwaltungshandelns** durch die Finbeh selbst, s. BFH III R 140/70, BStBl. II 1974, 417; VII R 46/94, BFH/NV 1995, 758; → Rn. 10). Erforderlich ist aber, dass das FA nach dem Regelungsgehalt der Erklärung das Begehren des Einspruchsführers durch VA ablehnt (HHS/Steinhauff § 44 Rn. 206f. mit Hinweis auf BFH VIII R 10/05, BStBl. II 2007, 96; zur Erfolglosigkeit auch → Rn. 27 ff.). Ein Abschluss des Vorverfahrens liegt nach Einlegung eines Einspruchs auch vor, wenn das FA es aufgrund einer anderen verfahrensrechtlichen Würdigung ablehnt, eine Einspruchsentscheidung zu erlassen (Gosch/v. Beckerath § 44 Rn. 120). **23**

Der Abschluss des Einspruchsverfahrens liegt nicht nur vor, wenn das FA eine Einspruchsentscheidung erlässt, sondern auch, wenn es dem Antrag des Einspruchsführers in vollem Umfang (sog. **Vollabhilfebescheid**) entspricht (§ 367 II 3 AO; BFH IV R 38/02, BStBl. II 2004, 2; V R 47/11, BFH/NV 2013, 1101). Das Einspruchsverfahren ist mit dem Abhilfebescheid erledigt, sodass es keiner Einspruchsentscheidung bedarf; § 365 III AO ist nicht anwendbar (BFH I R 203/73, BStBl. II 1976, 551). Gegen einen im Einspruchsverfahren erlassenen Änderungsbescheid, mit dem dem Antrag des Stpfl. voll entsprochen wird (Vollabhilfebescheid), ist aber der Einspruch statthaft und bei Beschwer zulässig (§ 350 AO). Denn die Regelungen des § 348 Nr. 1, 2 AO gelten nicht entsprechend (BFH IV R 38/02, BStBl. II 2004, 2; XI R 47/05, BStBl. II 2007, 736 zur weiteren **24**

Differenzierung zwischen Steuerbescheiden und Steuer-VA Gosch/v. Beckerath § 44 Rn. 119 f.). Keine Anfechtungsmöglichkeit besteht jedoch nach der vorstehenden BFH-Rspr., wenn der Vollabhilfebescheid ein Nullbescheid ist oder wie im Fall des FG München (5 K 2371/12, BeckRS 2014, 95636) in der erneuten Einspruchseinlegung ein widersprüchliches Verhalten liegt. Erhebt der Kläger ohne vorherigen Einspruch unmittelbar **Klage gegen den Teilabhilfebescheid** mit dem Vorbringen, dieser habe seinem Begehren nicht voll abgeholfen, ist diese mangels eines abgeschlossenen Vorverfahrens unzulässig, es sei denn, der Kläger kann sich erfolgreich auf § 46 stützen (BFH V R 47/11, BFH/NV 2013, 1101; HHS/Steinhauff § 44 Rn. 202). Die Regelung in § 367 II 3 AO stellt zudem nur eine Verfahrenserleichterung dar und schließt eine Beendigung durch eine **in vollem Umfang stattgebende Einspruchsentscheidung** anstelle eines Vollabhilfebescheids nicht aus (BFH V R 81/07, BStBl. II 2010, 109, dazu Steinhauff jurisPR-SteuerR 28/2009 Anm. 2). In diesem Fall ist die Klage gegen die Steuerfestsetzung in Gestalt der Einspruchsentscheidung unmittelbar zulässig, wenn der Kläger nunmehr weitere Punkte angreifen möchte (BFH VII R 56/84, BFHE 142, 212; Gosch/v. Beckerath § 44 Rn. 118).

25 Anhängige Einsprüche, die eine vom EuGH, BVerfG oder BFH entschiedene Frage betreffen und denen nach dem Ausgang des Verfahrens vor diesen Gerichten selbst nicht abgeholfen werden kann, können durch Allgemeinverfügung zurückgewiesen werden **(§ 367 IIb AO).** Auch dies führt zum erfolglosen Abschluss des Einspruchsverfahrens gem. § 44 I, wenn über den übrigen Teil des Einspruchsverfahrens bereits durch Teileinspruchsentscheidung entschieden worden ist (Klein/Rätke AO § 367 Rn. 45 f.).

27 **d) Erfolglosigkeit.** Die Frage nach der Erfolglosigkeit des Vorverfahrens beantwortet sich aus dem Tenor der Entscheidung des FA und dem Regelungsgehalt, der sich aus der Begründung der Einspruchsentscheidung ergibt (BFH VIII R 10/05, BStBl. II 2007, 96 mit Hinweis auf BFH X B 242/94, BFH/NV 1995, 858). Die abschlägige Einspruchsentscheidung muss das Begehren aber nicht vollständig behandeln (BFH VII R 120/89, BFH/NV 1991, 569; III R 36/02, BFH/NV 2004, 1655; III R 67/06, BFH/NV 2007, 2063; II R 52/07, BFH/NV 2010, 824; I R 69/12, BStBl. II 2024, 720).

28 Ob das Einspruchsverfahren erfolglos geblieben ist, ergibt **bei Ergehen eines Abhilfebescheids während des Verfahrens** ein Vergleich zwischen dem Antrag des Einspruchsführers im Einspruchsverfahren und der Regelung im Abhilfebescheid. Dabei ist der Antrag des Einspruchsführers im Zeitpunkt der Bekanntgabe des Abhilfebescheids maßgebend (zB BFH VI B 83/03, BFH/NV 2004, 356; V R 47/13, BFH/NV 2013, 1101). Hält das FA das Einspruchsverfahren aufgrund einer Vollabhilfe für erledigt und erlässt keine Einspruchsentscheidung, muss der Kläger bei anderer Auffassung erneut Einspruch einlegen, um den förmlichen Abschluss des Verfahrens zu erreichen. Erlässt das FA keine Rechtsbehelfsbelehrung, kann eine unmittelbar erhobene Klage nach § 46 I zulässig sein (→ Rn. 24 zum Vollabhilfebescheid).

29 Erfolglosigkeit iSd § 44 I liegt nicht vor, wenn die Einspruchsentscheidung **nur einen Rechtsschein begründet** (zB die Einspruchsentscheidung nicht wirksam bekanntgegeben wurde). In diesem Fall wird das Einspruchsverfahren nicht abgeschlossen, so dass der Adressat eine isolierte Anfechtungsklage gegen die Einspruchsentscheidung erheben kann (BFH V R 59/88, BFH/NV 1994, 41; V R 64/94, BStBl. II 1996, 256; IV B 166/06, BFH/NV 2008, 248). Sofern das FA

während eines folgenden Klageverfahrens keine Einspruchsentscheidung gegen den Kläger erlässt, kann dieser durch Beschränkung seines Klageantrags **auf isolierte Aufhebung der unwirksamen Einspruchsentscheidung** die Abweisung seiner Klage als unzulässig vermeiden. Wird die Einspruchsentscheidung hingegen nachgeholt, wird die Klage auch hinsichtlich des Sachantrags zulässig (BFH V R 59/88, BFH/NV 1994, 41; HHS/Steinhauff § 44 Rn. 174; → Rn. 33).

Ob auch die Verwerfung des außergerichtlichen Rechtsbehelfs als **unzulässig** den Anforderungen des § 44 I genügt, war streitig, ist aber heute allgemein anerkannt (s. auch Gosch/v. Beckerath § 44 Rn. 113). Der BFH hielt früher eine Klage für unzulässig, wenn die Finbeh den Rechtsbehelf (zB wegen Verfristung) zu Recht als unzulässig verworfen hatte (BFH VII R 69/68, BStBl. II 1970, 548; I R 214/73, BStBl. II 1976, 76). Diese Auffassung hat der BFH jedoch zu Recht aufgegeben (BFH VII R 73/74, BStBl. II 1978, 154 zu einem zu Recht als unzulässig angesehenen verspäteten Einspruch; VII R 122/80, BStBl. II 1984, 791 zur sachlich-rechtlichen Entscheidung des FA über den Einspruch, statt ihn als unzulässig zu verwerfen). Die Zulässigkeit der Klage gem. § 44 I trotz Versäumung der Einspruchsfrist führt allerdings nicht dazu, dass in einem solchen Fall das Klagebegehren in vollem Umfang sachlich-rechtlich geprüft werden darf. Stellt sich im finanzgerichtlichen Verfahren die Unanfechtbarkeit des den Gegenstand des Verfahrens bildenden Bescheids heraus, so ist die Klage ohne weitere Sachprüfung als unbegründet abzuweisen, da feststeht, dass der angefochtene Bescheid bestandskräftig ist. 30

Die **fristgerechte Einlegung** des Einspruchs stellt somit eine bei der Sachentscheidung vom FG und BFH zu beachtende **materiell-rechtliche Vorfrage** dar, weil die gegen den bestandskräftigen VA erhobene Klage unbegründet ist (BFH VII R 122/80, BStBl. II 1984, 791; VIII R 46/93, BFH/NV 1999, 596). Dies schließt die volle Überprüfung einer früheren Verwaltungsentscheidung über die Wiedereinsetzung in die Einspruchsfrist (§ 110 AO) ein (BFH III R 54/84, BStBl. II 1989, 1024; III B 207/10, BFH/NV 2011, 1184). Weist das FG die Klage als unbegründet ab, da es die Verwerfung des Einspruchs durch das FA als unzulässig für zutreffend erachtet, handelt es sich somit um ein Sach- und nicht um ein Prozessurteil (BFH X B 89/12, BFH/NV 2013, 1939). Entscheidet das FG durch Sachurteil über den wegen eines unzulässigen Einspruchs bestandskräftigen VA, ist das Urteil ggf. wegen eines materiell-rechtlichen Fehlers aufzuheben, weil das FG in diesem Fall sein materielles Entscheidungsprogramm verkennt; es liegt ein Rechtsanwendungsfehler vor. Der BFH hat dementsprechend entschieden, es werde in der NZB schon dem Grunde nach kein Verfahrensmangel gem. § 115 II Nr. 3, sondern ein Rechtsfehler dargelegt, wenn sich der Stpfl. darauf berufe, die Finbeh habe nach Versäumung der Einspruchsfrist die Wiedereinsetzung in den vorigen Stand zu Unrecht versagt und das FG die Entscheidung der Finbeh in seiner Entscheidung zu Unrecht bestätigt (vgl. zB BFH X R 8/86, BStBl. II 1990, 177; VII B 282/01, BFH/NV 2002, 1473; VII B 347/02, BFH/NV 2004, 511; X B 142/08, BFH/NV 2010, 456; → § 115 Rn. 257, 307). Ein Verfahrensmangel liegt dagegen vor, wenn sich das FG zu Unrecht an die Rechtskraft einer früheren Entscheidung gebunden sieht und es deshalb insoweit eine eigene Sachprüfung unterlässt (BFH VIII B 36/04, BFH/NV 2006, 86; VIII R 45/03, BFH/NV 2006, 1448).

Ein nochmaliges Vorverfahren ist nicht zu durchlaufen, wenn der ursprünglich 31
wegen eines Bekanntgabemangels unwirksame VA erst durch die außergerichtli-

che Rechtsbehelfsentscheidung wirksam bekannt gegeben wird, weil in diesem Fall dem Zweck des Einspruchsverfahrens genügt ist (BFH VII B 127/07, BFH/NV 2007, 2244; II R 17/04, BStBl. II 2005, 855; HHS/Steinhauff § 44 Rn. 143).

32 In den Fällen einer **Teileinspruchsentscheidung** nach **§ 367 IIa AO** bedarf es vorab der genauen Bestimmung ihrer **Reichweite in der Entscheidung,** weil iÜ noch kein abgeschlossenes außergerichtliches Vorverfahren vorliegt. Ein **erfolglos abgeschlossenes Vorverfahren nach § 44 I ist nur für den sachlich** von der Zurückweisung **betroffenen Teil des Verwaltungsaktes** eröffnet, während iÜ, hinsichtlich des hiervon nicht erfassten Teils des in Frage stehenden VA, § 44 I der Klageerhebung (zunächst noch) entgegensteht (Gosch/v. Beckerath § 44 Rn. 116).

3. Nachholbare Sachurteilsvoraussetzung

33 Eine Klage, die gegen § 44 I verstößt, ist unzulässig und **durch Prozessurteil** abzuweisen. Streitig war, wann die Voraussetzungen des § 44 I spätestens erfüllt sein müssen, dh die Klage zulässig werden kann (ob also die Vorschrift eine Sachurteilsvoraussetzung ieS oder aber eine Zugangsvoraussetzung regelt).

Rspr. und hM lassen die **Klageerhebung vor Beendigung** des außergerichtlichen Vorverfahrens zu, **wenn** die **Entscheidung** über den Einspruch oder die Beschwerde **während des Klageverfahrens nachgeholt wird,** weil es sich um eine bloße **Sachurteilsvoraussetzung** handelt, die erst zum Schluss der mündlichen Verhandlung vorliegen muss. Dieser Ansicht ist zuzustimmen. Dem Zweck des § 44 I ist genügt, wenn die Klage auf diese Weise (wie bei § 46, → § 46 Rn. 9) in die Zulässigkeit „hineinwächst", weil die Verfahrensökonomie eine solche Heilungsmöglichkeit gebietet (BFH III R 213/82, BStBl. II 1985, 521; VIII R 192/83, BFH/NV 1988, 104; VII R 120/89, BFH/NV 1991, 569; I R 33/06, BFH/NV 2007, 2236; Gosch/v. Beckerath § 44 Rn. 145; HHS/Steinhauff § 44 Rn. 225 ff.). Das FG muss bei nicht vorliegender Einspruchsentscheidung zunächst dem FA Gelegenheit geben, über den Einspruch zu entscheiden (s. auch Tipke/Kruse/Brandis § 44 Rn. 21). Versäumt das FG dies und erlässt es stattdessen eine Sachentscheidung, so ist das Urteil wegen Verletzung des § 44 I aufzuheben (BFH IX R 80/83, BFH/NV 1988, 213; V R 47/11, BFH/NV 2013, 1101). Einer **zulässigen Verpflichtungsklage** muss in jedem Fall eine ablehnende Verwaltungsentscheidung vorausgehen, deren Nachholung ausgeschlossen ist (BFH III R 18/02, BStBl. II 2004, 980; → Rn. 35).

34 Dem Zweck des § 44 I Rechnung tragend, hat der BFH unter Aufgabe seiner früheren Rspr. klargestellt, dass das außergerichtliche Vorverfahren nicht dadurch entbehrlich wird, dass sich das **Finanzamt auf die Klage einlässt** und deren Abweisung beantragt (BFH VI R 176/82, BStBl. II 1985, 266; HHS/Steinhauff § 44 Rn. 149; Gosch/v. Beckerath § 44 Rn. 137).

35 Eine Klage ist auch unzulässig, **wenn sie vor Einlegung des Einspruchs** oder bei Untätigkeit der Behörde trotz eines bei ihr gestellten Antrags vor Einlegung des in § 347 I 2 AO vorgesehenen Rechtsbehelfs erhoben wird. Eine derartige Klage wird auch nicht dadurch zulässig, dass nach Klageerhebung der Antrag abgelehnt wird oder die angefochtene Verwaltungsentscheidung nachträglich ergeht (BFH VII B 268/02, BFH/NV 2003, 651; III R 18/02, BStBl. II 2004, 980; V B 113/10, BFH/NV 2011, 1523).

4. Rechtsfolgen

Wird das Vorverfahren nicht ohne Erfolg abgeschlossen, ist die Klage unzulässig. Die **Sachentscheidungsvoraussetzung** des § 44 I gilt ausdrücklich aber **vorbehaltlich der §§ 45** und **46.** Damit ist der Ausnahmecharakter dieser Vorschriften gekennzeichnet und außerdem systematisch folgendes klargestellt: Diese Aussage des G zur Zulässigkeit der Klage in diesen Fällen erschöpft sich in einem **Dispens,** und zwar in einem Dispens **vom Erfordernis des erfolglosen Abschlusses des außergerichtlichen Vorverfahrens** (zur Nachholbarkeit der Einspruchsentscheidung bei verfrühter Klage aber → Rn. 33), nicht etwa von sonstigen Sachentscheidungsvoraussetzungen. Das heißt vor allem: **Weder § 45 noch § 46** regeln eine **spezielle** (in § 40 I bzw. § 41 nicht erfasste) **Klageart** (→ § 40 Rn. 9 f.). 37

Zur **Unzulässigkeit des Einspruchs** → Rn. 30, 46. 38

Zur **isolierten Anfechtung der Einspruchsentscheidung** → Rn. 46. 39

III. § 44 II – Verfahrensgegenstand

1. Inhalt und Bedeutung der Vorschrift

Die Regelung hat eine zentrale Bedeutung für das Klageverfahren, da sie den Verfahrensgegenstand bestimmt. Gegenstand der **Anfechtungsklage** ist nach § 44 II der ursprüngliche VA in Gestalt der Rechtsbehelfsentscheidung. Gegenstand der **Verpflichtungsklage** ist nach § 44 II bei Vornahmeklagen der den Antrag des Stpfl. ablehnende VA, der durch eine Einspruchsentscheidung, mit der der Einspruch als unbegründet zurückgewiesen wird, bestätigt wird, so dass in diesem Fall die Verpflichtungsklage auch ein Anfechtungsbegehren enthält (HHS/Steinhauff § 44 Rn. 311; Gosch/v. Beckerath § 44 Rn. 161 f.). Ist bei verwaltungsaktbezogenen Klagen gem. §§ 45, 46 die Klage ohne ein erfolglos gebliebenes Vorverfahren zulässig (→ Rn. 37), ist der angefochtene VA mangels einer Rechtsbehelfsentscheidung allein Verfahrensgegenstand. 40

2. Verfahrensverbund von Verwaltungsakt und Einspruchsentscheidung

§ 44 II fixiert somit, mit welchem **Inhalt** die angefochtene Einzelfallregelung in das Verfahren eingeht (Verfahrensgegenstand). Dies ist der Steuerbescheid oder Steuer-VA unter Berücksichtigung aller etwaigen materiellen Änderungen, die **durch** eine Teilabhilfe oder Verböserung (§ 367 II 2 AO) **in der außergerichtlichen Rechtsbehelfsentscheidung** (zum Änderungsbescheid während des Einspruchsverfahrens s. § 365 III AO; → Rn. 16, 24) eingetreten sind. Dies gilt, obwohl ansonsten ein Änderungsbescheid den ursprünglichen Bescheid in seinen Regelungsinhalt aufnimmt und diesen für die Dauer der Wirksamkeit des Änderungsbescheids suspendiert (BFH GrS 1/72, BStBl. II 1973, 231). Gleichwohl ist entgegen diesem allgemeinen Grundsatz nicht die (abändernde) Rechtsbehelfsentscheidung, **sondern der ursprüngliche oder im Einspruchsverfahren geänderte Verwaltungsakt** gem. § 44 II Verfahrensgegenstand des Klageverfahrens (s. zB BFH VII B 67/08, BFH/NV 2008, 1901). Ist das außergerichtliche Rechtsbehelfsverfahren durch eine (wirksame) Rechtsbehelfsentscheidung abgeschlossen worden, liegen zwei VA vor, die in einem **Regelungsverbund** (Rechtsverbund, Verfahrenseinheit) stehen (BFH II R 110/69, BStBl. II 1973, 187; I R 44/97, 41

BFH/NV 1999, 314; VII B 303/98, BFH/NV 1999, 1585; VI R 80/13, BStBl. II 2015, 115; HHS/Steinhauff § 44 Rn. 300, 304; Gosch/v. Beckerath § 44 Rn. 166, 171 f., 177; → Rn. 43). Der Ausgangsbescheid bleibt Verfahrensgegenstand und es sind nur die Änderungen zu berücksichtigen, die dieser durch die Einspruchsentscheidung erfahren hat (BFH III R 2/22, BStBl. II 2023, 626). Auch eine (Teil-)Einspruchsentscheidung, die die Steuerfestsetzung dem Grunde und der Höhe nach bestätigt („Einspruch unbegründet"), enthält eine materiell-rechtliche Regelung (BFH VI R 80/13, BStBl. II 2015, 115). **Gegenstand der Klage** wird der ursprüngliche VA bei einer inhaltlichen Umgestaltung oder Bestätigung in der Einspruchsentscheidung „in der Gestalt" (mit dem Inhalt, dh dem Tenor und den tragenden Gründen) den er durch die Entscheidung über den außergerichtlichen Rechtsbehelf gefunden hat.

42 § 44 II legt damit iRd vorbeschriebenen Verfahrensverbunds fest, gegen welche Einzelfallregelung die Klage zu richten ist und mit welchem Inhalt diese in das Verfahren eingeht (s. auch Gosch/v. Beckerath § 44 Rn. 172). Das Gericht muss somit unter Ausschöpfung des Klagebegehrens (→ § 96 Rn. 45 ff.) bis hin zur Betragsfestsetzung (→ § 100 Rn. 34 ff.) über die Rechtmäßigkeit der angefochtenen Einzelfallregelung in Gestalt der außergerichtlichen Rechtsbehelfsentscheidung entscheiden (zu den Ausnahmen – § 100 II 2, 3 sowie III – → § 100 Rn. 42 ff. und 55 ff.). Dieser doppelten Fixierung des Inhalts der angefochtenen Regelung entspricht die übliche **Tenorierung** (teilweise) stattgebender Urteile („Der Bescheid vom … in Gestalt der/in der Fassung der Einspruchsentscheidung vom … wird aufgehoben"; „Unter Änderung des Bescheids vom … in Gestalt der/in der Fassung der Einspruchsentscheidung vom … wird die … für … auf … festgesetzt"; → § 100 Rn. 45 mit Beispielen). Der Verfahrensgegenstand ändert sich allerdings durch Erlass eines VA im Klage- oder Rechtsbehelfsverfahren wiederum, da dieser idR nach § 68 zum Gegenstand des Verfahrens wird (→ § 68 Rn. 75 ff.).

43 Die verfahrensrechtliche Einheit des ursprünglichen VA und der außergerichtlichen Rechtsbehelfsentscheidung hat zum einen zur Folge, dass **die Einspruchsentscheidung** – obwohl VA – nicht nochmals mit dem Einspruch (§ 348 Nr. 1 AO) und in der Regel auch **nicht „isoliert" mit der Klage angefochten** werden kann; es ist idR Klage gegen den ursprünglichen Bescheid in Gestalt der Einspruchsentscheidung zu erheben (BFH VI R 80/13, BStBl. II 2015, 115 mAnm Hildebrand BB 2015, 232; HHS/Steinhauff § 44 Rn. 303; Gosch/v. Beckerath § 44 Rn. 171, 178). Überdies kann eine Einspruchsentscheidung nicht neben einer gegen den Steuerbescheid gerichteten Klage gesondert im Klageweg angefochten werden (BFH III R 61/74, BStBl. II 1976, 428).

Schließlich entfällt wegen des Verbunds von ursprünglichem VA und Einspruchsentscheidung die Möglichkeit, den Ausgangsbescheid nach dem Ergehen einer Einspruchsentscheidung **nochmals** – in seiner ursprünglichen Gestalt – **zum Gegenstand eines außergerichtlichen Rechtsbehelfsverfahrens** zu machen. Denn in seiner ursprünglichen Form existiert der Ausgangsbescheid verfahrensrechtlich in einem solchen Fall aufgrund des Verbunds nicht mehr. Zur Abgrenzung → Rn. 41: Eine Ummantelung des ursprünglichen VA durch die Einspruchsentscheidung tritt nicht ein, da § 44 II das zweistufige Verwaltungshandeln insoweit als Einheit behandelt. Ein erneuter Einspruch gegen die ursprüngliche Steuerfestsetzung nach dem Ergehen einer (Teil-)Einspruchsentscheidung noch innerhalb der Einspruchsfrist ist deshalb ausgeschlossen, auch wenn der erneute Einspruch innerhalb der Einspruchsfrist (§ 355 I AO) eingelegt wird. Trotz des Ergehens der (Teil-)Einspruchsentscheidung innerhalb der Einspruchsfrist ist Klage gegen den Ausgangsbescheid in Form der Einspruchsentscheidung zu erheben (BFH VI R 80/13, BStBl. II 2015, 115; Hildebrand BB 2015, 232; Steinhauff jurisPR-SteuerR 1/2015 Anm. 1).

3. Zulässigkeit der isolierten Anfechtungsklage

Regelmäßig führt daher eine allein auf Aufhebung der Einspruchsentscheidung gerichtete Klage zur Abweisung durch Prozessurteil (BFH I R 44/97, BFH/NV 1999, 314). Nur ausnahmsweise bildet in Anfechtungssachen die **Rechtsbehelfsentscheidung** den **alleinigen Verfahrensgegenstand** für eine entsprechende Sachentscheidung. Das Gericht kann sich (auf entsprechenden Antrag des Klägers oder Beigeladenen hin) auf Kassation der Rechtsbehelfsentscheidung beschränken, nämlich dann, wenn diese eine selbständige Beschwer enthält, die ein berechtigtes Interesse des Betroffenen an der alleinigen Aufhebung der Rechtsbehelfsentscheidung begründet. Dies gilt zB, wenn der Kläger durch die Verwerfung eines Einspruchs als unzulässig eine Tatsacheninstanz verliert oder eine Ermessensprüfung in der Einspruchsentscheidung nicht stattgefunden hat (BFH II R 110/69, BStBl. II 1973, 187; I R 66/75, BStBl. II 1976, 680; I R 44/97, BFH/NV 1999, 314; VIII B 141/19, BFH/NV 2021, 534; HHS/Steinhauff § 44 Rn. 338, 350 f.), oder aber, wenn ein Dritter durch die Rechtsbehelfsentscheidung erstmals beschwert wird. 45

In den folgenden Einzelfällen kann nach der Rspr. eine isolierte Anfechtungsklage als zulässig angesehen werden:

- Ein Rechtsbehelf wurde **zu Unrecht als unzulässig** verworfen (→ Rn. 30; BFH III R 66/07, BStBl. II 2009, 185; V R 17/06, HFR 2009, 960) oder dem FA unterläuft ein **Verfahrensfehler** (s. zB zur Entscheidung über den Einspruch entgegen § 363 II 2 AO BFH X R 13/01, BStBl. II 2005, 125) oder der Einspruchsführer wird aufgrund der Ausdehnung der Einspruchsentscheidung (Verböserung durch Entscheidung über einen weiteren selbständig anfechtbaren Verfahrensgegenstand) **teilweise erstmalig beschwert** (s. zB BFH X B 91/13, BFH/NV 2013, 1540 zur Aufnahme neuer Sachverhalte in einen Haftungsbescheid in der Einspruchsentscheidung). 46
- Die Finbeh hat über einen **Rechtsbehelf entschieden, der nicht eingelegt** wurde (→ Rn. 9, 10, 12) oder durch eine unwirksame Einspruchsentscheidung einen Rechtsschein gesetzt (→ Rn. 29).
- Eine **notwendige Hinzuziehung** (§ 360 III AO) zum Vorverfahren ist **unterblieben** und dem notwendig Beizuladenden ist ausnahmsweise (zur grundsätzlichen Heilbarkeit → Rn. 20) ein berechtigtes Interesse an der Durchführung eines erneuten Vorverfahrens unter seiner Beteiligung zuzubilligen (BFH IV R 185/80, BStBl. II 1983, 21; VIII R 282/81, BStBl. II 1985, 711).
- In sonstigen Fällen, in denen der Rechtsuchende **erstmals** durch die Rechtsbehelfsentscheidung **beschwert** wird (BFH II R 167/81, BStBl. II 1988, 377; zu Beispielen s. Gosch/v. Beckerath § 44 Rn. 194 ff.; HHS/Steinhauff § 44 Rn. 340 ff.).
- Die **isolierte Aufhebung einer Teileinspruchsentscheidung** kann zB aus verfahrensrechtlichen Gründen in Betracht kommen, wenn die Finbeh es unterlässt, hinreichende Gründe anzugeben, warum der Erlass einer Teileinspruchsentscheidung im konkreten Einzelfall sachdienlich iSd § 367 II 2a AO sein soll (BFH X R 50/09, BStBl. II 2012, 536, mAnm Steinhauff jurisPR-SteuerR 32/2012 Anm. 4).

47 Legt das FG unzutreffend das Klagebegehren im Sinne einer isolierten Anfechtungsklage aus, obwohl der Kläger die Änderung oder Aufhebung des ursprünglichen VA beantragt hatte, und entscheidet es nicht in der Sache über den VA, liegt ein Verfahrensfehler gem. § 115 II Nr. 3 vor (s. BFH VIII R 87/90, BFH/NV 1993, 31; III R 66/07, BStBl. II 2009, 185; X R 13/01, BStBl. II 2005, 125; VI B 75/14, BFH/NV 2015, 51). Wird eine isolierte Anfechtungsklage erhoben, stellt der Übergang zur Anfechtung des VA eine Klageänderung gem. § 67 dar (HHS/Steinhauff § 44 Rn. 339, 371).

48 Ist die isolierte Anfechtungsklage begründet, führt dies zur Aufhebung der Einspruchsentscheidung. Das Einspruchsverfahren ist durch eine erneute Einspruchsentscheidung (bei fehlerhafter Verwerfung des Einspruchs als unzulässig oder anderen Verfahrensfehlern) oder durch eine wirksam bekanntgegebene Entscheidung abzuschließen (s. die Nachw. zu → Rn. 45, 46). Wurde über einen nicht erhobenen Einspruch entschieden (→ Rn. 10), ist dem Kläger mit der Aufhebung der Einspruchsentscheidung endgültig geholfen.

§ 45 [Sprungklage]

(1) [1]**Die Klage ist ohne Vorverfahren zulässig, wenn die Behörde, die über den außergerichtlichen Rechtsbehelf zu entscheiden hat, innerhalb eines Monats nach Zustellung der Klageschrift dem Gericht gegenüber zustimmt.** [2]**Hat von mehreren Berechtigten einer einen außergerichtlichen Rechtsbehelf eingelegt, ein anderer unmittelbar Klage erhoben, ist zunächst über den außergerichtlichen Rechtsbehelf zu entscheiden.**

(2) [1]**Das Gericht kann eine Klage, die nach Absatz 1 ohne Vorverfahren erhoben worden ist, innerhalb von drei Monaten nach Eingang der Akten der Behörde bei Gericht, spätestens innerhalb von sechs Monaten nach Klagezustellung, durch Beschluss an die zuständige Behörde zur Durchführung des Vorverfahrens abgeben, wenn eine weitere Sachaufklärung notwendig ist, die nach Art oder Umfang erhebliche Ermittlungen erfordert, und die Abgabe auch unter Berücksichtigung der Belange der Beteiligten sachdienlich ist.** [2]**Der Beschluss ist unanfechtbar.**

(3) **Stimmt die Behörde im Fall des Absatzes 1 nicht zu oder gibt das Gericht die Klage nach Absatz 2 ab, ist die Klage als außergerichtlicher Rechtsbehelf zu behandeln.**

(4) **Die Klage ist außerdem ohne Vorverfahren zulässig, wenn die Rechtswidrigkeit der Anordnung eines dinglichen Arrests geltend gemacht wird.**

Ohne Parallele in anderen Verfahrensgesetzen; ähnlich: § 78 I 2 Nr. 1–3 SGG.

Literatur: S. auch Vor § 1; Bartone, Die Sprungklage (§ 45), AO-StB 2010, 275; Benke, Sprungklage und Änderungsbescheid, FR 2024, 1053; Blinzler, Zur Zulässigkeit der Sprungverpflichtungsklage, DStZ (A) 1984, 400; Glänzer, Nochmals: Sollte das Institut der Sprungklage beibehalten werden?, DStZ (A) 1972, 122; Günther, Die Sprungverpflichtungsklage, DStR 1988, 316; Mösbauer, Die Sprungklage gegen Steuerhaftungsbescheide, DStR 1988, 15; Mösbauer, zum gleichen Thema, Stbg 1988, 314; Schall, Sprungklage nur bei Anfechtungsklage – ein Versehen des Gesetzgebers?, DStR 1968, 341; Schall, Sprungklage gegen ablehnende Bescheide im Lohnsteuerjahresausgleich?, DB 1971, 34; Steinhauff, Umwandlung einer Sprungklage durch nachträglichen Einspruch, jurisPR-SteuerR 17/2017 Anm. 5;

Streck/Rainer, Die Sprungklage ist nur für Ausnahmefälle geschaffen, Stbg 1986, 233; Theis, Die Zustimmung zur Sprungklage, DB 1970, 2999; Wollny, Sollte das Institut der Sprungklage beibehalten werden?, DStZ (A) 1972, 57.

Übersicht

	Rn.
I. Zielsetzung und zeitlicher Geltungsbereich der Vorschrift	1
1. Zielsetzung und Bedeutung der Regelung	1
2. Zeitlicher Geltungsbereich	2
II. § 45 I – Sprunganfechtungs- und Sprungverpflichtungsklage	3
1. Klagen iSd § 45 I 1	3
2. Voraussetzungen der Sprungklage	5
a) Allgemeine Sachentscheidungsvoraussetzungen	5
b) Zustimmung	9
c) Zuständigkeit	12
d) Frist	13
e) Zulässigkeit der Klage „ohne Vorverfahren“	16
3. Parallele Rechtsbehelfe mehrerer Berechtigter (§ 45 I 2)	18
III. § 45 II – Abgabe an die Finanzbehörde trotz Zustimmung	21
1. Normzweck	21
2. Voraussetzungen	22
a) Überblick	22
b) Mangelhafte Sachaufklärung	24
c) Sachdienlichkeit	26
d) Frist	28
3. Verfahren	29
IV. Rechtsfolgen	32
1. Dispens von § 44 I	32
2. Gescheiterte Sprungklage (§ 45 III)	33
V. Sonderregelung des § 45 IV	36

I. Zielsetzung und zeitlicher Geltungsbereich der Vorschrift

1. Zielsetzung und Bedeutung der Regelung

Der Ausnahmecharakter des **§ 45 I–III** ist dadurch gekennzeichnet, dass die 1
Vorschrift den Fällen des § 44 einen Dispens vom Erfordernis des erfolglosen Abschlusses des außergerichtlichen Vorverfahrens erteilt. Dieser gilt nur für solche **Klagen, die unter § 44 I fallen** (→ § 44 Rn. 3, 5, 7) und für die ein außergerichtliches Rechtsbehelfsverfahren statthaft und nicht durch § 348 AO ausgeschlossen ist. Das sind nur **verwaltungsaktbezogene** und infolgedessen gem. § 47 I **fristgebundene Klagen** (→ Rn. 3 ff.). § 45 regelt somit nicht eine spezielle (in § 40 I bzw. § 41 nicht erfasste) Klageart (→ § 40 Rn. 10). Die Vorschrift dispensiert vom außergerichtlichen Vorverfahren (und zwar nur davon). Der **Unterschied zu § 46** liegt darin, dass dieser im Grundsatz ein begonnenes Vorverfahren voraussetzt, das in angemessener Zeit nicht abgeschlossen wird; § 45 hingegen verzichtet bereits auf die Einleitung des Vorverfahrens (s. Gosch/v. Beckerath § 45 Rn. 22). Die §§ 45 und 46 stehen daher zueinander **im Verhältnis der Exklusivität,** da eine nach Erhebung des Einspruchs, aber vor Abschluss des Vorverfahrens erhobene Klage nur als Untätigkeitsklage gem. § 46 I 1 zulässig sein kann (BFH III B 30/87, BFH/NV 1989, 443; III R 18/02, BStBl. II 2004, 980;

III R 36/02, BFH/NV 2004, 1655; II B 80/04, BFH/NV 2006, 74; I R 33/06, BFH/NV 2007, 2236; → Rn. 16).

§ 45 I–III sollen **aus Gründen** der **Verfahrensvereinfachung** vom Erfordernis des Vorverfahrens befreien: dh, wenn sich dies im Einzelfall als zweckmäßig erweist. Nach den zu § 44 I dargestellten Grundsätzen sieht der Gesetzgeber das Vorverfahren wegen seiner Filterfunktion und zur Selbstkontrolle der Verwaltung als notwendig an (→ § 44 Rn. 1). Stimmt die Behörde der erhobenen Sprungklage zu, verzichtet sie auf die ihr sonst zustehende Selbstkontrolle und bringt zum Ausdruck, dass sie dem Begehren des Klägers auch nicht entsprechen möchte und ein Rechtsbehelfsverfahren als lediglich verfahrensverlängernd ansieht (s. Gosch/v. Beckerath § 45 Rn. 6). Bei dieser Sachlage wird der Verfahrensbeschleunigung der Vorrang eingeräumt. Generell sind für eine Zustimmung des FA zur Sprungklage **Fälle geeignet,** in denen bei unstreitigem Sachverhalt ausschließlich um Rechtsfragen gestritten wird. Diese innere Zielsetzung ist in der Ausgestaltung des § 45 aber nicht als Voraussetzung geregelt worden, dh die Behörde kann nach ihrem Ermessen einer erhobenen Sprungklage zustimmen. Das FG kann Sprungklagen, die dieser Zielsetzung nicht entsprechen, nur unter den Voraussetzungen des **§ 45 III** „abwehren". Die Entscheidung über das Procedere liegt zunächst allein bei den Beteiligten und erst dann beim FG. Letzteres operiert nach Erteilung einer Zustimmung des FA wegen der tatbestandlichen Voraussetzungen für die Abgabeentscheidung (§ 45 II) unter erschwerten Bedingungen: Innerhalb einer relativ knapp bemessenen Frist soll es prüfen und erkennen, in welchem Umfang weitere Sachaufklärung nötig oder ob die Klage entscheidungsreif ist. Diese Prüfung verlangt bei komplexen Sachverhaltsgestaltungen idR die Beiziehung der Akten und einen summarischen „Einstieg" in den Fall während eines Verfahrensstadiums, in dem unter Umständen zwar eine Klagebegründung, aber noch keine -erwiderung vorliegt. Zu denken ist hier an die Durchführung eines zeitnahen Erörterungstermins. Behindert wird die praktische Handhabung der Regelung außerdem und vor allem dadurch, dass sich die Rückgabegründe des § 45 II dem Wortlaut nach auf die unzureichende Sachaufklärung beschränken, so dass gravierende Rechtsfehler des FA im angefochtenen VA nicht unmittelbar erfasst werden.

§ 45 IV eröffnet für den Betroffenen gegenüber der Anordnung eines dinglichen Arrests statt des Einspruchs (§ 347 AO) die unmittelbare Anrufung des Gerichts, ohne dass es einer behördlichen Zustimmung bedarf und ohne dass das Gericht zur Abgabe an das FA wie in den Fällen des § 45 II berechtigt ist.

2. Zeitlicher Geltungsbereich

2 Die Vorschrift betrifft in der jetzigen Fassung **Anfechtungs- und Verpflichtungsklagen** (→ Rn. 3).

II. § 45 I – Sprunganfechtungs- und Sprungverpflichtungsklage

1. Klagen iSd § 45 I 1

3 Der Begriff „Sprungklage" in der Überschrift der Norm charakterisiert nicht den Inhalt, sondern die äußere **Art der Klageerhebung.** Die Regelung spricht in § 45 I 1 allgemein von der Klage und knüpft damit an § 40 I an. Dieser versteht unter einer Klage ein formalisiertes und konkretes Begehren gegenüber dem

Gericht unabhängig von der Klageart (→ § 40 Rn. 3). Mit der Rechtsfolge des § 45 I 1, dass die Klage ohne Vorverfahren zulässig ist, knüpft die Regelung jedoch unmittelbar an die in § 44 I behandelten Klagearten an. Hieraus ist abzuleiten, dass § 45 I 1 im Kern
- alle **Anfechtungsklagen** (→ § 40 Rn. 13 ff.)
  und
- alle **Verpflichtungsklagen** (→ § 40 Rn. 22 ff.)

erfasst.

Ausgeschlossen ist die Sprungklage für 4
- sonstige Leistungsklagen (→ § 40 Rn. 42 ff.) und
- Feststellungsklagen (§ 41),

weil diese Klagearten kein außergerichtliches Vorverfahren voraussetzen. Da § 45 nur für Klagen gilt, findet die Regelung auch **keine analoge Anwendung auf die AdV** in dem Sinne, dass AdV beim Gericht der Hauptsache mit Zustimmung des FA unmittelbar beantragt werden könnte, ohne dass die Voraussetzungen des § 69 IV erfüllt sind (FG Hmb I 129/05, EFG 2005, 1455; Bartone AO-StB 2010, 275 (276)).

2. Voraussetzungen der Sprungklage

a) Allgemeine Sachentscheidungsvoraussetzungen. Es müssen alle übrigen **Sachentscheidungsvoraussetzungen** der unmittelbar ohne Einlegung des Einspruchs beim FG erhobenen Anfechtungs- oder Verpflichtungsklage erfüllt sein. Das gilt vor allem für die Klagefrist (§ 47 I) und die Darlegungspflicht iSd § 40 II. 5

In den Fällen der Anfechtungsklage wird ein **rechtsbehelfsfähiger Verwaltungsakt** vorausgesetzt (BFH III R 35/02, BFH/NV 2005, 60; Bartone AO-StB 2010, 275 (276)). 6

Für eine **Sprungverpflichtungsklage** muss die Finbeh **vor Klageerhebung** einen **Antrag** auf Erlass des vom Stpfl. begehrten VA **durch Verwaltungsakt** (nicht durch eine formlose Mitteilung) **abgelehnt** haben (BFH II R 52/00, BFH/NV 2002, 1053; III R 18/02, BStBl. II 2004, 980; III R 35/02, BFH/NV 2005, 60 zum Wechsel des Veranlagungswahlrechts; V R 58/10, BFH/NV 2012, 1953 zum Antrag auf Festsetzung von Kindergeld). Erhebt der Kläger unmittelbar nach Antragstellung beim FA eine Klage auf Erlass oder Änderung eines VA, ohne dass das FA den Antrag beschieden hat, ist nach der zitierten Rspr. und hM (s. HHS/Steinhauff § 45 Rn. 13; Bartone AO-StB 2010, 275 mwN) eine solche Sprungverpflichtungsklage unheilbar unzulässig. Denn in den Fällen der Untätigkeit der Behörde sind der Rechtsbehelf des Untätigkeitseinspruchs (§ 347 I 2 AO) oder die Untätigkeitsklage gem. § 46 vorrangig (aA Gosch/v. Beckerath § 45 Rn. 33 mit dem Argument, statt eines Untätigkeitseinspruchs sei auch eine Sprungklage denkbar, da das FA die Zustimmung verweigern könne). Die Heilung einer solchen unzulässig erhobenen Untätigkeitssprungklage bei Ablehnung des VA im Klageverfahren kommt nach der zitierten hM zu Recht nicht in Betracht. 7

Anfechtungs- und Verpflichtungssprungklagen, die **im Hinblick auf Ermessensverwaltungsakte** erhoben werden, sind unter denselben Voraussetzungen zulässig wie Sprungklagen im Zusammenhang mit gebundenen VA. Dem Kläger sollte jedoch bewusst sein, dass er sich einer erneuten Ermessensausübung iRd Einspruchsverfahrens beraubt, wenn das FA der Sprungklage zustimmt und das Gericht den angefochtenen VA nur in den Grenzen des § 102 kontrollieren kann 8

(Gosch/v. Beckerath § 45 Rn. 6; Bartone AO-StB 2010, 275 (276); s. auch HHS/Steinhauff § 45 Rn. 11, der für eine teleologische Reduktion in bestimmten Fällen eintritt).

9 **b) Zustimmung.** Zulässig ist die Sprungklage nur, wenn die zuständige Behörde rechtzeitig zustimmt (BFH IV B 144/01, BFH/NV 2003, 629). Die **Zustimmungserklärung** ebenso wie deren **Verweigerung** sind keine eigenständigen VA, sondern **Prozesserklärungen** (dazu allg. → Vor § 33 Rn. 40 ff.; BFH VI R 176/82, BStBl. II 1985, 266; VIII R 22/08, BFH/NV 2010, 44; HHS/Steinhauff § 45 Rn. 27). Darum ist die Rechtmäßigkeit einer Verweigerung der Zustimmung ungeachtet des insoweit eröffneten Ermessensspielraums des FA gerichtlich nicht nachprüfbar (BFH 211/57 U, BStBl. III 1959, 222; III B 30/87, BFH/NV 1989, 443). Wird die Zustimmung bei nicht ausermittelten Sachverhalten erteilt (→ Rn. 1 zu den für die Sprungklage geeigneten Fällen), kann das Gericht nach § 45 II verfahren.

10 Eine bestimmte **Form** ist für die Zustimmung **nicht** vorgeschrieben. Sie muss jedoch **ausdrücklich** erteilt werden, dh eine stillschweigende Zustimmung reicht nicht aus (BFH I R 66/84, BFH/NV 1988, 319; III R 18/02, BStBl. II 2004, 980; III R 35/02, BFH/NV 2005, 60; X R 34/06, BFH/NV 2009, 1826). Das folgt aus § 45 III, der für den Fall, dass keine (fristgerechte) Zustimmung in Form einer positiven Willensbekundung der Behörde vorliegt, ohne weiteres (und für alle Fälle gleichermaßen) die Behandlung des Rechtsbehelfs als Einspruch vorschreibt. Die rügelose Einlassung der beklagten Behörde zur Sache genügt diesen Anforderungen ebenfalls nicht (BFH VI R 176/82, BStBl. II 1985, 266 und die in diesem Absatz zitierte Rspr.). Die Zustimmungserklärung sollte daher schriftlich oder in einem Erörterungstermin zu Protokoll vom FA gegeben werden (→ Rn. 1).

11 Die Zustimmung muss gem. § 45 I 1 **dem Gericht gegenüber** erteilt werden. Maßgeblich für die Frist in § 45 I 1 (→ Rn. 13 f.) ist der **Zugang** bei Gericht, nicht die Absendung bei der Behörde.

12 **c) Zuständigkeit.** Zuständig für die Erteilung der Zustimmung ist die Behörde, die über den außergerichtlichen Rechtsbehelf zu entscheiden hätte (§ 367 I 1 AO). Das ist regelmäßig die Behörde, die den angefochtenen VA erlassen hat. Gegen diese ist gem. § 63 I auch die Klage zu richten. Zu weiteren Fällen s. § 367 I 2 und § 367 III AO sowie § 63 I 2, II. Gleiches gilt im Fall der Familienkassen.

13 **d) Frist.** Die für die Abgabe der Zustimmungserklärung (oder der ausdrücklichen Verweigerung) in § 45 I 1 vorgeschriebene **Frist** von einem Monat **beginnt mit** der **Zustellung** der Klageschrift durch das FG an die beklagte Behörde (§ 71 I 1 iVm § 53) und zwar auch dann, wenn die Klage beim FA nach § 47 II angebracht worden ist.

14 Die **Berechnung** der Frist richtet sich nach § 54 (→ § 54 Rn. 5, 8; BFH VI R 176/82, BStBl. II 1985, 266). Es handelt sich um eine **nicht verlängerbare gesetzliche Frist (§§ 54 II FGO, 224 II ZPO),** deren Versäumung **nicht** im Wege der **Wiedereinsetzung** (§ 56) geheilt werden kann (HHS/Steinhauff § 45 Rn. 35). Diese Möglichkeit bestünde ohnedies nur für die beklagte Behörde. Es scheidet die Möglichkeit der Wiedereinsetzung aber auch deshalb aus, weil in § 45 III entscheidend nicht auf das Verhalten eines Prozessbeteiligten, sondern allein auf den äußeren Geschehensablauf abgestellt wird, was eine Verschuldens-

prüfung iSd § 56 unmöglich macht (ebenso HHS/Steinhauff § 45 Rn. 37 mwN). Die gesetzliche Frist definiert die äußerste zeitliche Grenze für die Erteilung der Zustimmung. Wird diese Frist nicht eingehalten, ist die Sprungklage gescheitert (§ 45 III, → Rn. 33).

Den **frühestmöglichen Zeitpunkt** für die Erteilung einer Zustimmung bestimmt das G nicht. Die Antwort auf die Frage, ab wann die Zustimmung erteilt werden darf, hat sich am Normzweck (→ Rn. 1) auszurichten. Die Zustimmung darf jedenfalls **nicht** bereits vor Kenntnis des Rechtsbehelfsinhalts oder gar vor Erlass des angefochtenen VA (vgl. BFH VI R 209/79, BStBl. II 1983, 551) erteilt werden, da eine zweckgerechte Entscheidung durch die beklagte Behörde die Kenntnis des Rechtsbehelfsbegehrens und der -begründung voraussetzt (zutr. FG BBg 13 K 13092/12, EFG 2014, 816; Gosch/v. Beckerath § 45 Rn. 58; Tipke/Kruse/Krumm § 45 Rn. 10). Damit ein plausibles Anknüpfungsmerkmal dafür besteht, dass die Behörde vom Inhalt des Rechtsbehelfs Kenntnis haben kann, wird hier der von Gosch/v. Beckerath § 45 Rn. 58 vertretenen Meinung gefolgt, dass als frühestmöglicher Zeitpunkt der Abgabe einer Zustimmungserklärung die Klagezustellung, in Fällen des § 47 II 2 die Übersendung der Klageschrift durch die Behörde an das Gericht in Betracht kommt (BFH I R 173/82, BFH/NV 1987, 178). Dies gilt jedenfalls in Fällen, in denen im Vorfeld des Erlasses des VA keine intensive Diskussion um Rechtsfragen stattgefunden hat, also vor Klageerhebung unklar ist, gegen welche Besteuerungsgrundlagen der Kläger vorgehen möchte. Frühere Zeitpunkte für die Abgabe einer Zustimmungserklärung als die Klagezustellung können nur in Betracht kommen, wenn sich schon aufgrund des Veranlagungsverfahrens streitige Besteuerungsgrundlagen konkretisiert haben. Ob nach diesen Maßstäben eine wirksame Zustimmungserklärung vorliegt, **ist gerichtlich voll überprüfbar,** da § 45 III 1 bei fehlender Zustimmung zwingend die Umwandlung der Klage in einen außergerichtlichen Rechtsbehelf vorgibt (→ Rn. 33). 15

e) Zulässigkeit der Klage „ohne Vorverfahren". Die Rechtsfolge des § 45 I 1 (→ Rn. 32) wirft die Frage der Behandlung eines „Nebeneinanders" von eingelegtem außergerichtlichem Rechtsbehelf und einer gleichzeitig erhobenen Sprungklage auf. Ein solches **Nebeneinander** ist bei identischem Verfahrensgegenstand (durch das Tatbestandsmerkmal „ohne Vorverfahren" einerseits und die Rechtsfolgeregelung des § 45 III andererseits und den Vorrang des § 46) **ausgeschlossen;** auch die bedingte kumulative Klage ist nicht zulässig (BFH VIII R 36/89, BStBl. II 1995, 353; I R 1/15, BStBl. II 2017, 720; HHS/Steinhauff § 45 Rn. 17 ff. mwN; Gosch/v. Beckerath § 45 Rn. 37; Bartone AO-StB 2010, 275 (277)). Ergeht allerdings die Einspruchsentscheidung während des Klageverfahrens und vor Erlass eines die Sprungklage als unzulässig abweisenden Prozessurteils, liegt zum Zeitpunkt der Entscheidung über die Klage ein abgeschlossenes Vorverfahren vor; die Klage ist zulässig (Bartone AO-StB 2010, 275 (277) mwN; zum abgeschlossenen Vorverfahren als Sachurteilsvoraussetzung → § 44 Rn. 1, 33). 16

Im Hinblick auf die §§ 355 I AO, 47 I sind zudem bestimmte **„Umwandlungsmöglichkeiten"** zwischen Einspruch und Sprungklage anerkannt, die ein Nebeneinander der Rechtsbehelfe verhindern: 17

- der Übergang von der Sprungklage zum außergerichtlichen Rechtsbehelf **innerhalb der Einspruchsfrist** kann bis zum Ergehen der Zustimmung des zuständigen FA durch eine Umwandlungserklärung erreicht werden (zum früheren Recht BFH II 36/59 U, BStBl. III 1962, 203; HHS/Steinhauff § 45

Rn. 20 ff.; Tipke/Kruse/Krumm § 45 Rn. 4; Bartone AO-StB 2010, 275 (277); aA Gosch/v. Beckerath § 45 Rn. 36); nach BFH I R 1/15, BStBl. II 2017, 720 genügt für die Umwandlung der Sprungklage in einen Einspruch die nach Erhebung der Sprungklage und vor Ergehen der behördlichen Zustimmungserklärung erfolgende Einlegung eines neben dieser Klage unzulässigen Einspruchs, ohne dass die Umwandlung ausdrücklich erklärt werden muss (ebenso Rosenke EFG 2015, 1007);

– bei Übergang vom außergerichtlichen Rechtsbehelf zur Sprungklage **innerhalb der Klagefrist** (BFH VII B 39/72, BStBl. II 1973, 852; IV R 123/76, BStBl. II 1981, 365; HHS/Steinhauff § 45 Rn. 21; Bartone AO-StB 2010, 275 (277)) liegt ein zulässiger gewillkürter Wechsel der Rechtsbehelfsart vor; die Umwandlungserklärung muss entsprechend § 47 I und II (Form, Frist) über das FA oder direkt an das FG gerichtet werden und bedarf der Zustimmung des FA (Gosch/v. Beckerath § 45 Rn. 35, 38).

3. Parallele Rechtsbehelfe mehrerer Berechtigter (§ 45 I 2)

18 Für den Fall, dass mehrere Berechtigte **„in ein und derselben Rechtssache", dh im Hinblick auf denselben VA** (zB gegenüber Bescheiden nach den §§ 179 ff. AO, nicht aber gegenüber solchen nach § 155 III AO; s. Gosch/v. Beckerath § 45 Rn. 75; HHS/Steinhauff § 45 Rn. 41) verschiedenartige Rechtsbehelfe einlegen, enthält § 45 I 2 eine Sonderregelung, die eine **einheitliche Entscheidung** ermöglichen soll.

19 Ist von einem Beteiligten Einspruch eingelegt, von einem anderen Sprungklage erhoben worden, kann **der Gleichlauf der Verfahren** am einfachsten dadurch erreicht werden, dass die zuständige Finbeh ihre Zustimmung zur unmittelbaren Klageerhebung versagt und dadurch die Rechtsfolge des **§ 45 III** auslöst. Scheitert dies daran, dass Zustimmung schon erteilt wurde, greift **§ 45 I 2** ein, der zum Zweck der Verfahrenszusammenführung bestimmt, dass zunächst nur über den außergerichtlichen Rechtsbehelf zu entscheiden ist. Der anhängige außergerichtliche Rechtsbehelf eines Berechtigten ist somit Verfahrenshindernis für die Sprungklage des anderen Berechtigten (Gosch/v. Beckerath § 45 Rn. 76). Für das (Sprung-) Klageverfahren besteht eine gesetzlich angeordnete Verfahrensaussetzung (§ 74), bis über den außergerichtlichen Rechtsbehelf entschieden ist. Bleibt das außergerichtliche Verfahren ohne Erfolg und klagt der Einspruchsführer, sind die Klageverfahren zu verbinden (§ 73 II); ansonsten ist er zum fortgesetzten Klageverfahren des anderen Beteiligten gem. § 60 II notwendig beizuladen (Bartone AO-StB 2010, 275 (278)).

20 Der **Kläger** ist zum außergerichtlichen Rechtsbehelfsverfahren des Mitberechtigten nach § 360 III AO **hinzuzuziehen.** Wird das Vorverfahren erfolgreich **abgeschlossen,** erledigt sich das (Sprung-)Klageverfahren in der Hauptsache (ebenso HHS/Steinhauff § 45 Rn. 43).

III. § 45 II – Abgabe an die Finanzbehörde trotz Zustimmung

1. Normzweck

21 Die gerichtliche Möglichkeit zur Abgabe soll verhindern, dass § 45 dazu **missbraucht** wird, das FG mit unzureichend aufgeklärten Fällen zu belasten. Denn

es liegt allein im Ermessen des FA, die Zustimmung zu erteilen (→ Rn. 9). Die Finbeh soll dazu angehalten werden, die im Einzelfall erforderlichen Tatsachenfeststellungen selbst zu treffen (so die optimistische amtliche Begründung, BT-Drs. 12/1061, 13).

2. Voraussetzungen

a) Überblick. Es kann zu einer Abgabe nach § 45 II nur kommen, wenn die Klage zulässig ist, dh die übrigen Sachentscheidungsvoraussetzungen vorliegen (→ Rn. 5). 22

Der Sache nach setzt die Abgabe des Verfahrens an die Finbeh zweierlei voraus: 23
- Unzureichende Sachaufklärung (→ Rn. 24 f.) und
- Sachdienlichkeit (→ Rn. 26 f.).

Darin liegt eine in mehrfacher Hinsicht **verfehlte Einengung:** Rechtsbeeinträchtigende **Ermessensentscheidungen** der Verwaltung, vor allem die Ablehnung von Billigkeitsmaßnahmen, sind für ein Verfahren nach § 45 nur bedingt geeignet (→ Rn. 1, 8), können aber nach § 45 III 1 nur zur Abgabe führen, wenn das Gericht rechtzeitig erkennt, dass ein Ermessensfehler (→ § 102 Rn. 13) auf einer unzureichenden Sachaufklärung beruht. Von den gesetzlichen Rückgabegründen werden **Rechtsfehler** des FA zudem nicht unmittelbar erfasst, sondern mittelbar nur dann, wenn sie zu einer unzureichenden Sachaufklärung geführt haben (glA Gosch/v. Beckerath § 45 Rn. 87).

b) Mangelhafte Sachaufklärung. Die Prüfung des Gerichts muss ergeben, dass eine weitere Sachaufklärung notwendig ist, die nach Art und Umfang erhebliche Ermittlungen erfordert. Die Formulierung deckt sich mit derjenigen, die das Gericht nach § 100 III 1 zur Kassation trotz fehlender Spruchreife berechtigt (→ § 100 Rn. 55 ff.). 24

Die Notwendigkeit weiterer Sachaufklärung ist an den **Anforderungen** der §§ 76 I, 96 I zu messen. Das kann allerdings nach dem Charakter der hier zu treffenden Entscheidung nur im Rahmen einer **„summarischen Prognose"** unter Beiziehung der Akten und ggf. der Durchführung eines Erörterungstermins geschehen (HHS/Steinhauff § 45 Rn. 47). Für die Gewichtung des Ermittlungsdefizits fehlen allgemeine Beurteilungsmaßstäbe. **Erheblich** sind Aufklärungsmängel jedenfalls, wenn sich der entscheidungserhebliche Sachverhalt nach Aktenlage und bei summarischer Prüfung als im Wesentlichen unaufgeklärt erweist bzw. Entscheidungsreife nur mit Hilfe zeitraubender, kosten- und arbeitsaufwendiger richterlicher Ermittlungen hergestellt werden kann. Dabei ist auch zu berücksichtigen, dass dem Kläger eine außergerichtliche Tatsacheninstanz verlorengeht. Soweit **Ermessensentscheidungen** der Verwaltung streitig sind, ist **jegliche Lücke,** unabhängig von Art und Umfang der erforderlichen Ermittlungen, in der Sachaufklärung als erheblich iSd § 45 II anzusehen, weil es dem Gericht aus Rechtsgründen verwehrt ist, sie zu schließen (ebenso HHS/Steinhauff § 45 Rn. 48; → Rn. 8). 25

c) Sachdienlichkeit. Die Abgabe muss nicht nur unter dem Gesichtspunkt weiterer Sachaufklärung notwendig, sondern außerdem unter Berücksichtigung der Belange der Beteiligten **sachdienlich** sein. 26

Sachdienlich ist die Abgabe, unabhängig vom Meinungsstreit über die systematische Einordnung des Begriffs, wenn sie sich bei summarischer Prüfung 27

(→ Rn. 1) **nach Aktenlage** als für den Fortgang des Verfahrens förderlich erweist (→ § 67 Rn. 24 f.); den **Belangen der Prozessbeteiligten** ist in ausreichendem Maße Rechnung getragen, wenn ihre verfahrensrechtliche Position, gemessen an den ihnen auferlegten verfahrensrechtlichen Pflichten zur Sachverhaltsaufklärung im Gerichtsverfahren durch die Rückgabe nicht in unverhältnismäßiger Weise beeinträchtigt wird (HHS/Steinhauff § 45 Rn. 49). Dies ist vom FA darzulegen.

28 **d) Frist.** Die Abgabe ist nur innerhalb der gesetzlich bestimmten, nicht verlängerbaren und dem Regelungsbereich des § 56 entzogenen **relativen dreimonatigen Frist** zulässig (FG Hmb III 16/02, EFG 2002, 1394). Die Frist ist an den **Eingang der den Streitfall betreffenden vollständigen Akten iSd § 71 II** bei Gericht und damit an dessen konkrete Möglichkeit einer eigenständigen Sachprüfung geknüpft. Der Abgabezeitraum ist nach der **absoluten Frist** der Regelung auf höchstens sechs Monate ab Klagezustellung begrenzt. Das Gericht hängt damit von der Vorlage der Akten durch das FA ab, da sich bei später Vorlage (mehr als drei Monate nach Zustellung der Klage) die Prüfzeit verkürzt. Bei einer Sprungklage, die zunächst nicht begründet wird, sollte daher die Klagebegründung mit kurzer Fristsetzung angefordert und dem FA zur Klageerwiderung ebenfalls nur eine kurze Frist mit der Auflage gesetzt werden, die den Streitfall betreffenden Akten mit der Klageerwiderung zu übersenden, wenn es der Sprungklage in der Klageerwiderung zustimmen möchte.

3. Verfahren

29 **Zuständig** für die Abgabeentscheidung ist das Gericht – dh (§§ 2, 6) der nach dem Geschäftsverteilungsplan hierzu berufene **Senat** des FG (§ 5 II) oder aber der **Einzelrichter** (§ 6). Für die Anwendung im vorbereitenden Verfahren, die nur im Einverständnis der Beteiligten möglich wäre (§ 79a III), dürften in der Praxis Zeit (→ Rn. 28) und Anreiz (→ Rn. 22 ff.) fehlen.

30 Über die Abgabe entscheidet das Gericht (→ Rn. 29) nach pflichtgemäßem **Ermessen** durch **Beschluss** (§ 45 II 1), der **unanfechtbar** ist (§ 45 II 2) und daher **keiner Begründung** bedarf (§ 113 II).

31 Der Beschluss muss **innerhalb der Abgabefrist** den Beteiligten bekannt gegeben werden (Gosch/v. Beckerath § 45 Rn. 97).

IV. Rechtsfolgen

1. Dispens von § 44 I

32 Sind die **Voraussetzungen** des § 45 I 1 **erfüllt** und ist innerhalb der vorgesehenen Frist keine gerichtliche Abgabeentscheidung ergangen (§ 45 II), **steht fest, dass** die Anfechtungs- oder Verpflichtungsklage, abweichend von § 44 II 1, **ohne Vorverfahren** zulässig ist. Über sonstige Zulässigkeitsvoraussetzungen ist damit nichts gesagt (→ Rn. 5). Zur **Klagefrist** bei Anfechtung eines Steuerbescheids/Steuer-VA im Wege der Sprungklage s. § 47 I 1. Bei **Steueranmeldungen,** die die Wirkung von Steuerfestsetzungen (§ 168 S. 2 AO) haben, aber grds. nicht bekannt gegeben werden, ist zur gebotenen Lückenausfüllung anzunehmen, dass die Frist für die Erhebung einer hiergegen gerichteten Sprungklage entspr. § 355 I 2 AO zu berechnen ist (Gosch/v. Beckerath § 47 Rn. 80; Tipke/Kruse/Brandis § 47 Rn. 4). Bei Sprungklagen ist **§ 68 analog** mit der Maßgabe anzuwenden,

dass anstelle der Einspruchsentscheidung die Zustimmungserklärung des FA gem. § 45 I 1 tritt (BFH III R 41/22, BStBl. II 2024, 772).

2. Gescheiterte Sprungklage (§ 45 III)

Stimmt die zuständige Behörde der Sprungklage nicht (rechtzeitig) oder nicht wirksam zu (→ Rn. 9–11) oder ergeht (fristgemäß) ein gerichtlicher Abgabebeschluss (§ 45 II), so bestimmt § 45 III für beide Fälle, dass die Klage als **außergerichtlicher Rechtsbehelf,** dh seit 1.1.1996 von der hierfür zuständigen Behörde als Einspruch zu behandeln ist. Mit der Umwandlung der erhobenen Klage in den Status des nicht beschiedenen Einspruchs kraft Gesetzes ist die Klage so zu behandeln, als sei sie von Beginn an nicht iSd § 66 bei Gericht anhängig geworden (BFH X R 48/01, BStBl. II 2004, 169; X R 34/06, BFH/NV 2009, 1826). Es entstehen keine Gerichtskosten (Bartone AO-StB 2010, 275 (278)). Bei fehlender Zustimmung des FA gibt das FG die Sache formlos an das FA ab; insoweit liegt keine beschwerdefähige Entscheidung vor (BFH II B 78/96, BFH/NV 1997, 56). 33

Entscheidet das FG trotz Umwandlung der Klage in einen Einspruch über die Klage, liegt hierin ein Verstoß gegen § 66, der ohne Revisionsrüge vom BFH von Amts wegen zu beachten ist (BFH X R 34/06, BFH/NV 2009, 1826).

Beharrt der Kläger trotz fehlender oder verspäteter Zustimmung (§ 45 I) oder nach Abgabe (§ 45 II) **auf** einer **gerichtlichen Entscheidung,** so verfolgt er ein neues, nunmehr unzulässiges (unstatthaftes) Klagebegehren. Diese Klage ist durch **Prozessurteil** und zwar in Form des Endurteils (als unzulässig) abzuweisen (BFH IV B 144/01, BFH/NV 2003, 629). 34

Ist die Sprungklage von Anfang an **unzulässig** (→ Rn. 5 ff.) oder **unstatthaft,** weil in Wahrheit keine Anfechtungs- oder Verpflichtungsklage vorliegt, die ein Vorverfahren erfordert hätte, so ist über die unzulässige Klage, die idR eine sonstige Leistungs- oder Feststellungsklage (→ Rn. 4) ist, durch **(End-)Urteil** zu entscheiden, und zwar auch dann, wenn die Finbeh eine Zustimmungserklärung abgegeben hat. 35

V. Sonderregelung des § 45 IV

Die Vorschrift, die sich inhaltlich mit § 45 II aF deckt (im Hinblick auf §§ 324, 325 AO wurde nur der Begriff „Sicherungsverfahren" durch „dinglichen Arrest" ersetzt – BT-Drs. 12/1061, 13), eröffnet für den Betroffenen gegenüber der **Anordnung eines dinglichen Arrests** anstatt des statthaften Einspruchs (§ 347 I Nr. 1 AO) die **unmittelbare Anrufung** des Gerichts, und zwar im Gegensatz zu § 45 I–III ohne dass es einer behördlichen Zustimmung bedarf und ohne dass das Gericht zur Abgabe berechtigt ist. Dieser Sonderweg ist ausdrücklich an die gesetzlichen **Voraussetzungen der §§ 324, 325 AO** geknüpft, gilt also nicht bei anderen Vollstreckungsmaßnahmen (zB der Eintragung einer Sicherungshypothek: BFH VII B 182/98, BFH/NV 1999, 1229). 36

Gegen die Anordnung des dinglichen Arrests iSd § 324 I AO ist auch der Antrag auf Aussetzung der Vollziehung nach § 69 III 3 statthaft. Das Verfahren nach § 69 wird nicht durch § 45 IV verdrängt; gegen die Anordnung des dinglichen Arrests ist die Klage ohne Vorverfahren zulässig (BFH XI B 125/12, BStBl. II 2013, 983). 37

§ 46 [Untätigkeitsklage]

(1) [1]**Ist über einen außergerichtlichen Rechtsbehelf ohne Mitteilung eines zureichenden Grundes in angemessener Frist sachlich nicht entschieden worden, so ist die Klage abweichend von § 44 ohne vorherigen Abschluss des Vorverfahrens zulässig.** [2]**Die Klage kann nicht vor Ablauf von sechs Monaten seit Einlegung des außergerichtlichen Rechtsbehelfs erhoben werden, es sei denn, dass wegen besonderer Umstände des Falles eine kürzere Frist geboten ist.** [3]**Das Gericht kann das Verfahren bis zum Ablauf einer von ihm bestimmten Frist, die verlängert werden kann, aussetzen; wird dem außergerichtlichen Rechtsbehelf innerhalb dieser Frist stattgegeben oder der beantragte Verwaltungsakt innerhalb dieser Frist erlassen, so ist der Rechtsstreit in der Hauptsache als erledigt anzusehen.**

(2) **Absatz 1 Satz 2 und 3 gilt für die Fälle sinngemäß, in denen geltend gemacht wird, dass eine der in § 348 Nr. 3 und 4 der Abgabenordnung genannten Stellen über einen Antrag auf Vornahme eines Verwaltungsakts ohne Mitteilung eines zureichenden Grundes in angemessener Frist sachlich nicht entschieden hat.**

Vgl. § 75 VwGO, § 88 SGG, § 27 EGGVG.

Literatur: S. iÜ Gräber, 7. Aufl. 2010; Arndt/Schaefer, Die Untätigkeitsklage im finanzgerichtlichen Verfahren, StVj 1989, 151; Arndt/Schaefer, zum gleichen Thema: StVj 1990, 80 u. 93; Bartone, Die Untätigkeitsklage, AO-Steuerberater 2004, 68; Bettermann, Der verwaltungsgerichtliche Rechtsschutz bei Nichtbescheidung des Widerspruchs oder des Vornahmeantrags, NJW 1960, 1081; Ehlers, Die Problematik des Vorverfahrens nach der gerichtlichen Aussetzung der Untätigkeitsklage DVBl. 1976, 71; Harder, Die Untätigkeitsklage nach § 46 Abs. 1 FGO, DB 1995, 1583; Jesse, Der prozessuale Rechtsschutz im Steuerrecht, FR 2024, 54; Kopp, Die Verwirkung des Klagerechts bei der Untätigkeitsklage, DÖV 1977, 199; Leberecht, Der Rechtsschutz des Bürgers bei Untätigkeit der Finanzverwaltungsbehörden, Saarbrücker Diss. 1976; Löwer, Zur Problematik der Untätigkeitsklage, MDR 1963, 178; Odenthal, Die Heilung von Verfahrensfehlern gem. § 45 VwVfG nach erhobener Untätigkeitsklage, NVwZ 1995, 668; Podewils/Singer, Voraussetzungen und praktische Probleme der finanzgerichtlichen Untätigkeitsklage, DStZ 2017, 336; Schenke, Der Anspruch des Widerspruchsführers auf Erlass eines Widerspruchsbescheids und seine gerichtliche Durchsetzung, DÖV 1996, 529; Steinhauff, Rechtsschutzziel von Untätigkeitseinspruch und Untätigkeitsklage bei sog. doppelter Untätigkeit, jurisPR-SteuerR 6/2006 Anm. 4; Steinhauff, Rechtsfolgen eines beschiedenen Untätigkeitseinspruchs, jurisPR-SteuerR 6/2017 Anm. 1; Steinhauff, Außergerichtlicher Rechtsbehelf als Voraussetzung einer Untätigkeitsklage, jurisPR-SteuerR 46/2021 Anm. 5; Steinhauff, Zur Untätigkeitsbeschwerde, jurisPR-SteuerR 22/2024 Anm. 4; Weides/Bertrams, Die nachträgliche Verwaltungsentscheidung im Verfahren der Untätigkeitsklage, NVwZ 1988, 673; Wendt, Untätigkeitsklage nach Fristablauf, BB 1968, 1231; Wendt, Möglichkeit der Klage bei Einspruchsentscheidung nach Ablauf der Jahresfrist, DB 1969, 901.

Übersicht

	Rn.
I. Funktion und Regelungsinhalt	1
II. Untätigkeitsklage gem. § 46 I 1 und 2	2
1. Fehlen einer Entscheidung über den außergerichtlichen Rechtsbehelf	2
2. Ablauf einer angemessenen Frist	6

	Rn.
3. Fehlen der Mitteilung eines zureichenden Grundes	11
III. Aussetzung durch das Gericht (§ 46 I 3)	21
IV. Tätigwerden der Behörde und Abschluss/Fortgang des Verfahrens	25
1. Tätigwerden der Behörde	25
2. Verwirkung des Klagerechts aus § 46 I	30
V. § 46 II	31

I. Funktion und Regelungsinhalt

Die Vorschrift bildet zusammen mit der Sprungklageregelung des § 45 (zum Verhältnis der Exklusivität beider Vorschriften → § 45 Rn. 1, 7) die einzige **Ausnahme von** dem in **§ 44 I** niedergelegten Grundsatz, dass dann, wenn das G außergerichtliche Rechtsbehelfe vorsieht (s. §§ 347, 348 AO), die Anrufung des Gerichts erst nach vorherigem Abschluss des außergerichtlichen Vorverfahrens zulässig ist (§ 44 I, → Rn. 8). Diese **Spezialregelung** zu § 44 I befreit für den Fall **der Untätigkeit der Verwaltung** nur von der **Sachentscheidungsvoraussetzung** des erfolglosen Abschlusses des Vorverfahrens (→ § 44 Rn. 37). Nicht erfasst ist die Untätigkeit des Gerichts. Zur **Entschädigungsklage** bei gerichtlicher Untätigkeit s. § 198 I 1 GVG; → § 155 Rn. 40 ff. 1

§ 46 I nimmt Bezug auf die Klage als formalisiertes prozessuales Begehren (→ § 40 Rn. 3) und damit zunächst auf alle Klagearten der §§ 40, 41. Aus der Rechtsfolge der Vorschrift, die vom Erfordernis des abgeschlossenen erfolglos gebliebenen Vorverfahrens gem. § 44 I dispensiert, wird jedoch deutlich, dass wie in § 45 der Anwendungsbereich der Regelung allein bei den verwaltungsaktbezogenen **Anfechtungs- und Verpflichtungsklagen** liegt (→ § 45 Rn. 1, 3 f.). Die Finbeh soll bei diesen Klagen nicht den Gang zum Gericht vereiteln können, indem sie ein eingeleitetes Vorverfahren nicht abschließt (Gosch/v. Beckerath § 46 Rn. 9). In § 46 wird **keine** – gegenüber der abschließenden Aufzählung in den §§ 40, 41 – **„neue" Klageart** eröffnet. Die Bedeutung des § 46 erschöpft sich vielmehr darin, den Rechtsuchenden auch dann zu möglichst zeitnahem gerichtlichen Rechtsschutz zu verhelfen, wenn die zuständige Finbeh seinem Anfechtungs- oder Verpflichtungsbegehren – pflichtwidrig – mit Untätigkeit begegnet (→ § 44 Rn. 37). Nur bei dieser Fallgestaltung **erlaubt § 46** in den in § 46 I und II geregelten Varianten, abweichend von § 44, ausnahmsweise den **unmittelbaren „Gang zu Gericht": § 46 I** regelt hierbei den verfahrensrechtlichen Normalfall, in dem der Untätigkeit der Behörde mit einem statthaften Untätigkeitseinspruch (§ 347 I 2 AO) begegnet werden kann. **§ 46 II** statuiert eine unmittelbare Klagemöglichkeit, um die zuständige Behörde in einem Fall des **§ 348 Nr. 3 oder Nr. 4 AO** (oberste Finbeh, Zulassungs- und Prüfungsausschüsse), gegen deren Untätigkeit kein Untätigkeitseinspruch gem. § 347 I 2 AO statthaft ist, zum Erlass des erstrebten VA zu veranlassen (iÜ → Rn. 31).

§ 46 I 3 räumt dem Gericht die Möglichkeit der Verfahrensaussetzung mit Fristsetzung ein, damit die untätige Behörde das außergerichtliche Rechtsbehelfsverfahren abschließen kann; dies kann bei Stattgabe im außergerichtlichen Rechtsbehelf innerhalb der gerichtlichen Frist zur Erledigung des Klageverfahrens und zur Kostentragung der Behörde (§ 138 II 2, → § 138 Rn. 58, 81) führen.

II. Untätigkeitsklage gem. § 46 I 1 und 2

1. Fehlen einer Entscheidung über den außergerichtlichen Rechtsbehelf

2 Anwendbar ist § 46 I ausschließlich auf **Anfechtungs- und Verpflichtungsklagen** als verwaltungsaktbezogene und fristgebundene Klagebegehren, nicht aber auf (sonstige) Leistungsklagen und auf Feststellungsklagen (→ Rn. 1). Es müssen – von § 44 I und § 47 I abgesehen – sämtliche für diese Klagearten erforderlichen **allgemeinen Sachentscheidungsvoraussetzungen** erfüllt sein. Darüber hinaus müssen die folgenden **zusätzlichen Sachentscheidungsvoraussetzungen** vorliegen:

- Fehlende Entscheidung der Finbeh über einen außergerichtlichen Rechtsbehelf;
- Ablauf einer angemessenen Frist;
- Fehlen der Mitteilung eines zureichenden Grundes für die Verzögerung;
- eine vor Abschluss des Vorverfahrens erhobene Klage kann zudem nur dann nach § 46 I 1 zulässig sein, wenn spätestens bis zum Schluss der mündlichen Verhandlung vor dem FG die Untätigkeit der Finbeh gerügt und dargelegt wird (BFH III R 213/82, BStBl. II 1985, 521; I R 33/06, BFH/NV 2007, 2236; V R 47/11, BFH/NV 2013, 1101).

3 **Vorausgesetzt** wird somit, **dass** ein **außergerichtliches Rechtsbehelfsverfahren** (§§ 347 ff. AO) **anhängig,** dh begonnen, aber noch nicht iSd § 367 AO abgeschlossen ist (BFH VII R 7/19, BFH/NV 2021, 1200). Dies setzt die **objektive und subjektive Identität des Verfahrensgegenstands** des Rechtsbehelfs- und Klageverfahrens voraus (→ § 44 Rn. 14 ff.).

Für die Frage, ob ein eingeleitetes Rechtsbehelfsverfahren aufgrund einer als Einspruch zu qualifizierenden Erklärung des Stpfl. vorliegt, wird auf die Ausführungen zu → § 44 Rn. 10 ff. verwiesen. **Nicht** gemeint ist mit Sachentscheidung iSd § 46 I 1 eine **materiell-rechtliche Entscheidung:** Auch ein Bescheid, der einen Antrag oder außergerichtlichen Rechtsbehelf aus formellen Gründen ablehnt (verwirft), schließt das außergerichtliche Rechtsbehelfsverfahren iSd § 44 I ab und damit zugleich eine Untätigkeitsklage aus. Gleiches gilt für einen **Vollabhilfebescheid** (§ 367 II 3 und III 3 AO; zu den Voraussetzungen des förmlichen Abschlusses eines Einspruchsverfahrens ausf. → § 44 Rn. 22 ff.). Ist das Einspruchsverfahren nach den dort dargestellten Grundsätzen, auch ohne dass das FA und der Kläger dies verfahrensrechtlich erkannt haben, begonnen und durch Bekanntgabe einer Rechtsbehelfsentscheidung abgeschlossen worden, ist die Klage bereits nach § 44 I zulässig.

Wird nach § 45 III (zB aufgrund einer nicht erteilten Zustimmung des FA) das Klageverfahren in ein Einspruchsverfahren umgewandelt (→ § 45 Rn. 33), hat die Finbeh über den Einspruch zu entscheiden. Tut sie dies nicht in angemessener Frist, ist eine Klagemöglichkeit nach § 46 I 1 eröffnet (zB BFH I R 54/09, BFH/NV 2011, 641).

4 Bei der **Untätigkeits-Anfechtungsklage** ist Gegenstand des anhängigen Rechtsbehelfsverfahrens ein Steuer-VA, dessen **Aufhebung oder Änderung** begehrt wird. Wenn über den Einspruch in angemessener Frist ohne Mitteilung eines hinreichenden Grundes nicht entschieden wird, bildet diese **Untätigkeit** der Behörde den äußeren **Anlass, nicht** den **Gegenstand der Klage** (Gosch/v. Beckerath § 46 Rn. 38). Die Untätigkeitsklage bei Anfechtungsklagen hat nicht

das Ziel, das FA zum Erlass der Einspruchsentscheidung zu verpflichten. Sie richtet sich gegen den angegriffenen Steuerbescheid mit dem Ziel, eine Entscheidung über dessen Rechtmäßigkeit herbeizuführen (BFH II B 19/67, BStBl. II 1970, 551; I B 27/74, BStBl. II 1975, 38; III B 184/86, BStBl. II 1989, 107). Erhebt der Kläger nach Einlegung eines nicht beschiedenen Einspruchs gegen einen Steuerbescheid eine „Untätigkeits-Verpflichtungsklage gemäß § 46 FGO", mit dem Antrag, das FA zur Bescheidung des Einspruchs zu verpflichten, ist diese unzulässig, da keine gesetzlich vorgesehene Klageart vorliegt. Ein solcher Klageantrag ist nach den Grundsätzen der rechtsschutzgewährenden Auslegung im Regelfall in der Weise auszulegen, dass der Kläger zutreffend die inhaltliche Änderung der Steuerfestsetzung begehrt (BFH VIII B 133/13, BFH/NV 2015, 45); teilweise ist eine solche Untätigkeits-Verpflichtungsklage im Hinblick auf eine spätere Zweitklage auch rechtsschutzgewährend als zulässig oder unzulässig angesehen worden (s. einerseits BFH III B 101/11, BFH/NV 2012, 1628; andererseits II B 140/03, BFH/NV 2005, 237 mwN). Zur Prozesssituation bei Erlass einer Einspruchsentscheidung während des Klageverfahrens → Rn. 25 ff.

Bei **Untätigkeits-Verpflichtungsbegehren** sind verschiedene prozessuale Situationen zu unterscheiden: 5

- Der Stpfl. stellt einen Antrag auf Erlass eines VA oder Änderung eines bestehenden VA und die Behörde lehnt den Antrag ab. Der Stpfl. legt anschließend Einspruch ein (§ 347 I 1 AO), der nicht beschieden wird. In diesen Fällen **„einfacher Untätigkeit"** unterscheidet sich die Ausgangslage nicht wesentlich von dem nicht abgeschlossenen Einspruchsverfahren bei einer Anfechtungsklage. Die Untätigkeit des FA ist Anlass, aber nicht Gegenstand der Klage. Der Kläger begehrt mit seiner Untätigkeits-Verpflichtungsklage die **Verurteilung des Finanzamts zum Erlass des abgelehnten VA.** Zum Verhalten des FA im Klageverfahren → Rn. 25 ff.;
- Der Stpfl. stellt einen Antrag auf Erlass eines VA oder Änderung eines bestehenden VA und die Behörde lehnt den Antrag in angemessener Zeit nicht ab, erlässt aber auch den Bescheid nicht. In diesen Fällen muss der Klageerhebung ein **Untätigkeitseinspruch (§ 347 I 2 AO) vorausgehen.** Hier spricht man von **„doppelter Untätigkeit"** (die Finbeh reagiert weder auf Verpflichtungsantrag noch auf den daraufhin eingelegten Untätigkeitseinspruch – § 347 I 2 AO). Wird nun Klage erhoben, geht es nicht vorrangig um das Tätigwerden des FA (überhaupt), sondern um die Beseitigung der Rechtsbeeinträchtigung des Klägers, die darin liegt, dass das FA den begehrten Steuer-VA weder erlässt noch dessen Erlass ablehnt (BFH V R 48/04, BStBl. II 2009, 315; XI R 24–25/14, BFH/NV 2016, 418; HHS/Steinhauff § 46 Rn. 342 ff.; Gosch/v. Beckerath § 46 Rn. 190; abw. BFH I R 74/02, BFH/NV 2006, 19; I R 60/04, BFH/NV 2007, 2238).

Unheilbar unzulässig ist eine Untätigkeitsklage iSd § 46 I, wenn bei Erhebung der Klage ein VA noch nicht erlassen, ein Rechtsbehelf noch nicht eingelegt oder ein Antrag auf Erlass des begehrten VA noch nicht gestellt worden ist. Eine solche Klage kann nicht in die Zulässigkeit hineinwachsen, wenn während des Klageverfahrens veranlagt wird und das Einspruchsverfahren nachgeholt wird (BFH VII B 268/02, BFH/NV 2003, 651; III R 18/02, BStBl. II 2004, 980; V B 113/10, BFH/NV 2011, 1523; V S 16/11, BFH/NV 2011, 2087; HHS/Steinhauff § 46 Rn. 83; Gosch/v. Beckerath § 46 Rn. 57; aA FG Saarl 2 K 79/94, EFG 1996, 146). Zum möglichen Hineinwachsen einer verfrüht erhobenen Untätigkeitsklage in die Zulässigkeit → Rn. 9. 5a

2. Ablauf einer angemessenen Frist

6 Die Problematik des § 46 für die Praxis liegt darin begründet, dass die dort formulierten **besonderen Sachentscheidungsvoraussetzungen an unbestimmte Rechtsbegriffe** („ohne Mitteilung eines zureichenden Grundes", „in angemessener Frist", „wegen besonderer Umstände des Falles") **geknüpft** und diese außerdem in ihrer Wirkungsweise nicht scharf voneinander abgegrenzt sind. Daraus resultiert erhebliche **Rechtsunsicherheit** in einem Bereich des Prozessrechts, in dem der Rechtsuchende in besonderem Maße auf Klarheit und Verlässlichkeit gesetzgeberischer Aussagen angewiesen ist (vgl. zur Kritik vor allem Tipke/Kruse/Krumm § 46 Rn. 5; HHS/Steinhauff § 46 Rn. 35 ff. – jeweils mwN). Eine verfassungsrechtlich zu beanstandende Erschwerung des Wegs zu den Gerichten sieht das BVerfG (2 BvR 546/70, HFR 1971, 118) hierin aber nicht.

7 Nur wenn (ohne Mitteilung eines zureichenden Grundes) **in angemessener Frist** sachlich nicht entschieden wurde, ist eine Untätigkeitsklage nach § 46 I 1 zulässig. Aus § 46 I 1 folgt, dass eine **Bearbeitungszeit von bis zu sechs Monaten** nach Einlegung des Einspruchs **regelmäßig** als **angemessen** anzusehen ist (vgl. zB BFH IV R 18/04, BFH/NV 2006, 2017; V R 43/08, BFH/NV 2011, 989, jeweils mwN; XI B 8/12, BFH/NV 2012, 1809). Diese **Regelfrist/Sperrfrist** kann grds. nicht als unangemessen angesehen werden, „es sei denn, dass wegen besonderer Umstände des Falles eine kürzere Frist geboten ist" (§ 46 I 2 Nachsatz; s. BFH I B 48/67, BStBl. II 1968, 471; I R 177/72, BStBl. II 1973, 228 zu Beispielen besonderer Umstände; Gosch/v. Beckerath § 46 Rn. 99 f.). Eine vor Ablauf der Frist erhobene Untätigkeitsklage ist ohne die Voraussetzungen gem. § 46 I 2 als verfrühte unzulässige Klage anzusehen (zum möglichen Hineinwachsen in die Zulässigkeit → Rn. 9). Kein formeller Hinderungsgrund ergibt sich aus der **Rücknahme** einer unzulässigen Untätigkeitsklage für eine erneute Klageerhebung nach § 46 I, weil die Regelung des § 72 II 1 nur Klagen betrifft, deren Erhebung an eine Frist gebunden ist (FG Hmb V 90/92, EFG 1995, 632; ebenso für die vergleichbare Situation nach Prozessurteil HHS/Steinhauff § 46 Rn. 111).

8 Das Tatbestandsmerkmal „in angemessener Frist" ist aber **auch nach Ablauf von sechs Monaten** zu prüfen, dh die Untätigkeitsklage ist auch nach Ablauf nicht zwangsläufig zulässig (BFH VI B 78/04, BStBl. II 2006, 430). Das G zwingt zu einer konkreten **Einzelfallprüfung** (BFH VI B 58/02, BFH/NV 2003, 79; V B 140/05, BFH/NV 2006, 473). Dabei ist nach den gesamten Umständen des Falles zu beurteilen, ob eine darüber hinausreichende Frist noch „angemessen" ist (BFH VI B 78/04, BStBl. II 2006, 430; V R 43/08, BFH/NV 2011, 989; XI B 8/12, BFH/NV 2012, 1809). Abzuwägen sind nach den vorstehenden BFH-Entscheidungen auf der einen Seite der Umfang und die rechtlichen Schwierigkeiten des Falles und auf der anderen Seite das Interesse des Rechtsbehelfsführers an einer baldigen Entscheidung (HHS/Steinhauff § 46 Rn. 115; Tipke/Kruse/Krumm Rn. 8; Gosch/v. Beckerath § 46 Rn. 100). Im Rahmen einer solchen Interessenabwägung sind zudem die Möglichkeiten vorläufiger Rechtsschutzgewährung (§§ 69, 114) in Betracht zu ziehen (BFH I R 177/72, BStBl. II 1973, 228).

9 Bei den besonderen Voraussetzungen des § 46 I 1 handelt es sich um **Sachurteilsvoraussetzungen** (Gosch/v. Beckerath § 146 Rn. 152). Maßgeblicher **Zeitpunkt,** in dem seit sechs Monaten nicht über den eingelegten Rechtsbehelf ent-

schieden worden sein darf, ist derjenige der mündlichen Verhandlung oder Entscheidung (BFH VI B 78/04, BStBl. II 2006, 430; IV R 18/04, BFH/NV 2006, 2017; V R 48/04, BStBl. II 2009, 315). Somit kann eine verfrüht erhobene Klage (→ Rn. 7) **„in die Zulässigkeit hineinwachsen"**, wenn im Zeitpunkt der Entscheidung des Gerichts entweder eine nicht abhelfende Rechtsbehelfsentscheidung vorliegt (dann ist § 44 I erfüllt; → Rn. 28) oder im Zeitpunkt der gerichtlichen Entscheidung die Voraussetzungen des § 46 I 1 mangels eines in angemessener Zeit nicht abgeschlossenen Vorverfahrens erfüllt sind. Letzterer Fall des „Hineinwachsens" ist abzugrenzen von der gerichtlichen Aussetzung des Verfahrens gem. § 46 I 3 mit Fristsetzung gegenüber dem FA, eine Rechtsbehelfsentscheidung zu erlassen (→ Rn. 12, 21); hier verhilft das Gericht der Klage zur Zulässigkeit, indem es auf ein abgeschlossenes Vorverfahren hinwirkt.

Bei **verfrühter Untätigkeitsklage** besteht **keine Aussetzungspflicht** des 10
Gerichts nach § 46 I 3, damit die Klage zulässig werden kann (HHS/Steinhauff § 46 Rn. 242); diese wird aber regelmäßig geboten sein (BFH VI B 78/04, BStBl. II 2006, 430). Das Gericht darf die Klage somit durch Prozessurteil als unzulässig abweisen, muss aber seine leitenden Ermessenserwägungen hierzu offenlegen (zum gerichtlichen Aussetzungsermessen → Rn. 21 ff.; HHS/Steinhauff § 46 Rn. 251 mwN; Gosch/v. Beckerath § 46 Rn. 168 f.).

3. Fehlen der Mitteilung eines zureichenden Grundes

Ein **zureichender Grund** liegt vor, wenn es nach den besonderen Umständen 11
des Einzelfalls einleuchtend erscheint, dass das Rechtsbehelfsverfahren nach Ablauf der im Einzelfall angemessenen Frist (→ Rn. 6 f.) noch nicht abgeschlossen wurde. In Abgrenzung zu den notwendigen Sachverhaltsmitteilungen, die sich unstreitig auf die Dauer der angemessenen Frist für die Bearbeitung des Rechtsbehelfsverfahrens auswirken, geht es bei den „zureichenden Gründen" zumeist um Hinderungsgründe, die bei der Bearbeitung des Rechtsbehelfs auftreten (Gosch/v. Beckerath § 46 Rn. 105, 106 ff. mit Beispielen; HHS/Steinhauff § 46 Rn. 140 ff.). **Ursachen im Bereich der Behördenorganisation,** wie Arbeitsüberlastung durch Personalmangel, Urlaub oder Krankheitsfälle sind deshalb **grundsätzlich kein zureichender Grund** (BFH IV R 18/04, BFH/NV 2006, 2017; FG BW 9 K 216/99, EFG 2000, 1021).

- Ein zureichender Grund ist ua darin zu sehen, dass noch bestimmte **Ermittlungen,** zB die Ergebnisse einer Außen- oder Fahndungsprüfung, **abgewartet** werden sollen (BFH I B 48/67, BStBl. II 1968, 471); dies gilt jedoch nicht, wenn für das von der Untätigkeitsklage erfasste Streitjahr kein Ermittlungsverfahren eingeleitet war (FG Köln 15 K 1958/13, EFG 2014, 1605). 12
- **Abwarten des Ausgangs eines „Muster"-Verfahrens.** Ein Musterverfahren ist dadurch gekennzeichnet, dass dort dieselbe Streitfrage entscheidungserheblich ist wie in demjenigen Verfahren, in dem die Entscheidung über den Einspruch zurückgestellt werden soll (BFH II B 141/05, BFH/NV 2006, 2296; V R 43/08, BFH/NV 2011, 989; XI B 8/12, BFH/NV 2012, 1809). 13
- Auch die **Verfahrensaussetzung** (§ 363 I AO) bildet idR einen zureichenden Grund für ein Hinausschieben der Rechtsbehelfsentscheidung, wobei die Voraussetzungen der Verfahrensaussetzung iRd § 46 I 1 vom FG **voll nachprüfbar** sind (BFH IV R 18/04, BFH/NV 2006, 2017; FG München 13 K 3272/07, EFG 2010, 1927; HHS/Steinhauff § 46 Rn. 152 ff. mwN; unklar BFH I R 72/84, BFH/NV 1988, 619). 14

15 – Ein zureichender Grund ist auch gegeben, wenn das **Rechtsbehelfsverfahren im Einverständnis** mit dem Rechtsuchenden (§ 363 II 1 AO), kraft Gesetzes (§ 363 II 2 AO) oder auf Grund einer Allgemeinverfügung (§ 363 II 3 AO) ruht (BFH IV R 18/04, BFH/NV 2006, 2017; s. iÜ HHS/Steinhauff § 46 Rn. 152). Eine Untätigkeitsklage ist insbes. in den Fällen des § 363 II 2 AO verfrüht. Sie ist in diesen Fällen rechtsmissbräuchlich, wenn sie zu einem Zeitpunkt erhoben wird, zu dem wegen eines vor dem BVerfG anhängigen Musterverfahrens weder die Rechtsbehelfsbehörde noch das FG eine Entscheidung in der Sache treffen können. Eine rechtsmissbräuchlich erhobene Untätigkeitsklage kann nicht in die Zulässigkeit hineinwachsen (BFH III B 138/92, BStBl. II 1992, 673; X B 18/92, BFH/NV 1993, 732; III B 187/94, BFH/NV 1996, 412).

16 – **Ein zureichender Grund** kann zudem in dem Fehlen der Steuerakten oder einer Anweisung der übergeordneten Behörde liegen (BFH V B 61/70, BStBl. II 1971, 492; s. aber auch HHS/Steinhauff § 46 Rn. 140; Gosch/v. Beckerath § 46 Rn. 116); desgleichen, wenn im Anschluss an eine BVerfG-Entscheidung eine allgemeine Übergangsregelung zu erwarten ist (BFH VI B 19/67, BStBl. II 1968, 61). Ergeht dagegen ein Nichtanwendungserlass, der eine rückwirkende gesetzliche Neuregelung ankündigt, oder soll ein solcher abgewartet werden, liegt hierin kein zureichender Grund (so mit Recht FG Köln 6 K 1134/01, EFG 2002, 1245; nachgehend BFH I R 74/02, BFH/NV 2006, 19; FG München 9 K 4120/06, EFG 2007, 865; HHS/Steinhauff § 46 Rn. 142; Tipke/Kruse/Krumm § 46 Rn. 12).

17 Das Vorhandensein eines zureichenden Grundes, nicht über den Rechtsbehelf zu entscheiden, ist allein noch kein Verfahrenshindernis iSd § 46 I 1. Hinzukommen muss, dass der zureichende Grund dem Kläger vom FA auch **mitgeteilt** wurde (und zwar **vor Klageerhebung:** BFH IV R 18/04, BFH/NV 2006, 2017; II B 141/05, BFH/NV 2006, 2296; FG Köln 1 K 856/18, EFG 2024, 1217, Rev. BFH: VI R 23/23).

18 Die Mitteilung ist **nicht formgebunden** (BFH I B 48/67, BStBl. II 1968, 471). Sie muss aber klar und eindeutig sein.

19 Die Finbeh muss im Interesse des Klägers bemüht sein, den **Grund der Verzögerung** zu **beseitigen** und alle zumutbaren Möglichkeiten ausschöpfen, die zum Abschluss des Vorverfahrens beitragen können (BFH V B 61/70, BStBl. II 1971, 492).

20 **Entfällt der zureichende Grund,** so beginnt nicht etwa eine neue Sechsmonatsfrist, sondern nur eine weitere, von den Umständen des Einzelfalls abhängige, angemessene Frist für den Abschluss des Rechtsbehelfsverfahrens zu laufen (HHS/Steinhauff § 46 Rn. 165 ff.; Gosch/v. Beckerath § 46 Rn. 140).

III. Aussetzung durch das Gericht (§ 46 I 3)

21 Das Gericht **kann** das Verfahren bis zum Ablauf einer von ihm bestimmten, verlängerungsfähigen Frist **aussetzen.** Gegen den Aussetzungsbeschluss ist die **Beschwerde** gegeben (§ 128), die allerdings im Hinblick auf den Ermessenscharakter der Entscheidung nur eine eingeschränkte Prüfung durch den BFH eröffnet (BFH VI B 58/02, BFH/NV 2003, 79).

22 Die Verfahrensaussetzung dient zunächst der Prüfung der besonderen Sachentscheidungsvoraussetzungen des § 46, sodann aber vor allem der **Herbeiführung**

der ausstehenden **Rechtsbehelfsentscheidung** durch die beklagte Behörde. Daher kommt die Aussetzung des Verfahrens durch das Gericht zunächst bei zulässig erhobenen Untätigkeitsklagen (→ Rn. 2) in Betracht, was die Kostenregelung des § 138 II 2 verdeutlicht. Die Kostentragung der Behörde ist nur bei einer zulässigen Untätigkeitsklage gerechtfertigt (Gosch/v. Beckerath § 46 Rn. 157 f.). Die Aussetzung eröffnet die Möglichkeit der abschließenden Befassung durch das FA, muss aber auch dem Kläger Rechnung tragen, da das FA in den Fällen der zulässig erhobenen Untätigkeitsklage bis zur Klageerhebung weder in der Regelfrist des § 46 I 1 über den Einspruch entschieden, noch einen zureichenden Grund hierfür mitgeteilt hat.

Einer Untätigkeitsklage, die aufgrund einer Klageerhebung vor Ablauf der angemessenen Frist (→ Rn. 6 f.) unzulässig ist, obwohl der Kläger annehmen könnte, die Klage sei bereits zulässig, kann durch die Aussetzung zur Zulässigkeit verholfen werden (Gosch/v. Beckerath § 46 Rn. 170). Dies kann gelten, wenn der Kläger meint, es gelte die verkürzte Frist des § 46 I 2, das FA müsse nach Ablauf der Regelfrist nunmehr sofort entscheiden oder er den mitgeteilten sachlichen Grund für unzureichend hält. Anders liegt es, wenn der Kläger eine offenkundig verfrühte Untätigkeitsklage erhebt (zum Aussetzungsermessen des Gerichts gem. § 46 I 3 → Rn. 10). 23

Die beklagte **Behörde** ist nach der Klageerhebung – auch ohne Aussetzung und Fristsetzung durch das FG gem. § 46 I 3 – nicht gehindert, die ausstehende **Rechtsbehelfsentscheidung** zu **erlassen** (BFH III R 61/74, BStBl. II 1976, 428). Dabei kann das FA den angefochtenen VA auch zum Nachteil des Stpfl. ändern (§ 367 II 2 AO), da das Verböserungsverbot im finanzgerichtlichen Verfahren nur für das Gericht gilt (BFH III B 147/92, BFH/NV 1993, 311; X B 18/92, BFH/NV 1993, 732; HHS/Steinhauff § 46 Rn. 292; Gosch/v. Beckerath § 46 Rn. 184; zur Heilung bestimmter Formmängel durch Erlass der Einspruchsentscheidung s. BFH IV R 29/00, BStBl. II 2002, 120; X R 40/01, BFH/NV 2002, 1419). Die während des Klageverfahrens erlassene Einspruchsentscheidung wirkt sich auf den Fortgang des Klageverfahrens nach Maßgabe der Erläuterungen in → Rn. 25 ff. aus. 24

IV. Tätigwerden der Behörde und Abschluss/Fortgang des Verfahrens

1. Tätigwerden der Behörde

Das Tätigwerden der Behörde nach Klageerhebung wirkt sich auf das **weitere Verfahren** folgendermaßen aus: 25

- Wird dem Rechtsbehelf stattgegeben (dh – → Rn. 2, 4 – **dem Anfechtungs- bzw.** dem **Verpflichtungsbegehren entsprochen**) und geschieht das **innerhalb der** vom Gericht nach § 46 I Hs. 1 **gesetzten Frist,** so tritt kraft Gesetzes **Erledigung** in der Hauptsache ein (§ 46 I 3 Hs. 2). Die Kostenentscheidung richtet sich nach § 138 II 2, uU nach § 138 I bei unzulässiger Klageerhebung (→ § 138 Rn. 58, 81). 26
- Wird dem außergerichtlichen Rechtsbehelf durch Erlass/Änderung des Steuer-VA entsprochen, nachdem die vom Gericht **gesetzte Frist abgelaufen oder ohne** dass eine solche **Frist** gesetzt worden ist, führt dies nicht zur Erledigung kraft Gesetzes; § 138 II 2 gilt nicht. Wird seitens des FA dem Klagebegehren 27

ganz oder teilweise abgeholfen, ist für den Fortgang des Verfahrens entscheidend, ob von den Beteiligten übereinstimmende Erledigungserklärungen abgegeben werden und ob die Untätigkeitsklage zulässig war (Gosch/v. Beckerath § 46 Rn. 186).

28 – Wird der **Rechtsbehelf** (teilweise) während des Klageverfahrens **zurückgewiesen,** wird das **Klageverfahren** „ohne weiteres" **fortgesetzt,** ohne dass eine (erneute) Klage erforderlich oder zulässig wäre. Nach dem in → Rn. 2 erläuterten Gegenstand der Untätigkeitsklage tritt mit dem Erlass einer Rechtsbehelfsentscheidung keine Erledigung der Hauptsache ein, da die Klage auf Aufhebung/Änderung eines VA oder Erlass eines VA gerichtet ist. Es wird die Einspruchsentscheidung zum Gegenstand des Klageverfahrens und die Voraussetzungen des § 44 I als Sachentscheidungsvoraussetzung sind erfüllt (BFH III B 184/86, BStBl. II 1989, 107; VIII R 44/01, BFH/NV 2004, 925; V R 48/04, BStBl. II 2009, 315; I R 54/09, BFH/NV 2011, 641; XI R 24–25/14, BFH/NV 2016, 418). Bei einem Teilerfolg des außergerichtlichen Rechtsbehelfs muss lediglich das Klagebegehren angepasst werden – § 40 II (§ 68 gilt nicht; zur Teilabhilfe dort → § 68 Rn. 65, 77). Gibt der Kläger aufgrund der Meinung, die Hauptsache sei mit Erlass der Rechtsbehelfsentscheidung des FA erledigt, eine Erledigungserklärung ab, und erhebt er danach eine (neue) Anfechtungsklage, so kann diese Klage so lange in einen Widerruf der Erledigungserklärung umgedeutet werden, bis das FA nicht seinerseits ebenfalls eine Erledigungserklärung abgibt (BFH III B 184/86, BStBl. II 1989, 107).

29 Streitig ist, welche Auswirkung **bei „doppelter Untätigkeit"** des FA (→ Rn. 5) der Erlass eines Bescheids mit dem Inhalt, den Antrag abzulehnen, während des Klageverfahrens hat. Hier wird der Auffassung gefolgt, dass der Ablehnungsbescheid Gegenstand des Untätigkeitseinspruchsverfahrens wird (§ 365 III AO) und das FA über diesen Rechtsbehelf zu entscheiden hat. Die Klage kann unter den weiteren Voraussetzungen des § 46 I zulässig sein, wenn das FA den Einspruch, der sich nunmehr gegen den Ablehnungsbescheid richtet, in angemessener Zeit ohne Mitteilung eines zureichenden Grundes nicht bescheidet. Der Untätigkeitseinspruch (§ 347 I 2 AO) ist das Vorverfahren für die Verpflichtungsklage, die auf den Erlass des begehrten VA gerichtet ist (BFH V R 48/04, BStBl. II 2009, 315; XI R 24–25/14, BFH/NV 2016, 418; s. auch IV B 209–210/02, BeckRS 2003, 25001909; FG Köln 6 K 1134/01, EFG 2002, 1245; HHS/Steinhauff § 46 Rn. 342 ff.; Gosch/v. Beckerath § 46 Rn. 190; aA Klein/Rätke AO § 347 Rn. 22). Hingegen wird abw. hiervon die Auffassung vertreten (BFH I R 74/02, BFH/NV 2006, 19; I R 60/04, BFH/NV 2007, 2238; VII B 107/15, BFH/NV 2017, 145 – krit. Steinhauff jurisPR 6/2017 Anm. 1; FG München 10 K 3579/06, BeckRS 2008, 26025343), durch den Erlass des Ablehnungsbescheids erledigten sich sowohl das Verfahren wegen des Untätigkeitseinspruchs als auch das Klageverfahren. Der Ablehnungsbescheid wird bezogen auf das Verfahren wegen des Untätigkeitseinspruchs wie ein Vollabhilfebescheid behandelt, der zur Verfahrenserledigung führt (§ 367 II 2 AO) und eines erneuten Einspruchs bedarf (→ § 44 Rn. 24). Wäre dies zutreffend, gäbe es demnach mit Blick auf § 46 I 1 kein Rechtsbehelfsverfahren mehr, über das in angemessener Zeit nicht entschieden worden wäre, sodass die Klage nicht mehr nach § 46 I 1 zulässig sein könnte. Führte der Kläger das Klageverfahren fort, wäre die Klage mangels eines Vorverfahrens unzulässig. Dem ist nicht zu folgen. Mit der **hM** ist davon auszugehen, dass Gegenstand von Untätigkeitsklage und -einspruch nicht ein Tätigwerden der Behörde, sondern das Klageziel der jeweiligen Anfechtungs-

oder Verpflichtungsklage ist, den Steuer-VA zu ändern oder zu erlassen. Wird im Falle der sog. doppelten Untätigkeit in zeitlichem Zusammenhang mit einem Untätigkeitseinspruch beim FA eine Untätigkeitsklage bei Gericht erhoben und ergeht daraufhin während des Klageverfahrens zunächst ein Steuerbescheid (aber kein Ablehnungsbescheid!) und anschließend eine (abweisende) Einspruchsentscheidung, kann die Untätigkeitsklage im Übrigen auch nach der Auffassung des I. Senats des BFH als Anfechtungsklage fortgeführt werden (BFH I R 97/05, BFH/NV 2006, 2207).

2. Verwirkung des Klagerechts aus § 46 I

Eine **Verwirkung** des Rechts zur Erhebung einer Untätigkeitsklage kann in krassen Ausnahmefällen in Betracht kommen, wenn es dem FA schlechterdings nicht mehr zugemutet werden kann, die Sache noch einmal materiell-rechtlich zu überprüfen, zB wenn die für die Überprüfung erforderlichen Akten nach Ablauf der Aufbewahrungsfristen ausgesondert oder vernichtet wurden. Ist die Bescheidung eines Einspruchs für das FA aber noch uneingeschränkt möglich, scheidet eine Verwirkung des Rechts, Untätigkeitsklage zu erheben, aus (BFH II B 1/03, BFH/NV 2003, 1142; s. auch HHS/Steinhauff § 46 Rn. 225 ff.). 30

V. § 46 II

Gegenüber der Untätigkeit bestimmter Behörden, für die nach § 348 Nr. 3 u. 4 AO (→ § 44 Rn. 4, 8) ein außergerichtliches Vorverfahren (mit Klagemöglichkeit aus § 46 I) ausgeschlossen ist, eröffnet § 46 II die Untätigkeitsklage ieS **(echte Untätigkeitsklage),** wenn von den in § 348 Nr. 3 u. 4 AO genannten Stellen über einen Antrag auf Vornahme eines VA ohne Mitteilung eines zureichenden Grundes in angemessener Frist nicht entschieden wurde. Es ist besondere Vorsorge für die Rechtsschutzgewährung erforderlich, weil kein außergerichtliches Vorverfahren vorgesehen ist (vgl. HHS/Steinhauff § 46 Rn. 371; → Rn. 1). Die für derartige Fälle angeordnete „sinngemäße" Anwendung des § 46 I 2 u. 3 bedeutet, dass die Sechsmonatsfrist nicht durch Einlegung eines (unstatthaften) außergerichtlichen Rechtsbehelfs, sondern durch die Antragstellung ausgelöst wird. **§ 46 I 3** gilt **unmittelbar.** Der Erlass des beantragten VA (innerhalb der vom Gericht gesetzten Frist → Rn. 26) führt (dazu auch HHS/Steinhauff § 46 Rn. 390 f.) auch in den Fällen des § 46 II zur **Erledigung** des Rechtsstreits. IÜ wird auch durch § 46 II **keine neue Klageart** begründet oder gar vom Erfordernis des § 40 II dispensiert (→ Rn. 1). Zur Fortsetzung des Klageverfahrens als Untätigkeitsverpflichtungsklage in Form der Vornahmeklage, wenn die beklagte Behörde den Erlass des beantragten VA ganz oder teilweise ablehnt → Rn. 28. 31

§ 47 [Klagefrist]

(1) [1]**Die Frist für die Erhebung der Anfechtungsklage beträgt einen Monat; sie beginnt mit der Bekanntgabe der Entscheidung über den außergerichtlichen Rechtsbehelf, in den Fällen des § 45 und in den Fällen, in denen ein außergerichtlicher Rechtsbehelf nicht gegeben ist, mit der Bekanntgabe des Verwaltungsakts.** [2]**Dies gilt für die Verpflichtungsklage sinngemäß, wenn der Antrag auf Vornahme des Verwaltungsakts abgelehnt worden ist.**

(2) [1]**Die Frist für die Erhebung der Klage gilt als gewahrt, wenn die Klage bei der Behörde, die den angefochtenen Verwaltungsakt oder die angefochtene Entscheidung erlassen oder den Beteiligten bekannt gegeben hat oder die nachträglich für den Steuerfall zuständig geworden ist, innerhalb der Frist angebracht oder zu Protokoll gegeben wird.** [2]**Die Behörde hat die Klageschrift in diesem Fall unverzüglich dem Gericht zu übermitteln.**

(3) **Absatz 2 gilt sinngemäß bei einer Klage, die sich gegen die Feststellung von Besteuerungsgrundlagen oder gegen die Festsetzung eines Steuermessbetrages richtet, wenn sie bei der Stelle angebracht wird, die zur Erteilung des Steuerbescheids zuständig ist.**

Vgl. § 74 VwGO, § 87 SGG, § 26 EGGVG.

Literatur: (s. auch zu § 56 und § 64). Brodersen, Erweiterung der Anfechtungsklage nach Ablauf der Klagefrist, JuS 1990, 940; Burchardi, Zum Anbringen einer Klage beim FA nach § 47 Abs. 2 FGO, DStR 1991, 445; Busl, Zum „Anbringen" der Klage nach § 47 II 1 der Finanzgerichtsordnung (beim FA), DStZ(A) 1991, 529; Carl, Einlegung eines Rechtsbehelfs vor Bekanntgabe des angefochtenen Bescheids, DStZ 1989, 221; Claßen, Der Streit um § 47 II 1 FGO, DStZ (A) 1987, 68; Dänzer-Vanotti, Die Erweiterung des Klageantrags nach nur teilweiser Anfechtung des Steuerbescheids, DStZ (A) 1984, 219; Gersch, Fristen für Prozesshandlungen, AO-StB 2002, 313; v. Groll, Das Handeln der Finanzverwaltung als Gegenstand des Rechtsschutzbegehrens, DStJG 18 (1995), 47, 68 ff.; Jaekel, Klagefrist bei Klageänderung durch Beklagtenwechsel, DÖV 1985, 484; Jestädt, Klageerhebung per Telefax, StB 1993, 90; Koenig, Klageerweiterung nach Ablauf der Klagefrist im finanzgerichtlichen Verfahren, DStR 1990, 512; Krauel, Steht die Rechtsprechung zu § 47 II vor der Wende?, DStR 1983, 569; Krause, Wahrung der Klagefrist im Finanzgerichtsprozess BB 81, 1458; Lemke, Die Wahrung der Klagefrist bei verwaltungsgerichtlichen Klagen, JA 1999, 422; Linhart, Fristen und Termine im Verwaltungsrecht, 4. Aufl., 2007; Rudloff, Jus vigilantibus oder Rechtsschutz für Kundige, BB 1984, 669; Schacht/Steffens, Möglichkeiten zur Durchbrechung der Bestandskraft von Steuerbescheiden, BB 2008, 1254; Schmidt, Die Einhaltung der Klagefrist bei subjektiver Klageänderung, VBl. BW 1983, 98; Schroeder, Die „Anbringung" der Anfechtungsklage oder: Wie bürgernah ist unsere Finanzgerichtsbarkeit?, DStR 1982, 515; Streck, Fristen in der Steuerberatung, Stbg 2000, 501; Winkeler, Der Beginn der Klagefrist für den durch einen Widerspruchsbescheid erstmalig beschwerten Dritten, BayVBl. 2000, 235; Woring, Das fristwahrende Anbringen einer Klage bei der Finanzbehörde, DB 1990, 149.

Übersicht

	Rn.
I. Funktion und Regelungsinhalt	1
II. § 47 I	5
1. Frist zur Erhebung der Anfechtungs- und Verpflichtungsklage (§ 47 I 1 und 2)	5
a) Sachlicher Anwendungsbereich	5
b) Beginn der Klagefrist	8
c) Berechnung der Klagefrist	14
d) Anforderungen an die Fristwahrung	15
III. Anbringen der Klage bei den in § 47 II und III genannten Behörden	19
1. Erfasste Behörden	19
2. Anbringen der Klage	22

Rn.
IV. Rechtsfolgen bei Fristversäumnis und -wahrung 26
1. Fristversäumnis 26
2. Fristwahrung 28

I. Funktion und Regelungsinhalt

Für die wichtigsten Bereiche des Abgabenrechts ist die Rechtsgewährung zeitlich begrenzt durch § 47 I. Die darin fixierte Klagefrist ist ein typisches Phänomen des Verwaltungsprozesses (im Zivilprozess nur ausnahmsweise anzutreffen; s. zB § 586 I ZPO; für Justizverwaltungsakte: § 26 EGGVG). Die **Wahrung der Klagefrist** ist eine in jeder Lage des Verfahrens zu prüfende **Sachentscheidungsvoraussetzung.** Die Nichteinhaltung der Klagefrist führt, soweit nicht § 56 eingreift, zur Klageabweisung durch Prozessurteil; geschieht dies zu Unrecht, liegt ein Verfahrensmangel (§ 115 II Nr. 3) vor (BFH IX R 47/83, BStBl. II 1986, 268; VIII B 228/09, BFH/NV 2010, 2080; IX B 28/13, BFH/NV 2013, 1537; V B 163/14, BFH/NV 2015, 948; IV B 85/16, BFH/NV 2018, 51; → Rn. 27). 1

Die Klagefrist dient dem Individualrechtsschutz (Art. 19 IV 1 GG), indem sie auf Rechtsverwirklichung innerhalb angemessener Frist hinwirkt, und zugleich der Rechtssicherheit, indem sie zu möglichst rascher Klarheit darüber verhilft, welche Regelung wem gegenüber Bestand hat, und zwar gerade auch dann, wenn kein Gerichtsverfahren angestrengt wird. Die Fristgebundenheit verwaltungsaktbezogener Klagen findet ihren konkreten Ausdruck in einer unmittelbaren Wechselwirkung zwischen Klagefrist und **Bestandskraft** (dazu grundlegend BVerfG 2 BvL 26/81, BVerfGE 60, 253 (269 ff.); BFH III R 15/07, BStBl. II 2008, 94; Gosch/v. Beckerath FGO § 47 Rn. 17 ff.). Soweit ein VA nicht rechtzeitig angefochten wird, erwächst er in (formeller) Bestandskraft; umgekehrt bedeutet die rechtzeitige Anfechtung eines VA die Aufschiebung der Bestandskraft (aber zum nichtigen VA → Rn. 6). Zur Bedeutung der Bestandskraft zur Sicherung des Rechtsfriedens und der Rechtssicherheit s. HHS/v. Groll AO Vor §§ 172–177 Rn. 1 ff.; Tipke/Kruse/Loose AO Vor § 130 Rn. 1; Tipke/Kruse/Loose AO Vor §§ 172–177 Rn. 1 ff. Die Bestandskraft erfasst notwendigerweise auch unrichtige (rechtswidrige) Einzelfallregelungen, und zwar – wie § 79 II BVerfGG belegt – selbst dann, wenn dadurch Verfassungsverstöße „abgesegnet“ werden.

Die Regelung des § 47 gilt nach Abs. 1, 2 für die Erhebung von Anfechtungs- und Verpflichtungsklagen (in Form der Vornahmeklage) und regelt Fristbeginn, -dauer (die **Monatsfrist**) und -ende. Die Frist wird durch die rechtzeitige Klageerhebung (§§ 64 I, 65) beim Gericht gewahrt. Neben der Monatsfrist in § 47 I gilt für die Fälle des **§ 367 IIb 5 AO** (s. dazu Tipke StuW 1993, 213; v. Groll StuW 1993, 312 (320 f.); Klein/Rätke AO § 367 Rn. 45 f.) eine Frist, die der Gesetzgeber auf ein Jahr nach Bekanntgabe der jeweiligen Entscheidung im BStBl. ausgedehnt hat. Gleiches gilt im Fall des **Art. 97 § 18a I 2 EGAO.** Zudem gilt bei unterbliebener oder unrichtiger Rechtsbehelfsbelehrung gem. **§ 55** eine weitere Jahresfrist für die Klageerhebung. § 47 II weicht von § 47 I ab, indem er im Wege der Fiktion („gilt“) auch eine Klageerhebung bei der Behörde durch Anbringen der Klage oder zu Protokoll ermöglicht. Nach § 47 II 2 hat die Behörde die Klageschrift unverzüglich an das Gericht zu übermitteln. § 47 III gibt bei Grundlagenbescheiden die Möglichkeit, die Klage bei der Behörde anzubringen, die für die Erteilung des Folgebescheids zuständig ist. 2

3 Die Monatsfrist des § 47 I ist **unionsrechtskonform.** Die Dauer der Einspruchsfrist nach § 355 AO und die Klagefristen verstoßen weder gegen die unionsrechtlichen Vorgaben des Äquivalenz- noch des Effektivitätsprinzips, da nach dem EuGH-Urteil v. 19.9.2006 – C-392/04 und C-422/04 (NVwZ 2006, 1277, dort Rn. 59, 60 u. 62 – Germany und Arcor) eine einmonatige Frist zur Einlegung eines Rechtsbehelfs angemessen ist (BFH V R 57/09, BStBl. II 2011, 151). Die sog. **„Emmottsche Fristenhemmung"** (EuGH C-208/90, Slg. 1991, I-4269 – Emmott), nach der sich ein säumiger Mitgliedstaat bis zum Zeitpunkt der ordnungsgemäßen Umsetzung einer Richtlinie unter bestimmten Voraussetzungen nicht auf die verspätete Einlegung einer Klage berufen kann, gilt nicht uneingeschränkt, sondern setzt das Vorliegen besonderer Umstände voraus und findet auf der Grundlage nationalen Verfahrensrechts keine Anwendung, da ein Stpfl. nicht daran gehindert ist, innerhalb der allgemeinen Fristen Steuerfestsetzungen und Steuer-VA anzufechten (BFH I R 83/04, BFH/NV 2005, 229; V R 51/05, BStBl. II 2007, 433; V R 67/05, BStBl. II 2007, 436; V R 57/09, BStBl. II 2011, 151).

Der EuGH hat in späteren Entscheidungen klargestellt, dass die Rechtssache Emmott einen **Sonderfall** betroffen habe, bei dem die besonderen Umstände des Einzelfalls, insbes. das treuwidrige Verhalten nationaler Behörden, die Rechtsbehelfsfristen erst mit der ordnungsgemäßen Umsetzung des Unionsrechts haben beginnen lassen (EuGH C-188/95, NVwZ 1998, 833, Rn. 47 – Fantask S/A; deutlich EuGH C-445/06, DStR 2009, 703, Rn. 53–55 – Danske Slagterier mAnm de Weerth).

II. § 47 I

1. Frist zur Erhebung der Anfechtungs- und Verpflichtungsklage (§ 47 I 1 und 2)

5 **a) Sachlicher Anwendungsbereich.** Die Klagefrist gilt nach § 47 I 1, 2 **für die verwaltungsaktbezogenen Klagen,** dh für

- Anfechtungsklagen (§ 47 I 1; zur Fortsetzungsfeststellungsklage im Klageverfahren s. § 100 I 4) und
- Verpflichtungsklagen (§ 47 I 2).

Nicht dagegen für

- sonstige (andere) Leistungsklagen (§ 40 I letzter Fall) und
- Feststellungsklagen (§ 41).

6 Wird ein **nichtiger Verwaltungsakt** im Wege der Anfechtungsklage angefochten, geht der BFH bei einer wirksamen Bekanntgabe der Einspruchsentscheidung davon aus, dass anschließend die Klagefrist nach § 47 I zu beachten ist (BFH I R 31/93, BFH/NV 1995, 576; IV R 36/98, BFH/NV 1999, 1117; II R 35/06, BFH/NV 2006, 1800). Es bleibt nach der Rspr. nach Ablauf der Klagefrist nur die Möglichkeit der Feststellungsklage (§ 41). Die frühere BFH-Rspr. und das Schrifttum folgen dem mE überzeugenden Argument, dass ein unwirksamer VA keine Rechtswirkungen entfalte, dieser gem. § 44 II Verfahrensgegenstand und deshalb die Einhaltung der Klagefrist unbeachtlich sei (BFH V R 96/85, BStBl. II 1986, 834; Gosch/v. Beckerath § 47 Rn. 68, 88; HHS/Steinhauff § 47 Rn. 28 f.; Tipke/Kruse/Brandis § 47 Rn. 2). Die Sichtweise der neueren BFH-Rspr. in diesen Fällen ist mE auch nicht auf Grundlage des § 365 III 2 Nr. 2 AO

gerechtfertigt, da die Einspruchsentscheidung kein ersetzender VA in diesem Sinne ist.

Für **Verpflichtungsklagen in Form der Untätigkeitsklage** (→ § 46 Rn. 5) hat die Frist in § 47 I 2 keine Bedeutung. Bei einer einfachen Untätigkeitsklage wird der Ablehnungsbescheid mit dem Einspruch angefochten; anschließend ergeht keine Einspruchsentscheidung (Gosch/v. Beckerath § 47 Rn. 70). Gleiches gilt für Anfechtungsklagen in Form der Untätigkeitsklage. 7

b) Beginn der Klagefrist. Die nach § 47 I 1, 2 für Anfechtungs- und Verpflichtungsklagen geltende einmonatige Klagefrist **beginnt mit** der **Bekanntgabe** der Entscheidung über den außergerichtlichen Rechtsbehelf (§ 366 AO) oder, in den Fällen des § 45 I–III, ebenso wie dann, wenn ein außergerichtlicher Rechtsbehelf gem. § 348 AO nicht gegeben ist, mit der Bekanntgabe des VA (§ 122 AO) und in den Fällen des § 45 IV mit der Bekanntgabe der Arrestanordnung. Bei der **Bekanntgabe von einheitlichen und gesonderten Feststellungsbescheiden** und einer Einspruchsentscheidung hierzu ist zu unterscheiden: 8

Bis 31.12.2023: Diese sind idR dem gemeinsamen Empfangsbevollmächtigten (§ 183 I 1 AO aF) oder dem zur Vertretung der Gesellschaft Berechtigten (§ 183 I 2 AO aF) bekanntzugeben. Wird ein Bescheid (zulässigerweise) derart bekannt gegeben, so wird er gegenüber allen Feststellungsbeteiligten wirksam (BFH IV R 53/05, BStBl. II 2007, 369).

Ab 1.1.2024: Handelt es sich um eine rechtsfähige Personenvereinigung, haben Bekanntgaben an die Personenvereinigung in Vertretung der Feststellungsbeteiligten zu erfolgen (§ 183 I 1 AO nF). Bei der Bekanntgabe ist darauf hinzuweisen, dass die Bekanntgabe mit Wirkung für und gegen alle Feststellungsbeteiligten erfolgt (§ 183 I 2 AO nF). Die Bestellung oder Bestimmung eines Empfangsbevollmächtigten ist hier entbehrlich (Tipke/Kruse/Brandis AO § 183 Rn. 1). Ist die Personenvereinigung nicht rechtsfähig richtet sich die Bekanntgabe nach § 183a AO (s. Klein/Ratschow AO § 183a Rn. 11 ff.) und erfolgt an den gemeinsamen Empfangsbevollmächtigten mit Wirkung für und gegen alle Feststellungsbeteiligten, wenn auf diese Folge bei der Bekanntgabe ausdrücklich hingewiesen ist (§ 183a I 1 u. 4 AO nF).

§ 183 I AO nF und § 183a I AO gelten aber nach § 183 II AO nF und § 183a II AO nicht, wenn die Personenvereinigung vollbeendet ist bzw. nicht mehr besteht oder der Finbeh bekannt ist, dass diese nicht mehr rechtsfähig ist bzw. rechtsfähig geworden ist (§ 183 II 1 Nr. 1 AO nF, § 183a II 1 Nr. 1 AO); gleiches gilt für die Bekanntgabe an ausgeschiedene Gesellschafter/Gemeinschafter und soweit der Finbeh positiv bekannt ist, dass zwischen den Beteiligten ernstliche Meinungsverschiedenheiten bestehen (§ 183 II 1 Nr. 2 AO nF, § 183a II 1 Nr. 2 AO). Zu den Ausnahmen s. Klein/Ratschow AO § 183 Rn. 20 ff. und § 183a Rn. 16–26. In solchen Fällen muss eine Bekanntgabe an alle Feststellungsbeteiligten einzeln erfolgen (s. Klein/Ratschow AO § 183 Rn. 30 f.).

Die wirksamen Bekanntgabeformen des VA und der **Einspruchsentscheidung** ergeben sich aus § 122 II AO (Geltung der Vier-Tages-Vermutung bei Übermittlung schriftlicher VA durch die Post – zur Schriftform der Einspruchsentscheidung s. § 366 S. 2 AO), § 122 IIa AO (elektronische Übermittlung), § 122 III, IV (öffentliche Bekanntgabe) und § 122 V (förmliche Zustellung). Die gesetzlich gebotene Schriftform für behördliche und gerichtliche Entscheidungen wird auch durch Übersendung der Einspruchsentscheidung **per Telefax** gewahrt (BFH V R 31/01, BStBl. II 2003, 45; X R 25/06, BStBl. II 9

2009, 965; VIII R 28/13, BStBl. II 2014, 552). Per Telefax übersandte Bescheide sind erst mit ihrem Ausdruck durch das – auf automatischen Ausdruck eingestellte – Empfangsgerät wirksam „schriftlich erlassen". Hat das Empfangsgerät nach dem unwiderleglichen Vortrag des Adressaten den Bescheid nicht ausgedruckt, gehen die sich daraus ergebenden Zweifel an der wirksamen Bekanntgabe zu Lasten der Finbeh (BFH VIII R 9/10, BStBl. II 2014, 748). Diese Grundsätze gelten nach der gerade zitierten Entscheidung des BFH auch für die Übersendung von Einspruchsentscheidungen im sog. **Ferrari-Fax-Verfahren per Computerfax** (BFH X R 45/11, BFH/NV 2015, 657); die auf diesem Weg übermittelten Bescheide sind keine elektronischen Dokumente iSd § 87a AO und bedürfen deshalb zu ihrer Wirksamkeit keiner elektronischen Signatur. Zur Änderung der AEAO aufgrund dieser Rspr. s. BMF v. 22.7.2015, BStBl. I 2015, 571. Siehe zur mündlichen Bekanntgabe einer Prüfungsentscheidung BFH VII R 53/93, BStBl. II 1994, 358; eines Ablehnungsbescheids zu einem Änderungsantrag BFH III R 105/89, BStBl. II 1992, 123; VIII R 4/94, BStBl. II 1998, 461; I B 48/14, BFH/NV 2015, 472; zum Lauf der Rechtsbehelfsfrist bei Zustimmung des FA zu einer Steueranmeldung BFH V R 29/02, BStBl. II 2003, 904. In den Fällen der Übergangsregelung des **Art. 97 § 18a EGAO** (dazu BT-Drs. 12/1061 Begr. 12, 13) trat bei den dort angesprochenen „Massenrechtsbehelfen" an die Stelle der Bekanntgabe des VA für den Fristbeginn die Veröffentlichung der Entscheidungsformel des BVerfG (§ 31 II BVerfGG; → Rn. 1, 11; → § 44 Rn. 3); in den Fällen des **§ 367 IIb 5 AO** die Bekanntgabe der Allgemeinverfügung im BStBl. Auch **am 31.12.** kann ein (Einspruchs-)Bescheid wirksam bekannt gegeben werden (s. NdsFG 2 K 25/13, EFG 2013, 1005; zur Zustellung gem. § 189 ZPO am 24.12. s. BFH GrS 2/13, BStBl. II 2014, 645). Ebenso wie nach der AO (§ 108), VwVfG (§ 31), VwGO (§ 57) und ZPO (§ 222) berechnen sich die Monatsfristen in der FGO (§ 54) – hier die Klagefrist (§ 47) – nach § 188 BGB, so dass eine am 31. beginnende Monatsfrist am letzten Tag des folgenden Monats abläuft (§ 188 III BGB), zB die am 31.1.2013 beginnende Frist am 28.2.2013 (FG Hmb 3 K 39/13, EFG 2013, 1466 mAnm Rosenke).

10 **Erforderlich** für den Fristbeginn ist auch die **Vollständigkeit** des Textes des Bescheids oder der Einspruchsentscheidung (BFH III R 15/07, BStBl. II 2008, 94). Dies gilt unabhängig davon, ob bei einer unvollständig bekanntgegebenen Einspruchsentscheidung die erste, die letzte oder eine mittlere Seite fehlt, ob es sich bei den fehlenden Seiten um einen inhaltlich wesentlichen (zB die tragenden Gründe der Ablehnung) oder weniger wichtigen Teil (zB die Wiedergabe des vorangegangenen Schriftwechsels oder der Rechtsansicht des Einspruchsführers) handelt oder ob – gemessen am gesamten Umfang – ein großer oder ein kleiner Teil der Entscheidung nicht übermittelt wurde.

11 Eine **Klage,** die **vor Bekanntgabe** der maßgeblichen Hoheitsmaßnahme erhoben wird, ist und bleibt **unzulässig.** Dies auch dann, wenn der Stpfl. von dem Inhalt des VA bereits zuvor sichere Kenntnis erlangt hatte (BFH I R 143/73, BStBl. II 1974; VI R 209/79, BStBl. II 1983, 551; X R 30/98, BFH/NV 2000, 439; V B 108/09, BFH/NV 2010, 2014; ebenso BFH II R 14/11, BFH/NV 2013, 693; HHS/Steinhauff § 47 Rn. 118 ff.; Tipke/Kruse/Brandis § 47 Rn. 4). Das folgt nicht nur aus Wortlaut und Gesetzeszweck der Gesamtregelung. Vielmehr erweist es sich auch durchaus als gerecht und sinnvoll, verfahrensrechtliche Fristen nicht von der (behaupteten) Tatsache der Kenntnisnahme im Einzelfall, sondern an den formalisierten, von den konkreten Umständen der Kenntnisnahme

abstrahierenden und daher leichter nachprüfbaren Akt der Bekanntgabe anzuknüpfen. Durch ein solch klares und „einfaches" Normverständnis ist außerdem dafür Sorge getragen, dass gerichtlicher Rechtsschutz gegenüber bestimmten Hoheitsmaßnahmen erst in Anspruch genommen wird, wenn feststeht, dass und mit welchem Inhalt diese Rechtsgeltung erlangt haben (§§ 122, 124 I, 365, 366 AO; vgl. auch § 124 II iVm §§ 130, 131 und 172 ff. AO).

Kein Fall verfrühter Klageerhebung liegt vor, wenn die Behörde durch Mitteilung von Teilen einer Regelung (Übersendung der Anlage und Erläuterungen zu einem Steuerbescheid) den **Rechtsschein der Bekanntgabe** eines (vollständigen) VA erweckt hat (BFH VIII R 54/79, BStBl. II 1983, 543). 12

c) Berechnung der Klagefrist. Für die Berechnung der Klagefrist gilt § 54 II, der auf die §§ 222 ZPO iVm § 187 ff. BGB Bezug nimmt, → § 54 Rn. 8 ff. (zum Sonderfall der Entschädigungsklage s. BFH X K 3–7/16, BStB. II 2018, 103). Diese Frist **endet** im Regelfall **einen Monat nach Bekanntgabe** des gem. § 47 I 1, 2 maßgeblichen VA. Eine Verlängerung der Klagefrist tritt auch in den Fällen des § 55 II ein (→ § 55 Rn. 27 ff.). 14

In den Ausnahmefällen des Art. 97 § 18a EGAO endete die Klagefrist mit **Ablauf eines Jahres nach Veröffentlichung der Entscheidung,** und zwar auch für unzulässige Einsprüche. Letzteres bedeutete indessen nur, dass in den von der Ausnahmeregelung betroffenen Massenfällen die Prüfung der Zulässigkeit aus Vereinfachungsgründen hinausgeschoben bzw. für überflüssig erklärt wurde, nicht etwa, dass insoweit Heilung eintritt oder die Bestandskraftwirkung (als notwendige Folge der Unzulässigkeit des Einspruchs) hinausgeschoben wurde. In den Fällen des § 367 IIb 5 AO beginnt die Frist mit Bekanntgabe der Allgemeinverfügung im BStBl.

d) Anforderungen an die Fristwahrung. Gewahrt ist die einmonatige Klagefrist, wenn die Klage (zu den inhaltlichen und formalen **Minimalanforderungen** einer solchen prozessualen Willensbekundung s. § **65** I; → § 65 Rn. 10 ff.) **vor Ablauf der Klagefrist** schriftlich oder zu Protokoll (**§ 64 I 1;** → § 64 Rn. 7 ff. und zur durch PKH bedingten Klageerhebung → Rn. 26), in deutscher Sprache abgefasst (→ Vor § 33 Rn. 16), bei Gericht erhoben wird. Die Frist gilt aber ausnahmsweise auch als gewahrt, wenn die Anfechtungs- oder Verpflichtungsklage gem. §§ 47 II oder III bei einer der dort genannten Stellen innerhalb der Klagefrist angebracht wird (Ausnahmetatbestand → Rn. 19 ff.). 15

Für beide Fälle der Fristwahrung kommt es auf das **Zugehen** der Klageschrift (anders als nach § 253 I ZPO), also nicht auf die Zustellung der Klage an den Beklagten gem. § 71 I 1 an, die für die Rechtshängigkeit nach § 66 ausschlaggebend ist (zum Zugang auch → Vor § 33 Rn. 34 ff.). Der Kläger hat die Möglichkeit, gesetzliche Fristen bis zum Schluss (dh unabhängig von Dienst- oder Besuchszeiten der Behörden und Gerichte bis zum letzten Tag um 24:00 Uhr) auszunutzen. Hierzu muss nach den allgemeinen für das Wirksamwerden empfangsbedürftiger Willensbekundungen (in Anlehnung an § 130 I, III BGB) entwickelten Grundsätzen die Klageschrift (mit dem notwendigen Inhalt und in der notwendigen Form) derart in den Verfügungsbereich des Empfängers (des Gerichts oder der Behörde) gelangt sein, dass dieser davon Kenntnis nehmen kann. Dies ist bei Einwurf in den Hausbriefkasten des Gerichts sowie in ein Postfach vor Ablauf der Klagefrist und im Zeitpunkt des Eingangs im Telefaxgerät des Gerichts gewährleistet; s. HHS/Steinhauff § 47 Rn. 95 ff.; Gosch/v. Beckerath § 47 Rn. 98; Tipke/Kruse/Brandis § 47 Rn. 6; zur Klageerhebung per **E-Mail** 16

s. Nöcker AO-StB 2007, 267 und zur **Übermittlung einer Klage als elektronisches Dokument** → § 52a Rn. 2 ff.; → § 64 Rn. 23; zur Klageerhebung per **Telefax** bei nur eingescannter Unterschrift des Prozessbevollmächtigten s. BFH VIII R 38/08, BStBl. II 2010, 1017.

17 Die **Feststellungslast** für den rechtzeitigen Zugang der Klage liegt beim Kläger (BFH I R 240/74, BStBl. II 1977, 321). Der Eingangsstempel des Gerichts ist öffentliche Urkunde gem. **§ 418 I ZPO** und erbringt grds. vollen Beweis für den Zeitpunkt des Eingangs (BFH I R 87/94, I R 169/94, BStBl. II 1996, 19; X R 90/87, BFH/NV 1989, 110). Der Gegenbeweis ist zwar zulässig (§ 418 II ZPO); die Rechtzeitigkeit des Eingangs muss aber zur vollen Überzeugung des Gerichts nachgewiesen werden (BFH VI R 81/10, BFH/NV 2011, 1002).

III. Anbringen der Klage bei den in § 47 II und III genannten Behörden

1. Erfasste Behörden

19 Zur Erleichterung des Zugangs zum Gericht lassen es § 47 II, III genügen, wenn die Klage **rechtzeitig** (→ Rn. 15 ff.) **bei bestimmten Behörden als postalischen Adressaten angebracht** wird, nämlich nach § 47 II bei der Behörde, welche die angefochtene Hoheitsmaßnahme (VA oder Rechtsbehelfsentscheidung) erlassen oder bekanntgegeben hat, oder bei derjenigen, die (zB infolge eines Umzugs) nachträglich für den Steuerfall zuständig geworden ist. Eine weitere Möglichkeit eröffnet **§ 47 III für die Fälle mehrstufiger Regelungen** durch Grundlagen- und Folgebescheid, indem er es für die Fristwahrung ausreichen lässt, dass eine gegen den Feststellungsbescheid (Grundlagenbescheid) gerichtete Klage bei der für den Erlass des Steuerbescheids (Folgebescheid) zuständigen Stelle angebracht wird (ohne damit diese Zuständigkeit oder die Regelung des § 42 FGO iVm § 351 II AO zu beeinflussen). Beide Vereinfachungsregelungen unterscheiden sich vom Regelfall des § 47 I nur hinsichtlich des Wegs, den die Klageerhebung (nur diese, keine andere Prozesserklärung) nehmen darf.

20 Die über § 47 II, III angebrachten Klagen müssen – ebenso wie die nach § 47 I erhobenen Klagen – formell und inhaltlich den Vorgaben des § 65 genügen. **Inhaltsadressat** ist auch im Fall des § 47 II, III das **FG;** eine Klage ist aber auch dann ordnungsgemäß beim FA angebracht, wenn sie an das FA adressiert ist und keine Angabe des Gerichts enthält, bei dem die Klage erhoben werden soll (BFH III R 69/97, BFH/NV 2001, 784) oder wenn die nicht ausdrücklich so bezeichnete Klage als solche erkannt und an das zuständige FG weitergeleitet werden kann (BFH VI B 99/05, BFH/NV 2006, 1118).

21 Ob in einem Schriftstück das Anbringen einer Klage als Prozesshandlung liegt, ist in gleicher Weise wie bürgerlich-rechtliche Willenserklärungen **der Auslegung** zugänglich. Dabei ist nicht am buchstäblichen Sinn des Ausdrucks zu haften; vielmehr ist der in der Erklärung verkörperte Wille anhand der erkennbaren Umstände zu ermitteln. Der Grundsatz der rechtsschutzgewährenden Auslegung gebietet, Prozesserklärungen so auszulegen, dass im Zweifel dasjenige gewollt ist, was nach den Maßstäben der Rechtsordnung vernünftig ist und der recht verstandenen Interessenlage entspricht (BFH VI R 37/94, BFH/NV 1997, 362; XI R 25/98, BFH/NV 1999, 633; VI B 99/05, BFH/NV 2006, 1118; III B 82/

13, BFH/NV 2014, 1505). Das Gesuch muss allerdings erkennen lassen, dass gerichtlicher Rechtsschutz begehrt wird (BFH VI R 80/13, BStBl. II 2015, 115; VIII R 16/21, BH/NV 2024, 1415; Gosch/v. Beckerath § 47 Rn. 111). Für die (aus Empfängersicht und nach der verkörperten Willensbekundung vorzunehmende → Vor § 33 Rn. 40 ff.) Auslegung des Rechtsschutzbegehrens sind daher die dem FA bekannten Umstände beachtlich (BFH VI B 99/05, BFH/NV 2006, 1118).

2. Anbringen der Klage

Angebracht, (bedeutungsgleich mit „eingereicht", „erhoben") ist die Klage, wenn sie dieser Behörde (als dem postalischen Adressaten – im Gegensatz zum FG als dem Inhaltsadressaten gem. § 64 I – → Rn. 23) zugegangen, dh derart in ihren Verfügungsbereich gelangt ist, dass diese davon Kenntnis nehmen kann (→ Rn. 16). **Nach der BFH-Rspr.** (seit BFH I R 22/94, BStBl. II 1995, 601; danach III R 99/96, BFH/NV 1997, 508; I B 80/96, BFH/NV 1997, 675; III R 69/97, BFH/NV 2001, 784; VI B 99/05, BFH/NV 2006, 1118; ebenso Tipke/Kruse/Brandis § 47 Rn. 8; Gosch/v. Beckerath § 47 Rn. 163) **genügt** es zur Wahrung der Klagefrist nach § 47 II oder III, **dass** die **Klage bei** der **Erlassbehörde ankommt** und als solche ausgelegt werden kann (→ Rn. 21). Auch für die fristwahrende Übermittlung an das FA ist die Einhaltung der geltenden Formvorschriften erforderlich; insbes. entbindet § 47 II nicht von einer geltenden elektronischen Einreichungspflicht (NdsFG 13 K 114/23, EFG 2024, 1420, Rev. BFH: X R 11/24). **§ 47 II 2** bringt mit dem Tatbestandsmerkmal „übermitteln" zum Ausdruck, dass auch die Übermittlung eines elektronischen Dokuments zur Klageerhebung beim FA möglich ist (Gosch/v. Beckerath § 47 Rn. 164, 177), wobei die Anforderungen des § 52a gewahrt sein müssen (FG Münster 7 K 2792/14 E, BeckRS 2017, 112106, rkr.; FG Hmb 2 K 212/18, BeckRS 2019, 3990, rkr.); mit einer an die beklagte Behörde gerichteten E-Mail kann daher nicht wirksam Klage erhoben werden (FG Hmb 2 K 212/18, BeckRS 2019, 3990; FG BBg 7 K 7019/19, BeckRS 2019, 11812). Die in § 52a I geregelte Übermittlung von elektronischen Schriftsätzen „der Beteiligten" umfasst die Übermittlung der Klage durch das FA an das FG (§ 47 II 2), auch wenn die Beteiligtenstellung formal erst anknüpfend daran begründet wird (zum insoweit unabhängig vom Verfahrensstadium geltenden Beteiligtenbegriff in § 52a s. HHS/Trossen § 52a Rn. 40, 42; zur Abgrenzung zu einer Klageerhebung per E-Mail s. Nöcker AO-StB 2007, 267 (268); → § 64 Rn. 23). 22

Weil es für die Fristwahrung iRd § 47 II, III allein auf den Zugang bei der jeweiligen Behörde ankommt, ist ein **Verlust der Klageschrift** zwischen dem tatsächlichen Eingang dort und der Übermittlung an das FG unschädlich (BFH IX B 126/93, BFH/NV 1994, 871; IX R 47/83, BStBl. II 1986, 268). 23

Empfangsbehörde ist gem. § 47 II 1 die Finbeh, die (tatsächlich) den angefochtenen VA oder die angefochtene Entscheidung erlassen oder bekannt gegeben hat, oder diejenige, die nachträglich für den Steuerfall zuständig geworden ist (§§ 16 ff., § 367 I 2, III 1 AO). Die Regelungen zu den in § 47 II, III benannten Behörden sind damit weitergehender als in § 63 I, der bestimmt, welche Behörde zu verklagen ist und eröffnen somit mehrere Möglichkeiten, eine Klage fristgerecht anzubringen (s. Gosch/v. Beckerath § 47 Rn. 152–158). 24

IV. Rechtsfolgen bei Fristversäumnis und -wahrung

1. Fristversäumnis

26 Eine Klage, die unter der Bedingung erhoben wird, dass PKH gewährt wird, ist unzulässig (BFH VII B 103/85, BFH/NV 1986, 180; VI B 150/85, BStBl. II 1987, 573; VII B 304/03, BFH/NV 2005, 1111; → § 56 Rn. 69 „Prozesskostenhilfe“ zum vorgeschalteten PKH-Gesuch).

27 Eine fristgebundene verspätet erhobene Klage ist, sofern nicht ausnahmsweise Wiedereinsetzung in den vorigen Stand gem. **§ 56** (s. dazu BFH X R 21/04, BFH/NV 2007, 186; → § 56 Rn. 2 ff.) zu gewähren ist, **durch Prozessurteil** abzuweisen und zwar ggf. auch ohne entsprechende Verfahrensrüge noch in der Revisionsinstanz (BFH IX R 47/83, BStBl. II 1986, 268, s. dort auch zum Problem der diesbezüglichen Sachaufklärung durch das Revisionsgericht). Der verspätet angefochtene VA ist mit dem Ablauf der Klagefrist formell bestandskräftig geworden.

Erlässt ein FG **zu Unrecht ein Prozessurteil,** weil es die Klagefrist nicht als gewahrt ansieht, anstatt zur Sache zu entscheiden, liegt hierin ein Verfahrensmangel iSd § 115 II Nr. 3 (Gehörsverletzung), der regelmäßig zur Aufhebung des FG-Urteils nach § 116 VI führt (BFH IX R 47/83, BStBl. II 1986, 268; VIII B 228/09, BFH/NV 2010, 2080; II B 141/10, BFH/NV 2011, 1006; III B 82/13, BFH/NV 2014, 1505; XI B 123/17, IStR 2019, 670; X B 58/23, BFH/NV 2023, 1327; XI B 61/22, BFH/NV 2023, 379; → § 115 Rn. 310, „Prozessurteil“).

Das finanzgerichtliche Urteil beruht aber auch auf einem Verfahrensmangel gem. § 115 II Nr. 3, wenn **zu Unrecht durch Sachurteil** statt durch Prozessurteil entschieden wurde, also das FG zu Unrecht von der rechtzeitigen Klageerhebung ausgegangen ist. Im NZB-Verfahren kann das vorinstanzliche Urteil durch Beschluss nach § 116 VI in ein Prozessurteil umgewandelt werden (BFH V B 54/14, BFH/NV 2015, 223). In der **Revision** kommt bei dieser Sachlage eine Entscheidung nach § 126 IV (→ § 126 Rn. 7 f.) in Betracht.

2. Fristwahrung

28 Die Einhaltung der Klagefrist hindert den Eintritt der formellen Bestandskraft, soweit ein verfahrensrechtlich selbständiger Gegenstand, über den in der Einspruchsentscheidung entschieden wurde, mit der rechtzeitig erhobenen Klage angefochten wird (zu dieser objektiven Identitätsprüfung → § 44 Rn. 14). Zur Bedeutung der gewahrten Klagefrist als Sachentscheidungsvoraussetzung bei der **Klageerweiterung** (BFH GrS 2/87, BStBl. II 1990, 327) und der **Klageänderung** → § 67 Rn. 18 f.

[Fassung bis 31.12.2023]

§ 48 aF [Klagebefugnis bei Feststellungsbescheiden]

(1) **Gegen Bescheide über die einheitliche und gesonderte Feststellung von Besteuerungsgrundlagen können Klage erheben:**

1. **zur Vertretung berufene Geschäftsführer oder, wenn solche nicht vorhanden sind, der Klagebevollmächtigte im Sinne des Absatzes 2;**

2. **wenn Personen nach Nummer 1 nicht vorhanden sind, jeder Gesellschafter, Gemeinschafter oder Mitberechtigte, gegen den der Feststellungsbescheid ergangen ist oder zu ergehen hätte;**
3. **auch wenn Personen nach Nummer 1 vorhanden sind, ausgeschiedene Gesellschafter, Gemeinschafter oder Mitberechtigte, gegen die der Feststellungsbescheid ergangen ist oder zu ergehen hätte;**
4. **soweit es sich darum handelt, wer an dem festgestellten Betrag beteiligt ist und wie dieser sich auf die einzelnen Beteiligten verteilt, jeder, der durch die Feststellungen hierzu berührt wird;**
5. **soweit es sich um eine Frage handelt, die einen Beteiligten persönlich angeht, jeder, der durch die Feststellungen über die Frage berührt wird.**

(2) [1]**Klagebefugt im Sinne des Absatzes 1 Nr. 1 ist der gemeinsame Empfangsbevollmächtigte im Sinne des § 183 Abs. 1 Satz 1 der Abgabenordnung oder des § 6 Abs. 1 Satz 1 der Verordnung über die gesonderte Feststellung von Besteuerungsgrundlagen nach § 180 Abs. 2 der Abgabenordnung vom 19. Dezember 1986 (BGBl. I S. 2663).** [2]**Haben die Feststellungsbeteiligten keinen gemeinsamen Empfangsbevollmächtigten bestellt, ist klagebefugt im Sinne des Absatzes 1 Nr. 1 der nach § 183 Abs. 1 Satz 2 der Abgabenordnung fingierte oder der nach § 183 Abs. 1 Satz 3 bis 5 der Abgabenordnung oder nach § 6 Abs. 1 Satz 3 bis 5 der Verordnung über die gesonderte Feststellung von Besteuerungsgrundlagen nach § 180 Abs. 2 der Abgabenordnung von der Finanzbehörde bestimmte Empfangsbevollmächtigte; dies gilt nicht für Feststellungsbeteiligte, die gegenüber der Finanzbehörde der Klagebefugnis des Empfangsbevollmächtigten widersprechen.** [3]**Die Sätze 1 und 2 sind nur anwendbar, wenn die Beteiligten spätestens bei Erlass der Einspruchsentscheidung über die Klagebefugnis des Empfangsbevollmächtigten belehrt worden sind.**

§ 180 AO Gesonderte Feststellung von Besteuerungsgrundlagen *[Fassung bis 31.12.2023]*

(1) [1]Gesondert festgestellt werden insbesondere:

1. die Einheitswerte und die Grundsteuerwerte nach Maßgabe des Bewertungsgesetzes,
2. a) die einkommensteuerpflichtigen und körperschaftsteuerpflichtigen Einkünfte und mit ihnen im Zusammenhang stehende andere Besteuerungsgrundlagen, wenn an den Einkünften mehrere Personen beteiligt sind und die Einkünfte diesen Personen steuerlich zuzurechnen sind,
   b) in anderen als den in Buchstabe a genannten Fällen die Einkünfte aus Land- und Forstwirtschaft, Gewerbebetrieb oder einer freiberuflichen Tätigkeit, wenn nach den Verhältnissen zum Schluss des Gewinnermittlungszeitraums das für die gesonderte Feststellung zuständige Finanzamt nicht auch für die Steuern vom Einkommen zuständig ist,
3. der Wert der vermögensteuerpflichtigen Wirtschaftsgüter *(§§ 114 bis 117a des Bewertungsgesetzes)* und der Wert der Schulden und sonstigen Abzüge *(§ 118 des Bewertungsgesetzes),* wenn die Wirtschaftsgüter, Schulden und sonstigen Abzüge mehreren Personen zuzurechnen sind und die Feststellungen für die Besteuerung von Bedeutung sind.

[2]Wenn sich in den Fällen von Satz 1 Nummer 2 Buchstabe b die für die örtliche Zuständigkeit maßgeblichen Verhältnisse nach Schluss des Gewinnermittlungszeitraums geändert haben, so richtet sich die örtliche Zuständigkeit auch für Feststellungszeiträume, die vor der Änderung der maßgeblichen Verhältnisse liegen, nach § 18 Absatz 1 Nummer 1 bis 3 in Verbindung mit § 26.

(1a) [1]Einzelne, im Rahmen einer Außenprüfung für den Prüfungszeitraum ermittelte und abgrenzbare Besteuerungsgrundlagen können gesondert festgestellt werden (Teilabschlussbescheid), solange noch kein Prüfungsbericht nach § 202 Absatz 1 ergangen ist. [2]Auf Antrag des Steuerpflichtigen soll ein Teilabschlussbescheid ergehen, wenn daran ein erhebliches Interesse besteht und dies vom Steuerpflichtigen glaubhaft gemacht wird.

(2) [1]Zur Sicherstellung einer einheitlichen Rechtsanwendung bei gleichen Sachverhalten und zur Erleichterung des Besteuerungsverfahrens kann das Bundesministerium der Finanzen durch Rechtsverordnung mit Zustimmung des Bundesrates bestimmen, dass in anderen als den in Absatz 1 genannten Fällen Besteuerungsgrundlagen gesondert und für mehrere Personen einheitlich festgestellt werden. [2]Dabei können insbesondere geregelt werden

1. der Gegenstand und der Umfang der gesonderten Feststellung,
2. die Voraussetzungen für das Feststellungsverfahren,
3. die örtliche Zuständigkeit der Finanzbehörden,
4. die Bestimmung der am Feststellungsverfahren beteiligten Personen (Verfahrensbeteiligte) und der Umfang ihrer steuerlichen Pflichten und Rechte einschließlich der Vertretung Beteiligter durch andere Beteiligte,
5. die Bekanntgabe von Verwaltungsakten an die Verfahrensbeteiligten und Empfangsbevollmächtigte,
6. die Zulässigkeit, der Umfang und die Durchführung von Außenprüfungen zur Ermittlung der Besteuerungsgrundlagen.

[3]Durch Rechtsverordnung kann das Bundesministerium der Finanzen mit Zustimmung des Bundesrates bestimmen, dass Besteuerungsgrundlagen, die sich erst später auswirken, zur Sicherung der späteren zutreffenden Besteuerung gesondert und für mehrere Personen einheitlich festgestellt werden; Satz 2 gilt entsprechend. [4]Die Rechtsverordnungen bedürfen nicht der Zustimmung des Bundesrates, soweit sie Einfuhr- und Ausfuhrabgaben und Verbrauchsteuern, mit Ausnahme der Biersteuer, betreffen.

(3) [1]Absatz 1 Satz 1 Nummer 2 Buchstabe a gilt nicht, wenn

1. nur eine der an den Einkünften beteiligten Personen mit ihren Einkünften im Geltungsbereich dieses Gesetzes einkommensteuerpflichtig oder körperschaftsteuerpflichtig ist oder
2. es sich um einen Fall von geringer Bedeutung handelt, insbesondere weil die Höhe des festgestellten Betrags und die Aufteilung feststehen; dies gilt sinngemäß auch für die Fälle des Absatzes 1 Satz 1 Nummer 2 Buchstabe b und Nummer 3.

[2]Das nach § 18 Absatz 1 Nummer 4 zuständige Finanzamt kann durch Bescheid feststellen, dass eine gesonderte Feststellung nicht durchzuführen ist. [3]Der Bescheid gilt als Steuerbescheid.

(4) Absatz 1 Satz 1 Nummer 2 Buchstabe a gilt ferner nicht für Arbeitsgemeinschaften, deren alleiniger Zweck in der Erfüllung eines einzigen Werkvertrages oder Werklieferungsvertrages besteht.

(5) Absatz 1 Satz 1 Nummer 2 sowie die Absätze 2 und 3 sind entsprechend anzuwenden, soweit
1. die nach einem Abkommen zur Vermeidung der Doppelbesteuerung von der Bemessungsgrundlage ausgenommenen Einkünfte bei der Festsetzung der Steuern der beteiligten Personen von Bedeutung sind oder
2. Steuerabzugsbeträge und Körperschaftsteuer auf die festgesetzte Steuer anzurechnen sind.

§ 183 AO Empfangsbevollmächtigte bei der einheitlichen Feststellung *[Fassung bis 31.12.2023]*

(1) [1]Richtet sich ein Feststellungsbescheid gegen mehrere Personen, die an dem Gegenstand der Feststellung als Gesellschafter oder Gemeinschafter beteiligt sind (Feststellungsbeteiligte), so sollen sie einen gemeinsamen Empfangsbevollmächtigten bestellen, der ermächtigt ist, für sie alle Verwaltungsakte und Mitteilungen in Empfang zu nehmen, die mit dem Feststellungsverfahren und dem anschließenden Verfahren über einen Einspruch zusammenhängen. [2]Ist ein gemeinsamer Empfangsbevollmächtigter nicht vorhanden, so gilt ein zur Vertretung der Gesellschaft oder der Feststellungsbeteiligten oder ein zur Verwaltung des Gegenstands der Feststellung Berechtigter als Empfangsbevollmächtigter. [3]Anderenfalls kann die Finanzbehörde die Beteiligten auffordern, innerhalb einer bestimmten angemessenen Frist einen Empfangsbevollmächtigten zu benennen. [4]Hierbei ist ein Beteiligter vorzuschlagen und darauf hinzuweisen, dass diesem die in Satz 1 genannten Verwaltungsakte und Mitteilungen mit Wirkung für und gegen alle Beteiligten bekannt gegeben werden, soweit nicht ein anderer Empfangsbevollmächtigter benannt wird. [5]Bei der Bekanntgabe an den Empfangsbevollmächtigten ist darauf hinzuweisen, dass die Bekanntgabe mit Wirkung für und gegen alle Feststellungsbeteiligten erfolgt.

(2) [1]Absatz 1 ist insoweit nicht anzuwenden, als der Finanzbehörde bekannt ist, dass die Gesellschaft oder Gemeinschaft nicht mehr besteht, dass ein Beteiligter aus der Gesellschaft oder der Gemeinschaft ausgeschieden ist oder dass zwischen den Beteiligten ernstliche Meinungsverschiedenheiten bestehen. [2]Ist nach Satz 1 Einzelbekanntgabe erforderlich, so sind dem Beteiligten der Gegenstand der Feststellung, die alle Beteiligten betreffenden Besteuerungsgrundlagen, sein Anteil, die Zahl der Beteiligten und die ihn persönlich betreffenden Besteuerungsgrundlagen bekannt zu geben. [3]Bei berechtigtem Interesse ist dem Beteiligten der gesamte Inhalt des Feststellungsbescheids mitzuteilen.

(3) [1]Ist ein Empfangsbevollmächtigter nach Absatz 1 Satz 1 vorhanden, können Feststellungsbescheide ihm gegenüber auch mit Wirkung für einen in Absatz 2 Satz 1 genannten Beteiligten bekannt gegeben werden, soweit und solange dieser Beteiligte oder der Empfangsbevollmächtigte nicht widersprochen hat. [2]Der Widerruf der Vollmacht wird der Finanzbehörde gegenüber erst wirksam, wenn er ihr zugeht.

(4) Wird eine wirtschaftliche Einheit
1. Ehegatten oder Lebenspartnern oder
2. Ehegatten mit ihren Kindern, Lebenspartnern mit ihren Kindern oder Alleinstehenden mit ihren Kindern

zugerechnet und haben die Beteiligten keinen gemeinsamen Empfangsbevollmächtigten bestellt, so gelten für die Bekanntgabe von Feststellungsbescheiden über den Einheitswert oder den Grundsteuerwert die Regelungen über zusammengefasste Bescheide in § 122 Absatz 7 entsprechend.

Verordnung über die gesonderte Feststellung von Besteuerungsgrundlagen nach § 180 Abs. 2 der Abgabenordnung

Vom 19.12.1986 (BGBl. I S. 2663), geändert durch VOen v. 22.10.1990 (BGBl. I S. 2275), v. 16.12.1994 (BGBl. I S. 3834), G v. 15.12.1995 (BGBl. I S. 1783), G v. 22.12.1999 (BGBl. I S. 2601), G v. 20.12.2000 (BGBl. I S. 1850), G v. 5.7.2004 (BGBl. I S. 1427), G v. 7.12.2006 (BGBl. I S. 2782), G v. 20.12.2008 (BGBl. I S. 2850), VO v. 18.7.2016 (BGBl. I S. 1722) und VO v. 19.12.2022 (BGBl. I S. 2432).

Auf Grund des § 180 Abs. 2 der Abgabenordnung vom 16. März 1976 (BGBl. I S. 613), der durch Artikel 1 Nr. 31 des Steuerbereinigungsgesetzes 1986 vom 19. Dezember 1985 (BGBl. I S. 2436) neu gefaßt worden ist, wird mit Zustimmung des Bundesrates verordnet:

§ 1 Gegenstand, Umfang und Voraussetzungen der Feststellung

(1) [1]Besteuerungsgrundlagen, insbesondere einkommensteuerpflichtige oder körperschaftsteuerpflichtige Einkünfte, können ganz oder teilweise gesondert festgestellt werden, wenn der Einkunftserzielung dienende Wirtschaftsgüter, Anlagen oder Einrichtungen

1. von mehreren Personen betrieben, genutzt oder gehalten werden oder
2. mehreren Personen getrennt zuzurechnen sind, die bei der Planung, Herstellung, Erhaltung oder dem Erwerb dieser Wirtschaftsgüter, Anlagen oder Einrichtungen gleichartige Rechtsbeziehungen zu Dritten hergestellt oder unterhalten haben (Gesamtobjekt).

[2]Satz 1 Nr. 2 gilt entsprechend bei Wohneigentum, das nicht der Einkunftserzielung dient, und bei Mietwohngebäuden, wenn die Feststellung für die Besteuerung von Bedeutung ist.

(2) Absatz 1 gilt für die Umsatzsteuer nur, wenn mehrere Unternehmer im Rahmen eines Gesamtobjekts Umsätze ausführen oder empfangen.

(3) [1]Die Feststellung ist gegenüber den in Absatz 1 genannten Personen einheitlich vorzunehmen. [2]Sie kann auf bestimmte Personen beschränkt werden.

§ 2 Örtliche Zuständigkeit

(1) [1]Für Feststellungen in den Fällen des § 1 Abs. 1 Satz 1 Nr. 1 richtet sich die örtliche Zuständigkeit nach § 18 Abs. 1 Nr. 2 der Abgabenordnung. [2]Die Wirtschaftsgüter, Anlagen oder Einrichtungen gelten als gewerblicher Betrieb im Sinne dieser Vorschrift.

(2) Für Feststellungen in den Fällen des § 1 Abs. 1 Satz 1 Nr. 2 und Satz 2 ist das Finanzamt zuständig, das nach § 19 oder § 20 der Abgabenordnung für die Steuern vom Einkommen und Vermögen des Erklärungspflichtigen zuständig ist.

(3) Feststellungen nach § 1 Abs. 2 hat das für die Feststellungen nach § 1 Abs. 1 Satz 1 Nr. 2 zuständige Finanzamt zu treffen.

(4) § 18 Abs. 2 der Abgabenordnung gilt entsprechend.

§ 3 Erklärungspflicht

(1) [1]Eine Erklärung zur gesonderten Feststellung der Besteuerungsgrundlagen haben nach Aufforderung durch die Finanzbehörde abzugeben:

1. in den Fällen des § 1 Abs. 1 Satz 1 Nr. 1 die Personen, die im Feststellungszeitraum die Wirtschaftsgüter, Anlagen oder Einrichtungen betrieben, genutzt oder gehalten haben,
2. in den Fällen des § 1 Abs. 1 Satz 1 Nr. 2 und Satz 2 die Personen, die bei der Planung, Herstellung, Erhaltung, dem Erwerb, der Betreuung, Geschäftsführung oder Verwaltung des Gesamtobjektes für die Feststellungsbeteiligten handeln oder im Feststellungszeitraum gehandelt haben; dies gilt in den Fällen des § 1 Abs. 2 entsprechend.

[2]§ 34 der Abgabenordnung bleibt unberührt.

(2) [1]Die Erklärung ist nach amtlich vorgeschriebenem Vordruck abzugeben und von der zur Abgabe verpflichteten Person eigenhändig zu unterschreiben. [2]Name und Anschrift der Feststellungsbeteiligten sind anzugeben. [3]Der Erklärung ist eine Ermittlung der Besteuerungsgrundlagen beizufügen. [4]Ist Besteuerungsgrundlage ein nach § 4 Abs. 1 oder § 5 des Einkommensteuergesetzes zu ermittelnder Gewinn, gilt § 5b des Einkommensteuergesetzes entsprechend; die Beifügung der in Satz 3 genannten Unterlagen kann in den Fällen des § 5b Abs. 1 des Einkommensteuergesetzes unterbleiben.

(3) Die Finanzbehörde kann entsprechend der vorgesehenen Feststellung den Umfang der Erklärung und die zum Nachweis erforderlichen Unterlagen bestimmen.

(4) Hat ein Erklärungspflichtiger eine Erklärung zur gesonderten Feststellung der Besteuerungsgrundlagen abgegeben, sind andere Erklärungspflichtige insoweit von der Erklärungspflicht befreit.

§ 4 Einleitung des Feststellungsverfahrens

[1]Die Finanzbehörde entscheidet nach pflichtgemäßem Ermessen, ob und in welchem Umfang sie ein Feststellungsverfahren durchführt. [2]Hält sie eine gesonderte Feststellung nicht für erforderlich, insbesondere weil das Feststellungsverfahren nicht der einheitlichen Rechtsanwendung und auch nicht der Erleichterung des Besteuerungsverfahrens dient, kann sie dies durch Bescheid feststellen. [3]Der Bescheid gilt als Steuerbescheid.

§ 5 Verfahrensbeteiligte

Als an dem Feststellungsverfahren Beteiligte gelten neben den Beteiligten nach § 78 der Abgabenordnung auch die in § 3 Abs. 1 Nr. 2 genannten Personen.

§ 6 Bekanntgabe

(1) [1]Die am Gegenstand der Feststellung beteiligten Personen sollen einen gemeinsamen Empfangsbevollmächtigten bestellen, der ermächtigt ist, für sie alle Verwaltungsakte und Mitteilungen in Empfang zu nehmen, die mit dem Feststellungsverfahren und dem anschließenden Verfahren über einen außergerichtlichen Rechtsbehelf zusammenhängen. [2]Ein Widerruf der Empfangsvollmacht wird der Finanzbehörde gegenüber erst wirksam, wenn er ihr zugeht. [3]Ist ein Empfangsbevollmächtigter nicht bestellt, kann die Finanzbehörde die Beteiligten auffordern, innerhalb einer angemessenen Frist einen Empfangsbevollmächtigten zu benennen. [4]Hierbei ist ein Beteiligter vorzuschlagen und darauf hinzuweisen, daß diesem die in Satz 1 genannten Verwaltungsakte und Mitteilungen mit Wirkung für und gegen alle Beteiligten bekanntgegeben werden, soweit nicht ein anderer Empfangsbevollmächtigter benannt wird. [5]Bei der Bekanntgabe an den Empfangsbevollmächtigten ist darauf hinzuweisen, daß die Bekanntgabe mit Wirkung für und gegen alle Feststellungsbeteiligten erfolgt.

(2) Der Feststellungsbescheid ist auch den in § 3 Abs. 1 Nr. 2 genannten Personen bekanntzugeben, wenn sie die Erklärung abgegeben haben, aber nicht zum Empfangsbevollmächtigten bestellt sind.

(3) Absatz 1 Sätze 3 und 4 ist insoweit nicht anzuwenden, als der Finanzbehörde bekannt ist, daß zwischen den Feststellungsbeteiligten und dem Empfangsbevollmächtigten ernstliche Meinungsverschiedenheiten bestehen.

(4) Ist Einzelbekanntgabe erforderlich, sind dem Beteiligten nur die ihn betreffenden Besteuerungsgrundlagen bekanntzugeben.

[...]

§ 8 Feststellungsgegenstand beim Übergang zur Liebhaberei

[1]Dient ein Betrieb von einem bestimmten Zeitpunkt an nicht mehr der Erzielung von Einkünften im Sinne des § 2 Abs. 1 Nr. 1 bis 3 des Einkommensteuergesetzes und liegt deshalb ein Übergang zur Liebhaberei vor, so ist auf diesen Zeitpunkt unabhängig von der Gewinnermittlungsart für jedes Wirtschaftsgut des Anlagevermögens der Unterschiedsbetrag zwischen dem gemeinen Wert und dem Wert, der nach § 4 Abs. 1 oder nach § 5 des Einkommensteuergesetzes anzusetzen wäre, gesondert und bei mehreren Beteiligten einheitlich festzustellen. [2]Auf eine gesonderte Feststellung nach Satz 1 kann verzichtet werden, wenn es sich um einen Fall von geringer Bedeutung handelt.

[...]

§ 11 Inkrafttreten, Anwendungsvorschriften

[1]Diese Verordnung tritt am Tage nach der Verkündung in Kraft. [2]Sie tritt mit Wirkung vom 25. Dezember 1985 in Kraft, soweit einheitliche und gesonderte Feststellungen nach § 180 Abs. 2 der Abgabenordnung in der bis zum 24. Dezember 1985 geltenden Fassung zulässig waren. [3]§ 10 ist für Anteile, bei denen hinsichtlich des Gewinns aus der Veräußerung der Anteile die Steuerfreistellung nach § 8b Abs. 4 des Körperschaftsteuergesetzes in der am 12. Dezember 2006 geltenden Fassung oder nach § 3 Nr. 40 Satz 3 und 4 des Einkommensteuergesetzes in der am 12. Dezember 2006 geltenden Fassung ausgeschlossen ist, weiterhin anzuwenden. [4]§ 1 Absatz 1 Satz 2 in der am 23. Juli 2016 geltenden Fassung ist erstmals auf Feststellungszeiträume anzuwenden, die nach dem 31. Dezember 2015 beginnen; für Feststellungszeiträume, die vor dem 1. Januar 2016 geendet haben, ist § 1 Absatz 1 Satz 2 in der am 22. Juli 2016 geltenden Fassung weiterhin anzuwenden.

Literatur: S. a. Literatur zu §§ 40, 42 u. 57. Baum, Änderungen der AO im Jahr 2023, NWB 2024, 658; Beckerath, Die einheitliche Feststellung von Einkünften im Veranlagungs- und Einspruchsverfahren, DStR 1983, 475; Brühl, Die abweichende Steuerfestsetzung im Unternehmenssteuerrecht, Ubg 2017, 276 ff. (Teil 1); Dißars, Einspruchsbefugnis bei einheitlicher Feststellung, BB 1996, 773; Dißars, Einspruchs- und Klagebefugnis bei einheitlicher und gesonderter Feststellung, NWB 2011, 1715; Dißars, Aktuelles aus dem Verfahrensrecht 2023, Stbg 2024, 41; Halaczinsky, Fehlerhafte Bekanntgabe von Erbschaftsteuer- und Bedarfswertbescheiden bei Erbengemeinschaften, UVR 2019, 348; Hardenbicker, Wer für wen – jeder für sich, einer für alle? Auf der Suche nach dem „richtigen" Kläger im finanzgerichtlichen Verfahren, Steuerrechtsschutz in Theorie und Praxis (75 Jahre Finanzgericht des Saarlandes) 2022, 115; Heißenberg, Ausgeschiedene Personengesellschafter im Steuerverfahrensrecht, KÖSDI 1996, 10901; Jestädt, Notwendige Beiladung von Treugebern in Fällen der Liebhaberei und deren Klagebefugnis, BB 1993, 53; Jörißen, Die gesonderte Feststellung von Besteuerungsgrundlagen und die gesonderte und einheitliche Feststellung von Besteuerungsgrundlagen, insbesondere bei gemeinschaftlich erzielten Einkünften (Teil 1 und 2), AO-StB 2023, 313 und 382; Ruban, Beteiligtenfähigkeit und Klagebefugnis der Gesellschaft bürgerlichen Rechts im Steuerrecht, FS Döllerer, 1988, 515; Schön, Der Große Senat des BFH und die Personengesellschaft, StuW 1996, 275; Steinhauff, Einheitliche und gesonderte Feststellung von Besteuerungsgrundlagen – eingeschränkte Klagebefugnis nach § 48 FGO, AO-StB 2016, 208; Uhländer, Aktuelle Entwicklungen im Sanierungs- und Insolvenzsteuerrecht 2023 (Teil I und Teil II), DB 2023, 2072 ff., 2140 ff.; Zantopp, Neues zum gesonderten und einheitlichen Feststellungsverfahren in Fondsstrukturen, FR 2019, 1085.

Benutzerhinweis: Zum 1.1.2024 ist eine neue Fassung der Norm in Kraft getreten. Soweit von **§ 48 aF** und § 352 AO aF gesprochen wird, handelt es sich um die **bis 31.12.2023** geltende Fassung, die **hier kommentiert** wird; dagegen meint **§ 48 nF** die **ab 1.1.2024** geltende Neufassung, die **separat kommentiert** wird. Die insbesondere in den → Rn. 66 ff. dargestellten gesellschaftsrechtlichen Regelungen und Voraussetzungen für die Vollbeendigung einer Personengesellschaft haben sich zum Teil ebenfalls geändert oder verschoben. In dieser Kommentierung sind nur Regelungen des BGB und des HGB in der bis zum 31.12.2023 geltenden Fassung zitiert.

Übersicht

	Rn.
I. Bedeutung und Inhalt der Regelung	1
1. Bedeutung der Regelung	1
2. Verhältnis zu §§ 40 II, 57, 58, 60	4
a) Verhältnis zu § 40 II	4
b) Verhältnis zu § 60 III	5
c) Verhältnis zu §§ 57, 58	6
3. Verhältnis der Prozessstandschaft zur zivilrechtlichen Rechtsfähigkeit	7
4. Zeitlicher und sachlicher Anwendungsbereich von § 48 aF	8
II. Klagen wegen gesonderter und einheitlicher Feststellungsbescheide (§ 48 I aF)	12
1. Gesonderte und einheitliche Feststellungen als Streitgegegenstand	12
2. Einzelfragen	15
a) Zusammenhang von Klagebegehren und Klagebefugnis	15
b) Gewinnfeststellungsbescheide und Feststellung von Überschusseinkünften	18
aa) Mitunternehmerschaften	18
bb) Gewinnfeststellungsbescheide bei Einkünften aus ausländischen Gesellschaften	19
cc) Gesonderte und einheitliche Feststellung von Überschuseinkünften	20
dd) Feststellungen gem. § 34a EStG	21
ee) Steuerermäßigung gem. § 35 EStG bei Mitunternehmern	22
ff) Verlustfeststellungen gemäß § 15a IV EStG/§ 15b IV EStG	23
gg) Mehrstufige Feststellungsverfahren	24
hh) Weitere gesonderte und einheitliche Feststellungen	29
III. Regeltatbestand (§ 48 I Nr. 1 Fall 1 aF)	32
1. Zur Vertretung berufene Geschäftsführer	32
a) Prozessstandschaft der Gesellschaft	32

Rn.
b) Einzelfragen zur Bestimmung der vertretungsberechtigten Geschäftsführer 35
c) Rechtschutzgewährende Auslegung von Klageschriften und Genehmigung der Klage von Nichtklagebefugten 44
d) Wegfall der Prozessstandschaft iSd § 48 I 1 Nr. 1 Fall 1 aF . 46
aa) Vollbeendigung 46
bb) Sofortige Vollbeendigung 48
cc) Abwicklung der Gesellschaft 49
dd) Faktische Vollbeendigung 51
ee) Sog. Ewigkeitsrechtsprechung 52
ff) Prozessuale Folgen 53
2. Konkurrenzen zu § 48 I Nr. 3–5 aF 54
IV. Klagebefugnis des Klagebevollmächtigten (§ 48 I Nr. 1 Fall 2/ § 48 II aF) 55
1. Nichtvorhandensein eines zur Vertretung berufenen Geschäftsführers (§ 48 I Nr. 1 Fall 2 aF) 55
2. Anknüpfung an die Empfangsbevollmächtigung (§ 48 II 1–3 aF) 57
a) Klagebefugnis des gemeinsam bestellten Empfangsbevollmächtigten (§ 48 II 1 aF) 57
b) Klagebefugnis des fingierten und benannten Empfangsbevollmächtigten (§ 48 II 2 aF) 58
c) Erfordernis der Belehrung (§ 48 II 3 aF) 61
d) Einzelfälle 62
3. Klagebefugnis aufgrund einer Einzelbekanntgabe (§ 183 II AO aF) 64
4. Rechtsfolgen; Wegfall des Klagebevollmächtigten 65
V. Klagebefugnis der Feststellungsbeteiligten (§ 48 I Nr. 2 aF) 67
1. Nichtvorhandensein von Klagebefugten nach § 48 I Nr. 1 aF . 67
2. Rechtsfolgen 70
VI. Ergänzungstatbestände (§ 48 I Nr. 3–5 aF) 74
1. Ausgeschiedene Gesellschafter/Gemeinschafter (§ 48 I Nr. 3 aF) 74
2. Aktive Gesellschafter/Gemeinschafter als Feststellungsbeteiligte (§ 48 I Nr. 4 u. 5 aF) 80
a) Allgemeines 80
b) § 48 I Nr. 4 aF 81
c) § 48 I Nr. 5 aF 82
VII. Weitere Rechtsfolgen 83

I. Bedeutung und Inhalt der Regelung

1. Bedeutung der Regelung

1 § 48 aF entspricht § 352 AO aF, ist aber ohne Parallele in anderen Verfahrensordnungen. Er regelt mit der gesetzlichen Prozessstandschaft bestimmter Personen eine **besondere und zusätzliche Sachentscheidungsvoraussetzung** (→ Vor § 33 Rn. 16), die zum Schluss der mündlichen Verhandlung erfüllt sein muss.

Gegenüber allen Bescheiden, in denen die Feststellung von Besteuerungsgrundlagen (→ Vor § 40 Rn. 44 ff.) **nicht nur gesondert** (§ 157 II AO iVm § 179 I u. II 1 AO), **sondern auch einheitlich vorgenommen wird**

(§ 179 II 2 AO), **erlaubt** der Grundtatbestand des **§ 48 I Nr. 1 Fall 1 aF, abweichend von § 40 II,** die **Klageerhebung durch Nichtbetroffene.** Denn nur die Feststellungsbeteiligten (§§ 179 II, 180 AO) als Inhaltsadressaten der gesondert und einheitlich getroffenen Feststellungen können durch den Bescheid in eigenen Rechten verletzt sein, sodass deren unmittelbare Klagebefugnis eigentlich gem. § 40 II besteht; sie sind aber persönlich nur nachrangig gem. § 48 I Nr. 2–5 aF gegen einen solchen Bescheid klagebefugt (→ Rn. 23; vgl. Klein/Rätke AO, 17. Aufl., § 352 Rn. 1: Beschränkung der Einspruchsbefugnis; HHS/Steinhauff § 48 Rn. 14). Gegen solche Feststellungsbescheide dürfen also nicht alle Gesellschafter oder Gemeinschafter klagen, die eine Verletzung eigener Rechte iSd § 40 II geltend machen könnten, sondern vorrangig nur die nach der Regelung Klagebefugten (→ Rn. 23 ff.), die selbst nicht in eigenen Rechten verletzt sein können. Es handelt sich um einen Fall der **gesetzlichen Prozessstandschaft** (→ Rn. 3; → § 40 Rn. 79). Hierzu aber auch → Rn. 2, 4.

Diese ausnahmsweise Ausgestaltung der Klagebefugnis gegen gesonderte und 2 einheitliche Feststellungsbescheide wurde ursprünglich damit **gerechtfertigt,** dass gesellschaftsrechtlich idR nur bestimmte Personen (Geschäftsführer, zur Geschäftsführung berufene Gesellschafter) Einblick in die Geschäftsbücher, Bilanzen usw haben und weiterreichende abgabenrechtliche Klagemöglichkeiten der Gesellschafter (Feststellungsbeteiligten) „im sachlichen Ergebnis zu einer Beseitigung wohlerwogener Grundsätze des Privatrechts führen" könnten (Begründung zu § 66 II EStG 1925; vgl. Strutz, Komm. zum EStG, 1925, Bd. II, § 66 Rn. 1a, S. 1032). Die gesetzliche Prozessstandschaft war damit vor allem auf **gewerbliche Personengesellschaften** ausgerichtet. Dass § 48 II idF vor der hier kommentierten Fassung keine derartige Begrenzung der Klagebefugnis **für vermögensverwaltende Gesellschaften** vorsah, wurde ebenfalls mit Rücksichtnahme auf das Zivilrecht begründet. Abgestellt wurde auf den Umstand, dass bei Gesellschaften bürgerlichen Rechts und Gemeinschaften idR außerhalb der Gesamtgeschäftsführung und -vertretung keine besonderen Vertretungsregelungen für Einzelne bestünden, die als Anknüpfungspunkte für entsprechende Verfahrensbestimmungen in Betracht kämen (Strutz, Komm. zum EStG, 1925, Bd. II, § 66 Rn. 7; Begründung zu § 335 AOE BT-Drs. 7/79; ausf. zur Rechtsentwicklung: HHS/Steinhauff § 48 Rn. 6 ff.; Tipke/Kruse/Brandis § 48 Rn. 1 f.).

Die hier kommentierte Fassung des § 48 aF (seit dem GrenzpendlerG 1994, BGBl. I 1395) mit ihrer vorrangigen Klagebefugnis für den vertretungsberechtigten Geschäftsführer „namens der Gesellschaft" oder den Klagebevollmächtigten wird weitergehend darauf gestützt, dass die Prozessstandschaft für alle zivilrechtlichen Personenzusammenschlüsse (unabhängig von der Art der erzielten Einkünfte) sinnvoll ist, weil dies zur Eindämmung von Rechtsbehelfen, zu Verfahrenserleichterungen und zur Einheitlichkeit von Entscheidungen führt (BT-Drs. 12/7427, 35 f.) und dem Ziel diene, das Verfahren zu konzentrieren und zu beschleunigen (vgl. zB BFH IV R 17/15, BFH/NV 2018, 182). Mittlerweile ist daher auch für die Anfechtung gesonderter und einheitlicher Feststellungsbescheide **bei vermögensverwaltenden Personenmehrheiten** einhellig anerkannt, dass die Gesellschaft/Gemeinschaft als Prozessstandschafterin gem. § 48 I Nr. 1 aF vorrangig klagebefugt ist (BFH IX R 49/02, BStBl. II 2004, 929; IX R 42/01, BFH/NV 2005, 168; IX R 39/03, BFH/NV 2004, 1371; IX B 119/05, BFH/NV 2006, 1297). Dies ändert sich durch die **zum 1.1.2024 in Kraft getretene Neufassung** nicht (→ § 48 nF Rn. 55).

Verfassungsrechtlich ist/war die Sonderregelung der Klagebefugnis für gesonderte und einheitliche Feststellungsbescheide als gesetzliche Prozessstandschaft in § 48 I Nr. 1 aF unbedenklich, weil sie nur verfahrensrechtliche Folgerungen aus eigenverantwortlich geschaffenen zivilrechtlichen Positionen zieht und außerdem – auch im Hinblick auf Art. 19 IV GG – steuerrechtlichen Besonderheiten Rechnung trägt (BFH IV R 23/19, BFH/NV 2022, 1325; IV R 48/16, DStR 2020, 923; ausführlich und zutreffend HHS/Steinhauff § 48 Rn. 28).

3 Die in § 48 I Nr. 1 Fall 1 aF geregelte vorrangige Klagebefugnis des Geschäftsführers/Klagebevollmächtigten meint, dass die **Personengesellschaft/Gemeinschaft** befugt ist, als gesetzliche Prozessstandschafterin für ihre Gesellschafter (die Feststellungsbeteiligten) und ihrerseits vertreten durch ihre(n) Geschäftsführer Klage gegen den gesonderten und einheitlichen (Gewinn-)Feststellungsbescheid zu erheben, dessen inhaltliche Feststellungen sich nicht an die Gesellschaft, sondern an die Gesellschafter/Gemeinschafter als Feststellungsbeteiligte (Inhaltsadressaten) und als Subjekte der Einkommensteuer/Körperschaftsteuer richten (BFH IV R 22/19, BFH/NV 2023, 571; auch → § 48 nF Rn. 4, 7). **Daneben** sind, solange diese vorrangige Klagebefugnis des gesetzlichen Prozessstandschafters besteht, einzelne Gesellschafter/Gemeinschafter nur unter den Voraussetzungen der Ergänzungstatbestände der §§ 48 I Nr. 3–5 aF klagebefugt (s. zB BFH IV R 45/07, BStBl. II 2010, 689; IV R 18/08, BFH/NV 2012, 1095; IV R 21/10, BFH/NV 2013, 1586; I B 79/13, BFH/NV 2014, 63; IV R 17/15, BFH/NV 2018, 182). Eine vollumfängliche Klagebefugnis der Gesellschafter/Gemeinschafter (§ 48 I Nr. 2 aF) lebt für Streitgegenstände (Feststellungen), in denen ursprünglich eine vorrangige Klagebefugnis des Prozessstandschafters bestand, erst wieder auf, wenn die vorrangige Klagebefugnis der Gesellschaft nach § 48 I Nr. 1 aF erlischt (zB bei Vollbeendigung der Gesellschaft/Gemeinschaft). Es kann bei einem Wechsel der Klagebefugnis während des Verfahrens aus diesem Grund zu einer Unterbrechung mit prozessualer Rechtsnachfolge kommen (→ Rn. 51; → Rn. 71).

2. Verhältnis zu §§ 40 II, 57, 58, 60

4 **a) Verhältnis zu § 40 II.** § 48 I aF beruht auf der Abspaltung prozessualer Befugnisse von der Rechtsinhaberschaft und der individuellen Betroffenheit durch die Feststellungen (→ Rn. 2). Er ist **lex specialis zu § 40 II.** Die Gesellschaft/Gemeinschaft selbst ist als Einkünfteerzielungssubjekt durch einen gesonderten und einheitlichen Feststellungsbescheid gem. §§ 179, 180 I Nr. 2 Buchst. a AO oder § 180 II AO nicht beschwert iSd § 40 II, da sich dessen Feststellungen nicht gegen sie als Inhaltsadressatin richten. Es bedarf daher für die Klagebefugnis der Gesellschaft/Gemeinschaft als gesetzlicher Prozessstandschafterin keiner Berührung in eigenen Interessen iSd § 40 II (BFH VIII B 28/21, BFH/NV 2021, 1363). Der BFH erkennt aber für Feststellungen bzw. Streitgegenstände, die nur bestimmte Gesellschafter betreffen, an, dass die in § 48 I Nr. 1 aF normierte Klagebefugnis der PersGes nicht nur auf dem Gesellschaftsrecht beruht und durch verfahrensökonomische Überlegungen gestützt wird (→ Rn. 2), sondern auch die eigene steuerrechtliche Sphäre der PersGes schützt und somit auf dieser eigenen steuerrechtlichen Sphäre beruhen kann. Dies sind Fallgestaltungen, in denen die Gesellschaft als Prozessstandschafterin gem. § 48 I Nr. 1 aF Klage gegen eine Feststellung erhebt, die nur einen Feststellungsbeteiligten persönlich betrifft, der neben ihr gem. § 48 I Nr. 4 aF und § 48 I Nr. 5 aF klagebefugt wäre, aber nicht

selbst klagt (BFH IV R 4/18, DStRE 2021, 399). Hier tritt nicht der Gedanke in den Vordergrund, dass die Gesellschaft die eigentlich vorhandene persönliche Klagebefugnis dieser Gesellschafter verdrängt (→ Rn. 1), sondern den Rechtsschutz für diese ermöglicht und wahrnimmt. Sie tritt als Klägerin hinsichtlich des Prozessrisikos in Vorleistung, weil der auch klagebefugte Gesellschafter im Fall der (Einbeziehung in den Prozess als notwendig Beigeladener gem. § 60 III kein Kostenrisiko trägt, wenn er keine Sachanträge stellt (§ 135 III; BFH IV R 4/18, DStRE 2021, 399). Hieraus leitet der BFH aber nur Folgen für die Bestimmung des Rechtsnachfolgers im Fall der Vollbeendigung der Gesellschaft und des damit verbundenen Wegfalls der Prozessstandschaft während des Klageverfahrens ab (→ Rn. 53). Er leitet aus der Rechtsschutzfunktion der Gesellschaft aber mE keine der Beschwer durch den Feststellungsbescheid iSd § 40 II vergleichbare eigene Rechtsposition der Gesellschaft ab.

Ergeht der gesonderte und einheitliche Feststellungsbescheid unzutreffend **gegenüber der Personengesellschaft als Inhaltsadressatin,** ist er gleichwohl nur nach den allgemeinen Grundsätzen gem. § 48 aF anfechtbar. Er leidet aber nicht nur an einem Bekanntgabemangel; vielmehr fehlt es dann uU an einem Regelungsinhalt, der die Beurteilung ermöglicht, ggü. welchen einkommen- oder körperschaftsteuerpflichtigen Personen als Feststellungsbeteiligten Besteuerungsgrundlagen festgestellt werden sollen und wie hoch die individuellen Anteile der Feststellungsbeteiligten an diesen Einkünften sind. Ein solcher Bescheid ist deshalb ggf. (unheilbar) unwirksam und **nichtig** (BFH I R 57/11, BStBl. II 2016, 633 zu § 180 V Nr. 1 AO). Richtet sich der Gewinnfeststellungsbescheid an existente Inhaltsadressaten, ist dieser gem. § 48 I Nr. 1 aF anzufechtende Feststellungsbescheid nur **rechtswidrig und nicht nichtig,** auch wenn die Gesellschaft, deren Einkünfte und andere Besteuerungsgrundlagen festgestellt werden, tatsächlich nicht (mehr) existieren sollte (BFH IV R 4/23, DStRK 2025, 69; IV R 1/16, BFH/NV 2018, 206). Zur geänderten Einordnung der Bekanntgabe des Feststellungsbescheids an die PersGes in § 48 nF → § 48 nF Rn. 4, 7.

b) Verhältnis zu § 60 III. § 48 steht **in wechselseitiger Beziehung** zur notwendigen Beiladung nach § **60 III.** Wer im Hinblick auf den jeweiligen Streitgegenstand des Verfahrens – die angefochtene Feststellung – nach § 48 klagebefugt ist, aber selbst nicht klagt, ist grds. **beizuladen** (→ § 60 Rn. 22 ff.; → § 60 Rn. 59 ff., „gesonderte und einheitliche Feststellung"). Unterbleibt die notwendige Beiladung und wird sie auch vom BFH nicht nachgeholt, liegt ein Verstoß gegen die Grundordnung des Verfahrens vor. 5

Die nach **§ 48 I Nr. 1** aF Klagebefugten (also im Regelfall die Gesellschaft/Gemeinschaft) sind, solange die rechtliche Basis der Prozessstandschaft besteht, bei Klagen eines Gesellschafters/Gemeinschafters stets nach **§ 60 III** beizuladen. Klagt die Gesellschaft/Gemeinschaft als Prozessstandschafterin, sind regelmäßig nur die ausgeschiedenen Feststellungsbeteiligten (§ 48 I Nr. 3 aF) beizuladen, wenn die Klage einen Zeitraum betrifft, während dessen sie noch Gesellschafter/Gemeinschafter waren, da die übrigen Feststellungsbeteiligten durch die Prozessstandschafterin ihre Rechte geltend machen (→ § 60 Rn. 59b, „Ausgeschiedene Gesellschafter"). Klagt nach Wegfall der Prozessstandschaft ein Feststellungsbeteiligter **(§ 48 I Nr. 2 aF),** sind die übrigen gem. § 48 aF Klagebefugten notwendig beizuladen; die Beiladung erübrigt sich aber, wenn ein klagebefugter Feststellungsbeteiligter vom Ausgang des Verfahrens unter keinem steuerrechtlichen Gesichtspunkt betroffen sein kann (§ 60 III 2) oder die Klage offensichtlich unzulässig ist (zu diesen Ausnahmen von der Beiladungspflicht → § 60 Rn. 24 ff.).

6 **c) Verhältnis zu §§ 57, 58.** Ein unmittelbarer Zusammenhang besteht zudem **zwischen § 48 aF und den §§ 57, 58.**

Die Gesellschaft oder der Klagebevollmächtigte als gesetzlicher Prozessstandschafter muss **beteiligtenfähig** gem. § 57 Nr. 1 (→ § 57 Rn. 42) sein. Verliert **die Gesellschaft** diese Stellung aufgrund der Vollbeendigung, erlischt die Prozessstandschaft. Im Fall der Gesamtrechtsnachfolge eines Rechtsträgers geht die Stellung als Prozessstandschafterin nicht auf den Rechtsnachfolger der vollbeendeten PersGes, sondern auf die Feststellungsbeteiligten über (§ 48 I Nr. 2 aF; → Rn. 67). Verstirbt ein klagebefugter **Gesellschafter** (§ 48 I Nr. 2–5 aF) während des Verfahrens und entfällt damit seine Beteiligtenfähigkeit, geht die Klagebefugnis auf seine(n) Gesamtrechtnachfolger über (BFH VIII R 31/20, BStBl. II 2024, 184, auch zum Übergang der Stellung als Beizuladender; IV R 12/16, BStBl. II 2019, 745).

Zudem muss der gesetzliche Prozessstandschafter **gemäß § 58 prozessfähig** sein (auch → § 58 Rn. 3 ff. zur Abgrenzung zur Prozessführungsbefugnis). Die Prüfung der Prozessfähigkeit der Gesellschaft während des finanzgerichtlichen Verfahrens gem. § 58 II 1 („Vertretungsbefugnis der nach bürgerlichem Recht befugten Personen") und die Frage, ob mit Vollbeendigung der Gesellschaft die Prozessstandschaft erloschen ist, sind hinsichtlich der gesellschaftsrechtlichen Grundlagen regelmäßig miteinander verknüpft.

3. Verhältnis der Prozessstandschaft zur zivilrechtlichen Rechtsfähigkeit

7 Die Klagebefugnis der Gesellschaft oder Gemeinschaft als Prozessstandschafterin nach § 48 I aF setzt nicht voraus, dass die PersGes oder Gemeinschaft vollrechtsfähig ist. Es kommt nur auf die Beteiligten- und die Prozessfähigkeit an (→ Rn. 6). Dies hat der BFH auf die Funktion der Gesellschaft und Gemeinschaft als Einkünfteerzielungssubjekt und die gemeinschaftliche Einkünfteerzielung gestützt. Die zur damaligen Rechtslage vor dem MoPeG bestehende Teilrechtsfähigkeit der Personenhandelsgesellschaften und die langjährig geänderte Rspr. des BGH (BGH II ZR 331/00, NJW 2001, 1056) zur Parteifähigkeit der Außen-GbR hatte er nur als zusätzliches Argument herangezogen (BFH IX R 83/00, BStBl. II 2004, 898). Ausschlaggebend für die Anerkennung der Beteiligtenfähigkeit und Klagebefugnis der Gesellschaft/Gemeinschaft als Prozessstandschafterin war die Sichtweise, dass hierfür nicht mehr vorrangig auf die materielle Beschwer der Feststellungsbeteiligten als Einkommensteuersubjekte abzustellen sei (s. zur früheren Sichtweise BFH VIII R 203/81, BStBl. II 1984, 318). § 48 nF differenziert seit dem 1.1.2024 in Anlehnung an § 14a AO zwischen rechtsfähigen und nicht rechtsfähigen Personenvereinigungen. Auch unter der Neuregelung ist die Rechtsfähigkeit aber keine materielle Voraussetzung der Prozessstandschaft (→ § 48 nF Rn. 28 f.).

4. Zeitlicher und sachlicher Anwendungsbereich von § 48 aF

8 **§ 48 aF gilt zeitlich für alle Rechtsschutzbegehren, die sich auf** (positive wie negative) gesonderte und einheitliche **Feststellungsbescheide** (zum Begriff → Rn. 12) **beziehen,** die **nach dem 31.12.1995 bekannt gegeben** wurden (§§ 122, 183 AO; BFH VIII R 21/00, BStBl. II 2003, 194; zur früheren Rechtslage gem. § 48 aF s. die Vorauflagen).

§ 48 nF zum 1.1.2024 in der Fassung des Kreditzweitmarktförderungsgesetzes v. 22.12.2023 (BGBl. 2023 I Nr. 411) ist nach der mittlerweile gefestigten Auffassung des IV. Senats und des VIII. Senats des BFH ab dem 1.1.2024 in laufenden Klage- und Revisionsverfahren anzuwenden. Dies gilt unabhängig davon, ob der angefochtene gesonderte und einheitliche Feststellungsbescheid noch vor dem 1.1.2024 bekannt gegeben wurde oder nach der Übergangsvorschrift für die Bescheidbekanntgabe gem. Art. 97 § 39 IV EGAO idF durch G v. 22.12.2023 noch nach den früheren Bekanntgaberegelungen bekannt gegeben wird (ausf. → § 48 nF Rn. 34 ff.).

§ 48 aF enthält in seinen beiden Absätzen einen **Regeltatbestand der gesetzlichen Prozessstandschaft von PersGes (§ 48 I Nr. 1 Fall 1 aF)** und **des Klagebevollmächtigten (§ 48 I Nr. 1 Fall 2 aF und § 48 II aF) sowie** daneben teils subsidiär, teils zusätzlich geltende **Ausnahme- und Ergänzungstatbestände.** Dies sind die unter bestimmten Voraussetzungen eröffneten Varianten der Klagebefugnis durch 9

- jeden (potenziellen) Adressaten des Feststellungsbescheids (§ 48 I Nr. 2 aF – Ersatztatbestand → Rn. 67 ff.);
- ausgeschiedene Mitglieder des in Frage stehenden Personenverbunds (§ 48 I Nr. 3 aF – Ergänzungstatbestand → Rn. 74 ff.);
- in sonstiger Weise individuell Feststellungsbeteiligte (§ 48 I Nr. 4 u. 5 aF – Ergänzungstatbestände → Rn. 80 ff.).

Die Rechtsfolgen bei Klagen nicht Klagebefugter benennt das Gesetz nicht. Hierzu → Rn. 83.

Die **Klagearten,** die § 48 aF betrifft, ergeben sich aus der Umschreibung des Regelungsgegenstands in Abs. 1: Es handelt sich um solche Klagearten, die Bescheide über die **gesonderte und einheitliche Feststellung von Besteuerungsgrundlagen** (→ Rn. 13 ff.) zum Gegenstand haben können, nämlich 10

- Anfechtungsklagen (§ 40 I);
- Verpflichtungsklagen (§ 40 II);
- Nichtigkeitsfeststellungsklagen (§ 41).

Aus dem Merkmal „gegen" wird nach zutreffender allgemeiner Ansicht **keine Beschränkung** des sachlichen Anwendungsbereichs des § 48 aF auf Anfechtungsklagen abgeleitet (s. HHS/Steinhauff § 48 Rn. 32). Gleiches gilt im Bereich des **einstweiligen Rechtsschutzes** gem. §§ 69, 114 (→ § 69 Rn. 72, 74, 81 „Feststellungsbescheide", „Folgebescheide", „Grundlagenbescheide"; ebenso HHS/Steinhauff § 48 Rn. 33; Tipke/Kruse/Brandis § 48 Rn. 6).

Auf **allgemeine Leistungsklagen** (§ 40 I) und auf **Feststellungsklagen** iSd § 41 I Nr. 1 Fall 1 (→ § 41 Rn. 12, 23) ist § 48 aF nach hier vertretener Auffassung jedoch nicht anwendbar. Für diese Klagearten gelten die allgemeinen Regeln der Klagebefugnis gem. § 40 II oder des § 41 (aA Gosch/v. Beckerath § 48 Rn. 71; Tipke/Kruse/Brandis § 48 Rn. 6).

II. Klagen wegen gesonderter und einheitlicher Feststellungsbescheide (§ 48 I aF)

1. Gesonderte und einheitliche Feststellungen als Streitgegenstand

§ 48 aF gilt für die Klageerhebung von/für Feststellungsbeteiligte(n) (§ 179 II AO) im Zusammenhang mit allen oder einzelnen selbständig anfechtbaren Fest- 12

stellungen eines gesonderten und einheitlichen Feststellungsbescheids. Hierzu gehören in der Praxis im Wesentlichen:
– die Feststellung der Einheits- und Grundsteuerwerte, wenn die wirtschaftliche Einheit mehreren Personen zuzurechnen ist (§ 180 I Nr. 1 AO iVm § 19 BewG);
– die Feststellung der Einkünfte und damit in Zusammenhang stehender Besteuerungsgrundlagen, wenn an den Einkünften mehrere Personen beteiligt sind (§ 180 I Nr. 2a AO; → Rn. 13 f.);
– die Feststellungen gem. § 180 I Nr. 3 AO;
– die Feststellungen in Teilabschlussbescheiden gem. § 180 Ia AO;
– die Feststellung bestimmter ausländischer Einkünfte und von Steuerabzugsbeträgen bei Beteiligung mehrerer Personen (§ 180 V Nr. 1 u. 2 AO);
– die Feststellung von Besteuerungsgrundlagen nach § 1 der VO zu § 180 II AO;
– die Feststellung von Besteuerungsgrundlagen bei Beteiligungen an ausländischen Zwischengesellschaften, wenn an der ausländischen Gesellschaft mehrere unbeschränkt Stpfl. beteiligt sind (§ 18 AStG);
– die einheitliche und gesonderte Feststellung investmentsteuerlicher Besteuerungsgrundlagen (§ 15 InvStG 2004/§ 51 InvStG 2018) bei Spezialfonds;
– Feststellungen gem. §§ 153, 154 I 2, 155 BewG für Erbschaft- und Grunderwerbsteuerzwecke.

Nicht anwendbar ist § 48 aF nach dem eindeutigen Wortlaut auf gesonderte Feststellungsbescheide (zB § 180 I Nr. 2 Buchst. b AO); denn hier bedarf es aufgrund des persönlichen Charakters dieser Feststellungen keiner die einheitliche Entscheidung und Klagebefugnis erleichternden Verfahrensregelung (HHS/Steinhauff § 48 Rn. 32; → Rn. 2). Zum Begriff der **Klage** → § 40 Rn. 3 und der von § 48 aF erfassten Verfahrensarten → Rn. 10.

13 Gesonderte und einheitliche Feststellungsbescheide (§§ 171 X, 179 II 2, 180 I AO) haben als **Grundlagenbescheide** (→ Vor § 40 Rn. 44 ff.) gem. § 182 I 1 AO Bindungswirkung für andere Bescheide (Folgebescheide). Zur Anfechtungsbeschränkung einer Klage gegen den Folgebescheid s. § 42 FGO iVm § 351 II AO (→ § 42 Rn. 30 ff.). Entscheidend für die besondere Regelung der Klagebefugnis in § 48 aF ist aber nicht die Grundlagenbescheidsfunktion des gesonderten und einheitlichen Feststellungsbescheids oder eine ähnliche verfahrensrechtliche Verknüpfung mit anderen Bescheiden (zB eine Tatbestandswirkung), sondern die Bescheidform des gesonderten und einheitlichen Feststellungsbescheids. Insbesondere in den folgenden Konstellationen spielt **§ 48 aF** daher **keine Rolle für die Klagebefugnis:**
– Im Fall der **Einzelbekanntgabe** eines gesonderten und einheitlichen Feststellungsbescheids nach § 183 II AO aF an den Gesellschafter ist wie immer die Gesellschaft nach § 48 I Nr. 1 Alt. 1 aF als Prozessstandschafterin klagebefugt. Es besteht **daneben** eine aus § 40 II FGO iVm Art. 19 IV GG aus der Einzelbekanntgabe nach § 183 II AO aF abzuleitende Klagebefugnis des Feststellungsbeteiligten (BFH IV R 48/02, BStBl. II 2004, 964; VIII B 57/16, BFH/NV 2017, 266; IV R 17/16, BFH/NV 2019, 1123).
– Bei einem Gewinnfeststellungsbescheid handelt es sich wegen der Regelung in **§ 35b GewStG** nicht um einen Grundlagenbescheid für den **Gewerbesteuermessbescheid.** Vielmehr ist der Gewerbeertrag (§ 7 S. 1 GewStG) materiellrechtlich eigenständig ohne verfahrensrechtliche Bindung an den Bescheid über die gesonderte Gewinnfeststellung zu ermitteln und dementsprechend vom Inhaltsadressaten anzufechten (BFH III R 31/87, BStBl. II 1990, 383). Die

Klagebefugnis aus §§ 40 II, 48 I aF gegen den Gewinnfeststellungsbescheid kann wiederum nicht mit ausschließlich gewerbesteuerlichen Folgen der Feststellungen begründet werden.

– Bei Erfassung einer **vGA/verdeckten Einlage** (§ 8 III 2 KStG) in einem Körperschaftsteuerbescheid stehen dieser Bescheid und der Einkommensteuerbescheid, der auf der Ebene des Anteilseigners für die vGA Kapitaleinkünfte iSv § 20 I Nr. 1 S. 1 u. 2 EStG bzw. § 8b I KStG in die Steuerfestsetzung einbezieht, auch nach Einführung des § 32a KStG nicht im Verhältnis von Grundlagen- und Folgebescheid gem. § 171 X, § 175 I 1 Nr. 1 AO. Vielmehr ist über den Ansatz einer vGA/verdeckten Einlage in dem jeweiligen Besteuerungsverfahren selbständig zu entscheiden (BFH VIII R 55/10, BFH/NV 2012, 269; VIII R 9/09, BStBl. II 2013, 149). Wendet sich der Kläger als Gesellschafter einer KapGes gegen die vGA im Einkommensteuerbescheid, ist auch nach Einführung des § 32a KStG in dem die Einkommensteuer betreffenden Klageverfahren die KapGes daher nicht nach § 60 III notwendig beizuladen; Gleiches gilt umgekehrt für den Gesellschafter im Verfahren der Körperschaft (BFH VIII R 45/11, BFH/NV 2015, 683; I B 21/14, BFH/NV 2014, 1881; I B 48/08, BFH/NV 2009, 213).

– **Ressortfremde Grundlagenbescheide** anderer Behörden (→ Vor § 40 Rn. 47) sind in den jeweils zuständigen Rechtswegen anzufechten oder einzuklagen; für diese gilt § 48 aF ebenfalls nicht. Gleiches gilt für außersteuerliche Bescheide, denen lediglich eine Tatbestandswirkung für den Steuerbescheid zukommt (zB Rentenbescheide, → Vor § 40 Rn. 47).

14 Aus dem eindeutigen Wortlaut der Regelung ergibt sich ferner, dass § 48 aF im Bereich der Klagen einer PersGes/Gemeinschaft gegen **Betriebssteuerbescheide** (GewSt/USt) keine Bedeutung hat (zur Beteiligtenfähigkeit → § 57 Rn. 27, 28, 30; zum Fortbestand der Klagebefugnis trotz zivilrechtlicher Vollbeendigung BFH IV R 3/21, BFH/NV 2024, 667). Der BFH verknüpft aber den Fortbestand der Klagebefugnis gem. § 48 I Nr. 1 aF mit der Existenz eines Klageverfahrens gegen einen Betriebssteuerbescheid, wenn eine objektive Klagehäufung (zB Klage gegen Gewinnfeststellungsbescheid und Gewerbesteuermessbescheid) vorliegt. Ausführlich zu dieser sog. **Ewigkeitsrechtsprechung** → Rn. 52. Dem vermeintlichen Gesellschafter einer nicht existenten PersGes fehlt im umgekehrten Fall allerdings die Klagebefugnis gem. § 40 II und das Feststellungsinteresse für eine Nichtigkeitsfeststellungsklage gem. § 41 gegen Gewerbesteuer-, Gewerbesteuermess- und Umsatzsteuerbescheide, welche an eine vermeintliche PersGes gerichtet sind, auch wenn er gem. § 48 I Nr. 2 aF gegen Gewinnfeststellungsbescheide der Gesellschaft selbst klagebefugt ist (BFH IV R 1/18, BFH/NV 2018, 206).

2. Einzelfragen

15 **a) Zusammenhang von Klagebegehren und Klagebefugnis. Regelfall** des § 48 aF in der Praxis ist die Anfechtung gem. § 179 II 2, § 180 I Nr. 2 Buchst. a AO ergehender gesonderter und einheitlicher Gewinnfeststellungsbescheide und entsprechender Feststellungsbescheide für die Überschusseinkunftsarten oder von Feststellungsbescheiden gem. § 180 II AO. Nach stRspr des BFH enthalten diese einheitlichen und gesonderten Feststellungsbescheide eine Vielzahl selbständiger und damit selbständig anfechtbarer Feststellungen, die eigenständig in Bestandskraft erwachsen und für die rechtlich nachgelagerten Feststellungen im Folgebe-

scheid (§ 182 AO) Bindungswirkung entfalten können (BFH VIII B 108/01, BStBl. II 2003, 335; VIII R 77/05, BFH/NV 2008, 53; IV R 9/08, BStBl. II 2010, 929; IV R 33/14, DStR 2018, 341). Der gesonderte und einheitliche Feststellungsbescheid ist somit ein teilbarer VA (BFH IV R 15/08, BStBl. II 2011, 764; HHS/Steinhauff § 48 Rn. 20; → Vor § 40 Rn. 32).

16 Feststellungen, die als selbständiger Gegenstand eines Klageverfahrens in Betracht kommen, unterliegen demgemäß einem **eigenständigen prozessualen Schicksal** (stRspr; zB BFH VIII R 38/01, BFH/NV 2004, 1372; IV R 15/08, BStBl. II 2011, 764 – s. auch zur Auswirkung auf § 68: IV R 36/08, BFH/NV 2011, 1361; IV R 42/10, BStBl. II 2011, 878; IV R 31/09, BFH/NV 2012, 1448; IV R 22/10, BStBl. II 2014, 621; IV R 31/14, DStR 2017, 1381; IV R 33/14, DStR 2018, 341). Folgen hat dies neben der Teilbestandskraft des Bescheids für nicht angefochtene Feststellungen sowie im Rahmen des § 68 und für § 67 bei nachträglicher Anfechtung einer weiteren Feststellung:

- Die nicht innerhalb der Klagefrist angegriffenen Feststellungen werden auch dann – formell – **bestandskräftig,** wenn der Gewinnfeststellungsbescheid unter dem Vorbehalt der Nachprüfung steht (BFH IV R 15/08, BStBl. II 2011, 764, auch zu § 68). Feststellungen, die nicht angegriffen worden sind, dürfen bei einer notwendigen Wechselwirkung mit zu ändernden Besteuerungsgrundlagen vom Gericht abgeändert werden, dh die Änderung einer angefochtenen einheitlichen und gesonderten Feststellung kann sich kongruent auf materiellrechtlich hiervon betroffene, nicht ausdrücklich angefochtene Feststellungen erstrecken (BFH VIII R 38/01, BFH/NV 2004, 1372; verneint in BFH IV R 9/08, BStBl. II 2010, 929; HHS/Steinhauff § 48 Rn. 50; → § 68 Rn. 33).
- Bei einer Klage zB gegen einen Gewinnfeststellungsbescheid führt danach jedes nachträglich gestellte Rechtsschutzbegehren, das bisher nicht mit der Klage angegriffene Feststellungen betrifft, zu einer Klageänderung iSd **§ 67,** die nur innerhalb der Klagefrist zulässig ist.

Welche Feststellungen eines gesonderten und einheitlichen Feststellungsbescheids das Klagebegehren umfasst und zum Streitgegenstand des finanzgerichtlichen Verfahrens gemacht werden und ob bzw. inwieweit für nicht angefochtene Feststellungen Teilbestandskraft eintritt, ist **durch die Auslegung** der Klageschrift oder der darin ausdrücklich in Bezug genommenen Schriftstücke zu ermitteln (BFH V R 3/75, BStBl. II 1977, 509; IV R 15/08, BStBl. II 2011, 764; IV B 62/13, BFH/NV 2013, 1940). Für den BFH und für ein FG besteht im zweiten Rechtsgang gem. § 126 V eine Bindung an die Auslegung im ersten Rechtsgang (BFH IV B 20/17, BFH/NV 2017, 1188).

17 Es besteht für jeden denkbaren Streitgegenstand (jede Feststellung) eine **Klagebefugnis** der Gesellschaft (bis zur Vollbeendigung, → Rn. 44 ff.) oder des Klagebevollmächtigten **als gesetzliche Prozessstandschafter.** Soll die Klage durch einen Feststellungsbeteiligten erhoben werden, ist zu prüfen, ob bezogen auf die anzufechtende Feststellung eine ausschließliche Klagebefugnis des Prozessstandschafters gem. § 48 I Nr. 1 aF besteht oder ob einer der Ergänzungstatbestände in § 48 I Nr. 3–5 aF eingreift (→ Rn. 3, → Rn. 54). Greift keiner der Ergänzungstatbestände, ist die durch den Feststellungsbeteiligten erhobene Klage bei ausschließlicher Klagebefugnis des gesetzlichen Prozessstandschafters unzulässig (→ Rn. 83). Klagt die Gesellschaft oder ein anderer Prozessstandschafter gem. § 48 I Nr. 1 aF gegen eine oder mehrere Feststellungen und ist auch die Klagebefugnis eines Feststellungsbeteiligten nach einem Ergänzungstatbestand des § 48 I Nr. 3–5 aF gegeben, ist dieser notwendig beizuladen (§ 60 III; → Rn. 5).

b) Gewinnfeststellungsbescheide und Feststellung von Überschusseinkünften. aa) Mitunternehmerschaften. Zu den selbständig **anfechtbaren einheitlichen und gesonderten Feststellungen** eines Gewinnfeststellungsbescheids gehören mit den folgenden Auswirkungen für die Klagebefugnis vor allem die folgenden jeweils verfahrensrechtlich eigenständigen Feststellungen: **18**

- die Feststellung der **Einkunftsart** auf Ebene der PersGes iSd § 15 I S. 1 Nr. 1 EStG (s. BFH IV R 54/02, BStBl. II 2004, 868; VIII R 77/05, BFH/NV 2008, 53 sowie die Aufzählung anfechtbarer Feststellungen zB in BFH IV R 31/14, BFH/NV 2017, 1093; IV R 38/15, DStR 2018, 1277). Dabei ist nicht zu ermitteln, wie sich die Einkommensteuer der Gesellschafter der GbR durch die von ihnen begehrte Änderung der Einkunftsart gestalten würde (BFH VIII R 77/05, BFH/NV 2008, 53 mwN). Die Klagebefugnis steht bis zur Vollbeendigung ausschließlich der Gemeinschaft/Gesellschaft oder dem Klagebevollmächtigten gem. § 48 I Nr. 1aF und idR einem ausgeschiedenen Feststellungsbeteiligten (§ 48 I Nr. 3 aF; → Rn. 74) zu. Zur Beiladung → § 60 Rn. 59e, „Einkunftsart". **18a**
- die Höhe des **Steuerbilanzgewinns** (laufenden Gewinns) der Gesellschaft. Klagebefugt sind bis zur Vollbeendigung **nur** die Gesellschaft/Gemeinschaft als Prozessstandschafterin gem. § 48 I Nr. 1 aF (BFH IV R 23/19, BFH/NV 2022, 1325; IV R 17/15, BFH/NV 2018, 182 zum Streit über das „Ob" eines gemeinschaftlichen Entnahmegewinns; BFH I R 42/14, BFH/NV 2016, 164 zur Höhe gemeinschaftlich verwirklichter ausländischer Einkünfte; BFH VIII R 24/16, BFH/NV 2017, 585) und der ausgeschiedene Gesellschafter gem. § 48 I Nr. 3 aF (→ Rn. 74). Auch bei einem Streit um die Erhöhung des Gesamthandsgewinns wegen einer gewinnrealisierenden Sachentnahme von Wirtschaftsgütern aus dem Gesellschaftsvermögen ist nur die Gesellschaft gem. § 48 I Nr. 1 aF klagebefugt; ist hingegen nur die Verteilung dieses Entnahmegewinns bzw. dessen Zurechnung bei den Gesellschaftern im Streit, ergibt sich auch eine zusätzliche Klagebefugnis der Gesellschafter nach § 48 I Nr. 4 aF (BFH IV R 17/15, BFH/NV 2018, 182; auch → § 60 Rn. 59e, „Entnahmegewinn"). **18b**
- **Keine** unter die Klagebefugnis der Gesellschaft als Prozessstandschafterin gem. § 48 I Nr. 1 aF oder die Klagebefugnis der Gesellschafter (§ 48 I Nr. 4, 5 aF) fallende selbständig anfechtbare Feststellung sieht die jüngere Rspr. des BFH im sog. **Gesamtgewinn** (Ergebnis aus Gesamthandsbilanz, Ergänzungs- und Sonderbilanzen). Hierbei handelt es sich lediglich um eine Rechengröße, die nicht selbständig anfechtbar ist (BFH IV R 31/14, DStR 2017, 1381; IV R 34/14, BFH/NV 2017, 1426; IV R 33/14, DStR 2018, 341; IV R 38/15, DStR 2018, 1277). Eine sich gegen den Gesamtgewinn richtende Klage ist unzulässig (BFH IV R 48/16, DStR 2020, 923). **18c**
- die Höhe von positiven und negativen Zuschreibungsbeträgen aus **Ergänzungsbilanzen** eines Mitunternehmers. Der Ergänzungsbilanzgewinn, der mitunternehmerbezogen den laufenden Gesamthandsgewinn korrigiert, ist eine gesondert festzustellende und selbständig anfechtbare Besteuerungsgrundlage, soweit die Höhe der laufenden Gewinnermittlung betroffen ist (BFH IV R 7/19, BStBl. II 2023, 378). Ist der Gewinn aus der Auflösung von Korrekturposten in einer Ergänzungsbilanz Teil eines Gewinns aus der Veräußerung eines Mitunternehmeranteils iSd § 16 I EStG, teilt er als (unselbständiger) Teil eines solchen Veräußerungsgewinns dessen verfahrensrechtliche Einordnung als selbständige Besteuerungsgrundlage (BFH IV R 7/19, BStBl. II 2023, 378; IV R **18d**

29/19, BFH/NV 2021, 438). Klagebefugt ist stets die Gesellschaft gem. § 48 I Nr. 1 aF. Der Mitunternehmer ist nach § 48 I Nr. 5 aF klagebefugt, wenn dieser Gewinn allein aus ihn betreffenden Gründen streitig ist, und nicht bereits dann, wenn eine die Höhe des Gesamthandsvermögens betreffende Frage streitig ist, die sich zwangsläufig auch auf den Ergänzungsbilanzgewinn des einzelnen Mitunternehmers auswirkt (BFH IV R 7/19, BStBl. II 2023, 378). Bei Auflösung der Ergänzungsbilanz im Rahmen einer Veräußerung und Einbeziehung des Mehr- oder Minderkapitals in die Berechnung des Veräußerungsgewinns gem. § 16 II EStG (BFH VIII R 12/16, BStBl. II 2020, 378; IV R 29/19, BFH/NV 2021, 438) ist auch der Gesellschafter stets klagebefugt. Zur Beiladung → § 60 Rn. 59f, „Ergänzungsbilanz".

18e – Bei Streit um das **Bestehen einer Mitunternehmerschaft** auf Grundlage der abgelehnten Durchführung einer gesonderten und einheitlichen Feststellung von Einkünften (negativer Feststellungsbescheid) gelten folgende Grundsätze: – **(1) Inländische Sachverhalte.** Werden keine gemeinschaftlichen Einkünfte gem. § 179 I, § 180 I 1 Nr. 2 Buchst. a AO erzielt, ist vom FA ein negativer Feststellungsbescheid zu erlassen (Ablehnungsbescheid iSd § 181 I 1 AO iVm § 155 I 3 AO). Die negative Feststellung hat Bindungswirkung für die Folgebescheide der Feststellungsbeteiligten (§ 175 I 1 Nr. 1 AO). Eine negative Feststellung ist auch zu erlassen, wenn es an der Gewinnerzielungsabsicht fehlt (BFH VIII R 37/11, BeckRS 2015, 94899 auch zur Auslegung von Feststellungsbescheiden mit einer Nullfeststellung). Bei negativen Feststellungsbescheiden über inländische Einkünfte sind alle Gesellschafter neben der Gesellschaft als Prozessstandschafterin gem. § 48 I Nr. 1 aF klagebefugt (s. zum Ganzen BFH IV R 47/90, BStBl. II 1992, 865; VIII R 37/11, BeckRS 2015, 94899; VIII B 146/18, BFH/NV 2019, 1234; s. zum unwirksamen negativen Gewinnfeststellungsbescheid BFH IV R 66/99, BFH/NV 2002, 524). Zur AdV s. BFH GrS 2/85, BStBl. II 1987, 637; → § 69 Rn. 5. – Wird auf Grundlage eines negativen Feststellungsbescheids über das Bestehen einer atypischen stillen Innengesellschaft gestritten, ist mangels Beteiligtenfähigkeit der Innengesellschaft der Empfangsbevollmächtigte gem. § 48 I Nr. 1 Fall 2 aF neben deren Gesellschaftern gem. Abs. 1 Nr. 4/Abs. 1 Nr. 5 klagebefugt (→ Rn. 43). **– (2) Ausländische Sachverhalte.** Bei negativen Feststellungsbescheiden in Bezug auf ausländische Einkünfte gelten dieselben Grundsätze (BFH I R 42/14, BFH/NV 2016, 164; IV R 50/13, BFH/NV 2017, 751; I R 34/14, BFH/NV 2018, 220; I R 62/15, BFH/NV 2018, 620; IV R 5/16, BFH/NV 2017, 755); – **(3) Beiladung** → § 60 Rn. 59b, „Ausländische Gesellschaft"; → § 60 Rn. 59n, „Negativer Feststellungsbescheid" und → § 60 Rn. 59a, „Atypisch stille Gesellschaft".

18f – Bei Streit um das **Vorliegen der Mitunternehmerstellung eines bestimmten Gesellschafters** in einem kombiniert positiven/negativen Feststellungsbescheid (BFH VIII R 154/85, BStBl. II 1986, 896) ist neben der Gesellschaft gem. § 48 I Nr. 1 aF (BFH VIII R 62/13, BStBl. II 2016, 381) auch der betroffene Gesellschafter, der nicht Mitunternehmer und Feststellungsbeteiligter sein soll, gem. § 48 I Nr. 5 aF klagebefugt. Zur Komplementär-GmbH FG Münster 5 K 1612/17 F, EFG 2019, 427. Zur Beiladung → § 60 Rn. 59g, „Gesellschaftszugehörigkeit".

18g – Besteht Streit darüber, **ob wegen § 180 III 1 Nr. 2 AO (geringe Bedeutung der Feststellung)** überhaupt ein Feststellungsbescheid zu erlassen oder dieser aufzuheben ist, besteht eine Klagebefugnis der Gesellschaft gem. § 48 I Nr. 1

Fall 1 aF; daneben soll keine Klagebefugnis der Gesellschafter bestehen (BFH IV R 6/17, BStBl. II 2021, 17 zu einer Ehegatten-GbR).

- Feststellungen zur **Ordnungsmäßigkeit der Buchführung der Gesellschaft** (BFH VIII R 155/82, BFH/NV 1989, 181) und die Feststellung eines Unterschiedsbetrags gem. § 5a IV EStG (BFH IV R 3/14, BFH/NV 2017, 1666): Klagebefugnis hat nur der Prozessstandschafter gem. § 48 I Nr. 1 aF und ggf. ein nach § 48 I Nr. 3 aF ausgeschiedener Gesellschafter (→ Rn. 74). 18h
- Bei Streit um die **Verteilung von Einkünften** der Höhe nach und über die Verteilungsquote (BFH VIII R 280/81, BStBl. II 1986, 17; VIII R 293/82, BStBl. II 1987, 558; IX R 17/99, BFH/NV 2003, 1045; VIII R 47/12, BStBl. II 2016, 600) besteht neben der Klagebefugnis des Prozessstandschafters gem. § 48 I Nr. 1 aF eine Klagebefugnis der Feststellungsbeteiligten aus § 48 I Nr. 4 aF (→ Rn. 80) sowie des ausgeschiedenen Gesellschafters gem. § 48 I Nr. 3 aF (→ Rn. 74). Zur Beiladung → § 60 Rn. 59w, „Verteilung der Einkünfte". 18i
- Feststellungen im **Bereich des Sonderbetriebsvermögens** (der Sonderbetriebseinnahmen und -ausgaben aus der Sonderbilanz als Sonderbilanzgewinn im Bereich des SBV I, II oder als durch die Mitunternehmerstellung veranlasste Aufwendungen und erzielte Einnahmen als Sonderbetriebsgewinn): Ausgaben und Einnahmen können jeweils getrennt festgestellt werden, bilden aber nur im Saldo den positiven oder negativen Sonderbilanzgewinn/Sonderbetriebsgewinn als Feststellungsgegenstand (BFH IV R 20/18, BStBl. II 2021, 904; IV R 53/16, BStBl. II 2020, 533; IV R 19/16, BStBl. II 2019, 614; zum Teileinkünfteverfahren BFH IV R 26/20, BStBl. II 2024, 367: auch insoweit grds. Nettomethode; aber nach BFH IV R 47/16, BStBl. II 2020, 142 auch mehrere Feststellungen nach der sog. modifizierenden Bruttofeststellung zulässig). Neben der Klagebefugnis der Gesellschaft aus § 48 I Nr. 1 aF besteht eine Klagebefugnis des betroffenen Feststellungsbeteiligten gem. § 48 I Nr. 5 aF (BFH IV R 20/18, BStBl. II 2021, 904; IV R 25/15, BFH/NV 2017, 1182; IX R 17/99, BFH/NV 2003, 1045; IX R 20/98, BStBl. II 2002, 796; → Rn. 82). Betrifft der Gewinnfeststellungsbescheid Einkünfte im Zusammenhang mit einem Wirtschaftsgut des Sonderbetriebsvermögens, sind nur diejenigen Mitunternehmer gem. § 48 I Nr. 5 aF persönlich betroffen, in deren Eigentum das betreffende Wirtschaftsgut steht (BFH IV R 34/14, BFH/NV 2017, 1426); zur Beiladung → § 60 Rn. 59q, „Sonderbetriebsvermögen". 18j
- **Ermittlung und Höhe eines Aufgabe- oder Veräußerungsgewinns** (§§ 16 I Nr. 2, III EStG) sowie dessen **Tarifbegünstigung** gem. § 34 II Nr. 1: Selbständig anfechtbar sind die **Feststellungen zum Vorliegen und zur Höhe eines Veräußerungs- oder Aufgabegewinns** auf Ebene der Gesellschaft (Aufgabegewinn) oder für den Gesellschafter (Veräußerungsgewinn; Anteilsaufgabegewinn). Die Höhe des laufenden Gewinns und die eines etwaigen Veräußerungsgewinns bilden in einem einheitlichen Gewinnfeststellungsbescheid verschiedene Streitgegenstände und können daher grds. isoliert angefochten werden. Anderes gilt nur, wenn die Höhe des laufenden Gewinns und des Veräußerungsgewinns untrennbar miteinander verbunden sind; dann werden zwingend beide Feststellungen angefochten (BFH IV R 29/19, BFH/NV 2021, 438). Daneben steht als weitere selbständige Feststellung **die Qualifikation des Aufgabe- oder Veräußerungsgewinns** (sowohl der Gesamthand als auch des einzelnen Mitunternehmers) **als außerordentliche Einkünfte** iSd § 34 II Nr. 1 EStG (BFH IV R 15/08, BStBl. II 2011, 764; IV R 44/10, BFH/NV 18k

2013, 376; IV R 36/13, BStBl. II 2015, 529; IV R 57/11, BStBl. II 2015, 536; IV R 26/12, BStBl. II 2015, 797; IV R 48/16, DStR 2020, 923; IV R 29/19, BFH/NV 2021, 438). Neben der Klagebefugnis der Gesellschaft aus § 48 I Nr. 1 aF besteht jeweils eine Klagebefugnis des veräußernden Gesellschafters gem. § 48 I Nr. 5 aF (BFH IV R 51/15, BFH/NV 2018, 246; → Rn. 82), nicht aber anderer ausgeschiedener Gesellschafter gem. § 48 I Nr. 3 aF (BFH IV R 31/14, DStR 2017, 1381). Zur Beiladung → § 60 Rn. 59u, „Veräußerungsgewinn".

18l – Für eine **KGaA und ihre persönlich haftenden Gesellschafter** sind die Einkünfte aus Gewerbebetrieb der KGaA sowie ihre Verteilung auf die KGaA (Anwendung des § 9 I Nr. 1 KStG) und auf ihre persönlich haftenden Gesellschafter (Anwendung des § 15 I 1 Nr. 3 EStG) nach § 180 I 1 Nr. 2 Buchst. a AO gesondert und einheitlich festzustellen. Ferner sind die mit diesen Einkünften im Zusammenhang stehenden anderen Besteuerungsgrundlagen für die KGaA und ihre persönlich haftenden Gesellschafter entsprechend den für Mitunternehmerschaften geltenden Grundsätzen gesondert und einheitlich festzustellen (BFH I R 24/22, DStR 2025, 568). Für den dortigen Fall des negativen Feststellungsbescheids hat der BFH eine Klagebefugnis sämtlicher persönlich haftender Gesellschafter (auch bei fehlender Vermögensbeteiligung an der KGaA) und der KGaA angenommen. Zudem betont der BFH die Nähe zur atypisch stillen Innengesellschaft. Die Grundsätze zur Erforderlichkeit einer gesonderten und einheitlichen Feststellung der Besteuerungsgrundlagen der KGaA und ihrer persönlich haftenden Gesellschafter gelten auch dann, wenn die KGaA nur einen persönlich haftenden Gesellschafter hat, der zudem auch Inhaber sämtlicher Kommanditaktien ist („Einmann"-KGaA, s. BFH I R 14/21, BFH/NV 2025, 865). Ein Fall der gesetzlichen Prozessstandsschaft nach § 48 I Nr. 1 Alt. 1 aF liegt in diesen Fällen nicht vor, obwohl der persönlich haftende Gesellschafter dem Mitunternehmer in § 15 I 1 Nr. 3 EStG in der Besteuerung angenähert ist. Die Klagebefugnis richtet sich nach § 48 I Nr. 1 Alt. 2 aF, falls ein Empfangsbevollmächtigter benannt wird, sonst nach § 48 I Nr. 2 aF.

19 **bb) Gewinnfeststellungsbescheide bei Einkünften aus ausländischen Gesellschaften. Feststellung der Besteuerungsgrundlagen nur für die inländischen Gesellschafter gem. § 180 I 1 Nr. 2 Buchst. a AO:** Die Beurteilung der Klagebefugnis richtet sich auch dann nach § 48 aF, wenn Einkünfte nur für die inländischen Gesellschafter einer ausländischen PersGes mit inländischen und ausländischen Gesellschaftern gesondert und einheitlich festgestellt werden, die im Inland steuerpflichtig sind (BFH I B 79/13, BFH/NV 2014, 161; I R 42/14, BFH/NV 2016, 164; VIII R 3/21, DStR 2024, 1643). Dementsprechend ist jeweils nach dem Streitgegenstand (der angefochtenen Feststellung) zu beurteilen, ob nur die ausländische Gesellschaft als gesetzliche Prozessstandschafterin klagebefugt ist oder auch die inländischen Feststellungsbeteiligten nach § 48 I Nr. 3–5 aF. Ist die ausländische Gesellschaft vollbeendet, sind beim Streit über die Gewinnverteilung alle inländischen Feststellungsbeteiligten gem. § 48 I Nr. 2 aF grds. klagebefugt (BFH I R 42/20, DStR 2024, 1071 zu „guaranteed payments", dort auch zur Entbehrlichkeit der Beiladung; → § 60 Rn. 59b, „Ausländische Gesellschaft – Feststellungen nach § 180 I 1 Nr. 2 Buchst. a AO"). Eine Klagebefugnis der inländischen Feststellungsbeteiligten einer ausländischen (Fonds-)PersGes **gem. § 48 I Nr. 4** aF ist gegeben, wenn über die Auslegung und steuerrechtliche Anerkennung

der Gewinnverteilungsabrede Streit besteht; diese sind zum Klageverfahren der Gesellschaft notwendig beizuladen (BFH VIII R 3/21, DStR 2024, 1643). Siehe auch Zantopp FR 2019, 1085 (1092 ff.).

Feststellungen gemäß § 180 V Nr. 1 AO: Es ist auch hier grds. die ausländische PersGes (§ 48 I Nr. 1 aF) klagebefugt; die Klagebefugnis der Gesellschafter ist an das Vorliegen eines der in § 48 I 1 Nr. 2–5 aF genannten Tatbestände gebunden (BFH I R 42/14, BFH/NV 2016, 164; IV R 50/13, BFH/NV 2017, 751; I R 34/14, BFH/NV 2018, 220).

Dies gilt etwa, wenn die streitigen festgestellten Einkünfte zwar nach einem DBA von der inländischen Bemessungsgrundlage auszunehmen, jedoch mit Rücksicht auf den Progressionsvorbehalt (§ 32b I 1 Nr. 3 EStG) in ein Feststellungsverfahren nach § 180 V Nr. 1 (iVm I Nr. 2 Buchst. a AO) für die der inländischen Besteuerung unterliegenden Gesellschafter einzubeziehen sind (BFH I B 79/13, BFH/NV 2014, 161; I R 42/14, BFH/NV 2016, 164; IV R 50/13, BFH/NV 2017, 751; zur Ausnahme des § 180 III AO s. BFH VIII R 38/01, BFH/NV 2004, 1372). Zu den eigenständigen Feststellungen gehört die Qualifikation von Einkünften als steuerpflichtige oder steuerfreie Einkünfte (BFH I R 108/81, BStBl. II 1985, 523) und das Vorliegen von nach einem DBA steuerbefreiten Einkünften (BFH I B 79/13, BFH/NV 2014, 161). Besteht Uneinigkeit über die Qualifikation und/oder Höhe der gemeinschaftlich erzielten Einkünfte, ist nur die Gesellschaft gem. § 48 I Nr. 1 aF klagebefugt; eine Klagebefugnis der Gesellschafter gem. § 48 I Nr. 5 aF besteht nicht (BFH I R 42/14, BFH/NV 2016, 164; VIII R 46/13, BStBl. II 2017, 745). Die inländischen Gesellschafter einer ausländischen PersGes sind bei einer Klage der Gesellschaft als Prozessstandschafterin (§ 48 I Nr. 1 aF) gegen einen Bescheid, mit dem eine Feststellung gem. § 180 V Nr. 1 AO abgelehnt wird, gem. § 48 I Nr. 4, 5 aF (BFH I R 34/14, BFH/NV 2018, 220; IV R 50/13, BFH/NV 2017, 751; I B 81/17, BFH/NV 2018, 515) klagebefugt. Die inländischen Gesellschafter einer (Ober-)PersGes, die an einer ausländischen (Unter-)PersGes beteiligt ist, sind bei Ablehnung einer Feststellung gem. § 180 V Nr. 1 AO in Bezug auf von der Untergesellschaft erzielte Einkünfte (negativer Feststellungsbescheid) klagebefugt (BFH I B 81/17, BFH/NV 2018, 515; IV R 43/16, BFH/NV 2020, 511). Zur Beiladung → § 60 Rn. 59b, „Ausländische Gesellschaft (Feststellungen nach § 180 V Nr. 1 AO)“, → § 60 Rn. 59o, „Progressionsvorbehalt“. Zur KGaA vgl. auch BFH I R 14/21, BFH/NV 2025, 865.

cc) Gesonderte und einheitliche Feststellung von Überschusseinkünften.

- Besonderheiten weisen **vermögensverwaltende PersGes/Gemeinschaften** 20
  bzgl. Überschusseinkunftsarten (§§ 20, 21, 23 EStG) dahingehend auf, dass zwischen gemeinschaftlich erzielten Einkünften (gesondert und einheitlich feststellbar) und gesellschafterbezogen erzielten Einkünften (nicht feststellbar) zu unterscheiden ist und für die steuerliche Zurechnung der Wirtschaftsgüter des Zusammenschlusses samt der möglichen Einkünfteerzielung die Bruchteilsbetrachtung (§ 39 II Nr. 2 AO) zu beachten ist (ausf. BFH I R 19/21, BStBl. II 2025, 501). Die vermögensverwaltende PersGes/Gemeinschaft ist nur insoweit Steuerrechtssubjekt, als sie in der gesellschaftlichen/gesamthänderischen Verbundenheit ihrer Gesellschafter **gemeinschaftlich die Merkmale eines Besteuerungstatbestands verwirklicht** (Graw DStJG 46, 179 (185, 187 f.) mwN). Nur solche Einkünfte können grds. gesondert und einheitlich festge-

stellt werden. Bei gemeinschaftlich erzielten Überschusseinkünften kann die gesonderte und einheitliche Feststellung ebenso wie ein Gewinnfeststellungsbescheid aus mehreren selbständig anfechtbaren Feststellungen (zB zu verschiedenen Einkunftsarten, einzelnen Sonderwerbungskosten der Feststellungsbeteiligten) bestehen (s. zB BFH IX R 10/15, BFH/NV 2016, 529; VIII R 3/21, BStBl. II 2024, 902). Die vermögensverwaltende Gesellschaft, (Bruchteils-)Gemeinschaft oder WEG ist bis zur Vollbeendigung als Prozessstandschafterin gegen einen solchen Feststellungsbescheid gem. § 48 I Nr. 1 aF vorrangig klagebefugt (BFH IX R 83/00, BStBl. II 2004, 898; IX R 49/02, BStBl. II 2004, 929; IX R 68/01, BStBl. II 2005, 324; IX R 13/17, BFH/NV 2019, 397; → Rn. 42). Die Feststellungsbeteiligten können daneben nur gem. § 48 I Nr. 3–5 aF klagebefugt sein.

20a – Bei den **Einkünften aus Vermietung und Verpachtung (§ 21 EStG)** werden gemeinschaftliche Einkünfte erzielt, wenn die Gesellschaft/Gemeinschaft Träger der Rechte und Pflichten aus den Miet- und Pachtverträgen ist (BFH I R 19/21, BStBl. II 2025, 501; IX R 38/17, BStBl. II 2021, 202; Graw DStJG 46, 179 (192) mwN). Der BFH überträgt ferner in seiner jüngeren Rspr. die Grundsätze der Ergänzungsbilanz bei gewerblichen PersGes sinngemäß auf die Inanspruchnahme des AfA-Volumens beim entgeltlichen Erwerb des Anteils an einer vermögensverwaltenden PersGes (sog. **Ergänzungsverluste**). Der dem Anteilserwerber zustehende AfA-Betrag, der die AfA auf der Gesamthandsebene übersteigt oder zusätzlich zu berücksichtigen ist, ist eigenständig festzustellen und anfechtbar. Der Anteilserwerber als Feststellungsbeteiligter ist gem. § 48 I Nr. 5 aF klagebefugt (anders zunächst BFH IX R 38/17, BStBl. II 2021, 202: Gesamt-AfA des Erwerbers; jetzt BFH IX R 22/19, BStBl. II 2023, 186: individueller Mehrbetrag; Graw DStJG 46, 179 (198 f.)). Zur Beiladung → § 60 Rn. 59, „gesonderte und einheitliche Feststellung von Einkünften", → § 60 Rn. 59q, „Sonderwerbungskosten".

20b – **Private Veräußerungsgeschäfte (§ 23 EStG). – (1) Gemeinschaftlich verwirklichter Tatbestand.** An- und Verkäufe von Immobilien durch eine PersGes/Gemeinschaft innerhalb der Zehnjahresfrist des § 23 I EStG mit einem in beiden Zeitpunkten übereinstimmenden Gesellschafterbestand sind als gemeinschaftlich auf Ebene der Gesellschaft erzielte Einkünfte gesondert und einheitlich festzustellen (BFH IX R 10/15, BFH/NV 2016, 529; Graw DStJG 46, 179 (194) mwN). Hinsichtlich der gesonderten und einheitlichen Feststellung dieser Einkünfte ist nur die Gesellschaft gem. § 48 I Nr. 1 aF klagebefugt. Zur Beiladung → § 60 Rn. 59o, „Private Veräußerungsgeschäfte". – **(2) Mischfälle.** Erwirbt ein Stpfl. eine Beteiligung an einer grundstücksbesitzenden PersGes/Gemeinschaft und veräußert diese Immobilien innerhalb der zehnjährigen Veräußerungsfrist nach dem Beitritt des Gesellschafters oder umgekehrt (sog. Mischfall), fehlt es an der gemeinschaftlichen Einkünfteerzielung. Es ist über die Frage, ob der Gesellschafter den Einkünftetatbestand des § 22 Nr. 2 EStG iVm § 23 I 1 Nr. 1 EStG verwirklicht hat, nicht im Verfahren der gesonderten und einheitlichen Feststellung, sondern in dessen Veranlagung zu entscheiden. Erfolgt die Feststellung eines persönlichen Veräußerungsgewinns fehlerhaft als gemeinschaftlich verwirklichte Besteuerungsgrundlage, ist der Feststellungsbescheid aufzuheben (BFH IX R 9/13, BStBl. II 2016, 515; s. auch BFH IX R 10/15, BFH/NV 2016, 529 bei fehlender gemeinsamer Anschaffung). Die Klagebefugnis für ein solches Verfahren steht der Gesellschaft gem. § 48 I Nr. 1 aF zu. Zur Beiladung → § 60 Rn. 59o, „Private Veräußerungsgeschäfte". –

(3) Andere Wirtschaftsgüter. Immobilien stellen in der Praxis wohl den häufigsten Anwendungsfall für die Verwirklichung eines privaten Veräußerungsgeschäfts auf der Ebene einer PersGes dar. Die vorgenannten Grundsätze gelten aber entspr. für die Veräußerung anderer Wirtschaftsgüter (§ 23 I 1 Nr. 2 EStG).

– **Veräußerung relevanter Beteiligungen (§ 17 EStG).** Veräußert eine Pers- **20c**
Ges ohne Betriebsvermögen Anteile an einer KapGes, werden die Anteile durch die Gesellschafter veräußert. Gleiches gilt bei Veräußerungen von Anteilen an der PersGes. Für die Steuerbarkeit (1% Beteiligung am Kapital der KapGes) kommt es nach der Bruchteilsbetrachtung auf die durchgerechnete Beteiligung des jeweiligen Gesellschafters an (Schmidt/Levedag EStG § 17 Rn. 7, 41, 60). Mangels gemeinschaftlich erzielter Einkünfte sind diese nicht gesondert und einheitlich festzustellen (BFH VIII R 41/99, BStBl. II 2000, 686; Graw DStJG 46, 179 (188 f., 200 f.)).

– **Kapitalerträge (§§ 20 I und II, 32d I EStG). – (1) Laufende Einkünfte.** **20d**
Erzielt eine vermögensverwaltende PersGes auf der Gesellschaftsebene aus einer im Gesellschaftsvermögen gehaltenen Kapitalanlage Kapitalerträge iSd § 20 I EStG, sind diese Einkünfte gem. § 179 II, § 180 I 1 Nr. 2 Buchst. a AO gesondert und einheitlich festzustellen, auch wenn bei den Feststellungsbeteiligten aufgrund der Abgeltungswirkung des KapESt-Abzugs (§ 43 V 1 EStG) ggf. keine Veranlagung der Einkünfte durchzuführen ist (BMF 19.5.2022, BStBl. I 2022, 742, Tz. 72 ff. mit Beispielen, Tz. 287, 289). Dies ist unstreitig. – **(2) Veräußerungsgewinne, § 20 II EStG. – (a) Gesellschaftsebene.** Meines Erachtens können auch gesonderte und einheitliche Feststellungen zu den Gewinnen aus Veräußerungsvorgängen gem. § 20 II, IV EStG erfolgen, wenn die Kapitalanlage auf Ebene der Gesellschaft gemeinschaftlich erworben und veräußert wird. Diese Gewinne/Verluste sind neben der anrechenbaren Kapitalertragsteuer gesondert und einheitlich festzustellen. Nach aA hängt die Einkünftezurechnung bei Veräußerungsvorgängen an der individuellen Vermögenszurechnung der Kapitalanlagen zu den Gesellschaftern gem. § 39 II Nr. 2 AO und ermöglicht nur eine individuelle Tatbestandsverwirklichung, sodass sie der gesonderten und einheitlichen Feststellung nicht zugänglich sein soll (zur Diskussion Graw DStJG 46, 179 (200 f.). Meines Erachtens rechtfertigen die Besonderheiten der abgeltenden Besteuerung auch die Einbeziehung solcher gemeinschaftlich auf Ebene der Gesellschaft/Gemeinschaft verwirklichter Veräußerungstatbestände gem. § 20 II EStG (auch solcher aus § 20 II 1 Nr. 1 EStG; anders bei § 17 EStG, → Rn. 20c) in die gesonderte und einheitliche Feststellung (BFH VIII R 3/21, BStBl II 2024, 902; VIII R 34/16, BStBl. II 2020, 836; VIII R 39/15, BStBl. II 2019, 239; vgl. zur Diskussion Graw DStJG 46, 179 (190, 203 f.) mwN). Mangels einer Relevanzschwelle wie bei § 17 EStG ist eine strikt gesellschafterbezogene Sichtweise auf Grundlage der Bruchteilsbetrachtung hier nicht – wie es der Tatbestand des § 39 II Nr. 2 AO verlangt – „erforderlich". – **(b) Mischfälle.** Gemäß § 20 II 3 EStG gilt auch die Anschaffung/Veräußerung einer Beteiligung an einer vermögensverwaltenden PersGes als Anschaffung/Veräußerung der anteiligen Kapitalanlage des Gesellschaftsvermögens. Die steuerpflichtigen Tatbestände des § 20 II EStG können daher auf der Grundlage der Bruchteilsbetrachtung wie in den Fällen des § 23 EStG durch Zusammenwirken der Gesellschaft und des Gesellschafters oder vollständig durch den An- und Verkauf von Anteilen durch den Gesellschafter verwirklicht werden (BFH VIII R 39/15, BStBl. II 2019, 239). In den Mischfällen und den Fällen des rein gesellschafterbezogenen Anteilserwerbs und -ver-

kaufs (§ 20 II S. 2, 3 EStG) ist die Einbeziehung der Einkünfte in den gesonderten und einheitlichen Feststellungsbescheid der PersGes/Gesellschaft mE als „andere Besteuerungsgrundlage" iSd §§ 179 II, 180 I 1 Nr. 2 Buchst. a AO möglich. Letzteres ist vom BFH aber bislang nicht entschieden worden. Es wird nur die Tatbestandsverwirklichung eines einzelnen Gesellschafters als solche und die Vornahme des Steuerabzugs mit potenziell abgeltender Wirkung „nachrichtlich" für das Wohnsitz-FA des Feststellungsbeteiligten erfasst; auch die Verteilung der Einkünfte und die Beteiligungsquoten der einzelnen Gesellschafter der PersGes/Gemeinschaft sind dem Wohnsitz-FA des Gesellschafters nachrichtlich mitzuteilen (BMF 19.5.2022, BStBl. I 2022, 742, Rn. 72, 75, 287, 303). Die Feststellung der Kapitaleinkünfte entfaltet hinsichtlich der Frage der Inanspruchnahme einer Veranlagungsoption gem. § 32d IV, VI EStG keine Bindungswirkung für den Steuerbescheid des Gesellschafters als Folgebescheid (BMF 19.5.2022, BStBl. I 2022, 742, Rn. 72). Es besteht bei fehlendem abgeltenden Kapitalertragsteuereinbehalt eine originäre Erklärungspflicht des Gesellschafters auf der Folgebescheidsebene (§ 32d III EStG). – **(3) Folgen für die Klagebefugnis.** Werden Kapitaleinkünfte gem. § 20 I oder § 20 II EStG im Rahmen einer gesonderten und einheitlichen Feststellung als gemeinschaftlich erzielte Einkünfte (mit oder ohne Kapitalertragsteuerabzug) gesondert und einheitlich festgestellt, kann diese Feststellung gem. § 48 I Nr. 1 aF nur durch die vermögensverwaltende Gesellschaft (bis zur Vollbeendigung) als Prozessstandschafterin angefochten werden. Daneben kommt eine Klagebefugnis gem. § 48 I Nr. 3 aF für ausgeschiedene Gesellschafter in Betracht. Die anderen Gesellschafter sind mangels eigener Klagebefugnis auch nicht beizuladen. Anerkennt man die Möglichkeit, in Mischfällen und bei gesellschafterbezogenen Einkünfteerzielungen andere Besteuerungsgrundlagen gesondert und einheitlich feststellen zu können, sind insoweit die PersGes/Gemeinschaft als Prozessstandschafterin nach § 48 I Nr. 1 aF und der jeweilige Gesellschafter nach § 48 I Nr. 5 aF klagebefugt.

21 **dd) Feststellungen gem. § 34a EStG. Tarifbegünstigung für einbehaltene Gewinne** (§ 34a EStG)

- Es wird gem. § 34a III 3 EStG für jede in § 34a EStG angesprochene Sachgesamtheit (Betrieb/Mitunternehmeranteil), für deren Gewinn der Stpfl. im ESt-Bescheid einen Antrag auf begünstigte Besteuerung gestellt hat, ein **nachversteuerungspflichtiger Betrag** gesondert festgestellt. Für diese Feststellung gilt § 48 aF nicht.
- Wird der Gewinn nach § 180 I Nr. 2a AO gesondert festgestellt, „können" gem. § 34a X 3 EStG auch die den Stpfl. als Mitunternehmer individuell betreffenden Besteuerungsgrundlagen gem. § 34 I–VII EStG, die für die Ermittlung des nicht entnommenen Gewinns iSd § 34a II EStG durch die Wohnsitzfinanzämter im ESt-Bescheid notwendig sind, gesondert festgestellt und mit dem Gewinnfeststellungsbescheid verbunden werden. Trotz dieser Verbindung mit der Gewinnfeststellung bleibt die Feststellung der Besteuerungsgrundlagen gem. § 34a I–VII EStG eine gesonderte, sodass § 48 aF für Feststellungsbescheide iSd § 34a X 1 EStG nicht gilt, sodass insoweit nur jeder Mitunternehmer auf Grundlage des § 40 II klagebefugt ist (BFH IV R 27/16, BStBl. II 2020, 11).

22 **ee) Steuerermäßigung gem. § 35 EStG bei Mitunternehmern.** Die gefestigte Rspr. des BFH sieht die gesonderte und einheitliche Feststellung zur Höhe des GewSt-Messbetrags, der tatsächlich zu zahlenden GewSt und der auf

die Mitunternehmer entfallenden Anteile am GewSt-Messbetrag und der tatsächlich zu zahlenden GewSt (§ 35 II 1 EStG) ggü. der Gewinnfeststellung gem. §§ 180 I 1 Nr. 2 Buchst. a AO **als ein eigenständiges Feststellungsverfahren an** (§ 35 II 1 iVm III 2, IV EStG; vgl. BFH IV R 5/08, BStBl. II 2010, 912; IV R 27/12, BStBl. II 2015, 837). Nach diesen Entscheidungen dürfen die beiden (eigenständigen) Feststellungsbescheide jedoch in einem Sammelbescheid miteinander verbunden werden. Das Feststellungsverfahren gem. § 35 EStG umfasst verschiedene Einzelfeststellungen (BFH IV R 5/08, BStBl. II 2010, 912; IV R 27/12, BStBl. II 2015, 837). Zur Grundlagenfunktion dieser Feststellungen für die Veranlagung des Gesellschafters s. BFH IV R 5/08, BStBl. II 2010, 912; zu mehrstöckigen PersGes vgl. BFH X R 12/15, BStBl. II 2019, 249; IV R 5/14, BStBl. II 2016, 875. Der GewSt-Messbescheid einer Mitunternehmerschaft ist Grundlagenbescheid für die gesonderte und einheitliche Feststellung des Anteils des einzelnen Mitunternehmers am GewSt-Messbetrag (§ 35 III 3 iVm II 1 EStG; zum Ganzen HHR/Levedag EStG § 35 Rn. 150).

Auch wenn der BFH von einem „einheitlichen" Feststellungsverfahren in § 35 EStG spricht, dürften die Einzelfeststellungen (verteilbarer GewSt-Messbetrag/tatsächlich zu zahlende GewSt/Anteile der Mitunternehmer) verfahrensrechtlich selbständig und isoliert anfechtbar sein. So wurde schon vom BFH entschieden, die gesonderte und einheitliche Feststellung der auf die einzelnen Mitunternehmer entfallenden Anteile am GewSt-Messbetrag könne isoliert angefochten werden; die Feststellung des anrechenbaren GewSt-Messbetrags der Mitunternehmerschaft werde dann bestandskräftig (BFH IV R 48/12, BFH/NV 2016, 1024; IV R 5/14, BStBl. II 2016, 875).

All dies bedeutet für die **Klagebefugnis:**

- Nach § 48 I Nr. 1 aF ist in einem Klageverfahren zu einem Feststellungsverfahren gem. § 35 II EStG die Mitunternehmerschaft als Prozessstandschafterin bis zur Vollbeendigung klagebefugt (BFH IV R 5/14, BStBl. II 2016, 875). Nach Vollbeendigung der Gesellschaft besteht eine Klagebefugnis der ehemaligen Mitunternehmer (§ 48 I Nr. 2 aF, BFH VIII R 42/09, BFH/NV 2012, 236). Eine Klagebefugnis der Mitunternehmer gem. § 48 I Nr. 5 aF besteht zuvor nur, wenn über die festzustellende Höhe ihrer Anteile/die Verteilung des anrechenbaren GewSt-Messbetrags gestritten wird (BFH IV R 27/11, BStBl. II 2015, 278).
- Es kann auch streitig sein, ob bestimmte Bestandteile des GewSt-Messbescheids einer Mitunternehmerschaft kraft Gesetzes aus der Steuerermäßigung des § 35 EStG ausgeschlossen sind. Ein solcher Ausschluss wirkt sich auf das gewerbesteuerliche Anrechnungsvolumen und den gem. § 35 II 1 EStG festzustellenden GewSt-Messbetrag der Mitunternehmerschaft aus. Dieser darf dann aus deren GewSt-Messbescheid nicht übernommen werden, sondern ist um den ausgeschlossenen Teilbetrag zu kürzen und entspr. niedriger festzustellen. Ob eine solche Kürzung vorzunehmen ist, ist im Rahmen des Feststellungsverfahrens gem. § 35 II 1 EStG zur Höhe des festzustellenden GewSt-Messbetrags zu klären (BFH IV R 5/08, BStBl. II 2010, 912; IV R 27/11, BStBl. II 2015, 278). Insoweit besteht nur eine Klagebefugnis der Gesellschaft als Prozessstandschafterin (§ 48 I Nr. 1 aF), nicht aber der Mitunternehmer aus § 48 I Nr. 4 aF, da sich die Feststellung der Höhe des insgesamt verteilbaren GewSt-Messbetrags nur mittelbar auf den Steuerermäßigungsbetrag des Mitunternehmers auswirkt (BFH IV R 27/11, BStBl. II 2015, 278).

– Auch die in den Ermäßigungshöchstbetrag (§ 35 I 2 EStG) eingehenden gewerblichen Einkünfte der Mitunternehmer sind um die gesetzlich ausgeschlossenen Einkünfte zu kürzen (§ 35 I 2 iVm § 35 I 3 EStG). Die Höhe der gewerblichen Einkünfte iSd § 35 I 3 EStG ist nach BMF 3.11.2016, BStBl. I 2016, 1187, Rn. 32 daher ebenfalls als eigenständige Besteuerungsgrundlage einheitlich und gesondert festzustellen. Existiert eine solche Feststellung, ist im Klageverfahren gegen diese Feststellung mE nur die Mitunternehmerschaft nach § 48 I Nr. 1 aF klagebefugt. Eine Klagebefugnis der Mitunternehmer gem. § 48 I Nr. 4 aF ist angesichts der nur mittelbaren Auswirkung dieser Feststellung entspr. BFH IV R 27/11, BStBl. II 2015, 278 zu verneinen.

23 **ff) Verlustfeststellungen gemäß § 15a IV EStG/§ 15b IV EStG. Verlustfestellungen gemäß § 15a IV EStG.**

– Der verrechenbare Verlust zum 31.12. eines Streitjahres ist grds. **nur gesondert** festzustellen, sodass § 48 aF nicht gilt, sondern jeder Adressat dieses Feststellungsbescheids hinsichtlich der betragsmäßigen Veränderung der Verlustfeststellung (§ 15a IV 4 EStG) gem. § 40 II persönlich klagebefugt ist.

23a – Wählt das FA aber gem. § 15a IV 5 EStG („können") den Weg der Verbindung mit dem Gewinnfeststellungsbescheid, sind die Verlustfeststellungen einheitlich und gesondert vorzunehmen (§ 15a IV 6 EStG). Es handelt sich auch bei einer solchen Verbindung um selbständige Feststellungsbescheide, die unabhängig anfechtbar sind und jeweils bestandskräftig werden können (BFH IV R 61/07, BStBl. II 2010, 942; IV R 47/11, BStBl. II 2015, 532). Klagebefugt gegen die gesonderte und einheitliche Verlustfeststellung nach § 15a IV 5 EStG sind die Gesellschaft gem. § 48 I Nr. 1 aF und der betroffene Gesellschafter gem. § 48 I Nr. 5 aF (BFH IV R 32/16, BStBl. II 2020, 199 zur Zebragesellschaft; IV R 31, 32/05, BStBl. II 2007, 687; → § 60 Rn. 59v, „Verrechenbarer Verlust"). Zu § 48 nF auch → § 48 nF Rn. 37.

23b – Die Frage, ob wegen einer Einlagenminderung (§ 15a III 1 EStG) oder einer Haftungsminderung (§ 15a III 3 EStG) ein **Gewinnhinzurechnungsbetrag** anzusetzen ist, ist auch bei Verbindung der Feststellung der verrechenbaren Verluste gem. § 15a EStG im Verfahren gegen den Gewinnfeststellungsbescheid gem. § 179 II 2, § 180 I 1 Nr. 2 Buchst. a AO zu klären. Der Hinzurechnungsbetrag nach § 15a III EStG ist eine selbständig anfechtbare andere Besteuerungsgrundlage (BFH IV R 47/11, BStBl. II 2015, 532; IV R 17/21, DStR 2024, 2048). Klagebefugt sind die Gesellschaft gem. § 48 I Nr. 1 aF und der betroffene Mitunternehmer gem. § 48 I Nr. 5 aF (BFH IV R 47/11, BStBl. II 2015, 532; IV R 17/21, DStR 2024, 2048). Bei der im gesonderten und einheitlichen Verlustfeststellungsbescheid enthaltenen Berechnung der berücksichtigungsfähigen Außenhaftung (vgl. § 15a I 2, 3 EStG) und einer dort dargestellten Kapitalkontenentwicklung handelt es sich aber nicht um selbständig anfechtbare Besteuerungsgrundlagen (BFH IV B 31/22, DStRE 2023, 818). Zu § 48 nF auch → § 48 nF Rn. 37.

23c **Feststellung des verrechenbaren Verlusts gem. § 15b IV EStG.**

– Bei der gesonderten Feststellung gem. § 15b IV EStG ist eine PersGes als Trägerin des (vermeintlichen) Steuerstundungsmodells dann nach § 48 I Nr. 1 aF klagebefugt, wenn gem. § 15b IV 5 EStG die Feststellung des nach § 15b IV EStG nur verrechenbaren Verlusts mit der gesonderten und einheitlichen Feststellung der Einkünfte verbunden wird. Denn gem. § 15b IV 5 Hs. 2 EStG sind die verrechenbaren Verluste des § 15b EStG in diesem Fall einheitlich und gesondert festzustellen (s. BFH VIII R 7/13, BStBl. II 2017, 700; keine Zweifel an der Klagebefugnis der Gesellschaft hatten bei verbundenen Feststellungen gem. § 15b IV 5 EStG auch BFH IV R 59/10, BStBl. II 2014, 465 und BFH IV R 17/13, BStBl. II 2016, 1003). Unklar ist, ob die Bescheide in einem wechselseitigen Grundlagen-Folgebescheidsverhältnis stehen (BFH VIII R 10/19, BStBl. II 2023, 817). Die Gesellschaft ist nach § 48 I Nr. 1 aF klagebefugt; die nach§ 48 I Nr. 5 aF klagebefugten Gesellschafter sind beizuladen (BFH IV R 7/16, BStBl. II 2019, 513; FG Nürnberg 3 K 60/23, EFG 2024, 1385, Rev. BFH IV R 13/23). Diese Grundsätze zur Klagebefugnis gelten auch, wenn Einkünfte einer ausländischen PersGes gem. § 180 V Nr. 1 AO gesondert und einheitlich festgestellt werden und mit dieser Feststellung die verfahrensrechtlich eigenständige Verlustfeststellung gem. § 32b I 3 iVm § 15b IV EStG verbunden wird (BFH IV R 50/14, BStBl. II 2017, 456).

gg) Mehrstufige Feststellungsverfahren. Bei **mehrstufigen Feststellungsverfahren** ist zu differenzieren: 24

- **Treuhandverhältnisse (Publikumspersonengesellschaft):** Ist an einer gewerblich tätigen PersGes **ein Treugeber über einen Treuhänder** beteiligt, so ist nach der stRspr des BFH (zB BFH VIII R 76/97, BStBl. II 1999, 747; IV B 188/01, BFH/NV 2003, 1283; IV B 15/10, BFH/NV 2011, 5; IV B 1/11, BFH/NV 2012, 1929; IV R 35/10, BFH/NV 2013, 1945; VIII B 32/20, BFH/NV 2021, 333) die gesonderte und einheitliche Feststellung der Einkünfte aus der Gesellschaft grds. in einem zweistufigen Verfahren durchzuführen. Im Feststellungsverfahren auf der ersten Stufe ist gem. § 180 I Nr. 2 Buchst. a AO der Gewinn oder Verlust der Gesellschaft festzustellen und auf die Gesellschafter – einschließlich des Treuhänder-Gesellschafters – entspr. dem maßgebenden Verteilungsschlüssel aufzuteilen. In einem zweiten Feststellungsverfahren muss der Gewinnanteil des Treuhänders entspr. § 179 II 3 AO auf den oder die Treugeber aufgeteilt werden. Beide Feststellungen können zwar im Fall eines **offenen,** dh allen Beteiligten bekannten **Treuhandverhältnisses** miteinander verbunden werden. Die Klagebefugnis aus § 48 aF hinsichtlich der einzelnen Feststellungen erster und zweiter Stufe richtet sich dennoch allein danach, an welchen Adressaten sie sich unmittelbar richten und wer durch sie direkt betroffen ist. Die Klagebefugnis ist daher auch in einem Rechtsstreit gegen einen zusammengefassten (gestuften) Bescheid danach zu beurteilen, auf welcher Stufe der Rechtsstreit ausgetragen wird. Gegen den die PersGes betreffenden Feststellungsbescheid erster Stufe können neben der Gesellschaft als Prozessstandschafterin (§ 48 I Nr. 1 aF) gem. § 48 I Nr. 4 und 5 aF nur die unmittelbaren Gesellschafter Rechtsbehelfe einlegen. Die nur mittelbar beteiligten Treugeber können an diesem Verfahren mangels Klagebefugnis aus § 48 I aF weder als Kläger noch als Beigeladener (→ § 60 Rn. 59s, „Treuhand") beteiligt sein.
- Bei der **atypischen offenen und verdeckten Unterbeteiligung** ergehen ebenfalls zweistufige gesonderte und einheitliche Feststellungsbescheide auf Ebene der Hauptgesellschaft (Obergesellschaft) und auf Ebene der Unterbeteiligungsgesellschaft. – **(1)** Für die Unterbeteiligungsgesellschaft sind die Einkünfte nur bei **der sog. offenen atypischen Unterbeteiligung** an einem Mitunternehmeranteil festzustellen. Es handelt sich um ein eigenes Feststellungsverfahren, das neben dem Feststellungsverfahren für die Hauptgesellschaft steht (Tipke/Kruse/Brandis AO § 179 Rn. 16 ff.; HHS/Steinhauff § 48 Rn. 221; Blaurock HdB Stille Gesellschaft/Levedag, 10. Aufl., Rn. 31.30 ff.). Für die 24a

Klagebefugnis gem. § 48 I Nr. 1 aF kommt es wie bei der atypisch stillen Innengesellschaft darauf an, in welchem Rechtsverhältnis gestritten wird und ob ein Empfangsbevollmächtigter mit überlagernder Klagebefugnis gem. § 48 I Nr. 1 Fall 2 iVm II aF vorhanden ist. Der atypisch Unterbeteiligte ist also selbst nur klagebefugt (§ 48 I Nr. 2, 4, 5 aF) und beizuladen, wenn entweder auf Ebene der Feststellungen der Unterbeteiligungsgesellschaft kein Empfangsbevollmächtigter vorhanden ist (Klagebefugnis aus § 48 I Nr. 2 aF) oder, falls ein solcher existiert, ihm gem. § 48 I Nr. 4, 5 aF eine Klagebefugnis zusteht (Tipke/Kruse/Brandis § 48 Rn. 29; FG BW 3 K 1685/12, EFG 2015, 21). Die ist etwa im Rahmen eines negativen Feststellungsbescheids für die Unterbeteiligungsgesellschaft (BFH VIII B 33/02, BFH/NV 2003, 927) oder bei Streit über die Gewinnverteilung oder wegen der Berücksichtigung von Sonderbetriebsausgaben des Unterbeteiligten (BFH IV R 135/92, BStBl. II 1995, 531) der Fall. – **(2) Verdeckte atypische Unterbeteiligung.** Es kann die Feststellung der Einkünfte des Unterbeteiligten auch im Gewinnfeststellungsbescheid der Hauptgesellschaft (§ 179 II 3 AO) erfolgen, der dann als zusammengefasster Feststellungsbescheid ergeht. Die Klagebefugnis gem. § 48 aF richtet sich auch in einem Rechtsstreit gegen einen zusammengefassten Feststellungsbescheid danach, auf welcher Stufe der Rechtsstreit ausgetragen wird (BFH IV R 35/10, BFH/NV 2013, 1945). Wird um Feststellungen gestritten, die dem Gewinnfeststellungsbescheid der Hauptgesellschaft zuzurechnen sind, sind die Hauptgesellschaft (§ 48 I Nr. 1 aF) und ggf. der Hauptbeteiligte (§ 48 I Nr. 4 u. 5 aF, zB Streit über den Gewinnanteil) klagebefugt. Hingegen ist der Unterbeteiligte insoweit nicht gem. § 48 I Nr. 4 aF klagebefugt, obwohl die Höhe seines Gewinnanteils vom Ausgang des Rechtsstreits mittelbar berührt wird, als die Höhe seines Gewinnanteils von der Höhe des Gewinnanteils des Hauptbeteiligten abhängt (BFH IV R 47/76, BStBl. II 1977, 737). Der Unterbeteiligte ist somit gem. § 48 I Nr. 4, Nr. 5 aF allein für Feststellungen im Rahmen des Unterbeteiligungsverhältnisses klagebefugt (BFH IV R 135/92, BStBl. II 1995, 531 zu Sonderbetriebsausgaben; HHS/Steinhauff § 48 Rn. 222). – **(3) Beiladung.** → § 60 Rn. 59a, „Atypische und typische Unterbeteiligung". Auch → § 48 nF Rn. 63.

24b **Feststellungen bei doppelstöckigen PersGes:**

– Hier ist die Obergesellschaft selbst Mitunternehmerin der Untergesellschaft (BFH GrS 7/89, BStBl. II 1991, 691). Der auf die Obergesellschaft entfallende Anteil am Gesamtgewinn der Untergesellschaft ist ihr nach allgemeinen Grundsätzen zuzurechnen (BFH IV R 59/07, BFH/NV 2010, 1492; I R 92/12, DStR 2017, 589). § 48 aF gilt auf jeder Ebene separat. Die Untergesellschaft ist als Prozessstandschafterin gem. § 48 I Nr. 1 aF vorrangig klagebefugt, wenn Feststellungen aus dieser gesonderten und einheitlichen Feststellung streitig sind; Gleiches gilt für die Obergesellschaft für deren einheitliche und gesonderte Feststellung.

24c – Bei den Ergänzungstatbeständen des § 48 I Nr. 3–5 aF ist für die Klagebefugnis bei streitigen Feststellungen auf Ebene der Untergesellschaft auf die Obergesellschaft als Mitunternehmerin (und nicht auf die Mitunternehmer der Obergesellschaft) abzustellen. Dies gilt auch, wenn an der Einkünfte erzielenden Untergesellschaft eine Obergesellschaft mit Gesellschaftern beteiligt ist, bei denen hinsichtlich der Einkünfte im Gesamthandsvermögen der Untergesellschaft eine personenbezogene Steuervergünstigung in Betracht kommt. Hier ist die Obergesellschaft gem. § 48 I Nr. 4 aF klagebefugt (BFH VIII R 8/94, BStBl. II 1996,

297; zum Übergang dieser Klagebefugnis auf einen Gesamtrechtsnachfolger s. BFH IV R 89/05, BFH/NV 2008, 1984; zur Beiladung → § 60 Rn. 59b, „Doppelstöckige PersGes“ und → § 60 Rn. 59q, „Sonderbetriebsausgaben“).

– Eine Besonderheit stellt die **Regelung des § 15 I 1 Nr. 1 S. 2 EStG** dar. Die gesetzliche Gleichstellung des mittelbar über eine oder mehrere PersGes beteiligten Gesellschafters mit dem unmittelbar beteiligten Gesellschafter auf Ebene einer Untergesellschaft nach dieser Vorschrift umfasst nur dessen Sondervergütungen sowie das Sonderbetriebsvermögen I und das Sonderbetriebsvermögen II bei der Untergesellschaft. Der mittelbare Mitunternehmer muss als solcher in die gesonderte und einheitliche Gewinnfeststellung der Untergesellschaft einbezogen werden (BFH I R 92/12, DStR 2017, 589; IV R 33/14, DStR 2018, 341). Ist dies der Fall, steht ihm die Klagebefugnis gem. § 48 I Nr. 5 aF zu; daneben ist die Untergesellschaft gem. § 48 I Nr. 1 aF klagebefugt. **24d**

– Bei einer doppelstöckigen vermögensverwaltenden PersGes ist für die Klagebefugnis nach den Feststellungsbescheiden auf jeder Ebene zu unterscheiden. Unter- und Obergesellschaft sind jeweils gem. § 48 I Nr. 1 aF als Prozessstandschafterin für Feststellungen in den sie betreffenden einheitlichen und gesonderten Feststellungsbescheiden klagebefugt. Vorrangig steht der Obergesellschafterin als Feststellungsbeteiligter im einheitlichen und gesonderten Feststellungsbescheid der Untergesellschaft auch eine Klagebefugnis gem. § 48 I Nr. 4, Nr. 5 aF zu. Die Bruchteilsbetrachtung des § 39 II Nr. 2 AO führt idR nicht zu einer verdrängenden oder zusätzlichen Klagebefugnis der Gesellschafter der Obergesellschaft gem. § 48 I Nr. 4 oder Nr. 5 aF gegen streitige Feststellungen im Feststellungsbescheid der Untergesellschaft. Ein Gesellschafter der Obergesellschaft kann aber neben der Obergesellschaft gegen den Feststellungsbescheid der Untergesellschaft gem. § 48 I Nr. 4 oder Nr. 5 aF klagebefugt sein, wenn die Gewährung einer personengebundenen Steuervergünstigung für eben diesen Gesellschafter oder die Höhe des Anteils der Obergesellschaft an den Einkünften der Untergesellschaft streitig ist (BFH IX B 131/08, BFH/NV 2008, 1696). Die letzte Aussage des BFH ist mE zu weitgehend, soweit auch eine zusätzliche Klagebefugnis des Gesellschafters der Obergesellschaft bei Streitigkeiten über die Höhe des Anteils der Obergesellschaft an den Einkünften der Untergesellschaft angenommen wird. Dort ist mE nur die Obergesellschaft gem. § 48 I Nr. 4 aF klagebefugt. Für die zusätzliche Klagebefugnis des Gesellschafters der Obergesellschaft besteht kein Bedürfnis. § 15 I 1 Nr. 1 S. 2 EStG gilt bei vermögensverwaltenden mehrstöckigen PersGes nicht. Zur Beiladung → § 60 Rn. 59b, „Doppelstöckige PersGes“. **24e**

hh) Weitere gesonderte und einheitliche Feststellungen.

– **Abweichende Festsetzungen der Besteuerungsgrundlagen** im Billigkeitsweg **nach § 163 AO** stellen eigenständige VA (§ 118 AO), aber keine Steuerfestsetzungen gem. § 155 AO dar. Sie sind Grundlagenbescheid für einen Steuer- oder Feststellungsbescheid, dürfen mit der gesonderten und einheitlichen Feststellung von Besteuerungsgrundlagen (§ 181 I 1 AO) verbunden werden und können sich auch auf gemeinsam verwirklichte Besteuerungsgrundlagen/Feststellungen in einer gesonderten und einheitlichen Feststellung beziehen (BFH VIII R 114/85, BFH/NV 1988, 42; Brühl Ubg 2017, 276 (278)). In diesem Fall bleibt die Billigkeitsentscheidung selbständig anfechtbar und ist hinsichtlich des rechtlichen Prüfungsmaßstabs (Rechtmäßigkeitskontrolle der getroffenen Feststellungen auf Ebene des Feststellungsbescheids und **29**

Prüfung anhand des § 102 auf Ebene der Billigkeitsentscheidung) von der Feststellungsebene abzugrenzen (Klein/Rüsken AO § 163 Rn. 138, 138a; Brühl Ubg 2017, 276 (283 f.)). § 48 aF erfasst nur die gesonderte und einheitliche Feststellung, nicht die verbundene Billigkeitsentscheidung gem. § 163 AO. Es ist mE eine persönliche Klagebefugnis aller Gesellschafter (§ 40 II) bei Streit über die abweichende Festsetzung einer im Feststellungsbescheid zu erfassenden gemeinsam verwirklichten Besteuerungsgrundlage gegeben (offengelassen in BFH VIII R 114/85, BFH/NV 1988, 42 zu Sonderbetriebseinnahmen, da nicht entscheidungserheblich; zu einem Erlass gem. § 50 VII EStG s. aber BFH I R 80/03, BFH/NV 2005, 26). Die Gegenauffassung geht von der Anwendung des § 48 I aF aus (Gosch/v. Beckerath § 48 Rn. 71; HHS/Steinhauff § 48 Rn. 34; Tipke/Kruse/Brandis § 48 Rn. 6; zum Erlass von vor dem 9.2.2017 entstandenen Sanierungsgewinnen auf Ebene einer Gesamthand BMF 27.3.2003, BStBl. I 2003, 240 Rn. 6; zur weiteren Anwendung BMF 29.3.2018, BStBl. I 2018, 588).

29a – Für die **gesetzlich geregelte Steuerbefreiung von (nach dem 8.2.2017 entstandenen) Sanierungsgewinnen** (§ 3a EStG) hat der Gesetzgeber in § 3a IV EStG bestimmt, dass der steuerfreie Sanierungsertrag und die ihn mindernden Beträge (§ 3a IV 1 EStG) gesondert und einheitlich festzustellen sind. Die Gewinnfeststellung und die besonderen Feststellungen des § 3a IV EStG können miteinander verbunden werden (BFH IV R 1/22, BStBl. II 2025, 294). Klagebefugt ist in diesem Fall **nur** die Mitunternehmerschaft als Prozessstandschafterin (§ 48 I Nr. 1 aF; Schmidt/Levedag EStG § 3a Rn. 41). Dies gilt auch im Fall der Verpflichtungsklage auf Feststellung des steuerfreien Sanierungsertrags iRd § 48 I Nr. 1 Buchst. a nF (BFH IV R 1/22, BStBl. II 2025, 294; → § 48 nF Rn. 37).

29b – **InvStG:** Abweichende Grundsätze gelten für **gesonderte und einheitliche Feststellungen, die auf Grundlage der § 15 InvStG 2004/§ 51 InvStG 2018** ergehen. Die Feststellungserklärung wird als Feststellung der investmentsteuerlichen Besteuerungsgrundlagen unter dem Vorbehalt der Nachprüfung fingiert. Die Klagebefugnis hiergegen steht der Kapitalanlagegesellschaft als gesetzlicher Vertreterin gem. § 48 I Nr. 1 Fall 2 aF zu (BFH VIII R 20/14, BStBl. II 2018, 487; VIII R 22/16, BStBl. II 2020, 82; VIII R 3/19, BStBl. II 2023, 1074). Hat ein Spezialfonds nur einen Anleger, ist nach den zitierten Entscheidungen ebenfalls eine einheitliche und gesonderte und nicht nur eine gesonderte Feststellungserklärung abzugeben.

29c – **Feststellungen gem. § 18 AStG:** Sind an der ausländischen **Zwischengesellschaft** mehrere unbeschränkt Stpfl. beteiligt, so wird die ansonsten angeordnete gesonderte Feststellung der Besteuerungsgrundlagen ihnen ggü. auch einheitlich vorgenommen; dabei ist auch festzustellen, wie sich die Besteuerungsgrundlagen auf die einzelnen Beteiligten verteilen (§ 18 I 2 AStG). § 48 aF ist gem. § 18 I 3 AStG entspr. anwendbar. Klagt der gem. § 48 I Nr. 1 aF klagebefugte Empfangsbevollmächtigte gegen einen Feststellungsbescheid iSd § 18 I 2 AStG (zur Bekanntgabe nach den Regelungen der AO s. § 18 I 4 AStG und zur Erklärungspflicht jedes Feststellungsbeteiligten s. § 18 III AStG; zum Ganzen auch AEAStG v. 22.12.2023, BStBl. I 2023 Sondernr. 1, 2, Tz. 932, 944–946: dynamische Rechtsgrundverweisung auf die FGO sowie Tz. 954), sind gem. § 48 I Nr. 4 aF alle unbeschränkt steuerpflichtigen Feststellungsbeteiligten notwendig beizuladen. Bei Fehlen eines Empfangsbevollmächtigten besteht eine ausschließliche Klagebefugnis aller Feststellungsbeteiligten aus § 48 I Nr. 2

aF mit der Folge einer Beiladungspflicht hinsichtlich aller Gesellschafter, die nicht selbst Klage erheben.

- Besondere Fragen der Klagebefugnis stellen sich, wenn die Beteiligung an einer ausländischen Zwischengesellschaft über eine ausländische PersGes mit inländischen Gesellschaftern gehalten wird (dazu zutr. FWBS/Hendricks/Engler AStG § 18 Rn. 208: Klagebefugter ist der gemeinsame Empfangsbevollmächtigte der mittelbaren Gesellschafter der Zwischengesellschaft; aA Stahl ISR 2014, 81).
- Dies gilt auch für die mehreren inländischen Beteiligten zuzurechnenden Einkünfte ausländischer **Familienstiftungen** (§ 15 iVm § 18 IV AStG). Bei unmittelbarer Beteiligung mehrerer unbeschränkt Stpfl. an einer ausländischen Zwischengesellschaft oder Familienstiftung erschöpft sich die Bedeutung des § 48 aF in der Konzentration der Klagebefugnis auf einen Empfangsbevollmächtigten, falls ein solcher vorhanden ist (BFH I R 156/86, BStBl. II 1990, 696); daneben besteht zur Frage der Zurechnung/Verteilung von Hinzurechnungsbeträgen die Klagebefugnis des § 48 I Nr. 4 aF. Fehlt ein Empfangsbevollmächtigter, sind die jeweiligen inländischen Feststellungsbeteiligten als Inhaltsadressaten jeweils persönlich klagebefugt (§ 48 I Nr. 2 aF). Zur Beiladung → § 60 Rn. 59i, „Hinzurechnungsbesteuerung". Zur Unionsrechtswidrigkeit der Feststellung vgl. BFH IX R 32/22, IStR 2025, 399.
- **Organschaft (Ertragsteuern):** § 48 aF gilt für den Bescheid iSd **§ 14 V KStG** **29d** nicht. Der Organträger und die Organgesellschaft können den an sie gerichteten Feststellungsbescheid eigenständig anfechten (BFH XI R 20/18, BStBl. II 2021, 296; Hölzer, Der Konzern 2020, 331 ff.).
- **Feststellung des Grundbesitzwerts für Erbschaftsteuer- und Grunderwerbsteuerzwecke:** **29e** § 154 I 2 BewG gibt für Bewertungsstichtage ab 1.1.2016 vor, dass in Fällen mit mehreren Beteiligten (Erklärungspflichtigen und Feststellungsbeteiligten) eine gesonderte und einheitliche Feststellung vorzunehmen ist. Ausführlicher auch zur Erbengemeinschaft → § 60 Rn. 69.
  - Der einheitliche und gesonderte Feststellungsbescheid ist gem. § 153 V BewG iVm §§ 181 I, 122 AO allen Beteiligten iSd § 154 BewG bekannt zu geben, wenn kein Empfangsbevollmächtigter gem. § 183 AO vorhanden ist (gleichlautende Ländererlasse, BStBl. I 2016, 249). Im Regelfall wird ein Empfangsbevollmächtigter von den mehreren Beteiligten iSd § 154 BewG nicht benannt sein. Siehe auch Halaczinsky UVR 2019, 348 ff.).
  - Daran anknüpfend gilt gem. § 155 I 2 BewG die Regelung des § 48 aF entspr. Ist ein Empfangsbevollmächtigter (§ 183 AO aF/§ 183a AO nF) vorhanden, kann idR nur dieser gem. § 48 I Nr. 1 Fall 2, § 48 II aF/§ 48 I Nr. 2 Buchst. a, § 48 II 1 nF den gesonderten Feststellungsbescheid anfechten (s. auch BT-Drs. 16/7918, 40). Dies kann nach Benennung durch die Miterben auch der Testamentsvollstrecker sein (FG Hmb 3 K 218/19, DStRE 2021, 156). Daneben besteht eine eingeschränkte Klagebefugnis der übrigen Miterben gem. § 48 I Nr. 3–5 aF oder ggf. aufgrund einer Einzelbekanntgabe (→ Rn. 64).
  - Es sind bei Fehlen eines Empfangsbevollmächtigten sämtliche Miterben gem. § 48 I Nr. 2 aF klagebefugt (zur Klage eines Miterben gegen einen Bescheid über die gesonderte Feststellung des Grundbesitzwertes **für Zwecke der Erbschaftsteuer,** der den Miterben einer Erbengemeinschaft das Grundstück zurechnet, s. BFH II B 94/18, BFH/NV 2020, 912). Fehlt ein Hinweis darauf, dass der Feststellungsbescheid mit Wirkung für und gegen alle Fest-

stellungsbeteiligten bekannt gegeben wird, besteht keine ausschließende Klagebefugnis des Empfangsbevollmächtigten (zu § 48 II 3 aF: BFH II B 94/18, BFH/NV 2020, 912; NdsFG 1 K 90/19, EFG 2023, 760, Rev. BFH II R 6/23; nunmehr § 48 II 3 nF). Siehe auch Halaczinsky UVR 2019, 348 ff.

III. Regeltatbestand (§ 48 I Nr. 1 Fall 1 aF)

1. Zur Vertretung berufene Geschäftsführer

32 **a) Prozessstandschaft der Gesellschaft.** § 48 I Nr. 1 aF konzentriert die formelle Klagebefugnis bei Gesellschaften auf **zur Vertretung berufene Geschäftsführer.** Deren zusätzliche Gesellschafterstellung ist nicht erforderlich. Wer dies ist, ist an die zivilrechtlichen Regelungen für die Vertretungsmacht der Gesellschaft/Gemeinschaft geknüpft. Die Vertretungsmacht im Außenverhältnis kann auf Gesetz oder Vertrag beruhen. Nach dem Zivilrecht ist auch der **Fortfall** der Vertretungsmacht als Grundlage für die Prozessstandschaft zu beurteilen (→ Rn. 6 zum Verhältnis zu § 58 II 1).

33 Die Aufgabe der vertretungsberechtigten Geschäftsführer besteht darin, eine mögliche Rechtsbeeinträchtigung der Gesellschafter/Gemeinschafter (Feststellungsbeteiligten) geltend zu machen. Die Regelung in § 48 I Nr. 1 Fall 1 aF ist im Ergebnis dahin zu verstehen, dass die Gesellschaft/Gemeinschaft als Prozessstandschafterin, ihrerseits vertreten durch ihre(n) Geschäftsführer, klagebefugt ist, obwohl sich der Bescheid inhaltlich nicht an die Gesellschaft/Gemeinschaft, sondern an die einzelnen Gesellschafter als Subjekte der Einkommensteuer (Inhaltsadressaten und Feststellungsbeteiligte) richtet (BFH IV R 48/02, BStBl. II 2004, 964; IV R 28/05, BStBl. II 2007, 704; IV R 16/06, BFH/NV 2009, 783; IV R 37/10, BFH/NV 2013, 910; IV R 17/15, BFH/NV 2018, 182). Dies gilt **unabhängig** von der **Einkunftsart** (s. die vorstehende Rspr. und BFH VIII R 75/05, BStBl. II 2008, 817; VIII R 83/05, BFH/NV 2009, 1118). In § 48 nF ist keine Anknüpfung an den vertretungsberechtigten Geschäftsführer mehr enthalten (→ § 48 nF Rn. 28).

35 **b) Einzelfragen zur Bestimmung der vertretungsberechtigten Geschäftsführer.** Für die zivilrechtliche Vertretungsbefugnis kommt es auf die **zur Zeit der Prozessführung jeweils maßgeblichen Verhältnisse** an, da die Klagebefugnis aus § 48 aF eine Sachentscheidungsvoraussetzung ist, die während des gesamten Verfahrens gegeben sein muss (→ Rn. 2). Siehe aus der früheren Rspr. BFH VIII R 138/85, BStBl. II 1991, 581; → Rn. 51; → Rn. 72; BFH IX R 83/00, BStBl. II 2004, 898; IV R 28/05, BStBl. II 2007, 704.

36 Bei der **GbR** beruht unter Berücksichtigung des Grundsatzes der Selbstorganschaft **nach der Rechtslage vor dem MoPeG** die organschaftliche Geschäftsführerstellung auf der Gesellschafterstellung (§ 709 BGB aF). Es können grds. nur Gesellschafter auch Geschäftsführer sein und die Gesellschaft gesetzlich vertreten. Die umfassende vertragliche Übertragbarkeit von Geschäftsführungsbefugnissen auf Dritte unter Einräumung einer (General) Vollmacht ist jedoch allgemein anerkannt (s. MHdB GesR I/v. Ditfurth, 5. Aufl., § 7 Rn. 8–10). Seit Anerkennung der Rechtsfähigkeit der GbR (zur Parteifähigkeit nach § 50 I ZPO s. BGH II ZR 331/00, BGHZ 146, 341) richtet sich die in § 714 BGB aF geregelte organschaftliche Vertretungsmacht im Außenverhältnis auf eine Vertretung der Gesellschaft als solcher und nicht mehr der Gesellschafter und kann als Einzel- oder Gesamtvertre-

tungsbefugnis ausgestaltet sein (MHdB GesR I/v. Ditfurth, 5. Aufl., § 7 Rn. 80 f.). Für die **Außen-GbR** ist in der Rspr. des BFH mittlerweile anerkannt, dass bei Einreichung einer Klage durch einen organschaftlichen Geschäftsführer und Vertreter (also einen Gesellschafter) im Namen der Gesellschaft unerheblich ist, ob die Gesellschafter nur einzeln oder gemeinschaftlich gem. §§ 709, 714 BGB aF vertretungsbefugt sind (BFH IX R 68/01, BStBl. II 2005, 324; IX R 39/03, BFH/NV 2004, 1371; IV R 28/05, BStBl. II 2007, 704; IV R 41/09, BStBl. II 2013, 313); die Klage wird in allen Fällen gem. § 48 I Nr. 1aF ohne weitere Prüfung des Vertretungsumfangs (wohl auf Grundlage einer unterstellten konkludenten Einzelermächtigung zur Klageerhebung) als rechtmäßig erhoben angesehen. Dennoch empfiehlt sich mE auch unter der neuen Rechtslage zu § 48 nF eine gemeinsame Klageerhebung aller Gesellschafter, wenn **im Namen der (heute rechtsfähigen) Gesellschaft** geklagt werden soll. Für den rechtsgeschäftlichen Vertreter (Prokuristen, Handlungsbevollmächtigte und Generalbevollmächtigte) ist mit HHS/Steinhauff § 48 Rn. 78 davon auszugehen, dass dieser ebenfalls gem. § 48 I Nr. 1 aF im Namen der Gesellschaft Klage erheben können. Zu **Innengesellschaften** → Rn. 43. Zu den Neuregelungen ab 1.1.2024 → § 58 Rn. 42; → § 48 nF Rn. 48.

Bei der **OHG** (zum Ganzen MHdB GesR I/v. Ditfurth 5. Aufl., § 53 Rn. 12, 21 ff., 53–61; § 54 Rn. 22–29) ist jeder Gesellschafter zur Geschäftsführung berechtigt, ohne dass es einer Bestellung bedarf (§ 114 I HGB aF). Der Grundsatz der Selbstorganschaft schließt wie bei der GbR die Übertragung von Geschäftsführungsaufgaben und -vollmachten auf Dritte im Rahmen eines Anstellungs- oder Auftragsverhältnisses nicht aus. § 115 I HGB aF bestimmt bei mehreren organschaftlichen Geschäftsführern, dass Einzelgeschäftsführung gilt, § 115 II HGB aF enthält eine Auslegungsregel zur Gesamtgeschäftsführungsbefugnis (Zustimmungsvorbehalt). Diese Regelungen sind allerdings im Gesellschaftsvertrag abdingbar (§ 109 HGB aF). Danach können ein oder mehrere Gesellschafter mit der Geschäftsführungsbefugnis betraut werden (§ 114 II HGB aF). Gesetzlich gilt für die Vertretungsbefugnis der Grundsatz der Einzelvertretungsbefugnis der Gesellschafter (§ 125 I HGB aF); diese Grundform kann vertraglich allerdings abgewandelt werden in einen Ausschluss einzelner Gesellschafter von der Vertretung, eine Gesamtvertretung durch mehrere Gesellschafter, eine Einzelermächtigung zur Vornahme bestimmter Geschäfte (§ 125 II 2 HGB aF) und eine gemischte Gesamtvertretung aus Gesellschaftern und rechtsgeschäftlich bestellten Vertretern (§ 125 III HGB aF). Zu den Neuregelungen ab 1.1.2024 → § 58 Rn. 42 und → § 48 nF Rn. 48. Je nach Ausgestaltung der Geschäftsführungs- und Vertretungsbefugnis müssen die zutreffenden (Gesellschafter-)Geschäftsführer entweder allein oder gemeinsam im Namen der OHG Klage erheben, um den Anforderungen des § 48 I Nr. 1 Fall 1 aF zu genügen. Für die Praxis empfiehlt sich in Fällen des § 48 I Nr. 1 Fall 1 aF zB folgende Formulierung des Klagerubrums: „Klage der X-OHG, […], gesetzlich vertreten durch […], erhoben durch ihren vertretungsberechtigten Geschäftsführer A […].“ 37

Partnerschaftsgesellschaft. Die Führung der Geschäfte einer Partnerschaftsgesellschaft bestimmt sich nach dem Partnerschaftsvertrag, sonst gem. § 6 III PartGG entspr. §§ 110–116 II, §§ 117–119 HGB aF (MHdB GesR I/Salger 5. Aufl., § 41 Rn. 14). Die bei der OHG (→ Rn. 37) dargestellten Formen der Ausgestaltung gelten auch hier. 38

Bei der **Kommanditgesellschaft (KG)** ist gem. §§ 164, 161 II, 114 HGB aF dem oder den persönlich haftenden Gesellschaftern (Komplementären) die 39

Geschäftsführungsbefugnis auf Grundlage des Prinzips der Selbstorganschaft zugewiesen. Durch die Verweisung auf das Recht der OHG gilt auch § 115 I HGB aF (Grundsatz der Einzelgeschäftsführungsbefugnis mehrerer Komplementäre) iVm § 125 I HGB aF (Grundsatz der Einzelvertretungsbefugnis). Gem. §§ 109, 163 HGB aF können die gesetzlichen Regelungen zur Geschäftsführungsbefugnis vertraglich ebenfalls geändert werden; hier gelten ebenfalls §§ 114 II HGB aF (Möglichkeit des Ausschlusses einzelner Komplementäre) und 115 II HGB aF (Vereinbarung einer Gesamtgeschäftsführungsbefugnis mehrerer Komplementäre). Durch gesellschaftsvertragliche Vereinbarung kann auch ein Kommanditist neben dem Komplementär zur Geschäftsführung berufen werden; möglich sind hier ebenfalls eine Einzel-, Gesamt- oder sachbereichsbezogene Geschäftsführungsbefugnis. Die alleinige Geschäftsführungsbefugnis eines Kommanditisten statt des Komplementärs ist nach überwiegender Auffassung nicht zulässig. Die umfassende vertragliche Übertragbarkeit von Geschäftsführungsbefugnissen auf Dritte unter Einräumung einer Vollmacht (zB Prokura, Handlungsvollmacht) im Wege einer abgeleiteten Geschäftsführungsbefugnis ist jedoch allgemein anerkannt (s. zum Ganzen MHdB GesR II/Scheel, 5. Aufl., § 7 Rn. 27–33, 71–75). Zur Vertretungsbefugnis gilt: Zwingend (§ 170 HGB aF) wird die KG von den Komplementären und nicht den Kommanditisten vertreten. Innerhalb des Kreises der Komplementäre kann durch den Gesellschaftsvertrag die Vertretungsbefugnis einzelner Komplementäre ausgeschlossen (§ 125 I HGB aF), eine Gesamtvertretung (§ 125 II HGB aF) oder eine gemischte Gesamtvertretung mit rechtsgeschäftlich bestellten Vertretern (Prokuristen) vereinbart werden (§ 125 III HGB aF). Kommanditisten kann wie Dritten eine rechtsgeschäftliche, nach hM aber keine organschaftliche Vertretungsbefugnis eingeräumt werden (zum Ganzen MHdB GesR II/Scheel, 5. Aufl., § 9 Rn. 16–18, 21–34). Für Klagen, die im Namen der KG als Prozessstandschafterin gegen einen einheitlichen und gesonderten Feststellungsbescheid gem. § 48 I Nr. 1 Fall 1 aF erhoben werden sollen, sind diese gesellschaftsrechtlichen Vorgaben zu beachten. Zu den Neuregelungen ab 1.1.2024 → § 58 Rn. 42 und → § 48 nF Rn. 48.

40 Bei der **GmbH & Co. KG** ist die Komplementär-GmbH zur Vertretung und Geschäftsführung befugt (§§ 164, 170 HGB aF), wird jedoch gem. § 35 GmbHG wiederum durch ihren Geschäftsführer vertreten. Hier gilt das Gebot der Selbstorganschaft im mittelbaren Vertretungsverhältnis nicht, dh die GmbH kann einen Fremdgeschäftsführer bestellen. In diesem Fall vertritt der Fremdgeschäftsführer der Komplementär-GmbH bei der typischen GmbH & Co. KG mittelbar die KG allein. Ansonsten gelten die zur KG dargestellten Regelungen entspr., wenn mehrere Komplementäre vorhanden sind oder Kommanditisten/Dritte (neben der Komplementär-GmbH) zu rechtsgeschäftlichen Vertretern der KG bestellt werden (MHdB GesR II/Gummert, 5. Aufl., § 52 Rn. 1–4, 10–15). Es ist daher im Fall der typischen GmbH & Co. KG gegen einen gesonderten und einheitlichen Feststellungsbescheid Klage zu erheben „im Namen der A-GmbH & Co. KG, vertreten durch die A-Komplementär-GmbH, diese wiederum vertreten durch ihren Geschäftsführer […]“.

Geschäftsführer iSd § 48 I 1 Fall 1 aF kann nach der Rspr. auch **eine juristische Person** sein; dies gilt auch **bei einer ausländischen Rechtsform,** die nach dem Rechtstypenvergleich einer inländischen GmbH & Co. KG entspricht (BFH I B 79/13, BFH/NV 2014, 161; s. auch Weßling BB 2013, 1185).

Bei der sog. **Einheits-GmbH & Co. KG** gehören die Anteile an der Komplementär-GmbH zum Gesamthandsvermögen der KG. Es wird der im Regelfall allein geschäftsführungsbefugten Komplementär-GmbH im Gesellschaftsvertrag der KG die Geschäftsführungsbefugnis betreffend die Ausübung der Gesellschafterrechte aus oder an den von der KG gehaltenen Geschäftsanteilen an der Komplementär-GmbH entzogen und diese auf die Kommanditisten übertragen (BFH IV R 42/14, BStBl. II 2017, 1126). Für das hier interessierende Außenverhältnis wird die KG allein durch die Komplementär-GmbH vertreten (MHdB GesR II/ Gummert, 5. Aufl., § 52 Rn. 11), sodass sich im Hinblick auf § 48 I Nr. 1 Fall 1 aF keine Besonderheiten ergeben. Zu den Neuregelungen ab 1.1.2024 → § 58 Rn. 42 und → § 48 nF Rn. 48.

Bei **Publikumspersonengesellschaften** hat der BFH § 48 I Nr. 1 Fall 1 aF 41 dann für **nicht** einschlägig gehalten, wenn die Geschäftsführung und Vertretung allen Gesellschaftern gemeinschaftlich zusteht und keine Person vorhanden ist, die ein von den Gesellschaftern der Gesellschaft abgeleitetes, die gerichtliche Vertretung umfassendes Geschäftsführungsrecht und Vertretungsrecht erlangt hat (BFH IX R 68/01, BStBl. II 2005, 324 zur GbR). Hierzu auch → Rn. 24b bei zweistufigen Feststellungsverfahren.

Bei **vermögensverwaltenden PersGes** (GbR, KG oder GmbH & Co. KG 42 ohne gewerbliche Prägung/Abfärbung nach § 15 III EStG) gelten die in → Rn. 37, 40, 41 dargestellten Grundsätze. Zu Bruchteilsgemeinschaften, Erbengemeinschaften, WEG → Rn. 62–62c.

Innengesellschaften (Innen-GbR oder atypisch stille Gesellschaft): Zur 43 atypisch stillen Gesellschaft vertritt der BFH in gefestigter Rspr., diese könne nicht selbst Beteiligte (§ 57 Nr. 1) eines finanzgerichtlichen Verfahrens sein, das die gesonderte und einheitliche Feststellung der Einkünfte der Innengesellschaft betreffe. Folglich scheidet eine gesetzliche Prozessstandschaft der Innengesellschaft aus. Diese Rolle übernimmt gem. § 48 I Nr. 1 Fall 2, II aF der Empfangsbevollmächtigte als Klagebevollmächtigter (BFH VIII B 62/97, BStBl. II 1998, 40; IV B 136/07, BFH/NV 2009, 597; IV R 8/09, BStBl. II 2012, 183; IV B 101/10, BFH/NV 2012, 598). Er handelt im eigenen Namen im Interesse der Feststellungsbeteiligten der Innengesellschaft und damit für diese als gesetzlicher Prozessstandschafter (BFH IV R 27/13, BFH/NV 2016, 559; IV R 44/14, BFH/NV 2018, 407). Empfangsbevollmächtigt bei der atypisch stillen Gesellschaft ist in der Praxis idR der Inhaber des Handelsgeschäfts (BFH IV R 20/08, BStBl. II 2010, 528; IV R 8/09, BStBl. II 2012, 183) durch Bestellung ggü. dem FA.

Ist ein Empfangsbevollmächtigter nach § 48 I Nr. 1 Fall 2 aF nicht vorhanden, so ist gem. § 48 I Nr. 2 aF jeder Gesellschafter, gegen den der Feststellungsbescheid ergangen ist oder zu ergehen hätte, selbst klagebefugt (BFH IV R 41/14, BStBl. II 2017, 1133), dh also der Geschäftsinhaber und der stille Gesellschafter.

Bei Vollbeendigung der atypisch stillen Gesellschaft sind die Gesellschafter der atypisch stillen Gesellschaft – der Geschäftsinhaber und der Stille – klagebefugt (§ 48 I Nr. 2 aF; BFH IV R 44/14, BFH/NV 2018, 407; IV R 20/14, BFH/ NV 2017, 475). Zu den Neuregelungen ab 1.1.2024 → § 48 nF Rn. 58.

c) Rechtschutzgewährende Auslegung von Klageschriften und Genehmigung der Klage von Nichtklagebefugten. Es muss vielfach durch Ausle- 44 gung geholfen werden, weil gerade in Grenzfällen üblicherweise im Rubrum der Klageschrift nicht nur die Gesellschaft oder Gemeinschaft als solche, sondern auch die Gesellschafter oder Gemeinschafter als Kläger benannt oder erwähnt sind, sodass oft nicht auf den ersten Blick erkennbar ist, in wessen Namen die Klage erhoben werden soll. Eine Klage darf nicht allein am „falschen" Rubrum scheitern

(Tipke/Kruse/Brandis § 48 Rn. 8). Nach dem Grundsatz der **rechtsschutzgewährenden Auslegung** ist im Zweifel anzunehmen, dass dasjenige Rechtsmittel von demjenigen eingelegt werden soll, das zulässig ist (BFH IV R 28/05, BStBl. II 2007, 704; IV R 45/07, BStBl. II 2010, 689; IV R 37/10, BFH/NV 2013, 910; IV R 41/09, BStBl. II 2013, 313). Allerdings muss die Klageschrift hierfür auch auslegungsfähig sein.

– Angeknüpft werden kann für die Auslegung oft an die **Einspruchsentscheidung:** Die zB namens einer vollbeendeten KG erhobene (unzulässige) Klage ist nach der Rspr. des BFH als Klage des oder der ehemalige(n) Gesellschafter(s) der KG (§ 48 I aF → Rn. 2) auszulegen, wenn die fehlerhafte Klägerbezeichnung im Rubrum der Klageschrift durch eine fehlerhafte Rubrumsbezeichnung in der Einspruchsentscheidung veranlasst worden ist und dieser entspricht. Hierfür muss dem FA die Vollbeendigung der PersGes bei Erlass der Einspruchsentscheidung bereits bekannt sein (**Spiegelbildbetrachtung;** BFH IV R 4/03, BFH/NV 2005, 162; IV R 87/05, BFH/NV 2009, 1650; IV R 8/13, BStBl. II 2015, 1046; VIII R 47/18, BStBl. II 2021, 696; IV R 6/18, BStBl. II 2021, 197). Tritt die Vollbeendigung der Gesellschaft im Einspruchsverfahren ein, sodass die ehemaligen Gesellschafter einspruchsbefugt werden (s. auch Klein/Rätke AO, 17. Aufl., § 352 Rn. 9), und wird im Rubrum der Einspruchsentscheidung unzutreffend ein Gesamtrechtsnachfolger der Gesellschaft (kein Feststellungsbeteiligter) als Einspruchsführer bezeichnet, kann die anschließende Klage gleichwohl nicht als von diesem, sondern als von den Feststellungsbeteiligten erhoben angesehen werden (BFH IV R 54/16, BStBl. II 2023, 447). Keine rechtsschutzgewährende Auslegung kommt in Betracht, wenn die Gesellschaft als Einspruchsführerin bei Erlass der Einspruchsentscheidung noch nicht vollbeendet, daher deren Bekanntgabeadressat ist und der Bevollmächtigte, dem die Vollbeendigung bekannt ist, im Namen der Gesellschaft Klage erhebt (BFH IV R 62/11, BFH/NV 2015, 995).
– Der BFH ist zu einer eigenständigen Auslegung der **Klage** ohne Bindung an die Feststellungen des FG befugt (BFH IV R 12/12, BFH/NV 2016, 412). Dabei sind auch die Umstände heranzuziehen, die nur für das FA erkennbar sind (BFH IV R 87/05, BFH/NV 2009, 1650, Rn. 26). Bei der Prüfung der **Einspruchsbefugnis** gem. § 352 AO beanstandet der BFH eine rechtsschutzgewährende Auslegung des FG nicht, wenn die Einspruchsbegründung nach den für die Klageschrift heranzuziehenden Kriterien ausgelegt wird (BFH IV R 13/21, BFH/NV 2024, 371).
– Ferner setzt eine Zulässigkeit der Klage nach der Spiegelbildbetrachtung voraus, dass der die Klage einreichende Bevollmächtigte auch von den Gesellschaftern bevollmächtigt worden ist (BFH IV R 2/16, BStBl. II 2019, 526).

45 Das Fehlen der Klagebefugnis nach § 48 aF kann durch die **Genehmigung eines Klagebefugten** geheilt werden. Ein solcher Fall liegt ua auch dann vor, wenn ein nicht allein vertretungsbefugter Geschäftsführer **für die Gesellschaft** unter Berufung auf die Klagebefugnis nach § 48 I Nr. 1 aF Klage erhebt. Genehmigen die weiteren vertretungsbefugten Personen die Klageerhebung nach Ablauf der Klagefrist, ist die Klage als Klage der Gesellschaft zulässig (BFH I R 168/84, BStBl. II 1989, 514; II R 17/04, BStBl. II 2005, 855). Wird die Klage aber unter Berufung auf eine eigene Klagebefugnis vom Gesellschafter **für sich im eigenen Namen** erhoben, tritt der Kläger nicht als Vertreter eines Anderen (der Gesellschaft) unter Berufung auf dessen Klagebefugnis auf, sodass auch eine Genehmi-

gung der Prozessführung nicht in Betracht kommt; die Klage ist dann als unzulässig abzuweisen (BFH IV R 48/16, DStR 2020, 923).

d) Wegfall der Prozessstandschaft iSd § 48 I 1 Nr. 1 Fall 1 aF. aa) Vollbeendigung. Die **Beteiligtenfähigkeit der Gesellschaft gem. § 57 Nr. 1** (→ § 57 Rn. 25) ist Voraussetzung für die Anwendung des § 48 I Nr. 1 aF. Entfällt sie aufgrund der Vollbeendigung, **fehlt** der **Prozessstandschaft ab diesem Zeitpunkt die Basis.** Hiervon zu unterscheiden ist die Situation, dass die Gesellschaft nicht vollbeendet ist, aber nicht mehr durch Geschäftsführer oder Liquidatoren vertreten wird. In diesem Fall fehlt zwar die Prozessfähigkeit, dieses Hindernis kann aber uU überwunden werden (→ § 58 Rn. 33). 46

Die **Vollbeendigung** der Gesellschaft/Gemeinschaft kann aufgrund verschiedener Tatbestände eintreten: Zu unterscheiden sind die **sofortige Vollbeendigung** und die **gestreckte Abwicklung** der Gesellschaft im Insolvenz- oder Liquidationsverfahren. Die zivilrechtliche Vollbeendigung einer PersGes hat für den Anwendungsbereich des § 48 I aF zur Folge, dass ein „zur Vertretung berufener Geschäftsführer … (nun) nicht (mehr) vorhanden“ ist. Die Klagebefugnis richtet sich dann uU nach **§ 48 I Nr. 1 Fall 2 aF oder idR nach § 48 I Nr. 2 aF** (BFH IV R 20/10, BStBl. II 2013, 705; VIII R 42/09, BStBl. II 2013, 365; IV R 21/10, BFH/NV 2013, 1586 mwN). 47

bb) Sofortige Vollbeendigung. Die sofortige (liquidationslose) Vollbeendigung tritt ein 48

- mit der **Umwandlung einer gewerblich tätigen Personengesellschaft in eine Kapitalgesellschaft** im Wege der Einzel- oder Gesamtrechtsnachfolge (§ 20 UmwStG). Im Fall des **Formwechsels** (§ 25 UmwStG) lebt die bis zum Zeitpunkt der Vollbeendigung überlagerte Klagebefugnis der einzelnen Gesellschafter (§ 48 I Nr. 2 aF) wieder auf (BFH IV R 22/19, BFH/NV 2023, 571). Eine Ausnahme gilt in allen vorgenannten Fällen nur für Gesellschafter iSd § 48 I Nr. 2 aF, die unter keinem denkbaren Gesichtspunkt iSd § 40 II von dem Ausgang des Rechtsstreits betroffen sein können (BFH IV R 22/19, BFH/NV 2023, 571, zB eine nicht am Gewinn und Vermögen beteiligte ehemalige Komplementär-GmbH). Die Klagebefugnis geht nicht auf die durch den Formwechsel entstandene GmbH über (BFH IV R 20/10, BStBl. II 2013, 705; IV R 21/19, BStBl. II 2023, 474). Gleiches gilt **für die Verschmelzung einer Personengesellschaft auf eine Kapitalgesellschaft (§ 20 UmwStG).** Klagebefugt sind aufgrund der Vollbeendigung nicht die KapGes als Gesamtrechtsnachfolgerin, sondern die Gesellschafter der ehemaligen PersGes (s. BFH VIII B 61/98, BFH/NV 1999, 291; VIII B 146/18, BFH/NV 2019, 1234; FG Münster 4 K 3523/14 F, EFG 2018, 98, Rev. BFH: IV R 16/17). Die unter § 24 UmwStG fallende **Verschmelzung von einer Personengesellschaft auf eine andere Personengesellschaft** führt ebenso zur Klagebefugnis der Gesellschafter gem. § 48 I Nr. 2 aF;
- mit dem Ausscheiden aller Gesellschafter aus einer PersGes bis auf einen Gesellschafter **(„Anwachsung“):** Eine zweigliedrige PersGes wird durch Ausscheiden eines Gesellschafters ohne Liquidation vollbeendet; der verbleibende Gesellschafter wird dadurch Gesamtrechtsnachfolger der PersGes (BFH IV R 18/19, BStBl. II 2023, 326; IV R 67/07, BFH/NV 2010, 1606; IV B 104/13, BFH/NV 2014, 70). Die Klagebefugnis der PersGes gem. § 48 I Nr. 1 aF geht jedoch nicht auf den Gesamtrechtsnachfolger über. Der Gewinnfeststellungsbescheid kann gem. § 48 I Nr. 2 aF von jedem vormaligen Gesellschafter ange-

fochten werden, dessen Mitgliedschaft die Zeit berührt, auf die sich der Gewinnfeststellungsbescheid bezieht (BFH IV R 20/10, BStBl. II 2013, 705; IV R 21/10, BFH/NV 2013, 1586, jeweils mwN; BFH IV R 75/16, BFH/NV 2017, 1056; IV R 55/16, BeckRS 2017, 145117; IV R 39/11, DStR 2018, 2689; zur abweichenden Behandlung bei Klagen gegen Investitionszulagenbescheide BFH III R 31/09, BStBl. II 2013, 179). Dies gilt auch, wenn sämtliche Anteile einer Gesellschaft gem. § 24 UmwStG in eine andere PersGes eingebracht werden und anschließend das Vermögen der Untergesellschaft infolge der Anteilsvereinigung bei der Obergesellschaft dieser anwächst (BFH IV B 12/08, BFH/NV 2008, 2039; IV R 12/16, BStBl. II 2019, 745; VIII R 39/15, BStBl. II 2019, 239);

– keine sofortige Vollbeendigung einer PersGes als Prozessstandschafterin tritt ein, wenn diese durch schlichte Änderung des Gesellschaftsvertrags im Wege eines **identitätswahrenden Formwechsels** in eine PersGes anderer Rechtsform umgestaltet wird. Hier bleibt die Klagebefugnis der Gesellschaft gem. § 48 I Nr. 1 aF erhalten, auch wenn die interne Geschäftsführungsbefugnis zB von einem GbR-Gesellschafter auf eine Komplementär-GmbH übergeht (BFH IV R 16/19, BFH/NV 2023, 120);
– bei **Auswechslung sämtlicher Gesellschafter** einer PersGes kann keine Vollbeendigung mit konkludenter Neugründung einer PersGes angenommen werden. Die PersGes, an der sämtliche Gesellschafter wechseln, wird bei einer Fortsetzungsklausel nicht in das Liquidationsstadium überführt. Sie bleibt Prozessstandschafterin gem. § 48 I Nr. 1 aF und wird durch ihre jeweils vertretungsberechtigten Gesellschafter vertreten, selbst wenn diese im strittigen Zeitraum noch nicht Gesellschafter waren (vgl. ThürFG 3 K 148/11, EFG 2015, 1060 mit Hinweis auf BFH II R 112/71, BStBl. II 1978, 605; VIII R 302/82, BFH/NV 1989, 304; VIII R 138/85, BStBl. II 1991, 581).

Zu weiteren Beispielen aus der Rspr. → Rn. 68.

49 **cc) Abwicklung der Gesellschaft.** Ist **eine Liquidation durchzuführen** und **gemeinschaftliches Aktiv- oder Passivvermögen vorhanden,** tritt die **Vollbeendigung** erst mit **Abwicklung** der Liquidation ein. Bei einer **insolvenzfreien Liquidation** wird die PersGes durch die **Liquidatoren** (§§ 714, 730 BGB aF, §§ 105 II, 146 I, 149 HGB aF) als gesetzliche Vertreter vertreten. Liquidatoren einer **GbR** sind nach § 730 II 2 Hs. 2 BGB aF grds. alle Gesellschafter gemeinschaftlich, es sei denn, durch Gesellschaftsvertrag oder Gesellschafterbeschluss wird etwas anderes bestimmt (BFH IV B 69/05, BFH/NV 2007, 1923; MHdB GesR I/Gummert, 5. Aufl., § 21 Rn. 93 f.). Bei Liquidation einer **OHG** sind die Gesellschafter geborene Liquidatoren, abweichend davon können auch einzelne Gesellschafter durch den Gesellschaftsvertrag oder durch Beschluss (gekorene Liquidatoren) oder durch das Gericht bestimmt werden (§ 146 I, II HGB aF; MHdB GesR I/Butzler/Knof, 5. Aufl., § 84 Rn. 7–16). Bei Liquidation einer **GmbH & Co. KG** sind die Liquidationsverfahren für die Komplementär-GmbH und die KG zu unterscheiden und finden nach GmbH-Recht einerseits und dem HGB andererseits statt. Für die KG sind die Kommanditisten als Liquidatoren zur Vertretung berufen (§§ 161 II, 146 HGB aF; s. auch FG BBg 7 K 7294/11, DStRE 2015, 1356), allerdings kann § 146 HGB aF bei beteiligungsidentischen GmbH & Co. KGs ausdrücklich oder konkludent abbedungen sein, mit der Folge, dass die Komplementärin (vertreten durch deren Liquidatoren) die Liquidatorin für die KG ist (str., nach hM keine konkludente Abbedingung des § 146 I HGB aF, s. MHdB GesR II/Gummert 5. Aufl., § 50 Rn. 112).

Für Klagen gegen **gesonderte und einheitliche Feststellungsbescheide** geht der BFH im Stadium der Liquidation vom Fortbestehen der Klagebefugnis der Gesellschaft als Prozessstandschafterin gem. § 48 I Nr. 1 aF aus; die Gesellschaft wird aber nun durch ihre Liquidatoren vertreten (BFH IV B 69/05, BFH/NV 2007; IV B 115/09, BFH/NV 2011, 1167; zu Ausnahmefällen s. Steinhauff AO-StB 2010, 182 (184); auch v. Wedelstädt AO-StB 2006, 230 (232) zu § 352 AO). Notfalls muss zur Vermeidung der Prozessunfähigkeit gem. § 58 II 1 die gerichtliche Bestellung eines Liquidators (zB gem. § 146 II HGB aF) veranlasst werden. **49a**

Für Klageverfahren der Gesellschaft gegen **Betriebssteuerbescheide** ist die Gesellschaft bis zur Abwicklung der steuerrechtlichen Rechtsbeziehungen beteiligtenfähig, selbst wenn zuvor ein zivilrechtlicher Beendigungstatbestand eintritt (→ § 57 Rn. 27) und wird durch die Liquidatoren vertreten. Die Vertretungsbefugnis der Liquidatoren besteht, **anders als bei einer KapGes,** auch noch nach Löschung der PersGes im Handelsregister fort, wenn sich nach der Löschung herausstellt, dass noch Aktivvermögen vorhanden ist, sodass es keiner Bestellung von Nachtragsliquidatoren bedarf (BGH IX Z R 69/75, NJW 1979, 1987; II Z R 268/88, NJW 1990, 1725). Die **Löschung im Handelsregister** ist lediglich ein **Indiz** für die Vollbeendigung (NdsFG 13 K 39/21, EFG 2023, 44, Rev. BFH: IV R 1/23). **49b**

Die Eröffnung des **Insolvenzverfahrens** über das Vermögen der Gesellschaft führt bei GbR, OHG, KG sowie GmbH & Co. KG grds. zur Auflösung ohne Vollbeendigung (bei der GbR § 728 I BGB aF; § 131 I Nr. 3 HGB aF) und zum Übergang der **Prozessführungsbefugnis auf den Insolvenzverwalter** (§ 80 InsO) auch für Steuerforderungen und -erstattungen im Zusammenhang mit dem Gesellschaftsvermögen, **die dem Insolvenzbeschlag unterliegen** (zur GbR MHdB GesR I/Gummert, 5. Aufl., § 22 Rn. 29, 37, auch zur Einziehungsbefugnis gem. § 93 InsO; zur OHG MHdB GesR I/Butzler/Knof, 5. Aufl., § 84 Rn. 30; zur KG/GmbH & Co. KG MHdB GesR II/Gummert, 5. Aufl., § 47 Rn. 14 und § 55 Rn. 42). Zugleich wird die Organstellung der bisherigen Organe von der Insolvenzeröffnung im Grundsatz nicht berührt. **50**

In Klageverfahren im Hinblick auf die **Betriebssteuern** (USt, GewSt) und Bescheide, die sich gegen die Gesellschaft als Inhaltsadressatin richten, ist danach der Insolvenzverwalter allein prozessführungsbefugt. **50a**

Bei Klagen einer insolventen Gesellschaft als Prozessstandschafterin gegen **gesonderte und einheitliche Feststellungsbescheide** führt die Eröffnung des Insolvenzverfahrens **nicht zum Übergang der Klage- und Prozessführungsbefugnis auf den Insolvenzverwalter,** denn insoweit wird das zur Insolvenzmasse gehörende Vermögen nicht berührt. Die Rechtsposition der Liquidatoren als Organe der Gesellschaft (infolge der Auflösung der Gesellschaft kraft Gesetzes) bleibt unangetastet, sodass diese die Klage im Namen der Gesellschaft erheben müssen (BFH IV R 5/03, BStBl. II 2005, 215; VIII R 14/02, BStBl. II 2005, 246; IV R 52/04, BFH/NV 2007, 1332; VIII R 7/03, BStBl. II 2009, 772; IV R 44/10, BFH/NV 2013, 376; FG BBg 7 K 7294/11, DStRE 2015, 1356; zur Einzelbekanntgabe BFH IV R 17/16, NZI 2019, 907). Wenn die Insolvenzeröffnung allerdings mangels vorhandenen Aktivvermögens die faktische Vollbeendigung der Gesellschaft bewirkt (→ Rn. 51), geht damit auch der Verlust der Klagebefugnis der Gesellschaft gem. § 48 I Nr. 1 aF einher (s. zB BFH IV R 44/10, BFH/NV 2013, 376). **50b**

Zur Klagebefugnis und Vertretung in einem gerichtlichen Verfahren gegen einen Gewinnfeststellungsbescheid bei **Simultaninsolvenz** der Komplementär-GmbH und der KG in einer **GmbH & Co. KG** s. BFH IV R 9/20, DStR 2024, 744; VIII R 7/03, BStBl. II 2009, 772; FG Hmb 6 K 30/14, EFG 2015, 660; zum Nichtausscheiden der GmbH aus der KG FG Hmb 2 K 65/16, ZInsO 2024, 110; auch → § 60 Rn. 59j, „Insolvenz der Gesellschaft" und → § 60 Rn. 59k, „Insolvenz des Gesellschafters"; zur geänderten Rechtslage nach dem MoPeG → § 58 Rn. 4.

51 **dd) Faktische Vollbeendigung.** Hat die Gesellschaft **ihr Aktivvermögen verloren** und sind Nachschüsse der Gesellschafter zur Begleichung der Schulden iRd Abwicklung nicht mehr zu erlangen (BFH V R 23/89, BStBl. II 1990, 333; IV R 87/90, BFH/NV 1993, 457; VIII R 66/03, BStBl. II 2006, 307), ist die Gesellschaft bereits vor Abschluss des förmlichen Liquidationsverfahrens vollbeendet. Diese **faktische Vollbeendigung** wird der rechtlichen Vollbeendigung gleichgestellt, sodass dann keine Klagebefugnis mehr besteht (und auch von der Beiladung abzusehen ist). Indizien der faktischen Vollbeendigung sind die tatsächliche Einstellung des Betriebs, völlige Vermögenslosigkeit (vgl. zB BFH IV R 52/77, BStBl. II 1981, 186; VIII R 59/92, BStBl. II 1996, 219; VIII R 30/99, BFH/NV 2001, 827; IV R 17/07, BStBl. II 2010, 631). In diesem Fall lebt die Klagebefugnis der Gesellschafter gem. § 48 I Nr. 2 aF wieder auf (BFH VIII R 22/11, DStR 2015, 738 mwN).

Keine faktische Vollbeendigung tritt bei noch vorhandenem Aktivvermögen ein, wenn die Organe der Gesellschaft ihr Amt niederlegen und dadurch die Handlungsfähigkeit der Gesellschaft beeinträchtigt ist. Dies führt aber zum Verlust der Prozessfähigkeit gem. § 58 II 1. Ist Geschäftsführer einer GmbH & Co. KG oder einer ähnlichen ausländischen PersGes eine führungslose KapGes, weil der Geschäftsführer jener KapGes sein Amt niedergelegt hat oder die Komplementär-GmbH keinen Geschäftsführer mehr hat, ist dennoch eine gesetzliche Prozessstandschaft der Gesellschaft weiterhin gem. § 48 I Nr. 1 Fall 1 aF gegeben. Die in → Rn. 41 erläuterte Rspr. zur Publikumspersonengesellschaft ist aber nicht auf andere PersGes zu übertragen (BFH I B 79/13, BFH/NV 2014, 161).

52 **ee) Sog. Ewigkeitsrechtsprechung.** Die Grundsätze, nach denen eine PersGes bis zur Abwicklung aller gemeinsamen Rechtsbeziehungen bei Verfahren gegen **Betriebssteuerbescheide** als materiell-rechtlich existent und beteiligtenfähig zu behandeln ist (→ § 57 Rn. 22 f.; BFH IV B 19/09, BFH/NV 2010, 1480; V R 3/21, DStR 2024, 107), sind vom BFH herangezogen worden, um die Annahme einer Vollbeendigung der Gesellschaft und den Wegfall der Beteiligtenfähigkeit und Klagebefugnis der Gesellschaft gem. § 48 I Nr. 1 Fall 1 aF hinauszuschieben (BFH IV B 69/05, BFH/NV 2007, 1923; IV B 103/07, BFH/NV 2010, 865). Die Vollbeendigung samt Wegfall der Klagebefugnis gem. § 48 I Nr. 1 aF tritt nicht ein, wenn **gleichzeitig** ein Verfahren gegen den GewSt-Messbescheid und den Gewinnfeststellungsbescheid geführt wird. Dies gilt auch, wenn nach Abschluss der zivilrechtlichen Liquidation neben dem Gewinnfeststellungsbescheid von der Gesellschaft im Wege der objektiven Klagehäufung (§ 43) ein Bescheid über die Feststellung des vortragsfähigen Gewerbeverlusts nach § 10a GewStG angefochten wird (BFH IV R 37/15, BFH/NV 2018, 539; FG RhPf 3 K 2108/18, EFG 2024, 296, rkr.), oder, wenn der Insolvenzverwalter von den Gesellschaftern noch Einlagen fordert (BFH IV R 17/07, BStBl. II 2010, 631). Offengelassen hat der BFH, ob dies bei nicht abgewickelten umsatzsteuerrechtli-

chen Rechtsbeziehungen ebenfalls gilt (BFH IV R 79/05, BStBl. II 2009, 15). Diese Rspr. wird zu Recht kritisch beurteilt, da die eintretende Verfahrensvereinfachung zwar in der Situation der objektiven Klagehäufung (§ 43) Erleichterungen mit sich bringt, aber eine Reihe von schwierigen Folgefragen aufwirft (s. näher Steinhauff AO-StB 2010, 182 (185): „Ewigkeitsrechtsprechung"; Steinhauff jurisPR-SteuerR 19/2018 Anm. 2; Gosch/v. Beckerath § 48 Rn. 188; Tipke/Kruse/Brandis § 48 Rn. 15; → § 57 Rn. 22). Der BFH sieht in Reaktion auf die Kritik die Fortdauer der Prozessstandschaft in § 48 I Nr. 1 aF durch die Verfahrensvereinfachung nunmehr als gerechtfertigt an, da eine notwendige Beiladung auch für nur einen Teil der Klagegegenstände (den Gewinnfeststellungsbescheid) möglich sei, wenn das Steuergeheimnis nicht entgegenstehe und die Beiladung nur zu einem der Klagebegehren auch keine Trennung der Verfahren erfordere (BFH IV R 37/15, BFH/NV 2018, 539).

ff) Prozessuale Folgen. Kommt es **zur Vollbeendigung** einer PersGes während des Verfahrens gegen einen Gewinnfeststellungsbescheid, verliert die als Pro- 53
zessstandschafterin klagende Gesellschaft (§ 48 I Nr. 1 aF) die Klagebefugnis. Diese geht im Rahmen einer **prozessualen Gesamtrechtsnachfolge** auf die durch den angefochtenen Gewinnfeststellungsbescheid beschwerten ehemaligen Gesellschafter (§ 48 I Nr. 2 aF) über, die im Streitzeitraum an der Gesellschaft beteiligt waren, nicht vor der Klageerhebung aus der Gesellschaft ausgeschieden und daher gem. § 48 I Nr. 3 aF ohnehin neben der Gesellschaft klagebefugt sind (aus der stRspr s. BFH VIII R 52/04, BStBl. II 2006, 847; IV R 25/10, BFH/NV 2014, 170; IV R 61/16, DStR 2019, 2131; IV R 4/18, DStRE 2021, 399; → § 57 Rn. 42). Der Eintritt der ehemaligen Gesellschafter einer erst im Klageverfahren vollbeendeten PersGes ist verfahrensunterbrechend wie ein Fall der Gesamtrechtsnachfolge iSv § 239 ZPO iVm § 155. Allerdings wird bei Vollbeendigung einer GbR erst während des Klageverfahrens eine mangels Klagebefugnis unzulässig erhobene Klage nicht durch den Eintritt der schon zuvor klagebefugten Gesellschafter zulässig, wenn die Vollbeendigung nach Ablauf der Klagefrist eintritt (vgl. BFH IV R 33/13, BStBl. II 2018, 81).

War die Gesellschaft/Gemeinschaft Prozessstandschafterin durch einen Prozessbevollmächtigten vertreten, so greift allerdings § 246 ZPO ein. Danach tritt in den Fällen des § 239 ZPO eine Unterbrechung des Verfahrens nicht ein, wenn ein Prozessbevollmächtigter bestellt war und dieser sowie der Prozessgegner keinen Antrag auf Aussetzung des Verfahrens gem. § 246 I ZPO stellen (BFH IV R 25/10, BFH/NV 2014, 170; IV R 33/13, BStBl. II 2018, 81).

Besonderheiten gelten in Fallgestaltungen, in denen die Gesellschaft als Prozessstandschafterin gem. § 48 I Nr. 1 Fall 1 aF eine Feststellung anficht, die allein den ausgeschiedenen Gesellschafter (iSd § 48 I Nr. 3 aF) persönlich angeht (zB die Höhe eines Aufgabe- oder Veräußerungsgewinns). Bis zur Vollbeendigung steht der Gesellschaft die Klagebefugnis zu (BFH IV R 14/18, BStBl. II 2021, 367). Da die Klagebefugnis in einem solchen Fall ausnahmsweise allein aus dem Schutz der eigenen steuerrechtlichen Sphäre der Gesellschaft folgt, kommen als prozessuale Rechtsnachfolger der während des finanzgerichtlichen Verfahrens vollbeendeten PersGes entweder **(veranlassungsbezogener Ansatz)** derjenige in Betracht, der diese Klage als deren Geschäftsführer aus dem Schutz der steuerrechtlichen Sphäre der Gesellschaft veranlasst, oder **(haftungsbezogener Ansatz)** derjenige, der im Zeitpunkt ihrer Vollbeendigung für die Schulden der PersGes haftet (BFH IV R 4/18, DStRE 2021, 399, auch zum Wegfall eines etwaigen Rechtsschutzbedürfnisses). Dies kann bei GmbH & Co. KGs unter beiden Betrachtungsweisen die Komplementär-GmbH sein. Der ausgeschiedene Gesellschafter ist in diesem Fall nicht der prozessuale Rechtsnachfolger; er kann nicht ohne sein Zutun zum Kläger mit Kostenrisiko gemacht werden (BFH IV R 4/18, DStRE 2021, 399).

2. Konkurrenzen zu § 48 I Nr. 3–5 aF

54 Nach stRspr erstreckt sich die Klagebefugnis der Gesellschaft/Gemeinschaft als Prozessstandschafterin auch auf streitige Feststellungen, die einen Mitunternehmer persönlich angehen (§ 48 I Nr. 4 oder Nr. 5 aF) oder einen ausgeschiedenen Gesellschafter betreffen (§ 48 I Nr. 3 aF; vgl. zB BFH IV R 9/08, BStBl. II 2010, 929, mwN; IV R 25/10, BFH/NV 2014, 170). Das in **§ 48 I Nr. 1 Fall 1** aF geregelte umfassende Klagerecht des Prozessstandschafters tritt kumulativ neben ein Klagerecht der Gesellschafter nach § 48 I Nr. 1–3 aF (BFH VIII R 37/11, BeckRS 2015, 94899 zum negativen Feststellungsbescheid; BFH IV R 20/10, BStBl. II 2013, 705; IV R 17/15, BFH/NV 2018, 182). Es handelt es sich im Verhältnis zu § 48 I Nr. 1 aF um **Ergänzungstatbestände.**

IV. Klagebefugnis des Klagebevollmächtigten (§ 48 I Nr. 1 Fall 2/§ 48 II aF)

1. Nichtvorhandensein eines zur Vertretung berufenen Geschäftsführers (§ 48 I Nr. 1 Fall 2 aF)

55 Der **Klagebevollmächtigte** ist gem. § 48 I Nr. 1 Fall 2 iVm II aF als gesetzlicher Prozessstandschafter klagebefugt, wenn **kein vertretungsberechtigter Geschäftsführer des jeweiligen Personenzusammenschlusses** vorhanden ist. Das „Nichtvorhandensein eines Geschäftsführers" knüpft daran an, dass mangels einer gesetzlich vorgegebenen gemeinschaftlichen Geschäftsführungs- und Vertretungsbefugnis bei Gemeinschaften typischerweise keine Person existiert, die ein von den Gesellschaftern/Gemeinschaftern/Mitgliedern abgeleitetes, die gerichtliche Vertretung der Gesellschaft umfassendes Geschäftsführungs- und Vertretungsrecht innehat (BFH IX B 25/97, BFH/NV 1998, 994; HHS/Steinhoff § 48 Rn. 140, 142). Der Verweis in § 48 II aF für die Klagebefugnis auf die verschiedenen Formen von Empfangsbevollmächtigten iSd § 183 AO aF ist konstitutiv, da die Empfangsvollmacht nur für die Bekanntgabe des Feststellungsbescheids mit Wirkung für die Feststellungsbeteiligten greift (sog. Zugangsvertretung, BFH XI R 11/07, HFR 2008, 665), aber keine Vollmacht vermittelt, für diese Rechtsbehelfe einzulegen (HHS/Steinhoff § 48 Rn. 140 f.). Weitere Voraussetzung für die Klagebefugnis nach § 48 I Nr. 1 Fall 2 aF ist, dass ein **Klagebevollmächtigter** iSd **§ 48 II 1 aF vorhanden ist** (→ Rn. 57 ff.). Die Regelung setzt als **Verfahrensgegenstand** ebenfalls einen gesonderten und einheitlichen Feststellungsbescheid (→ Rn. 12 ff.) voraus.

56 Steht einem Klagebevollmächtigten als Prozessstandschafter der Feststellungsbeteiligten die umfassende Klagebefugnis zu, überlagert diese die Klagebefugnis der Feststellungsbeteiligten gem. § 48 I Nr. 2 aF (→ Rn. 5). Neben der Klagebefugnis nach § 48 I Nr. 1 Fall 2 aF besteht gleichzeitig nur die Klagebefugnis der Feststellungsbeteiligten aus den Ergänzungstatbeständen der

§ 48 I Nr. 3–5 aF (→ Rn. 74 ff.). Zum Fortfall der Klagebefugnis nach § 48 I 1 Fall 2 aF → Rn. 67 ff.

2. Anknüpfung an die Empfangsbevollmächtigung (§ 48 II 1–3 aF)

a) Klagebefugnis des gemeinsam bestellten Empfangsbevollmächtigten (§ 48 II 1 aF). Klagebevollmächtigter (ebenso wie in § 352 II AO Einspruchsbefugter) nach dieser Definition sind vorrangig der von den Feststellungsbeteiligten **bestellte gemeinsame Empfangsbevollmächtigte** iSd **§ 183 I 1 AO** aF (dazu Klein/Ratschow AO, 17. Aufl., § 183 Rn. 5 ff.) bzw. des **§ 6 I 1 der VO zu § 180 II AO** (dazu FG Nürnberg IV 180/02, EFG 2004, 1025; BFH IX R 8/19, BFH/NV 2022, 116: Bauträger-GmbH als Empfangsbevollmächtigter; abgelehnt bei fehlender Bestellung der Initiatorin in BFH IX B 205/05, BFH/NV 2006, 1054; zur vorbeugenden Unterlassungsklage eines Dritten gegen die Auswertung von Prüfungsergebnissen FG BW 4 K 3174/16, EFG 2020, 1457, nachgehend BFH VII R 19/20, BFH/NV 2024, 946). Zudem sind weitere Voraussetzung für die Klagebefugnis die **rechtzeitige Belehrung der Feststellungsbeteiligten gem. § 48 II 3** aF (→ Rn. 61) und **das Fehlen eines Widerspruchs** gegen die Klagebefugnis bzw. Widerrufs der Empfangsvollmacht (§ 48 II 2 aF). 57

Bestellen nur einzelne Feststellungsbeteiligte den Empfangsbevollmächtigten, soll dies im Einzelfall genügen (Gosch/v. Beckerath § 48 Rn. 143; Klein/Ratschow AO, 17. Aufl., § 183 Rn. 6). Dies mag für Zwecke des § 183 AO aF als zeitpunktbezogene Bekanntgabeerleichterung gerechtfertigt sein, ist im Hinblick auf die zeitraumbezogen notwendige Klagebefugnis als Sachentscheidungsvoraussetzung gem. § 48 I Nr. 1 Fall 2 iVm § 48 II 1 aF aber kritisch zu sehen (HHS/Steinhauff § 48 Rn. 141). Denn den Feststellungsbeteiligten steht der Widerspruch gem. § 48 II 2 aF nicht zur Verfügung, wenn sie durch die Belehrung gem. § 48 II 3 aF spätestens in der Einspruchsentscheidung von der vorrangigen Klagebefugnis des Empfangsbevollmächtigten erfahren. Daher ist für die Klagebefugnis eine fortbestehende gemeinsame Empfangsvollmacht aller Gesellschafter zu verlangen, die im Zeitpunkt der Klageerhebung bestehen muss und während des Verfahrens nicht wegfallen darf; anderenfalls wäre den Feststellungsbeteiligten aus einer analogen Anwendung der Regelung zu § 48 II 2 Hs. 2 aF jedenfalls ein Widerspruchsrecht gegen die Empfangsvollmacht zuzubilligen (zutr. HHS/Steinhauff § 48 Rn. 155 ff., Rn. 160 ff.).

Ein rechtsgeschäftlich bestellter Bevollmächtigter (Dritter) kann gemeinsam bestellter Empfangsbevollmächtigter gem. § 183 I 1 AO sein, da der bestellte Empfangsbevollmächtigte nicht selbst Feststellungsbeteiligter sein muss (BFH VIII R 35/92, BStBl. II 1995, 241 mwN; IV R 24/08, BFH/NV 2009, 1427; Klein/Ratschow AO, 17. Aufl., § 183 Rn. 6). Diese Situation ist aber zu unterscheiden von den in §§ 80, 122 I 3 AO genannten rechtsgeschäftlich Bevollmächtigten, die für den Empfangsbevollmächtigten auftreten. So kann der Empfangsbevollmächtigte einen Verfahrensbevollmächtigten einschalten, der mit Wirkung für ihn und damit auch die übrigen Feststellungsbeteiligten Bekanntgabeadressat ist (BFH VIII B 32/23, BFH/NV 2024, 908; HHS/Steinhauff § 48 Rn. 150 f.).

§ 183 III 1 AO aF (ebenso § 6 I 2 VO zu § 180 II AO) regelt für Bekanntgaben an einen im Außenverhältnis bestellten Empfangsbevollmächtigten, dass die Empfangsvollmacht für Bekanntgaben an diesen fortgilt (Klein/Ratschow AO,

17. Aufl., § 183 Rn. 28), es sei denn, der ausgeschiedene Gesellschafter, die Feststellungsbeteiligten oder der Empfangsbevollmächtigte widersprechen der Bekanntgabe. Hierzu → Rn. 60 ff.

58 **b) Klagebefugnis des fingierten und benannten Empfangsbevollmächtigten (§ 48 II 2 aF).** Fehlt ein bestellter Empfangsbevollmächtigter, können auch folgende Personen Klagebevollmächtigter sein:
- der **fingierte Empfangsbevollmächtigte** (§ 183 I 2 AO iVm § 48 II 2 Hs. 1 Fall 1 aF). Dies ist ein zur Vertretung der Gesellschaft oder des Feststellungsbeteiligten oder zur Verwaltung des Gegenstands Berechtigter, der zuvor nicht als gemeinsamer Empfangsbevollmächtiger benannt wurde oder dessen Empfangsvollmacht widerrufen worden war (zur Definition und Beispielen s. Klein/Ratschow AO, 17. Aufl., § 183 Rn. 8 f.; HHS/Steinhauff § 48 Rn. 175).
- der **vom FA nach erfolgloser Aufforderung der Feststellungsbeteiligten benannte (vorgeschlagene) Empfangsbevollmächtigte** (§ 183 I 3–5 AO iVm § 48 II 2 Hs. 1 Fall 2 aF; Klein/Ratschow AO, 17. Aufl., § 183 Rn. 10; HHS/Steinhauff § 48 Rn. 190).
- Dies gilt entsprechend für nach den Regelungen in **§ 6 I VO zu § 180 II AO** fingierte oder vom FA benannte Empfangsbevollmächtigte.
- **§ 48 II 2 Hs. 1 aF** ordnet an, dass bei Fehlen eines gemeinsam bestellten Empfangsbevollmächtigten die fingierten und benannten Empfangsbevollmächtigten gem. § 48 I Nr. 1 Fall 2 aF als Prozessstandschafter ausschließlich klagebefugt sind, es sei denn, der Klagebefugnis dieses Empfangsbevollmächtigten wird von einem Feststellungsbeteiligten widersprochen (§ 48 II 2 Hs. 2 aF; → Rn. 60).

59 In allen Fällen der Empfangsvollmacht hängt die Wirksamkeit der **Bekanntgabe** des Feststellungsbescheids davon ab, dass gem. **§ 183 I 5 AO** aF auf die Wirkung der Bekanntgabe für und gegen alle Feststellungsbeteiligten hingewiesen wird (Klein/Ratschow AO, 17. Aufl., § 183 Rn. 13). Es ist ferner zwischen der Anwendung des § 183 I 2 AO aF als Bekanntgabeerleichterung für den Feststellungsbescheid und der Klagebefugnis als Klagebevollmächtigter zu unterscheiden. Denn § 48 II 3 aF verpflichtet zur Belehrung über die Klagebefugnis spätestens in der Einspruchsentscheidung und § 48 II 2 Hs. 2 aF gewährt dem Feststellungsbeteiligten ein Widerspruchsrecht ggü. der Finanzbehörde gegen die Klagebefugnis des Empfangsbevollmächtigten.

§ 183 II 1 AO aF schließt die wirksame Bekanntgabe an den Empfangsbevollmächtigten bei Beendigung der Gesellschaft/Gemeinschaft, des Ausscheidens eines Gesellschafters/Gemeinschafters oder bei ernstlichen Meinungsverschiedenheiten unter den Beteiligten jedoch aus. In diesen Fällen hat eine **Einzelbekanntgabe** zu erfolgen, die dem Feststellungsbeteiligten auch die Klagebefugnis gegen den Feststellungsbescheid vermittelt (→ Rn. 64).

60 Nach **§ 48 II 2 Hs. 2** aF ist der Widerspruch eines Feststellungsbeteiligten **gegen die Klagebefugnis** (nicht gegen die Bekanntgabe des Feststellungsbescheids) **eines fingierten oder bestimmten Empfangsbevollmächtigten** ggü. dem FA, das den gesonderten und einheitlichen Feststellungsbescheid erlassen hat, statthaft. Dieser Widerspruch betrifft nur die Klagebefugnis und nicht die Empfangsvollmacht als Bekanntgabeerleichterung (HHS/Steinhauff § 48 Rn. 184). Er eröffnet die eigene Klagebefugnis des widersprechenden Feststellungsbeteiligten gem. § 48 I Nr. 2 aF hinsichtlich aller Feststellungen, da für ihn dann kein vorrangig klagebefugter Prozessstandschafter vorhanden ist.

Der Widerspruch ist nach dem Gesetz weder fristgebunden noch fristwahrend im Hinblick auf § 47 iVm § 55, sodass die Bekanntgabe der Einspruchsentscheidung an den fingierten oder bestimmten Empfangsbevollmächtigten die Klagefrist in Gang setzt (HHS/Steinhauff § 48 Rn. 187). Wird durch den Feststellungsbeteiligten Klage erhoben, liegt hierin ein konkludenter Widerspruch, allerdings muss die Klageerhebung fristgemäß erfolgen. Wird von ihm keine Klage erhoben, ist eine notwendige Beiladung des Widersprechenden in einem vom Klagebevollmächtigten für andere Feststellungsbeteiligte betriebenen Verfahren idR erforderlich (→ § 60 Rn. 59e, „Empfangsbevollmächtigter, Klagebevollmächtigter"; HHS/Steinhauff § 48 Rn. 187, 193). Ein Widerspruch des Feststellungsbeteiligten während des vom Klagebevollmächtigten betriebenen finanzgerichtlichen Verfahrens führt ebenfalls zu dessen eigener Klagebefugnis nach § 48 I Nr. 2 aF und zur Beiladungspflicht, weshalb auch kein Grund besteht, den Widerspruch nach Klageerhebung nicht zuzulassen (glA HHS/Steinhauff § 48 Rn. 187, 193).

Zu unterscheiden vom Widerspruch des Feststellungsbeteiligten nach § 48 II 2 Hs. 2 aF sind bei Bekanntgabe des Feststellungsbescheids **an einen gemeinsam bestellten Empfangsbevollmächtigten** der Widerspruch eines Feststellungsbeteiligten gegen die Klagebefugnis (→ Rn. 57) und der Widerruf der gemeinsamen Empfangsvollmacht durch die Feststellungsbeteiligten für das finanzgerichtliche Verfahren. Aus einem Widerruf der Empfangsvollmacht folgt entweder schon die Pflicht zur Einzelbekanntgabe der Einspruchsentscheidung und die daraus resultierende Klagebefugnis des Feststellungsbeteiligten aus § 48 I Nr. 2 aF (im Ergebnis ebenso BFH IV B 73/13, BFH/NV 2014, 555; → Rn. 64) oder beim Widerspruch/Widerruf nach der Bekanntgabe der Einspruchsentscheidung an den gemeinsamen Empfangsbevollmächtigten der Wegfall der Klagebefugnis des Klagebevollmächtigten mit der Folge der ab diesem Zeitpunkt bestehenden Klagebefugnis des Feststellungsbeteiligten gem. § 48 I Nr. 2 aF (s. auch HHS/Steinhauff § 48 Rn. 187).

c) Erfordernis der Belehrung (§ 48 II 3 aF). Eine weitere Voraussetzung 61
für das Eingreifen der Klagebefugnis des Klagebevollmächtigten als Prozessstandschafter gem. § 48 I Nr. 1 Fall 2 aF ist die Belehrungspflicht gem. **§ 48 II 3** aF. Spätestens **bei Erlass der Einspruchsentscheidung** müssen die Beteiligten (§ 359 AO) über die vorrangige Klagebefugnis des Empfangsbevollmächtigten **belehrt** worden sein. § 154 III BewG enthält eine eigenständige Belehrungsanordnung. § 48 II 3 FGO aF gilt iVm § 18 I 3 AStG entspr. für die dort genannten Feststellungsbescheide (→ Rn. 29c).

An die Belehrung sind strenge Anforderungen zu stellen, weil es sich um eine für alle Beteiligten ungewöhnliche und komplizierte Regelung handelt. Gerade deshalb gehört die Belehrung **nicht** zum notwendigen **Inhalt der allgemeinen Rechtsbehelfsbelehrung gem. § 356 AO** (ebenso Tipke/Kruse/Brandis § 48 Rn. 21 mwN; HHS/Steinhauff § 48 Rn. 171). Die fehlende oder unzureichende Belehrung über den Einspruch-/Klagebevollmächtigten löst demgemäß nicht die Verlängerung der Klagefrist aus (§ 55 II), sondern hat zur Folge, dass die Regelung des § 48 I Nr. 1 Fall 2 aF nicht greift und eine Klagebefugnis der Feststellungsbeteiligten nach § 48 I Nr. 2 aF besteht (BFH VIII R 37/08, BFH/NV 2011, 776).

d) Einzelfälle. Die Klagebefugnis **des Klagebevollmächtigten** als Prozess- 62
standschafter gem. § 48 I Nr. 1 Fall 2 aF ist in der Praxis vor allem relevant, wenn der von dem gesonderten und einheitlichen Feststellungsbescheid betroffene Personenzusammenschluss nach seiner rechtlichen Struktur keinen Geschäftsfüh-

rer iSd § 48 I Nr. 1 Fall 1 aF hat (HHS/Steinhauff § 48 Rn. 147–149). Dies betrifft in der Praxis vorwiegend gesonderte und einheitliche Feststellungen für die

- Beteiligten an **Erbengemeinschaften** (Miterben), auch bei der Bedarfsbewertung (→ Rn. 29e);
- Gemeinschafter von **Bruchteilsgemeinschaften** und von **WEG;**
- Gesellschafter von **Innengesellschaften** (wie atypisch stille Gesellschaften; → Rn. 43; s. auch HHS/Steinhauff § 48 Rn. 149);
- Beteiligten **von weiteren Personenzusammenschlüssen,** die unter die VO zu § 180 II AO fallen, (s. zB BFH IX R 56/08, BStBl. II 2010, 202; IX R 8/19, BFH/NV 2022, 116 zur Bauherrengemeinschaft).

62a **Bruchteilsgemeinschaften,** die **nach außen (etwa als Vermieterin) auftreten,** sind im Klageverfahren gegen gesonderte und einheitliche Feststellungen von Einkünften als solche beteiligtenfähig und als Prozessstandschafterin klagebefugt, da das Vorhandensein eines Geschäftsführers abweichend von der Grundregel vermutet wird (BFH VIII R 36/23, BFH/NV 2025, 682; IX R 49/02, BStBl. II 2004, 929; IX R 83/00, BStBl. II 2004, 898; VIII B 190/08, BFH/NV 2010, 224). In diesem Fall ist die Gemeinschaft als Prozessstandschafterin gem. **§ 48 I Nr. 1 Fall 1 aF** klagebefugt. Ohne entgegenstehende Feststellungen des FG über das Vorliegen oder Nichtvorliegen einer solchen Vertretungsbefugnis ist im Fall der Klageerhebung durch einzelne Gemeinschafter widerlegbar zu vermuten, dass der Rechtsbehelf wirksam erhoben worden ist (BFH IX B 181/05, BFH/NV 2007, 1511).

Fehlt es an einem solchen Auftritt nach außen und hat die Bruchteilsgemeinschaft auch keinen vertraglich zur Vertretung berufenen Geschäftsführer, kommt es für die Klagebefugnis auf das Vorhandensein eines wirksam bestellten gemeinsamen oder eines fingierten bzw. benannten Empfangsbevollmächtigten als Klagebevollmächtigten und die Belehrung an (§ 48 I Nr. 1 Fall 2, § 48 II 3 aF; → Rn. 57 ff.); anderenfalls sind nur die Gemeinschafter gem. § 48 I Nr. 2 aF klagebefugt (BFH IV R 16/06, BFH/NV 2009, 783).

62b Diese nach dem Grad des Außenauftritts der Gemeinschaft unterscheidende Betrachtung hat der BFH auch für die Beteiligtenfähigkeit und die Klagebefugnis einer **WEG** gem. § 48 I Nr. 1 aF iVm § 57 herangezogen (BFH IX R 56/08, BStBl. II 2010, 202).

62c Für die **Erbengemeinschaft** (BFH VIII B 190/08, DStRE 2011, 520) ist ebenfalls zu prüfen, ob eine Klagebefugnis nach § 48 I 1 Nr. 1 Fall 2 aF oder die unmittelbare Klagebefugnis der Miterben gem. § 48 I Nr. 2 aF oder nach einem Ersatztatbestand einschlägig ist. Eine als Vermieterin auftretende Erbengemeinschaft ist im Verfahren der gesonderten und einheitlichen Feststellung von Einkünften aus Vermietung und Verpachtung grds. beteiligtenfähig und selbst klagebefugt (BFH VIII R 36/23, BFH/NV 2025, 682; IX B 31/10, BFH/NV 2011, 288). Ohne einen solchen Auftritt nach außen fehlt der Erbengemeinschaft im Fall der gemeinschaftlichen Verwaltung des Nachlasses ein zur Vertretung berufener Geschäftsführer, der eine Klagebefugnis der Erbengemeinschaft begründen könnte (BFH IV R 16/06, BFH/NV 2009, 783). Bei Klage gegen eine gesonderte und einheitliche Feststellung der Bedarfswerte (§ 155 I 2 BewG iVm § 48 aF) fehlt es in der Regel an einem Geschäftsführer iSd § 48 I Nr. 1 Fall 1 aF und an einem Klagebevollmächtigten dann, wenn die einzelnen Voraussetzungen gem. § 48 II aF (einschließlich der Belehrung) nicht rechtzeitig erfüllt sind (BFH II B 94/18,

BFH/NV 2020, 912 bzgl. Testamentsvollstrecker als gemeinsamer Empfangsbevollmächtigter).

3. Klagebefugnis aufgrund einer Einzelbekanntgabe (§ 183 II AO aF)

Nach § 183 II 1 AO aF ist § 183 I AO aF (ebenso zu § 6 VO zu § 180 II AO) 64
mit der Regelung zur Bekanntgabe an den **gemeinsam bestellten Empfangsbevollmächtigten** nicht anzuwenden, wenn dem FA bekannt ist, dass die Gesellschaft oder Gemeinschaft nicht mehr besteht, dass ein Beteiligter aus der Gesellschaft oder der Gemeinschaft ausgeschieden ist oder dass zwischen den Beteiligten ernstliche Meinungsverschiedenheiten bestehen (→ Rn. 59). Ist danach die **Einzelbekanntgabe erforderlich,** so sind dem Beteiligten der Gegenstand der Feststellung, die alle Beteiligten betreffenden Besteuerungsgrundlagen, sein Anteil, die Zahl der Beteiligten und die ihn persönlich betreffenden Besteuerungsgrundlagen bekannt zu geben (§ 183 II 2 AO aF).

Wird ein Feststellungsbescheid einem Feststellungsbeteiligten gem. **§ 183 II aF AO einzeln bekannt gegeben,** so ist dieser Beteiligte iSd § 352 I Nr. 2 AO aF selbst **einspruchsbefugt,** auch wenn er dies sonst wegen des Streitgegenstands gem. § 352 I Nr. 2–5 AO nicht wäre. Die Gesellschaft/Gemeinschaft als Prozessstandschafterin bleibt nach § 352 I Nr. 1 AO daneben einspruchsbefugt. Die Befugnis, einen Rechtsbehelf einzulegen, folgt bei der Einzelbekanntgabe nach § 183 II AO aF für den Inhaltsadressaten (Feststellungsbeteiligten) daraus, dass ein belastender VA (Feststellungsbescheid) an ihn gerichtet wird (BFH IV R 48/02, BStBl. II 2004, 964; VIII R 57/16, BFH/NV 2017, 266).

Erhebt der Feststellungsbeteiligte gegen die ihm einzeln bekannt gegebene gesonderte und einheitliche Feststellung und nachgehende Einspruchsentscheidung anschließend Klage, ist diese **nach § 48 I Nr. 2** aF zulässig, weil für ihn kein vorrangig Klagebefugter iSd Nr. 1 vorhanden ist. Wird im Wege der Einzelbekanntgabe verfahren, obwohl kein Fall des § 183 II AO aF vorliegt, weil die Gesellschaft noch besteht, kein Gesellschafter ausgeschieden ist und auch keine Meinungsverschiedenheiten vorhanden sind, besteht die Klagebefugnis der nicht vollbeendeten Gesellschaft aus § 48 I Nr. 1 aF neben der nur aus der Einzelbekanntgabe abgeleiteten Klagebefugnis des Feststellungsbeteiligten und schließt diese nicht aus (BFH IV R 17/16, NZI 2019, 907).

4. Rechtsfolgen; Wegfall des Klagebevollmächtigten

Ist ein Klagebevollmächtigter nach § 48 I Nr. 1 Fall 2 iVm § 48 II aF vorhanden, 65
steht ihm die **vorrangige Klagebefugnis als Prozessstandschafter** zu. Neben der Klagebefugnis des Klagebevollmächtigten nach § 48 I Nr. 1 Fall 2 aF sind die Feststellungsbeteiligten nur nach den Ergänzungstatbeständen gem. § 48 I Nr. 3–5 aF klagebefugt (→ Rn. 74 ff.). Fehlt es hingegen an den Voraussetzungen für einen Klagebevollmächtigten, sind die Feststellungsbeteiligten gem. § 48 I Nr. 2 aF und § 48 I Nr. 3 aF umfänglich klagebefugt.

Bei **Versterben** des Klagebevollmächtigten endet dessen Beteiligtenstellung. 66
Diese geht wie in den Fällen des § 48 I Nr. 1 Fall 1 aF nicht auf einen Rechtsnachfolger über, sondern es greift die Klagebefugnis der Feststellungsbeteiligten gem. § 48 I Nr. 2 aF. Die **Vollbeendigung** des Personenzusammenschlusses führt wegen § 183 III AO aF zwar nicht zwingend zum Wegfall des gemeinsamen

Empfangsbevollmächtigten, mangels eines fortbestehenden intakten Gesellschafts- oder Gemeinschaftsverhältnisses aber generell zum Wegfall der Prozessstandschaft des Klagebevollmächtigten iSd § 48 II aF (BFH VIII R 16/96, BFH/NV 1999, 471; IV R 20/08, BStBl. II 2010, 528; HHS/Steinhauff § 48 Rn. 145). Hierzu auch → Rn. 69.

V. Klagebefugnis der Feststellungsbeteiligten (§ 48 I Nr. 2 aF)

1. Nichtvorhandensein von Klagebefugten nach § 48 I Nr. 1 aF

67 Bei Klageerhebung gegen einen gesonderten und einheitlichen Feststellungsbescheid bestimmt § 48 I Nr. 2 aF in Fällen, in denen **weder** ein **vertretungsberechtigter Geschäftsführer noch** ein **Klagebevollmächtigter** vorhanden ist, dass jeder Gesellschafter, Gemeinschafter oder Mitberechtigte selbst Klage erheben darf, gegen den der Feststellungsbescheid „ergangen ist" oder „zu ergehen hätte" – besser: „hätte ergehen müssen" (so auch Tipke/Kruse/Brandis § 48 Rn. 24; HHS/Steinhauff § 48 Rn. 201 ff., 210). Die Formulierung des Gesetzes trägt dem Umstand Rechnung, dass bei Bekanntgabe eines einheitlichen und gesonderten Feststellungsbescheids nur an einen von mehreren im Bescheid angeführten Feststellungsbeteiligten dieser Bescheid wirksam wird und Bindungswirkung hat (§ 124 AO), sodass er von da an von allen Feststellungsbeteiligten angefochten werden kann (Tipke/Kruse/Brandis § 48 Rn. 24; Gosch/v. Beckerath § 48 Rn. 207).

68 Besondere Bedeutung hat § 48 I Nr. 2 aF im Fall des Wegfalls der Klagebefugnis gem. § 48 I Nr. 1 Fall 1 und Fall 2 aF bei **Vollbeendigung einer Personengesellschaft/Gemeinschaft** (→ Rn. 46 ff.). Wichtige dort genannte Einzelfälle sind

- die liquidationslose Vollbeendigung; durch Geschäftsveräußerung (BFH VIII R 77/05, BFH/NV 2008, 53; HHS/Steinhauff § 48 Rn. 96 ff.; Tipke/Kruse/Brandis § 48 Rn. 15, 24 f. jeweils mwN);
- die Vollbeendigung infolge Anwachsung (BFH IV R 13/21; BFH/NV 2024, 371; IV R 25/10, BFH/NV 2014, 170; IV R 20/10, BStBl. II 2013, 705; IV R 21/10, BFH/NV 2013, 1586; IV B 12/08, BFH/NV 2008, 2039 zur Anteilsvereinigung infolge Einbringung; BFH VIII R 39/15, BStBl. II 2019, 239; IV R 44/10, BFH/NV 2013, 376; IV R 56/16, DStRE 2018, 547 zum Ausscheiden des vorletzten Gesellschafters);
- die Umwandlung der PersGes in eine KapGes durch Formwechsel oder Verschmelzung (BFH VIII 52/04, BStBl. II 2006, 847; II R 35/04, BFH/NV 2007, 16; I R 90/07, BFH/NV 2009, 588);
- die Vollbeendigung aufgrund einer echten Realteilung (BFH XI B 194/06, BFH/NV 2008, 87; zum Begriff s. BFH IV R 31/14, DStR 2017, 1381);
- die sonstige Vollbeendigung der PersGes mit Wegfall des Geschäftsführers, Klagebevollmächtigten BFH XI R 19/05, BFH/NV 2007, 1315;
- die Übertragung aller Miterbenanteile an einer Erbengemeinschaft auf eine einzelne Person (BFH IV R 13/19, BFH/NV 2022, 414).

69 Das Nichtvorhandensein eines Klagebevollmächtigten gem. § 48 I Nr. 1 Fall 2 aF kann auf dem Fehlen eines Empfangsbevollmächtigten beruhen (→ Rn. 62). Ferner kann es zur Klagebefugnis des Empfangsbevollmächtigten an der erforderlichen rechtzeitigen Belehrung der Feststellungsbeteiligten gem. § 48 II 3 aF fehlen (→ Rn. 61; BFH II B 94/18, BFH/NV 2020, 912). Zudem kann die Klagebefug-

nis des Empfangsbevollmächtigten gem. § 48 I Nr. 1 Fall 2 aF an einem Widerspruch der Feststellungsbeteiligten (§ 48 II 2 Hs. 2 aF) oder am Widerruf der Empfangsvollmacht während des gerichtlichen Verfahrens scheitern (→ Rn. 57).

2. Rechtsfolgen

§ 48 I Nr. 2 aF ist klarstellender Natur: Fehlt die vom Gesetz vorausgesetzte Basis für eine Prozessstandschaft (→ Rn. 1, 3) oder entfällt sie später (während des Verfahrens), so gilt (wieder) uneingeschränkt die **generelle Regel des § 40 II.** Daher vermittelt § 48 I Nr. 2 aF auch nur ein „beschränktes Klagerecht" (BFH IV R 20/08, BFH/NV 2009, 1481). Bezogen auf den jeweiligen Streitgegenstand (die angefochtene Feststellung) muss eine Verletzung des klagenden Feststellungsbeteiligten in eigenen Rechten gem. § 40 II möglich sein (BFH IV R 25/10, BFH/NV 2014, 170; IV R 38/16, BFH/NV 2019, 551; VIII R 39/15, BStBl. II 2019, 239; s. auch § 60 III 2). 70

Die Klage einer bereits im Zeitpunkt der Zustellung der Einspruchsentscheidung vollbeendeten PersGes und in deren Namen erhobenen Klage **ist unzulässig,** wenn mit der Klage nicht nur die ersatzlose Aufhebung der Einspruchsentscheidung begehrt wird (BFH IV R 20/10, BStBl. II 2013, 705). Allerdings hilft die Rspr. hier regelmäßig durch die **rechtschutzgewährende Auslegung der Klageschrift** (→ Rn. 44 f.). 71

Zur **prozessualen Rechtsnachfolge** bei Wiederaufleben der Klagebefugnis gem. § 48 I Nr. 2 aF während des finanzgerichtlichen Verfahrens → Rn. 53. Schließlich ist bei einer Klage durch einen nach § 48 I Nr. 2 aF Klagebefugten an die **notwendige Beiladung** von anderen nach dieser Regelung klagebefugten Feststellungsbeteiligten gem. § 60 III zu denken. 72

VI. Ergänzungstatbestände (§ 48 I Nr. 3–5 aF)

1. Ausgeschiedene Gesellschafter/Gemeinschafter (§ 48 I Nr. 3 aF)

Unabhängig davon, ob die Voraussetzungen einer gesetzlichen Prozessstandschaft nach § 48 I Nr. 1 Fall 1 oder Fall 2 aF gegeben sind, steht gem. § 48 I Nr. 3 aF dem **ausgeschiedenen Gesellschafter oder Gemeinschafter** zur Wahrung seiner Rechte eine Klagebefugnis zu. Auch insoweit handelt es sich letztlich nur um eine **Konkretisierung** der in **Art. 19 IV GG, § 40 II** garantierten individuellen Rechtsschutzgewährung. Mit dem Ausscheiden des Einzelnen aus dem Verbund entfällt die Legitimation für die (teilweise) Übertragung verfassungsrechtlich abgesicherter Rechtsschutzbefugnisse auf die Gesellschaft/Gemeinschaft bzw. deren Vertreter oder Bevollmächtigte. Die Rechtsbeeinträchtigung iSd § 40 II des ausgeschiedenen Gesellschafters/Gemeinschafters ist (wieder) uneingeschränkt von diesem selbst zu bekämpfen: er bzw. sein **Rechtsnachfolger** (BFH IV B 121/08, BFH/NV 2009, 604) muss an einem Verfahren gegen den Feststellungsbescheid, das die Zeit seiner Zugehörigkeit zur Gesellschaft/Gemeinschaft betrifft, **als Kläger oder notwendig Beigeladener** beteiligt sein (→ Rn. 76). Daneben besteht stets die Klagebefugnis der Gesellschaft als gesetzlicher Prozessstandschafterin oder des Klagebevollmächtigten bis zur Vollbeendigung, auch wenn der Rechtsstreit ausschließlich eine Feststellung aus der persönlichen Sphäre des ausgeschiedenen Gesellschafters betrifft (BFH IV R 14/18, BStBl. II 2021, 367). 74

75 Das Gesetz weist dem ausgeschiedenen Gesellschafter nach dem Verständnis des BFH (BFH IV R 4/18, DStRE 2021, 399) **eine besondere prozessuale Stellung** zu. Er ist befugt, aber nicht verpflichtet, unabhängig von der Gesellschaft den ihn materiell beschwerenden Gewinnfeststellungsbescheid anzufechten. Scheut er das Kostenrisiko und nimmt von der eigenen Klageerhebung Abstand, wird er im Falle der Nichtanfechtung des Bescheids überhaupt nicht Beteiligter eines finanzgerichtlichen Verfahrens, im Falle der Anfechtung durch die klagebefugte Gesellschaft „lediglich" notwendig Beigeladener. Nimmt er auf das Verfahren keinen Einfluss und stellt er, weil er die Erfolgsaussichten ungünstig einschätzt, auch keine Sachanträge, dann können ihm keine Verfahrenskosten auferlegt werden (§ 135 III). Aus dieser prozessualen Position kann der ausgeschiedene Gesellschafter, der vom FG zu Recht notwendig beigeladen wurde, im Fall der Vollbeendigung der Gesellschaft während des Verfahrens grds. nicht verdrängt werden und über die prozessuale Rechtsnachfolge zum Kläger mit Kostenrisiko gemacht werden.

76 Die Klagebefugnis umfasst die den ausgeschiedenen Gesellschafter/Gemeinschafter **persönlich betreffenden Feststellungen** (zB die Höhe des Gewinnanteils/Vorliegen und Höhe eines tarifbegünstigten Veräußerungsgewinns/Vorgänge des Sonderbetriebsvermögens), aber auch die sonst der vorrangigen Klagebefugnis des gesetzlichen Prozessstandschafters unterliegenden Fragen des Bestehens der Mitunternehmerschaft oder die Höhe des Gesellschaftsgewinns. Das Klagerecht des ausgeschiedenen Gesellschafters ist aber trotz des weitergehenden Wortlauts der Vorschrift – wie in den Fällen des § 48 I Nr. 2 aF (→ Rn. 69) – beschränkt, da bezogen auf den jeweiligen Streitgegenstand (die angefochtene Feststellung) eine Verletzung in eigenen Rechten gem. § 40 II möglich sein muss (zB BFH IV R 15/19, BStBl. II 2022, 651). Dementsprechend kann die Beiladung ausgeschiedener Gesellschafter zu Klagen der Gesellschaft oder zu Klagen anderer Gesellschafter (§ 48 I Nr. 3–5 aF) gem. § 60 III 2 in diesen Fällen entbehrlich sein (BFH IV B 62/13, BFH/NV 2013, 1940; IV R 25/10, BFH/NV 2014, 170; VIII R 1/14, BFH/NV 2017, 1418; IV R 15/19, BStBl. II 2022, 651 zum Streit um Sonderbetriebsausgaben eines Mitgesellschafters; BFH IV R 31/14, DStR 2017, 1381 zum Veräußerungsgewinn eines Mitgesellschafters; → § 60 Rn. 59b, „Ausgeschiedener Gesellschafter").

77 Macht ein ehemaliger Gesellschafter **von seiner Klagebefugnis Gebrauch** und erhebt er Klage zB gegen einen Gewinnfeststellungsbescheid, sind grds. **alle anderen** in dem Streitzeitraum beteiligten Gesellschafter notwendig gem. § 60 III beizuladen (→ § 60 Rn. 59b, „Ausgeschiedener Gesellschafter"). Eine Ausnahme gilt nur für solche Gesellschafter, die unter keinem denkbaren Gesichtspunkt von der strittigen Feststellung betroffen sein können (§ 60 III 2; → Rn. 74; s. auch BFH I R 93/77, BStBl. II 1982, 474; VIII R 352/82, BStBl. II 1988, 544; IV B 104/13, BFH/NV 2014, 70).

78 Für das Erfordernis einer notwendigen **Beiladung des ausgeschiedenen Gesellschafters** ist es gleichgültig, ob dieser vor Bekanntgabe des streitbefangenen Feststellungsbescheids während des außergerichtlichen Vorverfahrens ausgeschieden ist (BFH IV R 52/04, BFH/NV 2007, 1332; IX B 147/06, BFH/NV 2008, 1101; IV R 138/07, BFH/NV 2008, 1499) oder während eines bereits in Gang gesetzten Klageverfahrens ausscheidet (BFH VIII B 3/89, BStBl. II 1990, 1068; IV R 32/07, BFH/NV 2011, 271; IV R 44/13, BFH/NV 2015, 209).

Eine **Sonderkonstellation** betrifft die Behandlung von Streitfragen bei Versorgungsleistungen aus Pensionszusagen, die einem ausgeschiedenen Mitunternehmer gewährt werden. Dieser ist, obwohl Nichtgesellschafter, aufgrund der Auswirkungen in seinen Sonderbilanzen für VZ nach dem Ausscheiden noch als Feststellungsbeteiligter in den Gewinnfeststellungsbescheid aufzunehmen; hier gilt § 48 I Nr. 5 aF (BFH IV R 14/11, BStBl. II 2014, 624; Tipke/Kruse/Brandis § 48 Rn. 26; aA Steinhauff jurisPR-SteuerR 33/2014 Anm. 3: § 48 I Nr. 3 aF).

2. Aktive Gesellschafter/Gemeinschafter als Feststellungsbeteiligte (§ 48 I Nr. 4 u. 5 aF)

a) Allgemeines. In den in § 48 I Nr. 4 u. Nr. 5 aF geregelten Fällen sind die **80** Feststellungsbeteiligten neben dem Prozessstandschafter gem. **§ 48 I Nr. 1** aF (zum „Nebeneinander": BFH IX B 190/05, BFH/NV 2006, 1503; VIII R 24/06, BFH/NV 2006, 2077; → Rn. 54) befugt, eine eigene Rechtsbeeinträchtigung iSd § 40 II anzufechten. Diese Rechtsposition (Klagebefugnis) ist wie diejenige aus § 48 I Nr. 2 u. Nr. 3 aF vererblich. Sie geht auf den Gesamtrechtsnachfolger über (BFH VIII R 102/03, BFH/NV 2006, 1671; IV B 121/08, BFH/NV 2009, 604). Anders ist dies bei einer Vollbeendigung der gem. § 48 I Nr. 1 aF klagebefugten Gesellschaft/Gemeinschaft, die mit einer Gesamtrechtsnachfolge verbunden ist: Die Klagebefugnis aufgrund der Prozessstandschaft geht in diesem Fall nicht auf deren Gesamtrechtsnachfolger über, sondern es lebt die Klagebefugnis der Feststellungsbeteiligten gem. § 48 I Nr. 2 aF wieder auf (→ Rn. 48 ff.).

b) § 48 I Nr. 4 aF. In den Fällen des § 48 I Nr. 4 aF geht es darum, **wer an** **81** **dem festgestellten Betrag beteiligt** (oder nicht beteiligt) ist **und wie** sich dieser auf die einzelnen Beteiligten **verteilt** (vgl. zB BFH VI R 131–135/68, BStBl. II 1971, 478; IV R 47/76, BStBl. II 1977, 737; VIII R 178/74, BStBl. II 1978, 510; VIII B 33/90, BStBl. II 1992, 559; IV B 141/96, BFH/NV 1999, 45; VIII R 81/94, BFH/NV 1999, 1457; IX B 190/05, BFH/NV 1503; VIII R 83/05, BFH/NV 2009, 1118).

Bei Streitfragen hinsichtlich der **Erhöhung/Minderung des Gesamthandsgewinns** ist nur die Gesellschaft gem. § 48 I Nr. 1 aF klagebefugt. Eine Klagebefugnis der Gesellschafter aus § 48 I Nr. 4 aF besteht hier nur, soweit auch oder nur über die Verteilung des Gewinns auf die Gesellschafter gestritten wird (BFH IV R 17/15, BFH/NV 2018, 182 zur Gewinnrealisation aufgrund einer Sachentnahme). Zur Klagebefugnis gem. § 48 I Nr. 4 aF bei Streit über die steuerrechtliche Anerkennung der Gewinnverteilungsabrede s. BFH VIII R 3/21, DStR 2024, 1643 (auch bei ausländischen PersGes).

Ebenso ist der Gesellschafter nach § 48 I Nr. 4 aF bei Streit über seine Stellung als Feststellungsbeteiligter klagebefugt (Anfechtung eines negativen Feststellungsbescheids; vgl. BFH IV R 11/21, DStR 2024, 219 zum Anteilserwerb; BFH IV R 89/05, BFH/NV 2008, 1984).

Zu weiteren Fällen → Rn. 18 ff. Zu **mittelbaren Rechtsverhältnissen** (zweistufiges Feststellungsverfahren bei der Treuhand/doppelstöckigen Gesellschaften und atypischen Unterbeteiligungen) → Rn. 24 ff.

c) § 48 I Nr. 5 aF. Diese Norm regelt die Klagebefugnis für Fragen, die einen **82** Gesellschafter/Gemeinschafter **persönlich** angehen oder berühren. Der Tatbestand ist nach der Rspr. nicht allein dadurch eröffnet, dass die festgestellten Besteuerungsgrundlagen Einfluss auch auf die Besteuerung des Gesellschafters nehmen. Kennzeichen der in § 48 I Nr. 5 aF angesprochenen persönlichen Streitfragen ist, dass sie nicht dem Bereich der gemeinschaftlichen Einkünfteerzielung, sondern der eigenen Sphäre des Gesellschafters zugeordnet sind (BFH IV R 42/14, BFH/

NV 2016, 164; weitere Beispiele zur vorrangigen Klagebefugnis gem. § 48 I Nr. 1 aF → Rn. 18 ff.). Die Klagebefugnis des § 48 I Nr. 5 aF umfasst zB Fragen

- zu Feststellungen im Bereich des Sonderbetriebsvermögens und der Sonderbetriebseinnahmen (vgl. zB BFH IV R 13/18, BStBl. II 2022, 656; IV R 86/79, BStBl. II 1981, 272; IV R 46/79, BStBl. II 1982, 543; VIII R 96/03, BFH/NV 2006, 789; VIII R 10/04, BFH/NV 2006, 790; IV R 69/05, BFH/NV 2008, 1550; IV R 74/06, BFH/NV 2009, 725; HHS/Steinhauff § 48 Rn. 257; → Rn. 18 ff. zu weiteren Beispielen);
- zur Höhe des Gewinns aus der Veräußerung eines Mitunternehmeranteils (BFH IV R 21/10, BFH/NV 2013, 1586; IV R 51/15, BFH/NV 2018, und zu dessen Tarifbegünstigung gem. §§ 16, 34 EStG als außerordentlicher Gewinn → Rn. 21);
- bei negativen Feststellungsbescheiden (→ Rn. 18e);
- zur Höhe des verrechenbaren Verlusts gem. § 15a EStG, wenn dieser mit der Gewinnfeststellung verbunden und einheitlich und gesondert festgestellt wird (BFH IV B 147/11, BFH/NV 2012, 1614; VIII R 33/05, BFH/NV 2006, 1693; IV R 32/16, BStBl. II 2020, 199; ausführlicher → Rn. 23 ff.);
- zu § 15b EStG, s. FG Nürnberg 3 K 60/23, EFG 2024, 1385, Rev. BFH IV R 13/23 (→ Rn. 23c).

VII. Weitere Rechtsfolgen

83 Die Berichtigung eines fehlerhaften Rubrums im Wege der rechtschutzgewährenden Auslegung der Klageschrift (→ Rn. 44, 71) kann der BFH auch noch im Revisionsverfahren vornehmen (BFH IV R 25/06, BFH/NV 2007, 2086, mwN; IV R 41/09, BStBl. II 2013, 313). Hat das FG neben einem klagebefugten Gesellschafter auch eine vollbeendete Gesellschaft als Klägerin behandelt, ist das Rubrum des vorinstanzlichen Urteils gem. § 107 zu berichtigen, weil in diesem Fall eine Entscheidung ggü. einem nicht beteiligtenfähigen Kläger getroffen worden ist (BFH VIII R 47/18, BStBl. II 2021, 696).

84 Ein FG-Urteil beruht auf einem Verfahrensmangel iSd § 115 II Nr. 3, wenn das FG die Klage unter Berufung auf § 48 I Nr. 1 u. II 1 aF zu Unrecht als unzulässig abgewiesen hat. Denn erlässt ein FG zu Unrecht ein solches Prozessurteil, anstatt in der Sache zu entscheiden, liegt darin nach stRspr ein Verfahrensmangel (BFH IV B 55/11, BFH/NV 2012, 1817; IV B 73/13, BFH/NV 2014, 555; I B 79/13, BFH/NV 2014, 161).

Zur fehlerhaften Entscheidung des FG durch Sachurteil statt durch Prozessurteil s. BFH IV R 21/10, BFH/NV 2013, 1586 und IV R 48/16, DStR 2020, 923 bei Ergebnisrichtigkeit des abweisenden Tenors. Zum Ganzen auch → § 40 Rn. 135.

§ 48 nF [Klagebefugnis bei Feststellungsbescheiden]

(1) **Gegen Bescheide über die gesonderte und einheitliche Feststellung von Besteuerungsgrundlagen können Klage erheben:**

1. bei rechtsfähigen Personenvereinigungen:

a) die Personenvereinigung,

b) wenn die rechtsfähige Personenvereinigung nicht mehr besteht, jeder Gesellschafter oder Gemeinschafter, gegen den der Feststellungsbescheid ergangen ist oder zu ergehen hätte;

2. bei nicht rechtsfähigen Personenvereinigungen und in sonstigen Fällen:
   a) der Klagebefugte im Sinne des Absatzes 2,
   b) wenn Personen nach Buchstabe a nicht vorhanden sind, jeder Gesellschafter, Gemeinschafter oder Mitberechtigte, gegen den der Feststellungsbescheid ergangen ist oder zu ergehen hätte;
3. in den Fällen des § 183 Absatz 2 Satz 1 Nummer 2 oder des § 183a Absatz 2 Satz 1 Nummer 2 der Abgabenordnung jeder Gesellschafter, Gemeinschafter oder Mitberechtigte, gegen den der Feststellungsbescheid ergangen ist oder zu ergehen hätte;
4. soweit es sich darum handelt, wer an dem festgestellten Betrag beteiligt ist und wie dieser sich auf die einzelnen Beteiligten verteilt, jeder, der durch die Feststellungen hierzu berührt wird;
5. soweit es sich um eine Frage handelt, die einen Beteiligten persönlich angeht, jeder, der durch die Feststellungen über die Frage berührt wird.

(2) [1]**Klagebefugt im Sinne des Absatzes 1 Nummer 2 Buchstabe a ist der gemeinsame Empfangsbevollmächtigte im Sinne des § 183a Absatz 1 Satz 1 der Abgabenordnung oder des § 6 Absatz 1 Satz 1 der Verordnung über die gesonderte Feststellung von Besteuerungsgrundlagen nach § 180 Abs. 2 der Abgabenordnung.** [2]**Haben die Feststellungsbeteiligten keinen gemeinsamen Empfangsbevollmächtigten bestellt, ist klagebefugt im Sinne des Absatzes 1 Nummer 2 Buchstabe a der von der Finanzbehörde nach § 183a Absatz 1 Satz 2 und 3 der Abgabenordnung oder nach § 6 Absatz 1 Satz 3 und 4 der Verordnung über die gesonderte Feststellung von Besteuerungsgrundlagen nach § 180 Abs. 2 der Abgabenordnung bestimmte Empfangsbevollmächtigte; Absatz 1 Nummer 3 bleibt unberührt.** [3]**Die Sätze 1 und 2 sind nur anwendbar, wenn die Beteiligten spätestens bei Erlass der Einspruchsentscheidung über die Klagebefugnis des Empfangsbevollmächtigten belehrt worden sind.**

§ 14a AO Personenvereinigungen

(1) Personenvereinigungen im Sinne dieses Gesetzes und der Steuergesetze sind Personenzusammenschlüsse ohne Rechtspersönlichkeit zur Verfolgung eines gesetzlich zulässigen Zwecks.

(2) Rechtsfähige Personenvereinigungen sind insbesondere
1. Vereine ohne Rechtspersönlichkeit (§ 54 des Bürgerlichen Gesetzbuchs),
2. rechtsfähige Personengesellschaften einschließlich Gesellschaften (§ 705 des Bürgerlichen Gesetzbuchs), Personenhandelsgesellschaften, Partnerschaftsgesellschaften, Partenreedereien und Europäische wirtschaftliche Interessenvereinigungen und
3. Gemeinschaften der Wohnungseigentümer (§ 9a des Wohnungseigentumsgesetzes).

(3) Nicht rechtsfähige Personenvereinigungen sind insbesondere
1. Bruchteilsgemeinschaften (§ 741 des Bürgerlichen Gesetzbuchs),
2. Gütergemeinschaften (§ 1415 des Bürgerlichen Gesetzbuchs) und
3. Erbengemeinschaften (§ 2032 des Bürgerlichen Gesetzbuchs).

(4) Auf nicht rechtsfähige Gesellschaften (§ 740 des Bürgerlichen Gesetzbuchs) sind die für nicht rechtsfähige Personenvereinigungen geltenden Vorschriften mit Ausnahme des § 267 Absatz 1 Satz 1 sinngemäß anzuwenden.

§ 180 AO Gesonderte Feststellung von Besteuerungsgrundlagen

(1) [1]Gesondert festgestellt werden insbesondere:

1. *[bis 31.12.2024:* die Einheitswerte und*]* die Grundsteuerwerte nach Maßgabe des Bewertungsgesetzes,
2. a) die einkommensteuerpflichtigen und körperschaftsteuerpflichtigen Einkünfte und mit ihnen im Zusammenhang stehende andere Besteuerungsgrundlagen, wenn an den Einkünften mehrere Personen beteiligt sind und die Einkünfte diesen Personen steuerlich zuzurechnen sind,
   b) in anderen als den in Buchstabe a genannten Fällen die Einkünfte aus Land- und Forstwirtschaft, Gewerbebetrieb oder einer freiberuflichen Tätigkeit, wenn nach den Verhältnissen zum Schluss des Gewinnermittlungszeitraums das für die gesonderte Feststellung zuständige Finanzamt nicht auch für die Steuern vom Einkommen zuständig ist,
3. der Wert der vermögensteuerpflichtigen Wirtschaftsgüter *(§§ 114 bis 117a des Bewertungsgesetzes)* und der Wert der Schulden und sonstigen Abzüge *(§ 118 des Bewertungsgesetzes),* wenn die Wirtschaftsgüter, Schulden und sonstigen Abzüge mehreren Personen zuzurechnen sind und die Feststellungen für die Besteuerung von Bedeutung sind.

[2]Wenn sich in den Fällen von Satz 1 Nummer 2 Buchstabe b die für die örtliche Zuständigkeit maßgeblichen Verhältnisse nach Schluss des Gewinnermittlungszeitraums geändert haben, so richtet sich die örtliche Zuständigkeit auch für Feststellungszeiträume, die vor der Änderung der maßgeblichen Verhältnisse liegen, nach § 18 Absatz 1 Nummer 1 bis 3 in Verbindung mit § 26.

(1a) [1]Einzelne, im Rahmen einer Außenprüfung für den Prüfungszeitraum ermittelte und abgrenzbare Besteuerungsgrundlagen können gesondert festgestellt werden (Teilabschlussbescheid), solange noch kein Prüfungsbericht nach § 202 Absatz 1 ergangen ist. [2]Auf Antrag des Steuerpflichtigen soll ein Teilabschlussbescheid ergehen, wenn daran ein erhebliches Interesse besteht und dies vom Steuerpflichtigen glaubhaft gemacht wird.

(2) [1]Zur Sicherstellung einer einheitlichen Rechtsanwendung bei gleichen Sachverhalten und zur Erleichterung des Besteuerungsverfahrens kann das Bundesministerium der Finanzen durch Rechtsverordnung mit Zustimmung des Bundesrates bestimmen, dass in anderen als den in Absatz 1 genannten Fällen Besteuerungsgrundlagen gesondert und für mehrere Personen einheitlich festgestellt werden. [2]Dabei können insbesondere geregelt werden

1. der Gegenstand und der Umfang der gesonderten Feststellung,
2. die Voraussetzungen für das Feststellungsverfahren,
3. die örtliche Zuständigkeit der Finanzbehörden,
4. die Bestimmung der am Feststellungsverfahren beteiligten Personen (Verfahrensbeteiligte) und der Umfang ihrer steuerlichen Pflichten und Rechte einschließlich der Vertretung Beteiligter durch andere Beteiligte,
5. die Bekanntgabe von Verwaltungsakten an die Verfahrensbeteiligten und Empfangsbevollmächtigte,
6. die Zulässigkeit, der Umfang und die Durchführung von Außenprüfungen zur Ermittlung der Besteuerungsgrundlagen.

[3]Durch Rechtsverordnung kann das Bundesministerium der Finanzen mit Zustimmung des Bundesrates bestimmen, dass Besteuerungsgrundlagen, die sich erst später auswirken, zur Sicherung der späteren zutreffenden Besteuerung gesondert

und für mehrere Personen einheitlich festgestellt werden; Satz 2 gilt entsprechend. [4]Die Rechtsverordnungen bedürfen nicht der Zustimmung des Bundesrates, soweit sie Einfuhr- und Ausfuhrabgaben und Verbrauchsteuern, mit Ausnahme der Biersteuer, betreffen.

(3) [1]Absatz 1 Satz 1 Nummer 2 Buchstabe a gilt nicht, wenn
1. nur eine der an den Einkünften beteiligten Personen mit ihren Einkünften im Geltungsbereich dieses Gesetzes einkommensteuerpflichtig oder körperschaftsteuerpflichtig ist oder
2. es sich um einen Fall von geringer Bedeutung handelt, insbesondere weil die Höhe des festgestellten Betrags und die Aufteilung feststehen; dies gilt sinngemäß auch für die Fälle des Absatzes 1 Satz 1 Nummer 2 Buchstabe b und Nummer 3.

[2]Das nach § 18 Absatz 1 Nummer 4 zuständige Finanzamt kann durch Bescheid feststellen, dass eine gesonderte Feststellung nicht durchzuführen ist. [3]Der Bescheid gilt als Steuerbescheid.

(4) Absatz 1 Satz 1 Nummer 2 Buchstabe a gilt ferner nicht für Arbeitsgemeinschaften, deren alleiniger Zweck in der Erfüllung eines einzigen Werkvertrages oder Werklieferungsvertrages besteht.

(5) Absatz 1 Satz 1 Nummer 2 sowie die Absätze 2 und 3 sind entsprechend anzuwenden, soweit
1. die nach einem Abkommen zur Vermeidung der Doppelbesteuerung von der Bemessungsgrundlage ausgenommenen Einkünfte bei der Festsetzung der Steuern der beteiligten Personen von Bedeutung sind oder
2. Steuerabzugsbeträge und Körperschaftsteuer auf die festgesetzte Steuer anzurechnen sind.

§ 183 AO Bekanntgabe bei der gesonderten und einheitlichen Feststellung gegenüber rechtsfähigen Personenvereinigungen

(1) [1]Sind mehrere Personen am Gegenstand der gesonderten und einheitlichen Feststellung als Gesellschafter oder Gemeinschafter beteiligt (Feststellungsbeteiligte) und bilden sie eine rechtsfähige Personenvereinigung, sind alle Verwaltungsakte und Mitteilungen, die nach diesem Gesetz und den Steuergesetzen mit der gesonderten und einheitlichen Feststellung zusammenhängen, der Personenvereinigung in Vertretung der Feststellungsbeteiligten bekannt zu geben. [2]Bei der Bekanntgabe ist darauf hinzuweisen, dass die Bekanntgabe mit Wirkung für und gegen alle Feststellungsbeteiligten erfolgt.

(2) [1]Absatz 1 ist nicht anzuwenden,
1. wenn die Personenvereinigung vollbeendet ist oder der Finanzbehörde bekannt ist, dass die Personenvereinigung nicht mehr rechtsfähig ist, oder
2. soweit ein Feststellungsbeteiligter aus der Personenvereinigung ausgeschieden ist oder zwischen den Feststellungsbeteiligten ernstliche Meinungsverschiedenheiten bestehen.

[2]In den Fällen von Satz 1 Nummer 2 können die in Absatz 1 Satz 1 genannten Verwaltungsakte und Mitteilungen der Personenvereinigung auch mit Wirkung für und gegen einen in Satz 1 Nummer 2 genannten Feststellungsbeteiligten bekannt gegeben werden, soweit und solange dieser Feststellungsbeteiligte dem nicht widersprochen hat. [3]Ein Widerspruch nach Satz 2 wird der Finanzbehörde gegenüber erst wirksam, wenn er ihr zugeht.

(3) [1]Ist nach Absatz 2 Satz 1 Einzelbekanntgabe erforderlich, so sind dem Feststellungsbeteiligten
1. der Gegenstand der gesonderten und einheitlichen Feststellung,
2. die alle Feststellungsbeteiligten betreffenden Besteuerungsgrundlagen,
3. sein Anteil,
4. die Zahl der Feststellungsbeteiligten und
5. die ihn persönlich betreffenden Besteuerungsgrundlagen

bekannt zu geben. [2]Bei berechtigtem Interesse ist dem Feststellungsbeteiligten der gesamte Inhalt des Feststellungsbescheids mitzuteilen.

§ 183a AO Empfangsbevollmächtigte bei der gesonderten und einheitlichen Feststellung bei nicht rechtsfähigen Personenvereinigungen und in sonstigen Fällen

(1) [1]Bilden die Feststellungsbeteiligten keine rechtsfähige Personenvereinigung, so sollen sie einen gemeinsamen Empfangsbevollmächtigten bestellen, der ermächtigt ist, für sie alle Verwaltungsakte und Mitteilungen in Empfang zu nehmen, die nach diesem Gesetz und den Steuergesetzen mit der gesonderten und einheitlichen Feststellung zusammenhängen. [2]Ist kein gemeinsamer Empfangsbevollmächtigter nach Satz 1 vorhanden, kann die Finanzbehörde die Feststellungsbeteiligten auffordern, innerhalb einer bestimmten angemessenen Frist einen Empfangsbevollmächtigten zu benennen. [3]Hierbei ist ein Feststellungsbeteiligter vorzuschlagen und darauf hinzuweisen, dass diesem die in Satz 1 genannten Verwaltungsakte und Mitteilungen mit Wirkung für und gegen alle Feststellungsbeteiligten bekannt gegeben werden, soweit nicht ein anderer Empfangsbevollmächtigter benannt wird. [4]Bei der Bekanntgabe an den Empfangsbevollmächtigten ist darauf hinzuweisen, dass die Bekanntgabe mit Wirkung für und gegen alle Feststellungsbeteiligten erfolgt.

(2) [1]Absatz 1 ist insoweit nicht anzuwenden, als der Finanzbehörde bekannt ist, dass
1. die Personenvereinigung nicht mehr besteht oder rechtsfähig geworden ist,
2. ein Feststellungsbeteiligter aus der Personenvereinigung ausgeschieden ist oder zwischen den Feststellungsbeteiligten ernstliche Meinungsverschiedenheiten bestehen.

[2]Ist ein Empfangsbevollmächtigter nach Absatz 1 Satz 1 vorhanden, können die in Absatz 1 Satz 1 genannten Verwaltungsakte und Mitteilungen ihm auch mit Wirkung für einen in Satz 1 Nummer 2 genannten Feststellungsbeteiligten bekannt gegeben werden, soweit und solange dieser Feststellungsbeteiligte oder der Empfangsbevollmächtigte nicht widersprochen hat. [3]Ein Widerruf der Empfangsvollmacht nach Absatz 1 Satz 1 und ein Widerspruch nach Satz 2 werden der Finanzbehörde gegenüber erst wirksam, wenn sie ihr zugehen.

(3) Ist nach Absatz 2 Einzelbekanntgabe erforderlich, gilt § 183 Absatz 3 entsprechend.

(4) Wird eine wirtschaftliche Einheit
1. Ehegatten oder Lebenspartnern oder
2. Ehegatten mit ihren Kindern, Lebenspartnern mit ihren Kindern oder Alleinstehenden mit ihren Kindern

zugerechnet und haben die Feststellungsbeteiligten keinen gemeinsamen Empfangsbevollmächtigten bestellt, so gelten für die Bekanntgabe von Feststellungsbescheiden über *[bis 31.12.2024:* den Einheitswert oder*]* den Grundsteuerwert die Regelungen über zusammengefasste Bescheide in § 122 Absatz 7 entsprechend.

§ 352 AO Einspruchsbefugnis bei der gesonderten und einheitlichen Feststellung

(1) Gegen Bescheide über die gesonderte und einheitliche Feststellung von Besteuerungsgrundlagen können Einspruch einlegen:
1. bei rechtsfähigen Personenvereinigungen:
   a) die Personenvereinigung,
   b) wenn die rechtsfähige Personenvereinigung nicht mehr besteht, jeder Gesellschafter oder Gemeinschafter, gegen den der Feststellungsbescheid ergangen ist oder zu ergehen hätte;
2. bei nicht rechtsfähigen Personenvereinigungen und in sonstigen Fällen:
   a) der Einspruchsbefugte im Sinne des Absatzes 2,
   b) wenn Personen nach Buchstabe a nicht vorhanden sind, jeder Gesellschafter, Gemeinschafter oder Mitberechtigte, gegen den der Feststellungsbescheid ergangen ist oder zu ergehen hätte;
3. in den Fällen des § 183 Absatz 2 Satz 1 Nummer 2 oder des § 183a Absatz 2 Satz 1 Nummer 2 jeder Gesellschafter, Gemeinschafter oder Mitberechtigte, gegen den der Feststellungsbescheid ergangen ist oder zu ergehen hätte;
4. soweit es sich darum handelt, wer an dem festgestellten Betrag beteiligt ist und wie dieser sich auf die einzelnen Beteiligten verteilt, jeder, der durch die Feststellungen hierzu berührt wird;
5. soweit es sich um eine Frage handelt, die einen Beteiligten persönlich angeht, jeder, der durch die Feststellungen über die Frage berührt wird.

(2) [1]Einspruchsbefugt im Sinne des Absatzes 1 Nummer 2 Buchstabe a ist der gemeinsame Empfangsbevollmächtigte im Sinne des § 183a Absatz 1 Satz 1 oder des § 6 Absatz 1 Satz 1 der Verordnung über die gesonderte Feststellung von Besteuerungsgrundlagen nach § 180 Abs. 2 der Abgabenordnung. [2]Haben die Feststellungsbeteiligten keinen gemeinsamen Empfangsbevollmächtigten bestellt, ist einspruchsbefugt im Sinne des Absatzes 1 Nummer 2 Buchstabe a der nach § 183a Absatz 1 Satz 2 und 3 oder nach § 6 Absatz 1 Satz 3 und 4 der Verordnung über die gesonderte Feststellung von Besteuerungsgrundlagen nach § 180 Abs. 2 der Abgabenordnung von der Finanzbehörde bestimmte Empfangsbevollmächtigte; Absatz 1 Nummer 3 bleibt unberührt. [3]Die Sätze 1 und 2 sind nur anwendbar, wenn die Beteiligten in der Feststellungserklärung oder in der Aufforderung zur Benennung eines Empfangsbevollmächtigten über die Einspruchsbefugnis des Empfangsbevollmächtigten belehrt worden sind.

Art. 97 § 39 EGAO Übergangs- und Anwendungsbestimmungen anlässlich der steuerverfahrensrechtlichen Umsetzung der Reform des Personengesellschaftsrechts

(1) § 152 Absatz 4 Satz 3 und § 181 Absatz 2 Satz 2 Nummer 1 und 4 der Abgabenordnung in der am 1. Januar 2024 geltenden Fassung sind erstmals auf Feststellungserklärungen anzuwenden, die nach dem 31. Dezember 2023 einzureichen sind; eine Verlängerung der Feststellungserklärungsfrist nach § 109 der Abgabenordnung ist hierbei nicht zu berücksichtigen.

(2) Wird die Feststellungserklärung für eine rechtsfähige Personenvereinigung nach dem 31. Dezember 2023 und vor dem 1. Januar 2026 durch eine Person im Sinne des § 181 Absatz 2 Satz 2 Nummer 1 oder 4 der Abgabenordnung in der am

31. Dezember 2023 geltenden Fassung abgegeben, ist die rechtsfähige Personenvereinigung von ihrer Erklärungspflicht nach § 181 Absatz 2 Satz 2 Nummer 1 der Abgabenordnung in der am 1. Januar 2024 geltenden Fassung befreit.

(3) Bei einer rechtsfähigen Personenvereinigung können Verwaltungsakte und Mitteilungen, die nach der Abgabenordnung und den Steuergesetzen mit der gesonderten und einheitlichen Feststellung zusammenhängen, nach dem 31. Dezember 2023 und vor dem 1. Januar 2026 abweichend von § 183 Absatz 1 bis 3 der Abgabenordnung in der am 1. Januar 2024 geltenden Fassung auch nach Maßgabe des § 183 der Abgabenordnung in der am 31. Dezember 2023 geltenden Fassung dem Empfangsbevollmächtigten wirksam bekannt gegeben werden.

(4) [1]Wird gegen einen vor dem 1. Januar 2024 wirksam gewordenen Bescheid über die gesonderte und einheitliche Feststellung von Besteuerungsgrundlagen Einspruch eingelegt, bestimmt sich die Einspruchsbefugnis nach § 352 der Abgabenordnung in der am 31. Dezember 2023 geltenden Fassung. [2]Das Gleiche gilt, wenn der eine rechtsfähige Personenvereinigung betreffende Feststellungsbescheid nach dem 31. Dezember 2023 und vor dem 1. Januar 2026 nach Maßgabe von Absatz 3 dem Empfangsbevollmächtigten nach § 183 der Abgabenordnung in der bis zum 31. Dezember 2023 geltenden Fassung bekannt gegeben worden ist. [3]Ist über den Einspruch gegen einen vor dem 1. Januar 2024 wirksam gewordenen Bescheid nach dem 31. Dezember 2023 zu entscheiden, richtet sich das weitere Verfahren nach den ab dem 1. Januar 2024 geltenden Vorschriften der Abgabenordnung.

(5) Wurde über das Vermögen einer Personenvereinigung vor dem 1. Januar 2024 das Insolvenzverfahren eröffnet, sind für Feststellungszeiträume und Feststellungszeitpunkte vor dem 1. Januar 2024 § 152 Absatz 4 Satz 3, § 181 Absatz 2 Satz 2 Nummer 1, die §§ 183 und 352 der Abgabenordnung in der am 31. Dezember 2023 geltenden Fassung weiterhin anzuwenden.

(6), (7) *[...]*

Verordnung über die gesonderte Feststellung von Besteuerungsgrundlagen nach § 180 Abs. 2 der Abgabenordnung

Vom 19.12.1986 (BGBl. I S. 2663), geändert durch VOen v. 22.10.1990 (BGBl. I S. 2275), v. 16.12.1994 (BGBl. I S. 3834), G v. 15.12.1995 (BGBl. I S. 1783), G v. 22.12.1999 (BGBl. I S. 2601), G v. 20.12.2000 (BGBl. I S. 1850), G v. 5.7.2004 (BGBl. I S. 1427), G v. 7.12.2006 (BGBl. I S. 2782), G v. 20.12.2008 (BGBl. I S. 2850), VO v. 18.7.2016 (BGBl. I S. 1722) und VO v. 19.12.2022 (BGBl. I S. 2432).

Auf Grund des § 180 Abs. 2 der Abgabenordnung vom 16. März 1976 (BGBl. I S. 613), der durch Artikel 1 Nr. 31 des Steuerbereinigungsgesetzes 1986 vom 19. Dezember 1985 (BGBl. I S. 2436) neu gefaßt worden ist, wird mit Zustimmung des Bundesrates verordnet:

[...]

§ 6 Bekanntgabe

(1) [1]Die am Gegenstand der Feststellung beteiligten Personen sollen einen gemeinsamen Empfangsbevollmächtigten bestellen, der ermächtigt ist, für sie alle Verwaltungsakte und Mitteilungen in Empfang zu nehmen, die mit dem Feststellungsverfahren und dem anschließenden Verfahren über einen außergerichtlichen Rechtsbehelf zusammenhängen. [2]Ein Widerruf der Empfangsvollmacht wird der

Finanzbehörde gegenüber erst wirksam, wenn er ihr zugeht. [3]Ist ein Empfangsbevollmächtigter nicht bestellt, kann die Finanzbehörde die Beteiligten auffordern, innerhalb einer angemessenen Frist einen Empfangsbevollmächtigten zu benennen. [4]Hierbei ist ein Beteiligter vorzuschlagen und darauf hinzuweisen, daß diesem die in Satz 1 genannten Verwaltungsakte und Mitteilungen mit Wirkung für und gegen alle Beteiligten bekanntgegeben werden, soweit nicht ein anderer Empfangsbevollmächtigter benannt wird. [5]Bei der Bekanntgabe an den Empfangsbevollmächtigten ist darauf hinzuweisen, daß die Bekanntgabe mit Wirkung für und gegen alle Feststellungsbeteiligten erfolgt.

(2) Der Feststellungsbescheid ist auch den in § 3 Abs. 1 Nr. 2 genannten Personen bekanntzugeben, wenn sie die Erklärung abgegeben haben, aber nicht zum Empfangsbevollmächtigten bestellt sind.

(3) Absatz 1 Sätze 3 und 4 ist insoweit nicht anzuwenden, als der Finanzbehörde bekannt ist, daß zwischen den Feststellungsbeteiligten und dem Empfangsbevollmächtigten ernstliche Meinungsverschiedenheiten bestehen.

(4) Ist Einzelbekanntgabe erforderlich, sind dem Beteiligten nur die ihn betreffenden Besteuerungsgrundlagen bekanntzugeben.

[...]

Literatur: Baum, Änderungen der AO im Jahr 2023 – Anpassung des Steuerverfahrensrechts an das MoPeG und Einführung einer Sonderregelung zum Verspätungszuschlag bei der Mindeststeuer, NWB 2024, 658; Dißars, Aktuelles aus dem Verfahrensrecht 2023, Stbg 2024, 41; Jörißen, Die gesonderte Feststellung von Besteuerungsgrundlagen und die gesonderte und einheitliche Feststellung von Besteuerungsgrundlagen, insbesondere bei gemeinschaftlich erzielten Einkünften (Teil 1 und Teil 2), AO-StB 2023, 313 und 382; Uhländer, Aktuelle Entwicklungen im Sanierungs- und Insolvenzsteuerrecht 2023 (Teil I und Teil II), DB 2023, 2072 ff., 2140 ff.

Übersicht

Rn.

I. Grundlagen ... 1
1. Regelungsziel: Anpassung an das geänderte verfahrensrechtliche Regelungsumfeld ... 1
a) Prozessstandschaft im neuen Regelungsumfeld ... 1
b) Neuregelungen der AO zu den Personenvereinigungen und zur Bekanntgabe gesonderter und einheitliche Feststellungsbescheide ... 2
aa) Überblick ... 2
bb) Bekanntgabe gesonderter und einheitlicher Feststellungen an rechtsfähige Gesellschaften ... 3
cc) Bekanntgabe gesonderter und einheitlicher Feststellungen bei nicht rechtsfähigen Personenvereinigungen und Innengesellschaften ... 7
c) Neuregelung der Einspruchsbefugnis in § 352 AO nF ... 10
aa) Überblick und Übergangsregelung ... 10
bb) Einspruchsbefugnis bei rechtsfähigen Personenvereinigungen ... 13
cc) Einspruchsbefugnis bei nicht rechtsfähigen Personenvereinigungen und Innengesellschaften gemäß § 352 AO nF .. 19
2. Unterschiede zwischen § 48 aF und § 48 nF ... 28

	Rn.
3. Zeitlicher Anwendungsbereich	33
4. Verhältnis zu anderen Vorschriften	38
II. Klagen wegen gesonderter und einheitlicher Feststellungsbescheide	43
1. Streitgegenstand	43
2. Klagearten und Verfahrensarten	44
III. Klagebefugnis bei rechtsfähigen Personenvereinigungen (§ 48 I Nr. 1 nF)	47
1. Legaldefinition rechtsfähiger Personenvereinigungen (§ 14a II AO)	47
2. Klagebefugnis der Personenvereinigung (Nr. 1 Buchst. a)	48
3. Ende der Klagebefugnis der Personenvereinigung (Nr. 1 Buchst. b)	50
4. Folgen des Wegfalls der Prozessstandschaft; Einzelbekanntgabe	55
IV. Klagebefugnis bei nicht rechtsfähigen Personenvereinigungen und Innengesellschaften (§ 48 I Nr. 2, § 48 II nF)	57
1. Nicht rechtsfähige Personenvereinigungen und Innengesellschaften	57
2. Der Klagebefugte als Prozessstandschafter (Abs. 1 Nr. 2 Buchst. a)	60
3. Nichtvorhandensein eines Empfangsbevollmächtigten	65
4. Erfordernis der Belehrung über die Klagebefugnis (§ 48 II 3 nF)	68
V. Klagebefugnis der Feststellungsbeteiligten in anderen Fällen (§ 48 I Nr. 3 nF)	70
1. Fälle des § 183 II 1 Nr. 2 AO nF	70
2. Fälle des § 183a II 1 Nr. 2 AO	74
3. Ergehen und Ergehenmüssen des Feststellungsbescheids	78
4. Mögliche Verletzung in eigenen Rechten	79
VI. Ersatztatbestände in § 48 I Nr. 4 und 5 nF	82
VII. Sonstiges	85
1. Rechtschutzgewährende Auslegung von Klageschriften und Genehmigung der Klage von Nichtklagebefugten	85
2. Weitere prozessuale Rechtsfolgen	86

I. Grundlagen

1. Regelungsziel: Anpassung an das geänderte verfahrensrechtliche Regelungsumfeld

1 **a) Prozessstandschaft im neuen Regelungsumfeld.** § 48 nF wurde durch Art. 27 des KreditzweitmarktförderungsG v. 22.12.2023 (BGBl. 2023 I Nr. 411) neu gefasst. Nach Art. 36 III des Änderungsgesetzes ist die Norm zum 1.1.2024 in Kraft getreten. Sie regelt wie die Vorgängerregelung abschließend **die Klagebefugnis der Gesellschaft und in anderen Fällen des Klagebevollmächtigten als Prozessstandschafter für gesonderte und einheitliche Feststellungsbescheide** (→ § 48 aF Rn. 1) sowie die daneben oder stattdessen bestehende eigene Klagebefugnis der Feststellungsbeteiligten (→ § 48 aF Rn. 17). Die durchgehend vorhandene besondere Klagebefugnis ist eine **Sachentscheidungsvorausset-**

zung im finanzgerichtlichen Verfahren. Der Gesetzgeber hat durch das KreditzweitmarktförderungsG die verfahrensrechtlichen Regelungen der AO für gesonderte und einheitliche Feststellungsbescheide (auch für die Einspruchsbefugnis in § 352 AO nF) an die zivilrechtlichen Änderungen durch das MoPeG (insbes. die volle Rechtsfähigkeit der Außen-GbR gem. § 705 II BGB nF und der Personenhandelsgesellschaften gem. §§ 105, 161 II HGB) angepasst und dies zugleich in § 48 FGO nF für die finanzgerichtliche Klagebefugnis nachvollzogen.

b) Neuregelungen der AO zu den Personenvereinigungen und zur Bekanntgabe gesonderter und einheitliche Feststellungsbescheide. aa) Überblick. Wesentliche Änderungen der AO zur neuen Einordnung und Handlungsfähigkeit von rechtsfähigen Personenvereinigungen im Besteuerungsverfahren enthalten § 14a (vorstehend abgedruckt), § 34 I 1 und II 2 sowie § 79 I Nr. 3 AO (→ § 58 Rn. 6). Hinsichtlich gesonderter und einheitlicher Feststellungsbescheide sind Neuregelungen enthalten in § 152 IV 3 AO zu Verspätungszuschlägen, in § 181 II 2 Nr. 1 Buchst. a AO zur Erklärungspflicht, in § 183 und § 183a AO zur Bekanntgabe sowie in § 352 AO zur Einspruchsbefugnis. Die geänderten Regelungen finden nach Art. 97 § 39 EGAO **(oben abgedruckt)** zeitlich differenziert Anwendung. 2

bb) Bekanntgabe gesonderter und einheitlicher Feststellungen an rechtsfähige Gesellschaften. Übergangsrecht: Bei einer **rechtsfähigen Personenvereinigung** (§ 14a II Nr. 2 und Nr. 3 AO) können Verwaltungsakte und Mitteilungen, die nach der AO und den Steuergesetzen mit der gesonderten und einheitlichen Feststellung zusammenhängen, nach dem 31.12.2023 und vor dem 1.1.2026 abweichend von § 183 I–III AO in der am 1.1.2024 geltenden Fassung auch nach Maßgabe des § 183 AO in der am 31.12.2023 geltenden Fassung (abgedruckt vor § 48 aF) noch dem (gemeinsam bestellten, benannten, fingierten) **Empfangsbevollmächtigten** nach Maßgabe der Regelungen in § 183 I, III AO aF wirksam bekannt gegeben werden (Art. 97 § 39 III EGAO; s. Klein/Ratschow AO, 18. Aufl. § 183 Rn. 1). Dies entspricht der für teilrechtsfähige Außen-GbRs, Personenhandelsgesellschaften sowie für nicht rechtsfähige Zusammenschlüsse mit mehreren Feststellungsbeteiligten zum 31.12.2023 geltenden Rechtslage (Klein/Ratschow AO, 17. Aufl. § 183 Rn. 1). 3

Neuregelung: Das neue Bekanntgaberecht der AO für gesonderte und einheitliche Feststellungen ordnet in § 122 I iVm § 183 I 1 und 2 AO nF (Art. 23 Nr. 14 iVm Art. 36 III KreditzweitmarktförderungsG) abw. von dieser Übergangsregelung ab dem 1.1.2024 für rechtsfähige Personenvereinigungen an, dass – vorbehaltlich der Beendigung der Gesellschaft oder sonstiger Ereignisse (§ 183 II 1 Nr. 1 und Nr. 2 AO nF) mit einer dann ggf. erforderlichen Einzelbekanntgabe – alle VA und Mitteilungen, die nach der AO und den Steuergesetzen mit der gesonderten und einheitlichen Feststellung zusammenhängen, der **rechtsfähigen Personenvereinigung** in Vertretung der Feststellungsbeteiligten bekannt zu geben **sind.** Dem Gesetz liegt die Vorstellung zugrunde, dass die rechtsfähige Personenvereinigung kraft Gesetzes ohne rechtsgeschäftliche Bevollmächtigung verpflichtet und berechtigt ist, die Feststellungsbeteiligten als Bekanntgabeadressaten **zu vertreten** (Klein/Ratschow AO, 18. Aufl. § 183 Rn. 11, 14: kein Ermessen, auch mit Hinweis auf AEAO zu § 122 Nr. 2.5.2.1 sowie Rn. 17: gesetzliche Empfangsvertretung). Bei der Bekanntgabe ist die Personenvereinigung darauf hinzuweisen, dass sie mit Wirkung für und gegen alle Feststellungsbeteiligten erfolgt (§ 183 I 2 AO nF). Hierin liegt zugleich eine Wirksamkeitsvoraussetzung 4 für die Bekanntgabe (Klein/Ratschow AO, 18. Aufl. § 183 Rn. 15). Die Personengesellschaft ist **für die gesonderte und einheitliche Feststellung** aber nur Bekanntgabeadressatin, die Feststellungsbeteiligten sind Inhaltsadressaten. Für **Betriebssteuerbescheide** ist die Gesellschaft Bekanntgabe- und Inhaltsadressatin. Natürlich kann sich die Gesellschaft in ihrer Funktion als gesetzliche Bekanntgabeadressatin selbst eines Bevollmächtigten für die Entgegennahme der Bescheide bedienen (§ 80 I 1 AO). § 183 I AO nF ist in den Fällen des § 183 II 1 Nr. 1 und Nr. 2 AO nF (Vollbeendigung; ernstliche Meinungsverschiedenheiten; Ausscheiden eines Gesellschafters) nicht anzuwenden. In diesem Fall ist eine Einzelbekanntgabe der gesonderten und einheitlichen Feststellungsbescheide erforderlich (Klein/Ratschow AO, 18. Aufl. § 183 Rn. 20–26).

7 cc) **Bekanntgabe gesonderter und einheitlicher Feststellungen bei nicht rechtsfähigen Personenvereinigungen und Innengesellschaften. Nicht rechtsfähige Personenvereinigungen** gem. § 14a III Nr. 1–3 AO sind die Bruchteilsgemeinschaften (§ 741 BGB), Gütergemeinschaften (§ 1415 BGB) und Erbengemeinschaften (§ 2032 BGB). Ihnen gleichgestellt werden für die hier interessierende Bekanntgabe und Anfechtung gesonderter und einheitlicher Feststellungsbescheide die Innengesellschaften des bürgerlichen Rechts (§ 14a IV AO iVm § 740 BGB nF). Unter der bis zum 31.12.2023 geltenden Rechtslage war insoweit die Bekanntgabe an den (gemeinsam bestellten, benannten, fingierten) Empfangsbevollmächtigten erforderlich. Ab dem 1.1.2024 sind gesonderte und einheitliche Feststellungsbescheide nach dem neu eingefügten **§ 183a AO** (vorstehend abgedruckt) bekannt zu geben (Art. 23 Nr. 15 iVm Art. 36 III KreditzweitmarktförderungsG). Die Bekanntgabe gesonderter und einheitlicher Feststellungsbescheide für nicht rechtsfähige Personenvereinigungen iSd § 14a IV AO und damit auch für die atypisch stille Innengesellschaft ist in § 183a AO neu geregelt worden. Das Inkrafttreten des § 183a AO **zum 1.1.2024 bedeutet,** dass „alle offenen Fälle" angesprochen sind, in denen Feststellungsbescheide bekannt gegeben werden, ohne dass es darauf ankommt, für welchen Zeitraum oder Zeitpunkt die Feststellung erfolgt (Baum NWB 2023, 2662 (2671); AEAO zu § 183a Nr. 4 S. 1 und 2; wohl auch Tipke/Kruse/Brandis AO § 183a Rn. 1; HHS/Brandl [Stand 03/2025] AO § 183a Rn. 2). Gegenüber § 183a AO enthält § 6 der VO zu § 180 II AO eine vorrangige Sonderregelung (Klein/Ratschow AO, 18. Aufl. § 180 Rn. 41 und § 183a Rn. 2; → Rn. 21). Danach soll im Anwendungsbereich des § 6 VO zu § 180 II AO an den gemeinsam bestellten Empfangsbevollmächtigten bekannt gegeben werden; anderenfalls sind die Feststellungsbeteiligten aufzufordern, einen vom FA vorgeschlagenen Empfangsbevollmächtigten zu bestellen.

8 **§ 183a I 1 AO** ordnet vorbehaltlich einer Pflicht zur Einzelbekanntgabe in den Fällen des § 183a II, III, IV AO an, dass die Feststellungsbescheide **einen gemeinsamen Empfangsbevollmächtigten** bestellen sollen, der ermächtigt ist, für sie alle VA und Mitteilungen in Empfang zu nehmen, die nach der AO und den Steuergesetzen mit der gesonderten und einheitlichen Feststellung zusammenhängen. Ist kein solcher gemeinsamer Empfangsbevollmächtigter nach § 183a I 1 AO vorhanden, kann die Finanzbehörde die Feststellungsbeteiligten auffordern, innerhalb einer angemessenen Frist **einen Empfangsbevollmächtigten zu benennen.** Hierbei ist ein Feststellungsbeteiligter vorzuschlagen und darauf hinzuweisen, dass diesem die in § 183a I 1 AO genannten Verwaltungsakte und Mitteilungen mit Wirkung für und gegen alle Feststellungsbeteiligten **bekannt gegeben werden,** soweit nicht ein anderer Empfangsbevollmächtigter benannt

wird. Bei der Bekanntgabe an den Empfangsbevollmächtigten ist darauf hinzuweisen, dass die Bekanntgabe mit Wirkung für und gegen alle Feststellungsbeteiligten erfolgt (s. dazu Klein/Ratschow AO, 18. Aufl. § 183a Rn. 10, auch zur Ermessensentscheidung; HHS/Steinhauff [Stand 09/2024] § 48 Rn. 12d). Hat die Finanzbehörde dieses Verfahren eingehalten und haben die Feststellungsbeteiligten keinen eigenen Empfangsbevollmächtigten benannt, kann die Finanzbehörde an den von ihr bestimmten Empfangsbevollmächtigten bekannt geben; diesem steht dann bei erfolgter Belehrung (§ 352 II 3 AO nF; § 48 II 3 FGO nF) auch die Einspruchs- und Klagebefugnis als gesetzlichem Prozessstandschafter hinsichtlich aller Feststellungsbeteiligten zu (HHS/Steinhauff [Stand 09/2024] § 48 Rn. 191, 192, 197). Die Bekanntgabe **an einen fingierten Empfangsbevollmächtigten nach § 183 I 2 AO aF** ist bei nicht rechtsfähigen Personenvereinigungen **nicht mehr vorgesehen.** Er ist daher auch nicht mehr einspruchs- oder klagebefugt.

Ist dem FA bekannt, dass **ein Feststellungsbeteiligter ausgeschieden ist oder dass ernstliche Meinungsverschiedenheiten bestehen,** ist die Bekanntgabe an den gemeinsam bestellten oder bestimmten Empfangsbevollmächtigten grundsätzlich nicht mehr zulässig (§ 183a II 1 Nr. 2 Alt. 1 und Alt. 2 AO). In diesem Fall verlangt das Gesetz **die Einzelbekanntgabe** des gesonderten und einheitlichen Feststellungsbescheids. Eine **Rückausnahme** gilt, wenn ein gemeinsam bestellter Empfangsbevollmächtigter nach § 183a I 1 AO vorhanden ist. Dann bedarf es keiner Einzelbekanntgabe, soweit und solange der ausgeschiedene Feststellungsbeteiligte oder bei ernstlichen Meinungsverschiedenheiten der Empfangsbevollmächtigte nicht widersprochen hat. Ein Widerruf der Empfangsvollmacht und ein Widerspruch werden der Finanzbehörde ggü. erst wirksam, wenn sie ihr zugehen (§ 183a II 3 AO). Ist nach § 183a II AO die Einzelbekanntgabe erforderlich, gilt § 183 III AO nF gem. § 183a III AO entsprechend, dh dem Feststellungsbeteiligten sind der Gegenstand der gesonderten und einheitlichen Feststellung, die alle Feststellungsbeteiligten betreffenden Besteuerungsgrundlagen, sein Anteil, die Zahl der Feststellungsbeteiligten und die ihn persönlich betreffenden Besteuerungsgrundlagen bekannt zu geben (§ 183 III 1 Nr. 1–5 AO nF). Bei berechtigtem Interesse ist dem Feststellungsbeteiligten der gesamte Inhalt des Feststellungsbescheids mitzuteilen (§ 183 III 2 AO nF). Siehe zum Ganzen Klein/Ratschow AO, 18. Aufl. § 183a Rn. 20–24. 9

c) Neuregelung der Einspruchsbefugnis in § 352 AO nF. aa) Überblick und Übergangsregelung. Ebenfalls neu gefasst wurde die Regelung zur **Einspruchsbefugnis** in **§ 352 AO nF.** Sie gilt nach Art. 23 Nr. 18 iVm Art. 36 III KreditzweitmarktförderungsG grundsätzlich **ab dem 1.1.2024.** Weiterhin ordnet die Regelung **die gesetzliche Prozessstandschaft** der rechtsfähigen Gesellschaft, des Einspruchsbefugten und eine statt dieser oder daneben bestehende Einspruchsbefugnis der Feststellungsbeteiligten an. Nach § 352 AO nF ist die Einspruchsbefugnis aber nunmehr entscheidend davon abhängig, ob der gesonderte und einheitliche Feststellungsbescheid ggü. den Feststellungsbeteiligten einer rechtsfähigen oder einer nicht rechtsfähigen Personenvereinigung (einschließlich der Innengesellschaften) ergeht. Die Bekanntgaberegelungen in §§ 183, 183a AO nF haben somit entscheidende Folgen für den Lauf der Rechtsbehelfsfristen und die Rechtsbehelfsbefugnis (HHS/Steinhauff [Stand 09/2024] § 48 Rn. 12d). 10

Art. 97 § 39 IV 1 EGAO bestimmt als **Übergangsregelung,** dass sich bei einem Einspruch gegen einen **vor dem 1.1.2024** wirksam gewordenen Bescheid über die gesonderte und einheitliche Feststellung von Besteuerungsgrundlagen 11 die Einspruchsbefugnis nach § 352 AO in der am 31.12.2023 geltenden Fassung bestimmt (§ 352 AO aF). Das Gleiche gilt, wenn der eine rechtsfähige Personenvereinigung betreffende Feststellungsbescheid nach dem 31.12.2023 und vor dem 1.1.2026 nach Maßgabe der Übergangsregelung (→ Rn. 3) dem Empfangsbevollmächtigten nach § 183 AO aF bekannt gegeben worden ist (Art. 97 § 39 IV 2 EGAO). Ist über den Einspruch gegen einen vor dem 1.1.2024 wirksam gewordenen Bescheid nach dem 31.12.2023 zu entscheiden, richtet sich das weitere Verfahren nach den ab dem 1.1.2024 geltenden Vorschriften der AO (Art. 97 § 39 IV 3 EGAO). Die Übergangsregelung erfasst mithin nur die Einspruchsbefugnis in den vor dem 1.1.2024 begonnenen Einspruchsverfahren. Die Aussage in Art. 97 § 39 IV 3 EGAO, dass sich das weitere Verfahren nach den ab dem 1.1.2024 geltenden Vorschriften der AO richtet, hat zur Folge, dass wenn der Einspruch noch nach § 352 I Nr. 1 AO aF vom vertretungsberechtigten Geschäftsführer/ Empfangsbevollmächtigten erhoben wurde, die rechtsfähige Gesellschaft Beteiligte des Einspruchsverfahrens wird und die Einspruchsentscheidung der rechtsfähigen Gesellschaft bekannt zu geben ist (Klein/Rätke AO, 18. Aufl. § 352 Rn. 2; HHS/ Steinhauff [Stand 09/2024] § 48 Rn. 12c).

12 Wird der Feststellungsbescheid **nach dem 31.12.2023** bekannt gegeben, gilt grundsätzlich nur § 352 AO nF. Bei einer Bekanntgabe **an die rechtsfähige Personenvereinigung** als gesetzliche Empfangsvertreterin und Bekanntgabeadressatin (→ Rn. 4) hat diese Einspruch zu erheben (→ Rn. 13 ff.). Macht das FA nach dem 31.12.2023 **in den Jahren 2024 und 2025 von der Übergangsregelung** in Art. 97 § 39 III EGAO Gebrauch und gibt den gesonderten und einheitlichen Feststellungsbescheid noch nach § 183 AO aF dem zur Vertretung berufenen Geschäftsführer oder Einspruchsbevollmächtigten gem. § 183 II AO in der bis zum 31.12.2023 geltenden Fassung bekannt, kann dieser nach Maßgabe des § 352 AO aF den Einspruch namens der Gesellschaft erheben (Klein/Rätke AO, 17. Aufl. § 352 Rn. 6 ff., 13 ff.); das weitere Verfahren richtet sich dann aber nach den ab dem 1.1.2024 geltenden Vorschriften der AO (Art. 97 § 39 IV 2 EGAO). Dazu → Rn. 11; Klein/Rätke AO, 18. Aufl. § 352 Rn. 2; HHS/Steinhauff [Stand 09/2024] § 48 Rn. 12c.

13 **bb) Einspruchsbefugnis bei rechtsfähigen Personenvereinigungen.** Gegen Bescheide über die gesonderte und einheitliche Feststellung von Besteuerungsgrundlagen können **bei rechtsfähigen Personenvereinigungen,** denen der Feststellungsbescheid nach § 183 I 1 AO nF als gesetzlicher Empfangsvertreterin bekannt gegeben wird (→ Rn. 12), Einspruch einlegen (1) die Personenvereinigung und, (2) wenn die rechtsfähige Personenvereinigung nicht mehr besteht, jeder Gesellschafter oder Gemeinschafter, gegen den der Feststellungsbescheid ergangen ist oder zu ergehen hätte (§ 352 I Nr. 1 Buchst. a und b AO nF).

14 Hierin liegt weiterhin die Anordnung einer **vorrangigen Einspruchsbefugnis der Gesellschaft im Sinne einer gesetzlichen Prozessstandschaft.** Die Formulierung in § 352 I Nr. 1 AO aF, dass es auf den *zur Vertretung berufenen Geschäftsführer* ankam, wurde schon in der Vergangenheit so verstanden, dass der Geschäftsführer den Einspruch im Namen der Gesellschaft erhoben hat und die Gesellschaft als Prozessstandschafterin Einspruchsführerin wurde (Klein/Rätke AO, 17. Aufl. § 352 Rn. 6). Es ist zu begrüßen, dass die AO bei rechtsfähigen Gesellschaften nunmehr die Gesellschaft klar als Bekanntgabeadressatin und als Einspruchsführerin benennt und es auch auf die Unterscheidung, ob der (ehemalige) vertretungsberechtigte Geschäftsführer ggf. als der Empfangsbevollmächtigte

und sog. Einspruchsbevollmächtigte der Prozessstandschafter der Feststellungsbeteiligten sein konnte (§ 352 I Nr. 1 Alt. 2 AO aF, dazu Klein/Rätke AO, 17. Aufl. § 352 Rn. 16), nicht mehr ankommt. Allerdings kommt es für die Klageerhebung namens der Gesellschaft als prozessuale Willensäußerung und bzgl. deren Prozessfähigkeit iSd § 58 (vgl. § 58 II) nach wie vor darauf an, dass die gesellschaftsrechtlichen Vertretungsverhältnisse beachtet werden (Klein/Rätke AO, 18. Aufl. § 352 Rn. 22; HHS/Steinhauff [Stand 09/2024] § 48 Rn. 61 ff., 91a). § 352 I Nr. 1 AO nF folgt nach wie vor – wie auch § 48 FGO aF/nF für das Klageverfahren – dem Zweck, die Einspruchsbefugnis auf die Gesellschaft als gesetzliche Prozessstandschafterin der Feststellungsbeteiligten zu beschränken (Klein/Rätke AO, 18. Aufl. § 352 Rn. 3, 4, 12).

Ist die rechtsfähige Gesellschaft bereits vor Beginn des Einspruchsverfahrens vollbeendet, ist **jeder Feststellungsbeteiligte** einspruchsbefugt, für den der Feststellungsbescheid als Inhaltsadressat im Wege der Bekanntgabe an die Gesellschaft oder im Wege der Einzelbekanntgabe ergangen ist oder für diesen Feststellungszeitraum zu ergehen hätte **(§ 352 I Nr. 1 Buchst. b AO nF;** dazu Klein/Rätke AO, 18. Aufl. § 352 Rn. 19). Dies entspricht der Regelung in § 352 I Nr. 2 AO aF (dazu Klein/Rätke AO, 17. Aufl. § 352 Rn. 22). **15**

Eine eigene Einspruchsbefugnis der **Feststellungsbeteiligten** neben derjenigen der Gesellschaft bestand stets **für ausgeschiedene Gesellschafter** (§ 352 I Nr. 3 AO aF) und in den Fällen des Streits um den **Kreis der Feststellungsbeteiligten und die Verteilung der Einkünfte** (§ 352 I Nr. 4 AO aF) sowie bei Streit um **Feststellungen, die einen Feststellungsbeteiligten persönlich berühren** (§ 352 I Nr. 5 AO aF). Hieran hat sich im Kern **in § 352 I Nr. 3 AO nF** nichts geändert: **16**

- § 352 I Nr. 3 AO nF erwähnt zwar die ausgeschiedenen Gesellschafter nicht mehr unmittelbar, verweist aber auf § 183 II 1 Nr. 2 AO nF. Letzterer ordnet eine Einzelbekanntgabe des Feststellungsbescheids **an einen ausgeschiedenen Gesellschafter** an. Für die Einspruchsbefugnis ist die tatsächliche Einzelbekanntgabe an den ausgeschiedenen Gesellschafter nicht erforderlich, sondern nur, dass die Bekanntgabe an ihn hätte ergehen müssen (Klein/Rätke AO, 18. Aufl. § 352 Rn. 35). Die Einzelbekanntgabepflicht greift nach § 183 II 2, 3 AO nF wiederum nicht, wenn der ausgeschiedene Gesellschafter einer Bekanntgabe an die Personengesellschaft ggü. dem FA nicht widerspricht (Klein/Ratschow AO, 18. Aufl. § 183 Rn. 25, 26, 28, 30).
- Dasselbe gilt, wenn **aufgrund ernstlicher Meinungsverschiedenheiten** im Gesellschafterkreis (ohne Ausscheiden) eine Einzelbekanntgabe des Feststellungsbescheids geboten ist (§ 352 I Nr. 3 AO nF iVm § 183 II 1 Nr. 2 AO nF). Hier konnte nach der früheren Rechtslage bei rechtsgeschäftlich erteilter Empfangsvollmacht (§ 183 I 1 AO aF) auch bis zu einem Widerruf ggü. dem FA an den Empfangsbevollmächtigten mit Wirkung für die Feststellungsbeteiligten bekannt gegeben werden (§ 183 III 1 AO aF). Siehe zu § 183 AO aF Klein/Ratschow AO, 17. Aufl. § 183 Rn. 17, 20, 28 f.
- Auch dann, wenn mangels Widerspruchs der gesonderte und einheitliche Feststellungsbescheid noch an die Gesellschaft bekannt gegeben wird und eine Einzelbekanntgabe an den Feststellungsbeteiligten unterbleibt, ist der ausgeschiedene Feststellungsbeteiligte – oder im Fall der ernstlichen Meinungsverschiedenheiten **jeder Feststellungsbeteiligte selbst** – neben der Gesellschaft einspruchsbefugt, wenn er durch die angefochtene Feststellung gem. § 40 II beschwert ist. Es genügt, dass der Feststellungsbescheid an ihn zu ergehen hätte

(Klein/Rätke AO, 18. Aufl. § 352 Rn. 32; HHS/Steinhauff [09/2024] § 48 Rn. 234–237, 239a).

- Bei **tatsächlicher Einzelbekanntgabe** des Feststellungsbescheids an den noch beteiligten oder ausgeschiedenen Gesellschafter ist der Feststellungsbeteiligte als Adressat des Feststellungsbescheids stets einspruchsbefugt. Unerheblich ist, ob die Voraussetzungen einer Einzelbekanntgabe gem. § 183 II AO nF erfüllt sind (zutr. Klein/Rätke AO, 18. Aufl. § 352 Rn. 48).
- Unverändert sind die Feststellungsbeteiligten gem. § 352 I Nr. 4, 5 AO nF weiterhin persönlich neben der rechtsfähigen Personenvereinigung einspruchsbefugt.

19 **cc) Einspruchsbefugnis bei nicht rechtsfähigen Personenvereinigungen und Innengesellschaften gemäß § 352 AO nF.** Nicht rechtsfähige *Personenvereinigungen* sind gem. § 14a III Nr. 1–3 AO insbes. Bruchteilsgemeinschaften (§ 741 BGB), Gütergemeinschaften (§ 1415 BGB) und Erbengemeinschaften (§ 2032 BGB). Auf nicht rechtsfähige *Gesellschaften* einschließlich der Innengesellschaften (§ 740 BGB) sind die für nicht rechtsfähige Personenvereinigungen geltenden Vorschriften mit Ausnahme des § 267 I 1 AO sinngemäß anzuwenden (§ 14a IV AO). Der AEAO wurde entsprechend erweitert (vgl. BMF v. 29.12.2023, BStBl. I 2024, 12).

20 Grundsätzlich finden auf Feststellungsbescheide, die vor dem 1.1.2024 wirksam bekannt gegeben wurden, für die **Einspruchsbefugnis** noch die Regelungen in § 352 AO aF Anwendung; das weitere Verfahren richtet sich nach den ab dem 1.1.2024 geltenden Vorschriften der AO (Art. 97 § 39 IV EGAO; → Rn. 11).

21 **Gesetzlicher Prozessstandschafter ist nach der Neufassung nunmehr der sog. Einspruchsbefugte** (§ 352 I Nr. 2 Buchst. a iVm § 352 II AO nF). Dies ist vorrangig der **gemeinsame Empfangsbevollmächtigte** iSd § 183a I 1 AO oder des § 6 I 1 der VO zu § 180 II AO (ebenso HHS/Steinhauff [09/2024] § 48 Rn. 12d; Klein/Rätke AO, 18. Aufl. § 352 Rn. 3, 26). Haben die Feststellungsbeteiligten keinen gemeinsamen Empfangsbevollmächtigten bestellt, ist einspruchsbefugt der nach § 183a I 2 und 3 AO oder nach § 6 I 3 und 4 der VO zu § 180 II AO von der Finanzbehörde **bestimmte Empfangsbevollmächtigte** (→ Rn. 7 f.). § 352 II 1 und 2 AO nF sind nur anwendbar, wenn die Beteiligten in der Feststellungserklärung oder in der Aufforderung zur Benennung eines Empfangsbevollmächtigten über die Einspruchsbefugnis des Empfangsbevollmächtigten belehrt worden sind (→ Rn. 7 f.; Klein/Rätke AO, 18. Aufl. § 352 Rn. 26). Bei den nicht rechtsfähigen Personenvereinigungen tritt aber insoweit eine Rechtsänderung ein, als diese nach dem früheren Recht einen „vertretungsberechtigten Geschäftsführer" haben konnten, der für die Gemeinschaft als Prozessstandschafterin den Einspruch erheben konnte (BFH VIII R 36/23, BFH/NV 2025, 682; IX B 31/10, BFH/NV 2011, 288). Die Neufassung des § 352 I Nr. 2 AO nF kennt als Prozessstandschafter hingegen nur noch den Einspruchsbefugten iSd § 352 II AO nF.

22 Ist **kein gemeinsam bestellter oder bestimmter Empfangsbevollmächtigter** vorhanden, ist einspruchsbefugt jeder Gesellschafter, Gemeinschafter oder Mitberechtigter, gegen den der Feststellungsbescheid ergangen ist oder zu ergehen hätte (§ 352 I Nr. 2 Buchst. b AO nF). Dies kann neben den Erbengemeinschaften insbes. auch Bruchteilsgemeinschaften betreffen (Klein/Rätke AO, 18. Aufl. § 352 Rn. 28).

23 **Einspruchsbefugt** ist „in den Fällen des § 183a Absatz 2 Satz 1 Nummer 2 AO" (vgl. § 352 I Nr. 3 AO nF) bei ausgeschiedenen Gesellschaftern/Gemein-

schaftern und bei „ernstlichen Meinungsverschiedenheiten“ **jeder Gesellschafter, Gemeinschafter oder Mitberechtigte,** gegen den der Feststellungsbescheid **im Wege der Einzelbekanntgabe** ergangen ist oder zu ergehen hätte (Klein/Rätke AO, 18. Aufl. § 352 Rn. 32, 35). Darf in diesen Fällen mangels rechtzeitigen Widerrufs der Empfangsvollmacht oder mangels Widerspruchs gegen diese Bekanntgabe noch wirksam an den Empfangsbevollmächtigten iSd § 183a AO bekannt gegeben werden (→ Rn. 9), berührt dies die persönliche Einspruchsbefugnis des Feststellungsbeteiligten aber nicht; diese besteht neben derjenigen des Einspruchsbefugten (Klein/Rätke AO, 18. Aufl. § 352 Rn. 32; Baum NWB 2024, 662 (664)). Es ist für die Einspruchsbefugnis gem. § 352 I Nr. 3 AO nF ausreichend, dass der Feststellungsbescheid dem Gesellschafter, mit dem Meinungsverschiedenheiten bestehen oder der ausgeschieden ist, im Wege der Einzelbekanntgabe bekannt zu geben wäre (→ Rn. 16).

Es besteht stets eine **persönliche Einspruchsbefugnis des Feststellungsbeteiligten** (auch neben derjenigen des Einspruchsbevollmächtigten), wenn ihm der Feststellungsbescheid im Wege einer Einzelbekanntgabe bekannt gegeben wird, wobei unerheblich ist, ob die rechtlichen Voraussetzungen des § 352 I Nr. 3 AO nF für eine Einzelbekanntgabe erfüllt sind (→ Rn. 16; Klein/Rätke AO, 18. Aufl. § 352 Rn. 48). Daneben besteht die **persönliche Einspruchsbefugnis der Feststellungsbeteiligten** in den Fällen des § 352 I Nr. 4 und § 352 I Nr. 5 AO nF (→ Rn. 16). 24

Die Regelungen zu den nicht rechtsfähigen Personenvereinigungen gelten auch für die Einspruchsbefugnis bei **Innengesellschaften** wie die **atypisch stille Gesellschaft.** Empfangsbevollmächtigter gem. § 183a AO nF wird, wie in der Vergangenheit, bis zur Vollbeendigung der Innengesellschaft idR der Inhaber des Handelsgeschäfts als originärer oder nach Aufforderung durch die Finanzbehörde benannter Feststellungsbeteiligter sein (BFH IV R 20/08, BStBl. II 2010, 528; IV R 8/09, BStBl. II 2012, 183). Er ist dann auch einspruchsbefugt (→ Rn. 19; Klein/Rätke AO, 18. Aufl. § 352 Rn. 27). Fehlt bei einer Innengesellschaft ein gemeinsam bestellter oder benannter Empfangsbevollmächtigter ist wie bei der nicht rechtsfähigen Personenvereinigung jeder Feststellungsbeteiligte einspruchsbefugt (→ Rn. 22). 25

Die Bezugnahme in § 352 I Nr. 2 AO nF auf die **„sonstigen Fälle“** neben den nicht rechtsfähigen Personenvereinigungen/Innengesellschaften iSd § 14a III, IV AO bezeichnet insbes. die gesonderte und einheitliche Feststellung nach der VO zu § 180 II AO (Tipke/Kruse/Brandis [03/2024] AO § 352 Rn. 2). Für diese enthält **§ 6 VO zu § 180 II AO** gegenüber § 183a AO speziellere Bekanntgaberegelungen (→ Rn. 7, → Rn. 21). In diesen Fällen ist der gemeinsame (originär) oder nach Aufforderung bestellte Empfangsbevollmächtigte einspruchsbefugt. Fehlt er, sind die Feststellungsbeteiligten einspruchsbefugt. 26

2. Unterschiede zwischen § 48 aF und § 48 nF

Bei den rechtsfähigen Personenvereinigungen/Gesellschaften ist die eigene Klage- und Einspruchsbefugnis zu begrüßen. Sie bereinigt argumentative Schwierigkeiten, die sich im Hinblick auf die frühere Gesetzesfassung in § 48 I Nr. 1 Alt. 1 aF gestellt haben, nach der der „vertretungsberechtigte Geschäftsführer“ nach dem Gesetzeswortlaut als gesetzlicher Prozessstandschafter einspruchs- und klagebefugt war, die Rechtsprechung jedoch dennoch nur die teilrechtsfähige Außen-Gesellschaft bis zur Vollbeendigung als Prozessstandschafterin und Betei- 28 ligte iSd § 57 behandelt hat (→ § 48 aF Rn. 7, 32, 33; HHS/Steinhauff [09/2024] § 48 Rn. 61 ff.). Die Klärung der Frage, wer Geschäftsführer oder Liquidator iSd § 48 I Nr. 1 Alt. 1 aF war und „im Namen der Gesellschaft/Gemeinschaft" die Klage als Prozessstandschafterin der Feststellungsbeteiligten erheben durfte, stellt sich unter der neuen Fassung aber noch dahingehend, ob die Klage durch die vertretungsberechtigten Gesellschafter/Liquidatoren namens der Gesellschaft erhoben wurde (HHS/Steinhauff [09/2024] § 48 Rn. 63 ff.) sowie wegen der Beteiligtenstellung der Gesellschaft iRd Prozessfähigkeit der Gesellschaft als Prozessstandschafterin (→ § 58 Rn. 42; HHS/Steinhauff [09/2024] § 48 Rn. 90a, 91a). Die Einspruchs- und Klagebefugnis der Gesellschaft nach § 352 I AO nF und § 48 I FGO nF ist aber nach wie vor nur eine als Prozessstandschafterin der Feststellungsbeteiligten, um fremde Rechte geltend zu machen. Ungeachtet der Stellung der Gesellschaft als gesetzlicher Bekanntgabeadressatin sind weiterhin nur die Feststellungsbeteiligten Inhaltsadressaten der Feststellungen. Eine der Anfechtung der Betriebssteuerbescheide vergleichbare Situation mit einer eigenen Einspruchs- und Klagebefugnis der Gesellschaft als Inhaltsadressatin liegt auf Grundlage der Neuregelungen zur Anfechtung der gesonderten und einheitlichen Feststellungsbescheide nicht vor (ebenso HHS/Steinhauff [09/2024] § 48 Rn. 5a, 12d, 19).

29 Die Neuregelung der gesetzlichen Prozessstandschaft **für nicht rechtsfähige Personenvereinigungen und Innengesellschaften** mit der Anknüpfung an den gemeinsamen oder nach Vorschlag bestimmten Empfangsbevollmächtigten ist ebenfalls sachgerecht. Auch insoweit werden Zweifelsfragen der Bedeutung eines „zur Vertretung berufenen Geschäftsführers" künftig im Einspruchs- und Klageverfahren vermieden (→ Rn. 21; HHS/Steinhauff [09/2024] § 48 Rn. 12c, 12d, 15). § 183a II 2 und 3 AO sehen zwar ein Widerspruchs- und Widerrufsrecht des Feststellungsbeteiligten gegen die Bekanntgabe an den Empfangsbevollmächtigten bzw. die Empfangsvollmacht selbst vor (Klein/Ratschow AO, 18. Aufl. § 18 Rn. 22, 24), § 48 II nF knüpft jedoch nur an die vorhandene Empfangsvollmacht des Klagebevollmächtigten an, wenn die Feststellungsbeteiligten hierüber spätestens in der Einspruchsentscheidung belehrt worden sind. § 48 II nF enthält aber kein Widerspruchsrecht gegen die Klagebefugnis des von der Finanzbehörde bestimmten Empfangsbevollmächtigten gegenüber der Finanzbehörde mehr, wie es noch in § 48 II 2 Hs. 2 aF vorgesehen war (siehe auch HHS/Steinhauff [09/2024] § 48 Rn. 141a, 193, 197).

Die Klagebefugnis **des fingierten Empfangsbevollmächtigten** in § 48 II 2 aF mit dem zugehörigen Widerspruchsrecht in § 48 II 2 Hs. 2 aF (→ § 48 aF Rn. 58–60) ist vom Gesetzgeber zutreffend als überflüssig angesehen worden (zust. HHS/Steinhauff [09/2024] § 48 Rn. 197; Baum NWB 2023, 2662 (2671)).

30 **Ausgeschiedene Gesellschafter** werden zwar nicht mehr gesondert wie in § 48 I Nr. 3 aF als Klagebefugte erwähnt (→ § 48 aF Rn. 74 ff.). Diese redaktionelle Neufassung ändert aber nichts an deren Klagebefugnis. Wird der Bekanntgabe des gesonderten und einheitlichen Feststellungsbescheids an die rechtsfähige Gesellschaft oder den gemeinsamen Empfangsbevollmächtigten nicht widersprochen, ist der ausgeschiedene Gesellschafter nach dem Gesetzeswortlaut des § 48 I Nr. 3 nF neben der rechtsfähigen Gesellschaft und dem Klagebefugten iSd § 48 II nF auch selbst einspruchs- und klagebefugt („in den Fällen des § 183 Absatz 2 Satz 1 Nummer 2 oder des § 183a Absatz 2 Satz 1 Nummer 2"). Bei einer tatsächlichen **Einzelbekanntgabe** des Feststellungsbescheids besteht ebenfalls stets eine Einspruchs- und Klagebefugnis. → Rn. 16, 23.

3. Zeitlicher Anwendungsbereich

33 § 48 nF ist unabhängig von dem Datum der Bekanntgabe des angefochtenen gesonderten und einheitlichen Feststellungsbescheids anzuwenden, wenn ein finanzgerichtliches Verfahren **nach dem 31.12.2023 durch Klageerhebung** beginnt.

34 Mit Inkrafttreten von **§ 48 nF zum 1.1.2024 in der Fassung des Kreditzweitmarktförderungsgesetzes** v. 22.12.2023 (BGBl. 2023 I Nr. 411) ist aber auch die Frage aufgeworfen, ob § 48 nF mangels einer eigenen Übergangsvorschrift in der FGO mit seinem Inkrafttreten auch in am 1.1.2024 schon laufenden Klageverfahren anzuwenden ist. Denkbar ist hier, auf die grds. unmittelbare Anwendung des Prozessrechts abzustellen (BVerfG 1 BvR 61/51, NJW 1952, 20; BFH IV R 14/91, BStBl. II 1994, 250) oder in entsprechender Anwendung die Übergangsvorschrift zu den Regelungen des Einspruchsverfahrens (Art. 97 § 39 IV EGAO; dazu → Rn. 11) heranzuziehen. Letzteres würde bedeuten, dass § 48 aF immer dann maßgeblich wäre, wenn der angefochtene gesonderte und einheitliche Feststellungsbescheid vor dem 1.1.2024 bekannt gegeben und vor dem 1.1.2024 angefochten wurde (zum Streitstand Tipke/Kruse/Brandis § 48 Rn. 1; HHS/Steinhauff [09/2024] § 48 Rn. 40a). In der Rechtsprechung des BFH haben inzwischen mehrere Senate ausdrücklich entschieden, dass nur noch **§ 48 nF ab dem 1.1.2024 in bereits laufenden Klage- und Revisionsverfahren anzuwenden** ist: Eine Übergangsregelung durch die Rechtsprechung, die an diejenigen für die Bekanntgaberegelungen und die Einspruchsbefugnis anknüpfe, sei mangels einer planwidrigen Regelungslücke nicht zu treffen, denn der Gesetzgeber habe scheinbar bewusst und ohne erkennbares offenkundiges Versehen eine Anwendungsbestimmung zu § 48 nF nicht aufgestellt (BFH IV R 1/20, BStBl. II 2025, 122; IV R 11/22, DStR 2025, 393; VIII R 29/23, DStR 2025, 564; VIII R 4/22, BStBl. II 2025, 450). Noch nicht eindeutig positioniert hat sich der I. Senat des BFH. Er hat zur Klagebefugnis einer rechtsfähigen Personenvereinigung gem. § 48 I Nr. 1 Buchst. a nF entschieden, diese Frage könne offenbleiben in Konstellationen, in denen sowohl nach der alten als auch der neuen Regelung eine Klagebefugnis der Personenvereinigung bestehe (BFH I R 19/21, BStBl. II 2025, 501).

35 Der Rechtsprechung des IV. und des VIII. BFH-Senats ist **zuzustimmen.** Meines Erachtens zeigt die Übergangsregelung in Art. 97 § 39 IV EGAO, nach der sich nur die Einspruchsbefugnis bei vor dem 1.1.2024 bekanntgegebenen Feststellungsbescheiden noch nach dem alten Recht, das weitere Verfahren einschließlich der Bekanntgabe der Einspruchsentscheidung aber nach den neuen Vorschriften richtet (→ Rn. 11, 20), dass der Gesetzgeber nicht für eine längere Zeit zwei parallele Rechtsstände bei der Klagebefugnis gem. § 48 nebeneinander beibehalten wollte, die an das Wirksamwerden des Feststellungsbescheids in Form des Bekanntgabedatums anknüpfen. § 48 nF regelt mit der Klagebefugnis zwar eine Sachentscheidungsvoraussetzung, die in § 48 nF geregelte Prozessstandschaft ist aber nicht weniger umfangreich als in § 48 aF ausgestaltet, sodass ein Rechtsverlust in laufenden Klageverfahren grds. nicht zu besorgen ist.

36 In jedem Fall ist unter Beachtung des Art. 19 IV GG im Auslegungswege sicherzustellen, dass in einem laufenden Klageverfahren die Klagebefugnis nicht entfällt. Es kann aber bei nicht rechtsfähigen Personenvereinigungen im Wege des gesetzlichen Beteiligtenwechsels dazu kommen, dass die Klagebefugnis statt auf den gesetzlichen Prozessstandschafter aufgrund der Rechtsänderungen auf sämtli-

che Feststellungsbeteiligten übergeht, diese Beteiligte des Rechtsstreits werden und auch ein persönliches Kostenrisiko tragen (BFH VIII R 36/23, BFH/NV 2025, 682). Soweit im Schrifttum Probleme der Klagebefugnis bei Sprungklagen als Argument für eine Nichtanwendung des § 48 nF herangezogen werden (Tipke/Kruse/Brandis § 48 Rn. 1; HHS/Steinhauff [09/2024] § 48 Rn. 40a), wäre in diesen Fällen ggf. durch eine teleologische Reduktion auf § 48 aF zurückzugreifen, falls sich aus den Regelungen in § 48 nF eine Klagebefugnis nicht ergeben sollte.

37 Die Anwendung von § 48 nF ab dem 1.1.2024 in laufenden Verfahren ist bereits für folgende prozessuale Situationen vom BFH wie folgt beurteilt worden:

- Solange die **rechtsfähige Personengesellschaft zivilrechtlich nicht vollbeendet ist,** ist sie nach § 48 I Nr. 1 Buchst. a nF selbst dann als gesetzliche Prozessstandschafterin klagebefugt, wenn der Rechtsstreit eine Feststellung betrifft, die einen Gesellschafter persönlich angeht (BFH IV R 11/22, DStR 2025, 393; VIII R 29/23, DStR 2025, 564; IV R 9/22, BStBl. II 2025, 102; VIII R 4/22, BStBl. II 2025, 450).
- Die Klagebefugnis steht **nach Vollbeendigung einer rechtsfähigen Personengesellschaft** gem. § 48 I Nr. 1 Buchst. b nF den Feststellungsbeteiligten zu (BFH IV R 1/20, BStBl. II 2025, 122). Insoweit greift im neuen Recht auch die zur früheren Fassung anerkannte Einschränkung, dass ein Feststellungsbeteiligter, der unter keinem denkbaren Gesichtspunkt vom Ausgang des Rechtsstreits betroffen sein kann, mangels Beschwer iSd § 40 II nicht klagebefugt ist (BFH IV R 8/22, DStR 2024, 2577 zur Anfechtung der Feststellung des laufenden Gesellschaftsgewinns durch die nicht am Gewinn und Vermögen beteiligte vorherige Komplementär-GmbH).
- Bei einer **Vollbeendigung der rechtsfähigen Personenvereinigung während des Revisionsverfahrens** sind die Feststellungsbeteiligten als prozessuale Rechtsnachfolger persönlich klagebefugt (BFH IV R 7/22, DStRE 2025, 906).
- Mit der **Vollbeendigung einer atypisch stillen Gesellschaft als Innengesellschaft** lebt bei Erlöschen der Befugnis des Empfangsbevollmächtigten der atypisch stillen Gesellschaft, gegen den Gewinnfeststellungsbescheid Klage erheben zu können, die bis dahin überlagerte Klagebefugnis der Gesellschafter nach § 48 I 1 Nr. 2 Buchst. b nF wieder auf (BFH IV R 5/20, DStR 2025, 137).
- Bei einer **nicht rechtsfähigen Erbengemeinschaft** ist dann, wenn die Klageerhebung noch durch den „zur Vertretung befugten Geschäftsführer" namens der Erbengemeinschaft erhoben worden ist, zunächst die Erbengemeinschaft für die Rechtslage bis zum 31.12.2023 der gesetzliche Prozessstandschafter und Beteiligte des Rechtsstreits. Ab dem 1.1.2024 kann zwar der Klagebefugte gem. § 48 I Nr. 2 Buchst. b iVm § 48 II nF der gesetzliche Prozessstandschafter sein – dem steht in einem laufenden Verfahren jedoch entgegen, dass die früheren Belehrungen zur Klagebefugnis des Empfangsbevollmächtigten aufgrund der geänderten Rechtslage nicht die Anforderungen des § 48 II 2 nF erfüllen. Dadurch kann eine Klagebefugnis des Klagebefugten in diesen Konstellationen nicht gegeben sein. **Die Klagebefugnis steht den Feststellungsbeteiligten gemäß § 48 I Nr. 2 Buchst. b nF zu.** Es kommt mit der Rechtsänderung ab dem 1.1.2024 **zum gesetzlichen Beteiligtenwechsel.** Siehe zum Ganzen BFH VIII R 36/23, BFH/NV 2025, 682.
- **§ 48 I Nr. 4 und 5 aF** sind mit den gleichlautenden Regelungen in § 48 nF aus Sicht des BFH inhaltsgleich, sodass der BFH insoweit ohne weiteres die Neufassung des § 48 anwendet (BFH VIII R 3/21, BStBl. II 2024, 902; IV R

24/22, BStBl. II 2025, 188 zur Verlustfeststellung nach § 15a IV 1 EStG; IV R 6/22, BStBl. II 2025, 283 zum Bescheid gem. § 15b IV 1 EStG; VIII R 29/23, DStR 2025, 564 zu Sonderbetriebseinnahmen; wohl auch I R 24/22, DStR 2025, 568 zum negativen Feststellungsbescheid).

4. Verhältnis zu anderen Vorschriften

Verfassungsrechtlich ist § 48 nF ebenso unbedenklich wie § 48 aF (→ § 48 aF Rn. 2). 38

Hinsichtlich des Verhältnisses zu **§ 40 II** (→ § 48 aF Rn. 4) und **zur Beiladung nach § 60** (→ § 48 aF Rn. 5) ergeben sich ggü. der früheren Regelung keine Besonderheiten. 39

Die rechtsfähige Gesellschaft, der Klagebefugte als Prozessstandschafter und die Feststellungsbeteiligten im Fall der eigenen Klagebefugnis müssen jeweils **beteiligtenfähig (§ 57)** und **prozessfähig (§ 58)** sein (→ § 48 aF Rn. 6). Im Hinblick auf die Klageerhebung (→ Rn. 28) und die Prozessfähigkeit einer rechtsfähigen Gesellschaft als Prozessstandschafterin kommt es darauf an, dass diese durch die vertretungsberechtigten Personen während des Klageverfahrens vertreten wird (→ § 58 Rn. 42). Zur Prozessführungsbefugnis bei Insolvenz der rechtsfähigen Gesellschaft → § 58 Rn. 4. 40

II. Klagen wegen gesonderter und einheitlicher Feststellungsbescheide

1. Streitgegenstand

Gegenüber der Vorgängervorschrift ergeben sich zum sachlichen Umfang der betroffenen gesonderten und einheitlichen Feststellungsbescheide keine Abweichungen. Es wird daher auf die Ausführungen in → § 48 aF Rn. 12–29e verwiesen. 43

2. Klagearten und Verfahrensarten

§ 48 nF findet auch auf dieselben Klagearten wie § 48 aF, einschließlich des einstweiligen Rechtsschutzes, Anwendung; das streitanfällige Merkmal „gegen" hat der Gesetzgeber beibehalten (→ § 48 aF Rn. 10). 44

III. Klagebefugnis bei rechtsfähigen Personenvereinigungen (§ 48 I Nr. 1 nF)

1. Legaldefinition rechtsfähiger Personenvereinigungen (§ 14a II AO)

Nach **§ 14a AO** sind Personenvereinigungen iSd AO und der Steuergesetze Personenzusammenschlüsse ohne Rechtspersönlichkeit zur Verfolgung eines gesetzlich zulässigen Zwecks (§ 14a I AO). Rechtsfähige Personenvereinigungen gem. **§ 14a II AO** sind insbes. rechtsfähige Personengesellschaften einschließlich Gesellschaften (§ 705 BGB), Personenhandelsgesellschaften (einschließlich der GmbH & Co. KG), Partnerschaftsgesellschaften, Partenreedereien und Europä- 47 ische wirtschaftliche Interessenvereinigungen (§ 14a II Nr. 2 AO). Ferner sind Gemeinschaften der Wohnungseigentümer (§ 9a WEG) und Vereine ohne Rechtspersönlichkeit (§ 54 BGB) erfasst. Für den **hier interessierenden Bereich der Klagebefugnis gegen gesonderte und einheitliche Feststellungsbescheide** sind die Vereine ohne Rechtspersönlichkeit nicht relevant, denn es handelt sich bei ihnen nach § 1 I Nr. 5 KStG nF um ein nicht transparentes Körperschaftsteuersubjekt, bei dem die Besteuerungsgrundlagen nicht festzustellen sind (zur Anpassung von § 1 I Nr. 5 KStG s. BT-Drs. 20/8628, 198).

2. Klagebefugnis der Personenvereinigung (Nr. 1 Buchst. a)

48 Wie faktisch bereits unter § 48 aF ist die rechtsfähige Personenvereinigung, solange sie „besteht" (Nr. 1 Buchst. b), selbst **die gesetzliche Prozessstandschafterin** (→ § 48 aF Rn. 32 f.). Zur ersten Rechtsprechung zu § 48 nF → Rn. 37. Ihre Klagebefugnis besteht umfassend gegen alle Feststellungen im gesonderten und einheitlichen Feststellungsbescheid, und zwar auch dann, wenn die Feststellungsbeteiligten daneben eine eigene Klagebefugnis haben (→ § 48 aF Rn. 54). Unerheblich ist, ob es sich um eine rechtsfähige Personenvereinigung mit Gewinneinkünften (Mitunternehmerschaft) oder um eine vermögensverwaltende Gesellschaft handelt. Wie bei § 48 aF muss auf der Grundlage des MoPeG ab dem 1.1.2024 sichergestellt sein, dass die Klage durch die zivilrechtlich vertretungsberechtigten Organe namens der Gesellschaft erhoben wird, auch wenn der Tatbestand nicht mehr an den vertretungsberechtigten Geschäftsführer anknüpft (zum alten Recht → § 48 aF Rn. 36 ff.; zum neuen Recht → § 58 Rn. 42 ff.).

Im Fall der mehrfachen Klagebefugnis von Personenvereinigung und Feststellungsbeteiligten ist der nicht klagende Berechtigte zum Verfahren gem. § 60 III notwendig beizuladen, es sei denn er ist nicht in eigenen Rechten betroffen.

3. Ende der Klagebefugnis der Personenvereinigung (Nr. 1 Buchst. b)

50 Die Klagebefugnis der Personenvereinigung endet, wenn sie nicht mehr „besteht". Der Wortlaut lässt eine Anknüpfung an ein zivilrechtliches Verständnis zu. Dies ist mE auf der Grundlage der Entstehungsgeschichte der Norm aber nicht gemeint. Nach den früheren Grundsätzen zu § 48 aF erlosch die Prozessstandschaft der Gesellschaft **mit dem Wegfall der Beteiligtenfähigkeit** gem. § 57 Nr. 1. Zur insoweit weiter bedeutsamen **Ewigkeitsrechtsprechung** bei gleichzeitiger Anfechtung eines Betriebssteuerbescheids → § 48 aF Rn. 52.

51 Die Klagebefugnis und Prozessstandschaft der rechtsfähigen Personenvereinigung entfällt danach wie bisher, wenn die Personenvereinigung mit oder ohne Liquidationsverfahren **vollbeendet** wird. Zur sofortigen (liquidationslosen) Vollbeendigung → § 48 aF Rn. 47 f. und zur fortbestehenden Prozessstandschaft bei Abwicklung der Gesellschaft im Wege der Liquidation → § 48 aF Rn. 49–49b. Ebenso ist weiterhin die faktische Vollbeendigung erfasst (→ § 48 aF Rn. 51). Zur Anwachsung → Rn. 37. Siehe zust. HHS/Steinhauff [09/2024] § 48 Rn. 97, 102a, 128, 130, 136.

52 Es bleibt trotz der geänderten Erklärungspflicht und der geänderten Bekanntgaberegelungen für Feststellungsbescheide ab dem 1.1.2024 **im Fall der Insolvenz** bei rechtsfähigen Personengesellschaften (→ § 58 Rn. 4) dabei, dass die **Anfechtung** des Feststellungsbescheids eine insolvenzfreie Angelegenheit bleibt, die bis

zur Vollbeendigung von der rechtsfähigen Gesellschaft als Prozessstandschafterin der Feststellungsbeteiligten im Einspruchs- und Klageverfahren wahrzunehmen ist (Uhländer DB 2023, 2072 (2079); HHS/Steinhauff [09/2024] § 48 Rn. 127, 128; im Einzelnen zu § 48 aF → § 48 aF Rn. 50b und → § 58 Rn. 55 f.).

Setzt man das „Bestehen der Gesellschaft" mit der Frage des Fortbestehens der Beteiligtenfähigkeit der Personenvereinigung gleich, lässt sich die Prozessstandschaft der Personenvereinigung auch dann weiter bejahen, wenn im Zuge einer Liquidation zugleich ein Gewinnfeststellungsbescheid und ein Betriebssteuerbescheid angefochten werden (sog. „Ewigkeitsrechtsprechung", → § 48 aF Rn. 52). Zur Anfechtung von **Betriebssteuerbescheiden** im Zusammenhang mit der Vollbeendigung, Liquidation und Insolvenz der Gesellschaft gilt unverändert die Kommentierung bei → § 48 aF Rn. 49b, 50a. 53

4. Folgen des Wegfalls der Prozessstandschaft; Einzelbekanntgabe

Verliert die Personenvereinigung die Klagebefugnis, kommt es wie nach den bisherigen Grundsätzen zum Übergang der Klagebefugnis auf die Feststellungsbeteiligten, soweit sie durch die Feststellung beschwert sind (entsprechend § 48 I Nr. 2 aF, → § 48 aF Rn. 56) und zu einer prozessualen Gesamtrechtsnachfolge in einem begonnenen Verfahren (→ § 48 aF Rn. 53). Klagebefugt sind auch Feststellungsbeteiligte, ggü. denen der Feststellungsbescheid zu ergehen hätte. Zur ersten bestätigenden BFH-Rechtsprechung vgl. BFH IV R 8/22, DStR 2024, 2577 (auch → Rn. 37; HHS/Steinhauff [09/2024] § 48 Rn. 97). 55

Es muss nicht mehr geprüft werden, ob statt einer Prozessstandschaft der Personenvereinigung eine Prozessstandschaft des Empfangsbevollmächtigten (§ 48 I Nr. 1 Alt. 2 aF; auch → § 48 aF Rn. 67–72) in Betracht kommt. Letzterer ist im System des § 48 nF nur noch bei den nicht rechtsfähigen Personenvereinigungen relevant (dazu → Rn. 28).

Wie schon in § 48 aF führt die **tatsächliche Einzelbekanntgabe** eines Feststellungsbescheids an einen Feststellungsbeteiligten zur uneingeschränkten Einspruchs- und Klagebefugnis des Feststellungsbeteiligten (→ Rn. 16; → § 48 aF Rn. 64).

IV. Klagebefugnis bei nicht rechtsfähigen Personenvereinigungen und Innengesellschaften (§ 48 I Nr. 2, § 48 II nF)

1. Nicht rechtsfähige Personenvereinigungen und Innengesellschaften

Nicht rechtsfähige Personenvereinigungen sind gem. § 14a III Nr. 1–3 AO insbes. Bruchteilsgemeinschaften (§ 741 BGB), Gütergemeinschaften (§ 1415 BGB) und Erbengemeinschaften (§ 2032 BGB). Ferner sind die nicht rechtsfähigen Gesellschaften, insbes. die Innengesellschaften (§ 740 BGB) erfasst (§ 14a IV AO). 57

Zu den nicht rechtsfähigen Gesellschaften, für die gesonderte und einheitliche Feststellungen ergehen, gehört auch die **atypisch stille Innengesellschaft** (BFH IV R 5/20, DStR 2025, 137; Tipke/Kruse/Drüen AO § 14a Rn. 26; 58

Baum NWB 2024, 658 (661); AEAO zu § 14a Nr. 6; ausf. Blaurock/Levedag Hdb. Stille Gesellschaft, 10. Aufl. Rn. 20.99, 20.105–20.118; → § 48 aF Rn. 43). Beim **atypisch stillen Unterbeteiligten** sind die Einkünfte aus der Unterbeteiligungsgesellschaft gem. §§ 179 II, 180 I 1 Nr. 2 Buchst. a AO gesondert und einheitlich festzustellen (BFH GrS 3/72, BStBl. II 1974, 414; Blaurock/Levedag Hdb. Stille Gesellschaft, 10. Aufl. Rn. 31.30), sodass die Grundsätze zur atypisch stillen Gesellschaft auch hier anzuwenden sind. Hier richtet sich die Klagebefugnis nach § 48 I Nr. 2 nF. Die **typisch stille Gesellschaft** und die **typisch stille Unterbeteiligung** (mit einem Gesellschafter, Unterbeteiligten) sind zwar Innengesellschaften, jedoch sind die Einkünfte der typisch stillen Gesellschaft und des Haupt- bzw. typisch Unterbeteiligten nicht eigenständig für die Innengesellschaft gesondert und einheitlich festzustellen, da sie keine gemeinschaftlichen Einkünfte iSd § 179 II, § 180 I 1 Nr. 2 Buchst. a AO erzielen (FG Hmb 6 K 112/23, EFG 2025, 145, Rev. BFH: VIII R 33/24; BFH IV R 35/89, BStBl. II 1995, 449; Blaurock/Levedag Hdb. Stille Gesellschaft, 10. Aufl. Rn. 31.18).

2. Der Klagebefugte als Prozessstandschafter (Abs. 1 Nr. 2 Buchst. a)

60 Die Klagebefugnis in § 48 I Nr. 2 Buchst. a, II nF ist wie auch die Einspruchsbefugnis in § 352 I Nr. 2 Buchst. a iVm § 352 II AO mit den neuen Bekanntgaberegelungen für die Feststellungsbescheide in § 183a I AO verknüpft, die nur noch auf den gemeinsam bestellten oder den vom FA bestimmten – aber nicht mehr auf den fingierten – Empfangsbevollmächtigten abstellen (→ Rn. 21; zu den Unterschieden zu § 48 aF → Rn. 29). Klagebefugte und gesetzliche Prozessstandschafter sind in § 48 nF nur noch der gemeinsame oder der vom FA nach Vorschlag bestimmte Empfangsbevollmächtigte, wenn die erforderliche Belehrung hierüber spätestens bis zum Erlass der Einspruchsentscheidung stattgefunden hat (§ 48 II 1–3 nF). Der vertretungsberechtigte Geschäftsführer einer Erben- oder Bruchteilsgemeinschaft, die als solche nach außen in Erscheinung tritt, und für die Gemeinschaft als Prozessstandschafterin Klage erheben kann, wird von § 48 nF nicht mehr umfasst (BFH VIII R 36/23, BFH/NV 2025, 682).

61 Der Gesetzgeber hat in der Neufassung jedoch die Frage nicht beantwortet, ob die Erteilung der Empfangsvollmacht **nur von einzelnen Feststellungsbeteiligten** für die **gemeinsame Empfangsvollmacht** und damit die Klagebefugnis gem. § 48 II 1 nF ausreicht. Meines Erachtens ist das nicht der Fall (dazu auch Klein/Ratschow AO, 18. Aufl. § 183a Rn. 7). Ein **Widerspruchsrecht** der Feststellungsbeteiligten **gegen die Klagebefugnis** des gemeinsam bestellten Empfangsbevollmächtigten sieht das Gesetz nicht vor. Es enthält aber ein Widerspruchsrecht gegen die Empfangsbevollmächtigung als solche (§ 183a II 2, 3 AO). Da mE auch für § 48 nF zu verlangen ist, dass eine gemeinsame Empfangsvollmacht als Basis der Klagebefugnis gem. § 48 II 1 nF während des gesamten finanzgerichtlichen Verfahrens besteht (zu § 48 aF → § 48 aF Rn. 57), kann während des finanzgerichtlichen Verfahrens ein auf § 183a II 2, 3 AO gestützter Widerruf/Widerspruch gegen die Empfangsvollmacht zum Fortfall der Klagebefugnis des Klagebefugten führen, was dann zur eigenen Klagebefugnis des Feststellungsbeteiligten führt (→ § 48 aF Rn. 60; wohl auch HHS/Steinhauff [09/2024] § 48 Rn. 141a).

§ 48 II nF setzt für die **Klagebefugnis des bestimmten Empfangsbevollmächtigten** nur die vorhandene Empfangsvollmacht des Klagebevollmächtigten und die Belehrung voraus. Die Norm enthält kein Widerspruchsrecht gegen die Klagebefugnis des von der Finanzbehörde bestimmten Empfangsbevollmächtigten gegenüber der Finanzbehörde mehr, wie es noch in § 48 II 2 Hs. 2 aF enthalten war (→ Rn. 29; zu § 48 aF → § 48 aF Rn. 60; kritisch HHS/Steinhauff [09/2024] § 48 Rn. 141a). Eine Bekanntgabe an den fingierten Empfangsbevollmächtigten sowie dessen Einspruchs- und Klagebefugnis sieht das Gesetz nicht mehr vor (→ Rn. 29). 62

Einzelfälle: Für die **atypisch stille Innengesellschaft** ist idR der Geschäftsinhaber als gemeinsam bestellter Empfangsbevollmächtigter einspruchs- und klagebefugt (AEAO zu § 352 Nr. 3; ausf. Blaurock/Levedag Hdb. Stille Gesellschaft, 10. Aufl. Rn. 20.99, 20.105–20.118, auch zur atypisch stillen Unterbeteiligung). In Fällen der **VO zu § 180 II AO** ist Klagebefugter der gemeinsame Empfangsbevollmächtigte nach § 6 I 1 VO zu § 180 II AO und der gem. § 6 I 3, 4 VO zu § 180 II AO von der Finanzbehörde benannte Empfangsbevollmächtigte (§ 48 II 1, 2 nF; → Rn. 26; HHS/Steinhauff [09/2024] § 48 Rn. 141a, 197). Wie bei Innengesellschaften ist mE auch die Klagebefugnis bei gesonderten und einheitlichen Feststellungen zwischen dem **persönlich haftenden Gesellschafter und der KGaA** zu beurteilen (→ § 48 aF Rn. 18l). Zu weiteren **Einzelfällen** von Klagebefugten → § 48 aF Rn. 62 ff. 63

3. Nichtvorhandensein eines Empfangsbevollmächtigten

Ursache für das Nichtvorhandensein eines Empfangsbevollmächtigten bei Klageerhebung können die **Vollbeendigung** der nicht rechtsfähigen Personenvereinigung (→ § 48 aF Rn. 68) oder der **Wegfall der Empfangsvollmacht nach Klageerhebung** während des Verfahrens sein (→ Rn. 61). In diesem Fall lebt die vollumfängliche Klagebefugnis der Feststellungsbeteiligten wieder auf, es sei denn, ihnen fehlt für die anzugreifende Feststellung die Beschwer iSd § 40 II (→ § 48 aF Rn. 70). Klagebefugt sind auch Feststellungsbeteiligte, ggü. denen der Feststellungsbescheid zu ergehen hätte (hierzu auch → Rn. 22 f.). 65

Bei **Wegfall der Klagebefugnis des Empfangsbevollmächtigten** während des Verfahrens kommt es zur prozessualen Rechtsnachfolge der Feststellungsbeteiligten im Verfahren. Erheben die Feststellungsbeteiligten als Klagebefugte selbst Klage, sind die anderen klagebefugten und durch die angefochtene Feststellung beschwerten Feststellungsbeteiligten notwendig gem. § 60 III beizuladen (§ 60 III; → § 48 aF Rn. 72). 66

4. Erfordernis der Belehrung über die Klagebefugnis (§ 48 II 3 nF)

Weiterhin ist wie bei § 48 aF für die Klagebefugnis des Empfangsbevollmächtigten spätestens bis zum Erlass der Einspruchsentscheidung **die Belehrung über die Klagebefugnis** des Empfangsbevollmächtigten erforderlich (§ 48 II 3 nF). Hierzu → § 48 aF Rn. 61 (für die Anwendung der früheren Grundsätze auch HHS/Steinhauff [09/2024] § 48 Rn. 184 ff., 193, 197). In laufenden Klageverfahren, in denen § 48 nF ab dem 1.1.2024 zur Anwendung kommt (→ Rn. 34–37), genügt die frühere Belehrung in Einspruchsentscheidungen, die vor dem 1.1.2024 erlassen wurden, für die Klagebefugnis des Empfangsbevollmächtigten auf Grund- 68 lage des § 48 nF nicht, sodass nur die Feststellungsbeteiligten selbst klagebefugt sind (BFH VIII R 36/23, BFH/NV 2025, 682, auch zum gesetzlichen Beteiligtenwechsel).

V. Klagebefugnis der Feststellungsbeteiligten in anderen Fällen (§ 48 I Nr. 3 nF)

1. Fälle des § 183 II 1 Nr. 2 AO nF

70 **§ 183 II 1 Nr. 2 AO nF** ordnet eine **Einzelbekanntgabe** des Feststellungsbescheids an einen **ausgeschiedenen Gesellschafter** und **bei ernstlichen Meinungsverschiedenheiten** zwischen den Feststellungsbeteiligten an. Dies gilt nach § 183 II 2, 3 AO nF wiederum nicht, wenn der ausgeschiedene Gesellschafter einer Bekanntgabe an die rechtsfähige Personenvereinigung ggü. dem FA nicht widerspricht (→ Rn. 9).

71 § 48 I Nr. 3 nF nimmt umfassend auf § 183 II 1 Nr. 2 AO nF Bezug. Diese Verweisung bezieht sich auf beide Sätze der Regelung. Unabhängig davon, ob eine Einzelbekanntgabe des Feststellungsbescheids zu erfolgen hat oder der Feststellungsbescheid mangels Widerrufs auch an die rechtsfähige Personenvereinigung bekannt gegeben werden kann, ist (neben der Personenvereinigung) **auch** jeder Gesellschafter, Gemeinschafter oder Mitberechtigte selbst klagebefugt, gegen den der Feststellungsbescheid ergangen ist oder zu ergehen hätte. Dies gilt ebenso bei der Einspruchsbefugnis (→ Rn. 16 mwN). Eine eigenständige Einspruchs- und Klagebefugnis des Feststellungsbeteiligten neben derjenigen der Gesellschaft als Prozessstandschafterin besteht auch, wenn ihm der Feststellungsbescheid unabhängig von den Voraussetzungen des § 183 II 1 Nr. 2 AO nF tatsächlich einzeln bekannt gegeben wird (→ Rn. 16).

72 § 48 I Nr. 3 nF bildet damit einen Ergänzungstatbestand zu § 48 I Nr. 1 Buchst. a nF. Dies entspricht im Ergebnis der Rechtslage zu § 48 I Nr. 3 aF für ausgeschiedene Feststellungsbeteiligte (→ § 48 aF Rn. 74 ff., auch zur Klageerhebung der Personenvereinigung statt des Feststellungsbeteiligten und zur Beiladung). Erforderlich ist auch hier eine persönliche Beschwer durch die angefochtene Feststellung.

2. Fälle des § 183a II 1 Nr. 2 AO

74 § 183a II 1 Nr. 2 AO erfasst bei nicht rechtsfähigen Personenvereinigungen und Innengesellschaften die Bekanntgabe des Feststellungsbescheids gegen ausgeschiedene Gesellschafter/Gemeinschafter und bei ernstlichen Meinungsverschiedenheiten gegen jeden Gesellschafter, Gemeinschafter oder Mitberechtigten, gegen den der Feststellungsbescheid **im Wege der Einzelbekanntgabe** ergangen ist oder zu ergehen hätte. Wird mangels rechtzeitigen Widerrufs der Empfangsvollmacht oder mangels Widerspruchs gegen die Bekanntgabe wirksam an den Empfangsbevollmächtigten bekannt gegeben, verbleibt es bei der Bekanntgabe an den gemeinsam bestellten Empfangsbevollmächtigten und dessen Einspruchsbefugnis. **Unabhängig von der zulässigen Bekanntgabeart ist auch der ausgeschiedene Feststellungsbeteiligte einspruchs- und klagebefugt.** Dies gilt auch bei ernstlichen Meinungsverschiedenheiten zwischen den Feststellungsbeteiligten, wenn an den gemeinsamen Empfangsbevollmächtigten bekannt gegeben werden darf (ausf. → Rn. 9, 22–24 mwN).

Auch für die nicht rechtsfähige Personenvereinigung bildet § 48 I Nr. 3 nF daher einen **Ergänzungstatbestand** zur Klagebefugnis des gesetzlichen Prozessstandschafters wie in der Vorgängerfassung. Auch unter § 48 I Nr. 3 nF ist an der Rechtsprechung festzuhalten, die unabhängig von der zutreffenden oder unzutreffenden **Einzelbekanntgabe** des Feststellungsbescheids eine eigene Klagebefugnis auch des Inhaltsadressaten (Feststellungsbeteiligten) annimmt, denn diese Klagebefugnis leitet sich nicht aus § 48 aF/nF ab (→ § 48 aF Rn. 13, 64 sowie → Rn. 24, 30). 75

3. Ergehen und Ergehenmüssen des Feststellungsbescheids

Die Formulierung des Gesetzes trägt dem Umstand Rechnung, dass bei Bekanntgabe eines einheitlichen und gesonderten Feststellungsbescheids nur an einen von mehreren im Bescheid aufgeführten Feststellungsbeteiligten dieser Bescheid wirksam wird und Bindungswirkung hat (§ 124 AO), sodass er von da an von allen Feststellungsbeteiligten angefochten werden kann (Tipke/Kruse/Brandis § 48 Rn. 24). Zur Einspruchsbefugnis → Rn. 23. 78

4. Mögliche Verletzung in eigenen Rechten

Die eigene Klagebefugnis der Feststellungsbeteiligten setzt ebenso wie unter der Vorgängerfassung voraus, dass bezogen auf die angefochtene Feststellung eine Verletzung des klagenden Feststellungsbeteiligten in eigenen Rechten möglich sein muss (→ § 48 aF Rn. 76). Zu erster bestätigender BFH-Rechtsprechung zu § 48 nF → Rn. 37. 79

VI. Ersatztatbestände in § 48 I Nr. 4 und 5 nF

Diese sind inhaltsgleich mit § 48 I Nr. 4, 5 aF (zu erster BFH-Rechtsprechung → Rn. 37). Es handelt sich auch im neuen Recht um **Ersatztatbestände,** die eine Klagebefugnis des Feststellungsbeteiligten **neben** derjenigen der rechtsfähigen Gesellschaft oder des Klagebefugten als Prozessstandschafter vermitteln. Der BFH hat für Feststellungen bzw. Streitgegenstände, die nur bestimmte Gesellschafter betreffen, anerkannt, dass die in § 48 I Nr. 1 aF normierte Klagebefugnis der PersGes nicht nur durch verfahrensökonomische Überlegungen gestützt wird (→ § 48 aF Rn. 2), sondern auch die eigene steuerrechtliche Sphäre der PersGes schützt. Dies betrifft Fallgestaltungen, in denen die Gesellschaft als Prozessstandschafterin gem. § 48 I Nr. 1 aF Klage gegen eine Feststellung erhebt, die nur einen Feststellungsbeteiligten persönlich betrifft, der neben ihr gem. § 48 I Nr. 4 aF und § 48 I Nr. 5 aF klagebefugt wäre, aber nicht selbst klagt (BFH IV R 4/18, DStRE 2021, 399). Hier tritt nicht der Gedanke in den Vordergrund, dass die Gesellschaft die eigentlich vorhandene persönliche Klagebefugnis dieser Gesellschafter verdrängt (→ § 48 aF Rn. 1), sondern dass sie den Rechtsschutz für diese Gesellschafter ermöglicht und wahrnimmt, ohne dass sie ein eigenes Kostenrisiko zu tragen haben. Soweit der BFH ein solches eigenes rechtliches Interesse an der Wahrnehmung der Klagebefugnis in diesen Fällen betont, zielt dies aber nicht darauf ab, dass in § 48 nF für rechtsfähige Gesellschaften als gesetzliche Bekanntgabeadressaten in Abkehr von dem bisherigen Verständnis auch eine eigene Beschwer der Gesellschaft begründet werden könnte. 82

Zu den Tatbeständen und Anwendungsfällen → § 48 aF Rn. 54, 56, 80–82. 83

VII. Sonstiges

1. Rechtschutzgewährende Auslegung von Klageschriften und Genehmigung der Klage von Nichtklagebefugten

85 Auch diese Grundsätze des § 48 aF (→ § 48 aF Rn. 44 f.) gelten unter der Neufassung des § 48 nF sinngemäß weiter. Allerdings dürften sich auch neue Fragen stellen, wenn Feststellungsbescheide auf Grundlage der Übergangsbestimmungen der AO bekannt gegeben werden und im weiteren Verfahren bei der Entscheidung über den Einspruch nicht bereits das neue Recht bei Erlass der Einspruchsentscheidung beachtet wird (→ Rn. 12, 20). Hier wird sich die Frage stellen, ob falsch adressierte Einspruchsentscheidungen nach den bisherigen Grundsätzen rechtsschutzgewährend auszulegen sein können, was mE zu bejahen ist.

2. Weitere prozessuale Rechtsfolgen

86 → § 48 aF Rn. 83 (Rubrumsberichtigung) und → § 48 aF Rn. 84 (Verfahrensmängel bei fehlerhafter Behandlung der Klagebefugnis).

§ 49 (weggefallen)

Aufgehoben durch Art. 54 des G v. 14.12.1976 (BGBl. I 3341).

§ 50 [Klageverzicht]

(1) [1]**Auf die Erhebung der Klage kann nach Erlass des Verwaltungsakts verzichtet werden.** [2]**Der Verzicht kann auch bei Abgabe einer Steueranmeldung ausgesprochen werden, wenn er auf den Fall beschränkt wird, dass die Steuer nicht abweichend von der Steueranmeldung festgesetzt wird.** [3]**Eine trotz des Verzichts erhobene Klage ist unzulässig.**

(1a) [1]**Soweit Besteuerungsgrundlagen für ein Verständigungs- oder ein Schiedsverfahren nach einem Vertrag im Sinne des § 2 der Abgabenordnung von Bedeutung sein können, kann auf die Erhebung der Klage insoweit verzichtet werden.** [2]**Die Besteuerungsgrundlage, auf die sich der Verzicht beziehen soll, ist genau zu bezeichnen.**

(2) [1]**Der Verzicht ist gegenüber der zuständigen Behörde schriftlich oder zu Protokoll zu erklären; er darf keine weiteren Erklärungen enthalten.** [2]**Wird nachträglich die Unwirksamkeit des Verzichts geltend gemacht, so gilt § 56 Abs. 3 sinngemäß.**

In der VwGO und im SGG nicht ausdrücklich geregelt; vgl. § 306 ZPO, § 354 AO.

Literatur: Barczak, Klageänderung, Klagerücknahme und Erledigung des Rechtsstreits im verwaltungsgerichtlichen Verfahren, JA 2014, 778; Baur, Vereinbarungen in der Schlussbesprechung, BB 1988, 602; v. Bornhaupt, „Tatsächliche Verständigung" in Schätzungsfällen, BB 1985, 1591; Breimann, Der Verzicht auf Rechtsmittel und die Rechtsmittelzurücknahme, Stbg 1960, 286; Drüen, Effektiver Rechtsschutz für Steuerpflichtige – Garantie und Herausforderungen, IStR 2015, 609; Eversloh, Hilfreicher Verzicht auf Rechtsmittel zur Verfahrensbeschleunigung, AO-StB 2003, 404; v. Groll, Treu und Glauben im Steuerrecht, FR 1995,

814 (817 f.); Jehlin/Löcherbach, Verständigungsverfahren im Steuerrecht, DStR-Beihefter 2016 zu Heft 3, 1 ff.; Krauß, Rechtsbehelfsverzicht und -rücknahme im Steuerstreit, Münchener Diss. 1976; Lang, Verzicht und Anerkenntnis im verwaltungsgerichtlichen Verfahren, BayVBl. 1958, 170; Lang, Untersuchungs- und Verhandlungsmaxime im Verwaltungsprozess, VerwA 52, 60; Loschelder, Verständigungen im finanzgerichtlichen Verfahren, StuW 2018, 329; Lühn, Das Klageverfahren vor dem Finanzgericht, SteuerStud 2009, 418; Quaritsch, Der Verzicht im Verwaltungsrecht und auf Grundrechte, FS Martens, 1967, 407; Rößler, Tatsächliche Verständigung und Rechtsmittelverzicht, DStZ (A) 1988, 375; Seer, Verständigungen im Steuerverfahren, 1996, 282 ff.; Stier, Der Rechtsmittelverzicht einer handlungsfähigen Person, StuW 1962, 479; Tipke, Wann ist der Rechtsmittelverzicht in der USt-Erklärung unwirksam, UR 1960, 33; Zeiß, Bindungswirkung des Rechtsmittelverzichts, NJW 1969, 166.

Übersicht

Rn.

I. Zweck, Bedeutung und Anwendungsbereich 1
1. Zweck und Bedeutung der Regelung 1
2. Verhältnis zu anderen Vorschriften 4
3. Sachlicher Anwendungsbereich 7
a) Sachentscheidungsvoraussetzung und Verzichtserklärung als Prozesserklärung 7
b) Gegenstand des Klageverzichts 10
II. § 50 I: Verzicht auf die Erhebung der Klage nach Erlass des Verwaltungsakts oder nach Abgabe der Steueranmeldung 12
III. § 50 Ia 17
1. Regelungsinhalt 17
2. Abgrenzung zu § 367 IIa AO 18
3. Besondere Anforderungen 19
IV. § 50 II 21
1. Schriftformerfordernis und Adressat der Verzichtserklärung (§ 50 II 1) 21
2. Inhalt der Verzichtserklärung und Bedingungsfeindlichkeit 24
3. Geltendmachung der Unwirksamkeit des Verzichts (§ 50 II 2) 27

I. Zweck, Bedeutung und Anwendungsbereich

1. Zweck und Bedeutung der Regelung

Kernaussage der Regelung ist, dass eine Klage, die trotz einer abgegebenen Verzichtserklärung erhoben wird, unzulässig ist (§ 50 I 3). Die Möglichkeit, auf die Erhebung der Klage förmlich verzichten zu können, wird allgemein als Ausdruck der **Dispositionsmaxime** auch in den öffentlich-rechtlichen Verfahrensordnungen verstanden (vgl. auch HHS/Braun § 50 Rn. 22; Gosch/v. Beckerath § 50 Rn. 18; Kopp/Schenke/Schenke VwGO § 74 Rn. 21 ff.). Die Regelung ermöglicht es vor allem der Behörde, die formelle Bestandskraft des Verwaltungsakts **nach Erlass der Einspruchsentscheidung vor Ablauf der Klagefrist** im Rahmen einer Einigung mit dem Stpfl. herbeizuführen. Gerade im steuerstrafrechtlichen Bereich wird der Verzicht als Gestaltungsempfehlung zur Schaffung von „Verhandlungsmasse" gesehen, wenn der fragliche Steuerbescheid schon erlassen und ein Einspruch erhoben worden ist (HHS/Braun § 50 Rn. 42). Denn nach 1

Erlass eines Steuerbescheids liegt zunächst der Einspruchsverzicht gem. § 354 AO näher (→ Rn. 2).

2 Für den **außergerichtlichen Rechtsbehelf** sieht **§ 354 AO** (s. dazu BFH VII R 18/80, BStBl. II 1984, 513 f.; FG BW 6 V 20/95, EFG 1997, 784; 6 K 80/95, EFG 1997, 1283) eine entsprechende Regelung vor. Eine Verzichtserklärung gem. § 354 I während der Einspruchsfrist führt über § 44 **auch** zum **Verlust des Klagerechts, da keine Einspruchsentscheidung mehr ergeht.** Dadurch ist der Anwendungsbereich des § 50 in der Praxis begrenzt auf den Ausschluss der Sprungklage (§ 45) und auf die Zeit zwischen Bekanntgabe der außergerichtlichen Rechtsbehelfsentscheidung und des Ablaufs der Klagefrist. Hierin liegt auch der Grund, dass der Klageverzicht in der finanzgerichtlichen Praxis kaum von Bedeutung ist (Tipke/Kruse/Brandis § 50 Rn. 2).

3 Im Hinblick auf Art. 19 IV GG **muss sichergestellt sein, dass genau feststeht, worauf verzichtet wird** (BVerfG 1 BvL 5/57, BVerfGE 9, 194; BVerwG IV C 105.63, DVBl. 1964, 874; OVG NRW 18 A 1750/82, NVwZ 1983, 681). Im abgabenrechtlichen Verfahren setzt der Rechtsbehelfsverzicht (§ 354 I 1 AO, § 50 I 1; zum Rechtsmittelverzicht → Vor § 115 Rn. 80 ff.) voraus, dass sich der Gegenstand einer solchen Willensbekundung **durch einen Verwaltungsakt** iSd § 118 S. 1 AO konkretisiert hat, weshalb das G den Verzicht im Grundsatz **erst nach Erlass** eines VA zulässt (Gosch/v. Beckerath § 50 Rn. 11 f.). Für **Steueranmeldungen** ist der Verzicht nach § 50 I 2 schon **bei Abgabe** der Steueranmeldung möglich. Dies ist unbedenklich, weil dem Stpfl. aufgrund der selbst erstellten Steueranmeldung bekannt ist, worauf er verzichtet. Weicht die Finbeh von der Anmeldung ab, ist der Verzicht unwirksam, so dass der Stpfl. umfassend geschützt ist (HHS/Braun § 50 Rn. 39).

2. Verhältnis zu anderen Vorschriften

4 Im Rahmen einer **„tatsächlichen Verständigung"** kann zum einen aus formellen Gründen idR kein Rechtsmittelverzicht rechtswirksam erklärt werden, wenn diese vor Erlass eines VA, im Einspruchs- oder erst im Klageverfahren zustande kommt und weil es sich um eine Prozesshandlung handelt (→ Rn. 3). Die tatsächliche Verständigung zielt auf die Einigung über Tatsachen und damit mittelbar auf einzelne Besteuerungsgrundlagen ab. Die hierbei abgegebenen Willensbekundungen sollen inhaltlich vorrangig die Begrenzung der Ermittlungspflicht der Finbeh bzw. der Sachaufklärungspflicht des Gerichts hinsichtlich dieser Besteuerungsgrundlagen bewirken (Loschelder StuW 2018, 329 ff.; ebenso Rößler DStZ 1988, 375). Durch die inhaltliche Bindung über Tatsachen wird auch der Erfolg einer Klage hinsichtlich einer Besteuerungsgrundlage „gesteuert", für deren Tatbestandsvoraussetzungen die unstreitig gestellte Tatsache relevant ist. Der Klageverzicht bewirkt gem. § 50 I 3 hingegen, dass die formelle Bestandskraft des gesamten VA eintritt.

5 Unabhängig von § 50 können in eng begrenzten Ausnahmefällen die Grundsätze von **Treu und Glauben** (allerdings nicht unter dem Gesichtspunkt der tatsächlichen Verständigung → Rn. 4) eine Klageerhebung verbieten (FG BW 6 V 20/95, EFG 1997, 784; 6 K 80/95, EFG 1997, 1283). Dies gilt zB, wenn man sich bei gleicher Fallgestaltung in mehreren Streitjahren (stillschweigend) auf die Durchführung eines „Musterverfahrens" (für ein Jahr) geeinigt hat (s. auch Tipke/Kruse/Brandis § 50 Rn. 9: punktueller Rechtsschutzverzicht in materieller Hin-

sicht). Diese Bindung bewirkt ausnahmsweise einen Verlust des Klagerechts ohne Abgabe einer Verzichtserklärung (Gosch/v. Beckerath § 50 Rn. 27, 31).

Andere Fallgestaltungen: Zur Fortführung der Klage gegen einen Steuerbescheid nach Einigung und **Teilabhilfe** über einzelne Besteuerungsgrundlagen → § 138 Rn. 68 (s. auch Lange StuW 1996, 137); zum zulässigen Einspruch gegen einen Vollabhilfebescheid s. aber BFH XI R 47/05, BStBl. II 2007, 736; zum **Rechtsmittelverzicht,** für den nicht § 50 FGO iVm § 121 FGO, sondern § 155 FGO iVm §§ 566, 514 ZPO gilt → Vor § 115 Rn. 80 sowie Gosch/v. Beckerath § 50 Rn. 25; HHS/Braun § 50 Rn. 13. Für **steuerrechtliche Familienleistungen** (Kindergeld) oder Zulagen hält die Rspr. auch einen schriftlichen Verzicht auf den materiell-rechtlichen Anspruch (entspr. § 87a I Nr. 2 VwGO) gegenüber der zuständigen Behörde für möglich; die Klage ist danach unbegründet (FG Saarl 2 K 1572/08, EFG 2010, 653; s. zur VwGO Kopp/Schenke/Schenke VwGO § 92 Rn. 5; Barczak JA 2014, 778 (781)). 6

3. Sachlicher Anwendungsbereich

a) Sachentscheidungsvoraussetzung und Verzichtserklärung als Prozesserklärung. Der wirksame Klageverzicht wirkt als **negative Sachentscheidungsvoraussetzung** (→ Vor § 33 Rn. 27). Eine gleichwohl erhobene Klage ist durch **Prozessurteil** abzuweisen (§ 50 I 3). § 50 ist als negative Sachentscheidungsvoraussetzung auch auf das Verfahren des **vorläufigen Rechtsschutzes** anwendbar (HHS/Braun § 50 Rn. 14). 7

Der Klageverzicht ist eine **Prozesshandlung** (dazu allg. → Vor § 33 Rn. 30 ff.); er muss daher mit der erforderlichen Eindeutigkeit erklärt werden (BFH VI 371/65, BStBl. III 1967, 380; IV R 11/78, BStBl. II 1981, 5 mwN zu den formellen Anforderungen; BFH II R 30/81, BStBl. II 1983, 680 zum Rechtsmittelverzicht in der Revision). Verzichten kann nur derjenige, dem das Klagerecht zusteht. Das kann auch der Rechtsnachfolger sein (Kopp/Schenke/Schenke VwGO § 74 Rn. 21). Der Verzichtende muss zudem als potenzieller Kläger beteiligtenfähig (§ 57 Nr. 1) und prozessfähig (§ 58) sein. Die Klagebefugnis (§§ 40 II, 42, 48) ist nach dem Normzusammenhang des G weitere Voraussetzung für die wirksame Abgabe der Verzichtserklärung, da § 50 I 3 die Unzulässigkeit der Klage gerade aus diesem Grund anordnet. Dies setzt eine ansonsten zulässige Klage voraus. Ohne Klagebefugnis wäre die Klage allerdings ebenfalls unzulässig, sodass die Frage nach dem Rangverhältnis beider Sachentscheidungsvoraussetzungen für die praktische Arbeit nicht relevant ist (zutr. Gosch/v. Beckerath § 50 Rn. 59). → Rn. 22. 8

b) Gegenstand des Klageverzichts. Der **Anwendungsbereich** des § 50 ist **auf verwaltungsaktbezogene Klagen** (→ § 40 Rn. 12) **beschränkt.** Im Interesse des Rechtsuchenden und der Rechtssicherheit bestimmt § 50 I 1 (ebenso wie § 354 II AO), dass der Klageverzicht nur wirksam ist, wenn er **nach Erlass des** (als Gegenstand einer Anfechtungs- oder Verpflichtungsklage in Betracht kommenden) **Verwaltungsakts** erklärt wird. Ein wirksamer Klageverzicht setzt somit grds. die vorherige **Bekanntgabe** des in Frage stehenden VA (§§ 122, 124 I AO) voraus. Eine Ausnahme hiervon gilt gem. § 50 I 2 nur für den Fall der **Steueranmeldung** (§§ 150 I 2, 167 I 1, 168 AO). Hier kann der Verzicht bei Abgabe der Steueranmeldung ausgesprochen werden, da in diesem Fall der Stpfl. selbst einen VA ins Werk setzt, dessen Inhalt er kennt (→ Rn. 3). Wird der Rechtsmittelverzicht bezogen auf einen **Grundlagenbescheid** erklärt, muss für 10 die Bestimmtheit nach allgemeiner Meinung aber nicht bereits der Folgebescheid erlassen worden sein, aus dem die genauen betragsmäßigen Auswirkungen des Verzichts ersichtlich sind (→ Rn. 3, 13; Gosch/v. Beckerath § 50 Rn. 47). De facto erfasst der Klageverzicht gegen einen Grundlagenbescheid den Folgebescheid mit (§ 351 II AO, § 42; HHS/Braun § 50 Rn. 29).

II. § 50 I: Verzicht auf die Erhebung der Klage nach Erlass des Verwaltungsakts oder nach Abgabe der Steueranmeldung

12 Es kann nach Erlass des VA und vor deren Erhebung auf die Klage verzichtet werden (§ 50 I 1). Bei Steueranmeldungen erlaubt § 50 I 2 die Abgabe der Verzichtserklärung schon bei Abgabe der Steueranmeldung (→ Rn. 3).

13 Damit sind für Fälle des VA iRd Veranlagung und der Steueranmeldung die **sachlichen und zeitlichen Grenzen des Klageverzichts** abgesteckt. **Gegenstand des Verzichts** können nur bekanntgegebene Steuer-VA sein, die mit einer Anfechtungsklage angefochten oder mit einer Verpflichtungsklage eingeklagt werden sollen (→ Rn. 10; HHS/Braun § 50 Rn. 26 f.; weitergehend Gosch/v. Beckerath § 50 Rn. 52 f.). Unter das Merkmal des Verwaltungsakts fallen alle Steuer-VA iSd §§ 118, 155, 179 AO, dh Steuerbescheide, einheitliche/gesonderte Feststellungsbescheide, Haftungsbescheide, aber auch Abrechnungsbescheide und Anordnungen von Außenprüfungen (→ Vor § 40 Rn. 35 ff.; HHS/Braun § 50 Rn. 29). In zeitlicher Hinsicht endet die Möglichkeit des Klageverzichts mit Erhebung der Klage, dh ein nach diesem Zeitpunkt erklärter „Klageverzicht" kann nur bei Auslegung als Rücknahmeerklärung oder Erledigungserklärung (§§ 72, 138) prozessuale Bedeutung entfalten (Tipke/Kruse/Brandis § 50 Rn. 1).

14 Nach einhelliger und zutreffender Meinung führt die Regelung des § 354 AO nicht dazu, dass ein Verzicht gem. § 50 I 1 erst nach Erlass der Einspruchsentscheidung erklärt werden kann. In der Praxis wird dies regelmäßig relevant (→ Rn. 2), wenn bereits nach Erlass des VA innerhalb der Einspruchsfrist eine Einigung mit der Behörde erzielt und der Einspruchsverzicht erklärt wird. Der **praktische Anwendungsbereich des § 50** ist somit begrenzt auf den Ausschluss der Sprungklage sowie auf die Zeitspanne zwischen Bekanntgabe der Einspruchsentscheidung und des Ablaufs der Klagefrist. Nach dem Wortlaut der Regelung kann indes sowohl während der Einspruchsfrist als auch nach Erlass der Einspruchsentscheidung ein Klageverzicht erklärt werden. Dies lässt sich auch damit begründen, dass Adressat der Verzichtserklärung die zuständige Behörde (und nicht das Gericht ist) und § 44 II zwischen dem angefochtenen Verwaltungsakt als Bezugspunkt des § 50 I 1 und der Einspruchsentscheidung unterscheidet (Gosch/v. Beckerath § 50 Rn. 66; HHS/Braun § 50 Rn. 17 f., 29).

15 Eine Klage, die trotz des erklärten Verzichts erhoben wird, ist durch Prozessurteil als unzulässig abzuweisen (→ Rn. 7, 17; § 50 I 3).

III. § 50 Ia

1. Regelungsinhalt

17 Der durch G v. 21.12.1993 (BGBl. I 2310 (2350)) eingefügte **§ 50 Ia** sieht eine spezielle **(auf bestimmte Besteuerungsgrundlagen bezogene) Art des**

Teilverzichts vor: Soweit bestimmte Besteuerungsgrundlagen des Stpfl. (→ Vor § 40 Rn. 32 f.) für ein Verständigungs-/Konsultations- oder Schiedsverfahren im Rahmen eines völkerrechtlichen Vertrages iSd § 2 AO (in einem DBA entsprechend Art. 25 OECD-MA) von Bedeutung sein können, darf insoweit **abweichend von § 50 I** (nicht aber von § 50 II), schon **vor Erlass eines Verwaltungsakts verzichtet** werden. Hierdurch soll die Durchführung solcher Verfahren, die idR eine Bestandskraft/Rechtskraft der maßgeblichen behördlichen/gerichtlichen Entscheidung erfordern, erleichtert werden (vgl. BT-Drs. 12/5630, 105; Helmschrott/Eberhard DStR 1994, 525 (531); Gosch/v. Beckerath § 50 Rn. 117; Tipke/Kruse/Brandis § 50 Rn. 5; HHS/Braun § 50 Rn. 41). Siehe auch unter § 72 Ia und § 175a AO.

2. Abgrenzung zu § 367 IIa AO

Von § 367 IIa unterscheidet sich die Bestimmung des **Verzichtsgegenstands** 18
beim Teilverzicht nach dessen Wortlaut in der Weise, dass dort über „Teile des Einspruchs" vorab entschieden werden kann, die im Tenor der Teileinspruchsentscheidung näher bestimmt werden. Um die bestandskräftigen und nicht bestandskräftigen Teile des VA abzugrenzen, da nur letztere gerichtlich überprüfbar sind (BFH I R 46/12, BStBl. II 2014, 979; s. auch VI R 80/13, BStBl. II 2015, 115), wird die erlassende Behörde jedoch regelmäßig ebenfalls auf die konkreten Besteuerungsgrundlagen im Bescheid abstellen (vgl. Klein/Rätke AO § 367 Rn. 41 f.). Eine Bezifferung, wie sie § 157 I 2 AO für die Besteuerungsgrundlagen verlangt, ist für Teileinspruchsentscheidungen nicht erforderlich; es genügt eine thematische Umschreibung, die hinreichend genau erkennen lässt, inwieweit der Bescheid später noch änderbar ist (BFH X R 50/09, BStBl. II 2012, 536).

Kein Fall des § 50 Ia, sondern des § 50 I liegt vor, wenn hinsichtlich mehrerer teilbarer Streitgegenstände keine Sammelklage erhoben, sondern hinsichtlich eines abtrennbaren Streitgegenstands auf die Klageerhebung verzichtet wird (etwa für einen von mehreren streitigen Veranlagungszeiträumen, s. HHS/Braun § 50 Rn. 30).

3. Besondere Anforderungen

Spezielle Wirksamkeitsvoraussetzung eines Verzichts ist nach § 50 Ia 2 die 19
genaue Bezeichnung der Besteuerungsgrundlage(n), auf die sich der Klageverzicht bezieht. Daneben gilt § 50 II uneingeschränkt (→ Rn. 21 ff.). Wird trotz des Teilverzichts Klage gegen den Bescheid erhoben, ist dieser wegen der nur partiellen Bindungswirkung unbegründet und nicht gem. § 50 I 3 unzulässig, da die übrigen Besteuerungsgrundlagen angefochten werden können (Tipke/Kruse/Brandis § 50 Rn. 1).

Nach den Tz. 3.4 und 4.1 des BMF-Schreibens v. 21.2.2024 (BStBl. I 2024, 20
254) steht die Umsetzung einer zwischenstaatlichen Verständigung, die in einem Verfahren entsprechend Art. 25 OECD-MA getroffen wurde, zugunsten des Stpfl. in aller Regel unter dem Vorbehalt, dass der Antragsteller sich vor Erteilung eines (Änderungs-)Bescheids durch das örtlich zuständige FA (1) mit der geplanten Umsetzung des Verhandlungsergebnisses schriftlich einverstanden erklärt und (2) der Antragsteller nach Bekanntgabe des die Verständigungsvereinbarung umsetzenden Bescheids auf einen Rechtsbehelf (ggf. im Rahmen eines Teilverzichts nach § 50 Ia) verzichtet oder schwebende außergerichtliche (zB durch Teilrücknahme des Einspruchs gem. § 72 Ia) oder gerichtliche Rechtsbehelfsverfahren

gegen einen zum Verfahrensgegenstand werdenden Änderungsbescheid ihre Erledigung finden (Schönfeld/Ditz/Flüchter OECD-MA Art. 25 Rn. 176, 178). Gegenstand der Kritik im Hinblick auf diesen Zustimmungsvorbehalt und erforderlichen Klageverzicht ist, dass der Stpfl. die Ergebnisse eines Verständigungsverfahrens damit im Ergebnis akzeptieren muss, ohne im Verständigungsverfahren selbst, das kein Rechtsbehelfsverfahren ist, hinreichend beteiligt werden zu müssen (s. zur Stellung des Stpfl. im Verständigungs- und Schiedsverfahren Drüen IStR 2015, 609 (616); Wassermeyer/Eilers OECD-MA Art. 25 Rn. 9 ff. sowie die Diskussion im Tagungsbericht von Jehlin/Löcherbach DStR-Beih. 2016 zu Heft 3, S. 1 ff.).

IV. § 50 II

1. Schriftformerfordernis und Adressat der Verzichtserklärung (§ 50 II 1)

21 Der Rechtssicherheit dient das Gebot der **Schriftform** (§ 50 II 1: schriftlich oder zu Protokoll). Der Rechtsklarheit dient die Vorgabe, dass der Verzicht nicht mit weiteren Erklärungen verbunden sein darf (§ 50 II 2 Hs. 2, → Rn. 25). **Zuständige Behörde** gem. § 50 II 1 ist die Behörde, die in einem potenziellen gerichtlichen Verfahren gem. § 63 auf der Beklagtenseite stehen würde (vgl. HHS/Braun § 50 Rn. 55; Gosch/v. Beckerath § 50 Rn. 67.1; Tipke/Kruse/Brandis § 50 Rn. 7). Ein Rechtsmittelverzicht kann gegenüber dem am Rechtsstreit unbeteiligten Finanzministerium – als vorgesetzter Behörde des beklagten FA – nicht wirksam erklärt werden (BFH II R 90/72, BStBl. II 1974, 171).

22 Die Verzichtserklärung als besondere Prozesserklärung (vor Erhebung der Klage) kann der Adressat des VA, der potenzielle **Kläger** ist, abgeben (→ Rn. 8; Tipke/Kruse/Brandis § 50 Rn. 3). Die Abgabe der Verzichtserklärung durch einen **Bevollmächtigten** (§ 155 FGO iVm § 80 I 2 AO, § 81 ZPO) ist nach allgemeiner Ansicht ebenfalls möglich; der Kläger kann trotz Vollmachtserteilung immer auch noch persönlich verzichten (Tipke/Kruse/Brandis § 50 Rn. 4; HHS/Braun § 50 Rn. 34). Bei der **Zusammenveranlagung** kann die Erklärung des einen Ehegatten nur für den anderen wirken, wenn von einer stillschweigenden Duldungsvollmacht auszugehen ist (s. Gosch/v. Beckerath § 50 Rn. 61).

2. Inhalt der Verzichtserklärung und Bedingungsfeindlichkeit

24 Ein Verzicht auf Erhebung der Klage kann nur dann angenommen werden, wenn in der Erklärung des Beteiligten der **klare, eindeutige Wille** zum Ausdruck kommt, er wolle sich ernsthaft und endgültig mit dem VA zufriedengeben und diesen nicht anfechten (BFH II R 30/81, BStBl. II 1983, 680). Zur Eindeutigkeit/Bestimmtheit der Verzichtserklärung als Wirksamkeitsvoraussetzung → Rn. 8. In der Beschränkung auf eines von mehreren Begehren kann ein Verzicht liegen (BGH VI ZB 25/89, BB 1990, 517). Bei Zweifeln am Erklärungsgehalt ist die Verzichtserklärung aber so auszulegen, dass kein Verzicht erklärt werden sollte (Gosch/v. Beckerath § 50 Rn. 75).

25 § 50 II 1 Hs. 2 verlangt ausdrücklich, dass der Klageverzicht keine weiteren Erklärungen enthalten darf. Er muss demnach entweder isoliert in einem Schriftstück erklärt werden oder optisch abgesetzt und als solcher gesondert unterschrie-

ben sein, damit der Erklärende die Bedeutung seiner Erklärung erkennen kann (s. auch BFH VII R 18/80, BStBl. II 1984, 513).

Aus § 50 II 1 Hs. 2 folgt auch, dass die Verzichtserklärung **bedingungsfeindlich** ist. Damit ist gemeint, dass der Verzicht nicht unter den Vorbehalt des Eintritts eines anderen Ereignisses (zB der Einstellung eines Strafverfahrens) wirksam erklärt werden kann. 26

3. Geltendmachung der Unwirksamkeit des Verzichts (§ 50 II 2)

Als Prozesshandlung ist der Klageverzicht grds. **unwiderruflich und (wegen Irrtums) unanfechtbar** (BFH IV 73/59 U, BStBl. III 1962, 91 noch zum Verzicht vor Bescheiderlass; BVerwG 6 C 10/78, BVerwGE 57, 342 (345 ff.); BFH II R 108/66, BStBl. II 1969, 733 zur Anfechtung einer Rücknahmeerklärung; Birkenfeld StuW 1977, 31 (44 ff.); HHS/Braun § 50 Rn. 61 f.). Der durch die Verzichtserklärung eintretende Rechtsverlust ist endgültig, da das G durch die überprüfbaren Voraussetzungen des § 50 II 1 (→ Rn. 24) und der Bedingungsfeindlichkeit (→ Rn. 25) im Vorfeld gewährleistet, dass weder unbemerkte noch unklare Erklärungen abgegeben werden können. Wird eine den Anforderungen gerecht werdende Verzichtserklärung abgegeben, tritt bis auf die Fälle des § 50 II 2 eine Bindung des Verzichtenden ein. 27

Unwirksamkeitsgründe: Die Unwirksamkeit der Verzichtserklärung kann darauf gestützt werden, dass die Voraussetzungen der §§ 50 I, Ia oder 50 II 1 nicht gegeben sind und mithin schon dem Erklärungsgehalt nach keine hinreichende Verzichtserklärung abgegeben wurde. Daneben kann **eine mögliche unlautere Beeinflussung durch die Behörde** im Vorfeld der Erklärungsabgabe geltend gemacht werden (s. zu den rügbaren Unwirksamkeitsgründen Tipke/Kruse/Brandis § 50 Rn. 10; HHS/Braun § 50 Rn. 63; Gosch/v. Beckerath § 50 Rn. 89). Dies entspricht der vergleichbaren Rspr. zu § 72 II 3 (→ § 72 Rn. 2, 21, 37 ff.), die zB bei fehlerhafter rechtlicher Belehrung durch das Gericht im Vorfeld der Klagerücknahme die abgegebene Erklärung als unwirksam ansieht (BFH XI R 15/04, BStBl. II 2005, 644 zur Klagerücknahme durch fachkundigen Bevollmächtigten). 28

Die Unwirksamkeit des Klageverzichts kann nach § 50 II 2 iVm § 56 II **nur binnen Jahresfrist** geltend gemacht werden (s. auch § 72 II 3; → § 72 Rn. 47 f.). Diese Frist beginnt gem. § 50 II 2, sobald die Verzichtserklärung der zuständigen Behörde zugegangen ist. Es ist zwischen der Frist zur Geltendmachung der Unwirksamkeit und erforderlichen Wiedereinsetzungsgründen gem. § 56 zu unterscheiden: Ein Kläger, der sich gegen eine ungültige/unwirksame Verzichtserklärung wehren will, muss Klage erheben und darlegen, diese sei entgegen § 50 I 3 zulässig. Versäumt er die Klagefrist (§§ 47, 55), muss er Wiedereinsetzungsgründe gem. § 56 anführen und darlegen, warum die Klagefrist unverschuldet versäumt wurde. Als Wiedereinsetzungsgrund iSd § 56 kommt auch in Betracht, dass die Gründe für die Unwirksamkeit des Klageverzichts erst nach Ablauf der Klagefrist unverschuldet erkannt wurden (str., s. Gosch/v. Beckerath § 50 Rn. 91 ff. mwN zum Streitstand). Die Verweisung des § 50 III 2 auf § 56 III gilt daher nur der Verzichtserklärung als solche und normiert eine absolute Frist, innerhalb derer die Unwirksamkeit geltend gemacht werden muss (Gosch/v. Beckerath § 50 Rn. 93; zum unwirksamen Einspruchsverzicht s. FG Nürnberg II 384/2001, BeckRS 2005, 26020804, nachgehend BFH V B 19/06, BeckRS 2006, 25010822). 29

30 **Verfahrensrechtlich** muss über die Wirksamkeit des Klageverzichts und damit die Zulässigkeit der Klage durch Endurteil entschieden werden. Der Kläger muss Klage erheben und darlegen, warum die Rechtsfolge des § 50 I 3 (ggf. iVm § 50 Ia) nicht eingetreten und die Klage zulässig sein soll.

Abschnitt II. Allgemeine Verfahrensvorschriften

§ 51 [Ausschließung und Ablehnung von Gerichtspersonen]

(1) [1]**Für die Ausschließung und Ablehnung der Gerichtspersonen gelten die §§ 41 bis 49 der Zivilprozessordnung sinngemäß.** [2]**Gerichtspersonen können auch abgelehnt werden, wenn von ihrer Mitwirkung die Verletzung eines Geschäfts- oder Betriebsgeheimnisses oder Schaden für die geschäftliche Tätigkeit eines Beteiligten zu besorgen ist.**

(2) **Von der Ausübung des Amtes als Richter, als ehrenamtlicher Richter oder als Urkundsbeamter ist auch ausgeschlossen, wer bei dem vorausgegangenen Verwaltungsverfahren mitgewirkt hat.**

(3) **Besorgnis der Befangenheit nach § 42 der Zivilprozessordnung ist stets dann begründet, wenn der Richter oder ehrenamtliche Richter der Vertretung einer Körperschaft angehört oder angehört hat, deren Interessen durch das Verfahren berührt werden.**

Vgl. § 54 VwGO; § 60 SGG.

Literatur: Bartone, Die Richterablehnung im verfassungsprozessualen Kontext, AO-StB 2012, 18; Deumeland, Befangenheit und unfaires Gerichtsverfahren bei unwahrem Sachvortrag eines Richters, ZfS 1993, 139; Lamprecht, Befangenheit an sich: Über den Umgang mit einem prozessualen Grundrecht, NJW 1993, 2222; Lorenz, Richterliche Unabhängigkeit und frühere Tätigkeit in der Finanzverwaltung, StuW 1980, 325; Loschelder, Zweifel an der Unparteilichkeit des Richters?, AO-StB 2004, 102; Meinert, Befangenheit im Rechtsstreit, Berlin 2015; Michl, Richterablehnung aufgrund von Rechtsverstößen des Gerichts, DStZ 1994, 641; Nöcker, Befangenheit des Finanzrichters in Steuersachen, AO-StB 2021, 257; Riedel, Das Postulat der Unparteilichkeit des Richters – Befangenheit und Parteilichkeit im deutschen Verfassungs- und Verfahrensrecht, 1980; Schneider, Das Vorgehen bei der Richterablehnung, MDR 2005, 671; Vollkommer, Das Ablehnungsverfahren der FGO nach dem Zweiten FGO-Änderungsgesetz – Ein Modell für die anderen Verfahrensordnungen?, NJW 2001, 1827; de Wall, Nochmals: Befangenheit an sich – Über den Umgang mit einem prozessualen Grundrecht, NJW 1994, 843.

Übersicht

	Rn.
I. Vorbemerkungen	1
1. Bedeutung	1
2. Anwendungsbereich	2
II. Die Regelungen des § 51	4
1. Ausschließung (§ 51 I 1 iVm § 41 ZPO; § 51 II)	4
a) Begriff	4
b) Ausschließungsgründe	5
c) Wirkung der Ausschließung	20

Rn.
2. Ablehnung 25
a) Begriff 25
b) Ablehnung durch Beteiligte (§ 51 iVm § 44 ZPO) 26
aa) Zulässigkeitsvoraussetzungen 27
bb) Ablehnungsgründe nach § 42 ZPO 45
cc) Ablehnungsgründe nach §§ 51 III, 51 I 2 60
c) Selbstablehnung (§ 48 ZPO) 65
d) Verfahren 67
aa) Verfahren bei Ablehnung durch einen Beteiligten 67
bb) Verfahren bei Selbstablehnung 79
e) Wirkung und Umfang der Ablehnung (§ 47 ZPO) 82

I. Vorbemerkungen

1. Bedeutung

1 Die Regelung über die Ausschließung und Ablehnung von Gerichtspersonen (§ 51) steht in engem Zusammenhang mit Art. 97 I GG und Art. 101 I 2 GG. Unabhängig iSd Art. 97 I GG ist nur der unparteiliche Richter (BVerfG 2 BvR 804/75, BVerfGE 42, 64 ff.); nur dieser ist damit der gesetzliche Richter. Der befangene oder ausgeschlossene Richter ist auch nicht der zur Entscheidung des konkreten Streitfalls berufene gesetzliche Richter (Art. 101 I 2 GG; BVerfG 2 BvR 235/64, BVerfGE 21, 139 (145 f.)). Das grundrechtsgleiche Recht auf den gesetzlichen Richter verpflichtet den Gesetzgeber und die Gerichte, Vorsorge dafür zu treffen, dass im Einzelfall ein Richter, der nicht die Gewähr der Unparteilichkeit bietet, von der Ausübung seines Amtes ausgeschlossen ist oder abgelehnt werden kann (BVerfG 2 BvR 235/64, BVerfGE 21, 139 (145 f.); 1 BvR 2853/11, BeckRS 2013, 49263, Rn. 27, 39).

2. Anwendungsbereich

2 § 51 ist anwendbar in Urteils- und Beschlussverfahren sowie in Tatbestandsberichtigungsverfahren nach § 108 (BFH VII B 70/89, BStBl. II 1989, 899). § 51 bezieht sich nicht auf das Gericht als solches, sondern nur auf **einzelne Gerichtspersonen** (→ Rn. 27). Das sind die Richter einschließlich der ehrenamtlichen Richter und die Urkundsbeamten der Geschäftsstelle (§ 51 II, § 49 ZPO; → Rn. 7; → § 12 Rn. 2). Für die **Ablehnung von Sachverständigen** und **Dolmetschern** gelten besondere Vorschriften (§ 82 FGO iVm § 406 ZPO bzw. § 155 FGO iVm § 191 GVG – → § 82 Rn. 35).

II. Die Regelungen des § 51

1. Ausschließung (§ 51 I 1 iVm § 41 ZPO; § 51 II)

4 **a) Begriff.** § 51 I 1 unterscheidet zwischen Ausschließung und Ablehnung der Gerichtspersonen (zur Ablehnung → Rn. 25 ff.). **Ausschließung** bedeutet, dass die Gerichtsperson kraft Gesetzes von der Ausübung des Amtes in einem bestimmten Verfahren ausgeschlossen ist.

5 **b) Ausschließungsgründe.** § 51 I 1 FGO iVm § 41 ZPO und § 51 II zählen die im finanzgerichtlichen Verfahren geltenden **relativen Ausschließungsgründe** abschließend auf. Sie ergeben sich aus der Beziehung der Gerichtsperson zu einem bestimmten Verfahren. Hiervon zu unterscheiden sind die nicht in der FGO oder ZPO geregelten **absoluten (unbedingten) Ausschließungsgründe,** die der Ausübung des Amtes unabhängig von den besonderen Umständen des Einzelfalls entgegenstehen (zB eine Geisteskrankheit oder das Fehlen der Voraussetzungen für die Ausübung des Richteramtes nach § 9 DRiG).

§ 41 ZPO Ausschluss von der Ausübung des Richteramtes

6 Ein Richter ist von der Ausübung des Richteramtes kraft Gesetzes ausgeschlossen:

1. in Sachen, in denen er selbst Partei ist oder bei denen er zu einer Partei in dem Verhältnis eines Mitberechtigten, Mitverpflichteten oder Regresspflichtigen steht;
2. in Sachen seines Ehegatten, auch wenn die Ehe nicht mehr besteht;

2a. in Sachen seines Lebenspartners, auch wenn die Lebenspartnerschaft nicht mehr besteht;

3. in Sachen einer Person, mit der er in gerader Linie verwandt oder verschwägert, in der Seitenlinie bis zum dritten Grad verwandt oder bis zum zweiten Grad verschwägert ist oder war;
4. in Sachen, in denen er als Prozessbevollmächtigter oder Beistand einer Partei bestellt oder als gesetzlicher Vertreter einer Partei aufzutreten berechtigt ist oder gewesen ist;
5. in Sachen, in denen er als Zeuge oder Sachverständiger vernommen ist;
6. in Sachen, in denen er in einem früheren Rechtszug oder im schiedsrichterlichen Verfahren bei dem Erlass der angefochtenen Entscheidung mitgewirkt hat, sofern es sich nicht um die Tätigkeit eines beauftragten oder ersuchten Richters handelt;
7. in Sachen wegen überlanger Gerichtsverfahren, wenn er in dem beanstandeten Verfahren in einem Rechtszug mitgewirkt hat, auf dessen Dauer der Entschädigungsanspruch gestützt wird;
8. in Sachen, in denen er an einem Mediationsverfahren oder einem anderen Verfahren der außergerichtlichen Konfliktbeilegung mitgewirkt hat.

7 § 41 ZPO regelt den Ausschluss des **Richters** von der Ausübung des Richteramtes. Die Vorschrift erfasst über ihren Wortlaut hinaus aber nicht nur die Berufsrichter und die ehrenamtlichen Richter, sondern auch **die Urkundsbeamten der Geschäftsstelle.** Dies folgt zum einen aus § 51 II und zum anderen aus § 49 ZPO, wonach die §§ 41–48 ZPO auf die Urkundsbeamten der Geschäftsstelle entsprechend anzuwenden sind (→ Rn. 2; → § 12 Rn. 2).

8 **Zu § 41 Nr. 1 ZPO** (Parteieigenschaft): Im finanzgerichtlichen Verfahren ist „Partei" der Beteiligte (§ 57). **Beteiligter ist derjenige, gegen den das Urteil wirkt** (§ 110 I). Gegen **Mitverpflichtete** oder **Regresspflichtige** wirkt das Urteil zwar nicht, sie sind aber dennoch ausgeschlossen, weil sie ein erhebliches eigenes Interesse am Ausgang des Verfahrens haben. Eine Mitverpflichtung liegt vor bei Zugehörigkeit des Richters zu einer Gläubiger- oder Schuldnermehrheit gem. §§ 421 ff. BGB, selbst wenn das Urteil nach § 425 II BGB nicht gegenüber den übrigen Mitverpflichteten wirkt sowie bei Zugehörigkeit zu einer Gesellschaft, bei der die Gesellschafter persönlich haften (GbR, oHG). Mitverpflichtete sind darüber hinaus Bürgen (Zöller/Vollkommer ZPO § 41 Rn. 75) und **steuer-**

rechtlich Haftende (§§ 69 ff. AO). Keine Mitverpflichtung liegt vor bei Mitgliedschaft in einem nichtrechtsfähigen Verein, wenn wegen der Beschränkung der Haftung auf das Vereinsvermögen keine wirtschaftliche Belastung besteht (Zöller/Vollkommer ZPO § 41 Rn. 75). Dieser Gesichtspunkt greift grundsätzlich auch ein bei Beteiligung an einer KapGes (HHS/Leipold § 51 Rn. 18); insoweit kann allerdings § 42 ZPO erfüllt sein (→ Rn. 49). Etwas anderes kann aber dann gelten, wenn die Beteiligung wesentlich ist (Tipke/Kruse/Brandis § 51 Rn. 6). Ein Richter ist schließlich **nicht** deshalb „Partei", weil er möglicherweise einem Amtshaftungsanspruch ausgesetzt sein könnte (BFH IV R 42/98, BFH/NV 2000, 54).

Zu § 41 Nr. 2 und 2a ZPO (Ehe/Lebenspartnerschaft): Ausgeschlossen 9
ist ein Richter, wenn sein derzeitiger oder früherer Ehegatte oder Lebenspartner (auch bei nichtiger Ehe) Beteiligter iSd § 41 Nr. 1 ZPO (→ Rn. 6) ist. Ein **Verlöbnis** ist lediglich ein Ablehnungsgrund.

Zu § 41 Nr. 3 ZPO (Verwandtschaft/Schwägerschaft): Wie Nr. 2. An die 10
Stelle des Ehegatten treten hier Verwandte (§ 1589 BGB) und Verschwägerte (§ 1590 BGB) iSd BGB. Bei Verfahren, die von Beteiligten kraft Amtes (Insolvenzverwalter) geführt werden, ist der Richter ausgeschlossen, wenn er entweder mit dem Beteiligten kraft Amtes oder dem durch diesen repräsentierten Rechtsträger (Gemeinschuldner) verwandt ist (Zöller/Vollkommer ZPO § 41 Rn. 7 auch zur gesetzlichen Vertretung). Eine Verwandtschaft zu dem Prozessbevollmächtigten eines Beteiligten reicht nicht aus (BFH IV B 108/02, BFH/NV 2003, 73).

Zu § 41 Nr. 4 ZPO (Vertreter): Ausgeschlossen ist der Richter nicht nur, 11
wenn er **in derselben Streitsache,** also bezüglich desselben Streitpunkts für den Beteiligten tätig (gewesen) ist (zB FG Brem II 133, 134, 170 und 171/85 K, EFG 1992, 208), sondern (zumindest) auch, wenn er im Zeitpunkt des Erlasses der Einspruchsentscheidung als Vorsteher des beklagten FA dessen gesetzlicher Vertreter gewesen war (BFH II R 65/89, BStBl. II 1990, 787). Auf eine tatsächliche Befassung mit der Streitsache kommt es nicht an (BFH I B 159/15, BFH/NV 2016, 1479; I R 40/14, BFH/NV 2017, 312; I R 14/15, BFH/NV 2017, 313). Darüber hinaus dürfte der Richter auch dann ausgeschlossen sein, wenn er nur während des Veranlagungsverfahrens Vorsteher war. Entsprechendes wird man für andere ehemalige vertretungsberechtigte Beamte des beklagten FA annehmen müssen. Eine Tätigkeit in der konkreten Sache verlangt das G nicht. – Kein Fall von § 41 Nr. 4 ZPO liegt vor, wenn der Richter als Sachgebietsleiter an einem vorausgegangenen Verwaltungsverfahren beteiligt war, selbst wenn er eine Generalvollmacht des Vorstehers zur Vertretung des FA in allen Verfahren hatte. In diesem Fall liegt nämlich keine gesetzliche Vertretung vor, die § 41 Nr. 4 ZPO indes erfordert (aA ohne Begründung BFH I B 159/15, BFH/NV 2016, 1479; I R 40/14, BFH/NV 2017, 312; I R 14/15, BFH/NV 2017, 313). Diese Fälle werden vielmehr von § 51 II erfasst (→ Rn. 16 ff.).

Zu § 41 Nr. 5 ZPO (Zeugen/Sachverständiger): Der Richter ist ausge- 12
schlossen, wenn er in derselben Angelegenheit (nicht notwendig in demselben Verfahren) tatsächlich **als Zeuge vernommen** worden ist. Die Benennung des Richters als Zeuge reicht für eine Ausschließung nicht aus (BFH IV R 42/98, BFH/NV 2000, 54). Eine dienstliche Äußerung steht einer Vernehmung als Zeuge nicht gleich (BVerwG I WB 161.77, I WB 166.77, MDR 1980, 168).

Zu § 41 Nr. 6 ZPO (frühere Mitwirkung): Ausgeschlossen ist der Richter, 13
wenn er in derselben Streitsache bei Erlass der angefochtenen Entscheidung **in einem früheren Rechtszug, dh der unteren Instanz, mitgewirkt** hat (BFH II R 49/00, BFH/NV 2001, 931; → Rn. 56). Das setzt voraus, dass der Richter

an der Urteilsfindung teilgenommen hat (BFH VIII R 23/14, BFH/NV 2016, 1684). Dies ist wegen der Zweistufigkeit des finanzgerichtlichen Verfahrens für die **Verfahren vor dem BFH** von Bedeutung. Es kommt nur auf die Urteilsfindung (nicht auch die Verkündung) und nur auf die angefochtene Entscheidung an, also nicht auf ihr vorangegangene Beschlüsse, Zwischenurteile (§ 97), Teilurteile (§ 98), Grundurteile (§ 99) oder Gerichtsbescheide (§§ 90a, 79a II, IV – BFH VIII R 23/14, BFH/NV 2016, 1684). **Kein Fall des § 41 Nr. 6 ZPO** liegt vor, wenn

– der Richter an einem zurückweisenden AdV-Beschluss mitgewirkt hat (BFH IV B 48/00, BFH/NV 2001, 202 (203));
– der Richter in einem Gerichtsverfahren des Klägers vor einem anderen Senat des gleichen FG tätig geworden ist (BFH III B 239/11, BFH/NV 2012, 1470);
– der Richter über einen Änderungsbescheid entscheiden soll, er aber bereits über den ursprünglichen Verwaltungsakt befunden hatte (BFH X B 18/03, BVH/NV 2008, 102);
– ein Richter im Verfahren der höheren Instanz als beauftragter oder ersuchter Richter (vgl. §§ 229, 361, 362 ZPO) mitgewirkt hat (Tipke/Kruse/Brandis § 51 Rn. 11). Hat er in der unteren Instanz als beauftragter oder ersuchter Richter mitgewirkt, ist er für die höhere Instanz hingegen nur dann nicht ausgeschlossen, wenn er nicht auch an der Entscheidung selbst beteiligt war. **Nicht ausgeschlossen** ist ferner derjenige beauftragte oder ersuchte Richter, gegen dessen Entscheidung der Antrag nach § 133 gestellt wird (→ § 133 Rn. 1 f. mwN);
– ein Richter an dem der nunmehr erhobenen Nichtigkeitsklage vorangegangenen Urteil mitgewirkt hat (BFH I B 22/12, BFH/NV 2013, 389);
– ein Richter an einem Vorlagebeschluss nach Art. 267 AEUV, nicht aber an dem erstinstanzlichen Urteil beteiligt war (BFH VII R 97/76, BStBl. II 1980, 158); entsprechendes muss für eine Vorlage an das BVerfG gelten (Offerhaus NJW 1980, 2290; Tipke/Kruse/Brandis § 51 Rn. 11);
– ein Richter an einem Wiederaufnahmeverfahren mitwirken soll, der auch im ursprünglichen Verfahren mitgewirkt hatte (BFH IV R 78/92, BFH/NV 1994, 795; IV R 74/97, BFH/NV 1999, 641; V B 116/05, BFH/NV 2006, 2277 betr. NZB gegen Urt. im Wiederaufnahmeverfahren; s. aber HessFG 10 K 1350/22, EFG 2024, 475, zur strafbaren Verletzung der Amtspflicht des abgelehnten Richters);
– eine Sache an das Instanzgericht (FG) zurückverwiesen wird. Der Richter darf an der erneuten Verhandlung und Entscheidung in derselben Instanz mitwirken;
– der Richter an einer im Revisionsverfahren aufgehobenen (erstinstanzlichen) Entscheidung mitgewirkt hatte und nunmehr als Richter am BFH für die Entscheidung über die erneut angefochtene zweite erstinstanzliche Entscheidung (an der er nicht mitgewirkt hatte) zuständig ist (BFH II B 132/99, BFH/NV 2000, 1108).

14 **Zu § 41 Nr. 7 ZPO (überlange Gerichtsverfahren):** Diese Regelung betrifft ausschließlich den BFH, weil in finanzgerichtlichen Verfahren nach § 155 S. 2 nur dieser in Sachen wegen überlanger Verfahrensdauer zur Entscheidung berufen ist. In einem solchen Verfahren sind diejenigen Richter ausgeschlossen, die an dem Verfahren mitgewirkt haben, dessen überlange Verfahrensdauer gerügt wird.

15 **Zu § 41 Nr. 8 ZPO (Mediation/Güterichter):** Der Ausschluss betrifft Richter, die an einem Verfahren der Mediation oder Konfliktbeseitigung teilge-

nommen haben, weil diese auf Vertraulichkeit und Freiwilligkeit beruhenden Verfahren mit dem auf verbindliche Streitentscheidung ausgerichteten Richteramt unvereinbar sind (BT-Drs. 17/5335, 20). Erfasst sind sowohl die Mediationsverfahren nach § 155 S. 1 FGO iVm § 278a ZPO als auch die Güterichterverfahren nach § 155 S. 1 FGO iVm § 278 V ZPO (Zöller/Vollkommer ZPO § 41 Rn. 13).

§ 51 II ergänzt § 41 Nr. 6 ZPO für den Fall der Beteiligung des Richters an einem **vorausgegangenen Verwaltungsverfahren** (nicht vorausgegangenes Gerichtsverfahren: FG BBg 16 K 5011/22, EFG 2022, 897). Die Vorschrift soll verhindern, dass jemand als Richter über einen Streitfall entscheidet, der in dem „nämlichen" (BFH VI B 15/96, BFH/NV 1997, 130) Verwaltungsverfahren in einer Weise tätig geworden ist, die Anlass zu der Befürchtung gibt, er habe sich in der Sache festgelegt und könne seine Entscheidung nicht mehr mit der gebotenen Objektivität treffen (BFH VI B 15/96, BFH/NV 1997, 130). Aus diesem Zweck folgt, dass das Tatbestandsmerkmal der „Mitwirkung im vorausgegangenen Verwaltungsverfahren" weit auszulegen ist und nicht nur das (außergerichtliche) Verwaltungsvorverfahren erfasst, sondern das **gesamte Verfahren,** sofern es final zum Erlass der gerichtlich zu überprüfenden Entscheidung geführt hat (BFH I R 31/93, BFH/NV 1995, 576 mwN; VII B 208/18, BFH/NV 2020, 895, Rn. 14, betr. Haftungsbescheid und Abrechnungsbescheid über Säumniszuschläge; zur Abgrenzung s. BFH IV B 52/97, BFH/NV 1998, 176; I B 148/11, BFH/NV 2012, 1802). Die Finalität bezieht sich dabei auf das Verwaltungsverfahren und nicht auf das konkrete Tätigwerden der betroffenen Person (BFH X B 191/10, BFH/NV 2011, 1385). Zu bejahen ist die Beteiligung des Richters an einem vorausgegangenen Verwaltungsverfahren bei Beeinflussung der Entscheidung, sei es im Rahmen einer Tätigkeit beim FA, etwa als Sachgebietsleiter der Rechtsbehelfsstelle, oder auch im Rahmen einer Tätigkeit bei der Aufsichtsbehörde (BVerwG V C 071.75, BVerwGE 52, 47), bei Teilnahme an Erörterungen in der Verwaltungsinstanz als Verhandlungsleiter (BVerwG V CB 50.74, Buchholz 310 § 54 VwGO Nr. 25), bei bloß beratender Funktion im Verwaltungsverfahren (BFH VII R 7/78, BStBl. II 1978, 401), bei Anordnung der Außenprüfung (BFH X R 15/81, BFH/NV 1988, 446 (447)), bei Teilnahme an der Betriebsprüfung als Sachgebietsleiter (BFH V B 111/10, BFH/NV 2012, 1196) und bei Einleitung eines Steuerstrafverfahrens, wenn im gerichtlichen Verfahren streitig ist, ob die wegen Steuerhinterziehung verlängerte Festsetzungsfrist maßgeblich ist (FG Brem II 50/91 K, EFG 1994, 49). Die bloße Stellung als Sachgebietsleiter der Veranlagungsstelle reicht hingegen ohne das Hinzutreten weiterer Gründe nicht aus (BFH I B 148/11, BFH/NV 2012, 1802, Rn. 17). Zur Abgrenzung auch → Rn. 11. **16**

Die in dem vorausgegangenen Verfahren gefällte Entscheidung kann auch ein **Justizverwaltungsakt** sein, so zB die Anweisung an den Kostenbeamten, den Gerichtskostenansatz in einer bestimmten Richtung vorzunehmen. Der anweisende Richter kann am Erinnerungsverfahren über den Kostenansatz nicht teilnehmen (BFH VII B 25/75, BStBl. II 1975, 856). **17**

c) Wirkung der Ausschließung. Liegt ein Ausschließungsgrund vor, ist die betreffende Gerichtsperson von der Ausübung des Amtes ausgeschlossen (→ Rn. 4). Sie ist **an jeder** rechtsordnenden und rechtspflegerischen **Tätigkeit kraft Gesetzes gehindert,** und zwar entweder (bei Vorliegen eines **relativen** Ausschließungsgrundes) in einem bestimmten Verfahren oder (bei Vorliegen eines **absoluten** Ausschließungsgrundes) schlechthin. Eine Mitwirkung (nur) bei Urteilsverkündungen ist hingegen statthaft (Anders/Gehle/Göertz ZPO § 41 **20**

Rn. 7). Die Ausschließung ist **unverzichtbar** und in jeder Lage des Verfahrens **von Amts wegen** – ggf. auf Anregung eines Beteiligten oder (bei Kollegialgerichten) eines anderen Richters – **zu berücksichtigen** (BFH I R 40/14, BFH/NV 2017, 312; I R 14/15, BFH/NV 2017, 313). An die Stelle des Ausgeschlossenen tritt der geschäftsplanmäßig berufene Vertreter (s. aber zur Ablehnung in der mündlichen Verhandlung § 47 II ZPO, → Rn. 86). In klaren und eindeutigen Fällen genügt ein Aktenvermerk; **bei Zweifeln** ist – nach vorheriger Anhörung der Beteiligten – durch **unanfechtbaren Beschluss** zu entscheiden (FG Brem II 50/91 K, EFG 1994, 49; → Rn. 79). Die Ausführungen zu § 46 I ZPO (→ Rn. 70 ff.) gelten entsprechend.

21 **Handlungen des Ausgeschlossenen** und gerichtliche Handlungen, die unter seiner Mitwirkung vorgenommen worden sind, **können** bis zum Abschluss der Instanz bzw. bis zum Eintritt einer Bindungswirkung (§ 155 FGO iVm § 318 ZPO) durch den Vertreter oder unter dessen Mitwirkung **wiederholt werden.** Geschieht dies nicht (oder kann dies nicht geschehen), liegt ein Anfechtungsgrund vor (keine Nichtigkeit). Bei Urteilen ist ein absoluter Revisionsgrund gegeben (§ 119 Nr. 2); auch NZB (§§ 115 II Nr. 3, 116) und Nichtigkeitsklage (§ 134 FGO iVm § 579 Nr. 2 ZPO) sind möglich. **Prozesshandlungen der Beteiligten** vor dem ausgeschlossenen Richter sind wirksam (Zöller/Vollkommer ZPO § 41 Rn. 17).

2. Ablehnung

25 **a) Begriff.** Ablehnung bedeutet, dass die Befangenheit einer Gerichtsperson (auch eines Urkundsbeamten: BFH X S 9/23, BFH/NV 2023, 1312) **in Bezug auf ein bestimmtes gesetzlich geregeltes Verfahren** geltend gemacht werden kann (zur in § 42 I ZPO weiter vorgesehenen Ablehnung wegen des Vorliegens von Ausschlussgründen → Rn. 46). Im „Gegenvorstellungsverfahren" ist deshalb eine Ablehnung unstatthaft (BFH XI S 16-23/96, BFH/NV 1996, 774). – Aus dem Begriff „Ablehnung" ergibt sich bereits, dass die Feststellung, dass (zB) ein Richter befangen ist, nur auf Grund eines entsprechenden **Ablehnungsgesuchs** (§ 51 I FGO iVm § 44 ZPO) oder auf Grund einer **Selbstablehnung** (§ 48 ZPO – → Rn. 65 f.) erfolgen kann. Eine Prüfung **von Amts wegen** ist **unstatthaft** (BVerfG 2 BvL 10/75, BVerfGE 46, 34).

b) Ablehnung durch Beteiligte (§ 51 iVm § 44 ZPO).

26 **§ 44 ZPO Ablehnungsgesuch**

(1) Das Ablehnungsgesuch ist bei dem Gericht, dem der Richter angehört, anzubringen; es kann vor der Geschäftsstelle zu Protokoll erklärt werden.

(2) [1]Der Ablehnungsgrund ist glaubhaft zu machen; zur Versicherung an Eides statt darf die Partei nicht zugelassen werden. [2]Zur Glaubhaftmachung kann auf das Zeugnis des abgelehnten Richters Bezug genommen werden.

(3) Der abgelehnte Richter hat sich über den Ablehnungsgrund dienstlich zu äußern.

(4) [1]Wird ein Richter, bei dem die Partei sich in eine Verhandlung eingelassen oder Anträge gestellt hat, wegen Besorgnis der Befangenheit abgelehnt, so ist glaubhaft zu machen, dass der Ablehnungsgrund erst später entstanden oder der Partei bekannt geworden sei. [2]Das Ablehnungsgesuch ist unverzüglich anzubringen.

aa) Zulässigkeitsvoraussetzungen. Statthaft ist ein Ablehnungsgesuch nur, wenn es in Bezug auf die weitere richterliche Tätigkeit **in einem bestimmten gesetzlich geregelten Verfahren** bis zur Beendigung der Instanz (→ Rn. 29) angebracht wird. Lehnt ein Beteiligter den Richter hingegen für „alle weiteren und zukünftigen Verfahren" ab, so ist das Ablehnungsgesuch unzulässig (BFH X B 119/90, BFH/NV 1991, 331 mwN). – Das Ablehnungsgesuch muss sich **unter Angabe individueller Gründe** (→ Rn. 50) auf einen **bestimmten Richter** (→ Rn. 2) beziehen (Erfordernis der **Individualablehnung** – § 51 I FGO iVm § 42 I ZPO; BVerfG 2 BvC 3/77, BVerfGE 46, 200; BFH XI B 22/98, BFH/NV 1999, 348 mwN). Der Richter muss nicht namentlich benannt werden, es muss auf Grund des Ablehnungsgesuchs aber erkennbar sein, wer gemeint ist (BVerfG 1 BvR 344/51, BVerfGE 2, 295 (297); BFH XI B 75/92, XI B 80/92, BFH/NV 1993, 612; → Rn. 36). 27

Die pauschale **Ablehnung des Gerichts** in seiner Gesamtheit oder die **Ablehnung aller Richter** eines Spruchkörpers ist hingegen im Allgemeinen unstatthaft (BFH V B 18/02, BFH/NV 2003, 58; V E 1/08, BFH/NV 2008, 1687 mwN; IX S 12/13, BFH/NV 2013, 1444; X B 167/15, BFH/NV 2016, 1577; V B 133/16, BFH/NV 2017, 1199; VI B 13/20, BFH/NV 2021, 434, Rn. 37). Zu prüfen ist aber, ob die Auslegung des Ablehnungsantrags nicht eine **zulässige Häufung von Individualablehnungen** ergibt (BFH VII B 94/88, BFH/NV 1989, 640). Das kann zB der Fall sein, wenn sich aus einer Kollegialentscheidung konkrete Anhaltspunkte für die Befangenheit der einzelnen Richter ergeben, die an der Entscheidung mitgewirkt haben (BVerfG 1 BvR 526/19, NJW-RR 2021, 1436, Rn. 24: auch bei identischen Ablehnungsgründen; BFH IV B 8/96, BFH/NV 1997, 243; XI B 41/99, BFH/NV 2000, 593; IX S 12/13, BFH/NV 2013, 1444), sowie wenn der Beteiligte wegen des Beratungsgeheimnisses nicht wissen kann, welcher Richter die Entscheidung mitgetragen hat (BFH X B 6/18, BFH/NV 2020, 769, Rn. 47; X B 99/19, BStBl. II 2020, 375, Rn. 14; VIII S 3/23, BFH/NV 2023, 860, Rn. 7; VIII S 3/23, BFH/NV 2023, 860, Rn. 7). Das ist aber nicht der Fall, wenn das Ablehnungsgesuch pauschal auf die Kollegialentscheidung gestützt wird (BFH IX B 85/97, BFH/NV 1998, 718), wenn der Beteiligte, ohne an eine vom Senat getroffene Entscheidung anzuknüpfen, ausdrücklich alle Richter als befangen ablehnt (BFH VII B 94/88, BFH/NV 1989, 640; IX S 4/23, BFH/NV 2023, 984), wenn sich die Ablehnungsgründe nur gegen den Vorsitzenden richten (BFH VI B 13/20, BFH/NV 2021, 434 Rn. 39) oder wenn der Beteiligte sich zwar auf eine Entscheidung des Senats bezieht, das Gesuch aber ausschließlich mit Umständen begründet, welche die Besorgnis der Befangenheit unter keinem denkbaren Gesichtspunkt rechtfertigen können (BFH I B 155/92, BFH/NV 1994, 637; V S 2/99, BFH/NV 1999, 1120; X B 6/18, BFH/NV 2020, 769, Rn. 47; VIII S 3/23, BFH/NV 2023, 860, Rn. 7). Das ist aber nur dann der Fall, wenn sich der Ablehnungsantrag bereits ohne jedes Eingehen auf den Verfahrensgegenstand – ohne jede weitere Aktenkenntnis – offenkundig als unzulässig darstellt (BVerfG 1 BvR 793/19, BeckRS 2020, 37418, Rn. 14; 1 BvR 526/19, NJW-RR 2021, 1436, Rn. 26; BFH VIII S 3/23, BFH/NV 2023, 860, Rn. 7; → Rn. 71).

Da das Ablehnungsgesuch **Prozesshandlung** ist (zB BFH I S 8/12, BFH/NV 2012, 1813; V S 11/12, BFH/NV 2013, 237), müssen die allgemeinen prozessualen Wirksamkeitsvoraussetzungen für Prozesshandlungen erfüllt sein (→ Vor § 33 Rn. 30 ff.; Zöller/Greger ZPO Vor § 128 Rn. 16). Zulässig ist das Ablehnungsgesuch insbes. nur, wenn der Ablehnende **beteiligten-** und **prozessfähig** (→ § 57 28

Rn. 11; → § 58 Rn. 7 ff.), **postulationsfähig** (→ § 62 Rn. 56; BFH VI B 193/96, BFH/NV 1997, 889 (890); s. aber BFH VIII S 3/23, BFH/NV 2023, 860: keine Verwerfung des Ablehnungsgesuchs nach § 62 IV, wenn es im Hinblick auf eine Anhörungsrüge vorgebracht wird, deren Erhebung dem Vertretungszwang nicht unterliegt) und **antragsbefugt** ist. Antragsbefugt sind dabei nur die (beiden) Beteiligten (§ 57), also Kläger/Antragsteller und Beklagter/Antragsgegner. Nur ihnen steht das **Ablehnungsrecht** zu, wie § 42 III ZPO (→ Rn. 45) dies klarstellt. Prozessbevollmächtigte haben kein eigenes Ablehnungsrecht (BFH IV B 48/90, BFH/NV 1992, 395 (396); X B 140/92, BFH/NV 1995, 223). Gleiches gilt für Zeugen (BFH I B 59/97, BFH/NV 1998, 711) und Beteiligte kraft Amtes (Insolvenzverwalter) im Verhältnis zum repräsentierten Rechtsträger (Gemeinschuldner; Zöller/Vollkommer ZPO § 42 Rn. 2 mwN; s. aber für den Fall der persönlichen Betroffenheit LG München II 7 T 3096/13, ZIP 2013, 2475).

29 Das Ablehnungsgesuch ist außerdem nur zulässig, wenn ein **Rechtsschutzinteresse** (Rechtsschutzbedürfnis) besteht. Es **fehlt,** wenn sich die Ablehnung – selbst, wenn sie begründet wäre – nicht mehr auf die Sachenentscheidung des Gerichts auswirken könnte (BFH VIII S 3/23, BFH/NV 2023, 860, Rn. 7). Daher entfällt das Rechtsschutzinteresse mit der **Rücknahme** der Klage (BFH II B 70/94, BFH/NV 1995, 414), wenn der **Richter nicht mehr mit der Sache betraut** ist (BFH V B 62/93, BFH/NV 1994, 388; X S 30, 31/13, BFH/NV 2014, 51 betr. Pensionierung; X B 330/94, BFH/NV 1996, 153 mwN betr. Wechsel in anderen Spruchkörper, Versetzung an ein anderes Gericht, Tod oder Urlaub des Richters; IV B 60/11, BFH/NV 2012, 426) und sobald nach Beendigung der Instanz **alle Nebenentscheidungen getroffen** sind (BFH VII B 257/95, BFH/NV 1996, 904; X S 30, 31/13, BFH/NV 2014, 51). Gleiches gilt, wenn der Befangenheitsantrag im abgeschlossenen Verfahren **nach Beendigung der Instanz** gestellt wird (BFH X B 330/94, BFH/NV 1996, 153 mwN; IV B 114/97, BFH/NV 1999, 57; I B 74/98, BFH/NV 1999, 328; V B 105/00, BFH/NV 2001, 609 (610) mwN; VII B 5/06, BFH/NV 2007, 479; III B 239/11, BFH/NV 2012, 1470; IX B 6/16, BFH/NV 2016, 585; s. auch BFH IV B 60/11, BFH/NV 2012, 426: Beschwerde über Ablehnung des Protokollberichtigungsantrags hindert Beendigung der Instanz nicht; BFH III B 236/11, BFH/NV 2012, 973: keine erstmalige Geltendmachung in der **Nichtzulassungsbeschwerde**). Eine **Ausnahme** gilt dann, wenn die getroffene Entscheidung mangels Wirksamkeit des Urteils noch änderbar ist (BFH X B 169/00, BFH/NV 2001, 1143; VIII B 87/23, BFH/NV 2025, 33, zur noch nicht bekanntgegebenen Urteilsformel) und wenn nachträglich über besondere Anträge zu entscheiden ist (BFH IX B 93/96, BFH/NV 1997, 687). Abgesehen davon können Ablehnungsgründe aus einem (abgeschlossenen) Nebenverfahren im noch anhängigen Hauptsacheverfahren geltend gemacht werden, sofern dort derselbe Richter mit der Sache betraut ist (BFH VII B 118/85, BFH/NV 1986, 415 (416); s. aber zur Ablehnung für „alle weiteren und zukünftigen Verfahren“ und zur Verfolgung verfahrensfremder Zwecke → Rn. 27, 36). Im **Protokoll- oder Tatbestandsberichtigungsverfahren** (§ 108) fehlt das Rechtsschutzinteresse, wenn bei Ablehnung sämtlicher Richter des Senats im Falle der Begründetheit des Ablehnungsgesuchs eine richterliche Tätigkeit überhaupt ausgeschlossen wäre (BFH VII B 147/96, BFH/NV 1997, 775).

32 Nach § 51 FGO iVm § 44 I ZPO muss das Gesuch **schriftlich** oder (während der mündlichen Verhandlung) **mündlich** (auf Antrag ist Protokollierung erforderlich – § 160 IV ZPO – Wortlaut → § 94 Rn. 6) oder **zu Protokoll der**

Geschäftsstelle (§ 51 I FGO iVm § 44 I Hs. 2 ZPO) angebracht werden. Es muss sich **eindeutig** um ein Ablehnungsgesuch handeln. Bloß beiläufige Bemerkungen, etwa dass man an der Unbefangenheit zweifeln könne, genügen nicht (BFH III B 23/98, BFH/NV 1999, 476; VI B 270/98, BFH/NV 1999, 514 (515); V S 11/12, BFH/NV 2013, 237; X S 30, 31/13, BFH/NV 2014, 51), auch nicht die bloße Ankündigung eines Befangenheitsantrags (BFH V B 41/11, BFH/NV 2013, 239) oder die vorsorgliche Geltendmachung für noch zu benennende Mitglieder des Gerichts (BFH I S 8/12, BFH/NV 2012, 1813). Auch ein **bedingter Ablehnungsantrag** ist unzulässig (BFH VIII S 11/93, BFH/NV 1995, 540). Das Ablehnungsgesuch muss neben der **Bezeichnung des abgelehnten Richters** (→ Rn. 27) auch eine **substantiierte** und nachvollziehbare **Darlegung** des Ablehnungsgrundes enthalten (BFH XI E 4/98, BFH/NV 1999, 952; I B 112/00, BFH/NV 2002, 1032; III E 5/03, BFH/NV 2004, 363 zum bloßen Bestreiten der sachlichen Richtigkeit einer Entscheidung; s. auch BVerfG 1 BvR 793/19, BeckRS 2020, 37418, Rn. 16: fehlende Substantiierung führt zur Ungeeignetheit des Ablehnungsgesuchs). Denn anderenfalls liefe die Pflicht zur Glaubhaftmachung leer (§ 51 FGO iVm § 44 II 1 Hs. 1 ZPO – → Rn. 44, 67).

Es darf über den geltend gemachten Ablehnungsgrund **nicht schon negativ entschieden** worden sein (Erfordernis des Fehlens einer entgegenstehenden rechtskräftigen Entscheidung; OLG Hamm 3 Ws 50/66, NJW 1966, 2073 (2074); Günther NJW 1986, 281 (283 f.) mwN). Die Wiederholung eines Ablehnungsgesuchs ist daher nur bei Geltendmachung neuer Ablehnungsgründe (die Ergänzung des bisherigen Ablehnungsgrundes genügt) oder bei Berufung auf neue Beweismittel zulässig (BFH III S 7/98, BFH/NV 1999, 945 (946); IV S 16/99, BFH/NV 2000, 1207 (1208); XI B 26/20, BFH/NV 2021, 536, Rn. 25; HessFG 1 K 1824/15, DStRE 2018, 707). 34

Das Ablehnungsgesuch darf **nicht rechtsmissbräuchlich** sein (zweifelnd bzgl. des eigenständigen Zulässigkeitsmerkmals Günther NJW 1986, 281 (284); weiterführend → Rn. 71). 35

Beispiele:

Ein Missbrauch soll vorliegen 36

- wenn **alle Richter** eines Gerichts (BFH V B 53/97, V S 13/99, BFH/NV 2000, 244) oder alle Richter eines Spruchkörpers **ohne Benennung** und ohne Konkretisierung des Ablehnungsgrundes abgelehnt werden (BFH XI B 62/03, BFH/NV 2003, 1433; V S 10/07, BStBl. II 2009, 1900; III S 20/09, BFH/NV 2010, 454; X B 6/18, BFH/NV 2020, 769, Rn. 47; IX S 4/23, BFH/NV 2023, 984). Hier liegt in der Regel ein **Verstoß gegen das Erfordernis der Individualablehnung** vor (ausf. → Rn. 27, ua zu Ausnahmen);
- wenn Gründe vorgetragen werden, die eine Richterablehnung unter keinem denkbaren Gesichtspunkt rechtfertigen können, was aber nur dann der Fall ist, wenn sich der Ablehnungsantrag bereits ohne jedes Eingehen auf den Verfahrensgegenstand – ohne jede weitere Aktenkenntnis – offenkundig als unzulässig darstellt (BVerfG 1 BvR 793/19, BeckRS 2020, 37418, Rn. 14; 1 BvR 526/19, NJW-RR 2021, 1436, Rn. 26; BFH VIII S 3/23, BFH/NV 2023, 860, Rn. 7; → Rn. 71), etwa wenn die Ablehnung auf eine **Gruppenzugehörigkeit** des Richters (Partei- oder Gewerkschaftsmitgliedschaft, Konfession, dazu FG Hmb 3 K 161/11, EFG 2012, 1174; auch → Rn. 49) gestützt oder ausschließlich mit **wertenden Betrachtungen über die Einstellung des Richters** zu dem Beteiligten (Antragsteller) begründet wird (BVerfG 2 BvR 36/60, BVerfGE 11, 1 (3)), wenn es sich um ein ohne jegliche Begründung gestelltes Ablehnungsgesuch (BFH VII B 219/97, BFH/NV 1998, 872; IV S 16/99, BFH/NV 2000, 1207 (1208) betr. ehrenamtlichen Richter) oder ein **schlechthin abwegiges** Ablehnungsgesuch handelt (BFH III R 24/74, BStBl. II 1976,

627 betr. Erlass eines Gerichtsbescheids; I B 137/97, BFH/NV 1998, 1362; V S 2/99, BFH/NV 1999, 1120; zur Abgrenzung s. BFH I B 47/98, BFH/NV 1999, 786 (787)) oder wenn lediglich pauschal behauptet wird, das Gericht habe **gegen Verfassungsgrundsätze verstoßen** (BFH VI E 2/99, BFH/NV 2000, 456). In diesen Fällen **fehlt** es schon an einer ausreichenden **Substantiierung** (→ Rn. 32);

- wenn die Ablehnung für **„alle weiteren und zukünftigen Verfahren"** erfolgt (BFH VII S 15/85, BFH/NV 1986, 633);
- wenn es dem Beteiligten nicht um die Unvoreingenommenheit des Richters geht, sondern ausschließlich darum, die Entscheidung zu verhindern oder erheblich hinauszuschieben (**Prozessverschleppung,** ausdrücklich: BVerfG 1 BvR 526/19, NJW-RR 2021, 1436, Rn. 20; BFH I B 55–56/93, BFH/NV 1994, 325; X B 227/94, BFH/NV 1995, 905 (906) betr. die verspätete Geltendmachung lange bekannter Tatsachen; BFH VII B 58/02, BFH/NV 2003, 485: Antragstellung am Tag vor der mündlichen Verhandlung; BFH III B 42/14, BFH/NV 2015, 1102, Rn. 27 zu zahlreichen Befangenheitsanträgen und nachfolgenden Rechtsbehelfen). In diesen Fällen **fehlen** im Allgemeinen das **Rechtsschutzbedürfnis** (→ Rn. 29) sowie (auch) eine ausreichende **Substantiierung** (→ Rn. 32); im Falle der Wiederholung des Antrags kann eine bereits ergangene rechtskräftige Entscheidung entgegenstehen (→ Rn. 34); evtl. ist das Ablehnungsrecht auch erloschen (→ Rn. 41 ff.). Missverständlich ist es insoweit, wenn der BFH (X B 6/18, BFH/NV 2020, 769, Rn. 52) ausführt, dass es nicht allein zur Unzulässigkeit führen kann, wenn mit einem Ablehnungsantrag der Zweck verfolgt wird, die Durchführung einer mündlichen Verhandlung mit Richtern zu verhindern, bei denen eine Besorgnis der Befangenheit besteht. Angesichts der oben genannten Rspr. des BVerfG kann dies nur so verstanden werden, dass das Ablehnungsgesuch nur dann als unzulässig abgelehnt werden darf, wenn die intendierte Prozessverschleppung der einzig erkennbare Zweck ist; dies war in dem vom BFH entschiedenen Verfahren nicht der Fall;
- wenn das Ablehnungsgesuch einen **ausschließlich verunglimpfenden Inhalt** hat (BFH III S 3/92, BFH/NV 1993, 108; I B 137/97, BFH/NV 1998, 1362; s. aber auch BFH I B 134/95, BFH/NV 1996, 826). In diesen Fällen **fehlen** in der Regel die ausreichende **Substantiierung** (→ Rn. 32 und BVerfG 1 BvR 793/19, Rn. 16: fehlende Substantiierung führt zur Ungeeignetheit des Ablehnungsgesuchs) und das Rechtsschutzbedürfnis (→ Rn. 29);
- wenn das Ablehnungsgesuch ausschließlich auf Unterstellungen und Vermutungen beruht (BVerfG 2 BvR 2126/22, BeckRS 2022, 37555);
- wenn ausschließlich **verfahrensfremde Zwecke** verfolgt werden, zB wenn der Beteiligte sich erkennbar vor einer für ihn möglicherweise ungünstigen Rechtsauffassung des Richters schützen (BFH I B 140/93, BFH/NV 1995, 400), wenn er über den Umweg der Richterablehnung die Unanfechtbarkeit von Entscheidungen umgehen (BFH X B 74/98, BFH/NV 1999, 803 mwN) oder wenn er Druck auf das Gericht ausüben will, zB über Anträge in einer bestimmten Reihenfolge oder sogar im gewünschten Sinn zu entscheiden (BFH VIII B 120/93, BFH/NV 1995, 687 (689)). In diesen Fällen ist das Gesuch **mangels ausreichender Substantiierung** (→ Rn. 32) oder **mangels Rechtsschutzbedürfnisses** (→ Rn. 29) unzulässig.

38 Es darf **kein Verlust des Ablehnungsrechts** eingetreten sein (§ 51 I FGO iVm §§ 43, 44 IV ZPO).

§ 43 ZPO Verlust des Ablehnungsrechts

Eine Partei kann einen Richter wegen Besorgnis der Befangenheit nicht mehr ablehnen, wenn sie sich bei ihm, ohne den ihr bekannten Ablehnungsgrund geltend zu machen, in eine Verhandlung eingelassen oder Anträge gestellt hat.

39 Ein Ablehnungsgesuch kann grds. bis zum Abschluss der Instanz gestellt werden (→ Rn. 29). Im Allgemeinen muss der Beteiligte den Ablehnungsgrund aber **bis**

zum Schluss der mündlichen Verhandlung geltend machen (→ Rn. 29). Das Ablehnungsrecht geht nach § 43 ZPO allerdings schon vorher verloren, wenn der Beteiligte sich bei dem Richter (Spruchkörper) **auf** eine **Verhandlung eingelassen oder Anträge gestellt hat,** ohne den ihm bekannten Ablehnungsgrund (nach Maßgabe des § 44 I, II 1 ZPO) geltend zu machen (BFH VII B 134/12, BFH/NV 2013, 1102; s. aber BFH X B 6/18, BFH/NV 2020, 769, Rn. 54 zum zuvor bereits schriftlich gestellten und zum Beginn der mündlichen Verhandlung abgelehnten Ablehnungsgesuch; → Rn. 44). **Zweck** dieser Regelung ist es, die Frage, ob ein Richter am Verfahren mitwirken darf, umgehend zu klären (BFH IX B 50/93, BFH/NV 1994, 50).

Die Begriffe „in eine Verhandlung eingelassen" und „Anträge gestellt" sind weit auszulegen (BFH XI B 16/97, BFH/NV 2000, 453). Ein **Einlassen** ist jedes prozessuale und der Erledigung eines Streitpunktes dienende Handeln der Beteiligten unter Mitwirkung des betreffenden Richters. Dies kann in einer **Verhandlung** erfolgen, wobei gleichgültig ist, ob diese materiell-rechtliche oder nur verfahrensrechtliche Fragen betrifft. Das Einlassen kann auch durch das Stellen von mündlichen oder schriftlichen **Anträgen** geschehen; darunter fallen Sachanträge (§§ 65 I 1, 92 III; BFH X B 50/93, BFH/NV 1995, 122) und grds. auch Prozesserklärungen und sonstige Anträge. Ein Einlassen liegt schließlich auch bereits vor, wenn sich der Kläger in einem **Schriftsatz** ohne Anträge zu stellen zu dem Ergebnis eines vom FG anberaumten Erörterungstermins äußert (BFH VII B 134/12, BFH/NV 2013, 1102). – Dies gilt auch in Verfahren ohne mündliche Verhandlung (§ 90 II) und in Beschlussverfahren (BFH II B 134/86, BFH/NV 1988, 160 betr. AdV-Verfahren). **40**

Der **Verlust des Ablehnungsrechts** tritt somit ein, sobald der Beteiligte in Kenntnis des Ablehnungsgrundes ohne dessen Rüge (→ Rn. 39) **41**

- die Klage begründet oder Anträge stellt (BFH VI B 46/92, BFH/NV 1993, 318; VIII B 64–76/94, BFH/NV 1995, 526; X B 227/94, BFH/NV 1995, 905; I B 90/99, BFH/NV 2000, 1220 mwN; X B 50/93, BFH/NV 1995, 122 betr. Änderung der Klageanträge; X B 67/95, BFH/NV 1996, 232 betr. Fristverlängerungsantrag);
- sich rügelos zur Sache einlässt (BFH III B 56/96, BFH/NV 1998, 184 betr. Schriftsätze; I B 134/01, BFH/NV 2002, 1310 betr. mündliche Verhandlung; FG BW 13 K 2104/18, StB 2022, 388, NZB, Az. BFH: VIII B 70/22);
- einen Schriftsatz einreicht (BFH VIII B 64–76/94, BFH/NV 1995, 526; I B 90/99, BFH/NV 2000, 1220 mwN; XI B 81/16, BFH/NV 2017, 748 zur schriftsätzlichen Stellungnahme zum Ergebnis eines Erörterungstermins);
- an der Erörterung der Sach- und Rechtslage teilnimmt (BFH IV R 55/94, BFH/NV 1996, 801);
- auf mündliche Verhandlung verzichtet;
- nach Erlass eines Gerichtsbescheides den Antrag auf mündliche Verhandlung (§ 90a II) stellt (BFH VIII R 20/99, BFH/NV 2000, 1359; XI R 34/99, BFH/NV 2001, 797);
- Beschwerde gegen die Entscheidung des abgelehnten Richters einlegt (offen gelassen von BFH I B 79/96, BFH/NV 1997, 671 mwN).

Kein Verlust des Ablehnungsrechts tritt ein, wenn der Beteiligte Anträge auf Erteilung von Protokollabschriften, auf Akteneinsicht, Vertagung und Unterbrechung der Sitzung stellt (FG BW 6 K 240/90, EFG 1994, 1007 bestätigt durch BFH I B 106/94, BFH/NV 1995, 1065; BVerwG III C 123.63, NJW 1964, 1870; str., s. dazu Günther NJW 1986, 281 (287) mwN).

Geht die schädliche Handlung **gleichzeitig** mit dem Ablehnungsantrag beim Gericht ein, bleibt das Ablehnungsrecht erhalten (BFH I B 79/96, BFH/NV 1997, 671 (672)). Ansonsten erstreckt sich der Verlust des Ablehnungsrechts auch auf ein **nachfolgendes Verfahren,** wenn beide Verfahren tatsächlich und rechtlich zusammenhängen (BFH I B 117/96, BFH/NV 1997, 684 mwN betr. 2. Rechtsgang). Entsprechendes gilt für **Parallelverfahren** (BFH IV B 79/93, BFH/NV 1994, 877).

43 Das **Ablehnungsrecht** geht ferner **nicht verloren,** wenn ein **Ausschließungsgrund** (§ 51 I FGO iVm § 41 ZPO; → Rn. 6 ff.) vorliegt. Auch **Selbstablehnung** (§ 51 I FGO iVm § 48 ZPO, → Rn. 65 f.) bleibt möglich.

44 Eine weitere **Ausnahme** regelt **§ 44 IV ZPO.** Nach § 44 IV 1 ZPO ist ein nach § 43 ZPO verspätetes, aber noch vor Abschluss der Instanz gestelltes Ablehnungsgesuch zulässig, wenn der **Ablehnungsgrund** erst **später entstanden oder** dem Beteiligten **nachträglich bekannt geworden** ist (s. hierzu iE Günther NJW 1986, 281 (288)). Zur Vermeidung von prozesstaktischen Verfahrensverzögerungen (Zöller/Vollkommer ZPO § 44 Rn. 11a) ist das Ablehnungsgesuch nach § 44 IV 2 ZPO unverzüglich anzubringen, dh ohne prozessordnungswidrige Verzögerung nach Kenntniserlangung (OLG Hmb 12 UF 27/19, NJW-RR 2020, 698; OLG Bbg 13 UF 162/18, MDR 2020, 1274). – Für die Glaubhaftmachung gilt die Beschränkung des § 44 II 1 Hs. 2 ZPO (keine eidesstattliche Versicherung der Beteiligten, → Rn. 32, 67) nicht (Zöller/Vollkommer ZPO § 44 Rn. 5).

bb) Ablehnungsgründe nach § 42 ZPO.

45 **§ 42 ZPO Ablehnung eines Richters**

(1) Ein Richter kann sowohl in den Fällen, in denen er von der Ausübung des Richteramts kraft Gesetzes ausgeschlossen ist, als auch wegen Besorgnis der Befangenheit abgelehnt werden.

(2) Wegen Besorgnis der Befangenheit findet die Ablehnung statt, wenn ein Grund vorliegt, der geeignet ist, Misstrauen gegen die Unparteilichkeit eines Richters zu rechtfertigen.

(3) Das Ablehnungsrecht steht in jedem Fall beiden Parteien zu.

46 **(1) Ablehnung bei Vorliegen eines Ausschließungsgrundes.** Nach § 42 I ZPO kann ein Richter sowohl bei Vorliegen von Ausschließungsgründen (→ Rn. 6 ff.) als auch wegen Besorgnis der Befangenheit abgelehnt werden (zur Ablehnung eines ehrenamtlichen Richters s. BFH IV S 16/99, BFH/NV 2000, 1207). – Liegen **Ausschließungsgründe** vor, bedarf es keines besonderen Ablehnungsgrundes (s. aber zur Substantiierung BFH I S 11/12, BFH/NV 2013, 394). Der Richter ist von Amts wegen ausgeschlossen. Ein etwaiger Ablehnungsantrag hat deshalb lediglich die Bedeutung eines Hinweises auf einen Sachverhalt, der die Ausschließung begründet.

47 **(2) Begriff und Voraussetzungen der Befangenheit.** Der **Begriff der Befangenheit** ist in § 42 II ZPO definiert. Mit dieser sehr allgemein gehaltenen Definition soll die **Unparteilichkeit** des mit der Sache befassten Richters **sichergestellt** werden. Es geht nicht darum, die Beteiligten vor unrichtigen Rechtsansichten sowie unzutreffenden Sachverhaltsermittlungen oder -darstellungen des Richters zu schützen (zB BFH VIII B 64–74/94, BFH/NV 1995, 526; VII B 52/97, BFH/BV 1997, 830). **Fehlerhafte Entscheidungen** rechtfertigen daher keine Richterablehnung. Die Überprüfung richterlicher Entscheidungen hat allein im Rechtsmittelweg zu erfolgen (stRspr zB BFH III S 4/98, BFH/NV 1999, 944 mwN; X B 237/12, BFH/NV 2014, 369). Etwas anderes gilt nur dann, wenn Anhaltspunkte für eine **unsachliche Einstellung** des Richters oder für **Willkür** vorliegen (→ Rn. 53).

48 Entscheidend ist für die Frage der Befangenheit, ob ein Beteiligter von seinem Standpunkt aus **bei objektiver und vernünftiger Betrachtung** davon ausgehen darf, dass der Richter nicht unvoreingenommen, sondern unsachlich oder willkürlich entscheiden wird (BFH VI B 13/20, BFH/NV 2021, 434, Rn. 36; VIII S 3/23, BFH/NV 2023, 860, Rn. 12). Unerheblich ist dabei, ob ein solcher Grund wirklich vorliegt. Es kommt ausschließlich auf den **Eindruck** an, der sich entweder aus einem besonderen Umstand oder aus einer **Gesamtschau** mehrerer Umstände ergeben kann (stRspr zB BFH III S 4/98, BFH/NV 1999, 944; VI B 397/98, BFH/NV 2000, 337; IV B 75/01, BFH/NV 2003, 45; IX B 98/04, BFH/NV 2005, 234; V S 20/09, BFH/NV 2010, 1289; X S 30, 31/13, BFH/NV 2014, 51; III B 122/16, BFH/NV 2017, 1047; BVerfG 2 BvA 1/69, BVerfGE 32, 288; 1 BvR 460/72, BVerfGE 43, 127). Dabei darf – weil es eben auf den Eindruck des Beteiligten ankommt – kein allzu strenger Maßstab angelegt werden (HHS/Leipold § 51 Rn. 57; Tipke/Kruse/Brandis § 51 Rn. 17; MüKoZPO/Stackmann § 42 Rn. 6). – Die Beurteilung der Voreingenommenheit ist eine **Rechtsfrage** (BFH XI B 157–160/95, BFH/NV 1997, 503).

49 **(3) Persönliche Beziehungen des Richters.** Ablehnungsgründe können sich ergeben aus **persönlichen Beziehungen,** wie Freundschaft (BFH IV B 112/98, BFH/NV 2000, 738; abl. aber für gemeinsames Fußballspiel BFH XI R 45/17, BHF/NV 2019, 37), Feindschaft, Verwandtschaft, Schwägerschaft, Verlöbnis, engen **geschäftlichen Beziehungen** (Zöller/Vollkommer ZPO § 42 Rn. 12). Ist der Richter **an der klagenden Gesellschaft beteiligt,** so muss dies nicht zwingend seine Voreingenommenheit zur Folge haben (s. Zöller/Vollkommer ZPO § 42 Rn. 11; abl. für „einfachen" Aktionär BayObLG 3Z BR 362/01, ZIP 2002, 1038). – Die Ablehnungsgründe müssen sich grds. **auf den Beteiligten** beziehen (→ Rn. 27; s. aber Zöller/Vollkommer ZPO § 42 Rn. 2 u. MüKoZPO/Stackmann § 42 Rn. 3: zum Schutz vor dem Makel der Bevorzugung steht das Ablehnungsrecht einem Beteiligten auch dann zu, wenn der Ablehnungsgrund nur den anderen Beteiligten betrifft). Gründe, die in der **Person eines Dritten** Anlass geben könnten, an der Unvoreingenommenheit des Richters zu zweifeln, können eine Ablehnung nur ausnahmsweise rechtfertigen, wenn das Verhältnis zu dem Dritten die Einstellung des Richters zu einem Beteiligten oder zum Gegenstand des Verfahrens im Sinne einer Voreingenommenheit beeinflussen kann (BFH IV B 108/02, BFH/NV 2003, 73 betr. enges Verwandtschaftsverhältnis zum **Prozessbevollmächtigten;** KG 28 W 3063/99, NJW-RR 2000, 1164 betr. Schwägerschaft mit dem Prozessbevollmächtigten; offen gelassen für Freundschaft zum Prozessbevollmächtigten: BFH IX B 98/04, BFH/NV 2005, 234; abl. für frühere gemeinsame Berufsausübung BFH XI R 45/17, BFH/NV 2019, 37). ME müssen in diesen Fällen allerdings weitere Umstände hinzutreten, die die Besorgnis der Befangenheit begründen. Zu starken Spannungen zwischen Prozessbevollmächtigtem und Richter → Rn. 57.

50 **(4) Verhalten des Richters ohne Zusammenhang mit dem konkreten Rechtsstreit.** Allgemeine Umstände (Geschlecht, Zugehörigkeit zu einer Partei, einer Konfession, Mitgliedschaft in einem Verein oÄ) genügen für eine Besorgnis der Befangenheit nicht (BVerfG 2 BvR 36/60, BVerfGE 11, 1; 2 BvF 2/90 ua,

NJW 1993, 2230; BFH III S 5-6/91, BFH/NV 1992, 673). Auch die **frühere Tätigkeit in der Finanzverwaltung** ist ohne weitere Anhaltspunkte kein Beleg für eine unsachliche Einstellung des Richters (BFH VIII B 80/99, BFH/NV 2001, 783 mwN; ferner → Rn. 62), selbst wenn der jetzige Richter in seiner früheren Funktion Anträge des Klägers negativ beschieden hat, diese aber mit der zu entscheidenden Streitsache in keinem Zusammenhang stehen (BFH I B 28/94, BFH/NV 1995, 523; s. auch BFH II B 64/98, BFH/NV 1999, 624: keine Befangenheit der Richter, weil die Absendung der versandfertigen Post eines FG durch die Poststelle der OFD erfolgt). – Die **Äußerung allgemeiner politischer oder religiöser Ansichten** rechtfertigt die Ablehnung im allgemeinen ebenso wenig (HessVGH 2 TE 2437/84, NJW 1985, 1105) wie die **literarische** oder sonstige wissenschaftliche **Äußerung** einer Rechtsansicht (BVerfG 2 BvR 700/72, BVerfGE 37, 265 (268); zur Abgrenzung s. BFH XI B 51/97, BFH/NV 1998, 595; s. aber auch BVerfG 1 BvR 539/96, BVerfGE 102, 122 betr. Erstellung eines der Begründung der Klage/Verfassungsbeschwerde dienenden Gutachtens) oder eine frühere **politische Tätigkeit** (VerfGH Wien B 97/92-10, EuGRZ 1994, 181).

51 Auch die auf einer ständigen Praxis beruhende Anwendung und Auslegung des **Geschäftsverteilungsplans** lässt nach BFH X S 30, 31/13 (BFH/NV 2014, 51) keinen Schluss auf eine Befangenheit der Richter zu, sofern dieser willkürfrei zustande gekommen ist. Gleiches gilt für die von einem Richter vorgenommenen **Verfahrenshandlungen,** wenn er von den ihm kraft Gesetzes zustehenden Befugnissen iRd Gesetzeszwecks sachbezogen und nachvollziehbar Gebrauch macht (BFH III S 4/98, BFH/NV 1999, 944). Die **Grenze zur Voreingenommenheit des Richters** ist erst dann überschritten, wenn durch sein Verhalten der Eindruck entsteht, ein Beteiligter solle ungerechtfertigt unter Druck gesetzt und zum Verzicht auf die Wahrnehmung seiner prozessualen Rechte veranlasst werden (BFH VII B 253/96, BFH/NV 1997, 872).

52 **(5) Verhalten des Richters im Zusammenhang mit dem konkreten Rechtsstreit.** Das Setzen **kurzer Fristen** zur Stellungnahme (BFH VI B 228/97, BFH/NV 1999, 58 (59)), das Setzen von **Ausschlussfristen** (§§ 65 II, 79b, dazu BFH X B 18/99, BFH/NV 2000, 73; X B 91/99, BFH/NV 2000, 1472; II B 106/99, BFH/NV 2001, 164), die **Ablehnung von Fristverlängerungen** (BFH V B 169/91, BFH/NV 1992, 480) und von **Schriftsatzfristen** (BFH II R 59/05, BFH/NV 2006, 2326) können daher grds. eine Besorgnis der Befangenheit nicht rechtfertigen, wenn und soweit der Gesetzeszweck gewahrt wird. Ein Befangenheitsgrund liegt insbes. nicht vor, wenn die Ausschlussfrist nach § 65, soweit sie zulässig ist, sogleich **nach Klageeingang** gesetzt wird. Voreingenommenheit ergibt sich auch nicht daraus, dass der Richter die **Mitteilung über den Klageeingang** neben dem Prozessbevollmächtigten auch dem Kläger selbst übersendet (BFH X B 140/92, BFH/NV 1995, 223). – Auch die aus der Sicht eines Beteiligten zB wegen zu geringer Vorbereitungszeit oder später Aktenvorlage nicht gerechtfertigte Durchführung eines Termins (BFH I B 79/96, BFH/NV 1997, 671; X B 12/97, BFH/NV 1998, 599), die **Verweigerung der Terminsverlegung** (BFH IV B 75/01, BFH/NV 2003, 45; VII B 240, 241/03, BFH/NV 2005, 218; VII B 167/14, BFH/NV 2015, 999; IX B 84/17, BFH/NV 2017, 1619; III B 108/21, BFH/NV 2022, 606, Rn. 16), das Verlangen, die **Gründe für die beantragte Verlegung** des Termins glaubhaft zu machen (BFH VII B 57/98, BFH/NV 1998, 1495), das **Nichtausreichenlassen** einer anwaltlichen

Versicherung (BFH VII B 121/19, BFH/NV 2021, 326, Rn. 29; III B 108/21, BFH/NV 2022, 606, Rn. 16) oder die **zu rasche Terminierung** rechtfertigen **nicht ohne weiteres** die Besorgnis der Befangenheit, weil es grds. Sache des Senatsvorsitzenden oder des Einzelrichters ist, die Reihenfolge der Behandlung der anhängigen Klageverfahren zu bestimmen (stRspr zB BFH VIII B 64–76/94, BFH/NV 1995, 526; s. aber BFH III B 122/16, BFH/NV 2017, 1047 für den Fall, dass weitere Umstände hinzutreten, die in einer Gesamtschau eine Voreingenommenheit des Richters nicht ausschließen). Entsprechendes gilt für eine **Terminierung in kurzen zeitlichen Abständen** („Fünfminutentakt" – BFH X B 219–220/92, BFH/NV 1994, 729; X B 50/93, BFH/NV 1995, 122) und die **Verweigerung eines Erörterungstermins** (BFH X B 12/97, BFH/NV 1998, 599). Ein Grund für eine Ablehnung ergibt sich auch nicht allein daraus, dass der Vorsitzende die **Unterbrechung der Verhandlung** zur weiteren Vorbereitung oder wegen angeblicher Erschöpfung ablehnt (BFH X B 69/92, BFH/NV 1994, 34). – Befangenheit kann sich bei Vorliegen sachlicher Gründe für die Verzögerung im Allgemeinen auch nicht aus einer **langen Verfahrensdauer** (BFH VII B 108/93, BFH/NV 1994, 185; s. aber auch BFH VII B 272/95, BFH/NV 1997, 357; IV S 15/99, BFH/NV 2000, 981) oder daraus ergeben, dass der Richter der Frage nachgeht, ob die **Prozessvollmacht wirksam** ist (BFH IV B 37/95, BFH/NV 1996, 145; VI B 18/98, BFH/NV 1999, 198), **sachbezogene Fragen** stellt oder **sachbezogene Hinweise** gibt (BFH VII B 8/98, BFH/NV 1999, 480; II B 167/99, BFH/NV 2000, 1229 betr. Hinweis auf ein in einer Parallelsache ergangenes Urteil), den Kläger **auffordert,** zum Sachvortrag des Beklagten **Stellung zu nehmen** und für eine ggf. abweichende Sachverhaltsdarstellung **Nachweise zu erbringen** (BFH IV B 122/97, BFH/NV 1998, 1500), auf die Möglichkeit der **Saldierung** hinweist (BFH XI B 166/94, BFH/NV 1995, 998), **anregt, die Steuer** bis zur Entscheidung des BVerfG **vorläufig festzusetzen** (BFH II B 64/98, BFH/NV 1999, 624) oder die gebotene **Sachaufklärung** – ggf. auch mit Nachdruck – betreibt (BFH IV B 122/97, BFH/NV 1998, 1500; IV B 104/97, BFH/NV 1999, 46; IV B 82/98, BFH/NV 1999, 1466; I B 52/99, BFH/NV 2000, 1114). Entsprechendes gilt, wenn der Richter dem **Tatsachenvortrag** eines Beteiligten nicht folgt (BFH XI B 114/95, BFH/NV 1996, 225) oder wenn er in der Entscheidung über eine NZB auf Presseberichte eingeht, die für die Nichtabhilfe von Bedeutung sind (BFH V B 189/92, BFH/NV 1994, 556). – Ebenso ist es, wenn ein Richter den Prozessbevollmächtigten auf die **Möglichkeit** der Auferlegung einer **Verzögerungsgebühr** hinweist (BFH IV S 15-20/76, BStBl. II 1977, 350), wenn in einer weiteren Ladung **nicht auf** die Möglichkeit der **Verhandlung in Abwesenheit** des Beteiligten hingewiesen wird (FG Hmb V 57/94, EFG 1995, 754), wenn der Richter die **Presse** ohne weitere Äußerungen zum Verfahren lediglich **über** den **Zeitpunkt der** mündlichen **Verhandlung informiert** (BFH VII B 31/84, BFH/NV 1986, 102), die im Hinblick auf eine anhängige Verfassungsbeschwerde beantragte Aussetzung des Verfahrens ablehnt (NdsFG VIII 157/85, EFG 1990, 436), die beantragte **Akteneinsicht ablehnt** (BFH V B 119/92, BFH/NV 1994, 639; X B 7/94, BFH/NV 1994, 888; aA aber BFH III B 122/16, BFH/NV 2017, 1047 für den Fall, dass weitere Umstände hinzutreten, die in einer Gesamtschau eine Voreingenommenheit des Richters nicht ausschließen), die **Übersendung** von Akten zur Einsichtnahme verweigert (BFH X B 5/98, BFH/NV 1999, 327), **Akteneinsicht** nicht beim nahegelegenen Amtsgericht, sondern **beim** weiter **entfernten Finanzamt** gewährt (BFH IV B 113/89, BFH/NV 1990, 717 (718); s. auch BFH VI B 228/97, BFH/NV 1999,

58 (59)), wenn die Akteneinsicht trotz Terminabsprache scheitert (BFH VI B 397/98, BFH/NV 2000, 337), wenn der Richter den Antrag auf **Einsichtnahme in** nicht dem FG vorliegende **Akten Dritter ablehnt** (BFH V B 19/94, BFH/NV 1995, 604), wenn er darauf hinweist, dass die **Verweigerung der Mitwirkung** an der Sachaufklärung **iRd Beweiswürdigung nachteilige Folgen** haben könne (BFH IX B 157/86, BFH/NV 1987, 382), wenn er **von der Aufnahme** von Vorgängen und Äußerungen **in das Protokoll absieht,** auf die es nicht ankommt (BFH XI B 54/95, BFH/NV 1996, 235; FG Düsseldorf 15 K 4678/02, EFG 2005, 1454), wenn er einen Antrag (angeblich) fehlerhaft protokolliert (BFH III B 149/95, BFH/NV 1996, 759), wenn er einem Beteiligten im Erörterungstermin das **Wort entzieht** (BFH V B 59/97, BFH/NV 1998, 338), oder wenn er von der dienstlichen Äußerung eines wegen Befangenheit abgelehnten Senatskollegen Kenntnis nimmt (BFH VIII B 136/99, BFH/NV 2000, 1488). Befangenheit liegt auch nicht vor, wenn das **Urteil** ohne Mitwirkung des abgelehnten Richters **vor Bescheidung des Ablehnungsgesuchs** ergeht (BFH IV B 98/93, BFH/NV 1995, 410). – Ein Ablehnungsgrund liegt ferner nicht vor, wenn der Richter eine vom Kläger zur Stützung seines Begehrens erwähnte Entscheidung in der mündlichen Verhandlung nicht erörtert (BFH IV B 12/86, BFH/NV 1988, 89) oder sonst eine von den Prozessbeteiligten vertretene **Rechtsmeinung** aus deren Sicht nicht in der gebotenen Weise berücksichtigt (BFH XI B 114/94, BFH/NV 1995, 894), wenn er einen **Verständigungsvorschlag** unterbreitet (BFH I B 117/96, BFH/NV 1997, 684), es ablehnt, ein **Rechtsgespräch** über materiell-rechtliche Fragen zu führen, auf die es wegen Unzulässigkeit der Klage nicht ankommen kann (BFH V B 235/91, BFH/NV 1993, 731), oder wenn er in seiner **dienstlichen Äußerung** (→ Rn. 68) lediglich Entscheidungen des BFH benennt (BFH II B 70/94, BFH/NV 1995, 414) oder ausschließlich in den Ablauf der Sitzung fallende Ereignisse wiedergibt (BFH IV B 183/92, BFH/NV 1994, 558; aber auch → Rn. 57). – **Zur Gesamtwürdigung** des beanstandeten richterlichen Verhaltens → Rn. 48.

53 **Rechtsfehler** (Verstöße gegen das materielle Recht oder das Verfahrensrecht) eines Richters in einem früheren Verfahrensabschnitt oder in Parallelverfahren können die Besorgnis der Befangenheit ausnahmsweise begründen, wenn die (mögliche) Fehlerhaftigkeit auf einer **unsachlichen Einstellung** des Richters gegenüber den ablehnenden Beteiligten oder auf **Willkür** beruht (zB BVerfG 1 BvR 526/19, NJW-RR 2021, 1436, Rn. 22; BFH VII B 109/99, BFH/NV 2000, 335; XI B 62/03, BFH/NV 2003, 1433; III B 13/13, BFH/NV 2013, 1795; X S 30, 31/13, BFH/NV 2014, 51; IX B 83/13, BFH/NV 2014, 1070; V B 108/15, BFH/NV 2016, 1289; X S 38/19 (PKH), X S 4/20 (PKH), BFH/NV 2020, 910, Rn. 11; VIII S 3/23, BFH/NV 2023, 860, Rn. 15). Die hierfür sprechenden Umstände muss der Antragsteller **darlegen** (BFH VIII B 59/91, BFH/NV 1993, 112, Rn. 15; IX S 12/13, BFH/NV 2013, 1444, Rn. 3; X S 30, 31/13, BFH/NV 2014, 51, Rn. 8; V B 133/16, BFH/NV 2017, 1199, Rn. 12 f.; VIII S 3/23, BFH/NV 2023, 860, Rn. 15); beruft er sich auf die Nichtberücksichtigung von Beteiligtenvorbringen als Verletzung des Gehörs, muss er substantiiert und schlüssig darlegen, dass der Vortrag objektiv willkürlich übergangen worden ist (BFH X B 167/15, BFH/NV 2016, 1577, Rn. 25; VIII S 3/23, BFH/NV 2023, 860, Rn. 15). Eine unsachliche Einstellung oder Willkür ist **zu verneinen,** wenn die **Rechtsansicht** des Richters zwar (möglicherweise) fehlerhaft, aber **vertretbar** ist (BFH VIII B 64–76/94, BFH/NV 1995, 526). Auch **Rechtsfehler** in einer früheren Entscheidung lassen nicht auf die Voreingenommenheit des

Richters schließen (BFH II B 70/94, BFH/NV 1995, 414 betr. irrtümliche Anwendung des § 105 V; V B 233/91, BFH/NV 1993, 661 betr. unrichtige Besetzung bei Entscheidung über Befangenheitsantrag; III B 13/13, BFH/NV 2013, 1795; zur Ausnahme s. BFH VIII B 59/91, BFH/NV 1993, 112). Gleiches gilt für Parallelverfahren (BFH IX B 83/13, BFH/NV 2014, 1070). **Befangenheit** ist aber zu bejahen **bei gravierenden Rechtsverstößen** oder einer **Häufung** von Verfahrensfehlern (zB BFH I B 117/96, BFH/NV 1997, 684; IX B 93/96, BFH/NV 1997, 687; IV B 75/01, BFH/NV 2003, 45). Erforderlich ist aber, dass die rechtsfehlerhafte Entscheidung einen Begründungsüberhang erkennen lässt, der bei dem Prozessbeteiligten von seinem Standpunkt aus bei vernünftiger, objektiver Betrachtung die Befürchtung rechtfertigt, dass der Richter voreingenommen entscheiden werde (BFH V B 99/09, BFH/NV 2010, 911). – → insgesamt auch Rn. 51 f.

Die **Mitteilung einer Rechtsansicht** dient, wenn sie in rechter Weise 55
geschieht, dazu, den Beteiligten die Möglichkeit der Stellungnahme zu eröffnen. Der die Rechtsansicht äußernde Richter kann daher nicht als befangen angesehen werden, und zwar auch nicht, wenn die (für den Beteiligten ungünstige) Rechtsauffassung falsch ist. Derartige aus der Prozessförderungspflicht (§§ 76–79) sich ergebende Meinungsäußerungen sprechen nicht gegen die Objektivität des Richters; gegen falsche Ansichten sind allein die Rechtsmittel gegeben (stRspr zB BFH V B 67/69, BStBl. II 1971, 243; X B 84/96, BFH/NV 1997, 122; IV B 72/99, BFH/NV 2000, 459). Das gilt auch dann, wenn der Richter anregt, die **Erfolgsaussichten der Klage zu überdenken** (BFH IX B 85/97, BFH/NV 1998, 718), es sei denn, der Eindruck der Befangenheit ergibt sich aus Art und Inhalt der sachleitenden Verfügung (BFH V B 80/97, BFH/NV 1998, 592; V B 110/07, BFH/NV 2009, 396). Das ist zB der Fall bei **evident unsachlichen, unangemessenen** oder gar **beleidigenden Äußerungen, nicht** aber schon bei einer deutlichen, pointierten und **freimütigen oder saloppen Ausdrucksweise,** solange sie sachlich angemessen ist und nicht der Eindruck entsteht, er wolle die Klagerücknahme „um jeden Preis" erreichen (stRspr BFH II B 87/02, BFH/NV 2003, 1218 mwN; II B 18/10, BFH/NV 2011, 64; III B 66/12, BFH/NV 2013, 177; V B 108/14, BFH/NV 2015, 849). – Bei der Würdigung darf die **Prozessgeschichte** (zB auf Prozessverschleppung hindeutendes Verhalten des Beteiligten) nicht außer Acht bleiben (BFH VIII B 64–76/94, BFH/NV 1995, 526 mwN). Die Erwägung, das Ablehnungsgesuch könne gestellt worden sein, um eine (weitere) Verfahrensverzögerung zu erreichen, bietet deshalb allein keinen Anhaltspunkt für eine Voreingenommenheit (BFH III B 51/02, BFH/NV 2003, 640). – Besorgnis der Befangenheit besteht aber, wenn Gründe dargelegt werden, die dafür sprechen, dass der Richter sich **schon festgelegt** hat (BFH VII B 227/98, BFH/NV 1999, 661) oder dass die Meinungsäußerung auf einer unsachlichen Einstellung gegenüber dem Beteiligten oder auf Willkür beruht (BFH III B 51/02, BFH/NV 2003, 640: Äußerungen ohne Sachbezug). – Befangenheit ist zB auch anzunehmen, wenn der Richter schon vor der mündlichen Verhandlung einen bestimmten **Sachverhalt** als richtig **unterstellt,** obwohl weitere Sachaufklärung geboten wäre, und er den Kläger in einer Weise auf die nach seiner Ansicht mangelnden Erfolgsaussichten der Klage hinweist, dass der Kläger Grund zur Befürchtung hat, der Richter habe sich schon eine abschließende Meinung gebildet (BFH V B 3/85, BStBl. II 1985, 555; III B 40/86, BFH/NV 1988, 251; I B 100/94, BFH/NV 1997, 369).

56 **Kein Ablehnungsgrund** liegt grds. vor, wenn der Richter an einer **früheren Entscheidung in demselben Rechtsstreit** und deren Umsetzung mitgewirkt hat (BVerfG 1 BvR 793/19, BeckRS 2020, 37418, Rn. 16; BFH VI B 2/85, BFH/NV 1987, 248; II B 125/87, BFH/NV 1989, 170 betr. Beweisschluss; VII B 34/94, BFH/NV 1995, 131 betr. Gerichtsbescheid; I B 37/89, BFH/NV 1991, 172 betr. Verfahren, dessen Wiederaufnahme begehrt wird; IV B 85/93, BFH/NV 1995, 33; I B 137/97, BFH/NV 1998, 1362 betr. Entscheidung über Befangenheitsantrag; VIII S 3/23, BFH/NV 2023, 860, Rn. 11 betr. Beschwerdeverfahren und Anhörungsrüge). Ein Ablehnungsgrund liegt ohne konkrete Anhaltspunkte für eine unsachliche Einstellung oder Willkür auch nicht vor, wenn zur Vorbereitung der mündlichen Verhandlung ein im Urteilsstil verfasster Entscheidungsvorschlag **(Votum)** angefertigt wird, der in die richterliche Überzeugungsbildung einfließt (BFH X R 55/94, BStBl. II 1995, 604), oder wenn der Senatsvorsitzende den Beteiligten (und den ehrenamtlichen Richtern, → § 16 Rn. 3) vor der mündlichen Verhandlung einen Urteilstatbestand („Wesentlichen Inhalt der Akten“) übersendet und den Beteiligten ausdrücklich Gelegenheit gibt, die Richtigkeit und Vollständigkeit der Darstellung zu überprüfen und Wünsche auf Änderung und Ergänzung des „Tatbestandes“ zu äußern (BFH I B 106/94, BFH/NV 1995, 1065). Befangenheit ist aber anzunehmen, wenn der Richter weiterhin an seiner vom Rechtsmittelgericht nicht gebilligten Ansicht festhält (OLG Frankfurt a. M. 11 W 67/83, MDR 1984, 408). – **Ausführungen im Urteil** können im Allgemeinen die Besorgnis der Befangenheit nicht nachträglich begründen (BFH VI B 68/97, BFH/NV 1998, 61; → Rn. 39, 53).

57 **Zweifel an der Unvoreingenommenheit** eines Richters können sich nicht allein daraus ergeben, dass er den **Beklagtenvertreter** vor der Verhandlung **begrüßt** (BFH VII 294/64, BStBl. III 1966, 231), wohl aber daraus, dass zwischen dem Kläger oder dessen Prozessbevollmächtigten und dem Richter ein **gespanntes Verhältnis** besteht (BFH I B 47/98, BFH/NV 1999, 786 mwN; I B 9/00, BFH/NV 2001, 625; OLG Bbg 1 W 14/99, MDR 2000, 47; → Rn. 48). Dies kann auch in der **dienstlichen Äußerung** deutlich werden, zB durch Unmutsäußerungen des abgelehnten Richters. Für die Befangenheit ist dabei unerheblich, dass der Ablehnende oder dessen Prozessbevollmächtigter selbst zu dem gespannten Verhältnis beigetragen hat und dass die Befangenheit des Richters nicht erwiesen ist (BFH VII B 172/93, BFH/NV 1995, 634; → Rn. 48). Hat der Kläger gegen den Richter eine **Strafanzeige** erstattet (zB wegen Rechtsbeugung) so begründet dies nicht ohne weiteres ein gespanntes Verhältnis und damit die Besorgnis der Befangenheit (BFH IV S 10/99, BFH/NV 2000, 594; s. auch XI B 51/97, BFH/NV 1998, 595 zu dem Fall, dass einem **Richter** auf Veranlassung des Klägers die Möglichkeit abgeschnitten worden ist, bestimmte **Nebeneinkünfte** zu erzielen).

58 Ein **Ablehnungsgrund** ist jedoch **gegeben,** wenn der Richter einen Beteiligten **bevorzugt behandelt** (Verstoß gegen den Gleichbehandlungsgrundsatz; s. Zöller/Vollkommer ZPO § 42 Rn. 21: einseitige Protokollierung, einseitige Informationen; zur einseitigen Erörterung von Fragen des Rechtsstreits s. BFH IX B 238/88, BFH/NV 1990, 240 sowie zur **einseitigen Kontaktaufnahme** BFH IV S 14-21/90, IV S 1/91, BFH/NV 1992, 394; I B 161/93, BFH/NV 1994, 874; VII B 137/96, BFH/NV 1997, 369; zur Abgrenzung s. BFH V B 32/00, BFH/NV 2001, 316), in der Sitzung **unbeherrscht reagiert** (BFH I B 104/97, BFH/NV 1998, 1359 betr. Erörterungstermin), beim Vortrag eines Beteiligten **gequält zur Decke schaut** (NdsOVG IV B 8/73, AnwBl. 1974, 132), wenn er

sich beharrlich **abwertend über die Fachkenntnisse** des Prozessbevollmächtigten des Klägers **äußert** (BFH IX B 30/83, BFH/NV 1986, 551 und allg. zu **kritischen Äußerungen** zur Prozessführung BFH V B 119/88, BFH/NV 1990, 45; IV B 104/90, BFH/NV 1992, 476), wenn er sich **weigert,** den vom Prozessbevollmächtigten in der mündlichen Verhandlung handschriftlich verfassten **Antrag entgegenzunehmen** (BFH XI B 95/92, BFH/NV 1994, 565), wenn er **gegen den Willen** des Beteiligten **Einsicht in** die **Scheidungsakten** nimmt (BFH IV B 104/93, BFH/NV 1995, 629) oder wenn er einen **PKH-Antrag** ohne sachlichen Grund trotz mehrfacher Erinnerungen **nicht bearbeitet** (BFH IV B 98/93, BFH/NV 1995, 410). Das **Lachen** eines Richters **beim Vortrag des Beteiligten** deutet hingegen als natürliche Reaktion auf ein erheiterndes, überraschendes oder abwegiges Vorbringen eines Beteiligten noch nicht auf Voreingenommenheit hin (BFH I B 55–56/93, BFH/NV 1994, 325). Gleiches gilt, wenn der Richter den Vortrag als **„wischiwaschi"** bezeichnet (OLG München 7 W 2449/09, NJW-RR 2010, 274; s. auch OLG Saarbrücken 5 W 151/08, NJW-RR 2009, 287 zu ironischen Anmerkungen).

(6) Tätigkeit des Richters in anderen Rechtsstreitigkeiten des Beteiligten. Kein Ablehnungsgrund ist regelmäßig, dass der Richter schon einen **anderen Rechtsstreit** zuungunsten des Beteiligten **entschieden** hat (BFH V S 22/06, V S 23/06 (PKH), BFH/NV 2007, 920; X B 18/03, BVH/NV 2008, 102; IV B 48/00, BFH/NV 2001, 202 betr. AdV-Verfahren; V S 15/14, BFH/NV 2014, 1574 betr. PKH) und zwar auch nicht, wenn es sich um eine gleichliegende Sache (Parallelverfahren) handelt (BFH I B 77/97, BFH/NV 1998, 714; XI B 62/03, BFH/NV 2003, 1433; s. auch VIII S 9/24, BFH/NV 2025, 180 zur generellen geschäftsplanmäßigen Zuweisung der Zuständigkeit für die Entscheidung über die Anhörungsrüge an den Spruchkörper der Hauptsache) oder wenn die Entscheidung fehlerhaft gewesen sein sollte (BFH VII S 23/06, BFH/NV 2007, 1463 (PKH); XI B 110/07, BFH/NV 2008, 235; → Rn. 47). Erfolg kann die Richterablehnung allerdings dann haben, wenn neben der Beteiligung an einem früheren Verfahren zusätzliche konkrete Umstände vorliegen, die ergeben, dass der Richter nicht bereit ist, seine frühere Meinung kritisch zu überprüfen und das Vorbringen der Prozessbeteiligten unvoreingenommen zur Kenntnis zu nehmen (BFH VII S 23/06 (PKH), BFH/NV 2007, 1463; XI B 110/07, BFH/NV 2008, 235). 59

cc) Ablehnungsgründe nach §§ 51 III, 51 I 2. § 51 III erweitert nicht die Ausschließungsgründe des § 41 ZPO. Die betroffene Gerichtsperson (→ Rn. 2) ist also nicht automatisch ausgeschlossen, es ist vielmehr ein **Ablehnungsgesuch** (oder eine Selbstablehnung) **erforderlich** (BFH IV S 5-6/74, BStBl. II 1974, 385). Der Beteiligte muss geltend machen, dass die von ihm abgelehnte Gerichtsperson der Vertretung einer Körperschaft angehört oder angehört hat, deren Interessen durch das Verfahren berührt werden. 60

Unter **„Vertretung"** ist bei einer Körperschaft, wie auch sonst bei juristischen Personen, das Organ zu verstehen, das die Körperschaft nach außen vertritt, also mit rechtsverbindlicher Wirkung für die Körperschaft zu handeln befugt ist. Eine Person kann regelmäßig nur dann als befangen angesehen werden, wenn sie einen **maßgeblichen Einfluss** innerhalb der beteiligten Körperschaft ausübt oder ausübte. Daher fallen unter § 51 III nur solche Richter, die (zB als Minister) den Bund oder ein Land vertreten oder eine entsprechende Funktion innerhalb einer Gemeinde ausgeübt haben oder die zum Vorstand einer an dem Rechtsstreit 61 interessierten Aktiengesellschaft oÄ gehört haben (BFH IV S 5-6/74, BStBl. II 1974, 385). Zur **Interessenkollision:** FG Düsseldorf 7 K 656/18 AO, EFG 2021, 1964.

62 Es genügt nicht, dass der Richter irgendwann einmal der **Finanzverwaltung angehört** hat. Ansonsten wäre die Vorschrift des § 51 II unverständlich, die engere Voraussetzungen für den Ausschluss festlegt (BFH IV S 5-6/74, BStBl. II 1974, 385; → Rn. 16, 50).

63 **§ 51 I 2** schafft für das finanzgerichtliche Verfahren den zusätzlichen Ablehnungsgrund der **Besorgnis der Verletzung eines Geschäfts- oder Betriebsgeheimnisses** oder der **Schädigung der geschäftlichen Tätigkeit** eines Beteiligten. Die Ablehnung wird in aller Regel begründet sein, wenn die Gerichtsperson (zB ehrenamtlicher Richter) ein gleiches oder ein ähnliches Geschäft betreibt wie der Stpfl. oder wenn sie an einer Gesellschaft beteiligt oder bei ihr angestellt ist, die ein gleiches oder ähnliches Geschäft betreibt.

c) Selbstablehnung (§ 48 ZPO).

65 **§ 48 ZPO Selbstablehnung; Ablehnung von Amts wegen**

Das für die Erledigung eines Ablehnungsgesuchs zuständige Gericht hat auch dann zu entscheiden, wenn ein solches Gesuch nicht angebracht ist, ein Richter aber von einem Verhältnis Anzeige macht, das seine Ablehnung rechtfertigen könnte, oder wenn aus anderer Veranlassung Zweifel darüber entstehen, ob ein Richter kraft Gesetzes ausgeschlossen sei.

Wegen des Anwendungsbereichs → Rn. 2. – § 48 ZPO regelt einerseits den Fall der **eigentlichen Selbstablehnung** (§ 48 Hs. 1 ZPO, → Rn. 66) und andererseits den Fall, dass „aus anderer Veranlassung", dh nicht auf Grund richterlicher Anzeige, „Zweifel darüber entstehen, ob ein Richter kraft Gesetzes ausgeschlossen sei" (§ 48 Hs. 2 ZPO). Zum Verfahren → Rn. 79.

66 Im Wege der Selbstablehnung (§ 48 Hs. 1 ZPO) können sowohl **Ausschließungs-** (→ Rn. 6 ff.) als auch **Ablehnungsgründe** (→ Rn. 46 ff.) angezeigt werden. Hinsichtlich der Ablehnungsgründe (§ 42 II ZPO) gelten die Ausführungen zu → Rn. 46 ff. entsprechend, dh es kommt allein darauf an, ob aus der Sicht eines Beteiligten die Annahme gerechtfertigt ist, der Richter sei voreingenommen. Liegt eine solche Situation – für den Richter erkennbar – vor, ist er zur Anzeige verpflichtet (Zöller/Vollkommer ZPO § 48 Rn. 3).

67 **d) Verfahren. aa) Verfahren bei Ablehnung durch einen Beteiligten.** Der Beteiligte muss **bis zur Verkündung des Urteils** bzw. in den Fällen des § 104 II bis zur Zustellung (→ Rn. 29) einen eindeutigen **Ablehnungsantrag** stellen (BFH VII S 22/06 (PKH), BFH/NV 2007, 1903). Der Ablehnungsgrund ist **substantiiert (nachvollziehbar) darzulegen** (→ Rn. 32) und **glaubhaft zu machen** (§ 44 II ZPO – Wortlaut → Rn. 26), andernfalls ist der Antrag unzulässig (stRspr, zB BFH XI E 4/98, BFH/NV 1999, 952; I B 9/00, BFH/NV 2001, 625). – Zur Glaubhaftmachung s. § 294 ZPO (→ § 56 Rn. 117). Die **eidesstattliche Versicherung** eines Beteiligten **genügt** grds. **nicht** (§ 44 II 1 Hs. 2 ZPO); eine Ausnahme gilt im Fall des § 44 IV ZPO (→ Rn. 44). Auch eine **anwaltliche Versicherung** reicht zur Glaubhaftmachung grds. nicht aus (BFH VII B 121/19, BFH/NV 2021, 326, Rn. 29). Es kann auch auf das **Zeugnis des abgelehnten Richters** Bezug genommen werden (§ 44 II 2 ZPO; BFH V B 84/91, BFH/NV 1993, 251); ein **Ausforschungsbeweis** ist jedoch unzulässig

(BFH I B 28/94, BFH/NV 1995, 523). IÜ können nur sog. **präsente Beweismittel** berücksichtigt werden (BFH IX B 12/84, BFH/NV 1987, 656; IV B 60/98, BFH/NV 1999, 1607). – Der **Grundsatz rechtlichen Gehörs** gebietet es, dem Beteiligten eine angemessene Zeit zur Begründung des Ablehnungsgesuchs einzuräumen (BFH V B 25/99, BFH/NV 2000, 192). Dem anderen Beteiligten ist **rechtliches Gehör** zu gewähren, weil es auch für ihn um den gesetzlichen Richter (→ Rn. 1) geht.

Der abgelehnte Richter hat sich über den Ablehnungsgrund **dienstlich zu äußern** (§ 44 III ZPO). Dies kann auch in der mündlichen Verhandlung erfolgen (BFH IV B 75/01, BFH/NV 2003, 45). Durch die dienstliche Äußerung soll die tatsächliche Grundlage für die Entscheidung über das Ablehnungsgesuch erweitert werden. Inhalt und Umfang der dienstlichen Äußerung stehen zwar grds. im **Ermessen** des abgelehnten Richters, gleichwohl hat sie sich nach dem geltend gemachten Ablehnungsgrund zu richten (BFH X B 77/06, BFH/NV 2007, 753 mwN). Erforderlich ist eine Äußerung nur zu den für das Ablehnungsgesuch entscheidungserheblichen **Tatsachen** (BFH II B 70/94, BFH/NV 1995, 414 (416); XI B 34/96, BFH/NV 1998, 861). Das bedeutet, dass der Richter (nur) zu schildern hat, wie sich die Tatsachen, auf die der Beteiligte sein Ablehnungsgesuch stützt, aus seiner Sicht abgespielt haben; rechtliche Äußerungen, etwa zur Zulässigkeit oder Begründetheit des Ablehnungsgesuchs, sieht das Gesetz nicht vor. Folglich **erübrigt sich die dienstliche Äußerung,** wenn die entscheidungserheblichen Tatsachen feststehen oder das Ablehnungsrecht untergegangen ist (→ Rn. 41 ff.; BFH XI B 190/96, BFH/NV 1997, 780; II B 44/00, BFH/NV 2001, 621 (622); VIII S 3/23, BFH/NV 2023, 860, Rn. 16). Gleiches gilt auch in den Fällen, in denen das Ablehnungsgesuch **„missbräuchlich"** (→ Rn. 35 ff.) oder **offenbar unzulässig** ist (BVerfG 2 BvR 36/60, BVerfGE 11, 1 (3); BFH VI B 118/05, BFH/NV 2007, 97; X S 25/09, BFH/NV 2010, 1293; IX S 12/13, BFH/NV 2013, 1444; V S 5/14 (PKH), BFH/NV 2014, 1381; V B 133/16, BFH/NV 2017, 1199; VIII B 146/19, BFH/NV 2020, 1082, Rn. 23; IX S 4/23, BFH/NV 2023, 984; → Rn. 71, 73). Zu den diesbezüglichen engen **Voraussetzungen** → Rn. 71. Entbehrlich ist die dienstliche Äußerung ferner, wenn das Ablehnungsgesuch nur auf behauptete **Verstöße gegen materielles Recht** sowie **Fehlverhalten bei der Sachverhaltsbeurteilung** in früheren Verfahren gestützt ist (BFH X B 77/06, BFH/NV 2007, 753: keine Rechtfertigung des Richters). **Suspendiert** ist die grundsätzliche Verpflichtung zur dienstlichen Äußerung mE, bis ein aufgrund einer Anzeige des Ablehnenden gegen den Richter eingeleitetes Ermittlungs- oder Strafverfahren abgeschlossen ist. Andernfalls würde das Recht des Richters unterlaufen, sich im Ermittlungs- oder Strafverfahren nicht zu äußern. 68

Die dienstliche Äußerung muss dem Ablehnenden wegen des ansonsten bestehenden Verwertungsverbots jedenfalls dann zur **Stellungnahme** übersandt werden, wenn sie Tatsachen oder Beweisergebnisse enthält, die in der Entscheidung über das Ablehnungsgesuch verwertet werden sollen (**rechtliches Gehör;** BVerfG 2 BvR 599/67, 2 BvR 677/67, BVerfGE 24, 56; BFH V B 32/00, BFH/NV 2001, 316; XI S 13/07 (PKH), BFH/NV 2007, 2139). Von der Übersendung der dienstlichen Äußerung und der Einräumung der Möglichkeit zur Stellungnahme kann aber dann **abgesehen werden,** wenn diese in der mündlichen Verhandlung erfolgt (BFH IV B 75/01, BFH/NV 2003, 45) oder wenn diese sich in der Aussage erschöpft, der betreffende Richter halte sich nicht für befangen (BFH V B 36/12, BFH/NV 2012, 1611). Das Recht auf Gehör wird nicht dadurch beeinträchtigt, dass der abgelehnte Richter nach Abgabe der Stellungnahme keine weitere (erneut bekannt zu gebende) dienstliche Äußerung abgibt (BFH II B 70/94, BFH/NV 1995, 414).

69 Für die **Entscheidung über das Ablehnungsgesuch,** auf die der Ablehnende einen Rechtsanspruch hat, gelten die §§ 45, 46 ZPO (§ 51 I).

§ 45 ZPO Entscheidung über das Ablehnungsgesuch

(1) Über das Ablehnungsgesuch entscheidet das Gericht, dem der Abgelehnte angehört, ohne dessen Mitwirkung.

(2) ... (nur für Ablehnung von Richtern am Amtsgericht) ...

(3) Wird das zur Entscheidung berufene Gericht durch Ausscheiden des abgelehnten Mitglieds beschlussunfähig, so entscheidet das im Rechtszug zunächst höhere Gericht.

§ 46 ZPO Entscheidung und Rechtsmittel

(1) Die Entscheidung über das Ablehnungsgesuch ergeht durch Beschluss.

(2) Gegen den Beschluss, durch den das Gesuch für begründet erklärt wird, findet kein Rechtsmittel, gegen den Beschluss, durch den das Gesuch für unbegründet erklärt wird, findet sofortige Beschwerde statt.

70 **Zuständig** für die Entscheidung über das Ablehnungsgesuch ist das Gericht, dh der **Senat,** dem der abgelehnte Richter angehört (§ 45 ZPO; BFH V S 8/97, BFH/NV 1998, 38; IX B 24/03, BFH/NV 2004, 55). Das gilt **auch** in den Fällen, in denen der **Einzelrichter** (§ 6) abgelehnt worden ist (BFH VII B 80/97, BFH/NV 1998, 463; BVerfG 1 BvR 1895/98, StE 1999, 100: dagegen erhobene Verfassungsbeschwerde nicht zur Entscheidung angenommen) oder auch der Urkundsbeamte (BFH X S 9/23, BFH/NV 2023, 1312).

71 **Der abgelehnte Richter** selbst **wirkt** bei der Entscheidung über das Ablehnungsgesuch **nicht mit** (§ 45 I ZPO; vgl. auch § 47 ZPO – Wortlaut → Rn. 82), wodurch dem Umstand Rechnung getragen wird, dass es ihm möglicherweise an der inneren Unbefangenheit und Unparteilichkeit fehlt, wenn er über die vorgetragenen Gründe für seine angebliche Befangenheit selbst entscheiden muss (BVerfG 1 BvR 2853/11, BeckRS 2013, 49263, Rn. 27 mwN; BFH IV B 68/14, BFH/NV 2016, 575; X B 167/15, BFH/NV 2016, 1577; III B 122/16, BFH/NV 2017, 1047; VIII B 146/19, BFH/NV 2020, 1082, Rn. 24). Es tritt sein **geschäftsplanmäßiger Vertreter** ein, der nur über das Ablehnungsgesuch zu entscheiden hat (BFH V B 120/92, BFH/NV 1994, 379; V R 5/14, BFH/NV 2015, 934, Rn. 21). Entsprechendes gilt bei zulässiger Ablehnung aller Richter eines Senats. In diesem Fall entscheidet der Senat, dessen Richter abgelehnt wurden, allerdings in der Besetzung mit den Vertretungsrichtern. Werden sämtliche Richter eines Bundesgerichts abgelehnt, so entscheidet gleichwohl der in der Hauptsache zuständige Senat in seiner üblichen Besetzung, auch wenn die Ablehnung nicht rechtsmissbräuchlich ist (BFH X R 13/14, BFH/NV 2015, 1758). – Von dem Grundsatz, dass die Entscheidung ohne den/die abgelehnten Richter ergeht, lassen alle obersten Gerichte für den Fall eine **Ausnahme** zu, dass die **Ablehnung „missbräuchlich"** (→ Rn. 35 ff.) oder (nach Maßgabe der Ausführungen zu → Rn. 27–44) **offenbar unzulässig** ist (BVerfG 1 BvR 2228/06, NJW 2007, 3774; 1 BvR 2853/11, BeckRS 2013, 49263, Rn. 28 zu § 54 I VwGO; 1 BvR 526/19, NJW-RR 2021, 1436, Rn. 20 zur ZPO; BFH I B 109, 111, 113/00, BFH/NV 2002, 1161; VI B 118/05, BFH/NV 2007, 97; BStBl. II

2009, 1900; X S 25/09, BFH/NV 2010, 1293; VII B 183/11, BFH/NV 2013, 208; IX S 12/13, V S 5/14 (PKH), BFH/NV 2014, 1381; III B 42/14, BFH/NV 2015, 1102, Rn. 26; X B 167/15, BFH/NV 2016, 1577; XI B 81/16, BFH/NV 2017, 748; V B 133/16, BFH/NV 2017, 1199; VIII B 146/19, BFH/NV 2020, 1082, Rn. 23; VI B 13/20, BFH/NV 2021, 434, Rn. 40; XI B 26/20, BFH/NV 2021, 536, Rn. 24 zum **Einzelrichter;** IX S 4/23, BFH/NV 2023, 984). In diesen Fällen erfordert die Prüfung nämlich keine Beurteilung des eigenen Verhaltens des abgelehnten Richters und mithin keine Entscheidung in eigener Sache (BVerfG 1 BvR 2853/11, BeckRS 2013, 49263, Rn. 29). Das ist allerdings nur dann der Fall, wenn es sich bei der zu treffenden Entscheidung um eine **echte Formalentscheidung** handelt oder dadurch ein **offensichtlicher Missbrauch** des Ablehnungsrechts **verhindert** werden soll, was eine enge Auslegung gebietet (BVerfG 1 BvR 2853/11, BeckRS 2013, 49263, Rn. 30). Hiervon ist auszugehen, wenn für eine Verwerfung als unzulässig jedes **Eingehen auf den Gegenstand des Verfahrens entbehrlich** ist (BVerfG 1 BvR 793/19, BeckRS 2020, 37418, Rn. 14; 1 BvR 526/19, NJW-RR 2021, 1436, Rn. 26; BFH X B 99/19, BStBl. II 2020, 375, Rn. 15; X B 6/18, BFH/NV 2020, 769, Rn. 48; X B 81/23, BFH/NV 2024, 1190, Rn. 4), was regelmäßig nur für solche Gesuche in Betracht kommt, die Handlungen des Richters beanstanden, welche nach der Prozessordnung vorgeschrieben sind oder sich ohne weiteres aus der Stellung des Richters ergeben (so ausdrücklich BVerfG 1 BvR 2853/11, BeckRS 2013, 49263, Rn. 26 mwN, etwa die Beanstandung, der Richter habe an einer Vor- oder Zwischenentscheidung mitgewirkt oder ein Änderungsbegehren des Antragstellers, obwohl sich der Richter an den von der Prozessordnung vorgeschriebenen Verfahrensgang gehalten hat; jedoch ablehnend bzgl. Beanstandungen hinsichtlich der Verhandlungsführung des Vorsitzenden). Grundsätzlich wird also eine Verwerfung als unzulässig nur dann in Betracht kommen, wenn das Ablehnungsgesuch für sich allein – ohne jede weitere Aktenkenntnis – offenkundig eine Ablehnung nicht zu begründen vermag, sodass lediglich eine rein formale Prüfung erfolgt (s. aber BFH X B 6/18, BFH/NV 2020, 769, Rn. 51 f.: Ablehnungsantrag ist nicht schon deshalb unzulässig, weil damit die **Durchführung der mündlichen Verhandlung verhindert** werden soll, was aber im Hinblick auf BVerfG 1 BvR 526/19, NJW-RR 2021, 1436, Rn. 20 zweifelhaft ist; ausführlich dazu → Rn. 36 „Prozessverschleppung"). Ist hingegen ein – wenn auch nur geringfügiges – Eingehen auf den Verfahrensgegenstand erforderlich, scheidet die Ablehnung als unzulässig aus (BVerfG 1 BvR 793/19, BeckRS 2020, 37418, Rn. 14; 1 BvR 526/19, NJW-RR 2021, 1436, Rn. 26; BFH IX B 121/18, BStBl. II 2019, 554, Rn. 4; X B 99/19, BStBl. II 2020, 375, Rn. 15; X B 6/18, BFH/NV 2020, 769, Rn. 48; VIII S 3/23, BFH/NV 2023, 860, Rn. 7; VIII B 87/23, BFH/NV 2025, 33, Rn. 8). Bei der Prüfung, ob ein Ablehnungsgesuch als unzulässig verworfen werden kann, ist das Gericht in besonderem Maße verpflichtet, das Ablehnungsgesuch seinem Inhalt nach vollständig zu erfassen und ggf. wohlwollend auszulegen, weil es andernfalls leicht dem Vorwurf ausgesetzt sein kann, tatsächlich im Gewande der Zulässigkeitsprüfung in eine Begründetheitsprüfung einzutreten, und sich zu Unrecht zum Richter in eigener Sache zu machen (BVerfG 1 BvR 2853/11, BeckRS 2013, 49263, Rn. 35; BFH IX B 121/18, BStBl. II 2019, 554, Rn. 4; X B 99/19, BStBl. II 2020, 375, Rn. 15; VIII B 146/19, BFH/NV 2020, 1082, Rn. 24; VIII S 3/23, BFH/NV 2023, 860, Rn. 7). Ist das Gesuch nach den vorstehenden Kriterien nicht unzulässig, so ist die **gleichwohl** in diesem Sinne unter Mitwirkung des abgelehnten Richters **ergangene Ablehnung will-**

kürlich (so BVerfG 1 BvR 2853/11, BeckRS 2013, 49263, Rn. 30; BFH X B 6/18, BFH/NV 2020, 769, Rn. 45; VIII B 146/19, BFH/NV 2020, 1082, Rn. 24). Dies führt idR zur Besorgnis der **Befangenheit aller an dieser Entscheidung mitwirkenden Richter,** weil der Antragsteller bei einer unzulässigen Selbstentscheidung befürchten muss, dass die Entscheidung über sein Ablehnungsgesuch maßgeblich von Richtern beeinflusst ist, die der Sache nicht mit der notwendigen Distanz und Neutralität gegenüberstehen und dass sich diese Voreingenommenheit auch in der anschließend zu treffenden Sachentscheidung fortsetzt. Dabei kommt es nicht darauf an, ob das Ablehnungsgesuch in der Sache begründet ist oder nicht (BVerfG 1 BvR 2853/11, BeckRS 2013, 49263, Rn. 40; BFH X B 99/19, BStBl. II 2020, 375, Rn. 19 ff.; X B 6/18, BFH/NV 2020, 769, Rn. 57: Entscheidung ist mit dem Makel des Verstoßes gegen den gesetzlichen Richter behaftet; VI B 13/20, BFH/NV 2021, 434, Rn. 36; X B 81/23, BFH/NV 2024, 1190, Rn. 4). Zum Rechtsmittel (→ Rn. 76 aE; → Rn. 68, 73).

72 Anstelle des § 45 III ZPO gilt im finanzgerichtlichen Verfahren § 39 I Nr. 1.

73 Die **Entscheidung** über das Ablehnungsgesuch erfolgt **durch** (gesonderten) **Beschluss** (§ 46 I ZPO). Ein **Ablehnungsgesuch darf** auch dann **nicht unentschieden bleiben,** wenn das Gericht die Streitsache in einem neuen Termin ohne Mitwirkung des abgelehnten Richters entschieden hat (BFH IV B 98/93, BFH/NV 1995, 410 (412); s. auch BFH I B 56/01, BFH/NV 2002, 1164; III B 13/13, BFH/NV 2013, 1795: Nichtbescheidung ist mit NZB zu rügen, in der darzulegen ist, dass ein eindeutiges Ablehnungsgesuch gestellt wurde). – In **„Missbrauchsfällen"** (→ Rn. 35 ff.) oder in Fällen **offenbarer Unzulässigkeit** (zu den jeweiligen Voraussetzungen → Rn. 71) ist der Beschluss nach der Rspr. entbehrlich. Die Qualifizierung des Gesuchs als unzulässig kann in den Gründen der Hauptsacheentscheidung (unter Mitwirkung des abgelehnten Richters, → Rn. 71) erfolgen (stRspr zB BFH VII B 330/02, VII S 41/02, BStBl. II 2003, 422; I B 64/09, BFH/NV 2010, 46; III B 13/13, BFH/NV 2013, 1795; VII B 131/13, BFH/NV 2014, 1055; III B 42/14, BFH/NV 2015, 1102, Rn. 26; XI B 81/16, BFH/NV 2017, 748). Auch von dieser Möglichkeit sollte mit Zurückhaltung Gebrauch gemacht werden. Über **Gesamtablehnungen** (→ Rn. 27) ist gleichzeitig **durch einheitlichen Beschluss** zu entscheiden. – Es ist **keine Kostenentscheidung** zu treffen, weil es sich um ein unselbständiges Zwischenverfahren handelt.

75 **Mündliche Verhandlung** ist **möglich** (§ 46 I ZPO – BFH V B 232/91, BStBl. II 1992, 845). In diesem Fall wirken die ehrenamtlichen Richter bei dem Beschluss mit (§ 5 III; BFH/NV 1993, 661); er ist zu verkünden oder zuzustellen (→ § 104 Rn. 1). Ergeht der Beschluss ohne mündliche Verhandlung (dazu BFH VII B 122/95, BFH/NV 1996, 489), genügt bei Stattgabe die formlose Mitteilung, bei Ablehnung ist Zustellung erforderlich (vgl. § 329 II ZPO).

76 **Rechtsmittel. – Beschlüsse über die Ablehnung** von Gerichtspersonen, Sachverständigen und Dolmetschern können nach § 128 II **nicht mit der Beschwerde angefochten werden;** auch eine **außerordentliche Beschwerde ist nicht statthaft** (BFH VIII B 8/07, BFH/NV 2007, 2121 mwN; zur Unzulässigkeit einer Beschwerde gegen die Fortsetzung des Verfahrens vor der Entscheidung über die Richterablehnung s. BFH I B 64/09, BFH/NV 2010, 46). Hinsichtlich der **Anhörungsrüge nach § 133a** ist mE zu differenzieren: § 133a I 1 Nr. 1 erfordert für die Statthaftigkeit einer Anhörungsrüge, dass gegen die Entscheidung ein Rechtsmittel oder ein anderer Rechtsbehelf nicht gegeben ist (→ § 133a Rn. 6 ff.). Das ist hinsichtlich der Beschlüsse über die Ablehnung von

Gerichtspersonen, Sachverständigen und Dolmetschern – wie ausgeführt – der Fall. Allerdings findet nach § 133a I 2 eine Anhörungsrüge gegen eine der Endentscheidung vorausgehende Entscheidung nicht statt. Dies führt allerdings nicht dazu, dass eine Anhörungsrüge gegen Beschlüsse über die Ablehnung von Gerichtspersonen, Sachverständigen und Dolmetschern generell ausgeschlossen ist (so aber noch BFH VIII B 34/07, BeckRS 2007, 25012155; FG Düsseldorf 13 K 5501/03 E, EFG 2005, 1789). Nach der Rspr. des BVerfG gebietet nämlich der aus Art. 103 I GG resultierende allgemeine Justizgewährungsanspruch einen fachgerichtlichen Rechtsschutz gegen eine mögliche Gehörsverletzung in einem Zwischenverfahren dann, wenn in diesem Zwischenverfahren abschließend und mit Bindungswirkung für das weitere Verfahren über den Antrag befunden wird und die Entscheidung später nicht mehr im Rahmen einer Inzidentprüfung korrigiert werden kann (BVerfG 1 BvR 782/07, BVerfGE 119, 292 zu einem Verfahren vor dem BAG und zu der mit § 133a I 2 identischen Regelung des § 78a I 2 ArbGG; BVerfG 1 BvR 3113/08, NJW 2009, 833 zu § 321a I 2 ZPO; 1 BvR 96/10, NVwZ-RR 2010, 545 zu § 178 I 2 SGG). Das ist der Fall, wenn der **Beschluss** über die Ablehnung von Gerichtspersonen, Sachverständigen und Dolmetschern **durch den BFH** ergeht; eine verfassungskonforme Auslegung von § 133a I 2 gebietet in diesen Fällen die **Statthaftigkeit einer Anhörungsrüge** (BGH 1 StR 541/08, NJW 2009, 1092; aA BFH V S 24/19, BFH/NV 2020, 372, Rn. 11; → § 133a). Gleiches gilt, wenn die das Verfahren abschließende Entscheidung unanfechtbar ist, wie zB bei **Beschlüssen nach § 69 III und V und nach § 114 I.** Dem steht nicht entgegen, dass das FG nach § 128 III 1 die Beschwerde zulassen kann, weil die Möglichkeit der Überprüfung der vom FG getroffenen Entscheidung damit nicht in der Hand des Steuerpflichtigen liegt, da eine NZB in diesen Verfahren nicht stattfindet (→ § 128 Rn. 14).

Ist die **Entscheidung** über die Ablehnung indes später zumindest **inzidenter im Rahmen von Nichtzulassungsbeschwerde oder Revision noch überprüfbar,** so ist eine **Anhörungsrüge** gegen Beschlüsse über die Ablehnung von Gerichtspersonen, Sachverständigen und Dolmetschern mE nach § 133a I 2 **nicht statthaft** (aA Tipke/Kruse/Brandis § 51 Rn. 42 und Gosch/Schoenfeld § 51 Rn. 126: Anhörungsrüge trotz § 133a I 2 statthaft, ua unter Hinweis auf BFH VIII B 84/09, BFH/NV 2010, 1454). Nach § 124 II unterliegen die dem Endurteil vorausgegangenen und nach den Regelungen der FGO – insbes. nach § 128 II – unanfechtbaren Entscheidungen nicht der Beurteilung der Revision, sodass auch eine NZB grds. nicht auf die Ablehnung eines Befangenheitsgesuchs gestützt werden kann (BFH VII B 119/19, BFH/NV 2021, 321, Rn. 24; III B 108/21, NJW 2022, 1479, Rn. 15). Dies schließt allerdings sowohl im Revisions- als auch im NZB-Verfahren die Rüge solcher Verfahrensmängel nicht aus, die als Folge der beanstandeten Vorentscheidung fortwirken und damit dem angefochtenen Urteil anhaften, sofern die Vorentscheidung gegen das Willkürverbot verstößt oder ein Verfahrensgrundrecht verletzt, wie zB den Anspruch auf den gesetzlichen Richter oder auf rechtliches Gehör (→ Rn. 78, → § 124 Rn. 3 mwN). Lehnt das FG dementsprechend einen Befangenheitsantrag unter Verletzung des Anspruchs auf rechtliches Gehör ab, so unterliegt diese Entscheidung der Beurteilung im Revisions- oder NZB-Verfahren, so dass es zur Gewährleistung eines effektiven Rechtsschutzes iSv Art. 103 I GG keiner Anhörungsrüge nach § 133a bedarf, weil diese nämlich – ebenso wie die erfolgreiche Verfahrensrüge – einen Verstoß gegen den Anspruch auf rechtliches Gehör voraussetzt (glA wohl BFH III B 149/12, BFH/NV 2013, 1602, Rn. 18 mwN, der die Frage letztendlich 77 aber offenlässt; BVerfG 1 BvR 416/08, BVerfGK 14, 122, Rn. 29 = BeckRS 2010, 55852 für den Fall, dass eine solche Überprüfungspraxis in der Revisionsinstanz besteht; dies ablehnend für die Überprüfungspraxis des BGH: BVerfG 1 BvR 3113/08, NJW 2009, 833, Rn. 15; dies ablehnend für die Überprüfungspraxis des BSG BVerfG 1 BvR 96/10, NVwZ-RR 2010, 545, Rn. 17 ff.; aA HHS/Leipold § 51 Rn. 170, der davon ausgeht, dass in der Revisionsinstanz lediglich eine Willkürkontrolle im Hinblick auf die Verletzung von Art. 101 I 2 GG stattfindet, dazu → Rn. 78, → § 128 Rn. 9; dies steht der hier vertretenen Auffassung aber nicht entgegen, weil eine nach § 133a zu rügende entscheidungserhebliche Verletzung des Anspruchs eines Beteiligten auf rechtliches Gehör dazu führt, dass bei der anschließenden Entscheidung ein Richter mitwirkt, der eigentlich nicht mitwirken darf (→ Rn. 82 ff.), so dass ein Verstoß gegen Art. 101 I 2 GG vorliegt).

78 **Nichtzulassungsbeschwerde und Revision:** Geltend zu machen ist die Verletzung des Anspruchs auf rechtliches Gehör oder auch der Verstoß gegen das Recht auf den gesetzlichen Richter iSv Art. 101 I 2 GG, sofern der zu Recht abgelehnte Richter an der Entscheidung gleichwohl mitgewirkt hat (BFH I B 83/09, BFH/NV 2010, 913; X B 237/12, BFH/NV 2014, 369; → Rn. 1), durch eine **Verfahrensrüge** nach §§ 115 II Nr. 3; 119 Nr. 1. Da allerdings nicht jede rechtsfehlerhafte Entscheidung über ein Ablehnungsgesuch zu einem verfassungsrechtlich relevanten „Entzug des gesetzlichen Richters" führt, hat die Verfahrensrüge nur dann Aussicht auf Erfolg, wenn sich dem Beschwerdevorbringen entnehmen lässt, dass der Beschluss über die Zurückweisung des Ablehnungsgesuchs **nicht nur fehlerhaft, sondern greifbar gesetzwidrig und damit willkürlich** war (BVerfG 1 BvR 2853/11, BeckRS 2013, 49263, Rn. 25 f. zu § 54 I VwGO; BFH II B 88/05, BFH/NV 2006, 1625; XI S 13/07 (PKH), BFH/NV 2007, 2139 mwN; V B 36/12, BFH/NV 2012, 1611; VII B 183/13, BFH/NV 2014, 1905; III B 42/14, BFH/NV 2015, 1102, Rn. 25; X B 134/14, BFH/NV 2016, 54; XI B 81/16, BFH/NV 2017, 748; IX B 84/17, BFH/NV 2017, 1619; IX B 34/17, BFH/NV 2017, 1627, Rn. 11; VIII B 146/19, BFH/NV 2020, 1082, Rn. 23; VII B 119/19, BFH/NV 2021, 321, Rn. 24; III B 108/21, NJW 2022, 1479, Rn. 15; zu weiteren Einzelheiten → § 115 Rn. 261, → § 119 Rn. 6a). Dies setzt voraus, dass die Besorgnis der Befangenheit vor dem FG gerügt worden ist (BFH V B 10/04, BFH/NV 2007, 2071). – Eine Verfahrensrüge ist auch dann zu erheben, wenn das Gericht über ein Ablehnungsgesuch zu Unrecht im Urteil und unter Beteiligung des abgelehnten Richters (→ Rn. 71, 73) entscheidet (BFH III B 122/16, BFH/NV 2017, 1047).

79 **bb) Verfahren bei Selbstablehnung.** Die Entscheidung ergeht **nach Anhörung** der Beteiligten (BVerfG 1 BvR 878/90, NJW 1993, 2229) **durch Beschluss** (BFH V B 111/10, BFH/NV 2012, 1196, zugleich zu den Folgen eines unterlassenen Beschlusses), und zwar nach § 48 ZPO auch dann, wenn kein Beteiligter ein Ablehnungsgesuch anbringt und auch der Richter sich nicht selbst ablehnt (FG Hmb 3 K 161/11, EFG 2012, 1174; → Rn. 65). Hinsichtlich der **Zuständigkeit** gelten die Ausführungen in → Rn. 70 entsprechend. Der anzeigende Richter wirkt an der Entscheidung nicht mit (→ Rn. 71). Der Senat hat zu prüfen, ob ein Ablehnungsgrund vorliegt (Amtsermittlung, Freibeweis). Die Entscheidung braucht dem Beteiligten nicht mitgeteilt zu werden. Es wird **keine Kostenentscheidung** getroffen. **Rechtsmittel** sind nicht gegeben.

82 **e) Wirkung und Umfang der Ablehnung (§ 47 ZPO).** Die **Wirkung** der Ablehnung ergibt sich aus § 47 ZPO (§ 51 I).

§ 47 ZPO Unaufschiebbare Amtshandlungen

(1) Ein abgelehnter Richter hat vor Erledigung des Ablehnungsgesuchs nur solche Handlungen vorzunehmen, die keinen Aufschub gestatten.

(2) [1]Wird ein Richter während der Verhandlung abgelehnt und würde die Entscheidung über die Ablehnung eine Vertagung der Verhandlung erfordern, so kann der Termin unter Mitwirkung des abgelehnten Richters fortgesetzt werden. [2]Wird die Ablehnung für begründet erklärt, so ist der nach Anbringung des Ablehnungsgesuchs liegende Teil der Verhandlung zu wiederholen.

§ 47 I ZPO gilt für **Handlungen,** die der abgelehnte Richter in dem Zeitraum vom Eingang bis zur Erledigung des Ablehnungsgesuchs vornehmen will. Zulässig sind nur **unaufschiebbare Amtshandlungen** (zB Beweissicherungsverfahren durchführen, sitzungspolizeiliche Anordnungen treffen, mündliche Verhandlung ab- oder umladen auf einen Termin nach der voraussichtlichen Entscheidung über das Gesuch; s. auch BFH VII B 172/99, BFH/NV 2000, 337: offengelassen, ob Schriftsatzaustausch iSv § 77 I 4 zulässig ist). Siehe aber auch BFH X B 134/14, BFH/NV 2016, 54, wonach der Kläger trotz eines gestellten Befangenheitsantrages zur mündlichen Verhandlung erscheinen muss, um sich rechtliches Gehör zu verschaffen und über den Inhalt des entspr. Beschlusses zu informieren. 83

Bei Verstoß gilt Folgendes: Wird das Ablehnungsgesuch von den dazu berufenen Richtern rechtskräftig zurückgewiesen, ist der Verstoß gegen § 47 ZPO unbeachtlich (BFH XI S 13/07 (PKH), BFH/NV 2007, 2139; X S 16/06, BFH/NV 2008, 98; X B 91/17, BFH/NV 2018, 342: Eröffnung der mündlichen Verhandlung, obwohl das Ablehnungsgesuch erst in der mündlichen Verhandlung abgelehnt wird). – Wird dem Ablehnungsgesuch stattgegeben, sind die bisher erfolgten Amtshandlungen unwirksam und müssen (ggf. mit verändertem Inhalt) wiederholt werden. Dies lässt sich auch aus § 47 II ZPO ableiten. Ist dies nicht mehr möglich (→ Rn. 21), können die unter Mitwirkung des erfolgreich abgelehnten Richters ergangenen Urteile und Beschlüsse angefochten werden (§§ 115 II Nr. 3, 116, 119 Nr. 2; s. auch BFH VIII B 53/12, BFH/NV 2012, 1984). Bei Urteilen ist auch Nichtigkeitsklage möglich (§ 134 FGO iVm § 579 Nr. 2 ZPO). 85

§ 47 II ZPO stellt klar, dass die Verhandlung, in der das Ablehnungsgesuch erstmals angebracht wird, mit dem abgelehnten Richter fortgeführt werden kann, wenn ansonsten eine Vertagung notwendig wäre. Wird dem Ablehnungsgesuch stattgegeben, muss die Verhandlung ab dem Zeitpunkt der Geltendmachung der Ablehnung wiederholt werden. § 47 II ZPO findet auch Anwendung, wenn ein Befangenheitsgesuch zwischen zwei Fortsetzungsterminen angebracht wird (BFH VII R 29/18, BFH/NV 2023, 1071). 86

Wird das **Ablehnungsgesuch als nicht begründet** oder rechtsmissbräuchlich (unzulässig, zu den Voraussetzungen → Rn. 71) **zurückgewiesen,** ist es „erledigt" und der erfolglos abgelehnte Richter zur weiteren Mitwirkung am Verfahren berechtigt und verpflichtet (BFH I B 22/08, BeckRS 2008, 25013820). 87

Ist die **Ablehnung erfolgreich,** so erstreckt sie sich auch auf Nebenstreitpunkte und **Nebenverfahren,** und zwar auch dann, wenn sie unter einem anderen Aktenzeichen geführt werden und streitgegenständlich nicht identisch sind (BFH XI B 28/93, BFH/NV 1994, 567). Die Besorgnis der Befangenheit erfasst jedoch nicht alle anderen bei dem jeweiligen Senat anhängigen oder erst später anhängig werdenden (Hauptsache-)Verfahren des betroffenen Beteiligten. Inso- 88 weit müssen besondere Befangenheitsgründe vorliegen (BFH XI B 28/93, BFH/NV 1994, 567).

§ 52 [Sitzungspolizei usw]

(1) **Die §§ 169, 171b bis 197 des Gerichtsverfassungsgesetzes über die Öffentlichkeit, Sitzungspolizei, Gerichtssprache, Beratung und Abstimmung gelten sinngemäß.**

(2) **Die Öffentlichkeit ist auch auszuschließen, wenn ein Beteiligter, der nicht Finanzbehörde ist, es beantragt.**

(3) **Bei der Abstimmung und Beratung dürfen auch die zu ihrer steuerrechtlichen Ausbildung beschäftigten Personen zugegen sein, soweit sie die Befähigung zum Richteramt besitzen und soweit der Vorsitzende ihre Anwesenheit gestattet.**

Vgl. § 55 VwGO; § 61 SGG.

Literatur: Zur Öffentlichkeit des Verfahrens: Ernst, Informations- oder bloßes Illustrationsinteresse? Zur Fernsehöffentlichkeit von Gerichtsverfahren, FS Herrmann (2002), 73; Jesse, Der Grundsatz der Öffentlichkeit und deren Ausschluss im Steuerprozess, DB 2008, 1994; Kretzschmar, Die Verletzung der Vorschriften über die Öffentlichkeit des Verfahrens, DStZ 1992, 625 ff.; Staff, Öffentlichkeit als Verfassungsprinzip, ZRP 1992, 384; Wolff, Die Gesetzwidrigkeit von Fernsehübertragungen aus Gerichtsverhandlungen, NJW 1994, 681.

Zur Sitzungspolizei: Pardey, Versachlichung durch erzwungene Achtungsbezeugungen?, DRiZ 1990, 132; Seibert, Maßnahmen gegen Sitzungsstörer, NJW 1973, 127.

Übersicht

	Rn.
I. Vorbemerkung	1
II. Öffentlichkeit	2
1. Grundsatz der Öffentlichkeit	2
2. Ausschluss der Öffentlichkeit	8
a) Ausschließungsgründe	8
b) Ausschließungsverfahren und Wirkung der Ausschließung	11
c) Zutrittsbeschränkung	15
III. Sitzungspolizei	16
IV. Gerichtssprache	30
V. Beratung und Abstimmung	40

I. Vorbemerkung

1 Die FGO enthält keine eigenständige Regelung über die technischen Verfahrensfragen der **Öffentlichkeit,** der **Sitzungspolizei,** der **Gerichtssprache,** der **Beratung** und der **Abstimmung.** § 52 verweist insoweit – ebenso wie § 55 VwGO und § 61 SGG – auf die einschlägigen Bestimmungen des GVG, die damit (von einigen Besonderheiten abgesehen – → Rn. 9, 41) für alle Gerichtszweige einheitlich gelten. – Mit Rücksicht darauf beschränkt sich die Kommentierung vor allem auf praxisrelevante Fragen. IÜ wird auf die Spezialkommentare verwiesen (zB Anders/Gehle; Thomas/Putzo; Zöller; Kissel/Mayer).

II. Öffentlichkeit

1. Grundsatz der Öffentlichkeit

Nach § 52 I sind die §§ 169 u. 175 GVG anzuwenden. 2

§ 169 GVG [Öffentlichkeit]

(1) [1]Die Verhandlung vor dem erkennenden Gericht einschließlich der Verkündung der Urteile und Beschlüsse ist öffentlich. [2]Ton- und Fernseh-Rundfunkaufnahmen sowie Ton- und Filmaufnahmen zum Zwecke der öffentlichen Vorführung oder Veröffentlichung ihres Inhalts sind unzulässig. [3]Die Tonübertragung in einen Arbeitsraum für Personen, die für Presse, Hörfunk, Fernsehen oder für andere Medien berichten, kann von dem Gericht zugelassen werden. [4]Die Tonübertragung kann zur Wahrung schutzwürdiger Interessen der Beteiligten oder Dritter oder zur Wahrung eines ordnungsgemäßen Ablaufs des Verfahrens teilweise untersagt werden. [5]Im Übrigen gilt für den in den Arbeitsraum übertragenen Ton Satz 2 entsprechend.

(2) [1]Tonaufnahmen oder Ton- und Filmaufnahmen der Verhandlung einschließlich der Verkündung der Urteile und Beschlüsse können zu wissenschaftlichen und historischen Zwecken von dem Gericht zugelassen werden, wenn es sich um ein Verfahren von herausragender zeitgeschichtlicher Bedeutung handelt. [2]Zur Wahrung schutzwürdiger Interessen der Beteiligten oder Dritter oder zur Wahrung eines ordnungsgemäßen Ablaufs des Verfahrens können die Aufnahmen teilweise untersagt werden. [3]Die Aufnahmen sind nicht zu den Akten zu nehmen und dürfen weder herausgegeben noch für Zwecke des aufgenommenen oder eines anderen Verfahrens genutzt oder verwertet werden. [4]Sie sind vom Gericht nach Abschluss des Verfahrens demjenigen zuständigen Bundes- oder Landesarchiv zur Übernahme anzubieten, das nach dem Bundesarchivgesetz oder einem Landesarchivgesetz festzustellen hat, ob den Aufnahmen ein bleibender Wert zukommt. [5]Nimmt das Bundesarchiv oder das jeweilige Landesarchiv die Aufnahmen nicht an, sind die Aufnahmen durch das Gericht zu löschen.

(3) [1]Abweichend von Absatz 1 Satz 2 kann das Gericht für die Verkündung von Entscheidungen des Bundesgerichtshofs in besonderen Fällen Ton- und Fernseh-Rundfunkaufnahmen sowie Ton- und Filmaufnahmen zum Zwecke der öffentlichen Vorführung oder der Veröffentlichung ihres Inhalts zulassen. [2]Zur Wahrung schutzwürdiger Interessen der Beteiligten oder Dritter sowie eines ordnungsgemäßen Ablaufs des Verfahrens können die Aufnahmen oder deren Übertragung teilweise untersagt oder von der Einhaltung von Auflagen abhängig gemacht werden.

(4) Die Beschlüsse des Gerichts nach den Absätzen 1 bis 3 sind unanfechtbar.

§ 175 GVG [Versagung des Zutritts]

(1) Der Zutritt zu öffentlichen Verhandlungen kann unerwachsenen und solchen Personen versagt werden, die in einer der Würde des Gerichts nicht entsprechenden Weise erscheinen.

(2) [1]Zu nicht öffentlichen Verhandlungen kann der Zutritt einzelnen Personen vom Gericht gestattet werden. [2]In Strafsachen soll dem Verletzten der Zutritt gestattet werden. [3]Einer Anhörung der Beteiligten bedarf es nicht.

(3) Die Ausschließung der Öffentlichkeit steht der Anwesenheit der die Dienstaufsicht führenden Beamten der Justizverwaltung bei den Verhandlungen vor dem erkennenden Gericht nicht entgegen.

3 Der **Grundsatz der Öffentlichkeit** der Verhandlung (§ 52 FGO iVm §§ 169–175 GVG) hat zwar keinen Verfassungsrang (BVerfG 2 BvR 629/62, 2 BvR 637/62, BVerfGE 15, 303 (307)), ist aber ein wesentlicher Leitgedanke gerichtlicher Verfahren im demokratischen Rechtsstaat. Er gilt für die mündliche Verhandlung vor dem erkennenden Gericht (§ 90 I), für die Beweisaufnahme (§ 81 I – BFH VII R 122/73, BStBl. II 1977, 431), soweit sie nicht durch den beauftragten Richter erfolgt (BVerwG 9 CB 38/88, DÖV 1989, 40), und für die Urteilsverkündung (§ 104 I), nicht aber für die Beratung und Abstimmung (§ 193 GVG; s. auch Jesse DB 2008, 1994 (1995)). – Zur Gewährleistung der Öffentlichkeit des Verfahrens durch Art. 6 I EMRK s. EGMR C (78) 31, NJW 1979, 477 und BVerwG 7 CB 80/88, NVwZ 1989, 1168). – **Nichtöffentlich** sind Entscheidungen ohne mündliche Verhandlung (§§ 79a II, IV, 90 II, 90a, 104 III; s. dazu BFH XI S 5/08 (PKH), BFH/NV 2008, 1863), vorbereitende Erörterungen und Beweiserhebungen (§§ 79 I Nr. 1, III, 81 II, 82 iVm 375 ZPO – vgl. BFH V S 26/11 (PKH), BFH/NV 2013, 581) sowie die Beweisaufnahme durch den ersuchten Richter (§§ 13, 82 FGO iVm § 362 ZPO). Das Gericht kann einzelnen Personen gleichwohl den Zutritt gestatten, und zwar ohne Anhörung der Beteiligten **(§ 175 II GVG).** Dienstaufsichtsführende Beamte der Justizverwaltung (Gerichtspräsident) dürfen nach **§ 175 III GVG** anwesend sein. – **Ton- und Fernseh-/Rundfunkaufnahmen** in Gerichtsverhandlungen sind nach § 169 I 2 GVG zum Zwecke der öffentlichen Vorführung oder Veröffentlichung grds. unzulässig (zur Verfassungsmäßigkeit s. BVerfG 1 BvR 2623/95, 1 BvR 622/99, BVerfGE 103, 44; 1 BvR 620/07, BVerfGE 119, 309 sowie Jesse DB 2008, 1994 (1996); zum **Fotografierverbot** s. BVerfG 1 BvR 733/94, NJW 1996, 310). § 169 I 3 f. GVG lässt **Tonübertragungen** in Arbeitsräume von Medienvertretern und § 169 II GVG **Tonaufnahmen** oder Ton- und Filmaufnahmen zu wissenschaftlichen und historischen Zwecken zu. Die Entscheidung über die Übertragung/Aufnahme trifft das Gericht nach pflichtgemäßem Ermessen durch unanfechtbaren Beschluss (§ 169 IV GVG). Zur Verhandlung mittels **Videokonferenz** → § 90 Rn. 35 ff.

4 Die **Öffentlichkeit ist gewahrt,** wenn ein unbestimmter Personenkreis die Möglichkeit hat, die Verhandlung an Ort und Stelle zu verfolgen (BFH VIII R 80–82/93 ua, BFH/NV 1995, 416 (418); s. auch BFH VII R 122/73, BStBl. II 1977, 431 betr. **Hotel,** mE unzutr.; BFH IV S 21/84, BStBl. II 1985, 551 betr. **verschlossene Tür;** BVerwG 8 B 287/99, BVerwGE 111, 61 betr. unschädliche Notwendigkeit der Betätigung einer **Klingel;** BVerwG 4 ER 202/88, NVwZ-PR 1989, 168 betr. **privates Anwesen;** BGH 3 StR 566/87, JZ 1988, 983; und BAG 2 AZR 449/87, BB 1988, 1330 betr. **Bitte um Verlassen des Saales** wegen möglicher Vernehmung als Zeuge). Eine Begrenzung aufgrund der vorhandenen Plätze ist zulässig, es muss aber eine Mindestzahl von Sitz- und Stehplätzen vorhanden sein (BFH IV R 53/96, BFH/NV 1998, 340 mwN); die Zulassung richtet sich nach der Reihenfolge der Ankunft (Zöller/Lückemann GVG § 169 Rn. 6). **Ausweiskontrollen** und Kontrollen mit **Metalldetektoren** sind zulässig (Tipke/Kruse/Brandis § 52 Rn. 4; HHS/Leipold § 52 Rn. 13; Zöller/Lückemann GVG § 169 Rn. 6 mwN), ebenso pandemiebedingte Zutrittsbeschränkungen („3G-Regelung" oder Pflicht zum Tragen von Masken) mit Namenserfassung zur Nachverfolgung von Infektionsketten (OVG Schleswig 5 LA 223/20, NJW 2020, 3127; OVG Lüneburg 9 LA 115/20, NJW 2021, 650; Tipke/Kruse/Brandis § 52 Rn. 4). Bei Verhandlung mittels **Videokonferenz** (→ § 90 Rn. 35 ff.) gelten diese Anforderungen nur für den Sitzungssaal, nicht aber auch für die Aufzeichnungsräume (BFH II R 43/22, BStBl. II 2025, 527, Rn. 15; Schultzky NJW

2003, 313). – **Nicht erforderlich** sind die allg. **Bekanntgabe des Ortes,** an dem der Termin stattfindet, sofern sich jeder Interessierte (auch unbeteiligte potentielle Zuhörer: BAG 6 AZN 376/16, NJW 2016, 3611) ohne Schwierigkeiten rechtzeitig Kenntnis hierüber verschaffen kann (stRspr BFH VIII R 83/93 ua, BFH/NV 1996, 416; BVerwG VI C 14.77, Buchholz 310 § 55 VwGO Nr. 5), ein **Aushang am Sitzungssaal** (BFH IV R 52/92, BFH/NV 1993, 543 mwN; BayVGH 1 ZB 02.134, NVwZ-RR 2002, 799), der **ordnungsgemäße Aufruf** der Sache (BFH VIII R 83/93, BFH/NV 1996, 223, zugleich mwN zur Frage der möglichen Verletzung des Grundsatzes auf rechtliches Gehör) sowie die **lückenlose Information über den Sach- und Streitstand** (BFH V R 107/88, BFH/NV 1990, 653). **Zu bejahen ist ein Verstoß** gegen den Grundsatz der Öffentlichkeit, wenn der Pförtner des Gerichts nur Verfahrensbeteiligten Zutritt gewährt (BVerwG 8 B 287/99, BVerwGE 111, 61), wenn der gesetzliche Vertreter eines Beteiligten aus dem Gerichtssaal gewiesen wird (BFH I B 108/92, BFH/NV 1994, 381), wenn die Tür zum Sitzungssaal während der (öffentlichen) Verhandlung verschlossen ist (BFH X R 98–100/90 ua, BStBl. II 1992, 411) oder wenn die Verhandlung beginnt, obwohl rechtzeitig anwesende Zuhörer den Sitzungssaal aufgrund von Einlasskontrollen noch nicht betreten konnten (BGH 2 StR 394/94, NJW 1995, 3196; Zöller/Lückemann GVG § 169 Rn. 7). Aber auch → Rn. 6.

Beeinträchtigungen der Öffentlichkeit **stellen nur dann Verfahrensmängel dar** (vgl. §§ 115 II Nr. 3, 116, 119 Nr. 5), wenn sie durch das Gericht **schuldhaft,** dh mit Wissen und Wollen verursacht worden sind (BFH X R 34/82, BFH/NV 1989, 541 mwN; BGH 5 StR 14/20, NStZ 2020, 431; HHS/Leipold § 52 Rn. 38; Zöller/Lückemann GVG § 169 Rn. 13; aA Tipke/Kruse/Brandis § 52 Rn. 6). Dabei muss sich der Spruchkörper das Verhalten der ihm angehörenden Berufsrichter zurechnen lassen (BFH X R 98–100/90 ua, BStBl. II 1992, 411). Keine schuldhafte Verursachung liegt vor, wenn die Eingangstür zum Verhandlungsgebäude versehentlich und für das Gericht nicht bemerkbar verschlossen oder die Leuchtschrift „Nicht öffentliche Sitzung" versehentlich eingeschaltet wird (BFH X R 98–100/90 ua, BStBl. II 1992, 411; Zöller/Lückemann GVG § 169 Rn. 13 mwN). Im Revisions- oder NZB-Verfahren kann sich ein Beteiligter nur dann mit Erfolg auf die Verletzung des Öffentlichkeitsgrundsatzes berufen, wenn er diese bereits in der mündlichen Verhandlung vor dem FG geltend gemacht hatte; hat er dort rügelos weiter zur Sache verhandelt und einen Klageantrag gestellt, so **verliert er sein Rügerecht** (BFH IX B 71/19, BFH/NV 2020, 371, Rn. 4; → § 115 Rn. 288). – Die Beteiligten können auf die Einhaltung der Vorschriften über die Öffentlichkeit **verzichten** (BFH X R 45–46/90 ua, BStBl. II 1990, 1032 mwN; aA Tipke/Kruse/Brandis § 52 Rn. 6 wegen der Bedeutung des Prinzips). 6

2. Ausschluss der Öffentlichkeit

a) Ausschließungsgründe. Nach § 52 I sind die §§ 171b–173 GVG anzuwenden. 8

§ 171b GVG [Ausschluss der Öffentlichkeit zum Schutz der Privatsphäre]

(1) [1]Die Öffentlichkeit kann ausgeschlossen werden, soweit Umstände aus dem persönlichen Lebensbereich eines Prozessbeteiligten, eines Zeugen oder eines durch eine rechtswidrige Tat (§ 11 Absatz 1 Nummer 5 des Strafgesetzbuchs) Verletzten zur Sprache kommen, deren öffentliche Erörterung schutzwürdige Interessen

verletzen würde. [2]Das gilt nicht, soweit das Interesse an der öffentlichen Erörterung dieser Umstände überwiegt. [3]Die besonderen Belastungen, die für Kinder und Jugendliche mit einer öffentlichen Hauptverhandlung verbunden sein können, sind dabei zu berücksichtigen. [4]Entsprechendes gilt bei volljährigen Personen, die als Kinder oder Jugendliche durch die Straftat verletzt worden sind.

(2) [... betrifft Strafverfahren]

(3) [1]Die Öffentlichkeit ist auszuschließen, wenn die Voraussetzungen der Absätze 1 oder 2 vorliegen und der Ausschluss von der Person, deren Lebensbereich betroffen ist, beantragt wird. [2][... betrifft Strafverfahren]

(4) Abweichend von den Absätzen 1 und 2 darf die Öffentlichkeit nicht ausgeschlossen werden, soweit die Personen, deren Lebensbereiche betroffen sind, dem Ausschluss der Öffentlichkeit widersprechen.

(5) Die Entscheidungen nach den Absätzen 1 bis 4 sind unanfechtbar.

§ 172 GVG [Gründe für Ausschluss der Öffentlichkeit]

Das Gericht kann für die Verhandlung oder für einen Teil davon die Öffentlichkeit ausschließen, wenn

1. eine Gefährdung der Staatssicherheit, der öffentlichen Ordnung oder der Sittlichkeit zu besorgen ist,

1a. eine Gefährdung des Lebens, des Leibes oder der Freiheit eines Zeugen oder einer anderen Person zu besorgen ist,

2. ein wichtiges Geschäfts-, Betriebs-, Erfindungs- oder Steuergeheimnis zur Sprache kommt, durch dessen öffentliche Erörterung überwiegende schutzwürdige Interessen verletzt würden,

3. ein privates Geheimnis erörtert wird, dessen unbefugte Offenbarung mit Strafe bedroht ist,

4. eine Person unter 18 Jahren vernommen wird.

§ 173 GVG [Öffentliche Urteilsverkündung]

(1) Die Verkündung des Urteils sowie der Endentscheidung in Ehesachen und Familienstreitsachen erfolgt in jedem Falle öffentlich.

(2) Durch einen besonderen Beschluß des Gerichts kann unter den Voraussetzungen der §§ 171b und 172 auch für die Verkündung der Entscheidungsgründe oder eines Teiles davon die Öffentlichkeit ausgeschlossen werden.

9 Im finanzgerichtlichen Verfahren haben die §§ 171b, 172 GVG kaum eine Bedeutung. Denn abgesehen von den dort genannten Gründen **muss** nach **§ 52 II** der **Ausschluss der Öffentlichkeit** erfolgen, wenn ein anderer Beteiligter (§ 57 Nr. 1, 3) als die Finbeh es **beantragt.** § 52 II dient dem Schutz des Steuergeheimnisses. Nicht zur Öffentlichkeit gehören die Beteiligten iSd § 57 sowie ihre Bevollmächtigten und Beistände iSv § 62 I. Sie können nicht nach § 52 II ausgeschlossen werden (BFH I B 77/07, BFH/NV 2008, 1445 betr. Betriebsprüfer als Beistand, → Rn. 4 aE). Zum Ausschluss der Öffentlichkeit bei **Videokonferenzen** s. FG BW 5 K 1440/21, EFG 2023, 1238: das Gericht darf auf die Einhaltung des Ausschlusses vertrauen.

In den übrigen Fällen hat das Gericht über den Antrag nach pflichtgemäßem **Ermessen** zu befinden (Ausnahme: § 171b II GVG). – Zur Rüge des unterbliebenen Ausschlusses der Öffentlichkeit s. BFH IX B 114/04, BFH/NV 2005, 350. Zur Bedeutung des Aushangs in diesen Fällen s. Jesse DB 2008, 1994 (1999).

Die **Urteilsverkündung** ist zwar nicht Teil der mündlichen Verhandlung (BFH VI B 5/22, BFH/NV 2022, 1205, Rn. 32: keine Vertretung der Beteiligten erforderlich), gleichwohl aber (von dem Ausnahmefall des § 173 II GVG abgesehen) in jedem Fall **öffentlich.** Vor der Verkündung muss deshalb die Öffentlichkeit wiederhergestellt werden. Entsprechende **Protokollierung** ist erforderlich (um Nachweis der Einhaltung des Grundsatzes der Öffentlichkeit durch das Protokoll s. BVerwG I C 27.77, HFR 1979, 112; zum Gegenbeweis s. BFH X R 43/82, BFH/NV 1989, 541). **Verstößt das Gericht hiergegen,** so führt dies gleichwohl nicht zu einem Verfahrensfehler iSv § 119 Nr. 5. § 52 I iVm § 173 I GVG gehört nämlich nicht zu den Vorschriften über die Öffentlichkeit des Verfahrens iSd § 119 Nr. 5, auf deren Verletzung ein Urteil beruhen kann, weil die Entscheidungsfindung durch die nichtöffentliche Verkündung eines Urteils nicht beeinflusst worden sein kann (BFH I R 39/11, BFH/NV 2013, 1284). 10

b) Ausschließungsverfahren und Wirkung der Ausschließung. Nach § 52 I gelten die §§ 174 u. 175 GVG. 11

§ 174 GVG [Verhandlung über Ausschluss der Öffentlichkeit; Schweigepflicht]

(1) [1]Über die Ausschließung der Öffentlichkeit ist in nicht öffentlicher Sitzung zu verhandeln, wenn ein Beteiligter es beantragt oder das Gericht es für angemessen erachtet. [2]Der Beschluß, der die Öffentlichkeit ausschließt, muß öffentlich verkündet werden; er kann in nicht öffentlicher Sitzung verkündet werden, wenn zu befürchten ist, daß seine öffentliche Verkündung eine erhebliche Störung der Ordnung in der Sitzung zur Folge haben würde. [3]Bei der Verkündung ist in den Fällen der §§ 171b, 172 und 173 anzugeben, aus welchem Grund die Öffentlichkeit ausgeschlossen worden ist.

(2) Soweit die Öffentlichkeit wegen Gefährdung der Staatssicherheit ausgeschlossen wird, dürfen Presse, Rundfunk und Fernsehen keine Berichte über die Verhandlung und den Inhalt eines die Sache betreffenden amtlichen Schriftstücks veröffentlichen.

(3) [1]Ist die Öffentlichkeit wegen Gefährdung der Staatssicherheit oder aus den in §§ 171b und 172 Nr. 2 und 3 bezeichneten Gründen ausgeschlossen, so kann das Gericht den anwesenden Personen die Geheimhaltung von Tatsachen, die durch die Verhandlung oder durch ein die Sache betreffendes amtliches Schriftstück zu ihrer Kenntnis gelangen, zur Pflicht machen. [2]Der Beschluß ist in das Sitzungsprotokoll aufzunehmen. [3]Er ist anfechtbar. [4]Die Beschwerde hat keine aufschiebende Wirkung.

Der Wortlaut des **§ 175 GVG** ist bei → Rn. 2 abgedruckt.

Zur **Ausschließung der Öffentlichkeit** nach § 52 II → Rn. 9. – Eine **Verhandlung über den Ausschluss der Öffentlichkeit** ist nur in den Fällen des § 172 GVG (→ Rn. 8) erforderlich; den Beteiligten (§ 57) ist **rechtliches Gehör** zu gewähren. – Die Entscheidung erfolgt durch **unanfechtbaren** (HHS/Leipold Rn. 31; Tipke/Kruse/Brandis § 52 Rn. 10) **Beschluss,** der zu begründen ist (Ausnahme: Beschluss nach § 52 II) und grds. öffentlich verkündet werden muss. 12

Einzelnen Personen kann nach **§ 175 II GVG** der Zutritt zu nicht öffentlichen Verhandlungen ohne Anhörung der Beteiligten (sehr zweifelhaft, s. BVerfG 1 BvR 878/90, NJW 1993, 2229) gestattet werden. – Zur Anwesenheit von Dienstaufsicht führenden Beamten der Justizverwaltung (Gerichtspräsident) trotz Ausschluss der Öffentlichkeit s. **§ 175 III GVG.** 13

15 **c) Zutrittsbeschränkung.** Nach § 52 I gilt § 175 I GVG (→ Rn. 2). – Für die Beteiligten (§ 57) gibt es keine Zutrittsbeschränkung. – Der Würde des Gerichts widerspricht zB die Anwesenheit betrunkener oder verwahrloster Personen.

III. Sitzungspolizei

16 Nach § 52 I gelten die §§ 176–183 GVG.

§ 176 GVG [Sitzungspolizei]

(1) Die Aufrechterhaltung der Ordnung in der Sitzung obliegt dem Vorsitzenden.

(2) [1]An der Verhandlung beteiligte Personen dürfen ihr Gesicht während der Sitzung weder ganz noch teilweise verhüllen. [2]Der Vorsitzende kann Ausnahmen gestatten, wenn und soweit die Kenntlichmachung des Gesichts weder zur Identitätsfeststellung noch zur Beweiswürdigung notwendig ist.

§ 177 GVG [Maßnahmen zur Aufrechterhaltung der Ordnung]

[1]Parteien, Beschuldigte, Zeugen, Sachverständige oder bei der Verhandlung nicht beteiligte Personen, die den zur Aufrechterhaltung der Ordnung getroffenen Anordnungen nicht Folge leisten, können aus dem Sitzungszimmer entfernt sowie zur Ordnungshaft abgeführt und während einer zu bestimmenden Zeit, die vierundzwanzig Stunden nicht übersteigen darf, festgehalten werden. [2]Über Maßnahmen nach Satz 1 entscheidet gegenüber Personen, die bei der Verhandlung nicht beteiligt sind, der Vorsitzende, in den übrigen Fällen das Gericht.

§ 178 GVG [Ordnungsmittel wegen Ungebühr]

(1) [1]Gegen Parteien, Beschuldigte, Zeugen, Sachverständige oder bei der Verhandlung nicht beteiligte Personen, die sich in der Sitzung einer Ungebühr schuldig machen, kann vorbehaltlich der strafgerichtlichen Verfolgung ein Ordnungsgeld bis zu eintausend Euro oder Ordnungshaft bis zu einer Woche festgesetzt und sofort vollstreckt werden. [2]Bei der Festsetzung von Ordnungsgeld ist zugleich für den Fall, daß dieses nicht beigetrieben werden kann, zu bestimmen, in welchem Maße Ordnungshaft an seine Stelle tritt.

(2) Über die Festsetzung von Ordnungsmitteln entscheidet gegenüber Personen, die bei der Verhandlung nicht beteiligt sind, der Vorsitzende, in den übrigen Fällen das Gericht.

(3) Wird wegen derselben Tat später auf Strafe erkannt, so sind das Ordnungsgeld oder die Ordnungshaft auf die Strafe anzurechnen.

§ 179 GVG [Vollstreckung der Ordnungsmittel]

Die Vollstreckung der vorstehend bezeichneten Ordnungsmittel hat der Vorsitzende unmittelbar zu veranlassen.

§ 180 GVG [Befugnisse außerhalb der Sitzung]

Die in den §§ 176 bis 179 bezeichneten Befugnisse stehen auch einem einzelnen Richter bei der Vornahme von Amtshandlungen außerhalb der Sitzung zu.

§ 181 GVG [Beschwerde gegen Ordnungsmittel]

(1) Ist in den Fällen der §§ 178, 180 ein Ordnungsmittel festgesetzt, so kann gegen die Entscheidung binnen der Frist von einer Woche nach ihrer Bekanntma-

chung Beschwerde eingelegt werden, sofern sie nicht von dem Bundesgerichtshof oder einem Oberlandesgericht getroffen ist.

(2) Die Beschwerde hat in dem Falle des § 178 keine aufschiebende Wirkung, in dem Falle des § 180 aufschiebende Wirkung.

(3) Über die Beschwerde entscheidet das Oberlandesgericht.

§ 182 GVG [Protokollierung]

Ist ein Ordnungsmittel wegen Ungebühr festgesetzt oder eine Person zur Ordnungshaft abgeführt oder eine bei der Verhandlung beteiligte Person entfernt worden, so ist der Beschluß des Gerichts und dessen Veranlassung in das Protokoll aufzunehmen.

§ 183 GVG [Straftaten in der Sitzung]

[1]Wird eine Straftat in der Sitzung begangen, so hat das Gericht den Tatbestand festzustellen und der zuständigen Behörde das darüber aufgenommene Protokoll mitzuteilen. [2]In geeigneten Fällen ist die vorläufige Festnahme des Täters zu verfügen.

Nach §§ 176–182 GVG hat das Gericht für die **äußere Ordnung** im Sitzungs- 24
saal während der Verhandlung und für den ordnungsgemäßen (äußeren) Ablauf des Verfahrens grds. selbst zu sorgen. – Die Verwirklichung dieser Aufgabe obliegt dem Vorsitzenden, dem Einzelrichter (§§ 6, 79a III, IV), dem beauftragten oder dem ersuchten Richter oder dem Berichterstatter, falls er einen Termin (zB Erörterungstermin) durchführt (§ 180 GVG). – §§ 176 ff. GVG räumen die dort genannten Befugnisse nur zur Aufrechterhaltung der Ordnung **in der Sitzung** ein. Dies betrifft die richterliche Verhandlungstätigkeit, nicht aber auch die richterliche Bürotätigkeit oder das Geschehen im Eingangsbereich des Gerichts sowie auf den Fluren und in Treppenhäusern (hier ggf. Hausrecht des Präsidenten gegen Störer). Räumlich erfasst werden nur diejenigen Orte, an denen die Verhandlung stattfindet. Das gilt auch für auswärtige Verhandlungen (zB auch Augenscheinseinnahme), für Beratungsräume und für die Aufzeichnungsräume im Falle der Verhandlung mittels **Videokonferenz** (Zöller/Lückemann GVG § 176 Rn. 4).

Der Vorsitzende kann – unter **Beachtung des Übermaßverbots** – alle Maß- 25
nahmen ergreifen, die geeignet und erforderlich sind, um die äußere Ordnung der Verhandlung und des Verfahrens zu gewährleisten. Dazu gehören zB die Ermahnung der Zuhörer zur Ruhe, der Hinweis auf bestehende Rauchverbote, die Entfernung von Beteiligten, Zeugen, Sachverständigen und Zuhörern aus dem Saal, die den Ablauf der Sitzung stören (§ 177 GVG), das Verbot von Fernsehaufnahmen (dazu BVerwG 7 C 14/90, BVerwGE 1985, 283), die Anordnung eines Fotografierverbots (BFH VI ZR 108/10, BGHZ 190, 52), das Verbot des Tragens von Motorradwesten („Kutten", dazu BVerfG 2 BvR 2405/11, NJW 2012, 1863). Eine **Fesselung** setzt aber eine im Zeitpunkt der Entscheidung nach dem möglichen Stand der Ermittlungen erkennbare, substantiierte und mit konkreten Anhaltspunkten belegbare Gefahr voraus, die sich aus dem Verhalten des Gefangenen ergeben muss. Dazu gehören insbes. Auffälligkeiten im Vollzug, wenn etwa der Betreffende gegen Personen oder Sachen gewalttätig geworden ist, Fluchtversuche unternommen hat oder wenn Suizidabsichten erkennbar sind. Eine Doppelfesselung muss unter strenger Beachtung des Verhältnismäßigkeitsgrundsatzes auf ganz besondere Ausnahmefälle – vor allem der Gefährdung von Leib und Leben Dritter – beschränkt bleiben. Ist die Fesselungsanordnung nach den vorstehenden Maßstäben rechtswidrig und

weigert sich der Beteiligte, unter diesen Bedingungen an der mündlichen Verhandlung teilzunehmen, so ist der Grundsatz des rechtlichen Gehörs verletzt, wenn das Gericht in dessen Abwesenheit entscheidet (BFH X B 136/22, BFH/NV 2023, 1228). – Das **Verbot der Verhüllung des Gesichts** ist seit Ende 2019 mit Ausnahmen in § 176 II GVG geregelt und dient der aus dem Rechtsstaatsprinzip (Art. 20 III GG) abgeleiteten Wahrung der Funktionsfähigkeit der Rechtspflege (BT-Drucks. 19/14747, 43), namentlich der Identitätsfeststellung und Beweiswürdigung, aber darüber hinaus ebenso der unbeeinträchtigten offenen – auch nonverbalen – Kommunikation unter den Verfahrensbeteiligten (BR-Drucks. 408/18, 4). Andererseits ist die Anordnung des Tragens einer **Mund-Nase-Bedeckung** in der mündlichen Verhandlung aus Infektionsschutzgründen zulässig (BVerfG 1 BvR 1948/20, MDR 2020, 1523). **Handschriftliche Aufzeichnungen durch Zuhörer** kann der Vorsitzende nicht untersagen (Zöller/Lückemann GVG § 176 Rn. 5; anders für die Benutzung von Laptops und Notebooks wegen der Gefahr der Bild- und Tonaufnahmen: BVerfG 1 BvQ 47/08, NJW 2009, 352). – Gegen Rechtsanwälte oder Angehörige der steuerberatenden Berufe als **Prozessbevollmächtigte** sind sitzungspolizeiliche Maßnahmen allenfalls in besonderen **Ausnahmefällen** zulässig (BGH RiZ (R) 3/75, NJW 1977, 437 zweifelhaft; OLG Düsseldorf 1 WS OWI 1034/93, MDR 1994, 297).

Anordnungen des Vorsitzenden nach § 176 GVG sind **unanfechtbar** (KG 4 Ws 61/10, NStZ 2011, 120; OLG Hamm III-3 Ws 370/11, NStZ-RR 2012, 118; vgl. auch Kopp/Schenke/Schenke VwGO § 55 Rn. 8). Die unter Heranziehung des Art. 19 IV GG hiergegen geäußerten Bedenken (HHS/Leipold Rn. 57; Tipke/Kruse/Brandis § 52 Rn. 19; Schoch/Schneider/Meissner/Schenk VwGO § 55 Rn. 48; Krekeler NJW 1979, 188: Beschwerde analog § 181 GVG) überzeugen nicht. Die Anordnungen des Vorsitzenden gehören zum Bereich der Rspr. und können inzidenter im NZB- oder Revisionsverfahren überprüft werden (zB unter dem Gesichtspunkt der Verletzung des Grundsatzes der Öffentlichkeit; ebenso Zöller/Lückemann GVG § 176 Rn. 9).

26 **Zwangsmaßnahmen** zur Durchsetzung der sitzungspolizeilichen Anordnungen des Vorsitzenden usw (§§ 177, 178 GVG) müssen **durch Beschluss** des Senats oder des Vorsitzenden (§ 177 S. 2 GVG) oder durch Beschluss des Einzelrichters (§§ 6, 79a III, IV) oder des beauftragten oder ersuchten Richters – **nach Anhörung** des Betroffenen und der Beteiligten (OLG Koblenz 4 W 365/07, OLGR Koblenz 2007, 682) – angeordnet und sofort vollstreckt werden. Erforderlich ist eine wertungsfreie, möglichst genaue **Protokollierung** des Vorgangs, sodass nachvollziehbar ist, aufgrund welcher Tatsachen und Umstände das Gericht das Ordnungsmittel verhängt hat (BFH VIII B 40/23, BFH/NV 2024, 1360). – **Ordnungsgeld** kann zwischen 5 EUR und 1.000 EUR und **Ordnungshaft** zwischen einem Tag und einer Woche festgesetzt werden (§ 178 I GVG iVm Art. 6 EGStGB). – Die Festsetzung von Zwangsmitteln **gegenüber Zuhörern** obliegt dem Vorsitzenden allein (§ 178 II GVG). – **Ungebühr** iSd §§ 178 I 1, 182 GVG ist die vorsätzliche grob unangemessene Missachtung der Aufgaben des Gerichts, dh ein Verhalten, das geeignet ist, die Rechtspflege und die Ordnung der Verhandlung empfindlich zu stören. Dazu gehören Tätlichkeiten (OLG Hamm 2 Ws 36/05, VRS 108, 429), Beleidigungen des Gerichts oder der Beteiligten (OLG Koblenz 1 Ws 771/86, VRS 72, 189; OLG Karlsruhe 11 W 75/16, MDR 2016, 1287), Erscheinen in betrunkenem Zustand (OLG Schleswig 29.3.2006, SchlHA 2007, 280) oder in unangemessener Kleidung (OLG Düsseldorf 1 Ws (OWi) 619/85, NJW 1986, 1505), Entgegennahme und Führen von Telefonaten per Mobiltelefon (OLG Hamburg 12 W 9/97, NJW 1997,

3452), Nichtabnehmen einer Kopfbedeckung (OLG Stuttgart 1 Ws 126, 127/07, Justiz 2007, 281; zur Ausnahme bei religiösen Gründen s. BVerfG 2 BvR 677/05, NJW 2007, 56; aber → Rn. 25), Sitzenbleiben bei Eintritt des Gerichts zu Beginn der Sitzung, während der Vereidigung oder Urteilsverkündung (OLG Celle 1 Ws 504/11, NStZ-RR 2012, 119; OLG Bdbg 2 Ws 12/13, wistra 2014, 79), nicht aber bei Wiedereintritt des Gerichts nach Sitzungsunterbrechung (OLG Köln III-2 Ws 449/15, 2 Ws 449/15, NStZ 2016, 440; OLG Karlsruhe 2 Ws 448/14, NStZ 2015, 300). Zu weiteren Beispielen s. Zöller/Lückemann GVG § 178 Rn. 3 mwN). – Zur Protokollierungspflicht (§ 182 GVG) s. OLG Karlsruhe 14 W 1–97, MDR 1997, 687.

Die **Vollstreckung der Ordnungsmittel** (Zwangsmaßnahmen) veranlasst der Vorsitzende (→ Rn. 25) nach § 179 GVG unmittelbar. **27**

Gegen die Anordnung von Zwangsmitteln ist die **Beschwerde** an den BFH gegeben (§§ 128 I, 129). – § 181 I GVG gilt nicht. **28**

Wird in der Sitzung (→ Rn. 24) eine **Straftat** iSd StGB begangen, hat das Gericht (ggf. der Einzelrichter oder der Berichterstatter – → Rn. 25) den Sachverhalt festzustellen, zu protokollieren und das Protokoll der Strafverfolgungsbehörde mitzuteilen. Gegebenenfalls kommt auch eine **vorläufige Festnahme** (§ 127 StPO) in Betracht. Der Erlass eines Haftbefehls ist unzulässig. **29**

IV. Gerichtssprache

Nach § 52 I gelten die §§ 184–191a GVG. **30**

§ 184 GVG [Deutsche Sprache]

[1]Die Gerichtssprache ist deutsch. [2]Das Recht der Sorben, in den Heimatkreisen der sorbischen Bevölkerung vor Gericht sorbisch zu sprechen, ist gewährleistet.

§§ 184a, 184b GVG [... betrifft die ordentliche Gerichtsbarkeit]

§ 185 GVG [Dolmetscher]

(1) [1]Wird unter Beteiligung von Personen verhandelt, die der deutschen Sprache nicht mächtig sind, so ist ein Dolmetscher zuzuziehen. [2]Ein Nebenprotokoll in der fremden Sprache wird nicht geführt; jedoch sollen Aussagen und Erklärungen in fremder Sprache, wenn und soweit der Richter dies mit Rücksicht auf die Wichtigkeit der Sache für erforderlich erachtet, auch in der fremden Sprache in das Protokoll oder in eine Anlage niedergeschrieben werden. [3]In den dazu geeigneten Fällen soll dem Protokoll eine durch den Dolmetscher zu beglaubigende Übersetzung beigefügt werden.

(1a) [1]Der Vorsitzende kann gestatten oder anordnen, dass der Dolmetscher per Bild- und Tonübertragung an der Verhandlung, Anhörung oder Vernehmung teilnimmt. [2]Der Vorsitzende kann zusätzlich anordnen, dass sich der Dolmetscher an demselben Ort aufhält wie die Person, die der deutschen Sprache nicht mächtig ist.

(2) Die Zuziehung eines Dolmetschers kann unterbleiben, wenn die beteiligten Personen sämtlich der fremden Sprache mächtig sind.

(3) [... betrifft Familiensachen und Angelegenheiten der freiwilligen Gerichtsbarkeit]

(4) [1]Personen, die für Presse, Hörfunk, Fernsehen oder für andere Medien berichten und der deutschen Sprache nicht mächtig sind, dürfen sich in Gerichtsver-

handlungen Verdolmetschungen bedienen. [2]Das Gericht kann die Nutzung gerichtlich bereitgestellter Verdolmetschungen zulassen. [3]§ 176 Absatz 1 bleibt unberührt.

§ 186 GVG [Verständigung mit hör- oder sprachbehinderter Person]

(1) [1]Die Verständigung mit einer hör- oder sprachbehinderten Person erfolgt nach ihrer Wahl mündlich, schriftlich oder mit Hilfe einer die Verständigung ermöglichenden Person, die vom Gericht hinzuzuziehen ist. [2]Für die mündliche und schriftliche Verständigung hat das Gericht die geeigneten technischen Hilfsmittel bereitzustellen. [3]Die hör- oder sprachbehinderte Person ist auf ihr Wahlrecht hinzuweisen.

(2) Das Gericht kann eine schriftliche Verständigung verlangen oder die Hinzuziehung einer Person als Dolmetscher anordnen, wenn die hör- oder sprachbehinderte Person von ihrem Wahlrecht nach Absatz 1 keinen Gebrauch gemacht hat oder eine ausreichende Verständigung in der nach Absatz 1 gewählten Form nicht oder nur mit unverhältnismäßigem Aufwand möglich ist.

(3) Das Bundesministerium der Justiz und für Verbraucherschutz bestimmt durch Rechtsverordnung, die der Zustimmung des Bundesrates bedarf,
1. den Umfang des Anspruchs auf Bereitstellung von geeigneten Kommunikationshilfen gemäß den Absätzen 1 und 2,
2. die Grundsätze einer angemessenen Vergütung für den Einsatz von Kommunikationshilfen gemäß den Absätzen 1 und 2,
3. die geeigneten Kommunikationshilfen, mit Hilfe derer die in den Absätzen 1 und 2 genannte Verständigung zu gewährleisten ist, und
4. ob und wie die Person mit Hör- oder Sprachbehinderung mitzuwirken hat.

§ 187 GVG [... betrifft Straf- und Bußgeldverfahren]

§ 188 GVG [Eide Fremdsprachiger]

Personen, die der deutschen Sprache nicht mächtig sind, leisten Eide in der ihnen geläufigen Sprache.

§ 189 GVG [Dolmetschereid]

(1) [1]Der Dolmetscher hat einen Eid dahin zu leisten:

daß er treu und gewissenhaft übertragen werde.

[2]Gibt der Dolmetscher an, daß er aus Glaubens- oder Gewissensgründen keinen Eid leisten wolle, so hat er eine Bekräftigung abzugeben. [3]Diese Bekräftigung steht dem Eid gleich; hierauf ist der Dolmetscher hinzuweisen.

(2) Ist der Dolmetscher für Übertragungen der betreffenden Art nach dem Gerichtsdolmetschergesetz *[bis 31.12.2026:* oder in einem Land nach den landesrechtlichen Vorschriften*]* allgemein beeidigt, so genügt vor allen Gerichten des Bundes und der Länder die Berufung auf diesen Eid.

(3) [... betrifft Familiensachen und Angelegenheiten der freiwilligen Gerichtsbarkeit]

(4) [1]Der Dolmetscher oder Übersetzer soll über Umstände, die ihm bei seiner Tätigkeit zur Kenntnis gelangen, Verschwiegenheit wahren. [2]Hierauf weist ihn das Gericht hin.

§ 190 GVG [Urkundsbeamter als Dolmetscher]

[1]Der Dienst des Dolmetschers kann von dem Urkundsbeamten der Geschäftsstelle wahrgenommen werden. [2]Einer besonderen Beeidigung bedarf es nicht.

§ 191 GVG [Ausschließung und Ablehnung des Dolmetschers]

[1]Auf den Dolmetscher sind die Vorschriften über Ausschließung und Ablehnung der Sachverständigen entsprechend anzuwenden. [2]Es entscheidet das Gericht oder der Richter, von dem der Dolmetscher zugezogen ist.

§ 191a GVG [Zugänglichmachung von Schriftstücken für blinde oder sehbehinderte Person]

(1) [1]Eine blinde oder sehbehinderte Person kann Schriftsätze und andere Dokumente in einer für sie wahrnehmbaren Form bei Gericht einreichen. [2]Sie kann nach Maßgabe der Rechtsverordnung nach Absatz 2 verlangen, dass ihr Schriftsätze und andere Dokumente eines gerichtlichen Verfahrens barrierefrei zugänglich gemacht werden. [3]Ist der blinden oder sehbehinderten Person Akteneinsicht zu gewähren, kann sie verlangen, dass ihr die Akteneinsicht nach Maßgabe der Rechtsverordnung nach Absatz 2 barrierefrei gewährt wird. [4]Ein Anspruch im Sinne der Sätze 1 bis 3 steht auch einer blinden oder sehbehinderten Person zu, die von einer anderen Person mit der Wahrnehmung ihrer Rechte beauftragt oder hierfür bestellt worden ist. [5]Auslagen für die barrierefreie Zugänglichmachung nach diesen Vorschriften werden nicht erhoben.

(2) Das Bundesministerium der Justiz und für Verbraucherschutz bestimmt durch Rechtsverordnung, die der Zustimmung des Bundesrates bedarf, unter welchen Voraussetzungen und in welcher Weise die in Absatz 1 genannten Dokumente und Dokumente, die von den Parteien zur Akte gereicht werden, einer blinden oder sehbehinderten Person zugänglich gemacht werden, sowie ob und wie diese Person bei der Wahrnehmung ihrer Rechte mitzuwirken hat.

(3) [1]Elektronische Dokumente sind für blinde oder sehbehinderte Personen barrierefrei zu gestalten, soweit sie in Schriftzeichen wiedergegeben werden. [2]Erfolgt die Übermittlung eines elektronischen Dokuments auf einem sicheren Übermittlungsweg, ist dieser barrierefrei auszugestalten. [3]Sind elektronische Formulare eingeführt (§ 130c der Zivilprozessordnung, § 32c der Strafprozessordnung, § 14a des Gesetzes über das Verfahren in Familiensachen und in den Angelegenheiten der freiwilligen Gerichtsbarkeit, § 46f des Arbeitsgerichtsgesetzes, § 65c des Sozialgerichtsgesetzes, § 55c der Verwaltungsgerichtsordnung, § 52c der Finanzgerichtsordnung, § 110b des Gesetzes über Ordnungswidrigkeiten), sind diese blinden oder sehbehinderten Personen barrierefrei zugänglich zu machen. [4]Dabei sind die Standards von § 3 der Barrierefreie-Informationstechnik-Verordnung vom 12. September 2011 (BGBl. I S. 1843) in der jeweils geltenden Fassung maßgebend.

(4) [1]In gerichtlichen Verfahren eingesetzte Videokonferenztechnik ist für die Verständigung mit einer blinden oder sehbehinderten Person auf deren Verlangen barrierefrei zugänglich zu machen. [2]Absatz 3 Satz 4 gilt entsprechend.

Prozesshandlungen müssen grds. **in deutscher Sprache (§ 184 GVG)** vorgenommen werden. Sind sie in fremder Sprache abgefasst, sind sie nach bisheriger hM im Allgemeinen weder fristwahrend noch verwertbar (FG Köln 4 K 7399/95, EFG 1997, 818 zur Vollmacht; FG München 3 V 5378/00, ZfZ 2001, 246; SächsFG 6 K 291/16 Kg, BeckRS 2017, 111096; s. auch BGH 1 StR 815/80, MDR 1981, 949; BVerwG 9 B 506/89, DVBl. 1990, 495; Gosch/Schoenfeld § 52 Rn. 91; HHS/Leipold § 52 Rn. 74; Zöller/Lückemann GVG § 184 Rn. 3; Kopp/Schenke/Schenke VwGO § 55 Rn. 9; zur Anordnung der Beibringung von Übersetzungen s. § 155 FGO iVm § 142 III ZPO). Der dadurch – insbes. bei fristgebundenen Prozesshandlungen – eintretende Rechtsverlust soll aber dadurch abgemildert werden, dass bei **Fristversäumnis** aufgrund von Sprachschwierigkeiten uU **Wiedereinsetzung** in den vorigen Stand zu gewähren ist (FG München 3 V 5378/00, ZfZ 2001, 246; Gosch/Schoenfeld § 52 Rn. 93; HHS/Leipold § 52 Rn. 74; Tipke/Kruse/Brandis § 52 Rn. 27; → § 56 Rn. 23 „Ausländer"; s. auch FG Hmb 4 K 143/16, BeckRS 2017, 94257 zu den Anforderungen an die Wiedereinsetzung). Zudem kann sich für das Gericht aus Art. 103 I GG (rechtliches Gehör) die Pflicht ergeben, von Amts wegen Übersetzungen einzuholen, wenn der Ausländer dartut, dass er aufgrund seiner finanziellen Situation dazu nicht in der Lage ist und dass die fremdsprachigen Schriftstücke für das Verfahren bedeutsam sind (BVerfG 2 BvR 881/85, NVwZ 1987, 785; Kopp/Schenke/Schenke VwGO § 55 Rn. 10 mwN; → § 76 Rn. 20).

31 Gegen diese strikte Anwendung des § 184 GVG werden zT **Einwände** jedenfalls für die Fälle erhoben, dass eingereichte Schriftsätze in einer **Amtssprache der EU** verfasst sind (so bereits FG Saarl 2 K 174/87, EFG 1989, 28 mit der Forderung nach einer zeitgemäßen Auslegung des § 184 GVG; ähnlich auch FG Saarl 2 U 179/87, EFG 1989, 3112; s. ferner FG Düsseldorf 4 K 1775/10 Erb, EFG 2011, 823 mAnm Bauhaus = AO-StB 2011, 40, aufgehoben aus anderen Gründen durch BFH II R 14/11, BFH/NV 2013, 693). Diese Einwände sind nicht von der Hand zu weisen. Art. 84 IV 1 der Verordnung (EWG) Nr. 1408/71 des Rates vom 14.6.1971 zur Anwendung der Systeme der sozialen Sicherheit auf Arbeitnehmer und deren Familien, die innerhalb der Gemeinschaft zu- und abwandern (ABl. EG Nr. L 149, 2), idF der Verordnung (EG) Nr. 1399/1999 des Rates vom 29.4.1999 zur Änderung der Verordnung (EWG) Nr. 1408/71150 (ABl. EG Nr. L 164, 1) bestimmt, dass die Behörden, Träger und Gerichte eines Mitgliedstaats die bei ihnen eingereichten Anträge und sonstigen Schriftstücke nicht deshalb zurückweisen dürfen, weil sie in der Amtssprache eines anderen Mitgliedstaats abgefasst sind. Daraus lässt sich entgegen der von Gosch/Schoenfeld § 52 Rn. 92 vertretenen Auffassung durchaus ein allg. Rechtssatz ableiten, dass ein in einer Amtssprache eines Mitgliedstaats der EU abgefasster Schriftsatz Rechtswirkungen entfaltet, zumal es auch das Ziel der im AEUV normierten Grundfreiheiten ist, jegliche Hemmnisse und Beeinträchtigungen innerhalb der EU zu verhindern. Dies spricht dafür, § 184 GVG unionsrechtskonform dahingehend auszulegen, dass die Amtssprachen der EU als Gerichtssprache zugelassen werden.

32 Soweit das **FG Hmb** (4 K 18/17, EFG 2017, 935) darüber hinaus für eine aus Art. 20 III, 3 III und 19 IV GG abgeleitete und zur Vermeidung einer Benachteiligung wegen der Sprache gebotene verfassungskonforme Auslegung des § 184 GVG dergestalt eintritt, dass das FG **für alle** in einer ausländischen Sprache verfassten **Schriftsätze** – und damit auch für Schriftsätze in einer Sprache, die keine Amtssprache in einem EU-Mitgliedstaat ist – eine **Übersetzung von Amts wegen** einholen muss, ist dem mE nicht zu folgen. Das BVerfG betont zwar in stRspr, dass Ausländern in Verfahren vor deutschen Gerichten die gleichen prozessualen Grundrechte und der gleiche Anspruch auf ein rechtsstaatliches Verfahren und auf umfassenden und wirksamen Rechtsschutz wie jedem Deutschen zustehen (BVerfG 2 BvR 1074/74, BVerfGE 40, 95 mwN). Daraus allein ergibt sich aber noch keine Notwendigkeit für die vom FG Hmb vertretene verfassungskonforme Extension des § 184 GVG, weil eine Gewährleistung der Rechte des Ausländers auch durch eine Wiedereinsetzung in den vorigen Stand möglich ist, wie das BVerfG (BVerfG 2 BvR 1074/74, BVerfGE 40, 95 mwN) dies selbst hervorhebt.

Das Gericht ist grds. verpflichtet, **in der mündlichen Verhandlung** einen **Dolmetscher** hinzuzuziehen (BFH V B 18/99, BFH/NV 2000, 983), nicht jedoch bereits zur Vorbereitung der mündlichen Verhandlung und zur Überprüfung von Entscheidungen eines Gerichts außerhalb der mündlichen Verhandlung (BFH V S 27/12 (PKH), BFH/NV 2013, 945). Ein Beteiligter hat auch keinen Anspruch auf eine schriftliche Übersetzung oder darauf, dass das Gericht den Dolmetscher zu einem bestimmten Zeitpunkt bestellt (BFH V S 27/12 (PKH), BFH/NV 2013, 945). Von der Bestellung eines Dolmetschers kann nach **§ 185 II GVG** abgesehen werden, wenn die beteiligten Personen sämtlich der fremden Sprache mächtig sind. Die **Kosten des Dolmetschers** sind Verfahrenskosten, die die unterlegene Partei zu tragen hat (Kopp/Schenke/Schenke VwGO § 55 Rn. 11). – Ein **Ausländer** hat keinen Anspruch darauf, dass das Gericht das Urteil übersetzen lässt (OLG Frankfurt a. M. 3 Ws 830/79, NJW 1980, 1238). Die Kosten der Übersetzung muss der Beteiligte selbst tragen (Kopp/Schenke/Schenke VwGO § 55 Rn. 11). 33

V. Beratung und Abstimmung

Für Beratungen und Abstimmungen gelten nach § 52 I die §§ 192–197 GVG, die aber keine Regelung dazu treffen, ob diese auch per **Videokonferenz** erfolgen können. Der BFH (IV R 35/19, NJW 2021, 1558, Rn. 34) bejaht dies unter der Voraussetzung, dass 40

- gewährleistet ist, dass bei gleichzeitiger Teilnahme sämtlicher an der Entscheidung beteiligter Richter unter der Leitung des Vorsitzenden der einzelne Richter jederzeit und zeitgleich mit den anderen an der Entscheidung beteiligten Richtern kommunizieren kann,
- alle beteiligten Richter die gesamte Kommunikation in Ton und Bild mitverfolgen können,
- technisch eine gesicherte Datenverbindung existiert,
- das Richterkollegium aus Berufsrichtern besteht, die alle mit dieser Verfahrensweise einverstanden sind und
- das Richterkollegium bis zum Abschluss der Abstimmung jederzeit die Möglichkeit hat, auf der Durchführung einer Präsenzberatung und -abstimmung zu bestehen.

Der BGH lässt dies sogar für Beratungen und Abstimmungen mit **ehrenamtlichen Richtern** zu (BGH LwZR 2/20, NJW-RR 2021, 190, Rn. 2 mwN). Dies ist nun auch in § 193 I GVG geregelt (→ Rn. 41).

§ 192 GVG [Mitwirkende Richter und Schöffen]

(1) Bei Entscheidungen dürfen Richter nur in der gesetzlich bestimmten Anzahl mitwirken.

(2) Bei Verhandlungen von längerer Dauer kann der Vorsitzende die Zuziehung von Ergänzungsrichtern anordnen, die der Verhandlung beizuwohnen und im Falle der Verhinderung eines Richters für ihn einzutreten haben.

(3) Diese Vorschriften sind auch auf Schöffen anzuwenden.

Diejenigen Richter, die an der Entscheidung mitgewirkt haben, müssen nicht notwendigerweise mit denjenigen identisch sein, die die Entscheidung verkünden 41

(→ § 103 Rn. 6). § 192 GVG gilt auch für die **ehrenamtlichen Richter** der Finanzgerichtsbarkeit. Sie stehen den Schöffen (§ 192 III GVG) gleich. Siehe auch BFH VII B 192/07, BFH/NV 2009, 594: aus § 192 GVG ergibt sich keine Mindestdauer für eine Beratung.

§ 193 GVG [Anwesenheit von auszubildenden Personen und ausländischen Juristen; Verpflichtung zur Geheimhaltung]

(1) [1]Die Beratung und die Abstimmung können mit Einverständnis aller zur Entscheidung berufenen Richter ganz oder teilweise per Bild- und Tonübertragung durchgeführt werden. [2]In diesem Fall ist durch organisatorische und technische Maßnahmen die Wahrung des Beratungsgeheimnisses sicherzustellen.

(2) Bei der Beratung und Abstimmung dürfen außer den zur Entscheidung berufenen Richtern nur die bei demselben Gericht zu ihrer juristischen Ausbildung beschäftigten Personen und die dort beschäftigten wissenschaftlichen Hilfskräfte zugegen sein, soweit der Vorsitzende deren Anwesenheit gestattet.

(3) [1]Ausländische Berufsrichter, Staatsanwälte und Anwälte, die einem Gericht zur Ableistung eines Studienaufenthaltes zugewiesen worden sind, können bei demselben Gericht bei der Beratung und Abstimmung zugegen sein, soweit der Vorsitzende deren Anwesenheit gestattet und sie gemäß den Absätzen 4 und 5 verpflichtet sind. [2]Satz 1 gilt entsprechend für ausländische Juristen, die im Entsendestaat in einem Ausbildungsverhältnis stehen.

(4) [1]Die in Absatz 3 genannten Personen sind auf ihren Antrag zur Geheimhaltung besonders zu verpflichten. [2]§ 1 Absatz 2 und 3 des Verpflichtungsgesetzes vom 2. März 1974 (BGBl. I S. 469, 547), das durch § 1 Nummer 4 des Gesetzes vom 15. August 1974 (BGBl. I S. 1942) geändert worden ist, gilt entsprechend. [3]Personen, die nach Satz 1 besonders verpflichtet worden sind, stehen für die Anwendung der Vorschriften des Strafgesetzbuches über die Verletzung von Privatgeheimnissen (§ 203 Absatz 2 Satz 1 Nummer 2, Satz 2, Absatz 5 und 6, § 205), Verwertung fremder Geheimnisse (§§ 204, 205), Verletzung des Dienstgeheimnisses (§ 353b Abs. 1 Satz 1 Nr. 2, Satz 2, Abs. 3 und 4) sowie Verletzung des Steuergeheimnisses (§ 355) den für den öffentlichen Dienst besonders Verpflichteten gleich.

(5) [1]Die Verpflichtung wird vom Präsidenten oder vom aufsichtsführenden Richter des Gerichts vorgenommen. [2]Er kann diese Befugnis auf den Vorsitzenden des Spruchkörpers oder auf den Richter übertragen, dem die in Absatz 3 genannten Personen zugewiesen sind. [3]Einer erneuten Verpflichtung bedarf es während der Dauer des Studienaufenthaltes nicht. [4]In den Fällen des § 355 des Strafgesetzbuches ist der Richter, der die Verpflichtung vorgenommen hat, neben dem Verletzten antragsberechtigt.

42 § 193 GVG soll jede Beeinflussung des Gerichts durch die unbefugte Anwesenheit Dritter bei der jeder Entscheidung vorausgehenden Beratung und Abstimmung verhindern. Die Beratung kann nach **§ 193 I GVG** auch per **Videokonferenz** durchgeführt werden, sofern durch organisatorische und technische Maßnahmen die Wahrung des Beratungsgeheimnisses sichergestellt ist.

Nach **§ 193 II GVG** dürfen bei der Beratung und Abstimmung ausschließlich folgende Personen zugegen sein: **die beteiligten Richter** (Ergänzungsrichter iSv § 192 II GVG erst, wenn sie für einen verhinderten Richter eingetreten sind) und – soweit der Vorsitzende dies gestattet – die bei dem Gericht beschäftigten

wissenschaftlichen Hilfskräfte sowie **die zur „juristischen Ausbildung" beschäftigten** Personen, dh die Referendare, **nicht** jedoch **Studenten,** die ein gerichtliches Praktikum ableisten (BVerfG 1 BvR 495/19, NJW 2021, 1156, Rn. 13; BGH 4 StR 33/95, NJW 1995, 2645). In Übereinstimmung mit dem Zweck der Tätigkeit; dürfen wissenschaftliche Hilfskräfte und Referendare aktiv an der Beratung teilnehmen, soweit der Vorsitzende dies nicht beschränkt (Anders/Gehle/Becker GVG § 193 Rn. 6 f.).

§ 193 II GVG wird ergänzt durch § 52 III. Erfasst werden zB Steuerbeamte des höheren Dienstes, die das zweite jur. Staatsexamen abgelegt haben. Der Vorsitzende kann auch insoweit eine nur passive Teilnahme anordnen. 43

Nach § 193 III GVG kann der Vorsitzende auch **ausländischen Berufsrichtern, Staatsanwälten und Anwälten,** die dem Gericht zur Ableistung eines Studienaufenthaltes zugewiesen worden sind, **auf** ihren **Antrag** die Anwesenheit bei der Beratung und Abstimmung gestatten, soweit sie nach **§ 193 IV und V GVG** verpflichtet worden sind. – Entsprechendes gilt für **ausländische Juristen,** die im Entsendestaat in einem **Ausbildungsverhältnis** stehen. 44

Die Hospitanten (§ 193 II GVG) sind gem. **§ 193 IV, V GVG** zu verpflichten, sobald sie den Antrag auf Anwesenheit bei der Beratung und Abstimmung gestellt haben. Der Wortlaut des § 193 IV 1 GVG (… „sind auf ihren Antrag zur Geheimhaltung … zu verpflichten" …) ist missverständlich (vgl. RegE BT-Drs. 12/6243 Begründung, 10).

Die Nichtbeachtung des § 193 GVG ist ein **Verfahrensfehler,** der im Revisionsverfahren zur Aufhebung des Urteils führt, wenn es hierauf beruht. – **Str.** ist, **ob** die **unbefugte Anwesenheit** Dritter während der Beratung und Abstimmung **unschädlich** ist, wenn eine Beeinflussung im konkreten Fall ausgeschlossen, der Zweck des § 193 GVG (→ Rn. 42) also erfüllt ist (wegen der Abgrenzungsschwierigkeiten zutreffend verneinend: HessVGH IX OE 71/79, NJW 1981, 599; Kissel/Mayer/Mayer GVG § 193 Rn. 33; **aA:** keine Verletzung des § 193 GVG – BAG 4 AZR 127/66, NJW 1967, 1581; Tipke/Kruse/Brandis § 52 Rn. 33 betr. leise Beratung im Sitzungssaal und betr. **Anwesenheit des „dritten Berichterstatters" bei einem überbesetzten Senat;** Letzteres zutr. abl. wegen der Gefahr der Einflussnahme auf die Entscheidung: Gosch/Schoenfeld § 52 Rn. 103, 111; s. insgesamt auch BVerfG 1 BvR 495/19, NJW 2021, 1156, Rn. 15). 45

§ 194 GVG [Gang der Beratung]

(1) Der Vorsitzende leitet die Beratung, stellt die Fragen und sammelt die Stimmen.

(2) Meinungsverschiedenheiten über den Gegenstand, die Fassung und die Reihenfolge der Fragen oder über das Ergebnis der Abstimmung entscheidet das Gericht.

§ 195 GVG [Keine Verweigerung der Abstimmung]

Kein Richter oder Schöffe darf die Abstimmung über eine Frage verweigern, weil er bei der Abstimmung über eine vorhergegangene Frage in der Minderheit geblieben ist.

§ 196 GVG [Absolute Mehrheit; Meinungsmehrheit]

(1) Das Gericht entscheidet, soweit das Gesetz nicht ein anderes bestimmt, mit der absoluten Mehrheit der Stimmen.

(2) Bilden sich in Beziehung auf Summen, über die zu entscheiden ist, mehr als zwei Meinungen, deren keine die Mehrheit für sich hat, so werden die für die größte Summe abgegebenen Stimmen den für die zunächst geringere abgegebenen so lange hinzugerechnet, bis sich eine Mehrheit ergibt.

(3), (4) […]

§ 197 GVG [Reihenfolge der Stimmabgabe]

[1]Die Richter stimmen nach dem Dienstalter, bei gleichem Dienstalter nach dem Lebensalter, ehrenamtliche Richter und Schöffen nach dem Lebensalter; der jüngere stimmt vor dem älteren. [2]Die Schöffen stimmen vor den Richtern. [3]Wenn ein Berichterstatter ernannt ist, so stimmt er zuerst. [4]Zuletzt stimmt der Vorsitzende.

50 **Zu § 197 GVG:** Ist der Vorsitzende Berichterstatter, so stimmt er nach § 197 S. 3 GVG ebenfalls zuerst.

§ 52a [Übermittlung elektronischer Dokumente]

(1) **Vorbereitende Schriftsätze und deren Anlagen, schriftlich einzureichende Anträge und Erklärungen der Beteiligten sowie schriftlich einzureichende Auskünfte, Aussagen, Gutachten, Übersetzungen, Anträge und Erklärungen Dritter können nach Maßgabe der Absätze 2 bis 6 als elektronische Dokumente bei Gericht eingereicht werden.**

(2) **[1]Das elektronische Dokument muss für die Bearbeitung durch das Gericht geeignet sein. [2]Die Bundesregierung bestimmt durch Rechtsverordnung mit Zustimmung des Bundesrates technische Rahmenbedingungen für die Übermittlung und die Eignung zur Bearbeitung durch das Gericht sowie das Nähere zur Verarbeitung von Daten der Postfachinhaber nach Absatz 4 Satz 1 Nummer 4 und 5 in einem sicheren elektronischen Verzeichnis.**

(3) **[1]Das elektronische Dokument muss mit einer qualifizierten elektronischen Signatur der verantwortenden Person versehen sein oder von der verantwortenden Person signiert und auf einem sicheren Übermittlungsweg eingereicht werden. [2]Satz 1 gilt nicht für Anlagen, die vorbereitenden Schriftsätzen beigefügt sind. [3]Soll ein schriftlich einzureichender Antrag oder eine schriftlich einzureichende Erklärung eines Beteiligten oder eines Dritten als elektronisches Dokument eingereicht werden, so kann der unterschriebene Antrag oder die unterschriebene Erklärung in ein elektronisches Dokument übertragen und durch den Bevollmächtigten, den Vertreter oder den Beistand nach Satz 1 übermittelt werden.**

(4) **[1]Sichere Übermittlungswege sind**

1. **der Postfach- und Versanddienst eines De-Mail-Kontos, wenn der Absender bei Versand der Nachricht sicher im Sinne des § 4 Absatz 1 Satz 2 des De-Mail-Gesetzes angemeldet ist und er sich die sichere Anmeldung gemäß § 5 Absatz 5 des De-Mail-Gesetzes bestätigen lässt,**
2. **der Übermittlungsweg zwischen den besonderen elektronischen Anwaltspostfächern nach den §§ 31a und 31b der Bundesrechtsan-**

waltsordnung oder einem entsprechenden, auf gesetzlicher Grundlage errichteten elektronischen Postfach und der elektronischen Poststelle des Gerichts,

3. **der Übermittlungsweg zwischen einem nach Durchführung eines Identifizierungsverfahrens eingerichteten Postfach einer Behörde oder einer juristischen Person des öffentlichen Rechts und der elektronischen Poststelle des Gerichts,**
4. **der Übermittlungsweg zwischen einem nach Durchführung eines Identifizierungsverfahrens eingerichteten elektronischen Postfach einer natürlichen oder juristischen Person oder einer sonstigen Vereinigung und der elektronischen Poststelle des Gerichts,**
5. **der Übermittlungsweg zwischen einem nach Durchführung eines Identifizierungsverfahrens genutzten Postfach- und Versanddienst eines Nutzerkontos im Sinne des § 2 Absatz 5 des Onlinezugangsgesetzes und der elektronischen Poststelle des Gerichts,**
6. **sonstige bundeseinheitliche Übermittlungswege, die durch Rechtsverordnung der Bundesregierung mit Zustimmung des Bundesrates festgelegt werden, bei denen die Authentizität und Integrität der Daten sowie die Barrierefreiheit gewährleistet sind.**

[2]Das Nähere zu den Übermittlungswegen gemäß Satz 1 Nummer 3 bis 5 regelt die Rechtsverordnung nach Absatz 2 Satz 2.

(5) **[1]Ein elektronisches Dokument ist eingegangen, sobald es auf der für den Empfang bestimmten Einrichtung des Gerichts gespeichert ist. [2]Dem Absender ist eine automatisierte Bestätigung über den Zeitpunkt des Eingangs zu erteilen. [3]Die Vorschriften dieses Gesetzes über die Beifügung von Abschriften für die übrigen Beteiligten finden keine Anwendung.**

(6) **[1]Ist ein elektronisches Dokument für das Gericht zur Bearbeitung nicht geeignet, ist dies dem Absender unter Hinweis auf die Unwirksamkeit des Eingangs unverzüglich mitzuteilen. [2]Das Dokument gilt als zum Zeitpunkt der früheren Einreichung eingegangen, sofern der Absender es unverzüglich in einer für das Gericht zur Bearbeitung geeigneten Form nachreicht und glaubhaft macht, dass es mit dem zuerst eingereichten Dokument inhaltlich übereinstimmt.**

(7) **[1]Soweit eine handschriftliche Unterzeichnung durch den Richter oder den Urkundsbeamten der Geschäftsstelle vorgeschrieben ist, genügt dieser Form die Aufzeichnung als elektronisches Dokument, wenn die verantwortenden Personen am Ende des Dokuments ihren Namen hinzufügen und das Dokument mit einer qualifizierten elektronischen Signatur versehen. [2]Der in Satz 1 genannten Form genügt auch ein elektronisches Dokument, in welches das handschriftlich unterzeichnete Schriftstück gemäß § 52b Absatz 6 Satz 4 übertragen worden ist.**

Vgl. § 65a SGG; § 55a VwGO; § 130a ZPO.

Literatur: Brandis, Elektronische Kommunikation im Steuerverfahren und im Steuerprozess, StuW 2003, 349; Britz, Von der elektronischen Verwaltung zur elektronischen Verwaltungsjustiz, DBVl. 2007, 993; Degen, Mahnen und Klagen per E-Mail, NJW 2008, 1473; Fischer, Justiz – Kommunikation – „Reform der Form"?, DRiZ 2005, 90; Häfner, eGovernment in der Justiz – Sachstand und Ausblick, DRiZ 2005, 151; Mai, Prozesshandlungen via

E-Mail in der Finanzgerichtsbarkeit, FS G. Frotscher, 2013, 423; Mehnert/Kalina-Kerschbaum, Die Steuerberaterplattform und das besondere elektronische Steuerberaterpostfach (beSt), DStR 2022, 2573; Mellinghoff, Auswirkungen der Digitalisierung im Steuerrecht, FS für den BFH, 2018, 421; Möller, Der digitale Postausgang, NJW 2021, 2179; Müller, Vom Fax zum beA – oder: Der Ausdruck als Allheilmittel, AnwBl. 2016, 27; Müller, E-Justice 2022 – Aktive Nutzungspflicht und neue Übermittlungswege, NJW 2021, 3281; Pohl, Überblick über das ab 1.1.2023 verpflichtende besondere elektronische Steuerberaterpostfach (beSt), Stbg 2022, 385; Pohl, Aktuelle Brennpunkte zum ab dem 1.1.2023 verpflichtenden besonderen elektronischen Steuerberaterpostfach (beSt) – dringender Handlungsbedarf für den Gesetzgeber!, Stbg 2022, 426; Scharpenberg, Elektronischer Rechtsverkehr mit den Gerichten – auf dem Weg zur E-Akte, DB 2017, M5; Schumann, Die Steuerberaterplattform und das besondere elektronische Steuerberaterpostfach (beSt), DStR 2022, 2573; Schumann, Ausgewählte Auslegungsfragen zur elektronischen Übermittlungspflicht, DStZ 2023, 312; Schwenker, Das besondere elektronische Anwaltspostfach (beA), MDR 2022, 671; Viefhues, Das Gesetz über die Verwendung elektronischer Kommunikationsformen in der Justiz, NJW 2005, 1009; Viefhues, Verwendung elektronischer Kommunikationsformen in der Justiz, NWB Fach 19, 3315; Weigel, Die elektronische Klage, StBW 2013, 275. S. auch die Literaturangaben vor § 52d.

Übersicht

		Rn.
I.	Zeitliche Geltung und Ziel der Norm	1
II.	Generelle Zulassung der Einreichung elektronischer Dokumente (§ 52a I)	2
III.	Eignung der Dokumente für die Bearbeitung durch das Gericht (§ 52a II)	3
IV.	Qualifizierte elektronische Signatur (§ 52a III 1 Var. 1)	9
V.	Signierung durch die verantwortende Person und Übermittlung auf einem sicheren Übermittlungsweg (§ 52a III 1 Var. 2 und IV)	19
VI.	Einreichung von Anträgen oder Erklärungen eines Beteiligten oder eines Dritten (§ 52a III 3)	27
VII.	Einreichung von elektronischen Dokumenten unter Missachtung der Anforderungen von § 52a III und IV	30
VIII.	Zeitpunkt des Eingangs des elektronischen Dokuments (§ 52a V)	37
IX.	Hinweispflichten des Gerichts und Heilung von Fehlern (§ 52a VI)	40
X.	Handschriftliche Signatur durch den Richter oder den Urkundsbeamten (§ 52a VII)	47

I. Zeitliche Geltung und Ziel der Norm

1 § 52a wurde eingeführt durch Art. 3 des G über die Verwendung elektronischer Kommunikationsformen in der Justiz (Justizkommunikationsgesetz) v. 22.3.2005 (BGBl. I 837), mit Wirkung **ab dem 1.1.2018 neu gefasst** durch Art. 6 des G zur Förderung des elektronischen Rechtsverkehrs mit den Gerichten v. 10.10.2013 (BGBl. I 3786) und ergänzt durch Art. 31 des G zur weiteren Digitalisierung der Justiz v. 12.7.2024 (BGBl. I Nr. 234). § 52a gehört gemeinsam mit den §§ 52b–d zum Projekt **„E-Justice"** und wird insbes. durch die in **§ 52d normierte Nutzungspflicht** für Vertretungsberechtigte und Behörden ergänzt (Tipke/Kruse/Brandis § 52a Rn. 1). Die **elektronische Kommunikation des Gerichts** gegenüber den Verfahrensbeteiligten wird durch die genannten Vorschriften nicht

geregelt. Sie ist **nicht verpflichtend,** aber zulässig, sofern entsprechende Zugänge existieren (Tipke/Kruse/Brandis § 52a Rn. 1).

II. Generelle Zulassung der Einreichung elektronischer Dokumente (§ 52a I)

Nach § 52a I **können** die dort näher bezeichneten Dokumente elektronisch eingereicht werden. Allerdings besteht nach § 52d für Rechtsanwälte und Behörden seit dem 1.1.2022 und für sonstige vertretungsberechtigte Personen (insbes. Steuerberater) seit dem 1.1.2023 eine **Pflicht zur elektronischen Einreichung** (→ § 52d Rn. 1 ff.), sodass sich die Kannvorschrift des § 52a I nur noch auf nicht vertretene Beteiligte bezieht, etwa auf **Zeugen oder Sachverständige.** Aus der umfassenden Aufzählung in § 52a I ergibt sich, dass die Norm für **alle das Verfahren betreffenden Schriftstücke** eine elektronische Einreichung ermöglichen will, mithin also **auch** für die **bestimmenden Schriftsätze,** die Erklärungen enthalten und die mit Einreichung bzw. Zustellung als Prozesshandlungen wirksam werden (s. BT-Drs. 17/12634, 38 u. 25 zur Parallelvorschrift des § 130a ZPO). Das Unterschriftserfordernis wird insoweit durch die qualifizierte elektronische Signatur nach § 52a III ersetzt (BVerwG 9 C 8/19, NVwZ 2021, 1061; Zöller/Greger ZPO § 130a Rn. 2; → Rn. 12). – § 52a I ermöglicht zudem die Einreichung von **Anträgen und Erklärungen Dritter** (s. BR-Drs. 126/24, 60, 68). – **Elektronische Dokumente** iSv § 52a I sind Dateien, die mit Mitteln der Datenverarbeitung erstellt, auf einem Datenträger aufgezeichnet werden können und (bereits) in dieser Form maßgeblich sind (BFH VIII S 3/22, BStBl. II 2023, 83, Rn. 2, abl. für ein Telefax, aber wohl bejahend für ein Computerfax; aA zum Computerfax: FG Köln 6 K 1883/21, EFG 2022, 1389 und FG Münster 8 V 2/22, EFG 2022, 592; zu einem Computerfax, welches bei Gericht ausgedruckt wird: Zöller/Greger ZPO § 130a Rn. 3). 2

III. Eignung der Dokumente für die Bearbeitung durch das Gericht (§ 52a II)

§ 52a II legt in Satz 1 als erste Zulässigkeitsvoraussetzung für die elektronische Übertragung fest, dass das Dokument für die Bearbeitung durch das Gericht geeignet sein muss, und enthält in Satz 2 eine **Verordnungsermächtigung** für die Bundesregierung, mit Zustimmung des Bundesrates die technischen Rahmenbedingungen für die Übermittlung und die Eignung zur Bearbeitung zu bestimmen. Wann ein **Dokument für die Bearbeitung durch das Gericht geeignet** ist, regelt die nach **§ 52a II 2** erlassene ERVV. Zu den Anforderungen an elektronische Dokumente enthält die ERVV folgende Regelung: 3

§ 2 ERVV Anforderungen an elektronische Dokumente

(1) [1]Das elektronische Dokument ist im Dateiformat PDF zu übermitteln. [2]Wenn bildliche Darstellungen im Dateiformat PDF nicht verlustfrei wiedergegeben werden können, darf das elektronische Dokument zusätzlich im Dateiformat TIFF übermittelt werden. [3]Die Dateiformate PDF und TIFF sollen den nach § 5 Absatz 1 Nummer 1 bekanntgemachten Versionen entsprechen.

(2) Das elektronische Dokument soll den nach § 5 Absatz 1 Nummer 1 und 6 bekanntgemachten technischen Standards entsprechen.

(3) Dem elektronischen Dokument soll ein strukturierter maschinenlesbarer Datensatz im Dateiformat XML beigefügt werden, der den nach § 5 Absatz 1 Nummer 2 bekanntgemachten Definitions- oder Schemadateien entspricht und mindestens enthält:
1. die Bezeichnung des Gerichts;
2. sofern bekannt, das Aktenzeichen des Verfahrens;
3. die Bezeichnung der Parteien oder Verfahrensbeteiligten;
4. die Angabe des Verfahrensgegenstandes;
5. sofern bekannt, das Aktenzeichen eines denselben Verfahrensgegenstand betreffenden Verfahrens und die Bezeichnung der die Akten führenden Stelle.

Daraus lässt sich zunächst nur entnehmen, dass das Dokument grds. im PDF-Format – und notfalls auch im TIFF-Format – (nach Möglichkeit in der nach § 5 I Nr. 1 ERVV bekannt gemachten Version) zu übermitteln ist (zur Verfassungsmäßigkeit s. BFH V R 1/24, BStBl. II 2024, 834, Rn. 11; s. auch BSG B 12 KR 26/18 B, NJW 2018, 2222: Dokument mit Containersignatur ist kein „zur Bearbeitung nicht geeignetes" Dokument; → Rn. 11 aE); entgegen der bis zum 31.12.2021 geltenden Fassung des § 2 I 1 ERVV muss das Dokument nicht mehr ausdruck-, kopier- und durchsuchbar sein. Daraus folgt bereits, dass die Übersendung einer **E-Mail,** die den Schriftsatz unmittelbar und nicht als angehängte PDF-Datei enthält, im elektronischen Rechtsverkehr **nicht zugelassen** ist (zur E-Mail auch → Rn. 31 f.). Die Regelungen in § 2 II und III ERVV sind nach dem Wortlaut lediglich Sollvorschriften, so dass deren Nichteinhaltung unschädlich ist. Auf welche Weise das Dokument zu übermitteln ist, ergibt sich aus § 2 ERVV nicht. Dies regelt § 52a III und IV. – Wird ein elektronisches Dokument in einem **Format** übermittelt, **welches nicht der in § 2 I ERVV genannten Dateiformate entspricht,** so ist dieses jedenfalls bei führender elektronischer Akte nicht für die Bearbeitung durch das Gericht geeignet und damit **nicht wirksam** eingereicht worden; eine Bearbeitung durch das Gericht, um das Dokument bearbeitbar iSv § 2 ERVV zu machen, kommt nicht in Betracht (BFH V R 1/24, BStBl. II 2024, 834: Verletzung dieser Formvorschrift begründet grds. ein die Wiedereinsetzung nach § 56 hinderndes Verschulden). ME können derartige Dokumente **automatisiert zurückgewiesen** werden. – Zur Hinweispflicht, wenn das eingereichte Dokument für die Bearbeitung durch das Gericht nicht geeignet ist, → Rn. 40. Siehe insgesamt auch die Checkliste bei Möller NJW 2021, 2179 (2182).

4 Seit dem 17.7.2024 enthält § 52a II 2 auch eine Verordnungsermächtigung zur Regelung der Einzelheiten zur **Verarbeitung von Daten** der Postfachinhaber nach § 52a IV 1 Nr. 4 und 5 in einem sicheren elektronischen Verzeichnis. Die ausdrückliche Ermächtigung soll Rechtssicherheit schaffen und die Möglichkeit eröffnen, Datenverarbeitungen im Rahmen eines sicheren elektronischen Verzeichnisses **auch ohne zusätzliche Einwilligungen der Betroffenen** vorzunehmen, weil dies zur Auffindbarkeit und Adressierung von Postfachinhabern erforderlich ist, sodass die betreffenden Daten zu diesem Zweck in dem sicheren elektronischen Verzeichnis eingetragen sind (so die Gesetzesbegründung, BR-Drs. 126/24, 60, 68). Die korrespondierende Ergänzung enthält **§ 13a ERVV.** – Zur **weiteren Verordnungsermächtigung** betreffend Verschlusssachen → **§ 162.**

IV. Qualifizierte elektronische Signatur (§ 52a III 1 Var. 1)

Das elektronische Dokument muss gem. **§ 52a III 1 Var. 1** mit einer **qualifizierten elektronischen Signatur** versehen sein, was nach § 52a III 2 allerdings **nicht für die Anlagen** gilt, die vorbereitenden Schriftsätzen beigefügt sind (s. aber auch BGH V ZB 28/22, NJW 2023, 1587: qualifizierte elektronische Signatur auf der Anlage ersetzt nicht die qualifizierte elektronische Signatur des Dokuments). Bei einer elektronischen Signatur handelt es sich nach Art. 3 Nr. 10 VO (EU) Nr. 910/2014 des Europäischen Parlaments und des Rates v. 23.7.2014 über elektronische Identifizierung und Verbraucherdienste für elektronische Transaktionen im Binnenmarkt (**eIDAS-VO,** ABl. 2014 L 257, 73) um Daten in elektronischer Form, die anderen elektronischen Daten beigefügt oder logisch mit ihnen verbunden werden und die der Unterzeichner zum Unterzeichnen verwendet. Qualifiziert ist eine solche elektronische Signatur nach Art. 3 Nr. 12 eIDAS-VO dann, wenn sie als fortgeschrittene elektronische Signatur nach Art. 3 Nr. 11 iVm Art. 26 eIDAS-VO 9

- eindeutig dem Unterzeichner zugeordnet ist,
- die Identifizierung des Unterzeichners ermöglicht,
- unter Verwendung elektronischer Signaturerstellungsdaten erstellt ist, die der Unterzeichner mit einem hohen Maß an Vertrauen unter seiner alleinigen Kontrolle verwenden kann,
- so mit den auf diese Weise unterzeichneten Daten verbunden ist, dass eine nachträgliche Veränderung der Daten erkannt werden kann,
- von einer qualifizierten elektronischen Signaturerstellungseinheit erstellt wurde und auf einem qualifizierten Zertifikat für elektronische Signaturen beruht.

Damit ist für die qualifizierte elektronische Signatur unabdingbar erforderlich, dass sie die **Authentizität des Absenders** erkennen lässt und sicherstellt, dass der **Inhalt des Dokuments** während der Übersendung **nicht verändert** worden ist.

Erstellt wird eine qualifizierte elektronische Signatur durch eine elektronische Signaturerstellungseinheit. Dies ist nach Art. 3 Nr. 22 und 23 iVm Anh. II eIDAS-VO eine konfigurierte Software oder Hardware, die durch geeignete Techniken und Verfahren zumindest gewährleisten muss, dass 10

- die Vertraulichkeit der zum Erstellen der elektronischen Signatur verwendeten elektronischen Signaturerstellungsdaten angemessen sichergestellt ist,
- die zum Erstellen der elektronischen Signatur verwendeten elektronischen Signaturerstellungsdaten praktisch nur einmal vorkommen können,
- die zum Erstellen der elektronischen Signatur verwendeten elektronischen Signaturerstellungsdaten mit hinreichender Sicherheit nicht abgeleitet werden können und die elektronische Signatur bei Verwendung der jeweils verfügbaren Technik verlässlich gegen Fälschung geschützt ist und
- die zum Erstellen der elektronischen Signatur verwendeten elektronischen Signaturerstellungsdaten vom rechtmäßigen Unterzeichner gegen eine Verwendung durch andere verlässlich geschützt werden können.

Da Art. 3 Nr. 22 und 23 eIDAS-VO sowohl konfigurierte Hardware als auch konfigurierte Software für die Erstellung einer qualifizierten elektronischen Signatur zulässt, kann diese nicht mehr nur durch den Einsatz mittels der von Trust-Centern ausgegebenen **Signaturkarten** erfolgen, sondern auch durch einen **Signaturschlüssel,** der gespeichert wird bei einem nach Art. 22 ff. eIDAS-VO iVm § 9 ff. Vertrauensdienstegesetz v. 18.7.2017 (BGBl. I 2745) zertifizierten Vertrauensdiensteanbieter (Art. 3 Nr. 16 und 19 f. eIDAS-VO). Letzteres Verfahren setzt voraus, dass sich der Nutzer bei dem Vertrauensdiensteanbieter registrieren lässt. An diesen übermittelt der Nutzer die zu signierenden Dokumente. Der Vertrauensdiensteanbieter versieht die Dokumente sodann mit einer qualifizierten elektronischen Signatur und leitet sie an den Empfänger weiter. Durch dieses Verfahren wird die Erstellung einer qualifizierten elektronischen Signatur vereinfacht. Eine Liste der zertifizierten Vertrauensdiensteanbieter ist unter https://www.eid.as/tsp-map/ abrufbar. – Für Behörden sehen Art. 3 Nr. 27 und Art. 35 ff. eIDAS-VO iVm § 17 Vertrauensdienstegesetz Regelungen für die Verwendung von **qualifizierten elektronischen Siegeln** vor.

11 Nach § 52a III 1 Var. 1 muss **„das elektronische Dokument"** mit einer qualifizierten elektronischen Signatur versehen sein (BGH V ZB 28/22, NJW 2023, 1587: nicht nur die Anlage). Im Zusammenwirken mit § 52a I bedeutet dies zum einen, dass **alle elektronisch eingereichten Dokumente,** die nach den allg. Regelungen der Schriftform bedürfen, mit einer qualifizierten elektronischen Signatur zu versehen sind und nicht nur bestimmende Schriftsätze als das Verfahren unmittelbar gestaltende Prozesshandlungen (s. zum Begriff Zöller/Greger ZPO § 129 Rn. 3). Zum anderen muss **jedes elektronische Dokument** qualifiziert elektronisch signiert werden. Dementsprechend bestimmt § 4 II ERVV, dass mehrere elektronische Dokumente nicht mit einer gemeinsamen qualifizierten elektronischen Signatur übermittelt werden dürfen (Unzulässigkeit der sog. Containersignatur, s. FG Nürnberg 2 K 483/18, DStRE 2022, 38, Rev. BFH XI R 41/20, DStR 2023, 2719; BGH XII ZB 573/18, NJW 2019, 2230; BAG 2 AZR 43/20, NJW 2020, 3192; zur bis zum 31.12.2017 noch zulässigen Containersignatur s. Vorauflage Rn. 11). **Keine qualifizierte elektronische Signatur** ist nach § 52a III 2 für **Anlagen** erforderlich, die vorbereitenden Schriftsätzen beigefügt sind (s. aber auch BGH V ZB 28/22, NJW 2023, 1587: qualifizierte elektronische Signatur auf der Anlage ersetzt nicht die qualifizierte elektronische Signatur des Dokuments).

12 Das elektronische Dokument muss mit einer qualifizierten elektronischen **Signatur der „verantwortenden Person"** versehen sein. Ist dies der Fall, so hat die qualifizierte elektronische Signatur nach Art. 25 II eIDAS-VO die gleiche **Rechtswirkung wie eine handschriftliche Unterschrift.** Dem stehen **monetäre Beschränkungen der Signatur,** wie sie nach § 12 I Nr. 1 Vertrauensdienstegesetz möglich sind, nicht entgegen; sie sind für die Wirksamkeit der qualifizierten elektronischen Signatur ohne Bedeutung (BFH IV R 97/06, BStBl. II 2009, 542). In Verfahren mit Vertretungszwang ist nach BGH VI ZB 28/10, BGHZ 188, 38 erforderlich, dass die **qualifizierte elektronische Signatur durch einen zur Vertretung berechtigten Bevollmächtigten** erfolgt und nicht durch einen Dritten unter Verwendung der Signaturkarte des Bevollmächtigten, ohne dass dieser den Inhalt des betreffenden Schriftsatzes geprüft und sich zu eigen gemacht hat (krit. dazu Zöller/Greger ZPO § 130a Rn. 8 mwN). Diese Rspr. wird durch den Wortlaut des § 52a III 1 Var. 1 gestützt, weil nur der zur Vertretung berechtigte Bevollmächtigte die Person ist, die die Signatur verantwortet. Im finanzgerichtlichen Verfahren ist dies wegen § 62 IV insbes. in **Verfahren vor dem BFH** von Bedeutung. – Verwendet ein Dritter die qualifizierte elektronische Signatur **ohne Wissen und Wollen des Signaturinhabers,** so steht dies der Fälschung einer Unterschrift gleich (Zöller/Greger ZPO § 130a Rn. 8).

13 **Keine Regelung** enthält § 52a III 1 zu der Frage, **wie das Dokument mit qualifizierter elektronischer Signatur** an das Gericht **zu übermitteln ist.**

Soweit dort der sichere Übermittlungsweg angesprochen ist, den § 52a IV näher umschreibt, bezieht sich dies nicht auf die Einreichung eines Dokuments mit qualifizierter elektronischer Signatur iSv § 52a III 1 Var. 1, sondern auf die Einreichung eines (einfach) signierten elektronischen Dokuments auf einem sicheren Übermittlungsweg iSv § 52a III 1 Var. 2 (→ Rn. 19 ff.). Eine Regelung zur Einreichung eines Dokuments mit qualifizierter elektronischer Signatur enthält hingegen § 4 ERVV:

§ 4 ERVV Übermittlung elektronischer Dokumente mit qualifizierter elektronischer Signatur

(1) Ein elektronisches Dokument, das mit einer qualifizierten elektronischen Signatur der verantwortenden Person versehen ist, darf wie folgt übermittelt werden:
1. auf einem sicheren Übermittlungsweg oder
2. an das für den Empfang elektronischer Dokumente eingerichtete Elektronische Gerichts- und Verwaltungspostfach des Gerichts über eine Anwendung, die auf OSCI oder einem diesen ersetzenden, dem jeweiligen Stand der Technik entsprechenden Protokollstandard beruht.

(2) Mehrere elektronische Dokumente dürfen nicht mit einer gemeinsamen qualifizierten elektronischen Signatur übermittelt werden.

Daraus folgt, dass der Nutzer das Dokument mit qualifizierter elektronischer Signatur zum einen auf dem in § 52a IV näher umschriebenen sicheren Übermittlungsweg einreichen darf (→ Rn. 20 ff.). Darüber hinaus ist die Übermittlung an ein **Elektronisches Gerichtspostfach** möglich als elektronische Kommunikationsinfrastruktur für die verschlüsselte Übertragung von Dokumenten und Akten zwischen authentifizierten Teilnehmern (zu Einzelheiten s. unter www.egvp.de). 14

Siehe insgesamt auch die Checkliste bei Möller NJW 2021, 2179 (2182).

V. Signierung durch die verantwortende Person und Übermittlung auf einem sicheren Übermittlungsweg (§ 52a III 1 Var. 2 und IV)

Als Var. 2 lässt § 52a III 1 es zu, dass die verantwortende Person das Dokument signiert und auf einem sicheren Übermittlungsweg einreicht. Hierfür ist – im Unterschied zu Var. 1 (→ Rn. 9 ff.) – keine qualifizierte elektronische Signatur erforderlich, sondern **es reicht eine einfache Signatur** aus, die auch durch das Einfügen einer **Wiedergabe der Unterschrift** der verantwortenden Person (zB als Bilddatei) in das Dokument erfolgen kann (BGH XII ZB 215/22, NJW 2022, 3512; BVerwG 1 B 16/20, BeckRS 2020, 10558; BT-Drs. 17/12634, 25, jeweils zur inhaltlich identischen Regelung in § 130a III ZPO unter Hinweis darauf, dass dies beim Telefax ebenfalls ausreichend ist). Die Signatur hat **zwei Funktionen.** Zum einen soll die verantwortende Person damit zu erkennen geben, dass sie die inhaltliche Verantwortung für das Dokument übernimmt, zum anderen soll anhand der Signatur überprüfbar sein, ob die iRd sicheren Übermittlungsweges (→ Rn. 20 ff.) als Absender ausgewiesene Person **identisch** ist mit der das elektronische Dokument verantwortenden Person; kann dies nicht festgestellt werden, so ist das elektronische Dokument nicht wirksam eingereicht (BFH XI R 10/22, BStBl. 2025, 129, Rn. 24: Ein Inhaber eines besonderen Anwaltspostfachs darf sein Recht, nicht qualifiziert elektronisch signierte Dokumente auf einem sicheren 19

Übermittlungsweg zu versenden, nicht auf andere Personen, wie zB Angestellte der Kanzlei übertragen; FG Hmb 3 K 102/22, EFG 2025, 34, zur Berufsausübungsgemeinschaft; BGH XII ZB 215/22, NJW 2022, 3512 mwN, zur bloßen Angabe „Rechtsanwalt" ohne Namensnennung, selbst wenn es sich um eine Einzelpraxis handelt; aA BAG 2 AZN 234/22, NJW 2022, 3028; BSG B 5 R 198/21 B, NJW 2022, 1334, zu eingescannter, aber nicht identifizierbarer Unterschrift). **Zu signieren ist das Dokument,** welches die für das Verfahren wesentliche Erklärung enthält. Dies kann die elektronische Mail selbst sein oder auch eine angehängte Datei, die den Schriftsatz beinhaltet (BT-Drs. 17/12634, 25). **Anlagen,** die vorbereitenden Schriftsätzen beigefügt sind, müssen nach § 52a III 2 **nicht signiert** werden.

20 Wählt der Nutzer die Übermittlung des elektronischen Dokuments nach § 52a III 1 Var. 2, so ist das einfach signierte Dokument auf einem der in **§ 52a IV** näher umschriebenen sicheren Übermittlungswege einzureichen. Dadurch soll sichergestellt werden, dass das von dem Verfasser erstellte Dokument unverändert beim Gericht eingeht. Diese Funktion übernimmt in den Fällen von § 52a III 1 Var. 1 die qualifizierte elektronische Signatur, die eine eindeutige Zuordnung des Dokuments zum Absender gewährleistet. Als **sichere Übermittlungswege** nennt § 52a IV:

21 – Postfach- und Versanddienst eines **De-Mail-Kontos.** De-Mail-Dienste sind nach § 1 I De-Mail-G v. 28.4.2011 (BGBl. 2011 I 666, zuletzt geändert durch Art. 10 G v. 6.5.2024, BGBl. 2024 I Nr. 149) Dienste auf einer elektronischen Kommunikationsplattform, die einen sicheren, vertraulichen und nachweisbaren Geschäftsverkehr für jedermann im Internet sicherstellen sollen. De-Mail-Dienste dürfen nach § 1 II 2 iVm § 17 ff. De-Mail-G nur von akkreditierten Diensteanbietern betrieben werden. Diese stellen dem Nutzer – der auch eine juristische Person sein kann, die aber gewährleisten muss, dass die Möglichkeit der Nutzung nur für befugte Personen besteht (BT-Drs. 17/12634, 26 ua zum Missbrauch) – nach dessen Registrierung und Identifizierung ein De-Mail-Konto zur Verfügung (§ 3 f. De-Mail-G), welches die Nutzung eines sicheren elektronischen Postfach- und Versanddienstes für elektronische Nachrichten enthält. Dafür erhält der Nutzer eine De-Mail-Adresse für elektronische Post zugewiesen, die die in § 5 I De-Mail-G genannten Angaben enthalten muss. Mittels dieser Adresse kann der Nutzer Nachrichten unter Gewährleistung von Vertraulichkeit, Integrität und Authentizität verschlüsselt an den akkreditierten Diensteanbieter des Empfängers übertragen (s. § 5 III De-Mail-G). Erforderlich ist dafür allerdings, dass auch der Empfänger ein De-Mail-Konto unterhält. Ist dies der Fall, so bestätigt der akkreditierte Diensteanbieter auf Antrag des Senders den Versand einer Nachricht (§ 5 VII De-Mail-G) und auch deren Eingang im De-Mail-Postfach des Empfängers (§ 5 VIII De-Mail-G). § 52a IV 1 Nr. 1 hebt nochmals besonders hervor, dass der sichere Übermittlungsweg bei Nutzung eines De-Mail-Kontos nur dann besteht, wenn der Absender sicher iSv § 4 I 2 De-Mail-G angemeldet ist, was zum Schutz gegen eine unberechtigte Nutzung nur dann möglich ist, wenn zwei geeignete und voneinander unabhängige Sicherungsmittel eingesetzt werden, wie zB eine Kombination aus Besitz und Wissen (zB Chipkarte und Passwort, s. BT-Drs. 17/12634, 26). Zudem muss sich der Absender die sichere Anmeldung gem. § 5 V De-Mail-G von dem akkreditierte Diensteanbieter bestätigen lassen. Hierzu versieht der akkreditierten Diensteanbieter nach § 5 V 3 De-Mail-G die Nachricht im Auftrag des Senders mit einer dauerhaft überprüfbaren qualifizierten elektronischen

Signatur; sind der Nachricht eine oder mehrere Dateien beigefügt, bezieht sich die qualifizierte elektronische Signatur auch auf diese.

– Übermittlungsweg zwischen dem **besonderen elektronischen Anwaltspostfach** nach §§ 31a und 31b BRAO oder einem entsprechenden, auf gesetzlicher Grundlage errichteten elektronischen Postfach und der elektronischen Poststelle des Gerichts (s. dazu auch BFH II B 36/22, BB 2023, 1447, Rn. 9: § 31a BRAO erfasst nur Rechtsanwälte als natürliche Personen und mithin weder Rechtsanwaltsgesellschaften noch Steuerberater oder Wirtschaftsprüfer, die in einer Partnerschaftsgesellschaft mit einem Rechtsanwalt verbunden sind; s. zu der ab dem 1.8.2022 für Berufsausübungsgemeinschaften geltenden Regelung des § 31b BRAO aber auch unten). Die Authentizität des Absenders ist beim besonderen elektronischen Anwaltspostfach gem. § 31a III 1 BRAO iVm § 24 der VO über die Rechtsanwaltsverzeichnisse und die besonderen elektronischen Anwaltspostfächer (RAVPV) v. 23.9.2016 (BGBl. 2016 I 2167, zuletzt geändert durch Art. 9 G v. 15.7.2022, BGBl. I 1146) dadurch gewährleistet, dass die BRAK für jedes Kammermitglied nach Überprüfung der Zulassung ein elektronisches Postfach führt, welches das Mitglied nur mittels Chipkarte und PIN nutzen kann (s. dazu weiter Zöller/Greger ZPO § 130a Rn. 11). Nach § 26 I RAVPV darf der Zertifikatsinhaber dieses Zertifikat keiner weiteren Person überlassen und muss die PIN geheim halten (zu Vertretern, Abwicklern und Zustellungsbevollmächtigten s. § 31a III 2 BRAO, § 25 RAVPV). Signiert der Aussteller das Dokument mithin nicht qualifiziert (→ Rn. 9), sondern nur einfach (→ Rn. 19), kann nur er es über sein besonderes elektronisches Anwaltspostfach versenden (BVerwG 8 C 4/21, NVwZ 2022, 649, Rn. 4; OLG Braunschweig 11 U 146/18, NJW 2019, 2176; OLG Karlsruhe 17 U 398/20, MDR 2020, 1144). Die Versendung durch einen Mitarbeiter oder einen anderen Rechtsanwalt ist nur dann möglich, wenn die verantwortende Person das Dokument qualifiziert elektronisch signiert, was auch durch einen anderen als den den Schriftsatz einfach signierenden Rechtsanwalt erfolgen kann (BAG 8 AZN 589/19, NJW 2020, 258; s. aber BGH 3 StR 262/22, NStZ-RR 2023, 22: keine wirksame Übermittlung, wenn der Verantwortende einfach und der Absendende qualifiziert signiert; aA BAG 8 AZN 589/19, NJW 2020, 258, Rn. 9). Es besteht auch die Möglichkeit, dass der versendende Rechtsanwalt die einfache Signatur des Schriftsatzes als Vertreter übernimmt (Zöller/Greger ZPO § 130a Rn. 11). Ansonsten ist die Übersendung unwirksam. Zur Prüfungs- und Hinweispflicht des Gerichts in diesem Fall s. BAG 10 AZN 53/20, NJW 2020, 2351; OLG Oldenburg 6 W 68/20, NJW 2021, 786. Gegebenenfalls kommt Wiedereinsetzung in den vorigen Stand in Betracht (Zöller/Greger ZPO § 130a Rn. 11; → § 56 Rn. 38). – Für **Berufsausübungsgesellschaften** iSd §§ 59b ff. BRAO besteht nach **§ 31b BRAO seit dem 1.8.2022** ebenfalls die Möglichkeit, ein besonderes elektronisches Anwaltspostfach einzurichten. Nach BFH VII R 34/22, NJW 2024, 1981, Rn. 19 f. sind Berufsausübungsgesellschaften daher erst ab diesem Zeitpunkt zur Nutzung des beA gegenüber den Finanzgerichten verpflichtet, weil diese selbst die vertretungsberechtigte Person iSv § 52d S. 2 iVm § 62 II 1 sind, → § 52d Rn. 3. Übermittelt eine zugelassene Berufsausübungsgesellschaft ein Dokument auf einem sicheren Übermittlungsweg mit einer nicht-qualifizierten elektronischen Signatur, so muss nach § 20 III Nr. 2 RAVPV gewährleistet sein, dass für den Empfänger (das FG) feststellbar ist, ob die Nachricht durch einen Rechtsanwalt versandt wurde, der zur Vertretung der Berufsausübungsgesell- 22 schaft berechtigt ist. – Bei dem weiter in § 52a IV 1 Nr. 2 genannten **entsprechenden, auf gesetzlicher Grundlage errichteten elektronischen Postfach** handelt es sich um eine Generalregelung, um weitere elektronische Postfächer einzubinden, für die eine gesetzliche Grundlage besteht, die ähnliche Anforderungen vorsieht, wie §§ 31a und 31b BRAO iVm der RAVPV für das besondere elektronische Anwaltspostfach. Dazu gehört auch das **besondere Steuerberaterpostfach (beSt),** welches **seit dem 1.1.2023** einen sicheren Übermittlungsweg iSd § 52a IV 1 Nr. 2 bietet (BFH VI B 74/22, DStRE 2023, 1332: unabhängig von den vom Steuerberater vorzuhaltenden technischen Einrichtungen; BFH IV B 77/22, BFH/NV 2024, 20; zur Nutzungspflicht → § 52d Rn. 10 ff.). – Soweit § 52a IV 1 Nr. 2 die Kommunikation mit **der elektronischen Poststelle des Gerichts** anspricht, ist damit das Elektronische Gerichts- und Verwaltungspostfach (EGVP) gemeint (BT-Drs. 17/12634, 26). Zur elektronischen Zustellung → § 53 Rn. 55.

23 – Übermittlungsweg zwischen einem nach Durchführung eines Identifizierungsverfahrens eingerichteten **Postfach einer Behörde oder einer juristischen Person des öffentlichen Rechts** (BePo) und der elektronischen Poststelle des Gerichts. Dazu enthält die ERVV – wie in § 52a IV 2 vorgesehen – folgende Regelungen:

§ 6 ERVV Besonderes elektronisches Behördenpostfach; Anforderungen

(1) Die Behörden sowie juristischen Personen des öffentlichen Rechts können zur Übermittlung elektronischer Dokumente auf einem sicheren Übermittlungsweg ein besonderes elektronisches Behördenpostfach verwenden,
1. das auf dem Protokollstandard OSCI oder einem diesen ersetzenden, dem jeweiligen Stand der Technik entsprechenden Protokollstandard beruht,
2. bei dem die Identität des Postfachinhabers in einem Identifizierungsverfahren geprüft und bestätigt wurde,
3. bei dem der Postfachinhaber in ein sicheres elektronisches Verzeichnis eingetragen ist und
4. bei dem feststellbar ist, dass das elektronische Dokument vom Postfachinhaber versandt wurde.

(2) Das besondere elektronische Behördenpostfach muss
1. über eine Suchfunktion verfügen, die es ermöglicht, andere Inhaber von besonderen elektronischen Postfächern aufzufinden,
2. für andere Inhaber von besonderen elektronischen Postfächern adressierbar sein und
3. barrierefrei sein im Sinne der Barrierefreie-Informationstechnik-Verordnung.

(3) Das Elektronische Gerichts- und Verwaltungspostfach eines Gerichts, einer Staatsanwaltschaft, einer Amtsanwaltschaft, einer Justizvollzugsanstalt oder einer Jugendarrestanstalt steht einem besonderen elektronischen Behördenpostfach gleich, soweit diese Stelle Aufgaben einer Behörde nach Absatz 1 wahrnimmt; § 7 findet keine Anwendung.

§ 7 ERVV Identifizierungsverfahren

(1) [1]Die von den obersten Behörden des Bundes oder den Landesregierungen für ihren Bereich bestimmten öffentlich-rechtlichen Stellen prüfen die Identität der Behörden oder juristischen Personen des öffentlichen Rechts und bestätigen dies in einem sicheren elektronischen Verzeichnis. [2]Die obersten Behörden des Bundes

oder mehrere Landesregierungen können auch eine öffentlich-rechtliche Stelle gemeinsam für ihre Bereiche bestimmen.

(2) Bei der Prüfung der Identität ist zu ermitteln, ob
1. der Postfachinhaber eine inländische Behörde oder juristische Person des öffentlichen Rechts ist und
2. Name und Sitz des Postfachinhabers zutreffend bezeichnet sind.

§ 8 ERVV Zugang und Zugangsberechtigung; Verwaltung

(1) Der Postfachinhaber bestimmt die natürlichen Personen, die Zugang zum besonderen elektronischen Behördenpostfach erhalten sollen, und stellt ihnen das Zertifikat und das Zertifikats-Passwort zur Verfügung.

(2) [1]Der Zugang zum besonderen elektronischen Behördenpostfach erfolgt ausschließlich mithilfe des Zertifikats und des Zertifikats-Passworts des Postfachinhabers. [2]Die Zugangsberechtigten dürfen das Zertifikat nicht an Unbefugte weitergeben und haben das Zertifikats-Passwort geheim zu halten.

(3) Der Postfachinhaber kann die Zugangsberechtigungen zum besonderen elektronischen Behördenpostfach jederzeit aufheben oder einschränken.

(4) [1]Der Postfachinhaber hat zu dokumentieren, wer zugangsberechtigt ist, wann das Zertifikat und das Zertifikats-Passwort zur Verfügung gestellt wurden und wann die Zugangsberechtigung aufgehoben wurde. [2]Er stellt zugleich sicher, dass der Zugang zu seinem besonderen elektronischen Behördenpostfach nur den von ihm bestimmten Zugangsberechtigten möglich ist.

(5) Unbeschadet der Absätze 1, 3 und 4 kann die Verwaltung des besonderen elektronischen Behördenpostfachs behördenübergreifend automatisiert und an zentraler Stelle erfolgen.

§ 9 ERVV Änderung und Löschung

(1) Der Postfachinhaber hat Änderungen seines Namens oder Sitzes unverzüglich der nach § 7 Absatz 1 bestimmten Stelle anzuzeigen.

(2) [1]Der Postfachinhaber kann jederzeit die Löschung seines besonderen elektronischen Behördenpostfachs veranlassen. [2]Er hat die Löschung seines besonderen elektronischen Behördenpostfachs zu veranlassen, wenn seine Berechtigung zur Nutzung des besonderen elektronischen Behördenpostfachs endet.

– Diese Form der Übermittlung wird mittlerweile zwischen den Behörden (FA, Kindergeldkasse, Rentenversicherungsträger) ganz überwiegend genutzt. Ebenso wie bei der Übermittlung aus einem besonderen elektronischen Anwaltspostfach (→ Rn. 22), müssen die elektronisch übermittelten Dokumente auch bei der Übermittlung aus dem Postfach einer Behörde oder einer juristischen Person des öffentlichen Rechts **nicht qualifiziert elektronisch signiert** sein. Es genügt, wenn das Dokument lediglich den Namen des Urhebers oder dessen eingescannte Unterschrift am Textende wiedergibt (VGH BW A 3 S 2890/18, NJW 2019, 1543; Tipke/Kruse/Brandis § 52a Rn. 13).

– § 52a IV 1 Nr. 4 lässt seit dem 1.1.2022 ferner für **natürliche und juristische Personen** sowie sonstige Vereinigungen das **besondere elektronische Bürger- und Organisationenpostfach** als sicheren Übermittlungsweg zu, allerdings unter der Voraussetzung der Durchführung eines Identifizierungsverfahrens. Durch die Einrichtung dieses Postfachs soll der Kreis der zum elektronischen Rechtsverkehr Befähigten erheblich ausgeweitet werden, 24 sodass Bürger, Organisationen, Verbände und Unternehmen sowie andere Verfahrensbeteiligte – wie zB Gerichtsvollzieher, Sachverständige, Dolmetscher, Betreuer, Insolvenzverwalter oder Steuerberater – elektronisch mit dem Gericht kommunizieren können, wodurch auch Medienbrüche bei der elektronischen Aktenbearbeitung vermieden, Arbeitsabläufe optimiert und Verfahren effizienter gestaltet werden sollen (so die Gesetzesbegründung in BR-Drs. 145/21, 20). – Die ERVV enthält dazu – wie in § 52a IV 2 vorgesehen – folgende Regelungen:

§ 10 ERVV Besonderes elektronisches Bürger- und Organisationenpostfach

(1) Natürliche Personen, juristische Personen sowie sonstige Vereinigungen können zur Übermittlung elektronischer Dokumente auf einem sicheren Übermittlungsweg ein besonderes elektronisches Bürger- und Organisationenpostfach verwenden,
1. das auf dem Protokollstandard OSCI oder einem diesen ersetzenden, dem jeweiligen Stand der Technik entsprechenden Protokollstandard beruht,
2. bei dem die Identität des Postfachinhabers festgestellt worden ist,
3. bei dem der Postfachinhaber in ein sicheres elektronisches Verzeichnis eingetragen ist,
4. bei dem sich der Postfachinhaber beim Versand eines elektronischen Dokuments authentisiert und
5. bei dem feststellbar ist, dass das elektronische Dokument vom Postfachinhaber versandt wurde.

(2) Das besondere elektronische Bürger- und Organisationenpostfach muss
1. über eine Suchfunktion verfügen, die es ermöglicht, Inhaber eines besonderen elektronischen Anwaltspostfachs, eines besonderen elektronischen Notarpostfachs, eines besonderen elektronischen Steuerberaterpostfachs oder eines besonderen elektronischen Behördenpostfachs aufzufinden,
2. für Inhaber besonderer elektronischer Anwaltspostfächer, besonderer elektronischer Notarpostfächer, besonderer elektronischer Steuerberaterpostfächer oder besonderer elektronischer Behördenpostfächer adressierbar sein und
3. barrierefrei sein im Sinne der Barrierefreie-Informationstechnik-Verordnung.

(3) Wird für eine rechtlich unselbständige Untergliederung einer juristischen Person oder sonstigen Vereinigung ein besonderes elektronisches Bürger- und Organisationenpostfach eingerichtet, so muss der Postfachinhaber so bezeichnet sein, dass eine Verwechslung mit der übergeordneten Organisationseinheit ausgeschlossen ist.

§ 11 ERVV Identifizierung und Authentisierung des Postfachinhabers

(1) Die Länder oder mehrere Länder gemeinsam bestimmen jeweils für ihren Bereich eine öffentlich-rechtliche Stelle, die die Freischaltung eines besonderen elektronischen Bürger- und Organisationenpostfachs veranlasst.

(2) [1]Der Postfachinhaber hat im Rahmen der Identitätsfeststellung seinen Namen und seine Anschrift nachzuweisen. [2]Der Nachweis kann nur durch eines der folgenden Identifizierungsmittel erfolgen:
1. den elektronischen Identitätsnachweis nach § 18 des Personalausweisgesetzes, nach § 12 des eID-Karte-Gesetzes oder nach § 78 Absatz 5 des Aufenthaltsgesetzes,

2. ein qualifiziertes elektronisches Siegel nach Artikel 38 der Verordnung (EU) Nr. 910/2014 des Europäischen Parlaments und des Rates vom 23. Juli 2014 über elektronische Identifizierung und Vertrauensdienste für elektronische Transaktionen im Binnenmarkt und zur Aufhebung der Richtlinie 1999/93/EG (ABl. L 257 vom 28.8.2014, S. 73; L 23 vom 29.1.2015, S. 19; L 155 vom 14.6.2016, S. 44),
3. bei öffentlich bestellten oder beeidigten Personen, die Dolmetscher- oder Übersetzungsleistungen erbringen, eine Bestätigung der nach dem Gerichtsdolmetschergesetz oder dem jeweiligen Landesrecht für die öffentliche Bestellung und Beeidigung dieser Personen zuständigen Stelle, auch hinsichtlich der Angaben zu Berufsbezeichnung sowie zur Sprache, für die die Bestellung erfolgt,
4. bei Gerichtsvollziehern eine Bestätigung der für ihre Ernennung zuständigen Stelle, auch hinsichtlich der Dienstbezeichnung, oder
5. eine in öffentlich beglaubigter Form abgegebene Erklärung über den Namen und die Anschrift des Postfachinhabers sowie die eindeutige Bezeichnung des Postfachs.

[3]Eine nach Satz 2 Nummer 5 angegebene geschäftliche Anschrift ist durch eine Bescheinigung nach § 21 Absatz 1 der Bundesnotarordnung, einen amtlichen Registerausdruck oder eine beglaubigte Registerabschrift nachzuweisen. [4]Geht eine angegebene geschäftliche Anschrift nicht aus einem öffentlichen Register hervor, so stellt die Stelle nach Absatz 1 diese durch geeignete Maßnahmen fest. [5]Die Übermittlung von Daten nach Satz 2 Nummer 3 bis 5 an die in Absatz 1 genannte öffentlich-rechtliche Stelle erfolgt in strukturierter maschinenlesbarer Form. [6]Im Fall des Satzes 2 Nummer 5 ist der öffentlich-rechtlichen Stelle zusätzlich eine öffentlich beglaubigte elektronische Abschrift der Erklärung zu übermitteln.

(3) Der Postfachinhaber hat sich beim Versand eines elektronischen Dokuments zu authentisieren durch
1. den elektronischen Identitätsnachweis nach § 18 des Personalausweisgesetzes, nach § 12 des eID-Karte-Gesetzes oder nach § 78 Absatz 5 des Aufenthaltsgesetzes,
2. ein Authentisierungszertifikat, das auf einer qualifizierten elektronischen Signaturerstellungseinheit nach dem Anhang II der Verordnung (EU) Nr. 910/2014 gespeichert ist, oder
3. ein nichtqualifiziertes Authentisierungszertifikat.

§ 12 ERVV Änderung von Angaben und Löschung des Postfachs

(1) [1]Bei Änderung seiner Daten hat der Postfachinhaber unverzüglich die Anpassung seines Postfachs bei der nach § 11 Absatz 1 bestimmten Stelle zu veranlassen. [2]Das betrifft insbesondere die Änderung seines Namens oder seiner Anschrift, bei juristischen Personen oder sonstigen Vereinigungen auch bei der Änderung des Sitzes.

(2) Der Postfachinhaber kann jederzeit die Löschung seines besonderen elektronischen Bürger- und Organisationenpostfachs veranlassen.

– Seit dem 1.1.2022 ist nach § 52a IV 1 Nr. 5 auch das **Nutzerkonto nach § 2 V Onlinezugangsgesetz (OZG)** als sicherer Übermittlungsweg zugelassen. Dies beruht auf denselben Erwägungen, die auch zur Einführung von § 52a IV 1 Nr. 4 geführt haben (s. BR-Drs. 145/21, 20; → Rn. 24). – Die ERVV enthält dazu – wie in § 52a IV 2 vorgesehen – folgende Regelung: 25

§ 13 ERVV Elektronische Kommunikation über den Postfach- und Versanddienst eines Nutzerkontos

(1) Zur Übermittlung elektronischer Dokumente auf einem sicheren Übermittlungsweg kann der Postfach- und Versanddienst eines Nutzerkontos im Sinne des § 2 Absatz 5 des Onlinezugangsgesetzes genutzt werden, wenn bei diesem Postfach- und Versanddienst

1. eine technische Vorrichtung besteht, die auf dem Protokollstandard OSCI oder einem diesen ersetzenden, dem jeweiligen Stand der Technik entsprechenden Protokollstandard beruht,
2. die Identität des Nutzers des Postfach- und Versanddienstes durch ein Identifizierungsmittel nach § 11 Absatz 2 Satz 2 Nummer 1 oder 2 oder für Nutzer des Organisationskontos im Sinne des § 2 Absatz 5 Satz 4 des Onlinezugangsgesetzes durch ein nach § 87a Absatz 6 der Abgabenordnung in der Steuerverwaltung eingesetztes sicheres Verfahren festgestellt ist,
3. der Nutzer des Postfach- und Versanddienstes sich beim Versand eines elektronischen Dokuments entsprechend § 11 Absatz 3 authentisiert und
4. feststellbar ist, dass das elektronische Dokument von dem Nutzer des Postfach- und Versanddienstes versandt wurde.

(2) Der Postfach- und Versanddienst muss barrierefrei sein im Sinne der Barrierefreie-Informationstechnik-Verordnung.

(3) [1]Der Nutzer des Postfach- und Versanddienstes ist in ein sicheres elektronisches Verzeichnis einzutragen, soweit dies zum Betrieb des jeweiligen Postfach- und Versanddienstes erforderlich ist. [2]In diesem Fall gilt § 10 Absatz 2 Nummer 1 und 2 entsprechend. [3]Der Nutzer kann jederzeit die Löschung des Postfach- und Versanddienstes veranlassen.

26 – § 52a IV 1 Nr. 6 lässt schließlich auch **sonstige bundeseinheitliche Übermittlungswege** zu, die durch Rechtsverordnung der Bundesregierung mit Zustimmung des Bundesrates festgelegt werden und bei denen die Authentizität und Integrität der Daten sowie die Barrierefreiheit gewährleistet sind. Dies ist eine Vorratsregelung für den Fall, dass weitere derartige Übermittlungswege auf der Grundlage einer Rechtsverordnung und unter Erfüllung der genannten Voraussetzungen geschaffen werden. Eine solche Rechtsverordnung ist bislang noch nicht ergangen (BFH VIII S 3/22, BStBl. II 2023, 83, Rn. 6).

Siehe insgesamt auch die Checkliste bei Möller NJW 2021, 2179 (2182).

VI. Einreichung von Anträgen oder Erklärungen eines Beteiligten oder eines Dritten (§ 52a III 3)

27 Seit dem 17.7.2024 sieht § 52a III 3 vor, dass ein schriftlich einzureichender Antrag oder eine schriftlich einzureichende Erklärung eines Beteiligten oder eines Dritten als elektronisches Dokument derart eingereicht werden kann, dass der **unterschriebene Antrag oder die unterschriebene Erklärung in ein elektronisches Dokument übertragen** und durch den Bevollmächtigten, den Vertreter oder den Beistand **nach § 52a III 1 übermittelt** wird. Dies soll im Interesse der Praktikabilität die Möglichkeiten für Bevollmächtigte, (gesetzliche) Vertreterinnen und Vertreter sowie Beistände erweitern, einen Antrag oder eine Erklärung der Partei oder von Dritten als elektronisches Dokument einzureichen, weil bislang nicht geregelt ist, dass der von dem Beteiligten in Papierform unterzeichnete

Antrag oder eine von ihm in Papierform unterzeichnete Erklärung eingescannt und der Scan etwa von einem bevollmächtigten Rechtsanwalt mit seiner eigenen qualifizierten elektronischen Signatur versehen oder durch ihn einfach signiert über einen sicheren Übermittlungsweg eingereicht wird. Nach dem Wortlaut von § 52a III 1 muss nämlich derzeit der Antrag oder die Erklärung mit einer qualifizierten elektronischen Signatur der erklärenden Person selbst versehen sein („verantwortende Person"), die aber als Privatpersonen nur selten über eine qualifizierte elektronische Signatur verfügt. Da der prozessuale Antrag oder die Erklärung in Papierform von der antragstellenden oder erklärenden Person unterschrieben und diese Papierfassung anschließend eingescannt worden ist, wird mit der Übermittlung dieses Scans durch beispielsweise den Bevollmächtigten nach § 52a III 1 die **prozessuale Schriftform gewahrt.** Nicht erforderlich ist, dass er den Scan selbst anfertigt. Es handelt sich **nicht um einen Fall des ersetzenden Scannens,** sondern lediglich um eine Erleichterung zur Wahrung der prozessualen Schriftform (so insgesamt die Gesetzesbegründung, BR-Drs. 126/24, 60, 68). Nach der Intention des Gesetzgebers soll die Regelung auch auf die **Einreichung einer eidesstattlichen Versicherung des Beteiligten** (vgl. § 294 I ZPO) Anwendung finden, wobei es dem Gericht als Ausdruck freier richterlicher Beweiswürdigung gleichwohl unbenommen bleibt, bei Zweifeln an der Echtheit einer solchen Erklärung eine Vorlage des Originals der errichteten Urkunde zu verlangen (so die Gesetzesbegründung, BR-Drs. 126/24, 60, 68).

VII. Einreichung von elektronischen Dokumenten unter Missachtung der Anforderungen von § 52a III und IV

Dokumente, die unter Missachtung der Anforderungen von § 52a III und IV **30** eingereicht werden, entfalten **keine Rechtswirkung,** wenn eine **Nutzungspflicht** besteht (→ § 52d Rn. 2; zum **Telefax** eines Rechtsanwalts nach dem 1.1.2022: BFH VIII S 3/22, BStBl. II 2023, 83; FG Düsseldorf 7 K 504/22 K, DStRE 2023, 1065; FG Münster 8 V 2/22, EFG 2022, 592). Das **gilt auch für E-Mails nebst Anhängen,** die keine qualifizierte elektronische Signatur aufweisen und die auch nicht auf einem sicheren Übermittlungsweg eingereicht worden sind (BFH VIII B 88/22, StuB 2023, 439; FG Düsseldorf 1 Ko 1054/22 GK, EFG 2022, 1416; FG Nürnberg 7 K 1023/21, DStRE 2023, 231, zur Übermittlung einer PDF-Datei mit handschriftlich unterzeichneter Klageschrift per Mail; FG Köln 10 K 2732/17, DStRK 2018, 161: Hinweispflicht des Gerichts; einschränkend BGH V ZB 28/22, NJW 2023, 1587: Hinweispflicht nur iRd ordnungsgemäßen Geschäftsgangs, weil § 52a VI nicht eingreift; s. auch BFH VII R 30/10, BStBl. II 2011, 925). Dies folgt bereits daraus, dass § 52a die Anbringung einer qualifizierten elektronischen Signatur oder die Übermittlung des einfach signierten elektronischen Dokuments auf einem sicheren Übermittlungsweg zwingend vorschreibt.

Damit ist die frühere Rspr. überholt, wonach ein unter Missachtung der Anforderungen übermitteltes Dokument (zB eine E-Mail) gleichwohl dann Rechtswirkung entfalten sollte, wenn sich das Gericht zur Entgegennahme bereit erklärte und das Dokument ausdruckte (BFH VII B 238/08, BFH/NV 2009, 1133 im Anschluss an BGH X ZB 8/08, NJW 2008, 2649; XII ZB 424/14, NJW 2015, 1527; FG Saarl 2 K 1323/15, EFG 2016, 47; s. auch BGH XI ZB 45/05, NJW 2006, 3784: Ausdruck durch Anwalt reicht nicht aus; FG Düsseldorf 16 K 572/

09 E, EFG 2009, 1769: s. zur Kritik die Erläuterungen zu → Rn. 6 in der 8. Aufl.).

31 **Beseitigt der Einreichende den Fehler,** indem er das Dokument anschließend (erneut) unter Beachtung der Anforderungen von § 52a III und IV einreicht, so wirkt dies nur **ex nunc** und nicht auf den Zeitpunkt der erstmaligen Einreichung zurück (BAG 2 AZR 43/20, NJW 2020, 3192, Rn. 14 ff.; Zöller/Greger ZPO § 130a Rn. 15; zur Abgrenzung zu § 52a VI 2 → Rn. 43). Dies kann bei fristgebundenen Schriftsätzen zu Problemen führen, so insbes. bei der Klage sowie bei Ausschlussfristen nach §§ 65 II 2, 79b. Zur Einreichung eines für die Bearbeitung nicht geeigneten Dokuments und der Möglichkeit der rückwirkenden Heilung → Rn. 40 ff. Zu technischen Störungen → § 52d Rn. 19.

VIII. Zeitpunkt des Eingangs des elektronischen Dokuments (§ 52a V)

37 Das elektronische Dokument ist nach § 52a V eingegangen, sobald es auf der für den Empfang bestimmten Einrichtung des Gerichts gespeichert ist. Das ist der für das Gericht eingerichtete Empfänger-Intermediär im Netzwerk für das elektronische Gerichts- und Verwaltungspostfach, sodass es nicht darauf ankommt, ob und zu welchem Zeitpunkt das Dokument von dort aus an Client-Rechner innerhalb des Gerichtsnetzes weitergeleitet oder von solchen Rechnern abgeholt bzw. ausgedruckt wird (BFH X B 158/21, NJW 2022, 2872, Rn. 8 mwN). Über den Eingang ist dem Absender eine automatisierte **Bestätigung** zu erteilen. **Erhält der Absender diese nicht,** so obliegt es ihm, aktiv zu werden (BFH XI R 34/21, DStRE 2023, 1146: gilt uneingeschränkt auch für das Finanzamt; Zöller/Greger ZPO § 130a Rn. 14). Dazu gehören der Versuch der erneuten elektronischen Übermittlung und die Nachfrage bei Gericht, ob die elektronische Übermittlung gleichwohl erfolgreich war (BGH XI ZB 18/21, NJW-RR 2022, 1069). Soweit zugelassen, ist das Dokument auf anderem Weg zu übermitteln (zB per Telefax), was bei Nutzungspflicht nach § 52d aber nur bei vorübergehenden technischen Störungen iSv § 52d S. 3 in Frage kommt (→ § 52d Rn. 19). Bei fehlgeschlagener Übermittlung, die ein Fristversäumnis zur Folge hat, kann der Absender ggf. Wiedereinsetzung in den vorigen Stand beantragen (→ § 56 Rn. 38, auch zu den Pflichten der Verfahrensbeteiligten). Diese ist allerdings ausgeschlossen, wenn der Absender nicht überprüft, ob ihm eine automatische Bestätigung zugegangen ist (BFH XI R 34/21, DStRE 2023, 1146, Rn. 17; VII B 188/22, BFH/NV 2024, 294, Rn. 13). – **§ 52a V 3** stellt schließlich klar, dass im elektronischen Rechtsverkehr **keine Abschriften** für die übrigen Beteiligten beizufügen sind. Dies beruht darauf, dass das elektronische Dokument entweder elektronisch weiterversendet (§ 52b) oder beliebig oft ausgedruckt werden kann.

IX. Hinweispflichten des Gerichts und Heilung von Fehlern (§ 52a VI)

40 Ist das elektronische Dokument **für das Gericht zur Bearbeitung nicht geeignet,** weil es abw. von § 52a II 1 ein **falsches Dateiformat** aufweist (→ Rn. 3), so hat das Gericht dies dem Absender nach **§ 52a VI 1** unter Hinweis auf die Unwirksamkeit des Eingangs und auf die geltenden technischen Rahmen-

bedingungen **unverzüglich mitzuteilen** (s. zur Containersignatur BSG B 12 KR 26/18 B, NJW 2018, 2222; BVerwG 2 WDB 3/18, NVwZ 2018, 1880: keine Heilung nach § 52a VI 2; ferner → Rn. 22, 31). § 52a VI 1 erweitert damit die allg. richterlichen Hinweispflichten des § 76 II. Der Hinweis muss **unverzüglich,** dh spätestens mit der Eingangsbestätigung erfolgen, um dem Absender so die Möglichkeit zu geben, fristwahrend ein neues Dokument einzureichen, welches den Anforderungen an das Dateiformat entspricht (BT-Drs. 17/12634, 26 zu § 130a VI ZPO).

Macht der Absender hiervon Gebrauch, so gilt das **neu eingereichte Dokument** nach **§ 52a VI 2** als **zum Zeitpunkt der früheren Einreichung eingegangen,** sofern der Absender das zur Bearbeitung geeignete Dokument unverzüglich einreicht und glaubhaft macht, dass es mit dem zuerst eingereichten Dokument inhaltlich übereinstimmt. Diese Wirkung tritt auch dann ein, wenn die Einreichung des für das Gericht zur Bearbeitung nicht geeigneten elektronischen Dokuments schuldhaft war, weil der Absender sich zB nicht über die Anforderungen informiert hatte. In diesem Fall wäre eine Wiedereinsetzung in den vorigen Stand wegen des Verschuldens des Absenders zwar ausgeschlossen (vgl. dazu auch BFH VII R 30/10, BStBl. II 2011, 925 zu § 52a aF; → § 56 Rn. 38). Der Gesetzgeber wollte mit der Regelung in § 52a VI 2 jedoch der Rspr. des BVerfG entsprechen, wonach der Zugang zu den Gerichten durch Anforderungen des formellen Rechts, wie etwa Formatvorgaben, nicht in unverhältnismäßiger Weise erschwert werden darf (BT-Drs. 17/12634, 26 zu § 130a VI ZPO unter Hinweis auf BVerfG 1 BvR 894/04, NJW 2005, 814). **41**

Der **Absender** muss das elektronische Dokument mit dem richtigen Dateiformat **unverzüglich einreichen,** dh ohne schuldhaftes Zögern. Er muss also unmittelbar nach Erhalt des gerichtlichen Hinweises tätig werden. Für die **Glaubhaftmachung** der Tatsache, dass das ursprünglich eingereichte elektronische Dokument mit dem im richtigen Dateiformat nachgereichten Dokument übereinstimmt, gelten die allg. Grundsätze, somit ist auch eine Versicherung an Eides statt möglich (→ § 56 Rn. 42, 117). Siehe insgesamt auch die Checkliste bei Möller NJW 2021, 2179 (2182). **42**

§ 52a VI erfasst **nur den Fall,** dass das vom Absender eingereichte Dokument ein **falsches Dateiformat** enthält. Andere Fehler in der Übermittlung sind nicht Gegenstand der Regelung. Das gilt zum einen für den Fall, dass der Absender zwar ein elektronisches Dokument in einem zugelassenen Dateiformat einreicht, dieses aber aufgrund einer **technischen Störung bei Gericht** nicht bearbeitet werden kann. In diesem Fall ist das elektronische Dokument mit der Übersendung wirksam zugegangen. Ist aufgrund der technischen Störung beim Gericht erst gar keine Kommunikation möglich, so ist Wiedereinsetzung in den vorigen Stand zu gewähren (BT-Drs. 17/12634, 27 zu § 130a VI ZPO; → § 56 Rn. 38). – **§ 52a VI** ist ferner **nur anwendbar,** wenn das elektronische Dokument entweder eine **qualifizierte elektronische Signatur** enthält oder auf einem **sicheren Übermittlungsweg** eingereicht worden ist, wie § 52a III und IV dies vorschreiben. Ist das nicht der Fall, so findet **§ 52a VI keine Anwendung** (so auch BGH V ZB 28/22, NJW 2023, 1587). Folglich greift auch die rückwirkende Heilung des § 52a VI 2 in diesen Fällen nicht ein, so zB bei Einreichung per Telefax, Mail oder Post, obwohl der Einreichende nach § 52d zur elektronischen Einreichung verpflichtet ist (FG BBg 4 K 4253/19, BeckRS 2021, 21128). Beseitigt er diesen Fehler, indem er das Dokument anschließend (erneut) unter Beachtung der Anforderungen von § 52a III und IV übermittelt, so wirkt dies nur **ex nunc** und nicht **43**

auf den Zeitpunkt der erstmaligen Einreichung zurück (BAG 2 AZR 43/20, NJW 2020, 3192, Rn. 14 ff.; Zöller/Greger ZPO § 130a Rn. 15; → Rn. 31 f.). Eine Rückwirkung – die aber nicht aus § 52a VI 2 folgt – kann nur dann eintreten, wenn **Wiedereinsetzung in den vorigen Stand** zu gewähren ist (BT-Drs. 17/12634, 27 zu § 130a VI ZPO; → § 56 Rn. 38), was bei Fehlern durch die von § 52d erfassten Personen aber kaum denkbar erscheint, weil sie den Inhalt der Regelung des § 52d kennen müssen. Gleichwohl ergibt sich in den Fällen der fehlenden qualifizierten elektronischen Signatur bzw. der fehlenden Einreichung auf einem sicheren Übermittlungsweg eine **Hinweispflicht** für das Gericht aus § 76 II (s. auch BSG B 12 KR 26/18 B, NJW 2018, 2222 zur Containersignatur). **Wiedereinsetzung in den vorigen Stand** nach § 56 kommt aber in Betracht, wenn ein aus dem besonderen elektronischen Anwaltspostfach versandter fristwahrender Schriftsatz vom Intermediär-Server nicht an das Gericht weitergeleitet wird, weil die Dateibezeichnung unzulässige Zeichen enthält, worauf der Absender weder zuvor noch anschließend durch eine Fehlermeldung hingewiesen worden ist (BFH IX B 121/18, BStBl. II 2019, 554; → § 56 Rn. 38).

X. Handschriftliche Signatur durch den Richter oder den Urkundsbeamten (§ 52a VII)

47 **§ 52a VII** ist missverständlich. Die Norm soll nicht die Bearbeitung des im Wege des elektronischen Rechtsverkehrs eingegangenen Dokuments beim Gericht regeln, sondern die **Anforderungen an die Bearbeitung der elektronischen Akte** festlegen (BR-Drs. 609/04, 86 u. 88 f.). Damit setzt § 52a VII als selbstverständlich voraus, dass auch das Gericht in elektronischer Form kommunizieren darf (Kopp/Schenke/Schenke VwGO § 55a Rn. 18). – Ist für das von dem Richter oder dem Urkundsbeamten bearbeitete Dokument nach den allg. Vorschriften eine handschriftliche Unterzeichnung vorgesehen (zB bei Protokollen, Beschlüssen und Urteilen), so ist dem bei elektronischen Dokumenten nach **§ 52a VII 1** dann genügt, wenn diese **aufgezeichnet,** dh gespeichert, am Ende mit einem **Namenszusatz** versehen und sodann **qualifiziert elektronisch signiert** werden. Damit werden auch für die gerichtliche Bearbeitung Unterschrift und qualifizierte elektronische Signatur gleichgestellt (s. auch BR-Drs. 609/04, 89). Muss das Dokument **von mehreren Richtern unterschrieben** werden, wie bei Senatsentscheidungen, so muss jeder Richter es mit seiner qualifizierten elektronischen Signatur versehen. Dabei ist sicherzustellen, dass nach Anbringen der ersten Signatur keine Änderungen mehr vorgenommen werden, und zwar auch nicht zur Korrektur von Rechtschreib- und Zeichensetzungsfehlern (Kopp/Schenke/Schenke VwGO § 55a Rn. 21), weil dadurch die erste Signatur unwirksam wird; ein Ersetzen der Unterschrift eines abwesenden Richters ist möglich. Ist auf einem Urteil oder einem Beschluss ein **Vermerk anzubringen,** wie es etwa § 107 II 2 vorsieht, so muss dies bei elektronischen Dokumenten durch ein eigenständiges Dokument erfolgen, weil ansonsten die qualifizierten elektronischen Signaturen des ursprünglichen Dokuments zerstört würden (Kopp/Schenke/Schenke VwGO § 55a Rn. 26). Ist die **qualifizierte elektronische Signatur fehlerhaft,** so hat dies dieselbe Rechtswirkung wie eine fehlende Unterschrift, da § 52a VII 1 die qualifizierte elektronische Signatur und die Unterschrift gleichstellt (glA Kopp/Schenke/Schenke VwGO § 55a Rn. 23).

Nach § 52a VII 2 genügt der von S. 1 vorgeschriebenen Form auch ein **elektronisches Dokument, in das das handschriftlich unterzeichnete Schriftstück** nach § 52b VI 4 **übertragen worden ist.** Dies beruht darauf, dass der Übertragungsnachweis in diesem Fall mit einer qualifizierten elektronischen Signatur des Urkundsbeamten der Geschäftsstelle zu versehen ist. 48

§ 52b [Elektronische Prozessakten]

[Fassung bis 31.12.2025:]

(1) [1]**Die Prozessakten können elektronisch geführt werden. [2]Die Bundesregierung und die Landesregierungen bestimmen jeweils für ihren Bereich durch Rechtsverordnung den Zeitpunkt, von dem an die Prozessakten elektronisch geführt werden. [3]In der Rechtsverordnung sind die organisatorisch-technischen Rahmenbedingungen für die Bildung, Führung und Verwahrung der elektronischen Akten festzulegen. [4]Die Landesregierungen können die Ermächtigung auf die für die Finanzgerichtsbarkeit zuständigen obersten Landesbehörden übertragen. [5]Die Zulassung der elektronischen Akte kann auf einzelne Gerichte oder Verfahren beschränkt werden; wird von dieser Möglichkeit Gebrauch gemacht, kann in der Rechtsverordnung bestimmt werden, dass durch Verwaltungsvorschrift, die öffentlich bekanntzumachen ist, geregelt wird, in welchen Verfahren die Prozessakten elektronisch zu führen sind. [6]Die Rechtsverordnung der Bundesregierung bedarf nicht der Zustimmung des Bundesrates.**

(1a) [1]**Die Prozessakten werden ab dem 1. Januar 2026 elektronisch geführt. [2]Die Bundesregierung und die Landesregierungen bestimmen jeweils für ihren Bereich durch Rechtsverordnung die organisatorischen und dem Stand der Technik entsprechenden technischen Rahmenbedingungen für**

[Fassung ab 1.1.2026:]

(1) [1]**Die Prozessakten werden elektronisch geführt. [2]Die Bundesregierung und die Landesregierungen bestimmen jeweils für ihren Bereich durch Rechtsverordnung die organisatorischen und dem Stand der Technik entsprechenden technischen Rahmenbedingungen für die Bildung, Führung und Verwahrung der elektronischen Akten einschließlich der einzuhaltenden Anforderungen der Barrierefreiheit. [3]Die Bundesregierung und die Landesregierungen können jeweils für ihren Bereich durch Rechtsverordnung bestimmen, dass Akten, die in Papierform angelegt wurden, in Papierform weitergeführt werden. [4]Die Landesregierungen können die Ermächtigungen nach den Sätzen 2 und 3 auf die für die Finanzgerichtsbarkeit zuständigen obersten Landesbehörden übertragen. [5]Die Rechtsverordnungen der Bundesregierung bedürfen nicht der Zustimmung des Bundesrates.**

die Bildung, Führung und Verwahrung der elektronischen Akten einschließlich der einzuhaltenden Anforderungen der Barrierefreiheit. [3]Die Bundesregierung und die Landesregierungen können jeweils für ihren Bereich durch Rechtsverordnung bestimmen, dass Akten, die in Papierform angelegt wurden, in Papierform weitergeführt werden. [4]Die Landesregierungen können die Ermächtigungen nach den Sätzen 2 und 3 auf die für die Finanzgerichtsbarkeit zuständigen obersten Landesbehörden übertragen. [5]Die Rechtsverordnungen der Bundesregierung bedürfen nicht der Zustimmung des Bundesrates.

(1b) **[1]Die Bundesregierung und die Landesregierungen können jeweils für ihren Bereich durch Rechtsverordnung bestimmen, dass Akten, die vor dem 1. Januar 2026 in Papierform angelegt wurden, ab einem bestimmten Stichtag oder Ereignis in elektronischer Form weitergeführt werden. [2]Die Zulassung der Weiterführung in elektronischer Form kann auf einzelne Gerichte oder Verfahren beschränkt werden; wird von dieser Möglichkeit Gebrauch gemacht, kann in der Rechtsverordnung bestimmt werden, dass durch Verwaltungsvorschrift, die öffentlich bekanntzumachen ist, geregelt wird, in welchen Verfahren Akten in elektronischer Form weitergeführt werden. [3]Die Rechtsverordnung der Bundesregierung bedarf nicht der Zustimmung des Bundesrates. [4]Die Ermächtigung kann durch Rechtsverordnung auf die zuständige oberste Bundesbehörde oder auf die für die Finanzgerichtsbarkeit zuständigen obersten Landesbehörden übertragen werden.**

(2) **[1]Werden die Akten in Papierform geführt, ist von einem elektronischen Dokument ein Ausdruck für die Akten zu fertigen. [2]Kann dies bei Anlagen zu vorbereitenden Schriftsätzen nicht oder nur mit unverhältnismäßigem Aufwand erfolgen, so kann ein Ausdruck unterbleiben. [3]Die Daten sind in diesem Fall dauerhaft zu speichern; der Speicherort ist aktenkundig zu machen.**

(3) **Ist das elektronische Dokument auf einem sicheren Übermittlungsweg eingereicht, so ist dies aktenkundig zu machen.**

(4) **Wird das elektronische Dokument mit einer qualifizierten elektronischen Signatur versehen und nicht auf einem sicheren Übermittlungsweg eingereicht, muss der Ausdruck einen Vermerk darüber enthalten,**
1. welches Ergebnis die Integritätsprüfung des Dokumentes ausweist,
2. wen die Signaturprüfung als Inhaber der Signatur ausweist,
3. welchen Zeitpunkt die Signaturprüfung für die Anbringung der Signatur ausweist.

(5) **Ein eingereichtes elektronisches Dokument kann im Falle von Absatz 2 nach Ablauf von sechs Monaten gelöscht werden.**

(6) [1]**Werden die Prozessakten elektronisch geführt, sind in Papierform vorliegende Schriftstücke und sonstige Unterlagen nach dem Stand der Technik zur Ersetzung der Urschrift in ein elektronisches Dokument zu übertragen.** [2]**Es ist sicherzustellen, dass das elektronische Dokument mit den vorliegenden Schriftstücken und sonstigen Unterlagen bildlich und inhaltlich übereinstimmt.** [3]**Das elektronische Dokument ist mit einem Übertragungsnachweis zu versehen, der das bei der Übertragung angewandte Verfahren und die bildliche und inhaltliche Übereinstimmung dokumentiert.** [4]**Wird ein von den verantwortenden Personen handschriftlich unterzeichnetes gerichtliches Schriftstück übertragen, ist der Übertragungsnachweis mit einer qualifizierten elektronischen Signatur des Urkundsbeamten der Geschäftsstelle zu versehen.** [5]**Die in Papierform vorliegenden Schriftstücke und sonstigen Unterlagen können sechs Monate nach der Übertragung vernichtet werden, sofern sie nicht rückgabepflichtig sind.**

(7) **Die Bundesregierung kann durch Rechtsverordnung mit Zustimmung des Bundesrates die für die Übermittlung elektronischer Akten zwischen Behörden und Gerichten geltenden Standards bestimmen.**

Vgl. § 65b SGG; § 55b VwGO; § 298a ZPO.

Literatur: Siehe Literatur zu § 52a.

1 § 52b wurde eingeführt durch Art. 3 des G über die Verwendung elektronischer Kommunikationsformen in der Justiz (Justizkommunikationsgesetz) v. 22.3.2005 (BGBl. I 837) und durch Art. 6 des G zur Förderung des elektronischen Rechtsverkehrs mit den Gerichten v. 10.10.2013 (BGBl. I 3786) sowie Art. 22 des G zur Einführung der elektronischen Akte in der Justiz und zur weiteren Förderung des elektronischen Rechtsverkehrs v. 5.7.2017 (BGBl. I 2208) mit Wirkung **ab dem 1.1.2018** neu gefasst. Zugleich wurde eine erst **ab dem 1.1.2026** geltende Fassung geschaffen, die darauf beruht, dass ab diesem Zeitpunkt die Akten zwingend elektronisch zu führen sind, sodass die bisherige **Kannvorschrift des § 52b I entfällt.** Durch Art. 31 des G zur weiteren Digitalisierung der Justiz v. 12.7.2024 (BGBl. I Nr. 234) wurden Abs. 1b und Abs. 7 eingefügt. **Ziel der Regelung** ist es, die elektronische Aktenführung zu ermöglichen (s. auch BT-Drs. 17/12634, 38). Sie ist zwingende **Konsequenz des elektronischen Rechtsverkehrs** iSv § 52a, weil nur bei anschließender elektronischer Weiterverarbeitung der elektronisch eingereichten Dokumente eine Bearbeitung ohne Medienbruch möglich ist (speziell zur Finanzgerichtsbarkeit: Scharpenberg DB 2017, Heft 14, M5; Wolsztynski/Peters DB 2019, Heft 27–28, M21; Junier/Scharpenberg/Wolsztynski DB 2020, Heft 9, M17). Konsequent wäre es vor diesem Hintergrund gewesen, auch eine Regelung zur elektronischen Übermittlung von gerichtlichen Dokumenten an die Verfahrensbeteiligten aufzunehmen; eine solche Pflicht ist in den §§ 52a–d indes nicht enthalten (Tipke/Kruse/Brandis § 52b Rn. 1).

2 § 52 betrifft die elektronische Führung von Prozessakten. **Prozessakten** iSd Vorschrift sind **ausschließlich die Gerichtsakten** (BFH IV B 66/21, BFH/NV 2022, 1074, Rn. 27). **§ 52b I** stellt bis zum 31.12.2025 (→ Rn. 3) **keine Pflicht** zur Führung elektronischer Prozessakten auf („kann"), sondern räumt lediglich die diesbezügliche Möglichkeit ein. Die nähere Ausgestaltung überlässt die Norm den **Rechtsverordnungen** der Bundesregierung, die nach S. 6 nicht der Zustim-

mung des Bundesrates bedarf (s. für die Bundesgerichte und damit auch für den BFH die VO über die elektronische Aktenführung bei den obersten Gerichten des Bundes in der Zivilgerichtsbarkeit und in den Fachgerichtsbarkeiten – Bundesgerichte-Aktenführungsverordnung – BGAktFV v. 27.3.2020, BGBl. I 745) – und der Landesregierungen, die die Ermächtigung nach S. 4 auch auf die für die Finanzgerichtsbarkeit zuständigen obersten Landesbehörden übertragen kann; dies sind idR die Justizministerien, in Bayern das Finanzministerium (s. zB für Bayern: eAktFGV v. 29.7.2019, GVBl. 2019, 548; für BW: eAktVO v. 29.3.2016, GBl. 2016, 265; für NRW: eAktVO FG v. 9.2.2017, GV NRW 2017, 284)). § 52b I 5 lässt die partielle Einführung elektronischer Prozessakten zu. Dies ist insbes. für **Pilotprojekte** wesentlich, für die in der Rechtsverordnung bestimmt werden kann, dass durch öffentlich bekanntzumachende Verwaltungsvorschrift geregelt wird, in welchen Verfahren die Prozessakten elektronisch zu führen sind. – Bezogen auf die **Gestaltung der elektronischen Akte** betont Tipke/Kruse/Brandis § 52b Rn. 1 zutreffend die besondere Herausforderung, die zur Papierakte entwickelten **Grundsätze ordnungsgemäßer Aktenführung** (Aktenklarheit, Aktenwahrheit, Aktenvollständigkeit) mit Blick auf Überprüfbarkeit, Beweiskraft, Akteneinsichtsrecht sowie Aufbewahrung und Vernichtung auf die elektronische Akte zu übertragen, die nichts anderes ist, als eine durch eine Fachanwendung gesteuerte Datenbank (s. auch Mellinghoff FS BFH, 421, 433 ff.). – Wird die elektronische Akte eingeführt, so ist in der Einführung als solche kein Verstoß gegen die **richterliche Unabhängigkeit** zu sehen (Schoch/Schneider/Ulrich VwGO § 55b Rn. 24 f., krit. aber zu zusätzlichen Kontrollmöglichkeiten). Der Richter hat lediglich einen Anspruch darauf, dass er bei der Zuteilung der vorhandenen, für die Arbeit erforderlichen personellen und sachlichen Mittel in ermessensfehlerfreier Weise berücksichtigt wird; ansonsten hat er weder einen Anspruch auf Vorlage der elektronischen Eingänge als Ausdrucke noch auf Schaffung und Bereitstellung der sachlichen, institutionellen und personellen Ausstattung, die er zur Ausschöpfung seiner richterlichen Unabhängigkeit für erforderlich und wünschenswert hält (Schoch/Schneider/Ulrich VwGO § 55b Rn. 24, unter Hinweis auf BGH RiZ(R) 2/01, NJW 2003, 282; RiZ(R) 2/03, NJW 2005, 905; RiZ (R) 5/09, NJOZ 2011, 1461).

3 Nach **§ 52b Ia 1 bzw. ab dem 1.1.2026 § 52b I** (→ Rn. 1) besteht ab dem 1.1.2026 eine **Pflicht, die Prozessakten elektronisch zu führen.** Ebenso wie § 52b I überlässt auch § 52b Ia die nähere Ausgestaltung den **Rechtsverordnungen** der Bundesregierung – die nach S. 6 nicht der Zustimmung des Bundesrates bedarf – und der Landesregierungen, die die Ermächtigung nach S. 4 wiederum auf die für die Finanzgerichtsbarkeit zuständigen obersten Landesbehörden übertragen können. S. 3 sieht eine Übergangsregelung für den Fall vor, dass Akten (vor dem 1.1.2026) in Papierform angelegt wurden. Die Rechtsverordnungen können insofern bestimmen, dass diese in Papierform weitergeführt werden.

4 § 52b Ib sieht **seit dem 17.7.2024** (→ Rn. 1) eine **Verordnungsermächtigung** für die Bundesregierung (ohne Zustimmung durch den Bundesrat) und die Landesregierungen vor, um jeweils für ihren Bereich zu bestimmen, dass **Akten, die vor dem 1.1.2026 in Papierform angelegt wurden,** ab einem bestimmten Stichtag oder Ereignis **in elektronischer Form weitergeführt** werden, was auf einzelne Gerichte oder Verfahren beschränkt werden kann. In der Rechtsverordnung kann bestimmt werden, dass durch öffentlich bekanntzumachende Verwaltungsvorschrift geregelt wird, in welchen Verfahren Akten in elektronischer Form weitergeführt werden. Die Ermächtigung kann durch Rechtsverordnung auf die

zuständige oberste Bundesbehörde oder auf die für die Finanzgerichtsbarkeit zuständigen obersten Landesbehörden (Ministerien) übertragen werden. Eine solche **Fortführung von Papierakten als elektronische Akten war bis zur Einführung von § 52b Ib nicht vorgesehen,** sodass der gesamte bisherige Akteninhalt digitalisiert werden müsste. § 52b I 1 sieht zur Vermeidung der Führung von Hybridakten lediglich vor, dass solche Akten von der Pflicht zur elektronischen Aktenführung ausgenommen bleiben können, was aber nicht sinnvoll ist. Daher schafft § 52b Ib nunmehr die Möglichkeit einer elektronischen Fortführung von in Papierform angelegten Akten auch ohne eine Übertragung der in Papierform vorliegenden Aktenteile in ein elektronisches Dokument. In der Rechtsverordnung kann als Zeitpunkt des Beginns nicht nur ein bestimmtes Datum, sondern auch der Eintritt eines bestimmten Ereignisses gewählt werden, wie zum Beispiel ein **Wechsel in der Zuständigkeit oder eine Abgabe an ein anderes Gericht** (so die Gesetzesbegründung, BR-Drs. 126/24, 48, 69). Die Regelung durch öffentlich bekanntzumachende Verwaltungsvorschrift und die Entscheidungsdelegation dienen der Verfahrensvereinfachung (Gesetzesbegründung, BR-Drs. 126/24, 48, 69). **Akten, die nach dem 1.1.2026 angelegt werden, sind ausschließlich elektronisch zu führen.** – Zum umgekehrten Fall, dass **Akten, die elektronisch angelegt wurden,** ab einem bestimmten Ereignis bis zum 31.12.2025 **in Papierform weitergeführt** werden s. **§ 162 II** mit einer Verordnungsermächtigung. – Zu weiteren Ausnahmen von der elektronischen Aktenführung bei **Verschlusssachen** s.**§ 162.**

§ 52b II–V enthalten Regelungen dazu, wie nach § 52a eingehende elektronische Dokumente zu behandeln sind, wenn die **Akten in Papierform geführt** werden, was nach § 52b I mangels einer Pflicht zur Führung von elektronischen Akten bis zum 31.12.2025 generell und ab dem 1.1.2026 im Sonderfall des § 52b Ia 3 (→ Rn. 3) möglich ist. Von dem elektronischen Dokument ist in diesem Fall nach **§ 52b II 1** ein **Ausdruck** für die Akten zu fertigen, mit dem dann ebenso zu verfahren ist, wie mit einem Papiereingang (Gosch/Schmieszek § 52b Rn. 20). Dies gilt sowohl für elektronische Dokumente, die die Verfahrensbeteiligten oder Dritte bei Gericht einreichen, als auch für **elektronische Dokumente, die das Gericht selbst erzeugt** (so ausdrücklich die Begründung des Entwurfs eines Gesetzes zur Förderung des elektronischen Rechtsverkehrs mit den Gerichten zur inhaltlich identischen Regelung des § 298 I ZPO, BT-Drs. 17/12634, 29; HHS/Thürmer § 52b Rn. 70; Tipke/Kruse/Brandis § 52b Rn. 3; Schoch/Schneider/Ulrich VwGO § 55b Rn. 38; Zöller/Greger ZPO § 298 Rn. 1; unklar Gosch/Schmieszek § 52b Rn. 20, der nur von Eingängen spricht). Das ist zB der Fall, wenn in einem als Papierakte geführten Verfahren **qualifiziert elektronisch signiert** wird, sei es durch die Geschäftsstelle oder auch durch die Richterinnen und Richter. Von dem elektronischen Dokument (zB Urteil, Beschluss oder Verfügung) ist nach § 52b II 1 für die Papierakte ein Ausdruck zu fertigen und nach § 52b IV mit einem Vermerk zu versehen (s.u.), der mE auch als Bestätigungsvermerk auf dem Prüfprotokoll zur elektronischen Signatur angebracht werden kann. Bei **unverhältnismäßigem Aufwand** kann der Ausdruck des eingereichten oder selbst erstellten elektronischen Dokuments nach S. 2 unterbleiben (Ermessen der Geschäftsstelle: Tipke/Kruse/Brandis § 55b Rn. 4; Schoch/Schneider/Ulrich VwGO § 55b Rn. 37); die Daten sind dann gem. S. 3 dauerhaft zu speichern, der Speicherort ist aktenkundig zu machen. Wird das elektronische Dokument auf einem sicheren Übermittlungsweg eingereicht, so ist dies nach **§ 52b III** in der Papierakte aktenkundig zu machen, weil dies aus dem 5

Dokument nicht zwingend hervorgeht (Schoch/Schneider/Ulrich VwGO § 55b Rn. 46: der Eingangszeitpunkt ist ebenso zu dokumentieren wie bei De-Mail die bestätigte Anmeldung des Absenders nach §§ 4 I 2 und 5 V De-Mail-G). Geht ein mit einer qualifizierten elektronischen Signatur versehenes Dokument nicht auf einem sicheren Übermittlungsweg ein, so muss der Ausdruck nach **§ 52b IV** einen **Vermerk** über das Ergebnis der Prüfung der Integrität und der Inhaberschaft der Signatur sowie über den Zeitpunkt der Anbringung der Signatur enthalten. Über den Wortlaut des § 52b IV hinaus sind wegen des Grundsatzes der Aktenvollständigkeit auch dann Vermerke anzufertigen, wenn ein mit einer qualifizierten elektronischen Signatur versehenes Dokument auf einem sicheren Übermittlungsweg eingereicht wird oder wenn ein Dokument keine qualifizierte elektronische Signatur trägt (Tipke/Kruse/Brandis § 52b Rn. 4; Schoch/Schneider/Ulrich VwGO § 55b Rn. 56 f.). Schließlich erlaubt **§ 52b V** es, elektronische Dokumente nach Ablauf von sechs Monaten zu **löschen,** wenn sie ausgedruckt und einer Papierakte zugefügt worden sind (Ausnahme: § 52b II 3). **Verstöße** gegen die in § 52b II–V normierten Pflichten zur Anfertigung von Ausdrucken und Vermerken sowie zur Löschung wirken sich auf die Wirksamkeit der Prozesshandlungen sowie der gerichtlichen Verfügungen und Entscheidungen nicht aus, weil es sich lediglich um gerichtsinterne Ordnungsvorschriften handelt (Tipke/Kruse/Brandis § 52b Rn. 4; Gosch/Schmieszek § 52b Rn. 7). Praktische Probleme können aber dann entstehen, wenn sich wegen der fehlenden Ausdrucke und Vermerke die ordnungsgemäße und ggf. auch rechtzeitige Übermittlung nicht mehr nachvollziehen lässt. Aus diesem Grund besteht entgegen Gosch/Schmieszek § 52b Rn. 10 sehr wohl ein Bedürfnis für eine Berichtigung solcher Fehler analog § 107, für die der Urkundsbeamte der Geschäftsstelle zuständig ist (Tipke/Kruse/Brandis § 52b Rn. 4; Schoch/Schneider/Ulrich VwGO § 55b Rn. 67).

6 **§ 52b VI** regelt den Fall, dass **Schriftstücke in Papierform** eingereicht werden oder bereits vorliegen, während die **Prozessakte elektronisch geführt** wird. Diese Schriftstücke sind nach S. 1 nach dem Stand der Technik zur Ersetzung der Urschrift in ein elektronisches Dokument zu übertragen, wobei nach S. 2 die bildliche und inhaltliche Übereinstimmung sicherzustellen ist. Das bedeutet in der Praxis, dass sie nach dem vom Bundesamt für Sicherheit in der Informationstechnik vorgegebenen Standard **rechtssicher ersetzend einzuscannen** sind (Gosch/Schmieszek § 52b Rn. 26; Tipke/Kruse/Brandis § 52b Rn. 5; Kopp/Schenke/Schenke VwGO § 55b Rn. 11). Das elektronische Dokument ist nach S. 3 mit einem Übertragungsnachweis zu versehen, der das angewandte Verfahren und die bildliche und inhaltliche Übereinstimmung dokumentiert; handelt es sich bei dem übertragenen Schriftstück um ein solches, welches von verantwortenden Personen handschriftlich unterzeichnet war, so ist der Übertragungsnachweis gem. S. 4 mit einer qualifizierten elektronischen Signatur des Urkundsbeamten der Geschäftsstelle zu versehen. Das gilt auch für gerichtliche, handschriftlich unterschriebene Schriftstücke, wie zB einen von den Richtern unterschriebenen Urteilstenor (Tipke/Kruse/Brandis § 52b Rn. 5; Schoch/Schneider/Ulrich VwGO § 55b Rn. 75). Ist das erstellte elektronische Dokument der elektronischen Prozessakte hinzugefügt worden, so können das in Papierform vorliegende Schriftstück und sonstige Unterlagen (zB Anlagen) gem. S. 5 sechs Monate nach der Übertragung vernichtet werden, soweit sie nicht an die Beteiligten zurückzugeben sind. **Keine Anwendung** findet § 52b VI auf **Behördenakten,** die in Papierform vorliegen. Selbst wenn die Gerichtsakte elektronisch geführt wird und hierfür § 52b VI eingreift, so ist das Gericht nicht verpflichtet, die in Papierform vorgelegten

Behördenakten einzuscannen und ggf. dem Kläger als Daten-CD zur Verfügung zu stellen (BFH X B 35/23 (AdV), BFH/NV 2024, 38).

Nach **§ 52b VII** kann die Bundesregierung durch Rechtsverordnung mit Zustimmung des Bundesrates die **für die Übermittlung elektronischer Akten zwischen Behörden und Gerichten geltenden Standards** bestimmen. Da die FGO bisher keine Vorgaben dazu enthält, wie die elektronische Übermittlung im Einzelnen zu erfolgen hat, werden die Akten uneinheitlich und überwiegend ohne maschinenlesbaren Datensatz übermittelt, was die Handhabung durch die Justiz erheblich erschwert. Die Neuregelung soll es ermöglichen, bundeseinheitliche technische Standards für diesen elektronischen Aktenaustausch zu bestimmen. Durch solche Standards soll insbesondere sichergestellt werden, dass Akten von Behörden auch über Ländergrenzen hinweg ohne Schwierigkeiten elektronisch an die Gerichte übermittelt und dort ohne Medienbrüche in den elektronischen Aktensystemen verarbeitet werden können. Der Regelungsgegenstand der auf dieser Grundlage zu erlassenden Rechtsverordnung schließt verschiedene technische Aspekte der Übermittlung elektronischer Akten ein, für die Standards erforderlich sind. Das betrifft etwa die bei der Übermittlung von Behörden an Gerichte zulässigen Dateiformate (Übermittlungsformate der elektronischen Akte). Um die übertragenen Daten ohne Doppelarbeit unmittelbar nutzen zu können, ist zudem die gleichzeitige Übertragung bestimmter Metadaten erforderlich. Bei der Festlegung der Standards ist die Vereinbarkeit mit bereits vorhandenen technischen Gegebenheiten, insbesondere auch mit bestehenden behördlichen IT-Systemen, zu berücksichtigen (so insgesamt die Gesetzesbegründung, BR-Drs. 126/24, 63, 69). 7

§ 52c Formulare; Verordnungsermächtigung

[1]Das Bundesministerium der Justiz und für Verbraucherschutz kann durch Rechtsverordnung mit Zustimmung des Bundesrates elektronische Formulare einführen. [2]Die Rechtsverordnung kann bestimmen, dass die in den Formularen enthaltenen Angaben ganz oder teilweise in strukturierter maschinenlesbarer Form zu übermitteln sind. [3]Die Formulare sind auf einer in der Rechtsverordnung zu bestimmenden Kommunikationsplattform im Internet zur Nutzung bereitzustellen. [4]Die Rechtsverordnung kann bestimmen, dass eine Identifikation des Formularverwenders abweichend von § 52a Absatz 3 auch durch Nutzung des elektronischen Identitätsnachweises nach § 18 des Personalausweisgesetzes, § 12 des eID-Karte-Gesetzes oder § 78 Absatz 5 des Aufenthaltsgesetzes erfolgen kann.

Vgl. § 65c SGG; § 55c VwGO; § 130c ZPO.

Die Regelung wurde nach einer Bitte des BR und auf Empfehlung des Rechtsausschusses (BT-Drs. 17/13948, 22 u. 37) durch Art. 6 des G zur Förderung des elektronischen Rechtsverkehrs mit den Gerichten v. 10.10.2013 (BGBl. I 3786) eingeführt. 1

Die Regelung dient der **Vereinfachung** und Standardisierung der gerichtlichen Verfahrensabläufe, und zwar dadurch, dass die BReg durch VO mit Zustimmung des BR **elektronische Formulare** für das gerichtliche Verfahren einführt. Die VO kann eine Einreichung von Angaben in strukturierter maschinenlesbarer Form vorschreiben (Tipke/Kruse/Brandis § 52c Rn. 1; aA Gosch/Schieszek § 52a 2

Rn. 7: keine Ermächtigung, um in der VO eine Nutzungspflicht zu konstatieren). Die Formulare sollen für jedermann **kostenlos** auf einer in der VO zu bestimmenden Kommunikationsplattform verfügbar sein. Durch die – nach § 52a erfolgende – Übermittlung von Strukturdaten soll eine **IT-gestützte Vorgangsbearbeitung** ohne Medienbruch bei den Gerichten erleichtert werden, um gerichtliche Verfahrensabläufe effizienter zu gestalten (so die Gesetzesbegründung, s. BT-Drs. 17/12634, 27). Nach der Gesetzesbegründung kommen die elektronischen Formulare in Betracht zB für den Kostenfestsetzungsantrag oder die Anzeige von Veränderungen der persönlichen und wirtschaftlichen Verhältnisse im PKH-Verfahren. – Zur **Verordnungsermächtigung** betreffend Einschränkungen für Verschlusssachen s. **§ 162.**

§ 52d Nutzungspflicht für Rechtsanwälte, Behörden und vertretungsberechtigte *Personen* [*ab 1.1.2026:* Bevollmächtigte]

[1]Vorbereitende Schriftsätze und deren Anlagen sowie schriftlich einzureichende Anträge und Erklärungen, die durch einen Rechtsanwalt, durch eine Behörde oder durch eine juristische Person des öffentlichen Rechts einschließlich der von ihr zur Erfüllung ihrer öffentlichen Aufgaben gebildeten Zusammenschlüsse eingereicht werden, sind als elektronisches Dokument zu übermitteln. ***[2]Gleiches gilt für die nach diesem Gesetz vertretungsberechtigten Personen, für die ein sicherer Übermittlungsweg nach § 52a Absatz 4 Satz 1 Nummer 2 zur Verfügung steht.*** **[*ab 1.1.2026:* [2]Gleiches gilt für die nach diesem Gesetz vertretungsberechtigten Personen und Bevollmächtigten, für die ein sicherer Übermittlungsweg nach § 52a Absatz 4 Satz 1 Nummer 2 oder Nummer 4 zur Verfügung steht; ausgenommen sind nach § 62 Absatz 2 Satz 2 Nummer 1 Halbsatz 1 oder Nummer 2 vertretungsbefugte Personen.] [3]Ist eine Übermittlung aus technischen Gründen vorübergehend nicht möglich, bleibt die Übermittlung nach den allgemeinen Vorschriften zulässig. [4]Die vorübergehende Unmöglichkeit ist bei der Ersatzeinreichung oder unverzüglich danach glaubhaft zu machen; auf Anforderung ist ein elektronisches Dokument nachzureichen.**

Vgl. § 65d SGG; § 55d VwGO; § 130d ZPO.

Literatur: Biallaß, Die vorübergehende technische Unmöglichkeit der elektronischen Übermittlung, NJW 2023, 25; Hennigfeld, Unwirksamkeit einer Prozesserklärung wegen Nichtbenutzung des beA, DB 2022, 2187; Mehnert/Kalina-Kerschbaum, Die Steuerberaterplattform und das besondere elektronische Steuerberaterpostfach (beSt), DStR 2022, 2573; Möller, Der digitale Postausgang, NJW 2021, 2179; Müller, E-Justice 2022 – Aktive Nutzungspflicht und neue Übermittlungswege, NJW 2021, 3281; Pohl, Überblick über das ab 1.1.2023 verpflichtende besondere elektronische Steuerberaterpostfach (beSt), Stbg 2022, 385; Pohl, Aktuelle Brennpunkte zum ab dem 1.1.2023 verpflichtenden besonderen elektronischen Steuerberaterpostfach (beSt), Stbg 2022, 426; Schmittmann, Elektronisches Steuerberaterpostfach ante portas, BB 2022, Heft 50, I;. s. auch die Literaturangaben vor § 52a.

I. Verpflichtende elektronische Übermittlung

1 Die durch Art. 6 des G zur Förderung des elektronischen Rechtsverkehrs mit den Gerichten v. 10.10.2013 (BGBl. I 3786) eingeführte und **ab dem 1.1.2022**

geltende Regelung übernimmt die Nutzungspflicht für Rechtsanwälte aus § 130d ZPO und erweitert sie um die vertretungsberechtigten Personen, die sich eines speziellen Übermittlungsweges auf der Grundlage des § 52a IV 1 Nr. 2 bedienen können (so BT-Drs. 17/12634, 38). Die **elektronische Übermittlung gem. § 52d ist zwingend,** das FG kann hierauf nicht aus Billigkeitsgründen verzichten (BFH IX B 26/23, BFH/NV 2024, 415). – Zur Verordnungsermächtigung betreffend Ausnahmen von § 52d für Verschlusssachen s. § 162.

II. Nutzungspflicht für Rechtsanwälte, Behörden und juristische Personen des öffentlichen Rechts (§ 52d S. 1)

Die **seit dem 1.1.2022 bestehende Nutzungspflicht** betrifft nach § 52d S. 1 ausschließlich **Rechtsanwälte, Behörden** und **juristische Personen des öffentlichen Rechts** sowie deren Zusammenschlüsse. Diesen steht seit dem genannten Zeitpunkt keine Wahl mehr zu, wie sie die in S. 1 aufgezählten Dokumente bei Gericht einreichen. Die Einreichung hat zwingend elektronisch zu erfolgen (→ Rn. 1). Anderenfalls entfalten die eingereichten Dokumente keine Rechtswirkung (zum **Telefax** eines Rechtsanwalts nach dem 1.1.2022: BFH VIII S 3/22, BStBl. II 2023, 83; XI B 8/22, BFH/NV 2022, 1057; FG Köln 6 K 1883/21, EFG 2022, 1389; FG Münster 8 V 2/22, EFG 2022, 592; FG RhPf 4 V 1340/22, EFG 2022, 1547; FG Düsseldorf 7 K 504/22 K, DStRE 2023, 1065; 4 V 1553/22 A(Erb), DStRE 2023, 1070, Beschwerde eingelegt – BFH II B 5/23 (AdV): selbst wenn die Rechtsanwältin den Antrag nicht als Berufsträgerin stellt, dazu aA FG Düsseldorf 8 K 670/22 U, EFG 2022, 1853; zur **Behörde:** BFH XI R 34/21, DStRE 2023, 1146; → § 52a Rn. 31; s. aber auch FG München 4 K 347/22, EFG 2023, 639, zur elektronischen Nachreichung des Dokuments; s. ferner BVerfG 1 BvR 2233/17, NJW 2018, 288: Nutzungspflicht verstößt als bloße Berufsausübungsregelung nicht gegen Art. 12 I GG). § 52d S. 1 erfasst auch einen Steuerberater, der zugleich **auch** eine Zulassung als **Rechtsanwalt** besitzt und der – als einzeln vertretungsberechtigter Prozessbevollmächtigter – im finanzgerichtlichen Verfahren gegenüber dem Gericht (ggf. „auch") unter der Berufsbezeichnung „Rechtsanwalt" auftritt (BFH XI B 8/22, BFH/NV 2022, 1057; IX R 3/22, BStBl. II 2023, 571, Rn. 18; FG BBg 8 V 8020/22, DStRE 2023, 121; FG RhPf 4 V 1340/22, DStRE 2023, 1502; 4 K 1341/22, EFG 2023, 65; strenger, weil nicht auf das Auftreten abstellend: FG München 4 K 347/22, EFG 2023, 639). 2

Für Rechtsanwaltsgesellschaften gilt die Nutzungspflicht erst seit der Schaffung des besonderen elektronischen Anwaltspostfachs für Berufsausübungsgesellschaften gem. § 31b BRAO zum 1.8.2022, und zwar auch dann, wenn sie durch einen Rechtsanwalt als Vertreter im Sinne des § 62 II 3 handelt (BFH VII R 34/22, BFH/NV 2024, 1041). Steuerberatungsgesellschaften erfasst § 52d S. 1 wegen des dort abschließend aufgezählten Personenkreises nicht, und zwar auch dann nicht, wenn in ihr Steuerberater, Wirtschaftsprüfer und Rechtsanwälte verbunden sind (BFH II B 36/22, NJW 2023, 2143, Rn. 9; XI R 39/22, BStBl. II 2024, 490: Situation eines Rechtsanwalts, der als gesetzlicher Vertreter einer prozessbevollmächtigten Steuerberatungsgesellschaft mbH handelt, ist nicht vergleichbar mit der Situation eines Rechtanwalts und Steuerberaters, der (auch) als Rechtsanwalt zeichnet; FG München 14 K 103/23, EFG 2024, 1715, Rev. BFH: V R 12/24). Etwas anderes gilt nach BFH IX R 3/22, BStBl. II 2023, 571, Rn. 19 aber dann, 3 wenn gemischte Berufsausübungsgesellschaften, bei denen außer Steuerberatern auch andere Berufsträger wie Rechtsanwälte, Wirtschaftsprüfer oder Notare tätig sind, neben steuerlichen Beratungsleistungen auch Dienstleistungen anbieten, die über die Befugnisse des § 3 StBerG hinausgehen, und ein verantwortlicher, im Briefkopf der Berufsausübungsgesellschaft namentlich aufgeführter Berufsträger mit Mehrfachzulassung „Rechtsanwalt, Wirtschaftsprüfer, Steuerberater“ einen Schriftsatz an das Gericht übermittelt; in diesem Fall greift die Nutzungspflicht des § 52d S. 1 ein (ebenso abstellend auf den konkreten Einreicher: BFH X B 68, 69/23, DStR 2024, 1127, Rn. 18; HessFG 4 K 214/22, EFG 2022, 1772; 4 K 495/22, BeckRS 2022, 39850; FG RhPf 4 K 1341/22, EFG 2023, 65).

4 **Wie elektronisch einzureichen ist,** bestimmt sich nach **§ 52a.** Nach § 52a III müssen elektronische Dokumente entweder mit einer qualifizierten elektronischen Signatur der verantwortenden Person versehen sein oder von dieser signiert und auf einem sicheren Übermittlungsweg iSv § 52a IV eingereicht werden (→ § 52a Rn. 9 ff.). Als sicherer Übermittlungsweg ist für Rechtsanwälte die Übermittlung aus dem besonderen elektronischen Anwaltspostfach (§ 52a IV 1 Nr. 2; → § 52a Rn. 22, ua zur Übermittlung durch eine andere als die verantwortende Person sowie zu Berufsausübungsgesellschaften) vorgesehen, für Behörden und juristische Personen des öffentlichen Rechts die Übermittlung aus dem nach Durchführung eines Identifizierungsverfahrens eingerichteten Postfach (§ 52a IV 1 Nr. 3; → § 52a Rn. 23). Die übrigen Vorgaben des § 52a sind bei der Übermittlung einzuhalten. Dies gilt insbes. hinsichtlich der nach § 52a II vorgeschriebenen Eignung des elektronischen Dokuments für die Bearbeitung durch das Gericht (→ § 52a Rn. 3).

5 **Elektronisch zu übermitteln sind** nach § 52d S. 1 vorbereitende Schriftsätze und deren Anlagen sowie schriftlich einzureichende Anträge und Erklärungen. **Vorbereitende Schriftsätze** sind solche, die die mündliche Verhandlung vorbereiten (→ § 77 Rn. 1). Auch die **Anlagen** hierzu sind elektronisch einzureichen, sie müssen aber nicht qualifiziert elektronisch signiert werden (→ § 52a Rn. 9). Ferner sind auch sonstige schriftlich einzureichende **Anträge und Erklärungen** elektronisch zu übermitteln. Angesichts der weiten Fassung von § 52d S. 1 ist die Regelung dahingehend auszulegen, dass die Nutzungsverpflichteten **sämtlichen Schriftverkehr** mit dem Gericht elektronisch zu führen haben. Nicht zu folgen ist daher der Auffassung, dass **Terminaufhebungs- und -verlegungsanträge** nicht elektronisch übermittelt werden müssten (so BFH VIII B 31/23, BFH/NV 2024, 767; VIII B 74/23, BFH/NV 2024, 1361). Es handelt sich dabei zwar nicht um einen vorbereitenden Schriftsatz iSv § 52d S. 1, entgegen der Auffassung des BFH aber um einen von der Norm erfassten Antrag. Dass ein Terminaufhebungs- und -verlegungsantrag nicht zwingend schriftlich gestellt werden muss (so BFH VIII B 31/23, BFH/NV 2024, 767, Rn. 12; VIII B 74/23, BFH/NV 2024, 1361, Rn. 13), steht dem nicht entgegen. § 52d S. 1 spricht zwar von schriftlich einzureichenden Anträgen und Erklärungen, daraus kann mE aber nicht der Schluss gezogen werden, dass die Norm nur für solche Anträge und Erklärungen gilt, für die die FGO ein Schriftformerfordernis vorsieht. Dies würde dem Zweck des elektronischen Rechtsverkehrs zuwiderlaufen, Medienbrüche zu verhindern (so die Gesetzesbegründung, BT-Drs. 17/12634, 27 zur Parallelvorschrift des § 130d ZPO). Dieser Zweck liegt auch § 52d zugrunde. Entgegen der Auffassung des BFH (BFH VIII B 31/23, BFH/NV 2024, 767, Rn. 14; VIII B 74/23, BFH/NV 2024, 1361, Rn. 13) spricht der Wortlaut der Vorschrift nicht gegen eine entsprechende Auslegung. Die Formulierung „schriftlich einzureichende

Anträge“ ist nach Sinn und Zweck vielmehr dahingehend zu verstehen, dass dies für alle schriftlich eingereichten Anträge und Erklärungen gilt (iE glA Ory/Weth/Müller jurisPK-ERV Bd. 2 § 130a ZPO Rn. 57.1).

III. Nutzungspflicht für weitere vertretungsberechtigte Personen (§ 52d S. 2)

1. Allgemeine Voraussetzungen

§ 52d S. 2 erweitert die **Nutzungspflicht** auf die nach der FGO vertretungsberechtigten Personen, für die ein **sicherer Übermittlungsweg nach § 52a IV 1 Nr. 2** zur Verfügung steht. Vertretungsberechtigte Personen in diesem Sinne sind die Personen, die nach § 62 II zur Vertretung in finanzgerichtlichen Verfahren befugt sind. Dies sind – neben den bereits von § 52d S. 1 erfassten Rechtsanwälten – insbes. **Steuerberater, Steuerbevollmächtigte, Wirtschaftsprüfer und vereidigte Buchprüfer,** aber auch die in § 62 II 2 aufgeführten weiteren Personen. Für die von § 52d S. 2 erfassten vertretungsberechtigten Personen greift die Nutzungspflicht allerdings erst dann ein, wenn ein **sicherer Übermittlungsweg nach § 52a IV 1 Nr. 2 zur Verfügung** steht. Da § 52d S. 2 idF bis 31.12.2025 ausschließlich auf § 52a IV 1 Nr. 2 verweist, ist für die Nutzungspflicht erforderlich, dass für den von § 52d S. 2 erfassten Personenkreis ein dem besonderen elektronischen Anwaltspostfach entsprechendes, auf gesetzlicher Grundlage errichtetes elektronisches Postfach zur Verfügung steht. Mithin greift die Nutzungspflicht nach § 52d S. 2 nicht ein, wenn eine erfasste Person (zB Steuerberater) über ein De-Mail-Konto iSv § 52a IV 1 Nr. 1 verfügt (Tipke/Kruse/Brandis § 52d Rn. 1). Zur Frage, **was elektronisch zu übermitteln ist** → Rn. 5. 9

2. Nutzungspflicht für Steuerberater seit dem 1.1.2023

Nach der bislang stRspr steht für **Steuerberater** ein sicherer Übermittlungsweg iSv § 52a IV 1 Nr. 2 seit dem **1.1.2023** in Gestalt des **besonderen elektronischen Steuerberaterpostfachs (beSt)** zur Verfügung (→ §§ 86d, 157e StBerG; s. auch NdsFG 9 K 10/23, EFG 2023, 933, Rev. BFH: X R 12/23), sodass ab diesem Zeitpunkt die **Pflicht zur elektronischen Übermittlung** an das Gericht besteht; nicht auf elektronischem Weg eingereichte Dokumente entfalten – ebenso wie bei Rechtsanwälten – keine Rechtswirkung (BFH XI B 101/22, BStBl. II 2023, 763, Rn. 13; VIII E 3/23, BFH/NV 2024, 768; VI S 23/23, BFH/NV 2024, 415 zum Steuerberater und Wirtschaftsprüfer, der auch unter der Berufsbezeichnung Steuerberater auftritt). Auf den Zeitpunkt des Zugangs des überwiegend im ersten Quartal 2023 von der Bundessteuerberaterkammer an die einzelnen Steuerberater versandten Registrierungsbriefs kommt es nach der Rspr. des BFH nicht an, weil die Steuerberater die Möglichkeit hatten, an einem Fast-Lane-Verfahren teilzunehmen. Dieses hatte die Bundessteuerberaterkammer zur Vermeidung von Verzögerungen für solche Berufsträger geschaffen, die aktiv in die finanzgerichtliche Kommunikation eingebunden sind. Darüber hatte sie ihre Mitglieder bereits im September 2022 schriftlich informiert (BFH XI B 101/22, BStBl. II 2023, 763, Rn. 13; VI B 74/22, DStRE 2023, 1332; IV B 77/22, BFH/NV 2024, 20; VIII B 141/22, BFH/NV 2024, 405; II R 3/23, BFH/NV 2024, 804; NdsFG 7 K 183/22, EFG 2023, 643; FG Nürnberg 6 K 129/23, EFG 2023, 1396; FG BW 4 K 409/23, EFG 2023, 1695, Rev. BFH: IX R 19/23; FG Köln 10

12 K 1462/23, EFG 2024, 444; FG Münster 15 K 112/23 F, EFG 2024, 225; sehr weit gehend FG BBg 4 V 4009/23, EFG 2023, 1391: Pflicht des Steuerberaters, einen „Fast Lane"-Antrag vorsorglich bereits dann zu stellen, wenn zwar ein aktueller finanzgerichtlicher Rechtsstreit nicht anhängig ist, die Steuerberatungsgesellschaft aber die Durchführung von Klageverfahren auf ihrer Internetseite zu ihren Kernkompetenzen zählt; aA BFH X B 68, 69/23, DStR 2024, 1127, Rn. 27 ff.: Der Senat neigt dazu, in rechtsschutzgewährender Auslegung des § 52d S. 2 FGO davon auszugehen, dass dem Steuerberater ein sicherer Übermittlungsweg erst dann zur Verfügung steht, wenn der Steuerberater, der beim Registrierungsverfahren seine berufsrechtliche Sorgfaltspflicht erfüllt, tatsächlich über ein funktionsfähiges besonderes elektronisches Steuerberaterpostfach verfügt). Verfassungsrechtliche Bedenken gegen die Stichtagsregelung bestehen nicht (BFH VI B 74/22, BFH/NV 2023, 1221 und FG Düsseldorf 14 K 125/23 E, DStRE 2024, 755, Rev. BFH: IX R 23/23; FG Münster 15 K 112/23 F, EFG 2024, 225). Damit hat der BFH der zT gegenläufigen FG-Rspr. widersprochen, die auf den Zugang der Registrierungsaufforderung durch die Bundessteuerberaterkammer abgestellt und die Möglichkeit zur Teilnahme am Fast-Lane-Verfahren für nicht ausreichend gehalten hatte (so FG Münster 7 K 86/23 E, BB 2023, 996; HessFG 10 V 67/23, EFG 2023, 649; NdsFG 9 K 10/23, EFG 2023, 933, Rev. BFH: X R 12/23; FG BBg 16 K 16070/23, EFG 2023, 1513; s. auch FG BBg 9 K 9027/23, DStRE 2024, 487, Rev. BFH: VI R 13/23: jedenfalls ab Zugang des Registrierungsbriefs; so jetzt aber auch mit Kritik an der bisherigen BFH-Rspr. BFH X B 68, 69/23, DStR 2024, 1127, Rn. 27 ff.). Die Nutzungspflicht seit 1.1.2023 gilt auch für **Berufsausübungsgesellschaften** nach § 49 StBerG (BFH IV B 46/23, BFH/NV 2024, 392; VIII E 3/23, BFH/NV 2024, 768; s. auch BFH IX R 3/22, BStBl. II 2023, 267 und II B 36/22, NJW 2023, 2143: keine vorherige Nutzungspflicht für die **Steuerberatungsgesellschaft,** selbst wenn für sie ein gesetzlicher Vertreter iSv § 55d Abs. 2 StBerG handelt, der in seiner beruflichen Funktion als Rechtsanwalt nach § 52d S. 1 nutzungspflichtig wäre).

11 **Zweifel an der Nutzungspflicht ab dem 1.1.2023** hat der X. Senat des BFH geäußert, weil nach seiner Auffassung fraglich ist, ob die Registrierungspflicht der Steuerberater für das besondere elektronische Steuerberaterpostfach eine ausreichende Rechtsgrundlage hat (BFH X B 68, 69/23, DStR 2024, 1127, Rn. 19 ff.). Zur Begründung führt der X. Senat aus, dass § 86f Nr. 2 StBerG das BMF ermächtige, durch Rechtsverordnung nach Anhörung der Bundessteuerberaterkammer mit Zustimmung des Bundesrates die Einzelheiten des besonderen elektronischen Steuerberaterpostfachs zu regeln. § 86f StBerG sei durch Art. 4 des G zur Neuregelung des Berufsrechts der anwaltlichen und steuerberatenden Berufsausübungsgesellschaften sowie zur Änderung weiterer Vorschriften im Bereich der rechtsberatenden Berufe v. 7.7.2021 (BGBl. 2021 I 2363) eingefügt worden. Dieses Gesetz sei am 1.8.2022 in Kraft getreten, § 86f StBerG sei gem. § 157e StBerG jedoch erstmals nach Ablauf des 31.12.2022 anzuwenden. Demgegenüber sei die Steuerberaterplattform- und -postfachverordnung (StBPPV) am 25.11.2022 erlassen und am 30.11.2022 verkündet worden (BGBl. 2022 I 2105), beides mithin nach dem Inkrafttreten, aber vor der Anwendbarkeit ihrer formell-gesetzlichen Ermächtigungsgrundlage (BFH X B 68, 69/23, DStR 2024, 1127, Rn. 20). Für den X. Senat setzt der wirksame Erlass einer Rechtsverordnung aber voraus, dass die entsprechende formell-gesetzliche Ermächtigungsgrundlage im Zeitpunkt des Erlasses der Rechtsverordnung bereits in Geltung gestanden hat, sodass von der Ermächtigung erst Gebrauch gemacht werden kann, wenn sie vorliegt (BFH X

B 68, 69/23, DStR 2024, 1127, Rn. 22 unter Hinweis auf BVerwG 2 C 18.21, NVwZ 2023, 1423, Rn. 16 und BVerfG 2 BvF 1/71, BVerfGE 34, 9, unter B.II.2.).

Die **Zweifel des X. Senats des BFH sind mE unbegründet.** Es trifft zwar zu, dass als Rechtsgrundlage einer Norm nur solche Kompetenzvorschriften herangezogen werden können, die zum Zeitpunkt der Ausfertigung dieser Norm bereits in Geltung gestanden haben. Dies war in den vom BVerwG und vom BVerfG entschiedenen Verfahren nicht der Fall, weil die jeweiligen Kompetenzvorschriften zum Zeitpunkt des Erlasses der auf ihnen beruhenden Regelungen noch nicht in Kraft getreten waren. Im Unterschied dazu war das G zur Neuregelung des Berufsrechts der anwaltlichen und steuerberatenden Berufsausübungsgesellschaften sowie zur Änderung weiterer Vorschriften im Bereich der rechtsberatenden Berufe, welches ua die Vorschriften zur Schaffung des besonderen elektronischen Steuerberaterpostfachs enthielt, am 1.8.2022 – und damit vor Erlass der Rechtsverordnung – in Kraft getreten. Dem steht nicht entgegen, dass die – ebenfalls durch das vorgenannte Gesetz neu eingefügte – Regelung des § 157e StBerG bestimmt, dass die §§ 86 II Nr. 10 und Nr. 11, 86b III und 86c–86g StBerG in der am 1.8.2022 geltenden Fassung erstmals nach Ablauf des 31.12.2022 anzuwenden sind. Aus dieser Formulierung des § 157e StBerG lässt sich mE ableiten, dass die in der Vorschrift genannten Normen – und damit auch die Verordnungsermächtigung des § 86f StBerG – bereits zum 1.8.2022 in Kraft getreten waren. Der Wortlaut des § 157e StBerG spricht ausdrücklich von den Normen „in der am 1.8.2022 geltenden Fassung", woraus sich schließen lässt, dass der Gesetzgeber selbst davon ausging, dass diese Normen – und damit auch die Ermächtigungsgrundlage des § 86f StBerG – zum 1.8.2022 in Kraft getreten waren, aber erst ab dem 1.1.2023 angewendet werden sollten. Dies reicht mE aus, um von einer bereits in Geltung gesetzten Rechtsgrundlage für den Erlass der StBPPV auszugehen, weil das Hinausschieben der Anwendbarkeit der Normen einen qualitativen Unterschied zu einem erst späteren Inkrafttreten der Vorschriften macht, für das sich der Gesetzgeber gerade nicht entschieden hat (so auch NdsFG 7 K 186/23, EFG 2024, 1856; 7 K 187/23, BeckRS 2024, 20537; FG Düsseldorf 14 K 463/23 E, EFG 2024, 1928; iE ebenso Ory/Weth/Müller jurisPK-ERV Bd. 2 § 130a ZPO Rn. 17.2; s. zur Maßgeblichkeit des Inkrafttretens auch DHS/Remmert GG Art. 80 Rn. 50; ferner von Münch/Kunig/Wallrabenstein GG Art. 80 Rn. 12, nach deren Meinung es sogar grundsätzlich ausreicht, wenn zum Zeitpunkt des Inkrafttretens der Rechtsverordnung eine wirksame Ermächtigung vorliegt; dies ablehnend KWW/von Lewinski GG Art. 82 Rn. 310). Hinzu kommt weiter, dass sich der Regelung des § 157e StBerG der Zweck entnehmen lässt, den elektronischen Rechtsverkehr mit den Steuerberatern erst zum 1.1.2023 zu beginnen. Dies lässt sich daraus ersehen, dass von dem Hinausschieben der Anwendbarkeit nur solche Regelungen betroffen sind, die andernfalls zu einem früheren – gezwungenen oder freiwilligen – Beginn des elektronischen Rechtsverkehrs geführt hätten, was der Gesetzgeber offensichtlich verhindern wollte. Daher hatte die Bundessteuerberaterkammer erst zum 1.1.2023 die Steuerberaterplattform und die besonderen elektronischen Steuerberaterpostfächer einzurichten (§§ 86 II Nr. 10 und Nr. 11, 86d und 86e StBerG) und die Bezeichnung des besonderen elektronischen Steuerberaterpostfachs in das Gesamtverzeichnis einzutragen (§ 86b III StBerG); zudem waren Mitglieder der Steuerberaterkammern und die Berufsausübungsgesellschaften erst ab diesem Zeitpunkt verpflichtet, sich bei der Steuerberaterplattform zu registrieren (§ 86c 12

StBerG). Außerdem konnte eine Erklärung, für die die Schriftform vorgesehen ist, erst ab dem 1.1.2023 über das besondere elektronische Steuerberaterpostfach abgegeben werden (§ 86g StBerG). Soweit § 157e StBerG auch die Anwendung der Verordnungsermächtigung des § 86f StBerG auf den 1.1.2023 hinausschiebt, lässt sich aus dem Kontext ersehen, dass der Gesetzgeber damit keineswegs die Wirkung der zum 1.8.2022 in Kraft getretenen Regelung suspendieren wollte, sondern es – ebenso wie bei den anderen Vorschriften – lediglich darum ging, sicherzustellen, dass der Rechtsverkehr mit den Steuerberatern erst zum 1.1.2023 beginnt. Damit ist mE der bislang stRspr (→ Rn. 2) weiter zu folgen, wonach die **Nutzungspflicht** für Steuerberater und Steuerberatungsgesellschaften **seit dem 1.1.2023** besteht (so auch NdsFG 7 K 186/23, BeckRS 2024, 20533; 7 K 187/23, BeckRS 2024, 20537).

13 Selbst **wenn man sich den Zweifeln des X. Senats des BFH anschließen würde,** so hätte dies **nur Auswirkungen für das erste Halbjahr 2023.** Das BMF hat nach Anhörung der Bundessteuerberaterkammer am 19.6.2023 eine VO zur Änderung der Steuerberaterplattform- und -postfachverordnung erlassen, die am 1.7.2023 in Kraft getreten ist (BGBl. 2023 I Nr. 157). Diese beruht (ebenfalls) auf § 86f StBerG, der auch unter Berücksichtigung der Regelung des § 157e StBerG zu diesem Zeitpunkt anwendbar war. Damit ist spätestens ab dem 1.7.2023 nur noch die elektronische Kommunikation zwischen Steuerberatern/Steuerberatungsgesellschaften und dem FG zulässig.

14 Beantragt ein Steuerberater wegen Nichtnutzung des besonderen elektronischen Steuerberaterpostfachs **Wiedereinsetzung in den vorigen Stand** nach § 56 I, muss er darlegen, weshalb er nicht von der Möglichkeit der Priorisierung seiner Registrierung im sog. Fast-Lane-Verfahren Gebrauch gemacht hat (BFH XI B 101/22, BStBl. II 2023, 763, Rn. 19; II R 3/23, BFH/NV 2024, 804, Rn. 21; II R 3/23, BFH/NV 2024, 804, Rn. 20; FG Düsseldorf 14 K 125/23 E, DStRE 2024, 755, Rev. BFH: IX R 23/23; FG Köln 12 K 1462/23, DStRE 2024, 946; NdsFG 7 K 183/22, EFG 2023, 643: die gegenteilige Auffassung der Bundessteuerberaterkammer ist kein Wiedereinsetzungsgrund; 13 K 114/23, EFG 2024, 1420, Rev. BFH: X R 11/24; s. aber FG Hmb 6 K 95/21, EFG 2023, 1784, zur Faxeinreichung nach Information durch FG; → § 56 Rn. 38). Bloße Unkenntnis genügt nicht (BFH IV B 77/22, BFH/NV 2024, 20; IV B 46/23, BFH/NV 2024, 392, zur Unkenntnis über die Regelung des § 52d S. 4). Eine Wiedereinsetzung in die wegen Nichtnutzung des besonderen Steuerberaterpostfachs versäumte Frist kommt dann in Betracht, wenn die zuständige Steuerberaterkammer über die Nutzungspflicht unzutreffend und unvollständig informiert und der Prozessbevollmächtigte darauf vertraut hat (BFH VIII R 19/22, BFH/NV 2025, 288, Rn. 42 ff.; FG München 14 K 103/23, EFG 2024, 1715, Rev. BFH: V R 12/24). **Wie einzureichen ist,** richtet sich auch für den von § 52d S. 2 erfassten Personenkreis nach § 52a (→ Rn. 2). Die Nutzungspflicht bezieht sich auf **sämtlichen Schriftverkehr** mit dem Gericht (→ Rn. 5).

3. Nutzungspflicht bei besonderem elektronischem Bürger- und Organisationenpostfach ab dem 1.1.2026

15 **Ab dem 1.1.2026** wird die **Nutzungspflicht** auf vertretungsberechtigte Personen und Bevollmächtigte **erweitert,** für die ein sicherer Übermittlungsweg nach **§ 52a IV Nr. 4** (besonderes elektronisches Bürger- und Organisationenpostfach) besteht. Die Einführung dieser aktiven Nutzungspflicht ist geboten, um

Medienbrüche sowie erheblichen Druck- und Scanaufwand bei den Gerichten zu vermeiden, da diese die Prozessakten gem. § 52b Ia ab dem 1.1.2026 elektronisch führen müssen (so die Gesetzesbegründung, BT-Drs. 19/28399, 47 f.). **Ausgenommen** von der Nutzungspflicht sind die nach § 62 II 2 Nr. 1 Hs. 1 oder Nr. 2 zur gewillkürten Prozessvertretung befugten natürlichen Personen, die die Prozessvertretung nicht professionell ausüben.

IV. Vorübergehende technische Störungen (§ 52d S. 3)

Eine Übermittlung nach den allgemeinen Vorschriften, also etwa per Post oder Telefax (nicht per E-Mail, → § 52a Rn. 3 und Rn. 31), ist nach § 52d S. 3 nur dann zulässig, wenn eine elektronische **Übermittlung aus technischen Gründen vorübergehend nicht möglich** ist. Diese Regelung gilt sowohl für die nach § 52d S. 1 (→ Rn. 1) als auch für die nach § 52d S. 2 (→ Rn. 4) zur Nutzung Verpflichteten. Ob die technische Störung in der Sphäre des Gerichts, des Versenders oder des Providers liegt, ist ohne Bedeutung. Es muss sich allerdings um eine technische Störung handeln, sodass wirtschaftliche Gründe oder fehlende technische Kenntnisse des Versenders nicht hierunter fallen (BGH IV ZB 7/22, NJW 2023, 1062: Störung der für die Übermittlung erforderlichen technischen Einrichtungen notwendig; Tipke/Kruse/Brandis § 52d Rn. 1). Keine technische Störung liegt vor, wenn ein zur Verfügung stehender sicherer Übermittlungsweg noch nicht eingerichtet wurde (BFH VI B 74/22, DStRE 2023, 1332; VIII B 141/22, BFH/NV 2024, 405) oder wenn der Einreicher sich nicht darum kümmert, länger anhaltende Störungen beseitigen zu lassen. § 52d S. 3 erfasst nämlich nur vorübergehende Störungen. Der Einreicher muss die vorübergehende **Unmöglichkeit** der elektronischen Übermittlung schlüssig darlegen. Dazu bedarf es einer aus sich heraus verständlichen, geschlossenen **Schilderung** der tatsächlichen Abläufe oder Umstände (BGH V ZB 11/22, MDR 2023, 862, Rn. 11). Die zugrundeliegenden Tatsachen sind nach § 52d S. 4 Hs. 1 **glaubhaft zu machen** (s. dazu FG Münster 9 K 1957/22 E G, EFG 2023, 348; NdsFG 7 K 186/23, EFG 2024, 1856: unmittelbare Glaubhaftmachung). Dabei kann sich der Einreicher nach § 155 FGO iVm § 294 I ZPO aller Beweismittel bedienen. Da nach § 294 II ZPO eine Beweisaufnahme über die glaubhaft zu machende Tatsache aber ausgeschlossen ist, findet insoweit eine Beschränkung auf präsente Beweismittel statt. Dazu gehört grds. auch die Versicherung an Eides statt (§ 294 I ZPO) oder eine anwaltliche Versicherung (BGH V ZB 11/22, MDR 2023, 862, Rn. 11); dies ist allerdings nur dann der Fall, wenn keine weiteren Mittel zur Glaubhaftmachung zur Verfügung stehen. Dies wird aber regelmäßig in Gestalt von Protokollen über den fehlgeschlagenen Übermittlungsversuch der Fall sein. Ansonsten gelten die allg. Grundsätze zur Glaubhaftmachung (zB → § 56 Rn. 117). Die Glaubhaftmachung hat nach § 52d S. 4 Hs. 1 **mit der Ersatzeinreichung** (zB per Post oder Telefax) oder **unverzüglich danach,** dh ohne schuldhaftes Zögern, zu erfolgen (FG Münster 9 K 1957/22 E G, EFG 2023, 348: ein Zeitraum von mehr als zwei Wochen ist ohne Vortrag besonderer Umstände nicht mehr unverzüglich; FG München 7 K 232/23, EFG 2023, 1402: Zweiwochenfrist des § 56 II entsprechend anzuwenden; s. auch NdsFG 7 K 186/23, BeckRS 2024, 20533; 7 K 187/23, BeckRS 2024, 20537; s. auch BGH V ZB 11/22, MDR 2023, 862, Rn. 11: zeitlich unmittelbar ohne gesonderte Prüfungs- und Überlegungszeit). Zur Vermeidung von Rechtsverlusten (→ Rn. 2) 19 durch eine verzögerte Glaubhaftmachung sollte diese bereits stets mit der Ersatzeinreichung erfolgen. Sofern das Gericht den Einreicher **auffordert,** das Schriftstück als **elektronisches Dokument nachzureichen,** ist dem nach § 52d S. 4 Hs. 2 Folge zu leisten. – Zur Wiedereinsetzung in den vorigen Stand → § 56 Rn. 38. – Zur **Verordnungsermächtigung** betreffend Ausnahmen von § 52d für Verschlusssachen s. **§ 162.**

§ 53 [Zustellung]

(1) **Anordnungen und Entscheidungen, durch die eine Frist in Lauf gesetzt wird, sowie Terminbestimmungen und Ladungen sind den Beteiligten zuzustellen, bei Verkündung jedoch nur, wenn es ausdrücklich vorgeschrieben ist.**

(2) **Zugestellt wird von Amts wegen nach den Vorschriften der Zivilprozessordnung.**

(3) [1]**Wer seinen Wohnsitz oder seinen Sitz nicht im Geltungsbereich dieses Gesetzes hat, hat auf Verlangen einen Zustellungsbevollmächtigten zu bestellen.** [2]**Geschieht dies nicht, so gilt eine Sendung mit der Aufgabe zur Post als zugestellt, selbst wenn sie als unbestellbar zurückkommt.**

Vgl. § 56 VwGO; § 63 SGG.

Literatur: Binnewies/Fraedrich, Typische Fehler bei der Zustellung mittels Postzustellungsurkunde DStZ 2003, 692; Brandis, Elektronische Kommunikation im Steuerverfahren und Steuerprozess, StuW 2003, 349; Dübbers, Das neue „Einwurf Einschreiben" der Deutschen Post AG und seine juristische Einordnung, NJW 1997, 2503; Heß, Die Zustellung von Schriftstücken im europäischen Justizraum, NJW 2001, 15; Reichert, Der Zugangsnachweis beim Einwurf-Einschreiben, NJW 2001, 2523; Rößler, Die Wirksamkeit von Ersatzzustellungen durch Niederlegung bei der Postanstalt im Anschluss an die Postreform, DStZ 1998, 288; Schwarz, Zustellungen im finanzgerichtlichen Verfahren, AO-StB 2002, 188; Steiner/Steiner, Beweisprobleme durch das neue Zustellungsreformgesetz, NVwZ 2002, 437; Werth, Völkerrechtliche Zulässigkeit von Auslandszustellungen im finanzgerichtlichen Verfahren – unter besonderer Berücksichtigung der Zustellung in die Schweiz, DStZ 2006, 647.

Übersicht

	Rn.
I. Vorbemerkungen	1
II. Zustellungsgebot (§ 53 I)	2
1. Gegenstand der Zustellung	2
2. Adressaten der Zustellung	5
III. Zustellung (§ 53 II iVm §§ 166–190 ZPO)	10
1. Begriff der Zustellung (§ 166 ZPO)	10
2. Aufgaben der Geschäftsstelle (§§ 168, 169 ZPO)	15
3. Zustellung an Vertreter, Bevollmächtigte und Prozessbevollmächtigte (§§ 170–172 ZPO)	27
4. Zustellung elektronischer Dokumente (§ 173 ZPO)	44
5. Zustellung durch Aushändigung an Amtsstelle (§ 174 ZPO)	48
6. Zustellung gegen Empfangsbekenntnis (§ 175 ZPO)	49
7. Zustellung durch Einschreiben mit Rückschein (§ 176 I ZPO)	68
8. Zustellung mit Zustellungsurkunde (§§ 176 II–182 ZPO)	73

	Rn.
9. Zustellung im Ausland (§§ 183, 184 ZPO)	115
10. Öffentliche Zustellung (§§ 185–188 ZPO)	121
11. Heilung von Zustellungsmängeln (§ 189 ZPO)	135
12. Einheitliche Zustellungsformulare (§ 190 ZPO)	142
IV. Bestellung eines Zustellungsbevollmächtigten (§ 53 III)	143

I. Vorbemerkungen

Die Zustellung von Schriftstücken soll gewährleisten, dass der Zustellungsadressat Kenntnis von diesen nehmen kann. Die Zustellungsvorschriften dienen dabei der Verwirklichung des **Grundsatzes des rechtlichen Gehörs.** Dies ist bei der Auslegung der Vorschriften betreffend die Zustellung zu berücksichtigen (BFH III B 29/02, BFH/NV 2002, 1472). **Zustellungsmängel** sind aus diesem Grunde von Amts wegen zu prüfen und auch im **Revisionsverfahren** zu berücksichtigen (BFH I R 14/74, BStBl. II 1975, 592). Ein **Rügeverzicht** (§ 295 ZPO) ist **ausgeschlossen** (BFH VII R 79/96, BFH/NV 1998, 1101). Bislang sind die Vorschriften über die Zustellung sowohl in der FGO als auch in der ZPO noch überwiegend auf die Zustellung von Papierdokumenten ausgerichtet. Angesichts des immer weiter voranschreitenden Ausbaus des elektronischen Rechtsverkehrs und der elektronischen Aktenführung gewinnt indes die **Zustellung elektronischer Dokumente** (→ Rn. 44) immer mehr an Bedeutung und wird die anderen Zustellungsformen nach und nach ablösen. Eine elektronische Zustellung ist für die Gerichte bislang mangels Rechtsgrundlage aber **nicht verpflichtend** (BFH X S 9/23, BFH/NV 2023, 1312 zu einem nicht durch einen Bevollmächtigten vertretenen Rügeführer). 1

II. Zustellungsgebot (§ 53 I)

1. Gegenstand der Zustellung

§ 53 I bestimmt, dass **Anordnungen** und **Entscheidungen,** durch die eine richterliche oder gesetzliche Frist in Lauf gesetzt wird, sowie **Terminbestimmungen** und **Ladungen** den Beteiligten zuzustellen sind. – § 53 erfasst nur gerichtliche Anordnungen und Entscheidungen (für das Verwaltungsvorverfahren gelten die Bestimmungen der AO). Eine begrifflich scharfe Trennung zwischen „Anordnungen“ und „Entscheidungen“ ist nicht erforderlich, weil jeder gerichtliche Akt entweder eine (zB prozessleitende) Anordnung oder eine (den Streitgegenstand betreffende) Entscheidung enthält. – Wird durch das Schriftstück keine **Frist** (→ § 54 Rn. 5, 8 ff.) **in Lauf gesetzt,** so bedarf es keiner Zustellung, so dass eine formlose Mitteilung, etwa durch Übersendung per einfachem Brief, ausreicht (BFH XI E 1/22, BFH/NV 2023, 146, Rn. 13). 2

Über § 53 I hinaus sind kraft besonderer Anordnung **auch Klageschriften** (§ 71 I 1), **Urteile** (§ 104), **Gerichtsbescheide** (§§ 79a II, IV, 90a iVm §§ 106, 104) und **Beiladungsbeschlüsse** (§ 60 IV 1) zuzustellen. – Für andere **Beschlüsse** fehlt eine spezielle Regelung zur Zustellung, da § 113 I nicht auf § 104 verweist. Sie müssen nach der allg. Vorschrift des § 53 I nur dann zugestellt werden, wenn durch sie eine Frist in Gang gesetzt wird. Andernfalls genügt die formlose Mitteilung des Beschlusses (BFH I B 97/88, BFH/NV 1990, 168; XI E 1/22, BFH/NV 2023, 146, Rn. 13). 3

4 **Bei Verkündung** (auch der Bestimmung eines neuen Termins oder der Ladung eines – anwesenden – Zeugen zu einem neuen Termin) ist eine Zustellung nur erforderlich, wenn dies ausdrücklich vorgeschrieben ist (BVerwG 7 C 1/85, HFR 1987, 477), wie zB hinsichtlich der Zustellung eines Urteils (§ 104 I 2 Hs. 2) oder bei Anordnung des persönlichen Erscheinens zum Termin (§ 155 FGO iVm § 218 ZPO).

2. Adressaten der Zustellung

5 Adressaten der Zustellung sind in erster Linie die **Verfahrensbeteiligten** (§ 57). Für die Zustellung von Ladungen an **Zeugen** und **Sachverständige** gilt § 82 FGO iVm § 377 ZPO bzw. §§ 402, 377 I, II, IV ZPO. – Betreffend die Zustellung bei **mehreren** Beteiligten, insbes. Eheleuten, → Rn. 40.

6 Ist ein **Prozessbevollmächtigter** bestellt, muss diesem zugestellt werden. Das folgt bereits aus § 62 VI 5 (→ § 62 Rn. 110 ff.), so dass es des Rückgriffs auf § 53 II FGO iVm § 172 ZPO nicht bedarf (BFH VI B 138/02, BFH/NV 2003, 788; → Rn. 43 ff.). Zur Heilung eines diesbezüglichen Zustellungsmangels → Rn. 135 ff. – Zur Frage, ob eine Zustellung an den Beteiligten selbst gem. § 155 FGO iVm § 177 ZPO zulässig ist, wenn der **Aufenthalt** des Prozessbevollmächtigten **unbekannt** ist, → § 62 Rn. 112. – Befindet sich die Person, an die zugestellt werden soll, in Insolvenz, wird die Zustellung nicht durch die Aushändigung des Schriftstücks an den **Insolvenzverwalter** bewirkt (BFH VII B 49/08, BFH/NV 2009, 212).

III. Zustellung (§ 53 II iVm §§ 166–190 ZPO)

1. Begriff der Zustellung (§ 166 ZPO)

10 **§ 166 ZPO Zustellung**

(1) Zustellung ist die Bekanntgabe eines Dokuments an eine Person in der in diesem Titel bestimmten Form.

(2) Dokumente, deren Zustellung vorgeschrieben oder vom Gericht angeordnet ist, sind von Amts wegen zuzustellen, soweit nicht anderes bestimmt ist.

§ 166 I ZPO definiert den **Begriff der Zustellung.** Begrifflich handelt es sich dabei um eine **besondere,** durch hoheitliche Rechtshandlungen bewirkte und von der **Zustellungsabsicht** getragene **Art der Bekanntgabe,** die von der schlichten Bekanntgabe (zB § 122 AO) zu unterscheiden und ihr gegenüber artverschieden ist (s. zur Abgrenzung zu § 122 AO BFH IV R 104/94, BStBl. II 1995, 681). Sie ist insbes. dann **geboten,** wenn durch die Bekanntgabe Rechte begründet werden (zB bei empfangsbedürftigen Willenserklärungen), ein gerichtliches Verfahren oder Fristen in Gang gesetzt werden (zB bei Klageerhebung oder Ausschlussfristen) oder die Wirksamkeit oder Bestandskraft gerichtlicher Entscheidungen begründet wird (zB bei Zustellung von Urteilen und Beschlüssen). – Die **Zustellung erfordert** eine erkennbare **Zustellungsabsicht** (BGH XII ZB 211/99, VersR 2001, 606), die sich auf jeden einzelnen Zustellungsadressaten beziehen muss (BGH VIII ZR 11/16, NJW 2017, 2472). Diese fehlt bei der bloßen Übersendung zu Informationszwecken (BFH IV B 6/10, BFH/NV 2010, 1109 – vom Richter nur verfügte Übersendung per einfachem Brief). – **Kein notwendiger (konstitutiver) Bestandteil der Zustellung** ist hingegen deren **Beurkundung.**

Sie dient **nur** dem **Nachweis der Zustellung** (BT-Drs. 14/4554, 15; → Rn. 61 u. zur **Beweiskraft der Zustellungsurkunde** als öffentliche Urkunde → Rn. 110; → § 82 Rn. 40).

§ 166 II ZPO legt fest, dass Dokumente, deren Zustellung vorgeschrieben oder vom Gericht angeordnet ist, grds. von Amts wegen zuzustellen sind. Die Vorschrift hat im finanzgerichtlichen Verfahren keine Bedeutung. **Nach § 53 II sind** (gesetzlich vorgeschriebene oder richterlich angeordnete) **Zustellungen stets von Amts wegen** vorzunehmen. 11

In welchen Fällen und in welcher Form das Dokument zuzustellen ist, regelt § 166 II ZPO nicht. Da jedoch idR **nicht die Urschrift des Dokuments** zugestellt wird, erfolgt entweder die Zustellung einer beglaubigten Abschrift oder einer Ausfertigung (BFH IX B 13/03, BFH/NV 2003, 1344; IX S 8/09, BFH/NV 2009, 1657; s. aber BAG 5 AZR 849/13, NJW 2015, 3533: die Zustellung kann stattdessen auch durch Übergabe der Urschrift bewirkt werden). Maßgebend sind insoweit die jeweiligen gesetzlichen Vorschriften (s. Zöller/Schultzky ZPO § 166 Rn. 3 mit einer Zusammenstellung der Regelungen der ZPO). So regelt zB § 104 II u. III, wann ein **Urteil** zuzustellen ist (→ § 104 Rn. 13 ff.). Wie die Zustellung des Urteils zu erfolgen hat, ergibt sich aus § 155 FGO iVm § 317 ZPO. Danach ist das Urteil grds. in Abschrift zuzustellen und nur auf Antrag in Ausfertigung (→ § 104 Rn. 20). Eine **beglaubigte Abschrift** ist eine Zweitschrift oder Fotokopie des Dokuments, deren Gleichlaut mit der Urschrift der Urkundsbeamte (→ Rn. 15) oder der einreichende Rechtsanwalt nach § 169 II mit seiner Unterschrift beglaubigt (iE zur Beglaubigung → Rn. 26). Die zu beglaubigende Abschrift darf nicht von der Urschrift abweichen, etwa durch das Fehlen einzelner Seiten oder Anlagen. Die **Vollständigkeit der Abschrift** und deren **Beglaubigung** sind **Wirksamkeitsvoraussetzung für die Zustellung.** Ist die Abschrift unvollständig oder die Beglaubigung fehlerhaft, so ist die Zustellung unwirksam und kann auch nicht dadurch geheilt werden, dass der Zustellungsempfänger auf andere Weise die Gelegenheit erhält, sich von der Vollständigkeit und dem Gleichlaut von Urschrift und Abschrift zu überzeugen (BGH VII ZR 191/94, NJW 1995, 2230 (2231)). 12

Eine **Ausfertigung** tritt demgegenüber im Rechtsverkehr an die Stelle der Urschrift des Urteils oder Beschlusses (BFH IX B 13/03, BFH/NV 2003, 1344 mwN). Sie besteht daher aus einer mit einem Ausfertigungsvermerk versehenen richtigen und vollständigen Abschrift oder Fotokopie der Urschrift (BGH III ZR 51/80, NJW 1981, 2345 (2346); zur Unwirksamkeit der Zustellung von unvollständigen Abschriften BGH X ZB 31/97, NJW 1998, 1959; zur Unleserlichkeit einzelner Stellen OLG Naumburg 11 U 173/99, MDR 2000, 601). Die Ausfertigung muss nicht als solche überschrieben sein. Sie trägt auch weder die Unterschriften der Richter im Original noch in Fotokopie. Zum Beleg dafür, dass die Richter aber die Urschrift des Urteils oder Beschlusses unterschrieben haben, muss die Ausfertigung deren Namen an der Stelle abschriftlich wiedergeben, an der in der Urschrift die Unterschriftsleistung erfolgt ist (zu den einzelnen Anforderungen s. Zöller/Feskorn ZPO § 317 Rn. 6 mwN). Der **Ausfertigungsvermerk** besteht üblicherweise aus der Formulierung „Für den Gleichlaut der Ausfertigung mit der Urschrift". Es genügt aber auch der Vermerk „Ausgefertigt" (BGH IV ZR 8/94, VersR 1994, 1495 (1496)). – Besteht das auszufertigende **Schriftstück aus mehreren Seiten,** so muss sich der Ausfertigungsvermerk ersichtlich auf alle Seiten beziehen. Dies setzt voraus, dass die einzelnen Blätter miteinander verbunden (zusammengeheftet) sind, und dass sich der Vermerk aus- 13 drücklich auf alle Seiten bezieht oder er durch sein Anbringen auf der letzten Seite zum Ausdruck bringt, dass er erst nach der Verbindung aller Blätter angebracht wurde und alle vorstehenden Seiten mitumfasst (vgl. zur beglaubigten Abschrift BGH I ZB 45/02, NJW 2004, 506 (507)). – Der Ausfertigungsvermerk ist nach § 317 IV ZPO vom Urkundsbeamten der Geschäftsstelle (→ Rn. 15) mit dem **Dienstsiegel** zu versehen und **zu unterschreiben,** wobei erkennbar werden muss, dass es sich bei dem Ausfertigenden um den Urkundsbeamten handelt (zB durch den Zusatz „als Urkundsbeamter der Geschäftsstelle"; s. auch Zöller/Feskorn ZPO § 317 Rn. 6).

14 **§ 167 ZPO Rückwirkung der Zustellung**

Soll durch die Zustellung eine Frist gewahrt werden oder die Verjährung neu beginnen oder nach § 204 oder § 204a des Bürgerlichen Gesetzbuchs gehemmt werden, tritt diese Wirkung bereits mit Eingang des Antrags oder der Erklärung ein, wenn die Zustellung demnächst erfolgt.

Die Vorschrift des § 167 ZPO hat im finanzgerichtlichen Verfahren keine Bedeutung.

2. Aufgaben der Geschäftsstelle (§§ 168, 169 ZPO)

15 **§ 168 ZPO Aufgaben der Geschäftsstelle**

(1) [1]Die Geschäftsstelle führt die Zustellung nach §§ 173 bis 176 Absatz 1 aus. [2]Sie kann einen nach § 61 des Postgesetzes beliehenen Unternehmer (Post) oder einen Justizbediensteten mit der Ausführung der Zustellung beauftragen. [3]Den Auftrag an die Post erteilt die Geschäftsstelle auf dem dafür vorgesehenen Vordruck.

(2) Der Vorsitzende des Prozessgerichts oder ein von ihm bestimmtes Mitglied können einen Gerichtsvollzieher oder eine andere Behörde mit der Ausführung der Zustellung beauftragen, wenn eine Zustellung nach Absatz 1 keinen Erfolg verspricht.

Nach § 168 ZPO ist die **Geschäftsstelle für** die **Durchführung der Zustellungen nach §§ 173–176 I ZPO zuständig.** Die Aufgaben der Geschäftsstelle nimmt der **Urkundsbeamte** wahr (§ 153 GVG). Er hat die Zustellungsbedürftigkeit zu prüfen und nimmt die Zustellung grds. in eigener Verantwortung vor. Er hat zu veranlassen, dass fehlgeschlagene Zustellungsversuche wiederholt werden (BGH III ZR 92/87, NJW 1990, 176). Die **Art der Zustellung** steht in seinem **Ermessen.** Dabei hat er den einfachsten und kostengünstigsten Weg zu wählen, der die besten Erfolgsaussichten ermöglicht und damit als am sichersten erscheint (Zöller/Schultzky ZPO § 168 Rn. 2). An **Weisungen** des **Richters** oder **Rechtspflegers** ist der Urkundsbeamte gebunden (BT-Drs. 14/4554, 16). Tätig werden muss das **Gericht** nur in den Fällen der §§ 168 II u. 186 I ZPO (→ Rn. 18, 126).

16 **Zu § 168 I ZPO:** Der Urkundsbeamte (→ Rn. 15) kann dem Adressaten das zuzustellende Schriftstück **elektronisch zustellen** (§ 173 ZPO; → Rn. 47), **an Amtsstelle aushändigen** (§ 174 ZPO; → Rn. 48) sowie **gegen Empfangsbekenntnis** (§ 175 ZPO; → Rn. 49) oder durch **Einschreiben mit Rückschein übermitteln** (§ 176 I ZPO; → Rn. 68). Alternativ kann er – unter Verwendung des dafür vorgesehenen Vordrucks **(§ 168 I 3 ZPO)** – nach § 168 I 2 die nach § 33 I PostG beliehenen Unternehmer (Post) mit der Ausführung der Zustellung **beauftragen.** Gemeint ist damit die **Zustellung mittels Zustellungsurkunde**

(§ 182 ZPO; → Rn. 73 ff.). Die Zustellung iSd § 168 I 2 ZPO kann **nicht nur durch die Deutsche Post AG** erfolgen, sondern auch durch **Lizenzunternehmen,** die nach § 33 I 1 PostG verpflichtet sind, Schriftstücke förmlich zuzustellen und die gem. § 33 I 2 PostG insoweit mit Hoheitsbefugnissen ausgestattet sind und damit zu beliehenen Unternehmern werden.

Der Urkundsbeamte (→ Rn. 15) kann die Zustellung nach § 168 I 2 außerdem jedem geeignet erscheinenden **Bediensteten des Gerichts** übertragen. Es kann sich auch um einen Bediensteten eines anderen Gerichts, der Staatsanwaltschaft oder einer Justizvollzugsanstalt handeln (Zöller/Schultzky ZPO § 168 Rn. 3). **17**

Zu § 168 II ZPO: Erscheint die Zustellung nach § 168 I ZPO als nicht erfolgversprechend, so steht es im **Ermessen** („kann") des Vorsitzenden des zuständigen Senats oder eines von ihm bestimmten Mitglieds (Berichterstatter), einem **Gerichtsvollzieher** den Zustellungsauftrag zu erteilen **oder** eine **andere Behörde** um die Ausführung der Zustellung zu ersuchen. Bei Übertragung des Rechtsstreits auf den **Einzelrichter** tritt dieser an die Stelle des Vorsitzenden. – Die **Zustellung nach § 168 I ZPO** ist nur dann **nicht erfolgversprechend,** wenn sie nicht ausführbar ist und nicht schon, wenn sie schwieriger ist als die Zustellung nach § 168 II ZPO (Zöller/Schultzky ZPO § 168 Rn. 6). – Die Verfügung des Vorsitzenden, Einzelrichters oder Berichterstatters hat der Urkundsbeamte der Geschäftsstelle (→ Rn. 15) umzusetzen (zum **Zustellungsauftrag** s. § 176 II ZPO, → Rn. 73; wegen der **Vordrucke** s. § 190 ZPO, → Rn. 142). – Der Gerichtsvollzieher oder die andere Behörde führen die Zustellung nach §§ 177 ff. ZPO durch (→ Rn. 74 ff.). **18**

§ 169 ZPO Bescheinigung des Zeitpunktes der Zustellung; Beglaubigung 25

(1) Die Geschäftsstelle bescheinigt auf Antrag den Zeitpunkt der Zustellung.

(2) [1]Die Beglaubigung der zuzustellenden Schriftstücke wird von der Geschäftsstelle vorgenommen. [2]Dies gilt auch, soweit von einem Anwalt eingereichte Schriftstücke nicht bereits von diesem beglaubigt wurden.

(3) [1]Eine in Papierform zuzustellende Abschrift kann auch durch maschinelle Bearbeitung beglaubigt werden. [2]Anstelle der handschriftlichen Unterzeichnung ist die Abschrift mit dem Gerichtssiegel zu versehen. [3]Dasselbe gilt, wenn eine Abschrift per Telekopie zugestellt wird.

(4) [1]Ein Schriftstück oder ein elektronisches Dokument kann in beglaubigter elektronischer Abschrift zugestellt werden. [2]Die Beglaubigung erfolgt mit einer qualifizierten elektronischen Signatur des Urkundsbeamten der Geschäftsstelle.

(5) Ein elektronisches Dokument kann ohne Beglaubigung elektronisch zugestellt werden, wenn es

1. nach § 130a oder § 130b Satz 1 mit einer qualifizierten elektronischen Signatur der verantwortenden Personen versehen ist,
2. nach § 130a auf einem sicheren Übermittlungsweg eingereicht wurde und mit einem Authentizitäts- und Integritätsnachweis versehen ist oder
3. nach Maßgabe des § 298a errichtet wurde und mit einem Übertragungsnachweis nach § 298a Absatz 2 Satz 3 oder 4 versehen ist.

Zu § 169 I ZPO: Da sich der Zeitpunkt der Zustellung bei der für das finanzgerichtliche Verfahren durch § 53 II vorgeschriebenen Zustellung von Amts wegen nur aus den Akten ergibt, hat der Urkundsbeamte der Geschäftsstelle (→ Rn. 15) diesen auf Antrag zu bescheinigen. Die Bescheinigung wird für die

Vollstreckung benötigt, da diese nach § 151 FGO iVm §§ 750, 798 ZPO die Zustellung des Titels voraussetzt. – Die Bescheinigung wird nur auf **Antrag** erteilt, der aber konkludent im Antrag auf Erteilung einer vollstreckbaren Ausfertigung oder Erlass eines Vollstreckungsbescheides enthalten ist (Zöller/Schultzky ZPO § 169 Rn. 3). Sie kann **selbständig erteilt** werden, wird aber üblicherweise **auf dem Vollstreckungstitel angebracht.** Der Urkundsbeamte hat die Bescheinigung handschriftlich zu unterzeichnen und mit seiner Dienstbezeichnung zu versehen (zur maschinellen Bearbeitung s. § 703b ZPO). Die Erteilung der Bescheinigung ist in der Akte zu vermerken. Die Bescheinigung ist **öffentliche Urkunde** und entfaltet nach § 418 I ZPO **vollen Beweis** der darin bezeugten Tatsachen, wobei der Gegenbeweis nach § 418 II ZPO zulässig ist (Zöller/Schultzky ZPO § 169 Rn. 5).

26 **Zu § 169 II ZPO:** Zugestellt werden grds. **beglaubigte Abschriften** oder Ausfertigungen eines Schriftstücks (zu den Begriffen → Rn. 12 f.). Soll eine beglaubigte Abschrift zugestellt werden, so ergibt sich aus **§ 169 II 1,** dass die **Geschäftsstelle,** dh der Urkundsbeamte der Geschäftsstelle (→ Rn. 15), grds. diese Beglaubigung vorzunehmen hat, es sei denn, dass der das Schriftstück einreichende Anwalt dieses bereits beglaubigt hat (**§ 169 II 2;** zu den Rechtsfolgen fehlerhafter Beglaubigung → Rn. 12 aE). – Die beglaubigte Abschrift muss nicht als solche überschrieben sein. Wesentlich ist der **Beglaubigungsvermerk,** aus dem sich ergeben muss, dass der Gleichlaut der Abschrift mit der Urschrift bestätigt wird. Dafür ist kein bestimmter Wortlaut vorgeschrieben (BGH I ZB 45/02, NJW 2004, 506 (507)), so dass grds. auch der Vermerk „Beglaubigt" ausreicht. Der Beglaubigungsvermerk muss sich bei einer **mehrseitigen Abschrift** ersichtlich auf alle Seiten beziehen. Dies setzt voraus, dass die einzelnen Blätter miteinander verbunden (zusammengeheftet) sind, und dass sich der Vermerk entweder ausdrücklich auf alle Seiten bezieht oder er durch sein Anbringen auf der letzten Seite zum Ausdruck bringt, dass er erst nach der Verbindung aller Blätter angebracht wurde und alle vorstehenden Seiten mitumfasst (BGH I ZB 45/02, NJW 2004, 506 (507)). – Der Beglaubigungsvermerk ist handschriftlich zu **unterschreiben.** Ort und Datum sind entbehrlich. Erfolgt die **Beglaubigung durch den Urkundsbeamten** (nicht durch den Anwalt), so muss dies deutlich werden, und zwar üblicherweise durch den Zusatz „als Urkundsbeamter der Geschäftsstelle". Die Anbringung eines **Dienstsiegels** ist – anders als bei der Ausfertigung (→ Rn. 13) – nicht erforderlich.

26a **§ 169 III 1 ZPO** sieht vor, dass eine **in Papierform zuzustellende Abschrift** von der Geschäftsstelle auch **maschinell beglaubigt** werden kann; in diesem Fall wird die handschriftliche Unterzeichnung nach S. 2 durch das – bei maschineller Bearbeitung idR ausgedruckte – Gerichtssiegel ersetzt. Dieses gilt nach S. 3 auch, wenn eine beglaubigte Abschrift per **Telefax** zugestellt wird. – **§ 169 IV ZPO** regelt die Zustellung eines Schriftstücks oder eines elektronischen Dokuments in **beglaubigter elektronischer Abschrift.** Erfasst wird sowohl der Fall, dass das **Schriftstück im Original in Papierform** vorliegt, als auch der Fall, dass ein elektronisches Dokument existiert und jeweils eine angefertigte elektronische Abschrift zugestellt werden soll (Zöller/Schultzky ZPO § 169 Rn. 14 f.). Als Wirksamkeitserfordernis muss die Abschrift mit einer qualifizierten elektronischen Signatur des Urkundsbeamten der Geschäftsstelle versehen werden, wobei weitere Anforderungen, die etwa § 52b VI (und dem entsprechend § 298a II ZPO) bei elektronischer Aktenführung für die Übertragung von in Papierform vorliegenden Schriftstücken in elektronische Dokumente vorsieht, im Rahmen von § 169 IV

ZPO nicht zu erfüllen sind (Zöller/Schultzky ZPO § 169 Rn. 14). Handelt es sich bei dem zuzustellenden Dokument um ein **elektronisches Dokument,** so bedarf es für die Zustellung grds. ebenfalls einer Beglaubigung mit qualifizierter elektronischer Signatur, weil sich der Wortlaut von § 169 IV 2 ZPO sowohl auf die in S. 1 genannten Schriftstücke in Papierform als auch auf die elektronischen Dokumente bezieht. Die Beglaubigung ist bei elektronischer Zustellung nach **§ 169 V ZPO** indes unter den dort genannten Voraussetzungen entbehrlich, weil in diesen Fällen die Authentizität und die Integrität des zuzustellenden Dokuments sichergestellt sind (Zöller/Schultzky ZPO § 169 Rn. 15; zu Einzelheiten → § 52a Rn. 9 ff.).

3. Zustellung an Vertreter, Bevollmächtigte und Prozessbevollmächtigte (§§ 170–172 ZPO)

§ 170 ZPO Zustellung an Vertreter 27

(1) [1]Bei nicht prozessfähigen Personen ist an ihren gesetzlichen Vertreter zuzustellen. [2]Die Zustellung an die nicht prozessfähige Person ist unwirksam.

(2) Ist der Zustellungsadressat keine natürliche Person, genügt die Zustellung an den Leiter.

(3) Bei mehreren gesetzlichen Vertretern oder Leitern genügt die Zustellung an einen von ihnen.

§ 170 ZPO regelt die Zustellung an Vertreter (zur Verfassungsmäßigkeit s. BVerfG 1 BvR 1269/83, BVerfGE 67, 208 (211)).

Zu § 170 I ZPO: Prozessfähigkeit ist die Fähigkeit, Verfahrenshandlungen wirksam vorzunehmen oder entgegenzunehmen (→ § 58 Rn. 1). **Prozessfähig** sind im finanzgerichtlichen Verfahren nach § 58 I Personen, die nach dem Bürgerlichen Recht entweder geschäftsfähig oder in ihrer Geschäftsfähigkeit beschränkt sind, soweit sie durch Vorschriften des Bürgerlichen Rechts oder des Öffentlichen Rechts für den Gegenstand des Verfahrens als geschäftsfähig anerkannt sind (ausf. → § 58 Rn. 19 ff.). **Prozessunfähig** sind im finanzgerichtlichen Verfahren alle **natürlichen Personen,** die die Voraussetzungen des § 58 I nicht erfüllen sowie alle **rechtsfähigen und nichtrechtsfähigen Personenvereinigungen, juristischen Personen** des privaten und des öffentlichen Rechts und **Zweckvermögen,** weil diesen ebenfalls keine Geschäftsfähigkeit iSd Vorschriften Bürgerlichen Rechts zukommt, da die einschlägigen §§ 104 ff. BGB ausschließlich auf natürliche Personen zugeschnitten sind (→ § 58 Rn. 19 ff.).

Für nicht prozessfähige Personen handelt nach § 58 II 1 deren **gesetzlicher** 28 **Vertreter** (ausf. → § 58 Rn. 35 ff.). An diesen ist nach § 170 I 1 ZPO **zuzustellen.** Dabei muss der Vertreter in der **Anschrift** weder namentlich noch mit der Wendung „zu Händen des Vertreters, Geschäftsführers, Vorstands usw" genannt werden (BFH IX R 7/81, BStBl. II 1985, 307), weil er zwar Zustellungsadressat, nicht aber Inhaltsadressat des zuzustellenden Schriftstücks ist. Umgekehrt ist die Zustellung aber auch dann wirksam, wenn die zuzustellende Sendung **nur an den Vertreter adressiert** ist, sich aber gleichwohl zweifelsfrei ersehen lässt, wer Inhaltsadressat ist. – Zur Bestellung eines **Prozesspflegers,** wenn ein gesetzlicher Vertreter fehlt und die Voraussetzungen des § 56 II ZPO nicht vorliegen → § 58 Rn. 61.

Erfolgt die **Zustellung gleichwohl an die nicht prozessfähige Person,** so 29 ist diese Zustellung nach § 170 I 2 ZPO **unwirksam.** Sie kann aber nach **§ 189**

ZPO dadurch geheilt werden, dass das zuzustellende Schriftstück dem gesetzlichen Vertreter der prozessunfähigen Person tatsächlich zugeht (BGH III ZR 207/14, BGHZ 204, 268; VIII ZR 11/16, NJW 2017, 2472).

30 **Zu § 170 II ZPO:** Zustellungen an **nicht natürliche Personen** können nicht nur gegenüber dem Vertreter erfolgen (→ Rn. 27 f.), sondern es genügt die Zustellung an den Leiter der nicht natürlichen Person (vgl. BT-Drs. 14/4554, 16 f.). – Zugeschnitten ist die Regelung auf die **Zustellung an Behörden,** bei der es nicht darauf ankommen soll, ob deren Leiter auch gesetzlicher Vertreter der Behörde ist. – **Leiter** ist eine Person, die auf Grund ihrer Stellung (zB als Behördenleiter) zum Handeln für die juristische Person, PersGes, Behörde oder das Zweckvermögen berufen ist und nach außen hin Repräsentationsaufgaben wahrnimmt (so Zöller/Schultzky ZPO § 170 Rn. 4). Diese Voraussetzungen erfüllt der Vorsteher eines FA. – Bei der Zustellung an den Leiter muss dieser in der Adresse nicht genannt sein; umgekehrt ist die Zustellung auch bei bloßer Adressierung an den Leiter wirksam (→ Rn. 28 zum vergleichbaren Fall der Zustellung an den Vertreter).

31 Lässt sich eine **Behörde** wegen des Vertretungszwangs (§ 62 IV) durch einen Bevollmächtigten (Rechtsanwalt, Steuerberater oder Wirtschaftsprüfer) **vertreten,** ist trotz § 170 II ZPO an den Bevollmächtigten zuzustellen. Insoweit geht § 62 VI 5 vor. – Hat die Behörde einen Beamten oder Angestellten mit Befähigung zum Richteramt oder einen Diplomjuristen im höheren Dienst als Vertreter gewählt (§ 62 IV 4), müssen die Zustellungen jedoch an den Leiter der Behörde (Vorsteher) erfolgen, weil der benannte Bedienstete kein Bevollmächtigter iSd § 62 ist (BFH IX R 7/81, BStBl. II 1985, 307; → § 62 Rn. 4).

32 **Zu § 170 III ZPO:** Die **Zustellung an einen von mehreren gesetzlichen Vertretern oder Leitern** genügt (s. auch BVerfG 1 BvR 1269/83, BVerfGE 67, 208 (211) – keine verfassungsrechtlichen Bedenken). Das gilt auch dann, wenn mehrere Vertreter ihre Vertretungsbefugnisse nur gemeinschaftlich ausüben können, wie zB Vater und Mutter als gesetzliche Vertreter des Kindes (BFH IV R 52/77, BStBl. II 1981, 186 mwN) oder die nur gemeinschaftlich zur Geschäftsführung befugten Gesellschafter einer BGB-Gesellschaft (BFH II R 103/84, BStBl. II 1987, 325). § 170 III ZPO gilt aber nicht, wenn eine juristische Person notwendig durch zwei mehrgliedrige Organe (Vorstand neben Aufsichtsrat) vertreten wird, weil sonst der Zweck der Doppelvertretung vereitelt würde (BGH II ZR 105/91, NJW 1992, 2099; Zöller/Schultzky ZPO § 170 Rn. 5 aE jeweils mwN).

33 **§ 170a ZPO Zustellung bei rechtlicher Betreuung**

(1) Wird an eine Person zugestellt, für die ein Betreuer bestellt ist, ist diesem eine Abschrift des zugestellten Dokuments mitzuteilen, soweit er bekannt ist und sein Aufgabenkreis betroffen ist.

(2) Wird nach § 170 Absatz 1 an den Betreuer zugestellt, ist dem Betreuten eine Abschrift des zugestellten Dokuments mitzuteilen.

§ 170a ZPO betrifft die – in Kindergeldverfahren gelegentlich vorkommende – Konstellation, dass ein Betreuer bestellt ist. Ist dieser bekannt und betrifft das dem Betreuten zuzustellende Schriftstück dessen Aufgabenkreis, so ist dem Betreuer eine Abschrift mitzuteilen. Wird an den Betreuer zugestellt, ist die Abschrift dem Betreuten mitzuteilen. Ob im Einzelfall an den Betreuten oder an den Betreuer zuzustellen ist, richtet sich nach § 170 I ZPO.

§ 171 ZPO Zustellung an Bevollmächtigte 36

[1]An den rechtsgeschäftlich bestellten Vertreter kann mit gleicher Wirkung wie an den Vertretenen zugestellt werden. [2]Der Vertreter hat eine schriftliche Vollmacht vorzulegen.

§ 171 ZPO regelt die Zustellung an rechtsgeschäftlich bestellte Vertreter, die **nicht Prozessbevollmächtigte** sind (zur Zustellung an Prozessbevollmächtigte → Rn. 43). Ob ein Vertreter rechtsgeschäftlich wirksam bestellt ist, richtet sich nach den Vorschriften des Zivilrechts. Der **Vertreter** kann auch **für mehrere Beteiligte** bestellt sein; er kann auch zugleich selbst Beteiligter sein. – Der Gesetzgeber hat die Norm sehr weit gefasst. § 171 ZPO meint zum einen die Fälle, in denen dem Gericht die Bevollmächtigung bekannt ist, so dass der Urkundsbeamte (→ Rn. 15) die Zustellung unmittelbar an den **Vertreter als Zustelladressat** verfügen kann als denjenigen, der die verfahrensrechtlichen Belange wahrnimmt (BFH IV 48/65, BStBl. II 1970, 839; BGH VI ZB 21/15, BGHZ 212, 1, Rn. 44). Für die Wirksamkeit der Zustellung ist in diesem Fall allein maßgeblich, dass im **Zeitpunkt der Zustellung eine wirksame Vollmacht** vorliegt, die sich auf die Entgegennahme zuzustellender Schriftstücke erstreckt. Es ist nicht erforderlich, dass die Vollmacht auch vorgelegt wird (BGH VI ZB 21/15, BGHZ 212, 1, Rn. 45).

Zum anderen erfasst § 171 auch die Fälle, in denen erstmals der **Zusteller bei der Ausführung der Zustellung** von der Bevollmächtigung erfährt (BGH VI ZB 21/15, BGHZ 212, 1, Rn. 44). Der Zusteller (oder auch der Urkundsbeamte, → Rn. 36) muss insoweit **keine Ermittlungen** anstellen (BT-Drs. 14/4554, 17). Es obliegt nach **§ 171 S. 2 ZPO** vielmehr dem Vertreter, seine Bevollmächtigung durch die Vorlage einer **schriftlichen Vollmacht** nachzuweisen. Dabei kann es sich zB um eine Zustellungsvollmacht, eine Einzelvollmacht, eine Generalvollmacht oder eine bloße **Vollmacht zur Entgegennahme von Postsendungen** handeln, sofern davon die Entgegennahme von Zustellungen umfasst wird (BGH VI ZB 21/15, BGHZ 212, 1, Rn. 45). Die Vollmacht muss **spätestens zum Zeitpunkt der Ausführung der Zustellung vorliegen,** ohne dass sie dem Zusteller tatsächlich vorgelegt werden muss (BGH VI ZB 21/15, BGHZ 212, 1; II ZB 25/20, BeckRS 2020, 27399, Rn. 16), wenngleich dies aus Gründen der Rechtssicherheit zu empfehlen ist (→ Rn. 38). Wird sie vorgelegt, so ist der Zusteller nach den Vorstellungen des Gesetzgebers (BT-Drs. 14/4554, 17) nicht verpflichtet, diese auf ihre Ordnungsmäßigkeit hin zu überprüfen. Das kann mE aber nicht bei offensichtlichen Mängeln der Vollmacht gelten. 37

Ist ein Vertreter bestellt, so räumt **§ 171 S. 1 ZPO** einen **Ermessensspielraum** ein („kann"), an wen die Zustellung vorzunehmen ist. Das gilt sowohl für den Fall, dass dem Gericht die Bevollmächtigung von Anfang an bekannt war (→ Rn. 36), als auch für den Fall, dass erst der Zusteller bei der Ausführung der Zustellung von der Bevollmächtigung erfährt (→ Rn. 37). In beiden Fällen ist das Ermessen idR dahingehend auszuüben, dass an den Bevollmächtigten zugestellt werden **muss** (BT-Drs. 14/4554, 17; vgl. auch BFH VII R 58/83, BFH/NV 1987, 482; V B 12/14, BFH/NV 2014, 883; zur Frage der Vorlage einer Vollmacht → Rn. 36 f.). Eine **unmittelbare Zustellung an den Vertretenen** kann aber bei Zweifeln an der Wirksamkeit oder am Fortbestand der Vollmacht ermessensgerecht sein (BFH X R 28/94, BFH/NV 1996, 907). Ebenso ist bei **unbekanntem Aufenthalt** des Bevollmächtigten die Zustellung an den Vertretenen geboten 38

(→ § 62 Rn. 112). An wen zugestellt worden ist, ist in der nach § 182 ZPO zu erstellenden **Zustellungsurkunde** zu vermerken.

39 Wird das **Ermessen fehlerhaft ausgeübt,** ist die Zustellung unwirksam (BFH VIII R 122/78, BStBl. II 1981, 450; V B 12/14, BFH/NV 2014, 883; zur Heilung → Rn. 135 ff.). Zur Wirksamkeit einer Zustellung, wenn fehlerhaft an den Beteiligten zugestellt worden ist und er die **Sendung an den Prozessbevollmächtigten weiterleitet** s. BFH VII R 86/89, BFH/NV 1992, 81 mwN. Unwirksam ist die Zustellung auch dann, wenn derjenige, an den zugestellt wird, **tatsächlich nicht bevollmächtigt** war (BT-Drs. 14/4554, 17).

40 Ist **kein Vertreter bestellt,** muss jedem Beteiligten eine Ausfertigung der Entscheidung zugestellt werden. Das gilt auch für (zusammenveranlagte) **Eheleute,** falls sie sich nicht gegenseitig zur Empfangnahme bevollmächtigt haben (BFH VIII R 225/83, BStBl. II 1985, 603).

43 **§ 172 ZPO Zustellung an Prozessbevollmächtigte**

(1) [1]In einem anhängigen Verfahren hat die Zustellung an den für den Rechtszug bestellten Prozessbevollmächtigten zu erfolgen. [2]Das gilt auch für die Prozesshandlungen, die das Verfahren vor diesem Gericht infolge eines Einspruchs, einer Aufhebung des Urteils dieses Gerichts, einer Wiederaufnahme des Verfahrens, einer Rüge nach § 321a oder eines neuen Vorbringens in dem Verfahren der Zwangsvollstreckung betreffen. [3]Das Verfahren vor dem Vollstreckungsgericht gehört zum ersten Rechtszug.

(2) [1]Ein Schriftsatz, durch den ein Rechtsmittel eingelegt wird, ist dem Prozessbevollmächtigten des Rechtszuges zuzustellen, dessen Entscheidung angefochten wird. [2]Wenn bereits ein Prozessbevollmächtigter für den höheren Rechtszug bestellt ist, ist der Schriftsatz diesem zuzustellen. [3]Der Partei ist selbst zuzustellen, wenn sie einen Prozessbevollmächtigten nicht bestellt hat.

Dass Zustellungen an einen bestellten Prozessbevollmächtigten zu erfolgen haben, ergibt sich für das finanzgerichtliche Verfahren bereits aus **§ 62 VI 5,** so dass auf § 53 II FGO iVm § 172 ZPO nicht abgestellt werden muss (BFH VI B 138/02, BFH/NV 2003, 788; → § 62 Rn. 110 ff.).

4. Zustellung elektronischer Dokumente (§ 173 ZPO)

44 **§ 173 ZPO Zustellung von elektronischen Dokumenten**

(1) Ein elektronisches Dokument kann elektronisch nur auf einem sicheren Übermittlungsweg zugestellt werden.

(2) Einen sicheren Übermittlungsweg für die elektronische Zustellung eines elektronischen Dokuments haben zu eröffnen:

1. Rechtsanwälte, Notare, Gerichtsvollzieher, Steuerberater sowie sonstige in professioneller Eigenschaft am Prozess beteiligte Personen, Vereinigungen und Organisationen, bei denen von einer erhöhten Zuverlässigkeit ausgegangen werden kann, sowie
2. Behörden, Körperschaften oder Anstalten des öffentlichen Rechts.

(3) [1]Die elektronische Zustellung an die in Absatz 2 Genannten wird durch ein elektronisches Empfangsbekenntnis nachgewiesen, das an das Gericht zu übermitteln ist. [2]Für die Übermittlung ist der vom Gericht mit der Zustellung zur Verfügung gestellte strukturierte Datensatz zu verwenden. [3]Stellt das Gericht keinen struktu-

rierten Datensatz zur Verfügung, so ist dem Gericht das elektronische Empfangsbekenntnis als elektronisches Dokument (§ 130a) zu übermitteln.

(4) [1]An andere als die in Absatz 2 Genannten kann ein elektronisches Dokument elektronisch nur zugestellt werden, wenn sie der Zustellung elektronischer Dokumente für das jeweilige Verfahren zugestimmt haben. [2]Die Zustimmung gilt mit der Einreichung eines elektronischen Dokuments im jeweiligen Verfahren auf einem sicheren Übermittlungsweg als erteilt. [3]Andere als natürliche Personen können die Zustimmung auch allgemein erteilen. [4]Ein elektronisches Dokument gilt am vierten Tag nach dem auf der automatisierten Eingangsbestätigung ausgewiesenen Tag des Eingangs in dem vom Empfänger eröffneten elektronischen Postfach als zugestellt. [5]Satz 4 gilt nicht, wenn der Empfänger nachweist, dass das Dokument nicht oder zu einem späteren Zeitpunkt zugegangen ist.

§ 173 ZPO wurde durch Art. 1 Nr. 5 des Gesetzes zum Ausbau des elektronischen Rechtsverkehrs mit den Gerichten und zur Änderung weiterer Vorschriften v. 5.10.2021 (BGBl. I 4607) mit Wirkung ab dem 1.1.2022 eingeführt und seitdem durch mehrere Änderungen erweitert. Die Regelung gehört ebenso wie die §§ 52a–d zum **Projekt E-Justiz.** Angesichts des immer weiter voranschreitenden elektronischen Rechtsverkehrs und der elektronischen Aktenführung in den Gerichten hat die Zustellung elektronischer Dokumente in den letzten Jahren erheblich **an Bedeutung gewonnen** und wird die übrigen Zustellungsarten nach und nach verdrängen.

Nach § 173 I ZPO kann ein elektronisches Dokument nur auf einem sicheren **45**
Übermittlungsweg elektronisch zugestellt werden. Das Wort „kann" bezieht sich dabei nicht nur auf den zu wählenden Übermittlungsweg, sondern stellt klar, dass auch dann, wenn ein elektronisches Dokument und ein sicherer Übermittlungsweg existieren, **keine Pflicht zur elektronischen Zustellung** besteht (so wohl auch Zöller/Schultzky ZPO § 173 Rn. 3). Dies steht vielmehr im Ermessen des die Zustellung Verfügenden, der zudem Zustellungsabsicht haben muss (→ Rn. 10). § 173 ZPO betrifft ausschließlich die Zustellung **elektronischer Dokumente.** Dies sind Dokumente in Form von Dateien, die mit Mitteln der Datenverarbeitung erstellt und auf einem Datenträger aufgezeichnet werden können sowie (bereits) in dieser Form maßgeblich sind (BFH VIII S 3/22, BStBl. II 2023, 83, Rn. 2, abl. für ein Telefax, aber wohl bejahend für ein Computerfax; aA zum Computerfax: FG Köln 6 K 1883/21, EFG 2022, 1389 und FG Münster 8 V 2/22, EFG 2022, 592; zu einem Computerfax, welches bei Gericht ausgedruckt wird: Zöller/Greger ZPO § 130a Rn. 3; → § 52a Rn. 2). Sie können nur auf einem **sicheren Übermittlungsweg** elektronisch zugestellt werden. Welche Übermittlungswege sicher sind, regelt § 52a IV abschließend (→ § 52a Rn. 20 ff.). Andere Übermittlungsformen, etwa per E-Mail oder Computerfax, kommen damit für eine Zustellung nicht infrage, und zwar auch dann nicht, wenn eine qualifizierte elektronische Signatur verwendet wird (Zöller/Schultzky ZPO § 173 Rn. 4). **§ 173 II ZPO** bestimmt, wer einen sicheren Übermittlungsweg für die elektronische Zustellung zu eröffnen hat. Für das finanzgerichtliche Verfahren ist dies bislang über das besondere elektronische Anwaltspostfach für **Rechtsanwälte,** über das besondere elektronische Steuerberaterpostfach für **Steuerberater** und über das Behördenpostfach für **Behörden** umgesetzt (zur Nutzungspflicht → § 52a), sodass Zustellungen an diese auf elektronischem Weg erfolgen können (BFH IX R 3/22, BStBl. II 2023, 267, Rn. 12). Die Zustellung setzt allerdings die **Empfangsbereitschaft** des Empfängers voraus, sodass eine elektronische

Zustellung ausscheidet und ein anderer (herkömmlicher) Zustellungsweg genutzt werden muss, wenn der Empfänger (pflichtwidrig) einen sicheren Übermittlungsweg nicht eröffnet oder die Entgegennahme der Zustellung verweigert (Zöller/Schultzky ZPO § 173 Rn. 5). An **andere Personen** kann ein elektronisches Dokument nach **§ 173 IV 1 ZPO** nur dann elektronisch zugestellt werden, wenn sie dem für das jeweilige Verfahren zugestimmt haben. Die Zustimmung nach S. 2 der Norm gilt als erteilt, wenn sie ein elektronisches Dokument im jeweiligen Verfahren auf einem sicheren Übermittlungsweg eingereicht haben, etwa per De-Mail nach § 52a IV Nr. 1. Das ist auch für Privatpersonen möglich (→ § 52a Rn. 21). Handelt es sich bei dem Beteiligten nicht um eine natürliche Person, so kann die Zustimmung nach § 173 IV 3 ZPO auch allgemein, also etwa für alle finanzgerichtlichen Verfahren erteilt werden. Zum Zeitpunkt der Zustellung an andere Personen iSv § 173 IV 1 ZPO → Rn. 47.

46 Nach § 173 III 1 ZPO wird die elektronische Zustellung an die in Abs. 2 Genannten durch ein **elektronisches Empfangsbekenntnis** nachgewiesen, das an das Gericht zu übermitteln ist. Damit ist nicht die beim Versand automatisch erstellte Eingangsbestätigung gemeint, die im Unterschied zum elektronischen Empfangsbekenntnis keine Beweiswirkung entfaltet (Zöller/Schultzky ZPO § 173 Rn. 6). Dies gilt bei der Übermittlung per De-Mail (§ 52a IV Nr. 1) auch für die Abholbestätigung nach § 5 IX De-MailG (Zöller/Schultzky ZPO § 173 Rn. 13). Das elektronische Empfangsbekenntnis muss vielmehr – ebenso wie das Empfangsbekenntnis in Papierform – von dem **Zustellungsadressaten persönlich** abgegeben werden (→ Rn. 51 sowie zur Empfangsbereitschaft → Rn. 45). Dieser ist nach § 173 III 1 ZPO zur Übermittlung des elektronischen Empfangsbekenntnisses an das Gericht **verpflichtet.** Für die **Form** der Übersendung schreibt **§ 173 III 2 ZPO** die Verwendung des vom Gericht zur Verfügung gestellten strukturierten Datensatzes vor, der sich nach § 5 I Nr. 2 ERVV iVm Nr. 2 ERVB 2022 (BAnz AT v. 18.2.2022 B2) richtet. Dies dient der vereinfachten Verarbeitung des elektronischen Empfangsbekenntnisses sowohl bei dem Zustellungsadressaten als auch bei Gericht (BT-Drs. 17/13948, 34). Fehlt ein solcher, so ist das elektronische Empfangsbekenntnis dem Gericht nach § 173 III 3 ZPO als formloses elektronisches Dokument zu übermitteln; eine Übermittlung per Post oder Telefax ist unzulässig, beweist aber gleichwohl die Wirksamkeit der Zustellung (Zöller/Schultzky ZPO § 173 Rn. 14). Als **Zustellungsdatum** ist in dem elektronischen Empfangsbekenntnis der Tag anzugeben, an dem der zum Teilnehmerkreis des § 173 II ZPO gehörende Zustellungsadressat Kenntnis von dem übermittelten Dokument erlangt und es mit Empfangsbereitschaft entgegengenommen hat (→ Rn. 50). Damit kommt es nicht auf das Datum des Eingangs des elektronischen Dokuments an. Gibt ein **Vertreter** des Zustellungsadressaten das Empfangsbekenntnis ab (zB Sachgebietsleiter des FA), so ist dieser namentlich zu bezeichnen, damit das Gericht dessen Berechtigung überprüfen kann (s. insgesamt Zöller/Schultzky ZPO § 173 Rn. 15). Die **Wirkung** des elektronischen Empfangsbekenntnisses unterscheidet sich nicht von derjenigen eines Empfangsbekenntnisses in Papierform (ausführlich dazu → Rn. 57 ff.).

47 Stellt das Gericht nach **§ 173 IV ZPO an andere Personen** elektronisch zu (→ Rn. 45 aE), so gilt für den **Zeitpunkt der Zustellung** nicht die Regelung des § 173 III ZPO, die ausschließlich die Zustellungsadressaten iSv § 173 II ZPO betrifft. § 173 IV 4 ZPO sieht vielmehr eine **Zustellungsfiktion** vor. Danach gilt das elektronische Dokument **seit dem 1.1.2025 am vierten Tag** (§ 173 IV 4 ZPO idF des Art. 5 Nr. 2 G v. 15.7.2024, BGBl. I Nr. 236; bislang am dritten

Tag) nach dem auf der automatisierten Eingangsbestätigung ausgewiesenen Tag des Eingangs in dem vom Empfänger eröffneten elektronischen Postfach als zugestellt. Damit kommt der automatisierten Eingangsbestätigung – im Unterschied zur Zustellung an Zustellungsadressaten iSv § 173 II ZPO (→ Rn. 46) – eine Bedeutung für die Fristberechnung zu. Bei der Zustellung an ein De-Mail-Konto kann eine automatisierte Eingangsbestätigung nach § 5 VIII De-MailG über die Funktion „Einschreiben" erzeugt werden, ansonsten wird sie durch die Abholbestätigung nach § 5 IX De-MailG ersetzt. Da es sich bei § 173 IV 4 ZPO um eine Zustellungsfiktion handelt, **gilt § 222 II ZPO nicht,** sodass die Vier-Tage-Fiktion auch dann gilt, wenn der Empfänger keine Zugriffsmöglichkeit auf sein Postfach hatte, tatsächlich keine Kenntnis nimmt oder die Kenntnisnahme vor Ablauf der vier Tage erfolgt (Zöller/Schultzky ZPO § 173 Rn. 23). Will der Zustellungsadressat die **Vier-Tage-Fiktion verhindern,** so muss er nach § 173 IV 5 ZPO nachweisen, dass das Dokument nicht oder zu einem späteren Zeitpunkt zugegangen ist.

5. Zustellung durch Aushändigung an Amtsstelle (§ 174 ZPO)

§ 174 ZPO Zustellung durch Aushändigung an der Amtsstelle 48

[1]Ein Schriftstück kann dem Adressaten oder seinem rechtsgeschäftlich bestellten Vertreter durch Aushändigung an der Amtsstelle zugestellt werden. [2]Zum Nachweis der Zustellung ist auf dem Schriftstück und in den Akten zu vermerken, dass es zum Zwecke der Zustellung ausgehändigt wurde und wann das geschehen ist; bei Aushändigung an den Vertreter ist dies mit dem Zusatz zu vermerken, an wen das Schriftstück ausgehändigt wurde und dass die Vollmacht nach § 171 Satz 2 vorgelegt wurde. [3]Der Vermerk ist von dem Bediensteten zu unterschreiben, der die Aushändigung vorgenommen hat.

Die **Übergabe** kann nicht nur in der Geschäftsstelle, sondern in jedem Dienstraum des Gerichts, aber auch **an** solchen **Orten** erfolgen, **an denen gerichtliche Tätigkeiten ausgeübt werden können** (zB bei Ortstermin). Der Zustellungsadressat kann zum Zwecke der Aushändigung des Schriftstücks zur Amtsstelle gebeten werden (aber keine Pflicht zum Erscheinen). – Aushändigen kann der Richter, der Urkundsbeamte der Geschäftsstelle oder der von dem Urkundsbeamten mit der Ausführung der Zustellung beauftragte Bedienstete, zu dessen Aufgaben üblicherweise die Bearbeitung von Verfahren gehört. – Ausgehändigt werden kann das Schriftstück allen Zustellungsadressaten unter Beachtung der für diese geltenden Vorschriften (§§ 170, 170a, 171, 172 ZPO). **Verweigert der Adressat die Annahme,** so ist die Zustellung nicht bewirkt (Zöller/Schultzky ZPO § 174 Rn. 2). – Wird die Übergabe in das gerichtliche Protokoll aufgenommen, so ersetzt diese höherwertige Form der Beurkundung den in § 174 S. 2 ZPO vorgesehenen Vermerk.

6. Zustellung gegen Empfangsbekenntnis (§ 175 ZPO)

§ 175 ZPO Zustellung von Schriftstücken gegen Empfangsbekenntnis 49

(1) Ein Schriftstück kann den in § 173 Absatz 2 Genannten gegen Empfangsbekenntnis zugestellt werden.

(2) [1]Eine Zustellung gegen Empfangsbekenntnis kann auch durch Telekopie erfolgen. [2]Die Übermittlung soll mit dem Hinweis „Zustellung gegen Empfangsbe-

kenntnis" eingeleitet werden und die absendende Stelle, den Namen und die Anschrift des Zustellungsadressaten sowie den Namen des Justizbediensteten erkennen lassen, der das Dokument zur Übermittlung aufgegeben hat.

(3) Die Zustellung nach den Absätzen 1 und 2 wird durch das mit Datum und Unterschrift des Adressaten versehene Empfangsbekenntnis nachgewiesen.

(4) Das Empfangsbekenntnis muss schriftlich, durch Telekopie oder als elektronisches Dokument (§ 130a) an das Gericht gesandt werden.

Zu § 175 I ZPO: § 175 I ZPO verweist hinsichtlich des **Personenkreises,** an den per Empfangsbekenntnis zugestellt werden kann, auf § 173 II ZPO (→ Rn. 44). Dieser nennt Rechtsanwälte, Notare, Gerichtsvollzieher, Steuerberater sowie sonstige in professioneller Eigenschaft am Prozess beteiligte Personen, Vereinigungen und Organisationen, bei denen von einer erhöhten Zuverlässigkeit ausgegangen werden kann, sowie Behörden, Körperschaften oder Anstalten des öffentlichen Rechts (zur **Zustellungsabsicht** → Rn. 10). Die Aufzählung ist abschließend (Zöller/Schultzky ZPO § 175 Rn. 2). Unerheblich ist, ob die aufgeführten Personen als **Prozessbevollmächtigte, in eigener Sache** oder in einer **sonstigen Funktion** handeln (zB Insolvenzverwalter, Testamentsvollstrecker, gesetzlicher Vertreter; zur Ladung unter der Büroanschrift s. BFH IV B 52/02, BFH/NV 2004, 205). Die Zustellung gegen Empfangsbekenntnis an sonstige in professioneller Eigenschaft am Prozess beteiligte **Personen, Vereinigungen und Organisationen** setzt voraus, dass bei ihnen von einer **erhöhten Zuverlässigkeit** ausgegangen werden kann. Anders als die Vorgängerregelung in § 174 I ZPO aF muss sich diese Zuverlässigkeit nicht mehr „aufgrund des Berufes" ergeben, sodass eine Zustellung nunmehr auch dann wirksam gegen Empfangsbekenntnis bewirkt werden kann, wenn die Person allg. als zuverlässig gilt (aA zur Vorgängerregelung: BFH V B 54/13, BFH/NV 2014, 169). Wegen der standesrechtlichen Bindung ist eine Zustellung gegen Empfangsbekenntnis jedenfalls an **Wirtschaftsprüfer** möglich.

50 **Bewirkt ist die Zustellung** iSd § 175 I ZPO nicht schon dann, wenn das Schriftstück in das Postfach des Adressaten eingelegt wird oder bei ihm eingeht, sondern erst dann, wenn er es entgegennimmt und seinen **Willen** dahin bildet, die **Übersendung** per Post **als Zustellung** (nicht den Inhalt) **gelten zu lassen** (BFH VII B 84/06, BStBl. II 2007, 583 mwN; XI R 25/11, BStBl. II 2013, 417; II R 22/18, BStBl. II 2022, 66, Rn. 19; BGH VIII ZB 55/14, NJW-RR 2015, 953; FG Bbg 7 K 7323/13, EFG 2015, 1484 betr. Zustellung an Behörde). Das gilt auch für die **Zustellung eines elektronischen Dokuments an das besondere elektronische Anwaltspostfach** (BFH VIII B 141/21, BFH/NV 2023, 143: Nachweis der Zustellung, wenn der Prozessbevollmächtigte ein von ihm qualifiziert signiertes elektronisches Empfangsbekenntnis an das FG übermittelt und anschließend den erforderlichen Gegenbeweis nicht führen kann, dass die Übermittlung entgegen den Angaben im elektronischen Empfangsbekenntnis fehlgeschlagen ist). Folglich ist der **Zustelltag** nicht zwingend der Tag, an dem das Empfangsbekenntnis unterschrieben worden ist (BFH I R 54/04, BFH/NV 2005, 1572). – Die **Bereitschaft, die Zustellung entgegenzunehmen** kann auch **konkludent erklärt** werden, zB durch schriftsätzliches Einlassen auf das zugestellte Schriftstück (BGH VI ZR 226/87, NJW 1989, 1154), nicht aber durch bloßes Behalten (BGH VIII ZR 111/58, BGHZ 30, 299). – Die in §§ 175 I, 173 II ZPO genannten Personen sind **verfahrensrechtlich nicht verpflichtet,** die Zustellung entgegenzunehmen; evtl. bestehende standesrechtliche Pflichten sind

für die Zustellung ohne Bedeutung (BFH VII B 84/06, BStBl. II 2007, 583). Nimmt der Anwalt usw das zugestellte Schriftstück nicht entgegen oder **weist er seine Bekanntgabe** auf dem Weg der Übermittlung durch die Post mit Empfangsbekenntnis sogar **zurück,** so ist es nicht zugestellt; Fristen beginnen nicht zu laufen (BFH VII B 84/06, BStBl. II 2007, 583). – Zur **mehrfachen Zustellung** desselben Schriftstücks s. BFH V B 111/86, BStBl. II 1987, 441.

Die von §§ 175 I, 173 II ZPO erfassten **Zustellungsadressaten** (Rechtsanwalt, Steuerberater usw) müssen das zuzustellende Schriftstück **persönlich als zugestellt entgegennehmen.** Die Entgegennahme durch eine Büroangestellte genügt grds. nicht; der Zustellungsadressat kann sich aber durch einen zur Entgegennahme von Zustellungen nach § 174 I ZPO besonders ermächtigten **Zustellungsbevollmächtigten** (zB den Bürovorsteher) vertreten lassen (stRspr, zB BFH X B 158/04, BFH/NV 2005, 1014 mwN; BGH IV ZR 42/77, HFR 1978, 500 betr. Anwaltskollegen). Dies muss auch in Verfahren mit Vertretungszwang gelten, insbes. im Revisionsverfahren vor dem BFH (offen BFH III R 91/85, BFH/NV 1989, 646). 51

§ 175 I ZPO sieht für das **Empfangsbekenntnis keine besondere Form** vor. Es kann auch im Rahmen eines Schriftsatzes abgegeben werden (BT-Drs. 14/4554, 18). Üblicherweise sendet das Gericht ein bereits mit den Daten des zuzustellenden Schriftstücks versehenes Empfangsbekenntnis mit. Aus diesem muss **zweifelsfrei ersichtlich** sein, **welche Schriftstücke** mit dem Empfangsbekenntnis zugestellt worden sind. Neben der Angabe des Aktenzeichens empfiehlt sich eine Kurzbezeichnung (zB Ladung zum Termin am, Urteil/Beschluss vom, Ausschlussfrist vom; s. aber zur Zustellung per PZU auch BFH IV R 78/05, BFH/NV 2008, 1860; → Rn. 73). Das ist insbes. dann von Bedeutung, wenn mit einer Sendung **mehrere Schriftstücke** zugestellt werden sollen. Wird im Empfangsbekenntnis nur angegeben, dass „obiges Schriftstück" zugestellt wurde, so ist nur das Schriftstück zugegangen, dessen Zugang nach der (ggf. nachträglichen) Erklärung des Zustellungsempfängers bestätigt werden sollte (BFH VIII B 21/74, BStBl. II 1976, 218). Allerdings machen in dem Empfangsbekenntnis enthaltene **Ungenauigkeiten der Bezeichnung** des zuzustellenden Schriftstücks, etwa hinsichtlich des Aktenzeichens oder des Datums der Entscheidung, die Zustellung nicht unwirksam, wenn dem Zusammenhang nach kein Zweifel darüber bestehen kann, welches Schriftstück in dem Empfangsbekenntnis gemeint ist (BFH X B 138–97, NVwZ 1999, 695; BGH IV ZB 26/76, VersR 1976, 1155; zur fehlenden Angabe des Zustellungsdatums in dem Empfangsbekenntnis → Rn. 61 aE). – Der **Anwalt** usw muss weder in dem Empfangsbekenntnis noch in dem zuzustellenden Schriftstück genannt sein (BFH V B 180/02, BFH/NV 2003, 1072; V B 20/15, BFH/NV 2016, 50 zur Sozietät). – Zur **Wirkung** des Empfangsbekenntnisses → Rn. 57 f. 52

§ 175 II ZPO ermöglicht die Zustellung von Schriftstücken gegen Empfangsbekenntnis durch **Telekopie** (Telefax) an den in §§ 175 I, 173 II ZPO genannten Personenkreis. Die Vorschrift dient der **Verfahrensvereinfachung** und unterstellt in zulässiger Weise, dass die in § 175 I ZPO genannten Personen bei der Zustellung mitwirken, und zwar unabhängig davon, ob die Zustellung per Post oder per Telefax erfolgt. Um die Bedeutung der Zustellung deutlich zu machen, sind der in § 175 II 2 ZPO genannte Hinweis anzubringen und die dort beschriebenen Förmlichkeiten zu beachten (BT-Drs. 14/4554, 18; dazu auch BFH VII B 358/02, BFH/NV 2004, 531). Der Empfänger kann die Annahme nicht mit der Begründung verweigern, der für die Übermittlung gewählte Faxanschluss sei nicht 53 zum Empfang zuzustellender Schriftstücke bestimmt (BFH IV B 164/02, BFH/NV 2003, 1426). – Wenngleich § 175 II ZPO die Zustellung per Telefax (noch) zulässt, so sollte davon aus **datenschutzrechtlichen Gründen kein Gebrauch** mehr gemacht werden (s. dazu https://www.datenschutz.org/fax/).

56 Aus **§ 175 III ZPO** ergibt sich, dass der Zustellungsempfänger das Empfangsbekenntnis **mit Datum** (→ Rn. 50) **und Unterschrift versehen** muss (bei elektronischer Übermittlung: Signatur nach § 52a). Beides kann **nachgeholt oder berichtigt** werden (BFH VII R 69/86, BFH/NV 1987, 523 (524); Zöller/Stöber ZPO § 175 Rn. 12 jeweils mwN). Da für das Empfangsbekenntnis keine besondere Form (außer der Schriftform) vorgesehen ist, kann die **Nachholung auch in** einem **Schriftsatz** erfolgen (BFH VII R 69/86, BFH/NV 1987, 523 (524); BGH IVb ZR 599/80, NJW 1981, 462; BVerwG 1 B 57/84, HFR 1987, 97). Das später erstellte Empfangsbekenntnis **wirkt** auf den Tag des Empfangs **zurück** (BFH VII R 69/86, BFH/NV 1987, 523), weil es einen tatsächlichen früheren Vorgang beurkundet. Der Zustellungsempfänger hat das Empfangsbekenntnis nach **§ 175 IV ZPO** schriftlich, per Telefax (aber → Rn. 53 aE) oder als elektronisches Dokument (§ 52a) an das Gericht **zurückzusenden.** Die Rücksendung hat **auf seine Kosten** zu erfolgen.

57 Zum anderen folgt aus § 174 III ZPO, dass durch das – mit Datum und Unterschrift versehene und an das Gericht zurückgesandte – Empfangsbekenntnis die **Zustellung nachgewiesen** wird. Das bedeutet, dass das Empfangsbekenntnis den **vollen Beweis** für das Datum der Zustellung **erbringt** (stRspr, zB BFH IV R 10/98, BFH/NV 1999, 500 mwN; V B 20/15, BFH/NV 2016, 50; I R 37/17, BFH/NV 2021, 698, Rn. 12; BGH XII ZB 132/96, NJW-RR 1997, 769). Str. ist dabei allerdings, ob es sich um eine öffentliche Urkunde iSv § 418 ZPO handelt (BGH I ZB 39/05, NJW 2007, 600 (601); BVerwG IV B 166/93, NJW 1994, 535, § 418 I ZPO gilt entsprechend) oder um eine Privaturkunde iSv § 416 ZPO (so Zöller/Schultzky ZPO § 175 Rn. 15 für Empfangsbekenntnisse, die nicht von einer Behörde oder Urkundsperson ausgestellt wurden). – Der **Gegenbeweis** der Unrichtigkeit des Datums ist zulässig (zB BFH VIII S 8/97, BFH/NV 2001, 1140; BGH XII ZB 132/96, NJW-RR 1997, 769; VI ZB 77/02, NJW 2003, 2460). Es sind aber strenge Anforderungen zu stellen; die bloße Möglichkeit der Unrichtigkeit genügt nicht (BVerfG 2 BvR 2211/97, NJW 2001, 1563; BFH IV R 10/98, BFH/NV 1999, 500; I R 37/17, BFH/NV 2021, 698, Rn. 13; BGH VIII ZR 114/05, NJW 2006, 1206 (1207); BVerwG 4 B 166/93, NJW 1994, 535). Erforderlich ist vielmehr, dass nach Überzeugung des Gerichts die Beweiswirkung des Empfangsbekenntnisses vollständig entkräftet wird und damit jede Möglichkeit seiner Richtigkeit ausgeschlossen ist (BFH V B 20/15, BFH/NV 2016, 50). Der Gegenbeweis kann noch im **Beschwerdeverfahren** angetreten werden (BGH IV ZB 64/79, HFR 1981, 37; VIII ZB 23/85, HFR 1987, 371).

61 Das **Empfangsbekenntnis** ist **kein notwendiges Zustellungserfordernis.** Wie sich aus § 175 III ZPO ergibt, dient es nur als Nachweis der Zustellung (BFH VII B 84/06, BStBl. II 2007, 583; V B 118–119/06, BFH/NV 2008, 583 mwN; II R 22/18, BStBl. II 2022, 66, Rn. 19; so jetzt auch BGH NotZ 12/05, NJW 2005, 3216). Füllt der Zustellungsadressat das Empfangsbekenntnis nicht oder nicht vollständig aus oder sendet er es nicht an das Gericht zurück, so ist die Zustellung gleichwohl bewirkt, wenn feststeht, dass er bereit ist, die Zustellung an einem bestimmten Tag entgegenzunehmen und die Bekanntgabe des Schriftstücks als Zustellung gegen sich gelten zu lassen (BFH VII B 84/06, BStBl. II 2007, 583; unklar allerdings BT-Drs. 14/4554, 18). **Weigert sich der Empfänger, den**

Tag der Entgegennahme des zuzustellenden Schriftstücks mitzuteilen, ist nach der Rspr. des BFH der Tag als Zustellungstag anzusehen, an dem das zuzustellende Schriftstück nach dem normalen Lauf der Dinge erstmals in die Hände des Empfängers gelangt sein konnte (BFH II R 131/87, BStBl. II 1990, 477). Dies ist mE bedenklich, weil nicht feststeht, ob der Zustellungsempfänger an diesem Tag den Willen hatte, die Bekanntgabe des Schriftstücks als Zustellung gegen sich gelten zu lassen. – Ob die Fiktion des Zustellungstages auch dann gilt, wenn das in dem Empfangsbekenntnis **angegebene Zustellungsdatum nachweislich falsch ist,** ist bislang noch nicht geklärt. Das Empfangsbekenntnis erbringt dann jedenfalls nicht mehr den vollen Beweis für das Zustelldatum (BGH VII ZR 11/91, NJW 1992, 512; IX ZB 303/11, NJW 2012, 2117, Rn. 6).

7. Zustellung durch Einschreiben mit Rückschein (§ 176 I ZPO)

§ 176 ZPO Zustellung durch Einschreiben mit Rückschein; Zustellungsauftrag 68

(1) [1]Ein Schriftstück kann durch Einschreiben mit Rückschein zugestellt werden. [2]Zum Nachweis der Zustellung genügt der Rückschein.

(2) ...

§ 176 I 1 ZPO ermöglicht die Zustellung **durch Einschreiben mit Rückschein.** Es steht im **Ermessen** der Geschäftsstelle, ob sie diese Zustellungsart wählt (→ Rn. 15). **„Einwurf-Einschreiben"** erfasst § 175 ZPO nicht, weil dabei zum einen keine Übergabe an den Adressaten erfolgt und es zum anderen an einem Zugangsnachweis in Form des Rückscheins fehlt. Ein „Einwurf-Einschreiben" kommt daher für die förmliche Zustellung nicht in Betracht (BVerwG 9 C 7/00, NJW 2001, 458). – Zustellungen an eine **Postfachadresse** mittels Einschreiben mit Rückschein sind zulässig (FG Köln 15 K 2970/03, EFG 2004, 1237).

Ist eine **Übergabe** an den Adressaten, seinen Ehepartner oder Postbevollmächtigten **nicht möglich,** kann zB nach den allg. Geschäftsbedingungen (AGB) der Deutschen Post AG der eingeschriebene Brief einem **Ersatzempfänger** ausgehändigt werden. Als Ersatzempfänger sehen diese AGB die Familienangehörigen des Adressaten, eine in der Wohnung oder in dem Betrieb des Adressaten regelmäßig beschäftigte Person, von der angenommen werden kann, dass sie zur Entgegennahme berechtigt ist und den Postbevollmächtigten vor. Die Übergabe an den Ehepartner oder Postbevollmächtigten des Adressaten sowie an Ersatzempfänger ist ausgeschlossen, wenn der eingeschriebene Brief den **Vermerk „Eigenhändig"** trägt. 69

Wirksam vollzogen ist die Zustellung **mit der Übergabe** des Einschreibebriefes an den Adressaten. **Verweigert der Adressat** oder der Ersatzempfänger **die Annahme** der Einschreibesendung oder **holt er diese im Falle der Niederlegung** innerhalb der Abholfrist **nicht ab,** so wird sie an den Absender als unzustellbar zurückgeschickt. Die **Zustellung** ist damit **nicht bewirkt** und muss erneut vorgenommen werden (zur abweichenden Rechtslage bei Zustellung mit Zustellungsurkunde → Rn. 95, 100 ff.). – Ansonsten wird der **Zugang** des zuzustellenden Schriftstücks an den Adressaten oder an einen Ersatzempfänger nach **§ 176 I 2 ZPO durch** den **Rückschein nachgewiesen,** allerdings nur dann, wenn er unterschrieben ist (BFH VII B 147/07, BFH/NV 2008, 803; zu der 70 von der Geschäftsstelle auf dem Rückschein anzubringenden **Bezeichnung des zuzustellenden Schriftstücks** → Rn. 52). Der Rückschein ist im Gegensatz zu der Zustellungsurkunde (§ 182 I ZPO) keine öffentliche Urkunde, sondern eine Privaturkunde mit der Beweiskraftwirkung des § 416 ZPO (zum Gegenbeweis in diesen Fällen → Rn. 57).

8. Zustellung mit Zustellungsurkunde (§§ 176 II–182 ZPO)

73 **§ 176 ZPO Zustellung durch Einschreiben mit Rückschein; Zustellungsauftrag**

(1) ...

(2) [1]Wird die Post, ein Justizbediensteter oder ein Gerichtsvollzieher mit der Zustellung eines Schriftstücks beauftragt oder wird eine andere Behörde um die Zustellung ersucht, so übergibt die Geschäftsstelle das zuzustellende Schriftstück in einem verschlossenen Umschlag und ein vorbereitetes Formular einer Zustellungsurkunde. [2]Die Zustellung erfolgt nach den §§ 177 bis 181.

§ 176 II 1 ZPO regelt die Modalitäten der **Erteilung des Zustellungsauftrags** bzw. des Zustellungsersuchens (vgl. § 168 ZPO), falls eine Zustellung nach §§ 173–175 ZPO nicht möglich oder nicht zweckmäßig ist. – Das zuzustellende Schriftstück ist wegen der Wahrung des Persönlichkeitsrechts des Inhaltsadressaten **in einem verschlossenen Umschlag** und mit einem vorbereiteten Vordruck einer Zustellungsurkunde an den Zusteller zu übergeben. Als **Empfängeranschrift** reicht die Postfachangabe aus. Eine über das Aktenzeichen hinausgehende **Bezeichnung des zuzustellenden Schriftstücks** ist zwar nicht erforderlich (BFH IV R 78/05, BFH/NV 2008, 1860), empfiehlt sich aber aus Gründen der Nachvollziehbarkeit. – Soll der Zusteller auf der Zustellungsurkunde nicht nur das Datum, sondern auch die **Uhrzeit der Zustellung** vermerken, sollte auf dem zum Zwecke der Zustellung übergebenen Umschlag ein entsprechender Hinweis angebracht werden. – Die **Ausführung der Zustellung** obliegt dem Zustellungsorgan in eigener Zuständigkeit und Verantwortung. Die Zustellung selbst richtet sich gem. § 176 II 2 ZPO nach **§§ 177–181 ZPO** (§ 176 II ZPO). – Bezüglich des vorbereiteten Vordrucks der Zustellungsurkunde s. § 190 ZPO (→ Rn. 142).

74 **§ 177 ZPO Ort der Zustellung**

Das Schriftstück kann der Person, der zugestellt werden soll, an jedem Ort übergeben werden, an dem sie angetroffen wird.

Der Anwendungsbereich des § 177 ZPO ist begrenzt, weil der Zusteller den Zustellungsadressaten oft nicht persönlich kennt. – IÜ erlaubt die Vorschrift keine Zustellung bei unangemessenen Gelegenheiten und zu allg. unpassenden Zeiten. – Bei Verweigerung der Annahme gilt § 179 ZPO (→ Rn. 95).

75 **§ 178 ZPO Ersatzzustellung in der Wohnung, in Geschäftsräumen und Einrichtungen**

(1) Wird die Person, der zugestellt werden soll, in ihrer Wohnung, in dem Geschäftsraum oder in einer Gemeinschaftseinrichtung, in der sie wohnt, nicht angetroffen, kann das Schriftstück zugestellt werden

1. in der Wohnung einem erwachsenen Familienangehörigen, einer in der Familie beschäftigten Person oder einem erwachsenen ständigen Mitbewohner,
2. in Geschäftsräumen einer dort beschäftigten Person,

3. in Gemeinschaftseinrichtungen dem Leiter der Einrichtung oder einem dazu ermächtigten Vertreter.

(2) Die Zustellung an eine der in Absatz 1 bezeichneten Personen ist unwirksam, wenn diese an dem Rechtsstreit als Gegner der Person, der zugestellt werden soll, beteiligt ist.

§ 178 ZPO enthält eine Ausnahme von dem Grundsatz, dass das zuzustellende Schriftstück dem Zustellungsempfänger persönlich zu übergeben ist (zur **Verfassungsmäßigkeit** von Ersatzzustellungen s. BVerfG 1 BvR 1369/83, BVerfGE 67, 208 (211)). Voraussetzung für die Ersatzzustellung nach § 178 ZPO ist, dass der Zustellungsadressat in seiner Wohnung, seinem Geschäftsraum oder in der Gemeinschaftseinrichtung, in der er wohnt, **nicht angetroffen** wird (zum Bestreiten durch den Stpfl. → Rn. 80).

76 Der Begriff der **Wohnung** ist weiter als der des Wohnsitzes. Gemeint **ist der regelmäßige tatsächliche Aufenthaltsort,** also diejenigen Räume (oder derjenige Raum), in denen der Zustellungsempfänger tatsächlich lebt und schläft (BFH V R 125/83, BFH/NV 1989, 523 (524) mwN; zur **Täuschung** s. BVerfG 1 BvR 2333/09, NJW-RR 2010, 421, Rn. 17; BFH IV B 156/88, BFH/NV 1990, 749; BGH X ZR 94/18, NJW 2019, 2942), **nicht** jedoch ein Raum zur gelegentlichen Übernachtung (FG LSA I 46/96, EFG 1998, 989; s. aber BFH IV R 120/90, BFH/NV 1992, 474 – Ersatzzustellung zulässig, wenn der Zustellungsadressat die unter der von ihm angegebenen Anschrift vorhandenen Räume selbst als seine Wohnung bezeichnet; KG 12 U 121/04, MDR 2005, 232 und BFH X B 20/16, BFH/NV 2016, 1736: Ersatzzustellung zulässig, wenn der Zustellungsadressat den Anschein erweckt hat, unter einer bestimmten Anschrift zu wohnen). Auf die **polizeiliche Meldung** kommt es nicht an. – Eine **vorübergehende,** auch längere **Abwesenheit,** zB durch einen zweimonatigen freiwilligen Klinikaufenthalt (BGH IVb ZB 71/84, HFR 1985, 91) oder durch mehrmonatige Abwesenheit aus beruflichen Gründen (BFH V R 131/86, BStBl. II 1988, 392) ist unschädlich. Die ursprüngliche Wohnung kommt für eine Zustellung jedoch nicht mehr in Betracht, wenn der Zustellungsempfänger diese **aufgegeben** hat (s. BFH IV R 120/90, BFH/NV 1992, 474). Dafür bedarf es des objektiv erkennbaren Willens, dass er die Wohnung endgültig oder zumindest für längere Zeit nicht mehr nutzen wird (s. aber OVG BBg OVG 1 S 10/18, NVwZ-RR 2018, 712: Verbleib eines Familienangehörigen oder des Lebensgefährten in der Wohnung indiziert die fortdauernde persönliche Beziehung des Adressaten zu dieser Wohnung und damit deren Aufrechterhaltung). Das kann auch bei **Inhaftierung** der Fall sein, wenn die Haftzeit nicht nur geringfügig ist (BFH VII R 19/87, BStBl. II 1988, 97; zur Justizvollzugsanstalt als Gemeinschaftseinrichtung → Rn. 78; zum **Auslandsaufenthalt** s. FG Düsseldorf XVII (XII) 526/76 UM, EFG 1980, 523. – Im Falle eines **Wohnungswechsels** ist an dem neuen Wohnort eine Wohnung vorhanden, wenn der Zustellungsadressat einen großen Teil seines Hausrats in die beziehbaren Räumlichkeiten geschafft, sein Namensschild an der Wohnungstür angebracht und die Schlüssel zum Hausbriefkasten erhalten hat (BFH I R 157/73, BStBl. II 1976, 137). – Hat der Zustellungsempfänger **mehrere Wohnungen,** so ist in jeder dieser Wohnungen eine Zustellung möglich, und zwar auch in Nebenwohnungen (OVG NRW 10 A 3587/92, DVBl. 1993, 903). Die Ersatzzustellung nach § 178 ZPO ist auch dann zulässig, wenn sich der Zustellungsempfänger in seiner Zweitwohnung aufhält (BGH XII ZR 120/92, NJW-

RR 1994, 564). – Zum **Postnachsendeauftrag** vgl. BFH V R 131/86, BStBl. II 1988, 392.

77 **Geschäftsraum** ist der Raum, in dem der Zustellungsempfänger seine gewerbliche, berufliche oder amtliche Tätigkeit ausübt. Aus dem Begriff des Geschäftsraums lässt sich entnehmen, dass es sich um einen Raum handeln muss, an dem **Publikumsverkehr** stattfindet und zu dem daher auch der Zusteller ohne besondere Erlaubnis des Zustellungsempfängers oder dessen Bediensteter Zutritt hat (OVG BBg 1 N 2/10, NJW 2012, 951). Das kann zur Folge haben, dass von mehreren gewerblich oder beruflich genutzten zusammenhängenden Räumen nur ein Raum als Geschäftsraum anzusehen ist, weil nur dieser für Publikum zugänglich ist (BFH V R 59/89, BFH/NV 1994, 217 zur Kanzlei eines Rechtsanwalts; vgl. auch BFH VII R 16/82, BStBl. II 1984, 167 zu einer ständig in Anspruch genommenen fremden Poststelle). Kein Geschäftsraum ist ein bloßes **Arbeitszimmer** des Zustellungsempfängers, in dem kein Publikumsverkehr stattfindet. – Es muss sich um einen **Geschäftsraum des Zustellungsadressaten** handeln. Der Zustellungsadressat muss von dort aus seiner eigenen selbständigen Erwerbstätigkeit nachgehen. Eine Ersatzzustellung nach § 178 ZPO ist damit nicht möglich, wenn der Zustellungsempfänger in dem Geschäftsraum lediglich als **Angestellter** oder auch als **selbständiger Auftragnehmer des Inhabers des Geschäftsraums** (zB dort vorübergehend arbeitender Maler) tätig ist (s. aber zum insoweit gesetzten **Rechtsschein** BGH VIII ZB 39/92, MDR 1993, 900 – Zustellung möglich). Das gilt auch für die Zustellung an den **Geschäftsführer** einer Gesellschaft, selbst wenn die Zustellung an ihn als Vertreter der Gesellschaft iSd § 170 ZPO (→ Rn. 27 ff.) erfolgen soll. In den Geschäftsräumen der Gesellschaft kann der Zusteller nur dann eine Zustellung an den Geschäftsführer vornehmen, wenn er ihn persönlich antrifft (s. **§ 177 ZPO,** → Rn. 74). Ist das nicht der Fall, darf er in den Geschäftsräumen der Gesellschaft keine Ersatzzustellung vornehmen.

78 **Gemeinschaftseinrichtung** ist zB ein Senioren-, Lehrlings- oder Arbeiterwohnheim, aber auch ein Krankenhaus, ein Frauenhaus, eine Kaserne und eine Justizvollzugsanstalt (Zöller/Schultzky ZPO § 178 Rn. 20). – Der Zustellungsempfänger muss dort **wohnen,** dh zumindest vorübergehend leben und schlafen (Zöller/Schultzky ZPO § 178 Rn. 20). Ist dies nicht mehr der Fall, scheidet eine Zustellung in der Gemeinschaftseinrichtung aus (zum **Auslandseinsatz von Soldaten** s. OLG Düsseldorf 3 W 455/98, NJW-RR 1999, 1441).

79 **Nicht angetroffen** wird der Zustellungsempfänger in der Wohnung, dem Geschäftsraum oder der Gemeinschaftseinrichtung, wenn er sich dort für den Zusteller nicht erkennbar aufhält. Tatsächliche Abwesenheit ist dafür nicht erforderlich. Es reicht aus, wenn ein Angehöriger auf Nachfrage versichert, dass der Zustellungsempfänger nicht anwesend ist (BFH VIII R 45/92, BStBl. II 1994, 603) oder wenn der Zustellungsempfänger das zuzustellende Schriftstück zB wegen Erkrankung oder sonstiger Verhinderung nicht persönlich entgegennehmen kann (zur konkludenten Erklärung durch Entgegennahme der Sendung s. BGH III ZR 513/13, NJW-RR 2015, 415). Gleiches gilt, wenn sich der Zustellungsempfänger verleugnen lässt oder ein Angehöriger oder Bediensteter des Zustellungsempfängers dem Zusteller den Zutritt zu der Wohnung, dem Geschäftsraum oder der Gemeinschaftseinrichtung verweigert (BFH V R 59/89, BFH/NV 1994, 217; OVG Lüneburg 13 LA 36/19, NJW 2019, 3171, zur Justizvollzugsanstalt). – Unzulässig ist die Ersatzzustellung allerdings, wenn der Zustellungsempfänger verstorben ist oder der Zustellversuch zur Unzeit erfolgt (Zöller/Schultzky ZPO § 178 Rn. 2).

Zur Wirksamkeit der Ersatzzustellung ist es erforderlich, dass das **Nichtantreffen** iSv § 178 I ZPO **beurkundet** wird (BFH VIII R 197/74, BStBl. II 1979, 209; hierzu und zur Heilung des Mangels → Rn. 135 ff.). **Bestreitet der Stpfl. den Zustellversuch,** so muss er einen Sachverhalt vortragen und ggf. beweisen, bei dem ein vorheriger Zustellversuch so gut wie ausgeschlossen erscheint (BFH VIII B 76/11, BFH/NV 2012, 592). 80

Die **Ersatzzustellung** kann **in der Wohnung** (→ Rn. 86) an einen erwachsenen Familienangehörigen, eine in der Familie beschäftigte Person oder einen erwachsenen ständigen Mitbewohner erfolgen. **Familienangehörige** sind alle zur Familie gehörenden Personen. Dazu gehören neben dem Ehepartner, Verwandten und (nahe) Verschwägerten auch solche Personen, bei denen das zu dem Zustellungsadressaten bestehende Vertrauensverhältnis die Weitergabe der Sendung an diesen erwarten lässt (vgl. BT-Drs. 14/4554, 20). Das ist zB bei Pflegeeltern und -kindern der Fall, aber auch bei Partnern einer **nichtehelichen Lebensgemeinschaft** (BFH VIII ZR 204/89, NJW 1990, 1666). – Der Familienangehörige muss **erwachsen** sein. Das setzt weder Volljährigkeit noch Geschäftsfähigkeit voraus. Erwachsen iSd § 178 I ZPO ist vielmehr derjenige, der nach seinem Alter und seiner geistigen Entwicklung erkennbar in der Lage ist, den Zweck einer Zustellung und die Verpflichtung, die Sendung dem Adressaten auszuhändigen, erkennen kann (BGH VI ZR 180/79, NJW 1981, 1613). Es kommt auf die Umstände des Einzelfalls an; allg. dürfte die Grenze bei ca. 14 Jahren liegen (LG Köln 153 - 24–99, MDR 1999, 889; LG Konstanz 3 O 305–98, NJW-RR 1999, 1508). – Der Familienangehörige, an den die Ersatzzustellung bewirkt werden soll, muss mit dem Zustellungsadressaten **nicht in häuslicher Gemeinschaft leben.** Aufgrund des durch die Familienangehörigkeit begründeten Vertrauensverhältnisses ist auch dann davon auszugehen, dass der Angehörige das Schriftstück an den Zustellungsadressaten weiterleitet, wenn keine häusliche Gemeinschaft besteht (BT-Drs. 14/4554, 20). – Der Familienangehörige muss **keine Zustellungsvollmacht** haben (BFH V B 6/02, BFH/NV 2003, 180). 81

An eine **in der Familie beschäftigte Person** kann die Ersatzzustellung ebenfalls vorgenommen werden, weil aufgrund des Tätigkeitsverhältnisses von einer Weiterleitung des Schriftstücks an den Zustellungsadressaten auszugehen ist. Maßgeblich sind die tatsächlichen Gegebenheiten. Auf eine arbeits- oder dienstvertragliche Bindung kommt es ebenso wenig an, wie auf den Umfang der Tätigkeit oder deren Entlohnung (FG Düsseldorf XIII 197/77 L, EFG 1980, 154; FG Bln III 574/83, EFG 1985, 319: Ersatzzustellung an nur stundenweise beschäftigte **Raumpflegerin** möglich). Die Tätigkeit muss aber **auf eine gewisse Dauer angelegt** sein (abl. daher für Handwerker Zöller/Schultzky ZPO § 178 Rn. 11). Eine **stundenweise Beschäftigung** (dazu BFH II R 34/92, BFH/NV 1994, 291) kann dabei aber ebenso ausreichen wie Tätigkeiten aus Gefälligkeit genügen können (FG Bln III 574/83, EFG 1985, 319; OLG Hamm 6 Ss OWi 1705/81, NJW 1983, 694), nicht aber, wenn sich die Tätigkeit auf die Entgegennahme der Post beschränkt (OLG Nürnberg 9 W 897–97, NJW-RR 1998, 495). – Die Beschäftigung muss **„in der Familie"** erfolgen; eine Beschäftigung im Gewerbebetrieb reicht nicht aus. Es genügt, wenn das Beschäftigungsverhältnis nur zu einem Familienangehörigen besteht, selbst wenn dieser nicht der Zustellungsadressat ist (BFH II R 34/92, BFH/NV 1994, 291). – Die beschäftigte Person muss **erwachsen** sein. § 178 I Nr. 1 ZPO unterstellt dies als selbstverständlich und schreibt dies daher nicht ausdrücklich vor. 82

83 Zulässig ist die Ersatzzustellung auch an einen **ständigen Mitbewohner.** Er muss mit dem Zustellungsadressaten in einer gemeinsamen Wohnung wohnen (nicht erfüllt bei Untermieter, der nur einen Raum der Wohnung bewohnt). Eine gemeinsame Haushaltsführung mit dem Zustellungsadressaten ist aber nicht erforderlich (Zöller/Schultzky ZPO § 178 Rn. 12). In Betracht kommen **nichteheliche Lebenspartner,** soweit diese nicht schon als Familienangehörige anzusehen sind (BGH VIII ZR 204/89, BGHZ 111, 1; abl. BFH IV R 52/81, BStBl. II 1982, 715) und Mitglieder einer **Wohngemeinschaft.**

84 **In den Geschäftsräumen** (→ Rn. 77) kann die Ersatzzustellung an eine **dort beschäftigte Person** erfolgen. Dies setzt eine Tätigkeit für den Zustellungsempfänger in dessen Geschäftsräumen voraus (BGH VII ZR 172/97, NJW 1998, 1958). Eines Arbeits- oder Dienstvertrages bedarf es dabei ebenso wenig wie einer Entlohnung (zB mitarbeitender Ehegatte, nicht aber, wenn dieser nur zufällig anwesend ist und üblicher Weise nicht mitarbeitet). – Die Ersatzzustellung ist nur an Personen möglich, die **in den Geschäftsräumen beschäftigt** sind, also dort, wo auch der Publikumsverkehr stattfindet (→ Rn. 77). An Personen, die in anderen Räumen arbeiten, kann selbst dann nicht zugestellt werden, wenn diese Räume mit dem Geschäftsraum verbunden sind. – Die Ersatzzustellung in den Geschäftsräumen setzt nicht voraus, dass das zuzustellende Schriftstück mit der von dem Zustellungsadressaten dort ausgeübten Tätigkeit zusammenhängt.

85 Die Ersatzzustellung ist auch an den **Leiter einer Gemeinschaftseinrichtung oder einen dazu ermächtigten Vertreter** zulässig. Die Bevollmächtigung des Vertreters für diese Fälle muss erkennbar sein.

86 Die Ersatzzustellung an die in § 178 I Nr. 1–3 ZPO genannten Personen muss **in der Wohnung, in den Geschäftsräumen** oder **in der Gemeinschaftseinrichtung** erfolgen. Erforderlich ist ein **räumlicher Zusammenhang** mit der Wohnung, dem Geschäftsraum oder der Gemeinschaftseinrichtung, damit zum einen die Abwesenheit des Zustellungsadressaten festgestellt werden kann und zum anderen sichergestellt ist, dass die zuzustellende Sendung an den Zustellungsempfänger nach dessen Rückkehr weitergeleitet wird. Besteht der räumliche Zusammenhang nicht, so kann keine Ersatzzustellung bewirkt werden (Zöller/Schultzky ZPO § 178 Rn. 14).

87 **Trifft der Zusteller den Zustellungsadressaten** dort, wo er den Zustellversuch unternimmt, **nicht an,** so liegt es in seinem **Ermessen,** ob er eine Ersatzzustellung vornimmt. Er muss keinen anderen Ort ermitteln, wo sich der Zustellungsadressat aufhalten könnte. Er muss auch dann **nicht** an einem anderen Ort **einen weiteren Zustellversuch** unternehmen, wenn er bei dem ersten Zustellversuch erfährt, wo sich der Zustelladressat aufhält. Das gilt zB dann, wenn ein Familienangehöriger dem Zusteller bei dessen Zustellversuch in der Wohnung mitteilt, dass sich der Zustellungsadressat in seinen Geschäftsräumen aufhält. Der Zusteller kann gleichwohl in der Wohnung die Ersatzzustellung an den Familienangehörigen wirksam vornehmen (BFH VIII R 203/73, BStBl. II 1975, 213). – Eine in der Wohnung versuchte Zustellung genügt auch dann, wenn der Adressat gebeten hatte, während seiner Urlaubsabwesenheit im Geschäftslokal zuzustellen; ggf. aber Wiedereinsetzung in den vorigen Stand zu gewähren. Ebenso kann er aber auch versuchen, den Zustellungsadressaten in dessen Geschäftsräumen anzutreffen. Gleiches gilt im umgekehrten Fall. – Soll an einen **Vertreter einer nicht prozessfähigen Person** (→ Rn. 27 ff., zB **Geschäftsführer**) zugestellt werden, gelten die vorstehenden Grundsätze entsprechend.

88 **§ 178 II ZPO** hat im finanzgerichtlichen Verfahren keine Bedeutung.

Wird eine **Ersatzzustellung fehlerhaft** vorgenommen, weil entweder die Voraussetzungen hierfür nicht vorlagen oder die Ersatzzustellung an eine falsche Person bewirkt wurde, so ist die Zustellung **unwirksam** (zur Widerlegung der Beweiskraft der Zustellungsurkunde → Rn. 110). **Heilung** ist nach § 189 ZPO möglich (→ Rn. 135 ff.). 89

§ 179 ZPO Zustellung bei verweigerter Annahme 95

[1]Wird die Annahme des zuzustellenden Schriftstücks unberechtigt verweigert, so ist das Schriftstück in der Wohnung oder in dem Geschäftsraum zurückzulassen. [2]Hat der Zustellungsadressat keine Wohnung oder ist kein Geschäftsraum vorhanden, ist das zuzustellende Schriftstück zurückzusenden. [3]Mit der Annahmeverweigerung gilt das Schriftstück als zugestellt.

Die **Annahmeverweigerung** kann durch den angetroffenen Adressaten (§ 177 ZPO) oder den Ersatzzustellungsempfänger (§ 178 ZPO) erfolgen (OVG BBg 1 S 10/18, NVwZ-RR 2018, 712). Sie ist zB **berechtigt,** wenn Zweifel über die Identität der als Zustellungsadressat in Anspruch genommenen Person mit dem auf dem Brief angegebenen Adressaten bestehen, wenn die Ersatzzustellung an eine Person erfolgen soll, die nicht zu dem in § 178 I Nr. 1–3 ZPO genannten Personenkreis gehört oder wenn zu allg. unpassender Zeit oder bei unangemessenen Gelegenheiten zugestellt werden soll. Bei berechtigter Annahmeverweigerung ist die Zustellung **unwirksam.** – Bei **unberechtigter Annahmeverweigerung** gilt das Schriftstück als zugestellt **(§ 179 S. 3 ZPO).** – Es ist bei Zustellung in der Wohnung oder im Geschäftsraum dort zurückzulassen (zB durch Einlegen in den Briefkasten oder Anbringung an der Tür). Der Zustellungsadressat soll dadurch die Möglichkeit erhalten, doch von dem Inhalt der Sendung Kenntnis zu nehmen (BT-Drs. 14/4554, 21). Eine Übergabe an Dritte, wie zB Nachbarn ist aber unzulässig. – Bei **Zustellung an anderen Orten** (auch in Gemeinschaftseinrichtungen, s. § 178 I ZPO, → Rn. 78) ist das Schriftstück im Falle der unberechtigten Annahmeverweigerung nach **§ 179 S. 2 ZPO** an die absendende Stelle zurückzusenden, damit es keinem unberechtigten Zugriff preisgegeben wird. – Zur Beurkundung s. § 182 II Nr. 5 ZPO.

§ 180 ZPO Ersatzzustellung durch Einlegen in den Briefkasten 96

[1]Ist die Zustellung nach § 178 Abs. 1 Nr. 1 oder 2 nicht ausführbar, kann das Schriftstück in einen zu der Wohnung oder dem Geschäftsraum gehörenden Briefkasten oder in eine ähnliche Vorrichtung eingelegt werden, die der Adressat für den Postempfang eingerichtet hat und die in der allgemein üblichen Art für eine sichere Aufbewahrung geeignet ist. [2]Mit der Einlegung gilt das Schriftstück als zugestellt. [3]Der Zusteller vermerkt auf dem Umschlag des zuzustellenden Schriftstücks das Datum der Zustellung.

§ 180 ZPO bezweckt die **Vereinfachung und Beschleunigung** der Zustellung und will insbes. die Niederlegung iSd § 181 ZPO verhindern (BT-Drs. 14/4554, 21; zur **Verfassungsmäßigkeit** von Ersatzzustellungen s. BVerfG 1 BvR 1369/83, BVerfGE 67, 208 (211)). **Voraussetzung** ist, dass das Schriftstück dem Zustellungsempfänger nicht persönlich zugestellt werden konnte und auch eine Ersatzzustellung in der Wohnung oder in den Geschäftsräumen fehlgeschlagen ist (BFH X R 14/21, BStBl. II 2023, 588: gilt auch trotz Kontaktbeschränkungen während der Corona-Pandemie; X R 13/23, BFH/NV 2024, 1420: Zustellversuch in Geschäftsräumen muss auch am Samstag durchgeführt werden). Letzteres gilt alternativ. Gibt der Zusteller wahrheitswidrig an, eine persönliche Übergabe erfolglos versucht zu haben, so ist die Ersatzzustellung nach § 180 ZPO unwirksam (BFH X R 14/21, BStBl. II 2023, 588, Rn. 29; zur Heilung nach § 189 ZPO → Rn. 135 ff.; s. aber auch BFH VI B 5/22, BFH/NV 2022, 1205, Rn. 14: Anwesenheit der Sekretärin im Büro des Zustellungsempfängers am Tag der Zustellung entkräftet weder den Beweis des beurkundeten Übergabeversuchs noch den Beweis des Einlegens des Schriftstücks in den Briefkasten). Ist ein Versuch der persönlichen Übergabe fehlgeschlagen (zB in der Wohnung), muss der Zusteller keinen zweiten Versuch unternehmen (zB in den Geschäftsräumen, → Rn. 87). Er kann unmittelbar von § 180 ZPO Gebrauch machen. Hierdurch werden alle an die Zustellung anknüpfenden **Fristen in Gang gesetzt** (BFH II B 87/12, BFH/NV 2012, 2003). – Eine Ersatzzustellung durch Einlegen in den Briefkasten einer **Gemeinschaftseinrichtung** (§ 178 I ZPO, → Rn. 78) ist nicht möglich. Das gilt nach BFH II B 33/08, BFH/NV 2010, 42 aber dann nicht, wenn der Zustellungsadressat einen eigenen Briefkasten hat. Bei Fehlschlagen der Ersatzzustellung nach § 178 I Nr. 3 ZPO ist das Schriftstück nach § 181 ZPO niederzulegen.

97 Der Briefkasten muss zur Wohnung oder dem Geschäftsraum gehören. Die **Begriffe der Wohnung und des Geschäftsraums** entsprechen denjenigen iSv § 178 ZPO (BFH X B 20/16, BFH/NV 2016, 1736; → Rn. 76; s. auch BFH II B 164/03, BFH/NV 2005, 716), wobei eine Mitbenutzung durch die in § 178 I Nr. 1 ZPO genannten Personen unschädlich ist. Aus der Anknüpfung an § 178 ZPO folgt bereits, dass eine Ersatzzustellung nach § 180 ZPO nicht möglich ist, wenn der Adressat die Wohnung oder den Geschäftsraum **nicht nutzt** (BFH X R 15/18, BFH/NV 2020, 526). Der **Briefkasten muss zur Wohnung oder dem Geschäftsraum gehören,** was sich nach den örtlichen Gegebenheiten richtet, wie zB dem Ort der Anbringung und der Beschriftung. Daran fehlt es, wenn der Wohnungsinhaber ihn erkennbar nicht benutzt (Indiz: zugeklebt oder seit langer Zeit nicht mehr geleert; vgl. Zöller/Schultzky ZPO § 180 Rn. 5). – Eine **ähnliche Vorrichtung** kann ein Briefschlitz in der Tür sein, ebenso ein **Postfach** (BFH I B 173/03, BFH/NV 2005, 229) oder der nur einem überschaubaren Personenkreis zugängliche Briefschlitz in einem Mehrparteienhaus, wenn die Sendungen nicht in ein geschlossenes Behältnis fallen, sondern auf den Boden des Hausflurs (BGH III ZR 342/09, NJW 2011, 2440; OVG NRW 16 B 1323/20, BeckRS 2020, 34070). – Der Zusteller muss das **Datum** der (Ersatz-) Zustellung auf dem Umschlag des zuzustellenden Schriftstücks **vermerken** (§ 180 S. 3 ZPO), er muss diesen aber **nicht unterschreiben** (BFH IV R 78/05, BFH/NV 2008, 1860). Das Vermerken des Datums ist als **zwingende Zustellungsvorschrift** Voraussetzung für die wirksame Ersatzzustellung (BFH VIII R 2/09, BStBl. II 2016, 447, Rn. 17 f. mwN). Unterlässt der Zusteller dies, so liegen die Voraussetzungen des § 189 Fall 2 ZPO vor, so dass das zuzustellende Schriftstück in dem Zeitpunkt als zugestellt gilt, in dem das Dokument der Person, an die die Zustellung dem G gemäß gerichtet war oder gerichtet werden konnte, tatsächlich zugegangen ist; die Zustellfiktion des § 180 S. 2 ZPO greift dann nicht ein (BFH VI B 151/06, BFH/NV 2007, 2332; VIII R 2/09, BStBl. II 2013, 823, Rn. 40; GrS 2/13, BStBl. II 2014, 645; gegen BFH VIII R 2/09, BStBl. II 2013, 823; zu § 189 ZPO → Rn. 135 ff.).

98 Bei fehlerhafter Annahme der Voraussetzungen des § 180 ZPO oder fehlerhafter Durchführung der Ersatzzustellung durch Einlegen in den Briefkasten (zB in nicht zur Wohnung gehörenden Briefkasten) ist die Zustellung **unwirksam.** Zur

Heilung s. § 189 ZPO (→ Rn. 135 ff.); zur **Beurkundung** s. § 182 II Nr. 4 ZPO (→ Rn. 111).

§ 181 ZPO Ersatzzustellung durch Niederlegung 100

(1) [1]Ist die Zustellung nach § 178 Abs. 1 Nr. 3 oder § 180 nicht ausführbar, kann das zuzustellende Schriftstück auf der Geschäftsstelle des Amtsgerichts, in dessen Bezirk der Ort der Zustellung liegt, niedergelegt werden. [2]Wird die Post mit der Ausführung der Zustellung beauftragt, ist das zuzustellende Schriftstück am Ort der Zustellung oder am Ort des Amtsgerichts bei einer von der Post dafür bestimmten Stelle niederzulegen. [3]Über die Niederlegung ist eine schriftliche Mitteilung auf dem vorgesehenen Formular unter der Anschrift der Person, der zugestellt werden soll, in der bei gewöhnlichen Briefen üblichen Weise abzugeben oder, wenn das nicht möglich ist, an der Tür der Wohnung, des Geschäftsraums oder der Gemeinschaftseinrichtung anzuheften. [4]Das Schriftstück gilt mit der Abgabe der schriftlichen Mitteilung als zugestellt. [5]Der Zusteller vermerkt auf dem Umschlag des zuzustellenden Schriftstücks das Datum der Zustellung.

(2) [1]Das niedergelegte Schriftstück ist drei Monate zur Abholung bereitzuhalten. [2]Nicht abgeholte Schriftstücke sind danach an den Absender zurückzusenden.

Ersatzzustellung durch Niederlegung kann nach § 181 I 1 ZPO erst erfolgen,
- wenn das Schriftstück dem Zustellungsadressaten nicht persönlich hat zugestellt werden können und
- bei Zustellung in einer Gemeinschaftseinrichtung: die Ersatzzustellung nach § 178 I Nr. 3 ZPO (→ Rn. 85) nicht möglich oder erfolglos war oder
- bei Zustellung in der Wohnung oder einem Geschäftsraum: die Ersatzzustellungen nach § 178 I Nr. 1 u. 2 ZPO und nach § 180 ZPO nicht möglich oder erfolglos waren (BFH IV B 39/16, BFH/NV 2017, 333 zu § 180 ZPO; → Rn. 96; zur unberechtigten Annahmeverweigerung s. § 179 ZPO, → Rn. 95; vgl. auch BFH VI R 22/85, BFH/NV 1986, 545 (546): Zustelladressat muss unter der Anschrift, unter der die Ersatzzustellung versucht worden ist, auch tatsächlich wohnen.

Zur **Verfassungsmäßigkeit** von Ersatzzustellungen s. BVerfG 1 BvR 1369/83, BVerfGE 67, 208 (211).

Die **Niederlegung** erfolgt entweder auf der **Geschäftsstelle des Amtsgerichts** (§ 181 I 1 ZPO) oder – was im finanzgerichtlichen Verfahren die Regel ist – bei Ausführung der Zustellung durch die Post (zum Begriff → Rn. 16) bei einer **von der Post** generell (nicht erst durch den Zusteller) dafür **bestimmten Stelle** (§ 181 I 2 ZPO). Diese Stelle kann ein Postamt, aber auch eine Postagentur sein (Zöller/Schultzky ZPO § 181 Rn. 3). Sie muss sich entweder am Ort der Zustellung oder am Ort des nach § 181 I 1 ZPO zuständigen Amtsgerichts befinden. – **Niedergelegt ist das Schriftstück,** sobald der Zusteller es beim Amtsgericht oder der von der Post bestimmten Stelle abgeliefert hat. Das kann auch nach Ende der Öffnungszeit geschehen (BFH I R 352/83, BFH/NV 1986, 644 (645)). 101

Der Zustellungsempfänger ist in der durch § 181 I 3 ZPO vorgeschriebenen Art und Weise über die Niederlegung zu unterrichten (zum Vordruck s. § 190 ZPO, → Rn. 142). Die **Mitteilung über die Niederlegung** ist in der bei gewöhnlichen Briefen **üblichen Weise** abzugeben. Hat der Zustellungsadressat an seiner Wohnung oder seinem Geschäftsraum einen **Briefkasten,** so **scheidet eine Ersatzzustellung nach § 181 ZPO** allerdings **aus,** weil in diesem Fall die vorrangige (→ Rn. 100) Ersatzzustellung durch Einlegen in den Briefkasten nach 102

§ 180 ZPO durchzuführen ist (allerdings nicht bei fehlgeschlagener Ersatzzustellung in Gemeinschaftseinrichtungen, s. § 180 ZPO, → Rn. 96, 100; bei ihr kann die Mitteilung über die Niederlegung in einen evtl. vorhandenen Briefkasten eingelegt werden). – **Fehlt ein Briefkasten,** so ist mit der Mitteilung über die Niederlegung ebenso zu verfahren, wie mit gewöhnlichen Sendungen. Dabei ist unerheblich, ob die Behandlung den Vorschriften und Dienstanweisungen der Post entspricht. Ein **Hindurchschieben der Benachrichtigung unter der Haustür** kann deshalb genügen (BVerwG 6 C 2/80, HFR 1982, 84; vgl. auch OLG Karlsruhe 3 W 455–98, MDR 1999, 497; OLG München 21 W 3310/97, AnwBl. 2000, 141). Es reicht auch aus, wenn der Postbote die Mitteilung auf den **Küchentisch** des Adressaten legt, wenn dies im konkreten Fall üblicherweise mit den Briefsendungen geschieht (**aA** BVerwG VII C 35.72, HFR 1973, 510). Da sich die Üblichkeit nur anhand der konkreten Umstände des einzelnen Falles bestimmen lässt (BFH V R 66/84, BStBl. II 1985, 110), kann die Mitteilung notfalls auch in einen **Gemeinschaftsbriefkasten** oder einen **nicht verschließbaren Briefkasten** eingeworfen, an der **Tür der Wohnung befestigt** oder (äußerstenfalls) einer in der **Nachbarschaft** wohnenden Person ausgehändigt werden. – Unterhält der Empfänger ein **Postfach,** kann die Mitteilung jedenfalls dann auch in den Hausbriefkasten eingeworfen werden, wenn in der Anschrift ein Hinweis auf das Postfach fehlt. – Ob die Nachricht überhaupt in das Postfach gelegt werden darf, ist str. (verneinend mit mE zu formalistischer Begründung BFH X R 79/95, BFH/NV 1996, 567 (568) mwN; bejahend FG Düsseldorf VIII 536/76 UM, EFG 1977, 517 mwN). – Zur Abgabe der Mitteilung bei **Postnachsendeaufträgen** → Rn. 76 aE; → Rn. 104; sowie iÜ BayObLG BReg. 2 Z 71/80, MDR 1981, 60.

103 Kann die **Mitteilung über die Niederlegung nicht in der** bei gewöhnlichen Briefen **üblichen Weise abgegeben** werden, so ist sie an der Tür der Wohnung, des Geschäftsraums oder der Gemeinschaftseinrichtung anzuheften, dh mittels Klebeband, Schnur oder Reißzwecken mit dieser zu verbinden. Ein Einschieben in den seitlichen Türspalt genügt nicht (BFH VIII R 160/78, BStBl. II 1981, 115), ebenso auch nicht die Befestigung der Nachricht am Gartentor (BVerfG 2 BvR 1389/86, NJW 1988, 817).

104 Nach **§ 181 I 4 ZPO** gilt das Schriftstück **mit der Abgabe** (dem Anheften) **der Mitteilung** über die Niederlegung als zugestellt (anders bei Zustellung durch Einschreiben mit Rückschein, → Rn. 70). Ob und wann der Empfänger die Mitteilung zur Kenntnis nimmt, ist dabei ohne Bedeutung (keine Wirksamkeitsvoraussetzung BFH X R 79/95, BFH/NV 1996, 567 mwN), und zwar auch dann, wenn die Niederlegung an einem Samstag erfolgt (BFH V B 9/93, BFH/NV 1994, 183). Rechtlich unerheblich ist auch, ob der Empfänger einen **Nachsendeantrag** gestellt hat (BFH IV S 2/87, BFH/NV 1989, 384 (385) mwN; BVerwG 8 C 31/89, NJW 1991, 1904). – Auf den **Zeitpunkt der Niederlegung** kommt es für den Zeitpunkt der Zustellung nach § 181 I 4 ZPO nicht an (anders die frühere Rechtslage). – Zu dem auf dem Umschlag **anzubringenden Vermerk** s. § 181 I 5 ZPO.

105 Zur **Aufbewahrungsfrist** und zum **weiteren Verfahren** s. § 181 II ZPO. – Nimmt der Zusteller **fehlerhaft** die Voraussetzungen des § 181 ZPO an oder ist die Mitteilung über die Niederlegung nicht ordnungsgemäß, so ist die Zustellung unwirksam (BFH VIII R 104/72, BStBl. II 1973, 877; VI R 22/85, BFH/NV 1986, 545 (546)). Zur **Heilung** s. § 189 ZPO (→ Rn. 135 ff.). Eine **fehlerhafte Niederlegung** berührt die Wirksamkeit der Zustellung nicht, weil sie keine

Wirksamkeitsvoraussetzung für das Bewirken der Zustellung ist (→ Rn. 104; Zöller/Schultzky ZPO § 181 Rn. 10).

§ 182 ZPO Zustellungsurkunde 109

(1) [1]Zum Nachweis der Zustellung nach den §§ 171, 177 bis 181 ist eine Urkunde auf dem hierfür vorgesehenen Formular anzufertigen. [2]Für diese Zustellungsurkunde gilt § 418.

(2) Die Zustellungsurkunde muss enthalten:

1. die Bezeichnung der Person, der zugestellt werden soll,
2. die Bezeichnung der Person, an die der Brief oder das Schriftstück übergeben wurde,
3. im Falle des § 171 die Angabe, dass die Vollmachtsurkunde vorgelegen hat,
4. im Falle der §§ 178, 180 die Angabe des Grundes, der diese Zustellung rechtfertigt und wenn nach § 181 verfahren wurde, die Bemerkung, wie die schriftliche Mitteilung abgegeben wurde,
5. im Falle des § 179 die Erwähnung, wer die Annahme verweigert hat und dass der Brief am Ort der Zustellung zurückgelassen oder an den Absender zurückgesandt wurde,
6. die Bemerkung, dass der Tag der Zustellung auf dem Umschlag, der das zuzustellende Schriftstück enthält, vermerkt ist,
7. den Ort, das Datum und auf Anordnung der Geschäftsstelle auch die Uhrzeit der Zustellung,
8. Name, Vorname und Unterschrift des Zustellers sowie die Angabe des beauftragten Unternehmens oder der ersuchten Behörde.

(3) Die Zustellungsurkunde ist der Geschäftsstelle in Urschrift oder als elektronisches Dokument unverzüglich zurückzuleiten.

Zu § 182 I ZPO: Die **Zustellungsurkunde** (zum Vordruck s. § 190 ZPO) ist nur in den Fällen der Zustellung an Bevollmächtigte (§ 171 ZPO) und der zu beurkundenden Zustellung iSd §§ 177–181 ZPO auszustellen.

Die Zustellungsurkunde hat keine konstitutive Wirkung. Sie ist nicht Teil der 110
Zustellung, sondern **dient lediglich dem Nachweis der Zustellung. § 182 I 2 ZPO** verweist insoweit auf § 418 ZPO. Das bedeutet, dass die Zustellungsurkunde als öffentliche Urkunde den **vollen Beweis für die in ihr bezeugten Tatsachen** erbringt (BFH XI B 108/05, BFH/NV 2007, 1158 mwN; IX B 146/10, BFH/NV 2011, 622; II B 87/12, BFH/NV 2012, 2003; → Rn. 52, 112 zur Bezeichnung des zuzustellenden Schriftstücks). Das gilt auch nach der Privatisierung der Deutschen Bundespost (BFH III B 5/99, BFH/NV 2000, 844) und für den Fall, dass die Zustellungsurkunde von einem nach § 33 I PostG beliehenen Unternehmer erstellt worden ist (Zöller/Schultzky ZPO § 182 Rn. 14; **aA BFH** X R 3/14, BFH/NV 2016, 922, Rn. 12: private Urkunde, die nach § 182 I 2 ZPO wie eine öffentliche Urkunde wirkt). Die **Beweiskraft erstreckt sich** sowohl auf die Übergabe des Schriftstücks an die in der Zustellungsurkunde genannte Person (BFH VII B 138/04, BFH/NV 2005, 1869) als auch auf die in der Urkunde bezeugten Umstände über die Art und Weise der Benachrichtigung des Empfängers (stRspr, zB BFH X R 79/95, BFH/NV 1996, 567 (568)), wie zB insbes. die Tatsache, dass der Postbedienstete unter der angegebenen Anschrift weder den Adressaten persönlich noch eine zur Entgegennahme einer Ersatzzustellung in Betracht kommende Person angetroffen hat (BFH V B 151/09, BFH/NV 2010, 1113; I B 104/10, BFH/NV 2011, 809; XI B 44/11, BFH/NV 2012,

745). Die **Beweiskraft erstreckt sich hingegen nicht** aber auf Verhältnisse, die sich der Wahrnehmung des Zustellers entziehen, zB nicht darauf, dass der Empfänger unter der Zustellungsanschrift wohnt (BFH V R 137/92, BFH/NV 1995, 278 mwN; BGH I ZB 64/19, MDR 2020, 750), und auch nicht auf die Erklärung des Postbediensteten, die Mitteilung sei in der „bei gewöhnlichen Briefen üblichen Weise" abgegeben worden (BFH V R 66/84, BStBl. II 1985, 110 (111)) sowie die Tatsache, dass im Falle der Ersatzzustellung nach § 178 ZPO der Empfänger der Sendung die Voraussetzungen des § 178 I ZPO erfüllt (BFH V R 137/92, BFH/NV 1995, 278; zur **Indizwirkung** derartiger Feststellungen des Zustellers und deren Entkräftung s. BFH X R 256/93, BFH/NV 1995, 138 mwN). – **Gegenbeweis** kann nur durch den vollen Nachweis eines anderen Geschehensablaufs oder den Beweis der Unrichtigkeit der in der Zustellungsurkunde bezeugten Tatsachen erbracht werden (§ 418 II ZPO – stRspr, zB BFH VII B 366/02, BFH/NV 2004, 509; XI B 108/05, BFH/NV 2007, 1158; V B 151/09, BFH/NV 2010, 1113; IX B 146/10, BFH/NV 2011, 622; IV B 53/09, BFH/NV 2011, 812; X R 3/14, BFH/NV 2016, 922; VI B 5/22, BFH/NV 2022, 1205, Rn. 14: Anwesenheit der Sekretärin im Büro des Zustellungsempfängers am Tag der Zustellung entkräftet weder den Beweis des beurkundeten Übergabeversuchs noch den Beweis des Einlegens des Schriftstücks in den Briefkasten). Der Gegenbeweis kann mit Beweismitteln jeder Art geführt werden (BFH V B 37/08, BFH/NV 2009, 1656), aber **nicht durch Parteivernehmung** (§ 445 II ZPO – BFH IV B 164/96, BFH/NV 1998, 431) und **nicht durch eidesstattliche Versicherung** (BFH X B 194/06, BFH/NV 2007, 1700 mwN); ggf. ist Gelegenheit zum Beweisantritt zu geben (BGH VI ZB 30/99, NJW 2000, 815; s. aber FG RhPf 4 K 1932/20, EFG 2022, 81: keine Vernehmung des Zustellers erforderlich, wenn sich keine Zweifel an der Richtigkeit einer Postzustellungsurkunde aufdrängen). Ein **bloßes Bestreiten** genügt nicht (stRspr, zB BFH VIII R 61/98, BFH/NV 1999, 961; VII B 12/03, BFH/NV 2004, 497 zum Bestreiten des Vorhandenseins eines Briefkastens; BFH I B 48, 49/09, BFH/NV 2010, 439 zur Behauptung, die Sendung nicht erhalten zu haben; VI B 5/22, BFH/NV 2022, 1205, Rn. 13). In absoluten Ausnahmefällen kann die Beweiskraft der Zustellungsurkunde auch schon **aufgrund des Geschehensablaufs entkräftet** sein (BFH X R 3/14, BFH/NV 2016, 922 betr. eine Beurkundung durch den Zusteller, dass eine per Briefpost abgesandte Postsendung dem 600 Kilometer entfernten Empfänger noch am Tag der Absendung zugestellt worden sein soll).

111 **Zu § 182 II ZPO:** Die in der Zustellungsurkunde **zu machenden Angaben** (s. iE § 182 II Nr. 1–8 ZPO) müssen **eindeutig** sein (zu Rechtsfolgen einer fehlerhaften Zustellungsurkunde → Rn. 112). **§ 182 II Nr. 4 ZPO** erfordert keine Angaben in der Zustellungsurkunde, aus welchem Grund eine Ersatzzustellung an eine gem. § 178 I ZPO zum Empfang berechtigte Person nicht möglich war, und in welchen Briefkasten oder in welche ähnliche Vorrichtung das Schriftstück eingelegt wurde (BFH VII B 12/03, BFH/NV 2004, 497). Die **Uhrzeit** der Zustellung muss der Zusteller nach § 182 II Nr. 7 ZPO nur eintragen, wenn die Geschäftsstelle dies in dem Zustellungsauftrag ausdrücklich angeordnet hatte (→ Rn. 73). Die **Unterschrift** des Zustellers (§ 182 II Nr. 8 ZPO) ist nachholbar; bei Abzeichnung mit einer Paraphe gilt das Schriftstück zu dem Zeitpunkt als zugestellt, zu dem es der betreffenden Person tatsächlich zugegangen ist (BFH IX B 120/08, BFH/NV 2009, 964). **Berichtigungen** der Urkunde sind möglich (BFH IX B 11/83, BFH/NV 1986, 224 (225)). In diesem Fall entscheidet das Gericht nach freier Überzeugung, ob die Beweiskraft der Urkunde dadurch ganz

oder teilweise aufgehoben oder gemindert ist (BFH IV B 39/16, BFH/NV 2017, 333). – Zu **Durchstreichungen und Radierungen** s. § 419 ZPO.

Zu § 182 III ZPO: Die Zustellungsurkunde ist unverzüglich der Geschäftsstelle zuzuleiten, was auch auf elektronischem Weg möglich ist.

Da die Zustellungsurkunde keine Voraussetzung für die Zustellung ist 112
(→ Rn. 110), ist die Zustellung auch dann wirksam, wenn die **Zustellungsurkunde nicht auffindbar** ist (BGH VI ZR 180/79, NJW 1981, 1613; zur **Heilung:** s. § 189 ZPO, → Rn. 135 ff.; BFH VI R 70/82, BFH/NV 1987, 211). Der Nachweis der Zustellung muss dann auf andere Art und Weise geführt werden (Zöller/Schultzky ZPO § 182 Rn. 16). Ist die **Zustellungsurkunde fehlerhaft, unvollständig oder widersprüchlich,** so entscheidet das Gericht nach § 419 ZPO, ob deren Beweiskraft dadurch ganz oder teilweise aufgehoben oder gemindert wird. Es kommt auf die Art des Mangels an. Ist gleichwohl eindeutig ersichtlich, welche Erklärung der Zusteller abgeben wollte, behält die Zustellungsurkunde ihre Beweiskraft (sog. offensichtliche Fehler, zB Schreibfehler, auch bei Eintrag einer falschen Jahreszahl oder Nichtberücksichtigung der Namensänderung des Zustellungsempfängers in Folge Eheschließung; zum Rückschluss durch Indizien auf zugestelltes Schriftstück bei **fehlender Bezeichnung** s. BGH IV ZB 29/18, FamRZ 2020, 768; Einzelfälle bei Zöller/Schultzky ZPO § 182 Rn. 19; zu **unwirksamen Zustellungen** s. auch BFH V R 36/99, BFH/NV 2000, 466 – fehlende Unterschrift; FG Düsseldorf 9 K 2701/96 F, EFG 1999, 533 – falsche Geschäftsnummer; FG Düsseldorf 8 V 507/88, EFG 1989, 443 – fehlende Angabe, an wen Ersatzzustellung bewirkt wurde; HessVGH 14 TG 4124/96, NJW 1998, 920 – fehlende Angabe des gesetzlichen Vertreters bei Zustellung an juristische Person). **Fehlt das Zustellungsdatum** oder ist es **falsch** – und handelt es sich nicht um einen offensichtlichen Fehler –, so ist die Zustellung wirksam, setzt aber keine Fristen in Gang (stRspr, zB BFH VIII B 82/96, BFH/NV 1998, 28 mwN; IV R 21/88, VI B 36/88, BFH/NV 1989, 174 (175); zur abweichenden Datumsangabe auf der zuzustellenden Sendung und der Postzustellungsurkunde BFH VIII B 82/96, BFH/NV 1998, 28 mwN; II B 89/96, BFH/NV 1998, 459 (460); s. auch BFH VII B 12/03, BFH/NV 2004, 497. – Zustellungstag muss vor dem Tag liegen, an dem die Zustellungsurkunde beim FG eingegangen ist; zT abw. FG RhPf 5 K 2714/93, EFG 1994, 906).

9. Zustellung im Ausland (§§ 183, 184 ZPO)

§ 183 ZPO Zustellung im Ausland 115

(1) [1]Für die Durchführung

1. der Verordnung (EU) 2020/1784 des Europäischen Parlaments und des Rates vom 25. November 2020 über die Zustellung gerichtlicher und außergerichtlicher Schriftstücke in Zivil- oder Handelssachen in den Mitgliedstaaten (Zustellung von Schriftstücken) (ABl. L 405 vom 2.12.2020, S. 40; L 173 vom 30.6.2022, S. 133) in ihrer jeweils geltenden Fassung sowie
2. des Abkommens zwischen der Europäischen Gemeinschaft und dem Königreich Dänemark vom 19. Oktober 2005 über die Zustellung gerichtlicher und außergerichtlicher Schriftstücke in Zivil- oder Handelssachen (ABl. L 300 vom 17.11.2005, S. 55; L 120 vom 5.5.2006, S. 23), das durch die Mitteilung Dänemarks vom 22. Dezember 2020 (ABl. L 19 vom 21.1.2021, S. 1) geändert worden ist,

gelten § 1067 Absatz 1, § 1069 Absatz 1 sowie die §§ 1070 und 1071. [2]Soweit nicht für die Zustellung im Ausland die vorgenannten Regelungen maßgeblich sind, gelten für die Zustellung im Ausland die Absätze 2 bis 6.

(2) [1]Eine Zustellung im Ausland ist nach den völkerrechtlichen Vereinbarungen vorzunehmen, die im Verhältnis zu dem jeweiligen Staat gelten. [2]Wenn Schriftstücke aufgrund solcher Vereinbarungen unmittelbar durch die Post zugestellt werden dürfen, dann soll dies durch Einschreiben mit Rückschein oder mittels eines gleichwertigen Nachweises bewirkt werden, anderenfalls soll die Zustellung auf Ersuchen des Vorsitzenden des Prozessgerichts unmittelbar durch die Behörden des ausländischen Staates erfolgen. [3]Eine Zustellung durch die zuständige deutsche Auslandsvertretung soll nur in den Fällen des Absatzes 4 erfolgen.

(3) Bestehen keine völkerrechtlichen Vereinbarungen zur Zustellung, so erfolgt die Zustellung vorbehaltlich des Absatzes 4 auf Ersuchen des Vorsitzenden des Prozessgerichts durch die Behörden des ausländischen Staates.

(4) Folgende Zustellungen in den Fällen der Absätze 2 und 3 erfolgen auf Ersuchen des Vorsitzenden des Prozessgerichts durch die zuständige deutsche Auslandsvertretung:

1. Zustellungen, deren Erledigung durch die Behörden des ausländischen Staates nicht oder nicht innerhalb einer angemessenen Zeit zu erwarten ist oder für die ein sonstiger begründeter Ausnahmefall vorliegt,
2. Zustellungen an ausländische Staaten sowie
3. Zustellungen an entsandte Beschäftigte einer deutschen Auslandsvertretung und die in ihrer Privatwohnung lebenden Personen.

(5) [1]Zum Nachweis der Zustellung nach Absatz 2 Satz 2 erster Halbsatz genügt der Rückschein oder ein gleichwertiger Nachweis. [2]Im Übrigen wird die Zustellung durch das Zeugnis der ersuchten Behörde nachgewiesen.

(6) [1]Soweit völkerrechtliche Vereinbarungen eine Zustellung außergerichtlicher Schriftstücke ermöglichen, ist für die Übermittlung solcher Schriftstücke in das Ausland das Amtsgericht zuständig, in dessen Bezirk die Person, die die Zustellung betreibt, ihren Wohnsitz oder gewöhnlichen Aufenthalt hat. [2]Bei notariellen Urkunden ist auch das Amtsgericht zuständig, in dessen Bezirk der beurkundende Notar seinen Amtssitz hat. [3]Bei juristischen Personen tritt an die Stelle des Wohnsitzes oder des gewöhnlichen Aufenthalts der Sitz der juristischen Person.

§ 183 ZPO hat im finanzgerichtlichen Verfahren eine nur untergeordnete Bedeutung. Zum einen müssen Personen, die ihren Wohnsitz oder gewöhnlichen Aufenthalt nicht im Geltungsbereich der FGO haben, nach **§ 53 III** auf Verlangen einen **Zustellungsbevollmächtigten** bestellen, der seinen Wohnsitz oder Sitz im Inland hat (→ Rn. 143 f.). Zustellungen können an diesen nach den allg. Vorschriften vorgenommen werden. Wird kein Zustellungsbevollmächtigter bestimmt, so greift die Zustellungsfiktion des § 53 III 2 ein (→ Rn. 144). – Zum anderen muss das Gericht **im Ausland lebende Zeugen,** die für die Aufklärung eines Auslandssachverhalts benötigt werden, dort nicht laden, sondern derjenige Beteiligte, der die Darlegungs- und Feststellungslast trägt, hat für das Erscheinen des Zeugen in der mündlichen Verhandlung Sorge zu tragen (→ § 76 Rn. 48). Notwendig werden kann eine Zustellung im Ausland aber gleichwohl dann, wenn ein im Ausland lebender Zeuge zur Aufklärung eines Inlandssachverhalts geladen werden soll (→ § 76 Rn. 48), wenn ein **Beizuladender** im Ausland lebt oder wenn dem ins Ausland verzogenen Kläger eine Anordnung zum persönlichen Erscheinen zugestellt werden soll (BFH V B 44/10, BFH/NV 2011, 2084). § 183 ZPO ist in diesen Fällen zu beachten.

§ 183 I ZPO findet im **finanzgerichtlichen Verfahren keine Anwendung,** weil die in S. 1 Nr. 1 in Bezug genommene EU-Zustellungs-VO ausschließlich die Zustellung von Schriftstücken in Zivil- und Handelssachen betrifft und in Art. 1 I 2 ausdrücklich festlegt, dass sie ua Steuer- und Zollsachen sowie verwaltungsrechtliche Angelegenheiten nicht erfasst. Damit lässt sich für das finanzgerichtliche Verfahren die Zulässigkeit der Zustellung von Schriftstücken innerhalb der EU per Einschreiben mit Rückschein nicht aus Art. 14 der EG-Zustellungs-VO ableiten. Auch das in § 183 I 1 Nr. 2 ZPO genannte Abkommen mit Dänemark betrifft ausschließlich die Zustellung gerichtlicher und außergerichtlicher Schriftstücke in Zivil- oder Handelssachen. Folglich richtet sich die **Zustellung im Ausland im finanzgerichtlichen Verfahren** nach **§ 183 II–V ZPO,** wie § 183 I 2 ZPO ausdrücklich vorschreibt (zu § 183 VI ZPO → Rn. 119 aE). 116

Gemäß § 183 II 1 ZPO erfolgt die Zustellung im Ausland nach den bestehenden **völkerrechtlichen Vereinbarungen** (BR-Drs. 95/08, 25 ff.). Lassen diese eine Übersendung von Schriftstücken unmittelbar durch die Post zu, so soll die Zustellung im Ausland nach § 183 I 2 Hs. 1 ZPO durch **Einschreiben mit Rückschein** oder mittels eines gleichwertigen Nachweises erfolgen, der nach § 183 V 1 ZPO als Nachweis der Zustellung genügt. Zurückzugreifen ist insoweit auf das **Übereinkommen über die gegenseitige Amtshilfe in Steuersachen** des Europarates und der OECD v. 25.1.1988 (s. dazu sowie zum Ratifikationsstand und den Vorbehalten unter https://www.coe.int/de/web/conventions/full-list?module=treaty-detail&treatynum=127 sowie G v. 15.10.2015, BGBl. II 1277), welches nach Art. 1 I 2 des Übereinkommens auch für Maßnahmen der Justizbehörden und damit **auch für das finanzgerichtliche Verfahren** gilt. Nach Art. 17 III des Übereinkommens kann jeder Vertragsstaat einer Person im Gebiet eines anderen Vertragsstaats Schriftstücke durch die Post unmittelbar zustellen. Damit sind die Voraussetzungen des § 183 I 2 Hs. 1 ZPO erfüllt, so dass in den Vertragsstaaten die Zustellung per Einschreiben mit Rückschein bewirkt werden kann. 117

Soll in einem **Staat** zugestellt werden, **der dem Übereinkommen** über die gegenseitige Amtshilfe in Steuersachen **nicht beigetreten ist,** so kann sich die von § 183 II 2 Hs. 1 ZPO geforderte Befugnis zur Übersendung von Schriftstücken durch die Post aus **bilateralen Rechtshilfeabkommen** ergeben, die sich aber meistens nur auf Zivil- und Handelssachen beziehen. Darüber hinaus ist nach Art. 10 des **Haager Übereinkommens** über die Zustellung gerichtlicher und außergerichtlicher Schriftstücke im Ausland in Zivil- und Handelssachen – HÜK – (v. 15.11.1965 BGBl. 1977 II 1453) die Zustellung im Ausland durch die Post grds. zulässig. Da aber auch das HÜK nach Art. 1 nur auf die Zustellung von Schriftstücken in Zivil- und Handelssachen anzuwenden ist, stellt es für das finanzgerichtliche Verfahren keine völkerrechtliche Vereinbarung iSd § 183 II 1 ZPO dar, die eine Zustellung per Einschreiben mit Rückschein ermöglicht. – Fehlen bilaterale Rechtshilfeabkommen, so will Werth (DStZ 2006, 647 (648)) die Zustimmung des ausländischen Staates zu einer postalischen Zustellung im finanzgerichtlichen Verfahren dann unterstellen, wenn der ausländische Staat die Übersendung von belastenden Steuerverwaltungsakten anderer Staaten auf dem Postweg zulässt. Dies ist mE zweifelhaft, zumal gerade das Übereinkommen über die gegenseitige Amtshilfe in Steuersachen (→ Rn. 117) ausdrückliche Regelungen zum gerichtlichen Verfahren enthält. Dies lässt darauf schließen, dass es auch nach dem Willen der einzelnen Staaten ausdrücklicher Regelungen zur Zustellung in diesen gerichtlichen Verfahren bedarf. 118

119 **Zu § 183 II 2 Hs. 2 u. III ZPO:** Ist die Zustellung per Einschreiben mit Rückschein nicht möglich, so ist nach § 183 II 2 Hs. 2 ZPO auf Ersuchen des Vorsitzenden unmittelbar durch die Behörden des fremden Staates zuzustellen. Ist auch dies nicht möglich, muss nach § 183 III ZPO durch die zuständigen diplomatischen oder konsularischen Vertretungen oder sonst zuständigen Behörden zugestellt werden (zu Einzelheiten MüKoZPO/Häublein/Müller § 183 Rn. 13 ff.). Die Zustellung wird nach **§ 183 V 2 ZPO** durch das Zeugnis der ersuchten Behörde nachgewiesen. Dieses muss nicht nur angeben, an wen und in welcher Form zugestellt wurde, sondern es muss auch den **Nämlichkeitsnachweis** erbringen, dh die zugestellte Sendung so konkretisieren, dass Verwechslungen ausgeschlossen sind. Dazu gehört auch die Angabe des Datums des Bescheides. Fehlt es an dem Nämlichkeitsnachweis, so ist die Zustellung unwirksam (BVerwG 3 C 7/98, NJW 2000, 683; und allg. auch BFH I R 16/95, BStBl. II 1996, 301). – § 183 VI ZPO findet im finanzgerichtlichen Verfahren keine Anwendung. **Zuständig sind die FG.**

120 **§ 184 ZPO Zustellungsbevollmächtigter; Zustellung durch Aufgabe zur Post**

(1) [1]Das Gericht kann bei der Zustellung nach § 183 Absatz 2 bis 5 anordnen, dass die Partei innerhalb einer angemessenen Frist einen Zustellungsbevollmächtigten benennt, der im Inland wohnt oder dort einen Geschäftsraum hat, falls sie nicht einen Prozessbevollmächtigten bestellt hat. [2]Wird kein Zustellungsbevollmächtigter benannt, so können spätere Zustellungen bis zur nachträglichen Benennung dadurch bewirkt werden, dass das Schriftstück unter der Anschrift der Partei zur Post gegeben wird.

(2) [1]Das Schriftstück gilt zwei Wochen nach Aufgabe zur Post als zugestellt. [2]Das Gericht kann eine längere Frist bestimmen. [3]In der Anordnung nach Absatz 1 ist auf diese Rechtsfolgen hinzuweisen. [4]Zum Nachweis der Zustellung ist in den Akten zu vermerken, zu welcher Zeit und unter welcher Anschrift das Schriftstück zur Post gegeben wurde.

Die Vorschrift ist im finanzgerichtlichen Verfahren wegen der spezialgesetzlichen Regelung in § 53 III (→ Rn. 143 f.) nicht anzuwenden.

10. Öffentliche Zustellung (§§ 185–188 ZPO)

121 **§ 185 ZPO Öffentliche Zustellung**

Die Zustellung kann durch öffentliche Bekanntmachung (öffentliche Zustellung) erfolgen, wenn

1. der Aufenthaltsort einer Person unbekannt und eine Zustellung an einen Vertreter oder Zustellungsbevollmächtigten nicht möglich ist,
2. bei juristischen Personen, die zur Anmeldung einer inländischen Geschäftsanschrift zum Handelsregister verpflichtet sind, eine Zustellung weder unter der eingetragenen Anschrift noch unter einer im Handelsregister eingetragenen Anschrift einer für Zustellungen empfangsberechtigten Person oder einer ohne Ermittlungen bekannten anderen inländischen Anschrift möglich ist,
3. eine Zustellung im Ausland nicht möglich ist oder keinen Erfolg verspricht oder
4. die Zustellung nicht erfolgen kann, weil der Ort der Zustellung die Wohnung einer Person ist, die nach den §§ 18 bis 20 des Gerichtsverfassungsgesetzes der Gerichtsbarkeit nicht unterliegt.

Die **öffentliche Zustellung** ist als letztes Mittel der Bekanntgabe nur nach Ausschöpfung aller anderen zumutbaren Möglichkeiten der Bekanntgabe zulässig (BVerfG 1 BvR 198/87, NJW 1988, 2361; stRspr, BFH VII S 22/01 (PKH), BFH/NV 2002, 1167; VII B 107/04, BFH/NV 2005, 830; X S 23/15 (PKH), BFH/NV 2016, 945). – Ist ein **Prozessbevollmächtigter** bestellt, so ist ihm das Schriftstück zuzustellen (BGH III ZR 89/15, MDR 2017, 226; s. auch FG Köln 2 K 7526/96, EFG 1998, 988 zur Prüfung, ob eine Mandatsniederlegung wirksam ist).

Zu § 185 Nr. 1 ZPO: Der **Aufenthalt** ist **unbekannt,** wenn die vom Gericht 122 durchzuführenden (§ 76 I) Nachforschungen bei dem zuständigen Einwohnermeldeamt (der Polizei) und der Post (LG Berlin 51 T 171/90, NJW-RR 1991, 1152) und ggf. bei einem (früheren) Bevollmächtigten (BFH VII R 86/89, BFH/NV 1992, 81 (83 f.) mwN) ergebnislos verlaufen sind (BFH VII B 93/92, BFH/NV 1993, 701 mwN). – Das Gericht muss alle geeigneten und zumutbaren **Nachforschungen** angestellt haben, um den Aufenthalt des Zustellungsadressaten zu ermitteln (BGH XII ZR 94/10, NJW 2012, 3582; VII ZR 74/12, NJW-RR 2013, 307; BFH VII S 22/01, BFH/NV 2002, 1167 (PKH); VII B 107/04, BFH/NV 2005, 830; OLG Frankfurt a. M. 19 U 120/08, NJW 2009, 2543: Recherche über E-Mail-Adresse; s. auch Zöller/Schultzky ZPO § 185 Rn. 4: Recherche über Mobilfunknummer; OLG Frankfurt a. M. 15 W 27/13, NJW 2013, 2913: Befragung von Nachbarn, Eltern und Vermieter, mE aber im finanzgerichtlichen Verfahren wegen des Steuergeheimnisses nicht anwendbar). Dabei ist es unschädlich, wenn das Gericht durch unrichtige Auskünfte Dritter zu der Annahme verleitet wird, der Aufenthaltsort des Zustellungsempfängers sei unbekannt (BFH VII B 196/02, BStBl. II 2003, 609; → Rn. 132). Die bloße Vermutung, dass die Adresse, an die sich der Stpfl. bei der Meldebehörde abgemeldet hat, eine Scheinadresse ist, rechtfertigt die öffentliche Zustellung allerdings nicht (BFH VII R 55/99, BStBl. II 2000, 560). Gleiches gilt bei einmaligem Fehlschlagen eines Zustellungsversuchs (BFH VII S 22/01, BFH/NV 2002, 1167 (PKH); VII B 196/02, BStBl. II 2003, 609). Ist dem Gericht **eine Anschrift bekannt,** unter der der Zustellungsempfänger erreichbar ist, unter der aber keine Zustellungen möglich sind, so muss es förmlich zuzustellende Schriftstücke zumindest zusätzlich auch mit einfachem Brief an diese Anschrift übersenden, damit der Zustellungsempfänger die Möglichkeit hat, tatsächlich von dem Schriftstück Kenntnis zu nehmen (BFH X S 23/15 (PKH), BFH/NV 2016, 945 betr. Beratungsstelle für Obdachlose).

Zu § 185 Nr. 2 ZPO: Die Regelung soll öffentliche Zustellungen an Gesell- 123 schaften erleichtern, die ihre Geschäftsräume geschlossen haben und die postalisch nicht erreichbar sind (BR-Drs. 354/07, 121). Eine Zustellung durch Niederlegung iSd § 181 ZPO (→ Rn. 100 ff.) scheitert in diesen Fällen jedenfalls dann, wenn kein Geschäftslokal und kein Briefkasten vorhanden sind (BR-Drs. 354/07, 121). § 185 Nr. 2 ZPO erfasst nur **juristische Personen, die zur Anmeldung einer inländischen Geschäftsanschrift zum Handelsregister verpflichtet sind.** Das sind die GmbH, die AG und vergleichbare Auslandsgesellschaften mit inländischen Zweigniederlassungen sowie die SE (BR-Drs. 354/07, 122). Die öffentliche Zustellung an diese Gesellschaften ist nur zulässig, wenn **alle anderen Zustellversuche fehlgeschlagen** sind. Zuzustellen ist dabei zunächst an den Vertreter der Gesellschaft unter der Geschäftsanschrift nach § 170 ZPO (→ Rn. 27 ff.). Name und Anschrift ergeben sich aus dem Handelsregister. Schlägt dies fehl, kommt eine Zustellung an eine eintragungsfähige weitere Empfangsperson nach §§ 10 II 2 GmbHG, 13e II 4 HGB und 39 I 2 AktG in Betracht. Ist diese (ebenfalls) nicht möglich, weil zB keine solche Empfangsperson vorhanden ist, und ist auch keine andere inländische Anschrift bekannt (es muss nicht ermittelt werden!), kann öffentlich zugestellt werden (s. zu dieser Reihenfolge BR-Drs. 354/07, 122 f.). Da § 183 Nr. 2 ZPO nur auf die inländische Geschäftsanschrift abstellt und zudem nur inländische Anschriften ins Handelsregister eingetragen werden können, muss eine Zustellung an eine **ausländische Anschrift** selbst dann nicht versucht werden, wenn diese bekannt ist (BR-Drs. 354/07, 123). § 183 Nr. 2 ZPO ist damit Spezialregelung zu § 183 Nr. 3 ZPO. – Zu verfassungsrechtlichen Fragen s. BR-Drs. 354/07, 124 f.

124 **Zu § 185 Nr. 3 ZPO:** Ob eine **Zustellung im Ausland** möglich ist, richtet sich nach § 183 ZPO (→ Rn. 115 ff.). Bevor öffentlich zugestellt werden kann, muss uU zunächst die Bestellung eines inländischen Zustellungsbevollmächtigten verlangt worden sein (BFH VII R 53/70, BStBl. II 1973, 644).

Zu § 185 Nr. 4 ZPO: Erfasst werden Zustellungen an Repräsentanten anderer Staaten und deren Begleitung sowie Mitglieder diplomatischer Missionen und konsularischer Vertretungen.

Zu den **Rechtsfolgen** der öffentlichen Zustellung → Rn. 131 f.

126 **§ 186 ZPO Bewilligung und Ausführung der öffentlichen Zustellung**

(1) [1]Über die Bewilligung der öffentlichen Zustellung entscheidet das Prozessgericht. [2]Die Entscheidung kann ohne mündliche Verhandlung ergehen.

(2) [1]Die öffentliche Zustellung erfolgt durch Aushang einer Benachrichtigung an der Gerichtstafel oder durch Veröffentlichung der Benachrichtigung in einem elektronischen Informations- und Kommunikationssystem, das im Gericht öffentlich zugänglich ist. [2]Die Benachrichtigung muss erkennen lassen

1. die Person, für die zugestellt wird,
2. den Namen und die letzte bekannte Anschrift des Zustellungsadressaten,
3. das Datum, das Aktenzeichen des Schriftstücks und die Bezeichnung des Prozessgegenstandes sowie
4. die Stelle, wo das Schriftstück eingesehen werden kann.

[3]Die Benachrichtigung muss den Hinweis enthalten, dass ein Schriftstück öffentlich zugestellt wird und Fristen in Gang gesetzt werden können, nach deren Ablauf Rechtsverluste drohen können. [4]Bei der Zustellung einer Ladung muss die Benachrichtigung den Hinweis enthalten, dass das Schriftstück eine Ladung zu einem Termin enthält, dessen Versäumung Rechtsnachteile zur Folge haben kann.

(3) In den Akten ist zu vermerken, wann die Benachrichtigung ausgehängt und wann sie abgenommen wurde.

Zu § 186 I ZPO: Zuständig für die Bewilligung der öffentlichen Zustellung ist das **Prozessgericht,** dh der Senat in Beschlussbesetzung oder der Einzelrichter. Die Bewilligung steht im Ermessen des Gerichts und erfolgt durch nicht beschwerdefähigen Beschluss (BFH III B 300/90, BFH/NV 1991, 335; VIII S 18/19, BFH/NV 2020, 768). Die Bekanntmachung dieses Beschlusses an den Zustellungsadressaten wird durch Aushang oder Veröffentlichung der Benachrichtigung in einem elektronischen Informations- und Kommunikationssystem iSd § 186 II ZPO bewirkt. Die **Ausführung** besorgt der Urkundsbeamte der Geschäftsstelle nach Maßgabe des § 186 II, III ZPO.

127 **Zu § 186 II ZPO:** Ausgehängt oder elektronisch veröffentlicht wird nicht das zuzustellende Schriftstück oder ein Auszug aus diesem Schriftstück, sondern –

aus Gründen des **Schutzes der Persönlichkeitssphäre des Zustellungsadressaten** – lediglich eine **Benachrichtigung über die öffentliche Zustellung,** aus der sich die in § 186 II 2 Nr. 1–4 ZPO aufgezählten Angaben ergeben müssen. Um die Bedeutung der öffentlichen Zustellung hervorzuheben, muss die ausgehängte Benachrichtigung zudem die in § 186 II 3 u. 4 ZPO vorgeschriebenen Hinweise enthalten. – Zur Einhaltung der Aushangfrist s. BVerwG 8 B 218/97, NJW 1998, 2377.

Zu § 186 III ZPO: Der für die Berechnung der Fristen maßgebende **Tag des Aushangs** muss beurkundet werden (BayVGH 22 B 88.2396, BayVBl. 1989, 662). Zur **Beurkundung der Dauer des Aushangs** s. BVerwG 8 C 43/95, NVwZ 1999, 178. Der Vermerk dient dem **Nachweis,** dass die öffentliche Zustellung durch Aushang erfolgt und wann die Zustellungswirkung eingetreten ist. Er ist keine Wirksamkeitsvoraussetzung für die öffentliche Zustellung (BT-Drs. 14/4554, 24). Der Vermerk ist mit dem vollen Namenszug (nicht nur einer Paraphe) zu unterzeichnen (BFH VII R 156/82, BStBl. II 1985, 597). – Zur **Heilung** dieses Mangels → Rn. 135 ff. – Zur **Wirkung der öffentlichen Zustellung** → Rn. 131 f. 128

§ 187 ZPO Veröffentlichung der Benachrichtigung 130

Das Prozessgericht kann zusätzlich anordnen, dass die Benachrichtigung einmal oder mehrfach im Bundesanzeiger oder in anderen Blättern zu veröffentlichen ist.

Die **Veröffentlichung** der Benachrichtigung **steht im Ermessen des Prozessgerichts** (→ Rn. 126). Sie kommt dann in Betracht, wenn durch die Veröffentlichung eine größere Wahrscheinlichkeit dafür besteht, dass der Zustellungsadressat von der öffentlichen Zustellung Kenntnis erlangt. Die veröffentlichte Benachrichtigung muss den inhaltlichen Mindestanforderungen des § 186 II 2 und 3 ZPO genügen. Die **Veröffentlichung** ist **keine Wirksamkeitsvoraussetzungen** für die Zustellung. Die Frist des § 188 ZPO wird von der Veröffentlichung nicht berührt.

§ 188 ZPO Zeitpunkt der öffentlichen Zustellung 131

[1]Das Schriftstück gilt als zugestellt, wenn seit dem Aushang der Benachrichtigung ein Monat vergangen ist. [2]Das Prozessgericht kann eine längere Frist bestimmen.

Sofern das Prozessgericht keine längere Frist bestimmt (Ermessen), gilt das Schriftstück als zugestellt, wenn seit dem Aushang der Benachrichtigung ein Monat vergangen ist. Diese **Zustellungsfiktion** tritt unabhängig davon ein, ob der Zustellungsadressat von der Benachrichtigung oder von dem zuzustellenden Schriftstück tatsächlich Kenntnis nimmt. Wird der **Aushang unbefugt** vor Ablauf der vom G oder durch das Gericht angeordneten Frist **entfernt,** so beseitigt dies nach inzwischen hM die Zustellungsfiktion (OLG Düsseldorf I-24 U 128/10, BeckRS 2011, 17440; MüKoZPO/Häublein/Müller § 188 Rn. 4; Zöller/Schultzky ZPO § 188 Rn. 4; aA Stein/Jonas/Roth ZPO § 186 Rn. 10). Dies steht mE aber im Widerspruch zur Rspr. des BGH, wonach die (öffentliche) Zustellung bei **objektivem Nichtvorliegen der Voraussetzungen des § 185 ZPO** nur dann unwirksam ist, wenn das Gericht dies hätte erkennen können (BGH VIII ZR 282/00, NJW 2002, 827; VII ZR 74/12, NJW-RR 2013, 307 mwN; Kopp/Schenke/Schenke VwGO § 56 Rn. 40; aA Gaul JZ 2003, 1088 (1091)). Konnte das Gericht dies nicht erkennen (zB bei falscher Auskunft des Einwohnermeldeamtes), so ist die öffentliche Zustellung selbst dann wirksam, wenn sich der Fehler nachträglich herausstellt (BFH VII B 196/02, BStBl. II 2003, 609; → Rn. 122). Hat der Zustellungsadressat ohne Verschulden keine Kenntnis von der öffentlichen Zustellung erlangt, so ist **Wiedereinsetzung in den vorigen Stand** zu bewilligen (BGH II ZR 242/91, NJW 1992, 2280 zur vom Prozessgegner erschlichenen öffentlichen Zustellung).

11. Heilung von Zustellungsmängeln (§ 189 ZPO)

135 **§ 189 ZPO Heilung von Zustellungsmängeln**

Lässt sich die formgerechte Zustellung eines Dokuments nicht nachweisen oder ist das Dokument unter Verletzung zwingender Zustellungsvorschriften zugegangen, so gilt es in dem Zeitpunkt als zugestellt, in dem das Dokument der Person, an die die Zustellung dem Gesetz gemäß gerichtet war oder gerichtet werden konnte, tatsächlich zugegangen ist.

Zustellungsmängel sind von Amts wegen zu prüfen und auch im **Revisionsverfahren** zu berücksichtigen. Ein **Rügeverzicht** (§ 295 ZPO) ist **ausgeschlossen** (BFH VII R 79/96, BFH/NV 1998, 1101). Zur Milderung der Rechtsfolgen legt § 189 ZPO aber fest, dass **Fehler,** die **bei der Ausführung der Zustellung** unterlaufen sind, von G wegen geheilt werden, wenn der Zustellungszweck erreicht ist. Dies gilt für alle Zustellungsarten (zur fehlerhaften **öffentlichen Zustellung:** BFH V B 187/99, BFH/NV 2000, 1252; zur **fehlerhaften Zustellung im Ausland:** FG Nürnberg V 170/80, EFG 1981, 425; aA FG Köln V (XII) 539/76 L, EFG 1981, 210).

136 Voraussetzung für die Anwendung des § 189 ZPO ist, dass das zugegangene Dokument zugestellt werden sollte (sog. **Zustellungswille;** BFH VII B 148/08, BFH/NV 2009, 777; BGH VIII ZR 11/16, NJW 2017, 2472; → Rn. 10), die Zustellung aber nicht nachgewiesen werden kann oder dabei zwingende Zustellungsvorschriften verletzt wurden. Letzteres kann vorliegen bei der Wahl der falschen Zustellungsart oder bei einem Verstoß gegen Formvorschriften, die den Zustellungsakt betreffen (Zöller/Schultzky ZPO § 189 Rn. 8).

137 Das zuzustellende **Dokument** muss dem Empfangsberechtigten **tatsächlich zugegangen** sein; erst zu diesem Zeitpunkt werden die an die Zustellung geknüpften **Fristen in Gang gesetzt** (BFH XI B 44/11, BFH/NV 2012, 745; GrS 2/13, BStBl. II 2014, 645 gegen BFH VIII R 2/09, BStBl. II 2013, 823). Der tatsächliche Zugang setzt voraus, dass der Empfangsberechtigte das zuzustellende Schriftstück **„in die Hand bekommen"** hat, was mit **allen Beweismitteln** bewiesen werden kann (BFH VI B 151/06, BFH/NV 2007, 2332; GrS 2/13, BStBl. II 2014, 645; VIII R 2/09, BStBl. II 2016, 447, Rn. 20; BGH IX ZR 262/18, MDR 2019, 1521, Rn. 31; MüKoZPO/Häublein/Müller § 189 Rn. 13; Zöller/Schultzky ZPO § 189 Rn. 4). Folglich reicht auch eine bloße Unterrichtung über den Inhalt nicht aus (BGH II ZR 105/91, NJW 1992, 2099).

138 **Empfangsberechtigter** ist der, an den die Zustellung nach dem G auszuführen ist. Das ist der Zustellungsadressat, im finanzgerichtlichen Verfahren also im Allgemeinen der Beteiligte (§ 57), bei vorgeschriebener Zustellung an den gesetzlichen Vertreter (§ 170 ZPO, → Rn. 27 ff.) oder den Bevollmächtigten (§ 172 ZPO, → Rn. 43 ff.) jedoch nur diese (BFH VII R 58/83, BFH/NV 1987, 483; IV R 24/87, BStBl. II 1989, 346; V B 12/14, BFH/NV 2014, 883; → § 62 Rn. 110 ff.; zur **Weiterleitung** des Dokuments durch den Zustellungsadressaten **an den** allein empfangsberechtigten **Bevollmächtigten** → Rn. 39). Personen, an die ersatz-

weise zugestellt werden kann, sind keine Empfangsberechtigten. – Der Empfangsberechtigte muss **empfangsbereit** sein (BGH VI ZR 226/87, NJW 1989, 1154). – Dem Empfangsberechtigten muss nicht das zuzustellende Dokument als solches zugehen. Der Empfang einer einwandfreien **Zweitschrift, Abschrift oder Kopie genügt** (BFH VII R 59/89, BFH/NV 1991, 215; VII R 55/99, BStBl. II 2000, 560; V B 187/99, BFH/NV 2000, 1252; **aA** die zivilrechtliche Rspr., vgl. Zöller/Schultzky ZPO § 189 Rn. 4 mwN).

Heilbar sind Zustellungsmängel, die zur Unwirksamkeit der Zustellung führen, **nicht** aber **inhaltliche Mängel** (BFH IX R 57/90, BFH/NV 1992, 51 mwN; V B 95/11, BFH/NV 2012, 1987). **Heilbare Zustellungsmängel** sind zB das Fehlen der Zustellungsurkunde (BFH VI R 70/82, BFH/NV 1987, 211), das Einlegen des Schriftstücks in den Briefkasten nach § 180 ZPO ohne vorherigen Zustellungsversuch (BFH X R 14/21, BStBl. II 2023, 588, Rn. 37), nicht ordnungsgemäßes Zurücklassen eines Benachrichtigungsscheins über die Niederlegung der Sendung durch späteres Auffinden (BFH VII B 143/01, BFH/NV 2002, 1124) oder die fehlerhafte öffentliche Zustellung (BFH VII R 86/89, BFH/NV 1992, 81). **Keine heilbaren Zustellungsmängel** sind die fehlende Zustellungsabsicht (BFH IV B 6/10, BFH/NV 2010, 1109; → Rn. 10), der Ausweis eines offensichtlich unzutreffenden Zustellungsjahres (BFH VIII B 82/96, BFH/NV 1998, 28 mwN), Mängel der Ausfertigung (BGH KVR 10/85, NJW 1987, 2868; X ZB 31/97, NJW 1998, 1959) oder Fehler in der Adressierung (zB BFH IX R 57/90, BFH/NV 1992, 51; V B 95/11, BFH/NV 2012, 1987 betr. Ladung; FG München 12 K 3451/89, EFG 1990, 46). – Eine Umdeutung einer fehlerhaften förmlichen Zustellung in eine schlichte Bekanntgabe scheidet aus (BFH IV R 104/94, BStBl. II 1995, 681 mwN). – Über die nach § 189 ZPO eingetretene Heilung von Zustellungsmängeln ergeht **kein eigener gerichtlicher Beschluss.** Das Gericht entscheidet hierüber ggf. inzidenter iRd zu treffenden Entscheidung (Urteil oder Beschluss). 139

12. Einheitliche Zustellungsformulare (§ 190 ZPO)

§ 190 ZPO Einheitliche Zustellungsformulare 142

Das Bundesministerium der Justiz und für Verbraucherschutz wird ermächtigt, durch Rechtsverordnung mit Zustimmung des Bundesrates zur Vereinfachung und Vereinheitlichung der Zustellung Formulare einzuführen.

Durch die Ermächtigung soll die Verwendung einheitlicher Vordrucke sichergestellt werden. Die Regelung betrifft den Vordruck für den Zustellungsauftrag (§ 168 I 2 ZPO), die Zustellungsurkunde (§ 182 ZPO), die schriftliche Mitteilung über eine Zustellung durch Niederlegung (§ 181 I 2 ZPO) und den für den Versand vorgeschriebenen Umschlag nach § 176 I 1 ZPO. Eingeführt worden sind die einheitlichen Vordrucke durch die **Zustellungsvordruck-VO** v. 12.2.2002 (BGBl. I 671, berichtigt BGBl. I 1019, zuletzt geändert durch Art. 26 G v. 5.10.2021, BGBl. I 4607).

IV. Bestellung eines Zustellungsbevollmächtigten (§ 53 III)

Gegen § 53 III bestehen **keine verfassungsrechtlichen Bedenken** (BFH VI B 22/11, BFH/NV 2012, 436 mwN). Einen Zustellungsbevollmächtigten hat **auf Verlangen** zu bestellen, wer seinen Wohnsitz (§ 8 AO) oder seinen 143

Sitz (§§ 10, 11 AO) nicht im Geltungsbereich des GG hat (§ 15 III 1). – Das „Verlangen" des Senatsvorsitzenden reicht aus (Kopp/Schenke/Schenke VwGO § 56 Rn. 15). Entsprechendes muss für den von ihm bestimmten Richter (§ 79: Berichterstatter) und den Einzelrichter (§§ 6, 79a III, IV) gelten. Ein Beschluss des Senats ist nicht erforderlich (BFH VI B 22/11, BFH/NV 2012, 436). Das „Verlangen" ist eine prozessleitende Verfügung, gegen die die **Beschwerde nicht gegeben** ist und welches **für das gesamte Verfahren** gilt, auch nach Zurückweisung des Rechtsstreits durch den BFH (insgesamt BFH V B 103/11, BFH/NV 2012, 1980). – Der Zustellungsbevollmächtigte muss seinen Wohnsitz oder Sitz innerhalb des Geltungsbereichs der FGO haben (FG Bln III 345–346/78, EFG 1979, 503). – Eine **Anscheinsvollmacht** genügt (Kopp/Schenke/Schenke VwGO § 56 Rn. 15; offen BayVGH 6 B 8801747, NJW 1991, 1249), eine **„Deckadresse"** jedoch nicht (Kopp/Schenke/Schenke VwGO § 56 Rn. 15).

144 Die **Zustellungsfiktion des § 53 III 2** ist verfassungsrechtlich unbedenklich (BVerfG 1 BvR 1353/95, NJW 1997, 1772). – Als „Aufgabe zur Post" ist schon der Einwurf eines (gewöhnlichen) Briefes in den Briefkasten anzusehen (insgesamt BFH V B 103/11, BFH/NV 2012, 1980). Selbst bei längeren Postlaufzeiten scheitet eine Wiedereinsetzung in den vorigen Stand nach § 56 aus (BFH VI B 22/11, BFH/NV 2012, 436). – Die Zustellung nach § 53 III 2 ist eine Inlandszustellung, obwohl der Empfänger im Ausland wohnt (BVerfG 1 BvR 1353/95, NJW 1997, 1772).

§ 54 [Beginn des Laufs von Fristen]

(1) **Der Lauf einer Frist beginnt, soweit nichts anderes bestimmt ist, mit der Bekanntgabe des Verwaltungsakts oder der Entscheidung oder mit dem Zeitpunkt, an dem die Bekanntgabe als bewirkt gilt.**

(2) **Für die Fristen gelten die Vorschriften der §§ 222, 224 Abs. 2 und 3, §§ 225 und 226 der Zivilprozessordnung.**

Vgl. § 57 VwGO; §§ 64, 65 SGG.

Literatur: Gersch, Fristen für Prozesshandlungen, AO-StB 2002, 313; Linhorst, Fristen und Termine im Verwaltungsrecht, 1984; Woring, Die Zivilprozessordnung im FG-Verfahren, AO-StB 2002, 381; Siegltrum, Grundfälle zur Berechnung von Fristen und Terminen gem. §§ 187 ff. BGB, JuS 1986, 705 u. 784.

I. Allgemeines

1 **§ 54 gilt nur** für die Fristen **im finanzgerichtlichen Verfahren** (einschließlich der Klagefrist); für die Fristen im Verwaltungs(vor)verfahren sind die §§ 108 ff., 355 AO maßgebend (BFH VI R 252/70, BStBl. II 1974, 226; FG Hmb III 325/01, EFG 2004, 577).

2 § 54 II verweist auf die einschlägigen Bestimmungen der ZPO, die ihrerseits hinsichtlich der Fristberechnung die Vorschriften des BGB für anwendbar erklären.

II. Begriff und Arten der Fristen

Frist im Rechtssinne ist ein **bestimmt abgegrenzter** oder zumindest bestimmbarer **Zeitraum,** dessen Einhaltung oder Versäumung verschiedenartige Rechtsvorteile oder Rechtsnachteile nach sich zieht. – Zu unterscheiden sind: 3

- **Eigentliche und uneigentliche Fristen:** Eigentliche Fristen sind solche, innerhalb derer ein Beteiligter prozessual bedeutsame Handlungen vorzunehmen hat oder jedenfalls vornehmen darf oder soll. Uneigentliche Fristen sind die Zeiträume zur Vornahme richterlicher Handlungen (zB § 105 IV 1) und die Zeitabschnitte, innerhalb derer das G keine Handlung erwartet. Für die uneigentlichen Fristen gelten die Normen über Fristen nicht. 4
- **Gesetzliche und richterliche Fristen:** Gesetzliche Fristen werden im G selbst bestimmt (zB §§ 47, 55 II, 56 II und III, 90a II, 108 I, 116 III, 120 I, 129 I, 133 I, 133a II 1). Richterliche Fristen werden demgegenüber durch das Gericht, den Vorsitzenden oder den Berichterstatter gesetzt (zB §§ 60a, 65 II, 71 I 3, 77 I 2, 79b I, II). 5
- **Verlängerungsfähige und nicht verlängerungsfähige Fristen:** Richterliche Fristen sind – nach Maßgabe des § 224 II ZPO (→ Rn. 13) – stets verlängerungsfähig (vgl. zur Verlängerung von Ausschlussfristen → § 65 Rn. 63). Gesetzliche Fristen sind einer Verlängerung grds. nicht zugänglich, es sei denn, das G sieht die Möglichkeit einer Fristverlängerung ausdrücklich vor. Im finanzgerichtlichen Verfahren ist die Revisionsbegründungsfrist als einzige gesetzliche Frist – uU auch mehrfach – verlängerungsfähig (§ 120 II 3; s. BFH XI R 32/19, BStBl. II 2023, 213, Rn. 14). 6

Wiedereinsetzung in den vorigen Stand (§ 56) kommt vor allem bei der Versäumung gesetzlicher Fristen in Betracht (vgl. → § 56 Rn. 2, 3). 7

III. Berechnung von Fristen

1. Fristbeginn

Nach § 54 I beginnt der Lauf einer Frist mit der Bekanntgabe des VA, der Bekanntgabe oder der Zustellung der Entscheidung oder in dem Zeitpunkt, in dem die Bekanntgabe als bewirkt gilt. Wann ein **Verwaltungsakt** (insbesondere die Einspruchsentscheidung, → Rn. 1) bekanntgegeben ist, welche Form für die Bekanntgabe zu wählen ist und welche Wirkung diese Bekanntgabe hat, richtet sich nach der AO, ggf. iVm dem VwZG (BFH II R 56/09, BFH/NV 2010, 1833 betr. Revisionsbegründungsfrist; VIII B 50/11, BFH/NV 2012, 585 betr. Ladungsfrist; FG Hmb III 325/01, EFG 2004, 577). Geht es um die Bekanntgabe von **Entscheidungen im gerichtlichen Verfahren,** gilt § 53, so dass es für den Fristbeginn auf den Zeitpunkt der Zustellung ankommt (vgl. für die **Revisionsfrist** §§ 104 I 2, 120 I). Fällt der Tag des Fristbeginns auf einen **Samstag, Sonntag oder Feiertag,** so ist dies für die Fristberechnung ohne Bedeutung, weil § 222 II ZPO (→ Rn. 10) nur für das Ende der Frist gilt (BFH I B 48, 49/09, BFH/NV 2010, 439; II R 56/09, BFH/NV 2010, 1833; IV B 39/10, BFH/NV 2011, 613 betr. NZB-Frist; XI R 40/11, BFH/NV 2013, 213; NdsFG 2 K 25/13, EFG 2013, 1005 betr. 31.12.). Grundsätzlich ist im finanzgerichtlichen Verfahren (im Gegensatz zu §§ 182 II, 183 I AO) **Bekanntgabe an alle Beteiligten** erforderlich (Ausnahme: § 60a S. 1, 5–7). – Zur Bekanntgabe von Entschei- 8 dungen an **Bevollmächtigte** → § 53 Rn. 36 ff.; → § 62 Rn. 110 ff. – Zum Fristbeginn bei Zustellung einer Entscheidung an einen von **mehreren Bevollmächtigten** → § 62 Rn. 113. – Zur Bekanntgabefiktion nach § 181 ZPO → § 53 Rn. 100 ff. – Zum **Hinausschieben des Fristbeginns** bei fehlender oder unrichtiger Rechtsbehelfsbelehrung → § 55 Rn. 27 ff.

9 § 54 I gilt **nicht** für **richterliche Fristen** (BFH IV B 6/10, BFH/NV 2010, 1109 mwN). Sie beginnen (sofern bei ihrer Festsetzung nichts anderes bestimmt wird) mit der Zustellung oder der formlosen Bekanntgabe des Schriftstücks, in dem die Frist bestimmt ist, bei Verkündung mit dieser (§ 155 FGO iVm § 221 ZPO).

2. Fristberechnung

10 § 54 II verweist wegen der Fristberechnung auf § 222 ZPO.

§ 222 ZPO Fristberechnung

(1) Für die Berechnung der Fristen gelten die Vorschriften des Bürgerlichen Gesetzbuchs.

(2) Fällt das Ende einer Frist auf einen Sonntag, einen allgemeinen Feiertag oder einen Sonnabend, so endet die Frist mit Ablauf des nächsten Werktages.

(3) Bei der Berechnung einer Frist, die nach Stunden bestimmt ist, werden Sonntage, allgemeine Feiertage und Sonnabende nicht mitgerechnet.

11 Die in § 222 I ZPO in Bezug genommenen §§ 186–192 BGB – statt § 193 BGB gelten die Sondervorschriften des § 222 II ZPO – lauten:

§ 186 BGB Geltungsbereich

Für die in Gesetzen, gerichtlichen Verfügungen und Rechtsgeschäften enthaltenen Frist- und Terminsbestimmungen gelten die Auslegungsvorschriften der §§ 187 bis 193.

§ 187 BGB Fristbeginn

(1) Ist für den Anfang einer Frist ein Ereignis oder ein in den Lauf eines Tages fallender Zeitpunkt maßgebend, so wird bei der Berechnung der Frist der Tag nicht mitgerechnet, in welchen das Ereignis oder der Zeitpunkt fällt.

(2) [1]Ist der Beginn eines Tages der für den Anfang einer Frist maßgebende Zeitpunkt, so wird dieser Tag bei der Berechnung der Frist mitgerechnet. [2]Das Gleiche gilt von dem Tage der Geburt bei der Berechnung des Lebensalters.

§ 188 BGB Fristende

(1) Eine nach Tagen bestimmte Frist endigt mit dem Ablauf des letzten Tages der Frist.

(2) Eine Frist, die nach Wochen, nach Monaten oder nach einem mehrere Monate umfassenden Zeitraum – Jahr, halbes Jahr, Vierteljahr – bestimmt ist, endigt im Falle des § 187 Abs. 1 mit dem Ablauf desjenigen Tages der letzten Woche oder des letzten Monats, welcher durch seine Benennung oder seine Zahl dem Tage entspricht, in den das Ereignis oder der Zeitpunkt fällt, im Falle des § 187 Abs. 2 mit dem Ablauf desjenigen Tages der letzten Woche oder des letzten Monats, welcher dem Tage vorhergeht, der durch seine Benennung oder seine Zahl dem Anfangstag der Frist entspricht.

(3) Fehlt bei einer nach Monaten bestimmten Frist in dem letzten Monat der für ihren Ablauf maßgebende Tag, so endigt die Frist mit dem Ablauf des letzten Tages dieses Monats.

§ 189 BGB Berechnung einzelner Fristen

(1) Unter einem halben Jahr wird eine Frist von sechs Monaten, unter einem Vierteljahr eine Frist von drei Monaten, unter einem halben Monat eine Frist von 15 Tagen verstanden.

(2) Ist eine Frist auf einen oder mehrere ganze Monate und einen halben Monat gestellt, so sind die 15 Tage zuletzt zu zählen.

§ 190 BGB Fristverlängerung

Im Falle der Verlängerung einer Frist wird die neue Frist von dem Ablauf der vorigen Frist an berechnet.

§ 191 BGB Berechnung von Zeiträumen

Ist ein Zeitraum nach Monaten oder nach Jahren in dem Sinne bestimmt, dass er nicht zusammenhängend zu verlaufen braucht, so wird der Monat zu 30, das Jahr zu 365 Tagen gerechnet.

§ 192 BGB Anfang, Mitte, Ende des Monats

Unter Anfang des Monats wird der erste, unter Mitte des Monats der 15., unter Ende des Monats der letzte Tag des Monats verstanden.

12 Nach § 187 I BGB wird bei der **Berechnung der gesetzlichen Fristen** iSd § 54 I der Anfangstag nicht mitgerechnet. Dies bedeutet nicht, dass sich die Frist entsprechend verlängert (BFH VI R 8/22, BFH/NV 2022, 1190). – Anders bei richterlichen Fristen, falls sie von einem bestimmten Kalendertag an gesetzt werden, zB „... ab 10. März ...“ (§ 187 II BGB). – Für das Fristende gelten die §§ 188 BGB, 222 II, III ZPO. – Zur Fristwahrung bei Rechtsmitteleinlegung per Telefax s. BFH V B 116/91, BFH/NV 1992, 532.

Beispiele:

- Zustellung (nicht bloße Bekanntgabe durch Übermittlung durch die Post, s. dazu unten) der Einspruchsentscheidung am 13.6.2023. Die einmonatige Frist für die Erhebung der Anfechtungsklage (§ 47 I) beginnt am 14.6.2023 (§ 187 I BGB) und endet mit Ablauf des 13.7.2023 (§ 188 II BGB).
- Fällt das Ende der Frist jedoch auf einen Sonntag, einen allg. Feiertag oder einen Sonnabend, endet die Frist erst mit Ablauf des nächsten Werktages (§ 222 II ZPO; BFH IX B 174/09, BFH/NV 2010, 2097; s. auch BFH VI R 14/15, BStBl. II 2016, 380). Dabei ist für die Frage, ob der letzte Tag der Frist ein Feiertag ist, der Ort maßgebend, an dem die Prozesshandlung, zB die Einlegung eines Rechtsmittels (Rechtsbehelfs), vorzunehmen ist (FG Nürnberg 8 K 1075/19, BeckRS 2020, 48319; BAG 5 AZR 579/88, NJW 1989, 1181; BGH VI ZA 27/11, NJW-RR 2012, 254; Zöller/Feskorn ZPO § 222 Rn. 1; krit. Tipke/Kruse/Brandis § 54 Rn. 17: Ort des Absenders ist sachgerechter). Vgl. aber zur Berechnung des Fristbeginns bei Bekanntgabe eines VA (Einspruchsentscheidung) durch bloße Übermittlung durch die Post § 122 II AO sowie BFH IX R 68/98, BStBl. II 2003, 898; VII R 8/03, BFH/NV 2004, 1498 zu dem Fall, dass der nach § 122 II AO vermutete Tag der Bekanntgabe auf einen Sonnabend, Sonntag oder gesetzlichen Feiertag fällt.
- Zustellung des Urteils am 30.1.2023. Die einmonatige Frist für die Einlegung der Revision (§ 120 I) beginnt am 31.1.2023 und endet am 28.2.2023 (§ 188 III BGB; FG Hmb 3 K 39/13, EFG 2013, 1466). Die dadurch (und auch bei Fristen zwischen Februar und März)

eintretende Verkürzung der Fristen ist nicht verfassungswidrig (BVerfG 2 BvR 265/78, HFR 1978, 383).

IV. Verkürzung und Verlängerung von Fristen

13 § 54 II verweist auf §§ 224 II u. III, 225, 226 ZPO.

§ 224 ZPO Fristkürzung; Fristverlängerung

(1) …

(2) Auf Antrag können richterliche und gesetzliche Fristen abgekürzt oder verlängert werden, wenn erhebliche Gründe glaubhaft gemacht sind, gesetzliche Fristen jedoch nur in den besonders bestimmten Fällen.

(3) Im Falle der Verlängerung wird die neue Frist von dem Ablauf der vorigen Frist an berechnet, wenn nicht im einzelnen Falle ein anderes bestimmt ist.

§ 225 ZPO Verfahren bei Friständerung

(1) Über das Gesuch um Abkürzung oder Verlängerung einer Frist kann ohne mündliche Verhandlung entschieden werden.

(2) Die Abkürzung oder wiederholte Verlängerung darf nur nach Anhörung des Gegners bewilligt werden.

(3) Eine Anfechtung des Beschlusses, durch den das Gesuch um Verlängerung einer Frist zurückgewiesen ist, findet nicht statt.

§ 226 ZPO Abkürzung von Zwischenfristen

(1) Einlassungsfristen, Ladungsfristen sowie diejenigen Fristen, die für die Zustellung vorbereitender Schriftsätze bestimmt sind, können auf Antrag abgekürzt werden.

(2) Die Abkürzung der Einlassungs- und der Ladungsfristen wird dadurch nicht ausgeschlossen, dass infolge der Abkürzung die mündliche Verhandlung durch Schriftsätze nicht vorbereitet werden kann.

(3) Der Vorsitzende kann bei Bestimmung des Termins die Abkürzung ohne Anhörung des Gegners und des sonst Beteiligten verfügen; diese Verfügung ist dem Beteiligten abschriftlich mitzuteilen.

14 **Zu § 224 ZPO:** Der **Antrag** muss **vor Fristablauf** gestellt sein und wenigstens andeutungsweise den Zeitraum erkennen lassen, um den die Frist verlängert werden soll (BFH IV B 38/02, BFH/NV 2003, 1602). – Entscheidung zur Hauptsache vor Entscheidung über den Fristverlängerungsantrag führt zur Verletzung des Anspruchs auf rechtliches Gehör (BFH XI B 149–150/95, BFH/NV 1997, 131; BVerwG 9 C 235/86, NJW 1988, 1280). Aber zur Verlängerung von Ausschlussfristen → § 65 Rn. 63; FG München 7 K 2643/08, BeckRS 2009, 26026967; 14 K 672/07, BeckRS 2008, 26024612.

15 **Zu § 225 ZPO:** Die **Entscheidung über den Antrag** trifft bei richterlichen Fristen das Gericht oder der Richter (Vorsitzende), das (der) für die Fristsetzung zuständig war. Bei der einzigen verlängerungsfähigen gesetzlichen Frist der FGO, nämlich der des § 120 II 3, trifft sie kraft ausdrücklicher gesetzlicher Vorschrift der Vorsitzende. Gegen Entscheidungen nach § 225 I ZPO ist **keine Beschwerde** gegeben (§ 128 II). – Ein Verstoß gegen **§ 225 II ZPO** macht die Entscheidung wegen Verletzung des rechtlichen Gehörs unwirksam.

Zu § 226 ZPO: Gegen die Entscheidungen ist **keine Beschwerde** gegeben (§ 128 II). 16

§ 55 [Belehrung über Frist]

(1) **Die Frist für einen Rechtsbehelf beginnt nur zu laufen, wenn der Beteiligte über den Rechtsbehelf, die Behörde oder das Gericht, bei denen der Rechtsbehelf anzubringen ist, den Sitz und die einzuhaltende Frist schriftlich oder elektronisch belehrt worden ist.**

(2) [1]**Ist die Belehrung unterblieben oder unrichtig erteilt, so ist die Einlegung des Rechtsbehelfs nur innerhalb eines Jahres seit Bekanntgabe im Sinne des § 54 Abs. 1 zulässig, es sei denn, dass die Einlegung vor Ablauf der Jahresfrist infolge höherer Gewalt unmöglich war oder eine schriftliche oder elektronische Belehrung dahin erfolgt ist, dass ein Rechtsbehelf nicht gegeben sei.** [2]**§ 56 Abs. 2 gilt für den Fall höherer Gewalt sinngemäß.**

Vgl. §§ 58, 59 VwGO; § 66 SGG; vgl. auch § 9 V ArbGG.

Literatur: Brügmann, Die elektronische Form in Rechtsbehelfsbelehrungen, DÖV 2020, 1008; Leber, Rechtsbehelfsbelehrung, Streitgegenstand und Klagebegehren, NVwZ 1996, 668; Rößler, Muss die Rechtsbehelfsbelehrung die Telefax-Nummer des FG angeben?, DStZ 1995, 563; Stollmann, Die neuere Rechtsprechung zur fehlerhaften Rechtsmittelbelehrung gem. § 58 VwGO, BayVBl. 1993, 200; Stumm, Die Rechtsbehelfsbelehrung bei öffentlich-rechtlichem Verwaltungshandeln, DVP 1991, 395.

Übersicht

	Rn.
I. Vorbemerkungen	1
II. Anwendungsbereich des § 55	5
III. Rechtsbehelfsbelehrung – Inhalt und Form	10
1. Inhalt der Belehrung	10
a) Belehrung über den Rechtsbehelf	10
b) Belehrung über die Behörde oder das Gericht	15
c) Belehrung über die einzuhaltende Frist	18
2. Form der Belehrung	19
IV. Unrichtigkeit der Belehrung	23
V. Rechtsfolgen fehlender oder unrichtiger Belehrung	27

I. Vorbemerkungen

§ 55 regelt die Folgen einer unterlassenen oder fehlerhaften Rechtsbehelfsbelehrung **für das finanzgerichtliche Verfahren** (vgl. auch §§ 105 II Nr. 6, 113 I; zur Parallelregelung für das Einspruchsverfahren s. § 356 AO), statuiert selbst aber keine Pflicht zur Erteilung einer solchen Belehrung (Kopp/Schenke/Schenke VwGO § 58 Rn. 2). 1

Die Norm soll gewährleisten, dass niemand aus prozessualer Unkenntnis von der Erhebung einer Klage oder der Einlegung von Rechtsmitteln absieht (ausf. BFH X R 18/05 B, BStBl. II 2006, 455). In Übereinstimmung damit legt § 55 I fest, dass Klage- und Rechtsmittelfristen nur zu laufen beginnen, wenn eine ordnungsgemäße Rechtsbehelfsbelehrung erteilt worden ist. Das gilt unabhängig 2 davon, ob die **Belehrung gesetzlich vorgeschrieben** ist oder nicht. Liegt keine ordnungsgemäße Belehrung vor, so ist die Erhebung der Klage oder die Einlegung des Rechtsmittels allerdings nicht ohne jede zeitliche Beschränkung zulässig. Im Interesse der Rechtssicherheit bestimmt § 55 II vielmehr, dass der Rechtsbehelf grds. nur innerhalb eines Jahres seit der Bekanntgabe des VA oder der Entscheidung eingelegt werden kann (zur Ausnahme → Rn. 29 f.).

II. Anwendungsbereich des § 55

5 Der Grundsatz, dass eine **ordnungsgemäße schriftliche Rechtsbehelfsbelehrung** Voraussetzung für den Beginn der Rechtsbehelfsfrist ist, gilt nach § 55 I 1 für **alle Rechtsbehelfe.** Rechtsbehelfe sind ausgerichtet auf eine formelle oder materielle Überprüfung einer ergangenen behördlichen oder gerichtlichen Entscheidung (IV R 37/09, BFH/NV 2012, 41; Kopp/Schenke/Schenke VwGO § 58 Rn. 4). § 55 erfasst daher zunächst die gerichtlichen **Rechtsbehelfe der ersten Instanz,** also neben der Klage (BFH X R 18/05, BStBl. II 2006, 455 betr. die Rechtsbehelfsbelehrung der Einspruchsentscheidung) alle sonstigen Anträge auf erstinstanzliche gerichtliche Entscheidung (BFH II R 28/11, BStBl. II 2013, 131; VI R 85/98, BStBl. II 1999, 302 zum Antrag auf mündliche Verhandlung nach § 90a II 1). Darüber hinaus gehören zu den Rechtsbehelfen die **Rechtsmittel,** die auf die Überprüfung gerichtlicher Entscheidungen zielen (Revision, NZB, Beschwerde; BFH IV R 37/09, BFH/NV 2012, 41; II R 28/11, BStBl. II 2013, 131). – **Keine Rechtsbehelfe** iSd § 55 sind demgegenüber solche Rechtsschutzbegehren, die nicht auf Überprüfung einer behördlichen oder gerichtlichen Entscheidung ausgerichtet sind, sondern bei denen es um den Erlass einer eigenständigen gerichtlichen Entscheidung geht (sog. **außerordentliche Rechtsbehelfe,** vgl. Kopp/Schenke/Schenke VwGO § 58 Rn. 5). Dazu gehören zB die Anhörungsrüge nach § 133a (BFH III B 63/05, BFH/NV 2005, 2019), der Antrag auf Wiedereinsetzung in den vorigen Stand nach § 56 (zum Fall der PKH BFH III B 463/90, BFH/NV 1991, 621; → § 56 Rn. 69), der Antrag auf AdV nach § 69 III (differenzierend für das verwaltungsgerichtliche Verfahren Kopp/Schenke/Schenke VwGO § 58 Rn. 5), der Antrag auf Urteilsberichtigung, Tatbestandsberichtigung (BFH X B 9/24, BFH/NV 2024, 1192, Rn. 16) oder Urteilsergänzung nach §§ 107–109, der Antrag auf einstweilige Anordnung nach § 114, die Nichtigkeits- und Restitutionsklage nach § 134 (BFH III K 1/03, BFH/NV 2003, 1436), die Dienstaufsichtsbeschwerde und die Verfassungsbeschwerde.

6 Die Rechtsbehelfsbelehrung muss nach § 55 I schriftlich oder elektronisch erteilt werden (→ Rn. 19). § 55 I bestimmt **nicht** ausdrücklich, dass die zu überprüfende behördliche oder gerichtliche **Entscheidung schriftlich** ergangen sein muss, und gilt daher auch für **mündliche Entscheidungen,** insbes. für mündliche VA (Tipke/Kruse/Brandis § 55 Rn. 3). Die Rechtsbehelfsbelehrung ist in diesen Fällen aber schriftlich (oder elektronisch) zu erteilen (§ 55 I).

III. Rechtsbehelfsbelehrung – Inhalt und Form

1. Inhalt der Belehrung

10 **a) Belehrung über den Rechtsbehelf.** Belehrt werden muss über den jeweils **nächsten statthaften Rechtsbehelf** (Klage, Antrag auf mündliche Verhandlung nach Gerichtsbescheid, Beschwerde, Revision, NZB).

Die **Belehrung über die Klage** braucht sich **nicht** auf die Möglichkeit einer **Sprungklage** nach § 45 (FG Bln II 87/71, EFG 1972, 127) oder auf die Möglichkeit einer **Untätigkeitsklage** nach § 46 zu erstrecken. Ebenso wenig ist eine Belehrung über die Anzahl der in der Einspruchsentscheidung erfassten VA (BFH II R 152/88, BFH/NV 1991, 726) oder die Möglichkeit einer **Wiedereinsetzung** (§ 56) erforderlich. Die Rechtsbehelfsbelehrung muss auch keinen Hinweis darüber enthalten, dass der Kläger bei Aufhebung des Vorbehalts der Nachprüfung im Rahmen einer Einspruchsentscheidung auch insoweit unmittelbar Klage erheben muss und nach Ablauf der Klagefrist nicht mehr gem. § 164 AO eine Änderung der Bescheide beantragen kann (BFH VIII B 70/20, BFH/NV 2021, 642, Rn. 6). Hinweise zur **Form** der Klageerhebung und zur Möglichkeit der Klageerhebung durch einen Bevollmächtigten (BFH IV B 96/96, BFH/NV 1997, 784) sowie zum notwendigen **Inhalt der Klageschrift** sind ebenfalls entbehrlich. Zur **elektronischen Übermittlung** → Rn. 17. 11

Bei der **in gerichtlichen Entscheidungen** vorzunehmenden Belehrung über Rechtsmittel muss erkennbar sein, **welches Rechtsmittel** innerhalb **welcher Frist** im konkreten Fall **statthaft** ist (zu den Anforderungen bei wiederholter Zustellung eines Urteils s. BFH II R 27/06, BFH/NV 2008, 2056; s. auch BFH IV B 33/10, BFH/NV 2011, 1888: Fehlerhaftigkeit liegt vor, wenn die Aussagen der korrekten Rechtsmittelbelehrung durch falsche Angaben in einem Begleitschreiben in Frage gestellt werden). Gegen **Urteile** kommt als Rechtsmittel sowohl die Revision als auch die NZB in Betracht. Es muss deshalb im Falle der Zulassung der Revision (§ 115 II) über deren Voraussetzungen (§ 120) und im Falle der Nichtzulassung der Revision über die Voraussetzungen der NZB (§ 116) und die Fortsetzung des Beschwerdeverfahrens als Revisionsverfahren bei Stattgabe der Beschwerde (§ 116 VII) belehrt werden. – Gegen **Gerichtsbescheide** (§ 90a, § 79a II, IV iVm § 90a) kommt als Rechtsmittel der Antrag auf mündliche Verhandlung und bei Zulassung der Revision die Revision in Betracht. Hierüber und über den Vorrang des Antrags auf mündliche Verhandlung, wenn von beiden Rechtsmitteln Gebrauch gemacht wird, ist nach Maßgabe des § 90a II zu belehren. – IÜ reicht es aus, wenn sich das im konkreten Fall zulässige Rechtsmittel aus dem Zusammenhang mit den Entscheidungsgründen ergibt (BFH XI B 17/96, BFH/NV 1996, 755 mwN). Ein Hinweis auf das im konkreten Einzelfall erfolgversprechende Rechtsmittel ist nicht erforderlich (BFH VII E 3/96, BFH/NV 1996, 829). 12

Bedarf ein Rechtsmittel zwingend der Begründung, wie die Revision, muss auch hierüber belehrt werden, und zwar einschließlich der für die Begründung bestehenden weiteren Frist (BFH V R 116/86, BStBl. II 1987, 438 mwN; s. aber BFH III R 12/01, BFH/NV 2002, 794; II R 60/01, BFH/NV 2003, 482: keine Belehrung über die Möglichkeit der Verlängerung der Begründungsfrist erforderlich). – Wird über die **Begründungsfrist** nicht belehrt, beginnt auch die Einlegungsfrist nicht (BFH VI R 80/66, BStBl. III 1966, 595). – Auch über einen ggf. bestehenden **Vertretungszwang** muss belehrt werden (BFH V B 42/16, BFH/NV 2016, 1057; s. auch BFH II R 2/04, BFH/NV 2005, 718: keine Belehrung erforderlich zur Postulationsfähigkeit von nur im Ausland zugelassenen Anwälten). 13

Nicht belehrt werden muss in gerichtlichen Rechtsmittelbelehrungen darüber, dass mit der Revision nur Rechtsverletzungen gerügt werden können (BFH VII R 21/67, BStBl. II 1968, 535), dass Verfahrensmängel nur innerhalb der Revisionsfrist gerügt werden können (BFH IV 337/62 S, BStBl. III 1965, 14

234) oder welche Personen zum Auftreten vor dem BFH befugt sind (BFH VII B 221/11, BFH/NV 2012, 1805). Es muss auch nicht über außerordentliche Rechtsbehelfe belehrt werden (→ Rn. 5 aE).

Zu **falschen und irreführenden Rechtsbehelfsbelehrungen** → Rn. 23 ff.

15 **b) Belehrung über die Behörde oder das Gericht.** Zu belehren ist über die Behörde oder das Gericht, bei denen der Rechtsbehelf anzubringen ist. Notwendig anzugeben sind die **amtliche Bezeichnung und der Sitz** (BFH II R 28/11, BStBl. II 2013, 131; V B 1/16, BFH/NV 2016, 997; s. aber BFH I R 4/00, BStBl. II 2000, 539 und VII B 158/16, BFH/NV 2017, 603: konkrete Bezeichnung der Behörde reicht aus). Eine Belehrung über die Möglichkeit, die Klage bei der Behörde anzubringen (§ 47 II, III), ist nicht erforderlich (BFH I R 4/00, BStBl. II 2000, 539). Der nach dem Wortlaut des § 55 I vorgesehenen Belehrung über „die Behörde" kommt damit im finanzgerichtlichen Verfahren keine Bedeutung zu.

16 Die **exakte postalische Anschrift** braucht **nicht** angegeben zu werden (BFH V B 1/16, BFH/NV 2016, 997, Rn. 8; BVerwG V C 196.65, BVerwGE 25, 261; glA zur Belehrung über den Einspruch BFH VI R 150/73, BStBl. II 1976, 477; offen aber BFH VIII B 79/94, BFH/NV 1995, 686 (687) mwN). Die Rechtsmittelbelehrung soll die Rechtsunkenntnis des Beteiligten beseitigen, ihm aber nicht postalisch erforderliche Tätigkeiten abnehmen. Jedoch muss der Sitz des Gerichts in der Rechtsmittelbelehrung oder der Entscheidung so genau bezeichnet sein, dass keine Schwierigkeiten bei der postalischen Übermittlung einer Klageschrift auftreten können (BFH VIII B 79/94, BFH/NV 1995, 686 (687) mwN). In der Praxis wird deshalb in den Rechtsmittelbelehrungen auch die postalische Adresse des Gerichts einschließlich der Postleitzahl angegeben.

17 Sachdienlich, aber **nicht zwingend erforderlich,** ist auch die Angabe der **Telefaxnummer** des Gerichts. Gleiches gilt für den Hinweis auf die **elektronische Übermittlung** von Rechtsbehelfen (zu § 52a: BFH X R 2/12, BStBl. II 2014, 236; VIII R 51/12, BFH/NV 2014, 1010; IV R 18/13, BFH/NV 2015, 1349, VII B 158/16, BFH/NV 2017, 603; II S 5/21 (PKH), BFH/NV 2021, 1204, Rn. 18 f.). Daran hat sich mE auch nichts dadurch geändert, dass **§ 52d** für Rechtsanwälte seit dem 1.1.2022 und für Steuerberater seit dem 1.1.2023 die **Pflicht zur elektronischen Einreichung von Schriftsätzen** vorsieht (→ § 52d Rn. 2, Rn. 4). § 55 I erfordert nur eine Belehrung über den Rechtsbehelf, die Behörde oder das Gericht, bei denen der Rechtsbehelf anzubringen ist, den Sitz und die einzuhaltende Frist, sodass Hinweise zur Form entbehrlich sind. Hierzu gehört auch die elektronische Übermittlung (BFH VII R 26/22, BB 2024, 1510, Rn. 21; VI B 13/23, BFH/NV 2024, 412, Rn. 9; VIII R 2/22, BFH/NV 2024, 1054 u. XI B 59/23, BFH/NV 2024, 1349, Rn. 22: Die Angabe der Hausanschrift des BFH sowie dessen Postanschrift und Telefax-Anschluss kann ein fachkundiger Beteiligter nicht dahin verstehen, dass er das Rechtsmittel abweichend von den gesetzlichen Anforderungen des § 52d auch postalisch beim BFH einlegen und begründen darf; FG Brem 1 K 42/22, EFG 2024, 1703, Rev. BFH: VI R 6/24; FG München 13 K 1318/23, EFG 2024, 1695; s. zu allg. Hinweisen auch: FG Hmb 2 K 6/23, EFG 2023, 1633, Rev. BFH: XI R 26/23; FG BBg 9 K 9108/23, EFG 2024, 1601, Rev. BFH: VI R 17/24; FG Köln 12 K 1462/23, EFG 2024, 444; aA FG München 4 K 347/22, EFG 2023, 639; 14 K 103/23, EFG 2024, 1715, Rev. BFH: V R 12/24: Unrichtige Rechtsmittelbelehrung, wenn diese alternativ als Einreichungsformen das schriftliche oder elektronische Doku-

ment oder die Erklärung zu Protokoll des Urkundsbeamten angibt, ohne für die von § 52d FGO erfassten Personen auf die Pflicht zur elektronischen Kommunikation hinzuweisen).

Zu **falschen und irreführenden Rechtsbehelfsbelehrungen** → Rn. 23 ff.

c) Belehrung über die einzuhaltende Frist. Nur über die **Länge der Frist** und die allg. Merkmale des Fristbeginns ist zu belehren, **nicht** über die **Berechnung** und auch nicht über die Voraussetzungen, unter denen die Frist nicht zu laufen beginnt (BFH III R 8/14, BStBl. II 2015, 844; X B 95/15, BFH/NV 2016, 732; s. auch BFH X R 18/05, BStBl. II 2006, 455 mwN zur Verlängerung der Dreitagesfrist des § 122 II Nr. 1 AO, wenn der dritte Tag auf einen Sonntag, Feiertag oder Sonnabend fällt). – Zu belehren ist auch nicht darüber, dass sich die Frist bei Feiertagen verlängert (BVerfG 2 BvR 118/71, BVerfGE 31, 388), dass nach § 188 III BGB bei kürzeren Monaten Besonderheiten bestehen (BVerwG VII B 151.75, NJW 1976, 865; FG BW IV 97, 155/74, IV 97/74, IV 155/74, EFG 1975, 22) oder wann die Zustellung als bewirkt gilt, also die Frist zu laufen beginnt (BSG 9 RV 358/69, NJW 1970, 583; BVerwG VII B 58/73, HFR 1974, 310). Deshalb ist in der Belehrung auch nicht anzugeben, wann die entsprechende Entscheidung zur Post gegeben wurde (BFH I R 37/73, BStBl. II 1975, 155). Die Belehrung darf allerdings, wenn sie schon etwas über den Tag der Zustellung besagt, auch **nicht irreführend** sein (→ Rn. 25). 18

2. Form der Belehrung

Die Belehrung hat **schriftlich oder elektronisch** zu erfolgen. Der Hinweis auf die **elektronische Belehrung** ist überflüssig, weil iRd elektronischen Rechtsverkehrs ohnehin nur schriftliche Dokumente auf elektronischem Wege übermittelt werden (s. § 52a, 52b). – Weitere Formvorschriften existieren nicht, insbes. nicht zum Aufbau der Rechtsbehelfsbelehrung (FG Düsseldorf 7 K 504/22 K, EFG 2023, 344: Angaben zur Form der Einlegung eines Rechtsbehelfs müssen nicht im räumlichen Zusammenhang erfolgen). 19

Die Rechtsbehelfsbelehrung ist Teil des Urteils, Gerichtsbescheids und Beschlusses (§ 105 II Nr. 6 iVm § 106 u. § 113 I) und muss daher von den Richtern (bzw. dem Einzelrichter) mitunterschrieben sein (BFH I R 242/75, BStBl. II 1976, 787; zur Verwendung von durch Ziffern gekennzeichneten Textbausteinen und zur Berichtigung einer fehlerhaften Rechtsmittelbelehrung nach § 107 s. BFH V R 93/01, BFH/NV 2003, 643). – Die Belehrung muss (nur) **in deutscher Sprache** erfolgen. Das gilt auch dann, wenn der Beteiligte Ausländer ist und die deutsche Sprache nicht hinreichend beherrscht (BFH VII R 102/75, BStBl. II 1976; BVerfG 2 BvR 728/75, BVerfGE 42, 120 (125) zugleich zur Möglichkeit der Wiedereinsetzung in den vorigen Stand; → § 56 Rn. 23). 20

Wird dem **Bevollmächtigten** eine Ausfertigung mit Rechtsmittelbelehrung und zugleich (für seinen Mandanten) eine solche ohne Rechtsmittelbelehrung zugestellt, so ist eine Belehrung erfolgt (BFH VIII R 14/72, BStBl. II 1973, 246; zur Nichtannahme der Verfassungsbeschwerde: BVerfG 2 BvR 194/73, nv). 21

Die Belehrung kann auch **nachträglich** erfolgen. Bei Urteilen oder Beschlüssen ist dies allerdings nur unter den Voraussetzungen des § 107 möglich (→ § 107 Rn. 7). Um die Frist in Gang zu setzen, ist das ergänzte Urteil oder der ergänzte Beschluss erneut zuzustellen (BFH X R 28/13, BFH/NV 2014, 351; BVerwG 6 C 31/98, BVerwGE 109, 336). Die Nachholung der Belehrung wirkt nur für die Zukunft, dh die Frist beginnt erst mit Bekanntmachung der nachgeholten 22

Belehrung (BFH X R 37/10, BFH/NV 2014, 347; X R 28/13, BFH/NV 2014, 351; Kopp/Schenke/Schenke VwGO § 58 Rn. 8; vgl. auch BFH IV B 75/01, BFH/NV 2003, 45). Nicht mehr nachgeholt werden kann die Belehrung, wenn die Jahresfrist des § 55 II abgelaufen ist oder die Nachholung der Belehrung zur Folge hätte, dass Rechtsbehelfe über die Jahresfrist des § 55 II hinaus zulässig würden (Kopp/Schenke/Schenke VwGO § 58 Rn. 8).

IV. Unrichtigkeit der Belehrung

23 **Unrichtig** ist die Rechtsmittelbelehrung, wenn sie in einer der gem. § 55 I wesentlichen Aussagen unzutreffend bzw. derart unvollständig oder missverständlich gefasst ist, dass hierdurch bei objektiver Betrachtung die Möglichkeit zur Fristwahrung gefährdet erscheint (BFH X R 3/96, BStBl. II 1998, 742; IV B 54/09, BFH/NV 2010, 448; V B 1/16, BFH/NV 2016, 997; XI B 107/16, BFH/NV 2017, 1412). Das ist insbes. der Fall, wenn in der Rechtsbehelfsbelehrung der **falsche** oder ein **unzulässiger Rechtsbehelf** bezeichnet worden ist (BFH V R 85/86, BFH/NV 1987, 666; XI R 76/98, BFH/NV 1999, 1617 (1618) betr. Gerichtsbescheid gem. § 79a II, IV; X R 37/10, BFH/NV 2014, 347; X R 28/13, BFH/NV 2014, 351), und zwar auch dann, wenn für den richtigen Rechtsbehelf dieselbe Frist gilt (BFH V R 11/15, BStBl. II 2018, 113). Gleiches gilt, wenn dem Urteil eine Rechtsmittelbelehrung beigefügt ist, die von der im Tenor getroffenen Entscheidung über die Zulässigkeit der Revision abweicht (BFH V R 11/15, BStBl. II 2018, 113; s. auch BFH XI B 117/11, BFH/NV 2013, 981 zu einer dem Urteil beigefügten Rechtsmittelbelehrung, in der ohne Hinweis auf die besondere Entscheidung über die Zulassung von der Zulässigkeit der Revision ausgegangen wird, sowie BFH IV B 33/10, BFH/NV 2011, 1888: Unrichtigkeit liegt auch vor, wenn die Aussagen der korrekten Rechtsmittelbelehrung durch falsche Angaben in einem Begleitschreiben in Frage gestellt werden). Unrichtig ist die Belehrung auch dann, wenn sie über den gesetzlich **erforderlichen Mindestinhalt hinausgehende Informationen** enthält, die falsch, unvollständig und/oder missverständlich sind und wenn diese Informationen bei objektiver Betrachtung dazu geeignet sind, die Möglichkeiten der Fristwahrung zu gefährden (BFH III R 8/14, BStBl. II 2015, 844; VIII B 228/09, BFH/NV 2010, 2080 zur Angabe, dass der Tag der Aufgabe zur Post das Datum der Einspruchsentscheidung ist; BFH XI B 107/16, BFH/NV 2017, 1412; II S 5/21 (PKH), BFH/NV 2021, 1204, Rn. 20 und FG BBg 4 K 4253/19, BeckRS 2021, 21128, zum ausreichenden Verweis auf **§ 52a** ohne weitere Erläuterungen, dazu → Rn. 17; aA FG Brem 2 K 87/19 5, BeckRS 2019, 29939, wenn dies als Möglichkeit der Klageerhebung per E-Mail verstanden werden kann, mE sehr fraglich). Das ist auch dann der Fall, wenn die Rechtsmittelbelehrung eine **zu lange Frist** angibt (aA aber BFH IV 285/51 U, BStBl. III 1952, 162; III R 14/14, BStBl. II 2015, 850; offen gelassen von BFH VII B 181/03, BFH/NV 2004, 1284). Denn dies kann den Stpfl. dazu verleiten, einen Rechtsbehelf verspätet einzulegen. Es ist dem Stpfl. nicht zuzumuten, ihn auf die Wiedereinsetzung zu verweisen. – Zur Rechtsfolge in all diesen Fällen → Rn. 30.

24 Unrichtig ist eine Rechtsmittelbelehrung auch, wenn sie die **Voraussetzungen für eine Revision** fehlerhaft bezeichnet (BFH III B 28/76, BStBl. II 1977, 698) oder wenn sie angibt, die **NZB** sei beim FG zu erheben (BFH VII B

78/02, BFH/NV 2003, 322). – Zum Fall der unzutreffenden Belehrung, ein **Rechtsmittel sei nicht gegeben,** → Rn. 30.

Die Rechtsbehelfsbelehrung ist ferner auch dann falsch, wenn sie **irreführend** 25
oder **missverständlich** ist und dadurch bei objektiver Betrachtung die Möglichkeit der Fristwahrung gefährdet erscheint (BFH IV B 54/09, BFH/NV 2010, 448 mwN). Ob das der Fall ist, bestimmt sich danach, wie der Erklärungsempfänger die Rechtsbehelfsbelehrung oder ergänzende Angaben nach Treu und Glauben und unter Berücksichtigung der ihm bekannten Umstände verstehen musste (BFH IV B 54/09, BFH/NV 2010, 448; XI B 107/16, BFH/NV 2017, 1412 mwN). Eine Irreführung ist danach anzunehmen, wenn die Rechtsmittelbelehrung angibt, dass in der Klageschrift die erforderlichen **Beweismittel zu benennen** sind (BGH IX ZR 102/72, MDR 1973, 757) oder der Eindruck erweckt wird, die Klage müsse **innerhalb der Klagefrist begründet** werden (BVerwG V C 92.67, BVerwGE 28, 178), nicht aber, wenn die Rechtsmittelbelehrung besagt, der Klage seien **mehrere Abschriften** beizufügen (BVerwG 5 B 16/89, Buchholz 310 § 58 VwGO Nr. 56). Irreführend ist es auch, wenn – was an sich nicht erforderlich wäre (→ Rn. 18) – darauf hingewiesen wird, dass ein nach **§ 122 II AO** zugestellter Bescheid am dritten Tag nach der Aufgabe zur Post als bekannt gegeben gilt, aber der Hinweis fehlt, dass die Zustellung dann nicht als am dritten Tage nach der Absendung bewirkt gilt, wenn das Schriftstück nicht oder später zugegangen ist (BFH II R 110/69, BStBl. II 1973, 187 mwN; s. zu § 122 AO auch BFH XI B 107/16, BFH/NV 2017, 1412).

Eine Rechtsbehelfsbelehrung ist **nicht unrichtig und nicht irreführend,** 26
wenn es in ihr heißt, die Frist beginne „mit Ablauf des Tages der Bekanntgabe der Entscheidung" statt – wie in § 47 I 1 vorgesehen – „mit der Bekanntgabe der Entscheidung" (BFH IV R 73/80, BStBl. II 1981, 70). Ebenso ist die Belehrung unschädlich, der Rechtsbehelf sei schriftlich „bzw" zur Niederschrift bei der Behörde einzulegen (BVerwG 6 B 19/81, DÖV 1981, 635; s. auch BFH I R 4/00, BStBl. II 2000, 539). Zur – nicht erforderlichen – fehlerhaften Belehrung über die beim BFH vertretungsbefugten Personen s. BFH VII B 221/11, BFH/NV 2012, 1805. Zum **fehlenden Hinweis auf die elektronische Einreichung** → Rn. 17.

V. Rechtsfolgen fehlender oder unrichtiger Belehrung

Ist ein **Verwaltungsakt** oder eine gerichtliche Entscheidung **ohne Rechtsbe-** 27
helfsbelehrung ergangen **oder** ist die Rechtsbehelfsbelehrung **unrichtig** oder unvollständig, hat dies auf die Wirksamkeit (Rechtsgültigkeit) des VA oder der Entscheidung keinen Einfluss. Folge derartiger Fehler ist (nur), dass die **Rechtsmittelfrist nicht in Lauf gesetzt** wird (§ 55 I – BFH II R 27/06, BFH/NV 2008, 2056 mwN; XI B 117/11, BFH/NV 2013, 981; X R 28/13, BFH/NV 2014, 351). – Ob die **unrichtige Belehrung** für die Fristversäumnis **ursächlich** war, ist dabei unerheblich (BFH V R 116/86, BStBl. II 1987, 438; III R 14/14, BStBl. II 2015, 850; III R 8/14, BStBl. II 2015, 844; XI B 107/16, BFH/NV 2017, 1412). Ebenso wenig kommt es darauf an, ob der Berechtigte den richtigen Rechtsbehelf und die Dauer der Frist kennt (BFH III R 8/14, BStBl. II 2015, 844) oder ob für den richtigen Rechtsbehelf dieselbe Frist gilt, wie für den in der Rechtsbehelfsbelehrung genannten falschen Rechtsbehelf. – Eine fehlerhafte Rechtsbehelfsbelehrung kann in keinem Fall bewirken, dass ein in ihr angegebenes

falsches FG zuständig wird (FG Saarl 1 K 78/96, BeckRS 1996, 12737) oder ein in ihr angegebener **falscher Rechtsweg** (BVerwG 1 DB 3/79, BVerwGE 63, 198 (200)) oder ein in ihr genanntes nach dem G unzulässiges Rechtsmittel **zulässig** wird (stRspr, zB BFH XI R 63/06, BFH/NV 2008, 606 mwN; II B 143/09, BFH/NV 2010, 842, Rn. 22).

28 Die **Rechtsbehelfsfrist** verlängert sich grds. (zu den Ausnahmen → Rn. 29, 30) auf **ein Jahr seit Bekanntgabe** des VA bzw. der Entscheidung (BFH XI R 63/06, BFH/NV 2008, 606). Dies ist eine Höchstfrist (§ 55 II 1; zur Verfassungsmäßigkeit BVerwG 6 C 70/78, HFR 1980, 204). Diese Frist ist nicht von einer Belehrung iSd § 55 I abhängig und kann als sog. Ausschlussfrist, innerhalb derer das Rechtsmittel sowohl eingelegt als auch begründet werden muss, **nicht verlängert** werden (BFH I B 132/09, BFH/NV 2010, 2108). Wiedereinsetzung ist nur nach Maßgabe des § 55 II 2 möglich (→ Rn. 29), nicht aber unmittelbar nach § 56 (BFH IV R 10/02, BFH/NV 2004, 971; FG Brem 2 K 1/20, BeckRS 2020, 38250; Kopp/Schenke/Schenke VwGO § 58 Rn. 16; s. aber BVerfG 1 BvR 2427/19, NJW 2021, 915, Rn. 41: Bei fehlerhafter Rechtsmittelbelehrung dürfen die Anforderungen zur Erlangung von Wiedereinsetzung mit Blick auf die Gewährleistung rechtlichen Gehörs nicht überspannt werden). – Die **Nichtigkeit eines Verwaltungsaktes** kann auch noch nach Ablauf der Jahresfrist durch Feststellungsklage geltend gemacht werden (s. auch FG Hmb IV 47/01, EFG 2003, 252 zur Unanwendbarkeit der Frist des § 55 II auf Fortsetzungsfeststellungsklagen).

29 Die **Jahresfrist greift** ausnahmsweise **nicht ein,** wenn die Einlegung des Rechtsbehelfs vor Ablauf der Jahresfrist **infolge höherer Gewalt unmöglich** war. Höhere Gewalt ist ein außergewöhnliches Ereignis, das unter den gegebenen Umständen auch durch die äußerste nach Lage der Sache von dem Betroffenen zu erwartende Sorgfalt nicht verhindert werden konnte (stRspr, zB BFH IV B 90/03, BFH/NV 2005, 1817 mwN). Das ist zB der Fall, wenn die Ursache der Säumnis in der Sphäre des Gerichts liegt (BFH XI R 63/06, BFH/NV 2008, 606 mwN betr. unklare Rechtsbehelfsbelehrung). – Fällt der Hinderungsgrund der höheren Gewalt (nach Ablauf der Jahresfrist) weg, kann Wiedereinsetzung (§ 56) erfolgreich beantragt werden (§ 55 II 2). Dabei muss die Frist des § 56 II 1 eingehalten werden.

30 Eine **weitere Ausnahme** gilt, wenn der Betroffene zu Unrecht schriftlich dahin **belehrt** worden ist, **dass ein Rechtsbehelf nicht gegeben sei.** In diesem Falle besteht überhaupt keine zeitliche Begrenzung für die Einlegung des Rechtsbehelfs. Die Grundsätze der **Verwirkung** müssen aber auch hier gelten (BFH I 181/64, BStBl. III 1966, 330). Dem soll nach BFH VII R 33/04, BFH/NV 2005, 819 mwN der Fall gleichzusetzen sein, dass in der Rechtsbehelfsbelehrung auf einen nicht statthaften Rechtsbehelf hingewiesen wird, obwohl tatsächlich ein anderer Rechtsbehelf gegeben wäre (glA Kopp/Schenke/Schenke VwGO § 59 Rn. 21 zudem für den Fall, dass auf einen falschen Rechtsweg verwiesen wird). Dem ist mE nicht zuzustimmen. Denn wenn der Betroffene zu Unrecht darüber belehrt wird, dass kein Rechtsbehelf gegeben ist – wie § 55 II 1 Hs. 2 Fall 2 dies ausdrücklich vorsieht –, dann wird er daran gehindert, einen Rechtsbehelf einzulegen und darf folglich nicht auf die Jahresfrist des § 55 II 1 verwiesen werden. Anders ist die Situation aber, wenn die Rechtsbehelfsbelehrung (nur) den falschen Rechtsbehelf oder einen falschen Rechtsweg angibt. In diesem Fall wird der Betroffene in die Lage versetzt, einen Rechtsbehelf einzulegen, wenn auch einen tatsächlich nicht statthaften. Tut er dies nicht, muss es bei der grundsätzlichen Regelung bleiben, dass der Rechtsbehelf nur innerhalb eines Jahres zulässig ist, zumal diese Rechtsfolge auch eingetreten wäre, wenn die Belehrung gänzlich unterblieben wäre.

§ 56 [Wiedereinsetzung in den vorigen Stand]

(1) **Wenn jemand ohne Verschulden verhindert war, eine gesetzliche Frist einzuhalten, so ist ihm auf Antrag Wiedereinsetzung in den vorigen Stand zu gewähren.**

(2) [1]**Der Antrag ist binnen zwei Wochen nach Wegfall des Hindernisses zu stellen; bei Versäumung der Frist zur Begründung der Revision oder der Nichtzulassungsbeschwerde beträgt die Frist einen Monat.** [2]**Die Tatsachen zur Begründung des Antrags sind bei der Antragstellung oder im Verfahren über den Antrag glaubhaft zu machen.** [3]**Innerhalb der Antragsfrist ist die versäumte Rechtshandlung nachzuholen.** [4]**Ist dies geschehen, so kann Wiedereinsetzung auch ohne Antrag gewährt werden.**

(3) **Nach einem Jahr seit dem Ende der versäumten Frist kann Wiedereinsetzung nicht mehr beantragt oder ohne Antrag bewilligt werden, außer wenn der Antrag vor Ablauf der Jahresfrist infolge höherer Gewalt unmöglich war.**

(4) **Über den Antrag auf Wiedereinsetzung entscheidet das Gericht, das über die versäumte Rechtshandlung zu befinden hat.**

(5) **Die Wiedereinsetzung ist unanfechtbar.**

Vgl. § 60 VwGO; § 67 SGG; §§ 233–238 ZPO.

Literatur: Gersch, Fristen für Prozesshandlungen, AO-StB 2002, 313; Hagen, Fristenkalender, AnwBl. 1994, 463; Haunhorst, Die verunglückte Übermittlung eines fristwahrenden Schriftsatzes per Telefax, DStR 2001, 8; Kamps, Fristen und Fristenkontrolle in der Steuerberatung, Stbg 2016, 491; Klos, Irrtum über den Beginn der Rechtsbehelfsfrist und Wiedereinsetzung in den vorigen Stand, Inf 1995, 100; Lange, Die Neufassung des § 56 Abs. 2 S. 1 FGO, DB 2004, 2125; Leibner/Pump, Einhalten von Fristen im Büroalltag, AO-StB 2002, 352; Müller, Fristenprobleme im Steuerrecht, AO-StB 2012, 145; Niehues, Effektive Fristenkontrolle ohne Postausgangsbuch, Stbg 2002, 534; Pelke, Wiedereinsetzung in den vorigen Stand – Ein Standardproblem in der Rechtsprechungspraxis, SteuK 2012, 161; Pump/Heinemann, Aspekte der EDV-gestützten Fristenkontrolle in der Steuerberaterpraxis, StBW 2013, 129; Steinhauff, Fristen und Fristenkontrolle in der Steuerberatung, AO-StB 2017, 93; Stöcker, Wiedereinsetzung gibt's nicht, AO-StB 2005, 242; Streck/Mack/Schwedhelm, Die Führung eines Postausgangsbuchs ist nicht länger zwingende Voraussetzung für eine Wiedereinsetzung in den vorigen Stand, Stbg 2001, 461; Tormöhlen, Wiedereinsetzung in den vorigen Stand, AO-StB 2012, 56; Toussaint, Fristversäumnis wegen Erkrankung des Rechtsanwalts, NJW 2014, 200.

Übersicht

	Rn.
I. Vorbemerkung	1
II. Die Regelungen des § 56	2
1. Voraussetzungen der Wiedereinsetzung	2
a) Fristversäumnis	2
aa) Versäumung gesetzlicher Fristen	2

Rn.
bb) Ausnahmsweise Anwendung des § 56 auf richterliche Fristen 3
cc) Wiedereinsetzung bei sonstigen Zulässigkeitsmängeln, Form- und Inhaltsfehlern? 4
dd) Feststellung der Fristversäumnis 5
b) Verhinderung an der Einhaltung der Frist und Kausalität ... 6
c) Schuldlosigkeit der Verhinderung 7
aa) Beurteilungsmaßstab 7
bb) Zurechnung des Verschuldens 8
d) ABC der Wiedereinsetzungsgründe 20
2. Verfahren 100
a) Wiedereinsetzung auf Antrag 100
aa) Allgemeines 100
bb) Form des Antrags 101
cc) Antragsfrist 102
dd) Begründung des Antrags 110
ee) Nachholung der versäumten Rechtshandlung 122
b) Wiedereinsetzung ohne Antrag 125
c) Ausschluss der Wiedereinsetzung (§ 56 III) 129
d) Die gerichtliche Entscheidung 133
aa) Zuständigkeit, Form der Entscheidung, Besetzung des Gerichts 133
bb) Zum Entscheidungsinhalt 137
e) Rechtsmittel 142

I. Vorbemerkung

1 Der Beteiligte eines gerichtlichen Verfahrens darf **Fristen bis zum letzten Tag ausnutzen** (stRspr, BVerfG 1 BvR 726/78, BVerfGE 52, 203 mwN; BFH XI B 70/12, BFH/NV 2013, 401). Er muss aber Sorge dafür tragen, dass die betreffende Sendung innerhalb der laufenden Frist dem Empfänger zugeht (BFH VIII R 60/95, BFH/NV 1997, 34 (35); V S 14/02, BFH/NV 2003, 175; XI B 70/12, BFH/NV 2013, 401 und X B 107/14, BFH/NV 2015, 1431 zur gesteigerten Sorgfaltspflicht bei Ausnutzung der Frist bis zur letzten Minute). Kann er dem nicht nachkommen oder kommt die Sendung gleichwohl nicht innerhalb der Frist beim Empfänger an, so ist Wiedereinsetzung zu gewähren, wenn den Beteiligten kein Verschulden an der Fristversäumnis trifft. Dies dient unter Beachtung der verfassungsrechtlichen Grundsätze des Art. 19 IV GG (Rechtsweggarantie) und des Art. 103 I GG (Gewährung rechtlichen Gehörs) der Verwirklichung der **Einzelfallgerechtigkeit** (BVerfG 2 BvR 849/75, BVerfGE 41, 332; 2 BvR 150/91, NJW 1991, 2208; 1 BvR 2327/07, NJW 2008, 2167) und des sich aus Art. 2 I GG iVm dem Rechtsstaatsprinzip (Art. 20 III GG) ergebenden Gebots einer **rechtsstaatlichen Verfahrensgestaltung** (BVerfG 1 BvR 2427/19, NJW 2021, 915, Rn. 27 mwN). Angesichts dessen dürfen die **Anforderungen** daran, was der Betroffene veranlasst haben und vorbringen muss, um Wiedereinsetzung zu erhalten, **nicht überspannt** werden (BVerfG 1 BvR 2427/19, NJW 2021, 915, Rn. 27, 41 mwN; BFH I B 248/04, BFH/NV 2005, 1591; → Rn. 110 ff.), insbes. wenn die Fristversäumnis auf Fehlern des Gerichts oder auf Fehler der für die amtliche Veröffentlichung von Gesetzestexten zuständigen Stellen zurückzuführen ist (BVerfG 1 BvR 1892/03, NJW 2004, 2887; 1 BvR 2327/07, NJW

2008, 2167; 1 BvR 2427/19, NJW 2021, 915, Rn. 27 mwN). – **Begrifflich** ist die Wiedereinsetzung in den vorigen Stand eine gerichtliche Entscheidung, aufgrund derer eine zunächst versäumte und verspätet nachgeholte fristgebundene Prozesshandlung als rechtzeitig vorgenommen gilt.

II. Die Regelungen des § 56

1. Voraussetzungen der Wiedereinsetzung

a) Fristversäumnis. aa) Versäumung gesetzlicher Fristen. § 56 bezieht sich auf **gesetzliche Fristen** (→ § 54 Rn. 5) **innerhalb des finanzgerichtlichen Verfahrens** (zur Wiedereinsetzung im Verwaltungsverfahren s. § 110 AO). § 56 gilt für jede in der FGO vorgesehene gesetzliche Frist. Er ist also weiter gefasst als § 233 ZPO, der die Wiedereinsetzung nur bei der Versäumung von Notfristen oder Rechtsmittelbegründungsfristen oder der Frist des § 234 I ZPO kennt. Gesetzliche Fristen bestehen für die **Klageerhebung** (§ 47 I), den **Antrag auf Wiedereinsetzung** (§ 56 II 1 – BFH IV S 5/02, BFH/NV 2003, 173), den **Antrag auf mündliche Verhandlung** (§§ 79a II 2, IV, 90a II Nr. 2, 3), den **Antrag auf Urteilsberichtigung** (§ 108 I) und **Urteilsergänzung** (§ 109 II 1 – BFH IV B 161/96, BFH/NV 1998, 37), die **Einlegung** (und Begründung) der **NZB** (§ 116; → Rn. 61), für die **Einlegung und Begründung der Revision** (§ 120 I, II) – auch die verlängerte Frist zur Begründung der Revision ist eine gesetzliche Frist (BFH III R 72/69, BStBl. II 1970, 642), die Einlegung der **Beschwerde** (§ 129 I) und die **Erhebung der Wiederaufnahmeklage** (§ 134 FGO iVm § 586 I ZPO). – **Keine gesetzliche Frist** ist jedoch die Frist zur Stellung des Antrags auf **Verlängerung der Revisionsbegründungsfrist** (§ 120 I 3 – BFH V R 36/98, BFH/NV 1999, 482 mwN; → Rn. 76) oder der **Beschwerdebegründungsfrist** (BFH VIII B 23/21, BFH/NV 2022, 241 mwN), die Frist nach § 1 I 1 ZStAnmG (BFH I R 152/94, BStBl. II 1997, 358) und die Frist für die **Zustimmung zur Sprungklage** (→ § 45 Rn. 13 f.; vgl. FG Düsseldorf V 18/66 E, EFG 1966, 571). Bei Versäumung von **Terminen** ist § 56 gleichfalls nicht anwendbar (BFH VI S 10/06, BFH/NV 2007, 936 mwN betr. Termin zur mündlichen Verhandlung; **aA** für den Fall des Eintritts einer gesetzlichen Fiktion nach Ablauf einer richterlichen Frist Kopp/Schenke/Schenke VwGO § 60 Rn. 5). 2

bb) Ausnahmsweise Anwendung des § 56 auf richterliche Fristen. § 56 bezieht sich ausdrücklich nur auf gesetzliche Fristen. Wegen dieser klaren Regelung **scheidet auch eine analoge Anwendung grundsätzlich aus** (Kopp/Schenke/Schenke VwGO § 60 Rn. 5; offen gelassen durch BFH V S 14/02, BFH/NV 2003, 175). – Kraft ausdrücklicher gesetzlicher Regelung gilt § 56 zT auch für **richterliche Fristen** (s. §§ 60a S. 8, 65 II 3). Für die **Fristsetzung nach § 79b** fehlt eine solche Regelung, weil die Versäumung dieser Frist nach § 79b III 1 Nr. 2 ohne zeitliche Begrenzung bis zum Schluss der mündlichen Verhandlung entschuldigt werden kann (BFH VI B 5/22, BFH/NV 2022, 1205, Rn. 22). 3

cc) Wiedereinsetzung bei sonstigen Zulässigkeitsmängeln, Form- und Inhaltsfehlern? Wiedereinsetzung kommt nach dem Gesetzeswortlaut nur bei Fristversäumnis in Betracht. **Sonstige Zulässigkeitsmängel** (BFH X R 35/02, 4

BFH/NV 2003, 652; X S 8/02 (PKH), BFH/NV 2003, 653) und **inhaltliche Mängel** einer Rechtsmittelschrift sind deshalb **nicht** nach § 56 **heilbar** (BFH V S 11/12, BFH/NV 2013, 237; V B 41/11, BFH/NV 2013, 239 mwN betr. Revisionsbegründungsschrift). – Reine **Formfehler** sind jedoch zumindest dann im Wege der Wiedereinsetzung **heilbar,** wenn **schuldlos** (→ Rn. 7) eine Prozesshandlung wegen Nichtbeachtung des Vertretungszwangs (§ 62 IV) unwirksam ist (BFH III R 47/97, BFH/NV 1998, 1512 (1513)), wenn die Klage-, Revisions- oder Revisionsbegründungsschrift nicht unterzeichnet war (BGH VI ZR 79/79, HFR 1980, 300; FG LSA 6 K 20/12, EFG 2014, 464), wenn nicht vertretene Kläger diese per E-Mail übersenden (FG LSA 4 K 321/13, EFG 2013, 1948) oder wenn das angefochtene Urteil in der Revisionsschrift nicht bezeichnet wurde (s. insgesamt Gräber DStR 1980, 311; weitergehend: Tipke/Kruse/Brandis § 56 Rn. 9: Wiedereinsetzung immer dann, wenn der Formmangel dazu führt, dass innerhalb der Frist keine wirksame Prozesshandlung vorgenommen wurde). Zur Bedeutung der Rechtsmittelbelehrung in diesen Fällen → Rn. 68 aE.

5 **dd) Feststellung der Fristversäumnis.** § 56 greift nur ein, wenn der Beteiligte die **Frist tatsächlich versäumt** hat. Behauptet der Kläger zB, er habe die Klageschrift innerhalb der Klagefrist in den Briefkasten des Gerichts eingeworfen, liegt die Klageschrift dort aber nicht vor, so ist der Sachverhalt gem. § 76 I **von Amts wegen** aufzuklären, und zwar ohne Beschränkung auf präsente Beweismittel. Gelingt der Nachweis des rechtzeitigen Einwurfs der Klageschrift, so ist die Klagefrist auch dann gewahrt, wenn dem Gericht der fragliche Schriftsatz nicht vorliegt; für eine Wiedereinsetzung ist mangels einer Fristversäumnis kein Raum (BFH VII B 181/03, BFH/NV 2004, 1284; BGH VIII ZB 75/06, NJW 2007, 1457 mwN; s. auch X ZB 18/07, NJW-RR 2008, 1290: Im Rechtsmittelverfahren kann nicht erstmals vorgetragen werden, dass die versäumte Frist doch eingehalten worden ist). Gelingt der Nachweis des rechtzeitigen Einwurfs der Klageschrift nicht, so scheidet eine Wiedereinsetzung grds. ebenfalls aus. Der Kläger kann sich nämlich idR nur entweder darauf berufen, er habe die Frist eingehalten – dann keine Wiedereinsetzung – oder er habe die Frist (schuldlos) versäumt – dann Wiedereinsetzung. Etwas anderes gilt ausnahmsweise nur dann, wenn sich bei der Beweisaufnahme über den rechtzeitigen Einwurf der Klageschrift herausstellt, dass etwa die mit dem Einwurf betraute und ansonsten zuverlässige Büroangestellte den Einwurf unterlassen oder verspätet vorgenommen hat (→ Rn. 29, 30, 68). In diesem Fall ist § 56 anwendbar.

6 **b) Verhinderung an der Einhaltung der Frist und Kausalität.** § 56 I spricht davon, dass „jemand verhindert" war, die Frist einzuhalten (§ 56 I; zur Schuldlosigkeit der Verhinderung → Rn. 7). Abzustellen ist in erster Linie auf den Prozessbeteiligten (§ 57) selbst (zur Zurechnung des Verschuldens von Vertretern und Bevollmächtigten → Rn. 8 ff.). – Verhindert an der Einhaltung der Frist ist der Beteiligte dann, wenn er objektiv zurückgehalten wird, das zur Fristwahrung Notwendige zu tun. Diese Voraussetzung ist nicht schon deshalb erfüllt, weil der Beteiligte bei Zugang der Einspruchsentscheidung nicht steuerlich beraten war (BFH I R 159/84, BFH/NV 1990, 8). Eine Verhinderung liegt zudem dann nicht vor, wenn das Hindernis für die Fristversäumnis **nicht ursächlich** war (FG Düsseldorf 8 K 670/22 U, EFG 2022, 1853). Das ist der Fall, wenn es noch vor Fristablauf weggefallen war und die fristgebundene Handlung in zumutbarer Weise noch innerhalb der verbliebenen Frist hätte vorgenommen werden können (BFH IX B 60/99, BFH/NV 1999, 1313).

c) Schuldlosigkeit der Verhinderung. aa) Beurteilungsmaßstab. Der Beteiligte muss die Frist schuldlos versäumt haben. Zwischen der Schuldlosigkeit der Verhinderung und der Fristversäumnis muss ein **Kausalzusammenhang** bestehen (BVerwG 1 B 93/16, NVwZ-RR 2016, 805). Ob Schuldlosigkeit vorliegt, richtet sich nach den besonderen **Umständen des Einzelfalles** und den **persönlichen Verhältnissen** des Beteiligten und nicht nach dem im Verkehr Üblichen (§ 276 BGB gilt also nicht). Abzustellen ist auf die dem Säumigen nach seinen individuellen Fähigkeiten (nach seiner Lage, seinen Kenntnissen und Erfahrungen) **zumutbare Sorgfalt** (BVerwG VII B 104.76, NJW 1977, 262; BSG GS 2/73, NJW 1975, 1380; FG München 3 K 3928/91, EFG 1995, 296). Die **Gegenansicht des BFH,** die von einem objektivierten Verschuldensbegriff ausgeht und die „einem gewissenhaften Beteiligten nach den Umständen zuzumutende Sorgfalt" für maßgeblich hält (zB BFH VI R 171/75, BStBl. II 1978, 667 (669); II R 6/91, BFH/NV 1994, 440), überzeugt nicht. Sie ist nicht nur unpraktikabel, weil die Bestimmung des „gewissenhaften" Beteiligten und des ihm „Zumutbaren" nur schwer möglich ist, sondern sie benachteiligt außerdem den rechtsunkundigen und ungewandten Säumigen. – Verschuldet ist die Fristversäumnis schon bei **leichter Fahrlässigkeit** (stRspr, zB BFH I R 67/06, BFH/NV 2008, 1621 mwN; V B 70/14, BFH/NV 2015, 516; X S 9/17 (PKH), BFH/NV 2018, 203; IV R 25/18, BStBl. II 2021, 703, Rn. 23). Der Säumige muss jedoch nicht die „äußerste, den Umständen des Falles angemessene und vernünftigerweise zu erwartende Sorgfalt" beachten (so aber zB BFH IV R 43/75, BStBl. II 1976, 624; X B 156/01, BFH/NV 2002, 1461 mwN). Diese Formel geht über den Begriff der (leichten) Fahrlässigkeit hinaus und ist fast schon eine Definition des „unabwendbaren Zufalls". – Auch sonst dürfen die **Anforderungen nicht zu hoch gesteckt werden** (→ Rn. 1 aE). – Zu **Einzelfällen** → Rn. 42. – Zum Verschulden des **Prozessbevollmächtigten** → Rn. 68. 7

bb) Zurechnung des Verschuldens. Der Beteiligte (→ Rn. 6) muss sich nach § 155 FGO iVm § 85 II ZPO das **Verschulden seines** gesetzlichen **Vertreters** (zur KG BFH IX B 181/01, BFH/NV 2002, 1048) und seines **Bevollmächtigten** wie eigenes Verschulden **zurechnen** lassen (stRspr, zB BVerfG 2 BvL 26/81, BVerfGE 60, 266; BFH VIII B 207/02, BFH/NV 2005, 1574; IX B 164/07, BFH/NV 2008, 1349; I R 67/06, BFH/NV 2008, 1621; X S 42/09 (PKH), BFH/NV 2010, 1468; VIII R 2/09, BStBl. II 2013, 823, Rn. 90; V B 70/14, BFH/NV 2015, 516; VI B 13/23, BFH/NV 2024, 412, Rn. 15), auch wenn dieser sich weisungswidrig verhält (BFH VIII B 77/03, BFH/NV 2005, 331; ausf. zu den Sorgfaltspflichten des Prozessbevollmächtigten → Rn. 68). Prozessbevollmächtigter ist dabei der im Innenverhältnis rechtsgeschäftlich bestellte Vertreter, der für den Beteiligten in einem Rechtsstreit tätig werden soll (BFH VI B 13/23, BFH/NV 2024, 412, Rn. 15). Die Zurechnung gilt nach Erteilung der Vollmacht auch für das Verschulden eines vom Gericht **beigeordneten Prozessbevollmächtigten** (aA BSG 3 RK 60/77, MDR 1978, 347) und ebenso für das Verschulden eines **Unterbevollmächtigten** (BFH II B 8/88, BFH/NV 1989, 311 (312); s. aber auch BFH I R 31/06, BFH/NV 2008, 796: **Hilfsperson,** die nicht mit der selbständigen Bearbeitung des Verfahrens, sondern nur mit einzelnen Maßnahmen betraut ist, ist kein Unterbevollmächtigter) oder eines **Generalbevollmächtigten** (BGH IVb ZB 102/84, HFR 1987, 270) und – bei Beauftragung einer **Sozietät** – eines ihr angehörenden Vertreters (BFH II R 57/83, BStBl. II 1984, 320; VI R 39/14, BFH/NV 2015, 339). – Bevollmächtigter ist auch der 8 nach § 53 BRAO **amtlich bestellte Vertreter** des bevollmächtigten Anwalts (BGH VIII ZB 5/84, VersR 1984, 586), aber nicht, wenn er in der fraglichen Sache wie eine bloße Bürohilfskraft eingesetzt war (BFH III B 185/96, BFH/NV 1997, 773 mwN), und nicht mehr nach dem Tod des Anwalts (BGH VIII ZR 8/81, VersR 1982, 365). – Ebenso muss der **Gesellschafter** einer BGB-Gesellschaft im Falle der Gesamtvertretung für das Verschulden eines Mitgesellschafters einstehen (BFH V R 112/88, BStBl. II 1989, 850 (851)). – Nicht zurechnen lassen muss sich der Gemeinschuldner das Verschulden des **Insolvenzverwalters** (BFH VII B 98/03, BFH/NV 2004, 376).

9 Voraussetzung für die Zurechnung des Verschuldens ist stets, dass das **Vertretungsverhältnis wirksam** begründet ist und (auch im Innenverhältnis) noch fortbesteht (BFH VII R 7/01, BFH/NV 2002, 869; → § 62 Rn. 5 ff.).

10 Ist in der Praxis eines berufsmäßigen Prozessbevollmächtigten ein **juristischer Mitarbeiter** (Assessor, Rechtsanwalt, Steuerberater) als Angestellter (nicht als Sozius) tätig und ist er **mit der selbständigen** und eigenverantwortlichen **Bearbeitung von Sachen betraut,** muss sich der Prozessbevollmächtigte und damit auch der Beteiligte selbst dessen Verschulden zurechnen lassen (stRspr, BFH VII R 23/07, BFH/NV 2009, 178; XI R 13/12, BFH/NV 2013, 60; FG Köln 2 K 215/1, EFG 2018, 971). – **Keine Vertreter,** und zwar weder des Beteiligten noch des Prozessbevollmächtigten, sind hingegen Personen, die **Weisungen unterworfen** sind. Das können zB **Angestellte** oder **Boten** des Beteiligten oder des Prozessbevollmächtigten sein (ggf. auch Familienangehörige und ein weisungsabhängiger Sachbearbeiter; → Rn. 28). Folglich kann sich der Beteiligte oder der Bevollmächtigte **exkulpieren,** wenn es sich um Aufgaben gehandelt hat, die er selbst nicht hätte wahrnehmen müssen (iE → Rn. 29, 30, 44, 45, 68; s. aber zum Mitverschulden des Bevollmächtigten BGH VIII ZR 10/04, NJW-RR 2005, 143). Dies gilt auch, wenn ein **nicht bevollmächtigter Sozius** mit einer untergeordneten Tätigkeit (Übermittlung der Revisionsbegründungsschrift) betraut wurde (BGH II ZB 12/78, VersR 1979, 232; für den Fall, dass dieser ebenfalls bevollmächtigt war → Rn. 11). Dabei ist aber – ebenso wie bei Büropersonal – eine Überwachung nötig, weil die Zuverlässigkeit nicht allein durch die Ausbildung bestimmt wird (aA möglicherweise BFH II R 33/18, BFH/NV 2020, 1079, Rn. 15: Grundsätze zum Organisations- und Überwachungsverschulden beziehen sich nicht auf Berufsträger, sodass bei deren Fehler **keine Exkulpation** möglich ist). **Keine Exkulpation** ist ferner möglich, wenn der Prozessbevollmächtigte einem anderen Anwalt usw eine verantwortungsvolle Tätigkeit überträgt, zB die Fertigung der Rechtsmittelbegründungsschrift (BGH VII ZB 11/80, HFR 1981, 240).

11 Sind **mehrere Anwälte** usw (auch Korrespondenzanwälte) bevollmächtigt, darf keinem von ihnen ein Verschulden zur Last fallen (BFH VI R 94/85, BFH/NV 1986, 743 (744); BGH IV ZB 5/78, VersR 1978, 521; IVa ZB 2/82, NJW 1982, 2447 zum Verkehrsanwalt), und zwar auch dann nicht, wenn im Innenverhältnis die Sachbearbeitung nur einem Anwalt obliegt (BGH III ZB 12/76, VersR 1977, 81) oder wenn der schuldhaft handelnde Sozius erst nach Auftragserteilung in die Sozietät eingetreten ist (BGH VII ZB 14/77, VersR 1978, 669).

12 Ist ein **Nichtanwalt zwischengeschaltet,** der für den Beteiligten die Korrespondenz mit dem Prozessbevollmächtigten führt, so muss sich der Beteiligte auch dessen Verschulden zurechnen lassen (BGH II ZR 122/83, VersR 1983, 1083).

13 Für die **Finbeh** gelten diese Grundsätze in gleicher Weise (→ Rn. 43).

d) ABC der Wiedereinsetzungsgründe

Abwesenheit (Urlaub, Geschäfts-, Dienstreise) 20

Eine **unverschuldete Verhinderung** ist im Allgemeinen anzunehmen, wenn die Nichteinhaltung der First darauf zurückzuführen ist, dass der Säumige sich wegen Urlaubs oder einer beruflich veranlassten Reise **vorübergehend aus seiner ständigen Wohnung entfernt** hat, ohne Vorkehrungen zu treffen, dass ihn Zustellungen erreichen (BVerfG 2 BvR 753/68, BVerfGE 26, 315; 2 BvR 849/75, BVerfGE 41, 332 betr. Abwesenheit von max. sechs Wochen; BFH VII R 85/85, BFH/NV 1987, 749; VII B 197/05, BFH/NV 2006, 1487; VI B 22/11, BFH/NV 2012, 436 betr. Auslandsaufenthalt; s. auch FG Düsseldorf II 58/80, EFG 1981, 4 betr. sieben Wochen Heimaturlaub eines Gastarbeiters). Das gilt aber nicht, wenn ihm ein anderes Verschulden zur Last gelegt werden kann (BFH VII R 85/85, BFH/NV 1987, 749 mwN; IV B 27/02, BFH/NV 2003, 1438: zur Notwendigkeit, **Fristverlängerungsanträge** zu stellen). – **Zumutbare Vorkehrungen** zur Einhaltung prozessualer Fristen sind jedoch dann zu treffen, wenn während der Abwesenheit mit fristauslösenden **Zustellungen konkret zu rechnen** ist (BFH XI B 118, 119, 149/96, BFH/NV 1998, 617 mwN), was insbes. für **Prozessbevollmächtigte** von Bedeutung ist (BFH IV R 245/83, BFH/NV 1987, 18 (19); IX B 69/89, BFH/NV 1990, 781; BGH IX ZB 110/16, NJW-RR 2017, 1142; fragwürdig aber BFH I R 38/90, BFH/NV 1992, 146 zum Geschäftsführer einer GmbH; auch → Rn. 29). Gleiches gilt, wenn die **Abwesenheit länger andauert** (BFH VII B 197/05, BFH/NV 2006, 1487 betr. sechswöchige Auslandsreise; zur Erreichbarkeit des Klägers für den Bevollmächtigten s. BGH VI ZB 54/01, NJW 2003, 903). Das ist insbes. für Personen wichtig, die sich **oft oder länger auf Geschäfts- oder Dienstreisen** befinden und bei denen die Abwesenheit von der Wohnung zur Regel wird (BFH IV R 108/81, BStBl. II 1982, 165 (167) mwN). Die **Vorkehrungen müssen geeignet sein,** um von den Schriftstücken Kenntnis zu erlangen und die gesetzten Fristen einzuhalten (zB Nachsendeauftrag oder Bestellung eines Zustellungsbevollmächtigten). Die Erteilung einer einfachen Postvollmacht reicht dafür nicht aus (BFH VII B 82/89, BFH/NV 1990, 584; großzügiger BGH VIII ZB 16/86, NJW 1986, 2958).

Akteneinsicht 21

Wird eine rechtzeitig beantragte Akteneinsicht aufgrund von Verzögerungen, die nicht dem Antragsteller und Rechtsmittelführer zuzurechnen sind, erst so spät gewährt, dass eine ordnungsmäßige Rechtsmittelbegründung innerhalb der laufenden, nicht mehr verlängerbaren Begründungsfrist nicht angefertigt werden kann, kann die Gewährung von Wiedereinsetzung in den vorigen Stand bis einen Monat nach Wegfall des Hindernisses in Frage kommen (BFH X B 80/22, BFH/NV 2023, 742).

Arbeitsüberlastung 22

Arbeitsüberlastung stellt regelmäßig **keinen entschuldbaren Hinderungsgrund** dar (BFH I B 48, 49/08, BFH/NV 2010, 439; XI B 33/21, BFH/NV 2022, 247, Rn. 6; s. auch I B 99–101/03, BFH/NV 2004, 358 zu unkontrolliertem Einschlafen; IX B 21/06, BFH/NV 2007, 737 betr. andere Gerichtsverfahren; IV B 96/07, BFH/NV 2008, 1189 betr. Bürokräfte; s. aber auch BGH XII ZB 396/12, NJW 2013, 2035: Wiedereinsetzung möglich, wenn die Arbeitsüberlastung plötzlich und unvorhersehbar eingetreten ist und durch sie die Fähigkeit zu konzentrierter Arbeit erheblich eingeschränkt wird). Dies gilt insbes., wenn die

Möglichkeit besteht, eine Fristverlängerung zu beantragen (BFH IV B 27/02, BFH/NV 2003, 1438; → Rn. 46).

23 **Armut** → Rn. 69.

24 **Ausländer**

Ob Wiedereinsetzung gewährt werden muss, wenn einem Ausländer eine **Entscheidung ohne Übersetzung** in seine Sprache zugestellt wurde, hängt vom Einzelfall ab. Mangelnde deutsche Sprachkenntnisse sind bei der Entscheidung angemessen zu berücksichtigen (zB BVerfG 2 BvR 2295/94, NVwZ-RR 1996, 120; BFH VII S 37/96, BFH/NV 1997, 634; → § 52 Rn. 30 aE). Zur **Sorgfaltspflicht eines Ausländers** gehört es aber auch, sich eine Übersetzung zu beschaffen oder einen sprachkundigen Bevollmächtigten einzuschalten (BFH VII S 37/96, BFH/NV 1997, 634; X B 114/09, BFH/NV 2010, 1239) und sich über die Möglichkeiten der Fristwahrung zu informieren (BVerfG 2 BvR 2295/94, NVwZ-RR 1996, 120; BFH V R 146/84, BFH/NV 1986, 103). Das gilt auch für Staatsangehörige der EU; eine Verletzung der durch den AEUV gewährleisteten Grundfreiheiten liegt insoweit nicht vor.

27 **Beauftragung eines anderen Bevollmächtigten**

Beauftragt der bisherige Prozessbevollmächtigte einen anderen Bevollmächtigten zur Durchführung des Verfahrens in der nächsten Instanz, so muss der bisherige Bevollmächtigte innerhalb der Rechtsmittelfrist die **Übernahme des Mandats sicherstellen** (zur **Kontrolle des Rechtsmittelauftrags** → Rn. 68 aE) und den nunmehr beauftragten Prozessvertreter darüber informieren, für wen in welcher Sache das Rechtsmittel eingelegt werden soll (BGH VI ZB 8/98, MDR 1998, 866). Außerdem muss er ihn nach eigenverantwortlicher Prüfung über die zu beachtenden **Fristen,** zumindest aber über den Fristbeginn (das Zustellungsdatum) **unterrichten** (BFH IV R 72/85, BStBl. II 1986, 547 (549 f.); BGH VI ZB 3/00, BB 2000, 1859), evtl. **noch an ihn zugestellte Schriftstücke** muss er unverzüglich an den neuen Bevollmächtigten weiterleiten (BGH XI R 8/97, BFH/NV 2002, 1468) und sich über den Eingang bei dem neuen Bevollmächtigten vergewissern (BFH V R 49/86, BStBl. II 1988, 546; V R 29/80, BFH/NV 1986, 472). Kommt der frühere Bevollmächtigte dem nicht nach, so ist dies dem Beteiligten nach der stRspr des BGH nicht zuzurechnen (BGH VIII ZB 44/07, NJW 2008, 234 mwN). Bei mündlicher Auftragserteilung ist im Allgemeinen eine schriftliche Bestätigung nachzureichen (BGH VIII ZB 24/90, AnwBl. 1991, 52). – Bei sorgfältiger Kontrolle darf der Prozessbevollmächtigte die **Überwachung** der Mandatsübernahme geschultem **Büropersonal** oder einem zuverlässigen Referendar überlassen. – **Überwachung** der Übernahme des Rechtsmittelauftrags ist jedoch **nicht erforderlich,** wenn zwischen dem erst- und dem zweitinstanzlichen Prozessbevollmächtigten die Absprache besteht, dass dieser Rechtsmittelaufträge ausnahmslos annehmen, prüfen und ausführen wird (BGH II ZB 4/99, MDR 2000, 237; weitergehend BGH VII ZB 18/90, NJW 1991, 3035). – Die **weitere Sachbehandlung** liegt ausschließlich in dem Verantwortungsbereich des neuen Prozessvertreters (BFH IV R 72/85, BStBl. II 1986, 547; V B 23/98, BFH/NV 1999, 192; BGH VIII ZB 24/90, AnwBl. 1991, 52; VI ZB 3/00, BB 2000, 1859). Der bisherige Bevollmächtigte darf grds. darauf vertrauen, dass der neue Prozessbevollmächtigte seine Pflichten erfüllt (BGH Iva ZB 17/87, NJW-RR 1988, 508). – **Beauftragt** der **Mandant selbst** einen anderen Prozessbevollmächtigten für die höhere Instanz und soll dieser das Rechtsmittel einlegen, sobald ihm die (abweisende) erstinstanzliche Entscheidung zugegangen ist, beschränkt sich die Verantwortlichkeit des bisherigen Prozessbevollmächtigten auf die rechtzeitige Übermittlung der anzufechtenden Entscheidung (BFH IV R 72/85, BStBl. II 1986, 547 (550); BGH II ZB 2/82, VersR 1982, 655).

Boten und sonstige Hilfspersonen 28

Beruht das Versäumen der Frist auf dem Fehlverhalten eines von dem Beteiligten oder seinem Prozessbevollmächtigten beauftragten Boten oder einer sonstigen Hilfsperson, so hat der Auftraggeber (Beteiligter oder Bevollmächtigter) dies nur dann zu vertreten, wenn er selbst bei der **Auswahl** oder **Beaufsichtigung** schuldhaft gehandelt hat (BFH VII R 92/80, BStBl. II 1983, 334; VII R 78/84, BFH/NV 1986, 622; IX B 94/87, BFH/NV 1990, 104; FG Nürnberg II 38/89, EFG 1992, 572). Auf eine eventuelle **besondere Eilbedürftigkeit** oder **sonstige Fehlerquellen** ist hinzuweisen (BFH VII R 78/84, BFH/NV 1986, 622; VIII R 70/87, BFH/NV 1990, 714; VIII B 59/94, BFH/NV 1995, 51; FG Saarl 1 K 161/94, EFG 1995, 294; zu streng FG Bln II 341/89, EFG 1995, 295; großzügiger für die als Bürovorsteherin in der Kanzlei tätige Ehefrau des Prozessbevollmächtigten BGH VIII ZB 1/86, HFR 1987, 424). – Zu den Hinweispflichten bei Beauftragung eines **Botendienstes** s. BFH IX R 12/96, BFH/NV 1997, 670. – Auch → Rn. 57.

Büroorganisation 29

Angehörige der rechts- und steuerberatenden Berufe müssen durch klare Anweisungen, Organisation des Bürobetriebes und Überwachung der **Angestellten** (s. BFH II R 33/18, BFH/NV 2020, 1079, Rn. 15: Grundsätze zum Organisations- und Überwachungsverschulden beziehen sich nicht auf Berufsträger, sodass bei deren Fehler keine Exkulpation möglich ist) insbes. auch für den Fall ihrer Abwesenheit sicherstellen, dass Fristversäumnisse vermieden werden (zB BFH IV B 123/95, BFH/NV 1997, 141; IX R 93/07, BFH/NV 2010, 296; III R 64/09, BFH/NV 2011, 54; IV B 131/10, BFH/NV 2011, 1909; IX B 115/13, BFH/NV 2014, 896; FG Köln 15 K 748/16, EFG 2017, 500 betr. konkrete Anweisungen zur Behandlung von Ausschlussfristen). Für den Fall der **Abwesenheit** (**Erkrankung** oder **Urlaub**) des Prozessbevollmächtigten oder seiner Mitarbeiter muss außerdem durch organisatorische Maßnahmen die Weiterbearbeitung, zumindest aber die Einhaltung von Fristen sichergestellt werden (stRspr, zB BFH II S 14/95, BFH/NV 1996, 414 zur Weiterleitung von Schriftstücken an den Mandanten; X R 8/04, BFH/NV 2005, 1341; IX R 47/06, BFH/NV 2007, 2136, IX R 93/07, BFH/NV 2010, 296; III B 46/15, BFH/NV 2015, 1593; s. auch BFH VI B 198/04, BFH/NV 2005, 1349; XI R 4/06, BFH/NV 2007, 253; VI R 39/14, BFH/NV 2015, 339 zur Pflicht der übrigen **Sozietätsmitglieder,** tätig zu werden; IX R 47/02, BFH/NV 2003, 78 zum eingeschränkt arbeitsfähigen Bevollmächtigten; → Rn. 56). Das gilt auch dann, wenn der Prozessbevollmächtigte den beruflichen Schriftverkehr unter seiner privaten Anschrift führt (BFH I R 24/05, BFH/NV 2007, 63). Er kann sich nicht darauf berufen, er habe an seinem Wohnort niemanden beauftragen können, für ihn die während seiner Abwesenheit eingehenden Zustellungen in Empfang zu nehmen und ihn davon zu unterrichten (BFH IX R 47/06, BFH/NV 2007, 2136). – Zur Büroorganisation hinsichtlich der **montags vorgefundenen Post** s. BFH II R 9/08, BFH/NV 2009, 1817 und bei Führung **unterschiedlicher Verfahren namensgleicher Beteiligter** s. BGH LwZB 1/95, DStR 1995, 1397. – Die allg. Sorgfaltspflichten gelten auch dann, wenn der Prozessbevollmächtigte ihn **persönlich betreffende**

Angelegenheiten in seinem Büro bearbeiten lässt (BFH X R 95/93, BFH/NV 1997, 40). – **Mechanische Tätigkeiten untergeordneter Art** darf der Prozessbevollmächtigte einer **zuverlässigen Bürokraft** überlassen. Hierzu gehört die **Berechnung einfacher Fristen** (→ Rn. 44), die Eintragung in das Fristenkontrollbuch und die weitere **Kontrolle der Fristen** (→ Rn. 45; 66). Unerlässlich ist dabei aber eine eindeutige **Abgrenzung der** den Büroangestellten übertragenen **Zuständigkeitsbereiche** (BGH XII ZB 55/92, VersR 1993, 206), wobei für die Notierung und Überwachung der Fristen eine bestimmte Fachkraft verantwortlich sein muss (BFH X R 112/92, BFH/NV 1994, 328 (330); s. aber auch BGH XII ZB 166/05, NJW 2007, 1453 zur wechselnden Zuständigkeit). Der Prozessbevollmächtigte muss durch entsprechende Anweisungen dafür sorgen, dass ihm gerichtliche Zustellungen (BFH III B 185/96, BFH/NV 1997, 773) und alle Fälle, in denen die **Fristberechnung zweifelhaft oder ungewöhnlich** ist, zur Kontrolle vorgelegt werden (BFH X R 112/92, BFH/NV 1994, 328 (330); X R 102/98, BFH/NV 1999, 1221; FG Köln 15 K 748/16, EFG 2017, 500 betr. konkrete Anweisungen zur Behandlung von Ausschlussfristen). Entsprechendes gilt für die Löschung von Fristen (BFH XI R 48/10, BFH/NV 2013, 212). IÜ muss der Prozessbevollmächtigte durch **regelmäßige Belehrung und Überwachung** seiner Bürokräfte (s. BFH II R 33/18, BFH/NV 2020, 1079, Rn. 15: Grundsätze zum Organisations- und Überwachungsverschulden beziehen sich nicht auf Berufsträger, sodass bei deren Fehler keine Exkulpation möglich ist) dafür Sorge tragen, dass seine Anordnungen befolgt werden (stRspr, zB BFH I B 146/04, BFH/NV 2005, 1352 mwN; BGH XI ZB 14/07, NJOZ 2008, 2162: Stichproben erforderlich; X B 50/11, BFH/NV 2012, 440; X R 16/11, BFH/NV 2013, 962; V R 24/12, BFH/NV 2013, 970; V B 56/15, BFH/NV 2016, 222: erhöhte Anforderungen bei Auszubildenden). Der Prozessbevollmächtigte darf sich dann darauf verlassen, dass sein (sonst zuverlässiges) Personal seine Weisungen befolgt (→ Rn. 30). – Bei **erkanntem Fehlverhalten,** noch nicht eingearbeiteten Angestellten oder Wechsel des Büropersonals ist besondere Aufmerksamkeit geboten (BGH IX ZB 35/85, HFR 1987, 481; V ZB 1/87, VersR 1988, 157; VII ZB 22/88, AnwBl 1989, 99). Sorgfältige Auswahl und Überwachung der Büroangestellten genügt zur Entschuldigung aber dann nicht, wenn sich **organisatorische Fehlleistungen häufen** (BFH VII B 125/00, BFH/NV 2001, 312) oder wenn ein **Organisationsmangel** besteht, der für die Firstversäumnis ursächlich ist (BFH X R 80/87, BStBl. II 1989, 266 (268)). Denn dann liegt ein eigenes Verschulden des Prozessbevollmächtigten vor (dazu auch BFH II R 33/18, BFH/NV 2020, 1079, Rn. 15: keine Exkulpation). Ein **Mangel** der Fristen- und Postausgangskontrolle ist im Allgemeinen aber **nicht ursächlich** für die Fristversäumnis, wenn der Prozessbevollmächtigte eine den Mangel ausgleichende konkrete Einzelanweisung an Bürobedienstete erteilt hatte, die unbeachtet geblieben ist (BFH X B 81/99, BFH/NV 2000, 546 (547); II B 94/09, BFH/NV 2010, 457; BGH VII ZB 4/00, NJW 2000, 2823; BFH VIII B 99/10, BFH/NV 2011, 1537; BGH VIII ZB 41/11, NJW 2012, 1737; VIII ZB 46/12, NJW-RR 2013, 699). Das gilt aber dann nicht, wenn die Einzelanweisung **unvollständig** ist (BGH VI ZB 12/12, NJW 2012, 3309) oder neben der Verletzung der Einzelanweisung ein **schuldhaftes Verhalten des Prozessbevollmächtigten** vorliegt, welches für das Versäumen der Frist mitursächlich sein kann (BFH IX B 174/09, BFH/NV 2010, 1097 zur eigenen Feststellung der falschen Termineintragung bei der Bearbeitung; II B 38/11, BFH/NV 2012, 250 zur fehlenden Belehrung der angestellten über den drohenden Fristablauf). Ferner steht ein **Organisationsver-**

schulden auf der ersten Stufe der Ausgangskontrolle einer Wiedereinsetzung ausnahmsweise dann nicht entgegen, wenn iRd Büroorganisation durch eine allg. Arbeitsanweisung Vorsorge dafür getroffen wurde, dass auf der zweiten Stufe der Ausgangskontrolle bei normalem Verlauf der Dinge die Frist mit Sicherheit gewahrt worden wäre (BGH XI ZB 13/22, NJW 2023, 1224). – Auch → Rn. 27, 30, 34, 45, 68; zur Darlegung → Rn. 111 ff.

Büroversehen 30

Bei Fristversäumung infolge eines Büroversehens ist Wiedereinsetzung zu gewähren, sofern kein Mangel in der Büroorganisation (zu den Anforderungen → Rn. 29, 44, 45, 80) vorliegt, weil ein solcher die Gewährung von Wiedereinsetzung wegen eines Büroversehens ausschließt (stRspr, zB BFH XI R 62/03, BFH/NV 2004, 1036; V R 33/97, BFH/NV 2000, 524 betr. Postlaufzeitverzögerung wegen falscher Postleitzahl; IX B 77/09, BFH/NV 2010, 440: von der üblichen Büroorganisation abweichende Fehler; s. zur Übertragung von Pflichten auf Angestellte des Beteiligten BFH IX B 181/01, BFH/NV 2002, 1048). Zum Büroversehen bei **Finbeh** → Rn. 20, 43.

Der Prozessbevollmächtigte darf sich bei ordnungsgemäßer Büroorganisation darauf verlassen, dass ihm Fristensachen rechtzeitig vorgelegt und **General- und Einzelanweisungen** befolgt werden (stRspr, BFH VI R 72/93, BFH/NV 1997, 43 (44); VIII R 66/00, BFH/NV 2003, 924; II B 94/09, BFH/NV 2010, 457; IX B 174/09, BFH/NV 2010, 2097; VIII B 99/10, BFH/NV 2011, 1537; II B 38/11, BFH/NV 2012, 250; BGH V ZB 54/15, NJW-RR 2016, 126 mwN; s. auch BFH X R 176/93, BFH/NV 1995, 798 (800); BGH VI ZB 27/11, NJW-RR 2013, 179 und BVerwG 9 B 65/14, NJW 2015, 1976 zu mündlichen Anweisungen; BFH X B 118/02, BFH/NV 2003, 645 zur besonderen Kontrolle bei Wechsel des für die Fristenkontrolle zuständigen Mitarbeiters; BGH VI ZB 12/12, NJW 2012, 3309 zur unvollständigen Einzelanweisung). Er darf sich auch darauf verlassen, dass ihm ein zur Korrektur eines Fehlers zurückgegebener Schriftsatz in Übereinstimmung mit den bestehenden Anweisungen erneut zur Unterschrift vorgelegt wird (BGH VIII ZB 31/88, NJW 1989, 589) und dass das ansonsten zuverlässig arbeitende Kanzleipersonal die Anschrift des Gerichts korrekt übernimmt (BFH X R 41/98, BFH/NV 2003, 757; s. aber zur Pflicht des Bevollmächtigten, die Angabe bei Unterschriftsleistung zu überprüfen BFH III B 16/14, BFH/NV 2015, 42). Ein Büroversehen ist jedoch **nicht ursächlich** für die Fristversäumnis, wenn der Prozessbevollmächtigte sie selbst hätte verhindern können (BFH VI R 143/85, BFH/NV 1987, 310, zur damals für Rechtsanwälte noch zulässigen Übermittlung der Klage per Telegramm).

Computerabsturz 34

Eine Wiedereinsetzung ist grds. möglich. Die Art des Defekts ist aber ebenso schlüssig darzulegen (→ Rn. 111 ff.) und glaubhaft zu machen (→ Rn. 117 ff.) wie die getroffenen Maßnahmen zu seiner Behebung und die Gründe, weshalb es bis zum Fristablauf nicht möglich war, ein anderes Schreibwerkzeug zu beschaffen (BFH VII B 291/05, BFH/NV 2006, 1876; BGH XII ZB 228/22, NJW-RR 2023, 760; s. aber auch BFH IX R 93/07, BFH/NV 2010, 296; III B 98/09, BFH/NV 2011, 823: Büroorganisation muss so beschaffen sein, dass sich technische Probleme jedenfalls nicht auf die Fristenkontrolle auswirken). Ferner muss ausgeschlossen werden können, dass das Fristversäumnis nicht doch auf einer fehlerhaften Berechnung der Frist beruhen kann (BFH III B 98/09, BFH/NV 2011, 823).

37 **Ehegatten (Zusammenveranlagung)**

Nach BFH VI R 201/66, BStBl. III 1967, 4 ist eine Wiedereinsetzung nicht zu gewähren, wenn bei **zusammenveranlagten Eheleuten,** die beide Rechtsmittelkläger sind, nur **ein Ehegatte verhindert** ist, die Revision rechtzeitig zu begründen.

38 **Elektronischer Rechtsverkehr**

Hat eine fehlgeschlagene Übermittlung eines elektronischen Dokuments nach § 52a eine Fristversäumnis zur Folge, so kann der Absender ggf. Wiedereinsetzung in den vorigen Stand beantragen (→ § 52a Rn. 37). Allerdings begründet eine Verletzung der Formvorschrift des § 52a grds. kein die Wiedereinsetzung hinderndes Verschulden, weil für solche Fälle bereits die Vorschrift des § 52a VI eine verschuldensunabhängige Heilung vorsieht (BFH V R 1/24, BStBl. II 2024, 834, Rn. 22). Der Grund der fehlgeschlagenen elektronischen Übermittlung ist schlüssig darzulegen (NdsFG 9 K 151/23, EFG 2024, 2049, Rev. BFH: X R 20/24; → Rn. 111 ff.) und glaubhaft zu machen (→ Rn. 117 ff.). Das gilt auch für die Gründe, weshalb es nicht möglich war, den Fehler bis zum Fristablauf zu beheben oder das Dokument auf anderem Weg in zulässiger Form bei Gericht einzureichen, was § 52d S. 3 bei vorübergehenden technischen Störungen auch für die zur elektronischen Einreichung Verpflichteten zulässt (für Rechtsanwälte, Behörden und juristische Personen des öffentlichen Rechts → § 52d Rn. 2; für Steuerberater → § 52d Rn. 4; zu den Anforderungen → § 52d Rn. 5; s. auch BFH IV B 46/23, BFH/NV 2024, 392, Rn. 17 u. NdsFG 7 K 186/23, EFG 2024, 1856: fehlende Kenntnis von der Ersatzeinreichung ist nicht entschuldbar). – Daher kommt Wiedereinsetzung in den vorigen Stand in Betracht, wenn ein aus dem besonderen elektronischen Anwaltspostfach versandter fristwahrender Schriftsatz vom Intermediär-Server nicht an das Gericht weitergeleitet wird, weil die Dateibezeichnung unzulässige Zeichen enthält, worauf der Absender weder zuvor noch anschließend durch eine Fehlermeldung hingewiesen worden ist (BFH IX B 121/18, BStBl. II 2019, 554; IV R 25/18, BStBl. II 2021, 703, Rn. 24; s. auch BGH VI ZB 36/22, NJW 2023, 2433: ein Rechtsanwalt darf nur dann von der erfolgreichen Übermittlung ausgehen, wenn er eine Eingangsbestätigung erhalten hat, nicht aber, wenn darin im Abschnitt „Zusammenfassung Prüfprotokoll" nicht als Meldetext „request executed" und unter dem Unterpunkt „Übermittlungsstatus" nicht die Meldung „erfolgreich" angezeigt wird; zu den Anforderungen an den Vortrag und die Glaubhaftmachung: BGH III ZB 13/22, NJW 2023, 1737). Wiedereinsetzung ist zudem zu gewähren, wenn das Gericht den Übermittlungsfehler aus dem Fehlen des Nachweises zur vertrauenswürdigen Herkunft (VHN-Zertifikat) beim Transfervermerk hätte erkennen können und bei unverzüglichem Hinweis hierauf eine fristgerechte Einreichung noch möglich gewesen wäre (BAG 10 AZN 53/20, NJW 2020, 2351; s. aber OLG Braunschweig 11 U 315/20, NJW 2021, 1604: Warnsignalen beim Signiervorgang ist nachzugehen). – Siehe aber BGH XII ZB 573/18, NJW 2019, 2230: Keine Wiedereinsetzung bei Verwendung einer unzulässigen Containersignatur (→ § 52a Rn. 11, 40, 43). – In Anlehnung an die Rspr. zur Übersendung von Schriftsätzen per Telefax ist auch bei der Übermittlung im elektronischen Rechtsverkehr erforderlich, dass der Absender so rechtzeitig mit der Übermittlung beginnt, dass diese unter normalen (gewöhnlichen) Umständen vor Fristablauf abgeschlossen werden kann; andernfalls scheidet eine Wiedereinsetzung aus (s. BFH X B 158/21, NJW 2022, 2872; VII B 188/22, BFH/NV 2024, 294, Rn. 13, zur Kontrolle der Eingangsbestätigung; → Rn. 80 mwN zum Telefax). – IÜ wird hinsichtlich der Anforderungen an die Sorgfalts- und Kontrollpflichten bei elektronischer Übermittlung sowie an die Darlegung und die Glaubhaftmachung eines diesbezüglichen Antrags auf Wiedereinsetzung in den vorigen Stand auf die Ausführungen zum Computerabsturz (→ Rn. 37) und insbes. zum Telefax (→ Rn. 80) verwiesen, die für Fehler bei der elektronischen Übermittlung sinngemäß heranzuziehen sind (BGH IV ZB 17/22, NJW-RR 2023, 351; IV ZB 23/21, NJW-RR 2023, 425, Rn. 14). – Zur Sonderregelung des § 52a VI bei Nachreichung eines ursprünglich nicht für die gerichtliche Bearbeitung geeigneten elektronischen Dokuments → § 52a Rn. 41 ff.; dies ist kein Fall der Wiedereinsetzung in den vorigen Stand iSv § 56. – Übermittelt ein zur elektronischen Einreichung nach § 52d Verpflichteter ein Dokument auf herkömmlichem Weg, weil er die Verpflichtung nicht kennt, so scheidet eine Wiedereinsetzung aus (BFH IV B 77/22, BFH/NV 2024, 20, Rn. 14). Kennt er die Verpflichtung, reicht er das Dokument aber auf herkömmlichem Weg ein, weil er die Zugangsdaten für die Nutzung des elektronischen Anwaltspostfachs noch nicht erhalten hat, so muss er für die Wiedereinsetzung in den vorigen Stand darlegen, weshalb er nicht von der Möglichkeit der Priorisierung seiner Registrierung (sog. „Fast Lane") Gebrauch gemacht hat (BFH XI B 101/22, BStBl. II 2023, 763; II R 3/23, BFH/NV 2024, 804, Rn. 20; NdsFG 7 K 183/22, EFG 2023, 643: die gegenteilige Auffassung der Bundessteuerberaterkammer ist kein Wiedereinsetzungsgrund; 13 K 114/23, EFG 2024, 1420, Rev. BFH: X R 11/24; → § 52d Rn. 4). Eine Wiedereinsetzung in die wegen Nichtnutzung des besonderen Steuerberaterpostfachs versäumte Frist kommt dann in Betracht, wenn die zuständige Steuerberaterkammer über die Nutzungspflicht unzutreffend und unvollständig informiert und der Prozessbevollmächtigte darauf vertraut hat (BFH VIII R 19/22, BFH/NV 2025, 288, Rn. 42 ff.; FG München 14 K 103/23, EFG 2024, 1715, Rev. BFH: V R 12/24). – Ferner → Rn. 66 zur Postausgangskontrolle bei elektronischem Rechtsverkehr.

Fehler des Beteiligten 42

Die Grundsätze für die Entschuldbarkeit von Büroversehen in gut organisierten Büros von Rechtsanwälten oder Angehörigen der steuerberatenden Berufe (→ Rn. 30) finden auf die Beteiligten selbst grds. keine Anwendung (BFH VIII B 146/09, BFH/NV 2011, 1366 zum Gewerbebetrieb). Schuldhaft handelt ein Beteiligter aber dann, wenn er die **Erhebung der Klage zurückstellt,** weil zu ihrer Begründung noch Unterlagen fehlen (BVerwG VII B 104.76, MDR 1977, 75; s. aber auch BFH VIII R 21/91, BFH/NV 1994, 247: Wiedereinsetzung grds. möglich, wenn der Nachlasspfleger dem Beteiligten für die Rechtsverfolgung notwendige Unterlagen erst nach Ablauf der Klagefrist ausgehändigt; → Rn. 74 f.). Gleiches gilt, wenn er im Falle der **Ortsabwesenheit** nicht dafür sorgt, erreichbar zu sein (→ Rn. 20), wenn er bei der Zustellung **mehrerer Urteile** nicht prüft, gegen welches ein Rechtsmittel eingelegt werden soll (BFH III R 221/84, BFH/NV 1989, 787 (788)), wenn er sich über **Fristbestimmungen** nicht informiert (BFH XI B 129/00, BFH/NV 2003, 501; V B 64/17, BFH/NV 2018, 45), wenn er **Rechtsmittelbelehrungen** nicht beachtet (BFH VIII R 52/06, BFH/NV 2007, 1515; → Rn. 75) und deshalb zB **ohne Vertreter beim BFH** auftritt (zB BFH III B 24/98, BFH/NV 1999, 634 (635); → Rn. 62). Schuldhaft handelt ferner, wer Postsendungen **falsch oder unvollständig adressiert** (BFH VI R 27/87, BFH/NV 1988, 381; BVerwG 9 B 222/89, NJW 1990, 1747; s. aber auch BVerwG 4 C 10/87, NJW 1990, 2639), **nicht rechtzeitig**

zur Post gibt (BFH III R 107/82, BFH/NV 1987, 554) oder **sonstige Fehler beim Anbringen von Rechtsmitteln** macht, zB Briefkästen verwechselt (BFH VIII R 36/69, BStBl. II 1973, 271), das richtig adressierte Schriftstück bei der unzuständigen Behörde einwirft (BFH VI R 171/75, BStBl. II 1978, 667) oder sich nicht hinreichend bemüht, das **Gericht oder den Gerichtsbriefkasten aufzufinden** (zur Übersendung der Klage per E-Mail aber → Rn. 4). Schuldhaft handelt ferner, wer mögliche **Fristverlängerungsanträge** nicht stellt (→ Rn. 68), im Falle der Bekanntgabe einer Entscheidung durch PZU die **Mitteilung über die Niederlegung beim Postamt** übersieht oder sonst schuldhaft nicht zur Kenntnis nimmt (BFH V R 51/94, BFH/NV 1996, 193 (194); X S 27/11 (PKH), BFH/NV 2012, 758), nicht die nötigen **Vorkehrungen für den Zugang** von Postsendungen trifft (BGH V ZB 7/90, NJW 1991, 109 betr. unzureichende Beschriftung des Briefkastens; BFH III B 29/94, BFH/NV 1995, 278 betr. Zustand des Briefkastens und unsorgfältiger Behandlung der in den Briefkasten eingelegten Sendungen; FG Köln 2 K 6552/98, EFG 1999, 751 betr. Briefschlitz für alle an die Bewohner eines Mehrfamilienhauses gerichteten Sendungen), im Falle des **Wohnungswechsels** den Postzusteller angewiesen hat, Sendungen noch unter der früheren Anschrift zuzustellen und er in Folge dessen nicht rechtzeitig von der Zustellung einer Einspruchsentscheidung oder eines Urteils Kenntnis erlangt (FG Saarl 1 K 88/90, EFG 1991, 207 (208)). **Verschulden** ist weiter anzunehmen, wenn der Stpfl. nach der Niederlegung eines Schriftstücks zwar die Post um erneute Übermittlung der Sendung bittet, die Angelegenheit aber nicht weiterverfolgt, wenn die Sendung ausbleibt (BFH VII B 64/98, BFH/NV 1999, 51). – **Verschulden liegt** jedoch **nicht vor,** wenn die Mitteilung über eine Zustellung in eine Zeitung oder Zeitschrift gerutscht ist und infolgedessen erst nach Fristablauf entdeckt wird (FG Köln 8 K 1038/91, EFG 1994, 183; **aA** für den Fall, dass der Empfänger mit der Zustellung rechnen muss: BFH I B 31/94, BFH/NV 1995, 615). Der Beteiligte darf auch darauf vertrauen, dass ein **Nachsendeauftrag** von der Post ausgeführt wird (BGH VII ZB 14/88, VersR 1988, 1162) und die Zustellung nicht vor dem Ausfertigungsdatum erfolgt ist (FG Köln 11 K 395/86, EFG 1989, 588). – **Beauftragt der Beteiligte einen Prozessbevollmächtigten** (Rechtsanwalt usw), so entbindet ihn dies nicht von der Verpflichtung, diesen gewissenhaft und **sorgfältig zu unterrichten** und durch klare **Anweisungen** die Vornahme der notwendigen (fristwahrenden) Prozesshandlungen sicherzustellen (BFH X R 135–138/90, BFH/NV 1991, 467 (468); XI R 44/97, BFH/NV 1998, 1056 (1057); zu **mehreren Beratern** s. BFH II R 6/91, BFH/NV 1994, 440; zur Überwachung der Klageeinreichung durch den Prozessbevollmächtigten: FG RhPf 5 K 1156/94, EFG 1994, 934; s. auch BGH VIII ZB 26/88, VersR 1989, 104; → Rn. 20 zur Erreichbarkeit des Beteiligten für den Prozessbevollmächtigten). Erteilt ein Beteiligter seinem Prozessbevollmächtigten den **Auftrag** zur Einlegung des Rechtsmittels wissentlich **so spät,** dass die **Frist nicht gewahrt werden kann,** so muss er den Prozessbevollmächtigten gleichzeitig über die Gründe für die Verzögerung unterrichten. Geschieht dies nicht, hat er die Fristversäumnis selbst verschuldet (BGH IVb ZR 17/85, HFR 1986, 321). Ebenso ist es, wenn ein Beteiligter seinen Steuerberater usw erst nach Ablauf der Revisionsfrist von der Zustellung des Urteils in Kenntnis setzt (BFH V R 37/88, BFH/NV 1990, 167; I R 33/99, BFH/NV 2001, 410). Schuldhaft handelt der Beteiligte ferner, wenn er nach der ihm bekannten **Mandatsniederlegung** durch den **Prozessbevollmächtigten** weder selbst tätig wird noch einen neuen Bevollmächtigten beauftragt (BFH I B 68/01, BFH/NV 2002,

1314; VII B 91/15, BFH/NV 2016, 219; zur **Erkundigungspflicht** beim Ausbleiben einer Nachricht über eine erwartete Zustellung **nach Mandatsniederlegung** s. BGH IVa ZR 218/87, VersR 1988, 835). – Auch → Rn. 68, 74 f. sowie → Rn. 51 zu Gewerbebetrieben.

Finanzbehörden 43

Bei der Beurteilung, ob eine Behörde sich die Versäumung einer gesetzlichen Frist als schuldhaft anrechnen lassen muss, gelten die gleichen Maßstäbe, wie sie die Rspr. für das Verschulden von Angehörigen der rechts- und steuerberatenden Berufe entwickelt hat (stRspr, zB BFH XI R 24/08, BFH/NV 2010, 1834; IV R 5/10, BFH/NV 2011, 809; VIII R 40/10, BFH/NV 2013, 397; II B 46/14, BFH/NV 2015, 49; I R 8/21, HFR 2022, 745; XI R 34/21, BFH/NV 2023, 1172, Rn. 13; VIII R 2/22, BFH/NV 2024, 1054, Rn. 25). Das gilt auch für die **Büroorganisation** (zur Führung eines Postausgangsbuchs und zur Überwachung des Postausgangs BFH II R 74/90, BStBl. II 1994, 946; III R 73/91, BFH/NV 1993, 746; II B 46/14, BFH/NV 2015, 49; XI R 22/17, BFH/NV 2018, 961: Wiedervorlageliste oder Eintrag in elektronisches Dokumentationssystem reichen nicht aus; XI R 34/21, BFH/NV 2023, 1172, Rn. 14; VIII R 2/22, BFH/NV 2024, 1054, Rn. 26). – Die Verantwortlichkeit beschränkt sich allerdings nicht auf Auswahl-, Aufsichts- und Organisationsverschulden, die Finbeh muss sich vielmehr das **Verschulden eines Behördenvertreters** zurechnen lassen (BFH VII B 188/22, BFH/NV 2024, 294, Rn. 14; BVerwG 11 A 10/97, Buchholz 310 § 67 VwGO Nr. 89; zu **OFD**-Bedienstetem bei Weiterleitung der Post: BFH VII R 32/90, BFH/NV 1994, 553; VI R 69/10, BFH/NV 2011, 830). Das Verschulden eines Mitarbeiters in der **Poststelle** muss die Finbeh allerdings dann nicht gegen sich gelten lassen, wenn dieser regelmäßig unterwiesen und überwacht wird und wenn eine wirksame Postausgangskontrolle erfolgt (BFH II R 12/96, BFH/NV 1997, 47; III R 78/06, BFH/NV 2009, 407; I R 9/12, BFH/NV 2013, 47; s. auch BFH VI R 61/02, BFH/NV 2006, 1751 zum Einlegen der Revisionsschrift in einen falsch adressierten Briefumschlag; IV R 24/10, BFH/NV 2013, 1251). Eine **wirksame Postausgangskontrolle** setzt voraus, dass die Absendung des fristwahrenden Schriftsatzes, dh die Übergabe des Schriftstücks an die Post oder einen privaten Postdienstleister durch eine Person kontrolliert wird, die den gesamten Bearbeitungsvorgang überwachen kann (BFH VI R 68/13, BFH/NV 2015, 47). Die einfache Zuleitung oder kommentarlose Übergabe des jeweiligen Schriftstücks an die amtsinterne Postausgangsstelle reichen hierfür ebenso wenig aus wie ein bloßer Abgangsvermerk der Stelle, die das Schriftstück an diese Postausgangsstelle weiterleitet, weil dadurch noch nicht ausreichend sichergestellt ist, dass das Schriftstück auch tatsächlich unmittelbar zur Weiterbeförderung an die Post gelangt. Vielmehr ist erforderlich, dass die ordnungsgemäße Absendung eines fristwahrenden Schriftsatzes durch einen Absendevermerk der Poststelle in den Akten festgehalten wird (BFH IX R 41/05, BFH/NV 2007, 1508; III R 78/06, BFH/NV 2009, 407; XI R 24/08, BFH/NV 2010, 1834 zur Belehrung; IV R 5/10, BFH/NV 2011, 809; I R 9/12, BFH/NV 2013, 47: allg. Anweisung zur unverzüglichen Absendung der Post genügt nicht; IV R 24/10, BFH/NV 2013, 1251; I R 8/21, HFR 2022, 745; s. aber auch BFH III B 179/10, BFH/NV 2012, 1456: bei Fehlen kann das FG unterstellen, dass die Sendung „einige Tage nach der Zeichnung" zur Post gegeben wurde). Ist eine solche zentrale Ausgangskontrolle nicht vorgesehen, muss zumindest derjenige, der den Vorgang zuletzt bearbeitet hat oder an der Bearbeitung beteiligt war, die mit der

Absendung beauftragte **Poststelle auf die Frist sowie die Wichtigkeit und Eilbedürftigkeit des Schriftstücks hinweisen.** Die tatsächliche Übergabe der Briefsendung an die Post muss in der Akte vermerkt werden (BFH II R 12/96, BFH/NV 1997, 47; III R 78/06, BFH/NV 2009, 407; I R 9/12, BFH/NV 2013, 47; → Rn. 66). Das gilt auch für die Weiterleitung fristwahrender Schriftstücke im Wege des **Behördenaustauschs** (BFH IV R 24/10, BFH/NV 2013, 1251). – Bedient sich das FA eines **privaten Zustellungsunternehmen,** um die überregionalen Sendungen an die Post AG weiterzuleiten, so kann es sich bei Fristversäumnis dann nicht mehr zur Entschuldigung auf die üblichen Postlaufzeiten berufen, wenn diese auf betriebsinternen Verzögerungen bei dem privaten Zustellungsunternehmen beruhen (BFH I R 41/08, BFH/NV 2008, 2042; s. auch BFH VI R 68/13, BFH/NV 2015, 47: keine Wiedereinsetzung, wenn statt des privaten Postzustellers der langsamere Kurierdienst beauftragt wird). – Zur **behördeneigenen Postbeförderung** s. BFH VII R 70/96, BFH/NV 1998, 1115 (1118): ggf. Erkundigungspflicht bezüglich des rechtzeitigen Eingangs; VII R 136/97, BFH/NV 1999, 73. – Zum **elektronischen Rechtsverkehr** → Rn. 38.

44 **Fristberechnung durch Angestellte des Prozessbevollmächtigten**

Der Prozessbevollmächtigte darf die Berechnung der üblichen, häufig vorkommenden und einfach zu berechnenden Fristen zuverlässigen Angestellten übertragen (stRspr, BFH VII R 63/02, BFH/NV 2007, 1212; VIII R 2/09, BStBl. II 2013, 823, Rn. 92; X R 16/11, BFH/NV 2013, 962; BGH VI ZB 13/05, AnwBl. 2006, 417 betr. Rechtsreferendar; zur Abgrenzung BSG 10 BLw 8/97, NJW 1998, 1886, s. zur Übertragung der Fristenkontrolle auf Angestellte des nicht vertretenen Beteiligten BFH IX B 181/01, BFH/NV 2002, 1048), nicht aber einer Auszubildenden (BGH XII ZB 407/12, MDR 2016, 111). Dazu gehören **nicht die Fristen zur Begründung der Nichtzulassungsbeschwerde oder der Revision** (BFH V R 24/12, BFH/NV 2013, 970, Rn. 12; VII B 12/14, BFH/NV 2015, 43). Den **Ablauf der Rechtsmittelbegründungsfrist** muss der Prozessbevollmächtigte eigenständig prüfen, weil dies zu seinen eigenen Aufgaben gehört (BFH XI R 40/11, BFH/NV 2013, 213, Rn. 18; I R 6/16, BFH/NV 2016, 1733; IX R 15/16, BFH/NV 2017, 47, Rn. 15). – IÜ → Rn. 29, 76, 45, 68.

45 **Fristenkontrolle**

Angehörige der rechts- und steuerberatenden Berufe müssen für eine zuverlässige Fristenkontrolle sorgen. Erforderlich ist die Einrichtung eines **Fristenkontrollbuchs** oder eines vergleichbaren Kontrollsystems (BFH I B 166/02, BFH/NV 2003, 1193; III R 64/09, BFH/NV 2011, 54; XI R 33/19, BFH/NV 2020, 907, Rn. 24). Fehlt es, ist die Fristversäumnis im Allgemeinen verschuldet. – Fristen zur **Einlegung und zur Begründung der Nichtzulassungsbeschwerde** sind differenziert aufzuzeichnen (BFH IX B 115/13, BFH/NV 2014, 896). Wegen der weiteren **Anforderungen** an die Führung eines Fristenkontrollbuchs s. BFH II R 40/72, BStBl. II 1977, 290; X R 112/92, BFH/NV 1994, 328; X R 31/97, BFH/NV 1999, 941 mwN; III B 36/14, BFH/NV 2015, 505, Rn. 19; BGH X ZB 2/96, VersR 1996, 1561 und zur **notwendigen Vertretungsregelung** s. BGH VI ZB 26/88, NJW 1989, 1157; II ZB 1/91, VersR 1991, 1271. Siehe auch BGH I ZB 1/94, NJW 1994, 1878 betr. die Fristenkontrolle bei einer **überörtlichen Sozietät.** – Bei Führung eines **elektronischen Fristenkalenders** müssen die Eingaben auf mögliche Fehler oder Versäumnisse hin kontrolliert werden, und zwar entweder durch Ausgabe der eingegebenen Einzelvorgänge über einen Drucker oder durch Ausgabe eines Fehlerprotokolls (BFH IV R 38/11, BFH/NV 2013, 1117; X R 14/13, BFH/NV 2014, 567 mwN; s. auch FG Bbg 1 K 1724/96 E, EFG 1998, 980; FG Saarl 1 K 81–99, DStRE 2000, 386; 1 K 13/00, EFG 2000, 961; BGH X ZB 2/20, NJW-RR 2021, 444; zur Kontrolle nach Neuinstallation s. BFH IV B 131/10, BFH/NV 2011, 1909). Zur **Fristenkartei** s. BFH V R 139/73, BStBl. II 1977, 643. – Ungenügend ist das Anlegen einer **Terminmappe** (BFH VII B 19/66, BStBl. III 1966, 681), das Notieren der Fristen im allg. oder persönlichen **Terminkalender** (FG Hmb I 38/92, EFG 1994, 550; FG BBg 4 K 4239/14, EFG 2018, 3), das Anbringen von **Zetteln** auf der Akte (BFH XI R 28/91, BFH/NV 1992, 533) sowie der Eintrag in eine Wiedervorlageliste oder in ein elektronisches Dokumentationssystem (BFH XI R 22/17, BFH/NV 2018, 961). – Der Fristablauf ist für jede einzelne Sache **unverzüglich** in das Fristenkontrollbuch **einzutragen** (BFH I R 297/83, BFH/NV 1988, 673; IX R 38/01, BFH/NV 2002, 1467). Die Eintragung von **Wiedervorlagefristen** oder Einlassungsfristen genügt **nicht** (BFH VI B 17/02, BFH/NV 2002, 1490; X B 50/11, BFH/NV 2012, 440). **Nicht ausreichend** ist auch die nachträgliche Berechnung der Frist anhand des Eingangsstempels der Kanzlei. Auf diesen darf der Prozessbevollmächtige nicht vertrauen. Er muss bei Zustellung gegen **Empfangsbekenntnis** oder PZU den Tag der Zustellung seiner Fristberechnung zu Grunde legen (BFH VII R 31/08, BFH/NV 2009, 951; IV B 39/10, BFH/NV 2011, 613; III B 178/09, BFH/NV 2011, 810; IX B 52/19, BFH/NV 2020, 211; IX B 48/21, BFH/NV 2022, 4; s. auch BGH IX ZB 13/19, NJW 2019, 3234: Unterzeichnung des Empfangsbekenntnisses erst dann, wenn in den Handakten die Rechtsmittelfrist festgehalten wurde und vermerkt ist, dass die Frist im Fristenkalender notiert worden ist); der Prozessbevollmächtigte muss sich daher den Umschlag mit dem Zustellungsvermerk vorlegen lassen (BFH V B 71/87, BFH/NV 1988, 250; II R 9/08, BFH/NV 2009, 1817; IV B 50/10, BFH/NV 2011, 627; FG Hmb III 446/03, EFG 2004, 1471: ist zur Handakte zu nehmen). Andernfalls scheidet eine Wiedereinsetzung auch dann aus, wenn der Umschlag entsorgt worden war (BFH XI R 40/11, BFH/NV 2013, 213; FG RhPf 4 K 1932/20, EFG 2022, 81). In diesem Fall muss er den Tag der Zustellung ermitteln (BFH I B 62/10, BFH/NV 2011, 277). Der Tag der Zustellung ist auf dem Schriftstück zu vermerken (BFH IV R 41/79, BStBl. II 1980, 154).

Werden Fristen nicht in das Fristenkontrollbuch eingetragen, weil der **Vorgang „sofort bearbeitet"** werden soll, muss unmissverständlich geregelt sein, unter welchen Voraussetzungen die Fristnotierung unterbleiben kann (BFH X R 112/92, BFH/NV 1994, 328). Ansonsten muss durch organisatorische Maßnahmen (Vorfrist) die **rechtzeitige Wiedervorlage** der Sache gewährleistet sein (stRspr, zB BFH IV R 78/05, BFH/NV 2008, 1860 mwN); zum **Vorfristtermin** muss die Frist noch einmal überprüft werden (BFH VIII R 23/18, BFH/NV 2021, 188). Es muss ferner sichergestellt sein, dass die vorgemerkten Fristen auf Grund einer schriftlichen Eingangsbestätigung des Gerichts ggf. berichtigt werden (BGH IX ZB 29/97, BB 1997, 1332; OLG Frankfurt a. M. 17 U 115/97, MDR 1998, 995). – Der Prozessbevollmächtigte muss weiter Vorkehrungen treffen, um die **Fertigung und Absendung von Schriftsätzen** zu **überwachen** (BVerwG II C 19.73, Buchholz 310 § 60 VwGO Nr. 72; BGH VII ZB 4/88, VersR 1988, 942; → Rn. 66) oder um die sofortige Vorlage der Handakte bei vermuteter Fristversäumnis zu gewährleisten (BFH II R 154/75, BStBl. II 1977, 35). Er muss auch für eine **tägliche Fristenkontrolle** am Abend eines jeden Arbeitstages Sorge tragen (stRspr, zB BFH X R 87/97, BFH/NV 1999, 621 mwN; IV R 18/13, BFH/NV 2015, 1349; NdsFG 3 K 251/14, EFG 2017, 1902; BGH VI ZB 99/19, NJW 2020, 1809; s. aber BGH VII ZB 17/16, MDR 2016, 1284: dabei keine inhaltliche Überprüfung der Telefaxsendeberichte), wobei eine **doppelte Fristenkontrolle** zwar nicht erforderlich ist (BGH VII ZB 4/00, BB 2000, 1964), andererseits aber eindeutig feststehen muss, welche Bürokraft zu einem bestimmten Zeitpunkt jeweils ausschließlich für die Fristenkontrolle zuständig ist (BGH III ZB 55/14, NJW 2015, 2041; BFH II R 28/14, BFH/NV 2015, 1262: Anweisung, dass die Mitarbeiterin, die die Kanzlei zuletzt verlässt, prüft, ob alle Fristen erledigt sind, genügt nicht; → Rn. 44 zur Kontrolle von Rechtsmittelbegründungsfristen durch den Prozessbevollmächtigten). – Der Prozessbevollmächtigte muss weiter sicherstellen, dass **Fristen** im Fristenkontrollbuch erst auf der Grundlage einer entspr. Eintragung im Postausgangsbuch **gelöscht** werden (BFH I B 166/02, BFH/NV 2003, 1193; XI R 48/10, BFH/NV 2013, 212; II R 28/14, BFH/NV 2015, 1262; II B 150/14, BFH/NV 2015, 1434; V B 56/15, BFH/NV 2016, 222; II R 33/18, BFH/NV 2020, 1079, Rn. 21; XI R 33/19, BFH/NV 2020, 907, Rn. 24), und zwar erst dann, wenn das Schriftstück unterzeichnet und abgesandt oder postfertig gemacht worden ist (BFH IX R 56/83, BFH/NV 1988, 317 mwN; BGH VI ZB 6/10, NJW 2011, 2051: Einlegung in Postausgangsfach als „letzte Station"). Er muss weiter anweisen, dass die zuständige Kanzleikraft sich vor der Löschung **anhand der Akte vergewissert** hat, dass zweifelsfrei nichts mehr zu veranlassen ist (BFH II R 28/14, BFH/NV 2015, 1262; BGH VI ZB 78/11, NJW-RR 2013, 506; III ZB 55/14, NJW 2015, 2041: Löschung der Frist auf bloße Mitteilung einer anderen Bürokraft hin genügt nicht; → Rn. 66; zum **Telefax** → Rn. 80). – Es besteht aber grds. **keine** Verpflichtung, schon kurz nach Absendung der Rechtsmittelschrift oder eines sonstigen fristwahrenden Schriftsatzes **Erkundigungen über den Eingang** beim Empfänger einzuholen (BVerfG 1 BvR 1435/89, NJW 1992, 38 unter Hinweis auf Art. 19 IV, 103 I GG; zur Ausnahme → Rn. 103). – Im Übrigen ist **trotz mangelhafter Fristenkontrolle** Wiedereinsetzung zu gewähren, wenn die Mängel für die Fristversäumnis nicht ursächlich waren. Das ist etwa der Fall, wenn das Schriftstück rechtzeitig abgesandt worden ist, es aber wegen Verzögerung bei der Postbeförderung erst nach Ablauf der Rechtsmittelfrist den Empfänger erreicht. – Auch → Rn. 34, 68, 76.

46 **Fristverlängerungsantrag**

Konnte ein Prozessbevollmächtigter nach der ständigen Gerichtspraxis damit rechnen, dass ein von ihm gestellter Fristverlängerungsantrag bewilligt werden wird, so ist er nicht verpflichtet, sich vor Ablauf der Frist nochmals nach der Entscheidung über den Fristverlängerungsantrag zu **erkundigen** (stRspr, zB BVerfG 1 BvR 649/88, NJW 1989, 1147; BFH I B 29/01, BFH/NV 2002, 1033; IV R 12/02, BFH/NV 2004, 168; II R 24/14, BStBl. II 2015, 340, Rn. 13; BGH XII ZB 324/20, NJW-RR 2021, 636; **aA** ohne weitere Begründung BFH IX B 8/10, BFH/NV 2010, 1481; s. ferner zur nur durch die Geschäftsstelle telefonisch bewilligten Fristverlängerung BFH III R 18/05, BFH/NV 2008, 229). Eine Erkundigungspflicht wird man aber nach Stellung eines ungewöhnlichen oder eines weiteren Verlängerungsantrags annehmen müssen (BFH VII R 112/99, BFH/NV 2000, 1479; BGH IV ZR 132/06, MDR 2008, 41; s. auch BGH IX ZB 41/90, VersR 1991, 121 betr. Antragstellung am letzten Tag der Frist). Schuldhaft ist eine Fristversäumung dann, wenn der Prozessbevollmächtigte einen

Fristverlängerungsantrag hätte stellen können (BFH VIII B 120/10, BFH/NV 2011, 1524; VIII B 48/11, BFH/NV 2011, 1911; VI B 167/12, BFH/NV 2013, 1427; II B 31/16, BFH/NV 2017, 162). Ist der Antrag auf Verlängerung der Revisionsbegründungsfrist verspätet, so kommt Wiedereinsetzung wegen Versäumung dieser Frist nur unter Nachholung der versäumten Revisionsbegründung innerhalb der Monatsfrist des § 56 II in Betracht (BFH VI R 25/12, BFH/NV 2013, 235).

Geburt **50**

Nach FG BW v. 17.3.2010 (EFG 2010, 1239) soll eine vorzeitige Geburt eine Wiedereinsetzung nicht rechtfertigen, weil es der Entbundenen selbst bei verordneter Bettruhe regelmäßig nach einem Tag möglich sei, Klage zu erheben oder jedenfalls eine Person hiermit zu beauftragen. Dem ist angesichts der Rspr. zu Krankheitsfällen nicht zu folgen.

Gewerbebetriebe **51**

Die Grundsätze für die Entschuldbarkeit von Büroversehen in gut organisierten Büros von Rechtsanwälten oder Angehörigen der steuerberatenden Berufe finden auf Gewerbebetriebe keine Anwendung (BFH VIII B 146/09, BFH/NV 2011, 1366; ferner → Rn. 42). Zum Erfordernis einer **Vertretungsregelung** bei urlaubsbedingter Abwesenheit eines GmbH-Geschäftsführers s. aber BFH I R 39/90, BFH/NV 1992, 146 und → Rn. 20. – Zur **Überwachung** von Angestellten s. BFH VII B 215/90, BFH/NV 1992, 183; III B 33/97, BFH/NV 2001, 292; BGH XI ZB 14/07, NJOZ 2008, 2162 – Stichproben erforderlich.

Irrtum → Rn. 74 f. **52**

Krankheit **56**

Eine Erkrankung entschuldigt die Fristversäumung nur, wenn sie plötzlich und unvorhersehbar auftritt und so schwer ist, dass unzumutbar ist, die Frist einzuhalten oder rechtzeitig einen Vertreter oder Prozessbevollmächtigten zu bestellen, (stRspr, zB BFH III B 61/12, BFH/NV 2012, 2004; VI R 39/14, BFH/NV 2015, 339; X R 9/18, BFH/NV 2018, 828; X B 126/20, BB 2021, 2149, Rn. 12 mwN; **zu Unwohlsein** BFH IV B 129/03, BFH/NV 2004, 355; zur **bettlägerigen Krankheit** BFH V B 25/90, BFH/NV 1991, 247; zum hohen **Alter** VII B 132/90, BFH/NV 1991, 760), zB bei **krankhafter Bewusstseinsstörung** (BFH IV R 16/84, BFH/NV 1987, 451; III R 208/84, BFH/NV 1989, 370), **Schlaganfall** (BFH I R 128/82, BFH/NV 1987, 246), **Herzinfarkt** (HessFG III 345/76, EFG 1981, 266; s. insgesamt auch Toussaint NJW 2014, 200) oder bei akuten **schweren seelischen Belastungen** infolge familiärer Ereignisse (BFH III B 22/91, BFH/NV 1992, 257; V B 106/05, BFH/NV 2007, 244), nicht aber beim bloßen Verdacht einer **Covid-19-Erkrankung** (FG Düsseldorf 8 K 1416/20 G, DStRE 2022, 434). Unterlässt es der Prozessbevollmächtigte, einen **Fristverlängerungsantrag** zu stellen, so ist die Fristversäumnis idR schuldhaft (BFH VI B 167/12, BFH/NV 2013, 1427 betr. Erkrankung des Mandanten; → Rn. 46). – Das gilt auch für **Prozessbevollmächtigte.** Sie müssen jedoch **Vorsorge** für den Fall einer Erkrankung treffen (BFH III B 46/15, BFH/NV 2015, 1593; XR 9/18, BFH/NV 2018, 828; XI R 15/18, HFR 2021, 61 für Einzelanwalt; X B 126/20, BB 2021, 2149, Rn. 13; FG Düsseldorf 8 K 1416/20 G, DStRE 2022, 434 zu **Covid-19;** BVerwG 2 B 18/15, BayVBl. 2017, 353; → Rn. 29; zur Krankheit von Büroangestellten s. BFH IX B 44/06, BFH/NV 2007, 921). Dies gilt insbes. bei **chronischen Erkrankungen** (BFH XI R 33/19, BFH/NV 2020,

907). Erweisen sich getroffene Maßnahmen unvorhersehbar als nicht ausreichend, so kommt allerdings Wiedereinsetzung in Betracht (BFH XI R 15/18, HFR 2021, 61). Gleiches gilt, wenn der Bevollmächtige **Vorsorgemaßnahmen unterlässt,** er aber in einer solchen Weise erkrankt, dass es ihm auch bei Bestellung eines Vertreters unverschuldet unmöglich gewesen wäre, diesen ausreichend zu informieren (BFH VIII R 19/17, BFH/NV 2020, 375 mwN). – Ist der Prozessbevollmächtigte auf Grund einer nicht vorhersehbaren Erkrankung ausnahmsweise nicht verpflichtet, das Rechtsmittel fristgerecht einzulegen, können ihm Fehler in einem gleichwohl abgesandten Schriftsatz (Einlegung des falschen Rechtsmittels) nicht angelastet werden (BGH XII ZB 150/97, NJW-RR 1998, 639; **aA** BFH X R 2/98, BFH/NV 1998, 992). Wiedereinsetzung kommt nicht in Betracht, wenn bei einer **Sozietät** nur ein Berufsträger krankheitsbedingt arbeitsunfähig ist (BFH IX S 15/22, BFH/NV 2023, 269). – Bei eingeschränkter Arbeitsfähigkeit in Folge von **Nachwirkungen** einer Erkrankung muss sich der Bevollmächtigte außerhalb seiner Kanzlei um einen Vertreter bemühen, der die fristgebundenen Angelegenheiten übernehmen kann (BFH X B 126/20, BB 2021, 2149, Rn. 16 f.). – Zur Darlegung der Krankheit und der Vertretungsregelung → Rn. 113.

57 **Kurierdienst**

Für die regelwidrige Verzögerung bei der Beförderung fristgebundener Schriftsätze durch einen Kurierdienst sind Beteiligter und Prozessbevollmächtigter – wie bei regelwidrigen Verzögerungen der Postbeförderung – nicht verantwortlich, sofern sie eine sorgfältige Auswahl getroffen haben (BVerfG 1 BvR 199/00, MDR 2000, 966; BGH XII ZB 155/07, MDR 2008, 583).

61 **Nichtzulassungsbeschwerde**

Wiedereinsetzung kann nur erlangt werden, wenn innerhalb der Antragsfrist (§ 56 II 3 – → Rn. 102 ff.) nicht nur die NZB eingelegt, sondern auch begründet wird (stRspr, BFH V B 206/05, BFH/NV 2006, 1327 mwN). Wiedereinsetzung wegen Versäumung der Begründungsfrist ist zu versagen, wenn der Beschwerdeführer schuldhaft keinen Fristverlängerungsantrag gestellt hat (BFH VIII B 120/10, BFH/NV 2011, 1524; VIII B 48/11, BFH/NV 2011, 1911; → Rn. 46), die Begründung nicht innerhalb der Monatsfrist des § 56 II 3 iVm S. 1 Hs. 2 nachholt (BFH X B 66/05, BFH/NV 2005, 1862) oder wenn er lediglich einen einzelnen Zulassungsgrund nach Ablauf der Begründungsfrist erstmals ordnungsgemäß rügt; in diesem Fall wird keine verfristete Prozesshandlung nachgeholt (BFH I S 11/12, BFH/NV 2013, 394). – Im Übrigen → Rn. 70, 76.

62 **Notanwalt**

Ein Beteiligter, der wegen Mittellosigkeit (→ Rn. 69) oder mangels eines postulationsfähigen Prozessbevollmächtigten (→ § 62 Rn. 55 ff.) die Rechtsmittelfrist versäumt, kann Wiedereinsetzung nur erlangen, wenn er bis zum Ablauf der Rechtsmittelfrist ein ordnungsgemäßes PKH-Gesuch (→ Rn. 69) oder den Antrag stellt, ihm einen Notanwalt beizuordnen (BFH VII S 23/98, BFH/NV 1999, 629; BVerwG 2 B 4/17, NVwZ 2017, 1550). – Wegen des Inhalts des Antrags auf Beiordnung eines Prozessbevollmächtigten s. BFH III S 3/98, BFH/NV 1999, 436; VII S 19/12, BFH/NV 2012, 1624; → § 62 Rn. 72.

66 **Postausgangskontrolle**

Der Prozessbevollmächtigte handelt schuldhaft, wenn er nicht dafür sorgt, dass Fristen in seinem Büro erst gelöscht werden, wenn der fristwahrende Schriftsatz unterzeichnet und abgesandt oder postfertig gemacht worden ist (→ Rn. 45, 80). Erforderlich ist also eine wirksame Postausgangskontrolle (stRspr, zB BFH IX R 24/01, BFH/NV 2003, 199). Dazu gehört grds. die Einrichtung eines **Postausgangsbuchs** (BFH II B 54/05, BFH/NV 2006, 1130; VI B 54/06, BFH/NV 2006, 2282; XI S 1/08, BFH/NV 2008, 1693; vgl. auch BGH VI ZB 11/92, VersR 1993, 207: Feststellung, dass der Postausgangskorb leer ist, reicht nicht; aA BGH IV ZB 34/02, NJW-RR 2003, 862 zum **Postausgangsfach;** s. auch BGH III ZR 148/00, NJW 2001, 1577 zur Abgabe von Schriftstücken in der kanzleieigenen Poststelle). Die Eintragungen müssen so genau sein, dass nachvollzogen werden kann, für wen, wann, welches Rechtsmittel das Büro verlassen hat (BFH III R 83/88, BFH/NV 1990, 248 (249); FG Hmb I 38/92, EFG 1994, 550). Ein **Fristenkontrollbuch** kann den Nachweis des Postausgangs nur dann erfüllen, wenn es den an das Postausgangsbuch gestellten Anforderungen genügt (BFH X B 48/10, BFH/NV 2011, 993). – Zu **mündlichen Einzelanweisungen** an das Büropersonal s. BFH IX B 61/99, BFH/NV 2000, 78; II B 38/11, BFH/NV 2012, 250; BGH XII ZB 446/19, NJW-RR 2020, 940: durch geeignete Organisation ist sicherzustellen, dass sie sofort erledigt wird; BVerwG 9 B 65/14, NJW 2015, 1976. – Die Postausgangskontrolle muss auch die Prüfung umfassen, ob der Schriftsatz unterschrieben ist; diese Prüfung kann auf zuverlässige Büroangestellte übertragen werden (BFH X R 176/93, BFH/NV 1995, 798). – Im Übrigen auch → Rn. 28, 43, 45 und 68. – Beim **elektronischen Rechtsverkehr** (→ Rn. 38) ist bei der Ausgangskontrolle nicht nur anhand des Aktenzeichens zu prüfen, ob der fristwahrende Schriftsatz versandt wurde, sondern auch anhand des Dateinamens (BGH VI ZB 99/19, NJW 2020, 1809; VIII ZB 80/22, NJW 2023, 1668). Ferner ist der Eingang der Empfangsbestätigung nach § 52a V 2 zu kontrollieren (BGH IV ZB 23/21, NJW-RR 2023, 425, Rn. 14); das Personal ist darüber zu belehren und durch Stichproben zu überwachen (BAG 5 AZB 16/19, NJW 2019, 2793; BGH VIII ZB 9/20, NJW 2021, 2201). Es ist auch zu überprüfen, ob das Dokument vollständig, also zB einschließlich aller Anlagen übermittelt wurde (VerfGH RhPf VGH B 23/19, NJW 2020, 604).

Postbeförderung 67

Der Beteiligte darf **Fristen bis zum letzten Moment ausnutzen** (→ Rn. 1). Das bedeutet aber nicht, dass es für die Wahrung der Frist oder eine zu gewährende Wiedereinsetzung ausreicht, wenn er das maßgebende Schriftstück **erst am Tag des Fristablaufs zur Post** gibt (zB BFH VI B 223/99, BFH/NV 2000, 1491). Der Beteiligte (oder sein Prozessbevollmächtigter) muss vielmehr alles unternehmen, was von ihm erwartet werden kann, damit die Sendung innerhalb der laufenden Frist dem Empfänger zugeht (BFH VII B 90/87, BFH/NV 1988, 378; V S 14/02, BFH/NV 2003, 175 zur gesteigerten Sorgfaltspflicht zum Ende der Frist; zur Informationspflicht bezüglich der **Leerungszeiten des Briefkastens:** BVerfG 2 BvR 854/75, BVerfGE 41, 23 (28)). Dazu gehört insbes. die Übersendung durch **Eilzustellung, Telegramm** (BFH IV R 187/85, BFH/NV 1988, 570 (571)) oder **Telefax** (→ Rn. 80). Kommt der Beteiligte dem nach und liefert er die Sendung so rechtzeitig ein, dass üblicherweise mit dem fristgerechten Zugang zu rechnen ist, so hat er ein gleichwohl eingetretenes **Fristversäumnis nicht zu vertreten,** sofern dieses ausschließlich auf **Verzögerungen bei der Postbeförderung oder -zustellung** durch die Deutsche Post AG oder Lizenzunternehmen (→ § 53 Rn. 16) beruht. Denn der Absender darf **auf die normale** (gewöhnliche) **Laufzeit** einer ordnungsgemäß adressierten und frankierten Sendung vertrauen (stRspr, zB BVerfG 1 BvR 607/82, BVerfGE 62, 334; 2 BvR 1950/94, NJW 1995, 2546 mwN; BFH II R 30/21, BFH/NV 2023, 138; FG Nürnberg 2 K 483/18, DStRE 2022, 38 zu privatem Postdienstleister; zur **unvollständig adressierten Sendung:** BFH XI R 76/95, BFH/NV 1997, 497; VI R 119/95, BFH/NV 1997, 595; diff. BVerwG 4 C 10/87, NJW 1990, 2639: Wiedereinsetzung zu gewähren, wenn Einlieferung so rechtzeitig, dass gleichwohl mit fristgerechtem Zugang zu rechnen war; → Rn. 30, 42, 68). Wie lange die übliche Laufzeit ist, bemisst sich nach den auf einem **gewöhnlichen Betriebsablauf** beruhenden Angaben des Beförderungsunternehmens für die jeweilige Art der Sendung. Dabei dürfen die Beteiligten davon ausgehen, dass normale Briefe, die werktags im Bundesgebiet aufgegeben werden, am folgenden Werktag im Bundesgebiet ausgeliefert werden (BFH I R 38/17, BB 2020, 2917; VII B 219/05, BFH/NV 2006, 1504; VIII R 36/04, BStBl. II 2009, 190 u. IV R 25/22, BStBl. II 2025, 184 unter Hinweis auf die zum 18.7.2024 gültige Post-Universaldienstleistungsverordnung). Hat der Absender konkrete Anhaltspunkte dafür, dass die in der Post-Universaldienstleistungsverordnung vorgegebenen Postlaufzeiten nicht eingehalten werden, so darf er hierauf nicht mehr vertrauen (BFH IV R 25/22, BStBl. II 2025, 184, Rn. 24; s. auch BFH I R 41/08, BFH/NV 2008, 2042: kein Berufen auf übliche Postlaufzeiten, wenn die Sendungen durch ein beauftragtes privates Zustellungsunternehmen der Post zugeführt werden und es bei dem Zustellungsunternehmen zu Verzögerungen kommt). Seit der Aufhebung der Post-Universaldienstleistungsverordnung muss sich der Absender – wie auch schon zuvor in Zweifelsfällen – über die Postlaufzeiten vor Aufgabe der Sendung erkundigen (BVerfG 1 BvR 762/99, NJW-RR 2000, 726; BFH VI R 4/94, BFH/NV 1997, 330). Auf die üblichen Postlaufzeiten darf der Absender nicht vertrauen, wenn konkrete Anhaltspunkte dafür vorliegen, dass die üblichen Postlaufzeiten, etwa wegen **strukturellen Problemen, Streik oder höherer Gewalt,** nicht eingehalten werden (BFH II R 30/21, BFH/NV 2023, 138; zum Streik auch BGH II ZB 18/92, NJW 1993, 1333; V ZB 126/15, NJW 2016, 2750; V ZB 135/15, NJW 2016, 3789). **Differenzierungen** danach, ob die Verzögerung auf einer zeitweise besonders starken Beanspruchung der Leistungsfähigkeit des Beförderungsunternehmens (zB vor Feiertagen), auf einer zeitweilig herabgesetzten Leistungsfähigkeit (zB an Wochenenden), auf Nachlässigkeit eines Postbediensteten (zB in der Karnevalszeit), auf höherer Gewalt oder (zB bei Einschreibsendungen) auf dem Verhalten des Empfängers beruht, sind aber **unzulässig** (BVerfG 1 BvR 762/99, NJW-RR 2000, 726; BFH VIII R 60/95, BFH/NV 1997, 34 mwN; unklar BFH I R 4/02, BFH/NV 2004, 83; zu **Auslandsbeförderungen** s. aber BFH VIII B 61/94, BFH/NV 1996, 137). – Ob die Postsendung so rechtzeitig aufgegeben worden ist, dass unter Berücksichtigung der üblichen Laufzeiten mit einem fristwahrenden Zugang zu rechnen war, ergibt sich regelmäßig aus dem **Poststempel.** Daher sollte das Gericht den **Briefumschlag** mit dem Poststempel zur Akte nehmen (BVerfG 2 BvR 854/75, BVerfGE 41, 23 (28)). – Zum **Verlust** oder zum verspäteten Zugang eines fristwahrenden Schriftsatzes → Rn. 117. Zum **elektronischen Rechtsverkehr** → Rn. 38.

68 **Prozessbevollmächtigter (Rechtsanwalt, Steuerberater usw)**

Ein Prozessbevollmächtigter muss bei der Sachbearbeitung die äußerste, den Umständen des Falles angemessene und vernünftigerweise zu erwartende **Sorgfalt** aufwenden (BFH III B 46/15, BFH/NV 2015, 1593). Er muss grds. **selbst dafür sorgen, dass Fristen eingehalten werden** (BFH II R 68/84, BFH/NV 1987,

306; BVerwG 10 BN 3/14, Buchholz 310 § 60 VwGO Nr. 278); seine diesbezüglichen Pflichten ändern sich nicht, wenn er altersbedingt nur noch „nebenbei" Mandate betreut (BFH IX R 47/06, BFH/NV 2007, 2136). Lediglich büromäßige Aufgaben darf er auf Hilfskräfte übertragen, wozu aber nicht die Anfertigung einer Rechtsmittelschrift gehört (BFH IV B 51/98, BFH/NV 1999, 663 (664); BGH XII ZB 165/11, NJW 2012, 1591) oder die Nachfrage bei dem Mandanten, ob ein Rechtsmittel eingelegt werden soll (BGH VI ZB 71/11, NJW 2013, 1309; dazu auch FG BW 1 K 4060/14, EFG 2016, 1452). Bei den auf Bürokräfte übertragbaren Obliegenheiten beschränkt sich die Sorgfaltspflicht des Prozessbevollmächtigten auf die **Auswahl** und die **Überwachung** der Angestellten und auf die **Büroorganisation** (BVerfG 1 BvR 1819/00, NJW 2004, 2583; BFH X R 176/93, BFH/NV 1995, 798; V B 56/15, BFH/NV 2016, 222: erhöhte Anforderungen bei Auszubildenden; X S 2/17 (PKH), BFH/NV 2017, 1629: auch nach einem **Unglücksfall,** → Rn. 85; BGH XI ZB 14/07, NJOZ 2008, 2162 – Stichproben erforderlich; → Rn. 20, 27, 30, 44, 45, 66, 112 ff.). Dabei darf er im Allgemeinen darauf vertrauen, dass die **seinem** zuverlässigem Büropersonal erteilten ausdrücklichen und eindeutigen (mündlichen) **Anweisungen** befolgt werden (BVerfG 1 BvR 414/95, NJW 1996, 309; BFH VII S 17/95, BFH/NV 1996, 818; IX B 174/09, BFH/NV 2010, 2097; BGH XII ZB 184/97, NJW-RR 1998, 787; IV ZB 5/12, NJW-RR 2012, 1268). Trifft der Prozessbevollmächtigte insbes. zur Fristenkontrolle organisatorische **Maßnahmen,** die **über das rechtlich gebotene Maß hinaus**gehen, so führt dies nicht zu einer Verschärfung seiner Sorgfaltspflichten (BFH X R 112/92, BFH/NV 1994, 328 mwN). – **Macht der Prozessbevollmächtigte selbst Fehler,** zB bei der Fristberechnung, kommt eine Wiedereinsetzung in der Regel nicht in Betracht (BFH VIII R 52/06, BFH/NV 2007, 1515; VI R 8/22, BFH/NV 2022, 1190, Rn. 14; V B 188/03, BFH/NV 2004, 1663 zur Pflicht, die wenigen Fristakten durchzusehen; BGH XII ZB 177/10, NJW 2011, 385 zur Löschung; s. zum Mitverschulden des Bevollmächtigten BGH VIII ZR 10/04, NJW-RR 2005, 143), es sei denn, der Fehler hätte auch durch die den Umständen des Falles angemessene und vernünftigerweise zu erwartende Sorgfalt nicht verhindert werden können (BFH VI B 184/04, BFH/NV 2005, 1623). Ein eigener Fehler (BFH II R 33/18, BFH/NV 2020, 1079, Rn. 15: keine Exkulpation) liegt stets vor, wenn der Prozessbevollmächtigte den Ablauf der **Rechtsmittelbegründungsfrist nicht eigenständig prüft,** weil dies zu seinen eigenen Aufgaben gehört (BFH XI R 40/11, BFH/NV 2013, 213, Rn. 18; I R 6/16, BFH/NV 2016, 1733; IX R 15/16, BFH/NV 2017, 47, Rn. 15). Ebenso werden übertragbare Angelegenheiten dann zu **eigenen Obliegenheiten** des Prozessbevollmächtigten, wenn ihm die Sache zur **Fachbearbeitung** vorgelegt worden ist. Auf ein entschuldbares Büroversehen (→ Rn. 30) kann er sich dann insoweit nicht mehr berufen, er muss insbes. die Fristen selbst überprüfen (stRspr, zB BFH III B 62/01, BFH/NV 2003, 67; VIII B 207/02, BFH/NV 2005, 1574; IX B 174/09, BFH/NV 2010, 2097; IV B 50/10, BFH/NV 2011, 627; I R 6/16, BFH/NV 2016, 1733; II R 8/21, BFH/NV 2022, 908; X B 9/24, BFH/NV 2024, 1192, Rn. 21; s. auch BFH X B 86/97, BFH/NV 1998, 866: Vorfristtermin genügt; VIII R 2/09, BStBl. II 2013, 823 Rn. 92). Das gilt aber nicht hinsichtlich anderer, nachträglicher Fehler des Büropersonals (BFH I R 31/06, BFH/NV 2008, 796). Ein eigenes Verschulden des Bevollmächtigten liegt auch vor, wenn er sich einer **Aufgabe** abweichend von der Büroorganisation **selbst annimmt oder in den üblichen Ablauf eingreift** (zur Übernahme der Eintragung der Frist im Fristenkalender: BFH II R 56/93, BFH/NV

1995, 38; zur Entgegennahme von Zustellungen: BVerwG 9 B 46/84, HFR 1985, 91; BGH VII ZB 4/87, HFR 1988, 654; s. auch BGH IX ZB 13/19, NJW 2019, 3234: Unterzeichnung des Empfangsbekenntnisses erst dann, wenn die Rechtsmittelfrist in den Handakten festgehalten wurde und vermerkt ist, dass die Frist im Fristenkalender notiert worden ist); die sich für ihn daraus ergebenden Pflichten soll er nicht durch mündliche Anweisungen an sein Büropersonal zurückübertragen können (BFH II R 127/85, BFH/NV 1986, 614; BGH X ZB 4/80, NJW 1980, 1846; mE zweifelhaft). – Ansonsten muss der Prozessbevollmächtigte **bei jeder** im Zusammenhang mit einer fristwahrenden Prozesshandlung erfolgenden **Vorlage der Handakten** selbst prüfen, wann die Rechtsmittelfrist abläuft, und für die rechtzeitige Bearbeitung Sorge tragen (stRspr, zB BFH X B 190/01, BFH/NV 2002, 1594 mwN; VIII B 207/02, BFH/NV 2005, 1574; IV R 78/05, BFH/NV 2008, 1860 mwN; VIII R 2/09, BStBl. II 2013, 823, Rn. 92; VII B 12/14, BFH/NV 2015, 43; BGH VI ZB 25/10, NJW 2011, 1600; bejahend auch für die elektronische Handaktenführung: BGH IX ZB 17/18, NJW-RR 2020, 1002; insgesamt einschränkend allerdings BGH XII ZB 69/07, NJW 2008, 854); auf die Erinnerung durch sein Personal darf er sich nicht verlassen (BFH V R 139/73, BStBl. II 1977, 643; BGH VIII ZB 38/91, NJW 1992, 841). Nach der neueren Rspr. des BGH darf sich der Prozessbevollmächtigte allerdings grds. auf die Prüfung der Vermerke in der Handakte beschränken, sofern sich keine Zweifel an deren Richtigkeit aufdrängen. Diese anwaltliche Prüfungspflicht besteht auch dann, wenn die Handakte nicht zugleich zur Bearbeitung mit vorgelegt worden ist, sodass der Bevollmächtigte in diesen Fällen die Vorlage der Handakte zur Fristenkontrolle zu veranlassen hat (s. insgesamt BGH XII ZB 113/21, NJW-RR 2023, 136, Rn. 12 mwN; XII ZB 533/22, MDR 2023, 1205; so jetzt auch BAG 6 AZR 155/23 (A), BB 2024, 1331). Es besteht keine Prüfpflicht, wenn die Prüfung anhand des **Zustellungsvermerks** und nicht anhand des Eingangsstempels seines Büros zu erfolgen hat (BFH IV R 78/05, BFH/NV 2008, 1860); auf den von dem Mandanten mitgeteilten Zeitpunkt der Zustellung darf sich der Bevollmächtigte nicht verlassen (BFH III B 34/04, BFH/NV 2005, 720). Ggf. sind auch **Art und Zeitpunkt der Bekanntgabe** der Einspruchsentscheidung (BFH V R 136/92, BFH/NV 1995, 465) oder der Zustellung eines FG-Urteils zu ermitteln (BFH IV B 137/07, BFH/NV 2009, 200; I B 62/10, BFH/NV 2011, 277; VIII R 2/09, BStBl. II 2013, 823, Rn. 92). – **Berechnet der Bevollmächtigte die Frist selbst,** muss er die Berechnung in der Akte notieren, weil sonst nicht feststellbar ist, ob die Frist falsch berechnet oder vom Personal versehentlich falsch eingetragen wurde (BFH V R 68/03, BFH/NV 2005, 558: Klebezettel reicht nicht). – Zur **Fristberechnung** → Rn. 44.

Abgesehen von der allg. Fristenkontrolle und -überwachung hat der Prozessbevollmächtigte während des laufenden Verfahrens folgende **weitere Sorgfaltspflichten** zu beachten, deren Verletzung eine Wiedereinsetzung grds. ausschließt: Bei der Übernahme des Mandats hat sich der Prozessbevollmächtigte über alle Umstände des Einzelfalls, insbes. über **einzuhaltende Fristen zu informieren** (BFH V B 64/17, BFH/NV 2018, 45; zum Praxiswechsel BFH XI R 11/05, BFH/NV 2006, 1334; II R 16/11, BFH/NV 2012, 593; s. aber BFH III R 12/91, BFH/NV 1996, 680: keine Pflicht, sich ohne konkreten Anlass bei dem bisherigen Bevollmächtigten oder der Finbeh über etwaige noch laufende Rechtsbehelfsfristen zu erkundigen). Er muss das **Mandat zurückgeben,** wenn er erkennt, dass er sich **nicht** in dem erforderlichen Maße **um die Prozessführung** und die Einhaltung der Fristen **kümmern kann** (BFH I R

24/95, BFH/NV 1996, 237) oder dass die **Sache** für ihn **zu schwierig** ist (BFH VI B 161/02, BFH/NV 2004, 1668 mwN; s. auch BFH X B 84/02, BFH/NV 2003, 648: keine Wiedereinsetzung, weil sich Steuerberater erst Rat eines Rechtsanwalts einholen musste). – Er muss ggf. – zB bei Unerreichbarkeit des Mandanten – rechtzeitig **Fristenverlängerungsanträge** stellen, insbes. bei laufenden **Ausschlussfristen** (BFH I R 15/84, BFH/NV 1989, 41; IV B 27/02, BFH/NV 2003, 1438 betr. Urlaub; mE daher zweifelhaft BGH VIII ZR 10/04, NJW-RR 2005, 143: kein Verschulden der Fristversäumung, wenn und solange dem Prozessbevollmächtigten vor Ablauf der Frist die Prozessakten nicht oder nicht vollständig zur Einsichtnahme zur Verfügung stehen; zur Revisionsbegründungsfrist → Rn. 76), und zwar auch dann, wenn ihm das gerichtliche Aktenzeichen noch nicht bekannt ist (BFH VII R 46/99, BFH/NV 2000, 207; XI B 1/06, BFH/NV 2006, 1857). Der Prozessbevollmächtigte muss die normale **Postlaufzeit** (→ Rn. 67) beachten und die Rechtsbehelfsschrift und andere Schriftsätze auf Richtigkeit und Vollständigkeit überprüfen (zB BGH VII ZB 27/95, NJW 1996, 853; IVb ZB 132/82, HFR 1983, 493: Vorlage in einer übervollen Unterschriftenmappe entschuldigt nicht; s. aber auch BGH VII ZB 24/88, NJW 1989, 2396 zur unschädlichen falschen Bezeichnung des Gerichts in der Rechtsmittelschrift). Er hat darauf zu achten, ob die **Formalien** eingehalten sind (BFH IV B 32/97, BFH/NV 1997, 889; IV B 51/98, BFH/NV 1999, 663; IV R 52/98, BFH/NV 1999, 1100; FG Bln VIII 593/95, EFG 1997, 246). Dazu gehört vor allem die **richtige Adressierung** (zB BFH XI B 130/02, BFH/NV 2005, 563; III B 16/14, BFH/NV 2015, 42 zur Einlegung der NZB beim BFH; BVerwG 9 B 222/89, NJW 1990, 1747; 4 C 10/87, NJW 1990, 2639; BGH XII ZB 298/11, NJW-RR 2012, 694). Die bloße **Beifügung der Anschrift** des Gerichts durch sein zuverlässiges Personal muss der Prozessbevollmächtigte demgegenüber **nicht überprüfen** (BFH II R 215/84, BFH/NV 1988, 158; VI R 8/94, BFH/NV 1995, 51; X R 41/98, BFH/NV 2003, 757; BGH V ZR 50/99, BB 1999, 2479; → Rn. 29 f.). Gleiches gilt für die **Telefaxnummer** eines vorab per Telefax an das Gericht übermittelten Schriftsatzes (BFH VII R 47/02, BFH/NV 2003, 1122). – Stellt der Prozessbevollmächtigte eine **Fehladressierung** fest, so genügt es, wenn er einen zuverlässigen Angestellten mit der Korrektur beauftragt (BFH I R 141/86, BStBl. II 1988, 143; BGH VIII ZB 41/11, NJW 2012, 1737 zur Ergänzung des Aktenzeichens; anders aber bei **Schriftsatz mit mehreren relevanten Fehlern:** BGH VI ZB 26/03, NJW-RR 2004, 711; I ZB 21/11, NJW-RR 2012, 122 für **Schriftsatz mit einem relevanten, aber leicht zu korrigierenden Fehler**). – Soll der Mandant, etwa nach Unterzeichnung von Steuererklärungen, die Klage selbst an das Gericht weiterleiten, so hat der Prozessbevollmächtigte auf die Fristgebundenheit und die besondere Eilbedürftigkeit hinzuweisen (→ Rn. 28; **aA** FG RhPf 5 K 1156/94, EFG 1994, 934). – Zur Sorgfaltspflicht bei der Eintragung einer **Terminsladung** s. BGH VII ZR 409/97, BB 1998, 1867 und bei Ablehnung des Antrags auf **Terminaufhebung/-verlegung** s. BFH IV B 86/99, BFH/NV 2000, 1353. – Ergeht ein PKH-Beschluss, durch den der Prozessbevollmächtigte dem Kläger beigeordnet wird (→ Rn. 61), so muss der Prozessbevollmächtigte eigenverantwortlich prüfen, ob durch die Zustellung die **Wiedereinsetzungsfrist für die Erhebung der Klage** zu laufen beginnt (BGH XII ZB 63/99, NJW-RR 1999, 1585). – Nach erfolgloser Klage muss er seinen Mandanten umfassend und so rechtzeitig **über die Möglichkeit belehren, Rechtsmittel einzulegen,** dass dem Beteiligten eine ausreichende Überlegungszeit verbleibt, und zwar auch dann, wenn er das Rechtsmittel für aussichtslos hält (BFH II R 32/85, BFH/NV 1988, 784; BGH IX ZR 298/97, MDR 1999, 961). Diese Aufgabe darf er nur gut ausgebildetem und zuverlässigem Büropersonal übertragen, dem er präzise Anweisungen erteilt hat (BGH III ZB 10/85, HFR 1986, 386). Der Prozessbevollmächtigte muss sorgfältig prüfen, ob das zulässige **Rechtsmittel** auch **ohne ausdrückliche Anweisung** des Mandanten eingelegt werden muss (BGH II ZB 9/82, HFR 1983, 492; zu weitgehend BVerwG 9 B 15 204/82, NVwZ 1984, 521; FG Düsseldorf 8 K 814/93, EFG 1995, 533; einschränkend BGH VIII ZB 29/91, VersR 1992, 898; BFH III R 12/91, BFH/NV 1996, 680; keine allg. Nachfragepflicht; s. aber zu Ausnahmen FG BW 1 K 4060/14, EFG 2016, 1452). Erteilt der Beteiligte den **Rechtsmittelauftrag,** so muss der Prozessbevollmächtigte sorgfältig klären, für wen und gegen wen das Rechtsmittel geführt werden soll (BGH VIII ZR 278/85, HFR 1987, 369); er muss außerdem den Lauf der Begründungsfrist prüfen (BFH II R 88/87, BStBl. II 1990, 446). Er muss die Vorschriften über den **Vertretungszwang** (BFH XI R 20/98, BFH/NV 1999, 1605) und die **Rechtsmittelbelehrungen beachten** (stRspr, zB BFH VIII R 52/06, BFH/NV 2007, 1515; s. aber auch BFH II B 33/00, BFH/NV 2000, 1234 betr. missverstandener Rechtsmittelbelehrung) und insbes. dafür Sorge tragen, dass das Rechtsmittel **beim richtigen Gericht** eingelegt wird (zB BFH VII B 171/03, BFH/NV 2004, 72 zur Einlegung der NZB beim FG statt beim BFH). Überträgt er die **Anfertigung der Rechtsmittelschrift** seinem angestellten Büropersonal, so muss er das Arbeitsergebnis vor Absendung sorgfältig auf Vollständigkeit überprüfen (BGH I ZB 42/22, NJW 2023, 1969). Die Rechtsmittelschrift muss er handschriftlich unterzeichnen (BFH IX B 73/88, BFH/NV 1990, 168); ein Beglaubigungsvermerk genügt nicht (str. – → § 64 Rn. 7 ff.), ebenso wenig die Unterzeichnung durch eine Sekretärin (BFH VII B 112/08, BFH/NV 2009, 37). Die Prüfung, ob eine **Rechtsmittelschrift unterzeichnet** ist, darf er geschultem, zuverlässigem und gut überwachtem Personal überlassen (BGH VIII ZB 31/88, NJW 1989, 589; BVerwG 2 B 92/91, Buchholz 310 § 60 VWGO Nr. 175).

Kein Verschulden des Prozessbevollmächtigten liegt grds. vor, wenn die Fristversäumnis auf einer nicht vorhersehbaren **Verschärfung der Auslegung verfahrensrechtlicher Vorschriften** durch ein oberstes Bundesgericht beruht (BFH I R 6/99, BStBl. II 1999, 666 (667); X B 166/98, BFH/NV 2000, 69; BVerwG 9 B 171/99, NVwZ 2000, 66).

Zu den Sorgfaltspflichten **mehrerer Prozessbevollmächtigter** (gegenseitige Informations- und Kontrollpflichten) s. BFH IX B 46/90, BFH/NV 1991, 612; BGH V ZB 25/96, NJW-RR 1997, 55; I ZB 43/96, NJW-RR 1997, 824. – Keine Wiedereinsetzung ist ferner zu gewähren, wenn die Fristversäumung darauf beruht, dass ein **Prozessbevollmächtigter sein Mandat niederlegt** (BFH I B 159/05, BFH/NV 2006, 2095; X B 99/08, BFH/NV 2008, 2039; VII B 91/15, BFH/NV 2016, 219; s. zum Mandatsübergang auch BFH III B 116/07, BFH/NV 2008, 1520) oder **eine Neubeauftragung ablehnt** (BFH V B 114/09, BFH/NV 2010, 1300; → Rn. 27).

Andere Bevollmächtigte, die nicht den rechts- und steuerberatenden Berufen angehören, haben die allg. Sorgfaltspflichten zu beachten (BGH IVb ZB 68/88, NJW 1988, 2672).

Im Übrigen → Rn. 8 ff., 20, 27, 29, 30, 56, 66, 70, 74 f. Zum **elektronischen Rechtsverkehr** → Rn. 38.

Prozesskostenhilfe 69

Der mittellose Stpfl. ist bis zur Entscheidung über seinen PKH-Antrag unverschuldet verhindert, Rechtsmittel einzulegen. Nach der Entscheidung über das PKH-Gesuch (Bewilligung oder Ablehnung) ist ihm Wiedereinsetzung in den vorigen Stand zu gewähren, wenn er vernünftigerweise nicht mit einer Ablehnung wegen fehlender Bedürftigkeit oder Mutwilligkeit (§ 114 ZPO) rechnen musste (BFH XI S 28/07, BFH/NV 2008, 602 – PKH; BGH IX ZB 9/22, BeckRS 2022, 44157) und wenn er **bis zum Ablauf der Rechtsmittelfrist** alles Zumutbare getan hat, um das Hindernis der Mittellosigkeit zu beseitigen (→ Rn. 104 mwN). Das erfordert, dass er innerhalb der Rechtsmittelfrist beim zuständigen Gericht ein **vollständiges PKH-Gesuch** zusammen mit der Erklärung über seine persönlichen und wirtschaftlichen Verhältnisse nebst den entsprechenden Belegen (§ 117 ZPO) eingereicht hat (stRspr, zB BVerfG 2 BvR 106/00, NJW 2000, 3344; BFH I S 6/00, BFH/NV 2001, 479 (480) betr. juristische Person; BFH XI B 1/12, BFH/NV 2012, 1170; X S 14/12 (PKH), BFH/NV 2012, 1821; III B 247/11, BFH/NV 2013, 1112; III S 29/12 (PKH), BFH/NV 2013, 1116; X S 16/21, BFH/NV 2022, 423, Rn. 21; X B 31/21, BFH/NV 2022, 1290, Rn. 9; BGH XII ZB 151/07, MDR 2008, 581); hierüber muss er sich von sich aus kundig machen (BFH VII S 6/97, BFH/NV 1997, 800 mwN; X S 14/12 (PKH), BFH/NV 2012, 1821; III S 29/12 (PKH), BFH/NV 2013, 1116). Erforderlich ist aber, dass die Fristversäumung auf die Bedürftigkeit des Klägers zurückzuführen ist. Daran fehlt es, wenn der Bevollmächtigte im NZB-Verfahren nicht darauf hinweist, dass er nur dann zur Begründung bereit ist, wenn PKH bewilligt wird (BFH VII S 32/13 (PKH), BFH/NV 2014, 1221). Auf die rechtzeitige Vorlage der notwendigen Unterlagen ist der Antragsteller hinzuweisen, ggf. ist insoweit Wiedereinsetzung zu gewähren. Zudem muss er sein **Begehren bis zum Ablauf der Rechtsmittelbegründungsfrist** zumindest laienhaft **substantiiert** haben (BFH X S 14/12 (PKH), BFH/NV 2012, 1821; V S 5/14 (PKH), BFH/NV 2014, 1381; → § 142 Rn. 69). – Hatte der Beteiligte bereits **zuvor eine Erklärung über seine persönlichen und wirtschaftlichen Verhältnisse eingereicht,** muss er spätestens am letzten Tag der Rechtsmittelfrist versichern, dass die darin angegebenen Verhältnisse „unverändert" sind (BFH VIII S 7/99, BFH/NV 2000, 866 mwN). Die Versicherung, dass die in einem früheren Antrag gemachten Angaben noch „im Wesentlichen" zutreffen (BFH X S 2/91, BFH/NV 1991, 613) genügt ebenso wenig wie die Vorlage von Kopien der in einem früheren Verfahren vorgelegten Unterlagen (BFH X S 17/90, BFH/NV 1991, 474) oder die Bezugnahme auf eine angeblich vor dem Amtsgericht abgegebene eidesstattliche Versicherung (BFH XI S 5/98, BFH/NV 1998, 1371). Ist der Antragsteller an der Erfüllung dieser Voraussetzungen ohne sein Verschulden gehindert, so ist auch insoweit – unter den Voraussetzungen des § 56 II 1 (→ Rn. 100 ff.) – Wiedereinsetzung zu gewähren (BFH III B 463/90, BFH/NV 1991, 621 (622); III B 138/96, BFH/NV 1997, 702) – Zum **Irrtum** des Beteiligten **über die vermögensmäßigen Voraussetzungen der PKH** s. BGH VI ZB 10/99, VersR 2000, 383.

Kommt der Beteiligte einer im **PKH-Verfahren** gemachten **Auflage** schuldhaft innerhalb der ihm dafür gesetzten **Frist** nicht nach, so **beginnt die Wiedereinsetzungsfrist des § 56 I** mit dem erfolglosen Ablauf dieser Frist, weil die Mittellosigkeit dann nicht mehr unverschuldet ist (stRspr, zB BGH VI ZB 17/80, HFR 1982, 241 mwN). **In allen anderen Fällen** entfällt das Hindernis iSd § 56 II 1 mit der Entscheidung über den PKH-Antrag, selbst wenn diese erst nach

Ablauf der Jahresfrist des § 56 III ergeht (BFH III S 8/05 (PKH), BFH/NV 2005, 1350 mwN; so auch zur Nichterfüllung unbefristeter Auflagen BGH IV ZB 69/70, NJW 1971, 808; vgl. auch BGH V ZB 17/75, HFR 1976, 268 zum Ruhen des PKH-Verfahrens).

Wird die **PKH bewilligt** und ggf. ein Prozessbevollmächtigter beigeordnet, beginnt die **zweiwöchige Frist** (§ 56 II 1) für den Wiedereinsetzungsantrag und die Nachholung der versäumten Rechtshandlung (→ Rn. 122 f.) mit der Bekanntgabe der PKH-Entscheidung an den bereits beigeordneten und von dem Beteiligten für das weitere Verfahren bevollmächtigten Prozessbevollmächtigten (BFH III B 144/09, BFH/NV 2011, 1144; III B 92/10, BFH/NV 2012, 421: keine Überlegensfrist; III B 59/13, BFH/NV 2014, 560; X S 16/21, BFH/NV 2022, 423, Rn. 22; X B 31/21, BFH/NV 2022, 1290, Rn. 12 f.; BGH XII ZB 119/98, FamRZ 1999, 579; FG BW 14 K 3036/12, EFG 2013, 2036; s. auch BGH XII ZB 141/90, VersR 1991, 1196; VI ZB 31/05, VersR 2006, 1141 zur Kenntnisnahme von der PKH-Bewilligung durch Akteneinsicht). Hat der Beteiligte für den Wiedereinsetzungsantrag und die Nachholung der versäumten Rechtshandlung noch keinen Prozessbevollmächtigten bevollmächtigt, beginnt die Frist mit der Bekanntgabe des PKH-Beschlusses an den Beteiligten selbst oder dessen für das PKH-Verfahren Bevollmächtigten zu laufen (s. aber BFH V B 26/16, BFH/NV 2016, 1479: Wiedereinsetzung in die versäumte Wiedereinsetzungsfrist, wenn der Beschwerdeführer die Rechtshandlung aus Unkenntnis nicht binnen zwei Wochen nach Zustellung der PKH-Bewilligung vornimmt, dies aber umgehend nach der Bevollmächtigung durch den postulationsfähigen Vertreter erfolgt). – Ob dem Kläger nach bewilligter PKH (nochmals) eine einmonatige **Revisionseinlegungsfrist** zur Verfügung steht, ist str.; ggf. ist auch insoweit Wiedereinsetzung zu gewähren (BFH XI R 67/00, BFH/NV 2003, 414). S. auch BFH VII B 196/02, BStBl. II 2003, 609; IV B 83/04, BFH/NV 2004, 1664; XI B 1/12, BFH/NV 2012, 1170: **Frist zur Begründung der NZB** beträgt nach gewährter PKH zwei Monate, beginnend mit Zustellung des PKH-Beschlusses.

Wird die **PKH versagt,** fällt das Hindernis nach Auffassung der Rspr. nach einer kurzen – etwa zwei- bis dreitägigen – Frist zur Überlegung weg, innerhalb derer der Beteiligte entscheiden soll, ob er den Rechtsbehelf auf eigene Kosten durchführt (BFH X S 16/21, BFH/NV 2022, 423, Rn. 23 mwN; BGH IX ZB 86/07, MDR 2008, 99). Damit ist aber unklar, wann die Frist begonnen hat. ME muss die Frist des § 56 I deshalb auch in diesem Fall – wie bei der Bewilligung der PKH – mit der Bekanntgabe der Entscheidung beginnen (s. oben; in diese Richtung wohl auch BFH III B 247/11, BFH/NV 2013, 1112, Rn. 16; V B 87/13, BFH/NV 2014, 886 und offen gelassen durch BFH III B 92/10, BFH/NV 2012, 421, Rn. 5). – Eine gegen die Ablehnung von PKH erhobene **Anhörungsrüge (§ 133a)** ist auf den Ablauf der Frist ohne Einfluss, wenn der Antragsteller ohne begründete Aussicht auf Erfolg die Klageerhebung usw zurückstellt (BFH III S 30/15 (PKH), BFH/NV 2016, 766 mwN auch zur Verfassungsbeschwerde und dem Gesuch an die Europäische Kommission für Menschenrechte; BFH X S 16/21, BFH/NV 2022, 423, Rn. 25 auch zur Gegenvorstellung sowie erneuter PKH-Beantragung). – Nach der Ablehnung eines PKH-Antrags eines nicht postulationsfähigen Klägers kommt eine Nachholung der Beschwerde durch einen postulationsfähigen Vertreter unter gleichzeitiger Beantragung der Wiedereinsetzung in den vorigen Stand nicht mehr in Betracht (BFH II B 111/01, BFH/NV 2003, 791).

Prozessvollmacht 70

Keine Wiedereinsetzung mit der Begründung, die Frist zur Begründung der NZB sei schuldlos versäumt worden, weil die Beschwerdeführer die Prozessvollmacht erst nachträglich erteilt hätten (BFH VI B 60/04, BFH/NV 2005, 1609).

Rechtskenntnisse und Rechtsirrtum zum materiellen Recht 74

Rechtsunkenntnis und ein Rechtsirrtum sind in aller Regel **unbeachtlich,** wenn sie das **materielle Recht** betreffen. Es ist nicht Aufgabe der Wiedereinsetzungsvorschriften, derartige Fehlbeurteilungen auszugleichen (BFH II B 42/70, BStBl. II 1971, 110 mwN; FG Düsseldorf 8 K 670/22 U, EFG 2022, 1853 zur Unkenntnis). Eine **Ausnahme** kann in Betracht kommen, wenn die **Rechtslage** in hohem Maße **unsicher** ist und die Frist versäumt wird, weil es der Betroffene aufgrund rechtlich vertretbarer Erwägungen unterlässt, einen Rechtsbehelf fristgerecht einzulegen (BFH X B 166/95, BFH/NV 1996, 771 mwN; VII B 98/03, BFH/NV 2004, 376 zur falschen Auskunft eines Insolvenzverwalters) oder wenn eine irrige Rechtsauffassung vom Gericht veranlasst worden ist (BVerfG 1 BvR 1892/03, NJW 2004, 2887; BGH XII ZB 169/12, NJW 2013, 471; zu den Anforderungen BGH IX ZB 36/03, WM 2003, 2478). Daran fehlt es aber bei Irrtum über die Verfassungsmäßigkeit bestimmter einkommensteuerrechtlicher Vorschriften (FG BW 2 K 123/92, EFG 1993, 626).

Rechtskenntnisse und Rechtsirrtum zu Verfahrensfragen 75

Irrt der Beteiligte über Verfahrensfragen, kommt **Wiedereinsetzung** in Betracht, so zB bei einem Irrtum **über** das **Zustellungsdatum** infolge Vordatierung eines Steuerbescheids (FG Düsseldorf VIII 763/75 E, EFG 1979, 403; FG Hmb 3 K 287/14, EFG 2017, 1064), über den **Vertretungszwang** (BFH X B 114/95, BFH/NV 1996, 241), über die **Form** der Einlegung **des Rechtsbehelfs** (FG LSA 4 K 321/13, EFG 2013, 1948: Klageeinreichung per E-Mail) oder über **Beginn und Dauer der Frist** (BFH IV R 133/84, BFH/NV 1986, 717 (718); X B 166/95, BFH/NV 1996, 771), insbes., wenn die verfahrensrechtliche Lage in hohem Maße unsicher ist und die Frist versäumt wird, weil der Betroffene es aufgrund rechtlich vertretbarer Erwägungen unterlässt, einen Rechtsbehelf fristgerecht einzulegen (BFH II R 97/92, BFH/NV 1996, 358). – **Keine Wiedereinsetzung** kommt trotz der Unerfahrenheit des Beteiligten in Betracht, wenn er die **Rechtsmittelbelehrung nicht beachtet** (BFH VIII R 52/06, BFH/NV 2007, 1515; X B 114/09, BFH/NV 2010, 1239; FG Düsseldorf 15 K 4597/12 E, EFG 2014, 621) und deshalb zB irrt über den **Fristablauf an Sonnabenden, Sonn- und Feiertagen** (FG BW 9 K 193/93, EFG 1994, 990) oder den **Vertretungszwang** (zB BFH X B 114/95, BFH/NV 1996, 241; → Rn. 42). Unabhängig davon muss er Zweifel rechtzeitig klären (BFH IX R 48/98, BFH/NV 2001, 1010) und ggf. Rat einholen. Daher ist die Wiedereinsetzung auch nicht möglich, wenn der Beteiligte irrt über den **Fristbeginn bei postlagernden Sendungen** (FG Nürnberg V 431/82, EFG 1983, 434) oder das **Verhältnis mehrerer Verfahren** zueinander (BFH X B 166/95, BFH/NV 1996, 771 betr. Änderungsbescheid).

Irrt der Prozessbevollmächtigte über Verfahrensfragen, kann Wiedereinsetzung im Allgemeinen nicht gewährt werden (§ 155 FGO iVm § 85 II ZPO). Angehörige der rechts- und steuerberatenden Berufe und Behördenvertreter **müssen** in aller Regel das Recht – und zwar auch **das Verfahrensrecht – kennen** (BFH VIII R 58/82, BStBl. II 1983, 63; III R 56/09, BFH/NV 2010, 1290; VI R 25/12, BFH/NV 2013, 235; IV B 77/22, BFH/NV 2024, 20, Rn. 14 zur elektronischen Einreichung von Schriftsätzen) und die **Rechtsmittelbelehrung beachten**

(→ Rn. 68, 90). – Siehe auch BFH X R 27/93, BFH/NV 1993, 744 betr. Irrtum über die Wirkung der Zustellung durch Niederlegung (s. aber auch BVerwG 1 C 34/80, NJW 1983, 1923 für den Fall, dass die Behörde den Beteiligten in seinem Irrtum bestärkt hat); BFH X R 23/07, BFH/NV 2007, 2333 betr. Irrtum über das zulässige Rechtsmittel; BFH V B 72/99, BFH/NV 2000, 67 betr. Irrtum über Notwendigkeit der Einlegung der NZB trotz eines nach § 107 gestellten Berichtigungsantrags; BFH VI B 184/04, BFH/NV 2005, 1623 betr. Irrtum über die Frist zur Einlegung der NZB; BFH VII B 171/03, BFH/NV 2004, 72 betr. Anbringung der NZB beim richtigen Gericht; BFH X B 3/91, BFH/NV 1992, 120 mwN betr. fehlerhafte Adressierung der NZB; BFH VII B 222/97, BFH/NV 1998, 616; VII B 112/08, BFH/NV 2009, 37 betr. Unterzeichnung der Beschwerdeschrift; BFH VI B 45/99, BFH/NV 2001, 468; V R 59/05, BFH/NV 2006, 1323 betr. Irrtum über die Frist für die Begründung der NZB; X B 156/01, BFH/NV 2002, 1461; III B 34/04, BFH/NV 2005, 720; III R 56/09, BFH/NV 2010, 1290 betr. Irrtum über die Notwendigkeit der Begründung der NZB; III S 29/12 (PKH), BFH/NV 2013, 1116 betr. Irrtum über Möglichkeit der PKH-Beantragung; BFH IV R 13–16/02, BFH/NV 2004, 61 betr. Irrtum über die Revisionsbegründungsfrist; BFH V R 8/06, BFH/NV 2006, 1852; XI B 1/06, BFH/NV 2006, 1857; VI R 250/66, BStBl. III 1967, 291 betr. Irrtum über die Notwendigkeit der Begründung der Revision trotz eines gestellten Antrags auf Ruhen des Verfahrens, trotz fehlender Mitteilung des Aktenzeichens und trotz fehlender Beiakten; BFH VII R 55/96, BFH/NV 1997, 251 betr. Irrtum über die Wirkung der Verlängerung der Revisionsbegründungsfrist für die Gegenseite; BFH VII R 111/97, BFH/NV 1999, 326 betr. Irrtum über die Auswirkungen der Sequestration auf den Lauf der Revisionsbegründungsfrist; BFH II R 46/05, BFH/NV 2006, 1304 betr. Irrtum über die Anforderungen an die Revisionsbegründung; BGH XII ZB 164/97, NJW-RR 1998, 638 betr. Irrtum über die Zurücknahme des Rechtsmittels; BFH VII B 89/04, BFH/NV 2005, 232 betr. Begründung des Wiedereinsetzungsantrags innerhalb der Frist des § 56 II; BFH II K 1/93, BFH/NV 1997, 193, betr. Irrtum über den Beginn der Wiederaufnahmefrist.

Eine **Ausnahme** gilt nur dann, wenn in Rspr. und Literatur **Unklarheit über das Verfahren** besteht (BFH VIII B 56/95, BFH/NV 1997, 457), das Gericht eine falsche Rechtsmittelbelehrung verwendet und dieser Fehler nicht offensichtlich ist (BGH XII ZB 592/11, NJW-RR 2012, 1025; V ZB 198/11, NJW 2012, 2443) oder wenn der Prozessbevollmächtigte sich in einer schwierigen Verfahrensfrage auf den Rat eines mit der Sache befassten Richters (BGH IVb ZR 592/80, HFR 1981, 338) oder eine stRspr (BVerfG 1 BvR 1419/01, NVwZ 2003, 341) verlässt oder wenn das Gericht rechtzeitig festgestellte Bedenken gegen seine Zuständigkeit nicht mitteilt und dadurch der **Grundsatz des fairen Verfahrens** verletzt ist (BGH VIII ZB 20/09, NJW 2011, 683; VII ZB 78/09, NJW 2011, 2053). Wiedereinsetzung ist auch im Falle einer nicht ohne weiteres vorhersehbaren Änderung der Rspr. zu gewähren (BFH X B 166/98, BFH/NV 2000, 69 mwN; I R 6/99, BStBl. II 1999, 666 (667); BVerwG 9 B 171/99, NVwZ 2000, 66). Dabei ist aber zu beachten, dass der Prozessbevollmächtigte verpflichtet ist, sich über den neusten Stand von Gesetzgebung und Rspr. – auch zum Verfahrensrecht – zu informieren.

76 **Revisionsbegründungsfrist**

Die Revisionsbegründungsfrist gehört – anders als die Revisionsfrist (zB BFH IV R 29/90, BFH/NV 1991, 174) – nicht zu den üblichen, häufig vorkommenden und einfach zu berechnenden Fristen (BFH V R 24/12, BFH/NV 2013, 970, Rn. 12; IX R 29/22, BFH/NV 2023, 1404, Rn. 13: besondere Sorgfalt erforderlich; → Rn. 44). Gleichwohl muss einem Angehörigen der steuerberatenden Berufe bekannt sein, wie sich die Frist berechnet (BFH VII R 23/07, BFH/NV 2009, 178). Der Prozessbevollmächtigte muss dafür sorgen, dass die Begründungsfrist **bei Zustellung des Urteils** in das **Fristenkontrollbuch eingetragen** wird (BFH V B 157/06, BFH/NV 2007, 1514). Er ist zu besonderer Sorgfalt bei der Prüfung der rechtlichen Grundlagen (insbes. der Fristberechnung) und der Überwachung des Personals verpflichtet (stRspr, zB BFH VI R 36/99, BFH/NV 2000, 470; IX R 57/99, BFH/NV 2000, 1210; VII R 23/07, BFH/NV 2009, 178 mwN und FG Köln 2 K 215/17, EFG 2018, 971: Zurechnung des Verschuldens eines angestellten Rechtsanwalts oder Steuerberaters; s. aber BFH II R 33/18, BFH/NV 2020, 1079, Rn. 15: Grundsätze zum Organisations- und Überwachungsverschulden beziehen sich nicht auf Berufsträger, sodass bei deren Fehler **keine Exkulpation** möglich ist). – Der Prozessbevollmächtigte muss den Ablauf der Revisionsbegründungsfrist **eigenverantwortlich prüfen,** wenn ihm die Handakten zur Bearbeitung vorgelegt werden (BFH VII R 23/07, BFH/NV 2009, 178 mwN; VIII R 2/09, BStBl. II 2013, 823, Rn. 92; V R 24/12, BFH/NV 2013, 970, Rn. 12: besondere Sorgfalt; I R 6/16, BFH/NV 2016, 1733; II R 8/21, BFH/NV 2022, 908; X B 9/24, BFH/NV 2024, 1192, Rn. 21; BGH XII ZB 483/21, NJW-RR 2023, 698), zB zur Fertigung der Revisionsfrist (BGH XII ZB 317/11, NJW-RR 2012, 293). Das gilt auch dann, wenn die Sache versehentlich nicht als Fristensache kenntlich gemacht ist (BGH VI ZB 47/97, BB 1998, 17). Unterlässt er dies, ist die Frist schuldhaft versäumt; auf ein Verschulden einer Büroangestellten kann er sich ab diesem Zeitpunkt nicht mehr berufen (BFH VII R 23/07, BFH/NV 2009, 178). – Der Prozessbevollmächtigte muss die Revisionsbegründungsfrist auch dann einhalten, wenn die **Wahrung der Revisionsfrist zweifelhaft** (BFH VI R 26/94, BFH/NV 1995, 52) oder über den Antrag auf Wiedereinsetzung wegen Versäumung der Revisionsfrist noch nicht entschieden ist (BFH I R 111/93, BStBl. II 1995, 24). ME daher zweifelhaft BGH VIII ZR 10/04, NJW-RR 2005, 143: kein Verschulden der Fristversäumung, wenn und solange dem Prozessbevollmächtigten vor Ablauf der Frist die Prozessakten nicht oder nicht vollständig zur Einsichtnahme zur Verfügung stehen. Abgesehen davon muss der Prozessbevollmächtigte einen **Fristverlängerungsantrag** stellen (BFH IV R 5–6/89, BFH/NV 1991, 828; I R 25/95, BFH/NV 1996, 237; IX R 47/02, BFH/NV 2003, 78; VI B 167/12, BFH/NV 2013, 1427; → Rn. 20, 21, 46). Ist dieser verspätet, so kommt Wiedereinsetzung wegen Versäumung dieser Frist nur unter Nachholung der versäumten Revisionsbegründung innerhalb der Monatsfrist des § 56 II in Betracht (BFH VI R 25/12, BFH/NV 2013, 235). Zur Eintragung der Fristverlängerung und deren Löschung im Fristenkontrollbuch: BFH IX R 73/89, BFH/NV 1993, 550; XI R 48/10, BFH/NV 2013, 212; BGH VI ZB 65/06, MDR 2008, 97 mwN; → Rn. 68; zur Wiedereinsetzung bei schuldlos verspätet eingegangenem Fristverlängerungsantrag: BFH VIII R 302/82, BFH/NV 1989, 304. Weiter → Rn. 46. – Ist die **Revisionsbegründungsfrist versäumt,** kann – ggf. auch noch nach Verwerfung der Revision als unzulässig (BFH III S 9/00, BFH/NV 2001, 63) – Wiedereinsetzung erlangt werden, wenn die Revisionsbegründung innerhalb der Antragsfrist (→ Rn. 102 ff.) eingereicht wird (stRspr, zB BFH V R 19/08, BFH/NV 2009, 396); die Stellung des Antrags auf Verlängerung der Begründungsfrist genügt dafür indes nicht (stRspr, zB BFH V R 16/00, BFH/NV 2001, 608 (609) mwN; vgl.

auch BFH X B 131/04, BFH/NV 2005, 1862 zur NZB). Voraussetzung für die zu gewährende Wiedereinsetzung ist in diesen Fällen aber, dass der Prozessbevollmächtigte rechtzeitig – wenn auch erst kurz vor Ablauf der Frist – einen Fristverlängerungsantrag gestellt hatte. – Für **Finbeh** gelten die gleichen Grundsätze (→ Rn. 43). Im Übrigen → Rn. 29, 68, 69.

77 **Signatur** → Rn. 84

80 **Telefax**

Gesetzliche Fristen und Ausschlussfristen sind bei Übermittlung fristwahrender Schriftsätze nur dann eingehalten, wenn die gesendeten Signale vom Telefaxgerät des Gerichts noch **vor Ablauf des letzten Tages der Frist vollständig empfangen** werden (BFH IX B 164/07, BFH/NV 2008, 1349; X B 50/09, BFH/NV 2010, 2270; III B 7/10, BFH/NV 2011, 1895; I B 66/11, BFH/NV 2012, 957: vorgezogene Übermittlung der Seite mit der Unterschrift reicht nicht; BFH X B 6, 7/12, BFH/NV 2013, 385; IX R 33/18, BStBl. II 2021, 488). Maßgeblich ist der **Uhrzeitaufdruck des Telefaxgerätes des Gerichts** und nicht der Zeitpunkt des Ausdrucks (BFH III B 7/10, BFH/NV 2011, 1895; s. auch BFH I B 13/10, BFH/NV 2010, 1837 zur Auseinandersetzung mit der zT abw. Auffassung des BGH). Liegt ein nach der Behauptung eines Beteiligten fristwahrend per Telefax übermittelter Schriftsatz bei Gericht nicht vor, so kann der **rechtzeitige Zugang** nicht durch die Vorlage des **Sendeprotokolls** (Sendeberichts) nachgewiesen werden, weil nicht alle technisch bedingten Übertragungsfehler im Sendeprotokoll dokumentiert werden (BGH VIII ZR 153/93, NJW 1995, 665; OLG Köln 27 W 20/94, BB 1995, 748; **aA** OLG München 23 U 2229/92, NJW 1994, 527; OLG Rostock 1 U 33/95, DB 1996, 573) und die Rechtzeitigkeit der Übersendung aus dem Sendeprotokoll zudem deshalb nicht hervorgeht, weil der darin angegebene Zeitpunkt der Übertragung vom Empfängergerät erzeugt wird und bei diesem beliebig eingestellt werden kann (s. aber BGH III ZB 55/10, NJW 2011, 859 zum automatischen Zeitabgleich und zu den Sorgfaltspflichten des Bevollmächtigten). Eine **Indizwirkung** wird man dem Sendeprotokoll jedoch nicht absprechen können (LG Darmstadt 9 O 170/92, NJW 1993, 2448; abl. aber BFH IV B 9/02, BFH/NV 2003, 786 für die Übersendung mehrerer nicht identifizierbarer Schriftstücke). – Möglich ist der Nachweis des Zugangs aber unter Einbeziehung des **Empfangsjournals** des gerichtlichen Telefaxgerätes. Weist dieses für den behaupteten Zeitpunkt und mit entsprechendem Umfang den Empfang eines Telefaxes des betroffenen Beteiligten auf, so ist der (fristwahrende) Zugang dieses Schriftstücks – ggf. nach Vernehmung der absendenden Person als Zeuge – nachgewiesen. Für eine Wiedereinsetzung ist insoweit kein Raum mehr, weil die Frist gerade nicht verpasst wurde (aA wohl BFH IX R 61/94, BFH/NV 1996, 324; → Rn. 5).

Wiedereinsetzung ist zu gewähren, wenn der Beteiligte/Prozessbevollmächtigte sein funktionsfähiges Sendegerät ordnungsgemäß genutzt, die Empfängernummer rechtzeitig und korrekt eingegeben hat und die fristgerechte Übermittlung nur daran gescheitert ist, dass die Übermittlungsleitungen oder das **Empfangsgerät** des Gerichts (zB durch Papierstau) **gestört** und eine anderweitige Übermittlung vor Ablauf der Frist unter den gegebenen Umständen weder möglich noch zumutbar war (BVerfG 1 BvR 1363/99, MDR 2000, 836; BFH IX R 81–82/94, BStBl. II 1997, 496; IV B 79/95, BFH/NV 1996, 475; BGH XII ZB 83/93, VersR 1994, 578 zur unvollständigen Wiedergabe des durch Telefax übermittelten Schriftsatzes; HmbOVG 4 Bs 351/99, NJW 2000, 1667 zur Nutzung anderer Möglichkeiten der Übermittlung). Dabei muss der Absender aber so **rechtzeitig mit der Übermittlung beginnen,** dass diese unter normalen (gewöhnlichen) Umständen vor Fristablauf abgeschlossen werden kann, und zwar unter Berücksichtigung der Möglichkeit, dass das Empfangsgerät wegen anderer eingehender Sendungen zeitweise nicht erreichbar ist (ansonsten keine Wiedereinsetzung: BFH VII R 9/03, BFH/NV 2004, 519; VIII B 88/09, BFH/NV 2010, 919; VII B 147/14, BFH//NV 2016, 214: Sicherheitszuschlag von 20 Min.; BVerfG 1 BvR 2683/05, NJW 2006, 1505 mwN; 2 BvR 359/07, NJW 2007, 2838; BVerwG 9 BN 2/14, NVwZ-RR 2015, 392; BGH VIII ZB 17/22, MDR 2023, 861; aA Zöller/Greger ZPO § 233 Rn. 23 „Telefax" mwN; zur Verpflichtung, nach mehreren Fehlversuchen die Richtigkeit der Telefaxnummer zu überprüfen BGH VI ZB 29/98, DStR 1999, 77; zur Überprüfung der Ordnungsmäßigkeit der Übermittlung bei Fehlermeldung BGH XII ZB 84/06, NJW-RR 2006, 1648).

Technische Defekte des Telefaxgerätes des Absenders lassen die Fristversäumnis mE nur dann als verschuldet erscheinen, wenn sie **konkret vorhersehbar** waren, nicht aber, wenn sie zu einem Zeitpunkt aufgetreten sind, in dem die **rechtzeitige Beseitigung** des Fehlers oder die Übermittlung auf einem anderen Weg **weder möglich noch zumutbar** war (BFH X B 230/12, BFH/NV 2014, 888; BSG 13 RJ 9/92, MDR 1993, 904). Zu weit geht es daher, wenn der BFH zT verlangt, dass ein Prozessbevollmächtigter, der sich bei der Übersendung von fristwahrenden Schriftstücken „quasi in letzter Minute" auf ein Telefaxgerät verlässt, dessen Funktionieren so rechtzeitig sicherstellen muss, dass er bei einer eventuellen Störung der Telefaxverbindung andere noch mögliche und zumutbare Maßnahmen für einen sicheren Zugang des fristwahrenden Schriftsatzes beim zuständigen Gericht ergreifen kann (BFH XI B 70/12, BFH/NV 2013, 401; V R 11/14, BFH/NV 2015, 528, Rn. 28). Das kann jedenfalls dann nicht gelten, wenn es zuvor zu keinen Störungen beim Faxbetrieb gekommen ist (so wohl auch BFH I B 66/11, BFH/NV 2012, 957, abstellend auf die gewöhnlichen Umstände). War die **technische Störung bekannt,** darf der Absender nicht einfach darauf vertrauen, das Schreiben werde den Empfänger schon leserlich erreicht haben (BFH XI R 48/13, BFH/NV 2015, 1263; s. auch BFH I R 45/03, BFH/NV 2004, 1108: Frist des § 56 II 1 beginnt zu laufen, sobald Bevollmächtigter erfährt, dass sein Telefaxgerät defekt war; er muss ggf. bei den Empfängern nachfragen, ob die Sendungen angekommen sind).

Angehörige der rechts- und steuerberatenden Berufe dürfen geschulte und zuverlässige Büroangestellte mit der Übermittlung fristwahrender Schriftstücke per Telefax beauftragen (BFH VII R 47/02, BFH/NV 2003, 1122 und BGH V ZB 162/16, BeckRS 2020, 12811: keine **Überprüfungspflicht** iE, sondern nur iRd Büroorganisation, → Rn. 29 f.; s. aber auch BFH VII B 292/01, BFH/NV 2002, 1338 mit der mE fragwürdigen Pflicht, diktierte Telefaxnummern bei Unterzeichnung des Schriftsatzes Zahl für Zahl auf ihre Richtigkeit zu überprüfen). Sie müssen aber durch organisatorische Vorkehrungen – Anweisungen an das Büropersonal und entsprechende Kontrolle – sicherstellen, dass Fristen eingehalten werden (→ Rn. 29). Erforderlich ist grds., dass Vorkehrungen getroffen werden, die ein **Vertauschen mehrerer Sendungen** ausschließen. Ferner muss eine **Ausgangskontrolle anhand des Sendeberichts** über die Telefax-Übermittlung erfolgen (BFH I R 39/04, BFH/NV 2008, 81 mwN; II B 150/14, BFH/NV 2015, 1434; mE überspannt BGH XI ZB 13/98, 14/98, VersR 1999, 996; NdsFG 13 K 373/04, EFG 2005, 800 Ausdruck eines Einzelnachweises erforderlich; BGH

II ZB 14/99, NJW 2000, 1043 zur Kontrolle bei Übernahme einer gespeicherten Telefax-Nr.; s. auch BGH VII ZB 17/16, MDR 2016, 1284: keine inhaltliche Überprüfung des Sendeberichts bei der abendlichen Kontrolle der abgearbeiteten Fristen, → Rn. 45). Wird dieser wegen einer technischen Störung nicht ausgedruckt, muss sich der Verantwortliche auf anderem Weg über die Ordnungsmäßigkeit der Übermittlung vergewissern (BFH V R 11/14, BFH/NV 2015, 528, Rn. 27). Die Kontrolle muss die richtige **Empfängernummer** (BGH X ZB 20/92, NJW 1993, 732; VI ZB 58/14, NJW 2016, 3667; BAG 2 AZR 1020/94, NZA 1995, 805) und ggf. auch die **Seitenzahl** umfassen (BFH VII R 13/02, BFH/NV 2003, 639; III B 168/10, BFH/NV 2011, 2086; BGH VIII ZB 33/97, NJW 1998, 907). Wird dabei festgestellt, dass ein mehrseitiger, fristwahrender Schriftsatz in der Nacht des Fristablaufs erst nach 24.00 Uhr versandt worden ist, muss der Bevollmächtigte sich unverzüglich bei dem Empfangsgericht vergewissern, ob der Schriftsatz rechtzeitig eingegangen ist (BFH V B 32/13, BFH/NV 2014, 885). Durch organisatorische Maßnahmen (Weisungen) muss außerdem sichergestellt werden, dass **Fristen** erst nach Durchführung dieser Kontrollmaßnahmen im Fristenkontrollbuch **gelöscht** (→ Rn. 45) und dass **allg. veröffentlichte Änderungen** der Rufnummer **des Fax-Anschlusses** berücksichtigt werden (BGH III ZB 14/94, NJW 1994, 1660). – Weiter auch → Rn. 20, 29, 30, 68 sowie zu den iRd Wiedereinsetzungsantrags erforderlichen Darlegungen → Rn. 113 ff.

83 **Umzug**

Ein Umzug ist kein unvorhersehbares Ereignis und rechtfertigt folglich keine Wiedereinsetzung (BFH XI B 185/04, BFH/NV 2005, 1856; s. zur Erreichbarkeit auch BGH VI ZB 54/01, NJW 2003, 903).

84 **Unterschrift/Signatur**

Rechtsmittel müssen innerhalb bestimmter Fristen **schriftlich** erhoben werden (§§ 116 II, 120 I, 129 I), dh eigenhändig unterschrieben sein. Ist die Unterschrift mangelhaft und wird der Mangel innerhalb der Rechtsmittelfrist nicht behoben, ist das Rechtsmittel unzulässig (→ § 64 Rn. 7 ff.). Wegen der Fristversäumnis kann ausnahmsweise Wiedereinsetzung in den vorigen Stand gewährt werden, wenn der Beteiligte oder der Prozessbevollmächtigte unwidersprochen vorträgt und glaubhaft macht, die mangelhafte Art der Unterzeichnung sei im Geschäftsverkehr, bei Behörden und in Gerichtsverfahren jahrelang nicht beanstandet worden. In derartigen Fällen liegt ein Vertrauenstatbestand vor, der den Unterschriftsmangel unter Beachtung des Anspruchs auf ein faires Verfahren als entschuldbar erscheinen lässt (BFH X R 41/96, BFH/NV 1999, 1429 betr. Unterzeichnung mit einer Paraphe). Das gilt aber nicht für Prozessbevollmächtigte (zutr. FG Köln 2 K 1659/19, EFG 2023, 153). – Für notwendige **elektronische Signaturen** gilt Vorstehendes entspr.

85 **Unvorhersehbare Ereignisse**

Unvorhersehbare Ereignisse führen im Allgemeinen zur Wiedereinsetzung, wenn sie für die Fristversäumnis ursächlich sind (zB **Reifenpanne** auf dem Weg zum Nachtbriefkasten: BGH VII ZB 5/87, VersR 1988, 249; **Behinderung** durch ein verkehrswidrig abgestelltes Fahrzeug: BGH I ZB 19/88, NJW 1989, 2393; → Rn. 67, 80). Das gilt auch für den plötzlichen **Tod einer nahestehenden Person** (BFH VIII B 99/12, BFH/NV 2013, 1443: Einhaltung der Frist muss den Umständen nach nicht zumutbar sein; s. auch BFH I R 69/11, BFH/

NV 2013, 840). Allerdings ist ein Prozessbevollmächtigter auch bei einem **Unglücksfall** in seiner Kanzlei gehalten, sich in den Tagen unmittelbar nach diesem Vorfall zu vergewissern, dass sämtliche fristwahrenden Schriftsätze, die versandt werden mussten, zumindest nachträglich übermittelt worden sind (BFH X S 2/17 (PKH), BFH/NV 2017, 1629).

Urlaub → Rn. 20. **86**

Verantwortlichkeit des Gerichts **90**

Wiedereinsetzung ist zu gewähren, wenn die Fristversäumnis auf Ursachen zurückzuführen ist, die in den Verantwortungsbereich des Gerichts fallen (BVerfG 1 BvR 1892/03, NJW 2004, 2887; 1 BvR 2327/07, NJW 2008, 2167 mwN; 1 BvR 2427/19, NJW 2021, 915, Rn. 27, 37: auch bei anwaltlicher Vertretung des Klägers), zB wenn ein **Nachtbriefkasten fehlt** (BFH II R 94/67, BStBl. II 1971, 597) oder wenn ein bei einem unzuständigen Gericht eingegangener fristwahrender **Schriftsatz fehlerhaft** (BGH XII ZB 144/96, NJW-RR 1998, 354) **oder verzögert weitergeleitet** wird, obwohl der Eingang so rechtzeitig war (fünf Arbeitstage vor Fristablauf: BGH II ZB 24/05, NJW 2006, 3499), dass eine fristgerechte Weiterleitung im ordentlichen Geschäftsgang ohne weiteres erwartet werden konnte (stRspr, zB BVerfG 1 BvR 166/93, BVerfGE 93, 99 (114); 1 BvR 476/01, HFR 2003, 74; BFH XI B 130/02, BFH/NV 2005, 563 mwN; XI B 99/08, BFH/NV 2009, 778; XI B 44/12, BFH/NV 2012, 1811; BGH I ZB 83/22 (KG), DB 2023, 1474; FG Saarl 2 K 2024/03, EFG 2008, 1686; zur Erkundigungspflicht bei bewusster Nutzung des Postaustauschs zwischen Behörde und Gericht: BFH I R 36/16, BFH/NV 2018, 1277). Daran fehlt es, wenn der Schriftsatz erst am letzten Tag der Frist eingeht (BFH III B 16/14, BFH/NV 2015, 42); eine Sonderbehandlung des fehlgeleiteten Schriftsatzes kann der Absender nicht erwarten (BFH IV R 52/98, BFH/NV 1999, 1100; s. auch BVerfG 1 BvR 166/93, BVerfGE 93, 99). Ob der Prozessbevollmächtigte den Fehler so rechtzeitig bemerkt hat, dass er ihn selbst noch hätte heilen können, soll nach BGH V ZB 187/06, MDR 2007, 1276 unerheblich sein (mE fraglich). – Wiedereinsetzung kommt auch in Betracht,

- wenn das **Gericht** trotz rechtzeitiger Feststellung **nicht darauf hinweist,** dass die Klage oder Rechtsmittelschrift nicht unterschrieben ist (BFH X B 16/17, BFH/NV 2017, 1204) oder dass Bedenken gegen die Zuständigkeit bestehen und dadurch der **Grundsatz des fairen Verfahrens** verletzt ist (BGH VIII ZB 20/09, NJW 2011, 683; VII ZB 78/09, NJW 2011, 2053),
- wenn das Gericht dem Kläger eine vom Beklagten übersandte PZU betr. die Zustellung der Einspruchsentscheidung **nicht übersendet** und diesem daher die Möglichkeit eines rechtzeitigen Antrags auf Wiedereinsetzung in den vorigen Stand nimmt (FG Hmb 4 K 26/16, EFG 2021, 1304),
- wenn die **Beschwerde gegen** die **Zurückweisung** des Gesuchs auf **Richterablehnung** nach Ablauf der Revisionseinlegungs- und -begründungsfrist Erfolg hat (BFH GrS 1/80, BStBl. II 1982, 217),
- wenn nach Ablauf der Rechtsmittelfrist durch Ergänzungsurteil (§ 109) über einen bisher übergangenen Antrag entschieden wird (BVerwG 4 CB 24/88, NVwZ-RR 1989, 519),
- wenn ein richterlicher Hinweis unzutreffend ist (BGH IVb ZB 185/88, AnwBl. 1989, 289),
- wenn der **Briefumschlag** mit dem für die Fristberechnung bedeutsamen Absendedatum **nicht** ordnungsgemäß **aufbewahrt** wird (BVerfG 2 BvR 842/96, NJW 1997, 1770; einschränkend BFH I B 96/96, BFH/NV 1997, 545),

– wenn die **Rechtsmittelbelehrung unklar** ist (BVerfG 1 BvR 2427/19, NJW 2021, 915, Rn. 33 ff.: auch bei anwaltlicher Vertretung, es sei denn, der Fehler ist ohne weitere Rechtsprüfung erkennbar; BFH IX B 147/98, BFH/NV 1999, 1368) oder
– wenn die Fristversäumnis auf die **Beschlagnahme** von Akten des Stpfl. (BFH I B 56/98, BFH/NV 1999, 509) zurückzuführen ist.

Zur **Akteneinsicht** → Rn. 21. – **Wiedereinsetzung** ist aber **nicht zu gewähren,** wenn ein Steuerberater vom FG nur auf die fehlende Unterschrift der per Telefax übermittelten Klage, nicht aber auf die Möglichkeit der Wiedereinsetzung hingewiesen wird (BFH VIII B 13/00, BFH/NV 2000, 1358). Im Übrigen auch → Rn. 80. – Bemerkt das Gericht den ihm zuzurechnenden Fehler, so muss es wegen des Grundsatzes fairer Verhandlungsführung den betroffenen Beteiligten hierüber **belehren;** erst dadurch wird die Wiedereinsetzungsfrist in Lauf gesetzt (BVerfG 2 BvR 1095/12, NJW 2013, 446).

91 **Vergesslichkeit**

Vergesslichkeit ist grds. **kein** Wiedereinsetzungsgrund (BGH VIII ZB 26/74, VersR 1975, 40; s. aber zur altersbedingten Vergesslichkeit FG Düsseldorf 8 K 7573/93 E, EFG 1995, 297).

92 **Vertretungszwang**

Findet der Beteiligte innerhalb der Frist zur Einlegung der Revision oder NZB trotz umfangreicher Bemühungen keinen Rechtsanwalt usw, der bereit ist, ihn vor dem BFH zu vertreten, so ist Wiedereinsetzung zu gewähren (BFH III S 37/06 (PKH), BFH/NV 2007, 1527 mwN). – Zu versagen ist die Wiedereinsetzung, wenn der Bevollmächtigte glaubt, es reiche für die Wirksamkeit einer Beschwerdeschrift an den BFH aus, wenn diese von seiner Sekretärin unterschrieben sei (BFH VII B 112/08, BFH/NV 2009, 37).

93 **Vollmacht** → Rn. 70.

94 **Zweifel** → Rn. 74 f.

2. Verfahren

100 **a) Wiedereinsetzung auf Antrag. aa) Allgemeines.** Die Gewährung der Wiedereinsetzung ist **grds.** (zur Ausnahme s. § 56 II 4 – → Rn. 125 f.) **antragsgebunden.** Der Antrag ist bei dem für die Entscheidung der Hauptsache zuständigen Gericht zu stellen (→ Rn. 133). Das ist auch dann noch möglich, wenn über den fraglichen Rechtsbehelf schon entschieden ist (BFH III S 9/00, BFH/NV 2001, 63 mwN betr. Wiedereinsetzung in Revisionsbegründungsfrist, wenn der BFH die Revision mangels Begründung schon als unzulässig verworfen hat; BFH II B 87/12, BFH/NV 2012, 2003 betr. Antrag auf Tatbestandsberichtigung; → Rn. 139). Wiedereinsetzung kann auch **im Rahmen eines zulässigen Rechtsbehelfs** gegen die bereits ergangene Entscheidung beantragt werden (Kopp/Schenke/Schenke VwGO § 60 Rn. 35). Ist der Rechtsbehelf unstatthaft, kommt Wiedereinsetzung jedoch nicht in Betracht (BFH III B 33/94, BFH/NV 1994, 884 betr. unstatthafte Beschwerde).

101 **bb) Form des Antrags.** Die Form des Antrags richtet sich nach den Vorschriften, die für die versäumte Handlung gelten (§ 155 FGO iVm § 236 I ZPO). Bei Versäumung zB der Klagefrist ist also Schriftform erforderlich (→ Rn. 84; zum elektronischen Rechtsverkehr s. § 52a und § 52d); ein in der Sitzung **proto-**

kollierter Antrag genügt. Der Antrag muss **inhaltlich klar** erkennen lassen, dass Wiedereinsetzung begehrt wird. Eine verspätet eingelegte Beschwerde (usw) kann grds. nicht in einen Antrag auf Wiedereinsetzung **umgedeutet** werden, wenn in ihr über die Verspätung nichts gesagt ist (BGH VII ZB 25/74, VersR 1975, 260). Ein **stillschweigender Antrag** kann **nicht** angenommen werden, wenn ein Beteiligter erkennbar gar nicht weiß, dass er eine Frist versäumt hat und erkennbar zum Ausdruck bringt, er sei der Auffassung, die Frist laufe noch. Enthält dagegen die Rechtsmittelschrift oder ein sonstiges Schreiben alle eine Wiedereinsetzung begründenden Tatsachen, so kann darin zugleich ein Antrag auf Wiedereinsetzung zu erblicken sein (BFH VI R 79/95, BFH/NV 1996, 758; → Rn. 125 f.). Wird der **Antrag beim BFH** gestellt, ist der **Vertretungszwang** zu beachten.

cc) Antragsfrist. Wiedereinsetzung kann nur gewährt werden, wenn der 102
Antrag **binnen zwei Wochen nach Wegfall des Hindernisses** (Antragsfrist) gestellt wird (§ 56 II 1 Hs. 1); bei Versäumung der **Frist zur Begründung** (nicht Einlegung!) **der Revision oder der NZB** beträgt die Frist **einen Monat** (§ 56 I 1 Hs. 2). Eine Verlängerung der Frist ist nicht möglich (vgl. § 54 II und § 224 II ZPO); **bei Versäumung** der **Antragsfrist** kommt aber **Wiedereinsetzung** in Betracht (→ Rn. 2), wenn die Fristversäumnis nicht verschuldet ist. Für diesen Antrag gilt gleichfalls die Frist des § 56 II 1 Hs. 1 (BFH V B 143/87, BFH/NV 1989, 705). – Zur **Fristberechnung** s. § 54.

Die **Antragsfrist beginnt** mit dem **Wegfall des Hindernisses,** dh mit dem 103
Zeitpunkt, in dem die Ursache der Verhinderung behoben oder das Fortbestehen des Hindernisses nicht mehr unverschuldet ist (zB BFH VII B 64/99, BFH/NV 1999, 1633 (1634)). Das ist regelmäßig der **Zeitpunkt,** in dem der Kläger oder sein Bevollmächtigter (§ 155 FGO iVm § 85 II ZPO) von der Fristversäumung **Kenntnis** erlangt und in dem er somit unter Berücksichtigung der Umstände des Einzelfalls frühestens **den Antrag** bei Gericht **stellen kann** (stRspr, zB BVerfG 1 BvR 1435/89, NJW 1992, 38; BFH X B 104/05, BFH/NV 2006, 1136; VII B 137/99, BFH/NV 2000, 1344 (1345); BGH VIII ZR 217/99, NJW-RR 2000, 1591 zum nicht fristgerechten Eingang der Rechtsmittelschrift bei Übersendung per Telefax; BGH VII ZB 15/97, NJW-RR 1998, 639; s. aber auch BVerfG 2 BvR 1095/12, NJW 2013, 446: beruht das Fristversäumnis auf einem **dem Gericht zuzurechnenden Fehler,** so beginnt die Wiedereinsetzungsfrist erst zu laufen, wenn es den betroffenen Beteiligten über den Fehler belehrt). Das ist spätestens dann der Fall, wenn das **Gericht** oder ein Beteiligter (zum FA: FG BW 1 K 23/13, EFG 2015, 2010) dem Säumigen **mitteilt,** die Frist sei nicht eingehalten worden (BFH VI B 161/02, BFH/NV 2004, 1668) oder, bei Verwechslung von Rechtsmitteln, mit dem Zugang des verwerfenden Beschlusses (BFH V B 53/86, BFH/NV 1988, 31). Bestand bereits zu einem **früheren Zeitpunkt Anlass zu Nachforschungen,** so beginnt die Antragsfrist bereits zu diesem Zeitpunkt, weil der Beteiligte/Bevollmächtigte bereits zu diesem Zeitpunkt hätte Kenntnis erlangen und den Antrag stellen können (BFH II R 35/92, BFH/NV 1995, 698; I R 45/03, BFH/NV 2004, 1108; → Rn. 80). Das ist zB der Fall, wenn dem Prozessbevollmächtigten innerhalb von zwei Wochen noch keine **Eingangsmitteilung des Gerichts** zugegangen ist (FG Münster 1 K 2091/22 AO, EFG 2023, 1055) oder wenn sich aus der Eingangsmitteilung des Gerichts ersehen lässt, dass die Frist versäumt wurde, selbst wenn das Gericht hierauf nicht hinweist (BVerfG 1 BvR 1435/89, NJW 1992, 38; BFH VII B 127/97, BFH/NV 1998, 64). Ist

ein **Bevollmächtigter** vorhanden, kommt es auf dessen Kenntnis oder Kennenmüssen an (zB BFH III B 62/01, BFH/NV 2003, 67; I R 59/01, BFH/NV 2003, 181: Frist beginnt, sobald die **Akte dem Bevollmächtigten** zur Bearbeitung **vorliegt;** → Rn. 68), nicht auf die Kenntnis oder das Kennenmüssen des Korrespondenzanwalts (BFH X S 2/88, BFH/NV 1989, 108) oder des Bürovorstehers des Bevollmächtigten oder anderer Angestellter (BFH VI R 72/93, BFH/NV 1997, 43 (44)).

104 Der säumige Beteiligte muss alles in seinen Kräften Stehende tun, um das der rechtzeitigen Einlegung des Rechtsmittels entgegenstehende **Hindernis** zu **beheben.** Besteht das Hindernis in der Armut des Beteiligten, so muss er ggf. frist- und formgerecht einen **PKH-Antrag** stellen (→ Rn. 69).

105 Fällt das **Hindernis bereits vor dem Ende der** einzuhaltenden **Frist** (§ 56 I) **weg,** so ist es nicht mehr **ursächlich** für eine eventuelle Fristversäumung. Die Zweiwochenfrist zur Stellung des Wiedereinsetzungsantrags läuft also gar nicht erst an; die Frist zur Einlegung des Rechtsbehelfs wird auch nicht etwa hinausgeschoben (BFH I R 78/74, BStBl. II 1975, 18). Es kann aber ein neues Hindernis und damit eine neue unverschuldete Fristversäumung vorliegen, wenn die nach Wegfall des Hindernisses verbleibende Frist zu kurz ist (BVerwG VI C 18.75, NJW 1976, 74; BGH IVb ZB 162/86, FamRZ 1987, 925; vgl. auch Kopp/Schenke/Schenke VwGO § 60 Rn. 7: Wiedereinsetzung auch zu gewähren, wenn das Hindernis weniger als zwei Wochen vor dem Ende der Frist weggefallen ist; mE zweifelhaft, weil keine gesetzliche Regelungslücke besteht).

110 **dd) Begründung des Antrags.** Nach § 56 II 2 sind die **Tatsachen zur Begründung** des Antrags bei der Antragstellung oder im Verfahren über den Antrag **glaubhaft zu machen** (→ Rn. 117 ff.).

111 Das setzt zunächst voraus, dass die Tatsachen, die eine Wiedereinsetzung rechtfertigen können, soweit sie nicht offenkundig oder gerichtsbekannt sind (→ Rn. 125), **vollständig, substantiiert und in sich schlüssig vorgetragen** werden (stRspr, zB BFH IX B 164/07, BFH/NV 2008, 1349; VII B 15/08, BFH/NV 2009, 589; VI R 56/08, BFH/NV 2009, 1996; X B 190/09, BFH/NV 2010, 2285; I R 29/12, BFH/NV 2013, 58; XI R 13/12, BFH/NV 2013, 60; V R 24/12, BFH/NV 2013, 970; X B 107/14, BFH/NV 2015, 1431; X S 9/17 (PKH), BFH/NV 2018, 203; IX R 29/22, BFH/NV 2023, 1404, Rn. 12). Der Vortrag von Schlussfolgerungen und Bewertungen genügt nicht (BGH VII ZB 11/89, NJW-RR 1990, 379), ebenso wenig der bloße Hinweis auf ein Büroversehen (BFH I R 11/08, BStBl. II 2008, 766). Erforderlich sind die exakte Beschreibung des Hindernisses, das der Fristwahrung entgegengestanden und dessen Wegfall die Antragsfrist (→ Rn. 102) in Gang gesetzt hat, und die vollständige Darlegung der Ereignisse, die die unverschuldete Säumnis belegen sollen (stRspr, zB BFH I B 166/02, BFH/NV 2003, 1193; X R 2/11, BFH/NV 2011, 1913). Das gilt **auch für die Finbeh** (BFH VIII R 40/10, BFH/NV 2013, 397). Angesichts der verfassungsrechtlichen Vorgaben (→ Rn. 1) dürfen die Anforderungen dabei allerdings nicht überspannt werden (BFH I B 248/04, BFH/NV 2005, 1591; → Rn. 1). Für **gerichtliche Hinweise** (BFH XI B 3/11, BFH/NV 2012, 707) oder gar **Amtsermittlungen** ist andererseits wegen der von § 56 II vorgeschriebenen Formstrenge des Verfahrens **kein Raum** (BFH III R 208/84, BFH/NV 1989, 370 (371); X B 23/94, BFH/NV 1995, 625; IX B 32/10, BFH/NV 2010, 1655; BGH VI ZB 45/16, MDR 2017, 782 betr. RA; **aA** FG Hmb I 48/91, EFG 1994, 255; BGH VIII ZB 3/21, NJW 2022, 3232; VIII ZB 24/21 (KG), MDR 2022, 1363); Rückfragen sind in Ausnahmefällen aber zulässig.

Im Falle des verspäteten Eingangs einer angeblich fristgerecht abgesandten Rechtsmittelschrift oder bei Berufung auf einen **Verlust** oder eine **Verzögerung bei der Postbeförderung** muss vorgetragen werden, wie der Postausgang und die Fristenkontrolle organisiert sind und durch welche organisatorischen Maßnahmen die ordnungsgemäße Überwachung der konkreten Frist unter normalen Umständen gewährleistet ist (BFH VIII R 6/21, BFH/NV 2022, 332 mwN). Dies umfasst die Tatsachen, aus denen sich die rechtzeitige Absendung, dh die Aufgabe des fristwahrenden Schriftsatzes zur Post ergibt. Anzugeben ist dabei nicht nur die Versendungsart (BFH XI R 19/91, BFH/NV 1992, 534), sondern auch, wer den Schriftsatz wann in den Briefumschlag eingelegt und wer diesen nämlichen Briefumschlag wann in welchen Briefkasten eingeworfen hat (zB BFH VII B 54/06, BFH/NV 2006, 2282 mwN; VII R 8/06, BFH/NV 2007, 1368; V R 60/09, BFH/NV 2011, 617; V S 10/11, BFH/NV 2011, 1526; VIII R 25/09, BFH/NV 2011, 1389; I R 29/12, BFH/NV 2013, 58; III B 36/14, BFH/NV 2015, 505; II R 24/14, BStBl. II 2015, 340 Rn. 12; VIII R 6/21, BFH/NV 2022, 332, Rn. 15; zur Glaubhaftmachung → Rn. 117 ff.). – Bei **Prozessbevollmächtigten und der Finanzverwaltung** ist außerdem die Schilderung der **Fristenkontrolle** sowie der **Postausgangskontrolle** nach Art und Umfang erforderlich (stRspr, BFH VI R 75/04, BFH/NV 2008, 424; X R 38/07, BFH/NV 2008, 1517; VI R 56/08, BFH/NV 2009, 1996; II R 16/11, BFH/NV 2012, 593; VIII R 40/10, BFH/NV 2013, 397; V R 24/12, BFH/NV 2013, 970; IX R 17/18, BFH/NV 2020, 27 und VII R 63/02, BFH/NV 2007, 1212: Darlegung, dass kein Organisationsmangel vorliegt sowie BFH VII B 369/03, BFH/NV 2004, 1285; I R 38/09, BFH/NV 2010, 1283; II B 38/11, BFH/NV 2012, 250: Behauptung, dass eine zuverlässige Angestellte eine Einzelanweisung nicht ausgeführt hat, reicht allein nicht aus; III B 36/14, BFH/NV 2015, 505, Rn. 19; XI R 34/21, BFH/NV 2023, 1172, Rn. 15; IX R 29/22, BFH/NV 2023, 1404, Rn. 12). Es ist zudem darzulegen, woraus sich die Erfahrung des mit der Fristenüberwachung betrauten Mitarbeiters ergibt und wie diese angewiesen und überwacht worden sind (BFH III R 65/05, BFH/NV 2007, 945; VIII B 47/07, BFH/NV 2007, 1684; X B 95/07, BFH/NV 2008, 969; II B 94/09, BFH/NV 2010, 457; IX R 12/10, BFH/NV 2011, 445; X B 50/11, BFH/NV 2012, 440, jeweils mwN zu den Anforderungen an die Darlegung). Zudem ist darzulegen, durch welche Anweisungen oder sonstigen Maßnahmen gesichert ist, dass der **Eingang von Schriftstücken** auch dann zutreffend vermerkt wird (FG München 7 K 25/19, EFG 2019, 1688 zur elektronischen Ablage), wenn diese nach einem **Wochenende** dem Briefkasten entnommen werden (BFH VII R 20/06, BFH/NV 2007, 469; II R 9/08, BFH/NV 2009, 1817). 112

Bei Fristversäumnis infolge einer **Störung des Telefaxgerätes beim Absender** sind der Absendevorgang und die zur Fristwahrung im Faxbetrieb getroffenen organisatorischen Vorkehrungen (→ Rn. 80) zu schildern (BFH X B 297/95, BFH/NV 1997, 592); bei technischen Störungen ist darzulegen, dass der Fehler unvorhersehbar war und zu einem Zeitpunkt aufgetreten ist, in dem eine Übermittlung auf einem anderen Weg weder möglich noch zumutbar war (BSG 13 RJ 9/92, MDR 1993, 904). Erfährt der Bevollmächtigte, dass das Telefaxgerät defekt war, muss er nach BFH I R 45/03, BFH/NV 2004, 1108 bei den Empfängern nachfragen, ob die Sendungen angekommen sind (mE überspannt). Auch hierzu ist bei der Begründung des Antrags Stellung zu nehmen. – Zum Vortrag bei Fristversäumung infolge eines Fehlers bei der **Bedienung des Faxgerätes** s. BFH VII R 77/94, BFH/NV 1995, 801; XI B 8/14, BFH/NV 2014, 1760; s. 113

auch BFH X B 206/95, BFH/NV 1997, 600 mwN. – Zum **elektronischen Rechtsverkehr** → Rn. 38. – Macht ein Prozessbevollmächtigter geltend, die Frist sei infolge eines **Büroversehens** versäumt worden, so muss er iE darlegen, dass kein Organisationsmangel (→ Rn. 29) vorliegt. Hierzu muss er vortragen, durch welche konkreten Maßnahmen er gewährleistet hat, dass in seinem Büro die Fristen entsprechend seinen Anordnungen notiert und kontrolliert werden und wann und wie er seine Bürokräfte entsprechend belehrt und wie er die Einhaltung dieser Belehrungen überwacht hat (BFH I R 11/08, BStBl. II 2008, 766; VII B 15/08, BFH/NV 2009, 589 jeweils mwN; zur verfassungsrechtlichen Unbedenklichkeit dieser Anforderungen s. BVerfG 1 BvR 1432/89, HFR 1990, 447). – Bei Fristversäumnis infolge **Erkrankung** sind Art und Schwere der Erkrankung konkret zu bezeichnen (BFH IX B 86/06, BFH/NV 2007, 1513 mwN) und grds. durch eine ärztliche Bescheinigung zu belegen (BFH I R 31/06, BFH/NV 2008, 796; XI B 115/06, BFH/NV 2008, 89 zu anderen Beweismitteln); bei **Erkrankung des Prozessbevollmächtigten** ist darzulegen, warum dieser nicht einmal in der Lage war, minimale Arbeiten zu erledigen (BFH V B 70/14, BFH/NV 2015, 516 zur Einlegung einer NZB) und welche organisatorischen Maßnahmen, wie zB Vertretungsregelungen (→ Rn. 29, 56), für den Krankheitsfall getroffen wurden (stRspr, zB BFH XI R 4/06, BFH/NV 2007, 253 mwN; II R 5/13, BFH/NV 2013, 1428; VI R 39/14, BFH/NV 2015, 339; X B 107/14, BFH/NV 2015, 1431; zur **Sozietät:** BFH IX S 15/22, BFH/NV 2023, 269; s. auch BFH IX B 44/06, BFH/NV 2007, 921 zur Krankheit von Büroangestellten). Gleiches gilt im Falle des Todes eines nahen Angehörigen des Prozessbevollmächtigten (BFH I R 69/11, BFH/NV 2013, 840).

114 Vorzutragen sind auch die Tatsachen, die die Einhaltung der Frist für den Wiedereinsetzungsantrag belegen (zB BFH II B 66/90, BFH/NV 1991, 335 (336); V B 27/92, BFH/NV 1993, 480). So muss er zB darlegen, warum ihn keine Schuld daran trifft, dass ihn eine **Zustellung** nicht erreicht hat (BFH V R 137/92, BFH/NV 1995, 278 zu § 110 AO; FG Düsseldorf 18 K 3536/96 E, EFG 2000, 53). **„Alternativ vorgetragene Sachverhalte"** rechtfertigen die Wiedereinsetzung nicht, wenn bei einer Variante Verschulden vorliegt (BGH VII ZB 17/81, VersR 1982, 144). Ebenso wenig kann bei widersprüchlichem Tatsachenvortrag Wiedereinsetzung gewährt werden (BFH X R 7/85, BFH/NV 1990, 315).

115 Die den Antrag begründenden **Tatsachen** (→ Rn. 111) müssen **innerhalb der Antragsfrist** vorgetragen werden (vgl. § 236 II 1 ZPO – stRspr BFH III R 65/05, BFH/NV 2007, 945; XI B 3/11, BFH/NV 2012, 707; zur Verfassungsmäßigkeit: BVerfG 2 BvR 238/78, nv; zur Nachholung der Glaubhaftmachung → Rn. 118).

116 Nach **Ablauf der Frist** des § 56 II 1 FGO können nur noch unklare und unvollständige **Angaben ergänzt oder vervollständigt** werden (stRspr, BFH VIII B 47/05, BFH/NV 2006, 1119; VI R 75/04, BFH/NV 2008, 424; VI R 56/08, BFH/NV 2009, 1996; V S 10/11, BFH/NV 2011, 1526; X R 2/11, BFH/NV 2011, 1913; XI R 13/12, BFH/NV 2013, 60, jeweils mwN; BGH VI ZB 19/16, NJW 2016, 3312; s. aber auch BGH I ZB 73/07, MDR 2008, 877). Ein **Nachschieben** des Tatsachenvortrags **in der Revisionsinstanz** ist **ausgeschlossen.** Das Revisionsgericht kann zwar uU den Sachverhalt erforschen (→ Rn. 137; → § 118 Rn. 45 ff.), dieser selbst ist aber durch die hierfür gesetzte Frist endgültig fixiert.

Die schlüssig vorgetragenen Tatsachen (→ Rn. 111) sind von dem Antragsteller glaubhaft zu machen (BFH VIII B 58/07, BFH/NV 2008, 399; VIII R 25/09, BFH/NV 2011, 1389; I R 29/12, BFH/NV 2013, 58; zum Ausschluss von Amtsermittlungen → Rn. 111 aE). **Glaubhaft gemacht** ist eine Tatsache nicht erst, wenn eine an Sicherheit grenzende Wahrscheinlichkeit für sie spricht, sondern es reicht eine überwiegende Wahrscheinlichkeit (zB BVerfG 2 BvR 32/74, BVerfGE 38, 35; BFH VIII R 70/87, BFH/NV 1990, 714). Dafür genügt uU eine **schlichte Erklärung** des Beteiligten, zB bei behaupteter Urlaubsabwesenheit während der allg. Ferienzeit (BVerfG 2 BvR 849/75, BVerfGE 41, 339). Ansonsten kann sich der Beteiligte nach § 155 FGO iVm § 294 I ZPO zur Glaubhaftmachung aller Beweismittel bedienen. Da nach § 294 II ZPO eine Beweisaufnahme über die glaubhaft zu machende Tatsache ausgeschlossen ist, findet insoweit allerdings eine Beschränkung auf **präsente Beweismittel** statt. Das sind solche, aufgrund derer der Beweis sofort und unmittelbar erbracht werden kann (§ 294 II ZPO; vgl. auch zB BFH III B 146/96, BFH/NV 1997, 674). Zu den präsenten Beweismitteln gehört auch die **Versicherung an Eides Statt** (§ 294 I ZPO), allerdings nur dann, wenn keine weiteren Mittel der Glaubhaftmachung zur Verfügung stehen (BFH XI B 115/06, BFH/NV 2008, 89 mwN). Nach BFH X B 48/10 (BFH/NV 2011, 993) reicht eine eidesstattliche Versicherung zur Glaubhaftmachung der Aufgabe eines Briefes zur Post nicht aus, wenn kein Postausgangsbuch geführt wird. Zudem macht allein der Umstand, dass eine **eidesstattliche Versicherung** vorgelegt wurde, die in ihr enthaltene Erklärung nicht zwangsläufig glaubhaft (BFH XI S 1/08, BFH/NV 2008, 1693 für den Fall, dass gewichtige Gesichtspunkte gegen den versicherten Geschehensablauf sprechen). In der eidesstattlichen Versicherung sind die glaubhaft zu machenden Tatsachen zu schildern, eine pauschale Bezugnahme auf die Angaben im Wiedereinsetzungsantrag reichen nicht aus (BGH X ZB 4/88, VersR 1988, 860). Eine bloße **anwaltliche Versicherung** genügt zur Glaubhaftmachung nicht, und zwar auch dann nicht, wenn der Rechtsanwalt zB angibt, selbst das fragliche Schriftstück zur Post gegeben zu haben (stRspr, zB BFH X R 42/01, BFH/NV 2002, 533; V R 3/03, BFH/NV 2004, 524; VIII R 25/09, BFH/NV 2011, 1389; FG BBg 4 K 4239/14, EFG 2018, 3). – Zur Glaubhaftmachung durch **Indizien** s. BGH II ZB 15/97, NJW 1998, 1870. – Ist eine Sendung **nicht oder nicht innerhalb der üblichen Postlaufzeiten angekommen** (→ Rn. 67), müssen grds. eine eidesstattliche Versicherung zu den Umständen der Absendung, das Postausgangsbuch und das Fristenkontrollbuch vorgelegt werden (BFH II B 54/05, BFH/NV 2006, 1130; VI B 54/06, BFH/NV 2006, 2282 mit Anforderungen an den Inhalt; BFH XI S 1/08, BFH/NV 2008, 1693 mwN). Die Vorlage eines Auszugs aus dem Postausgangsbuch allein reicht ebenso wenig aus, um den genauen Zeitpunkt der Aufgabe der Sendung zur Post glaubhaft zu machen (BFH VI R 7/05, BFH/NV 2006, 1681 mwN; s. auch FG Saarl 4 K 1925/98 H, EFG 1999, 1114: Aufdruck eines Freistemplers nicht ausreichend), wie die Vorlage eines Portobuchs (BFH I R 189/85, BFH/NV 1987, 720; zur Ausnahme s. BFH X R 30/96, BFH/NV 1997, 253 (254)). – Zur Glaubhaftmachung bei Fristversäumnis in Folge von **Krankheit** → Rn. 113 und zur Glaubhaftmachung bei **Störung des Telefaxgerätes** s. BFH IX R 33/18, BStBl. II 2021, 488, Rn. 16 f.; → Rn. 38 und → Rn. 113. 117

Glaubhaft zu machen ist entweder bei der Antragstellung oder **im Verfahren über den Antrag** (§ 56 II 2). Das bedeutet, dass die **Glaubhaftmachung** nicht innerhalb der Frist des § 56 II 1 erfolgen muss, sondern auch noch **nachgeholt** 118 werden kann (BFH IX B 32/10, BFH/NV 2010, 1655; V R 60/09, BFH/NV 2011, 617). Die Nachholung ist auch noch **im Revisions- oder Beschwerdeverfahren** möglich, weil der BFH hinsichtlich der Wiedereinsetzung nicht an die Feststellungen des FG gebunden ist und daher von der Vorinstanz nicht festgestellte Tatsachen berücksichtigen und etwaige Beweise selbstständig würdigen kann (BVerfG 2 BvR 719/75, BVerfGE 43, 95; BFH VII R 92/74, BStBl. II 1978, 390).

122 **ee) Nachholung der versäumten Rechtshandlung.** Der Beteiligte muss die versäumte Rechtshandlung spätestens **innerhalb der Antragsfrist** (→ Rn. 102 ff.) nachholen (§ 56 II 3; zur NZB: BFH X B 31/21, BFH/NV 2022, 1290, Rn. 12 f.), ein **isolierter Wiedereinsetzungsantrag** ist **unzulässig** (BGH IV ZB 43/77, VersR 1978, 88). Nachholung vor Beginn der Antragsfrist (nach Ablauf der versäumten Frist) ist wirksam (BFH I R 134/93, BFH/NV 1995, 121; BGH VII ZB 9/88, HFR 1989, 571).

123 **Nachzuholende (versäumte) Prozesshandlung** ist zB die Erhebung der **Klage** oder die Einlegung der **Revision,** bei Versäumung der Revisionsbegründungsfrist die den Anforderungen des § 120 III genügende **Revisionsbegründung** (BFH VII B 42/06, BFH/NV 2006, 2106) und bei Versäumung der Frist zur Einlegung der **NZB** die nach § 116 II vorgeschriebene **Begründung** der Beschwerde (stRspr, BFH V B 206/05, BFH/NV 2006, 1327; VIII B 88/22, BFH/NV 2023, 142; → Rn. 61). Ein **Antrag auf Verlängerung der Begründungsfrist** genügt dem Erfordernis der Nachholung der versäumten Rechtshandlung **nicht** (BFH X R 100/95, BFH/NV 1996, 694 zur Revision; BFH VII B 236/03, BFH/NV 2004, 220 zur NZB; → Rn. 2, 61). Bei der Nachholung sind die **Formalien der** betreffenden **Rechtshandlung zu beachten.**

125 **b) Wiedereinsetzung ohne Antrag.** Ein Wiedereinsetzungsantrag ist nach § 56 II 4 nicht erforderlich, wenn die **versäumte Rechtshandlung** innerhalb der Antragsfrist **nachgeholt** worden ist. Das bedeutet nicht, dass die Wiedereinsetzung ohne jede Prüfung zu bewilligen ist; es ist lediglich das Fehlen eines formellen Antrags unschädlich (BFH VI R 79/95, BFH/NV 1996, 758). **Auch in diesem Fall** sind deshalb die **Tatsachen,** die eine Wiedereinsetzung begründen können, innerhalb der Antragsfrist **vorzutragen und glaubhaft zu machen** (stRspr, zB BFH VI B 223/99, BFH/NV 2000, 1491; III R 54/10, BFH/NV 2011, 1374; s. auch BFH V B 70/14, BFH/NV 2015, 516: keine konkludente Wiedereinsetzung bei Versäumung der Frist zur Einlegung der NZB durch Verlängerung der Begründungsfrist). Geschieht dies nicht, kann Wiedereinsetzung nur gewährt werden, wenn die **präsenten und gerichtsbekannten Tatsachen** eine Wiedereinsetzung rechtfertigen (zB BFH VIII B 61/94, BFH/NV 1996, 137 mwN; X B 166/98, BFH/NV 2000, 69 betr. Änderung der Rspr.; BFH VI B 223/99, BFH/NV 2000, 1491; X B 100/19, BB 2020, 1700, Rn. 21 betr. Begründungsfrist der NZB bei verspäteter Zusendung von Unterlagen durch das erstinstanzliche Gericht). Entscheidend kommt es dabei auf die Kenntnis des Gerichts oder auf die Erkennbarkeit für das Gericht an, das über den Wiedereinsetzungsantrag zu befinden hat (→ Rn. 133; BFH VII B 64/99, BFH/NV 1999, 1633 (1634)). Die bloße Möglichkeit, dass ein Wiedereinsetzungsgrund besteht, genügt nicht (BFH VI R 178/85, BFH/NV 1991, 140). Eine **Amtsermittlung ist ausgeschlossen** (→ Rn. 111 aE).

126 Eine Wiedereinsetzung ohne Antrag kommt nicht in Betracht, wenn (ausnahmsweise) anzunehmen ist, dass der **Säumige eine Wiedereinsetzung nicht**

will. – Zur Frage der Zulässigkeit einer Wiedereinsetzung nach § 56 II 4 nach Ablauf der Jahresfrist des § 56 III → Rn. 130.

c) Ausschluss der Wiedereinsetzung (§ 56 III). Nach einem Jahr seit dem Ende der versäumten Frist kann gem. § 56 III Wiedereinsetzung nicht mehr beantragt oder ohne Antrag bewilligt werden (zur Verfassungsmäßigkeit vgl. BVerwG 6 C 70/78, NJW 1980, 1480). Ziel der Regelung ist es, Prozessverschleppungen zu verhindern und den Bestand der Rechtskraft zu gewährleisten (BGH VI ZB 68/12, NJW 2013, 1684). Maßgebend für den **Beginn dieser Ausschlussfrist** ist nicht der Zeitpunkt des Wegfalls des Hindernisses, sondern des Endes der versäumten Frist (BFH V B 168/16, BFH/NV 2017, 1445). 129

Die **Ausschlussfrist** ist **gewahrt,** wenn innerhalb des Jahres der Antrag gestellt war oder die befasste Stelle über eine Wiedereinsetzung ohne Antrag hätte entscheiden können. Auf den Zeitpunkt der Entscheidung über die Wiedereinsetzung kommt es dann nicht mehr an (zur Wiedereinsetzung von Amts wegen: BFH X R 99/92, BFH/NV 1996, 891 (892) mwN). Gegen die Versäumung der Jahresfrist gibt es **keine Wiedereinsetzung.** Allerdings greift die **Ausschlussfrist ausnahmsweise nicht** ein, wenn eine **Wiedereinsetzung** auch **ohne Antrag** in Betracht kommt, soweit die maßgeblichen, für eine Wiedereinsetzung sprechenden Tatsachen vor Ablauf der Jahresfrist für das Gericht erkennbar sind, oder wenn die **Rechtzeitigkeit des Rechtsbehelfs** allein aus in der Sphäre des Gerichts liegenden Gründen **nicht innerhalb der Jahresfrist geprüft** worden ist (zu beiden Fällen BFH X R 21/04, BFH/NV 2007, 186 mwN). Die Ausschlussfrist spielt ferner dann keine Rolle, wenn über ein **PKH-Gesuch** erst nach Ablauf der Frist entschieden wurde (BFH III S 8/05, BFH/NV 2005, 1350 mwN – PKH; → Rn. 69). Das gilt auch dann, wenn der Kläger mit dem PKH-Antrag nur einen Klageentwurf einreicht, nach Entscheidung über den PKH-Antrag aber aufgrund des Verhaltens des Gerichts davon ausgehen kann, dass dieses über den Klageentwurf entscheiden werde (BFH III B 32/09, BFH/NV 2009, 1818). 130

Der Ablauf der Jahresfrist ist nach § 56 III Hs. 2 unschädlich, wenn der Antrag in Folge **höherer Gewalt** unmöglich rechtzeitig gestellt werden konnte (BFH III R 23/93, BFH/NV 1993, 679; III B 126/01, BFH/NV 2003, 326). Das soll nach FG Hmb (4 K 26/16, EFG 2021, 1304) der Fall sein, wenn das Gericht dem Kläger eine vom Beklagten übersandte PZU betr. die Zustellung der Einspruchsentscheidung nicht übersendet und diesem daher die Möglichkeit eines rechtzeitigen Antrags auf Wiedereinsetzung in den vorigen Stand nimmt (mE fraglich). – Im Übrigen zum Begriff der „höheren Gewalt" → § 55 Rn. 29. 131

d) Die gerichtliche Entscheidung. aa) Zuständigkeit, Form der Entscheidung, Besetzung des Gerichts. Über den Antrag auf Wiedereinsetzung (und auch über die Wiedereinsetzung von Amts wegen gem. § 56 II 4) entscheidet **das Gericht, das über die versäumte Rechtshandlung** (→ Rn. 123) **zu befinden hat** (§ 56 IV). – Zur Notwendigkeit der Gewährung **rechtlichen Gehörs** s. BVerfG 2 BvR 920/79, BVerfGE 53, 109. 133

Das Gericht muss eine ausdrückliche Entscheidung treffen. **Stillschweigende Wiedereinsetzung gibt es nicht** (BFH VII R 92/74, BStBl. II 1978, 390 (392); FG München 2 K 4229/95, EFG 2000, 30; Kopp/Schenke/Schenke VwGO § 60 Rn. 38 mwN). 134

In der Regel wird über die Wiedereinsetzung **im Endurteil** mitentschieden (§ 155 FGO iVm § 238 I 1 ZPO). Da es sich bei der Wiedereinsetzung um 135 einen **Zwischenstreit** (→ § 97 Rn. 3) handelt, kann hierüber aber auch **vorab gesondert** entschieden werden (§ 155 FGO iVm § 238 II 1 ZPO; FG Hmb 5 K 199/05, EFG 2007, 370). Nach dem Wortlaut des § 238 II 1 ZPO gilt das sowohl für die Gewährung als auch für die Versagung der Wiedereinsetzung. Jedoch ist, wenn die Wiedereinsetzung versagt wird, und der Rechtsbehelf deshalb unzulässig ist, der Streit zur Endentscheidung reif und eine Vorabentscheidung unangebracht (BVerwG 3 C 46/84, HFR 1987, 545). Eine Vorabentscheidung ist auch unangebracht, wenn das Rechtsmittel ohnehin unzulässig ist (BFH VII R 125/89, BStBl. II 1990, 546 (547)). Die **vorgezogene Entscheidung,** die in aller Regel in der Gewährung der Wiedereinsetzung bestehen wird, muss in der **Form** ergehen, in der über die jeweils nachgeholte Rechtshandlung zu befinden ist (HHS/Söhn § 56 Rn. 584; Tipke/Kruse/Brandis § 56 Rn. 26). Ist dies zB eine Klage, muss die vorgezogene Entscheidung als **Zwischenurteil** ergehen (§ 155 FGO iVm § 303 ZPO; Kopp/Schenke/Schenke VwGO § 60 Rn. 37). Soweit zT noch die Auffassung vertreten wird, die Entscheidung könne **auch durch Beschluss** erfolgen (s. die Nachw. bei Kopp/Schenke/Schenke VwGO § 60 Rn. 37), ist dem **nicht zu folgen.** Dagegen spricht nämlich, dass die Entscheidung über die Wiedereinsetzung als Entscheidung über eine Sachentscheidungsvoraussetzung Teil der Entscheidung über den Rechtsbehelf (Klage, Antrag, Beschwerde, Revision) selbst ist (so auch NdsOVG VII B 1/76, DVBl 1976, 947; HHS/Söhn § 56 Rn. 584).

136 Das Gericht entscheidet – falls nicht der Einzelrichter zuständig ist (§§ 6, 79a III, IV) – **in voller Besetzung.** – Zur **Kostenentscheidung** → § 136 Rn. 12.

137 **bb) Zum Entscheidungsinhalt.** Liegen die Voraussetzungen einer Wiedereinsetzung vor, so **muss** sie gewährt werden. Es handelt sich nicht um eine Ermessensentscheidung, sondern um eine im Fall der Verweigerung der Wiedereinsetzung überprüfbare (→ Rn. 142) **Rechtsentscheidung,** und zwar auch bei Entscheidung ohne Antrag nach § 56 II 4. Wiedereinsetzung kann deshalb grds. auch noch vom BFH während des Revisionsverfahrens gewährt werden (BFH VII R 92/80, BStBl. II 1983, 334). Unter Umständen kann aber die Zurückverweisung zweckmäßig sein, um dem Kläger die Chance zu erhalten, dass das FG mit bindender Wirkung für den BFH (→ Rn. 142) Wiedereinsetzung gewährt (BFH III R 54/84, BStBl. II 1989, 1024 (1027) mwN).

138 Nach allg. Grundsätzen trägt derjenige die **Feststellungslast,** der Wiedereinsetzung begehrt (zB BFH X R 102/98, BFH/NV 1221, 1222). Eine Wiedereinsetzung scheidet aus, wenn ein **Verschulden nicht ausgeschlossen** werden kann (BFH X B 107/14, BFH/NV 2015, 1431; IX R 17/18, BFH/NV 2020, 27; VIII R 23/18, BFH/NV 2021, 188; IX R 29/22, BFH/NV 2023, 1404, Rn. 20).

139 Wiedereinsetzung kann noch gewährt werden, wenn schon ein Rechtsbehelf wegen Fristversäumung als unzulässig verworfen ist (BFH III S 9/00, BFH/NV 2001, 63 mwN; II B 87/12, BFH/NV 2012, 2003); die bereits ergangene Abweisung wegen Unzulässigkeit wird dann gegenstandslos (BGH VIII ZB 23/73, VersR 1974, 365 mwN). Ist der Rechtsbehelf aber unter Ablehnung des Wiedereinsetzungsantrags als unzulässig verworfen worden, kann der Antrag nicht mit derselben Begründung wiederholt werden, weil dem die auch bei Beschlüssen mögliche Rechtskraft entgegensteht (BFH VI K 1/67, BStBl. II 1968, 119 mwN).

142 **e) Rechtsmittel.** Nach § 56 V ist nur die **gewährte Wiedereinsetzung unanfechtbar.** Das bedeutet, dass auch im Rahmen einer Revision die vom FG gewährte Wiedereinsetzung nicht überprüft werden darf (BFH IV B 124/93,

BFH/NV 1994, 729 mwN). Die **Verweigerung** der Wiedereinsetzung gem. § 56 ist, wenn sie zusammen mit der Verwerfung des Rechtsbehelfs wegen Fristversäumnis als unzulässig erfolgt, mit demselben Rechtsmittel anfechtbar, mit dem die Verwerfung angefochten werden kann (BFH VI R 178/85, BFH/NV 1991, 140; → Rn. 135); sofern man (entgegen → Rn. 135) die Entscheidung per Beschluss zulässt, ist hiergegen die Beschwerde gegeben (BGH VII ZB 6/99, NJW 1999, 2284; XI ZB 23/97, NJW-RR 1998, 278). Die zu Unrecht erfolgte Versagung ist ein Verfahrensmangel (BFH V B 15/11, BFH/NV 2012, 247; XI B 111/11, BFH/NV 2013, 785, Rn. 30: wenn ein Prozessurteil ergeht; → § 115 Rn. 250 ff.; Kopp/Schenke/Schenke VwGO § 60 Rn. 40). – Zur Wiederholung des Antrags auf Wiedereinsetzung im Revisionsverfahren s. BFH X R 135–138/90, BFH/NV 1991, 467.

Entscheidungen der Finbeh über die Wiedereinsetzung bei **Versäumung** 143
gesetzlicher Fristen im Verwaltungsverfahren (§ 110 AO) sind uneingeschränkt gerichtlich überprüfbar, weil in § 110 AO eine dem § 56 V entsprechende Regelung fehlt (BFH VI R 178/85, BFH/NV 1991, 140 mwN).

§ 57 [Am Verfahren Beteiligte]

Beteiligte am Verfahren sind
1. **der Kläger**
2. **der Beklagte,**
3. **der Beigeladene,**
4. **die Behörde, die dem Verfahren beigetreten ist (§ 122 Abs. 2).**

Vgl. §§ 61, 63 VwGO; §§ 69, 70 SGG; §§ 78, 359 AO; § 13 VwVfG; § 12 SGB.

Literatur: (sa vor § 48 aF und § 48 nF): Bartone, Die Prozessführungsbefugnis des Insolvenzverwalters in der Insolvenz des Steuerpflichtigen, AO-StB 2014, 247; Eicker, Beteiligtenfähigkeit einer gelöschten GmbH, AO-Steuerberater 2002, 310; Gschwendtner, Prüfungsanordnung an vollbeendete Gesellschaft bürgerlichen Rechts, DStZ 1995, 71; Habersack, Zur Rechtsnatur der Gesellschaft bürgerlichen Rechts, JuS 1990, 179; Heidner, Die Beteiligungsfähigkeit von vermögenslosen Gesellschaften im Besteuerungsverfahren, DB 1991, 569; Jessen, Besteht eine nach Privatrecht erloschene Gesellschaft nach dem Steuerrecht noch fort? NJW 1974, 2274; Kopp, Der Beteiligtenbegriff des Verwaltungsverfahrensrechts, FS für Boorberg, 1977, 159; T. Kuck, Steuerrechtsfähigkeit mitunternehmerischer Innengesellschaften am Beispiel und unter besonderer Berücksichtigung der stillen Gesellschaft, 2009; J. Lang, Zur Subjektfähigkeit von Personengesellschaften im Einkommensteuerrecht, FS für L. Schmidt, 1993, 291; Martini, Beteiligtenfähigkeit einer britischen Limited auch nach dem Brexit, IStR 2022, 168; v. Mutius, Die Beteiligten im Verwaltungsprozessrecht, Jura 1988, 469; Pump, Die Gesellschaft bürgerlichen Rechts im steuerlichen Verfahrensrecht Inf 1994, 709; Ruban, Beteiligtenfähigkeit und Klagebefugnis der Gesellschaft bürgerlichen Rechts im Steuerrecht, FS für Döllerer, 1988, 515; Schemmann, Parteifähigkeit im Zivilprozeß, 2002; Schön, Der Große Senat des BFH und die Personengesellschaft, StuW 1996, 275; Schothöfer, Die Gewerbesteuerschuldnerschaft der Personengesellschaft und ihre Auswirkung auf die Gesellschafter, 2008; Stadie, Der Begriff des „Beteiligten" im Sinne der Abgabenordnung 1977, BB 1977, 1648; Steinhauff, Beiladung im Revisionsverfahren, AO-Steuerberater 2018, 141; Stettner, Die Beteiligung im Verwaltungsprozess JA 1982, 394; Timme/Hülk, Rechts- und Parteifähigkeit der Gesellschaft bürgerlichen Rechts – BGH, NJW 2001, 1056, JuS 2001, 536.

Übersicht

	Rn.
I. Bedeutung und Anwendungsbereich	1
1. Inhalt und Bedeutung der Regelung	1
2. Sachlicher Anwendungsbereich	6
II. Die Beteiligtenfähigkeit	11
1. Begriff der Beteiligtenfähigkeit	11
2. Beteiligtenfähigkeit als Sachentscheidungsvoraussetzung	12
3. Abgrenzung zu anderen Vorschriften	13
4. Beteiligtenfähigkeit des Adressaten eines belastenden Verwaltungsaktes	15
5. Beginn und Ende der Beteiligtenfähigkeit	17
a) Beginn	17
b) Ende	20
c) Einzelfälle der Beteiligtenfähigkeit (Steuerrechtsfähigkeit)	25
III. Der Kläger als Verfahrensbeteiligter (§ 57 Nr. 1)	33
1. Begründung der Beteiligtenstellung	33
a) Begriff des Klägers	33
b) Geltendmachung	35
2. Rechtsfolgen der Beteiligtenstellung	37
3. Beteiligtenwechsel auf der Klägerseite	38
IV. Die anderen Verfahrensbeteiligten (§ 57 Nr. 2–4)	43

I. Bedeutung und Anwendungsbereich

1. Inhalt und Bedeutung der Regelung

1 In § 57 ist nach allg. Meinung (vgl. Tipke/Kruse/Brandis § 57 Rn. 1; HHS/Leipold § 57 Rn. 3 mwN; Gosch/Hartman § 57 Rn. 1) abschließend geregelt, wer die Beteiligten am finanzgerichtlichen Verfahren sind (**Beteiligteneigenschaft;** s. auch § 78 AO für das Verwaltungsverfahren), nicht aber (anders § 61 VwGO, § 70 SGG), wer rechtlich in der Lage ist, ein Prozessrechtsverhältnis zu begründen, das zu einer Sachentscheidung führt (**Beteiligtenfähigkeit,** → Rn. 11 ff.). Die Beteiligtenfähigkeit ist Prozessvoraussetzung für eine Sachentscheidung (→ Rn. 12).

2 Durch die abschließende (→ § 59 Rn. 1) Aufzählung der Beteiligten in § 57 wird festgelegt, wer am finanzgerichtlichen Verfahren (aktiv oder passiv) teilnimmt und wen die Folgen (§ 110) aus diesem **Prozessrechtsverhältnis** treffen (→ Rn. 37). Negativ besagt § 57 auch: Das finanzgerichtliche Verfahren kennt **keine Nebenintervention** iSd § 66 ZPO (BFH IV R 131/74, BStBl. II 1979, 780; VII R 61–62/85, BFH/NV 1986, 476; X B 87/89, BFH/NV 1990, 787; FG BW 8 K 369/01, EFG 2004, 523) und **keine Streitverkündung** iSd §§ 72–74 ZPO (BFH III R 75/66, BStBl. II 1970, 484; V B 179/06, BFH/NV 2007, 2296).

3 **Beteiligte** gem. § 57 können demzufolge **nur** sein: Kläger und Beklagter (Antragsteller/Antragsgegner) als **Hauptbeteiligte,** der Beigeladene und die beigetretene Behörde (§ 122 II) als weitere Beteiligte. Hinsichtlich des § 57 Nr. 4 hat sich durch Streichung des § 61 eine Einschränkung ergeben: Seit 1.1.1996 kommt ein Beitritt dieser Behörden nur noch unter den Voraussetzungen des § 122 II in

Betracht (→ Rn. 45). Das kommt auch in dem mit Wirkung ab 1.1.2001 durch das 2. FGOÄndG v. 19.12.2000 (BGBl. I 1757) geänderten Klammersatz zum Ausdruck.

Dem **vollmachtlosen Vertreter fehlt** die **Beteiligteneigenschaft** des § 57 4
(BFH I B 37/81, BStBl. II 1982, 167; IV B 85/10, BFH/NV 2012, 585; zu seiner Rolle als „Veranlasser" → § 62 Rn. 96). Ergeht eine **Gerichtsentscheidung ggü.** einem **Nichtbeteiligten** iSd § 57, handelt es sich um eine **nichtige Entscheidung,** die allerdings im Hinblick auf den **Rechtsschein,** den sie ausgelöst hat, förmlich aufgehoben werden muss (BFH III B 126/06, BFH/NV 2008, 74; III K 1/06, BFH/NV 2008, 75; X R 23/18, BFH/NV 2020, 361; IV R 27/20, BFH/NV 2023, 377).

2. Sachlicher Anwendungsbereich

Die Regelung bestimmt die Beteiligtenstellung **für das erstinstanzliche Kla-** 6
geverfahren. Entsprechend gilt sie für das **Prozesskostenhilfeverfahren** (BFH I S 6/98, BFH/NV 2000, 65; → § 142 Rn. 9). Zudem gilt § 57 auch für die **Beschlussverfahren** gemäß §§ 69, 128 (vgl. zB BFH IV R 131/74, BStBl. II 1979, 780; VIII B 53/80, BStBl. II 1981, 696; V R 13/79, BStBl. II 1984, 185; IV B 30/85, BStBl. II 1986, 68).

Im **Rechtsmittelverfahren** (§ 121) kommt es für die Beteiligtenstellung auf 7
die tatsächliche Beteiligung in der vorherigen Instanz an (vgl. § 122 I 1; → § 122 Rn. 1 f.). Zur Einlegung der **Revision** sind nach § 115 I iVm § 57 nur die Beteiligten des finanzgerichtlichen Verfahrens befugt (BFH IX R 33/12, BFH/NV 2014, 557). Die maßgebliche tatsächliche Beteiligung, richtet sich nach dem Rubrum des angefochtenen Urteils (BFH VII B 215/02, BFH/NV 2003, 804; I B 72/12, BFH/NV 2013, 565; VI R 17/16, BStBl. II 2019, 496). Gleiches gilt für die **Nichtzulassungsbeschwerde** (→ § 116 Rn. 7; BFH I B 72/12, BFH/NV 2013, 565; zur Beschwerdebefugnis eines nur im Rubrum des Urteils genannten Beteiligten BFH V B 66/12, BFH/NV 2013, 1933). Ist ein tatsächlich Beteiligter im FG-Urteil irrtümlich nicht (als solcher) aufgeführt, steht das grds. weder einer Rechtsmitteleinlegung durch ihn noch seiner Beteiligung im Revisionsverfahren entgegen, denn die unterlassene Benennung im FG-Urteil kann vom BFH als offenbare Unrichtigkeit iSd § 107 berichtigt werden. Die Richtigstellung ist zudem nicht Voraussetzung dafür, dass der tatsächlich Beteiligte des Klageverfahrens als Beteiligter des Revisionsverfahrens behandelt werden kann (BFH I B 72/12, BFH/NV 2013, 565). Die Richtigstellung der Verfahrensbeteiligten ist bei einer Falschbezeichnung aber nur innerhalb der Revisionsfrist möglich (BFH IX R 33/12, BFH/NV 2014, 557). Ist der Insolvenzverwalter im Rubrum einer finanzgerichtlichen Entscheidung mit aufgenommen worden, obwohl er am finanzgerichtlichen Verfahren nicht mehr beteiligt war (zu den Gründen → Rn. 38), hat das FG den nach Klageerhebung eingetretenen Beteiligtenwechsel übersehen. Der irrtümlich als Beteiligter behandelte Insolvenzverwalter ist befugt, Nichtzulassungsbeschwerde einzulegen (BFH XI B 110/17, BFH/NV 2018, 736).

Der **Beigeladene** des erstinstanzlichen Verfahrens (Beteiligter gem. § 57 I 8
Nr. 3), der nicht selbst NZB einlegt, ist als sonstiger Beteiligter am Beschwerdeverfahren eines anderen Beteiligten nur eingeschränkt beteiligt. Er ist über Beginn und Stand des Verfahrens durch Übersendung der Schriftsätze des Beschwerdeführers und des Beschwerdegegners laufend zu informieren. Erst wenn der BFH im

Lauf der Bearbeitung des Verfahrens erkennt, dass eine Entscheidung nach § 116 VI in Betracht kommt, muss er dem Beigeladenen Gelegenheit zur Stellungnahme einräumen (BFH IV B 76/05, BStBl. II 2007, 466; IV B 184/13, BFH/NV 2014, 1563). Der **vollmachtlose Vertreter,** dem die Kosten auferlegt wurden, kann als Nichtbeteiligter weder Revision noch NZB einlegen (BFH I B 72/12, BFH/NV 2013, 565).

9 Im **Wiederaufnahmeverfahren** kommt es auf die Beteiligung am Vorprozess (BFH II K 1/93, BFH/NV 1997, 193) an, dh Beteiligte an einem Wiederaufnahmeverfahren können nur diejenigen Personen sein, die Beteiligte am vorangegangenen Verfahren waren, ggf. deren Gesamtrechtsnachfolger.

II. Die Beteiligtenfähigkeit

1. Begriff der Beteiligtenfähigkeit

11 **Die FGO** verzichtet auf eine ausdrückliche gesetzliche Regelung zur Beteiligtenfähigkeit. **Die Beteiligtenfähigkeit** iSd FGO meint nach allg. Meinung die Fähigkeit, Subjekt eines **finanzgerichtlichen Prozessverhältnisses** sein zu können, das zu einer Sachentscheidung (also über das Bestehen oder Nichtbestehen eines materiellen Rechts) führt (s. auch Klein/Rüsken AO § 33 Rn. 21: treffender „Beteiligungsfähigkeit"). Ob jemand ein steuerrechtliches Recht geltend machen kann oder eine Verpflichtung zu tragen hat, richtet sich **nach der Natur des materiellen Rechts, um dessen Durchsetzung es geht.** Das materielle Steuerrecht wird durch die Einzelsteuergesetze konkretisiert. Im Hinblick auf Art. 19 IV GG muss – ungeachtet eines zivilrechtlich eventuell bereits eingetretenen Verlusts der Rechtsfähigkeit – **jedem** der Zugang zum Verfahren eröffnet sein, **der als Träger steuerlicher Pflichten in Betracht kommt und/oder** als solcher **tatsächlich in Anspruch genommen wird** (BT-Drs. IV/1446, 49). Für die Inanspruchnahme **von steuerlichen Rechten** gilt Entsprechendes.

Beteiligtenfähig ist nach der allgemein anerkannten Definition daher jeder, der – bezogen auf den jeweiligen Streitgegenstand – **Träger** formeller oder materieller **abgabenrechtlicher Rechte und Pflichten** (also steuerrechtsfähig) sein kann (BFH VII R 76/70, BStBl. II 1973, 502; VII R 97/77, BStBl. II 1980, 301; VIII R 203/81, BStBl. II 1984, 318; zu § 37 II AO BFH VII R 136/95, BFH/NV 1997, 10; zu §§ 193 ff. AO BFH IV R 60/91, BStBl. II 1993, 82; VIII R 35/92, BStBl. II 1995, 241). Steuerpflichtiger und damit Träger von Rechten und Pflichten ist gem. **§ 33 I AO,** wer eine Steuer schuldet, für eine Steuer haftet, eine Steuer für Rechnung eines Dritten einzubehalten und abzuführen hat, wer eine Steuererklärung abzugeben, Sicherheit zu leisten, Bücher und Aufzeichnungen zu führen oder andere ihm durch die Steuergesetze auferlegte Verpflichtungen zu erfüllen hat. § 33 AO setzt ebenfalls das Bestehen der Steuerrechtsfähigkeit als spezielle Form der öffentlich-rechtlichen Rechtsfähigkeit voraus. Im Umkehrschluss folgt daraus, dass Stpfl. nicht sein kann, wer nicht, noch nicht oder nicht mehr im steuerrechtlichen Sinne rechtsfähig ist (Gosch/Schindler AO § 33 Rn. 24; ganz allg. zur Steuerrechtsfähigkeit Klein/Rüsken AO § 33 Rn. 3; HHS/Boeker AO § 33 Rn. 28 ff.; Tipke/Kruse/Drüen AO § 33 Rn. 25 ff.; iÜ → Rn. 17 ff.). Die Steuerrechtsfähigkeit als spezielle Form der öffentlich-rechtlichen Rechtsfähigkeit wird auch in der Regelung zu den steuerlichen Pflichten der Verwalter und Vertreter (§ 34 II AO) sowie in der Vollstreckungsregelung des

§ 267 AO vorausgesetzt. Ab dem 25.5.2018 ist die Verordnung (EU) 2016/679 des Europäischen Parlaments und des Rates vom 27.4.2016 zum Schutz natürlicher Personen bei der Verarbeitung personenbezogener Daten, zum freien Datenverkehr und zur Aufhebung der Richtlinie 95/46/EG (**Datenschutz-Grundverordnung;** ABl. 2016 L 119, 1; ABl. 2016 L 314, 72) – im Folgenden: DSGVO – unmittelbar geltendes Recht in allen Mitgliedstaaten der EU (s. dazu umfassend BMF 13.1.2020, BStBl. I 2020, 143) und durch Neuregelungen in §§ 29b ff., 32a–j AO ergänzt worden. Für sämtliche Streitigkeiten, die das **steuerliche Datenschutzrecht** betreffen, ist **gem. § 32i AO** der Finanzrechtsweg gegeben. Dies gilt für Klagen von betroffenen Personen (Stpfl. oder Dritten) gegenüber der verantwortlichen Finbeh (zB auf Auskunft/Löschung/Berichtigung) oder von der zuständigen Datenschutzaufsichtsbehörde, wie für die gerichtliche Überprüfung von Anordnungen der Datenschutzaufsichtsbehörden gegenüber den Finbeh oder einer anderen nicht-öffentlichen Stelle. § 32i I–III AO regeln die möglichen Verfahren (s. auch § 32i IX AO: kein Vorverfahren; BFH IX R 20/22, BFH/NV 2025, 191) und Klagearten, § 32i V–VIII AO die örtliche Zuständigkeit des FG und **abweichend von § 57 die Beteiligten an den Verfahren.** Beteiligte an einem finanzgerichtlichen Verfahren iSd § 32i I AO (Klage gegen den Beschluss einer Datenschutzaufsichtsbehörde) können auf Kläger- und Beklagtenseite öffentliche Stellen sein (BMF 13.1.2020, BStBl. I 2020, 143 Tz. 109, 111). Gleiches gilt für Verfahren gem. § 32i III AO (Feststellungsklagen gegen einen Beschluss der Datenschutzaufsicht gegenüber einer anderen öffentlichen Stelle oder einer nicht-öffentlichen Stelle), s. BMF v. 13.1.2020, BStBl. I 2020, 143 Tz. 120.

2. Beteiligtenfähigkeit als Sachentscheidungsvoraussetzung

Ob die Beteiligtenfähigkeit eines am Verfahren Beteiligten iSd § 57 vorhanden 12
ist, ist keine Frage der Begründetheit der Klage, sondern als **Sachentscheidungsvoraussetzung** (→ Vor § 33 Rn. 1 ff.) **unter dem Gesichtspunkt der Zulässigkeit der Klage** zu prüfen. Eine Sachentscheidung darf gegenüber einem Beteiligten iSd § 57 nur ergehen, wenn er als derjenige in Betracht kommt, der nach Maßgabe des Streitgegenstands den behaupteten steuerlich relevanten Tatbestand verwirklicht haben kann (Tipke/Kruse/Brandis § 57 Rn. 4). Fehlt dem Beteiligten (idR dem Kläger) die Beteiligtenfähigkeit, steht dies einer Sachprüfung und Sachentscheidung durch das Gericht entgegen (zur Vornahme von Prozesshandlungen (→ Vor § 33 Rn. 30 ff.).

3. Abgrenzung zu anderen Vorschriften

Die Beteiligtenfähigkeit unterscheidet sich schließlich von der **Parteifähigkeit** 13
iSd § 50 I ZPO ua dadurch, dass sie nicht von der zivilrechtlichen Rechtsfähigkeit abhängt. Zur Behandlung nichtrechtsfähiger Gebilde (vgl. zur Entwicklung im Zivilrecht BGH V ZB 74/08, DStR 2009, 284 – Grundbuchfähigkeit der PersGes) als steuerrechtsfähig existieren daher besondere verfahrensrechtliche Vertretungs- (§ 34 I u. II AO) und Vollstreckungsregelungen (§ 267 AO; uU iVm § 150 S. 1). Im Übrigen ergibt sich die Beteiligtenfähigkeit nichtrechtsfähiger Gebilde für das materielle Steuerrecht – wie für das Steuerschuldverhältnis – entweder aus der rechtsformunabhängigen Anknüpfung im einschlägigen Gesetzestatbestand (für die Außenprüfung zB durch die nicht weiter konkretisierte Festlegung auf den „Steuerpflichtigen“ iSd § 33 AO als möglichen Adressat von Prüfungsmaßnah-

men – zB in §§ 193 I, 194 I, § 197 I 1 AO) oder aber durch eine ausdrückliche gesetzliche Regelung im jeweiligen Sachrecht.

14 **Abzugrenzen** ist der Begriff der Beteiligtenfähigkeit weiter **gegenüber**
– der **Prozessfähigkeit** (§ 58), dh der Fähigkeit, in eigener Person (für wen auch immer) Verfahrenshandlungen vornehmen zu können;
– der **Klagebefugnis** (idR Einheit von materieller Rechtsinhaberschaft, Beteiligtenfähigkeit und prozessualer Rechtsträgerschaft (→ § 40 Rn. 75, 125 ff.; → § 48 aF Rn. 1) – und daher die **Prozessführungsbefugnis** mit umfassend); diese meint die individuelle Befugnis zur Inanspruchnahme gerichtlichen Rechtsschutzes nach dem Streitgegenstand des konkreten Einzelfalls (§ 40 II, III; §§ 41, 42; s. zur Prozessstandschaft bei Gesellschaften bzw. Personenvereinigungen und der Vorfrage der Beteiligtenfähigkeit zB HHS/Steinhauff § 48 Rn. 89–91; → § 48 aF Rn. 6; → § 48 nF Rn. 1) und
– der **Sachbefugnis** (Sachlegitimation, entsprechend der zivilrechtlichen Aktiv- oder Passivlegitimation), dh der allein unter dem Gesichtspunkt der Begründetheit der Klage bedeutsamen Frage, ob der Kläger wirklich Träger der streitigen steuerlichen Rechte oder Pflichten ist.

4. Beteiligtenfähigkeit des Adressaten eines belastenden Verwaltungsaktes

15 Die **Beteiligtenfähigkeit** kann aber auch nur auf einer ausschließlich verfahrensrechtlichen Rechtsposition (formelle Beteiligtenfähigkeit) beruhen und sich darauf stützen, dass die streitigen Rechte oder Pflichten ausschließlich im Verfahrensrecht begründet sind. Wehrt sich ein Nichtbeteiligungsfähiger (der bei richtiger materiell-rechtlicher Handhabung als Steuerschuldner/Feststellungsbeteiligter/Haftungsschuldner und Inhaltsadressat eines Bescheids nicht in Betracht kommt) gegen die Inanspruchnahme durch einen Steuerverwaltungsakt, der ihm dennoch als Inhaltsadressat bekannt gegeben wurde, wird er als Kläger zum Beteiligten (§ 57 Nr. 1) des Verfahrens und kann als Adressat des VA geltend machen, seine Inanspruchnahme sei zu Unrecht erfolgt. Es ist auch derjenige Beteiligte, dessen Beteiligtenfähigkeit und Pflichtenstellung nach dem materiellen Recht zweifelhaft ist, zur Verhandlung zuzulassen als ob er beteiligtenfähig wäre; auch ein anschließendes Rechtsmittel ist möglich (BFH I R 190/67, BStBl. II 1969, 656; VIII R 203/81, BStBl. II 1984, 318; X R 51/82, BFH/NV 1988, 96; VII R 136/95, BFH/NV 1997, 10; IX R 83/00, BStBl. II 2004, 898; s. Tipke/Kruse/Brandis § 57 Rn. 4). Die Beteiligtenfähigkeit im finanzgerichtlichen Verfahren ist **damit in der praktischen prozessualen Handhabung** für jeden zu bejahen, der als Adressat eines Steuerbescheids einer Maßnahme tatsächlich in Anspruch genommen wird, unabhängig davon, ob die angefochtenen Steuerbescheide rechtswidrig oder nichtig sind, da auf der Zulässigkeitsebene stets die vorbeschriebene formelle Beteiligtenfähigkeit ausreicht (s. zB FG Hmb 5 K 122/11, EFG 2014, 786 zur Klage eines nicht existierenden KSt-Subjekts gegen einen KSt-Steuerbescheid).

5. Beginn und Ende der Beteiligtenfähigkeit

17 **a) Beginn.** Maßgeblich ist der Beginn der Steuersubjektfähigkeit nach dem jeweiligen Einzelsteuergesetz oder des allg. Abgabenrechts. Daher ist der Beginn der zivilrechtlichen Rechtsfähigkeit eines Rechtsträgers kein durchgehend entscheidendes Kriterium.

Für **natürliche Personen** beginnt im Bereich der ESt die Steuerrechtsfähigkeit gem. § 1 BGB mit der Geburt, **für KSt-Subjekte** je nach Einordnung in den Katalog des § 1 I Nr. 1–5 KStG (ab → Rn. 25 ff. zu den Einzelfällen).

Die Beteiligtenfähigkeit **der Personengesellschaft** ist ebenfalls nach dem jeweiligen Sachbereich zu bestimmen. Sie ist zB im Bereich der USt als Unternehmerin (§ 2 UStG) und der Gewerbesteuer (§ 5 I 3 GewStG) eigenständiges Steuersubjekt und damit als in Verfahren gegen USt- und GewSt-Messbescheide als solche beteiligtenfähig. Im Bereich der **Einkommensteuer** ist die Gesellschaft (sowohl als betriebliche, vermögensverwaltende Gesellschaft oder Zebragesellschaft) nicht als Steuersubjekt (s. § 1 iVm § 2 I EStG), jedoch als Subjekt der Einkünfteermittlung steuerrechtsfähig. Im Regelungsbereich von Bescheiden über die gesonderte und einheitliche Feststellung von Einkünften (Feststellungsbescheiden) wird auf Ebene der PersGes nach der Rspr. (vgl. vor allem BFH GrS 4/82, BStBl. II 1984, 751; GrS 2/02, BStBl. II 2005, 679; s. ferner GrS 1/93, BStBl. II 1995, 617; GrS 7/89, BStBl. II 1991, 691 (699 f.); IX R 119/83, BStBl. II 1988, 577) sowohl über die gemeinsame Tatbestandsverwirklichung der Mitunternehmer/Gesellschafter als auch über die meisten anderen Fragen der Einkünfteerzielung entschieden (s. Schön StuW 1996, 275; §§ 179, 180 I Nr. 2 AO). Somit ist eine Personenvereinigung (Gesellschaft/Gemeinschaft) neben den Feststellungsbeteiligten bis zur Vollbeendigung nach Maßgabe des § 48 I Nr. 1 aF bzw. § 48 I Nr. 1 Buchst. a nF als Prozessstandschafterin selbst klagebefugt und damit auch beteiligtenfähig (→ § 48 aF Rn. 32 f.; → § 48 nF Rn. 48). Gleiches gilt im Fall der notwendigen Beiladung (§ 60 III) der PersGes, wenn ein Gesellschafter Klage erhoben hat. 18

b) Ende. Das Ende der Steuerrechtsfähigkeit knüpft im Grundsatz an das Ende des jeweiligen Steuersubjekts an; das zivilrechtliche Ende der Rechtsfähigkeit ist weitgehend unbeachtlich (→ Rn. 17 f.). 20

Bei **natürlichen Personen** endet die Steuerrechtsfähigkeit mit dem Tod. Die Steuerschuld geht im Wege der **Gesamtrechtsnachfolge** (§ 1922 I BGB, § 45 I 1 AO) auf den Erben über (zu den Auswirkungen des Erbfalls auf den laufenden Prozess → § 74 Rn. 66 ff.). Der BFH leitet in ständiger Rspr. aus § 45 I 1 AO her, dass der Erbe als Gesamtrechtsnachfolger grds. in einem umfassenden Sinne sowohl in materieller als auch in verfahrensrechtlicher Hinsicht in die abgabenrechtliche Stellung des Erblassers eintritt (BFH II R 53/99, BStBl. II 2002, 441; GrS 2/04, BStBl. II 2008, 608; VIII R 32/15, BStBl. II 2018, 223). Die Antwort auf die Frage, ob und in welchem Umfang steuerrechtliche Positionen vererblich sind oder wegen ihres höchstpersönlichen Charakters und ihrer unlösbaren Verknüpfung mit der Person ihres Inhabers nicht auf den Gesamtrechtsnachfolger übergehen können, kann aber nur unter Heranziehung der für die betreffende Rechtsbeziehung einschlägigen materiell-rechtlichen Normen und Prinzipien des jeweiligen Einzelsteuergesetzes gefunden werden (vgl. zB BFH II R 53/99, BStBl. II 2002, 441; GrS 2/04, BStBl. II 2008, 608). 21

Besondere Eigenständigkeit zeitigt die Steuerrechtsfähigkeit und damit die Beteiligtenfähigkeit in dem von der Rspr. **für Personen- und Kapitalgesellschaften** entwickelten **Grundsatz,** dass die **Personen-/Kapitalgesellschaft** (unabhängig von der Löschung im Handelsregister und auch von der Abwicklung) steuerrechtlich so lange als fortbestehend angesehen wird (zu den evtl. Konsequenzen für die Klagebefugnis → § 48 aF Rn. 52 ff. und für die Prozessfähigkeit → § 58 Rn. 35 ff.), als sie iRd **Betriebssteuern** noch steuerrechtliche Pflichten 22 zu erfüllen hat und gegen sie gerichtete Bescheide angreift (zur **Körperschaftsteuer** bei gelöschter GmbH s. BFH III R 19/75, BStBl. II 1977, 783; I B 69/12, BFH/NV 2013, 50; FG München 7 K 1379/17, BeckRS 2017, 143432; zu **GewSt-MB** BFH VIII R 35/92, BStBl. II 1995, 241; IV B 69/05, BFH/NV 2007, 1923; IV B 166/06, BFH/NV 2008, 248; IV B 147/06, BFH/NV 2008, 1101; IV R 74/06, BFH/NV 2009, 725; IV B 19/09, BFH/NV 2010, 1480; zur **Umsatzsteuer** BFH V R 117/67, BStBl. II 1971, 540; V B 61/85, BFH/NV 1988, 576; VIII R 42/09, BStBl. II 2013, 365; zum Fortbestand einer PersGes im Hinblick auf eine **Außenprüfung** §§ 193 f. AO BFH IV R 60/91, BStBl. II 1993, 82; VIII R 35/92, BStBl. II 1995, 241; zum Fortbestand einer GmbH BFH I R 65/98, BStBl. II 2000, 500; FG BBg 6 K 1309/04, EFG 2009, 1662; zur **ausländischen Kapitalgesellschaft** BFH I B 210/03, BFH/NV 2004, 670; zu **ausländischen Ltds** FG Münster 9 V 3872/10, EFG 2011, 1443, und 9 K 3871/10 K, EFG 2012, 533; FG München 3 V 2094/11, EFG 2012, 723; zur Restgesellschaft als zivilrechtlich fortbestehende Gesellschaft s. auch BMF 6.1.2014, BStBl. I 2014, 111 und 19.10.2017, BStBl. I 2017, 1437; weitergehend FG Köln 13 K 2932/14, DStRE 2016, 694; zur Beteiligtenfähigkeit einer britischen Ltd. im finanzgerichtlichen Verfahren nach dem **Brexit** BFH I B 31/21, DStR 2022, 250 und Martini IStR 2022, 168, sowie zu den steuerlichen Folgen der Löschung einer britischen Ltd. aus dem Companies House nach dem 31.12.2020 BMF 19.7.2023, BStBl. I 2023, 1567).

23 Eingeschränkt wird dieser Grundsatz **für Personengesellschaften** in Verfahren gegen einheitliche und gesonderte Feststellungsbescheide **im Fall der Vollbeendigung.** Mit deren Eintritt verliert die Gesellschaft sowohl ihre Beteiligten- und Prozessfähigkeit als auch die Fähigkeit, Prozessstandschafterin (s. § 48 I Nr. 1 aF bzw. § 48 I Nr. 1 Buchst. a nF) sein zu können; die überlagerte Klagebefugnis der Gesellschafter/Gemeinschafter (s. § 48 I Nr. 2 aF bzw. § 48 I Nr. 1 Buchst. b nF) lebt wieder auf (→ § 48 aF Rn. 46 ff.).

c) Einzelfälle der Beteiligtenfähigkeit (Steuerrechtsfähigkeit)

25 **Einkommensteuer**

Der ESt unterliegen als Steuersubjekte **nur natürliche Personen** (§ 1 I u. IV EStG). Diese sind sowohl in Verfahren gegen ESt-Bescheide als auch im Fall einer Klagebefugnis nach § 48 I Nr. 2, 3–5 aF bzw. § 48 I Nr. 1 Buchst. b, Nr. 2 Buchst. b, Nr. 3–5 nF gegen gesonderte und einheitliche Feststellungsbescheide ohne weiteres beteiligtenfähig. **Personengesellschaften** sind steuerrechts- und beteiligtenfähig:

– in Verfahren **gegen Feststellungsbescheide** der Einkünfte, wenn sie als Prozessstandschafter nach § 48 I Nr. 1 aF bzw. § 48 I Nr. 1 Buchst. a nF oder als notwendig Beigeladene (§ 60 III) Verfahrensbeteiligte sein sollen. Dies gilt im Bereich der **einheitlichen Feststellungen** sowohl für Verfahren gegen negative Feststellungsbescheide als **auch für die Feststellungen zu Art und Höhe der Einkünfte** (vgl. zur betrieblichen Gewinnerzielung und -ermittlung die BFH-Beschlüsse GrS 4/82, BStBl. II 1984, 751; GrS 1/93, BStBl. II 1995, 617; GrS 2/02, BStBl. II 2005, 679; für die Einkünfte aus VuV s. BFH IX R 83/00, BStBl. II 2004, 898; IX R 49/07, BFH/NV 2009, 757; zur Tatbestandsverwirklichung nach § 23 EStG BFH X R 7/91, BFH/NV 1995, 303; IX R 9/13, BStBl. II 2016, 515; für **Bruchteilsgemeinschaften** BFH IX R 49/02, BStBl. II 2004, 929; IX B 31/10, BFH/NV 2011, 288; IX B 151/10, BFH/NV 2011, 1164; speziell für **Grundstücksgemeinschaften** BFH IX R 49/

02, BStBl. II 2004, 929; IX R 68/01, BStBl. II 2005, 324; IX R 14/04, BFH/NV 2006, 2053; für **Wohnungseigentümergemeinschaften** BFH IX R 56/08, BFH/NV 2009, 2058; für **Zebragesellschaften** s. BFH GrS 2/02, BStBl. II 2005, 679). Eine **atypisch stille Gesellschaft** als Innengesellschaft kann nicht Beteiligte eines finanzgerichtlichen Verfahrens sein, das die Gewinnfeststellung betrifft. Gleiches gilt, wenn nach einem negativen Feststellungsbescheid eine gesonderte und einheitliche Gewinnfeststellung begehrt wird (BFH IV R 41/14, BStBl. II 2017, 1133);
– wenn sie als **Haftungsschuldnerin** in Anspruch genommen wird s. zB BFH I R 174/85, BStBl. II 1989, 87; auch nach § 42d EStG, wenn die Gesellschaft Arbeitgeber ist; s. BFH VI R 41/92, BStBl. II 1995, 390; zur Steuerschuldnerschaft bei der Haftung für pauschale LSt BFH I R 14/87, BStBl. II 1990, 993.

Erbschaftsteuer 26

Bei der **Erschaftsteuer** sind Steuersubjekte die Erben, nicht etwa die Miterbengemeinschaft (BFH II R 14/85, BStBl. II 1988, 946; s. auch II R 95/92, BStBl. II 1995, 81). Diese sind im Verfahren gegen einen ErbSt-Bescheid beteiligtenfähig. Siehe zur Bekanntgabe eines ErbSt-Bescheids an den Nachlasspfleger (gesetzlicher Vertreter und Bekanntgabeadressat), der sich an unbekannte Erben als Inhaltsadressaten richtet und zur Klageerhebung durch den Nachlasspfleger FG Düsseldorf 4 K 442/16 Erb, EFG 2017, 1525, bestätigt durch BFH II R 40/17, BStBl. II 2020, 850; auch BFH II B 110/04, BFH/NV 2005, 704). In diesem Fall sind Kläger und Beteiligte gem. § 57 Nr. 1 die unbekannten Erben, nicht der Nachlasspfleger. Zur Klagebefugnis einer Erbengemeinschaft gegen eine **Bedarfswertfeststellung** gemäß §§ 151, 155 III BewG → § 60 Rn. 69; mit der Klagebefugnis ist auch Beteiligtenfähigkeit der Erbengemeinschaft verbunden. Es können daher auch erklärungspflichtige PersGes/KapGes gem. §§ 154, 155 BewG in Verfahren wegen einheitlicher und gesonderter Feststellungen für Erbschaftsteuerzwecke gem. § 14a III Nr. 3 AO iVm § 48 I Nr. 2 nF klagebefugt und beteiligtenfähig sein (→ § 60 Rn. 69).

Gewerbesteuer 27

Grundsatz: Maßgeblich für die sachliche Steuerpflicht (den Steuergegenstand) ist das **Bestehen eines Gewerbebetriebs** (§ 2 I GewStG, §§ 1 ff. GewStDV). Steuerschuldner und damit gem. § 5 I 1, 2 GewStG persönlich steuerpflichtig ist als Unternehmer derjenige, für dessen Rechnung der Betrieb unterhalten wird (BFH IV R 31/13, BStBl. II 2017, 482). Ein Wechsel des Steuerschuldners (§ 5 II GewStG) während des Erhebungszeitraums bedingt, dass dem jeweiligen Steuerschuldner nur der Teil der Steuerschuld zugerechnet werden kann, der auf die Dauer seiner persönlichen Steuerpflicht entfällt. Ein Übergang des ganzen Betriebs auf einen anderen Unternehmer (§ 2 V GewStG) hat hingegen den Übergang der sachlichen Steuerpflicht zur Folge, da der bisherige Betrieb als eingestellt und beim übernehmenden Unternehmer als neu eröffnet gilt. Zu Beginn und Ende der sachlichen Gewerbesteuerpflicht s. allgemein GewStR 2009 R 2.5–2.7; zu Beginn und Ende der persönlichen Steuerpflicht s. GewStR 2009 R 5.1 (1); zur Anknüpfung des § 14 S. 3 GewStG an die sachliche Steuerpflicht s. BFH IV R 8/16, BStBl. II 2018, 484.

Der Gewerbesteuermessbescheid (§ 14 GewStG; § 184 AO) ist an den **Steuerschuldner** iSd § 5 GewStG zu richten (s. Lenski/Steinberg/Rehberg GewStG § 5 Rn. 25; Glanegger/Güroff/Specker GewStG § 14 Rn. 3 f.). Die Beteiligtenfähigkeit gem. § 57 knüpft ebenfalls nur an diese persönliche GewSt-Pflicht an, da der jeweilige Betrieb als Anknüpfungspunkt der sachlichen Steuerpflicht kein Träger von Rechten und Pflichten sein kann. Zur Fortdauer der Beteiligtenfähigkeit nach dem Ende der persönlichen GewSt-Pflicht auch → Rn. 18.

Personengesellschaft als Steuerschuldnerin: Das GewStG erwähnt in § 2 I GewStG die **Personengesellschaft** nicht ausdrücklich, sondern sieht jedes gewerbliche Unternehmen iSd EStG als sachlich steuerpflichtig an. Unternehmer sind als Träger des Gewerbebetriebs bei Gewerbebetrieben von PersGes die Gesellschafter bzw. Mitunternehmer (BFH GrS 3/92, BStBl. II 1993, 616; IV R 38/09, BStBl. II 2013, 958; IV R 8/16, BStBl. II 2018, 484). Steuerschuldnerin mit einer eigenen persönlichen Steuerpflicht ist gem. § 5 I 3 GewStG aber die Gesellschaft (nur bei Außengesellschaften, s. BFH VIII R 364/83, BStBl. II 1986, 311; III R 36/85, BStBl. II 1989, 664; auch bei vermögensverwaltender Tätigkeit und gewerblicher Prägung BFH IV R 5/02, BStBl. II 2004, 464; s. Lenski/Steinberg/Rehberg GewStG § 5 Rn. 70 ff.). Die Begründung der GewStSchuld bei PersGes durch § 5 I 3 GewStG ist verfassungsgemäß (BVerfG 1 BvR 1236/11, BVerfGE 148, 217). Die PersGes ist aufgrund ihrer alleinigen persönlichen Steuerpflicht für den Gewerbeertrag des Betriebs (bestehend aus den Einkünften aus Gesamthandsvermögen, Ergänzungsbilanzen und Sonderbetriebsvermögen) daher bei Klagen gegen den GewSt-Messbescheid selbst beteiligtenfähig (BFH IV B 134/98, BFH/NV 2000, 1104).

Einzelfragen: Zur GewSt-Pflicht (§ 5 I 3 GewStG) eines als GbR geführten Dentallabors s. BFH IV B 232/02, BFH/NV 2005, 352; anders bei einer Bruchteilsgemeinschaft s. BFH IV R 31/92, BFH/NV 1994, 266 – dort auch zur Auslegung der Klageschrift unter dem Gesichtspunkt der fehlenden Beteiligtenfähigkeit; zur atypischen stillen Gesellschaft (Innengesellschaft) mit eigenem Gewerbebetrieb, aber mit Erklärungspflicht und Schuldnerstellung nur des Geschäftsinhabers des Handelsgeschäfts s. BFH VIII R 364/83, BStBl. II 1986, 311; VIII R 54/93, BStBl. II 1995, 794; IV R 34/10, BStBl. II 2017, 233; IV R 8/14, BStBl. II 2017, 538; sowie für die Erbengemeinschaft BFH VIII R 237/81, BStBl. II 1985, 657).

Kapitalgesellschaften und andere KSt-Subjekte sind kraft Rechtsform gem. § 2 II u. III GewStG als Unternehmer selbst persönlich steuerpflichtig (§ 5 I 1 GewStG) und in Verfahren gegen die an sie gerichteten GewSt-Messbescheide beteiligtenfähig (s. auch GewStR 2009 R 2.1 Abs. 4–6).

Im Fall der **ertragsteuerlichen Organschaft** (§ 2 II 2 GewStG) gilt die Organgesellschaft als Betriebsstätte des Organträgers, gleichwohl sind Organträger und Organgesellschaft zwei getrennt zu betrachtende GewSt-Subjekte mit jeweils eigener persönlicher Steuerpflicht. Der Gewerbeertrag der Organgesellschaft ist getrennt zu ermitteln und dem Organträger zur Berechnung seines Gewerbesteuermessbetrags zuzurechnen. Weder bewirkt die Begründung einer Organschaft die Beendigung der sachlichen Steuerpflicht für den Betrieb der Organgesellschaft noch wird aufgrund einer Beendigung der Organschaft die sachliche Steuerpflicht der bisherigen Organgesellschaft neu begründet (GewStR 2009 R 2.3). Gegenüber der Organgesellschaft wird aber kein GewSt-Messbetrag festgesetzt, da nur ein einheitlicher Messbetrag des Organträgers zu ermitteln ist (BFH I R 44/95, BStBl. II 1997, 181), der diesem im GewSt-Messbescheid bekannt zu geben ist.

Ausländische Unternehmensträger sind persönlich gewerbesteuerpflichtig, wenn sie über eine inländische Betriebsstätte (§ 12 AO) verfügen und hierin inländische gewerbliche Einkünfte erzielen (s. auch GewStR 2009 R 2.1 Abs. 4 und R 2.9).

Grunderwerbsteuer/Grundsteuer 28

Die Steuerschuldnerschaft bei der GrESt regelt **§ 13 GrEStG** anknüpfend an die jeweiligen Erwerbsvorgänge. Hieraus ergibt sich jeweils, wer als Steuerschuldner in Anspruch genommen werden kann. Zu den möglichen Steuerschuldnern bei der **GrESt** zählt grds. auch die BGB-Gesellschaft (zur GbR in Abwicklung BFH II R 118/84, BStBl. II 1987, 183; s. auch BFH II R 103/84, BStBl. II 1987, 325; II R 167/81, BStBl. II 1988, 377; II R 96/93, BFH/NV 1996, 69; II R 13/01, BStBl. II 2003, 358; II R 18/02, BFH/NV 2004, 203; II R 21/03, BFH/NV 2005, 1867; zur Abgrenzung Schuld/Haftung BFH II R 7/91, BStBl. II 1995, 300). Siehe zur GrESt-Fähigkeit einer ungeteilten Erbengemeinschaft sowohl hinsichtlich der Steuerschuld aus der Veräußerung und dem Erwerb eines Grundstücks als auch des Anspruchs auf Rückabwicklung gemäß § 16 GrEStG BFH II R 46/12, BStBl. II 2014, 536; II B 33/15, BFH/NV 2016, 234. Zur Steuerschuldnerschaft bei der Grundsteuer s. **§ 10 GrStG.** Zur Verneinung der **GrSt-Fähigkeit** einer atypischen stillen Gesellschaft als Innengesellschaft s. BFH II R 216/84, BStBl. II 1987, 451.

Körperschaftsteuer 29

KSt-Steuerpflichtige sind die in §§ 1, 2 KStG geregelten KSt-Subjekte. Die inländischen KSt-Subjekte (mit Sitz oder Geschäftsleitung im Inland) sind in § 1 KStG iVm § 3 I KStG abschließend geregelt. Der Kreis der unbeschränkt steuerpflichtigen KSt-Subjekte umfasst Körperschaften (mit den enumerativ in § 1 I Nr. 1 aufgezählten Unterformen bestimmter „Kapitalgesellschaften" deutscher Rechtsform und europäischer Gesellschaften) und die in § 1 I Nr. 2–5 KStG genannten Gesellschaften, rechts- und nicht rechtsfähige Personenvereinigungen und Zweckvermögen. Der Gesetzgeber hat durch das SEStEG (G v. 7.12.2006, BGBl. I 2782) in den Klammerzusatz des § 1 I Nr. 1 das Merkmal „insbesondere" aufgenommen. Hieraus folgt nach allgemeiner Auffassung, dass nunmehr auch dort nicht genannte, weder nach deutschem noch europäischem Recht gegründete, nach einem Typenvergleich aber deutschen KapGes vergleichbare ausländische Gesellschaften erfasst werden (s. BFH I R 42/15, BFH/NV 2018, 616; zum erforderlichen Typenvergleich s. BFH I B 75/20 (AdV), BFH/NV 2021, 1489; I R 12/18, BStBl. II 2021, 875). Praktischer Hauptanwendungsfall ist die nach ausländischem Recht gegründete EU-/EWR-KapGes, die ihren Sitz oder Ort der Geschäftsleitung in das Inland verlegt (s. RHN/Levedag KStG § 1 Rn. 67 ff.).

Die **KSt-Pflicht beginnt** für KapGes inländischer Rechtsform regelmäßig im Stadium der Vorgesellschaft (dem Abschluss des notariellen Gesellschaftsvertrags), wenn es später zur Eintragung in das Handelsregister kommt, da zivil- und steuerrechtlich von der Identität der Vorgesellschaft mit der späteren KapGes auszugehen ist (RHN/Levedag KStG § 1 Rn. 54 f. mwN, insbes. BFH IV R 88/06, BStBl. II 2010, 991 mit Abgrenzung zur unechten Vorgesellschaft; zu rechtsfähigen Vereinen vor Eintragung s. BFH I R 33/00, BFH/NV 2001, 1300). Nichtrechtsfähige Gebilde/Personenvereinigungen können gem. § 1 I Nr. 5 KStG unbeschränkt KSt-pflichtig sein, da sie steuerrechtlich Träger eigenständiger Rechte und Pflichten sind (RHN/Levedag KStG § 1 Rn. 3, 86 ff.; zu nichtrechtsfähigen Vereinen (Ritterschaft) BFH I R 73/94, BStBl. II 1995, 552; s. auch BFH I S 6/98, BFH/NV 2000, 65 zur PKH). Besonderheiten existieren bei Stiftungen, da es eine Vorstiftung vor der Anerkennung durch die Stiftungsbehörde nicht gibt (RHN/Levedag KStG § 1 Rn. 83; BFH X R 36/11, BFH/NV 2015, 738). Der Beginn der KSt-Pflicht nach § 1 I Nr. 5 KStG bei einer nichtrechtsfähigen Stiftung, die unter Lebenden errichtet wird, wird in dem Zeitpunkt gesehen, zu dem der Stifter sich endgültig entreichert, seine Verfügungsmöglichkeit über das Vermögen verloren hat und der Stiftung eigenes Einkommen aus dem übergangenen Vermögen zugerechnet werden kann (zur Errichtung von Todes wegen BFH I R 31/10, BFH/NV 2012, 786). Eine zuziehende Auslandsgesellschaft aus dem EU-/EWR-Raum, die im Inland nach Maßgabe der europäischen Niederlassungsfreiheit als rechtsfähig anzusehen ist, begründet ihre inländische KSt-Pflicht gem. § 1 I Nr. 1 KStG regelmäßig im Zeitpunkt der Sitzverlegung, dh mit Verlegung des Orts der Geschäftsleitung in das Inland. Bei BgA iSd § 1 I Nr. 6 iVm § 4 KStG ist nach Abschn. R 1.1 Abs. 3 S. 2 iVm R 2 Abs. 1 S. 1 KStR 2022 für den Beginn der KSt-Pflicht auf die Aufnahme der wirtschaftlichen Tätigkeit abzustellen. Zur **Organschaft** → Rn. 27.

§ 2 Nr. 1 KStG betrifft ausländische Rechtsgebilde, die nach einem Typenvergleich als (beschränkt stpfl.) KSt-Subjekte, die weder Sitz noch Geschäftsleitung im Inland haben und inländische Einkünfte iSd § 49 EStG erzielen, einzustufen sind. Der Beginn der beschränkten KSt-Pflicht setzt voraus, dass das unter § 2 Nr. 1 KStG zu subsumierende ausländische Rechtsgebilde entstanden ist und im Inland mit der Einkünfteerzielung (positiver oder negativer Einkünfte) beginnt.

Die beschränkte **KSt-Pflicht gem. § 2 Nr. 1 KStG endet,** wenn das ausländische KSt-Subjekt nach Maßgabe des ausländischen Zivilrechts erlischt oder die der Einkünfteerzielung im Inland zugrunde liegende Tätigkeit beendet wird (s. RHN/Levedag KStG § 2 Rn. 56 f.). Bei einem inländischen KSt-Subjekt **iSd § 2 Nr. 2 KStG** (idR eine jPöR als Trägerkörperschaft des BgA) beginnt die KSt-Pflicht im Zeitpunkt des Erzielens der inländischen Einkünfte iSd Nr. 2 Hs. 2 oder der Entgelte gem. § 2 Nr. 2 Hs. 2 Buchst. a–c KStG. **Sie endet,** wenn das KSt-Subjekt iSd § 2 Nr. 2 erlischt oder keine abzugspflichtigen Einkünfte oder Entgelte mehr erzielt.

In der praktischen Handhabung überdauern die KSt-Pflicht und damit die Beteiligtenfähigkeit sowohl in den Fällen des § 1 und des § 2 KStG regelmäßig die zivilrechtliche Vollbeendigung und enden erst mit der Abwicklung der steuerrechtlichen Rechtsbeziehungen (→ Rn. 22).

In den Fällen der **Verschmelzung** (§§ 11–13 UmwStG 2006) einer Körperschaft auf eine andere Körperschaft oder deren **Formwechsels** (§§ 3 ff. UmwStG) in eine PersGes **endet die KSt-Steuerpflicht** nicht schon mit dem steuerlichen Übertragungsstichtag gem. § 2 I UmwStG (Schnitger/Fehrenbacher/Benecke KStG § 1 Rn. 254), allerdings tritt in diesen Fällen der (steuerlichen) Gesamtrechtsnachfolge (§ 4 UmwStG) regelmäßig der Rechtsnachfolger in bereits laufende Rechtsbehelfsverfahren ein; dem Gesamtrechtsnachfolger sind auch die KSt-Bescheide der „untergegangenen" KapGes für Zeiträume bis zum steuerlichen Übertragungsstichtag bekanntzugeben und von diesem anzufechten.

30 **Umsatzsteuer**

Bei der USt ist die Steuerrechtsfähigkeit unabhängig von der Rechtsform ausschließlich an die Unternehmereigenschaft (§ 2 I UStG) geknüpft. Unternehmer ist nach Abschn. 2.1 UStAE jedes selbständig tätige Wirtschaftsgebilde, das nachhaltig Leistungen gegen Entgelt ausführt oder die durch objektive Anhaltspunkte belegte Absicht hat, eine unternehmerische Tätigkeit gegen Entgelt und selbständig auszuüben und erste Investitionsausgaben für diesen Zweck tätigt (BFH V 56/55 U, BStBl. III 1956, 275; V R 77/96, BStBl. II 2003, 426; V R 24/98, BStBl. II 2003, 430). Dabei kommt es weder auf die Rechtsform noch auf die Rechtsfähigkeit an (BFH V R 105/91, BStBl. II 1994, 671). Siehe weiterführend Abschn. 2.1 Abs. 2–6 UStAE. Die **Unternehmereigenschaft beginnt** mit dem ersten nach außen erkennbaren, auf eine Unternehmertätigkeit gerichteten Tätigwerden, wenn die spätere Ausführung entgeltlicher Leistungen beabsichtigt ist (Verwendungsabsicht) und die Ernsthaftigkeit dieser Absicht durch objektive Merkmale nachgewiesen oder glaubhaft gemacht wird (Abschn. 2.6 Abs. 1 UStAE). Sie **kann nicht im Erbgang übergehen** (BFH V R 14/67, BStBl. II 1971, 121; V R 24/07, BStBl. II 2011, 241). Der Erbe wird nur dann zum Unternehmer, wenn er in seiner Person selbst die Voraussetzungen erfüllt, an die das Umsatzsteuerrecht die Unternehmereigenschaft knüpft (s. Abschn. 2.6 Abs. 5 UStAE). Die **Unternehmereigenschaft endet** mit dem letzten Tätigwerden. Die spätere Veräußerung von Gegenständen des Betriebsvermögens oder die nachträgliche Vereinnahmung von Entgelten gehören noch zur Unternehmenstätigkeit (Abschn. 2.6 Abs. 6 UStAE). Unternehmen und Unternehmereigenschaft erlöschen erst, wenn der Unternehmer alle Rechtsbeziehungen abgewickelt hat, die mit dem (aufgegebenen) Betrieb in Zusammenhang stehen (→ Rn. 22; BFH XI R 50/90, BStBl. II 1993, 696; V R 16/08, BStBl. II 2010, 319). Eine GmbH & Co. KG iL bleibt daher in einem Rechtsstreit wegen USt so lange beteiligtenfähig, bis alle das Gesellschaftsverhältnis betreffenden Ansprüche und Verpflichtungen, zu denen auch das streitige Rechtsverhältnis zwischen der Gesellschaft und dem FA gehört, abgewickelt sind (BFH XI B 1/17, BFH/NV 2017, 1187).

Abgabenrecht/Sonstiges 31

Verneint wurde die Beteiligtenfähigkeit bei einer BGB-Gesellschaft zur Geltendmachung eines **Erstattungsanspruchs** gem. § 37 AO (BFH VII R 97/77, BStBl. II 1980, 301; s. aber auch BFH VII R 136/95, BFH/NV 1997, 10; zur grundsätzlichen Berechtigung dessen, für dessen Rechnung geleistet wurde, s. BFH VII R 82/94, BStBl. II 1995, 492).

Zur ausdrücklichen Einbeziehung der PersGes in den Gesetzestatbestand s. **etwa § 1 I 2 InvZulG** (BFH IIII R 35/98, BStBl. II 2001, 316; s. aber BFH III R 42/97, BFH/NV 2000, 747; zur atypischen stillen Gesellschaft BFH III R 4/97, BFH/NV 2000, 888) und **§ 1 I 2 FördG** (BFH IX R 50/98, BFH/NV 2001, 1650; IX R 20/03, BFH/NV 2004, 1473). Siehe zur Beteiligtenfähigkeit einer GbR und eines nichtrechtsfähigen Vereins iRd **Versicherungssteuer** BFH II R 78/04, BFH/NV 2007, 513; II 30/60, HFR 1964, 151; FG Köln 2 K 3758/14, VersR 2017, 1549).

Zum steuerlichen **Datenschutzrecht** siehe § 32i AO (→ Rn. 11).

III. Der Kläger als Verfahrensbeteiligter (§ 57 Nr. 1)

1. Begründung der Beteiligtenstellung

a) Begriff des Klägers. Kläger (Antragsteller) im finanzgerichtlichen Verfahren ist derjenige, der vom Gericht **Rechtsschutz** begehrt oder, in Vertretungsfällen, derjenige, für den Rechtsschutz begehrt wird. Für wen Klage erhoben wird, ist durch Auslegung des Schriftsatzes zur Klageerhebung zu ermitteln (s. zB BFH VII B 26/09, BFH/NV 2010, 441; V B 66/12, BFH/NV 2013, 1933; X R 23/18, BFH/NV 2020, 361; IV R 27/20, BFH/NV 2023, 377). Siehe zur Klageerhebung und Beteiligtenstellung unbekannter Erben (vertreten durch den 33

Nachlasspfleger als gesetzlichen Vertreter) zutreffend FG Düsseldorf 4 K 442/16 Erb, EFG 2017, 1525 (bestätigt durch BFH II R 40/17, BStBl. II 2020, 850). Zur Auslegung des Rechtsmittels einer vollbeendeten PersGes gegen einen Gewinnfeststellungsbescheid s. BFH IV R 54/16, BStBl. II 2023, 447.

Es empfiehlt sich für die Praxis, bei Klagen gegen gesonderte und einheitliche Feststellungsbescheide im Zweifelsfall stets im Klage- wie im Urteilsrubrum die **natürlichen Personen (mit)** zu **benennen,** die eine Gesellschaft bilden oder die „hinter" einem Zweckvermögen stehen (zB: „Die X-Gesellschaft ..., bestehend aus ..."), damit notfalls im Wege der Auslegung geholfen werden kann (BFH VIII R 116/79, BStBl. II 1982, 385; VIII R 203/81, BStBl. II 1984, 318; IV R 180/83, BFH/NV 1986, 171; XI R 10/94, BFH/NV 1995, 859).

Zur Frage der **Klageänderung** im Falle eines Beteiligtenwechsels wird auf die Erläuterungen zu § 67 (→ § 67 Rn. 14) verwiesen. Ein Austausch des Beteiligten (etwa bei Klageerhebung für eine falsche Person) ist nur innerhalb der Klagefrist möglich. Entsprechendes gilt im Rechtsmittelverfahren.

34 Ob der Kläger klagebefugt ist, richtet sich nach anderen Kriterien (→ Rn. 14). Fehlt die Klagebefugnis, ist idR auch die Beteiligtenfähigkeit zu verneinen und umgekehrt (→ § 48 aF Rn. 6; → § 40 Rn. 75). Ob die behauptete Rechtsbeeinträchtigung des Klagenden tatsächlich vorliegt, ist eine Frage der Sachlegitimation iRd Begründetheitsprüfung (→ Rn. 14). Zur Möglichkeit, dass die Finbeh Klägerin ist, wenn sie aus einem früheren Prozessrechtsverhältnis auf Kostenerstattung und Zinszahlung klagt, s. BFH VII R 76/70, BStBl. II 1973, 502). Zur Klagebefugnis gem. § 32i AO (→ Rn. 11). Zur Umkehr der Beteiligtenrollen in der Insolvenz → Rn. 40.

35 **b) Geltendmachung.** Im Rahmen des § 57 kommt es innerhalb der Zulässigkeit nur darauf an, ob demjenigen, der im finanzgerichtlichen Verfahren als Kläger auftritt, diese Rolle auch zustehen, er also aufgrund der Inanspruchnahme durch einen VA oder nach dem materiellen Steuerrecht beteiligtenfähig sein kann. Nur dann darf eine Sachentscheidung ergehen (→ Rn. 11). Dies allerdings braucht der Kläger, wie andere Zulässigkeitsvoraussetzungen auch, zunächst nur **geltend zu machen.** Hierzu genügt es, wenn die Möglichkeit besteht, dass der Kläger in einem angefochtenen Bescheid zu Unrecht als Inhaltsadressat in Anspruch genommen worden ist – sog. formelle Beteiligtenfähigkeit (→ Rn. 15; → § 40 Rn. 83).

2. Rechtsfolgen der Beteiligtenstellung

37 Der Kläger als Hauptbeteiligter kann nicht als Zeuge vernommen werden (BFH VI R 312/67, BStBl. II 1969, 525) und nicht gem. § 174 V AO beigeladen werden (BFH X R 21/17, BFH/NV 2018, 529). Er ist Bezugsperson für die Prüfung, ob ein Befangenheitsgrund vorliegen kann (BFH IX B 98/04, BFH/NV 2005, 234) und hat die Berechtigung zur Akteneinsicht gem. § 78 (BFH VII B 90/04, BFH/NV 2004, 1659, dazu iÜ → § 78 Rn. 10). Die Urteilswirkungen treffen den Kläger (§ 110; vgl. dort auch die Ausnahmeregelung des § 110 I 2). Er trägt im Unterliegensfall die Kosten (§§ 135 ff.; BFH VI B 32/66, BStBl. III 1967, 671) und gegen ihn richtet sich die Vollstreckung (§§ 150 ff.). Zum vollmachtlosen Vertreter bereits → Rn. 4; zur Einlegung einer NZB oder Revision → Rn. 7, → § 122 Rn. 1 ff.

3. Beteiligtenwechsel auf der Klägerseite

Tritt die **Insolvenz des Klägers** während des finanzgerichtlichen Verfahrens ein, **verliert der Kläger die Beteiligtenstellung,** es sei denn, das Verfahren betrifft eine insolvenzfreie Angelegenheit. Wird die Insolvenzmasse durch den Rechtsstreit berührt, ist der Insolvenzverwalter während der Dauer des Insolvenzverfahrens als „Beteiligter kraft Amtes" anstelle des Schuldners Beteiligter iSv § 57 Nr. 1 (BFH X R 30/04, BFH/NV 2004, 1547; X S 14/07 (PKH), BFH/NV 2008, 1351; I S 15/11, BFH/NV 2012, 989; X S 50/13 (PKH), BFH/NV 2014, 890; VIII R 2/17, BStBl. II 2020, 679; vgl. näher Bartone AO-StB 2014, 247). Der Kläger (Schuldner) wird im Wege des gesetzlichen Beteiligungswechsels aus dem Finanzprozess ausgeschlossen und ohne weiteres durch den Insolvenzverwalter ersetzt (BFH VII R 11/05, BStBl. II 2006, 573; X S 14/07 (PKH), BFH/NV 2008, 1351; zur Klagebefugnis des Insolvenzverwalters → § 40 Rn. 79; zur Beiladung → § 60 Rn. 85). Vor Eröffnung des Insolvenzverfahrens gilt dies auch, wenn das Insolvenzgericht im Insolvenzeröffnungsverfahren als Sicherungsmaßnahme einen vorläufigen Insolvenzverwalter bestellt und diesem die Verwaltungs- und Verfügungsbefugnis über das Vermögen des Schuldners überträgt (§ 21 II 1 Nr. 1 u. 2, § 22 I 1 InsO; BFH II B 3/13, BFH/NV 2013, 1805). Die Beteiligtenstellung des Schuldners ist gem. § 215 II 1, 259 I InsO **allerdings nur für die Dauer des Verfahrens suspendiert und lebt mit Verfahrensbeendigung idR wieder auf** (HHS/Leipold § 58 Rn. 70; BFH VIII R 51/94, BFH/NV 1995, 663). 38

Im Weiteren ist wie folgt zu unterscheiden: 39

Ein sog. **Aktivprozess** ist dadurch gekennzeichnet, dass der Insolvenzschuldner eine Forderung geltend macht, die zur Insolvenzmasse gehört, und im Falle des Obsiegens die zur Verteilung stehende Masse vergrößern würde (BFH VII R 11/05, BStBl. II 2006, 573). Bei einer Klage gegen einen Steuerbescheid kommt es demnach darauf an, ob der Insolvenzschuldner die Steuer bereits vor Eröffnung des Insolvenzverfahrens gezahlt hat. Verfolgt er mit seiner Klage wirtschaftlich einen Erstattungsanspruch, handelt es sich um einen Aktivprozess. Nimmt der Insolvenzverwalter einen solchen Aktivprozess nach § 85 I 1 InsO nicht auf, können sowohl der Insolvenzschuldner als auch die beklagte Finbeh den Rechtsstreit aufnehmen (§ 85 II InsO); dies wirkt als Freigabe des Anspruchs und die Beteiligtenstellung geht wieder auf den Insolvenzschuldner über (BFH XI B 110/17, BFH/NV 2018, 736). Siehe zur Beurteilung des Zeitpunkts der insolvenzrechtlichen Entstehung eines steuerrechtlichen **Vergütungs- oder Erstattungsanspruchs** des Schuldners und dessen Zugehörigkeit zur Insolvenzmasse gem. § 35 InsO Bartone AO-StB 2014, 247 mit Hinweis auf BFH VII R 119/91, BStBl. II 1994, 83; VII R 68/92, BFH/NV 1994, 521; VII R 47/98, BStBl. II 1999, 423; VII R 31/99, BStBl. II 2002, 323; VII R 69/03, BStBl. II 2005, 195.

Der BFH hat zudem abweichend vom generellen Rückfall der Beteiligtenstellung an den Schuldner mit Beendigung des Insolvenzverfahrens entschieden, dass ein Insolvenzverwalter in einem Aktivprozess mit Blick auf eine mögliche Nachtragsverteilung (§ 203 I InsO) für die durch die Eröffnung des Insolvenzverfahrens aufgelöste GmbH auch nach einer Schlussverteilung (§ 196 InsO) und der sich daran anschließenden Aufhebung des Insolvenzverfahrens (§ 200 I InsO) das Verfahren als Beteiligter fortführen kann (BFH II R 34/10, BFH/NV 2012, 10; I R 12/14, BFH/NV 2014, 1544; VI R 41/18, BStBl. II 2022, 321; FG Köln 1 K 2893/12, EFG 2016, 179 mAnm Dohmen). Der Normalfall einer durch die

Verfahrensaufhebung zurückerlangten Verwaltungs- und Verfügungsbefugnis des Insolvenzschuldners wird in diesem Fall „aufgehalten“, dh der Insolvenzverwalter bleibt „weiterhin aktivlegitimiert und prozessführungsbefugt“ (s. näher Bartone AO-StB 2014, 247 zu weiteren Ausnahmefällen).

40 Zum Beteiligtenwechsel kommt es auch in Verfahren, in denen die im Streit befindlichen Ansprüche aus dem Steuerschuldverhältnis (§ 37 I AO) **Insolvenzforderungen** sind. Eine Steuerforderung des Fiskus ist Insolvenzforderung iSd § 38 InsO, wenn der zugrunde liegende Sachverhalt, der zu der Entstehung der Steueransprüche führt, bereits vor Eröffnung des Insolvenzverfahrens verwirklicht worden ist. Das FA wird in diesen Fällen seine Steuerforderung idR zur Tabelle anmelden. Ist die Forderung des Fiskus bereits **Gegenstand eines finanzgerichtlichen Verfahrens (sog. Passivprozess),** kommt es zu einem **Wechsel der Beteiligtenrollen** im Klage- oder Revisionsverfahren bei Aufnahme eines aufgrund der Insolvenz unterbrochenen Rechtsstreits (§ 240 ZPO iVm § 155) durch das FA gem. §§ 179 I, 180 II, 185 S. 1 u. 2 InsO, um nach einem Widerspruch des Insolvenzverwalters gegen eine Forderungsanmeldung diese zur Tabelle feststellen zu lassen, s. BFH VII R 11/05, BStBl. II 2006, 573; VII R 61/06, BStBl. II 2008, 790; I R 96/10, BFH/NV 2012, 991; zur Aufnahme im NZB-Verfahren BFH IV B 108/13, BFH/NV 2014, 379). Folge der Aufnahme ist, dass das FA nunmehr als Kläger und der Insolvenzverwalter als Beklagter am Verfahren teilnehmen. Der Streitgegenstand des Verfahrens wechselt vom finanzgerichtlichen Anfechtungs- in das insolvenzrechtliche Feststellungsbegehren, weshalb das FA den Antrag stellen muss, die zur Insolvenztabelle angemeldeten Steuerforderungen feststellen zu lassen und hierdurch den Widerspruch des Insolvenzverwalters zu beseitigen (BFH I R 96/10, BFH/NV 2012, 991 mwN).

41 Zu den **insolvenzfreien Angelegenheiten,** in denen dem Insolvenzschuldner die Beteiligtenfähigkeit und Prozessführungsbefugnis verbleibt, gehören Forderungen aus dem Steuerrechtsverhältnis, die das pfändungsfreie Vermögen (§ 36 I 1 InsO; BFH VII R 35/08, BStBl. II 2011, 336; VII R 58/10, ZInsO 2012, 2104) oder freigegebenes Vermögen (§ 35 II InsO) betreffen sowie die Fälle der Eigenverwaltung (§ 270 I InsO; s. vertiefend Bartone AO-StB 2014, 247). Zu Verfahren wegen der gesonderten und einheitlichen Feststellungen von Einkünften als insolvenzfreie Angelegenheit bei Insolvenz nur der PersGes → § 60 Rn. 59j „Insolvenz der Gesellschaft“. Ergeht ein **Haftungsbescheid** gegen den Insolvenzschuldner nach der Eröffnung des Insolvenzverfahrens, kann der Insolvenzschuldner zudem im eigenen Namen im Anfechtungsverfahren gegen den Haftungsbescheid Klage erheben und geltend machen, dass vor der Insolvenzeröffnung begründete Ansprüche nicht mehr gegen ihn persönlich, sondern nur noch als Insolvenzforderung ggü. dem Insolvenzverwalter geltend gemacht werden können (BFH I R 74/11, BFH/NV 2013, 82).

42 Zu einem Wechsel in der Beteiligtenstellung kommt es auch bei **Vollbeendigung einer Personengesellschaft** im Verfahren gegen einen Feststellungsbescheid, da die als Prozessstandschafterin klagende Gesellschaft (§ 48 I Nr. 1 aF) die Klagebefugnis und die Prozessführungsbefugnis verliert. Diese gehen im Rahmen einer prozessualen Gesamtrechtsnachfolge auf die durch den angefochtenen Feststellungsbescheid beschwerten Gesellschafter über, die im Streitzeitraum an der Gesellschaft beteiligt waren (aus der stRspr s. BFH VIII R 52/04, BStBl. II 2006, 847; IV R 25/10, BFH/NV 2014, 170; IV R 21/19, BStBl. II 2023, 474 mwN → § 48 aF Rn. 53).

IV. Die anderen Verfahrensbeteiligten (§ 57 Nr. 2–4)

Beklagter (§ 57 Nr. 2) und weiterer Hauptbeteiligter im finanzgerichtlichen Verfahren ist derjenige, dem ggü. (gem. der Bezeichnung in der Klageschrift – § 65 I 1) Rechtsschutz begehrt wird, im Regelfall das FA (s. zur unsubstantiierten und damit unbeachtlichen Darlegung eines „Reichsbürgers", das FA sei nicht rechtsfähig FG BBg 6 K 6106/15, EFG 2015, 2192 mAnm Rosenke). Ist das FA an dem erstinstanzlichen Klageverfahren als beklagte Behörde (§ 63 I Nr. 1) beteiligt, ist nur das FA, nicht aber das Bundesland des FA zur Einlegung der Revision befugt (BFH VI R 17/16, BStBl. II 2019, 496 – auch zur Auslegung der Revisionsschrift). Im steuerlichen Datenschutzrecht gem. § 32i AO kann auch eine andere Behörde Beklagter sein (→ Rn. 11). 43

Wer der **richtige Beklagte** ist, ergibt sich aus dem angefochtenen Steuer-VA (notfalls durch **Auslegung** BFH I B 88/08, BFH/NV 2009, 184; zur Auslegung → Vor § 33 Rn. 40 ff.) und **aus § 63** (→ § 63 Rn. 7). Zum **(gesetzlichen) Beteiligtenwechsel** auf der Beklagtenseite aufgrund eines Organisationsakts s. BFH V R 73/07, BStBl. II 2009, 612; III R 60/09, BFH/NV 2012, 576; VI R 10/18, BFH/NV 2022, 325; IV R 8/19, BStBl. II 2023, 332 (→ § 63 Rn. 20). Aufgrund eines Wohnsitzwechsels des Klägers in den Zuständigkeitsbereich eines anderen FA nach Ergehen des finanzgerichtlichen Urteils kann mangels gesetzlichen Beteiligtenwechsels keine Beteiligtenstellung eines „neuen" FA im finanzgerichtlichen Verfahren oder Revisionsverfahren begründet werden (BFH IX R 33/12, BFH/NV 2014, 557; zur Sitzverlegung einer KapGes BFH I R 3/15, BFH/NV 2016, 939).

Die Stellung als einfach oder notwendig **Beigeladener** (§ 57 Nr. 3 iVm § 60) kann nur durch Gerichtsbeschluss, nicht durch entsprechende Prozesserklärung begründet werden (→ § 60 Rn. 26 u. 140; s. BFH IV R 37/15, BFH/NV 2018, 539 zur Beiladung im Fall der objektiven Klagehäufung; zur Rechtsstellung des zu Unrecht Beigeladenen → § 60 Rn. 154 f.; BFH VIII B 52/05, BFH/NV 2006, 1155; zur Unwirksamkeit eines während der Aussetzung des Verfahrens gefassten Beiladungsbeschlusses BFH XI B 116/04, BFH/NV 2006, 951; iÜ → Vor § 74 Rn. 4). Wird ein Hauptbeteiligter (§ 57 Nr. 1) durch Verschmelzung Gesamtrechtsnachfolger des Beigeladenen, so ist der Beiladungsbeschluss von Amts wegen aufzuheben (FG LSA 3 K 657/11, EFG 2015, 2154). Finanzbehörden können im finanzgerichtlichen Verfahren nur Beklagter sein oder dem Verfahren beitreten; die Beiladung eines FA kommt deshalb nicht in Betracht (BFH V B 103/16, BFH/NV 2019, 403 mwN). Betreffend die Einzelheiten wird auf die Erläuterungen zu § 60 verwiesen. 44

Der **Beitritt** einer vorgesetzten Behörde (§ 57 Nr. 4) ist in § 122 II geregelt, auch wenn § 57 Nr. 4 an die neue Rechtslage versehentlich nicht angepasst wurde; vgl. Tipke/Kruse/Brandis § 57 Rn. 9 und zu § 122 II → § 122 Rn. 10 ff. § 122 II soll es dem BMF ermöglichen, sich jederzeit in ein anhängiges Verfahren über eine Revision einzuschalten, die Beteiligtenstellung zu erlangen und entscheidungserhebliche rechtliche Gesichtspunkte geltend zu machen. Die Regelung berücksichtigt das besondere, über den Einzelfall hinausgehende Interesse des BMF und der obersten Landesfinanzbehörden, denen die Abgabenverwaltung übertragen ist, am Ausgang des jeweiligen Verfahrens (BFH GrS 4/82, BStBl. II 1984, 751; IV R 15/14, BStBl. II 2016, 284). Dies berechtigt das BMF aber nicht, über das Verfahren zu disponieren. Dies können nur die ursprünglichen Verfahrensbeteiligten (§ 57 Nr. 1 und Nr. 2). Der Anspruch auf verfahrensrechtli- 45 che Gleichbehandlung des beigetretenen BMF erschöpft sich danach darin, innerhalb der von den Hauptbeteiligten einvernehmlich vorgegebenen Rahmenbedingungen wie ein Revisionskläger oder Revisionsbeklagter behandelt zu werden. Das BMF hat aber keine Möglichkeit, ein Verfahren gegen den Willen der Hauptbeteiligten fortzusetzen oder zu verlängern. Der BFH kann demnach mit Einverständnis der originär Beteiligten ohne mündliche Verhandlung (§ 90 II) entscheiden, wenn das dem Verfahren beigetretene BMF auf eine solche nicht verzichtet hat (BFH V R 64/00, BStBl. II 2006, 212; VI R 16/09, BStBl. II 2011, 966). Das BMF ist ferner zur Stellung eines Antrags auf mündliche Verhandlung gegen einen Gerichtsbescheid (§ 90a II 1) nicht berechtigt (BFH IV R 15/14, BStBl. II 2016, 284). Für den durch die Abgabe der übereinstimmenden Erledigungserklärungen bewirkten Wegfall der Rechtshängigkeit der Hauptsache kommt es nicht darauf an, ob auch das dem Verfahren beigetretene BMF eine Erledigungserklärung abgegeben hat (BFH III R 5/09, BFH/NV 2013, 933; X R 5/12, BFH/NV 2013, 53).

§ 58 [Prozessfähigkeit]

(1) **Fähig zur Vornahme von Verfahrenshandlungen sind**
1. **die nach dem bürgerlichen Recht Geschäftsfähigen,**
2. **die nach dem bürgerlichen Recht in der Geschäftsfähigkeit Beschränkten, soweit sie durch Vorschriften des bürgerlichen oder öffentlichen Rechts für den Gegenstand des Verfahrens als geschäftsfähig anerkannt sind.**

(2) [1]**Für rechtsfähige und nichtrechtsfähige Personenvereinigungen, für Personen, die geschäftsunfähig oder in der Geschäftsfähigkeit beschränkt sind, für alle Fälle der Vermögensverwaltung und für andere einer juristischen Person ähnliche Gebilde, die als solche der Besteuerung unterliegen, sowie bei Wegfall eines Steuerpflichtigen handeln die nach dem bürgerlichen Recht dazu befugten Personen.** [2]**Die §§ 53 bis 58 der Zivilprozessordnung gelten sinngemäß.**

(3) **Betrifft ein Einwilligungsvorbehalt nach § 1825 des Bürgerlichen Gesetzbuchs den Gegenstand des Verfahrens, so ist ein geschäftsfähiger Betreuter nur insoweit zur Vornahme von Verfahrenshandlungen fähig, als er nach den Vorschriften des bürgerlichen Rechts ohne Einwilligung des Betreuers handeln kann oder durch Vorschriften des öffentlichen Rechts als handlungsfähig anerkannt ist.**

Vgl. § 62 VwGO; §§ 71, 72 SGG; § 79 AO; § 12 VwVfG.

§ 53 ZPO Prozessfähigkeit bei rechtlicher Betreuung

(1) Bei Personen, für die ein Betreuer bestellt ist, richtet sich die Prozessfähigkeit nach den allgemeinen Vorschriften.

(2) [1]Wird ein Betreuter in einem Rechtsstreit durch einen Betreuer vertreten, kann der Betreuer in jeder Lage des Verfahrens gegenüber dem Prozessgericht schriftlich oder zu Protokoll der Geschäftsstelle erklären, dass der Rechtsstreit fortan ausschließlich durch ihn geführt wird (Ausschließlichkeitserklärung). [2]Mit Eingang der Ausschließlichkeitserklärung steht der Betreute für den weiteren Rechtsstreit einer nicht prozessfähigen Person gleich. [3]Der Betreuer kann die Ausschließlichkeitserklärung jederzeit mit Wirkung für die Zukunft zurücknehmen.

§ 53a ZPO (aufgehoben)

§ 54 ZPO Besondere Ermächtigung zu Prozesshandlungen

Einzelne Prozesshandlungen, zu denen nach den Vorschriften des bürgerlichen Rechts eine besondere Ermächtigung erforderlich ist, sind ohne sie gültig, wenn die Ermächtigung zur Prozessführung im Allgemeinen erteilt oder die Prozessführung auch ohne eine solche Ermächtigung im Allgemeinen statthaft ist.

§ 55 ZPO Prozessfähigkeit von Ausländern

Ein Ausländer, dem nach dem Recht seines Landes die Prozessfähigkeit mangelt, gilt als prozessfähig, wenn ihm nach dem Recht des Prozessgerichts die Prozessfähigkeit zusteht.

§ 56 ZPO Prüfung von Amts wegen

(1) Das Gericht hat den Mangel der Parteifähigkeit, der Prozessfähigkeit, der Legitimation eines gesetzlichen Vertreters und der erforderlichen Ermächtigung zur Prozessführung von Amts wegen zu berücksichtigen.

(2) [1]Die Partei oder deren gesetzlicher Vertreter kann zur Prozessführung mit Vorbehalt der Beseitigung des Mangels zugelassen werden, wenn mit dem Verzug Gefahr für die Partei verbunden ist. [2]Das Endurteil darf erst erlassen werden, nachdem die für die Beseitigung des Mangels zu bestimmende Frist abgelaufen ist.

§ 57 ZPO Prozesspfleger

(1) Soll eine nicht prozessfähige Partei verklagt werden, die ohne gesetzlichen Vertreter ist, so hat ihr der Vorsitzende des Prozessgerichts, falls mit dem Verzug Gefahr verbunden ist, auf Antrag bis zu dem Eintritt des gesetzlichen Vertreters einen besonderen Vertreter zu bestellen.

(2) Der Vorsitzende kann einen solchen Vertreter auch bestellen, wenn in den Fällen des § 20 eine nicht prozessfähige Person bei dem Gericht ihres Aufenthaltsortes verklagt werden soll.

§ 58 ZPO Prozesspfleger bei herrenlosem Grundstück oder Schiff

(1) Soll ein Recht an einem Grundstück, das von dem bisherigen Eigentümer nach § 928 des Bürgerlichen Gesetzbuchs aufgegeben und von dem Aneignungsberechtigten noch nicht erworben worden ist, im Wege der Klage geltend gemacht werden, so hat der Vorsitzende des Prozessgerichts auf Antrag einen Vertreter zu bestellen, dem bis zur Eintragung eines neuen Eigentümers die Wahrnehmung der sich aus dem Eigentum ergebenden Rechte und Verpflichtungen im Rechtsstreit obliegt.

(2) Absatz 1 gilt entsprechend, wenn im Wege der Klage ein Recht an einem eingetragenen Schiff oder Schiffsbauwerk geltend gemacht werden soll, das von dem bisherigen Eigentümer nach § 7 des Gesetzes über Rechte an eingetragenen Schiffen und Schiffsbauwerken vom 15. November 1940 (RGBl. I S. 1499) aufgegeben und von dem Aneignungsberechtigten noch nicht erworben worden ist.

Literatur: Bartone, Die Prozessführungsbefugnis des Insolvenzverwalters in der Insolvenz des Steuerpflichtigen, AO-StB 2014, 247; Baum, Berücksichtigung der zivilrechtlichen Rechtsfähigkeit von Personengesellschaften ab 2024 im Besteuerungsverfahren, NWB 2023, 2662; Baum, Änderungen der AO im Jahr 2023, NWB 2024, 658; Dißars, Aktuelles aus dem Verfahrensrecht 2023, Stbg 2024, 41; Drüen, Die Prozessfähigkeit und ihre Prüfung von Amts wegen, AO-StB 2006, 158; Gottwald, Die neue Prozessfähigkeit bei rechtlicher

Betreuung, FamRZ 2022, 331; Hempe, Das Recht der OHG und der KG nach MoPeG – und die Brücke samt Querverweisen zum alten Recht, DStR 2024, 1877; Kersting, Betreute in Gerichts- und Verwaltungsverfahren nach der Reform – Größtmögliche Selbstbestimmung und (zu) viel Freiheit, BtPrax 2022, 115; Liebscher, Personengesellschaftsvertraglicher Gestaltungsbedarf aufgrund des MoPeG, ZIP 2023, 2225; Lieder, Der Statuswechsel zwischen Personengesellschaften, GmbHR 2024, 897; Noack, Die GbR als Prozesspartei im Erkenntnis-, Vollstreckungs- und Schiedsverfahren – Kontinuitäten und Diskontinuitäten nach dem MoPeG – Teil I und Teil II, GmbHR 2024, 11 ff. und 71 ff.; Pump/Fittkau, Die Anfechtungsklage gegen den an die GbR gerichteten Umsatzsteuerbescheid, UStB 2009, 199; Richter, Der insolvente Mitgesellschafter: Fortbestand von Personengesellschaften trotz Gesellschafterinsolvenz nach dem MoPeG, ZIP 2023, 1222; Schulte, Die Löschung wegen Vermögenslosigkeit nach § 394 FamFG, GmbHR 2024, 624; Schwedler, Die Betreuungsrechtsreform, NZFam 2022, 1011; Uhländer, Aktuelle Entwicklungen im Sanierungs- und Insolvenzsteuerrecht 2023 (Teil 1), DB 2023, 2072; Wertenbruch, Die Vertretung der Personengesellschaft nach MoPeG, GmbHR 2024, 1.

Übersicht

Rn.

I. Grundlagen ... 1
1. Überblick und Anwendungsbereich ... 1
a) Regelungsinhalt ... 1
b) Sachlicher Anwendungsbereich ... 2
2. Abgrenzung der Prozessfähigkeit zu anderen Regelungen ... 3
II. Begriff und Bedeutung der Prozessfähigkeit (§ 58 I) ... 7
1. Vornahme und Entgegennahme von Verfahrenshandlungen ... 7
2. Prozessfähigkeit als Sachentscheidungsvoraussetzung ... 8
3. Prüfung der Prozessfähigkeit durch das Gericht (§ 58 II 2 FGO iVm § 56 I ZPO) ... 9
a) Prüfung von Amts wegen ... 9
b) Aufklärungsmaßnahmen des Gerichts und Überzeugungsbildung ... 10
4. Vorläufige Zulassung bei Zweifeln an der Prozessfähigkeit (§ 58 II 2 FGO iVm § 56 I ZPO) ... 13
a) Zulassungsstreit ... 13
b) Heilungsmöglichkeiten ... 14
5. Gerichtliche Entscheidung trotz fehlender Prozessfähigkeit ... 17
III. Prozessfähige (§ 58 I Nr. 1 und 2) ... 19
1. Bezugnahme auf die Regelungen des BGB und des öffentlichen Rechts zur Geschäftsfähigkeit ... 19
2. Uneingeschränkt Prozessfähige gemäß § 58 I Nr. 1 ... 20
3. Prozessfähige Minderjährige (§ 58 I Nr. 2) ... 23
4. Prozessfähigkeit bei Betreuung (§ 58 II 2 FGO iVm § 53 ZPO; § 58 III FGO) und Vormundschaft ... 27
5. Wegfall der Prozessführungsbefugnis bei natürlichen Personen während des finanzgerichtlichen Verfahrens ... 33
IV. § 58 II ... 35
1. Nichtprozessfähige Personen im Sinne der FGO ... 35
2. Vertretung Nichtprozessfähiger durch die nach bürgerlichem oder öffentlichem Recht dazu befugten Personen (§ 58 II 1) ... 38
a) Zur Handlung befugte Vertreter nicht prozessfähiger natürlicher Personen ... 38

Rn.
b) Zur Handlung befugte Personen bei den nicht natürlichen Personen ... 39
aa) Juristische Personen des Privatrechts und des öffentlichen Rechts ... 39
bb) Rechtsfähige Personenvereinigungen ... 42
cc) Nichtrechtsfähige Personenvereinigungen ... 44
dd) Zweckvermögen ... 45
3. Wegfall des Steuerpflichtigen iSd § 58 II ... 48
a) Erbfall ... 48
b) Wegfall der gesetzlichen Vertreter bei der juristischen Person ... 49
aa) Allgemeines ... 49
bb) Insolvenz der juristischen Person (Kapitalgesellschaft) .. 50
cc) Abwicklung der Kapitalgesellschaft im Rahmen einer insolvenzfreien Liquidation ... 51
c) Wegfall eines Vertreters; Insolvenz und Liquidation bei der rechtsfähigen GbR und den Personenhandelsgesellschaften . 52
aa) Wegfall der gesetzlichen Vertreter bei Gesamtvertretung ... 52
bb) Insolvenz der Gesellschaft ... 53
cc) Insolvenzfreie Liquidation der Gesellschaft ... 57
dd) Löschung der Gesellschaft ... 60
4. Entsprechende Geltung der §§ 53–58 ZPO (§ 58 II 2) ... 61
V. Beschränkte Prozessfähigkeit bei Betreuung (§ 58 III) ... 62

I. Grundlagen

1. Überblick und Anwendungsbereich

1 **a) Regelungsinhalt.** § 58 regelt, dass nur Personen, die prozessfähig sind, **im finanzgerichtlichen Verfahren** Verfahrenshandlungen vornehmen dürfen. Abs. 1 benennt bestimmte Personen positiv als Prozessfähige. §§ 58 II u. III regeln anknüpfend daran, wer und in welchem Umfang für die Prozessunfähigen handeln kann. § 58 II 1 bestimmt, dass sich nicht nach Abs. 1 prozessfähige Beteiligte durch die nach bürgerlichem Recht dazu befugten Personen vertreten lassen müssen. § 58 II 2 bestimmt die sinngemäße Anwendung der §§ 53–58 ZPO, die ua Regelungen zur Prüfung der Prozessfähigkeit im Verfahren von Amts wegen (§ 56 I ZPO) und iRd sog. Zulassungsstreits (§ 56 II ZPO) sowie die Möglichkeit der Pflegerbestellung (§ 57 ZPO) enthalten. § 58 III bestimmt zusammen mit § 58 II 2 FGO iVm § 53 ZPO die Prozessfähigkeit im Fall der Betreuung. § 58 III ist im Vergleich zur Vorauflage durch das Gesetz zur Reform des Vormundschafts- und Betreuungsrechts (v. 4.5.2021, BGBl. 2021 I 882) mit Wirkung ab dem 1.1.2023 geändert worden. Der frühere Verweis auf den Einwilligungsvorbehalt nach § 1903 BGB wurde durch den Verweis auf den Einwilligungsvorbehalt nach § 1825 BGB ersetzt. Zudem wurde in demselben Gesetz auch § 53 ZPO neu gefasst, der nach § 58 II 2 FGO nunmehr in der geänderten Fassung sinngemäß anzuwenden ist (→ Rn. 27).

2 **b) Sachlicher Anwendungsbereich.** Da § 58 generell bestimmt, wer „Verfahrenshandlungen" vornehmen kann, gilt die Regelung **für die Beteiligten (§ 57) sowie die Bevollmächtigten und Beistände (§ 62).** Die Handlungen

prozessunfähiger Bevollmächtigter und Handlungen im Verfahren ggü. diesen sind unwirksam (zB BFH II S 5/11 (PKH), BFH/NV 2012, 239). Die Prozessfähigkeit dieser Personen (nicht aber des einfach Beigeladenen, s. zutreffend HHS/Leipold § 58 Rn. 29) ist im finanzgerichtlichen Verfahren eine Sachentscheidungsvoraussetzung (→ Rn. 8).

2. Abgrenzung der Prozessfähigkeit zu anderen Regelungen

3 Zu unterscheiden ist die Prozessfähigkeit von der **Beteiligtenfähigkeit.** Die Beteiligtenfähigkeit (Steuerrechtsfähigkeit) ist die vom materiellen Recht verliehene Fähigkeit, Träger des streitbefangenen Rechts oder Verpflichteter der streitigen steuerrechtlichen Pflicht sein zu können; im Regelfall leitet sich die Beteiligtenfähigkeit schon aus der formellen Stellung des Klägers als Adressat eines belastenden VA ab (→ § 57 Rn. 13 ff.).

4 Die **Prozessführungsbefugnis** (Klagebefugnis) bezeichnet das Recht, einen Aktiv- oder Passivprozess als Beteiligter im eigenen Namen zu führen. Sie steht demjenigen zu, der aus dem streitigen Rechtsverhältnis nach dem materiellen Recht berechtigt und verpflichtet ist (vgl. Thomas/Putzo/Hüßtege ZPO § 51 Rn. 20, 21 sowie → § 57 Rn. 14), und ist Sachentscheidungsvoraussetzung, → Vor § 33 Rn. 16; zur Aktivlegitimation BFH IV R 1/18, BFH/NV 2022, 305 auch bei Gesamtrechtsnachfolge). Auch die passive Prozessführungsbefugnis der beklagten Behörde ist eine Sachurteilsvoraussetzung des finanzgerichtlichen Verfahrens, deren fehlerhafte Beurteilung durch das FG einen Verfahrensmangel darstellt (BFH III R 11/22, BFH/NV 2024, 18; VIII R 33/20, BStBl. II 2023, 663).

Einem Beteiligten, der beteiligtenfähig (§ 57) und prozessfähig nach § 58 I ist, kann aber die **Prozessführungsbefugnis** fehlen, zB einem Feststellungsbeteiligten in den Fällen der gesetzlichen Prozessstandschaft der Gesellschaft (§ 48 I Nr. 1 aF/nF; zum Zivilprozess Thomas/Putzo/Hüßtege ZPO § 51 Rn. 24). Bei nicht rechtsfähigen Stiftungen und Zweckvermögen (§ 1 I Nr. 5 KStG) war zB der Treuhänder als Rechtsträger des Vermögens prozessführungsbefugt (nicht angezweifelt in BFH X B 93/11, BFH/NV 2013, 903).

Wird über das Vermögen eines prozessfähigen Stpfl. (Insolvenzschuldner) das Insolvenzverfahren eröffnet, während er als Beteiligter (Kläger/Beigeladener) einen Rechtsstreit vor dem FG/BFH führt, hat dies den Verlust der Prozessführungsbefugnis (Übergang auf den Insolvenzverwalter gem. § 80 InsO; oder schon zuvor in den Fällen der § 21 II 1 Nr. 1 u. 2, § 22 I 1 InsO) und der Beteiligtenstellung (→ Rn. 3; → § 57 Rn. 38 ff.), nicht aber der Prozessfähigkeit zur Folge (HHS/Jatzke AO § 251 Rn. 177 ff. mit Hinweis auf BFH VIII R 51/94, BFH/NV 1995, 663; Tipke/Kruse/Loose AO § 251 Rn. 32, 35 ff., 49 ff.; zu den verschiedenen Auffassungen zur Stellung des Verwalters auch Thomas/Putzo/Hüßtege ZPO § 51 Rn. 25 ff.; HHS/Leipold § 58 Rn. 88 ff.). Auch eine vom Schuldner erteilte Prozessvollmacht erlischt (§ 117 I InsO). Mit dem Übergang der Prozessführungsbefugnis auf den Insolvenzverwalter ist für die Dauer des Verfahrens im Regelfall nur noch dieser als Beteiligter kraft Amtes berechtigt, im Finanzprozess die Rechte des Insolvenzschuldners im Wege einer gesetzlichen Prozessstandschaft im eigenen Namen geltend zu machen (BFH I R 74/11, BFH/NV 2013, 82; zum Zivilprozess s. Thomas/Putzo/Hüßtege ZPO § 51 Rn. 30; zum Wegfall mit Ende des Verfahrens BFH VI R 41/18, BStBl. II 2022, 321; zum Einspruchsverfahren BFH XI R 51/17, BFH/NV 2020, 519; zum Wiederaufleben bei Nachtragsverteilung BFH XI R 1/19, BStBl. II 2021, 341). Zur Unterbrechung des Prozesses → § 74 Rn. 76 ff. Der Insolvenzschuldner kann hingegen auf der Grundlage einer besonderen Ermächtigung durch den Insolvenzverwalter (Fall der gewillkürten Prozessstandschaft) im Verfahren selbst tätig werden (BFH I R 74/11, BFH/NV 2013, 82).

Nach der Rechtslage **bis Ende 2023** betrifft die **gesonderte und einheitliche Feststellung der Einkünfte** einer insolventen PersGes das insolvenzfreie Vermögen, sodass der Insolvenzverwalter nicht zur Abgabe der Feststellungserklärung verpflichtet ist (Uhländer DB 2023, 2072 (2089); BFH IV B 83/91, BStBl. II 1993, 265; VII R 143/92, BStBl. II 1995, 194). Die insolvente Gesellschaft als gesetzliche Prozessstandschafterin bleibt bis zur Vollbeendigung beteiligtenfähig sowie klagebefugt und wird für die Prozessfähigkeit durch ihre Liquidatoren vertreten (→ § 48 aF Rn. 50–50b); auch die Prozessführungsbefugnis geht nicht auf den Insolvenzverwalter über (Uhländer DB 2023, 2072 (2079); BFH IV R 11/16, NZI 2018, 904).

Aufgrund der **Änderungen der AO durch das KreditzweitmarktförderungsG** v. 22.12.2023 (BGBl. 2023 I Nr. 411) ist eine rechtsfähige PersGes **ab dem 1.1.2024** hinsichtlich der Feststellungserklärung selbst erklärungspflichtig (§ 181 II 2 Nr. 1 Buchst. a AO; Baum NWB 2024, 659 (662)). Diese Verpflichtung hat gem. § 79 I Nr. 3 iVm § 34 III AO der Insolvenzverwalter wahrzunehmen (Uhländer DB 2023, 2072 (2079); AEAO zu § 34 Nr. 4 iVm AEAO zu § 251 Nr. 4.2; bei vor dem 1.1.2024 eröffneten Verfahren trifft die Erklärungspflicht gem. § 181 II 2 Nr. 1 AO aF iVm Art. 97 § 39 II EGAO grds. jeden Feststellungsbeteiligten). Grundsätzlich ist der gesonderte und einheitliche Feststellungsbescheid für die Feststellungsbeteiligten rechtsfähiger Gesellschaften an die Gesellschaft als Bekanntgabeadressatin zu richten (§ 183 I 1 AO), es sei denn, gem. § 183 II AO ist eine Einzelbekanntgabe an die Feststellungsbeteiligten erforderlich (Baum NWB 2023, 2662 (2670); AEAO zu § 122 Nr. 2.5.2.1; zur Übergangsregelung nach Art. 97 § 39 III EGAO mit der Bekanntgabe an den bisherigen Empfangsbevollmächtigten s. AEAO zu § 122 Nr. 2.5.2). Die Insolvenzeröffnung über das Vermögen der Gesellschaft (GbR, OHG, KG) führt ab dem 1.1.2024 zu deren Auflösung (§ 729 I Nr. 2 BGB; § 138 I Nr. 2 HGB), was zur Bekanntgabe des Feststellungsbescheids an den Insolvenzverwalter **als gesetzlichen Vertreter der rechtsfähigen Gesellschaft** führt (AEAO zu § 251 Nr. 4.4.1.1; bei vor dem 1.1.2024 eröffneten Verfahren kann nach der Übergangsregelung an den bisherigen Empfangsbevollmächtigten bekannt gegeben werden). In den Fällen des § 183 II AO mit Einzelbekanntgabe erhält der Insolvenzverwalter den Feststellungsbescheid nachrichtlich. Es bleibt trotz der geänderten Erklärungspflicht und Bekanntgaberegelung aber dabei, dass die **Anfechtung** des Feststellungsbescheids eine insolvenzfreie Angelegenheit darstellt, die bis zur Vollbeendigung von der rechtsfähigen Gesellschaft als Prozessstandschafterin der Feststellungsbeteiligten im Einspruchs- und Klageverfahren wahrzunehmen ist (Uhländer DB 2023, 2072 (2079)). Die rechtsfähige Gesellschaft ist bis zur Vollbeendigung im Einspruchsverfahren durch die Liquidatoren handlungsfähig (§ 79 I Nr. 3, § 34 I iVm § 352 I Nr. 1 Buchst. a AO) und im Prozess gem. § 48 I Nr. 1 Buchst. a nF iVm § 58 II 1 prozessfähig. Die Prozessführungsbefugnis geht nicht auf den Insolvenzverwalter über.

Die **Postulationsfähigkeit** beschreibt die in bestimmten Fällen gesetzlich geforderte qualifizierte Fähigkeit, vor einem Gericht selbst auftreten und bestimmte Verfahrenshandlungen selbst vornehmen zu können. Sie fehlt dem an sich prozessfähigen Beteiligten in Fällen des Vertretungszwangs (dh im Finanzprozess nur im Regelungsbereich des § 62 IV, → § 62 Rn. 56). Zur Unterbrechung bei Wegfall des Bevollmächtigten in Verfahren mit Postulationszwang s. § 155 FGO iVm § 244 I ZPO (→ § 74 Rn. 86). 5

Auch eine prozessunfähige Person muss sich nach § 62 IV vor dem BFH durch einen gem. § 62 befugten Bevollmächtigten vertreten lassen. Eine Revision oder Beschwerde, die ein nach § 62 IV nicht postulationsfähiger Kläger persönlich beim BFH einlegt, ist selbst dann als unzulässig zu verwerfen, wenn in einem Zulassungsstreit (§ 58 II 2 FGO iVm § 56 II ZPO) die Zweifel an seiner Prozessfähigkeit Gegenstand des Verfahrens sind (BFH V B 67/10, BFH/NV 2011, 282).

Die **Handlungsfähigkeit im Verwaltungsverfahren** regelt § 79 AO, der in Abs. 1 einen § 58 I FGO entsprechenden Katalog und in § 79 III AO einen 6

Verweis nur auf die Regelungen der § 53 ZPO (Prozessfähigkeit bei Betreuung) und § 55 ZPO (Prozessfähigkeit von Ausländern) enthält. Die Handlungsfähigkeit ist Voraussetzung zur Vornahme wirksamer aktiver und passiver Verfahrenshandlungen (zB der Entgegennahme von VA); aktive Verfahrenshandlungen nicht handlungsfähiger Stpfl. und diesen ggü. vorgenommene Handlungen sind unwirksam (Klein/Rätke AO § 79 Rn. 1, 2; eingehend zu den Änderungen in § 79 AO ab dem 1.1.2024 Tipke/Kruse/Drüen AO § 79 Rn. 22 ff.). Bei gesonderten und einheitlichen Feststellungsbescheiden für rechtsfähige PersGes ist die Gesellschaft selbst erklärungspflichtig. Sie hat diese Verpflichtung bis zur Vollbeendigung gem. § 79 I Nr. 3 iVm § 34 I durch ihre gesetzlichen Vertreter und nicht mehr durch ihre Geschäftsführer und Gesellschafter zu erfüllen (Baum NWB 2024, 658 (660); zu den gesetzlichen Vertretern AEAO zu § 34 Nr. 2.1–2.3). Die Beteiligtenfähigkeit im Verwaltungsverfahren regelt § 78 AO.

6a **Bedeutung der Vertretungsbefugnis für andere Regelungen:** Zur Einhaltung der Vertretungsregelungen als Voraussetzung für die wirksame Erteilung der **Prozessvollmacht** → § 62 Rn. 6 f.

II. Begriff und Bedeutung der Prozessfähigkeit (§ 58 I)

1. Vornahme und Entgegennahme von Verfahrenshandlungen

7 § 58 I legt eigenständig für das finanzgerichtliche Verfahren fest, wer prozessfähig ist. Der Verweis in § 58 II 2 ordnet nicht die sinngemäße Anwendung der Regelungen zur Prozessfähigkeit für den Zivilprozess in § 51 und § 52 ZPO an. Prozessfähig iSd FGO ist, wer fähig ist, Verfahrenshandlungen vorzunehmen, jedoch zielt die Regelung nicht nur auf die aktive Prozessführung ab. Die **Prozessfähigkeit** eines Beteiligten (§ 57 Nr. 1–3) gem. § 58 I ist danach die Fähigkeit, alle Prozesshandlungen wirksam vornehmen und entgegennehmen zu können, und zwar selbst oder durch selbst bestellte (Bevollmächtigter/Beistand) oder durch gesetzliche Vertreter; auch bei den Vertretern muss die Prozessfähigkeit vorliegen (→ Rn. 2; Drüen AO-StB 2006, 158 (158); HHS/Leipold § 58 Rn. 7; s. auch Thomas/Putzo/Hüßtege ZPO § 51 Rn. 2).

2. Prozessfähigkeit als Sachentscheidungsvoraussetzung

8 Die Prozessfähigkeit der Beteiligten und Vertreter ist in allen finanzgerichtlichen Verfahren einschließlich des Wiederaufnahmeverfahrens eine **Sachentscheidungsvoraussetzung** (→ Vor § 33 Rn. 16, 31; BFH VI R 19/01, BFH/NV 2002, 651; III B 22/99, BFH/NV 1999, 1628) **und Prozesshandlungsvoraussetzung** (BFH III R 44/68, BStBl. II 1972, 541; III B 22/99, BFH/NV 1999, 1628; VI R 19/01, BFH/NV 2002, 651; IX B 11/11, BFH/NV 2011, 1891; HHS/Leipold § 58 Rn. 22). Das bedeutet zB: Die von einem Prozessunfähigen erhobene Klage ist unzulässig und das unter Beteiligung eines prozessunfähigen notwendig Beigeladenen ergangene Sachurteil ist verfahrensfehlerhaft, da keine Sachentscheidung ergehen darf; die von oder ggü. einem Prozessunfähigen vorgenommene Prozesshandlung ist unwirksam (BFH III R 44/68, BStBl. II 1972, 541; VIII R 42/74, BStBl. II 1977, 434; FG München 2 K 3099/97, EFG 2000, 245; zur Klagerücknahme BFH IX B 90/22, BFH/NV 2023, 1096).

3. Prüfung der Prozessfähigkeit durch das Gericht (§ 58 II 2 FGO iVm § 56 I ZPO)

a) Prüfung von Amts wegen. Die Prozessfähigkeit der Beteiligten (Kläger/ 9 FA/Beigeladener) **ist durch die Gerichte von Amts wegen** (§§ 58 II 2, 56 I ZPO) in jeder Lage des Verfahrens (auch noch im Revisionsverfahren) zu prüfen (BFH VI R 19/01, BFH/NV 2002, 651; III B 165/03, BeckRS 2004, 25007081; IX B 11/11, BFH/NV 2011, 1891; Nachweise → Rn. 1; HHS/Leipold § 58 Rn. 15). Allerdings sind hinreichende Anhaltspunkte dafür erforderlich, dass die Prozessfähigkeit fehlen könnte, oder bei Prozessunfähigen, dass der Beteiligte nicht mehr existiert oder die Legitimation des gesetzlichen Vertreters entfallen ist (Thomas/Putzo/Hüßtege ZPO § 51 Rn. 2).

b) Aufklärungsmaßnahmen des Gerichts und Überzeugungsbildung. 10 Das Gericht muss im Rahmen seiner allgemeinen **Prozessförderungspflicht** (§ 76 II) uU von sich aus für die Beseitigung eines Mangels sorgen. Zudem hat das FG, bevor es einen Rechtsbehelf aufgrund fehlender Prozessfähigkeit als unzulässig behandelt, die Beteiligten auf Möglichkeiten zur Beseitigung des Mangels hinzuweisen und ihnen die erforderliche Zeit zur Umsetzung der Maßnahme einzuräumen (Thomas/Putzo/Hüßtege ZPO § 52 Rn. 2: zB Betreuerbestellung).

Auf Grundlage der **Amtsermittlungspflicht** (§ 76 I) sind sämtliche Beweis- 11 mittel im Wege des Freibeweises auszuschöpfen; zu Fragen der Beweiserhebung von Amts wegen s. Drüen AO-StB 2006, 158 (162); Thomas/Putzo/Hüßtege ZPO § 52 Rn. 8.

Bei **natürlichen Personen** ist idR ein Sachverständigengutachten einzuholen. Ist für einen Beteiligten in der Vergangenheit eine sachverständige Begutachtung durchgeführt worden, die zur Feststellung von Prozessunfähigkeit geführt hat, und setzt er sein Prozessverhalten (zB Anhängigmachung von zahlreichen aussichtslosen Verfahren bei den Obergerichten) unverändert fort, kann auch ohne erneute Begutachtung der Schluss auf das Fortbestehen der Prozessunfähigkeit gerechtfertigt sein (BFH X S 32–40/23 (PKH), BFH/NV 2024, 411).

Bei den gem. § 58 II nicht prozessfähigen **Gesellschaften und Personenvereinigungen** ist anhand der Gesellschaftsverträge, Beschlüsse und Registereintragungen zu prüfen, ob die Prozessfähigkeit der für diese als Organe und als Geschäftsführer auftretenden Personen noch besteht. Bei „Erschleichen eines Nachtragsliquidators" durch falsche Angaben ggü. dem Registerrichter verneint FG Köln 14 K 3066/15, EFG 2023, 1439 mAnm *Hennigfeld* eine Prozessfähigkeit der GmbH und Beendigung der Unterbrechung; allerdings aufgehoben durch BFH I B 25/23, BFH/NV 2024, 934).

Wenn nach Ausschöpfung der Möglichkeiten des Gerichts Zweifel an der Prozessfähigkeit verbleiben, ist **zu Lasten des Beteiligten von der Prozessunfähigkeit** auszugehen (BVerfG 1 BvR 2509/15, NZA-RR 2016, 495; 1 BvR 2552/18, NZA 2021, 891; BFH X S 32–40/23 (PKH), BFH/NV 2024, 411). Trotz der Pflicht des Gerichts, die Frage der Prozessfähigkeit von Amts wegen aufzuklären, darf auf Grundlage des § 65 I eine Ausschlussfrist für die Benennung des gesetzlichen Vertreters einer juristischen Person (§ 58 II) gesetzt werden (→ § 65 Rn. 56 ff.; HessFG 4 K 739/12, EFG 2014, 1327 mit zutr. Kritik von *Kühnen,* zwar aufgehoben durch BFH I B 42/14, BFH/NV 2015, 517, jedoch nur im Hinblick auf eine andere Frage; s. auch FG LSA 4 K 205/12, EFG 2013, 1156; ebenso HHS/Leipold § 58 Rn. 7). Für rechtsfähige Außen-PersGes hat das

FG BBg (16 K 3081/22, EFG 2024, 1607) die Angabe der Vertretungsberechtigten als Voraussetzung für eine ordnungsgemäße Bezeichnung der Gesellschaft als Klägerin gem. § 65 I 1 angesehen. Dies hat das FG ua damit begründet, dass diese Personen zu laden seien und nur bei deren Kenntnis eine für die GbR erteilte Prozessvollmacht gem. § 62 VI auf ihre Wirksamkeit geprüft werden könne.

12 Da es sich bei der Frage, ob die Prozessfähigkeit vorliegt oder fehlt, um eine Rechtsfrage handelt, entscheidet nicht der Befund des Sachverständigen/Arztes, sondern das Gericht unter Würdigung des gesamten Prozessstoffes und der Umstände des Einzelfalls (→ § 96 Rn. 80 ff; BFH IX B 11/11, BFH/NV 2011, 1891; VI R 19/01, BFH/NV 2002, 651). Der **BFH** ist im NZB-Verfahren oder im Revisionsverfahren nicht an die Feststellungen des FG zur Prozessfähigkeit gebunden. Vielmehr kann und hat er auch in der Rechtsmittelinstanz hierzu neue Tatsachen festzustellen und zu berücksichtigen; zudem ist der BFH bei der Prüfung der Prozessfähigkeit grundsätzlich in der Auswahl seiner Beweismittel frei (BFH X S 47/15, BFH/NV 2016, 1044; HHS/Leipold § 58 Rn. 14).

4. Vorläufige Zulassung bei Zweifeln an der Prozessfähigkeit (§ 58 II 2 FGO iVm § 56 I ZPO)

13 **a) Zulassungsstreit.** Bei Zweifeln am Vorliegen der Prozessfähigkeit kann der Beteiligte vorläufig zugelassen werden (sog. **Zulassungsstreit** gem. § 58 II 2 FGO iVm § 56 II ZPO; nicht, wenn die Prozessunfähigkeit von vornherein feststeht, s. BFH IX S 8/99, BFH/NV 1999, 1631). Die Behebung des Mangels muss zudem innerhalb des finanzgerichtlichen Verfahrens als möglich erscheinen (Thomas/Putzo/Hüßtege ZPO § 56 Rn. 2).

Im Zulassungsstreit ist der Betroffene bis zur rechtskräftigen Klärung seiner Prozessfähigkeit als prozessfähig zu behandeln, soweit Prozesshandlungen betroffen sind, die hiermit im Zusammenhang stehen (Thomas/Putzo/Hüßtege ZPO § 52 Rn. 7), und kann auch Rechtsmittel gegen eine seine Prozessfähigkeit verneinende Entscheidung einlegen (BFH I R 190/67, BStBl. II 1969, 656; III R 44/68, BStBl. II 1972, 541; VI R 19/01, BFH/NV 2002, 651; IX B 87/05, BFH/NV 2006, 94; III B 3/07, BeckRS 2007, 25012833; V B 67/10, BFH/NV 2011, 282; HHS/Leipold § 58 Rn. 15, 19, 23; Tipke/Kruse/Drüen § 58 Rn. 10).

Im Einzelnen:

- Über die **vorläufige Zulassung eines Beteiligten** ist vom Gericht durch nicht anfechtbaren Beschluss (§ 128 II) zu entscheiden (Drüen AO-StB 2006, 158 (163); zum Zivilprozess Thomas/Putzo/Hüßtege ZPO § 56 Rn. 4: keine Verfügung des Vorsitzenden).
- Über eine **endgültige Anerkennung der Prozessfähigkeit** kann durch Zwischenurteil (§ 97) entschieden werden.
- Wird die **Prozessfähigkeit endgültig vom Gericht verneint,** ist durch Prozessurteil (oder beim BFH ggf. durch Beschluss gem. § 124 I iVm § 126 I (Revision) oder in anderen Verfahren durch Beschluss (§ 113 II)) zu entscheiden. Bevor dies geschehen kann, muss das Gericht seiner Prozessförderungspflicht genügen (→ Rn. 10).
- Zur Klärung der **Prozessfähigkeit des Bevollmächtigten** in einem Zwischenverfahren s. BVerfG 1 BvR 92, 97/70, NJW 1974, 1279; HHS/Leipold § 58 Rn. 23. Siehe ferner zur Unterbrechung § 155 FGO iVm § 244 I ZPO (→ § 74 Rn. 86).

b) Heilungsmöglichkeiten. Der **Mangel der Prozessfähigkeit** kann durch **Genehmigung der Prozesshandlungen durch den gesetzlichen Vertreter** des Prozessunfähigen **geheilt** werden (BFH III B 86/01, BFH/NV 2003, 1197; Tipke/Kruse/Drüen § 58 Rn. 8). Das ist auch für **fristgebundene** Prozesshandlungen möglich (BFH I R 95/76, BStBl. II 1980, 47: Fristversäumnis, aber Wiedereinsetzung gem. § 56, s. FG BBg 6 K 1309/04, EFG 2009, 1662 – allerdings ohne Prüfung der Wiedereinsetzung; Tipke/Kruse/Drüen § 58 Rn. 9; s. auch HHS/Leipold § 58 Rn. 25 ff.). 14

Das Vorliegen einer **Prozessvollmacht** (§ 155 FGO iVm § 86 ZPO) hilft, wenn der Beteiligte bei deren Erteilung noch nicht prozessunfähig war. Die Wirksamkeit der erteilten Prozessvollmacht (→ Rn. 7) wird gem. § 86 ZPO durch den späteren Verlust der Prozessfähigkeit des Vollmachtgebers nicht berührt (s. BGH II ZR 62/92, DStR 1993, 770) und zwar unabhängig davon, ob dies vor oder nach dem Eintritt der Rechtshängigkeit geschieht (→ § 62 Rn. 6, 14; aus der Rspr. s. BFH I R 65/98, BStBl. II 2000, 500 zur gelöschten KapGes; BFH VIII R 32/15, BStBl. II 2018, 223 zur dementen Revisionsklägerin). Auch eine Unterbrechung des Rechtsstreits tritt in diesem Fall nicht ein (§ 155 I FGO iVm § 246 I 1 ZPO; → § 74 Rn. 83, 86). 15

Die Bestellung eines Prozesspflegers (§ 58 II 2 FGO iVm § 57 ZPO) hilft im finanzgerichtlichen Verfahren idR nicht (→ Rn. 61). 16

5. Gerichtliche Entscheidung trotz fehlender Prozessfähigkeit

Verkennt das FG, dass ein Beteiligter prozessunfähig war, kann im **NZB-Verfahren** ein **Verfahrensmangel** gerügt werden, wenn der Kläger nicht durch einen Prozessbevollmächtigten vertreten war (§§ 115 II Nr. 3, 116 VI iVm § 119 Nr. 4, BFH III B 86/01, BFH/NV 2003, 1197; IX B 87/05, BFH/NV 2006, 94; IX B 11/11, BFH/NV 2011, 1891; → § 119 Rn. 27 ff.; BAG 6 AZN 17/09, NJW 2009, 3051; BGH VI ZR 249/09, NJW-RR 2011, 284). 17

Siehe zur Rüge eines **Sachaufklärungsverstoßes** (§ 76 I) als Verfahrensmangel bei Nichtaufklärung von für die Prozessunfähigkeit sprechenden Umständen BFH III B 3/07, BeckRS 2007, 25012833; IX B 11/11, BFH/NV 2011, 1891.

Wird die Prozessunfähigkeit erst **im Revisionsverfahren festgestellt oder zweifelhaft,** ist nach § 126 III Nr. 2 zu verfahren und die Sache an das FG zurückzuverweisen (BFH III R 44/68, BStBl. II 1972, 541; VI R 19/01, BFH/NV 2002, 651 auch zur eigenen Prüfungskompetenz des Revisionsgerichts in diesem Zusammenhang: BFH VI R 19/01, BFH/NV 2002, 651 mwN).

Tritt der Mangel der Prozessfähigkeit erst **nach Eintritt der Rechtskraft** des Urteils zutage, ist die **Nichtigkeitsklage** nach § 134 FGO iVm § 579 I 4 ZPO eröffnet (BFH III 248/64 U, BStBl. III 1965, 370; HHS/Leipold § 58 Rn. 30). Siehe vertiefend Drüen AO-StB 2006, 158 (162 f.).

III. Prozessfähige (§ 58 I Nr. 1 und 2)

1. Bezugnahme auf die Regelungen des BGB und des öffentlichen Rechts zur Geschäftsfähigkeit

Fähig zur Vornahme von Verfahrenshandlungen sind gem. § 58 I Nr. 1 uneingeschränkt die nach dem bürgerlichen Recht **Geschäftsfähigen** und mit Einschränkungen die nach dem bürgerlichen Recht **beschränkt Geschäftsfähigen,** 19 soweit sie nach Vorschriften des bürgerlichen oder des öffentlichen Rechts für den Gegenstand des Verfahrens als geschäftsfähig anerkannt sind. Gleiches gilt nach § 79 I Nr. 1 und 2 AO für das steuerliche Verfahrensrecht. Nach den Regelungen des BGB

- sind **altersbedingt geschäftsunfähig** alle natürlichen Personen unter sieben Jahren (§ 104 Nr. 1 BGB). Die Willenserklärungen dieser Personen sind unwirksam (§ 105 I BGB). Sie sind nicht gem. § 58 I prozessfähig. Für sie müssen gem. § 58 II 1 FGO die nach BGB befugten Personen handeln (Eltern – § 1629 BGB; Vormund – § 1773 ff. BGB; Ergänzungspfleger – § 1809 I BGB);
- ist **altersunabhängig geschäftsunfähig** (minder- oder volljährig), wer sich in einem die freie Willensbestimmung ausschließenden Zustand krankhafter Störung der Geistestätigkeit befindet, sofern nicht der Zustand seiner Natur nach ein vorübergehender ist (§ 104 Nr. 2 BGB). Die Willenserklärungen dieser Personen sind ebenfalls unwirksam (§ 105 I BGB). § 105a BGB dürfte insoweit für das Steuerrecht keine praktische Bedeutung haben. Sie sind nicht gem. § 58 I prozessfähig. Für sie müssen gem. § 58 II 1 FGO die nach BGB befugten Personen handeln (bei Minderjährigen: Eltern – § 1629 BGB; Vormund – § 1773 ff. BGB; Ergänzungspfleger – § 1809 I BGB; bei Volljährigen: Betreuer – § 1814 ff. BGB);
- sind **beschränkt geschäftsfähig** alle natürlichen Personen, die minderjährig, also sieben, aber noch nicht 18 Jahre alt sind (§§ 2, 104 Nr. 1 BGB iVm § 106 BGB), es sei denn, es liegt eine unter § 104 Nr. 2 BGB fallende krankhafte Störung vor. Eine partielle (unbeschränkte und gegenstandsbezogene) Geschäftsfähigkeit kommt für beschränkt geschäftsfähige Minderjährige nach dem BGB auf Grundlage der §§ 112, 113 BGB in Betracht (→ Rn. 12). Ist eine solche partielle unbeschränkte Geschäftsfähigkeit für den Verfahrensgegenstand vorhanden, liegt gem. § 58 I Nr. 2 die Prozessfähigkeit des Minderjährigen insoweit vor; ist sie hingegen nicht gegeben, müssen die nicht prozessfähigen Minderjährigen durch die in § 58 II 1 genannten befugten Personen (→ Rn. 19) vertreten werden;
- sind **unbeschränkt geschäftsfähig** (§ 2 BGB) und **prozessfähig** (§ 58 I Nr. 1 FGO) alle volljährigen natürlichen Personen, die mindestens 18 Jahre alt sind. Die Volljährigkeit bestimmt sich für deutsche Staatsangehörige nach § 2 BGB. Für Ausländer s. § 58 II 2 FGO iVm § 55 ZPO: vorrangig Recht des Heimatstaates, sonst nach § 58 I Nr. 1 FGO (Thomas/Putzo/Hüßtege ZPO § 55 Rn. 1; HHS/Leipold § 58 Rn. 108, 109).

2. Uneingeschränkt Prozessfähige gemäß § 58 I Nr. 1

20 **Prozessfähigkeit geschäftsfähiger natürlicher Personen:** Die in → Rn. 19 angesprochenen geschäftsfähigen Volljährigen – § 104 Nr. 1 BGB (§ 58 I Nr. 1 FGO) – oder in ihrem Gegenstandsbereich beschränkt geschäftsfähigen Minderjährigen – §§ 106, 112, 113 BGB (§ 58 I Nr. 2 FGO) – sind uneingeschränkt prozessfähig. Sie bedürfen zur Vornahme wirksamer Prozesshandlungen grundsätzlich keiner Vertretung durch einen gesetzlichen oder rechtsgeschäftlichen Vertreter, es sei denn, ihnen fehlt die Postulationsfähigkeit gem. § 62 IV FGO (→ Rn. 9). Sie können zudem wirksam Vertreter bestellen, die für sie handeln.

21 Bei Voll- und Minderjährigen, die sich dauerhaft in einem die freie Willensbestimmung ausschließenden Zustand krankhafter Störung der Geistestätigkeit befinden (§ 104 Nr. 2 BGB), verneint die Rspr. idR eine **(partielle) Geschäfts-**

fähigkeit und **partielle Prozessfähigkeit** für leichtere Geschäfte und Handlungen (keine partielle Gleichstellung mit Personen iSd § 104 Nr. 1 BGB); sie erkennt unter bestimmten Voraussetzungen aber eine für einen gegenständlich abgegrenzten Bereich von Angelegenheiten gegebene **Geschäftsunfähigkeit** an (Grüneberg/Ellenberger BGB § 104 Rn. 6 mwN, → Rn. 10; aus der Rspr. BGH V ZR 125/68, FamRZ 1970, 641; III ZR 306/98, NJW 2000, 289; II ZR 156/01, NJW-RR 2002, 1424; zur partiellen Geschäftsunfähigkeit aufgrund krankhafter Querulanz und Wahnvorstellungen s. BFH VI R 19/01, BFH/NV 2002, 651; FG BW 13 K 65/16, BeckRS 2016, 95810; Drüen AO-StB 2006, 158 (160)).

Zudem steht der Nachweis einer gem. § 104 Nr. 2 BGB partiellen Geschäftsfähigkeit in einem Spannungsverhältnis zur Annahme einer partiellen Prozessfähigkeit: Im Geschäftsleben hat derjenige, der sich für die Unwirksamkeit seiner Willenserklärung auf eine partiell nicht vorhandene Geschäftsfähigkeit beruft, deren Fehlen nachzuweisen und wird als geschäftsfähig behandelt, wenn dieser Nachweis nicht gelingt. Zweifel an der Prozessfähigkeit wegen einer nur für einen bestimmten Geschäftsbereich behaupteten partiell vorhandenen Prozessfähigkeit, die nicht beseitigt werden können, gehen prozessual hingegen zu Lasten des Beteiligten (→ Rn. 10) und führen daher eher zur Annahme einer insgesamt fehlenden Prozessfähigkeit (Grüneberg/Ellenberger BGB § 104 Rn. 8).

Die Beschränkungen, denen ein Strafgefangener durch den Strafvollzug unter- 22
worfen ist, lassen die (uneingeschränkte) Prozessfähigkeit unberührt (BFH VIII S 8/93, BFH/NV 1994, 820; VIII S 9/93, BFH/NV 1995, 28; s. auch zur Bedeutung eines zur Feststellung strafrechtlicher Schuldfähigkeit erstellten Gutachtens: FG BW 1 K 368/99, EFG 2000, 1024).

3. Prozessfähige Minderjährige (§ 58 I Nr. 2)

Regelfall bei beschränkt geschäftsfähigen Minderjährigen ist, dass kaum eine 23
bürgerlich-rechtliche oder öffentlich-rechtliche Norm eine partielle Prozessfähigkeit für einen bestimmten Lebensbereich vermittelt und daher aufgrund der Prozessunfähigkeit des Beteiligten idR § 58 II 1 mit der Notwendigkeit der Vertretung eingreift.

Zu den Normen des bürgerlichen Rechts, die einem beschränkt geschäftsfähi- 24
gen Minderjährigen gem. § 106 BGB iVm § 58 I Nr. 2 Alt. 1 FGO ausnahmsweise eine gegenstandsbezogene unbeschränkte Geschäfts- und damit Prozessfähigkeit vermitteln (→ Rn. 10), gehören die §§ 112, 113 BGB. Diese Geschäfts- und Prozessfähigkeit muss **den Gegenstand des Verfahrens** umfassen. Die Prozessfähigkeit gem. § 58 I Nr. 2 kann danach für finanzgerichtliche Verfahren, die zB in unmittelbarem Zusammenhang mit einem selbständig geführten Gewerbebetrieb des Minderjährigen stehende betriebliche Steuern (USt, LSt, GewSt) oder auch die aus einem Arbeits- oder Dienstverhältnis herrührende LSt betreffen, bestehen (HHS/Leipold § 58 Rn. 53; zu § 79 I Nr. 2 AO s. Klein/Rätke AO § 79 Rn. 9).

Deckt die Prozessfähigkeit gem. § 58 I Nr. 2 nicht den gesamten Verfahrensgegenstand ab, ist ein gesetzlicher Vertreter des Minderjährigen (§ 58 II 1) erforderlich. Daher kann in einem Verfahren bei verschiedenen Streitgegenständen parallel eine Prozessfähigkeit und eine Prozessunfähigkeit des Minderjährigen bestehen (Tipke/Kruse/Drüen § 58 Rn. 13; HHS/Leipold § 58 Rn. 53).

Eine eingeschränkte Prozessfähigkeit auf der Grundlage des öffentlichen Rechts 25
(§ 58 I Nr. 2 Alt. 2), kann etwa zum Austritt von Kindern über 14 Jahren aus der

Kirchensteuerpflicht bestehen (s. § 5 des G über religiöse Kindererziehung v. 15.7.1921 und die entsprechenden Landesgesetze über die Kirchenmitgliedschaft (Klein/Rätke AO § 79 Rn. 10; HHS/Leipold § 58 Rn. 55). Die Prozessfähigkeit des gesetzlichen Vertreters bleibt in diesem besonderen Fall aber daneben bestehen, jedoch hat bei widersprüchlichen Prozesshandlungen die des beschränkt Geschäftsfähigen Vorrang (Drüen AO-StB 2006, 158 (159)).

4. Prozessfähigkeit bei Betreuung (§ 58 II 2 FGO iVm § 53 ZPO; § 58 III FGO) und Vormundschaft

27 Durch die zum 1.1.2023 in Kraft getretene **Betreuungsrechtsform** (Gesetz zur Reform des Vormundschafts- und Betreuungsrechts v. 4.5.2021, BGBl 2021 I 882) wurden unter anderem die Regelungen des früheren Betreuungsrechts in die §§ 1814 ff. BGB verschoben, der Einwilligungsvorbehalt in § 1825 BGB (§ 58 III BGB) geregelt und § 53 ZPO neu gefasst. Das Betreuungsrecht gilt nach wie vor nur für Volljährige, die ihre Angelegenheiten krankheits- oder behinderungsbedingt ganz oder teilweise nicht mehr allein regeln können (§ 1814 I BGB). Innerhalb seines Aufgabenkreises vertritt der Betreuer den Betreuten gerichtlich und außergerichtlich, wobei die Ausübung dieser gesetzlichen Vertretungsmacht unter dem Vorbehalt steht, dass dies erforderlich sein muss (§ 1823 BGB iVm § 1821 I 2 BGB; Einschränkung der Vertretungsmacht: § 1824 BGB). Das Betreuungsgericht kann einen Einwilligungsvorbehalt (§ 1825 I BGB) anordnen. Zudem enthält § 53 I ZPO die Aussage, dass sich die Prozessfähigkeit des Betreuten nach den allg. Vorschriften bestimmt. § 53 II 1 ZPO regelt die Befugnis des Betreuers, in einem Rechtsstreit des Betreuten eine Ausschließlichkeitserklärung mit dem Inhalt abgeben zu können, den Prozess fortan allein und ausschließlich zu führen. Mit Eingang der Ausschließlichkeitserklärung bei Gericht steht der Betreute gem. § 53 II 2 ZPO für den weiteren Rechtsstreit einer prozessunfähigen Person gleich. Zum **Verwaltungsverfahren** s. AEAO zu § 79 Nr. 1–5: die „Vermögenssorge" umfasst auch die **steuerlichen Angelegenheiten;** dort auch zur Ausschließlichkeitserklärung im Besteuerungsverfahren. Nach dem **BFH** kann der Aufgabenbereich „steuerrechtliche Angelegenheiten" auch Teil anderer Aufgabenbereiche sein, zB bei Anordnung einer Betreuung für die Aufgabenbereiche „Vermögenssorge" oder „Behördenangelegenheiten" (BFH X B 112/24, X B 117/24, BFH/NV 2025, 708).

Ein Volljähriger, der einen Betreuer erhält, blieb nach dem früheren Recht uneingeschränkt geschäftsfähig. Nach §§ 51 I, 52 ZPO aF war er auch prozessfähig und konnte selbst klagen und verklagt werden, ohne dass der Betreuer als sein Vertreter gem. § 1902 BGB tätig werden müsste. § 53 ZPO aF bestimmte aber, dass eine prozessfähige Person, die in einem Rechtsstreit durch einen Betreuer oder Pfleger vertreten wurde, für den Rechtsstreit einer nicht prozessfähigen Person gleichstand. Dies Regelung wurde als überschießende Beschränkung der Prozessfähigkeit des Betreuten angesehen, weil gerichtlich schon die Anzeige der Betreuung als Eintritt des Betreuers in den Prozess angesehen wurde (Kersting BtPrax 2022, 114(114)). Wenn das Gericht zur Abwendung einer erheblichen Gefahr für den Betreuten für einen bestimmten Aufgabenbereich des Betreuers gem. § 1903 I 1 BGB aF einen Einwilligungsvorbehalt angeordnet hatte, stand der Betreute insoweit nach § 1903 I 2 BGB aF einem Minderjährigen gleich. Der Betreute war iRd Einwilligungsvorbehalts nicht prozessfähig, sodass Aktiv- wie Passivprozesse insoweit vom Betreuer als gesetzlichem Vertreter des Betreuten geführt werden mussten (Gottwald FamRZ 2022, 331 (331), auch zu Ausnahmen nach § 53 ZPO aF; Kersting BtPrax 2022, 114 (114)).

Unter Betreuung gestellt werden können unter den Voraussetzungen des § 1814 BGB geschäftsfähige volljährige Personen iSd § 58 I Nr. 1 FGO (→ Rn. 19 f.) und nicht geschäftsfähige volljährige Personen iSd § 104 Nr. 2 BGB (→ Rn. 19). Die Betreuerbestellung als solche hat gem. § 53 I ZPO nF iVm § 58 II 2 FGO keinen Einfluss auf die Prozessfähigkeit eines unbeschränkt geschäftsfähigen Betreuten, da sich diese nach den allg. Vorschriften bestimmt; ein geschäftsunfähiger Volljähriger (§ 104 Nr. 2 BGB) wird durch die Betreuung jedoch nicht selbst prozessfähig (Thomas/Putzo/Hüßtege ZPO § 53 Rn. 2; Schwedler NZFam 2022, 1011 (1017); Gottwald FamRZ 2022, 331 (331); Kersting BtPrax 2022, 114 (115)). 28

Führt ein **prozessfähiger Betreuter** einen **Rechtsstreit im finanzgerichtlichen Verfahren,** kann der Betreuer ihn, soweit das Verfahren zu seinem Aufgabenkreis (§ 1815 BGB) gehört, unterstützen und vertreten, soweit dies erforderlich ist (§ 1823 iVm § 1821 I 2 BGB); er muss von seiner Vertretungsmacht aber keinen Gebrauch machen (Gottwald FamRZ 2022, 331 (332)). Betreuter und Betreuer können nebeneinander im Verfahren auftreten und auch einem beauftragten Prozessvertreter Weisungen erteilen (Thomas/Putzo/Hüßtege ZPO § 53 Rn. 2; Kersting BtPrax 2022, 114 (115)). Die Prozessfähigkeit des Betreuten ist nicht eingeschränkt. Ein Beteiligter, für den eine Betreuung angeordnet ist, kann somit nach wie vor prozessfähig sein, sofern für den Aufgabenbereich der Prozessführung kein Einwilligungsvorbehalt besteht (BFH X B 112/24, X B 117/24, BFH/NV 2025, 708). 29

Besteht **kein Einwilligungsvorbehalt** (§ 1825 BGB), der das finanzgerichtliche Verfahren erfasst, kann der Betreuer gem. § 58 II 2 FGO iVm § 53 II ZPO aber eine **Ausschließlichkeitserklärung** abgeben, wodurch der Betreute für den Prozess einer nicht mehr prozessfähigen Person gleichsteht; die weiteren Verfahrenshandlungen des Betreuten sind unwirksam (Thomas/Putzo/Hüßtege ZPO § 53 Rn. 8, 10; Gottwald FamRZ 2022, 331 (334); zu § 58 III auch → Rn. 63).

Wird vom Betreuungsgericht ein **Einwilligungsvorbehalt** gem. § 1825 BGB angeordnet, wird der unbeschränkt geschäftsfähige Betreute einem beschränkt Geschäftsfähigen gleichgestellt (§ 1825 I 3 iVm § 108–113 BGB). Betrifft der Einwilligungsvorbehalt den Gegenstand des Verfahrens, regelt § 58 III FGO, dass der Betreute insoweit prozessunfähig ist; denn die Wirksamkeit seiner Prozesshandlung hängt von der Einwilligung des Betreuers ab (Thomas/Putzo/Hüßtege ZPO § 53 Rn. 2; s. zum früheren Betreuungsrecht BFH III R 37/03, BFH/NV 2006, 1325; IV B 130/04, BFH/NV 2005, 574; VIII B 125/06, BFH/NV 2007, 1630; Gottwald FamRZ 2022, 331 (331); → Rn. 62).

Ein **geschäftsunfähiger Volljähriger** (§ 104 Nr. 2 BGB) ist ungeachtet der Betreuung nicht prozessfähig. Er fällt unter § 58 II 1 FGO und muss durch den Betreuer als gesetzlichen Vertreter vertreten werden (→ Rn. 19). Wurde für den Kläger ein Betreuer bestellt, der Rechtsanwalt ist, kann dieser Betreuer auch ohne gesonderte Prozessvollmacht innerhalb des ihm übertragenen Wirkungskreises aufgrund seiner Stellung als gesetzlicher Vertreter des Betreuten und als Prozessbevollmächtigter des Betreuten ein Klageverfahren vor dem FG führen. Ob der Prozessbevollmächtigte wirksam von dem Kläger mit der Klageerhebung und Prozessführung beauftragt worden ist, ist insoweit ohne Belang (FG Düsseldorf 2 K 248/24 StB, DStR 2025, 230 mAnm Wacker). 30

Minderjährige, die altersbedingt oder nicht altersbedingt geschäftsunfähig sind (§ 104 Nr. 1 BGB; § 104 Nr. 2 BGB), sind prozessunfähig. Sie müssen gem. § 58 31

II 2 FGO durch die jeweiligen gesetzlichen Vertreter (Eltern – § 1629 BGB; Vormund – § 1773 ff. BGB) vertreten werden (→ Rn. 23).

5. Wegfall der Prozessführungsbefugnis bei natürlichen Personen während des finanzgerichtlichen Verfahrens

33 Verliert der (unvertretene) Beteiligte die Prozessfähigkeit während des finanzgerichtlichen Verfahrens, sind Prozesshandlungen von da an unwirksam; das Verfahren wird gem. § 155 FGO iVm § 241 ZPO **unterbrochen** (HHS/Leipold § 58 Rn. 18; BFH VIII R 2/88, BFH/NV 1992, 177; I R 65/98, BStBl. II 2000, 500; I B 115/06, BFH/NV 2007, 1674; VIII R 32/15, BStBl. II 2018, 223; FG Münster 9 V 3872/10, EFG 2011, 1443). → Rn. 15, → § 74 Rn. 83 f. **Ausnahme:** bei Vertretung gem. § 155 FGO iVm § 246 I Hs. 1 ZPO (→ § 74 Rn. 89 f.).

IV. § 58 II

1. Nichtprozessfähige Personen im Sinne der FGO

35 Für die nicht gem. § 58 I prozessfähigen Beteiligten müssen die Verfahrenshandlungen gem. § 58 II 1 im finanzgerichtlichen Verfahren durch die nach dem bürgerlichen (oder öffentlichen Recht) zu ihrer Vertretung befugten Personen vorgenommen werden. Dies sind nach der gesetzlichen Aufzählung

- die nach bürgerlichem Recht geschäftsunfähigen Volljährigen und Minderjährigen (§ 104 Nr. 1 u. 2 BGB, → Rn. 19, 21);
- die nach bürgerlichem Recht oder kraft öffentlichen Rechts beschränkt Geschäftsfähigen, denen die Geschäftsfähigkeit für den Verfahrensgegenstand fehlt (→ Rn. 23);
- die Betreuten im Fall des Einwilligungsvorbehalts für den Verfahrensgegenstand und bei Abgabe der Ausschließlichkeitserklärung (→ Rn. 29 ff.; → Rn. 62);
- rechtsfähige und nichtrechtsfähige Personenvereinigungen, juristische Personen des privaten und des öffentlichen Rechts, Zweckvermögen (→ Rn. 39 ff., 45);
- bei Wegfall des Stpfl. die nach dem bürgerlichen Recht dazu befugten Personen (→ Rn. 48 ff.).

36 In der **ZPO** bestimmt **§ 50 I ZPO,** dass rechtsfähige juristische Personen des Privatrechts, rechtsfähige (eingetragene und nicht eingetragene) Außen-GbRs, Personenhandelsgesellschaften und die Partnerschaftsgesellschaft parteifähig sind (s. Thomas/Putzo/Hüßtege ZPO § 50 Rn. 3 ff.). § 51 I ZPO behandelt diese parteifähigen Subjekte aber als prozessunfähig, da sie nicht selbst Verfahrenshandlungen vornehmen können; die gesetzliche Vertretung soll die fehlende Prozessfähigkeit ersetzen (Thomas/Putzo/Hüßtege ZPO § 51 Rn. 3 sowie § 52 Rn. 4). Es handelt sich mithin um parteifähige, aber prozessunfähige Rechtssubjekte (aA Noack GmbHR 2024, 11 (12 f.): rechtsfähige Außen-GbR und Personenhandelsgesellschaften sind von der Entstehung bis zur Vollbeendigung selbst prozessfähig, handeln aber durch ihre Organe). Die Regelungen in § 50, § 51 ZPO haben für die FGO aber keine Bedeutung, da § 58 II 2 nicht auf sie verweist.

Gemäß **§ 79 I Nr. 3 AO** sind juristische Personen, Personenvereinigungen, Vermögensmassen durch die in § 34 AO bezeichneten Personen oder durch besonders Beauftragte fähig, Verfahrenshandlungen vorzunehmen. Dies gilt ungeachtet der Rechtsfähigkeit. Personenvereinigungen iSd § 79 I Nr. 3 AO sind gem. § 14a II Nr. 2 AO auch die nach dem MoPeG vollrechtsfähigen Außen-GbRs, die

Personenhandelsgesellschaften (§ 705 II BGB, § 105 III, § 161 II HGB) und die PartG (§ 1 IV PartGG). § 79 I Nr. 3 AO entspricht konzeptionell § 58 II 1 FGO (vgl. Klein/Rätke AO § 79 Rn. 2, 12 ff.). § 79 I Nr. 3 AO erweitert den Kreis der handlungsfähigen Personen mit den besonders Beauftragten aber über den Kreis der in § 58 FGO ausschließlich erfassten gesetzlichen Vertreter hinaus (Tipke/Kruse/Drüen AO § 79 Rn. 23). Nach **§ 34 III AO** sind außerdem die Vermögensverwalter handlungsverpflichtet, wenn die gesetzlichen Vertreter nicht zur Verwaltung des Vermögens der Gesellschaft befugt sind (zB der Insolvenzverwalter).

Rechtsfähige und nicht rechtsfähige Personenvereinigungen, Zweckvermögen 37
und andere, einer juristischen Person ähnliche Gebilde, die steuerrechtsfähig und beteiligtenfähig sind, sind im finanzgerichtlichen Verfahren danach iRd betroffenen Verfahrensgegenstands zwar beteiligtenfähig (→ § 57 Rn. 29), aber nicht selbst prozessfähig. Sie **müssen Verfahrenshandlungen gem. § 58 II 1** durch die nach dem bürgerlichen Recht zur Handlung für sie befugten Personen (zB Organe) vornehmen lassen. Auch die Legitimation des für einen Prozessunfähigen auftretenden Vertreters ist danach als Frage der Prozessfähigkeit des Beteiligten eine **Sachentscheidungsvoraussetzung** (→ Rn. 8; HHS/Leipold § 58 Rn. 62). Durch den Verweis des § 58 II 2 auf den entsprechend anwendbaren § 56 ZPO finden auch insoweit die Regelungen zum Zulassungsstreit Anwendung (→ Rn. 13). Nach § 57 ZPO kann uU die Bestellung eines Prozesspflegers durch das Gericht in Betracht kommen, falls zur Handlung befugte Personen nicht vorhanden sind (zu dessen eingeschränktem Anwendungsbereich im finanzgerichtlichen Verfahren aber → Rn. 61).

2. Vertretung Nichtprozessfähiger durch die nach bürgerlichem oder öffentlichem Recht dazu befugten Personen (§ 58 II 1)

a) Zur Handlung befugte Vertreter nicht prozessfähiger natürlicher 38
Personen. Die zur Vertretung nach dem BGB befugten Personen, auf die in § 58 II 1 Bezug genommen wird, sind bei Geschäftsunfähigen und beschränkt Geschäftsfähigen idR **die gesetzlichen Vertreter** und die anderweitig **aufgrund einer rechtsgeschäftlichen Bevollmächtigung** zur Handlung für den Prozessfähigen befugten Personen (s. auch HHS/Leipold § 58 Rn. 65 ff.):

- **Gesetzliche Vertreter** des **Minderjährigen** (§§ 104 Nr. 1 u. 2, 106 BGB) sind regelmäßig die Eltern als Inhaber der elterlichen Sorge (§§ 1626, 1629 BGB). Ist nur ein Elternteil Träger der elterlichen Sorge, sei es, weil die Eltern des Minderjährigen nicht miteinander verheiratet sind und keine übereinstimmende Sorgeerklärung abgegeben haben (§ 1626a BGB), sei es, weil einem Elternteil die elterliche Sorge allein übertragen worden ist (§§ 1671 oder 1672 BGB) oder weil die elterliche Sorge eines Elternteils ruht (§§ 1673 oder 1674 BGB) oder ein Elternteil verstorben ist (§ 1680 BGB), ist nur dieser Elternteil gesetzlicher Vertreter. Gleiches gilt, wenn das Familiengericht bei nicht überbrückbaren Meinungsverschiedenheiten der Eltern einem Elternteil das Entscheidungsrecht übertragen hat (§ 1628 BGB). Wurde für den Minderjährigen ein Vormund oder ein Pfleger bestellt (§§ 1773 ff., 1909 ff. BGB), ist dieser der gesetzliche Vertreter.
- Bei krankheitsbedingt **geschäftsunfähigen Volljährigen** (§ 104 Nr. 2 BGB) sind die nach dem BGB zur Handlung befugten Personen iSd § 58 II abweichend zu bestimmen. Für sie handelt der Betreuer (→ Rn. 29 ff., 62).

– Hat eine nicht prozessfähige Partei, die eine volljährige natürliche Person ist, wirksam in einer **Vorsorgevollmacht** eine andere natürliche Person schriftlich mit ihrer gerichtlichen Vertretung (nicht ausreichend: für ein einzelnes Verfahren) bevollmächtigt, so steht **gemäß § 51 III ZPO** diese Person einem gesetzlichen Vertreter gleich, wenn die Bevollmächtigung geeignet ist, gem. § 1814 III 2 BGB die Erforderlichkeit einer Betreuung entfallen zu lassen. Gemeint sind grundsätzlich Fälle, in denen der Betroffene einer natürlichen Person eine General- und/oder Vorsorgevollmacht mit der Befugnis auch zur umfassenden gerichtlichen Vertretung als Teil der Vermögenssorge erteilt hat. Die fehlende Prozessfähigkeit des Betroffenen wird durch den Vorsorgebevollmächtigten aufgefangen, sodass es der Bestellung eines **Betreuers** nur für das gerichtliche Verfahren nicht bedarf (BGH XII ZB 29/15, ZEV 2015, 536; I ZB 60/18, NJW 2020, 1143; BT-Drs. 15/2494, 40 f.; Thomas/Putzo/Hüßtege ZPO § 51 Rn. 4). Für die FGO gilt § 51 III ZPO mangels Verweisung in § 58 II 2 nicht sinngemäß. Hierdurch entsteht aber keine Lücke, denn gem. § 58 II 1 handeln für den Prozessunfähigen die nach dem bürgerlichen Recht dazu befugten Personen. Dieses Merkmal umfasst auch den rechtgeschäftlich bestellten Vorsorgebevollmächtigten oder andere mit einer Vollmacht zur Vertretung im finanzgerichtlichen Verfahren ausgestattete Personen (BT-Drs. 15/2494, 40 f.).

39 **b) Zur Handlung befugte Personen bei den nicht natürlichen Personen. aa) Juristische Personen des Privatrechts und des öffentlichen Rechts.** Bei den **juristischen Personen des Privatrechts** sind die zur Handlung nach dem bürgerlichen Recht befugten Personen iSd § 58 II 1 die **nach dem Gesellschaftsrecht** zuständigen Organe (zB der Vorstand – § 26 BGB; Geschäftsführer – § 35 I und II GmbHG; Vorstand – § 78 AktG; phG der KGaA gem. § 278 II AktG); diese müssen ihrerseits prozessfähig sein (BFH III B 115/03, BFH/NV 2005, 713 zur Abgrenzung der organschaftlichen Vertretungsmacht von einer gegenständlichen Vertretungsmacht; ebenso HHS/Leipold § 58 Rn. 70 ff.).

Dies gilt auch für die in der Praxis anzutreffenden englischen private companies limited by shares **(Ltd.),** die einen statuarischen Sitz in Großbritannien haben und gleichzeitig über einen deutschen Verwaltungssitz (ggf. mit eingetragener Zweigniederlassung) verfügen und daher bis zum Brexit KSt-Subjekte gem. § 1 I Nr. 1 KStG und Unternehmer gem. § 2 UStG waren. Die Vertretungsmacht richtet sich in Grund und Umfang nach dem englischen Gesellschaftsstatut, sodass der oder die director(s) gesetzliche Vertreter der Gesellschaft sind (FG Münster 9 K 3871/10 K, GmbHR 2011, 1225).

Obwohl eine britische Ltd. nach dem Austritt Großbritanniens aus der EU zum 31.12.2020 zivilrechtlich eine rechtsfähige Außen-PersGes darstellt, ist sie **bis zu ihrer Löschung im britischen Register** als Körperschaftsteuersubjekt zu qualifizieren und daher fähig, Beteiligte eines finanzgerichtlichen Verfahrens gem. § 57 zu sein, weil es insoweit nur auf die Steuerrechtsfähigkeit ankommt (BFH I B 31/21, DStR 2022, 250 mAnm Levedag GmbHR 2022, 487 und Martini IStR 2022, 168; BMF 19.7.2023, BStBl. I 2023, 1567). § 14b I 2 iVm § 14a II Nr. 2 AO (idF des KreditzweitmarktförderungsG v. 22.12.2023, BGBl. 2023 I Nr. 411) stellt dies iRd § 79 I Nr. 3 AO auch für andere KapGes klar (zu den Einzelfragen BMF 12.1.2024, BStBl. I 2024, 175). Danach verbleibt es auch nach dem 31.12.2020 dabei, dass die (beteiligtenfähige) Ltd. durch ihre Organe als gesetzliche Vertreter im finanzgerichtlichen Verfahren vertreten werden muss, um prozessfähig zu sein.

Bei **juristischen Personen des öffentlichen Rechts** bestimmen Rechtsnorm, Satzung oder nur Verwaltungsvorschriften, wer Organ und damit gesetzlicher Vertreter ist (Tipke/Kruse/Drüen § 58 Rn. 18, zB im Fall der Vollstreckung ggü. einer parlamentarischen Gruppe: FG Brem 2 99 150 K 2, EFG 2000, 1268; HHS/Leipold § 58 Rn. 85). Zum **Behördenleiter** → § 62 Rn. 4. 40

bb) Rechtsfähige Personenvereinigungen. Die Prozessfähigkeit der Gesellschaften ist davon abhängig, dass die nach dem Gesellschaftsvertrag oder kraft Gesetzes berufenen gesetzlichen Vertreter für die Gesellschaft auftreten. Dies gilt sowohl für die Anfechtung von Betriebssteuerbescheiden als auch für die Anfechtung gesonderter und einheitlicher Feststellungen rechtsfähiger Außengesellschaften. 42

Seit dem 1.1.2024 ist die **Außen-GbR** rechtsfähig (§ 705 II BGB); dies gilt auch für die zuvor nur als teilrechtsfähig angesehene **OHG** (§ 105 II HGB), **KG** (§ 161 II HGB) und **PartG** (§ 1 IV PartGG).

Zur organschaftlichen **Vertretung der GbR** sind alle Gesellschafter gemeinsam befugt, dh das dispositive gesetzliche Regelungsmodell ist die Gesamtvertretung (§ 720 I–III BGB; keine Beschränkung im Innenverhältnis); es darf aber im Gesellschaftsvertrag einem einzelnen oder mehreren Gesellschaftern der GbR eine Allein- oder eine Gesamtvertretungsmacht eingeräumt werden (§ 708 BGB; für bestimmte Geschäfte s. § 720 II BGB; ebenso Wertenbruch GmbHR 2024, 1 (2); MHdB GesR I/v. Ditfurth § 15 Rn. 5, 7; MüKoBGB/Schäfer BGB § 720 Rn. 4 ff., 14 ff.). Wird die Gesamtvertretungsbefugnis abbedungen, sollte die Vertretungsmacht eindeutig gesellschaftsvertraglich geregelt werden (Liebscher ZIP 2023, 2225 (2232)). Jede Abweichung von der Gesamtvertretungsbefugnis gibt der Gesellschaft auch einen Anreiz, sich als eGbR in das Gesellschaftsregister eintragen zu lassen, weil die Registerpublizität der organschaftlichen Vertretungsbefugnis den Nachweis derselben, zB durch eine Vollmachtsurkunde, erübrigt (MHdB GesR I/v. Ditfurth § 15 Rn. 6; MüKoBGB/Schäfer BGB § 720 Rn. 14). § 720 III BGB folgt dem allg. Prinzip, wonach die Vertretungsbefugnis stets alle Geschäfte der Gesellschaft umfasst und Dritten ggü. nicht wirksam beschränkt werden kann (MHdB GesR I/v. Ditfurth § 15 Rn. 8; MüKoBGB/Schäfer BGB § 720 Rn. 20). Soll die Vertretungsmacht der Geschäftsführungsbefugnis folgen, ist zu beachten, dass dies (aufgrund der nach außen unbeschränkten Vertretungsmacht des Geschäftsführers) nur zulässig ist, sofern auch die Geschäftsführungsbefugnis entsprechend dem gesetzlichen Regelfall unbeschränkt ist (Liebscher ZIP 2023, 2225 (2232)). Bei Eintragung einer GbR in das Gesellschaftsregister gehören die Angabe der Vertretungsbefugnis und eine etwaige besondere Vertretungsbefugnis einzelner Gesellschafter zum Pflichtinhalt (§ 707 II Nr. 3 BGB; MHdB GesR I/Herrler § 11 Rn. 1; MüKoBGB/Schäfer BGB § 707 Rn. 18; zur Publizitätswirkung s. § 707a III 1 BGB iVm § 15 HGB).

Bei der **OHG** ist dispositives gesetzliches Regelungsmodell gem. § 124 I 1 HGB die organschaftliche Einzelvertretungsbefugnis jedes Gesellschafters, welche im Außenverhältnis nicht beschränkt werden kann (§ 124 IV HGB). Es kann die Einzelvertretungsbefugnis einzelner, aber nicht aller Gesellschafter ausgeschlossen werden; alternativ kann auch eine gemeinschaftliche Gesamtvertretung mehrerer/aller Gesellschafter (§ 124 II 1 HGB, wiederum mit der Vertretungsbefugnis Einzelner für bestimmte Geschäfte, § 124 II 2 HGB) oder eine gemischte Gesamtvertretung mit einem Prokuristen (§ 124 III 1 HGB) vereinbart werden. Siehe auch AEAO zu § 34 Nr. 2.1; MHdB GesR I/v. Ditfurth § 83 Rn. 18, 24–30; Wachter/

Heckschen/Stelmasczyck § 9 B Rn. 530–534). Die jeweils gewählte Vertretungsform samt Änderungen ist in das Handelsregister einzutragen (§ 106 HGB).

Bei der **KG** sind der oder die **Komplementäre** zur Einzelvertretung befugt (§ 161 II iVm § 124 I HGB); die Vertretungsmacht ist im Außenverhältnis unbeschränkt (§ 124 IV iVm § 161 II HGB). Abweichend davon können einzelne (nicht alle) Komplementäre von der Vertretungsbefugnis ausgeschlossen werden oder eine Gesamtvertretungsbefugnis mehrerer/aller Komplementäre (§ 124 II 2 HGB) oder eine gemischte Gesamtvertretung durch einen Komplementär mit einem Prokuristen vereinbart werden. Siehe auch AEAO zu § 34 Nr. 2.2; MHdB GesR II/Scheel § 9 Rn. 16, 21–30). Bei der **typischen GmbH & Co. KG** ist die Komplementär-GmbH organschaftlicher Vertreter der KG und einzelvertretungsbefugt; bei mehreren Komplementären **in der atypischen Ausprägung** kann die Vertretungsbefugnis der Komplementär-GmbH ausgeschlossen werden oder können die echte oder unechte Gesamtvertretungsbefugnis im Gesellschaftsvertrag vereinbart sein (MHdB GesR II/Gummert § 52 Rn. 12; Wachter/Heckschen/Stelmasczyck § 9 D Rn. 1121–1125). Bei der **Einheits-GmbH & Co. KG** gilt dies für Fragen der Vertretung der KG durch die Komplementärin ebenfalls; § 170 II HGB regelt eine Vertretungsbefugnis der Kommanditisten nur für die Wahrnehmung der Gesellschafterrechte der KG in der GmbH-Gesellschafterversammlung (MHdB GesR II/Gummert § 52 Rn. 13 und § 51 Rn. 11 ff.), nicht aber für die Prozessführung für die KG.

Für die **PartG** gelten über die Verweisungsnorm des § 7 II PartGG die Vorschriften des § 124 I, II und IV–VI HGB entsprechend, dh es ist eine nach außen unbeschränkbare Alleinvertretungsbefugnis jedes Partners oder eine Ausgestaltung als (gemischte) Gesamtvertretungsbefugnis möglich (Wertenbruch GmbHR 2024, 1 (3); Wachter/Heckschen/Stelmasczyck § 9 E Rn. 1330). Die Vertretungsbefugnis ist eintragungspflichtig (§ 5 I iVm § 7 I PartGG).

Sind die **Feststellungsbeteiligten** selbst klagebefugt (§ 48 I Nr. 2–5 aF und § 48 I Nr. 1 Buchst. b, Nr. 2 Buchst. b, Nr. 3–5 nF), müssen diese Gesellschafter prozessfähig sein.

Beim **nicht rechtsfähigen Verein (§ 14a II Nr. 1 AO)** richtet sich die gesetzliche Vertretung seit dem 1.1.2024 nunmehr nach § 54 I iVm § 26 I 2 BGB, dh der Vorstand ist gesetzlicher Vertreter. Die Regelungen der Gesellschaft (GbR) zur Vertretung finden keine Anwendung mehr.

Wenn bei einer **GbR** keine Sonderregelung der Vertretungsmacht im Gesellschaftsvertrag vorlag, bedeutete dies **in der Rechtslage vor dem MoPeG,** dass nach dem dispositiven Recht gem. §§ 709 I, 714 BGB aF alle Gesellschafter nur gemeinschaftlich vertretungsberechtigt waren und nur gemeinsam Prozesshandlungen für die GbR ausführen konnten (BFH V B 160/05, BFH/NV 2007, 92; V B 165/05, BFH/NV 2007, 247; V B 194/06, BFH/NV 2007, 1523; V B 56/09, BFH/NV 2010, 1111; Pump/Fittkau UStB 2009, 199 (200)). Dies galt auch bei schikanöser Zustimmungsverweigerung durch einzelne Gesellschafter (BFH B 161/94, BFH/NV 1996, 155) oder bei Streit unter allen Gesellschaftern über die Existenz der Gesellschaft (FG Münster 15 K 411/93 U, EFG 1995, 755). Bei der **OHG** sah das gesetzliche Regelungsmodell in § 125 I HGB aF grundsätzlich die Einzelvertretungsmacht jedes Gesellschafters vor, ebenso bei der PartG (§ 7 III PartGG). Bei **der KG** bestand grundsätzlich nur diejenige des Komplementärs, da die Kommanditisten von der Geschäftsführung und Vertretung ausgeschlossen waren (§ 164 I, § 170 I HGB aF). Siehe auch HHS/Leipold § 58 Rn. 80 ff.

43 Sind Wohnungseigentümer Beteiligte eines finanzgerichtlichen Verfahrens, ist der Verwalter gesetzlicher Vertreter der Gemeinschaft (§ 9b I WEG).

cc) Nichtrechtsfähige Personenvereinigungen. Bei der Bruchteils-, Güter- und Erbengemeinschaft geht es bei der Anfechtung gesonderter und einheitlicher Feststellungen **gem. § 48 I Nr. 1 Alt. 2 FGO aF** (→ § 48 aF Rn. 57) darum, ob der sog. Klagebevollmächtigte und iRd § 48 I Nr. 2 Buchst. a iVm § 48 II FGO nF der sog. Klagebefugte als gesetzlicher Prozessstandschafter prozessfähig ist (→ § 48 nF Rn. 60). Siehe zum Verwaltungsverfahren AEAO zu § 34 Nr. 2.4. 44

dd) Zweckvermögen. Zweckvermögen fallen unter den Begriff der Personenvereinigung in § 14a I AO. Zur Erfüllung steuerlicher Pflichten müssen gem. § 34 I, II und III AO die Geschäftsführer der Vermögenmassen, diejenigen, denen das Vermögen zusteht, oder die Vermögensverwalter handeln; gem. § 79 I Nr. 3 AO gilt dies auch für die Handlungsfähigkeit im Verfahren (Tipke/Kruse/Drüen AO § 14a Rn. 24, § 79 Rn. 22). Mit diesem Personenkreis sind auch die gesetzlichen Vertreter umschrieben, die auftreten müssen, damit eine im Finanzgerichtsprozess beteiligte (§ 57) nicht rechtsfähige Stiftung oder ein Zweckvermögen gem. § 58 FGO prozessfähig sind. § 58 II 1 FGO erfasst aber anders als § 79 I Nr. 3 AO keine „besonders Beauftragten" als befugte Personen, um die Prozessfähigkeit zu gewährleisten (Tipke/Kruse/Drüen AO § 79 Rn. 234). 45

Zum gesetzlichen Vertreter bei **inländischen Investmentfonds** s. § 3 II InvStG 2018 sowie im Liquidationsfall § 3 III InvStG. Das Gesetz fingiert als gesetzlichen Vertreter eines inländischen Investmentfonds die verwaltende inländische KVG iSd § 17 I KAGB, diese muss wiederum durch ihre gesetzlichen Vertreter handeln (MJM/Schäfer InvStG § 3 Rn. 38, 39; zur früheren Rechtslage bis Ende 2017 s. § 1 II 2 InvStG aF und BFH VIII R 20/14, BFH/NV 2018, 796). Weitere Fälle der gesetzlichen Vertretung betreffen die Fiktion einer inländischen Zweigniederlassung einer ausländischen KVG oder einer inländischen Verwahrstelle als gesetzlichen Vertreter (MJM/Schäfer InvStG § 3 Rn. 43, 44). Im Fall der Betriebsstätte als fingiertem Vertreter kommt es für die Prozessfähigkeit gem. § 58 aber auf den gesetzlichen Vertreter der jeweiligen ausländischen KVG an, denn die Zweigniederlassung hat keine Rechtspersönlichkeit; ist die Verwahrstelle ein Kreditinstitut muss dieses auftreten. Bei **ausländischen Fonds** gilt gem. § 3 IV InvStG entweder die ausländische KVG oder eine nach ausländischem Recht hierzu befugte andere Person (§ 3 IV InvStG) als gesetzlicher Vertreter. 46

3. Wegfall des Steuerpflichtigen iSd § 58 II

a) Erbfall. Der Wegfall des Stpfl. umschreibt bei den natürlichen Personen den Erbfall, wenn der Erblasser Beteiligter eines finanzgerichtlichen Verfahrens ist, in das die (unbekannten) Erben aufgrund der Gesamtrechtsnachfolge eintreten (BFH VIII R 31/20, BStBl. II 2024, 184 zu den Erben des Beigeladenen; zum umfassenden Eintritt der Erben in das Steuerrechtsverhältnis BFH VIII R 26/19, BStBl. II 2023, 210; VIII R 32/15, BStBl. II 2018, 223). In diesem Fall handeln die nach bürgerlichem Recht zur Vertretung der Gesamtrechtsnachfolger befugten Personen (Erben, Testamentsvollstrecker oder Nachlasspfleger, s. BFH VIII R 21/91, VIII B 139/91, BFH/NV 1994, 247). Sie müssen jeweils prozessfähig sein. Zum Wegfall der Prozessführungsbefugnis im Fall der Insolvenz → Rn. 4. 48

b) Wegfall der gesetzlichen Vertreter bei der juristischen Person. aa) Allgemeines. Die Prozessfähigkeit auf Grundlage der erforderlichen gesetzlichen Vertretung entfällt **bei (ausländischen und inländischen) juristischen** 49

Personen, wenn (zB aufgrund einer Amtsniederlegung) kein vertretungsberechtigtes Organ mehr vorhanden ist (s. zur **GmbH,** die über keinen Geschäftsführer verfügt BFH XI B 188/07, BFH/NV 2008, 2043; I B 69/12, BFH/NV 2013, 50; zur Vertretung durch die Gesellschafter s. AEAO zu § 34 Nr. 3; zur ausländischen Gesellschaft mit inländischem Verwaltungssitz FG Münster 9 V 3872/10, EFG 2011, 1443; FG München 3 V 2094/11, EFG 2012, 723; zur Auswirkung eines Berufsverbots des gesetzlichen Vertreters auf dessen Prozesshandlungen: BFH VII R 40/88, BStBl. II 1989, 43; zur führungslosen AG s. AEAO zu § 34 Nr. 3: Vertretung durch den Aufsichtsrat). Durch den Wegfall der Prozessfähigkeit wird das Verfahren gem. § 155 FGO iVm § 241, § 246 ZPO unterbrochen (→ § 74 Rn. 84 mwN).

Wurde wirksam von allen nach Gesellschaftsvertrag oder Gesetz erforderlichen vertretungsberechtigten Gesellschaftern eine Prozessvollmacht erteilt, entfällt zwar die Prozessfähigkeit, gleichwohl können gem. §§ 155 FGO iVm § 86 ZPO, durch den Bevollmächtigten weiterhin wirksam Verfahrenshandlungen vorgenommen werden (zur Unterbrechung → Rn. 6; → § 62 Rn. 14; glA Tipke/Kruse/Drüen § 58 Rn. 22; HHS/Leipold § 58 Rn. 75 f., 82).

50 **bb) Insolvenz der juristischen Person (Kapitalgesellschaft).** Bei **Insolvenz der juristischen Person** bleibt die Steuerrechtsfähigkeit der juristischen Person bis zur Löschung und deren steuerliche Beteiligtenfähigkeit erhalten, bis die steuerrechtlichen Rechtsverhältnisse abgewickelt sind (→ § 57 Rn. 20 ff.).

Die Eröffnung des Insolvenzverfahrens über das Vermögen der Gesellschaft ist ein gesetzlicher Auflösungsgrund (§ 60 I Nr. 4 GmbHG für die GmbH/UG; § 262 I Nr. 3 AktG für die AG). Nach Abschluss des Insolvenzverfahrens ist eine vollbeendete Gesellschaft gem. § 394 I 2 FamG im Register zu löschen. Wird die Eröffnung des Insolvenzverfahrens mangels Masse abgelehnt (§ 26 InsO), ist zB die GmbH bei vorhandenem Vermögen abzuwickeln (s. §§ 60 I Nr. 5, 66 GmbHG), anderenfalls wegen Vermögenslosigkeit zu löschen (§ 60 I Nr. 7 iVm § 394 I 1 FamG). Kommt es zur Eröffnung des Insolvenzverfahrens, berührt dies zwar die Organstellung der Geschäftsführer nicht, da der Insolvenzverwalter nach hM (Amtstheorie) nicht zum gesetzlichen Vertreter der Gesellschaft wird (also Prozessfähigkeit bei Vertretung durch die Organe), jedoch geht die Verfügungs- und damit auch die **Prozessführungsbefugnis** gem. §§ 80, 180 InsO für das vom Insolvenzbeschlag erfasste Vermögen der Gesellschaft (§ 35 InsO) **auf den Insolvenzverwalter** über (→ Rn. 4; zum Wechsel auch der Beteiligtenstellung → § 57 Rn. 38 f.). Für vom Insolvenzverwalter begründete steuerliche **Masseschulden** (§ 55 I InsO, s. zur USt zB BFH V R 22/10, BStBl. II 2011, 996) ist nur der Insolvenzverwalter Bescheidadressat und Beteiligter. Bei Prozessführung durch den Insolvenzverwalter kommt es nur auf seine Prozessfähigkeit an (→ Rn. 4).

51 **cc) Abwicklung der Kapitalgesellschaft im Rahmen einer insolvenzfreien Liquidation.** Die Abwicklung einer KapGes im Wege der **Liquidation außerhalb des Insolvenzverfahrens und die Löschung der Gesellschaft im Handelsregister** berühren die Beteiligtenfähigkeit der KapGes nicht (→ § 57 Rn. 20; BFH VIII R 42/09, BStBl. II 2013, 365, FG Münster 9 V 3872/10, EFG 2011, 1443; 3 V 2094/11, EFG 2012, 723), denn sowohl die Bekanntgabe von Steuerbescheiden als auch deren Anfechtung ist bis zur endgültigen Abwicklung des Steuerrechtsverhältnisses (auch über die Löschung der Gesellschaft hinaus) möglich und notwendig.

Bis zur Löschung sind die **Liquidatoren** gesetzliche Vertreter der juristischen Person, sodass die Prozessfähigkeit erhalten bleibt (ebenso HHS/Leipold § 58 Rn. 74). Zur Niederlegung des Amtes durch den einzigen Liquidator s. BFH IX B 135/15, BFH/NV 2016, 939: Wegfall der Prozessführungsbefugnis (ebenso HHS/Leipold § 58 Rn. 74).

Die **Löschung der KapGes im Handelsregister** (auch wegen Vermögenslosigkeit) hat zur Folge, dass der bisherige gesetzliche Vertreter seine Vertretungsbefugnis verliert und die Gesellschaft mangels eines vertretungsberechtigten Organs prozessunfähig wird (stRspr, zB BFH VII R 146/81, BStBl. II 1986, 589 zum Geschäftsführer bei der GmbH). Ist eine GmbH im Handelsregister gelöscht worden und erweisen sich nachträglich weitere Abwicklungsmaßnahmen als notwendig, kommt es zur **Nachtragsliquidation,** da der materiell-rechtlich zum Erlöschen der Gesellschaft notwendige Doppeltatbestand aus Vermögenslosigkeit und Löschungseintragung noch nicht gegeben und die Gesellschaft somit trotz Löschung noch nicht beendet ist (BFH IX R 47/13, BStBl. II 2014, 786). Es lebt in diesem Fall aber nicht die Vertretungsbefugnis der früheren Abwickler wieder auf, sondern das Gericht hat in entsprechender Anwendung des § 273 IV AktG auf Antrag die bisherigen oder andere Abwickler als Nachtragsliquidatoren zu bestellen (BGH II ZB 5/69, BGHZ 53, 264; BFH IX R 47/13, BStBl. II 2014, 786). **Gesetzliche Vertreter iSd § 58 II 1** sind die (Nachtrags-)Liquidatoren; ggf. muss das Verfahren gem. § 155 FGO, §§ 241, 246 ZPO unterbrochen werden (zu den Einzelheiten BFH VII R 146/81, BStBl. II 1986, 589 f.; VIII R 223/79, BFH/NV 1985, 88 ff.; VII R 111/79, BFH/NV 1986, 384; V R 129/79, BFH/NV 1987, 515; I S 12/87, BFH/NV 1988, 508; V B 5/89, BFH/NV 1990, 796; I R 65/98, BStBl. II 2000, 500; glA HHS/Leipold § 58 Rn. 75).

Zur Vertretung **der „Restgesellschaft"** einer gelöschten ausländischen Gesellschaft (idR einer englischen Ltd.) mit inländischem Verwaltungssitz (s. BMF v. 19.10.2017, BStBl. I 2017, 1437, Tz. 6; → § 57 Rn. 20) war streitig, **ob die Bestellung eines Nachtragsliquidators** (FG Münster 9 V 3872/10, EFG 2011, 1443; 9 K 3871/10 K, GmbHR 2011, 1225; FG München 3 V 2094/11, EFG 2012, 723; verneinend mit ausführlicher Begründung FG Köln 13 K 2932/14, EFG 2016, 388 mAnm Schwind) wie bei deutschen KapGes **oder eines Pflegers gemäß** § 57 ZPO iVm §§ 1911, 1913 BGB möglich war. Nach dem BGH-Beschluss II ZB 19/15, DStR 2017, 673 besteht eine Gesellschaft ausländischen Rechts (Ltd.), die infolge der Löschung im Register ihres Heimatstaates durch eine behördliche Anordnung ihre Rechtsfähigkeit verliert, für ihr in Deutschland belegenes Vermögen als Restgesellschaft fort. Wenn einzelne Abwicklungsmaßnahmen in Betracht kommen, ist – so der BGH – **ein Nachtragsliquidator iSd § 273 IV AktG** und nicht entsprechend § 1913 BGB ein Pfleger zu bestellen. Zur Vertretung der im Inland entstandenen Restgesellschaft im Rechtsverkehr sind nicht mehr die Organe der im Ausland untergegangenen Gesellschaft befugt, weil mit dem Erlöschen der Gesellschaft die Funktion der Organe und infolgedessen auch deren Vertretungsmacht endeten. Eine solche Restgesellschaft ist daher gem. § 58 II 1 nur prozessführungsbefugt, wenn ein Nachtragsliquidator die Gesellschaft vertritt (ebenso HHS/Leipold § 58 Rn. 78). Wird eine Prozessvollmacht (§ 62 FGO) dem Prozessbevollmächtigten nicht von einem Nachtragsliquidator, sondern vom sog. director der gelöschten Ltd. **nach der Löschung** erteilt, greift § 86 ZPO somit nicht, die Klage ist unzulässig und diesem können die Prozesskosten auferlegt werden, da er durch seine unwirksame Vollmachtserteilung das gerichtliche Verfahren verursacht hat (FG Münster 9 K 3871/10 K, GmbHR 2011, 1225; FG Köln 13 K 2932/14, EFG 2016, 388 mAnm Schwind auch zur Vollmachterteilung ggü. dem Geschäftsführer selbst). Liegt hingegen gem. § 86 ZPO, § 155 FGO eine Vollmachtserteilung **vor der Löschung** der in- oder ausländischen KapGes vor, ist die Klage zulässig, auch wenn die Gesellschaft während des Verfahrens gelöscht wird (BFH I R 65/98, BStBl. II 2000, 500).

Zur **Löschung einer englischen Limited im englischen Register nach dem 31.12.2020** (Ablauf der Brexit-Übergangsfrist und Übergang zur Drittstaatengesellschaft) s. BMF v. 19.7.2023, BStBl. I 2023, 1567, Tz. 13, 14: Schlussbesteuerung. Gesetzlicher Vertreter der aufgelösten Gesellschaft ist mE weiterhin der zu bestellende Nachtragsliquidator.

52 **c) Wegfall eines Vertreters; Insolvenz und Liquidation bei der rechtsfähigen GbR und den Personenhandelsgesellschaften. aa) Wegfall der gesetzlichen Vertreter bei Gesamtvertretung.** Bei Ausgestaltung der Vertretungsbefugnisse als **Gesamtvertretung** kann der Wegfall eines Gesamtvertreters (zB durch Tod oder Ausscheiden) bei der GbR oder einer OHG zur sofortigen Undurchführbarkeit der Gesamtvertretungsabrede führen. Es kommt dann darauf an, ob der Gesellschaftsvertrag für diese Konstellation vorsieht, dass ein anderer Gesellschafter als Ersatzperson in die bisherige Gesamtvertretungsregelung eintritt oder ob die bisherige Gesamtvertretungsbefugnis des verbliebenen Gesamtvertreters zu einer Einzelvertretungsmacht erstarkt oder die Gesellschaft vielmehr durch alle Gesellschafter vertreten wird, bis eine Änderung des Gesellschaftsvertrags hinsichtlich der Vertretung vorgenommen worden ist (Wertenbruch GmbHR 2024, 1 (7)). Die **GbR oder OHG** wird bei Wegfall von Gesamtvertretern durch alle verbleibenden Gesellschafter vertreten, bis von den Gesellschaftern eine Anpassung der gesellschaftsvertraglichen Vertretungsregelung an die neue Situation vorgenommen worden ist (s. im Einzelnen Wertenbruch GmbHR 2024, 1 (7); MHdB GesR I/v. Ditfurth § 15 Rn. 9; § 83 Rn. 27; MüKoBGB/Schäfer BGB § 720 Rn. 11 ff.). Bei Wegfall eines gesamtvertretungsberechtigten Komplementärs **einer KG** stellt sich die Frage, ob der verbleibende Komplementär nunmehr alleinvertretungsberechtigt ist oder eine Vertretung durch alle Gesellschafter unter Einbeziehung der Kommanditisten bis zu einer Änderung des Gesellschaftsvertrags zu erfolgen hat; die Einbeziehung der Kommanditisten scheitert indes an § 170 HGB, sodass idR eine Alleinvertretungsmacht des verbleibenden Komplementärs besteht (Wertenbruch GmbHR 2024, 1 (7)).

Zudem sieht **§ 715a BGB** seit dem 1.1.2024 **eine Notgeschäftsführungsbefugnis eines sonst nicht geschäftsführenden Gesellschafters bei der GbR** vor, zwecks Abwehr von Gefahr für die Gesellschaft oder für das Gesellschaftsvermögen. Die Notgeschäftsführung umfasst die Vornahme der notwendigen Geschäfte, worunter auch die Erhebung einer Klage als gesetzlicher Prozessstandschafter im Namen der GbR fallen kann (MHdB GesR I/v. Ditfurth § 15 Rn. 68, 69; unklar zum Geschäftsbegriff der Norm MüKoBGB/Schäfer BGB § 715a Rn. 6). Erforderlich ist, dass alle geschäftsführungsbefugten Gesellschafter, also auch die nach § 715 III BGB zum Alleinhandeln Berechtigten und Verpflichteten, verhindert sind oder sich treuwidrig verhalten (Noack GmbHR 2024, 71 (73 f.); MüKoBGB/Schäfer BGB § 715a Rn. 4, 5). Sind nur einzelne von den zur Geschäftsführung berechtigten Personen nicht zur Handlung in der Lage, greift **vorrangig** die Notgeschäftsführungsbefugnis (gesamt-)geschäftsführungsbefugter Gesellschafter nach § 715 III 1 Hs. 2 BGB ein (Erman/Lieder BGB § 715a Rn. 2; MHdB GesR I/v. Ditfurth § 15 Rn. 68, 69; MüKoBGB/Schäfer BGB § 715a Rn. 5). Ob eine solche Notgeschäftsführungsbefugnis, wenn sie eine Klagebefugnis umfasst, auch eine Einzelvertretungsbefugnis für die Gesellschaft bewirkt und zur Prozessfähigkeit gem. § 58 II 1 verhelfen kann, ist str. und wird überwiegend verneint (Erman/Lieder BGB § 715a Rn. 4: Bezug nur auf das Innenverhältnis, da der Gesetzgeber keine Notvertretung geregelt hat; Wachter/Heckschen/Stelmaszcyk § 9 A Rn. 56; unklar auch MüKoBGB/Schäfer BGB § 715a Rn. 6). Bei der Klage gegen einen gesonderten und einheitlichen Feststellungsbescheid dürften die zivilrechtlichen Voraussetzungen der Notgeschäftsführung, dass **gesellschaftsbezogene Gefahren** abgewendet werden müssen, jedoch nicht vorliegen.

Die Regelung des § 715a BGB gilt über die Verweisungen der § 105 III, § 161 II HGB und § 1 IV PartGG **auch für OHG, KG und PartG** und ist nach § 715a S. 2 BGB satzungsfest (Erman/Lieder BGB § 715a Rn. 1; MüKoBGB/Schäfer BGB § 715a Rn. 1). Das Notgeschäftsführungsrecht der Gesellschafter bei der OHG vermittelt ebenfalls keine Vertretungsbefugnis, dh der betreffende Gesellschafter handelt – wenn er nicht auf Grund anderer Bestimmungen vertretungsbefugt ist – nach außen im eigenen Namen (MHdB GesR I/v. Ditfurth § 83 Rn. 11).

Bei Ausscheiden eines Gesamtvertreters **aus einer zweigliedrigen Gesellschaft** erlischt die Gesellschaft ohne Liquidation. Die Auflösung und die Vollbeendigung der Gesellschaft fallen zeitlich zusammen (Wertenbruch GmbHR 2024, 1 (8): s. zur GbR § 712a BGB; zur entsprechenden Geltung bei OHG und KG s. §§ 105 III, 161 II HGB; zu Einzelfragen Menkel NZG 2023, 683 ff.; Erman/Lieder BGB § 712a Rn. 1, 5). Der übernehmende Gesellschafter tritt als Gesamtrechtsnachfolger in das Verfahren ein, wenn die Gesellschaft einen **Betriebssteuerbescheid** anficht, sodass er prozessfähig sein muss. Bei Klagen gegen **gesonderte und einheitliche Feststellungsbescheide** kommt es nach § 48 aF (→ § 48 aF Rn. 67 ff.) und § 48 nF (→ § 48 nF Rn. 70 ff.) zur eigenen Klagebefugnis der Feststellungsbeteiligten, sodass diese prozessfähig sein müssen. Wurde wirksam und rechtzeitig von allen nach Gesellschaftsvertrag oder Gesetz erforderlichen vertretungsberechtigten Gesellschaftern **eine Prozessvollmacht** erteilt, entfällt zwar die Prozessfähigkeit der Gesellschaft, gleichwohl können für sie gem. § 155 FGO iVm § 86 ZPO durch den Bevollmächtigten weiterhin wirksam Verfahrenshandlungen vorgenommen werden (zur Unterbrechung → Rn. 6; → § 62 Rn. 14; glA Tipke/Kruse/Drüen § 58 Rn. 22; HHS/Leipold § 58 Rn. 81).

bb) Insolvenz der Gesellschaft. Personenhandelsgesellschaften (OHG, KG, GmbH & Co. KG) und die **GbR** verlieren im Fall der **Insolvenz** nicht die Fähigkeit, Träger von Rechten und Pflichten sein zu können. Nach § 729 I Nr. 2 BGB und §§ 131 I Nr. 3, 161 II HGB führt die **Eröffnung des Insolvenzverfahrens** zur Auflösung der jeweiligen Gesellschaft, die nach den Regeln des Insolvenzrechts (und nicht der gesellschaftsrechtlichen Liquidationsregeln) durchzuführen ist. Ist das Insolvenzverfahren abgeschlossen, ist die Löschung der Gesellschaft (§ 394 I 2 FamG) gem. § 157 HGB zum Register anzumelden. Wird die **Eröffnung des Insolvenzverfahrens mangels Masse** abgelehnt, führt dies bei der OHG und KG wie die Insolvenzeröffnung zur Auflösung (§ 131 II Nr. 1; § 161 II HGB) oder zur Löschung wegen Vermögenslosigkeit (§ 394 IV 1 FamG). 53

Die Eröffnung des Insolvenzverfahrens über das Vermögen der Gesellschaft führt bei GbR, OHG und KG, GmbH & Co. KG aber grds. zum Übergang der Liquidations- (zur GbR s. § 736 II BGB) und damit auch der **Prozessführungsbefugnis auf den Insolvenzverwalter** (§ 80 InsO) für Steuerforderungen und -erstattungen im Zusammenhang mit dem Gesellschaftsvermögen, **die dem Insolvenzbeschlag** unterliegen (→ Rn. 4, 50). Bei Klageverfahren im Hinblick 54 auf die **Betriebssteuern** (USt, GewSt) und Bescheide, die sich gegen die Gesellschaft richten und in denen sie selbst Beteiligte ist, kommt es daher idR nur auf die Prozessfähigkeit des Insolvenzverwalters an (HHS/Leipold § 58 Rn. 89).

55 Zum Ganzen bereits → Rn. 4. Bei Klagen einer insolventen Gesellschaft als gesetzliche Prozessstandschafterin gegen **gesonderte und einheitliche Feststellungsbescheide** (§§ 179, 180 AO iVm § 48 I Nr. 1 FGO aF) führt die Eröffnung des Insolvenzverfahrens **nicht zum Übergang der Prozessführungsbefugnis auf den Insolvenzverwalter,** denn insoweit wird das zur Insolvenzmasse gehörende Vermögen nicht berührt. Die Rechtsposition der Liquidatoren als Organe der Gesellschaft (infolge der Auflösung der Gesellschaft kraft Gesetzes) und damit die Prozessfähigkeit iSd § 58 II 2 bei Vertretung der Gesellschaft durch diese bleibt unangetastet (BFH IV R 44/10, BFH/NV 2013, 376 unter II.1; IV R 52/04, BFH/NV 2007, 1332; VIII R 14/02, BStBl. II 2005, 246; Leipold DStZ 2012, 103 (108); HHS/Leipold § 58 Rn. 89). Wenn die Insolvenzeröffnung allerdings die Vollbeendigung der Gesellschaft bewirkt, geht damit der Verlust der Klagebefugnis der Gesellschaft gem. § 48 I Nr. 1 aF/§ 48 nF einher (s. zB BFH IV R 44/10, BFH/NV 2013, 376; → § 48 nF Rn. 50; → § 48 aF Rn. 50b; HHS/Leipold § 58 Rn. 89).

56 Besonderheiten bestanden je nach Sachverhaltsgestaltung bei **Simultaninsolvenz** der Komplementär-GmbH und der KG in einer GmbH & Co. KG. Je nach Struktur und zeitlichem Ablauf der Insolvenzeröffnungen kann die Vollbeendigung der KG mit Übergang des Vermögens auf einen Kommanditisten oder die Komplementär-GmbH im Wege der Gesamtrechtsnachfolge (Anwachsung) eintreten. Es kommt dann zu einem Partikularinsolvenzverfahren (§§ 315 InsO analog) in Rechtsträgerschaft des Gesamtrechtsnachfolgers (MHdB GesR II/Gummert § 55 Rn. 55–59; zur Simultaninsolvenz bei der mehrgliedrigen GmbH & Co. KG BGH I ZR 217/12, NZG 2014, 897; bei zweigliedrigen Gesellschaften BGH II ZR 247/01, NZG 2004, 611; VII ZR 277/15, NJW 2017, 3521; BVerwG 8 C 10/10, NJW 2011, 3671; BFH VIII R 7/03, BStBl. II 2009, 772; IV R 44/10, BFH/NV 2013, 376; IV R 9/20, DStR 2024, 744). → § 48 aF Rn. 50b.

Ab 1.1.2024 schließt § 179 HGB die Regelung in § 130 I Nr. 3 HGB und damit das Ausscheiden der Komplementär-GmbH aus der KG im Fall der Insolvenz der Komplementär-GmbH aus. Die GmbH & Co. KG erlischt nicht mehr, sodass die koordinierte und geordnete Durchführung der (beiden) Insolvenzverfahren von Komplementär-GmbH und KG möglich ist (MHdB GesR II/Gummert § 55 Rn. 55–59; Richter ZIP 2023, 1222 (1228); zu möglichen gesellschaftsvertraglichen Regelungen Liebscher ZIP 2023, 2225 (2231 f.)). Es kommt nicht mehr aufgrund des Ausscheidens der Komplementär-GmbH aus der KG zur Anwachsung samt Vollbeendigung und damit zum Wegfall der KG als gesetzlicher Prozessstandschafterin (→ § 48 aF Rn. 50b). Damit die in Insolvenz befindliche Komplementär-GmbH und die GmbH & Co. KG jeweils prozessfähig sind, müssen im Fall der Simultaninsolvenz der prozessführungsbefugte Insolvenzverwalter oder – bei insolvenzfreien Angelegenheiten – die gesetzlichen Vertreter der insolventen Komplementär-GmbH (deren Liquidatoren) für diese, diese wiederum im Namen der KG, auftreten (→ Rn. 51, 54).

57 **cc) Insolvenzfreie Liquidation der Gesellschaft.** Bei einer **insolvenzfreien Liquidation** wird die **PersGes** (GbR, OHG, KG) durch die **Liquidatoren** (§ 736 I, IV BGB: alle Gesellschafter, ggf. einzelne durch Bestellung; zum

Ende der Auflösung s. 736b I BGB sowie für die eingetragene GbR § 736c BGB (Registereintragung), dazu MHdB GesR II/Gummert § 47 Rn. 41, 42, 51 ff., 63 ff.; zur Anmeldepflicht MüKoBGB/Schäfer BGB § 736a Rn. 2; zur OHG/KG §§ 105 II, 144, 146 I, 149 HGB) als gesetzliche Vertreter iSd § 58 II 1 vertreten (HHS/Leipold § 58 Rn. 82; zur OHG MHdB GesR II/Knof/Mock § 114 Rn. 4, 6; zur KG MHdB GesR II/Hamann/Schmid § 46 Rn. 16, 18, 19–23: bei mehreren Gesellschaftern Gesamtvertretungsbefugnis mit der Befugnis, einzelne Gesellschafter zu betrauen oder Prokura zu erteilen). Für Klageverfahren im Hinblick **auf die Betriebssteuern** ist die Gesellschaft bis zur Abwicklung der steuerrechtlichen Rechtsbeziehungen auch beteiligtenfähig, selbst wenn zuvor ein zivilrechtlicher Beendigungstatbestand eintritt (→ § 57 Rn. 22). Bei Niederlegung des Amtes durch die Liquidatoren entfällt die Prozessfähigkeit (→ Rn. 51). Siehe auch AEAO zu § 34 Nr. 2.1–2.4. Eine **Bestellung von Liquidatoren durch das Gericht** ist ebenfalls möglich (§ 736a BGB; § 145 HGB).

Bei **Liquidation** einer **GmbH & Co. KG** sind die Liquidationsverfahren für 58 die Komplementär-GmbH und die KG zu unterscheiden und finden nach GmbH-Recht einerseits und dem HGB andererseits statt. **Seit dem 1.1.2024** ist nur noch die Komplementär-GmbH der geborene Liquidator (§§ 161 II, 143, 146 I 1, § 178 HGB; MHdB GesR II/Gummert § 50 Rn. 123, 124). Zu einem Wegfall des gesetzlichen Vertreters iSd § 58 II 1 während des Liquidationsverfahrens kann es jedoch durch Tod, Insolvenz, Abberufung oder Niederlegung kommen (MHdB GesR II/Schmid § 46 Rn. 38–46). Ist kein gesetzlicher Vertreter (Liquidator) mehr vorhanden, entfällt die Prozessfähigkeit (→ Rn. 51).

Für Klagen gegen **gesonderte und einheitliche Feststellungsbescheide** 59 (§§ 179 II, 180 I Nr. 2 Buchst. a AO) ist die **vorrangige Frage,** ob die als gesetzliche Prozessstandschafterin bis zur Vollbeendigung klagebefugte Gesellschaft (§ 48 I Nr. 1) noch prozessfähig ist. Befindet sich die PersGes im Stadium der Liquidation, bleibt sie als Prozessstandschafterin klagebefugt und wird durch ihre Liquidatoren vertreten (→ § 48 aF Rn. 49; BFH IV B 69/05, BFH/NV 2007, 1923; IV B 115/09, BFH/NV 2011, 1167). Ein Wegfall der Prozessfähigkeit tritt ein, wenn vor der Vollbeendigung keine Liquidatoren vorhanden sind. Dem ist dann ggf. durch eine gerichtliche Bestellung von Liquidatoren Rechnung zu tragen. Gleiches gilt in den Fällen der notwendigen **Beiladung der Gesellschaft** als Prozessstandschafterin bei Klagen eines Gesellschafters sowohl im Fall der Insolvenz als auch der Liquidation/Vollbeendigung (→ § 60 Rn. 59w, „Vollbeendigung"; zur ins Leere gehenden Beiladung BFH IV R 9/20, DStR 2024, 744).

Erlischt eine PersGes **durch Vollbeendigung ohne Abwicklung** (vgl. nunmehr § 712a BGB; mit entsprechender Geltung für OHG und KG gem. § 105 II HGB, 161 II HGB), kann nach stRspr des BFH ein Gewinnfeststellungsbescheid nur noch von den früheren Gesellschaftern angefochten werden, deren Mitgliedschaft die Zeit berührt, die der anzufechtende Feststellungsbescheid betrifft (zum Ganzen → § 48 aF Rn. 68 .; BFH IV R 87/05, BFH/NV 2009, 1650; II R 35/04, BFH/NV 2006, 18;). In diesem Fall muss der jeweilige Feststellungsbeteiligte prozessfähig sein.

dd) Löschung der Gesellschaft. Die Vertretungsbefugnis der Liquidatoren 60 und damit die Prozessfähigkeit der Gesellschaft besteht auch noch **nach Löschung der PersGes im Handelsregister** fort (§§ 736d V und VI, 737, 738 BGB; § 394 IV FamFG), wenn sich nach der Löschung herausstellt, dass noch Aktivvermögen vorhanden ist, da es dann keiner Bestellung von Nachtragsliquidatoren bedarf (BFH VII R 111/79, BFH/NV 1986, 384; BGH IX ZR 69/75, NJW 1979, 1987; II ZR 268/88, NJW 1990, 1725; HHS/Leipold § 58 Rn. 83; zur GbR: MHdB GesR II/Gummert § 47, Rn. 117–121).

4. Entsprechende Geltung der §§ 53–58 ZPO (§ 58 II 2)

61 **§ 58 II 2 verweist auf §§ 53–58 ZPO:**
Zum Verweis auf § 53 ZPO → Rn. 27 ff.; → 62 f.
Zum Verweis auf die Regelungen zum Zulassungsstreit in § 56 → Rn. 13.
Zum Verweis auf § 57 ZPO: Die Pflegschaft **(§ 57 ZPO)** hindert die Prozessunfähigkeit nur für die Zeit des tatsächlichen Auftretens des Pflegers (BFH VII E 2/78, BStBl. II 1980, 192; IV R 113/82, BStBl. II 1983, 239). Entfällt ein gesetzlicher oder rechtsgeschäftlich bestellter Vertreter der nicht prozessfähigen natürlichen Person iSd § 58 II 1, kommt die Bestellung eines Prozesspflegers gem. § 58 II 2 iVm § 57 ZPO im Finanzgerichtsprozess aber allenfalls bei Gefahr in Verzug in Betracht (Tipke/Kruse/Drüen § 58 Rn. 23, 27; BFH IX S 8/99, BFH/NV 1999, 1631; zur Bestellung in den Fällen der notwendigen Beiladung BFH I R 111/79, BStBl. II 1980, 587; IX B 164/91, BFH/NV 1993, 369). Die Bestellung eines Prozesspflegers gem. § 155 I FGO iVm § 57 I ZPO kommt im Rahmen eines finanzgerichtlichen Verfahrens, in dem ein prozessunfähiger Beteiligter **Aktivpartei** ist, nicht in Betracht. Nach Wortlaut und Zweck erschöpft sich die Vorschrift des § 57 ZPO darin, dem Kläger einen prozessfähigen Gegner gegenüberzustellen, damit er seinen Anspruch geltend machen kann (BFH X S 47/15, BFH/NV 2016, 1044; X S 32–40/23 (PKH), BFH/NV 2024, 411). Siehe zur Beiordnung eines Notanwalts gem. §§ 78b, 78c ZPO iVm § 155 FGO bei vom Gericht angenommener Prozessfähigkeit bei Verfahren mit Postulationszwang gem. § 62 IV FGO BFH X S 47/15, BFH/NV 2016, 1044; → § 62 Rn. 72). Dem nicht prozessfähigen Beteiligten bleibt bei natürlichen Personen nur die Bestellung eines Betreuers (BFH X S 47/15, BFH/NV 2016, 1044; → Rn. 29). Soll durch den Prozessunfähigen hingegen Klage oder ein Rechtsmittel erhoben werden, greift § 57 ZPO nicht und ist ein Betreuer zu bestellen (BFH IX S 8/99, BFH/NV 1999, 1631).

V. Beschränkte Prozessfähigkeit bei Betreuung (§ 58 III)

62 Es ist zwischen **Betreuungen mit und ohne Einwilligungsvorbehalt** zu unterscheiden (→ Rn. 29):

- **§ 58 III** erfasst den Fall, dass der Streitgegenstand des finanzgerichtlichen Verfahrens in den Bereich des Einwilligungsvorbehalts fällt (§ 1825 BGB). Im Rahmen dieses Aufgabenkreises und damit auch im Prozess vertritt der Betreuer den Betreuten gerichtlich und außergerichtlich (§ 1823 BGB; zur gerichtlichen Vertretung durch einen Rechtsanwalt als Betreuer FG Düsseldorf 2 K 248/24 StB, DStR 2025, 230 mAnm Wacker; zum alten Betreuungsrecht BFH VII B 65/00, BFH/NV 2002, 1492; II B 26/07, BFH/NV 2007, 1911). Die betreute Person gilt insoweit als prozessunfähig, es sei denn (Rückausnahme), der beschränkt geschäftsfähige Betreute ist nach den Regelungen des bürgerlichen oder öffentlichen Rechts für den Verfahrensgegenstand partiell unbeschränkt geschäfts- und prozessfähig (§ 58 III). Siehe zur Handlungsfähigkeit des Betreuten im Verwaltungsverfahren § 79 II AO (dazu Tipke/Kruse/Drüen AO § 79 Rn. 29).

- **§ 58 II 2 FGO iVm § 53 II ZPO** regelt den Fall, dass kein Einwilligungsvorbehalt besteht, aber der Betreuer eine **Ausschließlichkeitserklärung** abgibt und in den Prozess eintritt. In diesem Fall gilt der Betreute ab dem Zeitpunkt des Zugangs der Erklärung bei Gericht für das Verfahren als prozessunfähige Person. Die Erklärung können Betreuerinnen und Betreuer selbst abgeben. Dies gilt wegen der Möglichkeit einer Abgabe „zu Protokoll der Geschäftsstelle" auch in Verfahren, in denen im Übrigen eine Vertretung wie vor dem BFH vorgeschrieben ist, vgl. § 78 III ZPO (Kersting BtPrax 2022, 114 (116)); dies sollte auch iRd § 62 IV gelten. Allerdings muss sich der Betreuer dann iSd § 62 IV vertreten lassen. Es handelt sich um eine Prozesserklärung, für deren Wirksamkeit, Widerruf und Rücknahme die allg. Regelungen gelten (Kersting BtPrax 2022, 114 (116)). Siehe zum Verwaltungsverfahren § 79 III AO mit Verweisung auf § 53 ZPO nF (auch Tipke/Kruse/Drüen AO § 79 Rn. 31a, 31b).
- In allen anderen Fällen können der Betreuer und der prozessfähige Betreute nebeneinander im Prozess auftreten (→ Rn. 29). Siehe auch BFH X B 112/24, X B 117/24, BFH/NV 2025, 708.

§ 53 ZPO aF sollte ein sonst mögliches Neben- und Gegeneinander von widersprüchlichen Prozesshandlungen der Betreuten einerseits und des Betreuers andererseits vermeiden; bei Vertretung durch den Betreuer sollte im Interesse eines ordnungsgemäßen Prozessverlaufs erreicht werden, dass die Prozessführung allein in den Händen des Betreuers lag (s. zu § 53 ZPO aF FG BW 2 K 967/12, EFG 2013, 383). Trat ein Betreuer als Vertreter gem. § 58 II 2 FGO iVm § 53 ZPO aF in das finanzgerichtliche Klageverfahren eines Betreuten ein, kam es erst **ab diesem Zeitpunkt** auf die Prozesshandlungen der Betreuten nicht mehr an (zur Klagerücknahme des Betreuers gegen den Willen des Betreuten nach Eintritt des Betreuers in das Verfahren s. FG Hmb 3 K 179/11, EFG 2012, 953 mAnm Rosenke; s. auch BFH III B 171/93, BFH/NV 1996, 289 zur Dauer der beschränkten Prozessfähigkeit des Betreuten). Einem Betreuer gem. § 1902 BGB aF stand bereits vor Übernahme des Prozesses des Klägers nach § 58 II 2 FGO iVm § 53 ZPO aF das Recht auf Akteneinsicht gem. § 78 zu, obwohl nur der Betreute Beteiligter gem. § 57 Nr. 1 war (FG BW 2 K 967/12, EFG 2013, 383 mAnm Kühnen). Stand eine Person in allen von ihr und gegen sie betriebenen gerichtlichen und behördlichen Verfahren unter Betreuung und unterlag sie zu diesen Verfahren dem Einwilligungsvorbehalt, war eine ohne Einwilligung eingelegte NZB nicht wirksam erhoben (BFH V B 3/12, BFH/NV 2012, 770; VI B 130/11, BFH/NV 2012, 771, jeweils zur Löschung des Verfahrens im Prozessregister ohne Kostenfolge). Siehe zum Verwaltungsverfahren Tipke/Kruse/Drüen AO § 79 Rn. 31. 63

§ 59 [Streitgenossenschaft]

Die Vorschriften der §§ 59 bis 63 der Zivilprozessordnung über die Streitgenossenschaft sind sinngemäß anzuwenden.

Vgl. § 64 VwGO; § 74 SGG; §§ 59–63 ZPO.

Literatur: Bettermann, Streitgenossenschaft, Beiladung, Nebenintervention und Streitverkündung, ZZP 90 (1977), 121; Burkhard, Streitverkündung im Finanzgerichtsverfahren, Inf 2004, 434; Flöck/Kiemle, Die Erbengemeinschaft im Erkenntnis- und Zwangsvollstreckungsverfahren der ZPO (Teil I und II), JA 2023, 547 ff. und 678 ff.; Gruber, Die kostenrechtlichen Folgen einer Streitgenossenschaft im finanzgerichtlichen Verfahren, StB 1999, 308; Leipold, Insolvenz von Beteiligten während eines finanzgerichtlichen Verfahrens unter besonderer Berücksichtigung von Personengesellschaften, DStZ 2012, 103; Lindacher, Die Streitgenossenschaft, JuS 1986, 379 und 540; Nöcker, Klageverfahren der zusammenveranlagten Ehegatten, AO-StB 2009, 299; Nöcker, Aussetzung des Verfahrens bei Tod des Beteiligten und Rechtsmissbrauch, HFR 2023, 801; Petzold, Die Säumnis von Streitgenossen, JuS 2021, 646; Pieronczyk/Pieronczyk, Die Streitgenossenschaft gem. §§ 59 ZPO, JuS 2020, 319; Schumann, Das Versäumen von Rechtsbehelfen durch einzelne notwendige Streitgenossen, ZZP 89 (1976), 381; Stettner, Das Verhältnis der notwendigen Beiladung zur notwendigen Streitgenossenschaft im Verwaltungsprozess, 1974.

I. Inhalt und Abgrenzung zu anderen Regelungen

1 § 59 erklärt die §§ 59–63 ZPO, in denen die einfache und die notwendige Streitgenossenschaft geregelt sind, für sinngemäß anwendbar. – Die Vorschriften der §§ 64–77 ZPO über die Beteiligung Dritter am Rechtsstreit (Haupt- und Nebenintervention, Streitverkündung) gelten im finanzgerichtlichen Verfahren **nicht** (vgl. für die **Streitverkündung** BFH III R 75/66, BStBl. II 1970, 484; VII R 61–62/85, BFH/NV 1986, 476; X B 87/97, BFH/NV 1990, 787; V B 131/01, BStBl. II 2003, 667; V B 179/06, BFH/NV 2007, 2296; V B 31/11, BFH/NV 2013, 944). Es sind die Sonderregelungen der FGO über die Beiladung (§ 60) und den Beitritt des BMF/der obersten Landesbehörden (§ 122 II) vorrangig und maßgebend; allerdings erfolgt keine Beiladung der FA (BFH V B 103/16, BFH/NV 2019, 403 mAnm Steinhauff jurisPR-SteuerR 15/2019 Anm. 4). Der Kreis der Beteiligten ist in § 57 abschließend geregelt und erwähnt außer den Hauptbeteiligten nur den Beigeladenen und die beitretende Behörde (§ 122 II; BFH V B 179/06, BFH/NV 2007, 2296). Wird eine Streitverkündung ggü. einem Dritten beantragt, ist zu entscheiden, ob dieser Antrag in einen Antrag umgedeutet werden kann, den Dritten gem. § 60 beizuladen. Für fachkundig vertretene Beteiligte hat die Rechtsprechung auch die **Umdeutung** einer ausdrücklich erklärten Streitverkündung in einen Antrag auf Beiladung idR abgelehnt (BFH V B 179/06, BFH/NV 2007, 2296).

2 Die in Bezug genommenen Vorschriften der §§ 59–63 ZPO lauten:

§ 59 ZPO Streitgenossenschaft bei Rechtsgemeinschaft oder Identität des Grundes

Mehrere Personen können als Streitgenossen gemeinschaftlich klagen oder verklagt werden, wenn sie hinsichtlich des Streitgegenstandes in Rechtsgemeinschaft stehen oder wenn sie aus demselben tatsächlichen und rechtlichen Grund berechtigt oder verpflichtet sind.

§ 60 ZPO Streitgenossenschaft bei Gleichartigkeit der Ansprüche

Mehrere Personen können auch dann als Streitgenossen gemeinschaftlich klagen oder verklagt werden, wenn gleichartige und auf einem im Wesentlichen gleichartigen tatsächlichen und rechtlichen Grund beruhende Ansprüche oder Verpflichtungen den Gegenstand des Rechtsstreits bilden.

§ 61 ZPO Wirkung der Streitgenossenschaft

Streitgenossen stehen, soweit nicht aus den Vorschriften des bürgerlichen Rechts oder dieses Gesetzes sich ein anderes ergibt, dem Gegner dergestalt als Einzelne gegenüber, dass die Handlungen des einen Streitgenossen dem anderen weder zum Vorteil noch zum Nachteil gereichen.

§ 62 ZPO Notwendige Streitgenossenschaft

(1) Kann das streitige Rechtsverhältnis allen Streitgenossen gegenüber nur einheitlich festgestellt werden oder ist die Streitgenossenschaft aus einem sonstigen Grund eine notwendige, so werden, wenn ein Termin oder eine Frist nur von einzelnen Streitgenossen versäumt wird, die säumigen Streitgenossen als durch die nicht säumigen vertreten angesehen.

(2) Die säumigen Streitgenossen sind auch in dem späteren Verfahren zuzuziehen.

§ 63 ZPO Prozessbetrieb; Ladungen

Das Recht zur Betreibung des Prozesses steht jedem Streitgenossen zu; zu allen Terminen sind sämtliche Streitgenossen zu laden.

II. Begriffliche Abgrenzung, Voraussetzungen der Streitgenossenschaft

1. Begriff der Streitgenossenschaft

Eine Streitgenossenschaft liegt in den Fällen der **subjektiven Klagenhäufung** 3
vor, also dann, wenn an dem Verfahren mehrere Personen auf der Kläger- und/oder Beklagtenseite beteiligt und diese Hauptbeteiligte iSd § 57 (→ § 57 Rn. 3) sind. Beigeladene können – auch zusammen mit Klägern (Beklagten) – keine Streitgenossen sein, weil sie keine Hauptbeteiligten sind, sondern lediglich an einem fremden Rechtsstreit teilnehmen (s. auch Tipke/Kruse/Brandis § 59 Rn. 2). Die Verfahren der Streitgenossen behalten – mit Einschränkungen bei der notwendigen Streitgenossenschaft (→ Rn. 12) – ihre Selbständigkeit **(Trennungsprinzip).**

2. Einfache und notwendige Streitgenossenschaft

Zu unterscheiden sind die **einfache** und die **notwendige Streitgenossenschaft.**

Die einfache Streitgenossenschaft ist (auf der Aktiv- oder Passivseite) mög- 4
lich

- wenn die mehreren Kläger und/oder Beklagten hinsichtlich des Streitgegenstandes in Rechtsgemeinschaft stehen oder aus demselben tatsächlichen oder rechtlichen Grunde berechtigt oder verpflichtet sind (§ 59 Alt. 1 ZPO führt zur Streitgenossenschaft aufgrund einer Rechtsgemeinschaft der Beteiligten; § 59 Alt. 2 ZPO aufgrund einer Anspruchs- und Verpflichtungsidentität), oder
- wenn gleichartige oder auf einem im Wesentlichen gleichartigen tatsächlichen und rechtlichen Grund beruhende Ansprüche oder Verpflichtungen den Gegenstand des Rechtsstreits bilden (§ 60 ZPO). § 60 ZPO setzt mithin Gleichartigkeit des Anspruchs und des Verpflichtungsgrundes voraus, was vorliegt, wenn die Ansprüche in einem inneren sachlichen Zusammenhang stehen, der sie als gleichartig erscheinen lässt (Thomas/Putzo/Hüßtege ZPO §§ 59, 60 Rn. 4).

Gemeinsames Kennzeichen der in §§ 59, 60 ZPO genannten Fallgruppen ist die **Zweckmäßigkeit** gemeinsamer Verhandlung, Beweisaufnahme und/oder Entscheidung unter prozessökonomischen Gesichtspunkten (zB aus dem älteren

Schrifttum Schumann NJW 1981, 1718; Lindacher JuS 1986, 379 (380); ebenso Thomas/Putzo/Hüßtege ZPO §§ 59, 60 Rn. 1; Pieronczyk/Pieronczyk Jus 2020, 319 (320)).

Für den **Steuerprozess** ist eine einfache Streitgenossenschaft nach der BFH-Rspr. anzunehmen, wenn die Beteiligten sämtlich jeweils an dem streitigen Steuerrechtsverhältnis oder dem Rechtsvorgang beteiligt sind, durch den der Steuertatbestand verwirklicht wurde. Liegen diese Voraussetzungen nicht vor, kann weder von einer Rechtsgemeinschaft noch von einer Gleichartigkeit von Ansprüchen oder Verpflichtungen gesprochen werden (BFH II R 33/95, BStBl. II 1997, 626; II R 85/99, BFH/NV 2002, 103; II R 40/12, BFH/NV 2014, 1579; VIII R 3/22, BFH/NV 2024, 1147).

5 Zulässig ist die einfache Streitgenossenschaft bei sinngemäßer Anwendung der ZPO-Regelungen in allen finanzgerichtlichen Verfahren (BFH IX B 224/88, BFH/NV 1991, 240; s. zB zur NZB BFH X B 123/21, HFR 2023, 797 mAnm Nöcker; zur AdV BFH II B 39/20 (AdV), BStBl. II 2021, 28; FG Münster 2 V 1478/21 F, DStRE 2023, 257; nachgehend BFH I B 11/22 (AdV), BStBl. II 2024, 285 ohne Beanstandung der prozessualen Sicht des FG). **Jeder** der mehreren Kläger muss **allein handeln** können und – weil in den Fällen der subjektiven Klagenhäufung zugleich auch eine objektive Klagenhäufung vorliegt – die Voraussetzungen des § 43 müssen erfüllt sein, dh es muss für die Verfahren **dasselbe Gericht zuständig** sein (Tipke/Kruse/Brandis § 59 Rn. 5; → § 73 Rn. 6). Außerdem muss für die lediglich äußerlich zusammengefassten Verfahren **die gleiche Verfahrensart** gelten (→ § 73 Rn. 7).

6 Eine subjektive Klagenhäufung und Streitgenossenschaft **auf der Beklagtenseite** kommt im Finanzgerichtsprozess in Betracht, wenn mehrere Kläger Revisionsbeklagte sind. Eine Streitgenossenschaft des beklagten FA mit einem Beigeladenen kommt nicht in Betracht (→ Rn. 1). Regelfall ist die Mehrheit der Beteiligten auf der Klägerseite. Zur Mehrheit von Behörden auf der Beklagtenseite (Bundes- und Landesfinanzminister) als Streitgenossen s. BFH I 100/60 S, BStBl. III 1962, 55. Dies gilt nach wie vor. Das BMF als Beitretender ist auch im heutigen Recht wie das beklagte FA (§ 57 Nr. 2) ein Hauptbeteiligter (§ 57 Nr. 4). Danach kann auch insoweit eine Streitgenossenschaft vorliegen.

Einen **Sonderfall** stellt die Annahme einer Streitgenossenschaft in dem Fall dar, dass eine PersGes aus eigenem Recht einen Betriebssteuerbescheid anficht und zugleich als gesetzliche Prozessstandschafterin gegen den Gewinnfeststellungsbescheid in einem Verfahren klagt. Dies ist aus Sicht des BFH kein reiner Fall einer objektiven Klagenhäufung, weil die Gesellschaft aus eigenem und aus fremdem Recht klagt (BFH IV R 46/16, BFH/NV 2020, 380). Die Voraussetzungen der Streitgenossenschaft können allenfalls aufgrund der Zweckmäßigkeit als eine einfache Streitgenossenschaft kraft Gleichartigkeit iSd § 60 ZPO vorliegen, wenn ein innerer Zusammenhang zwischen diesen Bescheiden und Streitjahren besteht (glA HHS/Leipold § 59 Rn. 17).

Beispiele (einfache Streitgenossenschaft):

7 Mehrere **Gesamtschuldner** (zB zusammenveranlagte Ehegatten – BFH VIII R 79/93, BFH/NV 1995, 225 mwN) erheben gemeinsam Anfechtungs- oder Leistungsklage (BFH VIII R 3/22, BFH/NV 2024, 1147 zur Verpflichtung aus einem einheitlichen Vertrag, auf den der Steueranspruch gestützt wird); **Nachlassverwalter und Erbe** klagen gegen Steuerbescheide, die gegen den Erblasser ergangen sind (BFH I R 60–68/73, BStBl. II 1977, 428); **Erbe und Testamentsvollstrecker** sind in einem gegen den Erben gerichteten finanzge-

richtlichen Verfahren mangels Rechtskrafterstreckung der Entscheidung ggü. dem Testamentsvollstrecker keine notwendigen Streitgenossen (BFH X B 328/94, BStBl. II 1996, 322); **Schuldner und Insolvenzverwalter,** wenn beide der Anmeldung der Abgabenforderung zur Tabelle widersprochen haben und das FA das Verfahren ggü. Insolvenzverwalter und Schuldner aufgenommen hat (§§ 59, 60 ZPO und § 184 S. 2 InsO – BFH VII R 61/06, BStBl. II 2008, 790). **Miterwerber eines Grundstücks** iSd GrEStG greifen die ihnen ggü. ergangenen GrESt-Bescheide an; zu **Miterben,** soweit sie einen Anspruch einzeln geltend machen können → Rn. 8); s. zur gemeinsamen Klage **mehrerer Beschenkter** gegen getrennte gesonderte Feststellungsbescheide über den Bedarfswert einer Immobilie FG BBg 3 K 3178/17, EFG 2018, 825: Streitgenossenschaft nach wechselseitigem Verzicht auf die Beachtung des Steuergeheimnisses zulässig (nachgehend BFH II R 9/18, BStBl. II 2021, 135); die **Gemeinschafter einer Wohnungseigentümergemeinschaft als Feststellungsbeteiligte,** wenn Fragen streitig sind, die das Sondereigentum betreffen (BFH IX R 56/08, BStBl. II 2010, 202). – Zur AdV mehrerer Feststellungsbeteiligter aus einem Bescheid über die gesonderte und einheitliche Feststellung nach § 18 Abs. 1–3 AStG s. FG Münster 2 V 1478/21 F, DStRE 2023, 257; nachgehend BFH I B 11/22 (AdV), BStBl. II 2024, 285). – Zur **Mehrheit von Beklagten** (Bundes- und Landesfinanzminister) s. BFH I 100/60 S, BStBl. III 1962, 55.

Notwendig ist die Streitgenossenschaft, wenn die Voraussetzungen der einfachen Streitgenossenschaft (→ Rn. 4, 5) erfüllt sind **und** 8

- wenn das streitige Rechtsverhältnis allen Streitgenossen ggü. nur einheitlich festgestellt werden kann (notwendige Streitgenossenschaft **aus prozessualen Gründen** bzw. notwendig einheitliche Sachentscheidung – § 62 I Alt. 1 ZPO, zB weil die Entscheidung in einem isolierten Verfahren gegen einen anderen Streitgenossen präjudiziell wäre, vgl. Petzold JuS 2021, 646 (647)) oder
- wenn die Streitgenossenschaft aus einem sonstigen Grund eine notwendige ist (notwendige Streitgenossenschaft **aus materiell-rechtlichen Gründen** bzw. notwendige gemeinschaftliche Klage – § 62 I Alt. 2 ZPO, insbes. wegen einer nur gemeinschaftlichen materiellen Verfügungsbefugnis, vgl. Petzold JuS 2021, 646 (647)).

Beide Fallgruppen werden somit durch einen ggü. der einfachen Streitgenossenschaft engeren Zusammenhang zwischen den Klagen, insbes. durch das **Erfordernis einer zwingend einheitlichen Sachenentscheidung über den Streitgegenstand des Verfahrens,** charakterisiert (Thomas/Putzo/Hüßtege ZPO § 62 Rn. 1, 7). Sie unterscheiden sich vor allem dadurch, dass in den Fällen der notwendigen Streitgenossenschaft aus prozessualen Gründen die Durchführung selbständiger Verfahren rechtlich möglich wäre (erst die gemeinsame Prozessführung hat die Verknüpfung ihres rechtlichen Schicksals zur Folge), während in den Fällen der notwendigen Streitgenossenschaft aus materiell-rechtlichen Gründen Einzelverfahren unzulässig wären.

Beispiele:

- **notwendige Streitgenossenschaft aus prozessualen Gründen (notwendig einheitliche Sachentscheidung):** Anfechtung eines gesonderten und einheitlichen Feststellungsbescheides durch mehrere gem. § 48 I Klagebefugte, ggf. nach Verbindung (§ 73 I 1) der Klagen (zB BFH I R 182/76, BStBl. II 1977, 696; IX B 152/86, BFH/NV 1989, 173; IX B 224/88, BFH/NV 1991, 240; IV R 82/06, BFH/NV 2009, 581) oder bei Insolvenz eines der Kläger (zur Eröffnung eines Insolvenzverfahrens über das Vermögen des Gesellschafters einer PersGes s. BFH IV B 42/03, BFH/NV 2005, 365); Klage der Gesellschafter einer abgewickelten PersGes (BFH IV R 72/74, BStBl. II 1978, 503; X R 33–34/81, BStBl. II 1988, 92); Klagen des Einspruchsführers und des im Einspruchsverfahren gem. 9

§ 360 III AO Hinzugezogenen (BFH IV B 210/04, BFH/NV 2007, 869 (870); X R 16/06, BStBl. II 2009, 732); Klage des Rechtsnachfolgers und des Rechtsvorgängers in den Fällen der §§ 182, 184 I 4 AO;

– **notwendige Streitgenossenschaft aus materiell-rechtlichen Gründen (notwendig gemeinschaftliche Klage):** Klagen einzelne Miterben einer ungeteilten Erbengemeinschaft die zum Nachlass gehörenden Ansprüche ein, die jeder Miterbe einzeln geltend machen darf (§ 2039 S. 1 BGB; s. iE Flöck/Kiemle JA 2023, 585 (586 f.)), handelt es sich **nicht** um eine **notwendige Streitgenossenschaft,** sondern um eine gesetzliche Prozessstandschaft, da jeder Miterbe die Leistung an alle Miterben verlangen kann und für die Erbengemeinschaft prozessführungsbefugt ist (BFH V R 98/83, BStBl. II 1990, 360 zum Erlass von Säumniszuschlägen; BFH X B 144/17, X B 145/17, BFH/NV 2018, 966). Im Fall der Anfechtung von Steuerbescheiden durch mehrere Miterben (die Beteiligten iSd § 57) liegt hingegen eine notwendige Streitgenossenschaft vor, da kein zum Nachlass gehörender Anspruch geltend gemacht wird (BFH X B 106/06, BFH/NV 2007, 733; X B 123/21, HFR 2023, 797 mAnm Nöcker). Siehe zu einer Verpflichtungsklage auf Zusammenveranlagung iRd notwendigen Streitgenossenschaft auch FG Köln 11 K 3198/14, EFG 2016, 827 mAnm Rosenke.

III. Verfahren, Wirkung der Streitgenossenschaft

1. Beginn und Ende der Streitgenossenschaft; gerichtliche Prüfung

10 **Zur Streitgenossenschaft** kommt es **(Beginn)** durch gemeinsame Klageerhebung oder durch Klage gegen mehrere Personen, durch Verbindung mehrerer Verfahren (§ 73), durch Beitritt (§ 122 II) und uU durch Gesamtrechtsnachfolge, wenn an die Stelle des Klägers oder des Beklagten mehrere Personen treten. – Die Streitgenossenschaft **endet** durch Verfahrenstrennung (§ 73) oder verfahrensbeendende Prozesserklärungen.

11 Das Gericht hat zu prüfen, ob die Streitgenossenschaft (subjektive Klagenhäufung) zulässig ist. Die Erfüllung der Merkmale der §§ 60–62 ZPO ist jedoch **keine Sachentscheidungsvoraussetzung** (→ Rn. 5; **aA** BVerwG V C 265/54, BVerwGE 3, 208), vielmehr sind die (mehreren) Verfahren im Falle der Unzulässigkeit der Streitgenossenschaft zu trennen (§ 73 I; → § 73 Rn. 23).

2. Wirkung der einfachen Streitgenossenschaft (§ 61 ZPO)

12 Die Wirkung der Streitgenossenschaft ergibt sich aus dem Verweis von § 59 FGO auf § 61 ZPO. Die mehreren (lediglich äußerlich zusammengefassten) **Verfahren behalten** sowohl bei der einfachen als auch bei der notwendigen Streitgenossenschaft ihre rechtliche **Selbständigkeit** (Thomas/Putzo/Hüßtege ZPO § 61 Rn. 1–4, 9 ff.; zu den Besonderheiten bei der notwendigen Streitgenossenschaft → Rn. 14).

13 **Im Einzelnen:** Die **Sachentscheidungsvoraussetzungen** sind für jedes Verfahren (jeden Streitgenossen) gesondert zu prüfen. Jeder Streitgenosse muss einzeln zum Termin geladen werden; Zustellungen sind getrennt vorzunehmen; auch Fristen laufen für jeden Streitgenossen gesondert. Jeder Streitgenosse kann seine Rechte unabhängig von dem anderen ausüben, insbes. über den Streitgegenstand verfügen, also zB seine Klage zurücknehmen (BFH IX R 168/84, BFH/NV 1990, 379) oder den Rechtsstreit in der Hauptsache für erledigt erklären (§ 138), und sich durch einen selbstgewählten Bevollmächtigten vertreten

lassen. Die Handlungen des einen Streitgenossen gereichen dem anderen weder zum Nachteil noch zum Vorteil (§ 61 ZPO). **Unterschiedlichen Sachvortrag** der Streitgenossen hat das Gericht aufzuklären (§ 76) und zu würdigen (§ 96). – Im Falle der einfachen Streitgenossenschaft können (evtl. müssen) gegen die Streitgenossen **unterschiedliche** gerichtliche **Entscheidungen** ergehen. – **Ein** (einfacher oder notwendiger) **Streitgenosse kann** nach überwiegender Auffassung **nicht Zeuge im Rechtsstreit des anderen Streitgenossen** sein (Thomas/Putzo/Hüßtege ZPO § 61 Rn. 7; Tipke/Kruse/Brandis § 59 Rn. 6). – Bei Insolvenz eines einfachen Streitgenossen und einer damit verbundenen Unterbrechung kann im Verfahren des anderen (nach Abtrennung) entschieden werden (BFH IV R 46/16, BFH/NV 2020, 380; Leipold DStZ 2012, 103 (105); Tipke/Kruse/Brandis § 59 Rn. 6). – Bei den von **einfachen Streitgenossen** eingelegten Revisionen handelt es sich jeweils um eigenständige Rechtsmittel, bei denen die Verfahrenshandlungen des einen Streitgenossen dem anderen weder zum Vorteil noch zum Nachteil gereichen, da § 62 II ZPO (→ Rn. 16) hier nicht gilt (BFH IX R 53/83, BFH/NV 1987, 645 zu zusammenveranlagten Ehegatten).

3. Besondere Wirkungen der notwendigen Streitgenossenschaft (§ 62 ZPO)

Auch **bei der notwendigen Streitgenossenschaft** (§ 59 FGO iVm § 62 ZPO) gilt **grundsätzlich** das **Trennungsprinzip** des § 61 ZPO bzw. das Prinzip der Selbständigkeit der Klagen (s. auch BFH VIII R 79/93, BFH/NV 1995, 225; IV B 210/04, BFH/NV 2007, 869), soweit nicht § 62 ZPO etwas Abweichendes verlangt, weil eine einheitliche Entscheidung oder eine gemeinschaftliche Klageerhebung notwendig ist (Thomas/Putzo/Hüßtege ZPO § 62 Rn. 2). Im Übrigen ergeben sich für das finanzgerichtliche Verfahren, das – anders als der Zivilprozess – keine Anerkenntnis- und Versäumnisurteile kennt (dazu Petzold JuS 2021, 646 (648)), keine wesentlichen Abweichungen, so dass für die Wirkungen auf die Ausführungen zu → Rn. 12 f. bei der einfachen Streitgenossenschaft verwiesen werden kann. 14

Folgende **Besonderheiten** sind jedoch zu beachten: Ist die Klage eines (notwendigen) Streitgenossen unzulässig, nimmt er die **Klage zurück** oder erklärt er in Übereinstimmung mit dem Prozessgegner den Rechtsstreit in der **Hauptsache** für **erledigt,** ist er im Falle der notwendigen Streitgenossenschaft aus prozessualen Gründen (→ Rn. 8) nach Einstellung des Verfahrens bzw. Beschlusses nach § 138 **notwendig beizuladen** (§ 60 III) bzw. im Fall einer notwendigen Streitgenossenschaft aus materiell-rechtlichen Gründen (→ Rn. 8) gem. § 59 FGO iVm § 62 II ZPO **hinzuzuziehen** (BFH IV R 137/84, BStBl. II 1986, 910; X B 106/06, BFH/NV 2007, 733). – Zur **Klagerücknahme in der Revisionsinstanz** durch den notwendigen Streitgenossen, der allein Revision eingelegt hatte, s. BFH I R 182/76, BStBl. II 1977, 697. – Eine **Erledigungserklärung** kann nur von allen Streitgenossen gemeinsam abgegeben werden, weil der Erledigungsbeschluss allen Streitgenossen ggü. einheitlich ergehen muss. – Die Eröffnung des **Insolvenzverfahrens** ggü. einem notwendigen Streitgenossen unterbricht den Rechtsstreit als Ganzes (BFH IV B 42/03, BFH/NV 2005, 365), die Abtrennung des Verfahrens wie ggü. einem einfachen Streitgenossen (→ Rn. 12) kommt hier nicht in Betracht (Leipold DStZ 2012, 103 (109); Tipke/Kruse/Brandis § 59 Rn. 7). 15

16 Im Falle der notwendigen Streitgenossenschaft gelten bei **Frist- und Terminsversäumung** die säumigen durch die nicht säumigen Streitgenossen als **vertreten** (**Vertretungsfiktion, § 62 I ZPO** – BFH IV R 137/83, BStBl. II 1986, 910; V R 98/83, BStBl. II 1990, 360; Thomas/Putzo/Hüßtege ZPO § 62 Rn. 20, zur Termins- und zur Fristversäumung Rn. 23). – Hat ein notwendiger Streitgenosse **fristgerecht Rechtsmittel** eingelegt, wird das verspätet eingelegte (unzulässige) Rechtsmittel eines anderen Streitgenossen so lange nicht als unzulässig verworfen, wie der fristwahrende Rechtsbehelf Bestand hat (vgl. § 62 II ZPO: Hinzuziehung, zum Zivilprozess Thomas/Putzo/Hüßtege ZPO § 62 Rn. 20). Der Streitgenosse kann (solange er als Streitgenosse Beteiligter ist) **nicht** zu dem Verfahren des anderen Streitgenossen gem. § 60 III notwendig beigeladen werden, denn die Zuziehung zum Rechtsstreit des anderen notwendigen Streitgenossen gem. § 62 II ZPO hat Vorrang (Tipke/Kruse/Brandis § 59 Rn. 7). – Diejenigen (notwendigen) Streitgenossen, deren Klage das FG als unzulässig abgewiesen hat, können im Revisionsverfahren (mangels Vorliegens einer Streitgenossenschaft) aber nicht gem. § 62 II ZPO hinzugezogen werden (BFH II R 246/83, BStBl. II 1986, 820). In diesem Fall muss eine notwendige Beiladung erfolgen (→ § 60 Rn. 59t „Unzulässigkeit der Klage"). – **Erheben nicht alle notwendigen Streitgenossen Klage,** sind sie (notwendig) **beizuladen** (§ 60 III – BFH I R 182/76, BStBl. II 1977, 696; IV R 137/83, BStBl. II 1986, 910; → § 60 Rn. 59) bzw. – falls eine gemeinsame Klageerhebung erforderlich ist (notwendige Streitgenossenschaft aus materiell-rechtlichen Gründen; → Rn. 8) – nach § 62 II ZPO **hinzuziehen** (BFH IV R 137/83, BStBl. II 1986, 910).

4. Steuergeheimnis; Kostenentscheidungen; verbindliche Auskunft

17 Das gemeinsame Verhandeln und Entscheiden mehrerer Klagen unterschiedlicher Kläger kommt für das Gericht wegen der auch das Gericht bindenden Verpflichtung, **das Steuergeheimnis** zu wahren (§ 30 AO), regelmäßig nur dann und insoweit in Betracht, als die Voraussetzungen einer einfachen oder notwendigen Streitgenossenschaft gegeben sind (BFH II R 40/12, BFH/NV 2014, 1579).

18 Zur **Kostenentscheidung** bei notwendiger Streitgenossenschaft → Vor § 135 Rn. 112. Bei einer subjektiven Klagenhäufung haften die Kläger für die Gerichtskosten gesamtschuldnerisch. Ob und inwieweit sie im Innenverhältnis einen Ausgleich nachsuchen und herstellen, bleibt ihnen überlassen, ist keine Frage des Kostenansatzes (BFH 1 E 1/05, BFH/NV 2005, 2018). Allerdings unterbleibt im Fall einer Streitgenossenschaft eine Addition der Streitwerte, wenn und soweit es sich um „wirtschaftlich identische" Klagebegehren handelt (BFH I R 66/14, BStBl. II 2016, 706). Zum Begriff derselben Angelegenheit gem. § 7 I iVm § 15 RVG bei einfachen Streitgenossen s. SchlHFG 1 K 149/16, EFG 2020, 131 mAnm Engellandt: jedenfalls dann, wenn die materiellen Voraussetzungen der einfachen Streitgenossenschaft (§§ 59, 60 ZPO) erfüllt sind.

19 Beantragen der Organträger und die Organgesellschaft einer ertragsteuerlichen Organschaft eine **verbindliche Auskunft** in Bezug auf den gleichen Sachverhalt, fällt nach früherer Rechtslage bei beiden Antragstellern eine Auskunftsgebühr an (BFH I R 66/14, BStBl. II 2016, 706). Die Bildung eines einheitlichen „Gesamtgegenstandswerts" für die Gebührenfestsetzung einer verbindlichen Auskunft bei mehreren Antragstellern unter Berücksichtigung der Grundsätze zum gerichtlichen Gebührenstreitwert bei einer Streitgenossenschaft, kommt nicht in Betracht.

Für Anträge mehrerer Antragsteller auf verbindliche Auskunft, die nach dem 22.7.2016 gem. § 89 III 2 AO nF gestellt werden, ist nur eine Gebühr zu erheben; in diesem Fall sind alle Antragsteller Gesamtschuldner der Gebühr (s. zur Änderung der Rechtslage Thiele FR 2016, 947 (949 f.)).

§ 60 [Beiladungen]

(1) [1]**Das Finanzgericht kann von Amts wegen oder auf Antrag andere beiladen, deren rechtliche Interessen nach den Steuergesetzen durch die Entscheidung berührt werden, insbesondere solche, die nach den Steuergesetzen neben dem Steuerpflichtigen haften.** [2]**Vor der Beiladung ist der Steuerpflichtige zu hören, wenn er am Verfahren beteiligt ist.**

(2) **Wird eine Abgabe für einen anderen Abgabenberechtigten verwaltet, so kann dieser nicht deshalb beigeladen werden, weil seine Interessen als Abgabenberechtigter durch die Entscheidung berührt werden.**

(3) [1]**Sind an dem streitigen Rechtsverhältnis Dritte derart beteiligt, dass die Entscheidung auch ihnen gegenüber nur einheitlich ergehen kann, so sind sie beizuladen (notwendige Beiladung).** [2]**Dies gilt nicht für Mitberechtigte, die nach § 48 nicht klagebefugt sind.**

(4) [1]**Der Beiladungsbeschluss ist allen Beteiligten zuzustellen.** [2]**Dabei sollen der Stand der Sache und der Grund der Beiladung angegeben werden.**

(5) **Die als Mitberechtigte Beigeladenen können aufgefordert werden, einen gemeinsamen Zustellungsbevollmächtigten zu benennen.**

(6) [1]**Der Beigeladene kann innerhalb der Anträge eines als Kläger oder Beklagter Beteiligten selbständig Angriffs- und Verteidigungsmittel geltend machen und alle Verfahrenshandlungen wirksam vornehmen.** [2]**Abweichende Sachanträge kann er nur stellen, wenn eine notwendige Beiladung vorliegt.**

Vgl. §§ 65, 66 VwGO; § 75 SGG.

Literatur: Benkel, Gedanken zu den rechtsdogmatischen Grundlagen der Beiladung, NZS 1997, 254; Brühl, Neues zur Drittanfechtungsklage und zu den Auswirkungen von Entnahme im Rückwirkungszeitraum, FR 2018, 448; Gersch, Die Kosten des Beigeladenen AO-StB 2001, 59; Gruber, Kostenrechtliche Betrachtungen zur Beiladung, StB 2003, 16; Halaczinsky/Volquardsen, Rechtsbehelfsbefugnis in Erbschaft- und Schenkungsteuerangelegenheiten, ErbStB 2010, 274; Jesse, Einspruch und Klage im Steuerrecht, 4. Aufl. 2017; Jestädt, Notwendige Beiladung von Treugebern in Fällen der Liebhaberei und deren Klagebefugnis, BB 1993, 53; Kamps/Gravenhorst, Vor- und Nacherbschaft sowie Beteiligungsmöglichkeit des Testamentsvollstreckers im Steuerverfahren, ErbR 2023, 839; Leipold, Insolvenz von Beteiligten während eines finanzgerichtlichen Verfahrens unter besonderer Berücksichtigung von Personengesellschaften, DStZ 2012, 103; Meyer, Die Hinzuziehung (Beiladung) zusammenveranlagter Ehegatten im Rechtsbehelfsverfahren, DStZ 1993, 401; Meyer, Zur Frage der Hinzuziehung bzw. Beiladung bei zur Einkommensteuer zusammenveranlagten Ehegatten, FR 1984, 30; Nieland, Formen der Beiladung, AO-StB 2002, 217; Raback, Voraussetzungen einer notwendigen Beiladung, AO-StB 2001, 257; Rößler, Einkommensteuerbescheide bei Zusammenveranlagung von Ehegatten, BB 1983, 626; Rößler, Zweifelsfragen bei Einkommensteuerbescheiden gegen Ehegatten, DStR 1984, 359; Rößler, Nochmals: Notwendige Beiladung bei Personengesellschaften mit Publikumsbeteiligung, DStZ 1986,

435; Schaumburg/Hendricks, Steuerrechtsschutz, 5. Auflage 2024; Seeliger, Die Beteiligung Dritter am Steuerprozess, DStR 1966, 406 (459); Streck/Kamps/Olgemöller, Der Steuerstreit, 4. Aufl. 2017; v. Wedelstädt, Rechtsschutz in den Änderungsverfahren nach § 174 Abs. 4 AO und nach § 174 Abs. 4 i.V.m. Abs. 5 AO, AO-StB 2021, 169; Wüllenkemper, Bedeutung der Neuregelung der Klagebefugnis (§ 48 FGO) für die notwendige Beiladung in vor dem 1. Januar 1996 anhängig gewordenen Verfahren, DStZ 1997, 133.

Übersicht

Rn.
I. Inhalt und Bedeutung der Vorschrift ... 1
1. Begriff und Zweck der Beiladung ... 1
2. Persönlicher Anwendungsbereich („andere Person“) ... 3
3. Sachlicher und zeitlicher Anwendungsbereich des § 60 ... 4
a) Verfahrensarten ... 4
b) Zeitlicher Anwendungsbereich im Verfahren ... 5
4. Abgrenzung des § 60 zu anderen Regelungen ... 6
a) Hinzuziehung zum Einspruchsverfahren (§ 360 AO) ... 6
b) Streitgenossenschaft (§ 59) und Streitverkündung (§ 72 ZPO) ... 7
c) Beiladung gem. § 174 V 2 AO ... 8
aa) Überblick ... 8
bb) Sinn und Zweck der Beiladung nach § 174 V AO; Stellung des Beigeladenen im Verfahren ... 9
cc) Voraussetzungen der Beiladung gemäß § 174 V 2 AO durch das FG ... 10
dd) Prüfungsmaßstab des Gerichts ... 11
ee) Bindungswirkung der Entscheidung im Ausgangsrechtsstreit für das Folgeänderungsverfahren ... 12
ff) Rechtsschutz gegen Beiladungsentscheidungen des FG 13
d) Verbindung gem. § 73 II ... 14
II. Voraussetzungen der Beiladung (§ 60 I–III) ... 16
1. Berührtwerden durch die gerichtliche Entscheidung ... 16
2. Besondere Voraussetzungen der einfachen Beiladung (§ 60 I 1, II) ... 17
a) Voraussetzungen gemäß § 60 I 1 ... 17
b) Einschränkungen aus § 60 II ... 21
3. Besondere Voraussetzungen der notwendigen Beiladung (§ 60 III) ... 22
a) Überblick ... 22
b) Notwendigkeit einer einheitlichen Entscheidung (§ 60 III 1) ... 23
c) Entbehrlichkeit der notwendigen Beiladung (§ 60 III 2) und weitere Ausnahmen ... 24
III. Entscheidung des Gerichts über die Beiladung (§ 60 IV und V) . 25
1. Entscheidung von Amts wegen ... 25
2. Anhörung der Beteiligten ... 27
3. Ermessensentscheidung des FG ... 29
a) Einfache Beiladung ... 29
b) Notwendige Beiladung ... 30
4. Entscheidung über die Beiladung durch Beschluss (§ 60 IV, V) ... 34
IV. Einzelfälle (ABC der Beiladung) ... 50

	Rn.
V. Wirkung der Beiladung (§ 60 VI)	140
1. Stellung des Beigeladenen im Verfahren	140
2. Bindungswirkung der Entscheidung und weitere Folgen	145
3. Unterbrechung des Verfahrens aufgrund der Beteiligtenstellung des Beigeladenen	146
4. „Heilungswirkung“ der nachgeholten Beiladung	147
5. Kosten	149
VI. Beendigung der Beiladung	150
VII. Folgen der endgültig unterbliebenen Beiladung	151
VIII. Aufhebung/Änderung der Beiladung, Rechtsmittel	154

I. Inhalt und Bedeutung der Vorschrift

1. Begriff und Zweck der Beiladung

1 Die Beiladung regelt die **Beteiligung Dritter am Verfahren,** die nicht Hauptbeteiligte (Kläger oder Beklagter) sind (vgl. BFH VII R 11/05, BStBl. II 2006, 573; X R 21/17, BFH/NV 2018, 529). – Im Zivilprozess erfolgt die Beteiligung Dritter am Rechtsstreit im Allgemeinen durch die Nebenintervention (§§ 66 ff. ZPO) und die Streitverkündung (§§ 72 ff. ZPO; zur Streitgenossenschaft → Rn. 7). § 59 FGO nimmt diese Regelungen jedoch nicht in Bezug (→ § 59 Rn. 1). Im Anwendungsbereich **der FGO** kann die Beteiligung Dritter somit nur durch deren Beiladung herbeigeführt werden (zur **Unzulässigkeit der Nebenintervention** s. BFH X B 87/89, BFH/NV 1990, 787; zur **Unzulässigkeit der Streitverkündung** → Rn. 7; BFH III R 75/66, BStBl. II 1970, 484; X B 87/89, BFH/NV 1990, 787; III B 81/02, BeckRS 2002, 25001158; V B 179/06, BFH/NV 2007, 2296). Haben mehrere Beizuladende selbst Klage erhoben, wird die Beiladung uU durch die **Verbindung der Klagen** ersetzt, **wenn** die Klagen **zulässig** sind (§ 73 II – → § 73 Rn. 13). Unter bestimmten Voraussetzungen hat auch die Verbindung selbständiger Verfahren in der **Revisionsinstanz** diese Wirkung (BFH X R 33–34/81, BStBl. II 1988, 92; IV R 82/06, BFH/NV 2009, 581).

Zu unterscheiden ist in § 60 zwischen der **einfachen Beiladung** (§ 60 I, II – → Rn. 17 ff.), für die prozessökonomische Gesichtspunkte (Vermeidung weiterer streitiger Verfahren und widersprüchlicher Entscheidungen; auch im Hinblick auf eine Inhaftungnahme des Beigeladenen, vgl. § 60 I 1) maßgebend sind, und der **notwendigen Beiladung** (§ 60 III; → Rn. 23 ff.), deren Anordnung aus Rechtsgründen wegen einer zwingend einheitlichen Entscheidung geboten ist. Zur notwendigen Beiladung in **Massenverfahren** s. **§ 60a.** Abweichend von § 60 kann **gemäß § 160** die Beiladung durch ein besonderes Gesetz geregelt werden, soweit der Finanzrechtsweg auf Grund des § 33 I Nr. 4 eröffnet ist. Auch ein Landesgesetz ist als ein solches Gesetz anzusehen (s. zur Beiladung einer Religionsgemeinschaft nach dem Landeskirchensteuerrecht BFH I R 6/21, BFH/NV 2022, 728: Beiladung nicht gem. § 123 I 2 vom BFH nachholbar).

2 Durch die Beiladung soll im Interesse der Prozessökonomie ermöglicht (einfache Beiladung) bzw. sichergestellt (notwendige Beiladung) werden, dass streitige Rechtsverhältnisse nicht nur zwischen den Hauptbeteiligten, sondern auch ggü. Dritten, deren rechtliche Interessen durch die Entscheidung berührt werden, einheitlich entschieden und widersprüchliche Entscheidungen vermieden werden.

Dieses Ziel wird durch die **Bindungswirkung der rechtskräftigen Entscheidung** sowohl ggü. den Hauptbeteiligten als auch den Beigeladenen, die Beteiligte gem. § 57 Nr. 3 sind, und deren Rechtsnachfolgern (§ 110 I 1) erreicht (→ Rn. 145). – Gleichzeitig dient die Beiladung der Wahrung der Interessen des Beizuladenden, indem ihm die Möglichkeit eingeräumt wird, auf das Verfahren der Hauptbeteiligten Einfluss zu nehmen und dadurch seine Rechte zu wahren (s. zur Kostenlast in diesem Fall § 136 I 3, § 139 IV). – Darüber hinaus soll durch die Beiladung eine umfassende Aufklärung des Streitstoffs und damit eine Förderung des zwischen den Hauptbeteiligten schwebenden Streits erreicht werden. Der Beigeladene kann nach seinen materiellen Interessen am Ausgang des Verfahrens entweder „im Lager des Klägers" oder der FVerw (des Beklagten) stehen. Das **Steuergeheimnis** wird durch die Beiladung nicht verletzt, soweit die Offenbarung der Verhältnisse des Stpfl. der Durchführung des Verfahrens dient (§ 30 IV Nr. 1 AO und BFH IV R 37/15, BFH/NV 2018, 539; aber zur Berücksichtigung der Interessen des Klägers bei der Ermessensentscheidung zur einfachen Beiladung → Rn. 30). – Zur **verfassungsrechtlichen Bedeutung** der Beiladung s. Stober FS Menger, 1985, 401 (416 ff.).

2. Persönlicher Anwendungsbereich („andere Person")

3 Beigeladen werden kann grds. derjenige Prozessfähige (§ 58), der **nicht Kläger oder Beklagter** (Hauptbeteiligter) – sog. Beiladungsfähigkeit – und der beteiligtenfähig ist (→ § 57 Rn. 7 ff.; BFH X R 4/20, DStRE 2022, 457).

Beigeladen werden können neben **natürlichen Personen** auch **Parteien kraft Amtes** wie der Insolvenzverwalter (vgl. zur einfachen Beiladung des Insolvenzverwalters gem. § 60 I FG Köln 9 K 3169/16, BeckRS 2020, 25306; zur notwendigen Beiladung FG Köln 15 K 1338/13, BeckRS 2016, 137508), **Außen-Personengesellschaften** (nicht Innengesellschaften wie die atypisch stille Gesellschaft) sowie juristische Personen des Privatrechts. **Ab der handelsrechtlichen Vollbeendigung** einer Außen-Personengesellschaft und dem Verlust der Fähigkeit, als gesetzliche Prozessstandschafterin gem. § 48 aF/nF auftreten zu können, entfällt auch die Beiladungsfähigkeit bzw. geht eine ausgesprochene Beiladung ins Leere (BFH IV R 9/20, BStBl. II 2025, 309 zur GmbH & Co. KG mit Simultaninsolvenz; → § 58 Rn. 56; BFH IV R 20/18, BStBl. II 2021, 904; IV R 13/22, DStR 2024, 418); anders ist dies in der Liquidationsphase (→ Rn. 59w, „Vollbeendigung"). Hingegen ist die überwindbare Prozessunfähigkeit kein Hinderungsgrund für die Beiladung (s. zB zur prozessunfähigen GmbH, die keinen gesetzlichen Vertreter hat BFH IV R 8/20 (IV R 7/17), DStR 2023, 1187; → § 58 Rn. 39, 49; → § 57 Rn. 17, 22, 29; BFH I R 111/79, BStBl. II 1980, 587; I R 68/93, BFH/NV 1994, 798; IV B 15/10, BFH/NV 2011, 5: auch zur Zustellbarkeit des Beiladungsbeschlusses erst dann, wenn ein gesetzlicher Vertreter der gelöschten Gesellschaft – Nachtragsliquidator oder Ergänzungspfleger – bestellt wurde; zur Bestellung des Nachtragsliquidators BFH I B 25/23, BFH/NV 2024, 934).

Die verfahrensrechtliche Stellung eines Beizuladenden **(Noch-Nicht-Beigeladener)** geht auf die Erben über, sodass diese selbst dann beizuladen sind, wenn der Rechtsstreit die Zeit bis zum Eintritt der Erbfolge betrifft und sie nach dem Erbfall nicht selbst Gesellschafter der als Prozessstandschafterin (§ 48 I Nr. 1) klagenden PersGes werden (BFH VIII R 31/20, BStBl. II 2024, 184). Der Erbe eines ehemaligen Gesellschafters, der nach einer Vollbeendigung der Gesellschaft gem. § 48 I Nr. 2 klagebefugt ist, ist aber nicht beizuladen, wenn der Rechtsvorgänger durch die streitige Feststellung in eigenen Rechten berührt sein kann (BFH IV R 38/16, BFH/NV 2019, 551; → Rn. 23 f.).

Finanzbehörden können nur Beklagter sein oder dem Verfahren beitreten, so dass die Beiladung eines FA nicht in Betracht kommt (BFH V B 103/16, BFH/NV 2019, 403). Vom **Beitritt** des BMF oder einer obersten Landesbehörde grenzt sich die Beiladung danach ab, dass der BFH berechtigt ist, deren Beitritt anzuregen oder diese zum Beitritt aufzufordern (vgl. § 122 II 3). Weder ist der BFH dazu verpflichtet noch steht dem BMF/den obersten Landesbehörden gem. § 122 II ein „Beteiligungsrecht" in jeder prozessualen Situation zu (verneinend für einen Antrag des BMF gem. § 90 II 1 BFH IV R 15/14, BStBl. II 2016, 593).

Andere Behörden können unter den Voraussetzungen des § 60 I, III beigeladen werden (Steinhauff juris-PR SteuerR 15/2019, Anm. 4; s. zu Einrichtungen, an die Kindergeld abgezweigt wird FG Nürnberg 3 K 695/20, BeckRS 2021, 22125; zu Sozialleistungsträgern BFH XI B 145/13, BFH/NV 2014, 1223; zu einer Beiladung des Umweltbundesamts BFH VII R 25/18, BFH/NV 2020, 887).

Außerdem ist im sog. **in-camera-Verfahren nach § 86,** wenn der BFH die oberste Aufsichtsbehörde aufgefordert hat, die verweigerten Dokumente bzw. Akten vorzulegen oder zu übermitteln oder die verweigerten Auskünfte zu erteilen (§ 86 III 3), die oberste Dienstaufsichtsbehörde zu den Beschlussverfahren vor dem BFH „beizuladen" (§ 86 III 4). Zur „Beiladung" einer Finbeh gem. **§ 86 III 4** → § 86 Rn. 18. Indes handelt es sich insoweit nicht um eine echte Beiladung iSd § 60 (→ § 86 Rn. 18; Steinhauff juris-PR SteuerR 15/2019, Anm. 4).

3. Sachlicher und zeitlicher Anwendungsbereich des § 60

a) Verfahrensarten. Nach der beschriebenen Zwecksetzung (→ Rn. 2) ist die **einfache und notwendige Beiladung** gem. § 60 III in solchen Verfahren möglich und erforderlich, die einen Rechtsstreit für eine Instanz endgültig zum Abschluss bringen. Diese Voraussetzung liegt vor, wenn das Verfahren mit einer **Entscheidung** endet, die in **materielle Rechtskraft** erwächst (BFH IV B 41/77, BStBl. II 1978, 584). Das ist stets bei **Urteilen,** vereinzelt aber auch bei **Beschlüssen** der Fall, soweit sie für das Verfahren eine selbständige und abschließende Entscheidung treffen (→ § 110 Rn. 3). Unerheblich ist, welche Klageart dem Verfahren zugrunde liegt. – Zum Wiederaufnahmeverfahren gem. § 134 s. BFH VIII B 180/19, BFH/NV 2020, 610. 4

Materielle Rechtskraft haben zB Beschlüsse über Anträge auf **Aussetzung der Vollziehung** nach § 69 III nicht (§ 69 VI → § 69 Rn. 275 ff.); eine notwendige Beiladung ist daher dort **nicht erforderlich** (BFH IV B 41/77, BStBl. II 1978, 584; I S 1/80, BStBl. II 1981, 99; VIII B 26/80, BStBl. II 1981, 574; II S 7/93, BFH/NV 1994, 151). Im Verfahren der **einstweiligen Anordnung** (BFH IV B 41/77, BStBl. II 1978, 584) ist eine notwendige Beiladung ebenfalls nicht erforderlich, auch wenn Beschlüsse im Verfahren nach § 114 in materielle Rechtskraft erwachsen können und nur unter bestimmten Voraussetzungen änderbar sind (vgl. HHS/Leipold § 60 Rn. 14 ff.).

b) Zeitlicher Anwendungsbereich im Verfahren. Die Beiladung kann durch das FG, dh nur **zu einem bereits anhängigen Verfahren** erfolgen. Sie ist bis zum Eintritt der formellen Rechtskraft, also auch noch nach Schluss der mündlichen Verhandlung und nach Ergehen des Urteils möglich (BFH IV R 222/80, BStBl. II 1983, 762; VIII B 25/90, BStBl. II 1990, 1072; VIII B 111/92, BFH/NV 1994, 380 zur Einlegung der Beschwerde gegen einen abl. Beiladungs- 5 beschluss; Tipke/Kruse/Brandis § 60 Rn. 9; HHS/Leipold § 60 Rn. 17, 24). Wird die Beiladung nach Schluss der mündlichen Verhandlung vom FG ausgesprochen, wird der Beizuladende noch zum Beteiligten des Ausgangsverfahrens und die Verhandlung ist wiederzueröffnen (BFH IV R 222/80, BStBl. II 1983, 762). Da bei einer Beiladung nach Ergehen des Urteils der notwendig Beigeladene Verfahrensbeteiligter wird (§ 57 Nr. 3), kann er gem. § 60 VI den Beiladungsmangel mit einem eigenen Rechtsmittel (zB in der NZB gem. § 115 II Nr. 3) rügen; Gleiches gilt bei Verzicht auf die mündliche Verhandlung (BFH I B 13/14, BFH/NV 2015, 1695). Ein Verfahrensfehler des FG führt entweder zur Aufhebung und Zurückverweisung (§ 116 VI, § 126 III Nr. 1) oder zur Nachholung einer (notwendigen) Beiladung durch den BFH (§ 123 I 2, → Rn. 148, 151; s. Tipke/Kruse/Brandis § 60 Rn. 9; HHS/Leipold § 60 Rn. 27). – Nach Abgabe übereinstimmender Erledigungserklärungen durch die Hauptbeteiligten (§ 138) kann keine Beiladung mehr erfolgen (s. FG Bln III 58/64, EFG 1968, 311).

4. Abgrenzung des § 60 zu anderen Regelungen

6 **a) Hinzuziehung zum Einspruchsverfahren (§ 360 AO).** Die Hinzuziehung unterscheidet zwischen einer einfachen Hinzuziehung (§ 360 I AO: rechtliche Interessen nach den Steuergesetzen berührt) und der notwendigen Hinzuziehung (§ 360 III AO: notwendigerweise einheitliche Entscheidung) und entspricht hinsichtlich ihrer Voraussetzungen den Regelungen des § 60 für das gerichtliche Verfahren. Wird ein Dritter gem. § 360 AO zum Einspruchsverfahren des Ausgangsrechtsstreits hinzugezogen, wird er dort Verfahrensbeteiligter (§ 359 Nr. 2 AO). Seine Stellung im Einspruchsverfahren nach § 360 IV AO ist weitergehender als im Fall des § 60 VI (→ Rn. 141), da er dieselben Rechte wie der Einspruchsführer, allerdings nur innerhalb des durch diesen vorgegebenen Einspruchsgegenstands, geltend machen kann (Klein/Rätke AO § 360 Rn. 35 ff.).

Die Einspruchsentscheidung erzeugt zwar auch ggü. dem Hinzugezogenen eine Bindungswirkung (Klein/RätkeAO § 360 Rn. 39), sie begründet für sich betrachtet aber noch keine Klagebefugnis iSd § 40 II FGO (BFH X R 16/06, BStBl. II 2009, 732; I R 35/19, BFH/NV 2021, 1354). Etwas anderes gilt aber dann, wenn der Hinzugezogene etwa als Gesamtschuldner der angefochtenen Steuerfestsetzung materiell beschwert ist (BFH I R 35/19, BFH/NV 2021, 1354; → § 40 Rn. 127) oder eine formelle oder materielle Beschwer ausnahmsweise aus der Einspruchsentscheidung selbst resultiert. Hierzu muss der Hinzugezogene im Einspruchsverfahren entweder Anträge gestellt haben, denen das FA nicht entsprochen hat, oder das FA Feststellungen bei der Beurteilung des Falls treffen, die für den Hinzugezogenen im Folgeänderungsverfahren nachteilig sind; es genügt jedoch nicht, wenn der Einspruch nicht iSd Hinzugezogenen entschieden wird (BFH VIII R 10/00, BStBl. II 2001, 747; X R 16/06, BStBl. II 2009, 732; II R 1/14, BStBl. II 2015, 595; zu Einzelfragen Klein/Rätke AO, 18. Aufl. § 360 Rn. 39). Klagt der Einspruchsführer, kommt im anschließenden Klageverfahren unter den Voraussetzungen des § 60 eine Beiladung in Betracht (→ Rn. 10 unter *(3)*; → Rn. 84).

7 **b) Streitgenossenschaft (§ 59) und Streitverkündung (§ 72 ZPO).** Die Bildung einer Streitgenossenschaft und die Beiladung haben im Wesentlichen die gleichen prozessualen Wirkungen, denn die Bindungswirkung aufgrund der materiellen Rechtskraft der das Verfahren abschließenden Entscheidung (§ 110 I 1 Nr. 1, Nr. 3; dazu → § 110 Rn. 25, 30) trifft sowohl die Streitgenossen als auch

die Beigeladenen. Beide Rechtsinstitute unterscheiden sich vor allem durch die **Stellung der Prozessparteien im Verfahren:** Der Streitgenosse ist Hauptbeteiligter (Kläger oder Beklagter) und infolgedessen befugt, über den Streitgegenstand zu verfügen, während dem Beigeladenen dieses Recht nicht zusteht (vgl. § 60 VI). – Bei Vorliegen einer notwendigen Streitgenossenschaft ist derjenige Kläger, der nicht Revision eingelegt hat, grds. gem. § 59 FGO iVm § 62 II ZPO zum Revisionsverfahren hinzuzuziehen (BFH II R 246/83, BStBl. II 1986, 820; IV R 17/16, NZI 2019, 907). Liegt keine notwendige Streitgenossenschaft mehr vor, hat statt einer Hinzuziehung eine notwendige Beiladung nach § 60 III iVm § 123 I 2 im Revisionsverfahren zu erfolgen, sofern die Sache nicht an die Vorinstanz zurückverwiesen wird (BFH IV R 17/16, NZI 2019, 907). Auch → § 59 Rn. 15.

Die Möglichkeit einer **Streitverkündung** (§ 72 ZPO) besteht im Finanzgerichtsprozess nicht (BFH V B 179/06, BFH/NV 2007, 2296; V B 31/11, BFH/NV 2013, 944; → § 59 Rn. 1).

c) Beiladung gem. § 174 V 2 AO. aa) Überblick. Nach § 174 V 2 AO ist 8
auf Antrag des FA die Beiladung eines Dritten in einem finanzgerichtlichen Verfahren zulässig, wenn ein **Steuerbescheid/Feststellungsbescheid** gem. § 174 IV 1 AO aufgrund eines Antrags oder Rechtsbehelfs eines Stpfl. möglicherweise wegen der irrigen Beurteilung eines bestimmten Sachverhalts aufzuheben oder zu ändern ist und in Betracht kommt, hieraus zulasten des Dritten in einem Folgeänderungsverfahren steuerliche Folgerungen zu ziehen (zum Sachverhaltsbegriff s. zB BFH V R 45/09, BFH/NV 2011, 1655; V R 5/12, BStBl. II 2016, 585 – einheitlicher Lebensvorgang; zur irrigen Beurteilung aufgrund der objektiven Rechtswidrigkeit des geänderten/aufgehobenen Steuerbescheids/Feststellungsbescheids BFH X R 31/14, BStBl. II 2016, 287; VIII R 17/15, DStR 2018, 667). Gegenüber dem Dritten greift die Korrekturbefugnis des § 174 IV AO aber nur, wenn er an dem Verfahren, das zur Aufhebung oder Änderung des fehlerhaften Steuerbescheids/Feststellungsbescheids geführt hat (sog. **Ausgangsrechtsstreit**), beteiligt war (§ 174 V 1 AO). Das zur Aufhebung/Änderung des ursprünglichen Bescheids führende Verfahren kann (statt eines Veranlagungs- oder Einspruchsverfahrens) gem. § 174 IV 2 AO auch ein finanzgerichtliches Verfahren sein. Geschieht die Änderung/Aufhebung des ursprünglichen Bescheids im Veranlagungsverfahren, ist ein Dritter iSd § 174 V AO „beteiligt", wenn er durch eigene verfahrensrechtliche Initiative auf die Aufhebung oder Änderung des Bescheids hingewirkt hat; erfolgt die Änderung/Aufhebung im Einspruchsverfahren, wird der Dritte beteiligt, wenn er formal gem. § 360 AO hinzugezogen wird (BFH V R 5/12, BStBl. II 2016, 585). Im finanzgerichtlichen Klageverfahren muss der Dritte für eine hinreichende Beteiligung gem. § 174 V 2 AO beigeladen werden. Die folgenden Ausführungen bis → Rn. 13 betreffen nur die Konstellation, dass der Ausgangsrechtsstreit sich im Stadium eines finanzgerichtlichen Verfahrens befindet, zu dem der Dritte beigeladen werden soll.

Für die Beiladung gem. § 174 V 2 AO sind vom FG im Ausgangsrechtsstreit die tatbestandsmäßigen Voraussetzungen des § 60 I oder III nicht zu prüfen, weil § 174 V 2 AO **einen selbständigen Beiladungsgrund** enthält (BFH I B 137/04, BFH/NV 2005, 835; IX B 176/09, BFH/NV 2010, 832; III B 149/09, BFH/NV 2011, 404; XI B 127/13, BFH/NV 2014, 1012; X B 42/16, BFH/NV 2017, 146; X R 21/17, BFH/NV 2018, 529, mAnm Steinhauff AO-StB 2018, 241; IV R 13/22, DStR 2024, 418). Von der notwendigen Beiladung unterscheidet sich die Beiladung des § 174 V 2 AO dadurch, dass die beim Dritten im Folgeänderungsverfahren zu ziehenden richtigen steuerlichen Folgen sachlich korrespondierende Änderungen sein können, jedoch nicht zwingend einheitlich zu entscheiden ist (s. zB BFH X R 21/17, BFH/NV 2018, 529 zur Zurechnung von Einkünften beim Stpfl. oder beim Dritten; zur zwingend einheitlichen Entscheidung bei der notwendigen Beiladung).

9 **bb) Sinn und Zweck der Beiladung nach § 174 V AO; Stellung des Beigeladenen im Verfahren. (1) Sinn und Zweck** der Beiladung des Dritten im finanzgerichtlichen Ausgangsrechtsstreit ist im Hinblick auf die drohende Änderung im Folgeänderungsverfahren zu dessen Lasten die frühzeitige Beteiligung des Dritten, um Rechtsschutz- und Vertrauensschutz sowie die verfahrensrechtliche Bindung an das Ergebnis des Ausgangsrechtsstreits zu gewährleisten. Dem liegt die Wertung zugrunde, dass der Dritte, der nicht durch eigene verfahrensrechtliche Initiative auf die Aufhebung oder Änderung des fehlerhaften Bescheides hinwirkt oder am Ausgangsrechtsstreit formal beteiligt wird und deshalb typischerweise auch keine Kenntnisse hinsichtlich der Auswirkungen der Korrektur hat, mit Ablauf der ihn betreffenden Festsetzungsfrist endgültig auf die Bestandskraft der ihm ggü. erfolgten oder ggf. unterbliebenen Besteuerung vertrauen darf (BFH V R 42/14, BFH/NV 2015, 945; vertiefend BeckOK AO/Klomp AO § 174 Rn. 230, 254; Klein/Rüsken AO § 174 Rn. 69 f., 73, 77). – **(2) Stellung des Beigeladenen.** Dem nach § 174 V 2 AO im finanzgerichtlichen Ausgangsrechtsstreit Beigeladenen steht **die Rechtsstellung (§ 60 VI) eines notwendig Beigeladenen** und Verfahrensbeteiligten iSd § 57 Nr. 3 zu (→ Rn. 141 ff.; HHS/Leipold § 60 Rn. 22 f.; BeckOK AO/Klomp AO § 174 Rn. 249; Klein/Rüsken AO § 174 Rn. 77; aus der Rspr. zB BFH IX R 98/82, BStBl. II 1988, 344; III B 41/48, BFH/NV 1999, 156; II B 48/10, BFH/NV 2011, 408). Zur Bindungswirkung der Entscheidung im Ausgangsrechtsstreit → Rn. 12 und zur Bindungswirkung eines rechtskräftigen Urteils gem. § 110 I 1 → § 110 Rn. 25.

10 **cc) Voraussetzungen der Beiladung gemäß § 174 V 2 AO durch das FG. (1) Beantragung/Veranlassung der Beiladung durch das FA.** Voraussetzung der Beiladung durch das FG nach § 174 V 2 AO im finanzgerichtlichen Ausgangsrechtsstreit ist, dass das beklagte FA (nicht das für den Beigeladenen zuständige FA – BFH III B 52/89, BFH/NV 1991, 16) diese **beantragt** oder **veranlasst** hat (BFH V B 79/89, BFH/NV 1999, 442; II B 48/10, BFH/NV 2011, 408; X B 42/16, BFH/NV 2017, 146; zur Auslegungsfähigkeit eines auf § 60 I gestützten Antrags BFH XI B 5/21, BFH/NV 2022, 405). Auch ohne ausdrücklichen Antrag des FA kann das FG wegen einer Veranlassung des FA im finanzgerichtlichen Verfahren gem. § 174 V 2 AO beiladen, wenn der Dritte gem. §§ 359 Nr. 2, § 360 I, IV AO zum Einspruchsverfahren hinzugezogen war (BFH X B 42/16, BFH/NV 2017, 146; s. auch unter *(3)*). Das FG darf ansonsten nicht von sich aus gem. § 174 V 2 AO beiladen, weil es im Ermessen des FA steht, ob es die Wirkungen des § 174 V AO herbeiführen will oder nicht (BFH VI R 47/12, BStBl. II 2015, 490; Tipke/Kruse/Loose AO § 174 Rn. 55; HHS/Leipold § 60 Rn. 22 f.; BeckOK AO/Klomp AO § 174 Rn. 246; Klein/Rüsken AO § 174 Rn. 76). **Versäumt das FA,** einen Dritten gem. § 174 V AO am Verfahren zu beteiligen, und scheidet deshalb dem Dritten ggü. die Änderung eines Steuerbescheids nach § 174 IV AO aus, so ist der Dritte nicht nach Treu und Glauben verpflichtet, dem FA durch Antrag oder Zustimmung eine Änderung nach § 172 I 1 Nr. 2 Buchst. a AO zu ermöglichen (BFH IV R 40/07, BStBl. II 2010, 720). – **(2) Antrag/Antragsfrist.** Das FA hat aufgrund seiner allgemeinen prozessualen Mitwirkungs-

pflichten den oder die Beizuladenden hinreichend genau zu bezeichnen. Ein Antrag des FA auf Beiladung mehrerer Tausend Stpfl. ist unsubstantiiert und damit unbeachtlich. In diesem Fall kann selbst die grds. gebotene Beiladung unterbleiben (BFH VI R 47/12, BStBl. II 2015, 490). Ein erstmals im Revisionsverfahren gestellter Antrag des FA auf Beiladung eines Dritten nach § 174 V 2 AO ist unzulässig (BFH XI R 32/06, DStRE 2018, 359; X R 21/17, BFH/NV 2018, 529; III R 13/19, BFH/NV 2021, 453; s. abweichend § 123 I zur notwendigen Beiladung). – **(3) Hinzuziehung zum Einspruchsverfahren.** Die Hinzuziehung des Dritten zum Einspruchsverfahren ist nicht materiell-rechtliche Voraussetzung für die Beiladung durch das FG gem. § 174 V 2 AO im gerichtlichen Ausgangsrechtsstreit (BFH XI B 127/13, BFH/NV 2014, 1012 mAnm Herbert; BeckOK AO/Klomp AO § 174 Rn. 248; Klein/Rüsken AO § 174 Rn. 75, 79). – **(4) Stellung des Beizuladenden als Dritter.** Dritter iSd § 174 V 1 AO ist nach stRspr des BFH jeder, der im zu ändernden fehlerhaften Bescheid nicht Steuerschuldner oder Feststellungsbeteiligter ist und deshalb nicht aus eigenem Recht (§ 40 II) an dem Ausgangsrechtsstreit beteiligt ist. Maßgeblich ist allein die formale Stellung im Verfahren (BFH V R 5/12, BStBl. II 2016, 287 mwN); auch → Rn. 85 „Insolvenz". – **(5) Materielle Voraussetzungen der Beiladung.** Hier genügt es, wenn der Steuerbescheid/Feststellungsbescheid im gerichtlichen Ausgangsrechtsstreit wegen der irrigen Beurteilung eines bestimmten Sachverhalts gem. § 174 IV AO möglicherweise aufzuheben oder zu ändern ist und dass sich hieraus korrespondierende steuerrechtliche Folgerungen – auch bezüglich einer anderen Steuerart (BFH II B 17/99, BFH/NV 2000, 679) – ergeben können, die zulasten des Dritten in einem späteren Folgeänderungsverfahren umzusetzen sind (→ Rn. 11). Bei Anfechtung nur des Leistungsgebots kann nicht beigeladen werden (FG Köln 9 K 3169/16, BeckRS 2020, 25306). – **(6) Ausnahmen vom Beiladungsgebot.** Nicht beizuladen ist, wenn einer Folgeänderung beim Beizuladenden eindeutig und zweifelsfrei die Festsetzungsverjährung entgegensteht (BFH I B 136/00, BFH/NV 2001, 1005; XI B 12/02, BFH/NV 2002, 1422; IX B 176/09, BFH/NV 2010, 404; X B 59/22, BFH/NV 2023, 257). Maßgeblicher Prüfungszeitpunkt, ob die Festsetzungsverjährung eingetreten ist, ist bei einer Hinzuziehung des Dritten zum Einspruchsverfahren der Hinzuziehungszeitpunkt (BFH X B 42/16, BFH/NV 2017, 146; V R 42/14, BFH/NV 2015, 945; X R 7/11, BFH/NV 2014, 482; V R 81/07, BStBl. II 2010, 109; V R 82/07, BStBl. II 2009, 876 jeweils mwN; vertiefend BeckOK AO/Klomp AO § 174 Rn. 230, 254). Nicht beizuladen ist ferner, wenn die Korrektur zulasten des Beizuladenden bereits erfolgt ist und darüber rechtskräftig entschieden wurde (BFH I B 18/08, BFH/NV 2008, 1109) oder die Beteiligten einen früheren Rechtsstreit hierüber durch übereinstimmende Erklärungen zugunsten des Dritten beendet haben (BFH VIII B 21/14, BFH/NV 2014, 1900).

dd) Prüfungsmaßstab des Gerichts. Eine abschließende materiell-rechtliche Beurteilung und Sachaufklärung des FG, ob es zu einer Folgeänderung ggü. dem beizuladenden Dritten kommen kann, ist im Beiladungsverfahren des Ausgangsrechtsstreits nicht erforderlich. Die Frage, ob die (formellen und materiellen) Voraussetzungen für den Erlass von Bescheiden ggü. dem Dritten für eine Folgeänderung erfüllt sind, ist nur im „Folgeänderungsverfahren" von den zuständigen FA/FG zu entscheiden und darf nicht in das Beiladungsverfahren des Ausgangsrechtsstreits vorverlagert werden. Es ist im Ausgangsrechtsstreit beizuladen, wenn die Folgeänderung „nicht eindeutig und zweifelsfrei" oder „offenkundig" ausge- 11 schlossen ist (vgl. zB BFH VIII B 20/95, BFH/NV 1996, 524; XI B 16/00, BFH/NV 2002, 308; III B 149/09, BFH/NV 2011, 404; IX B 176/09, BFH/NV 2010, 832; X B 42/16, BFH/NV 2017, 146; X B 59/22, BFH/NV 2023, 257: Möglichkeit der Folgeänderung genügt). Die Beiladung des Dritten nach § 174 V 2 AO ist **nicht entbehrlich,** wenn der bei ihm möglicherweise zu ändernde Steuerbescheid gem. § 165 AO vorläufig ergangen ist (BFH III R 300/94, BFH/NV 1997, 659).

12 **ee) Bindungswirkung der Entscheidung im Ausgangsrechtsstreit für das Folgeänderungsverfahren.** Aus der dem notwendig Beigeladenen vergleichbaren Rechtstellung des Dritten als Verfahrensbeteiligter folgt eine Bindung entsprechend §§ 57 Nr. 3, 60 VI, 110 I FGO an das Ergebnis des Ausgangsrechtstreits. Der gem. § 174 V 2 AO im gerichtlichen Verfahren Beigeladene kann sich im Folgeänderungsverfahren zwar mit Einspruch und Klage gegen den späteren Folgeänderungsbescheid wenden. Als Einwendungen kann er hier indes nur erheben, die Tatbestandsvoraussetzungen des § 174 V iVm IV AO hätten im Ausgangsrechtsstreit nicht vorgelegen (BFH IX R 158/83, BStBl. II 1988, 404) oder dass vor der Hinzuziehung/Beiladung bereits die Festsetzungsverjährung eingetreten sei (→ Rn. 10 unter *(6)*). Ansonsten wird im Ausgangsrechtsstreit in verbindlicher Weise ggü. dem Beigeladenen entschieden, welches die ihm ggü. zu ziehenden „richtigen steuerlichen Folgen" iSd § 174 IV und V AO sind (sog. Bindungswirkung, BFH X R 45/92, BFH/NV 1996, 195; X R 16/06, BStBl. II 2009, 732; s. vertiefend zur notwendigen Zustimmung/Antragstellung des Dritten, wenn Abhilfebescheide ergehen, BeckOK AO/Klomp AO § 174 Rn. 250 f.; Klein/Rüsken AO § 174 Rn. 72).

13 **ff) Rechtsschutz gegen Beiladungsentscheidungen des FG. (1) Beschwerde.** Gegen den ablehnenden oder zustimmenden Beiladungsbeschluss des FG kann Beschwerde (§ 128 I) erhoben werden (BFH II B 108/86, BStBl. II 1987, 267; II B 17/99, BFH/NV 2000, 679; IV B 75/15, BFH/NV 2017, 1056; Klein/Rüsken AO § 174 Rn. 78); allerdings fehlt das Rechtsschutzbedürfnis für eine Beschwerde, wenn das FG die Beiladung gem. § 174 V AO im Endurteil ablehnt und ein Beteiligter des finanzgerichtlichen Verfahrens die Ablehnung der Beiladung in der NZB als Verfahrensmangel rügen kann (BFH VIII B 5/93, BStBl. II 1994, 681). Liegen die Voraussetzungen für eine Beiladung nach § 174 V 2 AO vor und hat das FG eine einfache Beiladung gem. § 60 I ausgesprochen, kann der BFH im Beschwerdeverfahren klarstellen, dass der Beigeladene die Stellung eines Beteiligten iSd § 174 V 2 AO iVm § 60 III (also einem notwendig Beigeladenen vergleichbar) hat (BFH IV B 84/93, BFH/NV 1995, 87). – **(2) NZB.** Die trotz eines Antrags des FA (→ Rn. 10 unter *(1)*) rechtswidrig unterbliebene Beiladung eines Dritten nach § 174 V 2 AO durch das FG kann als Verfahrensfehler gem. § 115 II Nr. 3 nur von der FinBeh gerügt werden, da eine Entscheidung des FG zulasten des Klägers nicht auf diesem Fehler beruhen kann (BFH III R 300/94, BFH/NV 1997, 659; III B 20/10, BFH/NV 2012, 1415). Eine unterbliebene Beiladung des FG trotz Antrags begründet anders als bei § 60 III keinen Verstoß gegen die Grundordnung des Verfahrens (BFH III R 300/94, BFH/NV 1997, 659). Wenn das FG eine (angebliche) Hinzuziehung des Leistungsempfängers zu einem Einspruchsverfahren des Leistenden für rechtmäßig erklärt, obwohl der Hinzugezogene am Einspruchsverfahren des Leistenden nicht beteiligt wird/werden soll, kann hierin ein Verstoß gegen § 119 Nr. 6 liegen (BFH XI B 81/20, BFH/NV 2021, 1462).

d) Verbindung gem. § 73 II. Bei Klagen, die mehrere notwendig Beizuladende getrennt erhoben haben, müssen diese verbunden werden, statt die Kläger wechselseitig zum jeweils anderen Verfahren notwendig beizuladen (→ § 73 Rn. 13, 19; s. auch BFH X R 9/20, BStBl. II 2024, 227 zur Unterscheidung zwischen einer fehlerhaften Beiladung und einer fehlerhaften Verfahrensverbindung). Hierdurch entsteht eine notwendige Streitgenossenschaft gem. § 59 (→ § 59 Rn. 9 f.). 14

II. Voraussetzungen der Beiladung (§ 60 I–III)

1. Berührtwerden durch die gerichtliche Entscheidung

Eine **einfache Beiladung** ist geboten, wenn die rechtlichen Interessen des Dritten nach den Steuergesetzen (→ Rn. 18) berührt werden. Der Begriff des „Berührens" ist so weit, dass jeglicher Einfluss, den die zu erlassende Entscheidung auf die Rechtsstellung eines Dritten ausüben kann, ausreichend ist (BFH V B 31/11, BFH/NV 2013, 944). Von daher setzt die Zulässigkeit einer einfachen Beiladung nicht voraus, dass der Dritte durch die Entscheidung tatsächlich in seinen Rechten berührt wird; vielmehr genügt es, wenn im Zeitpunkt der Beiladung **die Möglichkeit besteht,** dass die Entscheidung auf rechtliche Interessen des Beizuladenden einwirkt (HHS/Leipold § 60 Rn. 38; → Rn. 17). Eine **notwendige Beiladung** hat zu erfolgen, wenn die gerichtliche Entscheidung zum streitigen Rechtsverhältnis abstrakt gesehen notwendigerweise und unmittelbar Rechte des Beizuladenden gestalten, bestätigen, verändern oder zum Erlöschen bringen kann, weil das dem streitigen Rechtsverhältnis zugrunde liegende materielle Recht eine zwingend einheitliche Entscheidung verlangt. Dies gilt insbes. in Fällen, in denen das, was einen Prozessbeteiligten begünstigt oder benachteiligt, notwendigerweise umgekehrt den Beizuladenden benachteiligen oder begünstigen würde (BFH IV R 263/66, BStBl. II 1969, 343). Maßgeblich ist nicht, wie, sondern ob das Gericht über eine einheitlich zu entscheidende Frage zu befinden hat (vgl. zB BFH III B 74/02, BFH/NV 2003, 195; VII B 243/05, BStBl. II 2008, 436; XI B 145/13, BFH/NV 2014, 1223). 16

Das Berührtwerden **durch die** zu treffende **gerichtliche Entscheidung** verlangt, dass die rechtlichen Interessen des Beizuladenden durch den Tenor, nicht die Begründung berührt sein **„können";** dies muss nicht gewiss oder auch nur wahrscheinlich sein (BFH III B 5/66, BStBl. III 1966, 466; VII B 280/98, BFH/NV 1999, 815). Dies zielt auf die Bindungswirkung der gerichtlichen Entscheidung aufgrund der Rechtskraftwirkung (§ 110 I 1 Nr. 1–3; → Rn. 145) ab. Angesichts der Bedeutung der Beteiligung eines Beizuladenden am Verfahren muss bei der einfachen Beiladung eine **gewisse Wahrscheinlichkeit** dafür sprechen, dass die rechtlichen Interessen dieses Dritten durch die Entscheidung berührt werden, ohne dass man den Maßstab zu restriktiv handhaben sollte (glA Tipke/Kruse/Brandis § 60 Rn. 17; HHS/Leipold § 60 Rn. 38). **Ausgeschlossen** ist die Beiladung jedenfalls, wenn Interessen des Beizuladenden eindeutig **nicht berührt sein können** (→ Rn. 32). Dies ist zB der Fall, wenn in einem Rechtsstreit über eine Rechtsfrage zu entscheiden ist und der Entscheidung allenfalls ein präjudizielle, aber keine unmittelbar rechtliche Auswirkung für die (künftige) Besteuerung des Dritten zukommt (FG Hmb 3 K 264/15, BeckRS 2016, 95438). Zur Beiladung nach **§ 174 V AO** → Rn. 10 unter *(6).*

Die **Erfolgsaussichten der Klage** (bzw. des Antrags) des Hauptbeteiligten (§ 57 Nr. 1) in dem Verfahren, zu dem beigeladen werden soll, haben bei der Entscheidung über die Beiladung grds. außer Betracht zu bleiben (stRspr, vgl. BFH III B 74/02, BFH/NV 2003, 195). Anders ist dies nur bei Unzulässigkeit der Klage/des Antrags (→ Rn. 59t „Unzulässigkeit der Klage") und wenn im Fall der notwendigen Beiladung die Rechtsposition eines Feststellungsbeteiligten unter keinem denkbaren Gesichtspunkt betroffen sein kann (§ 60 III 2).

2. Besondere Voraussetzungen der einfachen Beiladung (§ 60 I 1, II)

17 **a) Voraussetzungen gemäß § 60 I 1.** Der Begriff des **„rechtlichen Interesses"** ist enger als der des „berechtigten Interesses" (→ § 41 Rn. 28; s. auch HHS/Leipold § 60 Rn. 32 f.). Es genügt also weder ein wirtschaftliches noch ein persönliches noch ein sonstiges nichtrechtliches Interesse. Vielmehr muss die Rechtsposition des Beizuladenden durch die zu erwartende Entscheidung berührt sein. Seine Lage braucht dabei nicht notwendigerweise „verbessert" zu werden (BFH VII B 280/98, BFH/NV 1999, 815). Gründe, die allenfalls ein wirtschaftliches Interesse des Beigeladenen berühren, reichen nicht aus (BFH IV B 174/03, BFH/NV 2005, 2009). Genügen kann aber, dass das Urteil eine faktische („präjudizielle") Wirkung für gleichgelagerte Fälle haben kann (BFH VII B 115/05, BStBl. II 2006, 331; IX B 141/07, BeckRS 2008, 25013200). Das rechtliche Interesse kann sich auf einen **Teil der Streitpunkte** beschränken, soweit diese wie bei der objektiven Klagehäufung (§ 43) verfahrensrechtlich trennbar sind. Dieser für die notwendige Beiladung anerkannte Grundsatz (BFH IV R 37/15, BFH/NV 2018, 539; s. auch BSG 12 RK 53/79, HFR 1981, 432) gilt auch für die einfache Beiladung. Die Beiladung nur zu einem der Streitgegenstände erfordert auch bei der einfachen Beiladung keine Trennung der Verfahren.

18 Das rechtliche Interesse muss sich **„aus den Steuergesetzen"** ergeben (BFH VII B 280/98, BFH/NV 1999, 815; VII B 10/74, BStBl. II 1975, 388; s. auch BVerfG 2 BvR 358/75, HFR 1975, 463).

Einzelfälle: Nicht aus den Steuergesetzen ergibt sich zB das Interesse eines Bürgen am Ausgang des Rechtsstreits zwischen Gläubiger und Schuldner; er kann als Bürge nur auf zivilrechtlicher Grundlage in Anspruch genommen werden. Entsprechendes gilt für den Fall, dass die Beiladung zur Vorbereitung eines Schadensersatzprozesses beantragt wird (BFH VI B 56/87, BFH/NV 1988, 455). – Die Rspr. verneint ein Interesse aus den Steuergesetzen, wenn über die Abgrenzung zwischen Masseverbindlichkeiten oder die Zugehörigkeit zum insolvenzfreien Vermögen gestritten wird (→ Rn. 85 „Insolvenz"); anders kann dies bei insolvenzrechtlichen Fragen sein, die Vorbedingung eines steuerlichen Erstattungsanspruchs sind (§ 37 II AO). – **Anwendungsfälle:** Der potenzielle Haftungsschuldner wird gem. § 60 I 1 in seinen rechtlichen Interessen aus den Steuergesetzen berührt. Verneint wird dies aber, wenn der potenzielle Haftungsschuldner gem. § 166 AO Einwendungen erheben kann (BFH V B 121/96, BFH/NV 1998, 48; V B 138/01, BFH/NV 2002, 672; zum gesetzlichen Vertreter/Liquidator der GmbH BFH XI B 91/10, BFH/NV 2011, 1720; zur Hinzuziehung des Arbeitnehmers im Haftungsverfahren des Arbeitgebers Klein/Rätke AO § 360 Rn. 7; zur Beiladung → Rn. 50 ff). – Eine Beiladung nach § 60 I kommt zB in Betracht für den Leistungsempfänger im Rechtsstreit des Leistenden über die Umsatzsteuerbarkeit und Umsatzsteuerpflicht der Leistung des Unternehmers, weil der Vorsteuerabzug des Leistungsempfängers voraussetzt, dass die Steuer für den berechneten Umsatz geschuldet wird. Wird der Klage des Leistenden gegen den Umsatzsteuerbescheid wegen der Umsatzsteuerfreiheit der Leistung stattgegeben, steht durch diesen Ausspruch im Tenor gleichzeitig fest, dass ein

Vorsteuerabzug des Leistungsempfängers aus materiell-rechtlichen Gründen nicht in Betracht kommt (BFH V B 78/12, BFH/NV 2014, 72; V B 143/07, BFH/NV 2008, 1339; V B 199/00, BStBl. II 2001, 418). Zu weiteren **Einzelfällen der einfachen Beiladung** → Rn. 50 ff.

Die einfache Beiladung steht im **Ermessen** des Gerichts. Der einfach Beizuladende muss kein **Rechtsschutzbedürfnis** haben, weil § 60 I insoweit eine Sonderregelung trifft. Wer (einfach) beigeladen werden will, sollte aber schlüssig darlegen, inwiefern seine rechtlichen Interessen durch die gerichtliche Entscheidung berührt werden. 19

Der die einfache Beiladung anordnende oder ablehnende Beschluss des FG (§ 60 IV) ist gem. § 128 I mit der **Beschwerde** anfechtbar (→ Rn. 156; → § 128 Rn. 4). Die Ablehnung einer einfachen Beiladung durch das FG ist idR ermessensfehlerfrei, wenn der Beizuladende ein den Belangen des Klägers entgegengesetztes Interesse am Ausgang des Rechtsstreits hat, der Kläger der Beiladung ausdrücklich widerspricht und das Interesse an der Wahrung des Steuergeheimnisses des Klägers ggü. dem Interesse des Beizuladenden an der Verbesserung seiner Rechtsposition überwiegt (→ Rn. 29; BFH V B 78/12, BFH/NV 2014, 72). – Das Unterlassen einer einfachen Beiladung kann **in der NZB** nicht erfolgreich als Verfahrensmangel gem. § 115 II Nr. 3 gerügt werden (BFH VIII B 128/09, BFH/NV 2010, 877; IX B 16/20, BFH/NV 2021, 27; II B 79/22, BFH/NV 2023, 1069). – Die einfache Beiladung ist gem. § 123 I 1 und 2 **nicht vom BFH** nachholbar. 20

b) Einschränkungen aus § 60 II. Nach § 60 II ist in den Fällen, in denen die Verwaltungshoheit und die Ertragshoheit bezüglich der Steuern auseinanderfallen (wie zB bei der GewSt und der KiSt), die **Beiladung des Abgabenberechtigten** auf der Grundlage **ausgeschlossen,** dass seine Interessen durch die Entscheidung berührt werden. Denn die Interessen des Abgabenberechtigten werden durch die beteiligte Behörde vertreten (BFH III 298/58 U, BStBl. III 1959, 471). **Ebenso wenig** kommt eine **notwendige Beiladung** der abgabenberechtigten Körperschaft in Betracht (BFH VII B 1/95, BFH/NV 1996, 155). – Zur Verfassungsmäßigkeit des § 60 II vgl. die Rspr. zu § 40 III (zu Art. 19 IV GG BFH III R 60/74, BStBl. II 1976, 426; BVerfG 1 BvR 216/76, HFR 1976, 536;). – Siehe zum identischen § 360 II AO Klein/Rätke AO § 360 Rn. 15. 21

3. Besondere Voraussetzungen der notwendigen Beiladung (§ 60 III)

a) Überblick. An dem streitigen Rechtsverhältnis muss gem. § 60 III 1 ein Dritter oder müssen mehrere Dritte derart beteiligt sein, dass die gerichtliche Entscheidung im Verfahren des Hauptbeteiligten auch ihnen ggü. nur einheitlich ergehen kann. Hierdurch werden die Beizuladenden durch die gerichtliche Entscheidung in ihren Interessen berührt (→ Rn. 16); im Fall der Beiladung trifft sie die Bindungswirkung der gerichtlichen Entscheidung (§ 110 I 1 Nr. 1–3; → Rn. 145). Feststellungsbeteiligte, die nach § 48 aF/nF nicht klagebefugt sind, müssen nicht notwendig beigeladen werden, da ihnen ggü. die gerichtliche Entscheidung gem. § 110 I 1 Nr. 2 in einem vom gesetzlichen Prozessstandschafter geführten Verfahren kraft Gesetzes Bindungswirkung entfaltet (→ § 110 Rn. 30 ff.). 22

b) Notwendigkeit einer einheitlichen Entscheidung (§ 60 III 1). Notwendig ist die Beiladung nach der gesetzlichen Legaldefinition, wenn an dem 23 streitigen Rechtsverhältnis Dritte derart beteiligt sind, dass die **Entscheidung** auch ihnen ggü. **einheitlich ergehen muss** (§ 60 III 1). Das ist der Fall, wenn die Entscheidung nach Maßgabe des materiellen Steuerrechts notwendigerweise und unmittelbar Rechte oder Rechtsbeziehungen des Dritten (Beizuladenden) gestaltet, bestätigt, verändert oder zum Erlöschen bringt (BFH IV R 41/13, BStBl. II 2016, 984). Dies gilt insbes. in den Fällen, in denen das, was den einen Prozessbeteiligten begünstigt oder benachteiligt, notwendigerweise („spiegelbildlich") umgekehrt den Dritten benachteiligen oder begünstigen muss (so unter eingehender Darlegung der Entstehungsgeschichte und des Zwecks der Vorschrift BFH IV R 263/66, BStBl. II 1969, 343; verneint für den Streit um die Zurechnung von Einkünften BFH X R 21/17, BFH/NV 2018, 529; zur Vergleichbarkeit mit den Voraussetzungen der notwendigen Streitgenossenschaft → § 59 Rn. 9). Die logische Notwendigkeit einer einheitlichen Entscheidung reicht aber nicht aus. Vielmehr muss die Entscheidung eine unmittelbare Gestaltungswirkung auf den Beizuladenden haben (BFH IX B 83/23, BFH/NV 2024, 943; II B 79/22, BFH/NV 2023, 1069). Die notwendige Beiladung **steht daher nicht im Ermessen** des Gerichts (→ Rn. 31). Sie ist ebenfalls unabhängig von den Erfolgsaussichten des Klageverfahrens vorzunehmen (→ Rn. 16; HHS/Leipold § 60 Rn. 43, 43a, 45; Tipke/Kruse/Brandis § 60 Rn. 13). Zur unzulässigen Klage aber → Rn. 24.

23a **Wichtige Einzelfälle: – (1) Gesonderte und einheitliche Feststellungen von Besteuerungsgrundlagen.** Während § 60 III 1 die Voraussetzungen der notwendigen Beiladung abstrakt umschreibt, nimmt § 60 III 2 ausdrücklich auf die Verteilung der Klagebefugnis unter mehreren Mitberechtigten nach § 48 aF/nF (Feststellungsbeteiligten) Bezug. Hierdurch wird deutlich, dass der Gesetzgeber in den Fällen der Anfechtung gesonderter und einheitlicher Feststellungen von Besteuerungsgrundlagen (gem. §§ 179 II 2, 180 I 1 Nr. 2 Buchst. a AO und nach den Einzelsteuergesetzen) einen Anwendungsfall der notwendigen Beiladung sieht (s. auch HHS/Leipold § 60 Rn. 50 f.). § 60 ist im Zuge der Änderung von § 48 durch das **Kreditzweitmarktförderungsgesetz** (BGBl. 2023 I Nr. 411) **nicht geändert** worden. Unverändert sind daher Feststellungsbeteiligte, die ab dem 1.1.2024 über eine Klagebefugnis gem. § 48 nF neben oder statt dem Prozessstandschafter verfügen, notwendig beizuladen, wenn der Prozessstandschafter oder ein anderer Feststellungsbeteiligter Klage erhebt und der nicht klagende Feststellungsbeteiligte durch die streitige Feststellung in seinen Rechten berührt wird (→ Rn. 23c).

Der **sachliche Anwendungsbereich** des § 48 aF/nF wird unter → § 48 aF Rn. 12–29e näher dargelegt. Neben den gesonderten und einheitlichen Feststellungsbescheiden mit den dortigen Feststellungsbeteiligten sind auch erst nachträglich durch Ergänzungsbescheid in ein Feststellungsverfahren einbezogene Beteiligte ggf. notwendig beizuladen (BFH IX R 22/88, BFH/NV 1991, 47). Ob im Rechtsstreit des Hauptbeteiligten aufgrund des Rechtsverhältnisses notwendigerweise eine einheitliche Entscheidung ergehen muss, weil die Entscheidung unmittelbar Rechte des Beizuladenden gestalten, bestätigen, verändern oder zum Erlöschen bringen kann, **ist anhand des verfahrensrechtlichen Streitgegenstands abstrakt zu prüfen.**

23b Dabei ist zu berücksichtigen, dass nach stRspr des BFH ein Bescheid über die gesonderte und einheitliche Feststellung von Besteuerungsgrundlagen nach § 179, § 180 I 1 Nr. 2 Buchst. a AO **eine Vielzahl selbständiger und damit auch selbständig anfechtbarer Feststellungen** enthalten kann, die eigenständig in

Bestandskraft erwachsen können. Solche selbständigen Feststellungen sind insbes. die Qualifikation der Einkünfte, das Bestehen einer Mitunternehmerschaft und wer an ihr beteiligt ist, die Höhe des laufenden Gesellschaftsgewinns sowie dessen Verteilung auf die Mitunternehmer und die Höhe eines Sondergewinns bzw. einer Sondervergütung. Der in Feststellungsbescheiden häufig angegebene „Gesamtgewinn" bezeichnet lediglich rechnerisch die Summe der verschiedenen Besteuerungsgrundlagen aus dem Gesellschaftsgewinn, dem Sonderbetriebsvermögen und den Ergänzungsbilanzen, entfaltet aber keinerlei verfahrensrechtliche Rechtswirkungen (BFH IV R 31/14, BStBl. II 2019, 24; IV R 33/14, DStR 2018, 341; IV R 23/19, BFH/NV 2022, 1325; IV R 48/16, DStR 2020, 923); allerdings können auch einzelne festgestellte Besteuerungsgrundlagen untrennbar/korrespondierend mit anderen (festgestellten) Besteuerungsgrundlagen verknüpft sein (vgl. zum Verhältnis von Aufgabegewinn und laufendem Gewinn zB BFH VIII R 352/82, BStBl. II 1988, 544; s. zu weiteren eigenständigen Feststellungen die Kommentierung zu § 48 aF). Für den jeweiligen Streitgegenstand (die angefochtene Feststellung) ist die Klagebefugnis des Hauptbeteiligten und des Beizuladenden gem. § 48 aF/nF zu bestimmen.

Klagen nicht alle von mehreren nach § 48 aF/nF für die angefochtene(n) Fest- **23c**
stellung(en) klagebefugten **Feststellungsbeteiligten,** müssen die übrigen Klagebefugten einschließlich des gesetzlichen Prozessstandschafters notwendig beigeladen werden, mit Ausnahme solcher klagebefugter Feststellungsbeteiligter, die unter keinem denkbaren Gesichtspunkt von dem Ausgang des Rechtsstreits betroffen sind (BFH VIII R 38/01, BFH/NV 2004, 1372; I B 81/17, BFH/NV 2018, 515; → Rn. 24). Zwischen der subjektiven Klagebefugnis in § 48 aF/nF und der notwendigen Beiladung besteht folglich eine zwingende wechselseitige Beziehung (BFH VIII B 190/08, BFH/NV 2010, 224). Unerheblich ist, aus welchen Gründen der selbst gem. § 48 aF/nF klagebefugte Feststellungsbeteiligte (Beizuladende) kein eigenes Klageverfahren (mehr) führt. Es ist auch unerheblich, ob er von vornherein keine Klage erhoben hat, oder ob er ein eigenes Klageverfahren durch Klagerücknahme oder durch Abgabe einer (mit der des FA übereinstimmenden) Erledigungserklärung beendet hat (BFH IV B 108/11, BFH/NV 2012, 1620).

Bei Streit darüber, ob überhaupt Besteuerungsgrundlagen gesondert und einheitlich gem. §§ 179 II 2 AO, 180 I Nr. 2 Buchst. a AO festzustellen sind (Anfechtung eines **negativen Feststellungsbescheids** bzw. in der Umkehrsituation Klage zum Zweck der **Aufhebung einer positiven Feststellung**), findet die notwendige Beiladung **ihren Grund im materiellen Steuerrecht,** das eine einheitliche Entscheidung über den Kreis der Feststellungsbeteiligten vorgibt (Tipke/Kruse/Brandis § 60 Rn. 19). Auch zu der von einem vermeintlichen Gesellschafter erhobenen Nichtigkeitsfeststellungsklage (§ 41) gegen einen Gewinnfeststellungsbescheid, mit dem die Beteiligung an und die Besteuerungsgrundlagen einer nicht existenten Gesellschaft festgestellt werden, sind alle in dem Gewinnfeststellungsbescheid aufgeführten vermeintlichen Gesellschafter, die nicht selbst Klage erhoben haben, notwendig beizuladen (BFH IV R 1/16, BFH/NV 2018, 206; IV R 4/23, DStRK 2025, 69).

Im Fall der **Einzelbekanntgabe** eines gesonderten und einheitlichen Feststel- **23d**
lungsbescheids (unerheblich, ob materiell-rechtlich richtig oder unzutreffend) an die wegen des Streitgegenstands nicht persönlich einspruchsbefugten Gesellschafter ist die rechtsfähige Gesellschaft als Prozessstandschafterin einspruchsbefugt und bleibt die Gesellschaft nach § 48 I Nr. 1 Buchst. a nF auch klagebefugt. Gleiches gilt für die Einspruchs- und Klagebefugnis neben dem Klagebefugten als Prozess-

standschafter (→ § 48 nF Rn. 16, 24). Des Weiteren hat eine notwendige Beiladung der übrigen Gesellschafter, die keine Klage erhoben haben, gem. § 60 III 1 zu erfolgen, da die aus § 40 II FGO iVm Art. 19 IV GG im Fall der Einzelbekanntgabe abzuleitende Klagebefugnis unabhängig davon ist, ob eine vorrangige Klagebefugnis der PersGes oder des Klagebefugten als Prozessstandschafter(in) besteht (s. zu § 48 aF BFH IV R 48/02, BStBl. II 2004, 964; VIII B 57/16, BFH/NV 2017, 266; IV R 17/16, NZI 2019, 907).

23e **(2) Drittanfechtung.** Eine notwendige Beiladung ist ebenfalls zwingend, wenn ein VA von einem Drittbetroffenen angefochten wird, weil der Inhaltsadressat durch die Besteuerungsgrundlagen in dem ihm ggü. ergangenen Bescheid nicht beschwert ist, diese aber für den Dritten verbindlich wirken (s. zB zu § 20 III 1 UmwStG BFH I R 79/10, BStBl. II 2012, 421; Brühl FR 2018, 448 (450); → Rn. 123 „Umwandlungen"; → Rn. 71 „Einlagekonto"; HHS/Leipold § 60 Rn. 43).

24 **c) Entbehrlichkeit der notwendigen Beiladung (§ 60 III 2) und weitere Ausnahmen. Bindungswirkung an die Entscheidung im Verfahren des Prozessstandschafters.** Mitberechtigte (Feststellungsbeteiligte), die im Hinblick auf den Streitgegenstand des Verfahrens (die betroffene Feststellung) selbst nicht nach § 48 aF/nF klagebefugt sind, sind nicht notwendig beizuladen **(III 2;** dazu → Rn. 22 f.).

Fehlende Betroffenheit. Die Beiladung kann nach gefestigter Rspr. unter der Voraussetzung ausnahmsweise unterbleiben, dass die nicht klagenden Gesellschafter trotz einer eigentlich bestehenden Klagebefugnis gem. § 48 aF/nF von der zu treffenden Entscheidung **unter keinem denkbaren Gesichtspunkt steuerlich betroffen sind** (zu § 48 aF BFH I R 93/77, BStBl. II 1982, 474; VIII R 352/82, BStBl. II 1988, 544; VIII R 120/86, BStBl. II 1990, 780; IV R 37/08, BFH/NV 2011, 1120). Damit ist gemeint, dass die Entscheidung die Rechte des Beizuladenden nicht unmittelbar gestalten, bestätigen, verändern oder zum Erlöschen bringen kann. Ob dies der Fall ist, bestimmt sich nach der konkret angefochtenen Feststellung (→ Rn. 23; s. auch HHS/Steinhauff § 48 Rn. 279 mit Beispielen).

24a § 60 III 2 betrifft in der Praxis vorwiegend Fallgestaltungen, in denen die Gesellschaft oder der Klagebefugte als gesetzlicher Prozessstandschafter (→ § 48 aF Rn. 47 ff.; → Rn. 68) nicht mehr vorhanden ist, weshalb grds. eine Klagebefugnis der Gesellschafter/Gemeinschafter gem. § 48 I Nr. 2 aF (und ggf. nach Nr. 3–5 aF) bzw. heute § 48 I Nr. 1 Buchst. b und § 48 I Nr. 2 und 3 nF hinsichtlich sämtlicher Feststellungen des Bescheids besteht. Der klagende einzelne Feststellungsbeteiligte wird nicht selbst in Prozessstandschaft für die übrigen Mitberechtigten tätig, sondern klagt nur aus eigenem Recht, mit der Folge, dass er nur die ihn selbst betreffenden Feststellungen angreifen kann (§ 40 II; BFH IV R 37/08, BFH/NV 2011, 1120; anschaulich FG Köln 10 K 1442/07, EFG 2010, 2013; BFH IV R 40/10, BFH/NV 2015, 827; zu § 48 nF bereits BFH IV R 8/22, DStR 2024, 2577; → § 48 nF Rn. 79). Notwendig beizuladen zu einem solchen Verfahren wären grds. alle anderen nach **§ 48 I Nr. 2 aF bzw. § 48 I Nr. 1 Buchst. b, § 48 I Nr. 2 Buchst. b und § 48 I Nr. 3 nF** klagebefugten Feststellungsbeteiligten, die den Feststellungsbescheid nicht selbst angefochten haben und durch die notwendig einheitliche Entscheidung über die streitige Feststellung in eigenen Rechten verletzt sein können (BFH VIII R 22/11, BStBl. II 2015, 687; VIII B 57/16, BFH/NV 2017, 266).

Greift der nach einer Vollbeendigung der gesetzlichen Prozessstandschafterin/dem Wegfall des Klagebefugten klagebefugte Gesellschafter/Gemeinschafter nur ihn persönlich betreffende Feststellungen iSd § 48 I Nr. 4, 5 aF/nF an, kann die Beiladung der übrigen gem. § 48 I Nr. 4, 5 aF/nF Klagebefugten mangels einer eigenen Betroffenheit entbehrlich sein. 24b

Gleiches gilt für Klageverfahren ausgeschiedener Gesellschafter für frühere Zeiträume ihrer Beteiligung, zu denen grds. alle weiteren gem. § 48 I Nr. 3 aF und § 48 I Nr. 3 nF klagebefugten ehemaligen Gesellschafter beizuladen wären, die nicht selbst Klage erhoben haben. Letztere sind ebenfalls nicht beizuladen, wenn sie vom Ausgang des Rechtsstreits iSd § 40 II nicht selbst betroffen sein können (BFH IV R 37/08, BFH/NV 2011, 1120, mwN; IV R 44/17, BFH/NV 2018, 407; → § 48 nF Rn. 79).

Die Ausnahme des § 60 III 2, dass eine nach § 48 I Nr. 3–5 aF/nF klagebefugte Person nicht zum Verfahren beizuladen ist, wenn sie vom Ausgang des Rechtsstreits unter keinem denkbaren Gesichtspunkt betroffen sein kann, gilt vor Vollbeendigung/Wegfall nicht für die Beiladung des gesetzlichen Prozessstandschafters. Letztere ist stets erforderlich (BFH VIII B 28/21, BFH/NV 2021, 1363).

Unzulässigkeit der Klage. Auch wenn die Beiladung unabhängig von den Erfolgsaussichten des Klageverfahrens vorzunehmen ist (→ Rn. 16), sind in der Rspr. **Ausnahmen** von diesem Grundsatz anerkannt. Von einer gem. § 60 III notwendigen Beiladung kann nach stRspr abgesehen werden, wenn die Klage **offensichtlich unzulässig ist** (stRspr, zB BFH VIII R 85/88, BFH/NV 1992, 324; VII B 42/99, BFH/NV 2000, 1105; IV B 247/03, BFH/NV 2005, 1747; IV B 147/11, BFH/NV 2012, 1614; I B 181/12, BFH/NV 2013, 757; II B 117/13, BFH/NV 2014, 1232). Die Beiladung kann auch entbehrlich sein, wenn die Klage **offensichtlich unbegründet** ist, weil der angefochtene Bescheid schon formell bestandskräftig ist (vgl. FG Hmb I 28/92, EFG 1994, 842; I 1189/97, EFG 2000, 140). 24c

Schließlich erkennt die Rspr. **in engen Ausnahmefällen** an, dass eine gem. § 60 III 1 notwendige Beiladung unterbleiben kann, wenn sie zu einer sehr erheblichen Verzögerung der Sachentscheidung führen und dem berechtigten Interesse der Verfahrensbeteiligten an einem wirksamen Rechtsschutz zuwiderlaufen würde (BFH IV B 95/86, BFH/NV 1987, 659; I R 52/10, BFH/NV 2011, 1354). Ferner gilt der **Ausschluss des § 60 II** auch für die notwendige Beiladung (→ Rn. 21).

III. Entscheidung des Gerichts über die Beiladung (§ 60 IV und V)

1. Entscheidung von Amts wegen

Die **einfache** Beiladung (§ 60 I) erfolgt durch das FG **von Amts wegen oder auf Antrag,** die **notwendige** Beiladung (§ 60 III) kann **nur von Amts wegen** angeordnet werden; ein Antrag ist eine Anregung an das Gericht. – Den Antrag kann nicht nur derjenige stellen, der beigeladen werden möchte, sondern auch ein Hauptbeteiligter, der die Beiladung des Dritten wünscht. Zur Antragstellung/Veranlassung der Beiladung gem. § 174 V 2 AO durch das FA → Rn. 10. 25

Notwendige Beiladungen können im finanzgerichtlichen Verfahren vor dem FG vorgenommen und gem. § 123 I 2 auch im Revisionsverfahren durch den 26

BFH nachgeholt werden. Der die Beiladung anordnende oder ablehnende Beschluss des FG (§ 60 IV) ist gem. § 128 I mit der **Beschwerde** anfechtbar (→ Rn. 156; → § 128 Rn. 4). In der **NZB** begründet eine zu Unrecht unterlassene notwendige Beiladung einen Verstoß gegen die Grundordnung des Verfahrens (s. zB BFH IV R 52/04, BStBl. II 2009, 705; IV R 24/08, BFH/NV 2009, 1427; VIII R 24/16, BFH/NV 2017, 899; IV R 51/15, BFH/NV 2018, 246; I R 62/15, BFH/NV 2018, 620; VIII R 3/21, BStBl. II 2024, 902). Zur heilenden Nachholung der Beiladung, die zwar nicht im NZB-Verfahren, aber im Revisionsverfahren gem. § 123 I 2 möglich ist, s. BFH I B 81/17, BFH/NV 2018, 515; → Rn. 147 f.; → § 123 Rn. 4 ff.

2. Anhörung der Beteiligten

27 Vor der Beiladung des Dritten durch das FG ist der „am Verfahren beteiligte Steuerpflichtige" zu hören (§ 60 I 2). Dies ist der Kläger/Antragsteller als Hauptbeteiligter (§ 57 Nr. 1). Ihm ist Gelegenheit zur Äußerung zu geben. Für die Feststellung der Voraussetzungen der einfachen und der notwendigen Beiladung gilt für das FG der **Untersuchungsgrundsatz** (§ 76).

28 Die **Anhörung des Gegners** (Behörde) ist **nicht** vorgeschrieben, weil es insbes. um die steuerlichen Belange des Stpfl. und die **Wahrung des Steuergeheimnisses** geht. Auch eine **Anhörung des notwendig Beizuladenden ist nicht erforderlich** (BFH IV B 126/94, BFH/NV 1996, 49), iRd Sachverhaltsaufklärung über die Beiladungsgründe (§ 76) aber zweckmäßig und uU geboten.

3. Ermessensentscheidung des FG

29 **a) Einfache Beiladung.** Die **einfache Beiladung** (§ 60 I) darf vom Gericht **angeordnet** werden, wenn einerseits die allg. Voraussetzungen der Beiladung (→ Rn. 3, 4, 16) erfüllt sind und andererseits die besonderen Voraussetzungen (der einfachen Beiladung, → Rn. 17 ff.) nach der Überzeugung des Gerichts zumindest wahrscheinlich vorliegen. Das Gericht hat im Rahmen seiner **Ermessensentscheidung** Gesichtspunkte der Prozessökonomie und der Rechtssicherheit zu berücksichtigen, um widersprechende Entscheidungen über denselben Gegenstand zu vermeiden. Außerdem ist das Interesse des Beizuladenden zu bedenken, seine Rechtsstellung nachteilig berührende Entscheidungen (einschließlich des potenziellen Kostenrisikos) sind zu vermeiden. Schließlich ist der Schutz der Interessen des Klägers in Betracht zu ziehen, insbes. das **Steuergeheimnis** zu berücksichtigen (auch wenn es der Beiladung grds. nicht entgegensteht, → Rn. 2). – In aller Regel ist es nicht ermessenswidrig vom Gericht, die einfache Beiladung desjenigen abzulehnen, der ein den Belangen des anderen Beteiligten **entgegengesetztes Interesse** am Ausgang des Rechtsstreits hat, wenn der andere Beteiligte der Beiladung widerspricht. Eine einfache Beiladung gegen den Willen des Klägers ist nur in Ausnahmefällen auszusprechen (BFH VII B 30/78, BStBl. II 1979, 25; V B 78/12, BFH/NV 2014, 72). Bei gleichgerichteten Interessen des Klägers und des Beklagten kommt den Belangen des Beizuladenden erst recht nicht mehr Gewicht zu, als dem Widerspruch des Klägers gegen die Beiladung (BFH V B 174/89, BFH/NV 1991, 246; VII B 30/78, BStBl. II 1979, 25; V B 174/89, BFH/NV 1991, 246; VII B 184/03, BFH/NV 2004, 795; VII B 90/04, BFH/NV 2004, 1659; s. aber auch BFH VII B 280/98, BFH/NV 1999, 815; Tipke/Kruse/Brandis § 60 Rn. 91). Das FG darf die Beiladung im Allgemeinen auch ablehnen, wenn die **Klage unzulässig** ist. Die (einfache) Beila-

dung wäre dann sinnlos (→ Rn. 24c). Das gilt auch, wenn **steuerliche Interessen** des Beizuladenden durch die Entscheidung eindeutig **nicht berührt** sein können (→ Rn. 18).

b) Notwendige Beiladung. Die **notwendige Beiladung** (§ 60 III) **muss angeordnet** werden, wenn nach der Überzeugung des Gerichts neben den allg. Voraussetzungen der Beiladung (→ Rn. 3, 4 ff.) auch die besonderen Voraussetzungen der notwendigen Beiladung (→ Rn. 22 f.) vorliegen sowie § 60 III 2 die Beiladung nicht entbehrlich macht (→ Rn. 24–24c). Der notwendig Beizuladende kann und muss auch **gegen seinen Willen** beigeladen werden; er kann also **nicht etwa auf die notwendige Beiladung verzichten** (BFH IV R 50/95, BFH/NV 1997, 331) oder einwenden, das Hauptsacheverfahren sei ohne oder gegen seinen Willen angestrengt worden. Zur Beiladung gem. § 174 IV und V 2 AO → Rn. 8 ff. 30

Die (notwendige) Beiladung darf **nicht vom Erfolg** des Rechtsbehelfs **abhängig** gemacht werden. Ebenso wenig ist entscheidend, ob die Beiladung **für den Beteiligten nachteilig** sein könnte (BFH IV R 86/79, BStBl. II 1981, 272). Sie darf grds. auch nicht unterbleiben, wenn das Gericht die **Klage** für **unzulässig hält,** sondern nur dann, wenn die Klage **„offensichtlich" unzulässig** oder der angefochtene Bescheid bereits bestandskräftig ist und die Rechtsposition des Beizuladenden unter keinen Umständen berührt sein kann (→ Rn. 24c, 59t, „Unzulässigkeit der Klage"). Unerheblich ist auch, ob sich die Klage gegen einen unter dem **Vorbehalt der Nachprüfung** (§ 164 I AO) stehenden Bescheid richtet (BFH IV R 170/90, BFH/NV 1993, 296) oder ob der Kläger den Beizuladenden **als Zeugen benannt** hat (BFH IV 152/94, BFH/NV 1996, 56). 31

4. Entscheidung über die Beiladung durch Beschluss (§ 60 IV, V)

Die Beiladung ist durch einen besonderen **Beiladungsbeschluss** auszusprechen (§ 60 IV). Lediglich über die **Ablehnung** einer Beiladung darf **im Urteil** entschieden werden (BFH II R 40/91, BFH/NV 2004, 841). Der BFH ist bei der Prüfung der Beiladungspflicht an eine nicht angefochtene und daher rechtskräftige Entscheidung des FG, einen Feststellungsbeteiligten nicht beizuladen (§ 60 IV iVm § 128 I), gebunden (BFH IV R 24/22, BStBl. II 2025, 188). 34

Zuständig für die Entscheidung über sämtliche Formen der Beiladung (§§ 60, 60a FGO, § 174 V 2 AO) ist der **Vorsitzende/Berichterstatter anstelle des Senats** oder der **Einzelrichter** (§§ 6, 79a I Nr. 6, IV → § 79a Rn. 5, 17; HHS/Leipold § 60 Rn. 136). Erfolgt die Beiladung in der mündlichen Verhandlung im Revisionsverfahren, ist der Beiladungsbeschluss in der Vollbesetzung des Senats zu treffen (BFH IX R 53/04, BeckRS 2006, 25011011). 35

Der **Beiladungsbeschluss** ist zu begründen (zu den Mindestanforderungen BFH VI B 52/01, BFH/NV 2001, 1597). Das ergibt sich für eine die Beiladung aussprechende Entscheidung aus § 60 IV 2 und für einen die Beiladung ablehnenden Beschluss aus § 113 II 1. Der Beiladungsbeschluss muss eine Rechtsbehelfsbelehrung enthalten, da er mit der Beschwerde (§ 128) anfechtbar ist (→ Rn. 156). 36

Der Beiladungsbeschluss ist allen Beteiligten, einschließlich dem Beizuladenden (§ 57), **zuzustellen** (§ 60 IV 1). Die **Zustellung** muss auch bei verkündeten Beiladungsbeschlüssen nach § 53 I erfolgen. Sie ist kein Wirksamkeitserfordernis, sondern nur für den Beginn der Beschwerdefrist (§ 128 I) maßgebend. Ein während der mündlichen Verhandlung gefasster Beschluss über die Beiladung, der verkündet wird, führt zur Wirksamkeit der Beiladung, wenn alle Beteiligten ein- 37 schließlich der Beizuladenden bei der Verkündung anwesend oder vertreten sind (BFH II R 59/86, BStBl. II 1987, 302; IV R 138/91, BFH/NV 1993, 116).

38 Zur **Stellung des Beigeladenen** im gerichtlichen Verfahren **(§ 60 VI)** und den weiteren Wirkungen der Beiladung → Rn. 140 ff.

39 Während der Aussetzung eines Verfahrens gem. § 249 ZPO darf auch kein Beiladungsbeschluss ergehen (BFH XI B 116/04, BFH/NV 2006, 951).

40 Zur Aufforderung, einen **gemeinsamen Zustellungsbevollmächtigten** zu bestellen, s. § 60 V; die Benennung ist jedoch nicht erzwingbar (Tipke/Kruse/Brandis § 60 Rn. 96).

IV. Einzelfälle (ABC der Beiladung)

Abrechnungsbescheid

50 Die Rspr. sieht regelmäßig für eine notwendige Beiladung die Voraussetzung nicht als erfüllt an, dass aus materiell- oder verfahrensrechtlichen Gründen eine einheitliche Entscheidung ergehen muss (vgl. auch HHS/Leipold § 60 Rn. 91). Dies wird verneint, weil der Regelungsgehalt des Abrechnungsbescheids ggü. Rechtspositionen des Beizuladenden keine rechtsgestaltende Wirkung hat. Bei Klage eines Ehegatten gegen die Höhe der angerechneten ESt-Vorauszahlungen ist der andere Ehegatte nicht notwendig beizuladen, selbst wenn es um die Anrechnung und Erstattung der von beiden Ehegatten gemeinsam als Gesamtschuldnern geleisteten Vorauszahlungen geht (BFH VII B 100/93, BStBl. II 1994, 405); die einfache Beiladung ist aber in Betracht zu ziehen. – Die Beiladung des Liquidators einer GmbH, der als Haftungsschuldner in Anspruch genommen wird, zu einem Klageverfahren der GmbH wegen eines Abrechnungsbescheides über die Höhe der USt-Schulden ist gleichfalls nicht notwendig (BFH VII B 5/97, BFH/NV 1997, 867). – Ist im Klageverfahren gegen einen Abrechnungsbescheid die Wirksamkeit der Abtretung eines Erstattungsanspruchs streitig, ist ein Dritter, der diesen Anspruch gepfändet hat, nicht deshalb notwendig beizuladen, weil er im Fall einer erfolgreichen Klage vereinnahmte Beträge zurückzugewähren haben könnte (BFH VII B 174/89, BFH/NV 1991, 246; VII R 54/04, BFH/NV 2005, 719). – Hat die Familienkasse das Kindergeld aufgrund eines geltend gemachten Erstattungsanspruchs an einen Sozialleistungsträger ausgezahlt und dem Kindergeldberechtigten durch Abrechnungsbescheid mitgeteilt, dass der Kindergeldanspruch als erfüllt gelte, ist der Sozialleistungsträger zu einer Klage des Kindergeldberechtigten gegen den Abrechnungsbescheid grds. auch dann notwendig beizuladen, wenn er geltend macht, ein eventueller Rückforderungsanspruch sei verjährt oder verwirkt (BFH XI B 145/13, BFH/NV 2014, 1223).

Abtretung

51 Auch → Rn. 50. Bei Klage des Abtretenden oder des Abtretungsempfängers ist der andere Abtretungsbeteiligte nicht notwendig beizuladen. Eine einheitliche Entscheidung ist insoweit rechtlich nicht geboten (BFH VII B 174/89, BFH/NV 1991, 246 zur Abtretung eines Vorsteuerüberschusses; → Rn. 122; zum Streit um die Wirksamkeit der Abtretung BFH VII B 322/05, BFH/NV 2005, 1442; I B 27/07, BFH/NV 2007, 1675). Es kommt aber eine einfache Beiladung nach § 60 I in Betracht (zur Ablehnung eines solchen Antrags BFH I B 27/07, BFH/NV 2007, 1675).

Atypisch stille Gesellschaft (Betriebssteuern)

Dem Inhaber des Handelsgewerbes ist der GewSt-Messbescheid der atypisch stillen Gesellschaft als Inhaltsadressat bekannt zu geben (BFH IV R 8/14, BStBl. II 2017, 538). Klagt er im eigenen Namen dagegen, so scheidet eine einfache Beiladung des atypisch stillen Gesellschafters zum Klageverfahren aus, weil diesem die Inhaftungnahme nicht droht und die Wirkung der festgesetzten Betriebssteuer (s. zur GewSt § 4 Vb EStG) auf den Gewinnanteil des Stillen diesen nur in seinen wirtschaftlichen Interessen beeinflusst (zur USt des Geschäftsinhabers BFH V B 4/99, BFH/NV 1999, 1363). Eine Prüfungsanordnung, die die betrieblichen Steuern (GewSt/USt) betrifft, ist ebenfalls an den Geschäftsinhaber als Inhaltsadressaten zu richten, da dieser Steuerschuldner hinsichtlich der betrieblichen Steuern ist und ihn die öffentlich-rechtlichen Verpflichtungen zur Buchführung für die Zeit der Existenz dieser Gesellschaft treffen (BFH IV R 20/14, BFH/NV 2017, 465). Erhebt der Geschäftsinhaber Klage gegen die Prüfungsanordnung, ist der atypisch stille Gesellschafter ebenfalls nicht beizuladen. Auch → Rn. 80, 110 und zur gesonderten und einheitlichen Feststellung von Einkünften → Rn. 59a, „Atypisch stille Gesellschaft“ und „Unterbeteiligung“. 52

Aufteilungsbescheid

Die Aufteilung einer Gesamtschuld (§§ 268 ff. AO) erfolgt gem. § 279 I 1 AO durch einheitlichen Bescheid. Die Beiladung des nicht klagenden Gesamtschuldners ist deshalb „notwendig“ gem. § 60 III (BFH III B 74/02, BFH/NV 2003, 195 zu Ehegatten; zu Ausnahmen FG Hmb 3 K 266/14, BeckRS 2015, 94695). Zur Entscheidung über die Aufteilung eines Erstattungsanspruchs zwischen Ehegatten haben keine Aufteilungsbescheide zu ergehen, ebenso wenig ist der andere Ehegatte notwendig beizuladen (BFH VII B 214/04, BFH/NV 2005, 1222; VII R 22/15, BFH/NV 2017, 906 auch zum geänderten § 218 III 2 AO und der Beiladung gem. § 174 V 2 AO). – Auch → Rn. 137. 53

Auskunftsverlangen

Begehrt jemand von der Finbeh Auskunft darüber, ob ein Dritter zu einer Steuer herangezogen wird, so ist der Dritte zu dem Verfahren notwendig beizuladen (BFH VII R 24/03, BFH/NV 2004, 808). 54

Berufsrechtliche Streitigkeiten

In berufsrechtlichen Streitigkeiten sind seit dem 1.1.2001 die zuständigen Kammern (Steuerberaterkammer usw) Beteiligte und nicht mehr die obersten Landesfinanzbehörden. Aus diesem Grunde scheidet die bis dahin erforderliche notwendige Beiladung zu derartigen Verfahren aus (zur Rechtslage bis zum 31.12.2000 s. die 6. Aufl.). 55

Betriebsaufspaltung

Der Streit, ob auf Ebene des Besitzunternehmens in einer klassischen Betriebsaufspaltung zu einer Betriebs-GmbH beim Kläger (Besitzunternehmer) die Mietzahlungen der Betriebs-GmbH als Einnahmen aus Gewerbebetrieb iSd § 15 I 1 Nr. 1 EStG oder als Einnahmen bei den Einkünften aus Vermietung und Verpachtung iSd § 21 I 1 Nr. 1 EStG zu qualifizieren sind, hat keinen unmittelbaren Einfluss auf die steuerrechtlichen Verhältnisse der Betriebs-GmbH. Eine unterschiedliche Behandlung des Vorgangs beim Kläger und bei der GmbH ist zwar aus materieller Sicht nicht wünschenswert, aber verfahrensrechtlich ohne weiteres möglich, da Besitz- und Betriebsunternehmen separate Betriebe und daher getrennt zu veranlagen sind. Eine notwendige Beiladung der Betriebs-GmbH zur 56

Klage des Besitzunternehmens gegen dessen Veranlagung ist daher nicht geboten, eine einfache Beiladung gem. § 60 I oder eine Beiladung gem. § 174 V 2 AO sind aber möglich (BFH X B 105/13, BFH/NV 2014, 1213). Auch → Rn. 131 zur „Steuerlichen Anerkennung von Verträgen"; → Rn. 132 zur „verdeckten Gewinnausschüttung".

Datenschutz

56a Siehe § 32i VI–VIII AO. Beiladungen sind auch im steuerlichen Datenschutzprozess ausdrücklich vorgesehen.

Duldungspflicht (§ 77 AO)

57 Die „einfache" Beiladung eines nach § 77 AO zur Duldung der Zwangsvollstreckung in sein Vermögen Verpflichteten ist zulässig (Tipke/Kruse/Brandis § 60 Rn. 15, 56). Die Ausführungen zur Haftung gelten sinngemäß (→ Rn. 83, „Haftung"). – Ficht der Duldungsverpflichtete den Duldungsbescheid an, mit dem das FA die Duldung der Zwangsvollstreckung in eine an den Duldungsverpflichteten abgetretene Forderung erreichen will, so ist ein Dritter, der diese Forderung ebenfalls gepfändet hat, nicht notwendig beizuladen (BFH VII B 90/04, BFH/NV 2004, 1659).

Ehegatten (Realsplitting)

58 Ist in einem Verfahren die einkommensteuerliche Behandlung von Unterhaltszahlungen an den geschiedenen Ehegatten streitig (§§ 10 I Nr. 1a, 22 Nr. 1a EStG), so kann dieser nach § 60 I „einfach" beigeladen werden (BFH IX B 174/87, BFH/NV 1988, 454; zweifelhaft – → Rn. 125). Bei Streit um den Abzug von Unterhaltsaufwendungen gem. § 10 I Nr. 1a EStG kann der geschiedene oder getrennt lebende Ehegatte, der die Leistungen (angeblich) erhalten hat, nach Maßgabe des § 174 V AO (→ Rn. 8) beigeladen werden (BFH X B 112/95, BFH/NV 1996, 589). Auch → Rn. 50 zum Abrechnungsbescheid, → Rn. 53 zum Aufteilungsbescheid; → Rn. 74 zur Gesamtschuld; → Rn. 89 zum Kinderfreibetrag; → Rn. 137 zur Zusammenveranlagung.

Gesonderte und einheitliche Feststellung von Einkünften (Grundsätze)

59 **Notwendig beizuladen sind** im Falle der einheitlichen und gesonderten Feststellung von Einkünften **grds. alle nach § 48 Klagebefugten** (Umkehrschluss aus **§ 60 III 2**), die die streitige Feststellung nicht selbst angefochten haben **und** die iSd § 40 II **betroffen** sind. Der Kreis der (notwendig) Beizuladenden ist nach **deren Klagebefugnis** (§ 48) und nach dem **konkreten Streitgegenstand** des Rechtsstreits zu bestimmen. Ein **Gewinnfeststellungsbescheid** und eine **Feststellung von Überschusseinkünften** umfassen mehrere selbständig anfechtbare Regelungen, die jeweils eigenständig in Bestandskraft erwachsen können (bereits → Rn. 23–24c).

– Klagt der Klagebevollmächtigte oder die Gesellschaft/Gemeinschaft als gesetzliche Prozessstandschafterin, wird die Klagebefugnis der Gesellschafter/Gemeinschafter für die gemeinschaftlich verwirklichten Besteuerungsgrundlagen überlagert, sodass keine Beiladung der Gesellschafter/Gemeinschafter zu erfolgen hat (s. zur Feststellung des Gewinns bei inländischer PersGes zB BFH IV R 17/15, BFH/NV 2018, 182; IV B 44/18, BFH/NV 2019, 120; zur Feststellung gem. § 180 V Nr. 1 AO BFH I R 42/14, BFH/NV 2016, 164). Soweit allerdings sämtliche oder einzelne Gesellschafter gem. § 48 I Nr. 3, Nr. 4 und/oder Nr. 5 aF/nF klagebefugt sind, verdrängt die Klagebefugnis der PersGes/Gemeinschaft das Klagerecht der Gesellschafter nicht und diese sind notwendig beizuladen (→ § 48 nF Rn. 82). Dies gilt nicht nur für rechtsfähige PersGes mit Gewinneinkünften, sondern auch für vermögensverwaltende PersGes mit Überschusseinkünften, die unter § 48 aF schon als beteiligtenfähig und klagebefugt gem. § 48 I Nr. 1 aF anerkannt wurden (zu Letzterem s. BFH IX R 49/02, BStBl. II 2004, 929; zu einer Bruchteilsgemeinschaft BFH IX B 31/10, BFH/NV 2011, 288; zu einer Erbengemeinschaft mit Einkünften aus Kapitalvermögen BFH VIII B 190/08, BFH/NV 2010, 224) und dies unter § 48 I Nr. 1 Buchst. a nF weiterhin sind.

- Die nach **§ 48 I** aF/nF als gesetzliche Prozessstandschafterin klagebefugte (rechtsfähige) Gesellschaft/Gemeinschaft ist im Falle **der Klage eines – ggf. auch ehemaligen (§ 48 I Nr. 3 aF/nF) – Gesellschafters/Gemeinschafters stets** notwendig **beizuladen,** solange sie **nicht vollbeendet ist** (vgl. zB BFH IV R 32/02, BStBl. II 2003, 871; IV R 17/07, BStBl. II 2010, 631; → Rn. 59w, „Vollbeendigung").
- Besonderheiten gelten im Fall der (richtigen und unrichtigen) **Einzelbekanntgabe** des Feststellungsbescheids gem. § 183 II AO aF/§ 183a AO (→ § 48 nF Rn. 16, 23, 55) an die wegen des Streitgegenstands nicht einspruchs- und nicht klagebefugten Gesellschafter. Die Gesellschaft als Prozessstandschafterin und sämtliche Feststellungsbeteiligte, denen der Bescheid bekannt gegebenen wurde, sind notwendig beizuladen (BFH IV R 17/16, NZI 2019, 907).
- Die **Klagebefugnis der Gesellschaft/Gemeinschaft** geht bei **zivilrechtlicher oder faktischer Vollbeendigung** auf die Gesellschafter über, die gem. § 48 I Nr. 2 aF/§ 48 I Nr. 1 Buchst. a und § 48 I Nr. 2 Buchst. b nF einen die Zeit ihrer Mitgliedschaft betreffenden Gewinnfeststellungsbescheid/Feststellungsbescheid anfechten dürfen (s. zur sog. prozessuale Rechtsnachfolge durch Vollbeendigung während des Klageverfahrens BFH IV R 25/10, BFH/NV 2014, 170; → Rn. 59w, „Vollbeendigung"). Da in diesem Fall die Entscheidung allen Beteiligten ggü. nur einheitlich ergehen kann, **müssen bei Klage eines klagebefugten Gesellschafters/Gemeinschafters grundsätzlich alle Personen,** die am Gewinn oder Verlust beteiligt waren, notwendig beigeladen werden, sofern sie nicht selbst Klage erhoben haben. Dies gilt nur dann nicht, wenn die erhobene Klage in dem Verfahren, in dem die Beiladung erfolgen soll, offensichtlich unzulässig ist oder die nicht klagenden Gesellschafter unter keinem denkbaren Gesichtspunkt steuerrechtlich betroffen sein können (allg. → Rn. 24–24c; vgl. zB BFH VIII R 206/84, BFH/NV 1991, 692; IV B 247/03, BFH/NV 2005, 1747; zu einer vollbeendeten GbR BFH VIII R 20/93, BFH/NV 1995, 318; zu einer vollbeendeten KG BFH VIII B 8/97, BFH/NV 1997, 639; zu einer nicht erforderlichen Beiladung bei Fragen des Sonderbetriebsvermögen eines Gesellschafters BFH VIII R 352/82, BStBl. II 1988, 544; VIII B 94/98, BFH/NV 1999, 1483; keine Beiladung bei nicht streitig gestellter Einordnung eines anderen Gesellschafters als Mitunternehmer BFH VIII B 116/01, BFH/NV 2002, 1609; zur Beiladung ausgeschiedener Gesellschafter beim Streit um die Einkünftequalifikation der Gesellschaft BFH VIII B 108/01, BStBl. II 2003, 335). Fehlt es an der Klagebefugnis eines Feststellungsbeteiligten, scheidet regelmäßig auch seine **einfache Beiladung** aus (BFH VIII B 116/01, BFH/NV 2002, 1609).
- Ist ein Klagebevollmächtigter/Klagebefugter (§ 48 I Nr. 1 aF/§ 48 I Nr. 2 Buchst. b nF) **nicht** (mehr) vorhanden, sind zum Klageverfahren eines Gesellschafters/Gemeinschafters **alle** nach § 48 I Nr. 2–5 aF/§ 48 I Nr. 2 Buchst. b, I Nr. 3–5 nF Klagebefugten notwendig beizuladen, die den Feststellungsbescheid

nicht angefochten haben (→ § 48 aF Rn. 65; vgl. zB zur Feststellung von Überschusseinkünften unter § 48 aF BFH IX B 79/98, BFH/NV 1999, 64; IX B 88/06, BFH/NV 2007, 744; IX B 141/07, BeckRS 2008, 25013200).

Gesonderte und einheitliche Feststellung von Einkünften (Einzelfragen)

59a **– Abgeltungsteuer (§ 32d I EStG)/Kapitaleinkünfte**

Zu den Besonderheiten der Feststellung und zur Klagebefugnis → § 48 aF Rn. 20, 20d. Werden Kapitaleinkünfte gem. § 20 I oder § 20 II iVm § 20 IV EStG im Rahmen einer gesonderten und einheitlichen Feststellung festgestellt, kann diese Feststellung gem. § 48 I Nr. 1 durch die vermögensverwaltende (rechtsfähige) Gesellschaft (bis zur Vollbeendigung) als Prozessstandschafterin oder den Klagebefugten (§ 48 II nF) angefochten werden. Die Gesellschafter sind mangels eigener Klagebefugnis nicht beizuladen. Wird abweichend von den Vorgaben des BMF-Schreibens v. 19.5.2022 (BStBl. I 2022, 742, Tz. 72 ff. in sog. Mischfällen) auch die Verteilung der Kapitaleinkünfte auf die Gesellschafter bindend (nicht nur nachrichtlich) festgestellt oder enthält der Bescheid eine Feststellung zu einer rein gesellschafterbezogenen Tatbestandsverwirklichung durch Anteilserwerb und -verkauf, sind auch die Gesellschafter gem. § 48 I Nr. 4 u. 5 nF klagebefugt. Abhängig davon, wer die Feststellung anficht, sind der Prozessstandschafter (Gesellschaft/Klagebevollmächtigter) oder die anderen klagebefugten Gesellschafter stets beizuladen.

– Anwachsung

Wird eine zweigliedrige PersGes durch Ausscheiden des vorletzten Gesellschafters und Anwachsung ohne Liquidation oder eine mehrgliedrige PersGes durch Vereinigung der Anteile in einer Hand vollbeendet, geht die Klagebefugnis der PersGes als Prozessstandschafterin gem. § 48 I Nr. 1 **nicht** auf den Gesamtrechtsnachfolger der PersGes über (→ § 48 aF Rn. 48 mwN; BFH VIII R 52/04, BStBl. II 2006, 847; IV R 43/07, BFH/NV 2010, 1104; IV R 25/10, BFH/NV 2014, 170; IV B 104/13, BFH/NV 2014, 70; IV B 75/16, BFH/NV 2017, 1056; → § 48 nF Rn. 37, 51). Es kann der Feststellungsbescheid von jedem vormaligen Gesellschafter gem. § 48 I Nr. 2 aF/§ 48 I Nr. 1 Buchst. b, I Nr. 2 Buchst. b, I Nr. 3 nF angefochten werden, der im Streitzeitraum an der Gesellschaft beteiligt war (→ § 48 aF Rn. 68; s. auch „Vollbeendigung", ausgenommen von der Rechtsnachfolge sind jedoch vor der Klageerhebung ausgeschiedene Gesellschafter s. BFH IV R 25/10, BFH/NV 2014, 170). Der alle Aktiva und Passiva übernehmende verbliebene Gesellschafter ist demnach nicht in seiner Eigenschaft als Gesamtrechtsnachfolger der liquidationslos vollbeendeten PersGes, sondern nur dann notwendig beizuladen, wenn er entweder in der Zeit, die der angegriffene Gewinnfeststellungsbescheid betrifft, bereits Gesellschafter der PersGes war oder Gesamtrechtsnachfolger eines solchen Gesellschafters geworden ist (BFH IV B 75/16, BFH/NV 2017, 1056). Siehe auch BFH IV R 44/13, BFH/NV 2013, 876 zum Ausscheiden der Komplementär-GmbH aus der GmbH & Co. KG bei Insolvenz.

– Atypisch stille Gesellschaft

Die vom Inhaber des Handelsgeschäfts und dem atypisch stillen Gesellschafter gemeinschaftlich erzielten Einkünfte sind nach § 179 II 2, § 180 I 1 Nr. 2 Buchst. a AO in einem eigenständigen Feststellungsverfahren einheitlich und gesondert festzustellen (BFH IV R 43/12, BStBl. II 2016, 517). Einer **atypisch stillen Gesellschaft** kommt nach der Rspr. aber nicht die Fähigkeit zu, Beteiligte eines Finanzrechtsstreits iSd § 57sein zu können, da für sie ein rechtsgeschäftliches Handeln im Außenverhältnis mangels bestellter Organe und Bevollmächtigter nicht in Betracht kommt (BFH IV R 27/13, BFH/NV 2016, 1559; IV B 101/10, BFH/NV 2012, 598; VIII R 364/83, BStBl. II 1986, 311). Sie ist als Innengesellschaft auch im Rahmen des neuen § 48 weder selbst klagebefugt (→ § 48 nF Rn. 58; ergänzend → § 48 aF Rn. 43) noch beiladungsfähig. Der Inhaber des Handelsgeschäfts ist nur für die Betriebssteuern (→ Rn. 52) Inhaltsadressat der Bescheide und insoweit aus eigenem Recht (§ 40 II) klagebefugt. Für Gewinnfeststellungen kommt die entscheidende Rolle nicht dem Inhaber des Handelsgeschäfts, sondern dem gemeinsam bestellten oder bestimmten **Empfangsbevollmächtigten** gem. § 48 I Nr. 1 Fall 2 iVm II aF (→ § 48 aF Rn. 58 ff.; BFH IV R 8/09, BStBl. II 2012, 183; IV R 38/15, DStR 2018, 1277) sowie unter § 48 I Nr. 2 Buchst. a nF (→ § 48 nF Rn. 58, 63) zu. Dieser handelt im eigenen Namen im Interesse der Feststellungsbeteiligten und damit für diese als gesetzlicher Prozessstandschafter (BFH IV R 27/13, BFH/NV 2016, 1559). In der Praxis ist oft der Inhaber des Handelsgeschäfts auch der gemeinsam bestellte Empfangsbevollmächtigte (zur Zulässigkeit BFH IV R 8/09, BStBl. II 2012, 183). – Die Klagebefugnis des Empfangsbevollmächtigten erlischt mit der **Vollbeendigung** der Gesellschaft. Ab diesem Zeitpunkt lebt die überlagerte Klagebefugnis der Gesellschafter der atypisch stillen Gesellschaft wieder auf und diese sind klagebefugt (BFH IV R 44/14, DStR 2018, 400; IV R 8/20 (IV R 7/17), DStR 2023, 1187; zur notwendigen Beiladung BFH IV R 20/14, BFH/NV 2017, 475; IV R 5/20, DStR 2025, 137). Eine eigene Klagebefugnis aller Feststellungsbeteiligten der Innengesellschaft besteht, wenn schon während des Bestehens der atypisch stillen Gesellschaft kein bestellter oder bestimmter Empfangsbevollmächtigter vorhanden ist.

Anwendungsfragen: Der Empfangsbevollmächtigte ist aufgrund seiner Stellung als gesetzlicher Prozessstandschafter auch bei Klagen des atypisch stillen Gesellschafters gegen solche Feststellungen im Gewinnfeststellungsbescheid (zB aus dem Bereich des Sonderbetriebsvermögens), die ihn nicht berühren, notwendig beizuladen. Klagt zB der atypisch stille Gesellschafter wegen der Feststellung seines individuellen Gewinnanteils oder gegen eine ihn persönlich berührende Feststellung (§ 48 I Nr. 4, 5 aF/nF), ist **der Empfangsbevollmächtigte beizuladen.** Klagt der empfangsbevollmächtigte **Inhaber** des Handelsgeschäfts als Prozessstandschafter, ist der atypisch stille Gesellschafter nur beizuladen, wenn er im Hinblick auf die angefochtene Feststellung klagebefugt ist (s. auch BFH VIII R 40/84, BStBl. II 1990, 561). – Klagt ein atypisch stiller Gesellschafter gegen einen negativen Gewinnfeststellungsbescheid, ist der Empfangsbevollmächtigte notwendig beizuladen (BFH IV R 27/13, BFH/NV 2016, 1559; IV R 41/14, BStBl. II 2017, 1133; zur Beiladung eines Insolvenzverwalters BFH IV B 70/02, BFH/NV 2002, 1477). Ist streitig, ob eine typische oder atypische stille Beteiligung an einer (vollbeendeten) PersGes bestand und dem Kläger ein laufender Verlustanteil zugerechnet werden kann, und erlässt das FA einen **negativen Feststellungsbescheid,** sind zur Klage des vermeintlichen atypisch stillen Gesellschafters (Klagebefugnis des Gesellschafters aus § 48 I Nr. 4 aF/nF) die übrigen Gesellschafter der vollbeendeten Gesellschaft notwendig beizuladen (BFH VIII R 5/04, BFH/NV 2007, 906; s. aber auch BFH IV R 43/12, BStBl. II 2016, 517; IV R 20/14, BFH/NV 2017, 475 zur strengen Trennung der Gewinnfeststellungen für die Ebene der Geschäftsinhaber-Gesellschaft und für die Ebene der atypisch stillen Innengesellschaft).

– Atypische und typische Unterbeteiligung

(1) Typische Unterbeteiligung. Zur einheitlichen und gesonderten Feststellung von Einkünften kommt es bei der **typischen Unterbeteiligung** nicht, weil Haupt- und Unterbeteiligter nicht an denselben Einkünften beteiligt sind (BFH VIII R 162/84, BFH/NV 1991, 35). Damit besteht weder eine Klagebefugnis des typisch Unterbeteiligten gem. § 48 aF/nF noch stellen sich Beiladungsfragen (→ § 48 nF Rn. 58). Allerdings sind bei der typischen Unterbeteiligung an einem Mitunternehmeranteil die abgeführten Gewinnanteile als Sonderbetriebsausgaben des Mitunternehmers festzustellen, sodass der Hauptbeteiligte insoweit aufgrund seiner Klagebefugnis aus § 48 I Nr. 5 beizuladen ist (Blaurock/Levedag, 10. Aufl. Rn. 31.14). – **(2) Offene atypische Unterbeteiligung.** Zur zweistufigen Feststellung der Besteuerungsgrundlagen für die Haupt- und die Unterbeteiligungsgesellschaft und den hieraus resultierenden Folgen für die Klagebefugnis gem. § 48 → § 48 aF Rn. 24, 24a. Es gelten für die Beiladung die gleichen Regeln wie für die Treuhand, dh es können bei einem Rechtsstreit, der eine Feststellung im Bescheid erster Stufe betrifft, grds. nur die auf Ebene der Hauptgesellschaft klagebefugten Mitunternehmer und die Hauptbeteiligungsgesellschaft als Prozessstandschafterin beizuladen sein (→ Rn. 59s, „Treuhand"). – **(3) Verdeckte atypische Unterbeteiligung.** Zur Klagebefugnis → § 48 aF Rn. 24a. Auch bei Verbindung der Feststellungen für den Unterbeteiligten mit den Feststellungen der Hauptbeteiligungsgesellschaft (§ 179 II 3 AO) ist für Klagebefugnis und Beiladung die gedankliche Zweistufigkeit des Feststellungsverfahrens zu beachten. Demnach ist der Unterbeteiligte mangels eigener Klagebefugnis nicht zu einem Rechtsstreit notwendig beizuladen, der Feststellungen der Hauptbeteiligungsgesellschaft betrifft und vom Prozessstandschafter oder einem klagebefugten Gesellschafter der Hauptbeteiligungsgesellschaft betrieben wird. Umgekehrt sind die Hauptbeteiligungsgesellschaft selbst und deren Mitunternehmer nicht beizuladen, wenn über Feststellungen gestritten wird, die den Unterbeteiligten betreffen. Hier ist nur der Hauptbeteiligte notwendig beizuladen.

59b **– Ausgeschiedene Gesellschafter/Gemeinschafter (§ 48 I Nr. 3 aF/nF)**

Ausgeschiedene Gesellschafter/Gemeinschafter sind nach § 48 I Nr. 3 aF/nF uneingeschränkt klagebefugt, wenn sie vom Ausgang des Verfahrens iSd § 40 II betroffen sind (→ § 48 aF Rn. 74 ff.; BFH I R 90/07, BFH/NV 2009, 588; IV R 15/19, BStBl. II 2022, 651; → § 48 nF Rn. 72). Ein Komplementär, der Kommanditist wird, ist jedoch nicht als ausgeschiedener Gesellschafter nach § 48 I Nr. 3 aF/nF klagebefugt und deshalb ggf. auch nicht nach § 60 III notwendig beizuladen (BFH IV B 5/09, BFH/NV 2010, 445; IV R 8/22, DStR 2024, 2577). Der vorletzte Gesellschafter einer zweigliedrigen GbR ist nach § 48 I Nr. 3 aF/nF klagebefugt und damit notwendig beizuladen, wenn die GbR durch sein Ausscheiden ohne Liquidation vollbeendet worden ist und die Einkunftsart der von der GbR erzielten Einkünfte streitig ist (BFH IV R 43/07, BFH/NV 2010, 1104; → Rn. 59a, „Anwachsung"). Eine noch nicht vollbeendete PersGes ist als Prozessstandschafterin für einen ausgeschiedenen Gesellschafter selbst dann noch klagebefugt und beizuladen, wenn der Rechtsstreit Feststellungen betrifft, die allein den ausgeschiedenen Gesellschafter persönlich angehen (BFH IV R 14/18, BStBl. II 2021, 367).

Macht der ausgeschiedene Gesellschafter/Gemeinschafter von seiner Klagebefugnis **keinen Gebrauch,** so ist er gem. § 60 III 1 notwendig zu einem – zulässigen – Rechtsbehelfs- bzw. Rechtsmittelverfahren der (noch nicht vollbeendeten klagebefugten) **Personengesellschaft** gegen den (Gewinn-)Feststellungsbescheid über einen seine Mitgliedschaft betreffenden Streitzeitraum beizuladen. Er ist auch **zu dem Klageverfahren eines anderen ehemaligen Gesellschafters** beizuladen, soweit er vom Ausgang des Verfahrens iSd § 40 II betroffen sein kann (BFH IV B 62/13, BFH/NV 2013, 1940 mwN; → Rn. 25; BFH IV B 138/07, BFH/NV 2008, 1499). – Unerheblich ist, ob diese bereits vor Erlass des Feststellungsbescheids ausgeschieden sind (vgl. zur stRspr BFH IV R 52/04, BFH/NV 2007, 1332). Auch ein Gesellschafter, der erst während eines bereits in Gang gesetzten Klageverfahrens ausscheidet, ist notwendig beizuladen (BFH VIII B 3/89, BStBl. II 1990, 1068; IV R 32/07, BFH/NV 2011, 271; IV R 44/13, BFH/NV 2015, 209; zur Beiladung nach Vollbeendigung der Gesellschaft → Rn. 59w, „Vollbeendigung"). – Scheidet ein Gesellschafter erst während des Revisionsverfahrens aus einer PersGes aus, die Klage gegen einen Feststellungsbescheid erhoben hat, aus, so ist er ebenfalls notwendig zu dem Verfahren beizuladen, wenn ihm ein Gewinnanteil zugerechnet wurde (BFH IV R 32/07, BFH/NV 2011, 271). – Die notwendige Beiladung **hat nur gem. § 60 III 2 zu unterbleiben,** wenn die rechtliche oder wirtschaftliche Stellung des Ausgeschiedenen nicht berührt ist (BFH VIII B 108/01, BStBl. II 2003, 335 zur Beiladung der ausgeschiedenen Mitunternehmer bei einer Klage durch die Gesellschaft als Prozessstandschafterin wegen der Einkünftequalifikation). Die Beiladung ausgeschiedener ehemaliger Mitgesellschafter ist zB dann erforderlich, wenn das Entstehen eines Veräußerungsgewinns dem Grunde nach im Streit steht und Wirkung auch für die übrigen ausscheidenden Mitgesellschafter entfalten kann (BFH IV R 9/08, BStBl. II 2010, 929), hingegen nicht, wenn der Kläger nur über die festgestellte Höhe des ihn treffenden Veräußerungsgewinns streitet (BFH VIII B 110/13, BFH/NV 2014, 1886).

Klagt ein **ausgeschiedener Gesellschafter**/Gemeinschafter, so ist **nicht nur** die Gesellschaft/Gemeinschaft als Prozessstandschafterin notwendig beizuladen (zB BFH IV B 136/07, BFH/NV 2009, 597), **sondern** auch jeder andere vom Streitgegenstand betroffene und gem. § 48 I Nr. 3–5 aF/nF durch die angefochtene Feststellung beschwerte und damit klagebefugte Gesellschafter/Gemeinschafter. Ist kein gesetzlicher Prozessstandschafter vorhanden, sind alle Gesellschafter/Gemeinschafter klagebefugt und notwendig beizuladen. – Zur **Vollbeendigung** → Rn. 59w, „Vollbeendigung".

– Ausländische Gesellschaft (Feststellung der Besteuerungsgrundlagen nur für die inländischen Gesellschafter gem. § 180 I 1 Nr. 2 Buchst. a AO)

Die Beurteilung der Klagebefugnis richtet sich auch dann nach § 48 FGO aF/nF, wenn Einkünfte nur für den Kreis der inländischen Gesellschafter einer ausländischen PersGes mit inländischen und ausländischen Gesellschaftern gesondert und einheitlich festgestellt werden, soweit sie im Inland steuerbar und steuerpflichtig sind. Es ist für die Anwendung der Vorschrift unerheblich, dass sich die Feststellung nur auf diejenigen Feststellungsbeteiligten bezieht, die der inländischen Besteuerung unterliegen, und keine Personen umfasst, die an derselben ausländischen PersGes beteiligt und nur im Ausland steuerpflichtig sind (BFH I B 79/13, BFH/NV 2014, 161; I R 42/14, BFH/NV 2016, 164; VIII R 3/21, BStBl. II 2024, 902). Dementsprechend ist jeweils nach dem Streitgegenstand zu beurteilen, ob nur die (rechtsfähige) ausländische Gesellschaft als gesetzliche Prozessstandschafterin klagebefugt ist oder die inländischen Feststellungsbeteiligten nach § 48 I Nr. 1 Buchst. a, Nr. 2 Buchst. b, Nr. 3–5 nF. Sind mehrere inländische Klagebefugte vorhanden, ist notwendig beizuladen. Eine Klagebefugnis der inländischen Feststellungsbeteiligten einer ausländischen (Fonds-)PersGes gem. § 48 I Nr. 4 aF/nF ist auch gegeben, wenn über die Auslegung und steuerrechtliche Anerkennung der Gewinnverteilungsabrede Streit besteht; diese sind zum Klageverfahren der Gesellschaft notwendig beizuladen (BFH VIII R 3/21, BStBl. II 2024, 902). Ist die rechtsfähige ausländische Gesellschaft vollbeendet, sind beim Streit über die Gewinnverteilung alle inländischen Feststellungsbeteiligten gem. § 48 I Nr. 1 Buchst. b klagebefugt und zum Verfahren der Gesellschaft ggf. beizuladen. Die Beiladung sämtlicher klagebefugter Gesellschafter kann aber unterbleiben, wenn nur abgrenzbare, besonders (nicht quotal) verteilte Gewinnanteile streitig sind und diese nur von einzelnen Gesellschaftern erzielt werden. Ist nur deren Steuerpflicht streitig und kann sich keine andere Verteilung ergeben, sind die übrigen Feststellungsbeteiligten nicht beizuladen (BFH I R 42/20, DStR 2024, 1071 zu „guaranteed payments").

– Ausländische Gesellschaft (Feststellungen gem. § 180 V Nr. 1 AO)

Es ist grds. die rechtsfähige ausländische PersGes (§ 48 I Nr. 1 Buchst. a nF) klagebefugt; die Klagebefugnis der Gesellschafter ist an das Vorliegen einer der in § 48 I vorgesehenen Ersatztatbestände gebunden (→ § 48 nF Rn. 1, 55, 65, 75, 82). Im Einzelnen sind folgende Konstellationen zu unterscheiden:

- **Negativer Feststellungsbescheid:** Das FA kann gem. § 155 I 3 AO den Erlass eines Feststellungsbescheids gem. § 180 V Nr. 1 AO ablehnen, zB weil es die Existenz der Gesellschaft oder das Vorliegen gemeinschaftlicher, nach einem DBA steuerfreier Einkünfte in Zweifel zieht. Die inländischen Gesellschafter einer rechtsfähigen ausländischen PersGes sind bei einer Klage der Gesellschaft als Prozessstandschafterin gegen einen solchen negativen Feststellungsbescheid notwendig zum Klageverfahren beizuladen, da ihnen eine eigene Klagebefugnis gegen den negativen Feststellungsbescheid aus § 48 I Nr. 4, 5 aF/nF zusteht (BFH I R 34/14, BFH/NV 2018, 220; IV R 50/13, BFH/NV 2017, 751; I B 81/17, BFH/NV 2018, 515; → § 48 aF Rn. 19). Die ausländische rechtsfähige PersGes als Prozessstandschafterin ist bei einer Klage der Gesellschafter gegen einen negativen Feststellungsbescheid ebenfalls grds. notwendig zum Klageverfahren beizuladen (BFH I R 62/15, BFH/NV 2018, 620).
- **Streit über die Qualifikation und/oder die Höhe** gemeinschaftlicher DBA-steuerfreier Einkünfte einer ausländischen PersGes: Hier ist nur die rechtsfähige Gesellschaft gem. § 48 I Nr. 1 Buchst. a nF rechtsbehelfsbefugt (BFH I R 42/14, BFH/NV 2016, 164), sodass die übrigen Feststellungsbeteiligten abgesehen vom Fall des § 48 I Nr. 3 nF nicht beizuladen sind.
- Geht es um die Berücksichtigung von Einkünften aus der Beteiligung an einer ausländischen PersGes und wendet sich der Stpfl. ausschließlich gegen seinen Einkommensteuerbescheid, weil eine gesonderte und einheitliche Feststellung der Einkünfte der ausländischen Gesellschaft gem. § 180 V iVm III 1 Nr. 1 AO unterblieben war, so ist **weder die rechtsfähige ausländische Gesellschaft noch die andere ausländische Mitgesellschafterin** in diesem Verfahren gem. § 60 III notwendig beizuladen (BFH I B 58/20, BFH/NV 2022, 26).
- **Doppelstöckige Personengesellschaft:** Die inländischen Gesellschafter einer (Ober-)PersGes, die ihrerseits an einer ausländischen (Unter-)PersGes beteiligt ist, sind zu einem Klageverfahren der Obergesellschaft gegen einen Bescheid, mit dem eine Feststellung gem. § 180 V Nr. 1 AO in Bezug auf von der Untergesellschaft erzielte Einkünfte abgelehnt wird (negativer Feststellungsbescheid),

notwendig beizuladen (BFH I B 81/17, BFH/NV 2018, 515; IV R 43/16, BFH/NV 2020, 511; zur Ausnahme beim Treugeber als Mitunternehmer der Treuhänder-Ober-PersGes BFH VIII R 38/01, BFH/NV 2004, 1372). Allgemein zur Klagebefugnis bei doppelstöckigen PersGes → § 48 aF Rn. 24b und → Rn. 59d, „Doppelstöckige PersGes".

– Bauherrengemeinschaft/Eigentumswohnungen/Eigenheimzulage 59c

Zur Beiladung der nicht klagenden Feststellungsbeteiligten s. BFH IX B 82/97, BFH/NV 1998, 1113; zur ausländischen Bauherrengemeinschaft BFH IX R 12/91, BStBl. II 1996, 606; → Rn. 59s, „Treuhand". Eine notwendige Beiladung der übrigen Feststellungsbeteiligten (§ 180 II AO iVm der VO zu § 180 II AO) scheidet aus, wenn diese als nicht klagende Erwerber von weiteren Eigentumswohnungen in einem Mehrparteienhaus unter keinem denkbaren Gesichtspunkt rechtlich betroffen sind (BFH IX B 155/13, BFH/NV 2014, 1558). Zur Wohnungseigentümergemeinschaft → Rn. 133. Siehe zu § 17 EigZulG die Kommentierung in der 9. Aufl.

– Bedarfsbewertung

→ Rn. 69.

– Doppelstöckige Personengesellschaft 59d

Die Obergesellschaft als solche ist Mitunternehmerin der Untergesellschaft (BFH GrS 7/89, BStBl. II 1991, 691). Der auf die Obergesellschaft entfallende Anteil am Gesamtgewinn der Untergesellschaft ist ihr nach allgemeinen Grundsätzen zuzurechnen (BFH IV R 59/07, BFH/NV 2010, 1492; I R 92/12, DStR 2017, 589). § 48 gilt daher nach allgemeinen Grundsätzen auf jeder Ebene separat (im Einzelnen → § 48 aF Rn. 24b–24e):

– Feststellungen auf Ebene der Obergesellschaft: Klagebefugt ist grds. nur die rechtsfähige Obergesellschaft gem. § 48 I Nr. 1 Buchst. a nF; daneben kann eine Klagebefugnis der unmittelbaren Gesellschafter der Obergesellschaft gem. § 48 I Nr. 4 u. 5 nF bestehen. Hier folgt **die Beiladung den allgemeinen Regeln** wie bei einer Gesellschaft ohne Beteiligung an einer Untergesellschaft (s. zB zur notwendigen Beiladung eines Obergesellschafters bei Streit über die Höhe seines Veräußerungsgewinns gem. § 16 EStG BFH IV R 51/15, BFH/NV 2018, 246).

– Feststellungen auf Ebene der Untergesellschaft: – **(1) Klage der Untergesellschaft.** Die rechtsfähige Untergesellschaft ist als Prozessstandschafterin gem. § 48 I Nr. 1 Buchst. a nF vorrangig klagebefugt, wenn Feststellungen aus dieser gesonderten und einheitlichen Feststellung streitig sind; daneben sind die Ergänzungstatbestände der § 48 I Nr. 4 u. 5 nF zu beachten. Es ist jeweils anhand der konkret angefochtenen Feststellung zu entscheiden, ob neben der Untergesellschaft als Prozessstandschafterin nur die Obergesellschaft als deren Mitunternehmerin gem. § 48 I Nr. 4 u. 5 nF klagebefugt und somit gem. § 60 III beizuladen ist **(Regelfall).** Nur ausnahmsweise können auch die Gesellschafter der Obergesellschaft nach § 48 I Nr. 4 u. Nr. 5 nF klagebefugt und beizuladen sein (BFH VIII R 8/94, BStBl. II 1996, 297; zum Übergang dieser Klagebefugnis auf einen Gesamtrechtsnachfolger s. BFH IV R 89/05, BFH/NV 2008, 1984). – **(2) Mittelbarer Mitunternehmer.** Zur Klagebefugnis des mittelbaren Mitunternehmers gem. § 48 I Nr. 5 im **Anwendungsbereich des § 15 I 1 Nr. 2 S. 2 EStG** → § 48 aF Rn. 24d (BFH I R 92/12, BStBl. II 2022, 123; IV R 33/14, DStR 2018, 341). Da eine Klagebefugnis nur hinsichtlich des Sonderbetriebsvermögens auf Ebene der Untergesellschaft besteht, ist der mittelbare Mitunternehmer notwendig beizuladen, wenn die Untergesellschaft insoweit Klage erhebt. Auch → Rn. 59q, „Sonderbetriebsausgaben" zu einem nicht in den Feststellungsbescheid einbezogenen mittelbaren Mitunternehmer. – **(3) Vermögensverwaltende Personengesellschaft.** Zur Klagebefugnis gem. § 48 bei doppelstöckigen **vermögensverwaltenden** PersGes → § 48 aF Rn. 24e. Eine **Beiladung** der Gesellschafter der Obergesellschaft ist bei einem Rechtstreit, der eine Feststellung im Bescheid für die Untergesellschaft betrifft, ungeachtet der Bruchteilsbetrachtung nur in Ausnahmefällen geboten. Bei hier vertretener Ansicht kommt die Beiladung allenfalls beim Streit über die Gewährung einer personengebundenen Steuervergünstigung für den Gesellschafter der Obergesellschaft in Betracht (s. BFH IX B 131/08, BFH/NV 2008, 1696 und dazu IV R 68/05, BStBl. II 2008, 483).

59e **– Einkunftsart/Qualifikation der Einkünfte**

Klagebefugt ist **bis zur Vollbeendigung** ausschließlich die rechtsfähige Gesellschaft/Gemeinschaft/der Klagebefugte als Prozessstandschafter(in) gem. § 48 I Nr. 1 aF/nF (→ § 48 nF Rn. 48, 60; → § 48 aF Rn. 18a). Eine Beiladung der Gesellschafter zu einem von dem/der Prozessstandschafter(in) gegen diese Feststellung geführten Verfahren ist lediglich hinsichtlich eines ausgeschiedenen Gesellschafters (§ 48 I Nr. 3 aF/nF) erforderlich. **Nach Vollbeendigung** oder bei Fehlen eines Klagebefugten sind die Feststellungsbeteiligten persönlich klagebefugt (zur Beschwer gem. § 40 II s. BFH VIII R 77/05, BFH/NV 2008, 53) und die nicht klagenden Gesellschafter notwendig beizuladen.

– Empfangsbevollmächtigter (früher Klagebevollmächtigter; heute Klagebefugter)

Bei Bestehen einer Klagebefugnis des Klagebefugten aus § 48 I Nr. 1 Nr. 2 Buchst. a nF und einer gesetzlichen Prozessstandschaft sind die Gesellschafter/Gemeinschafter nur notwendig beizuladen, wenn sie sich für den Streitgegenstand auf eine eigene Klagebefugnis aus § 48 I Nr. 3–5 nF stützen können (→ Rn. 23). Erhebt der Klagebefugte als Prozessstandschafter eine Klage, ist ein Feststellungsbeteiligter, der in einem gesonderten Verfahren Einwendungen gegen das Bestehen der Klagebefugnis des Klagebefugten erhebt (zB Nichtbestehen der Empfangsvollmacht; zu den Widerspruchs-, Widerrufsrechten und Belehrungsfehlern → § 48 nF Rn. 61, 62, 68), notwendig beizuladen. Das gilt auch für den umgekehrten Fall (Szymczak DB 1994, 2257 (2264); Tipke/Kruse/Brandis § 60 Rn. 33).

Zur Klage eines Gesellschafters/Gemeinschafters ist der Klagebefugte als gesetzlicher Prozessstandschafter notwendig beizuladen (→ Rn. 59g, „Gesellschafter/Gemeinschafter" und → Rn. 59a, „Atypisch stille Gesellschaft"; → § 48 aF Rn. 56).

Ist kein Klagebefugter gem. § 48 I Nr. 2, II nF vorhanden, sind alle Beteiligten/Mitberechtigten als Feststellungsbeteiligte klagebefugt (→ § 48 aF Rn. 67; → § 48 nF Rn. 65) und notwendig beizuladen, soweit sie nicht selbst Klage erhoben haben. – Zur daneben bestehenden Klagebefugnis der Gesellschafter/Gemeinschafter aufgrund einer (richtigen oder unrichtigen) Einzelbekanntgabe gem. § 183 II AO → § 48 aF Rn. 64; → § 48 nF Rn. 55; die übrigen Feststellungsbeteiligten sind notwendig beizuladen (BFH VIII B 57/16, BFH/NV 2017, 266; IV R 17/16, BFH/NV 2019, 1123; → Rn. 23).

– Entnahmegewinne/Mehrgewinne

Die Fälle der **Sachentnahmen** unterscheiden sich von anderen „verdeckten" Entnahmen durch „Schwarzeinnahmen" oder infolge nicht anerkannter Betriebsausgaben dadurch, dass nur bei den Sachentnahmen die Aufdeckung stiller Reserven in Betracht kommt, deren Verteilung zweifelhaft sein kann. Die Sachentnahme kann entweder allen Gesellschaftern nach dem Gewinnverteilungsschlüssel zugerechnet werden, oder es kann eine konkludente Änderung des Gewinnverteilungsschlüssels vorliegen, die zu einer Zurechnung allein beim begünstigten Gesellschafter führt (BFH IV B 21/01, BStBl. II 2004, 239). Zu veruntreuten Geldentnahmen s. BFH VIII S 37/18, BFH/NV 2020, 196.

Beim Streit um die **Höhe des Steuerbilanzgewinns** einer rechtsfähigen PersGes wegen einer Sachentnahme aus dem Gesellschaftsvermögen (Gewinnerhöhung im Gesamthandsvermögen) ist nur die PersGes als Prozessstandschafterin klagebefugt, sodass keine Beiladung der Gesellschafter erforderlich ist (BFH IV R 17/15, BFH/NV 2018, 182). Ist nur die Verteilung dieses Entnahmegewinns bzw. dessen Zurechnung bei den Gesellschaftern in Streit, ergibt sich die Klagebefugnis der Gesellschafter aus § 48 I Nr. 4 nF (BFH VIII R 29/95, BFH/NV 1999, 1468). Einen Sonderfall betrifft die Veräußerung eines Wirtschaftsguts mit stillen Reserven durch eine gewerblich tätige PersGes an eine gewerblich tätige Schwesterpersonengesellschaft zu einem unangemessen niedrigen Preis; so kann eine verdeckte Entnahme des auf seinen Anteil an den stillen Reserven verzichtenden und an der erwerbenden Gesellschaft nicht beteiligten Gesellschafters der veräußernden Gesellschaft vorliegen. Dieser Gesellschafter ist notwendig zum Verfahren der veräußernden Gesellschaft beizuladen (BFH VIII R 15/00, BFH/NV 2004, 46).

Der **durch eine Betriebsprüfung nachträglich festgestellte Mehrgewinn** einer PersGes ist grds. allen Gesellschaftern nach dem vereinbarten Gewinnverteilungsschlüssel zuzurechnen. Besonderheiten bestehen, wenn die festgestellten Mehrgewinne aufgrund einer Untreue/Unterschlagung ausschließlich einem Gesellschafter zugute gekommen (von diesem entnommen worden sind) und weder die Gesellschaft noch die anderen Gesellschafter in der Lage sind, etwa bestehende Erstattungsansprüche gegen den Mitunternehmer durchzusetzen. In diesem Fall ist der Mehrgewinn dem begünstigten Gesellschafter im VZ der Entstehung zuzurechnen; ein etwaiger Erstattungsanspruch wirkt sich erst bei Zufluss aus (BFH IV R 33/85, BFH/NV 1987, 775; IV R 16/00, BStBl. II 2001, 238; s. auch BFH VIII R 12/09, BStBl. II 2012, 207; VIII R 6/19, BStBl. II 2023, 323; Levedag NWB 2023, 1427). Es besteht neben der Klagebefugnis der rechtsfähigen PersGes aus § 48 I Nr. 1 Buchst. a nF im Hinblick auf die Gewinnverteilung auch eine Klagebefugnis der jeweiligen Gesellschafter aus § 48 I Nr. 4 nF mit den entsprechenden Beiladungsfolgen. → Rn. 59w, „Verteilung der Einkünfte".

– Erbfall 59f

→ Rn. 59p, „Rechtsnachfolge".

– Ergänzungsbilanzen der Gesellschafter

Feststellungen zu Ergebnissen aus individuellen Ergänzungsbilanzen der Mitunternehmer (sog. Ergänzungsbilanzgewinn) können verfahrensrechtlich eigenständige Feststellungen sein (BFH IV R 7/19, BStBl. II 2023, 378). Beruht der Ergänzungsbilanzgewinn auf der Auflösung eines (negativen) Korrekturpostens anlässlich einer Anteilsveräußerung und nicht auf der Korrektur des laufenden Gesellschaftsgewinns, teilt er als (unselbständiger) Teil eines solchen Veräußerungsgewinns dessen verfahrensrechtliche Einordnung als selbständige Besteuerungsgrundlage, die gesondert festzustellen ist (BFH IV R 29/19, BFH/NV 2021, 438; zur Gesellschafterbezogenheit BFH IV R 27/19, BStBl. II 2023, 1112). Zur nicht erforderlichen Beiladung des Erwerbers eines Mitunternehmeranteils zu einem Rechtsstreit über den Veräußerungsgewinn des Veräußerers → Rn. 59u, „Veräußerungsgewinn". Betrifft der Ergänzungsbilanzgewinn hingegen den laufenden Gewinn der Gesamthand, so ist er durch eine ggü. dem laufenden Gesamthandsgewinn selbständige Feststellung zu erfassen (zur Korrekturfunktion der Ergänzungsbilanz s. BFH IV R 15/11, BStBl. II 2017, 34; IV R 7/19, BStBl. II 2023, 378). Klagebefugt für diese Feststellung sind die rechtsfähige Gesellschaft als Prozessstandschafterin und der betroffene Mitunternehmer (§ 48 I Nr. 5 nF), wenn der Streit über den festgestellten Ergänzungsbilanzgewinn allein auf Gründen beruht, die der eigenen Sphäre des Mitunternehmers zugeordnet sind; somit besteht die Klagebefugnis nicht bereits dann, wenn eine die Höhe des Gesamthandsvermögens betreffende Frage streitig ist, die sich zwangsläufig auch auf den Ergänzungsbilanzgewinn des einzelnen Mitunternehmers auswirkt (BFH IV R 7/19, BStBl. II 2023, 378).

Diese Grundsätze hat der IX. Senat des BFH auf die **Inanspruchnahme des AfA-Volumens** beim entgeltlichen Erwerb des Anteils an einer vermögensverwaltenden PersGes für sog. **Ergänzungsverluste** sinngemäß übertragen. Der dem Anteilserwerber zustehende AfA-Betrag, der die AfA auf der Gesamthandsebene übersteigt oder zusätzlich zu berücksichtigen ist, ist eigenständig festzustellen und anfechtbar. Der Anteilserwerber als Feststellungsbeteiligter ist gem. § 48 I Nr. 5 nF klagebefugt (BFH IX R 38/17, BStBl. II 2021, 202; IX R 22/19, BStBl. II 2023, 186). Dementsprechend ist er zu einer Klage der rechtsfähigen vermögensverwaltenden Gesellschaft als Prozessstandschafterin gegen diese Feststellung notwendig beizuladen.

59g **– Gesamthandsgewinn/Gesamtgewinn**

Zu einer Klage des Prozessstandschafters (rechtsfähige Gesellschaft; Klagebefugter) gem. § 48 I nF gegen die Feststellung des laufenden Gesamthandsgewinns sind nur ausgeschiedene Gesellschafter (§ 48 I Nr. 3 nF) notwendig beizuladen. Nach Vollbeendigung des Prozessstandschafters steht die Klagebefugnis den Gesellschaftern/Gemeinschaftern zu (§ 48 I Nr. 1 Buchst. b, Nr. 2 Buchst. b nF); die jeweils nicht persönlich klagenden Gesellschafter sind notwendig beizuladen. Eine Klage gegen die Feststellung des **Gesamtgewinns** als kumuliertes Ergebnis aus der Gesellschaftsebene, dem Sonderbetriebsvermögen und den Ergänzungsbilanzen geht ins Leere, da es sich insoweit nicht (mehr) um eine selbständig anfechtbare Feststellung handelt (→ Rn. 23 mwN). Es müssen die selbständigen Feststellungen separat angefochten werden, die den Gesamtgewinn bilden. Wird (nicht auslegungsfähig) der Gesamtgewinn angefochten, zeitigt dies keine verfahrensrechtlichen Wirkungen und es müssen auch keine Beiladungen erfolgen.

– Geschäftsführer

Ob ein Geschäftsführer oder Liquidator der rechtsfähigen Gesellschaft als gesetzlicher Prozessstandschafterin gem. § 48 I Nr. 1 vorhanden ist, bestimmt sich nach dem **Zivilrecht** (zB zu Publikumsgesellschaften in der Form einer GbR s. BFH IX B 25/97, BFH/NV 1998, 994). Nach der Rspr. zu § 48 I Nr. 1 aF war die Klagebefugnis des vertretungsberechtigten Geschäftsführers dahin zu verstehen, dass die PersGes als Prozessstandschafterin für ihre Gesellschafter, ihrerseits vertreten durch ihre(n) Geschäftsführer, Klage gegen den Gewinnfeststellungsbescheid erhoben hat und auch nur die Gesellschaft selbst Beteiligte gem. § 57 Nr. 1 wurde (BFH IV R 48/02, BStBl. II 2004, 964; → § 48 aF Rn. 33). **§ 48 I Nr. 1 Buchst. a nF** weist die Klagebefugnis nunmehr eindeutig der rechtsfähigen Gesellschaft zu. Die Vertretungsbefugnisse der Gesellschaft sind bedeutsam für die wirksame Klageerhebung und die Prozessfähigkeit (→ § 48 nF Rn. 28). Ist die Klage durch einen von **mehreren vertretungsberechtigten Geschäftsführern** im Namen der Gesellschaft erhoben worden, so sind die anderen Geschäftsführer unter der heutigen Fassung des § 48 offenkundig nicht beizuladen (zum früheren Recht ebenso BFH III R 73–75/72, BStBl. II 1973, 676). Ist kein Geschäftsführer oder Liquidator vorhanden, beeinträchtigt dies nicht die Klagebefugnis einer noch bestehenden rechtsfähigen Gesellschaft, sondern nur die Prozessfähigkeit der Gesellschaft als Prozessstandschafterin (→ § 58 Rn. 39, 49). Auch → Rn. 59l, „Liquidation/faktische Vollbeendigung".

– Gesellschafter/Gemeinschafter

Eine umfassende Klagebefugnis jedes Gesellschafters/Gemeinschafters gem. § 48 I Nr. 2 aF/§ 48 I Nr. 1 Buchst. b und § 48 I Nr. 2 Buchst. b nF kann mangels einer Prozessstandschaft der rechtsfähigen Gesellschaft (zB aufgrund deren Vollbeendigung), bei Fehlen eines Klagebevollmächtigten/Klagebefugten (iSd § 48 I Nr. 1 Alt. 2 aF → § 48 aF Rn. 67 ff.; → Rn. 59, „Grundsätze" und → Rn. 59w, „Vollbeendigung"; iSd § 48 I Nr. 2 Buchst. b nF → § 48 nF Rn. 65) oder bei ausgeschiedenen Gesellschaftern (§ 48 I Nr. 3 aF, → § 48 aF Rn. 74 ff.; § 48 I Nr. 3 nF, → § 48 nF Rn. 70 ff.) bestehen. § 48 I Nr. 4, 5 nF vermitteln wie im alten Recht eine ergänzende Klagebefugnis während der Zugehörigkeit zu einer ansonsten gem. § 48 I Nr. 1 nF vorrangig klagebefugten rechtsfähigen Gesellschaft oder durch den Klagebefugten repräsentierten Gesellschaft. Ergibt sich die **Klagebefugnis** des klagenden Gesellschafters oder Gemeinschafters aus **§ 48 I Nr. 4 oder Nr. 5 aF/nF,** so ist die rechtsfähige Gesellschaft oder der Klagebefugte zu dessen Verfahren notwendig beizuladen (BFH VIII B 33/90, BStBl. II 1992, 559; IV B 136/07, BFH/NV 2009, 597). Gleiches gilt für Klagen eines ausgeschiedenen Gesellschafters/Gemeinschafters. Auch im neuen Recht ist dessen Klagebefugnis als Ergänzungstatbestand ausgestaltet (§ 48 I Nr. 3 aF; → Rn. 59b, „Ausgeschiedene Gesellschafter/Gemeinschafter").

– Gesellschaftszugehörigkeit einzelner Mitunternehmer/Einkünftezurechnung

Ist **die Zurechnung der Einkünfte** aufgrund der fraglichen Mitunternehmerstellung eines Feststellungsbeteiligten streitig (zB die Mitunternehmerstellung eines Kindes in der Familienpersonengesellschaft oder Fragen der verdeckten Mitunternehmerstellung), handelt es sich bezogen auf den einzelnen Mitunternehmer um einen **negativen Feststellungsbescheid** (BFH VIII R 63/13, BStBl. II 2016, 383; zum Streit darüber, ob überhaupt eine Feststellung zu treffen ist → Rn. 59n, „Negativer Feststellungsbescheid"). Hier sind wie bisher Klagen der rechtsfähigen Gesellschaft als Prozessstandschafterin (§ 48 I Nr. 1 Buchst. a nF), des Gesellschafters, dessen Beteiligung (teilweise) verneint wird (§ 48 I Nr. 4 nF) oder eines anderen Mitgesellschafters, dessen Gewinnanteil aufgrund der Einkünftezurechnung durch das FA erhöht wird (§ 48 I Nr. 4 nF), denkbar (→ § 48 aF Rn. 18e und Rn. 18l zur KGaA):

– Bei Klage der Gesellschaft als Prozessstandschafterin ist stets derjenige notwendig beizuladen, dessen Beteiligung streitig ist; die übrigen Gesellschafter/Gemeinschafter, deren Beteiligung nicht im Streit ist und die keine Klage erhoben haben, sind nur dann klagebefugt und beizuladen, wenn sie von der Beteiligung an den Einkünften iSd §§ 48 I Nr. 4, 5, 40 II selbst berührt sind, dh wenn sich durch die Bejahung oder Verneinung der streitigen Frage ihr Anteil am Gewinn ändern würde (BFH IV R 283/84, BStBl. II 1987, 601; VIII R 67/94, BFH/NV 1996, 485). Auch **wer ein Gesellschaftsverhältnis gekündigt** hat, ist zum Verfahren wegen einheitlicher und gesonderter Feststellungen der Einkünfte der PersGes notwendig beizuladen, wenn – unter anderem – seine weitere Zugehörigkeit zum Kreis der Feststellungsbeteiligten Gegenstand des Klageverfahrens ist (BFH VIII R 75/09, BFH/NV 2010, 1474).

- Entsprechendes gilt bei Klage des Gesellschafters gem. § 48 I Nr. 4 nF, um dessen Beteiligung es geht. Beizuladen sind die klagebefugte Gesellschaft oder der Klagebefugte oder bei Fehlen eines Prozessstandschafters die klagebefugten Feststellungsbeteiligten. Erforderlich für eine Klagebefugnis und Beiladung der übrigen Feststellungsbeteiligten ist jedoch jeweils, dass sie die vorgenommene Einkünftezurechnung des FA berührt (BFH VIII B 25/85, BFH/NV 1990, 299; VIII R 67/94, BFH/NV 1996, 485).
- Im Fall der Klage eines **Mitgesellschafters,** dem höhere Einkünfte aufgrund des negativen Feststellungsbescheids zugerechnet werden (§ 48 I Nr. 4 aF/nF), sind die rechtsfähige Gesellschaft als Prozessstandschafterin und der Gesellschafter beizuladen, dessen Beteiligung streitig ist (§ 48 I Nr. 4 aF/nF). Es bedarf aber nicht der Beiladung derjenigen Gesellschafter der PersGes, deren Mitunternehmereigenschaft unstreitig ist und deren Gewinnquote, bezogen auf den Gewinn, der nach Abzug der auf den Dritten entfallenden Beträge verbleibt, unverändert bleibt, da sie dann vom Ausgang des anhängigen Verfahrens iSd § 60 III 2 nicht betroffen sind (BFH IV R 283/84, BStBl. II 1987, 601; IV R 44/85, BFH/NV 1989, 502; IV R 89/05, BFH/NV 2008, 1984; IV R 11/21, DStR 2024, 219).

59h **– Gewinnverteilung**

→ Rn. 59w, „Verteilung der Einkünfte“ und unter „Gesellschaftszugehörigkeit“.

– GmbH & Co. KG

Die **GmbH & Co. KG ist** steuerrechtlich eine **rechtsfähige PersGes** (BFH GrS 4/82, BStBl. II 1984, 751). Innerhalb der Gesellschaft ist die Komplementär-GmbH „Geschäftsführer“. Sie hat wie im Rahmen des § 48 aF als Vertretungsorgan „im Namen der KG“ Klage zu erheben. Wird die Klage durch den Geschäftsführer der Komplementär-GmbH erhoben, der zugleich klagebefugter Kommanditist ist, kann die Klage als für die Gesellschaft (KG) als Prozessstandschafterin erhoben anzusehen sein, wenn der Klageschrift nicht zu entnehmen ist, dass dieser Geschäftsführer zugleich als Kommanditist Klage erhoben hat (BFH VIII R 368/83, BStBl. II 1988, 1008; VIII R 20/86, BFH/NV 1991, 219; s. auch BFH IV B 20/17, BFH/NV 2017, 1188).

Ob die **Komplementär-GmbH** als Mitunternehmerin notwendig beizuladen ist, hängt vom Streitgegenstand des Rechtsstreits und der Ausgestaltung ihres Gewinnbezugsrechts ab.

- Ist die **Verteilung des laufenden Gewinns** streitig, die Komplementär-GmbH wie üblich vermögensmäßig nicht an der KG beteiligt und erhält sie nur eine Haftungs- und Geschäftsführungsvergütung (Sonderbetriebseinnahmen), aber keinen gesellschaftsrechtlichen Gewinnanteil, ist sie nicht beizuladen, wenn andere Gesellschafter gegen gemeinschaftlich verwirklichte Feststellungen des

Gewinnfeststellungsbescheids klagen (BFH VIII R 48/93, BFH/NV 1995, 84; VIII R 20/91, BFH/NV 1991, 793; VIII R 210/85, BFH/NV 1992, 73). Verfügt die Komplementär-GmbH über eine vermögensmäßige Beteiligung und einen Gewinnanteil, gelten für sie dieselben Grundsätze wie für die übrigen Gesellschafter.

- In einem Rechtsstreit, der nur über die **Höhe** des **Veräußerungsgewinns** eines Mitgesellschafters geführt wird, ist die Komplementär-GmbH regelmäßig nicht beizuladen (vgl. zB BFH VIII R 370/83, BStBl. II 1989, 563; IV R 75/05, DStRE 2008, 341).
- Das ist anders bei **Veräußerungsgewinnen** eines Kommanditisten (§ 16 II EStG), die durch die **Auflösung des negativen Kapitalkontos** entstehen. Bei Wegfall des negativen Kapitalkontos eines Kommanditisten, das durch einkommensteuerrechtliche Verlustzurechnungen entstanden ist, ist in Höhe des beim Kommanditisten zu erfassenden Gewinnes dem persönlich haftenden Gesellschafter in der Regel ein Verlustanteil in derselben Höhe zuzurechnen (BFH GrS 1/79, BStBl. II 1981, 164; zur Behandlung beim Kommanditisten s. BFH IV R 19/12, BStBl. II 2015, 954; IV R 3/15, BFH/NV 2017, 1019; IV R 9/15, BStBl. II 2017, 896; zur Behandlung beim Erwerber eines Anteils mit negativem Kapitalkonto zur Gesellschaft mit Gewinneinkünften BFH VIII R 37/93, BStBl. II 1995, 246 und zur vermögensverwaltenden Gesellschaft BFH IX R 16/16, BFH/NV 2017, 1306). Die Komplementär-GmbH ist daher grds. zu einem Klageverfahren des Kommanditisten wegen der Höhe seines Auflösungsgewinns aus dem negativen Kapitalkontos beizuladen (BFH VIII R 15/92, BFH/NV 1994, 183; VIII B 153/94, BFH/NV 1995, 1078; IV B 37/04, BeckRS 2005, 25009272; I R 68/93, BFH/NV 1994, 798 zur Bestellung eines Nachtragsliquidators und Prozesspflegers bei einer schon gelöschten GmbH; BFH IV R 17/07, BStBl. II 2010, 631). Keine Beiladung muss bei Streit um die Höhe des Veräußerungsgewinns erfolgen, wenn der Komplementär-GmbH im angefochtenen Feststellungsbescheid tatsächlich kein Wegfallgewinn des Kommanditisten zugerechnet wurde, da eine korrespondierende Verböserung des Feststellungsbescheids zulasten der Komplementär-GmbH bei Obsiegen des Kommanditisten nicht in Betracht kommt (BFH IV R 3/15, BFH/NV 2017, 1019).
- Einschränkungen der Beiladungspflicht bestehen bei **Vollbeendigung** der GmbH und/oder der KG. Zur Vollbeendigung der **GmbH & Co. KG** bei insolvenzbedingtem Ausscheiden der Komplementär-GmbH s. BFH VIII R 7/03, BStBl. II 2009, 772; IV R 44/10, BFH/NV 2013, 376; → § 48 aF Rn. 50; zur Simultaninsolvenz BFH IV R 9/20, BStBl. II 2025, 309; zur geänderten Zivilrechtslage → § 58 Rn. 38, 49 und BFH IV R 8/22, DStR 2024, 2577 (→ § 48 nF Rn. 37). Eine aufgelöste und im Handelsregister gelöschte **Komplementär-GmbH** ist bei Streit über die Verteilung des Gesamtverlustes der GmbH & Co. KG oder über die Auflösung des negativen Kapitalkontos eines Kommanditisten trotz einer Klagebefugnis als Feststellungsbeteiligte (falls auch die KG vollbeendet ist) nicht mehr beizuladen, wenn sich aus der Entscheidung über die Gewinn- und Verlustzurechnung für die (gelöschte) GmbH keine steuerlichen Auswirkungen ergeben (s. BFH VIII R 41/85, BFH/NV 1986, 404; IV R 105/90, BFH/NV 1993, 315; IV R 17/07, BStBl. II 2010, 631).
- War die Alleinkomplementärin bei einer GmbH & Co. KG nicht an deren Gesamthandsgewinn und -verlust beteiligt, so ist nach einer formwechselnden Umwandlung der PersGes in eine KapGes (als Vollbeendigung der PersGes

ohne Abwicklung) die Rechtsnachfolgerin der ehemaligen Komplementärin auch dann nicht klagebefugt iSd § 40 II, wenn die ehemalige Komplementärin anlässlich des Formwechsels auf ihre Rechtsnachfolgerin verschmolzen worden war. Insofern ist die Rechtsnachfolgerin der Komplementärin auch nicht bei einem Rechtsstreit über den Gesamthandsgewinn der ehemaligen GmbH & Co. KG nach § 60 III notwendig beizuladen (BFH IV R 21/19, BStBl. II 2023, 474).

– **Verdeckte Gewinnausschüttung:** → Rn. 59u, „Verdeckte Gewinnausschüttung".

59i – **Hinzurechnungsbesteuerung nach den §§ 7 ff. AStG (Feststellung gem. § 18 AStG)**

Zur Klagebefugnis gem. § 18 I 4 AStG → § 48 aF Rn. 29c. Bei Klage des Klagebefugten (gemeinsam bestellten Empfangsbevollmächtigten) gegen einen Feststellungsbescheid iSd **§ 18 I 3 AStG** (zur Bekanntgabe nach den Regelungen der AO s. § 18 I 4 AStG und zur Erklärungspflicht jedes Feststellungsbeteiligten s. § 18 III AStG; zum Ganzen auch AEAStG v. 22.12.2023, BStBl. I 2023 Sondernr. 1, 2, Tz. 932, 944–946: dynamische Rechtsgrundverweisung auf die FGO sowie Tz. 954) sind aufgrund der Klagebefugnis gem. § 48 I Nr. 4 aF/nF alle unbeschränkt steuerpflichtigen Feststellungsbeteiligten notwendig beizuladen. Bei Fehlen eines Empfangsbevollmächtigten als Klagebefugten besteht eine ausschließliche Klagebefugnis aller Feststellungsbeteiligten mit der Folge einer Beiladungspflicht hinsichtlich aller Gesellschafter, die nicht selbst Klage erheben.

59j – **Insolvenz der Gesellschaft**

Die vermögensverwaltende PersGes und die PersGes mit Gewinneinkünften sind Einkünfteerzielungssubjekte und Subjekte der Gewinnerzielung. Dies mündet in die gesonderte und einheitliche Feststellung der Einkünfte für die Gesellschafter/Mitunternehmer als Feststellungsbeteiligte (§§ 179, 180 I Nr. 2 Buchst. a AO). Bei Insolvenz einer gem. § 11 I Nr. 1 InsO insolvenzfähigen Gesellschaft werden die Vermögensmassen der Gesellschaft und der Gesellschafter getrennt betrachtet, sodass einerseits über die Insolvenzmasse der Gesellschaft gem. § 80 I InsO nur der Insolvenzverwalter verfügt und zugleich die Gewinne und Verluste der Gesellschaft aus der Zeit vor und nach der Insolvenzeröffnung steuerrechtlich nur den Gesellschaftern/Mitunternehmern zugeordnet werden. Die einheitliche Gewinnfeststellung betrifft als **insolvenzfreie Angelegenheit** nicht den Vermögensbereich der PersGes (Roth, Insolvenzsteuerrecht, Rn. 4.144). Der **Insolvenzverwalter** der Gesellschaft war für Feststellungsbescheide, die vorinsolvenzliche Zeiträume (vor der Verfahrenseröffnung) betreffen, somit nach der Rechtslage bis Ende 2023 weder Bekanntgabeadressat (BFH VIII R 10/76, BStBl. II 1979, 440) noch Inhaltsadressat des Feststellungsbescheids und daher mangels Klagebefugnis auch **nicht** zu einem von der Gesellschaft oder vom Gesellschafter betriebenen Klageverfahren gegen einen Feststellungsbescheid notwendig beizuladen (Leipold DStZ 2012, 103 (107) mwN; HHS/Steinhauff § 48 Rn. 127 ff.). Eine **dennoch erfolgte Beiladung** des Insolvenzverwalters bleibt aber bis zu ihrer Aufhebung wirksam (BFH IV R 44/10, BFH/NV 2013, 376; allg. → Rn. 154 ff.). Für die **Rechtslage ab dem 1.1.2024** ist der Insolvenzverwalter zwar gesetzlicher Bekanntgabeadressat des Feststellungsbescheids. Die Anfechtung des Feststellungsbescheids ist jedoch weiterhin eine insolvenzfreie Angelegenheit, die bis zur Vollbeendigung von der rechtsfähigen Gesellschaft als Prozessstandschafterin der Feststellungsbeteiligten im Einspruchs- und Klageverfahren wahrzunehmen ist (→ § 58 Rn. 4). Mangels einer Klagebefugnis ist der Insolvenzverwalter nicht beizuladen.

Die Insolvenzeröffnung über das Vermögen einer mehrgliedrigen Gesellschaft bewirkt zivilrechtlich, dass diese aufgelöst wird, damit aber nicht vollbeendet ist (→ § 58 Rn. 53). Ist der Betrieb der Gesellschaft mit Insolvenzeröffnung faktisch endgültig eingestellt (insbes. bei Ablehnung der Verfahrenseröffnung mangels Masse), sind für die Beiladung wegen vorinsolvenzlicher Zeiträume die im Falle der „Vollbeendigung" einer Gesellschaft geltenden allg. Grundsätze (→ Rn. 59w, „Vollbeendigung") maßgebend; klagebefugt sind nur noch die Gesellschafter (ebenso Tipke/Kruse/Brandis § 60 Rn. 36; Leipold DStZ 2012, 103 (107)). Eine Beiladung der vollbeendeten PersGes als Prozessstandschafterin kommt nicht in Betracht.

Hingegen ist eine aufgrund der Insolvenzeröffnung zwar aufgelöste, aber noch nicht gelöschte und im steuerlichen Sinne nicht vollbeendete mehrgliedrige Gesellschaft als Prozessstandschafterin zur Klage eines gem. § 48 I Nr. 4 u. 5 aF/nF klagebefugten Gesellschafters notwendig beizuladen (BFH IV R 131/74, BStBl. II 1979, 780; VIII R 7/03, BStBl. II 2009, 772 und FG Hmb 6 K 30/14, EFG 2015, 660 zur Simultaninsolvenz bei der GmbH & Co. KG; IV R 17/07, BStBl. II 2010, 631 zur Beiladung bei Streit über die Höhe eines Auflösungsgewinns des Kommanditisten). Sie wird durch die Liquidatoren vertreten (→ § 58 Rn. 53 ff.; → § 48 aF Rn. 49 f.). Eine zweigliedrige PersGes (GmbH & Co. KG), über deren Vermögen das Insolvenzverfahren eröffnet wurde, ist im finanzgerichtlichen Verfahren über die gesonderte und einheitliche Feststellung von Einkünften nicht mehr als Prozessstandschafterin klagebefugt oder gem. § 60 III notwendig beizuladen, wenn zugleich ein Gesellschafter wegen Eröffnung des Insolvenzverfahrens über sein Vermögen aus der PersGes zwangsweise ausscheidet und die PersGes dadurch ohne Liquidation vollbeendet ist; die Klagebefugnis steht dann nur noch den ehemaligen Gesellschaftern zu (BFH VIII R 7/03, BStBl. II 2009, 772; IV R 44/10, BFH/NV 2013, 376; → Rn. 59a, „Anwachsung").

Die **Insolvenz einer Personenhandelsgesellschaft** berührt ein von dieser als Prozessstandschafterin geführtes Klageverfahren wegen einer Feststellung im Gewinnfeststellungsbescheid iSd § 240 ZPO iVm § 155 FGO nicht und bewirkt demnach auch **keine Unterbrechung des Rechtsstreits,** da die steuerlichen Folgen aus diesem Rechtsstreit nur die Gesellschafter als Inhaltsadressaten und Feststellungsbeteiligte des Bescheids persönlich und nicht den nach Insolvenzrecht abzuwickelnden Vermögensbereich der PersGes betreffen (BFH IV R 131/74, BStBl. II 1979, 780; VIII R 37/91, BFH/NV 1994, 859; VIII R 51/94, BFH/NV 1995, 663; IV R 52/04, BFH/NV 2007, 1332; AEAO zu § 251 AO unter 4.4.1.1; → § 58 Rn. 4, 55; ebenso zur Klage wegen der Feststellung des Anteils am GewSt-Messbetrag gem. § 35 II 1 EStG BFH IV R 5/14, BStBl. II 2016, 875).

– Insolvenz des Gesellschafters 59k

Die Insolvenz eines Feststellungsbeteiligten (des Gesellschafters/Gemeinschafters) führt für einheitlich und gesondert festzustellende Besteuerungsgrundlagen gem. § 180 I Nr. 2 Buchst. a AO für vorinsolvenzliche Zeiträume zu dem Verbot, die Besteuerungsgrundlagen ihm ggü. durch Bescheid festzustellen; ein dennoch ergehender Bescheid wirkt nur ggü. den anderen Feststellungsbeteiligten (BFH VIII R 14/02, BStBl. II 2005, 246; I R 33/01, BStBl. II 2003, 630; zur Fortsetzung ggü. den anderen Gesellschaftern BFH XI R 24/05, BStBl. II 2006, 576).

Der Vorrang des Insolvenzrechts begrenzt den Grundsatz der Einheitlichkeit des Feststellungsverfahrens (vgl. Waza/Uhländer/Schmittmann, Insolvenzen und Steuern, Rn. 536, 539 und BMF AEAO Nr. 4.1.3 und Nr. 4.4.1.2 zu § 251). Das Wohnsitzfinanzamt des in Insolvenz geratenen Gesellschafters meldet auf der Basis der informatorischen Mitteilung der Besteuerungsgrundlagen durch das Feststellungs-FA die Steuerforderung als Insolvenzforderung (§ 38 InsO) zur Insolvenztabelle (zur Abgrenzung zur ESt auf den Gewinnanteil des Insolvenzschuldners als Masseforderung s. BFH X R 26/14, BStBl. II 2016, 848) an. Bestreitet der Insolvenzverwalter die Insolvenzforderung des FA, muss das Wohnsitzfinanzamt sodann einen Insolvenzfeststellungsbescheid entsprechend § 251 III AO erlassen. Legt der Insolvenzverwalter dagegen Einspruch ein, ist das Einspruchsverfahren gegen den Insolvenzfeststellungsbescheid auszusetzen und ein (insoweit) gem. § 240 ZPO unterbrochenes Einspruchs- oder Klageverfahren über die einheitliche gesonderte Feststellung entsprechend §§ 180 II, 185 InsO – sei es im Stadium des Einspruchs- oder schon des Klageverfahrens – vom Verwalter oder dem FA gem. § 251 ZPO aufzunehmen (s. zur notwendigen Beendigung der Unterbrechung BFH VIII R 46/02, BFH/NV 2006, 2037; s. auch BFH IV B 108/13, BFH/NV 2014, 379 und zur Auslegung des Umfangs einer Aufnahmeerklärung des FA FG Köln 13 K 1849/13, EFG 2017, 1807 mAnm Anders). Ein anhängiges Klageverfahren wegen eines Feststellungsbescheids wandelt sich durch die Aufnahme in **ein partielles Insolvenzfeststellungsverfahren,** in dem neben der Gesellschaft/Gemeinschaft und den nicht insolventen Feststellungsbeteiligten nicht mehr der Insolvenzschuldner, sondern sein Insolvenzverwalter eine Beteiligtenstellung haben kann (→ § 57 Rn. 38 f.; Tipke/Kruse/Loose AO § 251 Rn. 48; Klein/Werth AO § 251 Rn. 29). Es wird über die zugrunde liegende streitige Rechtsfrage auf Ebene des einheitlichen und gesonderten Feststellungsbescheids mit Bindungswirkung für den zutreffenden Eintrag der Steuerforderung gegen den insolventen Gesellschafter in die Insolvenztabelle entschieden.

Im Einzelnen sind folgende prozessuale Ausgangssituationen für festzustellende **vorinsolvenzliche Besteuerungsgrundlagen** zu unterscheiden:

– Hat die Gesellschaft/der Klagebefugte Klage als Prozessstandschafter erhoben und ist der insolvent gewordene Gesellschafter/Gemeinschafter entweder schon nicht klagebefugt gem. § 48 I Nr. 4 u. 5 aF/nF oder in seinen Interessen nicht berührt (§ 60 III 2) und daher nicht beizuladen, tritt nach zutreffender hM mangels einer Beteiligtenstellung des Insolvenzschuldners keine Unterbrechung des Rechtsstreits über den einheitlichen und gesonderten Feststellungsbeteiligten gem. § 240 ZPO ein (BFH IV R 75/05, DStRE 2008, 341; Leipold DStZ 2012, 103 (109); HHS/Steinhauff § 48 Rn. 135). Es kann dann mit Bindungswirkung auch zulasten des insolventen Feststellungsbeteiligten entschieden werden, ohne dass der Insolvenzverwalter auf das Verfahren einwirken kann. Eine Besserstellung des nicht klagebefugten Feststellungsbeteiligten im Vergleich zu seiner prozessualen Stellung ohne Insolvenz ist nicht geboten. Diese Verbesserung tritt aber in der Konstellation ein, dass die Insolvenzeröffnung aufgrund der Rechtsform der Gesellschaft (→ § 58 Rn. 55 f.) den (ausnahmsweise) zwangsweisen Austritt des Insolvenzschuldners aus der Gesellschaft bewirkt und dessen Klagebefugnis gem. § 48 I Nr. 3 aF/nF begründet; in diesem Fall ist der Insolvenzverwalter notwendig beizuladen (zutreffend Leipold DStZ 2012, 103 (108) mit Abgrenzung zur GbR).

– Ist eine notwendige Beiladung des Insolvenzschuldners wegen dessen Klagebefugnis eigentlich auszusprechen, aber im Zeitpunkt der Insolvenzeröffnung noch kein Beiladungsbeschluss ergangen, tritt keine Unterbrechung des Rechtstreits gem. § 240 ZPO ein. Zur Vermeidung eines Verfahrensfehlers ist aber der Verwalter des insolventen klagebefugten Feststellungsbeteiligten notwendig beizuladen. Dieser oder das FA haben anschließend den Rechtsstreit aufzunehmen. Unterbleibt die Beiladung, liegt ein Verstoß gegen die Grundordnung des Verfahrens vor (Leipold DStZ 2012, 103 (109); HHS/Steinhauff § 48 Rn. 135).

– Wurde der insolvent gewordene Gesellschafter schon vor der Eröffnung des Insolvenzverfahrens zutreffend oder unzutreffend vom FG gem. § 60 III notwendig beigeladen, ist er Beteiligter (§ 57 I Nr. 3) und der Rechtsstreit wird durch die Insolvenzeröffnung gem. § 240 ZPO unterbrochen (BFH VIII R 7/03, BStBl. II 2009, 772). Die Eröffnung des Insolvenzverfahrens über das Vermögen eines notwendig Beteiligten (Klägers oder notwendig Beigeladenen) unterbricht wegen des Zwangs zur einheitlichen Entscheidung den Rechtsstreit insgesamt, dh auch hinsichtlich der anderen, nicht insolventen Beteiligten; eine Abtrennung kommt hier nicht in Betracht (BFH IV B 42/03, BFH/NV 2005, 365; Leipold DStZ 2012, 103 (108). Der Insolvenzverwalter rückt in die Beteiligtenstellung des Schuldners ein (→ § 57 Rn. 38); er oder das FA haben anschließend den Rechtsstreit aufzunehmen.

– Hat der insolvent gewordene und klagebefugte Feststellungsbeteiligte selbst Klage erhoben, wird der Rechtsstreit ebenfalls mit Insolvenzeröffnung unterbrochen, der Insolvenzverwalter rückt in die Beteiligtenstellung ein und er oder das FA haben anschließend den Rechtsstreit aufzunehmen. Die Verpflichtung des FG, die Gesellschaft/den Klagebefugten als Prozessstandschafter oder andere klagebefugte Gesellschafter (§ 48 I Nr. 2, 4 o. 5 aF/nF) notwendig beizuladen, richtet sich nach allg. Grundsätzen.

– Wird das Insolvenzverfahren aufgehoben, bevor das unterbrochene gerichtliche Verfahren vom Verwalter oder dem FA aufgenommen wurde, führt die Beendigung der Insolvenz sowohl zum Wegfall der Unterbrechung als auch zum Wiederaufleben der Beteiligtenstellung des Insolvenzschuldners. Die noch ausstehenden notwendigen Beiladungen sind nach den allg. Grundsätzen vorzunehmen. Eine erfolgte Beiladung des Insolvenzverwalters ist aufzuheben (BFH VIII B 260/04, BFH/NV 2006, 561).

In Verfahren wegen negativer Feststellungsbescheide im Rahmen einer atypisch stillen Gesellschaft (Innengesellschaft) ist eine Beiladung **des Insolvenzverwalters des Geschäftsinhabers** in der Regel erforderlich. Ist der Geschäftsinhaber (zB eine GmbH in der GmbH & atypisch Still) insolvent und auf Grundlage eines negativen Feststellungsbescheids im Nachhinein streitig, ob eine Feststellung der Einkünfte für die Innengesellschaft vorzunehmen ist, ist der Insolvenzverwalter der GmbH notwendig beizuladen, da es sich wegen der Beteiligung des Geschäftsinhabers als Mitunternehmer nicht um eine insolvenzfreie Angelegenheit handelt (BFH VIII R 51/94, BFH/NV 1995, 663; IV B 70/02, BFH/NV 2002, 1477); nach Einstellung des Insolvenzverfahrens über das Vermögen der GmbH ist die Beiladung aufzuheben (s. BFH VIII B 260/04, BFH/NV 2006, 561; allg. → Rn. 154 ff.).

Die gesonderte und einheitliche Feststellung der Besteuerungsgrundlagen einer nicht insolventen Gesellschaft ist vorzunehmen, wenn so weit keine Insolvenzforderungen, sondern nach der Eröffnung des Insolvenzverfahrens erzielte Gewinnanteile im Streit stehen (BFH X R 26/14, BStBl. II 2016, 848). Über die Frage, ob die Einkommensteuerforderungen des Gesellschafters aus Gewinnanteilen an einer nicht insolventen PersGes (zu deren Zurechnung BFH X R 60/08, BStBl. II 2011, 429) als **Masseverbindlichkeiten** (§ 55 InsO) einzuordnen oder dem

insolvenzfreien Vermögen des Insolvenzschuldners (§ 35 InsO) zuzuordnen sind, ist aber nicht im Gewinnfeststellungsverfahren, sondern im Einkommensteuerfestsetzungsverfahren zu entscheiden. Die Zuordnung der Einkommensteuerschuld zu den unterschiedlichen insolvenzrechtlichen Forderungskategorien betrifft weder „Einkünfte" noch „mit ihnen im Zusammenhang stehende andere Besteuerungsgrundlagen" iSd § 180 I Nr. 2 Buchst. a AO, sondern die Auswirkungen der unterschiedlichen Vermögensmassen eines Insolvenzverfahrens auf die Einkommensteuerfestsetzung. Nach der Eröffnung des Insolvenzverfahrens begründete Steueransprüche, die als Masseverbindlichkeiten nach § 55 I InsO zu qualifizieren sind, sind ggü. dem Insolvenzverwalter durch Steuerbescheid festzusetzen und von diesem vorweg aus der Insolvenzmasse zu befriedigen (BFH III R 32/13, BStBl. II 2016, 251; X R 26/14, BStBl. II 2016, 848; X R 25/14, BFH/NV 2017, 317; Sonnleitner/Witfeld/Petersen/Epler, Insolvenzsteuerrecht, Kap. 4 Rn. 109 ff.). **Beiladungsfragen** stellen sich insoweit nicht, da Gegenstand eines Rechtsstreits des Insolvenzverwalters gegen die Festsetzung einer Steuerforderung als Masseforderung keine einheitliche und gesonderte Feststellung ist und §§ 48, 60 III nicht anzuwenden sind.

Das Feststellungsverfahren über die Besteuerungsgrundlagen der Gesellschaft für den nachinsolvenzlichen Zeitraum **wird nicht analog § 240 ZPO unterbrochen,** sofern es sich bei der Einkommensteuer auf den Gewinnanteil nicht um eine Insolvenzforderung handelt. Ein Feststellungsbescheid hat zu ergehen und entfaltet als Grundlagenbescheid gem. § 182 I AO nach allg. Grundsätzen Bindungswirkung hinsichtlich der für den Insolvenzschuldner festgestellten Besteuerungsgrundlagen für den Steuerbescheid, mit dem die Masseforderung festgesetzt wird (BFH X R 26/14, BStBl. II 2016, 848). Ist der Insolvenzschuldner hinsichtlich einer streitigen Feststellung gem. § 48 I Nr. 4 u. 5 klagebefugt, ist der Insolvenzverwalter im Fall einer Klage des Prozessstandschafters (§ 48 I Nr. 1) oder eines anderen klagebefugten Gesellschafters gegen den Feststellungsbescheid notwendig beizuladen. Umgekehrt kann der Insolvenzverwalter auch selbst Klage gegen den Feststellungsbescheid erheben, was zur Beiladung der Gesellschaft (§ 48 I Nr. 1) oder anderer klagebefugter Gesellschafter führen muss.

591 **– Liquidation/faktische Vollbeendigung**

Eine rechtsfähige PersGes ist ab ihrer Auflösung bis zur Löschung **(Abwicklungsgesellschaft)** mangels Vollbeendigung noch als gesetzliche Prozessstandschafterin klagebefugt (BFH IV R 131/74, BStBl. II 1979, 780; IV R 17/07, BStBl. II 2010, 631; → § 48 aF Rn. 49 ff.) und ggf. bei Klagen von Gesellschaftern beizuladen (BFH IV R 146/78, BStBl. II 1982, 506; VIII R 41/85, BFH/NV 1986; Tipke/Kruse/Brandis § 60 Rn. 40). Die PersGes wird **durch ihre Liquidatoren** vertreten (BFH IV B 21/01, BStBl. II 2004, 239; IV R 5/03, BStBl. II 2005, 215; IV R 17/07, DStRE 2010, 303; zur Nachtragsliquidation BFH IV R 4/03, BFH/NV 2005, 162; zum neuen Zivilrecht → § 58 Rn. 57 ff.). Die Bestellung eines Gesellschafters zum Liquidator einer PersGes kann ausdrücklich oder stillschweigend erfolgen (BFH IV R 4/03, BFH/NV 2005, 162). Klagt der Gesellschafter und zugleich Liquidator gegen einen Gewinnfeststellungsbescheid, so ist durch Auslegung der Klageschrift zu klären, ob die Klage vom Gesellschafter persönlich auf Grundlage der § 48 I Nr. 4 u. 5 aF/nF oder für die Gesellschaft als Prozessstandschafterin oder aber in beiden Eigenschaften erhoben worden ist (BFH IV B 55/97, BFH/NV 1999, 809).

Ausnahmsweise kann – wie in den Fällen der Vollbeendigung (→ Rn. 59w, „Vollbeendigung") – **von der Beiladung abgesehen werden,** wenn über den

Fortbestand der Gesellschaft/Gemeinschaft Ungewissheit besteht und sie nach den äußeren Umständen (tatsächliche Einstellung des Betriebs, völlige Vermögenslosigkeit) **faktisch beendet** ist (BFH VIII R 41/85, BFH/NV 1986, 404; IV R 17/07, DStRE 2010, 303). Dabei entfaltet der Tag der Löschung der Gesellschaft im Handelsregister Indizwirkung auch für die „faktische Beendigung" der Gesellschaft zu diesem Zeitpunkt. Eine PersGes ist **allerdings steuerrechtlich** so lange als materiell-rechtlich existent anzusehen, wie noch Steueransprüche gegen sie oder von ihr geltend gemacht werden und das Rechtsverhältnis zu den Finbeh nicht endgültig abgewickelt ist, dh **auch nach Auskehrung des Aktivvermögens** kann ein Gewerbesteuermessbescheid an die Gesellschaft als Schuldnerin der Gewerbesteuer zu richten sein (BFH VIII R 35/95, BFH/NV 1999, 445; → § 57 Rn. 18). Dann steht auch die Klagebefugnis gegen den Gewerbesteuermessbescheid weiter der PersGes zu.

Für die Dauer des Rechtsstreits über den Gewerbesteuermessbescheid gilt die Gesellschaft weiter als steuerrechtlich existent (sog. Ewigkeitsrechtsprechung, → § 48 aF Rn. 52; → § 48 nF Rn. 50). Die **fortbestehende steuerrechtliche Existenz für Zwecke der Gewerbesteuer** führt auch zur fortbestehenden Klagebefugnis und Beiladungsnotwendigkeit in Verfahren gegen den Gewinnfeststellungsbescheid (BFH IV B 69/05, BFH/NV 2007, 1923; IV R 62/11, BFH/NV 2015, 995; IV R 37/15, BFH/NV 2018, 539; zum Streit über diese „Ewigkeitsrechtsprechung" → § 48 aF Rn. 52). Der BFH geht ferner von einem Fortbestehen der PersGes im Abwicklungsstadium aus, wenn der Insolvenzverwalter der Gesellschaft von den Gesellschaftern noch ausstehende Einlagen einfordert (BFH IV R 17/07, DStRE 2010, 303).

– „Mehrfache" Klagebefugnis (aus § 48) 59m

Ist der die Gesellschaft/Gemeinschaft vertretende **Geschäftsführer** oder **Klagebefugte** als gesetzlicher Prozessstandschafter **auch selbst als Feststellungsbeteiligter klagebefugt** (§ 48 I Nr. 3–5 aF/nF), muss das FG notfalls durch Rückfrage klären, ob er nur persönlich oder in seiner Eigenschaft als Geschäftsführer oder Klagebefugter für die Gesellschaft/Gemeinschaft Klage erhoben hat; ggf. muss er noch beigeladen werden. Dies hat auch der BFH zu klären, wenn erwogen wird, ob eine Beiladung nachgeholt werden soll (§ 123 I 2, s. auch BFH IV R 79/05, BFH/NV 2008, 1951). Zu den Auslegungsgrundsätzen vgl. ua BFH I R 87/79, BStBl. II 1980, 586; VIII R 20/94, BFH/NV 1996, 52; VIII B 170/07, BeckRS 2008, 25014008. Klagen alle persönlich klagebefugten Gesellschafter einer **GbR,** soll im Allgemeinen davon auszugehen sein, dass sie sowohl im Namen der Gesellschaft als auch im eigenen Namen klagen (BFH IV R 13/99, BStBl. II 2000, 85). Zu weiteren Einzelfällen → Rn. 59h, „GmbH & Co. KG" und → Rn. 59l, „Liquidation/faktische Vollbeendigung".

– Miterben

→ Rn. 59p, „Rechtsnachfolge"; → Rn. 104, „Miterben".

– Negativer Feststellungsbescheid 59n

Zur Klagebefugnis → § 48 aF Rn. 18e und zur gesonderten und einheitlichen Feststellung bei der KGaA → § 48 aF Rn. 18l. Zu einer Klage der Gesellschaft als Prozessstandschafterin sind alle potenziellen Feststellungsbeteiligten notwendig beizuladen (BFH VIII R 38/01, BFH/NV 2004, 1372; VIII R 37/11, BeckRS 2015, 94899; zur atypisch stillen Innengesellschaft BFH IV R 2/05, BFH/NV 2007, 91; IV R 27/13, BFH/NV 2016, 1559; → Rn. 59a, „Atypisch stille Gesellschaft"). Gleiches gilt für negative Feststellungen gem. § 180 V Nr. 1 AO (→ Rn. 59b, „Ausländische Gesellschaft").

– Negatives Kapitalkonto, Auflösung

→ Rn. 59v, „Verrechenbarer Verlust"; → Rn. 59h, „GmbH & Co. KG"; → Rn. 59u, „Veräußerungsgewinn".

– Nichtgesellschafter

→ Rn. 59g, „Gesellschaftszugehörigkeit" und → Rn. 59q, „Sonderbetriebsausgaben".

59o **– Pensionszusagen von Gesellschaftern/Nichtgesellschaftern**

Zu den Vergütungen iSd § 15 I Nr. 1 Nr. 2 Hs. 2 EStG gehört neben dem Pensionsanspruch, den ein Kommanditist aufgrund eines mit einer KG geschlossenen Dienstvertrages erwirbt, auch eine Pension, die die Witwe eines Kommanditisten bezieht (BFH II R 16/08, BStBl. II 2010, 923). Dies gilt unabhängig davon, ob die Witwe auch Gesellschafterin der KG ist oder war und ob sie Erbin ihres Ehemannes wurde. Demgemäß ist die Witwenpension auch in die gesonderte und einheitliche Gewinnfeststellung für die KG einzubeziehen und die Witwe an diesem Verfahren zu beteiligen (BFH VIII R 42/96, BStBl. II 2008, 177). Die **Witwe eines Kommanditisten,** die nicht selbst Gesellschafterin der KG ist, muss zum Klageverfahren der KG notwendig beigeladen werden, wenn der Rechtsstreit auch die Frage betrifft, ob ihr **Pensionsleistungen** zugerechnet werden durften (BFH IV R 25/93, BFH/NV 1995, 212). – Auch → Rn. 59p, „Rechtsnachfolge". Die korrespondierende Bilanzierung von Pensionsansprüchen eines Personengesellschafters in dessen Sonderbilanz und der Gesamthandsbilanz ist auch nach Ausscheiden des Gesellschafters fortzuführen, weil § 15 I 2 EStG nach dem Ausscheiden geleistete Pensionszahlungen als nachträgliche Einkünfte den während der Zugehörigkeit zur Gesellschaft bezogenen Sondervergütungen gleichstellt (BFH IV R 14/11, BStBl. II 2014, 624). Auch dieser Gesellschafter ist notwendig beizuladen. Bei Streit über die Höhe von Sonderbetriebseinnahmen bei Passivierung der Pensionsverpflichtung in der Steuerbilanz einer KG durch Aktivierung einer Anwartschaft nur im Sonderbetriebsvermögen des pensionsberechtigten Mitunternehmers oder anteilig im Sonderbetriebsvermögen aller Gesellschafter ist der betroffene Mitunternehmer gem. § 48 I Nr. 5 aF/nF neben der Gesellschaft als Prozessstandschafterin klagebefugt (zur Beiladung s. BFH VIII R 24/06, BFH/NV 2006, 2077; IV R 82/06, BFH/NV 2009, 581).

– Private Veräußerungsgeschäfte (§ 23 EStG)

An- und Verkäufe von Immobilien durch eine Gesamthand innerhalb der Zehnjahresfrist des § 23 I EStG sind als gemeinschaftlich verwirklichte Einkünfte gesondert und einheitlich festzustellen. Hinsichtlich dieser Feststellung ist nur die rechtsfähige Gesellschaft oder der Klagebefugte gem. § 48 I nF klagebefugt (→ § 48 aF Rn. 20b). Liegt ein sog. Mischfall (§ 23 I 4 EStG) vor, kann dieser nicht als gemeinschaftlich verwirklichte Besteuerungsgrundlage festgestellt werden (→ § 48 aF Rn. 20b). Die Klagebefugnis gegen die Feststellung eines solchen unzutreffenden Gesamthandsgewinns steht nur der Gesellschaft/dem Klagebefugten gem. § 48 I zu. Eine Beiladung der Gesellschafter ist nicht notwendig. Wird in einem Mischfall der persönliche Veräußerungsgewinn eines Feststellungsbeteiligten (§ 23 I, III EStG) als „andere Besteuerungsgrundlage" festgestellt, steht mE sowohl der Gesellschaft/dem Klagebefugten aus § 48 I als auch dem betroffenen Gesellschafter gem. § 48 I Nr. 5 die Klagebefugnis zu (→ § 48 aF Rn. 20b). Auf dieser Grundlage kommen je nach Klageerhebung notwendige Beiladungen in Betracht.

– Progressionsvorbehalt (§ 32b EStG)
Eine inländische PersGes kann sowohl aus- als auch inländische Einkünfte nebeneinander erzielen. Liegen sowohl die Voraussetzungen für eine gesonderte und einheitliche Feststellung inländischer Besteuerungsgrundlagen (§ 180 I 1 Nr. 2 Buchst. a AO) als auch für eine Feststellung DBA-steuerfreier Betriebsstätteneinkünfte (§ 180 V Nr. 1 AO) vor, können beide Feststellungen miteinander verbunden werden. Es handelt sich jedoch um jeweils eigenständige VA. Die Klagebefugnis gem. § 48 und die Notwendigkeit der Beiladung ist bei einem solchen Sammelbescheid für die Feststellungsverfahren getrennt zu bestimmen (BFH VIII R 46/13, BStBl. II 2017, 1069). Zur Klagebefugnis und Beiladung bei der Feststellung nach § 180 V Nr. 1 AO → § 48 aF Rn. 19 und → Rn. 59b, „Ausländische Gesellschaft".

– Rechtsnachfolge beim Gesellschafter 59p
Zu unterscheiden sind innerhalb der **Gesamtrechtsnachfolge** (zur Einzelrechtsnachfolge s. ebenfalls hier) die Fälle einer prozessualen Rechtsnachfolge in die Klagebefugnis gem. § 48 des Erblassers von den Fällen der Nachfolge in den Gesellschaftsanteil (etwa aufgrund einer Nachfolgeklausel).

- **Nachfolge nur in die prozessuale Klagebefugnis des Erblassers bei PersGes:** Die persönliche Klagebefugnis eines Mitunternehmers nach § 48 I Nr. 3–5 aF/nF geht auf seine Erben (Gesamtrechtsnachfolger) über (BFH IV B 81/02, AO-StB 2004, 202; VIII R 102/03, BFH/NV 2006, 1671; IV B 121/08, BFH/NV 2009, 604; VIII B 9/08, BeckRS 2008, 25014135; → § 48 aF Rn. 66). Demgemäß sind die Gesamtrechtsnachfolger **an Stelle des Erblassers beizuladen,** wenn die Voraussetzungen der notwendigen Beiladung in der Person des Erblassers erfüllt waren. Dies ist der Fall, wenn der Streit über die Feststellung der Einkünfte den Zeitraum bis zum Erbfall betrifft, und zwar ungeachtet der Frage, ob der Gesamtrechtsnachfolger auch Gesellschafter wird. Der nicht in die Gesellschaft nachfolgende Erbe wird „wie" ein ausgeschiedener Gesellschafter beigeladen (zur Gleichstellung des Erbprätendenten s. BFH IV R 15/10, BStBl. II 2013, 858). Sind die Erben unbekannt, ist ein **Prozesspfleger** zu bestellen (BFH I R 114/97, BStBl. II 2000, 339).
- Die Erben eines gem. § 48 I Nr. 3 nF **notwendig beizuladenden ehemaligen Gesellschafters,** der während des Revisionsverfahrens verstirbt, sind daher ebenfalls notwendig beizuladen. Dies gilt selbst dann, wenn der Rechtsstreit die Zeit bis zum Eintritt der Erbfolge betrifft, die Erben nach dem Erbfall aber nicht selbst Gesellschafter der klagenden Personengesellschaft werden (BFH VIII R 31/20, BStBl. II 2024, 184).
- **Qualifizierte Nachfolge in den Gesellschaftsanteil einer PersGes:** Es ist folglich der in die Gesellschafterstellung einrückende Bedachte notwendig beizuladen, wenn auch der verstorbene Gesellschafter notwendig beizuladen gewesen wäre (BFH VIII B 33/02, BFH/NV 2003, 927 für eine qualifizierte Nachfolgeklausel). Soweit ersichtlich, ist noch nicht entschieden, ob dann nur der Sonderrechtsnachfolger oder auch weichende Miterben notwendig beizuladen sind, die nicht zu den qualifizierten Miterben zählen. Dies ist mE wegen der zivilrechtlichen Sonderrechtsnachfolge nicht der Fall, sodass sowohl der Gesellschaftsanteil als auch die Nachfolge in die prozessuale Klagebefugnis des Erblassers ausschließlich dem qualifizierten Erben zufällt.

– Die Beiladung der Erben ist aber **nicht** erforderlich, wenn sie vom Ausgang des Verfahrens unter keinem denkbaren Gesichtspunkt steuerrechtlich **betroffen** sind (→ Rn. 24).
– Siehe auch zur Rechtsnachfolge auf Ebene der Gesellschaft → Rn. 123, „Umwandlungen" und → Rn. 59a, „Anwachsung" sowie → Rn. 59w, „Vollbeendigung".

59q **– Sonderbetriebsvermögen, Sonderbilanz, Sonderbetriebseinnahmen, Sonderbetriebsausgaben, Sondervergütungen**

Die Feststellung eines Sonderbetriebsgewinns gehört zu den selbständig anfechtbaren Feststellungen eines Gewinnfeststellungsbescheids, die eigenständig in Bestandskraft erwachsen können (BFH IV R 53/16, BStBl. II 2020, 533; IV R 15/19, BStBl. II 2022, 651). In diesen Fällen ist neben der Gesellschaft/dem Klagebefugten als Prozessstandschafter der jeweils betroffene Gesellschafter gem. § 48 I Nr. 5 aF/nF wegen einer Feststellung klagebefugt, die ihn persönlich angeht (BFH IV R 20/18, BStBl. II 2021, 904 und die vorstehenden Urteilszitate):

– Klagt die PersGes als Prozessstandschafterin zB wegen der Höhe des durch die Veräußerung oder Entnahme (→ Rn. 59e, „Entnahmegewinn") von Wirtschaftsgütern des **Sonderbetriebsvermögens** oder aus anderen Gründen entstandenen Gewinns/Verlusts (BFH IV R 25/15, BFH/NV 2017, 1182) oder geht es darum, ob ein Wirtschaftsgut zum Sonderbetriebsvermögen eines Gesellschafters gehört und **Sonderbetriebseinnahmen** (BFH VIII B 192/02, BFH/NV 2003, 927) oder **Sonderbetriebsausgaben** (BFH VIII B 11/09, BFH/NV 2009, 1447; IV R 36/02, BStBl. II 2003, 871) vorliegen, ist der betroffene Gesellschafter beizuladen. Dies gilt auch bei personenbezogenen Steuerbegünstigungen wie der Nichtanerkennung der in den Sonderbilanzen der Gesellschafter der KG gebildeten steuerfreien Reinvestitionsrücklage gem. § 6b EStG (BFH IV R 77/92, BFH/NV 1995, 214; IV R 24/22, BStBl. II 2025, 188) oder des Schuldzinsenabzugs gem. § 4 IV a EStG bei Gesellschafterdarlehen (BFH VIII R 10/04, BFH/NV 2006, 790; IV R 19/19, BFH/NV 2022, 1045).
– Klagt der Gesellschafter selbst, so sind die nach § 48 I nF klagebefugte Gesellschaft bis zu ihrer Vollbeendigung oder danach die klagebefugten Feststellungsbeteiligten (§ 48 I Nr. 1 Buchst. b nF) beizuladen, wenn der Ausgang des Verfahrens Auswirkungen auf die Höhe ihrer Einkünfte hat (→ § 48 aF Rn. 70). In diesen Fällen kommt regelmäßig die **Entbehrlichkeit der Beiladung anderer Mitunternehmer gemäß § 60 III 2** in Betracht (→ Rn. 25). Betrifft der Gewinnfeststellungsbescheid Einkünfte im Zusammenhang mit einem Wirtschaftsgut des Sonderbetriebsvermögens, sind zB nur die Mitunternehmer gem. § 48 I Nr. 5 aF/nF persönlich betroffen und ggf. beizuladen, in deren Eigentum das betreffende Wirtschaftsgut steht (BFH IV R 34/14, BFH/NV 2017, 1426).
– Die Feststellung von Sonderbetriebsausgaben aufgrund vorweggenommener Betriebsausgaben für einen potenziell eintretenden **künftigen Gesellschafter,** der nicht Feststellungsbeteiligter des Gewinnfeststellungszeitraums im streitigen Zeitraum ist, kommt nicht in Betracht (BFH VIII R 49/10, BStBl. II 2013, 309). Klagebefugt für diese Feststellung ist die Gesellschaft als Prozessstandschafterin (§ 48 I Nr. 1 Buchst. a nF). Nicht vom BFH geprüft wurde, ob eine Beiladung des potenziellen (künftigen) Gesellschafters gem. § 48 I Nr. 5 aF/nF iVm § 60 III 1 erforderlich war. Dies wäre mE im Hinblick auf die nachfolgende Entscheidung des BFH IV R 33/14, BFH/NV 2018, 428 und den Gesichts-

punkt zu bejahen, dass insoweit auch ein negativer Feststellungsbescheid hinsichtlich des künftigen Gesellschafters vorliegt (→ Rn. 59n, „Negativer Feststellungsbescheid").

- Die Feststellung von Sonderbetriebsausgaben für einen **nicht in den Gewinnfeststellungsbescheid der Untergesellschaft einbezogenen mittelbaren Mitunternehmer** kommt materiell-rechtlich nicht in Betracht, wenn der Gewinnfeststellungsbescheid nur hinsichtlich der Feststellung des Sonderbetriebsgewinns angefochten worden ist, da mit dem Gewinnfeststellungsbescheid bestandskräftig festgestellt wurde, wer an der Mitunternehmerschaft beteiligt ist, wenn der Feststellungsbescheid insoweit nicht angefochten wird (BFH IV R 33/14, BFH/NV 2018, 428; auch HHS/Steinhauff § 48 Rn. 201). Die Klägerin im dortigen Streitfall, welche als mittelbare Mitunternehmerin einen Verlust im Sonderbetriebsvermögen festgestellt haben wollte, war klagebefugt, obwohl sie bislang nicht als Feststellungsbeteiligte behandelt worden war.
- Auch → Rn. 59u, „Verdeckte Gewinnausschüttung".

– Sonderwerbungskosten 59r

Bei **vermögensverwaltenden PersGes** gelten die vorstehenden Grundsätze entsprechend, wenn es um die Anerkennung von Sonderwerbungskosten geht. Der Klagebefugte ist bis zur Vollbeendigung beizuladen (BFH IX B 146/01, BFH/NV 2002, 796; IX R 13/17, BFH/NV 2019, 397). Klagt die rechtsfähige Gesellschaft (§ 48 I Nr. 2), ist der betroffene Gesellschafter notwendig beizuladen.

Die nicht klagenden Feststellungsbeteiligten sind notwendig beizuladen, wenn im Zusammenhang zB mit einer wegen Anerkennung von Sonderwerbungskosten erhobenen Klage eine weitere Frage nur einheitlich beantwortet werden kann. Das ist zB hinsichtlich der Frage der Fall, ob der für die Feststellungsbeteiligten (im Rahmen einer Bauherrengemeinschaft) handelnde Treuhänder eine Steuerhinterziehung begangen hat, die allen Feststellungsbeteiligten zuzurechnen ist (BFH IX B 83/97, BFH/NV 1998, 1113; ebenso V B 91/97, BFH/NV 1999, 48 betr. Steuerhinterziehung und Feststellung des Gesamtbetrags der Vorsteuerbeträge).

– Steuerermäßigung gem. § 35 EStG

Feststellungen gemäß § 35 III/Klagebefugnis: Zu den einzelnen abgrenzbaren Feststellungen des Feststellungsverfahrens gem. § 35 III EStG und zur jeweiligen Klagebefugnis → § 48 aF Rn. 22.

Entbehrlichkeit der Beiladung von Mitunternehmer-Kapitalgesellschaften: Das für die Feststellung nach § 35 III 1 EStG zuständige FA hat lediglich zu prüfen, ob eine Mitunternehmerstellung (§ 15 I 1 Nr. 2 EStG) des Feststellungsbeteiligten vorliegt. Ob und inwieweit für den Beteiligten die Möglichkeit einer Steuerermäßigung besteht, ist für die Feststellung an sich ohne Bedeutung (BFH IV R 8/09, BStBl. II 2012, 183). Danach wären, wenn eine klagebefugte Gesellschaft nach § 48 I Nr. 1 nicht vorhanden ist, alle Mitunternehmer der Gesellschaft, deren Gewerbesteuermessbetrag insgesamt und anteilig für die Mitunternehmer festzustellen ist, klagebefugt und notwendig beizuladen. Gleichwohl hat der BFH für Mitunternehmer-KapGes hiervon Ausnahmen anerkannt, wenn diese unter keinem denkbaren rechtlichen Gesichtspunkt von den streitigen Feststellungen im Feststellungsverfahren gem. § 35 III betroffen sein können. Wenn iRd Feststellungsverfahrens gem. § 35 III EStG darüber gestritten wird, ob aus dem Gewerbesteuermessbetrag der Gesellschaft Teilbeträge gem. § 18 III 3 UmwStG iRd Steuerermäßigung nicht berücksichtigt werden dürfen, sind Mitunternehmer-KapGes nicht notwendig beizuladen, da sie die Steuerermäßigung schon dem Grunde nach nicht in Anspruch nehmen können (BFH IV R 5/08, BStBl. II 2010, 912). Die Beiladung einer Mitunternehmer-KapGes, die in einer mehrstöckigen Struktur Schlussgesellschafterin der letzten Obergesellschaft ist, ist nach § 60 III 2 entbehrlich, da diese vom Ausgang des Rechtsstreits nicht betroffen sein kann (BFH IV R 42/09, BFH/NV 2012, 236).

– (Typisch) Stille Gesellschaft

Bei der zweigliedrigen typisch stillen Gesellschaft ist mangels gemeinsamer Einkünfteerzielung keine gesonderte und einheitliche Feststellung durchzuführen. Auf Ebene des Stillen ist für Fragen betr. der Besteuerung der Vergütung (§ 20 I Nr. 4 ESG) oder eines Auseinandersetzungsguthabens (§ 20 II Nr. 4 EStG) Klagegenstand dessen ESt-/KSt-Festsetzung. Eine **Beiladung** des Geschäftsinhabers gem. § 60 III hat in einem solchen Verfahren nicht zu erfolgen (→ § 48 nF Rn. 58). – Zur Beiladung bei der **atypisch stillen Gesellschaft** → Rn. 59a, „Atypisch stille Gesellschaft"; auch → Rn. 59a, „Atypische und typische Unterbeteiligung".

59s **– Treuhand**

Sind an einer Gesellschaft/Gemeinschaft Treugeber über einen Treuhänder beteiligt und ist das Treuhandverhältnis allen Beteiligten bekannt (regelmäßig im Fall der Publikumspersonengesellschaft als geschlossener Fonds), erfolgt ein **zweistufiges Feststellungsverfahren;** beide Entscheidungsstufen dürfen äußerlich in einem Bescheid verbunden werden (BFH X R 42/96, BStBl. II 2001, 471; IV B 15/10, BFH/NV 2011, 5; zur Klagebefugnis → § 48 aF Rn. 24). Die Frage, ob überhaupt ein wirksamer und für die Feststellung auf der zweiten Stufe bindender Grundlagenbescheid gegeben ist, kann nur für alle auf dieser zweiten Stufe Beteiligten einheitlich entschieden werden. Zu einem solchen Verfahren ist der **Treuhänder** notwendig beizuladen (BFH IV B 1/11, BFH/NV 2012, 1929).

Zu einem die Feststellung **der Einkünfte der Gesellschaft/Gemeinschaft** betreffenden Klageverfahren über die Höhe der Einkünfte oder die Gewinnverteilung auf der ersten Stufe sind – unabhängig davon, ob selbständige (abgestufte) oder zusammengefasste Feststellungsbescheide ergangen sind (BFH VIII B 43/94, BFH/NV 1995, 759 mwN) – nur die klagebefugten Gesellschafter oder Gemeinschafter bzw. **Treuhänder** beizuladen, sofern sie nicht schon selbst Klage erhoben haben (BFH IV B 188/01, BFH/NV 2003, 1283; IV B 15/10, BFH/NV 2011, 5). Der **Treugeber** ist nur klagebefugt und beizuladen, soweit die Klage das Feststellungsverfahren der zweiten Stufe betrifft, dh soweit also die Aufteilung des dem Treuhänder in der ersten Verfahrensstufe zugerechneten Anteils an den Einkünften auf ihn und den Treugeber streitig ist (BFH VIII B 43/94, BFH/NV 1995, 759).

Wenn ein Treugeber im Falle eines offenen Treuhandverhältnisses in die Einkünftefeststellung auf der ersten Stufe als Gesellschafter einbezogen worden ist und diese Feststellung anficht, ist die Gesellschaft beizuladen (BFH VIII B 32/20, BFH/NV 2021, 333).

Bei **Beendigung der Treuhand** ist die Beiladung des Treugebers gleichfalls entbehrlich (BFH VIII B 43/94, BFH/NV 1995, 759 mwN).

59t **– Unzulässigkeit der Klage**

Zur Frage, ob die Beiladung bei Unzulässigkeit der Klage unterbleiben kann, unter → Rn. 25. – Erheben mehrere oder alle klagebefugten Gesellschafter oder

Gemeinschafter Klage und ist die **Klage eines Mitberechtigten unzulässig,** muss er (nach Abweisung seiner Klage) zu dem Feststellungsverfahren beigeladen werden. Seine Klagebefugnis wird durch die Unzulässigkeit der erhobenen Klage nicht ausgeschlossen (BFH VIII R 29/95, BFH/NV 1999, 1468).

– Verdeckte Gewinnausschüttungen **59u**

Ist bei einer GmbH & Co. KG ein Kommanditist auch an der Komplementär-GmbH beteiligt, gehören idR die Anteile an der GmbH zu seinem Sonderbetriebsvermögen II (relativierend BFH IV R 15/19, BStBl. II 2022, 651; IV R 9/20, BStBl. II 2025, 309; IV R 1/12, BFH/NV 2015, 1180; zur Bilanzierungskonkurrenz BFH IV R 5/20, DStR 2025, 137). Ist streitig, ob eine vGA an den Kommanditisten mit GmbH-Anteilen im Sonderbetriebsvermögen II vorliegt, ist dieser gem. § 48 I Nr. 5 aF/nF klagebefugt. Er muss im Falle einer Klage der Gesellschaft als Prozessstandschafterin gegen die Feststellung zur Höhe seiner Sonderbetriebseinnahmen notwendig beigeladen werden (BFH IV R 122/84, BFH/NV 1988, 761; s. zu den denkbaren anfechtbaren Feststellungen in diesen Fällen auch BFH IV R 7/13, BStBl. II 2016, 219 und zur vGA bei der GmbH & atypisch Still BFH IV R 5/12, BStBl. II 2015, 935). Klagt der Gesellschafter als Empfänger der vGA gegen die Feststellung zur Höhe seiner Sonderbetriebseinnahmen (§ 48 I Nr. 5 aF/nF), ist die Gesellschaft als Prozessstandschafterin beizuladen. Die in früheren Entscheidungen aus der Höhe des „Gesamtgewinns" abgeleitete Klagebefugnis des Gesellschafters ist nicht mehr gegeben, da es sich beim Gesamtgewinn nicht mehr um eine isoliert anfechtbare Feststellung handelt (→ Rn. 59, „einheitliche und gesonderte Feststellung (Grundsätze)").

– Veräußerungsgewinn (§ 16 I Nr. 2, II EStG), auch Auflösung eines negativen Kapitalkontos

- **Prüfung von Streitgegenstand und Teilbestandskraft:** Es ist stets genau abzugrenzen, welcher Teil des Feststellungsbescheids Streitgegenstand des Rechtsstreits ist, in dem die Beiladung geprüft wird, welche Teile schon in Teilbestandskraft erwachsen sind und welche Angriffsmittel vorgebracht werden, um die steuerlichen Auswirkungen für die einzelnen Klagebefugten beurteilen zu können, da nur Gesellschafter beizuladen sind, deren Interessen berührt sein können (→ Rn. 59, „einheitliche und gesonderte Feststellung (Grundsätze)"). Selbständig anfechtbar ist einerseits die Feststellung des Veräußerungs- oder Aufgabegewinns des einzelnen Mitunternehmers (zB aus der Veräußerung seines Mitunternehmeranteils). Davon zu unterscheiden ist als weitere selbständige Feststellung die Qualifikation des Aufgabe- oder Veräußerungsgewinns (sowohl der Gesamthand als auch des einzelnen Mitunternehmers) als Bestandteil der außerordentlichen Einkünfte iSd § 34 II Nr. 1 EStG (BFH IV R 72/05, BFH/NV 2008, 1311; IV R 15/08, BStBl. II 2011, 764; IV R 44/10, BFH/NV 2013, 376; IV R 36/13, BStBl. II 2015, 529; IV R 57/11, BStBl. II 2015, 536; IV R 26/12, BStBl. II 2015, 797). Zur Klagebefugnis → § 48 aF Rn. 18k.
- **Abgrenzung laufender Gewinn – tarifbegünstigter Veräußerungsgewinn:** Ist streitig, ob von den vormaligen Gesellschaftern einer KG aus der Veräußerung ihrer Anteile erzielten Gewinne als tarifbegünstigt festzustellen sind, so ist grds. auch die KG als Prozessstandschafterin zu dem Klageverfahren notwendig beizuladen. Anderes gilt nur dann, wenn die Gesellschaft zwischenzeitlich rechtlich oder faktisch vollbeendet worden ist (BFH IV R 49/08, DStR 2010, 1025). Wird Klage seitens der nicht vollbeendeten Gesellschaft erhoben,

ist der betroffene Gesellschafter (Klagebefugnis aus § 48 I Nr. 5) notwendig beizuladen; nach Vollbeendigung der Gesellschaft ist der Gesellschafter gem. § 48 I Nr. 1 Buchst. b nF klagebefugt (BFH VIII R 25/01, BFH/NV 2002, 497; IV R 74/06, BFH/NV 2009, 725 und → Rn. 59p, „Rechtsnachfolge").

- **Höhe des Veräußerungsgewinns:** Ist nur die Höhe des Veräußerungsgewinns streitig, den ein aus der Gesellschaft ausgeschiedener Gesellschafter erzielt hat, ist im Falle einer **Klage des ausgeschiedenen Gesellschafters** (Klagebefugnis aus § 48 I Nr. 3 aF/nF oder § 48 I Nr. 5 aF/nF; → Rn. 59b, „Ausgeschiedene Gesellschafter/Gemeinschafter") die Gesellschaft als Prozessstandschafterin beizuladen, solange sie noch nicht vollbeendet (→ Rn. 59w, „Vollbeendigung") oder faktisch beendet (→ Rn. 59l, „Liquidation") ist. Dies gilt auch, wenn gleichzeitig mit dem Ausscheiden des klagenden Gesellschafters ein vollständiger Gesellschafterwechsel stattgefunden hat (BFH VIII R 15/97, BFH/NV 1999, 1468). – Wird **Klage von der Gesellschaft** als Prozessstandschafterin erhoben, ist der ausgeschiedene (veräußernde) Gesellschafter notwendig beizuladen (BFH IV R 21/10, BFH/NV 2013, 1586; zur Beiladung der ihren Anteil veräußernden Obergesellschaft bei einer doppelstöckigen Gesellschaft BFH IV R 51/15, BFH/NV 2018, 246).
- **Wegfall des negativen Kapitalkontos:** Zur Einbeziehung eines nicht auszugleichenden negativen Kapitalkontos in den Veräußerungs-/Aufgabegewinn gem. § 16 II EStG s. BFH GrS 1/79, BStBl. II 1981, 164; zur Behandlung beim Kommanditisten s. BFH IV R 19/12, BStBl. II 2015, 954; IV R 3/15, BFH/NV 2017, 1019; IV R 9/15, BStBl. II 2017, 896; zur Behandlung beim Erwerber eines Anteils mit negativem Kapitalkonto zur Gesellschaft mit Gewinneinkünften BFH VIII R 37/93, BStBl. II 1995, 246 und zur vermögensverwaltenden Gesellschaft BFH IX R 16/16, BFH/NV 2017, 1306. Wendet sich ein Kommanditist **nach Auflösung und Vollbeendigung** der KG (→ Rn. 59w, „Vollbeendigung"; → Rn. 59l, „Liquidation") gegen die Feststellung zur **Höhe** des durch den Wegfall seines negativen Kapitalkontos entstandenen **Veräußerungsgewinns,** so ist der (frühere) persönlich haftende Gesellschafter – weil ihm in Höhe des beim Kommanditisten zu erfassenden Gewinns ein Verlustanteil zuzurechnen ist – vom Ausgang des Verfahrens betroffen (§§ 48 I Nr. 4 u. 5, 40 II) und notwendig beizuladen. Beizuladen ist ggf. auch die Komplementär-GmbH, es sei denn, sie existiert nicht mehr (→ Rn. 59h, „GmbH & Co. KG"). Die übrigen (ehemaligen) Gesellschafter sind nach Vollbeendigung der Gesellschaft trotz grundsätzlicher Klagebefugnis (§ 48 I Nr. 1 Buchst. b nF oder Nr. 3 nF) nicht beizuladen, weil der Ausgang des Verfahrens ihre Rechtsposition regelmäßig nicht berührt (→ § 48 aF Rn. 70; → Rn. 59v, „verrechenbarer Verlust").
- **Beiladung des Erwerbers eines Anteils:** Die Beiladung des **Erwerbers** eines Gesellschaftsanteils ist nicht notwendig, wenn lediglich streitig ist, **ob** der vom Veräußerer erzielte Gewinn als laufender oder **tarifbegünstigter Gewinn** zu qualifizieren ist (BFH VIII R 21/00, BStBl. II 2003, 194). Eine Beiladung des Erwerbers zum Klageverfahren gegen die Feststellungen zur **Höhe** des Veräußerungsgewinns der Veräußerer ist mangels Klagebefugnis des Erwerbers nicht notwendig, obwohl das Veräußerungsentgelt die Höhe der in seiner Ergänzungsbilanz auszuweisenden AK berührt (BFH IV R 3/07, BFH/NV 2009, 2039; VIII R 21/00, BStBl. II 2003, 194; anders noch IV R 70/86, BFH/NV 1990, 31; VIII B 90/98, BFH/NV 1999, 1232). Die Auflösung der in der Ergänzungsbilanz ausgewiesenen Anschaffungskosten ist im Fall des

Anteilserwerbs materiell-rechtlich nicht von der Handhabung in der Gesamthandsbilanz abhängig; anders ist dies bei Einbringungen gem. § 24 II UmwStG (s. BFH IV R 1/11, BStBl. II 2017, 34; BMF 19.12.2016, BStBl. I 2017, 34; → Rn. 59f, „Ergänzungsbilanzen").

– **Verrechenbarer Verlust (§ 15a EStG und § 15b EStG)** 59v

– **Klage des Kommanditisten:** Wird die gesonderte Feststellung des verrechenbaren Verlustes des Kommanditisten (§ 15a IV iVm II, III 4 EStG) mit der Gewinnfeststellung der KG verbunden (§ 15a IV 5, 6 EStG), ist auch der Verlust einheitlich festzustellen (→ § 48 aF Rn. 23, 23b); zur Selbständigkeit der Bescheide BFH IV R 47/11, BStBl. II 2015, 532). Klagt der Kommanditist gegen die Feststellung des verrechenbaren Verlustes (§ 48 I Nr. 4, 5), ist die nach § 48 I Nr. 1 klagebefugte Gesellschaft bis zur Vollbeendigung beizuladen (BFH IV R 28/06, BStBl. II 2007, 934; VIII R 32/01, DStR 2004, 24; VIII R 30/99, BStBl. II 2001, 621). Zur Klagebefugnis des **Unterbeteiligten** BFH IV R 70/04, BStBl. II 2007, 868.

– **Klage der Gesellschaft:** Zum Verfahren der KG gegen die mit der Feststellung des Gewinns der Gesellschaft verbundenen einheitlichen Feststellung des verrechenbaren Verlustes ist der materiell betroffene Gesellschafter (→ § 48 aF Rn. 23, 23b), um dessen verrechenbare Verluste es geht, notwendig beizuladen (BFH VIII R 33/05, BFH/NV 2006, 1693; IV R 67/05, BStBl. II 2006, 878; IV R 31–32/05, BStBl. II 2007, 687; IV R 24/03, BStBl. II 2003, 598; IV R 50/02, BFH/NV 2005, 533; VIII R 44/99, BFH/NV 2001, 1133). Wird geltend gemacht, der für die Vorjahre festgestellte verrechenbare Verlust sei aufgrund eines identitätswahrenden Rechtsformwechsels der KG in eine OHG als ausgleichsfähiger Verlust zu qualifizieren, so ist die OHG selbst dann notwendig beizuladen, wenn am Vermögen nur der bisherige Kommanditist beteiligt ist (BFH VIII R 38/02, BFH/NV 2003, 916). Zur unzulässigen Klage einer infolge Umwandlung in eine GmbH vollbeendeten KG gegen einen Feststellungsbescheid nach § 15a IV EStG, der mit einem Gewinnfeststellungsbescheid nach § 180 I Nr. 2 Buchst. a AO verbunden wurde s. BFH IV B 14/11, BFH/NV 2012, 1614; → Rn. 24: Beiladung entbehrlich.

– Zu **§ 48 nF** hat der BFH die Fortgeltung dieser Grundsätze bestätigt. Wird der Verlustfeststellungsbescheid mit dem Gewinnfeststellungsbescheid verbunden (§ 15a IV 5 EStG), ist die Gesellschaft selbst nach § 48 I Nr. 1 Buchst. a nF klagebefugt, und zwar auch dann, wenn sie allein die Feststellung des verrechenbaren Verlustes nach § 15a EStG angreift (BFH IV R 28/23, DStR 2025, 755). Ferner ist der einzelne Kommanditist, um dessen verrechenbaren Verluste es geht, nach § 48 I Nr. 5 nF klagebefugt (BFH IV R 24/22, BStBl. II 2025, 188).

– Die Frage, ob **eine Gewinnhinzurechnung nach § 15a III 3 EStG** vorzunehmen ist, ist auch bei Verbindung des allgemeinen Gewinnfeststellungsverfahrens mit der Feststellung der verrechenbaren Verluste gem. § 15a EStG iRd allgemeinen Verfahrens zur gesonderten und einheitlichen Feststellung der Besteuerungsgrundlagen gem. §§ 179 II 2, 180 I Nr. 2 Buchst. a AO zu klären, da es sich um eine „andere Besteuerungsgrundlage" handelt (BFH IV R 11/22, DStR 2025, 393). Klagebefugt sind die Gesellschaft als Prozessstandschafterin und der betroffene Mitunternehmer gem. § 48 I Nr. 5 aF (BFH IV R 47/11, BStBl. II 2015, 532). Dies gilt auch unter § 48 nF (BFH IV R 11/22, DStR 2025, 393). An der Person des Klagenden hat sich auch die Frage der notwendigen Beiladung des jeweils anderen Klagebefugten auszurichten.

- **Vermögensverwaltende Gesellschaft:** Die Beiladung des vertretungsbefugten Geschäftsführers einer KG mit Einkünften aus Vermietung und Verpachtung und der übrigen Gesellschafter ist nicht notwendig, wenn das FA die verrechenbaren Werbungskostenüberschüsse gem. § 15a IV 1 iVm § 21 I 2 EStG für jeden Gesellschafter gesondert feststellt und diese Feststellung nicht mit der gesonderten und einheitlichen Feststellung der Einkünfte aus Vermietung und Verpachtung für die KG verbindet (BFH IX R 72/92, BStBl. II 1997, 250). Diese Rechtsprechung ist überholt, weil es im Rahmen des § 48 nF nur noch den Klagebefugten als Prozessstandschafter gibt; die Gemeinschaft selbst kann dies nicht mehr sein (→ § 48 nF Rn. 37).
- **Feststellung gem. § 15b EStG:** Bei der gesonderten Feststellung nach § 15b IV EStG gilt Gleiches wie zu § 15a EStG, wenn nach § 15b IV 5 EStG eine Verbindung mit dem Gewinnfeststellungsbescheid erfolgt. Gleichwohl handelt es sich jeweils um zwei eigenständige VA mit selbständigem Regelungsgehalt, die auch selbständig angefochten werden und in Bestandskraft erwachsen können (BFH IV R 7/16, BStBl. II 2019, 513). Unklar ist, ob die Bescheide in einem wechselseitigen Grundlagen-Folgebescheidsverhältnis stehen (BFH VIII R 10/19, BStBl. II 2023, 817). Die Gesellschaft ist als Prozessstandschafterin klagebefugt; die nach § 48 I Nr. 5 aF/nF klagebefugten Gesellschafter (→ § 48 aF Rn. 23c) sind beizuladen (BFH IV R 7/16, BStBl. II 2019, 513; FG Nürnberg 3 K 60/23, EFG 2024, 1385, Rev. BFH: IV R 13/23). Entsprechend ist die Gesellschaft nach § 60 III zu einer Klage des Gesellschafters beizuladen. In der typischen Ausgestaltung eines geschlossenen Fonds als GmbH & Co. KG kann die Beiladung der Komplementär-GmbH unterbleiben, wenn diese nicht an den Einkünften aus dem (vermeintlichen) Steuerstundungsmodell beteiligt ist (BFH IV R 7/16, BStBl. II 2019, 513). Diese Grundsätze zur Klagebefugnis gelten auch, wenn Einkünfte einer ausländischen PersGes gem. § 180 V Nr. 1 AO einheitlich und gesondert festgestellt werden und mit dieser Feststellung die verfahrensrechtlich eigenständige einheitliche und gesonderte Verlustfeststellung gem. § 32b I 3 EStG iVm § 15b IV EStG verbunden wird (BFH IV R 50/14, BStBl. II 2017, 456).

59w **– Verteilung der Einkünfte**

Zur Klagebefugnis → § 48 aF Rn. 18e und 18i. Bei Streit über die Verteilung der Einkünfte ist bei Klage der klagebefugten Gesellschaft/dem Klagebefugten jeder Gesellschafter oder Gemeinschafter notwendig beizuladen, dessen Anteil an den Einkünften sich bei Erfolg der Klage ändern würde (Klagebefugnis aus § 48 I Nr. 4 aF/nF). Nicht beizuladen sind folglich die Gesellschafter/Gemeinschafter, deren Anteile an den Einkünften unstreitig nicht betroffen sind (BFH IV R 283/84, BStBl. II 1987, 601). – Entsprechendes gilt bei Klage eines (betroffenen) Gesellschafters/Gemeinschafters: beizuladen sind neben dem klagebefugten Prozessstandschafter bis zur Vollbeendigung (→ Rn. 59w, „Vollbeendigung") die anderen nach § 48 I Nr. 4 aF/nF klagebefugten Gesellschafter/Gemeinschafter, und zwar auch dann, wenn die Klage eines der Gesellschafter/Gemeinschafter als unzulässig abgewiesen worden ist (BFH VIII R 29/95, BFH/NV 1999, 1468). Auch → Rn. 59e, „Entnahmegewinn".

– Vollbeendigung

Tritt die Vollbeendigung einer Gesellschaft/Gemeinschaft ein, **entfällt** ihre **Beteiligtenfähigkeit** (→ § 57 Rn. 41) und von diesem Zeitpunkt an ist eine Vertretung der Feststellungsbeteiligten im Wege der **gesetzlichen Prozessstand-**

schaft ausgeschlossen (zur Gesellschaft → § 48 aF Rn. 46 ff. und zu Gemeinschaften → § 48 aF Rn. 68).

Sind bei der zivilrechtlich vollbeendeten PersGes noch Steuerverfahren anhängig, bei denen sie selbst Steuerschuldnerin (Betriebssteuerbescheide) ist, bleibt die PersGes weiterhin auch im Verfahren gegen die Gewinnfeststellungsbescheide nach § 48 I Nr. 1 aF klagebefugt (BFH IV R 37/15, BFH/NV 2018, 539; zu dieser sog. Ewigkeitsrechtsprechung → § 48 aF Rn. 52). Diese Grundsätze gelten auch nach den Änderungen des § 48 durch das **Kreditzweitmarktförderungsgesetz** (BGBl. 2023 I Nr. 411). § 48 I Nr. 1 Buchst. b nF gibt bei rechtsfähigen Personenvereinigungen die Klagebefugnis der Gesellschaft vor, solange diese besteht, und bei nichtrechtsfähigen Personenvereinigungen gem. § 48 I Nr. 2 Buchst. b nF, solange noch ein Klagebefugter gem. § 48 I Nr. 1 Buchst. a iVm § 48 II nF vorhanden ist (→ § 48 nF Rn. 37, 51, 55 f., 65 f.).

Die Vollbeendigung einer Gesellschaft/Gemeinschaft hat folgende **Konsequenzen für die Beiladung:**

- **Vollbeendigung während des Klage- und Revisionsverfahrens bei Klage der Gesellschaft/des Klagebefugten:** Tritt während des Klageverfahrens die Vollbeendigung ein, dann sind grds. die durch den angefochtenen Gewinnfeststellungsbescheid beschwerten Gesellschafter, die im Streitzeitraum an der PersGes beteiligt waren, als deren **prozessuale Rechtsnachfolger** anzusehen (§ 48 I Nr. 2 aF/§ 48 I Nr. 1 Buchst. a, § 48 I Nr. 2 Buchst. b, § 48 I Nr. 3 nF; s. BFH IV R 14/18, BStBl. II 2021, 367). Tritt die **Vollbeendigung** der Gesellschaft/Gemeinschaft **nach Klageerhebung** ein, wird das Verfahren im Falle der Vertretung durch einen Prozessbevollmächtigten mit den ehemaligen Gesellschaftern/Gemeinschaftern fortgesetzt (→ § 74 Rn. 30, 42); andernfalls wird es analog § 239 ZPO unterbrochen. Der Eintritt der ehemaligen Gesellschafter ist verfahrensrechtlich wie ein Fall der Gesamtrechtsnachfolge iSv § 239 ZPO iVm § 155 FGO zu beurteilen (BFH VIII R 90/84, BStBl. II 1989, 326; IV R 25/10, BFH/NV 2014, 170). Die nunmehr allein klagebefugten Gesellschafter/Gemeinschafter können das Verfahren als Kläger fortsetzen, ihre schon erfolgten Beiladungen sind aufzuheben. Wird die Klage vor Vollbeendung unzulässig durch einen Gesellschafter erhoben, verhilft die Vollbeendigung der klagebefugten Gesellschaft nach Ablauf der Klagefrist der Klage nicht zur Zulässigkeit (BFH IV B 44/18, BFH/NV 2019, 120).
- **Hiervon existieren aber auch Ausnahmen:** Die prozessuale Rechtsnachfolge erstreckt sich nicht auf solche Gesellschafter, die bereits vor Klageerhebung aus der Gesellschaft ausgeschieden sind (BFH IV R 14/18, BStBl. II 2021, 367). Der **ausgeschiedene** Gesellschafter ist befugt, unabhängig von der Gesellschaft den ihn materiell beschwerenden Gewinnfeststellungsbescheid anzufechten (§ 48 I Nr. 3 aF/nF). Nimmt er von der Klageerhebung Abstand, dann wird er nicht Beteiligter eines finanzgerichtlichen Verfahrens, aber im Falle der Anfechtung durch die klagebefugte Gesellschaft oder den Klagebefugten ist er notwendig beizuladen (BFH VIII R 71–72/06, BeckRS 2008, 25015057; für eine Vollbeendigung aufgrund Anwachsung s. IV R 25/10, BFH/NV 2014, 170; IV R 14/18, BStBl. II 2021, 367). Die Klagebefugnis geht auch nicht auf **den Rechtsnachfolger** einer vollbeendeten rechtsfähigen PersGes über, vielmehr lebt die bis dahin überlagerte Klagebefugnis der einzelnen Gesellschafter auf, deren Mitgliedschaft die Zeit berührt, die der anzufechtende Gewinnfeststellungsbescheid betrifft (BFH IV R 20/10, BStBl. II 2013,

705: Formwechsel; → Rn. 123, „Umwandlung“ und → Rn. 59a, „Anwachsung“).

- **Vollbeendigung vor der Klageerhebung:** Die Klage einer bereits im Zeitpunkt der Zustellung der Einspruchsentscheidung vollbeendeten rechtsfähigen PersGes ist unzulässig, wenn mit der Klage nicht nur die ersatzlose Aufhebung der Einspruchsentscheidung begehrt wird (BFH IV R 20/10, BStBl. II 2013, 705 mwN; IV R 20/18, BStBl. II 2021, 904). In diesem Fall müssen die klagebefugten Gesellschafter von vornherein selbst klagen, da die Gesellschaft mangels Eignung als Prozessstandschafterin ihre Beteiligtenfähigkeit verliert und auch nicht mehr beizuladen ist (→ Rn. 59t, „Unzulässigkeit der Klage“). Da in diesem Fall die Entscheidung allen Beteiligten ggü. nur einheitlich ergehen kann, müssen grds. alle Personen, die am Gewinn/Verlust beteiligt waren, nach § 60 III notwendig beigeladen werden, sofern sie nicht selbst Klage erhoben haben, es sei denn, der nicht klagende Gesellschafter ist gem. § 60 III 2 unter keinem denkbaren Gesichtspunkt steuerrechtlich betroffen (BFH VIII B 94/98, BFH/NV 1999, 1483).
- **Vollbeendigung der Gesellschaft bei Klage eines Gesellschafters:** Die zwingende Beiladung der rechtsfähigen Gesellschaft zum Klageverfahren eines Gesellschafters ist ab der faktischen oder spätestens der rechtlichen Vollbeendigung ausgeschlossen (zB BFH IV R 79/05, BStBl. II 2009, 15; VIII R 30/99, BStBl. II 2001, 621). Auch der Klagebevollmächtigte (Empfangsbevollmächtigte) gem. § 48 I Nr. 2 aF, nun der Klagebefugte nach § 48 I Nr. 2, II nF, kann nach Vollbeendigung der Gesellschaft/Gemeinschaft nicht mehr für sie tätig werden, weil ein intaktes Gesellschafts- oder Gemeinschaftsverhältnis dann nicht mehr besteht. **Beizuladen sind** deshalb **alle ehemaligen Gesellschafter oder Gemeinschafter,** die nicht selbst Klage erhoben haben.
- **Keine Beiladung bei unzulässigen Klagen der Gesellschaft:** Klagen, die im Namen der Gesellschaft/durch den Klagebefugten nach deren Vollbeendigung erhoben werden, sind mangels Beteiligtenfähigkeit und Klagebefugnis des Prozessstandschafters grds. unzulässig. Zu solchen Verfahren muss keine Beiladung erfolgen (BFH VIII R 16–17/98, BFH/NV 1999, 473; → Rn. 59t, „Unzulässigkeit der Klage“). Die Klage kann jedoch – selbst bei unzutreffender Bezeichnung in der Klageschrift – im Wege der Auslegung als Klage der nunmehr klagebefugten (ehemaligen) Gesellschafter/Gemeinschafter auszulegen oder zulässig sein, wenn das FA den Fehler etwa durch das Rubrum der Einspruchsentscheidung veranlasst hat (vgl. zB BFH IV R 4/03, BFH/NV 2005, 162 mwN; IV R 54/16, BStBl. II 2023, 447: Möglichkeit der Auslegung auch, wenn nach Vollbeendigung der PersGes die Einspruchsentscheidung zu Unrecht an den Gesamtrechtsnachfolger der PersGes und nicht an die Gesellschafter gerichtet wird). Eine Klage der vollbeendeten PersGes kann nicht in eine solche der ehemaligen Gesellschafter umgedeutet werden, wenn die Prozessvollmacht nicht von Letzteren ausgestellt worden ist (BFH IV R 20/10, BStBl. II 2013, 705).
- Auch bei **Vollbeendigung einer vermögensverwaltenden rechtsfähigen PersGes** sind nur noch die Gesellschafter klagebefugt (NdsFG 13 K 39/21, EFG 2023, 44, rkr.); im Fall der vermögensverwaltenden GmbH & Co. KG können Ausnahmen für die nicht am Gewinn beteiligte Komplementär-GmbH bestehen (→ Rn. 59h, „GmbH & Co. KG“). Die prozessualen Folgen bestimmen sich auch hier nach dem Zeitpunkt der Vollbeendigung.

– Zebragesellschaft 59x
Die Qualifikation der Einkünfte eines betrieblich an einer vermögensverwaltenden Gesellschaft beteiligten Gesellschafters ist nicht nur ihrer Art, sondern auch ihrer Höhe nach durch das für die persönliche Besteuerung dieses Gesellschafters zuständige (Wohnsitz-)FA zu treffen. Diese Umqualifizierung von Überschuss- in Gewinneinkünfte vollzieht sich außerhalb der Feststellung auf Ebene der „Zebragesellschaft" im Einkommensteuerbescheid des Gesellschafters (BFH GrS 2/02, BStBl. II 2005, 679; VIII R 3/21, BStBl. II 2024, 902). Demzufolge ist ein betrieblicher Gesellschafter zu einem Rechtsstreit, der auf der Ebene des Feststellungsbescheids der Gesellschaft geführt wird, trotz einer nach § 48 I Nr. 4, 5 aF/nF vorhandenen Klagebefugnis nicht notwendig beizuladen, da über die Art und Höhe seiner Einkünfte ausschließlich auf Ebene seines Folgebescheids entschieden wird und er deshalb vom Ausgang des Rechtsstreits auf Ebene der Zebragesellschaft steuerrechtlich nicht berührt wird.

Gesonderte und (ggf. auch einheitliche) Feststellung von Einheits- und Grundsteuerwerten (§ 180 I Nr. 1 AO, § 219 I BewG) 68
– **Bedeutung:** Die Bedeutung der **Einheitsbewertung** ist durch die Änderungen des materiellen Rechts stark gesunken (zu den verbliebenen Anwendungsfällen Klein/Ratschow AO § 180 Rn. 3; Rössler/Troll/Halaczinsky BewG § 19 Rn. 2). §§ 218, 219 I BewG bestimmen, für welche wirtschaftlichen Einheiten des Grundbesitzes **Grundsteuerwerte** gesondert festzustellen sind. **Grundsteuerwerte** werden für inländischen Grundbesitz, und zwar für Betriebe der Land- und Forstwirtschaft und für Grundstücke festgestellt. Nach § 219 II Nr. 1 und Nr. 2 BewG sind neben der Wertfeststellung auch Art- und Zurechnungsfeststellungen zu treffen. Bei mehreren Zurechnungssubjekten erfolgt die Feststellung auch einheitlich gegenüber allen Beteiligten (§ 179 II 2 AO iVm § 3 BewG). Jedem Zurechnungssubjekt (= Feststellungsbeteiligten) ist ein eigenständiger Grundsteuerwertbescheid bekanntzugeben (Krumm/Paeßens BewG § 219 Rn. 10; Klein/Ratschow AO § 180 Rn. 4). Er kann diesen als Inhaltsadressat wegen der Einzelbekanntgabe selbst anfechten und ist klagebefugt (Krumm/Paeßens BewG § 219 Rn. 50); die Klagebefugnis eines Empfangsbevollmächtigten als Klagebefugten dürfte daher ausscheiden. Wie unter **§ 19 III Nr. 1 BewG aF** wirkt der Feststellungsbescheid gem. § 219 BewG nF nach § 182 II 1 AO auch gegen den **Einzel- und Gesamtrechtsnachfolger,** auf den die wirtschaftliche Einheit nach dem Feststellungszeitpunkt übergegangen ist oder übergeht (Krumm/Paeßens BewG § 219 Rn. 9, auch zur Einspruchsbefugnis). Tritt die Rechtsnachfolge erst nach Ablauf der Klagefrist ein, ist der Rechtsnachfolger nicht mehr klagebefugt; zu einem Klageverfahren, das der Rechtsvorgänger wegen dieser Feststellungen eingeleitet hat, kommt für ihn allenfalls eine einfache Beiladung gem. § 60 I in Betracht (so zum alten Recht BFH II R 20/01, BStBl. II 2003, 228; auch BFH II R 55/92, BFH/NV 1994, 772).

– Bedarfswertfeststellungen (§§ 151, 154 BewG) für Erbschaft- und Schenkungsteuerzwecke und für die Grunderwerbsteuer 69
Gesonderte Feststellungen sowie einheitliche und gesonderte Feststellungen:
Zu treffende Feststellungen: § 151 I 1 Nr. 1–4 BewG sieht gesonderte Feststellungen für Grundbesitzwerte (§ 138), den Wert des Betriebsvermögens (§§ 95, 96) oder den Wert des Anteils am Betriebsvermögen (§ 97), den Wert von Anteilen an KapGes iSd § 11 II und den Wert von anderen als in den Nr. 1–3

genannten Vermögensgegenständen und von Schulden, die mehreren Personen zustehen, vor, wenn diese Werte **für die Erbschaftsteuerfestsetzung** (auch für Feststellungen gem. §§ 13a I, 13b IIa, 13b IIa 4 ErbStG) oder eine andere Feststellung von Bedeutung sind. Die Regelungen zur gesonderten Feststellung der **Grundbesitzwerte** (§ 157 BewG) gelten in den Fällen des § 8 II GrEStG auch für die Wertermittlung des Grundbesitzes bei der **Grunderwerbsteuer** (zur Verfassungswidrigkeit der früheren Bemessungsgrundlage s. BVerfG 1 BvL 13/11, BStBl. II 2015, 871; s. zum Verfahren auch Viskorf/Viskorf GrEStG § 8 Rn. 114 ff.). In einem Feststellungsbescheid für Grundbesitzwerte und für den Wert des Betriebsvermögens (§§ 95, 96 BewG) oder des Anteils am Betriebsvermögen (§ 97 BewG), den Wert von Anteilen an KapGes iSd § 11 II und einen Wert iSd § 151 I 1 Nr. 3 BewG sind, soweit für die Besteuerung von Bedeutung, Feststellungen über die Art der wirtschaftlichen Einheit und über die Zurechnung bei mehreren Beteiligten, dh die Höhe des Anteils der Beteiligten zu treffen (§ 151 II Nr. 1 und Nr. 2 Hs. 1 und S. 2 BewG). Beim Erwerb durch eine Erbengemeinschaft erfolgt die Zurechnung in Vertretung der Miterben **auf die Erbengemeinschaft** (§ 151 II Nr. 2 S. 1 Hs. 2 BewG; BFH II B 94/18, BFH/NV 2020, 912, s. dazu weiter unten). Ferner kommt eine einheitliche und gesonderte Feststellung des Grundbesitzwerts nach § 151 I 1 Nr. 1 BewG **für den/die Erben und den Vermächtnisnehmer** in Betracht (BFH II R 34/18, BStBl. II 2022, 712), jedoch ist der Erbe am Feststellungsverfahren im Bereich der Steuerentlastungen für Unternehmensvermögen nicht zu beteiligen, wenn er aufgrund einer letztwilligen oder rechtsgeschäftlichen Verfügung des Erblassers verpflichtet ist, das dem Grunde nach steuerbegünstigte Vermögen vollständig auf den Vermächtnisnehmer zu übertragen (BFH II R 3/19, BStBl. II 2022, 706). Siehe im Einzelnen gleichlautende Ländererlasse v. 26.9.2022, DStR 2022, 2683.

Erklärungspflichten: § 153 I BewG gibt dem FA das Recht, von jedem, für dessen Besteuerung eine gesonderte Feststellung von Bedeutung ist, die Abgabe der Feststellungserklärung zu verlangen. Erklärungspflichtig **kann** daher auch die Erbengemeinschaft als Zurechnungssubjekt (§ 153 II 1 BewG) oder – in den Fällen der GrESt – eine **PersGes/KapGes** sein (§ 153 II 2 BewG) sein, wenn ihr der Grundbesitz gehört. Wichtig ist ferner **für ErbSt/GrEStG,** dass Schenker und Beschenkter als Gesamtschuldner der Steuer „als mehrere Personen" bei Aufforderung jeweils erklärungspflichtig sind (§ 153 II 1 BewG, dazu BFH II R 44/10, BStBl. II 2012, 5). Wenn der Anteil an einer Gesellschaft übertragen wurde, ist eine **PersGes/KapGes** nach Aufforderung durch das FA neben dem Erben des Anteils/Anteilserwerber vorrangig erklärungspflichtig, § 153 II 2 (idF JStG 2024 v. 2.12.2024, BGBl. 2024 I Nr. 387) iVm § 153 III BewG; zur KapGes als zusätzlichem Bescheidadressat s. § 154 II BewG).

Weiter Beteiligtenbegriff des BewG: Der Beteiligtenbegriff des § 154 I knüpft an die steuerliche Zurechnung und die Erklärungspflicht an. Beteiligte des Feststellungsverfahrens sind die Zurechnungssubjekte (§ 154 I 1 Nr. 1 BewG), die vom FA als Erklärungspflichtige tatsächlich in Anspruch genommenen Steuersubjekte (also auch KapGes/PersGes in den Fällen des § 151 II 3 BewG) und diejenigen, die als Gesamtschuldner die Steuer schulden (§ 154 I 1 Nr. 3 BewG).

Einheitliche und gesonderte Feststellung: § 154 I 2 BewG bestimmt anknüpfend an den Beteiligtenbegriff, dass eine **einheitliche und gesonderte Feststellung** von Werten und Anteilen an diesen Werten iSd § 151 BewG durchzuführen ist, wenn mehrere Beteiligte (also mehrere Zurechnungssubjekte oder ein Erklärungspflichtiger und ein Zurechnungssubjekt) vorhanden sind. Siehe die gleichlautenden Ländererlasse v. 14.3.2016, BStBl. I 2016, 249 mit Beispielen. Der einheitliche und gesonderte Feststellungsbescheid ist gem. § 153 V BewG iVm §§ 181 I, 122 AO allen Beteiligten iSd § 154 BewG bekannt zu geben, wenn kein Empfangsbevollmächtigter gem. § 183 AO vorhanden ist. Im Regelfall wird ein Empfangsbevollmächtigter von den mehreren Beteiligten iSd § 154 BewG nicht benannt sein und damit kein Klagebefugter iSd § 48 I Nr. 2 iVm § 48 II nF vorhanden sein.

Erbengemeinschaft: Nach der besonderen Regelung des § 151 II Nr. 2 S. 1 Hs. 1 BewG ist bei Zurechnung des Grundbesitzes und für die anderen wirtschaftlichen Einheiten in Vertretung der Miterben **nur** die Erbengemeinschaft das Zurechnungssubjekt. Nur der Erbengemeinschaft ggü. ergeht demnach eine gesonderte Feststellung (R B 151.2 ErbStH 2020). Inhaltsadressaten des Bescheids sind aber die Miterben (R B 154 II 3 ErbStR 2020). § 154 III 1 BewG bestimmt, dass für die Bekanntgabe des gesonderten Feststellungsbescheids § 183 AO aF und ab dem 1.1.2024 § 183a AO iVm § 14a III Nr. 3 AO entsprechend anzuwenden ist. Es hängt demnach vom Vorhandensein eines empfangsbevollmächtigten Miterben ab, ob nur diesem der Bescheid bekannt zu geben ist oder gem. § 183 I 4 AO zu verfahren ist (R B 154 III S. 6–8 ErbStR und H B § 154 ErbStH 2020). Bei der Bekanntgabe des Feststellungsbescheids ist darauf hinzuweisen, dass die Bekanntgabe mit Wirkung für und gegen alle Miterben erfolgt. Inhaltsadressaten der Feststellungen sind materiell-rechtlich nur die Miterben (BFH II R 31/13, BStBl. II 2016, 637). Zu den Besonderheiten im Fall des Vermächtnisses s. gleichlautende Ländererlasse v. 26.9.2022, DStR 2022, 2683.

Rechtsbehelfsbefugnis und Beiladung: Zur Einlegung von Rechtsbehelfen gegen den Feststellungsbescheid zum Bedarfswert **für die Erbschaftsteuerfestsetzung** sind gem. § 155 BewG die Beteiligten iSd § 154 I BewG sowie diejenigen befugt, für deren Besteuerung **nach dem Grunderwerbsteuergesetz** der gesonderte oder der einheitliche und gesonderte Feststellungsbescheid von Bedeutung ist. Ab dem 1.1.2024 werden Erbengemeinschaften als nicht rechtsfähige Personenvereinigungen eingeordnet (§ 14a III Nr. 3 AO). Deren Klagebefugnis richtet sich nach § 48 I Nr. 2 nF (→ § 48 nF Rn. 60).

– **Regelfall:** § 155 I 1 BewG erstreckt die Rechtsbehelfsbefugnis gegen diese Feststellungsbescheide neben den Beteiligten auch auf diejenigen, die das FA zur Abgabe einer Feststellungserklärung aufgefordert hat und die deshalb nach § 154 I 1 Nr. 2 BewG Beteiligte am Feststellungsverfahren sind, ohne dass diese durch den Bescheid beschwert zu sein brauchen (BFH II R 44/10, BStBl. II 2012, 5) oder ein Rechtsschutzinteresse benötigen (HessFG 4 V 2138/14, EFG 2016, 271). § 48 nF gilt nicht, dh es sind sämtliche Beteiligte gem. § 154 I BewG einspruchs- und klagebefugt und notwendig beizuladen, wenn sie nicht selbst Klage erheben (s. zutreffend HessFG 4 V 2138/14, EFG 2016, 271). § 60 III 2 darf mE trotz des besonderen Beteiligtenbegriffs des § 154 BewG und der daran anknüpfenden Rechtsbehelfsbefugnis des § 155 S. 1 aber angewendet werden, wenn ein Steuerschuldner (der Erbe eines Anteils) Klage erhebt und es um die Beiladung der nicht durch die Feststellung beschwerten PersGes/KapGes geht, dh diese sind nicht notwendig beizuladen. Erhebt die erklärungspflichtige PersGes und nicht der Rechtsnachfolger in den Anteil Klage gegen die einheitliche und gesonderte Feststellung, ist der Rechtsnachfolger notwendig beizuladen.

– **Erbengemeinschaft:** Gemäß **§ 155 S. 2 BewG** gilt § 48 entsprechend. Danach gelten die allgemeinen Regelungen: Ist ein Empfangsbevollmächtigter (§ 183 AO aF/§ 183a AO nF) vorhanden, kann in der Regel nur dieser gem.

§ 48 I Nr. 1 Alt. 2, § 48 II aF/§ 48 I Nr. 2 Buchst. a, § 48 II 1 nF als Prozessstandschafter den gesonderten und einheitlichen Feststellungsbescheid über den Bedarfswert anfechten (s. auch BT-Drs. 16/7918, 40). Daneben besteht eine Klagebefugnis der übrigen Miterben gem. § 48 I Nr. 3–5 aF/nF oder ggf. aufgrund einer Einzelbekanntgabe bzw. bei Belehrungsmängeln. Da bei der Erbengemeinschaft nach § 2038 BGB alle Miterben gemeinschaftlich zur Geschäftsführung und Vertretung berechtigt und sie zugleich Inhaltsadressaten sind, ist die Bekanntgabe eines Bedarfswertfeststellungsbescheids mit Wirkung für und gegen alle Miterben ggü. jedem Miterben zulässig, wenn kein Empfangsbevollmächtigter nach § 183 I 1 AO aF/§ 183a AO nF vorhanden ist (zur alten Rechtslage BFH IV R 16/06, BFH/NV 2009, 783; nunmehr § 48 I Nr. 2 Buchst. b nF). Es sind bei Fehlen eines Empfangsbevollmächtigten sämtliche Miterben klagebefugt und ggf. beizuladen. Fehlt ein Hinweis darauf, dass der Feststellungsbescheid mit Wirkung für und gegen alle Feststellungsbeteiligten bekannt gegeben wird, besteht keine ausschließende Klagebefugnis des Empfangsbevollmächtigten (zu § 48 II S. 3 aF: BFH II B 94/18 BFH/NV 2020, 912, → § 48 aF Rn. 62c; nunmehr § 48 II 3 nF). Erhebt ein Miterbe Klage gegen einen Bescheid über die gesonderte Feststellung des Grundbesitzwertes für Zwecke der Erbschaftsteuer, der den Miterben einer Erbengemeinschaft das Grundstück zurechnet, sind die nicht klagenden Miterben notwendig zum Klageverfahren beizuladen (BFH II B 94/18, BFH/NV 2020, 912).

70 **Gesonderte und einheitliche Feststellung der investmentsteuerlichen Besteuerungsgrundlagen unter dem InvStG 2004**

Die investmentsteuerlichen Besteuerungsgrundlagen gem. § 5 InvStG 2004 sind gesondert und einheitlich festzustellen (§ 15 I 3 InvStG 2004). Zur Klagebefugnis → § 48 aF Rn. 29b. Ein Anleger ist zu einem von der klagebefugten Kapitalverwaltungsgesellschaft betriebenen Klageverfahren nur notwendig beizuladen, wenn die streitige Feststellung der eigenen Sphäre des Feststellungsbeteiligten zuzuordnen ist und eine Klagebefugnis gem. § 48 I Nr. 3–5 aF/nF begründet (BFH VIII R 3/19, BStBl. II 2023, 1074).

71 **Gesonderte Feststellung des Einlagekontos (§ 27 KStG)**

Zu einer Klage der KapGes als Bescheidadressatin gegen einen Feststellungsbescheid gem. § 27 II KStG sind nach bislang hM die Anteilseigner nicht beizuladen (BFH I B 49/16, BFH/NV 2019, 288; s. auch Brühl FR 2018, 448 (450)). Eine Drittanfechtung des Feststellungsbescheids durch Gesellschafter einer KapGes ist nicht zulässig (BFH I R 53/19, BStBl. II 2023, 504), weshalb sich hinsichtlich der KapGes keine Beiladungsfragen stellen.

Gesamtschuld/Gesamtgläubiger

74 – **Gesamtgläubigerschaft:** Gemeinsam zur Einkommensteuer veranlagte Ehegatten, die vom FA eine Erstattung beanspruchen und denen aufgrund der gemeinsamen Veranlagung ein einheitlich ausgewiesener Erstattungsbetrag zusteht, können einen Bescheid über die Aufteilung des Erstattungsbetrags verlangen. Zu dem Verfahren eines Erstattungsberechtigten gegen diesen Aufteilungsbescheid ist der andere Ehegatte **nicht notwendig beizuladen.** Dies gilt, obwohl sachlogisch beiden zusammen nicht mehr als 100 % der in den Zusammenveranlagungsbescheiden festgestellten Erstattungsbeträge erstattet werden dürfen (BFH VII B 214/04, BFH/NV 2005, 1222).

- **Gesamtschuldnerschaft:** Gemäß § 155 II AO kann ggü. Gesamtschuldnern ein einheitlicher Bescheid ergehen oder jeder Gesamtschuldner durch Einzelbescheid in Anspruch genommen werden. Für die Beiladung haben die verschiedenen Vorgehensweisen keine unterschiedlichen Konsequenzen. Legt einer von mehreren Gesamtschuldnern gegen den an ihn gerichteten Bescheid ein Rechtsmittel ein, liegt regelmäßig weder ein Fall notwendiger Hinzuziehung noch ein Fall notwendiger Beiladung des oder der anderen Gesamtschuldner(s) vor (vgl. zB für den Vermögensteuerbescheid ggü. mehreren Rechtsnachfolgern BFH IV B 28/04, BFH/NV 2006, 1849; für die Inanspruchnahme von Miterben für Steuerschulden gem. § 45 AO BFH XI R 21/90, BFH/NV 1992, 516; II B 131/08, BFH/NV 2010, 1854 zur Inanspruchnahme des Schenkers, der neben dem Erwerber auch Steuerschuldner ist). Bei der **Gesamtschuldnerschaft** (Zusammenveranlagung) im Fall der Einkommensteuer ist im Verfahren eines Ehegatten gegen einen **Abrechnungsbescheid** der andere Ehegatte nicht notwendig beizuladen (BFH VII B 100/93, BStBl. II 1994, 405). Jedoch sind Miterben notwendig beizuladen, wenn sie wegen der Ausübung des Zusammenveranlagungswahlrechts in der Erblasser-Veranlagung uneinig sind (BFH XI R 20/97, BFH/NV 1998, 701). Zu den Besonderheiten bei der Feststellung von Bedarfswerten zur Erbschaft- und Schenkungsteuer sowie Grunderwerbsteuer → Rn. 69.
- **Einfache Beiladung:** Müssen Ehegatten einen doppelt vereinnahmten Steuererstattungsbetrag an das FA zurückzahlen, kommt im Verfahren des einen Ehegatten gegen den ihm ggü. ergangenen Rückforderungsbescheid eine einfache Beiladung in Betracht, wenn in diesem Rechtsstreit möglicherweise über ein Tatbestandsmerkmal eines Rückforderungsschuldverhältnisses zwischen dem Beigeladenen und dem FA entschieden wird (BFH VII B 280/98, BFH/NV 1999, 815).

Gewerbesteuer

80 Steuerschuldner und Adressat des GewSt-Messbescheids bei PersGes ist die Gesellschaft (§ 5 I 3 GewStG). Die Beiladung eines Gesellschafters zu einem **Rechtsstreit der Gesellschaft gegen den Messbescheid** ist nicht erforderlich (BFH IV B 56/07, BFH/NV 2008, 1186; s. auch BFH IV B 134/98, BFH/NV 2000, 1104).

Bei der **atypisch stillen Gesellschaft** (→ Rn. 59a, „Atypisch stille Gesellschaft“) hat der Geschäftsinhaber für seinen eigenen Gewerbebetrieb und für die Innengesellschaft jeweils eine eigenständige GewSt-Erklärung abzugeben. Der Geschäftsinhaber ist Steuerschuldner und Adressat des GewSt-Messbescheids auch für die atypisch stille Gesellschaft (BFH IV R 8/14, BStBl. II 2017, 538). Klagt der Geschäftsinhaber gegen den GewSt-Messbescheid für die atypisch stille Gesellschaft, ist weder die nicht beteiligtenfähige Innengesellschaft noch der atypisch stille Gesellschafter notwendig beizuladen (BFH VIII R 22/98, BFH/NV 2000, 420).

Zur Beiladung von Gemeinden beim **Streit über die hebeberechtigte Gemeinde** s. BFH IV B 64/11, BFH/NV 2013, 512; FG Köln 13 V 2802/12, EFG 2013, 237; BFH I B 13/14, BFH/NV 2015, 1695.

Grunderwerbsteuer

81 § 17 II–IV GrEStG regeln **die gesonderte Feststellung von Besteuerungsgrundlagen** in bestimmten Fällen. Soweit bei einer gesonderten Feststellung nach § 17 GrEStG auch eine Aufteilung und damit eine Zerlegung der maßgeblichen

Gesamtbemessungsgrundlage vorzunehmen ist, sind die für die Steuerfestsetzung zuständigen Finanzämter Verfahrensbeteiligte mit der Folge, dass die Finanzämter gegen den Feststellungsbescheid Einspruch einlegen können und ihre Zuziehung bzw. Beiladung zum Feststellungsverfahren in Betracht kommt (FG Nürnberg IV 55/2003, EFG 2004, 1388). Es ist kein Fall der notwendigen Beiladung gegeben, obwohl diese aus demselben Erwerbsvorgang in Anspruch genommen werden. Klagt ein geschlossener Immobilienfonds (eine GbR) gegen einen Grunderwerbsteuerbescheid und kann ein Kommanditist wegen der Vermögenssituation des Fonds damit rechnen, im Wege einer Nachschusspflicht für Grunderwerbsteuer neben dem Fonds als steuerlicher Haftungsschuldner in Anspruch genommen zu werden, ist ein Fall der einfachen Beiladung gegeben (BFH II B 10/09, BFH/NV 2009, 1663). Bei gemeinsamer Heranziehung des Erwerbers und Veräußerers als Gesamtschuldner gem. § 13 I Nr. 1 GrEStG und uU auch im Fall des § 13 Nr. 5b GrEStG gelten die obigen Grundsätze zur Beiladung sinngemäß (→ Rn. 69 zur Feststellung des Bedarfswerts; → Rn. 74 zur Steuerfestsetzung). Zur Beiladung eines Zwischenerwerbers SächsFG 2 K 136/98, BeckRS 2001, 21011181.

Haftung

83 – **Grundsatz:** Haftungsschuldner sind im Verfahren des Steuerschuldners über die Rechtmäßigkeit der Steuerfestsetzung nicht notwendig beizuladen (BFH X B 117/09, BFH/NV 2010, 229 zur Spendenhaftung). Die einfache Beiladung (§ 60 I 1) kommt in Betracht.

– **Haftung und Nachforderung inländischer Abzugssteuer ggü. dem inländischen Vergütungsschuldner bei grenzüberschreitenden Zahlungen (§ 50a V 4):** Die Inhaftungnahme des Vergütungsschuldners steht neben der Möglichkeit, den Vergütungsgläubiger durch Nachforderungsbescheid gem. § 167 I 1 Alt. 2 AO in Anspruch zu nehmen oder die Abzugsteuer beim Steuerschuldner (Vergütungsgläubiger) durch Steuerbescheid gem. § 167 I 1 iVm § 155 I 1 AO nachzufordern (Schmidt/Loschelder EStG § 50a Rn. 35, 38). Der BFH hat in einem Verfahren des inländischen Vergütungsschuldners gegen einen Haftungsbescheid wegen nicht einbehaltener Quellensteuern eine notwendige Beiladung des ausländischen Vergütungsgläubigers als nicht notwendig angesehen (BFH I R 39/04, BStBl. II 2008, 95), da keine notwendig einheitliche Entscheidung ergehen müsse. Siehe auch „Steuerabzug bei beschränkt Steuerpflichtigen" (→ Rn. 116).

– **Lohnsteuerhaftung (§ 42d I EStG) und -nachforderung:** Der Arbeitnehmer hat als Dritter ein Anfechtungsrecht **gegen den an den Arbeitgeber gerichteten Lohnsteuerhaftungsbescheid,** da er persönlich für die nachgeforderte Lohnsteuer in Anspruch genommen werden kann. Im Fall der Drittanfechtung des **Arbeitnehmers** ist der Arbeitgeber als Inhaltsadressat des Haftungsbescheids notwendig beizuladen (BFH VI R 311/69, BStBl. II 1973, 780). Der Arbeitnehmer als Steuerschuldner ist nicht notwendig beizuladen, **wenn der Arbeitgeber** gegen den Lohnsteuerhaftungsbescheid vorgeht (BFH VI B 97/79, BStBl. II 1980, 210; VI B 35/87, BFH/NV 1989, 113). Siehe zur Vertiefung Schmidt/Krüger EStG § 42d Rn. 59. **Klagt der Arbeitnehmer** hinsichtlich der Frage, ob Teile seines Arbeitslohns gem. § 3b EStG steuerfrei **gegen seine ESt-Steuerfestsetzung,** ist der Arbeitgeber nicht klagebefugt und auch als potenzieller Haftungsschuldner nicht notwendig beizuladen, da für die Inanspruchnahme des Arbeitnehmers als Steuerschuldner und des

Arbeitgebers als Haftungsschuldner unterschiedliche rechtliche Voraussetzungen gelten; die Entscheidungen müssen nicht notwendig einheitlich ergehen (BFH VI B 174/02, BFH/NV 2004, 1547; VI B 65/21, BFH/NV 2022, 1185).

- **Kapitalertragsteuerhaftung und -nachforderung (§ 44 V EStG):** Steuerschuldner der Kapitalertragsteuer und der ESt/KSt ist gem. § 44 I 1 EStG der Gläubiger der Kapitalerträge. Als Vergütungsschuldner muss der Steuerentrichtungspflichtige die Kapitalertragsteuer anmelden, einbehalten und abführen (§ 45a EStG). § 167 I 1 Alt. 2 AO begründet in den Fällen der Nichtanmeldung eines steuerbaren Vorgangs durch den Entrichtungsschuldner zudem die Möglichkeit, die Haftungsschuld durch Steuerbescheid (Nachforderungsbescheid) einzufordern; hierin liegt ein Wahlrecht der Finbeh neben der Inanspruchnahme durch Haftungsbescheid gem. § 44 V 1 EStG. Die Wahl des Verfahrens muss nicht begründet werden. Der Erlass eines Nachforderungsbescheids ändert nichts daran, dass es sich materiell-rechtlich um die Geltendmachung eines Haftungsanspruchs gegen den Entrichtungsschuldner handelt (BFH VIII R 59/14, BStBl. II 2018, 163 mwN; Schmidt/Levedag EStG § 44 Rn. 15, 16). Ferner kommt Inanspruchnahme des Steuerentrichtungspflichtigen durch Haftungsbescheid gem. § 44 V 1 in Betracht, wenn angemeldete Kapitalertragsteuer nicht einbehalten und abgeführt wird. Zu einem Verfahren des Entrichtungsschuldners gegen den Haftungsbescheid oder den Nachforderungsbescheid ist der Steuerschuldner (Gläubiger der Kapitalerträge) nicht notwendig beizuladen, da Haftung/Nachforderung einerseits und Steuerfestsetzung andererseits auf unterschiedlichen Voraussetzungen beruhen und keine zwingend einheitliche Entscheidung verlangen. Klagt der Steuerschuldner gegen einen ESt/KSt-Bescheid, in dem die streitigen (nicht angemeldeten) Kapitalerträge erfasst und streitig sind, ist der Steuerentrichtungspflichtige ebenfalls nicht notwendig beizuladen. Der Gläubiger von Kapitalerträgen (Steuerschuldner) hat schließlich keinen einklagbaren Anspruch darauf, dass das FA gegen den Steuerentrichtungspflichtigen einen Haftungsbescheid erlässt, wenn dieser die Kapitalertragsteuer nicht abgeführt hat; die Klage ist unzulässig und eine Beiladung des Entrichtungsschuldners aus diesem Grund nicht erforderlich (BFH I R 42/05, BFH/NV 2005, 1073). Im Fall der **Drittanfechtung der Steueranmeldung** des Entrichtungspflichtigen durch den Gläubiger, ist der Steuerentrichtungspflichtige notwendig beizuladen (s. zum eingeschränkten Maßstab BFH I R 27/12, BStBl. II 2013, 682). Ficht der Steuerentrichtungspflichtige selbst die Steueranmeldung an (vgl. BFH VIII R 35/19, BStBl. II 2023, 394), bedarf es aber keiner Beiladung des Gläubigers der Kapitalerträge, da nur über die Entrichtungsschuld entschieden wird.
- **Mehrere Haftungsschuldner:** Im Falle der Inanspruchnahme mehrerer Haftungsschuldner (zB zwei Gesellschaftern einer GbR) ist die Beiladung anderer Haftungsschuldner im Prozess über die Rechtmäßigkeit des gegen den klagenden Haftungsschuldner ergangenen Haftungsbescheides **nicht notwendig** (BFH VII B 184/03, BFH/NV 2004, 795; II B 61/12, BFH/NV 2012, 1995). Eine **einfache Beiladung** ist nach dem vorgenannten BFH-Beschluss regelmäßig ausgeschlossen, wenn die Haftungsschuldner entgegengesetzte Interessen verfolgen, etwa der eine für die Haftung des anderen eintritt.
- **Einfache Beiladung:** Die Voraussetzungen für eine einfache Beiladung des Haftungs- neben dem Steuerschuldner in einem Klageverfahren des Steuerschuldners gegen die Steuerfestsetzung sind schon wegen des Gesetzeswortlauts des § 60 I 1 regelmäßig erfüllt (BFH II B 10/09, BFH/NV 2009, 1663; XI B

91/10, BFH/NV 2011, 1720; s. auch FG Köln 13 K 1491/15, BeckRS 2017, 123438). Der Haftungsschuldner ist im Verfahren des Steuerschuldners gegen den Steuerbescheid allerdings nicht einfach beizuladen, wenn er zu den in § 166 AO genannten Personen gehört (BFH V B 138/01, BFH/NV 2002, 672; V B 121/96, BFH/NV 1998, 48; aA VII B 5/97, BFH/NV 1997, 867).

Hinzuziehung zum Einspruchsverfahren

84 Die Hinzuziehung zum Einspruchsverfahren ist Gegenstand eines mit dem Einspruch anfechtbaren VA, der dem Hinzugezogenen die Stellung eines Verfahrensbeteiligten auch dann vermittelt, wenn die Voraussetzungen des § 360 AO nicht vorlagen (BFH VIII R 10/00, BStBl. II 2001, 747). Erhebt der Hinzugezogene Klage gegen diesen VA, ist der Einspruchsführer notwendig beizuladen (BFH X B 114/06, BeckRS 2006, 25010622; VIII R 10/00, BStBl. II 2001, 747; IV B 210/04, BFH/NV 2007, 869). Bei der Klage des Einspruchsführers gegen die Hinzuziehung eines Dritten ist eine einfache Beiladung des Hinzugezogenen ermessensgerecht (BFH IV B 70/02, BFH/NV 2002, 1477). Zur Beiladung gem. § 174 V AO im Klageverfahren → Rn. 8–13.

Insolvenz

85 – Aufgrund der Insolvenz sind Steuerforderungen verschiedenen insolvenzrechtlichen Forderungskategorien zuzuordnen. Zu unterscheiden ist zwischen Insolvenzforderungen (§ 38 InsO) und Masseverbindlichkeiten als Forderungen gegen die Insolvenzmasse (§ 55 InsO) sowie Forderungen gegen das insolvenzfreie Vermögen (§ 35 InsO). Im Fall der Festsetzung von **Einkommensteuer** während des laufenden Insolvenzverfahrens können mehrere dieser insolvenzrechtlichen Forderungskategorien bzw. Vermögensbereiche betroffen sein. Neben der Unterscheidung zwischen Insolvenz-, Masse- und insolvenzfreier Forderung kommt eine weitere, den Zwangsverwalter betreffende Forderungskategorie in Betracht. Sind in einem Veranlagungszeitraum mehrere insolvenzrechtliche Forderungskategorien betroffen, so ist zB die einheitlich ermittelte Einkommensteuerschuld aufzuteilen (BFH IX R 23/14, BStBl. II 2017, 367; X R 31/16, BStBl. II 2022, 488; X R 9/20, BStBl. II 2024, 227). Der Insolvenzverwalter ist allein Adressat der Steuerbescheide über Ansprüche, die Masseverbindlichkeiten darstellen. Diese Ansprüche sind vom Insolvenzverwalter vorweg aus der Insolvenzmasse zu befriedigen. Alle sonstigen Steueransprüche sind insolvenzfrei und müssen gegen den Insolvenzschuldner festgesetzt werden. Dies bedeutet, dass der Insolvenzverwalter nicht Adressat der VA ist, die das insolvenzfreie Vermögen des Insolvenzschuldners betreffen. Diese sind ausschließlich dem Insolvenzschuldner bekannt zu geben (Hagen/Roth/Meyer, Insolvenzsteuerrecht, Rn. 3.196).

– **Beiladung des Insolvenzschuldners bei aufgenommenen Verfahren:** Mit der Eröffnung des Insolvenzverfahrens verliert der Schuldner die Verwaltungs- und Verfügungsbefugnis über sein insolvenzbefangenes Vermögen gem. § 80 I InsO, die auf den Insolvenzverwalter übergeht (→ § 58 Rn. 15). Steuerforderungen, die bereits bei Eröffnung des Insolvenzverfahrens begründet sind, sind beim Insolvenzverwalter zur Tabelle anzumelden (§ 174 I 1 InsO). Dies wirkt sich auf die verfahrensrechtliche Stellung des Insolvenzschuldners aus: Hat er vor Eröffnung des Insolvenzverfahrens Klage erhoben, wird das Verfahren gem. § 240 ZPO unterbrochen und ist nach dessen Aufnahme durch den Verwalter oder das FA der Kläger als Insolvenzschuldner aus dem Prozess zu weisen. Nur der Insolvenzverwalter ist ab dem Zeitpunkt der Insolvenzverfahrenseröffnung

Beteiligter iSv § 57 Nr. 1 (BFH VII B 235/04, BFH/NV 2006, 291; X S 14/07 (PKH), BFH/NV 2008, 1351; VII R 11/05, BStBl. II 2006, 573). Wird das Insolvenzverfahren vor Klageerhebung eröffnet, so besitzt der Insolvenzschuldner – vorbehaltlich einer Genehmigung durch den Insolvenzverwalter – von vornherein nicht mehr die materiell-rechtliche Befugnis, Klage zu erheben. Der Insolvenzschuldner ist in einem Verfahren (Aktiv- oder Passivprozess), das Insolvenzverwalter oder FA zur Klärung eines Widerspruchs über den Tabelleneintrag einer Insolvenzforderung aufnehmen, daher weder notwendig noch einfach beizuladen. Der Insolvenzschuldner wird vom Insolvenzverwalter vertreten, soweit nicht ausnahmsweise die Eigenverwaltung nach §§ 270 ff. InsO angeordnet ist (BFH VIII B 27/09, BFH/NV 2009, 1449; X R 27/05, BFH/NV 2010, 1090).

- **Beiladung des Insolvenzschuldners, wenn der Insolvenzverwalter als Masseschuldner in Anspruch genommen wird:** Wird ein Steueranspruch durch einen an den Insolvenzverwalter gerichteten Steuerbescheid als Masseverbindlichkeit geltend gemacht, stehen nur dem Insolvenzverwalter als Inhaltsadressat die Rechtsschutzmöglichkeiten der AO und der FGO zu, obwohl Steuerschuldner der Insolvenzschuldner ist. Ist streitig, ob eine **Umsatzsteuerverbindlichkeit** eine Masseverbindlichkeit iSd § 55 I Nr. 1 InsO ist, sind die Interessen von Insolvenzverwalter und -schuldner nicht – wie gem. § 60 III erforderlich – „nach den Steuergesetzen", sondern durch die Auslegung des Insolvenzrechts berührt. Das schließt eine einfache oder notwendige Beiladung des Insolvenzschuldners (BFH V R 38/10, BStBl. II 2012, 270 zu USt aufgrund einer verbotenen Nutzung von Gegenständen der Masse durch den Schuldner; zur USt bei Streit um das Vorliegen einer Masseverbindlichkeit BFH V R 51/17, BStBl. II 2021, 52; zur Einkommensteuer BFH X R 9/20, BStBl. II 2024, 227; anders zum umgekehrten Fall aber FG Köln 15 K 1338/13, BeckRS 2016, 137508) und auch dessen Hinzuziehung gem. § 174 V 2 AO aus (FG Düsseldorf 11 K 613/13 E, EFG 2016, 1906, nachgehend BFH X R 31/16, BStBl. II 2022, 488: Frage nicht mehr erheblich; keine Beiladung nach § 60 III).
- **Beiladung des Insolvenzverwalters:** Hat das FG den Insolvenzschuldner in einem Passivprozess nach Aufnahme des Verfahrens durch das FA im Klageverfahren fehlerhaft weiterhin als Beteiligten des Rechtsstreits angesehen, kann dieser Mangel nicht durch eine nachträgliche Beiladung des Insolvenzverwalters im Revisionsverfahren geheilt werden (BFH VII R 11/05, BStBl. II 2006, 573). Denkbar ist **die notwendige Beiladung** des Insolvenzverwalters, wenn der Prozess die Feststellung der Nichtigkeit eines ESt-Bescheids betrifft, der sowohl insolvenzfreie als auch -befangene Einkünfte betrifft. In diesem Fall berührt der Rechtsstreit notwendigerweise und unmittelbar auch die Rechte des Insolvenzverwalters über das Vermögen des Stpfl. Er ist in diesen Fällen daher notwendig beizuladen (BFH X B 28/03, BFH/NV 2003, 1539). Nach Abschluss des Insolvenzverfahrens kommt eine **einfache Beiladung** des vormaligen Insolvenzverwalters in Betracht, wenn aus einem Verfahren des ehemaligen Insolvenzschuldners Rückforderungsansprüche gegen den ehemaligen Verwalter resultieren können (FG Köln 9 K 3169/16, BeckRS 2020, 25306).
- **Eröffnung des Insolvenzverfahrens über das Vermögen eines notwendig Beigeladenen:** Wird über das Vermögen eines notwendig Beigeladenen (§ 60 III) das Insolvenzverfahren eröffnet, führt dies zur Unterbrechung nach § 240 S. 1 ZPO iVm § 155. Nur in seltenen Ausnahmefällen, in denen die nach

dem materiellen Steuerrecht zu treffende Entscheidung keine unmittelbaren Auswirkungen auf das Insolvenzverfahren haben kann, gilt dies nicht (BFH II R 187/80, BStBl. II 1988, 23).

- Vgl. zur gesonderten und einheitlichen Feststellung → Rn. 59j, „Insolvenz der Gesellschaft"; → Rn. 59k, „Insolvenz des Gesellschafters".

Kinderfreibetrag/Freibetrag für Betreuungs-, Erziehungs- und Ausbildungsbedarf (BEA – Freibetrag)

89 Verlangt ein geschiedener (oder getrennt lebender) Ehegatte gem. § 32 VI 1 EStG die Übertragung des Kinder- oder Betreuungsfreibetrags auf sich, soll der andere Ehegatte angehört und ggf. gem. § 174 V 2 AO hinzugezogen werden (R 32.13 IV EStR 2012). Im Gerichtsverfahren ist der andere Ehegatte nicht notwendig beizuladen, weil die Entscheidung nicht notwendigerweise einheitlich ausfallen muss (BFH VI B 301/98, BStBl. II 2001, 729 mAnm von Pust HFR 2001, 1084 und Kanzler FR 2001, 1074). Diese Rspr. bezieht sich aber nur auf solche Fallgestaltungen, in denen der klagende Elternteil vom FA die Berücksichtigung des eigentlich dem anderen Elternteil zustehenden Freibetrags bei seiner (des klagenden Elternteils) Veranlagung verlangt. Begehrt hingegen der den Einspruch oder die Klage führende Elternteil, die vom FA ausgesprochene Zuordnung des eigenen Freibetrags zum anderen Elternteil bei dessen Veranlagung wieder rückgängig zu machen, handelt es sich um die Anfechtung eines begünstigenden Steuerverwaltungsakts durch einen Dritten. Erfolgt die Hinzuziehung des anderen Elternteils im Einspruchsverfahren und erhebt der Hinzugezogene Klage, ist der Einspruchsführer schon deshalb notwendig beizuladen (→ Rn. 84, „Hinzuziehung"; BFH VI R 38/02, BStBl. II 2005, 776). Die Rspr. zur nicht erforderlichen notwendigen Beiladung bei Übertragung des Kinderfreibetrags gilt auch für die Übertragung des BEA-Freibetrags (BFH III R 2/16, BStBl. II 2018, 266).

Kindergeld

92 – **Kindergeld-Festsetzung:** Bei einer Verpflichtungsklage, die auf die Festsetzung von Kindergeld gerichtet ist, ist der andere Elternteil als in Betracht kommender Berechtigter selbst dann nicht notwendig beizuladen, wenn er bei Stattgabe der Klage das bislang zu seinen Gunsten festgesetzte Kindergeld verliert (BFH VIII B 171/01, BStBl. II 2002, 578; VIII R 91/98, BFH/NV 2004, 324; III R 13/19, BFH/NV 2021, 453). Greift ein gem. § 67 S. 2 EStG sog. „Leistungsberechtigter" die Kindergeldfestsetzung an oder klagt er gegen deren Aufhebung, muss der durch den bisherigen Bescheid Begünstigte notwendig beigeladen werden, zB wenn das die Abzweigung begehrende Kind aufgrund seines eigenen Antragsrechts gegen die Ablehnung einer Kindergeldfestsetzung ggü. dem Berechtigten (BFH III R 105/07, BFH/NV 2009, 193; III R 71/09, BFH/NV 2010, 1291) oder der Sozialhilfeträger gegen den die Kindergeldfestsetzung aufhebenden Bescheid vorgeht (BFH VI R 169/97, BFH/NV 2001, 1443).
- **Zählkind-Vorteil:** Bei einer Klage, die Familienkasse zu verpflichten, ein Kind als Zählkind anzuerkennen, ist der andere Ehegatte nicht notwendig beizuladen (BFH III B 4/07, BFH/NV 2009, 1109).
- **Kindergeld-Rückforderung:** Bei Klage gegen einen Kindergeld-Rückforderungsbescheid ist kein Dritter notwendig beizuladen, der möglicherweise anspruchsberechtigt ist, da die Entscheidung, ob es zu einer Rückforderung kommt, nicht notwendigerweise einheitlich mit der Beurteilung der Anspruchsberechtigung ausfallen muss (BFH VIII B 240/04, BFH/NV 2005,

494; VIII R 67/00, BFH/NV 2004, 934; FG Nürnberg 3 K 695/20, BeckRS 2021, 22125).

- **Abzweigungsfälle:** Das für den Berechtigten festgesetzte Kindergeld kann aufgrund einer Unterhaltspflichtverletzung oder mangelnder Leistungsfähigkeit sowohl an das Kind (§ 74 I 2 und 3 EStG) als auch an eine dem Kind Unterhalt gewährende Stelle (§ 74 I 4 EStG) ausgezahlt werden. Klagt der Kindergeldberechtigte gegen den Abzweigungsbescheid, sind das Kind oder der Träger der Unterhalt gewährenden Stelle notwendig beizuladen (BFH VIII R 21/03, BFH/NV 2004, 662; III B 194/06, BFH/NV 2007, 2314). In den Fällen des § 74 II EStG, wenn also das für den Berechtigten festgesetzte Kindergeld aufgrund eines Erstattungsanspruchs an einen Leistungsträger ausgezahlt und dem Berechtigten ggü. als erfüllt gilt (§ 107 SGB X), kann der Berechtigte einen Abrechnungsbescheid beantragen und gegen diesen vorgehen. Zum Verfahren des Kindergeldberechtigten gegen den Abrechnungsbescheid ist der Leistungsträger notwendig beizuladen (BFH III R 33/05, BFH/NV 2007, 720; XI B 145/13, BFH/NV 2014, 1223). Fordert die Familienkasse vom Berechtigten Kindergeld mit der Begründung zurück, es sei doppelt gezahlt worden – sowohl an den Berechtigten direkt als auch an den Sozialhilfeträger, weil dieser die Hilfe zum Lebensunterhalt nicht um das Kindergeld gekürzt habe –, und klagt der Berechtigte gegen den Rückforderungsbescheid, ist der Sozialhilfeträger notwendig beizuladen (BFH III R 37/05, BFH/NV 2007, 1160). In diesem Fall beeinflusst die Entscheidung über den Rückforderungsbescheid ggü. dem Berechtigten im Verfahren auch die Rechtsposition der Beigeladenen. Käme das FG zu dem Ergebnis, dass der Rückforderungsanspruch der Familienkasse nicht bestünde, weil es an einem Erstattungsanspruch des Sozialhilfeträgers fehlte, so hätte diese die von der Familienkasse erhaltenen Beträge nach § 74 II EStG iVm § 112 SGB X zurückzuerstatten. Zum Klageverfahren gegen einen **Abrechnungsbescheid,** mit dem von der Familienkasse ein Erstattungsanspruch ggü. dem Berechtigten festgestellt wird, kann das **Jobcenter** notwendig beizuladen sein (BFH III R 40/20, BFH/NV 2022, 1310). Beansprucht ein Dritter (zB die Pflegemutter) im Wege der Verpflichtungsklage gegen die Familienkasse, das Kindergeld nach §§ 62 I, 63 I Nr. 1 iVm § 32 I Nr. 2 EStG zu seinen Gunsten festzusetzen, welches die Familienkasse zugunsten des leiblichen Elternteils festgesetzt hat, ist das Jugendamt, an welches das zugunsten des leiblichen Elternteils festgesetzte Kindergeld nach § 74 II EStG iVm §§ 102 ff. SGB X abgezweigt worden ist, nicht notwendig zum Verfahren beizuladen (FG München 7 K 2736/09, EFG 2012, 851).
- **Beiladung gem. § 174 V AO:** Die Familienkassen beantragen regelmäßig die Beiladung Dritter gem. § 174 V 2 AO (→ Rn. 8). In einem Klageverfahren, mit dem ein Anspruch auf Kindergeld geltend gemacht wird, ist die Beiladung eines Dritten, der ebenfalls das Kindergeld beansprucht, vorzunehmen, wenn die Familienkasse diese veranlasst. Ein unzutreffend auf § 60 I gestützter Antrag der Familienkasse steht der – allein möglichen – Beiladung durch das Gericht nach § 174 V 2 AO nicht entgegen (FG Hmb 1 K 160/07, EFG 2008, 917). Wird die Kindergeldfestsetzung wegen irriger Beurteilung der Haushaltszugehörigkeit des Kindes aufgehoben, kann die Gefahr einer „widerstreitenden Steuerfestsetzung" nur im Fall einer dem anderen Elternteil ggü. bereits erfolgten Festsetzung bestehen, sodass in dem Erstverfahren eine Beiladung gem. § 174 V 2 AO entbehrlich sein kann (FG Düsseldorf 10 K 5832/04 Kg, EFG 2007, 652).

Körperschaftsteuer

95 Fragen, die iRd Körperschaftsteuerbescheids der Gesellschaft streitig sind und den Gesellschafter der Körperschaft berühren (könnten), bedürfen keiner notwendigen Beiladung (BFH I R 71/16, BStBl. II 2019, 493). Zur Organschaft (Anfechtung des Feststellungsbescheids gem. § 14 V KStG) → Rn. 107.

Lohnsteuerfragen

100 – **Lohnsteuerhilfeverein:** Bei der Klage gegen die Schließung einer Beratungsstelle ist der Beratungsstellenleiter nicht notwendig beizuladen (BFH VII B 243/05, BFH/NV 2007, 597).
– **Lohnsteuer-Voranmeldung:** Die Beiladung des Arbeitnehmers ist nicht notwendig, wenn der Arbeitgeber die Herabsetzung der angemeldeten LSt begehrt. Zur LSt-Haftung → Rn. 83, „Haftung“. Hingegen ist bei einer Drittanfechtung in einem vom Arbeitnehmer durchgeführten Anfechtungsverfahren gegen die Lohnsteuer-Anmeldung des Arbeitgebers der Arbeitgeber notwendig beizuladen, da eine zwingend einheitliche Entscheidung ergehen muss (BFH VI R 152/01, BStBl. II 2006, 94); dies gilt auch, wenn der Arbeitnehmer die Anfechtungsklage als Fortsetzungsfeststellungsklage fortführt (BFH VI B 66/15, BFH/NV 2015, 1600).
– **Lohnsteuer-Außenprüfung:** Zum Verfahren des Arbeitgebers wegen Anfechtung der Anordnung einer Lohnsteuer-Außenprüfung sind weder die Arbeitnehmer noch trotz § 42f IV EStG die Rentenversicherungsträger notwendig beizuladen (BFH VI B 13/15, BFH/NV 2015, 1672).
– Der **Arbeitgeber** ist zu einem Klageverfahren des Arbeitnehmers über die Höhe der Einkünfte aus nichtselbständiger Arbeit iRd Einkommensteuerfestsetzung nicht notwendig beizuladen, weil in diesem Verfahren nicht über die Höhe einer etwaigen Lohnsteuernachforderung oder Lohnsteuerhaftung des Arbeitgebers entschieden wird (BFH VI B 65/21, BFH/NV 2022, 1185).

Milchquote (Milch-Referenzmenge)

101 Klagt der Inhaber einer Milch-Referenzmenge (Nichtvermarkter), der das Recht zur abgabenfreien Milchlieferung in eine Vermarktungsgesellschaft eingebracht hat, gegen die Zurücknahme der Referenzmenge, so sind die Mitgesellschafter der Vermarktungsgesellschaft zu diesem Verfahren nicht notwendig beizuladen (BFH VII B 72/99, BFH/NV 2000, 467). – Die einfache Beiladung (§ 60 I) scheidet gleichfalls aus, weil steuerliche Interessen des Mitgesellschafters nicht berührt sind. Ebenso wenig sind die Voraussetzungen des § 174 V 2 erfüllt (→ Rn. 6). – Siehe auch BFH VII B 182/99, BFH/NV 2001, 182; VII B 59/98, BFH/NV 2009, 806.

Miterben

104 Zur Feststellung von **Bedarfswerten** → Rn. 69.

Im Bereich der **Nachlasshaftung** (nunmehr § 20 III und V ErbStG) kann ggü. den Miterben ein Duldungsbescheid gem. §§ 77, 191 AO ergehen; bei Klage eines Miterben hiergegen muss die Entscheidung mehreren an dem Erbfall Beteiligten ggü. iSd § 60 III einheitlich ergehen und ist notwendig beizuladen; die Beiladung zur Klage eines Miterben gegen die **ErbSt-Festsetzung** (§ 20 I ErbStG) ist nicht geboten (BFH II B 165/09, BFH/NV 2010, 677). Auch der Testamentsvollstrecker ist in einem solchen Klageverfahren nicht notwendig beizuladen, eine einfache Beiladung kommt gem. § 60 I 1 jedoch wegen der potenziellen Haftung in Betracht (BFH II B 79/22, BFH/NV 2023, 1069; zur Vertiefung Kamps/Gravenhorst ErbR 2023, 839).

Zu differenzieren ist für die an den Erbfall anknüpfenden Veranlagungen **im Ertragsteuerrecht:**

- Sind die Miterben Gesamtschuldner für Schulden des Erblassers, gelten die zum Stichwort „Gesamtschuld" (→ Rn. 74) dargestellten Grundsätze ebenfalls, dh bei Klage eines Miterben gegen die **ESt-Festsetzung** oder die Festsetzung des **GewSt-Messbetrages** ggü. dem Erblasser sind die anderen Miterben grds. nicht notwendig beizuladen (BFH XI R 21/90, BFH/NV 1992, 516).
- Streiten sich die Miterben allerdings über die Ausübung des Veranlagungswahlrechts (§ 26 EStG) für den Erblasser, sind Miterben, die keine Klage erhoben haben, notwendig beizuladen; denn das Veranlagungswahlrecht kann nur einheitlich ausgeübt werden (BFH XI R 20/97, BFH/NV 1998, 701).
- Ein Fall notwendiger Beiladung liegt jedoch nicht vor, wenn ein Miterbe geltend macht, **Säumniszuschläge** seien aus in der Person des Erblassers liegenden Gründen zu erlassen (BFH V R 98/83, BStBl. II 1990, 360).
- Auch → Rn. 113, „Rechtsnachfolge".

Organschaft

- **Körperschaftsteuerliche Organschaft:** Das dem Organträger zuzurechnende Einkommen der Organgesellschaft und damit zusammenhängende andere Besteuerungsgrundlagen werden gem. § 14 V KStG mit Bindungswirkung für die Steuerfestsetzungen beider ggü. dem Organträger und der Organgesellschaft **nur für Zwecke der KSt** gesondert und einheitlich festgestellt; hiermit verbunden ist auch die grundlegende Feststellung darüber, dass eine steuerlich anzuerkennende Organschaft vorliegt. Der Feststellungsbescheid hat als Grundlagenbescheid Bindungswirkung für die KSt-Bescheide auf beiden Ebenen als Folgebescheide (anders zuvor BFH IV R 74/05, BStBl. II 2008, 663; I R 84/03, BStBl. II 2004, 539; zum Kreis der Folgebescheide Dötsch/Pung DB 2013, 305 (313); Brinkmann StBp 2016, 189). In die einheitliche und gesonderte Feststellung werden nach § 14 V 3 KStG auch von der Organgesellschaft geleistete Steuern, insbes. die anzurechnende KapESt, einbezogen, die auf die Steuer des Organträgers anzurechnen sind. Die Erklärung zu den gesonderten und einheitlichen Feststellungen soll mit der Körperschaftsteuererklärung der Organgesellschaft verbunden werden. Die Regelungen wurden durch Gesetz zur Änderung und Vereinfachung der Unternehmensbesteuerung und des steuerlichen Reisekostenrechts (BGBl. I 285) mit Wirkung ab dem VZ 2014 eingefügt. Sowohl der Organträger als auch die Organgesellschaft können den an sie gerichteten Feststellungbescheid eigenständig anfechten (BFH XI R 20/18, BStBl. II 2021, 296: Die Voraussetzungen, die eine Einschränkung der Rechtsbehelfsbefugnis bei gesonderter und einheitlicher Feststellung von Besteuerungsgrundlagen auslösen, sind jedenfalls nicht erfüllt; dies gilt auch hinsichtlich der Einschränkungen im Falle eines gemeinsamen Empfangsbevollmächtigten). Daher ist eine notwendige Beiladung bei Klage eines der Feststellungsbeteiligten erforderlich. Siehe zur Rechtslage vor Einführung des Feststellungsverfahrens BFH VIII B 20/95, BFH/NV 1996, 524 (Beiladung gem. § 174 V AO möglich) und zu § 60 III s. FG BBg 6 K 1680/03, EFG 2008, 1514; FG RhPf 1 K 1585/15, DStRE 2021, 1043, nachgehend BFH I R 45/20, BStBl. II 2024, 438. 107
- **Umsatzsteuerliche Organschaft:** Bei Streit, **ob** eine (Organ-)Gesellschaft in das Unternehmen eines Organträgers eingegliedert ist, ist eine Beiladung gem.

§ 174 V AO zwar möglich, aber nicht notwendig (BFH XI B 127/13, MwStR 2014, 472 mAnm Herbert; XI R 43/08, BStBl. II 2011, 600). Dritter iSv § 174 IV iVm V AO ist im Verfahren der Organträgerin auch die Organgesellschaft (BFH V R 5/12, BFH/NV 2014, 1122). Ist streitig, ob ein Personenzusammenschluss zu Recht **als Organträger** zur Umsatzsteuer veranlagt worden ist, kann die angebliche Organgesellschaft auf Antrag des FA gem. § 174 V 2 AO zum Verfahren beigeladen werden (BFH V B 3/98, BFH/NV 1998, 1056). Siehe zur nicht beanstandeten einfachen Beiladung des vermeintlichen Organträgers bei Inanspruchnahme der vermeintlichen Organschaft durch Steuerbescheid BFH V R 36/15, BStBl. II 2017, 595.

Prüfungsanordnung bei PersGes

110 Wird die ggü. einer PersGes ergangene Prüfungsanordnung angefochten, so sind die Gesellschafter grds. selbst dann nicht notwendig beizuladen, wenn sich die Prüfung auf die **gesonderte und einheitliche Gewinnfeststellung oder die Einheitsbewertung** des Betriebsvermögens erstrecken soll. Inhaltlich betroffen von der Prüfungsanordnung ist (iSd § 40 II) allein die PersGes als Prüfungssubjekt; eine einheitliche Entscheidung ggü. den Gesellschaftern ist nach dem Regelungsinhalt der Prüfungsanordnung nicht sicherzustellen (zB BFH VIII B 54/99, BeckRS 1999, 25003944). Etwas anderes kann jedoch dann gelten, wenn sich die Prüfungsanordnung auf die Gewinnfeststellung bezieht und die Gesellschafter im Falle einer Klage gegen den diesbezüglichen Gewinnfeststellungsbescheid nach § 48 I Nr. 4, 5 aF/nF klagebefugt sind (glA Tipke/Kruse/Brandis § 60 Rn. 53). Das gilt auch für den **ausgeschiedenen Gesellschafter,** dessen Klagebefugnis aus § 48 I Nr. 3 aF/nF folgt (→ Rn. 59b, „Ausgeschiedener Gesellschafter"); zur **Liquidation** → Rn. 59l und zur **Vollbeendigung** → Rn. 59w.

Ergeht die **Prüfungsanordnung nach § 193 II AO,** ist nicht die – zB Einkünfte aus Überschusseinkunftsarten erzielende – Gesellschaft (GbR) Prüfungssubjekt, sondern jeder einzelne Gesellschafter. In diesen Fällen kommt eine Beiladung grds. nicht in Betracht, soweit die Klage durch alle Gesellschafter erhoben werden muss. Ist Gegenstand der Prüfungsanordnung die gesonderte und einheitliche Feststellung der Einkünfte, sind mE die Regeln des § 48 I entsprechend heranzuziehen. Klagebefugt und damit beiladungsfähig sind die rechtsfähige Gesellschaft oder der Klagebefugte als Prozessstandschafter nach § 48 I. Übertragbar ist insofern die zu § 15a EStG ergangene Entscheidung des BFH IV R 24/03, BStBl. II 2005, 598. Klagebefugt sind die Gesellschafter, sofern die Voraussetzungen des § 48 I Nr. 3–5 aF/nF vorliegen (BFH IX R 42/91, BFH/NV 1995, 481: Notwendige Beiladung der **ehemaligen Treuhand-Gesellschafterin** zu einem Verfahren, in dem über die Rechtmäßigkeit einer gegen die GbR erlassenen Prüfungsanordnung gestritten wird; BFH IX R 65/91, BFH/NV 1995, 517 zur Beiladung ehemaliger Gesellschafter).

Rechtsnachfolge

113 Zur dinglichen Wirkung des **Einheitswertbescheids** sowie **Grundsteuerwertbescheids** und den Folgen für die Beiladung → Rn. 68. Wird in einem Richtigstellungsbescheid gem. § 182 III AO die falsche Bezeichnung eines Rechtsnachfolgers im bereits angefochtenen Feststellungsbescheid korrigiert, kann der Richtigstellungsbescheid als eigenständiger VA Gegenstand des schon anhängigen Verfahrens gegen einen Feststellungsbescheid werden (§ 68). Der Richtigstellungsbescheid benennt nach seinem Regelungsgehalt keinen neuen (weiteren) Feststellungsbeteiligten, sondern stellt lediglich die Bezeichnung eines vom Aus-

gangsbescheid bereits Betroffenen richtig. Ist die Rechtsnachfolge der im Richtigstellungsbescheid bezeichneten Person streitig und wird dieser Bescheid nach § 68 weiterer Gegenstand eines gegen den Feststellungsbescheid anhängigen Verfahrens, wird in diesem Rechtsstreit nachträglich eine die Klagebefugnis nach § 48 I Nr. 4 oder Nr. 5 aF/nF begründende Frage aufgeworfen, die dann auch eine notwendige Beiladung des Rechtsnachfolgers nach sich ziehen kann (BFH IV B 63/09, BFH/NV 2010, 178). Auch → Rn. 104, „Miterben", → Rn. 69, „Einheitlicher und gesonderter Feststellung/Bedarfsbewertung" und → Rn. 123, „Umwandlungen".

Steuerabzug bei beschränkt Steuerpflichtigen

Führt der Vergütungsgläubiger als Drittbetroffener einen Rechtstreit gegen die vom Vergütungsschuldner eingereichte **Steueranmeldung,** ist der Steuerschuldner beizuladen (BFH I B 30/97, BStBl. II 1997, 700). Auch → Rn. 100 und → Rn. 23e zur Drittanfechtung. **116**

Umsatzsteuer

- **Vorsteuerabzug:** Im Rechtsstreit des leistenden Unternehmers über die Steuerpflicht seiner Umsätze kann der den Vorsteuerabzug begehrende Leistungsempfänger gem. § 60 I einfach beigeladen werden (BFH V B 143/07, BFH/NV 2008, 1339; XI B 205/07, BFH/NV 2008, 1210; XI B 180/07, BFH/NV 2008, 1169; FG Münster 15 K 2794/17 U, BeckRS 2019, 54145). Dies gilt auch im umgekehrten Fall (BFH V B 186/01, BFH/NV 2003, 780; V B 31/11, BFH/NV 2013, 944). **122**
- **Steuerpflicht von Leistungen:** Der Leistungsempfänger ist zum **Rechtsstreit des Leistenden** (Zahlungsempfängers) nicht notwendig beizuladen, weil die Steuerschuldverhältnisse materiell-rechtlich nicht im Sinne einer zwingend einheitlichen Entscheidung verknüpft sind. Bei Streit, ob der Kläger oder ein Dritter die steuerpflichtigen Umsätze ausgeführt hat, ist eine Beiladung nach § 174 V 2 AO (→ Rn. 8) möglich (BFH V B 41/93, BFH/NV 1994, 297).
- **Sonstiges – (1) innergemeinschaftliche Lieferung:** Hier kommt eine einfache Beiladung (§ 60 I) des jeweils anderen zu einem Rechtsstreit des Leistenden oder des Leistungsempfängers in Betracht. – **(2) Bauleistungen (§ 27 XIX UStG).** In Betracht kommt bei einer Korrektur der Steuerfestsetzung des Leistungsempfängers eine Korrektur der Festsetzung des Leistenden allenfalls gem. § 174 IV AO, wenn eine Beiladung gem. § 174 V AO erfolgte (s. im Ergebnis verneinend Mohr/Detmering MwStR 2016, 516 (520 f.); ablehnend zur Beiladung des Leistenden zum Verfahren wegen Korrektur der Umsatzsteuer des Leistungsempfängers daher FG Brem 2 K 90/18 3, UStB 2019, 235). – **(3) Reihengeschäft.** Siehe BFH XI R 1/20, BStBl. II 2024, 530.
- **PersGes:** Klagt eine **PersGes** gegen den USt-Bescheid, sind ihre Gesellschafter mangels Klagebefugnis nicht notwendig beizuladen; die einfache Beiladung (§ 60 I) ist aber möglich, wenn der Gesellschafter als Haftender für die USt-Schuld der Gesellschaft in Betracht kommt (BFH IV B 147/96, BFH/NV 1998, 345). – Zur „Organschaft" → Rn. 107. Vgl. zur gesonderten und einheitlichen **Feststellung** der Besteuerungsgrundlagen für die **Umsatzsteuer** BFH V B 91/97, BFH/NV 1999, 48.
- **Insolvenz:** → Rn. 85, „Insolvenz".

Umwandlungen

- **Anwachsung/Formwechsel einer PersGes in eine KapGes (§ 20 UmwStG):** Erlischt eine PersGes durch Vollbeendigung ohne Abwicklung, **123** indem sie in eine GmbH formgewechselt wird, auf einen Gesellschafter anwächst oder verschmolzen wird, kann ein **Gewinnfeststellungsbescheid** nur noch von den Gesellschaftern angefochten werden, deren Mitgliedschaft den Streitzeitraum betrifft (BFH VIII R 52/04, BStBl. II 2006, 847; VIII R 71/06, BeckRS 2008, 25015057; I R 52/10, BFH/NV 2011, 1354; s. auch weitere Rspr. bei → Rn. 59a, „Anwachsung" und → Rn. 59w, „Vollbeendigung"). Beizuladen sind alle klagebefugten ehemaligen Gesellschafter, die nicht selbst Klage erhoben haben (BFH IV B 149/07 (nv), BeckRS 2009, 25014712; I R 52/10, BFH/NV 2011, 1354). Bei der **Umsatzsteuer** bedarf es einer Beiladung der ehemaligen Mitglieder einer Gesellschaft nicht, da nach Vollbeendigung der Gesellschaft der „Übernehmer" als Rechtsnachfolger klagebefugt ist (BFH V R 111/89, BFH/NV 1994, 636).

- **Verschmelzung einer KapGes auf eine PersGes (§§ 3 ff. UmwStG):** Wurde **nach altem Recht** ein Übernahmeverlust (§ 4 VI UmwStG 1995) geltend gemacht, der zur Aufstockung der Buchwerte in der Ergänzungsbilanz eines Gesellschafters führten, war der betroffene Gesellschafter im Verfahren über die gesonderte und einheitliche Feststellung des Gewinns der PersGes notwendig beizuladen (BFH IV R 69/05, BFH/NV 2008, 1550). Seit 2001 ist der Step-up jedoch gem. § 4 VI UmwStG 2002 ausgeschlossen. Besteht Streit über den zutreffenden Wertansatz der im Zuge einer Verschmelzung übergehenden Wirtschaftsgüter, entfaltet **im heutigen Recht** der Körperschaftsteuerbescheid für die übertragende Körperschaft bzgl. des Wertansatzes über § 4 I 1 UmwStG 2006 eine materielle Bindungswirkung für die übernehmende PersGes, sodass nach der Rspr. die übernehmende PersGes als Rechtsnachfolgerin der Körperschaft die verfahrensrechtliche Möglichkeit hat, die die Körperschaft betreffenden Steuer- und Feststellungsbescheide anzufechten (FG Hmb 6 K 91/11, EFG 2012, 2329, nachgehend BFH IV R 34/12, BFH/NV 2016, 41). Hier bedarf es in einem Rechtsstreit der aufnehmenden Gesellschaft gegen den KSt-Bescheid der übertragenden Gesellschaft keiner Beiladung der Gesellschafter der aufnehmenden PersGes.
- **Einbringung gem. §§ 20, 21, 24 UmwStG:** Streitet der Einbringende auf Ebene seines Einkommensteuerbescheids oder bei einer einbringenden PersGes auf Ebene des Feststellungsbescheids mit dem FA über die Höhe eines Einbringungsgewinns (§ 20 III UmwStG iVm § 16 EStG), der im Zuge der Einbringung entsteht und unter Berücksichtigung des Wertansatzes der eingebrachten Wirtschaftsgüter bei der aufnehmenden KapGes zu ermitteln ist, ist die das Wahlrecht gem. § 20 II UmwStG 2006 ausübende aufnehmende KapGes zu diesem Rechtsstreit nicht beizuladen (BFH I R 111/05, BStBl. II 2005, 836). Weder die aufnehmende KapGes (§§ 20, 23 UmwStG 2006) noch die aufnehmende PersGes (§§ 23, 24 IV UmwStG 2006) können im Wege einer Anfechtungs- oder Feststellungsklage gegen den KSt-/Gewinnfeststellungsbescheid geltend machen, die Wertansätze des eingebrachten Betriebsvermögens seien unzutreffend. Es kann nur der Einbringende im Wege der sog. Drittanfechtung gegen den (Feststellungs- oder KSt-) Bescheid des aufnehmenden Rechtsträgers vorgehen (BFH I R 79/10, BStBl. II 2012, 421). Dem Einbringenden steht auch gegen einen Körperschaftsteuerbescheid, mit dem die Wertansätze bei der aufnehmenden KapGes zu seinem Nachteil korrigiert worden sind, der Rechtsbehelf der Drittanfechtungsklage zu (BFH I R 2/11, BFH/NV 2012, 1649; I B 168/13, BFH/NV 2014, 921). Auch nach dem UmwStG 2006 kann eine PersGes, an der der Einbringende beteiligt ist und in dessen Sonderbe-

triebsvermögen die gem. § 21 UmwStG 2006 eingebrachten Anteile gehalten wurden, eine Drittanfechtungsklage gegen den Steuerbescheid der übernehmenden Gesellschaft erheben, nicht jedoch der Gesellschafter gem. § 48 I Nr. 5 aF/nF (FG München 6 K 3548/12, EFG 2014, 235; nachgehend BFH I R 77/13, BFH/NV 2016, 959). Zum Klageverfahren des Drittbetroffenen gegen den Bescheid des aufnehmenden Rechtsträgers ist der aufnehmende Rechtsträger (die KapGes/PersGes) jeweils notwendig beizuladen (s. BFH I R 79/10, BStBl. II 2012, 421; Brühl FR 2018, 448 (450)).

- **Abspaltung:** Der aufnehmende Rechtsträger hat die Werte des abgespaltenen Vermögens von der übergebenden Gesellschaft zu übernehmen. Ist in einem Klageverfahren der **übergebenden Gesellschaft** streitig, ob ein Teilbetrieb iSd § 15 UmwStG 2006 vorlag, ist der übernehmende Rechtsträger nicht notwendig beizuladen (BFH I R 77/09, BFH/NV 2011, 10; zu einer anderen Fallgestaltung s. SächsFG 3 K 1996/06, EFG 2009, 65; nachgehend BFH I R 96/08, BStBl. II 2011, 467).

Vermögensübergabe gegen Versorgungsleistungen

Die Abziehbarkeit der Versorgungsleistungen korrespondiert lediglich materiell-rechtlich mit der Steuerbarkeit der privaten Versorgungsrente beim Empfänger. **125** Der Begünstigte ist zum Klageverfahren des Verpflichteten nicht notwendig beizuladen (BFH X R 34/11, BStBl. II 2014, 665). Ist streitig, ob im Rahmen einer **Vermögensübergabe** gegen Versorgungsleistungen die Leistungen des Übernehmers eine dauernde Last oder eine Leibrente iSd fortgeltenden Rechts für „Altverträge" gem. § 52 XXIII Buchst. f EStG darstellen, oder der Übergabevertrag steuerlich anzuerkennen ist, kann zum Rechtsstreit des Übernehmers der Übergeber gem. § 174 V 2 AO iVm § 60 I beigeladen werden (BFH X R 4/92, BFH/NV 1993, 717; s. auch BFH X R 4/20, DStRE 2022, 457). Dies gilt auch umgekehrt.

Veräußerungsentgelt und Anschaffungskostenermittlung

Klagt der Erwerber, weil die **Höhe der** vom FA berücksichtigten **Anschaffungskosten,** die im Wege der AfA angesetzt werden, zu niedrig ist, ist der **128** Veräußerer nicht notwendig beizuladen; beigeladen werden kann er aber nach § 174 V 2 AO (BFH IV B 123/91, BFH/NV 1994, 681). – Bei Streit darüber, ob es sich bei der Übertragung einer **wesentlichen Beteiligung** (§ 17 EStG) um ein in vollem Umfang entgeltliches Rechtsgeschäft handelt, ist der Erwerber zum Klageverfahren des Veräußerers nicht notwendig beizuladen; über die steuerliche Behandlung des Erwerbers ist in einem selbständigen ESt-Bescheid zu entscheiden (BFH VIII B 90/98, BFH/NV 1999, 1232). Eine Beiladung nach § 174 V 2 AO (→ Rn. 8–13) ist jedoch in Betracht zu ziehen. – Siehe zur nicht erforderlichen Beiladung des Käufers von Grund und Boden zu einem wegen der Begünstigung aus § 6c EStG geführten Rechtsstreits des Verkäufers BFH IV R 41/13, BStBl. II 2016, 984. – Zur Beiladung des Erwerbers eines Mitunternehmeranteils → Rn. 59u, „Veräußerungsgewinn"; zur Beiladung in Umwandlungsfällen aufgrund des Wertansatzes beim übernehmenden Rechtsträger → Rn. 123, „Umwandlungen".

Steuerrechtliche Anerkennung eines Vertrags

Bei Streit über die steuerrechtliche Anerkennung schuldrechtlicher Verträge ist **131** die notwendige Beiladung des Vertragspartners zu einem Rechtsstreit, in dem die Abzugsfähigkeit der Vergütung bei den Betriebsausgaben/Werbungskosten oder die Einstufung auf der Empfängerseite als nicht steuerbarer Zufluss (§ 12 I EStG) begehrt wird, nicht geboten (§ 60 III); die Steuerschuldverhältnisse sind nicht materiell im Sinne einer gegenseitigen Abhängigkeit miteinander verknüpft (BFH IX B 130/01, BFH/NV 2002, 802 zum Mietvertrag; ebenso BFH IX B 83/23, BFH/NV 2024, 943; → Rn. 122). Eine einfache Beiladung ist aber in Betracht zu ziehen.

Verdeckte Gewinnausschüttung/Verdeckte Einlage

132 Nach der Rechtslage vor dem JStG 2007 war der Gesellschafter im Klageverfahren der KapGes, in dem um die Einkommenserhöhung bei der KapGes (§ 8 III 2 KStG) als vGA gestritten wird, nicht notwendig beizuladen (BFH I B 48/08, BFH/NV 2009, 213; I B 21/14, BFH/NV 2014, 1881). Offengelassen hat der BFH in den genannten Beschlüssen bislang stets, ob durch die Schaffung der Korrespondenzregeln des § 32a, § 8b I 2–4 KStG, § 3 Nr. 40 S. 1 Buchst. d S. 2 u. 3 EStG trotz der materiell-rechtlich auf jeder Ebene eigenständigen Prüfung nunmehr eine notwendige Beiladung erforderlich ist. ME kommt nur eine einfache Beiladung (§ 60 I) in Betracht, da die Beurteilung der vGA auf Ebene der Gesellschaft und beim Gesellschafter vor allem wegen des erforderlichen Zuflusses beim Gesellschafter nicht zwingend einheitlich ausfallen muss (s. auch BFH VIII R 38/14, GmbHR 2018, 1073 mAnm Brühl). Auch → Rn. 59u, „Verdeckte Gewinnausschüttung". Ist streitig, ob ein Ehegatte zugunsten des anderen Ehegatten ggü. einer KapGes auf Arbeitslohn verzichtet hat und deshalb eine **verdeckte Einlage** des Gesellschafter-Ehegatten vorliegt, ist der verzichtende Ehegatte nicht notwendig zum Verfahren beizuladen (BFH VIII B 280/02, BFH/NV 2003, 1433).

Wohneigentümergemeinschaft

133 Zur Stromerzeugung einer Wohnungseigentümergemeinschaft als eigenständiger Einkünfteerzielerin und Feststellungsbeteiligter sowie der damit einhergehenden Klagebefugnis des Empfangsbevollmächtigten als Klagebefugten s. BFH IV R 6/16, DStR 2019, 36. Zur Einordnung als rechtsfähige Personenvereinigung iSd § 14a II Nr. 3 AO und der daraus folgenden Prozessstandschaft der WEG ab 1.1.2024 s. § 48 I Nr. 1 Buchst. a nF.

Zerlegung

134 Die an einem **Zerlegungsverfahren** Beteiligten (§ 186 AO) sind notwendig beizuladen, soweit sie nicht selbst Klage erhoben haben (BFH I R 60/93, BFH/NV 1995, 484; I B 50/11, BFH/NV 2012, 920). Hierzu zählen die Gemeinden, deren Steueransprüche betroffen sein können (BFH I R 8/98, BFH/NV 2000, 579; FG Köln 13 K 1840/12, EFG 2014, 614). – Wird in einem die Zerlegung eines GewSt-Messbescheides betreffenden Verfahren um die Frage gestritten, **ob** eine **mehrgemeindliche Betriebsstätte** vorliegt, sind alle Gemeinden, auf die sich die Betriebsstätte angeblich erstreckt, notwendig beizuladen (BFH I R 8/98, BFH/NV 2000, 579). – **Nicht notwendig** ist die Beiladung einer Gemeinde, die an dem bisherigen Zerlegungsverfahren nicht beteiligt ist und die auch keinen Anteil an dem Steuermessbetrag beansprucht (BFH I R 12/02, BFH/NV 2003, 636) oder die **wegen Ablaufs der Antragsfrist** des § 189 S. 3 AO von der Teilnahme am Zerlegungsverfahren **ausgeschlossen** ist (BFH VIII R 45/90, BFH/NV 1993, 191; FG Köln 13 K 1840/12, EFG 2014, 614).

Zurechnung von Einkünften

135 Kein Fall der notwendigen Beiladung (§ 60 III) liegt vor, wenn der Kläger geltend macht, die ihm zugerechneten Einkünfte habe ein anderer erzielt; die

Fallgestaltung liegt vielmehr im typischen Anwendungsbereich des § 174 V 2 AO (BFH V B 41/93, BFH/NV 1994, 297; X B 112/95, BFH/NV 1996, 589; III R 300/94, BFH/NV 1997, 659; X R 21/17, BFH/NV 2018, 529: zu § 174 V AO → Rn. 8–13).

Zusammenveranlagung

Die Frage, ob bei **zusammenveranlagten Ehegatten/eingetragenen Lebenspartnern** derjenige, der den Steuerbescheid nicht angefochten hat, zum Verfahren des anderen (anfechtenden) Ehegatten notwendig beigeladen werden muss, ist str. (→ Rn. 74 „Gesamtschuld"). – Da der Zusammenveranlagungsbescheid kein einheitlicher VA ist, sondern – rechtlich – mehrere selbständige VA vorliegen, und sich folglich, obwohl die Steuer den Ehegatten ggü. im Falle der Zusammenveranlagung grds. nur einheitlich festgesetzt werden darf, durch Divergenzen in der Bestands- und Rechtskraft unterschiedliche Steuerfestsetzungen ergeben können, liegt **grundsätzlich** auch dann, wenn beide Ehegatten Einkünfte haben oder entgegengesetzte Interessen verfolgen, **kein Fall einer notwendigen Beiladung** vor; dh der andere Ehegatte, mit dem der klagende Ehegatte eine Zusammenveranlagung begehrt, ist grds. zu dem Klageverfahren nicht notwendig beizuladen (BFH III B 101/04, BFH/NV 2005, 1083; zu Lebenspartnern nach früherer Rechtslage FG BW 12 K 848/11, EFG 2012, 697). Der im Inland keine steuerpflichtigen Einkünfte erzielende und im Ausland wohnende Ehegatte eines beschränkt Stpfl. ist nicht notwendig zum Klageverfahren des Ehegatten wegen Ablehnung des Antrags auf Zusammenveranlagung gem. § 1 III iVm § 1a I Nr. 2 EStG beizuladen (BFH I R 18/13, BFH/NV 2015, 72; I R 16/14, BStBl. II 2015, 957). Eine notwendige Beiladung kommt allerdings wegen der regelmäßig nachteiligen steuerlichen Rechtsfolgen dann in Betracht, wenn der andere Ehegatte statt der durchgeführten Zusammenveranlagung nunmehr eine getrennte Veranlagung erreichen möchte (BFH VI R 41/05, BFH/NV 2008, 1136; III B 101/04, BFH/NV 2005, 1083; III B 110/91, BStBl. II 1992, 916). Zur Kritik an dieser Unterscheidung, weil § 26 I EStG nur einheitlich angewendet werden kann, s. Tipke/Kruse/Brandis § 60 Rn. 57; Schmidt/Kulosa EStG § 26b Rn. 8; zur Ausnahme bei entgegengesetzten Interessen BFH VI B 57/03, BFH/NV 2005, 71. 137

Ein Fall der notwendigen Beiladung liegt auch nicht vor, wenn über **Vorauszahlungen** gestritten wird (BFH IV R 123/79, BStBl. II 1982, 123). Zum Streit geschiedener oder getrennt lebender Ehegatten über die Frage, ob eine Zusammenveranlagung durchzuführen ist (BFH III R 20/17, BStBl. II 2019, 694).

Zur Beiladung bei Streit wegen der **Übertragung des halben Kinderfreibetrages** → Rn. 89. Auch → Rn. 74, „Gesamtschuld"; → Rn. 104, „Miterben".

V. Wirkung der Beiladung (§ 60 VI)

1. Stellung des Beigeladenen im Verfahren

Der Beigeladene wird (auch im Falle des § 174 V AO – → Rn. 8) durch die Zustellung des Beiladungsbeschlusses (→ Rn. 37; vgl. auch BFH VIII R 24/87, BFH/NV 1988, 376) **Verfahrensbeteiligter** (§ 57 Nr. 3). Er hat in dem von den Hauptbeteiligten in Gang gesetzten Verfahren die Stellung eines **selbständigen** Dritten, muss allerdings grds. den im Zeitpunkt der Beiladung vorhandenen Verfahrensstand übernehmen (Tipke/Kruse/Brandis § 60 Rn. 101; HHS/Leipold 140

§ 60 Rn. 162 f.). Ausnahmen kommen in Betracht, wenn anderenfalls eine Verletzung des Rechts auf rechtliches Gehör eintreten würde. Zur Beteiligtenstellung im NZB- und Revisionsverfahren → Rn. 144. Der Beigeladene wird ohne Weiteres auch Beteiligter eines **Wiederaufnahmeverfahrens** (BFH VIII B 180/19, BFH/NV 2020, 610; I K 2/89, BFH/NV 1991, 751; → Rn. 144). Der **nach § 174 V AO Beigeladene** hat die verfahrensrechtliche Stellung eines notwendig Beigeladenen (→ Rn. 9).

141 Der (einfach oder notwendig) Beigeladene hat **grundsätzlich alle Rechte eines Verfahrensbeteiligten** (auch → Rn. 142 f.). Er kann insbes. Prozesshandlungen vornehmen, an der Sachaufklärung mitwirken, Beweisanträge stellen, Akten einsehen (nicht aber der Beiladungsprätendenten BFH V B 84/05, BFH/NV 2006, 76), an Terminen teilnehmen, der Beweisaufnahme beiwohnen, Fragen stellen, Erklärungen abgeben, sich schriftsätzlich in rechtlicher und tatsächlicher Hinsicht äußern (BFH IV R 48/98, BStBl. II 1999, 531), Gerichtspersonen und Sachverständige ablehnen, sich eines Bevollmächtigten oder Beistandes bedienen, auf mündliche Verhandlung verzichten und PKH beantragen. Er hat Anspruch auf Ladung zu allen das Verfahren betreffenden Terminen und Zustellung sämtlicher gerichtlicher Verfügungen und Entscheidungen. Hat das FG einen eigentlich notwendig Beizuladenden nicht beigeladen, wird er nicht Verfahrensbeteiligter und kann als Zeuge gehört werden (BFH IV R 56/04, BStBl. II 2006, 838). Zur nachträglichen Beiladung nach Schluss der mündlichen Verhandlung oder Ergehen des Urteils → Rn. 6.

142 Der Beigeladene kann **innerhalb der Anträge der Hauptbeteiligten** vor allem **selbständig** Angriffs- und Verteidigungsmittel geltend machen. Er muss aber prozessuale Gegebenheiten hinnehmen, die ggü. den Hauptbeteiligten im Zeitpunkt der Beiladung bereits eingetreten waren (BFH X R 17/06, BFH/NV 2010, 459 zu einer den Hauptbeteiligten ggü. eingetretenen Rechtskraftwirkung). **Abweichende Sachanträge** kann jedoch **nur der notwendig Beigeladene stellen** (§ 60 VI 2), nicht der einfach Beigeladene (§ 60 VI 1; anders der Hinzugezogene gem. § 360 AO, s. Klein/Rätke AO § 360 Rn. 35). Die abweichenden Anträge des notwendig Beigeladenen müssen sich aber iRd Verfahrens und Streitgegenstandes halten (Tipke/Kruse/Brandis § 60 Rn. 104; HHS/Leipold § 60 Rn. 165 f.; BFH IV R 17/87, BFH/NV 1990, 782). Hierin liegt ein Unterschied zur Stellung eines im Einspruchsverfahren Hinzugezogenen, der anschließend selbst gegen den Bescheid in Gestalt der Einspruchsentscheidung (§ 44 II) klagt, denn der ehemalige Hinzugezogene kann den Bescheid in vollem Umfang angreifen (BFH VIII R 10/00, BStBl. II 2001, 747; IV B 210/04, BFH/NV 2007, 869). – Eine **förmliche Entscheidung** des Gerichts **über** den **Sachantrag** des Beigeladenen ist nur erforderlich, wenn er mit den Anträgen des Klägers (oder des Beklagten) nicht übereinstimmt (vgl. für den mit dem Klageantrag übereinstimmenden Antrag des Beigeladenen BFH IV R 206/66, BStBl. II 1968, 396). – Der **notwendig Beigeladene** genießt **nicht** den **Schutz des Verböserungsverbots** oder des Verbots der Schlechterstellung (BFH IX R 124/89, BFH/NV 1994, 25).

143 Über den Streitgegenstand kann der Beigeladene – im Unterschied zu den Hauptbeteiligten – nicht verfügen. Die diesbezügliche **Dispositionsbefugnis verbleibt** bei **den Hauptbeteiligten.** Der Beigeladene kann weder verhindern, dass der Kläger die Klage zurücknimmt, noch sich erfolgreich gegen eine Klaglosstellung des Klägers durch den Beklagten (Erledigung der Hauptsache) zur Wehr setzen. Das gilt auch für den **notwendig** Beigeladenen (BFH IV B 165–167/87,

BFH/NV 1989, 240; VIII B 121/91, BeckRS 1992, 07562; VIII B 23/92, BFH/NV 1993, 422; VIII R 33/00, BFH/NV 2001, 320; V B 84/05, BFH/NV 2006, 76; Tipke/Kruse/Brandis § 60 Rn. 105; HHS/Leipold § 60 Rn. 167). Im Verfahren der NZB kann ein umfangreicher Vortrag des Beigeladenen die gem. § 116 III 2 erforderliche Darlegung des Beschwerdeführers zu den Zulassungsgründen aber nicht ergänzen oder ersetzen (BFH IV B 76/05, BStBl. II 2007, 466).

In den unter → Rn. 150 genannten Fällen der Verfahrensbeendigung wird die **Beiladung wirkungslos** (Tipke/Kruse/Brandis § 60 Rn. 105; für den Fall der Hauptsacheerledigung in der Revisionsinstanz s. BVerwG III C 131.57, NJW 1960, 594).

Der Beigeladene kann gegen gerichtliche Entscheidungen **selbständig** 144
Rechtsmittel einlegen. Auch Beigeladene müssen sich vor dem BFH durch einen Prozessbevollmächtigten vertreten lassen **(§ 62 IV).** Für die Zulässigkeit des Rechtsmittels müssen die allgemeinen Voraussetzungen (ua Beschwer des Beigeladenen) erfüllt sein. Die Beschwer folgt hierbei nicht schon aus der Beteiligtenstellung (§§ 57 Nr. 3, 122) und der Bindungswirkung des Urteils (§ 110 I 1 Nr. 1), sondern setzt eine materielle Beschwer voraus (BFH VIII B 52/05, BFH/NV 2006, 1155). Diese Anforderung gilt auch im Fall eines zu Unrecht zum Klageverfahren Beigeladenen, der durch das FG-Urteil beschwert und somit befugt ist, Revision einzulegen (BFH VIII R 7/03, BStBl. II 2009, 772; zum nicht beschwerten Beigeladenen BFH IV R 15/10, BStBl. II 2013, 858).

Der Beigeladene ist **am Verfahren über die Nichtzulassungsbeschwerde** eines anderen Verfahrensbeteiligten grds. in der Weise zu beteiligen, dass er über Beginn und Stand des Verfahrens durch Übersendung der Schriftsätze des Beschwerdeführers und des Beschwerdegegners laufend informiert wird. Die Rechte des Beigeladenen können beeinträchtigt werden, wenn das erstinstanzliche Urteil wegen eines Verfahrensfehlers (§ 116 VI) aufgehoben werden könnte. Erkennt der Senat des BFH im Lauf der Bearbeitung des Verfahrens, dass eine Entscheidung nach § 116 VI in Betracht kommt, muss er dem vom FG Beigeladenen ausdrücklich Gelegenheit zur Stellungnahme geben (BFH IV B 76/05, BStBl. II 2007, 466; IX B 27/04, BStBl. II 2004, 895). Der Beigeladene kann seinerseits darauf erst von dem Zeitpunkt an Einfluss nehmen, in dem er vom BFH ausdrücklich auf die Möglichkeit einer Entscheidung nach § 116 VI hingewiesen wird (BFH IV B 184/13, BFH/NV 2014, 1563). Aus dieser eingeschränkten Stellung des Beigeladenen im NZB-Verfahren eines Hauptbeteiligten folgt, dass ein etwaiger Verlust der Verfügungsbefugnis und Prozessführungsbefugnis (→ § 58 Rn. 5, 15) des **Beigeladenen in einem Insolvenzverfahren über sein Vermögen** jedenfalls so lange ohne Bedeutung bleibt, wie der Beigeladene nicht ausdrücklich auf die Möglichkeit einer Entscheidung nach § 116 VI hingewiesen wird. Die **Gewährung von Prozesskostenhilfe** an den Beigeladenen im NZB-Verfahren eines Hauptbeteiligten kommt in Betracht. Sie ist aber nicht zu bewilligen, wenn aus der Beschwerdebegründung erkennbar ist, dass es voraussichtlich mangels ordnungsgemäßer Darlegung von Zulassungsgründen nicht zu einer Sachentscheidung kommen wird (BFH III S 14/13 (PKH), BFH/NV 2014, 1217). Siehe auch HHS/Leipold § 60 Rn. 168a.

Nimmt ein Hauptbeteiligter **die Revision zurück,** bleibt die (auch) vom Beigeladenen eingelegte Revision zulässig (BFH VIII R 33/00, BFH/NV 2001, 320; HHS/Leipold § 60 Rn. 168). – Die Beschränkungen des § 60 VI (→ Rn. 142) gelten auch im **zweitinstanzlichen Verfahren.** Hat der (einfach)

Beigeladene allein Revision eingelegt, bleibt er iRd Anträge (§ 60 VI 1), wenn sein Revisionsantrag dem des Klägers oder des Beklagten in erster Instanz entspricht (BFH VIII R 114/78, BStBl. II 1981, 101). Zur **Hauptsacheerledigung in der Revisionsinstanz** → Rn. 150.

Wird mit der **Restitutionsklage** die Wiederaufnahme eines Verfahrens angestrebt, in dem eine Beiladung erfolgt war, so ist der Beigeladene im Restitutionsverfahren nicht (nochmals) gem. § 60 III notwendig beizuladen. Mit der Beantragung der Wiederaufnahme des ursprünglichen Verfahrens lebt die Beteiligtenstellung des Beigeladenen wieder auf, da die Entscheidung auch ihm ggü. rechtliche Wirkung entfaltet hat (BFH VIII B 180/19, BFH/NV 2020, 610).

2. Bindungswirkung der Entscheidung und weitere Folgen

145 Das (rechtskräftige) **Urteil erwächst** – soweit über den Streitgegenstand entschieden worden ist – **auch dem Beigeladenen gegenüber in Rechtskraft** (§ 110 I 1 Nr. 1). Entsprechendes gilt im Falle des § 48 I Nr. 1 für die nicht klagebefugten Gesellschafter oder Gemeinschafter (§ 110 I 1 Nr. 2; → § 110 Rn. 25, 30 ff.). Welche Wirkung die Entscheidung des FG im Hinblick auf einen zu Unrecht Beigeladenen entfaltet, ist noch nicht abschließend geklärt (BFH VI R 206/66, BStBl. II 1968, 396; VI R 15/12, BFH/NV 2013, 1242). Siehe aber BFH X R 17/06, BFH/NV 2010, 459 zu einer dem Hauptbeteiligten ggü. eingetretenen Rechtskraftwirkung als prozessuale Tatsache, die auch den Beigeladenen bindet. Zur unterbliebenen Beiladung → Rn. 151 ff.

Für den **notwendig Beigeladenen** bedeutet dies, dass die Urteilsformel unmittelbar auf seine Rechtsposition einwirkt. Ein auf § 237 I AO gestützter Zinsbescheid darf erst erlassen werden, wenn ein Rechtsbehelf gegen die Feststellungsbescheide als Grundlagenbescheid endgültig ohne Erfolg geblieben ist. Die Festsetzung von **Aussetzungszinsen** (§ 237 AO) ggü. einem notwendig Beigeladenen, ggü. dem der Grundlagenbescheid bestandskräftig geworden ist, kommt aufgrund der verfahrensrechtlichen Stellung des notwendig Beigeladenen dennoch nicht in Betracht, solange ein Klageverfahren eines anderen Feststellungsbeteiligten gegen den Grundlagenbescheid nicht endgültig abgeschlossen ist (BFH VIII R 56/10, BStBl. II 2013, 107). Auch → Rn. 152.

Der **einfach Beigeladene** muss die inhaltliche Bindungswirkung der Entscheidung gegen sich gelten lassen, was Feststellungen, rechtliche Beurteilungen und präjudizielle Rechtsverhältnisse umfasst (vgl. HHS/Leipold § 60 Rn. 166; BFH X R 16/06, BStBl. II 2009, 732). – Zur Bindungswirkung des Urteils → Rn. 152 f.; → § 60a Rn. 33.

3. Unterbrechung des Verfahrens aufgrund der Beteiligtenstellung des Beigeladenen

146 Aufgrund der Beteiligtenstellung des Beigeladenen (§ 57 Nr. 3) können die in §§ 239 ff. ZPO genannten Ereignisse wie bei den Hauptbeteiligten zur Unterbrechung des Verfahrens führen:
- Somit kann ein finanzgerichtliches Verfahren auch unterbrochen sein, wenn ein notwendig Beigeladener während des Verfahrens verstirbt (BFH IV R 1/11, BStBl. II 2017, 34; aber keine Unterbrechung gem. § 155 FGO iVm § 86, § 246 I 1 Hs. 1 ZPO, wenn die Vollmacht des Prozessbevollmächtigten über den Tod des vertretenen Beteiligten hinaus gilt). Ein notwendig Beizuladender

erhält die Stellung als Verfahrensbeteiligter gem. § 57 Nr. 3 FGO aber erst durch den Beiladungsbeschluss, sodass keine Unterbrechung eintritt, wenn er vor dessen Ergehen verstirbt (BFH VIII R 31/20, BStBl. II 2024, 184).
– Die Eröffnung des Insolvenzverfahrens über das Vermögen des Beigeladenen führt gem. § 240 ZPO zur Unterbrechung des Revisionsverfahrens (BFH IV R 1/11, BStBl. II 2017, 34); wegen dessen eingeschränkter Beteiligtenstellung (→ Rn. 144) wird das NZB-Verfahren nur ausnahmsweise unterbrochen (BFH IV B 184/13, BFH/NV 2014, 1563).

4. „Heilungswirkung" der nachgeholten Beiladung

Das **Unterlassen einer notwendigen Hinzuziehung im Vorverfahren** (vgl. 147
§ 360 III AO) wird durch die Beiladung (§ 60 III) im Klageverfahren geheilt (BFH VIII R 62/85, BStBl. II 1989, 359; VIII R 20/93, BFH/NV 1995, 318; I R 97/97, BFH/NV 1999, 179 zugleich zu den Folgen der Ablehnung der Heilungsmöglichkeit durch das FG), und zwar auch dann, wenn die notwendige Hinzuziehung bewusst unterlassen worden ist (BFH I R 8/98, BFH/NV 2000, 579). Die **nachträgliche Bekanntgabe der Einspruchsentscheidung kann** dabei jedenfalls dann **unterbleiben,** wenn der Regelungsgehalt des angefochtenen VA inhaltlich durch die Einspruchsentscheidung unverändert geblieben und durch die Einspruchsentscheidung kein Fehler iSd § 126 AO geheilt worden ist (BFH II R 73/85, BStBl. II 1989, 851; **aA** mit der Forderung der Nachholung der Bekanntgabe der Einspruchsentscheidung: BFH VIII R 20/93, BFH/NV 1995, 318). – Zur **Aussetzung des Verfahrens** aus diesem Grunde → § 74 Rn. 6, 12.

Durch die **nachträgliche (notwendige) Beiladung im Revisionsverfahren** 148
(§ 123 I 2 – → Rn. 5) wird die Unterlassung der notwendigen Beiladung im erstinstanzlichen Verfahren geheilt (→ Rn. 151), es sei denn, der nachträglich Beigeladene rügt den Verfahrensmangel innerhalb einer (verlängerungsfähigen) Frist von zwei Monaten (§ 123 II). Die Heilungswirkung tritt außerdem nicht ein, wenn der Beigeladene ein berechtigtes Interesse an der Fortsetzung des Verfahrens in der ersten Instanz hat, weil er sich zB zu dem festgestellten Sachverhalt noch äußern möchte (§ 126 III 2). Der BFH ist befugt, eigenständig den Sachverhalt zu ermitteln, um prüfen zu können, ob die Voraussetzungen der notwendigen Beiladung vorliegen (BFH IV R 79/05, BStBl. II 2009, 15). Im Revisionsverfahren kann nicht nachträglich „einfach" beigeladen werden (BFH III S 1/06 (PKH) (nv), BeckRS 2006, 25009485). Ein erstmals im Revisionsverfahren gestellter Antrag auf Beiladung eines Dritten nach § 174 V AO ist unzulässig (BFH XI R 32/06, BFH/NV 2008, 385; X R 21/17, BFH/NV 2018, 529).

5. Kosten

Die Beteiligung des Beigeladenen an den **Kosten** des Klageverfahrens und des 149
Revisionsverfahrens hängt vom Grad der Beteiligung ab, s. § 135 III, IV (→ § 135 Rn. 18; BFH VIII R 21/18, BFH/NV 2021, 1516). Zur **Erstattung** der außergerichtlichen Kosten des Beigeladenen bei erfolgreichem Klage- und Beschwerdeverfahren s. § 139 IV (→ § 139 Rn. 157 ff.; zu den Kosten für das Vorverfahren s. FG München 2 K 2258/04, EFG 2009, 207; für den Fall der Erledigung in der Hauptsache BFH XI B 71/05, BFH/NV 2006, 333). Die Erstattungsfähigkeit der Kosten des Beigeladenen für das Klage- und das Revisionsverfahren kann unterschiedlich zu beurteilen sein (BFH VIII R 21/18, BFH/NV 2021, 1516).

Im **Beschwerdeverfahren (§ 128)** wegen einer erfolgten/abgelehnten Beiladung ist eine Kostenentscheidung bei Erfolg des Antrags zu treffen (vgl. BFH VIII B 82/87, BFH/NV 1989, 249; VIII B 94/98, BFH/NV 1999, 1483; X B 42/16, BFH/NV 2017, 146). Für ein erfolgloses Beschwerdeverfahren ist hingegen eine Kostenentscheidung zu treffen (BFH IV B 108/11, BFH/NV 2012, 1620; IV B 75/16, BFH/NV 2017, 1056).

Das Verfahren **nach § 86 III** ist jedenfalls dann ein unselbständiges Zwischenverfahren ohne eigenständige Kostenentscheidung, wenn der Antrag nach § 86 III erfolglos geblieben und/oder die iRd § 86 III in Anspruch genommene Behörde Beteiligte auch des Hauptsacheverfahrens ist (BFH V B 60/12, BStBl. II 2014, 478). Zur **Streitwertfestsetzung** s. BFH VII B 114/03, BFH/NV 2004, 1413.

VI. Beendigung der Beiladung

150 Die Beiladung endet (→ Rn. 143) mit der Zurücknahme der Klage (§ 72), der Erledigung des Rechtsstreits in der Hauptsache (§ 138), dem Eintritt der Rechtskraft der Hauptsacheentscheidung, mit der Klageerhebung durch den Beigeladenen (§ 73 II, → Rn. 14) und mit der Aufhebung des Beiladungsbeschlusses (→ Rn. 154). – Ein **Verzicht** des Beigeladenen auf die Rechtsstellung als Beigeladener ist **nicht möglich** (→ Rn. 30).

VII. Folgen der endgültig unterbliebenen Beiladung

151 Die zu Unrecht **unterlassene notwendige Beiladung** ist ein Verfahrensmangel (BFH IV B 138/07, BFH/NV 2008, 1499) und stellt trotz der Regelung in § 123 I 2 grds. einen im Revisionsverfahren zu beachtenden Verstoß gegen die Grundordnung des Verfahrens dar (BFH X B 28/03, BFH/NV 2003, 1539; X R 16/06, BStBl. II 2009, 732; IV R 14/18, BStBl. II 2021, 367).

– Rügt ein Beteiligter die in der ersten Instanz unterlassene notwendige Beiladung mit der **Nichtzulassungsbeschwerde** (§§ 116 III 3, 115 II Nr. 3; zu den Anforderungen an die Rüge s. BFH VIII B 326/03, BFH/NV 2005, 994; BFH VIII B 2/19, BFH/NV 2020, 222), so kann der BFH das erstinstanzliche Urteil nach § 116 VI aufheben und den Rechtsstreit zur anderweitigen Verhandlung und Entscheidung an das FG zurückverweisen, weil die Möglichkeit der **Nachholung der Beiladung** mit heilender Wirkung nach § 123 I 2 **nur für das Revisionsverfahren,** nicht aber für das Verfahren der NZB besteht (BFH VIII B 326/03, BFH/NV 2003, 195; IV B 101/10, BFH/NV 2012, 598). Möglich wäre aber die Revisionszulassung mit anschließender Nachholung der Beiladung (§ 116 VII, § 123 I 2, s. HHS/Leipold § 60 Rn. 184).

– **Im Revisionsverfahren** kann der BFH das erstinstanzliche Urteil demgegenüber nur dann wegen des Verstoßes gegen die Grundordnung des Verfahrens nach §§ 123, 126 III 2 aufheben und die Sache an das FG zurückverweisen, wenn er selbst von der Möglichkeit der notwendigen Beiladung im Revisionsverfahren (§ 123 I 2) keinen Gebrauch macht (→ § 123 Rn. 5 – Ermessen, s. dazu BFH II R 75/04, BFH/NV 2005, 1360; X R 16/06, BStBl. II 2009, 732; IV R 14/18, BStBl. II 2021, 367; VIII R 3/21, BStBl. II 2024, 902; danach jedenfalls dann keine Nachholung, wenn aus anderen Gründen zurückzuverweisen ist oder den Beizuladenden in der Tatsacheninstanz Gelegenheit zur Äußerung gegeben werden soll) oder wenn er die notwendige Beiladung zwar nachholt, der Beigeladene den Verfahrensmangel aber innerhalb der – ggf. verlängerten – Frist des § 123 II rügt oder wenn der nach § 123 I 2 Beigeladene ein berechtigtes Interesse an der Aufhebung des erstinstanzlichen Urteils und der Zurückverweisung des Verfahrens hat (§ 126 III 2; → Rn. 148). Diese Grundsätze gelten jedoch nicht für die gem. § 174 V 2 AO unterlassene Beiladung (BFH III R 300/94, BFH/NV 1997, 659).

– Der BFH ist **bei der Prüfung der Beiladungspflicht** von Amts wegen im Revisionsverfahren aber an eine nicht angefochtene und daher rechtskräftige Entscheidung des FG, einen Feststellungsbeteiligten nicht beizuladen (§ 60 IV iVm § 128 I), gebunden (BFH IV R 24/22, BStBl. II 2025, 188).

Unterbleibt die notwendige Beiladung sowohl beim FG als auch beim 152 **BFH,** ist die Entscheidung formell rechtskräftig und damit gegen die am Verfahren Beteiligten vollstreckbar. Sie erwächst allerdings ggü. dem (übergangenen) **notwendig Beizuladenden** nicht in materielle Rechtskraft und entfaltet daher ihm ggü. **keine Bindungswirkung** (ebenso HHS/Leipold § 60 Rn. 181 f.; zum Streitstand s. auch Tipke/Kruse/Brandis § 60 Rn. 109). Das hat weiter zur Folge, dass bei einer Klage des zu Unrecht nicht Beigeladenen – nunmehr unter notwendiger Beiladung der Hauptbeteiligten des früheren Verfahrens – die frühere rechtskräftige Entscheidung (zB hinsichtlich der Gewinnverteilung bei einer einheitlichen Gewinnfeststellung) abgeändert werden kann (Tipke/Kruse/Brandis § 60 Rn. 109).

Ist die **einfache** Beiladung zu Unrecht abgelehnt worden oder unterblieben, 153 ist das Urteil uneingeschränkt wirksam (BFH VI B 97/79, BStBl. II 1980, 210). Dem Urteil kommt jedoch ggü. dem an sich Beizuladenden ebenfalls **keine Bindungswirkung** (→ Rn. 152) zu. – Ob beim Unterlassen der einfachen Beiladung ein Verfahrensmangel iSd § 115 II Nr. 3 vorliegt (verneinend BFH V B 186/01, BFH/NV 2003, 780 zur unterlassenen Beiladung im Umsatzsteuerrecht), ist mangels Rechtserheblichkeit ohne Bedeutung (→ § 142 Rn. 6; Tipke/Kruse/Brandis § 60 Rn. 108; HHS/Leipold § 60 Rn. 180). Es kann nach Eintritt der Unanfechtbarkeit des Urteils auch nicht mit Erfolg gerügt werden, das Urteil sei aus diesem Grund nichtig (BFH VI B 97/79, BStBl. II 1980, 210).

Eine **Anhörungsrüge,** mit der die unterlassene notwendige Beiladung als Gehörverstoß gerügt wird, ist unzulässig (BFH IX S 5/05, BFH/NV 2005, 1622).

VIII. Aufhebung/Änderung der Beiladung, Rechtsmittel

Der **Beiladungsbeschluss kann aufgehoben oder geändert werden,** wenn 154 sich während des Verfahrens herausstellt, dass die Voraussetzungen des § 60 I oder des § 60 III nicht vorgelegen haben oder entfallen sind. Wird ein Beigeladener durch Rechtsnachfolge „Hauptbeteiligter“, so ist die Beiladung aufzuheben; dasselbe gilt, wenn wie im Streitfall ein bereits „Hauptbeteiligter“ Gesamtrechtsnachfolger des Beigeladenen wird (FG LSA 3 K 657/11, EFG 2015, 2154).

Eine **vom FG zu Unrecht beschlossene notwendige Beiladung** kann im 155 Revisionsverfahren allerdings nicht aufgehoben werden (BFH VI R 15/12, BFH/NV 2013, 1242; X R 9/20, BStBl. II 2024, 227; IV R 6/22, BStBl. II 2025, 283), dh der unzutreffend Beigeladene bleibt Beteiligter.

Gegen den die Beiladung anordnenden Beiladungsbeschluss und die Ablehnung 156 der Beiladung ist grds. die **Beschwerde** nach § 128 zulässig (BFH IV B 75/16, BFH/NV 2017, 1056; V B 131/01, BFH/NV 2003, 1006: unselbständiges Nebenverfahren mit der Folge der Unterbrechung bei **Insolvenz** des Klägers). –

Die Beschwerde ist mangels Rechtsschutzinteresses **unzulässig,** wenn sie **nach Rechtskraft** des erstinstanzlichen Urteils (BFH VIII B 111/92, BFH/NV 1994, 380) und damit auch **nach Erledigung** des Rechtsstreits in **der Hauptsache** oder **nach Zurücknahme der Klage** und (rkr.) Einstellung des Verfahrens eingelegt wird (s. aber auch die Rspr. zur nachträglichen Beiladung → Rn. 6). – Zur Möglichkeit des übergangenen Beizuladenden, erfolgreich **Beschwerde** gegen die Ablehnung der Beiladung einzulegen, wenn die Rechtskraft des FG-Urteils durch **Revisionseinlegung** gehemmt ist, s. BFH VIII B 25/90, BStBl. II 1990, 1072; VIII B 111/92, BFH/NV 1994, 380.

157 Zur Überprüfung des Beiladungsbeschlusses (nach Nichtabhilfe durch das FG – § 130 I) durch den BFH s. BFH VI B 97/79, BStBl. II 1980, 210. – Siehe auch BFH IX B 66/01, BFH/NV 2002, 898: Hebt der BFH die Beiladung nach § 60 III auf, kann das FG ohne Verstoß gegen § 126 V (erneut) nach § 174 V 2 AO beiladen. – Zur Kostenentscheidung im Beschwerdeverfahren → Rn. 149.

158 Ist die Entscheidung über die **Ablehnung** der Beiladung, was zulässig ist (→ Rn. 34), **im Endurteil** getroffen worden, so ist die Beschwerde (§ 128) der am Verfahren Beteiligten, die NZB oder Revision einlegen können, mangels Rechtsschutzinteresses gleichfalls unzulässig; lediglich die Beschwerde des (noch) nicht am Verfahren beteiligten Dritten (des durch die Ablehnung Betroffenen) ist zulässig (BFH VIII B 5/93, BStBl. II 1994, 681).

§ 60a [Begrenzung der Beiladung]

[1]Kommt nach § 60 Abs. 3 die Beiladung von mehr als 50 Personen in Betracht, kann das Gericht durch Beschluss anordnen, dass nur solche Personen beigeladen werden, die dies innerhalb einer bestimmten Frist beantragen. [2]Der Beschluss ist unanfechtbar. [3]Er ist im Bundesanzeiger bekanntzumachen. [4]Er muss außerdem in Tageszeitungen veröffentlicht werden, die in dem Bereich verbreitet sind, in dem sich die Entscheidung voraussichtlich auswirken wird. [5]Die Bekanntmachung kann zusätzlich in einem von dem Gericht für Bekanntmachungen bestimmten Informations- und Kommunikationssystem erfolgen. [6]Die Frist muss mindestens drei Monate seit Veröffentlichung im Bundesanzeiger betragen. [7]In der Veröffentlichung in Tageszeitungen ist mitzuteilen, an welchem Tage die Frist abläuft. [8]Für die Wiedereinsetzung in den vorigen Stand wegen Versäumung der Frist gilt § 56 entsprechend. [9]Das Gericht soll Personen, die von der Entscheidung erkennbar in besonderem Maße betroffen werden, auch ohne Antrag beiladen.

Vgl. §§ 65 III, 56a VwGO; §§ 67 I 3, 72 II, 73 VI, 74 V VwVfG; § 360 V AO.

Literatur: Bilsdorfer, Das FGO-Änderungsgesetz, BB 1993, 109; Kopp, Änderungen der VwGO zum 1.1.1991, NJW 1991, 521; Kraft/Hofmeister, Verbesserungsbedürftige Rechtsschutzverbesserung, DStR 1988, 672; Offerhaus, Was die FGO-Novelle bringt und was sie nicht bringt, BB 1988, 2074; Rößler, Nochmals: Notwendige Beiladung bei Personengesellschaften mit Publikumsbeteiligung, DStZ 1986, 435; Schmieszek, Die Novelle zur Verwaltungsgerichtsordnung – Ein Versuch, mit den Mitteln des Verfahrensrechts die Ressource Mensch besser zu nutzen, NVwZ 1991, 529; Schmieszek, Änderungen im finanzgerichtlichen Verfahren zum 1.1.1993, DB 1993, 12; Stelkens, Das Gesetz zur Neuregelung des verwaltungsgerichtlichen Verfahrens (4. VwGO-ÄndG) – das Ende einer Reform?, NVwZ 1991, 209.

Übersicht

Rn.

I. Inhalt und Bedeutung der Regelung 1
II. Die Regelungen des § 60a 5
1. Voraussetzungen der Beschränkung der notwendigen Beiladung 5
2. Verfahren 8
a) Form der Anordnung, Zuständigkeit 8
b) Rechtliches Gehör 10
c) Ermessen 11
d) Veröffentlichung 13
e) Ermittlung der Antragsfrist 16
3. Beschluss über die Anordnung nach § 60a 18
a) Zeitpunkt und Inhalt 18
b) Wirkung 21
4. Aufhebung des Anordnungsbeschlusses 24
5. Beiladung auf Antrag und ohne Antrag, Wiedereinsetzung 25
a) Beiladung auf Antrag, Wiedereinsetzung 25
b) Beiladung ohne Antrag 28
6. Beiladungsbeschluss 30
7. Folgen der nachträglichen Aufhebung des Beschlusses (§ 60a S. 1); nachträgliche Wiedereinsetzung 31
8. Bindungswirkung 33
9. Rechtsbehelfe 34

I. Inhalt und Bedeutung der Regelung

1 Die Notwendigkeit der notwendigen Beiladung (§ 60 III) kann das Gericht bei einer großen Zahl von klagebefugten Gesellschaftern, Gemeinschaftern oder Mitberechtigten **(Massenverfahren)** vor praktische Schwierigkeiten stellen, die den Rechtsstreit erheblich verzögern, wenn nicht gar undurchführbar machen. Das gilt insbes. bei Verfahren betreffend die (zweistufige) Gewinnfeststellung von PersGes mit Publikumsbeteiligung, zu denen mitunter mehrere hundert Gesellschafter beigeladen werden müssen und von denen oftmals einige bereits ausgeschieden, verstorben oder unauffindbar sein können (→ § 60 Rn. 59s, „Treuhänder"; → § 48 aF Rn. 24; s. zB FG Bbg 6 K 6371/12, EFG 2016, 871, nachgehend BFH IV R 17/16, NZI 2019, 907) oder die Beiladung Drittbetroffener (s. zB zu den Grenzen der Beiladungspflicht bei Verfahren wegen Feststellung des Einlagekontos gem. § 27 KStG Brühl FR 2018, 448 (450); Brühl GmbHR 2018, 206 (210)). Noch schwieriger wird die prozessuale Situation, wenn die Gesellschaft ihre Tätigkeit schon vor Jahren eingestellt hatte und dadurch eine lückenlose Übersicht über die Beteiligungsverhältnisse nicht mehr gewährleistet ist oder wenn sich die Beteiligungsverhältnisse im laufenden Verfahren ständig ändern.

2 Um auch in diesen Fällen den durch Art. 19 IV GG gebotenen effizienten gerichtlichen Rechtsschutz innerhalb angemessener Zeit zu gewährleisten, gibt § 60a dem Gericht die Möglichkeit, das Beiladungsverfahren zu straffen, indem die notwendigen Beiladungen abweichend von § 60 III unter bestimmten Voraussetzungen (→ Rn. 5 ff.) auf diejenigen Personen beschränkt wird, die ihre Beila-

dung **beantragt** haben, dh in diesem Fall ist die notwendige Beiladung anderer Personen nicht mehr zwingend (vgl. BT-Drs. 12/1061, 13; zur Entstehungsgeschichte HHS/Leipold § 60a Rn. 1 ff.; BFH I B 66/98, BFH/NV 2000, 334; zu Alternativvorschlägen vgl. Schmieszek DStR 1991, 963; Völker DStZ 1986, 297; 1987, 97; Rößler DStZ 1986, 435). Eine vergleichbare Regelung für das Einspruchsverfahren enthält § 360 V AO.

3 Gleichzeitig bestimmt § 110 I 1 Nr. 3, dass sich die **Bindungswirkung** des Urteils (→ § 60 Rn. 145) auch auf die Personen erstreckt, die einen solchen Antrag nicht oder nicht rechtzeitig gestellt haben (anders bei § 360 V AO, s. Klein/Rätke AO § 360 Rn. 52). § 60a ist wegen dieser Erstreckung der materiellen Rechtskraft des Urteils auf nicht am Verfahren beteiligte Personen verfassungsrechtlich nicht unbedenklich (zB Kopp DVBl. 1980, 325; Offerhaus BB 1988, 2074 (2078); s. auch Schmieszek NVwZ 1991, 529). Diskutiert wird ein Verstoß gegen den Anspruch auf rechtliches Gehör (Art. 103 I GG) und gegen die auch Drittbetroffene einschließende Rechtsschutzgarantie des Art. 19 IV GG. Meines Erachtens muss die durch § 60a vorgesehene Einschränkung dieser Grundrechte jedoch im Hinblick auf den kollidierenden Justizgewährungsanspruch der schon am Verfahren Beteiligten (→ Rn. 2) hingenommen werden, sofern dieser auf andere Weise nicht verwirklicht werden kann (→ Rn. 11). Mit dieser Maßgabe ist die **Verfassungsmäßigkeit** der Regelung auch dann zu bejahen, wenn der Beizuladende von der Antragsmöglichkeit (§ 60a S. 1) unverschuldet erst nach Eintritt der Rechtskraft des Urteils Kenntnis erlangt und wegen Versäumung der Antragsfrist eine Wiedereinsetzung nicht mehr gewährt werden kann, weil die Jahresfrist inzwischen verstrichen ist. Macht der Beizuladende von seinem Beteiligungsrecht in Kenntnis der Antragsmöglichkeit keinen Gebrauch und ist er mit der Rechtskraftwirkung einverstanden, kann von einer Grundrechtsverletzung ohnehin nicht gesprochen werden. – Im Übrigen findet eine Erstreckung der materiellen Rechtskraft von Urteilen auf nicht am Prozess Beteiligte auch in anderen Fällen statt, ohne dass diese Regelungen deshalb als verfassungswidrig angesehen werden (zB in den Fällen der Anfechtung von Hauptversammlungsbeschlüssen – §§ 246, 248 AktG – und Jahresabschlüssen – §§ 257, 248 AktG sowie § 13 SpruchG). Siehe zur zivilrechtlichen Musterfeststellungsklage gem. §§ 606 ff. ZPO Thomas/Putzo/Seiler ZPO Vorb. zu § 606 Rn. 3; Waßmuth/Asmus ZIP 2018, 657.

4 Angesichts der verfassungsrechtlichen Relevanz des § 60a sowie dessen nicht ganz einfacher Anwendung sollte das Gericht von der Norm nur dann Gebrauch machen, wenn die erforderlichen Beiladungen nicht oder nur mit kaum zumutbaren Schwierigkeiten oder Verzögerungen vorgenommen werden können.

II. Die Regelungen des § 60a

1. Voraussetzungen der Beschränkung der notwendigen Beiladung

5 § 60a ist anwendbar, wenn die notwendige Beiladung (→ § 60 Rn. 22 ff.) **„von mehr als fünfzig Personen in Betracht“** kommt **(§ 60a S. 1).** Das ist der Fall, wenn sich aus den Akten der Finbeh oder aus den im Gerichtsverfahren bekannt gewordenen Tatsachen bei vernünftiger Betrachtung ergibt, dass mind. 51 **– natürliche oder juristische – Personen** oder deren Rechtsnachfolger

(→ Rn. 21) notwendig beizuladen sind. Dies muss feststehen. Vermutungen über die Zahl der Beizuladenden genügen nicht. Darüber hinaus ist es aber nicht erforderlich, die Zahl exakt zu ermitteln (Tipke/Kruse/Brandis § 60a Rn. 3; HHS/Leipold § 60a Rn. 11). – Für die Ermittlung der maßgebenden Personenzahl ist es unerheblich, ob und wie viele der Betroffenen sich durch einen gemeinsamen Bevollmächtigten vertreten lassen (s. zu § 65 III VwGO Kopp/Schenke/Schenke VwGO § 65 Rn. 29). – Ist eine Beiladung gem. § 60 III nicht vorzunehmen, weil zB die Klage unzulässig ist (→ § 60 Rn. 24c), ist auch kein Beschluss gem. § 60a zu fassen (s. zB FG BBg 6 K 6371/12, EFG 2016, 871, aufgehoben durch BFH IV R 17/16, NZI 2019, 907).

2. Verfahren

a) Form der Anordnung, Zuständigkeit. Die Anordnung nach § 60a erfolgt **durch Beschluss des Gerichts** (§ 60a S. 1). Dies ist der für das Verfahren zuständige **Senat,** der ohne Mitwirkung der ehrenamtlichen Richter entscheidet (§ 5 III 2), oder der nach Übertragung des Rechtsstreits (§ 6) zuständige **Einzelrichter** (Tipke/Kruse/Brandis § 60a Rn. 4; aber zur Fehlerhaftigkeit der Übertragung derartiger Verfahren auf den Einzelrichter → § 6 Rn. 11; sowie zur Bindung dieser Übertragung → § 6 Rn. 30). – Der **konsentierte Einzelrichter** (§ 79a III, IV) ist für den Beschluss nach § 60a nicht zuständig, weil er Dritte betrifft, die ihr Einverständnis mit der Entscheidung durch den Einzelrichter nicht erklärt haben (Tipke/Kruse/Brandis § 60a Rn. 4). 8

b) Rechtliches Gehör. Den schon am Verfahren Beteiligten ist vor der Anordnung rechtliches Gehör (Art. 103 I GG) zu gewähren (→ § 60 Rn. 27 f.). 10

c) Ermessen. Die Entscheidung, **ob** die notwendige Beiladung durch eine Anordnung gem. § 60a S. 1 begrenzt werden soll, steht im **Ermessen** des Gerichts („kann"). – Bei der **Ermessensausübung** sind die Interessen der schon am Verfahren Beteiligten und der notwendig Beizuladenden gegeneinander abzuwägen. Dem Justizgewährungsanspruch der am Verfahren Beteiligten kann mE nur dann der Vorrang eingeräumt werden, wenn die Beizuladenden und deren Anschriften gar nicht oder nur unter erheblichen Schwierigkeiten zu ermitteln sind, wenn diese Ermittlungen zu einer unverhältnismäßigen Verzögerung des Rechtsstreits führen würden (ultima ratio) oder wenn die Beiladung wegen der großen Anzahl der Beizuladenden das Verfahren nicht mehr handhabbar erscheinen lässt (ähnlich Tipke/Kruse/Brandis § 60a Rn. 2; HHS/Leipold § 60a Rn. 13). Dies gilt auch deshalb, weil nicht gewährleistet ist, dass alle notwendig Beizuladenden von der Anordnung nach § 60a S. 1 und damit von der Möglichkeit der Antragstellung Kenntnis erlangen (→ Rn. 13). 11

d) Veröffentlichung. Nach § 60a S. 3 ist der Beschluss über die Begrenzung der Beiladung **im Bundesanzeiger bekannt zu machen.** Erforderlich ist mE die Veröffentlichung des **vollen Wortlauts** des Beschlusses und nicht nur des Tenors, weil nur so der Beizuladende in die Lage versetzt wird, seine Interessen wahrzunehmen und seine Beiladung zu beantragen; dabei ist das **Steuergeheimnis** zu beachten (→ Rn. 18 f.; Tipke/Kruse/Brandis § 60a Rn. 7; HHS/Leipold § 60a Rn. 17). 13

Zur Wahrung der Rechte des Betroffenen ist der Beschluss außerdem in den **Tageszeitungen** zu veröffentlichen, die in dem Bereich verbreitet sind, in dem sich die Entscheidung voraussichtlich auswirken wird **(§ 60a S. 4).** In der Veröffentlichung in den Tageszeitungen muss **auf den Tag des Ablaufs der** (mind. dreimonatigen) **Frist** für die Stellung des Beiladungsantrags hingewiesen werden **(§ 60a S. 7).** Bei der **Auswahl der Tageszeitungen** muss sich das Gericht am Zweck der Veröffentlichung orientieren. Wohnen die von der Entscheidung des FG betroffenen Personen klar erkennbar in einem eng begrenzten Gebiet, so ist die Veröffentlichung des Beschlusses **in regionalen Tageszeitungen** ausreichend. Geboten ist sie (ggf. als zusätzliche Veröffentlichung), wenn in diesem Gebiet überregionale Tageszeitungen nach Kenntnis des FG nicht verbreitet sind; die Veröffentlichung des Beschlusses nur in überregionalen Tageszeitungen reicht dann nicht aus (BFH I B 66/98, BFH/NV 2000, 334). – Ansonsten reicht die Veröffentlichung **in zwei oder drei auflagenstarken überregionalen Tageszeitungen** aus (BFH I B 66/98, BFH/NV 2000, 334; Tipke/Kruse/Brandis § 60a Rn. 8; HHS/Leipold § 60a Rn. 19). Das gilt insbes. dann, wenn die Beizuladenden weit verstreut wohnen, zB bei Publikumspersonengesellschaften. – Halten sich die Betroffenen **im Ausland** auf, ist die Informationsmöglichkeit ohnehin eingeschränkt; eine Veröffentlichung in ausländischen Zeitungen ist nicht geboten. – Gegebenenfalls kann durch **Wiedereinsetzung** in den vorigen Stand (→ Rn. 27) geholfen werden.

Die Veröffentlichung kann nach **§ 60a S. 5** zusätzlich in einem von dem Gericht für die Bekanntmachungen bestimmten **Informations- und Kommunikationssystem** erfolgen. Dies dient der Einbeziehung der elektronischen Medien. Die Veröffentlichung im Bundesanzeiger und den Tageszeitungen kann dadurch nicht ersetzt werden **(„zusätzlich“).**

16 **e) Ermittlung der Antragsfrist.** Da der **Beiladungsantrag** innerhalb einer **Frist** von mind. drei Monaten nach der Veröffentlichung im Bundesanzeiger gestellt werden muss **(§ 60a S. 1, 6)** und diese Frist durch den Beschluss gesetzt und entsprechend publiziert werden muss, hat das Gericht (→ Rn. 8) den **Zeitpunkt der Veröffentlichung im Bundesanzeiger** vor der Veröffentlichung des Beschlusses zu **ermitteln** und die Frist entsprechend zu bemessen. – Zur **Fristsetzung** im Beschluss → Rn. 18.

3. Beschluss über die Anordnung nach § 60a

18 **a) Zeitpunkt und Inhalt.** Die Anordnung nach § 60a über die Begrenzung auf beantragte Beiladungen erfolgt durch Beschluss, der grds. **in jeder Lage des erstinstanzlichen Verfahrens** möglich ist. Zu beachten sind aber die **zeitlichen Grenzen** der Beiladung (→ § 60 Rn. 5).

Im **Rubrum** des Beschlusses ist die Gesellschaft oder Gemeinschaft zu bezeichnen, um deren Einkünfte oder Besteuerungsgrundlagen gestritten wird. Klagt ein (ehemaliger) Gesellschafter/Gemeinschafter, darf seine Identität wegen des Steuergeheimnisses (§ 30 AO) mE nicht preisgegeben werden, zumal der Beschluss nach § 60a S. 4 in den Tageszeitungen zu veröffentlichen ist. In Übereinstimmung mit dem Zweck des § 60a (→ Rn. 2) genügt es, wenn der Kläger als „ein (ehemaliger) Gesellschafter (Gemeinschafter)“ genannt und die Gesellschaft/Gemeinschaft bezeichnet wird, an der er beteiligt ist oder war.

Der Beschluss muss nach § 60a S. 1 – **im Tenor** – die **Anordnung** enthalten, dass nur die Personen zu dem (sich aus dem Rubrum ergebenden) Verfahren beigeladen werden, **die dies beantragen.** Außerdem ist die **Antragsfrist** (§ 60a S. 6; → Rn. 16) im Tenor anzugeben. Der Tenor muss **keine Kostenentscheidung** enthalten. Die Kosten sind – wie bei der Beiladung (→ § 60 Rn. 149) –

Teil der Kosten des Hauptsacheverfahrens; s. zur Tragung der Kosten der Veröffentlichung FG Bbg 6 K 6371/12, EFG 2016, 871, aus anderen Gründen aufgehoben durch BFH IV R 17/16, NZI 2019, 907. – Zur **Rechtsmittelbelehrung** → Rn. 34 f. – Im Übrigen sollte ein Hinweis auf die Möglichkeit, bei Fristversäumnis Wiedereinsetzung in den vorigen Stand zu erlangen (→ Rn. 27), nicht fehlen (Tipke/Kruse/Brandis § 60a Rn. 5; HHS/Leipold § 60a Rn. 16).

Zum erforderlichen Inhalt der **Begründung des Beschlusses** sagt § 60a nichts. Nach dem Zweck der Regelung (→ Rn. 2) muss die Begründung so umfassend sein, dass den Personen, die notwendig beizuladen sind, ermöglicht wird, den Antrag auf Beiladung rechtzeitig zu stellen. Insoweit ist die Offenbarung der Verhältnisse der Beteiligten gerechtfertigt und das **Steuergeheimnis** nicht verletzt (§ 30 IV Nr. 1, 2 AO). Weitergehende Angaben über die Verhältnisse der Beteiligten oder Beizuladenden darf der Beschluss jedoch nicht enthalten, weil anderenfalls das Steuergeheimnis beeinträchtigt wäre, insbes. im Hinblick auf die durch § 60a S. 4 vorgeschriebene Veröffentlichung des Beschlusses in Tageszeitungen. 19

Notwendig ist die **Kennzeichnung des Gegenstandes des anhängigen Verfahrens** iSd § 65 I. Dargelegt werden muss außerdem, aus welchen Gründen die notwendige Beiladung der bisher nicht am Verfahren Beteiligten als geboten erscheint. Erforderlich ist auch die Bezeichnung der Gesellschaft oder Gemeinschaft, um deren Einkünfte gestritten wird, sofern sich dies nicht schon aus dem Rubrum ergibt. Außerdem muss sich aus dem Beschluss ergeben, dass die Beiladung von mehr als 50 Personen in Betracht kommt und welche Gründe für die Anordnung nach § 60a S. 1 maßgeblich waren (Ermessensausübung; → Rn. 11). – Bei der Darstellung des Sach- und Streitstandes ist im Hinblick auf das Steuergeheimnis jedoch Zurückhaltung geboten. Insoweit darf der Beschluss im Hinblick auf die Veröffentlichung in den Tageszeitungen (§ 60a S. 4) nur die Angaben enthalten, die der Gesellschafter/Gemeinschafter benötigt, um den Antrag auf Beiladung stellen zu können.

b) Wirkung. Der Beschluss nach § 60a S. 1 bewirkt die **Begrenzung der Zahl der** notwendig **Beizuladenden.** Das gilt auch, wenn an Stelle der ursprünglichen Mitberechtigten (Gesellschafter/Gemeinschafter) an sich deren **Rechtsnachfolger** beizuladen wären. Durch **Beiladungsbeschluss** nach § 60 III (→ Rn. 30) sind dann grds. nur diejenigen beizuladen, die ihre Beiladung innerhalb der hierfür bestimmten Frist (von mind. drei Monaten) beantragt haben (→ Rn. 16). 21

Die **Rechtskrafterstreckung/Präklusionswirkung** (§ 110 I 1 Nr. 3) tritt **nicht** ein, wenn der **Beschluss fehlerhaft** ist oder seine **Veröffentlichung nicht dem Gesetz entspricht.** Das ist zB der Fall, wenn die Zahl der notwendig Beizuladenden infolge einer groben Fehleinschätzung gar nicht mehr als 50 Personen umfasst, wenn die Antragsfrist zu kurz bemessen worden ist oder wenn die Veröffentlichung nach Art und Umfang nicht den Erfordernissen des konkreten Falls entsprochen hat. In diesen Fällen sind alle Mitberechtigten, in deren Person die Voraussetzungen des § 60 III erfüllt sind, notwendig beizuladen. Zweckmäßigerweise ist der Beschluss nach § 60a S. 1 dann aufzuheben (→ Rn. 23). Unterbleibt dies, ist das Urteil im Revisionsverfahren aufzuheben (→ § 60 Rn. 151). Zum Einspruchsverfahren s. ähnlich Klein/Rätke AO § 360 Rn. 53. 22

Sind **im NZB-Verfahren** mehr als 50 Personen beigeladen worden, kann in entsprechender Anwendung des § 60a das Beschwerdeverfahren entlastet werden, 23 indem nur solchen Beigeladenen die Beschwerdeschrift und die Entscheidung über die Beschwerde zugestellt werden, die dies innerhalb einer bestimmten Frist beantragen (BFH I B 28/07, BFH/NV 2007, 2316).

4. Aufhebung des Anordnungsbeschlusses

24 Der Beschluss nach § 60a S. 1 sollte auf Antrag oder von Amts wegen durch Beschluss aufgehoben werden, wenn sein Zweck, die Erstreckung der Rechtskraft gem. § 110 I 1 Nr. 3 (→ Rn. 2, 33), wegen fehlerhafter Anwendung des § 60a (→ Rn. 22) nicht erreicht werden kann. – Die Aufhebung des Beschlusses stellt klar, dass keine Rechtskrafterstreckung stattfindet. Sie dient außerdem insofern der Verfahrensbeschleunigung, als die entsprechenden Feststellungen nicht erst durch die Revisionsinstanz getroffen werden müssen. Darüber hinaus wird durch die Aufhebung des Beschlusses die Möglichkeit eröffnet, durch einen erneuten Beschluss nach § 60a S. 1 bei gleichzeitiger Vermeidung früherer Fehler die Begrenzung der Beiladung herbeizuführen.

5. Beiladung auf Antrag und ohne Antrag, Wiedereinsetzung

25 **a) Beiladung auf Antrag, Wiedereinsetzung.** Der Antrag auf Beiladung (§ 60a S. 1) muss innerhalb der Antragsfrist (→ Rn. 16) gestellt werden. Da es sich um eine Prozesshandlung (bestimmende Prozesserklärung) handelt, muss die **Form** des § 64 eingehalten werden (Tipke/Kruse/Brandis § 60a Rn. 9; auch HHS/Leipold § 60a Rn. 26).

26 Wird der **Beiladungsantrag verspätet** gestellt, ist er zurückzuweisen (aA – Ermessen des Gerichts – zB Kopp/Schenke/Schenke VwGO § 65 Rn. 33, 38; ähnlich in Tipke/Kruse/Brandis § 60a Rn. 11). Für die Annahme, die Zurückweisung des Beiladungsantrags stünde im Ermessen des Gerichts, ist jedoch kein Raum, weil nach **§ 60a S. 8** bei Versäumung der Antragsfrist die Regeln des § 56 (Wiedereinsetzung) ohne jede Einschränkung anzuwenden sind.

27 Bei unverschuldeter Versäumung der **Antragsfrist (§ 60a S. 5, 7)** kann **Wiedereinsetzung in den vorigen Stand** nach Maßgabe des § 56 gewährt werden. Wiedereinsetzung kommt insbes. in Betracht, wenn der notwendig Beizuladende vorträgt, er habe von dem Beschluss nach § 60a S. 1 nicht rechtzeitig Kenntnis erlangt, weil er sich bei Veröffentlichung des Beschlusses im Ausland aufgehalten habe oder weil der Beschluss lediglich in Tageszeitungen veröffentlicht worden sei, zu denen er keinen Zugang gehabt habe. Wiedereinsetzung ist auch zu gewähren, wenn der notwendig Beizuladende sich zu Recht darauf beruft, dass er dem Beschluss nach § 60a S. 1 nicht habe entnehmen können, dass er von dem Verfahren betroffen sei (s. HHS/Leipold § 60a Rn. 30 f.).

28 **b) Beiladung ohne Antrag.** Von dem Grundsatz, dass nur diejenigen notwendig beigeladen werden müssen, die ihre Beiladung fristgerecht beantragen, macht **§ 60a S. 9** eine **Ausnahme.** Danach sollen Personen auch ohne Antrag beigeladen werden, die von der Entscheidung **erkennbar in besonderem Maße betroffen** werden. Wann dies der Fall ist, sagt § 60a nicht. Die absolute Höhe der steuerlichen Auswirkung kann hierfür ein Maßstab sein (Tipke/Kruse/Brandis § 60a Rn. 13; HHS/Leipold § 60a Rn. 33), ebenso die Größe oder der Wert eines Anteils. Man wird deshalb davon ausgehen müssen, dass eine besondere Betroffenheit schon dann erkennbar ist, wenn ein Feststellungsbeteiligter **möglicherweise** mehr als andere Feststellungsbeteiligte durch die steuerlichen Auswir-

kungen der Entscheidung tangiert wird (ähnlich Tipke/Kruse/Brandis § 60a Rn. 13). In diesem Fall **muss** das Gericht die Betroffenen beiladen, dem Gericht kommt trotz des Wortlauts des § 60a S. 9 („soll") kein Ermessensspielraum zu (Tipke/Kruse/Brandis § 60a Rn. 13).

Da § 60a S. 9 eine Pflicht (→ Rn. 28) zur Beiladung ohne Antrag nur dann vorsieht, wenn eine Person von der Entscheidung erkennbar in besonderem Maße betroffen wird, scheidet in allen übrigen Fällen eine Beiladung ohne Antrag aus. Das gilt insbes. dann, wenn hinsichtlich einzelner Beizuladender der **Ermittlungsaufwand des Gerichts gering ist,** weil zB deren Anschriften bekannt sind (glA HHS/Leipold § 60a Rn. 35). Stellen diese Personen keinen Antrag auf Beiladung, sind sie nur unter den genannten Voraussetzungen des § 60a S. 9 beizuladen. Erfüllen sie diese nicht, sind sie ebenso zu behandeln, wie diejenigen Beizuladenden, bei denen Ermittlungsaufwand besteht (BFH I B 66/98, BFH/NV 2000, 334; Tipke/Kruse/Brandis § 60a Rn. 13). Allerdings ist es sachgerecht, denjenigen Beizuladenden, deren Anschriften bekannt sind, den Beschluss iSd § 60a S. 1 zuzustellen, um so zu verhindern, dass diese von der Veröffentlichung des Beschlusses im elektronischen Bundesanzeiger oder den Tageszeitungen keine Kenntnis nehmen. 29

6. Beiladungsbeschluss

Für die Entscheidung über den Beiladungsantrag oder die Beiladung ohne Antrag (→ Rn. 28) durch **Beiladungsbeschluss** gelten die allg. Vorschriften (§ 60 IV, § 113). – Die **„Heilungswirkung"** einer nachgeholten Beiladung (→ § 60 Rn. 147) tritt – sofern § 110 I Nr. 3 zur Anwendung kommt (→ Rn. 24) – auch ggü. demjenigen ein, der nicht notwendig beizuladen ist. 30

7. Folgen der nachträglichen Aufhebung des Beschlusses (§ 60a S. 1); nachträgliche Wiedereinsetzung

Zweifelhaft ist, was in den Fällen zu geschehen hat, in denen das Verfahren nach erfolgter Beiladung seinen Fortgang genommen hat und in denen der Beschluss nach § 60a nachträglich aufgehoben oder in denen bei Versäumung der Antragsfrist (→ Rn. 16, 25) nachträglich Wiedereinsetzung in den vorigen Stand gewährt wird. Meines Erachtens ist wie folgt zu verfahren: 31

Ist der Rechtsstreit noch in der ersten Instanz anhängig, muss die notwendige Beiladung, soweit sie bisher noch nicht erfolgt ist, nachgeholt werden. In der Revision muss das Urteil uU aufgehoben und der Rechtsstreit an das FG zurückverwiesen oder die Beiladung nachgeholt (§ 123 I 2) werden (→ § 60 Rn. 151).

Ist das Verfahren schon (formell) rechtskräftig abgeschlossen, liegt ggf. ein Fall der zu Unrecht unterlassenen Beiladung vor. Zu den Folgen → § 60 Rn. 152.

Aufgrund dieser Schwierigkeiten sollte die **Aussetzung des Verfahrens** analog § 74 bis zum Ablauf der Jahresfrist des § 56 III in Betracht gezogen werden (zust. Tipke/Kruse/Brandis § 60a Rn. 12 aE).

8. Bindungswirkung

Die **Bindungswirkung des Urteils** erstreckt sich nicht nur auf die tatsächlich Beigeladenen, sondern auch auf die notwendig Beizuladenden, die den Antrag nicht gestellt haben und folglich am Verfahren nicht beteiligt waren (§ 110 I Nr. 3; 33

vgl. FG Hmb III 383/01, EFG 2005, 447; III 35/05, EFG 2005, 1368; nachfolgend BFH VIII B 61/05, BFH/NV 2006, 788 zu atypisch stillen Gesellschaftern). Voraussetzung ist jedoch, dass das Verfahren nach § 60a **fehlerfrei** durchgeführt (→ Rn. 22; vgl. Kopp/Schenke/Schenke VwGO § 65 Rn. 32; anders im Einspruchsverfahren, da schon keine Bindungswirkung, s. Klein/Rätke AO § 360 Rn. 52, 53) und der Beschluss nicht nachträglich aufgehoben worden ist (→ Rn. 24).

9. Rechtsbehelfe

34 Der **Anordnungsbeschluss (§ 60a S. 1)** ist unanfechtbar (§ 60a S. 2) und deshalb weder im Beschwerdeverfahren (§ 128, anders als beim normalen **Beiladungsbeschluss,** → § 60 Rn. 156) noch im Revisionsverfahren als solcher überprüfbar (§ 124 II).

35 Ist § 60a im erstinstanzlichen Verfahren fehlerhaft angewandt worden (→ Rn. 22 f.), hat dies nicht nur zur Folge, dass die Wirkungen des Anordnungsbeschlusses nicht eintreten (→ Rn. 22, 33), sondern es steht gleichzeitig fest, dass eine notwendige Beiladung zu Unrecht unterblieben ist, sodass deshalb grds. ein im NZB-Verfahren zu rügender und im Revisionsverfahren von Amts wegen zu beachtender **Verstoß gegen die Grundordnung des Verfahrens** vorliegen kann, der zur Aufhebung des erstinstanzlichen Urteils und zur Zurückverweisung des Rechtsstreits an das FG führen kann (→ § 60 Rn. 151; Tipke/Kruse/Brandis § 60a Rn. 15).

§ 61 (weggefallen)

Aufgehoben mWv 1.1.1996 durch G v. 24.6.1994 (BGBl. I 1395 (1403)).
Zum **Beitritt oberster Finanzbehörden** im Revisionsverfahren s. § 122 II.

§ 62 [Bevollmächtigte und Beistände]

(1) **Die Beteiligten können vor dem Finanzgericht den Rechtsstreit selbst führen.**

(2) [1]**Die Beteiligten können sich durch einen Rechtsanwalt, Steuerberater, Steuerbevollmächtigten, Wirtschaftsprüfer oder vereidigten Buchprüfer als Bevollmächtigten vertreten lassen; zur Vertretung berechtigt sind auch Gesellschaften im Sinne des § 3 Satz 1 Nummer 2 und 3 des Steuerberatungsgesetzes, die durch Personen im Sinne des § 3 Satz 2 des Steuerberatungsgesetzes handeln.** [2]**Darüber hinaus sind als Bevollmächtigte vor dem Finanzgericht vertretungsbefugt nur**

1. **Beschäftigte des Beteiligten oder eines mit ihm verbundenen Unternehmens (§ 15 des Aktiengesetzes); Behörden und juristische Personen des öffentlichen Rechts einschließlich der von ihnen zur Erfüllung ihrer öffentlichen Aufgaben gebildeten Zusammenschlüsse können sich auch durch Beschäftigte anderer Behörden oder juristischer Personen des öffentlichen Rechts einschließlich der von ihnen zur Erfüllung ihrer öffentlichen Aufgaben gebildeten Zusammenschlüsse vertreten lassen,**

2. volljährige Familienangehörige (§ 15 der Abgabenordnung, § 11 des Lebenspartnerschaftsgesetzes), Personen mit Befähigung zum Richteramt und Streitgenossen, wenn die Vertretung nicht im Zusammenhang mit einer entgeltlichen Tätigkeit steht,
3. Personen und Vereinigungen im Sinne der §§ 3a und 3c des Steuerberatungsgesetzes im Rahmen ihrer Befugnisse nach § 3a des Steuerberatungsgesetzes,

3a. zu beschränkter geschäftsmäßiger Hilfeleistung in Steuersachen nach den §§ 3d und 3e des Steuerberatungsgesetzes berechtigte Personen im Rahmen dieser Befugnisse,

4. landwirtschaftliche Buchstellen im Rahmen ihrer Befugnisse nach § 4 Nr. 8 des Steuerberatungsgesetzes,
5. Lohnsteuerhilfevereine im Rahmen ihrer Befugnisse nach § 4 Nr. 11 des Steuerberatungsgesetzes,
6. Gewerkschaften und Vereinigungen von Arbeitgebern sowie Zusammenschlüsse solcher Verbände für ihre Mitglieder oder für andere Verbände oder Zusammenschlüsse mit vergleichbarer Ausrichtung und deren Mitglieder,
7. juristische Personen, deren Anteile sämtlich im wirtschaftlichen Eigentum einer der in Nummer 6 bezeichneten Organisationen stehen, wenn die juristische Person ausschließlich die Rechtsberatung und Prozessvertretung dieser Organisation und ihrer Mitglieder oder anderer Verbände oder Zusammenschlüsse mit vergleichbarer Ausrichtung und deren Mitglieder entsprechend deren Satzung durchführt, und wenn die Organisation für die Tätigkeit der Bevollmächtigten haftet.

[3]Bevollmächtigte, die keine natürlichen Personen sind, handeln durch ihre Organe und mit der Prozessvertretung beauftragten Vertreter.

(3) [1]Das Gericht weist Bevollmächtigte, die nicht nach Maßgabe des Absatzes 2 vertretungsbefugt sind, durch unanfechtbaren Beschluss zurück. [2]Prozesshandlungen eines nicht vertretungsbefugten Bevollmächtigten und Zustellungen oder Mitteilungen an diesen Bevollmächtigten sind bis zu seiner Zurückweisung wirksam. [3]Das Gericht kann den in Absatz 2 Satz 2 bezeichneten Bevollmächtigten durch unanfechtbaren Beschluss die weitere Vertretung untersagen, wenn sie nicht in der Lage sind, das Sach- und Streitverhältnis sachgerecht darzustellen.

(4) [1]Vor dem Bundesfinanzhof müssen sich die Beteiligten durch Prozessbevollmächtigte vertreten lassen. [2]Dies gilt auch für Prozesshandlungen, durch die ein Verfahren vor dem Bundesfinanzhof eingeleitet wird. [3]Als Bevollmächtigte sind nur die in Absatz 2 Satz 1 bezeichneten Personen und Gesellschaften zugelassen. [4]Behörden und juristische Personen des öffentlichen Rechts einschließlich der von ihnen zur Erfüllung ihrer öffentlichen Aufgaben gebildeten Zusammenschlüsse können sich durch eigene Beschäftigte mit Befähigung zum Richteramt oder durch Beschäftigte mit Befähigung zum Richteramt anderer Behörden oder juristischer Personen des öffentlichen Rechts einschließlich der von ihnen zur Erfüllung ihrer öffentlichen Aufgaben gebildeten Zusammenschlüsse vertreten lassen. [5]Ein Beteiligter, der nach Maßgabe des Satzes 3 zur Vertretung berechtigt ist, kann sich selbst vertreten.

(5) [1]Richter dürfen nicht als Bevollmächtigte vor dem Gericht auftreten, dem sie angehören. [2]Ehrenamtliche Richter dürfen, außer in den Fällen des Absatzes 2 Satz 2 Nr. 1, nicht vor einem Spruchkörper auftreten, dem sie angehören. [3]Absatz 3 Satz 1 und 2 gilt entsprechend.

(6) [1]Die Vollmacht ist schriftlich zu den Gerichtsakten einzureichen. [2]Sie kann nachgereicht werden; hierfür kann das Gericht eine Frist bestimmen. [3]Der Mangel der Vollmacht kann in jeder Lage des Verfahrens geltend gemacht werden. [4]Das Gericht hat den Mangel der Vollmacht von Amts wegen zu berücksichtigen, wenn nicht als Bevollmächtigter eine in Absatz 2 Satz 1 bezeichnete Person oder Gesellschaft auftritt. [5]Ist ein Bevollmächtigter bestellt, sind die Zustellungen oder Mitteilungen des Gerichts an ihn zu richten.

(7) [1]In der Verhandlung können die Beteiligten mit Beiständen erscheinen. [2]Beistand kann sein, wer in Verfahren, in denen die Beteiligten den Rechtsstreit selbst führen können, als Bevollmächtigter zur Vertretung in der Verhandlung befugt ist. [3]Das Gericht kann andere Personen als Beistand zulassen, wenn dies sachdienlich ist und hierfür nach den Umständen des Einzelfalls ein Bedürfnis besteht. [4]Absatz 3 Satz 1 und 3 und Absatz 5 gelten entsprechend. [5]Das von dem Beistand Vorgetragene *gelten*[1] als von dem Beteiligten vorgebracht, soweit es nicht von diesem sofort widerrufen oder berichtigt wird.

Vgl. § 67 VwGO; §§ 72, 73 SGG; §§ 78, 79–81, 84–87, 90, 157, 158 ZPO; § 11 ArbGG.

§ 3 StBerG Befugnis zu unbeschränkter Hilfeleistung in Steuersachen

[1]Zur geschäftsmäßigen Hilfeleistung in Steuersachen sind befugt:

1. Steuerberater, Steuerbevollmächtigte, Rechtsanwälte, niedergelassene europäische Rechtsanwälte, Wirtschaftsprüfer und vereidigte Buchprüfer,
2. Berufsausübungsgesellschaften nach den §§ 49 und 50 und im Sinne der Bundesrechtsanwaltsordnung,
3. Gesellschaften nach § 44b Absatz 1 der Wirtschaftsprüferordnung, deren Gesellschafter oder Partner ausschließlich Wirtschaftsprüfer oder vereidigte Buchprüfer sind, sowie Wirtschaftsprüfungsgesellschaften und Buchprüfungsgesellschaften.

[2]Gesellschaften nach Satz 1 Nummer 2 und 3 handeln durch ihre Gesellschafter und Vertreter, in deren Person die für die Erbringung der geschäftsmäßigen Hilfeleistung in Steuersachen gesetzlich vorgeschriebenen Voraussetzungen im Einzelfall vorliegen müssen.

§ 3a StBerG Befugnis zu vorübergehender und gelegentlicher Hilfeleistung in Steuersachen

(1) [1]Personen, die in einem anderen Mitgliedstaat der Europäischen Union oder in einem anderen Vertragsstaat des Abkommens über den Europäischen Wirtschaftsraum oder in der Schweiz beruflich niedergelassen sind und dort befugt geschäftsmäßig Hilfe in Steuersachen nach dem Recht des Niederlassungsstaates leisten, sind zur vorübergehenden und gelegentlichen geschäftsmäßigen Hilfeleistung in Steuersachen in der Bundesrepublik Deutschland befugt. [2]Die vorübergehende und gelegentliche geschäftsmäßige Hilfeleistung in Steuersachen kann vom

[1] Richtig wohl: „gilt".

Staat der Niederlassung aus erfolgen. [3]Der Umfang der Befugnis zur Hilfeleistung in Steuersachen im Inland richtet sich nach dem Umfang dieser Befugnis im Niederlassungsstaat. [4]Bei ihrer Tätigkeit im Inland unterliegen sie denselben Berufsregeln wie die in § 3 genannten Personen. [5]Wenn weder der Beruf noch die Ausbildung zu diesem Beruf im Staat der Niederlassung reglementiert ist, gilt die Befugnis zur geschäftsmäßigen Hilfeleistung in Steuersachen im Inland nur, wenn die Person den Beruf in einem oder in mehreren Mitgliedstaaten oder Vertragsstaaten oder der Schweiz während der vorhergehenden zehn Jahre mindestens ein Jahr lang ausgeübt hat. [6]Ob die geschäftsmäßige Hilfeleistung in Steuersachen vorübergehend und gelegentlich erfolgt, ist insbesondere anhand ihrer Dauer, Häufigkeit, regelmäßiger Wiederkehr und Kontinuität zu beurteilen.

(2) [1]Die geschäftsmäßige Hilfeleistung in Steuersachen nach Absatz 1 ist nur zulässig, wenn die Person vor der ersten Erbringung im Inland der zuständigen Stelle schriftlich oder elektronisch Meldung erstattet. [2]Zuständige Stelle ist für Personen aus:

1. Finnland die Steuerberaterkammer Berlin,
2. Polen die Steuerberaterkammer Brandenburg,
3. Zypern die Steuerberaterkammer Bremen,
4. den Niederlanden und Bulgarien die Steuerberaterkammer Düsseldorf,
5. Schweden und Island die Steuerberaterkammer Hamburg,
6. Portugal und Spanien die Steuerberaterkammer Hessen,
7. Belgien die Steuerberaterkammer Köln,
8. Estland, Lettland, Litauen die Steuerberaterkammer Mecklenburg-Vorpommern,
9. Italien, Kroatien und Österreich die Steuerberaterkammer München,
10. Rumänien und Liechtenstein die Steuerberaterkammer Nordbaden,
11. Tschechien die Steuerberaterkammer Nürnberg,
12. Frankreich die Steuerberaterkammer Rheinland-Pfalz,
13. Luxemburg die Steuerberaterkammer Saarland,
14. Ungarn die Steuerberaterkammer des Freistaates Sachsen,
15. der Slowakei die Steuerberaterkammer Sachsen-Anhalt,
16. Dänemark und Norwegen die Steuerberaterkammer Schleswig-Holstein,
17. Griechenland die Steuerberaterkammer Stuttgart,
18. der Schweiz die Steuerberaterkammer Südbaden,
19. Malta und Slowenien die Steuerberaterkammer Thüringen,
20. Irland die Steuerberaterkammer Westfalen-Lippe.

[3]Die Meldung der Person muss enthalten:

1. den Familiennamen und die Vornamen, den Namen oder die Firma einschließlich der gesetzlichen Vertreter,
2. das Geburts- oder Gründungsjahr,
3. die Geschäftsanschrift einschließlich der Anschriften aller Zweigstellen,
4. die Berufsbezeichnung, unter der die Tätigkeit im Inland zu erbringen ist,
5. eine Bescheinigung darüber, dass die Person in einem Mitgliedstaat der Europäischen Union, in einem anderen Vertragsstaat des Abkommens über den Europäischen Wirtschaftsraum oder in der Schweiz rechtmäßig zur geschäftsmäßigen Hilfeleistung in Steuersachen niedergelassen ist und dass ihr die Ausübung dieser Tätigkeit zum Zeitpunkt der Vorlage der Bescheinigung nicht, auch nicht vorübergehend, untersagt ist,
6. einen Nachweis über die Berufsqualifikation,

7. einen Nachweis darüber, dass die Person den Beruf in einem oder in mehreren Mitgliedstaaten oder Vertragsstaaten oder der Schweiz während der vorhergehenden zehn Jahre mindestens ein Jahr lang ausgeübt hat, wenn weder der Beruf noch die Ausbildung zu diesem Beruf im Staat der Niederlassung reglementiert ist,
8. eine Information über Einzelheiten zur Berufshaftpflichtversicherung oder eines anderen individuellen oder kollektiven Schutzes in Bezug auf die Berufshaftpflicht.

[4]Die Meldung ist jährlich zu wiederholen, wenn die Person nach Ablauf eines Kalenderjahres erneut nach Absatz 1 geschäftsmäßig Hilfeleistung in Steuersachen im Inland erbringen will. [5]In diesem Fall sind die Bescheinigung nach Satz 3 Nr. 5 und die Information nach Satz 3 Nr. 8 erneut vorzulegen. [6]Die Meldung berechtigt die Person zur geschäftsmäßigen Hilfeleistung in Steuersachen nach Absatz 1 im gesamten Hoheitsgebiet der Bundesrepublik Deutschland. [7]§ 74a gilt entsprechend.

(3) [1]Sobald die Meldung nach Absatz 2 vollständig vorliegt, veranlasst die zuständige Stelle eine vorübergehende Eintragung der Angaben nach Absatz 2 Satz 3 Nr. 1 bis 4 im Berufsregister oder ihre Verlängerung um ein Jahr. [2]Die jeweilige Eintragung erfolgt unter Angabe der zuständigen Stelle und des Datums der Eintragung. [3]Das Verfahren ist kostenfrei.

(4) Registrierte Personen nach Absatz 3 oder ihre Rechtsnachfolger müssen der zuständigen Stelle alle Änderungen der Angaben nach Absatz 2 Satz 3 Nr. 1 bis 4 unverzüglich schriftlich oder elektronisch mitteilen.

(5) [1]Personen, die nach Absatz 1 geschäftsmäßig Hilfeleistung in Steuersachen im Inland erbringen, dürfen dabei nur unter der Berufsbezeichnung in den Amtssprachen des Niederlassungsstaates tätig werden, unter der sie ihre Dienste im Niederlassungsstaat anbieten. [2]Wer danach berechtigt ist, die Berufsbezeichnung „Steuerberater"/„Steuerberaterin", „Steuerbevollmächtigter"/„Steuerbevollmächtigte" oder „Steuerberatungsgesellschaft" zu führen, hat zusätzlich die Berufsorganisation, der er im Niederlassungsstaat angehört, sowie den Niederlassungsstaat anzugeben. [3]Eine Verwechslung mit den genannten Berufsbezeichnungen muss ausgeschlossen sein.

(6) [1]Die zuständige Stelle kann einer nach Absatz 1 geschäftsmäßig Hilfe in Steuersachen leistenden Person die weitere Erbringung ihrer Dienste im Inland untersagen, wenn

1. die Person im Staat der Niederlassung nicht mehr rechtmäßig niedergelassen ist oder ihr die Ausübung der Tätigkeit dort untersagt wird,
2. sie nicht über die für die Ausübung der Berufstätigkeit im Inland erforderlichen deutschen Sprachkenntnisse verfügt,
3. sie wiederholt eine unrichtige Berufsbezeichnung führt oder
4. sie die Befugnis zu vorübergehender und gelegentlicher *geschäftsmäßigen*[1] Hilfeleistung in Steuersachen überschreitet.

[2]Die vorübergehende Eintragung im Berufsregister gemäß Absatz 3 Satz 1 wird gelöscht, wenn die Untersagungsverfügung nach Satz 1 unanfechtbar geworden ist. [3]Über die Löschung aus dem Berufsregister wegen Überschreitens der Befugnis zu vorübergehender und gelegentlicher *geschäftsmäßigen*[1] Hilfeleistung in Steuersa-

---

[1] Richtig wohl: „geschäftsmäßiger".

chen sind diejenigen Finanzbehörden zu unterrichten, die eine Mitteilung nach § 5 Absatz 4 erstattet haben.

(7) [1]Die zuständigen Stellen arbeiten mit den zuständigen Stellen in den anderen Mitgliedstaaten der Europäischen Union, in den anderen Vertragsstaaten des Abkommens über den Europäischen Wirtschaftsraum und in der Schweiz zusammen und übermitteln auf Anfrage:

1. Informationen über die Rechtmäßigkeit der Niederlassung und die gute Führung des Dienstleisters;
2. Informationen darüber, dass keine berufsbezogenen disziplinarischen oder strafrechtlichen Sanktionen vorliegen;
3. Informationen, die im Falle von Beschwerden eines Dienstleistungsempfängers gegen einen Dienstleister für ein ordnungsgemäßes Beschwerdeverfahren erforderlich sind.

[2]Die zuständigen Stellen können bei berechtigten Zweifeln an der Rechtmäßigkeit der Niederlassung des Dienstleisters in einem anderen Staat, an seiner guten Führung oder daran, dass keine berufsbezogenen disziplinarischen oder strafrechtlichen Sanktionen vorliegen, alle aus ihrer Sicht zur Beurteilung des Sachverhalts erforderlichen Informationen bei den zuständigen Stellen des anderen Staates anfordern. [3]§ 30 der Abgabenordnung steht den Sätzen 1 und 2 nicht entgegen.

§ 3b StBerG Verzeichnis der nach § 3a zur vorübergehenden und gelegentlichen Hilfeleistung in Steuersachen befugten Personen

(1) [1]Die Bundessteuerberaterkammer führt ein elektronisches Verzeichnis aller Personen, die gemäß § 3a Absatz 3 Satz 1 als zur vorübergehenden und gelegentlichen Hilfeleistung in Steuersachen befugt vorübergehend im Berufsregister der zuständigen Steuerberaterkammer eingetragen sind. [2]Das Verzeichnis dient der Information der Behörden und Gerichte, der Rechtsuchenden sowie anderer am Rechtsverkehr Beteiligter. [3]Die Steuerberaterkammern geben die im Berufsregister gemäß § 3a Absatz 3 Satz 1 vorübergehend gespeicherten Daten im automatisierten Verfahren in das von der Bundessteuerberaterkammer geführte Verzeichnis ein. [4]Die zuständige Steuerberaterkammer trägt die datenschutzrechtliche Verantwortung für die von ihr in das Verzeichnis eingegebenen Daten, insbesondere für die Rechtmäßigkeit der Erhebung, die Vollständigkeit und die Richtigkeit der Daten. [5]Der Abruf einzelner Daten aus dem Gesamtverzeichnis steht jedem unentgeltlich zu.

(2) In das Verzeichnis sind einzutragen:

1. bei natürlichen Personen der Familienname und die Vornamen, das Geburtsjahr, die Geschäftsanschrift einschließlich der Anschriften aller Zweigstellen, die Berufsbezeichnung, unter der die Tätigkeit nach § 3a Absatz 5 im Inland zu erbringen ist, sowie der Name und die Anschrift der nach § 3a Absatz 2 Satz 2 zuständigen Steuerberaterkammer;
2. bei juristischen Personen und Personengesellschaften der Name oder die Firma, das Gründungsjahr, die Geschäftsanschrift einschließlich der Anschriften aller Zweigstellen, der Familienname und die Vornamen der gesetzlichen Vertreter, die Berufsbezeichnung, unter der die Tätigkeit nach § 3a Absatz 5 im Inland zu erbringen ist, der Name und die Anschrift der nach § 3a Absatz 2 Satz 2 zuständigen Steuerberaterkammer.

§ 3c StBerG Befugnis juristischer Personen und Vereinigungen zu vorübergehender und gelegentlicher Hilfeleistung in Steuersachen

Die §§ 3a und 3b gelten entsprechend für juristische Personen und Vereinigungen.

§ 3d StBerG Partieller Zugang, Voraussetzungen und Antrag

(1) [1]Eine Erlaubnis zu beschränkter geschäftsmäßiger Hilfeleistung in Steuersachen (partieller Zugang) wird im Einzelfall auf Antrag erteilt, wenn

1. der Antragsteller in einem anderen Mitgliedstaat der Europäischen Union oder in einem anderen Vertragsstaat des Abkommens über den Europäischen Wirtschaftsraum oder in der Schweiz (Herkunftsmitgliedstaat) zur Ausübung der beantragten Hilfeleistung in Steuersachen uneingeschränkt qualifiziert ist,
2. die Unterschiede zwischen der Tätigkeit des Antragstellers und der Tätigkeit eines Steuerberaters oder Steuerbevollmächtigten im Sinne des § 3 so groß sind, dass deren Ausgleich der Anforderung gleichkäme, die Befähigung für den Beruf des Steuerberaters nach § 37 zu erwerben und
3. die Tätigkeit des Antragstellers sich von den anderen Tätigkeiten, die von einem Steuerberater oder Steuerbevollmächtigten im Sinne des § 3 zu erbringen sind, objektiv trennen lässt.

[2]Für die Prüfung der Trennbarkeit der Tätigkeiten nach Satz 1 Nummer 3 berücksichtigt die zuständige Stelle, ob die Tätigkeit im Herkunftsmitgliedstaat eigenständig ausgeübt werden kann.

(2) [1]Der partielle Zugang ist bei der zuständigen Stelle zu beantragen. [2]Die zuständige Stelle bestimmt sich nach Maßgabe des § 3a Absatz 2 Satz 2. [3]Im Einvernehmen mit dieser, kann eine andere Steuerberaterkammer über die Gewährung des partiellen Zugangs entscheiden. [4]Das Einvernehmen ist in die Satzungen der beteiligten Steuerberaterkammern aufzunehmen.

(3) Der Antrag nach Absatz 1 muss enthalten:

1. den Familiennamen und den oder die Vornamen des Antragstellers,
2. das Geburtsdatum,
3. die Anschrift der beruflichen Niederlassung,
4. die Berufsbezeichnung, unter der die Tätigkeit im Inland erbracht werden soll,
5. die Tätigkeiten oder Tätigkeitsbereiche, die im Inland erbracht werden sollen,
6. einen Nachweis über die Berufsqualifikation,
7. eine Information über Einzelheiten zur Berufshaftpflichtversicherung oder eines anderen individuellen oder kollektiven Schutzes in Bezug auf die Berufshaftpflicht.

§ 3e StBerG Erlaubnis zum partiellen Zugang

(1) [1]Die Gewährung des partiellen Zugangs berechtigt die Person zur geschäftsmäßigen Hilfeleistung in Steuersachen im gesamten Hoheitsgebiet der Bundesrepublik Deutschland, beschränkt auf die Tätigkeit, für die partieller Zugang gewährt wurde. [2]Der Umfang der Befugnis zur Hilfeleistung in Steuersachen in dem betreffenden Teilbereich im Inland richtet sich nach dem Umfang dieser Befugnis im Herkunftsmitgliedstaat. [3]Bei der Ausübung der Tätigkeit sind die Berufsbezeichnung des Herkunftsmitgliedstaates und der Herkunftsmitgliedstaat anzugeben. [4]Eine Verwechslung mit der Berufsbezeichnung nach § 43 muss ausgeschlossen sein. [5]Dem Auftraggeber ist der Umfang des Tätigkeitsbereichs vor Leistungsbeginn in Textform mitzuteilen. [6]Im Übrigen gelten die Vorschriften des Dritten Abschnitts des Zweiten Teils sowie die auf Grund von § 85a Absatz 2 Nummer 2 erlassene Satzung entsprechend.

(2) [1]Die nach § 3d Absatz 2 Satz 2 zuständige Stelle kann alle aus ihrer Sicht zur Beurteilung des Antrags auf partiellen Zugang erforderlichen Informationen bei den zuständigen Stellen im Herkunftsmitgliedstaat einholen bei berechtigten Zweifeln

1. an der Befugnis des Antragstellers zur Hilfeleistung in Steuersachen im Herkunftsmitgliedstaat (§ 3d Absatz 1 Nummer 1),
2. an der guten Führung des Antragstellers oder
3. daran, dass keine berufsbezogenen disziplinarischen oder strafrechtlichen Sanktionen gegen den Antragsteller vorliegen.

[2]§ 30 der Abgabenordnung steht Satz 1 nicht entgegen.

(3) Der partielle Zugang kann verweigert werden, wenn die Verweigerung

1. durch zwingende Gründe des Allgemeininteresses gerechtfertigt ist,
2. geeignet ist, die Erreichung des verfolgten Ziels nach § 2 Absatz 1 Satz 2 zu gewährleisten, und
3. nicht über das hinausgeht, was zur Erreichung dieses Ziels erforderlich ist.

(4) [1]Die partiell zugelassene Person ist mit den Angaben nach § 3d Absatz 3 Nummer 1 bis 4, der zuständigen Stelle und dem Datum der Erteilung des partiellen Zugangs in das Berufsregister einzutragen. [2]Änderungen der Angaben nach § 3d Absatz 3 Nummer 1, 3 bis 5 und 7 sind der zuständigen Stelle unverzüglich schriftlich oder elektronisch mitzuteilen. [3]Die Eintragung der partiell zugelassenen Person ist zu löschen, wenn die partiell zugelassene Person auf diese Erlaubnis verzichtet oder der partielle Zugang unanfechtbar untersagt worden ist.

(5) Das Verfahren ist gebührenfrei.

§ 3f StBerG Untersagung des partiellen Zugangs

Die zuständige Stelle kann einer partiell zugelassenen Person die weitere Hilfeleistung in Steuersachen untersagen, wenn

1. der Person im Herkunftsmitgliedstaat die Ausübung der Tätigkeit untersagt wurde,
2. die Person im Einzelfall nicht über die für die konkrete Ausübung der Berufstätigkeit im Inland erforderlichen deutschen Sprachkenntnisse verfügt,
3. die Person wiederholt eine unrichtige Berufsbezeichnung führt,
4. die Person die Befugnis zu beschränkter geschäftsmäßiger Hilfeleistung in Steuersachen nach § 3e Absatz 1 Satz 1 und 2 überschreitet oder
5. die Person besonders schwerwiegend oder wiederholt gegen die Pflichten nach § 3e Absatz 1 Satz 3 bis 6 verstößt.

§ 3g StBerG Elektronisches Verzeichnis der partiell zugelassenen Personen

(1) [1]Die Bundessteuerberaterkammer führt ein elektronisches Verzeichnis aller Personen, denen nach § 3d Absatz 1 ein partieller Zugang erteilt worden ist und die nach § 3e Absatz 4 in das Berufsregister eingetragen sind. [2]Das Verzeichnis dient der Information der Behörden und Gerichte, der Rechtsuchenden sowie anderer am Rechtsverkehr Beteiligter. [3]Die Steuerberaterkammern geben die im Berufsregister nach § 3e Absatz 4 gespeicherten Daten im automatisierten Verfahren in das von der Bundessteuerberaterkammer geführte Verzeichnis ein. [4]Die zuständige Steuerberaterkammer trägt die datenschutzrechtliche Verantwortung für die von ihr in das Verzeichnis eingegebenen Daten, insbesondere für die Rechtmäßigkeit der Erhebung, die Vollständigkeit und die Richtigkeit der Daten. [5]Der Abruf einzelner Daten aus dem Gesamtverzeichnis steht jedermann unentgeltlich zu.

(2) In das elektronische Verzeichnis sind einzutragen
1. der Familienname und der oder die Vornamen,
2. das Geburtsdatum,
3. die Anschrift der beruflichen Niederlassung einschließlich der Anschriften aller Beratungsstellen,
4. die Berufsbezeichnung, unter der die Tätigkeit nach § 3e Absatz 1 Satz 2 im Inland zu erbringen ist, sowie
5. der Name und die Anschrift der nach § 3d Absatz 2 Satz 2 zuständigen Steuerberaterkammer.

§ 4 StBerG Befugnis zu beschränkter Hilfeleistung in Steuersachen

Zur geschäftsmäßigen Hilfeleistung in Steuersachen sind ferner befugt:

[…]

8. als Berufsvertretung oder auf ähnlicher Grundlage gebildete Vereine von Land- und Forstwirten, zu deren satzungsmäßiger Aufgabe die Hilfeleistung für land- und forstwirtschaftliche Betriebe im Sinne des Bewertungsgesetzes gehört, soweit sie diese Hilfe durch Personen leisten, die berechtigt sind, die Bezeichnung „Landwirtschaftliche Buchstelle" zu führen, und die Hilfe nicht die Ermittlung der Einkünfte aus selbständiger Arbeit oder aus Gewerbebetrieb betrifft, es sei denn, daß es sich hierbei um Nebeneinkünfte handelt, die üblicherweise bei Landwirten vorkommen,

[…]

11. Lohnsteuerhilfevereine, soweit sie für ihre Mitglieder Hilfe in Steuersachen leisten, wenn diese
    a) Einkünfte aus nichtselbständiger Arbeit, sonstige Einkünfte aus wiederkehrenden Bezügen (§ 22 Nr. 1 des Einkommensteuergesetzes), Einkünfte aus Unterhaltsleistungen (§ 22 Nr. 1a des Einkommensteuergesetzes) oder Einkünfte aus Leistungen nach § 22 Nr. 5 des Einkommensteuergesetzes erzielen,
    b) keine Einkünfte aus Land- und Forstwirtschaft, aus Gewerbebetrieb oder aus selbständiger Arbeit erzielen oder umsatzsteuerpflichtige Umsätze ausführen, es sei denn, die den Einkünften zugrunde liegenden Einnahmen sind nach § 3 Nummer 12, 26, 26a, 26b oder 72 des Einkommensteuergesetzes in voller Höhe steuerfrei, und
    c) Einnahmen aus anderen Einkunftsarten haben, die insgesamt die Höhe von achtzehntausend Euro, im Falle der Zusammenveranlagung von sechsunddreißigtausend Euro, nicht übersteigen und im Veranlagungsverfahren zu erklären sind oder auf Grund eines Antrags des Steuerpflichtigen erklärt werden. [2]An die Stelle der Einnahmen tritt in Fällen des § 20 Absatz 2 des Einkommensteuergesetzes der Gewinn im Sinne des § 20 Absatz 4 des Einkommensteuergesetzes und in den Fällen des § 23 Absatz 1 des Einkommensteuergesetzes der Gewinn im Sinne des § 23 Absatz 3 Satz 1 des Einkommensteuergesetzes; Verluste bleiben unberücksichtigt.

    [2]Die Befugnis erstreckt sich nur auf die Hilfeleistung bei der Einkommensteuer und ihren Zuschlagsteuern. [3]Soweit zulässig, berechtigt sie auch zur Hilfeleistung bei der Eigenheimzulage und der Investitionszulage nach den §§ 3 bis 4 des Investitionszulagengesetzes 1999, bei mit Kinderbetreuungskosten im Sinne von § 10 Absatz 1 Nummer 5 des Einkommensteuergesetzes sowie bei mit haushaltsnahen Beschäftigungsverhältnissen im Sinne des § 35a des Einkommensteuergesetzes zusammenhängenden Arbeitgeberaufgaben sowie

zur Hilfe bei Sachverhalten des Familienleistungsausgleichs im Sinne des Einkommensteuergesetzes und der sonstigen Zulagen und Prämien, auf die die Vorschriften der Abgabenordnung anzuwenden sind. [4]Mitglieder, die arbeitslos geworden sind, dürfen weiterhin beraten werden.

[…]

Literatur: Drüen/Thulfaut, Zur Europäisierung der Steuerberatung, IStR 2004, 499; Dürr, Die Reform des Finanzgerichtsprozesses zum 1.1.2001, Inf 2001, 65; Lange, Bekanntgabe eines während eines finanzgerichtlichen Verfahrens erlassenen Änderungsbescheides an den Prozeßbevollmächtigten, DStZ 1994, 417; Loose, Die Vertretung im finanzgerichtlichen Verfahren, AO-StB 2008, 252; Mack, Der Steueranwalt im Finanzgerichtsprozess, in Binnewies/Spatscheck (Hrsg.), FS für Michael Streck, Köln 2011, 337; Mann, Die Reichweite der gerichtlichen Vertretungsbefugnis von Steuerberatern im deutschen Prozessrecht, DStR Beihefter 2017 zu Nr. 20, 65; Pump, Die Mandatsniederlegung im Besteuerungsverfahren und im Rechtsstreit vor dem Finanzgericht und dem Bundesfinanzhof, Inf 1993, 483; Schenke, Die Vertretungsbefugnis von Rechtslehrern an einer deutschen Hochschule im verwaltungsgerichtlichen Verfahren, DVBl. 1990, 1151; Seer, Defizite im finanzgerichtlichen Rechtsschutz – zugleich eine kritische Auseinandersetzung mit dem 2. FGO-Änderungsgesetz v. 19.12.2000, StuW 2001, 3, 13 f.; Spindler, Die Neuregelung des Vertretungsrechts im finanzgerichtlichen Verfahren, DB 2008, 1283; Spindler, Der Anwalt als „Organ der Steuerrechtspflege" und Interessenvertreter, in Binnewies/Spatscheck (Hrsg.), FS Michael Streck, 2011, 417; Zuck, Postulationsfähigkeit und Anwaltszwang, JZ 1993, 500.

Übersicht

Rn.

I. Selbstvertretungsrecht nach § 62 I 1
II. Vertretung durch Bevollmächtigte nach § 62 II 5
1. Wesen und Wirkung der Bevollmächtigung 5
2. Erteilung der Vollmacht 6
3. Umfang der Bevollmächtigung 8
4. Dauer der Bevollmächtigung 13
5. Von § 62 II als Bevollmächtigte zugelassene Personen 20
a) Abschließende Aufzählung in § 62 II 20
b) Vertretung durch einen Rechtsanwalt, Steuerberater, Steuerbevollmächtigten, Wirtschaftsprüfer oder vereidigten Buchprüfer (§ 62 II 1 Hs. 1) 21
c) Vertretung durch Gesellschaften (§ 62 II 1 Hs. 2) 24
d) Vertretung durch weitere Personen vor den Finanzgerichten (§ 62 II 2) 28
III. Zurückweisung von Bevollmächtigten nach § 62 III 40
1. Zurückweisung nicht vertretungsbefugter Bevollmächtigter (§ 62 III 1 u. 2) 40
2. Untersagung der weiteren Vertretung (§ 62 III 3) 43
3. Entscheidung durch unanfechtbaren Beschluss und Wirkung des Beschlusses 48
IV. Vertretung vor dem Bundesfinanzhof nach § 62 IV 55
1. Grundsatz des Vertretungszwangs (§ 62 IV 1) 55
2. Sachlicher Umfang des Vertretungszwangs (§ 62 IV 1 u. 2) 60
3. Vertretungsbefugte Personen und Gesellschaften (§ 62 IV 3) 67
4. Vertretung von Behörden und juristischen Personen des öffentlichen Rechts (§ 62 IV 4) 68
5. Eigenvertretung (§ 62 IV 5) 70

Rn.
6. Bestellung eines Bevollmächtigten durch den BFH 72
7. Inhalt und Rechtsfolge des Vertretungszwangs 73
V. Richter und ehrenamtliche Richter als Bevollmächtigte nach § 62 V 78
VI. Vorlage der Vollmacht und Mangel der Vollmacht nach § 62 VI . 80
1. Einreichung der schriftlichen Vollmacht zu den Gerichtsakten (§ 62 VI 1) 80
2. Nachreichung der Vollmacht und Fristsetzung (§ 62 VI 2) 89
3. Geltendmachung des Mangels in jeder Lage des Verfahrens (§ 62 VI 3) 98
4. Grundsätzliche Berücksichtigung des Mangels von Amts wegen (§ 62 VI 4) 100
5. Zustellungen und Mitteilungen an den Bevollmächtigten (§ 62 VI 5) 110
VII. Beistände nach § 62 VII 117

I. Selbstvertretungsrecht nach § 62 I

1 § 62 I sieht ausdrücklich vor, dass die Beteiligten **vor dem Finanzgericht** den Rechtsstreit selbst führen können. Sie können **nicht gezwungen werden, sich** durch einen Bevollmächtigten **vertreten zu lassen,** und zwar auch dann nicht, wenn sie nicht in der Lage sind, ihre Interessen gehörig wahrzunehmen (glA Tipke/Kruse/Loose § 62 Rn. 1). – **Vor dem Bundesfinanzhof** besteht nach § 62 IV **Vertretungszwang** (→ Rn. 55 ff.).

2 Ist der **Beteiligte keine natürliche Person,** so handelt für ihn derjenige, für den eine **sachlich-rechtliche Vertretungsmacht** besteht. Diese schließt die Befugnis zur Prozessführung ein. Gesetzliche Vertreter, geschäftsführende (vertretungsberechtigte) Gesellschafter (§§ 705, 714 BGB), Geschäftsführer (§ 35 GmbHG), Handlungs- und Generalbevollmächtigte, Prokuristen und Verwalter fremden Vermögens (§ 34 III AO) benötigen daher keine Prozessvollmacht (BFH I R 96/94, BStBl. II 1995, 204 mwN; s. aber zum Verlust der Vertretungsbefugnis infolge Löschung der GmbH im Handelsregister BFH I R 32/91, BFH/NV 1992, 397; → Rn. 6 aE). Der **Nachweis** der sachlich-rechtlichen Vertretungsbefugnis erfolgt durch Vorlage der Urkunde, aus der sich die Vertretungsmacht ergibt (Handelsregisterauszug, Bestallung, Gesellschaftsvertrag, Satzung usw) oder durch Auskunft der zuständigen Stelle. Fristsetzung nach § 79b II Nr. 2 ist mE möglich (s. auch ThürFG I 308/99, EFG 2000, 230: Fristsetzung nach § 79b II Nr. 1; ferner → § 79b Rn. 20 ff.).

3 **Behörden** handeln durch den Behördenleiter (beim FA der Vorsteher), der seinerseits einzelne Bedienstete bevollmächtigen kann. Selbst wenn dies im Rahmen einer Generalvollmacht geschieht, sind diese Bediensteten keine Bevollmächtigten iSd des § 62. Denn sie sind – ebenso wie der Behördenleiter – aus der inneren Organisation der Behörde von Amts wegen berufene Vertreter, die durch ihre Dienststellung und nicht durch einen besonderen Auftrag legitimiert werden (BFH III R 190/86, BFH/NV 1992, 41; IV B 95/96, BFH/NV 1998, 456). Wird hingegen eine andere Person bevollmächtigt (Rechtsanwalt oder Beamter einer anderen Behörde), gilt § 62 II ff. uneingeschränkt (→ Rn. 30).

II. Vertretung durch Bevollmächtigte nach § 62 II

1. Wesen und Wirkung der Bevollmächtigung

Nach § 62 II 1 können sich die Beteiligten vor dem FG (zu Verfahren vor dem BFH → Rn. 55) durch die dort genannten Personen (→ Rn. 20 ff.) vertreten lassen. § 62 II 1 betrifft dabei **rechtsgeschäftlich bestellte Bevollmächtigte** (zur gesetzlichen Vertretung → Rn. 2). Das **Wesen der rechtsgeschäftlichen Bevollmächtigung** besteht darin, dass der Bevollmächtigte bindend für den Vollmachtgeber handelt (§ 85 I 1 ZPO), insbes. Prozesshandlungen mit unmittelbarer Wirkung für und gegen den Beteiligten vornimmt. Trotz bestehender Bevollmächtigung kann der Beteiligte **tatsächliche Erklärungen** des Bevollmächtigten widerrufen oder berichtigen (§ 85 I 2 ZPO) und auch eigene tatsächliche Erklärungen abgeben. Es ist dann das von dem Beteiligten selbst Erklärte maßgeblich, und zwar auch bei Vertretungszwang (zum Äußerungsrecht des Beteiligten s. BVerwG 9 C 1007/81, HFR 1985, 45). Für **Prozesshandlungen** gilt dies jedoch nur dann, wenn kein Vertretungszwang besteht – Zur **Rückwirkung** einer erst nachträglich erteilten Vollmacht s. FG Hmb III 80/02, EFG 2004, 954; III 81/02, EFG 2004, 1003. 5

2. Erteilung der Vollmacht

Die Bevollmächtigung erfolgt durch einseitige empfangsbedürftige Erklärung ggü. dem Bevollmächtigten, dem Gericht oder dem Prozessgegner. Die Erklärung wird mit dem Zugang (§ 130 BGB) wirksam (s. zur Wirksamkeit auch BFH IV R 6/10, BFH/NV 2013, 1584: Verstoß gegen Verbot der Wahrnehmung widerstreitender Interessen führt nicht zur Unwirksamkeit der Bevollmächtigung). Aufgrund der Erklärung muss das Gericht zurückverfolgen können, ob der Prozessvertreter seine Bevollmächtigung auch tatsächlich vom Verfahrensbeteiligten ableiten kann (BFH VIII B 85/92, BFH/NV 1994, 332). Die Grundsätze der **Anscheinsvollmacht** gelten auch im finanzgerichtlichen Verfahren. Daher ist eine Vollmachterteilung auch dann zu bejahen, wenn der Vertretene das Verhalten seines angeblichen Vertreters bei pflichtgemäßer Sorgfalt hätte kennen und verhindern können, und wenn der andere Teil annehmen durfte, der Vertretene billige das Handeln des Vertreters, was in aller Regel nur dann der Fall ist, wenn das Verhalten des Vertreters eine gewisse Dauer und Häufigkeit aufweist (BFH IV B 28/09, BFH/NV 2010, 1242; X B 12/10, BFH/NV 2011, 1170). – Die Erteilung der Prozessvollmacht durch den Kläger ist **Prozesshandlung** (BFH IX B 49/84, BStBl. II 1985, 215; Tipke/Kruse/Loose § 62 Rn. 15) und setzt daher **Prozess- und Beteiligtenfähigkeit** (§§ 57, 58) voraus (BFH IX S 8/99, BFH/NV 1999, 1631: keine Bestellung eines Prozessvertreters nach § 57 ZPO für einen prozessunfähigen Kläger). Deshalb ist eine Vollmachterteilung durch einen **Insolvenzverwalter** nach Aufhebung des Insolvenzverfahrens unwirksam (FG LSA 3 K 59/09, EFG 2012, 1179). Ebenso kann eine noch nicht errichtete und noch nicht ins Handelsregister eingetragene **GmbH** keine wirksame Vollmacht erteilen (FG München VII 183/74, EFG 1975, 375). Andererseits bleibt eine **vor dem Erlöschen einer Kapitalgesellschaft** erteilte Prozessvollmacht wirksam (BFH IV R 119/90, BFH/NV 1992, 614). Eine aufgelöste und im Handelsregister gelöschte KapGes kann durch den **Nachtragsliquidator** wirksam Prozessvollmacht erteilen (BFH VIII R 8/91, BStBl. II 1993, 864 mwN). 6

7 Bei **juristischen Personen** wird die Vollmacht durch deren gesetzliche Vertreter erteilt, bei **Personenvereinigung** grds. von allen Gesellschaftern/Gemeinschaftern, und zwar unabhängig davon, ob es sich um eine nichtrechtsfähige oder um eine steuerrechts- und beteiligtenfähige Personenvereinigung handelt (zB eine BGB-Gesellschaft in GewSt-, USt- oder GrESt-Sachen; stRspr, zB BFH V R 73/96, BFH/NV 1997, 770; V B 49/03, BFH/NV 2004, 360). Etwas anderes gilt nur dann, wenn einzelne Gesellschafter/Gemeinschafter vertretungsbefugt oder von den anderen bevollmächtigt sind (zur Notwendigkeit der Vollmachtserteilung durch den geschäftsführenden Gesellschafter einer BGB-Gesellschaft s. BFH XI R 9/94, BFH/NV 1994, 890). – Zu **Streitgenossen und Ehegatten** s. BFH X R 37/01, BFH/NV 2003, 341 mwN; zu **Minderjährigen** s. BFH VIII R 143/85, BFH/NV 1986, 747). – Als Prozesshandlung ist die Vollmachtserteilung **nicht anfechtbar** wegen eines Willensmangels (§§ 119, 123 BGB; zum Widerruf → Rn. 14). – Die **Schriftform** ist kein wesentliches Wirksamkeitserfordernis für die Vollmachterteilung. Sie ist auch formlos möglich (BFH IV B 28/09, BFH/NV 2010, 1242 zur Untervollmacht).

3. Umfang der Bevollmächtigung

8 Der **Umfang der Vollmacht** ergibt sich aus den (gem. § 155 entsprechend anzuwendenden) §§ 81–84 ZPO:

§ 81 ZPO Umfang der Prozessvollmacht

Die Prozessvollmacht ermächtigt zu allen den Rechtsstreit betreffenden Prozesshandlungen, einschließlich derjenigen, die durch eine Widerklage, eine Wiederaufnahme des Verfahrens, eine Rüge nach § 321a und die Zwangsvollstreckung veranlasst werden; zur Bestellung eines Vertreters sowie eines Bevollmächtigten für die höheren Instanzen; zur Beseitigung des Rechtsstreits durch Vergleich, Verzichtleistung auf den Streitgegenstand oder Anerkennung des von dem Gegner geltend gemachten Anspruchs; zur Empfangnahme der von dem Gegner oder aus der Staatskasse zu erstattenden Kosten.

§ 82 ZPO Geltung für Nebenverfahren

Die Vollmacht für den Hauptprozess umfasst die Vollmacht für das eine Hauptintervention, einen Arrest oder eine einstweilige Verfügung betreffende Verfahren.

§ 83 ZPO Beschränkung der Prozessvollmacht

(1) Eine Beschränkung des gesetzlichen Umfanges der Vollmacht hat dem Gegner gegenüber nur insoweit rechtliche Wirkung, als diese Beschränkung die Beseitigung des Rechtsstreits durch Vergleich, Verzichtleistung auf den Streitgegenstand oder Anerkennung des von dem Gegner geltend gemachten Anspruchs betrifft.

(2) Insoweit eine Vertretung durch Anwälte nicht geboten ist, kann eine Vollmacht für einzelne Prozesshandlungen erteilt werden.

§ 84 ZPO Mehrere Prozessbevollmächtigte

[1]Mehrere Bevollmächtigte sind berechtigt, sowohl gemeinschaftlich als einzeln die Partei zu vertreten. [2]Eine abweichende Bestimmung der Vollmacht hat dem Gegner gegenüber keine rechtliche Wirkung.

Zu § 81 ZPO: Die Prozessvollmacht ermächtigt zur Vornahme aller das Verfahren betreffenden Prozesshandlungen, auch zur Einlegung der **Revision** und Erhebung der **Wiederaufnahmeklage.** Sie umfasst die Zustellung und **Bekanntgabe** von VA, die den Klagegegenstand betreffen, insbes. von **Änderungsbescheiden** gem. § 68 (BFH IX R 19/92, BFH/NV 1995, 596; X R 37/95, BStBl. II 1998, 266 mwN). Die Prozessvollmacht schließt das Recht ein, **Untervollmachten** zu erteilen, insbes. für das Verfahren vor dem BFH (BFH VIII B 101/88, BFH/NV 1989, 382; IV B 28/09, BFH/NV 2010, 1242; zum Erlöschen dieses Rechts nach Widerruf der Bestellung zum Steuerberater s. BFH XI B 206–208/02, BFH/NV 2003, 1335). – Die Befugnis des Prozessbevollmächtigten, die vom Gegner zu erstattenden **Kosten in Empfang zu nehmen,** erstreckt sich nicht auf Vergütungs- oder Abgabenerstattungsansprüche (RFH V 554/37, RFHE 47, 168). – Der Umfang einer im **Ausland** erteilten Vollmacht richtet sich grds. nach dem sog. **Wirkungsstatut,** dh nach dem Recht des Landes, in dem die Vollmacht wirken soll. 9

Zu § 82 ZPO: Die Prozessvollmacht für das Hauptsacheverfahren umfasst die Vollmacht für die **Nebenverfahren,** insbes. den Antrag auf AdV (§ 69) und auf Erlass einer einstweiligen Anordnung (§ 114). 10

Zu § 83 ZPO: In **Verfahren vor dem Finanzgericht** ist eine **Beschränkung des** gesetzlichen **Umfangs der Prozessvollmacht** grds. möglich (BFH II B 68/82, BStBl. II 1983, 644 (645)). So kann die Bevollmächtigung beschränkt werden auf einzelne Prozesshandlungen (§ 83 II ZPO; BFH IX R 177/88, BFH/NV 1990, 644 zur Terminsvollmacht), auf die Vertretung nur in einer Instanz (BFH XI R 70/97, BFH/NV 1998, 876), auf bestimmte Steuerarten und Streitjahre (FG Münster V 1868/76, EFG 1977, 550) oder auf eine bestimmte Zeit. Umgekehrt können bestimmte Bereiche von der Vollmacht ausgenommen werden, so zB die Vertretung in der mündlichen Verhandlung (BFH V B 95/11, BFH/NV 2012, 1987: Ladung ist an Kläger zuzustellen). Wirksam ist die Beschränkung im **Außenverhältnis** – also ggü. dem Gericht und den übrigen Beteiligten – allerdings nur, wenn sie sich aus der Vollmachtsurkunde selbst oder ausdrücklich aus einer anderen schriftlichen Erklärung des Vollmachtgebers ergibt (BFH X S 14/96, BFH/NV 1998, 470). Ist dies der Fall, sind Prozesshandlungen des Bevollmächtigten, die den Rahmen seiner Vertretungsmacht überschreiten, wegen Fehlens einer Prozesshandlungsvoraussetzung unbeachtlich. Der Bevollmächtigte handelt insoweit als vollmachtloser Vertreter. Im **Innenverhältnis,** also ggü. dem Vollmachtgeber, sind Beschränkungen der Vollmacht ohne weiteres wirksam (bei Nichtbeachtung ggf. Schadenersatzpflicht). – In **Verfahren vor dem Bundesfinanzhof** ist eine Beschränkung des gesetzlichen Umfangs der Prozessvollmacht wegen des nach § 62 IV bestehenden Vertretungszwangs **unzulässig** (BFH XI E 4/12, BFH/NV 2013, 398 mwN). 11

Zu § 84 ZPO: Wird ein Beteiligter durch **mehrere Bevollmächtigte** vertreten, kann jeder einzeln mit Wirkung für und gegen den Vertretenen handeln. Eine Einschränkung (Gesamtvertretung) ist nicht zulässig (§ 84 S. 2 ZPO). Bindende Erklärungen eines Prozessbevollmächtigten (zB Klagerücknahme, -verzicht) sind wirksam und können durch den Widerspruch des anderen nicht beseitigt werden (BFH X B 13/87, BFH/NV 1988, 453). Bei anderen sich widersprechenden Prozesshandlungen und widersprüchlichen tatsächlichen Behauptungen gilt die jeweils letzte, gleichzeitige heben sich auf. 12

4. Dauer der Bevollmächtigung

13 Hinsichtlich der **Dauer der Vollmacht** gelten nach § 155 die §§ 86, 87 ZPO.

§ 86 ZPO Fortbestand der Prozessvollmacht

Die Vollmacht wird weder durch den Tod des Vollmachtgebers noch durch eine Veränderung in seiner Prozessfähigkeit oder seiner gesetzlichen Vertretung aufgehoben; der Bevollmächtigte hat jedoch, wenn er nach Aussetzung des Rechtsstreits für den Nachfolger im Rechtsstreit auftritt, dessen Vollmacht beizubringen.

§ 87 ZPO Erlöschen der Vollmacht

(1) Dem Gegner gegenüber erlangt die Kündigung des Vollmachtvertrags erst durch die Anzeige des Erlöschens der Vollmacht, in Anwaltsprozessen erst durch die Anzeige der Bestellung eines anderen Anwalts rechtliche Wirksamkeit.

(2) Der Bevollmächtigte wird durch die von seiner Seite erfolgte Kündigung nicht gehindert, für den Vollmachtgeber so lange zu handeln, bis dieser für Wahrnehmung seiner Rechte in anderer Weise gesorgt hat.

14 Die **Vollmacht erlischt** mit dem Tod des Bevollmächtigten, Zweckerreichung und Eröffnung des Insolvenzverfahrens über das Vermögen des Beteiligten (§ 117 InsO; FG LSA 3 K 640/12, EFG 2015, 137; s. auch BFH I B 30/03, BFH/NV 2003, 1434: nicht schon bei Bestellung eines vorläufigen Insolvenzverwalters). Die Vollmacht erlischt ferner mit der **Kündigung des Vollmachtvertrages** (§ 87 ZPO; vgl. BFH V B 102/93, BFH/NV 1994, 643) und **Widerruf** (mit Wirkung ex nunc: BFH I B 30/03, BFH/NV 2003, 1434). An den Widerruf ist keine höhere Anforderung zu stellen als an die Vollmachtserteilung (BFH I B 30/03, BFH/NV 2003, 1434: wirksamer Widerruf durch nicht unterschriebenes Faxschreiben; s. auch BFH IX B 256/89, BFH/NV 1990, 788: Widerruf anzunehmen, wenn der Kläger auf Anfrage erklärt, er beabsichtige nicht, Klage zu erheben). Durch einen Wechsel in der gesetzlichen Vertretung des Vollmachtgebers wird die Vollmacht ebenso wenig berührt wie durch den Tod des Vollmachtgebers (BFH X B 79/01, BFH/NV 2002, 1035) oder dadurch, dass der Vollmachtgeber nach Erteilung der Vollmacht seine Prozessfähigkeit verliert (BGH II ZR 62/92, NJW 1993, 1654); das gilt auch dann, wenn wegen § 62 VI 4 (→ Rn. 100 ff.) keine schriftliche Vollmacht vorgelegt worden war (BFH X B 79/01, BFH/NV 2002, 1035). Auch in der **Bestellung eines anderen Bevollmächtigten** ist noch kein Widerruf der Vollmacht des zunächst Bestellten zu sehen, da ein Beteiligter sich auch durch mehrere Bevollmächtigte vertreten lassen kann (BGH IVb ZB 567/80, HFR 1981, 89; → Rn. 8, 12; aA anscheinend BSG 11 RAr 31/88, DVBl 1990, 216).

Wirkung ggü. dem Gericht entfaltet das Erlöschen der Prozessvollmacht in den Fällen des Widerrufs erst dann, wenn ihm diese Umstände angezeigt werden (vgl. § 87 I ZPO; BFH V B 102/93, BFH/NV 1994, 643; X S 14/96, BFH/NV 1998, 470). Nimmt das Gericht bis zu diesem Zeitpunkt Prozesshandlungen ggü. dem bisherigen Bevollmächtigten vor, so bleiben diese auch dann wirksam, wenn es später von der bereits zuvor erfolgten Beendigung des Mandatsverhältnisses erfährt (zur **Ladung** BFH X R 66/93, BFH/NV 1994, 499; VIII B 126–127/94, BFH/NV 1996, 144). Das gilt aber nur, wenn die Prozesshandlung vor der Kenntnisnahme von dem Erlöschen der Prozessvollmacht bereits vollständig bewirkt ist. Zustellungen an den Bevollmächtigten sind daher nicht wirksam, wenn die Mitteilung über die Beendigung des Mandatsverhältnisses dem Gericht zwar nach Absendung des Schriftstücks, aber noch vor Bewirkung der Zustellung zugeht (BFH V B 102/93, BFH/NV 1994, 643: „bis zum Zeitpunkt der Zustellung"; aA BSG 12 RJ 330/74, HFR 1975, 582). – Ob auch die dem Gericht ggü. angezeigte **Mandatsniederlegung** unmittelbar zu einer Beendigung der Bevollmächtigung führt, ist str. (bejahend ohne weitere Anforderungen FG München 11 K 3990/04, EFG 2008, 999). Soweit das FG Köln (2 K 7526/96, EFG 1998, 988) mE zutreffend verlangt, dass die Kündigung des zugrundeliegenden Vollmachtvertrages wirksam ist, wird man dies in der Praxis weitgehend als gegeben unterstellen können. Allerdings kann es in Ausnahmefällen angezeigt sein, dies zu überprüfen. Das ist zB dann geboten, wenn der Bevollmächtigte vor der Mandatsniederlegung mitgeteilt hatte, er habe **keinen Kontakt mehr zu seinem Auftraggeber,** und wenn er durch die Mandatsniederlegung versucht, sich seiner Verantwortung zu entziehen (BVerwG 9 CB 1092/81, HFR 1985, 90 mwN; FG Bbg 5 K 1800/05, EFG 2010, 349 zum Fall der Fortgeltung der Vollmacht trotz Löschung der klagenden GmbH im Handelsregister). – Trotz Beendigung des Mandatsverhältnisses kann der Bevollmächtigte so lange für den Beteiligten handeln, bis dieser in anderer Weise für die Wahrnehmung seiner Rechte gesorgt hat (§ 87 II ZPO).

In **Verfahren vor dem BFH** entfalten der Widerruf der Bevollmächtigung **15**
und die Mandatsniederlegung wegen des Vertretungszwangs (§ 62 IV) erst mit der Anzeige der Bestellung eines anderen Bevollmächtigten Wirkung (stRspr, zB BFH VI R 203/98, BFH/NV 2000, 59; II B 110/02, BFH/NV 2003, 1070; X B 99/08, BFH/NV 2008, 2039; V B 101/08, BFH/NV 2009, 399; V B 139/08, BFH/NV 2010, 2085; V B 9/09, BFH/NV 2011, 623; V K 2/09, BFH/NV 2011, 828; X B 42/11, BFH/NV 2012, 439; X B 181/12, BFH/NV 2013, 242; I B 197/13, BFH/NV 2015, 224; IX E 1/24, BFH/NV 2024, 408, Rn. 16). Bis zu diesem Zeitpunkt wirkt die ursprüngliche Bevollmächtigung fort (BFH V B 157/97, BFH/NV 1998, 1237; zur erneuten Bevollmächtigung des bisherigen Bevollmächtigten s. BFH VI R 203/98, BFH/NV 2000, 59).

Bei **ausländischen Vollmachten** ist auch hinsichtlich ihres Bestandes das **16**
Recht des Staates maßgebend, in dem sie Wirkung entfalten sollen (BFH I R 17/77, BStBl. II 1978, 56). Die Vertretungsmacht desjenigen Ausländers, der die Prozessvollmacht erteilt hat, ist jedoch nach dem auswärtigen Recht zu beurteilen (BGH III ZR 142/89, NJW 1990, 3088).

5. Von § 62 II als Bevollmächtigte zugelassene Personen

a) Abschließende Aufzählung in § 62 II. § 62 II zählt auf, wer als Bevoll- **20**
mächtigter vor dem FG vertretungsbefugt ist. Die Aufzählung ist abschließend (Tipke/Kruse/Loose § 62 Rn. 8). Das ergibt sich schon aus dem Wortlaut des § 62 II 2, wonach „darüber hinaus nur" die dort weiter genannten Personen eine Vertretung übernehmen dürfen. Folglich sind **andere Personen von der Vertretung ausgeschlossen.** Das gilt auch für **Rechtslehrer** (ua **Professoren**) an wissenschaftlichen deutschen Hochschulen, wenn sie nicht gleichzeitig als Rechtsanwalt, Steuerberater usw zugelassen sind. Für sie besteht auch kein Gewohnheitsrecht zur Prozessvertretung (BFH IV R 33/89, BFH/NV 1990, 251; aA Deumeland RiA 1988, 118 (119); s. auch BVerwG 1 WB 34/87, NJW 1988, 220).

**b) Vertretung durch einen Rechtsanwalt, Steuerberater, Steuerbevoll- 21
mächtigten, Wirtschaftsprüfer oder vereidigten Buchprüfer (§ 62 II 1**

Hs. 1). § 62 II 1 Hs. 1 lässt (zunächst) nur Rechtsanwälte, Steuerberater, Steuerbevollmächtigte, Wirtschaftsprüfer oder vereidigte Buchprüfer als Bevollmächtigte zu. Das erfordert, dass die bevollmächtigte Person als Rechtsanwalt, Steuerberater usw **zum Zeitpunkt der** Vornahme der zu beurteilenden **Prozesshandlung** (BFH X B 44/04, BFH/NV 2005, 573) **zugelassen sein** muss; dass sie die Qualifikationsmerkmale erfüllt, genügt allein nicht (zB BFH XI R 33/00, BFH/NV 2001, 607; zum Widerruf der Bestellung als Steuerberater s. zB BFH X B 137/02, BFH/NV 2004, 92; X B 5/03, BFH/NV 2004, 94; X B 82/03, BFH/NV 2004, 671 jeweils mwN; BFH IX B 219/02, BFH/NV 2003, 1451: kein Suspensiveffekt bei außerordentlichem Rechtsbehelf; zu einem mit einem Berufsverbot belegten Steuerberater BFH X B 111/89, BFH/NV 1990, 447; s. auch VII R 58/93, BFH/NV 1995, 7 zu einem Rechtsanwalt, der als Insolvenzverwalter die Praxis eines in Insolvenz gefallenen Steuerberaters fortführt). Ist er zugelassen, ist der Rechtsanwalt usw vertretungsbefugt, selbst wenn die Zulassung eigentlich entzogen werden müsste (BFH VI B 12/66, BStBl. III 1967, 295). Zur Wirkung des Entzugs → Rn. 41. Zu Sozietäten → Rn. 113.

22 **Niedergelassene europäische Rechtsanwälte** stehen nach § 2 I EuRAG den inländischen Rechtsanwälten gleich, so dass die **Vertretung** vor den FG und dem BFH durch sie **uneingeschränkt** erfolgen kann (BR-Drs. 623/06, 218; abl. für Advocates nach dem Recht Großbritanniens: BFH II R 33/16, BStBl. II 2017, 663). Gleichwohl sind sie keine Rechtsanwälte im Sinne des nationalen Rechts, sondern nur befugt, unter der Bezeichnung ihres Herkunftslandes die Tätigkeit eines Rechtsanwalts auszuüben (BFH VII B 221/11, BFH/NV 2012, 1805). Diese Gleichstellung setzt voraus, dass sich der Rechtsanwalt zum Zeitpunkt der Vornahme der zu beurteilenden Prozesshandlung (BFH X B 44/04, BFH/NV 2005, 573) in seinem Herkunftsstaat bei der zuständigen Stelle als europäischer Rechtsanwalt hat eintragen lassen (§ 2 II EuRAG), dass er eine Niederlassung im Inland hat (BFH VII B 124/08, BFH/NV 2009, 614; VIII B 70/19, BFH/NV 2020, 212) und dass er auf seinen Antrag hin in die für den Ort seiner Niederlassung zuständige Rechtsanwaltskammer aufgenommen wurde (§ 2 I EuRAG; s. hierzu auch EuGH C-58/13, NJW 2014, 2849 mAnm Lörcher-Torresi; BFH II R 33/16, BStBl. II 2017, 663; V B 12/17, BFH/NV 2017, 1464; FG München 15 K 4603/06, EFG 2011, 168: keine Berufung auf die Dienstleistungsfreiheit). – Ist der Rechtsanwalt demgegenüber ohne Niederlassung im Inland und damit ohne Aufnahme in eine inländische Rechtsanwaltskammer nur vorübergehend in der Bundesrepublik Deutschland tätig (sog. **dienstleistender europäischer Rechtsanwalt** iSv § 25 EuRAG), so ist er ohne Einschränkungen nur zur Vertretung vor den **Finanzgerichten** befugt, weil die Beteiligten den Rechtsstreit dort nach § 62 I selbst führen können (s. § 28 I EuRAG iVm Art. 5 III 1 der RL 98/5/EG des Europäischen Parlaments und des Rates v. 16.2.1998 zur Erleichterung der ständigen Ausübung des Rechtsanwaltsberufs in einem anderen Mitgliedstaat als dem, in dem die Qualifikation erworben wurde, ABl. 1998 L 77, 36, zuletzt geändert durch die RL 2013/25/EU des Rates v. 13.5.2013, ABl. L 158, 368 (375)). Vor dem **Bundesfinanzhof** muss er im – von ihm nachzuweisenden – Einvernehmen mit einem zur Vertretung beim BFH befugten Rechtsanwalt tätig werden, also einem im Inland zugelassenen Rechtsanwalt (→ Rn. 21) oder einem niedergelassenen europäischen Rechtsanwalt (s. oben), weil der Beteiligte das Verfahren dort nach § 62 IV nicht selbst führen darf (§ 28 I EuRAG iVm Art. 5 III 1 der RL 98/5/EG ABl. 1998 L 77, 36; BFH II R 2/04, BFH/NV 2005, 718; III R 31/12, BFH/NV 2013, 1607; s. aber auch BFH VII B 221/11, BFH/

NV 2012, 1805, Rn. 20: es liegt nahe, dass auch dienstleistende europäische Rechtsanwälte vor dem BFH vertretungsbefugt sind). Art. 5 III 2 der RL 98/5/EG (ABl. 1998 L 77, 36) gestattet es zwar den Mitgliedstaaten, besondere Regelungen für den Zugang zu den höchsten Gerichten zu schaffen. Eine über die Einschaltung eines Einvernehmensanwalts nach § 28 I EuRAG hinausgehende Vorschrift hat der Gesetzgeber aber nicht getroffen (daher überholt durch das zwischenzeitliche Inkrafttreten des EuRAG: BFH V B 167/99, BFH/NV 2000, 874). Zur **im Ausland ansässigen Sozietät** → Rn. 26. Zur **nur vorübergehenden und gelegentlichen Hilfe in Steuersachen** nach § 3a StBerG → Rn. 32.

c) Vertretung durch Gesellschaften (§ 62 II 1 Hs. 2). Abweichend von dem Grundsatz, dass der Bevollmächtigte prozess- und beteiligtenfähig sein muss (→ Rn. 6) lässt § 62 II 1 Hs. 2 die Bevollmächtigung von Gesellschaften iSd § 3 Satz 1 Nr. 2 u. 3 StBerG zu. Dazu gehören einerseits **Partnerschaftsgesellschaften** iSd PartGG (§ 3 Satz 1 Nr. 2 StBerG) und andererseits Steuerberatungsgesellschaften, Rechtsanwaltsgesellschaften, Wirtschaftsprüfungsgesellschaften und Buchprüfungsgesellschaften (§ 3 I Nr. 3 StBerG), wobei es gleichgültig ist, ob es sich um eine **GbR, KG, OHG, GmbH oder AG** handelt. Steuerberatungsgesellschaften bedürfen nach § 32 III StBerG der **Anerkennung,** die bis zum 31.7.2022 den Nachweis voraussetzte, dass die Gesellschaft von Steuerberatern verantwortlich geführt wird (s. dazu sowie zu Wirtschaftsprüfungs- und Rechtsanwaltsgesellschaften BFH II R 33/16, BStBl. II 2017, 663; XI B 98/18, BFH/NV 2019, 1233). Die Gesellschaften handeln nach **§ 62 II 3** durch ihre **Organe,** also die Geschäftsführer und – sofern solche nicht bestellt sind – durch die Gesellschafter sowie durch die mit der Prozessvertretung beauftragten **Vertreter.** Damit die Gesellschaft vertretungsbefugt ist, muss die handelnde Person eine solche **iSd § 62 II 1 Hs. 1** sein, also Rechtsanwalt, Steuerberater, Steuerbevollmächtigter, Wirtschaftsprüfer oder vereidigter Buchprüfer (abl. für Belastungsadviseure und Advocates BFH II R 53/13, BFH/NV 2014, 1557; II R 33/16, BStBl. II 2017, 663; V B 12/17, BFH/NV 2017, 1464; → Rn. 21 f. und 32). Sie muss alle Schriftsätze im Namen der Gesellschaft unterzeichnen und alle Prozesshandlungen für die Gesellschaft vornehmen. Ist die Person kein Organ der Gesellschaft, muss ggf. eine **Untervollmacht** erteilt werden (BFH X R 77/95, BFH/NV 1999, 625). 24

Geht aus den eingereichten Schriftsätzen (insbes. Klage- und Rechtsmittelschrift) **nicht eindeutig** hervor, **ob die Gesellschaft** selbst oder eine für diese Gesellschaft tätige natürliche Person **bevollmächtigt sein soll,** so ist dies zu klären (s. dazu FG Nürnberg II 237/95, EFG 1996, 872). Es ergeben sich zwar keine Auswirkungen für die Zulässigkeit des der Klage oder des Rechtsmittels, wohl aber für die Frage des Umfangs der Vollmacht. Denn wenn der Beteiligte die Gesellschaft **(Sozietät)** bevollmächtigt, so gelten alle für die Gesellschaft iSd § 62 II 1 Hs. 2 handlungsbefugten Gesellschafter als vertretungsberechtigt (stRspr, zB BFH I B 111/03, BFH/NV 2004, 1282; VI B 198/04, BFH/NV 2005, 1349). – Klagt ein **Gesellschafter (Sozius) in eigener Sache** so kann er – wenn er sich nicht selbst vertreten will – ein einzelnes Mitglied der Sozietät oder auch die gesamte Sozietät bevollmächtigen. Im letzteren Fall sind alle Mitglieder mit Ausnahme des Klägers bevollmächtigt. 25

Für im **europäischen Ausland ansässige Gesellschaften iSd § 3 Satz 1 Nr. 2 u. 3 StBerG** sieht das EuRAG keine Gleichstellung mit im Inland ansässi- 26 gen Gesellschaften vor (zu natürlichen Personen → Rn. 22). Sie sind daher im Inland auch dann **nicht vertretungsbefugt,** wenn sie durch Personen iSd § 62 II 1 Hs. 1 handeln (BFH X B 8/08, BFH/NV 2009, 221; VII B 124/08, BFH/NV 2009, 614; s. auch II R 33/16, BStBl. II 2017, 663; V B 12/17, BFH/NV 2017, 1464).

28 **d) Vertretung durch weitere Personen vor den Finanzgerichten (§ 62 II 2).** Neben den in § 62 II 1 genannten Personen und Gesellschaften zählt § 62 II 2 weitere mögliche Bevollmächtigte auf, die nach dem klaren Wortlaut aber **nur vor dem Finanzgericht** auftreten dürfen, nicht auch vor dem BFH (s. § 62 IV 3, → Rn. 67). Die Aufzählung ist **abschließend** (→ Rn. 20). Nicht genannte Personen können auch dann nicht bevollmächtigt werden, wenn sie nach dem StBerG zu einer beschränkten Hilfeleistung in Steuersachen befugt sind, wie zB Notare (§ 4 Nr. 1 StBerG) oder Patentanwälte (§ 4 Nr. 2 StBerG; s. dazu BR-Drs. 623/06, 219). Zu **Richtern und ehrenamtlichen Richtern** als Bevollmächtigte → Rn. 78.

29 **§ 62 II 2 Nr. 1 Hs. 1** lässt die Vertretung durch **Beschäftigte** zu. Das gilt jedoch nur dann, wenn die Prozessführung **nicht geschäftsmäßig** betrieben wird, weil ansonsten eine rechtsmissbräuchliche Umgehung des StBerG und der darin aufgestellten fachlichen Qualifikationserfordernisse durch einen Beschäftigungsvertrag möglich wäre (FG RhPf 5 K 1843/06, EFG 2009, 208). Ferner gilt die Vertretungsbefugnis nur so lange, wie das **Beschäftigungsverhältnis andauert.** Der Begriff des Beschäftigten ist weit auszulegen und erfasst alle öffentlich-rechtlichen oder privat-rechtlichen Beschäftigungsverhältnisse (BR-Drs. 623/06, 191, 218). **Keine Beschäftigten** sind die gesetzlichen Vertreter eines Beteiligten (→ Rn. 3). – Es muss sich um Beschäftigte **des Beteiligten oder eines mit ihm verbundenen Unternehmens** handeln. Letzteres soll es dem Gericht ersparen, sich mit Fragen des Konzernrechts zu befassen, um zu überprüfen, ob innerhalb des Konzerns eine Vertretung zulässig ist (s. iE BR-Drs. 623/06, 191, 218). Die Beschäftigten dürfen **nur** die Prozessvertretung **innerhalb des Unternehmensverbunds** übernehmen. Die **Vertretungsbefugnis** erstreckt sich zudem ausschließlich auf die Vertretung des Arbeitgebers oder des verbundenen Unternehmens selbst und nicht etwa auf die Vertretung seiner Kunden oder auf die Vertretung der Mitglieder einer Vereinigung (BR-Drs. 623/06, 191, 218).

30 **§ 62 II Nr. 1 Hs. 2** betrifft die Vertretung von Behörden und juristischen Personen des öffentlichen Rechts. Diese können auch **Beschäftigte** anderer Behörden und juristischer Personen des öffentlichen Rechts zur Vertretung bevollmächtigen. Das können insbes. Beschäftigte **anderer Finanzämter,** der Großbetriebsprüfung, der Steuerfahndung, aber auch einer übergeordneten Behörde wie der **OFD** oder des **Ministeriums** sein.

31 **§ 62 II 2 Nr. 2** lässt die Bevollmächtigung bestimmter Personen dann zu, wenn die **Vertretung nicht im Zusammenhang mit einer entgeltlichen Tätigkeit** steht. Dies ist enger auszulegen als die bloße Unentgeltlichkeit der Prozessführung (BR-Drs. 623/06, 192, 218). So kann ein Zusammenhang mit einer entgeltlichen Tätigkeit zB bereits dann vorliegen, wenn der Bruder des Beteiligten zugleich dessen freiberuflicher Vermögensberater ist und in diesem Rahmen ein finanzgerichtliches Verfahren für ihn führt, für das er kein gesondertes Honorar erhält. – Steht die Vertretung nicht im Zusammenhang mit einer entgeltlichen Tätigkeit, so ist **unerheblich,** ob der Bevollmächtigte nur **einmalig oder wiederholt** für

den Beteiligten tätig wird (BR-Drs. 623/06, 192, 218). – § 62 II 2 Nr. 2 beschränkt die Möglichkeit der Bevollmächtigung auf **Familienangehörige** – wegen der idR bestehenden Nähe zu dem Beteiligten, die aber gleichwohl keine tatbestandliche Voraussetzung ist (Spindler DB 2008, 1284) –, Personen mit der **Befähigung zum Richteramt** – wegen der besonderen Sachkunde – und **Streitgenossen** – aus Gründen der Prozessökonomie (s. iE BR-Drs. 623/06, 192, 218). Wer Familienangehöriger ist, ergibt sich aus § 15 AO und aus § 11 LPartG. Die Befähigung zum Richteramt hat nach § 5 I DRiG derjenige, der die erste und die zweite juristische Staatsprüfung erfolgreich absolviert hat. Diplomjuristen stehen diesen Personen nach § 5 Nr. 7 Einführungsgesetz zum Rechtsdienstleistungsgesetz v. 12.12.2007 (BGBl. I 2848) gleich. Streitgenossenschaft liegt in den Fällen der subjektiven Klagenhäufung vor (→ § 59 Rn. 3 ff.).

§ 62 II 2 Nr. 3 verweist hinsichtlich der **EU-Steuerberater** auf § 3a StBerG. 32
Das gilt aber nur dann, wenn die Personen **nur vorübergehend und gelegentlich** Hilfe in Steuersachen im Anwendungsbereich des StBerG leisten (s. § 3a I 1 StBerG, BFH X B 8/08, BFH/NV 2009, 221; VII B 124/08, BFH/NV 2009, 614; X B 105/08, BFH/NV 2009, 415; ausführlich: BFH X B 101/14, BFH/NV 2016, 1046, Rn. 31 zum Belastingadviseur mwN; auch → Rn. 24), die **Reglementierungen** zu Beruf und/oder Ausbildung im Niederlassungsstaat **erfüllen** oder – wenn es solche nicht gibt – den Beruf dort in den letzten zehn Jahren mindestens ein Jahr lang ausgeübt haben (§ 3a I 5 StBerG) und sich vor der ersten Erbringung im Inland bei der zuständigen Stelle haben **registrieren** lassen (§ 3a II StBerG). Diese Anforderungen beruhen auf Art. 5 u. 7 der RL 2005/36/EG des Europäischen Parlaments und des Rates v. 7.9.2005 über die Anerkennung von Berufsqualifikationen (ABl. 2005 L 255, 22), die § 3a StBerG umsetzt (BT-Drs. 66/107, 24 u. 29). Europarechtliche Bedenken gegen die Beschränkungen ergeben sich daher nicht (BFH VII B 328/06, BFH/NV 2007, 1717; VII B 50/08, BFH/NV 2008, 1515; X B 8/08, BFH/NV 2009, 221; FG Köln 4 K 2652/17, EFG 2019, 480; FG Düsseldorf 12 K 1444/20 AO, BeckRS 2020, 32589 zu einer in den Niederlanden ansässigen und als Limited Liability Partnership firmierenden PersGes). **Vertretungsbefugt** sind die von § 3a StBerG erfassten Personen **nur vor den Finanzgerichten, nicht auch vor dem Bundesfinanzhof,** weil § 62 IV 3 hinsichtlich der Vertretungsbefugnis nur auf § 62 II 1 verweist und nicht auch auf § 62 II 2 (BFH X B 92/17, BFH/NV 2017, 1463; → Rn. 67).

§ 62 II 2 Nr. 3a lässt zur Vertretung vor dem FG ferner Personen zu, die nach 33
den **§§ 3d und 3e StBerG** zu beschränkter geschäftsmäßiger Hilfeleistung in Steuersachen befugt sind. Sie dürften allerdings nur im Rahmen dieser (beschränkten) Befugnisse handeln (§ 3e I StBerG). Erforderlich ist eine **Erlaubnis,** die nach § 3d StBerG voraussetzt, dass

- der Antragsteller in einem Herkunftsmitgliedstaat zur Ausübung der beantragten Hilfeleistung in Steuersachen uneingeschränkt qualifiziert ist,
- die Unterschiede zwischen der Tätigkeit des Antragstellers und der Tätigkeit eines Steuerberaters usw iSd § 3 StBerG so groß sind, dass deren Ausgleich der Anforderung gleichkäme, die Befähigung für den Beruf des Steuerberaters zu erwerben und
- sich die Tätigkeit des Antragstellers von den anderen Tätigkeiten, die von einem Steuerberater usw iSd § 3 StBerG zu erbringen sind, objektiv trennen lässt.

Zur gesetzlichen Regelung → Vor Rn. 1, ebenfalls zum Verfahren und zur Untersagung.

34 **§ 62 II 2 Nr. 4 u. 5** betreffen durch ihre Verweise auf § 4 Nr. 8 u. 11 die **landwirtschaftlichen Buchstellen** und die **Lohnsteuerhilfevereine.** Bevollmächtigte sind in diesen Fällen die landwirtschaftlichen Buchstellen und Lohnsteuerhilfevereine selbst, dh als juristische Personen, und nicht deren Vertreter (BT-Drs. 16/3655, 98, 89; Spindler DB 2008, 1284). Sie handeln nach **§ 62 II 3** durch ihre **Organe,** also den Vorstand sowie durch die mit der Prozessvertretung beauftragten **Vertreter.** Diese handelnden Personen müssen – anders als in den Fällen des § 62 II 1 Hs. 2 (→ Rn. 24 ff.) – keine solchen iSd § 62 II 1 Hs. 1 (Rechtsanwälte usw) sein. – Die landwirtschaftlichen Buchstellen und Lohnsteuerhilfevereine können nur dann Bevollmächtigte sein, wenn sie **iRd** ihnen durch § 4 Nr. 8 u. 11 StBerG **eingeräumten Befugnisse** tätig werden. Werden sie hierüber hinaus tätig, zB wenn der Lohnsteuerhilfeverein einen Stpfl. mit Einkünften aus Gewerbebetrieb (BFH VI B 63/06, BFH/NV 2006, 1714) oder aus selbständiger Arbeit oder nach Beendigung der Mitgliedschaft vertreten möchte (dazu Späth DStZ 1989, 538), so sind sie als Bevollmächtigte zurückzuweisen (Tipke/Kruse/Loose § 62 Rn. 12b; s. dazu auch BFH VII R 37/94, BStBl. II 1995, 12; VI B 63/06, BFH/NV 2006, 1714; VII R 22/88, BFH/NV 1989, 670 (671); bestätigt durch BVerfG 1 BvR 508/89 StRK, StBerG 1975 § 4 Rn. 14a; zur Zurückweisung → Rn. 40 ff.).

35 **§ 62 II 2 Nr. 6** nennt als weitere vertretungsbefugte Bevollmächtigte die **Gewerkschaften** und **Arbeitgebervereinigungen** sowie die **Zusammenschlüsse** solcher Verbände. Bevollmächtigte sind in diesen Fällen die Gewerkschaften usw selbst, dh als juristische Personen, und nicht deren Vertreter (BT-Drs. 16/3655, 98, 89; Spindler DB 2008, 1284). Zu den für diese handelnden Personen → Rn. 33.

36 **§ 62 II 2 Nr. 7** erweitert den Anwendungsbereich des § 62 II Nr. 6 auf juristische Personen, die die Gewerkschaften oder Arbeitgebervereinigungen zur Vermeidung von Haftungsrisiken für die Beratung gegründet haben (Spindler DB 2008, 1284; Tipke/Kruse/Loose § 62 Rn. 13).

III. Zurückweisung von Bevollmächtigten nach § 62 III

1. Zurückweisung nicht vertretungsbefugter Bevollmächtigter (§ 62 III 1 u. 2)

40 Ist der Bevollmächtigte nicht nach § 62 II vertretungsbefugt, so weist das Gericht ihn zurück, und zwar durch einen **unanfechtbaren Beschluss** (BFH VIII B 89/10, BFH/NV 2011, 1176; s. auch VII B 254/09, BFH/NV 2010, 1835, wonach offenbleiben kann, ob auch andere Formen der Zurückweisung möglich sind). § 62 III 1 knüpft nur an die formalen Voraussetzungen des § 62 II an und nicht daran, ob die Bevollmächtigten unbefugt geschäftsmäßig Hilfe in Steuersachen leisten. Die Entscheidung nach § 62 III 1 ist eine **Pflichtentscheidung,** das Gericht hat keinen Ermessensspielraum (BFH XI R 31/98, BFH/NV 2000, 326).

41 **Nicht vertretungsbefugt** ist der Bevollmächtigte in den Fällen des **§ 62 II 1 Hs. 1** dann, wenn er nicht oder nicht mehr Rechtsanwalt, Steuerberater, Steuerbevollmächtigter, Wirtschaftsprüfer oder vereidigter Buchprüfer ist (→ Rn. 20 f. mwN). Eine Gesellschaft **(§ 62 II 1 Hs. 2)** ist nicht vertretungsbefugt, wenn sie nicht (mehr) die Anforderungen des § 3 Satz 1 Nr. 2 u. 3 StBerG erfüllt (→ Rn. 24). In den Fällen des **§ 62 II 2** besteht keine Vertretungsbefugnis, wenn

die Person oder Personenvereinigung die Voraussetzungen nicht oder nicht mehr erfüllt, die in § 62 II 2 Nr. 1–7 oder in den in Bezug genommenen Vorschriften aufgestellt werden (iE → Rn. 28 ff.; s. auch BGH I ZR 278/88, BB 1990, 2068 zur Vertretungsbefugnis der Kreishandwerkerschaft).

42 Nach **§ 62 III 2** bleiben die vorgenommenen **Prozesshandlungen** eines nicht vertretungsbefugten Bevollmächtigten und die **Zustellungen** bis zu seiner Zurückweisung **wirksam** (BFH VII B 254/09, BFH/NV 2010, 1835; VI B 125/14, BFH/NV 2015, 848: auch bei Entzug der Zulassung; IX B 122/17, BFH/NV 2018, 962; FG München 8 K 2177/14, EFG 2015, 242). Dies dient der **Rechtssicherheit.** Gericht und Beteiligte müssen nicht nachforschen, wann die Vertretungsbefugnis genau entfallen ist → Rn. 48.

2. Untersagung der weiteren Vertretung (§ 62 III 3)

43 Das Gericht kann einem Bevollmächtigten unter den in § 62 III 3 genannten Voraussetzungen die weitere Vertretung untersagen. Wie sich bereits aus dem Wortlaut der Norm ergibt, handelt es sich dabei um eine **Ermessensentscheidung** des Gerichts („kann"). Dabei wird man grds. verlangen müssen, dass **Hinweise** des Gerichts nach § 76 II an den Bevollmächtigten zur Darstellung des Sach- und Streitverhältnisses **erfolglos** geblieben sind (vgl. zur früher möglichen Anordnung der Bestellung eines Bevollmächtigten BFH VI B 68/91, BFH/NV 1992, 681; zur Ausnahme s. BFH X B 72/00, BFH/NV 2001, 474; s. ferner zur Ausübung des Ermessens BFH III B 24/94, BFH/NV 1995, 889). Das Gericht kann anstelle der Anordnung nach § 62 II 3 auch eine Ausschlussfrist nach § 79b setzen, um das Verfahren zu beschleunigen (BFH VII B 193/00, BFH/NV 2001, 335).

44 Untersagt werden kann die weitere Vertretung **nur den Bevollmächtigten iSd § 62 II 2,** nicht auch den Bevollmächtigten iSd § 62 II 1 (Rechtsanwälte, Steuerberater, Steuerbevollmächtigte, Wirtschaftsprüfer, vereidigte Buchprüfer und auch Gesellschaften iSd § 3 S. 1 Nr. 2 u. 3 StBerG), selbst wenn iÜ die Voraussetzungen des § 62 III 3 vorliegen (BFH X B 55/92, BFH/NV 1994, 32). Das beruht wohl darauf, dass der Gesetzgeber davon ausgeht, dass die Bevollmächtigten iSd § 62 II 1 stets in der Lage sind, das Sach- und Streitverhältnis sachgerecht darzustellen, was in der Praxis aber nicht immer der Fall ist. – Ein **Behördenvertreter** (vgl. § 80 III), dem es an der Fähigkeit zum geeigneten Vortrag fehlt, kann nur dann zurückgewiesen werden, wenn er als Bevollmächtigter auftritt, also nicht, wenn er nach der Behördenorganisation zur Vertretung befugt ist, wie zB der Vorsteher oder der zeichnungsberechtigte Sachgebietsleiter eines FA (Tipke/Kruse/Loose § 62 Rn. 32; → Rn. 4).

45 Die Untersagung der weiteren Vertretung erfordert, dass der Bevollmächtigte **nicht in der Lage** ist, **das Sach- und Streitverhältnis sachgerecht darzustellen.** Kann er dies hingegen, darf ihm die weitere Vertretung **nicht untersagt werden,** selbst wenn er ansonsten über keinerlei fachliche Fähigkeiten verfügt und deshalb zB **unfähig** ist, **sachdienliche Anträge zu stellen,** oder weil er sich selbstschädigend oder **ungeschickt verhält,** weil er **prozessfördernden Empfehlungen** des Gerichts nicht nachkommt (BFH V B 23/74, BStBl. II 1975, 17).

46 Die **Untersagung** der weiteren Vertretung **kann hingegen erfolgen,** wenn der Bevollmächtigte (geistig) die entscheidungserheblichen Umstände nicht erkennen oder nicht erfassen kann oder wenn er unverständliche, verworrene, weitschweifige oder unsachliche (beleidigende) Ausführungen macht, die die Rechtsverfolgung als mutwillig erscheinen lassen (s. zur Rspr. zu § 62 II 1 aF: BFH IV

B 97–98/91, BFH/NV 1992, 522; III S 5/95, BFH/NV 1996, 498; XI S 15/96, BFH/NV 1996, 766 und zur Anwendung dieser Rspr. auf die Fälle der Untersagung der weiteren Vertretung BFH VII B 193/00, BFH/NV 2001, 335). Dasselbe gilt, wenn sich der Bevollmächtigte nicht artikulieren kann, oder wenn er zB infolge einer schweren Erkrankung oder wegen erheblicher beruflicher Inanspruchnahme jedenfalls auf längere Zeit gehindert ist, das Sach- und Streitverhältnis darzustellen (BFH VI 107/64, BStBl. III 1967, 258; IX B 49/84, BStBl. II 1985, 215; VII B 193/00, BFH/NV 2001, 335).

47 Untersagt werden kann die **weitere Vertretung.** Aus § 62 III 3 geht nicht hervor, ob dies zwingend das gesamte weitere Verfahren betrifft oder ob auch nur eine **vorübergehende Untersagung** möglich ist. Meines Erachtens ist letzteres zu bejahen, nämlich dann, wenn die Unfähigkeit nur vorübergehend besteht, wie zB bei einem betrunkenen Bevollmächtigten in der mündlichen Verhandlung. Die Untersagung der Vertretung kann nur für die Verhandlung ausgesprochen werden.

3. Entscheidung durch unanfechtbaren Beschluss und Wirkung des Beschlusses

48 Sowohl die Zurückweisung (§ 62 III 1) als auch die Untersagung der weiteren Vertretung (§ 62 III 3) erfolgt außerhalb der mündlichen Verhandlung durch **Beschluss** des Senats (ohne Mitwirkung der ehrenamtlichen Richter) oder des Einzelrichters (§§ 6, 79a III, IV). Der Beschluss ist **unanfechtbar;** da es sich um ein unselbständiges Zwischenverfahren handelt, ist **keine Kostenentscheidung** zu treffen. Die Rechtswidrigkeit der Zurückweisung oder Untersagung muss der Kläger im Rahmen von NZB oder Revision als **Verfahrensverstoß** geltend machen (BFH III B 32/13, BFH/NV 2014, 1076; BT-Drs. 16/3655, 89). Die Untersagung ist aber nur dann fehlerhaft, wenn sie gegen das Willkürverbot verstößt oder ein Verfahrensgrundrecht verletzt wird, wie zB der Anspruch auf rechtliches Gehör iSv Art. 103 I GG (BFH VII B 119/19, BFH/NV 2021, 321, Rn. 52; Tipke/Kruse/Loose § 62 Rn. 35). – Die **Befugnis,** als Bevollmächtigter aufzutreten, **entfällt erst mit** dem **Beschluss** (s. dazu auch BFH V R 50/14, BFH/NV 2015, 1694). Der Bevollmächtigte kann ab diesem Zeitpunkt keine wirksamen **Prozesshandlungen** mehr vornehmen (BR-Drs. 623/06, 219, 196; BFH XI B 206–208/02, BFH/NV 2003, 1335). Prozesshandlungen, die der Bevollmächtigte vor der Zurückweisung vorgenommen hat, bleiben auch in den Fällen des § 62 III 3 wirksam, selbst wenn es an einer dem § 62 III 2 vergleichbaren Regelung fehlt. Ab Erlass des Zurückweisungsbeschlusses hat das Gericht alle **Zustellungen** an die Partei selbst oder einen neuen Prozessbevollmächtigten zu richten; der zurückgewiesene Bevollmächtigte kann keine wirksamen Prozesshandlungen mehr vornehmen (BR-Drs. 623/06, 219, 196). – Zum **Umfang der Zurückweisung** s. BFH V R 49/14, BFH/NV 2015, 1692.

IV. Vertretung vor dem Bundesfinanzhof nach § 62 IV

1. Grundsatz des Vertretungszwangs (§ 62 IV 1)

55 Nach § 62 IV 1 müssen sich die Beteiligten (s. § 57; zum Beigeladenen → Rn. 65 und zu Zeugen und Sachverständigen → Rn. 61) vor dem BFH durch Prozessbevollmächtigte vertreten lassen (BFH V B 67/10, BFH/NV 2011, 282:

gilt auch für prozessunfähige Personen). Das hat den **Zweck,** „die Überlastung des BFH insoweit zu beseitigen, als sie darauf zurückzuführen ist, dass die Beteiligten nach ihrer Vorbildung häufig nicht in der Lage sind, die Aussichten eines Rechtsbehelfs (NZB, Revision, Beschwerde) selbst richtig einzuschätzen und das Verfahren vor dem BFH sachgerecht zu führen" (BFH GrS 5/82, BStBl. II 1984, 439 (440) mwN). Darüber hinaus soll die Norm auch eine sachgerechte und wirksame Wahrnehmung der Rechte des Bürgers gewährleisten (vgl. BT-Drs. 14/4061, 8).

Die gesetzliche Normierung des Vertretungszwangs für **Verfahren vor dem** 56 **Bundesfinanzhof** hat zur Folge, dass den Beteiligten die **Postulationsfähigkeit** fehlt (zB BFH III B 59/98, BFH/NV 1999, 953; IX B 160/04, BFH/NV 2005, 1351: Abstimmung des Vorgehens des Beteiligten mit seinem Steuerberater reicht nicht aus). Das bedeutet, dass sie mangels einer Prozesshandlungsvoraussetzung nicht in der Lage sind, ihrem prozessualen Handeln eine rechtserhebliche Erscheinungsform zu geben. Sie können also selbst weder Prozesshandlungen wirksam vornehmen noch vor Gericht verhandeln (ausf. zu den Rechtsfolgen des § 62 IV → Rn. 73 ff.). Gleichwohl haben sie das Recht, neben ihrem Bevollmächtigten in der mündlichen Verhandlung **gehört zu werden** (§ 155 FGO iVm § 137 IV ZPO; BVerwG 9 C 1007/81, HFR 1985, 45).

Der Vertretungszwang gilt **für die gesamte Dauer** des Verfahrens; **Ausnah-** 57 **men** ergeben sich nicht aus dem Rechtsberatungsgesetz oder der dazu ergangenen AusführungsVO (BFH VI B 22/11, BFH/NV 2012, 436) und sind auch wegen besonderer Umstände **nicht möglich** (BFH III B 55/05, BFH/NV 2005, 1616). Verliert der Prozessbevollmächtigte seine Postulationsfähigkeit, bleiben die bis zu diesem Zeitpunkt vorgenommenen Prozesshandlungen wirksam (BFH VII B 58/02, BFH/NV 2003, 485; V B 187/05, BFH/NV 2006, 1492: Beendigung der Zulassung eines Rechtsanwalts ist für Zulässigkeit der von ihm eingelegten NZB unerheblich, wenn bereits alle erforderlichen Prozesshandlungen getroffen waren; vgl. auch BGH IV a ZB 15/89, VersR 1990, 65: maßgebend ist der Zeitpunkt der Entäußerung des Schriftstücks). – Zur Mandatsniederlegung nach ordnungsgemäßer Einlegung und Begründung der Revision s. zB BFH II B 69/98, BFH/NV 1999, 1223; I B 197/13, BFH/NV 2015, 224; → Rn. 14f.

Zur **Verfassungsmäßigkeit** des Vertretungszwangs s. zB BVerfG 1 BvR 373/ 58 76, HFR 1977, 33; 1 BvR 1101/77, StRK BFH-EntlG Rn. 43; BFH III B 55/05, BFH/NV 2005, 1616; VII B 256/07, BFH/NV 2008, 968; V S 8/10, BFH/NV 2010, 2095; VI B 22/11, BFH/NV 2012, 436; VI B 98/11, BFH/NV 2012, 759; X K 11/12, BStBl. II 2013, 447; X S 11/14, BFH/NV 2014, 1754 und zur Verfassungsmäßigkeit der Beschränkung hinsichtlich des Personenkreises BFH IV B 60/02, BFH/NV 2003, 1427; X B 156/06, BFH/NV 2007, 1928. Zur Vereinbarkeit mit Art. 47 der Charta der **Grundrechte der EU,** des Art. 6 **EMRK** und des Abschlussdokuments des KSZE-Folgetreffens in Wien vom 15.1.1989: BFH VII E 20/05, BFH/NV 2006, 2276; V S 8/10, BFH/NV 2010, 2095; VI B 98/11, BFH/NV 2012, 759; X K 11/12, BStBl. II 2013, 447.

2. Sachlicher Umfang des Vertretungszwangs (§ 62 IV 1 u. 2)

Der Vertretungszwang gilt für die **Verfahren vor dem Bundesfinanzhof** 60 (§ 62 IV 1) und für die **Prozesshandlungen, durch die ein solches Verfahren eingeleitet wird** (§ 62 IV 2). Er erfasst damit nicht nur die Einlegung der Revision und der NZB (BFH II S 5/21 (PKH), BFH/NV 2021, 1204, Rn. 11), sondern auch die Klagen auf Entschädigung wegen überlanger Verfahrensdauer (BFH X K 11/12, BStBl. II 2013, 447; → § 155 Rn. 86) sowie alle anderen Prozesshandlungen und weiteren Verfahren, wie zB die **Begründung** von Revision und NZB (zur Rev. BFH III S 9/00, BFH/NV 2001, 63; zur NZB BFH I B 143/06, BFH/NV 2007, 2306; XI B 49/17, BFH/NV 2018, 46; IX B 98/17, BFH/NV 2018, 49; zur NZB II B 49/19, BFH/NV 2020, 230), den **Antrag auf Verlängerung der Revisionsbegründungsfrist** (BFH IV R 51/84, BStBl. II 1983, 134 (135); BFH/NV 1986, 751), den **Verzicht auf mündliche Verhandlung** (BFH II R 63/88, BStBl. II 1991, 541), die **Einlegung der Beschwerde** gegen einen Beschluss des FG (BFH IX B 28/00, BFH/NV 2000, 1351 betr. Versagung der Akteneinsicht; BFH IV B 116/88, BFH/NV 1990, 49 betr. Beiladung; BFH IV B 227/02, BFH/NV 2003, 1222 betr. Zurückweisung eines Bevollmächtigten; IX B 130/17, BFH/NV 2018, 346 betr. AdV-Beschluss; BFH VII B 275/95, BFH/NV 1996, 701 betr. Streitwertfestsetzung; zum Antrag auf Streitwertfestsetzung oder auf Änderung der Streitwertfestsetzung aber → Rn. 62 ff.), die vor dem BFH geführte **Anhörungsrüge** nach § 133a FGO (BFH X S 1/12, BFH/NV 2012, 1149; IX S 11/08, BFH/NV 2008, 1497; IX S 3/24, BFH/NV 2024, 534; anders, wenn für das zugrundeliegende Verfahren kein Vertretungszwang bestand, wie bei der PKH BFH IX S 23/07, BFH/NV 2008, 808; IX S 21/19, BFH/NV 2020, 221; II S 11–13/19 und II S 15–20/19, BFH/NV 2020, 368; VIII S 3/23, BFH/NV 2023, 860, Rn. 5; zur Fortgeltung dieser Rspr. aber → Rn. 62 ff.) und die vor dem BFH geführte **Gegenvorstellung** (BFH VII S 26/05, BFH/NV 2005, 1848; aber zur Gegenvorstellung zu Anträgen, die der Beteiligte selbst stellen kann → Rn. 62 ff.), die Anträge auf **Wiederaufnahme des Verfahrens** (zB BFH III K 1/03, BFH/NV 2003, 1436), auf **Bestimmung des zuständigen Finanzgerichts** nach § 39 I Nr. 1 (BFH IX S 2/02, BFH/NV 2002, 1477; II B 30/06, BFH/NV 2006, 1857; VI S 11/06, BFH/NV 2007, 1162; dazu aber auch → Rn. 65), auf **Tatbestandsberichtigung** durch den BFH (BFH X B 75/03, BFH/NV 2004, 663; III R 37/03, BFH/NV 2008, 1333: Antrag einer nicht vertretungsbefugten Person löst aber Prüfung von Amts wegen aus), auf **Wiedereinsetzung** nach § 56 (BFH VII B 89/04, BFH/NV 2005, 232; IX B 21/06, BFH/NV 2007, 737), auf **mündliche Verhandlung** gegen einen Gerichtsbescheid (BFH VIII R 80/01, BFH/NV 2003, 505), auf **Kostenentscheidung** nach § 144 (→ § 144 Rn. 4) und auf **AdV** nach § 69 III, wenn der BFH Gericht der Hauptsache ist (BFH I S 5/95, BFH/NV 1996, 349; IX S 11/07, BFH/NV 2007, 2333). Zur **erstinstanzlichen Zuständigkeit** des BFH s. BFH VI S 25/00, BFH/NV 2001, 56.

61 Der Vertretungszwang gilt nach der Rspr. ferner für die **Beschwerde eines Zeugen** oder **Sachverständigen** gegen die Verhängung von Ordnungsmitteln nach § 82 FGO iVm § 380 I ZPO (stRspr, zB BFH IX B 153/03, BFH/NV 2004, 806; V B 121/00, BFH/NV 2001, 177; V B 42/16, BFH/NV 2016, 1057). Dem ist nicht zuzustimmen, weil Zeugen und Sachverständige keine Beteiligten sind (s. § 57).

62 **Kein Vertretungszwang bestand nach der zu § 62a aF ergangenen Rspr.** (zur Fortgeltung → Rn. 64) insoweit, als die Beteiligten einzelne Prozesshandlungen nach entspr. anwendbaren Vorschriften der ZPO selbst vornehmen können und der Wortlaut oder der Sinn des Vertretungszwangs dem nicht entgegenstehen, wie zB bei Verfahren **vor einem beauftragten oder ersuchten Richter** (§ 78 II ZPO), die beim BFH aber idR nicht vorkommen und bei solchen **Prozesshandlungen,** die **vor einem Urkundsbeamten** der Geschäftsstelle vorgenommen werden können, also zB dem Gesuch auf **Ablehnung eines Richters** (§ 51 I FGO, § 44 I ZPO), wenn in dem zu Grunde liegenden Verfahren vor dem BFH kein Vertretungszwang besteht (BFH IX S 17/99, BFH/NV 2000, 478), dem **Antrag auf Prozesskostenhilfe** für die NZB oder die Revision (§ 142 FGO, § 117 I 1 Hs. 2 ZPO – bislang stRspr, zB BFH V S 4/03 (PKH), BFH/NV 2003, 1339; VI S 4/03 (PKH), BFH/NV 2004, 356; VII S 1/08 (PKH), BFH/NV 2008, 1169; **offen gelassen für § 62 IV** durch BFH X S 28/08 (PKH), BFH/NV 2008, 1701; X S 4/09 (PKH), BFH/NV 2009, 1132; X S 30/09 (PKH), BFH/NV 2010, 232; → Rn. 65), dem Antrag auf **Beiordnung eines** sog. **Notanwalts** (§§ 78b, 129a ZPO – zB BFH XI R 33/00, BFH/NV 2001, 607 mwN), dem Gesuch auf **Beweissicherung** (§ 82 FGO, § 486 I ZPO), der **Erinnerung gegen den Kostenansatz** (BFH VIII E 1/08, BFH/NV 2008, 1185; → Rn. 66) und dem Antrag auf **Streitwertfestsetzung** oder Änderung der Streitwertfestsetzung (BFH VII B 261/01, BFH/NV 2003, 938; zur Beschwerde aber → Rn. 60). Außerdem kann der Beteiligte den Antrag auf gerichtliche Entscheidung gegen Entscheidungen des beauftragten oder ersuchten Richters oder des Urkundsbeamten der Geschäftsstelle selbst stellen (→ § 133 Rn. 2).

Darüber hinaus bestand nach der zu § 62a aF ergangenen Rspr. (zur Fortgeltung → Rn. 64) dann **kein Vertretungszwang,** wenn es weiterer Prozesshandlungen nicht bedarf (zB BFH GrS 5/82, BStBl. II 1984, 439 (441)). Das ist zB der Fall beim **Widerruf der Vollmacht** oder der **Mandatsniederlegung** bei Entscheidungsreife der Revision (BFH X R 95/97, BFH/NV 1999, 72), bei einer zur Beendigung des Verfahrens führenden Prozesshandlung, wie zB der **Rücknahme der Revision oder Nichtzulassungsbeschwerde** – sogar gegen den Willen des Bevollmächtigten (BFH VII R 113/96, BFH/NV 1997, 696; IX B 133/02, BFH/NV 2003, 1089; IV B 60/05, BFH/NV 2005, 1819; jetzt aber → Rn. 65), bei der **Hauptsacheerledigungserklärung** (BFH VI R 62/82, BStBl. II 1983, 25), bei Rücknahme eines **Wiederaufnahmeantrags** trotz Vertretung durch einen postulationsfähigen Bevollmächtigten (BFH III K 25/96, BFH/NV 1997, 373) sowie dann, wenn eine Erklärung auch **zu Protokoll des Urkundsbeamten** der Geschäftsstelle abgegeben werden kann (BFH GrS 5/82, BStBl. II 1984, 439 (441) mwN). 63

Abgesehen davon, dass diese **Rspr.** schon deshalb **abzulehnen** ist, weil sie dem Wortlaut und dem Zweck des § 62a aF widersprach (dazu Gräber/Stapperfend, 6. Aufl. 2006, → § 62a Rn. 17), **lässt § 62 IV keine derartigen Ausnahmen vom Vertretungszwang mehr zu.** Die von der Rspr. zu § 62a gemachten Ausnahmen vom Vertretungszwang können damit nicht mehr fortgelten. Tipke/Kruse/Loose § 62 Rn. 44 weisen zutreffend darauf hin, dass der Vertretungszwang nach § 62 IV umfassender ausgestaltet ist als nach § 62a aF. § 62a I 1 aF sah zwar ebenso wie § 62 IV 1 vor, dass sich die Beteiligten vor dem BFH vertreten lassen mussten. § 62 IV 2 stellt aber nunmehr klar, dass dies auch für Prozesshandlungen gilt, durch die ein Verfahren vor dem BFH eingeleitet wird. § 62a I 2 aF statuierte dies nur für die Einlegung der Beschwerde. Damit ist entgegen der Gesetzesbegründung (BT-Drs. 16/3655, 98) eine inhaltliche Änderung eingetreten. § 62 IV 2 legt nun eindeutig fest, dass der **Vertretungszwang für jede Prozesshandlung** gilt und somit auch für diejenigen Prozesshandlungen, die nach der Rspr. des BFH zu § 62a aF vom Vertretungszwang ausgenommen waren (ebenso Tipke/Kruse/Loose § 62 Rn. 44; Spindler DB 2008, 1283 (1286); s. auch HHS/Leipold § 62 Rn. 346 f., 351, wonach dies nicht gelten soll, wenn wegen Entscheidungsreife keine Prozesshandlung mehr erforderlich ist). Hinzu kommt, dass andere 64

Verfahrensordnungen Ausnahmen vom Vertretungszwang für Prozesshandlungen zB vor einem Urkundsbeamten der Geschäftsstelle ausdrücklich vorsehen (s. die Beispiele bei Tipke/Kruse/Loose § 62 Rn. 44; HHS/Spindler § 62 Rn. 345), nicht aber § 62 IV.

65 Maßgebend ist daher, ob der Beteiligte eine **Prozesshandlung vor dem Bundesfinanzhof** vornimmt oder eine solche, durch die ein Verfahren vor dem BFH eingeleitet wird. Ist das der Fall, gilt der **Vertretungszwang** uneingeschränkt, so zB bei einer **Anhörungsrüge** oder der **Gegenvorstellung,** wenn für die beanstandete Entscheidung ihrerseits Vertretungszwang galt (zur Anhörungsrüge BFH V S 8/10, BFH/NV 2010, 2095; V S 31/10, BFH/NV 2011, 838; X E 1/11, BFH/NV 2012, 428; IX S 5/12, BFH/NV 2012, 1473; X S 11/14, BFH/NV 2014, 1754; II S 16/16, BFH/NV 2016, 1746; IX S 26/17, BFH/NV 2018, 450; IX S 21/19, BFH/NV 2020, 221; II S 11–13/19 und II S 15–20/19, BFH/NV 2020, 368; VIII S 3/23, BFH/NV 2023, 860, Rn. 5; IX S 3/24, BFH/NV 2024, 534; abl. für zugrundeliegendes PKH-Verfahren BFH II S 31/10, BFH/NV 2011, 619; s. auch BFH IX S 6/15, BFH/NV 2015, 850; X S 10/16, BFH/NV 2016, 1739; VIII S 3/23, BFH/NV 2023, 860, Rn. 5: kein Vertretungszwang, wenn es bei der Anhörungsrüge darum geht, ob im Ausgangsverfahren Vertretungszwang bestand oder nicht; zur Gegenvorstellung: BFH X E 1/11, BFH/NV 2012, 428; IX E 4/12, BFH/NV 2012, 1798; → Rn. 66), bei **Rücknahme eines Rechtsmittels** (BFH X R 4/17, BFH/NV 2017, 1060), bei einer **Beschwerde gegen die Festsetzung eines Ordnungsgeldes** gegen einen nicht erschienenen Zeugen (BFH IV B 73/10, BFH/NV 2011, 811) sowie bei beim BFH gestellten Anträgen auf **Aussetzung der Vollziehung** (BFH VII B 193/13, BFH/NV 2014, 700), auf Entscheidung über die Rechtmäßigkeit der **Verweigerung der Aktenvorlage** nach § 86 III (BFH IX S 15/10, BFH/NV 2011, 1177; IV S 23/12, BFH/NV 2013, 761) und auf **Tatbestandsberichtigung** (BFH IX K 1/02, BFH/NV 2002, 1341; IX R 10/11, BFH/NV 2013, 1239).

66 **Kein Vertretungszwang** besteht demgegenüber nach der neueren Rspr. des BFH für einen bei ihm gestellten **PKH-Antrag.** Zur Begründung verweist er auf den Zweck des PKH-Verfahrens, dem Unbemittelten einen Rechtsschutz zu sichern (BFH XI S 18/10 (PKH), BFH/NV 2010, 2295; X S 7/10 (PKH), BFH/NV 2011, 630; V S 8/12, BFH/NV 2012, 1630; VII S 19/12, BFH/NV 2012, 1624; III S 29/12, BFH/NV 2013, 1116; VII B 193/13, BFH/NV 2014, 700; V S 28/14 (PKH), BFH/NV 2015, 218; V S 32/14 (PKH), BFH/NV 2015, 506; X S 38/15 (PKH), BFH/NV 2016, 940; V B 26/16, BFH/NV 2016, 1479; V S 34/16 (PKH), BFH/NV 2017, 470; aA Spindler DB 2008, 1283 (1286); s. zu den Anforderungen an den PKH-Antrag aber BFH IV S 3/19 (PKH), BFH/NV 2020, 1090, Rn. 11 und § 142 Rn. 69). – Ebenfalls kein Vertretungszwang besteht nach der Rspr. dann, wenn die Beteiligten nach anderen Gesetzen als der FGO befugt sind, selbst Anträge zu stellen oder Erklärungen abzugeben, wie zB nach § 66 V GKG im Erinnerungsverfahren. Folglich besteht für die **Erinnerung gegen den Kostenansatz** vor dem BFH kein Vertretungszwang (BFH X E 1/11, BFH/NV 2012, 428; X E 3/12, BFH/NV 2012, 1618; X E 4/12, BFH/NV 2012, 1622; II E 19/12, BFH/NV 2013, 586; X E 2/14, BFH/NV 2014, 894; II S 18/14, BFH/NV 2014, 1220 zur unzulässigen Gegenvorstellung gegen eine Kostenrechnung; X E 6/14, BFH/NV 2014, 1570; X E 25/24, BFH/NV 2015, 697; III B 16/15, BFH/NV 2016, 1302; X E 4/22, BFH/NV 2022, 1200). – Ferner besteht mangels Prozesshandlung vor dem BFH kein Vertretungszwang für einen **Beigeladenen** (§ 57 Nr. 3) der keine Anträge stellt und keine Ausführun-

gen machen will (Haarmann DStZA 1975, 457; Gräber DStR 1978, 549; s. auch BFH X B 5/08, BFH/NV 2008, 1695: Vertretungszwang greift für FA dann nicht ein, wenn es keinen Antrag gestellt und keine Sachausführungen gemacht hat). – Auch für das Verfahren zur **Bestellung eines Bevollmächtigten durch den BFH** gilt der Vertretungszwang bereits aufgrund der Natur des Verfahrens nicht (BFH X S 13/14, BFH/NV 2014, 1565; VI S 10/14, BFH/NV 2015, 694; noch offen gelassen durch BFH VIII S 21/12, BFH/NV 2013, 734). Denn wenn der Kläger für das durchzuführende Verfahren bereits keinen Bevollmächtigten findet, wird dies erst recht für das Verfahren zur Bestellung eines solchen Bevollmächtigten gelten (→ Rn. 72).

3. Vertretungsbefugte Personen und Gesellschaften (§ 62 IV 3)

Vertretungsbefugt sind nach § 62 IV 3 nur die in § 62 II 1 bezeichneten Perso- 67
nen und Gesellschaften, also Rechtsanwälte, Steuerberater, Steuerbevollmächtigte, Wirtschaftsprüfer oder vereidigte Buchprüfer sowie Gesellschaften iSd § 3 S. 1 Nr. 2 u. 3 StBerG. Üben Wirtschaftsprüfer ihren Beruf nach § 44b WPO mit natürlichen und juristischen Personen sowie mit rechtsfähigen Personengesellschaften aus, so ist nach § 3 S. 1 Nr. 3 StBerG für die Vertretungsbefugnis zusätzlich erforderlich, dass Gesellschafter oder Partner ausschließlich Wirtschaftsprüfer oder vereidigte Buchprüfer sind (zur Anforderung des § 3 Nr. 2 StBerG aF, dass Partner der erfassten Partnerschaftsgesellschaften ausschließlich die in § 3 Nr. 1 StBerG aF genannten Personen sind, insbes. Steuerberater, Rechtsanwälte und Wirtschaftsprüfer, s. BFH II B 36/22, BFH/NV 2023, 976; V B 187/05, BFH/NV 2006, 1492: Beendigung der Zulassung eines Rechtsanwalts ist für Zulässigkeit der von ihm eingelegten NZB unerheblich, wenn bereits alle erforderlichen Prozesshandlungen getroffen waren; → Rn. 57). – Die in § 62 II 2 aufgezählten weiteren Bevollmächtigten schließt § 62 IV 3 für eine Vertretung vor dem BFH damit aus (BFH VII B 149/08, BStBl. II 2009, 155: pensionierte Richter sind vor dem BFH nicht vertretungsbefugt).

4. Vertretung von Behörden und juristischen Personen des öffentlichen Rechts (§ 62 IV 4)

§ 62 IV 4 nimmt **Behörden und juristische Personen des öffentlichen** 68
Rechts sowie von ihnen gebildete Zusammenschlüsse vom Vertretungszwang aus. Sie können sich durch eigene Beschäftigte mit Befähigung zum Richteramt oder durch Beschäftigte mit Befähigung zum Richteramt anderer Behörden, juristischer Personen oder Zusammenschlüsse vertreten lassen (sog. **Behördenprivileg;** zur Rügebefugnis bei Verletzung: BFH IX B 122/17, BFH/NV 2018, 962). Die vertretungsbefugte Person muss **Beschäftigte** der Behörde, juristischen Person oder des Zusammenschlusses sein (s. auch BFH XI R 4/19, BFH/NV 2021, 1374: ständiger Vertreter des Vorstehers ist vertretungsbefugt; zum Begriff des Beschäftigten → Rn. 29) und die **Befähigung zum Richteramt** haben (→ Rn. 31 aE). Eine Erweiterung dieses Personenkreises ist ausgeschlossen, insbes. sind Beamte des höheren Dienstes, die keine Befähigung zum Richteramt haben, nicht vertretungsbefugt (BFH VII R 86/76, BStBl. II 1977, 593). Hat kein Beschäftigter der Behörde die Befähigung zum Richteramt, muss eine andere geeignete Person, etwa ein zum Richteramt befähigter Beschäftigter der übergeordneten Behörde, sie vertreten, was § 62 IV 4 ausdrücklich zulässt. Der vertre-

tungsbefugte Beschäftigte ist kein Bevollmächtigter iSd § 62 I, weil er durch seine Dienststellung von Amts wegen organisatorisch bestimmt wird (→ Rn. 4).

69 Die Vertretung ist nur dann wirksam, wenn der Behördenvertreter die **Schriftsätze** unter Hinweis auf die Prozessvertretung **selbst unterschreibt** (BVerwG 8 B 63/92, BayVBl. 1992, 667). Die Unterzeichnung durch einen anderen, nicht zum Richteramt befähigten Beschäftigten genügt auch dann nicht, wenn dabei vermerkt ist, das Schriftstück sei im Entwurf von einem vertretungsberechtigten Beamten unterzeichnet worden. Der Mangel wird auch nicht dadurch geheilt, dass die nachfolgenden Schriftsätze von einem vertretungsbefugten Beamten oder Angestellten unterzeichnet werden (BFH II R 80/93, BFH/NV 1995, 246; s. aber auch BFH X B 5/08, BFH/NV 2008, 1695: Vertretungszwang greift für FA dann nicht ein, wenn es keinen Antrag gestellt und keine Sachausführungen gemacht hat).

5. Eigenvertretung (§ 62 IV 5)

70 Der Vertretungszwang gilt nach § 62 IV 5 nicht für die nach § 62 II 1 **vertretungsbefugten Personen** (→ Rn. 20 ff.; abl. für einen ehemals als Rechtsanwalt und nunmehr als rumänischer Anwalt (Avocat definitiv) zugelassenen Beschwerdeführer: BFH VIII B 70/19, BFH/NV 2020, 212). Sie können **sich** im finanzgerichtlichen Verfahren **selbst vertreten.** Das gilt auch dann, wenn sie **kraft Amtes** handeln, also zB als Insolvenzverwalter, Testamentsvollstrecker, Zwangsverwalter oder Liquidatoren (zum Liquidator BFH IV R 16/82, BStBl. II 1985, 60; s. aber zum Rechtsanspruch des Insolvenzverwalters auf Beiordnung eines Bevollmächtigten bei Gewährung von PKH BFH VII S 29/03 (PKH), BFH/NV 2005, 380). Das Recht zur Selbstvertretung besteht jedoch **nur so lange,** als auch die Vertretungsbefugnis nach § 62 II 1 besteht (BFH VII S 18/08, BFH/NV 2009, 222 zum Widerruf der Bestellung als Steuerbevollmächtigter).

6. Bestellung eines Bevollmächtigten durch den BFH

72 **Auf Antrag,** der innerhalb der Rechtsmittelfrist zu stellen ist (BFH IX B 97/99, BFH/NV 2000, 479: keine Wiedereinsetzung), muss das zuständige Prozessgericht (der BFH) dem nicht vertretenen Beteiligten nach § 155 FGO iVm §§ 78b, 78c ZPO einen **Bevollmächtigten bestellen,** wenn die Rechtsverfolgung nicht mutwillig oder aussichtslos erscheint und wenn der Beteiligte keine zur Übernahme des Mandats bereite vertretungsbefugte Person findet (stRspr, zB BFH VII S 34/99, BFH/NV 2000, 870; VII S 20/02 (PKH), BFH/NV 2003, 332; VII S 19/12, BFH/NV 2012, 1624). Das kann nur angenommen werden, wenn die Rechtsmittelfrist noch nicht abgelaufen ist – es sei denn, Wiedereinsetzung in den vorigen Stand kommt in Betracht (BFH IV S 10/10 (PKH), BFH/NV 2011, 444; VII S 19/12, BFH/NV 2012, 1624) – und der Beteiligte für das konkrete Verfahren zumindest eine gewisse Zahl von Rechtsanwälten, Steuerberatern usw nachweisbar vergeblich um die Übernahme des Mandats ersucht hat (stRspr, zB BFH V S 15/00, BFH/NV 2001, 194; VI S 8/03, BFH/NV 2003, 1597; V S 15/04 (PKH), BFH/NV 2005, 1107; zur namentlichen Bezeichnung BFH VI S 14/98, BFH/NV 1999, 810; VI S 12/06, BFH/NV 2007, 739; VI B 41/10, BFH/NV 2010, 1476; VIII S 21/12, BFH/NV 2013, 734: **mehr als vier;** X S 32/13, BFH/NV 2014, 57; X S 11/14, BFH/NV 2014, 1754; X S 13/14, BFH/NV 2014, 1565). Der **Vertretungszwang** des § 62 IV gilt für dieses Verfahren nicht (→ Rn. 6). – Die **Auswahl** des beizuordnenden Bevollmächtigten erfolgt durch den Vorsitzenden (§ 155 FGO

iVm § 78c I ZPO). Über das Gesuch ist durch **Beschluss** zu entscheiden, gegen den nur **bei Ablehnung** die **Beschwerde** gegeben ist (BFH IV R 67/83, BFH/NV 1988, 441 (442); s. auch BFH VI S 8/03, BFH/NV 2003, 1597: bei Gegenvorstellung gilt kein Vertretungszwang). – Da es sich um ein unselbständiges Zwischenverfahren handelt, ist **keine Kostenentscheidung** zu treffen (BFH X S 32/13, BFH/NV 2014, 57). Die Entscheidung über den Antrag ergeht **gerichtsgebührenfrei** (BFH III S 4/98, BFH/NV 1999, 944; VII S 1/08 (PKH), BFH/NV 2008, 1169; VIII S 21/12, BFH/NV 2013, 734;). – Die Entscheidung der Hauptsache braucht nicht bis zur Rechtskraft des Beschlusses zurückgestellt zu werden (BFH IV R 67/83, BFH/NV 1988, 441 (442)). – Auch im Falle der Beiordnung muss der Beteiligte den Beigeordneten zur Prozessführung bevollmächtigen. Dies wird durch die Beiordnung nicht automatisch bewirkt.

7. Inhalt und Rechtsfolge des Vertretungszwangs

Folge des Vertretungszwangs ist, dass nur diejenigen an den BFH gerichteten **73**
Schriftsätze Rechtswirkungen entfalten, die von Personen **unterzeichnet** sind, die als Bevollmächtigten zugelassen sind (BFH I R 61/82, BStBl. II 1982, 134 zur Unterzeichnung des Antrags auf Verlängerung der Revisionsbegründungsfrist; IV B 123/95, BFH/NV 1997, 141; VII B 112/08, BFH/NV 2009, 37; I S 3/14, BFH/NV 2014, 872: selbst wenn nicht postulationsfähige Person mit „im Auftrag" unterschreibt; zur Rügebefugnis BFH IX B 122/17, BFH/NV 2018, 962). Eine von einem Anwaltsassessor unterzeichnete Revisionsbegründungsschrift genügt deshalb nur dann den prozessrechtlichen Formerfordernissen, wenn der Assessor gem. § 53 BRAO von der Landesjustizverwaltung zum Vertreter des Rechtsanwalts bestellt worden ist (BFH V R 64/82, BStBl. II 1982, 641) und dies in der Rechtsmittelschrift hinreichend deutlich wird (BGH VII ZB 15/98, BB 1999, 129). – Dabei **muss der Bevollmächtigte** nicht nur der Form nach, sondern auch in Wirklichkeit **tätig werden,** dh es muss erkennbar sein, dass er selbst den Prozessstoff überprüft und die volle Verantwortung für ihren Inhalt übernommen hat (BFH VII B 89/04, BFH/NV 2005, 232; V B 180/06, BFH/NV 2007, 1676; XI B 104/09, BFH/NV 2010, 2308; X B 136/11, BFH/NV 2012, 1815: er muss sich den Vortrag zu eigen machen; X B 41/13, BFH/NV 2014, 175; II B 49/19, BFH/NV 2020, 230). Das ist nicht der Fall, wenn er lediglich auf einen beigehefteten Schriftsatz des Beteiligten verweist (BFH X B 163/01, BFH/NV 2002, 1441; IV B 144/01, BFH/NV 2003, 629; XI B 145/02, BFH/NV 2004, 348; I B 143/06, BFH/NV 2007, 2306; XI B 49/17, BFH/NV 2018, 46; zur Revisionsbegründung → § 120 Rn. 39 f.), einen von dem Beteiligten gefertigten Schriftsatz unterzeichnet (BFH III B 98/02, BFH/NV 2003, 1214; VII B 297/06, BFH/NV 2007, 1339; VII B 112/08, BFH/NV 2009, 37; X B 104/12, BFH/NV 2013, 559), die Erklärung nicht im eigenen Namen abgibt, sondern im Namen einer nicht zur Prozessführung befugten Gesellschaft (BFH XI B 98/18, BFH/NV 2019, 1233), eine Begründung des Klägers unter seinem Briefkopf als „Wortlautzitat" wiedergibt und anführt, es handele sich ausschließlich um eine Begründung des Klägers, oder wenn der Prozessbevollmächtigte auf die Zulassungsgründe im Katalog des § 115 II Nr. 1–3 verweist und mitteilt, der Kläger sei der Auffassung, dass die Revision aus diesen Gründen zuzulassen sei (BFH VIII B 27/22, BFH/NV 2023, 1214). – Erst recht darf er natürlich nicht einer nichtvertretungsberechtigten Person „Untervollmacht" erteilen (BFH I R 74/79, BStBl. II 1979, 711).

74 Beachtet der Beteiligte den Vertretungszwang nicht und legt er zB **ohne** ordnungsgemäße **Vertretung** einen **Rechtsbehelf** ein, so ist dieser nicht unbeachtlich, sondern zu bearbeiten und als **unzulässig** zu verwerfen (stRspr, zB BFH VII B 7/02, BFH/NV 2002, 943). Eine Heilung der mangelnden Vertretung durch **nachträgliche Genehmigung** der Prozessführung durch einen zugelassenen Vertreter ist nur **innerhalb der Rechtsmittelfrist** möglich, weil die Genehmigung nur für die Zukunft wirkt (BFH VII B 15/02, BFH/NV 2003, 321; V B 256/02, BFH/NV 2004, 649; III R 19/04, BFH/NV 2004, 1668; III B 138/13, BFH/NV 2014, 1076; X B 31/21, BFH/NV 2022, 1290; zur Nichtannahme einer gegen diese Rspr. gerichteten Verfassungsbeschwerde s. BVerfG 2 BvR 284/77, nv; zum Nichtigkeitsantrag s. BFH VII S 27/02, BFH/NV 2003, 175). Gleiches gilt für die Wiederholung der Prozesshandlung (BFH III B 24/98, BFH/NV 1999, 634). – Dagegen ist es nicht erforderlich, dass für einen zugelassenen Vertreter, der tätig wurde, bereits vor Ablauf der Revisionsbegründungsfrist eine **Vollmacht** erteilt war (vgl. für den Fall der Verfassungsbeschwerde: BVerfG 1 BvR 1085/77, BVerfGE 50, 381).

75 Wird im Falle der Einlegung des Rechtsmittels durch eine nicht postulationsfähige Person die Rechtsmittelfrist versäumt, kommt eine **Wiedereinsetzung** jedenfalls dann nicht in Betracht, wenn die Rechtsmittelbelehrung fehlerfrei und eindeutig war; die **Nichteinhaltung der Frist** ist dann **verschuldet** (→ § 56 Rn. 68 mwN). – Macht der Beteiligte geltend, er habe keine vertretungsberechtigte Person gefunden, so kann Wiedereinsetzung nur dann gewährt werden, wenn der Beteiligte darlegt, dass er zumindest eine gewisse Anzahl von zur Vertretung vor dem BFH befugten Personen schriftlich oder mündlich vergeblich um die Übernahme des Mandats ersucht hat (BFH VI B 105/02, BFH/NV 2003, 77).

76 Ist das Rechtsmittel von einer vollmachtlosen Person eingelegt worden, die nicht zur Vertretung vor dem BFH befugt ist, so trägt sie die **Kosten** des Verfahrens (zB BFH VII B 28/98, BFH/NV 1999, 52 mwN; V B 160/05, BFH/NV 2007, 92; IX B 177/05, BFH/NV 2007, 255 zu den außergerichtlichen Kosten des Beigeladenen). – S. ferner BFH VII E 9/15, BFH/NV 2016, 1041: **keine Nichterhebung der Gerichtskosten** nach § 21 I 3 GKG bei Verletzung des Vertretungszwangs.

V. Richter und ehrenamtliche Richter als Bevollmächtigte nach § 62 V

78 Aus § 62 V ergibt sich zunächst, dass auch **Richter und ehrenamtliche Richter grundsätzlich vertretungsbefugt** sind. Um den Anschein einer Voreingenommenheit des Gerichts zu vermeiden und Interessenkollisionen von vornherein auszuschließen, ordnet § 62 V aber eine Trennung von Richtertätigkeit und Prozessvertretung an. Dabei ist nicht auf die gleichzeitige Tätigkeit in einem Verfahren, die ohnehin unzulässig wäre, sondern grds. auf alle Verfahren vor dem gesamten Gericht abzustellen, dem der Richter durch Geschäftsverteilung zugewiesen ist (zu pensionierten Richtern s. BFH VII B 149/08, BStBl. II 2009, 155). Für ehrenamtliche Richter wird das Vertretungsverbot auf den Spruchkörper beschränkt, dem sie angehören (BR-Drs. 623/06, 219, 197). Gleichwohl bevollmächtigte Richter und ehrenamtliche Richter sind nach § 62 V 3, III 1 zurückzuweisen. Bis dahin sind ihre Prozesshandlungen wirksam (§ 62 III 2).

VI. Vorlage der Vollmacht und Mangel der Vollmacht nach § 62 VI

1. Einreichung der schriftlichen Vollmacht zu den Gerichtsakten (§ 62 VI 1)

Die Vorlage einer ordnungsgemäßen Prozessvollmacht beim Gericht ist positive **Sachentscheidungsvoraussetzung** (→ Vor § 33 Rn. 16), und zwar auch im NZB- und Revisionsverfahren (BFH X B 109/11, BFH/NV 2012, 438). Fehlt sie, muss die **Klage** grds. als **unzulässig** abgewiesen werden (BFH VII B 233/97, BFH/NV 1998, 728; XI B 157/97, BFH/NV 1998, 992). Daher bestimmt § 62 VI 1, dass die Vollmacht schriftlich zu den Gerichtsakten einzureichen ist. 80

Die **Schriftform** ist grds. nur gewahrt, wenn die Urkunde **eigenhändig** durch Namensunterschrift oder mittels notariell beglaubigten Handzeichens **unterzeichnet** ist (§ 126 I BGB; → § 64 Rn. 10 ff.; s. auch BFH III R 36/90, BStBl. II 1992, 300). Dem genügt auch eine **blanko** – ohne Angabe des Prozessbevollmächtigten des Klägers, des Rechtsstreits, des Ortes oder des Datums – unterschriebene und später vom Prozessbevollmächtigten abredegemäß vervollständigte Vollmachtsurkunde (BFH VI R 105/98, BFH/NV 1999, 1098; VI R 192/98, BFH/NV 1999, 1352; I R 23/98, BFH/NV 2000, 52); das gilt mE auch für die (nicht erkennbar) abredewidrig ausgefüllte Blankovollmacht. Ebenso kann eine **unvollständige Vollmachtsurkunde** nach Maßgabe des Vollmachtauftrags (Innenverhältnisses) noch nachträglich vervollständigt werden (BFH III R 137/95, BFH/NV 1997, 235). Zur Vervollständigung durch einen beigehefteten Schriftsatz s. BFH VIII B 22/99, BFH/NV 2000, 201 mwN und zur Abgrenzung BFH I R 23/98, BFH/NV 2000, 51. – Die Vollmacht braucht nicht auf dem üblichen **Vordruck** erteilt zu werden. Sie kann sich auch aus dem **Schriftwechsel** zwischen den Beteiligten und dem zu Bevollmächtigenden oder aus einem **Schriftsatz an das Gericht** ergeben (BFH III B 24/94, BFH/NV 1995, 889; II R 3/00, BFH/NV 2001, 1129 betr. auch von den Klägern unterschriebenen Schriftsatz; aA für Telefax-Schriftsatz HessFG 5 K 1228/97, EFG 1999, 244; s. zur Abgrenzung auch BFH II B 44/98, BFH/NV 1999, 333). – Die **Erklärung zur Niederschrift** des Gerichts (auch des Einzelrichters) in der mündlichen Verhandlung ersetzt die Schriftform (BFH I R 116/71, BStBl. II 1972, 95). 81

Der **Nachweis** der Bevollmächtigung muss **gegenüber dem Gericht** (dem Senat oder dem Einzelrichter) erfolgen. Es genügt deshalb nicht, dass der Bevollmächtigte im Besitz der Vollmacht ist, sie aber nicht zu den Gerichtsakten gibt (BFH V B 8/68, BStBl. II 1968, 660; IV R 208/69, BStBl. II 1971, 689), oder dass er sie dem FA vorlegt (FG Saarl 1 K 16/86, EFG 1988, 190). 82

Nachgewiesen werden kann die Bevollmächtigung nur durch **Vorlage einer handschriftlich unterzeichneten Vollmacht im Original** (stRspr, zB BFH III R 38/01, BFH/NV 2004, 489 mwN). Das ergibt sich zwar nicht aus dem Erfordernis der Vorlage einer „schriftlichen" Prozessvollmacht, wohl aber aus der Funktion und dem Zweck des Nachweises, da nur durch die Vorlage einer handschriftlich unterzeichneten Originalvollmacht für den gesamten Prozessverlauf sichergestellt werden kann, dass die von Amts wegen zu prüfende Sachentscheidungsvoraussetzung der ordnungsgemäßen Bevollmächtigung (→ Rn. 1) erfüllt ist (BGH I ZR 106/92, NJW 1994, 2298). **§ 62 VI 4 ändert daran nichts** (FG MV 2 K 309/02, EFG 2004, 1311; **offengelassen** aber durch BFH III R 83

38/01, BFH/NV 2004, 489, der es für möglich hält, dass die Anforderungen an den Nachweis der Bevollmächtigung zu erleichtern sind).

84 Nach der **Rspr.** kann der Nachweis der Vollmacht **nicht** erfolgen durch die Vorlage einer **Fotokopie** (zB BFH VII B 18/94, BFH/NV 1995, 126 mwN; IX R 102/91, BFH/NV 1995, 534 betr. Kopie der dem Prozessbevollmächtigten durch Telekopie erteilten Prozessvollmacht) oder die Übermittlung eines **Telefaxes durch den Prozessbevollmächtigten** (BFH III R 38/01, BFH/NV 2004, 489 mwN). **Zulässig** ist nach der Rspr. aber der Nachweis durch ein **vom Kläger übermitteltes Telefax** (BFH VI R 185/98, BFH/NV 1999, 1604), durch **Computer-Telefax** (BFH VII B 108/97, BFH/NV 1998, 604) oder – in Übereinstimmung mit der Rspr. zu § 64 (→ § 64 Rn. 17) – durch ein fernmündlich aufgegebenes **Telegramm** (BFH IX R 77/83, BStBl. II 1987, 717).

85 Dieser **Rspr. ist nicht zu folgen.** Der BFH lässt zutreffend den Nachweis der Bevollmächtigung durch die Vorlage einer **Fotokopie** nicht zu. Denn eine Fotokopie bietet schon wegen der Möglichkeit der Manipulation nicht die erforderliche Sicherheit dafür, dass der angebliche Aussteller der Vollmacht den vermeintlichen Bevollmächtigten gerade für das betreffende Verfahren bevollmächtigt hat. Darüber hinaus kann man einer Kopie nicht ansehen, ob sie vom Original oder von der Kopie einer (möglicherweise für andere Zwecke erteilten) Prozessvollmacht angefertigt worden ist. Diese Überlegungen müssen entgegen der Ansicht des BFH auch für solche Vollmachten gelten, die per **Telefax** oder **Computer-Telefax** übermittelt werden. Denn auch insoweit handelt es sich um vom Telefaxgerät des Empfängers gefertigte Kopien, die der Möglichkeit der Manipulation unterliegen. – Die Bevollmächtigung kann mE auch nicht durch **Telegramm** nachgewiesen werden. Denn auch bei einem Telegramm steht nicht mit hinreichender Sicherheit fest, wer die Erklärung abgegeben hat, da die Identität des Absenders bei der Aufgabe des Telegramms nicht überprüft wird. Folglich ist der Nachweis der Bevollmächtigung nur durch Vorlage einer handschriftlich unterzeichneten Vollmacht im Original möglich ist. Ausnahmen sind nicht zuzulassen (aA Seer StuW 2001, 3 (13 f.), der auch die per Telefax usw übermittelte Prozessvollmacht als formgerecht anerkennen will).

86 Die Prozessvollmacht muss sich auf das konkrete **gerichtliche Verfahren** beziehen (Ausnahme: Generalvollmacht); eine für das Verwaltungs(vor)verfahren erteilte Vollmacht reicht nicht aus (zB FG Bln VI 77/91, EFG 1991, 694). – Die Prozessvollmacht muss **grundsätzlich für jedes Verfahren** gesondert durch Vorlage des Originals nachgewiesen werden (BFH VIII B 88/89, BStBl. II 1991, 848; großzügiger BFH I R 58/89, BFHE 166, 518). Sind **mehrere Verfahren** desselben Klägers bei demselben Senat oder verschiedenen Senaten des Gerichts **anhängig,** braucht der Bevollmächtigte die Vollmacht nur in einem der Verfahren vorzulegen, sofern das Gericht in diese Vollmachtsurkunde ohne Weiteres Einsicht nehmen kann und die Prozessvollmacht **alle Verfahren betrifft** (zB BFH VI R 37/98, BFH/NV 1999, 485; VII R 52/98, BFH/NV 1999, 640; zur Abgrenzung s. BFH XI B 126/98, BFH/NV 2001, 324; s. aber BFH IX B 158/98, BFH/NV 1999, 1370: Bezugnahme auf eine in einem abgeschlossenen Verfahren eingereichte Vollmacht genügt nicht). Zur Bezugnahme auf in den Steuerakten befindliche Vollmachten s. BFH XI R 2/99, BFH/NV 2001, 171; s. auch BFH VI S 3/93, BFH/NV 1993, 618: keine Verpflichtung des Gerichts, eine in den Steuerakten des Klägers abgeheftete Vollmacht selbst ausfindig zu machen.

87 Der Nachweis der Bevollmächtigung kann nur durch eine Prozessvollmacht erbracht werden, die keine wesentlichen inhaltlichen **Mängel** aufweist. Eine ord-

nungsgemäße Vollmacht muss **leserlich** (NdsFG VI 624/92, EFG 1994, 630) sowie grds. in **deutscher Sprache** abgefasst sein (FG Köln 4 K 7399/95, EFG 1997, 818) und jedenfalls im Wege der Auslegung erkennen lassen, **wer** bevollmächtigt **hat, wer** bevollmächtigt **ist** und **wozu** er **bevollmächtigt wurde** (zB BFH X R 37/01, BFH/NV 2003, 341 mwN; II B 117/13, BFH/NV 2014, 1232). Die Feststellungen hierzu sind Sache des Tatsachengerichts und daher vom Revisionsgericht nur beschränkt (§ 118 II 2) nachprüfbar (BFH VIII R 79/93, BFH/NV 1995, 225 (227) mwN). Lassen sich etwaige inhaltliche Mängel nicht durch Auslegung beheben, kann der Vorsitzende, Berichterstatter oder Einzelrichter den Beteiligten analog § 62 VI 2 unter **Fristsetzung zur Klarstellung** auffordern. – Zur **Blankovollmacht** → Rn. 81.

Wird ein Beteiligter durch einen **Unterbevollmächtigten** vertreten, müssen wirksame Vollmachten sowohl für den Prozessbevollmächtigten als auch für den Unterbevollmächtigten vorliegen (BFH VIII B 85/92, BFH/NV 1994, 332; X R 77/95, BFH/NV 1999, 625). Anders ist es jedoch, wenn die auftretende Person in Bezug auf den eigentlichen Prozessbevollmächtigten **sachlich-rechtlich vertretungsbefugt** ist (→ Rn. 3, zB Geschäftsführer einer bevollmächtigten Steuerberatungsgesellschaft). Bei Zweifeln an der sachlich-rechtlichen Vertretungsbefugnis muss die auftretende Person nur diese nachweisen. 88

2. Nachreichung der Vollmacht und Fristsetzung (§ 62 VI 2)

Tritt jemand als Bevollmächtigter auf, ohne sich durch Vorlage einer schriftlichen Vollmacht zu legitimieren, wird er grds. als **Vertreter ohne Vertretungsmacht** behandelt. **Beteiligter** ist derjenige, für den der (angeblich) Bevollmächtigte zu handeln vorgibt, weil der angebliche Bevollmächtigte mangels Vollmacht nicht Beteiligter ist (stRspr, zB BFH X R 126/95, BFH/NV 1996, 845 mwN; I B 55–58/97, BFH/NV 1998, 193; zur Nichtannahme der Verfassungsbeschwerde gegen diese Rspr.: BVerfG 23.2.1971 – 2 BvR 84/71, nv). 89

Nach § 62 VI 2 kann der vollmachtlose Vertreter die Vollmacht **nachreichen.** Bis dahin kann er nach freiem Ermessen des Gerichts (zu weitgehend SchlHFG IV 814/90, EFG 1991, 335) auch konkludent **einstweilen zugelassen** werden (§ 155 FGO iVm § 89 ZPO), was sich aber erübrigt, wenn der Mangel der Vollmacht gem. § 62 VI 4 unberücksichtigt bleibt (→ Rn. 100 ff.). Ist der vollmachtlose Vertreter einstweilen zugelassen worden, darf das Endurteil erst ergehen, nachdem eine für die Beibringung der Vollmacht gesetzte Frist abgelaufen ist (§ 89 I 2 ZPO; BFH IV B 55/09, BFH/NV 2010, 2089 mwN). – Zur **Genehmigung der Prozessführung** durch den vollmachtlos Vertretenen → Rn. 93 f. 90

Der **vollmachtlose Vertreter** kann die (unzulässige) **Klage,** die NZB, die Revision oder den (unzulässigen) Antrag **zurücknehmen** (stRspr, zB BFH V B 137/90, BFH/NV 1991, 469; V R 52/95, BFH/NV 1996, 496; X B 25/11, BFH/NV 2013, 207). Er kann das Verfahren auch **in der Hauptsache für erledigt** erklären (BFH I B 42/72, BStBl. II 1973, 532). 91

Legt der vollmachtlose Vertreter keine Vollmacht vor, so kann das Gericht (Vorsitzender, Berichterstatter oder Einzelrichter) diesem nach § 62 VI 2 Hs. 2 eine **einfache Frist,** dh **ohne ausschließende Wirkung,** setzen, innerhalb derer er die Vollmacht einzureichen hat. Das Setzen einer solchen Frist steht im Ermessen des Gerichts; besondere Förmlichkeiten sind nicht vorgeschrieben. Die Anforderung ist als prozessleitende Verfügung **nicht** mit der Beschwerde **anfechtbar** (BFH III B 77/03, BFH/NV 2003, 1443). § 62 VI sieht **keine** Möglichkeit vor, eine **spezielle Aus-** 92

schlussfrist zur Vorlage der Vollmacht zu setzen (zur Begründung: BR-Drs. 623/06, 220). Meines Erachtens kann zur Vorlage der Vollmacht aber gleichwohl eine **Ausschlussfrist nach § 79b II Nr. 2** gesetzt werden (→ § 79b Rn. 20 ff.).

93 Legt der vollmachtlose Vertreter auch nach Fristsetzung keine Vollmacht vor, so kann der Beteiligte die Prozesshandlungen des vollmachtlosen Vertreters bis zum Ergehen eines Prozessurteils **nachträglich genehmigen** (BFH V R 76/90, BFH/NV 1992, 363 mwN). Das gilt jedoch nur, soweit der vollmachtlose Vertreter zum Zeitpunkt der Vornahme der Prozesshandlung grds. befähigt war, Bevollmächtigter sein zu können (→ Rn. 20 ff.; FG Saarl 231/73, EFG 1976, 240: keine Genehmigung der von einem Minderjährigen erhobenen Klage, selbst wenn dieser während des Verfahrens volljährig wird).

94 **Reicht der vollmachtlose Vertreter eine mangelfreie Vollmacht nach** (→ Rn. 6 f.), so werden dadurch die von ihm vorgenommenen Prozesshandlungen genehmigt, wenn über das Begehren zuvor sachlich entschieden und es nicht mangels Vollmacht als unzulässig zurückgewiesen wurde (BFH II R 188/82, BStBl. II 1984, 831; V R 76/90, BFH/NV 1992, 363; VI R 41/92, BStBl. II 1995, 390). Geschieht dies erst im Revisionsverfahren, so wirkt die Genehmigung bis ins Einspruchsverfahren zurück (BFH X R 1/16, BFH/NV 2018, 374 mwN). Die Genehmigung kann auch auf andere Weise erfolgen (BFH IX B 145/99, BFH/NV 2000, 982), insbes. durch rügeloses Fortführen des Verfahrens durch den Beteiligten selbst (§ 155 FGO iVm § 89 II ZPO). In der **Rücknahme** der Klage durch den (vollmachtlos vertretenen) Beteiligten liegt jedoch **keine Genehmigung** (FG Köln V K 107/83, EFG 1984, 132).

95 **Genehmigt der Beteiligte** die Prozesshandlungen des vollmachtlosen Vertreters **nicht** und wird insbes. bis zur mündlichen Verhandlung keine Prozessvollmacht eingereicht, ist die Klage (der Antrag) wegen Fehlens einer **Sachentscheidungsvoraussetzung** als unzulässig abzuweisen (BFH/NV VII B 28/98, BFH/NV 1999, 52: Entscheidung ergeht an Kläger persönlich; VI B 173/00, BFH/NV 2003, 814: kein diesbezüglicher Hinweis erforderlich). Dabei ist gleichgültig, ob dem Bevollmächtigten von dem Beteiligten keine Vollmacht ausgestellt worden war oder ob er eine ausgestellte Vollmacht lediglich nicht vorgelegt hat (BFH IV R 208/69, BStBl. II 1971, 689).

96 Die **Verfahrenskosten** sind nach dem Veranlassungsprinzip idR dem **vollmachtlosen Vertreter aufzuerlegen** (stRspr, zB BFH VI R 203/98, BFH/NV 2000, 59; IX B 65/03, BFH/NV 2003, 1433 zur NZB; V B 49/03, BFH/NV 2004, 360 zur Vorlage einer nur von einem Gesellschafter unterschriebenen Vollmacht; X B 109/11, BFH/NV 2012, 438; X B 190–196/11, BFH/NV 2012, 1164; I B 39/13, BFH/NV 2013, 1943 betr. Klage eines früheren GmbH-Geschäftsführers), und zwar auch dann, wenn er sein Mandat niederlegt (BFH VI B 271/98, BFH/NV 1999, 1367) oder wenn der Beteiligte die Klage selbst zurücknimmt (BFH X R 126/95, BFH/NV 1996, 845). Verfassungsrechtliche Bedenken gegen diese Rspr. bestehen nicht (BVerfG 12.10.1999 – 2 BvR 1189/99, nv). Nimmt der vollmachtlose Vertreter die Klage zurück (zur Befugnis → Rn. 91), muss das Gericht ihm die Kosten des Verfahrens durch **Beschluss** auferlegen (BFH III R 226/90, BFH/NV 1991, 833 (834) mwN). Eine Beschwerde des vollmachtlosen Vertreters hiergegen ist nicht statthaft (§ 128 IV; BFH VI B 109/99, BFH/NV 1999, 1504; I B 130/98, BFH/NV 1999, 1630; IV B 85/10, BFH/NV 2012, 585). – Ausnahmsweise sind die **Kosten** des Verfahrens dann dem **Beteiligten aufzuerlegen,** wenn auch ohne das Nachreichen der Vollmacht feststeht, dass der vollmachtlose Vertreter im Auftrag des Beteiligten tätig geworden ist (BFH X B 25/11, BFH/NV 2013, 207)

oder der Beteiligte die Prozessführung durch Fortführung des Prozesses genehmigt (zB BFH III R 239/94, BFH/NV 1995, 1086; zur Genehmigung → Rn. 93 f.). – Insgesamt auch → § 135 Rn. 9.

Der Mangel der fehlenden Bevollmächtigung kann nach Klageabweisung wegen Fehlens der Vollmacht und unzulässiger Einlegung der Revision/NZB **auch noch während des Revisionsverfahrens** wirksam behoben werden, jedoch nur, wenn die (wirksame) Prozessvollmacht bei Erlass des erstinstanzlichen (Prozess-)Urteils bereits ausgestellt war (BFH II R 50/93, BFH/NV 1994, 645; VI R 30/96, BFH/NV 1997, 135 (136) mwN), nicht aber, wenn die Bevollmächtigung erst für die Zeit nach Ergehen des Prozessurteils nachgewiesen wird (BFH V B 40/96, BFH/NV 1997, 446; X B 89/96, BFH/NV 1998, 473). 97

3. Geltendmachung des Mangels in jeder Lage des Verfahrens (§ 62 VI 3)

Die Kernaussage des § 62 VI 3 besteht darin, dass der Mangel der Vollmacht in jeder Lage des Verfahrens von Bedeutung ist, also nicht nur zu Beginn des Verfahrens, sondern auch in dessen weiterem Verlauf und insbes. auch im **NZB- und Revisionsverfahren** (BFH X B 109/11, BFH/NV 2012, 438). Dies entspricht § 88 I ZPO (s. Zöller/Althammer ZPO § 88 Rn. 2). Unklar ist allerdings die Formulierung **„kann … geltend gemacht werden“.** Denn der Mangel der Vollmacht muss nicht von einem Beteiligten geltend gemacht werden (s. zur Rüge im Zivilprozessrecht § 88 I ZPO), sondern ist nach § 62 VI 4 von Amts wegen zu berücksichtigen (→ Rn. 100). Rügt allerdings ein Beteiligter den Mangel der Vollmacht, so **muss das Gericht dem nachgehen.** Ein Ermessen besteht nicht. Das gilt – abw. von § 62 VI 4 Hs. 2 – auch dann, wenn als Bevollmächtigter eine Person oder Gesellschaft iSv § 62 II 1 auftritt (→ Rn. 100 ff.; ebenso Tipke/Kruse/Loose § 62 Rn. 55; Spindler DB 2008, 1287). 98

4. Grundsätzliche Berücksichtigung des Mangels von Amts wegen (§ 62 VI 4)

Das Gericht hat den Mangel der Vollmacht nach § 62 VI 4 grds. **von Amts wegen** zu berücksichtigen. Das bedeutet, dass es **auch ohne Rüge** durch die Beteiligten von sich aus zu prüfen hat, ob ordnungsgemäße Vollmachten eingereicht worden sind und ob diese noch Gültigkeit haben (zum Zeitpunkt der Prüfung → Rn. 98 und zur Ordnungsmäßigkeit der Vollmacht → Rn. 6 f.). Diese Prüfungspflicht gilt allerdings nur dann, wenn nicht als Bevollmächtigter eine in § 62 II 1 bezeichnete Person oder Gesellschaft auftritt. **Tritt eine in § 62 II 1 bezeichnete Person oder Gesellschaft auf,** so hat das Gericht den Mangel der Vollmacht **nicht von Amts wegen zu prüfen.** 100

Diese Ausnahme gilt **nur für Bevollmächtigte iSd § 62 II 1,** also für Rechtsanwälte, Steuerberater, Steuerbevollmächtigte, Wirtschaftsprüfer oder vereidigte Buchprüfer, **nicht** auch **für Bevollmächtigte iSd § 62 II 2,** also insbes. nicht für **Lohnsteuerhilfevereine** iSv § 62 II 2 Nr. 5 (BFH X B 109/11, BFH/NV 2012, 438). 101

Dass bei Bevollmächtigten iSd § 62 II 1 der Mangel der Vollmacht nicht von Amts wegen zu berücksichtigen ist, bedeutet zunächst, dass es **unerheblich** ist, wenn der Bevollmächtigte **keine Vollmacht** oder eine **mangelhafte Vollmacht** einreicht. Die Klage darf deshalb grds. nicht als unzulässig abgewiesen werden (zu dieser Rechtsfolge → Rn. 74). Das gilt aber dann nicht, wenn ein **Beteiligter** 102

den Mangel der Vollmacht nach § 62 VI 3 **rügt** (→ Rn. 98), oder wenn das Gericht ansonsten **begründete Zweifel an der Bevollmächtigung** hat (BFH VIII B 167/09, BFH/NV 2010, 450). Die Anforderung der Vollmacht steht nämlich unabhängig von der Rüge eines Beteiligten nach wie vor im **Ermessen** des Gerichts (so auch BFH X B 211/08, BFH/NV 2009, 782; X B 109/11, BFH/NV 2012, 438; X B 190–196/11, BFH/NV 2012, 1164; II B 117/13, BFH/NV 2014, 1232; V B 107/14, BFH/NV 2015, 698). Die in § 62 VI 4 gewählte Formulierung „hat … zu berücksichtigen, wenn nicht …" kann nicht zur Folge haben, dass der (angebliche) Bevollmächtigte den Prozess führen darf, obwohl erhebliche Zweifel an seiner Bevollmächtigung bestehen (ebenso Tipke/Kruse/Loose § 62 Rn. 53; iE glA Spindler DB 2008, 1283 (1287); aA wohl HHS/Leipold § 62 Rn. 427: Einschränkung des Amtsermittlungsgrundsatzes).

103 Bei der **Ermessensausübung** hat der mit dem Verfahren befasste Richter (Vorsitzender oder Berichterstatter, s. § 79) unter **Berücksichtigung der Gesamtumstände** (BFH IV B 84/16, BFH/NV 2017, 605) abzuwägen zwischen dem Zweck des § 62 VI 4, eine **Vereinfachung des Verfahrens** herbeizuführen (dazu BR-Drs. 623/06, 220), und der Pflicht, das **Steuergeheimnis** zu wahren (§ 30 AO, § 355 StGB; Tipke/Kruse/Loose § 62 Rn. 53). Bestehen **keine oder nur unwesentliche Zweifel** an der Bevollmächtigung, darf das Gericht die Vollmacht wegen des Zwecks des § 62 VI grds. nicht anfordern (s. aber BFH V B 107/14, BFH/NV 2015, 698: geringe Zweifel erforderlich). Demgegenüber besteht eine Pflicht zur Anforderung, wenn ein Beteiligter die Vollmacht rügt (§ 62 VI 3; Tipke/Kruse/Loose § 62 Rn. 55) oder wenn sich **begründete Zweifel** an der Bevollmächtigung ergeben (Ermessensreduzierung auf Null; Tipke/Kruse/Loose § 62 Rn. 53). Begründete Zweifel an der Bevollmächtigung bestehen (nur) dann, wenn **konkrete Anhaltspunkte** dafür vorliegen, dass der vermeintliche Bevollmächtigte tatsächlich nicht oder nicht wirksam bevollmächtigt ist. Abstrakte Mutmaßungen reichen insoweit nicht aus (BFH VII R 18/02, BStBl. II 2003, 606 mwN; III B 75/03, BFH/NV 2004, 523; V B 7/09, BFH/NV 2010, 1830; IX B 54/11, BFH/NV 2011, 1373; II B 117/13, BFH/NV 2014, 1232; V B 107/14, BFH/NV 2015, 698: zumindest geringe Zweifel erforderlich; V B 107/14, BFH/NV 2015, 698). Derartige konkrete Anhaltspunkte liegen zB vor, wenn der Prozessvertreter sich **weigert, eine Vollmacht einzureichen** (BFH IV B 84/16, BFH/NV 2017, 605), wenn er in der **Vergangenheit** bereits mehrere gerichtliche Verfahren geführt hat, von denen die angeblich vertretenen **Kläger nichts wussten** (BFH VI R 68, 69/99, BFH/NV 2004, 344), wenn er bereits mehrfach trotz Aufforderung keine Vollmacht eingereicht hat (BFH X B 109/11, BFH/NV 2012, 438), wenn die auf dem Briefbogen einer Steuerberatungssozietät gefertigte Klage mit dem Zusatz **„iA"** unterschrieben ist (FG Hmb II 88/03, EFG 2004, 1626), wenn der Kläger nach Erhalt der **Vorfälligkeitsgebühr** mitteilt, er wisse nichts von einer Klageerhebung, wenn dem vor dem BFH auftretenden Prozessvertreter das Mandat in erster Instanz entzogen worden war (BFH I B 152/09, BFH/NV 2010, 449), wenn in einer Vielzahl von Fällen klagende Eheleute nur noch unter getrennten Adressen erreichbar sind (BFH VIII B 167/09, BFH/NV 2010, 450), wenn die von dem angeblichen Bevollmächtigten vorgelegte **Vollmachtsurkunde nicht ordnungsgemäß unterschrieben** ist (BFH II B 152/01, BFH/NV 2002, 1603; IX B 177/05, BFH/NV 2007, 255; V B 165/05, BFH/NV 2007, 747 zu einer nicht von allen Gesellschaftern unterzeichneten Vollmacht; BFH II B 44/01, BFH/NV 2002, 1602 zu einer von einem Nichtvertretungsberechtigten unterzeichneten

Vollmacht), wenn dem Auftreten des Berufsträgers im Klage- oder Rechtsmittelverfahren **nicht der aktuelle Sachstand** des Besteuerungsverfahrens des vorgeblich Vertretenen zugrunde liegt, die Prozessführung **nicht auf die Sache und den konkreten Einzelfall bezogen** ist und zahlreiche unstatthafte oder aus anderen Gründen **unzulässige Anträge** mit entsprechendem Kostenrisiko für den vorgeblich Vertretenen gestellt werden (BFH X B 190–196/11, BFH/NV 2012, 1164), wenn sich ein **neuer Bevollmächtigter** mit unbefristeter Vollmacht auch für das finanzgerichtliche Verfahren meldet (FG München 15 K 2396/14, DStRE 2016, 818, mE fraglich), wenn zum nämlichen Streitgegenstand **bereits Klage durch andere Bevollmächtigte** erhoben wurde (BFH V B 107/14, BFH/NV 2015, 698 oder das **Insolvenzverfahren** über das Vermögen des Klägers eröffnet ist (FG LSA 3 K 640/12, EFG 2015, 137), oder wenn sich die **klagende Personengesellschaft in Liquidation** befindet (BFH IV B 83/07, BFH/NV 2008, 1856; s. auch III R 35/00, BFH/NV 2001, 813: Zweifel an Bevollmächtigung bei Fortführung des Verfahrens nach Mandatsniederlegung; FG Münster 9 K 3871/10 K, EFG 2012, 533; FG München 3 V 2094/11, EFG 2012, 723; mE nicht vertretbar: FG MV 2 K 309/02, EFG 2004, 1311: Zweifel an Bevollmächtigung, weil Einspruchsentscheidung an einen anderen Bevollmächtigten gerichtet war und es sich um einen Fall der Vollschätzung handelt).

Keine Zweifel an der Bevollmächtigung ergeben sich allein aus der Tatsache, dass der Bevollmächtigte trotz Aufforderung keine Klagebegründung einreicht, so dass sich der Eindruck aufdrängt, die Klage sei nur fristwahrend erhoben worden, oder die angekündigte Vollmacht nicht vorlegt (BFH VII R 18/02, BStBl. II 2003, 606). Gleiches gilt im Falle einer ungewöhnlichen (missbräuchlichen) Prozessführung oder bei mangelnder Sachkenntnis des Bevollmächtigten (offengelassen durch BFH VII R 18/02, BStBl. II 2003, 606). Diese Umstände stehen mit einer evtl. fehlenden Bevollmächtigung in keinem Zusammenhang. Zudem dient die ansonsten bestehende Pflicht zur Vollmachtsvorlage nicht dem Schutz des Klägers vor unfähigen Bevollmächtigten. – Eine Vollmachtsvorlage ist auch nicht in den Fällen der **Akteneinsicht** geboten, es sei denn, es bestehen begründete Zweifel an der Bevollmächtigung (BFH IV B 84/16, BFH/NV 2017, 605: Entscheidung nach pflichtgemäßem Ermessen; Tipke/Kruse/Loose § 62 Rn. 54). **104**

Um die getroffene Ermessensentscheidung (→ Rn. 103) für die Beteiligten (und ggf. den BFH) nachvollziehbar zu machen, sollte das Gericht seine diesbezüglichen Erwägungen entweder durch Aktenvermerk oder besser noch durch Angabe der **Gründe in der Fristsetzung** selbst **angeben.** – S. auch BFH X E 14/15, BFH/NV 2015, 1419: Angesichts der Regelung in § 62 VI 4 kann der Kläger gegen die an ihn gerichtete **Kostenrechnung** nicht mit Erfolg geltend machen, er habe den tätig gewordenen Rechtsanwalt nicht bevollmächtigt. **105**

5. Zustellungen und Mitteilungen an den Bevollmächtigten (§ 62 VI 5)

Nach § 62 VI 5 sind **Zustellungen** oder Mitteilungen **des Gerichts** an den Bevollmächtigten zu richten (zur Ladung BFH III B 14/10, BFH/NV 2012, 555; IX B 52/12, BFH/NV 2012, 1619; X S 26/12 (PKH), BFH/NV 2013, 69; V B 12/14, BFH/NV 2014, 883; zu Unterbevollmächtigten BFH IV B 28/09, BFH/NV 2010, 1242). Das gilt auch für die **Kostenrechnung** (BFH IX E 2/98, BFH/NV 1999, 46; XI E 4/12, BFH/NV 2013, 398; FG Düsseldorf 8 Ko 1465/22 GK, EFG 2022, 1391). Die Vorschrift soll verhindern, dass Bevollmächtigte **110**

„übergangen" werden. – **Bestellt** ist ein Bevollmächtigter bereits dann, wenn er durch ausdrückliche oder schlüssige Handlung dem Gericht gegenüber als Bevollmächtigter bezeichnet worden ist (BFH VI B 138/02, BFH/NV 2003, 788; anders die frühere Rspr., nach der die schriftlich wirksam erteilte Vollmacht dem Gericht vorliegen musste, s. dazu zB BFH XI R 29/93, BStBl. II 1994, 661 (662)). Diese Bestellung kann bereits erfolgt sein, bevor der Vertretene Beteiligter eines finanzgerichtlichen Verfahrens geworden ist (BFH IX B 66/01, BFH/NV 2002, 898). – Zur Rückwirkung einer erst nachträglich erteilten Vollmacht FG Hmb III 80/02, EFG 2004, 954; III 81/02, EFG 2004, 1003.

111 **Bis zur Bestellung** eines Bevollmächtigten können wirksame Zustellungen sowohl an den vollmachtlosen Vertreter als auch an den Beteiligten erfolgen. Die an den Beteiligten erfolgte Zustellung bleibt auch dann wirksam, wenn er später einen Bevollmächtigten benennt (BFH VIII B 64/01, BFH/NV 2002, 1309 zur **Ladung;** → Rn. 14; → § 91 Rn. 9). Unterbleibt die Zustellung an den Beteiligten, werden Rechtsmittelfristen ihm ggü. nicht in Lauf gesetzt (BFH XI R 29/93, BStBl. II 1994, 661; VIII R 66/93, BFH/NV 1994, 651 (652) mwN). – Die nachträgliche Bestellung des Bevollmächtigten heilt etwaige Zustellungsmängel, soweit sie durch die rückwirkende Genehmigung entstehen.

112 **Nach der Bestellung** des Bevollmächtigten sind **Zustellung** und Mitteilungen nur an ihn vorzunehmen, und zwar idR **an seine Büroanschrift** (s. dazu BFH IV B 52/02, BFH/NV 2004, 205). **Gleichwohl ausschließlich an den Beteiligten erfolgende Zustellungen** sind unwirksam (BFH V B 12/14, BFH/NV 2014, 883; aber → § 80 Rn. 7; s. auch BFH VIII B 85/21, BFH/NV 2022, 1298, Rn. 6: Zustellung an den Bevollmächtigten muss der Beteiligte gegen sich gelten lassen); Rechtsmittelfristen beginnen nicht zu laufen (BFH XI R 1/07, BStBl. II 2007, 833 mwN; → § 53 Rn. 135 ff.). Nur an den Beteiligten gerichtete Mitteilungen sind unbeachtlich. – Dies gilt jedoch nicht, wenn der **Aufenthalt des Prozessbevollmächtigten unbekannt** ist und alle Möglichkeiten ausgeschöpft sind, den Aufenthaltsort zu ermitteln (FG BW 3 K 367/87, EFG 1993, 458; s. auch BFH VII R 75/73, BStBl. II 1977, 665) oder wenn das Gericht die **Zustellungen** sowohl **an** den **Beteiligten** selbst als auch an den **Prozessbevollmächtigten** vornimmt (BFH X B 260/94, BFH/NV 1997, 680). Zur **Heilung von Zustellungsmängeln** → § 53 Rn. 135 ff.; BFH V B 12/14, BFH/NV 2014, 883. – Zur Zustellung an den Beteiligten **bei Zweifeln am Umfang der Vollmacht** s. BFH X R 28/94, BFH/NV 1996, 907.

113 Sind **mehrere Bevollmächtigte** bestellt oder ist eine **Sozietät** bevollmächtigt (→ Rn. 25), genügt die Zustellung an **einen** der Bevollmächtigten (BFH VIII B 179/02, BFH/NV 2003, 489; I B 111/03, BFH/NV 2004, 1282 jeweils mwN). Wird mehreren Prozessbevollmächtigten zugestellt, ist für den Beginn der Rechtsmittelfrist die zeitlich erste maßgeblich. Die spätere Zustellung setzt keine neue Rechtsmittelfrist in Lauf (BFH IX B 46/90, BFH/NV 1991, 612 mwN).

114 **Nach Widerruf oder Erlöschen der Vollmacht** (→ Rn. 14) dürfen Zustellungen nicht mehr an den Bevollmächtigten erfolgen (BFH I B 30/03, BFH/NV 2003, 1434; X B 72/14, BFH/NV 2015, 1252: Zustellung an den Kläger persönlich). Das gilt bei Verfahren vor dem **BFH** wegen des Vertretungszwangs allerdings erst dann, wenn ein neuer Bevollmächtigter bestellt ist (BFH X B 47/06, BFH/NV 2007, 942; → Rn. 15). – Bis zum Erlöschen der Vollmacht an den Bevollmächtigten erfolgte Zustellungen bleiben demgegenüber wirksam (dazu und insbes. zur **Ladung** → Rn. 14). Zudem sollen nach BFH VI B 125/14,

BFH/NV 2015, 848 Zustellungen an den Bevollmächtigten trotz des **Entzugs der Zulassung** bis zu dessen Zurückweisung wirksam sein (mE fraglich).

VII. Beistände nach § 62 VII

Die Beteiligten können nach § 62 VII 1 in der Verhandlung mit Beiständen erscheinen. Das gilt sowohl für **mündliche Verhandlungen vor dem Finanzgericht** als auch vor dem **Bundesfinanzhof** (Tipke/Kruse/Loose § 62 Rn. 72). Der vor dem BFH bestehende Vertretungszwang wird dadurch allerdings nicht berührt. Anders als Bevollmächtigte handelt der Beistand nicht für den Beteiligten, sondern unterstützend neben ihm. 117

Als Beistand kommt nach § 62 VII 2 zunächst nur in Betracht, **wer auch als Bevollmächtigter zur Vertretung befugt wäre.** Durch diese Beschränkung soll verhindert werden, dass die Vertretungsbefugnis des § 62 II umgangen wird (BT-Drs. 16/3655, 91, 99). Als Bevollmächtigter zur Vertretung befugt sind die in § 62 II 1 u. 2 genannten Personen (→ Rn. 20 ff. sowie zu den allgemeinen Anforderungen an Bevollmächtigte → Rn. 6 f.). Sie werden durch Benennung legitimiert (BFH VIII B 46/95, BFH/NV 1996, 426). Hierüber hinaus kann das Gericht auch **andere Personen** als Beistand zulassen, wie etwa Freunde oder Bekannte des Beteiligten, wenn dies sachdienlich ist und hierfür ein Bedürfnis besteht. Das ist der Fall, wenn der Beistand in der Lage ist, den Prozess zu fördern, sei es auch nur dergestalt, dass er beruhigend auf den Beteiligten einwirkt. Die Zulassung erfolgt durch **unanfechtbaren Beschluss,** der auch konkludent durch Fortsetzung der mündlichen Verhandlung ergehen kann (Tipke/Kruse/Loose § 62 Rn. 74). – Zum **Ausschluss von Richtern und ehrenamtlichen Richtern** s. § 62 VII 4 iVm V (→ Rn. 78). – Zur Behandlung eines Beistands, der auch als **Zeuge** in Betracht kommt s. BFH IV B 66/03, BFH/NV 2005, 1321; I B 77/07, BFH/NV 2008, 1445. 118

Nicht nach § 62 II vertretungsbefugte Personen muss das Gericht durch **unanfechtbaren Beschluss zurückweisen** (§ 62 VII 4 iVm III 1). Diese Regelung ist überflüssig. Ist die Person nicht nach § 62 II vertretungsbefugt ist, bedarf sie, um Beistand sein zu können, ohnehin der Zulassung durch das Gericht nach § 62 VII 3. Ist die Person zwar vertretungsbefugt, ist sie aber nicht in der Lage, das Sach- und Streitverhältnis sachgerecht darzustellen, so kann das Gericht ihr ein weiteres **Tätigwerden als Beistand untersagen** (§ 62 VII 4 iVm III 3; zu den Voraussetzungen → Rn. 43). 119

Der Beistand darf **keine eigenständigen Handlungen** vornehmen. Er ist insbes. nicht befugt, eigenständig Prozesshandlungen vorzunehmen oder Anträge zu stellen. Dies ist dem Beteiligten vorbehalten. Erklärungen des Beistands gelten nach § 62 VII 5 als von dem Beteiligten vorgetragen, es sei denn, der Beteiligte widerspricht sofort. 120

Auch die **beklagte Finanzbehörde** kann sich in der mündlichen Verhandlung **vor dem Finanzgericht** eines Beistandes bedienen (BFH GrS 4/68, BStBl. II 1969, 435). Das gilt auch dann, wenn es sich um den in der Streitsache tätig gewesenen Betriebsprüfer handelt, der inzwischen Steuerberater ist (BFH IV B 152/92, BFH/NV 1994, 715). 121

§ 62a (aufgehoben)

§ 62a aufgehoben durch Art. 14 des G zur Neuregelung des Rechtsberatungsrechts v. 12.12.2007 (BGBl. I 2840) mit Wirkung ab 1.7.2008.

Abschnitt III. Verfahren im ersten Rechtszug

§ 63 [Passivlegitimation]

(1) **Die Klage ist gegen die Behörde zu richten,**
1. **die den ursprünglichen Verwaltungsakt erlassen oder**
2. **die den beantragten Verwaltungsakt oder die andere Leistung unterlassen oder abgelehnt hat oder**
3. **der gegenüber die Feststellung des Bestehens oder Nichtbestehens eines Rechtsverhältnisses oder der Nichtigkeit eines Verwaltungsakts begehrt wird.**

(2) **Ist vor Erlass der Entscheidung über den Einspruch eine andere als die ursprünglich zuständige Behörde für den Steuerfall örtlich zuständig geworden, so ist die Klage zu richten**
1. **gegen die Behörde, welche die Einspruchsentscheidung erlassen hat,**
2. **wenn über einen Einspruch ohne Mitteilung eines zureichenden Grundes in angemessener Frist sachlich nicht entschieden worden ist (§ 46), gegen die Behörde, die im Zeitpunkt der Klageerhebung für den Steuerfall örtlich zuständig ist.**

(3) **Hat eine Behörde, die auf Grund gesetzlicher Vorschrift berechtigt ist, für die zuständige Behörde zu handeln, den ursprünglichen Verwaltungsakt erlassen oder den beantragten Verwaltungsakt oder die andere Leistung unterlassen oder abgelehnt, so ist die Klage gegen die zuständige Behörde zu richten.**

Vgl. § 78 VwGO.

Literatur: Desens, Sinn und Unsinn des „Behördenprinzips" – § 78 I Nr. 2 VwGO in der Rechtspraxis, NVwZ 2013, 471; Kempny, Das Behördenprinzip in der Finanzgerichtsordnung – Zur Entstehungsgeschichte einer prozessrechtlichen Besonderheit, FS 75 Jahre FG Münster, 2024, 213.

I. Allgemeines

1 § 63 hat seine gegenwärtige Fassung, seit er durch das GrenzpendlerG v. 24.6.1994 (BGBl. I 1395) an die seinerzeit neugefassten Regelungen des außergerichtlichen Rechtsbehelfsverfahrens angepasst wurde (→ Vor § 1 Rn. 8).

2 Nach § 65 I 1 muss der Kläger in einer Klage den Beklagten bezeichnen. § 63 **regelt,** wen der Kläger insoweit zu benennen hat, **gegen wen** er also seine **Klage richten muss.** Dabei folgt § 63 dem sog. **Behördenprinzip,** dh die Klage ist nicht gegen die Trägerkörperschaft, sondern die handelnde oder trotz Antrags des Klägers nicht handelnde Behörde zu richten. Diese ist dem entsprechend nach § 57 Nr. 2 beteiligtenfähig. Auch die Rechtskraftwirkung ist darauf abgestimmt (§ 110 I 2). Aus **§ 32i VI–VIII AO** (→ Vor § 1 Rn. 42) ergibt sich, dass das Behördenprinzip auch für Verfahren auf der Grundlage der **DSGVO** gilt. Mit dem Behördenprinzip **weicht** § 63 **von der VwGO ab,** die in § 78 I Nr. 1 grds. bestimmt, dass die Klage gegen die Trägerkörperschaft zu richten ist. § 78 I Nr. 2 VwGO enthält lediglich ein beschränktes landesrechtliches Optionsrecht für das

Behördenprinzip (s. Kopp/Schenke/Schenke VwGO § 78 Rn. 10 f.; Desens NVwZ 2013, 471). Der **historische Gesetzgeber** nahm vor allem die unterschiedliche Ertragshoheit für die von den Finanzämtern verwalteten Steuern zum Anlass für die noch heute geltende Regelung (vgl. BT-Drs. 4/1446, 49 zu § 56 FGO E; zu den Einzelheiten s. Kempny, FS 75 Jahre FG Münster, 213 ff.). Für den Rechtssuchenden ist die **Unterscheidung ohne nennenswerte Relevanz,** weil einerseits finanzgerichtliche Klagen gegen die Trägerkörperschaft als Klagen gegen die handelnde Behörde ausgelegt werden (→ § 65 Rn. 23, 25) und andererseits § 78 I Nr. 1 Hs. 2 VwGO bestimmt, dass zur Bezeichnung des Beklagten die Angabe der Behörde genügt.

Welche Dienststelle eine (eigenständige) Behörde und welche Dienststelle nur eine Organisationseinheit innerhalb einer (größeren) Behörde ist, ergibt sich aus dem jeweiligen **Organisationsrecht** (vgl. zB zu einer Außenstelle eines FA BFH IV R 97/93, BFH/NV 1995, 279; zur Zentralen Zulagenstelle für Altersvermögen, § 81 EStG: BFH X R 41/13, BStBl. II 2016, 525). Für den Rechtsschutz suchenden Bürger entstehen dadurch keine unzumutbaren Hürden, weil sich die Behörde idR aus dem Briefkopf ergibt, der im vorangegangenen Schriftverkehr verwendet wurde und iÜ im Wege der Auslegung davon ausgegangen wird, dass der Kläger die nach dem jeweiligen Organisationsrecht richtig bezeichnete Behörde gemeint hat (vgl. zB BFH IV R 97/93, BFH/NV 1995, 279; III R 36/19, BStBl. II 2021, 712; III R 2/22, BStBl. II 2023, 626). 3

Die Angabe des richtigen Beklagten ist eine **Sachentscheidungsvoraussetzung.** Die Frage, wer der richtige Beklagte ist, steht – wie grds. alle Sachentscheidungsvoraussetzungen – nicht zur Disposition der Beteiligten (BFH XI B 129–132/13, BFH/NV 2014, 1385) und ist von Amts wegen zu prüfen (BFH I R 43/12, BFH/NV 2015, 306; VIII R 33/20, BStBl. II 2023, 663; Tipke/Kruse/Brandis § 63 Rn. 3). Eine gegen den falschen Beklagten gerichtete Klage führt zur Abweisung der Klage durch Prozessurteil (BFH IV B 98/06, BFH/NV 2007, 2322; V B 29/07, BFH/NV 2008, 1501; XI B 129–132/13, BFH/NV 2014, 1385; → Vor § 33 Rn. 3, 16; → § 95 Rn. 4). Ein FG-Urteil, das gegenüber dem falschen Beklagten ergangen ist, leidet an einem Verfahrensfehler, der zur Aufhebung führen kann (BFH VIII R 33/20, BStBl. II 2023, 663; III R 11/22, BFH/NV 2024, 18). Allerdings kann die mangelnde passive Prozessführungsbefugnis jederzeit durch die ausdrückliche oder stillschweigende Zustimmung des richtigen Beklagten zur Prozessführung geheilt werden – also auch noch während des Revisionsverfahrens (BFH IV R 54/04, BStBl. II 2008, 742; VIII R 33/20, BStBl. II 2023, 663). Von der Frage des richtigen Beklagten ist die Frage nach der **Passivlegitimation** iSd Begründetheit des geltend gemachten Anspruchs zu unterscheiden (auch als Sachlegitimation bezeichnet). Insoweit handelt es sich um eine Frage der Begründetheit (BFH VII R 52/08, BStBl. II 2010, 51; FG München 10 K 1379/15, BeckRS 2016, 94787; HHS/Schallmoser § 63 Rn. 3, 5; abw. BFH VII B 83/01, BFH/NV 2002, 934; V B 29/07, BFH/NV 2008, 1501). Demgegenüber regelt § 63 die **Prozessführungsbefugnis auf Seiten des Beklagten** (BFH IV B 98/06, BFH/NV 2007, 2322; VIII R 33/20, BStBl. II 2023, 663). 4

Obwohl die meisten im Finanzgerichtsprozess auftretenden Behörden in grammatikalischer Hinsicht sächlich sind („das Finanzamt", „das Hauptzollamt" usw), hat sich **in sprachlicher Hinsicht** durchgesetzt, die beklagte Behörde in der männlichen Form als „den Beklagten" zu bezeichnen. Dies geschieht mutmaßlich in Anknüpfung an die ebenfalls männliche Form in der FGO (vgl. zB § 57 Nr. 2, 5

§ 65 I 1, § 67 II). Wenn allerdings die beklagte Behörde eine Bezeichnung in weiblicher Form trägt („die Familienkasse“, „die Senatsverwaltung“, „die Steuerberaterkammer“ usw) wird diese Behörde üblicherweise auch als „die Beklagte“ bezeichnet.

6 Die Regelung des § 63 geht vom Normalfall aus, in denen sich die Klage gegen öffentlich-rechtliches Handeln durch eine Behörde richtet. Es gibt jedoch auch iRd FGO **Ausnahmefälle,** zB:
- Vollstreckungsabwehrklagen von Behörden, die sich einem Kostenerstattungsanspruch des Stpfl. gegenübersehen (→ § 151 Rn. 9);
- Feststellungsklagen von Finbeh gegen Insolvenzverwalter (→ § 74 Rn. 79);
- Klagen von Arbeitnehmern oder Kapitalanlegern gegen Arbeitgeber (→ § 33 Rn. 37) oder Kreditinstitute im Zusammenhang mit den von ihnen ausgestellten Steuerbescheinigungen oder von ihnen vorgenommenen Steueranmeldungen, ggf. nach bindenden Verweisungen (→ Anh. § 33 Rn. 32 ff., 35);
- Entschädigungsklagen gem. § 155 S. 2 FGO iVm §§ 198 ff. GVG (BFH X K 3/12, BStBl. II 2013, 547, auch zu den Besonderheiten beim FG BBg).

Diese Fälle sind von § 63 nicht umfasst, die Klagen sind gegen den **Rechtsträger** zu richten, gegen den sich das Begehren des Klägers richtet.

7 Wen der Kläger in seiner Klageschrift als **Beklagten** bezeichnet hat, muss das Gericht zunächst im Wege der **(rechtsschutzgewährenden) Auslegung** bestimmen. Dabei sind ua beigefügte Steuerbescheide und angegebene Steuernummern zu berücksichtigen (→ Vor § 33 Rn. 40 ff.; → § 65 Rn. 24). Wenn gleichwohl unklar bleibt, gegen wen die Klage gerichtet werden soll, muss das Gericht nach **§ 65 II** vorgehen und den Kläger zur Ergänzung seiner Angaben auffordern, ggf. unter Ausschlussfristsetzung (§ 65 II 2; → § 65 Rn. 56 ff.). Eine einmal vorgenommene **Bezeichnung des Beklagten** kann der Kläger nicht ohne weiteres **ändern.** Wenn es sich nicht nur um eine Klarstellung unklarer Angaben oder um einen Nachvollzug einer Rechtsnachfolge (→ Rn. 11) handelt, stellt sich eine Änderung des Beklagten als Klageänderung dar, die nur unter den Voraussetzungen des § 67 zulässig ist (→ § 67 Rn. 18 ff.).

8 Die Regelung des § 63 gilt auch in den **Verfahren des vorläufigen Rechtsschutzes** (→ § 69 Rn. 132; → § 114 Rn. 12) und anderen Nebenverfahren (vgl. HessFG 11 Ko 1250/23, EFG 2024, 968). Im **Rechtsmittelverfahren** ergeben sich die Parteirollen regelmäßig aus denen des erstinstanzlichen Verfahrens und daraus, welcher Beteiligter (zuerst) das Rechtsmittel einlegt (Besonderheiten bei Anschlussrechtsmitteln: → § 120 Rn. 77 ff.; → § 128 Rn. 19).

II. Zu § 63 I

10 § 63 I betrifft bei behördlichem Handeln durch VA den „Normalfall“, dass **ein und dieselbe Behörde sowohl den Ausgangsbescheid** (bzw. den letzten Änderungsbescheid vor der Einspruchsentscheidung) **als auch die Einspruchsentscheidung** erlassen hat, auch dann, wenn ein unzuständiges FA die Einspruchsentscheidung erlassen hat (BFH VIII R 42/67, BStBl. II 1973, 108). Dies ergibt ein Umkehrschluss aus § 63 II, der die übrigen Fallgestaltungen regelt, wenn ein Einspruchsverfahren eröffnet ist. Im Wege einer **Rückausnahme** von § 63 II Nr. 1 bestimmt aber **§ 367 II b 6 AO** (→ § 44 Rn. 25; → § 47 Rn. 9, 14), dass in Fällen, in denen die nach § 367 IIb 2 AO zuständige oberste Finbeh Einsprüche (durch Allgemeinverfügung) zurückgewiesen hat, der richtige

Beklagte nicht die oberste Finbeh ist, sondern – wie in § 63 I Nr. 1 für den „Normalfall" vorgesehen – die Behörde, die den ursprünglichen VA erlassen hat. Gleiches gilt nach **§ 172 III 2 AO** iVm § 367 IIb 6 AO, wenn Änderungsanträge durch Allgemeinverfügung zurückgewiesen werden. Für die Fälle auf der Grundlage der **DSGVO** werden die Regelungen des § 63 I durch **§ 32i VI–VIII AO** ergänzt (vgl. iE Gosch/Schober AO § 32i Rn. 28 ff.).

In den Fällen der **isolierten Anfechtungsklage** gegen eine Einspruchsentscheidung (→ § 44 Rn. 10, 16, 45 ff.) ist die Klage nach § 63 I Nr. 1 gegen die Behörde zu richten, die die Einspruchsentscheidung erlassen hat (BFH III R 16/22, BFH/V 2024, 187, Rn. 19; iErg glA BFH III R 31/15, BStBl. II 2017, 642).

Im Interesse effektiven Rechtsschutzes (→ Rn. 2) kommt es grds. auf die 11
nach außen hin erkennbaren, **tatsächlichen Verhältnisse,** nicht darauf an, welche Behörde von Rechts wegen hätte tätig werden müssen (BFH VIII R 42/67, BStBl. II 1973, 198; V B 29/07, BFH/NV 2008, 1501; III R 36/19, BStBl. II 2021, 712; III R 2/22, BStBl. II 2023, 626). Dementsprechend ist auch die nach § 26 S. 2 AO tätig gewordene früher zuständige Behörde die Behörde, die iSd § 63 I den VA erlassen, unterlassen oder abgelehnt hat. Entscheidend ist, welche Behörde nach den für den Stpfl. erkennbaren Verhältnissen die angefochtene Entscheidung getroffen hat (BFH VI B 98/05, BFH/NV 2006, 805). Bloße Botenfunktionen sind unbeachtlich (BFH I R 3/86, BStBl. II 1991, 610; VII R 36/06, BFH/NV 2008, 181). Andererseits ist bei einem Handeln auf Weisung die aufgrund der Weisung tätig gewordene Behörde zu verklagen (Tipke/Kruse/Brandis § 63 Rn. 5). Nach dem Kriterium der „Veranlassung" bestimmen § 63 I FGO und § 32i VI–VIII AO als **„richtigen" Beklagten** für die

- **Anfechtungsklage** die Behörde (→ Rn. 2 f.), die den ursprünglichen VA erlassen hat (§ 63 I Nr. 1);
- **Verpflichtungsklage** und die sonstige Leistungsklage diejenige, die den beantragten VA oder die andere Leistung unterlassen oder abgelehnt hat (§ 63 I Nr. 2; BFH II R 212/82, BStBl. II 1988, 309; I R 3/86, BStBl. II 1991, 610; speziell für die **Leistungsklage** – § 40 Rn. 42 ff.; BFH VII R 52/08, BStBl. II 2010, 51);
- für die **Feststellungsklage** diejenige Behörde, der ggü. die Feststellung des Bestehens oder Nichtbestehens des Rechtsverhältnisses oder die Nichtigkeit eines VA begehrt wird (§ 63 I Nr. 3; zur Nichtigkeitsfeststellungsklage BFH II B 48/99, BFH/NV 2000, 1112; II B 103/99, BFH/NV 2000, 1116; II B 110/10, BFH/NV 2011, 833: die Behörde, die den VA, der nichtig sein soll, erlassen hat);
- für die Verfahren auf der Grundlage der **DSGVO** die in **§ 32i VI Nr. 2, VII Nr. 2 und VIII Nr. 2 AO** genannten Behörden.

Ist nach der letzten Verwaltungsentscheidung durch behördlichen Organisationsakt die handelnde Behörde aufgelöst worden, ist die Klage gegen die neu zuständig gewordene Behörde zu richten (BFH III S 22/13, BFH/NV 2014, 856; FG Hmb 2 K 239/05, EFG 2007, 1414). Fehlbezeichnungen sind in solchen Fällen dahin gehend auszulegen, dass die neu zuständige Behörde Beklagter sein soll (BFH III S 22/13, BFH/NV 2014, 856; aA Gosch/Paetsch § 63 Rn. 31, der aber Wiedereinsetzung gewähren will; vgl. auch Tipke/Kruse/Brandis § 63 Rn. 6 aE). Da die Rechtsbehelfsbelehrungen idR nicht auf bevorstehende Umorganisationen abgestimmt sind, liegen in der Praxis häufig unrichtige Belehrungen iSd § 55 II vor, so dass auch die Möglichkeit besteht, innerhalb der Jahresfrist den Beklagten zu korrigieren (zulässige Klageänderung iSd § 67; → § 67 Rn. 18 f.).

12 Zu den besonderen Verhältnissen iRd **Erhebung von Kindergeldrückforderungen** → Rn. 16.

13 Wird ein **Änderungsbescheid** angefochten, ist die Klage gegen das FA zu richten, das den Änderungsbescheid erlassen hat (BFH V B 29/07, BFH/NV 2008, 1501 mwN). Der „ursprüngliche Verwaltungsakt" ist also der letzte vor der Einspruchsentscheidung (in Fällen des §§ 32i IX, 348 Nr. 3–6 AO: vor der Klageerhebung) ergangene Änderungsbescheid. Zu Änderungsbescheiden iSd § 68 → Rn. 22.

III. Zu § 63 II

15 Für den Fall des **Zuständigkeitswechsels vor Erlass der Einspruchsentscheidung** trifft § 63 II eine Sonderregelung. Dabei ist es unerheblich, ob der Zuständigkeitswechsel auf geänderten Vorschriften über die Zuständigkeit der Finbeh oder auf Änderungen in den Verhältnissen des Stpfl. (zB Wohnsitzwechsel) zurückzuführen sind (BFH VIII R 205/84, BStBl. II 1989, 460; I R 142/90, BStBl. II 1992, 784). Danach ist die Klage zu richten:

– regelmäßig, wenn zuvor eine **Einspruchsentscheidung** ergangen ist, gegen die Behörde, welche die Einspruchsentscheidung erlassen hat (§ 63 II Nr. 1; BFH VII B 83/01, BFH/NV 2002, 934; IV B 98/06, BFH/NV 2007, 2322); und zwar auch dann, wenn die nunmehr zuständige Behörde **in einem anderen Bundesland** liegt (BFH VIII B 87/03, BFH/NV 2005, 1579) und
– in **Fällen des § 46** (§ 63 II Nr. 2) gegen die Behörde, die im Zeitpunkt der Klageerhebung für den Steuerfall örtlich zuständig ist.

Nach dem Wortlaut des § 63 II Nr. 1 müsste nach Ergehen einer Einspruchsentscheidung durch eine andere als die zuvor tätig gewordene Finbeh jeweils geprüft werden, ob es tatsächlich zu einem Zuständigkeitswechsel gekommen ist (in diesem Sinne: FG BBg 16 K 16111/23, BeckRS 2023, 42877, Rev. BFH: III R 4/24). Für die Frage, ob iSd § 63 II Nr. 2 die Zuständigkeit auf eine andere Behörde übergegangen ist, muss – abw. von den sonst geltenden Grundsätzen des § 63 (→ Rn. 11) – nach den **§§ 16 ff. AO iVm den landesrechtlichen Organisationsnormen** geprüft werden, welche Behörde für den Erlass der Einspruchsentscheidung zuständig wäre. Dabei ist auch zu berücksichtigen, dass nach § 26 S. 1 AO eine der beteiligten Finbeh von den Umständen, die den Übergang der Zuständigkeit auslösen, Kenntnis haben muss (BFH V B 108, 109, 110/06, BFH/NV 2007, 870). Auch Vereinbarungen nach §§ 26 S. 2, 27 AO sind zu berücksichtigen, soweit sie wirksam sind (BFH I R 43/12, BFH/NV 2015, 306). Darauf, ob die Behörden Folgerungen aus dem Zuständigkeitsübergang gezogen haben (insbes. durch Aktenabgabe), kommt es nicht an. Geht nach Erhebung einer Klage iSd § 46 die Zuständigkeit für den Erlass der Einspruchsentscheidung (erstmals oder erneut) auf eine andere Finbeh über, hat dies nach dem insoweit klaren Wortlaut des § 63 I, II Nr. 2 – abgesehen von den in Rn. 20 ff. dargestellten Fallgruppen – keine Auswirkung auf die Beklagtenstellung bzw. darauf, gegen wen die Klage zu richten ist. Erlässt die nunmehr zuständige Finbeh eine Einspruchsentscheidung, rückt sie nach den für Änderungsbescheide iSd § 68 geltenden Grundsätzen (→ Rn. 22) in die Beklagtenstellung jedenfalls dann ein, wenn durch die Einspruchsentscheidung keine Hauptsachenerledigung eintritt (→ § 46 Rn. 26 ff.).

16 Darüber hinaus ist **§ 63 II analog** anzuwenden, wenn zwischen dem Erlass des Ausgangsbescheids und dem Erlass der Einspruchsentscheidung zwar kein Zuständigkeitswechsel eingetreten ist, aber statt der ursprünglich tätig gewordenen, zwischenzeitlich unzuständig gewordenen Behörde iRd Einspruchsentscheidung die zuständige Behörde entschieden hat (BFH VII B 83/01, BFH/NV 2002, 934; IV B 98/06, BFH/NV 2007, 2322; offenlassend BFH III R 2/22, BStBl. II 2023, 626); zur isolierten Anfechtung der Einspruchsentscheidung → Rn. 10. Dagegen bleibt es bei der **Grundregel des § 63 I,** wenn eine von vornherein sachlich unzuständige Behörde den Ausgangsbescheid und eine weitere Behörde die Einspruchsentscheidung erlassen hat, selbst, wenn die letztgenannte Behörde die ist, die zum Erlass des Ausgangsbescheids berufen gewesen wäre (BFH III R 36/19, BStBl. II 2021, 712; III R 2/22, BStBl. II 2023, 626; III R 11/22, BFH/NV 2024, 18 jeweils zu der Konstellation, in der die im kindergeldrechtlichen Erhebungsverfahren tätig gewordene Arbeitsagentur Recklinghausen – Inkasso-Service die Ausgangsbescheide und die Familienkasse Nordrhein-Westfalen Nord die Einspruchsentscheidungen erlassen hatte). Den durch diese kasuistische Rspr. entstehenden Unsicherheiten für die Rechtssuchenden begegnet die Rspr. durch eine rechtsschutzgewährende Auslegung (BFH III R 36/19, BStBl. II 2021, 712; III R 2/22, BStBl. II 2023, 626; III R 11/23, BStBl. II 2025, 207, Rn. 34). Zu den abweichenden Verhältnissen bei einer Zuständigkeitsänderung nach Klageerhebung → Rn. 20 ff.

IV. Zu § 63 III

18 Die Bestimmung betrifft die **besondere Zuständigkeitsregelung des § 18 FVG,** derzufolge Zollstellen bei der Verwaltung der USt und (bis 30.6.2014) der Kraftfahrzeugsteuer mitwirken und hierbei für das FA handeln, das jeweils für die Besteuerung örtlich zuständig ist. Die letztgenannte Behörde ist der „richtige" Beklagte iSd §§ 57 Nr. 2, 63. – Nicht erfasst werden Fälle, in denen die zuständige Behörde im Einzelfall eine andere Behörde beauftragt, hoheitlich tätig zu werden (BFH VII R 137/84, BFH/NV 1988, 417 (418); zB im Fall des § 195 S. 2 AO: BFH VI B 40/08, BFH/NV 2008, 1874 mwN; X B 197/08, BFH/NV 2009, 961). In diesen Fällen ist die Klage gegen die im Auftrag tätig gewordene Behörde zu richten.

V. Gesetzlicher Beteiligtenwechsel

20 Ein **nach Erlass der Einspruchsentscheidung** oder (in Fällen, in denen das Verfahrensrecht keine Einspruchsentscheidung vorsieht) nach Erlass des angefochtenen Verwaltungsakts und iÜ nach Erhebung der Klage **eingetretener Wechsel in der Verwaltungszuständigkeit** lässt die Identität des Beklagten unberührt, wenn die **Gründe** für die Zuständigkeitsänderung **allein in der Person des Klägers** liegen. Dies sind insbes. solche Fälle, in denen sich die örtliche Verwaltungszuständigkeit durch eine Wohnsitzveränderung oder Verlegung der Geschäftsleitung oder des Sitzes ändert (vgl. §§ 18–23, § 26 S. 1 AO; BFH IV R 54/04, BStBl. II 2008, 742; V B 29/07, BFH/NV 2008, 1501; VIII B 211/08, BFH/NV 2010, 663; IX R 33/12, BFH/NV 2014, 557; I R 3/15, BFH/NV

2016, 939). Aber auch wenn die in der Person des Klägers liegenden Gründe zur sachlichen Unzuständigkeit der vor Klageerhebung tätigen Behörde führen, kommt es zu **keinem Beklagtenwechsel** (FG Bln VIII 261/95, EFG 1996, 606). Die ursprünglich tätig gewordene Finbeh führt das Klageverfahren grds. bis zu dessen rechtskräftiger Erledigung (ggf. auch im Rechtsmittelverfahren) fort. Dies ist ähnlich wie beim Grundsatz der Fortdauer der Gerichtszuständigkeit („perpetuatio fori"; → § 70 Rn. 6; BFH VI B 98/05, BFH/NV 2006, 805). Die bisher zuständige Behörde kann allerdings nach **§ 62 II 2 Nr. 1 Hs. 2** die nunmehr zuständig gewordene Behörde oder einzelne von deren Dienstkräften bevollmächtigen. Von diesen Grundsätzen gibt es zwei **Ausnahmen** (Fälle des gesetzlichen Beteiligtenwechsels):

21 Ein Fall ist der **Zuständigkeitswechsel durch Organisationsakt,** dh die Zuständigkeit für den Erlass des streitbefangenen Hoheitsakts geht durch eine Anordnung über den Bezirk einer Finbeh (§§ 12 I, 17 I FVG) oder eine Rechtsverordnung oder Anordnung über übergreifende Zuständigkeiten (§ 5 I Nr. 11 S. 4 ff., § 12 III, § 17 II 3 FVG) auf eine andere Behörde über (BFH I R 5/69, BStBl. II 1972, 438; III R 8/11, BStBl. II 2013, 1040; XI R 19/16, MwStR 2019, 790; VIII R 33/20, BStBl. II 2023, 663). Dabei ist es unerheblich, ob die bisher zuständige Behörde aufgelöst oder umbenannt wird oder ob diese (mit veränderten Zuständigkeiten) fortbesteht. Der Zuständigkeitswechsel tritt ein, solange das Verfahren rechtshängig ist, also auch nach Zustellung des Urteils (BFH I B 21/13, BFH/NV 2014, 1216). Der Organisationsakt muss wirksam sein. Andernfalls tritt kein Beklagtenwechsel ein (FG Düsseldorf 9 K 273/21 Kg, BeckRS 2021, 30363).

22 Der weitere Fall ist der, dass das aufgrund eines in der Person des Klägers liegenden Grundes zuständig gewordene FA während des Klageverfahrens einen **Änderungsbescheid** erlässt, der gem. oder analog zu **§ 68** zum Gegenstand des Klageverfahrens wird (BFH IV R 54/04, BStBl. II 2008, 742; XI R 79/07, BStBl. II 2011, 311; IV R 21/21, BFH/NV 2024, 1156, Rn. 15; zur Auswirkung auf die Zuständigkeit des FG → § 38 Rn. 9). Wegen der Auswechselung des Streitgegenstandes wird die Behörde, die den Änderungsbescheid erlassen hat, anstelle der zuvor tätigen Behörde zum Beklagten. Zu einem Abhilfebescheid → § 68 Rn. 65 ff.

§ 64 [Form der Klageerhebung]

(1) [1]**Die Klage ist bei dem Gericht schriftlich oder zu Protokoll des Urkundsbeamten der Geschäftsstelle zu erheben.** [2]**§ 129a Absatz 2 der Zivilprozessordnung gilt entsprechend.**

(2) **Der Klage sollen Abschriften für die übrigen Beteiligten beigefügt werden; § 77 Abs. 2 gilt sinngemäß.**

Vgl. § 81 VwGO; §§ 90, 92 SGG.

Literatur: (sa 4. u. 7. Aufl. 2010): Hollatz, Ende der Übermittlung fristwahrender Schriftsätze durch Computerfax?, NWB 2012, 1747; Kessens, Rechtssichere (elektronische) Kommunikation mit den Finanzgerichten, NWB 2017, 3267; Schumann, Vorsicht beim Eingang einer Klage beim falschen Gericht!, SteuK 2015, 526; Weigel, Die elektronische Klage, StBW 2013, 275. – Siehe auch zu § 52a.

Übersicht

	Rn.
I. Allgemeines	1
II. Klageerhebung bei Gericht	5
III. Zu § 64 I 1 Fall 1 – Schriftsätzliche Klageerhebung	7
1. Allgemeines	7
2. Schriftform bei Klagen in überkommener Papierform	10
3. Schriftform bei Klagen per Telefax	16
4. Schriftform bei sonstigen Kommunikationsformen	23
5. Fazit und Bewertung	24
IV. Zu § 64 I 1 Fall 2 – Klageerhebung zu Protokoll	28
V. Rechtsfolgen	29
VI. Zu § 64 II	30

I. Allgemeines

1 Geregelt ist in § 64 nur die **äußere Form der Klageerhebung** im finanzgerichtlichen Verfahren (BFH III B 27/99, BFH/NV 2000, 61 (62)). Aus dem Zusammenwirken mit § 65 ergibt sich, welche Anforderungen an eine ordnungsgemäße Klage im Steuerprozess zu stellen sind (BFH II R 96/75, BStBl. II 1978, 70). § 64 I ist eine der Sachentscheidungsvoraussetzungen (→ Vor § 33 Rn. 16). Anders als andere Sachentscheidungsvoraussetzungen muss sie bei der Anfechtungs- und Verpflichtungsklage gem. § 47 I **innerhalb der Klagefrist** vorliegen, dh die Klageschrift muss innerhalb der Klagefrist die formellen Anforderungen des § 64 I erfüllen (BFH VIII R 38/08, BStBl. II 2010, 1017, Rn. 13). Ihr Fehlen hat die Abweisung der Klage als unzulässig zur Folge (→ Vor § 33 Rn. 1). Zu den **inhaltlichen Anforderungen,** damit ein Schriftstück als Klage angesehen werden kann, → § 40 Rn. 3 ff.

2 In **Beschlusssachen,** vor allem für Anträge nach den §§ 69, 114, gilt § 64 entspr. (→ § 69 Rn. 133; → § 114 Rn. 9). Für **Rechtsmittel** ist die Schriftform jeweils ausdrücklich vorgeschrieben (§§ 116 III 3, 120 I 1, 129 I). Für die übrigen Prozesshandlungen → Vor § 33 Rn. 32.

3 Der **Kern der Regelung** findet sich **in § 64 I 1 Fall 1,** während in § 64 I 1 Fall 2 eine Variante zum äußeren Ablauf des Vorgangs der Klageerhebung (neben den in § 47 II und III geregelten Möglichkeiten der Anbringung der Klage bei bestimmten Behörden, → § 47 Rn. 19 ff.) und in § 64 II eine reine Ordnungsvorschrift enthalten sind.

4 Im Gerichtsalltag haben die **im Zusammenhang mit § 64 abgehandelten Rechtsfragen** durch die Vorschriften über den elektronischen Rechtsverkehr (§§ 52a ff.) **stark an Bedeutung eingebüßt.** Insbesondere seitdem die maßgeblichen Akteure in finanzgerichtlichen Verfahren (Steuerberater, Rechtsanwälte und Behörden) nach **§ 52d** zur Nutzung des elektronischen Rechtsverkehrs verpflichtet sind (→ § 52d Rn. 2 ff.), haben auf dem Postweg, per Telefax oder durch Erklärung zu Protokoll erhobene Klagen nur noch einen geringen Anteil an den Gesamteingängen der FG. Lediglich nicht vertretene Beteiligte oder solche mit Bevollmächtigten, die nicht der Benutzungspflicht nach § 52d unterliegen (zB Lohnsteuerhilfevereine oder Angehörige), können noch per Post oder Telefax wirksam Klagen erheben. Ab 1.1.2026 wird der Kreis dieser Personen für

bestimmte Inhaber eines besonderen elektronischen Bürger- und Organisationenpostfachs durch § 52d S. 2 noch weitergehend eingeschränkt (→ § 52d Rn. 15).

II. Klageerhebung bei Gericht

5 Grundsätzlich ist eine Klage bei Gericht, also **bei dem** nach §§ 35, 38, 155 S. 2 **örtlich und sachlich zuständigen Finanzgericht bzw. dem Bundesfinanzhof,** zu erheben. Abweichend von diesem Grundsatz kann die Klage jedoch auch durch Anbringen nach § 47 II u. III bei den dort genannten Finbeh erhoben werden (→ § 47 Rn. 19 ff.). Dies muss jeweils innerhalb der durch §§ 47, 55 bzw. § 155 S. 2 FGO iVm § 198 V 2 GVG vorgegebenen Fristen geschehen. Innerhalb dieser Fristen muss die Klageschrift unter Wahrung auch der übrigen aus § 64 folgenden Formvorschriften und des für die Annahme einer Klage erforderlichen Mindestinhalts (→ § 40 Rn. 3 ff.) dem zuständigen Gericht oder der zuständigen Finbeh zugegangen sein (zum Zugang bei Gericht → Vor § 33 Rn. 34 ff.). Mit dem Zugang bei Gericht wird die Streitsache rechtshängig (§ 66 S. 1), soweit nicht die Sonderregelung des § 66 S. 2 für Entschädigungsklagen eingreift. Die Erhebung der Klage bei einem **unzuständigen Gericht** ist allerdings für die Fristwahrung unschädlich, wenn das unzuständige Gericht Adressat der Klage war (und nicht nur Bote für ein anderes Gericht; BVerwG 2 C 37/00, NJW 2002, 768; 7 C 12/18, NVwZ 2020, 1189; Tipke/Kruse/Brandis § 70 Rn. 10; HHS/Steinhauff § 47 Rn. 104 ff.; Schumann SteuK 2015, 526). Gleiches gilt für den Eintritt der Rechtshängigkeit, sofern es zur Verweisung nach (§ 70 FGO iVm) § 17b GVG kommt (→ Anh. § 33 Rn. 42 f.).

III. Zu § 64 I 1 Fall 1 – Schriftsätzliche Klageerhebung

1. Allgemeines

7 Über die grundsätzliche Bedeutung des Schriftformerfordernisses in § 64 I 1 Fall 1 besteht weitgehend Einigkeit: Es muss eine **Erklärung in Textform** vorliegen, die – jedenfalls bei den meisten Verkörperungen – eine **Unterschrift** tragen muss. Diese Auslegung des Schriftformerfordernisses, das sich in gleicher Weise auch in anderen deutschen Prozessordnungen findet (§ 81 I 1 VwGO; § 164 I 1 SGG; für die ZPO vgl. § 130 Nr. 6 ZPO, s. Zöller/Greger ZPO § 130 Rn. 8 ff., § 253 Rn. 5; diese Regelung gilt über § 46 II ArbGG auch für das ArbGG), wird vom GmSOGB (GmS-OGB 1/78, NJW 1980, 172; ebenso BFH GrS 2/72, BStBl. II 1974, 242; II R 49/91, BStBl. II 1994, 763; X B 190/03, BFH/NV 2005, 1824; s. aber auch BFH VIII R 38/08, BStBl. II 2010, 1017) aus dem Zweck des Schriftformerfordernisses abgeleitet, da die Vorschrift des § 126 I BGB wegen der Eigenständigkeit des Prozessrechts insoweit nicht aussagekräftig sei. Das Schriftformerfordernis „soll gewährleisten, dass aus dem Schriftstück der Inhalt der Erklärung, die abgegeben werden soll, und die Person, von der sie ausgeht, hinreichend zuverlässig entnommen werden können. Außerdem muss feststehen, dass es sich bei dem Schriftstück nicht nur um einen Entwurf handelt, sondern dass es mit Wissen und Willen des Berechtigten dem Gericht zugeleitet worden ist" (ebenso BFH XI R 22/06, BStBl. II 2007, 276; X B 215/13, BFH/NV 2014, 1568).

Die Unterschrift (bzw. – bei einigen nicht in überkommener Papierform bestehenden Übermittlungsmedien – deren Äquivalent) muss bis **zum Ablauf der Klagefrist** vorliegen. Denn nur die formgerechte Klage ist wirksam (vgl. zB BFH VII B 6/02, BFH/NV 2002, 1597; VIII R 38/08, BStBl. II 2010, 1017, Rn. 13). Etwaige Heilungshandlungen wirken nicht zurück. Allenfalls kommt eine Wiedereinsetzung in den vorigen Stand gem. § 56 in Betracht. 8

2. Schriftform bei Klagen in überkommener Papierform

Diese Zwecke erfordern nach Auffassung des GmSOGB (GmS-OGB 1/78, NJW 1980, 172) grds., dass eine Klageschrift, die in **Papierform durch körperliche Übersendung** an das Gericht (per Postversand, Boten oder persönlichen Einwurf) eingereicht wird, mit einer **eigenhändigen Unterschrift** versehen ist, nicht nur mit einer Paraphe (einem Namenskürzel; BFH X R 41/96, BStBl. II 1999, 565; IV R 14/01, BFH/NV 2002, 1604; I R 81/11, BFH/NV 2013, 698; X B 215/13, BFH/NV 2014, 1568; FG LSA 6 K 20/12, EFG 2014, 464), einer Namenswiedergabe in Maschinen- oder Computerschrift (BFH VII B 179/93, BFH/NV 1994, 387; II R 41/98, BeckRS 1999, 25003665), einer eingescannten oder kopierten Unterschrift oder einem Faksimilestempel oder -ausdruck (BFH II R 169/70, BStBl. II 1975, 194; VIII R 38/08, BStBl. II 2010, 1017; FG BW 12 K 2/92, EFG 1994, 630; aA FG BW 6 K 119/90, EFG 1993, 384). 10

Im Laufe der Zeit haben sich die Anforderungen daran, wann ein Schriftzug als **Unterschrift** anzuerkennen ist, gelockert. Es muss sich um einen die **Identität des Unterschreibenden ausreichend kennzeichnenden, individuellen Schriftzug** handeln. Es ist nicht erforderlich, dass der Name voll ausgeschrieben oder lesbar ist; nach dem Gesetzeszweck soll es vielmehr ausreichen, dass der im zuvor umschriebenen Sinne individuell gestaltete Schriftzug die Absicht einer vollen Unterschrift erkennen lässt, auch wenn er nur flüchtig geschrieben ist. Es reicht, wenn sich aus dem Namenszug, jedenfalls in Zusammenschau mit der maschinenschriftlichen Wiederholung des Namens unter der Unterschrift, mindestens einzelne Buchstaben erkennen lassen und es sich eindeutig um die Wiedergabe eines Namens (auch wenn diese nicht lesbar ist) und nicht nur eines bloßen Namenszeichens (Paraphe) oder eines einzigen Buchstabens handelt. Jedenfalls ist bei gesicherter Urheberschaft ein großzügiger Maßstab anzulegen (BFH X R 113/96, BStBl. II 1999, 668; IV R 14/01, BFH/NV 2002, 1604; I R 81/11, BFH/NV 2013, 698; X B 215/13, BFH/NV 2014, 1568; BGH VI ZB 16/16, NJW-RR 2017, 445; BAG 5 AZR 849/13, NJW 2015, 3533; III ZB 14/20, NJW-RR 2021, 314). 11

Der Unterzeichner muss seinen **eigenen Namen** verwenden, die Unterzeichnung mit einem fremden Namen wahrt nicht die Schriftform. Ein etwaiges Vertretungsverhältnis muss erkennbar sein (BFH X B 190/03, BFH/NV 2005, 1824; VIII B 320/03, BeckRS 2005, 25008257). Die Verwendung von Vertretungszusätzen (zB „i. A." oder „i.V.") ist unschädlich (BFH VII R 63/90, BFH/NV 1992, 180; VII R 95, 96/98, BFH/NV 2000, 531, ebenso die maschinenschriftliche Hinzufügung eines anderen Namens (BGH XI ZB 16/16, NJW-RR 2017, 760). Die abw. Rspr. des BGH zu Anwaltsprozessen, in denen ein nicht sozietätsangehöriger Rechtsanwalt mit dem Zusatz „i. A." unterzeichnet hat, ist auf Verfahren vor dem FG, in denen kein Vertretungszwang besteht, nicht anwendbar (vgl. BGH KVZ 53/15, NJW-RR 2016, 1336; XI ZR 452/16, NJW 2018, 1689). Bei Klagen von **Körperschaften** oder Anstalten **des öffentlichen Rechts** ist die 12

Schriftform gewahrt, wenn der in Maschinenschrift wiedergegebene Name des Verfassers mit einem **Beglaubigungsvermerk** versehen ist (GmSOGB GmS-OGB 1/78, NJW 1980, 172; BFH VIII R 38/08, BStBl. II 2010, 1017). Beglaubigt ein Bevollmächtigter eine Abschrift einer Klageschrift mit eigenhändiger Unterschrift, während das Original der Klageschrift nicht unterschrieben ist, stellt die **beglaubigte Abschrift** die Klageschrift dar, die die Schriftform wahrt (BFH I R 207/75, BStBl. II 1978, 11; VII R 47/10, BStBl. II 2012, 49; BGH XII ZB 120/06, NJW-RR 2008, 1020; II ZB 23/11, NJW 2012, 1738). Wird die **Beglaubigung** der Abschrift **von einer dritten Person** vorgenommen, kommt es – abgesehen von den Erklärungen der Körperschaften und Anstalten öffentlichen Rechts – darauf an, ob die Auslegung möglich ist, dass der Dritte die Erklärung abgegeben hat. Im Bejahensfall wäre die Schriftform gewahrt, ggf. muss die Bevollmächtigung nachgewiesen werden. Im Verneinensfall würde es sich nicht um eine Erklärung handeln, bei der mit dem eigenen Namen unterschrieben wird (s. oben). Die Schriftform wäre nicht gewahrt (Gosch/Paetsch § 64 Rn. 28). Die Unterschrift muss einen Nachnamen des Unterzeichners wiedergeben. Die Verwendung eines weiteren Nachnamens (bei Doppelnamen) ist entbehrlich (BGH III ZR 73/95, NJW 1996, 997; FG Nürnberg VI 344/2002, BeckRS 2003, 26015479), die Verwendung nur des Vornamens genügt nicht der Schriftform (OLG Karlsruhe 14 U 228/98, NJW-RR 2000, 948).

13 In räumlicher Hinsicht wird vertreten, dass die Unterschrift am Ende des Textes stehen müsse (keine „Ober- oder Nebenschrift"; BGH XI ZR 107/89, NJW 1991, 487; XI ZR 71/91, NJW 1992, 829; BayVGH 11 CE 09.3150, BeckRS 2010, 31200; Zöller/Greger ZPO § 130 Rn. 11; wohl auch BFH VI B 113/17, BFH/NV 2018, 1153, Rn. 7). Andererseits wird vom BFH als ausreichend angesehen, dass die Empfänger- und Absenderangabe auf dem **Briefumschlag,** mit dem die Klageschrift übersandt wurde, handschriftlich vermerkt wurde (BFH III R 207/81, BStBl. II 1987, 131; VI R 57/86, BFH/NV 1990, 586; VII B 87/99, BFH/NV 2000, 1224). Auch die Unterschrift auf einem **Anschreiben,** einem **Scheck** zur Vorschusszahlung oder einer hinreichend konkretisierten **Vollmacht,** die der Klageschrift beigefügt waren, wahrt die Schriftform für die Klageschrift (BFH GrS 2/72, BStBl. II 1974, 242; VI B 40/09, BFH/NV 2009, 2000; SächsFG 3 K 1531/07 Ez, BeckRS 2013, 94058; s. aber auch FG LSA 6 K 20/12, EFG 2014, 464). Schließlich können unterschriebene Rechtsbehelfsschriften in **Parallelverfahren** (insbes. in parallel zum Klageverfahren betriebenen Verfahren des vorläufigen Rechtsschutzes) die Gewähr für die Authentizität der Klage und den diesbezüglichen Handlungswillen bieten (FG Düsseldorf 16 K 1508/92 E, EFG 1995, 815; vgl. auch BVerwG 9 C 40/87, NJW 1989, 1175). Die zur „Oberschrift" ergangene Entscheidung des BFH (VII R 92/68, BStBl. II 1969, 659), die der vorgenannten Zivil- und Verwaltungsrechtsprechung folgt, muss daher wohl als überholt angesehen werden (BFH III R 207/81, BStBl. II 1987, 131). Vielmehr ist davon auszugehen, dass die **Stellung im Text ohne Belang** ist, wenn nach den Gesamtumständen davon ausgegangen werden kann, dass die für eine Klageerhebung maßgeblichen Bestandteile durch die Unterschrift autorisiert werden. Eine **Blankounterschrift** reicht aus, wenn sichergestellt ist, dass der Unterzeichner über eine detaillierte Kenntnis des Inhalts der Klageschrift verfügt und diesen eigenverantwortlich geprüft hat (BGH XII ZB 642/11, NJW 2012, 3378; s. aber auch BGH III ZB 60/14, MDR 2015, 1258). Für die Wahrung der Schriftform ist nicht ausreichend, dass die Klageschrift per **Einschreiben** übersandt wurde. Denn dadurch ist für das Gericht nicht feststellbar, wer die Klageschrift verfasst und auf den Postweg gebracht hat (BVerwG VI C 21.74, HFR 1976, 128; FG Nürnberg V 191/76, nv; aA Gosch/Paetsch § 64 Rn. 26).

3. Schriftform bei Klagen per Telefax

16 Für Klagen per Telefax ist seit langem anerkannt, dass ihre Zulässigkeit nicht daran scheitert, dass technisch bedingt die Vorlage einer Originalunterschrift per Telefax nicht möglich ist. Im Rechtsschutzinteresse des Klägers und zur Anpassung an die allgemein praktizierten Kommunikationstechniken soll die Übermittlung von Klageschriften per Telefax ermöglicht werden. Allerdings müssen auch per Telefax übermittelte Klageschriften grds. eine **Unterschrift** tragen, die – abgesehen davon, dass sie durch die Telefaxübertragung technisch vervielfältigt wurde – den vorgenannten Anforderungen (→ Rn. 10–13) genügen muss (BFH VIII R 38/08, BStBl. II 2010, 1017; FG Münster 10 K 4562/09, EFG 2010, 1907; FG Düsseldorf 10 K 3452/18 U, EFG 2021, 1669). Obwohl auch ein Telefax unter Nutzung der elektronischen Kommunikationswege übermittelt wird, handelt es sich **nicht** um ein **elektronisches Dokument iSd § 52a,** weil es nicht iSd § 52a I 3 u. 4 in der bis zum 31.12.2017 geltenden Fassung bzw. iSd § 52a III in der seit dem 1.1.2018 geltenden Fassung digital signiert ist und nicht iSd § 52a IV nF auf einem sicheren Übermittlungsweg eingereicht wurde (BFH VIII R 9/10, BStBl. II 2014, 748; BGH XII ZB 424/14, NJW 2015, 1527; VIII S 3/22, BStBl. II 2023, 83; HessFG 4 K 1880/14, ZD 2019, 328; SächsOVG 5 A 327/19, NVwZ-RR 2020, 92; → § 52a Rn. 2). Ob es davon abgesehen als elektronisches Dokument zu behandeln ist, ist umstritten (zum Streitstand; → § 52a Rn. 2; vgl. auch FG Köln 6 K 3931/08, EFG 2010, 618; Gosch/Schmieszek AO § 87a Rn. 46; Hollatz NWB 2012, 1747; zu den oftmals nicht überzeugenden Lösungswegen HHS/Schallmoser § 64 Rn. 50 ff.).

17 Eine Sonderstellung nimmt das sog. **Computerfax** ein, also ein Dokument, das auf einem Computer erstellt und dessen Datei sodann so umgewandelt und übertragen wird, dass sie (ohne zwischenzeitlich ausgedruckt worden zu sein) an einen Telefaxempfänger übermittelt und dort ausgedruckt wird. Insoweit hatte der GmSOGB in Anknüpfung an die Rspr. zur Abgabe von Prozesserklärungen per Telegramm und Fernschreiben (→ Rn. 23) entschieden, dass es unschädlich sei, dass ein Computerfax nur mit einer eingescannten Unterschrift oder dem Hinweis versehen sei, dass der Urheber wegen der gewählten Übertragungsform nicht unterzeichnen könne (GmS-OGB 1/98, NJW 2000, 2340). Dieser Rspr. hat sich der BFH angeschlossen (BFH I S 6/00, BFH/NV 2001, 479; VI B 125/99, BFH/NV 2003, 646). Aber auch insoweit ist eine bloße maschinenschriftliche Namenswiedergabe (ohne den Hinweis auf das Fehlen der eigenhändigen Unterschrift wegen der gewählten Übertragungsform) idR nicht ausreichend, weil dann keine Abgrenzung zum bloßen, nicht vom angegebenen Urheber autorisierten Entwurf möglich ist (BGH XI ZR 128/04, NJW 2005, 2086).

18 Im Hinblick auf die Einrichtung papierloser Übertragungsmöglichkeiten von Klageschriften auf der Grundlage des § 52a ist jedoch **fraglich geworden, ob noch Raum ist für die Sonderstellung des Computerfaxes.** Vielmehr wird auch vertreten, mit der Einfügung des § 52a habe der Gesetzgeber die Beteiligten auf die danach vorgesehen Verfahren verwiesen (FG München 9 K 3838/09, EFG 2010, 2108; mit gleicher Tendenz BGH XI ZR 128/04, NJW 2005, 2086 – im Hinblick auf Neufassung des § 130 Nr. 6 ZPO Einschränkung auf eingescannte

Unterschrift; ebenso Kessens NWB 2017, 3267; wohl auch BGH XII ZB 424/14, NJW 2015, 1527; BFH VIII R 9/10, BStBl. II 2014, 748: Bekanntgabe einer Einspruchsentscheidung per Computerfax (Ferrari-Fax) grds. zulässig; FG LSA 3 K 1160/06, EFG 2011, 895: Antrag auf mündliche Verhandlung gem. § 90a II 1 per Mail-to-Fax). Demgegenüber hat der BFH (VIII R 38/08, BStBl. II 2010, 1017) durch die Einführung des § 52a die Grundlagen der Rspr. des GmSOGB zum Computerfax nicht als berührt angesehen. Die letztgenannte Auffassung erscheint vorzugswürdig. Denn bei Einführung des § 52a führten finanzgerichtliche Posteingänge gem. § 52a mengenmäßig ein Schattendasein gegenüber den Eingängen per Telefax. Dementsprechend liegt es nahe, dass der Gesetzgeber die Abschaffung eines nicht unwesentlichen und durch die GmSOGB-Entscheidung weit bekannten Übertragungsmediums deutlich zum Ausdruck gebracht hätte (HHS/Schallmoser § 64 Rn. 53; iErg glA Gosch/Paetsch § 64 Rn. 38; aA wohl Weigel StBW 2013, 275 (281 f.)).

19 Ferner ist umstritten, ob im Anschluss an die Entscheidung des GmSOGB die Übersendung einer **eingescannten Unterschrift** auch beim konventionellen, vom Papierausdruck aufgenommenen Telefax ausreichend ist (verneinend BGH XI ZB 40/05, NJW 2006, 3784, Verfassungsbeschwerde nicht zur Entscheidung angenommen, BVerfG 1 BvR 110/07, NJW 2007, 3117; XII ZB 424/14, NJW 2015, 1527; mit gleicher Tendenz BAG 10 AZR 692/08, NJW 2009, 3596 zum Faksimile-Stempel und BGH III ZB 60/14, MDR 2015, 1258 zur ausgeschnittenen und aufgeklebten Blankounterschrift; unter Berufung auf Besonderheiten des Einzelfalls bejahend BFH VIII R 38/08, BStBl. II 2010, 1017; bejahend für das Mail-to-Fax-Verfahren: BAG 3 AZR 158/22, NJW 2023, 1084; ähnlich SächsOVG 4 D 25/18, NVwZ 2019, 823). Wenn man bei den auf dem Papierweg eingereichten Klageschriften an der Anforderung einer eigenhändigen Unterschrift festhält, erscheint es nicht vorzugswürdig, beim Einsatz des Mediums Papier als Ausgangsmedium für ein Telefax auf die eigenhändige Unterschrift zu verzichten.

20 Da die Telefaxübermittlung – anders als die meisten anderen Kommunikationsformen – bei der früher verwendeten Technik zeitlich gestreckt verlief (bei mehrseitigen Sendungen über mehrere Minuten) und sich der Übertragungsverlauf anhand der Aufzeichnungen der Sende- und Empfangsgeräte (relativ) detailliert nachvollziehen ließ, liegt ein Problemschwerpunkt der diesbezüglichen Rspr. auf der **Rechtzeitigkeit des vollständigen Empfangs.** Denn der Teil des Schriftsatzes, der für eine Klageschrift inhaltlich konstitutiv ist und der die Unterschrift (ggf. die maschinenschriftliche Namenswiedergabe) enthält, muss vor Ablauf der Klagefrist vom Empfangsgerät des Gerichts gespeichert worden sein (→ Vor § 33 Rn. 36; iÜ → § 56 Rn. 80). Bei der modernen, internetgestützten Telefaxübertragung kommt es allerdings nach wie vor zu technischen Problemen, weil uU nur einzelne Seiten übertragen werden (vgl. zB BVerfG 1 BvR 2349/22, NJW 2023, 1347).

4. Schriftform bei sonstigen Kommunikationsformen

23 Die Klageerhebung per **Telegramm** oder **Fernschreiben** wahrte die Schriftform iSd § 64 I, obwohl es insoweit an einer eigenhändigen Unterschrift fehlte (GmSOGB GmS-OGB 1/98, NJW 2000, 2340; BFH IV R 204/69, BStBl. II 1973, 823; I R 91/81, BStBl. II 1982, 573). Das Gleiche gilt für den **E-Post-Brief** (OLG Hamm 14 UF 204/15, NJW 2016, 1896).

Zu den weiteren (elektronischen) Übertragungswegen s. § 52a (zum sog. elektronischen Rechtsverkehr, E-Mails usw).

5. Fazit und Bewertung

Für die Praxis kann festgehalten werden: Um vermeidbaren Prozessrisiken auszuweichen, **empfiehlt** es **sich,** finanzgerichtliche Klagen mit vollständiger eigenhändiger Unterschrift auf dem normalen Postweg und parallel dazu per Telefax (soweit noch vom FG ermöglicht) oder – soweit eröffnet – über den elektronischen Rechtsverkehr gem. § 52a mit digitaler Signatur einzureichen (Tipke/Kruse/Brandis § 64 Rn. 7 mwN). Im Anwendungsbereich des § 52d bleibt ohnehin nur der Weg über den elektronischen Rechtsverkehr nach § 52a (dies betrifft insbes. Rechtsanwälte und Steuerberater). 24

Damit sind zwar nicht die äußeren Grenzen der zulässigen Klageerhebung beschrieben, jedoch sind Abweichungen von diesem „Normalweg" mit Risiken angesichts einer sehr kasuistischen, in Einzelheiten durchaus unterschiedlichen und auch nicht immer ganz widerspruchsfreien Rspr. verbunden. Mit Blick auf das Einspruchsverfahren, für das mit § 357 I 2 AO ausdrücklich auf eine Unterschrift bei der Einspruchseinlegung verzichtet wird, erscheint ein Verzicht auf das Erfordernis der eigenhändigen Unterschrift in Klageverfahren als ein innerhalb der Klagefrist beizubringendes Formerfordernis naheliegend. Die Skepsis ggü. diesem Erfordernis ist groß (vgl. Tipke/Kruse/Brandis § 64 Rn. 7 mwN; HHS/Schallmoser § 64 Rn. 53; Zöller/Greger ZPO § 130 Rn. 7, 20; s. auch BFH VIII R 38/08, BStBl. II 2010, 1017; aA BAG 10 AZR 692/08, NJW 2009, 3596). Damit würden – von den Fällen des § 52a abgesehen – die von der Art des Übertragungsweges abhängenden Unterschiede nivelliert. 25

IV. Zu § 64 I 1 Fall 2 – Klageerhebung zu Protokoll

Der Schriftform genügt gem. § 64 I 1 Fall 2 auch die **Erklärung zu Protokoll** (zur terminologischen Anpassung des § 64 I 1 Fall 2 → Vor § 1 Rn. 40). In den Rechtsmittelverfahren ist dies nur für die „normale" Beschwerde (§ 129 I; → § 129 Rn. 2) und die Erinnerung (§ 149; → § 149 Rn. 15), jedoch nicht für die NZB (§ 116 II 3; → § 116 Rn. 14) und die Revision (§ 120 I 1; Tipke/Kruse/Krumm § 120 Rn. 46) vorgesehen. Zuständig für die Entgegennahme einer solchen Erklärung ist der Urkundsbeamte der Geschäftsstelle des zuständigen Gerichts (→ Rn. 5). Dieser tritt dem Rechtssuchenden oftmals als „Rechtsantragsstelle" ggü. Die Protokollierung durch einen Richter des Gerichts ist aber ebenfalls wirksam (BFH VII R 12/10, BFH/NV 2012, 1845). Seit der Einfügung des § 64 I 2 durch das G zur Förderung des Einsatzes von Videokonferenztechnik in der Zivilgerichtsbarkeit und den Fachgerichtsbarkeiten v. 15.7.2024 (BGBl. 2024 I Nr. 237; → Vor § 1 Rn. 55) kann der Antrag auch per Videokonferenz gestellt werden. Allerdings sind die Gerichtsverwaltungen nicht verpflichtet, entsprechende Einrichtungen zur Verfügung zu stellen (→ § 90 Rn. 42). Davon abgesehen ist die persönliche Anwesenheit des Erklärenden erforderlich. Eine telefonisch übermittelte und vom Urkundsbeamten der Geschäftsstelle niedergeschriebene Klage ist nicht formgerecht (BFH III 120/61 U, BStBl. III 1964, 590; X R 57/87, BFH/NV 1989, 792). Im Übrigen ergeben sich für eine zu Protokoll erhobenen Klage weder in formeller noch in materieller Hinsicht irgendwelche Besonderheiten ggü. dem zu I–III (→ Rn. 1–25) Gesagten. 28

V. Rechtsfolgen

29 Eine **Klage, die den Anforderungen des § 64 I** (oder – soweit einschlägig – der §§ 52a, 52d) **nicht genügt,** wird nicht rechtshängig (→ § 66 Rn. 2), wahrt daher bei fristgebundenen Klage nicht die Klagefrist (→ § 47 Rn. 15) und erfüllt nicht die Sachentscheidungsvoraussetzungen (→ Vor § 33 Rn. 16), so dass sie **als unzulässig abzuweisen** ist (→ Vor § 33 Rn. 1; → § 95 Rn. 4). Dies gilt auch bei Klagen, die (weil der Formmangel bis zum Schluss der mündlichen Verhandlung nicht behoben wird) nie rechtshängig (sondern nur anhängig) werden (→ § 66 Rn. 2).

VI. Zu § 64 II

30 Zur Vereinfachung und Beschleunigung des Verfahrensablaufs sollen der Klageschrift Abschriften für die übrigen Beteiligten beigefügt werden. Dies gilt grds. auch für die Anlagen (§ 77 II; FG BW 4 Ko 4/00, EFG 2000, 1150). § 64 II gilt nicht iRd elektronischen Rechtsverkehrs (§ 52a II 2 in der bis zum 31.12.2017 geltenden Fassung bzw. § 52a V 3 in der ab dem 1.1.2018 geltenden Fassung). Dazu gehört grds. nicht die Übermittlung per Telefax (FG Köln 10 Ko 6401/01, EFG 2002, 785; Tipke/Kruse/Brandis § 64 Rn. 12). Allerdings sieht Nr. 1b zu Nr. 9000 des Kostenverzeichnisses zum GKG vor, dass der Ausdruck von Mehrausfertigungen, die per Telefax übermittelt wurden, ebenso einen Auslagentatbestand auslöst wie die Anfertigung erforderlicher Mehrausfertigungen, die pflichtwidrig nicht beigefügt wurden. Daher empfiehlt es sich, auf die Beifügung von Mehrausfertigungen bei Telefaxsendungen zu verzichten, weil diese vielfach im elektronischen Rechtsverkehr weitergeleitet werden, so dass die Anfertigung von Mehrausfertigungen nicht erforderlich ist. Aus diesem Grund sollte die Vorschrift aufgehoben werden. Im Übrigen handelt es sich um eine reine **Ordnungsvorschrift.** Verstöße berühren die Wirksamkeit der Klageerhebung nicht (→ iÜ Erläuterungen zu § 77).

§ 65 [Notwendiger Inhalt der Klage]

(1) [1]**Die Klage muss den Kläger, den Beklagten, den Gegenstand des Klagebegehrens, bei Anfechtungsklagen auch den Verwaltungsakt und die Entscheidung über den außergerichtlichen Rechtsbehelf bezeichnen.** [2]**Sie soll einen bestimmten Antrag enthalten.** [3]**Die zur Begründung dienenden Tatsachen und Beweismittel sollen angegeben werden.** [4]**Der Klage soll eine Abschrift des angefochtenen Verwaltungsakts und der Einspruchsentscheidung beigefügt werden.** [5]**§ 253 Absatz 3 Nummer 4 der Zivilprozessordnung gilt entsprechend.**

(2) [1]**Entspricht die Klage diesen Anforderungen nicht, hat der Vorsitzende oder der nach § 21g des Gerichtsverfassungsgesetzes zuständige Berufsrichter (Berichterstatter) den Kläger zu der erforderlichen Ergänzung innerhalb einer bestimmten Frist aufzufordern.** [2]**Er kann dem Kläger für die Ergänzung eine Frist mit ausschließender Wirkung setzen, wenn es an einem der in Absatz 1 Satz 1 genannten Erfordernisse fehlt.**

[3]Für die Wiedereinsetzung in den vorigen Stand wegen Versäumung der Frist gilt § 56 entsprechend.

Vgl. § 82 VwGO, § 92 SGG, § 253 II ZPO.

Literatur: (sa 4. u. 7. Aufl. 2010); Bartone, Notwendiger Klageinhalt und Ausschlussfristen, AO-StB 2018, 49; v. Groll, Das Handeln der Finanzverwaltung als Gegenstand des Rechtsschutzbegehrens, DStJG 18 (1995), 47, 68 ff; Grube, Zum Hilfsantrag im Steuerprozess, DStZ, 2011, 913; Grube, Zum Kern der Klagebegründung im Steuerprozess, DStZ 2012, 583; Hartman, Ausschlussfristen im finanzgerichtlichen Verfahren, DStZ 2015, 636; Michl, Gegenstand des Klagebegehrens/Streitgegenstand im finanzgerichtlichen Verfahren, UR 2017, 826; Pedak, Die ladungsfähige Anschrift im Klageverfahren vor dem Finanzgericht, StBp 2014, 107; Pump/Krüger, Die isolierte Anfechtung der Einspruchsentscheidung in der finanzgerichtlichen Klage – Ein prozessualer Verfahrensfehler mit Konsequenzen, DStR 2013, 891; Schaumburg, Richterliche Ausschlussfristen für Klagebegehren und Tatsachenvortrag, DStZ 1995, 545.

Übersicht

Rn.

I. Allgemeines ... 1
1. Zur Rechtsentwicklung ... 1
2. Normzweck und Funktion ... 4
II. Zu § 65 I – Inhalt der Klageschrift ... 10
1. § 65 I 1 – die unerlässlichen Voraussetzungen ordnungsgemäßer Klageerhebung („Muss-Erfordernisse") ... 10
a) Allgemeine Auslegungsgrundsätze ... 10
b) Kläger ... 13
aa) Allgemeines ... 13
bb) Name ... 14
cc) Ladungsfähige Anschrift ... 15
c) Beklagter ... 23
d) Gegenstand des Klagebegehrens ... 30
e) Verwaltungsakt und Einspruchsentscheidung ... 40
2. § 65 I 2, 3 und 4 – weitere Komponenten („Soll-Erfordernisse") ... 46
a) Bestimmter Antrag (§ 65 I 2) ... 46
b) Tatsachenvortrag und Beweisantritt (§ 65 I 3) ... 47
c) Anlagen (§ 65 I 4) ... 48
d) Einverständnis mit Videokonferenz (§ 65 I 5) ... 49
III. Zu § 65 II – Klageergänzung ... 51
1. Zuständiger Richter ... 51
2. § 65 II 1 – „einfache" Fristsetzung und Ergänzbarkeit ... 52
3. § 65 II 2 und 3 – qualifizierte Fristsetzung (Ausschlussfrist und Wiedereinsetzung) ... 56
a) Allgemeines ... 56
b) Formelle Anforderungen ... 57
c) Materielle Voraussetzungen ... 58
d) Fristverlängerung ... 63
e) Wahrung der Ausschlussfrist ... 65
f) Wiedereinsetzung ... 67
g) Rechtsmittel ... 69
IV. Rechtsfolgen ... 71
1. Fehlende „Muss-Erfordernisse" ... 71

	Rn.
2. Unwirksame Fristsetzungen nach § 65 II 2	73
3. Fehlende „Soll-Erfordernisse“	75
4. Klageerweiterungen und -änderungen	77

I. Allgemeines

1. Zur Rechtsentwicklung

1 § 65 wurde seit seinem Inkrafttreten mehrfach geändert. Die einschneidenste Änderung hat die Vorschrift durch das **FGOÄndG 1992** (→ Vor § 1 Rn. 4 f.) erfahren. Der Begriff des Streitgegenstands wurde durch den des Gegenstands des Klagebegehrens ersetzt. In § 65 II wurde die Möglichkeit geschaffen, durch das Setzen einer (absoluten) Ausschlussfrist auf die Ergänzung zwingend erforderlicher Bestandteile hinzuwirken. Ferner wurde durch das **G zur Förderung des elektronischen Rechtsverkehrs mit den Gerichten** v. 10.10.2013 (BGBl. I 3786) in § 65 I 4 im Zusammenhang mit der Übersendung des angefochtenen Verwaltungsakts die Variante „Übersendung der Urschrift“ gestrichen (→ Rn. 48). Schließlich wurde durch das **G zur Förderung des Einsatzes von Videokonferenztechnik in der Zivilgerichtsbarkeit und den Fachgerichtsbarkeiten** v. 15.7.2024 (BGBl. 2024 I Nr. 237) als Satz 5 ein Verweis auf § 253 III Nr. 4 ZPO eingefügt.

2. Normzweck und Funktion

4 Die vom Kläger in § 65 I geforderten Angaben und Unterlagen sind **erforderlich, um ein gerichtliches Verfahren sachgerecht betreiben zu können.** Dies gilt insbes. für die sog. **Muss-Erfordernisse** des § 65 I 1, deren Bezeichnung daher **Sachentscheidungsvoraussetzungen** darstellen (zB BFH III R 5/19, BStBl. II 2021, 574). Denn davon hängen weitere Sachentscheidungsvoraussetzungen ab (zB die Frage der Klagebefugnis, der Beschwer oder der Wahrung der Klagefrist). Ferner bestimmt das ggü. dem FG geäußerte Klagebegehren (einschl. des nach § 65 I 3 unterbreiteten Sachverhalts) den **Umfang der Entscheidungsbefugnis** des FG (§ 96 I 2; s. BFH II R 49/07, BStBl. II 2009, 932; X K 2/16, BFH/NV 2018, 1149). Des Weiteren entscheiden die Angaben nach § 65 I 1 darüber, ob und in welchem Umfang Verwaltungsakte in **Bestandskraft** erwachsen sind. Schließlich sind die Angaben nach § 65 I 1 (einschl. des nach § 65 I 3 unterbreiteten Sachverhalts) auch maßgeblich für den Umfang der materiellen **Rechtskraft** (§ 110 I; → § 110 Rn. 20 ff.). Bei anderen Verfahrensarten (insbes. nach §§ 69, 114) gilt § 65 entsprechend (HHS/Schallmoser § 65 Rn. 8; vgl. BVerwG 1 VR 3.19 ua, InfAuslR 2020, 337; → § 69 Rn. 130).

5 Aus § 65 II geht im Umkehrschluss hervor, dass die **Angaben nach § 65 I 1 noch nicht bei Ablauf der Klagefrist vollständig** dem Gericht vorliegen müssen (→ Rn. 52). Allerdings ist kaum vorstellbar, dass sie vollständig fehlen können und trotzdem eine Zuordnung zu späteren Ergänzungen möglich ist. Es muss jedenfalls innerhalb der Klagefrist klar sein, dass eine Überprüfung behördlichen Handelns begehrt wird (→ § 40 Rn. 3 ff.). Die Angaben nach § 65 I 1 müssen – wie andere Sachentscheidungsvoraussetzungen – **spätestens am Schluss der mündlichen Verhandlung** vorliegen (→ Vor § 33 Rn. 13). Für die effektive Bearbeitung finanzgerichtlicher Verfahren ist dieser Zeitpunkt jedoch zu spät, weil

dann bei Nachreichung fehlender Angaben oftmals eine Vertagung erforderlich wäre. Deshalb hat der Gesetzgeber mit § 65 II 2 (unter Übernahme aus dem VGFGEntlG) die Möglichkeit geschaffen, den Kläger unter Setzung einer **absoluten Ausschlussfrist** zur Bezeichnung der sog. Muss-Erfordernisse aufzufordern. Liegen die Merkmale nach § 65 I 1 nicht bis zum Ablauf einer solchen Ausschlussfrist oder sonst bis zum Schluss der mündlichen Verhandlung vor, ist die Klage unzulässig und durch Prozessurteil abzuweisen (→ Rn. 71). Wegen der einschneidenden Wirkung (BFH VI B 114/01, BStBl. II 2002, 306) legt die Rspr. die Vorschrift und den Beteiligtenvortrag tendenziell großzügig aus. Ausgehend von der aktuellen BFH-Rspr. (→ Rn. 10 ff., 33 ff.) beschränkt sich die Bedeutung der Ausschlussfristsetzung nach § 65 II im Wesentlichen auf Klagen ohne ausreichende Bezeichnung des Klägers und auf Klagen nach Vollschätzungen wegen fehlender Steuererklärungen. In den übrigen Fällen kann auf die Wahrnehmung von Mitwirkungspflichten des Klägers im Wesentlichen nur durch Maßnahmen nach §§ 79 und 79b gedrungen werden.

Die **weiteren in § 65 I 2–4 erwähnten Angaben und Unterlagen** 6
(→ Rn. 46 ff.) sind nicht zwingend für die Durchführung eines Klageverfahrens erforderlich, erhöhen jedoch die Erfolgsaussicht der Klage, weil sie grds. geeignet sind, das Ziel der Klage und den Standpunkt des Klägers zu verdeutlichen. Zugleich erleichtern sie die finanzrichterliche Arbeit. Schließlich können sie erforderlich sein, um die Zuständigkeit innerhalb des Gerichts zu bestimmen (insbes. wenn der Geschäftsverteilungsplan Spezialzuständigkeiten vorsieht). Kommt der Kläger den Vorgaben des § 65 I 2–4 nicht nach, kann dies nicht unmittelbar sanktioniert werden. Dieses Verhalten kann jedoch als Verletzung von Mitwirkungspflichten die Sachprüfung zum Nachteil des Klägers beeinflussen.

Kläger, die sich bei der Formulierung ihrer Klageschrift an den **Mustern in Jesse** Form. A 29 ff. orientieren, erfüllen die Anforderungen des § 65 I.

II. Zu § 65 I – Inhalt der Klageschrift

1. § 65 I 1 – die unerlässlichen Voraussetzungen ordnungsgemäßer Klageerhebung („Muss-Erfordernisse")

a) Allgemeine Auslegungsgrundsätze. Bei der Frage, ob der Klägervortrag 10
die nach § 65 I 1 erforderlichen Angaben aufweist, muss das FG den **Klägervortrag unter Beachtung der Grundsätze rechtsschutzgewährender Auslegung** (→ Vor § 33 Rn. 40 ff.) **würdigen.** Insbesondere sind die mit der Klageschrift übersandten Anlagen in die Auslegung einzubeziehen, ferner abgeschlossene oder noch anhängige Verfahren des vorläufigen Rechtsschutzes, die den gleichen Beteiligten und den gleichen Streitkomplex betreffen, und Unterlagen in den Verwaltungsvorgängen, jedenfalls, wenn der Kläger darauf in seinem Vortrag ggü. dem FG Bezug nimmt (BFH VIII R 55/98, BFH/NV 2000, 196; VII B 233/09, BFH/NV 2010, 1464; XI B 73/13, BFH/NV 2014, 872; VIII B 31/22, BFH/NV 2023, 1215), aber nach neuerer BFH-Rspr. auch davon unabhängig (→ Vor § 33 Rn. 42). Allerdings erscheint der Akteninhalt der Finbeh nicht für alle Merkmale des § 65 I 1 in gleicher Weise erhellend (→ Rn. 14, 18, 26, 33 f., 42). Falschbezeichnungen sind der Zulässigkeitsprüfung nicht zugrunde zu legen, wenn aus dem Sachvortrag offensichtlich ist, wogegen sich die Klage richtet (BFH IX B 73/13, BFH/NV 2013, 178; XI B 129–132/13, BFH/NV 2014, 1385; I B 118/13, BFH/NV 2014, 1556).

13 **b) Kläger. aa) Allgemeines.** Die Bezeichnung des Klägers verfolgt aus der Sicht des Gesetzgebers verschiedene Zwecke. Insbes. soll dadurch **in unverwechselbarer Weise bestimmt werden, wer Beteiligter iSd § 57 Nr. 1** ist (BFH III R 5/19, BStBl. II 2021, 574). Davon hängen weitere Sachentscheidungsvoraussetzung ab, insbes. die Klagebefugnis (§§ 40 II, 48), auch, wer ggf. eine Vollmacht nach § 62 VI erteilen muss. Ferner dient die Bezeichnung des Klägers auch dem **justizfiskalischen Interesse,** einen Kostenschuldner bestimmen und Kostenforderungen vollstrecken zu können (BFH IV R 25/00, BStBl. II 2001, 112).

14 **bb) Name.** Ausgehend davon ist es erforderlich, den Kläger mit **Vorname und Nachname** zu bezeichnen. Bei Personenvereinigungen und sonstigen prozessrechtsfähigen Gebilden tritt an die Stelle von Vor- und Nachname **die im jeweiligen Register eingetragene Bezeichnung** oder die ansonsten im Geschäftsverkehr (insbes. ggü. den Finbeh) verwendete Bezeichnung. Die Bezeichnung muss so bestimmt sein, dass Zweifel an der Person ausgeschlossen sind (BFH III R 5/19, BStBl. II 2021, 574). Ungenauigkeiten können idR im Wege der Auslegung geheilt werden. Eine angegebene Steuer-Nr. kann als Auslegungshilfe herangezogen werden (FG LSA 4 K 205/12, EFG 2013, 1156). Auch der Inhalt der Verwaltungsvorgänge, die Bezeichnung in den angefochtenen Verwaltungsakten, insbes. der Einspruchsentscheidung und der im weiteren Verfahren erfolgte Tatsachenvortrag sind für die Auslegung heranzuziehen. Ergibt sich danach, dass dem Wortlaut nach die falsche Person die Klage erhoben hat, weil sie nicht Adressat des angefochtenen VA war oder nicht mehr existent ist, ist die Klägerbezeichnung im Wege der Auslegung entsprechend zu korrigieren (BFH IV R 8/13, BStBl. II 2015, 1046; VI R 58/14, BStBl. II 2016, 621; X R 23/18, BFH/NV 2020, 361; vgl. ferner BFH VI R 184/76, DStR 1979, 723 zu Bevollmächtigtem und Stpfl.; V B 51/01, BStBl. II 2001, 767 zu Ehemann und Eheleuten; VII B 26/09, BFH/NV 2010, 441; FG Düsseldorf 10 K 3508/18 HU, EFG 2021, 347 zu GmbH und deren Geschäftsführer; BFH V R 22/18, BStBl. II 2021, 921 zu Behörde und Rechtsträger; vgl. auch BFH IV S 1/10, BFH/NV 2010, 1851; BGH I ZB 6/15, NJW-RR 2016, 117), es sei denn, der Bevollmächtigte des Klägers bleibt auf Vorhaltung bei der falschen Bezeichnung (BFH IV R 27/20, BFH/NV 2023, 377). Die zur Auslegung von Bescheiden ggü. formwechselnd umgewandelten Gesellschaften ergangene Rspr. (BFH II R 33/22, BStBl. II 2024, 589) ist entspr. auf die Auslegung von Klageschriften anzuwenden. Eine unter Verwendung eines falschen Namens erhobene Klage ist unzulässig (BFH III R 5/19, BStBl. II 2021, 574). Zur Auslegung bei der Anfechtung gesonderter und einheitlicher Feststellungen → § 48 aF Rn. 44. Bei Geschäftsunfähigen und juristischen Personen sollen die gesetzlichen Vertreter angegeben werden (§ 155 S. 1 FGO iVm § 130 Nr. 1 ZPO). Das Fehlen dieser Angaben führt jedoch nicht dazu, dass der Kläger nicht ausreichend bezeichnet ist, da es sich nur um eine Sollvorschrift handelt und die Angaben bei juristischen Personen idR ohne weiteres durch Registerabfragen ermittelt werden können (Gosch/Paetsch § 65 Rn. 21.1; Abweichung von Voraufl.; mit gleicher Tendenz Tipke/Kruse/Brandis § 65 Rn. 7; aA BFH V B 49/08, BFH/NV 2010, 1878; HessFG 4 K 739/12, EFG 2014, 1327 mAnm Kühnen; FG BBg 16 K 3081/22, EFG 2024, 1607; HHS/Schallmoser § 65 Rn. 43; offen lassend BFH I B 42/14, BFH/NV 2015, 517). Jedenfalls reicht es aus, wenn die Angaben ohne weiteres aus Anlagen zur Klageschrift (BFH I B 42/14, BFH/NV 2015, 517) oder vorliegenden Akten erkennbar sind (HHS/Schallmoser § 65 Rn. 43). Eine einmal vorgenommene

Bezeichnung des Klägers kann nur unter den Voraussetzungen des § 67 korrigiert werden (→ § 67 Rn. 14).

cc) Ladungsfähige Anschrift. Ferner ist – auch dann, wenn der Kläger durch einen Bevollmächtigten vertreten wird – die Angabe einer Anschrift erforderlich, unter der förmliche Zustellungen bewirkt werden können (sog. **ladungsfähige Anschrift;** BVerfG 2 BvL 4/07, BVerfGK 16, 349; BFH VII R 33/96, BFH/NV 1997, 585; III R 53/07, BFH/NV 2011, 264; V B 108/15, BFH/NV 2016, 1289; VIII B 85/21, BFH/NV 2022, 1298). Denn neben den oben genannten Zwecken (→ Rn. 13) dient die Angabe der ladungsfähigen Anschrift auch dazu, ggf. das persönliche Erscheinen anordnen und durchsetzen zu können (BGH V ZR 210/22, NJW-RR 2023, 1291 zu § 253 II Nr. 1 ZPO). Die ladungsfähige Anschrift ist bei natürlichen Personen idR die Anschrift, an der sie ihren **tatsächlichen Wohnsitz** (BFH VII S 17/07 (PKH), BFH/NV 2008, 589; I B 38/12, BFH/NV 2013, 746; X B 122/17, BFH/NV 2018, 630; VIII B 85/21, BFH/NV 2022, 1298) oder ein ihnen zuzurechnendes Geschäftslokal unterhalten. Eine bloße Briefkastenanschrift reicht nicht. In Betracht kommt auch eine Anschrift im Ausland (Pedak StBp 2014, 107 (108)), wobei das Gericht dann nach § 53 III vorgehen kann (→ § 53 Rn. 143 f.). Die Angabe des Arbeitsplatzes, wo der Kläger als Arbeitnehmer beschäftigt ist, wird idR wegen der fehlenden Möglichkeit zur Ersatzzustellung nicht ausreichen. Auch die Angabe einer **Postfachanschrift** (HHS/Schallmoser § 65 Rn. 44; Gosch/Paetsch § 65 Rn. 24; Tipke/Kruse/Brandis § 65 Rn. 7) oder der Anschrift eines bloßen **Büroservices** (BGH V ZR 210/22, NJW-RR 2023, 1291) **reichen** zur Bezeichnung der ladungsfähigen Anschrift **nicht** aus. Zwar können grds. auch unter einer Postfachanschrift förmliche Zustellungen bewirkt werden (BGH V ZB 182/11, NJW-RR 2012, 1012), jedoch wäre durch die Angabe einer Postfachanschrift oder der Anschrift eines Büroservices nicht dem Interesse des Justizfiskus Genüge getan, einen Ansatzpunkt für eine etwaige Vollstreckung zu haben (FG Köln 15 K 2970/03, EFG 2004, 1237). Ferner gibt § 155 S. 1 FGO iVm § 177 ZPO das Leitbild vor, dass jedenfalls dem Grunde nach eine persönliche Übergabe des zuzustellenden Schriftstücks möglich sein muss. Bei einem Büroservice ist zudem fraglich, ob dort eine Ersatzzustellung möglich wäre (BGH V ZR 210/22, NJW-RR 2023, 1291). Bei **juristischen Personen** ist die Angabe ihres tatsächlichen Sitzes erforderlich (BFH XI B 43/19, BFH/NV 2020, 773), also der Anschrift, unter der ihre Geschäftsleitung erreichbar ist (BFH V B 44/10, BFH/NV 2011, 2084) oder an der jedenfalls Zustellungen an die juristische Person möglich sind (BGH I ZR 257/16, MDR 2018, 1400; VIII ZR 262/20, NJW-RR 2022, 714 zur c/o-Adresse eines gesetzlichen Vertreters). Die Angabe einer ladungsfähigen Anschrift kann fehlen, wenn eine solche nicht existiert (zB bei vollbeendeten oder im Handelsregister gelöschten Gesellschaften) oder Wohnungslosen. Insoweit reicht die Angabe eines (Zustellungs-)Bevollmächtigten (BFH V B 44/10, BFH/NV 2011, 2084; X B 122/17, BFH/NV 2018, 636; X B 96/21, BFH/NV 2022, 1187; VIII B 85/21, BFH/NV 2022, 1298; IX B 42/23, BFH/NV 2024, 690). Der BFH hält darüber hinaus die Angabe einer ladungsfähigen Anschrift für entbehrlich, wenn die juristische Person nach Einstellung ihrer geschäftlichen Tätigkeit über kein Geschäftslokal verfügt (BFH V B 44/10, BFH/NV 2011, 2084). Insoweit kann aber die Wohnanschrift des Geschäftsführers/Liquidators angegeben werden (vgl. BFH XI B 43/19, BFH/NV 2020, 773). Ferner kann **auf die Angabe einer ladungsfähigen Anschrift verzichtet** werden, **wenn** durch die Angabe **schützenswerte** 15

Interessen des Klägers (zB auf Geheimhaltung der Anschrift) **gefährdet** würden (BFH V B 44/10, BFH/NV 2011, 2084; BVerwG 9 B 79/11, NJW 2012, 1527; auch bei Gefahr der Verhaftung BFH VI R 19/01, BFH/NV 2002, 651; VII B 119/19, BFH/NV 2021, 321; IX B 42/23, BFH/NV 2024, 690; nicht jedoch bei der Gefahr, Vollstreckungsmaßnahmen hinnehmen zu müssen: FG Köln 15 K 2970/03, EFG 2004, 1237; FG Nürnberg 6 K 696/16, BeckRS 2017, 130996). Zweifel an der Richtigkeit einer mitgeteilten Anschrift sind schon dann begründet, wenn eine Postsendung beim ersten Zustellungsversuch unter dieser Anschrift als unzustellbar zurückgesandt wird (BFH VII B 119/19, BFH/NV 2021, 321). Bei Unklarheiten muss das FG idR unter Mitwirkung des Klägers die maßgeblichen Verhältnisse ermitteln (vgl. BFH X B 122/17, BFH/NV 2018, 636). Dieser muss seine Verhältnisse insbes. nach Fristsetzungen gem. § 65 II 1 oder 2 umfassend darlegen und glaubhaft machen (BFH XI B 43/19, BFH/NV 2020, 773; VII B 174/20, BFH/NV 2022, 603; VIII B 85/21, BFH/NV 2022, 1298; IX B 42/23, BFH/NV 2024, 690).

16 Der Kläger muss etwaige **Änderungen** seiner ladungsfähigen Anschrift **unaufgefordert mitteilen.** Anderenfalls wird die Klage mit der Aufgabe der dem FG mitgeteilten Anschrift unzulässig (BVerfG 2 BvL 4/07, BVerfGK 16, 349; BFH III R 53/07, BFH/NV 2011, 264; VIII B 85/21, BFH/NV 2022, 1298; FG BBg 4 K 4239/14, EFG 2018, 3). Dieser Mangel kann allerdings geheilt werden, wenn der Kläger bis zum Ablauf einer diesbezüglichen Ausschlussfrist nach § 65 II 2 oder (wenn eine solche Ausschlussfrist nicht gesetzt wurde) bis zum Schluss der mündlichen Verhandlung die richtige Anschrift mitteilt.

17 Zur Bestimmung des Klägers nicht erforderlich sind der richtige Name und die richtige **Anschrift seines Bevollmächtigten.** Sollte dieser umfirmieren oder umziehen und deshalb für das FG nicht erreichbar sein, muss es sich ggf. unmittelbar an den Kläger wenden.

18 Bei der Prüfung, ob eine ladungsfähige Anschrift bezeichnet ist, sind **alle dem Gericht erkennbaren Erkenntnisquellen auszuschöpfen,** insbes. auch Akten abgeschlossener Verfahren und die nach § 71 II vorzulegenden Akten. Sind dort jedoch unterschiedliche Anschriften vermerkt (ohne dass ersichtlich ist, welche die aktuelle ist) oder sind die dort verzeichneten Anschriften überholt, fehlt es an der ausreichenden Klägerbezeichnung. Das Gericht ist nicht verpflichtet, durch Meldeanfragen oder Anfragen bei öffentlichen Registern die Anschrift zu ermitteln. Denn es ist Sache des Klägers, seine Person zu bezeichnen (BFH VIII B 85/21, BFH/NV 2022, 1298).

19 Besteht Unsicherheit darüber, ob ein Kläger unter einer Anschrift geladen werden kann, insbes., ob der Kläger dort tatsächlich einen Wohnsitz unterhält (zB wegen widersprüchlicher Angaben des Klägers, BFH VII S 17/07 (PKH), BFH/NV 2008, 589), trägt der **Kläger** insoweit die **Feststellungslast** (BFH I B 38/12, BFH/NV 2013, 746; FG Hmb 3 K 200/08, EFG 2009, 1040). Es besteht aber ein Beweis des ersten Anscheins dafür, dass ein Kläger unter seiner Meldeanschrift geladen werden kann. Ferner stellt es ein Indiz für das Bestehen einer ladungsfähigen Anschrift dar, wenn Zustellungen unter einer Anschrift erfolgreich sind (BFH X B 96/21, BFH/NV 2022, 1187).

23 **c) Beklagter.** Die Bezeichnung des Beklagten ist ausgehend von dem angefochtenen VA und dem Klagebegehren durch § 63 vorgegeben. Dementsprechend ist insoweit in besonderem Maße **Raum für eine rechtsschutzgewährende Auslegung.** Hinzu kommt, dass die zutreffende Bezeichnung für den Außenste-

henden uU aufgrund komplizierter Behördenstrukturen und Zuständigkeitsregelungen eine schwierige Aufgabe darstellen kann. **Im Zweifel** ist davon auszugehen, dass der **Kläger den nach § 63 zutreffenden Beklagten als solchen bezeichnen will** (BFH III R 26/02, BFH/NV 2004, 792; XI B 129–132/13, BFH/NV 2014, 1385; III R 2/22, BStBl. II 2023, 626; III R 11/23, BStBl. II 2025, 207, Rn. 34; vgl. auch BGH I ZB 6/15, NJW-RR 2016, 117; noch weitergehend: Tipke/Kruse/Brandis § 65 Rn. 10).

Rückschlüsse auf den Beklagten können die beim FG eingereichte Einspruchsentscheidung (FG Düsseldorf 15 K 522/10 Kg, BeckRS 2012, 94636) oder die in der Klageschrift angegebene Steuer-Nr., die eine FA-Kennziffer enthält, erlauben. Dies gilt auch dann, wenn eine andere Behörde – dem Wortlaut nach – als Beklagter bezeichnet wird und in Betracht kommt, dass es sich insoweit um ein bloßes Versehen handelt (BFH III R 26/02, BFH/NV 2004, 792; XI B 129–132/13, BFH/NV 2014, 1385). Allerdings muss die richtige Steuer-Nr. angegeben worden sein, weil sonst auch daran anknüpfend nicht der richtige Beklagte bezeichnet wird (BFH IV B 98/06, BFH/NV 2007, 2322). 24

Auch in den folgenden Fällen ist abweichend vom Wortlaut im Wege der Auslegung der nach § 63 zutreffende Beklagte zu bestimmen: 25

- Bezeichnung des Rechtsträgers statt der Behörde (→ § 63 Rn. 2; vgl. BFH VI R 17/16, BStBl. II 2019, 496);
- Bezeichnung des Rechtsvorgängers des richtigen Beklagten, wenn in zeitlicher Nähe zur Klageerhebung durch Organisationsmaßnahmen die Zuständigkeiten und/oder Behördenbezeichnungen geändert wurden (BFH III S 22/13, BFH/NV 2014, 856; → § 63 Rn. 11; s. aber auch Gosch/Paetsch § 63 Rn. 31, die Wiedereinsetzung gewähren wollen);
- Anbringen gem. § 47 II beim richtigen Beklagten.

Zu weitgehend erscheint die **Auffassung, die letztlich auf die Bezeichnung eines Beklagten verzichtet,** weil bei einer Anbringung nach § 47 II bei der zuständigen Behörde klar gewesen wäre, gegen wen sich die Klage richtet (so jedoch BFH III R 74/10, BFH/NV 2011, 1705; aA wohl IV B 98/06, BFH/NV 2007, 2322; krit. auch Steinhauff AO-StB 2011, 301). Zwar muss das FG Umstände in die Auslegung einbeziehen, die nur dem Beklagten bekannt sind, jedenfalls wenn sie sich aus den nach § 71 II zu übersendenden Verwaltungsvorgängen ergeben (→ Vor § 33 Rn. 42). Insoweit ist aber ohne größere Probleme ermittelbar, um welche Vorgänge es sich handelt. Auch eine Einsichtnahme ist idR kurzfristig möglich. Dagegen ist es mit erheblichem Aufwand verbunden, eine Vielzahl potentieller Beklagter mit womöglich dürren Angaben zu den angefochtenen Verwaltungsakten zu befragen, ob sie als Beklagte in Betracht kommen. Dem Kläger ist es ohne weiteres zumutbar, den Beklagten zu bezeichnen, wenn die Klage unmittelbar beim FG erhoben wird, zumal auch diese Angabe nachgereicht werden kann (→ Rn. 52). 26

d) Gegenstand des Klagebegehrens. Für die Auslegung dieses Merkmals kann grds. auch die frühere, zum **Begriff des Streitgegenstands** ergangene Rspr. herangezogen werden, weil die geänderte Begrifflichkeit seit der Einführung des Begriffs „Gegenstand des Klagebegehrens" (→ Rn. 1) keine sachliche Änderung herbeiführen sollte (BFH VIII R 55/98, BFH/NV 2000, 196; VI B 114/01, BStBl. II 2002, 306). Allerdings ist zu berücksichtigen, dass der Begriff des Streitgegenstands in anderen Zusammenhängen andere Funktionen hat, was im Einzelfall zu anderen Bedeutungen führt (zur Begrifflichkeit – auch in anderen Vorschriften der FGO – s. Michl UR 2017, 826). 30

31 Die Angaben müssen nach stRspr über die Bezeichnung des angefochtenen VA hinausgehen und das FG durch eine substantiierte und schlüssige **Darlegung dessen, was der Kläger begehrt** und worin er eine Rechtsverletzung sieht, in die Lage versetzen zu erkennen, worin die den Kläger treffende Rechtsverletzung nach dessen Ansicht liegt und so die Grenzen seiner Entscheidungsbefugnis zu bestimmen (§ 96 I 2; BFH IX B 129/09, BFH/NV 2010, 451; X B 158/13, BFH/NV 2014, 892; III B 133/13, BFH/NV 2014, 894; VIII B 31/22, BFH/NV 2023, 1215; zu den Besonderheiten bei Entschädigungsklagen gem. § 155 S. 2 FGO iVm § 198 GVG: BFH X K 7/14, BStBl. II 2016, 405; X K 3/16 ua, BStBl. II 2018, 103). Zudem soll das Gericht befähigt werden, eine effektive und auf das erforderliche Maß beschränkte Sachaufklärung zu betreiben (BFH X B 158/13, BFH/NV 2014, 892; VIII B 129/22, BFH/NV 2024, 536). Es ist nicht Sache des FG, den Gegenstand des Klagebegehrens anhand einer Vielzahl ihm vorgelegter Unterlagen selbst zu ermitteln (BFH VIII B 31/22, BFH/NV 2023, 1215). Wie weit das Klagebegehren iE zu substantiieren ist, hängt von den Umständen des Einzelfalls ab, insbes. von dem Inhalt des angefochtenen VA, der Steuerart und der Klageart (BFH X B 47/10, BFH/NV 2011, 1713; III B 133/13, BFH/NV 2014, 894; X B 170/16, BFH/NV 2017, 1613; XI B 29/17, BFH/NV 2017, 1715). § 65 I 1 verpflichtet den Kläger jedoch **nicht, eine aus sich heraus verständliche Darstellung des nach seiner Ansicht maßgeblichen steuerlichen Sachverhalts** vorzulegen (BFH III R 93/95, BStBl. II 1996, 483; VIII B 219/02, BFH/NV 2003, 782; XI B 73/13, BFH/NV 2014, 872; XI B 29/17, BFH/NV 2017, 1715). Eine solche Verpflichtung kann sich aber aus § 79b ergeben (→ § 79b Rn. 32). Dementsprechend ist das in der Rspr. nach wie vor verwendete Merkmal der „substantiierten und schlüssigen Darlegung dessen, was der Kläger begehrt und worin er eine Rechtsverletzung sieht“ faktisch aufgegeben worden. Letztlich reicht es aus, dass das Gericht ein betragsmäßig bestimmbares Begehren ermitteln kann (aA wohl der VII. Senat des BFH, → Rn. 32).

32 Nicht erforderlich ist die Angabe eines bezifferten Klageantrags (BFH GrS 1/78, BStBl. II 1980, 99; II B 112/99, BFH/NV 2000, 1103), denn das Klagebegehren ist nicht mit dem Klageantrag identisch (→ Rn. 46). Andererseits wird die **Angabe einer festzusetzenden Steuer oder einer festzustellenden oder der Steuerfestsetzung zugrunde zu legenden Besteuerungsgrundlage für die Bezeichnung des Gegenstands des Klagebegehrens als ausreichend** angesehen (BFH VI B 114/01, BStBl. II 2002, 306; VIII B 96/10, BFH/NV 2011, 1172; X B 170/16, BFH/NV 2017, 1613; XI B 29/17, BFH/NV 2017, 1715). Dagegen wird ein Vortrag, der zwar teilweise bestimmt ist, aber erkennen lässt, dass sich das iÜ unbestimmte Begehren darauf nicht beschränkt, zu Recht **nicht als ausreichend** angesehen (FG Hmb 3 K 211/11, DStRE 2013, 252). Das gilt für einen **bloßen Aufhebungsantrag** nur dann nicht, wenn für das FG zweifelsfrei erkennbar ist, dass der Kläger sich gegen die Rechtmäßigkeit des angefochtenen Bescheids dem Grunde nach wendet (BFH VI B 114/01, BStBl. II 2002, 306; X B 158/13, BFH/NV 2014, 892; VIII B 56/15, BFH/NV 2015, 1429; VIII B 129/22, BFH/NV 2024, 536; mit gleicher Tendenz BFH I B 37/14, BFH/NV 2016, 415). Letzteres liegt nahe, wenn entsprechende Einwendungen bereits im Verwaltungsverfahren geäußert wurden oder wenn auf der Hand liegt, dass der VA vom Kläger als belastend empfunden wird, wie zB eine Ladung zur Abgabe der eidesstattlichen Versicherung (FG Hmb 3 K 8/10, BeckRS 2010, 26029559). Daran fehlt es, wenn entgegen dem Wortlaut des Aufhebungsantrags erkennbar keine Aufhebung, sondern eine nicht näher bezeichnete Abänderung des angefochtenen Bescheids begehrt wird (BFH VIII B 219/02, BFH/NV 2003, 782; X B 47/10, BFH/NV 2011, 1713). Der VII. Senat hält aber auch bei einer erkennbaren Anfechtung dem Grunde nach darüber hinaus noch für erforderlich, dass der Kläger auch Ausführungen dazu macht, weshalb der angefochtene Verwaltungsakt rechtswidrig ist (BFH VII S 17/95, BFH/NV 1996, 818; VII B 266/05, BFH/NV 2006, 1316 – Haftungsbescheid; VII B 233/09, BFH/NV 2010, 1464 – Vollstreckungsmaßnahme). Wie alle Prozesserklärungen (→ Vor § 33 Rn. 40 ff.) sind auch die Klageschrift und weiteren Schriftsätze des Klägers zur Bestimmung des Klagebegehrens analog § 133 BGB auszulegen, wobei alle dem Gericht und dem Beklagten in den nach § 71 II vorzulegenden Akten bekannten Umstände für die Auslegung heranzuziehen sind (vgl. BFH I B 37/14, BFH/NV 2016, 415; X B 170/16, BFH/NV 2017, 1613; XI B 29/17, BFH/NV 2017, 1715; IX B 66/17, BFH/NV 2018, 216; aA wohl BFH VIII B 31/22, BFH/NV 2023, 1215, der nur auf die bei Ablauf der Ausschlussfrist vorliegenden Akten abstellt).

Nach der Rspr. **einiger BFH-Senate** ist grds. **davon auszugehen, dass ein Kläger das im Verwaltungsverfahren geäußerte Begehren zunächst unverändert auch im Klageverfahren geltend machen will.** Ausgehend von dem Grundsatz, dass Bestandteile der nach § 71 II vorzulegenden Verwaltungsvorgänge als dem FG bekannt gelten, wird daraus geschlossen, dass der Kläger das Klagebegehren auch dann in ausreichender Weise bestimmt hat, wenn er keinerlei Sachvortrag ggü. dem FG vornimmt, jedoch iRd Verwaltungsverfahrens bestimmte Einwendungen erhoben hat (BFH XI B 73/13, BFH/NV 2014, 872; III B 133/13, BFH/NV 2014, 894; III B 65/13, BFH/NV 2014, 1059; XI B 29/17, BFH/NV 2017, 1715). Dabei sollen wohl schon ein unbezifferter und unbegründeter Antrag auf AdV und der unsubstantiierte Vorwurf der Rechtswidrigkeit den Schluss erlauben, dass sämtliche Prüfungsfeststellungen, die der Beklagte zum Anlass einer Änderung genommen hat, angegriffen werden (BFH XI B 73/13, BFH/NV 2014, 872; ähnlich BFH XI B 29/17, BFH/NV 2017, 1715; aA BFH VIII B 20/22, BB 2023, 1061; wohl auch BFH VII B 266/05, BFH/NV 2006, 1316; I B 45/14, BFH/NV 2015, 696). Diese Auffassung steht in Widerspruch zur Entscheidung des VII. Senats, der den in einem abgeschlossenen Verfahren des vorläufigen Rechtsschutzes erfolgten Vortrag mangels ausdrücklicher Bezugnahme als nicht vorgetragen ansah (BFH VII B 233/09, BFH/NV 2010, 1464). Auch der I., VIII. und der IX. Senat stellen auf in Bezug genommene Unterlagen (BFH VIII B 96/10, BFH/NV 2011, 1172; I B 45/14, BFH/NV 2015, 696; VIII B 31/22, BFH/NV 2023, 1215; ebenso BFH XI B 61/22, BFH/NV 2023, 379) oder beigefügte Unterlagen (BFH IX B 129/09, BFH/NV 2010, 451; VIII B 56/15, BFH/NV 2015, 1429; IX B 66/17, BFH/NV 2018, 216) ab (ähnlich BGH V ZR 110/13, NJW-RR 2014, 903 aE), wobei der I. und der IX. Senat (BFH I B 37/14, BFH/NV 2016, 415; IX B 66/17, BFH/NV 2018, 216) andererseits dem Grunde nach auch auf alle dem Beklagten bekannte und vernünftigerweise erkennbaren Umstände abstellen. 33

Die **Auffassung des III. und XI. BFH-Senats** erscheint **nicht vorzugswürdig.** Anders als bei anderen Merkmalen des § 65 I 1 (zB Benennung des Bekl., idR Person des Klägers, angefochtener VA und Einspruchsentscheidung) hat der Kläger bei der Bezeichnung des Klagebegehrens eine weitreichende Dispositionsmöglichkeit (BFH X B 198/08, ZSteu 2009, R1023), und es ist nicht Aufgabe des FG, den Gegenstand der Klage zu bestimmen (BFH X B 138/08, BeckRS 2008, 25014242). Der Kläger kann das Begehren aus dem Einspruchsverfahren fortführen, er kann sein Begehren ggü. dem Einspruchsverfahren einschränken, er kann 34 sein Begehren ggü. dem Einspruchsverfahren erweitern und er kann ein gänzlich anderes Begehren zum Gegenstand des gerichtlichen Verfahrens machen. Einen Erfahrungssatz nach Art eines Anscheinsbeweises, dass ein Kläger im Klageverfahren das gleiche Begehren wie im Einspruchsverfahren geltend machen will, besteht nach hiesiger Auffassung nicht (BFH X B 158/13, BFH/NV 2014, 892; FG Köln 15 K 748/16, EFG 2017, 500; ähnlich BFH X B 170/16, BFH/NV 2017, 1613; FG BBg 8 K 8134/23, EFG 2024, 1853, Rev. BFH: IV R 12/24; aA BFH XI B 29/17, BFH/NV 2017, 1715). Es erscheint auch nicht überzeugend, ein solches Begehren als das anzusehen, was nach den Maßstäben der Rechtsordnung vernünftig ist und der recht verstandenen Interessenlage entspricht (→ Vor § 33 Rn. 41 f.). Denn im Hinblick auf das mit finanzgerichtlichen Verfahren einhergehende Kostenrisiko kommt in Betracht, dass ein bereits im Verwaltungsverfahren erfolgloser Vortrag auch im Klageverfahren zur Erfolglosigkeit bestimmt ist und daher der unveränderte Vortrag aus Kostengründen nicht der recht verstandenen Interessenlage des Klägers entspricht (vgl. FG Köln 15 K 748/16, EFG 2017, 500).

35 Ein wesentlicher Anteil von Klagen, denen die Bezeichnung des Klagebegehrens iSd § 65 fehlt, sind Klagen, nachdem das FA **mangels eingereichter Steuererklärungen Vollschätzungen** vorgenommen hat. Insoweit reicht es zur Bezeichnung des Klagebegehrens nicht aus, auf eine noch einzureichende Steuererklärung zu verweisen oder die allg. gehaltene Behauptung aufzustellen, die Besteuerungsgrundlagen seien zu hoch geschätzt worden (BFH III S 17/04 (PKH), BFH/NV 2005, 1124; VIII B 96/10, BFH/NV 2011, 1172; IV B 68/11, BFH/NV 2012, 769). Sofern der Kläger sein Begehren nicht durch die Abgabe der Steuererklärung substantiieren kann oder will, muss er anhand der ihm zugänglichen Erkenntnisquellen mindestens eine substantiierte Schätzung vornehmen (BFH VIII B 41/05, BFH/NV 2007, 2304; III B 13/13, BFH/NV 2013, 1795; I B 164/13, BFH/NV 2015, 216; X B 11/17, BFH/NV 2017, 1440), zB durch detaillierte Steuerberechnungen (BFH XI R 17/18, BStBl. II 2019, 647). Dazu reicht es nicht, Einwendungen gegen einzelne Bestandteile der Schätzung zu erheben, wenn sich das Klagebegehren erkennbar nicht darauf beschränken soll (FG Hmb 3 K 211/11, EFG 2012, 1487 mAnm Lemaire).

40 **e) Verwaltungsakt und Einspruchsentscheidung.** Die Angabe des **angefochtenen VA und der Einspruchsentscheidung** steht im **Zusammenhang mit § 44 II,** wonach Gegenstand der Anfechtungsklage nach einem Vorverfahren der ursprüngliche Verwaltungsakt in der Gestalt ist, die er durch die Einspruchsentscheidung gefunden hat. Deren Bezeichnung ermöglicht dem FG, die daran knüpfenden Sachentscheidungsvoraussetzungen und die Begründetheit der Klage zu prüfen. Denn es kommt darauf an, ob der Kläger hinsichtlich dieses VA zB subjektiv und objektiv klagebefugt ist und insoweit die Einspruchs- und Klagefrist gewahrt hat. Da das FG keine abstrakten Rechtsfragen klärt, kann es nur ausgehend von der Angabe eines konkreten angefochtenen VA prüfen, ob der vorgetragene Sachverhalt Anlass zu einer Änderung dieses VA gibt. Die Angabe des angefochtenen VA ist maßgebend dafür, welche Akten der Beklagte nach § 71 II übersenden muss (BFH IV B 82/98, BFH/NV 1999, 1466; Tipke/Kruse/Brandis § 65 Rn. 15). Über den Wortlaut des § 65 I 1 hinausgehend ist die Angabe des angefochtenen Verwaltungsakts und der Einspruchsentscheidung auch bei Verpflichtungsklagen erforderlich (BFH III B 193/04, BFH/NV 2006, 2101; Tipke/Kruse/Brandis § 65 Rn. 15).

41 Dass das G in § 65 I 1 von der **„Entscheidung über den außergerichtlichen Rechtsbehelf“** und abweichend davon in § 65 I 4 von der Einspruchsentscheidung spricht, beruht auf den unterschiedlichen Entstehungszeitpunkten der jeweiligen Regelungen. Die Formulierung in § 65 I 1 geht auf das FGOÄndG 1992 zurück (→ Vor § 1 Rn. 4 f.), als es noch das Beschwerdeverfahren als weiteres außergerichtliches Rechtsbehelfsverfahren gab, während § 65 I 4 durch das 2. FGOÄndG v. 19.12.2000 eingeführt wurde (→ Vor § 1 Rn. 11), als das Beschwerdeverfahren bereits abgeschafft war. Wie in § 44 (→ § 44 Rn. 3) ist also auch in § 65 I 1 allein die Einspruchsentscheidung gemeint. In Fällen der isolierten Anfechtung der Einspruchsentscheidung (s. Pump/Krüger DStR 2013, 891; → § 44 Rn. 46) ist nur diese zu bezeichnen. In Fällen, in denen keine Einspruchsentscheidung ergangen ist (insbes. Fälle der Untätigkeitsklage, § 46 I, der Sprungklage, § 45, oder der fehlenden Statthaftigkeit des Einspruchsverfahrens, §§ 32i IX, 348 Nr. 3–6 AO), muss sie auch nicht bezeichnet werden (Tipke/Kruse/Brandis § 65 Rn. 15). Soweit Einsprüche nach § 172 III AO durch Allgemeinverfügung zurückgewiesen wurden, ist diese Allgemeinverfügung anzugeben (Tipke/Kruse/Brandis § 65 Rn. 15).

42 Was der angefochtene VA und die Einspruchsentscheidung sind, lässt sich **idR durch Auslegung ermitteln.** So wird durch die Angabe der Einspruchsentscheidung idR auch der angefochtene Ausgangsbescheid bezeichnet (BFH VI B 75/14, BFH/NV 2015, 51). Umgekehrt wird durch die Bezeichnung des Ausgangsbescheids idR auch die Einspruchsentscheidung bezeichnet, weil sich diese den Verwaltungsvorgängen entnehmen lässt (iE glA Gosch/Paetsch § 65 Rn. 75; Tipke/Kruse/Brandis § 65 Rn. 15). Im Übrigen ist die verfahrensrechtliche Einheit von Ausgangsbescheid und Einspruchsentscheidung zu beachten (BFH VI R 80/13, BStBl. II 2015, 115). Wird binnen eines Monats nach Ergehen einer Einspruchsentscheidung Klage erhoben und ist keine weitere Einspruchsentscheidung innerhalb eines Monats durch den gleichen Beklagten oder zum gleichen Streitgegenstand ergangen, kann im Wege rechtsschutzgewährender Auslegung davon ausgegangen werden, dass sich die Klage gegen diese Einspruchsentscheidung und den vorangegangenen Ausgangsbescheid richtet (Tipke/Kruse/Brandis § 65 Rn. 15). Sind gleichzeitig mehrere VA und/oder Einspruchsentscheidungen ergangen, ist **unter Berücksichtigung des Sachvortrags des Klägers sowohl im Verwaltungs- also auch im Klageverfahren zu prüfen, welches der angefochtene VA bzw. die angefochtenen VA sein sollen** (BFH VI B 95/13, BStBl. II 2014, 525). Dies ist insbes. dann relevant, wenn VA körperlich verbunden sind, also auf einem Blatt Papier mehrere VA vorhanden sind, wie zB bei gesonderten und einheitlichen Feststellungsbescheiden oder im Zusammenhang mit ESt-Festsetzungen, mit denen die Festsetzung des SolZ, der KiSt, ggf. eines Verspätungszuschlags und von Zinsen, ferner Anrechnungsverfügungen und gesonderte Feststellungen einhergehen. Beschränken sich die vorgetragenen Einwendungen auf einen dieser körperlich verbundenen VA, kann die Auslegung gerechtfertigt sein, dass nur dieser VA angefochten wird (BFH VI R 12/05, BStBl. II 2009, 116; X R 51/06, BStBl. II 2009, 892; X R 44/11, BFH/NV 2014, 594; VI B 95/13, BStBl. II 2014, 525). Entsprechend der zur Auslegung von Einsprüchen ergangenen Rspr. ist zu unterscheiden, ob der Kläger derartige Bescheide unter Wiedergabe der (amtlichen) Bescheidbezeichnung anficht, ohne zunächst konkrete Einwendungen gegen einen bestimmten VA zu erheben, oder ob seine dem Wortlaut nach (zunächst unspezifisch) auf verbundene Bescheide bezogene Klageschrift eine Begründung enthält. Wendet sich der Kläger im erst-

genannten Fall in einem späteren, ggf. nach Ablauf der Klagefrist eingereichten Begründungsschreiben (nur noch) gegen einen bestimmten Bescheid, dann bezieht sich der Rechtsbehelf jedenfalls auch auf diesen VA. Im letztgenannten Fall ist der Gegenstand der Anfechtung anhand der in der Klageschrift selbst enthaltenen Begründung (einengend) zu bestimmen, sodass außerhalb der Klagefrist erhobenen Einwendungen gegen einen weiteren verbundenen, aber in der ursprünglichen Begründung nicht angesprochenen VA, dessen Bestandskraft entgegensteht. Das Gleiche gilt, wenn der Kläger nach einer Klageerhebung gegen einen Sammelbescheid nach Ablauf der Klagefrist ohne Begründung zunächst nur gegen einen der im Sammelbescheid enthaltenen VA Einwendungen erhebt (BFH IX R 4/19, BStBl. II 2020, 368; III R 34/20, DStRE 2022, 1268). Umfasst eine Einspruchsentscheidung mehrere Steuerarten und erwähnt die Klageschrift nur eine davon ausdrücklich und lassen die erhobenen Einwände nicht den Schluss zu, dass auch die die andere Steuerart betreffenden Bescheide angefochten werden sollen, kann die Klage nicht dahin gehend ausgelegt werden, dass die Klage alle Steuerarten betrifft (BFH XI B 87/11, BFH/NV 2012, 1981, anders, wenn die erhobenen Einwände typischerweise die nicht ausdrücklich erwähnte Steuerart betreffen – Einwände gegen vGA ohne Erwähnung der zuvor angefochtenen Körperschaftsteuerbescheide: BFH I B 104/07, BFH/NV 2008, 799). Sind – wie in den Stadtstaaten üblich – gleichzeitig Gewerbesteuer- und Gewerbesteuermessbescheide ergangen, kann auch die von einem fachkundig vertretenen Kläger gegen die „Gewerbesteuerbescheide" erhobene Klage als solche gegen die Gewerbesteuermessbescheide ausgelegt werden (FG Hmb 2 K 69/20, DStRE 2022, 1399).

43 Sofern ein Kläger sein Begehren auch **nach dem Erlass von Änderungsbescheiden** weiter verfolgt, ist im Wege der Auslegung davon auszugehen, dass der jeweils letzte Änderungsbescheid der angefochtene VA sein soll (BFH VIII R 17/11, BeckRS 2014, 94182). Sind in einem Altfall (s. § 10d IV 4 EStG iVm § 52 XXV 5 EStG 2011 und dazu BFH IX B 137/13, BFH/NV 2014, 1042) ein auf 0 EUR lautender Einkommensteuerbescheid und ein den gleichen Veranlagungszeitraum betreffender **Verlustfeststellungsbescheid** ergangen, worauf der Kläger die Berücksichtigung eines weitergehenden Verlusts begehrt, ist unabhängig vom Wortlaut der Verlustfeststellungsbescheid als der vom Kläger bezeichnete angefochtene VA anzusehen (BFH IX B 73/13, BFH/NV 2014, 178).

2. § 65 I 2, 3 und 4 – weitere Komponenten („Soll-Erfordernisse")

46 **a) Bestimmter Antrag (§ 65 I 2).** Der Antrag iSd § 65 I 2 ist vom Klagebegehren iSd § 65 I 1 zu unterscheiden. Davon geht auch § 96 I 2 aus. Der Antrag iSd § 65 I 2 **entspricht dem in § 92 III erwähnten, iRd mündlichen Verhandlung gestellten Antrag** (Grube DStZ 2011, 913 (914)). Schon seit langem ist anerkannt, dass das Fehlen eines Antrags die Klage nicht unzulässig macht (BFH GrS 1/78, BStBl. II 1980, 99; II B 112/99, BFH/NV 2000, 1103; X B 153/14, BFH/NV 2016, 928). Andererseits ist bei Stellen eines bezifferten Antrags idR das Klagebegehren bestimmt (→ Rn. 32). Der bei Klageerhebung oder im weiteren schriftlichen Verfahren gestellte Antrag stellt im Zweifel nur die Ankündigung des iRd mV gestellten Antrags dar (Tipke/Kruse/Brandis § 65 Rn. 16).

47 **b) Tatsachenvortrag und Beweisantritt (§ 65 I 3).** Ein gewisser Tatsachenvortrag kann bereits nach § 65 I 1 erforderlich sein, um das Klagebegehren zu

bezeichnen, insbes., wenn kein bezifferter Antrag oder nur ein Aufhebungsantrag gestellt wird (BFH GrS 1/78, BStBl. II 1980, 99; II B 112/99, BFH/NV 2000, 1103; X B 47/10, BFH/NV 2011, 1713). Der Tatsachenvortrag und der Beweisantritt, den der Kläger nach § 65 I 3 beibringen soll, werden gemeinhin als **Klagebegründung** bezeichnet (Grube DStZ 2012, 583 (586 ff.)). Im Interesse der Erfolgsaussicht seiner Klage sollte der Kläger dem § 65 I 3 entsprechen, wenngleich diese Norm keine Sachentscheidungsvoraussetzung darstellt. Unterbleibt dieser Vortrag, kann das FG nach § 79 und § 79b vorgehen und unterliegt nur geringen Ermittlungspflichten (→ § 76 Rn. 59).

c) Anlagen (§ 65 I 4). Die durch das 2. FGOÄndG v. 19.12.2000 (→ Vor § 1 Rn. 11) eingefügte Sollvorschrift dient der **Verfahrensbeschleunigung** (BFH III B 133/13, BFH/NV 2014, 894). Das FG soll durch die **Übersendung des angefochtenen Verwaltungsakts und der Einspruchsentscheidung** bereits vor Eingang der Steuerakten (s. § 71 II) in der Lage sein, sich einen Überblick über den Sach- und Streitstand zu bilden. Außerdem kann der Kläger auf diese Weise leicht der Anforderung des § 65 I 1 genügen, den angefochtenen VA und die Einspruchsentscheidung zu bezeichnen (Grube DStZ 2011, 913 (914 f.)). Nach der letzten Änderung dieser Norm durch das G zur Förderung des elektronischen Rechtsverkehrs mit den Gerichten v. 10.10.2013 (→ Rn. 1) wird dem Kläger nur noch die Übersendung von Kopien nahegelegt, um nach der Übertragung in ein elektronisches Dokument nach § 52b VI 1 die Vernichtung der Urschriften (§ 52b VI 5) auszuschließen (BR-Drs. 818/12, 37, 53). Im Übrigen führte die zuvor als weitere Möglichkeit aufgezeigte Übersendung von Urschriften zu erhöhtem Verwaltungsaufwand (gesonderte Ablage in der Akte, Rücksendung nach Verfahrensabschluss). Wenn der Kläger gleichwohl Urschriften übersendet, hat dies aber für die Erfolgsaussicht der Klage keine nachteiligen Folgen. 48

d) Einverständnis mit Videokonferenz (§ 65 I 5). Um dem Gericht von vornherein die Möglichkeit zu geben, umfassend einzuschätzen, ob ein Verfahren zur Verhandlung im Wege der Videokonferenz geeignet ist, wird den Klägern gem. **§ 65 I 5 FGO iVm § 253 III Nr. 4 ZPO** aufgegeben, bereits mit der Klageschrift mitzuteilen, ob **Bedenken gegen die Durchführung einer Videoverhandlung** (§ 155 S. 1 FGO iVm § 128a ZPO) bestehen (zur Rechtsentwicklung → Rn. 1; → Vor § 1 Rn. 55). Die Erklärung ist nicht bindend (BR-Drs. 228/23, 63 f.). Die Erklärung kann im Rahmen der vom Vorsitzenden nach § 155 S. 1 FGO iVm § 128a II, III ZPO zu treffenden Ermessensentscheidung berücksichtigt werden (→ § 90 Rn. 48 ff.). 49

III. Zu § 65 II – Klageergänzung

1. Zuständiger Richter

Für die nach § 65 II 1 und 2 zu treffenden Entscheidungen weist die FGO die **Zuständigkeit** dem **Berichterstatter** oder dem **Vorsitzenden** zu. Dabei enthält § 65 II 1 eine **Legaldefinition** des auch in anderen Normen der FGO (zB §§ 79–79b) verwendeten Begriffs des **Berichterstatters,** nämlich als der nach § 21g GVG zuständige Berufsrichter (→ § 4 Rn. 48 ff.). Ihm muss im senatsinternen Geschäftsverteilungsplan (nach abstrakten Kriterien) die Funktion als Berichterstatter zugewiesen worden sein. Es besteht iRd § 65 II kein Vorrang für ein Tätig- 51 werden des Berichterstatters anstelle des Vorsitzenden (Gosch/Paetsch § 65 Rn. 127). Dies ist auch im Hinblick auf Art. 101 I 2 GG (Recht auf den gesetzlichen Richter) unbedenklich, weil mit den nach § 65 II 1 und 2 zu treffenden Entscheidungen keine abschließenden Entscheidungen in der Hauptsache verbunden sind. Wird weder der Vorsitzende noch der Berichterstatter tätig, liegt ein Verfahrensfehler vor, den der Kläger, wenn das Urteil darauf beruhen kann, im Rechtsmittelverfahren gegen die Hauptsache rügen kann (→ Rn. 69).

2. § 65 II 1 – „einfache" Fristsetzung und Ergänzbarkeit

52 § 65 II 1 sieht die Möglichkeit vor, den Kläger zu erforderlichen Ergänzungen der nach § 65 I zwingend oder jedenfalls als „Soll-Erfordernisse" genannten Angaben und Unterlagen aufzufordern. Daraus folgt, dass **die in § 65 I genannten Angaben und Unterlagen noch nicht bei Klageerhebung, auch nicht innerhalb der Klagefrist vorliegen müssen.** Es ist nicht erforderlich, dass für jedes Merkmal des § 65 I ein ergänzungsfähiges Minimum innerhalb der Klagefrist vorliegt (Tipke/Kruse/Brandis § 65 Rn. 6; aA für den Kläger und den Beklagten BFH I B 129/13, BFH/NV 2014, 1767; aA für den Kläger FG LSA 4 K 205/12, EFG 2013, 1156; Gosch/Paetsch § 65 Rn. 9, 11; vgl. auch HHS/Schallmoser Rn. 37, 108 ff.; offen lassend BFH III R 74/10, BFH/NV 2011, 1705). Es muss nur feststehen, dass überhaupt eine Klage erhoben werden sollte (BFH I B 104/07, BFH/NV 2008, 799). Eine Korrektur von Angaben ist möglich, wenn sie erkennbar unklar und als vorläufig anzusehen sind (BFH VIII B 12/10, BFH/NV 2010, 1846). Allerdings gestattet § 65 dem Kläger nicht, nach Ablauf der Klagefrist weitere, bisher nicht zum Gegenstand der Klage gemachte Anfechtungsgegenstände an Stelle oder neben den bisher angefochtenen VA zu setzen (BFH VII R 15/87, BFH/NV 1990, 580; XI B 87/11, BFH/NV 2012, 1981; → Rn. 77). Dies gilt auch, wenn ein Kläger und ein Beklagter eindeutig bezeichnet sind (BFH XI B 129–132/13, BFH/NV 2014, 1385). Insoweit setzt § 67 der Ergänzungsmöglichkeit nach § 65 II 1 Grenzen (Gosch/Paetsch § 65 Rn. 107, 139; aA Tipke/Kruse/Brandis § 65 Rn. 10 für die Korrektur des Beklagten; → § 67 Rn. 12 ff.).

53 Die Aufforderung zur Ergänzung nach § 65 II 1 steht **nicht im Ermessen** des Richters (BFH VII B 174/20, BFH/NV 2022, 603; VIII B 85/21, BFH/NV 2022, 1298). Allerdings enthält § 65 II 1 keine Regelung über den Zeitpunkt, bis zu dem die Ergänzungsauflage ergehen muss. Sinn und Zweck dieser Regelung ist, dass der Kläger rechtzeitig, also vor einer mündlichen Verhandlung oder einer schriftlichen Entscheidung, Gelegenheit erhält, seinen Vortrag zu ergänzen, um insbes. heilbare Zulässigkeitsmängel zu beseitigen (BFH X R 10/00, BFH/NV 2001, 627; VII B 174/20, BFH/NV 2022, 603). Daher sollten Ergänzungsauflagen möglichst frühzeitig, also sobald ein Fehlen von Erfordernissen iSd § 65 I offenbar wird, erfolgen, spätestens jedoch in der mündlichen Verhandlung, wo die Auflage ein protokollierungspflichtiger Vorgang wäre (BFH VII B 174/20, BFH/NV 2022, 603).

3. § 65 II 2 und 3 – qualifizierte Fristsetzung (Ausschlussfrist und Wiedereinsetzung)

56 **a) Allgemeines.** Die Möglichkeit durch das Setzen einer (absoluten) Ausschlussfrist auf die Bezeichnung der „Muss-Erfordernisse" hinzuwirken, wurde durch das **FGOÄndG 1992** (→ Vor § 1 Rn. 4 f.) aus dem VGFGEntlG in die

FGO übernommen. Dadurch soll dem FG ein Mittel eingeräumt werden, um **innerhalb kurzer Frist nach Klageerhebung Klarheit über das Vorliegen der Sachentscheidungsvoraussetzungen** zu erlangen (BFH VIII R 20/99, BFH/NV 2000, 1359). Das Setzen der Ausschlussfrist steht im **Ermessen** des Gerichts (BFH IV B 87/99, BFH/NV 2000, 1354; X B 136/17, BFH/NV 2018, 534), wobei das Gericht kaum ohne Verfahrensfehler die Klage als unzulässig wegen des Fehlens eines „Muss-Erfordernisses" abweisen kann, wenn es zuvor weder eine Frist nach § 65 II 1 noch eine Ausschlussfrist nach § 65 II 2 gesetzt hat (BFH X R 10/00, BFH/NV 2001, 627; X B 136/17, BFH/NV 2018, 534; weitergehend Tipke/Kruse/Brandis § 65 Rn. 24 mwN zu abw. Auffassungen in der Lit.). Der Ausschlussfrist nach § 65 II 2 muss keine „einfache" Fristsetzung nach § 65 II 1 vorausgegangen sein (BFH I R 23/97, BStBl. II 1998, 628; IX B 61/19, BFH/NV 2020, 228; Gosch/Paetsch § 65 Rn. 119; Tipke/Kruse/Brandis § 65 Rn. 24; Bartone AO-StB 2018, 49 (52); iÜ → Rn. 58 ff.).

b) Formelle Anforderungen. Die in den Gerichtsakten befindliche Urschrift 57
der Verfügung, mit der die Ausschlussfrist gesetzt wird, muss wegen der weitreichenden Bedeutung eine **ausgeschriebene Unterschrift** (nicht nur eine Paraphe) enthalten (BFH III B 29/98, BFH/NV 1999, 1109; XI B 213/01, BFH/NV 2004, 514; VIII B 129/22, BFH/NV 2024, 536). Bei elektronischer Aktenführung tritt an die Stelle der Unterschrift die Angabe des (Familien-)Namens und die **qualifizierte elektronische Signatur** (§ 52a VII 1; BFH III B 80/18, DStRE 2019, 846; → § 52a Rn. 47). Bei Übermittlung per Post muss eine beglaubigte Abschrift dieser Urschrift förmlich zugestellt werden (§ 53 I; → § 53 Rn. 12; BFH VII B 97/15, BFH/NV 2016, 764; VIII B 129/22, BFH/NV 2024, 536; BGH VI ZR 79/15, NJW 2016, 1517; Zöller/Schultzky ZPO § 166 Rn. 9). Dies gilt auch bei elektronischer Signatur, weil dann nicht iSd § 53 II FGO iVm § 169 V ZPO ein elektronisches Dokument zugestellt wird (iErg Tipke/Kruse/Brandis § 53 Rn. 11 aE; Zöller/Schultzky ZPO § 166 Rn. 9; aA – einfache Abschrift reicht: FG Nürnberg 4 K 635/20, EFG 2021, 867, NZB unbegründet). Wird bei elektronischer Aktenführung eine qualifiziert elektronisch signierte Verfügung elektronisch zugestellt, ist die Übersendung einer einfachen Abschrift ausreichend (§ 53 II FGO iVm § 169 V ZPO). Eine Verlängerung der Frist kann formlos, also auch mündlich erfolgen (§ 155 S. 1 FGO iVm § 329 II 1 ZPO; BFH V B 106/95, BFH/NV 1996, 756; NdsFG 11 K 358/03, EFG 2004, 1382). § 65 II 2 sieht – anders als § 79 III Nr. 3 – keine ausdrückliche **Belehrung** über die Folgen der Fristversäumung vor. Andererseits muss für den Adressaten der Verfügung deutlich werden, dass die Fristsetzung eine ausschließende Wirkung haben soll, was zweckmäßigerweise dadurch geschieht, dass das Gericht den Kläger darauf hinweist, dass bei Versäumung der Frist die Klage unzulässig ist (HHS/Schallmoser Rn. 134).

c) Materielle Voraussetzungen. Zunächst muss es tatsächlich an der 58
Bezeichnung des „Muss-Erfordernisses" iSd § 65 I 1 fehlen (→ Rn. 10 ff.). Nicht erforderlich ist, dass nach der Erfüllung der Ergänzungsaufforderung gem. § 65 II 2 zeitnah mit einer Terminierung und Entscheidung der Sache zu rechnen ist. Da die Regelung des § 65 II 2 dazu dient, innerhalb kurzer Frist nach Klageerhebung Klarheit über das Vorliegen der Sachentscheidungsvoraussetzungen zu verschaffen (BFH VIII R 20/99, BFH/NV 2000, 1359), besteht **auch bei längeren Verfahrenslaufzeiten** ein praktisches Bedürfnis dafür festzustellen, welche Verfahren der Förderung in der Sache bedürfen und welche – mit tendenziell geringerem

Bearbeitungsaufwand – als endgültig unzulässig zu betrachten sind (mit gleicher Tendenz BFH VIII B 47/05, BFH/NV 2006, 1119; Tipke/Kruse/Brandis § 65 Rn. 24).

59 Die Verfügung nach § 65 II 2 muss **hinreichend bestimmt** sein. Dies gilt dafür, was der Kläger noch beibringen soll, aber auch für die Dauer der Ausschlussfrist (Tipke/Kruse/Brandis § 65 Rn. 25 f.). Die Ausschlussfrist kann nach Tagen, Wochen (BFH IV B 50/95, BFH/NV 1996, 348) oder Monaten bemessen sein oder an einem bestimmten Datum enden. Soweit die Klage mehrere Streitgegenstände betrifft, ist unabhängig davon, welche davon im Rubrum aufgeführt werden, grds. davon auszugehen, dass eine Ausschlussfristsetzung sämtliche unter einem Az. anhängigen Streitgegenstände betrifft (vgl. BFH IX B 61/19, BFH/NV 2020, 228).

60 Sie muss **ausreichend lang** bemessen sein (auch dann, wenn bei einer durch ein Datum bemessenen Frist Verzögerungen in der Bearbeitung oder Zustellung auftreten). Welche Länge angemessen ist, hängt von den Umständen des Einzelfalls ab. In der Regel wird eine Fristlänge von vier Wochen die Untergrenze darstellen (Tipke/Kruse/Brandis § 65 Rn. 25). Wenn die Ausschlussfrist ohne vorherige „einfache" Anforderung gesetzt wurde, wird idR eine längere Frist angemessen sein. Als ausreichend lang wurden angesehen:
- zehn Tage für eine Frist zur Bezeichnung der ladungsfähigen Anschrift (BFH VIII B 85/21, BFH/NV 2022, 1298),
- zwei Wochen („äußerst knapp", aber dennoch im Einzelfall ausreichend, BFH I B 174/98, BFH/NV 1999, 1502),
- drei Wochen in einem Schätzungsfall wegen fehlender Steuererklärungen (BFH I R 23/97, BStBl. II 1998, 628; X B 46/02, BFH/NV 2003, 71),
- vier Wochen (BFH IV B 50/95, BFH/NV 1996, 348; VIII B 31/22, BFH/NV 2023, 1215),
- ein Monat (BFH VIII R 20/99, BFH/NV 2000, 1359; IX B 61/19, BFH/NV 2020, 228),
- fünf Wochen und drei Tage über den Jahreswechsel (BFH IX B 66/17, BFH/NV 2018, 216).

61 Als **zu kurz** wurden angesehen:
- zehn Tage über Ostern (BFH X B 11/17, BFH/NV 2017, 1440),
- drei Wochen (BFH XI B 213/01, BFH/NV 2004, 514 – kein Schätzungsfall).

63 **d) Fristverlängerung.** Im Hinblick darauf, dass die Dauer der Ausschlussfrist nicht vom G festgelegt, sondern letztlich vom Richter bestimmt wird (→ Rn. 51, 59 ff.), ist sie gem. § 54 II FGO iVm § 224 II ZPO **grundsätzlich verlängerbar** (→ § 54 Rn. 4 f.; BT-Drs. 12/1061). Danach müssen für die Verlängerung erhebliche Gründe **glaubhaft** (§ 155 S. 1 FGO iVm § 294 ZPO) gemacht werden, und zwar **unaufgefordert,** nicht erst auf Verlangen des Gerichts. Insoweit weicht § 224 II ZPO von § 227 II ZPO ab. Der Umfang der beantragten Fristverlängerung muss mindestens andeutungsweise erkennbar sein (BFH IV B 38/02, BFH/NV 2003, 1602; FG MV 2 K 54/12, BeckRS 2012, 96621). Nicht nur der Fristverlängerungsantrag, auch die **Glaubhaftmachung** muss dem Gericht **vor Ablauf der Ausschlussfrist** vorliegen (BFH XI B 149–150/95, BFH/NV 1997, 131; V S 9/00, BFH/NV 2001, 61; VIII B 2/21, BFH/NV 2022, 239; Hartman DStZ 2015, 636 (642)). Über den Antrag muss umgehend entschieden werden, so dass der Kläger noch Gelegenheit erhält, die fristwahrende Handlung vorzunehmen. Dies gilt allerdings nicht, wenn der Antrag erst so spät gestellt wird, dass

eine Entscheidung innerhalb der Frist nicht mehr erfolgen kann (BFH IV B 51/02, BFH/NV 2004, 348; X B 11/09, BeckRS 2009, 25015359; FG München 7 K 2643/08, BeckRS 2009, 26026967). Die Frist ist zu verlängern, entweder wenn die Fristversäumung wegen Unwirksamkeit der Fristsetzung unbeachtlich wäre (zB wegen einer von vornherein zu kurz bemessenen Frist, → Rn. 60 f.) oder wenn die Verlängerungsgründe eine Intensität haben, dass bei einer Fristversäumung Wiedereinsetzung in den vorigen Stand zu gewähren wäre. Mindestens muss es sich um Gründe handeln, die eine Vertagung gem. § 227 ZPO rechtfertigen würden (FG BW 9 K 260/91, EFG 1994, 1010; HHS/Schallmoser Rn. 129). Zuständig für die Fristverlängerung ist der Richter, der die Frist gesetzt hat (§ 54 FGO iVm § 225 I ZPO; → § 54 Rn. 15). – Der Kläger kann nicht darauf vertrauen, dass seinem Fristverlängerungsantrag entsprochen wird (→ § 120 Rn. 50 zur Revisionsbegründungsfrist; abw. zur Verlängerung der Frist für die Berufungsbegründung: BGH VIII ZB 69/16, NJW 2017, 2041). – Ein Antrag auf Fristverlängerung hat **Vorrang vor einem Antrag auf Wiedereinsetzung in den vorigen Stand** (→ Rn. 67). Weder die Verlängerung (→ Rn. 57), noch die Ablehnung der Verlängerung (§ 155 S. 1 FGO iVm § 329 II 1 ZPO; BFH XI B 149–150/95, BFH/NV 1997, 131) müssen förmlich zugestellt werden. Dem Grunde nach kann eine Ausschlussfrist auch in der mündlichen Verhandlung verlängert werden, was dann zu protokollieren wäre (BFH VIII B 85/21, BFH/NV 2022, 1298). In der Praxis ist dies jedoch idR ausgeschlossen, weil Ausschlussfristen gem. § 65 II 2 idR so bemessen werden, dass sie vor der mündlichen Verhandlung enden, und jedenfalls zum Schluss der mündlichen Verhandlung die Anforderungen des § 65 I 1 erfüllt sein müssen.

e) Wahrung der Ausschlussfrist. Ist die Aufforderung unter Ausschlussfristsetzung nach § 65 II 2 zu Recht ergangen, muss der Kläger die Aufforderung ggü. dem Gericht erfüllen, wobei es darauf ankommt, dass die entsprechenden **Erklärungen und ggf. Unterlagen dem Gericht vor Fristablauf schriftlich zugehen** (→ Vor § 33 Rn. 32, 34). Erklärungen ggü. dem Beklagten reichen grds. nicht aus, es sei denn, der Kläger bezieht sich in einem rechtzeitig bei Gericht eingegangenen Schriftsatz auf konkret bezeichnete und tatsächlich dem Beklagten vorliegende Unterlagen, zB nachgereichte Steuererklärungen (BFH III R 93/95, BStBl. II 1996, 483; X R 39/99, BFH/NV 2002, 498; VIII B 96/10, BFH/NV 2011, 1172; VIII B 31/22, BFH/NV 2023, 1215; NdsFG 9 K 151/23, EFG 2024, 2049, Rev. BFH: X R 20/24; Tipke/Kruse/Brandis § 65 Rn. 27). Daran dürfte sich durch die neuere Rspr., die zT in Hinblick auf § 71 II dem Beklagten erkennbare Umstände bei der Auslegung berücksichtigt (→ Rn. 10), nichts geändert haben, weil nach der in § 71 II zum Ausdruck gekommenen Vorstellung des Gesetzgebers die den Streitfall betreffenden Verwaltungsvorgänge (unmittelbar) nach Zustellung der Klage dem Gericht zu übermitteln sind und nur die Erhebung der Klage (§ 47 II), nicht jedoch weitere Schriftsätze etwaige Fristen ggü. dem Gericht wahren (→ Vor § 33 Rn. 35). Dementsprechend stellt der BFH (III B 133/13, BFH/NV 2014, 894) auf den Inhalt der Klageschrift und die darin bezeichneten Bescheide ab. 65

f) Wiedereinsetzung. § 65 II 3 **verweist** für den Fall der Versäumung der Ausschlussfrist **deklaratorisch auf § 56,** so dass insoweit die allg. Anforderungen gelten. Eine Wiedereinsetzung in den vorigen Stand scheidet aus, wenn der Kläger von der Möglichkeit, eine Fristverlängerung zu beantragen, keinen Gebrauch gemacht hat, obwohl ihm dies möglich und zumutbar war (BFH VI B 167/12, 67

BFH/NV 2013, 1427; BGH VI ZB 18/12, NJW 2013, 3181). Für die Form der Entscheidung über die Wiedereinsetzung und die Zuständigkeit → § 56 Rn. 133 ff.

69 **g) Rechtsmittel.** Die Fristsetzung nach § 65 II 2 und eine Ablehnung eines Fristverlängerungsantrags sind nach **§ 128 II** unanfechtbare prozessleitende Verfügungen. Wenn das FG unter Berufung auf die Ausschlussfrist die Klage als unzulässig abweist, kann der Kläger dies im Rechtsmittelverfahren vor dem BFH als **Verfahrensfehler** rügen. Im Rahmen der NZB oder Revision prüft dann der BFH, ob das FG zu Recht Anlass für eine Ausschlussfristsetzung gesehen und dabei die formellen und materiellen Anforderungen gewahrt hat oder ob es den auf die Ausschlussfrist erfolgten Vortrag zu Unrecht als unzureichend angesehen hat (vgl. zB BFH XI B 29/17, BFH/NV 2017, 1715; VIII B 31/22, BFH/NV 2023, 1215; VIII B 129/22, BFH/NV 2024, 536).

IV. Rechtsfolgen

1. Fehlende „Muss-Erfordernisse"

71 **Fehlt** es bei einer Klage an mindestens einem der in § 65 I 1 genannten **„Muss-Erfordernisse"**, ist die **Klage unzulässig.** Maßgeblich ist dafür grds. der Akteninhalt am Schluss der mündlichen Verhandlung oder – bei einer Entscheidung ohne mündliche Verhandlung – bei Absendung der Entscheidung (→ Vor § 33 Rn. 13). Hat das FG wirksam eine Ausschlussfrist nach § 65 II 2 gesetzt, kommt es auf den Akteninhalt bei Ablauf dieser Ausschlussfrist an. Fehlte zu diesem Zeitpunkt eines der „Muss-Erfordernisse" und scheiden sowohl eine Fristverlängerung als auch eine Wiedereinsetzung in den vorigen Stand aus, ist die Klage endgültig unzulässig und durch Prozessurteil abzuweisen (BFH III B 83/12, BFH/NV 2013, 1596; IX B 66/17, BFH/NV 2018, 216; VIII B 85/21, BFH/NV 2022, 1298). Ein nachgereichter Vortrag heilt die Unzulässigkeit nicht mehr. Anders als bei einer Ausschlussfrist nach § 79b kommt es nicht darauf an, ob der verspätete Vortrag zu einer Verfahrensverzögerung führt. Es handelt sich daher um eine Ausschlussfrist mit absoluter Präklusionswirkung. Wegen dieser einschneidenden Wirkung hat § 65 II 2 strengen Ausnahmecharakter (BFH VI B 114/01, BStBl. II 2002, 306).

2. Unwirksame Fristsetzungen nach § 65 II 2

73 **Fristsetzungen nach § 65 II 2,** die ergehen, **obwohl der Kläger bereits die „Muss-Erfordernisse" bezeichnet hat,** sind **unwirksam** und ihre Versäumung rechtfertigt nicht die Abweisung der Klage durch Prozessurteil (BFH VIII B 63/02, BFH/NV 2003, 790; III B 133/13, BFH/NV 2014, 894; XI B 29/17, BFH/NV 2017, 1715; X B 96/21, BFH/NV 2022, 1187). Geschieht dies gleichwohl, kann der Kläger dies im Rechtsmittelverfahren als Verfahrensfehler rügen (s. zB BFH III B 133/13, BFH/NV 2014, 894; XI B 29/17, BFH/NV 2017, 1715; X B 96/21, BFH/NV 2022, 1187).

3. Fehlende „Soll-Erfordernisse"

75 Grundsätzlich **stellt das Fehlen sog. Soll-Erfordernisse die Zulässigkeit der Klage nicht in Frage** (BFH GrS 1/78, BStBl. II 1980, 99; II B 112/99,

BFH/NV 2000, 1103). Allerdings kann ihr Fehlen die Erfolgsaussicht der Klage beeinträchtigen (→ Rn. 46 ff.). Wenn der Kläger allerdings keinerlei zur Begründung dienende Tatsachen und Beweismittel angibt (s. § 65 I 3), ist zweifelhaft, dass der Kläger seine Beschwer dargelegt hat (→ § 79b Rn. 51).

4. Klageerweiterungen und -änderungen

§ 65 gestattet dem Kläger nicht, nach Ablauf der Klagefrist weitere, bisher 77
nicht zum Gegenstand der Klage gemachte Anfechtungsgegenstände an Stelle oder neben den bisher angefochtenen VA zu setzen oder den Kläger oder den Beklagten auszutauschen (→ Rn. 52). Dagegen kann er sein Begehren idR **betragsmäßig erweitern oder einschränken** – auch nach Ablauf einer Ausschlussfrist gem. § 65 II 2 (BFH IX R 78/94, BStBl. II 1996, 16; I B 169/05, BFH/NV 2007, 48; vgl. auch BFH IV R 20/19, BStBl. II 2023, 435, Rn. 26 f.; aA v. Groll DStJG 18, 47 (68 f.); Tipke/Kruse/Brandis § 65 Rn. 18). Abweichendes gilt nur ausnahmsweise, wenn der Kläger schon während der Klagefrist eindeutig zu erkennen gegeben hat, von einem weiter gehenden Klagebegehren absehen zu wollen (BFH GrS 2/87, BStBl. II 1990, 327; XI B 34/05, BFH/NV 2006, 1140). Im Übrigen kann eine Ausschlussfristsetzung nach § 79b I 1 einer Klageerweiterung im Wege stehen (→ § 79b Rn. 50 f.). Ob ein neuer Anfechtungsgegenstand vorliegt oder eine bloße Erweiterung des bisherigen Begehrens, hängt vom Regelungsumfang des angefochtenen VA ab. Während zB bei der Einkommensteuer grds. sämtliche Besteuerungsgrundlagen eines Jahres durch den Verfügungssatz „Die Einkommensteuer wird auf … € festgesetzt." einer Regelung unterworfen werden, besteht ein Bescheid über einheitliche und gesonderte Feststellungen aus einer Vielzahl von Einzelfeststellungen (BFH IV R 15/08, BStBl. II 2011, 764; → § 48 aF Rn. 15 ff.). Im Kindergeldrecht gilt das Monatsprinzip, dh es ergeht für jeden Monat eine Festsetzung, die gesondert angefochten und bestandskräftig werden kann (BFH VIII R 15/02, BFH/NV 2004, 910; s. auch III R 8/11, BStBl. II 2013, 1040; XI B 77/14, BFH/NV 2015, 700). Bei einem Erlass (§ 227 AO) wird mit gesondertem VA über jeden Besteuerungsabschnitt – wie in der für die jeweilige Steuer geltenden Steuerfestsetzung – entschieden (BFH V R 43/09, BStBl. II 2011, 610).

§ 66 [Rechtshängigkeit]

[1]Durch Erhebung der Klage wird die Streitsache rechtshängig. [2]In Verfahren nach dem Siebzehnten Titel des Gerichtsverfassungsgesetzes wegen eines überlangen Gerichtsverfahrens wird die Streitsache erst mit Zustellung der Klage rechtshängig.

Vgl. § 90 VwGO; § 94 SGG; § 261 ZPO.

Literatur: Hinne, Neuregelungen zur Entschädigung bei überlanger Verfahrensdauer, ZRP 2015, 201; Schumann, Die Relativität des Begriffs der Rechtshängigkeit, FS Lüke, 1997, 767.

I. Allgemeines

Unter **Rechtshängigkeit** versteht man die tatsächliche Existenz eines Urteilsver- 1
fahrens über einen prozessualen Anspruch – als eine Folge der Klageerhebung –,

während mit Anhängigkeit das Schweben jeglichen anderen gerichtlichen Verfahrens bezeichnet wird (s. auch Kopp/Schenke/Schenke VwGO § 90 Rn. 1). Das bedeutet, dass § 66 auf selbständige Antragsverfahren entsprechend anwendbar ist (FG BBg 7 V 7133/16, DStRE 2018, 110; HessFG 11 Ko 1250/23, EFG 2024, 968; Kopp/Schenke/Schenke VwGO § 90 Rn. 1).

Mit Wirkung vom 15.10.2016 stellt § 66 unterschiedliche Voraussetzungen für die Rechtshängigkeit auf, nachdem für die Entschädigungsklagen nach § 155 S. 2 FGO iVm §§ 198 ff. GVG in S. 2 eine Sonderregelung getroffen wurde (→ Rn. 10; → Vor § 1 Rn. 39).

II. Grundfall (§ 66 S. 1)

1. Voraussetzungen der Rechtshängigkeit

2 Die Rechtshängigkeit beginnt in den von § 66 S. 1 erfassten Fällen mit **Klageerhebung** (also nicht in Fällen des § 45 III – → § 45 Rn. 33; BFH X R 34/06, BFH/NV 2009, 1826; II R 22/19, BStBl. II 2021, 636; zum Fall der Verweisung nach §§ 17, 17a GVG s. § 17b I 2 GVG; → Anh. § 33 Rn. 42 f.; Kopp/Schenke/Schenke VwGO § 90 Rn. 3), dh mit Eingang der Klage bei Gericht, weil in § 64 I 1 (anders als in § 253 I ZPO) die Zustellung nicht gesetzliches Tatbestandsmerkmal ist. Dazu muss die Klage den in §§ 52a, 52d oder 64 I niedergelegten **Formvorschriften** entsprechen (HHS/Schallmoser § 66 Rn. 13; Gosch/Paetsch § 66 Rn. 7; Schoch/Schneider/Riese VwGO § 90 Rn. 6). Eine nicht formwirksame Klage wird nicht rechtshängig, sondern nur anhängig (Schoch/Schneider/Riese VwGO § 90 Rn. 6; Eyermann/Hoppe VwGO § 81 Rn. 16). Wird der Formmangel später beseitigt, tritt zu diesem Zeitpunkt die Rechtshängigkeit ein (wobei uU die Klagefrist gem. § 47 versäumt ist; Schoch/Schneider/Riese VwGO § 81 Rn. 9). Auch über die nur anhängige, **formunwirksame Klage** ist durch Urteil zu entscheiden (Abweisung als unzulässig; Schoch/Schneider/Riese VwGO § 81 Rn. 9). Die Alternative wäre ein Löschen aus dem Prozessregister, was jedoch als bloßer verwaltungsinterner Vorgang (→ § 72 Rn. 3) nicht die erforderliche Rechtssicherheit herbeiführt.

In der Entscheidung über eine nicht rechtshängig gewordene Klage liegt ein im Revisionsverfahren von Amts wegen zu beachtender Verfahrensfehler (BFH I R 113/86, BFH/NV 1988, 32; IV B 56/08, BFH/NV 2010, 1108; I R 43/12, BFH/NV 2015, 306; II R 22/19, BStBl. II 2021, 636). Die Rechtshängigkeit **endet**

- mit Rechtskraft des Urteils (§ 110; BFH I B 21/13, BFH/NV 2014, 1216; FG Münster 3 K 258/15 Erb, EFG 2018, 141),
- wenn feststeht, dass eine Sprungklage als Einspruch zu behandeln ist (BFH I R 1/15, BStBl. II 2017, 720; II R 22/19, BStBl. II 2021, 636),
- mit Rücknahme des Rechtsschutzbegehrens (→ § 72 Rn. 30),
- mit Abgabe übereinstimmender Erledigungserklärungen (→ § 138 Rn. 25 f.).

Dagegen wird die Rechtshängigkeit durch das Löschen eines Verfahrens im Prozessregister nicht berührt (→ § 72 Rn. 3).

3 Der **Zugang bei Gericht** (→ Vor § 33 Rn. 34 ff.) löst auch in den Fällen Rechtshängigkeit aus, in denen von der (allein zum Zweck der Fristwahrung eröffneten) Möglichkeit Gebrauch gemacht wird, die Klage bei einer Behörde anzubringen (§ 47 II u. III; BFH IX R 47/83, BStBl. II 1986, 268; II B 10/

99, BFH/NV 2001, 935). Zur **Klageerhebung beim unzuständigen Gericht** → § 64 Rn. 5.

Der Umfang der Rechtshängigkeit richtet sich nach der Streitsache, das ist der **Streitgegenstand,** dh nach dem vom Kläger bezeichneten Gegenstand des Klagebegehrens iSd § 65 I 1 (dort → § 65 Rn. 30 ff.; Kopp/Schenke/Schenke VwGO § 90 Rn. 7 ff.; BFH I R 193/82, BFH/NV 1986, 343). Solange dieser noch erkennbar unklar und als vorläufig anzusehen ist (→ § 65 Rn. 52), kann sich der Umfang der Rechtshängigkeit noch ändern. 4

Im Fall der **Klageänderung** (§ 67) ändert sich der Streitgegenstand (→ § 67 Rn. 2) und damit auch die Streitsache iSd § 66 (zum besonders geregelten Fall des § 68 dort → § 68 Rn. 1 f., 75). 5

2. Rechtsfolgen der Rechtshängigkeit

Die Rechtshängigkeit hat zur Folge, dass der identische Streitgegenstand nicht erneut gerichtlich geltend gemacht werden kann (sog. **Klagesperre, § 155 S. 1 FGO iVm § 17 I 2 GVG**). Gleichgültig ist dabei, in welchem Rechtsweg die Sache erneut anhängig gemacht wird. Dadurch sollen eine unnötige Doppelbelastung der Gerichte und widersprüchliche Entscheidungen verhindert werden (BFH II R 15/20, BFH/NV 2022, 34; Kissel/Mayer/Mayer GVG § 17 Rn. 13; Tipke/Kruse/Brandis § 66 Rn. 3). Es handelt sich um eine (negative) Sachentscheidungsvoraussetzung (BFH II R 15/20, BFH/NV 2022, 34; → Vor § 33 Rn. 27). Das Prozesshindernis der anderweitigen Rechtshängigkeit besteht nur bei **Identität der Streitgegenstände** und **der Beteiligten** (BFH VIII B 3/96, BFH/NV 2006, 570; II R 15/20, BFH/NV 2022, 34). Auf die Zulässigkeit der ersten Klage kommt es nicht an (FG Düsseldorf VI 554/82 A (G), EFG 1983, 418; 17 K 1537/98, EFG 2001, 453). Es kommt auch nicht darauf an, ob die Klage im richtigen Rechtsweg und vor dem zuständigen Gericht erhoben wurde. Für den Eintritt der Rechtshängigkeit ist auch bei **rechtswegfremden Materien** maßgeblich, welche Voraussetzungen die Prozessordnung des angerufenen Gerichts für den Eintritt der Rechtshängigkeit vorsieht (Zöller/Greger ZPO § 261 Rn. 3a; Musielak/Voit/Foerste ZPO § 261 Rn. 4). Eine vor einem Zivilgericht erhobene Klage gegen einen Steuerverwaltungsakt wird also erst mit Zustellung der Klage rechtshängig (→ Rn. 2 – auch zu der dann erforderlichen Verweisung). Die später erhobene Klage kann allerdings auch bei fehlender Identität der Streitgegenstände wegen fehlenden Rechtsschutzbedürfnisses unzulässig sein (FG BW IV 290/85 H, EFG 1986, 243 f.; allg. zum Rechtsschutzbedürfnis → Vor § 33 Rn. 18 ff.). 6

Das **Prozesshindernis** der anderweitigen Rechtshängigkeit **kann** nach stRspr dann durch Verbindung (§ 73) der Sachen **beseitigt werden,** wenn beide Verfahren bei ein und demselben Senat des FG anhängig sind (BFH IV B 151/04, BFH/NV 2006, 2086; XI R 24/14 ua, BFH/NV 2016, 418; XI B 69, 70/19, BFH/NV 2020, 891; aA HHS/Steinhauff § 34 Rn. 48). Dies gilt auch, wenn die Klagen bei verschiedenen Senaten des Gerichts eingereicht worden sind (BFH II R 15/20, BFH/NV 2022, 34; aA HHS/Steinhauff § 34 Rn. 48). Das im Allgemeinen bestehende Ermessen des FG ist dann reduziert (→ § 73 Rn. 14 ff.), so dass der Geschäftsverteilungsplan des Gerichts (→ § 4 Rn. 26) für diese Fallgruppe Regelungen für die **senatsübergreifende Verbindung** von Verfahren (→ § 73 Rn. 6) vorsehen muss. Alternativ kommt auch in Betracht, eine der beiden Klagen zurückzunehmen, so dass die zuletzt erhobene Klage ggf. in die Zulässigkeit 7 hineinwächst (FG Düsseldorf 17 K 1537/98, EFG 2001, 453; HHS/Schallmoser § 66 Rn. 30 f.; Tipke/Kruse/Brandis § 66 Rn. 3).

8 Mit dem Eintritt der Rechtshängigkeit haben Veränderungen in den die Zuständigkeit des Gerichts begründenden Umständen keine Auswirkungen mehr auf die Zuständigkeit des angerufenen Gerichts (Grundsatz der **„perpetuatio fori"**). Für die Zulässigkeit des Rechtswegs ergibt sich dies aus § 155 S. 1 FGO iVm § 17 I 1 GVG (→ Anh. § 33 Rn. 10), für die sachliche und örtliche Zuständigkeit aus § 70 S. 1 FGO iVm § 17 I 1 GVG (→ § 70 Rn. 6).

9 Darüber hinaus bewirkt die Rechtshängigkeit grds. ein Hinausschieben des Eintritts der Bestandskraft (→ § 47 Rn. 1) und im materiellen Abgabenrecht eine **Ablaufhemmung** der Festsetzungsfrist **(§ 171 III a AO)** und löst außerdem für die Dauer des Verfahrens gem. § 236 AO einen **Zinsanspruch** aus (BFH III R 76/69, BStBl. II 1971, 529; V R 39/94, BStBl. II 1996, 260; III R 11/12, BStBl. II 2013, 665; II R 20/11, BStBl. II 2013, 770).

III. Entschädigungsklagen (§ 66 S. 2)

10 § 66 wurde durch das **Gesetz zur Änderung des Sachverständigenrechts und zur weiteren Änderung des FamFG sowie zur Änderung des SGG, der VwGO, der FGO und des GKG** vom 11.10.2016 (BGBl. I 2222) mit Wirkung vom 15.10.2016 um den S. 2 erweitert. Danach tritt abw. von der Grundregel des S. 1 für Entschädigungsklagen nach § 155 S. 2 FGO iVm §§ 198 ff. GVG die **Rechtshängigkeit erst nach Zustellung der Klage** ein (zur früheren Rechtslage vgl. BFH X K 3/15, BFH/NV 2017, 159, Rn. 47).

Die Neuregelung bewirkt, dass der BFH bei Entschädigungsklagen erst nach Einzahlung des Gerichtskostenvorschusses tätig werden muss (BT-Drs. 18/9092, 22; vgl. § 12a S. 1 GKG iVm § 12 I 1 GKG; → Vor § 135 Rn. 50; → § 155 Rn. 86) und dass der Zinsanspruch nach § 291 BGB iVm § 288 I 2 BGB erst mit der Zustellung der Klageschrift beim Beklagten entsteht (BFH X K 3/16 ua, BStBl. II 2018, 103; X K 5/21, BFH/NV 2023, 31). Der Gesetzgeber sah das rechtliche Schicksal von Entschädigungsklagen, für die kein Vorschuss gezahlt wurde, als unklar an (BT-Drs. 18/9092, 21) und wollte mit der Neuregelung diese Unsicherheiten beseitigen (kritisch zur Neuregelung Hinne ZRP 2015, 201). Auch § 12a GKG wurde um einen S. 2 ergänzt, so dass die Kläger in den Kostenrechnungen auf die Regelung des § 66 S. 2 hingewiesen werden.

Die Regelung hat **keine Auswirkungen auf** die Einhaltung der **Klagefrist** iSd § 198 V 2 GVG, dh die Klagefrist ist mit Eingang der Entschädigungsklage beim BFH gewahrt, ohne dass es dafür auf die Zustellung der Klage ankäme (BFH X K 3/16 ua, BStBl. II 2018, 103).

Abgesehen von der abw. Rechtsgrundlage für die Prozesszinsen treten in den Fällen des § 66 S. 2 die gleichen Rechtsfolgen ein wie im Grundfall des § 66 S. 1 (→ Rn. 6 ff.). Im Falle von Klageerweiterungen kommt es auf die Zustellung des entsprechenden Schriftsatzes an den Beklagten an (BFH X K 5/21, BFH/NV 2023, 31).

§ 67 [Klageänderung]

(1) **Eine Änderung der Klage ist zulässig, wenn die übrigen Beteiligten einwilligen oder das Gericht die Änderung für sachdienlich hält; § 68 bleibt unberührt.**

(2) **Die Einwilligung des Beklagten in die Änderung der Klage ist anzunehmen, wenn er sich, ohne ihr zu widersprechen, in einem Schriftsatz oder in einer mündlichen Verhandlung auf die geänderte Klage eingelassen hat.**

(3) **Die Entscheidung, dass eine Änderung der Klage nicht vorliegt oder zuzulassen ist, ist nicht selbständig anfechtbar.**

Vgl. § 91 VwGO; § 99 SGG; §§ 263f. ZPO.

Literatur: Grube, Zum Hilfsantrag im Steuerprozess, DStZ 2011, 913; Schikorn, Zulässigkeit einer Klageänderung bei Unzuständigkeit des Gerichts, MDR 2003, 1169; Wilke, Der Wechsel der Beklagten im finanzgerichtlichen Verfahren, DStZ 1995, 499.

I. Allgemeines

Aus verfahrensökonomischen Gründen (BFH VII R 60/78, BStBl. II 1980, 1 331; III R 59/11, BStBl. II 2014, 843) lässt § 67 (entspr. den Parallelvorschriften der anderen Verfahrensordnungen) die nachträgliche Änderung des Klagebegehrens unter bestimmten Voraussetzungen zu, sorgt aber gleichzeitig für eine vor allem in Hinblick auf **verwaltungsaktbezogene Klagen** (→ Rn. 4) gebotene (→ § 47 Rn. 1; → § 65 Rn. 52) Beschränkung dieser Möglichkeit. Bei der Abgrenzung der Klageänderung von sonstigen Veränderungen des Klagebegehrens ist nicht nur der Schutz der übrigen Beteiligten vor willkürlichem Prozessverhalten des Klägers (Tipke/Kruse/Krumm § 67 Rn. 1; HHS/Schallmoser § 67 Rn. 1; Kopp/Schenke/Schenke VwGO § 91 Rn. 1) zu beachten, sondern auch der aus Art. 19 IV GG abgeleitete Grundsatz effektiven Rechtsschutzes. Die Vorschrift ist auf **andere Rechtsschutzbegehren entsprechend** anwendbar (zB §§ 69, 114; vgl. FG BW IX V 47/89, EFG 1990, 324; jedoch nicht für den Übergang vom Verfahren nach **§ 69 III** auf das Verfahren nach **§ 114:** FG BBg 6 V 6196/07, EFG 2008, 964 mAnm; aA FG BW 9 V 41/91, EFG 1992, 614; HHS/Schalllmoser § 67 Rn. 3; Gosch/Paetsch § 67 Rn. 5). Auch bei Wiederaufnahmeverfahren (§ 134) ist § 67 anwendbar (BFH VI S 14/06 (PKH), BFH/NV 2007, 1328). Der Anwendungsbereich des § 67 ist durch **§ 123 I 1** begrenzt, wonach die Klageänderung **im Revisionsverfahren unzulässig** ist (BFH IV R 48/07, BStBl. II 2010, 799; V R 43/09, BStBl. II 2011, 610; IX R 5/18, BStBl. II 2021, 335). Im 2. Rechtsgang vor dem FG ist sie jedoch wieder eröffnet (BFH X R 31/12, BStBl. II 2013, 1015).

Klageänderung ist **Änderung des Streitgegenstandes während der Rechtshängigkeit** (§§ 64 I, 66; Tipke/Kruse/Krumm § 67 Rn. 2; Kopp/Schenke/Schenke VwGO § 91 Rn. 2; s. auch BFH III R 18/02, BStBl. II 2004, 980; IV R 15/08, BStBl. II 2011, 764; FG BBg 6 K 1020/02 B, EFG 2009, 587). Dementsprechend ändert sich bei einer Klageänderung auch die rechtshängige Streitsache iSd § 66. Maßgeblich ist der **Streitgegenstandsbegriff des finanzgerichtlichen Verfahrens** (→ § 65 Rn. 30ff., 77), also das substantiierte, in sich schlüssige Dartun individueller Rechtsbeeinträchtigung, dh entweder, im Falle des § 40 II, die Rechtsbehauptung des Klägers, der angefochtene VA oder seine Versagung oder aber das Vorenthalten einer bestimmten Leistung sei rechtswidrig und verletze ihn, den Kläger, in seinen Rechten, oder aber, im Falle der Feststellungsklage (§ 41), die Rechtsbehauptung des Klägers, ein bestimmtes Rechtsverhältnis bestehe/bestehe nicht oder ein bestimmter VA sei nichtig. Ob die Verände- 2 rung eines solchen Begehrens als Klageänderung zu qualifizieren ist, hängt somit entscheidend von der **Klageart** ab. Im Wesentlichen besteht ein Zusammenhang mit den zu § 65 vertretenen Auffassungen: Soweit der Kläger auch nach Ablauf einer Ausschlussfrist iSd § 65 II 2 sein Begehren und seinen Vortrag modifizieren kann (→ § 65 Rn. 52, 77) und es sich nicht um einen Fall der nachträglichen Klagenhäufung (§ 43; → Rn. 8, 12) handelt, liegt keine Klageänderung vor (→ Rn. 7 ff.).

3 Ein **Sonderfall** der Klageänderung ist **§ 68** (s. § 67 I Hs. 2), also die Änderung oder Ersetzung des angefochtenen VA. Insoweit wird die Änderung des Streitgegenstandes ohne Zutun des Klägers von Gesetzes wegen herbeigeführt (→ § 68 Rn. 75).

4 § 67 dient der **Prozessökonomie** (→ Rn. 1). Es soll verhindert werden, dass der Kläger aus verfahrensrechtlichen oder prozesstaktischen Gründen eine Klage zurücknehmen und erneut erheben muss, obwohl bei Vornahme der Klageänderung die Erledigung im gleichen Verfahren in Betracht kommt. Diese Gesichtspunkte sind für die Auslegung des Merkmals der Sachdienlichkeit (§ 67 I) relevant (→ Rn. 24 f.). Andererseits sollen aber auch die allg. geltenden Sachurteilsvoraussetzungen nicht umgangen werden, weshalb die zulässige Klageänderung unter der ungeschriebenen Voraussetzung steht, dass sowohl für die ursprüngliche, also auch für die geänderte Klage die Sachurteilsvoraussetzungen gegeben sind (→ Rn. 18 f.).

II. Keine Klageänderung

7 Eine Vielzahl von Änderungen im Sachvortrag des Klägers während des Klageverfahrens stellen keine Klageänderungen dar, sind also unabhängig von den Voraussetzungen des § 67 I zulässig. **Keine Klageänderung** liegt vor, wenn der Kläger sein Begehren nur **ergänzt,** klarstellt, lediglich die Bezeichnung des Beklagten, der in Frage stehenden Hoheitsmaßnahme oder des Streitgegenstands (jeweils bei Wahrung der Identität der bisherigen Angaben hierzu) **klar- oder richtigstellt** (BFH III R 26/02, BFH/NV 2004, 792; XI B 129–132/13, BFH/NV 2014, 1385). Denn die Umsetzung der gebotenen Auslegung des Gewollten (→ § 65 Rn. 10, 14, 23 ff., 31 ff., 42), die bloße Klarstellung und die im Umkehrschluss zu § 65 II 1 zulässigen Ergänzungen (→ § 65 Rn. 52) stellen keine Klageänderungen dar.

8 Ferner ändert ein Kläger die Klage nicht, wenn er die **Klagebegründung auswechselt** (BFH VIII R 3–5/95, BFH/NV 1996, 481; VIII B 20/09, BFH/NV 2009, 1978) und/oder neue Tatsachen „nachschiebt" Dementsprechend liegt keine Klageänderung vor, wenn bei einem **Steuerbescheid** andere Besteuerungsgrundlagen angegriffen werden als bisher (BFH VIII R 3–5/95, BFH/NV 1996, 481) usw Auch die **betragsmäßige Erweiterung und Ermäßigung des Klageantrags** (→ § 65 Rn. 77) stellt keine Klageänderung dar (§ 155 S. 1 FGO iVm § 264 Nr. 2 ZPO; BFH XI R 38/10, BStBl. II 2013, 1053; IV R 20/19, BStBl. II 2023, 435; Grube DStZ 2011, 913 (916 ff.)). Dies gilt, **solange es sich nicht um einen zum Erlass eines Teilurteils (§ 98) geeigneten Teil des Streitgegenstands handelt.** Wäre dies der Fall, würde es sich um eine Teilrücknahme (BFH XI R 38/10, BStBl. II 2013, 1053) bzw. um eine nachträgliche Klagenhäufung iSd § 43 (BFH V R 48/04, BStBl. II 2009, 315; III R 95/08, BFH/NV 2012, 1658; → Rn. 12) handeln. Keine Klageänderung sind die Einschränkung

des Antrags auf eine isolierte Anfechtung der Einspruchsentscheidung (BFH III R 16/22, BFH/NV 2024, 187; aA BFH I R 8/18, BFH/NV 2024, 514, Rn. 19), der Übergang vom Verpflichtungs- zum Bescheidungsantrag oder die Fortführung der zunächst nach § 46 erhobenen Klage, nachdem der Beklagte die ausstehende Einspruchsentscheidung erlassen hat (BFH V R 48/04, BStBl. II 2009, 315; FG BBg 1 K 510/04, EFG 2009, 1313; → § 46 Rn. 28).

Auch der **gesetzliche Beteiligtenwechsel** (Gosch/Paetsch § 67 Rn. 10), zB bei einem Wechsel der Zuständigkeit durch staatlichen Organisationsakt (→ § 63 Rn. 21 f.), bei anderen Fällen der **Gesamtrechtsnachfolge** iSd § 45 AO (BFH IV R 48/07, BStBl. II 2010, 799; III R 31/09, BStBl. II 2013, 179, jeweils zur Rechtsnachfolge des letzten verbliebenen Gesellschafters) oder bei Eintritt der Vollbeendigung einer PersGes während eines Rechtsstreits betr. eine gesonderte und einheitliche Feststellung (Gosch/Paetsch § 67 Rn. 10; → § 48 aF Rn. 53), stellt keine Klageänderung iSd § 67 dar (anders wenn die Gesellschaft bei Klageerhebung schon vollbeendet war, → Rn. 14). Dem gesetzlichen Beteiligtenwechsel steht der Übergang der Prozessführungsbefugnis auf den **Insolvenzverwalter** gleich (s. §§ 85 f. InsO; MüKoInsO/Schumacher, 4. Aufl., InsO § 85 Rn. 15, § 86 Rn. 21; Kopp/Schenke/Schenke VwGO § 91 Rn. 13; zur Genehmigung von Prozesshandlungen → Rn. 15). Die Genehmigung der Prozessführung eines Vertreters ohne Vertretungsmacht führt nicht zu einer Klageänderung, weil auch zuvor der (angebliche) Vertretene Beteiligter war (→ § 62 Rn. 89). 9

III. Arten der Klageänderung

1. Objektive Klageänderung

In objektiver Hinsicht liegt eine Klageänderung zB vor, wenn der Kläger nach Eintritt der Rechtshängigkeit 12

- die **Klageart wechselt** oder auf eine weitere Klageart erweitert (BFH II R 145/86, BStBl. II 1989, 981; X R 51/06, BStBl. II 2009, 892; I R 81/12, BFH/NV 2014, 1593), was indirekt durch die Sonderregelung des § 100 I 4 (→ § 100 Rn. 80 ff.) bestätigt wird (ebenso Tipke/Kruse/Krumm § 67 Rn. 2; aM Kopp/Schenke/Schenke VwGO § 91 Rn. 9); zB wenn der Kläger zunächst den Steuerbescheid anficht und dann Erlass aus Billigkeitsgründen (§ 163 AO) begehrt (oder umgekehrt; BFH I B 170/93, BFH/NV 1995, 36; X R 51/06, BStBl. II 2009, 892; FG Hmb 2 K 104/11, BeckRS 2012, 96230) oder wenn die Kläger von einer Anfechtungsklage gegen einen Zusammenveranlagungsbescheid auf eine Verpflichtungsklage auf Durchführung der getrennten Veranlagungen übergehen (BFH III R 35/02, BFH/NV 2005, 60; X R 51/06, BStBl. II 2009, 892). Eine Klageänderung liegt auch vor, wenn der Kläger von der Feststellungs- zur Aufhebungsklage gegenüber einem unwirksamen/nichtigen VA übergeht oder umgekehrt (BFH III R 197/81, BFH/NV 1986, 379; X B 39/11, BFH/NV 2013, 737; FG BBg 6 K 1020/02 B, EFG 2009, 587; zur Anfechtung trotz Nichtigkeit: → § 41 Rn. 24); zur Fortführung nach einer Untätigkeitsklage iSd § 46 → Rn. 8;
- (bei der Anfechtungsklage) vom Sonderfall des § 68 (s. § 67 I Hs. 2) abgesehen, anstelle der angefochtenen Hoheitsmaßnahme einen **anderen Verwaltungsakt** (FG BW I 278/78, EFG 1983, 620 (621); FG RhPf 5 K 2895/89, EFG 1991, 269; Kopp/Schenke/Schenke VwGO § 91 Rn. 5 mwN) angreift. Das gleiche

gilt auch, wenn der andere VA neben dem zunächst angegriffenen VA angefochten wird (nachträgliche Klagenhäufung iSd § 43; BFH IV B 95/09, BFH/NV 2010, 47; VII B 180/13, BFH/NV 2014, 1723; VIII R 64/13, BFH/NV 2017, 1325; zur Abgrenzung zur bloßen Antragserweiterung → Rn. 8). In diese Fallgruppe gehört **bei Feststellungsbescheiden** die Anfechtung **anderer Besteuerungsgrundlagen** (BFH VIII R 334/82, BFH/NV 1988, 791; VIII B 42/12, BFH/NV 2013, 381; IV B 85/16, BFH/NV 2018, 51; IV R 20/19, BStBl. II 2023, 435; → § 48 aF Rn. 15 ff.).

Zudem liegte eine objektive Klageänderung vor, wenn der **Insolvenzverwalter** in einem Passivprozess gem. § 87 iVm § 179 II, 180 II InsO das Verfahren **aufnimmt** und nunmehr die Feststellung begehrt, dass sein Widerspruch gegen die Forderungsanmeldung der Finbeh berechtigt ist (BFH II R 29/21, BStBl. II 2025, 425). Entsprechendes gilt auch für andere Aufnahmefälle, in denen sich der Streitgegenstand ändert (→ § 74 Rn. 79).

2. Subjektive Klageänderung

14 Klageänderung ist auch der **Beteiligtenwechsel** auf Kläger- und/oder auf Beklagtenseite (BFH VII R 60/78, BStBl. II 1980, 331; I R 99/00, BStBl. II 2003, 835; VII R 33/04, BFH/NV 2005, 819 (822); III R 20/03, BStBl. II 2006, 432; XI B 129–132/13, BFH/NV 2014, 1385; Tipke/Kruse/Krumm § 67 Rn. 5; Kopp/Schenke/Schenke VwGO § 91 Rn. 7), ebenso das Hinzutreten eines weiteren Klägers (FG Hmb 4 K 223/14, EFG 2020, 1855). Dies gilt auch, wenn ein Unternehmensbereich auf einen anderen Rechtsträger ausgegliedert wird (BFH I R 99/00, BStBl. II 2003, 835; III R 20/03, BStBl. II 2006, 432) oder eine von einer (bereits bei Klageerhebung) vollbeendeten PersGes erhobene Klage von den ehemaligen Gesellschaftern fortgeführt werden soll (Steinhauff jurisPR-SteuerR 36/2013 Anm. 4 unter C.; zum Eintritt der Vollbeendigung während des Klageverfahrens → Rn. 9). Bevor eine Klageänderung angenommen wird, ist jedoch stets zu prüfen, ob mit der veränderten Bezeichnung nicht in Wahrheit lediglich nachvollzogen wird, was sich zuvor bereits bei sachgerechter Auslegung ergeben hätte (BFH VIII B 12/10, BFH/NV 2010, 1846; VIII R 64/13, BFH/NV 2017, 1325; → § 65 Rn. 14, 23 ff.). Im Übrigen → Rn. 9.

15 Die Genehmigung der Prozessführung des Schuldners durch den **Insolvenzverwalter** ist eine (sachdienliche) Klageänderung (s. BFH I R 101/95, BStBl. II 1997, 464).

IV. Voraussetzungen der Klageänderung

1. Allgemeine Voraussetzungen

18 Ausdrücklich ist die Zulassung der Klageänderung in § 67 I nur an die Einwilligung der übrigen Beteiligten oder an die Auffassung des Gerichts über die Sachdienlichkeit geknüpft. Diese Regelung ist insofern unvollständig, als sie die Frage der **Zulässigkeit der Klage** unberührt lässt. Deren Beantwortung aber ist der Disposition der Beteiligten wie auch derjenigen des Gerichts entzogen (→ Vor § 33 Rn. 3), kann also nicht nach § 67 I entschieden werden. Diese allein auf Verfahrensvereinfachung abzielende Regelung kann nicht dazu dienen, zwingende Verfahrensvorschriften zu unterlaufen. Hieraus folgt, dass eine Klageänderung, unabhängig von den sonstigen Voraussetzungen des § 67 I, nur zulässig

(„statthaft") ist, wenn sowohl das ursprüngliche als auch das geänderte Klagebegehren die einschlägigen **Sachentscheidungsvoraussetzungen** erfüllt (BFH III R 138/68, BStBl. II 1972, 703 (705); VII R 60/78, BStBl. II 1980, 331 (333); V R 48/04, BStBl. II 2009, 315; III R 41/07, BStBl. II 2012, 681; III R 59/11, BStBl. II 2014, 843; V R 4/18, BStBl. II 2024, 234; VII R 60/20, DStRE 2024, 559, Rn. 50; auch → Rn. 25 aE). Dies gilt auch bei einer nachträglichen subjektiven Klagehäufung, soweit es die Zulässigkeit bezogen auf den ursprünglichen Kläger betrifft (Tipke/Kruse/Krumm § 67 Rn. 10; Gosch/Paetsch § 67 Rn. 35; aA FG Hmb 4 K 223/14, EFG 2020, 1855). Dies erschwert nicht den Rechtsschutz, weil für den hinzutretenden Kläger ein gesondertes Verfahren aufgenommen werden kann (Gosch/Paetsch § 67 Rn. 35; s. auch → Rn. 27).

Daraus folgt weiter, dass eine objektive wie subjektive Klageänderung bei frist- 19
gebundenen (Anfechtungs- und Verpflichtungs-)Klagen (→ Rn. 12) **nur innerhalb der Klagefrist** zulässig ist (BFH VII R 60/78, BStBl. II 1980, 331 (332 f.); IV R 15/08, BStBl. II 2011, 764; XI B 129–132/13, BFH/NV 2014, 1385; IV B 85/16, BFH/NV 2018, 51; IV R 27/20, BFH/NV 2023, 377). Bei Klagen iSd § 46 kommt eine Klageänderung in Betracht, wenn die Klage noch in die Zulässigkeit hineinwachsen kann (FG Düsseldorf 14 K 2028/24 E, EFG 2025, 570).

2. Besondere Voraussetzungen

Zulässig ist die Klageänderung iÜ (dh wenn die zuvor genannten allg. Voraus- 21
setzungen – → Rn. 18 f. – erfüllt sind) nach § 67 I nur, wenn die übrigen Beteiligten einwilligen oder das Gericht die Klageänderung für sachdienlich hält.

a) Einwilligung der übrigen Beteiligten. Erforderlich ist die **Einwilligung** 22
aller übrigen Beteiligten iSd § 57, also nicht nur des Beklagten, sondern ggf. auch des Beigeladenen oder der beigetretenen Behörde. Als **Prozesshandlung** ist die Einwilligung unwiderruflich und unanfechtbar (s. auch Kopp/Schenke/Schenke VwGO § 91 Rn. 17 mwN). Sie ist nicht protokollierungspflichtig (BVerwG 4 C 12/84, NJW 1988, 1228). Die rügelose Einlassung genügt gem. **§ 67 II** ausdrücklich zwar nur als Einwilligungserklärung des **Beklagten;** dasselbe muss aber nach dem Sinn der Regelung auch für die **übrigen Beteiligten** gelten (HHS/Schallmoser § 67 Rn. 48; Tipke/Kruse/Krumm § 67 Rn. 11b). Von einem solchen rügelosen Einlassen ist auszugehen, wenn sich der Beklagte – ohne die Klageänderung zu rügen – in der Sache zur geänderten Klage einlässt oder eine Abweisung der geänderten Klage beantragt (BFH I B 169/05, BFH/NV 2007, 48, unter II.2.; zum Begriff des rügelosen Einlassens → § 51 Rn. 40 f.).

b) Sachdienlichkeit. Streitig ist, ob Sachdienlichkeit ein Rechtsbegriff (mit 24
Beurteilungsspielraum; so Kopp/Schenke/Schenke VwGO § 91 Rn. 18; Tipke/Kruse/Krumm § 67 Rn. 15) oder aber ein Ermessensbegriff ist (so BFH VIII R 64/13, BFH/NV 2017, 1325; HHS/Schallmoser § 67 Rn. 49; Gosch/Paetsch § 67 Rn. 39; Zöller/Greger ZPO § 263 Rn. 13, 15). Die Unterscheidung ist ohne praktische Bedeutung, wenn man, dem systematischen Gesetzeszusammenhang gemäß, die Frage der Zulässigkeit ausgrenzt (→ Rn. 18 f.) und iÜ, dem Wortlaut der Vorschrift folgend, auf die **Beurteilung durch** das **Gericht** abstellt und die revisionsrechtliche Prüfung auf Plausibilität beschränkt (so überzeugend Kopp/Schenke/Schenke VwGO § 91 Rn. 18 mwN).

25 **Sachdienlich** ist eine Klageänderung dem prozesswirtschaftlichen Normzweck (→ Rn. 1, 4) entspr., wenn und soweit ihre Zulassung bei objektiver Beurteilung der **zügigen Erledigung des Verfahrens dient,** vor allem den sachlichen Streitstoff iRd anhängigen Rechtsstreits ausräumt und einem andernfalls zu gewärtigenden weiteren Rechtsstreit vorbeugt (BGH II ZR 237/85, NJW-RR 1987, 58; FG RhPf 5 K 2895/89, EFG 1991, 269; FG Köln 7 K 2392/87, EFG 1991, 512). Das setzt voraus, dass der Streitstoff im Wesentlichen unverändert bleibt (BFH VIII R 64/13, BFH/NV 2017, 1325; BVerwG 6 A 9.20, NVwZ 2023, 162; vgl. auch BGH III ZR 93/83, NJW 1985, 1841; Kopp/Schenke/Schenke VwGO § 91 Rn. 19 f., jeweils mwN) und dass nicht die Entscheidung des ursprünglichen Streitgegenstandes nennenswert verzögert wird, vor allem wenn insoweit bereits Entscheidungsreife vorlag (BGH VIII ZR 139/75, NJW 1977, 49). In Fällen, in denen Verfahren während eines Insolvenzverfahrens aufgenommen werden (→ Rn. 12; → § 74 Rn. 79), ist die Sachdienlichkeit stets zu bejahen. Die Sachdienlichkeit fehlt, wenn dem erkennenden Senat für einen hinzugekommenen Streitgegenstand die Zuständigkeit nach dem Geschäftsverteilungsplan oder dem erkennenden Gericht die sachliche oder örtliche Zuständigkeit (BVerwG 6 A 9.20, NVwZ 2023, 162) fehlt. Der BFH (VIII R 64/13, BFH/NV 2017, 1325) verneint die Sachdienlichkeit auch, wenn für die geänderte Klage die Sachentscheidungsvoraussetzungen fehlen, was nach hiesiger Auffassung generell einer Klageänderung entgegensteht.

V. Verfahren

27 Eine Prozesserklärung, die als Klageänderung zu qualifizieren ist (generell hierzu → Vor § 33 Rn. 30 ff.), beeinflusst den Fortgang des Verfahrens auf unterschiedliche Weise. Dabei sind folgende **Fälle** denkbar:

- Eine **Klageänderung liegt nicht vor.** Dann kann bei Streit hierüber ein Zwischenurteil ergehen (§ 155 S. 1 FGO iVm § 303 ZPO; → § 97 Rn. 4), ansonsten aber auch im Endurteil über die Frage mitentschieden werden.
- Eine **Klageänderung liegt vor:**
  - Es **fehlen** aber die allg. **Sachentscheidungsvoraussetzungen** (→ Rn. 18 f.), dann kann weder die Einwilligung des Beklagten noch die Zulassung durch das Gericht als sachdienlich helfen. Vielmehr muss die (geänderte) Klage durch **Prozessurteil** (Endurteil) als unzulässig abgewiesen werden, sofern die ursprüngliche Klage nicht hilfsweise aufrechterhalten wurde (Kopp/Schenke/Schenke VwGO § 91 Rn. 24);
  - Die **Klageänderung** ist **zulässig:** Dann kann bei Einwilligung der Beteiligten (da kein Streit herrscht) im Endurteil mitentschieden werden (Kopp/Schenke/Schenke VwGO § 91 Rn. 23), ggf. auch in einem Verweisungsbeschluss (FG Düsseldorf 14 K 2028/24 E, EFG 2025, 570); fehlt es an der Einwilligung, hält das Gericht aber die Klageänderung für sachdienlich, kann durch Zwischenurteil oder aber durch Endurteil mitentschieden werden. Hält das Gericht die geänderte Klage zwar für zulässig, jedoch die Behandlung im ursprünglichen Verfahren nicht für sachdienlich (im Wesentlichen in Fällen nachträglicher Klagehäufung denkbar), wird es das Verfahren, soweit es nicht sachdienlich ist, als eigenständiges neues Verfahren aufnehmen, ohne dass es eines Trennungsbeschlusses nach § 73 I bedürfte (BFH IV B 95/09, BFH/NV 2010, 47; Gosch/Paetsch § 67 Rn. 44). Erst recht bedarf es dann

keiner Klageabweisung als unzulässig (aA FG Köln 14 K 1236/09, BeckRS 2012, 96633). Dies gilt nicht für den Fall, dass das Gericht sich nicht als sachlich oder örtlich zuständig ansieht. Denn dann fehlt es an einer Zulässigkeitsvoraussetzung für das neue Verfahren, so dass die Klage abzuweisen ist (BVerwG 6 A 9.20, NVwZ 2023, 162).

Für die Entscheidung, dass eine Klageänderung nicht vorliegt oder zuzulassen 28 ist, sieht § 67 nicht ausdrücklich eine besondere **Form der Entscheidung** vor. Soweit damit über die Zulässigkeit der Klage oder jedenfalls eines Teils der Klage entschieden wird, muss die Entscheidung durch Zwischenurteil (→ Rn. 27) oder Endurteil erfolgen (in diesem Sinne auch HHS/Schallmoser § 67 Rn. 59 ff.). Diese Urteile können gem. **§ 67 III** nicht selbständig angefochten, sondern allenfalls im Rahmen einer mit sonstigen Rügen begründeten Revision überprüft werden (BFH I R 24/85, BStBl. II 1989, 369; VII S 25/07 (PKH), BFH/NV 2007, 2240; VII R 12/10, BFH/NV 2012, 1845; X B 39/11, BFH/NV 2013, 737). Dies gilt text- und sinngemäß für alle Arten der gerichtlichen Entscheidung zu § 67 (→ Rn. 27). Soweit das Gericht auf die Klageänderung mit einer Aufnahme als eigenständiges neues Verfahren reagiert (→ Rn. 27), ergibt sich die Unanfechtbarkeit bereits aus § 128 II.

§ 68 [Änderung des angefochtenen Verwaltungsakts]

[1]Wird der angefochtene Verwaltungsakt nach Bekanntgabe der Einspruchsentscheidung geändert oder ersetzt, so wird der neue Verwaltungsakt Gegenstand des Verfahrens. [2]Ein Einspruch gegen den neuen Verwaltungsakt ist insoweit ausgeschlossen. [3]Die Finanzbehörde hat dem Gericht, bei dem das Verfahren anhängig ist, eine Abschrift des neuen Verwaltungsakts zu übermitteln. [4]Satz 1 gilt entsprechend, wenn
1. ein Verwaltungsakt nach § 129 der Abgabenordnung berichtigt wird oder
2. ein Verwaltungsakt an die Stelle eines angefochtenen unwirksamen Verwaltungsakts tritt.

Vgl. § 96 SGG; § 365 III AO.

Literatur: zu alten Fassungen s. 4. u. 7. Aufl.; Hendricks/Hildebrand, Praxisformen Steuerrechtsschutz: Der Änderungsbescheid während des finanzgerichtlichen Klageverfahrens als Rechtsschutzfalle, Ubg 2018, 361; Hildebrand, Der Änderungsbescheid im Steuerprozess, Vielfalt in der steuerzentrierten Rechtsberatung, 2021, 45; Jesse, Problemfelder des § 68 FGO, DStZ 2005, 139; Leingang-Ludolph/Wiese, Automatische Klageänderung bei Änderungs- und Ersetzungsbescheiden durch § 68 FGO nF, DStR 2001, 775; Nacke, Änderung von Haftungsbescheiden im Klageverfahren, AO-StB 2007, 106; Steinhauff, Wie aus einer rechtschützenden eine rechtsverkürzende Regelung wurde, AO-StB 2010, 119; Wüllenkemper, Auswirkungen der Bekanntgabe eines Jahressteuerbescheides auf einen Rechtsstreit um einen Vorauszahlungsbescheid, DStZ 1998, 458.

Übersicht

	Rn.
I. Funktion und Bedeutung	1
II. Entwicklung der Vorschrift	5
III. Geltungsbereich	7
1. Zeitlicher Geltungsbereich	7

Rn.
2. Sachlicher Geltungsbereich 10
a) Unmittelbarer Anwendungsbereich 10
b) Entsprechende Anwendung 15
IV. Voraussetzungen 20
1. Ändern, Ersetzen 20
a) Allgemeines 20
b) Erweiterung bzw. Klarstellung § 129 AO bzw. unwirksamer Verwaltungsakt (S. 4 Nr. 1 und 2) 27
c) Vorauszahlungs- und Jahressteuerbescheide 30
d) Sammelbescheide 32
e) Haftungsbescheide 37
f) Vorgänge im Insolvenzverfahren 40
g) Einzelfälle – § 68 anwendbar 43
h) Einzelfälle – § 68 nicht anwendbar 50
2. Nach Bekanntgabe der Einspruchsentscheidung 55
3. Zulässigkeitsvoraussetzungen 60
a) Allgemeines 60
b) Abhilfebescheide 65
V. Rechtsfolgen 75
1. „Automatische“ Auswechslung des Verfahrensgegenstands 75
2. Keine doppelte Rechtshängigkeit mehr – Klarstellung S. 2 85
3. Entscheidung über den „falschen“ Verwaltungsakt 90
a) S. 3 reine Ordnungsvorschrift 90
b) Prozesssituation 92

I. Funktion und Bedeutung

1 Die Vorschrift regelt für den in der Gerichtspraxis häufigen Fall der Änderung oder Ersetzung eines angefochtenen Verwaltungsakts nach Ergehen der Einspruchsentscheidung einen **besonderen Fall der Klageänderung** und dient der **Verfahrensbeschleunigung.** Der Gesetzgeber hat für den ändernden, ersetzenden oder berichtigenden VA die Sammelbezeichnung **„neuer Verwaltungsakt“** gewählt.

2 Der Beklagte bleibt nach § 76 IV auch nach Klageerhebung zur Sachverhaltsermittlung verpflichtet. Ferner ist er aufgrund seiner Bindung an Gesetz und Recht (Art. 20 III GG) gehalten, von ihm erkannte Rechtsfehler zu Lasten des Klägers zum Anlass einer Änderung nach § 172 I AO zu nehmen. Davon machen die Finbeh in großem Umfang Gebrauch. Im Anwendungsbereich des § 68 führen solche Änderungen dazu, dass der geänderte oder ersetzende VA **ohne erneutes Vorverfahren und Prozesserklärung des Klägers zum Gegenstand des anhängigen Rechtsstreits** wird. Der neue VA soll dem Kläger, dessen Begehren noch nicht in vollem Umfang abgeholfen wurde, keinen zusätzlichen auf das Verfahren bezogenen Aufwand (insbes. durch ein erneutes Einspruchsverfahren) bereiten (BFH I R 29/08, BStBl. II 2009, 539; IV R 3/10, BStBl. II 2012, 14; VII R 8/19, BFH/NV 2021, 1091; X B 72/23, BFH/NV 2025, 387, Rn. 22). Die Finbeh soll den Kläger nicht durch den Erlass eines Änderungs- oder Ersetzungsbescheids aus dem Verfahren drängen können (BFH VII R 77/95, BStBl. II 1997, 79; X B 113/14, BFH/NV 2015, 510; VII R 8/19, BFH/NV 2021, 1091; X B 72/23, BFH/NV 2025, 387, Rn. 22). Andererseits führt der Erlass eines

neuen VA nicht dazu, dass der Kläger davon befreit wird, **sämtliche Sachurteilsvoraussetzungen** zu erfüllen (→ Rn. 60 f.).

§ 68 regelt **nur die verfahrensrechtlichen Auswirkungen** durch den Erlass eines neuen VA, nicht, unter welchen Voraussetzungen die Finbeh zum Erlass des neuen VA befugt ist. Insoweit gelten die allgemeinen Vorschriften, insbes. §§ 130, 131, 172 ff. AO (vgl. § 132 AO; Koenig/Vorbeck AO § 132 Rn. 2). 3

II. Entwicklung der Vorschrift

Die Regelung erfuhr im Laufe der Zeit grundlegende **Veränderungen** in zwei Schritten (zu den Einzelheiten s. Gräber/v. Groll, 6. Aufl. 2006, → Rn. 5 mwN): 5

Nachdem die Auswechselung des Verfahrensgegenstands anfangs, bis einschl. 1992, einen **Antrag** vorausgesetzt hatte,

- wurde diese Prozesshandlung zunächst, **ab 1.1.1993, fristgebunden** (→ Vor § 1 Rn. 4, 6; zu den vor allem damit verbundenen Problemen: v. Groll DStR 1994, 117 (158));
- nunmehr, **seit 1.1.2001,** tritt die erstrebte Wirkung unmittelbar **kraft Gesetzes** ein (→ Vor § 1 Rn. 11, 12; zu den gleichzeitig vorgenommenen Änderungen in den S. 2–4 außerdem → Rn. 27, 85 ff.).

III. Geltungsbereich

1. Zeitlicher Geltungsbereich

Gem. Art. 6 des 2. FGOÄndG gilt die aktuelle Fassung des § 68 in ihren Grundzügen **ab 1.1.2001** (zu weiteren Einzelheiten s. Gräber/v. Groll, 7. Aufl. 2010, → Rn. 10). 7

2. Sachlicher Geltungsbereich

a) Unmittelbarer Anwendungsbereich. Originärer Anwendungsbereich des § 68 sind **Anfechtungsklagen** iSd § 40 I. Dies gilt auch, soweit **Ermessensentscheidungen** Gegenstand des Verfahrens sind und soweit durch den neuen VA **Ermessenserwägungen nachgeholt** werden. Damit kann die Finbeh zwar in gewisser Weise die Regelung des § 102 S. 2 umgehen, jedoch entspricht es auch in dieser Konstellation typischerweise dem Interesse des Klägers, die abschließende Klärung der streitigen Sach- und Rechtsfragen im bereits anhängigen Verfahren durchführen zu können (BFH I R 29/08, BStBl. II 2009, 539; IV B 120/10, BStBl. II 2011, 855; II R 17/14, BStBl. II 2016, 822; X R 13/15, BStBl. II 2017, 1110; HHS/Schallmoser § 68 Rn. 15; krit. Tipke/Kruse/Krumm § 68 Rn. 4; Steinhauff AO-StB 2010, 119 (124 f.)). Vgl. in diesem Zusammenhang zu **Verspätungszuschlägen** BFH VI R 105/92, BStBl. II 1994, 836; VI R 29/05, BFH/NV 2007, 1076; FG Münster 5 K 3592/19, EFG 2023, 1117; zu **Haftungsbescheiden** BFH I R 29/08, BFH/NV 2009, 1032; XI R 40/09, BFH/NV 2012, 798; X R 13/15, BStBl. II 2017, 1110; → Rn. 37; zu **Duldungsbescheiden** BFH VII R 44/17, BStBl. II 2019, 142 aE; zu **Prüfungsanordnungen** BFH IX B 132/14, BFH/NV 2015, 1688; III R 8/15, BStBl. II 2017, 25; zu **Verzögerungsgeldern** iSd § 146 IIb AO BFH IV R 17/14, BFH/NV 2014, 1507; FG Saarl 3 K 1236/10, EFG 2014, 698; zu **Auskunftsersuchen** 10 gem. §§ 93, 208 I 1 Nr. 1 AO BFH II R 17/14, BStBl. II 2016, 822; zu **Billigkeitsentscheidungen gem. § 163 AO** FG Münster 12 K 2532/16 E, DStRE 2020, 619.

11 Darüber hinaus gilt die Vorschrift – wie sich aus § 121 ergibt – auch im **Revisionsverfahren** (BFH II R 66/11, BStBl. II 2014, 266; VIII R 32/15, BStBl. II 2018, 223; IX R 15/20, BStBl. II 2023, 351; → § 121 Rn. 2) und im **NZB-Verfahren** (BFH X B 166/87, BFH/NV 1989, 380; XI B 78/05, BFH/NV 2006, 1122; IV B 81/11, BFH/NV 2013, 1108; X B 205/15, BFH/NV 2016, 1742; VIII B 38/22, BFH/NV 2023, 978; → § 127 Rn. 5). Insoweit besteht die Möglichkeit, insbes. bei fehlender Spruchreife, das Verfahren an das FG zurückzuverweisen (→ § 127 Rn. 2 ff.).

15 **b) Entsprechende Anwendung.** Entsprechend anwendbar ist § 68:
- uneingeschränkt bei **Verpflichtungsklagen** (BFH III R 105/89, BStBl. II 1992, 123; IV B 90/03, BFH/NV 2005, 1817; IV R 3/10, BStBl. II 2012, 14; IV R 28/14, BFH/NV 2018, 1; VIII R 11/16, DStR 2019, 1136); die bei Anfechtungsklagen maßgebenden Zwecke (→ Rn. 2) sprechen auch für eine Anwendung bei Verpflichtungsklagen, zB wenn nach der Ablehnung einer Bescheidänderung ein Änderungsbescheid ergeht, der der Klage nicht abhilft (BFH VIII R 27/14, BStBl. II 2017, 821; IV R 28/14, BFH/NV 2018, 1);
- dies gilt auch für **Sprungklagen** iSd § 45 (BFH III R 41/22, BStBl. II 2024, 772; FG München 1 K 40/03, EFG 2004, 828; SchlHFG 4 K 90/13, DStRE 2014, 1247; Tipke/Kruse/Krumm § 68 Rn. 16) und **Untätigkeitsklagen** iSd § 46 (BFH IV R 21/21, BFH/NV 2024, 1156, Rn. 15; FG BBg 1 K 510/04, EFG 2009, 1313; FG München 13 K 3272/07, EFG 2010, 1927; Gosch/Paetsch § 68 Rn. 12); auch bei Anfechtungsklagen wird § 68 insoweit nur entspr. angewandt, weil es an einer Änderung oder Ersetzung nach Bekanntgabe der Einspruchsentscheidung fehlt; iRd entsprechenden Anwendung kommt es auf eine Änderung oder Ersetzung nach Bekanntgabe des angefochtenen VA an;
- auf **Nichtigkeitsfeststellungsklagen** (§ 41 I Fall 2; dort → § 41 Rn. 24 ff.), wegen der Gleichwertigkeit dieser Klagearten, die auch in der Möglichkeit der Anfechtung trotz Nichtigkeit (→ § 41 Rn. 24 mwN) ihren Ausdruck findet (so iErg auch BFH IV R 36/98, BFH/NV 1999, 1117 (1118); I B 64/21, BFH/NV 2022, 1058);
- in **Beschlusssachen,** vor allem im AdV-Verfahren (→ § 69 Rn. 217; BFH V B 71/70, BStBl. II 1971, 632; VII B 340/06, BFH/NV 2008, 581; IV B 120/10, BStBl. II 2011, 855; IV S 11/10, BFH/NV 2011, 1894; VIII B 64/22 (AdV), BeckRS 2023, 27273).

IV. Voraussetzungen

1. Ändern, Ersetzen

20 **a) Allgemeines.** Wann der angefochtene VA „geändert" oder „ersetzt" wird, ist in § 68 nicht erläutert. Dem vorrangigen Gesetzeszweck der Rechtsschutzgewährung entspricht es, diese Tatbestandsmerkmale möglichst **weit auszulegen** (so im Wesentlichen auch BFH VII R 33/71, BStBl. II 1974, 113; V R 130/86, BStBl. II 1991, 465; VII R 1/09, BFH/NV 2010, 1566; III B 66/16, BFH/NV 2017, 743; I R 19/17, BStBl. II 2021, 223). **Entscheidend** ist die **Identität des**

Adressaten und des Regelungsbereichs beim angefochtenen VA einerseits und beim neuen VA andererseits (glA BFH VII R 8/19, BFH/NV 2021, 1091; II R 34/21, BStBl. II 2025, 420). Es reicht aber aus, dass der ursprüngliche VA durch Erlass des neuen VA seine Wirkung verliert und dass sowohl Beteiligter als auch Besteuerungsgegenstand hinsichtlich beider VA identisch sind (BFH X R 15/07, BStBl. II 2009, 710; X B 160/12, BFH/NV 2014, 558). Letzteres liegt zB vor, wenn Steuerart und Besteuerungszeitraum identisch sind. Daran fehlt es, wenn derselbe Sachverhalt, jedoch ein anderer Besteuerungszeitraum geregelt wird (BFH V R 61/10, BStBl. II 2014, 475; FG Köln 11 K 3143/08, EFG 2012, 1212), und ebenso, wenn der Änderungsbescheid (wegen eines nicht mehr existenten Adressaten) unwirksam ist (BFH V R 20/21, DStR 2024, 760). Andererseits reicht es aus, dass die Regelungsbereiche teilweise identisch sind (BFH II R 17/14, BStBl. II 2016, 822; X R 13/15, BStBl. II 2017, 1110; I R 38/20, BStBl. II 2024, 474; auch → Rn. 30, 37).

Damit werden die Fälle erfasst, in denen sich der Regelungsgehalt des angefochtenen VA **inhaltlich verändert** (für den Sonderfall des Vollabhilfebescheids → Rn. 65 ff.). Dies hat zur Folge, dass der Änderungsbescheid den **ursprünglichen Bescheid** in seinen Regelungsinhalt mit aufnimmt und ihn insoweit für die Dauer seiner Existenz **suspendiert;** der ursprüngliche Bescheid tritt jedoch wieder in Kraft, wenn der Änderungsbescheid aufgehoben wird (BFH GrS 1/72, BStBl. II 1973, 231; II R 74/00, BStBl. II 2005, 99; IX R 24/08, BStBl. II 2009, 587; I R 91/10, BFH/NV 2012, 2004). Dies sind insbes. Fälle der Änderung nach § 164 II AO, § 165 II 2 AO (BFH II R 57/96, BStBl. II 1999, 789) und nach §§ 172 ff. AO, auch Änderungen nach § 175 I Nr. 1 AO (BFH XI B 90/06, BFH/NV 2007, 1154), nach §§ 130, 131 AO (BFH VII R 77/95, BStBl. II 1997, 79) und der Änderung nach Korrekturvorschriften der Einzelsteuergesetze. 21

Es reicht aus, wenn eine **Nebenbestimmung** (§ 120 AO) zum VA **hinzugefügt, aufgehoben** oder **geändert** wird (→ § 40 Rn. 58; → § 100 Rn. 24; BFH VIII B 96/92, BFH/NV 1993, 711; XI B 98/04, BFH/NV 2006, 952; VII R 1/09, BFH/NV 2010, 1566; II R 66/11, BStBl. II 2014, 266; VIII B 5/14, BFH/NV 2015, 1387; zu § 164 III 1 AO: BFH IX R 24/08, BStBl. II 2009, 587; VIII R 8/16, BStBl. II 2020, 383). 22

Darüber hinaus aber werden vom BFH in Hinblick auf die **Rechtsschutzfunktion** auch Korrekturfälle erfasst, die den Regelungsgehalt des angefochtenen VA unberührt lassen (BFH I R 256/83, BFH/NV 1988, 82; IV R 36/98, BFH/NV 1999, 1117 f.), dh vor allem **auch wiederholende Verfügungen** (BFH X R 65/14, BStBl. II 2017, 958; IV R 34/15, BFH/NV 2018, 24; IV R 14/20, BFH/NV 2021, 753; XI B 9/24, BFH/NV 2024, 1140), oder **auch solche, die nur** den **Rechtsschein** einer Korrektur **auslösen** (BFH IV R 36/98, BFH/NV 1999, 1117 (1118) mwN). Dies erscheint dogmatisch zweifelhaft (glA Tipke/Kruse/Krumm § 68 Rn. 10b), da wiederholende Verfügungen im Allgemeinen keinen Regelungscharakter haben und daher keine VA sind (BFH III R 14/14, BStBl. II 2015, 850, Rn. 39; Klein/Ratschow AO § 118 Rn. 26; 42 „Wiederholende Verfügung“; Tipke/Kruse/Seer AO § 118 Rn. 17). Andererseits erscheint die Handhabung durch den BFH aus praktischen Gründen vertretbar, weil die Abgrenzung zwischen wiederholender Verfügung und Zweitbescheid im Einzelfall schwierig sein kann und § 68 auf einen weiten Anwendungsbereich angelegt ist (→ Rn. 20). 23

b) Erweiterung bzw. Klarstellung § 129 AO bzw. unwirksamer Verwaltungsakt (S. 4 Nr. 1 und 2). Dass § 68 möglichst weit gefasst verstanden werden 27 soll (→ Rn. 20), wird bestätigt durch § 68 S. 4 mit der ausdrücklichen Erweiterung auf **Berichtigungen nach § 129 AO (Nr. 1)** und der ausdrücklichen Klarstellung in **Nr. 2,** dass ein VA **an die Stelle eines** angefochtenen **unwirksamen Verwaltungsakts,** dh auch eines nichtigen VA (§ 124 III iVm § 125 AO; zB im Zusammenhang mit der Behebung eines Bekanntgabemangels, vgl. BFH I B 64/21, BFH/NV 2022, 1058; II R 16/21, BFH/NV 2024, 161) tritt. Beides liegt ganz iRd gesetzgeberischen Zielsetzung (→ Rn. 1 f.): Ob etwa der neue VA zur Beseitigung einer offenbaren Unrichtigkeit oder aber eines Rechtsfehlers erlassen wurde, ist mit der für das Verfahrensrecht erforderlichen Eindeutigkeit häufig ebenso wenig verlässlich zu beantworten wie die Frage, ob der Rechtsmangel, der dem rechtsbeeinträchtigenden VA anhaftet, nur Anfechtbarkeit oder aber Nichtigkeit nach sich zieht. Inwieweit die Berichtigung bzw. Ersetzung tatsächlich als rechtswidrig anzusehen sind und zu einer Rechtsbeeinträchtigung beim Rechtsuchenden geführt haben, entscheidet sich – wie sonst auch im Anwendungsbereich des § 68 – iRd Begründetheitsprüfung (BFH IV R 49/08, BStBl. II 2010, 726; I B 43/14, BFH/NV 2015, 345).

30 **c) Vorauszahlungs- und Jahressteuerbescheide.** Ein angefochtener **Vorauszahlungsbescheid** wird durch einen den gleichen Veranlagungszeitraum betreffenden **Jahressteuerbescheid** ersetzt. Denn durch den Jahressteuerbescheid wird der Vorauszahlungsbescheid suspendiert. Er betrifft denselben Stpfl. und teilweise denselben Regelungsbereich. Dies gilt auch für Festsetzungen aufgrund von Steueranmeldungen, die kraft Gesetzes (§ 168 S. 1 AO) oder nach Zustimmung der Finbeh (§ 168 S. 2 AO) als Steuerfestsetzungen wirken (BFH XI R 15/16, DStR 2019, 866, Rn. 72; ferner BFH V R 32/10, BStBl. II 2012, 525 zu § 365 III AO; Gosch/Paetsch § 68 Rn. 29). Die Anwendung des § 68 dient auch in dieser Konstellation dem Zweck der Verfahrensbeschleunigung (→ Rn. 1), zB in dem besonders häufigen Fall der Ersetzung eines USt-Vorauszahlungsbescheids durch den USt-Jahresbescheid (BFH in stRspr; zur **ESt** BFH IX R 149/83, BStBl. II 1988, 942; X B 3/08, BFH/NV 2009, 410; X R 15/07, BStBl. II 2009, 710; X B 58/13, BFH/NV 2014, 361; auch soweit es Aufteilungsbescheide iSd §§ 268 ff. AO betrifft, FG RhPf 5 K 1190/08, EFG 2010, 1766; für die **KSt** BFH I R 62/08, BStBl. II 2012, 745; V R 9/20, BFH/NV 2020, 1075; für die **GewSt**/den **GewSt-Messbescheid** BFH I R 62/08, BStBl. II 2012, 745; III R 39/17, BStBl. II 2020, 397; für den **SolZ** BFH IX R 15/20, BStBl. II 2023, 351; für die **USt** BFH V R 130/86, BStBl. II 1991, 465; V B 103/02, BFH/NV 2004, 502; XI R 21/10, BStBl. II 2012, 434; XI R 3/11, BStBl. II 2014, 86; V R 17/13, BStBl. II 2015, 513; **aA** FG Saarl 1 K 248/01, 1 K 139/02, EFG 2002, 853; Wüllenkemper DStZ 1998, 458; Steinhauff AO-StB 2010, 119 (123). Zu Feststellungen im Insolvenzverfahren, die den gesamten Veranlagungszeitraum betreffen → Rn. 40. Soweit iRd Einkommensteuerveranlagung ausgehend von einem Erstjahr oft Vorauszahlungen für mehrere Jahre festgesetzt werden, wird bei Ergehen von Jahressteuerbescheiden während eines Klageverfahrens wegen „Einkommensteuer-Vorauszahlungen 01ff" nur der Bescheid für das Erstjahr zum Gegenstand des Verfahrens (BFH I R 43/12, BFH/NV 2015, 306; Hildebrand, Vielfalt in der steuerzentrierten Rechtsberatung, 2021, 45 (50)); anders, wenn ausdrücklich die „Einkommensteuer-Vorauszahlungen 01 bis 03" Gegenstand des Klageverfahrens sind und sodann die Einkommensteuerbescheide 01 bis 03 ergehen (vgl. BFH X R 18/12, BStBl. II 2017, 450).

32 **d) Sammelbescheide. Sammelbescheide** oder **teilbare Verwaltungsakte** zeichnen sich dadurch aus, dass mehrere selbständige VA lediglich äußerlich

zusammengefasst sind, insbes. indem sie sich auf einem Blatt Papier befinden. Trotzdem bleiben sie selbständige VA, die jeweils eigenständig rechtlich zu behandeln sind. Sie können zB in Teilbestandskraft erwachsen. Im Anwendungsbereich des § 68 folgt daraus, dass für jeden Teilbescheid einzeln zu prüfen ist, ob er angefochten wurde bzw. ob der Teilbescheid geändert wurde, so dass eine Änderung die Rechtsfolgen des § 68 auslöst (BFH IV B 72/14, BFH/NV 2015, 1351; vgl. auch BFH I R 19/17, BStBl. II 2021, 223). § 68 findet **keine Anwendung, wenn ein teilbarer Bescheid nur hinsichtlich des nicht angefochtenen Teils geändert wird** (BFH VIII R 60/00, BFH/NV 2003, 927; IV R 15/08, BStBl. II 2011, 764; X B 160/12, BFH/NV 2014, 558). Der nicht angefochtene Teil kann nur unter den besonderen Voraussetzungen der Klageänderung (§ 67) oder als wiederholende Verfügung (BFH IV R 34/15, BFH/NV 2018, 24; aber → Rn. 23) zum Gegenstand des Rechtsstreits werden (→ § 67 Rn. 18 ff.).

In der Praxis betrifft dies insbes. **Feststellungsbescheide** mit einer Vielzahl 33 von Einzelfeststellungen (BFH IV R 31/09, BFH/NV 2012, 1448; X B 160/12, BFH/NV 2014, 558; IV B 72/14, BFH/NV 2015, 1351; VIII R 11/16, DStR 2019, 1136). Hat sich der Kläger zB nur gegen die Qualifikation der Einkunftsart gewendet, wird durch eine Änderung der Höhe des festgestellten Gewinns diese Teilfeststellung nicht zum Gegenstand des Klageverfahrens.

Auch **Kindergeldbescheide,** die sich über mehr als einen Monat erstrecken, 34 sind solche teilbaren Bescheide (BFH VIII R 60/00, BFH/NV 2003, 927; VIII R 15/02, BFH/NV 2004, 910). Hilft die Beklagte der Klage in der Weise ab, dass sie für einzelne Monate das begehrte Kindergeld gewährt, kommt § 68 nicht zur Anwendung. Denn hinsichtlich der durch die Änderung betroffenen Monate liegt eine Vollabhilfe vor (→ Rn. 65). Für die übrigen Monate wird im Regelfall keine Änderung oder Ersetzung vorliegen, es sei denn, die bisherige Festsetzung wird im Rahmen einer wiederholenden Verfügung (→ Rn. 23) erneut vorgenommen.

e) Haftungsbescheide. Zur **grundsätzlichen Anwendbarkeit** auf Ermes- 37 sensakte → Rn. 10. § 68 ist auch einschlägig, wenn das FA einen angefochtenen **Haftungsbescheid** im Klageverfahren **zurücknimmt** und einen die gleichen Haftungsschulden betreffenden **neuen Haftungsbescheid erlässt** (BFH VII R 77/95, BStBl. II 1997, 79; I R 29/08, BStBl. II 2009, 539; VI R 28/12, BStBl. II 2013, 737; Tipke/Kruse/Krumm § 68 Rn. 9; Gosch/Paetsch § 68 Rn. 27; krit. demgegenüber Nacke AO-StB 2007, 106; Steinhauff AO-StB 2010, 119 (124 f.)), auch dann, wenn der zugrunde gelegte Haftungstatbestand (zB § 71 AO statt § 69 AO) ausgetauscht wird (FG BBg 9 K 90/91/10, EFG 2011, 2096). Dies ist jedoch nicht der Fall, wenn der Haftungsbescheid aufgehoben wird und stattdessen ein Nachforderungsbescheid ergeht (BFH VIII R 1/18, BStBl. II 2021, 655). Demgegenüber sollten nach früherer Rspr. Bescheide über die Teilrücknahme von Haftungsbescheiden (BFH VII R 60/91, BFH/NV 1993, 153; VII R 77/95, BStBl. II 1997, 79; VII B 252/97, BFH/NV 1998, 1140; ebenso zu Zahlungsaufforderungen iSd § 219 AO FG LSA 6 K 1458/09, EFG 2014, 414) keine Änderungen iSd § 68 darstellen. Diese Rspr. ist jedoch aufgrund der Änderung des § 68 zum 1.1.2001 als überholt anzusehen (BFH VII B 153/02, BFH/NV 2003, 1065; HHS/Schallmoser § 68 Rn. 44; offen lassend BFH I R 91/10, BFH/NV 2012, 2004). Dafür spricht auch, dass der Erlass eines von grds. anderen tatsächlichen Grundlagen ausgehenden „geänderten“ Haftungsbescheids einen Fall der Ersetzung iSd § 68 S. 1 darstellt (BFH X R 13/15, BStBl. II 2017, 1110).

40 **f) Vorgänge im Insolvenzverfahren.** In Verfahren, die **wegen Insolvenzeröffnung** nach § 155 S. 1 FGO iVm § 240 ZPO **unterbrochen** sind, ist das Verfahren bei Widersprüchen gegen die vom Beklagten vorgenommenen Anmeldungen zur Insolvenztabelle vorrangig durch Aufnahmeerklärung (→ § 74 Rn. 79) fortzusetzen (BFH VII R 63/03, BStBl. II 2005, 591; VII R 11/05, BStBl. II 2006, 573). Bei sachgerechter Verfahrensführung dürften deshalb keine Feststellungsbescheide iSd § 251 III AO hinsichtlich der streitbefangenen Materien ergehen. Abweichendes kommt aber in Betracht, wenn der Rechtsstreit Vorauszahlungsbescheide betraf und **für das gesamte Jahr ein Feststellungsbescheid iSd § 251 III AO** ergeht (vgl. FG BW 1 K 2617/19, DStRE 2020, 1306; zu dessen Wirkungen: BFH XI R 22/11, BStBl. II 2014, 332). Dieser erledigt den Vorauszahlungsbescheid (BFH V R 21/12, BStBl. II 2016, 74) und wird – wie sonstige Jahresfestsetzungen (→ Rn. 30) – gem. § 68 zum Gegenstand des Verfahrens, das der Insolvenzverwalter aufnehmen muss, um gegen den Feststellungsbescheid vorzugehen. Eine **widerspruchslose Feststellung der streitigen Steuerforderung in der Insolvenztabelle** hat die Wirkung eines Steuerbescheids oder jedenfalls Feststellungsbescheids iSd § 251 III AO (§ 178 III InsO; BFH VII R 36/07, BStBl. II 2009, 90; V R 13/11, BStBl. II 2012, 298; VII R 44/12, BStBl. II 2013, 778) und bewirkt die Erledigung des Rechtsstreits (BFH IV B 11/09, BFH/NV 2011, 649; IV B 18/09, BFH/NV 2011, 650; X B 134/12, BStBl. II 2013, 585), beendet aber nicht eine etwaige Unterbrechung des Verfahrens (BFH X B 134/12, BStBl. II 2013, 585; V B 159/14, BFH/NV 2016, 60). Unabhängig davon, ob das Verfahren unterbrochen ist, wird ein zur Erledigung des Verfahrens führender Tabelleneintrag nicht nach § 68 zum Gegenstand des Verfahrens, weil dies bei sonstigen zur Erledigung führenden Steuerbescheiden nach der hier vertretenen Auffassung auch nicht der Fall ist (→ Rn. 65 ff.). **Soweit Steuerfestsetzungen iRd Insolvenzverfahren zulässig sind** (zB weil sie zu keiner Forderung gegen die Insolvenzmasse oder sogar zu einer Erstattung führen; vgl. BFH I R 41/07, BFH/NV 2009, 719; XI R 63/07, BStBl. II 2010, 11) können auch während des eröffneten Insolvenzverfahrens Bescheide nach § 68 zum Gegenstand eines Klageverfahrens werden. Bloße **nachrichtliche Steuerberechnungen,** die die Finbeh ihren Forderungsanmeldungen zugrunde legen, sind keine VA (FG BW 1 K 2617/19, DStRE 2020, 1306; Tipke/Kruse/Loose AO § 251 Rn. 45) und werden daher nicht nach § 68 zum Gegenstand des Verfahrens.

g) Einzelfälle – § 68 anwendbar.

43 – Erstmalige **Verlustfeststellungsbescheide** können bei gleichzeitiger Herabsetzung der Einkommensteuer auf 0 EUR zum Gegenstand des Verfahrens werden (→ Rn. 66 aE).
– **Richtigstellungsbescheide gemäß § 182 III AO** (wegen der Nähe zu den von § 68 S. 4 erfassten Fallgestaltungen: BFH I R 38/07, BFH/NV 2009, 881; IV B 63/09, BFH/NV 2010, 178; vgl. auch BFH IV B 72/14, BFH/NV 2015, 1351) werden zum Gegenstand des Verfahrens.
– Verfrüht erlassene **Betragsberechnungsbescheide gemäß § 100 II 3 Hs. 2** (BFH VIII R 23/17, BFH/NV 2020, 613; IX R 15/20, BStBl. II 2023, 351; FG BBg 4 K 4122/10, EFG 2014, 1419; Nothnagel jurisPR-SteuerR 23/2014 Anm. 5; zur Abgrenzung s. auch FG Hmb 2 K 218/18, EFG 2022, 834, Rev BFH X R 19/21) und irrtümlich während des Rechtsmittelverfahrens nach § 172 I Nr. 2 AO ergangene (Teil-)Abhilfebescheide werden Gegenstand des Verfahrens (→ § 100 Rn. 48), jedoch nicht bloße Betragsberechnungen nach § 100 II 3 Hs. 1, da diese keine VA sind (→ § 100 Rn. 46).

- Auf die Änderung einer vom Stpfl. angefochtenen **AdV-Verfügung** (bei „aufgedrängter AdV") ist § 68 anwendbar (BFH I R 91/10, BFH/NV 2012, 2004).
- Auf **zollrechtliche Nacherhebungsbescheide** (zu Art. 243 II ZK: FG BW 11 K 1567/10, BeckRS 2016, 94492).
- **Kraftfahrzeugsteuerrechtliche Endbescheide gemäß § 12 II Nr. 3 KfzStG** werden zum Gegenstand eines Verfahrens betr. die laufende KfzSt-Festsetzung (BFH III R 47/18, DStRE 2019, 1479).

h) Einzelfälle – § 68 nicht anwendbar.

- Eine nach Erhebung einer **Untätigkeitsklage iSd § 46** ergangene **Einspruchsentscheidung** wird zum Gegenstand des Klageverfahrens, was jedoch nicht aus § 68 folgt (BFH I B 92, 93/09, BFH/NV 2010, 2284; → § 46 Rn. 28). 50
- Zu **Abhilfebescheiden** → Rn. 65 ff.
- Grundsätzlich die **Betragsberechnung** nach § 100 II 3 Hs. 1, weil insoweit ein VA weder geändert noch ersetzt, überhaupt eine Regelung iSd § 118 AO nicht getroffen wird (BFH IX R 15/20, BStBl. II 2023, 351; → Rn. 43; → § 100 Rn. 42 ff.).
- Ein während des Klageverfahrens erlassener **Ergänzungsbescheid** iSd § 179 III AO; hier sind die Regelungsgegenstände des angefochtenen Bescheids und des Ergänzungsbescheids nicht identisch (BFH IV R 74/07, BStBl. II 2010, 1104).
- Ein während eines die **Steuerfestsetzung** betr. Klageverfahrens ergangener **Abrechnungsbescheid** (BFH VI R 19/85, BFH/NV 1990, 619 (620)).
- Ergeht während eines Rechtsstreits über das Lohnsteuerermäßigungsverfahren nach §§ 38b, 39a EStG ein **Jahres-ESt-Bescheid** wird dieser nicht zum Gegenstand des Verfahrens, weil der Ermäßigungsbescheid Grundlagenbescheid für die Lohnsteueranmeldung des Arbeitgebers ist (NdsFG 12 K 307/06, EFG 2008, 1989; s. auch BFH III R 2/12, BFH/NV 2014, 549). Entsprechendes gilt für das Verhältnis zwischen Jahres-ESt-Bescheid und angefochtener Kapitalertragsteueranmeldung (BFH VIII R 45/15, BStBl. II 2019, 306; FG Hmb 6 K 183/12, BeckRS 2015, 94247).
- Wenn ein **erstmaliger Verwaltungsakt** ergeht, wird dieser nicht zum Gegenstand einer damit im Zusammenhang stehenden **Leistungsklage** (zB bei Erlass eines Abrechnungsbescheids iSd § 218 I AO nach Erhebung einer Klage auf Zahlung FG MV 1 K 472/09, nv).
- Zwischen **Steuerfestsetzung** und der Anforderung von **Säumniszuschlägen** besteht kein Regelungszusammenhang (BFH VIII B 76/98, BFH/NV 1999, 1058).
- Eine **Billigkeitsentscheidung** iSd § 163 AO wird mangels identischen Regelungsbereichs nicht Gegenstand einer anhängigen Klage gegen die Steuerfestsetzung.
- Letzteres gilt auch im Verhältnis zwischen **Zinsbescheid** und **Steuerbescheid** (BFH V R 39/94, BStBl. II 1996, 260).
- Ein Bescheid über die **Zusammenveranlagung von Ehegatten,** wenn ein Klageverfahren über eine **Einzelveranlagung eines der Ehegatten** anhängig ist, weil es insoweit an der erforderlichen Identität der Beteiligten fehlt (→ Rn. 20; Gosch/Paetsch § 68 Rn. 31.1).
- Wenn im Laufe des Klageverfahrens **an die Stelle eines Zusammenveranlagungsbescheids** Bescheide über eine **Einzelveranlagung** treten, liegt kein Fall der Ersetzung vor, weil die Bescheide nicht wesensgleich sind (BFH I R

38/20, BStBl. II 2024, 474; Aufgabe der Auffassung aus der Voraufl.; glA FG Köln 15 K 469/22, EFG 2023, 243 zu § 365 III AO; zur Gegenauffassung vgl. FG Düsseldorf 6 K 3526/92, EFG 1996, 1075; FG BBg 11 K 188/04, EFG 2008, 1400; FG München 9 K 1748/11, EFG 2013, 872).

2. Nach Bekanntgabe der Einspruchsentscheidung

55 Voraussetzung für die Anwendung des § 68 ist, dass der neue **Verwaltungsakt nach der Bekanntgabe der Einspruchsentscheidung dem Steuerpflichtigen bekanntgegeben** wurde. Dh die Bekanntgabe kann auch schon vor der Klageerhebung erfolgen (Tipke/Kruse/Krumm § 68 Rn. 16; Gosch/Paetsch § 68 Rn. 37). Davon abw. hatte die ursprüngliche Fassung des § 68 auf die Bekanntgabe des neuen VA nach Klageerhebung abgestellt, wobei die Rspr. schon vor der Änderung zum 1.1.2001 im Wege der teleologischen Extension das gleiche Ergebnis erreicht hatte (Tipke/Kruse/Krumm § 68 Rn. 16; Gosch/Paetsch § 68 Rn. 37). Für den Zeitraum vor der Einspruchsentscheidung gilt – von den Sonderfällen der §§ 45, 46 abgesehen – § 365 III AO. Bei Sprungklagen tritt an die Stelle der Einspruchsentscheidung die Zustimmungserklärung des FA gem. § 45 I 1 (BFH III R 41/22, BStBl. II 2024, 772).

56 In den **Fällen, in denen nach Bekanntgabe der Einspruchsentscheidung, aber noch während der Klagefrist ein Änderungsbescheid** (der neue VA) ergeht, ist Voraussetzung für die Anwendung des § 68, dass fristgerecht Klage erhoben wird (Gosch/Paetsch § 68 Rn. 37). Diese Klagefrist ist weiterhin ausgehend von der Bekanntgabe der Einspruchsentscheidung zu berechnen, verlängert sich durch den Änderungsbescheid also nicht. Der Kläger kann die Klage auch in diesen Fällen weiterhin gegen den vor Ergehen der Einspruchsentscheidung existierenden VA in Gestalt der Einspruchsentscheidung richten. Der nachfolgende Änderungsbescheid wird gleichwohl zum Gegenstand des Verfahrens (Tipke/Kruse/Krumm § 68 Rn. 16; HHS/Schallmoser § 68 Rn. 63). Wenn der Kläger sich nur gegen den neuen VA wendet, aber die sich aus der Einspruchsentscheidung ergebende Verfügungslage nicht akzeptieren will, muss er deutlich machen, dass er sich zugleich gegen die Einspruchsentscheidung wendet, weil er andernfalls Gefahr läuft, dass sein Begehren dahingehend ausgelegt wird, dass er die Einspruchsentscheidung habe bestandskräftig werden lassen wollen (HHS/Schallmoser § 68 Rn. 60, 67; aA Tipke/Kruse/Krumm § 68 Rn. 16).

57 Auch die Bekanntgabe eines Änderungsbescheids **nach Schluss der mündlichen Verhandlung** bis zur Zustellung des Urteils löst die Rechtsfolgen des § 68 aus (BFH IX R 18/12, BFH/NV 2013, 1094; I B 61/16, BFH/NV 2018, 210).

3. Zulässigkeitsvoraussetzungen

60 **a) Allgemeines.** Über die im Gesetzestext ausdrücklich genannten Voraussetzungen hinaus muss die **gegen den ursprünglichen Verwaltungsakt** gerichtete (bzw. nach Bekanntgabe der Einspruchsentscheidung zu richtende) Klage zulässig (gewesen) sein, dh **alle Sachentscheidungsvoraussetzungen** (→ Vor § 33 Rn. 1 ff.) erfüllen (erfüllt haben). **Dasselbe gilt hinsichtlich des neuen Klagebegehrens** (→ Rn. 61). Dies folgt daraus, dass durch die kraft Gesetzes ausgelöste Auswechslung des Verfahrensgegenstands (→ Rn. 75) dem Rechtsuchenden ein **erneutes außergerichtliches Vorverfahren erspart** werden soll (§ 44 I) – nicht mehr und nicht weniger. Er soll durch die von der beklagten Finbeh veranlasste Korrektur verfahrensrechtlich nicht schlechter gestellt werden als zuvor, aber auch

nicht besser: Dh eine zuvor unzulässige Klage kann durch die Auswechslung des Verfahrensgegenstands nicht geheilt werden (ebenso HHS/Schallmoser § 68 Rn. 66 f.; Gosch/Paetsch § 68 Rn. 39 f.; BFH IV R 184/84, BStBl. II 1987, 303; VII B 153/02, BFH/NV 2003, 1065 (1066); I R 75/05, BFH/NV 2007, 1506; I R 29/08, BStBl. II 2009, 539; IX R 41/15, BFH/NV 2018, 185; VIII R 11/16, DStR 2019, 1136; ebenso für das NZB-Verfahren BFH VIII B 6/20, BFH/NV 2021, 769; aA FG RhPf 3 K 1078/17, EFG 2017, 1105; Tipke/Kruse/Krumm § 68 Rn. 18; Jesse DStZ 2005, 139 (142 ff.)). Dadurch wird der Rechtsschutz nicht unzumutbar erschwert, weil der Kläger in Fällen, in denen die Zulässigkeit der Klage zweifelhaft ist, vorsorglich Einspruch einlegen und die Aussetzung dieses Einspruchsverfahrens (§ 363 I AO) bis zur rkr. Entscheidung im Klageverfahren beantragen kann. Darum scheitert die Anwendung des § 68 zB von vornherein, wenn es sich bei der ursprünglichen Klage um eine **Teilanfechtung** handelt (→ Rn. 32 ff.) und die Korrektur den nicht angefochtenen (bestandskräftigen) Teil des VA betrifft (s. zB BFH X B 160/12, BFH/NV 2014, 558). Andererseits können heilbare Zulässigkeitsmängel (zB nach § 65 II 1 ergänzbare Muss-Erfordernisse, → § 65 Rn. 52, oder eine fehlende Vollmacht) auch noch nach Ergehen des neuen VA geheilt werden, so dass der neue VA zum Gegenstand des Verfahrens wird. Denn es ist kein Grund ersichtlich, dem Kläger nur wegen des Ergehens eines neuen VA die Heilungsmöglichkeiten zu verwehren.

Des Weiteren setzt die Anwendung des § 68 voraus, dass die Klage auch dann zulässig bleibt, wenn der neue VA zum Gegenstand des Klageverfahrens würde **(doppelte Zulässigkeitsprüfung).** Daran fehlt es insbes., wenn durch den neuen VA dem **Rechtsschutzbegehren** dadurch in vollem Umfang **entsprochen** wird, dass der angefochtene VA auf das Rechtsschutzbegehren hin geändert oder aufgehoben wird, so dass diesem **kein schützenswertes Interesse mehr** zur Seite steht (iE → Rn. 65 ff.). Dass die Klage durch die Auswechslung des Verfahrensgegenstands gem. § 68 unzulässig wird, ist darüber hinaus kaum zu erwarten, auch nicht wegen fehlender Anpassung des Klagebegehrens. Denn es ist **grundsätzlich davon auszugehen, dass der Kläger sein ursprüngliches Begehren aufrechterhält, soweit diesem noch nicht seitens des Beklagten entsprochen wurde.** Nach dem Grundsatz rechtsschutzgewährender Auslegung (→ Vor § 33 Rn. 41 f.) ist der Kläger dabei am Wortlaut bereits gestellter Klageanträge nicht festzuhalten. Vielmehr ist davon auszugehen, dass der Kläger bei einer Teilabhilfe sein Begehren auf den „noch nicht erledigten Rest" beschränkt (HessFG 4 K 1016/17, BeckRS 2018, 41887; Tipke/Kruse/Krumm § 68 Rn. 24; mit gleicher Tendenz BFH VI R 164/00, BStBl. II 2003, 350). Geht mit dem Änderungsbescheid eine Verböserung einher (zB bei einer Änderung nach § 173 I Nr. 1 AO), kann das Gericht nicht ohne weiteres davon ausgehen, dass sich der Kläger gegen diese Verböserung wenden will. Es obliegt vielmehr ihm, dies ggf. in das Klageverfahren einzuführen und sein Klagebegehren und seine Anträge entspr. zu ändern. Er kann dabei auch – in den Grenzen der §§ 42, 351 AO – über sein ursprüngliches Begehren hinausgehen (BFH XI E 1/10, BFH/NV 2010, 2087). 61

b) Abhilfebescheide. Ein **Bescheid, der zur vollständigen Abhilfe des Klagebegehrens führt,** wird **nicht gemäß § 68 zum Gegenstand des Klageverfahrens,** weil dafür **nach dem Sinn und Zweck der Vorschrift** (→ Rn. 1 f.) **kein Bedürfnis** besteht. Sofern der Kläger gegen diesen Bescheid weitere – bisher nicht streitgegenständliche – Einwendungen geltend machen will, kann er gegen den Abhilfebescheid Einspruch einlegen. Dies erscheint auch 65 sachgerecht, weil andernfalls ein neues Begehren in den Prozess eingeführt würde, das noch nicht Gegenstand der richterlichen Sachbearbeitung war, vielfach auch nicht der Prüfung im Einspruchsverfahren. Anders als bei Klageerweiterungen (→ § 65 Rn. 77) gibt es nicht einmal einen Kern des ursprünglichen Klagebegehrens, das noch der Entscheidung harrt. Unter diesen Umständen erscheint es sachgerecht, das Begehren zwingend der Filterwirkung des Einspruchsverfahrens zu unterwerfen (iErg glA BFH II R 45/88, BStBl. II 1991, 102; III R 24/96, BFH/NV 1997, 430; VIII R 7/97, BFH/NV 2000, 564; NdsFG 3 K 166/09, BeckRS 2012, 96360; ebenso für die vergleichbare Situation im Einspruchsverfahren BFH XI R 47/05, BStBl. II 2007, 736; XI R 12/14, BFH/NV 2015, 957; X B 99/19, BStBl. II 2020, 375; VI R 50/18, BStBl. II 2021, 440; Hendricks/Hildebrand Ubg 2018, 361 (363); **aA BFH** VIII R 23/17, BFH/NV 2020, 613; FG LSA 3 K 1707/09, EFG 2014, 1803; HHS/Schallmoser § 68 Rn. 44; Jesse Einspruch SteuerR Kap. C Rn. 370; für die Anwendung des § 68 bei Abhilfe, **aber auch für eine danach eintretende Unzulässigkeit der Klage BFH** VIII R 88/91, BFH/NV 1994, 115; V R 21/10, BStBl. II 2014, 81; III R 23/21, BStBl. II 2023, 338; I R 38/20, BStBl. II 2024, 474, Rn. 25; Tipke/Kruse/Krumm § 68 Rn. 9; wohl auch X B 113/14, BFH/NV 2015, 510). Die Gegenauffassung setzt sich nicht mit der zu § 365 III AO ergangenen Rspr. auseinander. Wenn man mit der Gegenauffassung davon ausgeht, dass auch ein Abhilfebescheid zum Gegenstand des Verfahrens wird, müsste wohl die Geltendmachung eines geänderten Klagebegehrens dazu führen, dass die Klage zulässig wird oder bleibt.

66 **Maßgebend** dafür, ob das Rechtsschutzinteresse entfällt, sind das **bisher geltend gemachte Klagebegehren und die für das Vorliegen einer Beschwer geltenden Grundsätze** (→ § 40 Rn. 95 ff.). Danach ist die Herabsetzung der ESt auf 0 EUR grds. eine Abhilfe, jedoch nicht, wenn gleichwohl an der Fortführung des Rechtsstreits ein rechtlich schützenswertes Interesse besteht, zB im Hinblick auf die Grundlagenwirkung für den Verlustabzug (§ 10d IV 4 EStG idF des JStG 2010 iVm § 52 XXV 5 EStG 2011, ggf. iVm § 8 I 1 KStG oder § 35b II 2 und 3 GewStG, BFH IX B 137/13, BFH/NV 2014, 1042; I R 30/15, BStBl. II 2017, 921; auch → § 74 Rn. 26). Für Streitjahre vor 2010 kam in Betracht, dass gleichzeitig ergehende erstmalige Verlustfeststellungsbescheide zum Gegenstand des Verfahrens werden (BFH X B 113/14, BFH/NV 2015, 510; I R 35/15, BStBl. II 2017, 768), was für die Streitjahre, in denen § 10d IV 4 EStG idF des JStG 2010 usw gelten, nicht der Fall ist (vgl. Schüler-Täsch HFR 2024, 514 mwN; offenlassend BFH IX R 7/22, BStBl. II 2024, 406).

67 **Wenn ein neuer Verwaltungsakt nicht zum Gegenstand des Verfahrens wird,** kann der Kläger dagegen mit Aussicht auf Erfolg nur vorgehen, wenn er gegen den Bescheid **Einspruch** einlegt, also ein neues Rechtsbehelfsverfahren einleitet. Denn mangels Anwendung des § 68 gilt auch § 68 S. 2 nicht. Dabei sind allerdings die durch § 351 AO gezogenen Grenzen zu beachten. Geht der Kläger zu Unrecht davon aus, dass ein Bescheid nach § 68 zum Gegenstand eines Klageverfahrens geworden ist und unterlässt er deshalb die Einspruchseinlegung, wird dieser Bescheid nach Ablauf der Einspruchsfrist bestandskräftig. Bei unrichtiger Rechtsbehelfsbelehrung (die Finbeh verweist zB zu Unrecht auf § 68 S. 2) gilt aber die Jahresfrist (§ 356 II AO). Zudem sind geringe Anforderungen daran zu stellen, ob ein gegen den Änderungsbescheid gerichteter Rechtsbehelf vorliegt. Gibt zB in einer solchen Situation ein Kläger innerhalb der Einspruchsfrist ggü. dem Gericht zu erkennen, dass er ein geändertes Klageziel gegen den Änderungsbescheid verfolgen will, ist diese Äußerung als Sprungklage iSd § 45 auszulegen

(glA Hildebrand, Vielfalt in der steuerzentrierten Rechtsberatung, 2021, 45 (52)). Unter Umständen kommt bei irreführenden Äußerungen des FG oder des FA auch eine Wiedereinsetzung in den vorigen Stand (§ 110 AO, § 56) in Betracht (BFH X B 160/12, BFH/NV 2014, 558). **Die dann noch gegen den ursprünglichen Verwaltungsakt anhängige Klage** ist durch den neuen VA **unzulässig** geworden, weil dieser den ursprünglichen VA in seiner Wirkung suspendiert hat (→ Rn. 21).

Ein nicht in den Anwendungsbereich des § 68 fallender Abhilfebescheid liegt 68 dem Grunde nach auch vor, wenn **nach einer Abhilfezusage die Beteiligten den Rechtsstreit in der Hauptsache für erledigt erklären** und der Beklagte sodann einen **Bescheid zur Umsetzung der Zusage** erlässt. Wegen des Wegfalls der Rechtshängigkeit (→ § 138 Rn. 25) liegt schon keine Änderung eines angefochtenen Bescheids vor. Wenn im Anschluss daran aber Streit darüber besteht, ob der Änderungsbescheid der zuvor erteilten Abhilfezusage entspricht, ist die Klärung gleichwohl durch Fortsetzung des ursprünglichen Klageverfahrens herbeizuführen (BFH X B 42/11, BFH/NV 2012, 439; → § 138 Rn. 28).

V. Rechtsfolgen

1. „Automatische" Auswechslung des Verfahrensgegenstands

Die Änderung oder Ersetzung des angefochtenen VA bewirkt unmittelbar **kraft** 75 **Gesetzes,** dass nunmehr der neue anstelle des bisher angefochtenen VA zum Verfahrensgegenstand wird (zB BFH V R 21/10, BStBl. II 2014, 81). Eine Prozesshandlung ist insoweit nicht mehr erforderlich. Die mit der früheren Rechtslage verbundenen Probleme bei der rechtzeitigen Antragstellung (§ 68 S. 2 vor 2001; vgl. 4. Aufl. → Rn. 22), auch solche der Auslegung (s. zB BFH III R 5/98, BStBl. II 1999, 227) bestehen nach der aktuellen Rechtslage nicht mehr. Für den Fall, dass der **neue Verwaltungsakt** infolge Zuständigkeitswechsels **von einem anderen Finanzamt** erlassen ist, ist der dadurch ausgelöste **Beklagtenwechsel** zu beachten (→ § 63 Rn. 22); falls sich hierdurch außerdem die **örtliche Zuständigkeit** ändert (§ 38), greift § 70 FGO iVm § 17 I 1 GVG ein (→ § 70 Rn. 6).

Ergehen innerhalb ein und desselben Verfahrens nacheinander **mehrere Ände-** 76 **rungsbescheide,** wird schließlich jeweils der letzte zum Verfahrensgegenstand (BFH XI B 90/06, BFH/NV 2007, 1154; IV R 5/08, BStBl. II 2010, 912; VIII R 17/11, BeckRS 2014, 94182; VIII B 43/13, BFH/NV 2014, 711). Sind **mehrere Vorauszahlungsbescheide** für einen Veranlagungszeitraum teilweise im Rahmen eines Klageverfahrens und teilweise im Rahmen eines Einspruchsverfahrens angefochten, hat bei Ergehen eines Jahressteuerbescheids § 68 S. 1 Vorrang vor § 365 III AO, weil das Klageverfahren den intensiveren Rechtsschutz bietet (BFH XI R 15/16, DStR 2019, 866, Rn. 72 – insoweit Bestätigung der Vorinstanz FG BBg 7 K 7184/14, EFG 2016, 1474).

Für den weiteren Verlauf des Verfahrens sind folgende **Varianten** denkbar: 77

– Der angefochtene VA wird zu Lasten des Klägers **verbösert,** zB durch eine Änderung nach § 164 II AO oder § 173 I Nr. 1 AO oder (nach Anfechtung eines Vorauszahlungsbescheids) durch Anwendung der angegriffenen Auffassung auf den gesamten Veranlagungszeitraum. Insoweit ist es die Entscheidung des Klägers, ob er sein Begehren erweitern und iRd Klageverfahrens gegen die Verböserung vorgehen will. Das Gericht kann nicht ohne weiteres davon ausgehen, dass sich der Kläger gegen diese Verböserung wenden will. Es obliegt vielmehr ihm, dies **ggf.** in das Klageverfahren einzuführen und sein **Klagebegehren** und seine **Anträge** entsprechend zu **ändern** (glA Hildebrand, Vielfalt in der steuerzentrierten Rechtsberatung, 2021, 45 (53)). Er kann dabei auch – in den Grenzen der §§ 42, 351 AO – über sein ursprüngliches Begehren hinausgehen (BFH XI E 1/10, BFH/NV 2010, 2087). Ob der Beklagte zur Verböserung befugt war, ergibt sich nicht aus § 68, sondern aus den entsprechenden Korrekturvorschriften und dem materiellen Recht.

– Der streitbefangene Steuerbescheid wird im Wege einer reinen **Folgeänderung nach § 175 I 1 Nr. 1 AO** korrigiert, so dass sich (weil der Grundlagenbescheid im anhängigen Verfahren nicht angegriffen werden darf; § 42, § 351 II AO) die **Anpassungsbefugnis der Sache nach auf das bisherige Begehren beschränkt,** der Streitstoff unverändert bleibt und sich allenfalls dessen quantitative Auswirkung auf die erstrebte Steuerfestsetzung verändert (s. zB BFH XI R 30/04, BStBl. II 2005, 274). In dieser Situation sind keinerlei ergänzende Erklärungen erforderlich. Gleiches gilt, wenn die vorgenommene **Änderung einvernehmlich** erfolgt.

– Dem Begehren des Klägers wird **teilweise entsprochen.** Der Klarheit halber sollte der Kläger dem Gericht mitteilen, wegen welcher Punkte er das Verfahren noch fortführen will (glA Hildebrand, Vielfalt in der steuerzentrierten Rechtsberatung, 2021, 45 (56). Für die Zulässigkeit seiner Klage ist dies jedoch nicht zwingend erforderlich, weil das Gericht im Wege der Auslegung davon ausgehen muss, dass der Kläger erledigte Teile seines Begehrens nicht weiter geltend machen will (→ Rn. 61).

– Dem ursprünglichen Rechtsschutzbegehren wird **uneingeschränkt entsprochen.** Die einzig „passende" Antwort des Rechtsuchenden hierauf ist die **Erledigungserklärung** (§ 138; → Rn. 65 ff.). Ein weiteres Festhalten am ursprünglichen Begehren macht dieses unzulässig, weil mit der Korrektur des angefochtenen VA das Rechtsschutzinteresse entfallen ist. Der neue VA wird nach der hier vertretenen Auffassung erst gar nicht nach § 68 zum Gegenstand des Verfahrens bzw. die Klage wird nach der hM auch trotz Anwendung des § 68 unzulässig (→ Rn. 61, 65). Will der Kläger neue, bisher nicht geltend gemachte Einwendungen erheben, muss er erneut Einspruch einlegen (→ Rn. 67).

– In einem **Rechtsstreit gegen die Vorauszahlungsfestsetzung** ist der **Jahressteuerbescheid nach § 68 zum Gegenstand des Verfahrens** geworden. Die im Vorauszahlungsverfahren streitige Frage kann aber im Verfahren gegen den Jahressteuerbescheid nicht geklärt werden. Insoweit kann der Übergang zur **Fortsetzungsfeststellungsklage** zulässig sein (BFH XI R 3/09, BFH/NV 2010, 1450; X B 58/13, BFH/NV 2014, 361).

78 In Fällen, in denen der **neue Verwaltungsakt durch das Urteil des Finanzgerichts ersatzlos aufgehoben** wird, kann das FG auch alle zuvor ergangenen VA, bis zurück zum ursprünglichen VA aufheben (BFH IV R 17/14, BFH/NV 2014, 1507; FG Saarl 3 K 1236/10, EFG 2014, 698).

79 Wenn während eines Klageverfahrens, mit dem der Kläger im Wege der Verpflichtungsklage eine Änderung eines unter dem Vorbehalt der Nachprüfung stehenden Bescheids begehrt, das FA einen vorbehaltlosen Bescheid erlässt, wird dieser Bescheid nach § 68 S. 1 zum Gegenstand des Verfahrens (→ Rn. 22) und die Verpflichtungsklage wandelt sich in eine Anfechtungsklage um (BFH VIII R 8/16, BStBl. II 2020, 383; IX R 15/20, BStBl. II 2023, 351).

2. Keine doppelte Rechtshängigkeit mehr – Klarstellung S. 2

Ein weiterer Beitrag zur Verfahrensvereinfachung und zu mehr Rechtsklarheit 85 liegt darin, dass es nach der aktuellen Gesetzesfassung **nicht mehr** zu dem leidigen **Nebeneinander von Einspruchs- und Klageverfahren** kommen kann (s. zum alten Recht 4. Aufl. → Rn. 25 ff. mwN). Der Annahme eines „Wahlrechts" zwischen Klage- und Einspruchsverfahren und einer **Verfahrensaussetzung** nach § 74 bedarf es nun **nicht** mehr (s. zB zum alten Recht BFH VIII R 26/94, BStBl. II 2000, 300). Die Möglichkeit, den neuen VA (auch) mit dem Einspruch anzufechten, ist nach dem (auf Vorschlag des Rechtsausschusses des Deutschen Bundestages, BT-Drs. 14/4549, 4, 11) eingefügten S. 2 im Umfang der Auswechslung des Verfahrensgegenstands nach S. 1 („insoweit") ausdrücklich ausgeschlossen (zur **Rechtsfolge** BFH V B 2/08, BFH/NV 2009, 401; III B 157/12, BFH/NV 2014, 545).

Dementsprechend ist dem neuen VA **keine Rechtsbehelfsbelehrung** iSd 86 § 356 I AO beizufügen (BFH X B 42/11, BFH/NV 2012, 439; HHS/Siegers AO § 356 Rn. 40; Gosch/Werth AO § 356 Rn. 8). Geschieht dies fälschlicherweise doch, wird dadurch nicht die Zulässigkeit des Einspruchsverfahrens eröffnet (BFH X B 42/11, BFH/NV 2012, 439; HHS/Siegers AO § 356 Rn. 40). Wenn Unsicherheit darüber besteht, ob der Änderungsbescheid nach § 68 S. 1 zum Gegenstand des Verfahrens geworden ist, kann Anlass dazu bestehen, den Änderungsbescheid vorsorglich mit dem Einspruch anzufechten und das Ruhen dieses Verfahrens zu beantragen (Hildebrand, Vielfalt in der steuerzentrierten Rechtsberatung, 2021, 45 (52)).

3. Entscheidung über den „falschen" Verwaltungsakt

a) S. 3 reine Ordnungsvorschrift. Der verstärkten Gefahr, dass die durch die 90 „automatische" Auswechslung des Verfahrensgegenstands geschaffene veränderte Prozesslage dem Gericht unbekannt bleibt, soll durch § 68 S. 3 begegnet werden, der (wie zuvor durch § 77 III aF) die beklagte **Finanzbehörde** dazu **verpflichtet,** dem zuständigen Spruchkörper eine Abschrift des **neuen Verwaltungsakts zu übermitteln.** Die Wortwahl „übermitteln" (statt wie in der früheren Fassung: übersenden) macht deutlich, dass die Übermittlung nach § 52d im elektronischen Verfahren erfolgen muss (vgl. Gosch/Paetsch § 68 Rn. 50). An die Verletzung dieser prozessualen Pflicht sind indessen **keine Sanktionen** geknüpft. Es handelt sich um eine reine Ordnungsvorschrift (BFH IV B 90/03, BFH/NV 2005, 1817 (1819)). Für die **Praxis** kann nur empfohlen werden, dass in solchen Fällen stets der Kläger bzw. sein Prozessbevollmächtigter das Gericht von sich aus durch Übersendung einer Kopie informiert (ebenso FG BBg 4 K 4122/10, EFG 2014, 1419). Allerdings kann auch dadurch **nicht mit** letzter **Sicherheit verhindert werden, dass** das **Finanzgericht** (bzw. der BFH – s. FG BBg 4 K 4122/10, EFG 2014, 1419) **über den ursprünglichen Verwaltungsakt entscheidet,** obwohl dieser kraft Gesetzes nicht mehr Verfahrensgegenstand ist. Die Lösung in einem solchen Fall erfordert eine genauere Beurteilung der prozessualen Gegebenheiten (s. dazu Leingang-Ludolph/Wiese DStR 2001, 775 (777 f.)).

92 **b) Prozesssituation.** Die **Rechtskraftwirkung** eines den **ursprünglichen Verwaltungsakt** betreffenden Urteils **kann nur** diesen **(ursprünglichen Verwaltungsakt) erfassen,** weil nur dieser Entscheidungsgegenstand war (→ § 110 Rn. 33). Dieser Ausspruch würde also einer (neuerlichen) Änderung nicht entgegenstehen (§ 110 II; → § 110 Rn. 55 ff.). Der eigentliche **„Defekt" eines solchen Urteilsspruchs** aber liegt **darin, dass er** einen (so) **nicht mehr existenten Verwaltungsakt betrifft,** der für eine Rechtsbeeinträchtigung iSd §§ 40 II, 100 I 1 nicht (mehr) in Betracht kommt. Allein darin liegt ein Rechtsverstoß (BFH III B 157/12, BFH/NV 2014, 545; I B 61/16, BFH/NV 2018, 210; I R 44/17, DStR 2020, 1307).

93 Zur **Beseitigung dieses Mangels auf der Ebene des Finanzgerichts** (s. dazu auch Spindler DB 2001, 61 (65)) scheidet **§ 107** schon allein deshalb aus, weil die Möglichkeit eines nicht rein „mechanischen" Fehlers nicht ausgeschlossen werden kann (→ § 107 Rn. 3 ff.). Mit **§ 108** kann nicht geholfen werden, weil es mit einer Berichtigung des Tatbestands allein nicht getan ist. In Betracht kommt dagegen ein **Antrag** zur nachträglichen Urteilsergänzung **gemäß § 109** (FG RhPf 4 K 2699/06, EFG 2011, 820; vgl. Spindler DB 2001, 61 (65)), der allerdings gem. § 109 II nur binnen zwei Wochen nach Zustellung des Urteils gestellt werden kann und seinerseits einen im Urteil übergangenen Antrag voraussetzt (→ § 109 Rn. 2); es kommt also allenfalls eine analoge Anwendung des § 109 in Betracht (für den Fall der Bescheidänderung zwischen Urteilsverkündung und Urteilszustellung abl. BFH I B 61/16, BFH/NV 2018, 210).

94 Werden diese „Reparaturversuche" nicht unternommen oder fehlt es an den erforderlichen Voraussetzungen, handelt es sich um einen **Verfahrensfehler,** der im **Revisionsverfahren** gerügt oder im Wege der **Nichtzulassungsbeschwerde** (§ 115 II Nr. 3, § 116; → § 127 Rn. 5) geltend gemacht werden kann. Dieser Verfahrensfehler führt grds. zur Aufhebung und Zurückverweisung des Rechtsstreits gem./analog § 127 (BFH III B 157/12, BFH/NV 2014, 545; VIII B 43/13, BFH/NV 2014, 711; I B 61/16, BFH/NV 2018, 210; → § 127 Rn. 1 f.). Ausnahmsweise beschränkt sich der **BFH** jedoch auf die bloße **Richtigstellung im Revisions- oder Beschwerdeverfahren,** wenn der neue VA, den das FG nicht beachtet hat, den Streitgegenstand nicht berührt, keinen neuen Streitpunkt enthält und Spruchreife besteht (BFH II B 70/03, BStBl. II 2003, 944; XI R 21/10, BStBl. II 2012, 434; IV R 15/10, BStBl. II 2013, 858; I R 21/11, BeckRS 2014, 94757; IX R 1/21, BStBl. II 2024, 54; → § 127 Rn. 2 ff.).

95 Hat der **BFH** den **neuen Verwaltungsakt** im Rechtsmittelverfahren **übersehen,** kann dies nur durch einen Antrag auf Urteils- oder Beschlussergänzung gem. **§ 109** binnen zwei Wochen nach Zustellung der Entscheidung behoben werden (FG BBg 4 K 4122/10, EFG 2014, 1419).

96 Der Umstand, dass die Finbeh die ihr in § 68 S. 3 auferlegte prozessuale Pflicht verletzt hat, kann bei der **Kostenentscheidung** berücksichtigt werden (§ 137).

§ 69 [Aussetzung der Vollziehung]

(1) [1]**Durch Erhebung der Klage wird die Vollziehung des angefochtenen Verwaltungsakts vorbehaltlich des Absatzes 5 nicht gehemmt, insbesondere die Erhebung einer Abgabe nicht aufgehalten.** [2]**Entsprechendes gilt bei Anfechtung von Grundlagenbescheiden für die darauf beruhenden Folgebescheide.**

(2) [1]Die zuständige Finanzbehörde kann die Vollziehung ganz oder teilweise aussetzen. [2]Auf Antrag soll die Aussetzung erfolgen, wenn ernstliche Zweifel an der Rechtmäßigkeit des angefochtenen Verwaltungsakts bestehen oder wenn die Vollziehung für den Betroffenen eine unbillige, nicht durch überwiegende öffentliche Interessen gebotene Härte zur Folge hätte. [3]Die Aussetzung kann von einer Sicherheitsleistung abhängig gemacht werden. [4]Soweit die Vollziehung eines Grundlagenbescheides ausgesetzt wird, ist auch die Vollziehung eines Folgebescheides auszusetzen. [5]Der Erlass eines Folgebescheides bleibt zulässig. [6]Über eine Sicherheitsleistung ist bei der Aussetzung eines Folgebescheides zu entscheiden, es sei denn, dass bei der Aussetzung der Vollziehung des Grundlagenbescheides die Sicherheitsleistung ausdrücklich ausgeschlossen worden ist. [7]Ist der Verwaltungsakt schon vollzogen, tritt an die Stelle der Aussetzung der Vollziehung die Aufhebung der Vollziehung. [8]Bei Steuerbescheiden sind die Aussetzung und die Aufhebung der Vollziehung auf die festgesetzte Steuer, vermindert um die anzurechnenden Steuerabzugsbeträge, um die anzurechnende Körperschaftsteuer und um die festgesetzten Vorauszahlungen, beschränkt; dies gilt nicht, wenn die Aussetzung oder Aufhebung der Vollziehung zur Abwendung wesentlicher Nachteile nötig erscheint.

(3) [1]Auf Antrag kann das Gericht der Hauptsache die Vollziehung ganz oder teilweise aussetzen; Absatz 2 Satz 2 bis 6 und § 100 Abs. 2 Satz 2 gelten sinngemäß. [2]Der Antrag kann schon vor Erhebung der Klage gestellt werden. [3]Ist der Verwaltungsakt im Zeitpunkt der Entscheidung schon vollzogen, kann das Gericht ganz oder teilweise die Aufhebung der Vollziehung, auch gegen Sicherheit, anordnen. [4]Absatz 2 Satz 8 gilt entsprechend. [5]In dringenden Fällen kann der Vorsitzende entscheiden.

(4) [1]Der Antrag nach Absatz 3 ist nur zulässig, wenn die Behörde einen Antrag auf Aussetzung der Vollziehung ganz oder zum Teil abgelehnt hat. [2]Das gilt nicht, wenn
1. die Finanzbehörde über den Antrag ohne Mitteilung eines zureichenden Grundes in angemessener Frist sachlich nicht entschieden hat oder
2. eine Vollstreckung droht.

(5) [1]Durch Erhebung der Klage gegen die Untersagung des Gewerbebetriebes oder der Berufsausübung wird die Vollziehung des angefochtenen Verwaltungsakts gehemmt. [2]Die Behörde, die den Verwaltungsakt erlassen hat, kann die hemmende Wirkung durch besondere Anordnung ganz oder zum Teil beseitigen, wenn sie es im öffentlichen Interesse für geboten hält; sie hat das öffentliche Interesse schriftlich zu begründen. [3]Auf Antrag kann das Gericht der Hauptsache die hemmende Wirkung wiederherstellen, wenn ernstliche Zweifel an der Rechtmäßigkeit des Verwaltungsakts bestehen. [4]In dringenden Fällen kann der Vorsitzende entscheiden.

(6) [1]Das Gericht der Hauptsache kann Beschlüsse über Anträge nach den Absätzen 3 und 5 Satz 3 jederzeit ändern oder aufheben. [2]Jeder Beteiligte kann die Änderung oder Aufhebung wegen veränderter oder im ursprünglichen Verfahren ohne Verschulden nicht geltend gemachter Umstände beantragen.

(7) **Lehnt die Behörde die Aussetzung der Vollziehung ab, kann das Gericht nur nach den Absätzen 3 und 5 Satz 3 angerufen werden.**

Vgl. § 80 VwGO; § 97 SGG.

Literatur: Berrang, Vorbeugender Rechtsschutz im Recht der Europäischen Gemeinschaften, 1994, zugleich Diss Saarbrücken 1994; Bilsdorfer, Das FGO-Änderungsgesetz, BB 1993, 109; Bilsdorfer, Vollstreckungsschutz während eines laufenden Aussetzungsverfahrens, FR 2000, 708; Bilsdorfer, Aussetzung der Vollziehung trotz Rechtmäßigkeit des Verwaltungsaktes?, AO-StB 2020, 229; Bilsdorfer, Der vorläufige einstweilige Rechtsschutz vor den Finanzgerichten – in der Praxis oft ein Nichts und perspektivisch eine Notwendigkeit, DStR 2021, 320; Birk, Verfassungsfragen bei der Gewährung vorläufigen Rechtsschutzes im finanzgerichtlichen Verfahren, FS Menger, 1985, S 169; Birkenfeld, Die Beschränkung der Aussetzung und Aufhebung der Vollziehung, DStZ 1999, 349; Buciek, Der vorläufige Rechtsschutz in Steuersachen, DStJG Bd. 18, 149; Carlé, Gerichtliches Erstreiten der Aussetzung der Vollziehung – § 69 Abs. 3 FGO, KÖSDI 2013, 18306; Drüen, Haushaltsvorbehalt bei der Verwerfung verfassungswidriger Steuergesetze? – Budgetärer Dispositionsschutz durch Aussetzung der Vollziehung nach den Beschlüssen des BVerfG zum Kinderlastenausgleich, FR 1999, 289; Drüen, Das Gebot effektiven Rechtsschutzes als Schranke der Anordnung einer Sicherheitsleistung im Finanzprozess, DStR 2014, 1803; Haunhorst, Das gerichtliche Verfahren zur Aussetzung der Vollziehung von Steuerbescheiden bei nachfolgender Einspruchsentscheidung, DStZ 2000, 325; Jannasch, Einwirkungen des Gemeinschaftsrechts auf den vorläufigen Rechtsschutz, NVwZ 1999, 495; Jörißen, Der vorläufige Rechtsschutz im Besteuerungsverfahren im Überblick (Teil 1und Teil 2), AO-StB 2021, 296, 333; Kamps, Ausgewählte Beraterüberlegungen zur Aussetzung der Vollziehung, DStR 2007, 1154 ff.; Leonard, Ist § 69 Abs. 2 S. 8 FGO verfassungsgemäß?, DB 1999, 2280; Lindwurm, Rechtsschutz des Vollstreckungsschuldners gegen Anträge des Finanzamts an das Amtsgericht, DStZ 2002, 135; Luttermann, Rechtsschutz im Steuerverfahren – Die „summarische" Prüfung und „ernstliche Zweifel" iSv § 69 FGO, FR 1998, 1084; Papier, Einstweiliger Rechtsschutz bei Abgaben, StuW 1978, 332; Prätzler/Stuber, Verfahrensrechtlicher Fallstrick bei der Aussetzung bzw. Aufhebung der Vollziehung von Umsatzsteuerbeträgen, BB 2013, 1825; Roggan, Der vorläufige Rechtsschutz gegen Feststellungs- und Folgebescheide, Göttinger Diss 1981; Sauthoff, „Ernstliche Zweifel" im vorläufigen Rechtsschutz, GS Joecks, 2018, 753; Schallmoser, Aussetzung der Vollziehung von Steuerbescheiden bei ernstlichen verfassungsrechtlichen Zweifeln an der Gültigkeit einer entscheidungserheblichen Rechtsnorm, DStR 2010, 297; Sediqi, Die gerichtliche Aussetzung der Vollziehung gemäß § 69 Abs. 3, 4 FGO, DStR 2023, 1112; Seer, Defizite im finanzgerichtlichen Rechtsschutz, StuW 2001, 3, 13 f.; Seer, Vorläufiger Rechtsschutz bei ernstlichen Zweifeln an der Verfassungsmäßigkeit eines Steuergesetzes, DStR 2012, 325; Söhn, Verfassungswidrige Steuergesetze und Aussetzung der Vollziehung, NJW 1970, 315; Spilker, Verfassungsrechtliche Grenzen für die Anordnung einer Sicherheitsleistung im steuerrechtlichen einstweiligen Rechtsschutz, DStR 2010, 731; Spindler, Vorläufiger finanzgerichtlicher Rechtsschutz bei behaupteter Verfassungswidrigkeit von Steuergesetzen, DB 1989, 596; Tormöhlen, Aussetzung der Vollziehung – steuerverfahrensrechtliche Problemfelder, AO-StB 2011, 219; Trossen, Vorläufiger Rechtsschutz gegen Insolvenzanträge der Finanzbehörden, DStZ 2001, 877; Uterhark/Bickert, Die Umsetzung von Verständigungsergebnissen in Fällen der Aussetzung der Vollziehung, DStR 2023, 1341; Wüllenkemper, Vorläufiger Rechtsschutz gegen Aufteilungsbescheide, DStZ 1991, 36.

Übersicht

Rn.

I. Vorbemerkungen 1

1. Allgemeines zum vorläufigen Rechtsschutz in Abgabenangelegenheiten 1

	Rn.
a) Zweck des vorläufigen Rechtsschutzes	1
b) Zweigleisigkeit des vorläufigen Rechtsschutzes	3
c) Abgrenzung zwischen Aussetzung/Aufhebung der Vollziehung und einstweiliger Anordnung	5
d) Verhältnis des gerichtlichen Aussetzungsverfahrens zum Hauptsacheverfahren	6
2. Abgrenzungen	10
a) Verhältnis zu § 361 AO	10
b) Verhältnis zu Art. 45 UZK	16
c) Vorläufiger Rechtsschutz nach Unionsrecht	19
II. Keine Hemmung der Vollziehung durch Klageerhebung – § 69 I	25
III. Aussetzung der Vollziehung nach § 69 II und III	30
1. AdV durch die Finanzbehörde oder das Gericht – § 69 II 1 und III 1	30
2. Allgemeine Zulässigkeitsvoraussetzungen für einen AdV-Antrag	32
a) Anfechtung des identischen Verwaltungsakts	32
b) Rechtsschutzbedürfnis	35
c) ABC der aussetzungsfähigen/nicht aussetzungsfähigen Verwaltungsakte	42
3. Besondere Zulässigkeitsvoraussetzungen für einen gerichtlichen AdV-Antrag	130
a) Sachentscheidungsvoraussetzungen	130
b) Zugangsvoraussetzungen (§ 69 IV)	145
aa) Ablehnung eines AdV-Antrags durch die Behörde (§ 69 IV 1)	145
bb) Die Ausnahmetatbestände des § 69 IV 2 Nr. 1, 2	151
4. Materiell-rechtliche Voraussetzungen der AdV (Aussetzungsgründe)	160
a) Ernstliche Zweifel an der Rechtmäßigkeit	160
aa) Begriff	160
bb) Ernstliche Zweifel in rechtlicher Hinsicht	161
cc) Ernstliche Zweifel in tatsächlicher Hinsicht	167
b) Unbillige Härte	170
IV. Aufhebung der Vollziehung nach § 69 II 7 und III 3	175
V. Entscheidungsgrundsätze	180
1. Gegenstand und Maßstab der Prüfung	180
2. Ermessen	185
a) Einschränkung bei ernstlichen Zweifeln an der Rechtmäßigkeit des Verwaltungsakts	185
b) Ermessensausübung mit Interessenabwägung in Ausnahmefällen	186
3. Summarisches Verfahren	195
VI. Verfahrensgrundsätze	210
1. Die zur Entscheidung berufene Stelle	210
a) Zuständige Finbeh – § 69 II 1	210
b) Gericht der Hauptsache – § 69 III 1 und 2	211
c) Vorsitzender	213
2. Form der Entscheidung	215
3. Verfahren bei Änderung des angefochtenen Verwaltungsaktes	217
4. Entscheidung nach Abschluss der Instanz	218
5. Beiladung, Beitritt	221

Rn.
6. Aussetzung, Ruhen, Unterbrechung des Verfahrens 222
VII. Zum Entscheidungsinhalt 225
1. Entscheidung über die AdV/Aufhebung der Vollziehung 225
a) Umfang der AdV/Aufhebung der Vollziehung 225
b) Vorläufige Maßnahmen 228
c) Widerrufsvorbehalt 229
d) Wirkungszeitpunkt von AdV/Aufhebung der Vollziehung . 230
e) Dauer der AdV/Aufhebung der Vollziehung 231
f) Einstweilige AdV? 232
g) Sicherheitsleistung 233
h) Berechnung des auszusetzenden Betrags 245
2. Entscheidung bei Rücknahme des Antrags/Erledigung der Hauptsache 250
VIII. Wirkung der Aussetzung und Aufhebung der Vollziehung 255
1. Generelle Wirkung 255
2. Keine vorläufige Erstattung von Vorauszahlungen, Steuerabzugsbeträgen und Körperschaftsteuer – § 69 III 4 iVm § 69 II 8 257
3. Aussetzungszinsen 261
IX. Rechtsbehelfe 265
X. Änderung eines Beschlusses/Wiederholung eines Antrags (§ 69 VI) 275
1. Änderung eines Beschlusses 275
2. Wiederholung eines Antrags 281
XI. § 69 V – Ausnahmsweise Hemmung der Vollziehung 285
1. Hemmende Wirkung 285
2. Anordnung der sofortigen Vollziehung 288
3. Wiederherstellung der hemmenden Wirkung 289
4. Änderung und Aufhebung von Beschlüssen nach § 69 V 290
5. Korrektur durch die Finanzbehörde 291

I. Vorbemerkungen

1. Allgemeines zum vorläufigen Rechtsschutz in Abgabenangelegenheiten

1 **a) Zweck des vorläufigen Rechtsschutzes.** Rechtsbehelfe (Rechtsmittel) haben im Abgabenrecht – mit Ausnahme der praktisch wenig bedeutsamen Sonderfälle der § 361 IV AO, § 69 V FGO (→ Rn. 285 ff.) – **keine aufschiebende Wirkung** (§ 361 I AO, § 69 I FGO). Dadurch soll sichergestellt werden, dass dem Staat die zur Erfüllung seiner Aufgaben erforderlichen Mittel laufend zufließen (vgl. hierzu BT-Drs. IV/1446 zu § 65; s. auch Birk FS Menger, 1985, 163).

2 Die **sofortige Vollziehbarkeit** von VA **muss** auch im Bereich des Abgabenrechts **beseitigt werden können.** Das folgt aus **Art. 19 IV GG,** der einen umfassenden und effektiven Rechtsschutz gewährleistet (s. zB BVerfG 2 BvR 42/76, BVerfGE 46, 166; 1 BvR 699/77, BVerfGE 51, 268 (285); 2 BvR 745/88, BVerfGE 79, 69). Der Verwirklichung dieses Verfassungsgebots dienen vor allem die in § 361 II, III AO, § 69 II, III FGO enthaltenen Regelungen, indem sie unter den dort genannten Voraussetzungen die AdV oder die Aufhebung der Vollziehung (§ 69 III 3 – → Rn. 175 ff.) ermöglichen. Dadurch soll ein Ausgleich

der Interessen zwischen Fiskus und Steuerbürger erreicht werden. Ziel der AdV ist dabei, Vollstreckungsmaßnahmen und Säumniszuschläge gem. § 240 AO zu verhindern (BFH V R 2/04, BFH/NV 2006, 1381 (1383) für den Fall der Sequestration). § 69 hat deshalb eine erhebliche **praktische Bedeutung.** Daran ändert die Zinspflicht (§§ 237, 238 AO) nichts.

b) Zweigleisigkeit des vorläufigen Rechtsschutzes. § 69 FGO erfasst – ebenso wie § 361 AO im Verwaltungsverfahren (→ Rn. 10) – die Fälle, in denen **vollziehbare Verwaltungsakte einer Finanzbehörde** (BFH V S 7/89, BFH/NV 1990, 448: keine Anwendung auf Justiz-VA) angefochten sind und die **Herbeiführung des Suspensiveffekts** angestrebt wird (→ Rn. 35). In Übereinstimmung mit **Art. 19 IV GG** (→ Rn. 2) muss **vorläufiger Rechtsschutz** aber auch gewährt werden, **wenn** der **Erlass eines Verwaltungsakts,** eine **Feststellung** oder eine **sonstige Leistung** begehrt wird. Das gilt jedenfalls dann, wenn ohne vorläufigen Rechtsschutz „schwere und unzumutbare, anders nicht abwendbare Nachteile entstünden, zu deren nachträglicher Beseitigung die Entscheidung in der Hauptsache nicht mehr in der Lage wäre" (BVerfG 2 BvR 42/76, BVerfGE 46, 166; 1 BvR 699/77, BVerfGE 51, 268 (285); 2 BvR 745/88, BVerfGE 79, 69). Die FGO trägt diesem Gebot Rechnung, indem sie dem Betroffenen die Möglichkeit gibt, seine Rechtsposition im Wege einer **einstweiligen Anordnung** (§ 114) vorläufig zu sichern, soweit dieses Ziel nicht durch AdV bzw. Aufhebung der Vollziehung erreichbar ist (**Subsidiarität** der einstweiligen Anordnung – § 114 V; → § 114 Rn. 20). 3

Beide Verfahren (§ 69 und § 114) dienen der vorläufigen Sicherung der Rechte des Betroffenen. Die **Ausgestaltung des vorläufigen Rechtsschutzes** ist jedoch unterschiedlich. Während die AdV und die Aufhebung der Vollziehung schon bei ernstlichen Zweifeln an der Rechtmäßigkeit des angefochtenen VA erreichbar ist, kommt der Erlass einer einstweiligen Anordnung nur in Betracht, wenn neben dem Anordnungsanspruch ein Anordnungsgrund vorliegt. Da die Anforderungen an einen Anordnungsgrund sehr streng sind – nötig iSd § 114 I 2 ist eine vorläufige Regelung nur, wenn der Betroffene ohne die beantragte Maßnahme Nachteile erleidet, die über diejenigen hinausgehen, die üblicherweise mit der Steuerzahlung verbunden sind (→ § 114 Rn. 57) – haben Anträge auf Erlass einer einstweiligen Anordnung nur selten Erfolg. **Im Interesse der Rechtssicherheit** und der Gewährung effektiven Rechtsschutzes **sollte** diese **Zweigleisigkeit de lege ferenda beseitigt** und der vorläufige Rechtsschutz in Abgabenangelegenheiten (zum Begriff → § 33 Rn. 14 ff.) insgesamt den §§ 361 AO, 69 FGO unterstellt **werden.** Solange der Gesetzgeber dies nicht umsetzt, kommt der Frage, ob vorläufiger Rechtsschutz durch AdV/Aufhebung der Vollziehung oder durch einstweilige Anordnung zu gewähren ist, aus den genannten Gründen eine besondere Bedeutung zu. 4

c) Abgrenzung zwischen Aussetzung/Aufhebung der Vollziehung und einstweiliger Anordnung. Die **Abgrenzung** ist grds. nach dem Begehren des Antragstellers im Hauptsacheverfahren zu treffen. Ist sein Rechtsschutzbegehren im Hauptsacheverfahren (lediglich) auf die **Anfechtung eines vollziehbaren Verwaltungsaktes** gerichtet, so dass die Anfechtungsklage die richtige Klageart wäre, so kann **vorläufiger Rechtsschutz durch AdV** und Aufhebung der Vollziehung gewährt werden. Hat der Antragsteller im Hauptsacheverfahren ein **anderes Begehren,** so dass eine Verpflichtungs-, Feststellungs- oder sonstige Leistungsklage die richtige Klageart wäre, so kann **vorläufiger Rechtsschutz** nur **durch** 5

einstweilige Anordnung (§ 114) erreicht werden (grdl. BFH IV B 33/76, IV B 34/76, BStBl. II 1978, 15 (18); IV B 41/77, BStBl. II 1978, 584 (586); VIII B 84/78, BStBl. II 1979, 567; XI S 41/97, BFH/NV 1998, 615; I B 86/15, BFH/NV 2016, 569 zum Erlass; FG Bbg 7 V 7309/14, EFG 2015, 941 zur Versagung der Versteuerung nach vereinnahmten Entgelten gem. § 20 UStG; → § 114 Rn. 21). – Eine **Ausnahme** von dieser Abgrenzung ergibt sich nach der Rspr. des **GrS** allerdings dann, wenn der Antragsteller vorläufigen Rechtsschutz gegen einen **negativen Gewinnfeststellungsbescheid** iSv § 180 I Nr. 2a AO begehrt. Dieser soll sich trotz des zugrundeliegenden Verpflichtungsbegehrens nach § 69 richten (BFH GrS 2/85, BStBl. II 1987, 637). Das widerspricht mE der Konzeption des Gesetzes (→ Rn. 81). – Ferner kann vorläufiger Rechtsschutz nur durch AdV/Aufhebung der Vollziehung gewährt werden, wenn die **Verfassungswidrigkeit** der Rechtsgrundlage gerügt wird (BFH I B 12/93, BFH/NV 1993, 726). – Siehe ferner zur Freistellung von Sanierungserträgen nach §§ 3a, 52 IVa 3 EStG in sog. Altfällen FG Saarl 2 V 1379/21, EFG 2022, 1481: effektiver vorläufiger Rechtsschutz nur im Wege der AdV, selbst wenn in der Hauptsache die Änderung eines bestandskräftigen VA im Wege der Verpflichtungsklage angestrebt wird.

6 **d) Verhältnis des gerichtlichen Aussetzungsverfahrens zum Hauptsacheverfahren.** Das auf AdV oder Aufhebung der Vollziehung gerichtete Antragsverfahren nach § 69 III ist ein **Nebenverfahren** zu dem den „angefochtenen" VA betreffenden Hauptsacheverfahren. Das wird vor allem daran deutlich, dass der vorläufige Rechtsschutz nicht über das Klagebegehren im Hauptsacheverfahren hinausgehen darf (→ Rn. 35), zeigt sich aber auch an der Abhängigkeit der AdV-Verfahren vom Schicksal des Anfechtungsbegehrens im Hauptsacheverfahren (→ Rn. 217, 255).

2. Abgrenzungen

10 **a) Verhältnis zu § 361 AO. AdV/Aufhebung der Vollziehung durch die Finanzbehörde gemäß § 361 AO** kommt zunächst im Verfahren über den außergerichtlichen Rechtsbehelf (§§ 347 ff. AO) in Betracht. In diesem Stadium gilt für die AdV durch die Finbeh nicht § 69 II, sondern der gleichlautende **§ 361 AO** (BFH II R 90/69, BStBl. II 1970, 408). Während des erst- und zweitinstanzlichen gerichtlichen Verfahrens kann die Finbeh ebenfalls AdV gewähren, und zwar nach **§ 69 II** bis zum rechtskräftigen Abschluss (Tipke/Kruse/Seer § 69 Rn. 125). – Gegen die Ablehnung der AdV durch die Finbeh kann **Einspruch** (§ 347 AO) erhoben werden. Bleibt der Einspruch erfolglos, ist eine auf Gewährung der AdV gerichtete (Verpflichtungs-)**Klage ausgeschlossen (§ 69 VII),** weil dem Bedürfnis nach vorläufiger Rechtsschutzgewährung durch § 69 III (→ Rn. 265) hinreichend Rechnung getragen ist. Wird gleichwohl Klage erhoben, ist diese **als gerichtlicher AdV-Antrag** gem. § 69 III iVm II 2 **zu werten** (BFH III S 5/02, BFH/NV 2003, 492 (493) mwN zum Widerruf der Aussetzungsverfügung).

11 **AdV/Aufhebung der Vollziehung durch das Gericht** kann der Stpfl. nach **§ 69 III 2** auch **schon vor Erhebung der Klage** im Hauptsacheverfahren beantragen (zB HessFG 5 V 4649/00, EFG 2002, 1628). Damit kommt es zu einem **Konkurrenzverhältnis** zwischen den Verfahren nach §§ 361 AO, 69 II einerseits (AdV durch die Finbeh) und dem Verfahren nach § 69 III (AdV durch das Gericht) andererseits. Die Verfahren stehen nach Wortlaut, Systematik und Entstehungsge-

schichte des § 69 sowie wegen ihrer unterschiedlichen Ausgestaltungen und Folgen gleichwertig nebeneinander (grdl. BFH GrS 1/84, BStBl. II 1985, 587 (590, 591) mwN; FG Hmb 1 V 41/16, EFG 2016, 1797). Der Stpfl. hat deshalb sowohl bei einem schwebenden Vorverfahren als auch nach Klageerhebung in der Hauptsache grds. die **Wahl,** ob er vorläufigen Rechtsschutz bei der Finbeh nach § 361 AO/§ 69 II beantragt oder bei Gericht nach § 69 III, was auch **neben** einem in der **Verwaltungsinstanz** anhängigen AdV-Verfahren möglich ist (hM zB BFH IV B 30/85, BStBl. II 1986, 68 (69) mwN); Bedenken hinsichtlich des Rechtsschutzbedürfnisses bestehen insoweit nicht (Gräber DStR 1966, 747 (749)). **Einschränkungen** ergeben sich hinsichtlich des Wahlrechts aber aus § 69 IV, wonach die unmittelbare Antragstellung beim FG nur unter bestimmten Voraussetzungen zulässig ist (ausf. → Rn. 145 ff.).

Der Stpfl. hat auch die Wahl, ob er dann, wenn die **Finanzbehörde nur gegen Sicherheitsleistung** ausgesetzt hat, bei dieser einen Änderungsantrag nach §§ 130, 131 AO stellt, gerichtet auf AdV ohne Sicherheitsleistung, oder ob er dieses Ziel durch einen Antrag nach § 69 III verfolgen will (BFH I B 69/80, BStBl. II 1982, 135 (136); s. dazu FG Saarl 2 V 1262/21, EFG 2021, 1998: Das FG muss die Prüfung auf die Sicherheitsleistung beschränken und darf die vom FA eingeräumte AdV nicht beseitigen, solange die vom FA eingeräumte Frist zur Gestellung der Sicherheit noch nicht abgelaufen oder eine solche nicht bestimmt wurde). 13

b) Verhältnis zu Art. 45 UZK. Für die AdV von zollrechtlichen Entscheidungen und von Entscheidungen über Ein- und Ausfuhrabgaben ergeben sich die **materiell-rechtlichen Voraussetzungen aus Art. 45 UZK.** Das gesamte Verfahren wird allerdings grds. vom nationalen Recht bestimmt, in Deutschland also durch die §§ 361 AO und 69 FGO (BFH VII B 267/97, BFH/NV 1998, 1264; VII B 41/00, BFH/NV 2000, 1512; FG Hmb 4 V 28/20, ZfZ 2020, 235: summarisches Verfahren; Witte/Alexander UZK Art. 45 Rn. 11 mwN). Art. 45 UZK hat folgenden Wortlaut: 16

Art. 45 UZK Aussetzung der Vollziehung

(1) Die Einlegung eines Rechtsbehelfs gegen eine Entscheidung hat keine aufschiebende Wirkung.

(2) Die Zollbehörden setzen jedoch die Vollziehung der Entscheidung ganz oder teilweise aus, wenn sie begründete Zweifel an der Rechtmäßigkeit der angefochtenen Entscheidung haben oder wenn dem Beteiligten ein unersetzbarer Schaden entstehen könnte.

(3) In den in Absatz 2 genannten Fällen, in denen aus der angefochtenen Entscheidung die Pflicht zur Entrichtung von Einfuhr- oder Ausfuhrabgaben erwächst, wird die Vollziehung der Entscheidung nur gegen Sicherheitsleistung ausgesetzt, es sei denn, es wird auf der Grundlage einer dokumentierten Bewertung festgestellt, dass durch die Leistung einer solchen Sicherheit dem Schuldner ernste wirtschaftliche oder soziale Schwierigkeiten entstehen könnten.

Art. 45 II UZK erfasst dem Wortlaut nach lediglich die AdV, nicht aber die **Aufhebung der Vollziehung.** Gleichwohl können sowohl die Zollbehörden als auch die Finanzgerichte die Aufhebung der Vollziehung anordnen (Witte/Alexander UZK Art. 45 Rn. 23 sowie zu Art. 244 ZK: BFH VII B 206/98, ZfZ 1999, 89 (90)). Die Norm ist außerdem sinngemäß anzuwenden bei AdV/ 17

Aufhebung der Vollziehung der Bescheide über die Festsetzung der **Einfuhrumsatzsteuer** (§ 21 II UStG; Witte/Alexander UZK Art. 45 Rn. 3; offen BFH VII S 29/96, BFH/NV 1997, 588) und der **besonderen Verbrauchsteuern** (§ 19b III EnergieStG; § 21 III TabStG, § 147 III BranntwMonG; § 18 III BierStG; § 18 III SchaumwZwStG; § 15 III KaffeeStG; Witte/Alexander UZK Art. 45 Rn. 3 mwN). – Wegen des Anwendungsbereichs iÜ → Rn. 124.

18 Anders als bei der AdV/Aufhebung der Vollziehung nach §§ 361 AO, 69 besteht eine **Pflicht zur AdV,** wenn die gesetzlichen Voraussetzungen (→ Rn. 160 ff.) erfüllt sind. – Zu weiteren Einzelheiten und zur Sicherheitsleistung → Rn. 124.

19 **c) Vorläufiger Rechtsschutz nach Unionsrecht.** Beruht ein VA auf einer EU-VO (zB im Marktordnungsrecht), so sind die nationalen Gerichte gleichwohl befugt, AdV/Aufhebung der Vollziehung zu gewähren. Art. 288 AEUV bestimmt zwar, dass EU-VO allgemeine Geltung haben, in allen ihren Teilen verbindlich sind und in jedem Mitgliedstaat unmittelbar gelten. Dies darf nach der Rspr. des EuGH aber nicht zu einer Verkürzung des Rechtsschutzes führen, der den Unionsbürgern zusteht (EuGH C-143/88, 92/89, NVwZ 1991, 460 – Zuckerfabrik Süderdithmarschen; C-465/93, NJW 1996, 1333 – Atlanta Fruchthandelsgesellschaft; s. auch HHS/Birkenfeld § 69 Rn. 72: Ausnahme zu dem Monopol des EuGH für die Kontrolle der Gültigkeit von Handlungen der Gemeinschaftsorgane). Im Interesse der einheitlichen Anwendung des Unionsrechts sind dabei jedoch die Regeln anzuwenden, nach denen der EuGH gem. Art. 278 AEUV zur Gewährung vorläufigen Rechtsschutzes befugt ist (EuGH C-143/88, 92/89, NVwZ 1991, 460 – Zuckerfabrik Süderdithmarschen; C-68/95, NJW 1997, 1225 – T. Port; C-334/95, EuZW 1997, 629 – Krüger). Das setzt nach EuGH C-334/95 (EuZW 1997, 629 – Krüger) voraus, dass das Gericht,

- erhebliche Zweifel an der Gültigkeit des Rechtsakts hat;
- es, sofern der Gerichtshof mit dieser Gültigkeitsfrage noch nicht befasst ist, sie diesem selbst vorlegt;
- die Entscheidung dringlich ist in dem Sinne, dass die einstweiligen Anordnungen erforderlich sind, um zu vermeiden, dass die sie beantragende Partei einen schweren und nicht wiedergutzumachenden Schaden erleidet (EuG T-163/02 R, BeckRS 2002, 165538) und
- das Interesse der Gemeinschaft angemessen berücksichtigt.

20 Entsprechendes muss gelten, wenn ernstliche **Zweifel an der** Richtigkeit der **Auslegung einer EU-VO** durch die Verwaltung bestehen. – Zur Einholung einer **Vorabentscheidung** des EuGH im AdV-Verfahren → Rn. 197.

II. Keine Hemmung der Vollziehung durch Klageerhebung – § 69 I

25 **§ 69 I 1** legt ausdrücklich fest, dass die Vollziehung eines angefochtenen VA durch die Erhebung der Klage grds. **nicht gehemmt** und insbes. die Erhebung einer Abgabe nicht aufgehalten wird (sog. Ausschluss des Suspensiveffekts). Das bedeutet, dass der Stpfl. die festgesetzte **Steuerschuld** auch dann zum Fälligkeitszeitpunkt **zu begleichen** hat, wenn er sich gegen diese Festsetzung mit einer Klage zur Wehr setzt; eine entsprechende Regelung enthält § 361 I 1 AO für das Einspruchsverfahren. Eine **Ausnahme** vom Grundsatz des Ausschlusses des Suspensiveffekts gilt nur dann, wenn es um die Untersagung eines Gewerbebe-

triebs oder der Berufsausübung geht. In diesem Fall hat die Erhebung der Klage nach § 69 V, auf den § 69 I 1 ausdrücklich verweist, die Hemmung der Vollziehung des angefochtenen VA zur Folge (→ Rn. 285 ff.).

§ 69 I 2 erstreckt den Ausschluss des Suspensiveffekts auf **Folgebescheide.** 26
Richtet sich die Klage gegen einen Grundlagenbescheid (§ 171 X AO), so ist die Vollziehung der Folgebescheide nach § 69 I 2 ebenfalls nicht gehemmt. Dies ergibt sich mE bereits aus § 69 I 1, so dass § 69 I 2 nur eine klarstellende Wirkung zukommt.

III. Aussetzung der Vollziehung nach § 69 II und III

1. AdV durch die Finanzbehörde oder das Gericht – § 69 II 1 und III 1

Die Aussetzung der Vollziehung kann entweder nach § 69 II 1 durch die Finbeh 30
oder nach § 69 III 1 auf Antrag durch das Gericht der Hauptsache erfolgen (zur Zuständigkeit → Rn. 3 f.). Diese beiden Varianten des vorläufigen Rechtsschutzes stehen gleichberechtigt nebeneinander, so dass der Stpfl. grds. ein **Wahlrecht** hat, ob er für das laufende gerichtliche Verfahren die AdV bei der Finbeh oder beim Gericht beantragt (ausf. → Rn. 10 f. mwN). Unterschiedlich ausgestaltet sind die beiden Regelungen nur insofern, als die **AdV durch das Gericht** nach § 69 III 1 stets einen **Antrag** voraussetzt (zur Bedeutung des Antrags als Eingrenzung des Entscheidungsprogramms s. FG LSA 3 V 1163/12, EFG 2015, 1381). Daraus lässt sich im Umkehrschluss folgern, dass die **Finanzbehörde** AdV nach § 69 II 1 **auch von Amts wegen** gewähren kann. Auf Antrag soll sie diese nach **§ 69 II 2** gewähren, wenn ernstliche Zweifel an der Rechtmäßigkeit des angefochtenen VA bestehen oder wenn die Vollziehung für den Betroffenen eine unbillige, nicht durch überwiegende öffentliche Interessen gebotene Härte zur Folge hätte (iE → Rn. 160 ff.). Diese **inhaltlichen Voraussetzungen** gelten auch für die Gewährung der AdV durch das Gericht, da § 69 III 1 Hs. 2 für das gerichtliche Verfahren die sinngemäße Anwendung von § 69 II 2–6 anordnet. In **formeller Hinsicht** sind bei einer unmittelbaren Antragstellung beim Gericht aber die besonderen Zugangsvoraussetzungen des **§ 69 IV** zu beachten (→ Rn. 145 ff.). Zur zulässigen Antragstellung bei Gericht bei gleichzeitigem Einspruch gegen die Ablehnung der AdV durch das FA s. FG Hmb 3 V 201/16, EFG 2016, 1845.

2. Allgemeine Zulässigkeitsvoraussetzungen für einen AdV-Antrag

a) Anfechtung des identischen Verwaltungsakts. Nach **§ 69 II 2,** der im 32
gerichtlichen Verfahren über § 69 III 1 Hs. 2 anwendbar ist, soll die AdV auf Antrag erfolgen, wenn ua ernstliche Zweifel an der Rechtmäßigkeit des **angefochtenen Verwaltungsakts** bestehen. Daraus lässt sich bereits ableiten, dass der VA, dessen Vollziehung ausgesetzt werden soll, durch außergerichtlichen Rechtsbehelf oder durch Klage **angefochten** sein muss. Die AdV eines nicht angefochtenen VA kann nicht mit Erfolg begehrt werden (BFH III S 7/86, BFH/NV 1987, 142; s. auch FG BW 3 V 23/03, EFG 2004, 829 zur Unzulässigkeit eines isolierten Antrags auf Aufhebung der Vollziehung von Säumniszuschlägen; → Rn. 105). Folglich darf der **Verwaltungsakt** noch **nicht bestandskräftig** geworden sein

(BFH I S 4/03, BFH/NV 2003, 1445). Das ist aber mit rechtskräftigem Abschluss des Hauptsacheverfahrens der Fall (BFH XI S 3/01, BFH/NV 2002, 67). Die Anhängigkeit einer Verfassungsbeschwerde genügt nicht (BFH II R 176/84, BStBl. II 1987, 320; HessFG 10K100190, EFG 1991, 302). Aus dem Erfordernis der Anfechtung folgt weiter, dass der im Hauptsacheverfahren angegriffene VA mit demjenigen identisch sein muss, um dessen AdV es geht **(Identitätserfordernis).** Es genügt – mit Ausnahme der Sonderfälle des § 69 II 4 (→ Rn. 74) – nicht, dass irgendeine Beziehung zu einem (anderen) angefochtenen VA besteht (BFH IV B 72/74, BStBl. II 1977, 367 (369)).

Beispiele:

33 Die Vollziehung nicht angefochtener VA, die **andere Veranlagungszeiträume** betreffen, kann auch dann nicht ausgesetzt werden, wenn ein Bescheid angefochten ist, in dem ein auch für diese anderen Veranlagungszeiträume bedeutsames Problem behandelt ist (BFH IV S 6/67, BStBl. II 1968, 781). Ebenso wenig kann die Vollziehung eines mit Einwendungen gegen die Höhe der Steuerfestsetzung angefochtenen ESt-Bescheides ausgesetzt werden, wenn der AdV-Antrag mit Einwendungen gegen den Abrechnungsteil (das Leistungsgebot) begründet wird. Sind auf einen Vorauszahlungsbescheid fällig gewordene Beträge noch nicht gezahlt und ergeht inzwischen ein Jahressteuerbescheid, so kann bei Anfechtung des Steuerbescheides auch die Vorauszahlungsschuld ausgesetzt werden, weil nunmehr der Steuerbescheid an die Stelle des Vorauszahlungsbescheides getreten ist (BFH VIII B 31/80, BStBl. II 1981, 767 (769)). – Zur Aufhebung der Vollziehung → Rn. 175 ff.

35 **b) Rechtsschutzbedürfnis.** Der Stpfl. muss für den gestellten AdV-Antrag ein Rechtsschutzbedürfnis haben, was dann der Fall ist, wenn die mit der betreffenden Rechtsschutzhandlung verfolgten Interessen nach objektivem prozessrechtlichem Werturteil des begehrten Rechtsschutzes **fähig, bedürftig und würdig** erscheinen (FG Münster 15 V 408/22, EFG 2022, 1211 mwN, abl. zu Säumniszuschlägen iHv 4,50 €). Das setzt voraus, dass **vorläufiger Rechtsschutz durch AdV erreichbar** ist (BFH V B 44/74, BStBl. II 1975, 240; VIII B 36/82, BStBl. II 1983, 232 (233)). Daran fehlt es zB, wenn einstweiliger Rechtsschutz im konkreten Fall nur durch eine einstweilige Anordnung gewährt werden kann, weil dem Hauptsacheverfahren keine Anfechtungs-, sondern eine Verpflichtungssituation zugrunde liegt (zur Abgrenzung → Rn. 5). Ist die Anfechtungsklage die richtige Klageart im Hauptsacheverfahren, so kann vorläufiger Rechtsschutz im Wege der AdV gleichwohl nur dann gewährt werden, soweit das Rechtsschutzbegehren lediglich auf die **Herbeiführung der aufschiebenden Wirkung** des gegen den angefochtenen VA eingelegten Rechtsbehelfs (Herstellung des Suspensiveffekts) abzielt. Das ist nicht der Fall, wenn der Regelungsinhalt des VA geändert oder ersetzt werden soll und wenn dadurch neben der aufschiebenden Wirkung eine einstweilige Regelung begehrt wird. Das gilt insbes. dann, wenn der Stpfl. eine (höhere) Steuererstattung begehrt (BFH V B 44/74, BStBl. II 1975, 240; V R 81/81, BStBl. II 1982, 149; I B 54/96, BStBl. II 1997, 136), wenn die vorläufige Berücksichtigung noch nicht ergangener VA begehrt wird (BFH IV B 50/21 (AdV), BFH/NV 2022, 819, Rn. 27) oder wenn die Finbeh (vorläufig) verpflichtet werden soll, über einen AdV-Antrag zu entscheiden (BFH VII S 26/03, BFH/NV 2004, 531).

36 Das Rechtsschutzbegehren des Stpfl. im AdV-Verfahren darf nicht weiter reichen und darf nicht umfassender sein als dasjenige im Hauptsacheverfahren (**Identität der Rechtsschutzbegehren** – BFH V B 24/99, BStBl. II 1999, 335; V S 11/99, BFH/NV 1999, 1506; II S 6/99, BFH/NV 2000, 1100 (1101); XI S 8/

14, BFH/NV 2014, 1601). Das folgt aus dem Grundsatz, dass der angefochtene VA mit demjenigen identisch sein muss, dessen Aussetzung der Stpfl. begehrt (→ Rn. 32). Mithin kann der Stpfl. AdV nur in dem Umfang begehren, wie sein Klagebegehren im Hauptsacheverfahren reicht (BFH XI S 8/14, BFH/NV 2014, 1601 zum über den Antrag im Revisionsverfahren hinausgehenden AdV-Begehren).

Durch AdV **erreichbar** sind **nur vorläufige Maßnahmen.** Die AdV (zB bereits vollzogener Vollstreckungsmaßnahmen) darf das mögliche Ergebnis des Hauptsacheverfahrens (zB den Verlust des Pfändungspfandrechts) nicht vorwegnehmen, andernfalls fehlt für den Antrag wiederum das Rechtsschutzbedürfnis (BFH VII B 33/90, BFH/NV 1991, 607; I B 182/02, BFH/NV 2004, 815 (816); → Rn. 228). – Zur Bewilligung der **Löschung** einer vor Anordnung der AdV eingetragenen **Sicherungshypothek** s. BFH VII R 138/83, BFH/NV 1987, 219; zur **Arrestanordnung** vgl. FG Köln 10 V 215/88, EFG 1988, 524. 37

Möglich ist die Herstellung des Suspensiveffekts ferner nur bei **vollziehbaren Verwaltungsakten,** dh bei VA, die ihrem Inhalt nach begrifflich einer Vollziehung fähig sind; andernfalls fehlt es ebenfalls am Rechtsschutzbedürfnis. Es muss sich also um einen VA handeln, von dessen Inhalt (Wirkungen) in irgendeiner Weise Gebrauch gemacht werden kann (BFH X B 134/91, BFH/NV 1996, 232; II B 115/14, BFH/NV 2015, 473 zu rechtsgestaltendem VA; VI B 103/14, BFH/NV 2015, 737; Tipke/Kruse/Seer § 69 Rn. 20; zu den einzelnen VA ausf. → Rn. 42 ff.). Diese Eigenschaft haben nicht nur VA, die dem Adressaten eine Leistungspflicht auferlegen, sondern auch Grundlagenbescheide (→ Rn. 81). Ihre Bindungswirkung führt zum Erlass oder der Änderung des Folgebescheides. – Sind die VA schon (im vorstehend beschriebenen Sinne) **„vollzogen“,** kommt Aufhebung der Vollziehung in Betracht (→ Rn. 175 ff.; abl. aber für eine gerichtliche Zwangsgeldandrohung BFH VII S 27/20 (AdV), BFH/NV 2020, 1294: kein Rechtsschutzbedürfnis, weil die Androhung ihre Wirkung bereits in dem Augenblick entfaltet hat, in dem die gerichtliche Entscheidung bekanntgegeben worden und eine Aufhebung der Vollziehung nicht vorgesehen ist). Nach FG BBg 7 V 7151/17, EFG 2017, 1461 fehlt allerdings dann das Rechtsschutzbedürfnis für einen solchen Antrag, wenn der Stpfl. die rückständigen Beträge vor Stellung eines gerichtlichen Antrags vollständig entrichtet hat, ohne dass das FA mit Vollstreckungsmaßnahmen begonnen hat, selbst wenn Vollstreckungsmaßnahmen im Zeitpunkt der Zahlung iSd § 69 IV 2 Nr. 2 drohten. 38

c) ABC der aussetzungsfähigen/nicht aussetzungsfähigen Verwaltungsakte

Ablehnende Verwaltungsakte 42

VA, deren Inhalt sich auf eine Negation beschränkt, **sind nicht vollziehbar** und damit nicht aussetzungsfähig. Vorläufiger Rechtsschutz kann insoweit allenfalls durch einstweilige Anordnung (§ 114) gewährt werden. Dies gilt grds. für alle VA, durch die der Erlass oder die Änderung eines VA ganz oder teilweise abgelehnt wird, zB die **Ablehnung des Antrags auf**

- **Anpassung** (Herabsetzung) **von Vorauszahlungen** (BFH I B 187/90, BStBl. II 1991, 643; XI S 17/98, BFH/NV 2000, 451). Ist der Vorauszahlungsbescheid jedoch mit dem Ziel der Herabsetzung der Vorauszahlungen angefochten worden, kann ohne Weiteres AdV gewährt werden (zB BFH I B 3/78, BStBl. II 1979, 46). – Im Übrigen → Rn. 117;

- **Änderung oder Aufhebung** eines bestandskräftigen Steuerbescheides nach §§ 164 II 2, 172 II AO (BFH X S 3/96, BFH/NV 1997, 601 mwN; III S 1/12, BFH/NV 2012, 1475) oder nach § 175 I Nr. 2 AO (BFH II B 42/70, BStBl. II 1971, 110; II B 47/69, BStBl. II 1971, 334);
- Bewilligung eines Mineralölsteuerlagers (FG München III 62/80 Aus Z, EFG 1981, 316 (317));
- **Billigkeitserlass** (BFH II B 28/70, BStBl. II 1970, 813; FG München 13 V 1063/06, BeckRS 2006, 26021767; I B 86/15, BFH/NV 2016, 569), auch nach **§ 163 AO** (BFH V B 131/95, BFH/NV 1996, 692); zu § 163 AO aber auch → Rn. 81;
- erstmalige Festsetzung von **Kindergeld** (BFH VIII B 165/01, BFH/NV 2002, 1162). Wird hingegen ein Bescheid aufgehoben, mit dem Kindergeld auf unbestimmte Zeit gewährt worden war, so ist AdV möglich (BFH VI B 205/97, BFH/NV 1998, 963; VIII B 165/01, BFH/NV 2002, 1162; FG BW 3 V 4722/09, EFG 2011, 270). Auch → Rn. 87;
- **Freistellung vom Steuerabzug** gem. § 50a IV EStG bzw. § 50d EStG 1989 ff. (aA FG Köln 6 V 271/93, EFG 1994, 255);
- Erteilung einer **Freistellungsbescheinigung** nach § 44a V 2 EStG (BFH I B 246/93, BStBl. II 1994, 899; I B 121/94, BFH/NV 1995, 975; I B 147/02, BStBl. II 2003, 716) und
- **Stundung** (BFH VIII B 29/82, BStBl. II 1982, 608).

Wegen der **Ablehnung** der **Eintragung eines Freibetrags auf der LSt-Karte** → Rn. 75 und wegen der Ablehnung der **Festsetzung einer negativen USt** → Rn. 109. – Zum **Widerruf und** zur **Rücknahme eines begünstigenden VA** → Rn. 102.

43 **Abrechnungsbescheide (§ 218 II AO)**

Abrechnungsbescheide sind **vollziehbar, soweit** in ihnen **das Bestehen eines Anspruchs** gegen den Stpfl. **festgestellt wird** (grdl. BFH VII B 137/87, BStBl. II 1988, 43; s. auch VII B 137/04, BFH/NV 2005, 492; VII B 301/05, BFH/NV 2006, 916), **nicht** aber, wenn festgestellt wird, dass die Steuerschuld noch nicht erloschen ist (BFH VII B 301/05, BFH/NV 2006, 916 (917); VII S 22/09, BFH/NV 2009, 1599) oder wenn ein vom Stpfl. geltend gemachter Erstattungsanspruch verneint wird (FG Düsseldorf 18 V 1776/99 A, EFG 2000, 51). Entscheidend ist der Inhalt des Abrechnungsbescheides. – Auch → Rn. 101.

44 **Abzugsanordnung nach § 50a VII EStG**

Die Abzugsanordnung ist ein vollziehbarer und aussetzungsfähiger VA. Antragsbefugt sind der Vergütungsschuldner und der Vergütungsgläubiger (BFH I B 113/98, BFH/NV 1999, 1314 (1315) mwN; I B 157/10, BStBl. II 2012, 590). Beantragt der Vergütungsgläubiger die AdV/Aufhebung der Vollziehung einer gegen den Vergütungsschuldner erlassenen Abzugsanordnung (§ 50a VII EStG), kann er (bei Vorliegen der materiell-rechtlichen Voraussetzungen der AdV) die vorläufige Auszahlung des an das FA abgeführten Steuerbetrags regelmäßig **nur gegen Sicherheitsleistung** erreichen. Auszahlung ohne Sicherheitsleistung kommt ausnahmsweise in Betracht, wenn der Vergütungsschuldner zustimmt, die Existenz des Vergütungsgläubigers nur auf diesem Wege gerettet werden kann oder wenn die Abzugsanordnung ohne jeden Zweifel und ohne Heilungsmöglichkeit rechtswidrig ist (BFH I B 113/98, BFH/NV 1999, 1314 (1315) mwN). – Im Interesse des Vergütungsgläubigers wird man eine entsprechende inhaltliche Begrenzung des AdV-Anspruchs für den Fall annehmen müssen, dass der Vergütungsschuldner die vorläufige Auszahlung des abgeführten Steuerbetrages an sich selbst durchsetzen will. – Zum **Steuerabzug gem. § 50a IV EStG** → Rn. 107.

Amtshilfeersuchen 45

Nicht vollziehbar sind als Amtshilfeersuchen zu qualifizierende (verwaltungsinterne) Anträge der Finbeh, also zB Anträge auf Aktenübersendung, Auskunft aus dem Melderegister oder Zeugenvernehmung. Bei dem **Antrag auf Eintragung einer Sicherungshypothek** oder **auf Anordnung der Zwangsversteigerung** nach § 322 III AO handelt es sich jedoch um vollziehbare und aussetzungsfähige VA, so dass vorläufiger Rechtsschutz durch AdV gewährt werden kann (stRspr s. zB BFH VII B 243/07, BFH/NV 2008, 1990 mwN).

Änderungsbescheide 46

Änderungsbescheide sind grds. vollziehbar und aussetzungsfähig. Durch AdV des Änderungsbescheides können insbes. die Wirkungen des vorherigen Bescheides vorläufig wieder hergestellt werden (BFH I B 4/92, BFH/NV 1992, 683; X B 103/05, BStBl. II 2008, 279). Wird ein **bestandskräftiger Bescheid** geändert, sind die Beschränkungen der § 351 I AO, § 42 FGO zu beachten, weil im AdV-Verfahren nicht mehr erreicht werden kann als im Hauptsacheverfahren (→ Rn. 36). Im Ergebnis kommt deshalb im Falle der Bestandskraft des Erstbescheides die AdV des Änderungsbescheides nur in Betracht, soweit die Änderung zu Ungunsten des Adressaten erfolgt ist (zB FG Münster 9 V 3812/91 K, EFG 1992, 605; FG München 16 V 4660/97, EFG 1998, 1479; → Rn. 109). Ergeht der **Änderungsbescheid nach Anfechtung des vorherigen Bescheides,** kommt eine AdV oder Aufhebung der Vollziehung auch des vorherigen Bescheides in den Grenzen des § 69 II 8 (→ Rn. 257 ff.) in Betracht (zur Abgrenzung s. BFH I B 95/98, BFH/NV 1999, 1205). Während eines den vorherigen Bescheid betreffenden AdV-Verfahrens ergangene Änderungsbescheide werden analog § 68 (→ Rn. 217) Gegenstand des AdV-Verfahrens (FG Hmb II 97/96, EFG 1997, 593).

Androhung von Zwangsmitteln 47

Die Androhung von Zwangsmitteln (§ 332 iVm §§ 328 ff. AO) ist ein vollziehbarer und aussetzungsfähiger VA, weil die Androhung Voraussetzung für die Festsetzung der Zwangsmittel ist (BFH VII R 38/99, BStBl. II 2001, 463; FG Köln 3 V 593/16, EFG 2017, 6 betr. Haft zur Erzwingung einer Vermögensauskunft; Klein/Werth AO § 332 Rn. 3, 7). – Im Übrigen → Rn. 116; aA zu einer gerichtlichen Zwangsgeldandrohung BFH VII S 27/20 (AdV), BFH/NV 2020, 1294: kein Rechtsschutzbedürfnis, weil die Androhung ihre Wirkung bereits in dem Augenblick entfaltet hat, in dem die gerichtliche Entscheidung bekanntgegeben worden ist.

Ankündigung (Androhung) der Vollstreckung 48

Die Ankündigung (Androhung) der Vollstreckung ist mangels einer Regelung kein VA und damit weder vollziehbar noch aussetzungsfähig (BFH VII S 35/96, BFH/NV 1997, 462; VII B 48/10, BFH/NV 2010, 2235).

Ankündigung des Widerrufs/der Rücknahme eines begünstigenden Verwaltungsaktes 49

Die Ankündigung ist mangels einer Regelung kein vollziehbarer und aussetzungsfähiger VA (→ Rn. 38).

50 **Anrechnungsverfügungen**

Die einem Steuerbescheid beigefügte Anrechnungsverfügung ist **hinsichtlich des** ausgewiesenen **Leistungsgebots** (§ 254 I 1 AO) oder Erstattungsanspruchs (§ 37 II AO) ein **vollziehbarer** und aussetzungsfähiger **Verwaltungsakt** (BFH I B 4/92, BFH/NV 1992, 683 (685); FG Köln 8 V 887/10, EFG 2010, 1974; FG Hmb 5 V 53/12, nv). Ist jedoch bereits ein **Abrechnungsbescheid** (§ 218 II AO) ergangen, so ist vorläufiger Rechtsschutz nur durch AdV des Abrechnungsbescheides erreichbar (BFH I R 123/91, BStBl. II 1994, 147; VI R 67/90, BStBl. II 1994, 182 (184)). – Zum **Vorrang des Steuerbescheides** im Falle der Anrechnung einer Steuervergütung (zB eines KSt-Anrechnungsguthabens) s. BFH I B 53/94, BStBl. II 1995, 65. – Im Übrigen ist § 69 II 8 zu beachten (→ Rn. 257 ff.).

51 **Anrufungsauskunft (§ 42e EStG)**

Eine dem Arbeitgeber erteilte Anrufungsauskunft (§ 42e EStG) ist feststellender VA (BFH VI R 54/07, BFH/NV 2009, 1528). Die Ablehnung des Antrags und der Widerruf des VA sind aber nicht vollziehbar (BFH VI R 54/07, BStBl. II 2010, 996; VI B 103/14, BStBl. II 2015, 447).

52 **Arrestanordnungen**

Arrestanordnungen (§ 324 AO) sind vollziehbare und aussetzungsfähige VA (BFH XI B 125/12, BStBl. II 2013, 983 Rn. 20 mwN; FG Münster 15 V 3684/13 U, EFG 2014, 324; FG Hmb 3 V 63/14, EFG 2014, 1353). Die AdV kann auch ohne Sicherheitsleistung angeordnet werden (BFH XI B 125/12, BStBl. II 2013, 983, Rn. 20).

53 **Aufhebungsbescheide**

→ Rn. 102, 118.

54 **Aufhebungsbescheid iSd § 10 III 1 StraBEG**

Nach § 10 IV StraBEG ist die Gewährung von AdV ausgeschlossen (BFH X B 103/05, BFH/NV 2008, 304 (306)).

55 **Aufrechnung**

Mangels VA-Qualität ist die **Aufrechnungserklärung** der Finbeh nicht vollziehbar und **nicht aussetzungsfähig** (BFH VII R 85/99, BStBl. II 2001, 247 mwN). Vorläufiger Rechtsschutz kann aber gegen einen vom Stpfl. beantragten **Abrechnungsbescheid** (§ 218 II AO) gewährt werden (→ Rn. 43; → § 33 Rn. 30 „Aufrechnung"). Die Wirkungen der Aufrechnung können auch durch **AdV des Verwaltungsaktes** beseitigt werden, **auf dem die Gegenforderung** (Steuerforderung) der Finbeh **beruht.** Die Finbeh ist dann infolge der AdV des Steuerbescheides nicht befugt, mit der Steuerforderung (Gegenforderung) aufzurechnen (BFH VII R 58/94, BStBl. II 1996, 55; VII B 122/96, BFH/NV 1997, 257 (258); VII R 85/99, BStBl. II 2001, 247; VII R 85/99, BFH/NV 2001, 508 (510); FG Münster 7 S 814/14 AO, EFG 2016, 1140); wird die AdV nach Aufrechnung angeordnet, bleiben die Wirkungen der Aufrechnung bestehen (BFH VII B 122/96, BFH/NV 1997, 257), müssen bei Anordnung der Aufhebung der Vollziehung aber rückgängig gemacht werden (BFH VII B 13/21 (AdV), BFH/NV 2022, 209, Rn. 11). Im Übrigen kann der Stpfl. die Erstattung der Hauptforderung nur durch einstweilige Anordnung (§ 114) erreichen (BFH I S 5/89, BFH/NV 1991, 172; III B 287/90, BFH/NV 1995, 244). Hat die Finbeh die **Aufrechnung zu Unrecht durch Verwaltungsakt** vorgenommen, kann vorläufiger Rechtsschutz ausnahmsweise im Wege der AdV gewährt werden (→ § 33 Rn. 39).

Aufteilungsbescheide (§ 279 AO) 56

Durch einen Aufteilungsbescheid wird gem. § 279 AO die Höhe des auf den einzelnen Gesamtschuldner entfallenden Steueranteils festgestellt und gleichzeitig die Vollstreckung in das Vermögen der Gesamtschuldner nach Maßgabe des § 278 AO beschränkt. Solange über einen Antrag auf Beschränkung der Vollstreckung nicht unanfechtbar entschieden ist, dürfen nach § 277 AO Vollstreckungsmaßnahmen nur insoweit durchgeführt werden, als dies zur Sicherung des Anspruchs erforderlich ist. Daher ist für eine AdV des Aufteilungsbescheides kein Raum (BFH X B 155/01, BFH/NV 2002, 476; Tipke/Kruse/Drüen AO § 279 Rn. 8; aA HessFG 5 V 2983/96, EFG 1997, 90; Wüllenkemper DStZ 1991, 36). Eine Ausnahme gilt nur dann, wenn sich die Finbeh nicht an die Vollstreckungsbeschränkung des § 277 AO hält, also zB irreparable Vollstreckungsmaßnahmen ergreift (BFH X B 155/01, BFH/NV 2002, 476 (477)).

Ausfuhrerstattung 57

Die Rückforderung einer Ausfuhrerstattung ist vollziehbar und aussetzungsfähig. AdV ist nach Maßgabe der § 361 AO, § 69 FGO zu gewähren. Art. 45 UZK ist nicht einschlägig (BFH VII B 145, 146/00, BFH/NV 2001, 75 (76) zu Art. 244 ZK). – Zur Frage, ob bei Gewährung der AdV von einer Sicherheitsleistung abgesehen werden kann, s. BFH VII B 317/05, BFH/NV 2006, 1894 (1895).

Außenprüfung, Betriebsprüfung 58

Vollziehbar und aussetzungsfähig sind grds. alle Maßnahmen mit VA-Qualität, gegen die Rechtsschutz im Wege der Anfechtungsklage erreichbar ist. Dies gilt insbes. für die **Prüfungsanordnung** (BFH I B 10/07, BFH/NV 2007, 1624; zur **Auslegung** eines Antrags auf AdV der Prüfungsanordnung als gleichzeitig gestellter Antrag auf Verschiebung des Beginns der Prüfung s. BFH I B 66/14, BFH/NV 2015, 803 mwN; aA BFH IV R 30/01, BFH/NV 2003, 1234 (1235)), die **Festlegung des Beginns** der Außenprüfung (BFH IV B 60/87, BFH/NV 1989, 13; I S 10/94, BFH/NV 1995, 469; FG BW 4 K 1511/09, EFG 2010, 1373) und die **Bestimmung des Prüfungsortes** (BFH X R 158/87, BStBl. II 1989, 483), **nicht aber** für die **Bestimmung des Betriebsprüfers** (BFH IV S 5/09, BFH/NV 2009, 1080 (1081); IV B 3/09, BFH/NV 2009, 1401). – Zur Berücksichtigung von ermessensrelevanten Umständen bei Gewährung der AdV s. BFH VI B 89/05, BFH/NV 2006, 964 (965 f.). – Ist die Prüfung bereits abgeschlossen, ist vorläufiger Rechtsschutz nur im Wege der AdV der aufgrund der Prüfung ergangenen Steuerbescheide erreichbar. – Zur Frage der unbilligen Härte der Vollziehung → Rn. 170 ff. – Nicht vollziehbar sind VA, deren Inhalt sich auf eine Negation beschränkt (→ Rn. 42), wie zB die Ablehnung des Antrags auf Verlegung des Prüfungstermins oder des Prüfungsortes. Insoweit kann, weil es sich um ein Verpflichtungsbegehren handelt, vorläufiger Rechtsschutz nur durch einstweilige Anordnung gewährt werden (→ § 114 Rn. 21). Nicht vollziehbar sind auch Maßnahmen ohne VA-Qualität (Realakte), wie zB die Anforderung bestimmter prüfungsrelevanter Unterlagen (BFH VIII R 3/98, BStBl. II 1999, 199).

Beitreibungsersuchen an ausländische Finanzbehörden 60

Vorläufiger Rechtsschutz kann durch AdV gewährt werden (BFH VII R 69/11, BFH/NV 2013, 739).

61 **Benennungsverlangen (§ 160 AO, § 16 AStG)**

Das Benennungsverlangen nach § 160 AO/§ 16 AstG ist eine bloße Vorbereitungshandlung für den Erlass eines Steuerbescheides (BFH I R 67/84, BStBl. II 1988, 927). Vorläufiger Rechtsschutz ist deshalb nur im Wege der einstweiligen Anordnung (§ 114) erreichbar. Im Übrigen ist die Rechtmäßigkeit des Benennungsverlangens im Verfahren gegen den anschließend ergangenen Steuerbescheid überprüfbar.

62 **Billigkeitsentscheidungen**

→ Rn. 42; → Rn. 102.

63 **Buchführungspflicht**

→ Rn. 73.

65 **Duldungsbescheide**

Duldungsbescheide (§ 191 I AO) sind vollziehbare und aussetzungsfähige VA (FG Münster 6 V 3164/15 AO, EFG 2016, 781).

67 **Eidesstattliche Versicherungen**

Die Aufforderung zur Abgabe der eidesstattlichen Versicherung nach § 95 I AO ist ebenso wie die Aufforderung zur Vorlage eines Vermögensverzeichnisses und Abgabe der eidesstattlichen Versicherung im Vollstreckungsverfahren (§ 284 AO) ein vollziehbarer und aussetzungsfähiger VA. Vorläufiger Rechtsschutz ist deshalb an sich im Wege der AdV zu gewähren (BFH VII B 160/13, BFH/NV 2014, 10 mwN). Da der **Einspruch** gegen die Aufforderung zur Abgabe der eidesstattlichen Versicherung nach § 284 VI 3 AO **keine aufschiebende Wirkung** hat, muss der Aufgeforderte AdV beantragen.

68 **Einheitswertbescheide**

Einheitswertbescheide (§ 180 I Nr. 1 AO; § 19 BewG) sind als Grundlagenbescheide nach den allg. Grundsätzen vollziehbar und aussetzungsfähig (BFH II S 7/97, BFH/NV 1999, 340; → Rn. 81). AdV kommt insbes. hinsichtlich der zum jeweiligen Stichtag angefochtenen Feststellungen in Betracht. Vorläufiger Rechtsschutz ist nach der Rspr. des BFH auch dann durch AdV zu gewähren, wenn der Antrag auf Art- oder Wertfortschreibung abgelehnt wurde (BFH II B 66/89, BStBl. II 1991, 549; II B 185/90, BFH/NV 1991, 697; II B 33/16, BStBl. II 2017, 646) oder wenn für den Gesellschafter einer Personengesellschaft anstelle eines Anteils von 0 DM am Einheitswert des Betriebsvermögens ein negativer Anteil begehrt wird (BFH II S 7/93, BFH/NV 1994, 151).

69 **Einkommensteuerbescheide**

ESt-Bescheide **sind vollziehbar** und aussetzungsfähig, soweit im Hauptsacheverfahren die betragsmäßige Herabsetzung der festgesetzten ESt begehrt wird. Auf die Höhe der einzelnen Besteuerungsmerkmale kommt es dabei nicht an; **gleichgültig** ist deshalb auch, **ob** der **Ansatz niedrigerer positiver oder höherer negativer Einkünfte** durchgesetzt werden soll. Einwände gegen die Richtigkeit der Abrechnung können in dem die Steuerfestsetzung betreffenden AdV-Verfahren nicht berücksichtigt werden (BFH X S 3/98, BFH/NV 1999, 492; auch → Rn. 43). Ist die **ESt auf 0 EUR festgesetzt worden,** so scheidet AdV mangels Vollziehbarkeit des Bescheides aus (→ Rn. 38). Vorläufiger Rechtsschutz kommt insoweit allenfalls durch einstweilige Anordnung (§ 114) in Betracht. – Zur Beschränkung der AdV in den Fällen, in denen **einzelne Besteuerungsmerkmale durch** einen **Grundlagenbescheid festgestellt** oder festgesetzt worden sind, → Rn. 74. – Zu **Änderungsbescheiden** → Rn. 46. – Zum Umfang der AdV, falls ernstliche Zweifel an der Rechtmäßigkeit des ESt-Bescheides bestehen, die ESt iErg aber wegen **widerstreitender Steuerfestsetzung** (§ 174 AO) zu Ungunsten des Stpfl. zu ändern ist, s. BFH IV R 44/94, BStBl. II 1995, 814: keine Begrenzung der AdV. – Zur Aufhebung der Vollziehung bei geleisteten **Vorauszahlungen, Steuerabzugsbeträgen** (LSt, KapESt) **und Steuervergütungen** → Rn. 257 ff.; → Rn. 75.

Erstattungsbeträge 70

Im Wege der AdV kann die Erstattung eines höheren als des festgesetzten Erstattungsbetrages nicht erreicht werden. Ein solches Begehren würde über die Herstellung der aufschiebenden Wirkung hinausgehen (BFH V B 52/73, BStBl. II 1975, 239; V B 44/74, BStBl. II 1975, 240; V R 81/81, BStBl. II 1982, 149; V B 31/86, BFH/NV 1987, 42).

Feststellungsbescheide 72

Feststellungsbescheide sind jedenfalls dann vollziehbar und aussetzungsfähig, wenn ihr Regelungsinhalt so gestaltet ist, dass die bloße AdV einen wirksamen Rechtsschutz bietet (BFH VII B 69/85, BStBl. II 1986, 236 mwN). Das ist grds. der Fall, wenn es sich bei dem Feststellungsbescheid um einen Grundlagenbescheid handelt (→ Rn. 74; → Rn. 81; abl. für Feststellung auf 0 EUR FG Düsseldorf 13 V 2026/15 A (F), EFG 2016, 578). Für andere feststellende VA gilt dies ebenso, wenn sich ihr Regelungsinhalt nicht in der Feststellung erschöpft, sondern weitere Vollziehungsmaßnahmen rechtfertigt (BFH VII B 69/85, BStBl. II 1986, 236 betr. Feststellung der gesetzlichen Voraussetzungen für die Vollstreckung durch den Antrag auf Eintragung einer Sicherungshypothek).

Finanzbefehle 73

Finanzbefehle sind VA, die nicht auf eine Geldleistung, sondern auf Vornahme einer sonstigen Handlung, Duldung oder Unterlassung gerichtet sind (vgl. § 328 I AO). Finanzbefehle sind zB die Aufforderung zur Abgabe von Steuererklärungen (BFH VII R 25/94, BFH/NV 1996, 13) oder Jahresabschlüssen (BFH I B 59/93, BFH/NV 1994, 447) und die Mitteilung über die Buchführungspflicht nach § 141 II AO (s. hierzu Klein/Werth AO § 328 Rn. 6). – Finanzbefehle **sind vollziehbar und aussetzungsfähig** (zB BFH IV B 32/79, BStBl. II 1980, 427; IV B 60/87, BFH/NV 1989, 13; IX B 13/90, BFH/NV 1991, 645; FG LSA 3 V 172/12, EFG 2015, 2013 zur Mitteilung der Buchführungspflicht).

Folgebescheide 74

Folgebescheide sind zwar vollziehbar. **Hinsichtlich der in** einem bereits ergangenen **Grundlagenbescheid** (Feststellungsbescheid) verbindlich **getroffenen Entscheidungen** über die Feststellung von Besteuerungsgrundlagen (§§ 171 X, 175 I 1 Nr. 1 AO) ist ein hinsichtlich des Folgebescheides gestellter **AdV-Antrag** aber **unzulässig,** weil die Vollziehung des Folgebescheides von Amts wegen auszusetzen ist, wenn die AdV des Grundlagenbescheides angeordnet wird (§ 69 II 4; § 361 III 1 AO), und zwar unabhängig davon, ob der Folgebescheid angefochten worden ist (fehlende Beschwer: BFH IV S 12/77, IV S 13/77, BStBl. II 1978, 227 (228); fehlendes Rechtsschutzinteresse: BFH VIII R 413/83, BStBl. II 1988, 240; VIII R 412/83, BFH/NV 1988, 146; X B 89/00, BFH/NV 2001, 630; FG Hmb V 242/86, EFG 1990, 282; FG Bbg 10 V 9101/13, EFG 2015, 1643 betr. SolZ). Die AdV des Folgebescheides kommt allerdings **nicht** in Betracht, wenn der Grundlagenbescheid bereits bestandskräftig oder die AdV des Grundlagenbescheides abgelehnt worden ist oder wenn die AdV des Grundlagenbescheides **keine steuerlichen Auswirkungen** auf die Höhe der im Folgebescheid festgesetzten Steuer hat (BFH VIII B 50/85, BFH/NV 1986, 357).

Vor der Ablehnung eines Antrags auf AdV eines Feststellungsbescheides als unzulässig ist ggf. zu prüfen, ob der Antrag als Antrag auf AdV des Grundlagenbescheides **ausgelegt** (BFH VIII B 72/02, BFH/NV 2002, 1445 (1446); FG LSA 3 V 597/22, EFG 2023, 793) oder in einen solchen **umgedeutet** werden kann (BFH IV B 40/68, BStBl. II 1969, 40; VIII S 2/87, BFH/NV 1987, 796 (797); I B 31/96, BFH/NV 1997, 378; VIII R 7/04, BFH/NV 2005, 11 (12)). Das gilt im Allgemeinen auch, wenn der **Antrag** auf AdV des Grundlagenbescheides **noch nicht beschieden** ist (BFH IV S 3/77, BStBl. II 1977, 612; III B 84/85, BFH/NV 1986, 476).

Die **isolierte AdV des Folgebescheides** kommt **ausnahmsweise** in Betracht,

- wenn die **Finanzbehörde sich weigert,** die Vollziehung des Folgebescheides auszusetzen, obwohl die AdV des Grundlagenbescheides angeordnet ist (BFH IV B 6/82, BStBl. II 1982, 660; III B 84/85, BFH/NV 1986, 476 (477); I S 1/86, BFH/NV 1987, 725; X B 134/91, BFH/NV 1996, 232);
- wenn die Finbeh die noch gesondert festzustellenden oder festzusetzenden Besteuerungsgrundlagen schätzt und den **Folgebescheid nach** Maßgabe des **§ 155 II AO** erlässt, bevor der Grundlagenbescheid ergangen ist (BFH I B 29/73, BStBl. II 1973, 854; IV B 34/77, BStBl. II 1978, 632; I B 3/78, BStBl. II 1979, 46; IV B 138/98, BFH/NV 2000, 713 zugleich zum Inhalt der zulässigen Einwendungen; Tipke/Kruse/Seer § 69 Rn. 27). Ergeht der Grundlagenbescheid vor Abschluss des AdV-Verfahrens, wird der Antrag unzulässig (§ 69 II 4; § 361 III 1 AO; Gosch/Gosch § 69 Rn. 44);
- wenn im Verfahren gegen den Folgebescheid die **Unwirksamkeit des Grundlagenbescheides** geltend gemacht wird (BFH III B 6/85, BStBl. II 1986, 477; III R 26/85, BStBl. II 1988, 660; I R 50/00, BStBl. II 2001, 381). Die Bindungswirkung des Grundlagenbescheides erstreckt sich in diesem Fall nicht auf dessen Wirksamkeit (BFH III B 6/85, BStBl. II 1986, 477 (478); X R 29/88, BFH/NV 1991, 602 (603)). Außerdem kommt die AdV des möglicherweise **nichtigen Grundlagenbescheides** in Betracht (→ Rn. 96);
- wenn im Verfahren gegen den Folgebescheid **Einwendungen** gegen Besteuerungsgrundlagen erhoben werden, **die nicht** mit bindender Wirkung im Grundlagenbescheid **festgestellt** wurden oder festzustellen **sind.**

Ist die Finbeh durch einstweilige Anordnung (§ 114) zum Erlass des begehrten Grundlagenbescheides verpflichtet worden und weigert sie sich, die Folgeänderung gem. § 175 I 1 Nr. 1 AO vorzunehmen, soll vorläufiger Rechtsschutz auf der Ebene des Folgebescheides nur im Wege der einstweiligen Anordnung (§ 114) gewährt werden können, weil es sich um ein Verpflichtungsbegehren handelt (BFH III B 84/85, BFH/NV 1986, 476 (477); Gosch/Gosch § 69 Rn. 44; zweifelhaft).

Bei **mehrstufigen Grundlagen- und Folgebescheiden** (zB Feststellung des Einheitswertes des Betriebsvermögens – GewSt-Messbescheid – GewSt-Bescheid) kann die AdV des letzten Folgebescheides nur ausgesprochen werden, wenn die Vollziehung des Grundlagen-/Folgebescheides der vorhergehenden Stufe ausgesetzt ist (FG Bln VIII 590/90, EFG 1992, 312; Tipke/Kruse/Seer § 69 Rn. 27).

Diese Grundsätze gelten nicht nur für die auf der Grundlage von Feststellungsbescheiden nach §§ 179, 180 AO ergangenen Folgebescheide, sondern auch für sonstige Folgebescheide, zB die **Festsetzung** der **Milchgarantiemengenabgabe** nach Maßgabe der festgesetzten Referenzmenge (BFH VII B 53/85, BStBl. II 1985, 553; VII B 12/86, BFH/NV 1987, 180 (181)), den **ESt-Bescheid** als Folgebescheid einer Billigkeitsentscheidung nach § 163 AO (offen BFH V B 57/86, BFH/NV 1988, 174 (175)) und den **Zinsbescheid** als Folgebescheid des Steuerbescheides (§§ 233a V, 239 AO). Folgebescheid ist auch der **GewSt-Messbescheid** im Verhältnis zum Bescheid über die Feststellung des Einheitswertes des Betriebsvermögens, nicht aber im Verhältnis zum Gewinnfeststellungs- oder ESt-Bescheid (BFH VIII B 107/93, BStBl. II 1994, 300; → Rn. 79).

Freibetrag auf der Lohnsteuerkarte 75

Die Eintragung eines Freibetrags auf der LSt-Karte ist die gesonderte Feststellung einer Besteuerungsgrundlage iSd § 179 I AO (§ 39a IV 1 EStG). Sie ist Grundlagenbescheid für die LSt-Anmeldung. Demgemäß ist die Ablehnung oder die teilweise Ablehnung des Antrags auf Eintragung eines Freibetrags auf der LSt-Karte ein **negativer** oder **partiell negativer Feststellungsbescheid,** der nach den Regeln über die Gewährung vorläufigen Rechtsschutzes gegen (partiell) negative Feststellungsbescheide (→ Rn. 81) **vollziehbar und aussetzungsfähig** ist (BFH IX B 106/86, BStBl. II 1987, 344; VI B 152/91, BStBl. II 1992, 752; VI B 42/07, BFH/NV 2007, 1998; VI B 69/09, BStBl. II 2009, 826; III B 210/10, BFH/NV 2011, 1692; III B 89/12, BFH/NV 2013, 582; FG BW 4 V 1910/11, EFG 2012, 459). Rechtsschutz kann also iErg durch **vorläufige Berücksichtigung eines (höheren) Freibetrags** durch AdV gewährt werden (BFH VI B 42/07, BFH/NV 2007, 1998; VI R 17/07, BStBl. II 2008, 234; VI R 27/07, BFH/NV 2008, 377; III B 89/12, BFH/NV 2013, 582; NdsFG 7 V 76/09, EFG 2009, 1548). Das **Rechtsschutzinteresse** für den AdV-Antrag **entfällt** (mit der Folge, dass das Rechtsschutzbegehren unzulässig wird), wenn sich die (vorläufige) Eintragung eines Freibetrags auf der LSt-Karte wegen Zeitablaufs beim LSt-Abzug **nicht mehr auswirken kann** (BFH X S 20/93, BFH/NV 1994, 783).

Freistellungsbescheide 76

Ablehnende Bescheide sind weder vollziehbar noch aussetzungsfähig (→ Rn. 42). Siehe zur Freistellung von Sanierungserträgen nach §§ 3a, 52 IVa 3 EStG in sog. Altfällen aber FG Saarl 2 V 1379/21, EFG 2022, 1481: effektiver vorläufiger Rechtsschutz nur im Wege der AdV, selbst wenn in der Hauptsache die Änderung eines bestandskräftigen VA im Wege der Verpflichtungsklage angestrebt wird. – Zum vorläufigen Rechtsschutz iÜ s. BFH I B 183/94, BStBl. II 1995, 781; I B 212/93, BStBl. II 1994, 835; auch → Rn. 107.

Gewerbesteuerbescheide 78

GewSt-Bescheide sind Folgebescheide im Verhältnis zu den GewSt-Messbescheiden. Sie sind nicht selbständig aussetzungsfähig, soweit die im GewSt-Messbescheid festzusetzenden Besteuerungsgrundlagen streitig sind (→ Rn. 74).

Gewerbesteuer-Messbescheide 79

Der GewSt-Messbescheid ist Folgebescheid des Bescheids über die Feststellung des Einheitswertes des Betriebsvermögens und insoweit **nicht selbständig aussetzungsfähig** (→ Rn. 74). Im Hinblick auf **§ 35b GewStG** besteht ein vergleichbares Verhältnis auch zu ESt-, KSt- und Feststellungsbescheiden, wenn der GewSt-Messbescheid **nicht angefochten** worden **oder** bereits **bestandskräftig** ist. Wird die Vollziehung des ESt-, KSt- oder Feststellungsbescheides ausgesetzt, ist auch die Vollziehung des GewSt-Messbescheides auszusetzen (BFH VIII B

107/93, BStBl. II 1994, 300). Im Übrigen ist der GewSt-Messbescheid selbständig aussetzungsfähig (BFH VIII B 107/93, BStBl. II 1994, 300; FG Köln 3 V 3747/12, EFG 2014, 5).

80 **Gewerbeuntersagung**

Der **Antrag** der Finbeh auf Gewerbeuntersagung **ist nicht vollziehbar** und nicht aussetzungsfähig (FG BW X 309/80, EFG 1981, 67; FG Köln 6 V 331/91, BeckRS 1991, 7275; aber → Rn. 85). – Vorläufiger Rechtsschutz gegen die Gewerbeuntersagung selbst ist durch die allg. Verwaltungsgerichte zu gewähren (→ Rn. 285 ff.).

81 **Grundlagenbescheide, insbesondere Gewinn- und Verlustfeststellungsbescheide**

Grundlagenbescheide (→ § 42 Rn. 33 f.) sind **vollziehbar und aussetzungsfähig** (vgl. § 69 I 2, II 4). Die AdV erfolgt prinzipiell nach den allg. Regeln. Das gilt auch für **Gewinn- und Verlustfeststellungsbescheide** iSd § 180 I Nr. 2a AO. **AdV** kommt insbes. in Betracht,

– wenn ein bereits ergangener, dh positiver Gewinnfeststellungsbescheid mit dem Ziel angefochten wird, einen **niedrigeren Gewinn** anzusetzen (unstr.);
– wenn ein positiver Gewinnfeststellungsbescheid durch einen **negativen Gewinnfeststellungsbescheid** ersetzt wird, also einen Bescheid, durch den der Erlass eines Gewinnfeststellungsbescheides abgelehnt wird (unstr.; zB BFH IV B 82/75, BStBl. II 1976, 598; VIII R 63/93, BStBl. II 1996, 93);
– wenn ein positiver Verlustfeststellungsbescheid ergangen ist, anschließend durch Änderungsbescheid ein **geringerer Verlust festgestellt und** das Verfahren gegen den **Änderungsbescheid fortgesetzt** wird (→ Rn. 46; BFH IV B 33/73, BStBl. II 1974, 220; IV B 33/76, IV B 34/76, BStBl. II 1978, 15);
– wenn **vor Erlass** des angefochtenen Gewinn- oder Verlustfeststellungsbescheides schon **Folgebescheide ergangen waren,** in denen die (gesondert festzustellenden) Gewinne bzw. Verluste schon mit niedrigeren bzw. höheren Beträgen berücksichtigt worden waren (BFH IV B 33/73, BStBl. II 1974, 220; IV B 33/76, IV B 34/76, BStBl. II 1978, 15 (16));
– wenn ein positiver Gewinn- oder Verlustfeststellungsbescheid mit dem Ziel angefochten wird, die **erstmalige Feststellung eines Verlustes oder** die Feststellung eines **höheren Verlustes** durchzusetzen (§ 69 analog BFH VIII B 84/78, BStBl. II 1979, 567 (569, 570); IV B 68/79, BStBl. II 1980, 66; I S 1/80, BStBl. II 1981, 99 (100, 101); GrS 2/85, BStBl. II 1987, 637; IV R 61/84, BFH/NV 1988, 24 (25); IX B 120/87, BFH/NV 1989, 86);
– wenn ein **partiell negativer Gewinn- oder Verlustfeststellungsbescheid** (dh ein Bescheid, durch den die Mitunternehmereigenschaft einzelner Gesellschafter/Gemeinschafter verneint wird) mit dem Ziel angegriffen wird, die vorläufige Einbeziehung der bisher aus der Gewinn- und Verlustverteilung ausgeklammerten Personen zu erreichen (§ 69 analog BFH IV B 77/79, BStBl. II 1980, 697 (698); II B 159/92, BFH/NV 1994, 298); und
– wenn ein negativer Gewinn- und Verlustfeststellungsbescheid mit dem Ziel angegriffen wird, die **vorläufige Berücksichtigung der** erklärten und nach Ansicht des Antragstellers gesondert und einheitlich festzustellenden **Besteuerungsgrundlagen** durchzusetzen (§ 69 analog BFH GrS 2/85, BStBl. II 1987, 637; speziell zu Einkünften aus Vermietung und Verpachtung BFH IV B 37/85, BFH/NV 1988, 715; IV B 130/85, BFH/NV 1989, 504; VIII B 67/84, BFH/NV 1989, 585; VIII B 207/86, BFH/NV 1990, 435 (436); IX S 6/90,

BFH/NV 1991, 535); dabei kommt eine vorläufige Regelung nur in Betracht, wenn gegen den (auch partiell) negativen Gewinn- und Verlustfeststellungsbescheid materielle Bedenken bestehen (BFH IV B 42/02, BFH/NV 2002, 1447: bei ausschließlich formellen Bedenken lediglich AdV).

Die Ausdehnung des Anwendungsbereichs des § 69 auf die beiden zuletzt genannten Fallgruppen (partiell negative und negative Gewinn- und Verlustfeststellungsbescheide) ist zwar unter dem Aspekt der **Gewährung effektiven vorläufigen Rechtsschutzes** zu begrüßen (→ Rn. 5 aE), widerspricht aber zumindest der Systematik des Gesetzes, weil den Anträgen in beiden Fällen ein Verpflichtungsbegehren zugrunde liegt und hierfür die Rechtsschutzgewährung durch einstweilige Anordnung (§ 114) vorgesehen ist (wie hier Gosch/Gosch § 69 Rn. 51; aA Tipke/Kruse/Seer § 69 Rn. 39).

Die von der Rspr. entwickelten und für die Praxis relevanten **Grundsätze** zur Gewährung vorläufigen Rechtsschutzes bei Gewinn- und Verlustfeststellungsbescheiden sind **auf andere Grundlagenbescheide übertragbar.** Sie gelten insbes. für **Feststellungsbescheide nach § 180 I 1 Nr. 1 iVm § 19 BewG** (→ Rn. 68), nach § **180 I 1 Nr. 2b AO** (BFH VIII B 207/86, BFH/NV 1990, 435 (436)) und **§ 180 I 1 Nr. 3 AO,** und zwar auch, soweit ausländische Verluste (§ 2 AIG oder § 2a I EStG) festgestellt worden sind (BFH IV B 37/89, BFH/NV 1990, 570), Feststellungsbescheide nach der **VO zu § 180 II AO** (BFH X S 13/92, BFH/NV 1993, 242), nach § **17 II, III GrEStG** (BFH II B 134/88, BFH/NV 1990, 59 (60)), nach **§ 27 KStG,** nach **§ 55 V EStG** (BFH IV S 23/85, BFH/NV 1988, 442 (443)), für **GewSt-Messbescheide** und **GrSt-Messbescheide,** für die **Ablehnung von Billigkeitsmaßnahmen nach § 163 AO** (BFH GrS 2/85, BStBl. II 1987, 637 (642); FG Düsseldorf XV 557/85, EFG 1986, 372; aA – vorläufiger Rechtsschutz durch einstweilige Anordnung – FG München 14 K 2601/89, EFG 1991, 208; Gosch/Gosch § 69 Rn. 49 und § 114 Rn. 14), für die Feststellung eines **verrechenbaren Verlustes nach § 15a IV EStG** (BFH VIII B 104/85, BStBl. II 1988, 5; IV B 95/87, BStBl. II 1988, 617; IV S 5/95, BFH/NV 1997, 406; VIII B 185/04, BFH/NV 2005, 1492; Schmidt/Wacker EStG § 15a Rn. 190, 191) und für Feststellungsbescheide nach der **MGVO** (zB bei negativem Referenzmengen-Feststellungsbescheid – BFH VII B 239/90, BFH/NV 1992, 429; VII B 20/98, BFH/NV 1998, 1395; FG Brem II 145/90 V, BeckRS 1991, 7118 – wie GrS; bei Ablehnung, eine höhere Referenzmenge festzusetzen – BFH VII B 114/85, BFHE 146, 1; VII B 12/86, BFH/NV 1987, 180; IV S 9/86, BFH/NV 1987, 188; VII B 98/87, BFH/NV 1988, 66; VII B 239/90, BFH/NV 1992, 429; FG Brem II 145/90 V, BeckRS 1991, 7118; bei Rücknahme des Bescheides über die Anlieferungs-Referenzmenge – BFH VII B 142/93, BFH/NV 1994, 435), **nicht aber,** soweit eine **Härtefallbescheinigung** erforderlich ist (BFH VII R 13/86, BFH/NV 1987, 197).

Zur **Tenorierung** s. BFH VIII B 84/78, BStBl. II 1979, 567 (568); GrS 2/85, BStBl. II 1987, 637 (643) – betr. negative Gewinnfeststellungsbescheide.

Haftungsbescheide 83

Haftungsbescheide sind vollziehbare und aussetzungsfähige VA, selbst wenn das Leistungsgebot zunächst fehlt (FG BBg 9 V 9095/19, DStRE 2020, 848).

Insolvenzverfahren 85

Vorläufiger Rechtsschutz **gegen den Insolvenzantrag** ist nicht durch AdV, sondern durch einstweilige Anordnung (§ 114) zu gewähren (→ § 33 Rn. 81; s. auch BFH VII R 30/89, BFH/NV 1990, 710; VII B 226/10, BFH/NV 2011,

1017). – Ein Antrag des Insolvenzschuldners auf AdV oder Aufhebung der Vollziehung von Steuerbescheiden ist wegen der mit Eröffnung des Insolvenzverfahrens (§ 27 InsO) eintretenden Beschränkungen der Vollstreckung (§§ 87 ff. InsO) regelmäßig mangels Rechtsschutzinteresses unzulässig (BFH I R 185/73, BStBl. II 1975, 208; XI S 32/01, BFH/NV 2002, 940; V B 59/11, BFH/NV 2012, 2013; Jäger DStR 2008, 1272). – Die Feststellung einer Steuerforderung als Insolvenzforderung gem. § 251 III AO ist wegen der Wirkungen der Insolvenzeröffnung kein vollziehbarer VA (FG RhPf 3 V 8/82, ZIP 1983, 96).

87 **Kindergeldangelegenheiten**

Wird **Kindergeld als Steuervergütung** durch die Familienkassen gezahlt, ist der Finanzrechtsweg eröffnet (→ § 33 Rn. 84). Vorläufiger Rechtsschutz ist dann nach § 361 AO, § 69 FGO zu gewähren. – **Nicht vollziehbar ist** nach allgemeinen Grundsätzen **ein Bescheid, durch den** ein **Antrag** auf Gewährung von Kindergeld ganz oder teilweise **abgelehnt worden ist** (BFH VIII B 142/00, BFH/NV 2002, 1491; → Rn. 42). **Vollziehbarkeit** ist aber **zu bejahen,** wenn eine schon gesicherte Rechtsposition rückwirkend oder mit Wirkung für die Zukunft beeinträchtigt oder entzogen wird (→ Rn. 102). AdV kommt deshalb in Betracht, **wenn** die **Kindergeld-Bewilligung** wegen Änderung der Verhältnisse gem. § 70 II EStG oder aus anderen Gründen gem. §§ 172 ff. AO **aufgehoben** (BFH VI B 205/97, BFH/NV 1998, 963; VI B 36/98, BFH/NV 1999, 30; VI S 15/98, BFH/NV 2001, 637; FG BW 3 V 2447/11, EFG 2012, 720) oder das Kindergeld gem. §§ 70 II EStG, 172 ff. AO **nachträglich auf 0 EUR herabgesetzt wird** (BFH VI B 222/97, BStBl. II 1999, 136). **Antragsbefugt** sind die Anspruchsberechtigten (§ 62 EStG), uU auch der Sozialhilfeträger (BFH VIII R 18/02, BFH/NV 2005, 692; VIII R 58/03, BStBl. II 2006, 130; s. auch Schmidt/Weber-Grellet EStG § 74 Rn. 5 f.). – Zur Möglichkeit der Gewährung vorläufigen Rechtsschutzes durch AdV im Falle der **Aufrechnung der Familienkasse** mit einem Rückforderungsanspruch (§ 75 EStG) → Rn. 55 (zur Aufrechnungslage s. FG Bln 6 B 6065/98, EFG 1999, 850). – Zur AdV eines **Rückforderungsbescheides** → Rn. 101 und zur AdV bei **Pfändung** von Kindergeldansprüchen (§ 76 EStG) → Rn. 116.

AdV gem. § 361 AO, § 69 FGO kann **nicht** gewährt werden, soweit Streitigkeiten über Kindergeld im **Sozialrechtsweg** zu verfolgen sind. Das ist der Fall, wenn Kindergeld als Sozialleistung gezahlt wird (→ § 33 Rn. 84). Der Finanzrechtsweg ist jedoch gegeben bei Erstattungsansprüchen der Träger von Sozialleistungen gem. § 74 II EStG oder deren nachträglicher Änderung (NdsFG VI 587/96 Ki, EFG 1997, 1213; FG Düsseldorf 9 K 5749/98 Kg, EFG 2000, 225; Schmidt/Weber-Grellet EStG § 74 Rn. 13; aA FG Brem 4 97 022 K 1, 4 97 106 K 1, EFG 1997, 991 (992)).

88 **Kirchensteuerbescheide**

Die KiSt ist in allen Bundesländern als Annexsteuer zur ESt und LSt ausgestaltet: ESt-Bescheide/LSt-Anmeldungen sind Grundlagenbescheide für die Festsetzung der KiSt. Die Frage des Rechtswegs ist in den einzelnen Bundesländern jedoch unterschiedlich geregelt (→ § 33 Rn. 143 ff.). Nach allg. Grundsätzen (§ 69 III 1 iVm § 69 II 4) ist ein Antrag auf AdV des KiSt-Bescheides **mangels Rechtsschutzinteresses unzulässig** (→ Rn. 74, 139). **Demgegenüber** hält der **BFH** ohne Rücksicht darauf, ob überhaupt der Finanzrechtsweg eröffnet ist, § 69 II 4 für analog anwendbar und setzt die Vollziehung des KiSt-Bescheides gleichzeitig mit der Vollziehung des ESt-Bescheides (Grundlagenbescheides) aus (zB BFH

VIII B 158/94, BFH/NV 1995, 680; III B 15/99, BFH/NV 2000, 827; IV S 3/02, BFH/NV 2003, 187 (188); s. auch III B 9/98, BStBl. II 1998, 721; IV S 3/02, BFH/NV 2003, 187).

Kontrollmitteilungen 89

Vorläufiger Rechtsschutz mit dem Ziel, die Weiterleitung der besteuerungsrelevanten Daten zu unterbinden, kann nur durch einstweilige Anordnung (§ 114) gewährt werden, weil es sich um ein allg. Leistungsbegehren (Unterlassungsbegehren) handelt (vgl. Klein/Maetz AO § 194 Rn. 85; FG Köln 2 V 72278/99, EFG 2000, 598; s. auch FG Düsseldorf 4/13 K 120/86 AO, EFG 1991, 711 betr. Kontrollmitteilung an ausländische Steuerverwaltung; zur AdV eines Steuerbescheides, der auf der Auswertung von in unzulässiger Weise übersandtem Kontrollmaterial beruht, FG BBg 7 V 7031/22, EFG 2022, 1000).

Körperschaftsteuerbescheide 90

KSt-Bescheide sind wie ESt-Bescheide vollziehbar und aussetzungsfähig. Die für die AdV von ESt-Bescheiden geltenden Grundsätze (→ Rn. 69) sind entsprechend anzuwenden.

Leistungsgebote (§ 254 AO) 92

Leistungsgebote sind vollziehbar und aussetzungsfähig (BFH VIII B 14/74, BStBl. II 1976, 258; VII B 66/02, BFH/NV 2003, 592; FG Düsseldorf 18 V 524–00 A (AO), DStRE 2000, 1103).

Lohnsteuer-Anmeldung 93

→ Rn. 107.

Lohnsteueranrufungsauskunft (§ 42e EStG) 93a

Es handelt sich nicht um einen vollziehbaren VA (BFH VI B 103/14, BFH/NV 2015, 737).

Milchreferenzmenge 94

→ Rn. 81.

Nichtige Bescheide 96

Werden nichtige Steuerbescheide **angefochten** (zur Anfechtbarkeit → § 41 Rn. 24; → Vor § 40 Rn. 23), kann ihre scheinbare Wirkung durch Anordnung der **AdV** außer Kraft gesetzt werden (BFH VII B 167/87, BFH/NV 1989, 36). Ist aber die Rechtsbehelfsfrist abgelaufen und im Hauptsacheverfahren Klage auf Feststellung der Nichtigkeit des Steuerbescheides erhoben worden, kann vorläufiger Rechtsschutz nur durch einstweilige Anordnung (§ 114) gewährt werden (zB BFH IV B 13/81, BStBl. II 1982, 133; VII B 167/87, BFH/NV 1989, 36; I B 113/91, BFH/NV 1993, 349; FG Hmb V 286/01, EFG 2002, 855).

Prüfungsanordnungen, Prüfungsmaßnahmen 99

→ Rn. 58.

Rechtsgestaltende Verwaltungsakte 100

→ Rn. 102.

Rückforderungsbescheide 101

Rückforderungsansprüche (Klein/Ratschow AO § 37 Rn. 10 ff.) ergeben sich daraus, dass von vornherein ohne rechtlichen Grund gezahlt worden ist oder dass der die Grundlage der Auszahlung bildende Bescheid ersatzlos aufgehoben wird. Eines besonderen Festsetzungsbescheides bedarf es im Allgemeinen nicht. Besteht jedoch Streit über die Berechtigung der Rückforderung, wird der **Rückforderungsanspruch durch Abrechnungsbescheid** gem. § 218 II 2 AO festgestellt (Klein/Ratschow AO § 37 Rn. 56 ff.). Der in die Form des Abrechnungsbescheides gekleidete **Rückforderungsbescheid** ist dann vollziehbar und aussetzungsfähig (→ Rn. 43). Ein solcher Bescheid ist auch zulässig und erforderlich, wenn erstmals ein Rückforderungsanspruch (eine Leistungsverpflichtung) **ggü. einem Dritten** begründet wird. Das ist zB der Fall, wenn dem Steuergläubiger aufgrund einer Doppel- oder Überzahlung ein Rückforderungsanspruch gegen den Pfändungsgläubiger oder Zessionar zusteht (zB BFH VII R 206/83, BStBl. II 1989, 223; VII R 97/88, BStBl. II 1990, 671; VII R 44/91, BFH/NV 1993, 344; VII R 80/94, BFH/NV 1996, 5; VII R 89/95, BStBl. II 1996, 436; VII B 257/02, BFH/NV 2005, 3; FG Hmb II 258/04, EFG 2006, 462; FG BBg 6 K 5154/04 B, EFG 2008, 102). Auch dieser Rückforderungsbescheid ist vollziehbar und aussetzungsfähig (BFH VII B 278/93, BStBl. II 1995, 817 betr. Inanspruchnahme des Pfändungsgläubigers wegen der Auszahlung negativer USt-Vorauszahlungen).

102 **Rücknahme und Widerruf von Verwaltungsakten**

Durch die Rücknahme bzw. den Widerruf eines begünstigenden VA wird dem Stpfl. eine Rechtsposition genommen. Rücknahme und Widerruf eines begünstigenden VA sind deshalb vollziehbar und aussetzungsfähig (zB BFH VIII B 29/82, BStBl. II 1982, 608; VI B 205/97, BFH/NV 1998, 963). Wird die AdV angeordnet, bleiben die Wirkungen des begünstigenden VA vorläufig bestehen. – Siehe auch BFH VII B 127/89, BFH/NV 1990, 473 betr. Widerruf einer zollrechtlichen Lagerbewilligung.

104 **Sach- und Forderungspfändungen**

→ Rn. 116.

105 **Säumniszuschläge**

Säumniszuschläge entstehen kraft Gesetzes (§ 240 AO), so dass **AdV mangels** eines **anfechtbaren Verwaltungsaktes nicht** gewährt werden kann (FG Hmb 1 V 14/21, EFG 2021, 1133). Wird allerdings die Vollziehung des Steuerbescheides ausgesetzt, entstehen während der Dauer der AdV keine Säumniszuschläge (zB BFH VII R 58/94, BStBl. II 1996, 55; VII R 37/92, BFH/NV 1994, 4; IV S 3/02, BFH/NV 2003, 187 (188) mwN; VII R 77/04, BStBl. II 2006, 578). Bei Gewährung der AdV nach Eintritt der Fälligkeit der Steuer bleiben die in der Zwischenzeit verwirkten Säumniszuschläge hingegen bestehen (BFH II B 33/89, BFH/NV 1990, 670; VII R 37/92, BFH/NV 1994, 4 (6); VII R 77/04, BStBl. II 2006, 578). Zur Frage, ob die Säumniszuschläge insoweit zu erlassen sind, s. BFH X S 19/12, BFH/NV 2012, 2008; V R 52/13, BFH/NV 2014, 1419 jeweils mwN. – Schon **verwirkte Säumniszuschläge** können (im Zusammenhang mit der AdV des Steuerbescheides) ab dem Zeitpunkt, ab dem objektiv ernstliche Zweifel an der Rechtmäßigkeit des Bescheides bestanden haben, rückwirkend durch **Aufhebung der Vollziehung** beseitigt werden (zB BFH V R 78/86, BStBl. II 1991, 906; I B 61/96, BStBl. II 1997, 466; VII B 244/01, BFH/NV 2002, 1125 (1127); VII S 28/01, BFH/NV 2003, 12 (14, 15); III S 7/03, BFH/NV 2004, 183 (184); I B 208/04, BFH/NV 2005, 625; III S 22/13, BFH/NV 2014, 856; → Rn. 175). Die Anordnung der Aufhebung der Vollziehung ist jedenfalls dann gerechtfertigt, wenn die AdV des Steuerbescheides vor Fälligkeit der zu zahlenden Steuer beantragt worden ist. – Zur Entstehung von Säumniszuschlägen während des AdV-Verfahrens bis zur Anordnung der AdV s. BFH I

R 143/90, BFH/NV 1992, 431; FG Hmb VII 17/93, EFG 1994, 731. – Zur Unzulässigkeit eines isolierten Antrags auf Aufhebung der Vollziehung von Säumniszuschlägen s. FG BW 3 V 23/03, EFG 2004, 829.

Sicherheitsleistung 106

Das Verlangen nach einer Sicherheit (§ 221 II AO) ist ein vollziehbarer und aussetzungsfähiger VA (BFH V B 56/85, BStBl. II 1987, 830).

Steueranmeldungen 107

Steueranmeldungen stehen einer Steuerfestsetzung unter dem Vorbehalt der Nachprüfung gleich (§ 168 S. 1 AO). Sie sind deshalb grds. vollziehbar und aussetzungsfähig. Das **Rechtsschutzinteresse** für den Antrag auf AdV einer Steueranmeldung **entfällt** (wie bei der USt – s. dort) **mit** dem **Erlass des Jahressteuerbescheides** (BFH V R 130/86, BStBl. II 1991, 465; XI S 18/98, BFH/NV 2000, 451; XI B 78/02, BFH/NV 2005, 1279). Vorläufiger Rechtsschutz kann dann nur noch durch AdV des Jahressteuerbescheides gewährt werden. § 69 III 4 iVm § 69 II 8 (→ Rn. 257 ff.) ist zu beachten. Bei **Steueranmeldungen nach § 41a EStG** (LSt-Anmeldung) und nach **§ 50a EStG, § 73e EStDV** kann sowohl der (zur Anmeldung verpflichtete) Vergütungsschuldner als auch der Vergütungsgläubiger AdV beantragen (BFH VI R 165/01, BStBl. II 2005, 890 zu § 41a EStG; Schmidt/Krüger EStG § 41a Rn. 9 f.; Schmidt/Loschelder EStG § 50a Rn. 40). In den Fällen des **§ 41a EStG** kommt die **AdV der LSt-Anmeldung** auf Antrag des Arbeitnehmers (Vergütungsgläubigers) nur bis zum Erlass des ESt-Bescheides in Betracht (BFH I R 39/95, BStBl. II 1996, 87; VII R 42/10, BStBl. II 2011, 607). In den Fällen der § **50a EStG,** § **73e EStDV** sollen bei **Antrag des Vergütungsgläubigers** auf AdV/Aufhebung der Vollziehung der Steueranmeldung lediglich Einwendungen gegen die Berechtigung der Steueranmeldung, nicht aber gegen die sachliche Steuerpflicht, erhoben werden können (stRspr; zB BFH I B 30/97, BStBl. II 1997, 700; I B 69/02, BStBl. II 2003, 189; I R 73/02, BFH/NV 2004, 869; I R 27/12, BStBl. II 2013, 682; zweifelhaft). In jedem Fall ist zu berücksichtigen, dass **der Vergütungsschuldner** zur Vermeidung des eigenen Haftungsrisikos (§ 50a V 4 EStG) schon dann **zur Steueranmeldung berechtigt** ist, wenn Zweifel an der sachlichen Steuerpflicht des Vergütungsgläubigers bestehen (zB BFH I B 30/97, BStBl. II 1997, 700; I B 69/02, BStBl. II 2003, 189; I R 73/02, BFH/NV 2004, 869; I R 27/12, BStBl. II 2013, 682 mwN). Bestehen derartige Zweifel, ist nach stRspr die Erstattung der einbehaltenen und an die Finbeh abgeführten Abzugsbeträge an den Vergütungsgläubiger im Wege der AdV/Aufhebung der Vollziehung nicht erreichbar (zB BFH I B 30/97, BStBl. II 1997, 700; VII B 155/99, BFH/NV 2000, 547). Sowohl bei der Steueranmeldung nach § 41a EStG als auch bei derjenigen nach § 50a EStG, § 73e EStDV ist im Wege der AdV eine Rückzahlung des vom Vergütungsschuldner an die Finbeh abgeführten Steuerbetrags grds. nur gegen **Sicherheitsleistung** möglich (BFH I B 30/97, BStBl. II 1997, 700; I B 113/98, BFH/NV 1999, 1314 (1315)).

Umsatzsteuerbescheide 109

USt-Voranmeldungen (§ 18 I, IV a UStG, § 168 AO) und USt-Jahresanmeldungen (§ 18 III 1 UStG, § 168 AO) sowie USt-Jahresbescheide (§ 18 IV 2 UStG) **sind prinzipiell vollziehbar** und aussetzungsfähig, soweit die durch die USt-Festsetzung auferlegte Leistungspflicht vorläufig außer Kraft gesetzt und damit die aufschiebende Wirkung des Rechtsbehelfs herbeigeführt werden soll. Besonderheiten ergeben sich aber daraus, dass sowohl eine **USt-Zahllast** als auch ein **USt-**

Erstattungsbetrag festgesetzt werden kann. Ist ein Erstattungsbetrag festgesetzt worden und begehrt der Stpfl. die **Festsetzung einer höheren USt-Erstattung,** kann vorläufiger Rechtsschutz **nur durch einstweilige Anordnung** (§ 114) gewährt werden, weil das Begehren über die Herstellung der aufschiebenden Wirkung hinausgeht (→ Rn. 33 ff.). Ebenso ist es, wenn an Stelle der Festsetzung einer positiven Zahlungsschuld die Festsetzung einer Erstattung begehrt wird (BFH V B 31/86, BFH/NV 1987, 42; FG Hmb II 118/96, EFG 1997, 508; FG BW 12 V 26/99, EFG 2000, 592; aA bei unbestrittenen Vorsteuerbeträgen Tipke/Kruse/Seer § 69 Rn. 33 mwN unter Hinweis auf den Charakter der Vorsteuer als Steuervergütungsanspruch). Auch bei Versagung der Versteuerung nach vereinnahmten Entgelten gem. § 20 UStG kommt AdV nicht in Betracht (FG Bbg 7 V 7309/14, EFG 2015, 941).

Zu beachten ist außerdem, dass sich die USt-Voranmeldungen mit der USt-Jahresanmeldung oder dem USt-Jahresbescheid erledigen (§ 124 II AO – zB BFH V S 24/00, BFH/NV 2001, 658; V R 31/03, BStBl. II 2005, 671; V R 42/09, BStBl. II 2014, 76). Da die Abgabe einer nicht zu einer Herabsetzung der bisher zu entrichtenden Steuer oder zu einer Steuervergütung führenden USt-Jahresanmeldung nach § 168 S. 1 AO einer Steuerfestsetzung unter dem Vorbehalt der Nachprüfung gleichsteht, kommt in diesem Fall **vorläufiger Rechtsschutz gegen die Voranmeldungen** nur bis zum Zeitpunkt der Abgabe dieser Umsatzsteuer-Jahresanmeldung in Betracht. Führt die USt-Jahresanmeldung hingegen zu einer Herabsetzung der bisher zu entrichtenden Steuer oder zu einer Steuervergütung, so bedarf sie nach § 168 S. 1 AO der Zustimmung des FA. In diesem Fall ist bis zur Erteilung dieser Zustimmung vorläufiger Rechtsschutz gegen die Voranmeldungen möglich. Wird der USt-Jahresbescheid gem. § 68 zum Gegenstand des Verfahrens, so ist zu prüfen, ob die Voraussetzungen des § 69 III hinsichtlich des Jahressteuerbescheides vorliegen (BFH V B 53/97, V S 13/99, BFH/NV 2000, 244; FG BW 9 V 3795/10, EFG 2011, 1368).

Begrenzt wird die Wirkung der AdV/Aufhebung der Vollziehung durch **§ 69 III 4 iVm II 8.** Bezogen auf USt-Bescheide ist die AdV/Aufhebung der Vollziehung auf die festgesetzte Steuer, vermindert um die festgesetzten Vorauszahlungen, beschränkt (ausf. → Rn. 257 ff.). Diese Regelung greift aber nicht ein, wenn ein auf § 164 II AO gestützter Änderungsbescheid ergeht und in den USt-Voranmeldungen (Vorauszahlungsbescheiden) keine positive Zahlungsschuld festgesetzt worden war; der Änderungsbescheid kann in vollem Umfang ausgesetzt oder aufgehoben werden (BFH V B 24/99, BStBl. II 1999, 335; II R 66/11, BStBl. II 2014, 266).

Zu den Besonderheiten bei der AdV von **Einfuhrumsatzsteuer-Bescheiden** → Rn. 17.

110 **Untersagungsverfügungen**

Die Untersagung der Berufsausübung nach dem StBerG (→ Rn. 286) ist an sich ein vollziehbarer und aussetzungsfähiger VA. Ein Antrag auf AdV der Untersagungsverfügung ist aber mangels Rechtsschutzinteresses unzulässig, weil die aufschiebende Wirkung bereits kraft Gesetzes mit der Einlegung eines Rechtsbehelfs gegen die Untersagungsverfügung eintritt (§ 69 V 1 – → Rn. 285 ff.). – Wegen der Gewerbeuntersagung → Rn. 285.

112 **Verlustabzug (Verlustvortrag, Verlustrücktrag)**

Die gesonderte Feststellung des verbleibenden Verlustvortrags (§ 10d III EStG) ist Grundlagenbescheid für den ESt-Bescheid des Folgejahres und den nächsten

Feststellungsbescheid nach § 10d III EStG (Schmidt/Heinicke EStG § 10d Rn. 41 mwN). Vorläufiger Rechtsschutz mit dem Ziel der vorläufigen **Berücksichtigung eines höheren Verlustvortrags** ist **durch** Anfechtung und **AdV des Feststellungsbescheides** erreichbar (§ 42 FGO iVm § 351 II AO; s. zu § 10d IV 4 EStG idF JStG 2010 sowie zu § 35b II 2 GewStG aber FG Münster 13 V 1459/21 K, G, EFG 2021, 2000: Anfechtung und AdV des Steuerbescheides, der eine Steuer von 0 EUR festsetzt). Ist für das Vorjahr bereits ein Feststellungsbescheid nach § 10d III EStG ergangen, ist die AdV im Umfang der Bindungswirkung des Feststellungsbescheides für das Vorjahr ausgeschlossen (→ Rn. 74). Entsprechendes gilt für die Feststellung der vortragsfähigen Fehlbeträge (des vortragsfähigen Verlustes) nach § 10a S. 2 GewStG (Glanegger/Güroff/Selder GewStG § 35b Rn. 15).

Vermögensverzeichnis 113

→ Rn. 67.

Verrechenbarer Verlust (§ 15a II EStG) 114

→ Rn. 81.

Verspätungszuschlag (§ 152 AO) 115

Die Festsetzung eines Verspätungszuschlags ist ein vollziehbarer und aussetzungsfähiger VA.

Vollstreckungsmaßnahmen 116

Vollstreckungsmaßnahmen **mit VA-Qualität sind vollziehbar** und aussetzungsfähig, soweit ernstliche Zweifel an der Rechtmäßigkeit der einzelnen Vollstreckungsmaßnahmen, der Anordnung und Aufrechterhaltung sowie der Art und Weise der Durchführung der Vollstreckung bestehen. Einwendungen gegen die Rechtmäßigkeit des zu vollstreckenden VA können nicht berücksichtigt werden (§ 256 AO – BFH VII B 27/88, BFH/NV 1989, 114; FG LSA 4 V 800/04, EFG 2005, 14). Die AdV darf nicht zur Vorwegnahme der Entscheidung in der Hauptsache führen (→ Rn. 37). Ist die **Vollstreckungsmaßnahme** bereits **vollzogen,** kommt eine AdV nicht mehr in Betracht; in diesen Fällen kann die Vollziehung auch nicht aufgehoben werden, wenn die Aufhebung der Vollziehung dazu führen würde, dass eine spätere Entscheidung in der Hauptsache ins Leere ginge (BFH VII S 1/77, BStBl. II 1978, 69; VII B 33/90, BFH/NV 1991, 607; zur Abgrenzung s. BFH VII B 301/00, BFH/NV 2001, 425; HessFG 7 V 4886/96, EFG 1997, 898: allenfalls Aufhebung der Vollziehung gegen Sicherheitsleistung).

Vollziehbare Verwaltungsakte sind zB die **Arrestanordnung** (→ Rn. 52), die **Pfändung beweglicher Gegenstände und Forderungen** einschl. der Einziehung (BFH VII S 1/77, BStBl. II 1978, 69; VII B 119/91, BFH/NV 1992, 789; VII B 143/92, BFH/NV 1993, 664 (708); VII B 262/92, BFH/NV 1994, 719; VII B 301/00, BFH/NV 2001, 425; FG Brem 298052V 2, EFG 1998, 1024 betr. AdV wegen unbilliger Härte), die **Androhung und Festsetzung von Zwangsgeld** (§§ 329, 332 AO – → Rn. 47), die **Anforderung des Vermögensverzeichnisses** nach § 284 I AO oder die **Aufforderung zur Abgabe der eidesstattlichen Versicherung** gem. § 284 III AO (BFH VII B 195/05, BFH/NV 2006, 1786 (1787)), **nicht aber** bloße **Mahnungen** (§ 259 AO – FG Saarl 399/78, EFG 1979, 241) oder die **Ankündigung** oder Androhung der Erzwingung einer Sicherheitsleistung (BFH VII B 104/78, BStBl. II 1979, 381; → Rn. 48). – Zum Antrag auf Eintragung einer Sicherungshypothek oder auf

Anordnung der Zwangsversteigerung → Rn. 45. – Zum Antrag auf Eröffnung des Insolvenzverfahrens → Rn. 85.

Vorläufiger Rechtsschutz gegen Vollstreckungsmaßnahmen kann nicht nur im Wege der AdV/Aufhebung der Vollziehung gewährt werden, sondern wegen der unterschiedlichen Zielrichtungen der Rechtsschutzbegehren trotz § 114 V (→ § 114 Rn. 20 f.) **gleichzeitig** auch **durch einstweilige Anordnung** (§ 114). Ein solcher Antrag kann zB auf § 258 AO (einstweilige Einstellung oder Beschränkung der Zwangsvollstreckung, Aufhebung einzelner Vollstreckungsmaßnahmen) oder § 297 AO (zeitweilige Aussetzung der Verwertung) gestützt werden (→ § 114 Rn. 36 ff.).

117 **Vorauszahlungsbescheide**

Vorauszahlungsbescheide sind wie Steueranmeldungen bis zum Ergehen des Jahressteuerbescheides vollziehbar und aussetzungsfähig (→ Rn. 107). – Die **Ablehnung** eines Antrags auf Anpassung (Herabsetzung) von Vorauszahlungen **ist nicht vollziehbar** (FG BW 6 V 10/98, EFG 1998, 1143; → Rn. 42). – Auch → Rn. 38.

118 **Vorbehalt der Nachprüfung, Vorläufigkeitsvermerk**

Vorbehalt der Nachprüfung (§ 164 AO) und Vorläufigkeitsvermerk (§ 165 AO) sind als unselbständige Nebenbestimmungen eines Steuerbescheides weder selbständig anfechtbar noch aussetzungsfähig. Die **Aufhebung des Vorbehaltes der Nachprüfung** (§ 164 III 2 AO) **ist** demgegenüber als Steuerbescheid vollziehbar und **aussetzungsfähig** (zB BFH III B 40/82, BStBl. II 1983, 622; V B 24/99, BStBl. II 1999, 335; I B 26/12, BFH/NV 2013, 1061; Tipke/Kruse/Seer § 69 Rn. 34; aA Buciek DStJG 18 (1995), 149 (154 ff.)).

120 **Widerruf eines begünstigenden Verwaltungsaktes**

→ Rn. 102.

122 **Zerlegungsbescheide, Zuteilungsbescheide**

Zerlegungs- und Zuteilungsbescheide sind als Grundlagenbescheide für die GewSt-Bescheide vollziehbar und aussetzungsfähig (→ Rn. 79, 81). Gleichzeitig sind sie Folgebescheide der GewSt-Messbescheide; zur Möglichkeit der AdV insoweit → Rn. 74. Für die am Zerlegungsverfahren beteiligte Gemeinde hat der Zerlegungsbescheid indes keinen vollziehbaren Inhalt, und zwar auch dann nicht, wenn die Gemeinde mit einer Gewerbesteuererstattung belastet wird (BFH IV B 50/21 (AdV), BFH/NV 2022, 819, Rn. 18 ff.).

123 **Zinsbescheide**

Zinsbescheide (§ 239 AO) sind vollziehbar und aussetzungsfähig. Ihre Vollziehung ist nach der Rspr. des BFH ohne Weiteres auszusetzen, wenn die Vollziehung der Grundlagenbescheide (zB ESt-, KSt- oder USt-Bescheide) ausgesetzt wird (BFH III B 9/98, BStBl. II 1998, 721; III B 15/99, BFH/NV 2000, 827; IV S 3/02, BFH/NV 2003, 187 (188); III B 129/11, BFH/NV 2012, 1452; → Rn. 88, 105).

124 **Zollbescheide**

Von den Zollbehörden auf der Grundlage des UZK erlassene **vollziehbare Bescheide** (zB Festsetzung von Zöllen, Einfuhr- und Ausfuhrabgaben, Tabak- und Mineralölsteuer) **sind aussetzungsfähig.** Für das Verfahren gelten die Vorschriften der § 361 AO, § 69 FGO (→ Rn. 16); die materiellen Voraussetzungen für die Gewährung der AdV richten sich jedoch **nach** dem die nationalen Vorschriften überlagernden **Art. 45 UZK** (Witte/Alexander UZK Art. 45 Rn. 9; so bereits zu Art. 244 ZK: BFH VII B 41/00, BFH/NV 2000, 1512 (1513); → Rn. 16 ff., 166, 173, 191, 286). Dies gilt nicht nur für die Gewährung der AdV durch die Zollbehörde, sondern **auch** für die **gerichtliche AdV** (Witte/Alexander UZK Art. 45 Rn. 16; zu Art. 244 ZK: BFH VII B 140/94, BFHE 176, 170; VII B 267/96, BFH/NV 1997, 723; VII B 206/98, BFH/NV 1999, 691). Im Falle eines auf **Aufhebung der Vollziehung** gerichteten Begehrens ist Art. 45 UZK entsprechend anzuwenden (Witte/Alexander UZK Art. 45 Rn. 13; zu Art. 244 ZK: BFH VII B 206/98, BFH/NV 1999, 691 (692)). Nach Art. 45 UZK ist AdV/Aufhebung der Vollziehung **grundsätzlich** nur **gegen Sicherheitsleistung** zu gewähren (Witte/Alexander UZK Art. 45 Rn. 45 f.; zugleich zu den **Ausnahmen** sowie zu Art. 244 ZK: EuGH C-130/95, ZfZ 1997, 335 (338); BFH VII B 225/95, BFHE 179, 501). – Im Übrigen → Rn. 16 ff., 173, 166, 191, 286.

Für die AdV/Aufhebung der Vollziehung von **außerhalb des Regelungsbereichs des UZK** durch die Zollbehörden auf der Grundlage nationaler Vorschriften (zB bei Vollstreckungsmaßnamen) erlassenen Bescheiden sind formell und materiell ausschließlich die Regelungen der **§ 361 AO, § 69 FGO maßgebend** (vgl. zB HessFG 7 V 6171/97, EFG 1998, 1478). Beruht der Bescheid auf Unionsrecht und ist die Gültigkeit der Regelung im Streit, ist vorläufiger Rechtsschutz nach den vom EuGH entwickelten Regeln zu gewähren (→ Rn. 19, 20). Geht es nicht um die Gültigkeit von Unionsrecht und ist der UZK nicht einschlägig, gelten die § 361 AO, § 69 FGO uneingeschränkt (zB BFH VII B 145, 146/00, VII B 145/00, VII B 146/00, BFH/NV 2001, 75 betr. **Rückforderung** einer **Ausfuhrerstattung**).

Zurückweisung eines Bevollmächtigten (§ 80 V AO) 125
Es handelt sich um einer vollziehbaren VA (BFH II B 115/14, BFH/NV 2015, 473; FG Köln 10 V 2123/14, EFG 2015, 135).

3. Besondere Zulässigkeitsvoraussetzungen für einen gerichtlichen AdV-Antrag

a) Sachentscheidungsvoraussetzungen. Es müssen die allgemeinen Sachentscheidungsvoraussetzungen (→ Vor § 33 Rn. 16 ff.) vorliegen. Ggf. muss dem Antragsteller Gelegenheit gegeben werden, behebbare Mängel zu beseitigen (§ 76 II). – Hinzuweisen ist insbes. auf folgende Sachentscheidungsvoraussetzungen: 130

AdV kann nur gewährt werden, wenn für die Hauptsache der **Finanzrechtsweg** (§ 33) eröffnet ist (→ § 33 Rn. 9 ff.). – Zur **Verweisung** des Verfahrens an das (erstinstanzlich örtlich und sachlich zuständige) Gericht eines anderen Gerichtszweigs → Anh. § 33 Rn. 17 ff. 131

Der Antrag nach § 69 III muss beim **örtlich und sachlich zuständigen Gericht** gestellt werden (→ Vor §§ 35–39 Rn. 1 ff.; → Rn. 211 f.). – Das im Hauptsacheverfahren prozessführungsbefugte FA bleibt auch dann Antragsgegner im AdV-Verfahren, wenn sich die örtliche Zuständigkeit durch **Wohnsitz- oder Sitzverlegung** des Antragstellers geändert hat (§ 63 I 1 analog: BFH I S 8/04, BFH/NV 2005, 1109 (1110)); gleichzeitig ist aber das nunmehr zuständig gewordene FA als „zuständige Finanzbehörde" (§ 69 II 1) zur AdV-Gewährung befugt (BFH I S 8/04, BFH/NV 2005, 1109). Begehrt der Antragsteller beim FG die AdV eines im Laufe des Klageverfahrens geänderten Steuerbescheides, der gem. 132

§ 68 zum Gegenstand des Verfahrens geworden ist, so wird Antragsgegner das FA, das den **Änderungsbescheid** erlassen hat (BFH XI S 15/07 (PKH), BFH/NV 2007, 2142). Beauftragt das FA eine andere Finbeh mit der Durchführung einer Außenprüfung (§ 195 S. 2 AO), ist der Antrag auf AdV der Prüfungsanordnung gegen das FA zu richten, das die Prüfungsanordnung erlassen hat (BFH VI B 40/08, BFH/NV 2008, 1874). – Auch → § 70 Rn. 6.

133 Hinsichtlich der **Form** und des Inhalts **des Antrags** (§ 69 III) gelten §§ 64, 65 sinngemäß. Auch §§ 65 II, 67 gelten entspr. (FG BW 9 V 41/91, EFG 1992, 614).

134 Der Antrag (§ 69 III) darf als Prozesshandlung **nicht unter** einer **Bedingung** gestellt werden (s. grds. BFH I B 96/95, BFH/NV 1996, 698; XI R 15/04, BStBl. II 2005, 644).

135 Hinsichtlich der **Antragsbefugnis** gelten die §§ 40 II, 48 entspr. Antragsbefugt ist deshalb, wer im Hauptsacheverfahren klagebefugt ist oder wäre (zu Gewinnfeststellungsbescheiden BFH I S 9/93, BFH/NV 1994, 684; VIII B 62/97, BStBl. II 1998, 401 betr. atypisch stille Gesellschaft; IX B 25/97, BFH/NV 1998, 994 (996); VIII B 72/02, BFH/NV 2002, 1447 (1450); zur Abzugsanordnung nach § 50a VII EStG: BFH I B 113/98, BFH/NV 1999, 1314; abl. für Testamentsvollstrecker BFH X B 328/94, BStBl. II 1996, 322 sowie für BGB-Gesellschafter bei AdV von USt-Bescheiden FG München 14 V 4087/93, EFG 1994, 762). Antragsbefugt können auch der Liquidator und der Insolvenzverwalter sein. – Zur **Beteiligtenfähigkeit** s. § 57.

136 **Darlegung der Beschwer.** Der Antragsteller muss im eigenen Interesse wegen der nur summarischen Prüfung des Gerichts (→ Rn. 195 ff.) und in Übereinstimmung mit den Regelungen der **§§ 40 II, 65 I schlüssig** darlegen, dass er AdV beanspruchen kann und dass die Nichtgewährung des vorläufigen Rechtsschutzes durch die Finbeh rechtswidrig und er dadurch in seinen Rechten verletzt ist. Der Antragsteller muss insbes. den **Verwaltungsakt bezeichnen,** der Gegenstand des Rechtsschutzbegehrens ist (BFH V B 28/85, BFH/NV 1986, 447). Er muss ferner darlegen, dass dieser **Verwaltungsakt angefochten und noch nicht** (ganz oder teilweise) **bestandskräftig** ist und dass ernstliche Zweifel an dessen Rechtmäßigkeit bestehen (BFH IX B 157/87, BFH/NV 1990, 97; zur unbilligen Härte → Rn. 170 ff.). Bei einer **Nichtzulassungsbeschwerde** müssen die für eine Zulassung der Revision erforderlichen Gründe (§ 115 II) dargelegt werden (BFH IX B 149/05, BFH/NV 2006, 586 (587)). Nimmt der Antragsteller auf eine bereits vorliegende Einspruchs-, Klage- oder Revisionsbegründung Bezug, so muss gleichwohl eindeutig zu erkennen sein, inwieweit er durch die Nichtgewährung von AdV beschwert ist (vgl. zur Bezugnahme BFH II S 3/67, BStBl. III 1967, 531; wie hier auch FG Brem 2 95 182 V 2, EFG 1996, 148).

137 **Allgemeines Rechtsschutzbedürfnis.** Der Antrag auf AdV ist nur zulässig, wenn neben den allgemeinen Zulässigkeitsvoraussetzungen (→ Rn. 32 ff.) ein Rechtsschutzbedürfnis vorliegt (BFH I B 168/13, BFH/NV 2014, 921). Das ist der Fall, wenn der Antrag **zweckmäßig** und **nicht mutwillig oder rechtsmissbräuchlich** ist. Die Zweckmäßigkeit der Rechtsverfolgung ist zu verneinen, wenn ein anderer Weg einfacher, billiger und schneller zum selben Ziel führt.

138 Das allg. **Rechtsschutzbedürfnis** ist zB **gegeben,**
- wenn das FA den Steuerbetrag **gestundet** hat (aA FG RhPf 5 V 2184/89, EFG 1990, 483);
- wenn die **Finanzbehörde sich weigert,** die Vollziehung des Folgebescheides auszusetzen (§§ 69 II 4, § 361 III 1 AO), obwohl die AdV des Grundlagenbescheides angeordnet ist (→ Rn. 74);

- wenn der Antrag auf AdV des Folgebescheides mit **ernstlichen Zweifeln an der Wirksamkeit** der Bekanntgabe **des** (geänderten) **Grundlagenbescheides** begründet wird (→ Rn. 74);
- wenn Aufhebung der Vollziehung hinsichtlich etwaiger **Säumniszuschläge** beantragt wird, der Steuerbescheid jedoch bestandskräftig geworden ist oder AdV aus anderen Gründen nicht gewährt werden kann (BFH I S 5/89, BFH/NV 1991, 172);
- wenn der **Vergütungsgläubiger** im Falle des § 50a VII EStG (→ Rn. 44) AdV beantragt, der Vergütungsschuldner (= Adressat des VA) nach AdV-Gewährung die festgesetzte Sicherheitsleistung erbringt, den hierfür erforderlichen Betrag jedoch vom Vergütungsgläubiger einbehalten hat (BFH I B 113/98, BFH/NV 1999, 1314), oder
- wenn die in der **Arrestanordnung** bestimmte Hinterlegungssumme eine anzuordnende Sicherheitsleistung übersteigt (FG Münster 15 V 3684/13 U, EFG 2014, 324).

Das allg. **Rechtsschutzbedürfnis fehlt** zB, **139**

- wenn die **Bescheide,** deren AdV begehrt wird, bereits **nicht mehr änderbar** sind (BFH VIII S 1/06, BFH/NV 2006, 1325; III S 1/12, BFH/NV 2012, 1475; IX S 16/12, BFH/NV 2013, 757; s. auch III B 166/11, BFH/NV 2012, 1605; III B 30/13, BFH/NV 2013, 1625 zum Wegfall der Änderung des Lohnsteuerabzugs wegen Abschluss des Lohnkontos; **aA** – Unbegründetheit des Antrags mangels Überprüfbarkeit des VA – zB BFH II S 2/03, BFH/NV 2003, 1608; VIII S 15/03, BFH/NV 2004, 81; VII S 19/03, BFH/NV 2004, 522; V S 35/07, BeckRS 2007, 25012835 (nv)). Das ist der Fall, wenn der eingelegte **Rechtsbehelf unzulässig** oder das **Urteil in der Hauptsache rechtskräftig** ist, insbes. nach Zurückweisung der NZB (BFH XI S 3/01, BFH/NV 2002, 67; X S 26/09, BFH/NV 2010, 448; X S 27/10, BFH/NV 2011, 274; X S 2/13, BFH/NV 2013, 1612);
- wenn der **Antrag** innerhalb angemessener Zeit (drei bis sechs Monate) **nicht begründet** wird (FG Düsseldorf XI 63/82 A, EFG 1984, 299: ein dreiviertel Jahr; FG Düsseldorf 16 V 204/89 A, EFG 1990, 482: sechs Monate; FG Köln 15 V 6377–98, EFG 1999, 127: acht Wochen);
- wenn der Antrag **rechtsmissbräuchlich** wiederholt wird (→ Rn. 281);
- wenn die Finbeh die **AdV** bei Antragstellung **schon** von sich aus **gewährt** hatte (BFH X S 28/12, BFH/NV 2013, 959), nicht aber, wenn AdV nur gegen **Sicherheitsleistung** bewilligt worden war und der Stpfl. nunmehr AdV ohne Sicherheitsleistung begehrt (BFH I B 113/98, BFH/NV 1999, 1314 mwN; zum Prüfungsumfang s. BFH II B 75/16, BFH/NV 2018, 558);
- wenn die AdV **unter Widerrufsvorbehalt** bewilligt wird (BFH VI B 266/98, BFH/NV 2000, 1411; VII B 160/13, BFH/NV 2014, 10 – keine Ablehnung der AdV durch die Finbeh iSv § 69 IV 1; s. auch BFH IV S 1/10, BFH/NV 2010, 1851 und FG LSA 3 V 1163/12, EFG 2015, 1381: keine Erledigung der Hauptsache, wenn die Finbeh während des gerichtlichen Aussetzungsverfahrens unter Vorbehalt des jederzeitigen Widerrufs AdV gewährt);
- wenn die Finbeh während des gerichtlichen Verfahrens **durch Verwaltungsakt zusichert,** sie werde bis zur gerichtlichen Entscheidung **keine Vollziehungsmaßnahmen durchführen** (BFH V B 32/67, BStBl. II 1968, 470; s. auch VIII S 2/94, BFH/NV 1995, 917 mwN: es fehlt in diesem Fall an der Ablehnung der AdV durch die Finbeh iSv § 69 IV 1);

- wenn das FA den wegen verfassungsrechtlicher Bedenken gegen ein Steuergesetz angefochtenen VA in diesem Punkt gem. § 165 I Nr. 3 AO für vorläufig erklärt (BFH II R 151/10, BFH/NV 2011, 1395, FG Köln 4 V 2879/13, EFG 2014, 573);
- wenn die AdV/Aufhebung der Vollziehung eines ESt-Bescheides begehrt wird, in dem **steuermindernde Umstände bereits** in dem Umfang nach § 165 I 2 Nr. 3 AO **vorläufig berücksichtigt** worden sind, in dem sie mit dem Antrag auf AdV geltend gemacht werden (→ Rn. 69);
- wenn die **Zwangsvollstreckung schon** einstweilen **eingestellt** ist (FG Düsseldorf 15 V 379, 380/88 A (KV), EFG 1989, 334);
- wenn Aufhebung der Vollziehung **ohne Inanspruchnahme des Gerichts** erreicht werden kann (FG Köln 10 V 215/88, EFG 1988, 524);
- wenn der Antrag auf AdV der festgesetzten **KiSt** gerichtet ist, die sich nach Maßgabe des Landesrechts nach der festgesetzten, aber angefochtenen ESt richtet (→ Rn. 88);
- wenn der Antrag auf AdV der festgesetzten **Zinsen** gerichtet ist (→ Rn. 123);
- wenn wegen eines schwebenden **Insolvenzverfahrens keine Zwangsvollstreckung** stattfinden könnte (BFH XI S 32/01, BFH/NV 2002, 940 (941); V B 59/11, BFH/NV 2012, 2013; VII B 37/14, BFH/NV 2015, 3; V B 14/16, BFH/NV 2017, 611; VIII B 121/23 (AdV), BFH/NV 2025, 276: entfällt das Rechtsschutzbedürfnis aus diesem Grund während eines Beschwerdeverfahrens gegen einen die AdV ablehnenden Beschluss des FG, ist der Beschluss mit der Maßgabe zu ändern, dass der AdV-Antrag als unzulässig abgelehnt wird; NdsFG 14 V 65/17, EFG 2018, 9: auch wenn weiterhin Säumniszuschläge anfallen) oder wenn der Insolvenzverwalter hinsichtlich einer Steuerschuld die Masseunzulänglichkeit erklärt hatte (FG Münster V 6282/87 V, EFG 1988, 427 betr. USt);
- wenn der Antrag auf AdV des **SolZ** gerichtet ist (§ 69 III 1 iVm § 69 II 4 und § 3 SolZG 1995);
- wenn das FA mit einer (bestrittenen) **Steuerforderung** (Gegenforderung) gegen einen Erstattungsanspruch (Hauptforderung) **aufgerechnet** hat und die AdV des Steuerbescheides beantragt wird, auf dem die Gegenforderung beruht. Das FA kann wegen der Wirkungen der Aufrechnung (§ 47 AO – → Rn. 55) keinen weiteren Gebrauch von der Steuerforderung machen (BFH VII B 103, 105/94, BFH/NV 1995, 244 (245)). Wegen der möglicherweise entstehenden **Säumniszuschläge** (§ 240 I 4 AO) ist aber für einen Antrag auf Aufhebung der Vollziehung des Steuerbescheides insoweit das Rechtsschutzbedürfnis gegeben (→ Rn. 175);
- wenn der Antragsteller von dem angefochtenen VA **inhaltlich nicht betroffen** ist (zB BGB-Gesellschafter bei AdV von USt-Bescheiden, s. FG München 14 V 4087/93, EFG 1994, 762). Das gilt zB auch im Falle des gem. § 174 V 2 AO Beigeladenen (BFH X S 1/91, BFH/NV 1991, 430; → Rn. 135);
- wenn **Vorauszahlungsbescheide,** hinsichtlich derer AdV beantragt war, **durch die Jahresveranlagung überholt** sind (BFH V S 10/84, BFH/NV 1987, 174; V R 39/92, BStBl. II 1994, 538; V R 81/89, BStBl. II 1993, 120, alle betr. USt);
- wenn die AdV eines **Folgebescheides** beantragt wird, obwohl sie **hinsichtlich des Grundlagenbescheides** schon **ausgesprochen** oder auch nur **beantragt** ist (§ 69 II 4, § 361 III 1 AO – BFH II B 35/83, BStBl. II 1984, 210; III B 84/85, BFH/NV 1986, 476 (477); II B 76/03, BStBl. II 2004, 204; SchlHFG

3 V 101/12, EFG 2014, 643; anders für den Gewerbesteuermessbescheid FG Köln 3 V 3747/12, EFG 2014, 5; zum Ausnahmefall der Weigerung der Finbeh → Rn. 74);
- wenn die beantragte AdV eines Grundlagenbescheides **keinerlei steuerliche Auswirkungen** haben kann (BFH VIII B 50/85, BFH/NV 1986, 357).

Treten die in → Rn. 139 dargestellten Umstände während des gerichtlichen AdV-Verfahrens ein, so entfällt das Rechtsschutzbedürfnis ab diesem Zeitpunkt. Ein Übergang zu einem Antrag auf Feststellung der Rechtswidrigkeit des VA analog **§ 100 I 4 ist nicht statthaft** (BFH X B 137/92, BFH/NV 1994, 324). **140**

b) Zugangsvoraussetzungen (§ 69 IV). aa) Ablehnung eines AdV-Antrags durch die Behörde (§ 69 IV 1). Nach § 69 IV 1 muss sich der Stpfl. **zunächst** an die **Verwaltung** wenden. Erst wenn diese einen AdV-Antrag **ganz oder teilweise abgelehnt** hat, kann er (von den Ausnahmefällen des § 69 IV 2 Nr. 1, 2 abgesehen, → Rn. 151 ff.) bei Gericht den Antrag nach § 69 III stellen. Das gilt auch für AdV-Anträge beim BFH (BFH XI S 7/98, BFH/NV 1999, 210; XI S 14/14, BFH/NV 2015, 158) und für Anträge auf **Aufhebung der Vollziehung** (FG Münster 12 V 660/24 E, EFG 2024, 1514). Im Falle eines **Zuständigkeitswechsels** (§ 367 I 2 Hs. 1 AO) genügt sowohl die Ablehnung durch die nunmehr zuständig gewordene Finbeh als auch die Ablehnung durch die bisher zuständig gewesene Finbeh (BFH I S 8/04, BFH/NV 2005, 1109 (1110)). – Aus dem Zweck der Entlastungsregelung ergibt sich, dass die tatbestandsmäßigen **Voraussetzungen** des § 69 IV **vor der Antragstellung bei Gericht** erfüllt sein müssen. Es handelt sich nicht um Sachentscheidungsvoraussetzungen, sondern um **besondere Zugangsvoraussetzungen.** Liegen sie im Zeitpunkt der Antragstellung (noch) nicht vor, ist der Antrag unzulässig; eine **nachträgliche Heilung** durch die spätere Ablehnung des Antrags ist **ausgeschlossen** (BFH VIII S 2/00, BFH/NV 2001, 317; V S 21/06, BFH/NV 2007, 82; IX S 4/08 (PKH), BFH/NV 2008, 1489; III B 210/10, BFH/NV 2011, 1692; III B 166/11, BFH/NV 2012, 1605; III B 89/12, BFH/NV 2013, 582; X S 28/12, BFH/NV 2013, 959). Zur zulässigen Antragstellung bei Gericht bei gleichzeitigem Einspruch gegen die Ablehnung der AdV durch das FA s. FG Hmb 3 V 201/16, EFG 2016, 1845. **145**

§ 69 IV 1 verlangt, dass die Finbeh vor der Stellung des Antrags nach § 69 III einen entspr. (→ Rn. 149) AdV-Antrag nach § 69 II oder § 361 AO (→ Rn. 10) ganz oder zum Teil abgelehnt hat. Dies gilt **auch** dann, **wenn der Antrag offensichtlich keinen Erfolg haben wird** (BFH VII B 20/98, BFH/NV 1998, 1395). Es reicht aus, dass die Behörde den Antrag mangels Begründung durch den Antragsteller ohne weitere Sachprüfung abgelehnt hat (BFH VI B 157/97, BStBl. II 1998, 744; VIII B 50/07, BStBl. II 2007, 789; → Rn. 147). In jedem Fall muss die Ablehnung ausdrücklich erfolgt sein. Die **Mitteilung** der Finbeh **über** den **Ablauf der AdV** nach Erlass der Einspruchsentscheidung ist deshalb nicht als Ablehnung der AdV zu verstehen (BFH VIII S 2/00, BFH/NV 2001, 317; IX S 2/04, BFH/NV 2004, 1413; IV S 3/05, BFH/NV 2005, 2014; IX S 29/11, BFH/NV 2012, 769; FG Düsseldorf 7 V 2027/22 U, EFG 2023, 177). Das Gleiche gilt für die Mitteilung, eine befristete AdV sei abgelaufen (BFH IV S 3/05, BFH/NV 2005, 2014; IX S 29/11, BFH/NV 2012, 769), für den Ablauf der AdV nach Ergehen des finanzgerichtlichen Urteils (BFH V S 21/06, BFH/NV 2007, 82) sowie für die Zustimmung zur USt-Erklärung mit dem Hinweis der Aufhebung der AdV (FG Nürnberg 2 V 1568/14, EFG 2015, 581). – Zur **Form der Ablehnung** → Rn. 150. **146**

147 Hat die Finbeh einen bei ihr gestellten AdV-Antrag einmal abgelehnt, so ist dem Zugangserfordernis des § 69 IV 1 genügt, selbst wenn die **Ablehnung in einem vorangegangenen** (schon abgeschlossenen) **Verfahrensabschnitt** erfolgt ist (stRspr, s. zB BFH IV S 3/02, BFH/NV 2003, 187 (188); IV S 3/05, BFH/NV 2005, 2014; V S 13/12, BFH/NV 2012, 1485; Tipke/Kruse/Seer § 69 Rn. 71). Auch die Ablehnung eines nicht näher begründeten AdV-Antrags durch das FA ohne weitere Prüfung erfüllt die Zugangsvoraussetzung für einen AdV-Antrag gem. § 69 III beim FG (BFH VIII B 50/07, BFH/NV 2007, 1779 (1780)). Die Zugangsvoraussetzung ist auch erfüllt, wenn die Finbeh die AdV der **Vorauszahlungsbescheide** abgelehnt hatte, diese inzwischen aber durch den Jahresbescheid ersetzt wurden (BFH V S 24/00, BFH/NV 2001, 658).

148 Die Zugangsvoraussetzung ist ferner erfüllt, wenn die Finbeh den **AdV-Antrag zum Teil abgelehnt** hat (BFH I S 13/93, BFH/NV 1994, 884). Das ist zB der Fall, wenn AdV ohne Sicherheitsleistung beantragt, aber nur gegen **Sicherheitsleistung** bewilligt (BFH X S 26/07, BFH/NV 2008, 1498; s. zum Prüfungsumfang BFH II B 75/16, BFH/NV 2018, 558; FG Hmb 1 V 41/16, EFG 2016, 1797) oder in Aussicht gestellt worden war (BFH VII S 28/01, BFH/NV 2003, 12). Eine **Teilablehnung** liegt jedoch **nicht** vor, wenn die Finbeh die AdV **mit Einverständnis** der Stpfl. nur gegen Sicherheitsleistung (FG BW III 318/80, EFG 1981, 115) oder zeitlich befristet (FG Saarl 1 V 220/88, BeckRS 1988, 6905; FG BW 6 V 44/95, BeckRS 1996, 30930858) gewährt hatte. In der Bewilligung der **AdV unter Widerrufsvorbehalt** liegt gleichfalls keine teilweise Ablehnung des AdV-Antrags (BFH VI B 266/98, BFH/NV 2000, 1411; VII B 160/13, BFH/NV 2014, 10: Ablehnung erst mit Widerruf).

149 Die vorherige (Teil-)Ablehnung eines AdV-Begehrens durch die Finbeh genügt als Zugangsvoraussetzung für den Antrag nach § 69 III nur dann, wenn mit dem Antrag im Wesentlichen dieselben Gründe vorgebracht werden wie mit dem zuvor abgelehnten Antrag. Erforderlich ist also eine **prinzipielle Identität der Verfahrensgegenstände** (BFH VIII B 50/07, BStBl. II 2007, 789; X S 19/12, BFH/NV 2012, 2008, Rn. 15). Dementsprechend ist die Zugangsvoraussetzung des § 69 IV 1 nicht erfüllt, wenn dem Gericht ein **völlig neuer Problembereich** unterbreitet wird, der zuvor nicht Gegenstand der Prüfung durch die Finbeh gewesen ist (BFH III B 15/99, BFH/NV 2000, 827; XI B 14/13, BStBl. II 2013, 390; FG BBg 4 V 4019/23, EFG 2023, 849 zur AdV ohne Sicherheitsleistung). – Im Übrigen hat das FG generell die Möglichkeit, die Behörde zur Überprüfung ihrer ablehnenden Entscheidung aufzufordern (BFH VI B 157/97, BStBl. II 1998, 744).

150 Eine bestimmte **Form** der Ablehnung schreibt das Gesetz nicht vor (BFH IV S 3/02, BFH/NV 2003, 187 (188); s. auch VII S 28/11, BFH/NV 2003, 12). Die **mündliche Ablehnung** durch den entscheidungsbefugten Beamten oder Angestellten der Behörde genügt (BFH I S 7/97, BFH/NV 1998, 866; VIII B 172/01, BFH/NV 2003, 306). Aus Gründen der Rechtsklarheit und -sicherheit sollte die ablehnende Entscheidung der Behörde aber durch VA erfolgen.

151 **bb) Die Ausnahmetatbestände des § 69 IV 2 Nr. 1, 2.** Nach § 69 IV 2 kann der Antragsteller unter den dort genannten Voraussetzungen die AdV auch ohne vorherige Ablehnung eines Antrags durch die Finbeh unmittelbar beim Gericht beantragen. Sind die Voraussetzungen des § 69 IV 2 erfüllt, so kann der Antrag auch zeitgleich beim FA und beim Gericht gestellt werden (aA FG Düsseldorf XI 280/80, EFG 1981, 190; → Rn. 10 ff.).

§ 69 IV 2 Nr. 1 betrifft den Fall, dass die Finbeh über den bei ihr gestellten Antrag **ohne Mitteilung** eines zureichenden Grundes in **angemessener Frist** sachlich **nicht entschieden** hat (s. auch FG Saarl 1 V 1051/23, EFG 2023, 1243: Der Anwendung von § 69 IV 2 Nr. 1 steht nicht entgegen, dass eine sachlich unzuständige Behörde AdV gewährt hat). Welche **Frist angemessen** ist, kann nur unter Berücksichtigung aller Umstände des Einzelfalls entschieden werden. Dabei kommt es vor allem darauf an, ob und in welchem Umfang Sachverhaltsermittlungen anzustellen sind und ob der Stpfl. seine Mitwirkungspflichten erfüllt (BFH VI B 279/99, BFH/NV 2001, 1237: Entscheidung über den Einspruch ohne vorherige Entscheidung über die AdV; SchlHFG 1 V 455/02, EFG 2003, 1029: 16 Monate unangemessen; FG Münster 5 V 1142/10 F, EFG 2010, 1878: ein Jahr ist unangemessen; FG Münster 6 V 4218/11 E, EFG 2012, 750: sechseinhalb Wochen für Änderung der LSt-Klasse unangemessen; FG Saarl 1 V 1139/21, EFG 2021, 1852: zehn Wochen bei besonderer Eilbedürftigkeit). 152

Ein **zureichender Grund** für die Überschreitung der Frist kann vorliegen, wenn die Finbeh noch Ermittlungen anstellen muss. Je nach Umfang kann in diesem Fall aber auch die AdV geboten sein. Ein zureichender Grund für die Verzögerung ist auch zu bejahen, wenn der Antragsteller zB den Gegenstand der zeitgleich erhobenen Klage noch nicht bezeichnet hat und die Finbeh iRd AdV-Verfahrens hierauf hinweist (FG BW 12 V 43/95, EFG 1996, 558). Der bloße Hinweis darauf, dass die Voraussetzungen für die AdV nicht erfüllt sind, reicht indes nicht (FG BW 10 V 50/01, EFG 2002, 1052). Demgegenüber ist ein zureichender Grund anzunehmen, wenn der Stpfl. trotz entspr. Aufforderung nicht an der Sachaufklärung mitwirkt. Eine besondere **Mitteilung** des Grundes für die Verzögerung erübrigt sich dann, weil er dem Stpfl. bekannt ist. 153

Nach **§ 69 IV 2 Nr. 2** ist die Zugangsvoraussetzung (BFH IX B 203/02, BFH/NV 2004, 650; aA FG München 2 V 3070/12, EFG 2013, 465: Sachentscheidungsvoraussetzung, so dass der Antrag in die Zulässigkeit hineinwachsen kann, wenn später die Vollstreckung angekündigt wird) auch ohne vorherige Ablehnung eines AdV-Antrags durch die Finbeh (→ Rn. 145 ff.) erfüllt, wenn eine **Vollstreckung droht** (s. aber FG Münster 12 V 660/24 E, EFG 2024, 1514: Vollstreckung droht nicht mehr, wenn diese **abgeschlossen** ist, sodass ein Antrag auf Aufhebung der Vollstreckung beim FA zu stellen ist). Die Vollstreckung droht nicht schon dann, wenn die Voraussetzungen für eine zwangsweise Beitreibung der Schuld (§ 254 AO) vorliegen, sondern erst, wenn die Finbeh mit der Vollstreckung begonnen hat (BFH VII B 69/85, BStBl. II 1986, 236; XI S 32/01, BFH/NV 2002, 940; X B 91/06, BFH/NV 2007, 460; III S 22/13, BFH/NV 2014, 856; FG Nürnberg 2 V 1568/14, EFG 2015, 581; s. auch FG Köln 10 V 2123/14, EFG 2015, 135 zur Zurückweisung eines Bevollmächtigten nach § 80 V AO) oder wenn die Zwangsvollstreckungsmaßnahmen aus der Sicht eines objektiven Betrachters zumindest unmittelbar bevorstehen (BFH I S 5/00, BFH/NV 2001, 314; XI S 32/01, BFH/NV 2002, 940). Letzteres ist der Fall, wenn die Finbeh konkrete Schritte zur Durchführung der **Vollstreckung ankündigt** (BFH V S 15/00, BFH/NV 2001, 620; FG MV 1 V 30/12, EFG 2013, 54; FG München 2 V 3070/12, EFG 2013, 465) und es sich dabei nicht erkennbar um eine Routinemaßnahme handelt (FG Düsseldorf 16 V 3122/03, EFG 2003, 1565; FG LSA 2 V 1564/03, EFG 2004, 278; 4 V 768/03, EFG 2004, 743). Das kann bereits der Fall sein, wenn die Finbeh in der automatisierten **Mahnung** die Vollstreckung ankündigt und der Stpfl. damit rechnen muss, dass Vollstreckungsmaßnahmen unmittelbar nach Ablauf der Zahlungsfrist eingeleitet werden (FG Düsseldorf 10 154

V 3341/03, EFG 2003, 1718; FG LSA 3 V 1560/03, EFG 2004, 1313; FG BBg 8 V 8118/24, DStRE 2025, 712).

155 Die Vollstreckung droht auch iSv § 69 IV 2 Nr. 2, wenn das FA in Vollziehung einer **Arrestanordnung** Gegenstände gepfändet hat (BFH V S 5/04, BFH/NV 2004, 1414) und wenn eine **Pfändungs- und Einziehungsverfügung** ergangen ist (NdsFG 15 V 75/14, EFG 2014, 1811). Die Festsetzung eines Zwangsgeldes reicht aber nicht aus. Auch die Ankündigung oder die Erklärung der **Aufrechnung** rechtfertigt nicht die Annahme, dass die Vollstreckung droht (FG BW 14 V 19/99, EFG 1999, 1145; FG Münster 13 V 4519/99 Kg, EFG 2000, 91; FG BW 1 V 2/98, EFG 1998, 1610; aA FG Düsseldorf 14 V 9110/97 A (Kg), EFG 1998, 965). Geht es um die AdV eines **Grundlagenbescheides,** liegen die Voraussetzungen des § 69 IV 2 Nr. 2 vor, wenn die Vollstreckung des Folgebescheides droht (FG Münster 1 V 4490/94 F, EFG 1995, 756; FG Hmb 2 V 222/06, EFG 2007, 948).

4. Materiell-rechtliche Voraussetzungen der AdV (Aussetzungsgründe)

160 **a) Ernstliche Zweifel an der Rechtmäßigkeit. aa) Begriff.** Nach § 69 II 2 und § 69 III 1 iVm II 2 soll die AdV ua angeordnet werden, wenn und soweit **ernstliche Zweifel an der Rechtmäßigkeit** des angefochtenen VA bestehen (zum **Ermessen** → Rn. 185 ff.; zur AdV wegen unbilliger Härte → Rn. 175 ff.). Das ist der Fall, wenn bei der (überschlägigen – → Rn. 195 ff.) Prüfung des angefochtenen VA im AdV-Verfahren neben den für die Rechtmäßigkeit sprechenden Umständen gewichtige gegen die Rechtmäßigkeit sprechende Grunde zutage treten, die Unsicherheit oder Unentschiedenheit in der Beurteilung von Rechtsfragen oder Unklarheiten in der Beurteilung von Tatfragen bewirken (stRspr, BFH III B 9/66, BStBl. III 1967, 182; s. zB XI B 41/13, BFH/NV 2013, 1647; I B 168/13, BFH/NV 2014, 921; IX S 25/14, BFH/NV 2015, 497; IV B 10/17, BFH/NV 2017, 1009; IX S 17/17, BFH/NV 2017, 1603; IX B 21/18, BStBl. II 2018, 415; VIII B 15/18, BFH/NV 2018, 1279; X B 87/21 (AdV), BFH/NV 2022, 1162; XI B 9/22 (AdV), MwStR 2023, 19, Rn. 16; VI B 15/22 (AdV), BStBl. II 2023, 12, Rn. 15; III B 48/22 (AdV), BFH/NV 2023, 970, Rn. 11; VIII B 113/23 (AdV), BStBl. II 2024, 637, Rn. 14; VI B 35/24 (AdV), BStBl. II 2025, 70; ausführlich zu diesem Prüfungsmaßstab im Vergleich zu dem strengeren Prüfungsmaßstab nach § 80 V VwGO: Sauthoff GS Joecks, 2018, 753). Dabei sind die Erfolgsaussichten des Rechtsbehelfs (Rechtsmittels) zu berücksichtigen (zu **Ermessensentscheidungen** der Finbeh s. BFH VI B 89/05, BFH/NV 2006, 964 (966): Berücksichtigung aller hierfür relevanten Umstände). Irgendeine vage Erfolgsaussicht genügt jedoch nicht (BFH VI B 94/67, BStBl. II 1968, 657; HessFG 4 V 751/11, EFG 2012, 1176; FG Münster 15 V 3684/13 U, EFG 2014, 324; FG Münster 6 V 1932/14 AO, EFG 2014, 1936). Es muss die ernsthafte Möglichkeit bestehen, dass der Antragsteller im Hauptsacheverfahren mit seinem Begehren obsiegt (BFH X S 4/03, BFH/NV 2003, 1217; III S 6/07, BFH/NV 2007, 2256; III B 146/15, BFH/NV 2016, 918, jeweils mwN). Andererseits ist nicht erforderlich, dass die für die Rechtswidrigkeit des angefochtenen VA sprechenden Gründe überwiegen (BFH XI B 48/13, BFH/NV 2014, 733; XI B 112/14, BFH/NV 2015, 537; V B 123/15, BFH/NV 2016, 1253; IV B 10/17, BFH/NV 2017, 1009; XI B 2/21 (AdV), BStBl. II 2023, 198, Rn. 24; VI B 15/22 (AdV), BStBl. II 2023, 12, Rn. 15; III B 48/22 (AdV), BFH/NV

2023, 970, Rn. 11). Die AdV kann sogar dann zu gewähren sein, wenn die Rechtmäßigkeit des angefochtenen Bescheides später im Hauptsacheverfahren bestätigt werden sollte (BFH IV S 3/02, BFH/NV 2003, 187 (188) mwN; VII B 110/06, BFH/NV 2007, 2361). – Zu den bei einer **Steueranmeldung** zu berücksichtigenden Besonderheiten → Rn. 107.

bb) Ernstliche Zweifel in rechtlicher Hinsicht. Ernstlich zweifelhaft ist eine **Rechtsfrage,** wenn sie **in der Rechtsprechung unterschiedlich beurteilt** worden ist (BFH X B 138/16, BFH/NV 2017, 579; zu Bundesgerichten: BFH VI B 87/68, BStBl. II 1969, 145; FG Köln 13 V 3763/12, EFG 2013, 856; zu Senaten des BFH: BFH I B 39/85, BStBl. II 1986, 490; I B 55, 56/21 (AdV), BFH/NV 2022, 801, Rn. 9; III B 48/22 (AdV), BFH/NV 2023, 970, Rn. 13 zur Höhe der Säumniszuschläge; zu Instanzgerichten bei Fehlen einer höchstrichterlichen Rspr.: BFH VII B 130/07, BFH/NV 2008, 231 (232); FG Köln 13 V 3763/12, EFG 2013, 856; FG Düsseldorf 3 V 1143/18 A (E), EFG 2018, 1575 zur Divergenz zwischen Zivil- und Finanzgerichten). Ernstliche Zweifel bestehen auch, wenn der BFH die streitige Rechtsfrage noch nicht entschieden hat und in der Rspr. der FG und in der Fachliteratur unterschiedliche Auffassungen vertreten werden (BFH III B 55/67, BStBl. II 1968, 610; V B 170/99, BFH/NV 2000, 1147; XI B 24/09, BFH/NV 2009, 1567; I B 44/21 (AdV), BStBl. II 2022, 431, Rn. 28 zur Divergenz zur FVerw). Ernstliche Zweifel liegen ferner vor, wenn eine **Abweichung von der Rechtsprechung des BFH vorliegt** (BFH V S 11/85, BFH/NV 1987, 539; FG Hmb 4 V 280/17, EFG 2018, 1605); das gilt auch dann, wenn sich das FA auf einen **„Nichtanwendungserlass"** beruft (BFH X B 146/93, BFH/NV 1994, 869; FG BW 8 V 1535/08, EFG 2008, 1543). Andererseits werden ernstliche Zweifel nicht bereits dadurch ausgeschlossen, dass der VA mit der Rspr. (insbes. des BFH) oder der hM im Einklang steht (BFH GrS 4/77, BStBl. II 1978, 229 (232); IV B 35/80, BStBl. II 1981, 266). Allein aus der **Zulassung der Revision** können sich ebenfalls keine ernstlichen Zweifel an der Rechtmäßigkeit eines Steuerbescheides ergeben (BFH I S 8/96, BFH/NV 1997, 871; s. aber auch BFH VII S 28/94, BFH/NV 1995, 532). Erforderlich ist vielmehr, dass ernstlich mit einer Aufhebung oder Änderung des angefochtenen Bescheides zu rechnen ist (BFH XI S 14/14, BFH/NV 2015, 158). Eine **überlange Verfahrensdauer** begründet ebenfalls keine ernstlichen Zweifel an der Rechtmäßigkeit des Bescheides, weil diese keine Auswirkungen auf die Existenz des Steueranspruchs hat (BFH XI B 63/93, BFH/NV 1994, 605; IV B 95/00, BeckRS 2000, 25005442; der gegenteilige Beschluss BFH XI S 12/93, BFH/NV 1994, 494 ist überholt). – Im Übrigen → Rn. 180 ff. – Zur summarischen Prüfung bei rechtlichen Zweifeln → Rn. 198. **161**

Ernstliche Zweifel an der Rechtmäßigkeit des VA können sich ferner ergeben aus einem möglichen **Verstoß** des Steuergesetzes **gegen eine EU-Richtlinie** (s. zB BFH V B 187/00, BFH/NV 2001, 657; XI B 88/13, BFH/NV 2014, 550; XI B 9/22 (AdV), MwStR 2023, 19, Rn. 16) oder **gegen den AEUV** (BFH I B 108/04, BFH/NV 2005, 1778; FG Köln 10 V 2336/11, EFG 2012, 302). **162**

Hat das **BVerfG ein Gesetz für nichtig oder mit dem GG unvereinbar erklärt** (so zB BVerfG 1 BvL 72/86, BStBl. II 1990, 664 zu den Kinderfreibeträge 1983–1985), so ist AdV hinsichtlich der gleichwohl auf diesem Gesetz beruhenden und angefochtenen VA zu gewähren, weil die Gerichte und Behörden die als verfassungswidrig erkannte Norm ihren Entscheidungen nicht mehr zugrunde legen dürfen (BVerfG 2 BvE 2/84, 2 BvR 442/84, BVerfGE 73, 40 (101)). Eine **163**

Ausnahme gilt jedoch in den Fällen, in denen das BVerfG sich nicht auf die Unvereinbarkeitserklärung beschränkt, sondern gleichzeitig anordnet, dass das verfassungswidrige Gesetz **für eine Übergangszeit** bis zur Neuregelung **weiter anwendbar** bleibt (BVerfG 2 BvL 5/91, 2 BvL 8/91, 2 BvL 14/91, BVerfGE 87, 153 zur Verfassungswidrigkeit des Grundfreibetrags sowie BVerfG 2 BvL 37/91, BStBl. II 1995, 655; 2 BvR 552/91, BStBl. II 1995, 671 zur Verfassungswidrigkeit der steuerlichen Berücksichtigung des einheitsbewerteten Vermögens). In diesen Fällen lassen sich aus der Verfassungswidrigkeit des dem angefochtenen VA (Steuerbescheid) zugrundeliegenden Gesetzes keine ernstlichen Zweifel an seiner Rechtmäßigkeit herleiten, sofern er im zeitlichen Anwendungsbereich des verfassungswidrigen, aber für eine Übergangszeit weitergeltenden Gesetzes ergangen ist.

164 Ernstliche Zweifel an der Rechtmäßigkeit des VA sind ferner zu bejahen, wenn die im konkreten Streitfall **einschlägige Rechtsnorm möglicherweise verfassungswidrig** ist (BVerfG 1 BvR 314/60, BVerfGE 12, 180 (186); BFH IX B 177/02, BStBl. II 2004, 367; IX B 177/02, BStBl. II 2004, 367; II B 46/13, BStBl. II 2014, 263; V B 37/16, BStBl. II 2017, 28; IX B 21/18, BStBl. II 2018, 415; NdsFG 7 V 66/10, EFG 2011, 827; FG LSA 4 V 953/11, EFG 2012, 1469; FG München 14 V 736/18, EFG 2018, 1608 zu Säumniszuschlägen bei Überschuldung; FG Hmb 2 V 20/18, EFG 2018, 1128 zu § 8c KStG; aA Birk FS Menger, 1985, 161 (169 ff.); s. insgesamt auch Seer DStR 2012, 325). Die Prüfung der möglichen Verfassungsmäßigkeit hat das Gericht unter Anwendung der Prüfungsmaßstäbe des BVerfG inzidenter iRd AdV vorzunehmen (BFH II B 32/96, BFH/NV 1997, 270; IX B 128/99, BFH/NV 2001, 543). An die Zweifel hinsichtlich der Rechtmäßigkeit des angefochtenen VA sind in diesen Fällen grds. **keine strengeren Anforderungen** zu stellen als im Falle der Geltendmachung fehlerhafter Rechtsanwendung (BFH XI B 39/04, BFH/NV 2006, 286). Die bloße Behauptung des Betroffenen, das ihn belastende Gesetz sei verfassungswidrig, reicht aber ebenso wenig aus wie der Umstand, dass die Verfassungswidrigkeit im Wege der Verfassungsbeschwerde vor dem BVerfG geltend gemacht worden ist (BVerfG 1 BvR 314/60, BVerfGE 12, 180 (186)). Ernstliche Zweifel können andererseits aber nicht schon deshalb verneint werden, weil das BVerfG, oberste Bundesgerichte oder andere Gerichte die Norm angewandt und damit (stillschweigend) ihre Verfassungsmäßigkeit bejaht haben. Hat ein oberstes Bundesgericht die Verfassungsmäßigkeit ausdrücklich bejaht, liegen ernstliche Zweifel im Allgemeinen nicht vor (BVerfG 1 BvR 314/60, BVerfGE 12, 180 (186); vgl. auch BFH V B 137/87, BFH/NV 1989, 271). Hat umgekehrt ein oberstes Bundesgericht schon ernstliche verfassungsrechtliche Bedenken geäußert, insbes. einen **Vorlagebeschluss** erlassen, sind sie im Allgemeinen zu bejahen (BFH VII B 85/03, BFH/NV 2004, 105; IX B 177/02, BStBl. II 2004, 367). Entsprechendes gilt, wenn die Frage der Verfassungsmäßigkeit einer Norm in der Literatur kontrovers diskutiert wird und in der Rspr. einander widersprechende Entscheidungen vorliegen (BFH VI B 42/07, BStBl. II 2007, 799). – Zur iRd vom Gericht auszuübenden Ermessens vorzunehmenden **Interessenabwägung** in diesen Fällen → Rn. 186 ff.

165 Der Gewährung von AdV steht nicht entgegen, dass zu erwarten ist, dass das BVerfG lediglich die Unvereinbarkeit eines Gesetzes mit dem GG aussprechen und dem Gesetzgeber eine **Nachbesserungspflicht** für die Zukunft aufgeben wird (BFH II B 46/13, BStBl. II 2014, 263, Rn. 27 unter Aufgabe der früheren Rspr.; I B 85/13, BFH/NV 2014, 970).

Im **Zollrecht** entspricht der von Art. 45 II UZK verwendete Begriff der „**begründeten Zweifel** an der Rechtmäßigkeit der angefochtenen Entscheidung" dem Begriff der ernstlichen Zweifel iSd §§ 361 II 2 AO, 69 III 1 iVm § 69 II 2 (Witte/Alexander UZK Art. 45 Rn. 21 mwN; zu Art. 244 ZK: BFH VII B 41/00, BFH/NV 2000, 1512 (1513)). Auf die Ausführungen zu → Rn. 160ff. kann deshalb verwiesen werden. – Im Übrigen → Rn. 16ff., 124, 173, 191, 286. 166

cc) Ernstliche Zweifel in tatsächlicher Hinsicht. Ernstliche Zweifel an der Rechtmäßigkeit des VA in tatsächlicher Hinsicht sind zu bejahen, wenn in Bezug auf die im Einzelfall entscheidungserheblichen Tatsachen Unklarheiten bestehen, die anhand der vorliegenden Unterlagen (insbes. der Akten) und der präsenten Beweismittel nicht beseitigt werden können (zum Umfang der Aufklärungspflicht des Gerichts → Rn. 195ff.) und wenn die vom Stpfl. behauptete Rechtsfolge unter den gegebenen Umständen als möglich erscheint (BFH VII R 87/84, BFH/NV 1986, 259). Das kann insbes. der Fall sein, wenn die Finbeh eine **Entscheidung** getroffen hat, **ohne** den maßgeblichen **Sachverhalt aufzuklären** oder wenn sie von einem unrichtigen Sachverhalt ausgegangen ist (zur Schätzung s. FG Nürnberg 2 V 1532/17, EFG 2018, 902; aber zur Verletzung der Mitwirkungspflichten → Rn. 196). Gleiches gilt, wenn die Finbeh den **Besteuerungssachverhalt** nur **unvollständig und verworren darstellt,** so zB weil der **Außenprüfungsbericht nicht** aus sich heraus **verständlich** ist. AdV kommt ferner in Betracht, wenn das FA die für die Überprüfung benötigten Akten nicht vorlegt. 167

b) Unbillige Härte. Die AdV soll nach § 69 III 1, II 2 auch erfolgen, wenn die Vollziehung für den Betroffenen eine unbillige, nicht durch überwiegende öffentliche Interessen gebotene Härte zur Folge hätte. Das ist insbes. bei VA von Bedeutung, die **nicht auf Geldleistungen** gerichtet sind (vgl. Papier StuW 1978, 332 (340)). Entscheidend ist, ob die sofortige Vollziehung (vor Unanfechtbarkeit des VA) als unbillig erscheint. Das ist der Fall, wenn dem Stpfl. durch die Vollziehung des angefochtenen VA **wirtschaftliche Nachteile** drohen, die nicht oder nur schwer wieder gutzumachen sind, oder wenn die Vollziehung zu einer **Gefährdung** seiner wirtschaftlichen Existenz führen würde (stRspr, s. zB BFH III S 12/05, BFH/NV 2005, 1834 (1836); II B 157/08, BFH/NV 2009, 1146; FG Köln 13 V 3763/12, EFG 2013, 856; HessFG 6 V 2469/12, EFG 2014, 603; FG Köln 13 V 3359/13, EFG 2014, 610). Die Unbilligkeit kann sich auch aus einem (noch nicht abgelehnten) Antrag auf abw. Steuerfestsetzung nach **§ 163 AO** (FG Düsseldorf XV 557/85, EFG 1986, 372; aA FG Hmb 5 V 295/11, BeckRS 2012, 94665 unter Hinweis auf das eigenständige Billigkeitsverfahren) oder aus **überlanger Verfahrensdauer** (mehr als drei Jahre pro Instanz) ergeben (BFH IV B 105/90, BStBl. II 1992, 148). Letzteres ist aber möglicherweise durch den Rechtsschutz bei überlanger Verfahrensdauer überholt (→ § 155 Rn. 40ff.). Das Vorliegen einer erheblichen Härte iSd § 222 AO (Stundung) genügt jedoch ebenso wenig, um eine unbillige Härte zu bejahen (BFH III B 16/99, BFH/NV 2000, 885), wie die sich aus der Abgabe einer Vermögensauskunft nach § 284 AO ergebende Möglichkeit einer Existenzgefährdung (FG Düsseldorf 9 V 2588/15 A(KV), EFG 2015, 2147). Die Vollziehung einer **Prüfungsanordnung** kann nicht zu einer unbilligen Härte führen, weil die Prüfungsergebnisse im Falle des Obsiegens des Stpfl. im Hauptsacheverfahren nicht verwertet werden können (BFH X S 10/02, BFH/NV 2003, 296; VIII S 8/10, BFH/NV 2011, 297). – Der 170

Stpfl. muss die Umstände, aus denen sich die unbillige Härte nach seiner Ansicht ergibt, **konkret vortragen** (FG Hmb II 160/96, StE 1997, 432). Zur **Glaubhaftmachung** → Rn. 196.

171 Geht es um die **AdV** eines **Grundlagenbescheides,** ist darauf abzustellen, ob die Vollziehung des Folgebescheides für den Stpfl. eine unbillige Härte zur Folge hätte (BFH III B 4/67, BStBl. II 1969, 547; III B 79/00, BFH/NV 2001, 1244; III B 80/00, BFH/NV 2001, 1294; FG Hmb 3 V 85/10, EFG 2011, 1111; 3 V 16/13, EFG 2013, 1513; FG Köln 13 V 3359/13, EFG 2014, 610).

172 Ist eine unbillige Härte der Vollziehung für den Betroffenen zu bejahen, so bedeutet dies noch nicht, dass die AdV zu gewähren ist. Vertretbar ist die AdV nämlich auch in diesem Fall nur dann, wenn **zusätzlich Zweifel an der Rechtmäßigkeit des angefochtenen Verwaltungsaktes** bestehen (stRspr, s. zB BFH V B 26/67, BStBl. II 1968, 84; BFH/NV 1994, 788; BFH/NV 2000, 885 (887, 888); III S 12/05, BFH/NV 2005, 1834 (1836); I S 7/11, BFH/NV 2012, 583; V B 123/15, BFH/NV 2016, 1253; FG Münster 11 V 1706/12, EFG 2012, 1811; FG Köln 15 V 778/14, EFG 2014, 1848; HessFG 1 V 1165/17, EFG 2018, 60; zur Unanfechtbarkeit des Steuerbescheides s. BFH V S 10/00, BFH/NV 2000, 1237; XI S 21/01, BeckRS 2001, 30187837). Dem steht auch die Rspr. des BVerfG nicht entgegen (ausf. dazu BFH I S 7/11, BFH/NV 2012, 583). Damit läuft die Variante der AdV wegen unbilliger Härte praktisch ins Leere.

173 Im **Zollrecht** ist der in Art. 45 II UZK verwendete Begriff des „unersetzbaren Schadens“ enger als derjenige der unbilligen Härte iSd § 361 II 2 AO, § 69 III 1 iVm § 69 II 2 (zu Einzelheiten s. Witte/Alexander UZK Art. 45 Rn. 29 mwN).

IV. Aufhebung der Vollziehung nach § 69 II 7 und III 3

175 Ist der VA, dessen Rechtswidrigkeit der Antragsteller geltend macht, **bereits vollzogen,** so kommt nach § 69 II 7 und § 69 III 3 die teilweise oder vollständige Aufhebung der Vollziehung in Betracht (zum fehlenden Rechtsschutzbedürfnis → Rn. 38; zur evtl. Sicherheitsleistung → Rn. 233 ff.). Vollzogen ist ein VA dann, wenn sein Regelungsinhalt in irgendeiner Weise verwirklicht bzw. von seinen Wirkungen in irgendeiner Weise Gebrauch gemacht worden ist. Das ist bereits der Fall, wenn **Säumniszuschläge** angefallen sind (BFH III S 7/03, BFH/NV 2004, 183; II B 102/09, BeckRS 2009, 25015889 (nv); FG Düsseldorf 16 V 896/09, EFG 2009, 1931). Das Gesetz verlangt nämlich nicht, dass der VA „unter Zwang“ verwirklicht worden ist. Auch vollzogene **Aufrechnungen** sind aufgrund einer angeordneten Aufhebung der Vollziehung (vorläufig) rückgängig zu machen (BFH VIII S 6/97, BFH/NV 1998, 987; I B 95/98, BFH/NV 1999, 1205; VII B 13/21 (AdV), BFH/NV 2022, 209, Rn. 11). Im Wege der Aufhebung der Vollziehung kann auch die vorläufige Rückzahlung von **freiwilligen Leistungen des Stpfl.** auf die Steuerschuld erreicht werden (BFH VIII S 3/93, BFH/NV 1994, 113). – Zur Einschränkung der Wirkung der Aufhebung der Vollziehung durch § 69 III 4 iVm II 8 → Rn. 257.

176 Aufhebung der Vollziehung kann nur angeordnet werden, wenn die Vollziehung **„auf Grund“** des angefochtenen VA erfolgt war (→ Rn. 35; s. auch BFH V B 8/69, BStBl. II 1969, 527; IV B 72/74, BStBl. II 1977, 367). Zur nicht zulässigen vorläufigen Erstattung von festgesetzten Vorauszahlungen nach § 69 III 4 iVm II 8 → Rn. 257.

Ferner kommt die Aufhebung der Vollziehung nur in Betracht, wenn die Voraussetzungen des § 69 III 1 iVm II 2 vorliegen, also **ernstliche Zweifel an der Rechtmäßigkeit** des VA bestehen oder die Vollziehung für den Betroffenen eine **unbillige Härte** zur Folge hat, die nicht durch überwiegende öffentliche Interessen geboten ist. Insoweit gelten die oben gemachten Ausführungen entspr. (→ Rn. 160 ff.). 177

V. Entscheidungsgrundsätze

1. Gegenstand und Maßstab der Prüfung

Das **Gericht prüft** zunächst die **Zulässigkeit** des Antrags, also ob die allgemeinen und die besonderen Zulässigkeitsvoraussetzungen erfüllt sind. Daran fehlt es insbes., wenn der VA, dessen AdV oder Aufhebung der Vollziehung begehrt wird, nicht mehr geändert werden kann, weil er zB bestandskräftig geworden ist, der eingelegte Rechtsbehelf unzulässig ist oder die gegen ihn gerichtete Klage rechtskräftig abgewiesen und eine NZB verworfen worden ist (→ Rn. 130 ff.). 180

Ist der Antrag zulässig, so prüft das Gericht, ob in sachlich-rechtlicher Hinsicht ernstliche Zweifel an der Rechtmäßigkeit des VA bestehen. Wird die **AdV einer Ermessensentscheidung** beantragt, so ist nur zu prüfen, ob ernstliche Zweifel daran bestehen, dass das Ermessen fehlerfrei ausgeübt worden ist (BFH VII B 127/89, BFH/NV 1990, 473 mwN). – Bei der Entscheidung gilt § 96 I 2, wonach das Gericht über das Klagebegehren nicht hinausgehen darf **(Verböserungsverbot),** sinngemäß (BFH X S 2/06, BFH/NV 2007, 484 (485); → § 96 Rn. 48). 181

Befindet sich der Rechtsstreit schon in der **Revisionsinstanz,** so ist nach revisionsrechtlichen Grundsätzen zu beurteilen, ob ernstliche Zweifel an der Rechtmäßigkeit des angefochtenen VA vorliegen. Das ist nur dann der Fall, wenn unter Beachtung der **eingeschränkten Prüfungsmöglichkeiten** des Revisionsgerichts – insbes. seiner grds. Bindung an die tatsächlichen Feststellungen der Vorinstanz – ernstlich mit der Aufhebung oder Änderung des angefochtenen VA zu rechnen ist. Das bedeutet, dass bei vermutlichem Durcherkennen des BFH die Erfolgsaussichten des Revisionsverfahrens zu prüfen sind, bei vermutlicher Zurückverweisung die Erfolgsaussichten des dann fortgesetzten Klageverfahrens (stRspr, zB BFH I S 10/00, BFH/NV 2001, 806; IV S 12/08, BFH/NV 2009, 958; V S 7/21 (AdV), MwStR 2022, 771, Rn. 9). Keine ernstlichen Zweifel an der Rechtmäßigkeit der angegriffenen Steuerbescheide bestehen (mehr), wenn der BFH im Revisionsverfahren des Stpfl. eine **Anhörungsmitteilung gemäß § 126a** beschlossen hat (BFH XI S 19/23 (AdV), BFH/NV 2024, 1183). Ebenso ist es, wenn der AdV-Antrag während der Anhängigkeit einer **Nichtzulassungsbeschwerde** beim BFH gestellt wird. Ernstliche Zweifel können dann nur bestehen, wenn ernstlich mit der Zulassung der Revision und der Aufhebung des Bescheides zu rechnen ist (zB BFH IX B 149/05, BFH/NV 2006, 586 (587); X S 3/06, BFH/NV 2006, 1138 (1139); III S 21/06, BFH/NV 2006, 2309 (2310); IV S 5/09, BFH/NV 2009, 1080 (1081); IX S 25/14, BFH/NV 2015, 497). 182

2. Ermessen

a) Einschränkung bei ernstlichen Zweifeln an der Rechtmäßigkeit des Verwaltungsakts. Ist der Antrag auf AdV/Aufhebung der Vollziehung zulässig und bejaht das Gericht ernstliche Zweifel an der Rechtmäßigkeit des angefochte- 185 nen VA und/oder eine unbillige Härte der Vollziehung, so **soll** es nach § 69 III 1 iVm II 2 die Vollziehung aussetzen oder aufheben. Damit wird der **Ermessensspielraum,** den das Gesetz dem Gericht in § 69 III 1 einräumt **erheblich eingeschränkt,** so dass die Vollziehung bei Vorliegen der genannten Voraussetzungen grds. ausgesetzt/aufgehoben werden muss, sofern kein atypischer Fall vorliegt (BFH GrS 4/67, BStBl. II 1968, 199; Tipke/Kruse/Seer § 69 Rn. 82: **Ermessensreduzierung auf Null;** s. dazu auch FG LSA 3 V 1163/12, EFG 2015, 1381).

186 **b) Ermessensausübung mit Interessenabwägung in Ausnahmefällen.** Liegt ein **atypischer Ausnahmefall** vor, so kommt der dem Gericht zuerkannte Ermessensspielraum zur Anwendung. Da die sofortige Vollziehbarkeit von Abgabenbescheiden (§ 69 I) in aller Regel durchbrochen werden „soll“, kann es sich nur um Fallgestaltungen handeln, in denen auf Grund einer besonderen Situation eine **zusätzliche Interessenabwägung geboten** ist. Das ist der Fall, wenn das Interesse des Stpfl. an der Aussetzung oder Aufhebung – abw. von der typisierenden gesetzlichen Regelung – nicht ohne Weiteres höherrangig ist als das staatliche Interesse an der sofortigen Vollziehung. Eine Interessenabwägung ist also vorzunehmen, wenn Umstände vorliegen, die bei Gewährung der AdV (ausnahmsweise) so **schwerwiegende Nachteile für den Staat** befürchten lassen, dass das Interesse des Bürgers an der Aussetzung oder Aufhebung zurücktreten muss. Zum anderen ist eine Interessenabwägung geboten, wenn das **Interesse des Stpfl.** an der Aussetzung oder Aufhebung als **ungewöhnlich gering** erscheint.

187 Eine Interessenabwägung ist nach der Rspr. einiger Senate des BFH insbes. dann geboten, wenn **ernstliche Zweifel an der Verfassungsmäßigkeit eines Gesetzes** bestehen (dazu bereits → Rn. 96 f.). Eine AdV soll in diesen Fällen nur dann zu gewähren sein, wenn das berechtigte Interesse des Antragstellers hieran ggü. der konkreten Gefährdung der öffentlichen Haushaltsführung überwiegt (BFH III B 144/89, BStBl. II 1991, 104; IX B 16/03, BStBl. II 2003, 663; XI B 231/02, BFH/NV 2005, 178; VIII B 219/06, BFH/NV 2007, 914; II B 168/09, BStBl. II 2010, 558; VII B 171/11, BStBl. II 2012, 418; II B 46/13, BStBl. II 2014, 263, Rn. 26; II B 71/13, BFH/NV 2015, 7 und II B 33/16, BStBl. II 2017, 646 zur GrSt; VII B 65/14, BStBl. II 2015, 207, Rn. 11 ff.; V B 37/16, BStBl. II 2017, 28 mwN; IX B 21/18, BStBl. II 2018, 415, Rn. 35 ff. betr. die Höhe der Nachzahlungszinsen gem. §§ 233a, 238 AO; ebenso VIII B 15/18, BFH/NV 2018, 1279; verneinend zur Höhe der Säumniszuschläge: II B 3/22 (AdV), BFH/NV 2022, 1328, Rn. 9 ff.; VI B 27/22 (AdV), BFH/NV 2023, 3, Rn. 36 ff.; VI B 15/22 (AdV), BStBl. II 2023, 12, Rn. 34 ff.; II B 53/22 (AdV), BFH/NV 2023, 382; aA dazu aber BFH VIII B 64/22 (AdV), DStRE 2023, 116, Rn. 17 und III B 48/22 (AdV), BFH/NV 2023, 970, Rn. 28 ff.; s. ferner FG München 14 V 736/18, EFG 2018, 1608 zu Säumniszuschlägen bei Überschuldung; FG Nürnberg 3 V 452/20, DStRE 2021, 759 betr. SolZ; FG Münster 3 V 2464/22, DStRE 2023, 1259 zu Aussetzungszinsen; FG Nürnberg 8 V 300/23, EFG 2023, 1405; FG Düsseldorf 11 V 533/24 A (BG), EFG 2024, 1283; FG Münster 3 V 1270/24 Ew, F, EFG 2025, 156 zur Grundsteuerwertfeststellung; bestätigend auch BVerfG 2 BvR 283/92, BB 1992, 1772; offengelassen aber durch BVerfG 1 BvR 1848/11, 1 BvR 2162/11, NJW 2012, 372; 1 BvR 821/13, HFR 2013, 639, Rn. 7; aA NdsFG 7 V 89/14, EFG 2016, 63 betr. SolZG). Bei der Abwägung soll es maßgeblich einerseits auf die Bedeutung und die Schwere des durch die Vollziehung des angefochtenen Steuerbescheides eintretenden Eingriffs

beim Stpfl. und andererseits auf die Auswirkungen einer AdV hinsichtlich des Gesetzesvollzuges und des öffentlichen Interesses an einer geordneten Haushaltsführung ankommen (BFH III B 144/89, BStBl. II 1991, 104; X B 318, 319/93, BFH/NV 1995, 143; XI B 94/02, BStBl. II 2003, 18; VII B 171/11, BStBl. II 2012, 418; VII B 65/14, BStBl. II 2015, 207 Rn. 12; II B 53/22 (AdV), BFH/NV 2023, 382, Rn. 12 f. zur Höhe der Säumniszuschläge; FG BW 2 V 3389/16, EFG 2018, 997; FG Köln 15 V 3279/17, EFG 2018, 527; zur Darlegungspflicht des FA: NdsFG 7 V 237/15, EFG 2016, 656; FG Münster 3 V 1270/24 Ew, F, EFG 2025, 156 zur Grundsteuerwertfeststellung). Das Gewicht der ernstlichen Zweifel an der Verfassungsmäßigkeit der betroffenen Vorschrift soll bei dieser Abwägung nicht von ausschlaggebender Bedeutung sein (BFH X B 137/92, BFH/NV 1994, 324; II B 168/09, BStBl. II 2010, 558).

Ausgehend von diesen Grundsätzen hat der BFH ein **überwiegendes berechtigtes Interesse des Antragstellers an der AdV** ggü. den staatlichen Haushaltsinteressen **bejaht** (s. zu den Fallgruppen auch BFH V B 37/16, BStBl. II 2017, 28 mwN), **188**

– wenn der Fiskus die Durchsetzung des Steueranspruchs und damit die Steuerausfälle durch strukturell gegenläufige Normen und tatsächliches Nichtvollziehen **selbst vereitelt,** wie zB bei der Erfassung von Spekulationsgewinnen nach § 23 I 1 Nr. 1b, 2 EStG 1997 (BFH IX B 16/03, BStBl. II 2003, 663; IX B 120/04, BFH/NV 2005, 613; IX B 149/04, BFH/NV 2005, 701);
– wenn der BFH die vom Antragsteller als verfassungswidrig angesehene Vorschrift bereits dem **BVerfG gemäß Art. 100 I GG** zur Prüfung der Verfassungsmäßigkeit **vorgelegt** hat (BFH VI B 35/24 (AdV), BStBl. II 2025, 70; → Rn. 25);
– wenn das Steuergesetz **mit hoher Wahrscheinlichkeit verfassungswidrig** ist und nicht damit gerechnet werden kann, dass das BVerfG die Weitergeltung des Gesetzes anordnen wird (BFH IX B 177/02, BStBl. II 2004, 367 zur Verlängerung der Spekulationsfrist iSd § 23 I Nr. 1 S. 1 EStG von zwei auf zehn Jahre; BFH VI B 42/07, BStBl. II 2007, 799 zum Abzugsverbot des § 9 II EStG 2007 für Aufwendungen für Wege zwischen Wohnung und Arbeitsstätte; IX B 21/18, BStBl. II 2018, 415, Rn. 36 zu schwerwiegenden Zweifeln an der Höhe der Nachzahlungszinsen gem. §§ 233a, 238 AO; dem folgend BFH VIII B 15/18, BFH/NV 2018, 1279; FG Münster 9 V 2360/18 E, EFG 2018, 1821; s. ferner FG Düsseldorf 11 V 3050/14, EFG 2015, 448 zu verfassungsrechtlichen Zweifeln am Sachwertverfahren; FG Hmb 2 V 20/18, EFG 2018, 1128 zu § 8c KStG; s. aber BFH VII B 65/14, BStBl. II 2015, 207, Rn. 17 ff.: Befassung des BVerfG mit der Rechtsfrage genügt allein nicht, um ein überwiegendes Interesse des Antragstellers anzunehmen);
– wenn die Norm gegen den Grundsatz der **Normenklarheit** (Art. 20 III GG) verstößt, wie im Fall des § 2 III EStG idF des StEntlG 1999–2002 (BFH VIII B 219/06, BFH/NV 2007, 914; XI S 1/07, BFH/NV 2007, 1116 (1117); ähnlich – zu § 2b EStG – auch BFH IX B 92/07, BFH/NV 2007, 2270 (2271));
– wenn die Umsetzung der Norm für den Antragsteller zu einem **steuerlichen Eingriff mit erheblichen wirtschaftlichen Folgen** führt und die öffentliche Haushaltsführung in einem nur vergleichsweise geringen Maß betroffen ist, da die begehrte AdV anders als eine Entscheidung des BVerfG nicht zu einer automatischen Anwendungssperre des Gesetzes in allen von ihm betroffenen Fällen führen würde (BFH I B 18/12, BFH/NV 2012, 1489 zu § 8c KStG; s. auch zu **irreparablen Nachteilen** oder zur Unterschreitung des **Existenzmi-**

nimums BFH III B 555/90, BStBl. II 1991, 876; III B 83/91, BFH/NV 1992, 246; XI B 39/04, BFH/NV 2006, 286);

– wenn die **Gefahren für die öffentliche Haushaltsführung** vergleichsweise **gering** sind (BFH I B 111/11, BStBl. II 2012, 611 zu § 8a II KStG 2002; BFH I B 85/13, BFH/NV 2014, 970 zu § 4h EStG 2002), was BFH IX B 21/18, BStBl. II 2018, 415, Rn. 36 wohl auch dann bejaht, wenn dem Gesetzgeber die verfassungswidrige Situation bekannt ist (betr. Nachzahlungszinsen gem. §§ 233a, 238 AO; ebenso BFH VIII B 15/18, BFH/NV 2018, 1279 und III B 48/22 (AdV), BFH/NV 2023, 970, Rn. 30 zur Höhe der Säumniszuschläge).

189 Demgegenüber soll die AdV nach BFH III S 6/90, BFH/NV 1991, 459 wegen des Überwiegens des öffentlichen Interesses regelmäßig zu versagen sein, wenn das BVerfG die **Verfassungswidrigkeit** der dem angefochtenen VA zugrundeliegenden Norm **schon festgestellt,** aber von einer Nichtigerklärung abgesehen und sich auf eine ex nunc wirkende Unvereinbarerklärung (ohne gleichzeitige Anordnung der Weitergeltung) beschränkt. Das ist abzulehnen. Auch im Falle einer schlichten Unvereinbarerklärung ist das Gesetz verfassungswidrig. Der angefochtene Steuerbescheid ist folglich ohne Rechtsgrundlage ergangen. Es ist nicht einzusehen, dass die Vollziehung eines solchen VA „dem rechtsstaatlichen Anliegen eines allgemeinen Normenvollzugs" oder „dem öffentlichen Interesse an einer geordneten öffentlichen Haushaltswirtschaft" entspricht (iE aA FG München 4 V 1548/09, DStR 2009, 2420 ff.).

190 Ob der BFH auch in Zukunft an dem Erfordernis der Interessenabwägung bei verfassungsrechtlichen Zweifeln festhalten wird, ist fraglich. **Mehrere Senate des BFH** haben dies in ihren Entscheidungen offen gelassen (s. zB BFH VI B 42/07, BStBl. II 2007, 799; VI B 69/09, BStBl. II 2009, 826; I B 18/12, BFH/NV 2012, 1489; I B 85/13, BFH/NV 2014, 970, Rn. 33; V B 4/22 (AdV), DStR 2022, 1548, Rn. 25; VI B 27/22 (AdV), BFH/NV 2023, 3, Rn. 38; VI B 15/22 (AdV), BStBl. II 2023, 12, Rn. 36; VIII B 64/22 (AdV), DStRE 2023, 116, Rn. 17; s. insgesamt auch FG München 14 V 3/14, BeckRS 2014, 96417; 14 V 10/14, BeckRS 2014, 96194; s. zur Kritik an der bisherigen Rspr. auch die Nachweise in BFH IX B 92/07, BFH/NV 2007, 2270 (2271)). Das ist **zu begrüßen.** Es kann nicht richtig sein (Art. 19 IV GG), dass vorläufiger Rechtsschutz bei **vom zuständigen Gericht angenommenen ernstlichen Zweifeln an der Verfassungsmäßigkeit** des im konkreten Fall einschlägigen Gesetzes nur in Ausnahmefällen gewährt wird (krit. auch FG RhPf 1 V 1167/24, EFG 2024, 1580). Das öffentliche Interesse an einer geordneten Haushaltsführung kann die regelmäßige Versagung der AdV in den Fällen nicht rechtfertigen. Durch die Verplanung bzw. Verausgabung (möglicherweise) verfassungswidriger Steuern eintretende Risiken für die öffentliche Haushaltswirtschaft werden in diesen Fällen durch Gewährung der AdV geradezu vermieden (Seer StuW 2001, 3 (17 f.) mwN). Im Übrigen entspricht die Gewährung der AdV dem Gebot der Beachtung der verfassungsmäßigen Ordnung durch den Staat. Nicht einmal in den Fällen, in denen eine die Erfüllung der staatlichen Aufgaben gefährdende „Breitenwirkung" zu erwarten ist, kann das öffentliche Interesse an einer geordneten Haushaltsführung Vorrang haben. Es kann nicht richtig sein, dass ein solcher Haushaltsvorbehalt jeden legislativen Verfassungsverstoß rechtfertigt, sofern er nur eine genügende finanzielle Breitenwirkung hat (NdsFG 7 V 76/09, DStRE 2009, 985 (988) mwN).

191 **Keiner Interessenabwägung bedarf es** bei der AdV wegen ernstlicher Zweifel an der Vereinbarkeit einer Norm des UStG mit dem **Unionsrecht** (BFH XI B 13/16, BFH/NV 2016, 1187; V B 4/22 (AdV), DStR 2022, 1548, Rn. 25) sowie von **Zollbescheiden** wegen Zweifeln an der Verfassungsmäßigkeit einer einzelstaatlichen (nationalen) Vorschrift **(Art. 45 II UZK).** Die Vollziehung zollbehördlicher Entscheidungen ist stets auszusetzen, wenn begründete Zweifel an der Rechtmäßigkeit der angefochtenen Entscheidung bestehen oder dem Beteiligten ein unersetzbarer Schaden entstehen könnte. Der Grund für die Zweifel an der Rechtmäßigkeit ist unerheblich (Witte/Alexander UZK Art. 45 Rn. 43). – Im Übrigen → Rn. 16 ff., 124, 166, 173, 286.

3. Summarisches Verfahren

Das AdV-Verfahren ist wegen seiner Eilbedürftigkeit und seines vorläufigen **195**
Charakters ein **summarisches Verfahren.** Gleichwohl ist den Beteiligten **rechtliches Gehör** zu gewähren (BFH VII B 90/75, BStBl. II 1976, 437; XI B 109/95, BFH/NV 1997, 879; s. aber FG Düsseldorf 13 V 3218/14 A G, EFG 2015, 494: kein erschöpfender Schriftsatzaustausch). – Zu unterscheiden ist zwischen der Überprüfung des Prozessstoffs (Sachverhalts) und der rechtlichen Würdigung (BFH II B 17/68, BStBl. II 1968, 589; VIII B 50/07, BStBl. II 2007, 789).

Hinsichtlich des Prozessstoffs findet eine **Beschränkung** auf die dem **196**
Gericht vorliegenden Unterlagen (insbes. die Akten der Finbeh) sowie **auf die sog. präsenten Beweismittel** statt (BFH IX B 78/94, BFH/NV 1995, 116; XI S 28/10, BFH/NV 2011, 1746; XI B 112/14, BFH/NV 2015, 537; V B 20/16, BFH/NV 2016, 1308; VI B 15/22 (AdV), BStBl. II 2023, 12, Rn. 15). Das FG darf sich bei der Erforschung des Sachverhalts auch auf die tatsächlichen Feststellungen in einem **Strafurteil** stützen (BFH V B 46/88, BFH/NV 1990, 54; zur Indizwirkung eines Geständnisses im Strafverfahren s. BFH VII B 37/99, BFH/NV 1999, 1496; VIII B 214/07, BFH/NV 2009, 1824). Es ist Sache des Beteiligten, die entscheidungserheblichen Tatsachen darzulegen (→ Rn. 136) und **glaubhaft zu machen** (§§ 155, 294 ZPO; → § 155 Rn. 8; zum Beweismaß: FG Hmb 3 V 194/15, EFG 2016, 528), soweit seine Mitwirkungspflicht reicht (BFH I S 10/00, BFH/NV 2001, 806; V B 243/03, BFH/NV 2005, 255; VII B 46/04, BFH/NV 2005, 827; XI S 28/10, BFH/NV 2011, 1746; VII B 170/13, BFH/NV 2014, 387 zur unbilligen Härte; FG Hmb V 162/05, EFG 2006, 1268). Notfalls kann Beweis durch präsente Beweismittel verlangt werden. Glaubhaftmachung (§ 294 ZPO) ist ein geringerer Grad der Beweisführung. Während eine Tatsache nur dann bewiesen ist, wenn sie nach der Überzeugung des Gerichts mit an Sicherheit grenzender Wahrscheinlichkeit vorliegt, genügt es für die Glaubhaftmachung, dass ein nicht nur geringes Maß an Wahrscheinlichkeit bzw. eine überwiegende Wahrscheinlichkeit für die Existenz der Tatsache spricht (Zöller/Greger ZPO § 294 Rn. 1). Der Antragsteller darf sich zur Glaubhaftmachung aller **Beweismittel der ZPO** bedienen. **Mittel der Glaubhaftmachung** sind zB die Vorlage einer Versicherung an Eides Statt oder die Vorlage eines Privatgutachtens (→ § 56 Rn. 110 ff.; s. auch BFH VII B 152/89, BFH/NV 1990, 720 zur uneidlichen Parteivernehmung iRd § 114). Die Regeln über die **Feststellungslast** gelten auch im AdV-Verfahren (BFH V B 33/93, BFH/NV 1994, 133; IX B 25/97, BFH/NV 1998, 994; FG München 4 V 1633/04, EFG 2005, 461; ThürFG 2 V 268/10, EFG 2011, 769). Allerdings kann unter Berücksichtigung der Umstände des Einzelfalls – abw. von den Regeln über die Feststellungslast – die AdV gerechtfertigt oder abzulehnen sein (BFH V B 33/93, BFH/NV 1994, 133 (135) mwN; V B 243/03, BFH/NV 2005, 255; FG Düsseldorf 1 V 3235/13 A, EFG 2014, 1531).

197 **Weitergehende Sachverhaltsermittlungen** durch das Gericht sind grds. **nicht erforderlich** (stRspr, BFH IV B 33/88, BStBl. II 1989, 516; VII R 39/84, BFH/NV 1990, 133; IV B 48/00, BFH/NV 2001, 202: grds. keine mündliche Verhandlung; V B 71/00, BFH/NV 2001, 634; FG Köln 10 V 2432/11, EFG 2012, 286; FG Saarl 1 V 1229/13, EFG 2013, 1947; FG Münster 15 V 3684/13 U, EFG 2014, 324; 6 V 1932/14 AO, EFG 2014, 1936). Es ist nicht Aufgabe des Gerichts, aus **umfangreichen Akten** Feststellungen zu treffen; zu berücksichtigen sind in einem solchen Fall nur Tatsachen, die sich aus dem angefochtenen VA oder dem glaubhaft gemachten Vortrag der Beteiligten ergeben (s. die vorstehenden Nachweise). Es ist auch nicht Aufgabe des Gerichts, im AdV-Verfahren auf ungesicherter Tatsachengrundlage Rechtsfragen zu klären, die sich nach weiterer Aufklärung des Sachverhalts möglicherweise nicht stellen (BFH V B 5/99, BFH/NV 1999, 1495; II B 32/04, BStBl. II 2004, 747; HessFG 4 V 751/11, EFG 2012, 1176). Bei drohenden unzumutbaren Nachteilen ist es aber auch im Eilverfahren geboten, die erforderlichen Beweise zu erheben (BVerfG 1 BvR 120/09, NVwZ 2009, 715). – Eine **Anrufung des Großen Senats** des BFH wegen einer Rechtsfrage im Verfahren der AdV kommt nicht in Betracht (BFH VIII B 64/22 (AdV), DStRE 2023, 116, Rn. 1). Auch eine **Vorlage an das BVerfG** (Normenkontrollverfahren) braucht im AdV-Verfahren nicht zu erfolgen (BFH IV B 37/89, BFH/NV 1990, 570 mwN; VI B 43/97, BFH/NV 1998, 169; IX B 204/08, BFH/NV 2009, 1262; FG Münster 9 V 357/11 K, G, EFG 2012, 165). Auch eine **Vorabentscheidung des EuGH** nach Art. 267 AEUV muss im AdV-Verfahren nicht eingeholt werden (BFH I B 181/07, BFH/NV 2008, 294 (296); XI B 9/22 (AdV), MwStR 2023, 19, Rn. 43).

198 Die **rechtliche Prüfung** dagegen kann nicht in dem Sinne „summarisch" sein, dass nur eine oberflächliche Prüfung erfolgt. Ob die Voraussetzungen für eine AdV in rechtlicher Hinsicht vorliegen, ist vielmehr eindeutig festzustellen (BFH II B 17/68, BStBl. II 1968, 589; VIII B 50/07, BStBl. II 2007, 789). Allerdings muss eine **unklare Rechtsfrage** im AdV-Verfahren nicht endgültig geklärt werden; stattdessen ist **AdV** zu gewähren (BFH I B 18/21 (AdV), DStR 2022, 648, Rn. 8 und X B 132–133/20, BFH/NV 2022, 734, Rn. 26; zu Zweifeln in rechtlicher Hinsicht → Rn. 161). Bloß summarisch kann auch nicht die Frage behandelt werden, ob § 69 überhaupt anwendbar ist (BFH VII B 106/69, BStBl. II 1971, 702). Eine endgültige Klärung der Streitfrage braucht jedoch nicht zu erfolgen (BFH I R 162–163/76, BStBl. II 1977, 765; IV B 20/07, BFH/NV 2007, 2369). AdV kann daher auch zur Wahrung einheitlicher Rechtsmaßstäbe im summarischen Verfahren zu gewähren sein, wenn es zB darum geht, ob ein Senat des BFH an seiner bisherigen Rspr. festhält (BFH V B 160/14, BFH/NV 2015, 861).

199 Nach der Rspr. des BFH **darf die Prüfung nicht über die Frage hinausgehen, ob ernstliche Zweifel vorliegen,** weil ansonsten die Entscheidung über die Hauptsache vorweggenommen würde (s. zB BFH IV R 44/94, BStBl. II 1995, 814 (816); I B 113/98, BFH/NV 1999, 1314; V B 170/99, BFH/NV 2000, 1147). Dem kann in dieser Allgemeinheit nicht gefolgt werden (ebenso Tipke/Kruse/Seer § 69 Rn. 121). Es gibt Fälle, in denen sich ohne weiteres sagen lässt, dass der angefochtene VA rechtswidrig oder rechtmäßig ist. Es ist schon aus Gründen der Prozessökonomie nicht einzusehen, weshalb sich dann das Gericht im AdV-Verfahren auf die Feststellung „ernstlicher" Zweifel an der Rechtmäßigkeit des VA beschränken muss.

VI. Verfahrensgrundsätze

1. Die zur Entscheidung berufene Stelle

a) Zuständige Finbeh – § 69 II 1. Angesichts der Zweigleisigkeit des einstweiligen Rechtsschutzes nach § 69 (→ Rn. 3) hat die Finbeh nach § 69 II die Möglichkeit, AdV und Aufhebung der Vollziehung für das finanzgerichtliche Verfahren zu gewähren (→ Rn. 30). Zuständig ist hierfür nicht notwendig die Behörde, die den VA erlassen hat; es kann auch eine inzwischen zuständig gewordene andere Behörde sein (→ Rn. 132). 210

b) Gericht der Hauptsache – § 69 III 1 und 2. Für das **gerichtliche Verfahren** auf AdV und Aufhebung der Vollziehung ist nach **§ 69 III 1** das Gericht der Hauptsache zuständig, und zwar auch dann, wenn der Antrag gem. **§ 69 III 2** für das **Einspruchsverfahren** gestellt wird. **Gericht der Hauptsache** ist grds. das Gericht, das mit der Entscheidung über die Rechtmäßigkeit des VA befasst ist. Das ist das **Finanzgericht,** und zwar zum einen für die Zeit von der Erhebung der Klage bis zum Erlass der Entscheidung und zum anderen nach evtl. Aufhebung des erstinstanzlichen Urteils und Zurückverweisung des Verfahrens (BFH IV S 24/05, BFH/NV 2006, 1312). Gegebenenfalls ist der **Einzelrichter** zuständig (§§ 6, 79a III, IV). Nach § 121 iVm § 69 III ist der **BFH als Gericht der Hauptsache** zuständig von der Einlegung der Revision an bis zum Erlass der Revisionsentscheidung; § 69 III 2 ist im Revisionsverfahren nicht anwendbar (BFH VIII S 4/99, BFH/NV 2000. 970, 971 mwN). Der BFH ist also nur insoweit Gericht der Hauptsache, als er – nach abschließender Entscheidung des FG – im konkreten Verfahren **als Revisionsgericht zu entscheiden hat** (BFH VII S 19/03, BFH/NV 2004, 522: Zuständigkeit in einem Parallelverfahren genügt nicht; X S 21/12, BFH/NV 20013, 229 mwN: keine Zuständigkeit nach Zurückverweisung an das FG; IV S 13/99, BFH/NV 2000, 481: keine Zuständigkeit für AdV durch Einlegung einer „außerordentlichen Beschwerde" gegen einen Beschluss des FG, mit dem dieses den Finanzrechtsweg für gegeben hält; zum Hineinwachsen des AdV-Antrags in die Zuständigkeit des BFH: BFH VII S 27/20 (AdV), BFH/NV 2020, 1294). Ist der BFH für die AdV eines Grundlagenbescheides zuständig, ist er auch für die AdV des Folgebescheides instanziell zuständig, nicht aber, wenn weder ein gegen den Grundlagen- noch gegen den Folgebescheid gerichtetes Verfahren bei ihm anhängig ist (BFH I S 1/00, BFH/NV 2000, 1350; III S 5/02, BFH/NV 2003, 492; X S 49, 56/13, BFH/NV 2014, 728). Mit Einlegung einer **Nichtzulassungsbeschwerde** ist der BFH Gericht der Hauptsache (zB BFH X S 3/06, BFH/NV 2006, 1138 (1139); XI S 15/07 (PKH), BFH/NV 2007, 2142 (2143); V S 39/15, BFH/NV 2016, 1036). Der **BFH** ist **nicht mehr Gericht der Hauptsache,** wenn er abschließend in der Sache entschieden hat und hiergegen beim BVerfG eine Verfassungsbeschwerde anhängig ist (BFH VIII S 14/09, BFH/NV 2009, 1822). Wird der **AdV-Antrag an das Finanzgericht gerichtet,** obwohl der BFH Gericht der Hauptsache ist, darf der Antrag nicht formlos an den BFH weitergeleitet werden. Erforderlich ist vielmehr die **Verweisung durch Beschluss** nach § 70 iVm §§ 17–17b GVG (BFH VII S 26/86, BFH/NV 1987, 452; XI S 23/95, BFH/NV 1996, 473; zur Ausnahme s. BFH III S 5/01, BFH/NV 2002, 41 (42); zur umgekehrten Verweisung vom BFH an das FG s. BFH III S 5/02, BFH/NV 2003, 492; IV S 15/03, BFH/NV 2004, 290 (291); **aA** aber für einen unzulässigen Antrag BFH VII B 20/98, BFH/NV 211

1998, 1395 zur fehlenden Zugangsvoraussetzung nach § 69 VI; VII S 26/03, BFH/NV 2004, 531 zum „rechtsbeständigen" Bescheid).

212 Wird der Antrag auf AdV oder Aufhebung der Vollziehung nach Erlass der erstinstanzlichen Hauptsacheentscheidung, aber vor Einlegung des Rechtsmittels (Revision, NZB) gestellt, also **„zwischen den Instanzen"**, so bleibt bis zur Anrufung des BFH das FG zuständig (BFH IV B 13/69, BStBl. II 1970, 786 mwN für den Fall, dass der AdV-Antrag schon vor Erlass der Hauptsachentscheidung des FG gestellt war; glA BFH VIII S 11/88, BFH/NV 1989, 448; Tipke/Kruse/Seer § 69 Rn. 135).

213 **c) Vorsitzender. In dringenden,** dh besonders eilbedürftigen **Fällen,** zB wenn dem Antragsteller die Vollstreckung droht (BFH VII S 28/94, BFH/NV 1995, 532; NdsFG 15 V 164/14, EFG 2014, 1838; → Rn. 154), kann der **Vorsitzende** des (geschäftsplanmäßig) zuständigen Senats allein über den Antrag auf AdV/Aufhebung der Vollziehung entscheiden **(§ 69 III 5).** Dies gilt allerdings nicht, wenn schon ein anderes Mitglied des Senats als Einzelrichter (gesetzlicher Richter) zur Entscheidung berufen ist (§§ 6, 79a III, IV). In diesem Fall ist der Einzelrichter zuständig.

2. Form der Entscheidung

215 Soweit die **Finanzbehörde** über die AdV oder die Aufhebung der Vollziehung entscheidet (→ Rn. 30), entscheidet sie **durch Verwaltungsakt** (§ 118 AO), der mit der Bekanntgabe wirksam wird (§ 122 AO) und – im Falle der Stattgabe – als begünstigender VA lediglich nach Maßgabe der §§ 130 II, 131 II AO zurückgenommen oder geändert werden kann.

216 Das **Gericht** (ggf. der Senatsvorsitzende oder der Einzelrichter – → Rn. 211 ff.) entscheidet über den Antrag nach § 69 III idR **ohne mündliche Verhandlung** (§ 90 I 2) **durch Beschluss** (§ 113). Der Beschluss ist – auch bei Nichtzulassung der Beschwerde (→ Rn. 266) – zu **begründen** (§ 113 II 2), dh es sind die tatsächlichen und rechtlichen Erwägungen anzugeben, auf denen die Entscheidung beruht (BFH IV B 18/66, BStBl. III 1967, 181). Da der Beschluss ein selbständiges Verfahren abschließt, muss er eine **Kostenentscheidung** enthalten (BFH IV B 23/66, BStBl. III 1967, 321). Der für die Finanzgerichtsbarkeit eingeführte Mindeststreitwert (§ 52 IV GKG) findet in Verfahren des vorläufigen Rechtsschutzes vor den FG keine Anwendung (BFH IX E 17/07, BFH/NV 2008, 307 (308)). Im Übrigen zum **Streitwert** → Vor § 135 Rn. 1 ff. – Wegen der Formalien des Beschlusses wird auf § 113 und die dortige Kommentierung Bezug genommen.

3. Verfahren bei Änderung des angefochtenen Verwaltungsaktes

217 **Ändert die Finanzbehörde** während des bei Gericht anhängigen AdV-Verfahrens den zugrundeliegenden VA, so ist § 68 analog anwendbar (BFH IX B 90/00, BFH/NV 2001, 703; VIII B 70/09, BFH/NV 2012, 229; zum **Änderungsbescheid nach Zuständigkeitswechsel** des FA s. BFH XI S 15/07 (PKH), BFH/NV 2007, 2142 (2143); VI B 40/08, BFH/NV 2008, 1874; → Rn. 132). **Ändert das Finanzgericht im Urteil einen Verwaltungsakt,** kann der BFH die Vollziehung des VA in der Fassung des finanzgerichtlichen Urteils aussetzen, wenn das Urteil noch nicht rechtskräftig ist (BFH IV S 12-13/77, BStBl. II 1978, 227).

4. Entscheidung nach Abschluss der Instanz

Auch **nach Erlass einer** (stattgebenden oder abweisenden) **Endentscheidung in der Hauptsache** kann **das Finanzgericht** die AdV/Aufhebung der Vollziehung noch mit der Begründung ablehnen, dass an der Rechtmäßigkeit des angefochtenen VA keine ernstlichen Zweifel bestehen (→ Rn. 212). Eine Sachentscheidung ist allerdings nur **bis zur Rechtskraft des Urteils**/Gerichtsbescheides in der Hauptsache möglich. Von diesem Zeitpunkt an entfällt das (besondere) Rechtsschutzbedürfnis für die Entscheidung über die AdV (→ Rn. 137 ff.). Den Beteiligten ist deshalb nach Eintritt der Rechtskraft Gelegenheit zur Äußerung zu geben. Erklären sie das Verfahren in der Hauptsache für erledigt, ist nur noch über die Kosten zu entscheiden; hält der Stpfl. sein Begehren aufrecht, ist es mangels Rechtsschutzbedürfnisses als unzulässig abzuweisen. – Kann noch sachlich über die AdV entschieden werden, darf sich das FG, falls es in der Hauptsache eine zweifelhafte Rechtsfrage entschieden hat oder von der Rspr. des BFH abgewichen ist, nicht allein darauf berufen, dass es entschieden habe und dass folglich ernstliche Zweifel nicht mehr bestünden. Es muss vielmehr berücksichtigen, dass der BFH möglicherweise bei seiner abweichenden Entscheidung verbleibt und daher ernstliche Zweifel an der Rechtmäßigkeit des VA vorliegen. 218

Hat der BFH (positiv oder negativ) abschließend durch Urteil **entschieden,** ist die Sache rechtskräftig. Es **besteht** also **kein Rechtsschutzbedürfnis** (→ Rn. 137 ff.) mehr für einen AdV-Antrag. Den Beteiligten ist Gelegenheit zur Äußerung zu geben. Hat der BFH jedoch einen **Gerichtsbescheid** erlassen, besteht das (besondere) Rechtsschutzbedürfnis wegen der Möglichkeit, mündliche Verhandlung zu beantragen (§ 90a II 1, III), bis zu dem Zeitpunkt fort, in dem der Gerichtsbescheid Urteilswirkung erlangt oder – nach Antrag auf mündliche Verhandlung – ein Urteil ergangen ist. 219

Erhebt der Kläger **Nichtigkeits- und Restitutionsklage** gem. § 134 gegen ein rechtskräftiges Urteil, so richtet sich der einstweilige Rechtsschutz für dieses Verfahren ebenfalls nach § 69 (BFH IV B 57/17, BFH/NV 2018, 48 unter Aufgabe der früheren Rspr.). 220

5. Beiladung, Beitritt

Notwendige Beiladung kommt im AdV-Verfahren nach § 69 III nicht in Betracht, weil § 60 III auf endgültigen Rechtsschutz zugeschnitten ist (→ § 60 Rn. 4). Entsprechendes muss für die **einfache Beiladung** (§ 60 I) gelten. Der **Beitritt** des BMF zum Beschwerdeverfahren wegen einer AdV-Sache ist unzulässig; er ist im Gesetz **nicht vorgesehen** (BFH VI B 42/07, BStBl. II 2007, 799). 221

6. Aussetzung, Ruhen, Unterbrechung des Verfahrens

Die Regelungen über die Aussetzung (§ 74), das Ruhen (§ 155 iVm § 251 ZPO) und die Unterbrechung und Aussetzung des Verfahrens (§ 155 iVm §§ 239 ff. ZPO) sind wegen der Eilbedürftigkeit des AdV-Verfahrens grds. nicht anwendbar (zB BFH IX B 80/05, BFH/NV 2006, 719; FG BBg 3 V 3080/23, EFG 2023, 1642: auf bei Bitte des Antragstellers kein Zurückstellen des Antrags). Die Eröffnung des **Insolvenzverfahrens** über das Vermögen des Antragstellers führt nicht zur Unterbrechung des AdV-Verfahrens, sondern zum Wegfall des 222

Rechtsschutzbedürfnisses für den AdV-Antrag (→ Rn. 137 ff.; FG BW 9 K 50/93, EFG 1994, 711). Etwas anderes gilt aber dann, wenn die durch die angefochtenen Bescheide festgesetzten Steuern schon vor Eröffnung des Insolvenzverfahrens vollständig getilgt wurden und es somit um eine Aufhebung der Vollziehung geht, so dass das AdV-Verfahren – wie von § 240 S. 1 ZPO vorausgesetzt – die Insolvenzmasse betrifft, weil ein Obsiegen des Insolvenzschuldners zu einer Erhöhung der Insolvenzmasse führen würde (BFH I B 43/20 (AdV), NZI 2021, 902, Rn. 10). – Auch → § 74 Rn. 35 ff.

VII. Zum Entscheidungsinhalt

1. Entscheidung über die AdV/Aufhebung der Vollziehung

225 **a) Umfang der AdV/Aufhebung der Vollziehung.** Bestehen **ernstliche Zweifel** an der Rechtmäßigkeit des angefochtenen VA oder würde dessen Vollziehung eine **unbillige Härte** bedeuten, so soll nach § 69 II 2, III 1 die Vollziehung des angefochtenen VA ausgesetzt oder aufgehoben werden (zur Ermessensausübung → Rn. 185 ff.). Aus dieser Formulierung ergibt sich zugleich eine **Beschränkung des Umfangs** der AdV/Aufhebung der Vollziehung. Diese darf nämlich nur so weit reichen, als die ernstlichen Zweifel oder die unbillige Härte reichen. Sie darf nicht hierüber hinausgehen. Ferner darf der vorläufige Rechtsschutz nach § 69 nicht weiter reichen als der im Hauptsacheverfahren erstrebte Rechtsschutz und kann mithin nicht über das Begehren des Hauptsacheverfahrens hinausgehen (BFH II S 6/99, BFH/NV 2000, 1100 (1101); XI S 8/14, BFH/NV 2014, 1601). **Mittelbare Auswirkungen** auf andere Steuerbescheide sind **nicht zu berücksichtigen** (BFH IV R 44/94, BStBl. II 1995, 814).

226 Bei der AdV/Aufhebung der Vollziehung von **Gewinnfeststellungsbescheiden** müssen die Besteuerungsgrundlagen, deren Vollziehung ausgesetzt/aufgehoben werden soll, auf die einzelnen Beteiligten aufgeteilt werden, wenn alle Beteiligten AdV/Aufhebung der Vollziehung beantragt haben und materielle Bedenken gegen den angefochtenen Gewinnfeststellungsbescheid bestehen (BFH IV B 42/02, BFH/NV 2002, 1447). Haben nur einzelne Gesellschafter/Gemeinschafter AdV/Aufhebung der Vollziehung begehrt, ist die vorläufige Berücksichtigung eines höheren Verlust- oder niedrigeren Gewinnanteils auf diese Feststellungsbeteiligten zu beschränken (BFH I S 1/80, BStBl. II 1981, 99 (101); VIII B 62/97, BStBl. II 1998, 401). Im **Tenor** ist in einem solchen Fall auszusprechen, dass die Vollziehung des angefochtenen Bescheides mit der Maßgabe ausgesetzt wird, dass vorläufig bis zur rechtskräftigen Entscheidung über die Klage statt von einem Verlust von X EUR von einem Verlust von Y EUR auszugehen ist, der sich auf die Beteiligten wie folgt verteilt … (BFH VIII B 84/78, BStBl. II 1979, 567 (568)). – Dies gilt – folgt man dem GrS (→ Rn. 81) – grds. auch bei negativen Gewinnfeststellungsbescheiden; zur Tenorierung s. BFH GrS 2/85, BStBl. II 1987, 637 (643). Bei lediglich **formellen Fehlern** ist jedoch die vorläufige Berücksichtigung eines Verlustes ausgeschlossen (BFH IV B 42/02, BFH/NV 2002, 1447). Es darf von dem negativen Gewinnfeststellungsbescheid nur kein Gebrauch gemacht werden.

227 Die AdV von **Einheitswertbescheiden** ist auf die Stichtage zu beschränken, an denen in materiell-rechtlicher Hinsicht ernstliche Zweifel an der Rechtmäßigkeit der Feststellung bestehen (BFH II B 33/85, BStBl. II 1987, 326). Entspre-

chendes muss für die Fälle gelten, in denen die AdV wegen unbilliger Härte ausgesprochen wird. Sind Steuerbescheide zu einem mehrere Jahre betreffenden **Sammelbescheid** zusammengefasst, ist die (teilweise) AdV **für jedes Jahr einzeln** auszusprechen (BFH IV B 7/67, BStBl. III 1967, 344; I R 243/74, BStBl. II 1977, 366).

b) Vorläufige Maßnahmen. Grundsätzlich dürfen im Wege der AdV nur **vorläufige Maßnahmen** getroffen werden (→ Rn. 37), nicht solche, die vollendete Tatsachen schaffen und damit das Ergebnis des in der Hauptsache schwebenden Rechtsstreits vorwegnehmen. Das ist zB der Fall, wenn die Aufhebung der Vollziehung eines Steuerbescheides dazu führen würde, dass das FA eine bereits vereinnahmte Steuer wieder auskehren müsste und mit dem dadurch erneut aufgelebten Steueranspruch nur Insolvenzgläubiger wäre (BFH I B 182/02, BFH/NV 2004, 815). 228

c) Widerrufsvorbehalt. Die **Finanzbehörde** kann die Vollziehung trotz der Korrekturmöglichkeiten nach §§ 130 II, 131 II AO unter **Widerrufsvorbehalt** aussetzen oder aufheben. Der Widerruf ist auch in diesem Fall nur eingeschränkt möglich. 229

d) Wirkungszeitpunkt von AdV/Aufhebung der Vollziehung. AdV kann nur ab Eingang des Antrags bei Gericht bewilligt werden und wirkt **nur für die Zukunft** (ex nunc), keinesfalls aber rückwirkend. Demgegenüber kommt der **Aufhebung der Vollziehung Rückwirkung** zu (ex tunc). Für die Bestimmung des Zeitpunkts, ab welchem die Wirkungen der Vollziehung aufzuheben sind, kommt es darauf an, ab wann objektiv ernstliche Zweifel an der Rechtmäßigkeit des VA bestanden haben (BFH I B 108/04, BFH/NV 2005, 1778 (1781); I B 109/04, BFH/NV 2005, 1782 (1783); FG BBg 2 V 2252/08, EFG 2009, 802; FG Düsseldorf 10 V 795/20 F, EFG 2022, 704). Unerheblich ist, ab wann die ernstlichen Zweifel für das FA erkennbar waren oder sich „greifbar" abgezeichnet haben (BFH III S 7/03, BFH/NV 2004, 183 (184)). Entsprechendes muss für den Fall der unbilligen Härte gelten. Aufhebung der Vollziehung mit Rückwirkung ist auch anzuordnen, wenn die zunächst an der Rechtmäßigkeit des angefochtenen VA bestehenden Zweifel während des Rechtsbehelfsverfahrens weggefallen sind. In diesen Fällen ist die Aufhebung der Vollziehung auf den Zeitraum zu beschränken, in dem die ernstlichen Zweifel bestanden (FG Hmb 6 V 270/19, EFG 2020, 589 zum Wegfall wegen rückwirkender Gesetzesänderung). 230

e) Dauer der AdV/Aufhebung der Vollziehung. Die Finbeh und das Gericht müssen auch über die **Dauer der AdV** befinden (s. zB BFH I B 41, 42/01, BFH/NV 2001, 1445). Dies ist ebenfalls eine Ermessensentscheidung (BFH IV 229/60 U, BStBl. III 1961, 320). Es gelten folgende Grundsätze: 231

- **Die Finanzbehörde** kann die AdV bis zum rechtskräftigen Abschluss des Revisionsverfahrens über die Hauptsache anordnen.
- **Das Finanzgericht** (der Senatsvorsitzende oder der Einzelrichter) kann die Vollziehung grds. nur für seine Instanz aussetzen, also längstens bis zum Ablauf eines Monats nach Zustellung des Urteils im Hauptsacheverfahren. Ist das außergerichtliche Vorverfahren noch nicht abgeschlossen, ist die AdV im Allgemeinen nur bis zum Ergehen der Rechtsbehelfsentscheidung in der Hauptsache zu gewähren.

– **Der BFH** kann die AdV bei Aufhebung des FG-Urteils und Zurückverweisung der Hauptsache auch auf die Zeit nach der Zustellung des Revisionsurteils erstrecken (BFH I S 4/68, BStBl. II 1968, 540; III S 2/72, BStBl. II 1973, 456; VII S 29/96, BFH/NV 1997, 588: sechs Wochen nach Zustellung des Revisionsurteils). Das FG kann dann im Falle des § 69 III frei über die Aufhebung oder Änderung der AdV entscheiden, weil dem Beschluss des BFH keine materielle Rechtskraftwirkung zukommt (→ Rn. 278, 280).

Enthält die Entscheidung keine Angaben über die Dauer der **AdV** (unbefristete Gewährung), ist sie im Zweifel so auszulegen, dass die AdV **nur für den jeweiligen Verfahrensabschnitt** gilt (BFH V S 20/07, BFH/NV 2007, 2309; FG LSA 1 V 47/12, EFG 2012, 1022). – Zur Dauer der AdV bei Folgebescheiden s. BFH VII B 32/98, BFH/NV 1999, 7; FG Brem 1 K 180/05 6, EFG 2007, 647; FG Nürnberg 7 K 1346/08, EFG 2010, 1662.

232 **f) Einstweilige AdV?** Fraglich ist, ob die **AdV**/Aufhebung der Vollziehung für die Zeit von der Antragstellung **bis zur Entscheidung über den Antrag einstweilen** (ungeprüft) gewährt werden kann. Der BFH hat das mangels gesetzlicher Grundlage mE zu Recht abgelehnt (BFH VIII B 138/87, BFH/NV 1989, 510; II S 18/09, BeckRS 2009, 25015592; zur verfassungsrechtlichen Unbedenklichkeit dieser Rspr. s. BVerfG 2 BvR 1237/80, HFR 1981, 182). Dem verfassungsrechtlichen Gebot der Gewährung effektiven (vorläufigen) Rechtsschutzes ist dadurch Genüge getan, dass in dringenden Fällen der Vorsitzende die erforderlichen Maßnahmen ergreifen kann und muss (§§ 69 III 4, 114 II 3; → Rn. 213; FG Bln V 270/89, EFG 1990, 404; **aA** – vorläufiger Rechtsschutz gem. § 114 iVm § 258 AO: Bäcker DStZ 1990, 532; s. auch Bilsdorfer FR 2000, 708 (710); FG Saarl 1 V 389/99, EFG 2000, 449). – Zur einstweiligen AdV der angefochtenen Entscheidung gem. §§ 131 I 2, 133a VI → § 131 Rn. 3 ff.; BFH XI S 19/07, BFH/NV 2008, 90 (91). – Zur einstweiligen AdV durch den BFH im Beschwerdeverfahren s. BFH VII B 31/07, BFH/NV 2007, 971.

233 **g) Sicherheitsleistung.** Die durch § 69 II 3–5 eröffnete Möglichkeit, die AdV/Aufhebung der Vollziehung von einer Sicherheitsleistung abhängig zu machen, dient ausschließlich dem **Sicherungsbedürfnis des Steuergläubigers** (zB BFH VII R 34/05, BFH/NV 2006, 2024 (2027)). Zur **Antragsbefugnis,** wenn das FA AdV nur gegen Sicherheitsleistung gewährt hat → Rn. 13. Sicherheit (§ 155 iVm §§ 108 ff. ZPO) kann sowohl bei einer AdV/Aufhebung der Vollziehung wegen ernstlicher Zweifel als auch bei einer solchen wegen unbilliger Härte verlangt werden (BFH V B 32/67, BStBl. II 1968, 470; FG München 7 V 1/98, EFG 1998, 1491). Sie ist **nur dann geboten,** wenn nach summarischer Prüfung (FG Köln 15 V 754/18, EFG 2018, 1688) die Realisierung des (angeblichen) Steueranspruchs gerade durch die AdV/Aufhebung der Vollziehung gefährdet oder ernstlich erschwert wird (BFH VII B 130/07, BFH/NV 2008, 231). Das ist zB der Fall, wenn die Vollstreckung nach Gewährung der AdV möglicherweise im Ausland erfolgen müsste (BFH V R 102/67, BStBl. II 1971, 1; I B 40/94, BFH/NV 1995, 376 zur beschränkten Steuerpflicht der Antragstellerin; I B 113/98, BFH/NV 1999, 1314; I B 57/15, BFH/NV 2016, 212: auch wenn der ausländische Wohnsitz zuvor schon bestand; NdsFG 15 V 164/14, EFG 2014, 1838; FG Düsseldorf 3 V 3863/14 A(E, U), EFG 2015, 1218; großzügiger FG BW 2 V 3/95, EFG 1995, 941), nicht aber, wenn es sich um einen EU-Staat handelt, in dem die Vollstreckbarkeit der betreffenden Forderung aufgrund der

sog. EU-Beitreibungsrichtlinie ebenso wie im Inland gewährleistet ist (BFH VII S 28/01, BFH/NV 2003, 12 (14 f.)). Die Festsetzung einer Sicherheitsleistung ist ferner geboten, wenn die wirtschaftliche Lage des Stpfl. die **Steuerforderung** als **gefährdet** erscheinen lässt (BFH V B 26/86, BFH/NV 1989, 403; V B 75/05, BFH/NV 2006, 447; FG Saarl 1 V 1266/11, EFG 2011, 2147 zu drohender Insolvenz; V B 62/14, BFH/NV 2015, 342: auch bei ernstlichen Zweifeln an der Rechtmäßigkeit; FG Hmb 3 V 16/13, EFG 2013, 1513: Sicherheitsleistung geboten angesichts branchenüblich häufiger Marktbewegung, hoher Verlustvorträge, unzureichender oder fehlender Eigenkapitalausstattung und fehlender Sachwerte; HessFG 11 V 1077/21, EFG 2022, 777 zu nicht vorhandenem Vermögen zur Erbringung der Sicherheitsleistung).

Sind **keine konkreten Anhaltspunkte für eine Gefährdung oder Erschwerung der Vollstreckung** vorhanden, ist die Vollziehung des VA regelmäßig **ohne Sicherheitsleistung** auszusetzen/aufzuheben (BFH I B 208/04, BFH/NV 2005, 625; X S 19/12, BFH/NV 2012, 2008; III S 22/13, BFH/NV 2014, 856; FG Hmb 4 V 288/11, EFG 2012, 955; FG München 2 V 2192/12, EFG 2013, 178; FG Hmb 4 V 154/13, EFG 2014, 1172; mE zweifelhaft FG RhPf 6 V 2435/14, EFG 2015, 1735, wonach eine Sicherheitsleistung bei langer Verfahrensdauer und hohen Steuerforderungen auch ohne konkrete Gefährdung des Steueranspruchs gerechtfertigt sein kann). Es ist **Sache des FA,** die für die Gefährdung des Steueranspruchs sprechenden Gesichtspunkte vorzutragen und glaubhaft zu machen (BFH IX S 26/07, BFH/NV 2008, 1498 (1499); XI B 125/12, BStBl. II 2013, 983). **Dem Steuerpflichtigen obliegt es** ggf., die Umstände, die ein dargelegtes Sicherungsbedürfnis der Behörde entfallen oder als unangemessen erscheinen lassen, entgegenzuhalten und glaubhaft zu machen (BFH IX S 26/07, BFH/NV 2008, 1498; XI B 125/12, BStBl. II 2013, 983; HessFG 11 V 1077/21, EFG 2022, 777). 234

Die Entscheidung über die Sicherheitsleistung ist ein **nicht selbständig anfechtbarer Teil** (unselbständige Nebenbestimmung) der Entscheidung über die AdV (FG Düsseldorf 3 V 3863/14 A(E, U), EFG 2015, 1218: keine kostenrechtliche Relevanz). Sie wird im Rahmen einer **einheitlichen Ermessensentscheidung** getroffen („kann", NdsFG 15 V 164/14, EFG 2014, 1838; HessFG 11 V 1077/21, EFG 2022, 777), und zwar aufgrund des Sachverhalts, der sich bei der im AdV-Verfahren gebotenen summarischen Prüfung aus dem Vortrag der Beteiligten und der Aktenlage ergibt (BFH IX S 26/07, BFH/NV 2008, 1498 (1499) mwN; III S 22/13, BFH/NV 2014, 856). Die Ermessensentscheidung muss sich am Zweck der Sicherheitsleistung orientieren, Steuerausfälle bei einem für den Stpfl. ungünstigen Verfahrensausgang zu vermeiden (BFH V B 115/69, BStBl. II 1970, 127; I B 208/04, BStBl. II 2005, 351). Daher sind in diesem Zusammenhang auch die Erfolgsaussichten in Bezug auf die Anfechtung des von der Vollziehung auszusetzenden **Verwaltungsaktes** zu berücksichtigen. Ist dieser **mit Sicherheit oder großer Wahrscheinlichkeit rechtswidrig** und deshalb ein für den Stpfl. günstiger Prozessausgang zu erwarten ist, so **kommt** eine **Sicherheitsleistung regelmäßig nicht in Betracht** (BFH V B 75/05, BFH/NV 2006, 447 mwN; XI B 39/11, BFH/NV 2011, 2106; I B 57/15, BFH/NV 2016, 212; FG MV 2 V 90/12, EFG 2013, 1181; FG Münster 15 V 3684/13 U, EFG 2014, 324; HessFG 11 V 1077/21, EFG 2022, 777: abzustellen ist auf die Auswirkungen beim Folgebescheid, nicht beim Grundlagenbescheid). Gleiches gilt, wenn es sich um einen rechtlich schwierigen Fall handelt und die Sachverhaltsdarstellung in den Akten der Finbeh so verworren ist, dass die 235 rechtliche Subsumtion Schwierigkeiten bereitet (BFH VIII B 112/83, BStBl. II 1984, 443; V B 26/86, BFH/NV 1989, 403 mwN; HessFG 6 V 4121/03, EFG 2004, 1001; FG Düsseldorf 16 V 4828/06, EFG 2007, 1053).

236 Bei der Ermessensentscheidung sind weiter die **wirtschaftlichen Verhältnisse des Antragstellers** zu berücksichtigen. Würde die **Erbringung der Sicherheitsleistung** für ihn eine **unbillige Härte** bedeuten, etwa weil er im Rahmen zumutbarer Anstrengungen nicht in der Lage ist, Sicherheit zu leisten, so darf deshalb der Rechtsvorteil der Aussetzung/Aufhebung der Vollziehung bei ernstlichen Zweifeln an der Rechtmäßigkeit des Steuerbescheids auch bei fortlaufend veranlagten und festgesetzten Steuern wie Lohn- und Umsatzsteuer grds. nicht versagt werden; die AdV/Aufhebung der Vollziehung ist in diesem Fall **ohne Sicherheitsleistung** anzuordnen (BFH V B 26/86, BFH/NV 1989, 403; V B 18/94, BFH/NV 1995, 515; II B 122/09, BFH/NV 2010, 1144; XI B 125/12, BStBl. II 2013, 983; XI S 14/14, MwStR 2015, 465; V B 62/14, BFH/NV 2015, 342; HessFG 11 V 1077/21, EFG 2022, 777: Darlegungslast des Antragstellers; s. auch BVerfG 1 BvR 1305/09, HFR 2010, 70 unter IV.1.b; s. ferner FG München 6 V 3474/08, DStRE 2011, 521 (Ls.): AdV nur gegen Sicherheitsleistung, wenn der Stpfl. seine Vermögenslosigkeit nicht darlegt und glaubhaft macht; s. auch Drüen DStR 2014, 1803). Dabei ist aber mE zwingend eine **Interessenabwägung** durchzuführen (→ Rn. 186 ff.), bei der die Intensität der ernstlichen Zweifel an der Rechtmäßigkeit des angefochtenen VA oder der unbilligen Härte der Vollziehung zu berücksichtigen ist. Sind die ernstlichen Zweifel nur vage, wird auch bei schlechten wirtschaftlichen Verhältnissen des Stpfl. eine AdV/Aufhebung der Vollziehung ohne Sicherheitsleistung nicht in Betracht kommen. Dies beruht darauf, dass die Entscheidung über die Sicherheitsleistung vom **Grundsatz der Verhältnismäßigkeit** beherrscht wird (BVerfG 1 BvR 1305/09, BFH/NV 2009, 2124; Spilker DStR 2010, 731).

237 Die Anordnung einer **Sicherheitsleistung kommt nicht in Betracht** bei der AdV eines Grundlagenbescheides **(§ 69 II 6).** Über die Frage der Sicherheitsleistung ist erst **bei der AdV der Folgebescheide** zu befinden, weil die Entscheidung eine Auseinandersetzung mit den wirtschaftlichen Verhältnissen des Stpfl. und eine Abschätzung der Zugriffsmöglichkeiten und der Risiken im Falle einer zwangsweisen Durchsetzung des Anspruchs erfordert, die am besten durch die (ggf. abweichende) Behörde erfolgen kann, die den Folgebescheid erlässt und die Steuerschuld uU beizutreiben hat (BFH I B 27/73, BStBl. II 1973, 782; X B 22/22 (AdV), BFH/NV 2023, 1090: eigenständige Entscheidung zur Sicherheitsleistung bei AdV des Folgebescheids; HessFG 11 K 5134/88, EFG 1993, 128; FG Köln 15 V 754/18, EFG 2018, 1688). Allerdings kann eine Sicherheitsleistung **durch den Grundlagenbescheid ausgeschlossen** werden (§ 69 II 6; s. hierzu BFH VIII S 1/97, BFH/NV 1998, 186; VIII B 72/02, BFH/NV 2002, 1445; FG München 5 V 343/07, EFG 2007, 1398; FG Münster 3 V 936/10 F, EFG 2010, 1917; FG BBg 4 V 4019/23, EFG 2023, 849: Diesem Ausschluss durch das FG steht nicht entgegen, dass der Stpfl. den Ausschluss beim FA erst beantragt hat, nachdem dieses die AdV des Grundlagenbescheides bereits gewährt hatte und die Einspruchsfrist für den Aussetzungsbescheid abgelaufen ist).

238 Für die Anordnung der Sicherheitsleistung durch die Finbeh gelten die §§ 241 ff. AO, für das Gericht die in § 155 iVm §§ 108 ff. ZPO enthaltenen Regelungen (FG Hmb II 97/96, EFG 1997, 895: § 241 AO kann ergänzend herangezogen werden). Maßstab für die Bestimmung der **Höhe der Sicherheitsleistung** ist der Steuerbetrag, dessen Ausfall vermieden werden soll. Es ist aber auch zu prüfen, ob unter Beachtung des Grundsatzes der Verhältnismäßigkeit ggf. eine nur **teilweise Sicherheitsleistung** in Betracht kommt (BFH XI B 125/12, BStBl. II 2013, 983 gegen die generelle Aussage in BFH VII B 97/87, BFH/NV 1988, 374 (376), dass sich bei AdV eines dinglichen Arrestes die Höhe der Sicherheitsleistung stets nach dem Wert der durch den Arrest erfolgten Sicherung richtet). Nach HessFG (11 V 1077/21, EFG 2022, 777) darf die vom Gericht angeordnete Sicherheitsleistung nicht über diejenige hinausgehen, die das FA angeordnet hatte (reformatio in peius).

War AdV ohne Sicherheitsleistung beantragt, wird sie aber nur gegen **Sicherheitsleistung** gewährt, liegt – für die Kostenentscheidung – **kein Teilunterliegen** vor (BFH V B 26/86, BFH/NV 1989, 403; IX B 204/08, BFH/NV 2009, 1262; FG Saarl 1 V 1266/11, EFG 2011, 2147; NdsFG 15 V 164/14, EFG 2014, 1838; aA FG BW 2 V 13/01, EFG 2001, 1061). 239

h) Berechnung des auszusetzenden Betrags. Die **Berechnung** der auszusetzenden Beträge bzw. der Beträge, in deren Höhe die Vollziehung aufzuheben ist sowie ggf. auch die Berechnung des Betrages, in dessen Höhe Sicherheit zu leisten ist, kann das Gericht gem. § 69 III 1 iVm **§ 100 II 2** der **Finbeh übertragen** (→ § 100 Rn. 42 ff.). 245

2. Entscheidung bei Rücknahme des Antrags/Erledigung der Hauptsache

Der AdV-Antrag kann **zurückgenommen** werden. Geschieht das, ist das Verfahren analog § 72 II einzustellen (BFH V B 12/98, BFH/NV 1998, 1365 mwN; III S 12/15, BFH/NV 2015, 1421: Prüfung der Wirksamkeit der Rücknahme obliegt zuständigem Gericht). Eine **Kostenentscheidung** muss nur dann ergehen, wenn der Antrag durch einen vollmachtlosen Vertreter gestellt und zurückgenommen worden ist (→ § 62 Rn. 96). 250

Das gerichtliche Verfahren kann sich **in der Hauptsache erledigen,** wenn zB die Finbeh dem Antrag entspricht. Die Erledigung der Hauptsache tritt allerdings nicht ein, wenn die Bewilligung der AdV unter **Widerrufsvorbehalt** erfolgt und daraufhin die Erledigung der Hauptsache anzeigt, der Antragsteller sich dieser Erledigungserklärung aber nicht anschließt (stRspr, s. zB BFH X B 209/01, BFH/NV 2002, 1487 mwN; IV S 1/10, BFH/NV 2010, 1851). Schließt sich der Antragsgegner hingegen der Erledigungserklärung an, so ist darin eine entspr. Einschränkung seines Antragsbegehrens zu sehen, die zur Erledigung des Verfahrens in der Hauptsache führt. Vorstehendes gilt mE entspr. für den Fall der Gewährung der AdV gegen **Sicherheitsleistung** (→ Rn. 233 ff.). – In einem **unzulässigen Antragsverfahren** kann die Hauptsache **nicht einseitig** für erledigt erklärt werden; bei übereinstimmenden Erklärungen der Beteiligten tritt die Hauptsacheerledigung aber gleichwohl ein (BFH III S 6/99, BFH/NV 2000, 1129; IV B 109/12, BFH/NV 2013, 1931). – Die **Kostenentscheidung** ist bei Hauptsacheerledigung nach § 138 I unter Berücksichtigung des Veranlassungsprinzips nach billigem Ermessen zu treffen. § 138 II ist nicht einschlägig, weil ein VA, der zurückgenommen oder geändert werden könnte, nicht vorhanden ist (→ § 138 Rn. 51). Im Übrigen gelten zum Beschluss nach § 138 die allgemeinen Grundsätze (→ § 138 Rn. 3 ff.). – Ein Antrag nach **§ 100 I 4** auf Übergang zur Fortsetzungsfeststellungsklage ist im Falle der Hauptsacheerledigung eines Verfahrens gem. § 69 III nicht statthaft (→ Rn. 140). 251

VIII. Wirkung der Aussetzung und Aufhebung der Vollziehung

1. Generelle Wirkung

255 Durch die Anordnung der AdV wird die **aufschiebende Wirkung** des Rechtsbehelfs (der Suspensiveffekt) mit Ergehen des Beschlusses, also **ex nunc,** herbeigeführt, dh die Verwirklichung seines Regelungsinhalts unterbunden. Ist AdV gegen **Sicherheitsleistung** gewährt worden, tritt die aufschiebende Wirkung grds. erst mit Beibringung der Sicherheitsleistung (Eintritt der Bedingung, s. BFH VII B 178/14, BFH/NV 2015, 1667) ein (BFH VII R 48/87, BFH/NV 1991, 3 mwN; V R 29/01, BFH/NV 2003, 143; FG Münster 11 K 1562/09 AO, EFG 2011, 1641; zur Ausnahme für den Fall der Bewilligung eines Steuerlagers gegen Sicherheitsleistung s. BFH VII B 3/81, BStBl. II 1982, 34). – **Aufhebung der Vollziehung** bedeutet, dass die Verwirklichung des Regelungsinhalts des VA durch gerichtliche (behördliche) Anordnung rückwirkend, also **ex tunc,** rückgängig gemacht wird (BFH VII B 69/85, BStBl. II 1986, 236 (238); ThürFG 3 V 930/09, EFG 2011, 206; → Rn. 175 ff.). – Die Wirkungen von AdV und Aufhebung der Vollziehung bleiben **für die Dauer der Anordnung** bestehen, **längstens** jedoch bis zum Abschluss des Hauptsacheverfahrens (BFH VI B 44/84, BStBl. II 1986, 475; III B 15/99, BFH/NV 2000, 827). AdV und Aufhebung der Vollziehung lassen die **Wirksamkeit des angefochtenen Verwaltungsaktes** selbst **unberührt** (BFH IV B 32/79, BStBl. II 1980, 427). Demgemäß wird auch die **Fälligkeit** der durch den VA festgesetzten Forderung nicht beeinträchtigt (BFH VII R 19/02, BFH/NV 2004, 1123). Trotz AdV kann deshalb das Anfechtungsrecht nach **§ 2 AnfG** ausgeübt werden (BFH VII R 62/86, BFH/NV 1988, 752). – Zur **Aufrechnung** durch die Finbeh mit einer durch AdV in der Vollziehung gehemmten Forderung → Rn. 55. – Zur Aufhebung der Vollziehung von Vollstreckungsmaßnahmen → Rn. 116. – Zur **Unterbrechung der Zahlungsverjährung** s. BFH V R 44/98, BStBl. II 1999, 749; I B 34/02, BeckRS 2004, 30339515. – Zur Beseitigung von **Säumniszuschlägen** durch AdV/Aufhebung der Vollziehung → Rn. 105, 175.

256 Ist die **Vollziehung eines Grundlagenbescheides ausgesetzt,** ist **auch die** Vollziehung **des Folgebescheides** auszusetzen (§ 69 II 4, III 1). Hierzu → Rn. 74. – Zur AdV des GewSt-Messbescheides als Folgebescheid eines ESt-, KSt- oder Gewinnfeststellungsbescheides → Rn. 79.

2. Keine vorläufige Erstattung von Vorauszahlungen, Steuerabzugsbeträgen und Körperschaftsteuer – § 69 III 4 iVm § 69 II 8

257 Die AdV/Aufhebung der Vollziehung ist nach **§ 69 III 4 iVm § 69 II 8** grds. (zu den Ausnahmen → Rn. 259 f.) **auf die Differenz zwischen der festgesetzten (Jahres-)Steuer und den** anzurechnenden Abzugsbeträgen (insbes. LSt), der anzurechnenden KSt und den **festgesetzten Vorauszahlungen beschränkt** (ebenso § 361 II 4 AO). Damit können AdV und Aufhebung der Vollziehung nicht zur vorläufigen Erstattung der festgesetzten Vorauszahlungen, einbehaltenen Steuerabzugsbeträgen und anrechenbaren KSt führen (zur Verfassungsmäßigkeit s. BFH I B 49/99, BStBl. II 2000, 57; X B 99/99, BFH/NV 2000, 1559; V B

100/01, BFH/NV 2002, 519 (520); V R 42/08, BStBl. II 2010, 955; II B 91/15, BStBl. II 2016, 846; BVerfG 1 BvR 66/02, nv: Verfassungsbeschwerde nicht zur Entscheidung angenommen). Der Differenzbetrag bemisst sich bei den Vorauszahlungen (ESt, USt) nach der **Soll-Differenz.** Unerheblich ist deshalb, ob und in welcher Höhe Zahlungen auf die festgesetzten Vorauszahlungen geleistet worden sind (BFH I B 49/99, BStBl. II 2000, 57; V B 100/01, BFH/NV 2002, 519 (520)). Unerheblich ist auch, ob das FA die Vollziehung der Vorauszahlungen ausgesetzt hatte (BFH X B 99/99, BFH/NV 2000, 1559). – Wegen der Berechnung und verschiedener Beispiele wird auf AEAO 2014 zu § 361 AO Nr. 4 ff. verwiesen.

Da nach dem Zweck der gesetzlichen Regelung lediglich eine vorläufige Erstattung von Vorauszahlungen, einbehaltenen Steuerabzugsbeträgen und anrechenbarer KSt ausgeschlossen werden soll, ist die **AdV/Aufhebung der Vollziehung eines Änderungsbescheides** jedenfalls dann **nicht beschränkt, wenn die angerechneten Steuerabzugsbeträge** und die angerechnete KSt **unverändert bleiben** und deshalb in Höhe der Differenz zwischen der geänderten und der vorhergehenden Steuerfestsetzung ein Nachforderungsanspruch des FA besteht oder – vor Zahlung auf den Nachforderungsanspruch bzw. Aufrechnung mit anderen Steuerguthaben – bestand (BFH I B 95/98, BFH/NV 1999, 1207; IV B 20/07, BFH/NV 2007, 2369). Die Beschränkung des § 69 III 4 iVm 69 II 8 (und des § 361 II 4 AO) greift außerdem bei einem auf § 164 II AO gestützten USt-Änderungsbescheid nicht ein, wenn in den Vorauszahlungsbescheiden keine positive USt festgesetzt worden war (→ Rn. 109). – Zu Änderungsbescheiden iÜ s. Birkenfeld DStZ 1999, 349 (352). 258

Die Einschränkung des **§ 69 III 4 iVm 69 II 8 gilt ausnahmsweise nicht,** wenn die AdV/Aufhebung der Vollziehung zur Abwendung wesentlicher Nachteile nötig erscheint. Der Begriff **„wesentliche Nachteile“** ist grds. iSd Rspr. zu § 114 zu verstehen (BFH IX B 177/02, BStBl. II 2004, 367; VI B 115/09, BFH/NV 2010, 935; III B 183/11, BFH/NV 2012, 1173; II B 91/15, BStBl. II 2016, 846; Gosch/Gosch § 69 Rn. 198.7; aA NdsFG V 575–98 V, EFG 1999, 1243: verfassungskonforme Auslegung – wesentlicher Nachteil auch bei ernstlichen Zweifeln an der Rechtmäßigkeit des angefochtenen VA; großzügiger auch FG Bln 5 B 5437/98, EFG 1999, 1195; Tipke/Kruse/Seer § 69 Rn. 188). Die vorläufige (einstweilige) Erstattung der nach der gesetzlichen Regelung an sich anzurechnenden Beträge kommt danach im Allgemeinen nur in Betracht, wenn die wirtschaftliche oder persönliche Existenz des Antragstellers bedroht ist, nicht jedoch, wenn es sich lediglich um Nachteile handelt, die typischerweise mit der Pflicht zur Steuerzahlung und ggf. auch der Vollstreckung verbunden sind (BFH I B 49/99, BStBl. II 2000, 57 (60); V B 100/01, BFH/NV 2002, 519; IX B 177/02, BStBl. II 2004, 367; III B 210/10, BFH/NV 2011, 1692; I B 111/11, BStBl. II 2012, 611; II B 91/15, BStBl. II 2016, 846; FG Münster 9 V 2400/12 K, EFG 2013, 1147; → § 114 Rn. 57). 259

Die Anwendung der strengen Voraussetzungen des § 114 führt iErg dazu, dass die Ausnahmeregelung **keine nennenswerte praktische Bedeutung** hat. Das widerspricht dem Gebot der Gewährung effektiven vorläufigen Rechtsschutzes (→ Rn. 2). Deshalb lässt es die Rspr. **ausnahmsweise** zu, wegen wesentlicher Nachteile zugunsten des Bürgers **von den allgemeinen Grundsätzen abzuweichen,** wenn ein **unabweisbares Interesse** dies gebietet, um eine erhebliche, über Randbereiche hinausgehende Verletzung von Grundrechten zu vermeiden, die durch eine Entscheidung in der Hauptsache nicht 260 mehr beseitigt werden kann. Das hat der BFH zB angenommen, wenn das zuständige Gericht von der **Verfassungswidrigkeit einer streitentscheidenden Vorschrift** überzeugt ist und diese deshalb gem. Art. 100 I GG dem BVerfG zur Prüfung vorgelegt hat; ein wesentlicher Nachteil iSv § 69 II 8 Hs. 2 ist in diesem Fall zu bejahen (BFH IX B 177/02, BStBl. II 2004, 367; II B 46/13, BStBl. II 2014, 263; FG Münster 9 V 2400/12 K, EFG 2013, 1147). Gleiches gilt, wenn zwar nicht die Existenz des Antragstellers von der Gewährung einstweiligen Rechtsschutzes abhängt, aber die **Rechtslage klar und eindeutig** für die begehrte Regelung spricht und eine abweichende Beurteilung in einem etwa durchzuführenden Hauptverfahren zweifelsfrei auszuschließen ist (BFH I B 147/02, BStBl. II 2003, 716; IX B 177/02, BStBl. II 2004, 367; VII B 121/06, BStBl. II 2009, 839). Diese Rspr. ist zu begrüßen. Sie korrigiert die bisher einseitige Belastung des Stpfl. mit den Folgen einer unter Verfassungsaspekten riskanten Steuergesetzgebung. Das BMF hat sich der Rspr. des BFH hinsichtlich der Frage angeschlossen, ob die Vollziehung der wegen Kürzung der sog. Pendlerpauschale aufgrund des JStG 2007 angefochtenen ESt-Bescheide entgegen § 361 IV AO und § 69 II 4 iVm § 69 II 8 ausnahmsweise im vollen Umfang erfolgen kann (BMF-Schreiben v. 4.10.2007, BStBl. I 722).

3. Aussetzungszinsen

261 Hat der Rechtsbehelf im Hauptsacheverfahren endgültig keinen Erfolg, sind – auch bei AdV/Aufhebung der Vollziehung nach § 69 – **Aussetzungszinsen** nach Maßgabe der §§ 237, 238 AO zu zahlen (s. dazu iE Klein/Rüsken AO § 237 Rn. 5 ff.).

IX. Rechtsbehelfe

265 Gegen die **Versagung** der AdV **durch die Behörde** (§ 361 AO, § 69 II) ist der Einspruch (§ 347 AO) gegeben. Die Möglichkeit, das Aussetzungsbegehren bei Erfolglosigkeit des Einspruchs durch **Klage** weiterzuverfolgen, **ist ausgeschlossen** (§ 69 VII; → Rn. 10).

266 **Gegen den Gerichtsbeschluss** (des Vorsitzenden, des Einzelrichters und des Senats) ist die **Beschwerde** an den BFH nur gegeben, **wenn** sie im Entscheidungssatz (Tenor) oder in den Entscheidungsgründen **ausdrücklich zugelassen** worden ist (§ 128 III; zB BFH IX B 156/08, BFH/NV 2009, 183; X S 1/11 (PKH), BFH/NV 2011, 827; V B 68/13, BFH/NV 2014, 173; XI B 140/13, BFH/NV 2014, 879; VII B 53/13, BFH/NV 2014, 1084; IX B 26/16, BFH/NV 2016, 775: auch bei Verfahrensfehler; IV B 57/17, BFH/NV 2018, 48: gilt auch für Beschluss nach § 150 S. 3; s. auch BFH X B 138/16, BFH/NV 2017, 579: keine Beschränkung der Zulassung auf einen Teil eines einheitlichen Streitgegenstands; zur Verfassungsmäßigkeit dieser Regelung s. BVerfG 1 BvR 245/85, HFR 1986, 597; BFH X B 157/05, BFH/NV 2006, 784 mwN; VI B 154/06, BFH/NV 2007, 970). Die Beschwerdezulassung kann sich ausnahmsweise auch aus der Rechtsmittelbelehrung ergeben, wenn sie eine unmissverständliche Entscheidung über die Zulassung enthält (BFH III B 170/01, BFH/NV 2002, 673; IV B 204/01, BFH/NV 2003, 69; s. aber zur unrichtigen Rechtsmittelbelehrung zB BFH VII B 183/05, BFH/NV 2006, 102; → § 55 Rn. 23 ff.). Sind im Hauptsacheverfahren mehrere VA angefochten, so kann die Zulassung der Beschwerde auf einzelne von ihnen beschränkt

werden (BFH II B 93/00, BFH/NV 2002, 554 (555); II B 76/01, BFH/NV 2002, 938). Dies alles gilt ebenso für AdV-Entscheidungen des FG nach Maßgabe des **Art. 45 UZK** (zu Art. 244 ZK: BFH VII B 267/96, BFH/NV 1997, 723). – Die **Zulassung** kann **nachträglich** erfolgen (BFH VI B 154/06, BFH/NV 2007, 970 (971); IX B 6/16, BFH/NV 2016, 585; FG Münster 12 V 3395/20 AO, EFG 2021, 526). Die Beschwerde wird aber nicht dadurch statthaft, dass das FG einen nachfolgenden Änderungsbeschluss erlässt, der sich ausschließlich auf die Kostenentscheidung bezieht, selbst wenn das FG diesen für beschwerdefähig hält (BFH XI B 37/94, BFH/NV 1995, 144). Der grds. Ausschluss der Beschwerde gilt auch für einen **Beschluss nach § 69 VI** (BFH VIII B 124/06, BFH/NV 2006, 2295 mwN) sowie für einen **Berichtigungsbeschluss nach § 107** (BFH V B 163/06, BFH/NV 2007, 756). – Legt der Antragsteller trotz fehlender Zulassung Beschwerde beim BFH ein, so ist wegen deren Unzulässigkeit ein Beschluss des FG über die Abhilfe der Beschwerde entbehrlich; der BFH kann diese unmittelbar zurückweisen (BFH XI B 140/13, BFH/NV 2014, 879 mwN).

Eine **Nichtzulassungsbeschwerde** (§ 116) ist **nicht statthaft;** sie ist im 267
Gesetz nicht vorgesehen (stRspr, BFH VIII B 132/05, BFH/NV 2007, 1681; X S 1/11 (PKH), BFH/NV 2011, 827; XI B 140/13, BFH/NV 2014, 879; IX B 26/16, BFH/NV 2016, 775). Das gilt auch für den Fall, dass die Verletzung des rechtlichen Gehörs gerügt wird (BFH I B 234/93, BFH/NV 1995, 47).

Die **Möglichkeit,** bei schwerwiegender Verletzung von Verfahrensvorschriften 268
eine **außerordentliche (Nichtzulassungs-)Beschwerde** einzulegen, besteht seit Inkrafttreten des § 133a nicht mehr; eine solche Beschwerde ist unstatthaft (zB BFH V B 33/07, BFH/NV 2007, 1171; VIII B 17/07, BFH/NV 2007, 1516; VIII B 132/05, BFH/NV 2007, 1681). Unzulässig ist auch eine nach Verwerfung der Beschwerde als unstatthaft erhobene **„weitere" Beschwerde** (BFH V S 24/04, BFH/NV 2007, 2303). Als Rechtsbehelfe gegen die Ablehnung der AdV kommen im Fall der Nichtzulassung der Beschwerde durch das FG oder im Fall der Ablehnung des AdV-Antrags durch den BFH (BFH VIII S 9/24, BFH/NV 2025, 180) nur noch die **Anhörungsrüge** (§ 133a) oder die **Gegenvorstellung** in Betracht (zB BFH I B 176/05, BFH/NV 2006, 1318; I B 158/06, BFH/NV 2007, 952). – Zur Anwendbarkeit des § 133a in Verfahren des vorläufigen Rechtsschutzes → § 133a Rn. 8 mwN. – Zur **Unstatthaftigkeit** eines **Wiederaufnahmeantrags** → Rn. 280.

Die **Beschwerde** ist wegen grds. Bedeutung, zur Fortbildung des Rechts, 269
zur Sicherung der Einheitlichkeit der Rspr. oder wegen eines Verfahrensmangels zuzulassen (§ 128 III 2 iVm § 115 II Nr. 1–3). Die **Zulassung** nach § 115 II Nr. 1, 2 hat nicht nur zu erfolgen, wenn sich die maßgeblichen Rechtsfragen auf die Auslegung des § 69 selbst beziehen, sondern auch dann, wenn sie das materielle Recht betreffen, aus dem ernstliche Zweifel an der Rechtmäßigkeit des angefochtenen VA hergeleitet werden (BFH GrS 4/77, BStBl. II 1978, 229; VII B 56/91, BFH/NV 1993, 137; IV B 125/08, BFH/NV 2009, 760; FG BBg 6 V 6161/08, EFG 2009, 171; FG Hmb 4 V 154/13, EFG 2014, 1172).

Der BFH ist an die Zulassung **gebunden** (→ § 115 Rn. 311). – Zur **Zurück-** 270
verweisung an das FG s. BFH VIII B 176/07, BFH/NV 2008, 1979 (1983); IV B 126/07, BFH/NV 2009, 76 (78); X B 197/08, BFH/NV 2009, 961; V B 82/11, BStBl. II 2012, 809; XI B 33/12, BFH/NV 2013, 783; I B 57/18, IStR 2020, 769, Rn. 26.

X. Änderung eines Beschlusses/Wiederholung eines Antrags (§ 69 VI)

1. Änderung eines Beschlusses

275 Die **Behörde** kann die AdV nur unter den Voraussetzungen der §§ 130, 131 AO (ganz oder teilweise) beseitigen. Das **Gericht der Hauptsache** (→ Rn. 211, 278) kann seinen in derselben Angelegenheit ergangenen Beschluss über die AdV, die Aufhebung der Vollziehung und die Anordnung einer Sicherheitsleistung (→ Rn. 233 ff.) gem. **§ 69 VI 1** jederzeit (auch schon vor Klageerhebung) **von Amts wegen** ändern oder aufheben (zur Änderung wegen Verfahrensfehlern: FG Nürnberg 2 V 888/18, EFG 2018, 1726). Änderung und Aufhebung sind nach Eintritt der Bestandskraft des im Hauptsacheverfahren angefochtenen Verwaltungsaktes ausgeschlossen (→ Rn. 32, 139). Die **Änderung eines** die AdV **ablehnenden BFH-Beschlusses** ist, weil der BFH nicht mehr Gericht der Hauptsache ist (→ Rn. 211), **ausgeschlossen,** wenn gegen den Beschluss Verfassungsbeschwerde erhoben worden ist; **vorläufiger Rechtsschutz** kann dann nur **durch das BVerfG** gewährt werden (BFH VIII S 14/09, BFH/NV 2009, 1822).

276 **Die Beteiligten** können nach **§ 69 VI 2** die **Änderung oder Aufhebung des Beschlusses** jederzeit wegen veränderter oder im ursprünglichen Verfahren ohne Verschulden nicht geltend gemachter Umstände beantragen. Durch die Begrenzung der Antragsmöglichkeit soll verhindert werden, dass sich das Gericht wiederholt mit demselben Antragsbegehren befassen muss (BFH VI S 7/08, BFH/NV 2008, 1352). Aus diesem Grunde müssen die veränderten oder nicht berücksichtigten Umstände erheblich sein (BFH X S 9/15, BFH/NV 2015, 1099). **Veränderte Umstände** iSv § 69 II 2 können Tatsachen und Beweismittel sein, die zum Zeitpunkt der Entscheidung über den Antrag noch nicht vorgelegen haben. Ferner kann es sich handeln um nachträglich eingetretene oder bekannt gewordene Gegebenheiten, die den entscheidungserheblichen Sachverhalt in einem „neuen Licht" erscheinen lassen, oder Änderungen des Gesetzes oder der höchstrichterlichen Rspr., die zu einer anderen Beurteilung der maßgeblichen Rechtslage führen können (BFH III S 12/05, BFH/NV 2005, 1834; zu Letzterem auch BFH XI S 1/07, BFH/NV 2007, 1116; X S 9/15, BFH/NV 2015, 1099; FG Münster 12 V 901/20 AO, DStRE 2022, 1198; FG Köln 7 V 1177/23, EFG 2024, 837; diese Voraussetzungen bejahend auch BFH X B 158/01, BFH/NV 2002, 930 betr. Ablehnung des AdV-Antrags durch das FG vor Ablauf der zugesagten Verlängerung einer Ausschlussfrist; ferner bejahend betr. nachträgliche Erfüllung der **Zugangsvoraussetzungen nach § 69 IV** BFH I B 39/96, BFH/NV 1997, 247; aA FG Hmb I 250/05, EFG 2006, 513 mit Anm. Kühnen; s. auch Kamps DStR 2007, 1154). Demgegenüber rechtfertigen bisher nicht berücksichtigte rechtliche Gesichtspunkte und neue rechtliche Überlegungen des Antragstellers oder die bloße Wiederholung der bisherigen Argumentation keinesfalls die Änderung oder Aufhebung des Beschlusses (BFH VI S 7/08, BFH/NV 2008, 1352; FG Düsseldorf 13 V 570–00 A (F), EFG 2000, 696 betr. nachträgliche Klageerweiterung; FG Nürnberg 2 V 888/18, EFG 2018, 1726). Der Antragsteller muss die **veränderten Umstände darlegen.** Kommt er dem nicht nach, ist der Antrag unzulässig (BFH II B 75/09, BFH/NV 2010, 692). Dasselbe gilt, wenn der Antrag erst **nach Ablauf des AdV-Zeitraums** gestellt wird (BFH IX B 88/04, BStBl. II 2005, 297).

Wird der VA, über dessen AdV/Aufhebung der Vollziehung durch rechtskräftigen Beschluss entschieden worden ist, durch einen **Änderungsbescheid** ersetzt, kann der AdV-Beschluss nach Maßgabe der Ausführungen zu → Rn. 217 durch das Gericht analog zu § 68 nach § 69 VI 1 geändert werden (s. aber FG Köln 7 V 1177/23, EFG 2024, 837: aufgrund des Änderungsbescheides müssen sich neue Rechtsfragen stellen, über die im vorangegangenen AdV-Verfahren gegen die ursprünglichen Bescheide sachlich noch nicht entschieden worden ist). Das Beschlussverfahren kann, weil die Änderung „jederzeit" möglich ist, trotz formeller Bestandskraft des Beschlusses noch nicht als abgeschlossen angesehen werden (**aA** FG BW 6 V 26/97, EFG 1998, 126: Begrenzung durch § 69 VI 2). 277

Die Änderungsbefugnis nach § 69 VI steht dem **Gericht der Hauptsache** zu. Das ist im Allgemeinen das FG, das den Beschluss erlassen hat (BFH I B 30/97, BFH/NV 1998, 712). Das gilt auch dann, wenn der BFH eine gegen den Beschluss eingelegte **Beschwerde** zurückgewiesen hat (BFH I S 5/93, BStBl. II 1993, 515). Trifft der BFH hingegen eine eigenständige – ggf. vom FG abweichende – Entscheidung, so ist er für die Änderung des Beschlusses zuständig (BFH I B 27/10, BStBl. II 2010, 935 mwN). Hat der BFH die Aussetzung bei Zurückverweisung in der Hauptsache bis zur Rechtskraft verfügt (→ Rn. 231), steht während des nun eröffneten erstinstanzlichen Verfahrens die Änderungsbefugnis gleichfalls dem FG zu, und zwar ohne Bindung an die Rechtsauffassung des BFH, weil es im AdV-Verfahren **keine materielle Rechtskraft** gibt (BFH VIII S 9/75, BStBl. II 1976, 21). **Ausnahmsweise** ist der **BFH** als Gericht der Hauptsache für die Entscheidung über den Antrag nach § 69 VI 2 zuständig, wenn das Hauptsacheverfahren inzwischen dort anhängig ist; auch in diesem Fall ist der Antrag nur zulässig, wenn die Voraussetzungen des § 69 VI 2 erfüllt sind (BFH IX S 30/07, BFH/NV 2008, 1499). – Zum **Verlust der Eigenschaft** des BFH **als Gericht der Hauptsache** im Hinblick auf eine Verfassungsbeschwerde → Rn. 211. – Hat der **Einzelrichter** den ihm übertragenen Antrag abgelehnt, ist für die Entscheidung über einen erneuten AdV-Antrag gleichwohl der Senat zuständig (BFH VIII B 216/03, BFH/NV 2005, 1328). 278

Die **Entscheidung über** den **Änderungsantrag** kann nach den allgemein geltenden Grundsätzen (→ Rn. 230) **mit Rückwirkung** erfolgen. Der **Leitsatz** des BFH-Beschlusses IX B 88/04 (BStBl. II 2005, 297), wonach der Änderungs- oder Aufhebungsbeschluss grds. nur für die Zukunft wirkt und für die Vergangenheit die Wirkungen des ursprünglichen Beschlusses bestehen bleiben, **ist missverständlich.** Die Aussage bezieht sich ausschließlich auf die Zulässigkeit des im Streitfall gestellten Änderungsantrags. – Eine **Kostenentscheidung** ist nicht zu treffen, weil die Entscheidung über den Antrag nach § 69 VI 2 ein unselbständiger Bestandteil des Verfahrens nach § 69 III ist und das GKG keinen besonderen Gebührentatbestand für diesen Antrag enthält (BFH X S 9/15, BFH/NV 2015, 1099). 279

Für **Rechtsbehelfe** gegen den Aufhebungs- oder Änderungsbeschluss gilt das oben (→ Rn. 265 ff.) Gesagte entsprechend (BFH VII B 154/98, BFH/NV 1999, 340; III B 49/13, BFH/NV 2013, 1797). Ein Antrag auf **Wiederaufnahme** des Beschlussverfahrens ist mangels materieller Rechtskraftwirkung (→ Rn. 231, 278) **nicht statthaft** (BFH II B 50/05, BFH/NV 2005, 2032). 280

Wird nicht versucht, eine Änderung zu erreichen, ist eine **Verfassungsbeschwerde** unzulässig, weil der Rechtsweg nicht erschöpft ist (BVerfG 2 BvR 214/76, BStBl. II 1979, 93). Reagiert das FG allerdings nicht auf Anregungen, die Entscheidung zu ändern, ist die Verfassungsbeschwerde zulässig (BVerfG 2 BvR 214/76, BStBl. II 1979, 93).

2. Wiederholung eines Antrags

281 Hat das Gericht AdV/Aufhebung der Vollziehung unanfechtbar abgelehnt, ist in derselben Angelegenheit ein **neuer (wiederholter) Antrag nur unter den Voraussetzungen des § 69 VI 2 zulässig** (BFH II B 75/09, BFH/NV 2010, 698 mwN; NdsFG 2 V 2/11, EFG 2011, 1358; FG Köln 13 V 2252/12, EFG 2013, 232). Das gilt auch für die Revisionsinstanz, wenn das FG einen bei ihm gestellten AdV-Antrag abgelehnt hatte (BFH V B 68/13, BFH/NV 2014, 173; X S 9/15, BFH/NV 2015, 1099). Etwas anderes gilt nur dann, wenn sich der vom FG abgelehnte Antrag zeitlich nur auf den Verfahrensabschnitt des Klageverfahrens vor dem FG bezog und nicht auch auf das Verfahren vor dem BFH (BFH VIII S 37/18, BFH/NV 2020, 196; Rn. 33).

XI. § 69 V – Ausnahmsweise Hemmung der Vollziehung

1. Hemmende Wirkung

285 Nach § 69 V hat die Klage gegen die Untersagung des Gewerbebetriebs oder der Berufsausübung aufschiebende Wirkung (zur entspr. Regelung für außergerichtliche Rechtsbehelfe s. § 361 IV AO). Dies ist eine **Ausnahme von** dem Grundsatz des **§ 69 I 1,** wonach die Vollziehung eines angefochtenen VA durch die Erhebung der Klage grds. nicht gehemmt und insbes. die Erhebung einer Abgabe nicht aufgehalten wird (→ Rn. 25).

286 Da die Untersagung des Gewerbebetriebs seit der Aufhebung des § 198 RAO (BGBl. 1965 I 1477) nicht mehr in den Zuständigkeitsbereich der Finbeh fällt, hat die Vorschrift vor allem für solche Maßnahmen praktische Bedeutung, durch die die **Berufsausübung nach dem StBerG untersagt** wird. Das betrifft zB die Untersagung der unbefugten Hilfeleistung in Steuersachen (§ 7 StBerG – FG Hmb VII 3/00, EFG 2000, 706), den Widerruf der Anerkennung als LSt-Hilfeverein (§ 20 II StBerG – FG München IV 84/80, EFG 1981, 406; HessFG B III 24/79, DB 1979, 197), den Widerruf der Bestellung als Steuerberater (§ 46 II StBerG – BFH VII B 287/01, BFH/NV 2002, 955, Verfassungsbeschwerde nicht angenommen, s. BVerfG 1 BvR 946/02, StE 2002, 378; BFH VII S 18/08, BFH/NV 2009, 222) und den Widerruf der Anerkennung als Steuerberatungsgesellschaft (§ 55 StBerG). Außerdem ist § 69 V anzuwenden bei der Untersagung der Tätigkeit als Fiskalvertreter (§ 22e UStG – s. Bunjes/Korn UStG § 22e Rn. 3–5) und der Untersagung der Branntweinherstellung (§ 51a BranntwMonG). Bei **Untersagung der Tätigkeit in einer Freizone oder einem Freilager** durch die Zollbehörden nach Art. 244 IV UZK ist vorläufiger Rechtsschutz jedoch durch AdV (§ 69 III) zu gewähren, weil die Untersagungsverfügung gem. Art. 22 IV UZK sofort vollziehbar ist.

287 Die hemmende Wirkung wird auch durch Erhebung einer **unzulässigen Klage** (eines unzulässigen Rechtsbehelfs) herbeigeführt (BVerwG VIII C 398/59, BVerwGE 13, 1 (8); HHS/Birkenfeld § 69 Rn. 1152; Tipke/Kruse/Seer § 69 Rn. 191; diff. Kopp/Schenke/Schenke VwGO § 80 Rn. 50: keine aufschiebende Wirkung bei offensichtlicher Unzulässigkeit).

2. Anordnung der sofortigen Vollziehung

Die Finbeh kann nach § 69 V 2 Hs. 1 die hemmende Wirkung des Rechtsbehelfs (der Klage) durch **Anordnung der sofortigen Vollziehung** wieder beseitigen, wenn sie das im öffentlichen Interesse für geboten hält. Das öffentliche Interesse ist gem. § 69 V 2 Hs. 2 schriftlich zu begründen. Die Frage, ob ernstliche Zweifel an der Rechtmäßigkeit des angefochtenen VA bestehen, ist dabei nicht entscheidend. Die Bejahung des öffentlichen Interesses erfordert vielmehr eine **Abwägung aller** im konkreten Fall bedeutsamen **Umstände** (BVerwG IV C 21.74, NJW 1974, 1294; Kopp/Schenke/Schenke VWGO § 80 Rn. 84 ff., 90 ff. mwN; s. ferner NdsFG 6 V 519/06, EFG 2007, 1279 zum monatelangen Nichtbestehen einer Berufshaftpflichtversicherung). – Wegen der Einzelheiten wird auf die Kommentierungen zu § 80 II Nr. 4, III VwGO und wegen der Einschränkung der Möglichkeit, Rechtsbehelfe einzulegen, auf → Rn. 265 ff. verwiesen. 288

3. Wiederherstellung der hemmenden Wirkung

Auf Antrag kann das Gericht der Hauptsache (§ 69 V 3 – → Rn. 211) oder – in dringenden Fällen (→ Rn. 154) – der Vorsitzende (§ 69 V 4, → Rn. 213) die **hemmende Wirkung wiederherstellen,** wenn ernstliche Zweifel an der Rechtmäßigkeit (→ Rn. 160 ff.) bestehen (§ 69 V 3). Voraussetzung hierfür ist, dass die Behörde zuvor die hemmende Wirkung der Klage durch besondere Anordnung beseitigt hat (BFH VII B 287/01, BFH/NV 2002, 955; VII S 18/08, BFH/NV 2009, 222). Da die Anordnung der sofortigen Vollziehung praktisch den „Normalzustand" nach § 69 I 1 herbeiführt, muss der **Antrag schon vor Klageerhebung** gestellt werden können (iE glA FG München IV 84/80, EFG 1981, 406). Andererseits kommt die Wiederherstellung der aufschiebenden Wirkung nicht mehr in Betracht, wenn der **Verwaltungsakt,** dessen aufschiebende Wirkung wieder hergestellt werden soll, **unanfechtbar** geworden ist (BFH VII S 10/94, BFH/NV 1995, 230; III S 1/12, BFH/NV 2012, 1475). – Wegen der Rechtsbehelfe wird auf → Rn. 265 ff. verwiesen. 289

4. Änderung und Aufhebung von Beschlüssen nach § 69 V

Für die **Änderung und Aufhebung von Beschlüssen** über die Wiederherstellung der hemmenden Wirkung (§ 69 V) gelten die Ausführungen zu → Rn. 265 ff. entspr. 290

5. Korrektur durch die Finanzbehörde

Die **Finanzbehörde** kann die Anordnung der sofortigen Vollziehung nach Maßgabe des § 131 AO **korrigieren,** solange das Gericht noch nicht entschieden hat. Liegt schon eine gerichtliche Entscheidung vor, kann die Behörde deren Änderung nur durch Antrag nach § 69 VI 2 (→ Rn. 276) erreichen. 291

§ 70 [Wirkungen der Rechtshängigkeit; Entscheidung über die Zulässigkeit des Rechtsweges]

[1]Für die sachliche und örtliche Zuständigkeit gelten die §§ 17 bis 17b des Gerichtsverfassungsgesetzes entsprechend. [2]Beschlüsse entsprechend § 17a Abs. 2 und 3 des Gerichtsverfassungsgesetzes sind unanfechtbar.

Vgl. § 83 VwGO; § 98 SGG; § 281 ZPO.

Literatur: Fischer, Aktuelle Entwicklungen und Entscheidungen zur Willkür von Verweisungsbeschlüssen, MDR 2016, 500; Sennekamp, Die Verweisung summarischer Verfahren an das zuständige Gericht, NVwZ 1997, 642; Tombrink, Was ist „Willkür"? – Die „willkürliche" Verweisung des Rechtsstreits an ein anderes Gericht, NJW 2003, 2364.

1 **Vorbemerkung.** Für die sachliche und örtliche Zuständigkeit des angerufenen FG (zur instanziellen Unzuständigkeit → Rn. 4) gelten die Vorschriften der §§ 17–17b GVG über die Zulässigkeit des Rechtswegs (abgedruckt bei → Anh. § 33 Rn. 1 ff.) entspr. (zur Begrifflichkeit → Vor § 35 Rn. 2). Auf die Kommentierung dieser Vorschriften (→ Anh. § 33 Rn. 1 ff.) kann deshalb grds. verwiesen werden. Zu § 17c GVG → Rn. 17. Zur Klarstellung sei Folgendes angemerkt:

1. Anwendungsbereich

2 § 70 enthält durch die Verweisung auf die §§ 17–17b GVG Regelungen über
- die Fortdauer der Zuständigkeit (§ 17 I 1 GVG),
- die Klagesperre (§ 17 I 2 GVG),
- die Entscheidung bei Zuständigkeit bzw. Unzuständigkeit (§ 17a II–IV GVG),
- die bindende Wirkung der Entscheidung über die Zuständigkeit (§ 17a I, II 3, V GVG) und
- die Folgen der Verweisung (§ 17b GVG).

3 § 70 gilt nicht nur für das Klageverfahren, sondern (jedenfalls entspr.) auch für **alle** sonstigen **Verfahrensarten.** Zu nennen sind insbes. die Verfahren des vorläufigen Rechtsschutzes (§§ 69, 114 – s. zB BFH IV S 15/03, BStBl. II 2004, 84; III S 12/15, BFH/NV 2015, 1421; FG Bln V 431/90, EFG 1991, 339; FG Hmb II 297/03, BeckRS 2003, 26015441), das Prozesskostenhilfeverfahren (§ 142; BFH IV B 60/82, nv) und das selbständige Beweisverfahren (§ 82 FGO iVm §§ 485 ff. ZPO; BFH VII B 120/86, BFH/NV 1987, 379).

4 § 70 gilt (jedenfalls entspr.) für die **Verweisung wegen instanzieller Unzuständigkeit** (BFH VIII K 1/08, ZSteu 2009, R1138; IV S 15/03, BStBl. II 2004, 84; V S 25/12, BFH/NV 2012, 1994; VIII S 23/12, BFH/NV 2013, 570; X S 23/18, BFH/NV 2019, 35) und ist auch anwendbar in den Fällen, in denen ein Gericht (nicht ein Senat) für besondere Sachfragen (§ 3 I Nr. 4) oder ein FG für mehrere Länder (§ 3 II) errichtet ist. – Zur Zurückverweisung eines AdV-Verfahrens durch den BFH an das FG s. BFH IV S 15/03, BStBl. II 2004, 84 (85); VIII S 23/12, BFH/NV 2013, 570; → § 69 Rn. 211 und zur Zurückverweisung eines Antrags auf Erlass einer einstweiligen Anordnung (→ § 114 Rn. 7) s. zB BFH IX S 5/08, BFH/NV 2008, 1513; V S 25/12, BFH/NV 2012, 1994.

5 **§ 70 greift nicht ein**
- wenn es um die Frage des Rechtswegs geht (→ Anh. § 33 Rn. 1 ff.; BFH X B 62/12, BFH/NV 2012, 1820);
- wenn eine Sache wegen funktioneller Unzuständigkeit (→ Vor §§ 35–39 Rn. 2) einem anderen Rechtspflegeorgan übertragen ist, es sei denn, die Verweisung erfolgt wegen instanzieller Unzuständigkeit (→ Rn. 4);
- wenn der mit der Sache befasste Senat das Verfahren nach Maßgabe des Geschäftsverteilungsplans (→ § 4 Rn. 25 ff.) an einen anderen (auch detachierten – → § 3 Rn. 4) Senat desselben Gerichts abgibt (BFH IV B 93/12, BFH/NV 2013, 575) oder die Abgabe ablehnt (zur Unstatthaftigkeit der Beschwerde s. BFH X B 111/09, BFH/NV 2009, 1825).

In den beiden zuletzt genannten Fallgruppen erfolgt die Abgabe formlos und **ohne Anhörung** der Beteiligten (BFH X B 111/09, BFH/NV 2009, 1825). In

Zweifelsfällen/bei Meinungsverschiedenheiten zwischen den Senaten entscheidet das Präsidium (BFH X B 52/23 (AdV), BStBl. II 2023, 1102; → § 4 Rn. 26).

2. Überblick

a) Perpetuatio fori. Die örtliche und sachliche Zuständigkeit ist **Sachentscheidungsvoraussetzung** (→ Vor § 33 Rn. 4, 16; → Vor §§ 35–39 Rn. 1). Die Zuständigkeit des im konkreten Fall angerufenen FG wird durch eine nach Rechtshängigkeit eintretende Veränderung der sie begründenden Umstände nicht berührt (perpetuatio fori; § 17 I 1 GVG; → Anh. § 33 Rn. 10; BFH V B 28/07, BFH/NV 2008, 1451; XI R 29/13, BFH/NV 2014, 724; III S 12/15, BFH/NV 2015, 1421). So fällt die einmal begründete örtliche Zuständigkeit nicht allein deshalb weg, weil auf Verwaltungsebene ein anderes FA zuständig geworden ist (BFH X S 42/08, BFH/NV 2009, 780; XI R 29/13, BFH/NV 2014, 724; → § 38 Rn. 8); → § 69 Rn. 131 f. – Kommt es bei Änderung des Streitgegenstandes jedoch zu einem **Beteiligtenwechsel,** kann dieser uU Anlass für eine Verweisung wegen örtlicher Unzuständigkeit geben (→ § 38 Rn. 9; BFH IV S 24/23, BFH/NV 2024, 42). 6

b) Klagesperre. Nach Eintritt der Rechtshängigkeit ist eine neue Klage in derselben Sache bei einem anderen FG unzulässig (**Klagesperre;** § 17 I 2 GVG; → Anh. § 33 Rn. 12; → § 66 Rn. 6 f.). 7

c) Entscheidung bei Zuständigkeit. Das FG (der Senat bzw. der Einzelrichter – §§ 6, 79a III, IV) kann seine Zuständigkeit nach pflichtgemäßem Ermessen entweder (stillschweigend) in der Endentscheidung zur Hauptsache bejahen oder von Amts wegen **vorab** aussprechen. **Bei Rüge** der Zuständigkeit durch einen Beteiligten ist die **Vorabentscheidung zwingend** vorgeschrieben (§ 17a III 1 GVG; → Anh. § 33 Rn. 18). 8

d) Entscheidung bei Unzuständigkeit. Bei Unzuständigkeit hat das FG (der Senat bzw. der Einzelrichter – §§ 6, 79a III, IV) von Amts wegen seine Unzuständigkeit auszusprechen und den Rechtsstreit zugleich von Amts wegen an das zuständige FG zu verweisen (§ 17a II 1 GVG; → Anh. § 33 Rn. 22). – Im Rahmen der Entscheidung über die Verweisung kann das FG ggf. auch über die Sachdienlichkeit einer Klageänderung (Auswechslung des Beklagten) oder über die Gewährung der Wiedereinsetzung in den vorigen Stand entscheiden (BFH VIII R 205/84, BStBl. II 1989, 460). – Eine **Verweisung** des Rechtsstreits **durch den BFH** an das örtlich und sachlich zuständige FG wegen instanzieller Unzuständigkeit (§ 70 FGO iVm § 17a II 1 GVG) kommt jedoch nicht in Betracht, wenn ein zu Unrecht beim BFH angebrachter AdV-Antrag nicht wirksam gestellt worden ist (BFH VII S 25/00, BFH/NV 2001, 56; III S 5/02, BFH/NV 2003, 492 (493); VII S 19/03, BFH/NV 2004, 522; → Rn. 4; aA Tipke/Kruse/Brandis § 70 Rn. 9; Gosch/Schoefeld § 70 Rn. 6) oder kein FG mangels anhängigen Rechtsstreits das Gericht der Hauptsache ist (BFH VII S 26/03, BFH/NV 2004, 531). Im Übrigen sind die Sachentscheidungsvoraussetzungen nicht zu prüfen (→ Anh. § 33 Rn. 22; aA BFH VII B 20/98, BFH/NV 1998, 1395; wohl auch BFH III S 5/02, BFH/NV 2003, 492) und im Regelfall auch keine Entscheidung über einen PKH-Antrag zu treffen (FG Hmb 4 K 154/16, BeckRS 2017, 94048). – Zur **fristwahrenden Wirkung** der Klageerhebung beim unzuständigen Gericht → § 64 Rn. 5; → Anh. § 33 Rn. 43. 9

10 **e) Beschluss.** Die **Vorabentscheidung** (→ Rn. 8, 9) erfolgt **nach Anhörung** der Beteiligten, die in Eilverfahren (§§ 69, 114) auch telefonisch erfolgen kann (BFH IV S 15/03, BStBl. II 2004, 84 (85)), durch Beschluss (§ 17a IV 1, 2 GVG; → Anh. § 33 Rn. 19, 26). Der Beschluss ist **unanfechtbar** (→ Rn. 12).

11 **f) Bindungswirkung.** Wegen der **bindenden Wirkung** der Entscheidung über die Zuständigkeit und der Verweisung s. § 17a I, II 3 GVG (→ Anh. § 33 Rn. 28 ff., 42 ff.). Da die Entscheidungen über die Zuständigkeit unanfechtbar sind, braucht ihre Rechtskraft (→ Rn. 12) nicht abgewartet zu werden.

Hinsichtlich des **Umfangs der Bindungswirkung** im Falle der Verweisung ist Folgendes zu beachten: Nach § 17a II 3 GVG ist bei unmittelbarer Anwendung die Verweisung nur hinsichtlich des Rechtswegs bindend, eine Weiterverweisung zB wegen örtlicher Unzuständigkeit möglich (→ Anh. § 33 Rn. 34). Die entspr. Anwendung iRd § 70 bedeutet, dass eine Bindung nur insoweit eintritt, soweit das verweisende Gericht die Zuständigkeitsfragen geprüft hat, was unter Einbeziehung der Gründe des Verweisungsbeschlusses zu würdigen ist. Danach kann bei Verweisung wegen örtlicher Unzuständigkeit eine Weiterweisung wegen sachlicher Unzuständigkeit (zB nach Verweisung einer Zollsache wegen örtlicher Unzuständigkeit an das FG Köln, wenn das verweisende FG nicht geprüft hat, welches FG für Klagen gegen in NRW ansässige Zollbehörden zuständig ist; → § 3 Rn. 3) oder umgekehrt in Betracht kommen (vgl. Tipke/Kruse/Brandis § 70 Rn. 7; Gosch/Schoenfeld § 70 Rn. 33; HHS/Schallmoser § 70 Rn. 23). – Bei **Verletzung des rechtlichen Gehörs** oder **offensichtlicher und schwerwiegender Fehlerhaftigkeit (Willkür)** ist eine Bindung wegen Verletzung des Rechts auf den gesetzlichen Richter (Art. 101 I 2 GG) zu verneinen (BFH V S 27/12 (PKH), BFH/NV 2013, 945; → Anh. § 33 Rn. 32). – Zur Bindung des Rechtsmittelgerichts → Rn. 13.

12 **g) Rechtsmittel.** Beschlüsse nach § 17a II und III GVG (→ Rn. 8–10) sind **unanfechtbar** (§ 70 S. 2; X B 111/09, BFH/NV 2009, 1825; X B 111/09, BFH/NV 2009, 1825). Bei willkürlicher Entscheidung bleibt nur die **Verfassungsbeschwerde** wegen Verletzung des Rechts auf den gesetzlichen Richter (Art. 101 I 2 GG; BVerfG 2 BvR 48/70, BVerfGE 29, 45).

13 **h) Überprüfung im Hauptsacheverfahren?** Entscheidungen über die Zuständigkeit können im Rahmen eines Rechtsmittelverfahrens gegen die Hauptsacheentscheidung des FG idR nicht überprüft werden (§ 17a V GVG; → Anh. § 33 Rn. 40; s. zB BFH V B 39/13, BFH/NV 2014, 725).

14 **i) Einheit des Verfahrens.** Der Verweisungsbeschluss ergeht **ohne Kostenentscheidung.** Das Verfahren vor dem verweisenden Gericht bildet mit dem Verfahren vor dem FG, an das der Rechtsstreit verwiesen wird, **auch kostenrechtlich** eine **Einheit** (§ 17b GVG; → Anh. § 33 Rn. 42–44; BFH VII S 24/02, BFH/NV 2002, 1486; V S 25/12, BFH/NV 2012, 1994; X S 21/12, BFH/NV 2013, 229). – Wegen etwaiger **Mehrkosten** s. § 70 FGO iVm § 17b II GVG.

15 **j) Kompetenzkonflikte.** Kompetenzkonflikte sind nach der Konzeption der Regelung an sich ausgeschlossen. Kommt es doch dazu, ist nach § 39 Nr. 3, 4 zu verfahren (→ § 39 Rn. 5 ff.).

3. Auswirkungen gesetzlicher Änderungen (§ 17c GVG)

17 § 70 verweist nicht auf § 17c GVG (s. vor → Anh § 33 Rn. 5), der erst durch das G zur Einführung der elektronischen Akte in der Justiz und zur weiteren

Förderung des elektronischen Rechtsverkehrs v. 5.7.2017 (BGBl. I 2208; → Vor § 1 Rn. 40) eingeführt wurde. Dem Gesetzgeber standen dabei bevorstehende Zuständigkeitsänderungen in der ordentlichen Gerichtsbarkeit vor Augen (BT-Drs. 18/12203, 91). Eine bewusste Entscheidung, die Vorschrift bei anderen Gerichtsbarkeiten für nicht anwendbar zu erklären, ist nicht ersichtlich. Daher ist sie nach hiesiger Auffassung bei veränderten Rechtswegzuweisungen unmittelbar anwendbar (→ Anh § 33 Rn. 10 aE), bei veränderten sachlichen oder örtlichen Zuständigkeitsregelungen analog (glA für die Verwaltungsgerichtsbarkeit Eyermann/Wöckel VwGO § 83 Rn. 1; aA Schoch/Schneider/Riese VwGO § 83 Rn. 1a). Die sachliche Bedeutung ist begrenzt. Von der Rechtsfrage hängt lediglich ab, ob der Landesgesetzgeber abweichende Regelungen treffen kann.

§ 71 [Zustellung der Klageschrift]

(1) [1]**Die Klageschrift ist dem Beklagten von Amts wegen zuzustellen.** [2]**Zugleich mit der Zustellung der Klage ist der Beklagte aufzufordern, sich schriftlich oder zu Protokoll des Urkundsbeamten der Geschäftsstelle zu äußern.** [3]**Hierfür kann eine Frist gesetzt werden.** [4]**§ 277 Absatz 1 Satz 2 Nummer 2 der Zivilprozessordnung gilt entsprechend.**

(2) **Die beteiligte Finanzbehörde hat die den Streitfall betreffenden Akten nach Empfang der Klageschrift an das Gericht zu übermitteln.**

Vgl. § 85 VwGO; § 104 SGG; §§ 271, 276f. ZPO.

Literatur: Berlit, Elektronische Verwaltungsakten und verwaltungsgerichtliche Kontrolle, NVwZ 2015, 197; Grube, Zur Bedeutung der Akten im Finanzprozess, DStZ 2014, 380; Kalmes, Arbeitsbogen des Außenprüfers, Einsichtsrecht des Steuerpflichtigen und Vorlagepflicht beim Finanzgericht, StBP 1986, 40; Schmidt-Liebig, Die Vorlage von Akten der Außenprüfung vor dem FG, StBP 1983, 217; Trossen, Elektronische Verwaltungsakten, Amtsermittlungsgrundsatz und das Gebot effektiven Rechtsschutzes, jM 2024, 78; Ulrich, Die Digitalisierung in der verwaltungsgerichtlichen Rechtsprechung 2022/23, VBlBW 2023, 403.

I. Allgemeines

§ 71 enthält einerseits Regelungen über das Verfahren nach Eingang der Klageschrift (§ 71 I; → Rn. 2–4) und andererseits über die Verpflichtung (grds. ohne besondere Aufforderung des FG), die den Streitfall betr. Akten zu übersenden (§ 71 II; → Rn. 5 ff.). Diese Verpflichtung trifft nur den Beklagten. Sie trifft ihn nach entsprechender Aufforderung durch das FG zugleich nach § 86 I. Die dafür geltenden Weigerungsgründe (§ 30 AO; § 86 II) gelten auch iRd § 71 II (BFH V B 163/05, BStBl. II 2007, 275; III S 38/11, BFH/NV 2013, 701; → Rn. 8). Zur terminologischen Anpassung des § 71 I 2 → Vor § 1 Rn. 40; zur Ergänzung des § 71 I 4 → Rn. 4a und → Vor § 1 Rn. 55. Die Vorschrift gilt entsprechend in den Beschlussverfahren gem. §§ 69, 114 (allg. Auffassung, vgl. Gosch/Schoenfeld § 71 Rn. 5); zur Geltung im Revisionsverfahren → § 121 Rn. 1. 1

II. Zustellung der Klageschrift

Die **Zustellung der Klageschrift** (§ 71 I) hat stets **von Amts wegen** zu erfolgen, also auch dann, wenn die Klage bei der beklagten Behörde angebracht 2

(§ 47 II, III) und anschließend dem Gericht zugeleitet worden ist, ebenso im Falle der Klageerweiterung iSd der nachträglichen Klagenhäufung (→ § 67 Rn. 12). Die Zustellung darf nicht von der Zahlung des Kostenvorschusses auf die Gerichtsgebühren (vgl. §§ 6 I 1 Nr. 5, 52 V GKG) abhängig gemacht werden (§ 10 GKG). Eine Ausnahme gilt für Klagen nach § 155 S. 2 iVm § 198 V GVG auf Verzögerungsentschädigung (§§ 12a, 12 GKG; BFH X S 20-23/13, BFH/NV 2013, 1437; X K 2/13, BFH/NV 2013, 1442; → Vor § 135 Rn. 50; → § 155 Rn. 86).

3 Die Zustellung der Klageschrift ist, wenn auch für die Durchführung der Zustellung die Geschäftsstelle zuständig ist (§ 155 S. 1 FGO iVm § 168 ZPO), vom **Vorsitzenden** (bzw. dem Berichterstatter), dem nach § 21g GVG im senatsinternen Gerichtsverteilungsplan bestimmten Richter (§§ 65 II 1, 79 S. 1; insoweit aA Tipke/Kruse/Brandis § 71 Rn. 2) oder – praktisch kaum relevant – dem Einzelrichter (§ 6) zu verfügen (BFH X K 2/13, BFH/NV 2013, 1442). Das ist in § 71 I 1 (anders als in § 85 S. 1 VwGO) zwar nicht ausdrücklich gesagt, ergibt sich aber daraus, dass sie grds. mit richterlichen Handlungen, nämlich der Aufforderung nach § 71 I 2, und ggf. einer Fristsetzung nach § 71 I 3 zu verbinden ist.

4 Die in **§ 71 I 3** genannte Frist ist eine (verlängerungsfähige) **richterliche Frist** (→ § 54 Rn. 5, 6, 13 ff.). Die Aufforderung nach § 71 I 2 und die Fristsetzung nach § 71 I 3 können zurückgestellt werden, solange die Klage noch nicht begründet wurde oder aus anderen Gründen ergänzender Ausführungen durch den Kläger bedarf (Gosch/Schoenfeld § 71 Rn. 23).

4a Parallel zu § 65 I 5 (der auf § 253 III Nr. 4 ZPO verweist; → § 65 Rn. 49) gibt **§ 71 I 4** durch die **Verweisung auf § 277 I 2 Nr. 2 ZPO** dem Beklagten auf, bereits mit der Klageerwiderung mitzuteilen, ob **Bedenken gegen die Durchführung einer Videoverhandlung** (§ 155 S. 1 FGO iVm § 128a ZPO) bestehen (zur Rechtsentwicklung → Vor § 1 Rn. 55). Damit soll dem Gericht von vornherein die Möglichkeit gegeben werden, umfassend einzuschätzen, ob ein Verfahren zur Verhandlung im Wege der Videokonferenz geeignet ist. Die Erklärung ist nicht bindend (BR-Drs. 228/23, 64). Die Erklärung kann iRd vom Vorsitzenden nach § 155 S. 1 FGO iVm § 128a II, III ZPO zu treffenden Ermessensentscheidung berücksichtigt werden (→ § 90 Rn. 48 ff.).

III. Aktenübersendung

5 Übersandt werden müssen die den **„Streitfall betreffenden“** Akten **(§ 71 II).** Das sind (nur) die Akten, deren **Inhalt entscheidungserheblich** ist, dh dass der Inhalt für die Beurteilung der Sach- und Rechtslage erheblich und für die Entscheidung des Rechtsstreits von Bedeutung sein kann (BFH II B 94/06, BFH/NV 2007, 1169 (1170); II S 11/20, HFR 2021, 587; II B 56/21, BFH/NV 2022, 905). Dies sind typischerweise die Akten des streitbefangenen Veranlagungszeitraums und Akten über die streitbefangene Steuerart (BFH II B 56/21, BFH/NV 2022, 905). Dazu gehören **auch Prüferhandakten** (Arbeitsbögen; BFH X B 333/93, BStBl. II 1994, 802; IV B 58/11, BFH/NV 2012, 1466) und weitere interne Unterlagen, also zB Entwürfe oder Gutachten; die Beschränkungen des § 78 II gelten nur für gerichtliche Entwürfe (BFH X B 333/93, BStBl. II 1994, 802; Schmidt-Liebig StBP 1983, 217 (219) mwN; aA Kalmes StBP 1986, 40 f.; iÜ → Rn. 8), ferner **Belege des Steuerpflichtigen** uä, soweit sie die streitigen Punkte betreffen. Nicht zu übersenden sind Akten, um deren Einsichtnahme durch den Kläger im finanzgerichtlichen Verfahren gestritten wird (BFH VII

S 11/15, BFH/NV 2015, 1100; XI B 57/16, BFH/NV 2017, 599). Die Akten sind im Original vorzulegen (SächsFG 6 K 1308/13 Kg, BeckRS 2014, 95382). Ein Anspruch auf Paginierung besteht nicht (BFH V B 243/07, BFH/NV 2008, 1334; aA Tipke/Kruse/Krumm § 86 Rn. 4b; SPK/Fu § 86 Rn. 8). – Bei **elektronischer Aktenführung** muss der Beklagte dem FG und den Beteiligten einen elektronischen Zugang analog § 78 II 1 und 3 eröffnen, die Akten in elektronischer Form übersenden (möglichst als sog. Repräsentat; vgl. Trossen, jM 2024, 78 (80), was in der Praxis aber idR noch in Form von unstrukturierten PDF-Dateien geschieht) oder die Akten – so authentisch wie möglich – ausdrucken (BFH XI B 9/19, BFH/NV 2019, 837; vgl. Berlit NVwZ 2015, 197; weiter gehend Tipke/Kruse/Brandis § 71 Rn. 4; Ulrich, VBlBW 2023, 403 (404); Trossen, jM 2024, 78). Soweit die Gerichtsakten noch in Papierform geführt werden, ist bei elektronischer Übersendung nach § 52b II zu verfahren (Ausdruck oder bloße elektronische Speicherung; → § 52b Rn. 5). Etwaige mit der elektronischen Aktenführung einhergehende Probleme bei der Nachweisführung wirken sich grds. zulasten der Finbeh aus (FG Münster 14 K 1542/15 AO (PKH), EFG 2016, 305 mit Anm. Bleschick; zur Beweiskraft eingescannter Papierurkunden → § 82 Rn. 40). Für die Fallbearbeitung problematisch ist das von einigen Verwaltungsbereichen praktizierte System der „Mischakte", bei dem Papierakten geführt werden, die jedoch nicht alle verfahrenserheblichen Bestandteile enthalten, da Steuerklärungen, Steueranmeldungen, E-Bilanzen, Steuerbescheide, elektronische Mitteilungen usw nicht mehr in Papierform zur Akte genommen werden. Auch diese elektronischen Bestandteile müssen nach § 71 II unaufgefordert ausgedruckt und den Papierakten hinzugefügt werden, soweit kein elektronischer Zugang eröffnet ist (vgl. BFH XI B 9/19, BFH/NV 2019, 837; auch BFH IX B 63/17, BFH/NV 2017, 1451 zur Gerichtsakte). Soweit Aktenbestandteile nicht aus sich heraus verständlich sind (zB bei Auszügen aus dem Speicher für das Umsatzsteuer-Voranmeldungsverfahren oder dem Erhebungskonto) muss die Finbeh die erforderlichen Erläuterungen zur Verfügung stellen. Bei bestimmten elektronischen Dokumenten erscheint die Überlassung der Datei zwingend, zB wenn bei Excel-Dateien bei einem Papierausdruck die hinterlegten Formeln nicht nachvollziehbar sind.

Grds. muss der Beklagte die Akten **unaufgefordert** unmittelbar **nach Eingang** der Klageschrift **übersenden** (BFH X B 204/10, BFH/NV 2011, 819). 6
Aus Gründen der Prozessökonomie (Vorbereitung der Klageerwiderung und ggf. weiterer Schriftsätze; vgl. Grube DStZ 2014, 380 (382)) genügt es im Allgemeinen, dass die Akten erst, nachdem die Sache „ausgeschrieben" ist, oder jedenfalls nach Eingang der Klageerwiderung (BFH IX B 29/98, BFH/NV 1999, 62; III B 133/13, BFH/NV 2014, 894; vgl. auch BFH X K 2/15, BStBl. II 2017, 350) vorgelegt werden. Wenn das FG vor Eingang der Akten entscheidet, birgt dies die Gefahr von Verfahrensfehlern, ua weil der Inhalt der den Streitfall betr. Akten für die Auslegung von Prozesserklärungen heranzuziehen ist (→ Vor § 33 Rn. 42, → § 65 Rn. 10). Daher sind die Akten auch bei (nach Auffassung des Beklagten) unzulässigen Klagen vorzulegen (Tipke/Kruse/Brandis § 71 Rn. 5; vgl. aber Grube DStZ 2014, 380; BFH IX B 29/98, BFH/NV 1999, 62 dürfte durch die neuere Rspr. – → Vor § 33 Rn. 42, → § 65 Rn. 10 ff. – überholt sein).

Bei unterbliebener oder unvollständiger Vorlage der entscheidungserheblichen Akten ist das FG verpflichtet, die fehlenden Akten anzufordern (BFH VII 7
B 347/02, BFH/NV 2004, 511; V B 114/11, BFH/NV 2013, 601; X B 101/18, BFH/NV 2019, 285); eine Verpflichtung zur Anforderung sämtlicher finanzbehördlicher Akten ungeachtet ihrer Erheblichkeit für die Entscheidungsfindung

besteht jedoch nicht (BFH VII B 3/06, BFH/NV 2007, 1324 (1326); VII B 73/11, BFH/NV 2012, 56). – Eine **Benachrichtigung** der Beteiligten ist **nicht erforderlich** (BFH VI B 13/15, BFH/NV 2015, 1672; IX R 6/23, DStR 2024, 2425, Rn. 41); das FG ist auch nicht gehalten, den Beteiligten mitzuteilen, welche Tatsachen die nach § 71 II vorgelegten Steuerakten enthalten und wie es sie zu verwerten gedenkt. Denn den Beteiligten ist insoweit die Akteneinsicht (§ 78) eröffnet (BFH III B 3/98, BFH/NV 1999, 189; VIII B 53/08, DStRE 2009, 962 (963); VI B 49/15, BFH/NV 2016, 38; III B 76/16, BFH/NV 2017, 1050). Zieht das Gericht nach erfolgter Akteneinsicht weitere Akten bei, muss es die Beteiligten darüber unterrichten (BFH VIII B 174/03, BFH/NV 2006, 749). Das Gleiche gilt (ua wegen § 79 II), wenn andere als die (unmittelbar) den Streitfall betreffenden **Akten beigezogen** oder (zulässigerweise) vom FA übersandt werden (BFH IV B 3/89, BFH/NV 1990, 378 (379); → § 79 Rn. 13). Hat das FG die Beiziehung der Akten mitgeteilt, darf es deren Inhalt (auch Protokolle von Zeugenaussagen) verwerten, ohne vorher auf diese Möglichkeit hinzuweisen (BFH IX B 71/05, BFH/NV 2006, 310; VIII B 53/08, DStRE 2009, 962 (963)). Allerdings darf das FG keine Überraschungsentscheidung treffen (BFH IX R 6/23, DStR 2024, 2425, Rn. 41; → § 119 Rn. 16; → § 76 Rn. 65). – Der Eingang der (vollständigen) Akten bei Gericht ist Anknüpfungspunkt für bestimmte Fristen (§§ 45 II 1, 100 III 5); → § 45 Rn. 28; → § 100 Rn. 67.

8 Wie bei Aktenanforderungen nach § 86 I muss der Beklagte auch keine nach § 30 AO geschützten Aktenbestandteile vorlegen. Daher braucht das FA **vertrauliche Mitteilungen** von Hinweisgebern bzw. Anzeigeerstattern regelmäßig **nicht** vorzulegen (BFH X B 333/93, BStBl. II 1994, 802; V B 163/05, BStBl. II 2007, 275). Auch § 86 II gilt für Akten iSd § 71 II AO. Wenn der Beklagte die **Akten** – nach entsprechender Aufforderung durch das FG – **nicht oder nur unvollständig vorlegt,** können die Beteiligten iSd § 57 (nicht das FG) einen Antrag nach § 86 III stellen (BFH V B 163/05, BStBl. II 2007, 275; III S 38/11, BFH/NV 2013, 701; → § 86 Rn. 16). Das FG kann die fehlende oder unvollständige Aktenvorlage uU iRd Beweiswürdigung zu Lasten des Beklagten würdigen (SächsFG 6 K 429/12, BeckRS 2013, 96049; 6 K 1308/13 Kg, BeckRS 2014, 95382; → § 86 Rn. 23). Zwingend ist dies jedoch nicht (BFH X B 27/11, BFH/NV 2013, 180; SächsFG 6 K 1308/13 Kg, BeckRS 2014, 95382).

9 Das bloße Unterlassen bestimmte Akten anzufordern ist nicht beschwerdefähig, und der Beschluss, durch den das FG es abgelehnt hat, die Finbeh zur Vorlage bestimmter Akten zu verpflichten, ist nach § 128 II **unanfechtbar,** es sei denn, der Kläger wäre ohne die Einsicht in die beizuziehenden Akten nicht in der Lage sein Rechtsschutzbegehren zu formulieren (BFH I B 93/07, BFH/NV 2008, 387). Das FG kann auch nicht über das Verfahren nach § 86 III dazu veranlasst werden, die Akten anzufordern (BFH I B 93/07, BFH/NV 2008, 387; IV S 23/12, BFH/NV 2013, 761). Demgegenüber ist die Entscheidung, mit der dem Beteiligten Akteneinsicht gem. § 78 verwehrt wird, mit der Beschwerde anfechtbar (→ § 78 Rn. 31), wobei ihm diese auch nur zur Einsichtnahme in die vorliegenden Akten verhelfen kann (BFH IX B 142/97, BFH/NV 1999, 61). Der Beteiligte kann **ggf.** im Rechtsmittelverfahren der Hauptsache die **unzureichende Sachaufklärung** rügen (s. zB BFH V B 114/11, BFH/NV 2013, 601; X B 120/13, BFH/NV 2014, 546).

§ 72 [Zurücknahme der Klage]

(1) [1]**Der Kläger kann seine Klage bis zur Rechtskraft des Urteils zurücknehmen. [2]Nach Schluss der mündlichen Verhandlung, bei Verzicht auf die mündliche Verhandlung und nach Ergehen eines Gerichtsbescheides ist die Rücknahme nur mit Einwilligung des Beklagten möglich. [3]Die Einwilligung gilt als erteilt, wenn der Klagerücknahme nicht innerhalb von zwei Wochen seit Zustellung des die Rücknahme enthaltenden Schriftsatzes widersprochen wird; das Gericht hat auf diese Folge hinzuweisen.**

(1a) [1]**Soweit Besteuerungsgrundlagen für ein Verständigungs- oder ein Schiedsverfahren nach einem Vertrag im Sinne des § 2 der Abgabenordnung von Bedeutung sein können, kann die Klage hierauf begrenzt zurückgenommen werden. [2]§ 50 Abs. 1a Satz 2 gilt entsprechend.**

(2) [1]**Die Rücknahme hat bei Klagen, deren Erhebung an eine Frist gebunden ist, den Verlust der Klage zur Folge. [2]Wird die Klage zurückgenommen, so stellt das Gericht das Verfahren durch Beschluss ein. [3]Wird nachträglich die Unwirksamkeit der Klagerücknahme geltend gemacht, so gilt § 56 Abs. 3 sinngemäß.**

Vgl. § 92 VwGO; § 102 SGG; § 269 ZPO.

Literatur: Albert, Unwirksamkeit der Klagerücknahme wegen unzulässiger Beeinflussung des Klägers im Steuerprozess, DStZ 1999, 732; Gräber, Konkurrenz von Klagerücknahme und Rechtsmittelrücknahme, DStR 1967, 176; Gräber, Die Bedeutung der Entscheidung des Großen Senats des Bundesfinanzhofs zur Frage des Streitgegenstandes bei der Anfechtungsklage, DStR 1968, 491; Nieland, Einwilligungsfiktion zur Klagerücknahme im Verwaltungsprozess, NVwZ 2003, 925; Schifferdecker, Einwilligungsfiktion zur Klagerücknahme im Verwaltungsprozess, NVwZ 2003, 925; Spindler, Das 2. FGO-Änderungsgesetz, DB 2001, 61, 63; Wüllenkemper, Änderung von Steuerbescheiden nach Klagerücknahme?, DStR 1989, 702.

Übersicht

Rn.

I. Vorbemerkungen 1
1. Wesen der Klagerücknahme, Anwendungsbereich des § 72 1
2. Abgrenzung 2
3. Außergerichtliche Vereinbarungen 4
II. Die Regelungen des § 72 5
1. Voraussetzungen der Rücknahme 5
a) Zurücknahmeerklärung 5
aa) Form der Erklärung 6
bb) Inhalt der Erklärung 8
cc) Adressat der Rücknahmeerklärung 15
dd) Frist 16
b) Wirksamkeit der Erklärung, Anfechtung, Widerruf 18
c) Einwilligung des Beklagten 22
aa) Erforderlichkeit der Einwilligung 23
bb) Erteilung der Einwilligung, Fiktion der Einwilligung 26
cc) Folgen der Nichterteilung bzw. der verspäteten Erteilung der Einwilligung 28

	Rn.
2. Wirkungen der Klagerücknahme	29
3. Verfahrensfragen	34
a) Entscheidung über die Rücknahme (Beschluss/Urteil)	34
b) Analoge Anwendung in Fällen des Rechtsmissbrauchs	40
c) Antrag auf Fortsetzung des Verfahrens	45
d) Frist für die Geltendmachung der Unwirksamkeit	47
e) Rechtsmittel	49

I. Vorbemerkungen

1. Wesen der Klagerücknahme, Anwendungsbereich des § 72

1 Durch die Klagerücknahme nimmt der Kläger von der gerichtlichen Durchsetzung seines Rechtsschutzbegehrens Abstand. Die Klagerücknahme ist **Prozesshandlung,** der – ggf. nach Einwilligung des Beklagten (§ 72 I 2 – → Rn. 22 ff.) und bei Erfüllung der sonstigen Voraussetzungen – unmittelbare **Gestaltungswirkung** für das anhängige Verfahren zukommt (Bewirkungshandlung; → Vor § 33 Rn. 30) und zwar unabhängig davon, ob die Klage zulässig ist oder nicht. Die Klagerücknahme ist Ausfluss des das finanzgerichtliche Verfahren beherrschenden **Dispositionsgrundsatzes** (Verfügungsgrundsatzes). Er besagt, dass die Entscheidung, ob ein Verfahren stattfindet und worüber prozessiert wird, den Beteiligten (Parteien) überlassen ist. Die Zurücknahme der Klage ist **keine materiell-rechtliche Verfügung** des Klägers über das geltend gemachte Recht.

Für die Zurücknahme von Anträgen in selbständigen **Beschlussverfahren** (§§ 69 III, 114, 142, 149 II, 152 I) gilt § 72 (mit Ausnahme von § 72 I 2, 3) entspr. (→ § 69 Rn. 250; BFH VI B 186/86, BFH/NV 1987, 665). – Außerdem gilt § 72 bei der **Rücknahme der Beschwerde** (mit Ausnahme von § 72 I 2, 3) sinngemäß (§ 121 iVm § 72; → § 132 Rn. 4; → § 129 Rn. 7). Die **Rücknahme der Revision** ist in § 125 gesondert geregelt; die Form der nach Rücknahme der Revision zu treffenden Entscheidung richtet sich jedoch nach den sinngemäß anzuwendenden Regelungen des § 72 II 2 (→ § 121 Rn. 1; → § 125 Rn. 12).

2. Abgrenzung

2 Die Klagerücknahme ist **zu unterscheiden von**

- der **Rücknahme der Revision** (§ 125). Die Rücknahme des Rechtsmittels bewirkt dessen Verlust, lässt aber das angefochtene Urteil bestehen; die Rücknahme der Klage dagegen bewirkt den Verlust der Klage und lässt damit auch das (noch nicht rechtskräftige) finanzgerichtliche Urteil wegfallen (§ 155 S. 1 FGO iVm § 269 III 1 Hs. 2 ZPO; BFH II R 70/85, BFH/NV 1990, 448). Wegen dieser weitergehenden Wirkung ist, wenn gleichzeitig die Rücknahme der Klage und des Rechtsmittels erklärt werden, in aller Regel anzunehmen, dass in erster Linie die Klage zurückgenommen werden soll (BFH II R 70/85, BStBl. III 1966, 681; III B 45/98, BFH/NV 1999, 318; I R 45/16, BFH/NV 2018, 450). Bestehen Zweifel, sind diese durch Rückfrage zu klären, anderenfalls liegt ein Verfahrensverstoß vor (s. hierzu Gräber DStR 1967, 176). – Zum Verhältnis zwischen Klagerücknahme und Rücknahme des Rechtsmittels in den Fällen, in denen zur Wirksamkeit der Klagerücknahme die **Einwilligung des Beklagten** erforderlich ist (→ Rn. 22 ff.) s. BFH III R 136/66, BStBl. III

1967, 225; III B 45/98, BFH/NV 1999, 318; II B 44/98, BFH/NV 1999, 333; vgl. auch Gräber DStR 1967, 176 (177 ff.);
- dem **Klageverzicht** (§ 50), bei dem von vornherein auf das Recht zur Erhebung der Klage verzichtet wird;
- der **Erledigung** des Verfahrens **in der Hauptsache,** bei der der Streit zwischen den Beteiligten durch ein nach Rechtshängigkeit eingetretenes Ereignis gegenstandslos wird (→ § 138 Rn. 1) und
- von der **Klageänderung** (§ 67), bei der das ursprüngliche Klagebegehren modifiziert wird.

Die Anordnung der **Löschung des Verfahrens im Prozessregister** (→ § 79a Rn. 11) ist eine nicht beschwerdefähige prozessleitende Verfügung (§ 128 II) und zwar auch dann, wenn sie durch Beschluss getroffen wird (zB BFH IX B 164/91, BFH/NV 1993, 369; V B 135/91, BFH/NV 1994, 186; III S 46/92, BFH/NV 1994, 251; VII B 237/08, BeckRS 2009, 25014660; FG Köln 13 K 10/08, EFG 2010, 1909). Sie kommt in Betracht, 3
- bei **unklaren oder widersprüchlichen Prozesserklärungen** des Klägers (BFH VII B 18/96, BFH/NV 1996, 699; X R 62/99, BFH/NV 2000, 745) bzw. wenn die Auslegung der Prozesserklärung ergibt, dass keine Klage erhoben bzw. keine Nichtzulassungsbeschwerde oder Revision eingelegt werden sollte (BFH VII R 69/97, BFH/NV 1997, 881; VI B 83/13, BFH/NV 2014, 177),
- wenn die bei einer unter **Betreuung** stehenden Person erforderliche Einwilligung des Betreuers nicht vorgelegt wird (BFH VI B 130/11, BFH/NV 2012, 771),
- wenn eine Kapitalgesellschaft nach Klageerhebung im Handelsregister gelöscht wird (so dass die **Vertretungsbefugnis des Geschäftsführers/Liquidators erlischt**) und weder einen zuvor bestellten gewillkürten Bevollmächtigten hat (→ § 74 Rn. 84, 89 ff.) noch die Bestellung eines Nachtragsliquidators betreibt,
- wenn bei Klagen auf Verzögerungsentschädigung (§ 155 S. 2 FGO, § 198 GVG) der Kostenvorschuss nicht eingezahlt wird (§§ 12, 12c GKG; BFH X E 2/15, BFH/NV 2015, 1000),
- wenn mit der Fortsetzung des durch **Insolvenz** unterbrochenen Verfahrens nicht zu rechnen ist (zB BFH VIII B 346/04, BFH/NV 2007, 744; IX B 186/04, BFH/NV 2007, 1514; VI R 76/06, BFH/NV 2008, 101; V B 159/14, BFH/NV 2016, 60), oder
- wenn **nach dem Tod des Klägers** mit der Aufnahme des Verfahrens durch die Erben nicht zu rechnen ist, insbes. wenn die Erben nicht feststellbar sind (BFH III S 46/92, BFH/NV 1994, 251; II R 23/06, BFH/NV 2008, 2038 (2039)).

Die frühere Rspr., nach der das Verfahren aus dem Register gelöscht werden konnte, wenn es vom (handlungsfähigen) Rechtsmittelführer **länger als sechs Monate nicht betrieben** worden ist (BFH II R 89/82, BFH/NV 1986, 12; V B 95/86, BFH/NV 1988, 648) dürfte stillschweigend aufgegeben worden sein. Sie steht im Widerspruch dazu, dass das Verfahren von Amts wegen zu betreiben ist und die FGO keine dem § 92 II VwGO oder § 102 II SGG (fiktive Klagerücknahme nach vergeblicher Betreibensaufforderung) vergleichbare Regelung kennt (Gosch/Schoenfeld § 72 Rn. 23; vgl. aber Tipke/Kruse/Brandis § 72 Rn. 5). Wenn der Kläger nicht mitwirkt, kann das zwar nachteilige Auswirkungen auf seine Erfolgsaussichten haben (zB → § 76 Rn. 59), jedoch bleibt sein Anspruch auf eine gerichtliche Entscheidung erhalten.

Die **Löschung bedeutet** lediglich die (faktische) **Unterbrechung** des Verfahrens. Die Rechtshängigkeit dauert an (BFH IV B 119/12, BFH/NV 2014, 540; X B 20/16, BFH/NV 2016, 1736; Tipke/Kruse/Brandis § 66 Rn. 2; Gosch/Paetsch § 66 Rn. 11.3; aA HHS/Schallmoser § 66 Rn. 20). Die spätere Fortführung nach Fortfall der Hinderungsgründe steht den Beteiligten frei (BFH XI B 17/01, BFH/NV 2004, 1285; IV B 181/03, BFH/NV 2005, 1360; IV B 119/12, BFH/NV 2014, 540); zur Aufnahme eines wegen Insolvenz unterbrochenen Verfahrens s. BFH IV B 181/03, BFH/NV 2005, 1360; IV B 119/12, BFH/NV 2014, 540; → § 74 Rn. 79.

3. Außergerichtliche Vereinbarungen

4 Vereinbarungen über die Zurücknahme der Klage sind möglich. Hat sich der Kläger zur Zurücknahme der Klage verpflichtet und weigert er sich, die Klage zurückzunehmen, liegt in der Prozessfortsetzung eine unzulässige Rechtsausübung, so dass die Klage als unzulässig abzuweisen ist (BFH X R 93/95, BFH/NV 1999, 937). Der BFH geht erkennbar davon aus, dass die Bindung auch dann eintritt, wenn die Zusage ggü. der Finbeh erklärt wird. Ist jedoch auf den Kläger **unzulässiger Druck** ausgeübt worden, so ist er an die Zusage der Klagerücknahme nicht gebunden (BFH I R 63/95, BFH/NV 1997, 765; X R 93/95, BFH/NV 1999, 937; → Rn. 21).

II. Die Regelungen des § 72

1. Voraussetzungen der Rücknahme

5 **a) Zurücknahmeerklärung.** Voraussetzung für eine wirksame Zurücknahme der Klage (des Antrags/der Beschwerde) ist, dass der Kläger (bzw. sein Prozessbevollmächtigter – → § 62 Rn. 9 ff.), uU auch der vollmachtlose Vertreter (→ Rn. 18; → § 62 Rn. 91) eine entsprechende Erklärung abgibt. Mit der Abgabe der mündlichen oder dem **Zugang** (→ Vor § 33 Rn. 34 ff.) der schriftlichen Erklärung bei dem zuständigen Gericht (→ Rn. 15) kann die Rücknahme (falls eine Einwilligung des Beklagten nicht erforderlich ist – → Rn. 22) **frühestens wirksam** werden (BFH VII B 69/11, BFH/NV 2012, 248; vgl. Gräber DStR 1967, 176 (177)). Das gilt auch, wenn die (schriftliche) Erklärung ggü. einem unzuständigen Gericht abgegeben und von dort weitergeleitet wird, es sei denn, die Rücknahme sollte nur ggü. dem unzuständigen Gericht ausgesprochen werden (BGH X ZR 14/91, MDR 1991, 668). – Zur Rücknahme durch einen von **mehreren Prozessbevollmächtigten** → § 62 Rn. 12. – Zur Zurücknahme durch den Prozessbevollmächtigten nach **Niederlegung des Mandats** → § 62 Rn. 14 f.

6 **aa) Form der Erklärung.** Eine bestimmte **Form** der Zurücknahmeerklärung ist in § 72 I 1 nicht vorgeschrieben. Nach § 155 S. 1 FGO iVm § 269 II 2 ZPO kann sie durch Einreichung eines **Schriftsatzes** (→ Vor § 33 Rn. 32) oder **in der mündlichen Verhandlung** auch **mündlich** abgegeben werden (BFH VI R 184/68, BStBl. II 1971, 461; VI R 73/78, BStBl. II 1978, 649; X B 157/05, BFH/NV 2006, 784 betr. Zurücknahme einer Beschwerde). Soweit die Rücknahmeerklärung schriftlich abgegeben wird, muss sie im Anwendungsbereich des **§ 52d** (insbes. durch **Rechtsanwälte** und **Steuerberater**) über den **elektroni-**

schen Rechtsverkehr (insbes. per beA oder beSt) übermittelt werden (→ § 52d Rn. 5). Wird die Zurücknahme in der mündlichen Verhandlung erklärt, ist ihre Wirksamkeit nicht davon abhängig, dass die Vorschriften der §§ 160 III Nr. 8, 162 I ZPO über die ordnungsgemäße Protokollierung beachtet worden sind (BSG 11 RA 52/80, HFR 1982, 82). Die Zurücknahmeerklärung kann (trotz Fehlens einer ausdrücklichen Regelung) auch **zu Protokoll des Urkundsbeamten** der Geschäftsstelle abgegeben werden (vgl. § 64 I – BFH VIII R 52/76, BStBl. II 1976, 630 (631)). Dies gilt auch bei **formunwirksam erhobenen Klagen,** weil auch insoweit ein Prozessrechtsverhältnis begründet wurde, so dass die allg. Verfahrensvorschriften gelten (→ § 66 Rn. 2).

Eine **stillschweigende** Zurücknahme der Klage (des Antrags) gibt es nicht 7 (BFH IV R 101/86, BFH/NV 1988, 258 (259)), ebenso wenig eine den § 92 II VwGO, § 102 II SGG vergleichbare Fiktion (→ Rn. 3). Möglich ist aber eine Teilrücknahme durch Einschränkung des Klageantrags (→ Rn. 12). Ggf. ist ein Hinweis nach § 76 II erforderlich.

bb) Inhalt der Erklärung. Die Rücknahmeerklärung muss **eindeutig** sein 8 (BFH IX R 9/94, BFH/NV 1995, 220). Für die **Auslegung** – hinreichende Deutlichkeit genügt – (BFH IX B 145/99, BFH/NV 2000, 149; VIII B 36/07, BFH/NV 2007, 1911 (1912); VII B 69/11, BFH/NV 2012, 248) gelten die allg. Grundsätze für die Auslegung von Prozesserklärungen (→ Vor § 33 Rn. 40 ff.). Ggf. muss geklärt werden, was der Kläger beabsichtigt (§ 76 II). Er könnte zB die Absicht haben, nicht die Klage zurückzunehmen mit der Folge, dass er die Kosten zu tragen hätte (§ 136 II), sondern die Hauptsache für erledigt zu erklären mit der Folge, dass die Kostenentscheidung nach § 138 nach Ermessen erginge (vgl. hierzu den die Rücknahme der Revision betreffenden Beschluss BFH III R 69/67, BStBl. II 1968, 203; s. auch BFH IV R 101/86, BFH/NV 1988, 258 (259); BGH VI ZB 17/13, NJW 2014, 3520 aE; → Rn. 2). Wenn der Kläger zur Beseitigung einer doppelten Rechtshängigkeit (§ 155 S. 1 FGO iVm § 17 I 2 GVG) eine Klagerücknahme erklärt, ist im Zweifel davon auszugehen, dass er nur eine der beiden Klagen zurücknehmen will, wobei je nach den erkennbaren Interessen des Klägers zu prüfen ist, welche der beiden Klagen zurückgenommen werden soll (zB die zuerst erhobene, wenn diese unzulässig ist; vgl. auch HHS/Schallmoser § 66 FGO Rn. 30 f.; → § 66 Rn. 7). Ansonsten kommt es nicht darauf an, ob die Rücknahme der Klage bei vernünftiger Betrachtung aus der Sicht eines sachverständigen Dritten dem objektiven Interesse des Klägers entspricht (BGH XII ZB 80/07, NJW-RR 2008, 85 aE; FG BBg 7 K 7068/21, BeckRS 2022, 22309). Es ist nicht Sache des Gerichts, die der Rücknahme zugrunde liegenden Motive zu deuten oder zu erforschen (FG München 13 K 2970/05, BeckRS 2007, 26023444; FG BBg 7 K 7068/21, BeckRS 2022, 22309). – Zur **Umdeutung** einer Erledigungserklärung in eine Klagerücknahme s. BFH VIII R 64/94, BFH/NV 1996, 218; BVerwG 3 B 18/87, Buchholz 451.54, MStG Nr. 11.

Zum Verhältnis der **Rechtsmittelrücknahme** zur Klagerücknahme → Rn. 2. 9

Die Zurücknahmeerklärung darf als Prozesshandlung (→ Rn. 1) **nicht unter** 10 einer (außerprozessualen) **Bedingung** abgegeben werden (BFH II B 26/69, BStBl. II 1972, 352; IV B 93, 94/01, BFH/NV 2003, 1606; FG Hmb III 35/05, EFG 2005, 1368; → Vor § 33 Rn. 33).

Die Zurücknahmeerklärung muss sich auf das **Verfahren** beziehen, **in dem** 11 **sie wirken soll** (BGH V ZR 75/80, HFR 1981, 540).

12 Eine **„Teilrücknahme"** ist – abgesehen von § 72 I a (→ Rn. 14) – nur möglich, **wenn** der Streitgegenstand (→ § 65 Rn. 30 ff.) teilbar ist, also ein **Teilurteil** (§ 98) ergehen könnte. Das ist der Fall bei der **objektiven Klagenhäufung** (§ 43): Der Kläger kann eine der mehreren (wenn auch miteinander verbundenen) Klagen zurücknehmen, also zB einen von mehreren angefochtenen VA der Beurteilung des Gerichts entziehen (BFH XI B 111/11, BFH/NV 2013, 785; VI R 60/86, BFH/NV 1989, 623 (624); IV S 12/08, BFH/NV 2009, 958 (959); IV B 12/14, BFH/NV 2014, 1570). Entsprechendes gilt für die **subjektive Klagenhäufung** (§§ 59, 73): Jeder der Streitgenossen kann seine Klage selbständig zurücknehmen: notwendige Streitgenossen sind anschließend ggf. beizuladen (→ § 59 Rn. 15; BFH X B 106/06, BFH/NV 2007, 733). – Vgl. auch BFH I R 182/76, BStBl. II 1977, 696 zur **Zurücknahme** der Klage im Revisionsverfahren **durch** einen **notwendigen Streitgenossen.** – In allen diesen Fällen kann sich die teilweise Klagerücknahme auch aus der **Einschränkung des Klageantrags** ergeben (BFH IV S 12/08, BFH/NV 2009, 958 (959); IV R 26/08, BFH/NV 2009, 1405 (1406); IV B 12/14, BFH/NV 2014, 1570; IV R 34/15, BFH/NV 2018, 24).

13 Demgegenüber ist die „Zurücknahme" **einzelner Streitpunkte** einer Klage bei unteilbarem Streitgegenstand keine Rücknahme iSd § 72. Sie hat **ausschließlich** die Bedeutung einer vom Kläger allein bestimmbaren (→ § 65 Rn. 77; → § 67 Rn. 2, 8) **Antragsbeschränkung** (ebenso BFH I R 81/66, BStBl. II 1970, 15; VIII B 36/07, BFH/NV 2007, 1911). Der dem Gericht zur Entscheidung vorliegende Sachverhalt kann dadurch nicht eingegrenzt werden. Im Rahmen des nunmehr anhängigen Antrags muss also auch ein Komplex, den der Kläger fallen lassen wollte, ggf. geprüft werden (ausf. Gräber DStR 1968, 491 (496)).

Eine „teilweise Klagerücknahme" liegt ferner nicht vor, wenn bei einem nicht teilbaren Streitgegenstand der Klage **teilweise abgeholfen** wird (zB Herabsetzung der ESt) und der Kläger sodann, soweit seinem Antrag abgeholfen wurde, den Rechtsstreit für erledigt erklärt und iÜ seinen Klageantrag zurücknimmt. Wenn der Beklagte ebenfalls die Hauptsache für erledigt erklärt, ist (nur) eine Kostenentscheidung nach § 138 zu treffen, bei der hinsichtlich des nicht weiter verfolgten Teils der Rechtsgedanke des § 136 II Anwendung findet (→ § 138 Rn. 57). Wenn der Kläger auf die Teilabhilfe hin nur erklärt „Im Übrigen nehme ich die Klage zurück", muss das FG fragen, ob Hauptsachenerledigung erklärt werden soll. Im Zweifel ist dies im Wege der Auslegung zu bejahen. Wenn der Kläger auf die Teilabhilfe hin erklärt „Ich nehme die Klage zurück", wird die Klage hinsichtlich des noch anhängigen Klagebegehrens zurückgenommen (mit der Kostenfolge des § 136 II, soweit nicht § 137 S. 2 Anwendung findet; → § 136 Rn. 9).

14 **§ 72 I a** lässt ausnahmsweise (→ Rn. 12, 13) eine **Teilrücknahme bezüglich bestimmter Besteuerungsgrundlagen** zu, die für ein zwischenstaatliches Verständigungs- oder Schiedsverfahren (§ 2 AO) von Bedeutung sein können. – Die Vorschrift soll – ebenso wie § 50 I a und §§ 354 I a, 362 I a AO – vermeiden, dass Beginn und Durchführung eines zwischenstaatlichen Verständigungs- oder Schiedsverfahrens insbes. in den Fällen unnötig verzögert werden, in denen der Rechtsstreit wegen anderer Punkte geführt wird. Ohne die Neuregelung müsste der rkr. Abschluss des Rechtsstreits abgewartet werden, weil Beginn und Durchführung der zwischenstaatlichen Verhandlungen nach den getroffenen internationalen Vereinbarungen (DBA, sonstige zwischenstaatliche Verträge) bzw. der gewachsenen Übung die Unanfechtbarkeit des Steuerbescheides (Bestandskraft des VA, Rechtskraft des Urteils) voraussetzen.

Die wirksame Teilrücknahme hat zur **Folge,** dass der VA hinsichtlich der Besteuerungsgrundlagen, auf die sich die Rücknahme bezieht, in **Teilbestandskraft** erwächst. Mit Rücksicht darauf verlangt § 72 I a 2 iVm § 50 I a 2 die **genaue Bezeichnung der** durch die Teilrücknahme erfassten **Besteuerungsgrundlagen.** Solange diese Voraussetzung nicht erfüllt ist, bleibt die Teilrücknahme unwirksam (Klein/Rätke AO § 362 Rn. 7; zweifelnd Helmschrott/Eberhart DStR 1994, 525). – Im Übrigen gelten für die Teilrücknahme die allg. Regeln (→ Rn. 5 ff.).

cc) Adressat der Rücknahmeerklärung. Die Rücknahme hat **gegenüber dem Gericht** (dem Senat bzw. dem Einzelrichter – §§ 6, 79a III, IV), **nicht** ggü. **der Finbeh** zu erfolgen (vgl. § 155 S. 1 FGO iVm § 269 II 1 ZPO). Die ggü. der Verwaltung abgegebene Erklärung (vgl. § 47 II, III) ist aber als Klagerücknahme anzuerkennen, wenn sie von der Behörde mit Wissen und Willen des Klägers dem Gericht vorgelegt wurde (BFH VII K 8/68, BStBl. II 1971, 204; VI R 184/68, BStBl. II 1971, 461). **Zeitpunkt der Rücknahme** ist der Eingang bei Gericht (→ Rn. 5, 22). Auch der nach § 79 tätige Richter ist (insbes. im Erörterungstermin – → § 79 Rn. 5) zur Entgegennahme der Erklärung berechtigt. – Die Rücknahme muss **bei dem mit der Sache befassten Gericht** erfolgen, ggf. auch bei dem Revisionsgericht (BFH VI R 184/68, BStBl. II 1971, 461; VI R 73/78, BStBl. II 1978, 649; BVerwG VIII C 73/66, HFR 1967, 516). **Zwischen den Instanzen** (→ § 69 Rn. 212) ist sie ggü. dem Gericht der unteren Instanz zu erklären (Gosch/Schoenfeld § 72 Rn. 51). 15

dd) Frist. Der Zeitraum, in dem eine Klage zurückgenommen werden kann, beginnt mit dem **Eintritt der Rechtshängigkeit** (§§ 64 I, 66 I). Eine zuvor eingehende Klagerücknahme ist bei der Auslegung eines später eingehenden Schriftsatzes (in Gestalt einer Klageschrift) zu berücksichtigen, was idR dazu führen wird, dass die Äußerungen des Klägers dahin gehend auszulegen sind, dass keine Klage erhoben werden soll (→ § 40 Rn. 3 ff.). Der Zeitraum endet mit dem **Wegfall der Rechtshängigkeit,** zB durch Abgabe übereinstimmender Erledigungserklärungen (→ § 138 Rn. 25 f.; FG Brem II 128/91 K, EFG 1992, 24; FG BW XI K 209/87, EFG 1990, 183; 6 K 42/93, EFG 1994, 51), bzw. **mit der Rechtskraft des Urteils** (→ § 110 Rn. 8 f.). Die Klage kann also auch noch während des Rechtsmittelverfahrens – mit Einwilligung des Beklagten (→ Rn. 22 ff.) – zurückgenommen werden (BFH VI R 165/69, BStBl. II 1970, 327; I R 182/76, BStBl. II 1977, 696; IX B 115/98, BFH/NV 1999, 820 (821)). Ist ein an sich statthaftes und rechtzeitig eingelegtes Rechtsmittel unzulässig oder (zB wegen Nichteinhaltung der Revisionsbegründungsfrist oder Wegfalls des Rechtsschutzinteresses) unzulässig geworden, tritt die Rechtskraft des Urteils erst mit der Rechtskraft der Verwerfungsentscheidung ein (GmSOGB GmS-OGB 1/83, NJW 1984, 1027). – Die Rechtskraft tritt jedoch mit Ablauf der Rechtsmittelfrist ein, wenn bis dahin lediglich eine nicht statthafte Kostenbeschwerde eingelegt worden ist (BFH VII B 18/94, BFH/NV 1995, 126) oder wenn das Rechtsmittel nicht statthaft ist oder verspätet eingelegt wurde. Die schon eingetretene Rechtskraft kann durch ein solches Rechtsmittel nicht beseitigt werden. Die Klage kann auch **nicht mehr** zurückgenommen werden, **nachdem** die **Revision zurückgenommen** (§ 125) worden ist. Denn mit der Zurücknahme der Revision wird das Urteil des FG rechtskräftig. 16

b) Wirksamkeit der Erklärung, Anfechtung, Widerruf. Die Klagerücknahme kann wirksam nur von einem **Prozessfähigen** (§ 58) erklärt werden (BFH 18

II R 108/66, BStBl. II 1969, 733; III S 7/90, BFH/NV 1991, 337 (338); IX B 90/22, BFH/NV 2023, 1096). – Wird der Kläger (Antragsteller/Beschwerdeführer) durch einen Prozessbevollmächtigten vertreten, ist die Rücknahme auch dann wirksam, wenn der Prozessbevollmächtigte im Innenverhältnis nicht zur Rücknahme befugt war (BFH VI B 95/06, BFH/NV 2007, 1704 (1705)). Hat ein vollmachtloser Vertreter Klage erhoben, kann er sie auch wieder zurücknehmen (BFH III R 228/94, BFH/NV 1995, 1008; IX B 153/13, BFH/NV 2014, 1391).

19 Die Rücknahme kann als Prozesshandlung **nicht** nach bürgerlich-rechtlichen Regeln wegen Irrtums **angefochten** und grds. auch **nicht widerrufen** werden (BFH II B 26/69, BStBl. II 1972, 352; V R 40/05, BFH/NV 2007, 356; III B 81/14, BFH/NV 2015, 1268; IX B 90/22, BFH/NV 2023, 1096). – Ein Widerruf kann **auch nicht bis zur** (ggf. erforderlichen – → Rn. 22 ff.) **Einwilligung** des Beklagten erfolgen (BFH VI R 73/78, BStBl. II 1978, 649; V R 40/05, BFH/NV 2007, 356; Gräber DStR 1967, 176 (178); aA FG MV 1 K 46/96, EFG 1997, 1031 (1032)). – Zur **Geltendmachung der Unwirksamkeit** der Klagerücknahme → Rn. 37 ff.

20 Ein **Widerruf** der Rücknahmeerklärung ist **zulässig,** wenn ein **Wiederaufnahmegrund** (§§ 579, 580 ZPO) gegeben ist (BFH VI B 134/90, BFH/NV 1992, 49; V B 174/00, BFH/NV 2002, 52; III B 81/14, BFH/NV 2015, 1268; BGH IV ZB 1/54, BGHZ 12, 284 betr. den Fall des Prozessbetruges; XII ZB 82/06, NJW 2007, 3640). Ob ein Widerruf auch dann möglich ist, wenn der Prozessbevollmächtigte **offensichtlich missbräuchlich gehandelt** hat oder die Rücknahme auf einem **erkennbaren Versehen** beruht, hat der BFH offen gelassen (BFH X S 47/08 (PKH), BFH/NV 2009, 1997; → Rn. 18; vgl. auch BFH III B 81/14, BFH/NV 2015, 1268; in einem Ausnahmefall bejahend BGH II ZB 5/77, VersR 1977, 574). Bei einem offensichtlichen Irrtum wird aber die Rücknahmeerklärung schon gar nicht als solche ausgelegt werden können (was im Fall des BGH II ZB 5/77, VersR 1977, 574 auch sachgerecht gewesen wäre; vgl. FG BBg 7 K 7068/21, BeckRS 2022, 22309).

21 **§ 72 II 3** spricht dafür, dass der Gesetzgeber entspr. der Rspr. des BFH vor Inkrafttreten der FGO (BFH IV 159/58 U, BStBl. III 1959, 294; IV 176/59 S, BStBl. III 1962, 107) die Möglichkeit offen halten wollte, eine **Klagerücknahme bei unzulässiger Einwirkung** (Drohung, Druck, Täuschung, auch unbewusster Irreführung) der Behörde oder des Gerichts als **unwirksam** zu behandeln (BFH XI R 15/04, BStBl. II 2005, 644; X B 106/17, BFH/NV 2018, 446; X B 136/19, BFH/NV 2020, 774; IX B 90/22, BFH/NV 2023, 1096; → Rn. 4; aA Albert DStZ 1999, 732), zB wenn die Klagerücknahme durch den unzutreffenden Hinweis, die Klage sei ganz oder teilweise unzulässig, beeinflusst wurde (BFH XI R 15/04, BStBl. II 2005, 644; FG LSA 4 K 791/04, EFG 2014, 430). Nach der finanzgerichtlichen Rspr. gelten für die Bejahung einer Ausnahmesituation jedoch **strenge Maßstäbe** (vgl. die oben zitierten BFH-Entscheidungen und SchlHFG V 554/97, EFG 1998, 578; FG BW 5 K 62/91, EFG 1994, 1107). Fehleinschätzungen des Bevollmächtigten stellen keinen Unwirksamkeitsgrund dar (FG Hmb 4 K 96/19, BeckRS 2021, 18055). – Zur **Frist** für die Geltendmachung der Unwirksamkeit → Rn. 47, 48.

22 **c) Einwilligung des Beklagten.** Nach Schluss der mündlichen Verhandlung (→ Rn. 23), bei Verzicht auf mündliche Verhandlung (→ Rn. 24) und nach Erlass eines Gerichtsbescheides (→ Rn. 25) ist die Rücknahme der Klage **nur mit Einwilligung des Beklagten** möglich (§ 72 I 2). Die Einwilligung anderer

Beteiligter ist nicht erforderlich (BFH I R 182/76, BStBl. II 1977, 696; IV B 165–166/87, BFH/NV 1989, 240). Bei „teilweiser" Rücknahme der Klage (Einschränkung des Antrags; → Rn. 13) bedarf es keiner Einwilligung des Beklagten. Die Einwilligung erfolgt entweder **durch Erklärung** des Beklagten (§ 72 I 2) **oder** durch **Fiktion** der Einwilligung gem. § 72 I 3 (→ Rn. 26). – Ist die Einwilligung des Beklagten erforderlich, erlangt die Rücknahmeerklärung nicht schon mit ihrem Zugang bei Gericht (→ Rn. 5), sondern erst mit dem Wirksamwerden der Einwilligung, dh mit der mündlichen Erklärung bzw. mit dem Zugang der schriftlichen Erklärung bei Gericht oder mit der Verwirklichung der Einwilligungsfiktion rechtliche Bedeutung (allgA – BFH VI R 73/78, BStBl. II 1978, 649; s. ferner Gräber DStR 1967, 176 (177) mwN). § 72 I 2, 3 trägt dem Interesse des Beklagten an einer gerichtlichen Entscheidung in der Sache Rechnung (Tipke/Kruse/Brandis § 72 Rn. 20).

aa) Erforderlichkeit der Einwilligung. Erforderlich ist die Einwilligung

- **nach Schluss der mündlichen Verhandlung** (vgl. § 93 III 1). – Wird die 23
  mündliche Verhandlung jedoch wiedereröffnet (§ 93 III 2), so kann der Kläger die Klage nunmehr wieder ohne Einwilligung des Beklagten zurücknehmen (Tipke/Kruse/Brandis § 72 Rn. 21; FG MV 1 K 46/96, EFG 1997, 1031). Die Einwilligung bleibt aber notwendig, wenn nach Schluss der mündlichen Verhandlung für das weitere Verfahren auf mündliche Verhandlung verzichtet wird. In der Revisionsinstanz ist sie immer erforderlich und zwar entweder, weil schon mündlich verhandelt worden ist (BFH VI R 314/66, BStBl. III 1967, 294) oder weil bereits ein Urteil vorliegt (→ Rn. 25 aE).
- **bei Verzicht auf mündliche Verhandlung** (§ 90 II), dh wenn **alle Beteilig-** 24
  ten wirksam verzichtet haben. – In den Fällen, in denen **trotz Verzichts** eine **mündliche Verhandlung** stattfindet (also auf Anordnung des Gerichts), kann die Klage wieder ohne Einwilligung zurückgenommen werden (ebenso Tipke/Kruse/Brandis § 72 Rn. 21). Der Beklagte hat – anders als im Falle des § 90a (→ Rn. 25) – noch keine schutzwürdige Position erreicht. – Ebenso ist es, wenn zwar im 1. Rechtsgang, nicht jedoch im 2. Rechtsgang auf mündliche Verhandlung verzichtet worden ist (BFH IV R 156/71, BStBl. II 1972, 625).
- **nach wirksamer Zustellung eines Gerichtsbescheides** (§§ 90a, 79a II, IV) 25
  und zwar auch dann, wenn mündliche Verhandlung beantragt wird (§§ 79a II, IV; 90a II Nr. 3; BFH VII R 116–117/87, BStBl. II 1990, 695; I R 134/90, BFH/NV 1992, 564; Tipke/Kruse/Brandis § 72 Rn. 21; **aA** BFH BStBl. II 1971, 408; in der Tendenz auch Gosch/Schoenfeld § 72 Rn. 73). – Dem Gerichtsbescheid ist ein Urteil gleichzustellen. Das bedeutet, dass in der **Revisionsinstanz** die **Einwilligung immer erforderlich** ist (BFH IV R 156/71, BStBl. II 1972, 625 (626); VI R 86/10, BFH/NV 2011, 1515; vgl. hierzu Gräber DStR 1967, 176 (177)).

bb) Erteilung der Einwilligung, Fiktion der Einwilligung. Die Einwilli- 26
gungserklärung (§ 72 I 2) ist **Prozesshandlung.** Die Einwilligung muss **dem Gericht gegenüber** (vor oder nach Rücknahme der Klage) erklärt werden. Sie bedarf keiner besonderen Form; **schlüssiges Verhalten genügt** (Tipke/Kruse/Brandis § 72 Rn. 22). – Was hinsichtlich der Bedingungsfeindlichkeit, Nichtanfechtbarkeit und Unwiderruflichkeit für die Klagerücknahme gesagt ist (→ Rn. 10, 19, 20), gilt für die Einwilligungserklärung entspr. Die **Einwilligung wird** gem. § 72 I 3 **fingiert,** wenn der Beklagte der Klagerücknahme nicht innerhalb von zwei Wochen nach Zustellung (§ 53) des die Rücknahme enthalten-

den Schriftsatzes widerspricht und das Gericht auf diese Folge hingewiesen hat. Da alsbald Klarheit über das Schicksal des Verfahrens herbeigeführt werden soll, ist das FG verpflichtet, die Zustellung des Rücknahmeschriftsatzes anzuordnen und den Hinweis nach § 72 I 3 Hs. 2 zu erteilen (wohl auch Gosch/Schoenfeld § 72 Rn. 78). – Der Beklagte kann **frei** darüber **entscheiden,** ob er die Einwilligung erklären oder der Rücknahme widersprechen will. – Zur Frage, ob die Weigerung des Beklagten, die erforderliche Einwilligung zu erteilen, rechtsmissbräuchlich und deshalb unbeachtlich ist, s. Tipke/Kruse/Brandis § 72 Rn. 22 aE; Kopp/Schenke/Schenke VwGO § 92 Rn. 13 mwN. – Das Gericht muss dem Beklagten auch in den Fällen des § 72 I 2 Gelegenheit zur Äußerung geben (BFH III R 136/66, BStBl. III 1967, 225).

28 **cc) Folgen der Nichterteilung bzw. der verspäteten Erteilung der Einwilligung.** Erteilt der Beklagte die erforderliche **Einwilligung nicht** und gilt die Einwilligung – (zB) mangels des in § 72 I 3 Hs. 2 vorgeschriebenen gerichtlichen Hinweises – auch nicht als erteilt, ist die **Klagerücknahme unwirksam** (BFH III B 45/98, BFH/NV 1999, 318; BVerwG VIII C 92/68, BVerwGE 31, 221), das Verfahren also **fortzusetzen** und über die Klage zu entscheiden (zB BFH XI R 5/90, BStBl. II 1992, 969). Stellt der Kläger einen neuen Sachantrag, ist hierüber zu befinden (BFH XI R 5/90, BStBl. II 1992, 969). Äußert sich der Kläger nicht, wird also kein Sachantrag mehr gestellt, so ist seine Klage (mangels Rechtsschutzinteresses) als unzulässig abzuweisen (BFH XI R 34/89, BFH/NV 1991, 829 (830); Tipke/Kruse/Brandis § 72 Rn. 22). – War im Zeitpunkt der Klagerücknahme **schon** ein **Urteil ergangen** (→ Rn. 16), wird es mit Ablauf der Rechtsmittelfrist rechtskräftig. Entsprechendes gilt, wenn die Einwilligung erst nach Ablauf der Rechtsmittelfrist erteilt wird. Legt der Kläger Rechtsmittel ein, ist das Verfahren fortzuführen.

2. Wirkungen der Klagerücknahme

29 Die wirksame Rücknahme der Klage führt zur **Beendigung des Verfahrens** ohne rechtskräftige Entscheidung über das geltend gemachte Recht. Sie hat folgende Wirkungen:

30 Mit der Klagerücknahme gilt das Verfahren als **nicht anhängig geworden.** Die Wirkungen der **Rechtshängigkeit** (→ § 66 Rn. 6 ff.) werden ohne weitere Entscheidung rückwirkend beseitigt (BFH XI R 1/07, BStBl. II 2007, 833; IV R 26/08, BFH/NV 2009, 1405; VII B 69/11, BFH/NV 2012, 248). Die Rückwirkung tritt jedoch nur in verfahrensrechtlicher Hinsicht ein, nicht jedoch in materiell-rechtlicher Hinsicht für die Festsetzung von Prozesszinsen iSd § 236 (BFH III R 11/12, BStBl. II 2013, 665). Ein bereits ergangenes, noch nicht rechtskräftiges **Urteil wird** (durch wirksame Klagerücknahme im Revisionsverfahren; auch → Rn. 2) **wirkungslos,** ohne dass es aufgehoben werden müsste (BFH II R 70/85, BFH/NV 1990, 448; I R 45/16, BFH/NV 2018, 450). Dasselbe gilt für andere im Verlaufe des Verfahrens getroffene gerichtliche Entscheidungen. Auch eine vom Kläger gegen das erstinstanzliche Urteil eingelegte **Revision** wird **gegenstandslos** (BFH IV R 123/92, BFH/NV 1993, 488; IX R 71/02, BFH/NV 2006, 759). Die **Rechtsfolgen** der Rücknahme der Klage während des Revisionsverfahrens (Unwirksamkeit des FG-Urteils, Gegenstandslosigkeit der Revision) **sind vom BFH** aus Gründen der Rechtsklarheit ausdrücklich **auszusprechen** (BFH V R 37/07, BFH/NV 2007, 2323). Stellt der BFH im Rechtsmittelverfahren fest, dass wegen einer vor Verkündung des FG-Urteils erklärten

Klagerücknahme ein Urteil nicht hätte ergehen dürfen, hebt er das Urteil auf und gibt die Sache an das FG zurück, damit dieses einen Einstellungsbeschluss gem. § 72 II 2 erlässt (BFH VII B 69/11, BFH/NV 2012, 248). – **Nebenverfahren** (zB §§ 69 III, 114, 142) werden **unzulässig** (→ § 69 Rn. 32). – Zur Rücknahme der Klage durch einen Kläger in den Fällen der **subjektiven Klagenhäufung** s. BFH X B 106/06, BFH/NV 2007, 733.

Die Rücknahme der Klage hindert den Kläger grds. nicht, bezüglich desselben Streitgegenstandes eine **neue Klage** zu erheben. Anders als im Zivil- und Verwaltungsprozessrecht hat die Rücknahme einer fristgebundenen Klage (Anfechtungs- und Verpflichtungsklage – → § 47 Rn. 5) im finanzgerichtlichen Verfahren jedoch den **Verlust des Klagerechts** zur Folge (§ 72 II 1). Die **fristgebundene Klage** kann auch dann **nicht erneut** erhoben werden, wenn die Klagefrist noch läuft; geschieht dies trotzdem, ist sie als unzulässig abzuweisen (HessFG VIIIb 167/71, EFG 1974, 435; Tipke/Kruse/Brandis § 72 Rn. 26). Ein Verstoß gegen Art. 19 IV GG ist darin nicht zu sehen, weil dem Kläger zuzumuten ist, die Abgabe der Rücknahmeerklärung erst nach reiflicher Überlegung abzugeben und ihm dafür in der Praxis weit mehr Zeit als bis zum Ablauf der Klagefrist zusteht (aA Jesse, FR 2024, 54 (61)). § 72 II 1 steht aber nicht der Bereinigung einer doppelten Rechtshängigkeit (§ 155 S. 1 FGO iVm § 17 I 2 GVG) durch die Rücknahme einer der beiden Klagen entgegen (HHS/Schallmoser § 66 Rn. 30 f.; → § 66 Rn. 7). Bei nicht fristgebundenen Klagen – in der Praxis häufig sog. Untätigkeitsklagen iSd § 46 – gilt § 72 II 1 nicht, so dass zB die Rücknahme einer verfrüht erhobenen Untätigkeitsklage einer erneuten Klage nach Hineinwachsen der Klage in die Zulässigkeit oder Ergehen der Einspruchsentscheidung nicht entgegensteht (Tipke/Kruse/Brandis § 72 Rn. 26 aE; Gosch/Schoefeld § 72 Rn. 84). **31**

Das Verfahren ist im Regelfall ohne Kostenentscheidung durch Beschluss **einzustellen** (§ 72 II 2; s. aber BFH V R 37/07, BFH/NV 2007, 2323). – → Rn. 34 ff. **32**

Der Kläger trägt die **Kosten** des Verfahrens (§ 136 II; → Rn. 34), sofern nicht § 137 S. 2 vorgeht (→ § 136 Rn. 9) oder ein Vertreter ohne Vertretungsmacht aufgetreten ist (→ § 135 Rn. 9 f., → § 136 Rn. 8). **33**

3. Verfahrensfragen

a) Entscheidung über die Rücknahme (Beschluss/Urteil). Nach § 72 II 2 stellt das mit der Sache befasste Gericht (das kann auch der BFH im Rahmen eines bei ihm anhängigen Revisionsverfahren sein – BFH VII B 129/70, BStBl. II 1972, 793; V R 37/07, BFH/NV 2007, 2323) das Verfahren durch **Beschluss** ein (zu den Besonderheiten bei der Zurücknahme der Revision → § 125 Rn. 12). Dies setzt voraus, dass das Gericht von der Wirksamkeit der Rücknahme überzeugt ist (vgl. BFH III S 12/15, BFH/NV 2015, 1421). Soweit sich die Rücknahme im Falle der objektiven oder subjektiven Klagenhäufung nur auf einen von mehreren selbständigen Streitgegenständen bezieht (→ Rn. 12), ist das Verfahren insoweit abzutrennen und sodann mit gesondertem Beschluss oder (ohne Abtrennung) im Urteil (vgl. BFH VIII R 17/19, DStR 2022, 407) einzustellen. Wird die Klage nach Rechtskraft des Urteils (in Antragsverfahren des Beschlusses) bzw. nach Abgabe übereinstimmender Hauptsacheerledigungserklärungen zurückgenommen, ist ein **Beschluss über die Unwirksamkeit der Rücknahme** erforderlich. Der Beschluss wird beim FG im vorbereitenden Verfahren (einschl. einer ggf. **34**

damit verbundenen Abtrennung; → § 79a Rn. 5, 12) durch den Vorsitzenden oder den Berichterstatter (§ 79a I Nr. 2, IV), iÜ durch den Senat (§ 5 III) oder – ohne jede Einschränkung – durch den Einzelrichter (§§ 6, 79a III, IV), beim BFH in Beschlussbesetzung (§ 10 III; BFH I R 45/16, BFH/NV 2018, 450) gefasst. – Über die **Kosten** des Verfahrens wird grds. **nur auf Antrag** entschieden (§ 144; weitergehend FG Brem 2 93 357 E 2, EFG 1994, 581 (582)). Eine Ausnahme gilt, wenn die Kosten abw. von § 136 II auferlegt werden sollen (→ Rn. 33) oder für den Fall der Klagerücknahme in der Revisionsinstanz (BFH V R 37/07, BFH/NV 2007, 2323; I R 45/16, BFH/NV 2018, 450). – Ggf. ist eine Entscheidung durch **Urteil** erforderlich (→ Rn. 37 ff.). **Folgende Fälle sind zu unterscheiden:**

35 Besteht **kein Streit über die Wirksamkeit der Klage-** bzw. Antrags**rücknahme,** darf das Gericht (→ Rn. 34) den Einstellungsbeschluss erlassen, wenn es der Ansicht ist, die Rücknahme sei wirksam erfolgt (vgl. HessFG 4 K 495/22, BeckRS 2022, 39850). Die Prüfung ist insoweit zunächst auf den Akteninhalt und sonstige gerichtsbekannte Umstände zu beschränken. Die Unwirksamkeit der Rücknahme kann noch innerhalb der Jahresfrist des § 72 II 3 iVm § 56 III geltend gemacht werden (→ Rn. 47 f.). Der nach Abgabe der Rücknahmeerklärung ergangene Einstellungsbeschluss hat deshalb lediglich **deklaratorische Bedeutung.** Er stellt die Klage- bzw. Antragsrücknahme fest, ohne eine Entscheidung über das Vorliegen einer Klagerücknahme oder ihre Wirksamkeit zu treffen (so mit Recht die hM – zB BFH II B 163/89, BStBl. II 1990, 503; VII B 172/96, BFH/NV 1997, 676; IV R 26/08, BFH/NV 2009, 1405 (1406)). **Konstitutiv** ist der Beschluss jedoch hinsichtlich der Kostenfolge (Kopp/Schenke/Schenke VwGO § 92 Rn. 27), falls eine Kostenentscheidung getroffen wird (→ Rn. 34).

36 Hält das Gericht die Klage- bzw. Antragsrücknahme für **unwirksam** (etwa, weil sie unter einer Bedingung erklärt – → Rn. 10 – oder weil sie von einem gerichtsbekannten Prozessunfähigen abgegeben worden ist; → Rn. 18), ist das Verfahren fortzusetzen und die Unwirksamkeit in den Gründen des Endurteils festzustellen, falls keiner der Beteiligten dem entsprechenden Hinweis des Gerichts widerspricht und der Kläger den Mangel auch nicht beseitigt.

37 Besteht **Streit** darüber, **ob** die **Klage** bzw. der Antrag (→ Rn. 1) oder die Beschwerde **wirksam zurückgenommen** worden ist, gilt Folgendes:

38 Bestand der **Streit schon vor Erlass des Einstellungsbeschlusses,** ist in Klageverfahren immer durch **Urteil** (in selbständigen Antragsverfahren immer durch Beschluss; vgl. FG Hmb 4 V 88/16, BeckRS 2016, 95155) zu entscheiden, weil § 72 II 2 nicht auf streitige Entscheidungen zugeschnitten ist (BFH VIII B 61/05, BFH/NV 2006, 788; IX B 109/09, BFH/NV 2010, 917; X S 9/14 (PKH), BFH/NV 2014, 1890; FG BBg 7 K 7068/21, BeckRS 2022, 22309; Tipke/Kruse/Brandis § 72 Rn. 28 mwN). Stellt das Gericht fest, dass die **Klage** (der Antrag) **wirksam zurückgenommen** ist, spricht es das im **Tenor** seines Urteils (Beschlusses) aus (BFH II B 26/69, BStBl. II 1972, 352; VIII B 61/05, BFH/NV 2006, 788; IX B 109/09, BFH/NV 2010, 917; 23). Verfolgt der Kläger sein ursprüngliches Begehren weiter, ist die Klage (der Antrag) als unzulässig abzuweisen, weil das Fehlen einer Klagerücknahme eine negative Sachentscheidungsvoraussetzung ist (BFH XI R 1/07, BStBl. II 2007, 833; → Vor § 33 Rn. 27; aA fehlendes Rechtsschutzinteresse: FG München 10 K 581/11, BeckRS 2012, 95491; 8 K 3858/12, EFG 2014, 567). In Klageverfahren ist Entscheidung durch Zwischenurteil (§ 97) möglich.

Wird eine **Beschwerde** (zB wegen Nichtzulassung der Revision) wirksam **zurückgenommen,** spricht das Gericht die Wirksamkeit der Rücknahmeerklärung aus, wenn zwischen den Beteiligten Streit über die Wirksamkeit der Rücknahme besteht (BFH VI B 95/06, BFH/NV 2007, 1704 (1705) mwN).

Ist das Gericht dagegen der Ansicht, die Klage sei **nicht wirksam zurückgenommen** worden, erlässt es entweder einen Gerichtsbescheid oder ein Endurteil, in dem es die Frage der Klagerücknahme mitbehandelt, oder aber es erlässt zunächst ein Zwischenurteil nach § 97 über die Unwirksamkeit der Rücknahme (BFH II B 26/69, BStBl. II 1972, 352; möglich ist auch ein unselbständiges Zwischenurteil nach § 155 S. 1 FGO iVm § 303 ZPO – Entscheidung über einen Zwischenstreit – vgl. Kopp/Schenke/Schenke VwGO § 92 Rn. 29) und befindet anschließend sachlich über die Klage. Gleichzeitig ist der Einstellungsbeschluss zur Klarstellung aufzuheben (BFH VIII B 45/86, BFH/NV 1987, 383). – In selbständigen **Antragsverfahren** ist unter Aufhebung des Einstellungsbeschlusses durch Beschluss zur Sache zu entscheiden und in den Gründen zur Wirksamkeit der Rücknahme Stellung zu nehmen. – Zu **nachträglichen Einwendungen gegen die Wirksamkeit** oder den Bestand der Rücknahme → Rn. 45, 46. 39

b) Analoge Anwendung in Fällen des Rechtsmissbrauchs. In der Verwaltungsgerichtsbarkeit ist die dem § 72 II 2 entspr. Vorschrift des § 92 III VwGO analog angewendet worden, um in Verfahren, deren Betreiben vom VG als rein **rechtsmissbräuchlich** angesehen wurde, deutlich zu machen, dass keine weitere Bearbeitung erfolgen wird (vgl. zB VG Neustadt a.d. Weinstraße 5 K 777/17.NW, BeckRS 2017, 139133; VG Gelsenkirchen 15 K 3678/22, NVwZ-RR 2023, 470; vgl. auch OVG NRW 4 A 448/23, DVBl 2023, 1494). Dagegen bestehen Bedenken. Sofern dem Vortrag des Klägers kein sinnvolles Begehren entnommen werden kann, erscheint es geboten, die Sache als sog. AR-Sache zu behandeln und dem Kläger formlos mitzuteilen, dass kein Verfahren aufgenommen wird (bzw. ein bereits aufgenommenes Verfahren aus dem Prozessregister zu löschen; → Rn. 3), und die Klage iÜ durch Gerichtsbescheid oder Urteil als unzulässig abzuweisen (→ Vor § 33 Rn. 19). 40

c) Antrag auf Fortsetzung des Verfahrens. Nach Ergehen des Einstellungsbeschlusses kann die Unwirksamkeit der Klage- bzw. Antragsrücknahme nicht mehr mit der Beschwerde geltend gemacht werden (→ Rn. 46). Der Kläger/Antragssteller kann aber die **Fortsetzung des Verfahrens** beantragen (BFH V B 174/00, BFH/NV 2002, 52; XI R 15/04, BStBl. II 2005, 644; FG München 10 K 581/11, BeckRS 2012, 95491; ebenso Spindler DB 2001, 61 (63); auch Kopp/Schenke/Schenke VwGO § 92 Rn. 28). Der Antrag kann – in den zeitlichen Grenzen des § 72 II 3 iVm § 56 III (→ Rn. 48) – auch nach Eintritt der formellen Bestandskraft des Einstellungsbeschlusses gestellt werden, weil dem Beschluss (insoweit) lediglich deklaratorische Bedeutung zukommt (→ Rn. 35). Wird der Antrag gestellt, hat das Gericht das Verfahren fortzusetzen und über die Wirksamkeit der Rücknahme und ggf. über die Sache selbst zu entscheiden (BFH VIII B 61/05, BFH/NV 2006, 788; IX B 109/09, BFH/NV 2010, 917; III B 81/14, BFH/NV 2015, 1268; → Rn. 38 f.). Das gilt auch dann, wenn der Kläger den Rechtsstreit im Hinblick auf einen Einigungsvorschlag des FA durch Klagerücknahme beendet hatte und das FA sich anschließend außerstande sieht, entsprechende Änderungsbescheide zu erlassen (BFH III B 119/88, BFH/NV 1990, 579; vgl. die Rspr. nach übereinstimmender Hauptsachenerledigungserklärung: BFH 45

X B 42/11, BFH/NV 2012, 439; → § 138 Rn. 28; Wüllenkemper DStR 1989, 702).

46 Die frühere stRspr des BFH, nach der die Unwirksamkeit der Rücknahme (Wirksamkeit oder Bestand der Rücknahme) ausschließlich mit der **Beschwerde** geltend gemacht werden konnte (zB BFH III B 45/99, BFH/NV 2001, 173), ist durch den Wegfall der Beschwerdemöglichkeit (→ Rn. 49) überholt.

47 **d) Frist für die Geltendmachung der Unwirksamkeit.** Die Unwirksamkeit kann vor oder nach Erlass eines Einstellungsbeschlusses geltend gemacht werden (→ Rn. 38–46). Zu den Gründen → Rn. 18 ff., 36. Ausgeschlossen ist die nachträgliche Geltendmachung, wenn bereits Streit um die Wirksamkeit der Rücknahme geherrscht und das Gericht über die Wirksamkeit entschieden hat. Das gilt selbst dann, wenn jetzt neue Gründe vorgetragen werden, es sei denn, dass es sich um Gründe handelt, die ein Wiederaufnahmeverfahren (§ 134) rechtfertigen.

48 Die **Jahresfrist (§ 72 II 3 iVm § 56 III) beginnt** mangels einer Rechtsmittelfrist (→ Rn. 49) **mit der Bekanntgabe** des Einstellungsbeschlusses an den Kläger/Antragsteller oder den Prozessbevollmächtigten (BFH XI R 1/07, BStBl. II 2007, 833; II B 116/08, BeckRS 2009, 25014890). – Bei höherer Gewalt (→ § 55 Rn. 29) kann die Unwirksamkeit der Rücknahme auch nach Ablauf der Jahresfrist geltend gemacht werden.

49 **e) Rechtsmittel.** Nach **§ 128 II** besteht die Möglichkeit, gegen Einstellungsbeschlüsse **Beschwerde** einzulegen, **nicht mehr.** – Gegen die Ablehnung des **Antrags auf Fortsetzung des Verfahrens** (→ Rn. 45) ist jedoch die Beschwerde gegeben (BFH VIII B 61/05, BFH/NV 2006, 788). – Zur Rüge, das rechtliche Gehör sei verletzt worden, s. § 133a.

50 Soweit das FG durch Beschluss eine **Kostenentscheidung** getroffen hat (→ Rn. 34), ist die Entscheidung nach § 128 IV **unanfechtbar.** Auch eine isolierte Anfechtung der Kostenentscheidung (§ 145 II) ist ausgeschlossen.

51 Zur Frage der **Wiederaufnahme des Verfahrens** nach Klagerücknahme s. BFH V B 158/97, BFH/NV 1998, 1237.

§ 73 [Verbindung mehrerer Verfahren]

(1) [1]**Das Gericht kann durch Beschluss mehrere bei ihm anhängige Verfahren zu gemeinsamer Verhandlung und Entscheidung verbinden und wieder trennen.** [2]**Es kann anordnen, dass mehrere in einem Verfahren zusammengefasste Klagegegenstände in getrennten Verfahren verhandelt und entschieden werden.**

(2) **Ist die Klage von jemandem erhoben, der wegen dieses Klagegegenstands nach § 60 Abs. 3 zu einem anderen Verfahren beizuladen wäre, so wird die notwendige Beiladung des Klägers dadurch ersetzt, dass die beiden Verfahren zu gemeinsamer Verhandlung und einheitlicher Entscheidung verbunden werden.**

Vgl. § 93 VwGO; § 113 SGG; §§ 145, 147 ZPO.

Literatur: Albert, Zuständigkeit des gesetzlichen Einzelrichters gem. § 79a Abs. 1, 4 FGO zur Trennung von Verfahren nach teilweiser Verfahrensbeendigung, DStZ 2000, 727; Arz/Lach, Die gemeinsame Verhandlung und Beweisaufnahme in nicht verbundenen Zivilprozessen, MDR 2019, 1226; Grabolle/Wilske, Die gemeinsame Verhandlung nicht verbundener Zivilprozesse – Zulässigkeit, Voraussetzungen, Rechtsmittel und Gebühren, MDR 2007, 1405; Seeliger, Die Beteiligung Dritter am Steuerprozess, DStR 1966, 409.

Übersicht

	Rn.
I. Vorbemerkungen	1
II. Verbindung von Verfahren (§ 73 I 1 Hs. 1, § 73 II)	6
1. Voraussetzungen für die Verbindung von Verfahren	6
a) Verbindung nach § 73 I 1 Hs. 1	6
b) Verbindung nach § 73 II	13
2. Entscheidungsgrundsätze, Inhalt der Entscheidung	14
III. Trennung von Verfahren (§ 73 I 1 Hs. 2, § 73 I 2)	20
1. Voraussetzungen der Trennung	20
2. Entscheidungsgrundsätze, Inhalt der Entscheidung	22
IV. Form der Entscheidung bei Verbindung und Trennung	25
V. Wirkung	27
VI. Rechtsmittel	31

I. Vorbemerkungen

1 Nach § 43 kann der Kläger mehrere Klagebegehren in einer Klage zusammenfassen; nach § 59 FGO iVm §§ 59 ff. ZPO können mehrere Beteiligte gemeinschaftlich klagen oder verklagt werden. Die von den Beteiligten gewählte Verbindung und Trennung von Verfahren kann zu einer überflüssigen Mehrarbeit für das Gericht führen, die unter dem Gesichtspunkt der Prozessökonomie als nicht vertretbar erscheint. § 73 ermöglicht es deshalb dem Gericht, seinerseits mehrere (zunächst selbständige) **Klage- oder Antragsverfahren** (§§ 69, 114 – BFH V S 16, 17/98, BFH/NV 1999, 1111 (1112)) miteinander zu verbinden und umgekehrt die von den Beteiligten (oder auch von dem Gericht selbst) geschaffene Verbindung zu lösen.

2 Die Voraussetzungen, unter denen eine **Verbindung und Trennung nach § 73 I** erfolgen kann, sind für das finanzgerichtliche Verfahren ebenso wenig geregelt wie in § 93 VwGO für den allgemeinen Verwaltungsprozess (einige knappe Erläuterungen geben §§ 145, 147 ZPO für den Zivilprozess und § 113 SGG für das Sozialgerichtsverfahren). Das Gericht ist infolgedessen in seiner Entscheidung frei, dh es hat sie **nach pflichtgemäßem Ermessen** (→ Rn. 14 ff.; BFH X S 27/09 (PKH), BFH/NV 2010, 1462; II R 40/12, BFH/NV 2014, 1579) zu treffen. Die dabei erforderliche Interessenabwägung (Zweckmäßigkeitsprüfung) hat das Gericht nach Maßgabe des Gesetzeszwecks (→ Rn. 1) vorzunehmen (zB BFH III B 30/99, BFH/NV 2000, 202 (203)). Bei einer Verbindung von Verfahren ist das **Steuergeheimnis** zu berücksichtigen, wenn es auch eine Verbindung nicht von vornherein ausschließt (→ Rn. 14).

3 Eine Ausnahme gilt für die in **§ 73 II** genannten Fälle. Insoweit hat das Gericht **keine Ermessens-,** sondern eine **gebundene Entscheidung** zu treffen (→ Rn. 19).

4 Von der Verbindung von Verfahren ist die lediglich **gleichzeitige Verhandlung mehrerer selbständiger Verfahren** zu unterscheiden, die das Gericht als „zur tatsächlichen Vereinfachung dienliche vorübergehende Maßnahme" anord-

net (zur Abgrenzung s. BFH VII R 95/78, BStBl. II 1980, 105 (106); BGH I ZR 82/55, NJW 1957, 183; → Rn. 18).

II. Verbindung von Verfahren (§ 73 I 1 Hs. 1, § 73 II)

1. Voraussetzungen für die Verbindung von Verfahren

a) Verbindung nach § 73 I 1 Hs. 1. Zulässig ist die Verbindung

6 – wenn die (mehreren) Verfahren **bei demselben Gericht anhängig** sind (§ 73 I 1), und zwar auch dann, wenn verschiedene Senate dieses Gerichts mit den Verfahren befasst sind. Voraussetzung für eine **„senatsübergreifende" Verbindung** mehrerer Verfahren ist aber eine entsprechende Regelung im Geschäftsverteilungsplan des Gerichts (BFH X B 96/06, BFH/NV 2007, 960; VIII B 103/21, BFH/NV 2022, 1282), die es jedenfalls für die Fallgruppen „doppelte Rechtshängigkeit" (→ Rn. 16) und „notwendige Verbindung" (statt Beiladung, § 73 II, → Rn. 13) geben muss;

7 – wenn für die (mehreren) Verfahren **die gleiche Verfahrensart** gilt. Beide Verfahren müssen mit einer einheitlichen Entscheidung (Urteil oder Beschluss) abgeschlossen werden können und mit demselben Rechtsmittel anfechtbar sein (BFH VIII R 74/75, BStBl. II 1976, 573; BGH VIII ZR 76/76, NJW 1978, 44). Die Verbindung eines Verfahrens zur Hauptsache mit dem entsprechenden Verfahren über die Aussetzung der Vollziehung ist daher nicht möglich, wenn in der Hauptsache durch Urteil über eine Klage oder Revision zu entscheiden ist (BFH VIII R 74/75, BStBl. II 1976, 573) – anders, wenn vor dem BFH über die NZB und den parallel dazu gestellten AdV-Antrag zu entscheiden ist (BFH I B 42/00 I B S 4/00, BFH/NV 2000, 1494; IV B 35/09, BFH/NV 2011, 820);

8 – wenn sich die (mehreren) Verfahren **im gleichen Verfahrensstadium** befinden (das FG kann ein erstinstanzliches Verfahren nicht mit einer im zweiten Rechtsgang anhängigen Sache verbinden; Tipke/Kruse/Brandis § 73 Rn. 5; HHS/Thürmer § 73 Rn. 20; aA Gosch/Schoenfeld § 73 Rn. 15; SPK/Ossinger § 73 Rn. 13). Abweichendes mag gelten, wenn die Verbindung nach § 73 II zwingend ist (vgl. BFH VIII R 16/96, BFH/NV 1999, 471; SPK/Ossinger § 73 Rn. 13). Im Übrigen erscheint dies jedenfalls idR nicht zweckmäßig, da im Hinblick auf § 143 II unterschiedliche Kostenentscheidungen zu treffen sind, häufig kostenrechtlich verschiedene Rechtszustände gelten (vgl. § 71 I GKG) und im Hinblick auf § 126 V das FG in seinen Entscheidungsmöglichkeiten unterschiedlich frei ist.

9 Es braucht sich **nicht** um **mehrere** selbständige **Verwaltungsverfahren desselben Beteiligten** zu handeln. Eine Verbindung kommt auch in Betracht, wenn der Kläger **zwei Klagen gegen denselben Steuerbescheid** erhoben hat, die beide bei demselben Senat anhängig sind, oder die – bei Anhängigkeit in verschiedenen Senaten – „senatsübergreifend" (→ Rn. 6) verbunden werden können (→ Rn. 16). Auch mehrere **selbständige Verfahren unterschiedlicher Kläger** bzw. Antragsteller können verbunden werden und zwar auch dann, wenn den Verfahren **verschiedene Klagearten** (vgl. §§ 40, 41) zugrunde liegen. – Allerdings muss das **Steuergeheimnis** (§ 30 AO) gewahrt werden. Die Verbindung von Verfahren unterschiedlicher Kläger/Antragsteller kommt deshalb im Allgemeinen nur in Betracht, wenn die Voraussetzungen einer Streitgenossenschaft

(§ 59 FGO iVm §§ 59 ff. ZPO) erfüllt sind (BFH II R 33/95, BStBl. II 1997, 626; II R 85/99, BFH/NV 2002, 1036; II R 40/12, BFH/NV 2014, 1579). § 30 AO hindert die Verbindung bei notwendiger Streitgenossenschaft nicht (§ 59 FGO iVm § 62 ZPO; zB BFH II R 33/95, BStBl. II 1997, 626; Seeliger DStR 1966, 459; Tipke/Kruse/Brandis § 73 Rn. 7). Keine Streitgenossenschaft liegt vor, wenn es sich um unterschiedliche Steuerrechtsverhältnisse und unterschiedliche Rechtsvorgänge handelt, an denen jeweils nur ein einzelner Kläger beteiligt ist (BFH II R 23/00, BFH/NV 2002, 1610). Die Kläger können jedoch der Durchbrechung des Steuergeheimnisses zustimmen, zB indem sie der Verbindung ihrer Verfahren zustimmen (glA SPK/Ossinger § 73 Rn. 10). Auch kostenmäßige Gesichtspunkte (gesamtschuldnerische Haftung) sprechen gegen eine Verbindung von Verfahren unterschiedlicher Kläger, wenn diese an dem streitigen Vorgang nicht gemeinsam beteiligt sind (BFH II R 40/12, BFH/NV 2014, 1579).

Der Verbindung mehrerer Verfahren steht nicht entgegen, dass sie nach der 10 Verbindung im Verhältnis von Haupt- und Hilfsantrag (Eventualverhältnis) zueinander stehen (glA SPK/Ossinger § 73 Rn. 9).

§ 73 I 1 Hs. 1 verlangt (anders als § 93 VwGO) **nicht,** dass die (mehreren) 11 Verfahren **den gleichen Gegenstand** betreffen. Es genügt, dass die Verbindung unter dem Gesichtspunkt der Verfahrensvereinfachung als zweckmäßig erscheint (→ Rn. 14 ff.).

Im **erstinstanzlichen Verfahren** kommt eine Verbindung solange in Betracht, 12 bis in dem Verfahren eine Entscheidung ergangen ist (FG Hmb 3 K 298/15, EFG 2016, 1056) oder die mündliche Verhandlung geschlossen wurde. In der **Revisionsinstanz** ist eine Verbindung statthaft, wenn vor dem FG rechtliches Gehör gewährt worden ist (BFH X R 33–34/81, BStBl. II 1988, 92). Auch dann kommt aus Gründen der Prozessökonomie eine Verbindung in der Revisionsinstanz aber nur in Betracht, wenn in jedem Verfahren die Revision zulässig ist (BFH VII R 95/78, BStBl. II 1980, 105 (106); IX R 47/91, BFH/NV 1992, 189). – Zur **Verbindung** von **Beschwerdeverfahren** s. BFH XI B 208/07, XI B 209/07, BFH/NV 2008, 1174. – Der Verbindung mehrerer Verfahren **durch den GrS** steht nicht entgegen, dass die eine Anrufung wegen Divergenz, die andere wegen grundsätzlicher Bedeutung erfolgte, ebenso wenig das Steuergeheimnis (BFH GrS 2-3/77, BStBl. II 1978, 105; GrS 4/89, BStBl. II 1990, 847).

b) Verbindung nach § 73 II. Die Verbindung mehrerer Verfahren ist unter 13 den oben (→ Rn. 6–8) genannten allgemeinen Voraussetzungen insbes. in den Fällen vorzunehmen, in denen der **notwendig Beizuladende** (→ § 60 Rn. 23, 50 ff.) selbst eine **nicht offensichtlich unzulässige** (→ § 60 Rn. 25) **Klage** erhoben hat (§ 73 II). – **Klagegegenstand iSd § 73 II** ist nicht der Streitgegenstand, sondern das Rechtsverhältnis, an dem mehrere beteiligt sind und hinsichtlich dessen nur eine einheitliche Entscheidung ergehen kann (§ 60 III – → § 60 Rn. 23, 50 ff.).

2. Entscheidungsgrundsätze, Inhalt der Entscheidung

Die Verbindung von Verfahren **gemäß § 73 I 1 Hs. 1** zur gemeinsamen Ver- 14 handlung und Entscheidung steht im **Ermessen** des Gerichts, das seine Anordnung unter Beachtung des § 30 AO (Steuergeheimnis) nach prozessökonomischen Gesichtspunkten zu treffen hat (→ Rn. 2).

15 **Ermessensgerecht** ist die Verbindung regelmäßig,
- wenn die **gleiche Rechtsfrage** (BFH XI B 23, 24/08, ZSteu 2009, R538) oder ein Sachverhalt vorliegt, der eine umfangreiche **einheitliche Beweisaufnahme** erfordert (Gosch/Schoenfeld § 73 Rn. 15) oder
- wenn die Voraussetzungen einer **objektiven** (§ 43) oder **subjektiven Klagenhäufung** (§ 59 FGO iVm §§ 59 ff. ZPO) vorliegen, so dass der (bzw. die) Kläger von vornherein eine einheitliche Klage hätten erheben können (→ Rn. 9).

16 Die **Verbindung ist** zB zur Beseitigung der Klagesperre (→ § 66 Rn. 7) **geboten** (Ermessensreduzierung), wenn der Kläger den ihn belastenden VA zunächst mit der Untätigkeitsklage (§ 46) angefochten und nach Ergehen der Einspruchsentscheidung erneut Klage erhoben hatte, oder wenn der Kläger sonst **gegen denselben Steuerbescheid zwei Klagen erhoben** hat; in diesen Fällen ist das Prozesshindernis der anderweitigen Rechtshängigkeit („Klagesperre") gegenüber dem Anspruch des Klägers auf effektiven Rechtsschutz nachrangig (BFH IV B 151/04, BFH/NV 2006, 2086 (2087); XI R 24–25/14, BFH/NV 2016, 418; XI B 69, 70/19, BFH/NV 2020, 891; aA HHS/Steinhauff § 34 Rn. 48). Dies gilt auch, wenn die Klagen bei verschiedenen Senaten des Gerichts eingereicht worden sind (BFH II R 15/20, BFH/NV 2022, 34; aA HHS/Steinhauff § 34 Rn. 48). Das im Allgemeinen bestehende Ermessen des FG ist dann reduziert, so dass der Geschäftsverteilungsplan des Gerichts (→ § 4 Rn. 26) für diese Fallgruppe Regelungen für die **senatsübergreifende Verbindung** von Verfahren vorsehen muss.

17 **Ermessensfehlerhaft** ist die Verbindung, wenn sie auf **sachfremde Erwägungen** gestützt wird. Das ist zB der Fall, wenn sie im Hinblick darauf ausgesprochen wird, dass bei einer Verbindung die Rechtsmittelmöglichkeiten verbessert werden (BSG 6 RKa 15/73, MDR 1973, 967) oder dass die Beteiligten kostenmäßige Vorteile haben (BVerwG 4 B 75, 76/81, BeckRS 1981, 31317710). Andererseits ist das **Absehen von** einer **Verfahrensverbindung** nicht ermessensfehlerhaft, wenn eines von zwei Verfahren entscheidungsreif ist (BFH IX B 62/16, HFR 2017, 1054), ein unterschiedlicher Verfahrensausgang möglich ist, eine unterschiedliche Verfahrensfortsetzung nicht ausgeschlossen werden kann, oder wenn dies aus prozessökonomischen Gründen als zweckmäßig erscheint (BFH III E 1–5/07, BFH/NV 2007, 2120; HessFG 8 K 1160/10, EFG 2010, 2026).

18 Zulässig ist auch eine **Verbindung nur zur gemeinsamen Entscheidung** (BFH X B 330/94, BFH/NV 1996, 153; BVerwG VII C 3, 4/74, Buchholz 451.55 Subventionsrecht Nr. 40). Auch der BFH verfährt in ständiger Praxis so (vgl. zB BFH V S 16, 17/98, BFH/NV 1999, 1111; I R 6, 8/11, BStBl. II 2013, 111). Ob eine Verbindung (nur) **zur „gemeinsamen Verhandlung"** eine solche iSd § 73 ist, ist eine Auslegungsfrage (BFH VII R 95/78, BStBl. II 1980, 105; X B 74/09, BeckRS 2009, 25015636; BGH I ZR 82/55, NJW 1957, 183; FG LSA 5 KO 805/10, EFG 2011, 375; → Rn. 4; verneinend wohl BFH V R 17/14, BFH/NV 2016, 80; vgl. auch zum Zivilprozess Grabolle/Wilske MDR 2007, 1405; Arz/Lach MDR 2019, 1226). Ein entsprechender Beschluss ist jedenfalls aufzuheben, wenn die Verbindung zur gemeinsamen Verhandlung einzelne Beteiligte in ihrer Prozessführung behindert (BFH I B 121/05, BFH/NV 2006, 1851). Eine zeitgleiche Terminierung stellt keine Verbindung iSd § 73 dar (BFH X B 192, 193/08, BFH/NV 2010, 1645; FG LSA 5 KO 805/10, EFG 2011, 375; FG Düsseldorf 11 Ko 3244/11, EFG 2012, 1779).

19 Die Verbindung von Verfahren nach **§ 73 II** (→ Rn. 13) ist keine Ermessens-, sondern eine **gebundene Entscheidung.** Sie muss erfolgen, wenn mehrere Klagen erhoben worden sind von Klägern, denen ggü. der Rechtsstreit nur einheitlich

entschieden werden kann (BFH I B 31–32/81, BStBl. II 1982, 130; X R 33/81, BStBl. II 1988, 92; IV R 82/06, BFH/NV 2009, 581). Auch für diese Fallgruppe muss der Geschäftsverteilungsplan des Gerichts (→ § 4 Rn. 26) Regelungen vorsehen. – Eine (Wieder-)Trennung der nach § 73 II obligatorisch verbundenen Verfahren ist nicht verfahrensfehlerfrei möglich.

III. Trennung von Verfahren (§ 73 I 1 Hs. 2, § 73 I 2)

1. Voraussetzungen der Trennung

Die Trennung ist grds. in jedem Verfahrensstadium möglich (also auch im Revisionsverfahren, vgl. BFH II R 40/12, BFH/NV 2014, 1579), aber nur insoweit, als der **Streitgegenstand** („Klagegegenstand") des Verfahrens **teilbar** ist, also ein Teilurteil (§ 98) ergehen könnte (insbes. in den Fällen der objektiven Klagenhäufung; → § 98 Rn. 1, 2; auch → § 72 Rn. 12). Es kann nicht abgetrennt werden, was auf den endgültigen Ausgang des Verfahrens (zB den Steuerbetrag) Einfluss haben könnte. Zur **Ausnahme** → § 72 Rn. 14. – Zur Verfahrenstrennung bei subjektiver Klagenhäufung → Rn. 23. – Bei der **Wiedertrennung** (§ 73 I 1 Hs. 2) ist diese Voraussetzung unproblematisch, weil es sich vor der Verbindung um selbständige Verfahren gehandelt hat. 20

Eine (erneute) **Trennung** zuvor **nach § 73 II verbundener Verfahren** ist **ausgeschlossen** (→ Rn. 19). Entsprechendes muss gelten, wenn die Verbindung mehrerer Verfahren nach § 73 I 1 Hs. 1 geboten war (Ermessensreduzierung auf Null – → Rn. 16). 21

2. Entscheidungsgrundsätze, Inhalt der Entscheidung

Die Trennung (§ 73 I 1 Hs. 2, I 2) steht im pflichtgemäßen **Ermessen** des Gerichts (→ Rn. 2). Auch insoweit hat sich das Gericht von prozessökonomischen (nicht etwa statistischen) Gesichtspunkten leiten zu lassen (→ Rn. 2, 14). 22

Beispiele:

Die **Trennung ist regelmäßig geboten,** 23

- wenn (sei es von vornherein oder nach Änderung der Geschäftsverteilung oder Erlass eines Änderungsbescheids) ein **anderer Senat** oder **ein anderes Gericht zuständig** (geworden) ist (BFH VIII B 46/20, BFH/NV 2021, 1511; V B 77/20, BFH/NV 2021, 1518);
- in den Fällen der **subjektiven Klagenhäufung** (→ § 59 Rn. 3), wenn die Voraussetzungen einer Streitgenossenschaft nicht vorliegen (→ § 59 Rn. 10 f.; BFH II R 40/12, BFH/NV 2014, 1579);
- wenn ein (einfacher) Streitgenosse verstorben ist, die Erben unbekannt sind und das **Verfahren des anderen Streitgenossen entscheidungsreif** ist (BFH IX B 236/88, BeckRS 1990, 6222 = BFH/NV 1990, 722 für den Fall, dass einer der gegen den ESt-Bescheid klagenden Ehegatten verstorben ist);
- wenn **nur für einen von mehreren Streitgegenständen** eine **Beiladung** geboten ist (vgl. BFH X B 42/16, BFH/NV 2017, 146).

Trennung ist zB **zweckmäßig,**

- wenn sich **einer von mehreren Streitgegenständen erledigt** hat, insbes., wenn nicht ersichtlich ist, dass sich der noch anhängige Teil des Verfahrens zeitnah erledigen wird (BFH X E 5/16, BFH/NV 2016, 1057; SchlHFG 5 KO 101/11, EFG 2011, 1924; FG LSA 5 Ko 443/21, BeckRS 2024, 26012; Tipke/Kruse/Brandis § 73 Rn. 10);
- wenn bei **subjektiver Klagenhäufung** über das Vermögen eines der Kläger das **Insolvenzverfahren** eröffnet worden ist (BFH X B 47/06, BFH/NV 2007, 942; V B 23/08,

BFH/NV 2009, 1819; s. auch X B 130/06, BFH/NV 2007, 2320 betr. zusammenveranlagte Ehegatten; IV B 119/12, BFH/NV 2014, 540 zur teilweisen Verfahrensaufnahme; gilt auch, wenn die Insolvenzeröffnung nur für einen Teil der Verfahrensgegenstände zur Unterbrechung nach § 155 S. 1 FGO iVm § 240 ZPO führt: BFH IV R 46/16, BFH/NV 2020, 380 zu den unterschiedlichen Verfahrensrollen einer Personengesellschaft);
- wenn **nur eines** der mehreren **Verfahren entscheidungsreif** ist (BFH III B 30/99, BFH/NV 2000, 202 (203); HessFG 11 Ko 886/23, BeckRS 2023, 24324; BFH IX R 60/02, BFH/NV 2004, 348 betr. Trennung im Revisionsverfahren nach Änderung des angefochtenen Steuerbescheides; BFH IV B 11/18, BFH/NV 2019, 1136 für den Fall, dass der abgetrennte Verfahrensteil auszusetzen ist), wobei allerdings auch ein Teilurteil (§ 98) in Betracht kommt (vgl. → § 98 Rn. 2; → Rn. 20);
- wenn sich herausstellt, dass wegen rechtlicher und/oder tatsächlicher Abweichungen **unterschiedliche Entscheidungen** mit unterschiedlicher Kostenfolge getroffen werden müssen (BFH V B 98/86, BFH/NV 1988, 724; IV R 51/11, BFH/NV 2014, 1716) oder
- wenn sich wegen umfangreichen Streitstoffs und unterschiedlichen Streitpunkten (BFH XI B 110/95, BFH/NV 1999, 329) oder aus anderen Gründen **prozessuale Schwierigkeiten** ergeben, die durch Trennung vermieden werden können.

24 Sind **alle Klagegegenstände entscheidungsreif,** darf eine Trennung nicht mehr erfolgen. Wird dennoch getrennt, sind die Entscheidungen **kostenmäßig** als einheitliche Entscheidung anzusehen (BGH I ZR 82/55, NJW 1957, 183; HHS/Thürmer § 73 Rn. 34 Fn. 2). – Ist bei mehreren im Streit befindlichen Veranlagungszeiträumen nur ein Teil zur Entscheidung reif, kann (insoweit) auch dann abgetrennt werden, wenn für die noch übrig bleibenden Veranlagungszeiträume derselbe Streitpunkt ebenfalls zu behandeln sein wird (BFH VI 325/65, BStBl. II 1968, 289). – Eine Trennung von **Haupt- und Hilfsantrag** ist grds. nicht möglich, weil Voraussetzung einer Entscheidung über den Hilfsantrag die Abweisung des Hauptantrags ist, beide Fragen also in unlösbarem Zusammenhang stehen (zu einem Ausnahmefall s. BFH I R 12/14, BFH/NV 2014, 1544; HessFG 10 K 1350/22, EFG 2024, 1144, Rn. 45 ff.).

IV. Form der Entscheidung bei Verbindung und Trennung

25 Die Entscheidung über die Verbindung und Trennung trifft, obwohl es sich um eine prozessleitende Verfügung handelt (BFH X B 138/05, BFH/NV 2006, 972 (973); I B 77/07, BFH/NV 2008, 1445 (1447)), nicht der Vorsitzende, sondern grds. der Senat und zwar durch **Beschluss** (§§ 5 III 2, 10 III). Ist der **Einzelrichter** (§§ 6, 79a III, IV) für beide Verfahren zuständig, entscheidet er allein. – Zur Zuständigkeit des Vorsitzenden bzw. Berichterstatters gem. § 79a I, IV bei „Teilrücknahme" → § 79a Rn. 12. **Mündliche Verhandlung** ist nicht erforderlich (§ 90 I 2), aber möglich. Die **Beteiligten** müssen **nur gehört** werden, **wenn** in Betracht kommt, dass sie durch die Trennung oder Verbindung **in der Wahrnehmung ihrer Rechte beeinträchtigt** werden können (BFH I B 77/07, BFH/NV 2008, 1445 (1447); V S 18/09 (PKH), BFH/NV 2010, 228; HHS/Thürmer § 73 Rn. 37; s. auch Tipke/Kruse/Brandis § 73 Rn. 11: Es sollte angehört werden; Gosch/Schoenfeld § 73 Rn. 22: Anhörung zwingend).

26 Eine Verbindung oder Trennung kann **nicht stillschweigend** erfolgen, schon weil der dafür grds. erforderliche Senatsbeschluss nicht nachvollzogen werden kann (BFH VII B 47/72, BStBl. II 1974, 137; VIII B 39/09, BFH/NV 2010, 2089; V B 77/20, BFH/NV 2021, 1518; HHS/Thürmer § 73 Rn. 39; Gosch/Schoenfeld § 73 Rn. 21; Tipke/Kruse/Brandis § 73 Rn. 11; Abweichung von der

Voraufl.; aA BFH VIII B 111/10, BFH/NV 2011, 1712; SchlHFG III 173/69, EFG 1970, 455; BayVGH 165–171 VI 75, BayVBl. 1976, 18; 87 II 76, BayVBl. 1977, 29; Kopp/Schenke/Schenke VwGO § 93 Rn. 6). Stillschweigende Verbindungen oder Trennungen sind unwirksam (BFH V B 77/20, BFH/NV 2021, 1518). – Der Beschluss bedarf **keiner Begründung** (§ 113 II 1 – BFH VII S 5/99, BFH/NV 2000, 454 (455)).

V. Wirkung

Nach der **Verbindung** mehrerer Verfahren zur gemeinsamen Verhandlung und Entscheidung liegt ein **einheitliches Verfahren** vor (Wirkung ex nunc; FG BBg 9 KO 9140/18, BeckRS 2019, 14946; FG Düsseldorf 13 Ko 2594/21 GK, BeckRS 2021, 46974). Mehrere Kläger oder Beklagte werden **Streitgenossen** (§ 59 – → § 59 Rn. 10 ff.). Eine notwendige Beiladung (§ 60 III) erübrigt sich, wenn der Beizuladende infolge der Verbindung als Kläger auftritt (→ Rn. 13, 19). Zu den Auswirkungen auf den Streitwert → Vor § 135 Rn. 29 f. Die **Kostenentscheidung** ergeht bei Verbindung von Verfahren mehrerer Beteiligter nach § 135 V – → § 135 Rn. 23 f. 27

Im Falle der Verbindung mehrerer Verfahren lediglich **zur gemeinsamen Entscheidung oder** lediglich zur gemeinsamen **Verhandlung** (→ Rn. 18) treten diese Wirkungen nur soweit und solange ein, wie die Einheitlichkeit des Verfahrens gegeben ist. 28

Die **Trennung** bewirkt, dass nunmehr mehrere **selbständige Verfahren** vorliegen. Die bis zur Trennung vorgenommenen Prozesshandlungen bleiben wirksam, müssen also nicht wiederholt werden (BFH XI R 23/92, BStBl. II 1993, 514). Zu den Auswirkungen auf den Streitwert → Vor § 135 Rn. 29. – Zu den Folgen einer **unterlassenen Trennung** s. BFH I B 171/08, BFH/NV 2009, 949 (950). 29

Da Verbindungs- und Trennungsbeschlüsse nach § 128 II nicht mit der Beschwerde angefochten werden können, ist der **BFH** daran **nicht gebunden.** Fehlerhafte Verbindungsbeschlüsse erzeugen keine Wirkungen für das Rechtsmittelverfahren (BFH X R 9/20, BStBl. II 2024, 227). Zu den Folgen einer **willkürlichen Trennung** → Rn. 24, 31 und BGH I ZR 82/55, NJW 1957, 183 (die mehreren Urteile sind im Revisionsverfahren als Teile eines einheitlichen Urteils anzusehen). 30

VI. Rechtsmittel

Der **Beschluss** ist nach der ausdrücklichen Vorschrift des § 128 II **unanfechtbar** (BFH VII S 5/99, BFH/NV 2000, 454 (455); X B 138/05, BFH/NV 2006, 972 (973); III B 241/11, BFH/NV 2012, 1322). Er kann aber im Rahmen eines Rechtsmittelverfahrens dahin überprüft werden, ob er **willkürlich** erfolgte oder ob durch einen Verfahrensfehler Rechte eines Beteiligten verletzt wurden und darin ein Verstoß gegen die Grundordnung des Verfahrens zu sehen ist, der zur Aufhebung des Urteils führt (BFH I B 77/07, BFH/NV 2008, 1445 (1447); IV R 82/06, BFH/NV 2009, 581 (583); III B 241/11, BFH/NV 2012, 1322; X B 144, 145/17, BFH/NV 2018, 966; Kopp/Schenke/Schenke VwGO § 93 Rn. 7). Ferner kann der BFH prüfen, ob die Verbindungs- und Trennungsbe- 31 schlüsse wirksam waren (BFH X R 9/20, BStBl. II 2024, 227). – Zur Anhörungsrüge s. § 133a.

Vor § 74: Stillstand und Aussetzung des Verfahrens

Literatur: Becker, Vorabentscheidungsersuchen im Mehrwertsteuerrecht ab 1.10.2024 beim EuG statt EuGH, MwStR 2024, 811; Hummel, Der EuGH als Finanzgericht? Zur besonderen Stellung des EuGH im und den besonderen Herausforderungen eines Vorabentscheidungsersuchen(s), StuW 2024, 211; Levedag, Gerichtlicher Rechtsschutz gegen belastendes unionsrechtliches Sekundärrecht und darauf beruhende Umsetzungsakte im Rechtsschutzverbund von FG, EuGH und BVerfG, StuW 2024, 197; Streit, EuGH ade – willkommen EuG: Zuständigkeitswechsel an den EU-Gerichten, NWB 2024, 2606.

I. Stillstand des Verfahrens

1. Arten und gesetzliche Grundlage des (rechtlichen) Stillstandes des Verfahrens

1 Die ZPO unterscheidet die Unterbrechung, die Aussetzung und das Ruhen des Verfahrens als Erscheinungsformen des (rechtlichen) Verfahrensstillstandes. Die FGO behandelt in § 74 lediglich den Sonderfall der **Verfahrensaussetzung wegen Vorgreiflichkeiten** (→ § 74 Rn. 1 ff.). Im Übrigen gelten über § 155 S. 1 die Vorschriften der ZPO sinngemäß, soweit nicht grundlegende Unterschiede zwischen der ZPO und der FGO eine Anwendung ausschließen. – Zum **Ruhen des Verfahrens** (§ 155 S. 1 FGO iVm § 251 ZPO) → § 74 Rn. 55 ff. und zur **Unterbrechung** (§ 155 S. 1 FGO iVm §§ 239–250 ZPO) → § 74 Rn. 65 ff. – Zur Aussetzung des Verfahrens nach § 46 I 3 bei einer **Untätigkeitsklage** → § 46 Rn. 21 ff.

2. Anwendungsbereich

2 Die Regelungen über den Stillstand des Verfahrens gelten im Finanzgerichtsprozess prinzipiell nicht nur in Urteils-, sondern **grundsätzlich auch in** (verselbstständigten) **Beschlussverfahren** und zwar in beiden Rechtszügen (BFH V B 52/99, BFH/NV 2000, 212 (213); zur NZB vgl. BFH V B 30/18, BFH/NV 2019, 132), jedoch nicht für das Prozesskostenhilfeverfahren (§ 142; Gosch/Schoenfeld § 74 Rn. 6; Zöller/Schultzky ZPO § 118 Rn. 4). Denn die Gerichts- und Anwaltsgebühren werden auch während des Verfahrensstillstands fällig. Eine Aussetzung der Verfahren nach § 69 III (Aussetzung der Vollziehung) und nach § 114 (einstweilige Anordnung) dürfte allerdings regelmäßig wegen der Eilbedürftigkeit nicht in Betracht kommen (BFH V B 57/86, BFH/NV 1988, 174; IX B 80/05, BFH/NV; Tipke/Kruse/Brandis § 74 Rn. 4; Gosch/Schoenfeld § 74 Rn. 4, 6; HHS/Thürmer § 74 Rn. 15). Dies gilt auch für die Anhörungsrüge (§ 133a; offen BFH XI S 1/14, BFH/NV 2014, 1071). – Im **Revisionsverfahren** kommt eine Verfahrensaussetzung nach § 74 im Hinblick auf Vorlagen an das BVerfG oder den EuGH in Betracht (vgl. zB BFH IV R 28/12, BFH/NV 2014, 535; V R 25/11, BFH/NV 2012, 2032, entspr. Anwendung im Hinblick auf EuGH-Vorlage), ansonsten im Allgemeinen nicht, sei es, dass die anderweitige

Rechtsverfolgung als neue Tatsache nicht berücksichtigt werden darf (BVerwG III CB 104/64, NJW 1965, 832), oder dass sie zu sonstigen Tatsachenfeststellungen führt, die im Revisionsverfahren unberücksichtigt bleiben müssen (BFH III R 231/84, BFH/NV 1989, 309 (310)).

3. Begriffliche Abgrenzung

Die **Unterbrechung** des Verfahrens tritt ohne Antrag und gerichtliche Anordnung **kraft Gesetzes** ein. Auf die Kenntnis des Gerichts oder der Beteiligten von dem Eintritt eines Unterbrechungsgrundes (§ 155 S. 1 FGO iVm §§ 239–245 ZPO) kommt es nicht an. Ein Beschluss, durch den das FG ein Verfahren für unterbrochen erklärt, ist als prozessleitende Verfügung iSd § 128 II nicht mit der **Beschwerde** anfechtbar (BFH IV B 70/94, BFH/NV 1995, 324; VIII B 144/02, BFH/NV 2003, 1432). – Zur **Aussetzung** des Verfahrens kommt es **nur durch gerichtliche Anordnung** (durch Beschluss von Amts wegen oder auf Antrag). Die Anordnung steht nach näherer Maßgabe der gesetzlichen Bestimmungen im Ermessen des Gerichts (§ 74, § 155 S. 1 FGO iVm §§ 246, 247 ZPO). – Das **Ruhen des Verfahrens** ist ein Sonderfall der Aussetzung des Verfahrens (BFH III B 73/94, BStBl. II 1995, 415; X B 21/07, BFH/NV 2007, 1532 aE). Es muss also ebenfalls durch ausdrücklichen gerichtlichen **Beschluss** angeordnet werden. – Schließlich kommt es zu einem Stillstand sui generis des finanzgerichtlichen Verfahrens während der Durchführung des Verfahrens gem. **§ 86 III** vor dem BFH (→ § 86 Rn. 17). Gleiches gilt mE bei anderen Zwischenverfahren (insbes. während Rechtsmittelverfahren gegen Zwischenurteile, §§ 97, 99; § 82 FGO iVm § 387 ZPO; → § 82 Rn. 25). – Demgegenüber ist die **Löschung** eines Verfahrens **aus dem Prozessregister** als rein gerichtsinterner Vorgang ohne Rechtswirkungen anzusehen, der nur einen faktischen Verfahrensstillstand bewirkt (→ § 72 Rn. 3). 3

4. Wesen und Wirkungen des Verfahrensstillstandes

Der Stillstand des Verfahrens (durch Unterbrechung, Aussetzung oder Ruhen) kann nur **während der Rechtshängigkeit** (§ 66 I) bzw. – in Beschlussverfahren – der Anhängigkeit eintreten. 4

Unterbrechung, Aussetzung oder Ruhen des Verfahrens haben folgende **Wirkungen:**

- Der **Lauf prozessualer Fristen** (auch gesetzlicher) hört auf und beginnt nach Ende des Stillstandes von neuem (§ 155 S. 1 FGO iVm § 249 I ZPO). Dies gilt jedoch nur für die Unterbrechung und die Aussetzung des Verfahrens uneingeschränkt. Im Falle des Ruhens des Verfahrens laufen die Rechtsbehelfs-, die Rechtsmittel- und die Rechtsmittelbegründungsfristen weiter (§ 155 S. 1 FGO iVm § 251 I 2 ZPO); das gilt erst recht für den Ruhensantrag (BFH V R 192/84, BStBl. II 1985, 552; V R 8/06, BFH/NV 2006, 1852).
- **Prozesshandlungen** eines Beteiligten sind dem (den) anderen Beteiligten ggü. unwirksam (§ 155 S. 1 FGO iVm § 249 II ZPO; BFH I R 143/87, BStBl. II 1991, 101; XI B 116/04, BFH/NV 2006, 951); Heilung (§ 155 S. 1 FGO iVm § 295 I ZPO) ist möglich (BGH IV ZR 106/51, BGHZ 4, 314 (320)).
- **Handlungen des Gerichts mit Außenwirkung** sind **grundsätzlich unzulässig** und entweder absolut (vgl. für Zustellungen BFH IV R 131–134/77, BStBl. II 1978, 165) oder – wie gerichtliche Entscheidungen (zB Urteile, Gerichtsbescheide) – nur den Beteiligten ggü. unwirksam (§ 155 S. 1 FGO

iVm § 249 II ZPO; BFH I R 143/87, BStBl. II 1991, 101; XI B 116/04, BFH/NV 2006, 951; V B 23/12, BFH/NV 2013, 748). Auch Beiladungen sind unzulässig (BFH XI B 116/04, BFH/NV 2006, 951). Gerichtsentscheidungen sind schon deshalb anfechtbar, weil sie nach Eintritt des Verfahrensstillstandes ergangen sind; werden sie angefochten, kann über diese Frage trotz des Verfahrensstillstandes verhandelt und entschieden werden (s. zu diesem Fragenkreis BFH VII B 236/02, BFH/NV 2004, 366; I B 18/10, BFH/NV 2011, 282). – Die **Verkündung** von Entscheidungen bleibt jedoch uU zulässig (§ 155 S. 1 FGO iVm § 249 III ZPO, ggf. analog; → § 74 Rn. 78, 86, 98). Die Rechtshängigkeit bleibt unberührt (BFH II R 49/11, BStBl. II 2013, 104). – Zur Entscheidung im schriftlichen Verfahren bei Unterbrechung nach Verzicht auf mündliche Verhandlung → § 74 Rn. 98.

II. Aussetzung des Verfahrens nach Art. 100 I, II GG

5 Die Aussetzung des Verfahrens nach **Art. 100 I, II GG (konkretes Normenkontrollverfahren)** führt ebenfalls zum **Verfahrensstillstand.** Danach hat ein Gericht, dass ein G für verfassungswidrig hält, auf dessen Gültigkeit es bei der Entscheidung ankommt, das Verfahren auszusetzen und, wenn es sich um die Verletzung der Verfassung eines Landes handelt, die Entscheidung des für Verfassungsstreitigkeiten zuständigen Gerichtes des Landes einzuholen; wenn es sich um die Verletzung des GG handelt, ist die Entscheidung des BVerfG einzuholen. Das vorlegende Gericht muss von der Verfassungswidrigkeit des G überzeugt sein und dies eingehend darlegen (BeckOK GG/Morgenthaler GG Art. 100 Rn. 16, 19 ff.). Art. 100 I 1 GG geht § 74 vor (Gosch/Schoenfeld § 74 Rn. 15; HHS/Thürmer § 74 Rn. 21; zur Anwendbarkeit des Art. 100 I GG in Eilverfahren s. BVerfG 1 BvL 20/81, NJW 1983, 1179; 1 BvL 39/95, DAVorm 1997, 629). – Zum Normenkontrollverfahren nach Art. 100 I GG (Voraussetzungen und Durchführung im Einzelnen) BeckOK BVerfGG/Geißler BVerfGG § 80 Rn. 1 ff.; → 9. Aufl. Anh. Rn. 60–92.

Dagegen erfolgt die Aussetzung des Verfahrens nach § 74, wenn nach **Art. 126 GG** die Entscheidung des BVerfG über die **Fortgeltung von Recht als Bundesrecht** eingeholt wird (BFH V B 122/16, BFH/NV 2017, 772).

III. Aussetzung des Verfahrens bei festgestellter Verfassungswidrigkeit

6 Eine **Aussetzung** des Verfahrens ist auch **ohne ausdrückliche gesetzliche Grundlage** analog § 74 auszusprechen, wenn das BVerfG ein G für ungültig (nichtig) erklärt oder die Unvereinbarkeit des G mit dem GG festgestellt hat, ohne die Weitergeltung des verfassungswidrigen Gesetzes anzuordnen (→ § 69 Rn. 163, 187 ff.; → § 74 Rn. 34). In diesen Fällen muss – weil die verfassungswidrige Norm nicht mehr angewandt werden darf und mehrere gesetzgeberische Möglichkeiten zur Beseitigung des Verfassungsverstoßes bestehen – abgewartet werden, bis der Gesetzgeber die verfassungswidrige Regelung durch eine verfassungsmäßige ersetzt hat (BVerfG 2 BvL 17/99, NJW 2002, 1103 unter D.II.; 1 BvR 611, 2464/07, NJW 2010, 2783, Rn. 116; Tipke/Kruse/Seer Verfassungsrechtsschutz Rn. 58, 64). – Zur **Auswirkung der Vorläufigkeitserklärung** (§ 165 I 2 Nr. 3 AO) auf die Aussetzung des Verfahrens → § 74 Rn. 35.

IV. Vorlage an den EuGH und Aussetzung des Verfahrens

Das **Vorabentscheidungsverfahren nach Art. 267 AEUV (Art. 234 EGV aF) beim EuGH/EuG** ist ein objektives Zwischenverfahren, in dem die Beteiligten des Ausgangsverfahrens keine Antragsrechte (BVerfG 2 BvR 197/83, BVerfGE 73, 339 (369)) und demgemäß auch kein förmliches Antragsrecht auf Einleitung des Verfahrens haben (BFH IV B 169/06, BFH/NV 2008, 390 (391, 392)). – Nach Art. 267 AEUV entscheidet der EuGH im Wege der Vorabentscheidung über die Auslegung der Verträge sowie über die Gültigkeit und die Auslegung der Handlungen der Organe, Einrichtungen oder sonstigen Stellen der Union (also insbes. über die Auslegung von Richtlinien und Verordnungen der EU; zur Arbeitsweise und Interpretation von EuGH-Entscheidungen: Hummel StuW 2024, 211). Mit VO (EU) 2024/2019 des Europäischen Parlaments und des Rates v. 11.4.2024, ABl. EU L v. 12.8.2024, ist die Satzung des EuGH um einen Art. 50b ergänzt worden, nach dem Vorabentscheidungsersuchen ua in den Sachgebieten gemeinsames Mehrwertsteuersystem, Verbrauchsteuern, Zollkodex und zolltarifliche Einreichung von Waren mWv 1.10.2024 grds. dem EuG zugewiesen werden (vgl. die Stellungnahme des Ausschusses für konstitutionelle Fragen des EP v. 18.7.2023, UR 2023, 897; Wäger UR 2023, 45; UR 2024, 357; Streit NWB 2024, 2606; Becker MwStR 2024, 811). Für die **erstinstanzlichen Finanzgerichte** besteht die Berechtigung, jedoch nicht die Verpflichtung, um eine Vorabentscheidung zu ersuchen (Art. 267 II AEUV; BFH VIII B 46/20, BFH/NV 2021, 1511). Demgegenüber ist der **BFH** nach Art. 267 III AEUV verpflichtet, ein Vorlageersuchen an den EuGH zu richten, wenn Zweifel an der Gültigkeit oder Auslegung von Unionsrecht begründet sind (EuGH C-144/23, NJW 2025, 725 – Kubera; BFH IX R 32/21, BStBl. II 2024, 159 Rn. 81 ff.). Eine (willkürliche) Verletzung der Vorlagepflicht kann (nur) mit der Verfassungsbeschwerde beim BVerfG (nicht mit der Nichtigkeitsklage gem. § 134 FGO iVm § 579 I Nr. 1 ZPO) als Verstoß gegen das Recht auf den gesetzlichen Richter iSd Art. 101 I 2 GG gerügt werden (BVerfG 2 BvR 1161/19, DStR 2021, 777; BFH IX K 1/21, BStBl. II 2024, 181; Levedag StuW 2024, 197 (207 f.), auch zu den Prüfungsmaßstäben). Wegen der Voraussetzungen, des Inhalts und der Wirkungen des Vorabentscheidungsverfahrens im Einzelnen s. Calliess/Ruffert/Wegener AEUV Art. 267 Rn. 1 ff.; Levedag StuW 2024, 197 (204 ff.); → 9. Aufl. Anh. Rn. 155 ff. – Die im Falle der Vorlage notwendige **Aussetzung des Verfahrens** gem. § 74 (vgl. zB BFH XI R 31/09, DStR 2014, 1438; V R 20/22, BStBl. II 2023, 530; XI R 17/20, BStBl. II 2023, 601) erfolgt ebenso durch **Beschluss** wie die Vorlage. Zur **Dauer der Aussetzung** des Verfahrens → § 74 Rn. 19. Der Beschluss über die Vorlage an den EuGH und die Aussetzung des Verfahrens ist – wie beim Vorlagebeschluss nach Art. 100 I GG – **in voller Besetzung** zu fassen (→ § 5 Rn. 4; → § 10 Rn. 4). Beschwerde ist ausgeschlossen (BFH VII B 56/80, BStBl. II 1981, 324; VII R 119/94, BB 1996, 1974). – Sofern sich der Anlass zur Einreichung des Vorlageersuchens nur auf einen oder mehrere abtrennbare Streitgegenstände bezieht, kann das übrige Verfahren nach Abtrennung zum Abschluss gebracht werden (vgl. EuGH C-176/22, NJW 2023, 2403). – Zum **vorläufigen Rechtsschutz** Calliess/Ruffert/Wegener AEUV Art. 267 Rn. 31; → § 69 Rn. 19 f., 162, 197; → 9. Aufl. Anh. Rn. 180 f. 7

§ 74 [Aussetzung der Verhandlung]

Das Gericht kann, wenn die Entscheidung des Rechtsstreits ganz oder zum Teil von dem Bestehen oder Nichtbestehen eines Rechtsverhältnisses abhängt, das den Gegenstand eines anderen anhängigen Rechtsstreits bildet oder von einer Verwaltungsbehörde festzustellen ist, anordnen, dass die Verhandlung bis zur Erledigung des anderen Rechtsstreits oder bis zur Entscheidung der Verwaltungsbehörde auszusetzen sei.

Vgl. § 94 VwGO; § 114 II SGG; §§ 148, 239–251 ZPO.

Literatur: Andresen/Holtrichter, Aussetzung der Verhandlung über im Verständigungsverfahren befindliche Verrechnungspreisfälle im finanzgerichtlichen Verfahren, IStR 2020, 59; auf der Heiden, Prozessrecht in Zeiten der Corona-Pandemie, NJW 2020, 1023; Bamberger, Der ruhende Verwaltungsprozess, NVwZ 2015, 942; Bartone, Auswirkungen des Insolvenzverfahrens auf das finanzgerichtliche Verfahren, AO-StB 2007, 49; Bartone, Die Prozessführungsbefugnis des Insolvenzverwalters in der Insolvenz des Steuerpflichtigen, AO-StB 2014, 247; Bork, Reaktionen auf Corona im deutschen Zivilprozessrecht, AnwBl. 2021, 30; Dabitz, Aussetzung des Verfahrens (§ 74 FGO), StVj 1993, 108 ff.; Greger, Der Zivilprozess in Zeiten der Corona-Pandemie – und danach, MDR 2020, 509; Jäger, Eröffnung eines Insolvenzverfahrens während eines Finanzgerichtsverfahrens, DStR 2008, 1272; Kaiser, Der anhängige Steuerstreit in der Insolvenz der Personengesellschaft, NZI 2013, 332; Leipold, Insolvenz von Beteiligten während eines finanzgerichtlichen Verfahrens unter besonderer Berücksichtigung von Personengesellschaften, DStZ 2012, 103; Röhl/Hidding, Die Aufnahme des unterbrochenen Rechtsstreits durch den Insolvenzverwalter, WM 2023, 305; Smid, Voraussetzungen der Aufnahme des nach § 240 ZPO unterbrochenen Rechtsstreits, NZI 2024, 1001; Vanetta/Lemmer, ZPO im Corona-Stresstest – Herausforderungen und Handlungsmöglichkeiten in einem verlangsamten Prozess- und Geschäftsbetrieb, BB 2020, 1098; Vorwerk, Corona/Covid-19 – Wiedereinsetzung oder Unterbrechung?, NJW 2020, 1196; Waltenberger, Die insolvenzrechtliche Unterbrechung des Verfahrens nach § 240 ZPO, NZI 2018, 505.

Übersicht

Rn.

I. Aussetzung des Verfahrens nach § 74 ... 1
  1. Allgemeines ... 1
  2. Voraussetzungen ... 3
    a) Vorgreiflichkeit (Abhängigkeit) ... 3
    b) Anhängigkeit des Rechtsstreits über das vorgreifliche Rechtsverhältnis bzw. Feststellungskompetenz einer Verwaltungsbehörde ... 7
  3. Entscheidung über die Aussetzung ... 11
  4. Form der Entscheidung, zuständiger Richter ... 17
  5. Wirkungen der Aussetzung ... 18
  6. Ende der Aussetzung ... 19
  7. Rechtsmittel ... 20
  8. Anwendungsfälle ... 22
    a) Folgebescheide ... 22
      aa) Allgemeines ... 22
      bb) Gesonderte (und ggf. auch einheitliche) Feststellung ... 26
      cc) Billigkeitsentscheidungen gem. § 163 AO ... 31
      dd) Weitere Einzelfälle ... 32
    b) Musterverfahren vor dem BVerfG ... 34
    c) Verfahren vor dem EuGH ... 37

Rn.
d) Verfahren vor dem EGMR 38
e) Sonstige Gerichtsverfahren 39
aa) Musterverfahren vor dem BFH und anderen Finanzgerichten 39
bb) Strafverfahren 40
cc) Rechtswegfremde Gegenforderungen 41
dd) Zivilgerichtliche Entscheidungen 42
ee) Verwaltungsgerichtliche Entscheidungen 43
f) Verfahren gegen Maßnahmen im Erhebungsverfahren 46
g) Weitere Einzelfälle 47
II. Ruhen des Verfahrens 55
III. Unterbrechung und Aussetzung nach §§ 239 ff. ZPO 65
1. Allgemeines 65
2. Unterbrechung durch Tod der Partei 66
3. Unterbrechung durch Eröffnung des Insolvenzverfahrens 75
a) Anwendungsbereich 76
aa) Relevante Insolvenzverfahren 76
bb) Betroffene finanzgerichtliche Verfahren 77
b) Wirkung und Grenzen der Unterbrechung 78
c) Beendigung der Unterbrechung 79
4. Unterbrechung durch Prozessunfähigkeit 83
5. Weitere Einzelfälle gemäß §§ 242–245 ZPO 85
6. Aussetzung bei Vertretung durch Prozessbevollmächtigten 89
7. Weitere Verfahrensvorschriften 95

I. Aussetzung des Verfahrens nach § 74

1. Allgemeines

Nach § 74 kann ein Verfahren (→ Vor § 74 Rn. 2, dort näher zum Anwendungsbereich) ausgesetzt werden, wenn die in ihm zu treffende Entscheidung (ganz oder zum Teil) von dem Bestehen oder Nichtbestehen eines Rechtsverhältnisses abhängig ist, das den Gegenstand eines anderen anhängigen Rechtsstreits bildet (→ Rn. 4 ff.) oder von einer Verwaltungsbehörde festzustellen ist (→ Rn. 4, 9). 1

Diese Regelung dient dem Zweck der Prozessökonomie (keine unnötige Doppelbefassung), dem Ansehen der Rechtsordnung (Vermeidung widersprüchlicher Entscheidungen) und dem Interesse der Beteiligten, dass die Entscheidung des gesetzlichen Richters/der zuständigen Behörde im anhängigen Rechtsstreit Geltung erlangt. Damit dient § 74 dem Gebot des effektiven Rechtsschutzes. Die Vorschrift modifiziert den Grundsatz der Allentscheidungskompetenz iSd § 17 II GVG (→ Anh. § 33 Rn. 14 f.). Ferner ist das Gericht trotz des grds. bestehenden Gebots eines zeitnahen Rechtsschutzes (→ Vor § 76 Rn. 9; → § 155 Rn. 40) befugt und ggf. verpflichtet, unter den Voraussetzungen des § 74 einen Verfahrensstillstand herbeizuführen. Das Gebot eines zeitnahen Rechtsschutzes ist aber in die Ermessensentscheidung über die Aussetzung (→ Rn. 11) einzubeziehen. 2

2. Voraussetzungen

a) Vorgreiflichkeit (Abhängigkeit). Die **vorgreifliche Entscheidung** bzw. Feststellung braucht für das auszusetzende Verfahren **nicht bindend** zu sein. **Es** 3

genügt, dass das andere Verfahren in irgendeiner Weise für die Entscheidung vorgreiflich (präjudiziell) ist, dass es **irgendeinen rechtlichen Einfluss** auf das auszusetzende Verfahren hat (BFH VI B 25/08, BFH/NV 2008, 1845; I R 59/13, BFH/NV 2014, 1752; V S 25/18, BFH/NV 2019, 581). Das ist jedenfalls dann der Fall, wenn die Entscheidung in dem anhängigen Verfahren dasselbe Rechtsverhältnis betrifft und kraft Gesetzes oder rechtslogisch von dem Bestehen oder Nichtbestehen des in dem anderen Verfahren anhängigen Rechtsverhältnisses abhängt (BFH VI B 91/85, BFH/NV 1987, 43; IX B 116/03, BStBl. II 2004, 1000; Kopp/Schenke/Schenke VwGO § 94 Rn. 4). Dies sind typischerweise Verfahren, die Grundlagenbescheide (→ Rn. 22 ff.) oder andere Rechtsakte, die Tatbestands- oder Feststellungswirkung für das Besteuerungsverfahren haben (→ Rn. 32 ff., § 33 Rn. 5, 46), betreffen. Die Auswirkungen müssen sich nicht unbedingt für die Sachentscheidung ergeben. Es reicht zB aus, wenn das vorgreifliche Verfahren die Sachentscheidungsvoraussetzung betrifft, etwa die Prozessfähigkeit eines Beteiligten. Eine lediglich wirtschaftliche Abhängigkeit genügt jedoch ebenso wenig (BFH VII B 52/86, BFH/NV 1987, 172; XI B 30/19, BFH/NV 2020, 611) wie die bloße Identität von Rechtsfragen (→ Rn. 39). Erst recht fehlt es an der Vorgreiflichkeit, wenn in dem anderen (vermeintlich vorgreiflichen) Verfahren andere Rechtsfragen von Bedeutung sind (BFH XI B 65/99, BFH/NV 2000, 875) oder wenn es um schlichte Rechtsanwendung geht (BFH VIII B 163/01, BFH/NV 2003, 497 (498); VIII B 166/01, BFH/NV 2003, 921).

4 Am rechtlichen Einfluss des anderen Verfahrens **fehlt** es, **wenn** das Bestehen bzw. das Nichtbestehen des Rechtsverhältnisses zwar an sich für die Sachentscheidung vorgreiflich ist, **das Rechtsschutzbegehren** aber **ohnehin keinen Erfolg haben kann,** weil es an einer **Sachentscheidungsvoraussetzung fehlt** (BFH III R 56/99, BFH/NV 2001, 197; VI B 5/15, BFH/NV 2015, 1426; VIII B 31/22, BFH/NV 2023, 1215) oder weil es aus anderen Gründen nicht zu einer Sachprüfung kommen kann; das ist zB der Fall, wenn das FA den Einspruch zu Recht als unzulässig verworfen hat (BFH X R 8/86, BStBl. II 1990, 177) oder wenn der BFH die **Nichtzulassungsbeschwerde** gegen ein finanzgerichtliches Urteil **bereits zurückgewiesen** hat (BFH XI B 140/00, BFH/NV 2003, 628).

5 Der **Begriff des Rechtsverhältnisses** (→ § 41 Rn. 12 f.) ist in Übereinstimmung mit dem Zweck der Vorschrift, dem Gericht ein prozessökonomisches Vorgehen zu ermöglichen, **weit zu fassen** (BFH I R 59/13, BFH/NV 2014, 1752). Das Rechtsverhältnis, das in dem anderen Verfahren festzustellen ist, braucht nicht zwischen den Beteiligten des auszusetzenden Verfahrens zu bestehen (BFH VII B 3/85, BStBl. II 1985, 672 (675)). Es kann sich aus verwaltungsrechtlichen, zivilrechtlichen, handelsrechtlichen ua Bestimmungen ergeben. Auch das Verhältnis zwischen dem Staat und den Beteiligten (Straftat!) wird man als ein solches Rechtsverhältnis einordnen können, zumal sich gerade aus einem Strafverfahren Beweishinweise auch für das auszusetzende Verfahren ergeben können (→ Rn. 40). – Im Übrigen → Rn. 48.

7 **b) Anhängigkeit des Rechtsstreits über das vorgreifliche Rechtsverhältnis bzw. Feststellungskompetenz einer Verwaltungsbehörde.** Die Aussetzung des Verfahrens darf nach **hM** nur ausgesprochen werden, wenn das vorgreifliche Rechtsverhältnis entweder den Gegenstand eines bereits bei einem **anderen Gericht** (dh grds. nicht bei demselben Senat – BFH XI B 123, 125/94, BFH/NV 1996, 219; VI B 269/01, BFH/NV 2003, 77; HHS/Thürmer § 74 Rn. 45; SPK/Ossinger § 74 Rn. 9) anhängigen Rechtsstreits bildet oder bilden

kann. Die Beschränkung auf Verfahren bei einem anderen Gericht oder Senat erscheint in dieser Allgemeinheit nicht geboten. Aus verfahrensrechtlichen Gründen kann die Abhängigkeit auch bestehen, wenn Verfahren beim selben Senat anhängig sind (zB bei der Anfechtung von Grundlagen- und Folgebescheid). Ebenso kann es auf das Ergebnis eines anhängigen oder noch einzuleitenden (→ Rn. 9) Verwaltungsverfahrens ankommen, wenn das vorgreifliche Rechtsverhältnis durch eine Verwaltungsbehörde festzustellen ist. Eine Aussetzung des Verfahrens kommt jedoch nicht in Betracht, wenn das vom Kläger als vorgreiflich erachtete Verfahren **nicht mehr „anhängig"** ist (BFH IX B 58/02, BFH/NV 2003, 810; IX B 81/16, BStBl. II 2017, 196; VI B 9/17, BFH/NV 2018, 200).

Nach dem Wortlaut des § 74 muss der Rechtsstreit **bei Gericht** (→ Rn. 7) 8
schon anhängig sein, wobei gleichgültig ist, welcher Gerichtsbarkeit es angehört (auch ein Schiedsgericht ist Gericht in diesem Sinne). Im Interesse der Prozessökonomie und zur Vermeidung widerstreitender Entscheidungen kann dem in Frage kommenden Beteiligten jedoch **unter Fristsetzung** auch aufgegeben werden, den Rechtsstreit bei dem anderen Gericht **anhängig zu machen.** Kommt der Beteiligte dieser (nicht erzwingbaren) Aufforderung nach, kann bzw. muss das Verfahren ausgesetzt werden (BFH VII B 3/85, BStBl. II 1985, 672 (674); VII R 56/04, BFH/NV 2005, 1759; → Rn. 11). Anderenfalls ist die Aussetzung des Verfahrens ausgeschlossen und das Gericht muss über die Vorfrage selbst entscheiden (vgl. § 17 II GVG – → Anh. § 33 Rn. 14 f.). – Fehlt dem Gericht ausnahmsweise die Entscheidungskompetenz, muss es seine Entscheidung unter Anwendung der Regeln über die Feststellungslast (objektive Beweislast) treffen (BFH VII R 56/04, BFH/NV 2005, 1759; → Anh. § 33 Rn. 14).

Ist eine **Verwaltungsbehörde** für die Feststellung des Bestehens oder Nichtbe- 9
stehens des vorgreiflichen Rechtsverhältnisses zuständig, kann die Aussetzung des Verfahrens nach § 74 ausgesprochen werden, **bevor das Verwaltungsverfahren in Gang gebracht** ist. Auch in diesen Fällen wird es für zulässig gehalten, dem Beteiligten unter Fristsetzung aufzugeben, das Verfahren anhängig zu machen (Kopp/Schenke/Schenke VwGO § 94 Rn. 5). Da das G kein anhängiges Verfahren verlangt, genügt es für die Aussetzung, dass die begründete Aussicht besteht, dass ein solches Verfahren eingeleitet wird (s. zB BFH X R 64/92, BStBl. II 1995, 640; X B 203/12, BFH/NV 2013, 511; I R 41/16, DStR 2017, 1976; → Rn. 23). Geschieht dies nicht, hilft die Aufhebung der Aussetzung (→ Rn. 8, 19).

3. Entscheidung über die Aussetzung

Entscheidungsgrundsätze, Inhalt der Entscheidung. Die Aussetzung des 11
Verfahrens darf nur ausgesprochen werden, wenn die **Sachentscheidungsvoraussetzungen** hinsichtlich des auszusetzenden Verfahrens erfüllt sind und auch sonst eine Sachprüfung in Betracht kommt (→ Rn. 4). Insbesondere ersetzt der Antrag auf Aussetzung des Verfahrens nicht die Darlegung des Klagebegehrens (§ 65; BFH VII B 97/15, BFH/NV 2016, 764) oder die Begründung des Rechtsmittels (§§ 116 III, 120 II, III; BFH VI R 30/12, BFH/NV 2013, 232). Sie darf außerdem nur von dem Gericht getroffen werden, bei dem das Verfahren anhängig ist, das ausgesetzt werden soll. Sie darf ferner nur ausgesprochen werden, wenn die gesetzlichen Voraussetzungen des § 74 (→ Rn. 3–9) vorliegen (s. zB BFH IV B 91/04, BStBl. II 2005, 647). – Eine andere Frage ist es, ob das Verfahren ausgesetzt werden muss, wenn die Voraussetzungen an sich vorliegen. Das ist grds.

zu verneinen, weil es sich um eine **Ermessensentscheidung** handelt. Abzuwägen sind prozessökonomische Gesichtspunkte und die Interessen der Beteiligten (s. hierzu zB BFH III B 145/05, BFH/NV 2006, 1103 (1104); X R 32/08, BStBl. II 2013, 423; V B 80/14, BFH/NV 2015, 341; X B 20/16, BFH/NV 2016, 1736). Fehlt dem Gericht die **Kompetenz zur Entscheidung der Vorfrage,** muss das Verfahren im Allgemeinen wegen Reduzierung des Ermessens auf Null ausgesetzt werden. Wenn aufgrund der verfahrensrechtlichen Regelungen das Ergebnis eines Verfahrens, wegen dessen grds. die Aussetzung in Betracht kommt, trotz einer Sachentscheidung umgesetzt werden kann, und insbes. wenn andererseits noch wesentliche weitere Fragen Gegenstand des Rechtsstreits sind, kann es ermessensfehlerfrei sein, das Verfahren nicht auszusetzen (vgl. BFH X R 32/08, BStBl. II 2013, 423; → Rn. 25). Vgl. im Übrigen die Ausführungen zu den einzelnen Anwendungsfällen (→ Rn. 22 ff.). – Bei ermessenswidriger **Unterlassung der Aussetzung** des Verfahrens liegt ein **Verstoß gegen die Grundordnung** des Verfahrens vor (→ Rn. 20). – Zur Aussetzung des Verfahrens trotz **überlanger Verfahrensdauer** s. BFH V B 56/96, BFH/NV 1996, 924.

12 **Die Beteiligten sind** vor der Entscheidung über die Aussetzung **zu hören** (BFH I R 59/13, BFH/NV 2014, 1752; einschränkend BFH VII B 116/14, BFH/NV 2014, 1908). Das Verfahren kann ohne oder gegen den Willen der Beteiligten nur unter den im G genannten Voraussetzungen ausgesetzt werden, die wegen des Justizgewährleistungsanspruchs eng auszulegen sind (BFH III B 145/05, BFH/NV 2006, 1103 (1104)).

13 Auch die Entscheidung über die **Dauer** der Aussetzung des Verfahrens steht im **Ermessen** des Gerichts. Das Verfahren kann **bis** zur Beseitigung der Unklarheit oder bis **zur Erledigung** des anderen Rechtsstreits bzw. bis zur Entscheidung der Verwaltungsbehörde ausgesetzt werden. Es ist zulässig und uU zweckmäßig, die Aussetzung zu **befristen** (vgl. Tipke/Kruse/Brandis § 74 Rn. 16). Das einen **Folgebescheid** (→ Rn. 22 ff.) betreffende Verfahren ist regelmäßig bis zum rechtskräftigen Abschluss des Verfahrens über den Grundlagenbescheid auszusetzen (zB BFH II R 45/03, BFH/NV 2006, 252; III B 12/13, BFH/NV 2014, 1581).

14 **Teilaussetzung** kommt in Betracht, wenn sich das Verfahren iÜ (mit dem selbstverständlichen Ziel, es zur Entscheidungsreife zu bringen) fortsetzen lässt, maW, wenn abtrennbare Teile iSd Streitgegenstandsbegriffs vorliegen (→ § 73 Rn. 20).

4. Form der Entscheidung, zuständiger Richter

17 Die Entscheidung trifft der **Senat** – ggf. (im vorbereitenden Verfahren; dazu BFH I B 16/19, BFH/NV 2020, 93; → § 79a Rn. 5) der **Vorsitzende** bzw. der **Berichterstatter** (§ 79a I Nr. 1, IV) oder der **Einzelrichter** (§§ 6, 79a III, IV) – grds. durch ausdrücklichen **Beschluss** (BFH VI B 43/67, BStBl. II 1968, 118; I R 71/82, BStBl. II 1983, 48; VIII R 96/84, BFH/NV 1989, 784). Das gilt auch für die **Aufhebung** der Aussetzung (BFH VI B 18/93, BFH/NV 1994, 497; VII B 124/94, BFH/NV 1995, 806; → Rn. 19). Mündliche Verhandlung ist nicht erforderlich (§ 90 I 2). Der Beschluss muss begründet werden (§ 113 II). Die **Ablehnung** eines Antrags auf Aussetzung kann **auch im Endurteil** erfolgen (BFH VI B 43/67, BStBl. II 1968, 118; II B 68/02, BFH/NV 2004, 462; VI R 11/16, BStBl. II 2018, 469), muss jedoch ebenfalls begründet werden (BFH XI B 5/18, BFH/NV 2018, 958). – Auch das **Revisionsgericht** kann das Verfahren

aussetzen (BFH IV R 28/12, BFH/NV 2014, 535), allerdings nur, soweit die Entscheidung über das vorgreifliche Rechtsverhältnis nach revisionsrechtlichen Gesichtspunkten noch berücksichtigt werden kann (→ Vor § 74 Rn. 2). Die Entscheidung über einen Antrag auf Aussetzung des Verfahrens kann nicht mit der Beschwerde erzwungen werden (BFH V B 203/06, BFH/NV 2007, 951). – Eine **Kostenentscheidung** hat nicht zu ergehen, weil es sich um ein unselbständiges Nebenverfahren handelt (BFH X B 224/06, BFH/NV 2007, 2290 (2291)).

5. Wirkungen der Aussetzung

Die Aussetzung hat einen umfassenden **Verfahrensstillstand** zur Folge **18**
(→ Vor § 74 Rn. 4).

6. Ende der Aussetzung

Die **befristete Aussetzung** des Verfahrens **endet** ohne Aufnahmeerklärung **19**
der Beteiligten **im Zeitpunkt der Entscheidung des anderen Verfahrens** (BFH I R 143/87, BStBl. II 1991, 101; II B 131/00, BFH/NV 2004, 237; V R 25/11, BStBl. II 2020, 821; II R 9/11, BFH/NV 2015, 693) oder mit Fristablauf. Ein Beschluss ist dann nicht erforderlich (BFH II B 70/98, BFH/NV 1999, 1225; V R 25/11, BStBl. II 2020, 821), es sei denn, es besteht Streit über die Beendigung der Aussetzung (FG Brem 2 94 024 K 2, EFG 1995, 346). Ein ohne Notwendigkeit ergangener Beschluss hat lediglich deklaratorische Bedeutung (BFH II B 70/98, BFH/NV 1999, 1225; VII B 290/04, BFH/NV 2005, 904). – Im Übrigen kann die Aussetzung **im Rahmen pflichtgemäßen Ermessens** – nach Anhörung der Beteiligten – jederzeit wieder aufgehoben werden (zur Form → Rn. 17), wenn ihre Voraussetzungen nicht mehr vorliegen (§ 155 S. 1 FGO iVm § 150 ZPO; BFH V B 80/10, BFH/NV 2011, 1538; vgl. auch BFH I R 41/14, BFH/NV 2016, 570). Ein Antrag, die Aussetzung des Verfahrens aufzuheben, muss die Tatsachen, aus denen sich der Wegfall der Voraussetzungen des § 74 ergibt, konkret bezeichnen (BFH V B 95/99, BFH/NV 2000, 213). Andernfalls kann die erforderliche Überprüfung nicht durchgeführt werden. – In keinem Fall steht die Aufnahme des Verfahrens zur Disposition der Beteiligten (BFH I R 143/87, BStBl. II 1991, 101 (102)).

7. Rechtsmittel

Gegen die Anordnung der Aussetzung ist – auch bei lediglich formeller **20**
Beschwer (BFH III B 145/05, BFH/NV 2006, 1103 (1104)) – die **Beschwerde** gegeben (§ 128 I), weil es sich nicht um eine prozessleitende Verfügung iSd § 128 II handelt (BFH VII B 245/04, BFH/NV 2005, 711; III B 102/13, BFH/NV 2014, 1764); zur Bindung des BFH an die von ihm im ersten Rechtszug angeordnete Verfahrensaussetzung s. BFH IX B 111/85, BFH/NV 1986, 618. Zur Geltendmachung des Wegfalls der Voraussetzungen der Aussetzung des Verfahrens → Rn. 19. – **Gegen die Ablehnung** ist ebenfalls Beschwerde zulässig, wenn die Ablehnung durch gesonderten Beschluss erfolgt war (BFH III B 102/13, BFH/NV 2014, 1764). Im Beschwerdeverfahren über die Ablehnung der Aussetzung des Verfahrens ist allein die Frage zu entscheiden, ob das FG das Verfahren wegen vorgreiflicher Rechtsverhältnisse, die Gegenstand eines anderen Rechtsstreits sind, hätte aussetzen müssen (BFH V B 75/06, BFH/NV 2007, 1688). Der BFH übt aber insoweit sein eigenes Ermessen aus (BFH IV B 101/09, BFH/NV 2010,

661; III B 102/13, BFH/NV 2014, 1764). Die Beschwerde wird unzulässig, sobald der Rechtsstreit durch Urteil abgeschlossen wurde (BFH XI B 140/00, BFH/NV 2003, 628; IX B 14/23, BFH/NV 2023, 1330). – Wird gegen die Ablehnung oder die Aufhebung eines Aussetzungsbeschlusses keine Beschwerde eingelegt, ist die auf eine Verfahrensrüge gestützte **Nichtzulassungsbeschwerde** nicht statthaft (BFH VI B 269/01, BFH/NV 2003, 77; X B 90/12, BFH/NV 2013, 1249). Wurde die Ablehnung im Urteil ausgesprochen (→ Rn. 17), kann die Ablehnung (nur) mit dem gegen das Urteil gegebenen Rechtsmittel (Revision bzw. NZB) angegriffen werden (BFH I B 132, 134/90, BStBl. II 1991, 641; II B 113/97, BFH/NV 1999, 1106; X B 123/21, BFH/NV 2023, 724). Das **Unterlassen einer** nach § 74 **gebotenen Verfahrensaussetzung** ist ein **Verfahrensfehler** im Sinne eines Verstoßes gegen die Grundordnung des Verfahrens, der auch ohne Rüge im Revisionsverfahren oder im Verfahren über eine aus anderen Gründen erhobene NZB zur Aufhebung des FG-Urteils und zur Zurückverweisung des Verfahrens führt (BFH VI B 25/08, BFH/NV 2008, 1845; V R 23/12, BStBl. II 2014, 325; I R 41/16, DStR 2017, 1976; VIII R 10/22, DStR 2025, 456; → § 115 Rn. 310 „Aussetzung des Verfahrens"). Zu den **Anforderungen an die Nichtzulassungsbeschwerde** s. zB BFH IX B 24/07, BFH/NV 2008, 91 (92); V B 29/07, BFH/NV 2008, 1501 (1506). – Gegen die **Aufhebung des Aussetzungsbeschlusses** (→ Rn. 19) ist gleichfalls die Beschwerde gegeben. – Zur **Anhörungsrüge** s. § 133a. – Zur unterlassenen Aussetzung des Verfahrens für ein Vorabentscheidungsersuchen an den EuGH durch den BFH → Vor § 74 Rn. 7.

8. Anwendungsfälle

22 **a) Folgebescheide. aa) Allgemeines.** Ein Verfahren ist regelmäßig auszusetzen, wenn die **Klage gegen einen Folgebescheid** gerichtet ist und Besteuerungsgrundlagen streitig sind, deren abschließende Prüfung dem Verfahren über einen **noch ausstehenden** oder nicht wirksamen **Grundlagenbescheid** (zum Begriff vgl. Klein/Rüsken AO § 171 Rn. 142, 155 ff.), über einen noch nicht bestandskräftigen Grundlagenbescheid oder einen zu ändernden Grundlagenbescheid vorbehalten ist (zB BFH XI B 126/06, BFH/NV 2007, 1150 (1151); IV R 12/06, BFH/NV 2009, 933). Umgekehrt gilt dies nicht, auch wenn je nach Ausgang des Verfahrens über den Folgebescheid der Grundlagenbescheid entbehrlich werden könnte (FG BBg 3 K 3178/19, EFG 2020, 434).

23 Die bloße **Möglichkeit,** dass ein **Grundlagenbescheid ergeht,** reicht aus (BFH X B 16–17/13, BFH/NV 2013, 1763; I R 41/16, DStR 2017, 1976; I R 38/17, BFH/NV 2021, 1; VIII R 10/22, DStR 2025, 456). Fehlt der Grundlagenbescheid, ist die Aussetzung regelmäßig zwingend (BFH X B 203/12, BFH/NV 2013, 511; VIII R 53/13, BeckRS 2015, 96081), ebenso, wenn unklar ist, ob und ggf. mit welchem Inhalt ein Grundlagenbescheid ergangen ist (BFH XI R 43/20, DStR 2022, 402), ggf. muss das Verfahren bis zum Erlass eines negativen Grundlagenbescheides ausgesetzt werden (BFH IX R 85/82, BStBl. II 1986, 239; I R 41/16, DStR 2017, 1976; IV R 19/20, NZG 2023, 1672). Dies gilt auch, soweit die Finbeh in zulässiger Weise gem. §§ 155 II, 162 V AO verfahren ist (BFH III B 12/13, BFH/NV 2014, 1581). Dagegen bedarf es keiner Aussetzung, wenn sich die Finbeh weigert, den Grundlagenbescheid zu erlassen und sich dies nicht zulasten des Klägers auswirkt (FG Köln 5 K 1872/13, EFG 2014, 1608 aE) oder wenn keine Anhaltspunkte bestehen, dass die streiterheblichen Tatsachen in

einem existierenden Grundlagenbescheid ausgewertet werden (NdsFG 3 K 112/19, DStRE 2022, 1055, v. BFH II R 35/21, BStBl. II 2024, 118 nicht beanstandet; SächsFG 8 K 625/21, DStRE 2023, 463). Eine Aussetzung ist auch geboten, um der Finbeh Gelegenheit zu geben, die Bekanntgabe nachzuholen, wenn der angefochtene Grundlagenbescheid oder der für den angefochtenen Folgebescheid maßgebende Grundlagenbescheid **nicht** den oder nicht allen Adressaten **bekannt gegeben** worden war (BFH IV R 72/74, BStBl. II 1978, 503 (505); II B 95/09, BFH/NV 2010, 236); das soll ausnahmsweise nicht gelten, wenn die Personen, denen der Bescheid nicht bekannt gegeben wurde, vom Ausgang des Rechtsstreits steuerlich nicht berührt sein können (BFH VIII R 257/84, BFH/NV 1991, 507; VIII R 86/87, BStBl. II 1993, 21).

Ist der **Grundlagenbescheid schon ergangen** oder geändert worden und Gegenstand eines Änderungs- oder Rechtsbehelfsverfahrens, ist die Aussetzung des den Folgebescheid betreffenden Verfahrens der Regelfall (BFH X B 203/12, BFH/NV 2013, 511; X B 20/16, BFH/NV 2016, 1736). Sie kann jedoch abgelehnt werden, wenn eine materielle Entscheidung im Verfahren über den Grundlagenbescheid nicht zu erwarten ist (BFH I B 14/98, BFH/NV 1999, 1383; X B 20/16, BFH/NV 2016, 1736) oder wenn das Verwaltungsverfahren schon abgeschlossen ist und nur noch ein formloses Überdenkungsverfahren betrieben wird, das keine nennenswerte Aussicht auf Erfolg hat (BFH IX B 81/16, BStBl. II 2017, 196). Kein Anlass zur Aussetzung besteht, wenn die Wirksamkeit des Grundlagenbescheids im Streit ist; diese ist im Verfahren betr. den Folgebescheid zu prüfen (BFH X B 20/16, BFH/NV 2016, 1736). 24

Ferner ist zu berücksichtigen, dass einem Grundlagenbescheid auch durch eine Änderung nach § 175 I 1 Nr. 1 AO, der nach § 171 X AO regelmäßig auch nicht die Festsetzungsverjährung entgegensteht, zur Geltung verholfen werden kann (BFH III R 94/10, BStBl. II 2013, 725). Daher kann ohne eine abschließende Entscheidung über den Grundlagenbescheid entschieden werden, wenn **Streit über eigenständige Regelungen des Folgebescheids** besteht und dessen Entscheidung ein aufwändiges Rechtsbehelfsverfahren über den Grundlagenbescheid entbehrlich machen kann (BFH II R 65/08, BStBl. II 2011, 225; II B 152/10, BFH/NV 2011, 1008) oder wenn der Streit über die eigenständigen Regelungen des Folgebescheids keinen Aufschub verträgt (zB wegen notwendiger Zeugenvernehmungen) oder von wesentlicher Bedeutung für die Beteiligten ist. Auch Streit über die Reichweite der Bindungswirkung eines Grundlagenbescheids oder den Umfang der Entscheidungsbefugnisse im Folgebescheid können die Ablehnung der Aussetzung als ermessensfehlerfrei erscheinen lassen (BFH X R 7/12, BStBl. II 2015, 12). Ferner schließt die genannte Rspr. nicht aus, ein Klageverfahren, dass sich gegen eine Kette von Grundlagen- und Folgebescheiden richtet (zB mehrere Einkommensteuer- und Verlustfeststellungsbescheide nach § 10d EStG in Folge), in einem Zug zu entscheiden (BFH IV R 100/06, BFH/NV 2010, 2056; IV R 33/19, BStBl. II 2023, 927; FG Köln 7 K 3387/13, EFG 2017, 216, nicht beanstandet v. BFH VIII R 1/17, BStBl. II 2021, 144; aA BFH VI R 2/02, BFH/NV 2004, 774). Ein Klageverfahren gegen den Folgebescheid ist außerdem nicht (weiter) auszusetzen, wenn gegen ein den Grundlagenbescheid betreffendes Urteil **Verfassungsbeschwerde** erhoben worden ist (BFH IV S 14/01, BFH/NV 2002, 501 (502)). 25

bb) Gesonderte (und ggf. auch einheitliche) Feststellung. Der wohl **praktisch bedeutendste Fall eines Grundlagenbescheids** sind die **Bescheide** 26

über die gesonderte (und ggf. auch einheitliche) Feststellung, insbesondere von Einkünften, auch darüber, ob dem Grunde nach solche Einkünfte erzielt werden (s. BFH IX R 85/82, BStBl. II 1986, 239; IX B 103/12, BFH/NV 2013, 565; X R 38/12, BFH/NV 2015, 1588; XI R 43/20, BStBl. II 2025, 118; IV R 19/20, NZG 2023, 1672). Bis zum Inkrafttreten des § 10d IV EStG idF des JStG 2010 konnten/können dies auch **Bescheide über die Feststellung vortragsfähiger Verluste gem. § 10d EStG** für die Einkommensteuer- und Verlustfeststellungsbescheide der Folgejahre sein (BFH VIII R 12/98, BStBl. II 1999, 731 (732); VI R 2/02, BFH/NV 2004, 774; I B 42/08, BFH/NV 2008, 1523 (1524)), so dass die Folgeverfahren in der Regel auszusetzen waren/sind. Soweit **§ 10d IV EStG idF des JStG 2010** iVm § 52 XXV 5 EStG 2011 (→ § 68 Rn. 66) anwendbar ist, steht der Einkommensteuerbescheid des Verlustentstehungsjahrs einem Grundlagenbescheid insbes. für den Bescheid über die Feststellung des verbleibenden Verlustvortrags gem. § 10d IV EStG zum Ende des Verlustentstehungsjahres gleich, so dass insoweit vorrangig die Verfahren gegen die Einkommensteuerbescheide zu betreiben und die Verfahren über die Bescheide über die Feststellung des verbleibenden Verlustvortrags zum Ende des Verlustentstehungsjahres auszusetzen sind (FG Düsseldorf 10 K 3686/13 F, EFG 2016, 662; FG BBg 3 K 3106/15, EFG 2016, 1091), ebenso Einkommensteuerbescheide und Bescheide über die Feststellung des verbleibenden Verlustvortrags zum Ende der Folgejahre. Weitere Anwendungsfälle s. Klein/Ratschow AO § 179 Rn. 4 und § 180 I und II AO, dazu Klein/Ratschow AO § 180).

27 Ein Verfahren betr. die gesonderte und einheitliche Feststellung ist auszusetzen, um der Finbeh Gelegenheit zu geben, die Einspruchsentscheidung den notwendig Hinzuzuziehenden – unter Anordnung der Hinzuziehung – zur **Herstellung der einheitlichen Wirkung der Einspruchsentscheidung** (vgl. § 360 IV AO) zuzustellen, wenn der wirksam bekannt gegebene einheitliche Feststellungsbescheid nicht von allen Betroffenen angefochten worden ist und die Finbeh die notwendige Hinzuziehung (§ 360 III AO) der anderen Beteiligten unterlassen hatte (BFH II R 228/82, BStBl. II 1985, 675 (676); II R 59/86, BStBl. II 1987, 302; VIII R 123/85, BFH/NV 1992, 46 (47)). Dies gilt nicht, wenn durch die Einspruchsentscheidung keine Änderung des Regelungsgehalts des angefochtenen Bescheids herbeigeführt wurde (BFH II R 73/85, BStBl. II 1989, 851; → § 60 Rn. 147).

28 **In entsprechender Anwendung des § 74** ist das den ursprünglichen VA betreffende Verfahren auszusetzen, wenn **nach Klageerhebung,** nach Einlegung der Revision oder der NZB ein **geänderter Gewinnfeststellungsbescheid** gem. § 68 S. 1 Gegenstand des Verfahrens wird, ein **Beigeladener** aber gegen den Änderungsbescheid **Einspruch** einlegt (BFH VIII R 26/94, BFH/NV 2000, 926; IV R 74/07, BStBl. II 2010, 1104).

In besonderen Situationen kann fraglich sein, ob die streitige Regelung im Gewinnfeststellungs- oder im Folgebescheid zu treffen ist. Soweit der Folgebescheid maßgeblich ist, fehlt es an der Vorgreiflichkeit und damit am Anlass für die Aussetzung (BFH III R 32/13, BStBl. II 2016, 251; X R 26/14, BStBl. II 2016, 848).

31 **cc) Billigkeitsentscheidungen gem. § 163 AO.** Grundsätzlich sind auch **Bescheide über Billigkeitsmaßnahmen gem. § 163 AO** Grundlagenbescheide für die zugrunde liegende Steuerfestsetzung (BFH IV R 32/06, BFH/NV 2008, 569 (571, 572)), was dafür spricht, einen Rechtsstreit über die Steuerfestsetzung,

auf die die begehrte Billigkeitsmaßnahme Auswirkungen hätte, nach § 74 auszusetzen. Dies gilt uneingeschränkt jedoch nur, wenn keine Fragen, die originär die Steuerfestsetzung betreffen, im Streit sind. Oftmals sind jedoch Streitfragen betreffend die Steuerfestsetzung und die Billigkeitsmaßnahme miteinander verzahnt. In diesen Fällen ist eine Aussetzung nach § 74 nicht zweckmäßig, insbes. wenn der Rechtsstreit betr. die Steuerfestsetzung schon wesentlich weiter fortgeschritten ist als der, der die Billigkeitsentscheidung gem. § 163 AO betrifft (BFH IX R 26/09, BFH/NV 2010, 2067; III R 94/10, BStBl. II 2013, 725; V R 17/14, BFH/NV 2016, 80; FG BW 11 K 3401/16, EFG 2018, 1566, v. BFH II R 22/18, BStBl. II 2022, 66 nicht beanstandet).

dd) Weitere Einzelfälle. Bescheide über **Maßstabsteuern** sind Grundlagen- 32
bescheide im Verhältnis zu Bescheiden über **Zuschlagsteuern** iSd § 51a EStG, die daher Folgebescheide sind. Dies kann nach den in → Rn. 20 ff. dargelegten Kriterien Anlass für eine Aussetzung nach § 74 geben (BFH I B 14/98, BFH/NV 1999, 1383; I R 41/99, BStBl. II 2001, 416).

Anlass zur Aussetzung besteht auch, wenn die Entscheidung über die Vorfrage in die **Kompetenz einer allgemeinen Verwaltungsbehörde** fällt (s. zB die unter → § 33 Rn. 46 genannten Fälle; BFH IX B 81/16, BStBl. II 2017, 196), auch wenn die Entscheidung der Verwaltungsbehörde nicht als Grundlagenbescheid iSd § 171 X AO anzusehen ist; vgl. jedoch zur Prüfungskompetenz des FG bei der Eingruppierung von Betrieben durch Statistikämter BVerfG 1 BvR 857/07, NVwZ 2011, 1062; BFH III R 64/08, BStBl. II 2012, 358; III R 43/11, BFH/NV 2013, 86).

b) Musterverfahren vor dem BVerfG. Ein Verfahren ist auszusetzen, wenn 34
ein **nicht** als (offensichtlich) **aussichtslos erscheinendes Musterverfahren beim BVerfG** anhängig ist, dessen Gegenstand die **Verfassungsmäßigkeit einer** im Streitfall entscheidungserheblichen **gesetzlichen Regelung** und nicht die Verfassungsmäßigkeit der Auslegung und Anwendung an sich verfassungsgemäßer Normen ist, insbes. wenn zahlreiche Parallelverfahren vorliegen; weitere Voraussetzung für die Aussetzung des Verfahrens ist, dass die Beteiligten des (ggf. auszusetzenden) Klageverfahrens **kein** (besonderes) **berechtigtes Interesse** an einer Entscheidung des FG über die Verfassungsmäßigkeit der umstrittenen gesetzlichen Regelung trotz des beim BVerfG anhängigen Verfahrens haben (stRspr, zB BFH XI B 52/06, BFH/NV 2008, 63; X R 32/08, BStBl. II 2013, 423; I R 43/14, BFH/NV 2016, 232; I B 121/15, BFH/NV 2016, 376; zur Abgrenzung s. BFH IV B 91/04, BFH/NV 2005, 1199; XI B 24/04, BFH/NV 2005, 1347; III R 54/02, BStBl. II 2009, 913; zum besonderen Interesse des Klägers s. BFH XI B 97/05, BFH/NV 2006, 1109; I B 91/05, BFH/NV 2006, 1115; III R 54/02, BStBl. II 2009, 913). Eine bereits ergangene Entscheidung des BVerfG in der Sache spricht gegen eine Aussetzung des Verfahrens (BFH V R 62/10, BFH/NV 2014, 1210; VI R 11/16, BStBl. II 2018, 469). Darüber hinaus muss eine die Verfassungswidrigkeit bejahende Entscheidung des BVerfG entscheidungserhebliche **Auswirkungen auf das auszusetzende Verfahren** haben können (zB BFH IV B 91/04, BStBl. II 2005, 647; VIII B 50/06, BFH/NV 2007, 1337 (1338); IV R 28/12, BFH/NV 2014, 535). Die **Aussetzung** des Verfahrens **kommt** danach **nicht in Betracht,** wenn selbst für den Fall, dass das BVerfG die einschlägige Steuerrechtsnorm für verfassungswidrig erklärt, eine entscheidungserhebliche Auswirkung auf das konkrete Verfahren deshalb auszuschließen ist, weil allenfalls mit einer **Unvereinbarkeitserklärung** (bei gleichzeitiger Anordnung der **Wei-**

tergeltung) oder einer Änderungsverpflichtung des Gesetzgebers für die Zukunft zu rechnen ist (zB BFH XI B 224/04, BFH/NV 2006, 556; VIII B 50/06, BFH/NV 2007, 1337 (1338); VI R 11/16, BStBl. II 2018, 469), anders nur in den Sonderfällen, in denen das BVerfG ein **verfassungswidriges G für nichtig** oder **für unvereinbar** mit dem GG **erklärt** hat (→ Vor § 74 Rn. 6).

Der BFH stützt die Aussetzung des Verfahrens in den genannten Fällen zT (s. zB BFH V R 25/11, BFH/NV 2012, 2032) auf eine entsprechende Anwendung des § 74 (ebenso HHS/Thürmer § 74 Rn. 85; Dabitz StVj 1993, 117f.). Im Hinblick auf die gebotene weite Auslegung des Begriffs „Rechtsverhältnis" (→ Rn. 5) ist eine Regelungslücke jedoch nicht erkennbar, so dass die unmittelbare Anwendung des § 74 gerechtfertigt ist. – Auch → Rn. 37.

35 Die **Aussetzung** des Klageverfahrens (wegen beim BVerfG anhängigem Musterverfahren) hat ausnahmsweise zu **unterbleiben, wenn** der **Rechtsbehelf** oder das Rechtsmittel wegen Fehlens einer Sachentscheidungsvoraussetzung **unzulässig** ist (→ Rn. 4), es sei denn, das Musterverfahren betrifft die Frage der Zulässigkeit des Rechtsmittels. Die Aussetzung unterbleibt ferner, wenn die Frage der Verfassungsmäßigkeit der Grundlagen des Steuerbescheides aus anderen Gründen für die Entscheidung des – ggf. auszusetzenden – Klageverfahrens nicht rechtserheblich ist (zB wenn der Einspruch zu Recht als unzulässig verworfen worden ist). In diese Fallgruppe gehört auch die Konstellation, dass ein Erlass von Säumniszuschlägen begehrt wird und absehbar ist, dass unabhängig von der Entscheidung des BVerfG keine AdV zu gewähren ist (BFH II B 33/16, BStBl. II 2017, 646). – Die Aussetzung des Klageverfahrens kommt außerdem nicht in Betracht, wenn die Finbeh den angefochtenen Steuerbescheid im Hinblick auf ein beim BVerfG anhängiges Musterverfahren von vornherein oder spätestens im Einspruchsverfahren gem. § 165 I 2 Nr. 3 AO **für vorläufig erklärt** hatte und die im Musterverfahren zu klärende Frage streitig ist (zB BFH X B 83/93, BStBl. II 1994, 119; IX R 42/05, BStBl. II 2008, 26; s. aber auch BFH XI B 98/04, BFH/NV 2006, 952 (953)). Wenn im gerichtlichen Verfahren keine weiteren Punkte streitig sind, fehlt es insoweit ohnehin regelmäßig am Rechtsschutzbedürfnis (→ Vor § 33 Rn. 20), so dass der Aussetzung die fehlende Zulässigkeit des Rechtsbehelfs entgegensteht (→ Rn. 4). Hat das FA die Vorläufigkeitserklärung jedoch trotz gegenteiliger Verwaltungsanweisung abgelehnt, ist die Aussetzung des Verfahrens zweckmäßig (BFH VI B 103/04, BFH/NV 2006, 784 (785)).

Die Aussetzung des Verfahrens ist (wegen § 79 II 1 BVerfGG) außerdem nicht gerechtfertigt, wenn der angefochtene Steuerbescheid bestandskräftig geworden und zu erwarten ist, dass das BVerfG die entscheidungserhebliche Norm nur für die Zukunft aufheben wird (vgl. auch BFH III B 78/94, BStBl. II 1995, 385).

Verfassungsbeschwerden gegen Entscheidungen des BFH geben keinen Anlass zur Aussetzung (BFH VIII B 170/06, BFH/NV 2008, 580; XI B 88/14, BFH/NV 2015, 864), jedenfalls wenn die Verfassungsbeschwerden als offensichtlich aussichtslos einzuschätzen sind (BFH III R 35/15, BStBl. II 2018, 662).

Zur Aussetzung des Verfahrens nach **Art. 100 und 126 GG** → Vor § 74 Rn. 5.

37 **c) Verfahren vor dem EuGH.** Ein Verfahren ist nach § 74 auszusetzen, wenn der **EuGH** in dem anhängigen Verfahren mit Fragen zur **Auslegung des Unionsrechts** befasst ist, von deren Beantwortung die Entscheidung des Rechtsstreits abhängig ist (→ Vor § 74 Rn. 7; vgl. zB BFH XI R 31/09, DStR 2014, 1438; V R 20/22, BStBl. II 2023, 530; XI R 17/20, BStBl. II 2023, 601).

Darüber hinaus kommt eine analoge Anwendung des § 74 in Betracht, wenn eine im anhängigen Rechtsstreit **entscheidungserhebliche Rechtsfrage**

Gegenstand einer Vorlage an den EuGH (Art. 267 AEUV; Art. 234 III EGV aF) ist (BFH XI R 54/07, BStBl. II 2009, 499 aE; V R 25/11, BFH/NV 2012, 2032; V B 103/18, BFH/NV 2019, 399).

d) Verfahren vor dem EGMR. Demgegenüber liegt **kein vorgreifliches Rechtsverhältnis** vor, wenn die streitige Rechtsfrage Gegenstand eines Verfahrens vor dem **EGMR** ist (BFH X R 15/09, BStBl. II 2012, 325 aE; X B 183/11, BFH/NV 2012, 1570; differenzierend OVG Brem 1 LA 330/16, NVwZ-RR 2019, 349). 38

e) Sonstige Gerichtsverfahren. aa) Musterverfahren vor dem BFH und anderen Finanzgerichten. An einem **vorgreiflichen Rechtsverhältnis fehlt** es, wenn in einem bei einem FG oder dem BFH anhängigen Verfahren **lediglich dieselbe Rechtsfrage** streitig ist, auch wenn es sich um bewusst als Musterverfahren betriebene Verfahren handelt (BFH II B 30/05, BFH/NV 2006, 1056 (1057 f.); VI B 79/12, BFH/NV 2013, 70; XI B 75/19, BFH/NV 2020, 214; aA in einem obiter dictum BFH I B 112/14, BFH/NV 2016, 58); im Einverständnis der Beteiligten kann das Verfahren ruhen (→ Rn. 55 ff.). 39

bb) Strafverfahren. Das Verfahren **kann** im Hinblick auf ein einschlägiges **Strafverfahren ausgesetzt** werden, wenn die Voraussetzungen des § 74 (→ Rn. 3–9) erfüllt sind, (BFH III B 8/95, BFH/NV 1996, 149; FG LSA 5 K 661/17, BeckRS 2018, 7; offen lassend BFH VII B 135/12, BFH/NV 2013, 948; aA Krumm FR 2024, 241 (247 f.)), was aber im Ermessen des FG steht (zB BFH XI B 21/05, BFH/NV 2006, 496 (498); III B 33/16, BFH/NV 2016, 1750; I B 27/17, BFH/NV 2018, 542; zur Anwendung des § 149 ZPO vgl. BFH I B 39/98, BFH/NV 1998, 1506; III B 147/12, BFH/NV 2014, 358; ThürOVG 2 VO 371/22, NJW 2023, 237). Es ist aber eine Abwägung erforderlich, insbes. der prozessökonomischen Gesichtspunkte und der Interessen der Beteiligten (BFH I B 16/19, BFH/NV 2020, 93). Die Aussetzung des Verfahrens kommt auch im Hinblick auf ein bereits anhängiges **Ordnungswidrigkeitsverfahren** in Betracht (BFH VIII B 73/03, BFH/NV 2005, 898 (899)). Zur Verfahrensunterbrechung bei **Beschlagnahme von Unterlagen** s. BFH VII B 276/05, BFH/NV 2007, 458. Dagegen ist ein Verfahren **nicht auszusetzen** bei **staatsanwaltschaftlichen Ermittlungen** wegen Rechtsbeugung gegen den Richter erster Instanz (BFH VII B 58/02, BFH/NV 2003, 485 (487)) oder wenn es allein darum geht, ob das Zeugnisverweigerungsrecht eines **Zeugen** mit Abschluss des gegen ihn laufenden Strafverfahrens entfällt (BFH VII R 77–78/87, BFH/NV 1992, 87 (88, 89)). 40

cc) Rechtswegfremde Gegenforderungen. Bei **Aufrechnung mit (bestrittenen) rechtswegfremden Gegenforderungen** ist das Verfahren – ggf. nach entspr. Aufforderung zur Klageerhebung (→ Rn. 8) – uU bis zur rechtskräftigen Entscheidung über die Gegenforderung auszusetzen (→ Anh. § 33 Rn. 14). 41

dd) Zivilgerichtliche Entscheidungen. Das finanzgerichtliche Verfahren ist auszusetzen, wenn die Unterhalt leistenden Elternteile sich über die **Aufteilung des Ausbildungsfreibetrags** (§ 33a II 5 EStG 1981; BFH III B 72/84, BStBl. II 1986, 561 (563)) oder die **kindergeldrechtliche Zuordnung eines Kindes** (§ 64 II 3 EStG; SächsFG 8 K 1725/11 Kg, FamRZ 2013, 1691; 8 K 976/21 Kg, BeckRS 2022, 8811) nicht einigen können und deshalb das **Familiengericht** angerufen werden muss. 42

Dies gilt auch, wenn mit der Klage die **Zusammenveranlagung** mit dem verstorbenen Ehegatten begehrt wird und ein Verfahren wegen der Feststellung der Erben anhängig ist. Da das Wahlrecht der Zusammenveranlagung den Erben zusteht und deren Kenntnis vom Wahlrecht Voraussetzung für die Anwendung des § 26 III EStG ist (BFH III R 59/06, BStBl. II 2007, 770), ist die **Erbenfeststellung** für den Rechtsstreit vorgreiflich (**aA BFH** III B 145/05, BFH/NV 2006, 1103 (1104)).

Im Übrigen und von den Fällen der Aufrechnung mit rechtswegfremden Gegenforderungen (→ Rn. 41; → Anh. § 33 Rn. 14) abgesehen sind zivilrechtliche Vorfragen von den FG zu entscheiden, insbes. wenn kein entspr. Verfahren bei den Zivilgerichten anhängig ist (vgl. BFH V B 144/17, UR 2018, 478 mit krit. Anm. Hartman).

43 **ee) Verwaltungsgerichtliche Entscheidungen.** Verfahren vor einem VG können Anlass für eine Aussetzung sein, wenn ein **Grundlagenbescheid** Gegenstand des Verfahrens ist (→ Rn. 32). Dies gilt **nicht,** wenn die Aussetzung eines FG-Verfahrens wegen einer bei einem VG anhängigen Klage auf Feststellung der Unwirksamkeit des **Geschäftsverteilungsplans** des FG beantragt wird; denn das FG entscheidet selbst über die Wirksamkeit seines Geschäftsverteilungsplans (BFH IV B 101/09, BFH/NV 2010, 661).

46 **f) Verfahren gegen Maßnahmen im Erhebungsverfahren.** Verfahren gegen Maßnahmen im **Erhebungsverfahren** sind **grundsätzlich nicht auszusetzen, weil** Änderungs- oder **Rechtsbehelfsverfahren gegen die zugrunde liegenden Steuerfestsetzungen** anhängig sind. Denn eine mögliche Änderung des ESt-Bescheides kann gesetzlich vorgesehene Vollstreckungsmaßnahmen nicht hindern (vgl. § 256 AO; BFH VII S 7/06 (PKH), BFH/NV 2006, 1489 (1490); VII B 57/11, BFH/NV 2012, 1623). Das Gleiche gilt, wenn in einem Verfahren gegen eine **Vollstreckungsmaßnahme** die Aussetzung des Verfahrens wegen eines gestellten **Erlassantrags** beantragt wird und nicht mit einer gewissen Wahrscheinlichkeit mit dem beantragten Erlass zu rechnen ist (BFH VII B 211/12, BFH/NV 2013, 1591).

Ein Verfahren ist dagegen grds. **auszusetzen,** wenn ein **Abrechnungsbescheid** ergangen ist, aber **Streit über** die vorrangige Frage der **Wirksamkeit der Aufrechnung** besteht (insbes. bei anhängigen Änderungs- oder Rechtsbehelfsverfahren betr. die Steuerforderung, mit der aufgerechnet wird; BFH VII B 67/02, BFH/NV 2003, 444; zu Verfahren, denen die Aufrechnung mit einer bestrittenen rechtswegfremden Gegenforderung zugrunde liegt, → Rn. 8; → Anh. § 33 Rn. 14). Dies gilt auch, wenn die **Rechtmäßigkeit eines Rückforderungsbescheides streitig** ist, ein entsprechender Abrechnungsbescheid (§ 218 II AO) aber noch aussteht (BFH I B 2/98, BFH/NV 1999, 440; I B 79/06, BFH/NV 2007, 207). Dagegen ist das **Klageverfahren gegen eine Anrechnungsverfügung** nicht bis zur abschließenden Prüfung der Rechtmäßigkeit des nach Klageerhebung ergangenen Abrechnungsbescheides auszusetzen; denn mit dem Erlass des Abrechnungsbescheides entfällt das Rechtsschutzinteresse für das Klageverfahren gegen die Anrechnungsverfügung (BFH I B 79/06, BFH/NV 2007, 207).

Ferner besteht kein Anlass zur Aussetzung, wenn die Aussetzung eines gegen einen **Abrechnungsbescheid** gerichteten Verfahrens im Hinblick auf ein **Billigkeitsverfahren** über den Erlass von Säumniszuschlägen beantragt wird (BFH VIII

B 42/05, BFH/NV 2007, 2305) oder umgekehrt (BFH V R 42/08, BStBl. II 2010, 955; III R 2/15, BStBl. II 2016, 508; III R 37/22, DStRE 2024, 84).

Ein Rechtsbehelfsverfahren gegen Einkommensteuerbescheide gibt keinen Anlass, ein Verfahren betr. **Aufteilungsbescheide** (§§ 268 ff. AO) auszusetzen (BFH VIII B 78/10, BFH/NV 2011, 299; VIII B 99/10, BFH/NV 2011, 1537).

g) Weitere Einzelfälle. Verfahren sind ferner **regelmäßig gemäß § 74 auszusetzen wegen Vorgreiflichkeit** eines anderen anhängigen Rechtsstreits bzw. **mangels Entscheidungskompetenz** des mit dem auszusetzenden Verfahren befassten Gerichts, 47

- wenn die **Korrektur eines unrichtigen Bilanzansatzes** streitig ist und sich die Frage nach der ersten Korrekturmöglichkeit auf Veranlagungszeiträume erstreckt, die nicht Gegenstand des anhängigen Verfahrens sind; in diesen Fällen muss abgewartet werden, ob die für die Vorjahre ergangenen Bescheide geändert werden (BFH X R 72/87, BStBl. II 1990, 1044 (1047); IV R 74/07, BStBl. II 2010, 1104; I R 59/13, BFH/NV 2014, 1752);
- wenn das **Benennungsverlangen** eines Finanzamts **nach § 159 AO** abzuwarten ist (BFH IV R 26/16, DStRE 2018, 1473);
- wenn eine die in einem Klageverfahren streitige Rechtsfrage betreffende **verbindliche Auskunft widerrufen** wurde und dieser Widerruf Gegenstand eines Rechtsbehelfsverfahrens ist (BFH V R 23/12, BStBl. II 2014, 325);
- wenn der Kläger mit der Anfechtungsklage gegen den Bescheid über das **Nichtbestehen der Steuerberaterprüfung** substantiierte Einwendungen gegen die Bewertung seiner Prüfungsleistungen erhebt **und beantragt,** ein **verwaltungsinternes Kontrollverfahren** (Überdenken der Prüfungsentscheidung unter Beteiligung der ursprünglichen Prüfer) durchzuführen; anders, wenn er auf das Überdenkungsverfahren verzichtet und eine sofortige Gerichtsentscheidung begehrt (BFH VII R 49/00, BStBl. II 1994, 50; VII B 116/14, BFH/NV 2014, 1908);
- um dem FG die Gelegenheit zu geben, das im NZB-Verfahren angefochtene **Urteil ordnungsgemäß zuzustellen** (analoge Anwendung; BFH V B 54/13, BFH/NV 2014, 169);
- wenn die Familienkasse ein **Koordinierungsverfahren** einleitet, um von der zuständigen ausländischen Behörde feststellen zu lassen, ob dem Kläger oder dem anderen Elternteil **Kindergeld** nach dem Recht eines anderen EU-Mitgliedstaats zusteht (vgl. Art. 68 VO EG 883/2004; dazu zB BFH III R 31/20, BStBl. II 2023, 348; III R 4/20, BFH/NV 2023, 953);
- wenn **ein Verständigungsverfahren** schwebt (Tipke/Kruse/Brandis § 74 Rn. 5, 15b; Andresen/Holtrichter IStR 2020, 59 (61 ff.); aA HHS/Thürmer § 74 Rn. 44; Abweichung von der Voraufl.; die Entscheidungen BFH I 220/64, BStBl. III 1967, 495; VIII B 163/01, BFH/NV 2003, 497 (498) betreffen Sonderfälle, vgl. Andresen/Holtrichter IStR 2020, 59 (63 f.)). Zwar zielt § 175a AO darauf ab, die Ergebnisse von Verständigungsverfahren umzusetzen, jedoch besteht Unsicherheit, ob dies auch nach gerichtlichen Entscheidungen sichergestellt ist (vgl. Haselmann/Bösken Ubg 2021, 633 (635)). Schließlich geht auch § 13 III Nr. 3 EU-DBA-SBG davon aus, dass gerichtliche Verfahren im Hinblick auf Streitbeilegungsverfahren iSd EU-DBA-SBG nach § 74 ausgesetzt werden können (vgl. BR-Drs. 227/19, 33);
- wenn im **Wiederaufnahmeverfahren** parallel Nichtigkeits- und Restitutionsklage (§ 134 FGO iVm §§ 579 f. ZPO) erhoben werden, wobei eine Pflicht

zur Aussetzung besteht, die sich jedoch nicht aus § 74, sondern aus § 134 FGO iVm § 578 II ZPO ergibt (BFH IV B 11/18, BFH/NV 2019, 1136).

48 **Die Aussetzung des Verfahrens hat im Allgemeinen zu unterbleiben,** wenn die vorgreifliche Frage sich nicht auf ein Rechtsverhältnis bezieht. **Kein Rechtsverhältnis** ist **die Möglichkeit einer rückwirkenden Rechtsänderung** (BFH VI R 14/06, BFH/NV 2007, 349 (350); aber → Rn. 34 f.; → Vor § 74 Rn. 6). Insoweit kann jedoch das **Ruhen des Verfahrens** (→ Rn. 55 ff.) angeordnet werden.

49 Das **Rechtsverhältnis ist** ua **nicht vorgreiflich,**

- hinsichtlich noch nicht beschiedener Anträge auf Aussetzung der Vollziehung (§ 69 III) oder Gewährung einer **Verrechnungsstundung** (BFH VII B 47/00, BFH/NV 2001, 313), wenn die Aussetzung eines Verfahrens über die **Steuerfestsetzung** bis zum Abschluss des gegen den **Abrechnungsbescheid** gerichteten Verfahrens begehrt wird; denn das Abrechnungsverfahren kann für das Steuerfestsetzungsverfahren nicht vorgreiflich sein (BFH VIII B 39/11, BFH/NV 2012, 418; V B 121/14, BFH/NV 2015, 1003; V S 25/18, BFH/NV 2019, 581; FG Köln 15 K 761/22, EFG 2024, 1276, Rn. 66, Rev. BFH: X R 13/24);
- wenn die Aussetzung eines finanzgerichtlichen Verfahrens **im Hinblick** auf ein Verfahren über die Verpflichtung zur Erteilung einer **verbindlichen Auskunft** (Zusage iSv § 204 AO) begehrt wird und der konkrete Sachverhalt, der der verbindlichen Zusage zugrunde gelegt werden soll, in dem auszusetzenden Verfahren bereits überprüft wird; eine verbindliche Zusage darf dann nicht mehr erteilt werden (BFH IX B 22/09, BFH/NV 2010, 3; anders beim Widerruf, → Rn. 47);
- hinsichtlich der Einholung einer Entscheidung der **EU-Kommission** (BFH VII B 57/97, DStR 1998, 764);
- wenn die Aussetzung des Verfahrens über den **Kostenansatz** im Hinblick auf eine Verfassungsbeschwerde gegen den Beschluss über die Zurückweisung der NZB im Hauptsacheverfahren begehrt wird (BFH IV E 1/05, BFH/NV 2006, 561 (562));
- wenn während eines Verfahrens wegen **Widerrufs der Steuerberaterzulassung** wegen Vermögensverfalls ein Insolvenzplanverfahren eingeleitet wird (BFH VII B 40/13, BFH/NV 2014, 732).

II. Ruhen des Verfahrens

55 Anstelle der Aussetzung des Verfahrens (§ 74) ist nach Maßgabe des (gem. § 155 S. 1 FGO anwendbaren) § 251 ZPO die **Anordnung des Ruhens des Verfahrens** möglich (zB BFH XI R 7/14, BFH/NV 2014, 1225).

§ 251 ZPO Ruhen des Verfahrens

[1]Das Gericht hat das Ruhen des Verfahrens anzuordnen, wenn beide Parteien dies beantragen und anzunehmen ist, dass wegen Schwebens von Vergleichsverhandlungen oder aus sonstigen wichtigen Gründen diese Anordnung zweckmäßig ist. [2]Die Anordnung hat auf den Lauf der im § 233 bezeichneten Fristen keinen Einfluss.

56 Zum **Begriff des Ruhens** des Verfahrens → Vor § 74 Rn. 3 f. Zur Rechtslage nach der VwGO s. Bamberger NVwZ 2015, 942.

Erforderlich sind **übereinstimmende Anträge** des Klägers und des Beklagten (BFH I B 23/06, BFH/NV 2006, 2287; V B 154/08, BFH/NV 2009, 1597 (1598); X K 12/13, BFH/NV 2014, 1844; V B 32/16, BFH/NV 2016, 1757); Zustimmung genügt (zB BFH III B 89/05, BFH/NV 2006, 1505). Sie muss nicht gegenüber dem Gericht und in Verfahren vor dem BFH nicht durch einen nach § 62 IV vertretungsbefugten Bevollmächtigten erklärt werden (BGH I ZR 82/20, BeckRS 2020, 35362). Ein Antrag eines **Beigeladenen** ist nicht erforderlich, weil auch ansonsten der Kläger und der Beklagte ohne Zustimmung des Beigeladenen über das Verfahren disponieren können (Gosch/Schoenfeld § 74 Rn. 40; Tipke/Kruse/Brandis § 74 Rn. 22; Bamberger NVwZ 2015, 942 (943) mwN zum Streitstand; aA HHS/Thürmer § 74 Rn. 167). Es steht im **Ermessen des Finanzamts,** ob es das Ruhen des Verfahrens beantragt oder dem Antrag des Klägers zustimmt (BFH III B 543/90, BStBl. II 1994, 473 betr. Musterverfahren vor dem BFH). – Die Zustimmung kann auch bei **rechtsmissbräuchlicher Verweigerung** nicht durch das Gericht ersetzt werden (BFH VII B 183/13, BFH/NV 2014, 1905; Tipke/Kruse/Brandis § 74 Rn. 22). Die vom Gesetzgeber insbes. in § 74 abschließend getroffene Entscheidung über Gründe, die das Gericht unabhängig vom Willen der Beteiligten ermächtigen, von der Bearbeitung eines Verfahrens abzusehen, ist hinzunehmen. Zum **Widerruf** der Zustimmungserklärung s. FG BW 6 K 121/97, EFG 1998, 221. – Das **Gericht ist** an den übereinstimmenden Antrag **gebunden,** darf das Ruhen des Verfahrens nach pflichtgemäßem **Ermessen** (BFH III B 122/11, BFH/NV 2011, 1892; II R 22/18, BStBl. II 2022, 66, Rn. 58) aber nur anordnen, wenn anzunehmen ist, dass dies **aus wichtigen Gründen zweckmäßig** ist. 57

Das ist jedenfalls **nicht** der Fall, **wenn** die **Klage unzulässig** oder aus anderen Gründen keine Entscheidung in der Sache möglich ist (BFH VIII R 20/99, BFH/NV 2000, 1359; VI B 5/15, BFH/NV 2015, 1426); die Ausführungen zur Aussetzung des Verfahrens gelten entspr. (→ Rn. 4). Entsprechendes gilt für die grds. mögliche Anordnung des Ruhens des Verfahrens hinsichtlich einer NZB (BFH II B 107/06, BFH/NV 2008, 573 (574); V B 32/16, BFH/NV 2016, 1757; III B 165/05, BFH/NV 2007, 954 (955) betr. Ablauf der Frist zur Begründung der NZB). Auch die Erklärung des Klägers, er wolle weitere Beweismittel beschaffen, ist kein Grund, das Ruhen des Verfahrens anzuordnen (BFH VI B 8/67, BStBl. III 1967, 783 (784)). Die Verfahrensruhe ist jedoch regelmäßig zweckmäßig, wenn die Rechtsfrage, die den Gegenstand eines beim **BVerfG** anhängigen Verfahrens (Verfassungsbeschwerde/Normenkontrollverfahren) bildet, im Streitfall entscheidungserheblich ist (zB BFH III B 89/05, BFH/NV 2006, 1505; X B 224/06, BFH/NV 2007, 2290; X R 54/03, BFH/NV 2008, 66; XI R 7/14, BFH/NV 2014, 1225). Das Gleiche gilt, wenn die Rechtsfrage den Gegenstand eines beim **BFH** anhängigen Verfahrens bildet (BFH VI B 134/02, BeckRS 2004, 25007088). Dies kann auch für ein **Finanzgerichtsverfahren** gelten, wenn es wahrscheinlich erscheint, dass dieses eher einer Entscheidung zugeführt wird als das zum Ruhen zu bringende Verfahren, oder wenn das andere Verfahren einvernehmlich als Musterverfahren betrieben wird. Außerdem kann eine zu erwartende Billigkeitsmaßnahme der vorgesetzten Behörde die Anordnung des Ruhens des Verfahrens rechtfertigen; eine Billigkeitsmaßnahme kann aber nicht erwartet werden, wenn sie – wie im Falle des § 20 S. 2 BewG – kraft Gesetzes ausgeschlossen ist (BFH II B 184/87, BFH/NV 1989, 589). – Fehlt es an übereinstimmenden Anträgen der Beteiligten, darf das Verfahren auch nicht „faktisch" zum Ruhen gebracht werden (BFH I B 22/05, BFH/NV 2005, 1361). Vielmehr ist das Verfah- 58 ren grds. im normalen Geschäftsgang zu bearbeiten (BFH X K 12/13, BStBl. II 2014, 933; s. aber auch BFH X K 3–6/17, BFH/NV 2019, 27; BVerwG 5 C 10/15, NVwZ-RR 2017, 635, Rn. 155).

59 Zur **Form der gerichtlichen Entscheidung und zur Zuständigkeit** → Rn. 17; zu den Verfahrensgrundsätzen → Rn. 11 ff.

60 Wegen der **Wirkung** der Anordnung → Vor § 74 Rn. 4; wegen der **Rechtsmittel** → Rn. 20; BFH X B 186/93, BFH/NV 1995, 59 (60); VII B 155/98, BFH/NV 1999, 341.

61 Die **Wiederaufnahme** des Verfahrens erfolgt entweder von Amts wegen (durch Betreiben des Verfahrens ohne besonderen Aufnahmebeschluss), wenn die Anordnung schon zeitlich oder durch Eintritt eines bestimmten Ereignisses begrenzt war (BFH III B 187/06, BFH/NV 2007, 2310; VI B 37/13, BFH/NV 2013, 1790; V B 23/12, BFH/NV 2013, 748). Bei **Anordnung des Ruhens bis zum Ergehen einer gerichtlichen Entscheidung** endet das Ruhen, ohne dass es dazu eines Aufhebungsbeschlusses bedarf, mit der Verkündung oder Zustellung der im Ruhensbeschluss erwähnten Entscheidung (BFH V B 23/12, BFH/NV 2013, 748). Im Übrigen kann das Verfahren durch **jederzeit möglichen Gerichtsbeschluss** nach Wegfall der Gründe für die Anordnung des Ruhens des Verfahrens im Rahmen pflichtgemäßen Ermessens nach Gewährung rechtlichen Gehörs wiederaufgenommen werden (BFH IV B 69/94, BFH/NV 1995, 802; VI B 28/11, BFH/NV 2011; 1898; II R 22/18, BStBl. II 2022, 66, Rn. 58; OVG NRW 4 E 453/23, NWVBl. 2023, 473), zB weil zwar nicht durch die im Ruhensbeschluss erwähnten Verfahren, aber durch ein anderes Verfahren die streitige Rechtsfrage geklärt worden ist (BFH VI B 37/13, BFH/NV 2013, 1790). Ferner ist das Verfahren auf Antrag des Klägers oder Beklagten wiederaufzunehmen, ohne dass es insoweit auf die Zweckmäßigkeit ankommt (Tipke/Kruse/Brandis § 74 Rn. 22 aE; Gosch/Schoenfeld § 74 Rn. 47). § 155 S. 1 FGO iVm § 250 ZPO sieht insoweit keine Begründungspflicht vor. – Im Übrigen s. § 250 ZPO (→ Rn. 99 f.).

III. Unterbrechung und Aussetzung nach §§ 239 ff. ZPO

1. Allgemeines

65 Ein Verfahren kann auch nach § 155 S. 1 FGO iVm §§ 239–250 ZPO **unterbrochen oder ausgesetzt** werden (zur Begriffsbestimmung → Vor § 74 Rn. 3). Dabei sind wegen der Besonderheiten des finanzgerichtlichen Verfahrens gewisse Abweichungen zu beachten. – Die §§ 239–250 ZPO, die hier nur grds. kommentiert werden sollen, lauten:

2. Unterbrechung durch Tod der Partei

66 **§ 239 ZPO Unterbrechung durch Tod der Partei**

(1) Im Falle des Todes einer Partei tritt eine Unterbrechung des Verfahrens bis zu dessen Aufnahme durch die Rechtsnachfolger ein.

(2) Wird die Aufnahme verzögert, so sind auf Antrag des Gegners die Rechtsnachfolger zur Aufnahme und zugleich zur Verhandlung der Hauptsache zu laden.

(3) [1]Die Ladung ist mit dem den Antrag enthaltenden Schriftsatz den Rechtsnachfolgern selbst zuzustellen. [2]Die Ladungsfrist wird von dem Vorsitzenden bestimmt.

(4) Erscheinen die Rechtsnachfolger in dem Termin nicht, so ist auf Antrag die behauptete Rechtsnachfolge als zugestanden anzunehmen und zur Hauptsache zu verhandeln.

(5) Der Erbe ist vor der Annahme der Erbschaft zur Fortsetzung des Rechtsstreits nicht verpflichtet.

§ 239 I ZPO ist uneingeschränkt anwendbar. – Die **Unterbrechung** des Verfahrens bis zur Aufnahme durch den Rechtsnachfolger (zur **Weigerung** s. BFH V R 99/78, BStBl. II 1987, 147; IV R 1/11, BStBl. II 2017, 34; zur Löschung im Prozessregister bei Nichtaufnahme s. BFH II R 23/06, BFH/NV 2008, 2038 (2039), → § 72 Rn. 3) tritt **mit dem Tode eines Hauptbeteiligten** oder des notwendig Beigeladenen (§ 60 III) ein (BFH IV R 1/11, BStBl. II 2017, 34; IV R 14/20, BFH/NV 2021, 753; BVerwG 3 CB 10/80, HFR 1983, 77; aA BSG B 9 VG 6/96 R, BSGE 82, 112; Tipke/Kruse/Brandis § 60 Rn. 102), nicht jedoch im Falle des Ablebens des einfach (§ 60 I) Beigeladenen (BGH V ZB 22/21, NJW-RR 2022, 1284; BSG 8/7 RKg 3/74, HFR 1975, 401; aA Sojka MDR 1982, 13). Es kommt darauf an, dass im Todeszeitpunkt die Beteiligtenstellung bereits bestand (BFH VIII R 31/20, BStBl. II 2024, 184, Rn. 26). – Zum Ausnahmefall der **Vertretung** s. § 246 ZPO (→ Rn. 90 ff.). – Die **Unterbrechung** des Verfahrens ist **von Amts wegen zu beachten** (BFH V B 166/06, BFH/NV 2008, 806 (807)). 67

Hat eine (nicht durch Prozessbevollmächtigte vertretene) **Personengesellschaft** ein Rechtsmittel eingelegt und wird sie dann **aufgelöst** und/oder im Handels-/Gesellschaftsregister gelöscht, so tritt im Allgemeinen **keine Unterbrechung** des Verfahrens ein (BFH III 284/64, BStBl. II 1974, 620; V B 76/88, BFH/NV 1989, 187). Wird jedoch eine (nicht durch Prozessbevollmächtigte vertretene) **Personengesellschaft vollbeendet,** zB ohne Liquidation durch Umwandlung auf eine GmbH oder durch Anwachsung beim letzten verbliebenen Gesellschafter, wird das Verfahren **analog § 239 ZPO unterbrochen** und kann (bei Streit um eine gesonderte und einheitliche Feststellung) von den zuletzt verbliebenen Gesellschaftern oder (bei Betriebsteuern) vom Rechtsnachfolger aufgenommen werden (BFH VIII R 90/84, BStBl. II 1989, 326; IV R 25/10, BFH/NV 2014, 170; IV R 33/13, BStBl. II 2018, 81; IV R 1/18, BFH/NV 2022, 305; IV R 2/18, BFH/NV 2022, 313; → § 48 aF Rn. 53). – Kein Anlass für eine analoge Anwendung des § 239 ZPO besteht idR, wenn in Verfahren von Personengesellschaften das Insolvenzverfahren über das Vermögen eines Gesellschafters eröffnet wird, ohne dass das Vermögen beim letzten verbliebenen Gesellschafter anwächst. Bei Anfechtung gesonderter und einheitlicher Gewinnfeststellungen wird das Verfahren nach § 155 S. 1 FGO iVm § 240 ZPO unterbrochen (→ Rn. 77), bei Anfechtung von Betriebsteuerbescheiden ist auch der in Insolvenz gefallene Gesellschafter in der Lage, die Personengesellschaft zu vertreten (wenn er nicht infolge der Insolvenz ausgeschieden ist), da das Verfahren nicht sein Vermögen betrifft. Scheidet er aus, können auch die verbleibenden Gesellschafter die Gesellschaft vertreten (BFH XI B 1/17, BFH/NV 2017, 1187). – Auch **sonstige Fälle der Gesamtrechtsnachfolge** im Bereich juristischer Personen können Anlass zu einer Aussetzung nach § 239 ZPO geben (FG LSA 3 K 657/11, EFG 2015, 2154; Zöller/Greger ZPO § 239 Rn. 6). – Zu einer Unterbrechung analog § 239 ZPO kommt es auch, wenn während eines die Insolvenzmasse betreffenden Klageverfahrens das **Insolvenzverfahren aufgehoben** wird (BFH II R 34/10, BFH/NV 2012, 10). – Dagegen kommt es zu **keiner Unter-** 68

brechung gem. § 155 S. 1 FGO iVm § 239 ZPO, wenn – insbes. durch behördliche Umorganisation – ein **Beklagtenwechsel** eintritt (BFH III B 96/09, BFH/NV 2012, 742; II B 52/14, BFH/NV 2015, 240).

69 Ein **Vermächtnisnehmer** ist kein Rechtsnachfolger; er kann also auch dann nicht das Verfahren aufnehmen, wenn ihm der in Streit befangene Gegenstand vermacht worden ist (BFH IV R 213/71, BStBl. II 1975, 739; XI R 10/11, BFH/NV 2011, 1722).

70 War Gegenstand des Verfahrens ein **höchstpersönliches Recht** (zB Anfechtung einer Prüfungsentscheidung oder des Entzugs der Zulassung als Steuerberater), ist das Verfahren mit dem Tode des Klägers in der Hauptsache erledigt, anschließend nur noch wegen der Kosten anhängig und infolgedessen von dem Rechtsnachfolger auch nur insoweit aufzunehmen (HHS/Thürmer § 74 Rn. 124; aA Tipke/Kruse/Brandis § 74 Rn. 25; Gosch/Schoenfeld § 74 Rn. 52; s. auch Kopp/Schenke/Schenke VwGO § 61 Rn. 16).

71 **§ 239 III und V ZPO** sind ebenfalls uneingeschränkt anwendbar; **§ 239 IV ZPO** ist wegen des Untersuchungsgrundsatzes unanwendbar (BFH V R 99/78, BStBl. II 1987, 147); der Rechtsnachfolger ist zur Aufnahme verpflichtet (BFH IV R 1/11, BStBl. II 2017, 34); **§ 239 II ZPO** ist mit der Maßgabe (Amtsbetrieb) anwendbar, dass der Antrag des Gegners nicht abgewartet werden muss (Tipke/Kruse/Brandis § 74 Rn. 26; Gosch/Schoenfeld § 74 Rn. 57; → Rn. 100). Das Verfahren ist entbehrlich, wenn sich der Rechtsnachfolger nicht äußert oder schon vor Durchführung dieses Verfahrens (pflichtwidrig) erklärt, das Verfahren nicht aufnehmen zu wollen. Dann kann ohne einen Hinweis auf § 239 II ZPO zur mündlichen Verhandlung geladen (BFH IV R 1/11, BStBl. II 2017, 34; IV R 15/23, BFH/NV 2023, 1304) bzw. in Verfahren, in denen ohne mündliche Verhandlung entschieden wird, abschließend entschieden werden (BFH I B 53/19, BFH/NV 2021, 345). – Zur Unanfechtbarkeit eines Beschlusses, durch den das FG das Verfahren für unterbrochen erklärt hat, → Vor § 74 Rn. 3.

72 Erlässt das Gericht in Unkenntnis der Unterbrechung ein Urteil, kann dieser Verfahrensfehler im Revisionsverfahren, ggf. auch mit der NZB geltend gemacht werden. Es kann auch Nichtigkeitsklage (§ 134 FGO iVm § 579 I Nr. 4 ZPO) erhoben werden (BGH VII ZR 208/87, ZIP 1988, 446; offen BFH V R 99/78, BStBl. II 1987, 147 (148); VIII R 79/93, BFH/NV 1995, 225; abl. BGH VI ZR 32/89, NJW-RR 1990, 342). Wird wegen dieses Verfahrensmangels NZB erhoben, ist das Urteil im Beschwerdeverfahren aufzuheben (vgl. die zu § 240 ZPO ergangene Rspr.).

3. Unterbrechung durch Eröffnung des Insolvenzverfahrens

75 **§ 240 ZPO Unterbrechung durch Insolvenzverfahren**

[1]Im Falle der Eröffnung des Insolvenzverfahrens über das Vermögen einer Partei wird das Verfahren, wenn es die Insolvenzmasse betrifft, unterbrochen, bis es nach den für das Insolvenzverfahren geltenden Vorschriften aufgenommen oder das Insolvenzverfahren beendet wird. [2]Entsprechendes gilt, wenn die Verwaltungs- und Verfügungsbefugnis über das Vermögen des Schuldners auf einen vorläufigen Insolvenzverwalter übergeht.

76 **a) Anwendungsbereich. aa) Relevante Insolvenzverfahren. § 240 ZPO** gilt im finanzgerichtlichen Verfahren uneingeschränkt. – Nicht schon der Insolvenzantrag (BFH IV B 129/99, BFH/NV 2000, 1087), sondern erst die **Eröff-**

nung eines **Insolvenzverfahrens** (§§ 11 ff., 27 InsO) **unterbricht** ein Verfahren, soweit es die Insolvenzmasse (§ 35 InsO) betrifft, regelmäßig in dem im Eröffnungsbeschluss genannten **Zeitpunkt** (§ 27 II Nr. 3, III InsO). Die **von Amts wegen** zu beachtende Unterbrechung des Verfahrens tritt schon vorher ein, falls ein **vorläufiger Insolvenzverwalter** bestellt, dem Schuldner ein allgemeines Verfügungsverbot auferlegt und so die Verwaltungs- und Verfügungsbefugnis über das Vermögen des Schuldners übertragen worden ist (§ 21 II Nr. 2 Fall 1, § 22 InsO; § 240 S. 2 ZPO; s. hierzu BFH VIII B 77/03, BFH/NV 2005, 331; IV B 42/03, BFH/NV 2005, 365 (366); IX R 53/09, BFH/NV 2011, 263; X R 12/12, BStBl. II 2016, 852; nicht dagegen beim sog. vorläufigen schwachen oder „halbstarken" Insolvenzverwalter, BFH X B 21/19, BFH/NV 2019, 1217 Rn. 25; vgl. Waltenberger NZI 2018, 505 (507)). Entsprechendes gilt, wenn Eigenverwaltung (§§ 270 ff. InsO) angeordnet wurde (BFH V R 21/11, BStBl. II 2014, 501; jedoch noch nicht bei vorläufiger Eigenverwaltung iSd § 270a I InsO: BAG 6 AZR 235/19, NZA 2020, 1091, Rn. 53). Das finanzgerichtliche Verfahren wird nicht unterbrochen, wenn das AG im Rahmen eines Insolvenzeröffnungsverfahrens lediglich **Maßnahmen zur Sicherung** der künftigen Insolvenzmasse nach § 21 II Nr. 3, 88 InsO anordnet (Sequestration), **ohne** ein allgemeines **Verfügungsverbot** (§ 22 I 1 iVm § 21 II Nr. 1, 2 InsO) zu erlassen (zB BFH X S 27/07 (PKH), BFH/NV 2008, 818 (819); II B 3/13, BFH/NV 2013, 1805), lediglich einen Sachverständigen zur Erstellung des Insolvenzgutachtens bestellt (BFH XI B 1/17, BFH/NV 2017, 1187) oder lediglich Maßnahmen nach dem G über den Stabilisierungs- und Restrukturierungsrahmen für Unternehmen (StaRuG v. 22.12.2020, BGBl. I 3256, zuletzt geändert durch G v. 15.7.2024, BGBl. I Nr. 236), anordnet (BFH V R 5/23, DStR 2024, 2645; Zöller/Greger ZPO § 240 Rn. 5; Uhländer DB 2021, 1027 (1031)). – Das Verfahren wird auch unterbrochen, wenn das Insolvenzverfahren durch ein **ausländisches Gericht** eröffnet wird (vgl. § 352 InsO; Art. 15 f. VO (EG) Nr. 1346/2000, ABl. 2000 L 160, 1; BFH IX B 145/12, BFH/NV 2013, 1452; VII B 104/13, BFH/NV 2015, 858; ebenso zum Schweizer Insolvenzrecht BGH VIII ZR 111/21, NZI 2023, 478).

bb) Betroffene finanzgerichtliche Verfahren. Da Gegenstand finanzge- 77
richtlicher Verfahren typischerweise Geldleistungspflichten oder -ansprüche des Klägers sind, betreffen sie in der Regel iSd § 240 S. 1 ZPO die Insolvenzmasse. Dies gilt auch, wenn Erstattungen erstrebt werden (vgl. die Ausführungen zum Aktivprozess → Rn. 79; BFH VIII R 21/16, BStBl. II 2021, 171, Rn. 20), jedoch nicht, wenn der Rechtsstreit um die Rücknahme des Insolvenzantrags geht (BFH VII B 41/77, BStBl. II 1978, 313) oder wenn die gerichtliche Entscheidung – so wie sie nach dem materiellen Recht zu treffen ist – keine unmittelbaren Auswirkungen auf das Insolvenzverfahren hat (BFH II R 187/80, BStBl. II 1988, 23 (24)). So wird zB durch die **Insolvenz einer Personengesellschaft** (dazu → § 58 Rn. 53 ff.; Leipold DStZ 2012, 103; Kaiser NZI 2013, 332) das die **Gewinnfeststellung** betreffende Verfahren **nicht unterbrochen;** denn die steuerlichen Folgen der Gewinnfeststellung betreffen nur die Gesellschafter persönlich und nicht den nach Insolvenzrecht abzuwickelnden Vermögensbereich der Personengesellschaft (zB BFH IV R 52/04, BStBl. II 2009, 705; IV R 74/07, BStBl. II 2010, 1104; IV R 9/20, BStBl. II 2025, 309, Rn. 31 mwN; → § 58 Rn. 55 f.; vgl. auch BFH IV R 5/14, BStBl. II 2016, 875). Andererseits wird das Klageverfahren gegen einen Gewinnfeststellungsbescheid durch **Eröffnung des Insolvenzverfahrens über das Vermögen eines Gesellschafters** der Personengesellschaft

(Kläger oder Beigeladener) unterbrochen (BFH IV B 127/06, BFH/NV 2007, 1908 (1909); IV B 184/13, BFH/NV 2014, 1563; IV R 20/14, BFH/NV 2017, 801), anders bei Verfahren, die von der Personengesellschaft geschuldete Betriebsteuern betreffen (BFH XI B 1/17, BFH/NV 2017, 1187). In Verfahren mit notwendigen Beigeladenen oder Streitgenossen wird das Verfahren insgesamt unterbrochen, wenn über das Vermögen eines der Kläger oder Beigeladenen das Insolvenzverfahren eröffnet wird (BFH IX R 53/09, BFH/NV 2011, 263; II R 187/80, BStBl. II 1988, 23; III B 222/10, BFH/NV 2013, 71), zB auch das Beschwerdeverfahren gegen den Beiladungsbeschluss, das der Beigeladene betreibt, wenn über das Vermögen des Klägers im Hauptsacheverfahren das Insolvenzverfahren eröffnet wurde (BFH V B 131/01, BStBl. II 2003, 667). Im NZB-Verfahren gilt dies uneingeschränkt nur für die Insolvenz des Beschwerdeführers oder Beschwerdegegners (BFH IV B 184/13, BFH/NV 2014, 1563). Auch andere Verfahren betr. Grundlagenbescheide, die unmittelbare Auswirkungen auf die finanzielle Belastung der Insolvenzmasse haben, werden unterbrochen (s. zB BFH IV B 119/12, BFH/NV 2014, 540; IV B 108/13, BFH/NV 2014, 379 – Gewerbesteuermessbescheid und Bescheid nach § 10a GewStG; BFH VII R 44/12, BStBl. II 2013, 778 – Rückforderungsbescheid). § 240 ZPO betrifft **nur Verfahren, die bei Insolvenzeröffnung schon anhängig waren, nicht** Verfahren, die der Schuldner (unbefugt) nach Insolvenzeröffnung (BFH X S 14/07 (PKH), BFH/NV 2008, 1351) eingeleitet hat oder die Masseverbindlichkeiten oder insolvenzfreies Vermögen betreffen (BFH X R 26/14, BStBl. II 2016, 848), zB Ansprüche auf Auszahlung von **Kindergeld** (BFH III R 45/13, BFH/NV 2016, 1472). Ob Entschädigungsverfahren nach § 155 S. 1 FGO iVm § 198 GVG durch die Insolvenz des Klägers unterbrochen werden, hat der BFH bisher offengelassen (BFH X K 1, 2/21, BFH/NV 2023, 720). – Auch **Verfahren nach § 69 III FGO** werden nicht durch die Insolvenz des Antragstellers unterbrochen, weil eine Vollstreckung nach der Insolvenzeröffnung ohnehin unzulässig ist, so dass es am Rechtsschutzbedürfnis fehlt (BFH V B 14/16, BFH/NV 2017, 611; SächsFG 5 V 240/04, BeckRS 2004, 26020673; FG Münster 15 V 2440/16U, EFG 2017, 1463; HHS/Thürmer § 74 Rn. 131; Jäger DStR 2008, 1272 (1274); Leipold DStZ 2012, 103 (104); aA Bartone AO-StB 2007, 49 (51)); anders in Verfahren, in denen die streitige Steuer vollständig getilgt, also eine Aufhebung der Vollziehung begehrt wurde: diese Verfahren werden unterbrochen, vgl. BFH I B 43/20 (AdV), NZI 2021, 902). Nicht unterbrochen werden auch Verfahren, die den Widerruf der Bestellung als Steuerberater betreffen (BFH VII B 183/13, BFH/NV 2014, 1905) oder die nur zur Vorbereitung der Entscheidung dienen, ohne diese inhaltlich zu beeinflussen (BGH X ARZ 578/13, NJW-RR 2014, 248; X ARZ 119/23, NZI 2024, 551). – Zur insolvenzbedingten **Unterbrechung des PKH-Verfahrens** s. BFH IV S 11/05 (PKH), BFH/NV 2007, 154; aA BGH IX ZA 26/04, NJW-RR 2006, 1208; OVG NRW 12 E 380/22, BeckRS 2022, 32490. – Zur Auswirkung der Eröffnung des Insolvenzverfahrens auf eine Klage gegen einen Duldungsbescheid nach § 191 AO iVm dem AnfG s. BFH VII R 14/11, BStBl. II 2013, 128; VII B 65/19, BStBl. II 2020, 367; VII R 8/19, BFH/NV 2021, 1091; VII B 23/23, NZI 2024, 822.

78 **b) Wirkung und Grenzen der Unterbrechung.** Soweit Verfahren nach § 155 S. 1 FGO iVm § 240 ZPO unterbrochen sind, bleiben prozessuale Handlungen der Beteiligten und des Gerichts unwirksam. Zu den **Wirkungen der Unterbrechung** im Einzelnen → Vor § 74 Rn. 4; → § 57 Rn. 38 ff.; → § 58 Rn. 50,

53 ff. In analoger Anwendung des **§ 249 III ZPO** ist aber die **Abweisung von Klagen oder die Verwerfung von Rechtsmitteln als unzulässig** auch nach Insolvenzeröffnung zulässig, wenn die Unzulässigkeit bereits vor Insolvenzeröffnung feststand (BFH VI R 83/14, BFH/NV 2017, 917; VIII R 21/16, BStBl. II 2021, 171, Rn. 34; BGH I ZR 33/58, NJW 1959, 532; III ZR 358/13, HFR 2014, 562; IX ZR 82/16, ZInsO 2019, 385 – mit Einordnung der BFH-Rspr.; auch → Rn. 98). – Eine **trotz Unterbrechung** des Verfahrens ergangene **Ladung** gilt zugleich als Entscheidung, das unterbrochene Verfahren fortzusetzen, und kann daher ungeachtet des § 128 II vom Insolvenzverwalter mit der Beschwerde angefochten werden (BFH X S 24/12, BFH/NV 2012, 1638; X B 134/12, BStBl. II 2013, 585; Tipke/Kruse/Loose AO § 251 Rn. 51). Eine trotz Unterbrechung des Verfahrens ergangene **gerichtliche Entscheidung** ist (auch bei Unkenntnis der Eröffnung des Insolvenzverfahrens) wirkungslos und aus Gründen der Rechtsklarheit aufzuheben (BFH IV B 127/06, BFH/NV 2007, 1908 (1909); V R 32/12, BFH/NV 2013, 1426; IX B 36/16, BFH/NV 2016, 1304; X R 18/16, BFH/NV 2018, 1281; einschränkend BVerwG 10 C 4.21, ZInsO 2022, 2206; aA BGH VIII ZR 126/20, ZInsO 2021, 279: nur mit den eröffneten Rechtsmitteln anfechtbar). Soweit nur einer von mehreren teilbaren Streitgegenständen von der Unterbrechung betroffen ist, kann eine Abtrennung geboten sein (BFH IV R 46/16, BFH/NV 2020, 380). – Im Übrigen → Vor § 74 Rn. 3; Klein/Werth AO § 251 Rn. 9 ff.; Tipke/Kruse/Loose AO § 251 Rn. 42 ff.

c) Beendigung der Unterbrechung. Die **Unterbrechung dauert bis zur Aufnahme** des Verfahrens (nach den für das Insolvenzverfahren geltenden Vorschriften, zB BFH VI R 76/06, BFH/NV 2008, 101), bis zur Freigabe durch den Insolvenzverwalter (vgl. Bartone AO-StB 2014, 247 (249)) oder – **längstens – bis zur Aufhebung** des Insolvenzverfahrens (zB BFH IV B 122/07, BFH/NV 2008, 2045; BGH IX ZB 52/19, ZInsO 2020, 1242; IX ZB 22/19, ZInsO 2020, 2470). Die widerspruchslose Feststellung der streitigen Forderung in der Insolvenztabelle (zu deren Wirkung ansonsten s. BFH V R 1/12, BFH/NV 2013, 906; XI R 22/11, BStBl. II 2014, 332; XI R 9/16, BStBl. II 2018, 515; VII R 5/18, BStBl. II 2023, 258; Bartone DStR 2017, 1743) beendet die Unterbrechung nicht (BFH X B 134/12, BStBl. II 2013, 585 unter Aufgabe aber früherer Rspr.; BFH V B 159/14, BFH/NV 2016, 60). – Die **Aufnahme des Verfahrens** richtet sich nach den für das Insolvenzverfahren geltenden Vorschriften (§§ 85–87, 184 I 2 InsO). Danach ist zwischen Aktiv- und Passivprozessen zu unterscheiden. **Aktivprozesse** (§ 85 InsO) sind für den Schuldner, **Passivprozesse** (§ 86 oder § 87 InsO iVm § 180 II InsO) gegen den Schuldner anhängig. Entscheidend kommt es darauf an, ob in dem anhängigen Rechtsstreit über die Pflicht zu einer Leistung gestritten wird, die in die Masse zu gelangen hat (Aktivprozess; BFH III B 103/15, BFH/NV 2016, 1065; XI B 110/17, BFH/NV 2018, 736; II R 10/19, BFH/NV 2022, 1320) oder ob ein Recht zu Lasten der Masse beansprucht wird (Passivprozess; zur Rechtslage, wenn beides zutrifft s. BFH III R 26/12, BFH/NV 2016, 65; XI R 47/13, BFH/NV 2016, 428; Leipold DStZ 2012, 103 (110)). Für den Charakter eines Verfahrens als Aktiv- oder Passivprozess ist der Zeitpunkt der Entscheidung über die Aufnahme maßgeblich (Röhl/Hidding WM 2023, 305 (307)). In Aktivprozessen können Insolvenzverwalter, Schuldner und Gegner den Rechtsstreit aufnehmen (BFH III R 60/09, BFH/NV 2012, 5769; II R 10/19, BFH/NV 2022, 1320). Im Aktivprozess führt die Ablehnung der Aufnahme durch den Insolvenzverwalter dazu, dass die Prozessführungsbefugnis 79 wieder auf den Schuldner übergeht (BFH XI B 110/17, BFH/NV 2018, 736). Ein Passivprozess kann unter bestimmten Voraussetzungen nur vom Insolvenzverwalter oder dem Gegner aufgenommen werden (s. hierzu iE Jäger DStR 2008, 1273 ff.). Eine **Aufnahme durch den Schuldner** kommt insoweit in erster Linie bei einer Freigabe des Streitgegenstandes durch den Insolvenzverwalter in Betracht (vgl. BFH XI R 47/13, BFH/NV 2016, 428; III B 103/15, BFH/NV 2016, 1065; BGH XI ZR 46/14, NJW-RR 2016, 889). Bei unbefugter Aufnahme kann der Schuldner mit einem beschwerdefähigen Beschluss aus dem Prozess gewiesen werden (BFH III B 103/15, BFH/NV 2016, 1065; Bartone jurisPR-SteuerR 42/2016 Anm. 4). Bei Anordnung der Eigenverwaltung steht die Aufnahmebefugnis anstelle des Insolvenzverwalters dem Schuldner zu (BFH V R 21/11, BStBl. II 2014, 501; Uhlenbruck/Zipperer InsO § 270 Rn. 12). Zur Aufnahme des Verfahrens in Aktivprozessen s. zB BFH XI R 1/12, BFH/NV 2014, 1398; I R 12/14, BFH/NV 2014, 1544 und in Passivprozessen s. zB BFH VII R 11/05, BStBl. II 2006, 573; VII R 61/06, BFH/NV 2008, 1466; IV B 108/13, BFH/NV 2014, 540. Die **Aufnahme durch den Beklagten** setzt bei Passivprozessen voraus, dass er seine Forderung wirksam zur Insolvenztabelle angemeldet hat und Widerspruch erhoben worden ist (BGH IX ZR 261/12, NZI 2014, 749; IX ZR 47/19, NJW 2020, 3102; BGH II ZR 222/22, NZI 2024, 760; vgl. Smid NZI 2024, 1001) sowie, dass der der Forderung zugrunde liegende Steuerbescheid bzw. der entspr. Grundlagenbescheid (zB Gewerbesteuermessbescheid) Gegenstand des unterbrochenen Klageverfahrens war (Röhl/Hidding WM 2023, 305 (310)). Die **Aufnahme** des Verfahrens hat zur **Folge,** dass sich der **Streitgegenstand ändert** (Forderungsanmeldung der Finbeh statt Steuerbescheid usw.; BFH IV B 108/13, BFH/NV 2014, 379; VIII R 54/10, BFH/NV 2014, 1501; V R 21/16, BStBl. II 2019, 339; II R 29/21, BStBl. II 2025, 425), bei einer Aufnahme eines Passivprozesses durch das FA auch die Rollen der Beteiligten (FA als Kläger; BFH VII R 61/06, BStBl. II 2008, 790; I R 96/10, BFH/NV 2012, 991; III R 26/12, BFH/NV 2016, 65). Das FA darf nicht stattdessen einen Feststellungsbescheid nach § 251 III AO erlassen (BFH V R 39/14, BStBl. II 2017, 755 aber auch → § 68 Rn. 40), allerdings lässt ein gleichwohl ergangener und bestandskräftig gewordener Feststellungsbescheid das Feststellungsinteresse für einen Prozess, der den gleichen Streitgegenstand betrifft, entfallen (BFH V R 39/14, BStBl. II 2017, 755; V B 36/16, BFH/NV 2017, 437). Die Aufnahme ist **auch nach Löschung** des Verfahrens im Prozessregister (→ § 72 Rn. 3) möglich (s. zB BFH IV B 119/12, BFH/NV 2014, 379; IV B 108/13, BFH/NV 2014, 540). – Die **Prozessführungsbefugnis des Insolvenzverwalters** endet – vorbehaltlich der Anordnung einer Nachtragsverteilung (§ 203 InsO; BFH I R 12/14, BFH/NV 2014, 1544) – mit der **Aufhebung des Insolvenzverfahrens.** Sodann wird das Verfahren **nach § 155 S. 1 FGO iVm § 239 ZPO unterbrochen** (BFH II R 34/10, BFH/NV 2012, 10; zur Aufnahme → Rn. 71, 100).

4. Unterbrechung durch Prozessunfähigkeit

83 **§ 241 ZPO Unterbrechung durch Prozessunfähigkeit**

(1) Verliert eine Partei die Prozessfähigkeit oder stirbt der gesetzliche Vertreter einer Partei oder hört seine Vertretungsbefugnis auf, ohne dass die Partei prozessfähig geworden ist, so wird das Verfahren unterbrochen, bis der gesetzliche Vertreter oder der neue gesetzliche Vertreter von seiner Bestellung dem Gericht Anzeige

macht oder der Gegner seine Absicht, das Verfahren fortzusetzen, dem Gericht angezeigt und das Gericht diese Anzeige von Amts wegen zugestellt hat.

(2) Die Anzeige des gesetzlichen Vertreters ist dem Gegner der durch ihn vertretenen Partei, die Anzeige des Gegners ist dem Vertreter zuzustellen.

(3) Diese Vorschriften sind entsprechend anzuwenden, wenn eine Nachlassverwaltung angeordnet wird.

§ 241 ZPO gilt im finanzgerichtlichen Verfahren uneingeschränkt. – Im Falle der **Vertretung** (§ 246 ZPO) tritt **keine Unterbrechung** ein (BFH V B 65/09, BFH/NV 2010, 2111; → Rn. 89 ff.). Das Prozessgericht hat jedoch auf Antrag des Prozessbevollmächtigten die Aussetzung des Verfahrens anzuordnen, und zwar auch dann, wenn für den Beteiligten bereits ein neuer gesetzlicher Vertreter (Betreuer) mit gleichem Wirkungskreis bestellt worden ist (BFH III R 37/03, BFH/NV 2006, 1325). – Zum **Verlust der Prozessfähigkeit einer GmbH** durch Löschung im Handelsregister (wenn sie nicht zuvor einen Bevollmächtigten bestellt hat) s. BFH VII R 146/81, BStBl. II 1986, 589 (590); I B 39/13, BFH/NV 2013, 1943; XI R 20/14, BStBl. II 2018, 800; IV R 14/20, BFH/NV 2021, 753 und durch Niederlegung des Geschäftsführer- oder Liquidatorenamts s. BFH I B 69/12, BFH/NV 2013, 50; BGH II ZR 115/09, DStR 2010, 2643; OLG Hamm 22 U 92/96, NJW-RR 1998, 470). § 241 ZPO gilt auch bei Abberufung eines Insolvenzverwalters (BFH XI R 19/17, BStBl. II 2020, 172; VII R 31/17, BStBl. II 2023, 262). – Zur Unterbrechung des Verfahrens wegen **Inhaftierung** eines Verfahrensbeteiligten s. BFH I B 200/93, BFH/NV 1995, 401. – Im Übrigen → Vor § 74 Rn. 3; → Rn. 100 zur Aufnahme nach Wegfall des Unterbrechungsgrunds. 84

5. Weitere Einzelfälle gemäß §§ 242–245 ZPO

§ 242 ZPO Unterbrechung durch Nacherbfolge 85

Tritt während des Rechtsstreits zwischen einem Vorerben und einem Dritten über einen der Nacherbfolge unterliegenden Gegenstand der Fall der Nacherbfolge ein, so gelten, sofern der Vorerbe befugt war, ohne Zustimmung des Nacherben über den Gegenstand zu verfügen, hinsichtlich der Unterbrechung und der Aufnahme des Verfahrens die Vorschriften des § 239 entsprechend.

§ 243 ZPO Aufnahme bei Nachlasspflegschaft und Testamentsvollstreckung

Wird im Falle der Unterbrechung des Verfahrens durch den Tod einer Partei ein Nachlasspfleger bestellt oder ist ein zur Führung des Rechtsstreits berechtigter Testamentsvollstrecker vorhanden, so sind die Vorschriften des § 241 und, wenn über den Nachlass das Insolvenzverfahren eröffnet wird, die Vorschriften des § 240 bei der Aufnahme des Verfahrens anzuwenden.

§ 244 ZPO Unterbrechung durch Anwaltsverlust

(1) Stirbt in Anwaltsprozessen der Anwalt einer Partei oder wird er unfähig, die Vertretung der Partei fortzuführen, so tritt eine Unterbrechung des Verfahrens ein, bis der bestellte neue Anwalt seine Bestellung dem Gericht angezeigt und das Gericht die Anzeige dem Gegner von Amts wegen zugestellt hat.

(2) [1]Wird diese Anzeige verzögert, so ist auf Antrag des Gegners die Partei selbst zur Verhandlung der Hauptsache zu laden oder zur Bestellung eines neuen Anwalts binnen einer von dem Vorsitzenden zu bestimmenden Frist aufzufordern. [2]Wird

dieser Aufforderung nicht Folge geleistet, so ist das Verfahren als aufgenommen anzusehen. [3]Bis zur nachträglichen Anzeige der Bestellung eines neuen Anwalts erfolgen alle Zustellungen an die zur Anzeige verpflichtete Partei.

86 **§§ 242, 243 ZPO** sind **uneingeschränkt anwendbar** (zur Aufnahme des Verfahrens bei Testamentsvollstreckung s. BGH IVa ZR 163/87, NJW 1988, 1390). Im finanzgerichtlichen Verfahren kann **§ 244 ZPO nur** herangezogen werden, **soweit nach Maßgabe des § 62 IV** vor dem BFH **Vertretungszwang** besteht (→ § 62 Rn. 55 ff.). Dann ist die Vorschrift auch anwendbar, wenn der Anwalt in eigener Sache auftritt (BGH AnwZ (Brfg) 6/19, ZInsO 2020, 1127; AnwZ (Brfg) 54/18, BeckRS 2020, 10808, auch zum vorübergehenden Wegfall der Prozessfähigkeit des Anwalts). – Im Anwaltsprozess, dh in den Fällen, in denen Vertretungszwang besteht, unterbricht der Tod des Anwalts das Verfahren nicht, wenn ein Vertreter (§ 53 BRAO) bestellt ist (BGH VIII ZR 315/80, NJW 1982, 2324; AnwZ (Brfg) 6/19, ZInsO 2020, 1127; vgl. BGH IX ZR 2/18, NJW-RR 2018, 567); auch eine Mandatsniederlegung ist kein Unterbrechungsgrund (BVerwG 9 B 35.21, BeckRS 2021, 46592). Ferner ist trotz der Unterbrechung gem. § 244 I ZPO die Verwerfung eines Rechtsmittels als unzulässig möglich, wenn die Unzulässigkeit des Rechtsmittels bereits vor der Unterbrechung feststand (BFH IV B 10/07, BFH/NV 2007, 2118; BGH III ZR 358/13, HFR 2014, 562). Schließlich ist ein Abschluss des Verfahrens (durch Zustellung einer Entscheidung an den Beteiligten selbst) möglich, wenn ein neu zu bestellender Prozessbevollmächtigter nichts Entscheidungserhebliches mehr bewirken könnte (**§ 249 III ZPO analog;** → Rn. 97 f.; BFH I B 42/13, BFH/NV 2015, 1093; X B 72/14, BFH/NV 2015, 1252). – Zum Verlust der Postulationsfähigkeit eines Anwalts s. BGH III ZR 20/80, HFR 1982, 186; BFH X B 190/07, BFH/NV 2009, 198. – Zum Berufsverbot für den Anwalt s. BGH III ZB 39/89, NJW 1990, 1854; VII ZB 13/12, NJW 2013, 2438. Zum vorübergehenden Wegfall der Prozessfähigkeit des Anwalts s. BGH AnwZ (Brfg) 54/18, BeckRS 2020, 10808; zur Abgrenzung von bloßen krankheitsbedingten, allenfalls eine Wiedereinsetzung in den vorigen Stand rechtfertigenden Sachverhalten s. Vorwerk NJW 2020, 1196. – Im Übrigen → Vor § 74 Rn. 3. – Im **Verfahren vor dem Finanzgericht,** in dem kein Vertretungszwang besteht, tritt der Kläger ohne Unterbrechung des Verfahrens an die Stelle des Prozessbevollmächtigten (BFH X R 79/95, BFH/NV 1996, 567 (568); V B 37/11, BFH/NV 2012, 956). Allerdings kann der Tod eines Bevollmächtigten Anlass zur Verlängerung laufender Fristen oder zur Verschiebung einer anberaumten mündlichen Verhandlung geben. Zur Aufnahme des Verfahrens nach Wegfall des Unterbrechungsgrunds → Rn. 100.

88 **§ 245 ZPO Unterbrechung durch Stillstand der Rechtspflege**

Hört infolge eines Krieges oder eines anderen Ereignisses die Tätigkeit des Gerichts auf, so wird für die Dauer dieses Zustandes das Verfahren unterbrochen.

→ Vor § 74 Rn. 3. – Die Vorschrift hat auch während der Corona-Pandemie keine praktische Bedeutung erlangt (vgl. BFH X B 35-36/21, BFH/NV 2022, 1203, Rn. 23; Greger MDR 2020, 509; auf der Heiden NJW 2020, 1023 (1025); Bork AnwBl. 2021, 30 (31)).

6. Aussetzung bei Vertretung durch Prozessbevollmächtigten

89 **§ 246 ZPO Aussetzung bei Vertretung durch Prozessbevollmächtigten**

(1) Fand in den Fällen des Todes, des Verlustes der Prozessfähigkeit, des Wegfalls des gesetzlichen Vertreters, der Anordnung einer Nachlassverwaltung oder

des Eintritts der Nacherbfolge (§§ 239, 241, 242) eine Vertretung durch einen Prozessbevollmächtigten statt, so tritt eine Unterbrechung des Verfahrens nicht ein; das Prozessgericht hat jedoch auf Antrag des Bevollmächtigten, in den Fällen des Todes und der Nacherbfolge auch auf Antrag des Gegners die Aussetzung des Verfahrens anzuordnen.

(2) Die Dauer der Aussetzung und die Aufnahme des Verfahrens richten sich nach den Vorschriften der §§ 239, 241 bis 243; in den Fällen des Todes und der Nacherbfolge ist die Ladung mit dem Schriftsatz, in dem sie beantragt ist, auch dem Bevollmächtigten zuzustellen.

§§ 245, 246 ZPO sind uneingeschränkt anwendbar (§ 246 ZPO, weil die Pro- **90**
zessvollmacht auch im finanzgerichtlichen Verfahren über den Tod hinaus gilt, → § 62 Rn. 13 f. zu § 86 ZPO), so dass es nicht darauf ankommt, ob die Rechtsnachfolger selbst den Prozessbevollmächtigten mit ihrer Vertretung beauftragt haben (BFH IV R 33/13, BStBl. II 2018, 81; IV R 1/18, BFH/NV 2022, 305). – § 246 ZPO gilt auch beim Eintritt der Prozessunfähigkeit durch fortschreitende Demenz (BFH VIII R 32/15, BStBl. II 2018, 223), im Falle der Löschung einer GmbH (BFH V B 95/86, BFH/NV 1988, 648; I R 65/98, BStBl. II 2000, 500; V R 63/07, BFH/NV 2009, 1473; XI R 20/14, BStBl. II 2018, 800; → Rn. 84) und in den Fällen, in denen § 239 I ZPO analog angewendet wird, zB auf Fälle der Vollbeendigung einer Personengesellschaft (BFH IV R 25/10, BFH/NV 2014, 170; IV R 33/13, BStBl. II 2018, 81; BGH V ZB 252/17, BeckRS 2018, 15661) sowie auf Fälle der Gesamtrechtsnachfolge im Bereich juristischer Personen (→ Rn. 68; BFH IV R 27/21, DStR 2024, 1291, Rn. 25 f.). – Zur Aussetzung des Verfahrens bei Tod oder Ersetzung des amtlichen Betreuers s. BFH IV B 130/04, BFH/NV 2005, 574; III R 37/03, BFH/NV 2006, 1325.

Zu § 246 I ZPO: Prozessbevollmächtigter kann auch ein **Ehegatte** sein (BFH **91**
VIII R 79/93, BFH/NV 1995, 225 (227) betr. Klage gegen Zusammenveranlagungsbescheid). – Zur **Vertretung in der Revisionsinstanz** s. BFH III R 37/03, BFH/NV 2007, 2329 (2330); II R 23/06, BFH/NV 2008, 2038 (2039) und zur Vertretung im Beschwerdeverfahren s. BFH VII B 351/00, BFH/NV 2002, 506 (507). – Eine Vertretung fand auch statt, wenn der als Bevollmächtigter Aufgetretene seine **Vollmacht nicht nachgewiesen** hatte (BFH IV 101/65, BStBl. II 1971, 105; Tipke/Kruse/Brandis § 74 Rn. 34). – Zur Unterbrechung/Aussetzung des Verfahrens bei Tod eines Beteiligten **„zwischen den Instanzen"** s. BFH V B 96/04, BFH/NV 2004, 1665; FG Hmb 3 KO 195/10, BeckRS 2011, 94487.

§ 246 I Hs. 1 ZPO findet auch dann Anwendung, dh eine Unterbrechung des **92**
Verfahrens erfolgt nicht, wenn bei einer **Anwaltssozietät** nur einer der Anwälte wegfällt; auch § 244 I ZPO greift hier nicht ein (BGH IX ZR 2/18, NJW-RR 2018, 567; BAG 1 AZR 99/72, NJW 1972, 1388). Die Unterbrechung ist aber nicht durch § 246 I ZPO ausgeschlossen, wenn ein Rechtsanwalt usw stirbt, der in eigener Sache aufgetreten war (BFH V R 99/78, BStBl. II 1987, 147; BGH IX ZR 2/18, NJW-RR 2018, 567). In einem nach § 246 I Hs. 1 ZPO nicht unterbrochenen Verfahren kann ein Urteil auch ggü. den „unbekannten Erben" ergehen (BFH X B 79/01, BFH/NV 2002, 1035; IV R 1/18, BFH/NV 2022, 305; Tipke/Kruse/Brandis § 74 Rn. 34 aE; vgl. BFH X R 36/08, BFH/NV 2017, 42).

Der Bevollmächtigte (in den Fällen des Todes und der Nacherbfolge auch der Beklagte, nicht der durch den Bevollmächtigten vertretene Beteiligte) kann

beantragen, dass das **Verfahren ausgesetzt wird (§ 246 I Hs. 2 ZPO).** Der Bevollmächtigte soll Gelegenheit erhalten, zu klären, wer der/die Rechtsnachfolger ist/sind (vgl. LSG BBg L 27 P 87/12 B, BeckRS 2013, 72435 zu unbekannten Erben); zugleich dient dies dem Erhalt von Weisungen des/der Rechtsnachfolger/s, dem Schutz vor Schadensersatzansprüchen oder der Beseitigung etwaiger faktischer Einschränkungen seiner Prozessführungsmöglichkeiten (BFH X B 123/21, BFH/NV 2023, 724; BAG 3 AZR 119/19 (A), NJW 2021, 874). Der Antrag kann auch noch gestellt werden, wenn der Bevollmächtigte zunächst weiterverhandelt hatte, und sogar dann, wenn er einen zunächst gestellten Antrag wieder zurückgenommen hatte (BFH I B 57/70, BStBl. II 1971, 774; V B 96/04, BFH/NV 2004, 1665; VI R 149/83, BFH/NV 1987, 798; VII B 171/03, BFH/NV 2004, 72 (73)).

93 Dem **Antrag,** das Verfahren auszusetzen, ist, soweit die Voraussetzungen vorliegen, zwingend zu entsprechen (kein Ermessen: BFH X B 123/21, BFH/NV 2023, 724). – Bei Ableben eines von mehreren Beteiligten ist das Verfahren für alle Beteiligten nur auszusetzen, wenn sie notwendige Streitgenossen (→ § 59 Rn. 8 f.) sind (BFH IX B 236/88, BFH/NV 1990, 722; BGH V ZB 22/21, NJW-RR 2022, 1284). Da Ehegatten, die gemeinsam einen ESt-Zusammenveranlagungsbescheid angreifen, keine notwendigen Streitgenossen sind (→ § 59 Rn. 7), kann nur das Verfahren des verstorbenen Ehegatten ausgesetzt werden; das Verfahren des überlebenden Ehegatten ist – nach Abtrennung (→ § 73 Rn. 23) – fortzuführen (vgl. BFH X B 123/21, BFH/NV 2023, 724, Rn. 20). Ob eine Aussetzung wegen Rechtsmissbrauchs abgelehnt werden kann, ist umstritten (offen: BFH X B 123/21, BFH/NV 2023, 724). – Zur Aufnahme des Verfahrens → Rn. 100.

7. Weitere Verfahrensvorschriften

95 **§ 247 ZPO Aussetzung bei abgeschnittenem Verkehr**

Hält sich eine Partei an einem Ort auf, der durch obrigkeitliche Anordnung oder durch Krieg oder durch andere Zufälle von dem Verkehr mit dem Prozessgericht abgeschnitten ist, so kann das Gericht auch von Amts wegen die Aussetzung des Verfahrens bis zur Beseitigung des Hindernisses anordnen.

§ 248 ZPO Verfahren bei Aussetzung

(1) Das Gesuch um Aussetzung des Verfahrens ist bei dem Prozessgericht anzubringen; es kann vor der Geschäftsstelle zu Protokoll erklärt werden.

(2) Die Entscheidung kann ohne mündliche Verhandlung ergehen.

96 **§§ 247, 248 ZPO** gelten uneingeschränkt (§ 155 S. 1). – § 247 ZPO ist nicht anwendbar, wenn der Verfahrensbeteiligte aus in seiner Person liegenden Gründen (zB Inhaftierung) in der Ausübung seiner prozessualen Rechte beeinträchtigt ist (BFH I B 200/93, BFH/NV 1995, 401 (402)). Auch während der Corona-Pandemie hat die Vorschrift keine praktische Bedeutung erlangt (vgl. Greger MDR 2020, 509 (510); auf der Heiden NJW 2020, 1023 (1025); Vanetta/Lemmer BB 2020, 1098 (1102); Bork AnwBl. 2021, 30 (31)). – § 248 ZPO bezieht sich auf die **Aussetzungsgesuche** nach §§ 246, 247 ZPO. Die Entscheidung hat durch **Beschluss** zu erfolgen, gegen den die Beschwerde gegeben ist (§ 128 II).

§ 249 ZPO Wirkung von Unterbrechung und Aussetzung 97

(1) Die Unterbrechung und Aussetzung des Verfahrens hat die Wirkung, dass der Lauf einer jeden Frist aufhört und nach Beendigung der Unterbrechung oder Aussetzung die volle Frist von neuem zu laufen beginnt.

(2) Die während der Unterbrechung oder Aussetzung von einer Partei in Ansehung der Hauptsache vorgenommenen Prozesshandlungen sind der anderen Partei gegenüber ohne rechtliche Wirkung.

(3) Durch die nach dem Schluss einer mündlichen Verhandlung eintretende Unterbrechung wird die Verkündung der auf Grund dieser Verhandlung zu erlassenden Entscheidung nicht gehindert.

§ 249 ZPO gilt uneingeschränkt (zu den Grenzen s. BGH II ZR 6/11, NJW 2012, 682). – § 249 III ZPO ist nicht anwendbar, wenn die **Unterbrechung** des Verfahrens **nach Verzicht auf mündliche Verhandlung** – aber bevor die Entscheidung beschlossen worden ist – eintritt (BFH X R 18/16, BFH/NV 2018, 1281; BSG 4 RA 90/90, NJW 1991, 1909; aA HHS/Thürmer § 74 Rn. 245). Die gegenteilige Auffassung erscheint nicht überzeugend, weil die Situation eines Verfahrens nach dem Schluss der mündlichen Verhandlung nicht mit der eines Verfahrens nach Erklärung des Einverständnisses einer Entscheidung ohne mündliche Verhandlung vergleichbar ist. Bei Letzterem bleibt den Beteiligten auch ohne förmlichen Wiedereröffnungsbeschluss die Möglichkeit eröffnet, bis zur Absendung der Entscheidung ergänzend vorzutragen (mit gleicher Tendenz Tipke/Kruse/Brandis § 74 Rn. 37 aE; Gosch/Schoenfeld § 74 Rn. 96 aE). Zur analogen Anwendung des § 249 III → Rn. 78, 86. – Wegen der **Wirkungen** der Unterbrechung und Aussetzung des Verfahrens → Vor § 74 Rn. 4. 98

§ 250 ZPO Form von Aufnahme und Anzeige 99

Die Aufnahme eines unterbrochenen oder ausgesetzten Verfahrens und die in diesem Titel erwähnten Anzeigen erfolgen durch Zustellung eines bei Gericht einzureichenden Schriftsatzes.

§ 250 ZPO ist (wegen des Amtsbetriebs) im finanzgerichtlichen Verfahren mit der Maßgabe anwendbar, dass das **Gericht** das **Verfahren aufnehmen kann,** sobald der Grund für die Aussetzung des Verfahrens entfallen ist und die Beteiligten die Aufnahme grundlos verzögern (BFH III R 37/03, BFH/NV 2007, 2329 (2330); → Rn. 19). Dies geschieht durch eine Verfügung des Berichterstatters, Vorsitzenden oder Einzelrichters, soweit nicht eine nach § 74 beschlossene Aussetzung oder ein nach § 155 S. 1 FGO iVm § 251 ZPO beschlossenes Ruhen vorzeitig beendet werden soll (dann idR: Beschluss des Berichterstatters, Vorsitzenden oder Einzelrichters; → Rn. 17, 19, 61). Die Aufnahme durch die Klägerseite setzt voraus, dass der Erklärende klagebefugt ist (vgl. BFH VIII B 34/19, BFH/NV 2020, 617). 100

§ 75 [Mitteilungen der Besteuerungsgrundlagen]

Den Beteiligten sind, soweit es noch nicht geschehen ist, die Unterlagen der Besteuerung auf Antrag oder, wenn der Inhalt der Klageschrift dazu Anlass gibt, von Amts wegen mitzuteilen.

Literatur: Bleschick, Überprüfung elektronischer Daten im Besteuerungsverfahren durch den Außenprüfer, DStR 2018, 1050.

§ 75 ist neben der weitergehenden Regelung des § 96 II an sich überflüssig. – Die Vorschrift dient der Gewährung rechtlichen Gehörs und hat als spezielle Ausprägung des Rechts auf Gehör **lediglich klarstellende Bedeutung** und den Zweck, Überraschungsentscheidungen zu vermeiden (BFH X R 26/05, BFH/NV 2007, 1817 (1819); IX B 17/13, BFH/NV 2013, 1942; weitergehend Bleschick DStR 2018, 1050 (1053)). Sie hat nicht den Zweck, dem Stpfl. bei komplexen Fällen die Akteneinsicht zu ersparen (BFH V B 14/09, BFH/NV 2010, 1286).

Vor § 76: Verfahrensgrundsätze

Literatur (s. auch 7. Aufl.; außerdem zu §§ 65, 76 und 96): Böcker, Art. 6 EMRK – Europäischer Verfahrensstandard für Finanzgerichtsprozesse, DStR 2022, 1209; Cahn, Prozessuale Dispositionsfreiheit und zwingendes materielles Recht, AcP 198 (1998), 35; Gärditz, Europäisches Justizverfassungsrecht?, DRiZ 2019, 424; v. Groll, Treu und Glauben im Steuerrecht, FR 1995, 814, 817 f.; Hendricks/Hildebrand, Praxisforum Steuerrechtsschutz: Abgabe der Erledigungserklärung bereits vor Erlass des Abhilfebescheides?, Ubg 2018, 124; Kaufmann, Untersuchungsgrundsatz und Verwaltungsgerichtsbarkeit, 2002; Müller, Die Verfahrensverzögerung im Steuerprozess, AO-StB 2010, 21; Steinbeiß-Winkelmann/Sporrer, Rechtsschutz bei überlangen Gerichtsverfahren, NJW 2014, 177.

I. Allgemeines

1 Die allg., prinzipiellen gesetzgeberischen Entscheidungen zur Gestaltung eines Gerichtsverfahrens **(Verfahrensgrundsätze, Verfahrensmaxime)** werden traditionell einem System von Gegensatzpaaren zugeordnet. Hierbei werden unterschieden (Tipke/Kruse/Krumm § 76 Rn. 2 ff.):

- hinsichtlich der Einleitung eines Verfahrens und der inhaltlichen Bestimmung des Prozessgegenstandes zwischen **Amtsgrundsatz** (Offizialmaxime) und **Verfügungsgrundsatz** (Dispositionsmaxime; → Rn. 3 f.);
- hinsichtlich der Sammlung des Prozessstoffs, der Tatsachen und Beweismittel, zwischen **Untersuchungsgrundsatz** (Amtsermittlungsgrundsatz; Inquisitionsmaxime; → Rn. 5) und **Verhandlungsgrundsatz** (Beibringungsgrundsatz);
- hinsichtlich des äußeren Ablaufs des Verfahrens zwischen **Amtsbetrieb** (→ Rn. 6) und **Parteibetrieb.**

Keine Verfahrensordnung folgt starr ausschließlich den amtsbezogenen oder den parteibezogenen Verfahrensgrundsätzen. Daher werden diese zunehmend als **„Modelle“** angesehen, die als Orientierungspunkte insoweit Verständigungshilfe leisten können, als die Normen, um die es jeweils geht, dies erlauben, und zwar unter Berücksichtigung der Eigenart des materiellen Rechts, dessen Verwirklichung sie dienen (s. dazu Kaufmann Untersuchungsgrundsatz und Verwaltungsverfahrensgerichtsbarkeit, 2002, 344; Tipke/Kruse/Krumm § 76 Rn. 1).

2 Außerdem wirken **höherrangiges Recht** (Verfassungs-, Unions- und Völkerrecht; → Rn. 7 ff.) und **allgemeine Rechtsgrundsätze** (→ Rn. 23 ff.) auf das Verfahren ein, ohne dass dies vollständig in ausdrücklichen Verfahrensvorschriften zum Ausdruck käme.

II. Dispositionsmaxime

Im Steuerprozess liegt die Herrschaft über den Prozessgegenstand (ähnlich wie im allg. Verwaltungsprozess) weitgehend bei den Beteiligten (**Dispositionsmaxime;** dazu Cahn AcP 198 (1998), 571; Tipke/Kruse/Krumm § 76 Rn. 7; Nieland AO-StB 2004, 253): 3

- Das Gericht muss **angerufen** werden, damit es überhaupt tätig wird (§§ 40 I und II, 41 I, 69, 114, 115 I und III, 134 FGO iVm §§ 578 ff. ZPO).
- Der Rechtsuchende kann auf Rechtsschutzgewährung **verzichten** (→ § 50 Rn. 1).
- Das Gericht muss seine Tätigkeit beenden, wenn das Rechtsschutzbegehren **zurückgenommen** wird (§§ 72 I, 125 I) oder wenn die Beteiligten den Rechtsstreit in der Hauptsache für **erledigt erklären** (§ 138).
- Der **Kläger** bestimmt durch die Gestaltung seines Begehrens das **„Streitprogramm".** Über sein Begehren darf nicht hinausgegangen werden (§ 96 I 2). Er kann die Klage ändern (§ 67). Er muss nach automatischer Auswechslung des Verfahrensgegenstands (§ 68) sein Rechtsschutzbegehren der neuen Prozesssituation anpassen.
- Die **beklagte Behörde** ihrerseits wirkt (mittelbar) durch Konkretisierung des zugrunde liegenden Steuerrechtsverhältnisses (→ Vor § 40 Rn. 7), dh durch Erlass oder Versagung einer **Hoheitsmaßnahme,** deren Umgestaltung oder Aufhebung auf den Streitgegenstand (§§ 40 II, 65 I 1, 100–102, 138 II) sowie auf den Verfahrensgegenstand (§§ 44 II, 68) ein.

Beschränkt ist die Verfügung über den Prozessgegenstand im finanzgerichtlichen Verfahren durch das materielle Abgabenrecht (Grundsatz der Gesetzmäßigkeit der Besteuerung, Art. 2 I, 14 III 2, 20 III GG; § 85 AO) und durch zwingende, im **materiellen Recht** wurzelnde Sachentscheidungsvoraussetzungen (→ Vor § 33 Rn. 1 ff.) wie die Klagebefugnis (§ 40 II, → § 40 Rn. 75 ff.) und die Beteiligtenfähigkeit (§ 57; → § 57 Rn. 11 ff.). 4

III. Untersuchungsgrundsatz

Nach dem im finanzgerichtlichen Verfahren vorherrschenden **Untersuchungsgrundsatz** ist es Aufgabe des Gerichts, für die tatsächliche Grundlage der zu treffenden Entscheidung zu sorgen (BFH I B 18/03, BFH/NV 2004, 207; X B 134/13, BFH/NV 2014, 1772; VIII R 32/14, BFH/NV 2017, 1174; anders bei der etwa im Zivilprozess geltenden Verhandlungsmaxime, nach der dies im Wesentlichen Sache der Parteien/Beteiligten ist). Folglich kennt die FGO auch den im Zivilprozess vorherrschenden Begriff der (subjektiven) Beweislast nicht (Tipke/Kruse/Krumm § 76 Rn. 19; → § 96 Rn. 180 ff.; s. auch Loschelder AO-StB 2003, 25). Der Untersuchungsgrundsatz gilt nicht uneingeschränkt. Zwar ist die Sachaufklärung nach § 76 I 1 Sache des Gerichts (vgl. auch § 76 I 5). Dass damit jedoch kein Dogma festgeschrieben, sondern nur ein Grundsatz ausgesprochen wird, der Ausnahmen zulässt, indizieren schon die im unmittelbaren Anschluss hieran statuierten **Mitwirkungspflichten** der Beteiligten (§ 76 I 2–4). Weitere Durchbrechungen des Grundsatzes der Amtsermittlung ergeben sich aus anderen prozessualen Regelungen, vor allem aus den **Präklusionsvorschriften** (§ 364b AO iVm § 76 III – → § 76 Rn. 75 ff.; § 79b – → § 79b Rn. 30 ff.), aber 5 auch aus dem materiellen und formellen Abgabenrecht (→ Rn. 4; Martin BB 1986, 1021; Tipke/Kruse/Krumm § 76 Rn. 49 ff.).

IV. Amtsbetrieb

6 Die Gestaltung des äußeren Verfahrensablaufs liegt im Steuerprozess weitgehend beim Gericht. Es herrscht **Amtsbetrieb:** Das Gericht beraumt Termine an, lädt, stellt zu, setzt Fristen, erlässt die Maßnahmen, die geeignet erscheinen, den Prozess voranzutreiben (vgl. Tipke/Kruse/Krumm § 76 Rn. 10).

V. Ausflüsse des Verfassungsrechts

1. Justizgewährungsanspruch

7 **a) Allgemeines.** Der **Justizgewährungsanspruch** umfasst das Recht auf Zugang zu Gerichten sowie eine grds. umfassende tatsächliche und rechtliche Prüfung von Streitigkeiten (sowohl privatrechtlicher als auch öffentlich-rechtlicher Art), ferner eine verbindliche Entscheidung durch Richter (Jarass/Pieroth/Jarass GG Art. 20 Rn. 128 f.). Er wird im Allgemeinen aus **Art. 2 I, 19 IV und 103 GG** sowie dem **Rechtsstaatsprinzip (Art. 20 III, 28 GG)** und dem **Sozialstaatsprinzip (Art. 20 I GG)** hergeleitet (vgl. zB BVerfG 2 BvR 889/08, NJW-RR 2009, 1215; 2 BvE 2/08 ua, NJW 2009, 2267 unter C.II.1. c) bb) (2); 1 BvR 2243/14, NJW 2014, 3771); für öffentlich-rechtliche Streitigkeiten und damit auch für finanzgerichtliche Streitigkeiten wird er hingegen vorrangig aus **Art. 19 IV GG** hergeleitet (Jarass/Pieroth/Jarass GG Art. 20 Rn. 129). Der Justizgewährungsanspruch wird unterstützt durch den ebenfalls verfassungsrechtlich untermauerten Grundsatz der Unabhängigkeit der Gerichte und der dort tätigen Richter (→ § 1 Rn. 3 ff.).

8 **b) Effektivität des Rechtsschutzes. Art. 19 IV GG** verpflichtet die Finanzgerichte auch, den **Rechtsschutz** ggü. hoheitlichem Handeln **effektiv** zu **gewähren** (BVerfG 1 BvR 23/73, 1 BvR 155/73, NJW 1974, 227; 2 BvL 26/81, NJW 1982, 2425; 1 BvR 1305/09, DStR 2009, 2146; 2 BvR 1710/10, DStR 2010, 2296; 1 BvR 857/07, NVwZ 2011, 1062; 1 BvR 1126/11, NJW 2014, 991; 1 BvR 2243/14, NJW 2014, 3771). Zur Effektivität des Rechtsschutzes gehört, dass er **umfassend und möglichst lückenlos** ist und, dass er **ohne unzumutbare** (unverhältnismäßige) Erschwernisse oder **Hindernisse** gewährt wird, wobei Einschränkungen des Rechtsschutzes in jedem Fall sachlich gerechtfertigt sein müssen (BVerfG 2 BvR 630/73, BStBl. II 1976, 271; 1 BvR 475/85, NJW 1987, 2067; 1 BvR 1764/09, NVwZ-RR 2011, 963; 1 BvR 2096/09, NJW 2013, 2882; 1 BvR 625/15, NJW 2015, 3432). Dazu sind Verfahrenshandlungen und -vorschriften entspr. dem **Grundsatz der rechtsschutzfördernden Auslegung** auszulegen (→ Vor § 33 Rn. 41 f.; → § 65 Rn. 10 ff.) und die **Hinweis- und Prozessförderungspflichten** an der Maxime einer effektiven Rechtsschutzgewährung zu orientieren (→ § 76 Rn. 63 ff.). Im Rahmen des einstweiligen Rechtsschutzes dürfen zB keine unverhältnismäßigen Anforderungen an Sicherheitsleistungen gestellt werden (BVerfG 1 BvR 795/21, BeckRS 2023, 5980).

c) Rechtzeitiger Rechtsschutz. Eine weitere Ausprägung des Anspruchs auf effektiven Rechtsschutz ist der ebenfalls aus Art. 19 IV GG abgeleitete **Anspruch auf rechtzeitigen Rechtsschutz,** dem ua dadurch Rechnung getragen werden muss, dass dem Rechtssuchenden effektive Instrumente gegen überlange Verfahren zur Verfügung gestellt werden müssen (→ § 155 Rn. 40; zur Bedeutung des Art. 6 I 1 EMRK → Rn. 20). Aus Art. 19 IV GG, dem allgemeinen Justizgewährungsanspruch (→ Rn. 7) und dem Rechtsstaatsprinzip folgt, dass die Einrichtung unabhängiger Gerichte für die einzelnen Gerichtszweige den verfassungsrechtlichen Anforderungen nur dann genügt, wenn sie personell und sachlich so ausgestattet sind, dass eine **ausreichende Kapazität und Leistungsfähigkeit** gesichert ist und Überlastungen vermieden werden (BVerfG 2 BvR 558/73, NJW 1974, 307; 1 BvR 1098/11, NZS 2013, 21; BVerwG 5 C 27.12 D, DÖV 2013, 952). Infolge des G über den **Rechtsschutz bei überlangen Gerichtsverfahren** und strafrechtlichen Ermittlungsverfahren v. 24.11.2011 (BGBl. I 2302; → Vor § 1 Rn. 27; → § 155 Rn. 40) ist das Problembewusstsein erheblich geschärft worden (zu den daraufhin von der Rspr. entwickelten Grundsätzen → § 155 Rn. 43 ff.). 9

Eine überlange Verfahrensdauer hat – abgesehen von den durch § 155 S. 2 FGO iVm §§ 198 ff. GVG angeordneten Rüge- und Entschädigungsrechten – für das einzelne Verfahren **in der Regel keine Folgen** (Müller AO-StB 2010, 21). Es steht fest, dass eine überlange Verfahrensdauer **keinen unmittelbaren Einfluss auf die Sachentscheidung** hat. Weder wird dadurch ein angefochtener VA rechtswidrig (BFH IV B 105/90, BStBl. II 1992, 148; X B 27/11, BFH/NV 2013, 180; X R 1/15, BStBl. II 2016, 840) noch der Steueranspruch verwirkt (BFH IX R 19/98, BStBl. II 1999, 407; I B 9/11, BFH/NV 2011, 2011; VII R 12/13, BFH/NV 2014, 1093; X R 1/15, BStBl. II 2016, 840, jeweils mwN; vgl. v. Groll StuW 1991, 239 (242); FR 1995, 814 (817)) oder dessen Einziehung iSd § 227 AO unbillig (BFH V R 105/84, BStBl. II 1991, 498; II B 59/97, BStBl. II 1998, 395), auch nicht die Erhebung von Aussetzungszinsen (BFH II R 2/09, BFH/NV 2010, 1602; IX R 31/13, BStBl. II 2014, 925; X R 1/15, BStBl. II 2016, 840). Aus diesen Gründen ist auch ein vom FA eingelegtes Rechtsmittel selbst nach überlanger erstinstanzlicher Prozessdauer grds. nicht rechtsmissbräuchlich (BFH X R 24/89, BFH/NV 1991, 537 (538); iErg glA aus unionsrechtlicher Sicht EuGH C-615/21, MwStR 2023, 850 – Napfény-Toll Kft. mAnm Herbert). Darüber hinaus wirkt sich die durch eine überlange Verfahrensdauer bedingte **unmögliche Sachaufklärung** jedenfalls dann nicht zu Gunsten des Klägers aus, wenn dieser selbst nicht zur Prozessbeschleunigung beigetragen oder auf diese gedrungen hat (stRspr, zB BFH VIII B 211/06, BFH/NV 2007, 2312; X B 64/07, BFH/NV 2008, 1345; XI B 111/08, BFH/NV 2009, 1472). Dagegen kann es zur Milderung des Beweismaßes kommen, wenn durch die Verfahrensverzögerung ein wichtiges Beweismittel verloren geht (zB Tod eines Zeugen), oder sogar zu einer Umkehr der Beweislast, wenn die Verfahrensverzögerung auf das vorwerfbare Verhalten der Gegenseite zurückzuführen ist (BFH IX R 19/98, BStBl. II 1999, 407; X R 1/15, BStBl. II 2016, 840; s. auch EuGH C-615/21, MwStR 2023, 850 Rn. 59 – Napfény-Toll Kft. mAnm Herbert; → § 96 Rn. 86). Eine **Verfahrensrüge** (→ § 120 Rn. 66) kann bei einer überlangen Verfahrensdauer nur auf die Dauer des gerichtlichen Verfahrens, nicht aber auf diejenige des behördlichen Verfahrens gestützt werden (BFH II B 18/08, BFH/NV 2008, 1866; X B 90/08, BFH/NV 2009, 1135; VII B 131/13, BFH/NV 2014, 1055). Der Kläger hat ferner darzulegen, worauf die überlange Verfahrensdauer zurückzuführen ist, dass diese dem FG oder der Finanzverwaltung anzulasten ist und inwieweit das Urteil bei einer Entscheidung zu einem früheren Zeitpunkt anders ausgefallen wäre (BFH VII B 75/07, BFH/NV 2008, 126; IX B 23/14, BFH/NV 2014, 1081; X B 105/13, BFH/NV 2014, 1213; IV B 68/14, BFH/NV 2016, 575). Hinsichtlich der **Kostenerhebung** ist bei überlanger Verfahrensdauer § 21 GKG idR nicht einschlägig (→ Vor § 135 Rn. 90). Im Übrigen wird auf § 155 S. 2 FGO iVm §§ 198 ff. GVG verwiesen (→ § 155 Rn. 40 ff.). Daneben ist keine „Untätigkeitsbeschwerde" eröffnet (BFH XI B 82/22, BFH/NV 2024, 766).

10 **d) Gestaltungsrecht des Gesetzgebers.** Die konkrete **Ausgestaltung des Rechtsschutzes** auf der Grundlage der Verfassung ist Sache des Gesetzgebers (BVerfG 1 PBvU 1/02, NJW 2003, 1924; BFH VIII R 45/15, BStBl. II 2019, 306, Rn. 26). Art. 19 IV GG verlangt **nicht,** dass das Gericht **stets aufgrund mündlicher Verhandlung** entscheidet (BVerfG 2 BvR 37/60, BVerfGE 11, 232; 2 BvR 629/62, 2 BvR 637/62, NJW 1963, 757; 2 BvR 792/11, NJW 2014, 2563; BVerwG 4 B 12/79, NJW 1979, 1315; → § 90 Rn. 1, 5). Ebenso wenig wird ein **Instanzenzug** garantiert (zB BVerfG 2 BvR 37/60, BVerfGE 11, 232; 2 BvR 1631/90, NJW 1993, 1123; 1 PBvU 1/02, NJW 2003, 1924; 1 BvR 3057/11, NJW 2013, 3506; 1 BvR 2267/23, DStRE 2025, 424). Ist allerdings ein Instanzenzug vorgesehen, darf der Zugang zu ihm nicht in unzumutbarer Weise erschwert (BVerfG 1 BvR 726/78, NJW 1980, 580; 2 BvR 2044/07, NJW 2009, 1469;1 BvR 625/15, NJW 2015, 3432; 1 BvR 2267/23, DStRE 2025, 424), willkürlich verweigert (BVerfG 1 BvR 472/98, NJW 1999, 207) oder verzögert werden.

2. Rechtsstaatliches Verfahren

13 **a) Allgemeines – Faires Verfahren.** Aus dem **Rechtsstaatsprinzip (Art. 20 III, 28 GG)** folgt auch der Anspruch auf ein **faires Verfahren,** ein allg. Prozessgrundrecht (zB BVerfG 2 BvR 1858/92, NVwZ-RR 1994, 105; 1 BvR 312/08, NJW 2009, 1259; 1 BvR 274/12, NJW 2013, 1727; 1 BvR 1615/23, NJW 2024, 891; BFH XI B 30/19, BFH/NV 2020, 611). Der Richter muss das Verfahren so gestalten, wie die Beteiligten es von ihm erwarten dürfen, so dass er zur Rücksichtnahme ggü. den Verfahrensbeteiligten in ihrer konkreten Situation verpflichtet ist (BFH XI B 30/19, BFH/NV 2020, 611; VIII B 151/19, BStBl. II 2020, 715; IX B 11/23, BFH/NV 2023, 983). Dieser Anspruch wird, abgesehen von den Ansprüchen auf Herstellung von **Rechtssicherheit durch Rechtsbehelfsfristen** (BVerfG 2 BvL 26/81, NJW 1982, 2425; 1 BvR 3522/08, BeckRS 2009, 40442, Rn. 53) und auf **Transparenz von Rechtsmitteln** (BVerfG 2 BvR 831/76, NJW 1979, 151; 2 BvR 1631/90, NJW 1993, 1123; 2 BvR 1373/12, NStZ-RR 2014, 93), durch **mehrere Ausprägungen** umgesetzt:

14 **b) Recht auf Gehör (Art. 103 I GG).** Verfassungsrechtlich ausdrücklich verbürgt ist das **Recht auf Gehör (Art. 103 I GG),** ein „prozessuales Urrecht", nach dem in einem gerichtlichen Verfahren der Gegenseite grds. vor einer Entscheidung Gehör und damit die Gelegenheit zu gewähren ist, auf eine bevorstehende gerichtliche Entscheidung Einfluss nehmen zu können (BVerfG 1 BvR 123/21, EuGRZ 2022, 160, Rn. 35; dazu weitergehend aus verfassungsrechtlicher Sicht zB BVerfG 2 BvR 3068/14, NJW 2017, 3218; Jarass/Pieroth/Kment GG Art. 103 Rn. 1 ff.; → § 96 Rn. 190 ff.; → § 119 Rn. 13 ff.). Gewährleistet sind danach ua das Recht auf **Teilnahme** der Beteiligten **am Verfahren** (BVerfG 2 BvR 277/05, NJW 2006, 136; → § 119 Rn. 24 „Ladung", „mündliche Verhandlung"), Hinweis-

und Prozessförderungspflichten (BVerfG 1 BvR 1997/18, NJW 2021, 3384, Rn. 13; → § 76 Rn. 66 ff., § 119 Rn. 15) oder das **Verbot von Überraschungsmomenten** im Prozessgeschehen (→ § 76 Rn. 65 ff., § 119 Rn. 16, 24 „Überraschungsentscheidung“); im Übrigen → § 119 Rn. 13 ff.

c) Waffengleichheit. Auch der Anspruch auf **Waffengleichheit** ist verfassungsrechtlich verbürgt (BVerfG 1 BvR 99/84, NJW 1985, 1149; 1 BvR 1737/10, NJW 2011, 2039; 2 BvR 792/11, NJW 2014, 2563; 1 BvR 1783/17, NJW 2018, 3631). Er ist eine Ausprägung der Rechtsstaatlichkeit und des allg. Gleichheitssatzes va im Zivilprozess und sichert verfassungsrechtlich die Gleichwertigkeit der prozessualen Stellung der Parteien vor Gericht. Das Gericht muss den Prozessparteien im Rahmen der Verfahrensordnung gleichermaßen die Möglichkeit einräumen, alles für die gerichtliche Entscheidung Erhebliche vorzutragen und alle zur Abwehr des gegnerischen Angriffs erforderlichen prozessualen Verteidigungsmittel selbständig geltend zu machen (BVerfG 1 BvR 123/21, EuGRZ 2022, 160, Rn. 35). Dem entspricht die Pflicht des Richters, diese Gleichstellung der Parteien durch eine objektive, faire Verhandlungsführung, durch unvoreingenommene Bereitschaft zur Verwertung und Bewertung des gegenseitigen Vorbringens, durch unparteiische Rechtsanwendung und durch korrekte Erfüllung seiner sonstigen prozessualen Obliegenheiten gegenüber den Prozessbeteiligten zu wahren (BVerfG 1 BvR 1783/17, NJW 2018, 3631). Der Anspruch auf Waffengleichheit steht in einem engen Zusammenhang mit dem Grundsatz des effektiven Rechtsschutzes (→ Rn. 8), dem Neutralitätsprinzip (→ § 1 Rn. 18) und dem Recht auf Gehör (→ Rn. 14; BVerfG 1 BvR 123/21, EuGRZ 2022, 160, Rn. 35). Einfachgesetzlich dienen der Umsetzung dieses Anspruchs zB das Recht auf **Beiziehung eines** sach- und fachkundigen **Beistandes** (BVerfG 2 BvR 197/83, NJW 1987, 577; → § 62 Rn. 5 ff.), die Regelungen über die **Prozesskostenhilfe** (§ 142 FGO iVm §§ 114 ff. ZPO) und der Anspruch auf einen **Dolmetscher** (§ 52 I FGO iVm § 185 I 1 GVG; → § 52 Rn. 33). 15

d) Willkürfreiheit. Schließlich müssen das Verfahren und die Entscheidung **frei von Willkür** sein (zB BVerfG 1 BvR 710/82, NJW 1983, 809; 1 BvR 7/90, NJW 1991, 3023; 2 BvR 941/08, NJW 2009, 3293; 1 BvR 3571/13, 1 BvR 3572/13, NJW 2014, 2340, Rn. 41). 16

VI. Unions- und Völkerrecht

1. Unionsrecht

Auch **Art. 19 I 2 EUV** (vgl. zB EuGH C-487/19, EuGRZ 2021, 525, Rn. 102 ff. – W.Ż.; C-817/21, EuZW 2023, 820, Rn. 40 – R I) und **Art. 47 GRCh** (vgl. zB EuGH C-419/14, MwStR 2016, 153 – WebMindLicenses mAnm Grube; C-34/17, BeckRS 2018, 6386 – Donnellan; C-437/19, DStRE 2022, 236, Rn. 89 ff. – État luxembourgeois) gewährleisten das **Recht auf effektiven Rechtsschutz.** Art. 47 II 1 GRCh garantiert ausdrücklich das Recht, dass die Rechtssache von einem unabhängigen, unparteiischen und zuvor durch Gesetz errichteten Gericht in einem fairen Verfahren, öffentlich und innerhalb angemessener Frist verhandelt wird (dazu auch EuGH C-189/18, MwStR 2020, 119, Rn. 59 ff. – Glencore Agriculture Hungary; C-357/19 ua, EuZW 2022, 333, Rn. 205 ff. – Euro Box Promotion ua). Daraus folgt auch (analog zum nationalen 19

Recht, → Rn. 15) ein Recht auf Waffengleichheit (EuGH C-189/18, MwStR 2020, 119, Rn. 61 – Glencore Agriculture Hungary; zur Einordnung der EuGH-Rspr. vgl. Gärditz DRiZ 2019, 424; weitere Einzelheiten s. Jarass GRCh Art. 47; Calliess/Ruffert/Blanke GRCh Art. 47; Calliess/Ruffert/Wegener EUV Art. 19 Rn. 62 ff.; → 9. Aufl. Anh. Rn. 203 ff.).

2. Völkerrecht

20 Dem Grunde nach wirken auch völkerrechtliche Regelungen auf das Prozessrechtsverhältnis ein. Umstritten ist, ob dazu auch die **EMRK** (insbes. **Art. 6 EMRK**) gehört, die in Deutschland den Rang eines einfachen Bundesgesetzes hat (BVerfG 2 BvR 589/79 ua, NJW 1987, 2427; 1 BvR 2436/11, 1 BvR 3155/11, NJW 2013, 2103). Nach Art. 6 EMRK hat jede Person ein Recht darauf, dass über Streitigkeiten in Bezug auf ihre zivilrechtlichen Ansprüche und Verpflichtungen oder über eine gegen sie erhobene strafrechtliche Anklage von einem unabhängigen und unparteiischen, auf Gesetz beruhenden Gericht in einem fairen Verfahren, öffentlich und innerhalb angemessener Frist verhandelt wird. Der BFH verneint die Anwendbarkeit des Art. 6 EMRK im Allgemeinen und in stRspr (vgl. BFH I B 32/15, BFH/NV 2016, 1141; II R 29/13, BStBl. II 2017, 413, Rn. 70; V B 53/18, BFH/NV 2019, 1062) im Anschluss an die Ferrazzini-Entscheidung des EGMR (44759/98, NJW 2002, 3453). Zwar können „zivilrechtliche Ansprüche" iSd Art. 6 EMRK auch finanzielle Ansprüche öffentlich-rechtlicher Natur sein, nicht jedoch in Bereichen, die zum „harten Kern der Hoheitsrechte des Staates" gehören, wozu der EGMR das Steuerrecht zählt (iE glA Tipke/Kruse/Seer Europarechtsschutz Rn. 70; → 9. Aufl. Anh. Rn. 224; aA ua Böcker DStR 2022, 1209 (1210); Jesse FR 2024, 57 (67)). Lediglich für Kindergeldverfahren kommt Abweichendes in Betracht (EGMR 12852/08, BeckRS 2010, 150400; vgl. BFH III B 67/11, BFH/NV 2012, 589).

Davon abgesehen können Stpfl. nach Erschöpfung der innerstaatlichen Rechtsbehelfsmöglichkeiten (einschl. der Verfassungsbeschwerde) eine **Individualbeschwerde gemäß Art. 34 EMRK** an den EGMR richten, die jedoch uU nur zu einer gerechten Entschädigung iSd Art. 41 EMRK führt (Tipke/Kruse/Seer Europarechtsschutz Rn. 72; → 9. Aufl. Anh. Rn. 215 ff.; vgl. im Übrigen Karpenstein/Mayer/Schäfer EMRK Art. 34; Meyer-Ladewig/Nettesheim/von Raumer/Kulick EMRK Art. 34).

Zur Rechtsschutzgewährung durch das allg. **Völkerrecht** s. BVerfG 2 BvL 26/81, NJW 1982, 2425. Daraus folgt ua das Recht auf **Gleichstellung von Ausländern** (BVerfG 2 BvL 26/81, NJW 1982, 2425 unter C.II.3).

VII. Allgemeine Rechtsgrundsätze

1. Treu und Glauben

23 Darüber hinaus beeinflussen **allgemeine Rechtsgrundsätze** das Prozessrechtsverhältnis, wie zB Treu und Glauben und das Verbot des Rechtsmissbrauchs.

Unabhängig von der ausdrücklichen gesetzlichen Verankerung (wie zB in § 242 BGB) gilt auch im Prozessrechtsverhältnis der Grundsatz von **Treu und Glauben,** der Bindungen für alle Prozessbeteiligten, auch für das Gericht, auslösen kann. Er besagt, dass jeder Beteiligte auf die berechtigten Belange des anderen Teils angemessen Rücksicht zu nehmen hat und sich nicht zu seinem eigenen früheren

Verhalten in Widerspruch setzen darf, soweit der andere darauf zulässigerweise vertraut und aufgrund dessen unwiderruflich disponiert hat (Verbot des venire contra factum proprium; BFH V R 28/14, BStBl. II 2017, 10; X R 57/13, BStBl. II 2017, 334; Klein/Gersch AO § 4 Rn. 35). Erforderlich ist eine bestimmte Position oder ein bestimmtes Verhalten des einen Teils, aufgrund dessen der andere Teil bei objektiver Beurteilung annehmen konnte, jener werde an seiner Position oder seinem Verhalten konsequent und auf Dauer festhalten. Ein schützenswertes nachhaltiges Vertrauen in den Fortbestand der früheren Auffassung ist demzufolge nur dann und solange gegeben, wie der Stpfl. nicht mit ihrer Änderung rechnen musste oder ihm zumindest Zweifel hätten kommen müssen (BFH X R 57/13, BStBl. II 2017, 334). Dabei muss sich jeder Beteiligte das Verhalten seiner Bevollmächtigten und Erfüllungsgehilfen zurechnen lassen (BFH X R 47/88, BStBl. II 1993, 174). Allerdings setzt eine Bindung die Identität der jeweils beteiligten Rechtssubjekte voraus (BFH V R 28/14, BStBl. II 2017, 10). Weitere Ausprägungen sind die Verwirkung (→ Vor § 33 Rn. 27; BFH VIII R 45/13, BStBl. II 2018, 4) und das **Verbot des Rechtsmissbrauchs** (Tipke/Kruse/Drüen AO § 4 Rn. 169; HHS/Steinhauff § 46 Rn. 221, § 47 Rn. 191; Erman/Böttcher BGB § 242 Rn. 128 ff.; → Rn. 25, Vor § 33 Rn. 27). Der Grundsatz von Treu und Glauben bringt zwar materiell-rechtliche Ansprüche und Schulden nicht zum Erlöschen, kann jedoch der Rechtsausübung entgegenstehen (BFH X R 57/13, BStBl. II 2017, 334).

Daher ist es unzulässig, **24**

- das Klageverfahren fortzuführen, nachdem der Kläger **zugesagt** hatte, die **Klage zurückzunehmen** (BFH X R 93/95, BFH/NV 1999, 937; im Übrigen → § 72 Rn. 4),
- eine Klage zu erheben, nachdem für ein anderes, gleichgelagertes Streitjahr die Durchführung eines Musterverfahrens vereinbart worden war (→ § 50 Rn. 5),
- nach **einvernehmlicher Beilegung** eines Rechtsstreits und Abgabe übereinstimmender **Hauptsachenerledigungserklärungen** einen erneuten Änderungsbescheid zulasten des Stpfl. zu erlassen (BFH X R 57/13, BStBl. II 2017, 334),
- nach **Zusage eines Änderungsbescheids** und daraufhin abgegebenen übereinstimmenden Hauptsachenerledigungserklärungen oder der daraufhin erklärten Klagerücknahme den Erlass des Änderungsbescheids zu verweigern (BFH X R 1/80, BStBl. II 1988, 121; XI R 28/99, BStBl. II 2001, 303; V R 37/18, BStBl. II 2021, 50; Hendricks/Hildebrand Ubg 2018, 124),
- sein prozessuales Verhalten in Widerspruch zu einer **tatsächlichen Verständigung** zu setzen (→ § 76 Rn. 4),
- einen **Wiedereinsetzungsantrag** abzulehnen, wenn das Gericht oder das FA durch ihr Verhalten Anlass zur Fristversäumnis gegeben haben (vgl. BFH III R 78/97, BStBl. II 2000, 37), wobei es sich vielfach um Fälle höherer Gewalt iSd § 110 III AO, § 56 III FGO handeln dürfte (→ § 56 Rn. 131, § 55 Rn. 29).

Ferner ist der Grundsatz von Treu und Glauben bei der **Auslegung von Erklärungen** im Verwaltungs- und Gerichtsverfahren heranzuziehen (BFH III R 87/07, BStBl. II 2010, 429; V R 70/14, BStBl. II 2017, 1106; XI B 107/16, BFH/NV 2017, 1412).

Ein Vertrauensschutz aus dem Grundsatz von Treu und Glauben scheidet aus, soweit das Vertrauen nach den gesetzlichen Regelungen oder allgemeinen Rechtsgrundsätzen **nicht schutzwürdig** ist, zB aufgrund des Grundsatzes der Abschnittsbesteuerung (BFH XI R 13/11, BStBl. II 2014, 734; VIII R 45/13,

BStBl. II 2018, 4), weil Bescheide unter dem Vorbehalt der Nachprüfung grds. innerhalb der Festsetzungs- oder Feststellungsfristen uneingeschränkt änderbar sind (BFH VIII R 45/13, BStBl. II 2018, 4; Klein/Rüsken AO § 164 Rn. 23), die maßgebenden gesetzlichen Regelungen geändert wurden (BFH X B 38/14, BFH/NV 2015, 156), Meinungsäußerungen der zuständigen Richter im Laufe des Verfahrens keine Bindung für die abschließende Sachentscheidung auslösen (→ § 76 Rn. 71) oder Gerichte nicht an norminterpretierende Verwaltungsvorschriften gebunden sind (BFH XI R 81/93, BStBl. II 1995, 754; XI R 27/13, BFH/NV 2015, 252).

Zu weiteren Einzelheiten s. Klein/Gersch AO § 4 Rn. 36 ff.; Tipke/Kruse/Drüen AO § 4 Rn. 125 ff.

2. Rechtsmissbrauch

25 Zum **Rechtsmissbrauch:** → Vor § 33 Rn. 27; zum Vertretungsmissbrauch BFH III B 23/95, BStBl. II 1997, 75; zum Rechtsmissbrauch bei Richterablehnung → § 51 Rn. 35 ff.

3. Vertrauensschutzprinzip

26 Mit dem Grundsatz von Treu und Glauben verwandt ist das **Vertrauensschutzprinzip** (Tipke/Kruse/Drüen AO § 4 Rn. 126), das im Prozessrechtsverhältnis auf dem Rechtsstaatsprinzip (Art. 20 III GG) basierend insbes. dann Bedeutung erlangt, wenn im Hinblick darauf eine geänderte höchstrichterliche Rspr. erst ab ihrer Veröffentlichung angewendet wird. Dies setzt allerdings eine jahrzehntelange, von allen befassten Senaten des BFH mitgetragene Rspr. und eine dem folgende Verwaltungspraxis voraus (vgl. BFH GrS 2/04, BStBl. II 2008, 608; III B 115/12, BFH/NV 2013, 1114; IX R 36/15, BStBl. II 2019, 208). Dieser Vertrauensschutz ist unmittelbar im Festsetzungsverfahren zu berücksichtigen, ohne dass es einer Billigkeitsentscheidung iSd § 163 AO bedarf. Dies gilt auch für die Anwendung des **§ 176 AO,** der eine Ausprägung des Vertrauensschutzprinzips ist (s. Klein/Rüsken AO § 176 Rn. 1). Schließlich wird Vertrauensschutz durch verwaltungsseitige **Übergangsregelungen gem. § 163 AO** gewährt (s. BFH GrS 1/10, BStBl. II 2013, 317, Rn. 80; Gosch/Oellerich AO § 163 Rn. 149; BeckOK AO/Oosterkamp AO § 163 Rn. 52), über deren Anwendung ggf. in einem gesonderten Billigkeitsverfahren gestritten wird. Neben dem durch die Rspr. gewährten Vertrauensschutz sind diese Übergangsregelungen vor allem dann von Bedeutung, wenn von bisherigen Verwaltungsanweisungen zulasten des Stpfl. abgewichen wird. Anders als bei § 176 AO kommt es dafür nicht darauf an, ob die frühere Rspr. oder Verwaltungsauffassung in einem Erstbescheid zur Anwendung gekommen war. Zum Vertrauen in die Auslegung von Verfahrensvorschriften: BVerfG 2 BvR 871/92, NJW 1993, 720; 2 BvR 668/00, 2 BvR 849/00, Rpfleger 2001, 188.

§ 76 [Erforschung des Sachverhalts durch das Gericht]

(1) [1]**Das Gericht erforscht den Sachverhalt von Amts wegen.** [2]**Die Beteiligten sind dabei heranzuziehen.** [3]**Sie haben ihre Erklärungen über tatsächliche Umstände vollständig und der Wahrheit gemäß abzugeben und sich auf Anforderung des Gerichts zu den von den anderen Beteiligten vorge-**

brachten Tatsachen zu erklären. [4]§ 90 Abs. 2, § 93 Abs. 3 Satz 2, § 97, §§ 99, 100 der Abgabenordnung gelten sinngemäß. [5]Das Gericht ist an das Vorbringen und an die Beweisanträge der Beteiligten nicht gebunden.

(2) **Der Vorsitzende hat darauf hinzuwirken, dass Formfehler beseitigt, sachdienliche Anträge gestellt, unklare Anträge erläutert, ungenügende tatsächliche Angaben ergänzt, ferner alle für die Feststellung und Beurteilung des Sachverhalts wesentlichen Erklärungen abgegeben werden.**

(3) **[1]Erklärungen und Beweismittel, die erst nach Ablauf der von der Finanzbehörde nach § 364b Abs. 1 der Abgabenordnung gesetzten Frist im Einspruchsverfahren oder im finanzgerichtlichen Verfahren vorgebracht werden, kann das Gericht zurückweisen und ohne weitere Ermittlungen entscheiden. [2]§ 79b Abs. 3 gilt entsprechend.**

(4) **Die Verpflichtung der Finanzbehörde zur Ermittlung des Sachverhalts (§§ 88, 89 Abs. 1 der Abgabenordnung) wird durch das finanzgerichtliche Verfahren nicht berührt.**

Vgl. § 86 I und III VwGO; § 103 und § 106 I SGG.

Literatur (auch vor → Rn. 63 und 75 sowie → § 65, Vor § 76, §§ 79–81 und § 96): Bartone, Der Anspruch auf Gewährung rechtlichen Gehörs im Finanzprozess, AO-StB 2011, 179; Fiedler/Riegel, Finanzgerichtsprozesse erfolgreich führen – die Krux mit dem Beweis bei Auslandssachverhalten, BB 2014, 3100; Grube, Zum übergangenen Beweisantrag und zur gerichtlichen Hinweispflicht im Steuerprozess, DStZ 2013, 591; Hagen, Mitwirkungs- und Aufzeichnungspflichten des Steuerpflichtigen bei Sachverhalten mit Auslandsbezug und Rechtsfolgen bei Pflichtverletzung, StBp 2005, 33; Hendricks/Höpfner, Praxisforum Steuerrechtsschutz: Beweisführung durch Auslandszeugen bei Auslandssachverhalten, Ubg 2019, 121; Hildebrand, Praxisforum Steuerrechtsschutz: Der Beweisantrag im FG-Prozess, Ubg 2021, 113; Mack, Der Prozess beim FG – Sind Anwälte hier überflüssig?, AnwBl. 2010, 173; Martin, Wechselwirkungen zwischen Mitwirkungspflichten und Untersuchungspflicht im finanzgerichtlichen Verfahren, BB 1986, 1021; Mösbauer, Befugnisgrenzen finanzgerichtlicher Sachaufklärung, BB 1977, 505; Müller, Die Sachverhaltsermittlung im FG-Verfahren, AO-StB 2014, 89; Nöcker, Die (sinnlose) Rüge im Fall des übergangenen Beweisantrags, AO-StB 2017, 215; Nöcker, Das „Zeugnis" im FG-Prozess, AO-StB 2024, 19; Pahlke, Typusbegriff und Typisierung, DStR-Beih. 2011, 66; Ratschow, Recht auf Sachverständigenbeweis, DStR 2018, 2100; Seer, Verständigungen an der Schnittstelle von Steuer- und Steuerstrafverfahren, BB 2015, 214; Seibel, Der Beweisantritt im finanzgerichtlichen Verfahren, AO-StB 2002, 169; Wernsmann, Typisierung und Typusbegriff, DStR-Beih. 2011, 72.

Übersicht

	Rn.
I. Bedeutung der Regelung	1
II. Zu § 76 I – Sachaufklärungspflicht des Gerichts und Mitwirkungspflichten der Beteiligten	10
1. Sachaufklärungspflicht des Gerichts	10
a) Inhalt und Umfang der Aufklärungspflicht	10
b) Durchführung der Sachaufklärung	20
aa) Sachaufklärung von Amts wegen	20
bb) Einwirkung durch die Beteiligten, insbesondere Beweisanträge	30
c) Rechtsfolgen mangelhafter Sachaufklärung	36
d) Verfahrensfragen	40

Rn.
2. Mitwirkungspflichten der Beteiligten 44
a) Allgemeine prozessuale Mitwirkungspflichten (§ 76 I 2 und 3) 44
b) Besondere Mitwirkungspflichten nach der Abgabenordnung (§ 76 I 4) 46
c) Weitere besondere Mitwirkungspflichten des formellen und materiellen Abgabenrechts (§ 76 I 4) 58
d) Rechtsfolgen bei Verletzung der Mitwirkungspflichten 59
III. Zu § 76 II – Einwirkungen des Vorsitzenden auf das Prozessgeschehen 63
IV. Zurückweisung verspäteten Vorbringens (§ 76 III) 75
1. Allgemeines 75
2. Fristsetzung nach § 364b AO (§ 76 III 1) 79
3. Ermessen des Gerichts (§§ 76 III, 79b III) 84
4. Rechtsfolge 90
V. Zu § 76 IV – Ermittlungspflicht der Behörde 94

I. Bedeutung der Regelung

1 § 76 I 1 legt fest, dass es **Sache des Gerichts** (grds. des FG, ausnahmsweise des BFH, → Rn. 10) ist, den **Sachverhalt** von Amts wegen **aufzuklären** (zum Untersuchungsgrundsatz → Vor § 76 Rn. 5; zu Inhalt u. Umfang der Sachaufklärungspflicht → Rn. 10 ff.; zur Umsetzung → Rn. 20 ff.). Dies beruht verfassungsrechtlich auf den Grundsätzen der **Belastungsgleichheit** (BVerfG 2 BvR 1493/89, BStBl. II 1991, 654; 1 BvL 12/07, DStR 2010, 2393; BFH X R 60/95, BStBl. II 2000, 131; VI R 2/12, BFH/NV 2014, 1954 mwN) und der **Gewährung effektiven Rechtsschutzes** (Art. 19 IV GG; vgl. Tipke/Kruse/Krumm § 76 Rn. 4). § 76 I 2–4 verknüpft diese Verpflichtung mit allg. und besonderen **Mitwirkungspflichten** der Beteiligten, die damit **Bestandteil der Sachaufklärungspflicht** im finanzgerichtlichen Verfahren werden (BFH VII S 1/99, BFH/NV 2000, 1 (2) mwN: Mitwirkungspflichten sind „Teil des Untersuchungsgrundsatzes"; Kaufmann, Untersuchungsgrundsatz und Verwaltungsgerichtsbarkeit, 2002, 432 ff.: Amtsermittlung als Reservekompetenz; zur verfassungsrechtlichen Unbedenklichkeit von Mitwirkungspflichten iRd Untersuchungsgrundsatzes zB BFH III B 83/04, BFH/NV 2005, 503; zur Verschärfung der Mitwirkungspflichten durch **Präklusionsvorschriften** → Rn. 75 ff., § 79b Rn. 30 ff.; zum Verwaltungsverfahren und zum außergerichtlichen Vorverfahren s. §§ 88 u. 90 ff. AO). Krumm bezeichnet dies als „Kooperationsmaxime" (Tipke/Kruse/Krumm § 76 Rn. 76). Allerdings bleiben trotz der in § 76 I 2 ff. normierten Mitwirkungspflichten nach dem Grundsatz des § 76 I 1 **Initiative und Herrschaft** der Sachaufklärung beim **Gericht,** was sich auch durch § 76 I 5 bestätigt (BFH XI R 23/98, BFH/NV 2000, 184; XI B 69/20, BFH/NV 2021, 1108; → Rn. 10 ff., 20 ff.). Zwecks dieser Sachaufklärung zieht das Gericht insbes. die Beteiligten heran. Insoweit greifen richterliche Sachaufklärung und Mitwirkung der Beteiligten ineinander und überlagern sich (s. zB BFH IV R 39/97, BStBl. II 1999, 28 zu 6.; VIII R 36/99, BFH/NV 2001, 789; zur PC-Nutzung FG BW 12 K 446/99, EFG 2001, 352). Das Gesamtergebnis liefert die Grundlage für die Meinungsbildung des Gerichts (→ § 96 Rn. 15 ff.) und idR auch die Basis für das anschließende Revisionsverfahren (§ 118 II). Rechtsfragen sind – abgesehen von der Ermittlung

ausländischen Rechts (→ Rn. 24) – einer Beweiserhebung nicht zugänglich (BFH XI B 49/19, BFH/NV 2020, 114).

2 Die **Beteiligten haben** eine **Mitverantwortung** für die Sachaufklärung (s. dazu vor allem auch Martin BB 1986, 1021; vgl. außerdem Tipke/Kruse/Krumm § 76 Rn. 3; sehr viel schwächer ausgeprägt in § 86 VwGO – dazu Kopp/Schenke/Schenke VwGO § 86 Rn. 5d, 11 ff. – und in § 103 SGG – dazu Meyer-Ladewig/Keller/Schmidt SGG § 103 Rn. 13 ff.). Dies folgt nicht nur aus § 76 I 2–4 und anderen Bestimmungen der FGO (§§ 65 I 2, 77, 80, 93 I, II, 137, 138 II), sondern auch aus sonstigen Vorschriften des formellen und materiellen Abgabenrechts (→ Rn. 46 ff.). Diese prozessuale Inanspruchnahme findet hinsichtlich der Finbeh ihre Rechtfertigung im Grundsatz der Gesetzmäßigkeit der Besteuerung (→ Vor § 76 Rn. 4) und hinsichtlich des klagenden Stpfl. in dem Umstand, dass die Tatsachen, die es aufzuklären gilt, idR seinem **Einfluss-** oder **Wissensbereich** entstammen (→ Rn. 44, 58). Die **Verletzung** von Mitwirkungspflichten (→ Rn. 59 ff.) kann, unabhängig von der Möglichkeit, mit verspätetem Vorbringen nicht mehr gehört zu werden (§§ 65, 79b, 76 III FGO iVm § 364b AO; → Rn. 79 ff.), und den Folgen der Feststellungslast (→ § 96 Rn. 180 f.), den Steuerprozess auf dreierlei Weise beeinflussen (s. vor allem BFH X R 16/86, BStBl. II 1989, 462; außerdem zB BFH VII S 19/99, BFH/NV 2000, 551 (552); I B 18/03, BFH/NV 2004, 207; X B 134/13, BFH/NV 2014, 1772):

- durch Begrenzung der gerichtlichen Sachaufklärungspflicht (→ Rn. 10 ff., 59 f.),
- durch Reduktion des Beweismaßes (→ Rn. 60, § 96 Rn. 86 ff.) und
- durch nachteilige Schlussfolgerungen (→ § 96 Rn. 92).

3 Jeder Beteiligte muss sich darüber im Klaren sein, dass Ermittlungsfehler des Gerichts regelmäßig nur dann im Rechtsmittelverfahren gerügt werden können, wenn der Beteiligte entspr. Rügen bereits im erstinstanzlichen Verfahren erhoben hat und sie im Rechtsmittelverfahren wiederholt (→ Rn. 36 ff.).

4 Ziel des durch § 76 vorgegebenen Modells einer „Arbeitsteilung" zwischen Gericht und Beteiligten ist es, auf die **Beendigung des Rechtsstreits** hinzuwirken, die durch Urteil (§ 96), Klagerücknahme (§ 72) oder Hauptsacheerledigung (§ 138) erfolgen kann. Eine Prozessbeendigung durch **Vergleich** (§ 794 I Nr. 1 ZPO, § 106 VwGO, § 101 SGG) sieht die FGO **nicht** vor, weil sich die Beteiligten wegen des Grundsatzes der Gesetzmäßigkeit der Besteuerung nicht über den Steueranspruch vergleichen können. Das schließt eine **Verständigung im Tatsächlichen** aber nicht aus. Danach sind Abreden über den entscheidungserheblichen **Sachverhalt** möglich, was insbes. bei Schätzungen und in ähnlich gelagerten Fällen erschwerter Sachaufklärung in Betracht kommt. Eine Einigung über **Rechtsfragen** ist hingegen ausgeschlossen. Die tatsächliche Verständigung, die keinen VA darstellt, sondern auf dem Grundsatz von Treu und Glauben beruht (BFH III B 144/16, BStBl. II 2017, 1165; → Vor § 76 Rn. 23 f.), kann sowohl im Verwaltungsverfahren als auch im finanzgerichtlichen Verfahren getroffen werden (BFH III B 78/10, BFH/NV 2011, 1108). Im Übrigen zu den Voraussetzungen einer tatsächlichen Verständigung die stRspr, BFH VIII R 131/76, BStBl. II 1985, 354; aus neuerer Zeit zB BFH I R 63/07, BStBl. II 2009, 1231; XI B 85/13, BFH/NV 2014, 828; IX B 6/14, BFH/NV 2014, 1496; IX R 24/15, BStBl. II 2017, 1155; X R 17/17, BFH/NV 2019, 97; Tipke/Kruse/Seer AO Vor § 118 Rn. 10, 23 ff.; Klein/Rüsken AO § 162 Rn. 90 ff.; Seer BB 2015, 214. Eine tatsächliche Verständigung ist **kein Klageverzicht** (→ § 50 Rn. 4 f.). Sofern der Stpfl. geltend machen will, die tatsächliche Verständigung sei unwirksam oder

der aufgrund der tatsächlichen Verständigung ergangene VA entspreche nicht der tatsächlichen Verständigung, kann und muss er den VA anfechten. Die Frage der Wirksamkeit ist dann Gegenstand einer Inzidentprüfung. Gegen die tatsächliche Verständigung als solche gerichtete Klagen sind unzulässig (vgl. BFH X B 58/15, BFH/NV 2016, 48; IX R 24/15, BStBl. II 2017, 1155; III B 144/16, BStBl. II 2017, 1165).

5 Ein **Anerkenntnisurteil** (§ 307 ZPO) kann im Steuerprozess nicht ergehen (→ § 95 Rn. 5; ebenso Tipke/Kruse/Brandis § 95 Rn. 6; aA HHS/Rauda § 95 Rn. 53 ff. mwN; s. auch Kopp/Schenke/Schenke VwGO § 107 Rn. 5 aE: Anerkenntnisurteil ist möglich, soweit die Beteiligten über den zugrunde liegenden Streitpunkt verfügen können; FG Hmb 1 K 171/16, EFG 2017, 145 für den Fall der Inanspruchnahme nach § 93 InsO). Dies beruht wiederum auf dem Grundsatz, dass der **Steueranspruch nicht zur Verfügung** der Beteiligten steht. Insofern ist die Dispositionsmaxime der beklagten Finbeh, die aufgrund der prozessualen Rollenverteilung als einzige für ein Anerkenntnis in Betracht kommt (vgl. § 63 I FGO; § 307 I ZPO), eingeschränkt. Ihr fehlt der erforderliche Entscheidungsspielraum (§§ 38, 85 AO). Darüber hinaus ist es bei allen verwaltungsaktbezogenen Klagen (→ § 40 Rn. 12; → § 47 Rn. 5) mit einer reinen Prozesserklärung ohnedies nicht getan. Es müssen Steuerverwaltungsakte erlassen, aufgehoben oder geändert werden.

6 § 76 I ist die **Rechtsgrundlage für den Fremdvergleich** bei der steuerlichen Würdigung von Vertragsverhältnissen zwischen nahe stehenden Personen, insbes. Angehörigen, verbundenen Unternehmen oder Gesellschaftern und Gesellschaften, an denen sie beteiligt sind. Er ermöglicht aufgrund einer Würdigung von Beweisanzeichen den Schluss, aus welchen Gründen ein Leistungsaustausch unter Angehörigen stattgefunden hat, ob aufgrund eines den Tatbestand einer Einkunftsart erfüllenden Vertrages oder aus privaten, familiären Gründen (BFH IX R 68/99, BStBl. II 2002, 699; VIII R 21/12, BStBl. II 2015, 638; IX R 8/16, BStBl. II 2017, 273).

7 Die in § 76 II (→ Rn. 63 ff.) geregelten Hinweis- und Belehrungspflichten des Vorsitzenden bzw. Berichterstatters dienen ebenso wie Präklusionsregelungen (insbes. §§ 65, 79b) der in § 79 S. 1 definierten **Konzentrationsmaxime** (→ § 79 Rn. 1 ff.). § 76 III zieht die Folgerung aus der „halbherzigen" Präklusionsregelung des § 364b AO (→ Rn. 75 ff.). § 76 IV betont schließlich zur Klarstellung ggü. früher herrschender Rechtsauffassung die Selbständigkeit des finanzgerichtlichen Verfahrens (→ Rn. 94 f.).

8 Die Änderung des **§ 76 I 4** durch das **AmtshilfeRLUmsG** v. 26.6.2013 (BGBl. I 1809) war nur eine redaktionelle Folgeänderung.

9 Die durch das **Gesetz zur Modernisierung des Besteuerungsverfahrens** vom 18.7.2016 (BGBl. 2016 I 1679) vorgenommenen Änderungen der Regelungen über die Ermittlungspflichten der Finbeh (§§ 88 ff. AO), die es nunmehr ausdrücklich zulassen, Wirtschaftlichkeitserwägungen in die Entscheidung über den Umfang der Ermittlungen einfließen zulassen (§ 88 II 2 AO; dazu Tipke/Kruse/Seer AO § 88 Rn. 12 ff.), haben **keinen Einfluss auf die Ermittlungspflichten der Finanzgerichte,** die grds. unabhängig vom Streitwert (auch → § 94a Rn. 8) und dem mit den Ermittlungen verbundenen Aufwand zur Sachverhaltsermittlung verpflichtet bleiben. Im Kosteninteresse der Beteiligten und im Interesse eines zeitnahen Rechtsschutzes bleibt es den FG jedoch unbenommen, den Beteiligten eine Prozessführung nahezulegen, die unwirtschaftliche Ermitt-

lungen vermeidet, zB durch Beschränkung des Rechtsstreits auf wirtschaftlich relevante Streitpunkte und/oder tatsächliche Verständigungen (→ Rn. 4).

II. Zu § 76 I – Sachaufklärungspflicht des Gerichts und Mitwirkungspflichten der Beteiligten

1. Sachaufklärungspflicht des Gerichts

a) Inhalt und Umfang der Aufklärungspflicht. § 76 I 1 legt die Pflicht zur Erforschung des Sachverhalts dem **Gericht** auf. Das ist idR das **Finanzgericht** (je nach Verfahrensstand Senat, Einzelrichter, Vorsitzender oder Berichterstatter). Ausnahmsweise ist auch der **BFH** zur Sachaufklärung verpflichtet, nämlich dann, wenn er Tatsacheninstanz ist (zB in Beschwerdesachen BFH XI B 33/12, BFH/NV 2013, 783 mwN; zur Feststellung eines Verfahrensmangels BFH IV R 45/09, BStBl. II 2013, 123; III B 112/14, BFH/NV 2015, 1595; in den Verfahren nach § 155 S. 2 FGO iVm §§ 198 ff. GVG Steinhauff jurisPR-SteuerR 2024, 2013 Anm. 5; im Rahmen von PKH-Verfahren BFH X S 38/19 (PKH), X S 4/20 (PKH), BFH/NV 2020, 910; zur Tatsachenprüfung des BFH bei Sachentscheidungsvoraussetzungen → Vor § 33 Rn. 14; → Vor § 115 Rn. 135 f.). 10

Das Gericht hat **den Sachverhalt** zu erforschen. Aus dieser Formulierung des Gesetzes folgt bereits, dass sich die Aufklärungspflicht regelmäßig auf **Tatsachen** bezieht (BFH II R 35/15, BStBl. II 2017, 966). Auf **Rechtsfragen** kann sie sich dann beziehen, wenn es um ausländisches Recht geht (§ 155 S. 1 FGO iVm § 293 ZPO; BFH II R 178/79, BFH/NV 1986, 176 (177); III R 10/11, BStBl. II 2014, 706; III R 6/14, BFH/NV 2015, 1237; → Rn. 24, 47; → § 118 Rn. 193 ff.). 11

Zu erforschen ist der **entscheidungserhebliche Sachverhalt** (zu unerheblichen Tatsachen → Rn. 14 mwN). Was entscheidungserheblich ist, hängt zunächst maßgeblich vom **Kläger** ab, da er iRd Dispositionsmaxime den Rahmen für das Verfahren absteckt (→ Vor § 76 Rn. 3). Erhebt er zB eine unzulässige Klage, ist Sachaufklärung zur Frage der Begründetheit nicht nur überflüssig, sondern dem Gericht sogar verwehrt (→ Vor § 33 Rn. 3). Handelt es sich um eine zulässige Klage, nimmt er durch den **Inhalt seines Begehrens** (nicht notwendig durch dessen Begründung – § 76 I 5; → Rn. 14; → § 96 Rn. 46) und durch die **Art der Klage oder des Antrags** bestimmenden Einfluss auf die Frage, worauf es im konkreten Fall für die Sachentscheidung ankommt (BFH VIII B 157/83, BStBl. II 1984, 834 (835 f.); I B 21/06, BFH/NV 2007, 10; Kopp/Schenke/Schenke VwGO § 86 Rn. 4). So darf das Gericht nach § 96 I 2 nicht über das Begehren des Klägers hinausgehen und darf auch dessen Rechtsposition nicht verbösern (→ § 96 Rn. 48). Erlässt das FG im Rahmen einer **Verpflichtungsklage** ein **Bescheidungsurteil** (§ 101 S. 2), muss es die für die abschließende Sachentscheidung maßgeblichen Tatsachen nicht aufklären (BFH III B 96/14, BFH/NV 2015, 1269; → § 101 Rn. 6). Darüber hinaus kann das Gericht zB in **Schätzungsfällen** seine Sachprüfung auf die strittigen Punkte beschränken (BFH IV B 76/99, BFH/NV 2000, 848 (849) mwN; FG BW 9 K 294/87, EFG 1993, 502; → § 96 Rn. 90; → § 100 Rn. 64). Im **summarischen Verfahren** (§§ 69, 114) beschränkt sich die Sachaufklärungspflicht auf **präsente Beweismittel** (→ § 69 Rn. 196 f.; → § 114 Rn. 65 f.; BFH XI B 33/12, BFH/NV 2013, 783). 12

Der entscheidungserhebliche Sachverhalt wird bei Anfechtungs- und Verpflichtungsklagen (§ 40 I) zudem durch den **Regelungsgehalt des Verwaltungsaktes** 13 bestimmt, der angegriffen oder erstrebt wird (vgl. zB BFH I R 107/84, BStBl. II 1989, 43). Besonders deutlich wird dies dann, wenn Klagegegenstand eine **Ermessensentscheidung** ist (Haftungsbescheid, Prüfungsanordnung, Billigkeitsentscheidung nach §§ 163, 222, 227 AO), da dem Gericht insoweit nur eingeschränkte Überprüfungs- und Entscheidungsmöglichkeiten zustehen (s. § 102; BFH V R 106/84, BStBl. II 1990, 179; III B 30/10, BFH/NV 2011, 998; IX B 38/15, BFH/NV 2015, 1431). Daher muss das FG grds. nur den Sachverhalt aufklären, der zur Beurteilung der Frage notwendig ist, ob das FA sein Ermessen fehlerhaft ausgeübt hat (anders nur, wenn eine Ermessensreduzierung auf null besteht, BFH X B 149/09, BFH/NV 2011, 266). Andererseits können insoweit die die Ermessensausübung bestimmenden Begleitumstände entscheidungsrelevant und daher aufzuklären sein (BFH VIII R 8/09, BStBl. II 2012, 395). Weitere Einschränkungen hinsichtlich des entscheidungserheblichen Tatbestands ergeben sich im Verhältnis **Grundlagen-/Folgebescheid** (→ Vor § 40 Rn. 44 ff.; → § 40 Rn. 102 ff.; → § 42 Rn. 30 ff.). – Beschränkt wird die Sachaufklärungspflicht des Gerichts auch durch einen **Vorbehalt der Nachprüfung** (§ 164 AO). Es ist – wie Seer (Tipke/Kruse/Seer AO § 164 Rn. 58) zutreffend ausführt – nicht Aufgabe des Gerichts, den ganzen Fall soweit aufzuklären, dass anschließend eine abschließende Prüfung durch das FA entfallen kann. Das Gericht muss nur iRd Klagebegehrens (→ Rn. 12) eine Überprüfung vornehmen (iE ebenso FG RhPf I 228/77, EFG 1978, 109; FG Bln III 45–46/78, EFG 1980, 301; HHS/Heuermann AO § 164 Rn. 117; Tipke/Kruse/Seer AO § 164 Rn. 58; HHS/Thürmer § 76 Rn. 101; Rößler Inf 1980, 303; Rößler FR 1981, 37 – jeweils mwN; aA wohl Klein/Rüsken AO § 164 Rn. 66; vgl. auch BFH I R 145/87, BStBl. II 1990, 1032; IV R 107/90, BFH/NV 1993, 296; zum vergleichbaren Problem bei **§ 165 AO** BFH III B 173/95, BStBl. II 1996, 506).

14 Innerhalb des sich durch das Klagebegehren, die Art der Klage und den Regelungsinhalt des angefochtenen oder begehrten VA ergebenden Rahmens **bestimmt das Gericht, was aufzuklären ist.** Denn da das Gericht mit Hilfe der richterlichen Sachaufklärungspflicht idealtypischerweise eine Basis dafür schaffen soll, dass es nach seiner freien, aus dem Gesamtergebnis des Verfahrens gewonnenen Überzeugung entscheiden kann (§ 96 I 1), hat es zur **Herbeiführung der Spruchreife** nur das aufzuklären, was **aus seiner Sicht entscheidungserheblich** ist (BFH IX B 20/02, BFH/NV 2003, 186; III B 33/16, BFH/NV 2016, 1750; V B 145/16, DStRE 2018, 615; XI B 93/19, BFH/NV 2020, 754; vgl. auch Martin BB 1986, 1021, die vom Entscheidungs- und Ermittlungsprogramm spricht. Folglich muss das FG nicht allen von den Beteiligten aufgeworfenen Fragen nachgehen (zB BFH VIII B 157/83, BStBl. II 1984, 834 (835); Kopp/Schenke/Schenke VwGO § 86 Rn. 5 ff. mwN). Es kann iRd durch den Streitgegenstand gezogenen Grenzen aber auch **Umstände** aufklären, **über die die Beteiligten (bislang) nicht streiten** (BFH X R 185/93, BFH/NV 1995, 1076; XI R 15/14, BStBl. II 2023, 514; IX B 66/16, BFH/NV 2017, 52), muss die Beteiligten jedoch darauf hinweisen und ihnen Gelegenheit zur Ergänzung ihres Vortrags geben (BFH VIII B 14/10, BFH/NV 2011, 1380; XI B 24/22, BFH/NV 2024, 403). Dabei ist das Gericht nicht darauf beschränkt, nur den Tatsachenstoff zu überprüfen, der auch schon Grundlage der Entscheidung der Finbeh war (BFH III R 61/08, BStBl. II 2012, 141 unter Aufgabe der gegenteiligen Ansicht von BFH III R 66/04, BStBl. II 2006, 184). Vorstehendes gilt auch, soweit das FG beabsichtigt Umstände zu berücksichtigen, die zum Klagebegehren gegenläufige Rechtsfolgen haben (sog. **Saldierung,** → § 96 Rn. 52; BFH XI B 24/22, BFH/

NV 2024, 403). Maßgebend ist die **materiell-rechtliche Auffassung des Gerichts** (stRspr, zB BFH VII B 38/04, BFH/NV 2005, 1496; V B 99/11, BFH/NV 2012, 1818; X B 28, 29/13, BFH/NV 2013, 1800 – jeweils mwN; zur Entscheidungserheblichkeit: BFH IV B 81/06, BFH/NV 2007, 1939; VIII B 181/07, BFH/NV 2008, 2007; III B 116/12, BFH/NV 2013, 776; → Rn. 12), zumal das FG nach § 76 I 5 gerade nicht an das Beteiligtenvorbringen gebunden ist (→ Rn. 31 ff.).

Die Verfahrens- und Einzelsteuergesetze enthalten eine Vielzahl von Regelungen, die durch **Pauschalierungen, Typisierungen** (s. dazu Pahlke DStR-Beih. 2011, 66; Wernsmann DStR-Beih. 2011, 72), **gesetzliche Vermutungen, Beweislastregelungen, Nachweispflichten und Antrags- oder Ausschlussfristen** auf den Umfang der gerichtlichen Ermittlungspflichten einwirken. 15

Zu nennen sind zB:
- die vielfach nur durch ein ordnungsgemäßes Fahrtenbuch zu widerlegende „1%-Regelung" des § 6 I Nr. 4 S. 2 f. EStG (Schmidt/Kulosa EStG § 6 Rn. 525 f.),
- die Zugangsvermutung in § 122 II AO (vgl. zB BFH II R 233/85, BStBl. II 1990, 108; III B 76/11, BFH/NV 2011, 1845; IV B 82/16, BFH/NV 2017, 1620),
- die Richtigkeitsvermutung des § 158 AO für ordnungsgemäße Buchführungen (vgl. Klein/Rüsken AO § 158 Rn. 1),
- die Beweislastregel des § 159 AO für die Zurechnung treuhänderisch gehaltener Vermögensgegenstände (Klein/Rüsken AO § 159 Rn. 3),
- die Anknüpfung steuermindernder Regelungen an Formalnachweise, wie zB amtliche Bescheide uä iRd § 33 EStG gem. § 64 EStDV oder Rechnungen zur Geltendmachung des Vorsteuerabzugs gem. § 15 I 1 Nr. 1 UStG,
- die Antragsfristen für eine Wiedereinsetzung in den vorigen Stand (§ 110 II und III AO, § 56 II und III FGO), mit denen die Obliegenheit einhergeht, die Wiedereinsetzungsgründe substantiiert vorzutragen (→ § 56 Rn. 115 f.),
- Präklusionsvorschriften der FGO (§§ 65, 79b, 76 III FGO iVm § 364b AO).

Aufklärungsmaßnahmen muss das Gericht nur dann ergreifen, wenn ein **Anlass** hierzu besteht, der sich aus den beigezogenen Akten, dem Beteiligtenvorbringen oder sonstigen Umständen ergeben kann (stRspr, zB BFH VII R 45/96, BFH/NV 1997, 154; X R 52/96, BFH/NV 2000, 175; X R 20/07, BStBl. II 2009, 388; V B 114/11, BFH/NV 2013, 601 mwN). Dann kommt es nicht darauf an, ob die Beteiligten einen ausdrücklichen Hinweis darauf erteilt haben (BFH X B 167/16, BFH/NV 2017, 1447). Kein Anlass zur Sachaufklärung besteht, wenn die Tatsachen **offenkundig** oder **gerichtsbekannt** sind (→ § 81 Rn. 3) und weder Anlass zu Zweifeln besteht noch substantiierte Einwände hiergegen erhoben werden (BFH IX B 166/09, BFH/NV 2010, 234; Kopp/Schenke/Schenke VwGO § 86 Rn. 5b). Gleiches gilt, wenn das Gericht über ausreichende **eigene Sachkunde** verfügt, um aus den ihm bekannten Umständen des Einzelfalls in tatsächlicher Hinsicht die richtigen Schlüsse zu ziehen (zB keine Beweiserhebung über „Sichtweise des Durchschnittsverbrauchers": BFH V R 39/05, BFH/NV 2008, 1712; V B 38/13, BFH/NV 2014, 1106 aE; XI R 23/21, BStBl. II 2022, 818, Rn. 55; grds. für die zolltarifliche Einreihung in die Kombinierte Nomenklatur: BFH VII R 21/20, BFH/NV 2023, 866; keine Hinzuziehung eines Sachverständigen zur Beurteilung der Frage, ob ein Betrieb geeignet ist, nachhaltig Gewinne zu erwirtschaften, es sei denn, hierzu sind spezielle Branchenkenntnisse erforderlich: BFH VIII R 4/83, BStBl. II 1986, 289 (290); X B 86/07, BFH/ 16

NV 2009, 18; in **Schätzungsfällen** keine Verpflichtung zur Einholung eines Sachverständigengutachtens oder zur Überprüfung der Schätzung durch eine andere Schätzungsmethode: BFH X B 28/08, BFH/NV 2009, 717; III B 27/11, BFH/NV 2013, 497 aE; X B 25/20, BFH/NV 2021, 680 – jeweils mwN; kritisch Ratschow DStR 2018, 2100 (2103, 2105); zur Abgrenzung BFH IX B 58/06, BFH/NV 2006, 2117; VIII B 204/06, BFH/NV 2007, 2264; V B 105/17, BFH/NV 2018, 536; auch → Rn. 23; Ratschow DStR 2018, 2100 (2103, 2105); weitere Beispiele zum **„Bewertungsermessen"** bei Kopp/Schenke/Schenke VwGO § 86 Rn. 9). Das Gericht muss uU in den Urteilsgründen nachprüfbar darlegen, worauf die eigene Sachkunde beruht (BFH XI B 15/07, BFH/NV 2008, 370 zur künstlerischen Tätigkeit).

17 **Nicht bestrittene Tatsachen** können **nicht** ohne weiteres als richtig **unterstellt** werden. Doch kann den Beteiligten Glauben geschenkt werden, wenn sich Zweifel nicht aufdrängen (BFH I B 18/03, BFH/NV 2004, 207; X B 134/13, BFH/NV 2014, 1772; XI R 15/14, BStBl. II 2023, 514 aE; → Rn. 22; s. zur nicht substantiiert bestrittenen Verletzung der Buchführungspflicht: BFH X B 7/06, BFH/NV 2007, 1167).

20 **b) Durchführung der Sachaufklärung. aa) Sachaufklärung von Amts wegen. Wie das Gericht** den von ihm für entscheidungserheblich gehaltenen (→ Rn. 14) Sachverhalt **aufklärt,** steht in seinem **Ermessen** und ist daher nicht von der Zustimmung der Beteiligten abhängig (vgl. § 76 I 5; BFH VI B 10/16, BFH/NV 2017, 45; VII R 27/17, BStBl. II 2020, 31; VIII B 39/22, BFH/NV 2023, 979; vgl. auch BFH X B 185/07, BFH/NV 2008, 603 zur Beiziehung von Schriftstücken). Dieses Ermessen wird aber bereits dadurch eingeschränkt, dass es den Sachverhalt **so vollständig wie möglich** aufklären muss, soweit Anlass dazu besteht (BFH VIII R 52/97, BFH/NV 1999, 943; IX B 66/16, BFH/NV 2017, 52; → Rn. 22 ff.). Das Gericht muss den Beteiligten mitteilen, welche Beweismittel es herangezogen hat (zu beigezogenen Akten → § 86 Rn. 4; vgl. auch BFH X B 18–20/23, BFH/NV 2023, 1325).

Vorrangig hat das Gericht den Inhalt der den Streit betr. **Steuerakten** und der von den Beteiligten im gerichtlichen Verfahren eingereichten **Schriftsätze** nebst Anlagen zur Kenntnis zu nehmen (BFH VI B 65/21, BFH/NV 2022, 1185; vgl. zum Verstoß gegen dieses Gebot als Verfahrensfehler – → § 115 Rn. 310 „Verstoß gegen den klaren Inhalt der Akten"). Darüber hinaus muss das Gericht die Beteiligten auffordern, Beweismittel vorzulegen oder zu benennen (vgl. BFH IX B 61/06, BFH/NV 2007, 723) und zu Tatsachen oder Beweismitteln Stellung zu nehmen, die durch das Gericht oder einen Beteiligten in das Verfahren eingeführt worden sind (§ 76 I 3, II). Soweit erforderlich muss das Gericht weitere Akten beiziehen (vgl. § 86; → Rn. 22) und Beweis durch die klassischen Beweismittel des Prozessrechts (vgl. §§ 81 I 2, 82; → Rn. 22 ff.; → § 81 Rn. 17 ff.) erheben.

21 Es ist **nicht Aufgabe des Gerichts,** aus einem ungeordneten, umfangreichen **Anlagen- oder Aktenkonvolut** diejenigen Tatsachen herauszusuchen, die möglicherweise zur Darlegung des Begehrens eines Beteiligten dienen können. Die Beteiligten sind aufgrund der ihnen obliegenden Mitwirkungspflichten (→ Rn. 44 ff.) vielmehr gehalten, dem Gericht Akten und sonstige Unterlagen derart **geordnet** zu überlassen, dass dieses ohne umfangreiche Prüfungen diejenigen Urkunden und Belege auffinden kann, auf die sich die Beteiligten beziehen. Dies trifft auch den Beklagten, der zB bei der Beanstandung einer Buchführung verpflichtet ist, die **Buchführungsunterlagen** aufzubereiten und dem Gericht

die konkreten Fehler aufzuzeigen (ähnlich Tipke/Kruse/Krumm § 76 Rn. 42; Schwarz/Pahlke/Fu § 76 Rn. 21). Dementsprechend ist das FG nicht verpflichtet, beschlagnahmte Buchführungsunterlagen beizuziehen, wenn der Kläger von der Möglichkeit, diese einzusehen und Kopien anzufertigen, keinen Gebrauch gemacht hat (BFH X B 19/12, BFH/NV 2013, 405). Andererseits enthebt allein der Umfang des Beweismaterials das Gericht nicht von der Pflicht, dieses – mindestens stichprobenartig – durchzusehen (BFH V R 20/21, DStR 2024, 760, Rn. 29).

Das Gericht muss unabhängig von eventuellen Beweisanträgen der Beteiligten 22 (§ 76 I 5; → Rn. 1, 12, 14) **von sich aus Beweis erheben,** wenn sich nach Aktenlage eine weitere Sachaufklärung aufdrängt (BFH I B 74/06, BFH/NV 2007, 1343; VIII R 32/14, BFH/NV 2017, 1174; V B 145/16, DStRE 2018, 615; II R 26/18, BStBl. II 2022, 72; IX B 9/21, BFH/NV 2022 1061), zB wenn sonst von einem ungewöhnlichen Geschehensablauf auszugehen wäre (BFH X B 113/06, BFH/NV 2007, 935; VI B 10/12, BFH/NV 2012, 1475). Daran fehlt es regelmäßig, wenn ein Beteiligter einen ohne weiteres denkbar erscheinenden Sachverhalt vorträgt, und die Gegenseite, die Kenntnis von den tatsächlichen Umständen haben müsste, den Vortrag nicht substantiiert bestreitet (BFH X B 7/06, BFH/NV 2007, 1167). Wenn Aufklärungsbedarf besteht, muss das Gericht **alle verfügbaren Beweismittel,** die sich **aufdrängen,** heranziehen (stRspr, BFH IX B 128/03, DStRE 2004, 1187; X B 120/13, BFH/NV 2014, 546; X B 14/19, BFH/NV 2019, 1116). Neben den in § 81 I 2 genannten „klassischen" Beweismitteln sind dies auch amtliche Auskünfte und – soweit vorhanden – gerichtliche Prüfungsbeamte (Hildebrand Ubg 2021, 113 (114); → § 81 Rn. 17 ff.). Dies beinhaltet auch, die ladungsfähige Anschrift eines Zeugen anzufordern (BFH IX B 61/06, BFH/NV 2007, 723), Sachverständige heranzuziehen (→ Rn. 23) oder Akten beizuziehen (BFH VII B 347/02, BFH/NV 2004, 511; X B 22/12, BFH/NV 2013, 226; III B 29/16, BFH/NV 2016, 1483; VII S 35/19, BFH/NV 2020, 1076). Gegebenenfalls sind säumige Beteiligte zu erinnern (BFH X B 101/18, BFH/NV 2019, 285). Das Gericht muss aber nicht sämtliche Akten des FA für den Kläger beiziehen (BFH VII B 3/06, BFH/NV 2007, 1324; VIII B 56/10, BFH/NV 2011, 630); zur Pflicht, fremdsprachige Urkunden übersetzen zu lassen: BVerwG 9 B 418/95, NJW 1996, 1553. Auch die Vernehmung von Beteiligten drängt sich idR nicht auf, da die Beteiligten alle ihnen bekannten Umstände darlegen können und im Rahmen ihrer Mitwirkungspflicht darlegen sollten (BFH III R 39/14, BFH/NV 2015, 1587; s. aber auch BFH X B 122/17, BFH/NV 2018, 630).

Sachverständige muss das Gericht dann hinzuziehen, wenn ihm in tatsächli- 23 cher Hinsicht die **eigene Sachkunde** zur Aufklärung oder Beurteilung des Sachverhalts **fehlt** (BFH IX R 101/90, BStBl. II 1994, 660; VIII B 88/11, BFH/NV 2012, 600; IX B 23/17, BFH/NV 2017, 1059 zur Grundstücksbewertung; III B 102/12, BFH/NV 2013, 573; V B 44/15, BFH/NV 2016, 934; → Rn. 16). Fehlt es an der eigenen Sachkunde, ist kein Raum für ein Ermessen des FG bei der Frage gegeben, ob es einen Sachverständigen hinzuzieht (Ratschow DStR 2018, 2100 (2102 f.)). Häufige Anwendungsfälle in der Finanzgerichtspraxis sind **Grundstücksbewertungen** (BFH I B 42/13, BFH/NV 2015, 1093; IX B 78/15, BFH/NV 2016, 1056), **Anteils- und Unternehmensbewertungen** (BFH IV R 18/12, BStBl. II 2016, 346; VI R 8/16, BStBl. II 2018, 550; IX B 48/18, BFH/NV 2019, 39; II R 5/19, BStBl. II 2022, 15), die Frage, ob eine **künstlerische Tätigkeit** vorliegt (BFH VIII B 30/20, BFH/NV 2021, 789), medizinische

Fragen (BFH VI R 51/13, BStBl. II 2015, 9) oder die Frage, ob die **Kenntnisse und die Tätigkeit von Autodidakten** mit denen von Freiberuflern vergleichbar sind (BFH IV R 56/00, BStBl. II 2002, 768; III R 3/14, BFH/NV 2017, 732; VIII B 98/22, BFH/NV 2023, 974). Insoweit wird die zwar grds. bestehende Ermessensfreiheit eingeschränkt. Es muss aber ein Sachverhalt so substantiiert dargelegt und idR auch unter Beifügung von Beweismitteln belegt werden, dass dieser Gegenstand einer sachverständigen Begutachtung sein kann (vgl. BFH X B 104/16, BFH/NV 2017, 561, Rn. 37; zum Beweisantrag → § 82 Rn. 33). Zur Feststellung marktüblicher Mieten sind Sachverständigengutachten jedoch nur nachrangig heranzuziehen (BFH III R 41/75, BStBl. II 1985, 36; II R 12/10, BFH/NV 2011, 968; II B 111/11, BFH/NV 2013, 713; IX B 46/16, BFH/NV 2016, 1744). Soweit dem Stpfl. nach § 198 BewG die Nachweispflicht auferlegt ist, muss das Gericht dann, wenn der Stpfl. dieser Nachweispflicht nicht nachkommt, kein Sachverständigengutachten einholen (BFH II R 26/20, BFH/NV 2022, 822). Auch die Beiziehung eines ärztlichen Attests oder die Vernehmung eines sachverständigen Zeugen kann die Einholung eines Sachverständigengutachtens entbehrlich erscheinen lassen (BFH IX B 102/10, BFH/NV 2011, 1364; IX B 11/11, BFH/NV 2011, 1891 zur Prozessfähigkeit), nicht jedoch ein Parteigutachten, gegen das die Gegenseite substantiierte Einwendungen erhebt (BFH IV R 18/12, BStBl. II 2016, 346; X R 38/17, BStBl. II 2019, 518). Zur Einholung eines weiteren Gutachtens s. § 155 S. 1 FGO iVm § 412 ZPO und → § 82 Rn. 38. Zur Abweichung des Gerichts von dem Gutachten eines Sachverständigen s. BFH X B 43/06, BFH/NV 2007, 1499.

24 Die vorstehenden Grundsätze gelten auch dann, wenn die Beteiligten auf die **Durchführung einer mündlichen Verhandlung verzichtet** haben (BFH I B 140/01, BFH/NV 2002, 1179; IX B 23/17, BFH/NV 2017, 1059; s. aber auch BFH X B 209/08, BFH/NV 2010, 458). Allerdings drängt sich dann die Vernehmung von Zeugen, deren Vernehmung zudem nicht beantragt ist, idR nicht auf (BFH X B 133/10, BFH/NV 2011, 995; III B 39/16, BFH/NV 2016, 1731; II B 24/16, BFH/NV 2017, 164). Die Ausschöpfung aller sich aufdrängenden Erkenntnismittel hat **Vorrang vor einer Entscheidung unter Anwendung der Grundsätze der Feststellungslast** (BFH X R 44/09, BStBl. II 2011, 884; X B 38/13, BFH/NV 2014, 54; → § 96 Rn. 180). Erst wenn eventuelle Beweismittel weder aus den Akten noch aus dem Vortrag der Beteiligten ersichtlich sind und sich auch **keine weiteren Anhaltspunkte** dafür ergeben, wie der Sachverhalt weiter aufgeklärt werden könnte – zB auch deshalb, weil alle Beweismittel vernichtet sind – entscheidet das Gericht aufgrund des bis dahin festgestellten Sachverhalts, ggf. nach den Grundsätzen der Feststellungslast (BFH VI B 74/01, BFH/NV 2002, 351; VIII B 181/07, BFH/NV 2008, 2007 mwN). Besonders weit gehen die Ermittlungspflichten des FG bei der Prüfung des **ausländischen Rechts** (§ 155 S. 1 iVm § 293 ZPO; BFH X R 5/16, BStBl. II 2018, 651; VII R 7/18, BFH/NV 2022, 391; X R 28/21, DStRE 2023, 1223). Dieses ist auch in dessen Anwendung in der Rechtspraxis unter Einbeziehung der ausländischen Rechtsprechung und Rechtslehre zu ermitteln (BFH IV R 23/14, BStBl. II 2018, 444; II R 13/19, BStBl. II 2022, 481). Insoweit müssen die Grundlagen der Feststellungen dargelegt werden (BFH III R 6/14, BFH/NV 2015, 1237; III R 60/12, BStBl. II 2016, 889) und eine Feststellungslastentscheidung kommt nicht in Betracht (BFH III R 10/11, BStBl. II 2014, 706; X R 5/16, BStBl. II 2018, 651; I R 33/16, BFH/NV 2020, 201; II R 13/19, BStBl. II 2022, 481; → Rn. 47; → § 118 Rn. 193 ff.). Denkbare Ermittlungsmöglichkeiten sind neben Gutachten wissenschaftlicher Institute amtliche Auskünfte von Behörden des betreffenden Landes oder bei deutschen Auslandsvertretungen oder Ministerien (BFH IV R 23/14, BStBl. II 2018, 444; VII R 7/18, BFH/NV 2022, 391). Ferner hängen die Ermittlungspflichten davon ab, wie komplex und fremd das ausländische Recht ist und ob die Beteiligten sich kontrovers zur ausländischen Rechtslage äußern, insbes. wenn erwartet werden kann, dass sie insoweit über Kenntnisse verfügen (BFH II B 35–37/18, BStBl. II 2020, 394; VII R 7/18, BFH/NV 2022, 391; BGH IX ZR 233/90, NJW 1992, 2026; IV ZR 62/19, NJW-RR 2020, 802). Besonderheiten bestehen beim Kindergeldrecht: Insoweit ist bei grenzüberschreitenden Sachverhalten innerhalb der EU nicht – soweit es darauf ankommt – mit den vorstehenden Instrumenten zu ermitteln, welche Ansprüche auf Kindergeld im EU-Ausland bestehen, sondern ein Koordinierungsverfahren durch die Familienkasse anzustoßen (Selder jurisPR-SteuerR 28/2021 Anm. 4 D.; → § 74 Rn. 47).

Die Überzeugung, die das Gericht gem. § 96 I 1 für seine Entscheidung gewinnen soll, erfordert regelmäßig eine **eigene Anschauung** von den entscheidungserheblichen Tatsachen und Beweismitteln (Grundsatz der Unmittelbarkeit der Beweiserhebung – § 81 I 1; → § 81 Rn. 7 ff.). Das gilt vor allem für die Glaubwürdigkeit eines Zeugen, und zwar insbes. dann, wenn ein Beteiligter gerade dies ausdrücklich zum Beweisthema macht. 25

Etwas anderes gilt nur dann, wenn die Beteiligten mit der **Verwertung fremder Beweisergebnisse** einverstanden sind oder zumindest keine substantiierten Einwände dagegen erheben. Diese können dann ggf. im Wege des Urkundenbeweises in das Verfahren eingeführt werden (→ § 81 Rn. 11; insbes. Vernehmungsprotokolle und strafgerichtliche Entscheidungen; **zum Verwertungsverbot** bei Telefonüberwachung: BFH VII B 265/00, BStBl. II 2001, 464; V B 78/09, BFH/NV 2011, 622; VII B 202/12, BStBl. II 2013, 987; bei Verfahrensverstößen von Ermittlungsbehörden: BFH VIII R 17/13, BStBl. II 2018, 408, Rn. 47 ff.). 26

Die **Art und Weise der Beweiserhebung** und vor allem die **Auswahl der Beweismittel** steht grds. im pflichtgemäßen **Ermessen** des Gerichts (zu Kostenerwägungen in diesem Zusammenhang BFH IX R 101/90, BStBl. II 1994, 660 einerseits – FG RhPf 4 K 2780/94, EFG 1995, 1068 andererseits). Das gilt auch für die **Übernahme fremder Ermittlungsergebnisse** (→ Rn. 26); das Gericht muss sich trotz der in anderen Verfahren getroffenen Feststellungen eine eigene Überzeugung von dem entscheidungserheblichen tatsächlichen Geschehen und der Wertung der Ereignisse machen (BFH V B 149/99, BFH/NV 2000, 974; zur Beiziehung fremder Akten als Ermessensentscheidung des Gerichts BFH VII B 282/98, BFH/NV 2000, 74 (75)). – Eine allg. gültige **Rangfolge** der Beweismittel gibt es nicht – desgleichen **keine feste Regel für den Verzicht** auf bestimmte Beweiserhebungen oder für die Gewichtung von Beweisanträgen der Beteiligten (→ Rn. 31 ff.; → § 80 Rn. 4 zur Anordnung des persönlichen Erscheinens und zu den Besonderheiten im Verfahren nach billigem Ermessen: → § 94a Rn. 2, 8). 27

Nach dem völkerrechtlichen **Grundsatz formeller Territorialität** ist das FG **nur** zur Beweiserhebung **im Inland** befugt (FG Münster 1 K 60/18 E, DStRE 2023, 1217; Tipke/Kruse/Seer AO § 117 Rn. 2 ff.; Vogel/Lehner/Lehner Grundlagen Rn. 16). Jenseits der deutschen Grenzen kann es allenfalls im Rechtshilfewege (→ § 13 Rn. 4; § 82 Rn. 9 f.) oder durch die Beteiligten (→ Rn. 24 aE, 47 ff.) ermitteln. 28

30 **bb) Einwirkung durch die Beteiligten, insbesondere Beweisanträge.** Wenngleich die Art und Weise der Beweiserhebung dem Gericht vorbehalten ist und die in § 76 I 2 ff. normierten **Mitwirkungspflichten nicht erzwingbar** sind, empfiehlt es sich unter dem Gesichtspunkt der **Einwirkung auf die Beweislage** für die Beteiligten, über das ausdrücklich (etwa nach § 65 oder § 79b) geforderte Minimum an prozessualer Mitwirkung hinaus, aktiv am Prozessgeschehen teilzunehmen und von sich aus entspr. Tatsachenvortrag und Beweismittel in das Verfahren einzuführen, um dadurch den Anlass dafür zu geben, dass sich das Gericht mit diesem Vorbringen befasst (s. dazu Seibel AO-StB 2002, 169 (170); → Rn. 14 ff.). Prozessuales **„Mittun" und „Mitdenken"** empfiehlt sich in der Praxis außerdem, weil sich in der Rechtsmittelinstanz selbst Unterlassen als Hürde erweisen kann. So führt eine fehlende Mitwirkung, zB durch nicht substantiierten und nicht beweisunterlegten Vortrag, zur Reduzierung der Pflicht des Gerichts, den Sachverhalt von Amts wegen aufzuklären (BFH X B 198/15, BFH/NV 2016, 1042; X B 159/15, BFH/NV 2017, 54; → Rn. 59). Ferner kann ein Beteiligter, der unentschuldigt einer mündlichen Verhandlung ferngeblieben ist, idR nicht mehr mit Aussicht auf Erfolg die Verletzung der Sachaufklärungspflicht rügen (BFH V B 85/10, BFH/NV 2011, 1365; III B 42/14, BFH/NV 2015, 1102; XI B 33/15, BFH/NV 2015, 1690; anders uU bei gestellten Beweisanträgen; → Rn. 38; → § 115 Rn. 292). Im Übrigen droht ohne dieses „Mittun" und „Mitdenken", dass ein Unterlassen des Gerichts nach § 155 S. 1 FGO, § 295 ZPO im Rechtsmittelverfahren nicht mehr gerügt werden kann (→ Rn. 37 ff.).

31 Das Gericht ist nach **§ 76 I 5** nicht an das Vorbringen und die Beweisanträge der Beteiligten gebunden. Gleichwohl darf es **substantiierten Vortrag und substantiierte Beweisanträge** (zu den Anforderungen an einen Beweisantrag → Rn. 32), die den entscheidungserheblichen Sachverhalt betreffen (→ Rn. 14), grds. **weder ablehnen noch übergehen** (stRspr, zB BFH III B 67/00, BFH/NV 2002, 45; IV R 56/04, BStBl. II 2006, 838 zum Zeugen vom Hörensagen, → § 81 Rn. 11 aE; BFH VIII B 181/07, BFH/NV 2008, 2007; I B 172/11, BFH/NV 2013, 561; VI B 86/13, BFH/NV 2014, 360). Andernfalls setzt sich das Gericht dem Vorwurf einer gegen die Sachaufklärungspflicht verstoßenden **vorweggenommenen Beweiswürdigung** aus. Das ist insbes. dann der Fall, wenn es eine Beweiserhebung mit der Begründung ablehnt, dass das zu erwartende Ergebnis die Überzeugung des Gerichts nicht ändern könne (stRspr, zB BFH III B 77/02, BFH/NV 2003, 502; VIII B 209/03, BFH/NV 2005, 1123; XI B 75/12, BFH/NV 2014, 164; IX B 81/21, BFH/NV 2023, 380) oder dass es unwahrscheinlich ist, dass die beantragte Beweiserhebung die Tatsachenbehauptung bestätige (BFH X B 68/13, BFH/NV 2014, 566; III B 29/16, BFH/NV 2016, 1483) oder zu einem zweckdienlichen Ergebnis führe (BFH X B 242/10, BFH/NV 2011, 1715; III B 56/13, BFH/NV 2014, 62; BGH XI ZR 168/14, NJW-RR 2015, 1151). Etwas anderes gilt nach der stRspr (zB BFH III B 160/03, BFH/NV 2005, 1075; VII B 178/08, BFH/NV 2009, 1277; VIII R 51/10, BStBl. II 2013, 808; X B 23/16, BFH/NV 2017, 564; IX B 10/21, BFH/NV 2022, 733; X B 135/21, BFH/NV 2023, 731; BGH XI ZR 168/14, NJW-RR 2015, 1151) nur dann, wenn (Rechtsgedanke des § 244 III 2 StPO):

- das Beweismittel für die zu treffende Entscheidung **unerheblich** ist (zB BFH III B 119/07, BFH/NV 2008, 1194; XI B 144/13, BFH/NV 2014, 1064; II R 19/13, BFH/NV 2015, 993; VIII B 32/23, BFH/NV 2024, 908);
- die in Frage stehende Tatsache zu Gunsten des Beweisführenden als **wahr unterstellt** werden kann (zB BFH I R 64/06, BFH/NV 2007, 1893; XI B

117/11, BFH/NV 2013, 981; V B 44/15, BFH/NV 2016, 934; VIII B 32/23, BFH/NV 2024, 908). Dabei muss das FG aber auch den vollständigen beweisunterlegten Vortrag als wahr unterstellen (BFH X B 131/12, BFH/NV 2013, 1260; III B 56/13, BFH/NV 2014, 62) und darf ihn nicht einengend auslegen (BFH VIII R 24/19, BStBl. II 2022, 450). Hilfstatsachen können als wahr unterstellt werden, wenn die unter Beweis gestellte Hilfstatsache für den Nachweis der Haupttatsache nach rechtlich nicht zu beanstandenden Überlegungen des FG nicht ausreicht (BFH X B 180/03, BFH/NV 2005, 1843; X B 118/08, BFH/NV 2009, 152; X B 77/15, BFH/NV 2016, 1171);

– das Beweismittel **unerreichbar** ist (zur Beteiligtenpflicht, **Auslandszeugen** selbst zu stellen → Rn. 48), was auch dazu führen kann, dass man sich mit einer **schriftlichen Zeugenaussage** begnügen muss. Erscheint ein Zeuge trotz Ladung nicht, muss das FG sich zunächst bemühen, den Zeugen durch den Einsatz von Ordnungsmitteln (→ § 82 Rn. 21) zum Erscheinen zu bewegen (BGH XI ZR 168/14, NJW-RR 2015, 1151; vgl. auch BGH 6 StR 219/22, NJW 2023, 791). Zum Grundsatz der Verhältnismäßigkeit der Beweiserhebung: BVerfG 1 BvR 520/83, BVerfGE 78, 214 (229); zu Beweiserleichterungen in Kriegszeiten: HessFG 1 K 836/90, EFG 1994, 1051; FG Hmb V 72/92, EFG 1995, 823;

– das Beweismittel oder die Beweiserhebung **unzulässig oder absolut untauglich** ist. So können **Zeugenaussagen** nicht den erforderlichen **Buchnachweis** iSv § 158 AO ersetzen, allerdings zB Beweis über das Zustandekommen von Aufzeichnungen erbringen (BFH X B 41/16, BFH/NV 2017, 310; vgl. zu Schätzungsfällen im Übrigen BFH X B 28, 29/98, BFH/NV 1999, 491; XI B 144/13, BFH/NV 2014, 1064; X B 77/15, BFH/NV 2016, 1171). Das Gericht muss bei fehlendem **Belegnachweis** auch keine Zeugen vernehmen, um den Verbleib von Waren zu ermitteln, die Gegenstand **innergemeinschaftlicher Lieferungen** gewesen sein sollen (BFH V R 14/14, BStBl. II 2015, 912; V B 99/16, MwStR 2019, 495; V R 38/18, BStBl. II 2020, 112, Rn. 19). Dagegen ist ein **Kind** als Zeuge grds. ein geeignetes Beweismittel für seine **Bewerbungsbemühungen** (BFH III R 70/10, BFH/NV 2012, 1971). Zum Zeugen vom Hörensagen → § 82 Rn. 11 aE. Zur Beweiserhebung durch eine **Beteiligtenvernehmung** (was die Vernehmung eines **Gesellschafters/Geschäftsführers** umfassen würde; → § 82 Rn. 17) ist das Gericht nur sehr eingeschränkt verpflichtet (→ § 82 Rn. 41 ff.). Die Würdigung eines Beweismittels als untauglich beschwört allerdings die Gefahr der **vorweggenommenen Beweiswürdigung** herauf, so dass die Würdigung als untauglich nur mit großer Zurückhaltung vorgenommen werden sollte (BFH III B 56/13, BFH/NV 2014, 62; IX B 10/21, BFH/NV 2022, 733; BGH V ZR 101/19, NZM 2020, 376; XII ZR 152/19, NJW-RR 2021, 861; → § 96 Rn. 142, § 115 Rn. 310 „Vorweggenommene Beweiswürdigung"). Jedoch muss der Beweisführer darlegen, auf welcher Grundlage benannte Zeugen zu dem Beweisthema sachdienliche Angaben machen können (wenn dies nicht nach Aktenlage schon erkennbar ist: BFH V R 10/11, BFH/NV 2013, 1453; vgl. auch BFH II R 35/15, BStBl. II 2017, 966). Untauglich ist auch ein Zeuge, dem ein **Aussage- oder Zeugnisverweigerungsrecht** (→ § 84 Rn. 1 ff.) zusteht und der ankündigt, davon Gebrauch machen zu wollen.

Gem. **§ 82 FGO iVm § 373 ZPO** wird der Zeugenbeweis durch **Benennung der Zeugen** und die **Bezeichnung der Tatsachen,** über welche die Vernehmung der Zeugen stattfinden soll, angetreten (→ § 82 Rn. 17; BFH X B 131/ 32

12, BFH/NV 2013, 1260; V S 20/13, BFH/NV 2013, 1643). Für andere Beweismittel gilt diese Vorschrift entspr. (s. zB § 82 FGO iVm § 402 ZPO; BFH X B 91/11, BFH/NV 2012, 1150), dh der Beteiligte muss angeben, welche konkrete Tatsache durch welches Beweismittel nachgewiesen werden soll (BFH VI B 118/04, BStBl. II 2007, 538; III B 148/15, BFH/NV 2016, 1486; II R 35/15, BStBl. II 2017, 966; zu den Einzelheiten Hildebrand Ubg 2021, 113). **Unsubstantiiertem Vortrag und unsubstantiierten Beweisanträgen** muss das Gericht nicht nachgehen (stRspr, zB BFH IV B 113/96, BFH/NV 1998, 454; VI B 38/14, BFH/NV 2014, 1904; I B 27/17, BFH/NV 2018, 542; VIII B 2/21, BFH/NV 2022, 239, jeweils mwN; zu deren Protokollierung: BFH II B 201/91, BStBl. II 1992, 562). Die Benennung des Zeugen erfordert grds. die Angabe seines Namens und der ladungsfähigen Anschrift oder jedenfalls anderer Daten, die die Ermittlung des Zeugen ermöglichen (BFH X B 132/00, BFH/NV 2002, 1457; X R 65/09, BStBl. II 2012, 345; I R 33/11, BStBl. II 2019, 150; X B 71/12, BFH/NV 2013, 579; XI B 90/10, BFH/NV 2011, 1479: zunächst Aufforderung zur Ergänzung der Angaben erforderlich). Die Bezeichnung der Tatsachen setzt voraus, dass das Beweisthema und das voraussichtliche Ergebnis der Beweisaufnahme in Bezug auf einzelne konkrete Tatsachen genau angegeben werden (BFH VII B 58/02, BFH/NV 2003, 485; X B 91/11, BFH/NV 2012, 1150; III B 39/16, BFH/NV 2016, 1731; V R 5/22, BFH/NV 2023, 816). Dabei ist nicht allein der Wortlaut eines Beweisantrags maßgeblich, vielmehr ist zu prüfen, ob sich die erforderliche Substantiierung aus dem übrigen Sachvortrag des Beweisführers ergibt (BFH III B 148/15, BFH/NV 2016, 1486; X B 23/16, BFH/NV 2017, 564). Das erforderliche Maß der **Substantiierung** ist **davon abhängig, ob** die Tatsachen, über die Beweis erhoben werden soll, dem **Wissens- und Einflussbereich des Beweisführers** zuzurechnen sind (BFH I B 77/07, BFH/NV 2008, 1445; XI B 97/13, BFH/NV 2014, 1062; III B 39/16, BFH/NV 2016, 1731; VIII B 41/18, BFH/NV 2019, 702; ähnlich BFH X B 131/12, BFH/NV 2013, 1260; III B 45/12, BFH/NV 2014, 342; X B 167/16, BFH/NV 2017, 1447: Abhängigkeit vom Grad der Erfüllung der Mitwirkungspflichten). Unsubstantiiert sind Beweisanträge auch, wenn sie dazu dienen sollen, unsubstantiierte Behauptungen zu stützen, wie etwa solche, die ohne jegliche tatsächliche Grundlage aufgestellt werden (sog. **„Behauptungen und Beweisanträge ins Blaue hinein"** oder **Ausforschungsbeweisanträge;** s. BFH X B 155/11, BFH/NV 2012, 2015; III B 39/16, BFH/NV 2016, 1731; VIII B 41/18, BFH/NV 2019, 702; X B 135/21, BFH/NV 2023, 731) oder wenn die unter Beweis gestellte Tatsache so ungenau bezeichnet wird, dass ihre Erheblichkeit nicht beurteilt werden kann (BFH VI R 10/14, BStBl. II 2015, 940; III B 134/15, BFH/NV 2016, 1571). Zwar darf eine Behauptung nicht schon dann als unerheblich behandelt werden, wenn sie nicht auf dem Wissen des Behauptenden beruht, sondern auf einer Vermutung (BFH I B 99/14, BFH/NV 2016, 1282; BGH XII ZR 99/17, NJW-RR 2019, 380; einschränkend: BFH VIII B 40/15, BeckRS 2015, 96074); der Beweisführer muss auch nicht den gesamten Inhalt der Zeugenaussage mit allen Einzelheiten vorhersagen (BFH X B 131/12, BFH/NV 2013, 1260; vgl. auch BFH X B 135/21, BFH/NV 2023, 731). Wenn der gegnerische Prozessbeteiligte dieser Vermutung aber mit einer plausiblen Darstellung entgegen tritt, darf diese nicht einfach ignoriert werden. Es ist den Beteiligten zuzumuten, sich hiermit auseinander zu setzen und greifbare Anhaltspunkte zu benennen, die gegen die Sachdarstellung der Gegenseite sprechen (BFH I B 99/14, BFH/NV 2016, 1282; IV B 46/17, BFH/NV 2018, 728). Jedenfalls ist es nicht Aufgabe eines Gerichts, sich mit Behauptungen zu befassen, die so unbestimmt ist, dass im Grunde erst die Beweiserhebung selbst die entscheidungserheblichen Tatsachen und Behauptungen aufdecken kann und es sich deshalb um einen Beweisermittlungs- oder -ausforschungsantrag handelt (BFH VI R 10/14, BStBl. II 2015, 940; III B 134/15, BFH/NV 2016, 1571; X B 65/17, BFH/NV 2018, 517; IX B 77/23, BFH/NV 2025, 171).

Ferner kann ein Beweisantrag abgelehnt werden, wenn er iRd mV, in dem er gestellt wird, nicht entsprochen werden kann und eine **Vertagung** gem. § 155 S. 1 FGO iVm § 227 ZPO zu Recht abgelehnt wird (→ § 91 Rn. 3 ff.). Grundsätzlich stellt es keine die Vertagung ausschließende Obliegenheitsverletzung dar, wenn Beweisanträge erst in der mV gestellt werden. Aus dem Ausnahmecharakter von Präklusionsvorschriften (insbes. § 79b) folgt, dass die Pflicht zur umfassenden Sachverhaltsermittlung gem. § 76 I dem gesetzgeberischen Ziel, die finanzgerichtlichen Verfahren innerhalb einer mV abzuschließen (§ 79 I 1), nicht untergeordnet ist. Dementsprechend muss das Gericht ggf. die mV vertagen, um zB einen Zeugen laden und vernehmen zu können, ein Sachverständigengutachten einzuholen oder Akten anzufordern. Dem Gericht bleibt es unbenommen, durch Ausschlussfristsetzungen nach § 79b II Nr. 1 zu erreichen, dass die erforderlichen Beweisanträge vor der mV gestellt werden (vgl. BFH X R 68/09, BStBl. II 2012, 345, Rn. 110 f.). Werden Beweisanträge, die eine Verlegung oder Vertagung einer mV erfordern, unentschuldigt erst nach Ablauf der Ausschlussfrist gestellt, ist es idR ermessensfehlerfrei, wenn das Gericht im Hinblick darauf eine Vertagung und damit die Beweiserhebung ablehnt. Auch ohne Ausschlussfristsetzung kann jedoch eine Vertagung und eine weitergehende Beweiserhebung abgelehnt werden, wenn der Beweisantrag nicht hinreichend substantiiert ist (vgl. BFH X R 68/09, BStBl. II 2012, 345, Rn. 103 f.) oder der Beteiligte in der Lage war, ohne Mitwirkung des Gerichts die Beweismittel in der mündlichen Verhandlung beizubringen (wie zB Urkunden, die sich in seinem Besitz befinden, oder die er hätte beschaffen können, wie zB Privatgutachten; BFH II B 53/06, BFH/NV 2007, 403; zum Auslandszeugen → Rn. 48). 33

Zu den **formellen Anforderungen für die gerichtliche Entscheidungen über Beweisanträge** → § 82 Rn. 3 ff.

c) Rechtsfolgen mangelhafter Sachaufklärung. Lässt das Gericht **Tatsachen oder Beweismittel außer Acht,** die sich ihm nach Lage der Akten **aufdrängen** müssen, oder entspricht es begründeten Beweisanträgen nicht (zum Absehen von der Vernehmung geladener Zeugen → Rn. 71), so ergeben sich die revisionsrechtlichen Folgen aus 36

- **§ 115 II Nr. 3** iVm § 116 (Verfahrensmangel; → § 115 Rn. 250 ff.; → § 118 Rn. 212 ff.; zur ordnungsgemäßen Rüge § 116 III 3 u. → § 116 Rn. 25 f., 48 ff.; zur Besonderheit der Zurückverweisung durch Beschluss nach § 116 VI → § 116 Rn. 64 f.);
- **§ 119 Nr. 3,** sofern der Aufklärungsmangel mit einer Verletzung rechtlichen Gehörs verbunden ist (→ § 119 Rn. 13 ff.; → § 96 Rn. 190 ff.);
- **§ 126 III Nr. 2** (→ § 126 Rn. 14 ff.).

Allerdings kann sich jedenfalls ein **rechtskundig vertretener Beteiligter,** der **keine Beweisanträge stellt** und die **mangelnde Sachaufklärung** durch das Gericht in der mündlichen Verhandlung **nicht rügt** (sog. Rügeverzicht, s. § 155 S. 1 FGO iVm **§ 295 ZPO**) zur Begründung von Revision oder NZB grds. nicht auf die Verletzung der Aufklärungspflicht berufen (stRspr, BFH II R 120/73, BStBl. II 1975, 489; aus neuerer Zeit BFH VI R 9/12, DStRE 2013, 948; X B 37

167/16, BFH/NV 2017, 1447; VII R 23/19, BStBl. II 2023, 549; IX B 82/21, BFH/NV 2023, 141; ausführlich auch → § 115 Rn. 285 ff.; → § 120 Rn. 66; krit. Mack AnwBl 2010, 173 (176)). Die Verzichtswirkung tritt sowohl ein, wenn ein Beweis überhaupt nicht erhoben wird (zB ein Zeuge nicht vernommen wird; BFH X B 167/16, BFH/NV 2017, 1447) als auch wenn der Beweis erhoben wird, jedoch nach Auffassung eines Beteiligten nicht ordnungsgemäß (zB weil dem Zeugen nicht alle gebotenen Fragen gestellt werden; BFH V B 108/08, BFH/NV 2010, 170; III B 106/13, BFH/NV 2014, 705; XI B 30/19, BFH/NV 2020, 611). Um sich die Möglichkeit zu erhalten, die mangelnde Sachaufklärung im Rechtsmittelverfahren rügen zu können, muss der Beteiligte entweder den Beweisantrag in der mV wiederholen (vgl. BFH X B 163/08, BFH/NV 2010, 1639; III B 53/10, BFH/NV 2012, 422), iRd mV hinreichend deutlich erklären, dass er die unterbliebene Sachaufklärung für verfahrensfehlerhaft hält, oder die Rüge durch einen unmittelbar vor der mV eingereichten Schriftsatz erheben (BFH X B 77/15, BFH/NV 2016, 1171). Ein gleichwohl gestellter Sachantrag ist jedenfalls dann unschädlich, wenn der Beweisantrag hilfsweise, für den Fall des Unterliegens, gestellt wird, oder wenn sich der Sachantrag unmittelbar an den Beweisantrag anschließt (BFH VIII B 98/22, BFH/NV 2023, 974). Um die „nächste mündliche Verhandlung" iSd § 295 ZPO handelt es sich auch, wenn nach Durchführung einer Beweisaufnahme die mV gem. § 82 FGO iVm § 370 I ZPO fortgesetzt wird (BFH X B 40/19, BFH/NV 2020, 231; X B 130/21, BFH/NV 2022, 1070). In der mV erhobene Rügen sind in das **Sitzungsprotokoll** aufzunehmen (→ § 94 Rn. 7). Geschieht dies nicht von Amts wegen, muss der Beteiligte die Ergänzung bzw. Berichtigung beantragen (→ § 94 Rn. 9, 19 f.; vgl. Nöcker AO-StB 2017, 215 (216); Ratschow DStR 2018, 2100 (2104); Nöcker AO-StB 2024, 19 (21); Hildebrand Ubg 2021, 113 (116)). Nur auf diese Weise kann die Erhebung der Rüge nachgewiesen werden (BFH IX B 81/09, BFH/NV 2010, 50; V R 50/09, BStBl. II 2012, 151; V B 53/18, BFH/NV 2019, 1062), eine Beweisaufnahme darüber findet nicht statt (BFH X B 150/07, BFH/NV 2008, 959). Ein einmal erklärter Verzicht iSd § 295 ZPO kann nicht wirksam widerrufen werden (BFH III B 125/18, BFH/NV 2019, 1115).

Einer rügelosen Verhandlung steht es gleich, wenn ein Beteiligter auf **eine mündliche Verhandlung verzichtet,** nachdem er einen Beweisantrag gestellt hat und das Gericht diesem noch nicht nachgekommen ist (BFH III B 108/13, BFH/NV 2014, 706; IX B 78/15, BFH/NV 2016, 1056), anders wenn der Beweisantrag nach der Verzichtserklärung wiederholt wird (BFH III B 143/12, BFH/NV 2013, 963). Ferner steht auch die Einlegung der zugelassenen Revision gegen einen Gerichtsbescheid (anstelle des Antrags auf mV) der rügelosen Verhandlung gleich (BFH III R 38/12, HFR 2015, 584).

38 Ein Beteiligter, der **nicht zur mündlichen Verhandlung erscheint,** verhandelt grds. nicht iSd § 155 S. 1 FGO iVm § 295 ZPO rügelos zur Sache (BFH XI B 50/09, BFH/NV 2010, 921; X B 55/15, BFH/NV 2016, 218; für eine uneingeschränkte Anwendung von § 155 S. 1 FGO iVm § 295 ZPO jedoch: BFH XI R 26/12, BFH/NV 2014, 313; VIII B 51/21, BFH/NV 2022, 926; VI B 33/22, BFH/NV 2023, 41). Abweichendes gilt, wenn dem Beteiligten nach den äußeren Umständen auch ohne Teilnahme an der mV der Verfahrensfehler erkennbar ist, insbes. wenn das Gericht zur mV geladen hat, ohne zuvor einen Sachverständigen mit der Erstellung eines Gutachtens beauftragt zu haben oder gleichzeitig einen Zeugen zu laden oder einen bis dahin gehenden Beweisbeschluss zu erlassen (BFH VII B 142/04, BFH/NV 2005, 1576; X B 40/11, BFH/NV 2013,

941; VII B 232/12, BFH/NV 2013, 1131; III B 42/14, BFH/NV 2015, 1102; aA BFH VIII B 251/09, BFH/NV 2012, 443; auch → § 115 Rn. 292). Aufgrund der Konzentrationsmaxime (§ 79 I 1; → § 79 Rn. 1) kann der Beteiligte nicht davon ausgehen, diese Beweiserhebungen würden nach der anberaumten mV erfolgen.

Die **fehlende Rüge** ist **unschädlich,** wenn der Beteiligte die Rüge aufgrund des Verhaltens des FG für entbehrlich halten durfte (BFH X B 167/16, BFH/NV 2017, 1447; IX B 144/16, BFH/NV 2018, 218; VII R 23/19, BStBl. II 2023, 549), zB wenn der Kläger davon ausgehen durfte, dass das Gericht der Klage auch ohne weitere Beweiserhebung stattgeben wird (BFH IV B 4/08, BFH/NV 2009, 35), ferner wenn aus dem Urteil hervorgeht, dass dem FG bewusst war, dass es eine beantragte oder sich aufdrängende Beweiserhebung nicht durchgeführt hat (BFH III B 134/12, BFH/NV 2013, 930; XI B 57/18, BFH/NV 2019, 130; V R 20/21, DStR 2024, 760; vgl. auch BFH X B 154/19, BFH/NV 2021, 677) – jedenfalls, wenn das FG selbst nicht stichhaltige Gründe für das Unterlassen der beantragten Beweiserhebung anführt (BFH IX B 86/22, BFH/NV 2023, 1218; wohl aA BFH VIII B 30/20, BFH/NV 2021, 789) oder wenn der Kläger nicht damit rechnen musste, dass das FG entscheidet, ohne den zur Verhandlung geladenen Zeugen zu vernehmen (→ Rn. 71), oder wenn das FG seinem Urteil einen Geschehensablauf zugrunde legt, der unter Berücksichtigung der Lebenserfahrung ungewöhnlich erscheint und gegen dessen Vorliegen nach Aktenlage gewichtige Umstände sprechen (BFH X B 113/06, BFH/NV 2007, 935; VI B 10/12, BFH/NV 2012, 1475; X B 120/13, BFH/NV 2014, 546). Schließlich ist die fehlende Rüge eines sachkundig vertretenen Beteiligten unbeachtlich, wenn sich dem FG weitere Aufklärungsmaßnahmen auch ohne Beweisantrag hätten aufdrängen müssen (BFH I B 151, 152/06, BFH/NV 2007, 1671; VII R 8/19, BFH/NV 2021, 1091; II B 25/21, BFH/NV 2022, 811; X B 135/21, BFH/NV 2023, 731; X B 72/23, BFH/NV 2025, 387).

Ob auch ein **nicht rechtskundig vertretener Beteiligter** nach § 155 S. 1 **39**
FGO iVm **§ 295 ZPO** sein Rügerecht verlieren kann, ist umstritten (dem Grunde nach bejahend BFH VII B 46/08, BFH/NV 2009, 120; I B 80/11, BFH/NV 2012, 954: soweit der betreffende Verfahrensverstoß auch bei einer entspr. Wertung in der „Laiensphäre" erkennbar ist, ebenso Nöcker AO-StB 2017, 215 (216 f.); verneinend BFH VI B 79/11, BFH/NV 2012, 235; III B 54/10, BFH/NV 2012, 1151; IX B 104/22, BFH/NV 2023, 1414; BVerfG 1 BvR 3515/08, NVwZ 2010, 954; Grube DStZ 2013, 591 (596 f.); mit gleicher Tendenz BFH X B 154/19, BFH/NV 2021, 677). Da der Gesetzeswortlaut und der systematische Zusammenhang keine Beschränkung auf rechtskundig vertretene Beteiligte nahelegt, erscheint die vom I. und VII. Senat vertretene differenzierende Auffassung zutreffend (→ § 115 Rn. 295).

d) Verfahrensfragen. Gerichtliche **Maßnahmen** der Sachaufklärungen sind **40**
unselbständige Verfahrenshandlungen und als solche nicht anfechtbar (§ 128 II; → § 128 Rn. 3 f., 6 f.).

2. Mitwirkungspflichten der Beteiligten

a) Allgemeine prozessuale Mitwirkungspflichten (§ 76 I 2 und 3). Die **44**
Beteiligten sind gem. § 76 I 2 bei der Sachverhaltsaufklärung heranzuziehen (BFH VIII B 131/06, BFH/NV 2007, 1176: Beschränkung des Amtsermittlungsgrundsatzes durch die Mitwirkungspflichten). Der **Umfang der Mitwirkungspflich-**

ten richtet sich dabei nach den Umständen des Einzelfalls (BFH VIII B 17/08, BFH/NV 2010, 1083). Je mehr die aufzuklärenden Tatsachen der Sphäre eines Beteiligten entstammen, umso größer ist seine Verpflichtung zur Mitwirkung (Tipke/Kruse/Krumm § 76 Rn. 50; BFH XI R 34/06, BFH/NV 2007, 1495 zum Kenntnisnachweis eines Autodidakten; BFH III R 62/06, BFH/NV 2009, 747; → Rn. 21). Gleiches gilt, wenn der Stpfl. eine Steuerbegünstigung begehrt, die an bestimmte, von ihm geltend zu machende und von ihm darzulegende Umstände oder Tatsachen anknüpft (BFH VII B 123/07, BFH/NV 2008, 993; V B 35/06, BFH/NV 2008, 1001 zur Steuerbefreiung; BFH VII B 3/08, BFH/NV 2009, 421 mwN). – **Mitwirkungsverweigerungsrechte** bestehen nicht. Sie ergeben sich grds. auch nicht aus einer **Verschwiegenheitspflicht** des Klägers (vgl. BFH IV R 50/01, BStBl. II 2004, 502; VIII R 78/05, BStBl. II 2010, 455; V R 16/12, DStR 2015, 420; FG Münster 3 K 194/05 VSt, EFG 2009, 806). Allerdings ist der **Verhältnismäßigkeitsgrundsatz** zu berücksichtigen, dh die Verpflichtung zur Mitwirkung muss im Hinblick auf die Sachaufklärung geeignet, erforderlich und angemessen sein (BFH IV B 104/93, BFH/NV 1995, 629; VIII B 106/98, BFH/NV 1999, 1369; VIII R 78/05, BStBl. II 2010, 455). Daraus folgt, dass sich das FG bei Vorgängen, die der Verschwiegenheitspflicht des Stpfl. unterliegen, uU mit anonymisierten Unterlagen begnügen muss, während der Stpfl. entspr. Unterlagen zur Verfügung stellen muss (BFH V R 16/12, DStR 2015, 420).

45 Den Beteiligten obliegen damit zunächst die **allg. prozessualen Mitwirkungspflichten,** die alle Verfahrensordnungen vorsehen (BFH VII R 134/92, BFH/NV 1995, 570; IV B 107/95, BFH/NV 1997, 116; VII B 253/98, BFH/NV 1999, 1481; Kopp/Schenke/Schenke VwGO § 86 Rn. 11 ff.). Dazu gehören sowohl die speziell in § 65 I normierten Pflichten, die für die Klageerhebung notwendigen Angaben zu machen („Muss-Erfordernisse" nach § 65 I 1 und „Soll-Erfordernisse" nach § 65 I 2 u. 3) als auch die nach anderen Verfahrensordnungen geltenden allg. Pflichten, also insbes. die allg. **Prozessförderungspflicht** (BFH VII B 269/02, BFH/NV 2003, 825; s. auch Kopp/Schenke/Schenke VwGO § 86 Rn. 11), die **Wahrheitspflicht** (§ 138 I ZPO) und die Pflicht, **Anfragen des Gerichts vollständig zu beantworten** und Anordnungen nachzukommen (BFH IV B 107/95, BFH/NV 1997, 116; BVerfG 2 BvR 330/88, wistra 1988, 302). Dies stellt § 76 I 3 für das finanzgerichtliche Verfahren nochmals ausdrücklich klar. **Zu erfüllen sind die** (allg. und besonderen) **Mitwirkungspflichten** jeweils von demjenigen Beteiligten, der über die erforderlichen Kenntnisse verfügt bzw. in dessen Sphäre die Möglichkeit der Informationsbeschaffung fällt (BFH I R 7/81, BStBl. II 1986, 318).

46 **b) Besondere Mitwirkungspflichten nach der Abgabenordnung (§ 76 I 4).** Abweichend von den übrigen Verfahrensordnungen legt § 76 I 4 Beteiligten im Steuerprozess weitere besondere Mitwirkungspflichten auf, die im formellen und materiellen Abgabenrecht wurzeln. Der Verweis auf die in § 76 I 4 angegebenen Normen ist dabei insoweit missverständlich, als diese Vorschriften Mitwirkungspflichten nicht nur für die Beteiligten iSd § 78 AO vorsehen (die zudem nicht mit den Beteiligten iSd § 57 übereinstimmen), sondern auch für andere Personen. Da sich § 76 I 2 ff. aber **nur auf die Prozessbeteiligten** iSv § 57 bezieht, betreffen die durch § 76 I 4 in Bezug genommenen besonderen Mitwirkungspflichten auch nur diese Prozessbeteiligten, allerdings einschließlich des FA (→ § 86 Rn. 2; aA Tipke/Kruse/Krumm § 76 Rn. 59; HHS/Thürmer § 76

Rn. 119: nur Kläger und Beigeladene). Zum **Umfang** der besonderen Mitwirkungspflichten gelten die Ausführungen in → Rn. 21; → Rn. 44 entspr.

§ 90 AO Mitwirkungspflichten der Beteiligten 47

(1) …

(2) [1]Ist ein Sachverhalt zu ermitteln und steuerrechtlich zu beurteilen, der sich auf Vorgänge außerhalb des Geltungsbereichs dieses Gesetzes bezieht, so haben die Beteiligten diesen Sachverhalt aufzuklären und die erforderlichen Beweismittel zu beschaffen. [2]Sie haben dabei alle für sie bestehenden rechtlichen und tatsächlichen Möglichkeiten auszuschöpfen. [3]Ein Beteiligter kann sich nicht darauf berufen, dass er Sachverhalte nicht aufklären oder Beweismittel nicht beschaffen kann, wenn er sich nach Lage des Falls bei der Gestaltung seiner Verhältnisse die Möglichkeit dazu hätte beschaffen oder einräumen lassen können.

(3)–(5) …

Die Norm hat auch im finanzgerichtlichen Verfahren erhebliche Bedeutung (ausf. Hagen StBp 2005, 33 (35 f.); Hagen NWB Fach 2, 9907; Fiedler/Riegel BB 2014, 3100). Über den Verweis in § 76 I 4 bezieht sich der Begriff „Vorgänge außerhalb des Geltungsbereichs" auch auf solche Vorgänge, die außerhalb des Geltungsbereichs der FGO liegen. Die Beteiligten haben in diesem Fall den Sachverhalt aufzuklären und die erforderlichen Beweismittel zu beschaffen. Sie haben dabei alle für sie bestehenden **rechtlichen und tatsächlichen Möglichkeiten auszuschöpfen** (BFH III R 129/85, BStBl. II 1992, 55; VIII B 180/05, BFH/NV 2007, 751; VIII B 39/22, BFH/NV 2023, 979: es ist **Beweisvorsorge** zu treffen; s. aber auch BFH III R 241/83, BStBl. II 1988, 438: Anwendung nur bei beweisbedürftigen Tatsachen). Die Mitwirkungspflicht trifft mE grds. auch den Beklagten (→ Rn. 21, 94), wobei auf Grund der Darlegungs- und Feststellungslast (→ § 96 Rn. 180 f.) sowie der Beweisnähe idR der Kläger gefordert sein wird. Hintergrund dieser Regelung ist ua, dass das FG grds. nur im Inland ermitteln kann (→ Rn. 28).

§ 76 I 4 FGO, § 90 II AO finden ua dann Anwendung, wenn es um **im Ausland** (auch EU-Ausland BFH VIII B 192/09, BFH/NV 2010, 833; III R 63/11, BStBl. II 2014, 711; vgl. auch BFH VIII B 89/18, BFH/NV 2019, 578) **geführte Depots und Sparbücher** geht (BFH II B 109/06, BFH/NV 2008, 1163), um Ausschüttungen aus ausländischen Vermögensmassen (BFH II R 31/19, BStBl. II 2022, 497), um eine im In- oder Ausland befindliche Geschäftsleitung oder Betriebsstätte (BFH I B 134/07, BFH/NV 2008, 736), um im Ausland verwirklichte, für die Bestimmung des **Leistungsorts nach § 3a UStG** relevante Besteuerungsgrundlagen (BFH V B 60/17, BFH/NV 2018, 353) oder um den **Geschäftsverkehr mit ausländischen Lieferanten** und insbes. um **Zahlungen ins Ausland** (BFH III B 10/99, BFH/NV 1999, 1595; zu Zahlungen an ausländische Domizilgesellschaft BFH I B 36/86, BStBl. II 1987, 487; zur Benennung eines ausländischen Zahlungsempfängers BFH I R 40/92, BFH/NV 1995, 181; zu Unterhaltsleistungen an Angehörige in der Heimat zB BFH III R 205/81, BStBl. II 1987, 675; zu kindergeldrelevanten Verhältnissen im Ausland BFH V B 122/11, BFH/NV 2013, 1384; zum Ort der Geschäftsleitung eines Leistungsempfängers BFH XI R 22/20, UR 2024, 64), **nicht** jedoch, wenn es um das anzuwendende **ausländische Recht** (§ 155 S. 1 FGO iVm § 293 ZPO) geht (BFH III R 63/11, BStBl. II 2014, 711; VI B 50/16, BFH/NV 2017, 598; → Rn. 24; → § 118 Rn. 193 ff.). Wer hinsichtlich der Auslandssachverhalte ablehnt, nähere

Einzelheiten mitzuteilen und damit eine einfache Sachverhaltserforschung vereitelt, **enthebt das FG von der Verpflichtung zur Erhebung weiterer, entfernter liegender Beweise** (BFH VIII B 30/86, BFH/NV 1987, 44; X B 95/99, BFH/NV 2000, 1222; I B 158/10, BFH/NV 2011, 1109; FG Saarl 2 K 131/92, EFG 1995, 463 zur Ausübung eines inländischen Gewerbes durch eine ausländische juristische Person; BFH III R 62/06, BFH/NV 2009, 747; VIII B 89/18, BFH/NV 2019, 578; VIII B 39/22, BFH/NV 2023, 979; FG Münster 8 K 5386/00 F, EFG 2004, 1078 – liegen Umstände in der Sphäre des Klägers, kann das Gericht bei der Beweiswürdigung für ihn nachteilige Schlüsse ziehen; BFH I R 92/01, BFH/NV 2003, 964 zur Zuordnung von Betriebseinnahmen und -ausgaben zu ausländischen Betriebsstätten; BFH X B 34/07, BFH/NV 2008, 597 zur Schätzungsbefugnis des Gerichts). Die vorstehenden Grundsätze gelten auch, wenn der Beteiligte schuldlos an der Beibringung von Beweismitteln gehindert ist (BFH VIII B 89/18, BFH/NV 2019, 578).

48 Muss zur **Aufklärung eines „Auslandssachverhalts"** iSd § 76 I 4 FGO, § 90 II AO ein **im Ausland ansässiger Zeuge** vernommen werden, so steht es im pflichtgemäßen **Ermessen des Gerichts,** ob es diesen Zeugen im Ausland lädt oder gar vernimmt (→ § 82 Rn. 9 ff.). Eine Pflicht hierzu besteht jedenfalls nicht, zumal das Gericht oftmals nicht befugt ist, im Ausland hoheitlich tätig zu werden (zur ermessensfehlerfreien Unterlassung einer Zeugenvernehmung im Ausland durch einen Angehörigen eines Konsulats s. BFH XI B 222/07, BFH/NV 2009, 404; V R 50/09, BStBl. II 2012, 151; OVG M'ster 13 A 1294/14, NVwZ-RR 2014, 939). Stattdessen hat derjenige Beteiligte, der die Darlegungs- und Feststellungslast trägt (→ § 96 Rn. 180 ff.), für das Erscheinen des **Zeugen** in der mündlichen Verhandlung Sorge zu tragen (BFH II B 9/99, BFH/NV 2001, 933; V R 50/09, BStBl. II 2012, 151; III B 76/16, BFH/NV 2017, 1050; VIII B 83/18, IStR 2019, 389; XI R 22/20, UR 2024, 64). Dies gilt auch bei einem teilweisen Auslandsbezug (BFH XI R 22/20, BFH/NV 2024, 182, Rn. 28), aber **nicht für** die Aufklärung eines **Inlandssachverhalts** durch Vernehmung eines im Ausland ansässigen Zeugen (BFH V B 160/06 ua, BFH/NV 2007, 759; XI B 87/13, BFH/NV 2014, 1891; I B 124/14, BFH/NV 2016, 207; VIII B 126/20, BFH/NV 2022, 27). Insoweit muss das Gericht erwägen, ob eine Beweisaufnahme im Ausland nach § 82 FGO iVm § 363, 364 ZPO erfolgen soll (BFH VIII B 126/20, BFH/NV 2022, 27; → § 82 Rn. 9 f.). Eine förmliche Ladung im Ausland ist völkerrechtlich jedenfalls nicht zulässig (Hildebrand Ubg 2021, 113 (116); → Rn. 28), allenfalls Ladung per einfachem Brief bei Zeugen, die nicht die deutsche Staatsangehörigkeit haben, ohne die Androhung von Ordnungsmitteln (Gosch/Hartman § 82 Rn. 61 f.; Tipke/Kruse/Krumm § 82 Rn. 13). Auch eine Vernehmung eines sich im Ausland aufhaltenden Zeugen im Wege der Videokonferenz ist grds. unzulässig (→ § 90 Rn. 45). Daher empfiehlt es sich für den beweisbelasteten Beteiligten auch insoweit, den im Ausland ansässigen Zeugen zu stellen (in diesem Sinne wohl auch Hildebrand Ubg 2021, 113 (116); vgl. auch BFH I B 52/220, BFH/NV 2024, 1351). Soweit der Kläger nach den vorstehenden Grundsätzen verpflichtet ist, einen Zeugen zu stellen, muss das Gericht einen durch Angehörige der steuerberatenden Berufe vertretenen Kläger darauf nicht hinweisen (BFH VIII B 106/07, BFH/NV 2008, 2028; I B 62/08, BFH/NV 2009, 181). Gegebenenfalls muss das FG die Sache vertagen, um dem Kläger die Möglichkeit zu geben, den Zeugen zu stellen, wenn dieser erst in der mündlichen Verhandlung die Notwendigkeit dieser Beweisführung erkennt (BFH XI B 90/10, BFH/NV 2011, 1479). Fordert das Gericht den Kläger auf, den Auslandszeugen in einer bestimmten mV zu stellen, muss der Kläger dem grds. nachkommen (zur praktischen Handhabung vgl. Hendricks/Höpfner Ubg 2019, 121 (122)). Beruft sich der Kläger auf die Verhinderung des Zeugen, besteht Anlass zur Vertagung nur, wenn die Verhinderung glaubhaft gemacht ist oder jedenfalls ein Erscheinen in absehbarer Zeit angekündigt wird (BFH XI B 138/13, BFH/NV 2014, 1079; NdsFG 9 K 87/19, BeckRS 2022, 53373). Eine nochmalige Vertagung wird aber nur in Ausnahmefällen geboten sein.

§ 93 AO Auskunftspflicht der Beteiligten und anderer Personen 49

(1), (1a), (2) ...

(3) ... [2]Auskunftspflichtige, die nicht aus dem Gedächtnis Auskunft geben können, haben Bücher, Aufzeichnungen, Geschäftspapiere und andere Urkunden, die ihnen zur Verfügung stehen, einzusehen und, soweit nötig, Aufzeichnungen daraus zu entnehmen.

(4)–(10) ...

Grundsätzlich gelten auch hier die allg. Regeln der Sachaufklärung (zur Begrenzung der Auskunftspflicht von **Banken:** FG Hmb VI 169/98, EFG 2001, 246 mwN). Die durch § 93 AO eröffneten (eingeschränkten) Vernehmungsmöglichkeiten der Finbeh **erübrigen nicht** eine **gerichtliche Zeugenvernehmung** (zum **Unterschied** BFH II R 13/94, BStBl. II 1995, 542; VII R 134/92, BFH/NV 1995, 570; VII R 18/06, BFH/NV 2008, 521 zur Mitwirkungspflicht eines Haftungsschuldners, wenn sich die Buchführungsunterlagen beim Insolvenzverwalter befinden; zum Beweiswert von Auskünften des Bundeszentralamts für Steuern BFH I B 34/99, BFH/NV 2000, 677 mwN).

§ 97 AO Vorlage von Urkunden 50

(1) [1]Die Beteiligten und andere Personen haben der Finanzbehörde auf Verlangen Bücher, Aufzeichnungen, Geschäftspapiere und andere Urkunden zur Einsicht und Prüfung vorzulegen. [2]Im Vorlageverlangen ist anzugeben, ob die Urkunden für die Besteuerung des zur Vorlage Aufgeforderten oder für die Besteuerung anderer Personen benötigt werden. [3]§ 93 Absatz 1 Satz 2 und 3 gilt entsprechend.

(2) [1]Die Finanzbehörde kann die Vorlage der in Absatz 1 genannten Urkunden an Amtsstelle verlangen oder sie bei dem Vorlagepflichtigen einsehen, wenn dieser einverstanden ist oder die Urkunden für eine Vorlage an Amtsstelle ungeeignet sind. [2]§ 147 Absatz 5 gilt entsprechend.

Zu § 97 AO: Die Urkunden sind **im Original** vorzulegen (BFH X B 132/ 51
02, BFH/NV 2004, 495; zur Pflicht, fremdsprachige Urkunden übersetzen zu lassen: BVerwG 9 B 418/95, NJW 1996, 1553). Gleiches ergibt sich für Beteiligte, wenn eine Aufforderung nach §§ 79 I 2 Nr. 2, 79b II Nr. 2 ergeht, für Dritte, wenn eine Aufforderung nach § 79 I 2 Nr. 4 ergeht und für Zeugen, wenn eine Auflage nach § 85 S. 1 FGO iVm § 97 I AO ergeht.

Zu § 97 I 3 AO: Der Hinweis auf § 93 I 2 AO bedeutet Erstreckung dieser Pflicht auf nicht rechtsfähige Vereinigungen, Vermögensmassen, Behörden und Betriebe gewerblicher Art der Körperschaften des öffentlichen Rechts. Aus dem Hinweis auf § 93 I 3 ergibt sich, dass die Heranziehung Dritter subsidiär ist.

Zu § 97 II 2 AO: § 147 V AO verlangt von demjenigen, der sich iRd Buchführung der Erleichterungen für die Aufbewahrung mit Hilfe der Datenverarbeitung bedient, dass er auf seine Kosten diejenigen Hilfsmittel zur Verfügung stellt, mit denen die Unterlagen lesbar gemacht werden können.

52 **§ 99 AO Betreten von Grundstücken und Räumen**

(1) [1]Die von der Finanzbehörde mit der Einnahme des Augenscheins betrauten Amtsträger und die nach den §§ 96 und 98 zugezogenen Sachverständigen sind berechtigt, Grundstücke, Räume, Schiffe, umschlossene Betriebsvorrichtungen und ähnliche Einrichtungen während der üblichen Geschäfts- und Arbeitszeit zu betreten, soweit dies erforderlich ist, um im Besteuerungsinteresse Feststellungen zu treffen. [2]Die betroffenen Personen sollen angemessene Zeit vorher benachrichtigt werden. [3]Wohnräume dürfen gegen den Willen des Inhabers nur zur Verhütung dringender Gefahren für die öffentliche Sicherheit und Ordnung betreten werden.

(2) Maßnahmen nach Absatz 1 dürfen nicht zu dem Zweck angeordnet werden, nach unbekannten Gegenständen zu forschen.

53 **§ 100 AO Vorlage von Wertsachen**

(1) [1]Der Beteiligte und andere Personen haben der Finanzbehörde auf Verlangen Wertsachen (Geld, Wertpapiere, Kostbarkeiten) vorzulegen, soweit dies erforderlich ist, um im Besteuerungsinteresse Feststellungen über ihre Beschaffenheit und ihren Wert zu treffen. [2]§ 98 Absatz 2 ist anzuwenden.

(2) Die Vorlage von Wertsachen darf nicht angeordnet werden, um nach unbekannten Gegenständen zu forschen.

54 **Zu § 99 AO:** Die entspr. Anwendung bedeutet, dass das Gericht (in Gestalt des Berichterstatters, Vorsitzenden oder Senats) befugt ist, Grundstücke usw insbes. im Rahmen einer Inaugenscheinnahme (§ 82 FGO iVm §§ 371 f. ZPO, → § 82 Rn. 15 f.) zu betreten. Gleiches gilt für vom Gericht beauftragte Sachverständige. Für Wohnräume gilt dies gegen den Willen des Inhabers aber faktisch nicht (vgl. FG Hmb 6 K 199/21, EFG 2023, 704). Soweit ein Beteiligter gleichwohl den Zugang verweigert, kann dies zu seinen Lasten gewürdigt werden (→ Rn. 59 f.; → § 96 Rn. 92 f.).

55 **Zu § 100 I 2 AO:** § 98 II AO eröffnet die Möglichkeit, Sachverständige hinzuzuziehen.

58 **c) Weitere besondere Mitwirkungspflichten des formellen und materiellen Abgabenrechts (§ 76 I 4).** Das allg. und besondere Abgabenrecht sieht über die von § 76 I 4 in Bezug genommenen Normen hinaus **weitere Erklärungs- und Nachweispflichten** vor. Deren Verletzung kann insofern eine **Begrenzung der Sachaufklärungspflicht des Gerichts** zur Folge haben, als sie entweder über § 96 I 1 Hs. 2 in das finanzgerichtliche Verfahren hineinwirkt oder kraft entspr. gesetzlicher Anordnung über den Regelungsgehalt des angefochtenen VA das steuerliche Ergebnis beeinflusst (zu den Einzelheiten Martin BB 1986, 1024, BFH X B 21/04, BFH/NV 2005, 1114 zur Steuererklärungspflicht). Letzteres gilt vor allem für diverse **Aufzeichnungspflichten** des materiellen Rechts, aber auch für die Nachweispflicht nach § 198 BewG (BFH II R 26/20, BFH/NV 2022, 822). Die Mitwirkungspflichten können **im materiellen Abgabenrecht** aber auch darauf beruhen, dass die aufzuklärenden Tatsachen der **Sphäre eines Beteiligten** entstammen (so etwa bei Erlasssachen: BFH X B 91/93, BFH/NV 1994, 757; III B 75/95, BFH/NV 1996, 565; zum Kindergeld BFH III R 62/06, BFH/NV 2009, 747; V B 38/12, BFH/NV 2013, 524; bei der Abgrenzung der Liebhaberei BFH IX R 125/92, BFH/NV 1994, 858; bei der Abgrenzung Erwerbsaufwendungen/Aufwendungen iSd § 12 EStG BFH X R 129/94, BStBl. II 1998, 149; FG BW 12 K 446/99, EFG 2001, 352 (353); bei

der Beurteilung von Angehörigenverträgen BVerfG 2 BvR 802/90, BStBl. II 1996, 34; BFH VIII R 29/97, BStBl. II 2000, 386; im Haftungsrecht BFH VII R 81/87, BStBl. II 1990, 357; VII B 126/12, BFH/NV 2013, 504; bei vGA BFH I B 25/93, BFH/NV 1994, 268; verjährungshemmende Maßnahmen BFH IV B 58/11, BFH/NV 2012, 1466). Ähnliche Mitwirkungspflichten können sich auch aus der **Eigenart des angefochtenen Verwaltungsakts** ergeben (so zB für den Erlass eines Abrechnungsbescheids iSd § 218 II AO: BFH VII R 92/98, BStBl. II 1999, 751 unter II.4.).

d) Rechtsfolgen bei Verletzung der Mitwirkungspflichten. Eine Verlet- 59
zung von Mitwirkungspflichten setzt voraus, dass der Beteiligte sie erkennen konnte (ähnlich BFH X B 254/10, BFH/NV 2011, 2095). Verletzt ein Beteiligter die ihm obliegenden Mitwirkungspflichten, so führt dies regelmäßig zu einer Einschränkung der gerichtlichen Sachaufklärungspflicht (BFH XI B 239/03, BFH/NV 2005, 1605; VII S 18/11 (PKH), BFH/NV 2012, 52; III B 66/11, BFH/NV 2012, 1631 sowie zu den Folgen eines Verstoßes gegen § 65 I → § 65 Rn. 47; krit. Mack AnwBl 2010, 173). Ein „Automatismus“, demzufolge sich die gerichtliche Sachaufklärungspflicht stets vermindert, wenn der Kläger seinen Mitwirkungspflichten nicht nachkommt, besteht allerdings nicht (glA Tipke/Kruse/Krumm § 76 Rn. 79, 84; aA wohl BFH X R 28/99, BFH/NV 2004, 201: nur dann keine Einschränkung der richterlichen Sachaufklärungspflicht, wenn sich entscheidungserhebliche Tatsachen aus den Steuerakten ergeben). Der Grad der Erfüllung der Mitwirkungspflichten wirkt sich auch auf die Anforderungen an die Substantiierung von Beweisanträgen aus (BFH III B 45/12, BFH/NV 2014, 342). **Wie weit die Einschränkung der richterlichen Sachaufklärungspflicht reicht,** richtet sich vielmehr insbes. nach folgenden Umständen (BFH X R 16/86, BStBl. II 1989, 462 (466); VI R 47/12, BStBl. II 2015, 490; IV R 18/21, DStRE 2024, 1261):

- **Grad der Pflichtverletzung;**
- **Verhältnismäßigkeit** der Mitwirkung des Beteiligten einerseits und der weiteren Aufklärung durch das Gericht andererseits;
- **Zumutbarkeit sowie tatsächliche und rechtliche Möglichkeit** der Mitwirkung des Beteiligten einerseits und der weiteren Aufklärung durch das Gericht andererseits (BFH IV B 98/97, BFH/NV 1999, 800; VII R 134/92, BFH/NV 1995, 570; VII R 18/06, BFH/NV 2008, 521 – keine Verpflichtung des Haftungsschuldners, die beim Insolvenzverwalter befindlichen Buchführungsunterlagen einzusehen; BFH VI R 47/12, BStBl. II 2015, 490 – im Hinblick auf § 76 IV verstärkte Mitwirkungspflicht des Beklagten, der eine Beiladung gem. § 174 V AO begehrt);
- **Beweisnähe** (stRspr, zB BFH XI R 23/98, BFH/NV 2000, 184; X B 122/10, BFH/NV 2011, 1912; X B 134/13, BFH/NV 2014, 1772; VIII R 32/14, BFH/NV 2017, 1174; IV R 18/21, DStRE 2024, 1261, jeweils mwN; → Rn. 44 f., 47). Sie ist immer dann von Bedeutung, wenn die aufzuklärenden Tatsachen der **Sphäre eines Beteiligten** entstammen. Zu Einschränkungen der gerichtlichen Aufklärungspflicht kann es dabei schon dann kommen, wenn der Sachverhalt zwar auch auf anderem Wege aufgeklärt werden könnte, dies aber nur mit einem außer Verhältnis stehenden größeren Aufwand möglich ist (vgl. speziell zu Schätzungen zB BFH X B 123–124/95, BFH/NV 1997, 641; X B 42/97, BFH/NV 1998, 1125; zur Geschäftsführerhaftung BFH VII S 19/99, BFH/NV 2000, 551; VII B 126/12, BFH/NV 2013, 504; zu Straftaten

BFH IV R 39/97, BStBl. II 1999, 28 unter 6.; zu persönlichen Kenntnissen und Fähigkeiten BFH IV B 70/01, BFH/NV 2002, 644; IV R 56/00, BFH/NV 2002, 1522; IV B 214/01, BFH/NV 2004, 56; zur Vorlage von Unterlagen BFH VII B 276/02, BFH/NV 2003, 1076; V B 102/03, BFH/NV 2004, 649; zur Verstärkung der Mitwirkungspflichten in Fällen des § 160 AO: BFH X B 155/97, BFH/NV 1998, 1331; iÜ → § 96 Rn. 110 ff.). Gleiches gilt, wenn ein Beteiligter einen vom Üblichen **abweichenden Geschehensablauf** behauptet (BFH V R 128/89, BFH/NV 1994, 109; I B 25/93, BFH/NV 1994, 268; FG Saarl 2 K 130/93, EFG 1996, 477; zu Zwischenvermietungen zB BFH V B 69/90, BFH/NV 1991, 563; V B 170/91, BFH/NV 1992, 702; V B 180/92, BFH/NV 1994, 423; zur Erläuterung besonderer Vertragsgestaltung iRd § 42 AO: BFH II R 7/88, BStBl. II 1992, 202; zu vGA BFH I B 25/93, BFH/NV 1994, 268) oder einen völlig **unübersichtlich gestalteten Sachverhalt** schildert (FG RhPf 6 K 1825/94, EFG 1996, 662 zur Zuordnung von Zinsen). Zum Teil muss sich ein Beteiligter aber auch an seinem **vorangegangenen Tun oder Unterlassen** festhalten lassen (zur Zurechnung einer gewerblichen Tätigkeit bei behaupteter Strohmanneigenschaft: einerseits BFH X B 99/89, BFH/NV 1991, 163; andererseits aber BFH IX R 126/86, BFH/NV 1991, 759);

- Geltung des Grundsatzes **„in dubio pro reo" – keine für den Kläger nachteiligen Folgen** aus der Verletzung von Mitwirkungspflichten, soweit es insbes. um die Feststellung strafbaren oder ordnungswidrigen Verhaltens geht (→ § 96 Rn. 95 ff.).

60 Die Verletzung von Mitwirkungspflichten kann ferner eine **Reduzierung des Beweismaßes** zur Folge haben, dh die für eine richterliche Überzeugungsbildung erforderliche Gewissheit kann sich von einer mit an Sicherheit grenzenden Wahrscheinlichkeit (→ § 96 Rn. 82 f.) auf eine größtmögliche Wahrscheinlichkeit reduzieren (→ § 96 Rn. 86). Die Anwendung dieses reduzierten Beweismaßes hat **Vorrang vor den Grundsätzen der Feststellungslast** (BFH X R 16/86, BStBl. II 1989, 462; IV B 221/02, BFH/NV 2004, 1367; II R 6/13, BStBl. II 2015, 164; X R 17/20, BStBl. II 2023, 484, Rn. 147; → § 96 Rn. 180 aE).

III. Zu § 76 II – Einwirkungen des Vorsitzenden auf das Prozessgeschehen

Literatur: Drüen, Das Verbot überraschender Rechtsanwendung im FG-Prozess, AO-StB 2002, 196; Grube, Neue Grundsätze zur richterlichen Hinweispflicht auch im Steuerprozess?, DStZ 2015, 36; Kottke, Die Prozessfürsorgepflicht-Vorschrift – ein Mauerblümchen?, DStR 1996, 1720; Nieland, Richterliche Hinweis- und Fürsorgepflichten im finanzgerichtlichen Verfahren, AO-StB 2004, 253; Nober/Ghassemi-Tabar, Die Hinweispflicht im Zivilprozess, NJW 2017, 3265.

63 § 76 II normiert die Pflichten, die der **Vorsitzende** während des Verfahrens zu erfüllen hat (vgl. auch § 86 III VwGO mit einer identischen und § 139 ZPO mit einer ähnlichen Regelung). In der Praxis werden sie, vor allem außerhalb der mündlichen Verhandlung, weitgehend vom **Berichterstatter** wahrgenommen (s. §§ 79, 79a, 79b). Ist der Rechtsstreit dem **Einzelrichter** (§ 6) übertragen, hat dieser die Pflichten nach § 76 II wahrzunehmen.

64 **Ziel** der Regelung ist es, dem Rechtsuchenden bei der Verwirklichung seines Rechtsschutzbegehrens behilflich zu sein **(Prozessfürsorgepflicht;** BFH VI B

4/22, BFH/NV 2023, 546). Dies führt aber **nicht** zu einer **Verminderung der Eigenverantwortlichkeit** (BFH IV B 110/00, BFH/NV 2003, 186; IV S 12/08, BFH/NV 2009, 958; VI B 12/13, BFH/NV 2014, 155; XI B 117/17, BFH/NV 2018, 953; VI B 4/22, BFH/NV 2023, 546; → Rn. 66 ff. und zur Begrenzung richterlicher Einwirkung im Anwendungsbereich des § 96 I 2: → § 96 Rn. 46). Es soll **„Waffengleichheit"** (→ Vor § 76 Rn. 15) hergestellt werden, um ein **faires Verfahren zu** gewährleisten (BFH X B 202/15, BFH/NV 2016, 1050). Dieses **allgemeine Prozessgrundrecht** (→ Vor § 76 Rn. 13) gebietet es, den Beteiligten ausreichend, angemessen und gleiche Gelegenheit zur Stellungnahme in tatsächlicher und rechtlicher Hinsicht zu geben. Dies setzt voraus, dass jeder Beteiligte den Vortrag der Gegenseite sowie alle Beweisunterlagen zur Kenntnis nehmen kann und außerdem Gelegenheit erhält, sich dazu zu äußern (BFH XI B 71/06, BFH/NV 2007, 1685). Ferner muss der Richter das Verfahren so gestalten, wie die Parteien bzw. Beteiligten es von ihm erwarten dürfen. Er darf sich nicht widersprüchlich verhalten, insbes. aber darf er aus eigenen oder ihm zuzurechnenden Fehlern oder Versäumnissen keine Verfahrensnachteile für die Beteiligten ableiten und ist allg. zur Rücksichtnahme ggü. den Verfahrensbeteiligten in ihrer konkreten Situation verpflichtet. Dem Bürger darf das Versagen organisatorischer Vorkehrungen, auf die er keinen Einfluss hat, nicht zur Last gelegt werden (BFH X B 138/13, BFH/NV 2014, 720; X B 168–170/13, BFH/NV 2014, 876).

Der Anspruch auf ein faires Verfahren beinhaltet auch, dass das FG den **65** Anspruch auf **rechtliches Gehör** wahrt und **keine Überraschungsentscheidungen** trifft (Entscheidungen, die auf einen bis dahin nicht erörterten rechtlichen oder tatsächlichen Gesichtspunkt gestützt werden und damit dem Rechtsstreit eine Wendung geben, mit der auch ein gewissenhafter und kundiger Prozessbeteiligter selbst unter Berücksichtigung der Vielzahl vertretbarer Auffassungen nach dem bisherigen Verlauf des Verfahrens nicht rechnen musste; → § 96 Rn. 193, → § 119 Rn. 16). Die für die Entscheidung maßgeblichen Gesichtspunkte müssen mindestens am Rande angesprochen worden sein, was aber ausreicht (BFH IV B 142/10, BFH/NV 2012, 784; III B 62/15, BFH/NV 2016, 1293; XI B 33/20, DStR 2021, 724). Die Rechtsverwirklichung soll nicht an Unkenntnis, Unerfahrenheit oder Unbeholfenheit des Rechtsuchenden, insbes. in Formfragen, scheitern (BFH I B 99/14, BFH/NV 2016, 1282; VI B 10/16, BFH/NV 2017, 45; XI B 117/17, BFH/NV 2018, 953). Dem kommt im finanzgerichtlichen Verfahren wegen der Unübersichtlichkeit der Materie besondere Bedeutung zu. Darüber hinaus soll § 76 II für eine sachgerechte und zügige Behandlung der Sache sorgen, so dass der Rechtsstreit möglichst in einer mündlichen Verhandlung erledigt werden kann (**Prozessförderungspflicht;** vgl. § 79 I 1; BFH IX R 19/98, BStBl. II 1999, 407; s. aber BFH VIII B 180/05, BFH/NV 2007, 751; X R 68/09, BStBl. II 2012, 345, Rn. 110 f. zur Nachrangigkeit dieses Gesichtspunkts). Die Erfüllung der richterlichen **Sachaufklärungspflicht** steht demgegenüber bei § 76 II nicht im Vordergrund (BFH III B 21/98, BFH/NV 1999, 496; VI B 49/15, BFH/NV 2016, 38; X B 113/20, BFH/NV 2021, 1201; VI B 4/22, BFH/NV 2023, 546). § 76 II gilt auch dann, wenn das Gericht nach § 90 II oder § 94a ohne mV entscheidet (BFH IX B 23/17, BFH/NV 2017, 1059). Richterliche **Hinweise** können auch mündlich oder telefonisch erfolgen, **müssen** dann aber **dokumentiert** und der Gegenseite bekannt gemacht **werden** (BFH X R 27/19, BFH/NV 2021, 15, Rn. 77 f.), wobei das Gericht den Zugang ggf. nachweisen muss (BVerfG 1 BvR 1264/17, NJW 2019, 1433). In der mV erteilte Hinweise sind nach § 94 FGO iVm § 160 II ZPO protokollierungspflichtig (→ § 94 Rn. 7; zu möglichen Heilungsmöglichkeiten s. BVerwG 9 BN 9/18, BeckRS 2020, 6127, Rn. 43).

66 **Inhalt und Umfang der Hinweis- und Aufklärungspflichten** (umfangr. dazu Grube DStZ 2015, 36) sind zunächst von der Sach- und Rechtslage des einzelnen Falles abhängig (BFH VI B 10/16, BFH/NV 2017, 45; IX B 204/02, BFH/NV 2003, 1570 – einmaliger Hinweis im Erörterungstermin ausreichend; BFH III B 301/90, BFH/NV 1992, 48 – keine gerichtliche Pflicht, Schriftsätze gleich nach dem Eingang auf Fehler zu überprüfen; krit. dazu Kottke DStR 1996, 1720 (1722); BFH VIII B 211/06, BFH/NV 2007, 2312; X B 5/12, BFH/NV 2013, 35 – keine Hinweispflicht auf einen unmittelbar vor der mündlichen Verhandlung eingegangenen Schriftsatz). Nach **§ 155 S. 1 FGO iVm § 139 IV 1 ZPO** müssen die Hinweise **so früh wie möglich** erteilt und **aktenkundig** gemacht werden (BFH V B 52/23, BFH/NV 2025, 168). Darüber hinaus kommt es auf die **individuellen Kenntnisse und Fähigkeiten der Beteiligten** an (BFH XI B 201/06, BFH/NV 2008, 1195; I B 99/14, BFH/NV 2016, 1282; VI B 10/16, BFH/NV 2017, 45). Die Hinweispflicht besteht zwar **auch gegenüber fachkundig vertretenen Beteiligten,** jedoch ist sie – wie im Zivilprozess (vgl. zB BGH VI ZB 45/16, NJW-RR 2017, 956 aE; Nober/Ghassemi-Tabar NJW 2017, 3265 (3266)) – diesen ggü. in der Tendenz geringer ausgeprägt (auch **→ § 119 Rn. 13 ff.;** gegen eine Einschränkung der Fürsorgepflicht bei Rechtskunde der Beteiligten und fachkundiger Vertretung Tipke/Kruse/Krumm § 76 Rn. 104; Nieland AO-StB 1994, 253 (258), die damit mE die Anforderungen an das Gericht überspannen und insbes. die Aufgabe unterbewerten, die rechtskundigen Bevollmächtigten im Verfahren zukommt; kritisch zur BFH-Rspr. auch Grube DStZ 2013, 591 (596); DStZ 2015, 36 (39 ff.)). In der BFH-Rechtsprechung wird demgegenüber zT eine Hinweispflicht ggü. fachkundig vertretenen Beteiligten zu Unrecht nur im Ausnahmefall angenommen (vgl. zB BFH VIII B 211/06, BFH/NV 2007, 2312; IV S 12/08, BFH/NV 2009, 958; II B 35–37/18, BStBl. II 2020, 394; IX B 18/21, BFH/NV 2022, 720). Allerdings ist die Hinweis- und Fürsorgepflicht des Gerichts umso geringer, je rechtskundiger die Beteiligten sind. Aber auch bei Rechtsunkundigen besteht keine umfassende Hinweispflicht (BFH X B 36/11, BFH/NV 2011, 2079; I B 95/12, BFH/NV 2013, 1425; VI B 12/13, BFH/NV 2014, 155).

67 Sind die Beteiligten **fachkundig vertreten,** so muss das Gericht insbes. auf **offenkundige Umstände** nicht hinweisen (stRspr, zB BFH XI B 224/03, BFH/NV 2005, 1483; III B 86/13, BFH/NV 2014, 703; X B 202/15, BFH/NV 2016, 1050; X B 102/22, BFH/NV 2023, 824). Eine **Verletzung der Hinweispflicht und des Anspruchs auf rechtliches Gehör** liegt aber vor, wenn das Gericht ohne vorherigen Hinweis Anforderungen an den Sachvortrag stellt und auf einen rechtlichen Gesichtspunkt abstellt, mit dem auch ein gewissenhafter und kundiger Prozessbeteiligter – selbst unter Berücksichtigung der Vielfalt vertretbarer Rechtsauffassungen – nicht zu rechnen brauchte, so dass dies iE der Verhinderung seines Vortrags gleichkommt (BFH VIII B 180/05, BFH/NV 2007, 751; XI B 1/13, BFH/NV 2014, 547; VI B 10/16, BFH/NV 2017, 45; VIII B 46/20, BFH/NV 2021, 1511). Besonders weit geht die Hinweispflicht dann, wenn das Gericht selbst zu Missverständnissen und Unklarheiten beigetragen hat (BFH X B 202/15, BFH/NV 2016, 1050).

68 Im Übrigen hängt die Hinweis- und Fürsorgepflicht auch von der **Mitwirkung** der Beteiligten ab, deren Eigenverantwortlichkeit durch § 76 II nicht einge-

schränkt wird (BFH VI B 10/16, BFH/NV 2017, 45): Wer zB zur mündlichen Verhandlung trotz ordnungsgemäßer Ladung unentschuldigt nicht erscheint, kann idR später nicht die Verletzung des § 76 II rügen (BFH IX B 40/00, BFH/NV 2001, 63; I B 162/07, BFH/NV 2008, 1353; IX B 179/11, BFH/NV 2012, 1633; IX B 22/13, BFH/NV 2013, 1608; → Rn. 38). Das gilt auch dann, wenn das Nichterscheinen zuvor angekündigt worden war. Andererseits verstärkt sich die Verpflichtung zur Erteilung von Hinweisen, wenn bereits konkrete Angaben gemacht wurden, die das FG nicht als ausreichend ansieht (BFH X B 191/12, BFH/NV 2013, 1622). Ferner darf das Gericht dem Verfahren trotz des Nichterscheinens zur Verhandlung keine Wendung geben, mit der der Beteiligte nicht rechnen musste und zu dem ihm bisher kein rechtliches Gehör gewährt wurde (BFH X B 91/17, BFH/NV 2018, 342; IX B 9/23, BFH/NV 2024, 400; HessVGH 2 A 592/16.Z, NJW 2017, 1128). Ggf. muss das Gericht die Sache vertagen.

Die Hinweispflicht des § 76 II beschränkt sich nicht auf diejenigen Fälle, in 69 denen die **Sach- oder Prozessanträge** der Beteiligten in Folge der Verkennung der Rechtslage nicht oder **nicht richtig vorgebracht** worden sind. Sie umfasst vielmehr auch solche **Anträge,** die ein Prozessbeteiligter **aus Versehen** nicht oder **nicht richtig gestellt** hat, ohne dass ihm der an sich erkennbare Mangel bewusst geworden ist (BFH X B 16/02, BFH/NV 2003, 1212). Dabei sind sachdienliche Anträge solche, die nach den Maßstäben der Rechtsordnung vernünftig sind und der recht verstandenen Interessenlage der Beteiligten entsprechen (BFH II R 15/16, BStBl. II 2021, 64; II B 94/21, BFH/NV 2022, 1072). Das Gericht muss zB darauf hinweisen, dass ein gestellter Antrag das Begehren des Klägers offenkundig nicht zutreffend widerspiegelt (BFH X B 16/02, BFH/NV 2003, 1212) oder dass ein Sachantrag umgestellt werden muss, wenn sich das Klagebegehren ganz oder teilweise erledigt hat (vgl. BFH I B 91/06, BFH/NV 2007, 934). Das Gericht ist bei fachkundig vertretenen Beteiligten aber nicht verpflichtet, sie auf mögliche Beweisanträge oder Fragen hinzuweisen, da die Beteiligten im Zweifel die Erfolgsaussicht von Beweisanträgen besser beurteilen können als das Gericht. Es muss aber grds. darauf hinweisen, dass ein Beweisantrag nicht hinreichend substantiiert ist (vgl. BFH X B 132/00, BFH/NV 2002, 1457; XI B 58/02, BFH/NV 2003, 787; XI B 90/10, BFH/NV 2011, 1479), es sei denn, dies ist, zB wegen entspr. Hinweise der Gegenseite, offensichtlich (BFH I B 77/07, BFH/NV 2008, 1445; → Rn. 70; weitergehend Hildebrand Ubg 2021, 113 (115)). Die **Grenze richterlicher Hilfe** verläuft – wie § 96 I 2 verdeutlicht – dort, wo der Richter, statt auf die äußere „Fassung" des Antrags hinzuwirken, über das Klagebegehren inhaltlich disponiert (BFH V B 15/11, BFH/NV 2012, 247; → § 65 Rn. 30 ff.; sehr anschaulich zur Abgrenzung für das Verhältnis Abänderungs-/Aufhebungsklage: BFH X R 1/86, BStBl. II 1989, 376 (379); I B 48/01, BFH/NV 2002, 1163; III B 135/03, BFH/NV 2004, 339; Nieland AO-StB 2004, 253 (258)).

Auch bei fachkundig vertretenen Beteiligten muss das Gericht auf **Bedenken** 70 **gegen die Zulässigkeit** hinweisen, vor allem, wenn solche Bedenken von keiner Seite geäußert wurden (BFH II R 11/20, BFH/NV 2022, 812) und auch sonst nicht auf der Hand liegen oder, wenn der Zulässigkeitsmangel behoben oder ein anderes, erfolgversprechenderes Verfahren betrieben werden kann (Grube DStZ 2015, 36 (39); vgl. zur unvollständigen Übermittlung einer Klageschrift BFH VI B 203/00, BFH/NV 2004, 212)). Es muss aber nicht darauf hinweisen, dass eine Klage nach fruchtlosem Ablauf einer Ausschlussfrist nach § 65 oder § 79b I unzulässig ist (→ § 65 Rn. 57, 71; → § 79b Rn. 51; BFH VII B 304/98, BFH/NV 1999, 1105; vgl. auch BFH V B 78/08, BFH/NV 2010, 218) oder welche Anforderungen nach der ständigen Rechtsprechung an Verfahrenshandlungen gestellt werden (BFH VI B 83/00, BFH/NV 2003, 501; → Rn. 71 – keine Pflicht zur Rechtsberatung). Das Gericht muss auch nicht darauf hinweisen, dass es auf Streitpunkte ankommt, die zwischen den Beteiligten bereits erörtert wurden oder welcher Beteiligte die Feststellungslast trägt, wenn es dazu eine ständige höchstrichterliche Rechtsprechung gibt (BFH II B 24/16, BFH/NV 2017, 164). Will das Gericht seine Entscheidung darauf stützen, dass der Vortrag eines Beteiligten **unsubstantiiert** sei, muss dies jedenfalls seitens der Gegenseite vorgetragen worden sein (vgl. BFH I R 43/07, BFH/NV 2008, 1848). Denn jeder Beteiligte muss grds. damit rechnen, dass das Gericht der Auffassung eines Beteiligten folgt (vgl. zB BFH IX B 15/08, BFH/NV 2008, 1350; OLG Frankfurt 29 U 113/18, NJW-RR 2019, 1301). Andernfalls (also ohne entspr. Vortrag der Gegenseite) muss das Gericht den Beteiligten zu ergänzendem Vortrag auffordern oder darauf hinweisen, dass es seinen Vortrag für unsubstantiiert hält, wenn wenigstens wesentliche Angaben zum Sachverhalt gemacht worden sind (BFH IX B 125/03, BFH/NV 2004, 973; IX B 11/12, BFH/NV 2013, 218; IX R 19/14, BFH/NV 2016, 380, Rn. 26). Auch dann, wenn das Gericht von der vom FA angewandten Schätzungsmethode erheblich abweichen will, ist ein entspr. Hinweis erforderlich (BFH X R 5/18, BFH/NV 2020, 698; VIII B 51/21, BFH/NV 2022, 926).

71 Darüber hinaus sieht § 76 II aber **keine allgemeine Hinweispflicht** vor, und zwar auch dann nicht, wenn das Gericht den Sachverhalt anders beurteilt als ein Beteiligter (BFH X B 130/04, BFH/NV 2005, 1596; IV B 56/07, BFH/NV 2008, 1186; IX B 86/09, BFH/NV 2010, 222; X B 159/13, BFH/NV 2014, 1743). Es ist weder verpflichtet, vor der mündlichen Verhandlung über die zu klärenden Sachverhalte und Fragen zu informieren (BFH XI B 33/06, BFH/NV 2007, 915) noch die maßgebenden **Rechtsfragen** umfassend mit den Beteiligten **zu erörtern** (stRspr, zB BFH XI B 69/02, BFH/NV 2003, 293; IX B 13/09, BFH/NV 2009, 1266; XI B 2/14, BFH/NV 2014, 1049; X R 41/13, BStBl. II 2016, 525; VI B 4/22, BFH/NV 2023, 546) oder seine vorläufige Beweiswürdigung (ebenso BGH V ZR 42/15, NJW 2016, 3100) oder das Ergebnis einer Gesamtwürdigung zahlreicher Einzelumstände offen zu legen (BFH X B 132/02, BFH/NV 2004, 495; VII B 162/06, BFH/NV 2007, 1519; III B 108/13, BFH/NV 2014, 706; VI B 4/22, BFH/NV 2023, 546). Ein Beteiligter muss vielmehr alle vertretbaren rechtlichen Gesichtspunkte von sich aus in Betracht ziehen und seinen Vortrag darauf einrichten (BFH IX B 15/08, BFH/NV 2008, 1350; IX B 139/08, BFH/NV 2009, 921; III S 23/13 (PKH), BFH/NV 2014, 553; VI B 4/22, BFH/NV 2023, 546). Auch seine vorläufige Rechtsansicht muss das Gericht nicht mitteilen (BFH VII B 117/13, BFH/NV 2014, 1379; III B 62/15, BFH/NV 2016, 1293; XI B 117/17, BFH/NV 2018, 953; VI B 4/22, BFH/NV 2023, 546; aA Grube DStZ 2015, 36 (41 f.)). Eine Verletzung der Hinweispflicht kann aber vorliegen, wenn ein Einzelrichter einen richterlichen Hinweis gibt und später im Urteil entgegengesetzt entscheidet (BVerfG 2 BvR 1719/16, NJW 2021, 2581; 2 BvR 808/24, NJW 2024, 2978), nicht aber bei Zuständigkeitswechsel (BFH X S 16/06, BFH/NV 2008, 98); demgegenüber muss der Senat nicht darauf hinweisen, dass er einer **von dem Vorsitzenden oder Berichterstatter vertretenen Rechtsauffassung** nicht folgt, sofern der Berichterstatter sich nicht im Namen des Vollsenats geäußert hat (BFH X B 160/05, BFH/NV 2007, 480; XI B 52/15, BFH/NV 2016, 431; IX B 58/22, BFH/NV 2023, 1097; vgl. auch BFH IX

B 84/22, BFH/NV 2023, 1314 aE). Die Beteiligten dürfen darauf vertrauen, dass das FG, das einen **Beweisbeschluss gefasst** und/oder einen **Zeugen** zur mündlichen Verhandlung **geladen** hat, nicht durch Urteil entscheidet, bevor es die angeordnete Beweisaufnahme durchgeführt hat, der Beweisbeschluss aufgehoben, auf andere Weise sein endgültiges Absehen von der Vernehmung kundgetan hat oder es aus anderen Gründen sicher davon ausgehen durfte, dass sich die Beweisaufnahme aus Sicht der Beteiligten erledigt hatte (BFH XI B 97/12, BFH/NV 2013, 1791; V B 12/23, BFH/NV 2024, 689). Einer schriftlich ausdrücklich geäußerten Bitte des Klägers, einen entspr. richterlichen Hinweis zu erteilen, falls es weiteren Sach- und Rechtsvortrag für notwendig erachte, braucht das FG nicht zu entsprechen (BFH XI B 2/14, BFH/NV 2014, 1049). Ganz allg. gilt der Grundsatz, dass **Rechtsberatung nicht** Aufgabe des Richters ist (BFH X B 36/11, BFH/NV 2011, 2079; V B 15/11, BFH/NV 2012, 247; I B 99/14, BFH/NV 2016, 1282). Es besteht daher keine richterliche Pflicht, eingehend auf **Bedenken** gegen die **Zulässigkeit** eines Rechtsschutzbegehrens hinzuweisen, um dem Kläger so die Möglichkeit einer kostengünstigeren Rücknahme zu ermöglichen (BFH VIII R 36/89, BStBl. II 1995, 353 (356); VII E 11, 12/94, BFH/NV 1995, 722; ebenso Tipke/Kruse/Krumm § 76 Rn. 106a; zur **Hinweispflicht beim elektronischen Rechtsverkehr** s. aber § 52a VI; → § 52a Rn. 40, 43).

Eine **Verletzung** des § 76 II bedeutet regelmäßig eine Verletzung des Rechts **72**
auf Gehör (→ § 96 Rn. 200 f.; → § 119 Rn. 13 ff., auch zu den Anforderungen an eine erfolgreiche Rüge im Rechtsmittelverfahren). Gegebenenfalls setzt eine erfolgreiche Rüge im Rechtsmittelverfahren voraus, dass der Beteiligte sein Rügerecht nicht durch **rügeloses Verhandeln** zur Sache (§ 155 S. 1 FGO iVm § 295 ZPO) verloren hat, was in erster Linie dann in Betracht kommt, wenn der Beteiligte einwendet, ein richterlicher Hinweis hätte schon zu einem früheren Zeitpunkt erfolgen müssen (BFH VI R 27/15, BStBl. II 2018, 441; zum in der mündlichen Verhandlung nicht erschienenen Beteiligten → Rn. 68).

IV. Zurückweisung verspäteten Vorbringens (§ 76 III)

Literatur zu § 76 III bzw. § 364b AO (auch → Vor § 76 und zu § 79b): Bender, Die Präklusionsfrist nach § 364b AO – eine kritische Bestandsaufnahme zum dreißigjährigen Bestehen, AO-StB 2024, 300; Ehmcke, Neuregelungen zum Verfahren vor den Finanzgerichten, Stbg 2002, 49, 60 f.; v. Groll, Bestandskraft im Fall der Präklusion nach § 364b AO, FS Offerhaus, 1999, 837; Große, Die Fristsetzung nach § 364b AO, DB 1996, 60; Johannemann, Das Präklusionsrecht, Stbg 1995, 360; Lange, Zurückweisung einer erst im Klageverfahren eingereichten Steuererklärung durch das Finanzgericht, DStZ 1998, 544; Lieber, Präklusionen im Steuerverfahren, 1998; Linssen, Problembereich der Präklusion nach § 364b AO, Inf 1996, 100; Müller, Die Präklusionsregelungen der § 364b AO, § 76 Abs. 3 FGO – ein „zahnloser Tiger"?, AO-StB 2005, 176; Rößler, Die Neuordnung des außergerichtlichen Rechtsbehelfsverfahrens durch das Grenzpendlergesetz v. 24.6.1994, DStZ 1995, 270; Sangmeister, Verkürzung des Rechtsschutzes im Finanzrechtsstreit durch den Steuergesetzgeber, BB 1994, 1679; Siegert, Die Abgabenordnung im Wandel: Das neue Einspruchsverfahren, DStZ 1995, 25; Siegert, Das Arbeiten mit der Präklusion: Wie verfahren im Verfahren, wenn es um die Fristen geht?, DStZ 1995, 517; Spaeth, Grenzpendlergesetz; Auswirkungen der Präklusion nach § 364b AO, DStZ 1995, 175; Stolterfoht, Die Verwirklichung des Rechtsschutzes im außergerichtlichen Rechtsbehelfsverfahren, DStJG 18 (1995), 77, 108 ff.; Tiedchen, Änderung des außergerichtlichen Rechtsbehelfsverfahrens durch das Grenzpendlergesetz, BB 1996,

1033; Wagner, Die Ausschlussfrist nach § 364b AO – Segen oder Last?, StuW 1996, 169; v. Wedelstädt, Die Ausschlussfrist nach § 364b AO – Segen oder Last für die Finanzbehörde, StuW 1996, 186; v. Wedelstädt, Die präkludierende Fristsetzung durch die Finanzbehörde, AO-StB 2002, 200; Wiese/Leingang-Ludolph, Präklusion und Kosten, BB 2003, 25; Woring, Rechtsbehelfe gegen Ausschlussfristen?, Stbg 1996, 106.

1. Allgemeines

75 **§ 364b AO Fristsetzung**

(1) Die Finanzbehörde kann dem Einspruchsführer eine Frist setzen
1. zur Angabe der Tatsachen, durch deren Berücksichtigung oder Nichtberücksichtigung er sich beschwert fühlt,
2. zur Erklärung über bestimmte klärungsbedürftige Punkte,
3. zur Bezeichnung von Beweismitteln oder zur Vorlage von Urkunden, soweit er dazu verpflichtet ist.

(2) [1]Erklärungen und Beweismittel, die erst nach Ablauf der nach Absatz 1 gesetzten Frist vorgebracht werden, sind nicht zu berücksichtigen. [2]§ 367 Absatz 2 Satz 2 bleibt unberührt. [3]Bei Überschreitung der Frist gilt § 110 entsprechend.

(3) Der Einspruchsführer ist mit der Fristsetzung über die Rechtsfolgen nach Absatz 2 zu belehren.

§ 364b AO enthält eine **ähnliche Regelung wie § 79b,** jedoch mit dem Unterschied, dass die **Fristsetzung durch die Finbeh im Einspruchsverfahren** erfolgt und die Finbeh verpflichtet ist, einen verspäteten Vortrag unberücksichtigt zu lassen, wenn kein Wiedereinsetzungsgrund vorliegt. Demgegenüber erfolgt die Fristsetzung nach § 79b durch das Gericht, und eine Zurückweisung verspäteten Vorbringens steht nur unter den Voraussetzungen des § 79b III (insbes. Verzögerungswirkung und fehlende Entschuldigung) im Ermessen des Gerichts. Dass eine behördliche Fristsetzung im Vorverfahren einschneidendere Auswirkungen haben sollte als die richterliche Fristsetzung im Gerichtsverfahren, erscheint jedenfalls nicht zwingend. Daher erscheint es nachvollziehbar, dass der Gesetzgeber mit dem durch G v. 24.6.1994 (BGBl. I 1395) und Wirkung ab 1.1.1996 eingefügten § 76 III den Fortbestand einer für das Einspruchsverfahren schon verwirkten Präklusion nach § 364b AO für das gerichtliche Verfahren wieder insoweit zur Disposition stellt, als es – unter Anwendung des § 79b III – im Ermessen des Gerichts (→ Rn. 84 ff.) steht, ob es die betroffenen Erklärungen und Beweismittel zurückweist (zur Vorgeschichte: AO-Bericht, S. 6 ff.; BT-Drs. 12/1061, 17 und 12/7427, 19 u. 37; s. auch Wagner StuW 1996, 169 (170)). Dies beruht auf verfassungsrechtlichen Bedenken, denen zu Folge es gegen Art. 19 IV u. 103 I GG verstoßen soll, einer durch das FA gesetzten Ausschlussfrist auch eine Wirkung für das anschließende gerichtliche Verfahren beizumessen (zur gebotenen Trennung zwischen Verwaltungsverfahren und Gerichtsverfahren BFH I R 47/97, BStBl. II 1998, 269; vgl. auch BFH III B 6/04, BFH/NV 2005, 63: § 76 III dient nicht den Interessen der Finbeh, sondern der Effizienz des gerichtlichen Verfahrens; zur gescheiterten Änderung iRd StÄndG 2001 s. BR-Drs. 399/01, 26 zu Art. 9 u. BT-Drs. 14/7471, 9 zu Art. 3b; Ehmcke Stbg 2002, 49 (60 f.)).

76 In der Praxis hat **§ 76 III mehr Streitpunkte geschaffen als geklärt** (sehr anschaulich Lange DStZ 1998, 544 u. die dort zitierte Rspr.; vgl. auch Tipke/Kruse/Krumm § 76 Rn. 115; zur Kritik außerdem Stolterfoht DStJG 18/1995, 77 (108 ff.); Johannemann Stbg 1995, 360; Wagner StuW 1996, 169; v. Wedelstädt

StuW 1996, 186; Linssen Inf 1996, 100; Tiedchen BB 1996, 1033 (1043) – jeweils mwN). Dies ist ua auf die doppelte Verweisung auf zwei Regelungen zurückzuführen (§ 364b AO einerseits – → Rn. 79 ff.; § 79b andererseits – → Rn. 87 f.). Im Ergebnis kann das Gericht nachträglich vorgebrachte Erklärungen und Beweismittel (nur) zurückweisen, wenn deren Zulassung nach seiner freien Überzeugung die Erledigung des Rechtsstreits verzögern würde, was aber nur selten der Fall ist (→ Rn. 87). Die prozessuale Situation unterscheidet sich daher kaum von der, die entsteht, wenn das FG, ohne dass im Verwaltungsverfahren eine Frist nach § 364b AO gesetzt worden war, seinerseits eine Fristsetzung nach § 79b vornimmt. Das hat zur Folge, dass die FÄ auch in Schätzungsfällen, für die das Ganze vornehmlich gedacht war (AO-Bericht, S. 6 ff.), in der Praxis keine Fristen nach § 364b AO setzen. Würden sie es doch tun, so würde die vollumfängliche Prüfung der nachträglich eingereichten Erklärungen und Beweismittel (und damit in Schätzungsfällen nahezu die gesamte **Veranlagungsarbeit**) weitgehend **auf das Gericht verlagert,** was bei diesem selbst dann zu einer erheblichen Mehrarbeit führt, wenn das FA mitwirken muss. Im Ergebnis haben die genannten Effekte dazu geführt, dass die Vorschrift des § 364b AO in der Praxis kaum noch angewendet wird (Stapperfend StuW 2020, 164 (167): „zahnloser Tiger"; Bender AO-StB 2024, 300 (305 f.).

2. Fristsetzung nach § 364b AO (§ 76 III 1)

Das Eingreifen der gerichtlichen **Präklusionsregelung** setzt voraus (BFH IV R 23/98, BStBl. II 1999, 664), **79**
- dass das FA eine Frist nach § 364b AO tatsächlich gesetzt hat,
- dass dies **rechtsfehlerfrei** geschah (→ Rn. 80 f.; vgl. auch FG Bbg 2 K 656/96 U G K F, EFG 1997, 178; zu den Einzelheiten HHS/Birkenfeld AO § 364b Rn. 43 ff.; zur Anwendung nach Ergehen eines Korrekturbescheids FG München 1 K 4131/99, EFG 2001, 156) und
- dass die wirksam gesetzte Ausschlussfrist **erfolglos und unheilbar** (dh ohne Wiedereinsetzungsmöglichkeit, §§ 364b II 3, 110 AO) **verstrichen** ist, dh der Einspruchsführer hat die Tatsachen, Erklärungen, Beweismittel oder Urkunden nicht innerhalb der gesetzten Frist angegeben oder vorgelegt.

Die Fristsetzung muss zunächst die folgenden allg. Wirksamkeitsvoraussetzungen erfüllen: **80**
- **ordnungsgemäße Bekanntgabe der Fristsetzung.** § 122 AO ist insoweit analog anzuwenden, weil die Fristsetzung nach § 364b AO mangels eigenständigen Regelungscharakters iSd § 118 S. 1 AO als **unselbständige Verfahrenshandlung** und **nicht** als **Verwaltungsakt** anzusehen ist (iE ebenso: Linssen Inf 1996, 100 (102); Woring Stbg 1996, 106; kein selbständig anfechtbarer VA: Tipke/Kruse/Seer AO § 364b Rn. 38; HHS/Birkenfeld AO § 364b Rn. 97 f.; Rößler DStZ 1995, 270 (272); Tiedchen BB 1996, 1033 (1041); s. auch BMF 27.10.1995, BStBl. I 1995, 666; – aM Große DB 1996, 60 (61); Grune DB 1996, 60 (65); Spaeth DStZ 1995, 175 (176); Siegert DStZ 1995, 25 (29 u. 517, 519); Wagner StuW 1996, 174 ff.; v. Wedelstädt StuW 1996, 186 (187)). Der BFH verneint in stRspr ein Rechtsschutzbedürfnis für einen Einspruch oder eine Klage. Damit ist wegen der insoweit bestehenden **gerichtlichen Nachprüfungspflicht** keine Rechtsschutzverkürzung verbunden (BFH XI B 93/19, BFH/NV 2020, 754);

- **pflichtgemäße Ermessensausübung bei der Fristsetzung** (HHS/Birkenfeld AO § 364b Rn. 65 ff. mwN; FG Köln 15 K 2180/13, EFG 2014, 1559). Der Verhältnismäßigkeitsgrundsatz muss gewahrt sein. Es muss insbes. eine **angemessene Frist** gesetzt werden (zur Maßgeblichkeit der konkreten Umstände für deren Bemessung Tiedchen BB 1996, 1033 (1040); Wagner StuW 1996, 169 (173 f.); Überblick über den Meinungsstand bei FG Köln 15 K 3613/11, EFG 2012, 1231), die **auf rechtzeitig gestellten Antrag hin nach § 109 I 1 AO verlängerbar** ist, nicht aber nachträglich mit Rückwirkung. § 109 I 2 AO ist im Hinblick auf die gesetzgeberische Entscheidung für die Wiedereinsetzungsmöglichkeit in § 364b II 3 AO nicht anwendbar (die weiterreichende gesetzgeberische Absicht, jede Verlängerungsmöglichkeit auszuschließen – BT-Drs. 12/7427, 37; ebenso Spaeth DStZ 1995, 175 – ist im G nicht hinreichend zum Ausdruck gekommen; iE ebenso HHS/Birkenfeld AO § 364b Rn. 91; Linssen Inf 1996, 100 (101 f.); Tiedchen BB 1996, 1033 (1040 f.); aM Große DB 1996, 60 (66) – jeweils mwN);
- **inhaltliche Bestimmtheit** hinsichtlich der Fristsetzung und der von dem Einspruchsführer innerhalb dieser Frist vorzunehmenden Handlungen (analog § 119 I AO);
- **Belehrung** über die Rechtsfolgen einer Fristversäumnis (§ 364b III AO), die notwendigerweise eine aus Empfängersicht ausreichende Erläuterung der gesamten Maßnahme, dh auch des Inhalts der Aufklärungsverfügung, voraussetzt.

81 Inhaltlich muss die Frist nach § 364b I AO gesetzt werden (zu den Einzelheiten: Wagner StuW 1996, 169 (171 ff.); Tiedchen BB 1996, 1033 (1040), HHS/Birkenfeld AO § 364b Rn. 43 ff.):

- zur Angabe der **Tatsachen,** durch deren Berücksichtigung oder Nichtberücksichtigung sich der Einspruchsführer **beschwert** fühlt (s. §§ 350–353 AO u. § 79b I 1; → § 79b Rn. 5 ff.; vgl. auch BFH X B 243, 244/94, BStBl. II 1995, 417). Dies soll das geeignete Instrument des FA vor allem in den Fällen sein, in denen mangels der Abgabe einer Steuererklärung nach § 162 AO geschätzt wurde;
- zur **Erklärung über bestimmte** klärungsbedürftige **Punkte** (zur Substantiierung einer solchen Aufklärungsverfügung BFH IX R 6/94, BStBl. II 1995, 545; zur Problematik iÜ → § 79b Rn. 15 ff.);
- zur **Bezeichnung von Beweismitteln** (§ 92 AO) oder zur **Vorlage von Urkunden,** soweit der Einspruchsführer dazu verpflichtet ist (§ 365 I iVm §§ 97, 149 AO; → Rn. 50), was notwendigerweise auch eine genaue Fixierung des Beweisthemas erfordert (zu den inhaltlichen Anforderungen → Rn. 32).

3. Ermessen des Gerichts (§§ 76 III, 79b III)

84 Das Gericht kann nach § 76 III 1 die erst nach Ablauf der nach § 364b AO gesetzten Frist vorgebrachten Erklärungen und Beweismittel zurückweisen und ohne weitere Ermittlungen entscheiden. Daraus folgt ein **Ermessen des Gerichts** (stRspr, s. zB BFH III B 6/04, BFH/NV 2005, 63 mwN – „grundsätzlich geklärt"; Tipke/Kruse/Krumm § 76 Rn. 130), womit sich die von § 364b AO für das Einspruchsverfahren zwingend vorgesehene Rechtsfolge der **Präklusion mit Klageerhebung relativiert** (zu den Auswirkungen der Präklusion auf die Bestandskraft: § 172 I Nr. 2a AO; dazu v. Groll FS Offerhaus, 1999, 837 einerseits, Lieber, Präklusion im Steuerverfahren, 1998, S. 166, andererseits – jeweils mwN).

Zur **Ermessensentscheidung des Gerichts** kann es allerdings **erst dann** 85
kommen, **wenn**
- die **Klage zulässig** ist und
- das FA die **Frist nach § 364b AO wirksam gesetzt** hat (→ Rn. 79 ff.). Ist das nicht der Fall, so muss das Gericht unabhängig von den §§ 76 III, 79b III alle vorgebrachten Erklärungen und Beweismittel berücksichtigen und den Sachverhalt nach § 76 I 1 von Amts wegen ermitteln (so iE auch Wagner StuW 1996, 169 (178 f.)). Darüber hinaus ist das Gericht verpflichtet, alle **während der** wirksam gesetzten **Frist** beim FA **eingereichten Erklärungen und Beweismittel** zu berücksichtigen. Auch insoweit steht ihm kein Ermessen zu. Reichen diese Erklärungen und Beweismittel allerdings nicht aus, um den Sachverhalt vollständig aufzuklären, so richtet es sich gleichwohl wieder nach den §§ 76 III, 79b III, ob das Gericht ohne weitere Ermittlungen entscheidet (→ Rn. 87).

Ein Ermessen steht dem Gericht auch dann zu, **wenn die außergerichtliche** 86
Präklusion die Beschwer betrifft (§ 364b I Nr. 1 AO; → Rn. 81; wohl auch Tipke/Kruse/Krumm § 76 Rn. 130; HHS/Thürmer § 76 Rn. 201; aA v. Wedelstädt AO-StB 2002, 200 (203)). Dem Gesetzestext lässt sich kein Hinweis darauf entnehmen, dass je nach Art der Fristsetzung unterschiedliche Rechtsfolgen eingreifen.

Die **Verweisung auf § 79b III** ist eine reine **Rechtsfolgeverweisung** und 87
bedeutet, dass iRd § 76 III **weder § 79b I noch § 79b II anwendbar** sind. Insbes. bedarf es keiner weiteren Fristsetzung im Steuerprozess, um die Präklusionswirkung auch hier greifen zu lassen. Die **im Einspruchsverfahren eingetretene Präklusion wirkt** allerdings nur **dann fort,** wenn die Voraussetzungen des § 79b III erfüllt sind (→ § 79b Rn. 35 ff.). Das setzt nach § 79b III 3 u. III 1 Nr. 1 (zu § 79b III 1 Nr. 2 u. 3 → Rn. 88) vor allem voraus, dass
- **es** dem **Gericht nicht mit geringem Aufwand möglich** ist, den (von der Präklusion nach § 364b AO betroffenen) Sachverhalt auch **ohne Mitwirkung** der Beteiligten **zu ermitteln** (§ 79b III 3; → § 79b Rn. 36; vgl. auch FG Bbg 2 K 656/96 U G K F, EFG 1997, 178) **und**
- die **Zulassung** der nach § 364b AO ausgeschlossenen Erklärungen oder Beweismittel die **Erledigung** des Rechtsstreits **verzögern würde** (§ 79b III 1 Nr. 1). Maßgeblich ist dabei, ob der Rechtsstreit **bei Zulassung** der erst nachträglich vorgebrachten Erklärungen und Beweismittel **länger dauert als bei Zurückweisung** (sog. absoluter Verzögerungsbegriff; → § 79b Rn. 36). Dies ist nach der Rspr. des BFH nicht der Fall, wenn eine Erledigung in der ersten vom FG nach pflichtgemäßem Ermessen terminierten **mündlichen Verhandlung** möglich ist (BFH IV R 23/98, BStBl. II 1999, 664 mwN; aA Große DB 1996, 60 (65)). Dabei hat das FG schon vor der mündlichen Verhandlung geeignete **vorbereitende Maßnahmen** gem. § 79 I zu ergreifen, um entscheidungserhebliche Fragen, die nach der Einreichung der Erklärungen (insbes. bei Vollschätzungen) oder Benennung von Beweismitteln (noch) bestehen, aufzuklären (BFH I R 31/98, BStBl. II 1999, 26; IV R 23/98, BStBl. II 1999, 664; I R 52–55/99, BStBl. II 2000, 354; s. auch v. Wedelstädt AO-StB 2002, 200 (204) mwN). **Dabei muss das FA** nach § 76 I 2 **mitwirken** und ggf. einen Änderungsbescheid erlassen, wenngleich der Kläger mit den erst nach Ablauf der nach § 364b AO vorgebrachten Erklärungen und Beweismitteln im Einspruchsverfahren präkludiert war (BFH IV B 230/02, BStBl. II 2004, 833 zugleich zur grundsätzlichen **Kostentragung** durch den Kläger; → Rn. 90;

vgl. SächsFG 6 V 2080/09, DStRE 2010, 765). **Lassen sich** die noch bestehenden **Fragen** trotz einer vorbereitenden Verfügung des Gerichts vor oder in der mündlichen Verhandlung **nicht klären,** so tritt **insoweit** (aber auch nur insoweit, → Rn. 90) auch für das finanzgerichtliche Verfahren eine **Präklusion** ein, weil die weitere Aufklärung eine Vertagung erfordern und damit eine Verzögerung des Rechtsstreits mit sich bringen würde (s. zu **nachgereichten Steuererklärungen:** FG München 9 K 3584/96, EFG 1998, 800; 13 K 829/97, EFG 2001, 60; FG BW 4 K 131/97, EFG 2000, 1043; 9 K 311/98, EFG 2000, 1403).

88 Da **§ 79b III nur entsprechend anwendbar** ist, ergeben sich aus **§ 79b III 1 Nr. 2 u. 3 keine zusätzlichen Präklusionsvoraussetzungen.** Denn das Gericht muss iRd Prüfung, ob das FA die Frist nach § 364b AO wirksam gesetzt hat und ob diese fruchtlos verstrichen ist (→ Rn. 79 f.), sowohl die Frage der **Entschuldbarkeit der Fristversäumung** als auch die der hinreichenden **Belehrung von Amts wegen** beachten (s. § 364b II 3 iVm § 110 AO u. § 364b III AO). Soweit Krumm (Tipke/Kruse/Krumm § 76 Rn. 125; ebenso Gosch/Stalbold § 76 Rn. 88 aE; HHS/Thürmer § 76 Rn. 175 jeweils mwN) aus § 79b III 1 Nr. 3 ableiten will, dass der Beteiligte auch über die mögliche Präklusion im anschließenden Gerichtsverfahren belehrt worden sein muss, ist dem nicht zu folgen (Schwarz/Pahlke/Fu § 76 Rn. 79. Zum einen ist § 79b III nur entspr. anzuwenden. Das bedeutet, dass § 79b III 1 Nr. 3 auf das in § 364b III AO aufgestellte Belehrungserfordernis Bezug nimmt (glA FG Bbg 2 K 656/96 U G K F, EFG 1997, 178 mwN). Zum anderen dürfte es für jeden Stpfl. auf der Hand liegen, dass die Präklusion nach § 364b II AO, über die er nach § 364b III AO zu belehren ist, auch eine Auswirkung auf das anschließende gerichtliche Verfahren hat.

4. Rechtsfolge

90 Ist eine vom FA **nach § 364b I AO wirksam gesetzte Frist** fruchtlos verstrichen (→ Rn. 79 ff.) und ist es nicht möglich, den Sachverhalt auch ohne Mitwirkung des Beteiligten mit geringem Aufwand zu ermitteln und würde die Berücksichtigung der nachträglich vorgebrachten Erklärungen und Beweismittel den Rechtsstreit verzögern (→ Rn. 87; zur Bedeutung von § 79b III 1 Nr. 1 u. 2 → Rn. 88) und kommt auch eine Wiedereinsetzung in den vorigen Stand nicht in Betracht (§ 364b II 3 AO), so führt dies zu einer **Begrenzung des gerichtlichen Ermittlungs- und Entscheidungsprogramms** (§ 96 I 1; → § 96 Rn. 20, 43, 61). Der **Umfang** der Beschränkung richtet sich dabei nach dem Umfang der Präklusion (s. dazu v. Groll StuW 1993, 312 (320); v. Groll DStJG 18, 47 (70 ff.); ausdrücklich auch BFH V R 7/97, BStBl. II 1998, 399). Ist der Kläger mit seinem nachträglichen Vortrag im vollen Umfang präkludiert, was angesichts der dem FG vom BFH auferlegten Aufklärungspflichten aber kaum der Fall sein wird (→ Rn. 87), so ist die Klage insgesamt als unbegründet abzuweisen. Betrifft die Präklusion hingegen nur Teilaspekte, weil deren weitere Aufklärung den Rechtsstreit verzögern würde (→ Rn. 87), so ist die Klage nur insoweit abzuweisen, als diese Teilaspekte sich auswirken. Im Übrigen ist dem klägerischen Begehren zu entsprechen und ggf. ein geänderter VA zu erlassen (zur grundsätzlichen **Kostentragung** durch den Kläger s. **§ 137 S. 3;** → § 137 Rn. 10). Eine (beantragte) **isolierte Aufhebung der Einspruchsentscheidung** kommt demgegenüber nur dann in Betracht, wenn das FA die Ausschlussfrist nach § 364b AO rechtsfehlerhaft gesetzt hatte (FG Köln 15 K 2180/13, EFG 2014, 1559) oder der Stpfl. den

Anforderungen des FA innerhalb der gesetzten Frist (oder in den Fällen der Wiedereinsetzung in den vorigen Stand auch nachträglich) nachgekommen war (→ Rn. 79). Liegen diese Umstände nicht vor, scheidet eine isolierte Aufhebung der Einspruchsentscheidung aus, weil sich die Finbeh darin schließlich zu Recht auf die Präklusion des § 364b II AO berufen hat (→ Rn. 75).

Zu den Auswirkungen auf die **Rechtskraft** des ergehenden Urteils (§ 110) **91**
→ § 110 Rn. 52.

Revisionsrechtlich ist zu unterscheiden nach der im angefochtenen Urteil **92**
enthaltenen Art der Rechtsverletzung (§ 118 I 1):

- Liegt diese in einer fehlerhaften **Beurteilung** des § 364b AO und damit der Rechtmäßigkeit **der Einspruchsentscheidung,** so handelt es sich um einen **materiell-rechtlichen Mangel;**
- hat das FG **§ 76 III 2 iVm § 79b III falsch angewandt** (→ Rn. 84 ff.), so ist das ein **Verfahrensfehler** (dazu näher → § 115 Rn. 250 ff.; → § 116 Rn. 48 ff.).

V. Zu § 76 IV – Ermittlungspflicht der Behörde

In § 76 IV wird klargestellt, dass die Finbeh während des gerichtlichen Verfah- **94**
rens berechtigt und nach dem Grundsatz der Gesetzmäßigkeit der Verwaltung auch verpflichtet bleibt, sich selbst (weiter) um die Sache zu kümmern, und, wenn nötig, hieraus die entspr. Konsequenzen der Abänderung oder Aufhebung der streitbefangenen Hoheitsmaßnahme (zu den verfahrensrechtlichen Folgen: § 68) zu ziehen (FG München 1 K 4131/99, EFG 2001, 156 (157); Mösbauer BB 1977, 508). Aus der Vorschrift folgt eine **verstärkte Mitwirkungspflicht des Beklagten,** insbes. soweit er seinen Interessen dienende Verfahrensrechte geltend machen will (s. zur Beiladung gem. § 174 V AO: BFH VI R 47/12, BStBl. II 2015, 490).

Die §§ 88, 89 AO, auf die § 76 IV verweist, haben folgenden Wortlaut: **95**

§ 88 AO Untersuchungsgrundsatz

(1) [1]Die Finanzbehörde ermittelt den Sachverhalt von Amts wegen. [2]Dabei hat sie alle für den Einzelfall bedeutsamen, auch die für die Beteiligten günstigen Umstände zu berücksichtigen.

(2) [1]Die Finanzbehörde bestimmt Art und Umfang der Ermittlungen nach den Umständen des Einzelfalls sowie nach den Grundsätzen der Gleichmäßigkeit, Gesetzmäßigkeit und Verhältnismäßigkeit; an das Vorbringen und an die Beweisanträge der Beteiligten ist sie nicht gebunden. [2]Bei der Entscheidung über Art und Umfang der Ermittlungen können allgemeine Erfahrungen der Finanzbehörden sowie Wirtschaftlichkeit und Zweckmäßigkeit berücksichtigt werden.

(3) [1]Zur Gewährleistung eines zeitnahen und gleichmäßigen Vollzugs der Steuergesetze können die obersten Finanzbehörden für bestimmte oder bestimmbare Fallgruppen Weisungen über Art und Umfang der Ermittlungen und der Verarbeitung von erhobenen oder erfassten Daten erteilen, soweit gesetzlich nicht etwas anderes bestimmt ist. [2]Bei diesen Weisungen können allgemeine Erfahrungen der Finanzbehörden sowie Wirtschaftlichkeit und Zweckmäßigkeit berücksichtigt werden. [3]Die Weisungen dürfen nicht veröffentlicht werden, soweit dies die Gleichmäßigkeit und Gesetzmäßigkeit der Besteuerung gefährden könnte. [4]Weisungen der obersten Finanzbehörden der Länder nach Satz 1 bedürfen des Einvernehmens mit dem

Bundesministerium der Finanzen, soweit die Landesfinanzbehörden Steuern im Auftrag des Bundes verwalten.

(4) [1]Das Bundeszentralamt für Steuern und die zentrale Stelle im Sinne des § 81 des Einkommensteuergesetzes können auf eine Weiterleitung ihnen zugegangener und zur Weiterleitung an die Landesfinanzbehörden bestimmter Daten an die Landesfinanzbehörden verzichten, soweit sie die Daten nicht oder nur mit unverhältnismäßigem Aufwand einem bestimmten Steuerpflichtigen oder einem bestimmten Finanzamt zuordnen können. [2]Nach Satz 1 einem bestimmten Steuerpflichtigen oder einem bestimmten Finanzamt zugeordnete Daten sind unter Beachtung von Weisungen gemäß Absatz 3 des Bundesministeriums der Finanzen weiterzuleiten. [3]Nicht an die Landesfinanzbehörden weitergeleitete Daten sind vom Bundeszentralamt für Steuern für Zwecke von Verfahren im Sinne des § 30 Absatz 2 Nummer 1 Buchstabe a und b bis zum Ablauf des 15. Jahres nach dem Jahr des Datenzugangs zu speichern. [4]Nach Satz 3 gespeicherte Daten dürfen nur für Verfahren im Sinne des § 30 Absatz 2 Nummer 1 Buchstabe a und b sowie zur Datenschutzkontrolle verarbeitet werden.

(5) [1]Die Finanzbehörden können zur Beurteilung der Notwendigkeit weiterer Ermittlungen und Prüfungen für eine gleichmäßige und gesetzmäßige Festsetzung von Steuern und Steuervergütungen sowie Anrechnung von Steuerabzugsbeträgen und Vorauszahlungen automationsgestützte Systeme einsetzen (Risikomanagementsysteme). [2]Dabei soll auch der Grundsatz der Wirtschaftlichkeit der Verwaltung berücksichtigt werden. [3]Das Risikomanagementsystem muss mindestens folgende Anforderungen erfüllen:

1. die Gewährleistung, dass durch Zufallsauswahl eine hinreichende Anzahl von Fällen zur umfassenden Prüfung durch Amtsträger ausgewählt wird,
2. die Prüfung der als prüfungsbedürftig ausgesteuerten Sachverhalte durch Amtsträger,
3. die Gewährleistung, dass Amtsträger Fälle für eine umfassende Prüfung auswählen können,
4. die regelmäßige Überprüfung der Risikomanagementsysteme auf ihre Zielerfüllung.

[4]Einzelheiten der Risikomanagementsysteme dürfen nicht veröffentlicht werden, soweit dies die Gleichmäßigkeit und Gesetzmäßigkeit der Besteuerung gefährden könnte. [5]Auf dem Gebiet der von den Landesfinanzbehörden im Auftrag des Bundes verwalteten Steuern legen die obersten Finanzbehörden der Länder die Einzelheiten der Risikomanagementsysteme zur Gewährleistung eines bundeseinheitlichen Vollzugs der Steuergesetze im Einvernehmen mit dem Bundesministerium der Finanzen fest.

§ 89 AO Beratung, Auskunft

(1) [1]Die Finanzbehörde soll die Abgabe von Erklärungen, die Stellung von Anträgen oder die Berichtigung von Erklärungen oder Anträgen anregen, wenn diese offensichtlich nur versehentlich oder aus Unkenntnis unterblieben oder unrichtig abgegeben oder gestellt worden sind. [2]Sie erteilt, soweit erforderlich, Auskunft über die den Beteiligten im Verwaltungsverfahren zustehenden Rechte und die ihnen obliegenden Pflichten.

(2)–(7) …

§ 77 [Schriftsätze]

(1) [1]Die Beteiligten sollen zur Vorbereitung der mündlichen Verhandlung Schriftsätze einreichen. [2]Hierzu kann der Vorsitzende sie unter Fristsetzung auffordern. [3]Den Schriftsätzen sollen Abschriften für die übrigen Beteiligten beigefügt werden. [4]Die Schriftsätze sind den Beteiligten von Amts wegen zu übermitteln.

(2) [1]Den Schriftsätzen sind die Urkunden oder elektronischen Dokumente, auf die Bezug genommen wird, in Abschrift ganz oder im Auszug beizufügen. [2]Sind die Urkunden dem Gegner bereits bekannt oder sehr umfangreich, so genügt die genaue Bezeichnung mit dem Anerbieten, Einsicht bei Gericht zu gewähren.

Vgl. § 86 IV, V VwGO; § 108 SGG; §§ 139, 273 ZPO.

1 Nach § 79 I 1 hat das Gericht alle Maßnahmen zu treffen, die notwendig sind, um den Rechtsstreit möglichst in einer mündlichen Verhandlung zu erledigen **(Konzentrationsmaxime).** Dieses Ziel lässt sich nur erreichen, wenn die Beteiligten mitwirken. Deshalb bestimmt § 77 I 1, dass **vorbereitende Schriftsätze** (mit Abschriften für die übrigen Beteiligten – § 77 I 3) einzureichen sind. Die vorbereitenden Schriftsätze sollen vom Beteiligten (bzw. seinem Prozessbevollmächtigten) eigenhändig unterschrieben sein (vgl. § 130 Nr. 6 ZPO). Enthalten sie eine Prozesshandlung, so besteht **Unterschriftszwang** (→ Vor § 33 Rn. 32).

2 Grundsätzlich sind die in Bezug genommenen **Urkunden oder elektronischen Dokumente** den Schriftsätzen in Abschrift (ggf. auszugsweise) **beizufügen** (§ 77 II 1; zur grds. Pflicht, elektronische Dokumente auszudrucken s. BFH X B 5/12, BFH/NV 2013, 35). Sind sie dem Gegner bereits bekannt oder sehr umfangreich, genügt die genaue Bezeichnung und das Anerbieten, Einsicht bei Gericht zu gewähren (§ 77 II 2).

3 Der Senatsvorsitzende (oder der Berichterstatter – § 79; ggf. auch der Einzelrichter – §§ 6, 79a III, IV) **kann** für die Einreichung vorbereitender Schriftsätze eine (verlängerungsfähige – → § 54 Rn. 6, 7) Frist setzen (zur Fristberechnung → § 54 Rn. 8 ff.). Dabei darf er seine vorläufige Meinung über die Sache äußern (BVerfG 1 BvR 522/53, BVerfGE 4, 143). Sieht er von einer Fristsetzung ab, liegt hierin keine Beeinträchtigung des rechtlichen Gehörs (BFH IX S 17/06, BFH/NV 2007, 957). Die **Fristsetzung** (sowie die Verlängerung, die Abkürzung und die Ablehnung der Verlängerung und Abkürzung der Frist) ist als prozessleitende Verfügung iSd § 128 II **nicht selbständig** mit der Beschwerde **anfechtbar.** Verfahrensrüge iRd Revision ist jedoch möglich (BFH X B 150/16, BFH/NV 2017, 1185). Durch die Fristsetzung nach § 77 I 2 wird der säumige Beteiligte nicht etwa mit weiterem Vorbringen ausgeschlossen (Tipke/Kruse/Brandis § 77 Rn. 4). Bis zur Wirksamkeit der Entscheidung eingehende Schriftsätze sind vielmehr zu berücksichtigen (zu **„nachgereichten" Schriftsätzen** s. § 155 FGO iVm § 283 ZPO; BFH VII B 321/02, BFH/NV 2004, 499; II B 94/04, BFH/NV 2006, 323; → § 93 Rn. 7; → § 90 Rn. 22 f.), und zwar unabhängig davon, ob eine Frist gesetzt wurde oder nicht. Anderenfalls kann das Recht auf Gehör verletzt sein oder die Rüge mangelnder Sachaufklärung erhoben werden (vgl. aber zum Verlust des Rügerechts BFH IX B 89/01, BFH/NV 2002, 511; VII B 88/11, BFH/NV 2012, 761). Im Übrigen kann das Verhalten des Beteiligten iRd richterlichen Überzeugungsbildung (§ 96) gewürdigt werden. Evtl. können sich

kostenmäßige Nachteile für den Säumigen ergeben (§ 137). – Zur **Fristsetzung mit ausschließender Wirkung** s. §§ 62 III, 65 II, 79b.

4 Der in Art. 103 I GG normierte Grundsatz der Gewährung rechtlichen Gehörs (Art. 103 I GG) hat zur Folge, dass die Beteiligten einen umfassenden Anspruch darauf haben, über den gesamten Prozessstoff kommentarlos und ohne Einschränkungen unterrichtet zu werden (BVerfG 2 BvR 969/14, NJW 2014, 3085, unter IV.4.a; BFH X B 150/16, BFH/NV 2017, 1185; II B 94/21, BFH/NV 2022, 1072, Rn. 12; FG Hmb 4 K 26/16, EFG 2021, 1304: gilt auch für eine ohne Anschreiben vom Beklagten übersandte PZU einer Einspruchsentscheidung, damit der Kläger die Rechtzeitigkeit der Klageerhebung prüfen kann). Aus diesem Grund sind nach **§ 77 I 4** die Schriftsätze den Beteiligten **von Amts** wegen **zu übermitteln.** Dies erfasst auch die Übermittlung **elektronischer Dokumente.** Für die Übermittlung der Schriftsätze ist die **Geschäftsstelle** zuständig (§ 155 FGO iVm §§ 166 ff. ZPO). Zu übermitteln sind die Schriftsätze nur an die **Beteiligten** des Verfahrens (s. § 57). Die Übermittlung muss so **rechtzeitig** vor der mündlichen Verhandlung erfolgen, dass ausreichende Zeit zur Vorbereitung verbleibt (BFH IX B 56/20, BFH/NV 2021, 1366: Übergabe in der mündlichen Verhandlung ist grds. auch dann nicht ausreichend, wenn das Gericht meint, der Schriftsatz gebe lediglich die wohlbekannte Auffassung des anderen Beteiligten wieder und führe keine neuen Tatsachen in das Verfahren ein).

5 **Unterbleibt die Übermittlung** der Schriftsätze an den Prozessgegner und kann er infolgedessen vor Ergehen der gerichtlichen Entscheidung zu dem Vorbringen des anderen Beteiligten nicht mehr Stellung nehmen, liegt in dem Verstoß gegen § 77 I 4 zugleich die – vom Rechtsmittelgericht zu beachtende (§ 119 Nr. 3) – Verweigerung des rechtlichen Gehörs (BFH IV B 126/10, BFH/NV 2012, 774 mwN; s. aber zum Verlust des Rügerechts IX B 89/01, BFH/NV 2002, 511; VII B 88/11, BFH/NV 2012, 761 sowie zur erforderlichen „greifbaren Gesetzeswidrigkeit" der Entscheidung BFH X B 36/02, BFH/NV 2002, 1460). Das ist aber nicht der Fall, wenn ein wiederholender Schriftsatz nicht übermittelt wird (BFH II B 94/21, BFH/NV 2022, 1072, Rn. 13: kein Verfahrensmangel iSv § 115 II Nr. 3).

§ 77a (aufgehoben)

Aufgehoben durch Art. 3 Nr. 8 JKomG v. 22.3.2005 (BGBl. I 837 (845)). An die Stelle des § 77a sind die §§ 52a, 52b getreten.

§ 78 [Akteneinsicht]

(1) [1]**Die Beteiligten können die Gerichtsakte und die dem Gericht vorgelegten Akten einsehen.** [2]**Beteiligte können sich auf ihre Kosten durch die Geschäftsstelle Ausfertigungen, Auszüge, Ausdrucke und Abschriften erteilen lassen.**

(2) [1]**Werden die Prozessakten elektronisch geführt, wird Akteneinsicht durch Bereitstellung des Inhalts der Akten zum Abruf oder durch Übermittlung des Inhalts der Akten auf einem sicheren Übermittlungsweg gewährt.** [2]**Auf besonderen Antrag wird Akteneinsicht durch Einsichtnahme in die Akten in Diensträumen gewährt.** [3]**Ein Aktenausdruck oder**

ein Datenträger mit dem Inhalt der Akten wird auf besonders zu begründenden Antrag nur übermittelt, wenn der Antragsteller hieran ein berechtigtes Interesse darlegt. [4]Stehen der Akteneinsicht in der nach Satz 1 vorgesehenen Form wichtige Gründe entgegen, kann die Akteneinsicht in der nach den Sätzen 2 und 3 vorgesehenen Form auch ohne Antrag gewährt werden. [5]Über einen Antrag nach Satz 3 entscheidet der Vorsitzende; die Entscheidung ist unanfechtbar. [6]§ 79a Absatz 4 gilt entsprechend.

(3) **[1]Werden die Prozessakten in Papierform geführt, wird Akteneinsicht durch Einsichtnahme in die Akten in Diensträumen gewährt. [2]Die Akteneinsicht kann, soweit nicht wichtige Gründe entgegenstehen, auch durch Bereitstellung des Inhalts der Akten zum Abruf oder durch Übermittlung des Inhalts der Akten auf einem sicheren Übermittlungsweg gewährt werden.**

(4) **Die Entwürfe zu Urteilen, Beschlüssen und Verfügungen, die Arbeiten zu ihrer Vorbereitung, ferner die Dokumente, die Abstimmungen oder Ordnungsstrafen des Gerichts betreffen, werden weder vorgelegt noch abschriftlich mitgeteilt.**

Vgl. § 100 VwGO; § 120 SGG; § 299 ZPO; vgl. auch § 29 VwVfG; § 25 SGB X.

Literatur: Felix, Aktenübersendung in das Büro des Prozessbevollmächtigten als Gebot der Waffengleichheit, KÖSDI 1992, 9051 ff.; Gräber, Akteneinsicht durch Beteiligte und ihre Bevollmächtigten im finanzgerichtlichen Verfahren, DStZA 1980, 443; Haverkamp/Meinert, Aktuelle Rechtsprechung zum Auskunfts- und Akteneinsichtsrecht nach Art. 15 Abs. 1 DSGVO, FR 2022, 821; Hellmann, Der Rechtsweg gegen die Versagung der Akteneinsicht durch die Finanzbehörde nach Abschluss des steuerstrafrechtlichen Ermittlungsverfahrens, DStZ 1994, 371; Paetsch, Persönliche Akteneinsicht durch die Beteiligten im Revisionsverfahren?, DStZ 2007, 79; Pawlita, Die Wahrnehmung des Akteneinsichtsrechts im gerichtlichen und behördlichen Verfahren durch Überlassung der Akten in die Rechtsanwaltskanzlei, AnwBl. 1986, 1; Poschenrieder, Ein Recht auf Auskunft begründet kein Recht auf Akteneinsicht – Grenzen von Art. 15 DSGVO im Besteuerungsverfahren, DStR 2020, 21; Sangmeister, Akteneinsicht – Rechtsanspruch oder bloßer Gunsterweis?, DStR 2022, 577; Schaz, Neuere Entwicklungen zur Akteneinsicht im Finanzgerichtsprozess, DStZ 2020, 293; Schober, Keine Akteneinsicht in Akten der Finanzbehörden nach Art. 15 DSGVO, FR 2020, 558; Streck, Akteneinsicht in die Betriebsprüfungshandakte, Stbg 1995, 135.

Übersicht

Rn.

I. Vorbemerkungen ... 1
II. Akteneinsicht bei in Papierform geführten Akten (§ 78 I, III 1 und IV) ... 3
1. Inhaltliche Ausgestaltung des Rechts auf Akteneinsicht ... 3
a) Gegenständliche Abgrenzung ... 3
b) Inhaltliche Abgrenzung ... 5
c) Gerichtliche Hinweispflicht ... 7
2. Der zur Akteneinsicht Berechtigte ... 10
3. Ort der Einsichtnahme (§ 78 III 1) ... 14
III. Elektronische Akteneinsicht (§ 78 II, III 2) ... 18
1. Elektronisch geführte Akten (§ 78 II) ... 18

Rn.
2. In Papierform geführte Akten (§ 78 III 2) 21
IV. Das Recht auf Erteilung von Abschriften (§ 78 I 2) 22
V. Verfahren 25
1. Antrag und Auslegung des Antrags 25
2. Die für die Entscheidung zuständige Stelle 26
VI. Rechtsbehelfe 30
1. Verweigerung der Akteneinsicht durch den Urkundsbeamten . 30
2. Verweigerung der Akteneinsicht durch den Senat oder den Einzelrichter 31
3. Verweigerung der Akteneinsicht durch den Präsidenten nach Abschluss des Verfahrens 33

I. Vorbemerkungen

1 Der verfassungsrechtlich garantierte Anspruch auf rechtliches Gehör vor Gericht (Art. 103 I GG) wird für das finanzgerichtliche Verfahren vor allem durch § 96 II gewährleistet, wonach das Urteil nur auf Tatsachen und Beweisergebnisse gestützt werden darf, zu denen die Beteiligten sich äußern konnten (→ § 96 Rn. 190 ff.). Das **Recht auf Akteneinsicht** (§ 78) **ist** insofern **Ausfluss des Anspruchs auf rechtliches Gehör,** als es sicherstellen soll, dass die Beteiligten zu den in den vorgelegten (bzw. beigezogenen) Akten dokumentierten Tatsachen Stellung nehmen können, bevor das Gericht sie zur Grundlage seiner Entscheidung macht (BVerfG 1 BvR 3515/08, HFR 2010, 862; BFH V B 222/04, BFH/NV 2006, 774 (776); VI B 3/11, BFH/NV 2012, 46; X B 100/19, BB 2020, 1700, Rn. 26; II B 55/21, BFH/NV 2022, 903 Rn. 11; III B 41/22, BFH/NV 2023, 825, Rn. 15 zum Bevollmächtigtenwechsel; III B 41/22, BFH/NV 2023, 825). Gleichzeitig dient das Recht auf Akteneinsicht der Verwirklichung des Gebots eines möglichst umfassenden und ungehinderten gerichtlichen Rechtsschutzes, insbes. der Sicherung der Ausgewogenheit des Zugangs zum Gericht und damit der prozessualen Waffengleichheit (Art. 19 IV GG; BFH VI B 138/06, BFH/NV 2008, 101 (102)). Das Recht auf Akteneinsicht gibt den Beteiligten die Möglichkeit, sich über den Inhalt der Gerichtsakten sowie der dem Gericht vorliegenden Akten (ggf. auch der beigezogenen Akten einer nicht unmittelbar am Verfahren beteiligten Behörde, vgl. §§ 71 II, 86) umfassend zu informieren und dadurch wertvolle Erkenntnisse für die Rechtsverfolgung zu gewinnen. Dies gilt insbes. für den Stpfl., der – weil die Finbeh bei der Gewährung von **Akteneinsicht im Verwaltungs(vor)verfahren** ihr Ermessen regelmäßig restriktiv ausübt und sich für das Verwaltungsverfahren auch kein Anspruch auf Akteneinsicht aus den datenschutzrechtlichen Vorschriften oder den Landes-IFG ergibt (vgl. Klein/Rätke AO § 91 Rn. 26 f.) – häufig erst im finanzgerichtlichen Verfahren Gelegenheit hat, Einblick in die Akten der Finbeh zu nehmen (BVerfG 1 BvR 3515/08, HFR 2010, 862). Umso verwunderlicher ist es, dass in der Praxis von dem Recht der Akteneinsicht nicht allzu häufig Gebrauch gemacht wird, zumal derjenige, der auf sein Akteneinsichtsrecht verzichtet, im Falle der Verwertung des Akteninhalts durch das Gericht im Revisionsverfahren grds. nicht mit Erfolg geltend machen kann, ihm sei das rechtliche Gehör verweigert worden (zB BFH III B 76/16, BFH/NV 2017, 1050; → § 119 Rn. 24). – § 78 gilt auch im **Beschwerdeverfahren** (BFH IV B 15/10, BFH/NV 2010, 1477). – Zur Akteneinsicht im Zusammenhang mit steuerstrafrechtlichen Ermittlungsverfahren s. Hellmann

DStZ 1994, 371. – Aus der DS-GVO ergeben sich keine Einsichtsrechte im finanzgerichtlichen Verfahren (BFH III B 38/19, BFH/NV 2020, 91, Rn. 22; X S 6/19, BFH/NV 2020, 25; VIII B 123/20, BStBl. II 2021, 915, Rn. 16; IX B 113/22, BFH/NV 2024, 416; s. auch BFH IX R 35/21, BStBl. II 2024, 682: kein eigenständiger Anspruch ggü. dem Verantwortlichen auf Zurverfügungstellung von Dokumenten mit personenbezogenen Daten, sofern dies nicht unerlässlich ist, um der betroffenen Person die wirksame Ausübung der ihr durch die DS-GVO verliehenen Rechte zu ermöglichen; Poschenrieder DStR 2020, 21; Schober FR 2020, 558).

Da das Akteneinsichtsrecht Ausfluss des Grundsatzes auf rechtliches Gehör ist, 2
ist einem diesbezüglichen **Antrag in aller Regel zu entsprechen.** Beantragt ein erst **kurz vor der mündlichen Verhandlung** mandatierter Prozessbevollmächtigter Akteneinsicht, kann sich daraus ein erheblicher Grund für die Verlegung des Termins ergeben (BFH III B 41/22, BFH/NV 2023, 825), was mE aber auf diesen Ausnahmefall beschränkt sein muss, weil ansonsten der Möglichkeit der Prozessverzögerung Tür und Tor geöffnet ist. Hat das FG den **Antrag** eines Beteiligten auf Gewährung von Akteneinsicht **zu Unrecht abgelehnt,** stützt es aber sein Urteil gleichwohl auf den Inhalt der ihm vorgelegten (beigezogenen) Akten, ist das Urteil wegen Verletzung des Anspruchs auf Gewährung rechtlichen Gehörs auf die Revision des Betroffenen hin aufzuheben (§§ 115 II Nr. 3, 119 Nr. 3), wenn die Akteneinsicht ausdrücklich verweigert wurde (BVerfG 1 BvR 3515/08, BFH/NV 2010, 1403; BFH XI B 59/06, BFH/NV 2007, 738 (739); III R 70/10, BFH/NV 2012, 1971; XI B 32/14, BFH/NV 2014, 1897; III B 41/22, BFH/NV 2023, 825, Rn. 15; III B 41/22, BFH/NV 2023, 825). Das ist nicht schon der Fall, wenn Akten unvollständig vorgelegt wurden (BFH IX B 17/13, BFH/NV 2013, 1942; → Rn. 2, 3) oder wenn die Akteneinsicht „unzureichend" war (BFH IX B 27/13, BFH/NV 2013, 1788). Zudem muss sich der Akteneinsicht Begehrende in ausreichendem Maß um die Akteneinsicht bemüht haben. Er muss nicht nur einen Antrag gestellt, sondern diesen auch während des Verfahrens aufrechterhalten (BFH X B 5/14, BFH/NV 2015, 40) und die **Verweigerung der Akteneinsicht in der mündlichen Verhandlung gerügt** haben (§ 155 iVm § 295 I ZPO – BFH X B 8/12, BFH/NV 2013, 1065; s. zum Inhalt der Rüge auch BFH II B 109/97, BFH/NV 1998, 1498; V B 33/10, BFH/NV 2011, 443; ferner II B 55/21, BFH/NV 2022, 903, Rn. 14 zur schriftsätzlichen Rüge des in der mündlichen Verhandlung nicht erschienenen Klägers).

II. Akteneinsicht bei in Papierform geführten Akten (§ 78 I, III 1 und IV)

1. Inhaltliche Ausgestaltung des Rechts auf Akteneinsicht

a) Gegenständliche Abgrenzung. Das Recht auf Akteneinsicht erstreckt 3
sich auf **sämtliche Akten, die dem Gericht** in der konkreten Streitsache **tatsächlich vorliegen** (BVerfG 1 BvR 3515/08, HFR 2010, 862; BFH V B 82/00, BFH/NV 2001, 622; VII B 54/05, BFH/NV 2006, 758; V B 243/07, BFH/NV 2008, 1334; IX B 67/12, BFH/NV 2012, 1637; X B 14/13, BFH/NV 2013, 956; V B 14/13, BFH/NV 2014, 918; IV B 128/15, BFH/NV 2016, 767; X B 27/16, BFH/NV 2017, 162; II B 55/21, BFH/NV 2022, 903, Rn. 10; → § 71 Rn. 5), sei es auch in elektronischer Form (BFH X B 100/19, BB 2020, 1700,

Rn. 26; zur elektronischen Akteneinsicht → Rn. 18 ff.). Das Gericht darf bei der Akteneinsicht **keine ihm vorliegenden Akten zurückhalten,** selbst wenn deren Inhalt nach seiner Auffassung nicht entscheidungserheblich ist (BVerfG 1 BvR 3515/08, HFR 2010, 862) oder die Akten ausschließlich aus Dokumenten bestehen, die der Antragsteller schon kennt (BFH II B 55/21, BFH/NV 2022, 903 Rn. 11). Es besteht jedoch **kein Anspruch** darauf, dass sich das Gericht zum Zwecke der Gewährung von Akteneinsicht **Akten vorlegen lässt,** die es für seine Entscheidung nicht benötigt (BFH V B 243/07, BFH/NV 2008, 1334; VIII B 56/10, BFH/NV 2011, 630; XI B 70/11, BFH/NV 2013, 705 zu Strafakten; XI B 32/14, BFH/NV 2014, 1897; XI S 7/15, BFH/NV 2015, 1096; X B 27/16, BFH/NV 2017, 162; X B 100/19, BB 2020, 1700, Rn. 27; s. auch BFH I B 179/12, BFH/NV 2014, 48 zu unvollständigen Akten und BFH II B 68/13, BFH/NV 2014, 1072: keine Akteneinsicht in Akten, um deren Kenntnisgabe gerade gestritten wird; zur Einsichtnahme in Unterlagen, die versehentlich bei Gericht eingereicht und vom Gericht wegen Wahrung des Steuergeheimnisses (§ 30 AO) an das Finanzamt zurückgesandt wurden s. BFH III B 42/14, BFH/NV 2015, 1102; aber zur mangelnden Sachaufklärung des Gerichts, wenn erhebliche Akten nicht beigezogen werden → § 76 Rn. 20 und BFH X B 22/12, BFH/NV 2013, 226, mit einer mE unzulässigen Vermischung der unterschiedlichen Rügen, sowie BFH II B 55/21, BFH/NV 2022, 903, Rn. 10). **Einblick genommen werden darf**

- **in die Gerichtsakten** einschließlich der Beiakten (BFH IX B 142/97, BFH/NV 1999, 61 – § 78 I) **mit Ausnahme der** (richterlichen) **Entwürfe** zu Urteilen, Beschlüssen und Verfügungen, der Arbeitsunterlagen zur Vorbereitung dieser Entscheidungen sowie der Schriftstücke, die Abstimmungen oder Ordnungsstrafen des Gerichts betreffen (**§ 78 IV** – vgl. hierzu BFH VII B 71/72, BStBl. II 1973, 253 (255); I S 12/07, BFH/NV 2008, 228; I S 8/12, BFH/NV 2012, 1813 zu gerichtsinternem Schriftverkehr; V S 11/12, BFH/NV 2013, 237; V B 41/11, BFH/NV 2013, 239). Andere gerichtsinterne Vorgänge dürfen den Beteiligten jedoch nicht vorenthalten werden. Das gilt zB für das Selbstablehnungsgesuch eines Richters (OVG RhPf 2 A 71/83, NVwZ 1984, 526) und für die Vorgänge, die die Ausschließung eines Richters vom Richteramt betreffen (FG Brem II 170/85 K, EFG 1992, 208 (209));
- **in die dem Gericht vorgelegten Akten** (§ 78 I). Das sind zunächst die den Streitfall betreffenden Akten (ggf. auch in der Form von ungeordneten Loseblatt-Sammlungen) der beteiligten Behörde (zB Steuer-, Zoll-, Außenprüfungsakten und Kindergeldakten – BFH III B 166/05, BFH/NV 2006, 963 (964)), die dem Gericht gem. **§ 71 II tatsächlich vorgelegt** worden sind, selbst wenn es sich dabei um elektronische Akten handelt (BFH X B 100/19, BB 2020, 1700, Rn. 26; zur elektronischen Akteneinsicht → Rn. 18 ff.). Dazu gehören ebenso die gem. § 86 **beigezogenen Akten** einer nicht am Rechtsstreit beteiligten Behörde und die gem. § 13, Art. 35 GG hinzugezogenen Akten eines anderen Gerichts (BFH IV B 101/99, BFH/NV 2000, 738). – Zur Verpflichtung des Gerichts, die Akten anderer Gerichte beizuziehen und zur **Informationspflicht** → Rn. 7.

5 **b) Inhaltliche Abgrenzung.** Das Recht auf Akteneinsicht erfasst **den gesamten Inhalt** der Gerichtsakten (Ausnahme: **§ 78 IV** – → Rn. 3) und der dem Gericht vorgelegten Akten (→ Rn. 3 f.). Soweit dem Gericht **Steuerakten von Dritten** vorliegen oder soweit in den Steuerakten Angaben über Dritte

enthalten sind, ist jedoch **§ 30 AO** (Steuergeheimnis) zu **beachten,** so dass eine Akteneinsicht zu unterbleiben hat (BVerfG 1 BvR 3515/08, HFR 2010, 862; BFH I R 103/00, BFH/NV 2002, 134; VII R 56/11, BFH/NV 2013, 1753; III B 42/14, BFH/NV 2015, 1102). Von Fall zu Fall ist zu entscheiden, ob eine **Preisgabe dieser Akten „unbefugt"** wäre; ggf. sind die durch das **Steuergeheimnis** geschützten Vorgänge zu entnehmen (dazu BFH II B 68/13, BFH/NV 2014, 1072). Übermittelt ein Verfahrensbeteiligter oder ein Dritter dem Gericht Unterlagen mit der Auflage, diese keinem anderen Verfahrensbeteiligten zugänglich zu machen, so muss das Gericht diese Unterlagen – außerhalb des In-Camera-Verfahrens nach § 86 III FGO – entweder unverzüglich ungelesen an den Übermittler zurücksenden oder beim Übermittler die Aufhebung des Sperrvermerks erwirken (BFH X B 100/19, BB 2020, 1700, Rn. 28; s. auch BFH VII B 73/11, BFH/NV 2012, 56; VII S 36/11, BFH/NV 2012, 435: kein Akteneinsichtsrecht in vom FA vorgelegte Akten, die den Streitfall nicht betreffen). – Die **Behörde,** deren Akten dem Gericht vorliegen, darf das Akteneinsichtsrecht in keiner Weise beschränken und insbes. auch keine Teile der Akten entnehmen (s. aber Kopp/Schenke/Schenke VwGO § 100 Rn. 3a zu höchstpersönlichen Unterlagen). Sie kann den Einblick in ihre Akten nur dann erfolgreich verhindern, wenn sie berechtigt ist, die **Aktenvorlage** zu **verweigern.** Die beteiligte Behörde darf dies hinsichtlich der den Streitfall betreffenden Akten überhaupt nicht (§ 71 II), die nicht beteiligte Behörde nur nach Maßgabe des § 86 (→ § 86 Rn. 6 ff.).

Akteneinsicht kann der hierzu Berechtigte (→ Rn. 10) **grds. nur bis zum** 6
rechtskräftigen **Abschluss des Verfahrens** verlangen (BFH VII B 207/05, BFH/NV 2006, 201; VII B 212/05, BFH/NV 2006, 1322; VI B 89/15, BFH/NV 2016, 936; X B 144/21, BFH/NV 2023, 28, Rn. 24; → Rn. 31). Bis zu diesem Zeitpunkt besteht das Recht auf Akteneinsicht auch dann, wenn der Inhalt der (vorgelegten) Akten nach Ansicht des Gerichts nicht (mehr) rechtserheblich ist (BVerwG VII C 151.60, BVerwGE 13, 187). Ein Anspruch auf Akteneinsicht besteht jedoch **nicht bei Rechtsmissbrauch** (BFH X B 7–8/90, BFH/NV 1991, 475; X B 137/20, BFH/NV 2022, 730 verneinend für Antrag eines wiederbestellten Bevollmächtigten; zu **wiederholten Anträgen** auf Akteneinsicht: BFH IX B 142/97, BFH/NV 1999, 61; X B 22/12, BFH/NV 2013, 226; III B 41/22, BFH/NV 2023, 825, Rn. 17 allerdings abl. bei Bevollmächtigtenwechsel) sowie ferner **nicht, wenn die Klage,** der Antrag (§§ 69, 114) oder das Rechtsmittel (Beschwerde, Revision) **unzulässig** ist oder die Akten und Unterlagen auch sonst unter keinem Gesichtspunkt geeignet sind, der Verwirklichung des Rechtsschutzes zu dienen (BFH X B 55/06, BFH/NV 2006, 1694; V S 1/09, BFH/NV 2009, 1442 und III B 38/19, BFH/NV 2020, 91, Rn. 21 betr. unzulässige Anhörungsrüge; V S 20/15 (PKH), BFH/NV 2015, 1435 betr. wiederholter PKH-Antrag; I B 12/16, BFH/NV 2016, 1288). Gleiches gilt, wenn das Gericht – wie im Falle der zutreffenden Verwerfung des Einspruchs als unzulässig oder nach Hauptsacheerledigung (§ 138) – aus anderen Gründen an einer Entscheidung in der Sache gehindert ist (BFH VII B 300/98, BFH/NV 2000, 67: keine Akteneinsicht, wenn keine Sachentscheidung mehr zu treffen ist oder die Akte unter keinem Gesichtspunkt geeignet sein kann, dem Rechtsschutzbegehren des Antragstellers zu dienen; BFH V S 10/05 (PKH), BFH/NV 2005, 2013 betr. erfolglosen PKH-Antrag). Trotz Unzulässigkeit der Klage oder des Antrags (§§ 69, 114) ist Akteneinsicht zu gewähren, wenn sie zur Prüfung der die Zulässigkeit begründenden Umstände beantragt worden ist (BFH VII B 24/08, BFH/NV 2009, 1124 (1125) betr. unzulässige Untätigkeitsklage).

7 **c) Gerichtliche Hinweispflicht.** Aus dem Recht auf Akteneinsicht ergibt sich **grds. keine** entsprechende **Hinweispflicht des Gerichts** und **keine Verpflichtung,** einen steuerlich beratenen Beteiligten **aufzufordern,** Akteneinsicht zu beantragen. Es ist Sache der Beteiligten, ihre sich aus § 78 ergebenden Rechte selbst wahrzunehmen (BFH III B 7/03, BFH/NV 2004, 645; V B 154/09, BFH/NV 2011, 822). Das Gericht muss den Beteiligten auch nicht mitteilen, dass die den Streitfall betreffenden Akten eingegangen sind, weil die Finbeh diese nach § 71 II immer vorzulegen hat (BFH I B 106/97, BFH/NV 1998, 1200). Es ist grds. auch nicht gehalten, den Beteiligten mitzuteilen, **welche Tatsachen** die nach § 71 II vorgelegten Steuerakten und die beigezogenen Akten anderer Behörden oder Gerichte enthalten und wie es sie zu verwerten gedenkt (BFH V B 222/04, BFH/NV 2006, 774 (776); VI B 49/15, BFH/NV 2016, 38). Das Gericht muss die Beteiligten jedoch über die nach Akteneinsicht erfolgte **Vorlage der Außenprüfer-Handakte** (BFH VIII B 174/03, BFH/NV 2006, 749 (750)) und **über die Beiziehung von Akten** einer nicht am Verfahren beteiligten Behörde oder die Beiziehung der Akten anderer gerichtlicher Verfahren informieren (BFH VII B 182/98, BFH/NV 1999, 1229; IV B 101/99, BFH/NV 2000, 738; X B 100/19, BB 2020, 1700, Rn. 28); andernfalls kann der Anspruch auf rechtliches Gehör verletzt sein. Entsprechendes gilt, wenn die Finbeh Akten vorlegt, die zwar für das anhängige Verfahren von Bedeutung sind, aber eine andere Steuerart betreffen (vgl. Gräber DStR 1969, 486). Auf eine Verletzung des rechtlichen Gehörs kann sich jedoch **nicht** mit Erfolg **berufen,** wer sich nicht in ausreichendem Maße um Akteneinsicht **bemüht** (BFH VII B 35/03, BFH/NV 2004, 652; X B 5/14, BFH/NV 2015, 40). Unabhängig davon besteht die Verpflichtung des Gerichts, den Beteiligten die in den Akten enthaltenen **wesentlichen Umstände zur Kenntnis** zu **bringen** und sie zur Stellungnahme aufzufordern (§ 76 II).

2. Der zur Akteneinsicht Berechtigte

10 Das Recht zur Akteneinsicht haben grds.

- die **Beteiligten** (§ 57; daher abl. für Zeugen BFH I B 59/97, BFH/NV 1998, 711),
- die **Prozessbevollmächtigten** (§ 62),
- der **Insolvenzverwalter,** und zwar schon **vor Aufnahme des Rechtsstreits** (BFH III B 10/07, BFH/NV 2007, 1182; VIII B 346/04, BFH/NV 2010, 56; VII B 183/10, BFH/NV 2011, 992),
- der Gemeinschuldner/Kläger mit Zustimmung des „starken" Insolvenzverwalters (BFH VIII B 346/04, BFH/NV 2010, 56 (57)),
- der **Vermögensverwalter** (BFH III B 46/99, BFH/NV 2001, 53) und
- der **Betreuer** (FG BW 2 K 967/12, EFG 2013, 383).

Akteneinsicht durch Dritte ist in § 78 (ebenso wie in § 100 VwGO und § 120 SGG, aber anders als in § 299 II ZPO) **nicht vorgesehen** (BFH V B 84/05, BFH/NV 2006, 76 betr. Beiladungsprätendenten). Ihr wird idR auch die Wahrung des **Steuergeheimnisses** (§ 30 AO) entgegenstehen. Eine Ausnahme gilt nur dann, wenn alle betroffenen Beteiligten zustimmen oder die durch die Akteneinsicht eintretende Verletzung des Steuergeheimnisses nach § 30 IV AO zulässig ist (Gesamtschuldnerschaft genügt nicht: BFH II B 59/00, BFH/NV 2001, 1271). Dies gilt auch, wenn andere **Behörden** Akteneinsicht begehren, selbst wenn die Behörden als nach Art. 35 GG Rechts- und Amtshilfeberechtigte **nicht „Dritte"** iSd § 78 sind, weil Art. 35 GG § 78 vorgeht. **Neutralisierte Urteilsabschriften**

darf das Gericht Dritten auf Antrag zur Verfügung stellen. Alle Angaben, die einen Rückschluss auf die Beteiligten und deren persönliche und wirtschaftliche Verhältnisse zulassen, müssen darin aber unkenntlich gemacht werden.

3. Ort der Einsichtnahme (§ 78 III 1)

14 Nach § 78 III 1 hat die Einsicht in die in Papierform geführten Prozessakten **in Diensträumen** zu erfolgen. Dies sind entweder die Diensträume **des FG/BFH** selbst oder diejenigen **eines anderen Gerichts** oder **einer Behörde,** insbes. des beklagten FA. **Keine Diensträume** sind Privat-, Geschäfts- oder Büroräume des Stpfl. oder seines Bevollmächtigten (BFH VIII B 149/19, BFH/NV 2020, 1268, Rn. 11; XI B 89/21, DStRE 2022, 759, Rn. 14; IV B 66/21, BFH/NV 2022, 1074, Rn. 36). Gleiches gilt für die Büroräume eines zum Insolvenzverwalter bestellten Rechtsanwalts (BFH VIII B 51/19, DStRE 2020, 958, Rn. 8 ff.; X B 132/19, BFH/NV 2020, 377, Rn. 10). Trotz des eindeutigen Wortlauts des § 78 III 1 bejaht der BFH im **Ausnahmefall** „aus Gründen der Waffengleichheit der Beteiligten" einen Anspruch auf Einsicht in die in Papierform geführten Akten in den **Geschäftsräumen eines Prozessbevollmächtigten,** wenn dessen Interesse (zB aufgrund von gesundheitlichen Beeinträchtigungen: BFH XI B 89/21, DStRE 2022, 759, Rn. 15) gegenüber dem dienstlichen Interesse an einem geordneten Geschäftsgang (insbes. zum Schutz des Steuergeheimnisses, zum Schutz vor Aktenverlusten, -beschädigungen oder -manipulationen und zum Schutz von potentiellen Beweismitteln) überwiegt. Bei der diesbezüglich zu treffenden **Ermessensentscheidung** ist aber zu beachten, dass nach § 78 III 1 die **Einsichtnahme in den Diensträumen die Regel** darstellt, so dass der Fahrt- und Zeitaufwand für den Bevollmächtigen, die räumliche Enge von Diensträumen oder ein Misstrauen ggü. Gerichtsbediensteten eine Übersendung der Akten in die Kanzleiräume nicht rechtfertigen können (BFH VIII B 51/19, DStRE 2020, 958, Rn. 15; X B 132/19, BFH/NV 2020, 377, Rn. 15; VIII B 149/19, BFH/NV 2020, 1268, Rn. 16; V B 29/20, BStBl. II 2021, 710, Rn. 18; XI B 89/21, DStRE 2022, 759, Rn. 15; IV B 66/21, BFH/NV 2022, 1074, Rn. 37 ff., offengelassen für den Umfang der Akten; mE zutreffend zweifelnd angesichts des klaren Wortlauts der Norm BFH III B 38/19, DStRE 2020, 169, Rn. 9; abl. trotz Corona-Pandemie: BFH V B 29/20, BStBl. II 2021, 710; IX B 38/21, BB 2021, 2984, Rn. 7; NdsFG 5 K 24/21, EFG 2021, 1389; aA FG Hmb 4 K 136/20, EFG 2021, 386). Die Entscheidung des FG ist trotz des eingeräumten Ermessens in vollem Umfang durch den BFH überprüfbar; **§ 102 findet keine Anwendung,** weil sich die Norm nur auf die Überprüfung behördlichen Ermessens beschränkt (BFH VIII B 149/19, BFH/NV 2020, 1268, Rn. 17). – Ein Anspruch darauf, eine Akteneinsicht in den Diensträumen ohne **Beisein eines dort Bediensteten** durchzuführen, besteht nicht (BFH X B 132/19, BFH/NV 2020, 377, Rn. 23, ua zum Insolvenzverwalter; VIII B 149/19, BFH/NV 2020, 1268, Rn. 14; IV B 66/21, BFH/NV 2022, 1074, Rn. 33, mwN).

15 Ob die Akteneinsicht in den Diensträumen des FG/BFH oder in den Diensträumen eines anderen Gerichts oder einer Behörde in der Nähe des Stpfl. oder des Bevollmächtigten stattfindet, steht im **pflichtgemäßen Ermessen** des Gerichts (zur Zuständigkeit → Rn. 26 f.). Bei der Ermessensausübung sind die gegen die Aktenversendung sprechenden Interessen (zB jederzeitige Verfügbarkeit der Akten, BFH X B 221–222/12, BFH/NV 2013, 571) und die für die Aktenversendung sprechenden Interessen des Klägers/Prozessbevollmächtigten (insbes.

Kosten- und Zeitersparnis) gegeneinander abzuwägen (zum AdV-Verfahren: FG LSA 3 V 398/21, BeckRS 2021, 51301). Dabei ist zu beachten, dass § 78 III 1 nur davon spricht, dass die Akteneinsicht in Diensträumen zu gewähren ist. Eine Aussage dergestalt, dass die Akteneinsicht vorrangig auf der Geschäftsstelle des mit der Streitsache befassten Gerichts zu gewähren ist (so zB zu § 78 aF BFH VI B 136/05, BFH/NV 2007, 86; VIII B 149/07, BFH/NV 2008, 1167; V S 13/14, BFH/NV 2014, 1572), so dass eine Versendung der Akten an ein anderes Gericht oder eine andere Behörde in der Nähe des Stpfl. oder des Bevollmächtigten auf Sonderfälle beschränkt sein muss (so zu § 78 aF: BFH III B 246/08, BFH/NV 2010, 49; IV B 66/08, BFH/NV 2010, 671; II B 24/11, BFH/NV 2011, 1716), lässt sich der Norm nicht entnehmen. Folglich wird die **Ermessensentscheidung idR zu Gunsten einer solchen Aktenversendung** ausfallen müssen, sofern die Akten nicht zwingend am Ort des FG/BFH benötigt werden, etwa zur Vorbereitung der mündlichen Verhandlung, wenn der Antrag auf Akteneinsicht erst kurz zuvor gestellt wird. Gleiches kann in absoluten Ausnahmefällen gelten, wenn die Akten ganz besondere Geheimnisse enthalten, so dass es notwendig erscheint, diese nicht aus dem Einflussbereich des FG/BFH herauszugeben. In allen anderen Fällen wird man dem Begehren auf Aktenversendung an ein Gericht oder eine Behörde in der Nähe des Stpfl. oder des Bevollmächtigten nicht mehr entgegenhalten können, dass durch die Einsichtnahme bei Gericht bedingte „normale" Unbequemlichkeiten, wie zB Arbeitsüberlastung, Zeitverlust, arbeitsmäßige Mehrbelastung, größere Entfernung zwischen Gericht und Kanzlei oder sonstige Erschwerung der Arbeitsbedingungen, hingenommen werden müssen (so aber die Rspr. zu § 78 aF, stellvertretend BFH II B 182/90, BFH/NV 1991, 696; V B 166/01, BFH/NV 2003, 484; V B 11/11, BFH/NV 2011, 1703). – Zur Kostenfrage ThürFG 3 V 714/11, EFG 2013, 486.

16 § 78 III 1 findet auch in **Kindergeldverfahren** Anwendung (BFH III B 176/07, BFH/NV 2009, 1192 (1193)). Ausgehend vom Zweck der Regelung, einen Verlust der Akte zu verhindern, gilt dies mE aber nur dann, wenn die Kindergeldkasse die **Kindergeldakte im Original** übersendet. Übersendet sie die Akte als Kopie, so greift § 78 III 1 nicht ein, so dass die Aktenkopie zur Einsichtnahme unmittelbar an den Stpfl. oder seinen Bevollmächtigten übersendet werden darf.

17 Zur **elektronischen Akteneinsicht** bei in Papierform geführten Akten nach **§ 78 III 2** → Rn. 21.

III. Elektronische Akteneinsicht (§ 78 II, III 2)

1. Elektronisch geführte Akten (§ 78 II)

18 Werden die **Prozessakten elektronisch geführt** (§ 52b), so wird dem Berechtigten (→ Rn. 10) Akteneinsicht nach **§ 78 II 1** durch Bereitstellung des Inhalts der Akten zum Abruf oder durch Übermittlung des Inhalts der Akten auf einem sicheren Übermittlungsweg gewährt. Dem Gericht (→ Rn. 27) steht insoweit – sofern die technischen Voraussetzungen vorliegen und ein entsprechender Antrag gestellt wurde (→ Rn. 20) – **kein Entschließungsermessen** darüber zu, ob die Akteneinsicht überhaupt elektronisch gewährt wird, sondern nur ein Auswahlermessen, ob die Akteneinsicht durch Abruf oder durch Übermittlung erfolgen soll (zu diesen Möglichkeiten → Rn. 19). – § 78 II 1 betrifft dem Wortlaut nach **nur Prozessakten, die bereits elektronisch geführt werden.** Das Gericht ist nicht

verpflichtet, Prozessakten, die lediglich in Papierform vorliegen, einzuscannen, um die Akteneinsicht auf elektronischem Weg gewähren zu können (BFH X B 35/23 (AdV), BFH/NV 2024, 38: auch wenn das FG am ersetzenden Scannen iSd § 52b VI teilnimmt; s. aber zu § 78 III 2 → Rn. 21). – Nach der Rspr. des BFH umfasst der Begriff der Prozessakten iSv § 78 II nicht nur die Gerichtsakte, sondern **auch die** dem Gericht von der beteiligten Finanzbehörde nach § 71 II **vorgelegten Verwaltungsakten** (BFH IV B 66/21, BFH/NV 2022, 1074, Rn. 21; aA Tipke/Kruse/Brandis § 78 Rn. 14). Der BFH beruft sich dabei sowohl auf das Gesetzgebungsverfahren als auch auf den Sinn und Zweck der Regelung, weil es nicht sachgerecht wäre und dem Willen des Gesetzgebers widerspräche, § 78 II nur auf die Gerichtsakte anzuwenden (ausführlich BFH IV B 66/21, BFH/NV 2022, 1074, Rn. 22 ff.). ME ist diese Sichtweise des BFH aus praktischer Sicht zwar zu begrüßen, sie geht aber über den Wortlaut als Grenze der Auslegung hinaus, zumal § 52b unter dem Begriff „Prozessakten" eindeutig nur die Gerichtsakten versteht. Dem misst der BFH aber keine Bedeutung zu (BFH IV B 66/21, BFH/NV 2022, 1074, Rn. 27). Liegen die Verwaltungsakten – und angesichts der weiten Interpretation des BFH wohl auch andere beigezogene Akten – mithin in elektronischer Form vor, so besteht – ebenso wie bei elektronischen Gerichtsakten – kein Ermessensspielraum. Die Akteneinsicht hat elektronisch zu erfolgen. Liegt die Gerichtsakte elektronisch vor, die beigezogenen Verwaltungsakten aber in Papierform (sog. hybride Akten), so richtet sich das Verfahren der Akteneinsicht für die elektronisch geführten Aktenteile nach § 78 II und für den aus Papier bestehenden Teil nach § 78 III (BFH IV B 66/21, BFH/NV 2022, 1074, Rn. 23; → Rn. 21). Gleiches gilt im umgekehrten Fall.

Wie der **Abruf** der elektronischen Akte zu erfolgen hat, regelt § 78 II nicht. 19
In der Gesetzesbegründung zu der inhaltsgleichen Vorschrift in § 299 III ZPO heißt es dazu: Die Akteneinsicht „wird den berechtigten Personen mittels einer besonders gesicherten Verbindung über ein öffentliches Telekommunikationsnetz (insbesondere das Internet) zum Abruf bereitgestellt. Die Akte kann dazu auch in einem anderen Format als dem der elektronischen Akte bereitgestellt werden. Der Begriff „Abruf" schließt dabei die Möglichkeit eines Herunterladens des Datenpakets ein." (BR-Drs. 236/16, 83). Wesentlich ist dabei, dass eine **gesicherte Verbindung** zwischen dem Computer des Stpfl. oder seines Bevollmächtigten einerseits und dem Gericht andererseits geschaffen wird, um einen Datenzugriff durch unberechtigte Dritte zu verhindern. Dies ist im finanzgerichtlichen Verfahren wegen des in § 30 AO normierten Steuergeheimnisses von besonderer Bedeutung. Gewährleistet wird dies durch **Akteneinsichtsportale.** – Alternativ (zum Ermessen → Rn. 18) kann die elektronische Akte dem Berechtigten auch auf einem **sicheren Übermittlungsweg** iSv § 52a IV übermittelt werden (ausführlich zu den zugelassenen sicheren Übermittlungswegen → § 52a Rn. 20 ff.). Damit hat der Gesetzgeber den Weg der Übermittlung wegen der erforderlichen datenschutzrechtlich gesicherten Kommunikation zwingend vorgegeben. Andere Übermittlungswege kommen nicht in Betracht.

Auf besonderen Antrag wird die Akteneinsicht in die elektronisch geführten 20
Akten nach **§ 78 II 2** durch Einsichtnahme **in Diensträumen** gewährt. Einer besonderen Begründung des Antrags bedarf es nach dem Wortlaut der Norm nicht; es ist insbes. nicht erforderlich, dass der Antragsteller Gründe dafür vorträgt, warum eine Akteneinsicht durch Abruf oder Übermittlung auf einem sicheren Übermittlungsweg nach § 78 II 1 nicht möglich ist. Soweit technisch möglich, können die elektronischen Akten auch an andere Gerichte oder Behörden über-

mittelt werden, damit der Berechtigte sie in den dortigen Diensträumen einsehen kann. – **§ 78 II 3** sieht die Möglichkeit des **Aktenausdrucks** sowie der Erstellung eines Datenträgers mit dem Inhalt der Akten vor. Dies setzt allerdings einen besonders zu begründenden Antrag und ein **berechtigtes Interesse** des Antragstellers voraus. Letzteres kann bestehen, wenn dieser über keine technischen Möglichkeiten zur Wiedergabe elektronischer Dokumente verfügt und es ihm unzumutbar ist, zur Wiedergabe einen Dienstraum aufzusuchen (BR-Drs. 236/16, 83 zur inhaltlich identischen Regelung in § 299 III ZPO). Dies dürfte nur im Ausnahmefall und nur für nicht vertretene Stpfl. in Betracht kommen. Über den Antrag nach § 78 II 3 entscheidet nach **§ 78 II 5 der Vorsitzende durch unanfechtbaren Beschluss.** Ist ein Berichterstatter bestellt, so entscheidet dieser anstelle des Vorsitzenden (Verweis auf § 79a IV). – Stehen der Akteneinsicht durch Abruf oder Übertragung iSv § 78 II 1 wichtige Gründe entgegen, so ist diese gem. **§ 78 II 4** auch ohne Antrag durch Einsichtnahme in Diensträumen (§ 78 II 2) oder durch Übermittlung eines Aktenausdrucks oder eines Datenträgers (§ 78 II 3) möglich. **Wichtige Gründe** können etwa vorübergehende technische Probleme oder besonders hohe Sicherheitserfordernisse sein (BT-Drs. 18/12203, 88). Bei vorübergehenden technischen Problemen dürfte § 78 II 4 aber nur dann zur Anwendung gelangen, wenn unmittelbar ein Fristablauf droht, weil andernfalls zugewartet werden kann, bis die technischen Probleme behoben sind.

2. In Papierform geführte Akten (§ 78 III 2)

21 Werden die **Akten in Papierform** geführt, so kann die Akteneinsicht nach **§ 78 III 2** auch durch Bereitstellung des Inhalts der Akten zum **Abruf** oder durch **Übermittlung** des Inhalts der Akten auf einem sicheren Übermittlungsweg iSv § 52a IV (→ § 52a Rn. 20 ff.) gewährt werden. Das erfordert zunächst, dass die Papierakten eingescannt werden (so auch BT-Drs. 18/12203, 88 und 90; zum rechtssicheren Scannen → § 52b Rn. 6). Ein Anspruch darauf, die Papierakte zum Zwecke der Akteneinsicht einzuscannen, besteht allerdings nicht (BFH VIII B 51/19, BFH/NV 2019, 1235, Rn. 16; III B 38/19, DStRE 2020, 169, Rn. 10; X B 132/19, BFH/NV 2020, 377, Rn. 26; VIII B 149/19, BFH/NV 2020, 1268, Rn. 24; IV B 66/21, BFH/NV 2022, 1074, Rn. 31; X B 35/23 (AdV), BFH/NV 2024, 38: auch nicht, wenn das FG am ersetzenden Scannen iSd § 52b VI teilnimmt). § 78 III 2 begründet auch keinen Anspruch eines Prozessbeteiligten auf Herstellung einer digitalen Akte in Eigenregie (BFH IV B 66/21, BFH/NV 2022, 1074, Rn. 33 f., aber unter Hinweis auf BFH VIII B 70/21, DStR 2022, 617 offenlassend für den Fall, dass die Herstellung einer solchen digitalen Akte für eine sachgerechte Prozessführung erforderlich ist, dazu → Rn. 22). Die Entscheidung steht nach dem klaren Wortlaut des § 78 II 2 („kann“) vielmehr im **Ermessen** des Gerichts (zur Zuständigkeit → Rn. 27). Darüber hinaus greift § 78 III 2 dann nicht ein, wenn **wichtige Gründe entgegenstehen.** Dies kann der Fall sein, wenn es sich um umfangreiche Akten handelt, die zum Zwecke der Akteneinsicht eingescannt werden müssten (BFH IV B 66/21, BFH/NV 2022, 1074, Rn. 31).

IV. Das Recht auf Erteilung von Abschriften (§ 78 I 2)

22 Die zur Akteneinsicht Berechtigten (→ Rn. 10) können sich nach **§ 78 I 2** anstelle eigener Abschriften und Auszüge **auf ihre Kosten** auch Ausfertigungen (zum Begriff: → § 53 Rn. 13), beglaubigte oder unbeglaubigte Auszüge, Ausdru-

cke und Abschriften (von Urkunden, die nicht vom FG stammen, → § 53 Rn. 12) erteilen lassen (s. zur Kostenfrage auch ThürFG 3 V 714/11, EFG 2013, 486). Ein Anspruch auf Überlassung von Fotokopien der gesamten Gerichtsakten besteht jedoch grds. nicht (BFH VI B 138/06, BFH/NV 2008, 101 (102); III R 70/10, BFH/NV 2012, 1971; V S 5/14 (PKH), BFH/NV 2014, 1381; V S 13/14, BFH/NV 2014, 1572; X B 36/17, BFH/NV 2017, 1183; s. auch BFH X S 6/19, BFH/NV 2020, 25, VIII B 123/20, BStBl. II 2021, 915, Rn. 16; IX R 35/21, BStBl. II 2024, 682: kein eigenständiger Anspruch ggü. dem Verantwortlichen auf Zurverfügungstellung von Dokumenten mit personenbezogenen Daten, sofern dies nicht unerlässlich ist, um der betroffenen Person die wirksame Ausübung der ihr durch die DS-GVO verliehenen Rechte zu ermöglichen). Die Überlassung von **Fotokopien der gesamten Akten** kann ausnahmsweise allenfalls dann begehrt werden, wenn substantiiert und nachvollziehbar dargelegt wird, weshalb die Überlassung erforderlich ist, um die Prozessführung zu erleichtern (BFH X B 48/07, BFH/NV 2007, 1919; X B 36/17, BFH/NV 2017, 1183; X B 8/18, BFH/NV 2018, 635), oder wenn eine sachgerechte Prozessführung erst dadurch ermöglicht wird (so BFH VIII B 70/21, DStR 2022, 617; s. aber BFH VIII B 63/22, BFH/NV 2023, 1317: kein Anspruch eines in seiner Sehkraft eingeschränkten Prozessbevollmächtigen und Beteiligten). Begehrt der Antragsteller die Erstellung von Kopien der von ihm selbst eingereichten Schriftsätze, so muss er ein Rechtsschutzbedürfnis darlegen (BFH V S 13/14, BFH/NV 2014, 1572). Die Ausfertigungen, Auszüge, Ausdrucke und Abschriften sind **von der Geschäftsstelle** anzufertigen. Weder der Stpfl. noch der Bevollmächtigte haben ein Recht darauf, diese eigenständig anzufertigen, weil sie wegen der Gefahr des Verlusts, der Beschädigung oder der Manipulation des Akteninhalts nicht körperlich in die der Akteneinsicht unterliegenden Aktenbestandteile eingreifen dürfen (BFH IV B 66/21, BFH/NV 2022, 1074, Rn. 33; ebenso zum Kopieren der gesamten Akte mit einem mitgebrachten Kopierer BFH VII S 1/08 (PKH), BFH/NV 2008, 1169 (1170); s. aber auch BFH VIII B 70/21, DStR 2022, 617, wonach das Einscannen der gesamten Akte mittels eines mitgebrachten Gerätes dann zulässig sein soll, wenn der Stpfl. substantiiert und nachvollziehbar dargelegt, dass nur dadurch eine sachgerechte Prozessführung ermöglicht wird). – Zur **missbräuchlichen Ausübung des Rechts auf Überlassung** von Unterlagen s. BFH VI B 138/06, BFH/NV 2008, 101 (102). – Bei Archivierung von Prozessakten auf Bild- oder (elektronischen) Datenträgern findet § 299a ZPO über § 155 Anwendung.

§ 299a ZPO Datenträgerarchiv

[1]Sind die Prozessakten nach ordnungsgemäßen Grundsätzen zur Ersetzung der Urschrift auf einen Bild- oder anderen Datenträger übertragen worden und liegt der schriftliche Nachweis darüber vor, dass die Wiedergabe mit der Urschrift übereinstimmt, so können Ausfertigungen, Auszüge und Abschriften von dem Bild- oder dem Datenträger erteilt werden. [2]Auf der Urschrift anzubringende Vermerke werden in diesem Fall bei dem Nachweis angebracht.

V. Verfahren

1. Antrag und Auslegung des Antrags

Akteneinsicht ist nur auf Antrag zu gewähren (zum Berechtigten → Rn. 10). 25
Der Antrag muss angeben, in **welchem Verfahren** Akteneinsicht begehrt wird.

Ein ohne Bezug auf ein bestimmtes Verfahren gestellter Antrag auf Akteneinsicht ist mangels Substantiierung unbeachtlich (BFH X R 86/93, BFH/NV 1994, 729). Ferner muss der Antragsteller **substantiiert darlegen,** dass für ihn eine aktuelle rechtliche Erheblichkeit der betreffenden Akten besteht (FG Düsseldorf 18 K 8159/92, EFG 1998, 11). Ein Antrag auf Einsicht in „die Gerichtsakten" ist auch auf die Steuerakten zu beziehen (BFH III B 31/67, BStBl. II 1968, 82; → Rn. 3).

2. Die für die Entscheidung zuständige Stelle

26 Die Entscheidung über die Gewährung von **Akteneinsicht auf der Geschäftsstelle** und über die Erteilung von Ausfertigungen, Abschriften usw trifft der Urkundsbeamte der Geschäftsstelle (BFH VII B 207/05, BFH/NV 2006, 201 (202): aber nicht nach Abschluss des Verfahrens, → Rn. 28; Kopp/Schenke/Schenke VwGO § 100 Rn. 8). An seiner Stelle kann der Senat in voller Besetzung tätig werden (→ Rn. 27).

27 Die Entscheidung über die **Versendung, Aushändigung** oder **Übersendung** der Akten (→ Rn. 15 ff.) trifft nach § 5 III der **Senat mit drei Berufsrichtern** (BFH VIII B 123/20, BStBl. II 2021, 915, Rn. 11 ff.: frühere Rspr. des BFH zur Zuständigkeit des Vorsitzenden ist seit der Neufassung des § 78 überholt; X B 144/21, BFH/NV 2023, 28, Rn. 21: keine Heilung dadurch, dass der Senat über die Nichtabhilfe der Beschwerde entscheidet; aA Kopp/Schenke/Schenke VwGO § 100 Rn. 8: Zuständigkeit des Urkundsbeamten). Dies gilt **bis zum rechtskräftigen Abschluss** des Verfahrens (BFH IX B 101/24, BFH/NV 2025, 293, Rn. 9). Die Entscheidung ergeht per **Beschluss** (→ Rn. 31). Von Bedeutung ist die Zuständigkeit des Senats mE aber nur dann, wenn über das Akteneinsichtsgesuch streitig zu entscheiden ist, weil das Gericht zB die generelle Versendung der Akten oder eine Überlassung dieser in den Kanzleiräumen ablehnt. Wird die Akteneinsicht antragsgemäß gewährt, so kann dies auch der Vorsitzende oder mE auch der Berichterstatter veranlassen, weil die frühere ausschließliche Zuständigkeit des Vorsitzenden nach der jetzigen Fassung des § 78 nicht mehr existiert (aA FG LSA 3 V 398/21, BeckRS 2021, 51301: Zuständigkeit des Senats gilt auch für Stattgabe). – Ist der Rechtsstreit auf den **Einzelrichter** übertragen, so ist dieser nach § 6 zuständig (BFH VIII B 123/20, BStBl. II 2021, 915, Rn. 11). Diese Zuständigkeitsregelung gilt auch für die **elektronische Akteneinsicht,** weil sich § 78 II 5 Hs. 1 (Zuständigkeit des Vorsitzenden) und § 78 II 6 (Zuständigkeit des Berichterstatters) nur auf den Antrag auf Erstellung eines Aktenausdrucks oder eines Datenträgers iSv § 78 II 3 beziehen (s. BFH VIII B 123/20, BStBl. II 2021, 915, Rn. 11).

28 **Nach rechtskräftigem Abschluss des Verfahrens** entscheidet der Präsident des Gerichts gem. § 155 FGO iVm § 299 II ZPO über das Recht auf Akteneinsicht (BFH VII B 212/05, BFH/NV 2006, 1322; X B 144/21, BFH/NV 2023, 28, Rn. 34; IX B 101/24, BFH/NV 2025, 293, Rn. 9). Zur Delegierung an einen Richter s. BFH VI B 89/15, BFH/NV 2016, 936, zur Delegierung auf den ursprünglich für das Verfahren zuständig gewesenen Senat BFH X B 144/21, BFH/NV 2023, 28, Rn. 34.

VI. Rechtsbehelfe

1. Verweigerung der Akteneinsicht durch den Urkundsbeamten

30 Gegen die **Verweigerung** der Akteneinsicht **durch den Urkundsbeamten** der Geschäftsstelle (→ Rn. 26) ist die **Erinnerung** (§ 133) gegeben (Gräber DStZ

1980, 443 (445); Kopp/Schenke/Schenke VwGO § 100 Rn. 9 mwN). Die anschließende Entscheidung des FG ist mit der Beschwerde (§ 128 I) anfechtbar (→ Rn. 31).

2. Verweigerung der Akteneinsicht durch den Senat oder den Einzelrichter

Gegen den **Beschluss** über die **Verweigerung** der Akteneinsicht **durch den** 31 **Senat** oder den Einzelrichter (zur Zuständigkeit → Rn. 27) sowie gegen die Ablehnung der Aktenversendung, -aushändigung oder -übersendung ist die **Beschwerde** (§ 128 I) gegeben. Es handelt sich nicht um eine (unanfechtbare) prozessleitende Verfügung iSd § 128 II, sondern um eine Entscheidung in einem Zwischenstreit (vgl. – mit eingehender Begründung und Literaturangaben – BFH VII B 64/80, BStBl. II 1981, 475; V B 239/02, BFH/NV 2003, 800; VI B 63/02, BFH/NV 2004, 207; IV B 100, 101/07, BFH/NV 2008, 1177; I B 179/12, BFH/NV 2014, 48). Die (erstinstanzlichen) Entscheidungen sind im Beschwerdeverfahren voll überprüfbar, der **BFH trifft** eine **eigene Ermessensentscheidung** (BFH X B 96/07, BFH/NV 2008, 93 (94); IV B 100, 101/07, BFH/NV 2008, 1177; X B 5/08, BFH/NV 2008, 1695). Der **Beschwerde fehlt** das **Rechtsschutzbedürfnis,** wenn das finanzgerichtliche Verfahren bereits durch eine Sachentscheidung abgeschlossen ist und die Akten wegen eines dagegen eingelegten Rechtsmittels bereits dem BFH vorliegen (BFH/III B 106/05, BFH/NV 2006, 110; IX B 101/24, BFH/NV 2025, 293, Rn. 11) oder wenn die Akteneinsicht (versehentlich) für ein anderes Verfahren begehrt wird (BFH IX B 132/97, BFH/NV 1999, 61). Die Beschwerde wird wegen Wegfalls des Rechtsschutzbedürfnisses unzulässig, wenn der Kläger die Akten noch vor der mündlichen Verhandlung – ggf. auch in einem anderen Verfahren – eingesehen hat (BFH I B 57/07, BFH/NV 2007, 1916; I B 179/12, BFH/NV 2014, 48 auch wenn Unvollständigkeit festgestellt wird), wenn er von der ihm im Beschwerdeverfahren eingeräumten Möglichkeit der Akteneinsicht aus von ihm zu vertretenden Gründen keinen Gebrauch macht (BFH X B 147/92, BFH/NV 1993, 665; III B 118/12, BFH/NV 2013, 577) oder wenn das FG die Klage abgewiesen hat und das Urteil rechtskräftig geworden ist (BFH XI B 141/99, BFH/NV 2000, 883; s. aber zur ggf. nachfolgend durch den Präsidenten zu gewährenden Akteneinsicht BFH VII B 207/05, BFH/NV 2006, 201; → Rn. 28). – Die **Beschwerde hat Erfolg,** wenn zB das FG bei seiner ablehnenden Entscheidung zu Unrecht von einer umfassenden Hauptsacheerledigung ausgegangen ist (BFH XI B 109/95, BFH/NV 1997, 879). – Zur **Anhörungsrüge** s. § 133a.

Die bloße **Mitteilung des Berichterstatters,** dass die begehrte Akteneinsicht 32 nicht gewährt werden könne, ist noch **keine beschwerdefähige** gerichtliche **Entscheidung** (BFH VI B 39/84, BFH/NV 1986, 35).

3. Verweigerung der Akteneinsicht durch den Präsidenten nach Abschluss des Verfahrens

Verweigert der Präsident des Gerichts die Einsichtnahme in Akten eines abge- 33 schlossenen finanzgerichtlichen Verfahrens (→ Rn. 28), so ist für die Anfechtung der gem. § 155 FGO iVm § 299 II ZPO getroffenen Entscheidung **nicht der Finanzrechtsweg** eröffnet, sondern der öffentlich-rechtliche Rechtsweg nach § 40 VwGO (BFH VI B 89/15, BFH/NV 2016, 936 mwN; X B 144/21, BFH/NV 2023, 28, Rn. 35).

§ 79 [Vorbereitung der mündlichen Verhandlung]

(1) [1]Der Vorsitzende oder der Berichterstatter hat schon vor der mündlichen Verhandlung alle Anordnungen zu treffen, die notwendig sind, um den Rechtsstreit möglichst in einer mündlichen Verhandlung zu erledigen. [2]Er kann insbesondere
1. die Beteiligten zur Erörterung des Sach- und Streitstandes und zur gütlichen Beilegung des Rechtsstreits laden; § 128a der Zivilprozessordnung gilt entsprechend;
2. den Beteiligten die Ergänzung oder Erläuterung ihrer vorbereitenden Schriftsätze, die Vorlegung von Urkunden, die Übermittlung von elektronischen Dokumenten und die Vorlegung von anderen zur Niederlegung bei Gericht geeigneten Gegenständen aufgeben, insbesondere eine Frist zur Erklärung über bestimmte klärungsbedürftige Punkte setzen;
3. Auskünfte einholen;
4. die Vorlage von Urkunden oder die Übermittlung von elektronischen Dokumenten anordnen;
5. das persönliche Erscheinen der Beteiligten anordnen; § 80 gilt entsprechend;
6. Zeugen und Sachverständige zur mündlichen Verhandlung laden.

(2) Die Beteiligten sind von jeder Anordnung zu benachrichtigen.

(3) [1]Der Vorsitzende oder der Berichterstatter kann einzelne Beweise erheben. [2]Dies darf nur insoweit geschehen, als es zur Vereinfachung der Verhandlung vor dem Gericht sachdienlich und von vornherein anzunehmen ist, dass das Gericht das Beweisergebnis auch ohne unmittelbaren Eindruck von dem Verlauf der Beweisaufnahme sachgemäß zu würdigen vermag.

Vgl. § 87 VwGO; § 106 II, III SGG, § 273 ZPO; §§ 56, 57 ArbGG.

Literatur: Pantle, Revisionsrechtliche Risiken der Einzelrichterbeweisaufnahme gem. § 524 Abs. 2 S. 2 ZPO, NJW 1991, 1279; Schmitz-Herscheidt, Erfolgreich im finanzgerichtlichen Verfahren: Der Erörterungstermin, Stbg 2020, 400; Seer, Der Einsatz von Prüfungsbeamten durch das Finanzgericht – Zulässigkeit und Grenzen der Delegation richterlicher Sachaufklärung auf nichtrichterliche Personen, Diss. Köln 1992; Vonderau, Anordnung des persönlichen Erscheinens von juristischen Personen, NZA 1991, 336.

I. Allgemeines

1 **§ 79** dient – wie auch §§ 76 II, 77 – der Verwirklichung der **Konzentrationsmaxime:** Der Finanzgerichtsprozess soll nach Möglichkeit in einer einzigen mündlichen Verhandlung oder bei Entscheidung ohne mündliche Verhandlung (§ 90 II) in einem Beratungstermin entschieden werden (§ 79 I 1 – BFH VI B 135/12, BFH/NV 2013, 569; VII B 32/14, BFH/NV 2014, 1894, Rn. 6). Zu erreichen ist dieses Ziel nur durch sorgfältige Vorbereitung des Termins. Vor allem aber sind die prozessleitenden Anordnungen rechtzeitig vor der Verhandlung (Beratung) zu treffen. Ist der Vortrag der Beteiligten in rechtlicher oder tatsächlicher Hinsicht unvollständig, sind sie zu entsprechenden Ergänzungen schon im Verlaufe des vorbereitenden Schriftwechsels aufzufordern, und zwar so bald als möglich.

II. Zuständiger Richter

§ 79 überträgt die Vorbereitung der mündlichen Verhandlung dem **Vorsitzenden** oder einem von ihm zu bestimmenden Richter des Senats. Das ist nicht automatisch der **Berichterstatter.** Der Berichterstatter ist weder beauftragter Richter iSd § 81 II noch Einzelrichter. Wird er iRd Vorbereitung der mündlichen Verhandlung tätig, so tut er dies als Mitglied des Senats. Ist der Rechtsstreit auf den **Einzelrichter** übertragen (§§ 6, 79a III, IV), so trifft dieser die vorbereitenden Maßnahmen. 2

III. Die einzelnen Vorbereitungsmaßnahmen (§ 79 I 2 Nr. 1–6, III)

1. Die zulässigen Maßnahmen

Welche prozessleitende Anordnung der zuständige Richter (→ Rn. 2) zur Vorbereitung der mündlichen Verhandlung trifft, steht in seinem **Ermessen** (Kopp/Schenke/Schenke VwGO § 87 Rn. 2). § 79 sieht hierfür einige Möglichkeiten vor, enthält aber **keine abschließende Aufzählung.** Zulässig sind neben den in § 79 I 2 Nr. 1–6, III genannten Maßnahmen „alle Anordnungen …, die notwendig sind, um den Rechtsstreit möglichst in einer … Verhandlung zu erledigen" (§ 79 I 1). Dazu gehört zB die **Augenscheinseinnahme** zur Information des Gerichts, das Setzen von **Ausschlussfristen** und die Sichtung und Aufbereitung von Prüfungsberichten und Buchführungsunterlagen durch einen gerichtlichen **Prüfungsbeamten** (s. iE Seer, Der Einsatz von Prüfungsbeamten durch das Finanzgericht, 1992, 112 ff.; zum Prüfungsbeamten iÜ → § 81 Rn. 13, 19). Es dürfen im Zuge der Vorbereitung der Verhandlung (Beratung) jedoch **keine Maßnahmen** getroffen werden, **die dem Senat vorbehalten** sind. Der Vorsitzende oder Berichterstatter ist deshalb nicht befugt, die Erhebung von Beweisen gem. §§ 81 II, 82 FGO iVm § 358a ZPO vor der mündlichen Verhandlung anzuordnen, es sei denn, er wird als Einzelrichter (§§ 6, 79a III, IV) tätig. 4

§ 79 I 2 Nr. 1 sieht die Möglichkeit vor, die Beteiligten zu einem **Erörterungstermin** zu laden (dazu auch Schmitz-Herscheidt Stbg 2020, 400). Der Erörterungstermin ist ein besonders geeignetes Mittel zur Vorbereitung der mündlichen Verhandlung. Die Erörterung der Streitsache ermöglicht es dem Vorsitzenden, dem Berichterstatter oder dem Einzelrichter (→ Rn. 2) nicht nur, im Gespräch mit den Beteiligten zuverlässiger als durch das Aktenstudium die streitentscheidenden (rechtserheblichen) Punkte herauszuarbeiten, sondern gibt ihm auch Gelegenheit, Hinweise auf die noch aufklärungsbedürftigen Punkte zu geben und die erforderlichen vorbereitenden Maßnahmen festzulegen, so dass der Rechtsstreit voraussichtlich in einer mündlichen Verhandlung entschieden werden kann. Darüber hinaus haben Erörterungstermine schon wegen der Möglichkeit einer eingehenden Aussprache eine nicht zu unterschätzende **Befriedungsfunktion.** In etlichen Fällen erledigt sich der Rechtsstreit nach eingehender Erörterung der Sach- und Rechtslage durch Rücknahme der Klage oder durch Zusage der Abhilfe seitens der Finbeh. Ob ein Erörterungstermin stattfinden soll, steht ausschließlich im **Ermessen** des Vorsitzenden, Berichterstatters oder Einzelrichters (BFH V B 60/10, BFH/NV 2011, 1886: Durchführung eines Erörterungstermins führt nicht zu einem absoluten Revisionsgrund; s. auch BFH VIII B 117/09, 5

BFH/NV 2010, 2091: Durchführung eines Erörterungstermins verletzt nicht den Anspruch auf rechtliches Gehör). Ein diesbezüglicher Antrag eines Beteiligten ist lediglich eine Anregung, einen solchen Termin durchzuführen (BFH X B 12/97, BFH/NV 1998, 599; III B 58/04, BFH/NV 2005, 1589). Die **Ladung** zu einem Erörterungstermin kann **formlos** erfolgen. Die Einhaltung der Frist des § 91 I ist nicht erforderlich (BFH VIII B 117/09, BFH/NV 2010, 2091), im Regelfall aber zweckmäßig. Der Erörterungstermin ist **lediglich parteiöffentlich** (BFH II B 15/08, BFH/NV 2009, 189 (190)). Für das **Protokoll** ist § 159 II ZPO über § 155 analog anzuwenden (→ § 94 Rn. 2 ff.). Zur Durchführung eines Erörterungstermins per **Videokonferenz** verweist § 79 I 2 Nr. 1 Hs. 2 auf § 128a ZPO (s. dazu § 90 Rn. 35 ff.). Wird die Klage im Erörterungstermin zurückgenommen (§ 72) oder wird der Rechtsstreit in der Hauptsache für erledigt erklärt (§ 138), so ist für die **verfahrensbeendenden Beschlüsse** der Vorsitzende/Berichterstatter (§ 79a I Nr. 2, 3) zuständig, wenn der Senat noch nicht mit der Angelegenheit befasst war (→ § 79a Rn. 5; FG Münster 9 Ko 647/10 KFB, EFG 2010, 2021).

6 **§ 79 I 2 Nr. 2** steht in engem Zusammenhang mit der **Mitwirkungspflicht** der Beteiligten (→ § 76 Rn. 44 ff.). Der Vorsitzende, Berichterstatter oder Einzelrichter darf im Interesse einer effektiven Prozessvorbereitung nach pflichtgemäßem Ermessen eine Frist zur Erklärung über bestimmte aufklärungsbedürftige Punkte setzen (zB BFH VII B 119/06, BFH/NV 2006, 1865) und dabei seine vorläufige Meinung über die Erfolgsaussichten der Klage äußern (BVerfG 1 BvR 522/53, BVerfGE 4, 143).

7 **§ 79 I 2 Nr. 3 u. 4** erfassen nicht nur die Einholung **amtlicher Auskünfte** und die **Vorlage von Urkunden** oder die Übermittlung von elektronischen Dokumenten durch die Beteiligten oder Behörden (§§ 71 II, 86). Ihr Anwendungsbereich erstreckt sich auf **Auskünfte jeglicher Art** und die **Vorlage von Urkunden durch sonstige** natürliche oder juristische **Personen.** Hierdurch wird dem Untersuchungsgrundsatz besser Rechnung getragen (BT-Drs. 12/1061, 16). Die Regelungen dienen der Aufarbeitung des Prozessstoffs (Beschaffung von Informationen zur Ergänzung des nicht bestrittenen Sachvortrags, Beweisvorbereitung) **im vorbereitenden Verfahren.** – Zur förmlichen Beweiserhebung s. § 82 FGO iVm §§ 358a, 377 III, 378 bzw. 402 ff. ZPO (→ § 82 Rn. 4 ff.).

8 **§ 79 I 2 Nr. 5:** Die **Anordnung des persönlichen Erscheinens** ist im Falle notwendiger Sachaufklärung regelmäßig sachdienlich (BFH X B 103/10, BFH/NV 2011, 618) und kommt insbes. im Zusammenhang mit der Durchführung eines **Erörterungstermins** (→ Rn. 5) in Betracht (s. auch § 80 I 1). Für Behörden gilt § 80 III; bei juristischen Personen ist § 80 II zu beachten. Gem. § 155 FGO iVm § 141 I 2 ZPO soll von der Anordnung abgesehen werden, wenn dem Beteiligten die persönliche Wahrnehmung des Termins „wegen großer Entfernung oder aus sonstigen wichtigen Gründen" nicht zuzumuten ist. Da § 78 die Regelung des § 80 für entsprechend anwendbar erklärt, darf der vorbereitende Richter ein **Ordnungsgeld** androhen und festsetzen (FG BW 1 K 1891/20, BeckRS 2020, 40215; → § 80 Rn. 10, 14). Für die Ladung gilt § 53 I, weil § 141 II ZPO nicht in Bezug genommen ist.

9 **§ 79 I 2 Nr. 6** ermöglicht die **vorsorgliche Ladung** von Zeugen oder Sachverständigen zur mündlichen Verhandlung und den Erlass von Anordnungen nach § 378 ZPO (→ § 82 Rn. 20). Die Beschränkung des § 273 III 1 ZPO, wonach nur solche Zeugen geladen werden können, auf die sich eine Partei bezogen hat, gilt im finanzgerichtlichen Verfahren wegen des vorherrschenden Untersuchungsgrundsatzes nicht (→ § 76 Rn. 1 ff., 10 ff.). Die Themen, zu denen der Zeuge

oder der Sachverständige gehört werden soll, müssen nach der Wertung des Vorsitzenden, Berichterstatters oder Einzelrichters **beweiserheblich** sein. § 79 I 2 Nr. 6 gestattet es dem vorbereitenden Richter nicht, den Zeugen oder den Sachverständigen schon vor der Verhandlung zu vernehmen oder schriftliche Auskünfte bzw. Gutachten von ihnen einzuholen (zur **Vorwegerhebung von Beweisen** → Rn. 11 und § 81 II). Soll der nach § 79 I 2 Nr. 6 geladene Zeuge in der mündlichen Verhandlung vernommen werden, so erfordert dies einen **Beweisbeschluss des Senats,** der in der mündlichen Verhandlung verkündet werden kann (§ 82 FGO iVm §§ 358 ff. ZPO; → § 82 Rn. 3 ff.). Sieht das Gericht von der Vernehmung des geladenen Zeugen ab, so muss es die Beteiligten hierauf vor Erlass des Urteils unmissverständlich hinweisen (BFH IX B 101/13, BFH/NV 2015, 214; zu nichterschienenem Zeugen BFH II B 31/13, BFH/NV 2014, 68; III B 21/16, BFH/NV 2017, 315).

§ 79 III gibt dem zuständigen Richter die Möglichkeit, die mündliche Verhandlung durch **Vorwegerhebung einzelner** (nicht aller: BFH IX B 95/15, BFH/NV 2015, 1436) **Beweise** vorzubereiten; die Vorschrift soll verhindern, dass die Beweiserhebung als Mittel der Sachaufklärung in das vorbereitende Verfahren verlagert wird (BVerwG 4 B 130/97, NVwZ-RR 1998, 524). § 79 III unterscheidet sich von § 81 II vor allem durch die Einschränkung des Umfangs der Beweiserhebung. Die Beweiserhebung nach § 79 III kommt nämlich insbes. in den Fällen der Augenscheinseinnahme und der Urkundenvorlage in Betracht. Die Vernehmung eines Zeugen ist hingegen nur dann im Verfahren nach § 79 III möglich, wenn von vornherein keine Zweifel an dessen Glaubwürdigkeit bestehen und zu erwarten sei, dass sich der Rechtsstreit vor dem Berichterstatter erledigt. Sind Zweifel an der Glaubwürdigkeit hingegen nicht ausgeschlossen, so muss der Zeuge vor dem Senat vernommen werden, damit die Richter einen unmittelbaren Eindruck gewinnen können (§ 79 III 2, BFH IX B 95/15, BFH/NV 2015, 1436; → § 81 Rn. 15). Aus diesem Grunde kommt grds. auch eine eidliche Vernehmung von Zeugen im Verfahren nach § 79 III nicht in Betracht, selbst wenn sie nach dem Gesetz nicht von vornherein ausgeschlossen ist. Anders als bei § 81 II bedarf es im Verfahren nach § 79 III **keines besonderen Beweisbeschlusses** (Kopp/Schenke/Schenke VwGO § 87 Rn. 5a). – Zur **Benachrichtigung** der Beteiligten von dem Beweistermin → Rn. 13 und → § 83 Rn. 3. 11

2. Benachrichtigung der Beteiligten

Alle **Beteiligten sind** von jeder Anordnung **zu benachrichtigen** (§ 79 II), damit sie Kenntnis von der möglichen Verwertung der Akten im Verfahren erhalten (BFH VII B 4/99, BFH/NV 2000, 214; IX B 164/11, BFH/NV 2012, 1643 und VIII B 35/21, BFH/NV 2022, 817, Rn. 4 zur Beiziehung von Akten, selbst wenn den Beteiligten der Inhalt bekannt ist). Unterlassen der Benachrichtigung führt **nicht** zu einem **Verwertungsverbot** (BVerwG 4 C 1/79, NJW 1980, 900), ist aber grds. ein wesentlicher Verfahrensfehler iSv § 115 II Nr. 3 und eine Verletzung des Anspruchs auf rechtliches Gehör, sofern die Beteiligten den Mangel rechtzeitig gerügt und nicht auf die Rüge verzichtet haben (§ 155 FGO iVm § 295 ZPO – BFH VII B 4/99, BFH/NV 2000, 214; VIII B 35/21, BFH/NV 2022, 817, Rn. 4). Eine Verletzung des rechtlichen Gehörs liegt allerdings nicht vor, wenn die ohne Benachrichtigung der Beteiligten beigezogenen Akten zum Gegenstand der mündlichen Verhandlung gemacht werden (BFH VII B 4/99, BFH/NV 2000, 214). Die Beteiligten sind unter dem Gesichtspunkt der Gewäh- 13 rung rechtlichen Gehörs auch über das Ergebnis der jeweiligen Maßnahme zu unterrichten (Schutz vor Überraschungsentscheidungen).

3. Konsequenzen bei Nichtbefolgung der Anordnungen

14 Die **Nichtbefolgung der Anordnungen** hat – mit Ausnahme der Androhung und Festsetzung eines Ordnungsgeldes im Falle des § 79 I 2 Nr. 5 (→ Rn. 8) – keine unmittelbaren prozessualen Folgen. Es können sich für den Säumigen aber Nachteile bei der Sachaufklärung (Verstoß gegen die Mitwirkungspflicht – BFH X R 65/09, BStBl. II 2012, 345) oder Kostenfolgen (§ 137 S. 2) ergeben.

IV. Rechtsmittel

15 Die vorbereitenden Maßnahmen gem. § 79 sind als prozessleitende Verfügungen **unanfechtbar** (§ 128 II; BFH VII B 119/06, BFH/NV 2006, 1865 betr. Aufklärungsverfügung – → Rn. 6). Mängel können nur iRd in der Hauptsache gegebenen Rechtsmittel gerügt werden, falls das Rügerecht nicht untergegangen ist (§ 155 FGO iVm § 295 ZPO).

§ 79a [Entscheidung durch den Vorsitzenden oder den Berichterstatter]

(1) **Der Vorsitzende entscheidet, wenn die Entscheidung im vorbereitenden Verfahren ergeht,**
1. über die Aussetzung und das Ruhen des Verfahrens;
2. bei Zurücknahme der Klage, auch über einen Antrag auf Prozesskostenhilfe;
3. bei Erledigung des Rechtsstreits in der Hauptsache, auch über einen Antrag auf Prozesskostenhilfe;
4. über den Streitwert;
5. über Kosten;
6. über die Beiladung.

(2) [1]**Der Vorsitzende kann ohne mündliche Verhandlung durch Gerichtsbescheid (§ 90a) entscheiden.** [2]**Dagegen ist nur der Antrag auf mündliche Verhandlung innerhalb eines Monats nach Zustellung des Gerichtsbescheids gegeben.**

(3) **Im Einverständnis der Beteiligten kann der Vorsitzende auch sonst anstelle des Senats entscheiden.**

(4) **Ist ein Berichterstatter bestellt, so entscheidet dieser anstelle des Vorsitzenden.**

Vgl. § 155 SGG; § 87a VwGO; §§ 349, 527 ZPO.

Literatur: Albert, Zur Besetzung des Gerichts bei Wiederaufnahmeklagen gemäß § 134 FGO, §§ 578 ff. ZPO gegen Urteile des Einzelrichters, DStZ 1998, 239; Gramich, Der Einzelrichter nach dem Gesetz zur Änderung der Finanzgerichtsordnung, DStR 1993, 6; Kretzschmar, Finanzgerichtsurteile durch einen einzelnen Richter, BB 1993, 545; Pahlke, Vorlagebeschlüsse an das BVerfG durch konsentierten Einzelrichter?, DB 1997, 2454; Rößler, Der Kompetenzkonflikt zwischen Senat und Einzelrichter im Rahmen des § 79a FGO, DStZ 1995, 404.

Übersicht

	Rn.
I. Allgemeines	1
1. Regelungsinhalt, Zweck und Verfassungsmäßigkeit des § 79a	1
2. Abgrenzung zu § 6, Anwendungsbereich	2
3. Gesetzlicher Richter	4
II. Die Regelungen des § 79a	5
1. Nebenentscheidungen (§ 79a I, IV)	5
a) Vorbereitendes Verfahren	5
b) Die einzelnen Entscheidungen (§ 79a I Nr. 1–6)	10
c) Form und Inhalt	18
d) Wirkung der Entscheidungen	19
e) Rechtsmittel	20
2. Entscheidung durch Gerichtsbescheid (§ 79a II, IV)	21
a) Voraussetzungen, Umfang der Entscheidungsbefugnis	21
b) Form und Inhalt	22
c) Rechtsbehelf: Antrag auf mündliche Verhandlung	23
d) Folgen der Einlegung/Nichteinlegung des Rechtsbehelfs	24
3. Sonstige Entscheidungen im Einverständnis der Beteiligten (§ 79a III, IV – konsentierter Einzelrichter)	25
a) Voraussetzungen	25
b) Umfang der Entscheidungsbefugnis	30
c) Form und Wirkungen	31
d) Rechtsmittel	32
e) Wiederaufnahmeverfahren	34

I. Allgemeines

1. Regelungsinhalt, Zweck und Verfassungsmäßigkeit des § 79a

§ 79a ergänzt § 79, indem er bestimmte **Nebenentscheidungen** im „vorbereitenden Verfahren“ (→ Rn. 5) dem Vorsitzenden oder dem Berichterstatter (§ 79a I, IV – → Rn. 10 ff.) überträgt, diesen es ermöglicht, stets allein durch **Gerichtsbescheid** (§ 90a) zu entscheiden (§ 79a II, IV – → Rn. 21 ff.) und ihnen die Befugnis einräumt, **im Einverständnis** der Beteiligten **auch sonst anstelle des Senats** als Einzelrichter zu entscheiden (§ 79a III, IV – → Rn. 25 ff.). Die Regelung tritt damit in Konkurrenz zu § 6, der den „fakultativen Einzelrichter“ vorsieht. Beide Regelungen sollen die Senate der Finanzgerichte entlasten und die finanzgerichtlichen Verfahren straffen (BT-Drs. 12/1061, 16). – Gegen § 79a bestehen **keine verfassungsrechtlichen** Bedenken (BFH VII B 193/94, BFH/NV 1995, 1021; VI B 244/95, BFH/NV 1998, 485 (486); FG Brem 2 93 290 K 2, EFG 1994, 258; vgl. auch BVerfG 1 PBvU 1/95, NJW 1997, 1497 (1498 f.); aA FG RhPf 5 K 1670/92, EFG 1993, 807). 1

2. Abgrenzung zu § 6, Anwendungsbereich

§ 79a I, IV weist dem Vorsitzenden oder dem Berichterstatter **die in § 79a I Nr. 1–6 genannten Nebenentscheidungen** zu und stellt es in ihr Ermessen, das Verfahren allein als Einzelrichter durch **Gerichtsbescheid** (§§ 79a II, IV, 90a) oder – bei Einverständnis der Beteiligten – auch sonst als Einzelrichter anstelle 2 des Senats zu entscheiden (§ 79a III, IV). Demgegenüber gibt **§ 6** dem Senat die Möglichkeit, den Rechtsstreit einem seiner Mitglieder unter bestimmten Voraussetzungen zur Entscheidung zu übertragen. Diese Übertragung hat zur Folge, dass der Einzelrichter für **alle Entscheidungen** zuständig ist (→ § 6 Rn. 22) und nicht nur für die von § 79a Entscheidungen. Folglich ist § 79a nicht (mehr) anwendbar, wenn der Senat eines seiner Mitglieder gem. § 6 zum Einzelrichter bestellt hat.

3 § 79a ist nicht nur in Verfahren **mit** mündlicher Verhandlung anwendbar, sondern auch in Verfahren **ohne mündliche Verhandlung** (§§ 90 II, 90a) und in selbstständigen **Beschlussverfahren** (zB §§ 69, 114; s. dazu FG Brem 2 93 357 E 2, EFG 1994, 581 (582); 2 94 073 V 2, EFG 1995, 171). Die Vorschrift gilt **nicht im Revisionsverfahren** (§ 121 S. 2) und **in den Fällen des § 6** (→ Rn. 2). Bei den vor dem BFH geführten **Entschädigungsklagen** nach § 198 ff. GVG findet sie hingegen Anwendung (BFH X E 8/12, BFH/NV 2013, 763 Rn. 9; X K 10/12, BFH/NV 2013, 953; X S 20-23/13, BFH/NV 2013, 1437; auch → Rn. 14 und 16).

3. Gesetzlicher Richter

4 Vorsitzender oder Berichterstatter werden im Rahmen des § 79a als Einzelrichter (→ Rn. 1, 2) anstelle des zum gesetzlichen Richter berufenen Senats tätig und sind damit **gesetzlicher Richter** iSv Art. 101 I 2 GG (BFH X E 8/12, BFH/NV 2013, 763 Rn. 9; X K 10/12, BFH/NV 2013, 953). Ein Wahlrecht, die **Entscheidung stattdessen durch den Senat** zu treffen, besteht **nicht** (BFH X B 101/12, BFH/NV 2013, 749). Zur Gewährleistung des gesetzlichen Richters ist die Vorwegbestellung des Vorsitzenden oder Berichterstatters zum allein entscheidenden Richter durch einen **Mitwirkungsplan** (senatsinternen Geschäftsverteilungsplan) **erforderlich** (→ § 4 Rn. 48 ff.), wobei dem Vorsitzenden alle Entscheidungen nach § 79a zugewiesen werden können (→ § 4 Rn. 50). Die Bestimmung des Berichterstatters durch den Vorsitzenden ad hoc für den jeweils zu entscheidenden Fall genügt den Anforderungen an den gesetzlichen Richter nicht (Kopp/Schenke/Schenke VwGO § 87a Rn. 10 mwN; aA BayVGH 12 CE 90.3327, NVwZ 1991, 896). – Zu **Kompetenzkonflikten** s. Rößler DStZ 1995, 404. Die Stellung des Vorsitzenden oder Berichterstatters als gesetzlicher Richter bezieht sich **nur auf das jeweilige Verfahren, nicht** etwa auch **auf nachfolgende Verfahren,** wie zB eine erhobene **Anhörungsrüge** nach § 133a. Hierfür ist der Senat zuständig (aA FG LSA 5 K 425/11, EFG 2012, 533; auch → § 133a Rn. 15 ff.).

II. Die Regelungen des § 79a

1. Nebenentscheidungen (§ 79a I, IV)

5 **a) Vorbereitendes Verfahren.** Der Vorsitzende oder der Berichterstatter trifft die in § 79a I Nr. 1–6 aufgezählten Entscheidungen anstelle des Senats (→ Rn. 4). Voraussetzung ist, dass die Entscheidung **im vorbereitenden Verfahren** ergeht. Nach dem Zweck des Gesetzes soll durch die Beschränkung des Anwendungsbereichs des § 79a I, IV klargestellt werden, dass die in § 79a I Nr. 1–6 genannten Entscheidungen wie bisher vom Senat getroffen werden, soweit sie in oder aufgrund einer mündlichen Verhandlung vor dem Senat oder im Zusammenhang

mit einem vom Senat erlassenen Gerichtsbescheid ergehen (BT-Drs. 12/1061, 16). Darüber hinaus ergibt sich aus dem Entlastungszweck des § 79a (→ Rn. 1), dass der **Begriff** „vorbereitendes Verfahren" nicht eng zu verstehen ist (FG LSA 3 KO 965/10, EFG 2012, 1312). Mit Kopp/Schenke/Schenke VwGO § 87a Rn. 4 ist davon auszugehen, dass nur **solche Entscheidungen weiterhin dem Senat vorbehalten** und von der Erledigung durch den Vorsitzenden oder den Berichterstatter ausgeschlossen sind, **die zu treffen sind, nachdem der Senat bereits mit der Sache befasst worden war,** und wenn er das Verfahren bei normalem Fortgang unmittelbar abschließend durch Endurteil, Gerichtsbescheid oder – in selbstständigen Antragsverfahren – durch Beschluss entschieden hätte, sofern nicht ein Ereignis eingetreten wäre, das nur noch eine Entscheidung der in § 79a I Nr. 1–6 genannten Art erfordert (s. hierzu auch BayVGH 12 CE 90.3327, NVwZ 1991, 896). Entsprechendes muss für das schriftliche Verfahren gelten. Auch insoweit kommt es darauf an, ob der Senat schon im vorstehend beschriebenen Sinne mit der Sache befasst worden ist. Tritt also **nach Beginn der mündlichen Verhandlung, nach Erlass eines Gerichtsbescheides** (§ 90a) oder **nach Beginn der** abschließenden **Beratung im schriftlichen Verfahren** (§ 90 II) ein Ereignis ein, das nur noch eine Entscheidung nach § 79a I Nr. 1–6 erfordert, ist die Entscheidung durch den Senat zu treffen (BFH IX R 58/93, BStBl. II 1994, 571; X E 8/12, BFH/NV 2013, 763 Rn. 10; FG BW 6 K 41/93, EFG 1994, 578; 6 V 1/94, EFG 1994, 896; 6 K 266/90, EFG 1994, 1067; FG Brem 2 93 357 E 2, EFG 1994, 581 (583); 2 94 185 K 2, EFG 1995, 81; **aA** FG RhPf 5 K 1274/93, EFG 1993, 674: Zeitpunkt der Terminierung maßgeblich; FG RhPf 5 K 1581/92, EFG 1994, 52: Zeitpunkt der Entscheidungsreife maßgeblich; weitergehend FG Saarl 2 S 69/94, EFG 1995, 379). Anders ist es, wenn die mündliche Verhandlung vor dem Senat – oder im schriftlichen Verfahren die Beratung – zur Vertagung oder zur Absetzung der Sache oder zu einem Beweisbeschluss geführt hat. In diesen Fällen ist der Weg für eine Entscheidung des Vorsitzenden oder Berichterstatters nach § 79a I Nr. 1–6 wieder frei. Das Verfahren wird in das Vorbereitungsstadium zurückversetzt (BFH VII B 193/94, BFH/NV 1995, 1021; FG Münster 6 K 5398/90 E, EFG 1994, 258; FG Brem 2 94 185 K 2, EFG 1995, 81; FG BW 6 K 14/91, EFG 1996, 389; Kopp/Schenke/Schenke VwGO § 87a Rn. 5; s. aber BFH I B 16/19, BFH/NV 2020, 93: Zuständigkeit des Senats für Aussetzungsbeschluss, wenn zuvor der Vollsenat einen Beweisbeschluss gefasst hatte). – S. auch BFH X E 2/15, BFH/NV 2015, 1000: Nach der **Löschung eines Verfahrens aus dem Gerichtsregister** verharrt dieses im „vorbereitenden Verfahren".

b) Die einzelnen Entscheidungen (§ 79a I Nr. 1–6). § 79a I Nr. 1–6 enthalten eine abschließende Aufzählung der durch den Vorsitzenden oder den Berichterstatter zu treffenden Entscheidungen. 10

§ 79a I Nr. 1 erfasst die Anordnung der **Aussetzung** (→ § 74 Rn. 1 ff.; vgl. BFH XI B 65/99, BFH/NV 2000, 875) und des **Ruhens des Verfahrens** (→ § 74 Rn. 55 ff.) im „vorbereitenden Verfahren" (→ Rn. 5). Der Vorsitzende oder der Berichterstatter als Einzelrichter hat insbes. über die Aussetzung oder das Ruhen des Verfahrens **bis zum Beginn der mündlichen Verhandlung oder der Beratung** (§ 90 II) zu entscheiden (BFH I B 16/19, BFH/NV 2020, 93: Zuständigkeit des Senats, wenn zuvor der Vollsenat einen Beweisbeschluss gefasst hatte). Das Gleiche gilt für die Entscheidungen, die im Zusammenhang mit der **Aufnahme des Verfahrens** nach Beendigung der Aussetzung oder des 11

Ruhens des Verfahrens stehen (vgl. FG Brem 2 94 024 K 2, EFG 1995, 346) sowie für die Anordnung der **Löschung** des Verfahrens im **Prozessregister** (FG BW 6 K 326/90, EFG 1994, 1108 (1109)), weil sie gleichfalls zur (faktischen) Unterbrechung des Verfahrens führt (→ § 72 Rn. 3). – Zum „faktischen Zum-Ruhen-Bringen" eines Verfahrens durch Verfügung als Entscheidung iSd § 79a I Nr. 1 s. BFH I B 22/05, BFH/NV 2005, 1361. – Die Entscheidungsbefugnis des Vorsitzenden oder des Berichterstatters erstreckt sich mE **auch** auf die Fälle des **§ 46 I 3.**

12 **§ 79a I Nr. 2** weist Entscheidungen **„bei Zurücknahme"** der Klage und über zum Zeitpunkt der Klagerücknahme noch nicht beschiedene **PKH-Anträge** dem Vorsitzenden oder dem Berichterstatter als Einzelrichter zu, soweit sie im „vorbereitenden Verfahren" (→ Rn. 5) ergehen; die Vorschrift ist auf **selbstständige Beschlussverfahren** analog anzuwenden (→ Rn. 3; FG Brem 2 93 357 E 2, EFG 1994, 581; FG BW 6 V 1/94, EFG 1994, 896). Wird die Klage, der Antrag oder die Beschwerde **bis zum Beginn der mündlichen Verhandlung** oder der (abschließenden) Beratung der ohne mündliche Verhandlung zu entscheidenden Verfahren zurückgenommen, so ist der Einstellungsbeschluss durch den Vorsitzenden oder den Berichterstatter als Einzelrichter zu erlassen (→ Rn. 5; ebenso zB FG BW 9 K 334/86, EFG 1993, 673; 6 K 41/93, EFG 1994, 578; **aA** FG RhPf 5 K 1274/93, EFG 1993, 674; 5 K 1581/92, EFG 1994, 52, das zu Unrecht auf den Zeitpunkt der Entscheidungsreife abstellt; FG Brem 2 94 073 V 2, EFG 1995, 171, das mE unzutreffend davon ausgeht, dass es im Beschwerdeverfahren kein Vorbereitungsstadium gibt). Aus der Verwendung der unbestimmten Präposition **„bei" Zurücknahme der Klage** usw und dem Gesetzeszweck folgt, dass nicht nur der Einstellungsbeschluss (§ 72 II 2) und ggf. ein Beschluss über die Gewährung von PKH, sondern auch **andere mit der Zurücknahme der Klage zusammenhängende Entscheidungen** dem Vorsitzenden oder Berichterstatter als Einzelrichter zugewiesen sind, wie zB die Entscheidungen über die Zulässigkeit und Wirksamkeit der Klagerücknahme, soweit nicht das Verfahren fortzusetzen und durch Urteil zu entscheiden ist (→ § 72 Rn. 34 ff.), über die Abtrennung (§ 73; aA FG RhPf 5 K 1308/92, EFG 1993, 532), über die Einstellung des Verfahrens im Falle der Teilrücknahme (→ § 72 Rn. 12, 14; vgl. FG Münster 6 K 82/96 E, EFG 1996, 389) und über die Kosten bei Zurücknahme der Klage durch den vollmachtlosen Vertreter.

13 **§ 79a I Nr. 3** betrifft Entscheidungen **„bei Erledigung des Rechtsstreits in der Hauptsache"** nach Abgabe übereinstimmender Erledigungserklärungen (→ § 138 Rn. 5 ff.; s. auch HessFG 11 K 1210/17, EFG 2023, 351: die übereinstimmenden Erledigungserklärungen müssen den gesamten Rechtsstreit betreffen) und außerdem Entscheidungen über noch nicht beschiedene PKH-Anträge in den Fällen der Hauptsacheerledigung. Im Falle einseitiger Erledigungserklärungen des Klägers oder des Beklagten ist § 79a I Nr. 3 nicht anwendbar, weil der Senat dann immer durch Urteil oder Beschluss entscheiden muss (→ § 138 Rn. 95 ff., 100 f.). Im Übrigen ist die Abgrenzung der Aufgabenverteilung zwischen dem Senat und dem Vorsitzenden oder Berichterstatter als Einzelrichter nach den gleichen Grundsätzen vorzunehmen wie im Falle des § 79a I Nr. 2 (→ Rn. 12). § 79a I Nr. 3 erfasst **insbesondere die** nach § 138 zu treffende **Kostenentscheidung,** wenn die übereinstimmenden Erledigungserklärungen bis zum Beginn der mündlichen Verhandlung oder (bei Entscheidungen ohne mündliche Verhandlung) der Beratung (FG BW 9 K 334/86, EFG 1993, 673) oder nach Aufhebung des Termins in der mündlichen Verhandlung oder nach Absetzung des Beratungster-

mins (FG BW 1 Ko 1/93, EFG 1994, 897) abgegeben worden sind, **nicht** aber, wenn die Beteiligten die Hauptsache in der mündlichen Verhandlung für erledigt erklärt haben (→ Rn. 5; **aA** FG Münster 6 K 5398/90 E, EFG 1994, 258) oder wenn die Erledigung der Hauptsache durch Urteil festgestellt worden ist (vgl. FG RhPf 5 K 2802/91, EFG 1993, 674). Die Entscheidungsbefugnis erstreckt sich auch auf die **Abtrennung** (§ 73), wenn bei objektiver Klagenhäufung nur einzelne Teile des Verfahrens erledigt sind (→ Rn. 12; FG Münster 6 K 82/96 E, EFG 1996, 389). – Zur Hauptsacheerledigung eines Kostenerinnerungsverfahrens s. FG BW 6 Ko 12/93, EFG 1994, 668; FG Münster 9 Ko 647/10, EFG 2010, 2021.

§ 79a I Nr. 4 überträgt die Entscheidung **„über den Streitwert"** dem Vorsitzenden oder dem Berichterstatter als Einzelrichter, soweit sie „im vorbereitenden Verfahren" (→ Rn. 5) getroffen wird. Der Streitwert wird im finanzgerichtlichen Verfahren in den Fällen, in denen eine Entscheidung über den gesamten Streitgegenstand ergeht oder sich das Verfahren anderweitig erledigt, nur dann durch das Prozessgericht festgesetzt, wenn ein Beteiligter oder die Staatskasse dies beantragt oder das Gericht die Streitwertfestsetzung für angemessen erachtet (§ 63 II 2 GKG; → Vor § 135 Rn. 145 ff.). Eine Entscheidung gem. § 79a I Nr. 4 kann danach im Wesentlichen nur in den Fällen erfolgen, in denen Streit über die vorläufige Wertfestsetzung für die Gerichtsgebühren gem. § 63 I 1 GKG entsteht (BFH X K 10/12, BFH/NV 2013, 953 betr. eine Entschädigungsklage nach § 198 ff. GVG, auch → Rn. 3 und 16), sich der Rechtsstreit „im vorbereitenden Verfahren" (→ Rn. 5; vgl. auch FG BW 6 V 10/93, EFG 1994, 714) in der Hauptsache erledigt (vgl. FG BW 6 V 1/95, EFG 1995, 943) oder in denen nach Zurücknahme der Klage oder des Antrags „im vorbereitenden Verfahren" ausnahmsweise eine Kostenentscheidung zu ergehen hat (→ § 62 Rn. 96; → § 72 Rn. 34). 14

§ 79a I Nr. 5 weist Entscheidungen **„über Kosten"** (§§ 138, 143, 144) dem Vorsitzenden oder Berichterstatter zu, soweit sie „im vorbereitenden Verfahren" (→ Rn. 5) zu ergehen haben. Mit dieser Maßgabe erfasst die Vorschrift grundsätzlich alle erstinstanzlichen Entscheidungen über Kosten, die nicht in der abschließenden Entscheidung über die Klage usw getroffen worden sind. Das gilt, wenn die Kostenentscheidung im vorbereitenden Verfahren ergangen ist, auch für die Entscheidung über die Notwendigkeit der **Hinzuziehung eines Bevollmächtigten** im Vorverfahren gemäß § 139 III 3 (FG BW 6 K 96/91, EFG 1994, 846) und den Antrag, die **aufschiebende Wirkung der Kostenanforderung herzustellen** (FG BW 9 Ko 4/89, EFG 1995, 228). 15

Kostenerinnerungen, die **gem. §§ 66 I GKG, 149 II nach Abschluss des Verfahrens** erhoben werden, schließt § 79a I Nr. 5 demgegenüber **nicht** ein. Für die Erinnerung gegen den Kostenansatz folgt die Zuständigkeit des Einzelrichters unmittelbar aus § 66 VI 1 GKG. Für die Erinnerung gegen die Festsetzung der zu erstattenden Aufwendungen fehlt eine solche Regelung, so dass nach § 149 IV der Senat entscheidet und nicht der Vorsitzende oder Berichterstatter. Der **Kostenbegriff des § 79a I Nr. 5** stimmt zwar mangels gegenteiliger Anhaltspunkte im Gesetz mit demjenigen des § 139 I überein. Die Entscheidung über die Erinnerung ergeht aber nicht im vorbereitenden Verfahren, sondern schließt das selbstständige Erinnerungsverfahren ab (glA FG Brem 2 93 079 E 2, EFG 1994, 162; 2 94 238 E 2, EFG 1995, 381; FG LSA II 1/95 KO, EFG 1996, 149; 4 KO 269/06, EFG 2006, 1344; 5 KO 805/10, EFG 2011, 375; 5 KO 1294/10, EFG 2011, 901; FG BBg 13 KO 13326/10, EFG 2011, 1551; FG LSA 3 KO 965/10, EFG 2012, 1312; 5 KO 121/13, EFG 2013, 1608; **aA** FG BW 1 Ko 1/93, EFG 1994, 16

897; 9 Ko 4/89, EFG 1995, 227; FG Münster 6 KO 6774/93 GK, EFG 1994, 668; FG Düsseldorf 14 Ko 583/01 KF, DStRE 2001, 1131; FG BW 8 KO 1/07, EFG 2007, 1972; FG Münster 9 Ko 647/10, EFG 2010, 2021; FG Hmb 3 KO 201/10, EFG 2011, 1546; FG Münster 11 Ko 3705/11 KFB, EFG 2012, 1962; weitergehend FG Saarl 2 S 69/94, EFG 1995, 379, wonach Entscheidungen „im vorbereitenden Verfahren" alle Entscheidungen sein sollen, die nach Maßgabe des § 79a I Nr. 1–6 in einem Nebenverfahren zum steuerlichen Hauptsachverfahren vor und nach einer mündlichen Verhandlung oder vor und nach einer gerichtlichen Hauptsacheentscheidung ohne mündliche Verhandlung oder anstelle einer Hauptsacheentscheidung zu ergehen haben, wofür der Wortlaut der Norm mE aber keinen Anhaltspunkt bietet; zur Zuständigkeit des Berichterstatters, wenn er im vorbereitenden Verfahren die Kostengrundentscheidung nach § 79a I Nr. 5 getroffen hat s. FG LSA 3 KO 965/10, EFG 2012, 1312). **Anders** ist dies nach BFH X E 8/12, BFH/NV 2013, 763 Rn. 11 und X S 20-23/13, BFH/NV 2013, 1437 für **Kostenerinnerungen** nach § 66 I 1 GKG gegen eine mit Eingang einer Entschädigungsklage nach § 198 GVG erteilte Kostenrechnung. Da die Zustellung dieser Klage nach §§ 12, 12a GKG von der Zahlung der Verfahrensgebühr abhängt, ist das diesbezügliche Erinnerungsverfahren kein eigenständiges Neben- oder Folgeverfahren, sondern vorbereitendes Verfahren zur Entschädigungsklage. Der Einzelrichter kann in diesem Zusammenhang auch über die aufschiebende Wirkung der Erinnerung gem. § 66 VII 2 GKG entscheiden (auch → Rn. 3 und 14). Auch die Entscheidung über die Gewährung von **PKH** ist keine Entscheidung „über Kosten" iSd § 79a I Nr. 5 (Kopp/Schenke/Schenke VwGO § 87a Rn. 7).

17 **§ 79a I Nr. 6** überträgt die Entscheidung über die **Beiladung** (§§ 60, 60a und § 174 V 2 AO) im vorbereitenden Verfahren (→ Rn. 5) dem Vorsitzenden oder dem Berichterstatter.

18 **c) Form und Inhalt.** Hinsichtlich der **Form** und des **Inhalts** der Beschlüsse des Vorsitzenden oder Berichterstatters gelten die allgemeinen Vorschriften.

19 **d) Wirkung der Entscheidungen.** Die Entscheidungen des Vorsitzenden oder Berichterstatters haben die gleiche Wirkung wie die entsprechenden Entscheidungen des Senats. Vorsitzender oder Berichterstatter werden anstelle des Senats als Einzelrichter tätig.

20 **e) Rechtsmittel.** Gegen die Entscheidungen des Vorsitzenden oder des Berichterstatters nach § 79a I, IV sind dieselben **Rechtsmittel** gegeben wie gegen die entsprechenden Entscheidungen des Senats. Mit der Beschwerde kann ggf. gerügt werden, der Vorsitzende oder Berichterstatter sei zu Unrecht anstelle des Senats tätig geworden (Verfahrensrüge – → § 6 Rn. 24).

2. Entscheidung durch Gerichtsbescheid (§ 79a II, IV)

21 **a) Voraussetzungen, Umfang der Entscheidungsbefugnis. § 79a II, IV** stellt es in das **Ermessen** des Vorsitzenden oder Berichterstatters, den Rechtsstreit (an Stelle des Senats) ohne mündliche Verhandlung durch Gerichtsbescheid (§ 90a) zu entscheiden. Die Entscheidungsbefugnis erstreckt sich abweichend von § 79a I auf die Hauptsacheentscheidung. Die Beschränkungen des § 6 I gelten nach dem Wortlaut des § 79a II, IV nicht. Der Erlass eines Gerichtsbescheides in Fällen von grundsätzlicher Bedeutung oder in besonders schwierigen Sachen wäre wohl im Allgemeinen ermessensfehlerhaft. Die Ermessensentscheidung hat sich am Zweck

des Gesetzes (→ Rn. 1) und am Rechtsschutzinteresse der Beteiligten zu orientieren. In den Fällen, in denen der Gerichtsbescheid voraussichtlich mit dem Antrag auf mündliche Verhandlung angegriffen wird, sollte davon abgesehen werden, durch Gerichtsbescheid zu entscheiden. Ein Gerichtsbescheid soll nur in **„geeigneten Fällen"** ergehen (→ § 90a Rn. 5). Der Erlass eines Gerichtsbescheides durch den Vorsitzenden oder den Berichterstatter wird danach vor allem in einfach gelagerten Streitsachen oder nach erfolglosem Ablauf von Ausschlussfristen (§§ 65 II, 79b) in Betracht kommen. Will der Kläger ersichtlich nicht auf eine mündliche Verhandlung verzichten, kommt der Erlass eines Gerichtsbescheids nicht in Betracht (BFH V R 55/98, BStBl. II 2001, 31).

b) Form und Inhalt. Hinsichtlich der **Form** und des **Inhalts** des Gerichtsbescheides wird auf → § 90a Rn. 8 verwiesen. 22

c) Rechtsbehelf: Antrag auf mündliche Verhandlung. Als **Rechtsbehelf** steht den Beteiligten – anders als gegen den Gerichtsbescheid des Senats (→ § 90a Rn. 15 ff.) – nach **§ 79a II** nur der **Antrag auf mündliche Verhandlung** innerhalb eines Monats nach Zustellung des Gerichtsbescheides zur Verfügung; eine NZB ist nicht statthaft (zB BFH II R 77/93, BStBl. II 1994, 118 (119); II B 116/04, BFH/NV 2006, 908). Dies gilt auch dann, wenn der von einem nach § 6 bestimmten Einzelrichter erlassene Gerichtsbescheid unmissverständlich erkennen lässt, dass er gem. § 79a II 2 im vorbereitenden Verfahren ergangen ist (BFH VI R 85/98, BStBl. II 1999, 302; XI B 43/98, BFH/NV 1999, 1617 (1618)). Lässt der **Gerichtsbescheid** jedoch **nicht eindeutig** erkennen, auf welcher verfahrensrechtlichen Grundlage der Richter entschieden hat, (eine dem § 79a II entsprechende Rechtsmittelbelehrung genügt nicht), kommen im Hinblick auf Art. 19 IV GG auch die sonst gegen Gerichtsbescheide (§ 90a) gegebenen Rechtsbehelfe (→ § 90a Rn. 15 ff.) in Betracht (BFH IX R 58/93, BStBl. II 1994, 571; III R 13/98, BFH/NV 1999, 320). 23

d) Folgen der Einlegung/Nichteinlegung des Rechtsbehelfs. Wird der Antrag auf mündliche Verhandlung nicht rechtzeitig gestellt und ist auch keine Wiedereinsetzung in den vorigen Stand zu gewähren (§ 56), wirkt der Gerichtsbescheid als Urteil (§ 90a III). Wird der Antrag auf mündliche Verhandlung rechtzeitig gestellt, gilt der Gerichtsbescheid als nicht ergangen (§ 90a III). In diesem Fall kann der Senat in dem abschließenden Urteil von einer weiteren **Darstellung des Tatbestandes und der Entscheidungsgründe absehen,** soweit er der Begründung des Gerichtsbescheides folgt und dies in seiner Entscheidung feststellt (§ 90a IV). 24

3. Sonstige Entscheidungen im Einverständnis der Beteiligten (§ 79a III, IV – konsentierter Einzelrichter)

a) Voraussetzungen. Vorsitzender oder Berichterstatter können den Rechtsstreit auch sonst anstelle des Senats als Einzelrichter entscheiden, wenn die Beteiligten (auch der Beigeladene) ihr Einverständnis erklären **(konsentierter Einzelrichter).** 25

Die **Einverständniserklärung** ist wie bei § 90 II Prozesshandlung (zu den Wirksamkeitsvoraussetzungen s. BFH VIII R 74/97, BStBl. II 1999, 300; IX R 70/99, BFH/NV 2002, 357 (358); IX B 154/04, BFH/NV 2005, 1352 (1353); → § 90 Rn. 10a). Sie kann auch nach vorheriger Verweigerung des Einverständnisses noch wirksam erklärt werden (BFH IX B 154/04, BFH/NV 2005, 1352 26

(1353); X R 5/18, BFH/NV 2020, 698). – Zur Form → § 90 Rn. 11. Die Einverständniserklärung bezieht sich, falls sie sich nach ihrem **Inhalt** nicht auch auf Neben- oder Folgeverfahren erstreckt, nur auf das Verfahren, in dem sie abgegeben wird (**aA** FG Brem 2 95 033 V 2, EFG 1995, 535: Einverständniserklärung im Hauptsacheverfahren ermächtigt auch zur Entscheidung über AdV-Antrag). Die Einverständniserklärung schließt den Verzicht auf mündliche Verhandlung (§ 90 II) nicht ein (BVerwG 4 B 161/97, NVwZ-RR 1998, 525). Haben die Beteiligten ihr Einverständnis mit einer Entscheidung des Rechtsstreits durch den Berichterstatter erklärt, bezieht sich diese prozessuale Willenserklärung auf den im Zeitpunkt der Entscheidung gemäß der senatsinternen Geschäftsverteilung (→ § 4 Rn. 48 ff.) zuständigen Berichterstatter (BFH IX R 70/99, BFH/NV 2002, 357 (358)); das kann auch der Senatsvorsitzende sein, wenn er die Berichterstattung übernommen hat (BFH IX R 70/99, BFH/NV 2002, 357 (358); aA BSG 5/4 RA 109/94, NJW 1996, 2181). Zu beachten ist dabei, dass ein bestellter Berichterstatter den Vorsitzenden gemäß § 79a IV verdrängt (BFH VIII R 22/02, BFH/NV 2004, 620). Die Einverständniserklärung **kann nur widerrufen werden,** wenn sich die Prozesslage bei objektiver Betrachtung nachträglich wesentlich geändert hat (BFH III B 25/16, BFH/NV 2017, 469; Stelkens NVwZ 1991, 209 (215); Schmieszek NVwZ 1991, 522 (525); offen BFH VII B 83/04, BFH/NV 2005, 1592; II S 39/10 (PKH), BStBl. II 2011, 657), **nicht aber,** wenn der Kläger sich auf eine inzwischen bessere Erkenntnis beruft (BFH X B 79/15, BFH/NV 2016, 763), wenn aufgrund einer Änderung des Geschäftsverteilungsplans ein anderer Spruchkörper oder Berichterstatter zuständig wird, wenn der Einzelrichter die fehlenden Erfolgsaussichten der Klage mitteilt (BFH III B 25/16, BFH/NV 2017, 469) oder eine von der bisherigen Auffassung des Senats abweichende Meinung vertritt (Schmieszek NVwZ 1991, 522 (525); Kopp/Schenke/Schenke VwGO § 87a Rn. 9; offen BFH IX R 70/99, BFH/NV 2002, 357 (358)). Eine Beschränkung der Wirksamkeit der Einverständniserklärung bis zur nächsten Sachentscheidung (→ § 90 Rn. 17) kommt nicht in Betracht, weil die Übertragung des gesamten Verfahrens auf den Einzelrichter bis zur Endentscheidung gewollt ist (**aA** anscheinend Stelkens NVwZ 1991, 209 (215)). Nach Aufhebung des Urteils oder Gerichtsbescheides im Revisionsverfahren und **Zurückverweisung** des Verfahrens kann im 2. Rechtsgang eine Einzelrichterentscheidung nach § 79a III, IV nur ergehen, wenn die Beteiligten ihr Einverständnis erneuern (→ § 90 Rn. 18).

27 Das Einverständnis mit der Entscheidung des Rechtsstreits durch den Einzelrichter muss bis zum Schluss der mündlichen Verhandlung oder – bei Verfahren ohne mündliche Verhandlung – bis zum Ergehen der Entscheidung wirksam erklärt sein. – Die Bekanntgabe der Einverständniserklärungen an die Beteiligten ist keine Wirksamkeitsvoraussetzung (BFH XI R 29/99, BFH/NV 2000, 963 (964)).

28 Der Vorsitzende oder der Berichterstatter ist an die Einverständniserklärungen der Beteiligten nicht gebunden. Es steht vielmehr in seinem **Ermessen, ob** er von der Möglichkeit Gebrauch machen will, als Einzelrichter zu entscheiden (aA NdsFG 7 K 393/99, EFG 2005, 299: freies, uneingeschränktes Wahlrecht). Die Ermessensentscheidung hat sich am Zweck des Gesetzes (→ Rn. 1) und am Rechtsschutzinteresse der Beteiligten zu orientieren. Dabei ist zu berücksichtigen, dass eine Einzelrichterentscheidung im Einverständnis der Beteiligten auch dann in Betracht kommt, wenn die Sache grundsätzliche Bedeutung hat oder besondere Schwierigkeiten tatsächlicher oder rechtlicher Art aufweist. Die Beschränkungen des § 6 I gelten im Rahmen des § 79a III, IV nicht (Gramich DStR 1993, 6 (9)). Im Regelfall wird es deshalb ermessensgerecht sein, bei Einverständnis der Beteiligten von der Möglichkeit der Entscheidung als Einzelrichter Gebrauch zu machen. – Zur Frage, wann oder wodurch sich der Vorsitzende oder Berichterstatter zum konsentierten Einzelrichter bestellt, s. BFH IX B 34/03, BStBl. II 2003, 858.

b) Umfang der Entscheidungsbefugnis. Macht der Vorsitzende oder der Berichterstatter von der Möglichkeit Gebrauch, als Einzelrichter zu entscheiden, tritt er in jeder Hinsicht an die Stelle des Senats. Ihm stehen deshalb auch die gleichen Befugnisse zu. Auch eine Entscheidung durch Gerichtsbescheid (§ 90a) ist möglich. Eine **Rückübertragung** auf den Senat ist, anders als in § 6 III, **nicht vorgesehen,** nach FG MV 3 K 149/20, DStRE 2023, 726 aber gleichwohl möglich. Der konsentierte Einzelrichter ist in seiner **Entscheidungsbefugnis nicht beschränkt,** so dass er auch Sachen von grundsätzlicher Bedeutung entscheiden kann (s. aber BVerfG 1 BvL 23/97, NJW 1999, 274; 1 BvL 24/97, DStR 1998, 722: keine Befugnis für Vorlagen an das BVerfG nach Art. 100 GG; aA NdsFG IV 317/91, EFG 1997, 1456; III 90/91, EFG 1997, 1526; 4 K 365/01, EFG 2004, 746; 7 K 65/10, EFG 2012, 645). 30

c) Form und Wirkungen. Hinsichtlich der **Form** und der **Wirkungen** der Entscheidungen des Vorsitzenden oder des Berichterstatters gelten die allgemeinen Regeln. 31

d) Rechtsmittel. Gegen das Urteil des Vorsitzenden oder Berichterstatters sind **die allgemeinen Rechtsmittel** (Revision, NZB) gegeben. Eine **Besetzungsrüge** (§§ 115 II Nr. 3, 116, 119 Nr. 1) kann nur Erfolg haben, wenn der Vorsitzende oder Berichterstatter erkennbar rechtsmissbräuchlich (willkürlich) anstelle des Senats tätig geworden ist (→ § 6 Rn. 26). Das wird man nur annehmen können, wenn die Entscheidungen ohne die erforderlichen Einverständniserklärungen beider Beteiligten ergangen sind (vgl. BFH XI R 44/98, BFH/NV 1999, 1485; → Rn. 25 f.). Ermessenfehler bei der Übernahme des Verfahrens als Einzelrichter werden im Allgemeinen nicht ausreichen. – Im Falle der erfolgreichen Anfechtung des Urteils wird – jedenfalls bis zur Erneuerung der Einverständniserklärungen (→ Rn. 26 aE) – wieder der Senat zuständig. 32

Gegen den Gerichtsbescheid des Vorsitzenden oder Berichterstatters (§ 79a III, IV) sind die allgemeinen Rechtsbehelfe und Rechtsmittel gegeben (→ § 90a Rn. 15 ff.). 33

e) Wiederaufnahmeverfahren. Im Wiederaufnahmeverfahren (§ 134) entscheidet der Vollsenat auch dann, wenn die Entscheidung, um deren Korrektur es geht, vom konsentierten Einzelrichter (§ 79a III, IV) erlassen wurde (BFH X R 15–16/97, BStBl. II 1999, 412; aA Albert DStZ 1998, 239). 34

§ 79b [Fristsetzung zur Angabe der Tatsachen]

(1) [1]**Der Vorsitzende oder der Berichterstatter kann dem Kläger eine Frist setzen zur Angabe der Tatsachen, durch deren Berücksichtigung oder Nichtberücksichtigung im Verwaltungsverfahren er sich beschwert fühlt.** [2]**Die Fristsetzung nach Satz 1 kann mit der Fristsetzung nach § 65 Abs. 2 Satz 2 verbunden werden.**

(2) **Der Vorsitzende oder der Berichterstatter kann einem Beteiligten unter Fristsetzung aufgeben, zu bestimmten Vorgängen**
1. **Tatsachen anzugeben oder Beweismittel zu bezeichnen,**
2. **Urkunden oder andere bewegliche Sachen vorzulegen oder elektronische Dokumente zu übermitteln, soweit der Beteiligte dazu verpflichtet ist.**

(3) [1]**Das Gericht kann Erklärungen und Beweismittel, die erst nach Ablauf einer nach den Absätzen 1 und 2 gesetzten Frist vorgebracht werden, zurückweisen und ohne weitere Ermittlungen entscheiden, wenn**
1. **ihre Zulassung nach der freien Überzeugung des Gerichts die Erledigung des Rechtsstreits verzögern würde und**
2. **der Beteiligte die Verspätung nicht genügend entschuldigt und**
3. **der Beteiligte über die Folgen einer Fristversäumnis belehrt worden ist.**

[2]**Der Entschuldigungsgrund ist auf Verlangen des Gerichts glaubhaft zu machen.** [3]**Satz 1 gilt nicht, wenn es mit geringem Aufwand möglich ist, den Sachverhalt auch ohne Mitwirkung des Beteiligten zu ermitteln.**

Vgl. § 87b VwGO, § 273 II Nr. 1, § 275 I 1, III u. IV sowie § 276 I 2, III u. § 277 ZPO.

Literatur: Brandt, Präklusion im Verwaltungsverfahren, NVwZ 1997, 233; Bruns, Die Frist als gesetzgeberisches Mittel der deutschen Prozessreform zur Beschleunigung der Verfahren, FS für Liebmann (1978), 123; Kreitl, Präklusion verspäteten Vorbringens im Verwaltungsprozess?, Passauer Diss. 1987; Rößler, Die Zurückweisung verspäteten Vorbringens in der neueren Rechtsprechung des BFH, DStZ 2002, 371; Schaumburg, Richterliche Ausschlussfristen für Klagebegehren und Tatsachenvortrag, DStZ 1995, 545; Unländer, Richterliche Ausschlussfristen im finanzgerichtlichen Verfahren, Inf 1996, 644; Woring, Die Ermessensausübung bei der Zurückweisung verspäteten Vorbringens im Steuerprozess, DStZ (A) 1984, 427; Wüllenkemper, Fristsetzung nach § 79b Abs. 1 FGO zum Nachweis von Sachentscheidungsvoraussetzungen? DStZ 2000, 483.

Übersicht

	Rn.
I. Zweck und Anwendungsbereich der Norm	1
II. Fristsetzung nach § 79b I	5
1. Anwendungsbereich des § 79b I – Abgrenzung zur Ausschlussfrist nach § 65 II 2	5
2. Anforderungen an die Fristsetzung nach § 79b I	10
III. Fristsetzung nach § 79b II	15
1. Anwendungsbereich des § 79b II	15
2. Anforderungen an die Fristsetzung nach § 79b II	20
IV. Die Präklusion (§ 79b III)	30
1. Fristversäumnis durch den Kläger oder Beteiligten	30
2. Verzögerung des Rechtsstreits – § 79b III 1 Nr. 1	35
3. Entschuldigung der Verspätung – § 79b II 1 Nr. 2	40
4. Belehrung über die Folgen der Säumnis – § 79b III 1 Nr. 3	43
5. Sachverhaltsaufklärung mit geringem Aufwand auch ohne Mitwirkung der Beteiligten	45
6. Rechtsfolge	50

I. Zweck und Anwendungsbereich der Norm

1 § 79b dient – ebenso wie § 79 der Verwirklichung der **Konzentrationsmaxime –,** wonach das finanzgerichtliche Verfahren nach Möglichkeit zügig durchgeführt werden soll (→ § 79 Rn. 1). Zu diesem Zweck räumt § 79b dem Vorsitzenden oder Berichterstatter die Möglichkeit ein, **Fristen** zu setzen, und zwar

- nach **§ 79b I 1** gegenüber dem **Kläger** für die Angabe von Tatsachen, durch deren Berücksichtigung oder Nichtberücksichtigung im Verwaltungsverfahren er sich **beschwert fühlt** (→ Rn. 5 ff.) und
- nach **§ 79b II** gegenüber **jedem Beteiligten zur punktuellen Sachaufklärung** (→ Rn. 15 ff.).

Mit der Gliederung in diese **zwei Tatbestandsvarianten (Stufen)** soll klargestellt werden, dass das Gericht „**zunächst** den Kläger zum Tatsachenvortrag veranlassen kann, **ohne** hierbei zur **Bezeichnung bestimmter** aufklärungsbedürftiger **Tatsachen** verpflichtet zu sein", weil dies anfangs häufig gar nicht möglich ist. Um den Anforderungen des § 79b I zu genügen, muss der Kläger die Streitkomplexe bis zur Erkennbarkeit „bestimmter Vorgänge" erläutern. Hat er dem FG so viele sachverhaltsmäßige Erläuterungen gegeben, dass dieses die Streitpunkte wenigstens in ihren Grundzügen erkennen kann, so ist es in die Lage versetzt, ggf. in einer zweiten Stufe der Klagekonkretisierung von der in § 79b II vorgesehenen Möglichkeit Gebrauch zu machen und zu „bestimmten Vorgängen" nähere Sachverhaltserläuterungen durch nunmehr speziellere Tatsachenangaben oder die Vorlage von Beweismitteln zu verlangen (BFH X B 40/19, BFH/NV 2020, 231, Rn. 25).

2 Kommt der Kläger (§ 79b I) oder der sonstige Beteiligte (§ 79b II) der gerichtlichen Auflage innerhalb der Frist nicht nach, so kann das Gericht nach **§ 79b III** die erst später eingehenden Erklärungen und Beweismittel unter den dort genannten Voraussetzungen **zurückweisen.** Dies erweist sich in der Praxis weitgehend als „stumpfes Schwert", weil § 79b III die **Präklusion** in mehrfacher Hinsicht beschränkt und insbes. davon abhängig macht, ob die Zulassung der verspätet eingegangenen Erklärungen und Beweismittel zu einer Verzögerung des Rechtsstreits führen würde, was aber nur selten der Fall ist, wenn diese noch rechtzeitig vor der mündlichen Verhandlung beim Gericht eingehen (zum Zweck dieser Einschränkungen, die „berechtigten Interessen auch weniger gewandter Rechtsuchender" zu wahren s. BT-Drs. 12/1061, 17).

3 § 79b gilt nicht nur für **Verfahren mit mündlicher Verhandlung,** sondern auch im **schriftlichen Verfahren** (§§ 90, 90a), ferner in **Beschlusssachen** und im **Revisionsverfahren** entsprechend (§ 121 S. 1; arg. e contrario § 121 S. 2). Erklärungen und Beweismittel, die das FG nach § 79b zu Recht zurückgewiesen hat, bleiben nach **§ 121 S. 3** auch im Revisionsverfahren ausgeschlossen.

II. Fristsetzung nach § 79b I

1. Anwendungsbereich des § 79b I – Abgrenzung zur Ausschlussfrist nach § 65 II 2

5 Die Fristsetzung nach § 79b I richtet sich ausschließlich **an den Kläger** (→ Rn. 1), auch wenn er nicht durch einen Bevollmächtigten vertreten wird (BFH IV B 119/10, BFH/NV 2012, 260). Sie **betrifft** wegen der Bezugnahme

auf die Beschwer **die Zulässigkeit der Klage** (BFH X B 243, 244/94, BStBl. II 1995, 417; X B 23/98, BFH/NV 1999, 205 (206); VII B 304/98, BFH/NV 1999, 1105; zur Abgrenzung zur Fristsetzung nach § 79b II s. BFH IX R 22/00, BFH/NV 2003, 1198 (1199) und → Rn. 15 f.) und soll den äußeren Rahmen des Streitgegenstands in tatsächlicher Hinsicht abstecken sowie den Kläger zur Substantiierung der Beschwer veranlassen (BFH VI B 5/22, BFH/NV 2022, 1205, Rn. 8; ferner zu den inhaltlichen Anforderungen → Rn. 1). Allerdings verbleibt wegen der **Konkurrenz zu § 65 II 2** fast kein eigener Regelungsbereich für eine Fristsetzung nach § 79b I. Nach § 65 II 2 kann der Vorsitzende oder der Berichterstatter den Kläger mit ausschließender Wirkung auffordern, die Klage zu ergänzen, wenn diese nicht die Mindestangaben des § 65 I 1 erfüllt, wozu die Angabe von Kläger, Beklagtem, Gegenstand des Klagebegehrens (Streitgegenstand) und – bei Anfechtungsklagen – des VA und der Einspruchsentscheidung gehören. Für die Bezeichnung des Streitgegenstands fordert die Rspr. des BFH dabei eine substantiierte Darlegung, inwiefern der angefochtene VA aus der Sicht des Klägers rechtswidrig ist und ihn in seinen Rechten verletzt (→ § 65 Rn. 31). Folgt man dem (und sieht man darin keine unzulässige Vermischung der Regelungen der §§ 65 und 40 II), so werden die Fragen zur Zulässigkeit einer Klage nahezu ausnahmslos von § 65 II 2 abgedeckt (unklar in der Abgrenzung auch BFH VIII R 55/98, BFH/NV 2000, 196).

6 Damit verbleibt für eine **Fristsetzung nach § 79b I nur ein geringer Regelungsbereich,** so zB dann, wenn der Kläger zwar dargelegt hat, warum der angefochtene VA aus seiner Sicht rechtswidrig ist, sich aber weiteren Vortrag zur Rechtswidrigkeit des VA und zu dessen Beschwer ausdrücklich offenhält. Will der Vorsitzende oder Berichterstatter den Kläger veranlassen, auch diese Gründe vorzutragen, so kommt eine Fristsetzung nach § 79b I in Frage. Gleiches gilt uU auch dann, wenn die Rechtsbeeinträchtigung des Klägers nicht ohne weiteres erkennbar ist, wie zB in Fällen des § 42 FGO iVm § 351 II AO (→ § 42 Rn. 30 ff.), des § 48 oder der Drittbetroffenheit (vor allem bei Konkurrentenklagen – → § 40 Rn. 134). Insofern ist aber wiederum fraglich, ob diese Fragen der Rechtsbeeinträchtigung nach der Rspr. des BFH nicht auch von § 65 II 2 erfasst werden. – Siehe aber auch BFH VIII R 64/13, BFH/NV 2017, 1325: Fristsetzung nach § 79b I zum Nachweis von Werbungskosten.

7 Wegen dieser Abgrenzungsschwierigkeiten zwischen § 65 II 2 und § 79b I 1 sollte der Vorsitzende oder Berichterstatter von der in **§ 79b I 2** (in klarstellender Weise) ausdrücklich vorgesehenen Möglichkeit Gebrauch machen, **beide Arten der Fristsetzung miteinander zu verbinden** (glA BFH IX R 78/94, BStBl. II 1996, 16), und zwar vorsorglich in allen Fällen der **Ergänzungsbedürftigkeit und Ergänzungsfähigkeit des Rechtsschutzbegehrens** (zur Verbindung mit einer Fristsetzung nach § 79b II → Rn. 15).

2. Anforderungen an die Fristsetzung nach § 79b I

10 Zuständig für die Fristsetzung ist der **Vorsitzende oder der Berichterstatter.** Berichterstatter ist nach der Legaldefinition des § 65 II 1 der nach § 21g GVG zuständige Berufsrichter (→ § 4 Rn. 48 ff.). Ihm muss im senatsinternen Geschäftsverteilungsplan nach abstrakten Kriterien die Funktion als Berichterstatter zugewiesen worden sein. Anders als nach § 79a IV besteht nach § 79b I kein Vorrang für ein Tätigwerden des Berichterstatters anstelle des Vorsitzenden. – Ist der Rechtsstreit nach § 6 auf den **Einzelrichter** übertragen worden, so erfolgt

die Fristsetzung iSv § 79b I durch ihn (BFH V B 20/04, BFH/NV 2004, 1669 (1670)).

Die Fristsetzung steht im **Ermessen** des zuständigen (→ Rn. 10) Richters. Die Frist nach § 79b I kommt insbes. dann in Betracht, wenn das Gericht sich aufgrund fehlender Informationen noch nicht in der Lage sieht, dem Kläger eine konkrete Auflage nach § 79b II zu machen (auch → Rn. 1). Der Vorsitzende oder Berichterstatter kann die Frist auch ohne Karenzzeit **sogleich nach Klageerhebung** setzten (BFH I B 5/13, BFH/NV 2014, 700; NdsFG XII 35/94, EFG 1995, 581; auch → Rn. 20). Da es um die **Konkretisierung prozessualer Mitwirkungspflichten** geht, ist auch der Inhalt der Steuerakten zunächst einmal unbeachtlich (vgl. BFH X B 243, 244/94, BStBl. II 1995, 417; FG BW 6 K 248/91, EFG 1993, 805). Allerding darf eine Frist nach § 79b I im Regelfall nicht gesetzt werden, solange es dem Kläger objektiv unmöglich ist, verfahrenswesentliche beschlagnahmte Unterlagen einzusehen bzw. Kopien dieser Unterlagen zu erhalten (BFH X B 6/18, BFH/NV 2020, 769, Rn. 35). Die Bestimmung der **Dauer der Frist** steht ebenfalls im Ermessen des Richters. Er hat diese aber so zu bemessen, dass der Kläger in der Lage ist, der Aufforderung zur Angabe der zur Beschwer führenden Tatsachen nachzukommen. Dabei wird idR eine Frist von einem Monat angemessen sein (s. auch BFH V R 71/79, BStBl. II 1980, 457; IV B 50/95, BFH/NV 1996, 348: vier Wochen idR ermessensfehlerfrei; BFH VII B 162/03, BFH/NV 2004, 1063 (1064): auch kürzere Frist kann angemessen sein; BFH XI B 120/04, BFH/NV 2006, 929: dreiwöchige Frist nach § 79b II zur Vorlage einer Spendenbescheinigung ist ausreichend; auch → § 65 Rn. 60). Je nach den Umständen des Einzelfalls kann aber auch eine längere Frist geboten sein. 11

Die nach § 79b I gesetzte Frist kann als richterliche Frist nach § 54 II FGO iVm § 224 II ZPO **auf Antrag verlängert** werden, allerdings nur dann, **wenn erhebliche Gründe glaubhaft gemacht werden.** Insoweit gelten die Ausführungen zu → § 65 Rn. 63 entsprechend (zur Krankheit s. BFH VIII B 30/11, BFH/NV 2012, 599). Ist das der Fall, so ist die Frist zu verlängern (Ermessensreduzierung auf Null: Gosch/Stalbold § 79b Rn. 41), ansonsten steht die Verlängerung im Ermessen des Richters. Der Antrag ist möglichst rechtzeitig vor Fristablauf zu stellen (dazu auch → § 54 Rn. 14). 12

Die Fristsetzung ist zudem nur dann wirksam, wenn bestimmte **Formalien** eingehalten werden. So muss der Richter die **Aktenverfügung mit vollem Namen unterzeichnen** (BFH V R 4/80, BStBl. II 1983, 421 (422); IV R 147/80, BStBl. II 1983, 476 (478); VI R 106/81, BFH/NV 1986, 229; VI B 113/17, BFH/NV 2018, 1153; X B 6/18, BFH/NV 2020, 769, Rn. 34: Paraphe reicht nicht). Bei elektronischer Aktenführung (§ 52b) ist mE eine **qualifizierte elektronische Signatur** des Richters erforderlich (zweifelnd allerdings FG Nürnberg 4 K 635/20, EFG 2021, 867). Die Auflage mit Fristsetzung muss dem Kläger nach § 53 **zugestellt** werden (BFH V R 4/80, BStBl. II 1983, 421 (422); IV R 147/80, BStBl. II 1983, 476 (478); V R 1/99, BFH/NV 1999, 1616 mwN). Die Fristsetzung muss ferner mit einer ausführlichen **Belehrung über die Rechtsfolgen** der Versäumung der Frist versehen sein, weil nur dann nach § 79b III die Präklusionswirkung eintritt (→ Rn. 43). Die **Fristsetzung** ist als prozessleitende Verfügung **nicht mit der Beschwerde anfechtbar** (§ 128 II – → § 128 Rn. 6 ff.: BFH V B 62/04, BFH/NV 2005, 1319; XI B 134/05, BFH/NV 2006, 1109; VII S 18/11 (PKH), BFH/NV 2012, 52; III B 102/13, BFH/NV 2014, 1764). – Zu den Rechtsfolgen der Fristsetzung → Rn. 50 ff. 13

III. Fristsetzung nach § 79b II

1. Anwendungsbereich des § 79b II

15 Die Fristsetzung nach § 79b II kann **gegenüber allen Beteiligten** erfolgen, auch wenn sie nicht durch einen Bevollmächtigten vertreten sind (BFH IV B 119/10, BFH/NV 2012, 260). Sie kommt im Unterschied zu § 79b I idR erst in einer späteren Phase des Verfahrens in Betracht (→ Rn. 1), nämlich dann, wenn sich aus den Akten und/oder dem Vorbringen der Beteiligten die Notwendigkeit ergibt, dass die Beteiligten (weitere) Tatsachen angeben oder Beweismittel bezeichnen (Nr. 1) oder Urkunden oder andere bewegliche Sachen vorlegen oder elektronische Dokumente übermitteln (Nr. 2). § 79b II **konkretisiert** damit den **Untersuchungsgrundsatz** und ist Ausdruck der **Mitverantwortung der Beteiligten** für die Sachaufklärung (BFH IX R 22/00, BFH/NV 2003, 1198 (1199); auch → § 76 Rn. 1 f. und 44 ff.). Der Anwendungsbereich der Norm liegt daher in erster Linie im Bereich der **Begründetheit der Klage.** Je nach Fallgestaltung kann die Fristsetzung nach **§ 79b II** mit einer solchen nach **§ 79b I** oder auch nach **§ 65 II 2** (→ Rn. 7) **verbunden** werden, nämlich dann, wenn einerseits ein ergänzungsbedürftiges Klagebegehren vorliegt (→ Rn. 5 f.), andererseits aber das Vorbringen zur Begründetheit des Rechtsschutzbegehrens schon so weit gediehen ist, dass eine gezielte Aufklärungsverfügung nach § 79b II möglich ist.

Eine Fristsetzung nach § 79b II kommt mE in **Ausnahmefällen auch bei Zulässigkeitsfragen** in Betracht (glA ThürFG I 308/99, EFG 2000, 230). Denkbar ist zB, dass der Vorsitzende oder der Berichterstatter nach § 79b II Nr. 2 eine Urkunde über die Vertretungsbefugnis des für eine Gesellschaft Handelnden anfordert.

2. Anforderungen an die Fristsetzung nach § 79b II

20 Zuständig für die Fristsetzung ist der **Vorsitzende** oder der **Berichterstatter,** ggf. auch der **Einzelrichter** (→ Rn. 10). Die Fristsetzung steht in ihrem **Ermessen** (BFH III B 209/11, BFH/NV 2012, 1477: keine Pflicht). Sie können die Frist auch ohne Karenzzeit **sogleich nach Klageerhebung** setzten (vgl. NdsFG XII 35/94, EFG 1995, 581). Soweit BFH X R 65/09, BStBl. II 2012, 345 „angesichts des Verlusts grundlegender prozessualer Rechte" verlangt, dass der Richter vor der Frist nach § 79b II eine nicht präklusionsbewehrte „einfache" Aufklärungsanordnung nach § 79 I 2 Nr. 2 gesetzt hat, findet sich hierfür im Gesetz kein Anhaltspunkt. Auch die **Dauer der Frist** steht im Ermessen des Richters. Diese ist aber so zu bemessen, dass der Kläger in der Lage ist, der Aufforderung nachzukommen (s. auch BFH X R 65/09, BStBl. II 2012, 345). Dabei wird idR eine Frist von einem Monat angemessen sein (s. auch BFH XI B 120/04, BFH/NV 2006, 929: dreiwöchige Frist nach § 79b II zur Vorlage einer Spendenbescheinigung ist ausreichend). Je nach den Umständen des Einzelfalls kann aber auch eine längere Frist geboten sein, so zB dann, wenn umfangreiche Unterlagen zu länger zurückliegenden Jahren beizubringen sind (s. BFH I B 174/93, BFH/NV 1995, 977).

21 Die Aufforderung zur Angabe von Tatsachen, Bezeichnung von Beweismitteln, Vorlage von Urkunden oder anderen beweglichen Sachen sowie Übermittlung von elektronischen Dokumenten muss **„zu bestimmten Vorgängen"** erfolgen.

Aus dieser Formulierung lässt sich ableiten, dass der Richter in der Aufklärungsanordnung mit Fristsetzung **die für aufklärungs- oder beweisbedürftig erachteten Punkte so genau bezeichnen** muss, dass es dem Beteiligten möglich ist, diese ohne weiteres zu befolgen (BFH IX R 6/94, BStBl. II 1995, 545; IV B 119/10, BFH/NV 2012, 260; VI B 113/17, BFH/NV 2018, 1153). Gibt er ihm lediglich entsprechend dem Wortlaut des § 79b I auf, Tatsachen anzugeben, durch deren Berücksichtigung oder Nichtberücksichtigung im Verwaltungsverfahren er sich beschwert fühlt, so reicht dies für eine Fristsetzung nach § 79b II nicht aus (BFH IX R 22/00, BFH/NV 2003, 1198 (1199)). Bei der Vorlage von Urkunden oder beweglichen Sachen und der Übermittlung von elektronischen Dokumenten muss der Richter zudem nach Möglichkeit konkret angeben, **welche Urkunden, Sachen oder elektronischen Dokumente** er sehen möchte.

Auffordern kann der Vorsitzende oder Berichterstatter nach **§ 79b II Nr. 1** zur 22
Angabe von Tatsachen und zur Bezeichnung von Beweismitteln. **Tatsachen** sind sinnlich wahrnehmbare äußere oder innere Vorgänge. Nicht dazu gehören Rechtsausführungen (BFH I B 5/13, BFH/NV 2014, 700) Tatsachenbewertungen, wie zB Werturteile oder Urteile über Tatsachen sowie rechtliche Schlussfolgerungen aus Tatsachen (ausführlich → § 81 Rn. 3). Aus diesem Grunde kann der Richter einen Beteiligten (idR den Kläger) **nicht** nach § 79b II Nr. 1 auffordern, eine **Steuererklärung einzureichen,** weil eine Steuererklärung eine Verfahrenshandlung ist, die eine Wissenserklärung über die in der Steuererklärung aufgeführten Tatsachen und zugleich rechtliche Schlussfolgerungen des Steuerpflichtigen enthält und damit mehr ist als bloßer Tatsachenvortrag zu „bestimmten Vorgängen" (BFH VI R 182/99, BFH/NV 2000, 1481; III B 111/02, BFH/NV 2003, 1434; IV B 119/10, BFH/NV 2012, 260). Aus diesem Grund erweist sich § 79b II **in Schätzungsfällen** dann als **unzureichend,** wenn zwar genügend zur Beschwer vorgetragen ist, aber zu wenig, um eine konkrete richterliche Maßnahme nach § 79b II zu erlauben (s. aber auch BFH I B 5/13, BFH/NV 2014, 700, wonach zu den Tatsachen der dem Rechtsstreit zugrundeliegende Sachverhalt gehört und damit auch eventuelle Schätzungsgrundlagen). **Beweismittel** sind nach § 81 I 2 die Einnahme des Augenscheins, die Vernehmung von Zeugen, Sachverständigen und Beteiligten sowie die Heranziehung von Urkunden (ausführlich → § 81 Rn. 17, auch zur Einholung amtlicher Auskünfte).

Nach **§ 79b II Nr. 2** kann der Vorsitzende oder Berichterstatter die Vorlage 23
von Urkunden oder anderen beweglichen Sachen sowie Übermittlung von elektronischen Dokumenten verlangen. **Urkunden** sind durch Niederschrift verkörperte Gedankenerklärungen, die geeignet sind, Beweis für streitiges Beteiligtenvorbringen zu erbringen (BGH V ZR 127/74, NJW 1976, 294; Zöller/Feskorn Vor § 415 Rn. 2 mwN). **Bewegliche Sachen** sind solche iSv § 90 BGB. **Elektronische Dokumente** sind Schriftstücke, die in elektronischer Form vorliegen. Eine Frist nach § 79b II darf mE im Regelfall nicht gesetzt werden, solange es dem Kläger objektiv unmöglich ist, verfahrenswesentliche beschlagnahmte Unterlagen zumindest in Kopie zu erhalten (BFH X B 6/18, BFH/NV 2020, 769, Rn. 35 zu § 79b I).

Der Richter muss die **Aktenverfügung der Fristsetzung mit vollem** 24
Namen unterzeichnen. Bei elektronischer Aktenführung (§ 52b) ist mE eine **qualifizierte elektronische Signatur** des Richters erforderlich (zweifelnd allerdings FG Nürnberg 4 K 635/20, EFG 2021, 867). Die Auflage mit Fristsetzung muss dem Kläger nach § 53 **zugestellt** werden (→ Rn. 13 mwN). Die Fristsetzung muss ferner mit einer ausführlichen **Belehrung über die Rechtsfolgen**

der Versäumung der Frist versehen sein, weil nur dann nach § 79b III die Präklusionswirkung eintritt (→ Rn. 43). Die **Fristsetzung** ist als prozessleitende Verfügung **nicht mit der Beschwerde anfechtbar** (§ 128 II – → § 128 Rn. 7 ff.; BFH XI B 132/97, BFH/NV 1998, 608; III B 78/03, BFH/NV 2003, 1444; V B 62/04, BFH/NV 2005, 1319; XI B 134/05, BFH/NV 2006, 1109; VII S 18/11 (PKH), BFH/NV 2012, 52; III B 102/13, BFH/NV 2014, 1764). – Zu den Rechtsfolgen der Fristsetzung → Rn. 50 ff.

IV. Die Präklusion (§ 79b III)

1. Fristversäumnis durch den Kläger oder Beteiligten

30 Für den Fall der Versäumung einer nach § 79b I oder II wirksam (BFH IV B 119/10, BFH/NV 2012, 260 zum Gegenstand der Fristsetzung) gesetzten Frist sieht § 79b III die Nichtberücksichtigung verspäteten Vorbringens und verspätet beigebrachter Beweismittel bei der Entscheidungsfindung vor, allerdings nur dann, wenn alle dort genannten Voraussetzungen (→ Rn. 35–45) erfüllt sind (BFH IV R 23/98, BStBl. II 1999, 664; II B 21/01, BFH/NV 2002, 801; VII B 295/03, BFH/NV 2004, 1415 (1416); X B 28/05, BFH/NV 2005, 2038; s. dazu auch BFH X B 28/05, BFH/NV 2005, 2038 und VIII B 150/04, BFH/NV 2006, 299: keine Verletzung des Rechts auf Gehör). Erforderlich ist für die Präklusion zunächst, dass der Richter die **Frist wirksam gesetzt** hatte, was auch die Einhaltung aller **Formalien** erfordert (→ Rn. 13 und 24 zur Unterzeichnung und Zustellung der Fristsetzung).

31 Der Kläger (§ 79b I, → Rn. 5) oder der Beteiligte (§ 79b II, → Rn. 15) muss die nach § 79b I oder § 79b II gesetzte **Frist versäumt** haben. Das kann zum einen der Fall sein, wenn er innerhalb der Frist **gar nicht reagiert** und zum anderen, wenn er die erforderlichen Angaben erst nach Ablauf der Frist macht, wobei für die **Fristberechnung** § 54 gilt (→ § 54 Rn. 1 ff.; zur Fristbemessung → Rn. 11). Eine **Wiedereinsetzung** in den vorigen Stand nach § 56 scheidet bei einer solchen Verspätung aus. § 56 bezieht sich ausdrücklich nur auf gesetzliche Fristen, zu denen die Fristen nach § 79b I und II als richterliche Fristen nicht gehören. Auf richterliche Fristen findet § 56 nur kraft ausdrücklicher gesetzlicher Regelung Anwendung (s. §§ 60a S. 8, 65 II 3). Für die Fristsetzung nach § 79b fehlt eine solche Regelung. Diese ist auch nicht erforderlich, weil die Versäumung dieser Frist nach § 79b III 1 Nr. 2 ohne zeitliche Begrenzung bis zum Schluss der mündlichen Verhandlung entschuldigt werden kann (BFH X B 243, 244/94, BStBl. II 1995, 417; VI B 5/22, BFH/NV 2022, 1205, Rn. 22; Gosch/Stalbold § 79b Rn. 41).

32 Die nach § 79b I oder II gesetzte Frist kann auch dann versäumt sein, wenn der Kläger (§ 79b I, → Rn. 5) oder der Beteiligte (§ 79b II, → Rn. 15) innerhalb der Frist nur **unzureichende Angaben** macht. So ist jedenfalls zur Erfüllung einer Aufforderung nach **§ 79b I** ein **substantiiertes Vorbringen** erforderlich (BFH X B 243, 244/94, BStBl. II 1995, 417; X R 18/99, BFH/NV 2001, 170 (171); IX R 22/00, BFH/NV 2003, 1198 (1199); FG Köln 3 K 2008/07, EFG 2014, 451), so dass bloße Bezugnahmen auf die Finanzamtsakten oder pauschale Hinweise auf Steuererklärungen grundsätzlich nicht ausreichen (FG Köln 13 K 1281/95, EFG 1996, 1170). Ebenso muss der Kläger oder Beteiligte bei einer Fristsetzung nach **§ 79b II** etwaige **Beweismittel eindeutig bezeichnen,** so

dass dem Gericht eine Beiziehung der Beweismittel möglich ist. Dazu gehören zB bei einer Zeugenbenennung Name und Anschrift des Zeugen, selbst wenn das Gericht Letztere im Rahmen des Untersuchungsgrundsatzes nochmals zu überprüfen hat.

2. Verzögerung des Rechtsstreits – § 79b III 1 Nr. 1

Hat der Kläger (§ 79b I, → Rn. 5) oder der Beteiligte (§ 79b II, → Rn. 15) 35
die nach § 79b I oder II angeforderten Erklärungen und Beweismittel erst nach Ablauf der wirksam gesetzten Frist eingereicht (→ Rn. 30 ff.), so tritt die Präklusionswirkung nach § 79b III 1 Nr. 1 nur dann ein, wenn die Zulassung dieser Erklärungen und Beweismittel nach der freien Überzeugung des Gerichts (→ § 96 Rn. 80 ff.) die Erledigung des Rechtsstreits verzögern würde. Um dies beurteilen zu können, muss das Gericht verspätet vorgelegte Erklärungen und Beweismittel zur Kenntnis nehmen (BFH X B 40/19, BFH/NV 2020, 231, Rn. 30). Tritt danach keine Verzögerung ein, sind die Erklärungen und Beweismittel zu berücksichtigen.

Eine Verzögerung liegt nach dem sog. **absoluten Verzögerungsbegriff** dann 36
vor, wenn der **Rechtsstreit bei Zulassung länger dauert als bei Zurückweisung** (BVerfG 1 BvR 903/85, BVerfGE 75, 302 (316); BFH IV R 23/98, BStBl. II 1999, 664; BGH VII ZR 284/78, BGHZ 75, 138; Kopp/Schenke/Schenke VwGO § 87b Rn. 11). Das ist idR nur dann der Fall, wenn der Kläger oder der Beteiligte die erforderlichen Angaben erst in der **mündlichen Verhandlung** macht oder so **kurz zuvor,** dass eine Verwertung dieser Angaben ohne eine Vertagung oder Verschiebung der mündlichen Verhandlung nicht mehr möglich ist (BFH VII B 295/03, BFH/NV 2004, 1415 (1416); V B 20/04, BFH/NV 2004, 1669 (1670); IV B 119/10, BFH/NV 2012, 260; VI B 135/12, BFH/NV 2013, 569; VI B 5/22, BFH/NV 2022, 1205, Rn. 17: Verzögerung wäre eingetreten, weil es dem FA nicht zuzumuten gewesen wäre, innerhalb weniger Stunden zu dem umfangreichen Schriftsatz des Klägers mit zahlreichen Beweisanträgen Stellung zu nehmen). In erster Linie betrifft dies verspätete Beweisanträge, wie zB der Benennung von Zeugen in der mündlichen Verhandlung oder wenige Tage vor der mündlichen Verhandlung, so dass diese nicht mehr geladen werden können (dazu BFH I B 174/93, BFH/NV 1995, 977; VIII B 150/04, BFH/NV 2006, 299; s. aber auch BFH VIII R 60/93, BFH/NV 1995, 717 (719) mwN: keine Verzögerung bei in der mündlichen Verhandlung präsentem Zeugen). Eine Verzögerung kann aber auch eintreten, wenn der in sich widersprüchliche Sachvortrag nicht mehr rechtzeitig vor der bereits anberaumten mündlichen Verhandlung aufgeklärt werden kann (FG BW 1 K 40/93, EFG 1999, 756). Hat das Gericht eine **mündliche Verhandlung noch nicht angesetzt,** so ist eine Verzögerung des Rechtsstreits durch Erklärungen und Beweismittel, die erst nach Ablauf einer nach § 79b I und II gesetzten Frist vorgebracht wurden, kaum denkbar. Darin liegt die Unzulänglichkeit der Regelung für die Bedürfnisse der Praxis.

Haben die Beteiligten auf die **Durchführung einer mündlichen Verhandlung verzichtet,** so sind nach Ablauf einer nach § 79b II gesetzten Frist vorge- 37
brachte Erklärungen und Beweismittel jedenfalls dann zurückzuweisen, wenn sich zum Zeitpunkt des Eingangs des Schriftsatzes das Urteil bereits zur Ausfertigung in der Geschäftsstelle des Senats befindet; die Berücksichtigung der Erklärungen und Beweismittel würde zu einer Verzögerung des Rechtsstreits führen (NdsFG

2 K 772/00, EFG 2003, 789). In allen anderen Fällen dürfte es wiederum nicht zu einer Verzögerung des Rechtsstreits kommen.

3. Entschuldigung der Verspätung – § 79b II 1 Nr. 2

40 Eine Präklusion des verspäteten Vorbringens ist ferner dann ausgeschlossen, wenn der Kläger (§ 79b I, → Rn. 5) oder der Beteiligte (§ 79b II, → Rn. 15) die Verspätung genügend **entschuldigt** und den Entschuldigungsgrund nach § 79b III 2 auf Verlangen des Gerichts **glaubhaft macht** (§ 155 FGO iVm § 294 ZPO; auch → § 56 Rn. 117). Dies ist **bis zum Schluss der mündlichen Verhandlung** möglich (BFH X B 243, 244/94, BStBl. II 1995, 417). Als **Entschuldigungsgründe** kommen alle Gründe in Betracht, die auch eine Wiedereinsetzung in den vorigen Stand rechtfertigen würden (→ § 56 Rn. 20ff.; zum Auslandsaufenthalt s. BFH X B 137/01, BFH/NV 2002, 1459 u. X R 26/00, BFH/NV 2002, 1591). **Keine hinreichende Entschuldigung** liegt hingegen vor, wenn sich der Kläger darauf beruft, dass er **umfangreiches Material** zu Vorgängen zusammentragen müsse, die zehn Jahre zurücklägen. Das gilt jedenfalls dann, wenn die Frist ausreichend lang bemessen war (BFH I B 174/93, BFH/NV 1995, 977).

4. Belehrung über die Folgen der Säumnis – § 79b III 1 Nr. 3

43 Weitere Voraussetzung für die Präklusion ist, dass die Fristsetzung mit einer **Belehrung** versehen war, aus der sich die Rechtsfolgen der Fristversäumnis ersehen lassen. Diese Belehrung muss auch für einen Laien verständlich sein. Ein bloßer Hinweis auf die Regelung des § 79b III reicht deshalb nicht aus. In der Belehrung muss vielmehr – dem Wortlaut des § 79b III entsprechend – ausgeführt werden, dass das Gericht Erklärungen und Beweismittel, die erst nach Ablauf der gesetzten Frist vorgebracht werden, zurückweisen und ohne weitere Ermittlungen entscheiden kann. Die Belehrung muss ferner auf die Ausnahmen hinweisen und angeben, dass dies nur dann gilt, wenn die Zulassung der verspätet vorgebrachten Erklärungen und Beweismittel nach der freien Überzeugung des Gerichts die Erledigung des Rechtsstreits verzögern würde (§ 79b III 1 Nr. 1), der Beteiligte die Verspätung nicht genügend entschuldigt (§ 79b III 1 Nr. 2), der Beteiligte über die Folgen einer Fristversäumung belehrt worden ist (§ 79b III 1 Nr. 3) und wenn es mit geringem Aufwand möglich ist, den Sachverhalt auch ohne Mitwirkung des Beteiligten zu ermitteln (§ 79b III 3). Die Belehrung sollte ferner angeben, dass ein eventueller Entschuldigungsgrund auf Verlangen des Gerichts glaubhaft zu machen ist (§ 79b III 2).

5. Sachverhaltsaufklärung mit geringem Aufwand auch ohne Mitwirkung der Beteiligten

45 Die Präklusion ist nach § 79b III 3 schließlich auch dann ausgeschlossen, wenn das Gericht den Sachverhalt mit **geringem Aufwand** auch ohne die Mitwirkung der Beteiligten aufklären kann. Dies ist Ausdruck des Amtsermittlungsgrundsatzes und setzt voraus, dass überhaupt andere **Erkenntnismittel bekannt** sind und ohne besonderen Aufwand herangezogen werden können (Gosch/Stalbold § 79b Rn. 78 und 82). Inwieweit das der Fall ist, hängt von den Umständen des Einzelfalls ab. Das Gericht wird aber **beigezogene Akten** darauf überprüfen müssen, ob sie Aufschluss über die noch aufklärungsbedürftigen Umstände geben. Auch

die Einholung von **Auskünften** beim FA oder anderen Behörden, wie etwa dem Einwohnermeldeamt oder die Ladung eines dem Gericht bekannten Zeugen sind ohne größeren Aufwand möglich (Gosch/Stalbold § 79b Rn. 83). **Zu verneinen** ist die weitere Sachverhaltsaufklärung aber dann, wenn es um Umstände geht, die in den Wissensbereich eines Prozessbeteiligten fallen. Auch **in Schätzungsfällen** ist eine Sachverhaltsaufklärung oftmals nur mit größerem Aufwand möglich. Das gilt jedenfalls in Vollschätzungsfällen, wenn der Stpfl auch im gerichtlichen Verfahren keine Steuererklärung eingereicht hat. Liegt eine Steuererklärung vor und sind einzelne Punkte streitig, so etwa auch eine eventuelle Hinzuschätzung, so hängt es vom Einzelfall ab, ob eine Sachverhaltsaufklärung mit geringem Aufwand möglich ist.

6. Rechtsfolge

Hat der Kläger (§ 79b I, → Rn. 5) oder der Beteiligte (§ 79b II, → Rn. 15) **50**
die gesetzte Frist versäumt (s. dazu BFH III B 134/15, BFH/NV 2016, 1571), ist er auf die Folgen der Säumnis hingewiesen worden (§ 79b III 1 Nr. 3), würde die Zulassung der verspätet vorgebrachten Erklärungen und Beweismittel die Verzögerung des Rechtsstreits zur Folge haben (§ 79b III 1 Nr. 1), ist die Verspätung nicht genügend entschuldigt worden (§ 79b III 1 Nr. 2) und ist eine Aufklärung des Sachverhalts ohne die Mitwirkung des Beteiligten nicht mit geringem Aufwand möglich, so kann das Gericht die Erklärungen und Beweismittel zurückweisen und ohne weitere Ermittlungen entscheiden (zum Erfordernis, dass diese Merkmale alle erfüllt sein müssen s. BFH IV R 23/98, BStBl. II 1999, 664; II B 21/01, BFH/NV 2002, 801; VII B 295/03, BFH/NV 2004, 1415 (1416); X B 28/05, BFH/NV 2005, 2038). Wie sich bereits aus dem Wortlaut der Norm ergibt, handelt es sich dabei um eine **Ermessensentscheidung** des Gerichts („kann"), wobei die Zurückweisung des verspäteten Vorbringens bei Vorliegen der genannten Voraussetzungen grundsätzlich nicht ermessensfehlerhaft ist (s. aber zum Ermessensnichtgebrauch BFH X B 110/15, BFH/NV 2016, 1481; VI B 5/22, BFH/NV 2022, 1205, Rn. 4: kein Verstoß gegen den Grundsatz der Gewährung rechtlichen Gehörs). Etwas Anderes kann ausnahmsweise dann gelten, wenn der säumige Kläger geltend macht, dass der Prozess für ihn eine existenzielle Bedeutung hat und die Frist unvermittelt gesetzt und/oder nur geringfügig überschritten wurde oder die Gefahr der Verzögerung des Rechtsstreits in gleicher Weise auf das Verhalten des Gerichts wie auf dasjenige des säumigen Beteiligten zurückging (BFH VI B 5/22, BFH/NV 2022, 1205, Rn. 20). Auf derartige Aspekte muss das Gericht im Rahmen seiner Ermessensabwägung ebenso eingehen, wie auf ein vom Kläger vorgebrachtes fehlendes Verschulden (BFH X B 6/18, BFH/NV 2020, 769, Rn. 38 zu beschlagnahmten Unterlagen).

Die Zurückweisung des verspäteten Vorbringens hat zur Folge, dass das Gericht **51**
nach dem Sachstand entscheidet, der sich ohne den verspäteten Vortrag ergibt; das Gericht muss das zurückgewiesene Vorbringen im Rahmen seiner Überzeugungsbildung (§ 96 I 1) nicht berücksichtigen und sich damit auch in den Gründen seiner Entscheidung nicht auseinandersetzen, ohne gegen § 119 Nr. 6 zu verstoßen (BFH VI B 5/22, BFH/NV 2022, 1205, Rn. 4). Im Fall des § 79b I ergeht regelmäßig ein **Prozessurteil,** mit dem die Klage als unzulässig abgewiesen wird (BFH III B 90/16, BFH/NV 2017, 1324 mwN; s. auch BFH II B 112/99, BFH/NV 2000, 1103 für den Fall, dass Unterlagen durch die Steufa beschlagnahmt sind). Die Versäumung einer nach § 79b II gesetzten Frist kann zu einer **Entschei-**

dung nach Aktenlage ohne weitere Sachprüfung führen (BFH II B 23/06, BFH/NV 2007, 495 mwN; VII S 17/08 (PKH), BFH/NV 2009, 203).

52 Weist das Gericht ein Vorbringen **zu Unrecht** als verspätet zurück, so ist das keine (isolierte) „Entscheidung" iSd § 124 II (s. dort), die der revisionsrechtlichen Prüfung entzogen wäre. Vielmehr liegt darin ein **Verfahrensmangel,** und zwar auch, weil dadurch idR rechtliches Gehör verletzt wird (BVerfG 1 BvR 1635/89, NJW 1982, 679; BFH IX R 22/00, BFH/NV 2003, 1198; VII B 295/03, BFH/NV 2004, 1415; I B 86/05, BFH/NV 2006, 1319; zum **Verlust des Rügerechts** BFH I B 13/02, BFH/NV 2003, 1055).

§ 80 [Anordnung des persönlichen Erscheinens]

(1) **[1]Das Gericht kann das persönliche Erscheinen eines Beteiligten anordnen. [2]§ 141 Absatz 1 Satz 2 der Zivilprozessordnung gilt entsprechend. [3]Für den Fall des Ausbleibens kann es Ordnungsgeld wie gegen einen im Vernehmungstermin nicht erschienenen Zeugen androhen. [4]Bei schuldhaftem Ausbleiben setzt das Gericht durch Beschluss das angedrohte Ordnungsgeld fest. [5]Androhung und Festsetzung des Ordnungsgelds können wiederholt werden.**

(2) **Ist Beteiligter eine juristische Person oder eine Vereinigung, so ist das Ordnungsgeld dem nach Gesetz oder Satzung Vertretungsberechtigten anzudrohen und gegen ihn festzusetzen.**

(3) **Das Gericht kann einer beteiligten öffentlich-rechtlichen Körperschaft oder Behörde aufgeben, zur mündlichen Verhandlung einen Beamten oder Angestellten zu entsenden, der mit einem schriftlichen Nachweis über die Vertretungsbefugnis versehen und über die Sach- und Rechtslage ausreichend unterrichtet ist.**

Vgl. § 95 VwGO; § 111 SGG; § 141 ZPO; § 51 ArbGG.

Literatur: Mittelbach, Zur Zulässigkeit der Anordnung des persönlichen Erscheinens vor den Finanzgerichten, DStZA 1997, 468; Vonderau, Anordnung des persönlichen Erscheinens von juristischen Personen, NZA 1991, 336.

I. Allgemeines

1 Seine wesentliche praktische Bedeutung erhält **§ 80** durch **§ 79 I 2 Nr. 5,** der die **Anordnung des persönlichen Erscheinens eines Beteiligten** durch den Vorsitzenden oder den Berichterstatter im vorbereitenden Verfahren behandelt (→ Rn. 5; → § 79 Rn. 8) und auf § 80 verweist. Eine **originäre Bedeutung** des § 80 besteht dann, wenn das persönliche Erscheinen eines Beteiligten **im Rahmen oder aufgrund einer mündlichen Verhandlung** angeordnet wird. – Zur Durchsetzung der Anordnung → Rn. 6, 10, 14. – Die Anordnung nach § 80 ist im Hinblick darauf, dass die Ladung zum Termin nicht auch zum Erscheinen verpflichtet (§ 91 II), vor allem in den Fällen geboten, in denen das Gericht im Interesse der Beschleunigung des Verfahrens (**Konzentrationsmaxime;** BFH V B 77/12, BStBl. II 2013, 28) eine mündliche Erläuterung und ggf. Ergänzung des Vorbringens durch den Beteiligten selbst (Anhörung) für notwendig erachtet, zB weil es um persönliche Verhältnisse geht, die umfassend nur der Beteiligte

selbst kennen kann (vgl. BFH X B 122/17, BFH/NV 2018, 630). § 80 ist deshalb eine Vorschrift, die es dem Gericht ermöglicht, die Beteiligten zur Erfüllung ihrer Mitwirkungspflichten (§ 76 I 2–4) anzuhalten und damit der Aufklärung des Sachverhalts dient (BFH X B 103/10, BFH/NV 2011, 618; V B 77/12, BStBl. II 2013, 28). Die **Abgabe von Erklärungen** seitens des Beteiligten **kann** jedoch **nicht durchgesetzt** werden (Kopp/Schenke/Schenke VwGO § 95 Rn. 1).

Die Anordnung des persönlichen Erscheinens eines Beteiligten erfolgt zum 2
Zwecke seiner **Anhörung.** Von ihm abgegebene Erklärungen (Erläuterungen und Ergänzungen seines schriftlichen Vortrags) sind daher lediglich als **Parteivorbringen** zu werten (BVerwG VII C 143/60, NJW 1962, 1736; VII C 58.61, BVerwGE 17, 127; HHS/Thürmer § 80 Rn. 13). – Will das Gericht ihn als **Beteiligten vernehmen,** bedarf es eines förmlichen Beweisbeschlusses (§ 82 FGO iVm § 450 ZPO – → § 82 Rn. 42).

II. Die Anordnung des persönlichen Erscheinens (§ 80 I, II)

1. Adressaten der Anordnung

Angeordnet werden kann das persönliche Erscheinen natürlicher Personen, 3
soweit sie **Beteiligte** sind (§ 80 I 1) oder soweit sie gesetzliche oder satzungsmäßige Vertreter einer am Verfahren beteiligten juristischen Person oder einer am Verfahren beteiligten Vereinigung sind (§ 80 II). – Wer Beteiligter ist, ergibt sich aus § 57. Prozessbevollmächtigte der Beteiligten gehören nicht dazu, wohl aber Prozessunfähige und deren gesetzliche Vertreter (Tipke/Kruse/Krumm § 80 Rn. 4). – § 80 II erfasst **juristische Personen** des privaten und des öffentlichen Rechts (auch als Beklagte – vgl. Kopp/Schenke/Schenke VwGO § 95 Rn. 2; Schoch/Schneider/Rudisile VwGO § 95 Rn. 13) sowie **nichtrechtsfähige Personenvereinigungen.** Die Anordnung ist an die vertretungsberechtigten natürlichen Personen zu richten (BFH V B 44/10, BFH/NV 2011, 2084; bei mehreren zur Alleinvertretung Berechtigten kann das Gericht auswählen, bei mehreren nur zur gemeinsamen Vertretung Berechtigten muss sich die Anordnung auf alle erstrecken – Schoch/Schneider/Rudisile VwGO § 95 Rn. 12). Dementsprechend können die gesetzlich vertretungsberechtigten Personen nicht als Zeugen benannt und vernommen werden (→ § 82 Rn. 17).

2. Die Anordnung (Form und Inhalt, Bekanntgabe)

Die Anordnung des persönlichen Erscheinens steht im **Ermessen** des Gerichts. 4
Es bedarf also einer Interessenabwägung im Einzelfall. Dabei spricht nicht gegen eine Anordnung des persönlichen Erscheinens, dass der Beteiligte angekündigt hat, keine Angaben machen zu wollen (BFH X B 103/10, BFH/NV 2011, 618). Umgekehrt besteht kein Anspruch auf die Anordnung des persönlichen Erscheinens, so dass sein Unterlassen keinen Verfahrensfehler darstellt (BFH IX B 41/10, BFH/NV 2010, 2239; IX B 22/13, BFH/NV 2013, 1608; VIII B 34/19, BFH/NV 2020, 617). Denn es steht dem Beteiligten frei, auch ohne eine Anordnung nach §§ 79 I 2 Nr. 5, 80 an der mündlichen Verhandlung teilzunehmen. Eine **Ermessensreduzierung** besteht, soweit umstritten ist, ob der Stpfl. den für eine **Steuerhinterziehung** oder leichtfertige Steuerverkürzung erforderlichen subjektiven Tatbestand erfüllt hat. Insoweit kommt es auf einen persönlichen Eindruck vom Stpfl. und dessen Anhörung an (BFH VIII R 84/89, BStBl. II

1992, 9; IV R 2/09, BFH/NV 2012, 1309 aE; X B 33/13, BStBl. II 2013, 997 aE).

4a Das Erscheinen im Wege der **Videokonferenz** kann gestattet oder angeordnet werden (§ 80 I 2 FGO iVm § 141 I 2 ZPO). Diese Vorschrift ist durch das G zur Förderung des Einsatzes von Videokonferenztechnik in der Zivilgerichtsbarkeit und den Fachgerichtsbarkeiten v. 15.7.2024 (BGBl. 2024 I Nr. 237) eingefügt worden (→ § Vor § 1 Rn. 55). Anders als § 155 S. 1 FGO iVm § 128a III 1 ZPO enthalten § 80 I 2 FGO iVm § 141 I 2 ZPO keine Sollvorschrift und damit Ermessensvorprägung für eine Gestattung, wenn der Beteiligte dies beantragt. Dies entspricht der Rechtslage für Beweiserhebungen (§ 82 FGO iVm § 284 II ZPO; → § 82 Rn. 2a). Der Verweis des § 141 I 2 ZPO auf § 128a ZPO bezieht sich in erster Linie auf die Einspruchsbefugnis im Falle der Anordnung der Videokonferenz (BR-Drs. 228/23, 59). Wegen der Ermessenskriterien kann auf die Ausführungen zu § 284 II ZPO und § 128a ZPO verwiesen werden (→ § 82 Rn. 2a; → § 90 Rn. 41 ff.; sehr restriktiv zur alten Rechtslage FG Hmb 4 K 51/23, BeckRS 2023, 23581).

5 Die Anordnung muss durch förmlichen **Beschluss** des Senats (Besetzung: § 5 III 2 bzw. § 10 III) oder des Einzelrichters (§§ 6, 79a III, IV) erfolgen. Allerdings besteht iRd vorbereitenden Verfahrens eine **inhaltsgleiche Anordnungskompetenz** für den Vorsitzenden oder Berichterstatter **(§ 79 I 2 Nr. 5).** Da der zeitliche Anwendungsbereich des vorbereitenden Verfahrens bis zum Beginn der mündlichen Verhandlung dauert (HHS/Thürmer § 79 Rn. 26; Gosch/Stalbold § 79 Rn. 8), kann zB der Vorsitzende iRd Ladung zur mündlichen Verhandlung in einer Senatssache nach § 79 I 2 Nr. 5 das persönliche Erscheinen eines Beteiligten anordnen (BFH X B 103/10, BFH/NV 2011, 618; Tipke/Kruse/Krumm § 80 Rn. 4).

6 Die Anordnung des persönlichen Erscheinens kann für den Fall des Ausbleibens mit der **Androhung eines Ordnungsgeldes** verbunden werden. Die Androhung muss bereits einen **bestimmten Betrag** nennen (§ 80 I 4 erlaubt nur die Festsetzung des „angedrohten" Ordnungsgeldes), andernfalls ist sie unwirksam und folglich als Grundlage zur Festsetzung eines Ordnungsgeldes (→ Rn. 14) nicht ausreichend (BFH VI B 99/67, BStBl. II 1968, 443; FG BW 14 K 498/91, EFG 1998, 386). – Zur **Höhe des Ordnungsgeldes** → Rn. 10.

7 Der Beschluss ist dem **Beteiligten persönlich zuzustellen** (§ 53 I), auch wenn er durch einen Prozessbevollmächtigten vertreten ist (BFH I B 131/93, BFH/NV 1994, 800). § 62 VI 4 greift hier nicht ein, weil von dem Beteiligten selbst ein bestimmtes Verhalten verlangt wird. Der **Prozessbevollmächtigte** ist von der Anordnung aber in Kenntnis zu setzen (Tipke/Kruse/Krumm § 80 Rn. 4; Gosch/Hartman § 80 Rn. 92). – **Zum Termin** sind sowohl der Beteiligte selbst als (ggf.) auch der Prozessbevollmächtigte zu **laden.**

8 Der **Anordnungsbeschluss** ist als prozessleitende Verfügung **unanfechtbar** (§ 128 II – BFH II B 2/97, BStBl. II 1997, 411). Die Versagung der Beschwerdemöglichkeit ist gerechtfertigt, weil der Beschluss, durch den das Ordnungsgeld festgesetzt wird (→ Rn. 14), anfechtbar ist und dabei die Rechtmäßigkeit der Anordnung überprüft werden kann und muss.

3. Folgen des Ausbleibens

9 Der Beteiligte bzw. der oder die gesetzlichen oder satzungsmäßigen Vertreter einer am Verfahren beteiligten juristischen Person bzw. nichtrechtsfähigen Vereini-

gung müssen die Anordnung im Allgemeinen persönlich befolgen. Mit Zustimmung des Gerichts (ggf. des Einzelrichters) kann im Einzelfall die **Entsendung eines sachkundigen Vertreters** genügen (HHS/Thürmer § 80 Rn. 100; Gosch/Hartman § 80 Rn. 335; Tipke/Kruse/Krumm § 80 Rn. 5; Schoch/Schneider/Rudisile VwGO § 95 Rn. 11).

- Bleibt der Beteiligte usw **unentschuldigt** aus, hat das Gericht (ggf. der Einzelrichter) das **Ordnungsgeld** grds. – sofern es zuvor angedroht worden ist (→ Rn. 6) – „wie gegen einen im Vernehmungstermin nicht erschienenen Zeugen" **betragsmäßig festzusetzen** (kein Ermessen Tipke/Kruse/Krumm § 80 Rn. 6; aA FG BW 1 K 1891/20, BeckRS 2020, 40215; HHS/Thürmer § 80 Rn. 71; Gosch/Hartman § 80 Rn. 72). Das Ordnungsgeld beträgt mind. 5 EUR, höchstens 1.000 EUR (§ 80 I 2, 3, Art. 6 I 1 EGStGB). – Die Festsetzung kann – nach erneuter Androhung und Ladung – so oft **wiederholt** werden, bis der Beteiligte erscheint (§ 80 I 5). Die **zwangsweise Vorführung** des Beteiligten usw oder die Verhängung von **Erzwingungshaft** ist mangels einer gesetzlichen Grundlage **unzulässig.** – Trotz unentschuldigten Ausbleibens des Beteiligten usw ist von der Festsetzung des Ordnungsgeldes abzusehen, wenn sich in der Verhandlung (im Termin) herausstellt, dass die Anordnung des persönlichen Erscheinens überflüssig war oder jedenfalls nicht zu einer Verfahrensverzögerung geführt hat (BFH V B 77/12, BStBl. II 2013, 28; Tipke/Kruse/Krumm § 80 Rn. 6). **10**
- Das Nichterscheinen des Beteiligten usw kann bei der Entscheidung des Rechtsstreits als **Verletzung der Mitwirkungspflicht** gewertet werden (BFH V R 9/71, BStBl. II 1972, 952), wenn sein Verschulden feststeht. Dies ist im Allgemeinen beim erstmaligen Ausbleiben noch nicht der Fall. Erst wenn der Beteiligte nach erneuter Ladung und Androhung eines Ordnungsgeldes den Termin ohne ausreichende Entschuldigung versäumt, kann ein schuldhaftes Verhalten angenommen werden (BFH VIII B 52/07, BFH/NV 2008, 84 (85)). Entscheidet das Gericht den Streitfall schon im ersten Termin und würdigt es dabei das Ausbleiben des Beteiligten als Verletzung der Mitwirkungspflicht, kann der Anspruch auf **rechtliches Gehör** verletzt sein (BFH VII S 66/07 (PKH), BFH/NV 2008, 1853 (1854); VII B 84/09, BFH/NV 2010, 1637; X B 174/13, BFH/NV 2014, 1725). **11**
- Bei der Prüfung, ob einem **Vertagungsantrag** des Beteiligten (§ 155 S. 1 FGO iVm § 227 ZPO – → § 91 Rn. 2 ff.) entsprochen werden muss, ist zu berücksichtigen, dass das Gericht seine persönliche Anhörung für notwendig erachtet hat. **12**
- Die durch das Ausbleiben verursachten **Verfahrenskosten** sind ggf. dem Beteiligten aufzuerlegen (§ 29 Nr. 1 GKG und § 137 S. 2). **13**

14 Das **Ordnungsgeld** ist **durch Beschluss** des Senats bzw. des Einzelrichters (§§ 6, 79a III, IV) **festzusetzen.** Der Beschluss muss begründet werden (§ 113 II). Er ist dem betroffenen Beteiligten zuzustellen (§ 53 I), in den Fällen des § 80 II dem Vertretungsberechtigten (BFH V B 44/10, BFH/NV 2011, 2084; HHS/Thürmer § 80 Rn. 82; Gosch/Hartman § 80 Rn. 98; aA BGH BLw 3/16, NJW-RR 2017, 1446; OLG Hamm I-18 W 42/12, NJW-RR 2013, 575; OLG Karlsruhe 9 U 109/16, NJW-RR 2019, 382 zu § 141 III ZPO). Der Beschluss ist im Gegensatz zum Anordnungsbeschluss (→ Rn. 8) mit der **Beschwerde** (§ 128 I) anfechtbar. Weist der Beteiligte im Beschwerdeverfahren nach, dass er den **Termin schuldlos versäumt** hat, muss der Festsetzungsbeschluss aufgehoben werden (vgl. Gosch/Hartman § 80 Rn. 99 ff.).

III. Die Anordnung der Entsendung eines Beamten oder Angestellten (§ 80 III)

1. Bedeutung der Vorschrift, Adressat der Anordnung

15 Nach § 80 III kann das Gericht einer am Verfahren beteiligten öffentlich-rechtlichen Körperschaft oder Behörde aufgeben, zur mündlichen Verhandlung einen Beamten oder Angestellten zu entsenden, der mit einem schriftlichen Nachweis über die Vertretungsbefugnis versehen und über die Sach- und Rechtslage ausreichend unterrichtet ist. – Die **Entsendung eines sachkundigen Vertreters** soll der besseren Klärung der Sache dienen. Der Vertreter braucht nicht die Qualifikation der Person zu haben, die nach § 62 IV 4 die Behörde vor dem BFH vertreten muss (→ § 62 Rn. 68). Ist der sachkundige Vertreter nicht gleichzeitig der Vertreter iSd § 62 IV 4, kann die Behörde – falls ein solcher Vertreter nicht zusätzlich erschienen ist – (vor dem BFH) keine Anträge stellen und keine prozessualen Erklärungen abgeben; sie gilt als nicht erschienen.

16 Die Anordnung, die ggf. neben einer Anordnung nach § 80 I ergehen kann (Gosch/Hartman § 80 Rn. 81), richtet sich ausnahmslos an die Behörde bzw. an die Körperschaft, nicht an einen bestimmten Beamten.

2. Zuständige Stelle, Form der Anordnung

17 Die Anordnung muss, weil sie nicht mit der Androhung eines Ordnungsgeldes verbunden werden kann (→ Rn. 18), **nicht notwendig durch Beschluss** des Senats (Einzelrichters) erfolgen. Sie kann gem. § 79 I 2 Nr. 5 auch durch den Vorsitzenden oder den nach § 21g GVG berufenen Richter (Berichterstatter) zur Vorbereitung der mündlichen Verhandlung getroffen werden (SPK/Fu § 80 Rn. 17). Ergeht ein Beschluss, gelten die Ausführungen zu → Rn. 5, 8 entsprechend. Die Anordnung ohne Beschluss erfolgt ggü. der Behörde bzw. Körperschaft, die übrigen Beteiligten sind gem. § 79 II zu benachrichtigen (→ § 79 Rn. 13); die Anordnung ist (als prozessleitende Verfügung) **unanfechtbar** (§ 128 II). Für die Ladung gilt § 53 I.

3. Folgen des Ausbleibens

18 § 80 III gibt dem Gericht **nicht** die Möglichkeit, die Anordnung zu **erzwingen.** Weder die Androhung noch die Festsetzung von Ordnungsgeld sind zulässig. Lediglich eine Dienstaufsichtsbeschwerde kann erhoben werden (Tipke/Kruse/Krumm § 80 Rn. 10; Gosch/Hartman § 80 Rn. 11; Kopp/Schenke/Schenke VwGO § 95 Rn. 5). – Ggf. muss ein bestimmter Beamter **als Zeuge geladen** werden (→ § 82 Rn. 17 ff.; → § 87 Rn. 1 ff.).

§ 81 [Unmittelbarkeit der Beweisaufnahme]

(1) [1]**Das Gericht erhebt Beweis in der mündlichen Verhandlung.** [2]**Es kann insbesondere Augenschein einnehmen, Zeugen, Sachverständige und Beteiligte vernehmen und Urkunden heranziehen.**

(2) **Das Gericht kann in geeigneten Fällen schon vor der mündlichen Verhandlung durch eines seiner Mitglieder als beauftragten Richter**

Beweis erheben lassen oder durch Bezeichnung der einzelnen Beweisfragen ein anderes Gericht um die Beweisaufnahme ersuchen.

Vgl. § 96 VwGO; § 117 SGG; § 58 ArbGG; §§ 355, 361, 362 ZPO.

Literatur: Gauter, Der ersuchte Richter in der Verwaltungsgerichtsbarkeit, NVwZ 1985, 173; Seeliger, Beweislast, Beweisverfahren, Beweisarten und Beweiswürdigung im Steuerprozess, 1981; Seer, Der Einsatz von Prüfungsbeamten durch das Finanzgericht – Zulässigkeit und Grenzen der Delegation richterlicher Sachaufklärung auf nichtrichterliche Personen, Diss. Köln 1992.

Übersicht

	Rn.
I. Vorbemerkungen	1
1. Beweisbegriffe und Beweisregeln	1
2. Gegenstand des Beweises	3
a) Beweiserhebliche Tatsachen	3
b) Erfahrungssätze	4
c) Rechtsnormen	5
3. Weitere Fragen des Beweisrechts	6
II. Der Grundsatz der Unmittelbarkeit der Beweisaufnahme	7
III. Der „verordnete" Richter	14
IV. Beweismittel	17
V. Hinweise zur Durchführung der Beweisaufnahme	20
VI. Verstoß gegen § 81	22

I. Vorbemerkungen

1. Beweisbegriffe und Beweisregeln

Ausgangspunkt jeder Rechtsanwendung ist ein bestimmter Lebenssachverhalt. 1
Seine Feststellung ist Voraussetzung für die Auswahl der im konkreten Streitfall entscheidungsrelevanten Rechtsnormen und die Prüfung, ob das Klagebegehren nach Maßgabe dieser Normen begründet ist oder nicht. Sind sich die Beteiligten über den Sachverhalt nicht einig oder bestehen sonst Unklarheiten über den tatsächlichen Geschehensablauf, hat der Richter entsprechende Ermittlungen anzustellen (§§ 76, 79, 71 II, 86) und – um sich die Überzeugung zu verschaffen, ob die streitigen (zweifelhaften) Tatsachen vorliegen oder nicht (§ 96) – ggf. auch Beweis zu erheben. Die Regeln, nach denen er dabei vorzugehen hat, sind für das finanzgerichtliche Verfahren in den §§ 81 ff. (Beweisverfahren) niedergelegt (sog. **Strengbeweis** – → Rn. 2).

In der Literatur wird die Ansicht vertreten, dass die den sog. Strengbeweis 2
kennzeichnenden Grundsätze der **Unmittelbarkeit der Beweisaufnahme** (→ Rn. 8 ff.), der Mündlichkeit und der Partei- bzw. **Beteiligtenöffentlichkeit** (→ § 83 Rn. 1–3) für bestimmte Tatbestände des Verfahrensrechts nicht beachtet zu werden brauchen (sog. **Freibeweis;** vgl. Zöller/Althammer ZPO § 56 Rn. 8; krit. Zöller/Greger ZPO § 284 Rn. 1b; HHS/Schallmoser Rn. 10 f.; Schoch/Schneider/Rudisile/Ulrich VwGO § 96 Rn. 12 f. mwN). Der BFH geht davon aus, dass über die Frage der Prozessfähigkeit (BFH IX B 11/11, BFH/NV 2011, 1891; IV B 8/11, BFH/NV 2012, 756; V S 5/14 (PKH), BFH/NV 2014, 1381; X S 47/15, BFH/NV 2016, 1044), das Vorliegen von Verfahrensmängeln (BFH

V B 86/86, BStBl. II 1987, 502; IX B 2/08, BeckRS 2008, 25013639; III B 200/07, BeckRS 2008, 25014461; IV R 45/09, BStBl. II 2013, 123; VIII B 49/21, BFH/NV 2022, 608; → § 115 Rn. 300; → § 118 Rn. 172) und das Vorliegen der Zulässigkeitsvoraussetzungen für Rechtsmittel (BFH IX R 78/99, BStBl. II 2006, 399; X R 14/21, BStBl. II 2023, 588; BVerwG 4 BN 3/24, NVwZ 2025, 521; → Vor § 115 Rn. 7, 136; → § 118 Rn. 165) im Wege des Freibeweises zu entscheiden ist, dh das Gericht ist bei der Auswahl seiner Beweismittel frei (BFH IX B 87/05, BFH/NV 2006, 94). Diese Auffassung ist abzulehnen. Weder lassen die Vorschriften über das Beweisverfahren eine solche Ausnahme zu, noch besteht ein Bedürfnis, die mit dem Strengbeweis verbundenen, dem Anspruch auf Gewährung rechtlichen Gehörs Rechnung tragenden Rechtsschutzgarantien einzuschränken. Der Hinweis darauf, dass die in § 81 I 2 genannten Beweismittel nicht abschließend seien (so Gosch/Hartman § 81 Rn. 22) überzeugt daher nicht. § 284 S. 2 ZPO, der den Freibeweis im Zivilprozessrecht gesetzlich verankert (Zöller/Greger ZPO § 284 Rn. 1) ist für die FGO nicht für anwendbar erklärt worden (Tipke/Kruse/Krumm § 81 Rn. 3; HHS/Schallmoser § 81 Rn. 11; SPK/Fu § 81 Rn. 6; Schoch/Schneider/Rudisile/Ulrich VwGO § 96 Rn. 13 ff.; aA Gosch/Hartman § 81 Rn. 22; Kopp/Schenke/Schenke VwGO Vor § 40 Rn. 16; → Vor § 115 Rn. 136; → § 115 Rn. 300; → § 118 Rn. 165, 172). Der Meinungsstreit hat angesichts des weitreichenden Urkundenbeweises nach der FGO (→ § 82 Rn. 40) und der Einschränkung der richterlichen Ermittlungspflicht durch rügeloses Einlassen und/oder mangelnde Mitwirkung der Beteiligten (→ § 76 Rn. 37, 59 f.) keine nennenswerte praktische Auswirkung.

2. Gegenstand des Beweises

Gegenstand des Beweises sind vor allem Tatsachen, gelegentlich Erfahrungssätze und nur ausnahmsweise Rechtsnormen (s. hierzu vor allem HHS/Schallmoser § 81 Rn. 12, 14).

3 **a) Beweiserhebliche Tatsachen. Tatsachen** sind sinnlich wahrnehmbare äußere oder innere Vorgänge. Letztere lassen sich (als innere Tatsachen) im Allgemeinen nur mittelbar durch den Beweis von Hilfstatsachen (Indizien) – ggf. unter Anwendung von Erfahrungssätzen – feststellen. Keine Tatsachen sind Tatsachenbewertungen (Werturteile oder Urteile über Tatsachen) sowie rechtliche Schlussfolgerungen aus Tatsachen. Allgemein bekannte einfache Rechtsbegriffe können als Tatsachen behandelt werden, wenn keine Zweifel an ihrer zutreffenden Verwendung bestehen, es sei denn, dass in dem Rechtsstreit gerade dieser Rechtsbegriff geklärt werden muss. – **Beweisbedürftig** können **nur entscheidungserhebliche Tatsachen** sein (→ § 76 Rn. 12, 14). Das sind die Tatsachen, auf die es im konkreten Streitfall ankommt. Ist der Richter von ihrem Vorliegen noch nicht überzeugt, sind sie grds. **beweiserheblich.** Auf das Verhalten der Beteiligten kommt es insoweit (wegen des Untersuchungsgrundsatzes – → Vor § 76 Rn. 5; → § 76 Rn. 10 ff.) dem Grunde nach nicht an. **Geständnisse** eines Beteiligten oder **Nichtbestreiten** des gegnerischen Vorbringens haben grds. nur **indizielle Wirkung.** Allerdings dürfte dann idR ein rügeloses Einlassen (§ 155 S. 1 FGO iVm § 295 ZPO; → § 76 Rn. 37 ff.) vorliegen, das eine erfolgreiche Aufklärungsrüge im Rechtsmittelverfahren erschwert. Zu beachten ist jedoch, dass nicht alle entscheidungserheblichen Tatsachen auch beweisbedürftig sind. Keines Beweises bedürfen gem. § 155 S. 1 FGO iVm § 291 ZPO **offenkundige oder gerichtskundige Tatsachen** (BFH IX B 166/09,

BFH/NV 2010, 234; BVerwG VIII C 12/76, Buchholz 310 § 108 VwGO Nr. 97), dh allgemein bekannte Tatsachen oder dem Gericht in seiner offiziellen Funktion bekannte Tatsachen. Dazu gehören nicht Ergebnisse von Internetrecherchen, da nicht der gesamte Inhalt von Datenbanken als allgemein bekannt gelten kann. Es handelt sich insoweit um Augenscheinsobjekte oder Urkunden (→ § 82 Rn. 15, 40; aA FG Hmb 3 K 45/14, EFG 2015, 1579; dem mit Einschränkungen folgend eKommentar FGO/Rosenke § 81 Rn. 10). **Privates Wissen** des Richters ist weder offenkundig noch gerichtskundig (BFH V B 16/04, BFH/NV 2006, 756 (757); Zöller/Greger ZPO § 291 Rn. 1b). Das Gericht muss offenkundige oder gerichtskundige Tatsachen in das Verfahren einführen, dh den Beteiligten insoweit rechtliches Gehör gewähren (BVerfG 1 BvR 13/59, BVerfGE 10, 177 ff. (183); 1 BvR 596/77, BVerfGE 48, 206; BFH VII B 29/93, BFH/NV 1994, 326), sofern das Gericht nicht davon ausgehen durfte, dass die offenkundigen Tatsachen allen bekannt sind (BFH VIII B 16/01, BFH/NV 2002, 312). – Zu den Voraussetzungen unter denen sonst von einer Beweisaufnahme abgesehen werden kann, → § 76 Rn. 14 f., 21, 31 ff.

b) Erfahrungssätze. Erfahrungssätze sind jedermann zugängliche Sätze, die nach der allgemeinen Erfahrung unzweifelhaft und ausnahmslos gelten und deshalb allgemeinkundig sind (HHS/Schallmoser Rn. 17). – Der Richter kann entweder aus eigener Sachkunde die erforderlichen Schlüsse ziehen oder – falls sie ihm fehlt – den im konkreten Streitfall in Rede stehenden Erfahrungssatz zum Gegenstand des Beweises durch Sachverständige machen (BFH VII R 16/89, BFH/NV 1991, 850 (853)). – Entsprechendes gilt für die **Verkehrsanschauung.** 4

c) Rechtsnormen. Rechtsnormen und ihre Auslegung können nur ausnahmsweise Gegenstand des Beweises sein (BFH I B 8/12, BFH/NV 2013, 703). **Inländisches Gesetzesrecht** (Unionsrecht, Bundesrecht und Landesrecht) muss der Richter kennen. Ist dies nicht der Fall, muss er sich die erforderlichen Kenntnisse aneignen. Für **ausländisches Recht** (dazu gehört auch das Recht der EU-Mitgliedsstaaten) und **inländisches Gewohnheitsrecht** gilt dies jedoch nicht. Ist es dem Gericht unbekannt, kann durch Einholung von Auskünften und Gutachten Beweis erhoben werden. Dabei muss das Gericht weder ein bestimmtes Beweisverfahren einhalten, noch ist es auf bestimmte Beweismittel beschränkt (§ 155 S. 1 FGO iVm § 293 ZPO; iÜ → § 76 Rn. 24, 47, → § 118 Rn. 93 ff.). 5

3. Weitere Fragen des Beweisrechts

Zur **Sachaufklärung** und zum **Umfang der Beweiserhebungspflicht** → § 76 Rn. 10 ff.; zum **Beweisantrag** → § 76 Rn. 31 ff.; zur **Zurückweisung eines Beweisantrags** → § 76 Rn. 31 ff.; zur **Feststellungslast** (Beweislast) → § 96 Rn. 180 ff.; zur **Beweiswürdigung** → § 96 Rn. 100 ff., 126 ff.; → § 118 Rn. 80 f.; zur **Vorwegnahme** einer **Beweiswürdigung** → § 76 Rn. 31; zu **Beweisermittlungs- oder -ausforschungsanträgen** → § 76 Rn. 32; zur **Rüge mangelnder Sachaufklärung** → § 120 Rn. 69 f.; zum **Rügeverzicht** → § 76 Rn. 37 ff.; → § 115 Rn. 291 ff.; → § 116 Rn. 51; → § 120 Rn. 69; zur **Durchführung der Beweisaufnahme** → § 82 Rn. 2 ff. (ggf. im Wege der **Videokonferenz,** → § 82 Rn. 2a) und zu den **Beweismitteln** → Rn. 17–19. 6

II. Der Grundsatz der Unmittelbarkeit der Beweisaufnahme

7 § 81 enthält – wie auch § 83 – einige grds. das Beweisverfahren betreffende Vorschriften. Das eigentliche Beweisverfahren ist in § 82 durch Bezugnahme auf die einschlägigen Vorschriften der ZPO sowie durch die ergänzenden Bestimmungen der §§ 84–89 geregelt. – Zum Beweisbeschluss → § 82 Rn. 3 ff.

8 Nach § 81 I 1 erhebt das Gericht (den notwendigen) Beweis in der mündlichen Verhandlung, und zwar in voller Besetzung. Das Gesetz betont damit den für den Strengbeweis (→ Rn. 1, 2) geltenden **Grundsatz der Unmittelbarkeit** der Beweisaufnahme (zum Grundsatz der **Beteiligtenöffentlichkeit** bzw. der Parteiöffentlichkeit s. § 83). Er besagt, dass das Gericht den Beweis in der mündlichen Verhandlung erheben muss und anstelle des erreichbaren unmittelbaren Beweismittels kein bloß mittelbares heranziehen darf (BFH IX B 13/08, BFH/NV 2008, 2029), bzw. dass bei mehreren in Betracht kommenden Beweismitteln die Beweisaufnahme mit demjenigen durchzuführen ist, das den „unmittelbarsten" Eindruck von dem streitigen Sachverhalt vermittelt (BFH II B 86/04, BFH/NV 2006, 2230;VII B 189/17, BFH/NV 2018, 1159; V R 5/22, BFH/NV 2023, 816; X B 61/23, BFH/NV 2024, 935). Die mit der Entscheidung befassten Richter sollen ihre Überzeugung also nach Möglichkeit aus der Quelle gewinnen und in der Lage sein, durch den persönlichen Eindruck von den Zeugen und durch kritische Nachfragen die Glaubhaftigkeit der Aussagen überprüfen zu können (BFH VIII B 198/09, BFH/NV 2010, 2096; II B 30/18 ua, BStBl. II 2019, 620; IX B 54/19, BFH/NV 2020, 219). – Bei der Entscheidung darf das Gericht nur das berücksichtigen, was auf der Wahrnehmung aller beteiligten Richter beruht oder aktenkundig ist und wozu die Beteiligten sich zu erklären Gelegenheit hatten (BFH I B 120/02, BFH/NV 2003, 1587; IX B 13/08, BFH/NV 2008, 2029; X B 114/14, BFH/NV 2015, 511; BGH XI ZR 162/89, NJW 1991, 1302). Insbesondere sind Zeugen grds. selbst zu hören (BFH IX B 48/12, BFH/NV 2013, 1238; VII B 189/17, BFH/NV 2018, 1159). Die schriftliche Bestätigung eines Zeugen reicht deshalb im Allgemeinen nicht aus, weil es sich insoweit nur um einen Beteiligtenvortrag handelt (BFH IX B 54/19, BFH/NV 2020, 219; s. auch BFH X B 105/05, BFH/NV 2006, 347 betr. eidesstattliche Versicherung; s. aber auch § 82 FGO iVm § 377 III ZPO – schriftliche Befragung, → § 82 Rn. 4, 20). – Zur Verwertung **mittelbarer Beweise** → Rn. 11. – Zur Vernehmung von Zeugen und Sachverständigen per **Videokonferenz** s. § 82 FGO iVm § 284 II, III ZPO; → § 82 Rn. 2a.

9 Der Grundsatz der **Unmittelbarkeit** der Beweisaufnahme wird **durch § 81 II durchbrochen** (→ Rn. 14–16). Daneben lässt die hM weitere Ausnahmen zu. So ist es in den Fällen, in denen die mündliche Verhandlung nach Durchführung und Protokollierung der Beweisaufnahme **vertagt** worden ist (zur **Unterbrechung** der mündlichen Verhandlung → Rn. 9 aE), trotz eines bis zum Erlass des Urteils eingetretenen Wechsels in **der Besetzung der Richterbank** grds. nicht erforderlich, die Beweiserhebung zu wiederholen (zB BFH I R 30/81, BStBl. II 1985, 305 (306); II B 46/05, BFH/NV 2006, 587 (588); V B 57/10, BFH/NV 2011, 615; III B 76/16, BFH/NV 2017, 1050; VII B 181/11, BFH/NV 2013, 210 – zum Einzelrichter; BGH III ZR 139/67, BGHZ 53, 245 (256 f.) unter III.2.e); BGH V ZB 191/17, NJW 2018, 1261). Entsprechendes gilt, wenn **der mit der Zeugenvernehmung beauftragte Richter nicht bei der Urteilsfällung mitwirkt,** die Aussagen aber protokolliert sind (zB BFH I B 120/02, BFH/NV 2003, 1587). Allerdings dürfen keine persönlichen Eindrücke verwertet wer-

den, die nicht in das Protokoll aufgenommen worden sind (BFH I B 120/02, BFH/NV 2003, 1587; IX B 13/08, BFH/NV 2008, 2029; X B 114/14, BFH/NV 2015, 511; V B 38/23, BFH/NV 2024, 1191; BGH XI ZR 310/89, NJW 1991, 1180); zur Art und Weise der Einführung in das Verfahren → § 82 Rn. 40. In den Fällen, in denen es nach dem Ermessen des Gerichts auf diese Gesichtspunkte ankommt, ist die **Wiederholung der Beweisaufnahme** vor dem erkennenden Gericht erforderlich (BFH V B 38/23, BFH/NV 2024, 1191; BGH IV ZR 100/59, NJW 1960, 1252; III ZR 139/67, BGHZ 53, 245 (257 f.); XI ZR 310/89, NJW 1991, 1180; s. auch BVerwG 4 CB 6/89, NVwZ 1990, 58). – Anders als im Falle der **Vertagung** (s. oben) geht der BFH bei **Unterbrechung einer mündlichen Verhandlung** von der Einheit der mündlichen Verhandlung und der Unzulässigkeit des Richterwechsels aus (BFH VII R 122/73, BStBl. II 1977, 431 (432); IX B 13/08, BFH/NV 2008, 2029; → § 27 Rn. 7; → § 103 Rn. 4).

Die Beteiligten können jedoch (vgl. § 155 S. 1 FGO iVm § 295 ZPO) auf die Unmittelbarkeit der Beweisaufnahme **verzichten** (BFH VIII 21/65, BStBl. II 1972, 399; X B 67/07, BFH/NV 2008, 1346 (1347); IX B 41/10, BFH/NV 2010, 2239; III B 76/16, BFH/NV 2017, 1050), und zwar **auch konkludent** (BFH V B 56/06, BFH/NV 2007, 70; III B 76/16, BFH/NV 2017, 1050; IX B 54/19, BFH/NV 2020, 219; V R 5/22, BFH/NV 2023, 816; XI R 22/20, BFH/NV 2024, 182). Ein einmal erklärter Verzicht iSd § 155 S. 1 FGO iVm § 295 ZPO kann nicht wirksam widerrufen werden (BFH III B 125/18, BFH/NV 2019, 1115). – Zu beachten ist, dass mit dem Verzicht auf mündliche Verhandlung (§ 90 II) grds. zugleich auch der **Verzicht auf** die Durchführung einer **Zeugenvernehmung** erklärt wird; denn eine Zeugenvernehmung ist notwendigerweise in mündlicher Verhandlung durchzuführen, um den Beteiligten rechtliches Gehör zum Ergebnis der Beweisaufnahme zu gewähren (→ § 76 Rn. 37). 10

Beweisergebnisse aus anderen Verfahren (insbes. Zeugenaussagen), dürfen – soweit sie protokolliert sind – im Wege des **Urkundenbeweises** (BFH I R 30/81, BStBl. II 1985, 305; VII R 135/85, BStBl. II 1988, 841; I B 174/09, BFH/NV 2011, 47; XI B 75/12, BFH/NV 2014, 164) verwertet werden. Zwar ist das FG **nicht an die Feststellungen des anderen Verfahrens gebunden,** kann also zB vom Vorliegen einer Steuerhinterziehung überzeugt sein, obwohl ein Strafverfahren nach § 170 II StPO eingestellt wurde oder der Kläger als Angeklagter im Strafverfahren freigesprochen wurde und umgekehrt (BFH X B 120/09, BFH/NV 2010, 1240; V R 19/12, BStBl. II 2013, 842; XI B 45/13, BFH/NV 2014, 1584; III B 33/16, BFH/NV 2016, 1750; VII R 29/18, BFH/NV 2023, 1071, Rn. 236; → § 96 Rn. 124). Andererseits **dürfen Feststellungen in anderen Gerichtsurteilen** (in der Praxis regelmäßig: Strafurteilen) **der finanzgerichtlichen Entscheidung zugrunde gelegt werden,** wenn das FG sie als zutreffend anerkennt, **es sei denn,** dass ein Beteiligter gegen die Feststellungen in dem anderen Verfahren **substantiierte Einwendungen** erhebt und entsprechende Beweisanträge stellt, die nach den allg. Grundsätzen (→ § 76 Rn. 31 ff.) nicht unbeachtet gelassen werden können (BFH VIII B 198/09, BFH/NV 2010, 2096; V R 50/09, BStBl. II 2012, 151; XI B 75/12, BFH/NV 2014, 164; VII R 41/12, BStBl. II 2015, 117; VIII B 41/18, BFH/NV 2019, 702; V R 5/22, BFH/NV 2023, 816; vgl. auch EuGH C-419/14, MwStR 2016, 153 – WebMindLicenses mit Anm. Grube; C-189/18, MwStR 2020, 119, Rn. 63 ff. – Glencore Agriculture Hungary). Das gilt jedenfalls dann, wenn das andere Gerichtsurteil rechtskräftig geworden ist (BFH VII R 58/71, BStBl. II 1973, 666; VII R 11

41/12, BStBl. II 2015, 117; FG RhPf 6 K 2585/12, EFG 2014, 1021 mAnm Matthes). Die erforderliche Substantiierung liegt in diesem Zusammenhang nur vor, wenn nachvollziehbar dargelegt wird, warum anzunehmen ist, dass sich das Aussageverhalten von Auskunftspersonen (zB Angeklagte, Zeugen) in dem anderen Gerichtsverfahren im FG-Verfahren anders darstellen werde (BFH VIII B 183/10, BFH/NV 2011, 1529; XI B 75/12, BFH/NV 2014, 164; FG RhPf 6 K 2585/12, EFG 2014, 1021). Es kommt auch die Verwertung abgekürzter Strafurteile (§ 267 IV StPO; FG RhPf 6 K 2585/12, EFG 2014, 1021 mAnm Matthes; vgl. auch FG Köln 15 K 3692/08, EFG 2012, 574 zum Widerruf eines Geständnisses) und von Strafbefehlen (BFH VII B 27/11, BFH/NV 2012, 751; wohl auch BFH III B 203/11, BFH/NV 2012, 1464) in Betracht. Der Kläger des FG-Verfahrens muss nicht an dem anderen Gerichtsverfahren beteiligt gewesen sein (BFH VII B 28/11, BFH/NV 2012, 752; XI B 75/12, BFH/NV 2014, 164; VII B 148/15, BFH/NV 2016, 762). Auch **einzelne Vernehmungsprotokolle** und andere Dokumente aus anderen Verfahren können verwertet werden, wenn nicht eine Vernehmung der Auskunftspersonen beantragt wird oder sich nicht aus anderen Gründen aufdrängt (BFH I B 219/08, BFH/NV 2010, 45; VII B 88/11, BFH/NV 2012, 761; III B 203/11, BFH/NV 2012, 1464; VII B 155/12, BFH/NV 2013, 1613; IX B 54/19, BFH/NV 2020, 219; BGH V ZR 85/12, MDR 2013, 1184; zur Art und Weise der Einführung in das Verfahren → § 82 Rn. 40). Die Vernehmung drängt sich insbes. dann auf, wenn das Gericht die Aussage der Auskunftsperson für zu vage oder ihre Glaubwürdigkeit für klärungsbedürftig hält bzw. wenn es von den in dem vorangegangenen Verfahren gezogenen Schlüssen hinsichtlich der Glaubwürdigkeit der Auskunftsperson oder von der bisherigen Deutung der Aussage abweichen will (BFH I B 174/09, BFH/NV 2011, 47; BGH IVa 152/80, NJW 1982, 1052; I ZR 277/89, NJW-RR 1991, 1318; BayVerfGH 62-VI-86, BayVBl. 1988, 204) oder wenn die beigezogenen Unterlagen weniger konkrete Aussagen zum Streitfall erkennen lassen als eine Vernehmung des Zeugen erwarten lässt (BFH X B 28/16, BFH/NV 2017, 307). Davon abgesehen können mittelbare Beweise verwertet werden, sofern die Verfahrensbeteiligten einverstanden sind oder die Erhebung des unmittelbaren Beweises unmöglich, unzulässig oder unzumutbar erscheint (BFH III R 106/87, BStBl. II 1991, 806; X B 105/05, BFH/NV 2006, 347; I B 174/09, BFH/NV 2011, 47; V B 38/23, BFH/NV 2024, 1191; V B 17/24, BFH/NV 2025, 703). Das FG muss erkennen lassen, dass ihm die von einer Zeugenaussage zu unterscheidende Qualität der aus einem anderen Verfahren übernommenen Beweisergebnisse (Urkundenbeweis) bewusst ist (BFH VIII B 198/09, BFH/NV 2010, 2096; V B 38/23, BFH/NV 2024, 1191; V B 17/24, BFH/NV 2025, 703). – Auch die Vernehmung eines **Zeugen vom Hörensagen** ist dem Grunde nach zulässig und nicht von vornherein ein ungeeignetes Beweismittel, weil sich daraus jedenfalls Indizien für die Glaubwürdigkeit anderer Aussagen ergeben können (BFH IV B 28/04, BFH/NV 2006, 322; V R 5/22, BFH/NV 2023, 816).

12 **Schriftliche Zeugenaussagen** dürfen (nur) in den Fällen des § 82 FGO iVm § 377 III ZPO wie Zeugenaussagen vor dem Prozessgericht gewertet werden (BFH VIII 21/65, BStBl. II 1972, 399; IV R 180/71, BStBl. II 1975, 526 (529); IX B 54/19, BFH/NV 2020, 219). – → Rn. 8; → § 82 Rn. 20.

13 Von der Einschaltung eines **gerichtlichen Prüfungsbeamten** als Richtergehilfe (→ § 79 Rn. 4) sind die Beteiligten in Kenntnis zu setzen. – Hierzu auch → Rn. 19; → § 82 Rn. 34.

III. Der „verordnete" Richter

§ 81 II erklärt (unter Durchbrechung des Grundsatzes der Unmittelbarkeit) in geeigneten Fällen die **Beweisaufnahme durch einen beauftragten oder ersuchten Richter** (sog. verordneten Richter) schon vor der mündlichen Verhandlung (aber auch nach Durchführung eines Termins; BFH VII B 239/97, BFH/NV 1999, 1093) für zulässig. Die Beweiserhebung gem. § 81 II muss durch **Beweisbeschluss** angeordnet werden (§ 82 FGO iVm §§ 358 ff., 359 ZPO). – Dem **ersuchten** Gericht müssen die einzelnen Beweisfragen vorgelegt werden. Er ist „der verlängerte Arm, aber nicht der verlängerte Kopf des Prozessgerichts" (BFH VIII B 23/84, BStBl. II 1984, 836). Es kann eines seiner Mitglieder durch Beschluss mit der Beweiserhebung **beauftragen** (BFH III R 125/81, nv; Kopp/Schenke/Schenke VwGO § 96 Rn. 11 aE; Gauter NVwZ 1985, 173); → Rn. 15; → § 82 Rn. 5. Bei überbesetzten Spruchkörpern darf dies nur ein Richter sein, der nach dem senatsinternen Geschäftsverteilungsplan zur Mitwirkung an der Sache berufen ist (vgl. BGH V ZB 191/17, NJW 2018, 1261). – Angesichts der schon seit 2001 (→ Vor § 1 Rn. 12, 31, 55) bestehenden Möglichkeit der Zeugenvernehmung per **Videokonferenz** hat die Vorschrift keine nennenswerte praktische Bedeutung. Zur aktuellen Rechtslage betr. die Zeugenvernehmung per Videokonferenz → § 82 Rn. 2a. 14

Die Frage, wann ein Fall iSd § 81 II **„geeignet"** ist, kann noch nicht als endgültig geklärt angesehen werden. Einigkeit besteht darüber, dass die Beweisaufnahme durch den verordneten Richter nicht zur Regel werden darf und dass dem Gericht ein Ermessensspielraum eingeräumt ist, der über die in § 82 FGO iVm § 375 I ZPO (→ § 82 Rn. 18) genannten Ausnahmen (Zweckmäßigkeit der Zeugenvernehmung an Ort und Stelle; Zeuge ist am Erscheinen verhindert oder wohnt weit entfernt) hinausgeht. Eine Beweisaufnahme durch den verordneten Richter dürfte nur dann angemessen sein, wenn **persönliche Eindrücke und die Glaubwürdigkeit eines Zeugen** iRd Beweiswürdigung **voraussichtlich keine Rolle spielen** (HHS/Schallmoser § 81 Rn. 62; ähnlich Gosch/Hartman § 81 Rn. 84; vgl. OLG Düsseldorf 10 U 233/90, NJW 1992, 187). – Hält der Senat die Beweiserhebung durch den verordneten Richter nachträglich für unzureichend, ist der Beweisbeschluss zu ergänzen und die **Beweisaufnahme** vor dem vollbesetzten Gericht zu **wiederholen.** 15

Grundsätzlich besteht neben der Beweiserhebung durch ein beauftragtes Senatsmitglied die Möglichkeit, „einzelne Beweise" gem. **§ 79 III** durch den Vorsitzenden oder Berichterstatter erheben zu lassen (→ § 79 Rn. 11). Demgegenüber kann unter den in → Rn. 15 genannten Voraussetzungen nach § 81 II die gesamte Beweiserhebung durch den beauftragten oder ersuchten Richter durchgeführt werden. Für die Beweiserhebung nach § 79 III bedarf es keiner besonderen Beauftragung. Andererseits ist die Beweisaufnahme nach § 79 III nicht verwertbar, wenn sich nach ihrer Durchführung herausstellt, dass es keiner weiteren Beweisaufnahme bedarf. Daher ist in Senatssachen im Regelfall der Beweisaufnahme durch den Vollsenat (Tipke/Kruse/Krumm § 81 Rn. 32) oder den nach § 81 II beauftragten Richter der Vorzug zu geben (vgl. BFH IX B 95/15, BFH/NV 2015, 1436). – Zum Verhältnis der § 81 II zu § 82 FGO iVm § 358a ZPO → § 82 Rn. 4; zur **Beeidigung des Zeugen durch den verordneten Richter** → § 82 Rn. 46 zu § 479 ZPO; zum **rechtlichen Gehör** s. § 83. – Im Übrigen s. zum verordneten Richter § 82 FGO iVm §§ 361, 362, 365, 366, 434, 479 ZPO (→ § 82 Rn. 7 ff., 11, 46). 16

IV. Beweismittel

17 § 81 I 2 enthält eine nicht abschließende Aufzählung der Beweismittel: **Augenschein** (§ 82 FGO iVm §§ 371, 372 ZPO – → § 82 Rn. 15), **Zeugen** (§§ 84, 85, 87 und § 82 FGO iVm §§ 373–401 ZPO – → § 82 Rn. 17 ff.), **Sachverständige** (§ 88 und § 82 FGO iVm §§ 402–414 ZPO – → § 82 Rn. 31 ff.), **Beteiligte** (§ 82 FGO iVm §§ 450–455 ZPO – → § 82 Rn. 41 ff.) und **Urkunden** (→ § 82 Rn. 40; §§ 85, 86, 89, 76 I 4 FGO iVm § 97 AO).

18 Nicht erwähnt ist die Einholung einer **amtlichen Auskunft** (vgl. §§ 86, 79 I 2 Nr. 3). Sie kann, soweit es um die **Feststellung streitiger Tatsachen** geht (zur Einholung einer amtlichen Auskunft iRd Prozessvorbereitung → § 79 Rn. 7), uU den Zeugen- oder Sachverständigenbeweis ersetzen, muss aber durch **Beweisbeschluss** angeordnet sein (§ 82 FGO iVm § 358a Nr. 2 ZPO). Zur grds. Anerkennung der amtlichen Auskunft als Beweismittel BFH V B 50/95, BFH/NV 1996, 333. – Die amtliche Auskunft kann jedoch nicht an die Stelle einer Zeugenaussage treten, wenn ein bestimmter Beamter, der an dem dem Rechtsstreit zugrunde liegenden Verwaltungsverfahren mitgewirkt hat, als Zeuge vernommen werden kann. In diesem Fall ist die Verwertung des **unmittelbaren Beweismittels vorrangig** (ähnlich Schoch/Schneider/Rudisile/Ulrich VwGO § 98 Rn. 298). An die Stelle eines Sachverständigengutachtens kann die amtliche Auskunft nur dann treten, wenn sie von bestimmten Personen abgegeben wird, die in der mündlichen Verhandlung wie Sachverständige von den Beteiligten befragt werden können (vgl. BeckOK VwGO/Garloff § 98 Rn. 23). Auf Wertgutachten der zuständigen **Gutachterausschüsse** (§§ 192 ff. BauGB) finden mit gewissen Modifikationen die Vorschriften über Sachverständige Anwendung (BFH IX B 71/96, BFH/NV 1997, 236; VIII R 15/93, BStBl. II 1997, 317; BGH IV ZR 92/72, BGHZ 62, 93).

19 Der **gerichtliche Prüfungsbeamte** (→ Rn. 13) kommt ebenfalls als Beweismittel in Betracht. Er kann aufgrund eines Beweisbeschlusses (§ 82 FGO iVm §§ 358, 358a ZPO) als **Buchsachverständiger** (§§ 81 I 2, 82 FGO iVm §§ 402 ff. ZPO – → § 82 Rn. 34) oder als **Augenscheinsgehilfe** des Gerichts eingesetzt werden (Seer, Der Einsatz von Prüfungsbeamten, 1992, 158 ff., 167 ff.). Im zuletzt genannten Fall ist der Prüfungsbeamte gem. § 82 FGO iVm § 394 ZPO in der mündlichen Verhandlung über seine Wahrnehmungen zu vernehmen (Seer, Der Einsatz von Prüfungsbeamten, 1992, 171).

V. Hinweise zur Durchführung der Beweisaufnahme

20 Über die Beweisaufnahme ist ein **Protokoll** aufzunehmen (→ § 94 Rn. 2 ff.).

21 Zum **Beweisbeschluss** → § 82 Rn. 3.

VI. Verstoß gegen § 81

22 Ein Verstoß gegen § 81 kann als Verfahrensmangel gerügt werden (Nichtzulassungsbeschwerde, Revision). Es kann aber ein **Verlust des Rügerechts** eintreten, weil auf die Unmittelbarkeit der Beweisaufnahme verzichtet werden kann (→ Rn. 10).

§ 82 [Verfahren bei der Beweisaufnahme]

Soweit die §§ 83 bis 89 nicht abweichende Vorschriften enthalten, sind auf die Beweisaufnahme *die*[1] § 284 Absatz 2 und 3 sowie die §§ 358 bis 371, 372 bis 377, 380 bis 382, 386 bis 414 und 450 bis 494 der Zivilprozessordnung sinngemäß anzuwenden.

Vgl. § 98 VwGO; § 118 SGG.

Literatur (sa zu § 76): Heetkamp/Leeb/Schlicht, Eine VR-Darstellung sagt mehr als 1.000 Bilder – Extended Reality im Gerichtsverfahren, jM 2024, 44; Hendricks/Hildebrand, Praxisforum Steuerrechtsschutz: Ersetzendes Scannen und Steuerstreit, Ubg 2018, 666; Huber, Das G zur Änderung des Sachverständigenrechts in der Praxis des Zivilprozesses, JuS 2017, 34; Kontusch, Die Befangenheit des Sachverständigen, NJ 2022, 49; Metz, Die schriftliche Zeugenvernehmung im Zivilprozess, MDR 2020, 1094; Milde, Die Ablehnung eines Sachverständigen im Zivilprozess, NJW 2018, 1149; Peters/Kukk/Ritgen, Der Beweis im Verwaltungsrecht, 2019; Ratschow, Recht auf Sachverständigenbeweis, DStR 2018, 2100; Troidl, Das selbständige Beweisverfahren am Verwaltungsgericht, NVwZ 2011, 780; Ulrich/Ulrich, Die Sachverständigen und ihr Honorar, 2018.

Übersicht

	Rn.
I. Vorbemerkung	1
II. Allgemeine Vorschriften der ZPO	2
III. Beweis durch Augenschein	15
IV. Zeugenbeweis	17
V. Beweis durch Sachverständige	31
VI. Beweis durch Urkunden	40
VII. Beweis durch Parteivernehmung	41
VIII. Eidesabnahme	46
IX. Selbständiges Beweisverfahren	48

I. Vorbemerkung

§ 82 regelt den **Ablauf der Beweisaufnahme.** Dabei verweist § 82 auf die entsprechenden Vorschriften der ZPO. Besonderheiten des finanzgerichtlichen Verfahrens sind in §§ 83–89 geregelt. Durch das G zur Förderung des Einsatzes von Videokonferenztechnik in der Zivilgerichtsbarkeit und den Fachgerichtsbarkeiten v. 15.7.2024 (BGBl. 2024 I Nr. 237) ist mWv 19.7.2024 (Art. 19 I dieses G) die Verweisung auf § 284 II und III ZPO hinzugekommen, während es zuvor in § 91a (und noch früher in § 93a) eigenständige Regelungen in der FGO gab (→ Vor § 1 Rn. 12, 31, 55; → § 90 Rn. 35). – In den folgenden Anmerkungen wird auf eine im Hinblick auf die zahlreichen Kommentare zur ZPO entbehrlich erscheinende Erläuterung sämtlicher Einzelheiten verzichtet. Unter Einbeziehung der einschlägigen BFH-Entscheidungen werden jedoch die Grundzüge und insbes. die Besonderheiten im Finanzgerichtsprozess dargestellt. 1

II. Allgemeine Vorschriften der ZPO

Die für anwendbar erklärten §§ 358–370 ZPO sind dem Titel „Allgemeine Vorschriften über die Beweisaufnahme" entnommen. Auch § 284 II und III ZPO 2

[1] Wortlaut amtlich.

ist der Sache nach eine allg. Vorschrift über die Beweisaufnahme. Welche „systematischen Gründe" für die Verortung in § 284 ZPO (und nicht in den §§ 358–370 ZPO) ausschlaggebend waren, lässt sich den Gesetzesmaterialien nicht entnehmen (vgl. BR-Drs. 228/23, 64 ff.). Die §§ 355–357 ZPO sind nicht in Bezug genommen. § 355 ZPO ist durch § 81 ersetzt; wegen des Untersuchungsgrundsatzes fehlt eine § 356 ZPO entsprechende Vorschrift in der FGO; an die Stelle von § 357 ZPO tritt § 83.

2a **§ 284 ZPO Beweisaufnahme**

(1) …

(2) [1]Das Gericht kann auf Antrag oder von Amts wegen die Beweisaufnahme per Bild- und Tonübertragung gestatten oder anordnen. [2]Das Antragsrecht steht den Verfahrensbeteiligten, Zeugen und Sachverständigen zu. [3]§ 128a Absatz 1, 2, 4 Satz 1 und 2 sowie Absatz 5 bis 7 gilt entsprechend. [4]Der Einspruch nach § 128a Absatz 2 Satz 2 steht auch den Verfahrensbeteiligten zu. [5]Satz 1 gilt nicht für den Beweis durch Urkunden.

(3) Gegenüber zu vernehmenden Parteien, Zeugen und Sachverständigen kann im Fall einer Beweisaufnahme nach Absatz 2 zusätzlich angeordnet werden, dass sich diese während der Vernehmung an einer vom Gericht näher zu bestimmenden Gerichtsstelle aufhalten.

Die **wesentlichen Änderungen** ggü. der bisherigen Rechtslage (→ Rn. 2) bestehen darin, dass das Gericht nunmehr auch **von Amts wegen** die Durchführung der **Beweisaufnahme per Videokonferenz** anordnen kann und dass die Beweisaufnahme auch in einer **Inaugenscheinnahme** bestehen kann (BR-Drs. 228/23, 66), wobei letzteres wegen der vielfach begrenzten technischen Möglichkeiten der Gerichte (→ § 90 Rn. 42) ohne große praktische Relevanz bleiben dürfte. Über die Verweisung in § 284 II 3 ZPO ergeben sich **wesentliche Regelungen aus der Regelung für mündliche Verhandlungen in § 128a ZPO** (→ § 90 Rn. 26 ff.). § 82 FGO iVm § 284 II und III ZPO gilt sowohl für Beweisaufnahmen im Rahmen mündlicher Verhandlungen als auch in gesonderten Beweisterminen, insbes. nach § 79 III und § 81 II (→ § 81 Rn. 14 ff.). Teilnehmer im Wege der Videokonferenz können im Anwendungsbereich des § 82 FGO iVm § 284 II und III ZPO nur der Zeuge/Sachverständige sein oder auch zusätzlich alle oder einzelne der Verfahrensbeteiligten iSd § 155 S. 1 FGO iVm § 128a I 3 ZPO (BR-Drs. 228/23, 65; Tipke/Kruse/Krumm § 82 Rn. 10d) sowie einzelne Mitglieder des Gerichts (→ § 90 Rn. 65). Zur Videokonferenz mit sich im **Ausland** aufhaltenden Teilnehmern → § 90 Rn. 45.

Die **wesentlichen Unterschiede zu den für die mündliche Verhandlung** (ohne Beweisaufnahme) **geltenden Regelungen** sind: Neben den Verfahrensbeteiligten iSd § 155 S. 1 FGO iVm § 128a I 3 ZPO sind nach § 82 FGO iVm § 284 II 2 ZPO **auch Zeugen und Sachverständige antragsberechtigt.** Sie sind (neben den Verfahrensbeteiligten iSd § 155 S. 1 FGO iVm § 128a I 3 ZPO; s. dazu § 82 FGO iVm § 284 II 3 ZPO) auch einspruchsbefugt. Der Gesetzgeber geht wohl davon aus, dass eine Videobeweisaufnahme nicht gegen den Willen der Beteiligten durchgeführt werden kann. Daran bestehen Zweifel, weil der Wortlaut des § 128 II 2 ZPO dafür spricht, dass ein Einspruchsrecht nur bei einer Anordnung der Videokonferenz von Amts wegen besteht (→ § 90 Rn. 73, auch zu den weiteren Einzelheiten; krit. auch Tipke/Kruse/Krumm § 82 Rn. 10l). Dem entsprechend besteht nach hiesiger Auffassung kein Einspruchsrecht für die

Beteiligten, wenn das Gericht einem Antrag eines Zeugen auf Gestattung der Vernehmung im Wege der Videokonferenz entspricht. Abweichend von der (bloßen) mündlichen Verhandlung wird über die Beweisaufnahme per Videokonferenz in Senatssachen vom Senat in **Beschlussbesetzung** iSd § 5 III entschieden (→ § 90 Rn. 49). Da § 284 II 3 ZPO nicht auf § 128a III ZPO verweist, ist das **Ermessen** des Gerichts **nicht** auf eine Gestattung einer Videobeweisaufnahme **vorgeprägt** und es bedarf bei einer ablehnenden Entscheidung keiner Begründung (→ § 90 Rn. 50). Es entsprach auch bereits bisher einer in Rspr. und Literatur verbreiteten Auffassung, dass die Notwendigkeit einer Zeugenvernehmung eher gegen eine Videokonferenz spricht (→ § 90 Rn. 51). Denn der persönliche Eindruck ist bei einer Videovernehmung nicht so unmittelbar wie bei einer Vernehmung im Gerichtssaal. Die technische Ausstattung der Gerichtssäle mit meistens nur einer Kamera und einem Bildschirm vermittelt nur eine eingeschränkte optische Wahrnehmung von den jeweiligen Gesprächspartnern. Vielfach bestehen keine technischen Möglichkeiten, per Videokonferenz zugeschalteten Zeugen und Sachverständigen Schriftstücke oder Augenscheinobjekte vorzuhalten. Eine Zuschaltung aus dem Ausland kommt idR nicht in Betracht (→ § 90 Rn. 45). Um unerwünschte Beeinflussungen von Dritten auszuschließen, kann das Gericht nach § 82 FGO iVm § 284 III ZPO anordnen, dass sich zu vernehmende Parteien, Zeugen oder Sachverständige während der **Vernehmung an einer Gerichtsstelle** aufhalten (BR-Drs. 228/23, 66). Da das Einspruchsrecht nur für die Anordnung der Videokonferenz dem Grunde nach eingeräumt wurde (§ 82 FGO iVm §§ 284 II 3, 128a II 2 ZPO), ist die Anordnung nach § 82 FGO iVm § 284 III ZPO eine nach § 128 II FGO unanfechtbare prozessleitende Verfügung (glA wohl Tipke/Kruse/Krumm § 82 Rn. 10m). Zur Dokumentation der Beweisaufnahme ist eine Ausnahme vom Aufzeichnungsverbot (§ 155 S. 1 FGO iVm § 128a VI 1 ZPO) möglich (§ 155 S. 1 FGO iVm § 128a VI 2 ZPO und § 94 FGO iVm § 160a II 2 ZPO; → § 90 Rn. 59, 61; → § 94 Rn. 11).

§ 358 ZPO Notwendigkeit eines Beweisbeschlusses 3

Erfordert die Beweisaufnahme ein besonderes Verfahren, so ist es durch Beweisbeschluss anzuordnen.

Ein **förmlicher Beweisbeschluss** mit dem Inhalt des § 359 ZPO (die Beschlussfassung des Senats bzw. des Einzelrichters gem. §§ 6, 79a III, IV iVm § 5 III 2 kann gem. §§ 113, 90 I 2 ohne mündliche Verhandlung erfolgen) ist zwar stets zulässig, vorgeschrieben ist er aber nur, wenn die Beweisaufnahme ein besonderes Verfahren (einen besonderen Termin) erfordert (BFH VI B 62/06, BFH/NV 2007, 468 (469); XI B 111/12, BFH/NV 2013, 1944; II B 31/13, BFH/NV 2014, 68), also im Falle des § 81 II (→ § 81 Rn. 14), des § 358a ZPO, der Parteivernehmung (§ 450 I ZPO) und in den Fällen, in denen die Beweisaufnahme nach Vertagung in einem neuen Termin erfolgen soll (→ § 81 Rn. 9). – Zur **Vorwegerhebung** einzelner Beweise gem. § 79 III s. BFH IX B 95/15, BFH/NV 2015, 1436; → § 79 Rn. 11; → § 81 Rn. 14. – Kann die Beweisaufnahme sogleich in der mündlichen Verhandlung durchgeführt werden, weil das **Beweismittel präsent** ist (zB im Falle der vorsorglichen Ladung eines Zeugen oder Sachverständigen gem. § 79 I 2 Nr. 6 – → § 79 Rn. 9) genügt eine **prozessleitende Beweisanordnung** durch formlosen Beschluss des Senats bzw. des Einzelrichters (zur **Protokollierungspflicht** s. § 94 FGO iVm § 160 III Nr. 6 ZPO). – Die **Ablehnung** des Beweisantrags (→ § 76 Rn. 31 ff.) bedarf keines besonderen Beschlusses. Die FGO kennt keine dem § 86 II VwGO entsprechende

Vorschrift. Die Begründung kann im Urteil selbst erfolgen (BFH VIII B 31/95, BStBl. II 1989, 372 (374); VII B 98/91, BFH/NV 1992, 603; III B 33/16, BFH/NV 2016, 1750). Wenn gleichwohl ein Ablehnungsbeschluss ergeht, ist dieser unanfechtbar (§ 128 II; BFH XI B 9/19, BFH/NV 2019, 837). – Zur **Aufhebung bzw. Änderung** von Beweisbeschlüssen gem. § 360 ZPO → Rn. 6. – Beweisbeschlüsse – und deren Aufhebung, Änderung oder Berichtigung – sind **unanfechtbar** (§ 128 II – BFH I B 93/97, BFH/NV 1998, 737; XI B 88/05, BeckRS 2005, 25008579). Auch der formelle Beweisbeschluss (§ 359 ZPO) bedarf keiner Begründung (§ 113 II).

4 **§ 358a ZPO Beweisbeschluss und Beweisaufnahme vor mündlicher Verhandlung**

[1]Das Gericht kann schon vor der mündlichen Verhandlung einen Beweisbeschluss erlassen. [2]Der Beschluss kann vor der mündlichen Verhandlung ausgeführt werden, soweit er anordnet

1. eine Beweisaufnahme vor dem beauftragten oder ersuchten Richter,
2. die Einholung amtlicher Auskünfte,
3. eine schriftliche Beantwortung der Beweisfrage nach § 377 Abs. 3,
4. die Begutachtung durch Sachverständige,
5. die Einnahme eines Augenscheins.

§ 358a S. 2 Nr. 1 ZPO ist im finanzgerichtlichen Verfahren **nicht anwendbar;** es gilt die speziellere Vorschrift des § 81 II, die inhaltlich mit § 358a S. 2 Nr. 1 ZPO übereinstimmt. – Die Regelungen des **§ 358a S. 2 Nr. 2–5 ZPO** sind dagegen auch im finanzgerichtlichen Verfahren **anwendbar.** Sie ermöglichen – für die genannten Beweisarten – schon vor der mündlichen Verhandlung eine Beweiserhebung durch den Senat; s. auch § 79 III. – Zur **amtlichen Auskunft** → § 79 Rn. 7; → § 81 Rn. 18.

5 **§ 359 ZPO Inhalt des Beweisbeschlusses**

Der Beweisbeschluss enthält:

1. die Bezeichnung der streitigen Tatsachen, über die der Beweis zu erheben ist;
2. die Bezeichnung der Beweismittel unter Benennung der zu vernehmenden Zeugen und Sachverständigen oder der zu vernehmenden Partei;
3. die Bezeichnung der Partei, die sich auf das Beweismittel berufen hat.

Erforderlich ist die **Konkretisierung des Beweisthemas** durch Angabe der entscheidungserheblichen und beweisbedürftigen Tatsachen (→ § 76 Rn. 31 ff.; BFH I B 77/07, BFH/NV 2008, 1445; II B 5/08, BFH/NV 2008, 1815 (1816)) sowie die Bezeichnung der Beweismittel (§ 359 Nr. 1, 2 ZPO). Das BVerwG (9 B 229/87, BeckRS 1987, 6509) lässt es für den Fall der Beweisaufnahme durch den beauftragten Richter (→ Rn. 7, 11 ff., 46; → § 81 Rn. 14 ff.) genügen, dass der Beweisbeschluss die Richtung der Beweisaufnahme erkennen lässt (zweifelhaft). Das Gericht ist nicht gehindert, im Rahmen der Beweisaufnahme über das im Beweisbeschluss bezeichnete Beweisthema hinauszugehen (BFH V B 44/15, BFH/NV 2016, 934). Allerdings kann sich daraus die Notwendigkeit ergeben, die Sache zu vertagen, falls einer der Beteiligten sich dadurch nicht ausreichend auf die Verhandlung vorbereiten konnte. – **§ 359 Nr. 3 ZPO ist** im finanzgerichtlichen Verfahren wegen des Untersuchungsgrundsatzes (§ 76 I 1) **ohne Bedeutung** (BVerwG 8 C 76/80, BayVBl. 1984, 88).

§ 360 ZPO Änderung des Beweisbeschlusses 6

[1]Vor der Erledigung des Beweisbeschlusses kann keine Partei dessen Änderung auf Grund der früheren Verhandlungen verlangen. [2]Das Gericht kann jedoch auf Antrag einer Partei oder von Amts wegen den Beweisbeschluss auch ohne erneute mündliche Verhandlung insoweit ändern, als der Gegner zustimmt oder es sich nur um die Berichtigung oder Ergänzung der im Beschluss angegebenen Beweistatsachen oder um die Vernehmung anderer als der im Beschluss angegebenen Zeugen oder Sachverständigen handelt. [3]Die gleiche Befugnis hat der beauftragte oder ersuchte Richter. [4]Die Parteien sind tunlichst vorher zu hören und in jedem Fall von der Änderung unverzüglich zu benachrichtigen.

Beweisbeschlüsse (formlose und formelle – → Rn. 3) können jederzeit (auch konkludent) **aufgehoben** werden (BFH III B 147/12, BFH/NV 2014, 258). Die **Änderung formloser Beweisbeschlüsse** kann durch formlosen Beschluss erfolgen. **Förmliche Beweisbeschlüsse** können außerhalb der mündlichen Verhandlung (→ Rn. 4) nur nach Maßgabe des § 360 ZPO geändert werden; **in der mündlichen Verhandlung** bzw. im Beweistermin kann die Beweiserhebung bei Sachdienlichkeit auch ohne ausdrückliche Änderung des Beweisbeschlusses und ohne Zustimmung der Beteiligten über das beschlossene Beweisthema hinaus geändert oder ergänzt werden (BFH VI B 2/85, BFH/NV 1987, 248 (249); V B 155/05, BFH/NV 2006, 2093). **Anhörung** ist jedoch geboten (BFH VI B 2/85, BFH/NV 1987, 248 (249)); die unverzügliche Benachrichtigung der Beteiligten ist unverzichtbar. Bei Nichtbenachrichtigung ist das rechtliche Gehör nicht gewahrt (zur Aufhebung oder stillschweigenden Nichtausführung → § 76 Rn. 71).

§ 361 ZPO Beweisaufnahme durch beauftragten Richter 7

(1) Soll die Beweisaufnahme durch ein Mitglied des Prozessgerichts erfolgen, so wird bei der Verkündung des Beweisbeschlusses durch den Vorsitzenden der beauftragte Richter bezeichnet und der Termin zur Beweisaufnahme bestimmt.

(2) Ist die Terminsbestimmung unterblieben, so erfolgt sie durch den beauftragten Richter, wird er verhindert, den Auftrag zu vollziehen, so ernennt der Vorsitzende ein anderes Mitglied.

Vgl. → § 81 Rn. 14 ff. – Zur Ladungsfrist s. § 91 I 1.

§ 362 ZPO Beweisaufnahme durch ersuchten Richter 8

(1) Soll die Beweisaufnahme durch ein anderes Gericht erfolgen, so ist das Ersuchungsschreiben von dem Vorsitzenden zu erlassen.

(2) Die auf die Beweisaufnahme sich beziehenden Verhandlungen übermittelt der ersuchte Richter der Geschäftsstelle des Prozessgerichts in Urschrift; die Geschäftsstelle benachrichtigt die Parteien von dem Eingang.

Vgl. → § 13 Rn. 2; § 155 S. 1 FGO iVm §§ 158 ff. GVG.

§ 363 ZPO Beweisaufnahme im Ausland 9

(1) [1]Für die Durchführung der Verordnung (EU) 2020/1783 des Europäischen Parlaments und des Rates vom 25. November 2020 über die Zusammenarbeit zwischen den Gerichten der Mitgliedstaaten auf dem Gebiet der Beweisaufnahme in Zivil- oder Handelssachen (Beweisaufnahme) (ABl. L 405 vom 2.12.2020, S. 1) in ihrer jeweils geltenden Fassung gelten die §§ 1072 und 1073. [2]Soweit die Verord-

nung (EU) 2020/1783 für die Beweisaufnahme im Ausland nicht maßgeblich ist, gelten hierfür die Absätze 2 und 3.

(2) [1]Die Beweisaufnahme im Ausland ist nach denjenigen völkerrechtlichen Vereinbarungen vorzunehmen, die im Verhältnis zu dem jeweiligen Staat gelten. [2]Das Ersuchen zur Durchführung der Beweisaufnahme im Ausland ist von dem Vorsitzenden des Prozessgerichts zu stellen. [3]Sieht eine völkerrechtliche Vereinbarung mehrere Wege zur Aufnahme von Beweisen vor, soll die Beweisaufnahme nur dann durch einen deutschen Konsularbeamten erfolgen, wenn ihre Erledigung durch die Behörden des ausländischen Staates nicht oder nicht innerhalb einer angemessenen Zeit zu erwarten ist oder ein sonstiger begründeter Ausnahmefall vorliegt.

(3) [1]Bestehen keine völkerrechtlichen Vereinbarungen zur Beweisaufnahme im Ausland, ersucht der Vorsitzende des Prozessgerichts die Behörden des ausländischen Staates um Aufnahme des Beweises. [2]Ist eine Beweisaufnahme durch diese nicht oder nicht innerhalb einer angemessenen Zeit zu erwarten oder liegt sonst ein begründeter Ausnahmefall vor, so kann der Vorsitzende des Prozessgerichts deutsche Konsularbeamte um Aufnahme des Beweises ersuchen.

Die Vorschrift wurde durch das G zur Durchführung der EU-Verordnungen über grenzüberschreitende Zustellungen und grenzüberschreitende Beweisaufnahmen in Zivil- oder Handelssachen, zur Änderung der Zivilrechtshilfe, des Vormundschafts- und Betreuungsrechts, zur Anpassung von Rechtsvorschriften zum Verbraucherschutz und zur Verbraucherrechtsdurchsetzung sowie zur Änderung sonstiger Vorschriften v. 24.6.2022, BGBl. I 959, vollständig neu gefasst (zu den Beweggründen des Gesetzgebers s. BR-Drs. 84/22, 24 f.). Der Verweis auf die VO (EU) Nr. 2020/1783 in § 363 I ZPO geht allerdings für die Finanzgerichtsbarkeit ins Leere, weil die VO insoweit nicht anwendbar ist (Tipke/Kruse/Krumm § 82 Rn. 16). Im Wesentlichen besteht ein vertragsloser Zustand (Tipke/Kruse/Krumm § 82 Rn. 17 f.), weshalb in der Praxis im Wesentlichen die Mitwirkung der Beteiligten von Bedeutung ist (→ § 76 Rn. 24 aE, 47 f.).

Das FG kann von der Vernehmung gem. § 82 FGO iVm § 363 III ZPO absehen, wenn es einen persönlichen Eindruck von dem Zeugen für unabdingbar hält (BFH V R 50/09, BStBl. II 2012, 151; BGH I ZR 180/20, MDR 2021, 1409, Rn. 23). Unter Umständen kommt trotz des im Wesentlichen vertragslosen Zustandes eine Rechtshilfe gem. § 82 FGO iVm § 363 III 1 ZPO durch Gestattung im Einzelfall in Betracht (zu den Formalien BeckOK ZPO/Bach ZPO § 363 Rn. 31 ff.). Eine Beweisaufnahme durch einen Konsularbeamten gem. § 82 FGO iVm § 363 III 2 ZPO setzt voraus, dass der Konsularbeamte dazu nach dem Recht des Gastlandes befugt ist (vgl. OVG NRW 19 A 3046/20.A, NVwZ-RR 2021, 919; zu den Einzelheiten s. Tipke/Kruse/Krumm § 82 Rn. 20). Es wird vertreten, dass für die vorgenannten Maßnahmen das Einverständnis der Bundesregierung einzuholen ist, weil insoweit die Zuständigkeit des Bundes für die Pflege der auswärtigen Beziehungen iSd Art. 32 I GG betroffen sei (BeckOK ZPO/Bach ZPO § 363 Rn. 4; Zöller/Geimer ZPO § 363 Rn. 24 f.).

10 **§ 364 ZPO Parteimitwirkung bei Beweisaufnahme im Ausland**

(1) Wird eine ausländische Behörde ersucht, den Beweis aufzunehmen, so kann das Gericht anordnen, dass der Beweisführer das Ersuchungsschreiben zu besorgen und die Erledigung des Ersuchens zu betreiben habe.

(2) Das Gericht kann sich auf die Anordnung beschränken, dass der Beweisführer eine den Gesetzen des fremden Staates entsprechende öffentliche Urkunde über die Beweisaufnahme beizubringen habe.

(3) [1]In beiden Fällen ist in dem Beweisbeschluss eine Frist zu bestimmen, binnen der von dem Beweisführer die Urkunde auf der Geschäftsstelle niederzulegen ist. [2]Nach fruchtlosem Ablauf dieser Frist kann die Urkunde nur benutzt werden, wenn dadurch das Verfahren nicht verzögert wird.

(4) [1]Der Beweisführer hat den Gegner, wenn möglich, von dem Ort und der Zeit der Beweisaufnahme so zeitig in Kenntnis zu setzen, dass dieser seine Rechte in geeigneter Weise wahrzunehmen vermag. [2]Ist die Benachrichtigung unterblieben, so hat das Gericht zu ermessen, ob und inwieweit der Beweisführer zur Benutzung der Beweisverhandlung berechtigt ist.

Es ist str., ob § 364 ZPO in Verfahren, in denen der Untersuchungsgrundsatz gilt, anwendbar ist (verneinend zB Schoch/Schneider/Rudisile/Ulrich VwGO § 98 Rn. 21; Kopp/Schenke/Schenke VwGO § 98 Rn. 1; bejahend – mE zu Recht – Tipke/Kruse/Krumm § 82 Rn. 22 f.; HHS/Schallmoser § 82 Rn. 47).

§ 365 ZPO Abgabe durch beauftragten oder ersuchten Richter 11

[1]Der beauftragte oder ersuchte Richter ist ermächtigt, falls sich später Gründe ergeben, welche die Beweisaufnahme durch ein anderes Gericht sachgemäß erscheinen lassen, dieses Gericht um die Aufnahme des Beweises zu ersuchen. [2]Die Parteien sind von dieser Verfügung in Kenntnis zu setzen.

§ 365 ZPO soll verhindern, dass erst die Entscheidung durch das Prozessgericht abgewartet werden muss, wenn zB bei einem Wohnungswechsel des Zeugen ein anderes Gericht zuständig ist.

§ 366 ZPO Zwischenstreit

(1) Erhebt sich bei der Beweisaufnahme vor einem beauftragten oder ersuchten Richter ein Streit, von dessen Erledigung die Fortsetzung der Beweisaufnahme abhängig und zu dessen Entscheidung der Richter nicht berechtigt ist, so erfolgt die Erledigung durch das Prozessgericht.

(2) Der Termin zur mündlichen Verhandlung über den Zwischenstreit ist von Amts wegen zu bestimmen und den Parteien bekannt zu machen.

§ 366 ZPO betrifft vor allem Streitigkeiten über die Beeidigung und die Verweigerung des Zeugnisses; die Entscheidung – durch Zwischenurteil (§ 97) – steht insoweit dem Prozessgericht zu. Bis zur Rechtskraft dieses Zwischenurteils besteht im Hauptsacheverfahren ein Verfahrensstillstand sui generis (→ Vor § 74 Rn. 3).

§ 367 ZPO Ausbleiben der Partei 12

(1) Erscheint eine Partei oder erscheinen beide Parteien in dem Termin zur Beweisaufnahme nicht, so ist die Beweisaufnahme gleichwohl insoweit zu bewirken, als dies nach Lage der Sache geschehen kann.

(2) Eine nachträgliche Beweisaufnahme oder eine Vervollständigung der Beweisaufnahme ist bis zum Schluss derjenigen mündlichen Verhandlung, auf die das Urteil ergeht, auf Antrag anzuordnen, wenn das Verfahren dadurch nicht verzögert wird oder wenn die Partei glaubhaft macht, dass sie ohne ihr Verschulden außerstande gewesen sei, in dem früheren Termin zu erscheinen, und im Falle des

Antrags auf Vervollständigung, dass durch ihr Nichterscheinen eine wesentliche Unvollständigkeit der Beweisaufnahme veranlasst sei.

S. zunächst § 83. – § 367 ZPO bestimmt, dass eine **Beweisaufnahme** unter bestimmten Voraussetzungen **auf Antrag** zu **wiederholen** ist.

13 **§ 368 ZPO Neuer Beweistermin**

Wird ein neuer Termin zur Beweisaufnahme oder zu ihrer Fortsetzung erforderlich, so ist dieser Termin, auch wenn der Beweisführer oder beide Parteien in dem früheren Termin nicht erschienen waren, von Amts wegen zu bestimmen.

Vgl. § 83 S. 1.

14 **§ 369 ZPO Ausländische Beweisaufnahme**

Entspricht die von einer ausländischen Behörde vorgenommene Beweisaufnahme den für das Prozessgericht geltenden Gesetzen, so kann daraus, dass sie nach den ausländischen Gesetzen mangelhaft ist, kein Einwand entnommen werden.

§ 370 ZPO Fortsetzung der mündlichen Verhandlung

(1) Erfolgt die Beweisaufnahme vor dem Prozessgericht, so ist der Termin, in dem die Beweisaufnahme stattfindet, zugleich zur Fortsetzung der mündlichen Verhandlung bestimmt.

(2) [1]In dem Beweisbeschluss, der anordnet, dass die Beweisaufnahme vor einem beauftragten oder ersuchten Richter erfolgen solle, kann zugleich der Termin zur Fortsetzung der mündlichen Verhandlung vor dem Prozessgericht bestimmt werden. [2]Ist dies nicht geschehen, so wird nach Beendigung der Beweisaufnahme dieser Termin von Amts wegen bestimmt und den Parteien bekannt gemacht.

§ 370 I ZPO hat für das finanzgerichtliche Verfahren keine Bedeutung (§ 81 I 1). Zur Erörterung von Beweisergebnissen s. § 155 S. 1 FGO iVm §§ 285 I, 279 III ZPO; → § 93 Rn. 3; s. auch § 96 II; → § 96 Rn. 190 ff.

III. Beweis durch Augenschein

15 **§ 371 ZPO Beweis durch Augenschein**

(1) [1]Der Beweis durch Augenschein wird durch Bezeichnung des Gegenstandes des Augenscheins und durch die Angabe der zu beweisenden Tatsachen angetreten. [2]Ist ein elektronisches Dokument Gegenstand des Beweises, wird der Beweis durch Vorlegung oder Übermittlung der Datei angetreten.

(2) [1]Befindet sich der Gegenstand nach der Behauptung des Beweisführers nicht in seinem Besitz, so wird der Beweis außerdem durch den Antrag angetreten, zur Herbeischaffung des Gegenstandes eine Frist zu setzen oder eine Anordnung nach § 144 zu erlassen. [2]Die §§ 422 bis 432 gelten entsprechend.

(3) Vereitelt eine Partei die ihr zumutbare Einnahme des Augenscheins, so können die Behauptungen des Gegners über die Beschaffenheit des Gegenstandes als bewiesen angesehen werden.

Zu § 371 I ZPO: Wegen des Untersuchungsgrundsatzes gibt es im finanzgerichtlichen Verfahren keinen förmlichen Beweisantritt. Eine Verpflichtung des Gerichts zur Beweiserhebung wird durch einen „Beweisantrag" nur dann ausgelöst, wenn das Beweisthema hinreichend konkretisiert wird. Pauschale Angaben genügen nicht (→ § 76 Rn. 31 ff.; BFH IX B 17/08, BFH/NV 2008, 1509 zur Ortsbesichtigung). § 371 I 2 ZPO hat im FG-Prozess keine nennenswerte Bedeutung, weil elektronische Dokumente die Schriftstücke verkörpern, als Urkunden gelten (→ Rn. 40), anders soweit es sich um Bilder, Karten oder deren Kombination mit Text handelt. Entspr. **Internetrecherchen** sind zulässig (Tipke/Kruse/Krumm § 76 Rn. 25b), müssen jedoch in das Verfahren so eingeführt werden, dass sie Gegenstand der Gerichtsakte werden und die Beteiligten davon Kenntnis erlangen und die Möglichkeit haben, die Recherchen nachzuvollziehen (BFH I B 165/05, BFH/NV 2007, 52; IV B 115/13, BFH/NV 2015, 1256; X B 156/19, BFH/NV 2020, 1077); es bedarf also bei Papierakten eines Ausdrucks einer Internetseite oder eines sog. Screenshots (dazu ThürOLG 2 U 524/17, GRUR-RR 2019, 238), bei elektronischen Akten der Veraktung als pdf-Datei. Dies gilt auch für dreidimensionale, sog. VR-Darstellungen (vgl. Heetkamp/Leeb/Schlicht jM 2024, 44). Dass §§ 371a, 371b ZPO nicht für anwendbar erklärt worden sind, ist konsequent, zumal es in der FGO keine Vorschriften für einen formalisierten Urkundenbeweis gibt (→ Rn. 40). – Im Übrigen ist § 371 ZPO unter dem Gesichtspunkt der **Mitwirkungspflicht** von Bedeutung. – Augenscheinsobjekt kann auch eine Tonaufnahme sein (FG München 10 K 2168/09, BeckRS 2013, 96581).

§ 372 ZPO Beweisaufnahme 16

(1) Das Prozessgericht kann anordnen, dass bei der Einnahme des Augenscheins ein oder mehrere Sachverständige zuzuziehen seien.

(2) Es kann einem Mitglied des Prozessgerichts oder einem anderen Gericht die Einnahme des Augenscheins übertragen, auch die Ernennung der zuzuziehenden Sachverständigen überlassen.

§ 372 II deckt sich mit § 81 II (BFH V B 87/10, BFH/NV 2011, 1745). – **§ 372a ZPO** (betr. Untersuchungen zur Feststellung der Abstammung) ist für das finanzgerichtliche Verfahren **ohne nennenswerte Bedeutung** (s. aber FG München 9 K 1932/14, EFG 2015, 442).

IV. Zeugenbeweis

Die für anwendbar erklärten §§ 373–377, 380–382 und 386–401 ZPO werden ergänzt durch die §§ 85 und 87. Der in § 81 I 1 geregelte Grundsatz der Unmittelbarkeit der Beweiserhebung (→ § 81 Rn. 8 ff.) wirkt sich insbes. beim Zeugenbeweis aus.

§ 373 ZPO Beweisantritt 17

Der Zeugenbeweis wird durch die Benennung der Zeugen und die Bezeichnung der Tatsachen, über welche die Vernehmung der Zeugen stattfinden soll, angetreten.

Zeuge ist jede natürliche Person, die nicht selbst Beteiligter des Verfahrens oder gesetzlicher Vertreter eines am Verfahren Beteiligten ist und die Beweise durch Aussage über Tatsachen oder tatsächliche Vorgänge bringen soll (zB BFH I R 101/95, BStBl. II 1997, 464; HHS/Schallmoser § 82 Rn. 72; Gosch/Hartman § 82 Rn. 180; zur Abgrenzung s. BFH IX B 70/01, BFH/NV 2002, 528), jedoch

nicht Gesellschafter oder Geschäftsführer eines Beteiligten, die die Stellung eines Beteiligten haben (BFH IV B 127/04, BFH/NV 2006, 1133). Maßgebend ist die Rechtsstellung im Zeitpunkt der Vernehmung (Zöller/Greger ZPO Vor §§ 373–401 Rn. 5 f.). Beizuladende sind daher ggf. als Zeugen zu vernehmen, wenn die Beiladung unterblieben ist (BFH IV R 56/04, BStBl. II 2006, 838), ebenso Insolvenzschuldner nach Aufnahme des Rechtsstreits durch den Insolvenzverwalter (BFH I R 101/95, BStBl. II 1997, 464). – Das Gericht muss dem Antrag auf Zeugenvernehmung nur dann folgen, wenn die Tatsachen, die der Zeuge bekunden soll, **in substantiierter Form** bezeichnet (iE → § 76 Rn. 31 ff.). – **Beweisermittlungs- oder -ausforschungsanträgen** braucht das Gericht regelmäßig nicht nachzugehen (→ § 76 Rn. 32). – Zu den Voraussetzungen, unter denen auf die **Beweisaufnahme verzichtet** werden kann (Wahrunterstellung, Unerreichbarkeit, Unzulässigkeit oder absolute Untauglichkeit des Beweismittels) → § 76 Rn. 31. – Zum **Verzicht auf Zeugenvernehmung** durch Verzicht auf mündliche Verhandlung → § 76 Rn. 37. – Zur Frage, wann die **konsularische Vernehmung** eines im Ausland lebenden Zeugen unterbleiben kann, s. BFH XI B 222/07, BFH/NV 2009, 404. – Zu **Auslandszeugen** → Rn. 9; § 76 Rn. 48. – Zur wiederholten Zeugenvernehmung s. BGH IX ZR 219/87, NJW-RR 1989, 380; → Rn. 28 aE. – Im Übrigen → § 81 Rn. 7 ff.

18 **§ 375 ZPO Beweisaufnahme durch beauftragten oder ersuchten Richter**

(1) Die Aufnahme des Zeugenbeweises darf einem Mitglied des Prozessgerichts oder einem anderen Gericht nur übertragen werden, wenn von vornherein anzunehmen ist, dass das Prozessgericht das Beweisergebnis auch ohne unmittelbaren Eindruck von dem Verlauf der Beweisaufnahme sachgemäß zu würdigen vermag, und

1. wenn zur Ausmittlung der Wahrheit die Vernehmung des Zeugen an Ort und Stelle dienlich erscheint oder nach gesetzlicher Vorschrift der Zeuge nicht an der Gerichtsstelle, sondern an einem anderen Ort zu vernehmen ist;
2. wenn der Zeuge verhindert ist, vor dem Prozessgericht zu erscheinen und eine Zeugenvernehmung nach § 284 Absatz 2 und 3 nicht stattfindet;
3. wenn dem Zeugen das Erscheinen vor dem Prozessgericht wegen großer Entfernung unter Berücksichtigung der Bedeutung seiner Aussage nicht zugemutet werden kann und eine Zeugenvernehmung nach § 284 Absatz 2 und 3 nicht stattfindet.

(1a) Einem Mitglied des Prozessgerichts darf die Aufnahme des Zeugenbeweises auch dann übertragen werden, wenn dies zur Vereinfachung der Verhandlung vor dem Prozessgericht zweckmäßig erscheint und wenn von vornherein anzunehmen ist, dass das Prozessgericht das Beweisergebnis auch ohne unmittelbaren Eindruck von dem Verlauf der Beweisaufnahme sachgemäß zu würdigen vermag.

(2) Der Bundespräsident ist in seiner Wohnung zu vernehmen.

Vgl. → § 81 Rn. 14–16. – Im finanzgerichtlichen Verfahren ist § 284 II und III ZPO gem. § 82 anwendbar (→ Rn. 2a), sodass § 375 ZPO in der Praxis keine nennenswerte Rolle spielt.

19 **§ 376 ZPO Vernehmung bei Amtsverschwiegenheit**

(1) Für die Vernehmung von Richtern, Beamten und anderen Personen des öffentlichen Dienstes als Zeugen über Umstände, auf die sich ihre Pflicht zur Amts-

verschwiegenheit bezieht, und für die Genehmigung zur Aussage gelten die besonderen beamtenrechtlichen Vorschriften.

(2) Für die Mitglieder des Bundestages, eines Landtages, der Bundes- oder einer Landesregierung sowie für die Angestellten einer Fraktion des Bundestages oder eines Landtages gelten die für sie maßgebenden besonderen Vorschriften.

(3) Eine Genehmigung in den Fällen der Absätze 1, 2 ist durch das Prozessgericht einzuholen und dem Zeugen bekannt zu machen.

(4) Der Bundespräsident kann das Zeugnis verweigern, wenn die Ablegung des Zeugnisses dem Wohl des Bundes oder eines deutschen Landes Nachteile bereiten würde.

(5) Diese Vorschriften gelten auch, wenn die vorgenannten Personen nicht mehr im öffentlichen Dienst oder Angestellte einer Fraktion sind oder ihre Mandate beendet sind, soweit es sich um Tatsachen handelt, die sich während ihrer Dienst-, Beschäftigungs- oder Mandatszeit ereignet haben oder ihnen während ihrer Dienst-, Beschäftigungs- oder Mandatszeit zur Kenntnis gelangt sind.

Zu **§ 376 I ZPO** vgl. § 37 BeamtstG iVm den Landesrichtergesetzen für die Richter im Landesdienst, §§ 67, 68 BBG, § 46 DRiG für die Richter am BFH und § 2 VerpflG v. 2.3.1974, zuletzt geändert durch G v. 15.8.1974 – BGBl. I 1942, für sonstige Beschäftigte (MüKoZPO/Damrau ZPO § 376 Rn. 5); zu **§ 376 II ZPO** vgl. Art. 62 GG, §§ 44d, 57 II AbgG und §§ 6, 7 BundesministerG für die Mitglieder des Bundestages und der Bundesregierung sowie Angestellte der Bundestagsfraktionen. Für die Mitglieder der Landtage und der Landesregierungen usw bestehen entsprechende Regelungen durch die Landesgesetzgeber. – Die **Verweigerung der Genehmigung** ist VA, der (nur) vom Betroffenen angefochten werden kann (BVerwG VII C 93/61, BVerwGE 18, 58; I WB 1/74, BVerwGE 46, 303; 2 C 91/81, BVerwGE 66, 39). Die Folge ist ein Vernehmungsverbot, so dass der Zeuge ein unerreichbares Beweismittel ist, was jedoch im Rahmen der Beweiswürdigung uU zu Lasten der Behörde gewürdigt werden kann (Tipke/Kruse/Krumm § 82 Rn. 34; Zöller/Greger ZPO § 376 Rn. 8; MüKoZPO/Damrau ZPO § 376 Rn. 1, 16).

§ 377 ZPO Zeugenladung 20

(1) [1]Die Ladung der Zeugen ist von der Geschäftsstelle unter Bezugnahme auf den Beweisbeschluss auszufertigen und von Amts wegen mitzuteilen. [2]Sie wird, sofern nicht das Gericht die Zustellung anordnet, formlos übermittelt.

(2) Die Ladung muss enthalten:

1. die Bezeichnung der Parteien;
2. den Gegenstand der Vernehmung;
3. die Anweisung, zur Ablegung des Zeugnisses bei Vermeidung der durch das Gesetz angedrohten Ordnungsmittel in dem nach Zeit und Ort zu bezeichnenden Termin zu erscheinen;
4. im Fall des § 284 Absatz 2 die Anweisung, zur Ablegung des Zeugnisses die Bild- und Tonübertragung sicherzustellen;
5. im Fall des § 284 Absatz 3 die Anweisung, zur Ablegung des Zeugnisses an der zu bezeichnenden Gerichtsstelle zu erscheinen.

(3) [1]Das Gericht kann eine schriftliche Beantwortung der Beweisfrage anordnen, wenn es dies im Hinblick auf den Inhalt der Beweisfrage und die Person des Zeugen

für ausreichend erachtet. ²Der Zeuge ist darauf hinzuweisen, dass er zur Vernehmung geladen werden kann. ³Das Gericht ordnet die Ladung des Zeugen an, wenn es dies zur weiteren Klärung der Beweisfrage für notwendig erachtet.

Die **Ladungsfrist** nach § 91 I **gilt nicht** für die Ladung des Zeugen (Zöller/Greger ZPO § 377 Rn. 4), so dass ein Zeuge grds. auch sehr kurzfristig geladen werden kann. Allerdings erhöht dies das Risiko, dass die Ladung den Zeugen nicht rechtzeitig vor dem Vernehmungstermin erreicht (also unwirksam ist) oder dass Entschuldigungsgründe iSd § 381 I 1 ZPO vorliegen. – **§ 377 II Nr. 4 und 5 ZPO** sind durch das G zur Förderung des Einsatzes von Videokonferenztechnik in der Zivilgerichtsbarkeit und den Fachgerichtsbarkeiten v. 15.7.2024 (BGBl. 2024 I Nr. 237; → Rn. 1) aufgenommen worden und unterstreichen die Verantwortung des Zeugen, ggf. die technischen Voraussetzungen für eine Vernehmung im Wege der **Videokonferenz** (→ Rn. 2a) sicherzustellen. – Die Zeugenladung kann vom Zeugen mit der **Beschwerde gem. § 128 I** angefochten werden, da § 128 II insoweit teleologisch zu reduzieren ist (BFH IX B 95/15, BFH/NV 2015, 1436). Grundsätzlich gilt die Beschwerdefrist gem. § 129 I, jedoch gilt mangels entspr. Rechtsmittelbelehrungen in der Praxis idR die Jahresfrist gem. § 55 II. – Soweit es sich um Auslandssachverhalte handelt, müssen **Auslandszeugen** nicht von Amts wegen geladen, sondern von den Beteiligten im Termin gestellt werden (→ § 76 Rn. 48), dort (und → Rn. 9) auch weiteres zur Ladung und Vernehmung von Zeugen im Ausland, ebenso bei Tipke/Kruse/Krumm § 82 Rn. 13 ff.; Gosch/Hartman § 82 Rn. 61 f.).

Die **schriftliche Beantwortung einer Beweisfrage (§ 377 III ZPO)** ist Zeugenbeweis (§ 358a S. 2 Nr. 3 ZPO – → Rn. 4) und nur aufgrund des Verfahrens gem. § 377 III ZPO als solcher verwertbar (→ § 81 Rn. 8, 12). Es ist also ein förmlicher **Beweisbeschluss erforderlich.** Die Anordnung steht im Ermessen des Gerichts. Bei der Entscheidung ist der Schwierigkeitsgrad der Beweisfrage und die Person des Zeugen (Bildung, Ausdrucksfähigkeit) zu berücksichtigen. Persönliche Beziehungen zu einem der Beteiligten sprechen gegen eine schriftliche Befragung. Außerdem wird es darauf ankommen, ob der persönliche Eindruck verzichtbar erscheint (BFH II B 30/18 ua, BStBl. II 2019, 620, Rn. 22). Schließlich muss sichergestellt sein, dass die Erklärung auch tatsächlich von dem Zeugen selbst stammt. Auch im Ausland ansässige Zeugen dürfen gem. § 377 III ZPO befragt werden (Zöller/Greger ZPO § 363 Rn. 11; Metz MDR 2020, 1094 (1097); aA uU Tipke/Kruse/Krumm § 82 Rn. 36a, der wohl ein Rechtshilfeersuchen gem. § 363 I ZPO für erforderlich hält). – Der Zeuge muss nicht nur davon in Kenntnis gesetzt werden, dass er zur Vernehmung vorgeladen werden kann (§ 377 III 2 ZPO), er muss auch über ein etwaiges **Zeugnisverweigerungsrecht** (§ 84 FGO iVm §§ 101–103 AO) belehrt und auf die Wahrheitspflicht (§ 395 ZPO – → Rn. 28), die Möglichkeit der Beeidigung (→ Rn. 27) und die Strafbarkeit eines Meineides bzw. vorsätzlicher uneidlicher Falschaussagen hingewiesen werden. Daher sind unaufgeforderte schriftliche Mitteilungen von Zeugen nicht als schriftliche Auskünfte verwertbar. Allenfalls kann sich der Zeuge nach erfolgtem Beweisbeschluss und Auskunftsaufforderung nebst Belehrung auf die früher erteilte schriftliche Mitteilung beziehen (vgl. auch Metz MDR 2020, 1094 (1095)). – Reicht die schriftliche Antwort nicht aus, ist der Zeuge vorzuladen und zu vernehmen (§ 398 ZPO). Die Beteiligten können zur Ausübung ihres Fragerechts (§ 397 ZPO) auf das schriftliche Verfahren verwiesen werden (BAG 8 AZN 872/16, NJW 2017, 1770; Tipke/Kruse/Krumm § 82 Rn. 36b; Zöller/

Greger ZPO § 377 Rn. 10; Metz MDR 2020, 1094 (1098 f.); aA Thomas/Putzo/Seiler ZPO § 377 Rn. 6), wobei dies in vielen Fällen unzweckmäßig sein dürfte. – Die schriftliche Beantwortung der Beweisfrage ist nicht erzwingbar. Unterbleibt die Antwort, muss der Zeuge vorgeladen und vernommen werden. – Verstoß gegen § 377 III ZPO ist heilbar (§ 295 ZPO), iÜ aber Verfahrensfehler. – Zur Pflicht des (persönlich aussagenden wie auch des schriftlich sich erklärenden) Zeugen, sich vor seiner Bekundung **aus Geschäftsunterlagen** zu **informieren** s. § 85. – Ausführlich zu § 377 III ZPO s. zB Zöller/Greger ZPO § 377 Rn. 5 ff.; Metz MDR 2020, 1094.

§ 378 ZPO Aussageerleichternde Unterlagen

(1) [1]Soweit es die Aussage über seine Wahrnehmungen erleichtert, hat der Zeuge Aufzeichnungen und andere Unterlagen einzusehen und zu dem Termin mitzubringen, wenn ihm dies gestattet und zumutbar ist. [2]Die §§ 142 und 429 bleiben unberührt.

(2) Kommt der Zeuge auf eine bestimmte Anordnung des Gerichts der Verpflichtung nach Absatz 1 nicht nach, so kann das Gericht die in § 390 bezeichneten Maßnahmen treffen; hierauf ist der Zeuge vorher hinzuweisen.

§ 378 ZPO ist im finanzgerichtlichen Verfahren nicht anwendbar, weil insoweit § 85 gilt (Tipke/Kruse/Krumm § 82 Rn. 3; HHS/Schallmoser § 82 Rn. 12).

§ 380 ZPO Folgen des Ausbleibens des Zeugen 21

(1) [1]Einem ordnungsgemäß geladenen Zeugen, der nicht erscheint, werden, ohne dass es eines Antrages bedarf, die durch das Ausbleiben verursachten Kosten auferlegt. [2]Zugleich wird gegen ihn ein Ordnungsgeld und für den Fall, dass dieses nicht beigetrieben werden kann, Ordnungshaft festgesetzt.

(2) Im Falle wiederholten Ausbleibens wird das Ordnungsmittel noch einmal festgesetzt; auch kann die zwangsweise Vorführung des Zeugen angeordnet werden.

(3) Gegen diese Beschlüsse findet die sofortige Beschwerde statt.

An der ordnungsgemäßen Ladung fehlt es ua dann, wenn das Verfahren nach § 74 oder § 155 S. 1 FGO iVm §§ 239 ff. ZPO unterbrochen war (→ Vor § 74 Rn. 4). – Das Ordnungsgeld (in Höhe von 5 bis 1.000 EUR – → § 80 Rn. 10) **muss** festgesetzt werden (kein Ermessen: BFH II B 64/18, BFH/NV 2019, 710; Tipke/Kruse/Krumm § 82 Rn. 38; HHS/Schallmoser § 82 Rn. 95; Zöller/Greger ZPO § 380 Rn. 1; aA OLG Koblenz 3 W 322/24, MDR 2024, 1606; MüKoZPO/Damrau/Weinland ZPO § 380 Rn. 7; Anders/Gehle/Gehle ZPO § 380 Rn. 12; auch → § 80 Rn. 10), wenn die gesetzlichen Voraussetzungen (§ 380 I 1 ZPO; → Rn. 22) erfüllt sind, und zwar auch noch nach Abschluss des Verfahrens (BFH X B 41/88, BStBl. II 1988, 838 (839)) und grds. auch dann, wenn die Beweiserheblichkeit oder die Notwendigkeit der Beweiserhebung weggefallen ist (BFH III B 104/09, BFH/NV 2010, 2291; III B 46/11, BFH/NV 2011, 1004; XI B 111/12, BFH/NV 2013, 1944; FG Düsseldorf 3 K 590/21 H, DStRE 2023, 1103). Denn § 380 ZPO dient dem Zweck der Achtung und Durchsetzbarkeit der den Zeugen treffenden staatsbürgerlichen Pflichten (BFH XI B 111/12, BFH/NV 2013, 1944). – Wird ein Zeuge jedoch zum Termin über den Prozessbevollmächtigten des Klägers geladen, obwohl bis dahin keine Bevollmächtigung durch den Zeugen vorliegt, können bei Nichterscheinen des Zeugen mangels ordnungsgemäßer Ladung keine Ordnungsmittel angeordnet werden (BFH IV B 163/03, BFH/NV 2005, 370 (372)). – Die Wirksamkeit der Auferlegung eines **Ordnungsgeldes** wird nicht dadurch beeinträchtigt, dass die **(Ersatz-)Ordnungshaft** (zwischen einem Tag und sechs Wochen – Art. 6 II EGStGB) nicht sogleich angeordnet wird (vgl. Art. 8 EGStGB – BFH I B 41/77, BStBl. II 1977, 842). – **Die Höhe des Ordnungsgeldes** (dazu auch Lindwurm AO-StB 2019, 269) bestimmt das Gericht (ggf. der Einzelrichter) **nach pflichtgemäßem Ermessen** (BFH II B 67/08, BFH/NV 2008, 1870; III B 46/11, BFH/NV 2011, 1004; III B 223/11, BFH/NV 2012, 1460; II B 64/18, BFH/NV 2019, 710). Maßgebend sind dabei insbes. die Bedeutung der Rechtssache sowie die Bedeutung der Aussage für die Entscheidung, die Schwere der Pflichtverletzung (BFH II B 64/18, BFH/NV 2019, 710; zB wiederholtes Ausbleiben – BFH II B 34/97, BFH/NV 1998, 864 (865); Fernbleiben durch einen Berufsträger – BFH III B 104/09, BFH/NV 2010, 2291), die wirtschaftlichen Verhältnisse des Zeugen und das Ausmaß des durch das Ausbleiben des Zeugen verursachten zusätzlichen Zeitaufwands (BFH X B 335/94, BFH/NV 1995, 1004; III B 223/11, BFH/NV 2012, 1460; II B 64/18, BFH/NV 2019, 710); zu berücksichtigen ist deshalb, dass in der mündlichen Verhandlung, in der die Zeugenvernehmung stattfinden sollte, der Rechtsstreit in der Hauptsache für erledigt erklärt (BFH XI B 11/98, BFH/NV 1998, 1369; XI B 111/12, BFH/NV 2013, 1944) oder die Klage zurückgenommen worden ist (BFH VI B 62/06, BFH/NV 2007, 468 (469) zugleich zu weiteren Ermessensgesichtspunkten; OVG BBg 12 L 11/16, BeckRS 2016, 49159), die Vertagung ohnehin aus anderen Gründen erforderlich war (BFH II B 64/18, BFH/NV 2019, 710) oder dass das Verfahren gleichwohl durch Urteil abgeschlossen werden konnte (FG Düsseldorf 3 K 590/21 H, BeckRS 2022, 35734). Eine besondere **Begründung** ist nicht erforderlich, wenn die Höhe des Ordnungsgeldes das untere Viertel des Ordnungsgeldrahmens (5 bis 1.000 EUR; → § 80 Rn. 10) nicht überschreitet (BFH X B 41/88, BStBl. II 1988, 838; II B 67/08, BFH/NV 2008, 1870; VI B 59/08, BFH/NV 2009, 34; III B 46/11, BFH/NV 2011, 1004). – Zur **Verjährung** des Ordnungsgeldes s. BFH X B 335/94, BFH/NV 1995, 1004. – **Abs. 2:** Die Ordnungsmittel können bei erneuter Säumnis jedenfalls ein **zweites Mal festgesetzt** werden; ob dies darüber hinaus weitere Male möglich ist, ist umstritten (vgl. Zöller/Greger ZPO § 380 Rn. 8). – Durch Senatsbeschluss (Zöller/Greger ZPO § 380 Rn. 8) kann die **Vorführung** angeordnet werden, die durch Gerichtswachtmeister (HHS/Schallmoser § 82 Rn. 100) oder gem. § 149 GVGA durch den für den Wohnsitz des Zeugen zuständigen Gerichtsvollzieher (Anders/Gehle/Gehle ZPO § 380 Rn. 20), der ggf. gem. § 758 III ZPO Polizeivollzugsbeamte hinzuziehen kann, vollzogen wird. – Gegen die Ordnungsgeldfestsetzung und die Anordnung der Vorführung ist die **Beschwerde** gem. § 128 I eröffnet, für die die Frist des § 129 gilt, weil die FGO keine sofortige Beschwerde kennt (BFH II B 67/08, BFH/NV 2008, 1870; IV B 6/10, BFH/NV 2010, 1109; V B 42/16, BFH/NV 2016, 1057); auch die Entschuldigung des Zeugen (§ 381 ZPO) muss vor Ablauf der Frist eingehen (BFH V B 6/69, BStBl. II 1969, 526). Gegen Beschlüsse des **beauftragten** oder ersuchten **Richters** (§ 380 I, II ZPO), ist die (unmittelbare) **Beschwerde nicht gegeben;** § 133 geht § 380 III ZPO vor (BFH I B 120/95, BFH/NV 1997, 299). – Da das Beschwerdeverfahren ein selbständiges Zwischenverfahren ist, muss eine **Kostenentscheidung** getroffen werden. Bei erfolgreicher Beschwerde entfällt eine Entscheidung über die Gerichtskosten. Die außergerichtlichen Kosten sind in diesem Fall von der Staatskasse zu tragen (BFH IX B 5/85, BStBl. II 1986, 270; IV B 6/10, BFH/NV 2010, 1109; XI B 111/12, BFH/NV

2013, 1944; II B 64/18, BFH/NV 2019, 710). – Zur Notwendigkeit der Vertretung eines Zeugen nach § 62 IV → § 62 Rn. 61. – Zur **Vollstreckung des Ordnungsgeldes** → § 150 Rn. 4; BFH VII B 233/91, BFH/NV 1994, 807.

§ 381 ZPO Genügende Entschuldigung des Ausbleibens 22

(1) [1]Die Auferlegung der Kosten und die Festsetzung eines Ordnungsmittels unterbleiben, wenn das Ausbleiben des Zeugen rechtzeitig genügend entschuldigt wird. [2]Erfolgt die Entschuldigung nach Satz 1 nicht rechtzeitig, so unterbleiben die Auferlegung der Kosten und die Festsetzung eines Ordnungsmittels nur dann, wenn glaubhaft gemacht wird, dass den Zeugen an der Verspätung der Entschuldigung kein Verschulden trifft. [3]Erfolgt die genügende Entschuldigung oder die Glaubhaftmachung nachträglich, so werden die getroffenen Anordnungen unter den Voraussetzungen des Satzes 2 aufgehoben.

(2) Die Anzeigen und Gesuche des Zeugen können schriftlich oder zum Protokoll der Geschäftsstelle oder mündlich in dem zur Vernehmung bestimmten neuen Termin angebracht werden.

Die **Maßnahmen** nach § 380 ZPO **unterbleiben,** wenn das Ausbleiben des Zeugen „rechtzeitig genügend entschuldigt" wird (§ 381 I 1 ZPO). **Rechtzeitig** ist die Entschuldigung, wenn sie dem Gericht in einem Zeitpunkt zugeht, in dem der Termin ohne Weiteres verschoben werden kann (Musielak/Voit/Huber ZPO § 381 Rn. 4). **Genügend entschuldigt** ist die Versäumung eines Beweistermins durch einen ordnungsgemäß geladenen Zeugen nur bei Vorliegen **schwerwiegender Gründe** (BFH X B 37/10, BFH/NV 2012, 961; XI B 111/12, BFH/NV 2013, 1944). Es müssen äußere Ereignisse vorliegen, die das Ausbleiben des Zeugen als nicht pflichtwidrig erscheinen lassen (zB bei eigener schwerer Erkrankung, einer erheblichen Verkehrsstörung, bei schwerer Erkrankung oder Tod eines nahen Angehörigen; BFH III B 162/01, BFH/NV 2002, 1335; III B 46/11, BFH/NV 2011, 1004; III B 223/11, BFH/NV 2012, 1460). – Zur **Dauererkrankung** s. BFH VIII B 204/05, BFH/NV 2006, 771 (772); III B 46/11, BFH/NV 2011, 1004; III B 223/11, BFH/NV 2012, 1460. – Gleichgültigkeit, Nachlässigkeit und Vergesslichkeit sind keine ausreichenden Entschuldigungsgründe (BFH II B 217/91, BFH/NV 1993, 479; I B 31/94, BFH/NV 1995, 615 (616); XI B 11/98, BFH/NV 1998, 1369 betr. Verlust der Ladung und dadurch verursachte Verspätung). – Dem Zeugen obliegt es, beim Gericht **nachzufragen,** wenn er trotz unmissverständlicher Ladung Zweifel daran hat, ob er vor Gericht erscheinen muss; unterlässt er eine solche Nachfrage, liegt grds. keine genügende Entschuldigung des Ausbleibens vor (BFH IV B 119/06, BFH/NV 2008, 232 (233)). Ebenso wenig kann sich der vergeblich als Zeuge geladene Notar darauf berufen, dass die Vertragsparteien ihn (noch) nicht von seiner Verschwiegenheitspflicht entbunden hätten (BFH II B 25/93, BFH/NV 1994, 640). Auch ein **unklares amtsärztliches Zeugnis** (BFH X B 207/92 ua, BFH/NV 1993, 555) oder ein **privatärztliches Attest,** das für den Verhandlungstag die Arbeitsunfähigkeit bescheinigt (BFH VIII B 204/05, BFH/NV 2006, 771 (772); III B 104/09, BFH/NV 2010, 2291; III B 46/11, BFH/NV 2011, 1004; III B 223/11, BFH/NV 2012, 1460), reicht zur Entschuldigung nicht aus. – Erforderlich ist eine ausführliche Schilderung der Ereignisse durch den Zeugen. Allgemeine Hinweise genügen nicht (BFH I B 41/77, BStBl. II 1977, 842; IV B 11/88, BFH/NV 1988, 651; VI B 59/08, BFH/NV 2009, 34 betr. „dringende Auslandsreise"). – Ein Rechtsanwalt ist ausreichend entschuldigt, wenn er seine Verpflichtung, Termine wahrzunehmen, mitgeteilt und das Gericht daraufhin nicht versucht hat, einen anderen Termin festzusetzen (BFH I B 61/74, BStBl. II 1975, 305). – Auch ein entschuldbarer Irrtum über die Erscheinenspflicht trotz Kenntnis von der Ladung kann das Ausbleiben des Zeugen ausnahmsweise entschuldigen (BFH IV B 119/06, BFH/NV 2008, 232 (233)). – Erfolgt die **Entschuldigung** nach § 381 I 1 ZPO **nicht rechtzeitig,** unterbleiben die Maßnahmen nach § 380 ZPO, wenn der Zeuge glaubhaft macht (§ 294 ZPO), dass ihn an der Verspätung der Entschuldigung kein Verschulden iSd § 381 I 1 ZPO trifft (§ 381 I 2 ZPO). – Akzeptiert das Gericht die Entschuldigungsgründe des Zeugen nicht, kann dieser **Beschwerde gegen die Ladung** einlegen (ggf. auch vorsorglich; → Rn. 20). – Die Maßnahmen nach § 380 ZPO werden aufgehoben, wenn die genügende **Entschuldigung nachträglich** erfolgt und glaubhaft gemacht wird, bzw. wenn die Glaubhaftmachung der Entschuldigung nachgeholt wird (§ 381 I 3 ZPO). – Nachträglich vorgetragene Entschuldigungsgründe können allerdings nur dann zur Aufhebung der Maßnahmen nach § 380 ZPO führen, wenn sie nicht schon im Vorfeld des Termins hätten geltend gemacht werden können (BFH I B 55/07, BStBl. II 2009, 605; III B 104/09, BFH/NV 2010, 2291). – Entschuldigungsgründe und Glaubhaftmachung können auch **im Beschwerdeverfahren** gegen die Maßnahmen nach § 380 ZPO (→ Rn. 21) geltend gemacht werden bzw. erfolgen (BFH X B 198/95, BFH/NV 1996, 697). Verstirbt der im Beweistermin unentschuldigt nicht erschienene Zeuge, bevor über seine Beschwerde gegen die Festsetzung der Ordnungsmittel abschließend entschieden ist, ist die angefochtene Festsetzung gegenstandslos und das Beschwerdeverfahren durch Beschluss einzustellen (BFH X B 76/06, BFH/NV 2007, 1037). – Gegen die Aufhebung eines Beschlusses, mit dem dem Zeugen die durch seine Säumnis entstandenen Kosten auferlegt wurden, sind die Beteiligten beschwerdebefugt, weil sich dadurch ihr Prozesskostenrisiko erhöht (wegen fehlender Beschwer dagegen nicht, soweit Ordnungsmittel aufgehoben werden; BFH X B 7/20, BFH/NV 2020, 1277).

23 **§ 382 ZPO Vernehmung an bestimmten Orten**

(1) Die Mitglieder der Bundesregierung oder einer Landesregierung sind an ihrem Amtssitz oder, wenn sie sich außerhalb ihres Amtssitzes aufhalten, an ihrem Aufenthaltsort zu vernehmen.

(2) Die Mitglieder des Bundestages, des Bundesrates, eines Landtages oder einer zweiten Kammer sind während ihres Aufenthaltes am Sitz der Versammlung dort zu vernehmen.

(3) Zu einer Abweichung von den vorstehenden Vorschriften bedarf es:

für die Mitglieder der Bundesregierung der Genehmigung der Bundesregierung,

für die Mitglieder einer Landesregierung der Genehmigung der Landesregierung,

für die Mitglieder einer der im Absatz 2 genannten Versammlungen der Genehmigung dieser Versammlung.

24 **§ 386 ZPO Erklärung der Zeugnisverweigerung**

(1) Der Zeuge, der das Zeugnis verweigert, hat vor dem zu seiner Vernehmung bestimmten Termin schriftlich oder zum Protokoll der Geschäftsstelle oder in diesem Termin die Tatsachen, auf die er die Weigerung gründet, anzugeben und glaubhaft zu machen.

(2) Zur Glaubhaftmachung genügt in den Fällen des § 383 Nr. 4, 6 die mit Berufung auf einen geleisteten Diensteid abgegebene Versicherung.

(3) Hat der Zeuge seine Weigerung schriftlich oder zum Protokoll der Geschäftsstelle erklärt, so ist er nicht verpflichtet, in dem zu seiner Vernehmung bestimmten Termin zu erscheinen.

(4) Von dem Eingang einer Erklärung des Zeugen oder von der Aufnahme einer solchen zum Protokoll hat die Geschäftsstelle die Parteien zu benachrichtigen.

Zum **Zeugnisverweigerungsrecht** s. § 84 FGO iVm §§ 101–103 AO (→ § 84 Rn. 4).

Der Zeuge braucht nicht zum Termin zu erscheinen, wenn er ein das ganze Beweisthema abdeckendes Zeugnisverweigerungsrecht nach Maßgabe des § 386 I ZPO in der nach § 386 I u. III ZPO vorgesehenen Form geltend macht (BFH I B 110/10, BFH/NV 2011, 5; X B 37/10, BFH/NV 2012, 961; die fernmündlich erklärte Zeugnisverweigerung ist unwirksam: BFH II R 7/02, BFH/NV 2004, 1535 (1536)) und die hierfür erforderlichen Tatsachen schlüssig vorträgt und glaubhaft macht (§ 386 I ZPO; BFH II B 120/02, BFH/NV 2004, 658 (659); X B 167/06, BFH/NV 2007, 1524; X B 155/11, BFH/NV 2012, 2015; → § 84 Rn. 5 ff.). Zur **Glaubhaftmachung** s. § 155 S. 1 FGO iVm § 294 ZPO; zur Glaubhaftmachung des Weigerungsgrundes bei Zeugnisverweigerung **wegen** eines **schwebenden Strafverfahrens** s. BFH X B 167/06, BFH/NV 2007, 1524; I R 9/71, BStBl. II 1971, 808 zur Entbehrlichkeit der Glaubhaftmachung in besonderen Fällen. Die Verpflichtung, den Termin wahrzunehmen, entfällt unabhängig davon, ob sich die Zeugnisverweigerung iE als gerechtfertigt erweist oder nicht (BFH V B 158/87, BFH/NV 1989, 82 (84) mwN; II B 120/02, BFH/NV 2004, 658 (659)). Bei Streit über das Zeugnisverweigerungsrecht ist durch Zwischenurteil zu entscheiden (→ Rn. 25). – Das Recht, eine Entscheidung über die Berechtigung der Zeugnisverweigerung zu verlangen, geht nicht nur durch **Anerkennung des Zeugnisverweigerungsrechts,** sondern auch durch **rügelose Einlassung** zur Sache (§ 295 ZPO) verloren (BFH X B 39/95, BFH/NV 1996, 699 (700)).

§ 387 ZPO Zwischenstreit über Zeugnisverweigerung 25

(1) Über die Rechtmäßigkeit der Weigerung wird von dem Prozessgericht nach Anhörung der Parteien entschieden.

(2) Der Zeuge ist nicht verpflichtet, sich durch einen Anwalt vertreten zu lassen.

(3) Gegen das Zwischenurteil findet sofortige Beschwerde statt.

Beteiligte in dem Zwischenstreit (§ 387 ZPO) sind die Parteien des Hauptprozesses, der Zeuge wird nur Nebenbeteiligter (BFH VIII B 41/96, BFH/NV 1997, 736; X B 167/06, BFH/NV 2007, 1524). Grundsätzlich ist dafür eine mündliche Verhandlung erforderlich. Wenn der Zeuge in der mündlichen Verhandlung, in der die Zeugenvernehmung erfolgen sollte, anwesend ist, kann sogleich im Zwischenstreit mündlich verhandelt werden; andernfalls ist dafür ein gesonderter Termin anzusetzen, zu dem der Zeuge zu laden ist (Zöller/Greger ZPO § 387 Rn. 3). – Eine Entscheidung durch **Zwischenurteil** ist nur geboten, wenn das Gericht die Zeugnisverweigerung für unbegründet hält (BFH VII B 91/02, BFH/NV 2003, 192; FG LSA 2 K 867/13, EFG 2015, 2098 mAnm Kühnen); s. auch BFH I R 9/71, BStBl. II 1971, 808; I R 91/72, BStBl. II 1974, 359; IV B 114/88, BFH/NV 1989, 761 (762); → Rn. 24). Es muss eine **Kostenentscheidung** ergehen, weil es sich um ein selbständiges Zwischenverfahren handelt (BFH I R 9/71, BStBl. II 1971, 808 (811)); XI B 135/95, BFH/NV 1997, 638; FG LSA 2

K 867/13, EFG 2015, 2098 mAnm Kühnen); dies ist auch dann der Fall, wenn sich der Zwischenstreit erledigt, weil der Zeuge seine Weigerung aufgibt und aussagt (FG München 12 K 254/18, BeckRS 2021, 54412). – Gegen das Zwischenurteil ist analog § 387 III ZPO die **Beschwerde** an den BFH gegeben (BFH VIII B 41/96, BFH/NV 1997, 736; X B 167/06, BFH/NV 2007, 1524; FG LSA 2 K 867/13, EFG 2015, 2098 mAnm Kühnen). – Bis zum rechtskräftigen Abschluss des Zwischenstreits besteht im Hauptsacheverfahren ein Verfahrensstillstand sui generis (→ Vor § 74 Rn. 3).

26 **§ 388 ZPO Zwischenstreit über schriftliche Zeugnisverweigerung**

Hat der Zeuge seine Weigerung schriftlich oder zum Protokoll der Geschäftsstelle erklärt und ist er in dem Termin nicht erschienen, so hat auf Grund seiner Erklärungen ein Mitglied des Prozessgerichts Bericht zu erstatten.

§ 389 ZPO Zeugnisverweigerung vor beauftragtem oder ersuchtem Richter

(1) Erfolgt die Weigerung vor einem beauftragten oder ersuchten Richter, so sind die Erklärungen des Zeugen, wenn sie nicht schriftlich oder zum Protokoll der Geschäftsstelle abgegeben sind, nebst den Erklärungen der Parteien in das Protokoll aufzunehmen.

(2) Zur mündlichen Verhandlung vor dem Prozessgericht werden der Zeuge und die Parteien von Amts wegen geladen.

(3) [1]Auf Grund der von dem Zeugen und den Parteien abgegebenen Erklärungen hat ein Mitglied des Prozessgerichts Bericht zu erstatten. [2]Nach dem Vortrag des Berichterstatters können der Zeuge und die Parteien zur Begründung ihrer Anträge das Wort nehmen; neue Tatsachen oder Beweismittel dürfen nicht geltend gemacht werden.

§ 390 ZPO Folgen der Zeugnisverweigerung

(1) [1]Wird das Zeugnis oder die Eidesleistung ohne Angabe eines Grundes oder aus einem rechtskräftig für unerheblich erklärten Grund verweigert, so werden dem Zeugen, ohne dass es eines Antrages bedarf, die durch die Weigerung verursachten Kosten auferlegt. [2]Zugleich wird gegen ihn ein Ordnungsgeld und für den Fall, dass dieses nicht beigetrieben werden kann, Ordnungshaft festgesetzt.

(2) [1]Im Falle wiederholter Weigerung ist auf Antrag zur Erzwingung des Zeugnisses die Haft anzuordnen, jedoch nicht über den Zeitpunkt der Beendigung des Prozesses in dem Rechtszug hinaus. [2]Die Vorschriften über die Haft im Zwangsvollstreckungsverfahren gelten entsprechend.

(3) Gegen die Beschlüsse findet die sofortige Beschwerde statt.

Zu § 390 I 2 ZPO und § 390 III ZPO → Rn. 21.

27 **§ 391 ZPO Zeugenbeeidigung**

Ein Zeuge ist, vorbehaltlich der sich aus § 393 ergebenden Ausnahmen, zu beeidigen, wenn das Gericht dies mit Rücksicht auf die Bedeutung der Aussage oder zur Herbeiführung einer wahrheitsgemäßen Aussage für geboten erachtet und die Parteien auf die Beeidigung nicht verzichten.

§ 392 ZPO Nacheid; Eidesnorm

[1]Die Beeidigung erfolgt nach der Vernehmung. [2]Mehrere Zeugen können gleichzeitig beeidigt werden. [3]Die Eidesnorm geht dahin, dass der Zeuge nach bestem Wissen die reine Wahrheit gesagt und nichts verschwiegen habe.

§ 393 ZPO Uneidliche Vernehmung

Personen, die zur Zeit der Vernehmung das 16. Lebensjahr noch nicht vollendet oder wegen mangelnder Verstandesreife oder wegen Verstandesschwäche von dem Wesen und der Bedeutung des Eides keine genügende Vorstellung haben, sind unbeeidigt zu vernehmen.

Die **Beeidigung** soll der Wahrheitserforschung dienen und insbes. dann erfolgen, wenn Zweifel an der Richtigkeit entscheidungserheblicher Aussagen bestehen. Die Beeidigung steht im Ermessen des Gerichts bzw. des Einzelrichters (BFH IX B 197/08, BFH/NV 2009, 1129; III B 75/10, BFH/NV 2012, 586; V B 77/11, BFH/NV 2012, 1315; X B 35/13, BeckRS 2014, 95217; IV B 68/14, BFH/NV 2016, 575 Rn. 37). Zum **Verfahren** s. §§ 478 ff. ZPO, → Rn. 46 f.

Der Richter spricht also vor (Eidesformel – § 481 I/II ZPO – und Eidesnorm – § 392 I 3 ZPO): „Sie schwören (bei Gott dem Allmächtigen und Allwissenden), dass Sie nach bestem Wissen die reine Wahrheit gesagt und nichts verschwiegen haben." Der Zeuge antwortet mit der Eidesformel: „Ich schwöre es(, so wahr mir Gott helfe)."

Die Beteiligten können auf die Vereidigung verzichten und müssen ggf. eine fehlende Vereidigung rügen, um mit Aussicht auf Erfolg einen Verfahrensfehler im Rechtsmittelverfahren geltend machen zu können (§ 155 S. 1 FGO iVm § 295 ZPO; BFH III B 75/10, BFH/NV 2012, 586; III B 95/12, BFH/NV 2013, 768; X B 35/13, BeckRS 2014, 95217).

§ 394 ZPO Einzelvernehmung 28

(1) Jeder Zeuge ist einzeln und in Abwesenheit der später abzuhörenden Zeugen zu vernehmen.

(2) Zeugen, deren Aussagen sich widersprechen, können einander gegenübergestellt werden.

§ 394 I ZPO erlaubt, dass **alle geladenen Zeugen vor Beginn der Vernehmung** des ersten Zeugen im Sitzungssaal **anwesend** sind und der mündlichen Verhandlung als Bevollmächtigte oder Beistände eines Beteiligten oder als Öffentlichkeit beiwohnen; mit Beginn der Beweisaufnahme müssen jedoch die übrigen Zeugen den Sitzungssaal verlassen. § 243 II StPO findet im finanzgerichtlichen Verfahren keine entsprechende Anwendung (BFH I B 77/07, BFH/NV 2008, 1445). Wegen der Gefahr, dass die Anwesenheit der Zeugen während des Sachvortrags und der Erörterungen vor Beginn der Beweisaufnahme die Glaubwürdigkeit der Zeugen beeinträchtigen kann, werden in der Gerichtspraxis die Zeugen gebeten, bereits mit Verhandlungsbeginn den Sitzungssaal zu verlassen. Dem folgen die Zeugen idR freiwillig. – Der Zeuge hat das Recht, seine Aussage von der Anwesenheit eines Rechtsbeistands (sog. **Zeugenbeistand**) abhängig zu machen, ohne jedoch einen Anspruch auf Erstattung der dafür anfallenden Gebühren zu haben (HHS/Schallmoser § 82 Rn. 125; Zöller/Greger ZPO Vor § 373 Rn. 16; vgl. BFH IX B 95/15, BFH/NV 2015, 1436).

§ 395 ZPO Wahrheitsermahnung; Vernehmung zur Person

(1) Vor der Vernehmung wird der Zeuge zur Wahrheit ermahnt und darauf hingewiesen, dass er in den vom Gesetz vorgesehenen Fällen unter Umständen seine Aussage zu beeidigen habe.

(2) [1]Die Vernehmung beginnt damit, dass der Zeuge über Vornamen und Zunamen, Alter, Stand oder Gewerbe und Wohnort befragt wird. [2]Erforderlichenfalls sind

ihm Fragen über solche Umstände, die seine Glaubwürdigkeit in der vorliegenden Sache betreffen, insbesondere über seine Beziehungen zu den Parteien vorzulegen.

§ 396 ZPO Vernehmung zur Sache

(1) Der Zeuge ist zu veranlassen, dasjenige, was ihm von dem Gegenstand seiner Vernehmung bekannt ist, im Zusammenhang anzugeben.

(2) Zur Aufklärung und zur Vervollständigung der Aussage sowie zur Erforschung des Grundes, auf dem die Wissenschaft des Zeugen beruht, sind nötigenfalls weitere Fragen zu stellen.

(3) Der Vorsitzende hat jedem Mitglied des Gerichts auf Verlangen zu gestatten, Fragen zu stellen.

Die **Belehrung** nach § 395 I ZPO kann für mehrere Zeugen gemeinsam vorgenommen werden. Zweckmäßigerweise sollte auch auf die Strafbarkeit einer eidlichen oder uneidlichen Falschaussage nach §§ 153 f. StGB hingewiesen werden. Es handelt sich um eine **bloße Ordnungsvorschrift,** so dass ein Unterlassen kein Verwertungsverbot nach sich zieht und auch nicht in anderer Weise einen Verfahrensfehler begründet (MüKoZPO/Damrau/Weinland ZPO § 395 Rn. 2; Gosch/Hartman § 82 Rn. 362). Die Belehrung nach § 395 I ZPO kann in geeigneten Fällen mit den (obligatorischen) Belehrungen nach § 84 FGO iVm §§ 101 I 2, 103 S. 2 AO (→ § 84 Rn. 8) verbunden werden (HHS/Schallmoser § 82 Rn. 121). – Die Befragung nach **§ 395 II 1 ZPO** dient der **Identitätsfeststellung** (Gosch/Werndl § 92 Rn. 37; Thomas/Putzo/Seiler ZPO § 395 Rn. 2). Eine Überprüfung anhand von Ausweisdokumenten (außerhalb von etwaigen, auf dem Hausrecht des Präsidenten beruhenden Eingangskontrollen) ist vom Gesetz nicht vorgesehen und auch nicht üblich, ist aber ggf. von § 76 I 4 FGO iVm § 97 AO gedeckt. – Auch im Hinblick auf § 84 FGO iVm § 101 I 2 AO (und iÜ um die Glaubwürdigkeit des Zeugen besser einschätzen zu können) ist der Zeuge ggf. gem. § 395 II 2 ZPO nach seinen Beziehungen zu den Beteiligten zu befragen. – IRd Vernehmung können dem Zeugen zB Augenscheinsobjekte und Urkunden (einschließlich der Verfahrensakten und beigezogener Akten) vorgehalten werden, um seine Erinnerung zu stützen (BFH III B 203/11, BFH/NV 2012, 1464; FG M'chn 10 K 2168/09, BeckRS 2013, 96581).

§ 397 ZPO Fragerecht der Parteien

(1) Die Parteien sind berechtigt, dem Zeugen diejenigen Fragen vorlegen zu lassen, die sie zur Aufklärung der Sache oder der Verhältnisse des Zeugen für dienlich erachten.

(2) Der Vorsitzende kann den Parteien gestatten und hat ihren Anwälten auf Verlangen zu gestatten, an den Zeugen unmittelbar Fragen zu richten.

(3) Zweifel über die Zulässigkeit einer Frage entscheidet das Gericht.

§ 397 ZPO hat ggü. § 83 keine eigenständige Bedeutung.

§ 398 ZPO Wiederholte und nachträgliche Vernehmung

(1) Das Prozessgericht kann nach seinem Ermessen die wiederholte Vernehmung eines Zeugen anordnen.

(2) Hat ein beauftragter oder ersuchter Richter bei der Vernehmung die Stellung der von einer Partei angeregten Frage verweigert, so kann das Prozessgericht die nachträgliche Vernehmung des Zeugen über diese Frage anordnen.

(3) Bei der wiederholten oder der nachträglichen Vernehmung kann der Richter statt der nochmaligen Beeidigung den Zeugen die Richtigkeit seiner Aussage unter Berufung auf den früher geleisteten Eid versichern lassen.

Die Anordnung (§ 398 I ZPO) steht **grds.** im pflichtgemäßen **Ermessen** des Gerichts. **Wiederholte Vernehmung ist geboten** in den Fällen des § 367 II ZPO (→ Rn. 12), wenn die erste Vernehmung verfahrensrechtlich fehlerhaft war und der Mangel nicht gem. § 295 ZPO geheilt worden ist (Zöller/Greger ZPO § 398 Rn. 2), wenn es in den Fällen des § 377 III ZPO (→ Rn. 20) oder nach Beweisaufnahme durch den beauftragten oder ersuchten Richter (§ 375 ZPO – → Rn. 18; → § 81 Rn. 14 ff.) auf die Glaubwürdigkeit bzw. den persönlichen Eindruck ankommt, wenn das Gericht die Glaubwürdigkeit des Zeugen anders beurteilen will als der beauftragte oder ersuchte Richter oder wenn es die Aussage des Zeugen – nach Vernehmung weiterer Zeugen – anders als nach der ersten Vernehmung beurteilen will (BGH VIII ZR 15/75, HFR 1977, 38; VIII ZR 366/89, NJW 1990, 3088). – Zum Inhalt einer NZB, mit der geltend gemacht wird, das FG habe es verfahrensfehlerhaft versäumt, einen bereits angehörten Zeugen nochmals zu vernehmen, s. BFH XI B 80/06, BFH/NV 2007, 1339 (1340).

§ 399 ZPO Verzicht auf Zeugen 29

Die Partei kann auf einen Zeugen, den sie vorgeschlagen hat, verzichten; der Gegner kann aber verlangen, dass der erschienene Zeuge vernommen und, wenn die Vernehmung bereits begonnen hat, dass sie fortgesetzt werde.

§ 399 ZPO ist im finanzgerichtlichen Verfahren wegen des Untersuchungsgrundsatzes **unanwendbar** (→ Rn. 15, → § 76 Rn. 22). **Verzicht** auf die beantragte Beweisaufnahme **ist** aber **möglich;** ein solcher Verzicht ist zB in der widerspruchslosen Hinnahme des Übergehens eines Beweisantrags (§ 155 S. 1 FGO iVm § 295 ZPO) zu sehen (→ § 76 Rn. 37 ff.). – Zum (konkludenten) Verzicht auf die Beweisaufnahme durch Verzicht auf mündliche Verhandlung → § 76 Rn. 37.

§ 400 ZPO Befugnisse des mit der Beweisaufnahme betrauten Richters 30

Der mit der Beweisaufnahme betraute Richter ist ermächtigt, im Falle des Nichterscheinens oder der Zeugnisverweigerung die gesetzlichen Verfügungen zu treffen, auch sie, soweit dies überhaupt zulässig ist, selbst nach Erledigung des Auftrages wieder aufzuheben, über die Zulässigkeit einer dem Zeugen vorgelegten Frage vorläufig zu entscheiden und die nochmalige Vernehmung eines Zeugen vorzunehmen.

§ 401 ZPO Zeugenentschädigung

Der Zeuge wird nach dem Justizvergütungs- und -entschädigungsgesetz entschädigt.

Das am 1.7.2004 in Kraft getretene JVEG hat das ZSEG abgelöst. – Die außergerichtlichen Kosten einer erfolgreichen Beschwerde eines Zeugen gegen die Auferlegung der durch sein Ausbleiben verursachten Kosten und gegen die Festsetzung des Ordnungsgeldes (→ Rn. 21) sind nicht nach § 7 JVEG erstattungsfähig, fallen jedoch der Staatskasse zur Last (BFH IX B 5/85, BStBl. II 1986, 270; XI B 111/12, BFH/NV 2013, 1944). Zum Zeugenbeistand → Rn. 28.

V. Beweis durch Sachverständige

31 Die **§§ 402–414 ZPO sind** im finanzgerichtlichen Verfahren **anwendbar.** Eine Ergänzung zu § 406 ZPO (Ablehnung eines Sachverständigen) enthält § 88. Die Vorschriften betreffen ausschließlich vom Gericht bestellte Sachverständige. Sog. **Privatgutachten** sind lediglich als urkundlich belegter **Parteivortrag** zu werten (BFH IX B 9/20, BFH/NV 2020, 904). – Zum Sachverständigen als Beweismittel → § 76 Rn. 23, → § 81 Rn. 4. – Die Einholung eines Sachverständigengutachtens steht grds. im pflichtgemäßen **Ermessen** des Gerichts. Die **Ablehnung eines Beweisantrags** auf Einholung eines Sachverständigengutachtens ist **nicht verfahrensfehlerhaft,** wenn das Gericht nach pflichtgemäßem Ermessen zu dem Ergebnis gelangt, selbst die erforderliche Sachkunde zu besitzen (→ § 76 Rn. 16), was es ggf. darlegen muss (BFH VIII B 88/11, BFH/NV 2012, 600; IX B 48/18, BFH/NV 2019, 39; II R 5/19, BStBl. II 2022, 15; IV B 35/23, IStR 2025, 290), oder wenn die Klagebegründung unvollständig ist und keine hinreichenden tatsächlichen Grundlagen enthält, anhand derer ein Sachverständiger ein Gutachten hätte erstellen können (BFH I B 131/06, BFH/NV 2007, 962; vgl. BFH X B 104/16, BFH/NV 2017, 561 Rn. 37). Die **Ablehnung der Einholung eines Sachverständigengutachtens** ist jedoch **ermessensfehlerhaft,** wenn dem Gericht die erforderliche Sachkunde fehlt und sich dies dem Gericht hätte aufdrängen müssen (→ § 76 Rn. 23), oder wenn der Kläger zumindest für einen Teilabschnitt des Klagezeitraums eine substantiierte Klagebegründung vorgelegt hat, die die Begutachtung durch einen Sachverständigen ermöglicht (BFH IV B 18/05, BFH/NV 2007, 89 (90); umfassend zur Verpflichtung, den Sachverständigenbeweis zu erheben, Ratschow DStR 2018, 2100).

32 **§ 402 ZPO Anwendbarkeit der Vorschriften für Zeugen**

Für den Beweis durch Sachverständige gelten die Vorschriften über den Beweis durch Zeugen entsprechend, insoweit nicht in den nachfolgenden Paragraphen abweichende Vorschriften enthalten sind.

Vgl. §§ 375, 376, 377 I, II, 380, 382, 386–389, 391, 394–398 ZPO.

33 **§ 403 ZPO Beweisantritt**

Der Beweis wird durch die Bezeichnung der zu begutachtenden Punkte angetreten.

Zur Anwendbarkeit des § 403 ZPO → Rn. 15. – Dem Antrag auf Einholung eines Sachverständigengutachtens muss das Gericht nur dann folgen, wenn die zu begutachtenden Punkte wenigstens summarisch bezeichnet werden. Der Antrag muss zumindest in Umrissen Ziel und Inhalt der vom Gutachter zu beantwortenden Fragen deutlich machen, damit das Gericht entscheiden kann, ob – aus seiner materiell-rechtlichen Sicht – die Einholung eines Gutachtens erforderlich ist (BFH IV B 116/04, BFHNV 2006, 2270; IV R 18/12, BStBl. II 2016, 346; s. auch BFH IV B 18/05, BFH/NV 2007, 89 (90); I B 131/06, BFH/NV 2007, 962). – Zur Ablehnung des Beweisantrags → Rn. 31.

34 **§ 404 ZPO Sachverständigenauswahl**

(1) [1]Die Auswahl der zuzuziehenden Sachverständigen und die Bestimmung ihrer Anzahl erfolgt durch das Prozessgericht. [2]Es kann sich auf die Ernennung eines einzigen Sachverständigen beschränken. [3]An Stelle der zuerst ernannten Sachverständigen kann es andere ernennen.

(2) Vor der Ernennung können die Parteien zur Person des Sachverständigen gehört werden.

(3) Sind für gewisse Arten von Gutachten Sachverständige öffentlich bestellt, so sollen andere Personen nur dann gewählt werden, wenn besondere Umstände es erfordern.

(4) Das Gericht kann die Parteien auffordern, Personen zu bezeichnen, die geeignet sind, als Sachverständige vernommen zu werden.

(5) Einigen sich die Parteien über bestimmte Personen als Sachverständige, so hat das Gericht dieser Einigung Folge zu geben; das Gericht kann jedoch die Wahl der Parteien auf eine bestimmte Anzahl beschränken.

Die Auswahlentscheidung (vorbehaltlich der §§ 6, 81 II oder des § 405 ZPO durch den Vollsenat) steht im Ermessen des FG. Dabei ist § 404 III ZPO eine bloße Ordnungsvorschrift, deren Missachtung allein noch keinen Verfahrensfehler darstellt (BFH V B 8/11, BFH/NV 2011, 1522). Auch Angehörige von Behörden können zu Sachverständigen bestellt werden (vgl. zB BFH VIII R 76/75, BStBl. II 1977, 474 (477) zu finanzbehördlichen Gutachterkommissionen; BFH IV B 185/03, BFH/NV 2005, 2224 (2226); V B 8/11, BFH/NV 2011, 1522; X B 18/23, BFH/NV 2023, 1325 betr. gerichtlichen Prüfungsbeamten; → § 81 Rn. 18 aE betr. Gutachterausschüsse). – **§ 404 V ZPO gilt** wegen des Untersuchungsgrundsatzes im finanzgerichtlichen Verfahren **nicht.**

§ 404a ZPO Leitung der Tätigkeit des Sachverständigen

(1) Das Gericht hat die Tätigkeit des Sachverständigen zu leiten und kann ihm für Art und Umfang seiner Tätigkeit Weisungen erteilen.

(2) Soweit es die Besonderheit des Falles erfordert, soll das Gericht den Sachverständigen vor Abfassung der Beweisfrage hören, ihn in seine Aufgabe einweisen und ihm auf Verlangen den Auftrag erläutern.

(3) Bei streitigem Sachverhalt bestimmt das Gericht, welche Tatsachen der Sachverständige der Begutachtung zugrunde legen soll.

(4) Soweit es erforderlich ist, bestimmt das Gericht, in welchem Umfang der Sachverständige zur Aufklärung der Beweisfrage befugt ist, inwieweit er mit den Parteien in Verbindung treten darf und wann er ihnen die Teilnahme an seinen Ermittlungen zu gestatten hat.

(5) [1]Weisungen an den Sachverständigen sind den Parteien mitzuteilen. [2]Findet ein besonderer Termin zur Einweisung des Sachverständigen statt, so ist den Parteien die Teilnahme zu gestatten.

Das FG hat – idR iRd Beweisbeschlusses – dem Sachverständigen gem. § 404a III ZPO insbes. sog. Anknüpfungstatsachen darzulegen, die der Sachverständige seiner Begutachtung zugrunde zu legen hat (BFH IX B 48/12, BFH/NV 2013, 1238), bei medizinischen Gutachten also zB Krankenunterlagen und Stellungnahmen der behandelnden Ärzte zu übermitteln (BVerwG 2 B 59/12, BeckRS 2014, 50426), bei Wissensprüfungen zur Feststellung der für einen Katalogberuf iSd § 18 EStG erforderlichen theoretischen Kenntnisse die zu prüfenden Wissensgebiete vorzugeben (BFH VIII B 224/09, BFH/NV 2010, 1650; III B 134/12, BFH/NV 2013, 930; VIII R 17/12, BeckRS 2015, 94885; HessFG 8 K 2546/10, BeckRS 2012, 95661) oder dem Sachverständigen vorzugeben, welche Behauptungen des Klägers der Begutachtung als glaubwürdig zugrunde zu legen sind oder nicht (BFH VIII B 224/09, BFH/NV 2010, 1650).

35 **§ 405 ZPO Auswahl durch den mit der Beweisaufnahme betrauten Richter**

[1]Das Prozessgericht kann den mit der Beweisaufnahme betrauten Richter zur Ernennung der Sachverständigen ermächtigen. [2]Er hat in diesem Falle die Befugnisse und Pflichten des Prozessgerichts nach den §§ 404, 404a.

§ 406 ZPO Ablehnung eines Sachverständigen

(1) [1]Ein Sachverständiger kann aus denselben Gründen, die zur Ablehnung eines Richters berechtigen, abgelehnt werden. [2]Ein Ablehnungsgrund kann jedoch nicht daraus entnommen werden, dass der Sachverständige als Zeuge vernommen worden ist.

(2) [1]Der Ablehnungsantrag ist bei dem Gericht oder Richter, von dem der Sachverständige ernannt ist, vor seiner Vernehmung zu stellen, spätestens jedoch binnen zwei Wochen nach Verkündung oder Zustellung des Beschlusses über die Ernennung. [2]Zu einem späteren Zeitpunkt ist die Ablehnung nur zulässig, wenn der Antragsteller glaubhaft macht, dass er ohne sein Verschulden verhindert war, den Ablehnungsgrund früher geltend zu machen. [3]Der Antrag kann vor der Geschäftsstelle zu Protokoll erklärt werden.

(3) Der Ablehnungsgrund ist glaubhaft zu machen; zur Versicherung an Eides statt darf die Partei nicht zugelassen werden.

(4) Die Entscheidung ergeht von dem im zweiten Absatz bezeichneten Gericht oder Richter durch Beschluss.

(5) Gegen den Beschluss, durch den die Ablehnung für begründet erklärt wird, findet kein Rechtsmittel, gegen den Beschluss, durch den sie für unbegründet erklärt wird, findet sofortige Beschwerde statt.

Zunächst → § 51 Rn. 25 ff.; Milde NJW 2018, 1149; Kontusch NJ 2022, 49. – Der Sachverständige hat dem Gericht bestehende Befangenheitsgründe mitzuteilen (§ 407a II ZPO), worauf es hinzuweisen hat (§ 407a VI ZPO). – Der **Gutachterausschuss für Grundstückswerte** kann als solcher nicht wegen Besorgnis der Befangenheit abgelehnt werden (BFH IX B 71/96, BFH/NV 1997, 236). – Mangelnde Sachkunde allein ist kein Ablehnungsgrund (BFH VIII B 67/86, BFH/NV 1988, 167 (168); III B 15/89, BFH/NV 1990, 304 (305); II B 4/07, BeckRS 2008, 25013937; vgl. auch BGH X ZR 54/95, NJW-RR 1998, 1117). Eine Besorgnis der Befangenheit des Sachverständigen lässt sich auch nicht daraus herleiten, dass das Gericht ihm die Steuerakten des FA übersandt hat (BFH IV B 3/89, BFH/NV 1990, 378; VIII B 31/95, BFH/NV 1996, 344) oder dass er einen Ortstermin abbricht, wenn einem der Beteiligten der Zutritt zum Besichtigungsobjekt von der Gegenseite verweigert wird (FG Hmb 6 K 199/21, EFG 2023, 704). Befangenheit ist aber im Allgemeinen anzunehmen, wenn der Sachverständige zu einem der Beteiligten in einem Abhängigkeitsverhältnis steht (BFH III B 104/87, BFH/NV 1989, 121; BVerwG 3 B 35/98, NVwZ 1999, 184; s. aber BVerwG 11 B 3/97, NVwZ 1998, 634), wenn er Ermittlungen in Anwesenheit einer Partei durchführt, ohne der anderen Partei Gelegenheit zur Teilnahme zu geben (FG Hmb 6 K 199/21, EFG 2023, 704; OLG Karlsruhe 8 U 97/15, NJW 2019, 1691), oder wenn er unsachliche Kritik an einem (angekündigten) privaten Gegengutachten übt (OLG Zweibrücken 5 WF 115/96, NJW 1998,

912). – Zur **Ablehnung eines Prüfungsbeamten** beim FG s. BFH V B 99/99, BFH/NV 2000, 341 (342). – Wegen eines **weiteren Ablehnungsgrundes** s. § 88. – Zur **Zweiwochenfrist für die Antragstellung** s. § 406 II ZPO. Die Frist gilt entgegen BFH V B 140/98, BFH/NV 1999, 1241 (1242) auch für den Fall, dass eine schriftliche Begutachtung (§ 411 ZPO – → Rn. 37) angeordnet worden ist (glA Tipke/Kruse/Krumm § 82 Rn. 68); ist der Ablehnungsgrund später entstanden oder dem Antragsteller erst später bekannt geworden, kann er auch nach Ablauf der Antragsfrist noch gestellt werden (§ 406 II 2 ZPO). Die Ablehnung muss in diesem Fall unverzüglich nach Wegfall des Hindernisses beantragt werden (§ 121 BGB analog); Wiedereinsetzung (§ 56) soll ausgeschlossen sein (Tipke/Kruse/Krumm § 82 Rn. 68a; zweifelhaft). – Wegen des **Verfahrens** s. § 406 II–V ZPO; Kontusch NJ 2022, 49 (51 ff.). – Die Entscheidung über die Ablehnung erfolgt durch gesonderten **Beschluss** (BGH X ZR 11/75, MDR 1979, 398; BSG B 2 U 32/98 R, BSGE 84, 281). Vor der Entscheidung über den Befangenheitsantrag darf das Gutachten nicht verwertet werden, so dass eine Verfahrensunterbrechung sui generis eintritt (→ Vor § 74 Rn. 3; ähnlich Kontusch NJ 2022, 49 (52)). Unterbleibt die Beschlussfassung, führt dieser Fehler grds. zur Aufhebung des erstinstanzlichen Urteils und zur Zurückverweisung (BFH IX R 172/84, BStBl. II 1987, 501). Der **Beschluss** über die Ablehnung des Sachverständigen **ist** (abweichend von § 406 V ZPO) **unanfechtbar** (§ 128 II; → § 51 Rn. 76). – Wird die Entscheidung im Urteil selbst getroffen, ist sie revisionsrechtlich nicht überprüfbar (BGH X ZR 11/75, MDR 1979, 398).

§ 407 ZPO Pflicht zur Erstattung des Gutachtens 36

(1) Der zum Sachverständigen Ernannte hat der Ernennung Folge zu leisten, wenn er zur Erstattung von Gutachten der erforderten Art öffentlich bestellt ist oder wenn er die Wissenschaft, die Kunst oder das Gewerbe, deren Kenntnis Voraussetzung der Begutachtung ist, öffentlich zum Erwerb ausübt oder wenn er zur Ausübung derselben öffentlich bestellt oder ermächtigt ist.

(2) Zur Erstattung des Gutachtens ist auch derjenige verpflichtet, der sich hierzu vor Gericht bereit erklärt hat.

§ 407a ZPO Weitere Pflichten des Sachverständigen

(1) [1]Der Sachverständige hat unverzüglich zu prüfen, ob der Auftrag in sein Fachgebiet fällt und ohne die Hinzuziehung weiterer Sachverständiger sowie innerhalb der vom Gericht gesetzten Frist erledigt werden kann. [2]Ist das nicht der Fall, so hat der Sachverständige das Gericht unverzüglich zu verständigen.

(2) [1]Der Sachverständige hat unverzüglich zu prüfen, ob ein Grund vorliegt, der geeignet ist, Misstrauen gegen seine Unparteilichkeit zu rechtfertigen. [2]Der Sachverständige hat dem Gericht solche Gründe unverzüglich mitzuteilen. [3]Unterlässt er dies, kann gegen ihn ein Ordnungsgeld festgesetzt werden.

(3) [1]Der Sachverständige ist nicht befugt, den Auftrag auf einen anderen zu übertragen. [2]Soweit er sich der Mitarbeit einer anderen Person bedient, hat er diese namhaft zu machen und den Umfang ihrer Tätigkeit anzugeben, falls es sich nicht um Hilfsdienste von untergeordneter Bedeutung handelt.

(4) [1]Hat der Sachverständige Zweifel an Inhalt und Umfang des Auftrages, so hat er unverzüglich eine Klärung durch das Gericht herbeizuführen. [2]Erwachsen voraussichtlich Kosten, die erkennbar außer Verhältnis zum Wert des Streitgegen-

standes stehen oder einen angeforderten Kostenvorschuss erheblich übersteigen, so hat der Sachverständige rechtzeitig hierauf hinzuweisen.

(5) [1]Der Sachverständige hat auf Verlangen des Gerichts die Akten und sonstige für die Begutachtung beigezogene Unterlagen sowie Untersuchungsergebnisse unverzüglich herauszugeben oder mitzuteilen. [2]Kommt er dieser Pflicht nicht nach, so ordnet das Gericht die Herausgabe an.

(6) Das Gericht soll den Sachverständigen auf seine Pflichten hinweisen.

§ 408 ZPO Gutachtenverweigerungsrecht

(1) [1]Dieselben Gründe, die einen Zeugen berechtigen, das Zeugnis zu verweigern, berechtigen einen Sachverständigen zur Verweigerung des Gutachtens. [2]Das Gericht kann auch aus anderen Gründen einen Sachverständigen von der Verpflichtung zur Erstattung des Gutachtens entbinden.

(2) [1]Für die Vernehmung eines Richters, Beamten oder einer anderen Person des öffentlichen Dienstes als Sachverständigen gelten die besonderen beamtenrechtlichen Vorschriften. [2]Für die Mitglieder der Bundes- oder einer Landesregierung gelten die für sie maßgebenden besonderen Vorschriften.

(3) Wer bei einer richterlichen Entscheidung mitgewirkt hat, soll über Fragen, die den Gegenstand der Entscheidung gebildet haben, nicht als Sachverständiger vernommen werden.

Nach **§ 30 III Nr. 2 AO** ist der Sachverständige zur Wahrung des **Steuergeheimnisses** verpflichtet (Klein/Maetz AO § 30 Rn. 35).

Die Übertragung auf **Hilfskräfte** (§ 407a III ZPO) findet ihre Grenze darin, dass die volle persönliche Verantwortung des vom Gericht ausgewählten Sachverständigen gewahrt bleiben muss (BVerwG 2 B 37/15, Buchholz 303 § 407a ZPO Nr. 1).

Die Entscheidung über die **Entbindung des Sachverständigen** ergeht durch (nicht selbständig anfechtbaren – § 128 II) Beschluss. – Zu den **Verweigerungsgründen** s. §§ 84 FGO iVm §§ 101–103 AO – → § 84 Rn. 4; zum Verfahren s. §§ 386–390 ZPO (→ Rn. 24 ff.).

37 **§ 409 ZPO Folgen des Ausbleibens oder der Gutachtenverweigerung**

(1) [1]Wenn ein Sachverständiger nicht erscheint oder sich weigert, ein Gutachten zu erstatten, obgleich er dazu verpflichtet ist, oder wenn er Akten oder sonstige Unterlagen zurückbehält, werden ihm die dadurch verursachten Kosten auferlegt. [2]Zugleich wird gegen ihn ein Ordnungsgeld festgesetzt. [3]Im Falle wiederholten Ungehorsams kann das Ordnungsgeld noch einmal festgesetzt werden.

(2) Gegen den Beschluss findet sofortige Beschwerde statt.

Zu § 409 II ZPO → Rn. 21.

§ 410 ZPO Sachverständigenbeeidigung

(1) [1]Der Sachverständige wird vor oder nach Erstattung des Gutachtens beeidigt. [2]Die Eidesnorm geht dahin, dass der Sachverständige das von ihm erforderte Gutachten unparteiisch und nach bestem Wissen und Gewissen erstatten werde oder erstattet habe.

(2) Ist der Sachverständige für die Erstattung von Gutachten der betreffenden Art im allgemeinen beeidigt, so genügt die Berufung auf den geleisteten Eid; sie kann auch in einem schriftlichen Gutachten erklärt werden.

§ 410 ZPO regelt **keine allg. Pflicht zur Beeidigung,** sondern nur die Art und Weise, wenn der Sachverständige beeidigt werden soll (Zöller/Greger ZPO § 410 Rn. 1; Tipke/Kruse/Krumm § 82 Rn. 73). Die Beeidigung kann – wie sich aus dem in § 479 I ZPO enthaltenen Verweis auf § 284 II und III ZPO ergibt (→ Rn. 46) – auch im Wege der **Videokonferenz** erfolgen. Eine Beeidigung kommt im Allgemeinen nur mit Rücksicht auf die Bedeutung des Gutachtens in Betracht (vgl. § 391 ZPO – → Rn. 27).

Der Richter spricht also vor (Eidesformel – § 481 I/II ZPO – und Eidesnorm – § 410 I 2 ZPO): „Sie schwören (bei Gott dem Allmächtigen und Allwissenden), dass Sie das von Ihnen erforderte Gutachten unparteiisch und nach bestem Wissen und Gewissen erstatten werden/erstattet haben." Der Sachverständige antwortet mit der Eidesformel: „Ich schwöre es(, so wahr mir Gott helfe)."

§ 411 ZPO Schriftliches Gutachten

(1) Wird schriftliche Begutachtung angeordnet, setzt das Gericht dem Sachverständigen eine Frist, innerhalb derer er das von ihm unterschriebene Gutachten zu übermitteln hat.

(2) [1]Versäumt ein zur Erstattung des Gutachtens verpflichteter Sachverständiger die Frist, so soll gegen ihn ein Ordnungsgeld festgesetzt werden. [2]Das Ordnungsgeld muss vorher unter Setzung einer Nachfrist angedroht werden. [3]Im Falle wiederholter Fristversäumnis kann das Ordnungsgeld in der gleichen Weise noch einmal festgesetzt werden. [4]Das einzelne Ordnungsgeld darf 3 000 Euro nicht übersteigen. [5]§ 409 Abs. 2 gilt entsprechend.

(3) [1]Das Gericht kann das Erscheinen des Sachverständigen zur Erläuterung des schriftlichen Gutachtens, eine schriftliche Erläuterung oder eine Ergänzung des Gutachtens anordnen. [2]Das Erscheinen kann auch als Teilnahme per Bild- und Tonübertragung nach § 128a gestattet oder angeordnet werden.

(4) [1]Die Parteien haben dem Gericht innerhalb eines angemessenen Zeitraums ihre Einwendungen gegen das Gutachten, die Begutachtung betreffende Anträge und Ergänzungsfragen zu dem schriftlichen Gutachten mitzuteilen. [2]Das Gericht kann ihnen hierfür eine Frist setzen; § 296 Abs. 1, 4 gilt entsprechend.

§ 411 I ZPO ist durch das G zur Änderung des Sachverständigenrechts und zur weiteren Änderung des FamFG sowie zur Änderung des SGG, der VwGO, der FGO und des GKG v. 11.10.2016 (BGBl. I 2222; dazu Huber JuS 2017, 34) geändert worden. Das Gericht (→ Rn. 34) **muss** dem Sachverständigen nunmehr bei Anordnung einer schriftlichen Begutachtung eine Frist für die Übermittlung des Gutachtens setzen. Ferner ist die Festsetzung eines Ordnungsgelds bei Fristversäumnis nun der Regelfall. Hierdurch soll die Beschleunigung des Gerichtsverfahrens erreicht werden. – Die **fernmündliche Erstattung** des Gutachtens ist **unzulässig** (BSG 1 RA 57/78, HFR 1980, 254; BVerwG 8 C 59/86, Buchholz 303 § 295 ZPO Nr. 4). Verlust des Rügerechts (§ 155 S. 1 FGO iVm § 295 ZPO) ist möglich (BVerwG 8 C 59/86, Buchholz 303 § 295 ZPO Nr. 4). – Von einer Anordnung nach § 411 III 1 ZPO müssen die Beteiligten unterrichtet werden (→ § 83 Rn. 3). – **Auf Antrag** (zum Inhalt des Antrags usw s. BVerfG 1 BvR 1522/12, BVerfGK 20, 319; BFH I S 25/82, BeckRS 1983, 05185; X B 189/08, BFH/NV 2010, 910; BVerwG 6 B 61/99 ua, Buchholz 310 § 98 VwGO Nr. 57; BGH IV ZR 290/56, BGHZ 24, 9; VI ZR 353/01, NJW-RR 2003, 208; IV ZR 47/14, NJW-RR 2015, 510) eines Beteiligten **muss** (vgl. § 83) das **Erscheinen des Sachverständigen** angeordnet werden (BVerfG 1 BvR 909/94, NJW

1998, 2273; 1 BvR 2728/10, NJW 2012, 1346; 2 BvR 2915/14, FamRZ 2015, 2042; BFH V R 158/66, BStBl. II 1970, 460; II R 67/79, BStBl. II 1980, 515 (516); BGH VI ZR 314/15, NJW-RR 2017, 762; V ZR 3/23, DS 2024, 28). Der Antrag muss aber so rechtzeitig vor der mündlichen Verhandlung gestellt werden, dass der Sachverständige geladen werden kann (BFH V B 21/98, BFH/NV 1998, 1505). Die Beteiligten sind von der Anordnung (§ 411 III 1 ZPO) in Kenntnis zu setzen (BFH III R 99/76, BStBl. II 1979, 254 (255)). Nach § 411 III 2 ZPO kann die Erläuterung des Gutachtens auch im Wege der **Videokonferenz** geschehen, was eine entspr. Gestattung oder Anordnung des Vorsitzenden voraussetzt (§ 82 FGO iVm § 128a II 1 ZPO; → § 90 Rn. 48 ff.). Die Vorschrift ist durch das G zur Förderung des Einsatzes von Videokonferenztechnik in der Zivilgerichtsbarkeit und den Fachgerichtsbarkeiten v. 15.7.2024 (BGBl. 2024 I Nr. 237) eingefügt worden. Von der Anordnung der mündlichen Erläuterung des Gutachtens kann trotz Antrags eines Beteiligten abgesehen werden, wenn nicht wenigstens in Umrissen Inhalt und Ziel der Befragung des Sachverständigen erkennbar sind (BFH X B 189/08, BFH/NV 2010, 910; BVerwG 9 C 558/82, HFR 1987, 147) oder der Antrag rechtsmissbräuchlich ist und allein der Prozessverschleppung dient (BFH X B 189/08, BFH/NV 2010, 910; BGH VI ZR 580/15, NJW 2018, 3097; → § 83 Rn. 3). – Zu den Voraussetzungen der **Gegenüberstellung von Sachverständigen** s. BFH IV B 18/95, BFH/NV 1996, 622; HessFG 5 K 694/01, BeckRS 2006, 26022219. – Bei Versäumung der nach § 411 I ZPO gesetzten Frist soll das FG ggü. dem Sachverständigen unter Nachfristsetzung ein Ordnungsgeld androhen und nach Verstreichen der Nachfrist festsetzen (§ 411 II 1 ZPO). Zuständig ist der Vollsenat oder der Einzelrichter iSd § 6. Sowohl gegen die Androhung als auch gegen die Festsetzung ist das Rechtsmittel der Beschwerde (§ 128 I) eröffnet (BFH X B 139/08, BFH/NV 2010, 1284; auch → Rn. 21). Zur **Höhe des Ordnungsgeldes** s. § 411 II 3 ZPO und → Rn. 21; → § 80 Rn. 10.

37a **§ 411a ZPO Verwertung von Sachverständigengutachten aus anderen Verfahren**

Die schriftliche Begutachtung kann durch die Verwertung eines gerichtlich oder staatsanwaltschaftlich eingeholten Sachverständigengutachtens aus einem anderen Verfahren ersetzt werden.

§ 411a ZPO ist durch das 2. JuMoG (BGBl. 2006 I 3416) geändert worden. Verwertet werden dürfen jetzt nicht nur gerichtlich, sondern auch staatsanwaltschaftlich eingeholte Sachverständigengutachten. – § 411a ZPO schränkt den Grundsatz der Unmittelbarkeit der Beweisaufnahme (→ § 81 Rn. 7 ff.) zugunsten der Prozessökonomie ein. – Die Verwertung eines gerichtlich oder staatsanwaltschaftlich eingeholten Sachverständigengutachtens aus (irgend-)einem anderen Verfahren steht im **Ermessen** des Gerichts (Senats oder Einzelrichters; BFH III B 140/11, BFH/NV 2013, 38; FG Nürnberg 4 K 1023/18, EFG 2021, 455) und setzt eine ggf. auch konkludent (BGH VIII ZR 101/17, NJW 2018, 1171) getroffene Anordnung voraus. Entscheidet sich das Gericht für die Verwertung, ist das Gutachten als vollwertiger Sachverständigenbeweis zu behandeln (BFH III B 140/11, BFH/NV 2013, 38; FG Nürnberg 4 K 1023/18, EFG 2021, 455). Die §§ 402 ff. ZPO (→ Rn. 32 ff.) bleiben anwendbar. – Da die Beteiligten vom Inhalt des Gutachtens häufig keine Kenntnis haben werden, muss die **Gewährung rechtlichen Gehörs** zum Gutachten sichergestellt sein (BGH XII ZB 611/15, NJW-RR 2016, 833); außerdem muss gewährleistet sein, dass die Beteiligten von ihrem Recht, in der mündlichen Verhandlung **Fragen an den Sachverständigen**

zu stellen (§ 411 III 1 ZPO – → Rn. 37), Gebrauch machen können. – Die Entscheidung des Gerichts ist wie ein Beweisbeschluss unanfechtbar (§ 128 II).

§ 412 ZPO Neues Gutachten 38

(1) Das Gericht kann eine neue Begutachtung durch dieselben oder durch andere Sachverständige anordnen, wenn es das Gutachten für ungenügend erachtet.

(2) Das Gericht kann die Begutachtung durch einen anderen Sachverständigen anordnen, wenn ein Sachverständiger nach Erstattung des Gutachtens mit Erfolg abgelehnt ist.

Die **Einholung eines weiteren Gutachtens** bzw. eines Obergutachtens kommt in Betracht, wenn sich das Gericht auf der Grundlage des vorliegenden Gutachtens – ggf. auch nach Ergänzung und mündlicher Erläuterung – keine sichere Überzeugung bilden kann. Die Entscheidung steht grds. im pflichtgemäßen Ermessen des Gerichts (BFH VII B 259/09, BFH/NV 2010, 2103; V B 8/11, BFH/NV 2011, 1522; III B 140/11, BFH/NV 2013, 38). **Geboten** ist die Einholung eines weiteren Gutachtens bzw. Obergutachtens insbes., wenn das vorliegende Gutachten nicht zu überzeugen vermag, weil es von **unzutreffenden Voraussetzungen** ausgeht, **grobe Mängel** oder **unlösbare Widersprüche** aufweist. Entsprechendes gilt, wenn an der Sachkunde oder **Unvoreingenommenheit** des bisherigen Gutachters **Zweifel** bestehen, wenn es sich um besonders schwierige noch **nicht** hinreichend **geklärte Fachfragen** handelt oder wenn ein anderer Sachverständiger **überlegene Erkenntnismittel** einsetzen kann; die Meinung eines Beteiligten, das bereits vorliegende Gutachten sei keine ausreichende Erkenntnisquelle, reicht jedoch nicht aus (vgl. zu allem BFH VIII R 76/75, BStBl. II 1977, 474 (477); VIII B 107/03, BFH/NV 2004, 1533; VII B 259/09, BFH/NV 2010, 2103; V B 8/11, BFH/NV 2011, 1522; III B 140/11, BFH/NV 2013, 38; VI B 53/17, BFH/NV 2018, 338). Die Notwendigkeit, ein weiteres Gutachten einzuholen, kann auch bestehen, wenn zwei sich widersprechende Gutachten vorliegen und das Gericht trotz sorgfältiger Auseinandersetzung mit den Gutachten keinem von ihnen den Vorrang einräumen kann (vgl. BFH VIII R 29/87, BFH/NV 1988, 788; BGH VI ZR 234/91, BB 1992, 2464; VII ZR 36/15, NJW 2017, 3661), es sei denn, es ist im Einzelfall davon auszugehen, dass ein weiteres Gutachten keine besseren Erkenntnisse bringen würde (BFH XI B 203/02, BFH/NV 2004, 657). – Von der Einholung eines weiteren Gutachtens kann im Hinblick auf die zusätzlichen Kosten und die weitere Verzögerung des Rechtsstreits abgesehen werden, wenn das vorliegende Gutachten ohne erkennbare Fehler und iÜ überzeugend erstattet ist (BFH VIII B 107/03, BFH/NV 2004, 1533; VII B 259/09, BFH/NV 2010, 2103). – Im **Unterlassen** der (gebotenen) **Heranziehung eines weiteren Gutachters** liegt ein verzichtbarer Mangel iSd § 295 I ZPO; das Unterlassen muss deshalb grds. spätestens in der auf die Beweisaufnahme folgenden mündlichen Verhandlung gerügt werden (BFH X B 40/02, BFH/NV 2003, 56; XI B 203/02, BFH/NV 2004, 657).

§ 413 ZPO Sachverständigenvergütung 39

Der Sachverständige erhält eine Vergütung nach dem Justizvergütungs- und -entschädigungsgesetz.

S. § 401 ZPO; → Rn. 30 und Ulrich/Ulrich, Die Sachverständigen und ihr Honorar, 2018. – Zum Verlust des Vergütungsanspruchs s. BGH X ZR 52/73, NJW 1976, 1154.

§ 414 ZPO Sachverständige Zeugen

Insoweit zum Beweis vergangener Tatsachen oder Zustände, zu deren Wahrnehmung eine besondere Sachkunde erforderlich war, sachkundige Personen zu vernehmen sind, kommen die Vorschriften über den Zeugenbeweis zur Anwendung.

Ist die sachkundige Person unersetzbar, gibt er also Wahrnehmungen vergangener Tatsachen wieder, kommen die Vorschriften über den Zeugenbeweis (→ Rn. 17 ff.) zur Anwendung; bei Ersetzbarkeit (Wiedergabe allg. Erfahrungssätze und besondere Kenntnisse des jeweiligen Wissensgebietes) gelten die Vorschriften über den Beweis durch Sachverständige (→ Rn. 31 ff.; NdsOVG 5 OB 411/11, NJW 2012, 1307; Zöller/Greger ZPO § 414 Rn. 2). Danach richtet sich auch die Vergütung (NdsOVG 5 OB 411/11, NJW 2012, 1307; Zöller/Greger ZPO § 414 Rn. 3). In welcher Funktion eine Person vernommen wurde, richtet sich nicht nach der Ladung sondern nach der tatsächlichen Behandlung im Verfahren (FG Münster 1 K 487/19 E, BeckRS 2023, 11888).

VI. Beweis durch Urkunden

40 Die **§§ 371a, 371b, 415–444 ZPO,** die den Urkundenbeweis regeln, **sind nicht in Bezug genommen.** – Der BFH hat in dem Urteil BFH I R 68/67, BStBl. II 1969, 444 mit Recht ausdrücklich ausgesprochen, dass diese Vorschriften (auch über § 155 S. 1) keine sinngemäße Anwendung finden, weil die richterliche Beweiswürdigung im finanzgerichtlichen Verfahren bewusst nicht habe eingeengt werden sollen (ebenso BFH II B 127/05, BFH/NV 2007, 58; HHS/Schallmoser § 82 Rn. 12; einschränkend BFH IX B 81/09, BFH/NV 2010, 50 zu § 416 ZPO). Das bedeutet natürlich nicht (vgl. auch § 81 I 2), dass es **im finanzgerichtlichen Verfahren** keinen **Urkundenbeweis** gibt; lediglich die sehr formalen Vorschriften der ZPO, die auch zum Teil auf dem Beibringungsgrundsatz (Verhandlungsgrundsatz) beruhen und daher dem Untersuchungsgrundsatz zuwiderlaufen, sind nicht anwendbar. Die FGO enthält Vorschriften über den Beweis durch Urkunden in den §§ 81 I, 85, 86 und 89 sowie in § 76 I 4 iVm § 97 AO. **Urkunden** sind in Schriftzeichen verkörperte Gedankenerklärungen (Tipke/Kruse/Krumm § 81 Rn. 17; Gosch/Hartman § 81 Rn. 80; SPK/Fu § 81 Rn. 12). Der Urkundenbeweis iSd FGO kann **durch jegliche Dokumente (auf Papier oder als elektronische Datei,** vgl. § 79 I 2 Nr. 4; Tipke/Kruse/Krumm § 81 Rn. 17; SPK/Fu § 81 Rn. 12; insoweit aA Schoch/Schneider/Rudisile/Ulrich VwGO § 98 Rn. 187; → Rn. 15) geführt werden, auch dann, wenn sie keine Unterschrift tragen, zB durch eingescannte Dokumente (Hendricks/Hildebrand Ubg 2018, 666 (668 f.)) und Ausdrucke von Texten, die bei **Internetrecherchen** (iÜ → Rn. 15) ermittelt wurden. Dazu gehören auch Auskünfte iSd § 79 I 2 Nr. 3. Für die Berücksichtigung von Urkunden als Beweismittel reicht es aus, dass sie dem Gericht vorliegen (grds. im Original, BFH X B 132/02, BFH/NV 2004, 495). In der Praxis reicht idR die Übersendung von Kopien oder – bei elektronischer Kommunikation – von Scandateien aus, zumal nach § 52d S. 1 auch die Anlagen zu Schriftsätzen elektronisch zu übermitteln sind. Dass damit in besonderen Einzelfällen die Überprüfung der Echtheit, insbes. von Handschriften, nicht oder nur sehr eingeschränkt möglich ist (vgl. Hendricks/Hildebrand Ubg 2018, 666 (668 f.)), nimmt die Rechtspraxis im Hinblick auf die anderweitigen Vorteile digitaler Prozesse hin. – Eine Form des Urkundsbeweises ist die Verwertung von

Beweisergebnissen aus anderen Verfahren, zB von Feststellungen aus Strafverfahren (BFH I R 30/81, BStBl. II 1985, 305; VII R 135/85, BStBl. II 1988, 841; XI B 75/12, BFH/NV 2014, 164; X R 9/19, DStRE 2020, 820, Rn. 33; → § 81 Rn. 11, → § 93 Rn. 3); zu schriftlichen Bekundungen (potentieller) Zeugen → Rn. 20; § 81 Rn. 8 aE, 12. Ein formalisiertes Einführen in die mündliche Verhandlung oder gar eine Verlesung sind nicht erforderlich, da für den Finanzgerichtsprozess keine dem § 249 StPO entsprechende Vorschrift gilt (BFH VII B 260/03, BFH/NV 2004, 807; V B 72/18, BFH/NV 2019, 202; VI B 65/21, BFH/NV 2022, 1185; VII R 29/18, NZWiSt 2023, 371). Dies gilt auch für fremdsprachige Urkunden (BFH III R 4/11, BFH/NV 2014, 681). Soweit einzelne Senate des BFH (BFH X B 114/14, BFH/NV 2015, 511; V B 63/14, BFH/NV 2015, 1001; III B 76/16, BFH/NV 2017, 1050) zwischenzeitlich für die **Verwertung von Zeugenaussagen,** die vor dem Gericht zuvor in anderer Besetzung gemacht worden waren, vorausgesetzt haben, dass die entsprechenden **Vernehmungsprotokolle** verlesen werden, fehlt es für die abweichende Handhabung an einer Begründung. Diese Rspr. dürfte durch die jüngeren Entscheidungen überholt sein. Auch wenn die zivilprozessualen Normen über den Urkundsbeweis nicht unmittelbar im Rahmen der FGO anwendbar sind, ist **§ 418 ZPO** als allg. Rechtsgedanke sowohl für das Verwaltungsverfahren als auch für das gerichtliche Verfahren **anwendbar** (BFH VIII R 36/69 ua, BStBl. II 1973, 271; X R 19/07, BFH/NV 2008, 578 (579); VII B 11/13, BFH/NV 2013, 1787; VIII R 50/13, BeckRS 2015, 95845; X R 14/21, BStBl. II 2023, 588; X B 135/21, BFH/NV 2023, 731). Dies betrifft ua Zustellungsurkunden (→ § 53 Rn. 110) und Sitzungsprotokolle (→ § 94 Rn. 4). – Zur **Entkräftung der Beweiswirkung** einer öffentlichen Urkunde → § 53 Rn. 110; BFH VIII R 36/69 ua, BStBl. II 1973, 271; IX B 146/10, BFH/NV 2011, 622; VII B 11/13, BFH/NV 2013, 1787; VIII R 50/13, BeckRS 2015, 95845; X R 14/21, BStBl. II 2023, 588; X B 135/21, BFH/NV 2023, 731; BGH VIII ZB 39/19, NJW-RR 2020, 499.

VII. Beweis durch Parteivernehmung

Die §§ 445–449 ZPO aus dem Titel „Beweis durch Parteivernehmung" sind nicht in Bezug genommen. Sie enthalten speziell für den Zivilprozess bestimmte, sehr formalisierte Bestimmungen, die **durch** die weit gefasste Generalklausel des **§ 81 I ersetzt** sind. Dagegen sind die ebenfalls dem Titel „Beweis durch Parteivernehmung" angehörenden **§§ 450–455 ZPO anwendbar.** 41

§ 450 ZPO Beweisbeschluss 42

(1) [1]Die Vernehmung einer Partei wird durch Beweisbeschluss angeordnet. [2]Die Partei ist, wenn sie bei der Verkündung des Beschlusses nicht persönlich anwesend ist, zu der Vernehmung unter Mitteilung des Beweisbeschlusses von Amts wegen zu laden. [3]Die Ladung ist der Partei selbst mitzuteilen, auch wenn sie einen Prozessbevollmächtigten bestellt hat; der Zustellung bedarf die Ladung nicht.

(2) [1]Die Ausführung des Beschlusses kann ausgesetzt werden, wenn nach seinem Erlass über die zu beweisende Tatsache neue Beweismittel vorgebracht werden. [2]Nach Erhebung der neuen Beweise ist von der Parteivernehmung abzusehen, wenn das Gericht die Beweisfrage für geklärt erachtet.

Zunächst → Rn. 3; → § 80 Rn. 1, 2. – § 450 ZPO betrifft die Vernehmung des Beteiligten (§ 57) iRd Beweiserhebung, nicht seine Anhörung (→ § 80 Rn. 2). Auch andere Beteiligte als der Kläger und der Beklagte gelten iSd Beweiserhebung als „Beteiligte"; sie **können nicht Zeugen sein.** Dies gilt auch für gesetzliche Vertreter, zB geschäftsführende Gesellschafter und Geschäftsführer eines Beteiligten (→ Rn. 17). – Wer jedoch nur als **Haftender** in Frage kommt (und am Verfahren nicht beteiligt ist), kann nicht als Beteiligter, sondern nur als **Zeuge** vernommen werden (BFH VI R 312/67, BStBl. II 1969, 525). – Wie auch im Zivilprozess ist die Vernehmung eines Beteiligten **letztes Hilfsmittel zur Aufklärung** des Sachverhalts. Sie dient nicht dazu, dem Beteiligten Gelegenheit zu geben, seine eigenen Behauptungen zu bestätigen und ggf. zu beeiden (BFH IV B 88/07, BFH/NV 2008, 1685; IV B 133/08, BFH/NV 2010, 52; X B 21/10, BFH/NV 2010, 2093; VI B 10/12, BFH/NV 2012, 1475; IX B 86/22, BFH/NV 2023, 1218). Sie kann unterbleiben, wenn sich das Gericht mit Hilfe anderer Beweismittel eine Überzeugung bilden kann, oder wenn nichts an Wahrscheinlichkeit für die Behauptung des Beteiligten erbracht ist (BFH IV B 88/07, BFH/NV 2008, 1685; IX B 166/09, BFH/NV 2010, 234 (235); VI B 10/12, BFH/NV 2012, 1475; III B 38/12, BFH/NV 2012, 1988; IX B 86/22, BFH/NV 2023, 1218). Dem Gericht steht insoweit ein Ermessen zu, das es jedoch – wie bei anderen Beweismitteln (→ § 76 Rn. 20 ff.) – ordnungsgemäß auszuüben hat (BFH IX B 86/22, BFH/NV 2023, 1218). – Zur **Bekanntgabe** des (zwingenden; vgl. BFH IX B 86/22, BFH/NV 2023, 1218) Beweisbeschlusses an den Beteiligten s. § 450 I 2 ZPO. – Der BFH hält es für entbehrlich, dass das FG Vernehmungen eindeutig und zutreffend als Zeugen- oder Beteiligtenvernehmungen würdigt (BFH X B 52/13, BFH/NV 2014, 860 – zweifelhaft).

43 **§ 451 ZPO Ausführung der Vernehmung**

Für die Vernehmung einer Partei gelten die Vorschriften der §§ 375, 376, 395 Abs. 1, Abs. 2 Satz 1 und der §§ 396, 397, 398 entsprechend.

Die Vernehmung kann gem. § 82 FGO iVm § 284 II und III ZPO auch im Wege der **Videokonferenz** stattfinden (→ Rn. 2a). – Zur **Protokollierung** der Aussage s. § 94 FGO iVm § 160 III Nr. 4 ZPO (→ § 94 Rn. 8). – § 377 III ZPO (→ Rn. 20) ist nicht anwendbar (Tipke/Kruse/Krumm § 82 Rn. 84).

§ 452 ZPO Beeidigung der Partei

(1) [1]Reicht das Ergebnis der unbeeidigten Aussage einer Partei nicht aus, um das Gericht von der Wahrheit oder Unwahrheit der zu erweisenden Tatsache zu überzeugen, so kann es anordnen, dass die Partei ihre Aussage zu beeidigen habe. [2]Waren beide Parteien vernommen, so kann die Beeidigung der Aussage über dieselben Tatsachen nur von einer Partei gefordert werden.

(2) Die Eidesnorm geht dahin, dass die Partei nach bestem Wissen die reine Wahrheit gesagt und nichts verschwiegen habe.

(3) Der Gegner kann auf die Beeidigung verzichten.

(4) Die Beeidigung einer Partei, die wegen wissentlicher Verletzung der Eidespflicht rechtskräftig verurteilt ist, ist unzulässig.

Die **Beeidigung** muss auch bei anderweitiger Unaufklärbarkeit nicht angeordnet werden; sie **steht** vielmehr **im Ermessen des Gerichts** (BFH VI R 32/76, BStBl. II 1976, 767; VIII B 174/02, BFH/NV 2004, 976); der Wortlaut der vom

Richter und dem vernommenen Beteiligten zu sprechenden Worte entspricht denen beim Zeugeneid (→ Rn. 27). – Der den Beeidigungsantrag zurückweisende Beschluss muss nicht begründet werden (BFH VIII B 174/02, BFH/NV 2004, 976).

§ 453 ZPO Beweiswürdigung bei Parteivernehmung 44

(1) Das Gericht hat die Aussage der Partei nach § 286 frei zu würdigen.

(2) Verweigert die Partei die Aussage oder den Eid, so gilt § 446 entsprechend.

Sowohl die Aussage als auch die Verweigerung der Aussage ist nach § 96 I 1 (frei) zu würdigen.

§ 454 ZPO Ausbleiben der Partei 45

(1) Bleibt die Partei in dem zu ihrer Vernehmung oder Beeidigung bestimmten Termin aus, so entscheidet das Gericht unter Berücksichtigung aller Umstände, insbesondere auch etwaiger von der Partei für ihr Ausbleiben angegebener Gründe, nach freiem Ermessen, ob die Aussage als verweigert anzusehen ist.

(2) War der Termin zur Vernehmung oder Beeidigung der Partei vor dem Prozessgericht bestimmt, so ist im Falle ihres Ausbleibens, wenn nicht das Gericht die Anberaumung eines neuen Vernehmungstermins für geboten erachtet, zur Hauptsache zu verhandeln.

§ 455 ZPO Prozessunfähige

(1) [1]Ist eine Partei nicht prozessfähig, so ist vorbehaltlich der Vorschrift im Absatz 2 ihr gesetzlicher Vertreter zu vernehmen. [2]Sind mehrere gesetzliche Vertreter vorhanden, so gilt § 449 entsprechend.

(2) [1]Minderjährige, die das 16. Lebensjahr vollendet haben, können über Tatsachen, die in ihren eigenen Handlungen bestehen oder Gegenstand ihrer Wahrnehmung gewesen sind, vernommen und auch nach § 452 beeidigt werden, wenn das Gericht dies nach den Umständen des Falles für angemessen erachtet. [2]Das Gleiche gilt von einer prozessfähigen Person, die in dem Rechtsstreit durch einen Betreuer oder Pfleger vertreten wird.

VIII. Eidesabnahme

§ 478 ZPO Eidesleistung in Person 46

Der Eid muss von dem Schwurpflichtigen in Person geleistet werden.

§ 479 ZPO Eidesleistung vor beauftragtem oder ersuchtem Richter

(1) Das Prozessgericht kann anordnen, dass der Eid vor einem seiner Mitglieder oder vor einem anderen Gericht geleistet werde, wenn der Schwurpflichtige am Erscheinen vor dem Prozessgericht verhindert ist oder sich in großer Entfernung von dessen Sitz aufhält und die Leistung des Eides nach § 284 Absatz 2 und 3 nicht stattfindet.

(2) Der Bundespräsident leistet den Eid in seiner Wohnung vor einem Mitglied des Prozessgerichts oder vor einem anderen Gericht.

Der **verordnete Richter** (→ § 81 Rn. 14 ff.) kann den Eid grds. nur im Falle einer Ermächtigung durch das Prozessgericht (den Senat) abnehmen. Er kann den Beweisbeschluss aber ausnahmsweise entspr. ergänzen (§ 360 ZPO), wenn die

Voraussetzungen des § 391 ZPO vorliegen (Tipke/Kruse/Krumm § 82 Rn. 10, 90). – Der Verweis des § 479 I ZPO auf § 284 II und III ZPO lässt erkennen, dass die Eidesabnahme auch im Wege der **Videokonferenz** erfolgen kann (→ Rn. 2a).

47 **§ 480 ZPO Eidesbelehrung**

Vor der Leistung des Eides hat der Richter den Schwurpflichtigen in angemessener Weise über die Bedeutung des Eides sowie darüber zu belehren, dass er den Eid mit religiöser oder ohne religiöse Beteuerung leisten kann.

§ 481 ZPO Eidesleistung; Eidesformel

(1) Der Eid mit religiöser Beteuerung wird in der Weise geleistet, dass der Richter die Eidesnorm mit der Eingangsformel:

„Sie schwören bei Gott dem Allmächtigen und Allwissenden“

vorspricht und der Schwurpflichtige darauf die Worte spricht (Eidesformel):

„Ich schwöre es, so wahr mir Gott helfe.“

(2) Der Eid ohne religiöse Beteuerung wird in der Weise geleistet, dass der Richter die Eidesnorm mit der Eingangsformel:

„Sie schwören“

vorspricht und der Schwurpflichtige darauf die Worte spricht (Eidesformel):

„Ich schwöre es.“

(3) Gibt der Schwurpflichtige an, dass er als Mitglied einer Religions- oder Bekenntnisgemeinschaft eine Beteuerungsformel dieser Gemeinschaft verwenden wolle, so kann er diese dem Eid anfügen.

(4) Der Schwörende soll bei der Eidesleistung die rechte Hand erheben.

(5) Sollen mehrere Personen gleichzeitig einen Eid leisten, so wird die Eidesformel von jedem Schwurpflichtigen einzeln gesprochen.

§ 482 ZPO (weggefallen)

§ 483 ZPO Eidesleistung sprach- oder hörbehinderter Personen

(1) [1]Eine hör- oder sprachbehinderte Person leistet den Eid nach ihrer Wahl mittels Nachsprechens der Eidesformel, mittels Abschreibens und Unterschreibens der Eidesformel oder mit Hilfe einer die Verständigung ermöglichenden Person, die vom Gericht hinzuzuziehen ist. [2]Das Gericht hat die geeigneten technischen Hilfsmittel bereitzustellen. [3]Die hör- oder sprachbehinderte Person ist auf ihr Wahlrecht hinzuweisen.

(2) Das Gericht kann eine schriftliche Eidesleistung verlangen oder die Hinzuziehung einer die Verständigung ermöglichenden Person anordnen, wenn die hör- oder sprachbehinderte Person von ihrem Wahlrecht nach Absatz 1 keinen Gebrauch gemacht hat oder eine Eidesleistung in der nach Absatz 1 gewählten Form nicht oder nur mit unverhältnismäßigem Aufwand möglich ist.

§ 484 ZPO Eidesgleiche Bekräftigung

(1) [1]Gibt der Schwurpflichtige an, dass er aus Glaubens- oder Gewissensgründen keinen Eid leisten wolle, so hat er eine Bekräftigung abzugeben. [2]Diese Bekräftigung steht dem Eid gleich; hierauf ist der Verpflichtete hinzuweisen.

(2) Die Bekräftigung wird in der Weise abgegeben, dass der Richter die Eidesnorm als Bekräftigungsnorm mit der Eingangsformel:

„Sie bekräftigen im Bewusstsein Ihrer Verantwortung vor Gericht"

vorspricht und der Verpflichtete darauf spricht:

„Ja".

(3) § 481 Abs. 3, 5, § 483 gelten entsprechend.

Was der Richter und der Schwurpflichtige zu sprechen haben, ergibt sich iVm der Eidesnorm (vgl. § 481 I und II ZPO; → Rn. 27, 37, 43).

IX. Selbständiges Beweisverfahren

§ 485 ZPO Zulässigkeit 48

(1) Während oder außerhalb eines Streitverfahrens kann auf Antrag einer Partei die Einnahme des Augenscheins, die Vernehmung von Zeugen oder die Begutachtung durch einen Sachverständigen angeordnet werden, wenn der Gegner zustimmt oder zu besorgen ist, dass das Beweismittel verloren geht oder seine Benutzung erschwert wird.

(2) [1]Ist ein Rechtsstreit noch nicht anhängig, kann eine Partei die schriftliche Begutachtung durch einen Sachverständigen beantragen, wenn sie ein rechtliches Interesse daran hat, dass
1. der Zustand einer Person oder der Zustand oder Wert einer Sache,
2. die Ursache eines Personenschadens, Sachschadens oder Sachmangels,
3. der Aufwand für die Beseitigung eines Personenschadens, Sachschadens oder Sachmangels

festgestellt wird. [2]Ein rechtliches Interesse ist anzunehmen, wenn die Feststellung der Vermeidung eines Rechtsstreits dienen kann.

(3) Soweit eine Begutachtung bereits gerichtlich angeordnet worden ist, findet eine neue Begutachtung nur statt, wenn die Voraussetzungen des § 412 erfüllt sind.

Die gesetzlichen **Voraussetzungen** des **selbständigen Beweisverfahrens** (§§ 485–487 ZPO) gelten auch im finanzgerichtlichen Verfahren (BFH VII B 120/86, BFH/NV 1987, 379; I B 56/07, BFH/NV 2008, 575; zum verwaltungsgerichtlichen Verfahren s. Troidl NVwZ 2011, 780). Es muss aus im Einzelfall vorliegenden Gründen eine Erschwerung der Beweisführung konkret zu befürchten sein (BFH I B 56/07, BFH/NV 2008, 575 (576); I B 135/06, BFH/NV 2007, 1900 (1901); V B 68/07, BFH/NV 2008, 343). Soweit Tatsachen der Amtsermittlungspflicht einer Behörde unterliegen, muss der Antragsteller glaubhaft machen, dass die Behörde nicht oder fehlerhaft ermittelt (VGH BW 5 S 2488/18, BeckRS 2019, 19613; OVG BBg OVG 4 I 1/22, BeckRS 2022, 8850; BeckOKVwGO/Garloff VwGO § 98 Rn. 27).

§ 486 ZPO Zuständiges Gericht 49

(1) Ist ein Rechtsstreit anhängig, so ist der Antrag bei dem Prozessgericht zu stellen.

(2) [1]Ist ein Rechtsstreit noch nicht anhängig, so ist der Antrag bei dem Gericht zu stellen, das nach dem Vortrag des Antragstellers zur Entscheidung in der Haupt-

sache berufen wäre. [2]In dem nachfolgenden Streitverfahren kann sich der Antragsteller auf die Unzuständigkeit des Gerichts nicht berufen.

(3) In Fällen dringender Gefahr kann der Antrag auch bei dem Amtsgericht gestellt werden, in dessen Bezirk die zu vernehmende oder zu begutachtende Person sich aufhält oder die in Augenschein zu nehmende oder zu begutachtende Sache sich befindet.

(4) Der Antrag kann vor der Geschäftsstelle zu Protokoll erklärt werden.

Der Antrag ist bei dem FG zu stellen, bei dem das Verfahren anhängig ist (§ 486 I ZPO) oder das nach dem Vortrag des Antragstellers zuständig sein würde (§ 486 II ZPO). In Fällen **dringender Gefahr** ist das FG zuständig, in dessen Bezirk sich der Zeuge aufhält oder der in Augenschein zu nehmende oder zu begutachtende Gegenstand sich befindet (§ 486 III ZPO). – Dringende Gefahr liegt vor, wenn der Verlust des Beweismittels droht. Das ist nicht schon allein deshalb der Fall, weil der Zeuge ein hohes Alter hat (BFH VII B 120/86, BFH/NV 1987, 379).

§ 487 ZPO Inhalt des Antrages

Der Antrag muss enthalten:

1. die Bezeichnung des Gegners;
2. die Bezeichnung der Tatsachen, über die Beweis erhoben werden soll;
3. die Benennung der Zeugen oder die Bezeichnung der übrigen nach § 485 zulässigen Beweismittel;
4. die Glaubhaftmachung der Tatsachen, die die Zulässigkeit des selbständigen Beweisverfahrens und die Zuständigkeit des Gerichts begründen sollen.

Fehlen diese Angaben, ist der Antrag unzulässig (s. aber § 65 II).

§§ 488, 489 ZPO (weggefallen)

§ 490 ZPO Entscheidung über den Antrag

(1) Über den Antrag entscheidet das Gericht durch Beschluss.

(2) [1]In dem Beschluss, durch welchen dem Antrag stattgegeben wird, sind die Tatsachen, über die der Beweis zu erheben ist, und die Beweismittel unter Benennung der zu vernehmenden Zeugen und Sachverständigen zu bezeichnen. [2]Der Beschluss ist nicht anfechtbar.

§ 491 ZPO Ladung des Gegners

(1) Der Gegner ist, sofern es nach den Umständen des Falles geschehen kann, unter Zustellung des Beschlusses und einer Abschrift des Antrags zu dem für die Beweisaufnahme bestimmten Termin so zeitig zu laden, dass er in diesem Termin seine Rechte wahrzunehmen vermag.

(2) Die Nichtbefolgung dieser Vorschrift steht der Beweisaufnahme nicht entgegen.

§ 492 ZPO Beweisaufnahme

(1) Die Beweisaufnahme erfolgt nach den für die Aufnahme des betreffenden Beweismittels überhaupt geltenden Vorschriften.

(2) Das Protokoll über die Beweisaufnahme ist bei dem Gericht, das sie angeordnet hat, aufzubewahren.

(3) [1]Das Gericht kann die Parteien zur mündlichen Erörterung laden, wenn eine Einigung zu erwarten ist; ein Vergleich ist zu gerichtlichem Protokoll zu nehmen. [2]Für den Erörterungstermin gilt § 128a entsprechend.

Die Verweisung in § 492 I ZPO umfasst auch § 284 II und III ZPO, sodass die Beweisaufnahme auch im Wege der **Videokonferenz** stattfinden kann (→ Rn. 2a). Konsequenterweise gilt dies auch für einen damit verbundenen Erörterungstermin (§ 492 III 2 ZPO, der durch das G zur Förderung des Einsatzes von Videokonferenztechnik in der Zivilgerichtsbarkeit und den Fachgerichtsbarkeiten v. 15.7.2024, BGBl. 2024 I Nr. 237, eingefügt wurde).

§ 493 ZPO Benutzung im Prozess

(1) Beruft sich eine Partei im Prozess auf Tatsachen, über die selbständig Beweis erhoben worden ist, so steht die selbständige Beweiserhebung einer Beweisaufnahme vor dem Prozessgericht gleich.

(2) War der Gegner in einem Termin im selbständigen Beweisverfahren nicht erschienen, so kann das Ergebnis nur benutzt werden, wenn der Gegner rechtzeitig geladen war.

§ 494 ZPO Unbekannter Gegner

(1) Wird von dem Beweisführer ein Gegner nicht bezeichnet, so ist der Antrag nur dann zulässig, wenn der Beweisführer glaubhaft macht, dass er ohne sein Verschulden außerstande sei, den Gegner zu bezeichnen.

(2) Wird dem Antrag stattgegeben, so kann das Gericht dem unbekannten Gegner zur Wahrnehmung seiner Rechte bei der Beweisaufnahme einen Vertreter bestellen.

§ 494a ZPO Frist zur Klageerhebung

(1) Ist ein Rechtsstreit nicht anhängig, hat das Gericht nach Beendigung der Beweiserhebung auf Antrag ohne mündliche Verhandlung anzuordnen, dass der Antragsteller binnen einer zu bestimmenden Frist Klage zu erheben hat.

(2) [1]Kommt der Antragsteller dieser Anordnung nicht nach, hat das Gericht auf Antrag durch Beschluss auszusprechen, dass er die dem Gegner entstandenen Kosten zu tragen hat. [2]Die Entscheidung unterliegt der sofortigen Beschwerde.

§ 494a ZPO ist in § 82 nicht ausdrücklich in Bezug genommen und im finanzgerichtlichen Verfahren auch über § 155 S. 1 **nicht anwendbar,** da in der weit überwiegenden Mehrzahl der Verfahren wegen des nach § 44 grds. erforderlichen Abschlusses des Vorverfahrens und der Klagefrist gem. § 47 keine vergleichbare Prozesssituation vorliegt (Tipke/Kruse/Krumm § 82 Rn. 104; Gosch/Hartman § 82 Rn. 682; SPK/Fu § 82 Rn. 100; aA HessVGH 2 B 1966/10, BeckRS 2011, 48053; HHS/Schallmoser § 82 Rn. 260 f.; Kopp/Schenke/Schenke VwGO § 98 Rn. 26).

§ 83 [Beteiligtenöffentlichkeit der Beweisaufnahme]

[1]Die Beteiligten werden von allen Beweisterminen benachrichtigt und können der Beweisaufnahme beiwohnen. [2]Sie können an Zeugen und

Sachverständige sachdienliche Fragen richten. [3]Wird eine Frage beanstandet, so entscheidet das Gericht.

Vgl. § 97 VwGO; § 116 SGG; § 357 ZPO.

Literatur: Vgl. zu § 81.

I. Allgemeines

1 § 83 legt fest, dass der (neben dem Grundsatz der Unmittelbarkeit der Beweisaufnahme – → § 81 Rn. 8–13) den Strengbeweis (→ § 81 Rn. 1) kennzeichnende Grundsatz der **Beteiligtenöffentlichkeit** (Parteiöffentlichkeit) auch im finanzgerichtlichen Verfahren gilt. Er ist Ausdruck des Anspruchs auf rechtliches Gehör (Art. 103 I GG) und besagt, dass die Beteiligten das Recht haben, der Beweisaufnahme beizuwohnen.

II. Beteiligtenöffentlichkeit

2 Nach § 83 S. 1 dürfen die Beteiligten (§ 57) jeder **Beweisaufnahme** (auch einer Beweisaufnahme im Ausland – BVerwG III C 11/66, BVerwGE 25, 88) **beiwohnen** (eine Verpflichtung hierzu besteht nur im Falle des § 80 I 1) und zwar auch dann, wenn der Sachverständige einen Ortstermin durchführt, um die für sein Gutachten notwendigen tatsächlichen Feststellungen zu treffen (§ 83 gilt insoweit analog – BFH II R 67/79, BStBl. II 1980, 515 (517); BVerwG 8 B 91/05, NJW 2006, 2058; FG Hmb 6 K 199/21, EFG 2023, 704; vgl. § 404a IV ZPO; → § 82 Rn. 34; zur Abgrenzung s. BFH I B 108/92, BFH/NV 1994, 381).

3 Die Beteiligten sind von allen gerichtlichen Beweisterminen zu **benachrichtigen** (§ 81 I 1; BFH VIII B 76/03, BFH/NV 2004, 50 (51)). Das Beweisthema ist dabei bekannt zu geben (FG Bln III 5/64, EFG 1966, 418; s. auch BVerwG 4 C 1/79, NJW 1980, 900). Da es sich um eine Terminbestimmung handelt, ist sie den Beteiligten (ggf. den Bevollmächtigten – § 62 VI 5) zuzustellen (§ 53 I). Das gilt ebenso für den Beweistermin im **vorbereitenden Verfahren** (§ 79 III – → § 79 Rn. 11) und vor dem **beauftragten oder ersuchten Richter.** § 357 II 1 ZPO ist in § 82 nicht für anwendbar erklärt (→ § 82 Rn. 2). Die Benachrichtigung ist auch erforderlich, wenn ein **Sachverständiger** sein schriftliches Gutachten in der mündlichen Verhandlung erläutern soll, denn es liegt ein Beweistermin vor (BFH III R 99/76, BStBl. II 1979, 254; vgl. § 411 III 1 ZPO; → § 82 Rn. 37).

III. Fragerecht

4 Die Beteiligten (§ 57) dürfen an Zeugen und Sachverständige (bei schriftlicher Erstattung des Gutachtens, wenn der Sachverständige das Gutachten in der mündlichen Verhandlung erläutert – → § 82 Rn. 37) **sachdienliche Fragen** stellen (§ 83 S. 2). Aus dem Fragerecht erwächst zugleich eine Pflicht zur aktiven Mitwirkung (BFH X B 80/92, BFH/NV 1994, 108; III B 106/13, BFH/NV 2014, 705), deren Verletzung ggf. zur Einschränkung der richterlichen Sachaufklärungspflicht führt (→ § 76 Rn. 59; iÜ → Rn. 7). – Befragt werden darf auch der gem. § 82

FGO iVm §§ 450 ff. ZPO (→ § 82 Rn. 42 ff.) vernommene Beteiligte (§ 83 S. 2 analog). – Zum **Fragerecht der Richter** s. § 93 II. – Sachdienlich ist eine Frage, die geeignet ist, die Sachaufklärung iRd Beweisthemas unmittelbar oder mittelbar zu fördern (Kopp/Schenke/Schenke VwGO § 97 Rn. 3).

Die Beteiligten, der Zeuge, der Sachverständige oder das Gericht (auch der einzelne Richter) haben das Recht, eine **Frage** zu **beanstanden.** Geschieht das, entscheidet das Gericht, dh das Kollegium oder der Einzelrichter (§§ 6, 79a III, IV) durch Beschluss über die Zulässigkeit (Sachdienlichkeit) der Frage (§ 83 S. 3). Im Falle der Beweisaufnahme vor dem verordneten Richter (→ § 81 Rn. 14 ff.) ist – bis zur Verhandlung vor dem Senat – dieser (vorläufig) für die Entscheidung zuständig (vgl. § 82 FGO iVm §§ 398 II, 400 ZPO). – Die Entscheidung über die Zulässigkeit der Frage ist als prozessleitende Verfügung nicht selbständig anfechtbar (§ 128 II). Zur Rüge im Revisionsverfahren → Rn. 7. 5

IV. Folgen eines Verstoßes gegen § 83

Ist ein Beteiligter nicht oder verspätet benachrichtigt (geladen) worden oder wird ihm der Zutritt verwehrt, ist die gleichwohl durchgeführte **Beweisaufnahme unwirksam** und muss grds. wiederholt werden, wenn das Beweisergebnis bei der Urteilsfindung berücksichtigt werden soll (BVerwG 4 C 1/79, NJW 1980, 900; Kopp/Schenke/Schenke VwGO § 97 Rn. 4). Geschieht dies nicht und wird das Urteil auf die Beweisaufnahme gestützt, liegt ein Verfahrensmangel vor, der mit der Nichtzulassungsbeschwerde bzw. der Revision erfolgreich gerügt werden kann (§§ 115 II Nr. 3, 116, 119 Nr. 3), und zwar auch dann, wenn der Beteiligte den Nachweis, dass das Beweisergebnis im Falle seiner Anwesenheit für ihn günstiger ausgefallen wäre, nicht erbringen kann. – **Verzichten die Beteiligten** ausdrücklich oder stillschweigend auf die Einhaltung des Grundsatzes der Beteiligtenöffentlichkeit, des Fragerechts oder auf die Beanstandung von Fragen (**Verlust des Rügerechts** – s. § 155 S. 1 FGO iVm § 295 I ZPO; BFH VIII B 76/03, BFH/NV 2004, 50 (51); Kopp/Schenke/Schenke VwGO § 97 Rn. 4; auch → § 76 Rn. 37 ff.), **darf** das **Beweisergebnis** ausnahmsweise **verwertet werden.** 6

Der Beteiligte kann die **Revision** auch darauf stützen, dass eine Frage zu Unrecht nicht zugelassen oder nicht beanstandet worden sei (§§ 115 II Nr. 3, 116, 119 Nr. 3; BFH II B 79/08, ZSteu 2009, R480; III B 106/13, BFH/NV 2014, 705). Wegen des Verlusts des Rügerechts gelten die Ausführungen zu → Rn. 6 entsprechend (BFH X B 80/92, BFH/NV 1994, 108; II B 79/08, ZSteu 2009, R480; III B 106/13, BFH/NV 2014, 705). 7

§ 84 [Zeugnisverweigerungsrecht]

(1) **Für das Recht zur Verweigerung des Zeugnisses und die Pflicht zur Belehrung über das Zeugnisverweigerungsrecht gelten die §§ 101 bis 103 der Abgabenordnung sinngemäß.**

(2) **Wer als Angehöriger zur Verweigerung des Zeugnisses berechtigt ist, kann die Ableistung des Eides verweigern.**

Literatur: Hentschel, Freiberufler zwischen Skylla und Charybdis – Mitwirkungspflichten im Besteuerungsverfahren und berufliche Schweigepflicht, NJW 2009, 810; Pinne, Steuerrechtliches Verwertungsverbot für Aussagen eines Angehörigen aus einem (Steuer-)Strafverfahren, ZfZ 1987, 126.

I. Allgemeines

1 **Inhalt und Umfang des Zeugnisverweigerungsrechts** richten sich im finanzgerichtlichen Verfahren nicht nach den Vorschriften der §§ 383–385 ZPO, sondern nach §§ 101–103 AO. Dadurch wird sichergestellt, dass die Sachaufklärung in diesem Bereich den gleichen Regeln folgt wie im Verwaltungs-(Besteuerungs-)verfahren.

2 Für das **Verfahren bei der Zeugnisverweigerung** gelten die Vorschriften der §§ 386–390 ZPO (→ § 82 Rn. 24 ff.).

3 Im Folgenden werden neben der Wiedergabe des Textes der einschlägigen Bestimmungen der AO lediglich einige Grundsätze des Zeugnisverweigerungsrechts herausgearbeitet. Wegen der Einzelheiten wird auf die Kommentierungen zur AO verwiesen.

II. Gesetzliche Grundlagen

4 Die Vorschriften der §§ 101–103 AO lauten:

§ 101 AO Auskunfts- und Eidesverweigerungsrecht der Angehörigen

(1) [1]Die Angehörigen (§ 15) eines Beteiligten können die Auskunft verweigern, soweit sie nicht selbst als Beteiligte über ihre eigenen steuerlichen Verhältnisse auskunftspflichtig sind oder die Auskunftspflicht für einen Beteiligten zu erfüllen haben. [2]Die Angehörigen sind über das Auskunftsverweigerungsrecht zu belehren. [3]Die Belehrung ist aktenkundig zu machen.

(2) [1]Die in Absatz 1 genannten Personen haben ferner das Recht, die Beeidigung ihrer Auskunft zu verweigern. [2]Absatz 1 Sätze 2 und 3 gelten entsprechend.

§ 102 AO Auskunftsverweigerungsrecht zum Schutz bestimmter Berufsgeheimnisse

(1) Die Auskunft können ferner verweigern:

1. Geistliche über das, was ihnen in ihrer Eigenschaft als Seelsorger anvertraut worden oder bekannt geworden ist,
2. Mitglieder des Bundestages, eines Landtages oder einer zweiten Kammer über Personen, die ihnen in ihrer Eigenschaft als Mitglieder dieser Organe oder denen sie in dieser Eigenschaft Tatsachen anvertraut haben, sowie über diese Tatsachen selbst,
3. a) Verteidiger,
   b) Rechtsanwälte, Patentanwälte, Notare, Steuerberater, Wirtschaftsprüfer, Steuerbevollmächtigte, vereidigte Buchprüfer,
   c) Ärzte, Zahnärzte, Psychotherapeuten, Psychologische Psychotherapeuten, Kinder- und Jugendlichenpsychotherapeuten, Apotheker und Hebammen,

   über das, was ihnen in dieser Eigenschaft anvertraut worden oder bekannt geworden ist,
4. Personen, die bei der Vorbereitung, Herstellung oder Verbreitung von periodischen Druckwerken oder Rundfunksendungen berufsmäßig mitwirken oder mitgewirkt haben, über die Person des Verfassers, Einsenders oder Gewährsmanns

von Beiträgen und Unterlagen sowie über die ihnen im Hinblick auf ihre Tätigkeit gemachten Mitteilungen, soweit es sich um Beiträge, Unterlagen und Mitteilungen für den redaktionellen Teil handelt; § 160 bleibt unberührt.

(2) [1]Den im Absatz 1 Nummer 1 bis 3 genannten Personen stehen ihre Gehilfen und die Personen gleich, die zur Vorbereitung auf den Beruf an der berufsmäßigen Tätigkeit teilnehmen. [2]Über die Ausübung des Rechts dieser Hilfspersonen, die Auskunft zu verweigern, entscheiden die im Absatz 1 Nummer 1 bis 3 genannten Personen, es sei denn, dass diese Entscheidung in absehbarer Zeit nicht herbeigeführt werden kann.

(3) [1]Die in Absatz 1 Nummer 3 genannten Personen dürfen die Auskunft nicht verweigern, wenn sie von der Verpflichtung zur Verschwiegenheit entbunden sind. [2]Die Entbindung von der Verpflichtung zur Verschwiegenheit gilt auch für die Hilfspersonen.

(4) [1]Die gesetzlichen Anzeigepflichten der Notare und die Mitteilungspflichten der in Absatz 1 Nummer 3 Buchstabe b bezeichneten Personen nach der Zinsinformationsverordnung vom 26. Januar 2004 (BGBl. I S. 128), die zuletzt durch Artikel 4 Absatz 28 des Gesetzes vom 22. September 2005 (BGBl. I S. 2809) geändert worden ist, in der jeweils geltenden Fassung bleiben unberührt. [2]Soweit die Anzeigepflichten bestehen, sind die Notare auch zur Vorlage von Urkunden und zur Erteilung weiterer Auskünfte verpflichtet. [3]Die Mitteilungspflichten der in Absatz 1 Nummer 3 Buchstabe b bezeichneten Personen hinsichtlich der in § 138f Absatz 3 Satz 1 Nummer 1 und 4 bis 9 bezeichneten Angaben bestehen auch dann, wenn mit diesen Angaben betroffene Nutzer identifizierbar sein sollten.

§ 103 AO Auskunftsverweigerungsrecht bei Gefahr der Verfolgung wegen einer Straftat oder einer Ordnungswidrigkeit

[1]Personen, die nicht Beteiligte und nicht für einen Beteiligten auskunftspflichtig sind, können die Auskunft auf solche Fragen verweigern, deren Beantwortung sie selbst oder einen ihrer Angehörigen (§ 15) der Gefahr aussetzen würde, wegen einer Straftat oder einer Ordnungswidrigkeit verfolgt zu werden. [2]Über das Recht, die Auskunft zu verweigern, sind sie zu belehren. [3]Die Belehrung ist aktenkundig zu machen.

III. Grundsätze

1. Zeugnisverweigerungsrecht

Es ist zu unterscheiden zwischen dem **Zeugnisverweigerungsrecht im Ganzen,** dh dem Recht, zu erklären, man wolle überhaupt nicht aussagen, und dem durch die Bezugnahme auf §§ 102 und 103 AO ebenfalls behandelten Zeugnisverweigerungsrecht **in einzelnen Punkten,** dh dem Recht, einzelne Fragen nicht zu beantworten. – Die Berufung auf das Zeugnisverweigerungsrecht im Ganzen bedarf keiner Begründung; die Beweggründe für die Zeugnisverweigerung unterliegen nicht der gerichtlichen Überprüfung (BFH XI B 135/95, BFH/NV 1997, 638; XI B 235/02, BFH/NV 2004, 64 (65) betr. Zeugnisverweigerung **geschiedener Ehegatten** – § 15 II Nr. 1 AO). – In den Fällen der Zeugnisverweigerung in einzelnen Punkten (§§ 102, 103 AO) müssen die Tatsachen, aus denen sich das Zeugnisverweigerungsrecht ergibt, angegeben und glaubhaft gemacht werden, es 5 sei denn, die zur Zeugnisverweigerung berechtigenden Umstände sind gerichtsbekannt (BFH VIII B 41/96, BFH/NV 1997, 736).

6 Das Zeugnisverweigerungsrecht **im Ganzen** steht **Angehörigen** zu, soweit sie als Dritte auskunftspflichtig sind (§ 84 I FGO iVm § 101 I 1 AO). Dadurch sollen innere Konflikte zwischen der Wahrheitspflicht und der Beziehung zu Angehörigen vermieden werden (BFH III R 59/18, BStBl. II 2020, 811; HHS/Schallmoser § 84 Rn. 5). Wer zu den Angehörigen zählt, ist in § 15 AO geregelt:

§ 15 AO Angehörige

(1) Angehörige sind:
1. der Verlobte,
2. der Ehegatte oder Lebenspartner,
3. Verwandte und Verschwägerte gerader Linie,
4. Geschwister,
5. Kinder der Geschwister,
6. Ehegatten oder Lebenspartner der Geschwister und Geschwister der Ehegatten oder Lebenspartner,
7. Geschwister der Eltern,
8. Personen, die durch ein auf längere Dauer angelegtes Pflegeverhältnis mit häuslicher Gemeinschaft wie Eltern und Kind miteinander verbunden sind (Pflegeeltern und Pflegekinder).

(2) Angehörige sind die in Absatz 1 aufgeführten Personen auch dann, wenn
1. in den Fällen der Nummern 2, 3 und 6 die die Beziehung begründende Ehe oder Lebenspartnerschaft nicht mehr besteht;
2. in den Fällen der Nummern 3 bis 7 die Verwandtschaft oder Schwägerschaft durch Annahme als Kind erloschen ist;
3. im Fall der Nummer 8 die häusliche Gemeinschaft nicht mehr besteht, sofern die Personen weiterhin wie Eltern und Kind miteinander verbunden sind.

Der in § 15 AO verwendete Begriff des **Verwandten** ist in § 1589 BGB, der des **Verschwägerten** in § 1590 BGB definiert. Wegen des Begriffs des **Pflegekindschaftsverhältnisses** vgl. BFH GrS 6/70, BStBl. II 1971, 274; vgl. auch Rspr. und Literatur zu § 32 I Nr. 2 EStG. – Zum Zeugnisverweigerungsrecht des Ehegatten s. BFH III B 51/02, BFH/NV 2003, 640 (641, 642). – Zu § 383 I Nr. 2 ZPO (auf den in § 82 nicht verwiesen wird; → Rn. 1) vertritt der BGH (XI ZB 6/15, NJW-RR 2016, 186 mwN) die Auffassung, dass die Vorschrift entspr. anzuwenden sei, wenn der Ehegatte des Zeugen der **gesetzliche Vertreter des Zeugen** sei. Diese Erwägungen dürften auch auf § 383 I Nr. 1, 2a und 3 ZPO anzuwenden sein (Thomas/Putzo/Seiler ZPO § 383 Rn. 3). Diese Rechtsprechung ist auf § 84 FGO iVm § 101 AO nicht zu übertragen, da § 101 AO grds. als nicht erweiterungsfähig angesehen wird (vgl. HHS/Lohmann AO § 101 Rn. 9; SPK/Pahlke AO § 101 Rn. 3, 12; BeckOK AO/Kobor AO § 101 Rn. 5). Zudem unterscheidet § 101 I 1 AO zwischen Beteiligten und den für sie Auskunftspflichtigen, was auch dagegen spricht, die Vorschrift auf Angehörige, die gesetzliche Vertreter und damit nach § 34 I AO Auskunftspflichtige sind, zu erweitern. – Zu volljährigen Kindern in Kindergeldverfahren vgl. **§ 68 I 2 EStG.** Die Reichweite dieser Vorschrift ist nicht auf das Verwaltungsverfahren beschränkt, weil dem G zu entnehmen ist, dass die Zeugnisverweigerungsrechte im Verwaltungs- und Gerichtsverfahren einheitlich gelten sollen (Aufgabe der in der Voraufl. vertretenen Auffassung; BFH III R 59/18, BStBl. II 2020, 811; Tipke/Kruse/

Krumm § 84 Rn. 3; HHS/Schallmoser § 84 Rn. 16; Gosch/Hartman § 84 Rn. 5; HHR/Wendl EStG § 68 Rn. 7 aE; aA FG Münster 9 K 4803/05, EFG 2007, 1180).

Ein Zeugnisverweigerungsrecht **in einzelnen Punkten (§ 102 AO)** steht gewissen **Berufsträgern** (Geistlichen, Ärzten, Rechtsanwälten usw) hinsichtlich dessen zu, was ihnen in ihrer beruflichen Eigenschaft anvertraut (BFH IV B 114/88, BFH/NV 1989, 761 (762); I B 110/10, BFH/NV 2011, 5) und nicht nur (ohne Bezug zur beruflichen Tätigkeit) bei Gelegenheit der Berufsausübung (BFH X R 34/82, BFH/NV 1989, 541 (542)) oder unabhängig von ihrer Berufsträgerstellung (BFH I B 110/10, BFH/NV 2011, 5) bekannt geworden ist. Zu den geschützten Tatsachen gehören auch die Identität der Mandanten, Patienten usw und die Tatsache, dass sie sich an den Berufsträger gewendet haben (BFH IX R 31/00, BStBl. II 2002, 712; VIII R 61/06, BStBl. II 2009, 579; VIII R 78/05, BStBl. II 2010, 455). – Zum Umfang des Zeugnisverweigerungsrechts eines **Steuerberaters** s. BFH IX R 31/00, BStBl. II 2002, 1300. – Das Zeugnisverweigerungsrecht nach § 84 FGO iVm § 102 I Nr. 4 AO gilt nur für den redaktionellen Teil von Presseerzeugnissen (NdsFG 8 K 55/12, EFG 2013, 1979). – Die zur Zeugnisverweigerung berechtigten Personengruppen sind in § 102 AO **abschließend aufgezählt** (BFH XI B 55/92, BStBl. II 1993, 451; FG LSA 2 K 867/13, EFG 2015, 2099: Bank- und Sparkassenangestellte gehören nicht dazu). – Es besteht **kein Verwertungsverbot,** wenn ein zeugnisverweigerungsberechtigter Berufsträger freiwillig aussagt, obwohl er zur Verschwiegenheit verpflichtet (zB § 57 I StBerG) und nicht von der Schweigepflicht entbunden ist und sich möglicherweise nach § 203 StGB strafbar macht (BFH XI B 11/00, BFH/NV 2001, 811; IX R 31/00, BStBl. II 2002, 712; Klein/Rätke AO § 102 Rn. 45; HHS/Lohmann AO § 102 Rn. 100; aA Tipke/Kruse/Seer AO § 102 Rn. 28 mwN). Denn die Entbindung von der Verschwiegenheitspflicht muss nicht ggü. dem Gericht erfolgen und ist daher von diesem nur eingeschränkt überprüfbar. Ein Zeugnisverweigerungsrecht in einzelnen Punkten haben ferner nach **§ 103 AO Zeugen,** wenn sie sich oder einen ihrer Angehörigen durch die Beantwortung der Beweisfrage der Gefahr aussetzen würden, wegen einer Straftat oder einer Ordnungswidrigkeit verfolgt zu werden (BFH V B 158/87, BFH/NV 1989, 82; IV B 114/88, BFH/NV 1989, 761 (762); X B 167/06, BFH/NV 2007, 1524; X B 155/11, BFH/NV 2012, 2015; → Rn. 6). Aus den übrigen in dem entsprechenden § 384 ZPO genannten Gründen (vermögensrechtliche Nachteile, Unehre, Offenlegung von Berufs- und Geschäftsgeheimnissen) kann im finanzgerichtlichen Verfahren kein Zeugnisverweigerungsrecht hergeleitet werden. Aus dem Gebrauch des Zeugnis- oder Auskunftsverweigerungsrechts dürfen **keine Schlüsse zum Nachteil** des Beteiligten gezogen werden, zu dem der Zeuge in einer Beziehung steht, die das Zeugnis- oder Auskunftsverweigerungsrecht auslöst (BFH IX R 31/00, BStBl. II 2002, 712; FG München 10 K 2168/09, BeckRS 2013, 96581). 7

2. Belehrungspflicht

Über das Zeugnisverweigerungsrecht der Angehörigen, also das **Zeugnisverweigerungsrecht insgesamt** (→ Rn. 6), ist zu belehren (§ 84 I FGO iVm § 101 I 2 AO). Unterbleibt die Belehrung, darf die **Aussage nicht verwertet** werden (BFH II R 180/87, BStBl. II 1991, 204; VIII B 32/09, BFH/NV 2010, 929); wird sie dennoch verwertet, liegt ein Revisionsgrund (Verfahrensmangel) 8 vor, der aber durch rügelose Einlassung (§ 155 S. 1 FGO iVm § 295 ZPO) geheilt werden kann (BFH VIII B 32/09, BFH/NV 2010, 929). Hat allerdings der Angehörige vor dem beauftragten Richter nach ordnungsmäßiger Belehrung über sein Zeugnisverweigerungsrecht ausgesagt, so kann seine Aussage, wenn er in der mündlichen Verhandlung erneut vernommen werden sollte, er aber nunmehr die Aussage verweigert, in der mündlichen Verhandlung verlesen werden (BFH IV 65/65 ua, BStBl. III 1967, 273). Das gilt entsprechend in vergleichbaren Fällen, in denen über bestehende Zeugnisverweigerungsrechte belehrt wurde (BFH V B 72/18, BFH/NV 2019, 202; vgl. zB BFH VIII B 131/88, BFH/NV 1991, 461 betr. die Verwertung der protokollierten Aussage eines Stpfl. im Besteuerungsverfahren eines Dritten; BFH X R 9/19, DStRE 2020, 820; V B 17/24, BFH/NV 2025, 703 betr. die Verwertung von Aussagen des Zeugen im strafrechtlichen Ermittlungsverfahren; → § 81 Rn. 11). – Eine Belehrungspflicht besteht **nicht hinsichtlich des partiellen Zeugnisverweigerungsrechts** im Falle des § 102 AO (→ Rn. 7; BFH XI B 11/00, BFH/NV 2001, 811; IX R 31/00, BStBl. II 2002, 712). **Bei** den unter § 103 AO fallenden **Zeugen** dagegen ist die **Belehrung** in § 103 S. 2 AO vorgeschrieben, wenn durch die Auskunft die objektive Gefahr eines Straf- oder Bußgeldverfahrens gegeben ist (BFH VII B 15/04, BFH/NV 2005, 221; V B 17/24, BFH/NV 2025, 703).

3. Eidesleistung

9 Die **Beeidigung der Zeugen** regelt § 82 FGO iVm §§ 391 ff. ZPO (→ § 82 Rn. 27). – **Angehörige** (und nur sie) haben das Recht, die **Eidesleistung** zu **verweigern** und zwar auch dann, wenn sie von ihrem Zeugnisverweigerungsrecht (→ Rn. 6) keinen Gebrauch gemacht haben (§ 84 II). Sie sind darüber zu belehren (§ 84 FGO iVm § 101 II 2 AO).

§ 85 [Pflichten der Zeugen]

[1]Zeugen, die nicht aus dem Gedächtnis aussagen können, haben Dokumente und Geschäftsbücher, die ihnen zur Verfügung stehen, einzusehen und, soweit nötig, Aufzeichnungen daraus zu entnehmen. [2]Die Vorschriften der § 97, §§ 99, 100, 104 der Abgabenordnung gelten sinngemäß.

1 Durch Art. 3 Nr. 12 des JKomG v. 22.3.2005 (BGBl. I 837 (845)) ist das Wort „Schriftstücke" ab 1.4.2005 durch das Wort „Dokumente" ersetzt und dadurch die Hilfspflicht der Zeugen auf die Einsichtnahme in elektronische Dokumente erweitert worden. Die Änderung des § 85 S. 2 durch Art. 23 des G zur Umsetzung der Amtshilferichtlinie sowie zur Änderung steuerlicher Vorschriften – AmtshilfeRLUmsG – v. 26.6.2013 (BGBl. I 1809) stellt nur eine redaktionelle Folgeänderung dar. – § 85 ergänzt § 82 FGO iVm §§ 373–377, 380–382 und 386–401 ZPO (→ § 82 Rn. 17 ff.). Die Vorschrift dient – wie § 84 – der notwendigen **Koordinierung** des finanzgerichtlichen Verfahrens **mit dem Verwaltungsverfahren** (→ § 84 Rn. 1). Auf die zu § 93 III 2 AO und zu den in § 85 S. 2 genannten Vorschriften vorliegenden Kommentierungen wird verwiesen.

2 Die durch § 85 in Bezug genommenen Vorschriften der AO lauten:

§ 97 AO Vorlage von Urkunden

(1) [1]Die Beteiligten und andere Personen haben der Finanzbehörde auf Verlangen Bücher, Aufzeichnungen, Geschäftspapiere und andere Urkunden zur Einsicht

und Prüfung vorzulegen. [2]Im Vorlageverlangen ist anzugeben, ob die Urkunden für die Besteuerung des zur Vorlage Aufgeforderten oder für die Besteuerung anderer Personen benötigt werden. [3]§ 93 Absatz 1 Satz 2 und 3 gilt entsprechend.

(2) [1]Die Finanzbehörde kann die Vorlage der in Absatz 1 genannten Urkunden an Amtsstelle verlangen oder sie bei dem Vorlagepflichtigen einsehen, wenn dieser einverstanden ist oder die Urkunden für eine Vorlage an Amtsstelle ungeeignet sind. [2]§ 147 Absatz 5 gilt entsprechend.

§ 99 AO Betreten von Grundstücken und Räumen

(1) [1]Die von der Finanzbehörde mit der Einnahme des Augenscheins betrauten Amtsträger und die nach den §§ 96 und 98 zugezogenen Sachverständigen sind berechtigt, Grundstücke, Räume, Schiffe, umschlossene Betriebsvorrichtungen und ähnliche Einrichtungen während der üblichen Geschäfts- und Arbeitszeit zu betreten, soweit dies erforderlich ist, um im Besteuerungsinteresse Feststellungen zu treffen. [2]Die betroffenen Personen sollen angemessene Zeit vorher benachrichtigt werden. [3]Wohnräume dürfen gegen den Willen des Inhabers nur zur Verhütung dringender Gefahren für die öffentliche Sicherheit und Ordnung betreten werden.

(2) Maßnahmen nach Absatz 1 dürfen nicht zu dem Zweck angeordnet werden, nach unbekannten Gegenständen zu forschen.

§ 100 AO Vorlage von Wertsachen

(1) [1]Der Beteiligte und andere Personen haben der Finanzbehörde auf Verlangen Wertsachen (Geld, Wertpapiere, Kostbarkeiten) vorzulegen, soweit dies erforderlich ist, um im Besteuerungsinteresse Feststellungen über ihre Beschaffenheit und ihren Wert zu treffen. [2]§ 98 Absatz 2 ist anzuwenden.

(2) Die Vorlage von Wertsachen darf nicht angeordnet werden, um nach unbekannten Gegenständen zu forschen.

§ 104 AO Verweigerung der Erstattung eines Gutachtens und der Vorlage von Urkunden

(1) [1]Soweit die Auskunft verweigert werden darf, kann auch die Erstattung eines Gutachtens und die Vorlage von Urkunden oder Wertsachen verweigert werden. [2]§ 102 Absatz 4 Satz 2 bleibt unberührt.

(2) [1]Nicht verweigert werden kann die Vorlage von Urkunden und Wertsachen, die für den Beteiligten aufbewahrt werden, soweit der Beteiligte bei eigenem Gewahrsam zur Vorlage verpflichtet wäre. [2]Für den Beteiligten aufbewahrt werden auch die für ihn geführten Geschäftsbücher und sonstigen Aufzeichnungen.

Die Verpflichtung der Zeugen, nach **§ 85 S. 1** die ihnen zur Verfügung stehen- 3
den Dokumente zur Auffrischung ihres Gedächtnisses einzusehen (SPK/Fu § 85 Rn. 3) und ggf. Notizen zu machen, Kopien zu fertigen und diese oder die Originaldokumente zur Unterstützung ihrer Aussage in die Beweisaufnahme mitzubringen, besteht **ohne besondere Aufforderung** (HHS/Schallmoser § 85 Rn. 5, 17 ff.; Gosch/Hartman § 85 Rn. 11). Es erscheint jedoch sinnvoll, die Zeugen darauf mit der Ladung hinzuweisen. Denn das G sieht bei einem Verstoß gegen § 85 S. 1 keine Sanktionsmöglichkeit vor, da § 85 der Vorschrift des § 378 ZPO vorgeht, also auch dessen Abs. 2 (Gosch/Hartman § 85 Rn. 4, 15; s. aber auch HHS/Schallmoser § 85 Rn. 27). Allerdings kann der Zeuge ggf. erneut geladen werden.

4 Das Gericht kann den Zeugen nach **§ 85 S. 2 FGO iVm § 97 AO** aufgeben, bestimmte Dokumente in der mündlichen Verhandlung vorzulegen (HHS/Schallmoser § 85 Rn. 22). Nach **§ 85 S. 2 FGO iVm § 99 AO** ist das Gericht befugt, zur Sachverhaltsermittlung, insbes. zur Einsichtnahme in Dokumente (Tipke/Kruse/Krumm § 85 Rn. 2) oder im Rahmen einer Inaugenscheinnahme gem. § 82 FGO iVm § 371 ZPO Räume zu betreten, über die der Zeuge die Verfügungsmacht hat. Hinsichtlich der Verpflichtungen gem. § 85 S. 2 stehen dem Gericht **Zwangsmittel gem. § 89 FGO iVm § 380 ZPO und § 255 AO analog** zu (HHS/Schallmoser § 85 Rn. 28; Gosch/Hartman § 85 Rn. 16), bei einem Verstoß gegen das Vorlageverlangen aber nur, wenn dem Zeugen kein Vorlageverweigerungsrecht nach § 104 AO zusteht. Bei Streit über die Reichweite der Pflichten nach § 85 S. 2 ist durch Zwischenurteil gem. § 82 FGO iVm § 387 III ZPO (→ § 82 Rn. 25) zu entscheiden (HHS/Schallmoser § 85 Rn. 29; teilweise aA Gosch/Hartman § 85 Rn. 17).

§ 86 [Aktenvorlage und Auskunftserteilung]

(1) **Behörden sind zur Vorlage von Urkunden und Akten, zur Übermittlung elektronischer Dokumente und zu Auskünften verpflichtet, soweit nicht durch das Steuergeheimnis (§ 30 der Abgabenordnung) geschützte Verhältnisse Dritter unbefugt offenbart werden.**

(2) [1]**Wenn das Bekanntwerden von Urkunden, elektronischer Dokumente oder Akten oder von Auskünften dem Wohle des Bundes oder eines deutschen Landes Nachteile bereiten würde oder wenn die Vorgänge aus anderen Gründen als nach Absatz 1 nach einem Gesetz oder ihrem Wesen nach geheim gehalten werden müssen, kann die zuständige oberste Aufsichtsbehörde die Vorlage von Urkunden oder Akten, die Übermittlung elektronischer Dokumente und die Erteilung der Auskünfte verweigern.** [2]**Satz 1 gilt in den Fällen des § 88 Absatz 3 Satz 3 und Absatz 5 Satz 4 sowie des § 156 Absatz 2 Satz 3 der Abgabenordnung entsprechend.**

(3) [1]**Auf Antrag eines Beteiligten stellt der Bundesfinanzhof in den Fällen der Absätze 1 und 2 ohne mündliche Verhandlung durch Beschluss fest, ob die Verweigerung der Vorlage der Urkunden oder Akten, der Übermittlung elektronischer Dokumente oder die Verweigerung der Erteilung von Auskünften rechtmäßig ist.** [2]**Der Antrag ist bei dem für die Hauptsache zuständigen Gericht zu stellen.** [3]**Auf Aufforderung des Bundesfinanzhofs hat die oberste Aufsichtsbehörde die verweigerten Dokumente oder Akten vorzulegen oder zu übermitteln oder ihm die verweigerten Auskünfte zu erteilen.** [4]**Sie ist zu diesem Verfahren beizuladen.** [5]**Das Verfahren unterliegt den Vorschriften des materiellen Geheimschutzes.** [6]**Können diese nicht eingehalten werden oder macht die zuständige oberste Aufsichtsbehörde geltend, dass besondere Gründe der Geheimhaltung oder des Geheimschutzes einer Übergabe oder Übermittlung der Dokumente oder der Akten an den Bundesfinanzhof entgegenstehen, wird die Vorlage nach Satz 3 dadurch bewirkt, dass die Dokumente oder Akten dem Bundesfinanzhof in von der obersten Aufsichtsbehörde bestimmten Räumlichkeiten zur Verfügung gestellt werden.** [7]**Für die nach Satz 3 vorgelegten oder**

übermittelten Dokumente oder Akten und für die gemäß Satz 6 geltend gemachten besonderen Gründe gilt § 78 nicht. [8]Die Mitglieder des Bundesfinanzhofs sind zur Geheimhaltung verpflichtet; die Entscheidungsgründe dürfen Art und Inhalt der geheim gehaltenen Dokumente oder Akten und Auskünfte nicht erkennen lassen. [9]Für das nichtrichterliche Personal gelten die Regelungen des personellen Geheimschutzes.

Vgl. § 99 VwGO; § 119 SGG; §§ 420ff. ZPO; § 168 GVG.

Literatur: Grube, Zur Bedeutung der Akten im Finanzprozess, DStZ 2014, 380; Nöcker, Das In-camera-Verfahren im Finanzgerichtsprozess, AO-StB 2009, 214; Schatzschneider, Die Neuregelung des Schutzes von Sozialdaten im Sozialgesetzbuch – Verwaltungsverfahren –, MDR 1982, 6; Trossen, Die Auswirkungen der Modernisierung des steuerlichen Verfahrensrechts auf den gerichtlichen Rechtsschutz, FR 2015, 1021; Zapf, Das „In Camera"-Verfahren – Licht im Dunkeln einer eher Unbekannten, FS 75 Jahre FG Münster, 2024, 267.

Übersicht

	Rn.
I. Allgemeines	1
II. Grundsatz der Amtshilfe (Inhalt und Umfang)	4
III. Verweigerung der Amtshilfe	6
1. Verweigerungsgründe	6
2. Verfahren	14
a) Gerichtliche Aufforderung	14
b) Behördliche Entscheidung	15
c) Gerichtliche Überprüfung der Weigerung	16
d) Rechtsmittel	21
3. Wirkungen der gerichtlichen Entscheidung	23

I. Allgemeines

§ 86 ist durch Art. 3 Nr. 12 des **JKomG v. 22.3.2005** (BGBl. I 837 (845)) mit Wirkung ab 1.4.2005 geändert worden. In § 86 I sind die Wörter „zur Übermittlung elektronischer Dokumente" und in § 86 II die Wörter „elektronischer Dokumente" und die Wörter „die Übermittlung elektronischer Dokumente" eingefügt worden. § 86 III ist in Anlehnung an § 99 II VwGO neu gefasst worden (→ Rn. 16ff.). Durch die **Einfügung eines Satzes 2 in § 86 II** durch das **G zur Modernisierung des Besteuerungsverfahrens** v. 18.7.2016 (BGBl. I 1679) mWv vom 1.1.2017 wird klargestellt, dass die Finanzverwaltung auch im Finanzgerichtsprozess nicht verpflichtet ist, Weisungen iSd § 88 III 1, 2 und V 1–3 AO sowie § 156 II 2 AO zu veröffentlichen, wenn diese nach § 88 III 3 und V 4 AO sowie § 156 II 3 AO der Geheimhaltung unterliegen (BT-Drs. 631/15, 142). 1

§ 86 konkretisiert den **Grundsatz der Amtshilfe** (§ 13) und gibt den Gerichten ein bedeutsames Mittel zur Erforschung des Sachverhalts (§ 76) an die Hand. – Die Verpflichtung zur Amtshilfe gem. § 86 trifft ausnahmslos **alle Behörden,** also nicht nur die (am Verfahren beteiligten oder unbeteiligten) Finanzbehörden (BFH X S 38/19 (PKH) ua, BFH/NV 2020, 910). – Für die **beteiligte Behörde** 2 gilt hinsichtlich der Pflicht zur Vorlage der den Streitfall betreffenden Akten die Sondervorschrift des § 71 II. Daneben ist die beteiligte Behörde ebenso wie der am Verfahren beteiligte Stpfl. nach § 76 I 3, 4 iVm §§ 90 II, 93 III 2, 97 AO zur Auskunft und Urkundenvorlage verpflichtet. **Zeugen** haben Urkunden nach Maßgabe des § 85 iVm § 97 AO (→ § 85 Rn. 2) vorzulegen, Dritte nach § 76 I 4 FGO iVm § 97 AO (→ § 76 Rn. 50 f.).

3 Zur Anforderung von Urkunden und Auskünften iRd Vorbereitung der Entscheidung → § 79 Rn. 7.

II. Grundsatz der Amtshilfe (Inhalt und Umfang)

4 Nach § 86 I Hs. 1 sind sämtliche Behörden **nach Aufforderung** durch das FG grds. (zu den Ausnahmen → Rn. 6 ff.) zur **Vorlage von Urkunden und Akten** sowie zur **Auskunftserteilung** verpflichtet, soweit durch die Akten (Urkunden) und Auskünfte eine Sachaufklärung erwartet werden kann. Erforderlichenfalls hat das Gericht den konkreten Zusammenhang mit dem Streitfall darzulegen (BFH VII S 11/15, BFH/NV 2015, 1100; VII S 35/19, BFH/NV 2020, 1076; II S 11/20, BFH/NV 2021, 532). Werden **Akten** angefordert, sind sie **vollständig** vorzulegen. Es gelten die gleichen Grundsätze wie bei Akten des Bekl. (→ § 71 Rn. 5, 8). Zu den **vorlagepflichtigen Behörden** gehören auch staatlich voll kontrollierte Rechtsträger anderer Rechtsform (FG Hmb 3 K 198/13, BeckRS 2014, 95665). Zu den **Kosten** → § 13 Rn. 5. Von der Beiziehung von Akten, die nicht zu den nach § 71 II vorzulegenden Akten gehören, sind die **Beteiligten** zu **unterrichten** (BFH X B 204/10, BFH/NV 2011, 819; IX B 164/11, BFH/NV 2012, 1643; VIII B 35/21, BFH/NV 2022, 817), auch wenn es sich um elektronische Dokumente handelt und/oder diese nachgereicht werden (BFH XI B 9/19, BFH/NV 2019, 837; X B 100/19, BFH/NV 2020, 914). Diese müssen dann mit der Verwertung des Akteninhalts rechnen, jedoch nicht mit Überraschungsentscheidungen (→ § 71 Rn. 7).

5 Über die konkrete Auskunfts- bzw. Vorlagepflicht hat das Gericht (der Senat bzw. die Einzelrichter – §§ 6, 79a III, IV) – sofern nicht eine prozessleitende Anordnung gem. § 79 I 2 Nr. 3 in Betracht kommt (→ § 79 Rn. 7; Tipke/Kruse/Krumm § 86 Rn. 7; SPK/Fu § 86 Rn. 28; aA Gosch/Hartman § 86 Rn. 28; HHS/Schallmoser § 86 Rn. 29: Unter keinen Umständen Beweisbeschluss erforderlich) – im Rahmen seiner **Aufklärungspflicht** (§ 76) durch **(Beweis-)Beschluss** zu befinden; **Unterlassen der Beiziehung** von Akten, die Informationen für die Entscheidung des Rechtsstreits enthalten können, **ist Verfahrensfehler** (s. zB BFH V B 114/11, BFH/NV 2013, 601; X B 120/13, BFH/NV 2014, 546; III B 29/16, BFH/NV 2016, 1483; → § 76 Rn. 20, 22), der im Rechtsmittelverfahren gegen die abschließende Sachentscheidung gerügt werden kann (→ § 76 Rn. 36 ff.). – Die Behörde kann nur darüber entscheiden, ob sie befugt ist, Akten und Urkunden zurückzuhalten. – Weigert sich das Gericht, einen solchen auf Vorlage oder Auskunft gerichteten Beschluss zu erlassen, so ist dagegen nach der ausdrücklichen Vorschrift des § 128 II **keine Beschwerde** gegeben (BFH I B 93/07, BFH/NV 2008, 387). Das FG kann auch nicht über das Verfahren nach § 86 III dazu veranlasst werden, die Akten anzufordern (BFH I B 93/07, BFH/NV 2008, 387; IV S 23/12, BFH/NV 2013, 761).

III. Verweigerung der Amtshilfe

1. Verweigerungsgründe

6 In § 86 I Hs. 2 und § 86 II 1 werden vier Fallgruppen genannt, in denen trotz gerichtlicher Aufforderung uU keine Verpflichtung zur Auskunftserteilung bzw. Vorlage von Akten (Urkunden) besteht.

7 § 86 I Hs. 2 verneint eine Verpflichtung zur Amtshilfe in den Fällen, in denen sie zu einer unbefugten Offenbarung der durch das **Steuergeheimnis** geschützten Verhältnisse (nicht am Verfahren beteiligter) Dritter führen würde (§ 30 AO; BFH V B 163/05, BStBl. II 2007, 275; III S 38/11, BFH/NV 2013, 701; iÜ s. die Kommentierungen zu § 30 AO – zB Klein/Maetz AO § 30 Rn. 42 ff.; Tipke/Kruse/Drüen AO § 30 Rn. 12 ff.); zur Übersendungspflicht in einem Verfahren wegen einer Konkurrentenklage: BFH V S 15/22, DStR 2024, 1504. Nicht zu übersenden sind ferner Akten, um deren Einsichtnahme durch den Kläger im finanzgerichtlichen Verfahren gestritten wird (BFH VII S 11/15, BFH/NV 2015, 1100; XI B 57/16, BFH/NV 2017, 599; vgl. auch zu nach § 32c AO geschützten Daten BFH II R 43/19, BStBl. II 2022, 427).

8 Nach § 86 II 1 kann die zuständige **oberste Aufsichtsbehörde** die Vorlage von Akten (Urkunden) und die Erteilung von Auskünften in folgenden Fällen verweigern:

9 – wenn das Bekanntwerden des Inhalts der Akten (Urkunden) oder die Erteilung der Auskunft dem **Wohle des Bundes oder eines deutschen Landes Nachteile** bereiten würde. – Zum Inhalt dieser unbestimmten Rechtsbegriffe s. die Kommentierungen zu § 106 AO, § 376 IV ZPO, §§ 54 III, 96 StPO. – Die Nachteile müssen mit an Sicherheit grenzender Wahrscheinlichkeit eintreten (Tipke/Kruse/Krumm § 86 Rn. 9). Finanzielle Nachteile oder die Möglichkeit des Prozessverlustes genügen nicht;

10 – wenn die Vorgänge **kraft Gesetzes geheim zu halten** sind. ZB § 35 SGB I (Sozialgeheimnis) iVm §§ 67–78 SGB X (BVerwG 5 C 48/02, NJW 2004, 1543; BSG B 14 AS 65/11 R, BSGE 110, 75; Schatzschneider MDR 1982, 6); § 30 VwVfG; Art. 2 I GG – Schutz der Privatsphäre – Vorlage der Ehescheidungsakten nur mit Einverständnis beider (ehemaliger) Ehegatten – BVerfG 1 BvR 13/68, NJW 1970, 555; BFH III R 106/87, BStBl. II 1991, 806; IV B 104/93, BFH/NV 1995, 629; Art. 14 GG – Schutz von Betriebsgeheimnissen – BVerwG 20 F 12/04, NVwZ 2006, 700; §§ 67 ff. BBG, § 37 BeamtStG. Geschützt wird das Amtsgeheimnis im materiellen Sinne; die beamtenrechtliche Verpflichtung zur Amtsverschwiegenheit berechtigt nicht zur Verweigerung der Amtshilfe (Tipke/Kruse/Krumm § 86 Rn. 10; Kopp/Schenke/Schenke VwGO § 99 Rn. 11). – Die Amtshilfe wurde durch das BDSG grds. nicht eingeschränkt (§ 1 III BDSG aF, § 1 II BDSG nF; BVerwG 1 WB 33/07, NVwZ-RR 2008, 706), woran sich durch die Datenschutz-Grundverordnung (VO (EU) 2016/979) nichts geändert hat (vgl. BMF 12.1.2018, BStBl. I 2018, 175 (183); Krumm DB 2017, 2182 (2191); aber → § 13 Rn. 1);

11 – wenn die Vorgänge **ihrem Wesen nach geheim zu halten** sind. Gründe zur Geheimhaltung können sich aus der „Natur der Sache" oder aus dem berechtigten Schutzbedürfnis unbeteiligter Dritter ergeben. Die Entscheidung erfordert in besonderem Maße eine Güterabwägung. – Aus sachlichen Gründen kann die Vorlage von **Akten des Verfassungsschutzes** (s. aber BVerfG 1 BvR 385/90, NJW 2000, 1175) und der **Nachrichtendienste** (BVerwG I WB 1/74,

BVerwGE 46, 303 (308 f.)) verweigert werden. – Aus Gründen des Schutzes unbeteiligter Dritter ist es im Allgemeinen geboten, **vertrauliche Hinweise und Auskünfte** ggü. Behörden geheim zu halten (BVerwG 5 C 48/02, NJW 2004, 1543). Dies gilt grds. auch für **Personalakten** (zB BVerwG II C 5.68 BVerwGE 35, 225 (227); VI C 30.72 BVerwGE 49, 89 (93); zum Begriff „Personalakte" s. BVerwG II C 66.73 ZBR 1979, 52). – Prüfungsakten (-unterlagen) hingegen sind **nicht** geheimhaltungsbedürftig (BFH VII 264/63, BStBl. III 1967, 579 (580); VII B 71/72, BStBl. II 1973, 253; BVerwG 6 C 3/92, NVwZ 1993, 680; OVG LSA 1 O 259/11, NVwZ 2002, 1395; Schoch/Schneider/Rudisile VwGO § 99 Rn. 12 mwN). – Zum Schutz der **verwaltungsinternen Willensbildung** s. Fischer DRiZ 1979, 203 (205 f., 208); Düwel, Das Amtsgeheimnis, 1965.

12 Die Amtshilfe kann nicht mit der Begründung verweigert werden, die Klage sei unzulässig bzw. offensichtlich nicht begründet oder die Aktenvorlage (Auskunftserteilung) sei für die Entscheidung des Klageverfahrens bedeutungslos. Nach § 86 besteht die Verpflichtung zur **Amtshilfe unabhängig von den Erfolgsaussichten** der Klage (vgl. Schoch/Schneider/Rudisile VwGO § 99 Rn. 9d). Allerdings muss auch aus Sicht der in Anspruch genommenen Behörde erkennbar sein, dass das FG die Entscheidungserheblichkeit der angeforderten Unterlagen geprüft und bejaht hat (→ Rn. 4). Kein gangbarer Weg ist es, Akten dem FG mit einem **„Sperrvermerk"** zu übersenden. Solche Unterlagen darf das FG erst nach „Freigabe" verwerten, andernfalls muss es sie ungelesen an den Einsender zurücksenden (BFH X B 100/19, BFH/NV 2020, 914; vgl. auch BGH X ZR 33/19, NJW-RR 2020, 246).

2. Verfahren

14 **a) Gerichtliche Aufforderung.** Das Verfahren nach § 86 III kann nur durchgeführt werden, wenn das **FG** bestimmte Akten usw iSd § 86 I **angefordert** (→ Rn. 5) hat (BFH I B 93/07, BFH/NV 2008, 387; IV S 23/12, BFH/NV 2013, 761; V B 60/12, BStBl. II 2014, 478; XI B 9/19, BFH/NV 2019, 837; II S 11/20, BFH/NV 2021, 532; II R 43/19, BStBl. II 2022, 427 aE). Dafür reicht die Wiederholung des Wortlauts des § 71 II im Zuge der Übermittlung der Klageschrift nicht aus; vielmehr hat das FG die vorzulegenden Akten näher zu konkretisieren und ggf. den Zusammenhang mit dem Streitfall darzulegen, so dass erkennbar ist, dass das FG die Entscheidungserheblichkeit geprüft und bejaht hat (BFH II S 11/20, BFH/NV 2021, 532).

15 **b) Behördliche Entscheidung.** Ferner kann es zu einem Verfahren nach § 86 III nur kommen, wenn die Behörde die vom FG angeforderten Akten usw nicht vorlegt (BFH X B 14/13, BFH/NV 2013, 956; II S 11/20, BFH/NV 2021, 532). Zuständig für die **Entscheidung über die Verweigerung der Amtshilfe** ist im Falle des § 86 I Hs. 2 (Steuergeheimnis – → Rn. 7) die ersuchte Behörde. Einer ausdrücklichen Verweigerung steht es gleich, wenn die ersuchte Behörde auf wiederholte Vorlageverlangen nicht reagiert (glA Zapf FS 75 Jahre FG Münster, 2024, 267 (273)). – In den Fällen des § 86 II kann nur die zuständige oberste Aufsichtsbehörde die Weigerung aussprechen (Tipke/Kruse/Krumm § 86 Rn. 15; vgl. BFH X S 38/19 (PKH) ua, BFH/NV 2020, 910). Sie hat die Entscheidung nach pflichtgemäßem Ermessen zu treffen und dabei abzuwägen, ob im Einzelfall das Interesse an der Geheimhaltung oder das Interesse des Betroffenen an der Sachaufklärung überwiegt (BVerfG 2 BvR 215/81, BVerfGE 57, 250; BVerwG I

WB 1/74, BVerwGE 46, 303; 20 F 9/10, NVwZ-RR 2011, 135; 20 F 7/11, NVwZ 2012, 1488; Kopp/Schenke/Schenke VwGO § 99 Rn. 15 ff.). – Auch wenn über das Vorliegen der Voraussetzungen des § 86 II 2 Streit besteht, ist das Verfahren gem. § 86 III durchzuführen (BT-Drs. 631/15, 143; vgl. Trossen FR 2015, 1021 (1024)).

c) Gerichtliche Überprüfung der Weigerung. Das Gericht der Hauptsache hat seit dem Inkrafttreten des neu gefassten § 86 III (→ Rn. 1) keine Möglichkeit mehr, die Berechtigung der Verweigerung der Amtshilfe selbst zu überprüfen (Tipke/Kruse/Krumm § 86 Rn. 17), obwohl es nach § 76 verpflichtet ist, den Sachverhalt von Amts wegen aufzuklären. Im Falle des § 86 I Hs. 2 hat das Gericht allenfalls die Möglichkeit, sich an die Dienstaufsichtsbehörde zu wenden. Nach § 86 III 1 stellt nunmehr **ausnahmslos** der **BFH** auf Antrag eines Beteiligten (also ggf. auch des Beklagten) ohne mündliche Verhandlung durch Beschluss fest, **ob** die **Verweigerung** der Amtshilfe in den Fällen des § 86 I u. II **rechtmäßig** ist oder nicht (BFH V B 163/05, BStBl. II 2007, 275; III S 31/07, BFH/NV 2008, 83 (84)). – § 86 III bietet mangels Existenz einer Urkunde jedoch keine Rechtsgrundlage dafür, die Ablehnung der Erteilung einer Bescheinigung (zB nach § 7h EStG) auf ihre Rechtmäßigkeit überprüfen zu lassen (zB BFH IX B 88/07, BFH/NV 2007, 1920; II B 77/06, BFH/NV 2007, 950; zur Verfassungsmäßigkeit dieser Rspr. s. BVerfG 2 BvR 2357/06, 2 BvR 2389/06, BFH/NV 2007 Beilage 2, 233 (234)). 16

Der Antrag eines Beteiligten, das Zwischenverfahren durchzuführen, kann nicht nur gestellt werden, wenn Streitgegenstand des Hauptsacheverfahrens die Aktenvorlage usw ist, sondern auch dann, wenn diese Frage im Rahmen eines beliebig anderen Streitgegenstandes inzidenter zu klären ist (zB BFH V B 163/05, BStBl. II 2007, 275). Fehlt es an den in → Rn. 14 dargestellten Voraussetzungen, ist der Antrag unzulässig (BFH II S 11/20, BFH/NV 2021, 532). Der **Antrag** ist **beim Gericht der Hauptsache** zu stellen (§ 86 III 2), das den Antrag an den BFH weiterleiten muss. Dadurch wird ein Zwischenverfahren eingeleitet (zum Charakter → Rn. 20). Der Antrag ist **nicht fristgebunden,** muss aber bis zum Schluss der (letzten) mündlichen Verhandlung in der Tatsacheninstanz gestellt werden (BFH IV S 23/12, BFH/NV 2013, 761). Der Antragsteller muss sich gem. § 62 IV vertreten lassen (BFH IX S 15/10, BFH/NV 2011, 1177; IV S 23/12, BFH/NV 2013, 761) und außerdem ein Rechtsschutzinteresse haben, dh er muss sich aufgrund der Vorlage der Urkunden, Akten usw Rechtsvorteile versprechen können. Das ist nicht der Fall, wenn das FG zum Zeitpunkt der erstrebten Entscheidung des BFH an seiner Vorlageaufforderung nicht mehr festhält (BFH III S 31/07, BFH/NV 2008, 83 (84); XI B 9/19, BFH/NV 2019, 837). Hinsichtlich der Frage, ob die vom FG angeforderten Dokumente entscheidungserheblich sind, ist der BFH grds. an die Auffassung des FG gebunden, wobei es jedoch in Zweifelsfällen Sache des FG ist, den konkreten Zusammenhang mit dem Streitfall darzulegen (BFH VII S 35/19, BFH/NV 2020, 1076; II S 11/20, BFH/NV 2021, 532). Der BFH ist jedoch nicht an die Auffassung des FG gebunden, wenn diese offensichtlich falsch ist (BFH III S 38/11, BFH/NV 2013, 701; VII S 35/19, BFH/NV 2020, 1076). Schließlich kommt es zu einem **Stillstand sui generis** des finanzgerichtlichen Verfahrens während der Durchführung des Verfahrens gem. § 86 III vor dem BFH (Tipke/Kruse/Krumm § 86 Rn. 19; Gosch/Hartman § 86 Rn. 56; Schoch/Schneider/Rudisile VwGO § 99 Rn. 31e). 17

Im **Zwischenverfahren** (Beschlussverfahren) **hat die oberste Aufsichtsbehörde** auf Aufforderung durch den BFH die verweigerten Dokumente oder 18

Akten vorzulegen oder zu übermitteln oder die verweigerten Auskünfte zu erteilen (§ 86 III 3). Die oberste Dienstaufsichtsbehörde ist zu dem Beschlussverfahren vor dem BFH **„beizuladen"** (§ 86 III 4), wenn der Antrag nicht erledigt (aA BFH X S 9/09, BFH/NV 2010, 54) oder unzulässig ist (BFH V B 60/12, BStBl. II 2014, 478; XI B 9/19, BFH/NV 2019, 837; II S 11/20, BFH/NV 2021, 532). Dies gilt auch in Fällen des § 86 I (Tipke/Kruse/Krumm § 86 Rn. 22; Zapf FS 75 Jahre FG Münster, 2024, 267 (281); auch der BFH geht davon offenkundig aus: vgl. BFH V S 15/22, DStR 2024, 1504, Rn. 14). Dabei handelt es sich nicht um eine Beiladung iSd § 60. Die oberste Dienstaufsichtsbehörde ist in dem Zwischenverfahren – wie der Zeuge beim Streit über das Zeugnisverweigerungsrecht (→ § 82 Rn. 25) – Nebenbeteiligter (Kopp/Schenke/Schenke VwGO § 99 Rn. 20 mwN).

19 Das Zwischenverfahren vor dem BFH unterliegt den Vorschriften des materiellen Geheimschutzes (§ 86 III 5 – → Rn. 8–11). Können diese nicht eingehalten werden oder macht die zuständige oberste Aufsichtsbehörde **besondere Gründe des Geheimschutzes** geltend, findet das Zwischenverfahren **„in camera"** statt (s. Kopp/Schenke/Schenke VwGO § 99 Rn. 2 ff., 20 mwN). Die Vorlage nach Satz 3 wird dann dadurch bewirkt, dass die Dokumente oder Akten dem BFH in von der obersten Aufsichtsbehörde bestimmten Räumlichkeiten zur Verfügung gestellt werden (§ 86 III 6). Gleichzeitig ist das Recht der Beteiligten auf Akteneinsicht (§ 78) hinsichtlich der gem. S. 3 u. 6 zur Verfügung gestellten Dokumente, Akten usw und hinsichtlich der besonderen Gründe nach S. 6 ausgeschlossen (§ 86 III 7). Die Mitglieder des Gerichts sind zur Geheimhaltung verpflichtet (§ 86 III 8 Hs. 1). Die Pflicht zur **Geheimhaltung** ist auch **bei** der **Abfassung des Beschlusses** zu beachten: Die Entscheidungsgründe dürfen Art und Inhalt der geheim gehaltenen Dokumente oder Akten und Auskünfte nicht erkennen lassen (§ 86 III 8 Hs. 2). Diese Vorschrift macht nur Sinn, wenn und soweit der BFH die Verweigerung der Vorlage der Urkunden, Akten usw für rechtmäßig hält; andernfalls besteht kein Grund zur Geheimhaltung (Tipke/Kruse/Krumm § 86 Rn. 27; SPK/Fu § 86 Rn. 37; HHS/Schallmoser § 86 Rn. 69; Gosch/Hartman § 86 Rn. 62). – Für das nichtrichterliche Personal gelten gem. § 86 III 9 die Regeln des personellen Geheimschutzes (Sicherheitsüberprüfungsgesetze).

20 Nach zunächst uneinheitlicher Rspr. (→ 9. Aufl. § 86 Rn. 20) besteht nunmehr Einigkeit, dass es sich bei dem Zwischenverfahren gem. § 86 III um ein **unselbständiges Nebenverfahren** handelt, sodass **keine Kostenentscheidung** zu treffen ist (BFH V B 60/12, BStBl. II 2014, 478; VII S 35/19, BFH/NV 2020, 1076; II S 11/20, BFH/NV 2021, 532; V S 15/22, DStR 2024, 1504).

21 **d) Rechtsmittel.** Gegen den Beschluss des BFH ist kein Rechtsmittel gegeben (vgl. § 128 I).

3. Wirkungen der gerichtlichen Entscheidung

23 Das Zwischenverfahren nach § 86 III dient ausschließlich der Klärung der Frage, ob die Weigerung der Behörde, Urkunden, Akten und Dokumente zur Verfügung zu stellen, berechtigt ist. – Hält der BFH die Weigerung für gerechtfertigt, ist das Gericht der Hauptsache daran gebunden. Es darf dann aus der Weigerung keine für die Behörde nachteiligen Schlüsse ziehen; es gilt § 96 I 1 Tipke/Kruse/Krumm § 86 Rn. 28; SPK/Fu § 86 Rn. 41). – Stellt der BFH in seinem Beschluss fest, dass die Weigerung ungerechtfertigt ist, wird die Behörde den Beschluss in aller Regel respektieren und dem Gericht der Hauptsache die Akten,

Urkunden usw vorlegen. Weigert sich die Behörde jedoch weiterhin, kann sie mangels einer ausdrücklichen Regelung nicht durch Zwangsmittel dazu angehalten werden, dem Amtshilfeantrag des Gerichts der Hauptsache zu entsprechen (→ § 89 Rn. 3). Das Gericht der Hauptsache kann die andauernde Verweigerung aber iRd richterlichen Überzeugungsbildung (§ 96 I 1) unter dem Gesichtspunkt der Beweisvereitelung würdigen (FG Hmb 1 K 138/10, EFG 2012, 960; → § 71 Rn. 8; Tipke/Kruse/Krumm § 86 Rn. 28).

§ 87 [Zeugnis von Behörden]

Wenn von Behörden, von Verbänden und Vertretungen von Betriebs- oder Berufszweigen, von geschäftlichen oder gewerblichen Unternehmungen, Gesellschaften oder Anstalten Zeugnis begehrt wird, ist das Ersuchen, falls nicht bestimmte Personen als Zeugen in Betracht kommen, an den Vorstand oder an die Geschäfts- oder Betriebsleitung zu richten.

1 **§ 87 ergänzt** (ebenso wie § 85) **die** in § 82 FGO iVm §§ 373–377, 380–382 und 386–401 ZPO enthaltenen **Regelungen über den Zeugenbeweis** (→ § 82 Rn. 17 ff.). – Eine Zeugnispflicht der Behörde usw als solcher wird durch § 87 nicht begründet (Tipke/Kruse/Krumm § 87 Rn. 1; SPK/Fu § 87 Rn. 1).

2 § 87 erleichtert die Beweiserhebung in den Fällen, in denen das Gericht im Bereich von Behörden usw eingetretene Ereignisse tatsächlicher Art für beweiserheblich hält. Ist dem Gericht nicht bekannt, welcher Angehörige oder Mitarbeiter der Behörde usw das erforderliche Wissen hat, kann es den gesetzlichen Vertreter (Vorstand usw) **vorab** darum **bitten,** ihm die **sachkundigen Person(en) zu benennen** und diese sodann unmittelbar laden (HHS/Schallmoser § 87 Rn. 11). Kommt der gesetzliche Vertreter dem nicht nach oder will das Gericht ohne weiteren Zwischenschritt eine Zeugenladung vornehmen, **kann** es **auch** den **gesetzlichen Vertreter laden,** dem die Auswahl eines besser informierten Mitarbeiters und die Weitergabe der Ladung obliegt (Tipke/Kruse/Krumm § 87 Rn. 2; Gosch/Hartman § 87 Rn. 6; SPK/Fu § 87 Rn. 1); die Ladung **gilt** dann **für den als Zeugen in Betracht kommenden.** Soweit ehemalige Bedienstete in Betracht kommen und der gesetzliche Vertreter keine persönliche Kenntnis von den beweiserheblichen Vorgängen hat, beschränkt sich seine Verpflichtung darauf, die ihm bekannten Personalien dem Gericht mitzuteilen (HHS/Schallmoser § 87 Rn. 12; Gosch/Hartman § 87 Rn. 7).

3 Ein Bedürfnis, dieses Verfahren auch dann durchzuführen, wenn der **mutmaßliche Wissensträger bekannt** ist, besteht nicht. Sinnvoll, aber nicht zwingend ist es, das Ersuchen über die Leitungsperson an den Zeugen zu adressieren (SPK/Fu § 87 Rn. 1; HHS/Schallmoser § 87 Rn. 9).

§ 88 [Weiterer Grund für Ablehnung von Sachverständigen]

Die Beteiligten können Sachverständige auch ablehnen, wenn von deren Heranziehung eine Verletzung eines Geschäfts- oder Betriebsgeheimnisses oder Schaden für ihre geschäftliche Tätigkeit zu befürchten ist.

1 § 88 ergänzt § 82 FGO iVm § 406 ZPO (→ § 82 Rn. 35), indem er den Beteiligten das Recht einräumt, einen Sachverständigen – möglichst bevor er

seine Tätigkeit aufnimmt – abzulehnen, wenn bestimmte **Beeinträchtigungen ihrer betrieblichen bzw. geschäftlichen Sphäre** zu befürchten sind. Eine entsprechende Regelung gilt gem. § 96 II 1 AO für das Verwaltungsverfahren. – Zur **Ablehnungsfrist** → § 82 Rn. 35.

2 Wegen des **Verfahrens** bei der Ablehnung vgl. § 82 FGO iVm § 406 II–V ZPO (→ § 82 Rn. 35). Bei Streit über die Ablehnung wird durch Beschluss entschieden (§ 406 IV ZPO). – Der Beschluss ist unanfechtbar (§ 128 II; → § 51 Rn. 76; → § 82 Rn. 35).

§ 89 [Erzwingung der Vorlage von Urkunden]

Für die Erzwingung einer gesetzlich vorgeschriebenen Vorlage von Urkunden und elektronischen Dokumenten gelten § 380 der Zivilprozessordnung und § 255 der Abgabenordnung sinngemäß.

1 § 89 ist durch Art. 3 Nr. 15 des JKomG v. 22.3.2005 (BGBl. I 837 (846)) mit Wirkung ab 1.4.2005 durch Einfügen der Wörter „elektronischen Dokumenten" ergänzt worden. Die Änderung berücksichtigt die Möglichkeit des elektronischen Rechtsverkehrs.

2 Wegen der **Pflicht zur Vorlage** von Urkunden durch Beteiligte, Behörden, Zeugen und sonstige Dritte → § 86 Rn. 2. – Die **Vorlage** von Urkunden **durch Privatpersonen ist** entsprechend § 380 ZPO **erzwingbar** (→ § 82 Rn. 21). Insoweit ist gegen Beschlüsse des FG die **Beschwerde** statthaft (→ § 82 Rn. 21; HHS/Schallmoser § 89 Rn. 25; Tipke/Kruse/Krumm § 89 Rn. 3; Gosch/Hartman § 89 Rn. 6; SPK/Fu § 89 Rn. 6).

3 § 255 AO lautet:

§ 255 AO Vollstreckung gegen juristische Personen des öffentlichen Rechts

(1) [1]Gegen den Bund oder ein Land ist die Vollstreckung nicht zulässig. [2]Im Übrigen ist die Vollstreckung gegen juristische Personen des öffentlichen Rechts, die der Staatsaufsicht unterliegen, nur mit Zustimmung der betreffenden Aufsichtsbehörde zulässig. [3]Die Aufsichtsbehörde bestimmt den Zeitpunkt der Vollstreckung und die Vermögensgegenstände, in die vollstreckt werden kann.

(2) Gegenüber öffentlich-rechtlichen Kreditinstituten gelten die Beschränkungen des Absatzes 1 nicht.

Nach § 255 AO kann die **Vorlage** von Akten **durch Behörden des Bundes und der Länder** auch dann **nicht erzwungen** werden, wenn die Weigerung vom Gericht als nicht begründet befunden wird (→ § 86 Rn. 23). – IÜ ist die Vorlage von Akten und anderen Urkunden grds. nur mit Zustimmung der Aufsichtsbehörde erzwingbar (Ausnahme: § 255 II AO).

§ 90 [Entscheidung grundsätzlich auf Grund mündlicher Verhandlung]

(1) [1]**Das Gericht entscheidet, soweit nichts anderes bestimmt ist, auf Grund mündlicher Verhandlung.** [2]**Entscheidungen des Gerichts, die nicht Urteile sind, können ohne mündliche Verhandlung ergehen.**

(2) **Mit Einverständnis der Beteiligten kann das Gericht ohne mündliche Verhandlung entscheiden.**

Vgl. § 101 VwGO; §§ 105, 124 SGG; § 128 I, II ZPO; § 126a.

Literatur: Binnewies/Wollweber, Die mündliche Verhandlung – lästige Pflicht oder lustvolle Kür? Praxisrelevante Fragestellungen am Beispiel des Verfahrens vor dem Finanzgericht, NJW 2016, 283; Krömker, Die mündliche Verhandlung im Steuerprozess, AO-StB 2014, 306; Sangmeister, Die Entscheidung über die Wiedereröffnung der mündlichen Verhandlung und ihre Prüfung durch das Rechtsmittelgericht, DStZ 1989, 25.

Übersicht

	Rn.
I. Überblick	1
II. Der Grundsatz der mündlichen Verhandlung	3
1. Allgemeines	3
2. Geltungsbereich des Mündlichkeitsgrundsatzes	4
3. Bedeutung des Mündlichkeitsgrundsatzes	7
4. Nachgereichte Schriftsätze	8
III. Ausnahmen vom Grundsatz der Mündlichkeit	9
1. Verzicht auf mündliche Verhandlung (§ 90 II)	9
a) Verzichtserklärung	10
b) Bindung der Beteiligten	15
c) Wirkungen des Verzichts	20
2. Weitere Ausnahmen	25
IV. Folgen eines Verstoßes gegen den Mündlichkeitsgrundsatz	27
V. Mündliche Verhandlungen im Wege der Videokonferenz	35
1. Überblick	35
2. Definition der Videokonferenz	40
3. Voraussetzungen für die Durchführung einer Videokonferenz	41
a) Technik	42
b) Gestattung/Anordnung durch das Gericht	48
4. Durchführung der Videokonferenz	55
5. Teilnahme von Richtern im Wege der Videokonferenz	65
6. Beratung	68
7. Verkündung	70
8. Kosten	72
9. Rechtsbehelfe und Rechtsmittel	73

I. Überblick

§ 90 legt in Übereinstimmung mit § 101 I, III VwGO und § 124 I, III SGG 1
fest, dass der **Grundsatz der Mündlichkeit** der gerichtlichen Verhandlung auch im finanzgerichtlichen Verfahren (in beiden Instanzen) prinzipiell für Entscheidungen durch Urteil gilt (§ 90 I 1), für andere Entscheidungen jedoch grds. nicht (§ 90 I 2 – → Rn. 5). **Ausnahmen** vom Mündlichkeitsgrundsatz sind in § 90 II (→ Rn. 9 ff.), in §§ 79a II, IV, 90a, 94a und in § 126a (→ Rn. 25) geregelt. – Weder Art. 103 GG (rechtliches Gehör) noch Art. 6 EMRK vermitteln ein Recht auf mündliche Verhandlung (BVerfG 2 BvR 629/62 ua, BVerfGE 15, 303 (307); 2 BvR 1225/01, NStZ 2002, 487; 2 BvR 792/11, NJW 2014, 2563; 1 BvQ 1/24, NJW 2024, 824 betr. Art. 103 GG; HessFG 4 K 2594/94, EFG 1999, 486 betr. Art. 6 I EMRK, dessen Anwendbarkeit auf den Finanzgerichtsprozess ohnehin zweifelhaft ist; → Vor § 76 Rn. 20).

Der Grundsatz der Mündlichkeit steht in engem Zusammenhang mit den Ver- 2
fahrensgrundsätzen der **Unmittelbarkeit** (→ § 81 Rn. 8 ff.), der **Öffentlichkeit**

(→ § 52 Rn. 2 ff.; → § 83 Rn. 1 ff.) und der Gewährung **rechtlichen Gehörs** (Art. 103 I GG – → Vor § 76 Rn. 14; → § 96 Rn. 190 ff.; → § 119 Rn. 13 ff.). Die Durchführung einer mündlichen Verhandlung ist für die Beteiligten (insbes. in den Flächenstaaten oder bei auswärtigen Bevollmächtigten) tendenziell mit einem hohen Zeit- und zT auch Kostenaufwand (→ Rn. 24) verbunden, wobei dieser Aspekt mit der zunehmenden Verbreitung von Verhandlungen im Wege der Videokonferenz in den Hintergrund getreten ist. Entscheidungen ohne mündliche Verhandlungen ergehen idR schneller als Entscheidungen aufgrund mündlicher Verhandlung, weil bei Letzteren die Ladungsfrist (§ 91 I) zu beachten ist. Andererseits ermöglicht die mündliche Verhandlung in besonderem Maße, die eigene Position darzustellen und im Dialog Missverständnisse auszuräumen (BFH VIII R 32/95, BStBl. II 1998, 676; Krömker AO-StB 2014, 306). Diese Gesichtspunkte sind bei der Entscheidung, ob auf eine mündliche Verhandlung verzichtet werden soll (§ 90 II), abzuwägen. Ein Verzicht auf die mündliche Verhandlung bietet sich insbes. dann an, wenn über schriftsätzlich bereits ausführlich erörterte Rechtsfragen gestritten wird (Gosch/Wendl § 90 Rn. 15 f.). – Zum **Ablauf der mündlichen Verhandlung** s. §§ 92–94.

II. Der Grundsatz der mündlichen Verhandlung

1. Allgemeines

3 Die mündliche Erörterung der Streitsache durch die Beteiligten vor dem Gericht und unter dessen Leitung (mündliche Verhandlung) dient vor allem der **Gewährung rechtlichen Gehörs.** Denn die Beteiligten haben in der mündlichen Verhandlung die Gelegenheit, ihr Vorbringen zu ergänzen und etwaige Missverständnisse auszuräumen (BFH VI B 115/15, BFH/NV 2016, 1752; Binnewies/Wollweber NJW 2016, 283; Gosch/Werndl § 90 Rn. 2 f.). Darüber hinaus gibt sie den Richtern die Möglichkeit, durch den unmittelbaren Kontakt mit den Beteiligten die für das Verständnis des Rechtsstreits maßgeblichen Hintergründe zu erforschen, die wesentlichen Streitpunkte zuverlässig herauszuarbeiten und den entscheidungserheblichen Sachverhalt erforderlichenfalls weiter aufzuklären. Nach dem Gesetzeszweck soll nur eine mündliche Verhandlung zur abschließenden Erörterung stattfinden (§ 79 I 1; BFH X B 122/10, BFH/NV 2011, 1912; V B 25/11, BFH/NV 2012, 257; → § 79 Rn. 1). – Ein vor der mündlichen Verhandlung angefertigtes und in Urteilsform gehaltenes **schriftliches Votum** darf ohne Berücksichtigung in der mündlichen Verhandlung vorgetragener neuer Gesichtspunkte nicht als Urteil verwendet werden (BFH X B 206/05, BFH/NV 2006, 1877 (1878 f.)).

2. Geltungsbereich des Mündlichkeitsgrundsatzes

4 Der Grundsatz der Mündlichkeit der Verhandlung gilt – in beiden Rechtszügen – für das Verfahren **vor dem erkennenden Gericht** (also zB nicht für das Verfahren vor dem beauftragten Richter – §§ 79, 81 II), soweit durch **Urteil** zu entscheiden ist (§ 90 I 1, 2), und zwar auch, wenn auf Grund einer schon durchgeführten mündlichen Verhandlung kein Urteil, sondern (zB) lediglich ein Vorlagebeschluss ergangen ist (BFH VI R 175/82, BFH/NV 1986, 536 (537 f.)).

5 Andere Entscheidungen können nach § 90 I 2 grds. **ohne mündliche Verhandlung** ergehen, was verfassungsrechtlich unbedenklich ist (→ Rn. 1). Hierzu

gehören alle gerichtlichen **Beschlüsse** einschließlich der Beweisbeschlüsse, und zwar auch, wenn an sich ein Urteilsverfahren vorliegt, aber – wie bei der Unzulässigkeit der Revision (§ 126 I) – durch Beschluss zu entscheiden ist (→ § 126 Rn. 4). Entsprechendes gilt für den Antrag auf Wiederaufnahme des Verfahrens gegen einen rkr. Beschluss (→ § 134 Rn. 2) und für **gerichtliche Verfügungen,** insbes. prozessleitende Anordnungen. – Auch in Beschlussverfahren ist aber eine **mündliche Verhandlung möglich** (BFH VII B 28/78, BStBl. II 1979, 392) und zur Aufhellung des Sachverhalts uU geboten. Ein Antrag auf mündliche Verhandlung verpflichtet das Gericht jedoch nicht, diese durchzuführen (BFH IX S 2/99, BFH/NV 1999, 1368).

3. Bedeutung des Mündlichkeitsgrundsatzes

Der Grundsatz der Mündlichkeit besagt nicht nur, dass vor Abschluss des Ver- 7
fahrens überhaupt eine mündliche Verhandlung durchgeführt und den Beteiligten (durch ordnungsgemäße Ladung – § 91) Gelegenheit gegeben werden muss, ihre Belange in der mündlichen Verhandlung wahrzunehmen (BFH IV R 109/92, BFH/NV 1994, 716), sondern vor allem, dass die **Entscheidungsgrundlagen Gegenstand der mündlichen Verhandlung** (vgl. § 92 II; § 155 S. 1 FGO iVm § 137 ZPO) gewesen sein müssen (vgl. Musielak/Voit/Stadler ZPO § 128 Rn. 1; Zöller/Greger ZPO § 128 Rn. 1). Wegen der zentralen Bedeutung für den Verfahrensausgang wird mittellosen Beteiligten auch dann, wenn keine PKH gewährt wurde, eine **Reiseentschädigung** gezahlt, um ihnen die Teilnahme an der mündlichen Verhandlung zu ermöglich (faktisch idR durch die Zurverfügungstellung entspr. Fahrausweise). Die Einzelheiten ergeben sich aus den Verwaltungsvorschriften der Länder, die im Wesentlichen deckungsgleich mit der Regelung des Bundes sind (vgl. VwV Reiseentschädigung gem. Bekanntmachung v. 11.9.2006, BAnz. 2006, 6601, zuletzt geändert gem. Bekanntmachung v. 20.1.2014, BAnz. AT 29.1.2014 B1). Das bedeutet allerdings nicht, dass die Beteiligten stets an der mündlichen Verhandlung teilnehmen müssen. Nach **§ 91 II** kann das Verfahren auch abgeschlossen werden, wenn die Beteiligten den Termin nicht wahrnehmen. In diesen Fällen ist der Grundsatz der Mündlichkeit (§ 90 I) gewahrt, wenn der wesentliche Inhalt der Akten in der mündlichen Verhandlung vorgetragen (§ 92 II) und festgestellt wird, dass die Beteiligten ordnungsgemäß geladen worden sind (→ § 91 Rn. 16). Gegebenenfalls kann auch eine Beweisaufnahme stattfinden (§§ 81 I 1, 83). – Zum Verlust des Rechts, die Verletzung des rechtlichen Gehörs bei Nichtteilnahme an der mündlichen Verhandlung zu rügen, → § 76 Rn. 37 ff., 68.

4. Nachgereichte Schriftsätze

Nachgereichte Schriftsätze dürfen grds. nicht mehr berücksichtigt werden 8
(→ § 93 Rn. 7; → Rn. 22, 23). – Zu **nachgelassenen** Schriftsätzen → § 93 Rn. 7.

III. Ausnahmen vom Grundsatz der Mündlichkeit

1. Verzicht auf mündliche Verhandlung (§ 90 II)

Nach § 90 II kann das Gericht mit Einverständnis der Beteiligten (§ 57) ohne 9
mündliche Verhandlung entscheiden.

10 **a) Verzichtserklärung.** Die Verzichts-(Einverständnis-)Erklärung ist eine einseitige (gestaltende) **Prozesshandlung** (Bewirkungshandlung; → Vor § 33 Rn. 30). Sie muss **dem Gericht gegenüber** abgegeben werden (BFH IV R 131/69, BStBl. II 1971, 241; I B 96/95, BFH/NV 1996, 698) und zwar (übereinstimmend) **von allen Beteiligten** iSd § 57, auch vom/von den Beigeladenen (BFH III B 82/11, BFH/NV 2011, 1911; I B 13/14, BFH/NV 2015, 1695), nicht jedoch vom nach § 122 II 4 beigetretenen BMF (BFH V R 64/00, BStBl. II 2006, 212; VI R 16/09, BStBl. II 2011, 966; III R 36/19, BStBl. II 2021, 712).

10a Nur eine **ausdrückliche, klare, eindeutige** und **vorbehaltlose** Einverständniserklärung ist wirksam (zB BFH XI B 176/04, BFH/NV 2006, 1105 (1106); VIII R 36/08, BStBl. II 2011, 126; X B 167/13, BFH/NV 2014, 1566; III B 32/17, BFH/NV 2018, 211; IX B 154/04, BFH/NV 2005, 1352 (1353) betr. Zeitpunkt der Wirksamkeit; BFH VII R 64/90, BStBl. II 1992, 425 betr. Widerrufsvorbehalt). Schweigen auf eine gerichtliche Anfrage genügt deshalb nicht (BFH X B 145/15, BFH/NV 2016, 1744). – Die Einverständniserklärung darf **nicht an eine** außerprozessuale (echte) **Bedingung geknüpft** sein (BFH IX B 163/01, BFH/NV 2002, 1330; XI B 176/04, BFH/NV 2006, 1105: III B 32/17, BFH/NV 2018, 211). Es ist deshalb nicht möglich, das Einverständnis für den Fall zu erklären, dass der Klage stattgegeben oder dass im Falle der Klageabweisung die Revision zugelassen wird. Das Einverständnis kann jedoch davon abhängig gemacht werden, dass auch die anderen Beteiligten auf mündliche Verhandlung verzichten oder dass das Gericht keine weiteren Ermittlungen mehr für erforderlich hält (**unechte Bedingung;** BFH VI R 109/96, BFH/NV 1998, 183; FG Düsseldorf 10 K 829/11 E, EFG 2013, 765). Auch die Anregung, vor Erlass einer ablehnenden Entscheidung die Möglichkeit der Stellungnahme einzuräumen, stellt die Wirksamkeit des Verzichts nicht in Frage (BFH I R 78/12, BFH/NV 2015, 523). – In Zweifelsfällen ist der Inhalt der Erklärung unter Berücksichtigung der dem Gericht bekannten (Begleit-)Umstände durch **Auslegung** (§ 133 BGB analog) zu ermitteln (BFH XI B 176/04, BFH/NV 2006, 1105 (1106); III B 3/14, BFH/NV 2014, 1389; X B 167/13, BFH/NV 2014, 1566). Wegen der weit reichenden Wirkungen der Verzichtserklärung (→ Rn. 15 ff.) ist Zurückhaltung bei der Annahme einer Verzichtserklärung geboten und im Zweifel der Verzichtswille zu verneinen (BFH X B 167/13, BFH/NV 2014, 1566; III B 32/17, BFH/NV 2018, 211). Wird gleichzeitig mit der Erklärung des Verzichts auf mündliche Verhandlung zum Ausdruck gebracht, dass ein Gerichtsbescheid erlassen werden soll, liegt eine Verzichtserklärung in Wirklichkeit nicht vor (BFH V R 115/67, BStBl. II 1971, 113); ist die Verzichtserklärung jedoch so zu verstehen, dass der Erlass eines Gerichtsbescheides lediglich angeregt wird, ist die Verzichtserklärung wirksam (BFH I B 96/95, BFH/NV 1996, 698). Erklärt ein Kläger den Verzicht auf eine mündliche Verhandlung und beantragt gleichzeitig die Vernehmung eines Zeugen, liegt keine klare, eindeutige und vorbehaltlose Verzichtserklärung vor (anders, wenn die Beweisanträge in früheren Schriftsätzen erhalten waren; BFH X B 37/12, BFH/NV 2013, 1592; → § 76 Rn. 37). Hat ein anwaltlich vertretener Kläger auf mündliche Verhandlung verzichtet, kann die gleichzeitige Bemerkung, es werde auf Terminierung gedrängt, als Aufforderung zur schnellen Entscheidung im schriftlichen Verfahren zu verstehen sein (BFH VI B 67/01, BFH/NV 2002, 525 (526)), ebenso die Erklärung des Einverständnisses „mit einer schriftlichen Entscheidung" oder einer „Entscheidung im schriftlichen Verfahren" (auch bei nicht fachkundig vertretenen Beteiligten; BFH VII R 76/75, BFH/NV 1987, 189 (192); IX B 108/11, BFH/NV 2012, 245; III B 26/13, BFH/NV

2014, 46). Wird der Verzicht unter der Voraussetzung erklärt, dass das Gericht eine Beweiserhebung nicht für erforderlich hält, gleichzeitig aber Beweis angeboten, ist der Verzicht nicht eindeutig und damit unwirksam (BFH VI R 109/96, BFH/NV 1998, 183). Dasselbe gilt für die Erklärung, „nach derzeitigem Verfahrensstand" mit einer Entscheidung ohne mündliche Verhandlung einverstanden zu sein (BFH VIII R 67/96, BFH/NV 1999, 497), bei einem „Antrag auf Entscheidung im Beschlussverfahren" (BFH III B 3/14, BFH/NV 2014, 1389), bei Beantragung einer Entscheidung im schriftlichen Verfahren unter Hinweis auf fehlende Mittel zur Anreise zum FG (BFH VIII R 36/08, BStBl. II 2011, 126) und bei Verzicht des Klägers auf mündliche Verhandlung unter der Voraussetzung, dass der von ihm dargestellte Sachverhalt der Entscheidung zugrunde gelegt wird (BFH IX B 163/01, BFH/NV 2002, 1330 (1331)). – → Rn. 13. – Lässt sich auch durch Auslegung keine Klarheit gewinnen, ist die Verzichtserklärung mangels Eindeutigkeit unwirksam. – Im Übrigen lassen sich Auslegungsprobleme häufig durch Rückfragen (§ 76 II) lösen (BFH III B 3/14, BFH/NV 2014, 1389; III B 32/17, BFH/NV 2018, 211). – Die Gewährung **rechtlichen Gehörs (Art. 103 I GG)** verlangt, dass das Gericht die anderen Beteiligten über die Abgabe einer Verzichtserklärung informiert (BFH IX B 2/17, BFH/NV 2017, 746).

Eine bestimmte **Form** ist für die Einverständniserklärung nicht vorgeschrieben. 11
Sie kann schriftsätzlich (insbes. **im elektronischen Rechtsverkehr,** §§ 52a, 52d, außerhalb des Anwendungsbereichs des § 52d auch per **Telefax**), zu Protokoll des Urkundsbeamten der Geschäftsstelle, in der mündlichen Verhandlung und im Erörterungstermin (§ 79 I 2 Nr. 1) auch mündlich zu Protokoll (für das weitere Verfahren) abgegeben werden. Der Kläger kann den Verzicht außerhalb des Anwendungsbereichs des § 62 IV (→ § 62 Rn. 60) auch bei Bestellung eines Prozessbevollmächtigten selbst wirksam erklären (BFH III B 98/06, BFH/NV 2007, 1528 (1529)). Eine **fernmündliche Verzichtserklärung** halte ich für **unwirksam,** weil sie die für die Prozesshandlungen erforderliche Rechtssicherheit (Eindeutigkeit und Klarheit der Erklärung, Feststellung der Identität des Anrufers) nicht gewährleistet (ebenso Tipke/Kruse/Brandis § 90 Rn. 6; Gosch/Wendl § 90 Rn. 23). Das BVerwG, das schon mehrfach mit dieser Frage befasst worden ist, hat sich noch nicht endgültig festgelegt. Die Entscheidungen machen aber deutlich, dass telefonische Verzichtserklärungen zu Rechtsunsicherheiten führen (s. hierzu zB BVerwG 7 C 78/80, HFR 1981, 536; I C 101/76, HFR 1982, 329; 2 C 83/81, NJW 1983, 189). – Das BAG (5 AZR 248/92, NZA 1994, 382) hält eine fernmündliche Verzichtserklärung für wirksam, wenn die Identität des Anrufers feststeht, der Urkundsbeamte ein Protokoll über das Gespräch anfertigt und der Anrufer das Protokoll genehmigt (ähnlich BSG 2 RU 54/64, BeckRS 1967, 00312; Kopp/Schenke/Schenke VwGO § 101 Rn. 5).

Der Verzicht auf mündliche Verhandlung ist an **keine Frist** gebunden. Die 12
Erklärung kann jederzeit (auch im Erörterungstermin – § 79 I 2; vgl. BFH VI R 7/03, BFH/NV 2006, 271 (272)) bis zum Abschluss des Verfahrens abgegeben werden. Sie ist auch noch – etwa nach Durchführung einer Beweisaufnahme – in der mündlichen Verhandlung **für das weitere Verfahren** möglich (Gosch/Wendl § 90 Rn. 21).

Die **Einverständniserklärung kann** auf einen (abtrennbaren) Teil des Ver- 13
fahrens **beschränkt** werden, zB auf eine Vorabentscheidung über die Zulässigkeit des Rechtsbehelfs oder auf ein Teilurteil bei einem Rechtsstreit, der mehrere Veranlagungszeiträume betrifft (BFH I R 7/69, BStBl. II 1971, 181; aA FG Münster VIII – III h 55/64 ua, EFG 1971, 142) oder auf eine Entscheidung des

FG wegen der Untätigkeit des FA (BFH X B 167/13, BFH/NV 2014, 1566). Möglich ist auch der Verzicht auf mündliche Verhandlung durch nur einen von mehreren Streitgenossen (BFH XI B 123/06, BFH/NV 2007, 1152 (1153)). – Der Verzicht auf mündliche Verhandlung kann auf die Entscheidung des Rechtsstreits durch den Senat oder den Einzelrichter begrenzt werden (BFH VI B 115/15, BFH/NV 2016, 1482; zur **Auslegung** der Erklärung s. BFH X R 39/93, BStBl. II 1995, 842); eine zu beachtende Modifizierung des Verzichts liegt jedenfalls vor, wenn der Kläger erklärt, er verzichte im Falle der Entscheidung des Berichterstatters an Stelle des Senats (§ 79a II–IV) **insoweit** auf mündliche Verhandlung (BFH I R 127/97 ua, BFH/NV 1999, 1464 (1465)). – Das Einverständnis mit einer Entscheidung ohne mündliche Verhandlung bezieht sich nicht auf die Entscheidung durch den **Einzelrichter,** wenn sie vor der Übertragung des Rechtsstreits auf den Einzelrichter (§ 6) und nicht bereits ausdrücklich auch für den Fall der Übertragung des Rechtsstreits auf den Einzelrichter erklärt worden ist (BFH VI R 37/96, BStBl. II 1997, 77; VII R 17/96, BFH/NV 1997, 507; VI B 115/15, BFH/NV 2016, 1482). – Zur Frage, ob der Verzicht auf mündliche Verhandlung nur für das Verfahren vor dem Spruchkörper gilt, dem ggü. er erklärt worden ist, s. BFH III R 120/93, BFH/NV 1996, 614; eine entsprechende ausdrückliche Einschränkung der Einverständniserklärung ist möglich.

15 **b) Bindung der Beteiligten.** In Übereinstimmung mit dem Zweck der Vorschrift, die Gerichte zu entlasten und das Verfahren zu beschleunigen, und wegen der Notwendigkeit klarer prozessualer Verhältnisse kann die Einverständniserklärung **nicht wegen Irrtums** (wohl aber wegen Täuschung, Irrtums aufgrund offensichtlich falscher Angaben und Drohung usw – BFH IV B 180/02, BFH/NV 2004, 1634) **angefochten** (BFH II 73/63, BStBl. III 1967, 794; IX B 108/11, BFH/NV 2012, 245; I R 51/12, BStBl. II 2014, 982 aE; VI R 39/17, BFH/NV 2020, 85; IX B 58/22, BFH/NV 2023, 1097) und **grundsätzlich auch nicht widerrufen** werden (BFH III R 122/66, BStBl. II 1971, 201; VIII R 36/08, BStBl. II 2011, 126; XI B 7/13, BFH/NV 2014, 708; I R 51/12, BStBl. II 2014, 982 aE; X B 145/15, BFH/NV 2016, 1744; IX B 58/22, BFH/NV 2023, 1097). Das gilt – weil die Erklärung mit Zugang bei Gericht wirksam wird – auch schon, bevor sich die übrigen Beteiligten geäußert haben (BFH IV R 9/94, BFH/NV 1995, 129; XI R 41/17, BStBl. II 2021, 717; **aA** BVerwG I C 86.53, DÖV 1956, 411; BGH X ZR 21/00, NJW 2001, 2479; BSG 6 RKa 5/64, SGb 1967, 215; B 11a AL 45/05 B, nv). Alle offenbare, insbes. auf einem Verschreiben oder sonstigem Versehen beruhende Irrtümer können richtiggestellt werden, wenn sie dem Gericht bekannt oder erkennbar sind (BFH I R 51/12, BStBl. II 2014, 982 aE). Das Einverständnis mit einer Entscheidung ohne mündliche Verhandlung bleibt auch dann wirksam, wenn zwischen der Verzichtserklärung und der Entscheidung ein längerer Zeitraum liegt (BFH III R 87/03, BFH/NV 2012, 1603; XI R 41/17, BStBl. II 2021, 717; I R 67/23, BFH/NV 2024, 913; IX S 16/24, BFH/NV 2024, 940), wenn der Kläger einen weiteren Prozessbevollmächtigten bestellt (BFH X R 92/87, BFH/NV 1989, 187), wenn das Gericht seine Auffassung ggü. einer früheren, vor dem Verzicht erlassenen Entscheidung ändert (BFH VII B 186/91, BFH/NV 1992, 358; FG BBg 7 K 7090/13, EFG 2014, 1524) oder wenn in der Besetzung des Gerichts ein Wechsel eintritt (BFH I B 39/03, BFH/NV 2004, 350). Im Übrigen → Rn. 17 – Die Erklärung, **nicht** auf mündliche Verhandlung **zu verzichten,**

ist frei widerruflich (BFH III R 101/87, BFH/NV 1991, 402; IX B 154/04, BFH/NV 2005, 1352 (1353)).

Der Verzicht auf mündliche Verhandlung kann **ausnahmsweise widerrufen** werden, wenn sich die **Prozesslage** nach Abgabe der Einverständniserklärung **wesentlich geändert** hat (BFH V B 74/00, BFH/NV 2001, 330; I B 39/03, BFH/NV 2004, 350; IX R 28/09, BFH/NV 2010, 2076; IX B 108/11, BFH/NV 2012, 245; XI B 7/13, BFH/NV 2014, 708; IX B 58/22, BFH/NV 2023, 1097; **nicht:** bei einem Wechsel des Prozessbevollmächtigten BFH VII B 36/04, BeckRS 2004, 25006720; III B 209/11, BFH/NV 2012, 1477; IX S 16/24, BFH/NV 2024, 940; aA Trossen HFR 2017, 519; bei einem Wechsel auf der Richterbank BFH I B 39/03, BFH/NV 2004, 350; IX B 16/10, BFH/NV 2010, 1836; vgl. VIII S 3/96, BFH/NV 1997, 292; XI R 41/17, BStBl. II 2021, 717; IX S 16/24, BFH/NV 2024, 940 betr. Wechsel in der Zuständigkeit des Spruchkörpers; Tipke/Kruse/Brandis § 90 Rn. 13; Kopp/Schenke/Schenke VwGO § 101 Rn. 8; bei Abweichung der Senatsauffassung von der durch den Berichterstatter geäußerten Auffassung BFH IX B 58/22, BFH/NV 2023, 1097; bei Aufhebung einer zuvor ergangenen Entscheidung durch den BFH oder das BVerfG BFH I R 67/23, BFH/NV 2024, 913; **bejahend** BFH IX R 28/09, BFH/NV 2010, 2076 für den Erlass eines Gerichtsbescheids trotz vorliegender beiderseitiger Verzichtserklärungen; Trossen HFR 2017, 519 für den Fall, dass das Gericht die Entscheidung auf bisher nicht erörterte Gesichtspunkte stützen will). Dabei muss der Widerruf – ebenso wie der Verzicht (→ Rn. 10) – **klar, eindeutig und vorbehaltlos** erklärt werden (BFH III R 62/89, BStBl. II 1990, 744; IV R 9/94, BFH/NV 1995, 129; III B 66/01, BFH/NV 2002, 517; IX S 16/24, BFH/NV 2024, 940). Ein Antrag auf mündliche Verhandlung (BFH III B 32/17, BFH/NV 2018, 211), ggf. nach Ergehen eines Gerichtsbescheids (BFH IX R 28/09, BFH/NV 2010, 2076), reicht dafür aus. 16

Nach der hM zu § 128 II ZPO, § 101 II VwGO und § 124 II SGG bezieht sich der Verzicht auf mündliche Verhandlung nur auf die **jeweils nächste Sachentscheidung** (BFH X B 182/03, BFH/NV 2005, 1068; VI B 147/10, BStBl. II 2011, 556; XI B 7/13, BFH/NV 2014, 708; Zöller/Greger ZPO § 128 Rn. 12; Eyermann/Schübel-Pfister VwGO § 101 Rn. 9; MKS/Keller § 124 Rn. 3f). – Die **Verzichtserklärung wird** danach **„verbraucht"** durch den Erlass eines Beweis- oder Auflagenbeschlusses (BFH I R 28/81, BFH/NV 1987, 651; VIII R 36/08, BStBl. II 2011, 126; VI B 147/10, BStBl. II 2011, 556; XI B 7/13, BFH/NV 2014, 708; III B 154/14, BFH/NV 2015, 1593; X B 145/15, BFH/NV 2016, 1744) oder die Anberaumung einer mündlichen Verhandlung und deren Aufhebung (BFH VI B 147/10, BStBl. II 2011, 556; VI B 15/15, BeckRS 2015, 94880; III B 32/17, BFH/NV 2018, 211; **aA** BFH XI B 126/97, BFH/NV 1999, 332; I B 39/03, BFH/NV 2004, 350; wohl auch BFH III B 139/08, BeckRS 2009, 25015144; offenlassend I B 101/11, BFH/NV 2012, 1002; I R 67/23, BFH/NV 2024, 913) oder eines Erörterungstermins unter Anordnung des persönlichen Erscheinens der Beteiligten (BFH VIII R 36/08, BStBl. II 2011, 126). Das Gleiche soll für die erneute gerichtliche Anfrage, ob auf die mündliche Verhandlung verzichtet werden soll, gelten (nachdem bereits beiderseitige Verzichtserklärungen vorlagen; BFH V R 102/98, BFH/NV 1999, 1480; VIII R 36/08, BStBl. II 2011, 126). Dem entspr. dürfte auch der Erlass eines Gerichtsbescheids (trotz vorliegender beiderseitiger Verzichtserklärungen) zu einem Verbrauch des Verzichts führen (Lindwurm AO-StB 2024, 238 (239); vgl. aber BFH IX R 28/09, BFH/NV 2010, 2076, 17 der offenbar von der Notwendigkeit einer Widerrufserklärung ausgeht). – Sie soll auch durch Beiziehung von Akten zu Beweiszwecken (BVerwG III C 83/67, NJW 1969, 252) sowie durch den Erlass eines Teil- oder Zwischenurteils, **nicht** aber durch rein förmliche Maßnahmen des Gerichts (zB die Anfrage, ob das Verfahren ruhen solle – BVerwG VII B 66/76, HFR 1976, 539), einen Aussetzungsbeschluss gem. § 74, einen Hinweis auf eine zwischenzeitlich ergangene Senatsentscheidung (jeweils BFH IX S 16/24, BFH/NV 2024, 940) und Gerichtsinterna (Wechsel in der Zuständigkeit des Spruchkörpers – BFH V R 19/94, BFH/NV 1995, 684; VIII S 3/96, BFH/NV 1997, 292 oder Wechsel in der Besetzung der Richterbank – IX R 15/97, BFH/NV 1998, 67; I B 39/03, BFH/NV 2004, 350; IX S 16/24, BFH/NV 2024, 940) unwirksam werden (vgl. auch BFH I R 67/23, BFH/NV 2024, 913; IX S 16/24, BFH/NV 2024, 940, nach dem die gemeinsame Grundlage der „Verbrauchsfälle" ist, dass das Gericht den Beteiligten ggü. durch eine prozessgestaltende Handlung zum Ausdruck bringt, dass es eine Entscheidung ohne mündliche Verhandlung allein durch den früher erklärten Verzicht nicht mehr für hinreichend legitimiert ansieht). – **Diese Auffassung ist** – von den Ausnahmen (→ Rn. 16) abgesehen – **abzulehnen.** Sie lässt sich weder aus dem Gesetz ableiten noch entspricht sie den Bedürfnissen der Praxis. Keine der genannten „Sachentscheidungen" ist im Allgemeinen so bedeutsam, dass sie den Verzicht auf mündliche Verhandlung ipso iure als hinfällig erscheinen lassen könnte. Die Beteiligten haben in diesen Fällen – sofern eine wesentliche Änderung der Prozesssituation eintritt – das Recht, ihre Einverständniserklärung zu widerrufen (→ Rn. 16). Andererseits kann (oder muss) das Gericht von Amts wegen ggf. eine mündliche Verhandlung durchführen (→ Rn. 20; und § 81 I 1). Hierdurch wird in ausreichendem Maße gewährleistet, dass die Beteiligten sich (entspr. der Zielsetzung des § 90 – → Rn. 7) vor Abschluss des Verfahrens zu allen wesentlichen Gesichtspunkten äußern können (krit. auch Tipke/Kruse/Brandis § 90 Rn. 11; Gosch/Wendl § 90 Rn. 40; HHS/Schallmoser § 90 Rn. 64; SPK/Fu § 90 Rn. 17; Lindwurm AO-StB 2014, 141; 2024, 238 (240); vgl. auch BFH IX B 58/22, BFH/NV 2023, 1097, der nur Fälle der Täuschung usw – → Rn. 15 – als Unwirksamkeitsgründe nennt).

18 **Nach** Aufhebung des erstinstanzlichen Urteils und **Zurückverweisung** (§ 126 III Nr. 1) kann im zweiten Rechtsgang nur dann ohne mündliche Verhandlung entschieden werden, wenn der **Verzicht auf mündliche Verhandlung erneuert** wird (BFH IV R 156/71, BStBl. II 1972, 625 (626); III B 19/03, BFH/NV 2004, 504 (505)). Der Verzicht muss auch erneuert werden, wenn trotz Verzichts eine mündliche Verhandlung durchgeführt worden ist und (nach Vertagung) ohne mündliche Verhandlung entschieden werden soll (BFH X B 182/03, BFH/NV 2005, 1068).

20 **c) Wirkungen des Verzichts.** Der wirksame Verzicht aller Beteiligten (→ Rn. 9 ff.) hat zur Folge, dass das Gericht „ohne Weiteres" im schriftlichen Verfahren über den Rechtsstreit entscheiden kann, dh ohne einen Termin hierfür zu bestimmen, ohne die Beteiligten über den Sitzungstermin zu informieren (BFH VII B 24/08, BFH/NV 2009, 1124 (1125); III B 139/08, BeckRS 2009, 25015144 mwN; Münch AO-StB 2022, 229 (231)) und ohne die Entscheidung verkünden zu müssen (BFH III B 209/11, BFH/NV 2012, 1477; BVerwG 6 B 45/93, Buchholz 310 § 101 VwGO Nr. 20). § 128 II 2 ZPO findet keine Anwendung (→ Rn. 23). Der Verzicht bedeutet jedoch nicht, dass das Gericht

von der gebotenen Sachverhaltsermittlung und Beweiserhebung absehen kann (BFH VII R 76/90, BFH/NV 1994, 269 (273, 274); I B 140/01, BFH/NV 2002, 1179; VIII R 36/08, BStBl. II 2011, 126). Rechtliches Gehör (→ § 93 Rn. 1) muss gleichfalls gewährt werden. Insbes. muss das Gericht die Beteiligten auf bisher nicht erörterte tatsächliche und rechtliche Gesichtspunkte hinweisen (BVerwG 4 C 62/82, NJW 1986, 445). Mit dieser Einschränkung ist der Vollsenat in seiner Entscheidung frei. Er ist nicht verpflichtet, die Beteiligten darauf hinzuweisen, wie voraussichtlich entschieden wird; er darf auch von einer unmissverständlich geäußerten Rechtsansicht des Vorsitzenden oder des Berichterstatters abweichen (BFH IV B 180/02, BFH/NV 2004, 1634; VIII B 163/06, BFH/NV 2008, 1099 (1100, 1101)) und seine Auffassung ggü. einer früheren, vor dem Verzicht erlassenen Entscheidung ändern (BFH VII B 186/91, BFH/NV 1992, 358; FG BBg 7 K 7090/13, EFG 2014, 1524). Vor Ablauf selbst gesetzter Äußerungsfristen für die Beteiligten darf das Gericht jedoch nicht entscheiden (BFH III B 178/10, BFH/NV 2011, 1389; aber → § 119 Rn. 15 f.; Grube DStZ 2015, 36 (42 f.)). – Die Verzichtswirkung erstreckt sich auch auf eine Entscheidung nach § 109 (BFH II R 37/09, BFH/NV 2011, 629). – Zum Verzicht auf mündliche Verhandlung als Verzicht auf Durchführung einer Zeugenvernehmung → § 76 Rn. 37. – Die **Einverständniserklärungen binden das Gericht nicht** (BFH IV R 9/94, BFH/NV 1995, 129; IX R 28/09, BFH/NV 2010, 2076; III R 87/03, BFH/NV 2012, 1603 aE; X K 5/20, DStR 2022, 881, Rn. 60). Es kann, bei erforderlicher Aufklärung des Sachverhalts (insbes. zur Durchführung einer Beweisaufnahme) muss es eine mündliche Verhandlung anberaumen (BFH VII B 186/91, BFH/NV 1992, 358; X R 21/94, BFH/NV 1997, 547 (548); VIII R 36/08, BStBl. II 2011, 126; IX B 23/17, BFH/NV 2017, 1059 zum Ermessen; ähnlich BSG 9 RV 428/65, MDR 1966, 449; ausf. Sangmeister DStZ 1989, 25 (29/30, 32)).

Ist der **Verzicht** in der mündlichen Verhandlung **für das weitere Verfahren** 21
ausgesprochen worden (→ Rn. 12), braucht das Gericht nicht im Anschluss an die (abgebrochene) mündliche Verhandlung zu entscheiden. Es kann die Entscheidung (auf Grund des Verzichts) vielmehr zu einem späteren Zeitpunkt treffen, und zwar in der **Besetzung,** die nach dem Geschäftsverteilungsplan für den Beratungstag maßgebend ist (BFH IX R 15/97, BFH/NV 1998, 67; I B 39/03, BFH/NV 2004, 350; BVerwG V C 142/56, DVBl 1960, 251).

Im Falle des § 90 II tritt an die Stelle des Endes der mündlichen Verhandlung, 22
das außer im Falle der Wiedereröffnung der mündlichen Verhandlung die Möglichkeit der **Berücksichtigung nachträglichen Vorbringens** beendet (→ § 93 Rn. 7, 8), der Zeitpunkt des Absendens der Urteilsausfertigungen (BFH VI B 24/70, BStBl. II 1971, 25; XI B 100/99, BFH/NV 2002, 356 (357); III B 209/11, BFH/NV 2012, 1477; BVerwG 5 C 47/78, HFR 1980, 110; BGH VIII ZR 277/75, NJW 1976, 1454; s. aber auch offenlassend BVerwG 4 C 22/88, NVwZ 1989, 860). Da im Falle der Entscheidung ohne mündliche Verhandlung nach § 104 III das Urteil zuzustellen und § 104 II Hs. 2 nicht anwendbar ist (→ § 104 Rn. 19; HHS/Rauda § 104 Rn. 116), kommt es nicht auf den Zeitpunkt der Bekanntgabe des unterschriebenen Urteils an einen der Beteiligten durch die Geschäftsstelle an (Tipke/Kruse/Brandis § 90 Rn. 15; HHS/Rauda § 104 Rn. 117; Gosch/Wendl § 90 Rn. 44; SPK/Fu § 90 Rn. 20; Abweichung von der Auffassung in der Voraufl.; aA BSG 2 RU 23/77, HFR 1980, 67). – Bis zu diesem Zeitpunkt beim Gericht eingehende Schriftsätze der Beteiligten müssen noch verwertet werden, es sei denn, es handelt sich lediglich um eine Wiederholung

oder Zusammenfassung früheren Vorbringens oder um offensichtlich unerhebliche Darlegungen (BFH XI B 100/99, BFH/NV 2002, 356 (357); V B 244/03, BFH/NV 2005, 376 (377); X B 110/15, BFH/NV 2016, 1481). Erst recht sind **innerhalb** einer eingeräumten **Äußerungsfrist nachgereichte Schriftsätze** zu berücksichtigen, die möglicherweise einen entscheidungserheblichen neuen Gesichtspunkt enthalten (BFH VIII B 154/06, BFH/NV 2007, 1910; III B 139/08, BeckRS 2009, 25015144; III B 178/10, BFH/NV 2011, 1389). Gegebenenfalls ist die Sache – nach Einholung der Stellungnahme des Gegners und nach Wiedereröffnung des schriftlichen Verfahrens (FG Köln 7 K 4586/87, EFG 1991, 210: Beschluss erforderlich; → § 93 Rn. 12) – neu zu beraten und zwar in der Besetzung, die für den neuen Beratungstag maßgebend ist (Sangmeister DStZ 1989, 24 (29, 30) mwN; → Rn. 21). Die Entscheidung über die Wiederaufnahme der Beratung ist in Beschlussbesetzung (§ 5 III 2; § 10 III Fall 2, also ohne ehrenamtliche Richter) zu treffen (FG Köln 7 K 4586/87, EFG 1991, 210; SPK/Fu § 90 Rn. 21; aA FG Münster 9 K 2546/11 G F, EFG 2013, 64 unter Berufung auf BGH LwZR 5/11, NJW-RR 2012, 879; Tipke/Kruse/Brandis § 90 Rn. 15; Gosch/Wendl § 90 Rn. 44; vgl. auch Kühnen EFG 2013, 66 – in der Besetzung, in der die ursprüngliche Entscheidung getroffen worden ist; BFH IV 295/59 S, BStBl. III 1964, 338 – geschäftsplanmäßige Besetzung am Tag der endgültigen Beschlussfassung; → § 93 Rn. 12). Denn es bleibt der vollständigen Senatsbesetzung (unter Beteiligung der ehrenamtlichen Richter) vorbehalten zu entscheiden, ob eine abweichende Entscheidung in der Sache ergehen soll. – Eine **erneute Beratung** kommt auch in anderen Fällen in Betracht (zB wegen nachträglicher Bedenken gegen das schon beschlossene Urteil – BFH IV 295/59 S, BStBl. III 1964, 338; Sangmeister DStZ 1989, 25 (29)).

23 Das Gericht ist weder verpflichtet, einen Zeitpunkt zu bestimmen, bis zu dem Schriftsätze eingereicht werden können, noch den Zeitpunkt seiner bevorstehenden Entscheidung bekannt zu geben; **§ 128 II 2 ZPO** ist **nicht** gem. § 155 S. 1 entspr. **anzuwenden** (BFH VII R 100/77, BStBl. II 1978, 511; VII B 158/94, BFH/NV 1995, 807 (808); III B 139/08, BeckRS 2009, 25015144; III B 209/11, BFH/NV 2012, 1477). – **§ 128 II 3 ZPO** (**Dreimonatsfrist** für die Entscheidung ohne mündliche Verhandlung) ist im finanzgerichtlichen Verfahren gleichfalls **nicht** analog (§ 155 S. 1) **anwendbar** (BFH VII B 158/94, BFH/NV 1995, 807 (808); II B 53/07, BeckRS 2008, 25013875; III B 139/08, BeckRS 2009, 25015144; Tipke/Kruse/Brandis § 90 Rn. 15; HHS/Rauda § 104 Rn. 116; BVerwG 2 CB 19/79, NJW 1980, 1482). Die **§§ 104 II und 105 IV** (Frist zur Übergabe von Urteil und Urteilsgründen an die Geschäftsstelle) gelten nicht, wenn das Gericht mit Einverständnis der Beteiligten ohne mündliche Verhandlung entscheidet (BFH VI R 139/99, BFH/NV 2001, 1596; HHS/Rauda § 104 Rn. 116).

24 **Kostenermäßigungen** sind mit dem Verzicht **nicht** verbunden (Krömker AO-StB 2014, 306; Gosch/Wendl § 90 Rn. 17). Allenfalls Reisekosten sowie Tage- und Abwesenheitsgelder (Nr. 7003–7005 RVG-VV) für den Bevollmächtigten entfallen (→ § 90a Rn. 13).

2. Weitere Ausnahmen

25 Wegen der **übrigen Ausnahmen** wird auf §§ 90a, 91a, 94a und 126a (→ § 126a Rn. 1 ff.) verwiesen.

IV. Folgen eines Verstoßes gegen den Mündlichkeitsgrundsatz

Erlässt das Gericht (der Senat bzw. der Einzelrichter – §§ 6, 79a III, IV) ein 27
Urteil ohne mündliche Verhandlung, obwohl hierauf nicht wirksam verzichtet worden war, ist das Recht auf Gewährung **rechtlichen Gehörs** (Art. 103 I GG) verletzt (BFH VI B 147/10, BStBl. II 2011, 556; I B 76, 77/12, BFH/NV 2013, 219; III B 32/17, BFH/NV 2018, 211; BVerwG 8 C 1/02, NVwZ 2003, 1129; → § 119 Rn. 24 „Entscheidung ohne mündliche Verhandlung"), so dass das Urteil mit NZB und Revision (§§ 115 II Nr. 3; 116, 119 Nr. 3 – BFH VII R 64/90, BStBl. II 1992, 425; XI B 123/06, BFH/NV 2007, 1152 (1153); VI B 147/10, BStBl. II 2011, 556; I B 76, 77/12, BFH/NV 2013, 219) angefochten werden kann. Außerdem kann die Revision auf § 119 Nr. 4 gestützt werden, weil der Beteiligte **nicht nach den Vorschriften des Gesetzes** vertreten war (BFH VI R 148/00, BFH/NV 2004, 201; XI B 7/13, BFH/NV 2014, 708; X B 167/13, BFH/NV 2014, 1566; III B 32/17, BFH/NV 2018, 211; → § 119 Rn. 29). Gegebenenfalls kann das Urteil auch mit der Nichtigkeitsklage (§ 134 FGO iVm § 579 Nr. 4 ZPO; → § 134 Rn. 1 ff. – vgl. aber BFH X R 15–16/97, BStBl. II 1999, 412) oder der Verfassungsbeschwerde angegriffen werden. – Die erforderlichen tatsächlichen Feststellungen, zB über das Vorliegen von Verzichtserklärungen, kann der BFH selbst treffen (BFH I B 76, 77/12, BFH/NV 2013, 219).

Der Verfahrensmangel kann **durch** einen nachträglichen **Verzicht** auf mündli- 28
che Verhandlung **nicht geheilt** werden (BFH X R 7/92, BFH/NV 1993, 372; Tipke/Kruse/Brandis § 90 Rn. 16; Gosch/Wendl § 90 Rn. 349; HHS/Schallmoser § 90 Rn. 77).

Das fehlerhafte Urteil kann nicht in einen Gerichtsbescheid umgedeutet wer- 29
den (vgl. Tipke/Kruse/Brandis § 90 Rn. 16).

Die fehlerhafte Anwendung des § 126a und des § 94a führt ebenfalls zu Verstö- 30
ßen gegen Art. 103 I GG, so dass die → Rn. 27 genannten Rechtsmittel gegeben sind.

V. Mündliche Verhandlungen im Wege der Videokonferenz

Literatur: Bacher, Gerichtsverhandlung per Videokonferenz, MDR 2024, 945; Einsfelder, Die mündliche Verhandlung als Videoverhandlung – Anforderungen an die Bild- und Tonübertragung als Gestattungshürde, jM 2024, 28; Freye/Schnebbe, Digitale Gerichtsverhandlung, ZD 2020, 502; Gomille/Frenzel/Heffinger, Die visuelle Wahrnehmung von Gericht und Beteiligten in der Videoverhandlung, RDi 2024, 153; Hildebrand/Kern, Praxisfragen bei Durchführung einer Videoverhandlung, DStR 2025, 940; Jenssen/Schiebel, Grenzüberschreitende Videoverhandlungen im Verwaltungsprozess, NVwZ 2022, 1416; Resch/Erden, Videoverhandlung im Biergarten? – Anforderungen an den „anderen Ort" in § 128a Abs. 1 ZPO, jM 2022, 46; Schmieder, Wie virtuell darf eine Gerichtsverhandlung sein?, jM 2024, 282; Schmitz-Herscheidt, Die Videoverhandlung: Moderne, digitale und bürgernahe Justiz?, FS 75 Jahre FG Münster, 2024, 235; Schreiber, „Ende-zu-Ende-Verschlüsselung" oder vergleichbare Anforderungen an die Durchführung einer mündlichen Verhandlung per Videokonferenz, RDi 2021, 560; Schumann, Mündliche Verhandlung nach § 91a FGO mit Tonverbindung, aber ohne Bildverbindung, DStR 2022, 1359; Schupp, Praktische Erwägungen zu Verhandlungen nach § 128a ZPO, DRiZ 2021, 66; Stapperfend, Der Einsatz von Videokonferenztechnik im finanzgerichtlichen Verfahren, FS 75 Jahre FG Münster, 2024, 253; Weber, Grenzüberschreitendes Verhandeln in Zivilverfahren per Videokonferenz, jM 2024, 404;

Windau, Die Verhandlung im Wege der Bild- und Tonübertragung – Praxisorientierte Überlegungen zu Gegenwartsproblemen des Zivilprozessrechts, NJW 2020, 2753; Windau, Grenzüberschreitende Verhandlung und Beweisaufnahme im Wege der Bild- und Tonübertragung, jM 2021, 178.

1. Überblick

35 Bereits seit 2001 besteht die rechtliche Möglichkeit, mündliche Verhandlungen im Wege der Videokonferenzen durchzuführen. Vom 1.1.2001 bis zum 18.7.2024 geschah dies auf der Grundlage des § 91a (→ Vor § 1 Rn. 12, 31, 55). Insbesondere im Gefolge der Corona-Pandemie wurde und wird davon in der Praxis zunehmend Gebrauch gemacht. Um die Verbreitung der Videokonferenzen weiter zu fördern, hat der Gesetzgeber die dafür geltenden Regelungen mit dem **G zur Förderung des Einsatzes von Videokonferenztechnik in der Zivilgerichtsbarkeit und den Fachgerichtsbarkeiten** v. 15.7.2024, BGBl. 2024 I Nr. 237 mWv 19.7.2024 (Art. 19 I dieses G) novelliert (BR-Drs. 228/23, 1; zur Gesetzgebungsgeschichte → Vor § 1 Rn. 55; Schmitz-Herscheidt 75 Jahre FG Münster, 2024, 235 (238 ff.); Stapperfend FS 75 Jahre FG Münster, 2024, 253 f.). Durch Art. 12 Nr. 8 dieses G wurden die bisherigen in der FGO enthaltenen Regelungen zur **Videokonferenz** in **§ 91a** (→ Vor § 1 Rn. 12, 31) aufgehoben. Stattdessen findet für Videokonferenzen in der Finanzgerichtsbarkeit aufgrund der Generalverweisung in § 155 S. 1 und verschiedenen Einzelverweisen das **ZPO-Recht** Anwendung, insbes. **§ 128a und § 284 ZPO.** § 128a ZPO lautet nunmehr:

36 **§ 128a ZPO Videoverhandlung**

(1) [1]Die mündliche Verhandlung kann in geeigneten Fällen und soweit ausreichende Kapazitäten zur Verfügung stehen als Videoverhandlung stattfinden. [2]Eine mündliche Verhandlung findet als Videoverhandlung statt, wenn an ihr mindestens ein Verfahrensbeteiligter oder mindestens ein Mitglied des Gerichts per Bild- und Tonübertragung teilnimmt. [3]Verfahrensbeteiligte nach dieser Vorschrift sind die Parteien und Nebenintervenienten, ihre Bevollmächtigten sowie Vertreter und Beistände.

(2) [1]Der Vorsitzende kann unter den Voraussetzungen des Absatzes 1 Satz 1 die Teilnahme an der mündlichen Verhandlung per Bild- und Tonübertragung für einen Verfahrensbeteiligten, mehrere oder alle Verfahrensbeteiligte gestatten oder anordnen. [2]Gegen eine Anordnung kann der Adressat innerhalb einer Frist von zwei Wochen Einspruch einlegen. [3]Hierauf weist der Vorsitzende mit der Anordnung hin.

(3) [1]Beantragt ein Verfahrensbeteiligter seine Teilnahme per Bild- und Tonübertragung, soll der Vorsitzende ihm diese unter den Voraussetzungen des Absatzes 1 Satz 1 gestatten. [2]Die Ablehnung eines Antrags auf Teilnahme per Bild- und Tonübertragung ist kurz zu begründen.

(4) [1]Wird der Einspruch nach Absatz 2 Satz 2 fristgerecht eingelegt, so hebt der Vorsitzende die Anordnung für alle Verfahrensbeteiligten auf, gegenüber denen eine Anordnung erfolgt ist. [2]In diesem Fall soll der Vorsitzende den Verfahrensbeteiligten, die keinen Einspruch eingelegt haben, die Teilnahme per Bild- und Tonübertragung gestatten. [3]Das Antragsrecht nach Absatz 3 Satz 1 bleibt hiervon unberührt.

(5) [1]Der Vorsitzende leitet die Videoverhandlung von der Gerichtsstelle aus. [2]Er kann anderen Mitgliedern des Gerichts bei Vorliegen erheblicher Gründe gestatten, an der mündlichen Verhandlung per Bild- und Tonübertragung teilzunehmen.

(6) [1]Den Verfahrensbeteiligten und Dritten ist es untersagt, die Videoverhandlung aufzuzeichnen. [2]Hierauf sind sie zu Beginn der Verhandlung hinzuweisen. [3]Die Videoverhandlung kann für die Zwecke des § 160a ganz oder teilweise aufgezeichnet werden. [4]Über Beginn und Ende der Aufzeichnung sind die Verfahrensbeteiligten zu informieren.

(7) [1]Entscheidungen nach dieser Vorschrift sind unanfechtbar. [2]Absatz 2 Satz 2 bleibt unberührt.

Die Vorschriften **gelten auch für Erörterungstermine** (§ 79 I 2 Nr. 1 Hs. 2 FGO iVm § 128a ZPO), **Beweisaufnahmen** und gesonderte **Beweistermine** (§ 82 FGO iVm § 284 II und III ZPO; Einzelheiten → § 82 Rn. 2a). 37

Die **wesentlichen Änderungen** ggü. der bisherigen Rechtslage sind: Das **Ermessen** des Gerichts ist bei einem Antrag eines Beteiligten auf eine Gestattung **vorgeprägt** (Sollvorschrift – § 155 S. 1 FGO iVm § 128a III 1 ZPO; → Rn. 50 f.). Dies gilt nicht bei der Vernehmung von Zeugen und Sachverständigen, da § 284 II 3 ZPO nicht auf § 128a III ZPO verweist. Bei einer Anordnung der Videokonferenz von Amts wegen haben die Beteiligten dagegen ein **Einspruchsrecht** (§ 155 S. 1 FGO iVm § 128a II 2 ZPO; auch Zeugen und Sachverständige gem. § 82 FGO iVm §§ 284 II 3, 128a II 2 ZPO; → Rn. 73). **Einzelne Mitglieder des Gerichts** können bei Vorliegen erheblicher Gründe für die mündliche Verhandlung per Videokonferenz zugeschaltet werden (§ 155 S. 1 FGO iVm § 128a V 2 ZPO; → Rn. 65). Art. 16 EGZPO enthält darüber hinaus ein **Optionsrecht für** die Länder, zum Zwecke der Erprobung **„vollvirtuelle" Verhandlungen** zuzulassen, in denen sämtliche Richter im Wege der Videokonferenz zugeschaltet werden (→ Rn. 66). Die **Beratung** kann bereits jetzt gem. § 155 S. 1 FGO iVm § 193 I GVG nF mit sämtlichen Richtern per Videokonferenz erfolgen, wenn nach den Gesamtumständen (insbes. verwendetes Videokonferenzsystem, räumliche Verhältnisse bei den teilnehmenden Richtern) die Wahrung des Beratungsgeheimnisses gewährleistet ist (klarstellende Regelung; → Rn. 68). Schließlich ist die **Entscheidungsbefugnis** über die Durchführung/Teilnahme an der Videokonferenz grds. auf den **Vorsitzenden** übergegangen (§ 155 S. 1 FGO iVm § 128a II–V ZPO; → Rn. 49). Durch eine Ergänzung des § 227 I 3 ZPO will der Gesetzgeber zudem durch den Einsatz von Videokonferenzen **Terminverlegungen vermeiden** (→ Rn. 56; → § 91 Rn. 5). Die Vorschriften über das **Sitzungsprotokoll** (§ 94 FGO iVm §§ 160 ff. ZPO) sind an die geänderten Vorschriften über die Videokonferenz angepasst worden und ermöglichen darüber hinaus nunmehr, **Beweisaufnahmen auch per Video aufzuzeichnen** (§ 94 FGO iVm § 160a II 2 ZPO; → Rn. 59, 61). Durch Art. 13 des G v. 15.7.2024 (BGBl. I Nr. 237) wurde die **Auslagenpauschale** für Videokonferenzen wieder **abgeschafft** (→ Rn. 72). Schließlich können **Erklärungen,** die bisher nur schriftlich oder **zur Niederschrift** des Urkundsbeamten an Gerichtsstelle abgegeben werden konnten, nunmehr auch per Videokonferenz abgegeben werden (vgl. insbes. § 64 I 2 FGO iVm § 129a II ZPO; → § 64 Rn. 28). 38

2. Definition der Videokonferenz

Nach § 155 S. 1 FGO iVm § 128a I 2 ZPO findet eine mündliche Verhandlung als **Videoverhandlung** statt, wenn an ihr **mindestens ein Verfahrensbeteiligter** oder mindestens ein **Mitglied des Gerichts per Bild- und Tonübertragung** teilnimmt. Der Begriff des Verfahrensbeteiligten ist nicht iSd § 50 ZPO/ 40

§ 57 FGO zu verstehen, sondern als Kläger, Beigeladene (die jeweils natürliche Personen sind, der Beklagte ist dies nur in besonderen Fallkonstellationen, → § 63 Rn. 6), ferner Bevollmächtigte, Vertreter und Beistände von Beteiligten iSd § 57 (§ 155 S. 1 FGO iVm § 128a I 3 ZPO). Damit wird klargestellt, auf welche Verfahren die besonderen Vorschriften über Videokonferenzen Anwendung finden.

3. Voraussetzungen für die Durchführung einer Videokonferenz

41 Die mündliche Verhandlung kann gem. § 155 S. 1 FGO iVm § 128a I 1 ZPO **in geeigneten Fällen** und soweit **ausreichende Kapazitäten** zur Verfügung stehen als Videoverhandlung stattfinden. Die Voraussetzungen „in geeigneten Fällen und soweit ausreichende Kapazitäten zur Verfügung stehen" sind im Zuge des parlamentarischen Verfahrens in den Gesetzeswortlaut aufgenommen worden, wobei die Rechtslage wohl auch ohne diese Ergänzung nicht anders sein würde (vgl. BR-Drs. 228/23, 49).

42 **a) Technik.** Schon nach der bisherigen Rechtslage bestand **kein Anspruch der Beteiligten auf eine technische Ausstattung der Gerichte, die Videokonferenzen ermöglicht** (BFH VI B 128/15, BFH/NV 2016, 1752; IV R 31/18, BFH/NV 2021, 1079; VIII B 4/23, BFH/NV 2024, 685, Rn. 28; → 9. Aufl. § 91a Rn. 4). Durch den Vorbehalt ausreichender Kapazitäten in der gesetzlichen Neuregelung wird klargestellt, dass sich an der zuvor skizzierten bisherigen Rechtslage nichts ändern soll. Entsprechend besteht auch kein Anspruch **auf eine optimale Ausstattung** zB mit mehreren Kameras und Bildschirmen, einer Dokumentenkamera oder einer Software, die es ermöglicht, vergrößerte Bildausschnitte zu zeigen („heranzoomen"; Gomm jM 2024, 128 (131); vgl. dazu BVerfG 1 BvR 1615/23, NJW 2024, 891; Stapperfend FS 75 Jahre FG Münster 253 (259 f.); jeweils zur alten Rechtslage) oder den anderen Teilnehmern der Videokonferenz die Einsicht in Dateien zu gewähren (sog. Bildschirmteilen). Wer diese technisch bedingten Unzulänglichkeiten nicht hinnehmen will, muss an der Präsenzverhandlung am Sitzungsort teilnehmen (glA wohl Gomille/Frenzel/Heffinger RDi 2024, 153 (157 ff.); Gomm jM 2024, 128 (131); Zschieschack NJW 2024, 893; Stapperfend FS 75 Jahre FG Münster 253 (261 f.); jeweils zur alten Rechtslage).

43 Die Finanzgerichte und die Verfahrensbeteiligten iSd § 155 S. 1 FGO iVm § 128a I 3 ZPO müssen über die für die Durchführung einer mündlichen Verhandlung per Videokonferenz **notwendigen technischen Einrichtungen** verfügen (BR-Drs. 228/23, 52). Diese müssen einen stabilen technischen Betrieb ermöglichen (zu den möglichen Konfigurationsmöglichkeiten Schupp DRiZ 2021, 66). Bei der Beteiligung blinder und sehbehinderter Personen muss den Anforderungen des § 52 I FGO iVm § 191a IV GVG genügt werden (dazu BR-Drs. 228/23, 40 f.). Für die technische Ausstattung der Beteiligten sind diese selbst verantwortlich (Datenverbindung mit ausreichender Bandbreite, ausreichend großer Bildschirm, Kamera mit ausreichender Auflösung, ein Audio-System, das eine störungsfreie Kommunikation ermöglicht, zB ein Headset; BVerfG 1 BvR 1615/23, NJW 2024, 891, Rn. 11; BFH IX B 56/23, BFH/NV 2024, 292; Stapperfend FS 75 Jahre FG Münster 253 (262)). Ferner muss die verwendete Hard- und Software den einschlägigen datenschutzrechtlichen Bestimmungen (dazu BR-Drs. 228/23, 50) entsprechen und sicherstellen können, dass das Aufzeichnungsverbot (§ 155 S. 1 FGO iVm § 128a VI 1 ZPO; → Rn. 59) gewahrt wird (BFH

IV R 31/18, BFH/NV 2021, 1079; vgl. auch Freye/Schnebbe ZD 2020, 502; Schreiber RDi 2021, 560). Eine absolute Sicherheit, dass sich Dritte nicht in die Videokonferenzübertragung einwählen können, wird man jedoch für öffentliche mündliche Verhandlungen nicht verlangen können (Stapperfend FS 75 Jahre FG Münster 253 (258)).

Das G enthält keine Vorgaben dazu, **von welchem Ort** aus die Verfahrensbeteiligten und die nach § 155 S. 1 FGO iVm § 128a V 2 ZPO bzw. § 16 EGZPO zugeschalteten Richter per Videokonferenz an der mündlichen Verhandlung teilnehmen können (zur Teilnahme aus dem Ausland → Rn. 45). Die genannten Personen müssen sich nicht in einem Behörden- oder Gerichtsgebäude befinden (so auch schon die bisherige Rechtslage). Es muss sichergestellt sein, dass die mündliche Verhandlung störungsfrei (insbes. ohne Nebengeräusche) ablaufen kann (BR-Drs. 228/23, 50) und dass das Gericht ausschließen kann, dass Personen der Verhandlung beiwohnen, die nicht zu den Beteiligten oder ihren Vertretern gehören (→ Rn. 55), oder dass gegen das Aufzeichnungsverbot (§ 155 S. 1 FGO iVm § 128a VI 1 ZPO; → Rn. 59) verstoßen wird (vgl. HHS/Schallmoser § 91a Rn. 33; Gosch/Holle § 91a Rn. 15; Windau NJW 2020, 2753 (2754); Resch/Erden jM 2022, 46). In der Praxis sind dies Kanzlei-, Dienst- oder Wohnräume (BR-Drs. 228/23, 50; gegen die Zulässigkeit von Wohnräumen Tipke/Kruse/Brandis § 91a Rn. 4). 44

Die **Zuschaltung aus dem Ausland** dürfte mangels entsprechender Rechtshilfeabkommen (→ § 13 Rn. 4; → § 82 Rn. 9) derzeit (noch) unzulässig sein, soweit sich die Gegenstelle nicht in einer deutschen Auslandsvertretung befindet (so auch die abgestimmte Auffassung von BMJ, AA und BfJ vom November 2021, verlinkt in den Beiträgen des ZPOBlogs v. 23.1.2022 und 12.4.2022, https://anwaltsblatt.anwaltverein.de/de/zpoblog; zu den völkerrechtlichen Grundlagen Jenssen/Schiebel NVwZ 2022, 1416 (1416 f.)). Allenfalls dann, wenn ein Beteiligter die Teilnahme per Videokonferenz an einer mündlichen Verhandlung ohne Beweisaufnahme beantragt und durch einen im Inland präsenten Bevollmächtigten vertreten wird, kann von einer fehlenden Tangierung ausländischer Hoheitsrechte ausgegangen werden (VG Freiburg 10 K 4411/19, NJW 2022, 1761; Tipke/Kruse/Brandis § 91a Rn. 2; Jenssen/Schiebel NVwZ 2022, 1416 (1418); Hildebrand/Kern DStR 2025, 940 (942)). Jedenfalls, soweit Mitgliedstaaten der EU tangiert sind, dürften die unten erörterten Regelungen zu Videokonferenzen in anderen Gerichtszweigen nahelegen, dass gegen die vorstehend beschriebene Vorgehensweise keine Einwände bestehen (Müller jurisPK-ERV VwGO § 102a Rn. 91). Dagegen dürfte die Zuschaltung eines Beteiligten/Bevollmächtigten aus dem Ausland, der per Videokonferenz Prozesserklärungen abgibt (zB Anträge stellt, Verfahren für erledigt erklärt oder die Klage zurücknimmt), ohne Gestattung des anderen Staats unzulässig sein, weil dies der (wenn auch nur virtuellen) Einrichtung eines grenzüberschreitenden Gerichtssaals gleichsteht (aA LAG Hamburg 7 TaBV 1/23, NZA-RR 2024, 168; Windau NJW 2020, 2753 (2754 f.); jM 2021, 178: Zuschaltung nur des Bevollmächtigten eines Beteiligten aus dem Ausland, ohne dass eine Beweisaufnahme erfolgt wäre, zulässig; Gosch/Holle § 91a Rn. 8: Zulässig, soweit keine Vernehmung eines Zeugen oder Sachverständigen stattfindet). Jedenfalls die **Vernehmung von Zeugen,** die sich im Ausland aufhalten, ist auch im Wege der Videokonferenz ohne Gestattung des Aufenthaltsstaats **unzulässig** (vgl. auch Weber jM 2024, 404 (407)). Dass Art. 8 VO (EG) Nr. 861/2007 von der Zulässigkeit von Videokonferenzen ausgeht (worauf Windau NJW 2020, 2753 (2754); jM 2021, 178 (179) abstellt), ist für den Finanzgerichtsprozess 45 unbeachtlich, weil diese VO nach Art. 2 I 2 VO (EG) Nr. 861/2007 auf finanzgerichtliche Verfahren nicht anwendbar ist. Das Gleiche gilt für Art. 5 f. VO (EU) Nr. 2023/2844 (dazu Voß/Singer RDi 2024, 173), die nach Art. 1 I VO (EU) Nr. 2023/2844 nur in Zivil-, Handels- und Strafsachen anwendbar sind. Im Übrigen ist das Gericht ggf. auf die Rechtshilfe im Einzelfall angewiesen (→ § 76 Rn. 28; → § 82 Rn. 9 f.). Dem G zur Förderung des Einsatzes von Videokonferenztechnik in der Zivilgerichtsbarkeit und den Fachgerichtsbarkeiten (→ Rn. 35) lässt sich zu dieser Frage nichts entnehmen (Schmieder jM 2024, 282 (286)).

48 **b) Gestattung/Anordnung durch das Gericht.** § 155 S. 1 FGO iVm § 128a II und V ZPO kennt zwei Wege, wie es zu einer Videokonferenz kommen kann: Durch **Gestattung auf Antrag** eines Verfahrensbeteiligten iSd § 155 S. 1 FGO iVm § 128a I 3 ZPO oder durch **Anordnung von Amts wegen** (die auch von Amts wegen wieder aufgehoben werden kann; BR-Drs. 228/23, 55; Schmieder jM 2024, 282 (283)). Unter die letztgenannte Fallgruppe fällt auch die Gestattung ggü. Mitgliedern des Gerichts gem. § 155 S. 1 FGO iVm § 128a V 2 FGO (→ Rn. 65 f.), da die weiteren Mitglieder des Gerichts keine Verfahrensbeteiligten iSd § 155 S. 1 FGO iVm § 128a I 3 ZPO sind, denen gem. § 155 S. 1 FGO iVm § 128a III 1 ZPO ein Antragsrecht zusteht. Der Antrag auf Gestattung ist (wie bisher) an keine Frist gebunden, wobei der Antrag nur dann Aussicht auf Erfolg hat, wenn dem Gericht noch die erforderliche Zeit für die notwendigen organisatorischen Maßnahmen zur Verfügung steht (BR-Drs. 228/23, 51; vgl. zum bisherigen Recht FG Nürnberg 6 K 860/22, EFG 2024, 1223).

49 Abweichend von der bisherigen Rechtslage (§ 91a I 1 FGO; → 9. Aufl. § 91a Rn. 5) **entscheidet** gem. § 155 S. 1 FGO iVm § 128a II–V ZPO der **Vorsitzende** durch prozessleitende Verfügung (BR-Drs. 228/23, 51, 53); in Fällen, die nach § 6 dem Einzelrichter oder gem. § 79a III, IV dem Berichterstatter übertragen sind, entscheidet dieser. Über die Durchführung einer Beweisaufnahme im Wege der Videokonferenz entscheidet jedoch in Senatssachen der Senat in Beschlussbesetzung iSd § 5 III (§ 82 FGO iVm § 284 II ZPO; BR-Drs. 228/23, 26; Schmieder jM 2024, 282 (286)). Die antragsgemäße Gestattung muss dem Antragsteller (damit er sich darauf einstellen kann) formlos bekanntgegeben werden; das Gleiche gilt ggü. den übrigen Beteiligten, damit diese sich darauf einstellen können (→ Rn. 57; aA BFH II R 43/22, BStBl. II 2025, 527: für eine mündliche Verhandlung in einem Revisionsverfahren). Die Anordnung einer Videokonferenz setzt die Einspruchsfrist nach § 155 S. 1 FGO iVm § 128a II 2 ZPO in Lauf (→ Rn. 73), so dass die Anordnung zuzustellen ist (§ 53 I).

50 Gem. § 155 S. 1 FGO iVm § 128a III 1 ZPO haben die Verfahrensbeteiligten iSd § 155 S. 1 FGO iVm § 128a I 3 ZPO ein **Recht,** die Teilnahme an der mündlichen Verhandlung per Videokonferenz **zu beantragen.** In geeigneten Fällen und soweit ausreichende Kapazitäten zur Verfügung stehen (§ 155 S. 1 FGO iVm § 128a I 1 ZPO), soll der Vorsitzende dies gestatten. Das ihm ansonsten nach § 155 S. 1 FGO iVm § 128a II 1 ZPO eingeräumte **Ermessen** ist in diesen Fällen auf eine Gestattung **vorgeprägt** (wenn die Verhandlung nicht mit einer Beweisaufnahme verbunden ist; → Rn. 51; → § 82 Rn. 2a). Darin liegt – jedenfalls dem Wortlaut nach – eine Änderung ggü. der bisherigen Rechtslage. Allerdings konnte auch schon unter der Geltung des § 91a die Ablehnung eines Antrags nach § 91a im Rechtsmittelverfahren als **Verletzung des Anspruchs auf rechtliches Gehör** gerügt werden (§ 115 II Nr. 3, § 119 Nr. 3), wenn für den Beteiligten

das Erscheinen am Gerichtsort unzumutbar war und keine sonstigen wesentlichen Belange gegen die Durchführung der Videokonferenz sprachen (BFH VIII B 53/18, BFH/NV 2019, 568; VIII B 4/23, BFH/NV 2024, 685, Rn. 28; Tipke/Kruse/Brandis § 91a Rn. 11 mwN). Auf die Unzumutbarkeit des Erscheinens am Gerichtsort kommt es nun nicht mehr an. Die **Ablehnung** ist **kurz zu begründen** (§ 155 S. 1 FGO iVm § 128a III 2 ZPO; Abweichung von der Grundregel des § 113 II 1; dies gilt nicht, soweit Beweisaufnahmen im Wege der Videokonferenz abgelehnt werden; BT-Drs. 20/9354, 39; Schmieder jM 2024, 282 (286)). Bei einem Verstoß sind keine ausdrücklichen Sanktionen vorgesehen. Er kann sich jedoch im Rechtsmittelverfahren in der Hauptsache zugunsten des unterliegenden Beteiligten auswirken (→ Rn. 74).

Insbesondere **folgende Aspekte** hat der Vorsitzende/Einzelrichter/Berichterstatter **abzuwägen** (vgl. auch BR-Drs. 228/23, 52): 51

- Ist die beim Gericht und den Beteiligten vorhandene **technische Ausstattung** für den vorgesehenen Termin geeignet bzw. welche Probleme technischer oder verfahrensrechtlicher Art (vgl. BR-Drs. 228/23, 49; → Rn. 57, 58, 60) sind mit welcher Wahrscheinlichkeit zu erwarten (vgl. zum bisherigen Recht FG Nürnberg 6 K 860/22, EFG 2024, 1223)?
- Wäre für die Verfahrensbeteiligten iSd § 155 S. 1 FGO iVm § 128a I 3 ZPO eine **Teilnahme an Gerichtsstelle** (mit vertretbarem Aufwand) **möglich?**

Wie schon nach der bisherigen Rechtslage ist zu berücksichtigen, ob in Betracht kommt, dass Schriftstücke (Verträge, Belege usw) iRd Verhandlung überreicht oder in Augenschein genommen werden sollen (→ Rn. 57), und ob dafür bei einer Videokonferenz die technischen Voraussetzungen (Dokumentenkamera oÄ) vorhanden sind. Auch die Bedeutung des persönlichen Eindrucks von dem Verfahrensbeteiligten für die Hauptsacheentscheidung (zB im Falle ergänzender Ausführungen) ist relevant (vgl. FG Hmb 4 K 51/23, BeckRS 2023, 23581; FG Nürnberg 3 K 525/22, BeckRS 2023, 24679). Der Umstand, dass in der mündlichen Verhandlung eine Zeugenvernehmung stattfindet, spricht idR gegen die Gestattung der Videokonferenz (vgl. BGH 3 Ars 14/20, NVwZ 2021, 93; BSG B 13 R 163/20 B, NJW 2022, 422; Gomille/Frenzel/Heffinger RDi 2024, 153 (159 f.)). Im Übrigen gilt die Sollvorschrift des § 155 S. 1 FGO iVm § 128a III 1 ZPO für Beweisaufnahmen nicht, weil § 82 FGO iVm § 284 II ZPO nicht auf § 128a III ZPO verweist (BR-Drs. 228/23, 26). Außerdem spielen allgemeine Gesichtspunkte (Verfahrensbeschleunigung, Einsparungen durch Vermeidung von Reisekosten, Erleichterung der Teilnahme aus Alters- und Gesundheitsgründen, Datensicherheit, Stabilität des Systems, Gefahr der Herstellung illegaler Kopien, Länge des Anfahrtswegs zum Gerichtsort – LSG BW L 8 SB 3672/20, BeckRS 2021, 33127) eine Rolle. Aufgrund der Neuregelung haben die für die Durchführung einer Videokonferenz sprechenden Aspekte ein größeres Gewicht bekommen. Ein Vetorecht der Gegenseite besteht nicht (vgl. BFH IX R 30/22, BStBl. II 2025, 455); Einwände können aber in die Ermessensentscheidung einfließen. Die Genehmigung der Videokonferenz für einen Beteiligten führt nicht zu einem Rechtsanspruch des anderen Beteiligten, wenn es triftige Gründe für die abweichende Entscheidung gibt (vgl. FG Hmb 4 K 51/23, BeckRS 2023, 23581). Das Gericht kann Vorgaben für die technische Ausstattung machen (zB, dass ein Headset verwendet werden muss).

Für die **Ladung** gelten die Vorschriften des § 91 I entspr. § 91 II ist gleichfalls 52
anwendbar, weil § 155 S. 1 FGO iVm § 128a ZPO nicht zur Teilnahme an einer Videokonferenz verpflichtet (Tipke/Kruse/Brandis § 91a Rn. 7; vgl. BFH VI B

128/15, BFH/NV 2016, 1752). – Wird der Antrag auf Gestattung der Videokonferenz nach Zustellung der Ladung zur mündlichen Verhandlung gestellt und wird dem Antrag entsprochen, kann der Termin zur mündlichen Verhandlung durch den Vorsitzenden bzw. Einzelrichter in einen Termin zur Durchführung der mündlichen Verhandlung per Videokonferenz umgewandelt werden.

4. Durchführung der Videokonferenz

55 Für die (mündliche) **Verhandlung** gelten die allgemeinen Regeln. Abgesehen vom Anwendungsbereich der Optionsregelung gem. § 155 S. 1 FGO iVm § 16 EGZPO (→ Rn. 66) findet die mündliche Verhandlung jedenfalls unter **Präsenz mindestens eines Richters** (→ Rn. 65) in einem Sitzungssaal an Gerichtsstelle oder an einem auswärtigen Ort (§ 91 III) statt (§ 155 S. 1 FGO iVm § 128a V 1 ZPO). Die **Öffentlichkeit** (§ 52 I FGO iVm § 169 GVG) ist dadurch hergestellt, dass Zuhörer Zutritt zum Sitzungszimmer iSd § 155 S. 1 FGO iVm § 128a V 1 ZPO haben und dort auch die Übertragung von der Gegenstelle für die Videokonferenz verfolgen können (vgl. BFH IX B 126/16, BFH/NV 2017, 613). Da das Sitzungszimmer der Ort der mündlichen Verhandlung ist, bedarf es keines öffentlichen Zugangs zur Gegenstelle (Tipke/Kruse/Brandis § 91a Rn. 4). Da das G nur den Verfahrensbeteiligten iSd § 155 S. 1 FGO iVm § 128a I 3 ZPO (→ Rn. 40) die Anwesenheit an einem anderen Ort gestattet, ist die Anwesenheit weiterer Personen in den Räumen, zu denen die Videoübertragung vorgenommen wird, nicht zulässig (HHS/Schallmoser § 91a Rn. 36; SPK/Fu § 91a Rn. 5; Ausnahme allenfalls Personen, die eine technische Assistenz leisten). Dafür spricht neben dem Wortlaut des § 155 S. 1 FGO iVm § 128a I 3 ZPO, dass weitere Personen das Risiko erhöhen, dass gegen das Aufzeichnungsverbot verstoßen wird. Die **Beteiligtenöffentlichkeit** (§ 83) ist gewahrt, wenn die mündliche Verhandlung/der Erörterungstermin zeitgleich in Bild und Ton an den Aufenthaltsort der Verfahrensbeteiligten iSd § 155 S. 1 FGO iVm § 128a I 3 ZPO und in das Sitzungszimmer des Gerichts übertragen wird (§ 155 S. 1 FGO iVm § 128a I 2, V 1 ZPO). Auch bei einer Videokonferenz kann gem. § 52 II die **Öffentlichkeit ausgeschlossen** werden. Das Risiko, dass sich gesetzeswidrig Nichtbeteiligte an der Gegenstelle aufhalten, ist nach der aus § 79 I 2 Nr. 1 Hs. 2 FGO iVm § 128a ZPO zu entnehmenden gesetzgeberischen Wertung hinzunehmen (BFH II R 43/22, BStBl. II 2025, 527; FG BW 5 K 1440/21, EFG 2023, 1238; Hildebrand/Kern DStR 2025, 940 (941); restriktiver HHS/Schallmoser § 91a Rn. 36; SPK/Fu § 91a Rn. 5; Tipke/Kruse/Brandis § 91a Rn. 4). Allerdings muss das Videokonferenzsystem für nichtöffentliche Verhandlungen zugelassen sein (Stapperfend FS 75 Jahre FG Münster 253 (258)). Fehlt es daran oder bestehen Anhaltspunkte dafür, dass sich unbefugte Personen an einer Gegenstelle aufhalten, ist die Verhandlung, für die die Öffentlichkeit ausgeschlossen ist bzw. werden soll, abzubrechen.

56 Wenn das Gericht einem oder mehreren Beteiligten usw die Teilnahme an der Verhandlung usw im Wege der Videokonferenz gestattet hat, bleiben **alle Verfahrensbeteiligten** (also auch die, denen die Teilnahme per Videokonferenz gestattet wurde) **befugt, persönlich im Gerichtssaal zu erscheinen** (BSG B 9 SB 76/20 B, NJW 2022, 1639; Windau NJW 2020, 2753 (2755); Schmieder jM 2024, 282; Bacher MDR 2024, 945 (946)); anders wohl im Falle der Anordnung, an der Verhandlung im Wege der Videokonferenz teilzunehmen (vgl. BR-Drs. 228/23, 23), wobei insoweit das Einspruchsrecht gem. § 155 S. 1 FGO iVm § 128a II 2 ZPO besteht (→ Rn. 73). Einen **faktischen Zwang zur Teilnahme**

per Videokonferenz gibt es auch dann **nicht,** wenn nur dadurch eine Verlegung der mündlichen Verhandlung vermieden werden kann. Denn auch in diesem (nunmehr durch § 155 S. 1 FGO iVm § 227 I 3 ZPO geregelten) Fall bleibt dem betroffenen Verfahrensbeteiligten das Einspruchsrecht gem. § 155 S. 1 FGO iVm § 128a II 2 ZPO erhalten (BR-Drs. 228/23, 63; zweifelnd Bacher MDR 2024, 945 (946); zur früheren Rechtslage str.; → § 91 Rn. 5).

Ohne dass dies in § 155 S. 1 FGO iVm § 128a ZPO ausdrücklich geregelt wäre, können die per Videokonferenz zugeschalteten Verfahrensbeteiligten **alle Prozesshandlungen wirksam vornehmen.** Dies ist jedoch selbstverständlich, weil sonst die Vorschriften über die Videokonferenz ihren Sinn verlören. Die Verfahrensbeteiligten müssen sich allerdings darauf einstellen, dass keine **Schriftstücke/Augenscheinsobjekte** in der mündlichen Verhandlung übergeben werden können. Selbst bei einer Übermittlung per elektronischem Rechtsverkehr kann nicht davon ausgegangen werden, dass die Eingänge zeitgleich für die Richter im Sitzungssaal lesbar sind. Nachzureichende Schriftstücke usw sollten daher spätestens am Tag vor der mündlichen Verhandlung übermittelt werden (auch seitens der in Präsenz teilnehmenden Verfahrensbeteiligten, damit die Übermittlung an die per Videokonferenz teilnehmenden Verfahrensbeteiligten sichergestellt werden kann). Zur Vernehmung von **Zeugen und Sachverständigen** s. § 82 FGO iVm § 284 II, III ZPO; → § 82 Rn. 2a; zur Teilnahme von Mitgliedern des Spruchkörpers per Videokonferenz → Rn. 65. 57

Die Übertragung muss das **Geschehen im Gerichtssaal** und an den anderen Übertragungsstationen **so authentisch wie möglich in Bild und Ton übermitteln.** Das Gericht muss iRd **Kameraführung** darauf achten, dass während der gesamten mündlichen Verhandlung die im Gerichtssaal anwesenden Richter, Verfahrensbeteiligten iSd § 155 S. 1 FGO iVm § 128a I 3 ZPO sowie ggf. Zeugen, Sachverständigen und Dolmetscher sichtbar sind (BFH V B 13/22, DStR 2023, 1600; IX B 104/22, BFH/NV 2023, 1414; BR-Drs. 228/23, 49; Windau NJW 2020, 2753 (2754)). Dies muss auch den im Gerichtssaal anwesenden Beteiligten möglich sein, denen ein Hin- und Herdrehen des Kopfes im 180°-Winkel nicht zuzumuten ist. Verbale und nonverbale Äußerungen müssen wie bei persönlicher Präsenz wahrnehmbar sein (BFH IX B 104/22, BFH/NV 2023, 1414; BR-Drs. 228/23, 49; Windau NJW 2020, 2753 (2754); zweifelnd Gomm jM 2024, 128 (129); zu den praktischen Auswirkungen Stapperfend FS 75 Jahre FG Münster 253 (259 f., 262)). Bei der Beteiligung blinder und sehbehinderter Personen muss den Anforderungen des § 52 I FGO iVm § 191a IV GVG genügt werden (dazu BR-Drs. 228/23, 40 f.). Nichtbeteiligte, insbes. **Zuschauer** können (Gomm jM 2024, 128 (130)), müssen aber nicht sicht- und hörbar sein. Deren Anwesenheit oder Nichtanwesenheit oder Äußerungen sind niemals entscheidungsrelevant. Eine Überprüfung, ob das Gericht die **Öffentlichkeit** hergestellt hat, ist im Wege der Videokonferenz ohnehin nicht möglich. Wer insoweit nicht auf das Protokoll vertrauen will, ist auf die Teilnahme im Gerichtssaal verwiesen (Windau NJW 2020, 2753 (2754); Gomm jM 2024, 128 (130)). 58

Den Verfahrensbeteiligten iSd § 155 S. 1 FGO iVm § 128a I 3 ZPO ist ausnahmslos **untersagt,** im Wege der Videokonferenz durchgeführte Verhandlungen **aufzuzeichnen,** worüber sie zu Beginn der Verhandlung zu **belehren** sind (§ 155 S. 1 FGO iVm § 128a VI 1 und 2 ZPO). Dies gilt im Umkehrschluss zu § 155 S. 1 FGO iVm § 128a VI 3 ZPO auch für das Gericht, soweit dieses nicht gem. § 94 FGO iVm § 160a II 2 ZPO eine Beweisaufnahme in Bild und Ton aufzeichnet (ähnlich bereits der vom 1.1.2001 bis 31.10.2013 geltende § 93a I 4, II FGO; 59

→ Vor § 1 Rn. 12, 31; → 7. Aufl. § 93a Rn. 7 f.). Im Fall der Aufzeichnung einer Beweisaufnahme sind die Verfahrensbeteiligten iSd § 155 S. 1 FGO iVm § 128a I 3 ZPO über Beginn und Ende der Aufzeichnung zu informieren (§ 155 S. 1 FGO iVm § 128a VI 4 ZPO; auch → Rn. 61). Mit dem grds. Aufzeichnungsverbot soll aus Gründen des Persönlichkeitsschutzes der Gefahr der Veröffentlichung vorgebeugt werden (BR-Drs. 228/23, 54 f.; vgl. grds. § 52 FGO iVm § 169 I 2 GVG, → § 52 Rn. 2 f.).

60 Kommt eine Verbindung nicht zustande, **stürzt das System ab** oder wird die Übertragung aus anderen technischen Gründen unterbrochen, muss sich das Gericht vertagen (→ § 91 Rn. 2; vgl. OLG Celle 24 W 3/22, NJW-RR 2022, 1653; Hildebrand/Kern DStR 2025, 940 (945 f.)). Da § 155 S. 1 FGO iVm § 128a I 2 ZPO die Übertragung von Bild und Ton voraussetzt, gilt dies auch bei einer **längeren Bildstörung** (HHS/Schallmoser § 91a Rn. 42; Tipke/Kruse/Brandis § 91a Rn. 10; Windau NJW 2020, 2753 (2754); Resch/Erden jM 2022, 46 (50); Gomille/Frenzel/Heffinger RDi 2024, 153 (161); Stapperfend FS 75 Jahre FG Münster 253 (263 f.); glA wohl BFH IX B 104/22, BFH/NV 2023, 1414; Gomm jM 2024, 128 (130, 132); aA HessFG 8 K 1324/10, EFG 2014, 2061; Gosch/Holle § 91a Rn. 44). Wenn die Bildstörung nur vorübergehend war, kommt alternativ die Wiederholung der Passagen der Verhandlung in Betracht, während der die Übertragung gestört war. Ferner kann eine fehlende Tonübertragung über das Videokonferenzsystem durch eine zeitgleiche Tonübertragung per Telefon ersetzt werden (Stapperfend FS 75 Jahre FG Münster 253 (264)). Bei einer nicht behebbaren Störung ist die Vertagung den Beteiligten schriftlich bekannt zu geben. Eine Vertagung ist aber dann entbehrlich, wenn die Störung der Übertragung auf einer unzureichenden technischen Ausstattung eines Beteiligten beruht, wozu der Beteiligte, der die Störung behauptet, substantiiert vortragen muss (BVerfG 1 BvR 1615/23, NJW 2024, 891; BFH IX B 56/23, BFH/NV 2024, 292; Schumann DStR 2022, 1359 (1361); Stapperfend FS 75 Jahre FG Münster 253 (265); aA Hildebrand/Kern DStR 2025, 940 (946)).

61 Die allg. Vorschriften über die **Protokollführung** (§ 94) sind zu beachten. Ferner ist nach § 94 FGO iVm § 160 I Nr. 2 und 4 ZPO aufzunehmen, wer an der mündlichen Verhandlung im Wege der Videokonferenz teilnimmt. Die Angabe, von welchem Ort dies geschieht (§ 94 FGO iVm § 160 I Nr. 4 ZPO aF) ist nur noch dann erforderlich, wenn Teilnehmer der Videokonferenz nach § 155 S. 1 FGO iVm § 284 III ZPO von einer anderen Gerichtsstelle zugeschaltet werden (§ 94 FGO iVm § 160 I Nr. 4 ZPO nF). Nach der Abschaffung der Auslagenpauschale nach Nr. 9019 KV zum GKG (→ Rn. 38; → Rn. 72; → 9. Aufl. § 91a Rn. 16) besteht auch keine Notwendigkeit mehr, aus diesem Grund den Beginn und das Ende der Videokonferenz im Protokoll zu vermerken. § 155 S. 1 FGO iVm § 128a VI 2 ZPO und § 94 FGO iVm § 160a II 2 ZPO ermöglichen nunmehr auch, Beweisaufnahmen in Bild und Ton aufzuzeichnen (→ Rn. 59; § 94 Rn. 11). Zu den wesentlichen Vorgängen iSd § 94 FGO iVm § 160 II ZPO gehören die Hinweise nach § 155 S. 1 FGO iVm § 128a VI 2 und 4 ZPO sowie das Auftreten technischer Störungen im Laufe der Verhandlung und deren Rüge durch Verfahrensbeteiligte.

5. Teilnahme von Richtern im Wege der Videokonferenz

65 Nach § 155 S. 1 FGO iVm § 128a V 2 ZPO kann der Vorsitzende auch **Mitgliedern des Gerichts** bei Vorliegen erheblicher Gründe gestatten, an

der mündlichen Verhandlung im Wege der Videokonferenz teilzunehmen. Der Vorsitzende muss (abgesehen von den Optionsfällen iSd § 155 S. 1 FGO iVm § 16 EGZPO; → Rn. 66) in Präsenz verhandeln. Daher können Einzelrichter und (allein verhandelnde) Berichterstatter sich nach der bundesweiten Regelung nicht per Videokonferenz zuschalten. **Erhebliche Gründe** für die Teilnahme per Videokonferenz können insbes. medizinischer Natur sein (wenn der Richter arbeits-, aber nicht reisefähig ist oder die Gefahr besteht, dass er oder die übrigen Mitglieder des Gerichts sich mit einer Krankheit infizieren; BR-Drs. 228/23, 54). Auch ein plötzlich eintretender Vertretungsfall bei einem langen Anfahrtsweg des Vertreters kann Anlass zur Zuschaltung eines Richters geben. Dagegen dürfte die reine Ersparnis von Zeit und finanziellem Aufwand für die Anreise zum Gericht allein idR nicht ausreichen, da es sich um eine Ausnahmeregelung handelt (BR-Drs. 228/23, 24, 54; anders uU, wenn dadurch ein Verhinderungsfall vermieden wird). Es dürften auch der entfallende Aufwand sowie Umfang und Bedeutung der richterlichen Tätigkeit abzuwägen sein. Da das G von „gestatten" spricht, ist ein (formloser) Antrag des Richters erforderlich. Die Gestattung setzt des Weiteren (ohne dass dies ausdrücklich geregelt wäre) voraus, dass der zugeschaltete Richter auch ohne Präsenz im Gerichtssaal den erforderlichen **Zugang zum Prozessstoff** hat (zu ehrenamtlichen Richtern → § 16 Rn. 4). Bei Berufsrichtern dürfte dies im Zeitalter elektronischer Aktenführung und der Einrichtung von Fernzugriffen auf den gerichtlichen Datenbestand idR unproblematisch sein, während ehrenamtliche Richter typischerweise keinen Fernzugriff auf elektronische Akteninhalte haben. Schließlich ist zu berücksichtigen, dass sich an die mündliche Verhandlung üblicherweise die Beratung anschließt, die zwar grds. auch im Wege der Videokonferenz stattfinden kann, aber gesteigerte Anforderungen an die Datensicherheit voraussetzt (→ Rn. 68).

§ 155 S. 1 FGO iVm § 16 EGZPO erlaubt der Bundesregierung (für die Bundesgerichte) und den Landesregierungen per Rechtsverordnung **vollvirtuelle Videoverhandlungen** zuzulassen, an denen alle Beteiligten (also auch sämtliche Richter) an der Videokonferenz teilnehmen. In diesen Fällen sind die Verhandlung und die Verkündung zur Herstellung der Öffentlichkeit in einen Raum an Gerichtsstelle zu übertragen (§ 155 S. 1 FGO iVm § 16 IV und V EGZPO). Insoweit wäre es zwingend, dass die Verfahrensbeteiligten ebenfalls per Videokonferenz an der Verhandlung teilnehmen (BR-Drs. 228/23, 25). 66

6. Beratung

Die **Beratung** kann gem. § 155 S. 1 FGO iVm § 193 I GVG nF mit sämtlichen Richtern per Videokonferenz erfolgen, wenn nach den Gesamtumständen (insbes. verwendetes Videokonferenzsystem, räumliche Verhältnisse bei den teilnehmenden Richtern) die Wahrung des Beratungsgeheimnisses gewährleistet ist (klarstellende Regelung, vgl. BR-Drs. 228/23, 41 f.; BFH IV R 35/19, NJW 2021, 1558; BGH LwZR 2/20, NJW-RR 2021, 190). Diese Regelung ist ausgehend von der vor Inkrafttreten des § 193 I GVG nF vertretenen Auffassung des BGH auch bei der Teilnahme ehrenamtlicher Richter anwendbar (BGH LwZR 2/20, NJW-RR 2021, 190). Da Beratungen mit ehrenamtlichen Richtern typischerweise im Zusammenhang mit Verhandlungen stattfinden, dürfte es in der Praxis dafür nur wenige Anwendungsfälle geben (→ Rn. 65). 68

7. Verkündung

70 Während § 91a keine ausdrückliche Regelung zur Teilnahme an der **Urteilsverkündung** im Wege der Videokonferenz enthielt (→ 9. Aufl. § 91a Rn. 15; ohne abschließende Stellungnahme BFH VI B 5/22, BFH/NV 2022, 1205), ist nunmehr durch **§ 104 I 3 nF** klargestellt worden, dass der Vorsitzende den Verfahrensbeteiligten iSd § 155 S. 1 FGO iVm § 128a I 2 ZPO auch daran die Teilnahme im Wege der Videokonferenz gestatten kann (entspricht § 310 I 3 ZPO nF). Wie nach der bisherigen Rechtslage (→ 9. Aufl. § 91a Rn. 15; BFH VI B 5/22, BFH/NV 2022, 1205) ist der Vorsitzende dazu nicht verpflichtet; § 104 I 3 enthält auch keine Vorprägung des Ermessens. Als Ablehnungsgrund dürfte in der Praxis vielfach angeführt werden können, dass die Verkündung finanzgerichtlicher Entscheidungen (wegen der Notwendigkeit, dass die ehrenamtlichen Richter anwesend sind) typischerweise gebündelt am Ende des Sitzungstags zu einem nicht genau vorhersehbaren Zeitpunkt stattfindet und dass die Beteiligten durch die elektronische Protokollübersendung oder eine telefonische Abfrage zeitnah über den Tenor informiert werden (können). Anders verhält es sich in den Optionsfällen (§ 155 S. 1 FGO iVm § 16 V EGZPO; → Rn. 66). Insoweit wäre eine Verkündung in Präsenz nur bei Anberaumung eines gesonderten Verkündungstermins denkbar.

8. Kosten

72 Nach der Abschaffung der Auslagenpauschale (Nr. 9019 KV zum GKG aF; → Rn. 38) lösen Videokonferenzen **keine besonderen Kosten mehr** aus. Zu erwägen ist, ob für vor dem 19.7.2024 (→ Rn. 35) eingegangene Verfahren gem. § 71 GKG die Auslagenpauschale weiterhin zu erheben ist. Dagegen spricht jedoch die Gesetzesbegründung (BR-Drs. 228/23, 26), nach der die Aufwendungen für die Videotechnik zu den Allgemeinkosten der Rechtspflege gehören, die mit den Gerichtsgebühren abgegolten sind, so dass die Auslagenpauschale nicht mehr zeitgemäß sei. Die für die Durchführung der Videokonferenz erforderliche technische Ausstattung entspricht dem, was inzwischen in Büros und Haushalten üblich ist (BR-Drs. 228/23, 31), so dass Aufwendungen dafür auch dann nicht nach § 139 I erstattungsfähig sind, wenn Ausstattung anlässlich einer Videokonferenz angeschafft worden ist.

9. Rechtsbehelfe und Rechtsmittel

73 Die **Entscheidungen des Vorsitzenden**/Einzelrichters/Berichterstatters gem. § 155 S. 1 FGO iVm § 128a II–VI ZPO sind (mit Ausnahme des Einspruchsrechts gem. § 155 S. 1 FGO iVm § 128a II 2 ZPO) zwecks Beschleunigung der Verfahren (BR-Drs. 228/23, 56) entspr. der bisherigen Rechtslage (§ 91a III 2 aF) **nicht anfechtbar** (§ 155 S. 1 FGO iVm § 128a VII ZPO). Das **Einspruchsrecht** (eine besondere Form eines Rechtsbehelfs) steht denjenigen Verfahrensbeteiligten iSd § 155 S. 1 FGO iVm § 128a I 3 ZPO zu, deren Teilnahme an der Videokonferenz der Vorsitzende gem. § 155 S. 1 FGO iVm § 128a II 1 ZPO angeordnet hat (ggf. auch, soweit dies zur Vermeidung einer Terminverlegung gem. § 155 S. 1 FGO iVm § 227 I 3 ZPO geschieht; → Rn. 56). Die Gesetzesmaterialien gehen davon aus, dass auch gegen eine antragsgemäße „Anordnung" Einspruch eingelegt werden kann (BR-Drs. 228/23, 55). Diese Auffassung dürfte mit der Gesetz gewordenen Formulierung nicht in Einklang stehen, da die positive Entscheidung auf einen Antrag auf Durchführung einer Videokonferenz mit

Gestattung bezeichnet wird (vgl. § 128 III 1 ZPO). Der Einspruch ist innerhalb einer **Frist von zwei Wochen** einzulegen (jedoch längstens bis zum Beginn der mündlichen Verhandlung; BR-Drs. 228/23, 55). Nach § 54 beginnt sie mit der Zustellung der Anordnung gem. § 155 S. 1 FGO iVm § 128a II 1 ZPO. Auf das Einspruchsrecht ist mit der Anordnung hinzuweisen (§ 155 S. 1 FGO iVm § 128a II 3 ZPO; vgl. Schmieder jM 2024, 282 (283)). Unterbleibt dieser Hinweis, beträgt die Einspruchsfrist gem. § 55 II ein Jahr. Eine Begründung ist nicht erforderlich. Die fristgerechte Einlegung des Einspruchs verpflichtet den Vorsitzenden dazu, ohne weitere Sachprüfung die Anordnung gem. § 155 S. 1 FGO iVm § 128a II 1 ZPO aufzuheben (und zwar ggü. sämtlichen Verfahrensbeteiligten, ggü. denen eine solche Anordnung ergangen ist; § 155 S. 1 FGO iVm § 128a IV 1 ZPO). Soweit anderen Verfahrensbeteiligten auf einen Antrag iSd § 155 S. 1 FGO iVm § 128a II 1 ZPO gestattet worden war, an der Verhandlung im Wege der Videokonferenz teilzunehmen, bleibt diese Gestattung von der Aufhebung nach § 155 S. 1 FGO iVm § 128a IV 1 ZPO unberührt. Den Verfahrensbeteiligten, die Adressaten einer Teilnahmeanordnung waren, jedoch keinen Einspruch eingelegt haben, soll der Vorsitzende nach Aufhebung der Teilnahmeanordnung die freiwillige Teilnahme im Wege der Videokonferenz gestatten (§ 155 S. 1 FGO iVm § 128a IV 2 ZPO), was die Verfahrensbeteiligten ohnehin beantragen könnten (§ 155 S. 1 FGO iVm § 128a IV 3 ZPO).

Die Ablehnung eines Antrags nach § 155 S. 1 FGO iVm § 128a II 1 ZPO kann **74** im Rechtsmittelverfahren als **Verletzung des Anspruchs auf rechtliches Gehör** gerügt werden (§ 115 II Nr. 3, § 119 Nr. 3). Dies galt nach der alten Rechtslage, wenn für den Beteiligten das Erscheinen am Gerichtsort unzumutbar war, die technischen Voraussetzungen für die Durchführung einer Videokonferenz vorlagen und keine sonstigen wesentlichen Belange gegen die Durchführung der Videokonferenz sprachen (BFH VIII B 53/18, BFH/NV 2019, 568; VIII B 4/23, BFH/NV 2024, 685, Rn. 28; Tipke/Kruse/Brandis § 91a Rn. 11 mwN). In Anbetracht der Sollvorschriften des § 155 S. 1 FGO iVm § 128a III 1, IV 2 ZPO dürfte es nicht mehr darauf ankommen, ob für den Verfahrensbeteiligten das Erscheinen am Gerichtsort unzumutbar war. Wenn die dem Erscheinen am Gerichtsort entgegenstehenden Gründe vorübergehender Natur sind (wie zB Kollisionen mit anderen Gerichtsterminen), muss der Beteiligte einen Antrag auf Terminverschiebung stellen. Wird ein Termin als Videokonferenz durchgeführt, obwohl es dem per Bild- und Tonübertragung zugeschalteten Verfahrensbeteiligten aufgrund technischer Störungen nicht möglich ist, vollständig zu folgen, kann ebenfalls die Verletzung des Anspruchs auf rechtliches Gehör im Rechtsmittelverfahren gerügt werden (Tipke/Kruse/Brandis § 91a Rn. 11 mwN). Auf die Rügen kann aber ggf. durch rügeloses Einlassen (§ 155 S. 1 FGO iVm **§ 295 ZPO**) verzichtet werden (BSG B 9 SB 76/20 B, NJW 2022, 1639; HessFG 8 K 1324/10, EFG 2014, 2061). Technische Störungen müssen unverzüglich gerügt werden (vgl. allerdings zur fehlenden oder jedenfalls eingeschränkten Anwendbarkeit des § 295 ZPO bei nicht fachkundig vertretenen Beteiligten BFH IX B 104/22, BFH/NV 2023, 1414; → § 76 Rn. 39; → § 115 Rn. 295). Soweit der BFH darin, dass das Gericht für den zugeschalteten Beteiligten nicht vollständig sichtbar war, einen nicht verzichtbaren Besetzungsmangel gesehen hat (BFH V B 13/22, DStR 2023, 1600; IX B 56/23, BFH/NV 2024, 292), ist diese Rspr. durch die gegenteilige Rspr. des BVerfG (1 BvR 1615/23, NJW 2024, 891 – verzichtbarer Verstoß gegen das Gebot des fairen Verfahrens) überholt (Wiesmann HFR 2024, 325; Zschieschack NJW 2024, 893; Stapperfend FS 75 Jahre FG Münster, 253 (260f.); iE glA BFH I B 60/22, BFH/NV 2024,

395; Windau NJW 2020, 2753 (2754); Schumann DStR 2022, 1359 (1362); Einsfelder jM 2024, 24 (32 f.); Gomm jM 2024, 128 (129)). Aus dem G zur Förderung des Einsatzes von Videokonferenztechnik in der Zivilgerichtsbarkeit und den Fachgerichtsbarkeiten (→ Rn. 35) lässt sich zu diesen Fragen nichts entnehmen (Schmieder jM 2024, 282 (284)).

§ 90a [Entscheidung durch Gerichtsbescheid]

(1) **Das Gericht kann in geeigneten Fällen ohne mündliche Verhandlung durch Gerichtsbescheid entscheiden.**

(2) [1]**Die Beteiligten können innerhalb eines Monats nach Zustellung des Gerichtsbescheides mündliche Verhandlung beantragen.** [2]**Hat das Finanzgericht in dem Gerichtsbescheid die Revision zugelassen, können sie auch Revision einlegen.** [3]**Wird von beiden Rechtsbehelfen Gebrauch gemacht, findet mündliche Verhandlung statt.**

(3) **Der Gerichtsbescheid wirkt als Urteil; wird rechtzeitig mündliche Verhandlung beantragt, gilt er als nicht ergangen.**

(4) **Wird mündliche Verhandlung beantragt, kann das Gericht in dem Urteil von einer weiteren Darstellung des Tatbestands und der Entscheidungsgründe absehen, soweit es der Begründung des Gerichtsbescheides folgt und dies in seiner Entscheidung feststellt.**

Vgl. § 84 VwGO; § 105 SGG.

Literatur: Bilsdorfer, Kostenrecht: Entstehung einer Terminsgebühr bei erfolgreichem Gerichtsbescheid, AO-StB 2023, 23; Eggesiecker/Ellerbek, Nichtanwendungsprophylaxe der Finanzverwaltung durchkreuzen, DStR 2007, 1427; Fischer, Der Gerichtsbescheid in der Finanz-, Sozial- und Verwaltungsgerichtsbarkeit, JuS 2013, 611; Merold, Rechtsmittel und Rechtsbehelfe gegen Entscheidungen durch Gerichtsbescheid, NVwZ 2017, 836; Rößler, Der Gerichtsbescheid im finanzgerichtlichen Verfahren, DStZ 1994, 84; Schmidt, Anmerkung zu Eggesiecker/Ellerbek (DStR 2007, 1427), DStR 2007, 1996; Schmieszek, Änderungen im finanzgerichtlichen Verfahren zum 1.1.1993, DB 1993, 12.

Übersicht

	Rn.
A. Vorbemerkungen	1
I. Allgemeines	1
II. Anwendungsbereich	3
B. Die Regelungen des § 90a	5
I. Voraussetzungen der Entscheidung durch Gerichtsbescheid (§ 90a I)	5
II. Verfahren	6
III. Entscheidung, ob Gerichtsbescheid ergehen soll	9
IV. Wirkungen des Gerichtsbescheides (§ 90a III)	12
V. Rechtsbehelfe, Rechtsmittel (§ 90a II)	15
1. Antrag auf mündliche Verhandlung, Revision	15
2. Einzelheiten zum Antrag auf mündliche Verhandlung	19
3. Rechtsbehelfe/Rechtsmittel gegen Gerichtsbescheide des Einzelrichters	26
VI. Begründungserleichterungen	27

A. Vorbemerkungen

I. Allgemeines

1 § 90a dient der Beschleunigung und Straffung des finanzgerichtlichen Verfahrens. Die Vorschrift ermöglicht es den Finanzgerichten, in einem vereinfachten Verfahren zu entscheiden. – **Verfassungsrechtliche Bedenken** gegen die Regelung (Art. 19 IV, 101, 103 I GG) sind schon deshalb nicht begründet, weil nach der geltenden Regelung jeder Beteiligte die Möglichkeit hat, die mündliche Verhandlung zu beantragen (vgl. HHS/Schallmoser § 90a Rn. 7 f.). – Dem entsprechend bestehen auch keine Bedenken gegen eine Vereinbarkeit des § 90a mit **Art. 6 I 2 EMRK** (sofern dieser überhaupt anwendbar ist; → 9. Aufl. Anh. Rn. 220 ff.; Gosch/Wendl § 90a Rn. 3).

2 **§ 90a durchbricht den Grundsatz der Mündlichkeit** (→ § 90 Rn. 1 ff.). Aus Gründen der Prozessökonomie ist es den Finanzgerichten und dem BFH gestattet, in Klagesachen – unabhängig von der Zustimmung der Beteiligten – ohne mündliche Verhandlung durch Gerichtsbescheid (**bis 1992: Vorbescheid** gem. § 90 III aF) zu entscheiden. Das Mündlichkeitsprinzip wird allerdings auf Antrag eines der Beteiligten wiederhergestellt, wenn bestimmte Voraussetzungen erfüllt sind (→ Rn. 15 ff.). Seit der Neuregelung des § 90a durch das 2. FGO-ÄndG (→ Vor § 1 Rn. 11 f.) kann das FG in Klageverfahren keine Entscheidung ohne mündliche Verhandlung gegen den Willen der Beteiligten mehr herbeiführen (anders der BFH, auch in Revisionssachen, s. §§ 126 I, 126a). – Der Gerichtsbescheid setzt die Beteiligten von der Meinung des Gerichts in Kenntnis und gibt ihnen dadurch die Möglichkeit, zu den ihnen angreifbar erscheinenden Punkten besonders Stellung zu nehmen.

II. Anwendungsbereich

3 § 90a regelt den Erlass eines Gerichtsbescheides durch den in erster Instanz zuständigen **Senat des FG.** Die Vorschrift gilt gem. § 121 S. 1 **auch für den BFH** im Revisionsverfahren (zur Unanwendbarkeit im Beschwerdeverfahren s. BFH VII B 142/95, BFH/NV 1996, 333). Da der **Einzelrichter (§ 6)** in jeder Hinsicht an die Stelle des Senats tritt, ist § 90a auch insoweit anwendbar (BFH II R 77/93, BStBl. II 1994, 118; VI R 7/99, NVwZ-RR 2000, 192; Schmieszek DB 1993, 12 (13)). – Zum Erlass eines Gerichtsbescheides gem. **§ 79a II, IV** durch den Vorsitzenden bzw. den Berichterstatter → § 79a Rn. 21 ff. Die Regelungen unterscheiden sich insoweit, dass der Vorsitzende bzw. Berichterstatter iRd Gerichtsbescheids nicht die Revision zulassen kann, so dass gegen den Gerichtsbescheid nach § 79a II, IV allein der Rechtsbehelf des Antrags auf mündliche Verhandlung gegeben ist. Diese klare Regelung steht einer Anwendung des § 90a II 2 auf den Gerichtsbescheid durch den Vorsitzenden bzw. Berichterstatter entgegen (BFH VI R 85/98, BStBl. II 1999, 302). Zum Erlass eines Gerichtsbescheids durch den konsentierten Einzelrichter (§ 79a III, IV) → § 79a Rn. 30, 33.

4 Der **Gerichtsbescheid** kann grds. nur **an** die **Stelle eines** über einen selbständigen prozessualen Anspruch befindenden **Urteils,** nicht eines Beschlusses treten. Selbständige **Antragsverfahren** (zB §§ 69, 114) können deshalb nicht durch Gerichtsbescheid abgeschlossen werden (BFH VII B 142/95, BFH/NV 1996, 333). Andererseits braucht durch den Gerichtsbescheid nicht stets abschließend über die Klage entschieden zu werden. Möglich ist auch der Erlass von Gerichtsbe-

scheiden anstelle von **Zwischen-, Teil- oder Grundurteilen** (§§ 97–99; → § 99 Rn. 9, 14; Tipke/Kruse/Brandis § 99 Rn. 15; Kopp/Schenke/Schenke VwGO § 84 Rn. 4; ebenso BFH XI R 17/93, BStBl. II 1994, 439; X R 15/18, BFH/NV 2020, 526 betr. Zwischenurteil; vgl. auch BFH IV R 39/97, BStBl. II 1999, 28 (30)).

B. Die Regelungen des § 90a

I. Voraussetzungen der Entscheidung durch Gerichtsbescheid (§ 90a I)

5 § 90a I gibt dem Gericht **in geeigneten Fällen** die Möglichkeit, ohne mündliche Verhandlung durch Gerichtsbescheid zu entscheiden. Geeignet sind alle Fälle, in denen der Erlass eines Gerichtsbescheides ohne Beeinträchtigung des Rechtsschutzes der Beteiligten möglich und vertretbar ist (vgl. Kopp/Schenke/Schenke VwGO § 84 Rn. 7). Verfahren, in denen eine weitere Sachaufklärung erforderlich ist, können deshalb nicht durch Gerichtsbescheid entschieden werden (→ § 90 Rn. 20 aE). Die **Notwendigkeit weiterer Ermittlungen hindert den Erlass eines Gerichtsbescheides** jedoch nur solange, bis der entscheidungserhebliche Sachverhalt zB durch Beweiserhebungen nach §§ 79 III, 81 II oder Maßnahmen nach § 79 I Nr. 2–4 geklärt ist. Das ist der Fall, wenn das Gericht iSd § 96 I davon überzeugt ist, dass sich – auch in einer mündlichen Verhandlung – keine neuen Gesichtspunkte mehr ergeben können. – Nach der Vorstellung des Gesetzgebers kam der Erlass eines Gerichtsbescheides in Streitigkeiten, die **besondere Schwierigkeiten rechtlicher oder tatsächlicher Art** aufweisen (→ § 6 Rn. 11), regelmäßig nicht in Betracht (vgl. BT-Drs. 12/1061, 18; s. auch § 84 I 1 VwGO; großzügiger Schmieszek DB 1993, 12 (13)). Dies erscheint nicht in jedem Fall zutr. Insbes. in rechtlich schwierigen Fällen ist mit einer Förderung durch Beiträge der ehrenamtlichen Richter idR nicht zu rechnen (vgl. FG Köln 3 K 1250/13, EFG 2019, 1863, Rn. 234, von BFH V R 4/19, MwStR 2021, 533 nicht beanstandet; Tipke/Kruse/Brandis § 90a Rn. 3; HHS/Schallmoser § 90a Rn. 26; Gosch/Wendl § 90a Rn. 17). Im Übrigen ist eine Entscheidung durch Gerichtsbescheid nach der gesetzlichen Regelung auch dann nicht von vornherein ausgeschlossen, wenn die Sache **grundsätzliche Bedeutung** (→ § 6 Rn. 12) hat (HHS/Schallmoser § 90a Rn. 26; Rößler DStZ 1994, 84; einschränkend Kopp/Schenke/Schenke VwGO § 84 Rn. 8). § 90a II 2 (→ Rn. 16) gibt den Beteiligten vielmehr in diesen Fällen die Möglichkeit, den Gerichtsbescheid mit der Revision anzufechten. Ist der Sachverhalt geklärt, kann es in Streitsachen von grundsätzlicher Bedeutung sogar im Interesse der Beteiligten (Beschleunigung des Verfahrens) liegen, durch Gerichtsbescheid zu entscheiden. – Entsprechendes wird man für den Fall des § 115 II Nr. 2 (Zulassung der Revision im Interesse der Fortbildung des Rechts oder der Sicherung einer einheitlichen Rspr.) annehmen müssen.

II. Verfahren

6 Den Beteiligten (§ 57) ist vor dem Erlass eines Gerichtsbescheides **kein rechtliches Gehör** (Art. 103 I GG) zu der Frage, ob durch Gerichtsbescheid entschieden werden soll, zu gewähren (BFH V R 62/10, BFH/NV 2014, 1210; aA BFH IV R 48/98, BStBl. II 1999, 531 zur früheren Rechtslage). Nachdem nach der aktuellen

Rechtslage immer der Antrag auf mündliche Verhandlung gestellt werden kann, ist durch diesen Antrag schon das rechtliche Gehör gewahrt.

Das **FG entscheidet** bei Erlass eines Gerichtsbescheides **ohne** die **ehrenamtlichen Richter** (§ 5 III 2), ggf. (§§ 6, 79a III, IV) entscheidet der **Einzelrichter** allein. Der **BFH** entscheidet stets in voller Besetzung (→ § 10 Rn. 1). 7

Hinsichtlich der **Form,** des **Inhalts** und der **Zustellung** des Gerichtsbescheides gelten nach § 106 die für Urteile erlassenen Vorschriften der §§ 104, 105 sinngemäß (BFH II B 91/05, BFH/NV 2007, 256 (257)). Dem entsprechend sind den Beteiligten gem. § 53 II FGO iVm § 317 I 1 ZPO Abschriften des Gerichtsbescheids zuzustellen, eine Ausfertigung nur auf Antrag (§ 53 II FGO iVm § 317 II ZPO). Zur Berichtigung nach § 107, wenn ein Urteil aufgrund mündlicher Verhandlung irrtümlich als Gerichtsbescheid bezeichnet wird s. BFH X B 161/11, BFH/NV 2013, 392. Der Gerichtsbescheid **muss begründet werden.** Dabei sind bestimmte **Besonderheiten** (→ Rn. 10) zu beachten. Zur Frage, bis zu welchem Zeitpunkt beim Gericht eingehende Schriftsätze der Beteiligten noch berücksichtigt werden müssen, → § 90 Rn. 22, 23; BFH VI R 104/93, BFH/NV 1998, 322. – Der Gerichtsbescheid ist mit einer **Rechtsmittelbelehrung** zu versehen (→ § 55 Rn. 10, 12) und kann gem. §§ 90a III Hs. 1, 151 III für vorläufig vollstreckbar erklärt werden (FG BBg 13 K 13287/10, EFG 2013, 51; Gosch/Brandt § 151 Rn. 33, → § 151 Rn. 3; aA FG Hmb 4 K 22/11, EFG 2012, 865; FG BBg 8 K 8236/09, BeckRS 2012, 95728; dem teilweise folgend Tipke/Kruse/Brandis § 90a Rn. 7). 8

III. Entscheidung, ob Gerichtsbescheid ergehen soll

Die Entscheidung, **ob** der Rechtsstreit **durch Gerichtsbescheid** entschieden werden soll, **steht im Ermessen** des Gerichts (BFH X K 5/20, DStR 2022, 881, Rn. 60). Bei der Ermessensentscheidung ist neben dem Zweck der Regelung (→ Rn. 1) das Rechtsschutzinteresse der Beteiligten zu berücksichtigen. Insbesondere ist abzuwägen, ob nicht eine Entscheidung aufgrund mündlicher Verhandlung sachgerechter wäre (→ Rn. 5; s. auch Meyer-Ladewig NJW 1978, 858). Außerdem muss sich das Gericht mit etwaigen Argumenten der Beteiligten auseinandersetzen. – Die **Einwilligung** der Beteiligten verlangt das Gesetz jedoch **nicht.** – Ein Gerichtsbescheid kommt daher auch in Betracht, wenn eine mündliche Verhandlung vertagt wurde (nicht nur unterbrochen; → § 27 Rn. 7; → § 81 Rn. 9), so dass ggf. in neuer Besetzung erneut verhandelt werden müsste (HessFG 9 K 596/19, DStRE 2021, 252). 9

Die **Entscheidung, dass der Erlass eines Gerichtsbescheides zweckmäßig ist,** trifft das Gericht iRd Erlasses des Gerichtsbescheids. Eines gesonderten Beschlusses bedarf es nicht (Gosch/Wendl § 90a Rn. 24). In den Gründen des Gerichtsbescheides müssen bei Zulassung der Revision die für seinen Erlass maßgebenden Gründe dargelegt werden; anderenfalls wäre eine Überprüfung der Ermessensentscheidung im Revisionsverfahren nicht möglich (Tipke/Kruse/Brandis § 90a Rn. 7; HHS/Schallmoser § 90a Rn. 32; aA Gosch/Wendl § 90a Rn. 24). 10

IV. Wirkungen des Gerichtsbescheides (§ 90a III)

Der Gerichtsbescheid ersetzt die Entscheidung durch Urteil, wenn kein Antrag auf mündliche Verhandlung (→ Rn. 15 ff.) gestellt wird (§ 90a III). Legt keiner der Beteiligten Revision (→ Rn. 16) ein und wird auch nicht rechtzeitig 12 mündliche Verhandlung beantragt, **wirkt** der Gerichtsbescheid **als rechtskräftiges Urteil.** Ein Urteil, in dem die Urteilswirkung des Gerichtsbescheides festgestellt wird, hat lediglich die Entscheidung zum Gegenstand, dass die Antragsfrist versäumt worden und keine Wiedereinsetzung zu gewähren ist (BFH VI B 90/02, BFH/NV 2003, 336 (337); IV B 147/11, BFH/NV 2012, 1614; → Rn. 25).

13 Nennenswerte **Kostenvorteile** sind nach den gesetzlichen Gebührentabellen mit der Beendigung des Verfahrens durch Gerichtsbescheid statt durch Urteil **nicht** verbunden. Es entstehen Gerichtsgebühren in gleicher Höhe (Nr. 6110, 6111 der Anlage 1 zu § 3 II GKG), ebenso Gebühren für den Bevollmächtigten (auch eine Terminsgebühr: Nr. 3202 II RVG-VV; VG Brem 3 E 807/22, NVwZ-RR 2022, 887; Bilsdorfer AO-StB 2023, 23; aA VG Brem 1 E 192/22, BeckRS 2022, 5807) mit Ausnahme der Reisekosten sowie Tage- und Abwesenheitsgelder (Nr. 7003–7005 RVG-VV; anders, wenn die Beteiligten eine Vergütung nach Stundensätzen vereinbart haben).

14 **Wird rechtzeitig mündliche Verhandlung beantragt,** gilt der Gerichtsbescheid als nicht ergangen (§ 90a III Hs. 2). Das Gericht (der Senat bzw. der Einzelrichter – §§ 6, 79a III, IV) muss dann **erneut über den Rechtsstreit entscheiden,** und zwar durch Urteil (→ Rn. 24). Dabei ist das Gericht durch den Inhalt des Gerichtsbescheids nicht präjudiziert (BFH X B 9/11, BFH/NV 2013, 233). Soweit eingewandt wird, die erneute Befassung des-/derselben Richter(s) verstoße gegen den in Art. 6 I EMRK verankerten Grundsatz der Unparteilichkeit (Böcker DStR 2022, 1209 (1211)), ist dem entgegenzuhalten, dass Art. 6 EMRK im Finanzgerichtsprozess im Wesentlichen nicht anwendbar ist (→ Vor § 76 Rn. 20; s. im Übrigen Schoch/Schneider/Clausing VwGO § 84 Rn. 6; Kopp/Schenke/Schenke VwGO § 84 Rn. 2a). Erweist sich die durch den Gerichtsbescheid getroffene Entscheidung aufgrund der mündlichen Verhandlung als richtig, muss das Gericht im **Tenor** des Urteils den Tenor des Gerichtsbescheides wiederholen. Die Tenorierung: „Der Gerichtsbescheid vom … wird aufrechterhalten …" (so Rößler DStZ 1994, 84 (85)) ist unzutreffend, weil der Gerichtsbescheid nicht mehr existiert und weil der Senat bzw. der Einzelrichter in diesen Fällen nach dem Gesetz lediglich die Möglichkeit hat, in dem abschließenden Urteil von einer weiteren Darstellung des Tatbestands und der Entscheidungsgründe abzusehen, soweit er der Begründung des Gerichtsbescheides folgt und dies in seiner Entscheidung ausdrücklich feststellt (§ 90a IV; → Rn. 27).

V. Rechtsbehelfe, Rechtsmittel (§ 90a II)

15 **1. Antrag auf mündliche Verhandlung, Revision.** Die Beteiligten können nach § 90a II **in jedem Fall** innerhalb eines Monats nach Zustellung des Gerichtsbescheides **mündliche Verhandlung beantragen** (§ 90a II 1; → Rn. 19 ff.; vgl. Merold NVwZ 2017, 836). Dies gilt auch für den Erlass eines Gerichtsbescheides durch den **BFH** (vgl. zB BFH VI R 80/06, BStBl. II 2009, 547).

16 Hat das Finanzgericht in dem Gerichtsbescheid die **Revision zugelassen,** haben die Beteiligten die **Wahl, ob** sie **mündliche Verhandlung** beantragen **oder Revision** einlegen (§ 90a II 2; → Rn. 5; BFH III R 38/12, HFR 2015, 584). Zum **Beginn der Revisionsbegründungsfrist** s. BFH I R 11/08, BFH/NV 2008, 1617. – Hat das Finanzgericht die **Revision nicht zugelassen,** kann nur der Antrag auf mündliche Verhandlung (§ 90a II 1) gestellt werden. **Nichtzulassungsbeschwerde** kann nicht erhoben werden (BFH X S 39/08 (PKH), BeckRS 2008, 25014145); durch eine unzutreffende Rechtsmittelbelehrung wird

die Nichtzulassungsbeschwerde nicht statthaft (BFH III R 53/03, BFH/NV 2005, 374 (375)); eine **Umdeutung** in einen Antrag auf mündliche Verhandlung kommt nicht in Betracht, zumal die NZB beim BFH einzulegen und der Antrag auf mündliche Verhandlung beim FG (→ Rn. 19) zu stellen ist; die Frist für einen Antrag auf mündliche Verhandlung verlängert sich aber gem. § 55 II 1 auf ein Jahr (BFH III R 53/03, BFH/NV 2005, 374 (375)).

17 Legen die Beteiligten **unterschiedliche Rechtsbehelfe** ein, **hat** der **Antrag auf mündliche Verhandlung Vorrang** (§ 90a II 3). Dies gilt auch, wenn mehrere Beteiligte auf der Klägerseite zT Revision einlegen und zT mündliche Verhandlung beantragen.

18 Entscheidet sich der Beteiligte für die Einlegung der Revision (und gegen den Antrag auf mündliche Verhandlung), steht dies einem Rügeverzicht (§ 155 S. 1 FGO iVm § 295 ZPO) im Hinblick auf etwaige verzichtbare Verfahrensmängel (zB Recht auf Gehör, Sachaufklärungspflicht) gleich (BFH VIII B 63/04, BFH/NV 2004, 1526; III S 19/12 (PKH), BFH/NV 2014, 1576).

19 **2. Einzelheiten zum Antrag auf mündliche Verhandlung.** Der Antrag auf mündliche Verhandlung ist **innerhalb eines Monats** nach Zustellung des Gerichtsbescheides (§ 90a II Hs. 1) **schriftlich oder zu Protokoll** der Geschäftsstelle bei dem Gericht zu stellen, das den Gerichtsbescheid erlassen hat (§ 64 I analog; BFH VII R 63/90, BFH/NV 1992, 180; FG LSA 3 K 1160/06, EFG 2011, 897; SächsFG 1 K 1155/15, BeckRS 2019, 53421). Im Anwendungsbereich des § 52d kann der Antrag wirksam nur über den elektronischen Rechtsverkehr gestellt werden (FG Köln 6 K 1883/21, EFG 2022, 1389; FG Münster 15 K 2460/21 E, EFG 2023, 1092; FG Brem 1 K 42/22, BeckRS 2023, 45558, Rev. BFH: VI R 6/24; FG München 4 K 699/23, EFG 2024, 228). Der Antrag auf mündliche Verhandlung muss zwar eindeutig sein. Er ist jedoch der Auslegung nach den Grundsätzen rechtsschutzgewährender Auslegung (→ Vor § 33 Rn. 42) zugänglich, so dass er nicht ausdrücklich als solcher bezeichnet werden muss (BFH VIII B 174/19, BFH/NV 2021, 638). Der Antrag ist als Prozesshandlung **bedingungsfeindlich** (BFH II R 38/77, BStBl. II 1981, 322). – Fehlt die Rechtsmittelbelehrung oder ist sie unrichtig, beginnt die Antragsfrist nicht zu laufen (→ § 55 Rn. 27). Es gilt dann grds. die Jahresfrist gem. § 55 II (Schwarz/Pahlke/Fu § 90a Rn. 15). – Bei Versäumung der Antragsfrist kommt **Wiedereinsetzung** in den vorigen Stand in Betracht (→ § 56 Rn. 2). – Zum **Vertretungszwang** → § 62 Rn. 60.

20 Der Antrag auf mündliche Verhandlung muss nicht begründet werden. Er ist wie jeder andere Rechtsbehelf aber nur zulässig, wenn der Antragsteller durch den Gerichtsbescheid **beschwert** ist; außerdem muss ein **Rechtsschutzinteresse** des Beteiligten (Antragstellers) bestehen, das sich nur aus dem Tenor (nicht aus der Begründung) ergeben kann (BFH IV R 51/10, BFH/NV 2013, 1110; VII R 16/12, BFH/NV 2013, 1440; IV R 15/14, BStBl. II 2016, 284; → Vor § 115 Rn. 66; s. auch Renz DStZ 1986, 166 (167); zum Beigeladenen: Lindwurm AO-StB 2016, 70). Wird dem Klageantrag eines Beteiligten durch einen Gerichtsbescheid entsprochen, kann er also nicht zulässigerweise einen Antrag auf mündliche Verhandlung stellen. Das nach **§ 122 II beigetretene BMF** bzw. die oberste Landesfinanzbehörde sind im Revisionsverfahren unter keinen Umständen nach §§ 121 S. 1, 90a II 1 antragsbefugt, da die nach § 122 II beigetretenen Behörden hinsichtlich des Verfahrens nicht dispositionsbefugt sind (BFH IV R 15/14, BStBl. II 2016, 284; krit. Lindwurm AO-StB 2016, 70; auch → § 90 Rn. 10).

Eine Beschwer und ein Rechtsschutzinteresse bestehen **auch dann, wenn die Klage keine Aussicht auf Erfolg hat,** selbst, wenn dies auf einer nicht mehr zu heilenden Unzulässigkeit der Klage beruht (BFH VIII B 174/19, BFH/NV 2021, 638) oder wenn eine unstreitige Erledigung angestrebt wird (→ Rn. 24).

21 Der Antrag auf mündliche Verhandlung kann auch in der nach Erlass des Gerichtsbescheides abgegebenen Erklärung zu sehen sein, der Rechtsstreit sei in der Hauptsache erledigt; eine mündliche Verhandlung braucht bei übereinstimmenden Erledigungserklärungen nicht durchgeführt zu werden, weil durch Beschluss entschieden werden kann (§ 90 I 2 iVm 138 I; → Rn. 24).

22 Der Antrag auf mündliche Verhandlung kann auf einzelne in dem Gerichtsbescheid behandelte streitige Veranlagungszeiträume oder einen sonst **abtrennbaren Streitpunkt** beschränkt werden (BFH V R 58, 59/04, BStBl. II 2007, 487; IV R 35/09, BFH/NV 2011, 2057; I R 53/10, BFH/NV 2012, 23; II R 34/21, DStR 2024, 1937). Der Gerichtsbescheid gilt dann in diesem Umfang als nicht ergangen (BFH VII R 27/74, BStBl. II 1979, 652). Im Übrigen wirkt er (bis auf die Kostenentscheidung) als (rkr.) Urteil (BFH II R 34/21, DStR 2024, 1937).

23 Der Antrag auf mündliche Verhandlung kann **mit dem Verzicht auf mündliche Verhandlung** (§ 90 II) **verbunden** werden (BFH VII R 98/77, BStBl. II 1979, 170; VIII R 126/86, BStBl. II 1991, 840; V R 64/00, BStBl. II 2006, 212). Dies kommt einem Verzicht auf das Recht gleich, die Verletzung des rechtlichen Gehörs zu rügen (§ 295 ZPO; BFH IV B 120/96, BFH/NV 1998, 713). – Der Antrag kann – ggf. auch teilweise (BFH VII R 3/08, BeckRS 2009, 25015454; VII R 27/74, BStBl. II 1979, 652; I R 53/10, BFH/NV 2012, 23; → Rn. 22) – **zurückgenommen** werden (BFH VI R 191/68, BStBl. II 1972, 93; X R 40/82, BFH/NV 1989, 238), und zwar (aus Gründen der Prozessökonomie) auch noch in der mündlichen Verhandlung (BFH II R 85/86, HFR 1990, 504; HHS/Schallmoser § 90a Rn. 64; Gosch/Wendl § 90a Rn. 49; Rauch HFR 2014, 354; aA Tipke/Kruse/Brandis § 90a Rn. 11; Schwarz/Pahlke/Fu § 90a Rn. 20: Nur bei Eingang bis zum Beginn der mündlichen Verhandlung; wohl auch BFH VIII R 91/83, BStBl. II 1989, 416). Der Gerichtsbescheid lebt dann wieder auf (Tipke/Kruse/Brandis § 90a Rn. 11; Gosch/Wendl § 90a Rn. 49; Schwarz/Pahlke/Fu § 90a Rn. 20), ohne dass dies gesondert festgestellt und ohne dass auf die Rücknahme des Antrags auf mündliche Verhandlung ein Einstellungsbeschluss oÄ erginge. Dergleichen ist im G nicht vorgesehen.

24 Wird der **Antrag auf mündliche Verhandlung rechtzeitig** gestellt (bzw. Wiedereinsetzung gewährt) und nicht zurückgenommen (→ Rn. 23), geht das Verfahren weiter, und zwar so, als ob kein Gerichtsbescheid ergangen wäre (→ Rn. 14). **Klagerücknahme** ist wieder möglich (mit – ggf. fingierter – Zustimmung des Beklagten, § 72 I 2, 3; → § 72 Rn. 25 ff.). – Die Beteiligten können den Rechtsstreit auch in der **Hauptsache für erledigt erklären** (BFH XI R 21/15, BFH/NV 2017, 769). Der Antrag des FA auf mündliche Verhandlung ist **nicht rechtsmissbräuchlich,** wenn das FA – um die Veröffentlichung des als Urteil wirkenden Gerichtsbescheides zu verhindern – gleichzeitig einen dem Gerichtsbescheid entsprechenden Abhilfebescheid erlässt und den Rechtsstreit anschließend in der Hauptsache für erledigt erklärt (BFH V R 12/04, BStBl. II 2006, 542; III R 7/07, BFH/NV 2008, 403; VI R 80/06, BStBl. II 2009, 547; X R 20/09, BFH/NV 2010, 1796; vgl. BFH XI R 21/15, BFH/NV 2017, 769; Eggesiecker/Ellerbek DStR 2007, 1427; Schmidt DStR 2007, 1996; krit. Walpert UR 2017, 505). Der BFH teilt die Gründe des Gerichtsbescheids der Öffentlichkeit teilweise in veröffentlichten Kostenbeschlüssen mit (vgl. zB BFH V R 15/18, DStR 2019, 2533). – Von diesen Sonderfällen abgesehen muss das Verfahren jedoch durch Urteil entschieden werden. **Ein weiterer Gerichtsbescheid ist unzulässig.** Das Gesetz geht davon aus, dass nach einem Antrag auf mündliche Verhandlung durch Urteil entschieden wird (§ 90a IV). Außerdem bestünde anderenfalls die Gefahr, dass der Abschluss des Verfahrens durch erneute Anträge auf mündliche Verhandlung nach Ergehen weiterer Gerichtsbescheide in nicht vertretbarer Weise hinausgezögert wird (BFH VI R 246/80, BStBl. II 1984, 720; IV R 22/97, BFH/NV 1998, 598 (599); aA wohl BFH V R 16/03, BStBl. II 2005, 503, wie sich aber erst aus dem Beschluss über die Kostenerinnerung ergibt: BFH II E 18/12, BFH/NV 2014, 716). Das **Wiederholungsverbot gilt** jedoch **nicht** für das Verhältnis von Zwischengerichtsbescheid zum Endgerichtsbescheid (BFH IV R 39/97, BStBl. II 1999, 28 (30)) und bei wesentlicher Änderung der Prozesslage (BFH VII K 14/84, BStBl. II 1988, 840; VII R 24/11, BFH/NV 2013, 1423).

Wird der **Antrag auf mündliche Verhandlung verspätet** gestellt und macht **25** der Beteiligte geltend, die Frist sei nicht versäumt worden oder es sei wegen der Fristversäumnis Wiedereinsetzung zu gewähren oder ist str., ob der Antrag auf mündliche Verhandlung aus anderen Gründen unzulässig ist, muss das Gericht mündliche Verhandlung anberaumen. Kommt es zu der Überzeugung, dass die Frist nicht versäumt wurde oder dass Wiedereinsetzung zu gewähren ist, muss es das Verfahren zur Sache fortsetzen (§ 90a III Hs. 2; → Rn. 24); anderenfalls muss es durch Urteil die Beendigung des Verfahrens aufgrund des Gerichtsbescheides bzw. die Wirkung des Gerichtsbescheides als Urteil feststellen (BFH VI B 90/02, BFH/NV 2003, 336; IV B 147/11, BFH/NV 2012, 1614; SächsFG 1 K 1155/15, BeckRS 2019, 53421; → Rn. 12; Kopp/Schenke/Schenke VwGO § 84 Rn. 39; vgl. auch BFH VIII R 40/10, BFH/NV 2013, 397). Einer (erneuten) Kostenentscheidung bedarf es nicht, weil diese bereits in dem wirksam gewordenen Gerichtsbescheid enthalten ist (FG München 4 K 699/23, EFG 2024, 228). Durch den unwirksamen/verspäteten Antrag auf mündliche Verhandlung werden auch keine (zusätzlichen) Gerichtsgebühren ausgelöst (BFH IV R 15/14, BStBl. II 2016, 284; IX R 8/17, BFH/NV 2019, 398). Der BFH entscheidet über unwirksame/verspätete Anträge auf mündliche Verhandlung durch Beschluss analog § 126 I (BFH VI R 159/68, BStBl. II 1971, 812; VIII R 92/89, BFH/NV 1996, 776; IV R 51/10, BFH/NV 2013, 1110; VII R 16/12, BFH/NV 2013, 1440; IX R 8/17, BFH/NV 2019, 398).

3. Rechtsbehelfe/Rechtsmittel gegen Gerichtsbescheide des Einzelrichters. Zu den Besonderheiten der Rechtsbehelfe/Rechtsmittel gegen **26** Gerichtsbescheide des Einzelrichters → § 6 Rn. 24, 27; → § 79a Rn. 23, 33.

VI. Begründungserleichterungen

Wegen der **Begründungserleichterungen** (§ 90a IV) → Rn. 14. – Die Ver- **27** weisung auf den Gerichtsbescheid ist jedoch im Allgemeinen nicht gerechtfertigt, wenn der Gerichtsbescheid, auf den verwiesen wird, seinerseits keine ausreichende Begründung enthält oder wenn nach Erlass des Gerichtsbescheides vorgetragene wesentliche neue Gesichtspunkte im Gerichtsbescheid nicht berücksichtigt worden sind (BFH VIII R 10/97, BFH/NV 1998, 1509 mwN).

§ 91 [Ladung der Beteiligten]

(1) [1]**Sobald der Termin zur mündlichen Verhandlung bestimmt ist, sind die Beteiligten mit einer Ladungsfrist von mindestens zwei Wochen, beim Bundesfinanzhof von mindestens vier Wochen, zu laden.** [2]**In dringenden Fällen kann der Vorsitzende die Frist abkürzen.**

(2) **Bei der Ladung ist darauf hinzuweisen, dass beim Ausbleiben eines Beteiligten auch ohne ihn verhandelt und entschieden werden kann.**

(3) **Das Gericht kann Sitzungen auch außerhalb des Gerichtssitzes abhalten, wenn dies zur sachdienlichen Erledigung notwendig ist.**

(4) **§ 227 Abs. 3 Satz 1 der Zivilprozessordnung ist nicht anzuwenden.**

Vgl. § 102 VwGO; § 110 SGG; §§ 216–219 ZPO; § 47 ArbGG.

Literatur: Bartone, Der Anspruch auf Gewährung rechtlichen Gehörs im Finanzgerichtsprozess, AO-StB 2011, 179; Baudewin/Scheffer, Die Terminsverlegung – Prozessführung in Zeiten der Corona-Pandemie, NJW 2021, 3495; Binnewies/Wollweber, Die mündliche Verhandlung – lästige Pflicht oder lustvolle Kür? Praxisrelevante Fragestellungen am Beispiel des Verfahrens vor dem Finanzgericht, NJW 2016, 283; Fischer, Zivilprozess – Terminsverlegung bzw. Entschuldigung wegen Krankheit, MDR 2011, 467; Lange, Auswärtige Sitzungen der Finanzgerichte und des Bundesfinanzhofs, DStZ 1998, 349.

Übersicht

	Rn.
I. Bestimmung, Aufhebung, Verlegung und Vertagung des Termins	1
1. Terminsbestimmung	1
2. Aufhebung, Verlegung, Vertagung	2
II. Ladung zur mündlichen Verhandlung	9
1. Form und Inhalt der Ladung	9
2. Ladungsfrist	11
3. Folgen einer nicht ordnungsmäßigen Ladung	14
III. Entscheidung bei Ausbleiben	16
IV. Sitzungsort	20

I. Bestimmung, Aufhebung, Verlegung und Vertagung des Termins

1. Terminsbestimmung

1 Der Termin zur mündlichen Verhandlung wird **durch den Vorsitzenden** bzw. den **Einzelrichter** (§§ 6, 79a III, IV) ohne zeitliche Beschränkungen (→ Rn. 5 aE) bestimmt. Dabei ist § 216 II ZPO, nach dem Termine unverzüglich zu bestimmen sind, im finanzgerichtlichen Verfahren nicht anwendbar (BFH X K 1/24, DStRE 2025, 745, Rn. 43). Dabei ist unter Termin iSd § 91 I 1 nur der Terminstag, nicht jedoch die Terminsstunde zu verstehen (BFH IV B 138/04, BFH/NV 2006, 1490). Die Terminverfügung muss nach § 155 S. 1 FGO iVm §§ 329 I 2, 317 II 1 ZPO mit der **vollen Unterschrift** versehen werden; eine Paraphe genügt nicht (BGH III ZR 368/16, NJW 2017, 2273, Rn. 18; LAG Hamm 8 Sa 32/82, MDR 1982, 612; SPK/Fu § 91 Rn. 6; Thomas/Putzo/Seiler ZPO § 329 Rn. 14; **aA** – Paraphe genügt – OVG NRW 1 A 5/90, NJW 1991, 1628; BSG

8 RKn 14/90, NJW 1992, 1188; vgl. auch HHS/Schallmoser § 91 Rn. 21; Gosch/Wendl § 91 Rn. 11: ggf. kein von Amts wegen zu berücksichtigender Verfahrensfehler). Bei elektronischer Aktenführung tritt an die Stelle der Unterschrift gem. § 52a VII 1 die qualifizierte elektronische Signatur (HHS/Schallmoser § 91 Rn. 21). Da der Rechtsstreit im finanzgerichtlichen Verfahren nach Möglichkeit in einer einzigen mündlichen Verhandlung entschieden werden soll (**Konzentrationsmaxime** – → § 79 Rn. 1), wird der Termin im Allgemeinen erst dann anberaumt werden, wenn die Beteiligten (§ 57) sich vollständig und abschließend erklärt haben und die gerichtlichen Aufklärungsmaßnahmen (evtl. auch Beweisaufnahmen – → § 79 Rn. 11; → § 81 Rn. 14 ff.) abgeschlossen sind; in einfach gelagerten Fällen kann schon vorher terminiert werden (BVerwG 7 B 171/89, NJW 1990, 1616). Einer **gesonderten Zustellung** der Terminsbestimmung bedarf es nur dann, wenn – wie zB bei Beweisterminen (§ 93) – keine Ladung zum Termin (→ Rn. 9 ff.) erforderlich ist (BFH II B 89/96, BFH/NV 1998, 459 (460)). Terminswünsche können geäußert werden, sind aber für das Gericht nicht verbindlich (BFH II S 26/10 (PKH), BFH/NV 2011, 59). Die Terminsbestimmung ist als prozessleitende Verfügung **unanfechtbar** (§ 128 II; BFH V B 203/06, BFH/NV 2007, 951; V S 1/09, BFH/NV 2009, 1442; aber für unterbrochene Verfahren → § 74 Rn. 78). – Zum weiteren Ablauf → Rn. 9 ff.

2. Aufhebung, Verlegung, Vertagung

Der **Vorsitzende** bzw. der **Einzelrichter** kann nach § 155 S. 1 FGO iVm § 227 ZPO einen Termin – nach der Ladung (→ Rn. 9 ff.) – aus „erheblichen Gründen" (→ Rn. 3 f.) vor seiner Durchführung (ohne gleichzeitig einen neuen Termin zu bestimmen) **aufheben** oder (unter Bestimmung eines neuen Termins) **verlegen** (BFH I R 71/90, BFH/NV 1991, 756 (757); VIII B 20/10, BFH/NV 2010, 2110; IV B 99/10, BFH/NV 2011, 1904). Der **Senat** bzw. der **Einzelrichter** kann den Termin nach § 155 S. 1 FGO iVm § 227 ZPO nach Beginn seiner Durchführung **vertagen** oder **unterbrechen** (BFH X B 122/10, BFH/NV 2011, 1912; zur Terminologie und den unterschiedlichen Rechtsfolgen → § 27 Rn. 7). Entscheidet der Senat anstelle des zuständigen Vorsitzenden, führt dies nicht zu einem Verfahrensfehler des nachfolgenden Urteils (BFH X B 78/08, ZSteu 2009, R674). Eines formellen **Antrags** bedarf es nicht, dieser kann auch telefonisch, ohne Beachtung der Förmlichkeiten des § 52d (BFH VIII B 31/23, BFH/NV 2024, 767; VIII B 74/23, BFH/NV 2024, 1361), oder **konkludent,** zB durch Vorlage eines Attests, gestellt werden (BFH X B 130/12, BFH/NV 2013, 228; VIII B 47/16, BFH/NV 2017, 468; X B 13/20, BFH/NV 2020, 900, Rn. 23). Die **Gründe** für die Terminsverschiebung müssen aber immer so genau **(substantiiert) dargelegt** werden, dass sich das Gericht aufgrund der Schilderung ein Urteil über die Erheblichkeit bilden kann (BFH I B 46/06, BFH/NV 2007, 254; III B 118/08, BFH/NV 2010, 665 (666); VIII B 30/11, BFH/NV 2012, 599; VII B 85/12, BFH/NV 2013, 1105; I B 5/13, BFH/NV 2014, 700; III B 12/13, BFH/NV 2014, 1581; VII B 119/19, BFH/NV 2021, 321; IX B 11/23, BFH/NV 2023, 983; s. auch BVerfG 1 BvR 218/80, MDR 1981, 470). Eine lediglich formelhafte Begründung rechtfertigt die Aufhebung, Verlegung oder Vertagung eines Termins nicht (BFH IV B 137/01, BFH/NV 2003, 795; V B 217/06, BFH/NV 2007, 1695; III B 12/13, BFH/NV 2014, 1581). 2

§ 227 ZPO Terminsänderung

(1) [1]Aus erheblichen Gründen kann ein Termin aufgehoben oder verlegt sowie eine Verhandlung vertagt werden. [2]Erhebliche Gründe sind insbesondere nicht

1. das Ausbleiben einer Partei oder die Ankündigung, nicht zu erscheinen, wenn nicht das Gericht dafür hält, dass die Partei ohne ihr Verschulden am Erscheinen verhindert ist;
2. die mangelnde Vorbereitung einer Partei, wenn nicht die Partei dies genügend entschuldigt;
3. das Einvernehmen der Parteien allein.

[3]Von einer Terminsänderung soll abgesehen werden, wenn sich der Termin für eine Durchführung als Videoverhandlung nach § 128a oder als Beweisaufnahme nach § 284 Absatz 2 eignet und die erheblichen Gründe nach Satz 1 dadurch entfallen.

(2) Die erheblichen Gründe sind auf Verlangen des Vorsitzenden, für eine Vertagung auf Verlangen des Gerichts glaubhaft zu machen.

(3) […]

(4) Ein Antrag auf Terminsverlegung soll eine Äußerung dazu enthalten, ob gegen die Durchführung einer Videoverhandlung (§ 128a) Bedenken bestehen.

(5) [1]Über die Aufhebung sowie Verlegung eines Termins entscheidet der Vorsitzende ohne mündliche Verhandlung; über die Vertagung einer Verhandlung entscheidet das Gericht. [2]Die Entscheidung ist kurz zu begründen. [3]Sie ist unanfechtbar.

§ 227 III 1 ZPO ist im finanzgerichtlichen Verfahren nicht anzuwenden – § 91 IV; → Rn. 5 aE.

3 Die Entscheidung über die Aufhebung, Verlegung und Vertagung von Terminen steht grds. im **Ermessen** des Gerichts. Bei der Ausübung des Ermessens sind die geltend gemachten Gründe (→ Rn. 2) unter Würdigung aller Umstände des Einzelfalls (Prozessstoff, persönliche Verhältnisse der Beteiligten und ihrer Prozessbevollmächtigten) sowie unter Berücksichtigung des Umstandes, dass das FG im finanzgerichtlichen Verfahren die einzige Tatsacheninstanz ist, und der Bedeutung der mündlichen Verhandlung (→ § 90 Rn. 3) für das Verfahren gegeneinander abzuwägen (BFH III B 102/90, BStBl. II 1991, 240; VIII R 48/92, BFH/NV 1996, 43 (44); X B 125/05, BFH/NV 2006, 806; XI B 87/13, BFH/NV 2014, 1891; VII B 206/18, BFH/NV 2020, 917; VIII B 151/19, BStBl. II 2020, 715; VII B 119/19, BFH/NV 2021, 321;Tipke/Kruse/Brandis § 91 Rn. 6 ff.). Zu berücksichtigen ist ferner, ob sich die Terminswünsche des Beteiligten ohne eine Verzögerung des Verfahrens umsetzen lassen (vgl. BFH X R 41/13, BStBl. II 2016, 525). Dabei ist es Sache desjenigen, der die Terminsänderung beantragt, die Gründe für die Verhinderung so anzugeben und zu untermauern, dass das Gericht sich über das Vorliegen eines Grundes für die Terminsänderung ein **eigenes Urteil** bilden kann (→ Rn. 2). Im Hinblick auf § 227 I 3 ZPO soll der Antrag auch eine Äußerung dazu enthalten, ob gegen die Durchführung einer **Videoverhandlung** Bedenken bestehen (jeweils eingefügt durch das G zur Förderung des Einsatzes von Videokonferenztechnik in der Zivilgerichtsbarkeit und den Fachgerichtsbarkeiten v. 15.7.2024, BGBl. 2024 I Nr. 237 mWv 19.7.2024; → § 90 Rn. 35, 38). – Sind die geltend gemachten Gründe iSd § 227 I 1 ZPO erheblich, besteht grds. ein **Rechtsanspruch** (Ermessensreduzierung) auf Vertagung, Aufhebung oder Verlegung des Termins, weil nur so das Recht des Antragstellers auf Gehör gewährleistet werden kann (Art. 103 I GG – BFH II R 28/76, BStBl. II 1977, 293; III B 105/06, BFH/NV 2007, 1163; VIII B 94/09, BFH/NV 2010, 231; X B 118/13, BFH/NV 2014, 364; I R 55/15, BStBl. II 2018, 287; IX B 11/23, BFH/NV 2023, 983). **Erhebliche Gründe** sind einerseits

solche, die (aus der Sicht des Gerichts) eine weitere Vorbereitung der Entscheidung sachlich gebieten, und zum anderen auch solche, die eine Terminsänderung wegen des Anspruchs auf rechtliches Gehör erforderlich machen (BFH VIII B 28/99, BFH/NV 1999, 1623 (1624); VII B 79/12, BFH/NV 2013, 225). – Ob das Gericht die Sache für entscheidungsreif hält und die Erledigung des Rechtsstreits durch die Verlegung des Termins verzögert wird, ist für die Entscheidung unerheblich (BFH III R 10/99, BFH/NV 2001, 1125; X B 122/10, BFH/NV 2011, 1912; VIII B 144/11, BFH/NV 2013, 240; III B 108/21, NJW 2022, 1479; IX B 11/23, BFH/NV 2023, 983).

Erscheint dem Gericht die Begründung des Antrags als nicht ausreichend, muss es den Antragsteller **zur Ergänzung seines Vortrags auffordern,** wenn der Antrag so rechtzeitig gestellt worden ist, dass die Aufforderung noch vor dem Termin beantwortet werden kann (BFH IX B 83/06, BFH/NV 2007, 476). – Auf Verlangen des Vorsitzenden bzw. des Einzelrichters sind die geltend gemachten Gründe **glaubhaft zu machen,** dh es muss nach dem Vortrag des Antragstellers überwiegend wahrscheinlich sein, dass die Umstände, aus denen der erhebliche Grund abgeleitet wird, tatsächlich vorliegen (§ 227 II ZPO – zB BFH X B 105/13, BFH/NV 2014, 1213; X B 91/17, BFH/NV 2018, 342). Die Aufforderung zur Glaubhaftmachung kann sich auch aus den Gesamtumständen (zB wiederholter Schriftverkehr wegen wiederholter Terminverlegungen) ergeben (BFH III B 82/23, BFH/NV 2024, 802). Ohne ein Glaubhaftmachungsverlangen darf das Gericht die Terminänderung nicht wegen Zweifeln am Vorliegen der vorgetragenen Gründe ablehnen (BFH VII B 122/03, BFH/NV 2004, 654 (655); IV B 51/11, BFH/NV 2012, 1469; XI B 129/11, BFH/NV 2012, 1978). Bei einer angekündigten Glaubhaftmachung oder unklarer Sachlage kann auch eine Aufschiebung der Urteilsverkündung geboten sein (BFH XI B 64/11, BFH/NV 2012, 747; XI B 129/11, BFH/NV 2012, 1978; vgl. aber auch BFH VIII B 103/08, BeckRS 2009, 25015210). Eidesstattliche Versicherungen oder eine „anwaltliche Versicherung" sind nicht ausreichend, wenn andere Beweismittel beschaffbar sind (BFH IV B 66/08, BFH/NV 2010, 671; VIII B 108/20, BFH/NV 2021, 1078; III B 108/21, NJW 2022, 1479). – Wird der **Antrag** so **kurzfristig** vor dem Termin gestellt, dass der Zeitraum für das Nachweisverlangen nicht ausreicht, kommt die Aufhebung usw des Termins nur in Betracht, wenn die **Gründe substantiiert dargelegt und gleichzeitig glaubhaft gemacht** worden sind (BFH XI B 155/03, BFH/NV 2005, 2036; IX B 175/10, BFH/NV 2011, 1912; VII B 8/14, BFH/NV 2014, 1755; V B 57/17, BFH/NV 2018, 345; III B 158/19, DStRE 2020, 1269; VIII B 103/20, BFH/NV 2021, 1361; IX B 11/23, BFH/NV 2023, 983; II R 4/21, BStBl. II 2024, 25). Wenn der Antragsteller per elektronischem Rechtsverkehr, Telefax oder Telefon erreichbar ist, muss das Gericht auch am Arbeitstag vor dem Termin die Ergänzung des Vortrags anfordern (BFH IX B 71/13, BFH/NV 2014, 175; VIII B 144/22, BFH/NV 2023, 859; s. aber auch BFH X B 105/12, BFH/NV 2014, 168; III B 73/15, BFH/NV 2016, 584). Dazu muss das Gericht ggf. auch zumutbare Recherchemöglichkeiten (zB über Internetsuchmaschinen) nutzen (BFH VIII B 49/21, BFH/NV 2022, 608). Andererseits muss der Kläger durch deutliche Hinweise sicherstellen, dass seine Schriftsätze als eilbedürftig erkannt und unverzüglich den zuständigen Senatsmitgliedern zur Kenntnis gebracht werden (BFH II B 156/02, BFH/NV 2004, 222 (223)). – Trotz Geltendmachung erheblicher Gründe ist es uU nicht ermessensfehlerhaft, die mündliche Verhandlung durchzuführen und anschließend zu vertagen (BFH X B 12/97, BFH/NV 1998, 599 (601)).

Die Verhinderung von **Beteiligten** stellt nur dann einen Vertagungsgrund da, wenn er nicht durch einen Bevollmächtigten vertreten ist, sein persönliches Erscheinen angeordnet wurde oder er aus anderen Gründen ein nachvollziehbares Interesse an der persönlichen Teilnahme an der mündlichen Verhandlung hat (BFH X B 136/09, BFH/NV 2010, 1479; III B 102/12, BFH/NV 2013, 573; IX B 63/13, BFH/NV 2014, 53; IV B 11/18, BFH/NV 2019, 1136, Rn. 16; VIII B 110/22, BFH/NV 2024, 22). Die Verhinderung eines Bevollmächtigten ist unerheblich, wenn **mehrere Bevollmächtigte** bestellt sind (wie zB bei Bevollmächtigung einer Sozietät, einer Kapitalgesellschaft mit mehreren Geschäftsführern usw) und ein weiterer Bevollmächtigter nicht verhindert ist. Die Beteiligten haben keinen Anspruch darauf, dass der federführende Sachbearbeiter den Termin wahrnimmt, es sei denn, es handelt sich um einen besonders komplexen Fall, bei dem eine besonders detaillierte Kenntnis der Einzelheiten für eine sachgerechte Vertretung erforderlich ist. Im Übrigen ist es grds. zumutbar, dass sich einer der weiteren Bevollmächtigten in die Sache einarbeitet (BFH IV B 51/11, BFH/NV 2012, 1469; XI B 87/13, BFH/NV 2014, 1891; V B 57/17, BFH/NV 2018, 345; VI B 13/20, BFH/NV 2021, 434; VIII B 4/23, BFH/NV 2024, 685; einschränkend Tipke/Kruse/Brandis § 91 Rn. 11; aA BVerfG 1 BvR 1997/18, NJW 2021, 3384, aber nur obiter dictum; Binnewies/Wollweber NJW 2016, 283 (285)). Dafür ist ein Zeitraum von zwei Wochen idR ausreichend (BFH IX B 143/08, BFH/NV 2009, 547; X B 130/12, BFH/NV 2013, 228; VI B 13/20, BFH/NV 2021, 434; uU auch weniger, BFH IV B 51/11, BFH/NV 2012, 1469; III B 108/21, NJW 2022, 1479: knapp drei Stunden bei einem einfachen Kindergeldfall – wohl zu streng). Allerdings muss sich der Beteiligte nicht auf einen Sozius verweisen lassen, der nicht in der Nähe seines Wohnorts oder des Gerichtsorts ansässig oder nicht im Steuerrecht erfahren ist (BFH IX B 37/08, DStRE 2008, 1358 (1359)). Die Verhinderung bzw. mangelnde Eignung der Sozien muss der Beteiligte substantiiert darlegen und ggf. (s. oben) glaubhaft machen (BFH V B 57/17, BFH/NV 2018, 345). Bei **Bevollmächtigten mit einer Einzelpraxis** verweist der BFH die Vertretenen idR nicht darauf, bei Verhinderung des Bevollmächtigten einen anderen Berufsträger (als Unterbevollmächtigten oder Terminsvertreter) zu bestellen (BFH V B 9/09, BFH/NV 2011, 623; VIII B 140/10, BFH/NV 2011, 1183; s. aber auch BFH V B 139/08, BFH/NV 2010, 2085; VII B 119/19, BFH/NV 2021, 321, Rn. 33). Dies gilt auch bei Bevollmächtigten in Bürogemeinschaft, solange nicht einem oder mehreren Mitgliedern der Bürogemeinschaft ebenfalls Vollmacht erteilt wurde (evtl. aA BFH VI R 48/15, BFH/NV 2017, 284; VII B 119/19, BFH/NV 2021, 321). – Wegen der Einzelfälle → Rn. 4–6.

4 Vorbehaltlich der unter → Rn. 3 dargelegten allg. Voraussetzungen und des Fehlens der in → Rn. 5, 6 dargelegten Versagungsgründe sind **erhebliche Gründe** iSd § 227 I ZPO **zu bejahen** (mit der Folge, dass regelmäßig ein Anspruch auf Vertagung usw besteht):

- **bei gleichzeitigem Stattfinden anderweitiger** (früher anberaumter) **Gerichtstermine,** die der Beteiligte selbst oder sein Bevollmächtigter wahrnehmen muss (zB BFH VII R 150/71, BStBl. II 1976, 48; V B 9/09, BFH/NV 2011, 623; VIII B 140/10, BFH/NV 2011, 1183; III B 73/15, BFH/NV 2016, 584; VII B 119/19, BFH/NV 2021, 321), insbes., wenn der gleichzeitige Verhandlungstermin ein **Eilverfahren** betrifft (BFH II R 56/76, BStBl. II 1980, 208 (209); VII R 86/87, BFH/NV 1988, 585). In jedem Fall muss dargelegt werden, dass eine nicht zu beseitigende Terminüberlagerung vorliegt

(BFH IV B 59–61/86, BFH/NV 1988, 643 (646); V B 8/87, BFH/NV 1988, 651 (652); III B 102/12, BFH/NV 2013, 573; III B 12/98, BFH/NV 1999, 317 (318) zur Ermessensausübung). Legt der Antragsteller substantiiert da, warum wesentliche Gründe für einen Vorrang eines anderen später anberaumten Termins sprechen, entspricht es einer sachgerechten Ermessensausübung, den Termin beim FG zu verschieben (BFH VIII B 140/10, BFH/NV 2011, 1183). Bei einer bereits einmal verlegten Sache ist es zumutbar, sich um die Verlegung des anderweitigen Gerichtstermins zu bemühen (BVerfG 1 BvR 1997/18, NJW 2021, 3384);

- **bei anderweitigen beruflichen Verpflichtungen** des Beteiligten oder Prozessbevollmächtigten, wenn nach den jeweiligen Verhältnissen des Einzelfalls der Aufschub der anderweitigen Aufgaben oder die Vertretung durch einen (anderen) Prozessbevollmächtigten nicht zumutbar ist (BFH II R 28/76, BStBl. II 1977, 293; IX B 42/01, BFH/NV 2002, 515; VII S 6/11 (PKH), BFH/NV 2012, 242; VII B 79/12, BFH/NV 2013, 225; IX B 84/17, BFH/NV 2017, 1619; zB wegen einer früher angemeldeten **Fortbildungsveranstaltung:** bejahend BFH VIII B 221/09, BeckRS 2010, 25016287; IX B 61/13, BFH/NV 2014, 64; IX B 70/16, BFH/NV 2017, 309; verneinend BFH V B 139/08, BFH/NV 2010, 2085; zur Wahrnehmung eines **Ehrenamtes** s. BFH VII B 206/18, BFH/NV 2020, 917; VGH BW A 14 S 2413/98, NVwZ 2000, 213 großzügig; abl. für **Lehrtätigkeit:** OVG Bbg 7 N 78/13, NJW 2013, 3739);
- **bei Wechsel des Prozessbevollmächtigten kurz vor der mündlichen Verhandlung,** wenn es sich um eine in tatsächlicher oder rechtlicher Hinsicht **schwierige Sache** handelt und der Wechsel vom Kläger **nicht verschuldet** ist oder zumindest aus schutzwürdigen Gründen erfolgt (BFH V B 72/06, BFH/NV 2008, 812 (813); FG München 14 K 1808/08, DStRE 2011, 1466), insbes. wenn der neue Bevollmächtigte zunächst Akteneinsicht beantragt, die in der verbleibenden Zeit nicht mehr sinnvoll durchgeführt werden kann (BFH III B 41/22, BFH/NV 2023, 825). Unverschuldet ist der Wechsel des Bevollmächtigten auch dann, wenn der frühere Bevollmächtigte das Mandat ohne ersichtlichen Grund niedergelegt hat (BFH VIII B 151/19, BStBl. II 2020, 715);
- bei **Bestellung des Prozessbevollmächtigten** erst **kurz vor der mündlichen Verhandlung** unter denselben Voraussetzungen, die für eine Terminsänderung bei einem Wechsel des Prozessbevollmächtigten gelten (BFH V B 72/06, BFH/NV 2008, 812 (813));
- **bei Mandatsniederlegung** durch den Prozessbevollmächtigten kurz vor der mündlichen Verhandlung, wenn es sich um eine in tatsächlicher oder rechtlicher Hinsicht schwierige Sache handelt und den Kläger an der Niederlegung des Mandats kein Verschulden trifft, wofür den Antragsteller die Darlegungslast trifft (BFH III B 159/06, BFH/NV 2007, 2284 (2285); IX B 57/09, BFH/NV 2009, 1453 (1454); IV B 22/11, BFH/NV 2012, 766; VII B 8/14, BFH/NV 2014, 1755; VIII B 151/19, BStBl. II 2020, 715; VIII B 4/23, BFH/NV 2024, 685); das Verschulden kann auch darin bestehen, sich nicht zügig um die Bestellung eines neuen Bevollmächtigten bemüht zu haben (BFH III B 12/13, BFH/NV 2014, 1581; s. aber auch BFH IX B 61/13, BFH/NV 2014, 64);
- bei **fehlerhafter Ladung** (→ Rn. 14);

– **bei Erkrankung** eines Beteiligten oder des Prozessbevollmächtigten (aber jeweils → Rn. 3 aE) – nicht aber bei Erkrankung eines Mitarbeiters des Prozessbevollmächtigten (BFH I B 65/02, BFH/NV 2003, 1059; BGH AnwZ (Brfg) 30/22, DStRE 2024, 447) –, wenn die Verhandlungs- oder Reiseunfähigkeit substantiiert dargelegt (das Gericht muss selbst beurteilen können, ob die Erkrankung ein Erscheinen zum Termin unzumutbar macht; BFH V B 217/06, BFH/NV 2007, 1695 (1696); III B 118/08, BFH/NV 2010, 665 (666); VIII B 155/11, BFH/NV 2012, 1610; VII B 189/13, BFH/NV 2014, 1057; VIII B 144/22, BFH/NV 2023, 859) und – jedenfalls auf ein Verlangen nach § 227 II ZPO – durch ärztliches (nicht notwendig amtsärztliches) Attest belegt wird (BFH I B 211/07, BFH/NV 2008, 1697 (1698); XI B 87/13, BFH/NV 2014, 1891; III B 31/17, BFH/NV 2018, 214; X B 96/21, BFH/NV 2022, 1187; → Rn. 3) und zwar grds. auch dann, wenn die Vollmacht noch nicht nachgewiesen ist (BFH VII B 81/91, BFH/NV 1993, 29), **nicht aber,** wenn es sich um ein nicht aktuelles (BFH XI B 100/01, BFH/NV 2002, 909; VII S 3/07 (PKH), BFH/NV 2008, 224 (225)), ein völlig **unsubstantiiertes Attest** (BFH V S 7/05 (PKH), BFH/NV 2005, 2219; VIII B 123/08, BFH/NV 2009, 1139 (1140); s. aber auch BFH II B 132/00, BFH/NV 2002, 30 (31)), ein Attest ohne unverschlüsselte Diagnose (BFH VII B 3/12, BFH/NV 2012, 1324; III B 1/12, BFH/NV 2012, 1636; VII B 43/13, BFH/NV 2013, 1792; V S 16/14 (PKH), BFH/NV 2014, 1768; aA bei Angabe eines Diagnosecodes Rosenke EFG 2017, 1680 (1681)) oder um eine formularmäßige Arbeitsunfähigkeitsbescheinigung (BFH VII B 118/06, BFH/NV 2007, 1145; VIII B 144/11, BFH/NV 2013, 240; X B 13/20, BFH/NV 2020, 900; VIII B 51/21, BFH/NV 2022, 926) handelt. Die Erkrankung muss so schwer sein, dass von dem Beteiligten die Wahrnehmung des Termins nicht erwartet werden kann (BFH II B 61/12, BFH/NV 2012, 1995; VIII B 186/11, BFH/NV 2013, 1620; VII B 189/13, BFH/NV 2014, 1057; V S 16/14 (PKH), BFH/NV 2014, 1768; X S 38/15 (PKH), BFH/NV 2016, 940). Bescheinigt ein Arzt die Verhandlungsunfähigkeit, ist das Gericht regelmäßig gehindert, diese Frage abw. zu beurteilen (BFH IX B 175/10, BFH/NV 2011, 1912; IX B 44/14, BFH/NV 2015, 52; X B 70/19, BFH/NV 2020, 226; aA BFH XI B 33/15, BFH/NV 2015, 1690, Rn. 16; I B 137/15, BFH/NV 2017, 433), ebenso bei Bescheinigung der Reiseunfähigkeit (BFH X B 13/20, BFH/NV 2020, 900; X B 35–36/21, BFH/NV 2022, 1203). Dies gilt auch bei einer entsprechenden telefonischen Mitteilung eines Amtsarztes (BFH IX B 121/12, BFH/NV 2013, 568). Verringerte Anforderungen an die Glaubhaftmachung der Verhandlungsunfähigkeit können sich bei besonderen Umständen (zB Verdacht auf eine Corona-Infektion) ergeben (BFH VIII B 108/20, BFH/NV 2021, 1078; XI B 112/21, BFH/NV 2023, 1088). Jedenfalls nach zwei krankheitsbedingten Terminverschiebungen kann das Gericht eine weitere Terminverschiebung von der Vorlage eines amtsärztlichen Attests abhängig machen (BFH III S 37/10 (PKH), BFH/NV 2013, 231; III B 31/17, BFH/NV 2018, 214; s. aber auch BFH VIII B 74/23, BFH/NV 2024, 1361). – Wenn der **Antrag so spät gestellt wird, dass die Glaubhaftmachung nicht mehr verlangt werden kann,** muss der Antragsteller (unter Glaubhaftmachung insbes. durch ein substantiiertes Attest) nähere Angaben zu Art und Schwere der Krankheit machen, so dass das Gericht selbst beurteilen kann, ob die Erkrankung ein Erscheinen zum Termin unzumutbar macht, oder ein ärztliches Attest vorlegen, dass die Verhandlungsunfähigkeit nachvollziehbar bescheinigt (BFH

X B 130/12, BFH/NV 2013, 228; VII B 211/12, BFH/NV 2013, 1591; XI B 87/13, BFH/NV 2014, 1891; I B 137/15, BFH/NV 2017, 433; V B 57/17, BFH/NV 2018, 345; III B 158/19, DStRE 2020, 1269; VIII B 20/22, BFH/NV 2023, 739; → Rn. 3). – Einer Erkrankung steht eine **Quarantänepflicht** gleich, wobei sich aus der Quarantäneverpflichtung geringe Anforderungen an die Glaubhaftmachung ergeben können (BFH IX B 75/22, BFH/NV 2023, 981). – **Bei längerer Erkrankung** besteht die Verpflichtung zur **Vorsorge** für die Terminswahrnehmung, zB durch Bestellung eines (Unter-)Bevollmächtigten (BFH II B 74/07, BFH/NV 2008, 1871 (1872); III B 35/09, BFH/NV 2010, 1473; III B 158/19, DStRE 2020, 1269; VIII B 103/20, BFH/NV 2021, 1361; X B 35–36/21, BFH/NV 2022, 1203). Als „länger" werden dabei auch Zeiträume von sechs Wochen (BFH X B 35–36/21, BFH/NV 2022, 1203) oder ca. zwei Wochen (BFH VIII B 103/20, BFH/NV 2021, 1361; FG Nürnberg 6 K 860/22, EFG 2024, 1223; wohl zu streng) angesehen. Selbst wenn grds. die Verhinderung des Beteiligten selbst ein Vertagungsgrund wäre (→ Rn. 3), steht dessen längere Erkrankung einer Vertagung entgegen, wenn ungewiss ist, wann die Verhinderung wegfällt. Denn dann steht nicht fest, dass eine Vertagung die begehrte persönliche Anwesenheit des Beteiligten in der mündlichen Verhandlung ermöglichen wird. Führt allerdings die Schwere der Erkrankung dazu, dass der Beteiligte nicht einmal sachgerecht mit seinem Bevollmächtigten kommunizieren kann, ist wiederum ein Vertagungsgrund gegeben (vgl. BFH I B 16/16 ua, BFH/NV 2017, 466; VIII B 110/22, BFH/NV 2024, 22). – Zum Ganzen s. auch Fischer MDR 2011, 467;

- bei sonstigen in der **persönlichen Lebenssphäre** des Klägers oder des Prozessbevollmächtigten liegenden Hinderungsgründen, zB bei schwerer Erkrankung eines Angehörigen (BFH VII B 78/05, BFH/NV 2006, 1668 (1670); III B 12/13, BFH/NV 2014, 1581; VII B 92/20, BFH/NV 2021, 551), nicht aber, wenn es sich lediglich um untergeordnete wirtschaftliche Belange handelt (BFH X B 159/94, BFH/NV 1995, 533);
- **bei Ortsabwesenheit** eines Beteiligten oder seines Bevollmächtigten (aber → Rn. 3 aE) **infolge** eines schon lange geplanten **Urlaubs,** wenn eine Vertretung nicht in Betracht kommt und ausreichend dargelegt ist, dass der Urlaub im Zeitpunkt der Zustellung der Ladung bereits verbindlich geplant gewesen war und die Wahrnehmung des gerichtlichen Termins als nicht zumutbar erscheint (BFH VIII B 121/07, BFH/NV 2008, 397 (398, 399); IX B 61/13, BFH/NV 2014, 64; III B 58/13, BFH/NV 2014, 356; X B 91/17, BFH/NV 2018, 342; III B 82/23, BFH/NV 2024, 802; s. aber auch BVerfG 2 BvR 377/62, BVerfGE 14, 195), nicht jedoch eine allg. Arbeitsverdichtung vor und nach Urlaubszeiten (BFH IX B 84/17, BFH/NV 2017, 1619);
- wenn **Beweise** nicht mehr iRd bevorstehenden oder laufenden mündlichen Verhandlung erhoben werden können, zB Vernehmung eines **Zeugen** (→ § 76 Rn. 33, auch eines vom Kläger zu stellenden **verhinderten Auslandszeugen,** mit dessen Teilnahme an einem späteren Termin zu rechnen ist: BFH XI B 138/13, BFH/NV 2014, 1079) oder Einholung eines Sachverständigengutachtens, wenn ein entspr. Beweisantrag nicht zurückgewiesen werden kann (im Einzelnen → § 76 Rn. 33);
- bei **unverschuldeter Verhinderung** an der Wahrnehmung des Termins (BFH VII R 26/91, BFH/NV 1993, 177; X B 110/12, BFH/NV 2013, 227 betr. Autounfall/-panne auf dem Weg zum Gericht; BFH X B 114/08, BeckRS 2009, 25014689; VIII B 21/24, BFH/NV 2025, 532 betr. Stau auf

dem Weg zum Gericht; s. auch BVerwG 8 C 58/90, NJW 1992, 3185; 3 C 28/92, NJW 1995, 1441); auf einen optimalen Reiseverlauf darf sich der Beteiligte jedoch nicht verlassen, ggf. müssen alternative Reisemöglichkeiten oder die Möglichkeit der Videokonferenz (soweit zumutbar; → Rn. 5) genutzt werden (BFH II R 4/21, BStBl. II 2024, 25; Reddig AO-StB 2023, 370; Kugelmüller-Pugh DStRE 2023, 1508);

– bei unzumutbarer Erschwerung der Teilnahme an der mündlichen Verhandlung durch eine **Naturkatastrophe** („Kyrill" – BFH VIII B 171/07, BFH/NV 2009, 955 (956));
– wenn entscheidungserhebliche Schriftsätze dem Beteiligten nicht vorliegen (BFH IX B 56/20, BFH/NV 2021, 1366) und bei erstmaligem Hinweis des Gerichts oder eines Beteiligten in der mündlichen Verhandlung auf **bisher nicht erörterte** entscheidungserhebliche **Gesichtspunkte,** wenn eine sofortige Stellungnahme nicht zumutbar ist und eine kurzfristige Unterbrechung (Sitzungspause) nicht ausreicht (BFH VIII R 65/13, BeckRS 2015, 95231; X B 10/16, BFH/NV 2017, 43; IX B 78/17, BFH/NV 2018, 217; BVerwG 3 C 38/81, HFR 1983, 172; Sangmeister DStZ 1988, 321 (322); anders, wenn es sich um einen Fall mangelnder Vorbereitung handelt, → Rn. 5);
– mehr als unerhebliche **Bild- und oder Tonstörungen** im Rahmen einer **Videokonferenz,** ebenso wenn aus ungeklärten Gründen weder die Bildnoch die Tonübertragung zustande kommt (OLG Celle 24 W 3/22, NJW-RR 2022, 1653; → § 90 Rn. 60);
– bei **Beschlagnahme von** (entscheidungsrelevanten) **Unterlagen,** wenn bis zur mündlichen Verhandlung vorgetragen und glaubhaft gemacht wird, dass die **Akteneinsicht nach § 147 II StPO und die Einsicht in die beschlagnahmten Unterlagen verweigert** wurde (BFH V B 223/07, BFH/NV 2009, 401);
– bei Notwendigkeit einer angemessenen **Äußerungsfrist zum Beweisergebnis,** wenn die Stellungnahme nur nach sachkundiger Beratung abgegeben werden kann (BSG 2 RU 28/90, NJW 1991, 2310 betr. Sachverständigengutachten in der mündlichen Verhandlung);
– bei **Ablehnung eines Richters oder Sachverständigen,** wenn bis zum Schluss der mündlichen Verhandlung über das **Ablehnungsgesuch nicht entschieden** wurde, nicht nach § 51 I FGO iVm § 47 II 1 ZPO verfahren wird oder wegen der Begründetheit des Ablehnungsgesuchs nicht in der Sache entschieden werden kann. Ob dies der Fall ist, hat der Beteiligte ggf. beim Gericht zu erfragen (BFH X B 134/14, BFH/NV 2016, 54);
– bei Vorliegen eines **Aussetzungs- oder Unterbrechungsgrunds** (→ Rn. 10; → Vor § 74 Rn. 1, 3, 4).

5 **Kein erheblicher Grund** iSd § 227 I 2 Nr. 1–3 ZPO und § 227 I 3 ZPO ist/sind

– die **frühe Uhrzeit** (07:00 Uhr) des Termins (BFH V B 108/14, BFH/NV 2015, 849; X R 41/13, BStBl. II 2016, 525);
– der **verzögerte Aufruf der Sache;** da sich kurzfristige zeitliche Verzögerungen trotz sorgfältiger Planung nicht vermeiden lassen, können die Beteiligten nicht davon ausgehen, dass ihr Termin pünktlich beginnen wird (vgl. BVerwG 4 B 119/98, NJW 1999, 2131; OLG Hmb 7 W 57/22, NJW-RR 2022, 1073);
– der Eintritt eines **nicht entscheidungserheblichen Ereignisses** (BFH VII B 204/08, BFH/NV 2009, 1780 (1781) betr. Ermessensentscheidung gem. § 284 AO);

- die **Richterablehnung,** wenn über den Antrag vor dem Schluss der mündlichen Verhandlung entschieden wurde (BFH XI B 146/06, BFH/NV 2007, 1183) oder ein Fall des § 51 I FGO iVm § 47 II 1 ZPO vorliegt;
- das **Ausbleiben eines Beteiligten** oder dessen Ankündigung, nicht zu erscheinen (BFH IV B 191/03, BFH/NV 2005, 2243; IV B 122/09, BFH/NV 2012, 419; X B 35–36/21, BFH/NV 2022, 1203);
- der Hinweis auf das abstrakte Risiko der Infektion durch die **Corona-Pandemie** (BFH IX B 15/21, BFH/NV 2022, 29; X B 35–36/21, BFH/NV 2022, 1203; Baudewin/Scheffer NJW 2021, 3495 (3497)); im Übrigen → Rn. 3 zu Erkrankungen;
- eine kurzfristige **Bild- und/oder Tonstörung,** wenn die verpassten Passagen der mündlichen Verhandlung wiederholt wurden (→ § 90 Rn. 60);
- gegeben, wenn die Teilnahme an der mündlichen Verhandlung im Wege der **Videokonferenz** den Verlegungsgrund entfallen lässt (§ 227 I 3 ZPO nF: „wenn sich der Termin für eine Durchführung als Videoverhandlung nach § 128a oder als Beweisaufnahme nach § 284 Absatz 2 eignet" – eingefügt durch das G zur Förderung des Einsatzes von Videokonferenztechnik in der Zivilgerichtsbarkeit und den Fachgerichtsbarkeiten v. 15.7.2024, BGBl. 2024 I Nr. 237 mWv 19.7.2024; → § 90 Rn. 35, 38; ebenso bereits zur alten Rechtslage BFH II R 4/21, BStBl. II 2024, 25; Reddig AO-StB 2023, 370; Kugelmüller-Pugh DStRE 2023, 1508, jeweils ohne Auseinandersetzung mit der Gegenauffassung BFH VII B 92/20, BFH/NV 2021, 551; Wiesmann HFR 2021, 590). Voraussetzung ist jedoch immer, dass die Teilnahme an der Videokonferenz zumutbar ist, was zB bei Beweisaufnahmen oder technischen Unzulänglichkeiten des auf Seiten des Gerichts oder des Beteiligten vorhandenen Videokonferenzsystems zu verneinen sein kann (vgl. auch Stapperfend FS 75 Jahre FG Münster 253 (257)). Von der Zumutbarkeit der Videokonferenz kann das Gericht grds. ausgehen, wenn der Beteiligte keine Äußerung gem. § 227 IV ZPO nF abgibt. Ferner gesteht der Gesetzgeber auch in den Fällen des § 227 I 3 ZPO dem betroffenen Beteiligten das Einspruchsrecht gem. § 155 S. 1 FGO iVm § 128a II 2 ZPO zu, wozu es keiner Begründung bedarf (→ § 90 Rn. 56, 73). Dies spricht dafür, dass mit BFH VII B 92/20, BFH/NV 2021, 551 (vgl. auch Wiesmann HFR 2021, 590) einem Beteiligten, der gegen die Anordnung der Videokonferenz Einspruch eingelegt und ansonsten betr. den Präsenztermin einen Hinderungsgrund glaubhaft gemacht hat, die Verlegung versagt werden kann;
- die auf einer Augenerkrankung beruhende **Unmöglichkeit, bei Dunkelheit mit dem Pkw** zu einem Verhandlungstermin **anzureisen;** denn der Kläger kann öffentliche Verkehrsmittel nutzen (BFH IX B 236/06, BFH/NV 2007, 1522);
- die unentschuldigte **mangelnde Vorbereitung** eines Beteiligten (BFH II R 120/73, BStBl. II 1975, 489; VIII R 103/80, BFH/NV 1987, 160 (162); VII B 89/03, BFH/NV 2004, 217 (218); X B 122/10, BFH/NV 2011, 1912; VI B 13/15, BFH/NV 2015, 1672) oder Prozessbevollmächtigten (BFH I B 63/93, BFH/NV 1994, 802; VIII B 97/20, BFH/NV 2021, 1360) und zwar auch dann, wenn die beklagte Behörde erst neun Tage vor der mündlichen Verhandlung eine ausführliche Auswertung der einschlägigen Fachliteratur vorlegt (BVerwG 3 B 90/98, Buchholz 310 § 108 VwGO Nr. 283); anders jedoch, wenn die Vorbereitung unverschuldet unmöglich war (BFH III S 4/06 (PKH), BFH/NV 2007, 446 (447)) oder wenn das Gericht seine Entscheidung auf

bisher nicht erörterte tatsächliche oder rechtliche Gesichtspunkte stützen will (→ Rn. 4; s. auch BVerwG VII C 79/77 ua, NJW 1979, 828); uU kommt eine Vertagung nach Durchführung der mündlichen Verhandlung in Betracht (BFH X B 12/97, BFH/NV 1998, 599 (601)). In der Regel besteht kein Anlass zu einer Vertagung, wenn eine sofortige Entscheidung des Gerichts keine Überraschungsentscheidung (→ § 76 Rn. 65 ff.; → § 96 Rn. 193; → § 119 Rn. 16) darstellt;

- **fristgebundene Arbeiten** in anderen Gerichtsverfahren (BFH V B 57/18, BFH/NV 2020, 29);
- die **Ankündigung** des Klägers, möglicherweise ein **Gutachten** zum Nachweis des gemeinen Werts eines Grundstücks **einzuholen,** wenn der Kläger nach dem bisherigen Verlauf des Verfahrens hinreichenden Anlass und genügend Zeit für die Einholung eines solchen Gutachtens hatte (BFH II B 53/06, BFH/NV 2007, 403 (404));
- der fehlende Kontakt des Prozessbevollmächtigten zum Kläger, weil dieser **unbekannt verzogen** ist (BFH IX B 17/13, BFH/NV 2013, 1942; X B 20/16, BFH/NV 2016, 1736);
- die **Kündigung des Mandats des Prozessbevollmächtigten** ohne sachlichen Grund kurz vor der mündlichen Verhandlung (BFH IV B 99/10, BFH/NV 2011, 1904; III B 12/13, BFH/NV 2014, 1581; VIII B 4/23, BFH/NV 2024, 685);
- der **Wechsel des Prozessbevollmächtigten** jedenfalls dann, wenn dem neuen Prozessbevollmächtigten eine Einarbeitungszeit von acht Wochen bleibt (BFH IX S 22/08 (PKH), DStRE 2009, 571; ähnlich BFH IX B 214/08, BeckRS 2009, 25015165);
- die Bestellung eines Prozessbevollmächtigten **kurz vor der mündlichen Verhandlung** (→ Rn. 4), wenn **Anhaltspunkte** vorhanden sind, die auf eine **Prozessverschleppungsabsicht** schließen lassen (BFH VII B 227/05, BFH/NV 2006, 1493 (1494); VII B 100/07, BFH/NV 2008, 392 (393); III B 12/13, BFH/NV 2014, 1581);
- etwaige **Zustellungsmängel der Ladung,** wenn keine Anhaltspunkte dafür vorliegen, dass sich der Prozessbevollmächtigte deshalb nicht hinreichend auf den Termin hat vorbereiten können (BFH X B 65/92, BFH/NV 1993, 608);
- die **Nichtvorlage der Prozessvollmacht,** wenn der vollmachtlose Vertreter sich trotz mehrfacher vergeblicher Aufforderungen erst am Vortage des Termins vergeblich um die Beschaffung der Prozessvollmacht bemüht hat (FG BW 6 K 58/93, EFG 1994, 579);
- das von einem Beteiligten nicht erwartete **Ergebnis der Beweisaufnahme** (BFH VIII B 211/08, BFH/NV 2010, 663);
- das Einvernehmen der Beteiligten allein;
- anders als uU im Zivilprozess (§ 227 III ZPO) der Umstand, dass der **Termin in den Sommermonaten** (v. 1.7.–31.8.) anberaumt worden ist. Durch **§ 91 IV** wird klargestellt, dass § 227 III 1 ZPO im finanzgerichtlichen Verfahren nicht anzuwenden ist. – **§ 91 IV** gilt nicht nur für **Termine zur mündlichen Verhandlung** (§ 91 I), sondern – entsprechend – auch für **Erörterungstermine** (§ 79 I 2 Nr. 1) und **Beweistermine** (§§ 81 II, 83).

6 In § 227 I 1 Nr. 1–3 ZPO sind die Versagungsgründe nicht abschließend geregelt (… „insbesondere nicht …“). **Ein Anspruch auf Vertagung** usw **besteht nicht,**

– wenn der Beteiligte Akteneinsicht begehrt, von der ihm gebotenen Möglichkeit der **Akteneinsicht keinen** oder schuldhaft nicht rechtzeitig **Gebrauch** gemacht hat (BFH X B 18/92, BFH/NV 1993, 732; VIII B 95/08, ZSteu 2009, R339; IX B 156/09, BFH/NV 2012, 176; X B 20/16, BFH/NV 2016, 1736), die Akten nicht entscheidungserheblich sind (FG München 1 K 2120/09, EFG 2010, 1807) oder wenn der Beteiligte die Unmöglichkeit, Akteneinsicht zu nehmen, selbst zu vertreten hat (BFH II B 89/96, BFH/NV 1998, 459 (461) zu § 62 III aF – Vollmacht nicht vorgelegt); anders bei nicht verschuldetem Wechsel des Prozessbevollmächtigten (BFH III B 41/22, BFH/NV 2023, 825);
– wenn eine **Prozessverschleppungsabsicht offenkundig** ist, zB wegen wiederholter Anträge auf Terminänderung (BFH III B 55/03, BFH/NV 2004, 506; VII B 79/12, BFH/NV 2013, 225) oder wenn die Mitwirkungspflicht in anderer Weise erheblich verletzt worden ist (BFH V B 224/00, BFH/NV 2002, 520 (521); V B 153/05, BeckRS 2007, 25011970; XI B 64/11, BFH/NV 2012, 747; VII B 79/12, BFH/NV 2013, 225; III B 12/13, BFH/NV 2014, 1581) oder wenn gerichtliche Anträge offenbar grundlos sind und nur als taktisches Mittel für verfahrensfremde Zwecke genutzt werden (BFH V B 108/09, BFH/NV 2010, 2014; V B 71/01, BFH/NV 2003, 178 (179)). Entsprechende Absichten müssen jedoch gerichtsseitig eingehend dargelegt werden (vgl. zB FG Nürnberg 4 K 862/17, EFG 2020, 896; auch BGH VII ZR 123/18, NJW-RR 2019, 695). Besteht lediglich der Verdacht, muss der Termin bei Geltendmachung eines erheblichen Grundes zunächst aufgehoben, verlegt oder vertagt werden (BFH III B 31/17, BFH/NV 2018, 214); dem Beteiligten kann jedoch gleichzeitig mit der Ladung zum neuen Termin vorsorglich die Glaubhaftmachung des Grundes auferlegt werden (§ 227 II ZPO). Fortdauernde Verletzungen von Mitwirkungspflichten geben Anlass, geltend gemachte Verlegungsgründe strenger zu würdigen (vgl. BFH VIII B 103/20, BFH/NV 2021, 1361).

Die **Entscheidung** erfolgt – je nach Zuständigkeit (→ Rn. 2) – durch Verfügung des Vorsitzenden bzw. Einzelrichters oder Beschluss des Senats bzw. Einzelrichters. Die Entscheidungen sind **nicht** zwingend zu **begründen** (§ 113 II 1, der § 155 S. 1 FGO iVm § 227 V 2 ZPO vorgeht; FG Düsseldorf 6 K 4464/12 H (K), EFG 2017, 687; Tipke/Kruse/Brandis § 91 Rn. 5; SPK/Fu § 91 Rn. 22; Gosch/Wendl § 91 Rn. 97; HHS/Schallmoser § 91 Rn. 78; HHS/Lange § 113 Rn. 59; aA BFH VII B 336/04, BFH/NV 2006, 70), wenngleich eine Begründung sinnvoll ist, um (bei Entscheidungen vor dem Termin) Nachbesserungen zu ermöglichen bzw. die Überprüfung im Rechtsmittelverfahren zu erleichtern. Jedenfalls ist – soweit zeitlich noch möglich – auf Lücken/Mängel des Verlegungsantrags hinzuweisen (BVerfG 1 BvR 1997/18, NJW 2021, 3384). Die Entscheidungen werden bei Ablehnung formlos mitgeteilt (§ 329 II 1 ZPO); die Vertagung wird **verkündet** (§ 329 I 1 ZPO), die Verlegung (wegen der gleichzeitigen Ladung zum neuen Termin) **zugestellt** (§ 329 II 2 ZPO) und die Aufhebung **formlos mitgeteilt** (§ 329 II 1 ZPO; BFH X B 110/12, BFH/NV 2013, 227), insbes. bei telefonisch gestellten Anträgen auch telefonisch (BFH III B 158/19, DStRE 2020, 1269). Bei kurz vor der mündlichen Verhandlung gestellten Anträgen über die Aufhebung des Termins kann die Entscheidung auch konkludent durch Durchführung der mündlichen Verhandlung mitgeteilt und im Urteil begründet werden (BFH II B 61/12, BFH/NV 2012, 1995). – **Bis zur Bekanntgabe** der Entscheidung über die Aufhebung usw des Termins muss der Antragstel- 7 ler davon ausgehen, dass der **Termin stattfindet** (BFH V B 30/98 ua, BFH/NV 1999, 647; V B 105/09, BFH/NV 2011, 53; III B 237/11, BFH/NV 2012, 976; V B 57/18, BFH/NV 2020, 29; VIII B 2/21, BFH/NV 2022, 239), und sich ggf. telefonisch beim Gericht erkundigen, wie über den Verlegungsantrag entschieden wurde (BFH X S 38/15 (PKH), BFH/NV 2016, 940; VIII B 2/21, BFH/NV 2022, 239; vgl. aber auch BFH X B 13/20, BFH/NV 2020, 900 zu einem nicht durch einen Berufsträger vertretenen Kläger; hierzu auch Haselmann/Berger/Hansen BB 2021, 2327). In anderen Gerichtszweigen wird vertreten, dass das Gericht umgehend, insbes. noch vor der mündlichen Verhandlung, über Verlegungsanträge entscheiden muss (vgl. OVG NRW 18 A 699/21, NVwZ-RR 2022, 742).

8 Die Entscheidungen sind (gleichgültig, ob es sich um stattgebende oder ablehnende handelt) **nicht selbständig anfechtbar** (§ 128 II; § 227 V 3 ZPO; BFH VIII B 252/05, BFH/NV 2007, 2330; IX B 37/08, DStRE 2008, 1358 (1359); IX B 84/17, BFH/NV 2017, 1618) und zwar auch dann nicht, wenn der Vorsitzende die Aufhebung des Termins in Beschlussform verfügt hat (BFH VIII B 49/93, BFH/NV 1994, 811). – In der ungerechtfertigten Ablehnung der Vertagung (Aufhebung oder Verlegung des Termins) liegt jedoch im Allgemeinen ein wesentlicher **Verfahrensmangel** (Verletzung des Anspruchs auf rechtliches Gehör – § 119 Nr. 3), auf den die Anfechtung des Urteils gestützt werden kann, wenn die Gründe für die Terminverlegung dem FG bereits substantiiert vorgetragen und ggf. auch glaubhaft gemacht worden sind (zB BFH IX B 83/06, BFH/NV 2007, 476; XI B 138/13, BFH/NV 2014, 1079; → § 119 Rn. 24). Hat sich der Kläger **auf** die **mündliche Verhandlung eingelassen** (§ 155 S. 1 FGO iVm § 295 ZPO), muss er die Verletzung seines Rechts auf Gehör jedoch in der mündlichen Verhandlung rügen (→ § 119 Rn. 20 ff.; BFH XI B 182/95, BFH/NV 1997, 777; IX B 111/13, BFH/NV 2014, 887; XI B 133/13, BFH/NV 2014, 1560).

II. Ladung zur mündlichen Verhandlung

1. Form und Inhalt der Ladung

9 Die **Ladung** der Beteiligten (§ 57) wird – nach Bestimmung des Termins (→ Rn. 1) – **von Amts wegen durch die Geschäftsstelle** veranlasst (§§ 12, 155 S. 1 FGO iVm § 274 I ZPO; BFH II B 89/96, BFH/NV 1998, 459; VII R 14/00, BeckRS 2000, 25004840; IV B 164/02, BFH/NV 2003, 1426). Die Ladung wird **durch Zustellung** nach der ZPO (§ 53) bewirkt (ausreichend: beglaubigte Abschrift; → § 53 Rn. 12; BFH VII B 97/15, BFH/NV 2016, 764; BGH VI ZR 79/15, NJW 2016, 1517; Zöller/Schultzky ZPO § 166 Rn. 9; Thomas/Putzo/Hüßtege ZPO § 166 Rn. 10). Die Terminbestimmung muss wegen des Inhalts der Ladung (→ Rn. 10) nicht gesondert zugestellt werden (→ Rn. 1). Bei Terminverschiebungen muss die Umladung erneut zugestellt werden, weil es sich wiederum um eine Ladung iSd § 53 I handelt, jedoch nicht bei einer Verschiebung am selben Terminstag um wenige Stunden (Tipke/Kruse/Brandis § 91 Rn. 2). **Nachforschungen** des Gerichts darüber, ob der Empfänger die Ladung im Falle der Zustellung durch Niederlegung rechtzeitig zur Kenntnis genommen hat, sind nicht erforderlich (BFH III R 220/84, BStBl. II 1988, 948 (950); IX R 5/96, BStBl. II 1997, 638; III B 146/02, BFH/NV 2003, 1207). Im

Übrigen ist es die prozessuale Obliegenheit des Klägers, dem Gericht seine jeweils gültige **Anschrift** unverzüglich **mitzuteilen** (BFH VII S 66/07 (PKH), BFH/NV 2008, 1853 (1854)). – Zustellung ist ausnahmsweise nicht erforderlich, wenn der **Termin** in mündlicher Verhandlung – zu der alle Beteiligten ordnungsgemäß geladen worden waren – **verkündet** worden ist (§ 53 I – → § 53 Rn. 4; vgl. auch § 155 S. 1 FGO iVm § 218 ZPO); war jedoch ein Beteiligter trotz Anordnung persönlichen Erscheinens (→ § 79 Rn. 8; → § 80 Rn. 4 ff.) nicht anwesend, ist ihm die Ladung persönlich zuzustellen (§ 155 S. 1 FGO iVm §§ 218, 141 II ZPO) und zwar auch dann, wenn er durch einen Bevollmächtigten vertreten ist (hierzu und zur Notwendigkeit, den Bevollmächtigten zu benachrichtigen → § 80 Rn. 7). – Im Übrigen gilt: Die Ladung muss dem Beteiligten, bei Vorhandensein eines Bevollmächtigtem (grds. nur) diesem (§ 62 VI 5; BFH I B 65/02, BFH/NV 2003, 1059; VII B 300/05, BFH/NV 2006, 960 (961); I B 22/12, BFH/NV 2013, 389; III B 137/15, BFH/NV 2016, 1170) und bei Anordnung des persönlichen Erscheinens dem Betroffenen (§ 155 S. 1 FGO iVm §§ 218, 141 II ZPO) sowie ggf. dessen Bevollmächtigten zugestellt werden. Erlischt nach Zustellung der Ladung die Vollmacht, bleibt die Ladung ggü. dem (nunmehr unvertretenen) Beteiligten wirksam (BFH X R 66/93, BFH/NV 1994, 499; IV B 99/10, BFH/NV 2011, 1904; III B 12/13, BFH/NV 2014, 1581; X B 20/16, BFH/NV 2016, 1736). – Ist die **Bevollmächtigung nicht** nach Maßgabe des § 62 VI **nachgewiesen,** ist der vollmachtlose Vertreter, nicht der als Kläger Bezeichnete zu laden (FG Bln I 287/94, EFG 1995, 817; FG BW 4 K 299/96, EFG 1998, 1024; Böttrich DStR 1994, 1880; **aA** BFH XI R 29/93, BStBl. II 1994, 661 (662); SPK/Fu § 91 Rn. 11).

Die Ladung muss aus sich heraus verständlich sein (BFH II B 89/96, BFH/ 10
NV 1998, 459 (460)), dh neben der Angabe der ladenden Stelle, der Bezeichnung des Adressaten, des Gerichts, des Terminorts, des Sitzungsraumes, des Terminzwecks und Terminzeitpunkts die Aufforderung enthalten, den Termin wahrzunehmen (BFH VII B 87/99, BFH/NV 2000, 1224; IV R 136/88, BFH/NV 1990, 379 (380) zum Terminzeitpunkt; iÜ s. Anders/Gehle/Becker ZPO Vor § 214 Rn. 9 f.). Voraussetzung für die **Wirksamkeit der Ladung** ist außerdem der **Hinweis,** dass beim Ausbleiben eines Beteiligten auch ohne ihn verhandelt und entschieden werden kann (§ 91 II – → Rn. 16 ff.); dies gilt aber **nicht** für die **Umladung** auf den später durchgeführten Termin, wenn die ursprüngliche Ladung (Erstladung) diesen Hinweis enthalten hat (BFH VII B 137/06, BFH/NV 2007, 1143 (1144); V B 80/06, BFH/NV 2008, 388 (389) mwN). Schließlich darf das Verfahren **nicht unterbrochen** (zB § 155 S. 1 FGO iVm § 240 ZPO), **ausgesetzt** (§ 74) oder **ruhend** gestellt (§ 155 S. 1 FGO iVm § 251 ZPO) sein, weil die Ladung dann unwirksam ist (§ 155 S. 1 FGO iVm § 249 II ZPO, ggf. analog; BFH V B 23/12, BFH/NV 2013, 748).

2. Ladungsfrist

Bei der Ladung der Beteiligten ist eine Ladungsfrist von mindestens **zwei** 11
Wochen (beim BFH von mindestens vier Wochen) einzuhalten (§ 91 I 1). Ladungsfrist ist der Zeitraum zwischen der Zustellung der Ladung (→ Rn. 9) und dem Terminstag (§ 155 S. 1 FGO iVm § 217 ZPO). Sie soll gewährleisten, dass sich die Beteiligten auf den Termin vorbereiten und in der mündlichen Verhandlung angemessen äußern können (BFH IV B 122/09, BFH/NV 2012, 419; III B 1/12, BFH/NV 2012, 1636; IV R 53/16, BStBl. II 2020, 533). Sie ist

idR als ausreichende Vorbereitungszeit anzusehen (BFH II S 26/10 (PKH), BFH/NV 2011, 59; FG Hmb 2 K 214/16, EFG 2017, 1914). – Wegen der **Fristberechnung** → § 54 Rn. 10–12; BFH VIII B 50/11, BFH/NV 2012, 585; IX B 37/14, BFH/NV 2015, 52. Die Ladungsfrist gilt nicht bei einer bloßen Verschiebung um einige Stunden oder auf einen späteren Terminstag (BFH IV B 138/04, BFH/NV 2006, 1490; VII B 3/12, BFH/NV 2012, 1324; III B 1/12, BFH/NV 2012, 1636; IV R 53/16, BStBl. II 2020, 533; Tipke/Kruse/Brandis § 91 Rn. 2; Lindwurm AO-StB 2020, 275 (276)), denn dem Zweck der Ladungsfrist ist in diesen Fällen mit dem erstmaligen Lauf zwischen Zustellung der Ladung und dem zunächst anberaumten Termin ausreichend Rechnung getragen worden.

12 Die Ladungsfrist kann in dringenden Fällen (auf Antrag oder von Amts wegen) vom Vorsitzenden bzw. Einzelrichter **abgekürzt** werden (§ 91 I 2 – s. § 226 ZPO, Wortlaut abgedruckt bei → § 54 Rn. 13). Eine Anhörung der Beteiligten ist zweckmäßig, aber nicht vorgeschrieben (§ 226 III ZPO). Die abgekürzte Frist muss so bemessen sein, dass die Beteiligten den Termin wahrnehmen können (Tipke/Kruse/Brandis § 91 Rn. 3).

13 Abkürzung und Versagung der Abkürzung der Frist sind prozessleitende Verfügungen und deshalb mit der Beschwerde nicht selbständig anfechtbar (§ 128 II) und auch im Revisionsverfahren nicht überprüfbar; auch eine NZB kommt grds. nicht in Betracht (BFH VII B 140/99, BFH/NV 2000, 589). – Die Abkürzung der Ladungsfrist kann aber das Recht auf Gehör berühren und unter diesem Gesichtspunkt zum Gegenstand einer Verfahrensrüge gemacht werden (BFH VII B 140/99, BFH/NV 2000, 589; IV B 122/09, BFH/NV 2012, 419).

3. Folgen einer nicht ordnungsmäßigen Ladung

14 Ist ein Beteiligter bzw. sein Bevollmächtigter nicht ordnungsgemäß zum Termin geladen worden (→ Rn. 9, 10) und deshalb auch nicht erschienen, **muss das Gericht** den Termin (aufheben oder) **vertagen.** Wurde ein Beteiligter (irrtümlich) abgeladen, steht dies einer nicht ordnungsgemäßen oder fehlenden Ladung gleich (BFH IX B 63/17, BFH/NV 2017, 1451). Wird der Termin trotz nicht ordnungsgemäßer oder fehlender Ladung nicht aufgehoben oder vertagt, ist das rechtliche Gehör verletzt (§ 119 Nr. 3; vgl. etwa BFH II R 91/79, BStBl. II 1981, 401; VI R 38/86, BFH/NV 1990, 650; VII B 3/12, BFH/NV 2012, 1324; III B 12/13, BFH/NV 2014, 1581; IX B 37/14, BFH/NV 2015, 52; X S 23/15 (PKH), BFH/NV 2016, 945; → § 119 Rn. 24). Trotz Durchführung der mündlichen Verhandlung ist das rechtliche Gehör aber nicht verletzt, wenn der Kläger lediglich behauptet, die Ladung nicht erhalten zu haben, obwohl eine formell ordnungsgemäße Zustellungsurkunde vorliegt (BFH IX B 67/06, BFH/NV 2007, 1149 (1150)). – Außerdem kann der Revisionsgrund der mangelnden Vertretung (§ 119 Nr. 4) gegeben sein (BFH VI R 46/97, BFH/NV 1998, 588; → § 119 Rn. 29). – Wiedereinsetzung in den vorigen Stand kann trotz unverschuldeter Versäumung des Termins zur mündlichen Verhandlung nicht gewährt werden (→ Rn. 16 aE).

15 Die Verletzung des § 91 kann nach Maßgabe des § 155 S. 1 FGO iVm § 295 ZPO geheilt werden. **Heilung** tritt ein, wenn der Beteiligte auf die Einhaltung des § 91 verzichtet oder wenn er in der nächsten mündlichen Verhandlung, die in dem betreffenden Verfahren stattgefunden hat, den Mangel nicht gerügt hat, obwohl er erschienen ist und ihm der Mangel bekannt war oder bekannt sein musste (BFH II R 91/79, BStBl. II 1981, 401; VII B 239/97, BFH/NV 1999,

1093; VII B 3/12, BFH/NV 2012, 1324; XI B 133/13, BFH/NV 2014, 1560). Ferner kann eine Verletzung des § 155 S. 1 FGO iVm § 227 ZPO dahinstehen, wenn der Beteiligte **in der mündlichen Verhandlung erscheint,** deren Verlegung er beantragt hat (BFH X R 41/13, BStBl. II 2016, 525).

III. Entscheidung bei Ausbleiben

16 Sind einzelne oder alle Beteiligten **trotz ordnungsmäßiger Ladung** (und Hinweis nach § 91 II – → Rn. 10) **nicht erschienen,** kann die mündliche Verhandlung grds. gleichwohl durchgeführt und zur Sache entschieden werden (BFH I B 22/12, BFH/NV 2013, 389; I B 101/14, BFH/NV 2015, 1095; VI R 48/15, BFH/NV 2017, 284). Die Vorschrift gilt auch bei Verhandlungen im Wege der Videokonferenz (BFH IX B 104/22, BFH/NV 2023, 1414). Die Entscheidung darüber, ob die mündliche Verhandlung eröffnet oder noch eine gewisse Zeit abgewartet wird, liegt im **Ermessen des Vorsitzenden.** Die pünktliche Eröffnung der mündlichen Verhandlung ist jedenfalls dann im Allgemeinen ermessensgerecht, wenn der Beteiligte bzw. sein Prozessbevollmächtigter sein Erscheinen oder eine mögliche Verspätung nicht vorher angekündigt hat (BFH III B 185/96, BFH/NV 1997, 773; VII B 69/97, BFH/NV 1998, 63; die hiergegen gerichtete Verfassungsbeschwerde wurde nicht zur Entscheidung angenommen – BVerfG 1 BvR 1882/97, StE 1998, 67; BFH XI B 187/02, BFH/NV 2004, 640 (641); VI B 187/04, BFH/NV 2005, 1364; II B 3/05, BFH/NV 2006, 605 (606); III B 118/08, BFH/NV 2010, 665 (666) betr. unklare bzw. missverständliche Äußerung des Prozessbevollmächtigten). Darauf, ob der Termin schuldhaft oder schuldlos versäumt worden ist, kommt es jedenfalls dann nicht an, wenn dem FG das fehlende Verschulden nicht bekannt ist (BFH II B 54/05, BFH/NV 2006, 797). Ist aufgrund der dem Gericht bekannten Umstände (Ankündigung des Erscheinens oder der Möglichkeit der Verspätung) anzunehmen, dass der Berechtigte sich lediglich verspäten wird, muss eine **angemessene Zeit** (etwa 10–15 Minuten) mit der Durchführung des Termins **gewartet werden** (BFH XI B 187/02, BFH/NV 2004, 640 (641); II B 3/05, BFH/NV 2006, 605 (606); s. auch BVerwG 11 B 18/95, NJW 1995, 3402), ggf. auch länger (VerfGH Bln 121/98, NJW-RR 2000, 1451; 36/03 ua, NJW 2004, 1158; BFH X B 68/23, X B 69/23, DStR 2024, 1127: bei angezeigter Verspätung erheblich mehr als 15 Minuten), aber nicht wesentlich länger als bis zum angekündigten, verspäteten Ankunftszeitpunkt (BFH V B 49/15, BFH/NV 2016, 215). – Als nicht erschienen gilt auch der Beteiligte, der aufgrund sitzungspolizeilicher Maßnahmen aus dem Saal entfernt wurde (§ 52 I FGO iVm § 177 GVG; → § 52 Rn. 25; Kissel/Mayer/Mayer GVG § 177 Rn. 17). – Zur **Fortführung** der mündlichen Verhandlung, wenn der zunächst erschienene Beteiligte den Sitzungssaal verlassen hat, s. BVerwG 7 B 171/89, NJW 1990, 1616. – Eine **Wiedereinsetzung** kommt nicht in Betracht, und zwar entweder, weil keine Frist, sondern ein Termin versäumt wurde (→ § 56 Rn. 2 aE; BFH III B 118/08, BFH/NV 2010, 665 (666)), oder deshalb, weil in der FGO eine dem § 235 StPO vergleichbare Vorschrift fehlt (BFH III R 220/84, BStBl. II 1988, 948 (951); III B 48/15, BeckRS 2016, 94301). Wenn noch keine Entscheidung verkündet wurde, kommt uU eine **Wiedereröffnung** der mündlichen Verhandlung in Betracht; → § 93 Rn. 10 ff. – Zur Frage, wie zu verfahren ist, wenn das Gericht das persönliche Erscheinen des Beteiligten angeordnet hatte, → § 80 Rn. 10 ff.

17 Das **Nichterscheinen** in der mündlichen Verhandlung **beeinträchtigt** die **Aussichten** des fernbleibenden Beteiligten, bei einem Unterliegen **Verfahrensfehler** des **Gerichts mit Aussicht auf Erfolg zu rügen** (→ § 76 Rn. 38, 68; → § 115 Rn. 292). – Das Gericht kann sich, falls **weitere Sachaufklärung nötig** ist (das Nichterscheinen ist nicht immer zugleich auch eine Verletzung der Mitwirkungspflicht – BFH V R 9/71, BStBl. II 1972, 952; → § 80 Rn. 11), auch vertagen und ggf. das persönliche Erscheinen anordnen (§ 80); es ist hierzu aber grds. nicht verpflichtet (BFH I B 49/06, BFH/NV 2007, 93). Das Ermessen ist jedoch auf eine Vertagung reduziert, wenn das Verfahren in der mündlichen Verhandlung eine Wendung nimmt, mit der der nicht erschienene Beteiligte nicht rechnen musste (→ § 76 Rn. 68).

18 Ein **Versäumnisurteil** ist im finanzgerichtlichen Verfahren **nicht** vorgesehen. § 251a ZPO ist nicht anwendbar.

19 Die **Mitglieder des erkennenden Spruchkörpers** müssen während der gesamten mündlichen Verhandlung – jedenfalls ab Beginn des Sachvortrags bis zum Schluss der mündlichen Verhandlung und solange die Verhandlung nicht unterbrochen wird – im Gerichtssaal anwesend sein, da andernfalls das Gericht nicht ordnungsgemäß besetzt ist (vgl. § 119 Nr. 1; BFH XI B 21–22/10, BFH/NV 2012, 46; V B 13/22, DStR 2023, 1600, Rn. 7, jeweils zum Sachvortrag; iÜ → § 119 Rn. 8 f.). Hinsichtlich etwaiger Verfahrensverstöße gelten die Ausführungen zu → Rn. 14, 15 entsprechend (→ § 119 Rn. 11).

IV. Sitzungsort

20 **Grds.** sind mündliche Verhandlungen und Erörterungstermine im Gerichtsgebäude am **Sitz des Gerichts** durchzuführen. Das Gericht kann aber Sitzungen auch außerhalb des Gerichtssitzes abhalten, wenn dies zur sachdienlichen Erledigung notwendig ist (§ 91 III). Das ist der Fall, wenn durch den auswärtigen Termin eine wesentliche Beschleunigung oder Vereinfachung des Verfahrens oder eine erhebliche Kosteneinsparung zu erwarten ist (Lange DStZ 1998, 349). Dies gilt auch bei Gerichten, deren Zuständigkeit über ihren Gerichtsbezirk oder ihr Sitzland hinaus reicht (§ 3 I Nr. 4, II; FG BBg 6 K 8272/02 B, EFG 2009, 316). Die Einschränkungen des § 219 I ZPO gelten nicht. – Zur **Videokonferenz** → § 90 Rn. 35 ff.

21 Die Entscheidung über die Abhaltung eines **auswärtigen Termins** trifft der Vorsitzende nach pflichtgemäßem Ermessen (NdsOVG V B 38/65, NJW 1967, 219; Lange DStZ 1998, 349 (353); HHS/Schallmoser § 91 Rn. 31). Sie ist (als prozessleitende Verfügung) unanfechtbar (§ 128 II).

22 Sitzungen **in dem Bezirk eines anderen FG** sind ohne Weiteres möglich (§ 155 S. 1 FGO iVm § 166 GVG). Lediglich bei der Bereitstellung von Räumlichkeiten und Personal ist die Mitwirkung der zuständigen Gerichtsleitung erforderlich.

23 § 219 II ZPO, wonach der **Bundespräsident** nicht persönlich vor Gericht erscheinen muss, sondern an seinem Dienstsitz zu vernehmen ist, gilt auch im finanzgerichtlichen Verfahren.

§ 91a (aufgehoben)

Aufgehoben durch Art. 12 Nr. 7 des G zur Förderung des Einsatzes von Videokonferenztechnik in der Zivilgerichtsbarkeit und den Fachgerichtsbarkeiten v. 15.7.2024 (BGBl. 2024 I Nr. 237) **mWv 19.7.2024** (Art. 19 I dieses G). Zur Gesetzgebungsgeschichte → Vor § 1 Rn. 55; zur Neuregelung → § 90 Rn. 35 ff., → § 82 Rn. 2a.

§ 92 [Gang der Verhandlung]

(1) **Der Vorsitzende eröffnet und leitet die mündliche Verhandlung.**

(2) **Nach Aufruf der Sache trägt der Vorsitzende oder der Berichterstatter den wesentlichen Inhalt der Akten vor.**

(3) **Hierauf erhalten die Beteiligten das Wort, um ihre Anträge zu stellen und zu begründen.**

Vgl. § 103 VwGO; § 112 SGG; §§ 136 ff. ZPO.

Literatur: Grube, Zum Hilfsantrag im Steuerprozess, DStZ 2011, 913; Hettenbach/Müller, Die Übergabe von Papierschriftsätzen im Termin in Zeiten der „beA-Nutzungspflicht", NJW 2022, 815; Redeker, Mündliche Verhandlung – Sinn und Wirklichkeit, NJW 2002, 192.

I. Vorbemerkungen

Der Vorsitzende bzw. der Einzelrichter (§§ 6, 79a III, IV) hat bei der Leitung der mündlichen Verhandlung insbes. folgende Verfahrensgrundsätze zu beachten: 1

- den Grundsatz der **Öffentlichkeit** (§ 52 FGO iVm §§ 169, 172 ff. GVG – → § 52 Rn. 2 ff.),
- den Grundsatz der **Unmittelbarkeit** der Beweisaufnahme (→ § 81 Rn. 8 ff.) einschließlich der **Beteiligtenöffentlichkeit** (→ § 83 Rn. 2, 3),
- den Grundsatz der **Mündlichkeit** (→ § 90 Rn. 1, 3 ff.),
- den **Untersuchungsgrundsatz** (→ § 76 Rn. 10 ff.),
- den Grundsatz der Gewährung **rechtlichen Gehörs** (Art. 103 I GG; → § 93 Rn. 1; → § 96 Rn. 190 ff.) und
- den Grundsatz der **Einheitlichkeit** der mündlichen Verhandlung (→ § 81 Rn. 9).

Wegen der Anwesenheit der Mitglieder des Gerichts → § 91 Rn. 19.

II. Verhandlungsleitung

Nach § 92 I eröffnet und leitet der Vorsitzende (ggf. der Einzelrichter) die mündliche Verhandlung. 2

1. Formelle Leitung

Der Vorsitzende bzw. der Einzelrichter ist für den ordnungsmäßigen **äußeren Ablauf** der mündlichen Verhandlung verantwortlich. Zu seinen Aufgaben gehört die Eröffnung der Sitzung, die Feststellung, wer erschienen ist und ggf. die Feststellung, ob die abwesenden Beteiligten ordnungsgemäß geladen worden sind. Er entscheidet auch darüber, ob die **Eröffnung** der mündlichen Verhandlung noch eine gewisse Zeit **zurückgestellt** wird, wenn nach Aufruf der Sache (noch) nicht alle Beteiligten anwesend sind (→ § 91 Rn. 16). Außerdem hat der Vorsitzende 3 bzw. der Einzelrichter dafür Sorge zu tragen, dass die Öffentlichkeit gewährleistet ist (→ Rn. 1). Er erteilt den Mitgliedern des Gerichts und den Beteiligten das Wort (§§ 92, 93) und kann es ihnen wieder entziehen (§ 155 S. 1 FGO iVm § 136 II ZPO); er vernimmt Zeugen und Sachverständige (und vereidigt sie ggf.), diktiert ihre Aussage, verkündet die Entscheidungen des Gerichts und schließt die Verhandlung (§ 93 III). – Die im Zusammenhang mit der formellen Verhandlungsleitung getroffenen Entscheidungen und Anordnungen sind als prozessleitende Verfügungen nicht selbständig anfechtbar (§ 128 II).

2. Wahrnehmung sitzungspolizeilicher Aufgaben

4 → § 52 Rn. 16ff.

3. Sachliche Leitung

5 Der Vorsitzende bzw. der Einzelrichter hat darauf hinzuwirken, dass Formfehler beseitigt, sachdienliche Anträge gestellt, unklare Anträge erläutert, ungenügende tatsächliche Angaben ergänzt und alle für die Feststellung und Beurteilung des Sachverhalts wesentlichen Erklärungen abgegeben werden (§ 76 II – → § 76 Rn. 63ff.). Außerdem hat er die Streitsache in tatsächlicher und rechtlicher Hinsicht mit den Beteiligten zu erörtern (§ 93 I – → § 93 Rn. 2ff.).

III. Ablauf der Sitzung

1. Aufruf der Sache, Sachvortrag

6 Die mündliche Verhandlung beginnt mit dem **Aufruf der Sache.** Wegen des nie zuverlässig vorhersehbaren Verlaufs vorhergehender Termine besteht **kein Anspruch auf einen pünktlichen Beginn;** vielmehr müssen Wartezeiten jedenfalls bis zu einer Stunde hingenommen werden (Gosch/Wendl § 92 Rn. 30; vgl. OLG Hmb 7 W 57/22, NJW-RR 2022, 1073). Drohen einem Beteiligten durch die Verspätung wesentliche Nachteile, kommt eine Vertagung in Betracht (→ § 91 Rn. 2ff.). Zum Zeitpunkt des Aufrufs bei Ausbleiben/Verspätung eines Beteiligten → § 91 Rn. 16. – Der Aufruf wendet sich ausschließlich an die Beteiligten. Sind sie im Sitzungssaal anwesend, genügt es, wenn die Sache nur dort aufgerufen wird (BFH X R 51/93, BFH/NV 1995, 233). **Unterbleibt der Aufruf,** ist nicht der Grundsatz der Öffentlichkeit, sondern allenfalls der Anspruch auf rechtliches Gehör verletzt (BVerfG 2 BvR 558/75, BVerfGE 42, 364 (370); BFH X R 51/93, BFH/NV 1995, 233; X R 265/93, BFH/NV 1995, 986; III R 187/94, BFH/NV 1996, 151; → Rn. 1). – Sodann stellt der Vorsitzende/Einzelrichter fest, wer für die Beteiligten erschienen ist, wobei die Identität der Erschienenen idR durch Abfrage bei diesen sowie aufgrund der Kenntnis vom Termin und dem Inhalt des Verfahrens ermittelt wird. Die Vorlage von Ausweisdokumenten ist nicht zwingend, aber auch nicht ausgeschlossen (BFH V B 37/18, BFH/NV 2019, 119), so dass sie schon wegen häufig anzutreffender Eingangskontrollen mitgeführt werden sollten. – Zu den Besonderheiten bei Videokonferenzen → § 90 Rn. 55. – Anschließend trägt der Vorsitzende oder der Berichterstatter (das ist nach § 65 II 1 zwingend einer der Berufsrichter, kein ehrenamtlicher Richter, Referendar oder wissenschaftlicher Mitarbeiter – Tipke/Kruse/Brandis § 92 Rn. 6) den für die Entscheidung wesentlichen Inhalt der Akten vor **(Sachvortrag).** Grundlage des

Sachvortrags ist in der Praxis häufig das zur Vorbereitung der mündlichen Verhandlung federführend vom Berichterstatter angefertigte vorgefertigte Gutachten (Votum), das in Urteilsform gehalten sein kann und einen Entscheidungsvorschlag beinhalten darf (BFH X R 55/94, BStBl. II 1995, 604; X B 206/05, BFH/NV 2006, 1877; → § 90 Rn. 3). – Der Vortrag enthält eine Darstellung des Sachverhalts und der rechtlichen Schlussfolgerungen der Beteiligten, wobei letzte Vollständigkeit nicht erforderlich und häufig im Interesse der Verständlichkeit auch nicht angebracht ist. Insbesondere ist nicht erforderlich, dass der Sachvortrag alle Details des Tatbestands eines späteren Urteils enthält (BFH IX B 164/11, BFH/NV 2012, 1643; VI B 65/21, BFH/NV 2022, 1185). Der **Vortrag dient der Unterrichtung der ehrenamtlichen Richter,** die im Allgemeinen keine Aktenkenntnis haben (BFH VII B 196/03, BFH/NV 2004, 232; VI B 65/21, BFH/NV 2022, 1185), **und** gleichzeitig der Unterrichtung **der Beteiligten** (BFH V R 107/88, BFH/NV 1990, 653). Aus dem letztgenannten Grund besteht eine Verpflichtung zum Sachvortrag auch für den Einzelrichter (§§ 6, 79a III, IV), obwohl keine ehrenamtlichen Richter mitwirken. Auf Grund des Vortrags können die Beteiligten und die ehrenamtlichen Richter nicht nur erkennen, welche tatsächlichen und rechtlichen Gesichtspunkte das Gericht für wesentlich erachtet, sondern sie erhalten dadurch auch die Möglichkeit, die ihnen erforderlich erscheinenden Ergänzungen und Korrekturen anzubringen oder weitere Aufklärung zu verlangen. Ein Recht auf vorherige Übersendung eines vorläufigen Tatbestands (vgl. BFH X B 144/21, BFH/NV 2023, 28, Rn. 27; VIII B 130/22, BFH/NV 2024, 531, Rn. 6) oder auf Einsichtnahme in das Manuskript des Sachvortrags (BFH V B 70/09, BFH/NV 2010, 1837; X B 144/21, BFH/NV 2023, 28, Rn. 27) besteht nicht. – Der Sachvortrag ist in Sitzungen mit dem Vollsenat grds. auch dann zu halten, wenn **keiner** der Beteiligten zur mündlichen Verhandlung **erschienen** ist und wenn der wesentliche Akteninhalt zwar den Beteiligten, nicht aber den ehrenamtlichen Richtern vor der mündlichen Verhandlung bekannt gegeben worden ist.

Unterbleibt der Sachvortrag, liegt darin zwar ein Verfahrensmangel, auf 7
dem das Urteil beruhen kann (BSG B 5 R 261/10 B, SGb 2012, 110; zu Unrecht einschränkend BVerwG 9 B 2337/80, NJW 1984, 251), der Beteiligte kann das Rügerecht aber verlieren (→ Rn. 8 aE). Ein Verstoß gegen den Grundsatz der Öffentlichkeit ist in keinem Fall gegeben (→ § 52 Rn. 4, 6).

Aus dem Zweck des Sachvortrags ergibt sich, dass darauf **verzichtet** werden 8
kann, wenn vor dem Einzelrichter keiner der Beteiligten erschienen ist, ferner wenn die Beteiligten und die ehrenamtlichen Richter vorab über den Sachverhalt unterrichtet worden sind (BFH I B 117/00, BFH/NV 2001, 470; aA Kopp/Schenke/Schenke VwGO § 103 Rn. 6). Das ist insbes. der Fall, wenn den Beteiligten und den ehrenamtlichen Richtern zur Vorbereitung der Sitzung eine schriftliche Zusammenfassung des Akteninhalts (→ § 16 Rn. 4) übersandt worden ist und sie deshalb mit der Sache vertraut sind. Dies gilt auch dann, wenn die ehrenamtlichen Richter erst zu Beginn der Sitzung vereidigt werden (BFH I B 117/00, BFH/NV 2001, 470). Die Beteiligten können sich dann darauf beschränken, gegen einzelne Teile des Sachverhalts Einwände zu erheben. – Unabhängig davon ist ein Verzicht der Beteiligten auf den Sachvortrag möglich, weil sie jederzeit auf mündliche Verhandlung verzichten können (BFH in stRspr s. unten; BVerwG 9 B 2337/80, NJW 1984, 251; aA BSG B 5 R 261/10 B, SGb 2012, 110). Geschieht dies, darf der Sachvortrag nur unterbleiben, wenn die ehrenamtlichen Richter den Sachverhalt kennen (Tipke/Kruse/Brandis § 92 Rn. 7; BVerwG 9 B 2337/

80, NJW 1984, 251; aA BSG B 5 R 261/10 B, SGb 2012, 110). – Da auf den Vortrag verzichtet werden kann, kommt § 155 S. 1 FGO iVm § 295 ZPO zum Zuge, so dass die **rügelose Verhandlung** einer Geltendmachung des Verfahrensmangels im Revisionsverfahren entgegensteht (BFH VIII B 59/03, BeckRS 2004, 25003433; V B 70/09, BFH/NV 2010, 1837; IV B 126/10, BFH/NV 2012, 774; → § 115 Rn. 285 ff.).

2. Vortrag der Beteiligten

9 Im Anschluss an den Sachvortrag (→ Rn. 6 ff.) erhalten die Beteiligten das Wort, um ihre **Anträge** zu stellen und zu begründen (§ 92 III).

10 Das Wort ist zunächst dem Kläger (Revisionskläger), dann dem Beklagten (Revisionsbeklagten), anschließend dem Beigeladenen und zuletzt der beigetretenen Behörde zu erteilen. Repliken (Erwiderungen) sind zulässig. – Wird in der mündlichen Verhandlung eine **Beweisaufnahme** durchgeführt, sollte die Anhörung der Beteiligten usw (im Interesse der Vermeidung von Wiederholungen) zweckmäßigerweise zunächst zurückgestellt und mit der (notwendigen) Stellungnahme zum Ergebnis der Beweisaufnahme (§ 96 II; → § 96 Rn. 190 ff.) verbunden werden (Tipke/Kruse/Brandis § 92 Rn. 8). – Für den **Vortrag der Beteiligten** gelten die in § 137 II–IV ZPO enthaltenen Regelungen (II: Vortrag in freier Rede; III: Bezugnahme auf Schriftstücke, Verlesung von Schriftstücken; IV: Worterteilung an den vertretenen Beteiligten auf Antrag) gem. § 155 S. 1 entsprechend (BFH X B 105/02, BFH/NV 2003, 1193). – Soweit Beteiligte bzw. ihre Bevollmächtigten nach § 52d verpflichtet sind, elektronisch mit dem Gericht zu kommunizieren, stellt sich die (höchstrichterlich bisher nicht geklärte) Frage, ob nach wie vor Papierschriftsätze in der mündlichen Verhandlung wirksam übergeben werden können. Der Umstand, dass solche Schriftsätze im Gerichtsalltag eine untergeordnete Rolle spielen und die zeitgleiche Versendung über den elektronischen Rechtsverkehr sowohl für die Beteiligten als auch das Gericht unpraktikabel ist, spricht dafür, § 52d insoweit teleologisch zu reduzieren und weiterhin **Papierschriftsätze,** die **in der mündlichen Verhandlung übergeben** werden, als wirksam anzusehen (LAG Nds 8 Sa 1148/20, NZA-RR 2022, 632, Rn. 82; Hettenbach/Müller NJW 2022, 815; aA Siegmund NJW 2023, 1681 (1683)). – Soweit Beteiligte aus gesundheitlichen oder ähnlichen Gründen nur eingeschränkt an der mündlichen Verhandlung teilnehmen können, ist darauf in Abwägung mit dem finanzgerichtlichen Konzentrationsprinzip (§ 79 I 1) und den zur Verfügung stehenden Ressourcen des Gerichts Rücksicht zu nehmen (BVerfG 1 BvR 957/18, NJW 2019, 291).

11 Zur **Stellung der Anträge** zunächst → Rn. 5. Bestimmte und eindeutige Anträge sind schon wegen §§ 65 I 2, 96 I 2 erforderlich. Die in der mündlichen Verhandlung gestellten Anträge sind maßgeblich für die Anwendung des § 96 I 2 (BFH II S 9/11 (PKH), BFH/NV 2012, 709; IX B 16/13, BFH/NV 2013, 1114; IX B 157/13, BFH/NV 2014, 1559) und können ggf. als teilweise Klagerücknahme wirken (→ § 72 Rn. 12 aE). In Anlehnung an § 100 II 2 kann der Kläger statt der festzusetzenden Steuer die Besteuerungsgrundlagen angeben, die das Gericht berücksichtigen soll (vgl. iÜ, auch zu Hilfsanträgen Grube DStZ 2011, 913 (914 ff.)). In der Praxis geben die Gerichte häufig Formulierungshilfen. Hat sich der Kläger im Vorverfahren durch einen Bevollmächtigten vertreten lassen, empfiehlt sich ein Antrag nach § 139 III 3 (→ § 139 Rn. 120, 130 f.), der jedoch auch noch im Kostenfestsetzungsverfahren nachgeholt werden kann (→ § 139

Rn. 131). Die Anträge sind gem. § 94 FGO iVm §§ 160 III Nr. 2, 162 ZPO zu protokollieren, zu verlesen und zu genehmigen (aA – entgegen § 105 VwGO – BVerwG II B 81/73, BVerwGE 45, 260 ff.).

§ 137 I ZPO, wonach zuerst die Anträge zu protokollieren und anschließend **12**
den Beteiligten das Wort zu erteilen ist, gilt im finanzgerichtlichen Verfahren nicht. Sie werden in der Praxis häufig am Schluss der mündlichen Verhandlung gestellt, was verfahrensfehlerfrei ist (BFH VIII B 181/04, BFH/NV 2005, 896; Tipke/Kruse/Brandis § 92 Rn. 8).

Bei **nicht erschienenen** Beteiligten gelten die Anträge aus den Schriftsätzen als **13**
gestellt (Tipke/Kruse/Brandis § 92 Rn. 9 mwN; Kopp/Schenke/Schenke VwGO § 103 Rn. 8 aE). Dies gilt auch, wenn sich erschienene Beteiligte weigern, Anträge zu stellen (BFH VIII B 181/04, BFH/NV 2005, 896; I B 53/05, BFH/NV 2006, 1484; aA Kopp/Schenke/Schenke VwGO § 103 Rn. 8 aE). Soweit der Beklagte keinen Antrag stellt, steht dies einer Klageabweisung nicht entgegen (BFH V B 57/18, BFH/NV 2020, 29). – Zur **Verweigerung der Teilnahme** an der mündlichen Verhandlung trotz Anwesenheit vgl. iÜ BFH X R 51/93, BFH/NV 1995, 233.

§ 93 [Erörterung der Streitsache]

(1) **Der Vorsitzende hat die Streitsache mit den Beteiligten tatsächlich und rechtlich zu erörtern.**

(2) **[1]Der Vorsitzende hat jedem Mitglied des Gerichts auf Verlangen zu gestatten, Fragen zu stellen. [2]Wird eine Frage beanstandet, so entscheidet das Gericht.**

(3) **[1]Nach Erörterung der Streitsache erklärt der Vorsitzende die mündliche Verhandlung für geschlossen. [2]Das Gericht kann die Wiedereröffnung beschließen.**

Vgl. § 104 VwGO; §§ 112, 121 SGG; §§ 136, 139f, 156 ZPO.

Literatur: Binnewies/Wollweber, Die mündliche Verhandlung – lästige Pflicht oder lustvolle Kür?, NJW 2016, 283; Grube, Neue Grundsätze zur richterlichen Hinweispflicht auch im Steuerprozess?, DStZ 2015, 36; Mack, Der Prozess beim FG – Sind Anwälte hier überflüssig?, AnwBl. 2010, 173; Münch, Die Wiedereröffnung der mündlichen Verhandlung im Verfahren vor dem Finanzgericht, AO-StB 2022, 229; Sangmeister, Richterliche Fürsorgepflichten und Wiedereröffnung der mündlichen Verhandlung, DStZ 1988, 320; Sangmeister, Die Entscheidung über die Wiedereröffnung der mündlichen Verhandlung und ihre Prüfung durch das Rechtsmittelgericht, DStZ 1989, 25; Walchshöfer, Die Berücksichtigung nachgereichter Schriftsätze im Zivilprozess, NJW 1972, 1028.

I. Allgemeines

§ 93 I steht im engen Zusammenhang mit Art. 103 I GG: Das verfassungsrecht- **1**
liche Gebot der **Gewährung rechtlichen Gehörs** gibt den Beteiligten das Recht, sich vor Erlass der gerichtlichen Entscheidung zu dem ihr zugrunde liegenden Sachverhalt zu äußern und dadurch Einfluss auf die Entscheidung zu nehmen (→ § 119 Rn. 13 ff.). Im Hinblick darauf und wegen des verfassungsrechtlich garantierten Rechts auf ein **faires Verfahren** (→ Vor § 76 Rn. 13 f.; → § 76 Rn. 64 ff.) ist das Gericht verpflichtet, die Ausführungen der Beteiligten zur

Kenntnis zu nehmen und zu würdigen (→ § 96 Rn. 62). Das Gericht darf in seiner Entscheidung außerdem nur die Tatsachen und Beweisergebnisse verwerten, zu denen die Beteiligten Stellung nehmen konnten (§ 96 II). – **Art. 103 I GG** verpflichtet das Gericht jedoch nicht, mit den Beteiligten ein Rechtsgespräch zu führen, in dem alle entscheidungserheblichen rechtlichen Gesichtspunkte mit den Beteiligten umfassend erörtert und die einzelnen für die Entscheidung maßgeblichen rechtlichen oder tatsächlichen Gesichtspunkte im Voraus angedeutet werden (BVerfG 2 BvR 443/70, BVerfGE 31, 364 (370); 1 BvR 986/91, BVerfGE 86, 133 (145); 2 BvR 2300/07, NJW 2008, 2243; 1 BvR 3474/08, NVwZ 2009, 1489; BFH in stRspr – → § 76 Rn. 71). Rechtliche Hinweise sind (unter dem Gesichtspunkt des Art. 103 I GG) aber zur **Vermeidung von Überraschungsentscheidungen** geboten (→ Rn. 3; → § 76 Rn. 65; → § 96 Rn. 193; **aA** Sangmeister DStZ 1988, 320 (321) unter Berufung auf BVerfG 1 BvR 706/85, NJW 1987, 1192). – Die durch § 93 I dem Gericht auferlegte **Verpflichtung zu einem Rechtsgespräch** (→ Rn. 3) ist (von der vorstehend erwähnten Ausnahme abgesehen) **verfassungsrechtlich nicht geschützt** (BVerfG 1 BvR 986/91, BVerfGE 86, 133 (145)).

II. Erörterung der Streitsache

2 § 93 I verpflichtet den Vorsitzenden bzw. den Einzelrichter, die Streitsache in tatsächlicher und rechtlicher Hinsicht (BFH X S 10/11 (PKH), BFH/NV 2012, 50; V B 99/11, BFH/NV 2012, 1818) mit den Beteiligten zu erörtern (vgl. auch § 76 I, II). Die Vorschrift dient neben den in → Rn. 1 genannten Zwecken im besonderen Maße der Sachaufklärung. Dies kann auch durch Befragen des anwesenden Beteiligten erfolgen, ohne dass dies oder die angesprochenen Themen zuvor angekündigt werden müssten (BFH III B 47/11, BFH/NV 2013, 577). Das **Rechtsgespräch** vermittelt den Beteiligten (häufig erstmals) die für eine Erfolg versprechende Wahrnehmung ihrer Rechte unumgängliche Kenntnis der voraussichtlich entscheidungserheblichen Umstände und gibt ihnen dadurch Gelegenheit, ihren bisherigen Tatsachenvortrag erforderlichenfalls zu ergänzen, zu erläutern oder klarzustellen. § 93 I gehört damit – ebenso wie § 76 I, II – zu den Verfahrensvorschriften, die eine zutreffende Sachentscheidung gewährleisten sollen. Das Gericht ist aber nicht verpflichtet, das persönliche Erscheinen der Beteiligten anzuordnen, wenn einer der Beteiligten trotz ordnungsgemäßer Ladung nicht zur mündlichen Verhandlung erscheint (BFH I B 49/06, BFH/NV 2007, 93).

3 Aus § 93 I kann jedoch **keine Verpflichtung** des Vorsitzenden bzw. des Einzelrichters **zur erschöpfenden Erörterung** aller tatsächlichen und rechtlichen Gesichtspunkte hergeleitet werden (BFH V B 99/11, BFH/NV 2012, 1818; vgl. BFH X B 134/15, BFH/NV 2016, 1286). So ist ein Hinweis auf offensichtlich erhebliche Rechtsfragen nicht erforderlich. Im Übrigen besteht die Verpflichtung nur, soweit die Erörterung der Entscheidungsfindung dienlich ist (vgl. Kopp/Schenke/Schenke VwGO § 104 Rn. 3–5 mwN). Auch insoweit braucht sich das Gericht aber nicht festzulegen und zwar weder in tatsächlicher noch in rechtlicher Hinsicht (BFH IV B 96/95, BFH/NV 1996, 919; BVerwG 8 B 164/90, NVwZ 1991, 574). Die abschließende Entscheidung wird nicht in der mündlichen Verhandlung, sondern auf Grund der mündlichen Verhandlung in der Beratung getroffen (BFH IV B 96/95, BFH/NV 1996, 919). Das ändert aber nichts daran,

dass das Gericht **Hinweise** auf die Gesichtspunkte zu geben hat, die für die Entscheidung erheblich sein können; insbes. ist auf Gesichtspunkte hinzuweisen, mit denen die Beteiligten erkennbar nicht gerechnet haben und auch nicht rechnen mussten (BFH I B 43/05, BFH/NV 2006, 795 (796); Kopp/Schenke/Schenke VwGO § 104 Rn. 3). Denn das Gericht muss **Überraschungsentscheidungen vermeiden** (→ § 76 Rn. 65 ff.; → § 96 Rn. 193). Es ist aber nicht verpflichtet, die maßgebenden tatsächlichen und rechtlichen Gesichtspunkte mit den Beteiligten vorher umfassend und iE zu erörtern (vgl. BFH X B 134/15, BFH/NV 2016, 1286; XI R 19/20, BFH/NV 2022, 429, Rn. 46) oder ihnen die einzelnen für die Entscheidung erheblichen Gesichtspunkte, Schlussfolgerungen oder das Ergebnis einer Gesamtwürdigung im Voraus anzudeuten oder mitzuteilen (s. zB BFH V B 99/11, BFH/NV 2012, 1818; X R 41/13, BStBl. II 2016, 525; XI R 19/20, BFH/NV 2022, 429, Rn. 46; aA Grube DStZ 2015, 36 (41 f.); wegen des Inhalts und der **Grenzen der Erörterungspflicht** iE → § 76 Rn. 66 ff.; → **§ 119 Rn. 15**). – Es ist auch nicht erforderlich, in den Akten der Finbeh vorhandene Schriftstücke – wie Niederschriften über frühere Aussagen von Zeugen oder Strafurteile – in der mündlichen Verhandlung zu verlesen (→ § 82 Rn. 40). – Über das Ergebnis einer Beweisaufnahme ist gem. § 155 S. 1 FGO iVm §§ 285 I, 279 III ZPO zu verhandeln und davon ausgehend erneut die Sach- und Rechtslage zu erörtern (BFH III B 112/14, BFH/NV 2015, 1595; XI B 1/22, BFH/NV 2023, 269; s. auch § 96 II; → § 96 Rn. 190 ff.). – Die Beteiligten müssen sich im Hinblick auf § 79 I 1 darauf einstellen, dass die **Erörterungen** in der mündlichen Verhandlung **abschließend** sind und in ein Urteil in derselben Sitzung münden (BFH V B 25/11, BFH/NV 2012, 257), auch nach umfangreichen Beweisaufnahmen (BFH IX B 59/24, BFH/NV 2025, 35; Lindwurm AO-StB 2025, 13). Vorbehaltlich etwaiger Präklusionswirkungen gem. § 79b ist die mündliche Verhandlung idR die letzte Gelegenheit der Beteiligten, um ihren Sachvortrag zu ergänzen (vgl. Mack AnwBl. 2010, 173 (175 f.); Binnewies/Wollweber NJW 2016, 283 (288)). Wenn ein Beteiligter der Auffassung ist – insbes. wegen einer überraschenden Wendung des Rechtsstreits – nicht sachgerecht vortragen zu können, muss er eine Vertagung (§ 155 S. 1 FGO iVm § 227 ZPO – → § 91 Rn. 2 ff.) oder eine Schriftsatzfrist (§ 155 S. 1 FGO iVm § 283 ZPO; → Rn. 7) beantragen (BFH IX B 78/17, BFH/NV 2018, 217; Grube DStZ 2015, 36 (44)).

Ein **Verstoß** gegen § 93 I bzw. § 155 S. 1 FGO iVm §§ 285 I, 279 III ZPO 4
(BFH III B 112/14, BFH/NV 2015, 1595) ist ein (wesentlicher) Verfahrensmangel (§ 119 Nr. 3; → § 119 Rn. 13 ff.), der jedoch nur dann mit Aussicht auf Erfolg geltend gemacht werden kann, wenn der Beteiligte nicht auf die Rüge dieses Mangels verzichtet hat, was auch durch rügeloses Einlassen (§ 155 S. 1 FGO iVm **§ 295 ZPO**) erklärt werden kann (BFH IV B 126/10, BFH/NV 2012, 774; → § 115 Rn. 288; aA offenbar BFH XI B 1/22, BFH/NV 2023, 269, der auf diese Vorschrift nicht eingeht).

III. Fragerecht

Der Vorsitzende muss jedem Mitglied des Gerichts (also den Berufsrichtern 5
und – bei den Finanzgerichten – auch den ehrenamtlichen Richtern) auf Verlangen gestatten, Fragen zu stellen (§ 93 II 1). – Zur **Zeugenbefragung** s. BFH IV B 139/98, BFH/NV 2000, 719 (721). – Nicht sachdienliche Fragen können

beanstandet werden (Tipke/Kruse/Brandis § 93 Rn. 5). Das **Beanstandungsrecht** steht nur den „bei der Verhandlung beteiligten Personen" zu (§ 140 ZPO), nicht den Richtern, auch nicht dem Vorsitzenden (ebenso Tipke/Kruse/Brandis § 93 Rn. 5; Kopp/Schenke/Schenke VwGO § 104 Rn. 7; aA – Beanstandungsrecht für alle Richter – Schoch/Schneider/Ortloff/Riese VwGO § 104 Rn. 60). – Wird eine Frage beanstandet, entscheidet nicht der Vorsitzende, sondern das Gericht bzw. der Einzelrichter (§ 93 II 2). Die Entscheidung des Gerichts ist nicht selbständig anfechtbar (§ 128 II).

IV. Schluss/Wiedereröffnung der mündlichen Verhandlung

6 Nach Erörterung der Streitsache (→ Rn. 2, 3) und Ausübung des Fragerechts (→ Rn. 5) erklärt der Vorsitzende bzw. der Einzelrichter die mündliche Verhandlung für geschlossen (§ 92 III 1). Eine ausdrückliche Erklärung ist nicht erforderlich, Protokollierung nach § 94 FGO iVm § 160 II ZPO erforderlich, was sich auch aus einem protokollierten konkludenten Akt (zB den Beschluss über den Termin zur Verkündung des Urteils) ergeben kann (Gosch/Wendl § 93 Rn. 63). Zur Anwesenheitspflicht der Mitglieder des Gerichts → § 91 Rn. 19. – **Vorzeitige Schließung** der mündlichen Verhandlung führt zu einem **Verfahrensmangel** (Verletzung des rechtlichen Gehörs, Verstoß gegen § 93), der mit der Revision gerügt werden kann.

7 Zwischen dem Schluss der mündlichen Verhandlung und der Verkündung des Urteils (§ 104 I) oder der Absendung der Urteilsausfertigungen (§ 104 II) bzw. der formlosen Bekanntgabe der Urteilsformel durch die Geschäftsstelle beim Gericht eingehende **(nachgereichte) Schriftsätze** sind im Allgemeinen ebenso wenig für die Urteilsfindung zu berücksichtigen wie auf sonstige Weise nachträglich bekannt gewordene Umstände tatsächlicher Art. Angriffs- und Verteidigungsmittel können grds. nicht mehr vorgebracht werden (§ 155 S. 1 FGO iVm § 296a ZPO; BFH X B 106/08, BFH/NV 2009, 40 (41); VIII S 23/10 (PKH), BFH/NV 2011, 1368; VIII B 97/21, BFH/NV 2023, 113; ebenso unter Berufung auf § 96 I 1 Hs. 1: BFH VIII B 99/22, BFH/NV 2024, 32). Die Verwertung allgemeiner rechtlicher Ausführungen und zusammenfassender Äußerungen ist jedoch möglich (BFH VIII R 17/93, BFH/NV 1994, 492; Walchshöfer NJW 1972, 1028 (1029) mwN Fn. 39). – Gleichwohl muss das Gericht Anträge und Erklärungen der Beteiligten in nachgereichten Schriftsätzen zur Kenntnis nehmen und **prüfen, ob** es die **mündliche Verhandlung wiedereröffnet** (BFH IX B 128/06, BFH/NV 2007, 738 (739); XI B 133/13, BFH/NV 2014, 1560; → Rn. 10, 11). – Dies kommt insbes. in Betracht, wenn das Gericht einem Beteiligten eine **Schriftsatzfrist gem. § 155 S. 1 FGO iVm § 283 S. 1 ZPO** eingeräumt hat. Voraussetzung dafür ist, dass sich ein Beteiligter in der mündlichen Verhandlung auf ein Vorbringen eines anderen Beteiligten nicht erklären konnte, weil es ihm nicht rechtzeitig vor dem Termin mitgeteilt worden ist. Die Vorschrift ist darüber hinaus nicht erweiterungsfähig (vgl. BFH IX B 81/21, BFH/NV 2023, 380; VIII B 130/22, BFH/NV 2024, 531, Rn. 8; IX B 59/24, BFH/NV 2025, 35). Ein weiterer Anlass für eine Schriftsatzfrist kann sich aus **§ 155 S. 1 FGO iVm § 139 V ZPO** ergeben, nämlich dann, wenn einem Beteiligten eine sofortige Erklärung auf einen Hinweis des Gerichts nicht möglich ist, zB, weil das Gericht den Hinweis ausgehend von § 155 S. 1 FGO iVm § 139 IV ZPO verspätet erteilt hat (BFH V B 52/23, BFH/NV 2025, 168). Mit einer Schriftsatzfrist einhergehen muss die

(ansonsten im Finanzgerichtsprozess unübliche; → § 104 Rn. 7) Anberaumung eines Verkündungstermins (vgl. § 104 I 1 Alt. 2), eine Fortsetzung der mündlichen Verhandlung an einem anderen Termin, eine neue mündliche Verhandlung (zur Terminologie: → § 27 Rn. 7) oder eine allseitige Zustimmung zur Entscheidung ohne mündliche Verhandlung (§ 90 II). Die innerhalb der Schriftsatzfrist eingereichten sog. **nachgelassenen Schriftsätze** müssen grds. berücksichtigt und ausgewertet werden (zB BFH VIII B 154/06, BFH/NV 2007, 1910; XI S 30/07 (PKH), BFH/NV 2008, 1184 (1185); X B 106/08, BFH/NV 2009, 40 (41); BVerwG 8 B 24/08, HFR 2009, 1041: unter Mitwirkung der ehrenamtlichen Richter; zu den Grenzen vgl. Zöller/Greger ZPO § 283 Rn. 5; Thomas/Putzo/Seiler ZPO § 283 Rn. 4; zur Abgrenzung s. BFH III B 105/06, BFH/NV 2007, 1163; zur Ablehnung einer Schriftsatzfrist s. BFH IV B 140/08, BFH/NV 2010, 220); ist dies der Fall, muss den anderen Beteiligten der Inhalt des nachgereichten Schriftsatzes zur Kenntnis und Stellungnahme zugänglich gemacht werden (BFH IX B 64/07, BFH/NV 2008, 242 (243)). Dasselbe gilt, wenn die Wiedereröffnung der mündlichen Verhandlung beschlossen oder geboten ist (NdsFG 4 K 10004/03, DStRE 2009, 1278 (1279); → Rn. 8 ff.). Durch den Schriftsatznachlass wird für den betroffenen Beteiligten der Schluss der mündlichen Verhandlung bis zum Ablauf der Schriftsatzfrist verlängert (BGH II ZR 255/13, NJW-RR 2015, 893). – **Nach Verkündung** des Urteils oder Absendung der Urteilsausfertigung bzw. nach formloser Bekanntgabe der Urteilsformel durch die Geschäftsstelle beim Gericht **eingereichte Schriftsätze** sind nicht mehr zu berücksichtigen (BFH IX B 30/03, BFH/NV 2003, 1206 (1207); IV B 94/05, BFH/NV 2006, 2266 (2267); XI B 67/10, BFH/NV 2011, 1714; VI R 44/13, BStBl. II 2015, 890).

Die **Wiedereröffnung der mündlichen Verhandlung** ist **abzugrenzen** von der Fortsetzung einer (noch nicht geschlossenen) mündlichen Verhandlung, dem Beginn einer neuen mündlichen Verhandlung nach Vertagung (jeweils → § 27 Rn. 5) oder der Zurückverweisung (§ 126 III 1 Nr. 1, 2) sowie der Wiederaufnahme eines rechtskräftig abgeschlossenen Verfahrens (§ 134 FGO iVm §§ 578 ff. ZPO; Münch AO-StB 2022, 229). Die Wiedereröffnung der mündlichen Verhandlung ist **(nur) bis zur Verkündung** des Urteils (§ 104 I) oder der **Absendung der Urteilsausfertigungen** (§ 104 II) bzw. der **formlosen Bekanntgabe der Urteilsformel** durch die Geschäftsstelle (→ Rn. 7) möglich (BFH VI S 10/06 (PKH), BFH/NV 2007, 936 (937); IV S 14/10, BFH/NV 2011, 1161; XI B 129/11, BFH/NV 2012, 1978; III B 48/15, BeckRS 2016, 94301; IX R 6/23, DStR 2024, 2425). Sie kommt insbes. in Betracht, wenn **andernfalls** eine **verfahrensfehlerhafte Entscheidung** ergehen würde (Beispiele → Rn. 10), zB wenn aufgrund des Ergebnisses der (inzwischen geschlossenen) mündlichen Verhandlung zur **Vermeidung** einer **Überraschungsentscheidung** die weitere Aufbereitung des Streitstoffs in tatsächlicher oder rechtlicher Hinsicht notwendig erscheint (Sangmeister DStZ 1988, 320 mwN; BFH XI R 60/00, BStBl. II 2001, 726 (728)). – Die Wiedereröffnung der mündlichen Verhandlung kann **auf Antrag** (zum Inhalt des Antrags s. BFH IV B 105/96, BFH/NV 1997, 679) **oder von Amts wegen** angeordnet werden. Geschieht dies, ist weiteres Vorbringen statthaft. 8

Die **Wiedereröffnung** steht grds. **im Ermessen des Gerichts** (zB BFH VII R 50/04, BFH/NV 2006, 1865; VIII B 95/09, BFH/NV 2010, 217 (218); III B 239/11, BFH/NV 2012, 1470; III B 48/15, BeckRS 2016, 94301; V R 19/17, BFH/NV 2019, 677). In bestimmten Fällen (Ermessensverdichtung) besteht ein Rechtsanspruch auf Wiedereröffnung der mündlichen Verhandlung (BFH X 9

B 106/08, BFH/NV 2009, 40; II R 38/06, BFH/NV 2009, 772; Sangmeister DStZ 1988, 320). – Wegen der Einzelfälle → Rn. 10.

10 **Wiedereröffnung ist zB geboten**

- wenn nachträglich Umstände bekannt werden, die (falls ein Urteil gefällt würde) eine **Wiederaufnahme** des Verfahrens rechtfertigen würden (Tipke/Kruse/Brandis § 93 Rn. 9; HHS/Schallmoser § 93 Rn. 52);
- wenn nach Schluss der mündlichen Verhandlung und vor Verkündung oder Zustellung des Urteils ein **Bescheid iSd § 68** ergeht (BFH IX R 18/12, BFH/NV 2013, 1094);
- wenn der Prozessbevollmächtigte seine **Verspätung** ausreichend **entschuldigt** (Sangmeister DStZ 1988, 320 ff.; BFH IV B 105/96, BFH/NV 1997, 679) oder wenn er geringfügig verspätet zu einer nach kurzer Dauer geschlossenen mündlichen Verhandlung erscheint (BVerwG 9 C 55/88, NVwZ 1989, 857);
- wenn der Beteiligte sein **Ausbleiben** im Termin (§ 91 II) noch rechtzeitig (→ Rn. 8) **entschuldigt** (BFH X B 111/02, BFH/NV 2003, 808; VII B 167/14, BFH/NV 2015, 999; BVerwG V C 81/69, Buchholz 310 § 104 VwGO Nr. 3) oder wenn er unentschuldigt fernbleibt und das Gericht ein Urteil zu seinen Ungunsten erlassen will, das auf bisher nicht erörterte Gesichtspunkte gestützt werden soll (BVerwG VI C 49/68, BVerwGE 36, 264; → Rn. 8);
- wenn ein **sachlich gerechtfertigter Anwaltswechsel** stattgefunden hat (BVerwG 4 C 79/84, NJW 1986, 339);
- wenn ein **Richter,** der an der mündlichen Verhandlung teilgenommen hatte, **vor Abschluss der Beratung ausfällt** (BGH II ZR 255/13, NJW-RR 2015, 893; Gosch/Wendl § 93 Rn. 92);
- wenn ein **Beteiligter** in der mündlichen Verhandlung mit Hinweisen oder Fragen des Gerichts **überrascht** wurde, zu denen er nicht sofort Stellung nehmen konnte, und wenn ihm das Gericht keine Möglichkeit mehr zur Stellungnahme gegeben hat (BFH IV B 94/05, BFH/NV 2006, 2266 (2267); vgl. auch BFH X B 106/08, BFH/NV 2009, 40 (41); VI B 13/15, BFH/NV 2015, 1672; FG LSA 3 K 624/07, EFG 2013, 1601);
- wenn das Gericht das **Nachreichen eines Schriftsatzes gestattet** hatte und der Beteiligte nunmehr (iRd Gewährung des nachträglichen Äußerungsrechts) **neue Gesichtspunkte** geltend macht, auf die das Gericht seine Entscheidung stützen will (BVerwG 9 B 50/01, NVwZ-RR 2002, 217; Gosch/Wendl § 93 Rn. 85) oder ein Mitglied des Gerichts vor Ablauf der Schriftsatzfrist ausscheidet (BGH II ZR 255/13, NJW-RR 2015, 893);
- wenn das Absehen von der Wiedereröffnung eine Verletzung wesentlicher Prozessgrundsätze (insbes. des Untersuchungsgrundsatzes und des Rechts auf Gehör; BFH XI R 2/14, BStBl. II 2017, 1024, Rn. 46; IV R 1/20, BStBl. II 2025, 122) bedeuten würde, zB wenn sich in der Beratung herausstellt, dass die bereits vorgetragenen Tatsachen Veranlassung gegeben hätten, den **Sachverhalt** weiter **aufzuklären** (BFH VII R 64/86, BFH/NV 1989, 702 (703); VIII R 44/93, BFH/NV 1994, 495; XI R 60/00, BStBl. II 2001, 726 (728); Gosch/Wendl § 93 Rn. 87; Walchshöfer NJW 1972, 1028 (1030); Deubner NJW 1980, 263 (264, 265));
- wenn nach Schluss der mündlichen Verhandlung ein **Schriftsatz eines Zeugen** eingeht, der für die Würdigung der bereits durchgeführten Beweisaufnahme eine erhebliche Bedeutung hat (NdsFG 5 K 303/14, EFG 2024, 890, Rev. BFH: V R 30/23); das ist jedenfalls ermessensgerecht;

– wenn nach Schluss der mündlichen Verhandlung ein **Beiladungsbeschluss** ergeht (BFH I B 13/14, BFH/NV 2015, 1695; VIII R 67/96, BFH/NV 1999, 497 betr. notwendige Beiladung);
– wenn das BVerfG nach Schluss der mündlichen Verhandlung eine **entscheidungserhebliche Norm für nichtig erklärt** (BFH X R 9/96, BFH/NV 1999, 1213);
– wenn nach Schluss der mündlichen Verhandlung eine **entscheidungserhebliche Norm mit Rückwirkung in Kraft tritt** (vgl. Ratschow GmbHR 2020, 569 (574));
– wenn ein Antrag auf kurzfristige Unterbrechung der Sitzung, Vertagung (→ § 91 Rn. 2 ff.) oder Gewährung einer Frist für das Nachreichen eines Schriftsatzes zu Unrecht abgelehnt worden ist oder wenn **sonstige grundlegende Verfahrensfehler** (zB nicht ordnungsgemäße Besetzung des Gerichts; Unterlassung notwendiger Beiladung – → § 60 Rn. 151; fehlerhafte Unterlassung der Verfahrensaussetzung – → § 74 Rn. 20; unwirksames Urteil – BFH I R 32/17, IStR 2021, 369) vorliegen (Gosch/Wendl § 93 Rn. 95; Sangmeister DStZ 1988, 320 (323));

Die mündliche Verhandlung braucht jedoch **nicht wiedereröffnet** zu werden, 11
– wenn in einem nachgereichten Schriftsatz **kein neuer relevanter Sachvortrag** enthalten ist (BFH XI R 12/15, DStR 2017, 1873, Rn. 78; IV R 1/20, BStBl. II 2025, 122);
– wenn in einem nachgereichten Schriftsatz **weder konkretes Vorbringen zum Streitgegenstand noch eine ggf. konkludente Rüge eines Verfahrensfehlers** erfolgt (BFH XI B 133/13, BFH/NV 2014, 1560);
– wenn der Beteiligte **auf** eine **weitere mündliche Verhandlung verzichtet** hat (BFH X B 106/08, BFH/NV 2009, 40 (41));
– wenn sich ein Beteiligter trotz ausreichender Gelegenheit **nicht genügend** auf die mündliche Verhandlung **vorbereitet** hatte (BFH II R 120/73, BStBl. II 1975, 489; FG LSA 3 K 624/07, EFG 2013, 1601);
– wenn er sein **Nichterscheinen** nicht genügend entschuldigt (BFH IV B 105/96, BFH/NV 1997, 679; III B 48/15, BeckRS 2016, 94301);
– wenn er seiner **Mitwirkungspflicht nicht nachgekommen** war (BVerwG 9 B 56/91, Buchholz 310 § 104 VwGO Nr. 25), insbes., wenn er nachträglich ihm geeignet erscheinende Beweismittel bezeichnet oder vorlegt, obwohl ihm die Beweisbedürftigkeit seines Vortrags schon seit langem bekannt war (BFH VIII R 103/80, BFH/NV 1987, 160 (162); VII R 50/04, BFH/NV 2006, 1865; VIII B 97/21, BFH/NV 2023, 113);
– wenn er nachträglich nur solche Tatsachen vorträgt, die das Gericht ohnehin alternativ als möglich hätte annehmen und abhandeln müssen und die zu demselben Ergebnis geführt hätten (BFH VII R 86/89, BFH/NV 1992, 81 (85));
– wenn er nach Durchführung der Beweisaufnahme und **Verlust des Rügerechts** (§ 295 ZPO) nachträglich zu Fragen Stellung nimmt, die Gegenstand der Beweisaufnahme und der mündlichen Verhandlung waren (BFH IX B 89/01, BFH/NV 2002, 511 (512); VII B 321/02, BFH/NV 2004, 499);
– oder wenn er trotz schon länger andauernder **Erkrankung** erst am Tage der mündlichen Verhandlung oder nach Schluss der mündlichen Verhandlung (BFH XI B 62/00, BFH/NV 2003, 806 (807)) Terminverlegung beantragt (BFH I B 67/92, BFH/NV 1993, 186);
– wenn der Beteiligte eine **Ausschlussfrist** nach §§ 65 II, 79b hat verstreichen lassen und er die Fristversäumnis nicht genügend entschuldigt;

– nach Schluss der mündlichen Verhandlung **das BMF** seinen **Beitritt** erklärt (§ 122 II), wenn die Breitenwirkung der erörterten Rechtsfragen schon geraume Zeit vor der mündlichen Verhandlung erkennbar war (BFH I R 88/07 ua, BFH/NV 2009, 2295).

12 Die Entscheidung über die Wiedereröffnung der mündlichen Verhandlung und die ihr vorhergehende Entscheidung über die Wiedereröffnung der Beratung erfolgt durch Beschluss des Einzelrichters bzw. **Beschluss** des Senats in der **Besetzung** gem. § 5 III 2 (ohne ehrenamtliche Richter; BFH II R 61/95, BStBl. II 1996, 318; V R 24/00, BStBl. II 2004, 89; FG Hmb V 196/91, EFG 1994, 578 (Ls.); FG Düsseldorf 11 K 195/90 E, EFG 1995, 1069; HHS/Schmid § 16 Rn. 4; Münch AO-StB 2022, 229 (233); wohl auch BFH V R 19/17, BFH/NV 2019, 677, Rn. 13; **aA** – Beschluss in der Besetzung, in der die mündliche Verhandlung durchgeführt worden ist: FG Münster 9 K 2546/11 G F, EFG 2013, 64; FG LSA 3 K 624/07, EFG 2013, 1601; BAG 4 AZR 185/10, NZA-RR 2013, 41; 1 AZR 223/14, NJW 2015, 3738; Schwarz/Pahlke/Fu § 93 Rn. 22; Tipke/Kruse/Brandis § 93 Rn. 11; Gosch/Wendl § 93 Rn. 112; HHS/Schallmoser § 93 Rn. 55; wohl auch BFH V R 32/06, BStBl. II 2008, 777 aE; ausf. Sangmeister DStZ 1989, 25 (27, 28); vgl. auch → § 27 Rn. 5; s. auch FG Düsseldorf 16 K 1573/10, EFG 2012, 346 – Beschluss ohne ehrenamtliche Richter nur dann, wenn kein Ermessen zur Wiedereröffnung mehr besteht). Es handelt sich (nach abgeschlossener Urteilsberatung und beendeter Sitzung) um eine selbständige Nebenentscheidung außerhalb der mündlichen Verhandlung, für die nach § 5 III 2 der Senat ohne die ehrenamtlichen Richter zuständig ist (→ § 90 Rn. 22). § 108 II 2 und 3 gelten analog (Entscheidung durch die Berufsrichter, die an der mündlichen Verhandlung teilgenommen haben, soweit sie dem Gericht noch angehören und auch sonst in der Lage sind mitzuwirken; vgl. BGH V ZR 357/00, NJW 2002, 1426). Der Beschluss **kann mit dem** nur von den Berufsrichtern unterschriebenen **Urteil verbunden werden** (BFH II R 61/95, BStBl. II 1996, 318; IV B 155/03, BFH/NV 2006, 98; III B 239/11, BFH/NV 2012, 1470; V R 19/17, BFH/NV 2019, 677). Im Falle der Ablehnung muss das Gericht die für die Entscheidung maßgeblichen **Erwägungen zum Ausdruck bringen,** damit seine (Ermessens-)Entscheidung im Rahmen eines etwaigen Rechtsmittelverfahrens überprüft werden kann (BFH VI R 13/82, BStBl. II 1986, 187 (189); IX B 128/06, BFH/NV 2007, 738 (739); VIII B 97/21, BFH/NV 2023, 113).

Der Beschluss über die Wiedereröffnung der mündlichen Verhandlung kann als prozessleitende Verfügung iSd § 128 II **nicht** mit der **Beschwerde** angefochten werden (BFH I B 41/82, BStBl. II 1983, 230; II B 46/05, BFH/NV 2006, 587 (588)). Wenn das Gericht die Wiedereröffnung beschließt, unterliegt dieser Beschluss (einschließlich der Frage, in welcher Besetzung er zu fassen ist) nicht der Beurteilung im Rechtsmittelverfahren (BFH IV B 33/08, BFH/NV 2010, 219 (220)); er kann auch nicht durch das Gericht aufgehoben oder widerrufen werden (BFH IX B 58/97, BFH/NV 1989, 655 (656); Tipke/Kruse/Brandis § 93 Rn. 12).

13 Wird die mündliche Verhandlung wiedereröffnet, ist das Verfahren **mit den bisherigen Richtern** fortzusetzen, soweit dies in den für eine Unterbrechung zulässigen Grenzen geschieht (→ § 27 Rn. 7; BFH VIII R 44/93, BFH/NV 1994, 495; I B 19/05, BFH/NV 2006, 68; FG LSA 3 K 1223/11, BeckRS 2015, 94182; Gosch/Wendl § 93 Rn. 115 f.; Münch AO-StB 2022, 229 (233); aA Tipke/Kruse/Brandis § 93 Rn. 12). Wenn die Verhandlung fortgesetzt wird, muss

allen Beteiligten Zeit und Ort bekannt und die Teilnahme zumutbar sein (BFH X B 114/14, BFH/NV 2015, 511).

Wird die **Wiedereröffnung zu Unrecht verweigert** (abgelehnt), kann hierin ein wesentlicher Verfahrensmangel iSd § 119 Nr. 3 liegen (BFH III R 101/89, BFH/NV 1994, 555; VIII B 95/09, BFH/NV 2010, 217 (218); III B 239/11, BFH/NV 2012, 1470; zur Darlegung s. BFH XI B 20/07, BFH/NV 2008, 596; s. auch Sangmeister DStZ 1989, 25 (32f.)). – Zum Inhalt der Verfahrensrüge s. BFH VIII B 30/95, BFH/NV 1997, 118; VIII B 189/05, BFH/NV 2007, 459; III B 239/11, BFH/NV 2012, 1470. – Ein Verfahrensmangel liegt jedoch nicht vor, wenn sich der Eingang eines nachgereichten Schriftsatzes beim Gericht nicht feststellen lässt (BFH VII B 165/86, BFH/NV 1988, 310). 14

§ 93a (aufgehoben)

Aufgehoben durch das G zur Intensivierung des Einsatzes von Videokonferenztechnik in gerichtlichen und staatsanwaltschaftlichen Verfahren – VideokonfIntensG – v. 25.4.2013 (BGBl. 2013 I 935; BT-Drs. 17/1224, 17/12418) mWv 1.11.2013 – Danach galt bis zum 18.7.2024 § 91a II (→ 9. Aufl. § 91a Rn. 9ff.); s. jetzt § 82 FGO iVm § 284 II und III ZPO idF des G zur Förderung des Einsatzes von Videokonferenztechnik in der Zivilgerichtsbarkeit und den Fachgerichtsbarkeiten v. 15.7.2024, BGBl. 2024 I Nr. 237 (→ § 90 Rn. 35ff.; → § 82 Rn. 2a).

§ 94 [Protokoll]

Für das Protokoll gelten die §§ 159 bis 165 der Zivilprozessordnung entsprechend.

Vgl. § 105 VwGO; § 122 SGG; §§ 159ff. ZPO.

Literatur: Dölling, Der Richter als Protokollführer – Hoffnungen und Fallstricke, DRiZ 2014, 336; Dötsch, Antrag auf Aufnahme in das Protokoll (§ 160 Abs. 4 ZPO), MDR 2014, 1122; Nöcker, Die (sinnlose) Rüge im Fall des übergangenen Beweisantrags, AO-StB 2017, 215; Sangmeister, Aufnahme und Inhalt des gerichtlichen Protokolls unter Mitberücksichtigung des Finanzgerichtsprozesses – Teil I, StJ 1994, 43ff.; Schultzky, Digitalisierung der mündlichen Verhandlung und Wortprotokoll – Die Vorschläge der Arbeitsgruppe „Modernisierung des Zivilprozesses“, AnwBl. 2021, 290.

Übersicht

	Rn.
I. Vorbemerkung	1
II. Protokollaufnahme	2
III. Inhalt des Protokolls	6
IV. Vorläufige Aufzeichnung	10
V. Entbehrliche Feststellungen	13
VI. Prüfung durch die Beteiligten	14
VII. Unterschrift	17
VIII. Berichtigung	19
IX. Beweis von Förmlichkeiten	22

I. Vorbemerkung

1 § 94 erklärt für das **Protokoll** (bis 31.12.2017: Niederschrift) die Bestimmungen der ZPO für entsprechend anwendbar. Die Kommentierung beschränkt sich auf einige grundsätzliche Bemerkungen. Im Übrigen wird auf die Kommentare zur ZPO verwiesen. – Zur terminologischen Anpassung des § 94 → Vor § 1 Rn. 40.

II. Protokollaufnahme

2 **§ 159 ZPO Protokollaufnahme**

(1) [1]Über die Verhandlung und jede Beweisaufnahme ist ein Protokoll aufzunehmen. [2]Für die Protokollführung kann ein Urkundsbeamter der Geschäftsstelle zugezogen werden, wenn dies auf Grund des zu erwartenden Umfangs des Protokolls, in Anbetracht der besonderen Schwierigkeit der Sache oder aus einem sonstigen wichtigen Grund erforderlich ist.

(2) [1]Absatz 1 gilt entsprechend für Verhandlungen, die außerhalb der Sitzung vor Richtern beim Amtsgericht oder vor beauftragten oder ersuchten Richtern stattfinden. [2]Ein Protokoll über eine Güteverhandlung oder weitere Güteversuche vor einem Güterichter nach § 278 Absatz 5 wird nur auf übereinstimmenden Antrag der Parteien aufgenommen.

§ 159 I ZPO ist durch das 1. JustModG mit Wirkung ab 1.9.2004 neu gefasst und § 159 II 2 ZPO durch das G v. 21.7.2012 BGBl. I 1577 ergänzt worden. Die Neufassung hat keine Auswirkungen auf den Protokollierungszwang (§ 159 I 1 ZPO). Neu war jedoch, dass die **Hinzuziehung** eines Urkundsbeamten der Geschäftsstelle für die Protokollführung nicht mehr die Regel, sondern die **Ausnahme** ist. Nach § 159 I 2 ZPO **„kann"** der Vorsitzende bzw. der Einzelrichter einen Protokollführer nur noch hinzuziehen, **wenn** dies wegen des zu erwartenden Umfangs des Protokolls, in Anbetracht der besonderen Schwierigkeiten der Sache oder aus einem sonstigen Grund **erforderlich** ist. – Die vom Sparwillen getragene Gesetzesänderung verkennt, dass die Übertragung der Protokollführung auf die Richter tendenziell die Rechtsprechungsaufgaben behindert, indem sie die Konzentration auf die sachgerechte Entscheidung des Streitfalls beeinträchtigt (aA Tipke/Kruse/Brandis § 94 Rn. 3).

3 Die Prüfung, ob der Senatsvorsitzende (zweckmäßigerweise nach Abstimmung im Senat) oder der Einzelrichter einen Urkundsbeamten als Protokollführer hinzuziehen will, kann in jeder Lage des Verfahrens erfolgen. Die Entscheidung wird **formlos** getroffen. Sie braucht nicht ins Protokoll aufgenommen zu werden (BFH VII R 74/67, BStBl. II 1970, 255) und ist als prozessleitende Verfügung unanfechtbar (§ 128 II). Die Entscheidung, einen Protokollführer hinzuzuziehen, ist jeglicher **Dienstaufsicht entzogen** (§ 26 I DRiG; vgl. BGH RiZ (R) 3/87, NJW 1988, 417; Zöller/Schultzky ZPO § 159 Rn. 5). – Im Falle einer positiven Entscheidung nach § 159 I 2 ZPO muss die Verwaltung wegen ihrer Betriebssicherungspflicht einen geeigneten Protokollführer abstellen (BGH RiZ (R) 3/87, NJW 1988, 417). Sieht der Vorsitzende bzw. Einzelrichter davon ab, einen Protokollführer hinzuzuziehen, muss das Gericht das Protokoll selbst anfertigen. – Der Vorsitzende kann im Rahmen pflichtgemäßen Ermessens einen Beisitzer (ggf. auch den Berichterstatter) mit dessen Einverständnis anstelle des Urkundsbeamten

zum Protokollführer bestimmen. In diesem Fall tritt der Beisitzer iRd §§ 159, 163 ZPO an die Stelle des Urkundsbeamten und hat das Protokoll neben dem Vorsitzenden zu unterschreiben (vgl. § 163 I 1 ZPO; Gosch/Wendl § 94 Rn. 25, 90; aA BVerwG VI CB 55/75, NJW 1976, 1282). In jedem Fall ist der Vorsitzende (ggf. Einzelrichter, Berichterstatter im Erörterungstermin) verantwortlich und entscheidungsbefugt dafür, was Inhalt des Protokolls werden soll (FG Saarl 1 K 1057/09 1, BeckRS 2009, 26028517; Gosch/Wendl § 94 Rn. 23; Zöller/Schultzky ZPO § 159 Rn. 6).

Die **Bedeutung des Protokolls** liegt in seiner erhöhten **Beweiskraft** (§§ 165, 415, 418 ZPO – BFH I B 14/01, BFH/NV 2002, 203; VI R 90/02, BFH/NV 2005, 501; IX B 157/13, BFH/NV 2014, 1559; VIII R 1/13, wistra 2015, 479; III B 80/18, DStRE 2019, 846; → Rn. 22; Zöller/Schultzky ZPO Vor §§ 159–165 Rn. 3). – Der **Zweck des Protokolls** besteht darin, den vom FG ermittelten Tatsachenstoff zu sichern und dadurch die Überprüfung des darauf beruhenden Urteils durch das Rechtsmittelgericht zu ermöglichen (BFH III R 63/98, BFH/NV 2001, 1028 (1030); X B 93/07, BFH/NV 2008, 1181; IX B 107/10, BeckRS 2011, 95389); zudem ermöglicht es, das Vorliegen von Verfahrensfehlern zu prüfen (BFH X B 93/07, BFH/NV 2008, 1181; Tipke/Kruse/Brandis § 94 Rn. 2). – Die Aufnahme von Erklärungen in das Protokoll **ersetzt die Schriftform** (zB beim Erlass von Verwaltungsakten – § 157 I 1 AO – BFH III R 105/89, BStBl. II 1992, 123; I B 48/14, BFH/NV 2015, 472; XI R 56/17, BFH/NV 2020, 775; XI R 39/18, BStBl. II 2021, 517 – oder bei der Einlegung einer Beschwerde – § 129 I; Tipke/Kruse/Brandis § 94 Rn. 2). – Bei einer Verbindung mehrerer Verfahren (nur) zum Zwecke der gemeinsamen Verhandlung (→ § 73 Rn. 4, 18, 28) kann ein gemeinsames Protokoll unter Angabe der Aktenzeichen aller gemeinsam verhandelten Verfahren geführt werden. Es ist dann zweckmäßig, für jede Verfahrensakte eine unterschriebene/digital signierte Ausfertigung (→ Rn. 18) anzufertigen (Arz/Lach MDR 2019, 1226 (1229)). 4

§ 159 ZPO gilt auch für **Erörterungstermine** (§ 159 II 1 ZPO). 5

III. Inhalt des Protokolls

§ 160 ZPO Inhalt des Protokolls 6

(1) Das Protokoll enthält

1. den Ort und den Tag der Verhandlung;
2. die Namen der Richter, des Urkundsbeamten der Geschäftsstelle und des etwa zugezogenen Dolmetschers sowie im Fall des § 128a Absatz 5 Satz 2 dieses Gesetzes und des § 185 Absatz 1a des Gerichtsverfassungsgesetzes die Angabe, wer an der Verhandlung oder der Beweisaufnahme per Bild- und Tonübertragung teilnimmt;
3. die Bezeichnung des Rechtsstreits;
4. die Namen der erschienenen Parteien, Nebenintervenienten, Vertreter, Bevollmächtigten, Beistände, Zeugen und Sachverständigen sowie im Fall der §§ 128a und 284 Absatz 2 die Angabe, wer an der Verhandlung oder der Beweisaufnahme per Bild- und Tonübertragung teilnimmt, und im Fall des § 284 Absatz 3 die Gerichtsstelle, von der aus die Parteien, Zeugen und Sachverständigen an der Beweisaufnahme teilnehmen;
5. die Angabe, dass öffentlich verhandelt oder die Öffentlichkeit ausgeschlossen worden ist.

(2) Die wesentlichen Vorgänge der Verhandlung sind aufzunehmen.

(3) Im Protokoll sind festzustellen
1. Anerkenntnis, Anspruchsverzicht und Vergleich;
2. die Anträge;
3. Geständnis und Erklärung über einen Antrag auf Parteivernehmung sowie sonstige Erklärungen, wenn ihre Feststellung vorgeschrieben ist;
4. die Aussagen der Zeugen, Sachverständigen und vernommenen Parteien; bei einer wiederholten Vernehmung braucht die Aussage nur insoweit in das Protokoll aufgenommen zu werden, als sie von der früheren abweicht;
5. das Ergebnis eines Augenscheins;
6. die Entscheidungen (Urteile, Beschlüsse und Verfügungen) des Gerichts;
7. die Verkündung der Entscheidungen;
8. die Zurücknahme der Klage oder eines Rechtsmittels;
9. der Verzicht auf Rechtsmittel;
10. das Ergebnis der Güteverhandlung.

(4) [1]Die Beteiligten können beantragen, dass bestimmte Vorgänge oder Äußerungen in das Protokoll aufgenommen werden. [2]Das Gericht kann von der Aufnahme absehen, wenn es auf die Feststellung des Vorgangs oder der Äußerung nicht ankommt. [3]Dieser Beschluss ist unanfechtbar; er ist in das Protokoll aufzunehmen.

(5) Der Aufnahme in das Protokoll steht die Aufnahme in eine Schrift gleich, die dem Protokoll als Anlage beigefügt und in ihm als solche bezeichnet ist.

6a **Zu § 160 I Nr. 2 und 4 ZPO** bei Videokonferenzen → § 90 Rn. 61.

7 **Zu § 160 II ZPO:**

Die Vorschrift betrifft den äußeren Hergang der Verhandlung. Wesentlich iSd § 160 II ZPO sind **alle entscheidungs- und ergebniserheblichen Vorgänge,** damit sich die Rechtsmittelinstanz von der Ordnungsmäßigkeit des Verfahrens effektiv überzeugen kann (BFH X B 93/07, BFH/NV 2008, 1181; IX B 107/10, BeckRS 2011, 95389), zB
- die Beachtung der §§ 92, 93 oder der Ausschluss eines Beteiligten gem. §§ 176 ff. GVG (Gosch/Wendl § 94 Rn. 41),
- Hinweise auf die Nichteinvernahme geladener Zeugen (BFH IX B 101/13, BFH/NV 2015, 214; V B 12/23, BFH/NV 2024, 689),
- sonstige nach § 76 II (→ § 76 Rn. 63 ff.) gebotene Hinweise (BFH X B 98/14, BFH/NV 2015, 504; III B 21/16, BFH/NV 2017, 315; VIII B 44/22, BFH/NV 2024, 529; jedenfalls eine konkrete Widergabe in gestraffter Form: BFH X B 1/23, BFH/NV 2024, 397),
- nach § 65 II 1 gebotene Aufforderungen zur Ergänzung des Klägervortrags (BFH VII B 174/20, BFH/NV 2022, 603),
- die Verlängerung einer Ausschlussfrist gem. § 65 oder § 79b (BFH VIII B 85/21, BFH/NV 2022, 1298),
- das Stellen von Prozessanträgen, zB Beweisanträgen (BFH II B 163/92, BFH/NV 1994, 111; IX B 18/03, BFH/NV 2003, 1207; IX S 7/10, BFH/NV 2011, 57; IX B 107/10, BeckRS 2011, 95389; X B 63/13, BFH/NV 2014, 689) oder eines Antrags auf Schriftsatzfrist (BFH XI B 167/01, BFH/NV 2004, 212) und darauf ergehende Entscheidungen des Gerichts (BFH IX S 7/10, BFH/NV 2011, 57; IX B 107/10, BeckRS 2011, 95389),

– die Erörterung der Sach- und Rechtslage (BFH XI R 19/20, BFH/NV 2022, 429),
– die Beweisaufnahme, amtliche Auskünfte (BVerwG 4 B 256/87, NJW 1988, 2491),
– die Verhandlung der Beteiligten über das Ergebnis der Beweisaufnahme (BFH III B 112/14, BFH/NV 2015, 1595; XI B 1/22, BFH/NV 2023, 269),
– die Rüge des Übergehens eines Beweisantrags (zB BFH VIII B 322/04, BFH/NV 2006, 2280; IX B 180/12, BFH/NV 2013, 968; XI B 133/13, BFH/NV 2014, 1560),
– die Rüge der Verletzung des rechtlichen Gehörs (BFH I B 14/01, BFH/NV 2002, 203 (204); IX S 7/10, BFH/NV 2011, 57; IX B 68/13, BFH/NV 2014, 174),
– das Einverständnis der Beteiligten, Beweisergebnisse aus fremden Verfahren zu verwerten (BFH VI R 90/02, BFH/NV 2005, 501) und
– die Abgabe der Erklärungen über die Hauptsacheerledigung (BFH X B 93/07, BFH/NV 2008, 1181 (1182, 1183)).

Nicht zu den **wesentlichen Vorgängen** (Förmlichkeiten), die in das Protokoll aufgenommen werden müssen, gehört eine kurzfristige Unterbrechung der mündlichen Verhandlung (BFH XI R 58/99, BStBl. II 2001, 764; Gosch/Wendl § 94 Rn. 42; SPK/Fu § 94 Rn. 26; aA Tipke/Kruse/Brandis § 94 Rn. 6; HHS/Schallmoser § 94 Rn. 19). Dasselbe gilt für die Sachverhaltsdarstellung durch die Beteiligten (BFH V B 126/04, BFH/NV 2006, 557; V B 169/06, BFH/NV 2007, 1454; II B 75/08, BeckRS 2009, 25014757), die Tatsachenfeststellungen, die im Urteil getroffen werden (BFH X S 58/96, BFH/NV 1997, 510), die gerichtskundigen Tatsachen (BFH VIII B 33/05, BFH/NV 2006, 557), den Inhalt bei den Akten befindlicher Urkunden, die das Gericht in seiner Entscheidung berücksichtigen möchte (BFH VII B 12/98, BFH/NV 1998, 1503; V B 57/11, BFH/NV 2012, 590), Rechtsausführungen eines Beteiligten (FG München 4 K 2129/13, EFG 2017, 505) oder den Inhalt der tatsächlichen und rechtlichen Erörterung der Streitsache mit den Beteiligten (BFH XI B 53/11, BFH/NV 2011, 2081; XI R 19/20, BFH/NV 2022, 429; BVerwG 2 B 85/87, Buchholz 310 § 104 VwGO Nr. 20). – Auch die Beratung gehört nicht zum Inhalt des Protokolls (BFH VII R 78/93, BFH/NV 1995, 403 (404)).

Zu § 160 III Nr. 2 ZPO: 8

Gemeint sind die **Sachanträge** (§§ 137, 297 ZPO; § 92 III – BFH II R 120/73, BStBl. II 1975, 489; X B 14/92, BFH/NV 1993, 667; IV R 6/10, BFH/NV 2013, 1584; IX B 157/13, BFH/NV 2014, 1559).

Zu § 160 III Nr. 4 ZPO:

Zur Protokollierung der **Aussage eines Sachverständigen** s. BGH VI ZR 231/87, VersR 1989, 189. – Erfolgt die Wiedergabe der Aussage nicht im Protokoll, sondern im Urteil selbst, so liegt ein Verfahrensfehler vor; allerdings muss in der Revisionsbegründung vorgetragen werden, inwiefern der Mangel für die Entscheidung ursächlich geworden ist (BVerwG VI C 3/76, NJW 1976, 1705; 4 B 15/13 ua, BeckRS 2013, 49346). Der Mangel muss gerügt worden sein (§ 295 ZPO – BVerwG VI CB 91/75, HFR 1976, 540; 6 C 68/80, DÖV 1981, 536). – Zur Protokollierung der **Aussage eines Zeugen** s. BFH X B 105/06, BFH/NV 2007, 962 (963); FG München 10 K 3728/10, BeckRS 2014, 94797. Eine wörtliche Protokollierung ist nicht erforderlich (BGH VI ZR 141/18, NJW 2019, 2538); sprachliche Glättungen und Zusammenfassungen, die den inhaltlichen Gehalt der Aussage unberührt lassen, sind zulässig (Zöller/Schultzky ZPO § 160

Rn. 8; ähnlich MüKoZPO/Fritsche ZPO § 160 Rn. 8; Musielak/Voit/Stadler ZPO § 160 Rn. 8); für ein Wortprotokoll de lege ferenda Schultzky AnwBl. 2021, 290 (291).

Zu § 160 III Nr. 5 ZPO:

Das Ergebnis eines **Augenscheins** muss nicht protokolliert werden, wenn sich die Augenscheinsobjekte in den Akten befinden (BFH VII B 12/98, BFH/NV 1998, 1503).

Zu § 160 III Nr. 7 ZPO:

Der **Gegenstand der Verkündung** muss entweder im Protokoll oder in einer Anlage zum Protokoll festgehalten werden (BGH XII ZB 6/90, VersR 1990, 637; VI ZR 132/13, NJW 2015, 2342; VII ZB 5/21, NJW-RR 2022, 1363; BAG 3 AZR 224/20, NZA 2021, 892). Es müssen nur der Tag der Verkündung, nicht die Uhrzeit (BFH X B 130/12, BFH/NV 2013, 228), und der Tenor der Entscheidung, nicht mündlich gegebene Begründungen (FG RhPf 6 K 1031/12, EFG 2015, 1111), ersichtlich sein, ebenso wenig, auf welche Art die Verkündung erfolgte (BGH VII ZB 5/21, NJW-RR 2022, 1363). Der bloße Verkündungsvermerk des Urkundsbeamten der Geschäftsstelle ist nicht ausreichend (BAG 5 AZR 712/19, NJW 2021, 187; 2 AZR 260/23, NZA 2024, 1662).

9 **Zu § 160 IV ZPO:**

Der **Protokollierungsantrag (Ergänzungsantrag** – § 160 IV 1 ZPO) muss **bis zum Schluss der mündlichen Verhandlung** gestellt werden. Ein späterer Antrag ist unzulässig (BFH VIII B 6/04, BFH/NV 2006, 109 (110); XI B 53/11, BFH/NV 2011, 2081; IV B 47/11, BFH/NV 2012, 425; X R 39/10, BStBl. II 2014, 572). Der Antrag bezieht sich auf „Vorgänge“ (zB bestimmte Anträge, Hinweise, Rügen oder ein bestimmtes Verhalten eines Beteiligten während der Verhandlung oder Beweisaufnahme) oder bestimmte Äußerungen eines Beteiligten. – Ebenso wie die Klage oder ein Rechtsmittel darf der Antrag auf Ergänzung des Protokolls **nicht unter** einer **Bedingung** oder einen Vorbehalt gestellt werden (BFH II S 18/06, BFH/NV 2007, 939 (941)). – Die **Aufnahme ins Protokoll** wird durch den Vorsitzenden bzw. den Einzelrichter (durch unanfechtbare prozessleitende Anordnung – § 128 II) verfügt (str.; wie hier die hM – s. die Nachweise bei Musielak/Voit/Stadler ZPO § 160 Rn. 14; Sangmeister StJ 1994, 43 (68); Dötsch MDR 2014, 1122 (1123)). Die **Ablehnung des Antrags** muss grds. durch Gerichtsbeschluss erfolgen (§ 160 IV 2 ZPO; BFH V B 216/03, BeckRS 2005, 25008449; II S 18/06, BFH/NV 2007, 939; Dötsch MDR 2014, 1122 (1123)); bei offensichtlicher Unzulässigkeit des Antrags kann der Vorsitzende auch allein (durch Beschluss) entscheiden (BFH VIII B 59/85, BFH/NV 1989, 24 (25); V B 216/03, BeckRS 2005, 25008449); der Einzelrichter entscheidet ohnehin allein. Der Beschluss des Gerichts bzw. des Vorsitzenden ist **unanfechtbar** (§ 160 IV 3 ZPO; BFH IX B 106/05, BFH/NV 2006, 774; VII B 279/05, BFH/NV 2006, 2114); er muss in das Protokoll aufgenommen werden (§ 160 IV 3 ZPO). Die Ablehnung ist gerechtfertigt, wenn das Gericht den Vorgang bzw. die Äußerung für unwesentlich hält. Nach § 113 II 1 bedarf der Beschluss keiner Begründung. – Ein **Rechtsmittel** gegen das Urteil kann nur mit Erfolg auf eine unterbliebene oder fehlerhafte Ablehnung der Protokollierung gestützt werden, wenn **zuvor** ein **Protokollergänzungs- und/oder Protokollberichtigungsantrag** (→ Rn. 19 ff.) gestellt worden ist (zB BFH II B 201/91, BStBl. II 1992, 562; III B 7/10, BFH/NV 2011, 1895; V R 50/09, BStBl. II 2012, 151; IX B 180/12, BFH/NV 2013, 968; XI B 133/13, BFH/NV 2014, 1560; IX B 78/17, BFH/NV 2018, 217; krit. Tipke/Kruse/Brandis § 94 Rn. 8 aE). Ein Beteiligter dessen

Antrag auf Protokollergänzung keinen Erfolg hat, sollte darauf dringen, dass der Beschluss über die Ablehnung des Antrags zu Protokoll genommen wird (Hildebrand Ubg 2021, 113 (116)) und – falls auch dieser Antrag keinen Erfolg hat – einen Antrag auf Protokollberichtigung stellen (vgl. Nöcker AO-StB 2017, 215 (216)).

Soweit Ordnungsmittel gem. § 52 I FGO iVm § 178 I GVG verhängt werden, muss gem. § 52 I FGO iVm § 182 GVG aus dem Protokoll im Einzelnen genau hervorgehen, aufgrund welcher Tatsachen und Umstände das Ordnungsmittel verhängt wurde; eine spätere Ergänzung ist unzulässig (BFH VIII B 40/23, BFH/NV 2024, 1360). **9a**

IV. Vorläufige Aufzeichnung

§ 160a ZPO Vorläufige Protokollaufzeichnung **10**

(1) Der Inhalt des Protokolls kann vorläufig aufgezeichnet werden.

(2) [1]Das Protokoll ist im Fall des Absatzes 1 unverzüglich nach der Sitzung herzustellen. [2]Wenn Aussagen nach § 160 Absatz 3 Nummer 4 oder das Ergebnis eines Augenscheins nach § 160 Absatz 3 Nummer 5 in Ton oder in Bild und Ton vorläufig aufgezeichnet worden sind, muss lediglich dies in dem Protokoll vermerkt werden. [3]Das Protokoll ist um den Inhalt der vorläufigen Aufzeichnungen nach Satz 2 zu ergänzen, wenn eine Partei dies bis zum rechtskräftigen Abschluss des Verfahrens beantragt oder das Rechtsmittelgericht die Ergänzung anfordert. [4]Sind Aussagen nach § 160 Absatz 3 Nummer 4 in Ton oder in Bild und Ton unmittelbar aufgenommen und ist zugleich das wesentliche Ergebnis der Aussagen vorläufig aufgezeichnet worden, so kann eine Ergänzung des Protokolls nur um das wesentliche Ergebnis der Aussagen verlangt werden.

(3) Die vorläufigen Aufzeichnungen sind
1. zu den Prozessakten zu nehmen,
2. bei der Geschäftsstelle mit den Prozessakten aufzubewahren oder
3. auf einer zentralen Datenspeicherungseinrichtung der Justiz zu speichern.

(4) Die vorläufigen Aufzeichnungen sind zu löschen,
1. sobald das Protokoll nach der Sitzung hergestellt oder um den Inhalt der vorläufigen Aufzeichnungen ergänzt ist, wenn die Parteien innerhalb eines Monats nach Mitteilung der Abschrift keine Einwendungen erhoben haben;
2. in nicht in Nummer 1 genannten Fällen nach rechtskräftigem Abschluss des Verfahrens.

(5) Die endgültige Herstellung durch Aufzeichnung auf Datenträger in der Form des § 130b ist möglich.

(6) Einsicht in die vorläufigen Aufzeichnungen in Ton oder in Bild und Ton wird durch den Vorsitzenden in entsprechender Anwendung des § 299 Absatz 3 und 4 gewährt, ohne dass es eines besonderen Antrags nach § 299 Absatz 3 Satz 2 bedarf.

Zulässig ist ein **Diktat** durch den Vorsitzenden bzw. den Einzelrichter, ggf. in der Form einer zusammenfassenden Darstellung des wesentlichen Inhalts der Aussage (BVerwG 6 C 68/80, DÖV 1981, 537). Die gesamte mündliche Verhandlung kann **wörtlich aufgenommen** werden (BVerwG VI CB 55/75, NJW 1976, 1282 (1283); 6 C 96/82, BVerwGE 67, 44; s. auch § 162 II 1 ZPO – → Rn. 14). **11**

Seit Inkrafttreten des G zur Förderung des Einsatzes von Videokonferenztechnik in der Zivilgerichtsbarkeit und den Fachgerichtsbarkeiten v. 15.7.2024, BGBl. 2024 I Nr. 237 am 19.7.2024 (Art. 19 I dieses G; → § 90 Rn. 35) kann die Aufnahme entweder nur in Ton oder in Ton und Bild erfolgen (§ 94 FGO iVm § 160a II 2 ZPO; dazu BR-Drs. 228/23, 59 f.). Im Falle der Aufnahme in Ton und Bild besteht eine Hinweispflicht über Beginn und Ende der Aufnahme (§ 155 S. 1 FGO iVm § 128a VI 4 ZPO; → auch § 90 Rn. 59). Dies kann zu einer erheblichen Beschleunigung und Entlastung bei umfangreichen Zeugenvernehmungen führen (vgl. § 94 FGO iVm §§ 160a II 2, 160 III Nr. 4 ZPO) und vermeidet die bei einem zusammenfassenden Diktat unweigerlich eintretende Filterung und Interpretation der Aussage durch den Diktierenden. In diesen Fällen ist vorbehaltlich eines Antrags nach § 160a II 3 ZPO nur die Aufnahme der Aussagen auf Tonträger (ggf. auch Bildträger) im Protokoll zu vermerken (vgl. BFH IX B 104/12, BFH/NV 2013, 75) und die Dateien auf einem Speichermedium nach Maßgabe des § 160a III ZPO aufzubewahren. Die Zeitersparnis bei der Erstellung des Protokolls ist allerdings abzuwägen gegen das Risiko eines (uU unbemerkten) Ausfalls der Technik, das Risiko, dass einzelne Passagen unverständlich sind sowie den größeren Aufwand, bestimmte Passagen der Aussagen im Rahmen der Beratung, der Abfassung der Urteilsgründe oder der Überprüfung im Rechtsmittelverfahren aufzufinden. Ferner schwindet die Entlastungswirkung, wenn Anträge nach § 160a II 3 ZPO gestellt werden. Insoweit hält die Gesetzesbegründung bei der Transkription auch „wertungsfreie Anmerkungen zur Körpersprache (Gestik, Mimik) des Zeugen" für denkbar (BR-Drs. 228/23, 61; abl. zur Variante „wörtliche Aufnahme" Gosch/Wendl § 94 Rn. 70). – Das Antragsrecht nach § 160a II 3 ZPO besteht nicht nur dann, wenn die Revision zugelassen wurde, weil Feststellungen zur Wahrung der Rechte im Verfahren der Nichtzulassungsbeschwerde erforderlich sein können (aA FG BW 5 K 84/99, EFG 2001, 583; offen BFH VIII B 24/10, BFH/NV 2010, 1840). – An die Stelle der fakultativen Löschungsmöglichkeit für die vorläufigen Aufzeichnungen iSd § 160a I, II 2 ZPO gem. § 160a III 2 ZPO aF ist die **Löschungspflicht** nach Maßgabe des § 160a IV ZPO nF getreten (spätestens nach rechtskräftigem Abschluss des Verfahrens). Damit soll den Anforderungen des Art. 5 DS-GVO genügt werden (BT-Drs. 228/23, 61). Im Falle einer bloßen Aufzeichnung nach § 160a II 2 ZPO ist daher nach Rechtskraft ein unmittelbarer Zugriff auf die Ergebnisse der Beweisaufnahme im Rahmen anderer Verfahren nicht mehr möglich. Die Löschungspflicht gilt nicht, soweit es sich im Falle der **elektronischen Aktenführung** um die endgültig in elektronischer Form hergestellte Protokolldatei handelt (§ 160a V ZPO), wobei im Finanzgerichtsprozess an die Stelle des § 130b ZPO der § 52b FGO tritt. – Für die **Akteneinsicht** gilt im Finanzgerichtsprozess nicht § 160a VI ZPO iVm § 299 ZPO sondern § 78 FGO.

12 Ist die vorläufige Aufzeichnung nach § 160a II 2 ZPO wegen eines technischen Defekts vollständig oder teilweise fehlgeschlagen oder sind Teile der Aufnahme unverständlich, kann eine hierauf gestützte Revision nur Erfolg haben, wenn vorgetragen wird, dass die Entscheidung auf diesen Unklarheiten beruhen kann, es sei denn, dass die Aufzeichnung insgesamt kein klares Bild der Vernehmung ergibt (BFH I B 64/14, BFH/NV 2015, 1259; BVerwG VI CB 91/75, DÖV 1976, 746). Nachträgliche Rekonstruktionen stellen kein ordnungsgemäßes Protokoll iSd § 159 I ZPO dar. Das Urteil kann jedoch uU noch auf ausreichenden Feststellungen beruhen, wenn diese in Vermerken beteiligter Richter oder – losgelöst von der Würdigung der Aussage – im Tatbestand des Urteils festgehalten werden (BFH I B 64/14, BFH/NV 2015, 1259; vgl. auch BFH III R 63/98, BFH/NV 2001, 1028). – Werden Aufzeichnungen entgegen § 160a III ZPO nach Übertragung in die Schriftform nicht aufbewahrt, ist das unbeachtlich (BFH VIII B 90/06, BFH/NV 2010, 2090). – Zu § 160a ZPO vgl. auch Dölling DRiZ 2014, 336.

V. Entbehrliche Feststellungen

§ 161 ZPO Entbehrliche Feststellungen 13

(1) Feststellungen nach § 160 Abs. 3 Nr. 4 und 5 brauchen nicht in das Protokoll aufgenommen zu werden,

1. wenn das Prozessgericht die Vernehmung oder den Augenschein durchführt und das Endurteil der Berufung oder der Revision nicht unterliegt;
2. soweit die Klage zurückgenommen, der geltend gemachte Anspruch anerkannt oder auf ihn verzichtet wird, auf ein Rechtsmittel verzichtet oder der Rechtsstreit durch einen Vergleich beendet wird.

(2) [1]In dem Protokoll ist zu vermerken, dass die Vernehmung oder der Augenschein durchgeführt worden ist. [2]§ 160a Abs. 3 gilt entsprechend.

§ 161 I Nr. 1 ZPO ist **auf FG-Urteile nicht anwendbar,** weil ein Urteil auch dann der Revision unterliegt, wenn diese erst nach Zulassung im NZB-Verfahren eingelegt werden kann (BFH IX B 104/12, BFH/NV 2013, 75; BGH VI ZR 309/02, NJW 2003, 3057). 13a

VI. Prüfung durch die Beteiligten

§ 162 ZPO Genehmigung des Protokolls 14

(1) [1]Das Protokoll ist insoweit, als es Feststellungen nach § 160 Abs. 3 Nr. 1, 3, 4, 5, 8, 9 oder zu Protokoll erklärte Anträge enthält, den Beteiligten vorzulesen, zur Durchsicht vorzulegen oder zur Durchsicht auf einem Bildschirm anzuzeigen. [2]Ist der Inhalt des Protokolls nur vorläufig aufgezeichnet worden, so genügt es, wenn die Aufzeichnungen vorgelesen oder abgespielt werden. [3]In dem Protokoll ist zu vermerken, dass dies geschehen und die Genehmigung erteilt ist oder welche Einwendungen erhoben worden sind.

(2) [1]Aussagen nach § 160 Absatz 3 Nummer 4 brauchen nicht abgespielt zu werden, wenn sie in Gegenwart der Beteiligten unmittelbar aufgezeichnet worden sind; der Beteiligte, dessen Aussage aufgezeichnet ist, kann das Abspielen verlangen. [2]Soweit Aussagen nach § 160 Absatz 3 Nummer 4 oder das Ergebnis eines Augenscheins nach § 160 Absatz 3 Nummer 5 in Gegenwart der Beteiligten und in Form einer Zusammenfassung der wesentlichen Ergebnisse aufgezeichnet worden sind, kann das Abspielen, das Vorlesen, die Vorlage zur Durchsicht oder die Anzeige auf einem Bildschirm unterbleiben, wenn die Beteiligten nach der Aufzeichnung darauf verzichten; in dem Protokoll ist zu vermerken, dass der Verzicht ausgesprochen worden ist.

Zu § 162 I 1 ZPO: 15

Die Beachtung der Förmlichkeiten des § 162 I ist **Voraussetzung für die erhöhte Beweiskraft** des Protokolls als öffentliche Urkunde, jedoch nicht Wirksamkeitsvoraussetzung für die darin aufgenommenen Prozesserklärungen. Letztere können bei Verstoß gegen § 162 I ZPO ggf. mit anderen Beweismitteln erwiesen werden (BFH VIII B 90/09, BFH/NV 2010, 2090; BGH XII ZB 14/07, NJW-RR 2007, 1451; Zöller/Schultzky ZPO § 162 Rn. 6). Seit dem 19.7.2024 (→ Rn. 11) kann das Protokoll zur Genehmigung auch zur Durchsicht auf einem Bildschirm angezeigt werden. – (Allein) die Genehmigung diktierter Erklärungen usw („Laut diktiert und genehmigt“) steht der Genehmigung nach Verlesung nicht gleich (vgl. Zöller/Schultzky ZPO § 162 Rn. 2), kann aber in den Fällen des § 160 III Nr. 4 u. 5 ZPO als Verzicht iSd § 162 II 2 ZPO ausgelegt werden (→ Rn. 16). – Die Nichtverlesung oder Nichtvorlage (§ 162 I 1, 2 ZPO) muss, wenn sie im Revisionsverfahren gerügt werden soll, für das Urteil ursächlich geworden sein (BVerwG VI C 110/75, NJW 1976, 1283). Dazu kann bei einem noch am selben Tage, also unter dem frischen Eindruck der Verhandlung beschlossenen Urteil nur vorgetragen werden, der Eindruck der Urkundspersonen sei falsch gewesen und wäre – wäre die protokollierte Aussage verlesen oder vorgelegt worden – in einer (ganz bestimmten) Weise korrigiert worden (BFH II R 120/73, BStBl. II 1975, 489).

16 **Zu § 162 II ZPO:**

Es müssen alle Beteiligten (und ggf. der Zeuge oder Sachverständige) den Verzicht nach § 162 II 2 ZPO erklären (Zöller/Schultzky ZPO § 162 Rn. 5). – Stillschweigend (konkludenter) Verzicht ist möglich, zB wenn Berufsträger hinnehmen, dass das Gericht ihre Erklärungen mit dem Vermerk „Laut diktiert und genehmigt“ protokolliert (§ 162 II 2 ZPO; BFH IV B 144/07, BeckRS 2008, 25014210; Tipke/Kruse/Brandis § 94 Rn. 11).

VII. Unterschrift

17 **§ 163 ZPO Unterschreiben des Protokolls**

(1) [1]Das Protokoll ist von dem Vorsitzenden und von dem Urkundsbeamten der Geschäftsstelle zu unterschreiben. [2]Ist der Inhalt des Protokolls ganz oder teilweise in Ton oder in Bild und Ton vorläufig aufgezeichnet worden, so hat der Urkundsbeamte der Geschäftsstelle die Richtigkeit der Übertragung zu prüfen und durch seine Unterschrift zu bestätigen; dies gilt auch dann, wenn der Urkundsbeamte der Geschäftsstelle zur Sitzung nicht zugezogen war.

(2) [1]Ist der Vorsitzende verhindert, so unterschreibt für ihn der älteste beisitzende Richter; war nur ein Richter tätig und ist dieser verhindert, so genügt die Unterschrift des zur Protokollführung zugezogenen Urkundsbeamten der Geschäftsstelle. [2]Ist dieser verhindert, so genügt die Unterschrift des Richters. [3]Der Grund der Verhinderung soll im Protokoll vermerkt werden.

18 In Verfahren, für die noch Papierakten geführt werden, gelten die allg. Anforderungen an das Vorliegen einer **Unterschrift** (→ § 64 Rn. 10 f.; BGH XII ZB 504/15, NJW-RR 2017, 386). Bei Führung elektronischer Prozessakten tritt an die Stelle der Unterschrift die qualifizierte elektronische Signatur (§ 52a VII; BFH III B 80/18, DStRE 2019, 846; → § 52a Rn. 47). Ein nicht unterschriebenes/signiertes Protokoll gilt als nicht existent (BAG 3 AZR 224/20, NZA 2021, 892). – Zur Mitverantwortung des Vorsitzenden (bzw. des Einzelrichters) bei der Übertragung von Tonaufzeichnungen BVerwG VI C 41/76, NJW 1977, 264. – Zur Verantwortung des Vorsitzenden und zur Unterschriftsleistung bei einer Pro-

tokollführung durch einen Beisitzer → Rn. 3. Das Protokoll muss nicht förmlich zugestellt werden (BFH IV B 75/00, BeckRS 2001, 25005806; IX B 104/12, BFH/NV 2013, 75).

VIII. Berichtigung

§ 164 ZPO Protokollberichtigung 19

(1) Unrichtigkeiten des Protokolls können jederzeit berichtigt werden.

(2) Vor der Berichtigung sind die Parteien und, soweit es die in § 160 Abs. 3 Nr. 4 genannten Feststellungen betrifft, auch die anderen Beteiligten zu hören.

(3) [1]Die Berichtigung wird auf dem Protokoll vermerkt; dabei kann auf eine mit dem Protokoll zu verbindende Anlage verwiesen werden. [2]Der Vermerk ist von dem Richter, der das Protokoll unterschrieben hat, oder von dem allein tätig gewesenen Richter, selbst wenn dieser an der Unterschrift verhindert war, und von dem Urkundsbeamten der Geschäftsstelle, soweit er zur Protokollführung zugezogen war, zu unterschreiben.

(4) [1]Erfolgt der Berichtigungsvermerk in der Form des § 130b, ist er in einem gesonderten elektronischen Dokument festzuhalten. [2]Das Dokument ist mit dem Protokoll untrennbar zu verbinden.

§ 164 ZPO ermöglicht die **Korrektur** jeder (auch einer nicht offenbaren) Unrichtigkeit. – Zur Frage, wann ein Protokoll unrichtig ist, s. BFH X S 16/07 (PKH), BFH/NV 2007, 2316 (2318). Ein unvollständiges Protokoll ist nicht unrichtig, sondern nur der Protokollergänzung gem. § 160 IV (→ Rn. 9) zugänglich (BFH IV B 47/11, BFH/NV 2012, 425; FG München 12 K 3052/18, BeckRS 2020, 48398; SchlHOLG 5 W 7/11, MDR 2011, 751; OLG Bbg 13 UF 155/17, MDR 2019, 185; Zöller/Schultzky ZPO § 164 Rn. 2; teilweise aA MüKoZPO/Fritsche ZPO § 164 Rn. 1; BeckOK ZPO/Wendtland ZPO § 164 Rn. 3; Musielak/Voit/Stadler ZPO § 164 Rn. 1). – Für die Berichtigung sind ausschließlich die erstinstanzlichen Finanzgerichte zuständig (BFH IX B 44/03, BFH/NV 2003, 1604; IX B 65/10, BFH/NV 2011, 43). Die Berichtigung kann – nach Anhörung der Beteiligten – **jederzeit** (auch nach Schluss der mündlichen Verhandlung) von Amts wegen oder auf Antrag erfolgen, auch nach Einlegung von Rechtsmitteln (BFH IV B 185/03, BFH/NV 2005, 2224 (2226); VIII B 31/11, BFH/NV 2011, 1173); zur Notwendigkeit, einen Protokollberichtigungsantrag zu stellen, → Rn. 9 aE. – Das Rechtsschutzbedürfnis für eine Protokollberichtigung entfällt, sobald das FG-Urteil rechtskräftig geworden ist (BFH XI B 41/01, BFH/NV 2002, 206; V B 99/05 ua, BFH/NV 2007, 87 aE; X B 198/10, BFH/NV 2011, 1166; IV B 47/11, BFH/NV 2012, 425). – Ein nach Schluss der mündlichen Verhandlung gestellter und deshalb unzulässiger (→ Rn. 9) Antrag auf **Protokollergänzung** kann als Anregung zur Protokollberichtigung behandelt werden (BFH VIII S 10/92, BFH/NV 1993, 543; FG München 10 K 3728/10, BeckRS 2014, 94797). Auch ansonsten ist eine konkludente Antragstellung möglich (BFH VIII B 131/10, ZSteu 2012, R907). – Die **Entscheidung über die Berichtigung** steht allein dem Vorsitzenden oder dem Einzelrichter (BFH VII B 241/97, BFH/NV 1998, 873 aE; IV B 22/99, BFH/NV 2000, 211; IV B 47/11, BFH/NV 2012, 425) bzw. – falls ein Protokollführer (Urkundsbeamter) hinzugezogen wurde (§ 159 I 2 ZPO) – dem Vorsitzenden/Einzelrichter **und** 20 dem Protokollführer zu (zB BFH X B 93/07, BFH/NV 2008, 1181 (1182, 1183); X B 198/10, BFH/NV 2011, 1166; VIII B 53/12, BFH/NV 2012, 1984), bei Ablehnung jedoch in jedem Fall allein dem Vorsitzenden bzw. Einzelrichter (BGH RiZ 2/16, BeckRS 2022, 35503; BeckOK ZPO/Wendtland ZPO § 164 Rn. 14). Die Berichtigungsbefugnis besteht fort, solange der Richter in den (aktiven) Diensten desselben Dienstherrn steht und geht ggf. auf einen Vertreter (analog § 163 II 1) über, der an der mündlichen Verhandlung teilgenommen hat (BFH VIII B 90/06, BFH/NV 2010, 2090). Unzuständig sind an der mündlichen Verhandlung unbeteiligte Richter (BFH VIII B 90/06, BFH/NV 2010, 2090). – Ein Verstoß gegen die Anhörungspflicht (§ 164 II ZPO) ist unbeachtlich, wenn ausgeschlossen ist, dass die Entscheidung darauf beruht (BFH III R 20/14, BStBl. II 2017, 1167). – Zur **Form** der Berichtigung s. § 164 III ZPO. – Für das Berichtigungsverfahren fallen keine Gerichtsgebühren an (FG München 4 K 240/17, EFG 2020, 1433).

21 Ebenso wie eine Beschwerde gegen die Art und Weise der Protokollierung als solche (BFH I B 64/09, BFH/NV 2010, 46) ist eine gegen die Entscheidung über die Protokollberichtigung erhobene **Beschwerde grds. unzulässig,** weil die Protokollberichtigung als unvertretbare Handlung nur durch den Instanzrichter erfolgen kann; dies gilt insbes., soweit der Beteiligte eine inhaltliche Berichtigung (bzw. Rückgängigmachung der Berichtigung) des Protokolls begehrt (BFH V B 99/05, V B 121/05, BFH/NV 2007, 87 (88); VIII B 90/06, BFH/NV 2010, 2090; VIII B 53/12, BFH/NV 2012, 1984; XI B 29/24, BFH/NV 2024, 1057). Sie ist ausnahmsweise zulässig, wenn geltend gemacht wird, die Berichtigung sei zu Unrecht als (verfahrensrechtlich) unzulässig abgelehnt oder von einem hierzu nicht Befugten vorgenommen oder abgelehnt worden oder die Berichtigung bzw. Ablehnung leide an sonstigen Verfahrensmängeln (BFH IV B 49/01, BFH/NV 2002, 43; IX B 106/05, BFH/NV 2006, 774; VIII B 90/06, BFH/NV 2010, 2090; VIII B 31/11, BFH/NV 2011, 1173; IV B 47/11, BFH/NV 2012, 425). – Auch mit einer NZB kann nicht mit Aussicht auf Erfolg gerügt werden, die Berichtigung sei zu Unrecht unterblieben (BFH IX B 104/97, BFH/NV 1998, 478; VIII B 293/03, BFH/NV 2006, 109), es sei denn der Berichtigungsantrag ist nicht oder erst nach Ergehen eines Urteils beschieden worden (BFH VIII B 53/12, BFH/NV 2012, 1984).

IX. Beweis von Förmlichkeiten

22 **§ 165 ZPO Beweiskraft des Protokolls**

[1]Die Beachtung der für die Verhandlung vorgeschriebenen Förmlichkeiten kann nur durch das Protokoll bewiesen werden. [2]Gegen seinen diese Förmlichkeiten betreffenden Inhalt ist nur der Nachweis der Fälschung zulässig.

Zur **Beweiskraft** zunächst → Rn. 4. – Die Einhaltung der für die mündliche Verhandlung vorgeschriebenen Förmlichkeiten einschließlich der Besetzung des Gerichts kann nur durch das Protokoll, dem ein erhöhter Beweiswert zukommt, bewiesen werden (zB BFH XI B 33/04, BFH/NV 2006, 352; I B 165/05, BFH/NV 2007, 52 (53); VIII B 2/21, BFH/NV 2022, 239). Dies gilt auch dann, wenn das Protokoll erst verspätet zur Akte gelangt (BGH VII ZB 5/21, NJW-RR 2022, 1363). Gegen den die **Förmlichkeiten** der mündlichen Verhandlung betreffenden Inhalt des Protokolls ist nur der **Nachweis der Fälschung** zulässig. Solange dieser Nachweis nicht geführt und eine Protokollberichtigung unterblieben ist, muss davon ausgegangen werden, dass der Inhalt des Verhandlungsprotokolls sachlich zutrifft (BFH VII B 44/98, BFH/NV 1999, 1490 (1491); IX B 53/00, BFH/NV 2001, 631; XI B 24/11, BFH/NV 2012, 277; XI R 19/20, BFH/NV 2022, 429; s. auch BFH III B 107/05, BFH/NV 2006, 549 (550)). Es kommt daher auf den Inhalt des Protokolls an, wenn zB bewiesen werden soll, welche Anträge (§ 92 III; BFH IV R 6/10, BFH/NV 2013, 1584; IX B 157/13, BFH/NV 2014, 1559; IX B 78/17, BFH/NV 2018, 217) gestellt, welche Hinweise erteilt (vgl. § 76 II; BFH X R 39/10, BStBl. II 2014, 572; XI B 97/12, BFH/NV 2013, 1791; → § 76 Rn. 36 ff., 64 ff.), welche Zusagen gemacht (BFH IV S 12/1 (PKH), BFH/NV 2012, 984), welche Rügen (zur Vermeidung einer rügelosen Einlassung iSd § 155 S. 1 FGO iVm § 295 ZPO) erhoben (BFH XI B 133/13, BFH/NV 2014, 1560; VI R 2/16, BFH/NV 2018, 712; → § 76 Rn. 36 ff.) oder welche Entscheidungen verkündet (BFH XI B 24/11, BFH/NV 2012, 277; BAG 2 AZR 260/23, NZA 2024, 1662) worden sind. **Fehlen nach § 160 II und III ZPO protokollierungspflichtige Vorgänge,** ist **grds. der Beweis erbracht,** dass sie sich **nicht ereignet** haben (BFH IX S 7/10, BFH/NV 2011, 57; VI R 2/16, BFH/NV 2018, 712; VII B 174/20, BFH/NV 2022, 603; VIII B 44/22, BFH/NV 2024, 529; V B 12/23, BFH/NV 2024, 689; BAG 2 AZR 260/23, NZA 2024, 1662). Abweichendes gilt, wenn nach den Gesamtumständen offensichtlich ist, dass ein nicht protokollierter Vorgang stattgefunden hat (BFH IX B 107/10, BeckRS 2011, 95389; X B 18/23 ua, BFH/NV 2023, 1325; X B 1/23, BFH/NV 2024, 397; sehr weitgehend, zT schriftliche Anfragen an die Mitglieder des Gerichts und die Gegenseite als Grundlage der Entscheidung: BFH X B 40/19, BFH/NV 2020, 231; X B 154/19, BFH/NV 2021, 677). – **Fälschung** des Protokolls liegt vor, wenn eine zu protokollierende Tatsache wissentlich falsch beurkundet oder nachträglich verfälscht worden ist (BFH VII B 241/97, BFH/NV 1998, 873; X B 93/07, BFH/NV 2008, 1181 (1182, 1183)). – Die erhöhte Beweiskraft (§ 165 S. 1 ZPO) gilt auch für ein **berichtigtes Protokoll** (BFH XI B 144/02, BFH/NV 2003, 797). – Zur Frage, wie zu verfahren ist, wenn ein Vorgang nach § 160 II ZPO (→ Rn. 7) unstreitig gegeben, aber kein Protokoll vorhanden ist, s. BFH XI B 182/02, BFH/NV 2005, 564.

§ 94a [Verfahren nach billigem Ermessen]

[1]Das Gericht kann sein Verfahren nach billigem Ermessen bestimmen, wenn der Streitwert bei einer Klage, die eine Geldleistung oder einen hierauf gerichteten Verwaltungsakt betrifft, fünfhundert Euro nicht übersteigt. [2]Auf Antrag eines Beteiligten muss mündlich verhandelt werden. [3]Das Gericht entscheidet über die Klage durch Urteil; § 76 über den Untersuchungsgrundsatz und § 79a Abs. 2, § 90a über den Gerichtsbescheid bleiben unberührt.

Vgl. § 495a ZPO

Literatur: Bilsdorfer, Das FGO-Änderungsgesetz, BB 1993, 109; Loschelder, Kein Urteil im vereinfachten Verfahren nach § 94a FGO ohne vorherigen gerichtlichen Hinweis, AO-StB 2009, 272; Thum, Der Antrag auf mündliche Verhandlung im Verfahren nach billigem Ermessen, NJW 2014, 3198.

I. Allgemeines, Anwendungsbereich

1 § 94a soll zur Entlastung der Finanzgerichte und zur Beschleunigung des Verfahrens beitragen.

2 § 94a durchbricht den Mündlichkeitsgrundsatz (→ § 90 Rn. 7). Die Regelung gilt **nur für das erstinstanzliche** finanzgerichtliche **Klageverfahren** (§ 94a S. 1, 3) und nur für die **Entscheidung durch Urteil** (§ 94a S. 3). Im **Revisionsverfahren** ist § 94a nicht anwendbar (§ 121 S. 2; s. aber § 126a). – Die Regelung führt bei sachgerechter Anwendung nicht zu einem Verstoß gegen Art. 19 IV, 103 I GG (BVerfG 2 BvR 290/08, NJW-RR 2009, 562 zu § 495a ZPO; → § 90 Rn. 1; → § 90a Rn. 1) und Art. 6 I EMRK (BFH II B 145/10, BFH/NV 2011, 2109).

II. Streitwertgrenze

3 § 94a räumt dem erstinstanzlichen Gericht (dem Senat bzw. dem Einzelrichter – §§ 6, 79a III, IV) die Möglichkeit ein, das Verfahren „nach billigem Ermessen" zu bestimmen, wenn der **Streitwert** bei einer Klage, die eine Geldleistung oder einen hierauf gerichteten Verwaltungsakt betrifft, **500 EUR nicht** übersteigt (§ 94a S. 1). Die Festsetzung des Mindeststreitwerts auf 1.000 EUR bzw. 1.500 EUR (ab 1.8.2013; § 52 IV Nr. 1 GKG; → Vor § 135 Rn. 6 f., 127) hat daran nichts geändert (BFH IX B 131/08, BFH/NV 2008, 1696). Dagegen sind die Regelungen über die Erfassung von Auswirkungen, die über den Streitzeitraum hinausgehen (§ 52 III 2 und 3 GKG), für die Ermittlung der Streitwertgrenze zu berücksichtigen, da sie (typisierend) das wirtschaftliche Interesse, das mit dem Verfahren verbunden ist, widerspiegeln. – § 94a ist auch anzuwenden, wenn die Streitwertgrenze erst durch **Abtrennung** (§ 73) unterschritten wird (BFH II B 64/94, BFH/NV 1995, 705). Voraussetzung für die Bestimmung des Verfahrens nach billigem Ermessen ist aber, dass der Wert des Streitgegenstandes zuverlässig nach einer bestimmten Geldleistung bestimmt werden kann. Bei **Grundlagenbescheiden** hängt die Anwendbarkeit davon ab, ob die steuerlichen Auswirkungen der streitigen Besteuerungsgrundlagen ohne weiteres beziffert werden können (dann ist § 94a anwendbar), wie zB bei einem GewSt-Messbescheid (BFH X B 112/99, BeckRS 2000, 25005556; Gosch/Wendl § 94a Rn. 10; HHS/Schallmoser § 94a Rn. 13; aA Tipke/Kruse/Brandis § 94a Rn. 3; SPK/Fu § 94a Rn. 2), bei einem ESt-Bescheid im Verlustjahr, wenn zB die Auswirkung auf das bereits veranlagte Folgejahr begrenzt ist, bei einem Bescheid über eine gesonderte Gewinnfeststellung, wenn die ESt- oder KSt-Erklärung oder entspr. Bescheide vorliegen (aA HHS/Schallmoser § 94a Rn. 13; Gosch/Wendl § 94a Rn. 10; Tipke/Kruse/Brandis § 94a Rn. 3; SPK/Fu § 94a Rn. 2) oder bei EW- oder Grundsteuerwertbescheiden, die nur Auswirkungen auf die GrSt haben (FG BW 8 K 195/95, EFG 1996, 330; HHS/Schallmoser § 94a Rn. 13; aA Gosch/Wendl § 94a Rn. 10; Tipke/Kruse/Brandis § 94a Rn. 3; SPK/Fu § 94a Rn. 2). Dagegen sind die Auswirkungen von einheitlichen und gesonderten Feststellungen, zB bei ESt-Bescheiden im Verlustjahr, wenn nicht absehbar ist, wann und/oder in welcher Höhe sich die Verlustberücksichtigung auswirkt, nicht hinreichend vorhersehbar und können nicht im Verfahren nach § 94a entschieden werden. **Muss der Streitwert geschätzt werden, ist § 94a nicht anwendbar** (BFH II B 15/99, BFH/NV 2000, 864; II R 24/00, BFH/NV 2001, 1410; II R 25/00, BFH/NV

2001, 1575). Eines bezifferten Antrags bedarf es nicht, wenn auch unabhängig davon feststeht, dass der Streitwert 500 EUR nicht übersteigt (BFH X B 121/03, BFH/NV 2005, 350).

III. Anhörungspflicht

Das FG ist **verpflichtet,** die Beteiligten vor Erlass des Urteils darauf **hinzuweisen,** dass es jedenfalls erwägt gem. § 94a zu entscheiden und bis zu welchem Termin ergänzend vorgetragen werden kann, damit das Recht auf Gehör (Art. 103 I GG) der Beteiligten gewahrt wird. Diese müssen wissen, bis zu welchem Zeitpunkt ihre Erklärungen vom Gericht zur Kenntnis genommen werden (BFH III B 92/15, BStBl. II 2016, 844; IV B 61/21, BFH/NV 2022, 815; Loschelder AO-StB 2009, 272; Tipke/Kruse/Brandis § 94a Rn. 2; Gosch/Wendl § 94a Rn. 19; BVerfG 2 BvR 290/08, NJW-RR 2009, 562; 2 BvR 977/16, NJW-RR 2017, 690 zu § 495a ZPO; aA HHS/Schallmoser § 94a Rn. 26). Bei Rechtsunkundigen ist zudem der Hinweis geboten, dass sie einen Antrag auf mündliche Verhandlung stellen können. 5

IV. Antrag auf mündliche Verhandlung

Die Beteiligten können die Durchführung einer **mündlichen Verhandlung durch** einen entsprechenden ausdrücklichen oder konkludenten **Antrag erzwingen** (§ 94a S. 2). Ein **konkludenter Antrag** ist in dem Antrag auf Erhebung eines (auch eines nicht erheblichen) Zeugenbeweises (BFH XI R 24/99, BStBl. II 2000, 32; VI B 111/00, BFH/NV 2003, 72; VIII B 15/10, BFH/NV 2011, 630; VI B 15/15, BeckRS 2015, 94880), in dem Antrag, zwei Streitsachen in einem Termin zu verhandeln (BFH VI R 16/98, BFH/NV 2001, 325), den Termin für die mündliche Verhandlung zu verlegen (BFH VI B 136/10, BFH/NV 2011, 813; VI B 147/10, BStBl. II 2011, 556), in der Erklärung, einer Entscheidung nach Aktenlage nicht zuzustimmen (BVerfG 2 BvR 977/16, NJW-RR 2017, 690) oder in der Erklärung eines Beteiligten zu sehen, Sachanträge in der mündlichen Verhandlung stellen oder konkretisieren zu wollen (BFH IX B 90/85, BStBl. II 1986, 679; I R 12/90, BStBl. II 1990, 986; VII R 34/00, BFH/NV 2001, 462; IX B 157/09, BFH/NV 2010, 920). Dasselbe gilt für die Erklärung, (zunächst) nicht auf mündliche Verhandlung verzichten zu wollen (BFH IX R 135/83, BStBl. II 1988, 141; VI R 100/90, BFH/NV 1992, 53; IX B 157/09, BFH/NV 2010, 920). – Ein **konkludenter Antrag** auf mündliche Verhandlung liegt aber **nicht** vor, wenn sich der Beteiligte auf die Frage, ob auf mündliche Verhandlung verzichtet werde, überhaupt nicht äußert (BFH II B 64/94, BFH/NV 1995, 705; XI R 24/99, BStBl. II 2000, 32). – Die Pflicht zur Durchführung der mündlichen Verhandlung besteht auch dann, wenn der Antragsteller in der Sache obsiegt. Denn die Gegenseite kann darauf vertrauen, dass der einseitige Antrag zur Anberaumung einer mündlichen Verhandlung führt (Thum NJW 2014, 3198 (3199); aA AG Bergen 23 C 222/13, BeckRS 2014, 18112). – Der Antrag kann zurückgenommen werden (Tipke/Kruse/Brandis § 94a Rn. 6; → § 90a Rn. 23). Er ist jedoch wirkungslos, wenn er gestellt wird, nachdem das FG abschließend entschieden hat (BFH IX B 157/09, BFH/NV 2010, 920; zum maßgeblichen Zeitpunkt → § 90 Rn. 22). 6

V. Verfahren nach billigem Ermessen

8 Die Entscheidung, nach § 94a zu verfahren, steht im **Ermessen** des (zuständigen) Senats bzw. Einzelrichters. Die Ermessensentscheidung hat sich am Zweck der Neuregelung (→ Rn. 1) und am Rechtsschutzinteresse der Beteiligten zu orientieren. Auch wenn die Voraussetzungen für eine Anwendung des § 94a gegeben sind, muss das Gericht **rechtliches Gehör** (§ 96 II) gewähren (BFH II R 111/81, BStBl. II 1983, 432) und gem. § 94a S. 3 Hs. 2 den **Untersuchungsgrundsatz** (§ 76) beachten (BFH IX R 101/90, BStBl. II 1994, 660 betr. unzulässige Ablehnung eines Beweisantrags). Die Rechtsfolge des § 94a besteht im Wesentlichen darin, dass das Gericht ohne mündliche Verhandlung entscheiden kann, ohne dass ein beiderseitiger Verzicht darauf vorliegt (vgl. HHS/Schallmoser § 94a Rn. 30 ff.). Werden die Belange der Beteiligten durch ein Verfahren nach § 94a voraussichtlich nicht gewahrt (etwa weil eine persönliche Anhörung eines Beteiligten als geboten erscheint), ist das Verfahren nach den allgemeinen Regeln durchzuführen.

9 Das Verfahren nach § 94a kommt auch in Betracht, wenn die Sache **grundsätzliche Bedeutung** hat (FG BBg 7 K 7310/10, EFG 2012, 2208, in der Revisionsentscheidung BFH VI R 56/12, BStBl. II 2014, 882 nicht angesprochen; FG BBg 7 K 7123/23, EFG 2024, 1357; → § 90a Rn. 5; aA Tipke/Kruse/Brandis § 94a Rn. 2; Gosch/Wendl § 94a Rn. 12; wohl auch HHS/Schallmoser Rn. 20; offen BFH VIII B 148/07, BFH/NV 2008, 1148; II B 145/10, BFH/NV 2011, 2109). Denn den Beteiligten bleibt es unbenommen, einen Antrag auf mündliche Verhandlung zu stellen. Auch für den beiderseitigen Verzicht nach § 90 II wird – soweit ersichtlich – nicht vertreten, dass davon in Fällen grundsätzlicher Bedeutung kein Gebrauch gemacht werden sollte.

10 Nach § 94a S. 3 Hs. 2 bleiben die Bestimmungen über den Gerichtsbescheid (§§ 79a II, IV, 90a) „unberührt". Diese Formulierung besagt nicht, dass gegen das Urteil mündliche Verhandlung beantragt werden könnte. Vielmehr wird zum Ausdruck gebracht, dass **nach einem Antrag auf mündliche Verhandlung** (→ Rn. 6) nicht zwingend mündlich verhandelt werden muss, sondern auch **durch Gerichtsbescheid entschieden werden kann** (Tipke/Kruse/Brandis § 94a Rn. 6; BFH VI B 180/82, BStBl. II 1983, 762 unter Berufung auf Gräber DStR 1981, 369 (371); Bilsdorfer BB 1993, 109 (115)).

11 Für das nach § 94a ergangene Urteil (§ 94a S. 3) gelten hinsichtlich **Form, Inhalt** und **Zustellung** (→ § 90 Rn. 23) keine Besonderheiten. § 105 V ist anwendbar (krit. Tipke/Kruse/Brandis § 94a Rn. 1). Zu den **kostenrechtlichen Auswirkungen** → § 90a Rn. 13; Gosch/Wendl § 94a Rn. 21.

VI. Rechtsmittel

13 **Rechtsmittel** können nach Maßgabe der allgemeinen Vorschriften (NZB, Revision) eingelegt werden. Hat das Gericht ohne mündliche Verhandlung entschieden, obwohl mündliche Verhandlung beantragt worden war (→ Rn. 6), liegt ein Verfahrensfehler iSd **§ 119 Nr. 3** (Verletzung des Anspruchs auf rechtliches Gehör; BFH X B 237/94, BFH/NV 1995, 1062 (1063); II R 25/00, BFH/NV 2001, 1575 aE; VIII B 15/10, BFH/NV 2011, 630; VI B 136/10, BFH/NV 2011, 813) und gleichzeitig ein Verfahrensmangel iSd **§ 119 Nr. 4** vor, weil die Beteiligten nicht wirksam vertreten waren (zB BFH VI R 16/98, BFH/NV 2001, 325 aE; II R 25/00, BFH/NV 2001, 1575 aE; VI B 136/10, BFH/NV 2011, 813).

Abschnitt IV. Urteile und andere Entscheidungen

§ 95 [Urteil]

Über die Klage wird, soweit nichts anderes bestimmt ist, durch Urteil entschieden.

Vgl. § 107 VwGO, § 125 SGG, § 300 ZPO.

Literatur: Braun, Zur Anfechtung von Scheinurteilen, JZ 1996, 979; Eisenberg, Urteile und andere Entscheidungen der Finanzgerichte nach der FGO, BB 1966, 400; Völker, Kein Anerkenntnisurteil im finanzgerichtlichen Verfahren, DStZ (A) 1992, 207; Wenzel, Die Bindung des Richters an Gesetz und Recht, NJW 2008, 345.

§ 95 legt fest, dass über **Klagen** grds. durch Urteil zu entscheiden ist. Die Norm trifft damit eine Regelung zur Form der Entscheidung und nicht dazu, dass überhaupt eine Entscheidung über die erhobene Klage zu treffen ist (dazu auch BFH VII B 107/15, BFH/NV 2017, 145). Dies folgt bereits aus dem verfassungsrechtlich verankerten Justizgewährungsanspruch (→ Vor § 76 Rn. 7 ff.). Anders als § 300 I ZPO bestimmt § 95 nicht, dass das Urteil zu erlassen ist, sobald das Verfahren zur Entscheidung reif ist (aber → § 155 Rn. 40 ff.). 1

Für **andere Verfahren,** wie zB Antragsverfahren nach §§ 69, 114, 142, gilt die Regelung nicht (s. dazu § 113 Entscheidung durch Beschluss; zu weiteren unselbständigen gerichtlichen Entscheidungen in Form von Anordnungen oder Verfügungen s. §§ 76 II, 79 I, 128 II; zur Anfechtung von Entscheidungen bei falscher Bezeichnung → Vor § 115 Rn. 90). Für die Entscheidung über die Revision gilt § 126.

Ausnahmeregelungen zu § 95 sehen folgende Vorschriften vor: § 90a: Entscheidung durch Gerichtsbescheid, § 72 II 2: Entscheidung durch Einstellungsbeschluss bei Klagerücknahme, § 138 I: Entscheidung durch Kostenbeschluss bei Erledigung des Rechtsstreits in der Hauptsache. Trotz des Ausnahmecharakters dieser Entscheidungsformen lässt sich aus § 95 nicht ableiten, dass über die Klage vorrangig durch Urteil und nur im Ausnahmefall durch Gerichtsbescheid zu entscheiden ist (HHS/Rauda § 95 Rn. 2). 2

Das **Urteil unterscheidet sich vom Beschluss** durch die äußere Form (vgl. § 105 einerseits, § 113 andererseits), ferner dadurch, dass es idR auf Grund einer mündlichen Verhandlung (§ 90 I 1 und II) sowie in anderer Besetzung ergeht (§ 5 III). Außerdem sind Anfechtbarkeit (§§ 115, 128) und Rechtskraft (vgl. § 110 einerseits und zB § 69 VI 1 andererseits) unterschiedlich ausgestaltet. 3

Für den **Steuerprozess** (zu den Abweichungen im Verwaltungsprozess vgl. Kopp/Schenke/Schenke VwGO § 107 Rn. 5; sowie im Zivilprozess Zöller/Feskorn ZPO Vor § 300 Rn. 5 ff.) sind folgende **Urteilsarten** zu unterscheiden: 4

- **Gestaltungs-, Leistungs- und Feststellungsurteile:** Gestaltungsurteile bewirken eine Rechtsänderung, so zB bei Stattgabe einer Anfechtungsklage (BFH IV R 38/07, BStBl. II 2010, 60); Leistungsurteile verurteilen im Rahmen einer Verpflichtungsklage zum Erlass eines VA oder einer Leistung (BFH III R 88/09, BFH/NV 2011, 1326 Rn. 13); Feststellungsurteile stellen das Bestehen oder Nichtbestehen eines Rechtsverhältnisses oder die Nichtigkeit eines VA fest.

- **Sachurteile und Prozessurteile:** Sachurteile entscheiden in der Sache selbst (zB darüber, ob oder inwieweit ein VA rechtswidrig ist und den Kläger in seinen Rechten verletzt); Prozessurteile beenden das Verfahren ohne Sachprüfung und Sachentscheidung allein aus prozessualen Gründen, so zB klageabweisend dann, wenn eine positive Sachentscheidungsvoraussetzung nicht vorliegt oder eine negative Sachentscheidungsvoraussetzung gegeben ist (BFH II B 153/02, BFH/NV 2002, 965; → Vor § 33 Rn. 3 ff.; zur Rechtskraftwirkung → § 110 Rn. 45 ff.).
- **End- und Zwischenurteile:** Endurteile beenden den Prozess für die jeweilige Instanz; Zwischenurteile entscheiden nur über einzelne Streitfragen, ohne das Verfahren zu beenden. Sie können rein prozessuale Fragen betreffen (vgl. § 97), ebenso aber auch einzelne Sachfragen (§ 99). Ein Zwischenurteil besonderer Art ist das **Vorbehaltsurteil** als Urteil unter dem Vorbehalt einer Entscheidung über eine Aufrechnung (§ 302 ZPO). Da § 6 II das Vorbehaltsurteil ausdrücklich nennt, ist es im finanzgerichtlichen Verfahren zulässig (Tipke/Kruse/Brandis § 95 Rn. 6; HHS/Rauda § 95 Rn. 50; einschränkend SPK/Fu § 95 Rn. 3: nur bei allg. Leistungsklage zulässig).
- **Voll- und Teilurteile:** Vollurteile befinden über den gesamten Streitstoff; Teilurteile (§ 98) nur über einen Teil des Streitgegenstandes (BFH IV R 24/07, BFH/NV 2010, 1491). Auch Teilurteile sind Endurteile; einem Teilurteil muss hinsichtlich des verbliebenen Teils ein Schlussurteil folgen (BFH IX R 18/00, BFH/NV 2003, 749).

5 **Verzichts- und Anerkenntnisurteile** (§§ 306, 307 ZPO) sind im finanzgerichtlichen Verfahren **unzulässig.** Die FGO sieht diese Entscheidungsformen nicht vor, wie sich dies aus § 79a I Nr. 2 im Vergleich zu § 87a I Nr. 2 VwGO ergibt (glA Tipke/Kruse/Brandis § 95 Rn. 6; aA HHS/Rauda § 95 Rn. 52 ff. mwN; zum Anerkenntnisurteil → § 76 Rn. 5). Gleiches gilt für **Versäumnisurteile** (§§ 330 ff. ZPO), weil diese mit dem Untersuchungsgrundsatz des § 76 nicht vereinbar sind (BFH VII B 50/06, BFH/NV 2007, 946; Tipke/Kruse/Brandis § 95 Rn. 5). Auch eine Prozessbeendigung durch **Vergleich** sieht die FGO (anders § 106 VwGO) nicht vor, was eine Verständigung im Tatsächlichen aber nicht ausschließt (→ § 76 Rn. 4 mwN).

6 Ist ein **Urteil fehlerhaft,** so entfaltet es nach Eintritt der **Rechtskraft** (§ 110) gleichwohl volle Wirksamkeit (→ § 110 Rn. 10 ff.). Ausnahmsweise können besonders schwerwiegende Mängel gem. § 134 FGO iVm §§ 578 ff. ZPO zur Wiederaufnahme des Verfahrens führen.

7 **Nicht- oder Scheinurteile** sind hingegen unwirksam. Dazu gehören solche Urteile, die nicht einmal den äußeren Tatbestand eines Gerichtsurteils aufweisen. Das ist der Fall, wenn das Urteil nicht von einem Gericht erlassen worden ist (zB bei Fälschung, Erlass durch Urkundsbeamten oder Referendar, nicht aber bei Erlass durch unzuständigen Richter), versehentlich ein Urteilsentwurf (Votum) bekannt gegeben wird (BFH III B 191/09, BFH/NV 2011, 440 betr. Beschluss), es an einer ordnungsgemäßen Bekanntgabe iSv § 104 fehlt oder kein Entscheidungstenor vorhanden ist (vgl. insgesamt HHS/Rauda § 95 Rn. 67 mwN).

8 **Nichtige Urteile** entfalten ebenfalls keine Wirksamkeit. Sie leiden an besonders schweren Verfahrensmängeln (HHS/Rauda § 95 Rn. 64). Das ist zB der Fall, wenn ein Urteil ggü. Nichtbeteiligten ergeht, über einen nicht mehr existierenden VA oder eine nicht mehr anhängige Klage entscheidet (etwa nach Rücknahme) oder wenn der Tenor nicht eindeutig ist (BFH V R 60/98, BFH/NV 1999, 1521; vgl. insgesamt auch Tipke/Kruse/Brandis § 95 Rn. 3; HHS/Rauda § 95 Rn. 64 mwN).

Da Nicht- und Scheinurteile sowie nichtige Urteile einen **Rechtsschein** erzeugen können, sind sie unter diesem Gesichtspunkt mit dem eigentlich gegebenen Rechtsmittel angreifbar (BFH III B 191/09, BFH/NV 2011, 440, Rn. 12 zum Nichtbeschluss; sowie BFH V R 60/98, BFH/NV 1999, 1521 zum nichtigen Urteil; zu den Einzelheiten Kopp/Schenke/Schenke VwGO Vor § 124 Rn. 20; BVerfG 2 BvR 498/84, NJW 1985, 788). Es kann auch Klage auf Feststellung der Nichtigkeit erhoben werden (glA HHS/Rauda § 95 Rn. 63 für nichtige Urteile). 9

§ 96 [Freie Beweiswürdigung, notwendiger Inhalt des Urteils]

(1) [1]**Das Gericht entscheidet nach seiner freien, aus dem Gesamtergebnis des Verfahrens gewonnenen Überzeugung; die §§ 158, 160, 162 der Abgabenordnung gelten sinngemäß.** [2]**Das Gericht darf über das Klagebegehren nicht hinausgehen, ist aber an die Fassung der Anträge nicht gebunden.** [3]**In dem Urteil sind die Gründe anzugeben, die für die richterliche Überzeugung leitend gewesen sind.**

(2) **Das Urteil darf nur auf Tatsachen und Beweisergebnisse gestützt werden, zu denen die Beteiligten sich äußern konnten.**

Vgl. § 88, § 108 VwGO; §§ 123, 128 SGG; § 286 ZPO; § 261 StPO.

Literatur: I. Zur Überzeugungsbildung und Beweiswürdigung

Anzinger, Anscheinsbeweis und tatsächliche Vermutung im Ertragsteuerrecht, Habil. 2006; Bilsdorfer, Steuerstrafrecht – (auch) ein Thema im Steuerprozess?, DStR 2022, 1840; Birkenfeld, Beweis und Beweiswürdigung im Steuerrecht, Kölner Diss. 1973; Bornheim, Nachweis der Steuerhinterziehung mittels Schätzung, AO-StB 2004, 138; Buse, „In dubio pro reo" und der BFH, AO-StB 2007, 109; Englisch, Bindende tatsächliche und rechtliche Verständigungen zwischen Finanzamt und Steuerpflichtigem, Bonner Diss. 2004; Folkmann, Auswirkungen der Unschuldsvermutung auf außerstrafrechtliche Folgeverfahren in Fällen des Freispruchs aus Mangel an Beweisen, GVRZ 2021, 8; Gersch, Der Beweisantrag im Finanzgerichtsprozess, AO-StB 2007, 273; Grube, Zur Bedeutung der Akten im Finanzprozess, DStZ 2014, 381; Grube, Zum übergangenen Beweisantrag und zur gerichtlichen Hinweispflicht im Steuerprozess, DStZ 2013, 591; Grube, Neue Grundsätze zur richterlichen Hinweispflicht auch im Steuerprozess? DStZ 2015, 36; Hyckel, Über die Relativität der Wahrheit im Prozess, RW 2021, 222; Kanzler, „Vermeidung von Beweisaufnahmen?", NWB 2013, 409; Krause, Besonderheiten der Beweislast bei der Feststellung von Steuerdelikten im finanzgerichtlichen Verfahren, DStR 1998, 553; Osterloh, Gesetzesbindung und Typisierungsspielräume bei der Anwendung der Steuergesetze, 1992; Pahlke, Typusbegriff und Typisierung, DStR-Beih. 2011, 66; Scherer, Das Beweismaß bei der Glaubhaftmachung, 1996; Schneider, Beweis und Beweiswürdigung, 5. Aufl. 1994; Schwarz/Frey/Wichmann, Verwertbarkeit von Internetrecherchen, Presseartikeln und Dritten – Waffengleichheit und Beweiswert im Steuerverfahren, DStR 2024, 2104; Spindler, Zur Bedeutung der Indizien in der jüngeren Rechtsprechung des Bundesfinanzhofs, StbJb 2002/2003, 61; Strahl, Die typisierende Betrachtungsweise im Steuerrecht, Kölner Diss. 1996; Völlmeke, Überlegungen zur tatsächlichen Vermutung und zum Anscheinsbeweis im finanzgerichtlichen Verfahren, DStR 1996, 1070; Vogel, Zur Bindung der Steuergerichte an Bewertungs- und Pauschalisierungsrichtlinien, StuW 1991, 254; Volk, Zur Schätzung im Steuerstrafrecht, FS Kohlmann, 2003, 579; Weber, Wahrscheinlichkeiten in der AO und FGO, StBp 2021, 108.

II. Zur Beweislast

Grune, Beweislastverteilung beim Vorsteuerabzug AktStR 2012, 591; Herter, Beweislast und Beweiswürdigung im Besteuerungsverfahren, DB 1985, 1311; Hey, Beweislast und Vermutungen im deutschen internationalen Steuerrecht, 1992; Klein, Die Auswirkungen der unterschiedlichen Beweislast im Steuerrecht und im Strafrecht, 1989; Kottke, Beweislast im Besteuerungsverfahren und im Steuerprozess, Inf 1993, 462; Krüger, Beweiswürdigung, Beweislast und Beweismaß im Rahmen von Amtsermittlung und Mitwirkungspflicht, DStZ 2017, 761; Reinhardt, Die Umkehr der Beweislast aus verfassungsrechtlicher Sicht, NJW 1994, 93; Schlemmer-Schulte, Beweislast und Grundgesetz, 1997; Schmidt, Die Problematik der objektiven Beweislast im Steuerrecht, Würzburger Diss., 1998; Tenbrock, Die Verteilung der objektiven Beweislast im Steuerrecht, Frankfurter Diss., 1997; Tipke, In dubio pro fisco?, StKongRep 1967, 39; Weber-Grellet, „In dubio pro quo?“, Zur Beweislast im Steuerrecht, StuW 1981, 48; Zapf, Beweislast und Beweisführungslast im Steuerrecht, Würzburger Diss., 1976.

Übersicht

	Rn.
I. Überblick, Begriffe	1
II. Tatsachenfeststellung	15
1. Entscheidung über Tatsachen (Abs. 1 S. 1)	15
a) Anwendungsbereich	15
b) Vollständigkeitsgebot	20
c) Gesamtergebnis des Verfahrens	30
aa) Allgemeines	30
bb) Abgrenzung zur Sachaufklärungspflicht	34
cc) In das Verfahren eingeführte tatsächliche Behauptungen	38
dd) Rechtliche Beschränkungen, Überblick	43
ee) Bindung an das Klagebegehren (Abs. 1 S. 2)	45
ff) Anspruch auf rechtliches Gehör (Abs. 2)	54
gg) Entscheidungserheblichkeit	56
hh) Weitere gesetzliche Beschränkungen	60
ii) Kein Verwertungsverbot	64
d) Überzeugung, Beweismaß	80
aa) Überzeugungsgrundsatz	80
bb) Regelbeweismaß	82
cc) Verringerung des Beweismaßes	86
dd) In dubio pro reo	95
ee) Rechtsfolgen	99
e) Freie Würdigung, Methodik der Tatsachenfeststellung	100
aa) Gesetzliche Beweisregeln	102
bb) Anforderungen an die freie Beweiswürdigung	126
cc) Methodik der Beweisführung	140
dd) Einzelheiten der Beweiswürdigung	165
2. Begründungspflicht (Abs. 1 S. 3)	175
3. Entscheidung nach Beweislast	180
III. Äußerungsrecht der Beteiligten (Abs. 2)	190

I. Überblick, Begriffe

1 Die Vorschrift regelt und beschreibt (nur) die abschließende **Tatsachenfeststellung** durch das Gericht; die rechtliche Überzeugungsbildung ist in § 96 nicht angesprochen. Nach dem einfachen juristischen Subsumtionsmodell erfordert die Rechtsanwendung mindestens einen normativen Obersatz und einen **empirischen Untersatz.** Mit Hilfe einer Schlussregel ergibt sich daraus die für den

Einzelfall verbindliche Rechtsfolge. § 96 betrifft in diesem Modell den letzten Teilakt des Zustandekommens des empirischen Untersatzes. Die gem. § 96 festgestellten Tatsachen (§ 118 II: „getroffenen tatsächlichen Feststellungen") bilden den **Sachverhalt,** der unter das G zu subsumieren ist.

Wahrheit. Der Sachverhalt, den das Gericht seiner Entscheidung zugrunde legt, muss dem **Fall** entsprechen, den es zu entscheiden hat; dh die Sätze, mit denen das Gericht die den Fall bildenden Tatsachen (Sachverhalt) abschließend beschreibt, müssen **wahr** sein. Die für den Zivilprozess geltende Parallelvorschrift (§ 286 I 1 ZPO) bringt dies auf den Punkt: „Das Gericht hat […] zu entscheiden, ob eine tatsächliche Behauptung für wahr oder für nicht wahr zu erachten sei." Das Prozessrecht spricht deshalb vom **Beweis.** Nicht Tatsachen werden bewiesen, sondern der Behauptende muss den Nachweis führen, dass seine Behauptung wahr ist. Das Gericht entscheidet darüber, ob der Beweis erbracht ist. Im Amtsermittlungsverfahren ist es Aufgabe des Gerichts, den Beweis zu führen und zu entscheiden, ob er erbracht worden ist (→ Rn. 180). 2

Dieser Entscheidung geht das der **Erforschung des Sachverhalts** (§ 76 I 1) dienende Verfahren voraus (Dispositionsmaxime, Amtsermittlungsgrundsatz, Mitwirkungspflichten, evtl. förmliches Beweisverfahren). Besteht nach dessen Abschluss (idR nach Schluss der mündlichen Verhandlung) noch keine Klarheit über die tatsächlichen Grundlagen der Entscheidung („Streitstand"; § 105 III 1; → § 105 Rn. 51), muss das Gericht insofern eine **Entscheidung** treffen („Das Gericht entscheidet […]"). § 96 gibt vor, wie das Gericht zu dieser Entscheidung kommen soll und was es dabei zu beachten hat. Eine förmliche Beweisaufnahme muss nicht stattgefunden haben. Die „Beweiswürdigung" iSd § 96 betrifft allg. die **Feststellung von Tatsachen** und nicht nur die Würdigung der Ergebnisse einer förmlichen Beweisaufnahme. 3

Anders als im Zivilprozess muss das Gericht im finanzgerichtlichen Verfahren grds. auch für **unstreitige oder zugestandene Tatsachen** nach § 96 entscheiden und begründen, ob und weshalb es sie für wahr erachtet, denn eine Bindung des Gerichts an nicht bestrittene (§ 138 III ZPO) oder ausdrücklich zugestandene Tatsachen (§ 288 ZPO) existiert im Geltungsbereich des Amtsermittlungsgrundsatzes nicht (→ Rn. 120; → § 81 Rn. 3). 4

§ 96 enthält sowohl rechtliche als auch deskriptive Elemente. **Rechtsqualität** haben zB der Vollständigkeitsgrundsatz („Gesamtergebnis") und der Überzeugungsgrundsatz („Überzeugung" oder ausnahmsweise geringeres Beweismaß). Zu den rechtlichen Vorgaben gehören auch die den Tatsachenstoff begrenzenden Grundsätze der Bindung an das Klagebegehren (Abs. 1 S. 2) und der Grundsatz des rechtlichen Gehörs (Abs. 2) sowie die spezielle, nur die tatsächlichen Feststellungen betreffende Begründungspflicht (Abs. 1 S. 3). Diese Rechtssätze gehören zum **Verfahrensrecht;** Verstöße gegen sie können deshalb als Verfahrensmängel gerügt werden (§ 115 I Nr. 3, § 119; § 120 III Nr. 2b). 5

Den Kern der Vorschrift bildet der **Grundsatz der freien Beweiswürdigung.** „Frei" bedeutet, dass das Gericht bei der Tatsachenwürdigung an rechtliche Regeln grds. nicht gebunden ist (vgl. § 286 II ZPO). Der Grundsatz der freien Beweiswürdigung hat als solcher allerdings Rechtsqualität. Hält sich das Gericht zu Unrecht an eine rechtliche Beweisregel gebunden, liegt ein Verfahrensfehler vor, denn das G verlangt eine freie Würdigung und dieser Grundsatz betrifft das Verfahren der Überzeugungsbildung (→ Rn. 104). 6

„Frei" bedeutet nicht die Freiheit von jeglicher Bindung. Dass die Würdigung **nicht willkürlich** sein darf, versteht sich im Rechtsstaat (Art. 20 III GG) von 7 selbst. Eine darüber hinausgehende, wenn auch mittelbare (rechtliche) Bindung ergibt sich aus der in § 96 I 3 angeordneten speziellen **Begründungspflicht.** Sie hat den Zweck, die Entscheidung des Gerichts über die tatsächlichen Urteilsgrundlagen verständlich und nachprüfbar zu machen. Die tatsächliche Würdigung des Gerichts muss **nachvollziehbar** und verallgemeinerbar, dh **zustimmungsfähig** sein. Eine bloß innere, aber nicht verbalisierbare oder eine nicht allg. zustimmungsfähige Überzeugung des Richters genügt nicht (→ Rn. 126).

8 **Rationale Begründungen** folgen, auch wenn es nicht um Rechtsfolgen, sondern um tatsächliche Zusammenhänge geht, idR dem **Wenn-Dann-Schema.** Gründe anzugeben bedeutet, die Bedingungen zu nennen, unter denen die Schlussfolgerung für gerechtfertigt gehalten wird. Soll auf die Wahrheit einer tatsächlichen Behauptung geschlossen werden, müssen nach diesem Verständnis (andere) Tatsachen (tatsächliche Anhaltspunkte) und eine **Schlussregel** angegeben werden, aus denen sich der Schluss ergeben soll (→ Rn. 128–130).

9 Die Freiheit der Beweiswürdigung besteht va darin, dass als **Schlussregeln** im Bereich der Tatsachenfeststellung sog. Erfahrungssätze zur Anwendung kommen, die keinen Rechtscharakter haben, sondern auf der **allg. Lebenserfahrung** beruhen. Nur solches Erfahrungswissen ermöglicht eine hinreichend sichere Orientierung in einer potentiell unendlich komplexen Welt und erlaubt eine zeitnahe Entscheidung ohne aufwendige empirische Untersuchungen. **Erfahrungssätze** sind deshalb unverzichtbar, um in angemessener Zeit zu einer hinreichend sicheren tatsächlichen Überzeugung zu gelangen. Ihr Überzeugungsgrad ist allerdings sehr unterschiedlich. Sie reichen vom bloßen Vorurteil bis zu den als unwiderleglich geltenden Naturgesetzen und den nicht hintergehbaren logischen Schlussregeln (sog. **Denkgesetze;** → Rn. 131 ff.).

10 Der Einsatz von Erfahrungssätzen lässt sich auch bei der tatsächlichen Überzeugungsbildung des Richters kaum noch als Rechtsanwendung bezeichnen. Die Regeln, nach denen insofern überzeugend geschlossen und argumentiert werden kann, können eher als anerkannte **Methoden der Beweisführung** bezeichnet werden (zB Indizienbeweis, Anscheinsbeweis; → Rn. 140 ff.). Ihre grundsätzliche Anerkennung ist zwar Rechtsfrage, denn sie müssen in einer konkreten Situation prinzipiell geeignet sein, dem Richter das rechtlich erforderliche Maß an Überzeugung zu vermitteln (Überzeugungsgrundsatz). Ob aber die zulässigerweise gewählte und richtig angewandte Beweismethode dem Tatrichter im Einzelfall auch die erforderliche Überzeugung vermittelt, ist keine Rechtsfrage. Die **Grenzen zur Rechtsanwendung** sind indes, trotz aller Bemühung um begriffliche Klarheit, nicht immer eindeutig zu erkennen. Entsprechende Unsicherheit (rechtlich wie tatsächlich) besteht deshalb in der Frage, inwieweit die nicht rechtlichen Schlussregeln, ihr Gebrauch und die Ergebnisse ihrer Anwendung der revisionsrechtlichen Kontrolle unterliegen.

11 **Non liquet.** Kann sich das Gericht trotz aller Bemühung die erforderliche Überzeugung vom Vorliegen einer entscheidungserheblichen Tatsache nicht bilden, darf es gleichwohl die Entscheidung nicht verweigern. Es muss dann, aber auch nur dann **(ultima ratio)** gem. den rechtlichen Regeln über die Verteilung der **Feststellungslast** (objektive Beweislast) entscheiden, welcher Beteiligte die Folgen der Unaufklärbarkeit des Sachverhalts zu tragen hat (→ Rn. 180 ff.).

12 **Wechselwirkung.** Entscheidungen auf der Grundlage der Feststellungslast verletzen häufig das Gerechtigkeitsempfinden, weil die Beweisnot strukturell bedingt oder unverschuldet sein kann. Dieser Befund beeinflusst die Anforderungen an die tatsächliche Überzeugungsbildung. Die Rspr. sollte sich dessen bewusst sein.

Soll eine Entscheidung nach Feststellungslast vermieden werden, kann das Beweismaß reduziert oder die Beweislast umgekehrt werden. Beides erfordert jedoch eine rechtliche Begründung (→ Rn. 86, 182). Keiner rechtlichen Begründung bedarf dagegen die Annahme einer tatsächlichen Schlussregel, die in der konkreten Situation die sonst nicht mögliche Tatsachenfeststellung (zumindest prima facie) erlaubt. Eine solche Regel muss aber zustimmungsfähig sein; dh sie muss einer allg. Lebenserfahrung entsprechen (→ Rn. 136). Dies lässt sich jenseits der **Evidenz** kaum jemals begründen. Beim Auffinden neuer Erfahrungssätze ist deshalb Zurückhaltung geboten.

II. Tatsachenfeststellung

1. Entscheidung über Tatsachen (Abs. 1 S. 1)

a) Anwendungsbereich. § 96 steht im Abschnitt IV über „Urteile und andere Entscheidungen“ und ist deshalb unmittelbar anwendbar auf alle Entscheidungen der FG (auch des BFH im Verfahren nach § 155 S. 2), in denen das Gericht durch **Urteil** (§§ 95, 97–99) oder **Gerichtsbescheid** (§ 79a II–IV, § 90a) über die Klage entscheidet (§ 95). § 106 (Gerichtsbescheide) verweist zwar nur auf § 104 und § 105, schließt jedoch die Anwendung von § 96 nicht aus. Im Revisionsverfahren entscheidet der BFH nicht über die Klage, sondern über die Revision. § 96 ist hier jedoch entsprechend anwendbar (§ 121 S. 1). Für **Beschlüsse** verweist § 113 I nur auf § 96 I 1, 2, nicht aber auf § 96 I 3, denn für die Begründung von Beschlüssen enthält das G in § 113 II eine speziellere Vorschrift. 15

Als **Generalnorm** für die abschließende Feststellung der tatsächlichen Grundlagen der Entscheidung ist § 96 immer dann zu beachten, wenn das Gericht Tatsachen festzustellen, dh über die Wahrheit tatsächlicher Behauptungen zu entscheiden hat. Vor dem BFH ist das insbes. im Verfahren der NZB und der Revision ua hinsichtlich der tatsächlichen Voraussetzungen eines Verfahrensmangels der Fall, die der BFH von Amts wegen (BFH IV R 79/05, BStBl. II 2009, 15) oder aufgrund einer ordnungsgemäßen Rüge festzustellen hat (BFH IV R 45/09, BStBl. II 2013, 123) sowie hinsichtlich der in jeder Lage des Verfahrens von Amts wegen zu beachtenden Sachurteilsvoraussetzungen (→ § 118 Rn. 43 ff.). 16

Reichweite. Das FG muss die entscheidungserheblichen Tatsachen grds. für jeden **Streitgegenstand** gesondert und insbes. für jeden **Veranlagungszeitraum** erneut feststellen, auch wenn es sich um sog. Dauersachverhalte handelt (BFH VIII B 92/11, BFH/NV 2013, 1448; VIII R 11/11, BStBl. II 2013, 117 zur abschnittsbezogenen Sachverhaltswürdigung durch das FA). Auch tatsächliche Feststellungen in einem **Parallelverfahren** darf das FG nicht ungeprüft zugrunde legen, selbst wenn es sich um denselben Sachverhalt handelt (BFH I R 83/12, BFH/NV 2015, 211). 17

Freibeweisverfahren. § 96 enthält allg. Grundsätze für die abschließende, tatsächliche Überzeugungsbildung des Gerichts. Die Frage, ob das Gericht bei der Ermittlung des Sachverhalts, die der Überzeugungsbildung vorausgeht, eine förmliche Beweisaufnahme durchführen muss oder an die gesetzlichen Beweisvorschriften nicht gebunden ist, betrifft nicht die abschließende tatsächliche Überzeugungsbildung und beeinflusst deshalb die Anwendung von § 96 nicht. 18

20 **b) Vollständigkeitsgebot.** § 96 I 1 verpflichtet das Gericht, seine Überzeugung über die tatsächlichen Grundlagen des Urteils aus dem **Gesamtergebnis** des Verfahrens zu gewinnen. Das bedeutet zweierlei. Unabhängig davon, was zum Gesamtergebnis des Verfahrens gehört (→ Rn. 30 ff.), ergibt sich daraus für das Gericht erstens das **Gebot,** das Gesamtergebnis des Verfahrens **quantitativ vollständig** zu berücksichtigen. Das Gericht muss sämtliche zum Gesamtergebnis des Verfahrens gehörenden tatsächlichen Umstände berücksichtigen (BFH X B 213/09, BFH/NV 2011, 268). Es darf insbes. nicht einzelne Umstände ausblenden oder übergehen (BFH III R 27/17, BStBl. II 2019, 16; V B 72/18, BFH/NV 2019, 202: ergiebige Zeugenaussage); erst recht darf es sich seine Überzeugung nicht ohne jede tatsächliche Grundlage bilden (BFH XI B 17/11, BFH/NV 2012, 818; HHS/Lange § 96 Rn. 39). Zum anderen ergibt sich daraus zweitens das **Verbot,** andere als die zum Gesamtergebnis des Verfahrens gehörenden tatsächlichen Umstände bei der Überzeugungsbildung zu berücksichtigen. Tatsachen und Beweisergebnisse, die aus Rechtsgründen nicht zum Gesamtergebnis des Verfahrens gehören, müssen unberücksichtigt bleiben (BFH X R 33/11, BFH/NV 2014, 693; VIII B 23/18, BFH/NV 2019, 402). Teilweise hat das Gericht ein Ermessen, welche Umstände es unberücksichtigt lässt (Präklusion).

21 Das **Gebot,** das Gesamtergebnis des Verfahrens quantitativ vollständig zu berücksichtigen, ist eine Ausprägung des **Anspruchs auf rechtliches Gehör** (Art. 103 I GG). Das Grundgesetz verlangt insofern, dass die Gerichte das (tatsächliche) Vorbringen der Beteiligten vollständig **zur Kenntnis nehmen** und bei der Entscheidung **in Erwägung ziehen** (zB BVerfG 1 BvR 670/91, BVerfGE 105, 279; sog. **Beachtungspflicht;** zB auch BFH III B 55/12, BFH/NV 2014, 575). § 96 I 1 geht insofern über die verfassungsrechtliche Gewährleistung nicht hinaus.

22 Das **Verbot,** tatsächliche Umstände bei der Überzeugungsbildung zu berücksichtigen, die nicht zum Gesamtergebnis des Verfahrens gehören, hat unterschiedliche Wurzeln. Aus der Nichtgewährung rechtlichen Gehörs ergibt sich ein **striktes Verwertungsverbot** (Abs. 2). Die Gründe, aus denen tatsächliche Umstände nicht zum Gesamtergebnis des Verfahrens gehören, können jedoch vielfältig sein (→ Rn. 38 ff.).

23 Die **„qualitativ einwandfreie"** Berücksichtigung des gesamten Prozessstoffs ist nicht geboten. Wie das Gericht das Gesamtergebnis des Verfahrens würdigt, unterliegt prinzipiell seiner freien Einschätzung (→ Rn. 100 ff.). Die Qualität der Überzeugungsbildung ist insofern nur eingeschränkt überprüfbar. Soweit die Rspr. die (quantitativ) vollständige und (qualitativ) einwandfreie Berücksichtigung des gesamten Prozessstoffs häufig in einem Atemzug nennt (zB BFH V B 41/08, BFH/NV 2009, 402; VI B 138/11, BFH/NV 2012, 970; III B 122/12, BFH/NV 2013, 1798), trägt diese Formulierung wegen ihrer überschießenden Tendenz nicht zur Klarheit bei.

24 Das Gericht muss das Gesamtergebnis des Verfahrens allerdings so nehmen, wie es ist. Es muss das Vorbringen der Prozessbeteiligten **zutreffend erfassen** (BFH IX B 1/13, BFH/NV 2013, 1624; IV B 107/12, BFH/NV 2013, 1928). Es darf dem schriftlichen oder protokollierten Vorbringen der Beteiligten nicht einen Sinn beimessen, den dieses nicht hat (zB BFH X B 56/01, BFH/NV 2002, 947; XI B 115/00, BFH/NV 2003, 490). Der zugrunde gelegte Sachverhalt muss dem schriftlich festgehaltenen Vorbringen der Beteiligten entsprechen (BFH V B 145/16, BFH/NV 2018, 636). Das Gericht muss entscheidende Gesichtspunkte ihrer Bedeutung entsprechend berücksichtigen (BFH VI R 77/12, BStBl. II 2015, 903; VI R 67/14, BStBl. II 2017, 69). Die Entscheidung des Gerichts darf nicht auf

einer Zeugenaussage beruhen, die mit den protokollierten Bekundungen des Zeugen nicht in Einklang steht (BFH X B 176/06, BFH/NV 2007, 1698; X B 151/10, BFH/NV 2011, 1156; BFH II B 30/18, BStBl. II 2019, 620). Es darf seiner Entscheidung nicht einen „falschen" Sachverhalt zugrunde legen (BFH X B 224/10, BFH/NV 2012, 212) oder den Sachverhalt lediglich unterstellen (BFH XI B 17/19, BFH/NV 2019, 1351). Es darf nicht von einer strafgerichtlichen Verurteilung ausgehen, die sich aus dem herangezogenen Urteil des Landgerichts so nicht ergibt (BFH VI B 146/10, BFH/NV 2011, 1530). Es darf nicht von der Abtretbarkeit einer Forderung ausgehen, wenn sich aus den Akten ein Abtretungsverbot ergibt (BFH V B 78/18, BFH/NV 2020, 1091). Verstößt das Gericht dagegen, kann dies im Einzelfall gleichbedeutend mit der Nichtberücksichtigung sein. Ob das FG den Sinn einer schriftlichen oder schriftlich protokollierten Äußerung zutreffend erfasst hat, hat der BFH ohne Bindung an die Entscheidung des FG in vollem Umfang selbst zu prüfen. Erstellt das Gericht vor der mündlichen Verhandlung einen **schriftlichen Urteilsentwurf,** liegt darin regelmäßig keine Verletzung des rechtlichen Gehörs (BFH X B 4/06, BFH/NV 2006, 1867; VII B 32/14, BFH/NV 2014, 1894).

Rechtsfolge. Verstößt das Gericht gegen das Gebot, indem es zB das Gesamtergebnis des Verfahrens bei seiner Überzeugungsbildung nicht ausschöpft, liegt darin ein **Verfahrensmangel** (stRspr, zB BFH VI B 138/11, BFH/NV 2012, 970; X R 33/11, BFH/NV 2014, 693; V B 87/14, BeckRS 2015, 94475). Zum „Verstoß gegen den klaren Inhalt der Akten" → § 115 Rn. 310. Dasselbe (Verfahrensmangel) gilt auch im umgekehrten Fall, wenn das Gericht bei seiner Überzeugungsbildung Tatsachen oder Beweisergebnisse berücksichtigt, die (aus tatsächlichen oder rechtlichen Gründen) nicht zum Gesamtergebnis des Verfahrens gehören. Das kann auch der Fall sein, wenn das FG von einem Sachverhalt ausgeht, der nicht durch ausreichende tatsächliche Feststellungen getragen wird (BFH VIII B 135/21, BFH/NV 2022, 1301). Hinsichtlich des **Beruhens** (→ § 115 Rn. 303 ff.) gelten keine Besonderheiten. Es genügt die Möglichkeit, dass die Entscheidung bei mangelfreiem Verfahren anders ausgefallen wäre. Die abw. Auffassung, dass sich eine andere Entscheidung aufdrängen müsse, geht fehl (so aber BFH VIII B 100/14, BeckRS 2015, 94996). 25

Überprüfung. Ob das Gericht das Vollständigkeitsgebot beachtet hat, kann häufig nur mittelbar festgestellt werden, da eine sämtliche tatsächliche Umstände ausdrücklich berücksichtigende Begründung idR nicht erwartet werden kann (BVerfG 1 BvR 986/91, BVerfGE 86, 133). Die vollständige Berücksichtigung des Prozessstoffs dokumentiert das Gericht idR im **Tatbestand** (§ 105 II Nr. 4; BFH III B 238/11, BFH/NV 2012, 1321). Zwar ist dessen Darstellung nicht auf Vollständigkeit hin angelegt (§ 105 III); die Vollständigkeit kann jedoch, ohne dass es der Darstellung sämtlicher Einzelheiten bedarf, durch zulässige Bezugnahmen erreicht werden (→ § 105 Rn. 50). Hat das Gericht einen bestimmten Umstand im Tatbestand des Urteils erwähnt, so ist regelmäßig davon auszugehen, dass es diesen Umstand bei seiner Entscheidungsfindung berücksichtigt hat, auch wenn er in den Entscheidungsgründen nicht ausdrücklich gewürdigt worden ist (BFH X B 126/09, BFH/NV 2010, 1628; II B 18/11, BFH/NV 2012, 975). Soweit eine begründete Entscheidung über das Vorliegen einer Tatsache erforderlich ist (Beweiswürdigung), muss sich die vollständige Berücksichtigung des Prozessstoffs grds. aus der Begründung selbst, dh aus den **Entscheidungsgründen** (vgl. § 105 II Nr. 5, → § 105 Rn. 38) ergeben (BFH X R 30/12, BeckRS 2015, 96143). 26

27 **Vermutung.** Lässt sich die vollständige Berücksichtigung des Gesamtergebnisses des Verfahrens nicht (auch nicht mittelbar) feststellen, greift nach der Rspr. des BVerfG darüber hinaus eine **generelle Vermutung** dafür ein, dass das Gericht idR das von ihm entgegengenommene Vorbringen eines Beteiligten tatsächlich zur Kenntnis genommen und in Erwägung gezogen hat (BVerfG 1 BvR 1365/78, BVerfGE 54, 43; 1 BvR 986/91, BVerfGE 86, 133). Das **BVerfG** stellt einen Verstoß gegen Art. 103 I GG deshalb nur fest, wenn im Einzelfall besondere Umstände deutlich machen, dass tatsächliches Vorbringen eines Beteiligten entweder überhaupt nicht zur Kenntnis genommen oder bei der Entscheidung nicht erwogen worden ist (BVerfG 2 BvR 399/81, BVerfGE 65, 293; 1 BvR 33/83, BVerfGE 70, 288). Das ist insbes. der Fall, wenn das Gericht auf den wesentlichen Kern des Tatsachenvortrags einer Partei zu einer Frage von zentraler Bedeutung nicht eingeht (stRspr seit BVerfG 1 BvR 986/91, BVerfGE 86, 133). Das **BVerwG** sieht die Vermutung bereits dann als erschüttert an, wenn ein Vorbringen unerörtert geblieben ist, das zu erörtern offensichtlich geboten war (BVerwG 2 B 73/89, BeckRS 1989, 31231689).

28 Auch der BFH geht im Anwendungsbereich des § 96 I 1 grds. ohne weiteres davon aus, dass das Gericht im Allgemeinen den Prozessstoff **vollständig** berücksichtigt, dh zur Kenntnis genommen und bei seiner Überzeugungsbildung erwogen hat (zB BFH I B 86/11, BFH/NV 2013, 6; X B 179/11, BFH/NV 2013, 926). Die Umstände, unter denen er im Einzelfall die Vermutung für erschüttert hält, hat der BFH noch nicht überzeugend geklärt. Dies wäre aber erforderlich, denn die Vermutung hat, wie die Praxis des BVerfG zeigt, (wenn überhaupt) nur eine **schwache Rechtfertigung** für sich, spricht doch der äußere Anschein zumindest auch gegen die Berücksichtigung des im Urteil nicht Erwähnten.

29 **Stellungnahme.** Es kommt darauf an, ob der unterlegene Beteiligte in der konkreten Situation eine ausdrückliche Begründung **erwarten durfte** (vgl. BFH IX R 9/15, BStBl. II 2016, 335). Dies ergibt sich auch aus der Funktion der Begründung, dem Unterlegenen die Gründe für sein Unterliegen vor Augen zu führen. Dafür ist mindestens erforderlich, dass er substantiiert eine Tatsache vorgetragen hat, die nach der insoweit maßgeblichen materiellen Rechtsauffassung des Gerichts entscheidungserheblich war (vgl. BFH I B 128/04, BeckRS 2004, 25007811; V B 72/16, BeckRS 2017, 94042). Das genügt aber nicht, denn das FG muss sich insbes. bei einer Gesamtwürdigung nicht mit jeder entscheidungserheblichen Tatsache ausdrücklich befassen. Es muss sich deshalb um eine **qualifizierte entscheidungserhebliche Tatsache** handeln (BVerfG: „wesentlicher Kern des Vortrags zu einer Frage von zentraler Bedeutung"; iE ähnlich BFH VIII R 8/10, BFH/NV 2013, 1096; III B 84/12, BFH/NV 2014, 533; VI R 77/12, BStBl. II 2015, 903: wichtige Aspekte; IX R 36/16, BeckRS 2017, 136602: in einem wesentlichen Punkt). Eine **Beweiswürdigung** ist unvollständig, wenn das Gericht sich mit einer Bekundung, die in entscheidungserheblicher Weise von seiner Entscheidung abweicht, nicht auseinandergesetzt hat (vgl. BFH I B 99/15, BeckRS 2016, 94930).

30 **c) Gesamtergebnis des Verfahrens. aa) Allgemeines. Tatsachen** und **Beweisergebnisse** (Abs. 2) bilden das „Gesamtergebnis des Verfahrens" (Abs. 1 S. 1). „Verfahren" iSd komplexen Ausdrucks ist das Erkenntnisverfahren, also der auf die Erforschung des Sachverhalts (§ 76 I 1) gerichtete Teil des Prozesses, der der abschließenden Würdigung und Entscheidung vorausgeht. Weitere konkretisierende Hinweise enthält das G nicht. Die in der Rspr. gebräuchliche Formel, das

Gesamtergebnis des Verfahrens umfasse „den gesamten durch das Klagebegehren begrenzten und durch die Sachaufklärung des Gerichts und die Mitverantwortung der Beteiligten konkretisierten Prozessstoff" (zB BFH IX B 35/23, BFH/NV 2024, 662), bringt nichts anderes zum Ausdruck.

Nur die Tatsachen und Beweisergebnisse, besser die **auf Tatsachen bezogenen Aussagen** (tatsächlichen Behauptungen, § 286 II ZPO, → Rn. 2), die das Erkenntnisverfahren gefördert hat, bilden iSd Vorschrift das Gesamtergebnis des Verfahrens. Rechtliche Ausführungen der Beteiligten gehören nicht dazu. Ebenso wenig rechtliche Schlussfolgerungen des Gerichts wie zB Auslegungsergebnisse (anders BFH VIII B 32/23, BFH/NV 2024, 908, Rn. 24). § 96 befasst sich nur mit der Feststellung der tatsächlichen Entscheidungsgrundlagen. 31

Dazu gehört kraft gesetzlicher Anordnung (§ 155 FGO iVm § 293 ZPO) auch die **Feststellung ausländischen Rechts,** des Gewohnheitsrechts und der Statuten (zB BFH VI R 6/11, BFH/NV 2014, 241; III R 10/11, BStBl. II 2014, 706; → § 76 Rn. 11). 32

bb) Abgrenzung zur Sachaufklärungspflicht. Ob das Gesamtergebnis des Verfahrens seinerseits vollständig ist, dh ob es alles enthält, was es enthalten soll, ist im Grundsatz keine Frage des § 96, sondern richtet sich in erster Linie danach, ob das Gericht in dem auf die Erforschung des Sachverhalts gerichteten Verfahrensabschnitt (→ Rn. 3) den Umfang seiner Sachaufklärungspflicht (§ 76 I 1) zutreffend bestimmt und beachtet hat (→ § 76 Rn. 10 ff.). In diesem Zusammenhang ist auch die Wechselwirkung zwischen der Sachaufklärungspflicht des Gerichts und der **Mitwirkungspflicht** der Beteiligten zu beachten. 34

Vorrang der Sachaufklärung. Das Gericht darf die (gebotene) Sachaufklärung grds. nicht mit der Begründung beenden, es sei schon überzeugt. Die (vorherige) vollständige Sachaufklärung ist vielmehr Voraussetzung für eine (nachfolgende) fehlerfreie Überzeugungsbildung (BFH II R 233/85, BStBl. II 1990, 108; I R 111/94, BFH/NV 1996, 554), nicht aber bestimmt der Grad an bereits erreichter Überzeugung den Umfang der Sachaufklärungspflicht (aA BFH I B 242/90, BFH/NV 1993, 403; zust. HHS/Lange § 96 Rn. 74). Bricht das Gericht die Sachverhaltsaufklärung zu früh ab, verstößt es nicht gegen § 96 I 1, sondern gegen § 76 I. 35

Nur ausnahmsweise beeinflusst die (zulässige) Wahl einer bestimmten **Beweismethode** den Umfang der Sachaufklärungspflicht: Während der Indizienbeweis eine Gesamtwürdigung sämtlicher Umstände des Einzelfalls erfordert und deshalb die vollständige Aufklärung des Sachverhalts voraussetzt (→ Rn. 144), verringert sich bei (zulässiger) Wahl des **Anscheinsbeweises** die Sachaufklärungspflicht des Gerichts zunächst auf diejenigen Anknüpfungstatsachen, die zusammen mit der Anscheinsregel den Schluss auf die Haupttatsache ermöglichen. Das gilt aber nur, solange der andere Beteiligte nicht Tatsachen darlegt, die im Einzelfall einen atypischen Verlauf des Geschehens nahelegen. Dann muss das Gericht diesem Vortrag nachgehen und den Sachverhalt wieder vollständig aufklären. 36

cc) In das Verfahren eingeführte tatsächliche Behauptungen. Zum Gesamtergebnis **des Verfahrens** gehören zunächst (in einem weiten tatsächlichen Sinn) alle auf Tatsachen bezogenen Behauptungen, die in das Verfahren **eingeführt** worden sind. Sie müssen grds. nur bei dem (zuständigen) Gericht eingegangen sein (HHS/Lange § 96 Rn. 50). Es liegt in der Sphäre des Gerichts, dass die zuständigen Richter Kenntnis davon erlangen und das rechtliche Gehör der anderen Beteiligten gewahrt wird. Ist ein Schriftsatz bei Gericht eingegangen und 38 versehentlich einem anderen Verfahren zugeordnet worden, liegt ein Verstoß gegen § 96 I vor (BFH VII R 52/98, BFH/NV 1999, 640). Ob ein Schriftsatz in das Verfahren eingeführt worden ist, ergibt sich idR zumindest indiziell daraus, ob er zur **Gerichtsakte** gelangt ist. Ein Schriftsatz ist zwar eingeführt, wenn er zur Gerichtsakte gelangt ist, sein Inhalt kann aber nicht verwertet werden, wenn er den anderen Beteiligten nicht bekannt geworden ist, weil ihn das Gericht nicht weitergeleitet hat (§ 96 II).

39 **Zeitpunkt.** Tatsächliches Vorbringen kann grds. **jederzeit** in das Verfahren eingeführt werden, auch noch nach Schluss der mündlichen Verhandlung (§ 155 FGO iVm § 238 ZPO). In der Regel kommt es auf das Gesamtergebnis nach Schluss der mündlichen Verhandlung, bzw. bei Entscheidung ohne mündliche Verhandlung im Zeitpunkt der Beschlussfassung an. Tatsachenvortrag, der erst danach bei Gericht eingeht, gehört zum Gesamtergebnis des Verfahrens, solange das Gericht noch nicht an sein Urteil gebunden ist (§ 318 ZPO iVm § 155), dh solange das Urteil noch nicht verkündet oder zugestellt ist (§§ 104, 105; zum Verfahren nach § 105 IV, → § 105 Rn. 60). In diesem Fall muss das Gericht unter Beachtung von Abs. 2 entscheiden, ob es die mündliche Verhandlung wiedereröffnet (BFH VI R 44/13, BStBl. II 2015, 890; § 93 III 2; → § 93 Rn. 8 ff.) oder (bei Entscheidung ohne mündliche Verhandlung) auf andere Weise rechtliches Gehör gewährt, bevor es erneut entscheidet, oder ob es das Vorbringen unberücksichtigt lassen darf (BFH IX B 128/06, BFH/NV 2007, 738; → § 90 Rn. 8; → § 93 Rn. 7). Das gilt nicht, wenn schriftsätzlich weiterer Vortrag lediglich angekündigt wird, aber noch fehlt (BFH XI B 133/13, BFH/NV 2014, 1560). Lehnt das Gericht die Wiedereröffnung der mündlichen Verhandlung ab, muss es seine hierüber getroffene Ermessensentscheidung in einem gesonderten Beschluss oder als Teil des Urteils zum Ausdruck bringen (zB BFH V R 24/00, BStBl. II 2004, 89). Unterbleibt dies, liegt darin eine **Verletzung des rechtlichen Gehörs** (BFH VII B 321/02, BFH/NV 2004, 499).

40 Eingeführt in diesem Sinne ist **das gesamte auf Tatsachen bezogene Vorbringen** des Klägers, des Beklagten und der anderen Beteiligten, der **Inhalt der vom Gericht beigezogenen Akten** einschließlich der Finanzamtsakten und der Akten aus anderen Gerichts- oder Verwaltungsverfahren, soweit er sich auf Tatsachen bezieht, sowie das **Ergebnis der vom Gericht durchgeführten Sachverhaltsermittlung** einschließlich einer förmlichen Beweisaufnahme (Protokolle der Beweisaufnahme), aber zB auch der unmittelbare, persönliche Eindruck des Gerichts von einem Zeugen oder Beteiligten. Zum Gesamtergebnis des Verfahrens gehören nicht nur alle rechtserheblichen Umstände tatsächlicher Art, die Gegenstand der mündlichen Verhandlung waren (so aber BFH X R 20/11, BFH/NV 2012, 1778; X R 33/11, BFH/NV 2014, 693). Auch wenn eine mündliche Verhandlung nicht stattgefunden hat, gibt es ein Gesamtergebnis des Verfahrens. Und auch wenn eine mündliche Verhandlung stattgefunden hat, lässt sich oft nicht feststellen, ob ein tatsächlicher Umstand Gegenstand der mündlichen Verhandlung war. Aus der üblichen Protokollformel („Die Sach- und Rechtslage wird mit den Beteiligten erörtert") lässt sich dies nicht entnehmen.

41 **Offenkundige Tatsachen** oder solche Tatsachen, die das Gericht in seiner dienstlichen Eigenschaft, aber in anderen Verfahren erlangt hat **(gerichtsbekannte Tatsachen)** gehören nur dann zum Gesamtergebnis des Verfahrens, wenn sie vom Gericht in das Verfahren eingeführt und zu dessen Gegenstand gemacht worden sind (BFH VII B 29/93, BFH/NV 1994, 326). Im **Internet** frei zugängliche Informationen müssen entweder zur Gerichtsakte gelangt oder anders in das

Verfahren eingeführt und gesichert worden sein (BFH IV B 115/13, BFH/NV 2015, 1256), zum Beispiel durch Ausdruck (BFH X B 156/19, BFH/NV 2020, 1077). **Gerichtseigener Prüfer:** Eine schriftliche Stellungnahme des Prüfers gehört zum Gesamtergebnis des Verfahrens (BFH X B 114/18, BFH/NV 2019, 1127). Gleiches gilt für eine bloß mündlich erteilte Einschätzung. Auch sie muss den Beteiligten vor der Entscheidung zugänglich gemacht werden (BFH X B 18/23, BFH/NV 2023, 1325). **Privat erlangtes Wissen** des Gerichts gehört nicht dazu und kann auch nicht in das Verfahren eingeführt werden. Eine Ausnahme gilt für sog. **allgemeinkundige Tatsachen.** Sie bedürfen keines Beweises (§ 155 FGO iVm § 291 ZPO) und müssen auch nicht in das Verfahren eingeführt werden. Tatsächliches **Vorbringen eines Nichtbeteiligten** gehört nur dann zum Gesamtergebnis des Verfahrens, wenn ein Beteiligter es sich ausdrücklich zu Eigen gemacht und vorgebracht hat (zB Privatgutachten; → Rn. 166).

dd) Rechtliche Beschränkungen, Überblick. Grenzen. In rechtlicher 43
Hinsicht wird das Gesamtergebnis des Verfahrens ua begrenzt durch das Klagebegehren (§ 96 I 2), den Anspruch auf rechtliches Gehör (§ 96 II), die Entscheidungserheblichkeit sowie die besonderen Vorschriften über die Berücksichtigung oder Nichtberücksichtigung bestimmter tatsächlicher Behauptungen (zB Vertretungszwang, Substantiierungserfordernis, Präklusion etc). Die vom Gericht ermittelten Tatsachen dürfen außerdem keinem Verwertungsverbot unterliegen.

ee) Bindung an das Klagebegehren (Abs. 1 S. 2). Grundsatz. Nur tat- 45
sächliche Behauptungen, die sich iRd Klagebegehrens halten, gehören zum Gesamtergebnis des Verfahrens. Tatsächliche Behauptungen, die darüber hinaus gehen, einen anderen Gegenstand betreffen oder nur für eine Rechtsfolge erheblich sein können, die vom Klagebegehren nicht mehr gedeckt ist, dürfen vom Gericht bei der Überzeugungsbildung nicht beachtet werden.

Dispositionsmaxime. Der **Kläger** bestimmt durch sein Klagebegehren den 46
Streitgegenstand (§§ 40 II, 41, 65 I 1; zu den Anforderungen an die Substantiierung → § 65 Rn. 30 ff.). Er steckt damit, begrenzt durch den Regelungsgehalt des angefochtenen oder erstrebten VA, das **Streitprogramm** (für das Gericht und die anderen Beteiligten) verbindlich ab. Dies hat Auswirkungen auf den Umfang der Sachaufklärungspflicht des Gerichts (→ § 76 Rn. 1), die Frage, welche tatsächlichen Behauptungen als **Gesamtergebnis des Verfahrens** in Betracht kommen (BFH X B 164/08, BFH/NV 2010, 1640) und den Umfang der Rechtskraft (→ § 110 Rn. 35). Die Bindung an das Klagebegehren gilt nicht nur für Klageverfahren, sondern entspr. in **allen Verfahren** (zu Beschlussverfahren iSv § 113 I: BFH X B 103/98, BFH/NV 2000, 30; VII B 210/99, BFH/NV 2000, 166 (167); zum einstweiligen Rechtsschutz BFH X S 2/06, BFH/NV 2007, 484; zur Anwendung im **Revisionsverfahren** s. § 121 S. 1).

Keine Bindung an die Fassung der Anträge. Die ausdrückliche Erwähnung 47
in Abs. 1 S. 2 Hs. 2 dient der Klarstellung. § 76 II verpflichtet den Vorsitzenden ausdrücklich darauf hinzuwirken, dass sachdienliche Anträge gestellt und unklare Anträge erläutert werden. Das Gericht hat das **wirkliche Klagebegehren** zu ermitteln (BFH IV R 6/10, BFH/NV 2013, 1584). Dabei hat es das gesamte Parteivorbringen einschließlich des Klagantrags zu würdigen (BFH IV R 1/07, BStBl. II 2009, 335; VIII B 43/24, BFH/NV 2025, 525). Im Zweifel ist dasjenige gewollt, was nach den Maßstäben der Rechtsordnung vernünftig ist und der recht verstandenen Interessenlage des Klägers entspricht (BFH III B 101/11, BFH/NV 2012, 1628). Der BFH kann die Klageschrift ohne Bindung an die Feststellungen

des FG selbst auslegen (BFH VIII R 17/97, BStBl. II 2010, 306; IV R 32/09, BFH/NV 2012, 1479; I B 118/13, BFH/NV 2014, 1556; IV R 12/12, BFH/NV 2016, 412; näher zur Auslegung von Prozesserklärungen → Vor § 33 Rn. 40 ff.; BFH III R 3/13, BStBl. II 2014, 576). Das FG verstößt gegen § 96 I 2, wenn es die wörtliche Fassung des Klageantrags als maßgeblich ansieht, obwohl diese dem erkennbaren Klageziel nicht entspricht (BFH IV R 6/16, BStBl II. 2019, 160).

48 **Rechtsfolgen.** Bindung an den wirklichen Inhalt des Klagebegehrens bedeutet, dass es dem Gericht verwehrt ist, über das Klageziel hinauszugehen **(ne ultra petita).** Es darf dem Kläger nichts zusprechen, was dieser nicht begehrt hat. Erst recht darf es nicht über etwas anderes („aliud") entscheiden, als der Kläger begehrt und zur Entscheidung gestellt hat (BFH V R 49/10, BFH/NV 2012, 1665; VIII R 31/11, BStBl. II 2014, 995; III R 25/15, DStRE 2018, 724). Maßgeblich ist idR der zuletzt, insbes. der in der mündlichen Verhandlung gestellte Antrag (BFH I R 96/10, BFH/NV 2012, 991; IV B 11/12, BFH/NV 2013, 773; IX B 16/13, BFH/NV 2013, 1114).

49 Eine Bindung an das Klagebegehren besteht ausnahmsweise nicht, wenn eine Klage auf Abänderung eines VA gerichtet ist, das Gericht aber feststellt, dass der **VA nichtig** oder unwirksam ist (stRspr, zB BFH X R 42/05, BStBl. II 2007, 220). Das gilt für Steuerbescheide wie für Feststellungsbescheide (BFH IV R 6/14, BStBl. II 2017, 1053). Hier muss das Bindungsgebot hinter dem vorrangigen Gesichtspunkt zurücktreten, dass nichtige Hoheitsmaßnahmen keine Rechtsfolgen auslösen können. § 96 I 2 muss dahin eingeschränkt werden, um eine dem G entsprechende Entscheidung zu ermöglichen (sog. **„Entscheidungsnotstand":** BFH II 167/64, BStBl. II 1970, 826 mwN). In derartigen Fällen kann auch ausnahmsweise das **Revisionsbegehren** (→ Rn. 4 aE) weiter reichen als das Klagebegehren (BFH II R 35/01, BFH/NV 2004, 467; II R 10/06, BStBl. II 2008, 631; X R 20/07, BStBl. II 2009, 388; IV R 67/07, BFH/NV 2010, 1606, über den beim FG gestellten Antrag hinausgehende Aufhebung eines Bescheides, wenn sich im Revisionsverfahren dessen Nichtigkeit herausstellt; iÜ → § 120 Rn. 56).

50 **Einzelfälle.** Die Bindung an das Klagebegehren wird nicht beachtet, wenn das Gericht über einen anderen als den im Steuerbescheid erfassten Sachverhalt (BFH II R 49/07, BStBl. II 2009, 932; VII B 77/12, BFH/NV 2013, 1119) oder über einen Bescheid entscheidet, der nicht vom Klagebegehren umfasst ist (BFH IX B 157/13, BFH/NV 2014, 1559) oder wenn es die wörtliche Fassung des Klagantrags als maßgeblich ansieht, obwohl diese dem erkennbaren Klageziel nicht entspricht (BFH IV B 30/11, BFH/NV 2012, 965; II R 18/15, BFH/NV 2016, 1565; IX R 50/15, BFH/NV 2017, 1300) oder wenn es über den ursprünglichen Sachantrag und nicht (nach einseitiger Erledigungserklärung) über das Erledigungsbegehren entscheidet (BFH IX B 221/09, BFH/NV 2010, 1299). Ein Verstoß liegt auch vor, wenn das FG das Klagebegehren unzutreffend ausgelegt hat (BFH III R 15/10, BFH/NV 2013, 1071).

51 Das Gericht darf außerdem die Rechtsposition des Klägers im Vergleich zum Zustand vor Klageerhebung nicht verschlechtern (Verbot der **reformatio in peius** oder **„Verböserungsverbot":** BFH X R 146/94, BFH/NV 1998, 961). Dies ergibt sich auch aus der Rechtsschutzfunktion des finanzgerichtlichen Verfahrens (Art. 19 IV GG; Art. 20 III GG; Tipke/Kruse/Seer § 96 Rn. 101; Kopp/Schenke/Schenke VwGO § 86 Rn. 67). Auch dieser Grundsatz gilt für andere Rechtsschutzbegehren entsprechend (→ Rn. 4 aE). Etwas anderes kann ausnahmsweise bei **Anfechtung eines Feststellungsbescheids** gelten, soweit eine

unlösbare Abhängigkeit zwischen einer angefochtenen und einer nicht angefochtenen Besteuerungsgrundlage besteht (BFH IV R 22/03, BStBl. II 2005, 559 mwN).

Bei einer auf die betragsmäßige **Herabsetzung der Steuerfestsetzung** gerichteten Anfechtungsklage liegt eine Verböserung nach hM nicht vor, wenn der in Bezug auf einzelne unselbständige Besteuerungsgrundlagen erzielte Erfolg der Klage vom Gericht bis zum Betrag der ursprünglichen Steuerfestsetzung saldiert wird mit nachteiligen Änderungen bei anderen unselbständigen Besteuerungsgrundlagen, die vom Kläger mit der Klage nicht infrage gestellt worden sind (sog. **Saldierungstheorie;** zB BFH XI B 9/13, BFH/NV 2014, 373; → § 110 Rn. 37, 39; → § 65 Rn. 41). 52

Die Nichtbeachtung der Bindungswirkung führt zu einem Verfahrensfehler. Es handelt sich zudem um einen **Verstoß gegen die Grundordnung des Verfahrens** (BFH IV R 6/16, BStBl II. 2019, 160), der vom BFH von Amts wegen zu beachten ist (→ § 118 Rn. 69). Eine Bindung an Anträge des Beklagten besteht nicht. Weist das FG die Klage ab, obwohl der Beklagte keinen entsprechenden Antrag gestellt hat, liegt kein Verstoß gegen die Grundordnung des Verfahrens vor (BFH V B 57/18, BFH/NV 2020, 29). 53

ff) Anspruch auf rechtliches Gehör (Abs. 2). Nur tatsächliche Behauptungen, zu denen sich die Beteiligten (ausreichend) äußern konnten, gehören zum Gesamtergebnis des Verfahrens. Tatsachen, bei denen das nicht der Fall war, dürfen vom Gericht bei der Überzeugungsbildung nicht beachtet werden. Aus § 96 II ergibt sich insofern ein **striktes Verwertungsverbot** (HHS/Lange § 96 Rn. 223). Zu den Einzelheiten → Rn. 190 ff. Abs. 2 bringt nur dies zum Ausdruck. Der verfassungsrechtlich garantierte Anspruch auf rechtliches Gehör (Art. 103 I GG) geht weit darüber hinaus und ist in zahlreichen anderen Vorschriften der FGO ausformuliert. 54

gg) Entscheidungserheblichkeit. Grundsatz. Das FG muss nur solche Tatsachen ermitteln (§ 76 I) und würdigen (§ 96 I), die in rechtlicher Hinsicht für die Entscheidung von Bedeutung sind, weil sich aus ihnen, ihre Richtigkeit unterstellt, der Schluss auf die Rechtsfolge ergibt (Entscheidungserheblichkeit, → § 76 Rn. 12; → § 81 Rn. 3). Verfahrensrechtlich kommt es insofern allein auf die **materiell-rechtliche Auffassung des Gerichts** an, nicht auf die der Beteiligten (→ § 115 Rn. 304). Tatsachen, auf die es für die Entscheidung nicht ankommt, darf (muss) das Gericht bei der Überzeugungsbildung unberücksichtigt lassen; dies stellt keinen Verfahrensmangel dar (BFH III B 53/12, BFH/NV 2013, 62). 56

Zeitpunkt. Es kann nicht in jedem Fall erwartet werden, dass das Gericht seine Rechtsauffassung bereits zu Beginn des Verfahrens kennt. Häufig fällt die abschließende rechtliche Beurteilung erst mit der abschließenden tatsächlichen Würdigung zusammen. Bis dahin folgt das Verfahren praktisch einer schrittweisen Annäherung von zwei Seiten (Engisch, Logische Studien zur Gesetzesanwendung, 3. Aufl. 1963, 13 – **Hin- und Herwandern des Blicks**). Zu jeder Zeit muss das Gericht allerdings von einer vorläufigen Rechtsauffassung ausgehen, weil ansonsten die Sachverhaltsaufklärung weder Richtung noch Ziel hätte. 57

Mitteilung. Die Beteiligten können ihren Sachvortrag nur dann sachgerecht an der (vorläufigen) Rechtsauffassung des Gerichts ausrichten, wenn sie entweder vom Gericht konkret darauf hingewiesen werden, welche Tatsachen sie noch vortragen müssten (§ 76 II, § 79 I 1, 2 Nr. 2, § 79b I, II Nr. 1) oder wenn ihnen das Gericht so rechtzeitig wie möglich, zB durch einen Hinweisbeschluss oder 58 im Rahmen eines Erörterungstermins (§ 79 I 2 Nr. 1) zumindest vorläufige **rechtliche Hinweise** erteilt und spätestens in der mündlichen Verhandlung die Streitsache auch in rechtlicher Hinsicht mit den Beteiligten erörtert (§ 93 I, II). Dies zu verneinen und die Beteiligten weitestgehend auf ihre eigenen Rechtskenntnisse oder die ihrer Berater zu verweisen (→ § 76 Rn. 56 mwN), verkennt die beschriebene Wechselwirkung, ist häufig unfair und fast immer unökonomisch (→ § 119 Rn. 15). Etwas anderes ergibt sich nicht daraus, dass das BVerfG aus Art. 103 I GG eine Verpflichtung zu einem umfassenden **Rechtsgespräch** nicht abgeleitet hat (→ § 119 Rn. 15). Dadurch sind inhaltlich darüber hinaus gehende Ausformungen des rechtlichen Gehörs in den Prozessordnungen nicht ausgeschlossen.

60 **hh) Weitere gesetzliche Beschränkungen. Nicht wirksam in das Verfahren eingeführte** tatsächliche Behauptungen (→ Rn. 37 ff.) sind für die Überzeugungsbildung unbeachtlich. Tatsächliches Vorbringen ist nicht ordnungsgemäß (wirksam) in das Verfahren eingeführt, wenn es zB von einem nicht prozessfähigen Beteiligten (§ 58) herrührt, soweit es unsubstantiiert ist (zum Substantiierungserfordernis → § 65 Rn. 31; BFH III B 53/12, BFH/NV 2013, 62), wenn (beim BFH) der Vertretungszwang (§ 62 IV) nicht beachtet worden ist, wenn der Vertreter keine wirksame Vollmacht hatte (§ 62 VI) oder wenn er Prozesshandlungen nach seiner Zurückweisung vornimmt (§ 62 III 2).

61 **Präklusion.** Ordnungsgemäß eingeführtes tatsächliches Vorbringen darf das Gericht ausnahmsweise unberücksichtigt lassen, soweit die Voraussetzungen des § 79b III vorliegen (BFH VI B 5/22, BFH/NV 2022, 1205; → § 79b Rn. 50).

62 **Rechtsfolgen.** Die Nichtberücksichtigung erheblichen und hinreichend substantiierten Vorbringens verstößt gegen den Anspruch auf rechtliches Gehör (Art. 103 I GG), sofern es im Prozessrecht keine Stütze findet. Das BVerfG prüft iRd Verfassungsbeschwerde insofern inzident auch, ob die einfach-rechtlichen Voraussetzungen für die Nichtberücksichtigung vorgelegen haben (BVerfG 1 BvR 393/84, BVerfGE 69, 141; 1 BvR 2441/10, BeckRS 2011, 46766).

64 **ii) Kein Verwertungsverbot.** Tatsachen und Beweise, die das Gericht ermittelt hat, müssen bei der Überzeugungsbildung unberücksichtigt bleiben, wenn für sie ein **Verwertungsverbot** besteht. Das kann der Fall sein, wenn eine Tatsache rechtswidrig, dh unter Verstoß gegen gesetzliche Vorschriften, ermittelt oder wenn ein Beweismittel rechtswidrig beschafft worden ist. Der Anspruch, die Wahrheit zu ermitteln, muss dann zugunsten der Gesetzmäßigkeit des Verfahrens zurücktreten. Ein Verwertungsverbot kann sich aus dem Gesetz ergeben (zB § 96 II; § 136a StPO; § 393 II AO, vgl. dazu auch BVerfG 2 BvR 1316/04, NJW 2005, 352) oder aus ungeschriebenem Recht. Mangels gesetzlicher Regelung ist regelmäßig eine Betrachtung der jeweiligen Umstände des Einzelfalls geboten (BVerfG 2 BvR 941/08, NJW 2009, 3293 – Videoüberwachung).

65 Nach der **Rspr. des BVerfG** führt nicht jeder Fehler bei der Ermittlung von Tatsachen oder bei der Erhebung von Beweisen zur Nichtverwertbarkeit der Ergebnisse. Ein Verwertungsverbot ist danach aber zumindest bei schwerwiegenden, bewussten oder willkürlichen Verfahrensverstößen geboten, bei denen die grundrechtlichen Sicherungen planmäßig oder systematisch außer Acht gelassen worden sind. Ein grundrechtsunmittelbares Verwertungsverbot setzt danach idR voraus, dass die Maßnahme im konkreten Einzelfall **unverhältnismäßig** war, dh ihrer Intensität nach außer Verhältnis zur Bedeutung der Sache stand (BVerfG 2 BvR 1027/02, BVerfGE 113, 29). Ein **absolutes** Verwertungsverbot ist nur für

solche Fälle anerkannt, in denen der absolute Kernbereich der privaten Lebensgestaltung berührt ist (BVerfG 1 BvR 2378/98, BVerfGE 109, 279 – großer Lauschangriff; BVerfG 2 BvR 2101/09, BFH/NV 2011, 182 – „Steuer-CD").

Der **BFH** folgt weitgehend der Rspr. des BVerfG und bejaht ein Verwertungsverbot nur in Ausnahmefällen (zB BFH X B 14/12, BFH/NV 2013, 735). Dabei legt die Rspr. ein formelles oder **verfahrensrechtliches Verständnis** des Begriffs zugrunde (BFH VIII R 4/94, BStBl. II 1998, 461 mwN). Danach trägt jeder Hoheitsakt seine Rechtfertigung in sich, solange seine Rechtswidrigkeit nicht in dem dafür vorgesehenen Verfahren festgestellt worden ist (zB Durchsuchungsbeschluss). Sieht das Gesetz ein besonderes Verfahren vor, in dem die Rechtswidrigkeit festgestellt werden kann, kann ein Verwertungsverbot nicht mit Erfolg geltend gemacht werden, solange dies nicht geschehen ist. Ist die Rechtswidrigkeit dagegen festgestellt, kommt es nicht mehr darauf an, ob dies zu Recht geschehen ist (→ Rn. 67). Sieht das G kein besonderes Verfahren vor, muss inzident geprüft werden, ob ein Verfahrensverstoß vorliegt, der ein Verwertungsverbot nach sich zieht. 66

Besteuerungsverfahren. Die **AO** enthält nur in § 393 II AO ein ausdrücklich angeordnetes Verwertungsverbot (BFH VIII R 4/94, BStBl. II 1998, 461). Ein Verwertungsverbot ist darüber hinaus anerkannt für ohne **Belehrung nach § 101 I 2 AO** erteilte Auskünfte eines Angehörigen (BFH II R 180/87, BStBl. II 1991, 204; VIII B 32/09, BFH/NV 2010, 929). Ob **§ 136a StPO** im Besteuerungsverfahren (entspr.) anwendbar ist, hat der BFH bisher offen gelassen und stets die Voraussetzungen der Norm verneint (BFH XI R 10/01, BStBl. II 2002, 328; V B 76/07, BFH/NV 2008, 1441); die Regelungen der StPO zur Belehrung über die dem Beschuldigten zustehenden Rechte **(§ 136 I iVm § 163a StPO)** gelten gem. § 393 I 1 AO nur, soweit das FA iRd Strafverfolgung tätig wird, nicht aber, soweit es im Besteuerungsverfahren ermittelt (BFH X R 20/08, BFH/NV 2008, 1682 obiter dictum). Ein Verwertungsverbot hat der BFH jedoch angenommen für die Aufzeichnungen aus einer im strafrechtlichen Ermittlungsverfahren angeordneten **Telefonüberwachung,** denn § 100a StPO durchbricht das aus **Art. 10 I GG** folgende Verwertungsverbot nicht für Besteuerungszwecke. Deshalb besteht auch für unter Verstoß gegen **§ 477 II 2 StPO** an die Finbeh weitergeleitete Zufallserkenntnisse aus einer Telefonüberwachung ein Verwertungsverbot, soweit sich diese Erkenntnisse nicht auf Katalogtaten des § 100a StPO beziehen (BFH VII B 202/12, BStBl. II 2013, 987). 68

Der BFH geht iÜ davon aus, dass das Allgemeininteresse an einer gesetz- und gleichmäßigen Festsetzung der Steuer das Interesse des Stpfl. an einem rechtmäßigen Verfahren regelmäßig überwiegt (arg. § 127 AO). Hinzu kommt, dass fehlerhafte Ermittlungsmaßnahmen idR wiederholt werden können, um den Fehler zu heilen (BFH VIII R 53/04, BStBl. II 2007, 227). Vor diesem Hintergrund unterscheidet der BFH zwischen (nicht endgültigen) formellen oder allg. verfahrens-rechtlichen und (endgültigen) **qualifiziert materiell-rechtlichen** Verwertungsverboten (BFH VIII R 4/94, BStBl. II 1998, 461; VIII R 53/04, BStBl. II 2007, 227). Die Begriffsbildung überzeugt nicht. Gemeint sind offenbar Verwertungsverbote, die sich aus der Nichtbeachtung von einfachem Gesetzesrecht (Verfahrensrecht) einerseits und aus der Verletzung von spezifischem Verfassungsrecht andererseits ergeben. 69

Einfache (verfahrensrechtliche) Verwertungsverbote setzen voraus, dass die rechtswidrige Ermittlungshandlung (VA) erfolgreich angefochten worden ist (stRspr, zB BFH VIII B 210/08, BFH/NV 2009, 1396; III B 196/11, BFH/NV 70

2013, 48, sofern sie nicht nichtig ist; BFH V B 174/05, BFH/NV 2007, 1807) oder dass ihre Rechtswidrigkeit gem. § 100 I 4 festgestellt worden ist (BFH VIII R 53/04, BStBl. II 2007, 227). Ein Dritter kann sich auf ein Verwertungsverbot nicht mit Erfolg berufen, wenn der unmittelbar Betroffene die rechtswidrige Maßnahme nicht angefochten hat (BFH IV R 154/82, BStBl. II 1984, 512). Im Rahmen einer fehlerhaft angeordneten Außenprüfung oder anderen Ermittlungsmaßnahme ermittelte Tatsachen und Beweisergebnisse unterliegen auch dann keinem Verwertungsverbot, wenn sie in einem **Erstbescheid** (BFH V R 51/90, BStBl. II 1991, 825) oder in einem Bescheid ausgewertet werden, der unter dem **Vorbehalt der Nachprüfung** ergangen ist (stRspr, BFH IX R 24/94, BFH/NV 1998, 1192; I R 125/04, BStBl. II 2006, 400; XI B 23/06, BFH/NV 2007, 648; IV R 34/07, BFH/NV 2010, 2246), wohl aber, wenn Änderungsbescheide erlassen werden müssen (FG München 10 K 3728/10, DStRE 2015, 46). Nicht vor den ordentlichen Gerichten mit Erfolg angefochtene Durchsuchungs- und Beschlagnahmebeschlüsse entfalten eine **Tatbestandswirkung** mit der Folge, dass für das Steuerfestsetzungsverfahren im Regelfall von ihrer Rechtmäßigkeit auszugehen ist (BFH VIII B 91/01, BFH/NV 2002, 749; II B 19/07, BFH/NV 2008, 1519).

71 **Qualifizierte (materiell-rechtliche oder verfassungsrechtliche) Verwertungsverbot** sind dagegen nur anzunehmen, wenn die fehlerhafte Ermittlung (zugleich) einen verfassungsrechtlich, insbes. grundrechtlich geschützten Bereich verletzt hat und schwerwiegend war oder willkürlich begangen wurde (zB BFH VIII R 5/10, BStBl. II 2014, 220; VIII R 1/13, BeckRS 2015, 95573). Einen solchen Fehler hat der BFH – soweit ersichtlich – noch in keinem Fall bejaht.

72 **Einzelfälle.** Ergebnisse einer strafrechtlich veranlassten **Telefonüberwachung** können für Zwecke des Besteuerungsverfahrens unverwertbar sein (BFH VII B 265/00, BStBl. II 2001, 464; V B 78/09, BFH/NV 2011, 631; VII B 202/12, BStBl. II 2013, 987). Ein Verwertungsverbot besteht auch für unter Verstoß gegen § 393 III 2 AO erlangte Kenntnisse (vgl. Roth DStZ 2014, 880). **Kein Verwertungsverbot** besteht bei Verstoß gegen die **Belehrungspflicht** in § 393 I 4 AO (BFH XI R 11/01, BStBl. II 2002, 328; I R 28/08, BFH/NV 2010, 103; V B 37/11, BFH/NV 2012, 956), die **Unterbrechungspflicht** gem. § 10 I 3 BpO 2000 (BFH X B 112, 113/13, BFH/NV 2014, 487) oder bei bloß versehentlicher Verletzung von § 105 II StPO, wonach bei einer Durchsuchung grds. Zeugen zuzuziehen sind (BFH X B 3/14, BFH/NV 2014, 1357).

74 Im **finanzgerichtlichen Verfahren** gelten im Grundsatz dieselben Kriterien. Gesetzliche Verwertungsverbote sind in der FGO, außer in § 96 II nicht vorgesehen. Verwertungsverbote, die im Besteuerungsverfahren zu beachten sind, müssen auch vor Gericht Bestand haben. Erkenntnisse, die aus einer strafrechtlich veranlassten Telefonüberwachung stammen, dürfen deshalb auch im finanzgerichtlichen Verfahren nicht verwertet werden (BFH VII B 260/03, BFH/NV 2004, 807; XI B 125/12, BStBl. II 2013, 983). Verstößt das FG bei der Sachverhaltsermittlung gegen prozessrechtliche Vorschriften (des einfachen Gesetzesrechts), resultiert daraus ein einfach-rechtliches (Beweis-)Verwertungsverbot nur, wenn die Maßnahme (sofern zulässig) zuvor mit Erfolg angefochten oder wenn ihre Rechtswidrigkeit festgestellt worden ist. Die Entscheidung des FG beruht nur dann auf dem Mangel, wenn das FG die Tatsache oder das Beweisergebnis auf anderem, rechtmäßigem Weg nicht hätte ermitteln können. Die Verwertung von unter Verstoß gegen verfassungsrechtlich geschützte Rechtsgüter, insbes. gegen Grundrechte, ermittelten Tatsachen oder Beweisergebnissen führt dagegen zu einem endgültigen, nicht heilbaren Verfahrensmangel.

Rechtsfolge. Die unmittelbar unter Verstoß gegen Verfahrensrecht ermittelte Tatsache oder das rechtswidrig erlangte Beweismittel dürfen im Besteuerungsverfahren nicht berücksichtigt werden. Bei einem qualifizierten, materiell-rechtlichen Verwertungsverbot kann der Verstoß nicht durch zulässige, erneute Ermittlungen geheilt werden (BFH I R 106/08, BFH/NV 2010, 5). Im finanzgerichtlichen Verfahren dürfen die einem Verwertungsverbot unterliegenden Tatsachen und Beweismittel bei der Überzeugungsbildung nicht berücksichtigt werden. Die Zuwiderhandlung begründet, wie allg. bei der Nichtbeachtung des Gesamtergebnisses des Verfahrens, einen **Verfahrensmangel,** der mit der NZB und der Revision geltend gemacht werden kann (aA BFH IX B 42/08, BFH/NV 2008, 1844: materiell-rechtlicher Fehler). Einen Verfahrensfehler stellt es auch dar, wenn sich das FG zu Unrecht an ein in Wirklichkeit nicht bestehendes Verwertungsverbot gebunden fühlt (zB BFH I R 103/00, BStBl. II 2004, 171). 76

Fernwirkung. Eine Erstreckung des Verwertungsverbots auf Tatsachen oder Beweismittel, die ohne die rechtswidrig ermittelte Tatsache oder das rechtswidrig erlangte Beweismittel (mutmaßlich) nicht aufgeklärt worden wären (Fernwirkung), wird vom BFH grds. verneint (BFH V B 78/09, BFH/NV 2011, 631) und nur bei qualifizierten, grundrechtsrelevanten Verfahrensverstößen ausnahmsweise in Betracht gezogen (grds. BFH VIII R 53/04, BStBl. II 2007, 227; IX B 144/08, BFH/NV 2009, 195; VIII R 1/13, BeckRS 2015, 95573). Die Geständnisse der aufgrund einer gegen § 100a StPO verstoßenden Überwachungsmaßnahme ermittelten Täter können deshalb verwertet werden, wenn sie nicht durch einen **Vorhalt** im Sinne einer Fortwirkung des Verwertungsverbots beeinflusst sind (BFH V B 78/09, BFH/NV 2011, 622 unter Hinweis auf BGH 1 StR 316/05, NJW 2006, 1361). 78

d) Überzeugung, Beweismaß. aa) Überzeugungsgrundsatz. Das Gericht soll aus dem Gesamtergebnis des Verfahrens seine **Überzeugung gewinnen** und danach entscheiden. Überzeugung ist eine **innere Tatsache,** die nur durch gewissenhafte Selbstbefragung ermittelt werden kann und anderen Menschen nicht unmittelbar zugänglich ist. Welche Anforderungen an die Überzeugungsbildung gestellt werden müssen, entzieht sich deshalb weitgehend abstrakter Festlegung (BFH VIII R 22/10, BStBl. II 2013, 526). Indem der Gesetzgeber die subjektive Überzeugung zum rechtlichen Maßstab erhebt, stärkt er die Stellung des Instanzrichters, verleiht ihm eine gewisse **Macht** und eine ebenso große **Verantwortung.** Begrenzt wird diese **Freiheit** durch die Begründungspflicht (Abs. 1 S. 3) und die Erwartung, dass für die Überzeugungsbildung intersubjektiv nachvollziehbare und zustimmungsfähige Gründe angegeben werden können und müssen (→ Rn. 7). 80

Gegenstand. Abs. 1 S. 1 Hs. 1 sagt nicht, wovon das Gericht überzeugt sein soll. § 286 ZPO ist deshalb ergänzend heranzuziehen (iVm § 155; ebenso Tipke/Kruse/Seer § 96 Rn. 65). Danach muss das Gericht entscheiden, ob eine tatsächliche Behauptung **für wahr oder für nicht wahr zu erachten sei.** Eine tatsächliche Behauptung ist wahr, wenn sie Tatsachen schildert und unwahr, wenn das Behauptete nicht zutrifft. Das Gericht muss sich also letztlich davon überzeugen, welche Tatsachen den Fall bilden. Zwar kann die Wahrheit einer Tatsachenbehauptung nur bejaht oder verneint werden; die Überzeugung von der Wahrheit (einer Aussage) ist jedoch in Abstufungen möglich. Der Gesetzgeber formuliert dies ganz genau: Das Gericht muss nicht etwa entscheiden, ob die Aussage wahr ist, sondern ob es sie für wahr erachtet (**subjektive Wahrheit;** Tipke/Kruse/ 81

Seer § 96 Rn. 65). Der Gegenstand der Überzeugungsbildung (Wahrheit einer Aussage) bestimmt danach noch nicht das rechtlich erforderliche Maß an Überzeugung (Beweismaß).

82 **bb) Regelbeweismaß. Grad der Überzeugung.** Das G verlangt im Normalfall die volle, dh vollständige Überzeugung. Das ist nicht die absolute Gewissheit, die praktisch niemals erreicht werden kann (BFH X B 213/09, BFH/NV 2011, 268), sondern es genügt ein **für das praktische Leben** brauchbarer Grad von Gewissheit. Dieser ist erreicht, wenn der Tatrichter ohne Bindung an gesetzliche Beweisregeln und nur seinem persönlichen Gewissen unterworfen persönliche Gewissheit in einem Maße erlangt, dass er an sich mögliche Zweifel überwindet und sich von einem bestimmten Sachverhalt als wahr überzeugen kann. Nach der „klassischen Definition" (BVerfG 1 BvR 1273/96, NJW 2001, 1639) des BGH ist ein Grad an Überzeugung nötig, „der den Zweifeln Schweigen gebietet, ohne sie völlig auszuschließen" (BGH III ZR 139/67, NJW 1970, 946 – Anastasia). Diesem Maßstab ist der BFH gefolgt (BFH VI R 41/09, BStBl. II 2010, 1022).

83 Nach einer anderen in der Rspr. gebräuchlichen Formulierung genügt auch eine Feststellung mit **„an Sicherheit grenzender Wahrscheinlichkeit"** (zB VIII R 81/04, BStBl. II 2007, 364; X B 213/09, BFH/NV 2011, 268). Darin liegt nur dann ein Gegensatz zur gesetzlich vorgesehenen Überzeugungsbildung, wenn die Feststellung der Wahrscheinlichkeit die Überzeugung ersetzen soll (vgl. schon BGH III ZR 139/67, NJW 1970, 946 – Anastasia). Das ist nicht der Fall, wenn zwei Unterscheidungen beachtet werden: 1. Die Wahrscheinlichkeit bezieht sich nicht auf den Gegenstand der Überzeugungsbildung, sondern auf die Überzeugung selbst. Das Gericht muss sich von der Wahrheit einer auf Tatsachen bezogenen Behauptung überzeugen (Gegenstand; → Rn. 81). Es geht nicht darum, wie wahrscheinlich die Tatsache ist, auf die sich die Aussage bezieht, denn die Feststellung, dass eine bestimmte Tatsache vorliegt, kann in aller Regel nicht durch eine Wahrscheinlichkeitsaussage ersetzt werden. Die statistische Wahrscheinlichkeit für ein bestimmtes Ereignis sagt prinzipiell nichts darüber aus, ob das Ereignis eingetreten ist. Nur in seltenen Ausnahmefällen kann die erdrückende objektive Wahrscheinlichkeit die subjektive Überzeugung als gesetzlichen Maßstab ersetzen, zB bei DNA-Gutachten (BGH XII ZR 155/92, NJW 1994, 1348 zur Vaterschaftsfeststellung; BGH 3 StR 247/12, NJW 2013, 2612; 4 StR 439/13, NJW 2014, 477 zum Strafverfahren). Diese Ausnahmen sind jedoch nicht verallgemeinerbar. Ein bloßes Wahrscheinlichkeitsurteil ersetzt deshalb auch nicht die notwendig auf einzelfallbezogene Tatsachen gegründete Feststellung einer Steuerhinterziehung (BFH VIII R 22/10, BStBl. II 2013, 526 zu § 71 AO). 2. Die Formulierung meint nicht die objektive, dh statistisch ermittelte, überprüfbare Wahrscheinlichkeit, sondern wie beim Wahrheitsmaßstab einen subjektiven, aber rationalen (dh intersubjektiv nachvollziehbaren und zustimmungsfähigen) Maßstab. Wenn diese Einschränkungen beachtet werden, besteht kein Gegensatz zwischen dem grds. erforderlichen „für wahr halten" und einem entsprechenden **„für wahrscheinlich halten"** (näher Anzinger, Anscheinsbeweis und tatsächliche Vermutung im Ertragsteuerrecht, 2006; Birkenfeld, Beweis und Beweiswürdigung im Steuerrecht, Kölner Diss. 1973, 93 ff.). Insofern kann der Formulierung zugestimmt werden. Da sie jedoch dem Gesetzestext nicht entspricht und zu Missverständnissen Anlass gibt, sollte besser auf sie verzichtet werden.

85 **Innere Tatsachen.** Das volle Beweismaß gilt grds. auch für die Feststellung sog. **innerer Tatsachen.** Zwar sind innere Tatsachen (insbes. Absichten) einer

unmittelbaren Überprüfung nicht zugänglich. Auf ihr Vorliegen kann deshalb nur anhand äußerer Umstände geschlossen werden. Dabei wird von feststehenden **Hilfstatsachen** (Indizien) auf die Haupttatsache geschlossen. Für die Feststellung der (äußeren) Hilfstatsachen gilt dabei selbstverständlich das volle Beweismaß (BFH IX R 59/96, BStBl. II 2000, 67; VII S 16/05 (PKH), BFH/NV 2007, 455; IX B 36/07, BFH/NV 2008, 1149; s. auch HHS/Lange § 96 Rn. 106; Tipke/Kruse/Seer § 96 Rn. 36). Aber auch der Schluss auf die Haupttatsache muss dazu geeignet sein, dem Gericht die volle Überzeugung von ihrem Vorliegen zu vermitteln (BFH VIII B 92/11, BFH/NV 2013, 1448); bloße Vermutungen oder Wahrscheinlichkeiten reichen hierfür nicht aus (BFH IX R 11/91, BStBl. II 1995, 192; näher zum Indizienbeweis → Rn. 144; zum Anscheinsbeweis → Rn. 146 ff.).

cc) Verringerung des Beweismaßes. Überblick. § 96 I 1 schreibt kein für 86
alle Situationen einheitliches (festes) Beweismaß vor. Eine Verringerung des in Abs. 1 S. 1 angeordneten Regelbeweismaßes („Überzeugung") bedarf allerdings einer **gesetzlichen Grundlage** (zB § 155 FGO iVm § 294 ZPO oder § 96 I 1 FGO iVm § 162 AO). Eine gesetzliche Grundlage kann sich auch aus ungeschriebenen Rechtsgrundsätzen ergeben (zB Regeln bei Beweisvereitelung analog § 155 FGO iVm § 444 ZPO). Im finanzgerichtlichen Verfahren wird darüber hinaus eine Beweismaßreduzierung als Sanktion für die Verletzung von Pflichten und Obliegenheiten (auch außerhalb von § 162 AO) angenommen (zB BFH X R 16/86, BStBl. II 1989, 462; I R 4/10, BFH/NV 2011, 800). Eine Reduzierung des Beweismaßes kommt auch in Betracht, wenn aufgrund **überlanger Verfahrensdauer** Beweismittel nicht mehr zur Verfügung stehen und alle anderen Beweismittel erschöpft sind (zB BFH IX B 29/06, BFH/NV 2007, 1174; VIII B 211/06, BFH/NV 2007, 2312; III B 67/11, BFH/NV 2012, 589).

Der BFH (X B 138/13, BFH/NV 2014, 720) hält daneben auch eine **Erhö-** 87
hung des Regelbeweismaßes für denkbar, wenn es darum geht, „den Umfang des steuerlichen Fehlverhaltens des Klägers" festzustellen, der sich darauf beruft, dass das FA die beschlagnahmten Akten vorzeitig vernichtet hat und deshalb nicht mehr vorlegen kann (zur Abgrenzung BFH X B 168–170/13, BFH/NV 2014, 876). Einer Erhöhung des Regelbeweismaßes bedarf es mE nicht; vielmehr darf das Recht aus § 162 AO nicht ausgeübt werden, wenn die Behörde die Voraussetzungen für die Schätzung durch (zu frühe) Aktenvernichtung selbst geschaffen hat (venire contra factum proprium).

Glaubhaftmachung. Genügt aufgrund gesetzlicher Anordnung zum Nach- 88
weis einer Tatsache deren Glaubhaftmachung wie zB im summarischen Verfahren der §§ 69, 114 (→ § 69 Rn. 121; → § 114 Rn. 57) oder in § 79b III 2 (→ § 79b Rn. 40), darf sich das Gericht damit zufriedengeben, dass der Sachverhalt mit **überwiegender Wahrscheinlichkeit** festgestellt wird (BFH I R 223/70, BStBl. II 1974, 736: nicht nur geringes Maß an Wahrscheinlichkeit; BFH X R 90/87, BFH/NV 1989, 110; X B 185/87, BFH/NV 1988, 731; Zöller/Greger ZPO § 294 Rn. 6 verlangt ein den konkreten Umständen angepasstes Maß an Glaubhaftigkeit).

Schätzung. Die Befugnis zur Schätzung (§ 96 I 1 FGO iVm § 162 AO) 90
bewirkt (auch) eine Reduzierung des Beweismaßes. Der Grad der grds. erforderlichen Gewissheit („Überzeugung") reduziert sich in der Weise, dass der Sachverhalt **aufgrund von Wahrscheinlichkeitserwägungen** festgestellt werden darf (BFH X R 86/88, BStBl. II 1992, 128). Dies bedeutet, dass sich das Gericht hinsichtlich nicht feststehender Tatsachen über bestehende Zweifel hinwegsetzen darf (BFH

X R 34/99, BeckRS 2002, 25000928). Der Umfang der Beweismaßreduzierung lässt sich nach der Rspr. nicht allg. festlegen, sondern hängt von den Umständen des Einzelfalls, insbes. von der Schwere der Pflichtverletzung, dem Grundsatz der Verhältnismäßigkeit, dem Gedanken der Zumutbarkeit und der gesteigerten Mitverantwortung aus vorangegangenem Tun ab (grds. BFH X R 16/86, BStBl. II 1989, 462; X R 86/88, BStBl. II 1992, 128).

92 **Beweisvereitelung; Verletzung von Pflichten und Obliegenheiten.** Aus § 155 FGO iVm § 444 ZPO (analog) folgert die Rspr. den allg. Rechtsgedanken, dass der Beweisverderber oder Beweisvereitler aus seinem Verhalten **keinen Vorteil** ziehen darf. Zwar verweist § 82 nicht auf die §§ 415–444 ZPO; dies schließt im finanzgerichtlichen Verfahren die Anwendung des in § 444 ZPO zum Ausdruck kommenden allg. Rechtsgedankens jedoch nicht aus (BFH IX B 41/04, BFH/NV 2005, 68). Rechtsfolge bei zurechenbarer Verhinderung des Beweises kann eine Reduzierung des Beweismaßes sein. Zur Vermeidung eines ungerechtfertigten Vorteils hält die Rspr. auch **belastende Unterstellungen** oder **nachteilige Schlüsse** iRd Beweiswürdigung für gerechtfertigt (grds. BFH X R 16/86, BStBl. II 1989, 462; X R 86/88, BStBl. II 1992, 128; X R 77/91, BFH/NV 1993, 547; V B 28/02, BFH/NV 2003, 1195; IV B 221/02, BFH/NV 2004, 1367).

93 Bei der **Verletzung von Mitwirkungspflichten** differenziert die Rspr. danach, ob sich die Pflicht auf eine Tatbestandsvoraussetzung oder eine Rechtsfolge bezieht. Bezieht sie sich auf eine Tatbestandsvoraussetzung, führt dies zu einer Reduzierung des Beweismaßes bei der Feststellung der Tatsache. Bezieht sie sich auf eine Rechtsfolge, rechtfertigt dies regelmäßig die Schätzung der Besteuerungsgrundlagen (BFH I R 103/00, BStBl. II 2004, 171). Eine Beweismaßreduzierung soll auch zulässig sein als **allg. Sanktion** für die Verletzung prozessualer Pflichten oder die Nichtbeachtung von Obliegenheiten (BFH X R 16/86, BStBl. II 1989, 462 mwN). Davon abzugrenzen ist die Nichtbeachtung der Substantiierungslast. Etwaige Versäumnisse des Klägers bei der Substantiierung des späteren Zeitpunkts des Zugangs des VA (§ 122 II Nr. 1 AO) reduzieren nicht den Grad der gerichtlichen Überzeugungsbildung für das Datum von dessen Aufgabe zur Post (BFH X B 108/20, BFH/NV 2021, 929).

95 **dd) In dubio pro reo.** Der strafrechtliche Grundsatz in dubio pro reo schließt in seinem Anwendungsbereich eine Beweismaßreduzierung aus (BFH GrS 5/77, BStBl. II 1979, 570; VIII R 81/04, BStBl. II 2007, 364). **Strafrechtlich geprägte Tatbestandsmerkmale** (wie zB in § 71 oder § 169 II 2 AO) müssen deshalb im finanzgerichtlichen Verfahren stets mit dem vollen Beweismaß festgestellt werden. Das gilt aber nur, soweit es auf ein materiell-strafrechtliches Tatbestandsmerkmal ankommt (BFH X B 34/07, BFH/NV 2008, 597). Gemeint sind Tatbestandsmerkmale im Steuerrecht, deren Begriffsinhalt mangels eigenständiger steuerrechtlicher Definition durch das materielle Strafrecht vorgegeben ist. Hängt die Rechtmäßigkeit eines Bescheids davon ab, dass eine Steuerhinterziehung (§ 370 AO) vorliegt, muss das Gericht von ihrer Begehung überzeugt sein (BFH X R 86/88, BStBl. II 1992, 128; VIII R 81/04, BStBl. II 2007, 364). Für die Überzeugungsbildung sind nicht die Vorschriften der StPO anzuwenden (BFH GrS 5/77, BStBl. II 1979, 570; VIII R 22/10, BStBl. II 2013, 526); das Beweismaß richtet sich allein nach den Vorschriften der AO und der FGO. Danach ist kein höherer Grad an Gewissheit erforderlich als für die Feststellung anderer Tatsachen (BFH III R 194/84, BStBl. II 1989, 216; V B 154/08, BFH/NV 2009,

1597), aber auch kein geringerer. Das gilt auch, wenn der Stpfl. seine **Mitwirkungspflicht verletzt** hat und sogar bei Verletzung der gesteigerten Mitwirkungspflicht bei Auslandssachverhalten (§ 90 II AO; BFH VIII R 81/04, BStBl. II 2007, 364; X B 153/10, BFH/NV 2011, 965; X R 65/09, BStBl. II 2012, 345 mAnm Fischer FR 2012, 591).

Begründung. Zwar muss der Stpfl. im Besteuerungsverfahren grds. auch dann an der Aufklärung des Sachverhalts mitwirken, wenn er sich selbst belasten müsste. Das gilt auch nach Einleitung eines strafrechtlichen Ermittlungsverfahrens (§ 393 I 1, 2 AO; BFH XI R 10/01, BStBl. II 2002, 328; II B 9/04, BFH/NV 2006, 24; BGH 5 StR 191/04, NJW 2005, 763). Bei Verletzung dieser Pflicht können die Besteuerungsgrundlagen für Zwecke der Besteuerung (nicht der Strafverfolgung) geschätzt werden (BFH XI B 6/01, BStBl. II 2002, 4; III B 83/04, BFH/NV 2005, 503; IV B 121/06, BFH/NV 2007, 2241). Im Anwendungsbereich des Grundsatzes in dubio pro reo ist damit jedoch keine Beweismaßreduzierung verbunden. Als **Beweislastregel** gehört der Grundsatz in dubio pro reo nach hM zum materiellen Recht, dh zum Strafrecht. Er ist deshalb untrennbar mit dem materiell-strafrechtlichen Verständnis der strafrechtlich geprägten Tatbestandsmerkmale verbunden (BFH VIII R 22/10, BStBl. II 2013, 526; VIII R 27/10, BStBl. II 2014, 295). Die Beweislastregel in dubio pro reo setzt voraus, dass die volle Überzeugung vom Vorliegen bestimmter Tatsachen nicht erreichbar ist, und greift immer schon dann ein, wenn dies der Fall ist, wenn sich das Gericht also die volle Überzeugung vom Vorliegen der Tatsachen nicht bilden kann. Dies schließt die Anwendung eines geringeren Beweismaßes aus. Das gilt insbes. für die Tatsachen, aus denen sich eine Steuerhinterziehung **dem Grunde nach** ergibt (BFH II R 42/14, BStBl. II 2016, 868). Der Grundsatz in dubio pro reo hindert das Gericht iÜ nicht, sich vom Vorliegen bestimmter Tatsachen zu überzeugen (BFH IV B 121/06, BFH/NV 2007, 2241); er greift nur dann ein, wenn das erforderliche Maß an Gewissheit nach Auffassung des erkennenden Gerichts nicht erreicht worden ist. 96

Die **Höhe** der hinterzogenen Steuern darf grds. geschätzt werden. Der Grundsatz in dubio pro reo schließt die Anwendung des § 162 AO nicht generell aus (zB BFH X B 237/12, BFH/NV 2014, 369; → Rn. 96). Allerdings darf sich die Schätzung in diesem Fall nicht an der oberen Grenze des für den Einzelfall geltenden Schätzrahmens auszurichten (BFH I R 50/00, BStBl. II 2001, 38; VIII B 91/01, BFH/NV 2002, 749; VIII R 81/04, BStBl. II 2007, 364). Das Gericht muss die Schätzung vielmehr so weit reduzieren, bis es die volle Gewissheit vom Vorliegen der geschätzten Tatsachen erreicht hat (BFH VIII R 23/16, DStR 2020, 1677). 97

ee) Rechtsfolgen. Verkennt das Gericht das anzuwendende Beweismaß, irrt es sich also über den rechtlichen Maßstab der Überzeugungsbildung, liegt ein **Verfahrensmangel** vor, der vom jeweils benachteiligten Beteiligten gerügt werden kann. Der Überzeugungsgrundsatz ist sowohl in seiner Ausprägung als Grundsatz (volle Überzeugung) als auch in seinen Abwandlungen hinsichtlich der Reduzierung des Beweismaßes (mit Gegenausnahmen) ein **Rechtssatz** des Verfahrensrechts, dessen Einhaltung in vollem Umfang vom BFH nachgeprüft wird. Es ist deshalb nicht erforderlich, dass das Gericht die Anforderungen an die Überzeugungsbildung „in grundlegender Weise“ verkennt (so aber BFH VIII R 22/10, BStBl. II 2013, 526; VIII R 51/14, BFH/NV 2018, 5; VIII R 12/21, BStBl. II 2025, 150); ein Ermessen oder Beurteilungsspielraum steht dem Tatrichter in 99

Rechtsfragen nicht zu. Hat das Gericht den Sachverhalt festgestellt, kommen die Regeln über die Verteilung der Feststellungslast nicht mehr zur Anwendung.

100 **e) Freie Würdigung, Methodik der Tatsachenfeststellung. Grundsatz.** Unter Beachtung des Vollständigkeitsgebots und des Überzeugungsgrundsatzes darf und muss sich der Tatrichter **frei entscheiden,** ob er die entscheidungserheblichen Tatsachen als gegeben ansieht. Frei bedeutet ohne Bindung an (starre) Rechtsregeln und nur dem eigenen Gewissen unterworfen. Es kommt auf die eigene, dh subjektive, **innere Überzeugung** des Richters an. In einem Spruchkörper muss sich jeder Richter seine eigene Überzeugung bilden; den Ausschlag gibt dann die übereinstimmende Mehrheit.

102 **aa) Gesetzliche Beweisregeln.** Der Grundsatz der freien Beweiswürdigung steht unter dem Vorbehalt, dass keine gesetzlichen Beweisregeln zu beachten sind (§ 96 I 1 Hs. 2 FGO iVm §§ 158, 160, 162 AO; § 155 FGO iVm § 286 II ZPO). Beweisregeln sind **Rechtsnormen,** die dem erkennenden Gericht anstelle einer Rechtsfolge verbindlich vorgeben, bei seiner Überzeugungsbildung vom Vorliegen bestimmter **Tatsachen** auszugehen oder nicht auszugehen. In ihrem Anwendungsbereich verdrängen sie den Grundsatz der freien Beweiswürdigung. Das Gericht muss seiner Entscheidung die durch die Beweisregel vorgegebene Tatsache zugrunde legen, auch wenn es von ihrem Vorliegen nicht überzeugt ist oder positiv weiß, dass die Tatsache nicht vorliegt. Beweisregeln unterscheiden sich von anderen Rechtsnormen, die dem erkennenden Gericht bestimmte **rechtliche Wertungen** bei seiner Entscheidung vorgeben (Rechtskraft, Bindungswirkung nach § 182 AO, sog. Tatbestandswirkung etc).

103 **Die FGO** enthält eine gesetzliche Beweisregel in § 62 VI 1, 4. Wird die Prozessvollmacht nicht durch Einreichung der handschriftlich unterzeichneten Vollmacht im Original nachgewiesen, muss das Gericht davon ausgehen, dass eine Vollmacht nicht erteilt worden ist (→ § 62 Rn. 83 ff.).

104 **Rechtsfolgen.** Lässt das Gericht bei seiner Entscheidung eine Beweisregel unbeachtet, liegt darin ein **Verfahrensmangel** (§ 96 I 1), denn die gesetzlichen Beweisregeln sind Vorschriften des Verfahrensrechts. Sie betreffen das Verfahren der Überzeugungsbildung. Hält sich das Gericht zu Unrecht an eine in Wirklichkeit nicht bestehende Beweisregel gebunden und unterlässt es deshalb rechtsfehlerhaft die gebotene „freie" Beweiswürdigung, liegt auch darin ein Verfahrensmangel (BFH XI B 84/06, BFH/NV 2007, 913).

105 **(1) Beweisregeln der AO (Abs. 1 S. 1 Hs. 2). Umfang der Verweisung.** § 96 I 1 Hs. 2 verweist nur auf die §§ 158, 160 und 162 AO. § 159 AO (Nachweis der Treuhänderschaft) und § 161 AO (Fehlmengen bei Bestandsaufnahme) sind demgegenüber mangels eines Verweises nicht sinngemäß anwendbar. Soweit dies zT als ein durch Lückenschluss zu behebendes redaktionelles Versehen gewertet wird (zB Tipke/Kruse/Seer § 96 Rn. 53, 61 f.), ist dem nicht zu folgen. Angesichts der allg. prozessualen Mitverantwortung des Rechtsuchenden (→ § 76 Rn. 2) und der diversen richterlichen Möglichkeiten, auf die Mitwirkung hinzuwirken, erübrigt sich eine Anwendung der §§ 159 u. 161 AO im finanzgerichtlichen Verfahren (iE ebenso BFH I R 99/94, BStBl. II 1997, 404; s. auch II B 164/05, BFH/NV 2007, 470; VIII B 221/05, BFH/NV 2007, 1079). § 159 I AO befreit das FG nicht von der Pflicht des § 96 I 1, nach seiner freien, aus dem Gesamtergebnis des Verfahrens gewonnenen Überzeugung zu entscheiden (BFH IX R 14/08, BStBl. II 2010, 460).

§ 158 AO Beweiskraft der Buchführung 106

(1) Die Buchführung und die Aufzeichnungen des Steuerpflichtigen, die den Vorschriften der §§ 140 bis 148 entsprechen, sind der Besteuerung zugrunde zu legen.

(2) Absatz 1 gilt nicht,
1. soweit nach den Umständen des Einzelfalls Anlass besteht, die sachliche Richtigkeit zu beanstanden oder
2. soweit die elektronischen Daten nicht nach der Vorgabe der einheitlichen digitalen Schnittstellen des § 41 Absatz 1 Satz 7 des Einkommensteuergesetzes in Verbindung mit § 4 Absatz 2a der Lohnsteuer-Durchführungsverordnung, des § 146a oder des § 147b in Verbindung mit der jeweiligen Rechtsverordnung zur Verfügung gestellt werden.

§ 158 I AO begründet für eine den Anforderungen der §§ 140–148 AO entsprechende, dh formell ordnungsmäßige Buchführung die **Vermutung** der sachlichen Richtigkeit. Im finanzgerichtlichen Verfahren hat dies die Wirkung einer (widerleglichen) Beweisregel. § 158 II AO regelt, wann die Vermutung nicht greift. Nach § 158 II Nr. 1 AO muss die Finbeh die Vermutung widerlegen. Das Gericht muss bis zum Beweis des Gegenteils (§ 155 FGO iVm § 292 S. 1 ZPO) von der sachlichen Richtigkeit der Buchführung ausgehen. Ist die Vermutung des § 158 AO im Einzelfall widerlegt, müssen die Finbeh und über § 96 I 2 Hs. 2 auch das FG die Besteuerungsgrundlagen **schätzen** (§ 162 AO; → Rn. 18 ff.; s. auch BFH X B 56/99, BFH/NV 2000, 304). Die Anwendung der Vorschrift unterliegt im finanzgerichtlichen Verfahren keinen Besonderheiten; wegen der Einzelheiten wird deshalb auf die einschlägigen AO-Kommentare verwiesen. Nach § 158 II Nr. 2 AO (eingeführt zum 1.1.2023) entfällt die Vermutung schon dann, wenn in den gesetzlich angeordneten Fällen elektronische Daten nicht oder nicht vorschriftsmäßig übermittelt worden sind. Diese Verknüpfung erscheint sachfremd. Fehlende elektronische Daten erschweren zwar die Überprüfung durch die Finbeh, sprechen aber nicht gegen die Richtigkeit der Buchführung. 107

Rechtsfolgen. Wendet das FG die positive Beweisregel in § 158 I AO zu Unrecht an und entscheidet es deshalb nicht gem. § 96 I 1 über die Richtigkeit der Buchführung, liegt mE ein **Verfahrensmangel** vor, weil sich das FG bei seiner Entscheidung zu Unrecht an eine Beweisregel gebunden fühlt. Dasselbe gilt umgekehrt, wenn das FG über die Richtigkeit der Buchführung gem. § 96 I 1 entscheidet und dabei zu Unrecht die Beweisregel in § 158 I AO außer Acht lässt (→ Rn. 103). Verneint das FG bei der Anwendung des § 162 AO die Voraussetzungen des § 158 AO zu Unrecht, liegt allerdings ein materiell-rechtlicher Fehler (bei der Anwendung von § 162 AO) vor (→ Rn. 116). 108

§ 160 AO Benennung von Gläubigern und Zahlungsempfängern 110

(1) [1]Schulden und andere Lasten, Betriebsausgaben, Werbungskosten und andere Ausgaben sind steuerlich regelmäßig nicht zu berücksichtigen, wenn der Steuerpflichtige dem Verlangen der Finanzbehörde nicht nachkommt, die Gläubiger oder die Empfänger genau zu benennen. [2]Das Recht der Finanzbehörde, den Sachverhalt zu ermitteln, bleibt unberührt.

(2) § 102 bleibt unberührt.

Die Verweisung auf § 160 AO ermächtigt das Gericht, ein vom FA unterlassenes oder fehlerhaftes Empfängerverlangen nachzuholen (zB BFH I R 39/05, BFH/NV 2006, 1618). Kommt der Kläger dem Verlangen nicht nach, sind die Ausgaben 111

„regelmäßig" nicht zu berücksichtigen. § 162 AO geht der Anwendung von § 160 AO voraus; § 160 AO eröffnet deshalb keine Schätzungsbefugnis (BFH X R 9/13, BStBl. II 2016, 815). Weder ein Benennungsverlangen noch die (fehlende) Antwort hierauf begründen die Änderungsvoraussetzungen gem. § 173 I 1 AO oder § 175 I 1 Nr. 2 AO (BFH X R 9/13, BStBl. II 2016, 815; III R 28/14, BStBl. II 2017, 743). Das Gericht entscheidet dann nach **Ermessen** (nicht aufgrund umfassender Sachverhaltswürdigung), ob und inwieweit es Ausgaben, bei denen der Empfänger nicht benannt ist, zum Abzug zulässt (s. aber zur **Ermessensreduzierung** auf null, wenn der Stpfl. dem Benennungsverlangen voll entsprochen hat: BFH I B 66/02, BFH/NV 2004, 919). Auf die Frage, ob das Gericht von der tatsächlichen Verausgabung überzeugt ist, kommt es nicht an (BFH I R 7/81, BStBl. II 1986, 318 (320) mwN). Wegen der weiteren Einzelheiten wird auf die einschlägigen AO-Kommentare verwiesen.

112 **Rechtsfolgen.** Die zu Unrecht unterlassene oder fehlerhafte Anwendung von § 160 AO durch das FG stellt trotz ihrer verfahrensrechtlichen Bedeutung keinen Verfahrensmangel, sondern einen **materiell-rechtlichen Fehler** dar (BFH I B 66/02, BFH/NV 2004, 919), der grds. nicht zur Zulassung der Revision führt (→ § 115 Rn. 68 ff.).

114 **§ 162 AO Schätzung von Besteuerungsgrundlagen**

(1) [1]Soweit die Finanzbehörde die Besteuerungsgrundlagen nicht ermitteln oder berechnen kann, hat sie sie zu schätzen. [2]Dabei sind alle Umstände zu berücksichtigen, die für die Schätzung von Bedeutung sind.

(2) [1]Zu schätzen ist insbesondere dann, wenn der Steuerpflichtige über seine Angaben keine ausreichenden Aufklärungen zu geben vermag oder weitere Auskunft oder eine Versicherung an Eides statt verweigert oder seine Mitwirkungspflicht nach § 90 Absatz 2 verletzt. [2]Das Gleiche gilt, wenn der Steuerpflichtige Bücher oder Aufzeichnungen, die er nach den Steuergesetzen zu führen hat, nicht vorlegen kann, wenn die Buchführung oder die Aufzeichnungen nach § 158 Absatz 2 nicht der Besteuerung zugrunde gelegt werden oder wenn tatsächliche Anhaltspunkte für die Unrichtigkeit oder Unvollständigkeit der vom Steuerpflichtigen gemachten Angaben zu steuerpflichtigen Einnahmen oder Betriebsvermögensmehrungen bestehen und der Steuerpflichtige die Zustimmung nach § 93 Absatz 7 Satz 1 Nummer 5 nicht erteilt. [3]Hat der Steuerpflichtige seine Mitwirkungspflichten nach § 12 des Gesetzes zur Abwehr von Steuervermeidung und unfairem Steuerwettbewerb verletzt, so wird widerlegbar vermutet, dass in Deutschland steuerpflichtige Einkünfte in Bezug zu Staaten oder Gebieten im Sinne des § 3 Absatz 1 des Gesetzes zur Abwehr von Steuervermeidung und unfairem Steuerwettbewerb

1. bisher nicht erklärt wurden, tatsächlich aber vorhanden sind, oder
2. bisher zwar erklärt wurden, tatsächlich aber höher sind als erklärt.

(3) [1]Verletzt ein Steuerpflichtiger seine Mitwirkungspflichten nach § 90 Absatz 3 dadurch, dass er keine Aufzeichnungen über einen Geschäftsvorfall vorlegt, oder sind die über einen Geschäftsvorfall vorgelegten Aufzeichnungen im Wesentlichen unverwertbar oder wird festgestellt, dass der Steuerpflichtige Aufzeichnungen im Sinne des § 90 Absatz 3 Satz 5 nicht zeitnah erstellt hat, so wird widerlegbar vermutet, dass seine im Inland steuerpflichtigen Einkünfte, zu deren Ermittlung die Aufzeichnungen im Sinne des § 90 Absatz 3 dienen, höher als die von ihm erklärten Einkünfte sind. [2]Hat in solchen Fällen die Finanzbehörde eine Schätzung vorzunehmen und können diese Einkünfte nur innerhalb eines bestimmten Rahmens, insbe-

sondere nur auf Grund von Preisspannen bestimmt werden, kann dieser Rahmen zu Lasten des Steuerpflichtigen ausgeschöpft werden. [3]Bestehen trotz Vorlage verwertbarer Aufzeichnungen durch den Steuerpflichtigen Anhaltspunkte dafür, dass seine Einkünfte bei Beachtung des Fremdvergleichsgrundsatzes höher wären als die auf Grund der Aufzeichnungen erklärten Einkünfte, und können entsprechende Zweifel deswegen nicht aufgeklärt werden, weil eine ausländische, nahe stehende Person ihre Mitwirkungspflichten nach § 90 Absatz 2 oder ihre Auskunftspflichten nach § 93 Absatz 1 nicht erfüllt, ist Satz 2 entsprechend anzuwenden.

(4) [1]Legt ein Steuerpflichtiger über einen Geschäftsvorfall keine Aufzeichnungen im Sinne des § 90 Absatz 3 vor oder sind die über einen Geschäftsvorfall vorgelegten Aufzeichnungen im Wesentlichen unverwertbar, ist ein Zuschlag von 5000 Euro festzusetzen. [2]Der Zuschlag beträgt mindestens 5 Prozent und höchstens 10 Prozent des Mehrbetrags der Einkünfte, der sich nach einer Berichtigung auf Grund der Anwendung des Absatzes 3 ergibt, wenn sich danach ein Zuschlag von mehr als 5000 Euro ergibt. [3]Der Zuschlag ist regelmäßig nach Abschluss der Außenprüfung festzusetzen. [4]Bei verspäteter Vorlage von verwertbaren Aufzeichnungen beträgt der Zuschlag bis zu 1 000 000 Euro, mindestens jedoch 100 Euro für jeden vollen Tag der Fristüberschreitung; er kann für volle Wochen und Monate der verspäteten Vorlage in Teilbeträgen festgesetzt werden. [5]Soweit den Finanzbehörden Ermessen hinsichtlich der Höhe des jeweiligen Zuschlags eingeräumt ist, sind neben dem Zweck dieses Zuschlags, den Steuerpflichtigen zur Erstellung und fristgerechten Vorlage der Aufzeichnungen nach § 90 Absatz 3 anzuhalten, insbesondere die von ihm gezogenen Vorteile und bei verspäteter Vorlage auch die Dauer der Fristüberschreitung zu berücksichtigen. [6]Von der Festsetzung eines Zuschlags ist abzusehen, wenn die Nichterfüllung der Pflichten nach § 90 Absatz 3 entschuldbar erscheint oder ein Verschulden nur geringfügig ist. [7]Das Verschulden eines gesetzlichen Vertreters oder eines Erfüllungsgehilfen steht dem eigenen Verschulden gleich.

(4a) [1]Verletzt der Steuerpflichtige seine Mitwirkungspflichten nach § 12 des Steueroasen-Abwehrgesetzes, ist Absatz 4 entsprechend anzuwenden. [2]Von der Festsetzung eines Zuschlags ist abzusehen, wenn die Nichterfüllung der Mitwirkungspflichten entschuldbar erscheint oder das Verschulden nur geringfügig ist. [3]Das Verschulden eines gesetzlichen Vertreters oder eines Erfüllungsgehilfen ist dem Steuerpflichtigen zuzurechnen.

(5) In den Fällen des § 155 Absatz 2 können die in einem Grundlagenbescheid festzustellenden Besteuerungsgrundlagen geschätzt werden.

Kraft der Verweisung auf § 162 AO ist das FG unter den dortigen Voraussetzungen berechtigt und uU sogar verpflichtet, die Besteuerungsgrundlagen selbst zu schätzen **(eigene Schätzungsbefugnis).** An die vom FA gewählte Schätzungsmethode ist es nicht gebunden (BFH X R 47/13, BeckRS 2015, 96064). Nach der Rspr. des BFH ist das FG grds. nicht verpflichtet, die Beteiligten darauf hinzuweisen, dass es von seiner gesetzlichen Schätzungsbefugnis Gebrauch machen will. Es muss die Beteiligten aber darauf hinweisen, wenn es von einer bisher nicht erörterten Schätzungsmethode Gebrauch machen will, die den bisher erörterten Methoden nicht mehr ähnlich ist oder die Einführung neuen Tatsachenstoffs erfordert (BFH XI B 114/12, BFH/NV 2013, 1947; X B 120/18, BFH/NV 2022, 744). Die Schätzung ist eine Tatsachenfeststellung (§ 118 II; zB BFH IV B 107/12, BFH/NV 2013, 1928), die den Grundsatz der freien Beweiswürdigung **115** verdrängt und an die der BFH im Revisionsverfahren grds. gebunden ist (→ § 118 Rn. 31). § 162 AO bewirkt außerdem eine Reduzierung des Beweismaßes (→ Rn. 90). Die Anwendung des § 162 AO im finanzgerichtlichen Verfahren unterliegt iÜ grds. keinen Besonderheiten. Wegen der Einzelheiten kann deshalb auf die einschlägigen AO-Kommentare verwiesen werden. Zur Schätzung im Anwendungsbereich des strafrechtlichen Grundsatzes **in dubio pro reo** → Rn. 96.

116 **Rechtsfolgen.** Die Nichtbeachtung oder unrichtige Anwendung von § 162 AO durch das FG führt nach der Rspr. zu einem **materiell-rechtlichen Fehler,** nicht zu einem Verfahrensmangel. Einwände gegen die Richtigkeit von Schätzungen führen deshalb nur dann zur Zulassung der Revision, wenn der Fehler die Grenze zur Willkür überschreitet (vgl. zB BFH XI B 144/13, BFH/NV 2014, 1064; → § 115 Rn. 70). Hat das FG von seiner Schätzungsbefugnis Gebrauch gemacht, entfällt im Revisionsverfahren die Bindungswirkung (§ 118 II), wenn bei der Schätzung gegen **anerkannte Schätzungsgrundsätze,** allg. Erfahrungssätze oder die Denkgesetze verstoßen wurde (BFH I R 103/00, BStBl. II 2004, 171; VIII R 52/13, BStBl. II 2017, 949; X R 11/16, BStBl. II 2017, 992; III R 20/16, BStBl. II 2018, 278). Um dem BFH eine Überprüfung auf Rechtsfehler zu ermöglichen, muss das FG im Urteil **begründen,** wie und dass es seine Überzeugung in rechtlich zulässiger und einwandfreier Weise gewonnen hat (BFH IV R 2/18, BFH/NV 2022, 313). Die Schätzung muss danach **schlüssig, wirtschaftlich möglich, vernünftig und plausibel sein** (BFH VI R 55/16, BFH/NV 2018, 1145). Letztlich überprüft der BFH im Revisionsverfahren, ob das FG sein Schätzungsergebnis zu Recht als schlüssig beurteilt hat (vgl. BFH IV R 1/18, BFH/NV 2022, 305, Rn. 45).

118 **(2) Beweisregeln der ZPO. Zustellung.** Die Beweisregeln in § 53 II FGO iVm § 174 IV ZPO aF (zum Nachweis der Zustellung genügt das mit Datum und Unterschrift versehene **Empfangsbekenntnis,** das an das Gericht zurückzusenden ist; BFH I R 54/04, BFH/NV 2005, 1572; jetzt § 175 III ZPO: „Die Zustellung nach den Absätzen 1 und 2 wird durch das mit Datum und Unterschrift des Adressaten versehene Empfangsbekenntnis nachgewiesen.“) und in § 53 II FGO iVm § 183 V ZPO (zum Nachweis von Zustellungen im **Ausland;** → § 53 Rn. 118) sind im finanzgerichtlichen Verfahren unmittelbar anwendbar.

119 **Verfahren.** Entsprechend anwendbar sind insbes. § 94 FGO iVm § 165 ZPO (die Beachtung der für die Verhandlung vorgeschriebenen Förmlichkeiten kann nur durch das **Protokoll** bewiesen werden), § 155 FGO iVm § 314 ZPO. Der **Tatbestand** des mündlichen Urteils liefert Beweis für das mündliche Parteivorbringen (→ § 108 Rn. 6 ff.) und § 155 FGO iVm § 291 ZPO (Tatsachen, die bei dem Gericht **offenkundig** sind, bedürfen keines Beweises).

120 **Nicht anwendbar** (§ 155) sind insbes. § 288 I ZPO (Bindung an **Geständnis**), § 138 III ZPO (Geständnisvermutung bei **Nichtbestreiten**), § 307 **(Anerkenntnis).** Diese Vorschriften sind mit dem Amtsermittlungsgrundsatz nicht vereinbar (BFH X B 84/02, BFH/NV 2003, 648; VII R 17/04, BFH/NV 2005, 1956; VI S 2/06 (PKH), BFH/NV 2006, 1097). Das schließt es nicht aus, Geständnisse, das Nichtbestreiten und Anerkenntnisse (auch in anderen Verfahren) iRd freien Beweiswürdigung als Indizien zu berücksichtigen. Das Gericht muss sich aber dessen ungeachtet davon überzeugen, welcher Sachverhalt wirklich vorgelegen hat.

121 Soweit die ZPO in den §§ 415–444 gesetzliche Beweisregeln für den **Urkundenbeweis** enthält, sind diese im finanzgerichtlichen Verfahren grds. nicht

anwendbar, denn § 82 verweist bewusst nicht auf diese Vorschriften. Das FG ist in der Würdigung von Urkunden grds. frei. Die Beweiskraft **öffentlicher Urkunden** ist aber in Anlehnung an die §§ 415, 417, 418 ZPO zumindest für den Regelfall auch im finanzgerichtlichen Verfahren zu beachten (→ § 82 Rn. 40; → § 155 Rn. 12). Das gilt insbes. für die Beweiskraft der **Zustellungsurkunde** (BFH VII B 11/13, BFH/NV 2013, 1787). Zum Nachweis der Unrichtigkeit einer öffentlichen Urkunde ist danach regelmäßig der Vollbeweis zu erbringen; Glaubhaftmachung genügt nicht (BFH VII B 108/12, BFH/NV 2012, 1939).

(3) Beweisregeln des materiellen Rechts. Beweisregeln können sich auch 122 aus dem materiellen Recht ergeben, zB zum Nachweis der betrieblichen Veranlassung von Bewirtungsaufwendungen (§ 4 V Nr. 2 S. 2 EStG), zum Nachweis der tatsächlichen Höhe der auf Privatfahrten entfallenden Aufwendungen bei betrieblichen Kraftfahrzeugen (§ 6 I Nr. 4 S. 3 EStG, Fahrtenbuch) oder zum Nachweis der Zwangsläufigkeit von Krankheitskosten (§ 64 I EStDV; dazu BFH VI R 74/10, BStBl. II 2012, 577).

(4) Keine Bindung an strafgerichtliche Tatsachenfeststellungen. Keine 124 **Bindung** besteht an die tatsächlichen Feststellungen in einem vorangegangenen **Strafverfahren** (stRspr, vgl. nur BFH VII B 155/12, BFH/NV 2013, 1613). Die Rechtskraft des Strafurteils bindet das FG nicht. Es darf sich die ihm zutreffend erscheinenden tatsächlichen Feststellungen, Beweiswürdigungen und rechtlichen Beurteilungen eines strafgerichtlichen Urteils oder Strafbefehls zu eigen machen (zB BFH X B 120/09, BFH/NV 2010, 1240; II R 20/09, BFH/NV 2010, 2003; → § 76 Rn. 22), wenn es dieses ordnungsgemäß in das finanzgerichtliche Verfahren eingeführt hat (BFH VII R 58/71, BStBl. II 1973, 666), es ist daran jedoch nicht gebunden (BFH IV B 162/99, BFH/NV 2001, 890). Das FG beurteilt das Vorliegen einer Steuerhinterziehung selbst und ist an deren Feststellung nicht gehindert, auch wenn der Angeklagte freigesprochen wurde (BFH X B 120/09, BFH/NV 2010, 1240; VIII B 97/21, BFH/NV 2023, 113), wenn das strafrechtliche Ermittlungsverfahren nach **§ 170 II StPO** eingestellt worden ist (BFH IV B 162/99, BFH/NV 2001, 890; V R 19/12, BStBl. II 2013, 842; XI B 45/13, BFH/NV 2014, 1584) oder wenn der im finanzgerichtlichen Verfahren Betroffene an dem Strafverfahren nicht beteiligt war (BFH XI B 75/12, BFH/NV 2014, 164). Die Einstellung des Strafverfahrens nach **§ 153a StPO** rechtfertigt (für sich genommen) nicht die Schlussfolgerung, dass der Beschuldigte die ihm zur Last gelegte Straftat verübt hat (BFH VIII B 186/05, BFH/NV 2006, 1866).

bb) Anforderungen an die freie Beweiswürdigung. Frei bedeutet nicht 126 frei von jeglichen Anforderungen. Auch die auf Tatsachen bezogene Entscheidung des Gerichts muss den **Anspruch auf Richtigkeit** erheben. Die zum Maßstab erhobene subjektive Überzeugung muss deshalb begründet werden (§ 96 I 3). Sie muss also begründbar sein. Es genügt nicht, wenn das Gericht zur **Begründung** auf seine innere Überzeugung verweist. Die bloße Behauptung, von etwas überzeugt zu sein, ersetzt keine Begründung. Das Gericht kann sich nicht hinter der Unüberprüfbarkeit der maßgeblichen subjektiven Überzeugung verstecken. Es darf die Gründe für seine Überzeugung nicht für sich behalten, sondern muss sie äußern und auf diese Weise einer Überprüfung stellen. Im Lichte dieser Gründe muss die Überzeugung hinreichend nachvollziehbar und zustimmungsfähig erscheinen. Sie darf insbes. **nicht willkürlich** sein oder **auf sachfremden Erwägungen** beruhen (BFH X B 18/03, BFH/NV 2008, 102).

127 **Rationalitätsgebot.** Die Überzeugungsbildung muss von Tatsachen ausgehen und auf deren Grundlage zu nachvollziehbaren Schlussfolgerungen gelangen. Sie muss auf einer **logischen, verstandesmäßig einsichtigen Beweiswürdigung** beruhen, deren **nachvollziehbare Folgerungen** anhand der Akten überprüft werden können (s. BFH I R 225/82, BStBl. II 1988, 944 (946); VI R 77/04, BFH/NV 2007, 1643; X R 20/11, BFH/NV 2012, 1778). Die Entscheidung muss den **Denkgesetzen entsprechen** und von den festgestellten Tatsachen getragen werden (BFH X R 151/97, BFH/NV 2000, 1097; VI B 23/07, BFH/NV 2007, 1870). Das setzt idR voraus, dass sie als **Ergebnis eines methodischen Vorgehens** dargestellt werden kann. Bloß vermutete, geglaubte oder gefühlte Wahrheiten erfüllen nicht die Anforderungen an eine gerichtliche Tatsachenentscheidung.

128 **Tatsachengrundlage.** Jede Entscheidung, auch die über das Vorliegen von Tatsachen, muss ihrerseits von Tatsachen ausgehen. Eine Überzeugung ohne tatsächliche Grundlage lässt sich niemals überprüfen. Sie bleibt eine bloße Behauptung, ein **Vorurteil,** das keinen Bestand haben kann (→ Rn. 9). Die vom Gericht angenommenen Anknüpfungstatsachen müssen feststehen und das Ergebnis tragen. Um dabei nicht in einen endlosen Begründungsregress zu geraten, begrenzt das Verfahrensrecht die Anforderungen an die Ermittlung von Tatsachen. Hat das Gericht die Sachaufklärungspflicht (§ 76 I 1) erfüllt, darf es sich auf der Grundlage der so ermittelten Tatsachen seine Überzeugung bilden, ohne diese Tatsachen weiter hinterfragen zu müssen. Den Ausgang von Tatsachenentscheidungen bilden danach idR die **Beweisergebnisse,** dh die Ergebnisse einer vom Gericht zum Zweck der Tatsachenermittlung durchgeführten (förmlichen) **Beweisaufnahme.** Die Unmittelbarkeit der Beweisaufnahme gewährleistet eine für Zwecke des Gerichtsverfahrens hinreichend sichere „Feststellung" der Anknüpfungstatsachen. Die vom Gericht unmittelbar selbst festgestellten Tatsachen können im Verfahren grds. nicht mehr mit Erfolg in Zweifel gezogen werden.

129 Unter der Geltung des **Amtsermittlungsprinzips** muss das Gericht uU auch Tatsachen feststellen, zu deren Feststellung es keines förmlichen Beweisverfahrens bedarf, zB weil sie zwischen den Beteiligten unstreitig sind (§ 155 FGO iVm § 359 Nr. 1 ZPO). Sofern sich das Gericht dabei nicht mit Vermutungen zufriedengeben kann (Vermutung für die Richtigkeit des nichtbestrittenen Vorbringens), muss es mE ebenfalls Beweis erheben, um eine hinreichend sichere Tatsachengrundlage für seine Überzeugungsbildung zu erhalten. Die hM, die darauf abstellt, ob sich dem Gericht die Notwendigkeit einer Beweisaufnahme „aufdrängen" musste (→ § 76 Rn. 20), muss erklären, wie das Gericht ohne förmliches Erkenntnisverfahren zu einer hinreichend sicheren und für die Beteiligten nachprüfbaren Tatsachengrundlage für seine Entscheidung iSv § 96 I 1 gelangen kann.

130 **Schlussregeln.** Das Gericht muss seine Überzeugung unter willkürfreier Anwendung allg. nachvollziehbarer und zustimmungsfähiger Schlussregeln treffen. Nur ein regelgeleitetes Vorgehen gewährleistet die Überprüfbarkeit der Ergebnisse. Welche Regeln das Gericht dabei (nicht) anwenden darf, ist gesetzlich nicht bestimmt. Die Rspr. unterscheidet seit jeher zwischen **Denkgesetzen** und **Erfahrungssätzen.** Ergänzend können hierzu auch die (über den normativen Gehalt der §§ 133, 157 BGB hinausreichenden) anerkannten **Auslegungsgrundsätze** gerechnet werden (BFH XI R 4/11, BStBl. II 2014, 282).

131 **Denkgesetze** sind die Gesetze der Logik, insbes. das **Gebot der Widerspruchsfreiheit.** Die Entscheidung muss widerspruchsfrei sein (BFH III R 49/03, BStBl. II 2005, 483; IX R 54/07, BFH/NV 2009, 150). Die Befolgung der

Denkgesetze ist zwingend, auf ihre Einhaltung kann nicht verzichtet werden. Die Schlussfolgerungen des FG müssen denkmöglich sein, andernfalls kann die Entscheidung keinen Bestand haben.

Erfahrungssätze sind va die allg. anerkannten **Regeln der praktischen Lebenserfahrung** (näher zum Begriff → § 81 Rn. 4). An sie ist der Richter nicht gebunden wie an gesetzliche Schlussregeln oder Denkgesetze. Er ist vielmehr gehalten, ihre Berechtigung iRd freien Beweiswürdigung stets aufs Neue zu hinterfragen und sie an seiner eigenen Erfahrung zu verproben (vgl. Anzinger, Anscheinsbeweis und tatsächliche Vermutung im Ertragsteuerrecht, 2006; Birkenfeld, Beweis und Beweiswürdigung im Steuerrecht, Kölner Diss. 1973, 63). Sie sind deshalb zugleich Hilfsmittel und Gegenstand der freien Beweiswürdigung (→ § 81 Rn. 2; Zöller/Greger ZPO § 286 Rn. 11). 132

Die Regeln der Lebenserfahrung haben sehr **unterschiedliche Überzeugungskraft.** Sie reichen von gesammeltem Expertenwissen (zB die Richtsatzsammlungen) bis hin zu bloßen Vorurteilen, die sich auf keinerlei echte Erfahrung stützen lassen („Wer einmal lügt, dem glaubt man nicht"). Das Gericht muss sich stets bewusst machen, welche Erfahrungssätze es anwendet und ob sie in einer konkreten Prozesssituation wirklich dazu geeignet sind, ihm die volle Überzeugung vom Vorliegen einer entscheidungserheblichen Tatsache zu vermitteln. Ist das nicht der Fall und lassen sich Zweifel nicht überwinden, muss das Gericht die Tatsachenfeststellung verneinen und nach den Grundsätzen über die Beweislast verfahren. 133

Rechtsfolgen. Der BFH überprüft **iRd Revision** die Einhaltung der Denkgesetze. Er prüft grds. auch, ob ein von einem Gericht zugrunde gelegter Erfahrungssatz besteht und ob er unter Berücksichtigung seiner Überzeugungskraft geeignet ist, dem Gericht das erforderliche Maß an Überzeugung zu vermitteln (zB BFH V R 22/14, BFH/NV 2015, 17). Zwar sind Erfahrungssätze keine Rechtssätze; Fehler bei ihrer Ermittlung und Anwendung führen deshalb begrifflich nicht zur Verletzung von Bundesrecht (vgl. § 118 I). Auch der Grundsatz der freien Beweiswürdigung wird dadurch nicht verletzt. Die Annahme und Verwendung von Erfahrungswissen bedarf jedoch zur Sicherung einer einheitlichen Rspr. (arg. § 115 II Nr. 2) einer revisionsrechtlichen Kontrolle (→ § 118 Rn. 27, 28). Bestätigt das Revisionsgericht einen vom Tatrichter angenommenen Erfahrungssatz, überprüft es dessen Anwendung im Einzelfall nur noch eingeschränkt. Die tatsächlichen Schlussfolgerungen haben schon dann Bestand, wenn sie **möglich sind;** sie müssen nicht zwingend sein (zB BFH II R 35/08, BFH/NV 2010, 2301). Auch die anderen obersten Gerichtshöfe überprüfen Verstöße gegen Denkgesetze und Erfahrungssätze nach diesen Maßstäben. 135

Nach der stRspr. des BFH führt ein Verstoß gegen Denkgesetze und Erfahrungssätze zu einem **materiell-rechtlichen Fehler** bei der Rechtsanwendung (§ 118 I 1), der idR die Zulassung der Revision nicht rechtfertigt (zB BFH III B 47/13, BFH/NV 2014, 72). Das entspricht dem herrschenden Verständnis des Revisionsrechts, wonach einfache Rechtsverstöße hinzunehmen sind. Die Rspr. darf aber nicht darüber hinwegsehen, dass die Einheitlichkeit der Rspr. bei der Anwendung von Gesetzen grds. schon durch die **Allgemeinheit des Gesetzes** gesichert ist, während dies hinsichtlich der gebotenen **Verallgemeinerbarkeit von Erfahrungswissen** gerade nicht der Fall ist. So berechtigt die Kontrolle der Anwendung von Erfahrungssätzen durch die Revisionsgerichte ist, so wenig überzeugt es, dass Fehler bei der Anwendung von Erfahrungssätzen nur beim Überschreiten einer qualitativen Grenze zur Zulassung der Revision führen sollen. 136

Zumindest die Frage, ob eine neue Erfahrungsregel hinreichend verallgemeinerbar ist, bedarf stets einer revisionsrechtlichen Überprüfung. Die Verletzung von **Denkgesetzen** wird nicht selten auch den **Willkürvorwurf** rechtfertigen. Dann kommt die Zulassung der Revision wegen eines schwerwiegenden Rechtsfehlers in Betracht (aA BFH III B 15/13, BFH/NV 2014, 352).

140 **cc) Methodik der Beweisführung. Unmittelbarkeit.** Kann sich das erkennende Gericht die Überzeugung vom Vorliegen einer **entscheidungserheblichen Tatsache** unmittelbar selbst verschaffen (zB durch Augenschein oder durch Einsichtnahme in das Original einer Urkunde), muss es grds. auch so verfahren. Die unmittelbare Ermittlung (Feststellung) der entscheidungserheblichen Tatsachen bietet die beste Gewähr für ihre Richtigkeit. Dem Grundsatz der Unmittelbarkeit der Beweiserhebung (→ § 81 Rn. 7 ff.) entspricht der **Vorrang der unmittelbaren Beweisführung,** denn der unmittelbare Sinneseindruck des Richters bedarf grds. keiner „Würdigung" oder Begründung mehr. Auf ihn kann und muss man sich idR verlassen (→ Rn. 128). Er muss vom Gericht nur noch in Worte gefasst werden, damit in der mündlichen Verhandlung (§ 81 I 1) darüber gesprochen werden kann (§ 93 I). Auf den subjektiven Sinneseindruck darf sich das Gericht nur dann nicht stützen, wenn eine unmittelbar feststellbare Tatsache durch Messergebnisse und technische Grenzwerte verobjektiviert werden kann (zB Lärm). Dann muss das Gericht grds. die erforderlichen unmittelbaren Feststellungen von einem Sachverständigen durchführen lassen. Das gilt auch, wenn die Feststellungen eine besondere Sachkunde voraussetzen, über die das Gericht nicht verfügt. Die Zuziehung eines Sachverständigen dient in erster Linie der Erforschung des Sachverhalts (Sachverhaltsaufklärung), nicht der Überzeugungsbildung (→ Rn. 170; BFH III R 9/23, DStRE 2025, 525, Rn. 24).

141 Davon zu unterscheiden ist die **mittelbare Beweisführung.** Sie ist ebenfalls zulässig, setzt aber grds. voraus, dass eine entscheidungserhebliche Tatsache nicht unmittelbar vom Gericht festgestellt werden kann. Häufig liegen die Tatsachen, um die es vor Gericht geht, in der abgeschlossenen Vergangenheit und sind einer unmittelbaren Feststellung nicht mehr zugänglich. Zu inneren Tatsachen → Rn. 85. Dann muss das Gericht andere Tatsachen feststellen (Anknüpfungstatsachen), die ihm einen Schluss auf das Vorliegen oder Nichtvorliegen der Haupttatsachen ermöglichen. Hierzu haben sich in der Rspr. bestimmte Beweisformen (Argumentationsmuster) herausgebildet. Sie konkretisieren den Grundsatz der freien Beweiswürdigung.

142 **Abgrenzung.** Die äußeren Anknüpfungstatsachen müssen (ebenfalls) so weit wie möglich unmittelbar ermittelt werden (→ § 81 Rn. 7 ff.) und mit dem erforderlichen Maß an Überzeugung festgestellt werden. Nur Beweise, die erhoben worden sind, dürfen auch gewürdigt werden. Hat das Gericht zu Unrecht Beweise nicht erhoben, verstößt es nicht gegen § 96 I, sondern gegen § 76 I (BFH X B 74/11, BFH/NV 2013, 766). Würdigt das Gericht Beweise, die es nicht oder nicht selbst erhoben hat, verletzt es die Sachaufklärungspflicht (BFH XI B 75/12, BFH/NV 2014, 164) oder den Grundsatz der Unmittelbarkeit der Beweisaufnahme (BFH VIII B 198/09, BFH/NV 2010, 2096; sog. **vorweggenommene Beweiswürdigung** § 76 I 1, § 81; → § 76 Rn. 26). Es kommt aber auch ein Verstoß gegen den Vollständigkeitsgrundsatz in Betracht, denn zum Gesamtergebnis des Verfahrens gehören nicht die Ergebnisse, die eine nicht durchgeführte Beweisaufnahme hätte haben können (BFH III B 212/11, BFH/NV 2013, 78). Hat das Gericht eine Tatsache als wahr unterstellt, liegt kein Verfahrensfehler vor,

wenn es daraus einen anderen als den vom Beweisführer beabsichtigten Schluss zieht (BFH X B 21/12, BFH/NV 2013, 759; III B 45/12, BFH/NV 2014, 342).

Indizienbeweis. Der Indizienbeweis ist die **Grundform** der mittelbaren Beweisführung (BFH VII R 75/85, BStBl. II 1989, 534). Er setzt die vollständige Aufklärung des Sachverhalts voraus (→ Rn. 35, 36). Fehlt es daran, können die Schlussfolgerungen keinen Bestand haben, weil ihnen eine hinreichende tatsächliche Grundlage fehlt (BFH VI R 87/10, BStBl. II 2012, 800 materiell-rechtlicher Fehler; mE Verfahrensmangel → Rn. 25). Besonderheiten gelten insofern für die Feststellung von **Rechtstatsachen** und die Beurteilung rechtlicher Vorfragen (BFH IX B 84/18, BFH/NV 2019, 840). Die eigentliche Beweisführung besteht in einer **Gesamtwürdigung sämtlicher Umstände des Einzelfalls** mit dem Ziel festzustellen, ob unter den Umständen des Einzelfalls der Schluss auf die Haupttatsache gerechtfertigt erscheint, dh ob die festgestellten Tatsachen zusammen mit einer oder mehreren Schlussregeln den Schluss auf die Haupttatsache mit dem gebotenen Maß an Gewissheit erlauben. Das indizielle Vorgehen verändert das Beweismaß nicht und hat auch keine Auswirkungen auf die Beweislast. Hauptanwendungsfall des Indizienbeweises sind **innere Tatsachen** (zB Einkünfteerzielungsabsicht). Aber auch äußeres Geschehen ist einer indiziellen Feststellung zugänglich (zB Zugang eines Steuerbescheids BFH I R 103/04, BStBl. II 2005, 623). Hat das FG bei der freien Würdigung des Gesamtergebnisses des Verfahrens ein rechtlich erhebliches Indiz übersehen, hebt der BFH das Urteil wegen Verfahrensmangels schon dann auf, wenn nicht ausgeschlossen werden kann, dass das FG bei Berücksichtigung des Indizes anders entschieden hätte (BFH IX B 12/19, BFH/NV 2020, 376). 144

Anscheinsbeweis. Der Anscheinsbeweis (Beweis des ersten Anscheins, Prima-facie-Beweis) erlaubt grds. nur einen **vorläufigen Schluss** auf die Haupttatsache. Dieser hat aber Bestand, wenn er nicht erschüttert wird (→ Rn. 152). Der Anscheinsbeweis beruht auf der Erfahrung, dass bestimmte Sachverhalte typischerweise bestimmte Folgen auslösen oder umgekehrt, dass bestimmte Folgen auf einen **typischen Geschehensablauf** hindeuten (BFH VII R 64/96, BStBl. II 1997, 185; VIII R 62/99, BStBl. II 2002, 738; VII B 248/05, BFH/NV 2007, 524; Kopp/Schenke/Schenke VwGO § 108 Rn. 18; Völlmeke DStR 1996, 1070; RSG ZivilProzR § 114 Kap. II). Dem Anscheinsbeweis liegt damit ein typischer, aber nicht (unbedingt) der tatsächliche Geschehensablauf zugrunde. Das schließt die Annahme von „Ungewissheit“ (§ 165 I 1 AO) nicht aus (BFH X B 23/24, BFH/NV 2025, 294). 146

Der Anscheinsbeweis setzt **keine vollständige Sachaufklärung** voraus. Erforderlich ist zunächst nur die Feststellung derjenigen Tatsachen, die den der Erfahrung entsprechenden Schluss auf die Haupttatsache zulassen (→ Rn. 36). Fehlt es an solchen Anknüpfungstatsachen und besteht nur eine nach der Lebenserfahrung zwar plausibel erscheinende, aber hypothetische Grundlage, genügt dies nicht (BFH IX R 29/18, BStBl. II 2020, 698). Legt die Gegenseite zur Erschütterung des Anscheinsbeweises (→ Rn. 152) substantiiert Tatsachen dar, aus denen sich die ernsthafte Möglichkeit eines (anderen) atypischen Verlaufs (Geschehens) ergibt, muss das Gericht den Sachverhalt (wieder) vollständig ermitteln (BFH IX R 16/09, BFH/NV 2010, 1799). Verletzt das Gericht im Zusammenhang mit der Anwendung der Anscheinsgrundsätze seine Pflicht zur Sachverhaltsaufklärung (§ 76 I 1), liegt darin ein **Verfahrensmangel** (BFH I R 52/94, BFH/NV 1995, 606; I B 94/13, BFH/NV 2014, 890). 147

148 **Keine Reduzierung des Beweismaßes.** Der Anscheinsbeweis muss dem Gericht die volle Überzeugung vom Vorliegen der Haupttatsache verschaffen (BVerwG 8 B 150/95, VersR 1996, 724). Ist das nicht gewährleistet, kommt der Anscheinsbeweis nicht in Betracht (zB BFH VII R 75/85, BStBl. II 1989, 534; X R 17/99, BFH/NV 2003, 1031 zu § 122 II Nr. 1 AO). Führt die Anwendung der Anscheinsgrundsätze im Einzelfall zu einer (nicht gerechtfertigten) Reduzierung des Beweismaßes, liegt darin ein **Verfahrensmangel** (→ Rn. 99; BFH VI B 45/08, BFH/NV 2008, 2021). Mit dem Anscheinsbeweis ist eine Umkehr der objektiven Feststellungslast nicht verbunden.

149 Die beim Anscheinsbeweis verwendeten Schlussregeln **(Anscheinserfahrungssätze)** müssen idR einen **höheren Überzeugungsgrad** aufweisen als beim Indizienbeweis. Es muss sichergestellt sein, dass dem Erfahrungssatz ein gleichmäßiger, sich stets wiederholender Hergang zugrunde liegt (typischer Geschehensablauf), dass der Maßstab dem neuesten Erfahrungsstand entspricht und sich eindeutig, in jeder Zeit überprüfbarer Weise formulieren lässt (zB BFH VII B 248/05, BFH/NV 2007, 524). Es genügt nicht, wenn zwei verschiedene Möglichkeiten eines Geschehensablaufs in Betracht zu ziehen sind, von denen die eine wahrscheinlicher ist als die andere (BFH VII R 75/85, BStBl. II 1989, 534). Ob das Gericht diese Voraussetzungen zu Recht bejaht hat, unterliegt der revisionsrechtlichen Kontrolle (BFH VI B 45/08, BFH/NV 2008, 2021). Der BFH sieht darin jedoch einen Rechtsfehler, der grds. nicht zur Zulassung der Revision führt (zB BFH X B 53/97, BFH/NV 1998, 318, vgl. auch BGH I ZR 50/13, MDR 2014, 1466). Dem kann nicht zugestimmt werden (→ Rn. 136).

150 Der **BGH** lässt den Anscheinsbeweis va zur Feststellung von Kausalität und Verschulden im Deliktsrecht zu und lehnt seine Anwendung grds. ab, wenn es darum geht, Feststellungen über das **individuelle Verhalten von Menschen** zu treffen (Zöller/Greger ZPO Vor § 284 Rn. 31). Die Idee des vom freien Willen bestimmten Individuums steht in einem Spannungsverhältnis zu der Annahme, Menschen verhielten sich in bestimmten Situationen erfahrungsgemäß (prima facie) stets in einer bestimmten Weise. Diese Bedenken teilt der BFH nicht. Er lässt den Anscheinsbeweis häufig auch dann zu, wenn es darum geht, das Verhalten von Menschen im Einzelfall zu beurteilen (mE bedenklich; zB BFH VI B 258/98, BFH/NV 1999, 1330; V B 211/05, BFH/NV 2007, 2112 jeweils zur privaten Nutzung betrieblicher Pkw).

152 **Erschüttert** (entkräftet) wird der Anscheinsbeweis, wenn die Gegenseite substantiiert Tatsachen vorträgt, aus denen sich die ernsthafte **Möglichkeit eines atypischen Geschehensablaufs** ergibt (sog. **Gegenbeweis,** BGH VI ZR 15/77, NJW 1978, 2032; BFH VI B 256/01, BFH/NV 2004, 1416; Zöller/Greger ZPO Vor § 284 Rn. 29 ff.). Der Beweis des Gegenteils ist nicht erforderlich. Die Tatsachen, aus denen die Möglichkeit eines atypischen Geschehensablaufs abgeleitet werden soll, bedürfen jedoch des vollen Beweises (BFH VI B 45/08, BFH/NV 2008, 2021; VI B 74/08, BFH/NV 2010, 197). Ob danach im Einzelfall der Anscheinsbeweis entkräftet ist, hat das Gericht auf der Grundlage einer Gesamtwürdigung sämtlicher Umstände zu entscheiden (BFH IX B 92/97, BFH/NV 1998, 1500; XI B 7/10, BFH/NV 2011, 463). Die Rüge, das FG habe den Anscheinsbeweis zu Unrecht nicht als erschüttert angesehen, begründet nach der Rspr. allenfalls einen materiell-rechtlichen Mangel, der grds. nicht zur Zulassung der Revision führt (BFH I B 94/13, BFH/NV 2014, 819; → Rn. 136).

154 **Beispiele.** Der Beweis des ersten Anscheins spricht dafür, dass ein vom Arbeitgeber zur privaten Nutzung überlassener Dienstwagen auch tatsächlich privat

genutzt wird (**Privatnutzung;** BFH VI R 71/12, BFH/NV 2014, 153). Bei der Frage, ob der Anscheinsbeweis erschüttert ist, müssen sämtliche Umstände berücksichtigt werden, auch ein nicht ordnungsgemäßes Fahrtenbuch (BFH VIII R 12/21, BStBl. II 2025, 150). Wird mit dem Abbruch eines Gebäudes innerhalb von drei Jahren nach dem Erwerb begonnen, so spricht der Beweis des ersten Anscheins dafür, dass der Erwerber das Gebäude in der Absicht erworben hat, es abzureißen (**Abbruchabsicht;** stRspr, zB BFH IX R 16/09, BFH/NV 2010, 1799).

Es gibt **keinen Erfahrungssatz,** dass der Arbeitgeber einem Arbeitnehmer einen betrieblichen PKW auch zur privaten Nutzung überlassen hat (**Überlassung zur privaten Nutzung,** BFH VI R 56/10, BStBl. II 2012, 362), dass, wer Kapital anonym ins Ausland verbringt, auch in der Steuererklärung unrichtige Angaben hinsichtlich der daraus erzielten Erträge macht (BFH VIII R 22/10, BStBl. II 2013, 526), dass ein Ehegatte bei der Übertragung eines Vermögensgegenstandes vom anderen Ehegatten auf ihn Kenntnis von dessen **Gläubigerbenachteiligungsabsicht** haben muss (BFH VII R 10/84, BFH/NV 1987, 728), dass ein früher unter ausdrücklicher Bezugnahme auf Steuervorteile aufgelegtes **Fondsmodell** auch nach seiner Überarbeitung im Hinblick auf verschärfte steuerliche Abzugsbeschränkungen weiterhin der Steuerersparnis dienen soll (BFH IV R 59/10, BStBl. II 2014, 465), dass ein Kind, welches sich wegen Drogenabhängigkeit in einem Polamidon-Substitutionsprogramm befunden hat, behindert und wegen der **Behinderung** außer Stande war, sich selbst zu unterhalten (BFH VIII R 62/99, BStBl. II 2002, 738). 155

Tatsächliche Vermutung. Tatsächliche Vermutungen können gesetzlich angeordnet sein (zB § 51 III 2 AO; § 122 II AO, § 158 AO; § 1006 BGB). Stellt das G für das Vorhandensein einer Tatsache eine Vermutung auf, so ist der **Beweis des Gegenteils** zulässig, sofern das G nichts anderes vorschreibt (zB § 119 unwiderlegliche Vermutung, BFH GrS 3/98, BStBl. II 2001, 802). Der Beweis des Gegenteils ist nur geführt, wenn zur vollen Überzeugung des Gerichts feststeht, dass die Vermutung, die das G aufstellt, im Einzelfall nicht zutrifft. Der Beweis kann (zur Erleichterung) auch durch den Antrag auf Parteivernehmung nach § 445 ZPO geführt werden (§ 155 FGO iVm § 292 ZPO). 158

Daneben stellt auch die Rspr. vielfach **tatsächliche Vermutungen** auf. Sie erlauben einen Schluss aufgrund der Lebenserfahrung von bestimmten Anknüpfungstatsachen auf die entscheidungserheblichen Tatsachen. Dieses Vorgehen entspricht grds. demjenigen bei der Anscheinsbeweisführung (→ Rn. 146 ff.). Welche Unterschiede zwischen dem Anscheinsbeweis und der tatsächlichen Vermutung bestehen, ist weitgehend ungeklärt. Das gilt auch für die Frage, welche Anforderungen an die Widerlegung oder Entkräftung einer tatsächlichen Vermutung zu stellen sind. Soweit es die Rspr. ausdrücklich ablehnt, allg. Grundsätze für die Widerlegung einer Vermutung zu formulieren (zB BFH I R 116/86, BStBl. II 1991, 342), verweigert sie (zu Unrecht) die Antwort auf eine Rechtsfrage, nämlich ob zur Widerlegung der **Beweis des Gegenteils** (einschließlich des Indizienbeweises, zB BFH VIII R 7/88, BStBl. II 1993, 84; VII B 199/10, BFH/NV 2011, 1661) erforderlich ist (§ 155 FGO iVm § 292 ZPO) oder ob wegen der Nähe der tatsächlichen Vermutung zum Anscheinsbeweis der **Gegenbeweis** genügt (→ Rn. 152). Nach zutreffender Auffassung genügt es, wenn Tatsachen nachgewiesen werden, die einen anderen Geschehensablauf möglich erscheinen lassen (BFH II B 31/13, BFH/NV 2014, 68). Davon unberührt bleibt die Frage, welche tatsächlichen Umstände im Einzelfall geeignet sind, eine tatsäch- 159 liche Vermutung zu widerlegen oder zu erschüttern. Auch wegen dieser Unklarheiten wird die Figur der tatsächlichen Vermutung teilweise abgelehnt (Tipke/Kruse/Seer § 96 Rn. 48) oder es wird zumindest empfohlen, den Begriff zu vermeiden (Anzinger, Anscheinsbeweis und tatsächliche Vermutung im Ertragsteuerrecht, 2006; Birkenfeld, Beweis und Beweiswürdigung im Steuerrecht, Kölner Diss. 1973, 198).

160 **Beispiele.** Eine tatsächliche Vermutung spricht nach Auffassung der Rspr. für die Gestaltung mit **Missbrauchsabsicht** bei Zwischenschaltung einer Basisgesellschaft im niedrig besteuerten Ausland ohne Angabe wirtschaftlicher Gründe (BFH VIII R 7/88, BStBl. II 1993, 84), für die Ernsthaftigkeit und Angemessenheit von Vereinbarungen zwischen fremden Dritten (BFH GrS 4/71, BStBl. II 1973, 5), für den doppelten **Tilgungswillen** bei Leistungen eines Ehegatten auf gemeinsame Steuerschulden während bestehender, intakter Ehe (BFH VII R 118/87, BStBl. II 1990, 41; VII B 199/10, BFH/NV 2011, 1661). Bei wiederkehrenden Leistungen an Geschwister des Vermögensübernehmers spricht eine allg. Vermutung für das Vorliegen von Gleichstellungsgeldern und gegen Versorgungsleistungen (BFH X B 24/13, BFH/NV 2014, 845). Bei einem über 80 Jahre alten Menschen kann, wenn keine gegenteiligen Anhaltspunkte bestehen, von einer **Hilfsbedürftigkeit** auszugehen sein (BFH II R 37/12, BStBl. II 2014, 114).

162 **Typisierung,** Vereinzelt stellt die Rspr. typisierende Regeln auf, die eine ansonsten komplexe Rechtsfrage anhand einfach feststellbarer, häufig quantifizierbarer Kriterien, entscheidbar machen sollen, zB die Festlegung eines Freibetrags anstelle der Entscheidung, ob **Zuwendungen des Arbeitgebers aus Anlass von Betriebsveranstaltungen** im ganz überwiegend eigenbetrieblichen Interesse liegen oder Arbeitslohn darstellen (BFH VI R 94/10, BFH/NV 2013, 1846) oder feste Grenzen für die **Angemessenheit der Gewinnverteilung** in PersGes bei Beteiligung von einander nahestehenden Personen (Abgrenzung der betrieblichen von der privaten Veranlassung einer Zahlung; BFH GrS 4/71, BStBl. II 1973, 5; IV R 50/99, BStBl. II 2001, 299). Es ist zweifelhaft, ob die Rspr. dazu befugt ist, solche Sätze aufzustellen (bejahend Pahlke DStR-Beih. 2011, 66). Es handelt sich dabei nicht um tatsächliche Vermutungen (so aber HHS/Lange § 96 Rn. 125), denn die Lebenserfahrung erlaubt idR keine Quantifizierung von Wertungsfragen. Die Typisierung ähnelt damit eher der Normsetzung als der Feststellung von Tatsachen. Ungeklärt ist auch, ob und unter welchen Umständen von der Rspr. aufgestellte Typisierungen Ausnahmen zulassen (müssen).

163 Der **Gesetzgeber** ist zur Typisierung befugt (BVerfG 2 BvR 909/06 ua, BVerfGE 133, 377 Lebenspartnerschaft, Ehegattensplitting → Rn. 87, 88). Auch die **Verwaltung** kann zur Vereinfach der Rechtsanwendung typisieren; daran sind die Gerichte zwar nicht gebunden. Der BFH beanstandet solche Regelungen im Interesse eines möglichst gleichmäßigen Gesetzesvollzugs jedoch idR nicht (BFH XI R 32/08, BStBl. II 2010, 1079).

165 **dd) Einzelheiten der Beweiswürdigung. Beteiligtenvortrag.** Das Gericht darf den Vortrag eines Beteiligten grds. nicht ungeprüft (unbewiesen) seiner Entscheidung zugrunde legen. Insofern ist auch im gerichtlichen Verfahren die das Veranlagungsverfahren beherrschende, aus dem Verfassungsrecht abgeleitete **Ergänzung des Deklarationsprinzips durch das Verifikationsprinzip** zu beachten (BVerfG 2 BvR 1493/89, BStBl. II 1991, 654; 2 BvL 17/02, BStBl. II 2005, 56; BFH XI R 33/09, BStBl. II 2012, 477; II R 15/12, BStBl. II 2014, 225). Speziell an der Grenzlinie zwischen Erwerbs- und Privatsphäre besteht ein

Anreiz für die Stpfl., Aufwendungen als beruflich veranlasst darzustellen. Dem haben die FVerw und die FG bei der Sachverhaltsaufklärung besonders Rechnung zu tragen. Sie dürfen sich idR nicht allein auf dessen Darstellung stützen, wenn es an einem Nachweis dafür fehlt (BFH GrS 1/06, BStBl. II 2010, 672 Rn. 126). Diese Anforderungen gelten jedoch allg.; auch tatsächliches Vorbringen der Finanzämter darf das FG seiner Entscheidung nicht zugrunde legen, wenn es sich nicht auf Tatsachen stützen kann. Umgekehrt verletzt das FG das rechtliche Gehör aber auch, wenn es einen schlüssigen und im Prozess von keiner Seite in Zweifel gezogenen Tatsachenvortrag des Klägers ohne vorherigen Hinweis im Urteil erstmals in Zweifel zieht (BFH III B 88/12, BFH/NV 2013, 234).

Ein von einem Beteiligten vorgelegtes Sachverständigengutachten (Parteigut- 166
achten) ist im finanzgerichtlichen Verfahren lediglich als **Privatgutachten** zu behandeln, das als urkundlich belegter Beteiligtenvortrag zu würdigen ist und daher nicht als Nachweis für die Richtigkeit des Vortrags gewertet werden kann (BFH III B 107/09, BFH/NV 2011, 804).

Zeugenaussagen. Das Gericht muss entscheiden, ob die tatsächlichen 167
Behauptungen des Zeugen (Bekundungen) zutreffen, ob der Zeuge also die Wahrheit gesagt hat. Lässt sich dies nur indiziell beurteilen, müssen sämtliche Umstände einbezogen werden. Zu würdigen ist, ob die **Bekundung glaubhaft** und ggf. ergänzend, ob der Zeuge als **Person glaubwürdig** ist. Den Vorrang sollte dabei die Frage haben, ob die Bekundung glaubhaft ist. Die Beurteilung der Glaubwürdigkeit einer Person ist fehleranfällig und häufig nicht überzeugend begründbar. Fehlt es dagegen schon an der Glaubhaftigkeit der Bekundung, zB weil sich der Zeuge in **Widersprüche** verwickelt hat, kommt es auf die Beurteilung der Glaubwürdigkeit nicht mehr an, denn in diesem Fall lässt sich (trotz Glaubwürdigkeit) nicht entscheiden, welche der miteinander unvereinbaren Bekundungen des Zeugen wahr ist. Bei Zeugen, die aufgrund eines Näheverhältnisses zu einem Beteiligten möglicherweise befangen sein könnten, muss das Gericht im Rahmen seiner Beweiswürdigung auch die Gründe darstellen, die dafür leitend waren, die Zeugenaussage als glaubhaft anzusehen (BFH X R 20/11, BFH/NV 2012, 1778). Der Umstand, dass nicht alle erkennenden Richter an einer Zeugenvernehmung teilgenommen haben, führt lediglich dazu, dass bei der Beweiswürdigung der **persönliche Eindruck** von dem Zeugen nur berücksichtigt werden darf, soweit er in den Akten (im Protokoll) festgehalten worden ist und die Beteiligten Gelegenheit hatten, dazu Stellung zu nehmen (BFH IX B 13/08, BFH/NV 2008, 2029). Das Gericht muss die Würdigung grds. selbst vornehmen. Nur in Ausnahmefällen (zB bei Erkrankung des Zeugen) kommt die Einholung eines aussagepsychologischen Gutachtens in Betracht (BVerwG 2 B 20/14, NVWZ-RR 2014, 887).

Nach stRspr des BFH gehört auch die Würdigung von Zeugenaussagen zum 168
materiellen Recht (BFH IX B 25/13, BFH/NV 2013, 1604; III B 8/12, BFH/NV 2013, 1606). Fehler bei der Würdigung von Zeugenaussagen führen deshalb idR nicht zur Zulassung der Revision. Nur ganz vereinzelt überprüft der BFH deshalb die Beweiswürdigung iRd Revision (zB BFH X R 20/11, BFH/NV 2012, 1778). Dieses Manko führt in der Praxis zu Unsicherheit und verhindert eine einigermaßen gleichmäßige Verfahrensweise der Gerichte. Die fehlende revisionsrechtliche Kontrolle steht auch in einem Missverhältnis dazu, dass die Beweiswürdigung in jedem Fall der Begründungspflicht unterliegt (BFH X B 182/13, BFH/NV 2014, 1899; → Rn. 175 ff.). Wegen der professionellen Standards der Zeugenbefragung und Würdigung von Zeugenaussagen einschließlich der sprach-

lichen Konventionen bei deren Darstellung ist mangels rechtlicher Relevanz auf die einschlägigen Anleitungsbücher zu verweisen (zB Bender/Nack/Treuer, Tatsachenfeststellung vor Gericht, 4. Aufl. 2014). Würdigt das FG eine entscheidungserheblich abw. Zeugenbekundung im Urteil nicht, liegt ein Verfahrensmangel vor (→ Rn. 29).

170 **Sachverständigengutachten.** Das Gericht darf grds. auch ein Sachverständigengutachten nicht ungeprüft übernehmen und sich die Überzeugung des Sachverständigen schlicht zu eigen machen, sondern es muss entscheiden, ob das **Gutachten verwertbar** und ob es **genügend** ist (§ 82 FGO iVm § 412 ZPO; BFH III B 232/11, BFH/NV 2013, 242). Entspricht das Gutachten dem Auftrag, vermittelt es dem Gericht aber nicht die erforderliche Überzeugung vom Vorliegen der entscheidungserheblichen Tatsachen, kann das Gericht nach freiem, keiner Kontrolle unterliegendem **Ermessen** ein neues Gutachten einholen oder nach Beweislast entscheiden (vgl. Zöller/Greger ZPO § 412 Rn. 1). Ist das Gutachten dagegen **unverwertbar,** zB weil es von unzutreffenden oder nicht von den vorgegebenen Tatsachen (§ 155 FGO iVm § 404a III ZPO) ausgeht, weil es auch nach mündlicher Erläuterung (§ 82 FGO iVm § 411 ZPO) unlösbare Widersprüche enthält oder weil sich aus ihm oder aus anderen Tatsachen begründete Zweifel an der Sachkunde oder Unvoreingenommenheit des Gutachters ergeben, muss das Gericht ein neues Gutachten einholen (BFH VII B 247/09, BFH/NV 2010, 2113; VII B 259/09, BFH/NV 2010, 2103). Nach der Rspr. des BFH bedarf es eines weiteren Sachverständigengutachtens nur, wenn sich dem Gericht die Notwendigkeit einer weiteren Beweiserhebung **aufdrängen** musste (zB BFH VIII B 64/10, BFH/NV 2011, 284; IX B 11/11, BFH/NV 2011, 1891).

2. Begründungspflicht (Abs. 1 S. 3)

175 Die in § 96 I 3 angeordnete spezielle Begründungspflicht betrifft (wie § 96 insgesamt) nur die **Tatsachenentscheidung** (→ Rn. 1). Das Gericht muss im Urteil darlegen, welche Tatsachen es für wahr erachtet und welche Gründe für diese Überzeugung leitend waren. Das betrifft va die **Beweiswürdigung** (BFH V B 73/97, BFH/NV 1999, 52; V R 44/04, BFH/NV 2005, 2046). Aber auch wenn das Gericht nicht förmlich Beweis erhoben hat, muss es im Urteil **darlegen,** auf welcher Grundlage es sich seine Überzeugung in tatsächlicher Hinsicht gebildet hat. Dies geschieht zweckmäßigerweise in den Entscheidungsgründen (§ 105 II Nr. 5). Die Verpflichtung zur Begründung des Urteils in rechtlicher Hinsicht ergibt sich aus § 105 II Nr. 4 u. 5 (→ § 105 Rn. 24 ff.). § 96 I 3 stellt an die Begründung keine anderen, insbes. keine höheren Anforderungen als § 105 II Nr. 5 (BFH II B 129/13, BFH/NV 2014, 708).

176 **Anforderungen und Umfang.** Die Begründung muss grds. erkennen lassen, dass die Beweiswürdigung des Tatrichters auf einer tragfähigen, verstandesmäßig einsichtigen Tatsachengrundlage beruht und **erschöpfend** ist, denn der Tatrichter ist gehalten, sich mit den von ihm festgestellten Tatsachen unter allen für die Entscheidung wesentlichen Gesichtspunkten auseinander zu setzen und seine Beweiswürdigung in den Urteilsgründen darzulegen (BVerfG 2 BvR 1461/06, NVwZ 2008, 308). Jedenfalls die wesentlichen, der Rechtsverfolgung und Rechtsverteidigung dienenden Tatsachbehauptungen müssen in den Gründen verarbeitet werden (BVerfG 1 BvR 426/77, BVerfGE 47, 182; 1 BvR 1999/09, BeckRS 2012, 51721). Genügt wird der richterlichen Darlegungspflicht nicht durch formelhafte Wendungen, sondern nur durch eine nachvollziehbare Wieder-

gabe der Gedanken, die für die Überzeugungsbildung maßgeblich gewesen sind (BFH I R 225/82, BStBl. II 1988, 944 (946)).

Es ist nicht erforderlich, alle im Einzelfall gegebenen Umstände ausdrücklich im Urteil zu erörtern (BVerfG 1 BvR 1463/89, HFR 1996, 153; BFH IX B 173/11, BFH/NV 2012, 1784). Nach stRspr ist vielmehr im Allgemeinen davon auszugehen, dass ein Gericht auch denjenigen Akteninhalt in Erwägung gezogen hat, mit dem es sich in den schriftlichen Entscheidungsgründen nicht auseinandergesetzt hat (→ Rn. 27 ff.). Näher zum Umfang der Begründung → § 105 Rn. 30. 177

Rechtsfolgen. Nicht jede zu kurze, fehlerhafte, lückenhafte oder sonst unzureichende Begründung führt zu einem **Verfahrensfehler.** Ein solcher ist nach der Rspr. vielmehr erst dann anzunehmen, wenn das Urteil (teilweise) nicht mit Gründen versehen ist (§ 119 Nr. 6; → § 105 Rn. 30). Die weitergehende Auffassung in BFH VI R 36/04 (BFH/NV 2007, 1851, Begründungsfehler bei nicht nachvollziehbarer Ableitung der Folgerungen aus den festgestellten Tatsachen) ist vereinzelt geblieben. Fehlt im Urteil die Beweiswürdigung vollständig, zB weil das Gericht nach einer Beweisaufnahme zur Begründung seines Urteils nur auf § 105 V verweist, stellt dies einen Verfahrensmangel dar (BFH IV B 113/02, BFH/NV 2004, 1411; X B 135/05, BFH/NV 2006, 1797; X B 182/13, BFH/NV 2014, 1899). 178

3. Entscheidung nach Beweislast

Feststellungslast. Unter Geltung des Untersuchungsgrundsatzes (→ Vor § 76 Rn. 1) besteht nach hM keine subjektive Beweislast (zB Tipke/Kruse/Seer § 96 Rn. 78 ff.; Kopp/Schenke/Schenke VwGO § 108 Rn. 11 ff.). Beweislosigkeit ist danach weder ein Verstoß gegen Pflichten noch eine Obliegenheitsverletzung, an die sich negative Folgen knüpfen. Kann das Gericht die erforderlichen tatsächlichen Feststellungen nicht treffen, muss es nach allg. Regeln darüber entscheiden, welcher Beteiligte die Folgen der Unerweislichkeit einer Tatsache **(non liquet)** zu tragen hat (**objektive Beweislast,** Feststellungslast). Die Frage stellt sich erst, wenn das Gericht im Rahmen seiner Verpflichtung zur Ermittlung der Tatsachen alle Möglichkeiten und Beweise ausgeschöpft hat (**ultima ratio;** BFH X R 44/09, BStBl. II 2011, 884; X B 38/13, BFH/NV 2014, 54; VIII R 26/11, BFH/NV 2014, 1745; X B 101/18, BFH/NV 2019, 285). Für die Anwendung der Beweislastregeln ist demnach kein Raum, wenn die Tatsachen zB auf der Grundlage eines verminderten Beweismaßes (→ Rn. 86 ff.) festgestellt werden können. 180

Die Verteilung der objektiven Beweislast ist in der FGO nicht geregelt, ergibt sich aber gleichwohl aus dem G. Die **Rechtssätze,** nach denen im Fall eines non liquet zu entscheiden ist, können grds. dem Recht entnommen werden, über dessen Anwendung gestritten wird **(Normentheorie).** Nach der allg. **Grundregel** trägt jeder Beteiligte die Feststellungslast für das Vorliegen sämtlicher Voraussetzungen derjenigen Normen (des materiellen und formellen Rechts), ohne deren Anwendung sein Prozessbegehren keinen Erfolg haben kann. Für die steuerbegründenden Tatsachen liegt die Feststellungslast danach idR beim Steuergläubiger, für die steuerbefreienden oder -mindernden Tatsachen idR beim Steuerschuldner (stRspr, vgl. nur BFH X R 33/11, BFH/NV 2014, 693). Für die tatsächlichen Voraussetzungen einer Verfahrensvorschrift trägt derjenige Beteiligte die Feststellungslast, der sich in der konkreten Prozesssituation auf sie beruft. Diese Grundregel gilt jedoch nicht uneingeschränkt. Etwas anderes kann sich nach der 181

Rspr. von Fall zu Fall unter Würdigung der einschlägigen Rechtsnormen und ihrer Zweckbestimmung ergeben (stRspr, zB BFH V R 71/67, BStBl. II 1971, 220; V R 37/02, BFH/NV 2005, 923).

182 **Ausnahmen** von der Grundregel bedürfen ebenfalls einer **gesetzlichen Grundlage** (ebenso Tipke/Kruse/Seer Rn. 89). Sie kann sich aus dem materiellen Recht (zB § 20 II 1 Nr. 4 S. 2 EStG; dazu BFH VIII R 67/04, BStBl. II 2007, 553), aus dem Verfahrensrecht (Verletzung von Mitwirkungspflichten, Beweisvereitelung, → Rn. 86, 92), dem Gedanken der **Beweisnähe** (zB BFH X R 44/09, BStBl. II 2011, 884) und möglicherweise auch aus einer allg. **Sphärenverantwortung** (vgl. Tipke/Kruse/Seer § 96 Rn. 90) ergeben, insbes. wenn die Nichterweislichkeit sich auf eine Tatsache bezieht, die im alleinigen Willens- und Wissensbereich des Stpfl. liegt (BFH VII R 57/97, BFH/NV 1998, 893). Eine Umkehr der Beweislast kommt jedenfalls in Betracht, wenn dem dadurch belasteten Beteiligten eine **schuldhafte Pflichtverletzung** im Zusammenhang mit der Sachverhaltsaufklärung zur Last zu legen ist.

183 Eine **Umkehr der Beweislast** zugunsten des Stpfl. ist nach der Rspr. des BFH grds. nur anzunehmen, wenn dem FA eine schuldhafte Beweisvereitelung vorzuwerfen ist (BFH X R 17/98, BFH/NV 2004, 1237; IV B 25/09, BFH/NV 2010, 1116), zB weil es pflichtwidrig die Akten vernichtet hat (BFH X R 11/07, BStBl. II 2008, 335; X B 138/13, BFH/NV 2014, 720 Verstoß gegen den Anspruch auf ein faires Verfahren). Eine Umkehr der Beweislast zu Lasten des Stpfl. kann sich zB aus einer Verletzung der erhöhten Mitwirkungspflicht (BFH XI B 162/05, BFH/NV 2006, 1785 zu § 90 II AO) ergeben.

184 Eine Umkehr der Beweislast ist **nicht schon deshalb** anzunehmen, weil die Aufklärung der Tatsachen infolge langer Dauer des Verfahrens erschwert ist und obwohl den Stpfl. keine Obliegenheit zur Beweisvorsorge trifft; in diesen Fällen kommt jedoch eine Absenkung des Beweismaßes in Betracht (BFH X R 17/98, BFH/NV 2004, 1237; IV B 25/09, BFH/NV 2010, 116; → Rn. 86 ff.). Dasselbe gilt, wenn das Gericht das Verfahren unangemessen verzögert und dadurch den Anspruch des Klägers auf effektiven Rechtsschutz (Art. 19 IV GG) verletzt (BFH IX R 19/98, BStBl. II 1999, 407).

186 **Begründungspflicht.** Das Gericht muss, wenn es nach der objektiven Feststellungslast entscheiden will, die Voraussetzungen hierfür, insbes. das Ausschöpfen sämtlicher Ermittlungs- und Beweismöglichkeiten, und die seiner Entscheidung zugrunde gelegte Verteilung der objektiven Feststellungslast im Urteil darlegen und begründen. Die Begründungspflicht ergibt sich insofern nicht aus § 96 I 3, sondern aus § 105 II Nr. 5, da es um Fragen des materiellen Rechts geht (→ Rn. 181). Zum Umfang der Begründung und zu den Rechtsfolgen unzureichender oder unzutreffender Begründung kann auf die allg. Ausführungen verwiesen werden (→ Rn. 170 ff. mwN).

188 **Rechtsfolgen.** Trifft das Gericht zu Unrecht eine Entscheidung nach der Feststellungslast, anstatt die entscheidungserheblichen Tatsachen festzustellen, soll nach der Rspr. ein **materiell-rechtlicher Mangel** vorliegen (BFH VIII R 76/05, BStBl. II 2008, 937; X R 44/09, BStBl. II 2011, 884; mE Aufklärungsmangel = Verfahrensmangel). Nämliches muss gelten, wenn das Gericht zu Unrecht nach seiner Überzeugung entscheidet, obwohl eine Entscheidung nach Feststellungslast hätte ergehen müssen, weil die tatsächlichen Feststellungen keinen Bestand haben können (mE Verstoß gegen § 96 I 1 oder vorgelagerter Verfahrensverstoß bei der Feststellung der Tatsachen).

Um einen **materiell-rechtlichen Mangel** handelt es sich eindeutig, wenn das Gericht die **Verteilung der Beweislast** verkannt hat, zB weil es zu Unrecht eine Umkehr der Beweislast annimmt. Derartige Fehler begründen nach stRspr des BFH nicht die Zulassung der Revision, sind also hinzunehmen (BFH X B 68/10, BFH/NV 2011, 818). Der BFH sollte diese Praxis überdenken. Wie bei der Überprüfung von Erfahrungssätzen (→ Rn. 136) ist auch in der (normativen) Frage der Beweislastverteilung mangels expliziter gesetzlicher Regeln eine hinreichend gleichmäßige Rechtsanwendung nur gewährleistet, wenn eine effektive revisionsrechtliche Kontrolle stattfindet. **189**

III. Äußerungsrecht der Beteiligten (Abs. 2)

Abs. 2 beschränkt das Gesamtergebnis des Verfahrens (→ Rn. 54). Das Gericht darf bei seiner auf Tatsachen bezogenen Überzeugungsbildung nur Tatsachen und Beweisergebnisse zu Grunde legen, zu denen sich die Beteiligten äußern konnten. Im Umkehrschluss ergibt sich für Tatsachen und Beweisergebnisse, zu denen sich ein Beteiligter nicht äußern konnte, ein **striktes Verwertungsverbot** („darf nur"; → Rn. 54; BFH X B 333/93, BStBl. II 1994, 802). Ein Verstoß gegen Abs. 2 ist unbeachtlich, wenn es auf die Tatsachen oder Beweisergebnisse für die Entscheidung nicht ankommt (BFH VIII B 180/10, BFH/NV 2011, 1478); dann sollten sie im Urteil freilich auch nicht erwähnt werden. Als **Gebotsnorm** verlangt Abs. 2, allen Beteiligten vor der Entscheidung angemessen Gelegenheit zu geben, sich zu den Tatsachen und Beweisergebnissen zu äußern, auf die sich das Gericht stützen will. **190**

Abgrenzungen. Abs. 2 enthält (nur) eine **Ausprägung** des Anspruchs auf rechtliches Gehör. Der Anspruch auf rechtliches Gehör findet seine Rechtsgrundlage einerseits im Verfassungsrecht (**Prozessgrundrecht** auf rechtliches Gehör, Art. 103 I GG) sowie andererseits in zahlreichen Vorschriften des Prozessrechts, in denen er ausgeformt wird. Schon der verfassungsrechtlich garantierte Anspruch auf rechtliches Gehör reicht über Abs. 2 hinaus. Er gewährleistet den Beteiligten das Recht, sich nicht nur zu dem der Entscheidung zugrunde liegenden **Sachverhalt,** sondern auch zur **Rechtslage** zu äußern (stRspr; BVerfG 1 BvR 986/91, BVerfGE 86, 133; vgl. auch § 155 FGO iVm § 139 II ZPO). Abs. 2 betrifft dagegen nur die Mitwirkung der Beteiligten bei der Sachverhaltsermittlung. Das Prozessgrundrecht auf rechtliches Gehör schließt auch das **Vollständigkeitsgebot** ein (BVerfG 1 BvR 393/84, BVerfGE 69, 141; → Rn. 21). Abs. 2 enthält indes nur Aussagen für diejenigen Tatsachen und Beweisergebnis, auf die sich das Gericht bei seiner Überzeugungsbildung tatsächlich gestützt hat oder stützen will und regelt nicht, welche Tatsachen und Beweisergebnisse das FG bei seinem Urteil darüber hinaus hätte berücksichtigen müssen, um dem Anspruch auf rechtliches Gehör gerecht zu werden. **191**

In **§ 119 Nr. 3** ist der Begriff des rechtlichen Gehörs umfassend zu verstehen (→ § 119 Rn. 10); er meint dort nicht nur den verfassungsrechtlich garantierten Mindestumfang der Gewährleistung des Art. 103 I GG, sondern schließt darüber hinaus auch alle einfach-gesetzlichen Ausprägungen des Grundsatzes in der FGO und der ZPO, soweit sie im finanzgerichtlichen Verfahren anwendbar sind, ein. **192**

Auch das **Verbot von Überraschungsentscheidungen,** welches sich aus dem Anspruch auf rechtliches Gehör ableitet, geht inhaltlich über Abs. 2 hinaus. Es schützt die Beteiligten nicht nur vor tatsächlichen, sondern va auch vor **rechtli-** **193**

chen Wendungen des Gerichts, mit denen sie nicht zu rechnen brauchten (→ § 119 Rn. 16). Eine Überraschungsentscheidung liegt aber auch vor, wenn das Gericht seine Entscheidung auf einen tatsächlichen Aspekt stützt, zu dem sich die Beteiligten nicht äußern konnten (BFH IX B 103/13, BFH/NV 2014, 887). Das ist insbes. der Fall, wenn ein entscheidungserheblicher Umstand vom FG erstmals mit dem Endurteil in das Verfahren eingebracht wird (BFH VI B 135/12, BeckRS 2013, 94326), etwa wenn das FG zur Saldierung Einkünfte heranzieht, die bislang nicht Gegenstand des Verwaltungs-, Rechtsbehelfs- und Klageverfahrens waren (BFH VIII B 46/20, BFH/NV 2021, 1511), oder wenn das FG sein Urteil tragend auf Erkenntnisse stützt, die es selbst im **Internet** recherchiert hat, ohne sie zuvor in das Verfahren einzuführen (→ Rn. 41; BFH IX B 23/17, BeckRS 2017, 114435).

194 **Anwendungsbereich.** Die Vorschrift gilt grds. **in allen Verfahren** (zum Verfahren nach billigem Ermessen gem. § 94a: BFH II R 111/81, BStBl. II 1983, 432), auch im **Beschlussverfahren,** obwohl sie in § 113 I nicht erwähnt ist. Der Umstand, dass in einem Verfahren auf **einstweiligen Rechtsschutz** die Sach- und Rechtslage nur summarisch geprüft werden muss, rechtfertigt grds. keine Einschränkung des Anspruchs auf rechtliches Gehör (BFH VII B 90/75, BStBl. II 1976, 437; XI B 109/95, BFH/NV 1997, 879 zum Anspruch auf Akteneinsicht). Im **PKH-Verfahren** ist Abs. 2 teilweise nicht anwendbar. Der Anspruch des „Gegners" auf rechtliches Gehör ist dort nach Maßgabe von § 142 FGO iVm § 118 I 1 ZPO eingeschränkt; das ist verfassungsgemäß (BVerfG 1 BvR 41/88, NJW 1991, 2078). Der Anspruch des Antragstellers auf rechtliches Gehör besteht aber auch im PKH-Verfahren uneingeschränkt (BVerfG 2 BvR 252/66, BVerfGE 20, 280).

195 **Anspruchsberechtigt** sind nur die am Verfahren Beteiligten (§ 57). Der Anspruch auf rechtliches Gehör ist nicht deshalb verletzt, weil der Stpfl. wegen seines Todes vor Gericht nicht mehr gehört werden kann (BFH VIII R 84/89, BStBl. II 1992, 9).

196 **Gegenstand** der Gewährung rechtlichen Gehörs sind nach Abs. 2 nur **Tatsachen** und **Beweisergebnisse** (→ Rn. 40), nicht die Rechtsansichten des Gerichts (zur Erörterungspflicht des Gerichts → § 93 Rn. 2). Es muss sich um **entscheidungserhebliche** Umstände handeln, also um solche, die nach Maßgabe der (vorläufigen) Rechtsauffassung des Gerichts für die Entscheidung von Bedeutung sind oder sein können (stRspr, zB BFH VII B 239/02, BFH/NV 2004, 1114 (1116); VII B 38/04, BFH/NV 2005, 1496 (1497); II B 65/07, BFH/NV 2009, 214). Insbes. Tatsachen und Schlussfolgerungen, die das Gericht aus frei zugänglichen öffentlichen Quellen **(Zeitungen, Internet)** selbst recherchiert hat und die es für entscheidungserheblich hält, muss es in das Verfahren einführen (→ Rn. 41). Zu den vom Gericht für nicht entscheidungserheblich erachteten Tatsachen muss es den Beteiligten keine Gelegenheit zur Äußerung geben. Zur Pflicht des Gerichts, den Beteiligten mitzuteilen, welche Tatsachen es für entscheidungserheblich erachtet, → Rn. 58.

197 **Zeitpunkt.** Rechtliches Gehör muss, wenn es seinen Zweck erfüllen soll, **vor der abschließenden Überzeugungsbildung** gewährt werden. Etwas anderes ergibt sich nicht daraus, dass sich die Regelung in Abs. 2 findet, während die Überzeugungsbildung in Abs. 1 angesprochen ist. Darin liegt auch kein Aufbaufehler des Gesetzes (aA HHS/Lange § 96 Rn. 14). Das G folgt insofern zu Recht nicht dem chronologischen Ablauf der Ereignisse, sondern Abs. 2 schränkt syste-

matisch zutreffend als Ausnahme zu Abs. 1 das Entscheidungsprogramm des Gerichts ein.

Grundsätzlich wird das rechtliche Gehör **in der mündlichen Verhandlung** gewährt (BFH I B 104/10, BFH/NV 2011, 809). Im Anschluss an die Beweisaufnahme hat das Gericht den Beteiligten Gelegenheit zur Stellungnahme zu geben (§ 82 FGO iVm § 370 I ZPO). Damit sind die Anforderungen von Abs. 2 grds. erfüllt (BFH IX B 59/24, BFH/NV 2025, 35, Rn. 9). Das gilt auch, wenn das Gericht den Beteiligten vor der mündlichen Verhandlung einen „vorläufigen Tatbestand" übersendet (BFH VIII B 130/22, BFH/NV 2024, 531). Eine in der mündlichen Verhandlung beantragte **Schriftsatzfrist** muss das Gericht nur bewilligen, wenn sich der Antragsteller auf neues (tatsächliches) Vorbringen des anderen Beteiligten nicht erklären kann, weil es ihm nicht rechtzeitig vor dem Termin mitgeteilt worden ist (BFH VI B 135/12, BFH/NV 2013, 569; V B 52/23, BFH/NV 2025, 168). Bleibt der Kläger trotz rechtzeitiger und ordnungsgemäßer Ladung der mündlichen Verhandlung fern, kann er eine Verletzung des rechtlichen Gehörs nicht mit Erfolg geltend machen (BFH X B 9/11, BFH/NV 2013, 233; IX B 22/13, BFH/NV 2013, 1608). Das gilt auch, wenn das **persönliche Erscheinen** des Klägers angeordnet war (§ 80 I 1), es sei denn, das FG sieht das Ausbleiben des Klägers als Verletzung der Mitwirkungspflicht an und stützt das Urteil gerade darauf (BFH VII B 84/09, BFH/NV 2010, 1637; VIII B 119/11, BFH/NV 2013, 215). Das Gericht darf das Urteil aber nicht auf Tatsachen stützen, die in der mündlichen Verhandlung neu eingeführt worden sind, wenn ein Beteiligter der Verhandlung ferngeblieben ist und sich deshalb zu den neuen Tatsachen noch nicht äußern konnte. Dann muss ggf. vertagt werden (BFH VIII B 114/19, BFH/NV 2020, 1084). Die mündliche Verhandlung dient aber nicht dazu, dem FA eine Gelegenheit zur Bekanntgabe der Einspruchsentscheidung zu verschaffen (BFH XI B 50/09, BFH/NV 2010, 921). Das rechtliche Gehör wird verletzt, wenn das Gericht verfahrensfehlerhaft **in Abwesenheit** eines Beteiligten mündlich verhandelt, obwohl der Beteiligte zB nicht ordnungsgemäß geladen (BFH X B 136/22, BFH/NV 2023, 1228: rechtswidrige Fesselungsanordnung) oder versehentlich abgeladen war (BFH IX B 63/17, BFH/NV 2017, 1451) oder obwohl es seinem Terminverlegungsantrag hätte entsprechen müssen (BFH IX B 56/20, BFH/NV 2021, 1366). Gleiches gilt, wenn das Gericht verfahrensfehlerhaft ohne **mündliche Verhandlung** entscheidet, zB aufgrund unwirksamer oder zu Unrecht angenommener Zustimmung nach § 90 I oder ohne vorherige Ankündigung im vereinfachten Verfahren nach § 94a (BFH III B 92/15, BStBl. II 2016, 844; IV B 61/21, BFH/NV 2022, 815). In beiden Fällen greift auch die Beruhensfiktion des § 119 Nr. 3 ein (BFH VIII B 52/07, BFH/NV 2008, 84; X B 136/22, BFH/NV 2023, 1228). 198

Das rechtliche Gehör kann darüber hinaus grds. **jederzeit,** auch schon vor der mündlichen Verhandlung (zB durch Akteneinsicht) oder danach (zB durch Übersendung nach der mündlichen Verhandlung eingegangener Schriftsätze) gewährt werden, solange das Gericht an sein Urteil noch nicht gebunden ist (§ 155 FGO iVm § 318 ZPO). Gelangt das Gericht zu der Überzeugung, dass es tatsächliches Vorbringen, welches erst nach seiner abschließenden Überzeugungsbildung, aber noch vor Bindung an das Urteil eingegangen ist, berücksichtigen will (muss), muss es die mündliche Verhandlung wiedereröffnen oder den anderen Beteiligten auf andere Weise rechtliches Gehör gewähren, bevor es in der Sache erneut entscheidet (→ Rn. 39). 199

200 **Gewährt** wird das rechtliche Gehör durch Verschaffung einer angemessenen **Gelegenheit** zur Äußerung zu allen entscheidungserheblichen Tatsachen (BFH IX B 52/12, BFH/NV 2012, 1619). Rechtliches Gehör ist ein Recht, keine Pflicht. Das Gericht muss die Beteiligten nicht veranlassen, ihr Recht wahrzunehmen. Es genügt, wenn es sie auf die Möglichkeit hinweist und ihnen durch Gestaltung des Verfahrens eine angemessene Gelegenheit zur Äußerung verschafft. Das Gericht muss die Beteiligten va informieren, welche Tatsachen es (von Amts wegen) ermittelt hat und für (möglicherweise) erheblich hält (BFH III B 125/13, BFH/NV 2014, 1219; vgl. auch § 75). Nur eine **vollständige und rechtzeitige Information** der Beteiligten gewährleistet, dass diese ihr Recht auf Gehör wahrnehmen können. Soweit der BFH (X E 8/13, BFH/NV 2014, 867) sogar von einer **Hinweispflicht** aus § 96 II spricht, handelt es sich allerdings wohl um einen Schreibfehler (gemeint: § 76 II). Das rechtliche Gehör wird nicht verletzt, wenn die Beteiligten, die ihnen eingeräumte, zumutbare Möglichkeit zur Äußerung nicht wahrnehmen. Insofern obliegt ihnen eine **besondere Prozessverantwortung,** die den Anspruch auf rechtliches Gehör begrenzt (zB BFH X B 147/11, BFH/NV 2013, 1440; IX B 10/21, BFH/NV 2022, 733).

202 **Einzelheiten.** Das Gericht kann den Beteiligten **konkrete Hinweise** erteilen (BFH VII B 69/97, BFH/NV 1998, 63; XI B 72/96, BFH/NV 1998, 468). Erteilt das Gericht nur einem Beteiligten einen Hinweis (schriftlich oder fernmündlich), muss es darüber einen Aktenvermerk anfertigen und diesen den anderen Beteiligten zur Kenntnis geben (BVerfG 1 BvR 1783/17, NJW 2018, 3631; BFH X R 27/19, BFH/NV 2021, 15). **Schriftsätze** werden den jeweils anderen Beteiligten vom Gericht zugestellt oder formlos übersandt (§ 77 I; dazu BFH VII B 165/86, BFH/NV 1988, 310; BVerfG 1 BvR 198/87, NJW 1988, 2361). Es genügt die Übermittlung an den Prozessbevollmächtigten; eine zusätzliche Übermittlung an den Beteiligten ist nicht erforderlich (BFH III B 113/12, BFH/NV 2013, 899). Ein wiederholender Schriftsatz muss nicht übermittelt werden (BFH I R 41/02, BFH/NV 2004, 604; II B 94/21, BFH/NV 2022, 1072). Hinsichtlich vom FG beigezogener Akten genügt grds. die **Möglichkeit der Akteneinsicht** (§ 78; BFH V S 3/89, BFH/NV 1990, 450 (451); IX B 96/99, BFH/NV 2000, 218; VII B 321/02, BFH/NV 2004, 499 (500); VII B 3/06, BFH/NV 2007, 1324). Es besteht kein Anspruch auf Einsicht in Akten, die das FG nicht beigezogen hat (zB BFH V B 14/13, BFH/NV 2014, 918). Erforderlich ist eine **Mitteilung über die Beiziehung von Akten** anderer Gerichte und Behörden (BFH II R 94/67, BStBl. II 1971, 597 (598); VII B 4/99, BFH/NV 2000, 214; IX B 164/11, BFH/NV 2012, 1643), auch wenn deren Inhalt den Beteiligten vollständig bekannt ist (BFH VIII B 35/21, BFH/NV 2022, 817). Dies gilt ggf. auch hinsichtlich der Prüferhandakten, nicht jedoch nach Auffassung des BFH hinsichtlich der den Streitfall betreffenden FA-Akten, deren Übersendung im G (§ 71 II) angeordnet ist (BFH X B 204/10, BFH/NV 2011, 819). Mitgeteilt werden müssen ferner die **Ergebnisse der Beweisaufnahme** (durch Übersendung des Protokolls) und **Auskünfte,** die das Gericht eingeholt hat (BFH IV B 113/87, BFH/NV 1990, 382 (383)). Im Hinblick auf die Erhebung und Würdigung von Beweisen wird dem Anspruch auf rechtliches Gehör regelmäßig dadurch genügt, dass den Beteiligten die Gelegenheit gegeben wird, sich in der mündlichen Verhandlung zum Ergebnis der Beweisaufnahme zu äußern (BFH I B 124/14, BeckRS 2015, 96024). Erörtert das FG im Anschluss an die Beweisaufnahme und vor Erlass seines Urteils nicht erneut den Sach- und Streitstand mit

den Beteiligten, verletzt es deren Anspruch auf Gewährung rechtlichen Gehörs (BFH XI B 1/22, BFH/NV 2023, 269).

Angemessenheit. Das Gericht muss den Beteiligten **ausreichend Zeit einräumen,** um ihren Standpunkt darzulegen, sich zum Gegenstand des Verfahrens, zum Verfahren selbst, zum Vorbringen der Gegenseite und zu den Beweisergebnissen sachgemäß, zweckentsprechend und erschöpfend zu erklären und auf Hinweise zu reagieren (s. zB BFH V B 36/93, BFH/NV 1994, 280 mwN; zur rechtzeitigen Übermittlung von Schriftsätzen BVerwG 6 C 60/86, NVwZ 1987, 1071; Kopp/Schenke/Schenke VwGO § 108 Rn. 19 mwN; zur ausreichenden Möglichkeit der Stellungnahme in der mündlichen Verhandlung s. BFH VI B 187/04, BFH/NV 2005, 1364; XI B 20/07, BFH/NV 2008, 596; X S 35/08 (PKH), BFH/NV 2008, 2030; X B 203/07, BFH/NV 2008, 2049, Hinweis zehn Tage vor der mündlichen Verhandlung ausreichend; BFH XI B 221/07, BFH/NV 2008, 1513, Anforderung von Rechnungen ein Tag vor der mündlichen Verhandlung ausreichend, wenn dem Kläger die Vorlage trotz der kurzen Frist möglich ist). Eine Äußerung zu einer vom FG in der mündlichen Verhandlung erstmals vorgebrachten **neuen Schätzungsmethode** setzt voraus, darüber nachdenken zu können. Bei Kalkulationsgrundlagen, die eine Zeitspanne von drei Jahren umfassen, kann eine qualifizierte Stellungnahme in der kurzen Zeit, die in einer mündlichen Verhandlung einschließlich einer Verhandlungspause zur Verfügung steht, nicht ohne weiteres erwartet werden (BFH X B 10/16, BFH/NV 2017, 43). Entscheidet das Gericht, bevor eine von ihm selbst gesetzte **Frist zur Stellungnahme** abgelaufen ist, verletzt es den Anspruch auf rechtliches Gehör (BFH III B 178/10, BFH/NV 2011, 1389; V B 101/14, BFH/NV 2015, 696). 204

Über **Anträge** der Beteiligten auf Fristverlängerung, Einräumung einer Schriftsatzfrist, Vertagung oder Verlegung des Termins aus wichtigem Grund etc muss das Gericht entscheiden, wenn es ihnen nicht stattgibt. Es muss seine Entscheidung begründen, damit die Frage, ob ausreichend Gelegenheit zur Äußerung bestand (oder das rechtliche Gehör aus einem anderen Grund verletzt ist) kontrolliert werden kann (BVerwG 9 C 235/86, NJW 1988, 1280). 205

Rechtsfolgen. Tatsachen und Beweisergebnisse, zu denen das Gericht den Beteiligten in ausreichendem Maße rechtliches Gehör gewährt hat, darf es bei seiner Überzeugungsbildung berücksichtigen. Berücksichtigt es sie gleichwohl nicht, verstößt es gegen den Anspruch auf rechtliches Gehör in seiner Ausprägung als Vollständigkeitsgebot (→ Rn. 21). Dies führt zu einem **Verfahrensmangel,** jedoch nicht zu einem Verstoß gegen Abs. 2. Tatsachen und Beweisergebnisse, zu denen sich nicht alle Beteiligten (ausreichend) äußern konnten, darf das Gericht bei seiner Überzeugungsbildung nicht berücksichtigen (Verwertungsverbot). Geschieht dies dennoch, verstößt das Gericht ebenfalls gegen das Vollständigkeitsgebot, indem es ein Verwertungsverbot nicht beachtet. Dies führt zu einem **Verfahrensmangel.** Die Kausalität des Verfahrensmangels wird grds. vermutet (§ 119 Nr. 3; zu den Einschränkungen dieses Grundsatzes → § 119 Rn. 22). 207

§ 97 [Zwischenurteil über Zulässigkeit der Klage]

Über die Zulässigkeit der Klage kann durch Zwischenurteil vorab entschieden werden.

Vgl. § 109 VwGO, § 280 ZPO.

Literatur: Bettermann, Zwischenurteil über materiell-rechtliche Vorfragen?, ZZP 79 (1996), 392; Fritsch, Das finanzgerichtliche Zwischenurteil, Wpg 1961, 157; Oswald, Vor-, Teil- und Zwischenentscheidungen im Steuerverfahren, StuW 1957, 649; Rößler, Teilurteile und Zwischenurteile im finanzgerichtlichen Verfahren, BB 1984, 204.

I. Allgemeines zu Zwischenentscheidungen

1 Im Verlauf eines gerichtlichen Verfahrens kann es sich als notwendig, zumindest als zweckmäßig (prozessökonomisch) erweisen, bestimmte Streitpunkte vorab zu klären. Diesem Zweck dienen die **Zwischenentscheidungen** (BFH X R 15/18, BFH/NV 2020, 526, Rn. 16; X R 14/21, BStBl. II 2023, 588, Rn. 12; IX R 3/22, BStBl. II 2023, 267, Rn. 7; zur Verfassungsbeschwerde gegen eine solche Entscheidung: BVerfG 2 BvR 1107/77 ua, BVerfGE 58, 1, unter C. I.1.a). Sie entscheiden nicht über den Streitgegenstand oder selbständige Teile desselben (BFH IV R 71/88, BFH/NV 1990, 228), sondern über **selbständige Vorfragen zum Endurteil,** um dieses dadurch zu entlasten (BFH III R 22/74, BStBl. II 1976, 545; IX R 56/08, BFH/NV 2009, 2058, unter II.1.). Solche Zwischenentscheidungen sieht die FGO in § 97 hinsichtlich der Zulässigkeit der Klage und in § 99 hinsichtlich der Vorabentscheidung über den Grund eines nach Grund und Betrag str. Anspruchs (§ 99 I) oder über eine entscheidungserhebliche Sach- oder Rechtsfrage (§ 99 II) vor (→ § 99 Rn. 1 ff.).

2 Zu differenzieren ist zwischen **selbständigen und unselbständigen Zwischenurteilen.** Sie unterscheiden sich dadurch, dass selbständige Zwischenurteile eigenständig **anfechtbar** sind und auch das Revisionsgericht binden, während unselbständige Zwischenurteile nur zusammen mit dem Endurteil angefochten werden können und nach § 155 FGO iVm § 318 ZPO nur für die jeweilige Instanz bindend sind (BFH I R 91/72, BStBl. II 1974, 359; I B 151/02, BFH/NV 2003, 1445 – keine Beschwer durch ein die Zulässigkeit bestätigendes Zwischenurteil; Zöller/Feskorn ZPO § 303 Rn. 11).

3 Als **selbständige Zwischenurteile** kommen für den Steuerprozess in Betracht:

- Zwischenurteil gem. **§ 97** über die Zulässigkeit der Klage, welches nach § 115 selbständig anfechtbar ist (→ Rn. 4 f.);
- Zwischenurteil über den Grund eines Anspruchs nach **§ 99 I;**
- Zwischenurteil über entscheidungserhebliche Sach- und Rechtsfragen nach **§ 99 II;**
- Zwischenurteil über **prozessuale Verweigerungsrechte** (Zeugnis-, Gutachten-, Auskunfts- und Vorlageverweigerungsrechte – § 82 FGO iVm §§ 387, 402 ZPO; § 84 FGO iVm §§ 101, 103 AO). Dieses ist mit der Beschwerde anfechtbar (BFH II B 58/81, BStBl. II 1982, 510; zur Abgrenzung vom Teilurteil iSd § 98: BVerwG 7 C 91/79, BayVBl. 1980, 444).

4 **Unselbständige Zwischenurteile** können nach § 155 FGO iVm § 303 ZPO ergehen, wenn ein Zwischenstreit zur Entscheidung reif ist. Dafür ist im finanzgerichtlichen Verfahren aber nur insoweit Raum, als für das zu erlassende Zwischenurteil nicht § 97 oder § 99 eingreift (BFH I R 91/72, BStBl. II 1974, 359; FG Düsseldorf 18 K 7246/96 Kg, EFG 1998, 65). Hiervon ausgehend wird in der Literatur der Erlass von unselbständigen Zwischenurteilen bejaht bei Streitigkeiten über die Wirksamkeit von Klagerücknahme (§ 72), Erledigungserklärung (§ 138), Wiedereinsetzung in den vorigen Stand (§ 56) und Klageänderung (§ 67; s. insge-

samt Tipke/Kruse/Brandis § 97 Rn. 2; Gosch/Schmidt-Troje § 97 Rn. 3; unklar BFH I R 24/85, BStBl. II 1989, 369, unter II.1., der sich einerseits auf § 97 und andererseits auf § 318 ZPO bezieht; offengelassen durch FG Hmb III 633/01, EFG 2004, 411). Dem ist nicht zu folgen, weil all diese Fälle die Zulässigkeit der Klage betreffen (zur weiten Fassung des Begriffs → Rn. 6), so dass sich der Erlass eines (selbständigen) Zwischenurteils nach § 97 richtet (glA HHS/Rauda § 97 Rn. 48 mwN). Das ist hingegen nicht der Fall bei einem Streit über die Prozessführungsbefugnis eines Beteiligten, so dass ein unselbständiges Zwischenurteil nach § 155 FGO iVm § 303 ZPO ergehen kann (FG Düsseldorf 18 K 7246/96 Kg, EFG 1998, 65; HHS/Rauda § 97 Rn. 48).

II. Zwischenurteil über die Zulässigkeit der Klage

§ 97 I betrifft den Erlass eines Zwischenurteils über die Zulässigkeit der Klage (zur Zwischenentscheidung über den Grund der Klage s. § 99). Die Regelung gilt auch für **Revisionsverfahren** (§ 121; BFH X R 15/18, BFH/NV 2020, 526, Rn. 14; X R 14/21, BStBl. II 2023, 588, Rn. 11; V R 30/83, BFH/NV 1989, 516; IX R 3/22, BStBl. II 2023, 267, Rn. 6) und in entsprechender Anwendung für **Beschlussverfahren** (Kopp/Schenke/Schenke VwGO § 109 Rn. 2), so zB bei der Zuständigkeitsbestimmung (→ § 39 Rn. 9 ff.), der Richterablehnung (→ § 51 Rn. 73), der Zurückweisung eines Bevollmächtigten (BFH V R 49/14, BFH/NV 2015, 1692; V R 50/14, BFH/NV 2015, 1694; → § 62 Rn. 40 ff.) und der Vorlage von Urkunden oder Akten (→ § 86 Rn. 14 ff.; insgesamt glA Tipke/Kruse/Brandis § 97 Rn. 3 ff.). 5

Das Zwischenurteil nach § 97 muss die Frage der **Zulässigkeit der Klage insgesamt oder in einem einzigen Punkt** zum Gegenstand haben (Kopp/Schenke/Schenke VwGO § 109 Rn. 4; FG MV 1 K 290/97, EFG 2000, 1009 zur Frage der Anwendbarkeit des § 48 I Nr. 1 aF). Der Begriff ist weit auszulegen und erfasst alle für das jeweilige Verfahren oder die jeweilige Instanz maßgeblichen Sachentscheidungsvoraussetzungen (BFH IV R 1/81, BStBl. II 1985, 368; V R 49/14, BFH/NV 2015, 1692; V R 50/14, BFH/NV 2015, 1694, jeweils mwN). Das gilt jedoch **nicht** für die gem. **§ 17a GVG** einem speziellen Verfahren (→ Anh. § 33 Rn. 17 ff.) zugewiesenen Fragen der Zulässigkeit des Finanzrechtswegs sowie der sachlichen und örtlichen Zuständigkeit (ebenso Kopp/Schenke/Schenke VwGO § 109 Rn. 3; HHS/Rauda § 97 Rn. 6; vgl. auch BFH VI B 100/08, BeckRS 2008, 25014277). Die als möglicher Entscheidungsgegenstand eines Zwischenurteils nach § 97 verbleibenden Zulässigkeitsvoraussetzungen müssen aber **nicht stets alle** geprüft werden, damit eine solche Vorabentscheidung ergehen kann (BFH IV R 1/81, BStBl. II 1985, 368; V R 49/14, BFH/NV 2015, 1692; V R 50/14, BFH/NV 2015, 1694, jeweils mwN; BVerwG 7 C 43/88, NVwZ 1988, 913). Beschränkt sich das Urteil nur auf einzelne Sachentscheidungsvoraussetzungen, so muss dies im Tenor zum Ausdruck kommen, um keine Bindungswirkung (→ Rn. 7) für die Zulässigkeit insgesamt herbeizuführen (zB: „Die Klage ist rechtzeitig erhoben worden"; HHS/Rauda § 97 Rn. 28 f.). **Verneint** allerdings das Gericht das Vorliegen auch nur einer Sachentscheidungsvoraussetzung, muss ein **Endurteil** ergehen (Kopp/Schenke/Schenke VwGO § 109 Rn. 4). 6

Der Erlass eines Zwischenurteils steht im **Ermessen** des Gerichts („kann", s. BFH VIII B 58/96, BFH/NV 1997, 417 mwN; zur Beschränkung der mündli- 7 chen Verhandlung auf die Zulässigkeit der Klage s. FG BW 6 K 205/92, EFG 1994, 217; 6 K 134/93, EFG 1994, 895); das Gericht kann stattdessen das Verfahren fortführen und (später) ein Endurteil erlassen. Das Zwischenurteil ergeht idR aufgrund mündlicher Verhandlung; ein Verzicht hierauf und der Erlass eines Zwischenurteiles in der Form des **Gerichtsbescheids** nach § 90a sind möglich (zum Gerichtsbescheid BFH XI R 17/93, BStBl. II 1994, 439; X R 15/18, BFH/NV 2020, 526, Rn. 15). Zur **Kostenentscheidung** → § 143 Rn. 2; zum **Streitwert** s. BFH X E 3/04, BFH/NV 2005, 235 – entspricht dem Streitwert des Hauptsacheverfahrens, wenn das Zwischenurteil über den Steueranspruch im Ganzen entscheidet). Ein rechtskräftig gewordenes Zwischenurteil des FG **bindet** nicht nur das FG für das anschließende Grund- oder Endurteil (Tipke/Kruse/Brandis § 97 Rn. 6), sondern auch den BFH (BFH V R 31/83, BFH/NV 1990, 148 (150), wonach das aber nicht für die Rechtzeitigkeit des Einspruchs gilt).

8 Zwischenurteile iSv § 97 I können grds. selbständig mit der **Revision** angefochten werden, weil es sich um selbständige Zwischenentscheidungen handelt (FG Köln 6 K 3931/08, EFG 2010, 618; → Rn. 2 f.). Die daraufhin ergehende Entscheidung des BFH ist kein Zwischenurteil, muss sich aber inhaltlich auf die Punkte beschränken, über die das FG im Zwischenurteil entschieden hat (BFH IX R 56/08, BStBl. II 2010, 202). Erlässt das FG vor Ergehen der Revisionsentscheidung über das Zwischenurteil ein Endurteil, so ist dieses hinfällig, wenn der BFH das Zwischenurteil aufhebt (auflösende Bedingung des Endurteils, s. BFH I R 182/83, BFH/NV 1988, 786; Tipke/Kruse/Brandis § 97 Rn. 7 mwN).

§ 98 [Teilurteil]

Ist nur ein Teil des Streitgegenstands zur Entscheidung reif, so kann das Gericht ein Teilurteil erlassen.

Vgl. § 110 VwGO; §§ 301, 302 ZPO.

Literatur: De Lousanoff, Die Zulässigkeit des Teilurteils gem. § 301 ZPO, 1979; Musielak, Zum Teilurteil im Zivilprozess, FS Lüke, 1997, 561; Rößler, Teilurteile und Zwischenurteile im finanzgerichtlichen Verfahren, BB 1984, 204, 207 f.

1 Das Teilurteil ist ein **Endurteil,** das nur einen Teil des Rechtsstreits erledigt (§ 301 I ZPO; zur Abgrenzung vom Zwischenurteil vgl. BVerwG 7 C 91/79, BVerwGE 60, 123; BGH VII ZR 143/79, BGHZ 77, 310, unter I. aE und von der Vorabentscheidung iSv § 99 BFH IX B 20/10, BFH/NV 2010, 2232 mwN: Inhalt ist maßgebend und nicht die Bezeichnung der Entscheidung). Es dient der Vereinfachung und der Beschleunigung des Verfahrens (BGH VII ZR 143/79, BGHZ 77, 310, unter I. aE). § 98 gilt auch für das **Rechtsmittelverfahren** und analog im **Beschlussverfahren** (Tipke/Kruse/Brandis § 98 Rn. 1 aE).

2 Ein Teilurteil kann nur ergehen, wenn über einen **Teil des Streitgegenstands** gesondert entschieden werden kann (zum Begriff des Streitgegenstands → § 65 Rn. 30 ff.). Das ist der Fall, wenn in der Klage mehrere Streitgegenstände zusammengefasst sind durch objektive (→ § 43 Rn. 1 ff.) oder subjektive (→ § 59 Rn. 1 ff.) Klagehäufung oder der Streitgegenstand teilbar ist, was wiederum voraussetzt, dass der Teil, über den durch Teilurteil entschieden werden soll, einer gesonderten tatsächlichen und rechtlichen Würdigung zugänglich ist (BFH IV R 24/07, BFH/NV 2010, 1491, Rn. 9 aE mwN; s. auch BFH VII B 190/96, BFH/NV 1997, 594 betr. Haftungsbescheid; VIII R 32/98, BStBl. II 2000, 33 betr.

Eingangsabgaben; VII B 24/99, BFH/NV 2000, 1220 betr. Pfändungs- und Einziehungsverfügung). Das ist möglich bei einer **Eventual-Klagehäufung** (→ § 43 Rn. 11), bei der der Hauptantrag dann durch Teilurteil abgewiesen werden kann, wenn der Hilfsantrag auf einem anderen Sachverhalt beruht (BFH IV B 7/08, BeckRS 2008, 25014404; HessFG 10 K 1350/22, EFG 2024, 1144; Tipke/Kruse/Brandis § 98 Rn. 2 mwN). Bei einem **ESt-Bescheid** ist ein Teilurteil wegen des progressiven Tarifs hingegen idR **ausgeschlossen** (BFH X B 18/92, BFH/NV 1993, 732; VI R 148/01, BFH/NV 2004, 527 (528) betr. Zusammenveranlagung; VIII B 39/09, BFH/NV 2010, 2089 betr. Klage durch Eheleute; unklar BFH II R 85/86, BStBl. II 1990, 588, unter II.1. aE: festgesetzter Geldbetrag ist stets teilbar; wie hier Tipke/Kruse/Brandis § 98 Rn. 2; zum **GewSt-Messbescheid** s. BFH IV R 24/07, BFH/NV 2010, 1491; zum **Feststellungsbescheid** BFH VIII R 35/91, BFH/NV 1993, 316). Auch über **einzelne Besteuerungsgrundlagen,** Tatbestandsmerkmale, Angriffs- oder Verteidigungsmittel kann nicht durch Teilurteil entschieden werden (BFH IV R 24/07, BFH/NV 2010, 1491, Rn. 12; Tipke/Kruse/Brandis § 98 Rn. 2; offenlassend BFH VIII R 35/91, BFH/NV 1993, 316 unter 1. b aa betr. das Vorliegen von Einkünften aus Gewerbebetrieb). Auch das (Ergänzungs-)Urteil, mit dem über einen Antrag nach § 109 I auf Urteilsergänzung entschieden wird, ist ein Teilurteil iSv § 98 (BFH VIII B 10/23, BFH/NV 2024, 539).

Der Rechtsstreit muss hinsichtlich des Teils, der Gegenstand des Teilurteils sein soll, **entscheidungsreif** sein. Demgegenüber ist das Teilurteil **nicht sachdienlich** und damit ausgeschlossen, wenn insgesamt Entscheidungsreife gegeben ist (BFH IX R 92/91, BStBl. II 1994, 403). Aus diesem Grund scheidet eine isolierte Aufhebung der Einspruchsentscheidung durch Teilurteil aus, weil auch im Fall einer (fehlerhaften) Ermessensentscheidung insgesamt Entscheidungsreife vorliegt (aA FG BW VI K 326/83, EFG 1987, 88; Kopp/Schenke/Schenke VwGO § 79 Rn. 5). Ein Teilurteil ist **ferner nicht sachdienlich,** wenn die Möglichkeit widersprüchlicher Entscheidungen nicht ausgeschlossen werden kann, so etwa zu der zu treffenden Entscheidung über den verbliebenen Streitgegenstand (BFH VIII R 35/91, BFH/NV 1993, 316 unter 1. b aa; IX R 92/91, BStBl. II 1994, 403 betr. den Streit um die Rechtmäßigkeit eines Feststellungsbescheids, soweit es um Fragen geht, die in tatsächlicher/rechtlicher Hinsicht die Gesellschaft als solche bzw. alle Gesellschafter betrifft; HessFG 1 K 3381/03, EFG 2012, 432 betr. Streit über Schenkungssteuerpflicht dem Grunde und der Höhe nach). 3

Der Erlass eines Teilurteils steht im **Ermessen** des Gerichts („kann"); das Gericht kann stattdessen auch eine Trennung des Verfahrens nach § 73 wählen (HHS/Rauda § 98 Rn. 9). Der Erlass eines **Teil-Gerichtsbescheids** ist zulässig (Tipke/Kruse/Brandis § 98 Rn. 1). Zur **Kostenentscheidung** → § 143 Rn. 6. Das Teilurteil ist der **formellen und materiellen Rechtskraft** fähig und bindet folglich FG und BFH. Da es den Prozess in **zwei selbständige Verfahren** trennt (BFH IX R 18/00, BFH/NV 2003, 749), sind hinsichtlich des verbliebenen Teils Rücknahme- und Hauptsacheerledigungserklärungen möglich. Das Teilurteil ist selbständig mit der **NZB oder Revision** anfechtbar (BFH VIII B 10/23, BFH/NV 2024, 539 zum Ergänzungsurteil, → Rn. 2 aE; Tipke/Kruse/Brandis § 98 Rn. 4). Auch darin bestätigt sich die Selbständigkeit der Streitgegenstände bzw. Streitgegenstandsurteile. Das Rechtsmittelgericht darf sich mit dem nicht entschiedenen Teil nicht befassen, und zwar auch nicht bei Einverständnis der Beteiligten (Tipke/Kruse/Brandis § 98 Rn. 4; Kopp/Schenke/Schenke VwGO § 110 Rn. 7); das FG darf hingegen trotz des noch anhängigen Rechtsmittels über den 4 noch verbliebenen Teil verhandeln und entscheiden. Wird diese Entscheidung rechtskräftig, so wird der Rechtsstreit für den BFH in zwei selbständige Verfahren getrennt, und zwar auch dann, wenn der Streitgegenstand eigentlich nicht teilbar ist, es sich also um ein fehlerhaftes Teilurteil gehandelt hat (BFH IX R 18/00, BFH/NV 2003, 749; Tipke/Kruse/Brandis § 98 Rn. 4). Ansonsten hebt der BFH unzulässige Teilurteile wegen eines Verstoßes gegen die Grundordnung des Verfahrens auf und verweist die Sache an das FG zurück (BFH IV R 24/07, BFH/NV 2010, 1491). Ob ein Teilurteil oder ein Endurteil ergangen ist, muss im Zweifel durch Auslegung ermittelt werden (BFH X R 27/87, BFH/NV 1989, 233 (234)). Eine Umdeutung in ein Zwischenurteil (§ 99) ist nicht möglich (BFH IV R 24/07, BFH/NV 2010, 1491, Rn. 13 mwN). Der **Streitwert** bemisst sich nach dem Wert des durch das Teilurteil entschiedenen Anspruchs (HHS/Rauda § 98 Rn. 30).

§ 99 [Vorabentscheidung über den Grund]

(1) **Ist bei einer Leistungsklage oder einer Anfechtungsklage gegen einen Verwaltungsakt ein Anspruch nach Grund und Betrag strittig, so kann das Gericht durch Zwischenurteil über den Grund vorab entscheiden.**

(2) **Das Gericht kann durch Zwischenurteil über eine entscheidungserhebliche Sach- oder Rechtsfrage vorab entscheiden, wenn dies sachdienlich ist und nicht der Kläger oder der Beklagte widerspricht.**

Vgl. § 111 VwGO; § 130 SGG; § 304 ZPO.

Literatur: Arnold, Das Grundurteil, Passauer Diss., 1995; Lohner, Die Aufteilung eines einheitlichen Rechtsstreits durch ein Grundurteil nach § 304 ZPO bei einer Mehrheit von Klagegründen innerhalb eines Streitgegenstands, Regensburg, Diss. 1985; Lohse, Vorabentscheidung als Mittel zur Vereinfachung und Beschleunigung von Steuerprozessen, DStR 1980, 593; Rößler, Teilurteile und Zwischenurteile im finanzgerichtlichen Verfahren, BB 1984, 204; Rößler, Das Zwischenfeststellungsurteil nach § 99 Abs. 2 FGO, StB 1994, 181.

I. Allgemeines

1 Nach § 99 kann das Gericht ein **Zwischenurteil** erlassen als Vorabentscheidung über den Grund eines nach Grund und Betrag str. Anspruchs (§ 99 I) oder über eine entscheidungserhebliche Sach- oder Rechtsfrage (§ 99 II). Die Regelung tritt dabei neben § 97, der ein Zwischenurteil über die Zulässigkeit der Klage zulässt (→ § 97 Rn. 1 ff.). § 99 ist auch im **Revisionsverfahren** (§ 121 S. 1) und – entsprechend – in **Beschlussverfahren** anwendbar (vgl. auch Kopp/Schenke/Schenke VwGO § 111 Rn. 1).

2 Der Erlass eines Zwischenurteils dient der **Verfahrensvereinfachung.** Beteiligten und Gericht sollen notwendige Ermittlungen zur Höhe eines (Steuer-)Anspruchs erspart werden, wenn sich das durch eine Entscheidung zum Anspruchsgrund vermeiden lässt (so wohl auch BFH II R 1/81, BStBl. II 1983, 25 (26)). Das ist insbes. dann der Fall, wenn die Fixierung der Anspruchshöhe noch erheblicher Ermittlungen und/oder rechtlicher Überlegungen bedarf, die sich möglicherweise durch die Entscheidung über den Grund des Anspruchs erübrigen.

II. Vorabentscheidung über den Grund – § 99 I (Grundurteil)

§ 99 I beschränkt den Erlass eines Zwischenurteils auf Verfahren über **Leistungs- oder Anfechtungsklagen** (→ § 40 Rn. 13 ff.; → § 40 Rn. 31), weil es bei diesen – so jedenfalls die Vorstellung des Gesetzgebers – um Streitigkeiten geht, in denen sich die Rechtmäßigkeit eines gerichtlichen Ausspruchs dem Grunde wie der Höhe nach allein aus dem G heraus beantwortet. Das ist bei **Verpflichtungsklagen** jedenfalls dann anders, wenn sie Ermessensentscheidungen betreffen. Betrifft die Verpflichtungsklage demgegenüber gesetzesabhängige VA, so kommt eine **entsprechende Anwendung** des § 99 I in Betracht (ebenso für § 45: BFH GrS 1/83, BStBl. II 1985, 303; iE wie hier HHS/Rauda § 99 Rn. 10; Tipke/Kruse/Brandis § 99 Rn. 3: VA hat Geldleistung zum Gegenstand; aM Rößler BB 1984, 204 (208 f.)). 3

Weitere Voraussetzung für den Erlass eines Zwischenurteils ist nach § 99 I, dass ein Anspruch dem Grunde und der Höhe nach streitig ist. Das erfordert eine tatsächliche **Trennbarkeit des Streitstoffs,** der folglich aus rechtlich und tatsächlich selbständigen Teilen bestehen muss (BFH I R 91/72, BStBl. II 1974, 359 abl. für örtliche Zuständigkeit des FA; BFH IX R 56/08, BFH/NV 2009, 2058, unter II.1. mwN; I B 61/10, BFH/NV 2010, 2119 betr. vGA; I B 53/12, BFH/NV 2013, 1561; I R 18/20, BFH/NV 2023, 266, Rn. 11; HessFG 1 K 3381/03, EFG 2012, 432 betr. Schenkungsteuerpflicht; HessFG 8 K 339/15, EFG 2021, 794 zum Einbringungsgewinn). Das ist nicht zu verwechseln mit dem Streitgegenstand (→ § 65 Rn. 30 ff.), auf dessen Teilbarkeit es iRd § 99 nicht ankommt. Ein Zwischenurteil kann vielmehr immer dann ergehen, wenn die konkrete Möglichkeit besteht, den Streit über einen Anspruch nach Grund und Höhe gesondert zu führen (so auch Tipke/Kruse/Brandis § 99 Rn. 3; BFH II R 1/81, BStBl. II 1983, 25 (26) zur GrESt und gegen die früher zT vertretene Auffassung, wonach § 99 aufgrund der im finanzgerichtlichen Verfahren geltenden Streitgegenstandstheorie bei der Anfechtungsklage bedeutungslos sein sollte). Hinzu muss kommen, dass das Gericht positiv davon ausgeht, dass der **Klageanspruch** mit hoher Wahrscheinlichkeit **in irgendeiner Höhe besteht** und die Beantwortung der den Grund betreffenden Rechtsfrage damit entscheidungserheblich ist; andernfalls kommt der Erlass eines Grundurteils nicht in Betracht, die Klage ist insgesamt abzuweisen (BFH I R 18/20, BFH/NV 2023, 266, Rn. 11 mwN). 4

In dem Rechtsstreit muss ein **Anspruch streitig** sein. Dieser muss materiellrechtlicher Art sein (stRspr s. BFH IV R 71/88, BFH/NV 1990, 228 mwN). Folglich darf ein Zwischenurteil nicht ergehen, wenn das Verfahren einen anderen Anspruch betrifft, wie zB einen prozessualen Anspruch. In Streitsachen wegen **einheitlicher und gesonderter Gewinnfeststellung, Gewerbesteuermessbeträgen** und Feststellung des **Einheitswertes** darf nach stRspr des BFH ebenfalls kein Zwischenurteil ergehen, weil diese Verfahren auf nur ein Element des Steueranspruchs gerichtet sind und nicht auf dessen Erfüllung insgesamt (BFH I R 157/76, BStBl. II 1980, 252; VIII R 35/91, BFH/NV 1993, 316; IV B 7/08, BeckRS 2008, 25014404). Dem ist nicht zu folgen. Es trifft zwar zu, dass diese Verfahren nicht den Steueranspruch insgesamt betreffen. Aus Gründen der Verfahrensökonomie (→ Rn. 2) ist ein Zwischenurteil in diesen Fällen mE gleichwohl zulässig, sofern sich der Streitstoff nach Grund und Höhe der Feststellung teilen lässt (→ Rn. 5; so auch BFH I R 21/20, BStBl. II 2024, 413, Rn. 19, für die 5 vorrangige Prüfung, ob eine Organschaft vorliegt; glA Tipke/Kruse/Brandis § 99 Rn. 5).

6 Der Anspruch muss **dem Grunde nach** streitig sein. Daher ist ein Zwischenurteil über die Anspruchshöhe unzulässig (BFH III R 72/74, BStBl. II 1975, 714 betr. Einheitswertermittlung durch Sach- oder Ertragswertverfahren; BFH IV R 71/88, BFH/NV 1990, 228 (229) mwN; s. aber zur Umdeutung eines unzulässigen Grundurteils iSv § 99 I in ein zulässiges Zwischenurteil iSv § 99 II: BFH III R 22/06, BFH/NV 2009, 1087 mwN; I R 18/20, BFH/NV 2023, 266, Rn. 14: ausgeschlossen, wenn das Gericht die Beteiligten zuvor auf die Möglichkeit des Erlasses eines Urteils nach § 99 I hingewiesen hat). Ein Streit um den Grund eines Steueranspruchs ist aber nicht begrenzt auf die objektiven Tatbestandsmerkmale des Steueranspruchs, sondern umfasst auch die Frage nach dem **Steuerschuldner,** dh danach, wer die Tatbestandsmerkmale des § 38 AO verwirklicht (s. auch BFH II R 1/81, BStBl. II 1983, 25 (26); aM BFH I R 135/77, BStBl. II 1980, 695). Außerdem passt § 99 I auch auf die Fälle, in denen in erster Linie die **Unwirksamkeit** des angefochtenen Steuerbescheids (etwa wegen eines Bekanntgabemangels) und in zweiter Linie die Herabsetzung der Steuerschuld geltend gemacht wird. **Unzulässig** ist ein Zwischenurteil hingegen dann, wenn die Beteiligten darüber streiten, ob der Stpfl. beschränkt oder unbeschränkt steuerpflichtig ist, weil dies eine Entscheidung (auch) über die Höhe des Steueranspruchs erfordert (BFH I R 67/97, BFH/NV 1998, 1197; anders FG BW 10 K 300/97, EFG 1999, 726 für den Fall, dass die beschränkte Steuerpflicht und die Höhe der inländischen Einkünfte einer ausländischen Gesellschaft streitig sind und wenn zur Ermittlung der Einkünfte die Durchführung eines Verständigungsverfahrens nach DBA zweckmäßig erscheint).

7 Auch die Frage, **ob** ein **Steueranspruch (noch) geltend gemacht werden darf** oder dem der Eintritt der Festsetzungsverjährung entgegensteht, ist ein Streit über den Steueranspruch, dh über seine Durchsetzbarkeit (BFH II R 1/81, BStBl. II 1983, 25 (26)). Ein Zwischenurteil kann in diesen Fällen ergehen, wenn sich der Kläger auch gegen die Höhe der Steuer wendet. Gleiches gilt für Fälle, in denen str. ist, ob das FA einen Bescheid noch ändern durfte, ob also die tatbestandlichen Voraussetzungen der §§ 172 ff. AO vorliegen und zudem die Höhe der Steuer str. ist.

8 Ob das Gericht ein Grundurteil erlässt, steht (sofern die Klage zulässig ist und die besonderen tatbestandlichen Voraussetzungen des § 99 I erfüllt sind) in seinem **Ermessen** (BFH V R 30/21, BFH/NV 2024, 849, Rn. 12). **Einschränkungen** – die auch in der **Revisionsinstanz** noch von Amts wegen zu prüfen sind (zB BFH VIII R 35/91, BFH/NV 1993, 316; V R 30/21, BFH/NV 2024, 849, Rn. 12) – ergeben sich jedoch in folgender Hinsicht:

– Das Zwischenurteil muss über **alle** den **Anspruchsgrund betreffenden Streitpunkte** entscheiden (BFH V R 93/76, BFH/NV 1987, 781; X R 82/97, BFH/NV 2001, 952). Das lässt sich bereits aus der nach § 155 FGO iVm § 318 ZPO eintretenden Bindungswirkung des Zwischenurteils (→ Rn. 9) ableiten. Folglich muss das Gericht alle für ihre abschließende Beantwortung im Urteilsfall erforderlichen tatsächlichen Feststellungen getroffen haben (BFH V R 30/21, BFH/NV 2024, 849, Rn. 13). Es darf auch nicht isoliert per Zwischenurteil über **einzelne Merkmale des Steueranspruchs** entschieden werden, wenn auch andere str. sind (zu einzelnen Besteuerungsmerkmalen BFH I R 182/83, BFH/NV 1988, 786; II R 105/87, BFH/NV 1989, 311; VIII R 35/91, BFH/NV 1993, 316; zur Gewinn- oder Überschusserzielungsabsicht

BFH IX R 28/88, BFH/NV 1989, 513; X R 82/97, BFH/NV 2001, 952). Zum Zwischenurteil nach § 99 II → Rn. 10.
- Das Gericht muss das **Begehren des Klägers** zumindest zT auch der Höhe nach für **berechtigt** halten (BFH V R 93/76, BFH/NV 1987, 781; s. auch I B 61/10, BFH/NV 2010, 2119 mwN; I B 53/12, BFH/NV 2013, 1561, Klageanspruch muss in irgendeiner Höhe bestehen). Andernfalls muss es ein klageabweisendes **Endurteil** erlassen.
- Der **Prozessausgang** darf zum Zeitpunkt des Erlasses des Zwischenurteils noch **nicht feststehen.** Steht er fest, weil zB die Entscheidung über die Höhe der Steuer auf der Hand liegt, so muss ein Endurteil ergehen (hierzu und zur Abgrenzung beider Urteilsarten BFH I R 67/97, BFH/NV 1998, 1197).

Das Gericht muss in dem Zwischenurteil deutlich machen, **über welche Fragen es entscheidet** und welche Fragen es dem Betragsverfahren überlassen will (BGH VIII ZR 243/94, MDR 1996, 846). Dies ergibt sich bereits daraus, dass das Zwischenurteil iSv § 99 I als selbständige Zwischenentscheidung (→ § 97 Rn. 2) eine **Bindungswirkung** entfaltet, und zwar zum einen für das Revisionsgericht und zum anderen nach § 155 FGO iVm § 318 ZPO für das das Zwischenurteil erlassende Gericht (BGH VII ZR 142/95, NJW-RR 1997, 188). Daher darf das **Endurteil nicht im Widerspruch** zu dem Zwischenurteil stehen (zur Abgrenzung beider Urteilsarten und zur Auslegung BFH I R 67/97, BFH/NV 1998, 1197). Übersieht das Gericht beim Erlass des Zwischenurteils allerdings das Nichtvorliegen einer Prozessvoraussetzung, so kann es hierüber ebenso ausnahmsweise im Endurteil noch entscheiden wie über Umstände, die erst nach dem Schluss der mündlichen Verhandlung über das Zwischenurteil entstanden sind und den Anspruchsgrund betreffen (Tipke/Kruse/Brandis § 99 Rn. 14 mwN). Der Erlass eines **Gerichtsbescheids** (§ 90a) ist zulässig (FG Hmb 3 K 122/10, DStRE 2012, 759). Als selbständige Zwischenentscheidung ist das Zwischenurteil iSv § 99 I selbständig mit **NZB oder Revision** anfechtbar (→ § 97 Rn. 2f.). Ein **unstatthaftes Grundurteil** ist als Verstoß gegen die Grundordnung des Verfahrens zu qualifizieren (BFH I R 67/97, BFH/NV 1998, 1197 (1198)) und kann jedenfalls dann nicht in ein zulässiges Zwischenurteil nach § 99 II umgedeutet werden, wenn die dafür erforderliche Anhörung von Kläger und Beklagtem (→ Rn. 14) unterblieben ist (BFH VI R 148/01, BFH/NV 2004, 527; Tipke/Kruse/Brandis § 99 Rn. 13). Mit der **Aufhebung** des Zwischenurteils befindet sich das Klageverfahren wieder in dem Stadium, das vor Erlass des Zwischenurteils bestanden hat, ohne dass es einer förmlichen Zurückverweisung bedarf (BFH III R 43/11, BFH/NV 2013, 86; I R 18/20, BFH/NV 2023, 266, Rn. 15). 9

III. Vorabentscheidung über sonstige Streitpunkte – § 99 II

§ 99 II ermöglicht es dem Gericht, im Einvernehmen mit den Beteiligten durch Zwischenurteil über eine entscheidungserhebliche Sach- oder Rechtsfrage vorab zu entscheiden (BT-Drs. 12/1061, 18). Die Regelung **erweitert** damit den Anwendungsbereich des **§ 99 I,** der nur eine Entscheidung über den Grund des Anspruchs insgesamt zulässt (→ Rn. 8; BFH I R 67/97, BFH/NV 1998, 1197). 10

Bei der entscheidungserheblichen Sach- oder Rechtsfrage muss es sich um eine **materiell-rechtliche Frage** handeln (so mit Recht FG Düsseldorf 18 K 7246/96 Kg, EFG 1998, 65; offen FG Hmb III 633/01, EFG 2004, 411 (412)). Prozes- 11 suale Fragen erfasst § 99 II – ebenso wie § 99 I – nicht (zu diesbezüglichen Zwischenurteilen → § 97 Rn. 3).

12 Das Zwischenurteil nach § 99 II muss eine oder mehrere (FG Hmb V 108/92, EFG 1996, 129) **entscheidungserhebliche Sach- oder Rechtsfragen** betreffen (BFH I R 11/17, BFH/NV 2020, 766); darüber hinaus muss wenigstens eine weitere Rechtsfrage entscheidungserheblich sein, über die nicht in dem Zwischenurteil entschieden wird, sondern später im Endurteil (BFH V R 69/14, BStBl. II 2017, 1221; IX B 18/20, BFH/NV 2021, 442, Rn. 4). Entscheidungserheblich sind solche Vorfragen, ohne deren Beantwortung ein Urteil über die geltend gemachte Rechtsbeeinträchtigung nicht möglich ist (BFH V R 7/06, BFH/NV 2008, 1780 mwN; FG Hmb 3 K 122/10, DStRE 2012, 759). Ein Zwischenurteil kommt deshalb nur zu solchen Vorfragen in Betracht, über die mit Sicherheit auch in einem Endurteil zu entscheiden wäre (BFH IV R 54/97, BStBl. II 2000, 139; III R 22/06, BFH/NV 2009, 1087; IV R 23/13, BFH/NV 2016, 1433; V R 30/21, BFH/NV 2024, 849, Rn. 13; verneinend für den Fall, dass das FG parallel zu dem abweisenden Zwischenurteil das Klageverfahren wegen Fragen der Verfassungsmäßigkeit der streitentscheidenden Vorschrift gem. § 74 aussetzt: BFH I R 41/14, BFH/NV 2016, 570 oder aussetzen müsste: BFH IX B 18/20, BFH/NV 2021, 442, Rn. 4). Die Vorabentscheidung muss ferner **sachdienlich** sein, was sich eigentlich von selbst versteht. Sachdienlichkeit ist anzunehmen, wenn durch den Erlass des Zwischenurteils eine Verfahrensvereinfachung erreicht werden kann (→ Rn. 2), was insbes. dann der Fall ist, wenn zu erwarten ist, dass die Beteiligten nach der verbindlichen Klärung der Rechtsfrage den Rechtsstreit rasch beilegen werden (BFH V R 30/21, BFH/NV 2024, 849, Rn. 13). Daran fehlt es, wenn noch nicht alle für die abschließende Beantwortung der Rechtsfrage erforderlichen tatsächlichen Feststellungen getroffen sind (BFH IV R 23/13, BFH/NV 2016, 1433).

13 In folgenden **Einzelfällen** bejaht die Rspr. eine sachdienliche Vorabentscheidung über entscheidungserhebliche Sach- oder Rechtsfragen:

- Voraussetzungen und Inhalt eines schlichten **Änderungsantrags nach § 172 I Nr. 2a AO** (BFH XI R 17/93, BStBl. II 1994, 439);
- **Betriebsvermögenszugehörigkeit eines Wirtschaftsguts** (BFH IV R 14/91, BStBl. II 1994, 250 betr. Sonderbetriebsvermögen);
- **Bewertung** (BFH III R 35/04, BFH/NV 2006, 1262);
- **Bilanzierungsfragen** (BFH IV R 54/97, BStBl. II 2000, 139 betr. Passivierbarkeit einer Rückzahlungsverpflichtung);
- **Einheitlichkeit eines Gewerbebetriebs** (FG Hmb III 440/01, EFG 2004, 353);
- Vorliegen einer **Entnahme** (BFH III R 35/04, BFH/NV 2006, 1262);
- Anwendbarkeit einer bestimmten **Fassung** eines Gesetzes (FG BW 11 K 1492/19, BeckRS 2019, 43580);
- Eintritt der **Feststellungsverjährung** (BFH VIII R 48/93, BFH/NV 1995, 84);
- **Feststellungszeitraum** (BFH VIII R 48/93, BFH/NV 1995, 84);
- Vorliegen einer **Förderung der Allgemeinheit** iSv § 52 II AO (BFH V R 69/14, BStBl. II 2017, 1221);
- Ansatz von **Gewinnerhöhungen** (BFH XI R 10/18, BStBl. II 2021, 292);
- **Haftung** eines Gesellschafters dem Grunde nach (FG Hmb I 193/92, EFG 1994, 1080);

- Vorliegen eines **gewerblichen Grundstückshandels** (FG Köln 1 K 4456/89, EFG 1995, 1052 (1054));
- Kirchenzugehörigkeit bei Streit über **KiSt** (FG Köln 11 K 1673/95, EFG 1998, 232);
- Vorliegen von Einkünften aus **Land- und Forstwirtschaft** (BFH IV R 66/99, BFH/NV 2002, 524; FG Münster 6 K 1260/97 E, EFG 1999, 954);
- Wirksamkeit einer **strafbefreienden Erklärung** nach StaBEG (BFH III R 22/06, BFH/NV 2009, 1087);
- **Überschusserzielungsabsicht** (FG Düsseldorf 10 K 5523/96 E, EFG 2002, 840 (842));
- Steuerpflicht eines **Veräußerungsgewinns** (BFH IV R 90/99, BFH/NV 2001, 904);
- **Verjährung** (BFH IV R 31/01, BStBl. II 2003, 552, mE kein Fall des § 99 II, sondern des § 99 I, → Rn. 7);
- **Besteuerung des Vorbezugs** nach § 22 Nr. 1 S. 3 Buchst. a EStG (BFH I R 83/11, BFH/NV 2015, 20);
- Bestimmung des **wirtschaftlichen Eigentümers** (BFH X R 82/97, BFH/NV 2001, 952 (953));
- **Zulässigkeit des Einspruchs** (BFH IX R 11/15, BFH/NV 2016, 1676; FG BBg 12 K 12161/08, EFG 2012, 674).

Der **Kläger und der Beklagte** dürfen dem Erlass eines Zwischenurteils **nicht** 14
widersprechen. Das setzt grds. voraus, dass der Kläger und der Beklagte vor dem Erlass des Zwischenurteils hierzu **angehört** werden (BFH IV B 7/08, BeckRS 2008, 25014404: nicht auch sonstige Beteiligte; XI B 52/15, BFH/NV 2016, 431). Unterlässt das Gericht die Anhörung, so ist das Zwischenurteil unzulässig (BFH VI R 148/01, BFH/NV 2004, 527; Tipke/Kruse/Brandis § 99 Rn. 11). Die Anhörung ist entbehrlich, wenn das Zwischenurteil als **Gerichtsbescheid** (§ 90a) ergeht. Die Möglichkeit wird in diesen Fällen in angemessener Weise durch § 90a II gewährleistet (BFH IV R 14/91, BStBl. II 1994, 250; IV R 39/97, BStBl. II 1999, 28 (30); → § 90a Rn. 15 ff.).

Der Erlass eines Zwischenurteils nach § 99 II steht im **Ermessen** des Gerichts. 15
Es kann das Zwischenurteil auch als Gerichtsbescheid (§ 90a) erlassen (BFH I R 21/20, BStBl. II 2024, 413, Rn. 16). Da das Zwischenurteil im Umfang des Entscheidungsgegenstands **Bindungswirkung** entfaltet, muss klar erkennbar sein, **über welche Fragen es entscheidet** (zu § 99 I → Rn. 9). Das Zwischenurteil nach § 99 II ist **selbständig anfechtbar** (BFH IV R 14/91, BStBl. II 1994, 250; X R 12/95, BFH/NV 1996, 603; IV R 31/01, BStBl. II 2003, 552; V R 69/14, BStBl. II 2017, 1221; VII R 20/18, DStR 2022, 933, Rn. 15). Betrifft das Zwischenurteil mehrere voneinander getrennte Streitpunkte, so kann sich der Kläger auf die Anfechtung von nur einzelnen Streitpunkten beschränken (BFH III R 22/16, BStBl. II 2020, 51, Rn. 15). Ebenso kann das Revisionsgericht dann, wenn die Revision nur in Bezug auf einen Streitpunkt begründet ist, den Urteilsspruch aufheben und das Zwischenurteil iÜ durch Zurückweisung der Revision bestätigen (BFH VIII B 52/05, BFH/NV 2006, 1055). Lagen die Voraussetzungen für den Erlass eines Zwischenurteils nicht vor, so hebt der BFH dieses wegen des Verstoßes gegen die Grundordnung des Verfahrens auf (BGH IX B 18/20, BFH/NV 2021, 442, Rn. 5). Mit der **Aufhebung** befindet sich das Klageverfahren wieder in dem Stadium, das vor Erlass des Zwischenurteils bestanden hat, ohne dass es einer förmlichen Zurückverweisung bedarf (BFH III R 43/11, BFH/NV 2013, 86; I R 41/14, BFH/NV 2016, 570; IX B 18/20, BFH/NV

2021, 442, Rn. 5). Zur **Kostenentscheidung** im Revisionsverfahren s. BFH IV R 31/01, BStBl. II 2003, 552. Zu **Zuständigkeitsfragen** in der Revisionsinstanz s. BFH XI R 64/99, BFH/NV 2003, 183.

§ 100 [Aufhebung angefochtener Verwaltungsakte durch Urteil]

(1) [1]**Soweit ein angefochtener Verwaltungsakt rechtswidrig und der Kläger dadurch in seinen Rechten verletzt ist, hebt das Gericht den Verwaltungsakt und die etwaige Entscheidung über den außergerichtlichen Rechtsbehelf auf; die Finanzbehörde ist an die rechtliche Beurteilung gebunden, die der Aufhebung zugrunde liegt, an die tatsächliche so weit, als nicht neu bekannt werdende Tatsachen und Beweismittel eine andere Beurteilung rechtfertigen.** [2]**Ist der Verwaltungsakt schon vollzogen, so kann das Gericht auf Antrag auch aussprechen, dass und wie die Finanzbehörde die Vollziehung rückgängig zu machen hat.** [3]**Dieser Ausspruch ist nur zulässig, wenn die Behörde dazu in der Lage und diese Frage spruchreif ist.** [4]**Hat sich der Verwaltungsakt vorher durch Zurücknahme oder anders erledigt, so spricht das Gericht auf Antrag durch Urteil aus, dass der Verwaltungsakt rechtswidrig gewesen ist, wenn der Kläger ein berechtigtes Interesse an dieser Feststellung hat.**

(2) [1]**Begehrt der Kläger die Änderung eines Verwaltungsakts, der einen Geldbetrag festsetzt oder eine darauf bezogene Feststellung trifft, kann das Gericht den Betrag in anderer Höhe festsetzen oder die Feststellung durch eine andere ersetzen.** [2]**Erfordert die Ermittlung des festzusetzenden oder festzustellenden Betrags einen nicht unerheblichen Aufwand, kann das Gericht die Änderung des Verwaltungsakts durch Angabe der zu Unrecht berücksichtigten oder nicht berücksichtigten tatsächlichen oder rechtlichen Verhältnisse so bestimmen, dass die Behörde den Betrag auf Grund der Entscheidung errechnen kann.** [3]**Die Behörde teilt den Beteiligten das Ergebnis der Neuberechnung unverzüglich formlos mit; nach Rechtskraft der Entscheidung ist der Verwaltungsakt mit dem geänderten Inhalt neu bekannt zu geben.**

(3) [1]**Hält das Gericht eine weitere Sachaufklärung für erforderlich, kann es, ohne in der Sache selbst zu entscheiden, den Verwaltungsakt und die Entscheidung über den außergerichtlichen Rechtsbehelf aufheben, soweit nach Art oder Umfang die noch erforderlichen Ermittlungen erheblich sind und die Aufhebung auch unter Berücksichtigung der Belange der Beteiligten sachdienlich ist.** [2]**Satz 1 gilt nicht, soweit der Steuerpflichtige seiner Erklärungspflicht nicht nachgekommen ist und deshalb die Besteuerungsgrundlagen geschätzt worden sind.** [3]**Auf Antrag kann das Gericht bis zum Erlass des neuen Verwaltungsakts eine einstweilige Regelung treffen, insbesondere bestimmen, dass Sicherheiten geleistet werden oder ganz oder zum Teil bestehen bleiben und Leistungen zunächst nicht zurückgewährt werden müssen.** [4]**Der Beschluss kann jederzeit geändert oder aufgehoben werden.** [5]**Eine Entscheidung nach Satz 1 kann nur binnen sechs Monaten seit Eingang der Akten der Behörde bei Gericht ergehen.**

(4) **Kann neben der Aufhebung eines Verwaltungsakts eine Leistung verlangt werden, so ist im gleichen Verfahren auch die Verurteilung zur Leistung zulässig.**

Vgl. § 113 VwGO, § 131 SGG, § 28 EGGVG.

Literatur: Albert, Rechtsschutzbedürfnis und vorläufige Vollstreckbarkeit von Anträgen und Urteilen nach § 100 I 2 und § 100 IV FGO, DStZ 1998, 503; Axmann, Das Nachschieben von Gründen im Verwaltungsrechtsstreit, 2001; Baumeister, Der maßgebliche Zeitpunkt im Verwaltungsrecht und Verwaltungsprozessrecht, Jura 2005, 655; Bettermann, Die Anfechtung von Verwaltungsakten wegen Verfahrensfehlern, FS für H. P. Ipsen, 1997, 271; Bettermann, Reformation und Zurückverweisung im Finanzgerichtsprozess, StuW 1987, 139; Brischke, Heilung fehlerhafter Verwaltungsakte im verwaltungsgerichtlichen Verfahren, DVBl 2002, 429; Cöster, Kassation, Teilkassation und Reformation von Verwaltungsakten durch die Verwaltungs- und Finanzgerichte, 1979; Demmel, Das Verfahren nach § 113 Abs. 3 VwGO, 1997; Jesse, Bindung der Finanzbehörden an (Finanz-) Gerichtsentscheidungen – Teil I und Teil II, BB 2020, 87 und 151; Kleinlein, Der maßgebliche Zeitpunkt für die Beurteilung der Rechtmäßigkeit von Verwaltungsakten, VerwArch 81 (1990), 149; Kopp, Der für die Beurteilung der Sach- und Rechtslage maßgebliche Zeitpunkt bei verwaltungsgerichtlichen Anfechtungs- und Verpflichtungsklagen, FS Menger, 1985, 693; Lemke, Zum entscheidungserheblichen Zeitpunkt der Beurteilung der Sach- und Rechtslage bei Anfechtungsklagen, JA 1999, 240; Martens, Teilkassation und Steuerfestsetzung, StVj 1993, 32; Martin, Entscheidungen nach Art. 3 § 4 VGFGEntlG; Martin, Betragsberechnung durch das Finanzamt – Fehler und Folgen, DStR 1990, 337; Schenke, Der maßgebliche Zeitpunkt für die gerichtliche Beurteilung von Verwaltungsakten im Rahmen der Anfechtungsklage, JA 1999, 580; Sieger, Die maßgebliche Sach- und Rechtslage für die Beurteilung der Rechtswidrigkeit des Verwaltungsaktes im verwaltungsrechtlichen Anfechtungsprozess, Kieler Diss. 1994; Sudhoff, Der Folgenbeseitigungsanspruch als Grundlage verwaltungsverfahrensrechtlicher Verwertungsverbote, Heidelberger Diss. 1993; Weyreuther, Die Rechtswidrigkeit eines Verwaltungsaktes und die „dadurch" bewirkte Verletzung „in ... Rechten", FS Menger, 1985, 681.

Übersicht

	Rn.
I. Anwendungsbereich	1
II. Rechtswidrigkeit des Verwaltungsakts und Verletzung der Rechte des Klägers (§ 100 I 1)	7
III. Entscheidungstypen	17
1. Die drei (Haupt-)Entscheidungsvarianten	17
a) Die Aufhebung nach § 100 I 1	17
aa) Arten der Aufhebung	17
bb) Gegenstand	20
cc) Teilweise Aufhebung	22
dd) Folgen der Aufhebung (§ 100 I 1 Hs. 2)	25
b) Die abändernde Festsetzung/Feststellung nach § 100 II	30
aa) Begehren des Klägers	30
bb) Steuer- und Feststellungsbescheide als erfasste Verwaltungsakte	31
cc) Regelmäßige Rechtsfolge: Betragsfestsetzung – § 100 II 1	34
dd) Entscheidung ohne Betragsfestsetzung – § 100 II 2 u. 3	42
c) Entscheidung nach § 100 III	55
aa) Allgemeines	55

	Rn.
bb) Aufhebung ohne Sachentscheidung – § 100 III 1	56
cc) Sonderregelung für Schätzungsfälle – § 100 III 2	64
dd) Provisorische Nebenentscheidungen – § 100 III 3 und 4 .	65
ee) Zeitliche Grenze für die Aufhebung ohne Sachentscheidung – § 100 III 5	67
2. Besondere Entscheidungsformen	70
a) Rückgängigmachen der Vollziehung – § 100 I 2 und 3	70
b) Fortsetzungsfeststellungsklage – § 100 I 4	80
c) Verbindung mit einem Leistungsurteil – § 100 IV	96

I. Anwendungsbereich

1 § 100 regelt korrespondierend zum Klagebegehren des § 40 I, welchen Inhalt ein Urteil hat, das bei einer **erfolgreichen Anfechtungsklage** ergeht (→ § 40 Rn. 13 ff.; zur Entstehungsgeschichte s. HHS/Rauda § 100 Rn. 1 ff.). Damit gelangt § 100 nicht zur Anwendung, wenn es sich bei der Klage um eine Verpflichtungsklage handelt (BFH III R 66/04, BStBl. II 2006, 184 betr. Kindergeldfestsetzung; BFH IX R 21/05, BFH/NV 2007, 2077 betr. Eigenheimzulage; BFH VIII R 27/14, BStBl. II 2017, 821; VIII B 50/21, BFH/NV 2022, 598, Rn. 12; s. zur Verpflichtungsklage § 101; zur Auslegung einer Verpflichtungsklage in eine auf Änderung eines VA gerichtete Anfechtungsklage s. BFH III R 2/02, BFH/NV 2004, 630; FG BW 10 K 752/10 E, DStRE 2013, 441). **Voraussetzung** für die Anwendung des § 100 ist, dass die **Klage zulässig und zumindest teilweise begründet** ist. Die Regelung sieht **drei Hauptentscheidungsvarianten** vor, nämlich in § 100 I 1 die Aufhebung (Kassation) des VA, in § 100 II die abändernde Betragsfestsetzung sowie in § 100 III die Aufhebung von VA und Einspruchsentscheidung zur Durchführung weiterer Ermittlungen durch das FA. Daneben regelt die Vorschrift **drei besondere Entscheidungsformen.** Dies sind die Rückgängigmachung der Vollziehung nach § 100 I 2, die Fortsetzungsfeststellungsklage nach § 100 I 4 und die Verbindung der Entscheidung mit einer Verurteilung zu einer Leistung nach § 100 IV.

2 Die Regelung gilt mit allen Varianten grds. auch im **Revisionsverfahren** (BFH II R 164/85, BStBl. II 1988, 955; VII R 110/94, BFH/NV 1998, 1141). Bei **Beschlüssen** kommt eine entsprechende Anwendung in Betracht, soweit die Regel im Einzelfall passt. Das ist in Verfahren betreffend die AdV zB der Fall bei der Berechnung des auszusetzenden Betrags nach § 100 II 3 (BFH I B 95/98, BFH/NV 1999, 1205 (1208)). **Normadressat** des § 100 ist das **Gericht,** dh der Senat oder der Einzelrichter.

3 **Keine gesetzliche Regelung** (und zwar weder in § 100 noch in einer anderen Norm der FGO) findet sich zur Urteilsgestaltung in folgenden Fällen:

- **Klageabweisung;** die übliche Entscheidungsformel lautet in allen Fällen „Die Klage wird abgewiesen" und bei teilweiser Erfolglosigkeit der Klage im Anschluss an den stattgebenden Ausspruch: „Im Übrigen wird die Klage abgewiesen".
- **Leistungsklagen** (§ 40 I letzter Fall); der Tenor richtet sich hier nach dem Klagebegehren und lautet zB: „Der Beklagte wird verpflichtet, …" oder „Dem Beklagten wird untersagt, …".

– **Feststellungsklagen** (§ 41); die in § 100 I 4 geregelte Fortsetzungsfeststellungsklage betrifft im Unterschied hierzu „ehemalige" Anfechtungs- oder Verpflichtungsklagen, → Rn. 80 ff.). Der Tenor der Feststellungsklage lautet: „Es wird festgestellt, dass …".

II. Rechtswidrigkeit des Verwaltungsakts und Verletzung der Rechte des Klägers (§ 100 I 1)

§ 100 I 1 setzt zunächst voraus, dass der mit der Anfechtungsklage angefochtene VA rechtswidrig ist und den Kläger in seinen Rechten verletzt. Nur wenn dies der Fall ist, kann das Gericht den VA und die etwaige Entscheidung über den außergerichtlichen Rechtsbehelf aufheben (§ 100 I 1) oder – wenn der VA einen Geldbetrag festsetzt oder eine darauf bezogene Feststellung trifft – den Betrag in anderer Höhe festsetzen oder die Feststellung durch eine andere ersetzen (§ 100 II 1). 7

Beurteilungsmaßstab sowohl für die Rechtswidrigkeit des VA als auch für die Rechtsverletzung des Klägers ist der **Tenor des angefochtenen VA.** Das bedeutet, dass das Ergebnis der durch den VA getroffenen Regelung rechtswidrig sein muss und zu einer Verletzung der Rechte des Klägers führt. Bei **Steuerbescheiden** kommt es dabei auf die festgesetzte Steuer an und nicht auf das einzelne Besteuerungsmerkmal, weil nur die festgesetzte Steuer Streitgegenstand im finanzgerichtlichen Verfahren ist (→ § 40 Rn. 95; BFH GrS 1/66, BStBl. II 1968, 344; I R 24/05, BFH/NV 2007, 63 mwN unter Hinweis auf § 157 II AO). Nur wenn der festgesetzte oder festgestellte Betrag nicht zutrifft und dies zu einer Rechtsverletzung des Klägers führt, hat das Gericht eine der Klage stattgebende Entscheidung nach § 100 I 1 oder II 1 zu treffen (BFH VIII B 53/93, BFH/NV 1994, 112). Das Gericht entscheidet dabei nach seiner freien, aus dem **Gesamtergebnis des Verfahrens** gewonnenen Überzeugung (§ 96 I 1). 8

Rechtswidrig ist ein VA dann, wenn er gegen Verfassungsrecht, Unionsrecht, förmliches Gesetzesrecht, allgemeine Rechtsgrundsätze, (wirksames) Verordnungsrecht oder geltendes Gewohnheitsrecht verstößt (s. zu den einzelnen in Betracht kommenden Rechtsnormen Tipke/Kruse/Drüen AO § 4 Rn. 50 ff.; zum Beurteilungszeitpunkt → Rn. 11 f.). Ein Verstoß gegen **Verwaltungsvorschriften,** zB in Form der Steuerrichtlinien, führt grds. nicht zu einer Rechtswidrigkeit des VA, weil diese Regelungen über die FVerw hinaus keine Bindungswirkung entfalten (BVerfG 1 BvR 520/83, BVerfGE 78, 214; allg. zur Bindungswirkung von Verwaltungsvorschriften HHS/Wernsmann AO § 4 Rn. 85 ff.; Tipke/Kruse/Drüen AO § 4 Rn. 80 ff.; zur Ausnahme in den Fällen der Selbstbindung der Verwaltung bei Ermessensentscheidungen → § 102 Rn. 20). Rechtswidrig sind auch solche VA, die gegen die Regelungen zur behördlichen **Zuständigkeit, Form und Begründung** verstoßen. Allerdings sind die Regelungen in § 126 AO zur Heilung von Verfahrens- und Formfehlern und in § 127 AO zu den Folgen von Verfahrens- und Formfehlern zu beachten. Daher kann auch im finanzgerichtlichen Verfahren die Aufhebung eines nicht nach § 125 AO nichtigen, aber gegen Verfahrens-, Form- oder Zuständigkeitsregelungen verstoßenden VA nach § 127 AO dann nicht verlangt werden, wenn keine andere Entscheidung in der Sache hätte getroffen werden können (Tipke/Kruse/Brandis § 100 Rn. 10). § 100 I erfasst schließlich auch **nichtige VA** (BFH IV R 34/98, BFH/NV 2001, 409; FG Köln 3 K 3048/17, EFG 2021, 985). 9

10 Der VA muss **zum Zeitpunkt der gerichtlichen Entscheidung rechtswidrig** sein (BFH III B 6/04, BFH/NV 2005, 63; III R 68/04, BStBl. II 2008, 350; II R 53/07, BStBl. II 2009, 852 unter II.3. mwN; VII R 44/12, BStBl. II 2013, 778; II B 113/14, BFH/NV 2015, 1554; missverständlich NdsFG 1 K 361/03, DStRE 2005, 62 betr. Änderung einer Zinsfestsetzung: FG hat jedenfalls alle bis zum Ergehen der Einspruchsentscheidung eingetretenen Umstände zu berücksichtigen; zum Beurteilungszeitpunkt bei der Prüfung der Zulässigkeit der Klage → Vor § 33 Rn. 13; sowie zu Ermessensentscheidungen → § 102 Rn. 13 ff.). Das lässt sich einerseits aus dem Wortlaut des § 100 I 1 ableiten, der darauf abstellt, dass der VA rechtswidrig und der Kläger dadurch in seinen Rechten verletzt ist und andererseits aus der Regelung des § 100 I 4, wonach das Gericht den VA nicht mehr aufheben darf, wenn er sich vorher erledigt hat (HHS/Rauda § 100 Rn. 39). Hinzu kommt, dass Steuer-VA überwiegend deklaratorischer Natur sind und über abgeschlossene Sachverhalte der Vergangenheit befinden (§ 38 AO; v. Groll DStJG 18, 47 (61); HHS/Rauda § 100 Rn. 39; Tipke/Kruse/Brandis § 100 Rn. 7). Damit kommt es im finanzgerichtlichen Verfahren idR nicht auf die im Allgemeinen Verwaltungsprozess überaus umstrittene Frage an, inwieweit nachträgliche Sach- bzw. Rechtsänderungen zu berücksichtigen sind (dazu Kopp FS Menger, 1985, 695; Kopp/Schenke/Schenke/Schenke VwGO § 113 Rn. 29 ff.). Das gilt in besonderem Maße für **Steuerbescheide.** Da diese sich auf einen abgeschlossenen, zurückliegenden Zeitraum beziehen, ist bei ihnen die **Sach- und Rechtslage im betreffenden VZ** maßgeblich (BFH III R 68/04, BStBl. II 2008, 350; HHS/Rauda § 100 Rn. 39).

11 Die Rechtmäßigkeitsprüfung ist nach **objektiven Kriterien** vorzunehmen. Das Gericht darf die Rechtmäßigkeitsprüfung nicht auf die Rechtsgrundlage beschränken, auf die die FVerw den VA gestützt hat. Es hat vielmehr unter Einbeziehung aller Rechtsvorschriften (→ Rn. 9) zu beurteilen, ob der VA rechtmäßig ist oder nicht, selbst wenn die FVerw diese gar nicht berücksichtigt hat (BFH VIII R 60/79, BStBl. II 1984, 697 betr. Zinsen; II R 87/82, BStBl. II 1984, 840; VII R 50/02, BFH/NV 2004, 1742; VII R 44/12, BStBl. II 2013, 778; Tipke/Kruse/Brandis § 100 Rn. 3). Die FVerw kann auch bis zum Schluss der mündlichen Verhandlung **Gründe nachschieben,** die für die Rechtmäßigkeit des VA sprechen. Das gilt sogar für die nachträgliche Angabe einer anderen Rechtsgrundlage (BFH VII R 50/02, BFH/NV 2004, 1742 mwN; zu einer möglichen Präklusion aber → § 76 Rn. 75 ff.; → § 79b Rn. 30 ff. und zu Ermessensentscheidungen → § 102 Rn. 25 ff.). Voraussetzung ist aber stets, dass sich durch die Heranziehung anderer Rechtsgrundlagen das Wesen des VA nicht ändert (BFH II R 87/82, BStBl. II 1984, 840; VII R 50/02, BFH/NV 2004, 1742 mwN; s. auch BFH V R 143/76, BStBl. II 1983, 401: Austausch eines Arrestanspruchs unzulässig). Eine solche unzulässige Wesensänderung kann zB eintreten, wenn die Unbestimmtheit eines VA (§ 119 I AO) durch das Nachschieben von Gründen geheilt werden soll (Tipke/Kruse/Brandis § 100 Rn. 5), so zB dann, wenn das FA das in einem GrESt-Bescheid nicht genannte Grundstück nachträglich mitteilt oder das irrtümlich angegebene falsche Grundstück durch das richtige ersetzt.

12 **Rückwirkende Ereignisse** sind zu berücksichtigen. Sie kommen in rechtlicher Hinsicht dann zum Tragen, wenn steuerrechtliche Vorschriften in verfassungsrechtlich zulässiger Weise rückwirkend geändert werden (BFH III R 68/04, BStBl. II 2008, 350). In tatsächlicher Hinsicht sind sie beachtlich, wenn die Rückwirkung gesetzlich ausdrücklich zugelassen ist (s. dazu § 175 I 1 Nr. 2 und

II AO; sowie zB BFH III R 68/04, BStBl. II 2008, 350 zu rückwirkenden rechtsgestaltenden Erklärungen).

Der Kläger muss durch den rechtswidrigen VA **in seinen Rechten verletzt** sein. Da das finanzgerichtliche Verfahren die Individualrechte des Klägers schützen will, ist dessen subjektive Rechtsverletzung erforderlich, die voraussetzt, dass seine Rechte verletzt sind und nicht diejenigen eines Dritten (HHS/Rauda § 100 Rn. 41). § 100 I 1 knüpft damit an § 40 II an, der für die Zulässigkeit der Anfechtungsklage die Geltendmachung einer eigenen Rechtsverletzung erfordert (so auch Tipke/Kruse/Brandis § 100 Rn. 2). Fehlt es daran, so ist die Klage abzuweisen (BFH IV R 7/19, BStBl. II 2023, 378, Rn. 49 zu einem zugunsten des Stpfl. geänderten Bescheid). 13

III. Entscheidungstypen

1. Die drei (Haupt-)Entscheidungsvarianten

a) Die Aufhebung nach § 100 I 1. aa) Arten der Aufhebung. Nach § 100 I 1 hebt das Gericht den VA und die etwaige Entscheidung über den außergerichtlichen Rechtsbehelf auf, soweit der VA rechtswidrig ist und den Kläger in seinen Rechten verletzt (zu diesen Merkmalen → Rn. 7 ff.; s. auch BFH X R 2/19, BStBl. II 2022, 157, Rn. 20: **Pflicht zur Aufhebung**). Diese Aufhebung, die auch als **Kassation** bezeichnet wird, ist nach **Aufbau und Fassung des § 100** die **Hauptentscheidungsform** bei einer erfolgreichen Anfechtungsklage. Das Urteil beschränkt sich dabei auf eine reine **Negation des VA ex tunc** (HHS/Rauda § 100 Rn. 42). Dies beruht auf dem in Art. 20 II GG normierten Grundsatz der Gewaltenteilung. Das Gericht soll sich als Teil der rechtsprechenden Gewalt grds. einer selbständigen Regelung iSv § 118 AO enthalten und nur iRd Rechtsschutzgewährung Verwaltungsmaßnahmen der vollziehenden Gewalt (FA) kontrollieren (BFH IV R 168–170/79 ua, BStBl. II 1981, 150 (151); VIII R 149/81, BStBl. II 1983, 278). Etwas anderes gilt dann, wenn der **Kläger die Änderung eines VA begehrt,** der einen Geldbetrag festsetzt oder eine darauf bezogene Feststellung trifft. Aufgrund der in **§ 100 II normierten Ausnahmeregelung** kann das Gericht in diesen Fällen den Betrag in anderer Höhe festsetzen oder die Feststellung durch eine andere ersetzen (→ Rn. 30 ff.); eine bloße Kassation des VA ist dann ausgeschlossen (ausf. → Rn. 30 und 34). Das ist in der **gerichtlichen Praxis** nahezu ausnahmslos der Fall, weil das – ggf. durch Auslegung zu ermittelnde – Interesse des Klägers in der Regel auf eine Änderung des VA gerichtet ist. Der gesetzliche Ausnahmefall des **§ 100 II** wird damit zur **Hauptentscheidungsform** (iE glA Tipke/Kruse/Brandis § 100 Rn. 18, der aus § 100 III eine Pflicht des Gerichts zur Selbstentscheidung ableitet; → Rn. 30). 17

Eine **echte Kassation** liegt demgegenüber vor, wenn der angefochtene VA ersatzlos aufgehoben und die Sache damit in den ungeregelten Zustand vor Erlass der Hoheitsmaßnahme „zurückversetzt" wird. Damit entfällt die durch den rechtswidrigen VA getroffene Regelung, ohne dass es zu einer neuen Regelung durch das Gericht kommt (BFH VIII R 149/81, BStBl. II 1983, 278; FG Bln 6 K 6294/93, EFG 1999, 82 (84): Organschaft nicht berücksichtigt). Eine solche Entscheidung trifft das Gericht auch in den Fällen des **§ 100 III 1,** wenn nach seiner Ansicht eine weitere Sachaufklärung erforderlich ist (→ Rn. 56 ff.). Zur Rechtsfolge → Rn. 25. 18

19 Eine **unechte Kassation** liegt vor, wenn die Aufhebung durch das Gericht selbst regelnden Charakter hat, so dass eine behördliche Neuregelung des Einzelfalls ausgeschlossen ist. Bei dieser Entscheidungsform, die auch als selbstentscheidende oder meritorische Kassation bezeichnet wird, trifft das Gericht selbst eine Regelung. Das ist zB der Fall, wenn es den angefochtenen Steuerbescheid wegen Verneinung eines Steuerschuldverhältnisses aufhebt. Damit ist geregelt, dass kein weiterer Steuerbescheid wegen dieses Streitgegenstandes ggü. dem Kläger ergehen darf (BFH VIII R 149/81, BStBl. II 1983, 278 zum Vorliegen eines oder mehrerer Gewerbebetriebe). Zur Rechtsfolge → Rn. 25.

20 **bb) Gegenstand.** Gegenstand der Aufhebung sind **der angefochtene VA und** die evtl. hierzu ergangene **Entscheidung über** den **außergerichtlichen Rechtsbehelf** oder auch der **VA, der nach § 68 (zuletzt)** zum **Verfahrensgegenstand** sowie zum Objekt des Klagebegehrens geworden ist (→ § 68 Rn. 75 ff.; zu nichtigen VA → Rn. 9). Damit sieht § 100 I 1 den VA und die Rechtsbehelfsentscheidung als eine Einheit an. Dies entspricht § 44 II, wonach Gegenstand der Anfechtungsklage der VA in der Gestalt ist, die er durch die Entscheidung über den außergerichtlichen Rechtsbehelf gefunden hat (Tipke/Kruse/Brandis § 100 Rn. 19; HHS/Rauda § 100 Rn. 34). Ist der VA in der Gestalt der Rechtsbehelfsentscheidung rechtswidrig, so sind sowohl der **VA als auch die Rechtsbehelfsentscheidung aufzuheben;** eine isolierte Aufhebung nur des VAs oder nur der Rechtsbehelfsentscheidung ist grds. ausgeschlossen (BFH I R 103/97, BFH/NV 2000, 2; VII B 104/00, BFH/NV 2001, 459).

21 Ausnahmsweise ist allerdings die **Aufhebung allein der Rechtsbehelfsentscheidung** möglich. Das setzt voraus, dass der Kläger dies begehrt (BFH IV R 109/83, BStBl. II 1984, 342; I R 44/97, BFH/NV 1999, 314; I R 103/97, BFH/NV 2000, 2 (3); IX R 47/15, BFH/NV 2017, 1044, Rn. 28), was ggf. durch Auslegung zu ermitteln ist (BFH III R 66/07, BStBl. II 2008, 185, unter II.3.). Ferner müssen besondere Gründe für die isolierte Aufhebung vorliegen (BFH IV R 185/80, BStBl. II 1983, 21 (22): besonderes rechtliches Interesse erforderlich; IV R 207/83, BStBl. II 1985, 6 (8): besondere Gründe erforderlich). Das ist der Fall, wenn tatsächlich nur die Rechtsbehelfsentscheidung rechtswidrig ist und den Kläger in seinen Rechten verletzt (BFH VIII R 357/83, BFH/NV 1990, 175 betr. falscher Bezeichnung des Rechtsbehelfsführers; FG Düsseldorf 10 K 3906/15 U, EFG 2020, 1733: keine Einspruchseinlegung). Eine isolierte Aufhebung ist auch möglich, wenn das FA einen **Antrag auf Erörterung des Sach- und Rechtsstands** iSv § 364a AO zu Unrecht abgelehnt hat (BFH IV B 14/04, BFH/NV 2005, 2166; s. zum erforderlichen Vortrag zur Möglichkeit einer anderen Entscheidung im Falle einer Erörterung FG München 9 K 3048/13, EFG 2015, 177). Liegen die Voraussetzungen für eine isolierte Aufhebung der Rechtsbehelfsentscheidung nicht vor, so muss das Gericht über den VA und die Rechtsbehelfsentscheidung befinden. Es darf keine isolierte Aufhebung der Einspruchsentscheidung vornehmen, um der Finbeh zu einer Nachbesserung ihres Bescheides in einem erneuten Einspruchsverfahren Gelegenheit zu verschaffen (BFH VII B 104/00, BFH/NV 2001, 459). Das gilt auch dann, wenn das FA im Einspruchsverfahren eine **notwendige Hinzuziehung** iSv § 360 III AO unterlassen hat (BFH VIII R 282/81, BStBl. II 1985, 711 mwN) oder wenn es den **Einspruch zu Unrecht als unzulässig verworfen** hat, ohne die eingereichten Steuererklärungen zu prüfen. Eine isolierte Aufhebung der Einspruchsentscheidung ist in diesen Fällen nur dann möglich, wenn der Kläger dies ausdrücklich begehrt (BFH VII

B 104/00, BFH/NV 2001, 459; IV R 44/03, BStBl. II 2006, 214; FG München 13 K 2939/08, EFG 2010, 1574; HHS/Rauda § 100 Rn. 48; s. zur Auslegung des Klagebegehrens, die mE aber nur in engen Grenzen zulässig ist BFH III R 66/07, BStBl. II 2009, 185, unter II.3.; V R 17/06 BFH, HFR 2009, 960 (962)). **Hebt das Gericht die Einspruchsentscheidung isoliert auf,** so ist das Verfahren in den Stand vor Erlass der Einspruchsentscheidung zurückversetzt; über die im Streit stehenden Rechtsfragen muss es dabei nicht Stellung nehmen (BFH IX R 47/15, BFH/NV 2017, 1044). – Zur Aufhebung einer **Teileinspruchsentscheidung** s. BFH I R 44/97, BFH/NV 1999, 314; X R 50/09, BStBl. II 2012, 536; NdsFG 7 K 249/07, EFG 2008, 1082: aufzuheben, wenn sie weder sachdienlich noch ermessensfehlerfrei ist.

cc) Teilweise Aufhebung. Das Gericht hebt den VA und die etwaige Entscheidung über den Rechtsbehelf auf, **soweit** der angefochtene VA rechtswidrig und der Kläger dadurch in seinen Rechten verletzt ist. Angesprochen sind damit Fälle, in denen der VA lediglich **partiell rechtswidrig** ist. In diesem Fall darf keine vollumfängliche Aufhebung des VA erfolgen (BFH IX R 12/21, BStBl. II 2024, 61, Rn. 27). Die teilweise Aufhebung setzt aber voraus, dass der VA teilbar ist, dh dass von der in Frage stehenden Einzelfallregelung ein Teil abgetrennt werden kann, ohne dass sie dadurch ihre Existenzfähigkeit verliert oder in ihrem Wesen (zu einem „aliud") verändert wird (FG Köln 3 K 3048/17, EFG 2021, 985; BVerwG 3 C 33/96, BVerwGE 105, 354: VA ist teilbar, wenn die rechtlich unbedenklichen Teile nicht in einem untrennbaren inneren Zusammenhang mit dem rechtswidrigen Teil stehen; → Vor § 40 Rn. 33). 22

Teilbar sind insbes. **Steuerbescheide,** weil sie hinsichtlich der festgesetzten Steuer abänderbar sind (BFH GrS 2/87, BStBl. II 1990, 327; II R 85/86, BStBl. II 1990, 587; X R 1/86, BStBl. II 1989, 376 zum GewSt-Messbescheid). Gleiches gilt für **Feststellungsbescheide.** Auch sie sind teilweise abänderbar, und zwar zum einen im Hinblick auf die einzelnen Besteuerungsgrundlagen und zum anderen innerhalb einzelner Besteuerungsgrundlagen, soweit es um betragsmäßige Feststellungen geht (§ 157 II AO; BFH VIII R 334/82, BFH/NV 1988, 791; IX R 12/21, BStBl. II 2024, 61, Rn. 27; zum EW-Bescheid BFH II R 196/85, BStBl. II 1989, 822; II R 237/84, BFH/NV 1988, 690). Eine **Teilkassation** iSv § 100 I 1 **verbietet sich** bei diesen Bescheiden aber in aller Regel, weil das Gericht nach **§ 100 II** die Steuer in anderer Höhe festsetzen oder die Feststellung durch eine andere ersetzen kann (s. vor allem BFH GrS 3/68, BStBl. II 1969, 192; → Rn. 17 ff. zur Abgrenzung; → Rn. 30 ff.). 23

Eine teilweise Aufhebung kann bei **selbständigen Nebenbestimmungen** in Betracht kommen (s. zur selbständigen Anfechtbarkeit als Voraussetzung für die selbständige Aufhebbarkeit BFH IV B 20/79, BStBl. II 1979, 666 (667) betr. Sicherheitsleistung bei der AdV; anders für unselbständige Nebenbestimmungen BFH IV R 168–170/79 ua, BStBl. II 1981, 150 (151) betr. VdN; X R 109/87, BStBl. II 1990, 278 betr. Vorläufigkeitsvermerk; → § 40 Rn. 58; zT abw. Kopp/Schenke/Schenke/Schenke VwGO § 113 Rn. 17: auf Art der Nebenbestimmung kommt es nicht an). 24

dd) Folgen der Aufhebung (§ 100 I 1 Hs. 2). § 100 I 1 Hs. 2 normiert eine Bindung der Finbeh an die Entscheidung des Gerichts. Rechtssystematisch handelt es sich dabei um eine falsch platzierte **Rechtskraftregelung,** die eigentlich in § 110 hätte aufgenommen werden müssen (HHS/Rauda § 100 Rn. 56; → § 110 Rn. 10 ff.). Die Regelung ist zudem missverständlich, weil sie unerwähnt lässt, 25 dass die beschriebene Wirkung nur eintritt, wenn das Urteil rechtskräftig ist, also nicht mit Revision oder NZB angefochten wird (Tipke/Kruse/Brandis § 100 Rn. 25; HHS/Rauda § 100 Rn. 56).

26 Die Finbeh ist zunächst an die **rechtliche Beurteilung** gebunden, die der Aufhebung zugrunde liegt. Die Bindung besteht auch hinsichtlich solcher Gründe, die im Urteil zwar nicht ausdrücklich niedergelegt sind, die der ausgesprochenen Rechtsauffassung aber logisch vorausgehen (BFH I R 78/73, BStBl. II 1976, 42; zur Bindung an die tatsächliche Beurteilung → Rn. 27). Das bedeutet

- bei der **echten Kassation** (→ Rn. 18), dass die Behörde entscheiden muss, ob sie es bei der durch die Aufhebung des VA entstandenen Rechtslage belässt oder ob sie eine neue Regelung erlässt (Tipke/Kruse/Brandis § 100 Rn. 13). Dabei muss sie die Rechtsauffassung des Gerichts beachten und auf dieser Grundlage alle weiteren Folgerungen aus dem Urteil ziehen (Erstattung, Zinszahlung usw). Zu Ermessensentscheidungen → § 102 Rn. 21;
- bei der **unechten Kassation** (→ Rn. 19), dass die Behörde sich jeder Maßnahme zu enthalten hat, die in rechtlicher Hinsicht der vom Gericht getroffenen Einzelfallregelung widerspricht.

27 An die **tatsächliche Beurteilung** des Gerichts ist die Finbeh nur so weit gebunden, als nicht neu bekannt werdende Tatsachen und Beweismittel eine andere Beurteilung rechtfertigen. **Neu bekannt** werden Tatsachen und Beweismittel dann, wenn sie zu dem für die Entscheidungsbildung des Gerichts maßgeblichen Zeitpunkt iSd § 96 I zwar bereits vorhanden, den Beteiligten und dem Gericht aber noch unbekannt waren (s. Klein/Rüsken AO § 173 Rn. 48 zur vergleichbaren Problematik bei der Änderung von Steuerbescheiden, wobei es in diesen Fällen nur auf die Unkenntnis der Finbeh ankommt). Macht ein Beteiligter also in der Klage ihm bekannte Tatsachen ohne Entschuldigungsgründe nicht geltend, so werden sie von der Rechtskraft der dazu getroffenen Entscheidung erfasst; eine zu seinen Gunsten abweichende Änderung des VA ist nach Erlass des Urteils ausgeschlossen (BFH I R 24/75, BStBl. II 1976, 501; II R 32/17, BStBl. II 2021, 25, Rn. 17: erneute Klage zulässig, aber unbegründet). Nicht von § 100 I 1 Hs. 2 erfasst werden **nachträglich entstandene** Tatsachen und Beweismittel; soweit sie als rückwirkende Ereignisse zu werten sind, kann der Steuerbescheid uU nach § 175 I AO nochmals geändert werden (s. zur vergleichbaren Problematik im Besteuerungsverfahren Klein/Rüsken AO § 173 Rn. 48).

28 Erlässt die Finbeh nach dem den angefochtenen VA aufhebenden Urteil einen (erstmaligen oder geänderten) VA (→ Rn. 26), so bleibt nach § 171 III 3 AO die mit der Anfechtung des ursprünglichen Bescheids gegebene **Ablaufhemmung** bestehen, bis der neue Bescheid erlassen und (ggf. nach Durchführung eines weiteren Gerichtsverfahrens) unanfechtbar geworden ist (zum Haftungsbescheid BFH VII R 38/92, BStBl. II 1993, 581 (584); FG Düsseldorf 3 K 122/01 H(U), EFG 2003, 666).

30 **b) Die abändernde Festsetzung/Feststellung nach § 100 II. aa) Begehren des Klägers.** Das Gericht kann nach § 100 II 1 die in dem angefochtenen Bescheid festgesetzte Steuer anders festsetzen oder die getroffene Feststellung durch eine andere ersetzen, wenn der Kläger dies iSv § 40 I Fall 2 begehrt. Ob dies der Fall ist, richtet sich nicht nach dem gestellten Antrag, sondern nach dem sich aus der Klagebegründung ergebenden **tatsächlichen Begehren** des Klägers, welches mithin durch **Auslegung** zu ermitteln ist (BFH III R 2/02, BFH/NV 2004, 630). Folglich gelangt § 100 II zur Anwendung, wenn es dem Kläger darum

geht, eine festgesetzte Steuer oder eine getroffene Feststellung betragsmäßig herabzusetzen, selbst wenn er ausdrücklich die Aufhebung des angefochtenen Bescheides beantragt. Eine bloße Aufhebung des Bescheides darf das Gericht in diesem Fall nicht aussprechen (BFH GrS 3/68, BStBl. II 1969, 192; X R 1/86, BStBl. II 1989, 376 unter II.; II R 4/20, BStBl. II 2022, 521, Rn. 30; IX R 12/21, BStBl. II 2024, 61, Rn. 26; → Rn. 17). Da das klägerische Begehren bei **Klagen gegen Steuer- und Feststellungsbescheide** idR auf eine Herabsetzung der Festsetzung bzw. Feststellung ausgerichtet ist, ist die abweichende Festsetzung/Feststellung durch das Gericht iSv **§ 100 II 1** in diesen Fällen die **Hauptentscheidungsform** (iE glA Tipke/Kruse/Brandis § 100 Rn. 18, der aus § 100 III eine Pflicht des Gerichts zur Selbstentscheidung ableitet; → Rn. 17; s. auch BFH II R 39/15, BFH/NV 2018, 291: keine Änderung des Steuerentstehungszeitpunkts durch das FG, sondern Kassation des VA; zu Feststellungsbescheiden → Rn. 31).

bb) Steuer- und Feststellungsbescheide als erfasste Verwaltungsakte. 31
Die begehrte Änderung muss sich auf einen mit einer **Anfechtungsklage** angefochtenen VA beziehen, der einen Geldbetrag festsetzt oder eine darauf bezogene Feststellung trifft (zur Nichtanwendbarkeit bei Verpflichtungsklagen, zB betreffend Kindergeld und Eigenheimzulage → Rn. 1; sowie HHS/Rauda § 100 Rn. 67 unter Hinweis auf die systematische Stellung des § 100 II 1 iRd Norm über das Urteil bei Anfechtungsklagen). VA, die einen **Geldbetrag** festsetzen, sind im Wesentlichen **Steuerbescheide,** weil sie eine Steuer (§ 155 I 1 AO) oder eine Steuervergütung (§ 155 IV AO) festsetzen. Hierneben gibt es Bescheide, auf die die Vorschriften über die Steuerbescheide anwendbar sind (s. die Zusammenstellung bei Tipke/Kruse/Loose Vor §§ 172–177 Rn. 12 ff.). Diese **den Steuerbescheiden gleichgestellte Bescheide** erfasst § 100 II dann, wenn sie einen Geldbetrag festsetzen (zur Investitionszulage BFH III R 30/99, BStBl. II 2002, 547; zum Abrechnungsbescheid BFH VII B 109/94, BFH/NV 1995, 616). Bescheide, die eine Feststellung treffen, sind **Feststellungsbescheide.** Regelungen hierzu finden sich in den §§ 179 ff. AO. § 100 I bezieht Feststellungsbescheide nur dann ein, wenn sie eine auf eine Steuerfestsetzung bezogene Feststellung treffen. Das ist der Fall, wenn der Feststellungsbescheid (unmittelbar oder mittelbar) Grundlagenbescheid für einen Steuerbescheid ist (s. aber FG Köln 4 K 1866/11, EFG 2017, 19: reine Kassation und keine Feststellung einer bestimmten Anzahl von wirtschaftlichen Einheiten durch das FG, wenn der Feststellungsbescheid nur die gesonderte Feststellung des Grundbesitzwerts für eine wirtschaftliche Einheit enthält).

Grundsätzlich keine Anwendung findet § 100 II, wenn die Festsetzung oder 32
Feststellung im **Ermessen** der Finbeh steht, weil es dem Gericht verwehrt ist, sein Ermessen an die Stelle des Verwaltungsermessens zu setzen. Das gilt auch dann, wenn die Festsetzung auf eine Geldleistung gerichtet ist oder die Feststellung eine betragsmäßige Feststellung enthält (FG BW 9 K 73/96, EFG 1999, 80 (82); vgl. auch BT-Drs. 12/1061, 18 f.). § 100 II ist daher grds. **nicht anzuwenden auf Haftungs- und Duldungsbescheide** (§ 191 I AO; BFH VII R 38/92, BStBl. II 1993, 581) sowie auf VA, die ein **Zwangsgeld** (§§ 328, 329 AO; BFH VII R 26/72, BStBl. II 1976, 234 (236)) oder einen **Verspätungszuschlag** (§ 152 AO; BFH V R 69/77, BStBl. II 1979, 641 (642)) festsetzen. Gleiches gilt für den kraft Gesetzes entstehenden **Säumniszuschlag** (§ 240 AO). Auch bei stattgebenden Urteilen zu **Billigkeitsbegehren** (§§ 163, 222, 227 AO) kommt eine Betragsfestsetzung nach § 100 II nicht in Betracht. Sie lauten auf (Teil-)Kassation der

ablehnenden Verwaltungsentscheidungen (§ 100 I 1) und Verpflichtung zum Erlass der begehrten Maßnahme bzw. entsprechende Bescheidung (§ 101; BFH X R 104/92, BStBl. II 1995, 297).

33 **Ausnahmen** von dem Grundsatz, dass § 100 II bei Ermessensentscheidungen keine Anwendung findet, ergeben sich in folgenden Fällen:

– Steht der Finbeh **hinsichtlich der Höhe des** festzusetzenden oder festzustellenden **Betrages kein Ermessen** zu, sondern nur hinsichtlich des Grundes der Inanspruchnahme, so ist § 100 II mE anzuwenden (in diese Richtung auch BFH VI R 120/92, BStBl. II 1994, 536 (537) betr. Lohnsteuerhaftung; unklar BFH VII R 53/96, BFH/NV 1997, 386 (387) betr. Haftung nach § 75 AO; Tipke/Kruse/Brandis § 100 Rn. 27: § 100 II wohl anwendbar, wenn bei einem Haftungsbescheid nur die Haftungshöhe str. ist).
– Gleiches gilt mE auch dann, wenn über Grund und Höhe der Inanspruchnahme gestritten wird und sich im gerichtlichen Verfahren herausstellt, dass der **Betrag der Inanspruchnahme unstreitig auf einen bestimmten Betrag herabzusetzen** ist, so etwa in einem Verfahren betreffend einen Haftungsbescheid. Schon aus prozessökonomischen Gründen ist das Gericht in diesem Fall berechtigt, den Betrag herabzusetzen, wenn es die Klage dem Grunde nach für unberechtigt hält.
– Hat die Finbeh zwar grds. auch hinsichtlich der Höhe des festzusetzenden oder festzustellenden Betrages ein Ermessen, ist dieses aber insofern eingeengt, dass nur eine Betragsfestsetzung als richtig in Betracht kommt (sog. **Ermessensreduzierung auf null**), so kann das Gericht den festgesetzten oder festgestellten Betrag auf den richtigen Betrag herabsetzen (BFH III R 106/72, BStBl. II 1973, 513; HHS/Rauda § 100 Rn. 72; aA Tipke/Kruse/Brandis § 100 Rn. 27: Ermessensreduzierung auf null ist nicht denkbar).
– Bei **Schätzungsbescheiden** darf das FG den angefochtenen Bescheid nicht lediglich aufheben, sondern muss von seiner eigenen Schätzungsbefugnis Gebrauch machen und ggf. einen anderen Steuerbetrag festsetzen (BFH I R 102/98, BFH/NV 1999, 1492).

34 **cc) Regelmäßige Rechtsfolge: Betragsfestsetzung – § 100 II 1.** Soweit die unter aa) und bb) genannten Voraussetzungen vorliegen und der Bescheid rechtswidrig ist und den Kläger in seinen Rechten verletzt (→ Rn. 9 ff.), **kann** das Gericht den von ihm ermittelten anderen Betrag selbst festsetzen bzw. feststellen (zu Feststellungen s. BFH II R 14/14, BFH/NV 2015, 437, Rn. 25). Das spricht dafür, dass das Gericht **nach pflichtgemäßem Ermessen** entscheiden kann, ob es einen Betrag in anderer Höhe festsetzt bzw. feststellt oder ob es den VA lediglich iSv § 100 I 1 aufhebt. Der **BFH** geht demgegenüber davon aus, dass das **Ermessen des Gerichts im Regelfall auf null reduziert** ist, so dass dessen pflichtgemäßer Gebrauch grds. nur zur **Betragsfestsetzung** durch das Gericht selbst führen könne, weil nur so dem – ggf. durch Auslegung zu ermittelnden – Änderungsbegehren und der Amtsermittlungspflicht voll genügt werde (grds. BFH GrS 3/68, BStBl. II 1969, 192; I R 73/74, BStBl. II 1977, 315; X R 1/86, BStBl. II 1989, 376, Begehren des Klägers ist auszulegen; III R 30/99, BStBl. II 2002, 547; III R 2/02, BFH/NV 2004, 630; für Feststellungsbescheide BFH II R 122/88, BFH/NV 1991, 169 (170); HHS/Rauda § 100 Rn. 32; abw. zur Investitionszulage: FG Bbg 3 K 11/97 I, EFG 1998, 1151, Kassation möglich, wenn zur Spruchreife noch eine umfangreiche Ermittlung des Sachverhaltes erforderlich ist, die, wenn sie das Gericht selbst vornähme, zum Verlust einer Instanz, nämlich des Vorverfahrens, für den Antragsteller führte; → Rn. 17 u. 30).

35 Dem ist **zuzustimmen.** Das gegen die Rspr. angeführte Argument, dass eine reine Kassation des Bescheids dann zweckmäßig sei, wenn das Gericht eine konkrete Festsetzung oder Feststellung nicht ohne weiteres treffen könne, ist angesichts der Regelungen in § 100 II 2 und § 100 III 1 obsolet. Denn danach kann das Gericht zum einen die Ermittlung des festzusetzenden oder festzustellenden Betrags der Finbeh auferlegen (→ Rn. 42 ff.) und zum anderen den VA ohne eigene Ermittlungen aufheben, soweit weitere Ermittlungen erforderlich sind (→ Rn. 56 ff.). Dies deckt nahezu jeden Fall ab, in dem umfangreiche Berechnungen oder Ermittlungen anzustellen sind. Etwas anderes gilt lediglich dann, wenn das FA eine – ggf. erst im Klageverfahren eingereichte – Steuererklärung nicht berücksichtigt und umfangreiche Ermittlungen zu den einzelnen Besteuerungsgrundlagen vorzunehmen sind, und eine Aufhebung des Bescheides nach § 100 III 1 wegen § 100 III 2 oder 5 ausgeschlossen ist. In diesen Fällen kommt aber regelmäßig eine isolierte Aufhebung der Einspruchsentscheidung in Betracht, weil dies dem Interesse des Klägers entspricht, der damit eine weitere Rechtsschutzinstanz erhält, nämlich diejenige des fortzusetzenden Vorverfahrens (→ Rn. 21).

36 Das Gericht kann den festgesetzten Betrag **in anderer Höhe festsetzen oder die Feststellung durch eine andere ersetzen.** Damit darf das Gericht den angefochtenen Bescheid **nur der Höhe nach** verändern, nicht aber auch dem Grunde nach, also bei Steuerbescheiden zB nicht hinsichtlich der Person des Steuerschuldners, der Steuerart oder des Steuergegenstands, selbst wenn der Stpfl. das beantragt hat (BFH II R 14/14, BFH/NV 2015, 437, Rn. 25). Wegen des **Verbots der Schlechterstellung** (→ § 96 Rn. 51) kommt nach § 100 II 1 schließlich immer nur die Festsetzung/Feststellung eines für den Kläger im Vergleich zum angefochtenen VA günstigeren (nicht immer niedrigeren) Betrages in Betracht (s. auch Tipke/Kruse/Brandis § 100 Rn. 36 ff.). In dem angefochtenen Bescheid zuungunsten des Klägers enthaltene Fehler sind mit solchen Fehlern zu **saldieren,** die sich zu seinen Gunsten auswirken (BFH I R 14/94, BStBl. II 1995, 502; Tipke/Kruse/Brandis § 100 Rn. 36; → § 96 Rn. 52).

37 Das Gericht nimmt die Festsetzung oder Feststellung **anstelle des FA** vor, ohne dadurch allerdings in unzulässiger Weise in die Verwaltung einzugreifen oder eine eigene Verwaltungstätigkeit auszuüben (HHS/Rauda § 100 Rn. 76). Das erfordert es, dass es in den Fällen des § 100 II 1 den **Betrag der Steuer oder der Feststellung im Urteilstenor genau angibt.** Es reicht nicht aus, nur Änderungen hinsichtlich einzelner Besteuerungsgrundlagen vorzunehmen; in diesem Fall muss das Gericht § 100 II 2 anwenden (→ Rn. 42 ff.).

38 Die Berechnung des festzusetzenden oder festzustellenden Betrags ist der Urteilsabfassung zuzuordnen, nicht der Urteilsfindung. Die **ehrenamtlichen Richter müssen dabei nicht mitwirken.** Es reicht aus, wenn der Senat unter Einbeziehung der ehrenamtlichen Richter das Ergebnis in der Beratung festlegt und die erforderlichen Berechnungen anschließend nach Maßgabe des getroffenen Ergebnisses durchgeführt werden. Dies kann auch unter Beteiligung des FA erfolgen (BFH X R 67/99, BFH/NV 2001, 635; HHS/Rauda § 100 Rn. 79).

39 Nimmt das Gericht die Festsetzung oder Feststellung selbst vor, so handelt es sich dabei um ein **Gestaltungsurteil,** welches unmittelbare Wirkung entfaltet (BFH VII B 187/03, BFH/NV 2004, 466). Folglich muss die **Finbeh** zur Umsetzung **keine entsprechenden Bescheide mehr erlassen.** Tut sie dies gleichwohl, so treffen diese Bescheide keine eigenständige Regelung. Eine Anfechtung dieser Bescheide ist nur dann in zulässiger Weise möglich, wenn die Finbeh darin eine

höhere Steuer als die vom Gericht festgesetzte angibt (BFH V B 80/06, BFH/NV 2008, 388; HHS/Rauda § 100 Rn. 75). Der Kläger kann aus dem Gestaltungsurteil **nicht gegen das FA vollstrecken,** und zwar auch dann nicht, wenn sich aufgrund der Neufestsetzung ein Guthaben des Klägers ergibt. Das Urteil enthält nämlich keine Verurteilung der Finbeh zur Leistung der überzahlten Steuerschuld. Das FA ist vielmehr von Amts wegen verpflichtet, das sich aus der geänderten Steuerfestsetzung ergebende Erstattungsguthaben dem Berechtigten auszuzahlen (BFH VII B 187/03, BFH/NV 2004, 466; HHS/Rauda § 100 Rn. 75).

42 **dd) Entscheidung ohne Betragsfestsetzung – § 100 II 2 u. 3.** Das Gericht kann die Berechnung der festzusetzenden Steuer oder des festzustellenden Betrages nach § 100 II 2 dem FA übertragen, wenn die Ermittlung dieses Betrages einen nicht unerheblichen Aufwand erfordert. Dies gilt entsprechend für **Gerichtsbescheide** (§ 90a), **Beschlüsse** (zur AdV: § 69 III 1 Hs. 2 und BFH I S 2/81, BStBl. II 1984, 212; I S 4/89, BFH/NV 1990, 454) und im **Revisionsverfahren** (BFH I S 4/89, BFH/NV 1990, 454; VII R 110/94, BFH/NV 1998, 1141 (1143)). § 100 II 2 knüpft dabei inhaltlich an § 100 II 1 an. **Voraussetzung für die Anwendung des § 100 II 2 ist daher zunächst,** dass der Kläger eine Änderung des angefochtenen Bescheides begehrt (→ Rn. 30) und dieser Bescheid zu den von § 100 II erfassten Bescheiden gehört (→ Rn. 31 ff.). Hinzu muss kommen, dass das Gericht in Erfüllung seiner Sachaufklärungspflicht (§ 76) zu der Überzeugung gelangt (§ 96), dass die Klage zumindest teilweise begründet ist, weil der VA (teilweise) rechtswidrig ist und den Kläger in seinen Rechten verletzt (→ Rn. 9 ff.). Es dürfen **keine entscheidungserheblichen Rechtsfragen offen bleiben;** das Gericht muss über die Klage vielmehr soweit entscheiden, dass dem FA nur noch eine Berechnung der Steuer überlassen bleibt, ansonsten liegt ein Verfahrensmangel iSv § 115 II Nr. 3 vor (BFH V R 71/96, BFH/NV 1999, 179; VIII R 34/94, BFH/NV 2001, 757 (760) mwN zum Verlustabzug; IV B 73/03, BFH/NV 2005, 1531; VII R 11/06, BFH/NV 2007, 626; IX B 30/10, BFH/NV 2010, 2104; X R 41/12, BFH/NV 2014, 1945; X R 42/17, BFH/NV 2018, 1275; II R 34/16, BStBl. II 2020, 465, Rn. 44: Ausspruch zum Zuwarten auf künftige Feststellung ist unzulässig; X R 30/19, BStBl. II 2022, 439, Rn. 36; II R 3/20, BStBl. II 2023, 717, Rn. 8; VIII B 93/21, BFH/NV 2023, 738, Rn. 3 f.; s. aber BFH IV R 123/76, BStBl. II 1981, 365: Gericht darf sich bei **Verlustfeststellungen** darauf beschränken, über die Höhe des Verlustes zu entscheiden und die noch ausstehende Verlustverteilung dem FA zu übertragen, was aber nur dann gelten kann, wenn die Quote zur Gewinnverteilung unstreitig ist). Das Gericht muss ferner das **Verbot der Schlechterstellung** beachten (→ Rn. 36); es muss also bei seiner Entscheidung bereits beachten, dass die dem FA übertragene Berechnung nicht zu einer verbösernden Festsetzung oder Feststellung führt.

43 Als weitere Voraussetzung muss für die Anwendung des § 100 II 2 hinzukommen, dass die Ermittlung des festzusetzenden oder festzustellenden Betrags einen **nicht unerheblichen Aufwand** erfordert. Das ist der Fall, wenn die notwendigen Berechnungen nicht einfach sind oder einen gewissen Zeitaufwand erfordern (BFH X R 30/19, BStBl. II 2022, 439, Rn. 39; Tipke/Kruse/Brandis § 100 Rn. 30; HHS/Rauda § 100 Rn. 84: nicht nur unwesentliche Belastung für das Gericht; strenger für das verwaltungsgerichtliche Verfahren BVerwG 8 C 14/89, BVerwGE 87, 288 (297), kritisch dazu Kopp/Schenke/Schenke/Schenke VwGO § 113 Rn. 157). Das ist bei ESt- oder KSt-Festsetzungen regelmäßig zu bejahen

(s. auch die amtliche Begründung BT-Drs. 12/1061, 19, wonach das Gericht nur „einfache Berechnungen" durchführen soll). Schon aus **prozessökonomischen Gründen** ist in diesen Fällen eine „Arbeitsteilung" angezeigt, zumal die Finbeh über die jeweiligen Berechnungsprogramme verfügt und diese ohnehin auch in Fällen der gerichtlichen Betragsfestsetzung nach § 100 II 1 zur Aktualisierung ihrer Datenbestände einsetzt. Angesichts dessen würde es sich anbieten, auf das Erfordernis des nicht unerheblichen Aufwands gänzlich zu verzichten und die Übertragung der Berechnung auf das FA in vollem Umfang in das Ermessen des Gerichts zu stellen.

Sind die Voraussetzungen des § 100 II 2 gegeben, so **kann** das Gericht die Berechnung des festzusetzenden oder festzustellenden Betrags ohne Anhörung der Beteiligten der Finbeh übertragen. Dies steht in seinem **Ermessen.** Eine Pflicht hierzu besteht nicht. Das Gericht darf auch komplizierte Berechnungen selbst vornehmen. Macht das Gericht von der Übertragung der Berechnung Gebrauch, so muss es **die zu Unrecht berücksichtigten oder nicht berücksichtigten tatsächlichen oder rechtlichen Verhältnisse** so bestimmen, dass die Finbeh die Berechnung vornehmen kann. Entscheiden muss also das Gericht, und zwar so umfassend, dass keine entscheidungserheblichen Fragen offenbleiben (→ Rn. 42). Delegieren darf es nur das reine Rechenwerk. Das erfordert, dass das Gericht die **Änderung** des angefochtenen VA in dem für rechtswidrig erachteten Umfang so **klar umschreibt,** dass die Behörde in der Lage ist, die allein noch ausstehende Berechnung der geänderten Festsetzung oder Feststellung vorzunehmen (BFH VIII R 34/94, BFH/NV 2001, 757 (760) mwN; VII R 11/06, BFH/NV 2007, 626; IX B 30/10, BFH/NV 2010, 2104 zum Feststellungsbescheid; VIII B 93/21, BFH/NV 2023, 738, Rn. 4: Tenorierung, dass bei der Privatnutzung des Pkw der Grundsatz der Kostendeckelung zu berücksichtigen ist, genügt nicht; s. aber BFH II R 3/20, BStBl. II 2023, 717, Rn. 8: pauschale Verweisung im Tenor auf die Gründe der Entscheidung kann bei einfach strukturiertem Sachverhalt und der betragsmäßig eindeutigen Höhe der Erbfallkostenpauschale nach § 10 V Nr. 3 S. 2 ErbStG ausreichen; s. auch BFH I R 20/13, BFH/NV 2016, 586). Die Umschreibung des Umfangs der Rechtswidrigkeit des VA sollte sich nach Möglichkeit bereits aus dem **Urteilstenor** ergeben. Zur Beseitigung von Unklarheiten des Tenors kann im Wege der Auslegung aber auch auf übrige Urteilsinhalte zurückgegriffen werden, so zB auf den Tatbestand, die Anträge und die Entscheidungsgründe (BFH IV R 12/93, BFH/NV 1995, 56; X R 30/19, BStBl. II 2022, 439, Rn. 36). In jedem Fall stellt die Entscheidung nach § 100 II 2 **erhöhte Anforderungen an die Tenorierung und die Begründung** des Urteils, weil die Angaben des Gerichts so präzise sein müssen, dass es der beklagten Behörde möglich ist, die zunächst nur bestimmbare quantitative Aussage des abgeänderten VA mit Hilfe der erforderlichen Rechenoperation in eine bestimmte zu verwandeln. Ein Verweis auf Zahlenangaben in den Akten ist dabei zulässig, sofern die Angabe genau genug gefasst ist (BFH IV B 58/07, BeckRS 2008, 25013170). 44

Für die **Tenorierung** eines Urteils nach **§ 100 II 2** bieten sich zB folgende **Formeln** an: 45

– Für die erste Instanz:
  (1) „Der ESt-Bescheid 2023 vom … in Gestalt der Einspruchsentscheidung vom … wird dahingehend abgeändert, dass bei den Einkünften aus Gewerbebetrieb ein Verlust in Höhe von … und bei den Einkünften aus Vermietung und Verpachtung weitere Werbungskosten in Höhe von … berück-

sichtigt werden. Die Berechnung der Steuer wird dem Beklagten übertragen."

(2) „Unter Änderung des ESt-Bescheids 2023 vom … in Gestalt der Einspruchsentscheidung vom … wird die Einkommensteuer 2023 nach Maßgabe der Urteilsgründe herabgesetzt. Die Berechnung der Steuer wird dem Beklagten übertragen."

(3) Bei einem nur teilweise erfolgreichen Änderungsbegehren ist dieser Urteilsausspruch wie folgt zu ergänzen: „Im Übrigen wird die Klage abgewiesen."

– Zum Abschluss der **Revisionsinstanz** kommt folgende Tenorierung in Betracht: „Auf die Revision des Klägers wird das Urteil des Finanzgerichts … vom … aufgehoben. Der ESt-Bescheid …" (usw wie für die 1. Instanz).

Zu bevorzugen für die erste Instanz ist mE Tenor Nr. 1, weil Tenor Nr. 2 die Gefahr der Ungenauigkeit in sich birgt, da die FVerw alle Aspekte aus den Urteilsgründen herauslesen und anschließend umsetzen muss.

46 Überträgt das Gericht nach Aufhebung der Vorentscheidung gemäß § 100 II 2 die Berechnung der Steuer auf das FA, hat dieses unter Außerachtlassung der zu Unrecht berücksichtigten und unter Einbeziehung der zu Unrecht nicht berücksichtigten tatsächlichen oder rechtlichen Verhältnisse **die Steuer neu zu berechnen.** Das bedeutet, dass das FA die in jenem Urteil enthaltenen Vorgaben vollständig und rechnerisch zutreffend umzusetzen hat. Darüber hinaus muss es prüfen, ob Umstände geltend gemacht worden sind, die eine Änderung des nach § 100 II 3 neu bekannt gegebenen Bescheids gemäß § 110 II rechtfertigen, weil ihnen die Rechtskraft des Urteils nicht entgegensteht (BFH IX R 47/15, BFH/NV 2017, 1044; → Rn. 47). Nach **§ 100 II 3 Hs. 1** hat die Finbeh den Beteiligten das **Ergebnis der Neuberechnung** unverzüglich formlos **mitzuteilen.** Die Beteiligten sollen auf diesem Weg vor der Rechtskraft des Urteils informiert werden (HHS/Rauda § 100 Rn. 91). Kommt die Finbeh dem nicht nach, so kann das Gericht nach § 154 gegen sie ein **Zwangsgeld** festsetzen (HHS/Rauda § 100 Rn. 152). Die Mitteilung nach § 100 II 3 Hs. 1 ist **kein eigenständiger VA.** Es fehlt an einer von der Finbeh zu treffenden Regelung (BFH V R 37/03, BStBl. II 2005, 217; III S 19/11, BFH/NV 2012, 1467; FG Köln 15 K 761/22, EFG 2024, 1276; Tipke/Kruse/Brandis § 100 Rn. 33; HHS/Rauda § 100 Rn. 93; → Rn. 39; zur Abgrenzung zu einem neu erlassenen Bescheid aber FG Hmb 2 K 218/18, EFG 2022, 834). Diese trifft bereits das Gericht, indem es im Urteil genau angibt, wie die Steuer neu festzusetzen oder der Betrag neu festzustellen ist. Das FA muss dies lediglich rechnerisch nachvollziehen. Dies lässt sich auch dem Wortlaut des § 100 II 2 entnehmen, wonach das Gericht die Änderung des VA „bestimmt". Die Behörde teilt den Beteiligten das Ergebnis der Berechnung nach § 100 II 3 Hs. 1 lediglich formlos mit und erlässt damit gerade keinen neuen VA (Gosch/Schmidt-Troje § 100 Rn. 77). Soweit ein Beteiligter **aus der gerichtlichen Entscheidung** einschließlich der Vorgaben für die Betragsberechnung eine **Rechtsbeeinträchtigung** herleitet, ist diese mit Hilfe der gegen die gerichtliche Entscheidung allgemein eröffneten **Rechtsmittel** geltend zu machen und nicht mittels Einspruchs und Klage gegen die Berechnung des FAs (BFH X R 142/94, BFH/NV 1998, 965: durch bloße Mitteilung der Berechnung entfällt das Rechtsschutzbedürfnis des Klägers für ein Revisionsverfahren nicht).

47 Gem. **§ 100 II 3 Hs. 2** muss das FA **nach Rechtskraft des Urteils** den VA mit dem geänderten Inhalt **neu bekanntgegeben.** Erst hierdurch wird die **gerichtliche Herabsetzung der Steuer umgesetzt** (BFH II R 49/11, BStBl. II 2013, 104; FG Köln 11 K 3333/07, EFG 2013, 1466); bis dahin bleiben die ursprünglichen Bescheide, die Gegenstand des gerichtlichen Verfahrens waren, wirksam (BFH III S 19/11, BFH/NV 2012, 1467; zum Beginn der **Festsetzungsverjährung** s. FG BBg 10 V 10044/16, EFG 2016, 873 mwN). Hierbei handelt es sich um einen VA, den der Inhaltsadressat (= der Kläger des ursprünglichen Verfahrens) mit Einspruch und Klage anfechten kann (BFH V R 37/03, BStBl. II 2005, 217; IX R 47/15, BFH/NV 2017, 1044 mwN; FG Köln 15 K 761/22, EFG 2024, 1276; Tipke/Kruse/Brandis § 100 Rn. 33). Die für einen VA notwendige Regelung besteht in der verbindlichen Festlegung des geschuldeten Steuerbetrages (Gosch/Schmidt-Troje § 100 Rn. 77). Die **Anfechtung** ist allerdings nur insoweit zulässig, als dieser nicht die Rechtskraft des ursprünglichen Urteils iSv § 110 entgegensteht (BFH III B 39/15, BFH/NV 2015, 1689: auch die in den Entscheidungsgründen und im Tenor enthaltenen Vorgaben für die Neuberechnung des Geldbetrages erwachsen in Rechtskraft, soweit sie nicht mit Rechtsmitteln angegriffen werden). Der Stpfl. kann insbes. geltend machen, dass der erlassene Bescheid von den Vorgaben des Gerichts abweicht, dieser also einen höheren Betrag festsetzt oder feststellt, als er sich bei einer richtigen Umsetzung des Urteils ergeben würde (BFH I R 67/10, BFH/NV 2012, 6). Er kann ferner eine Änderung des Bescheides begehren, die auf Umständen beruht, die seit Ergehen des Urteils eingetreten sind (BFH I R 67/10, BFH/NV 2012, 6; FG Köln 15 K 761/22, EFG 2024, 1276; zur Berücksichtigung der Tarifermäßigung gemäß § 34 EStG für bislang nicht streitbefangene Einkünfte und zum Absehen von dem ursprünglich antragsgemäß nach § 10d I 7 EStG aF vorgenommenen Verlustvortrag s. FG Köln 4 K 3544/11, EFG 2015, 2148). Im Rahmen der Bearbeitung des Einspruchs muss das FA auch prüfen, ob andere Umstände eine Änderung des Bescheids gebieten, denen die materielle Rechtskraft des Urteils nicht entgegensteht (BFH IX R 47/15, BFH/NV 2017, 1044, Rn. 25). Erlässt das FA unter Hinweis auf § 164 II AO einen geänderten Bescheid, in dem es nicht nur entsprechend der Auflage des FG verfährt, sondern darüber hinaus weitere unstreitige Besteuerungsgrundlagen berücksichtigt, so ist ein vom FA angestrengtes **Revisionsverfahren in der Hauptsache erledigt** (BFH VIII R 102/87, BStBl. II 1990, 545). Das gilt aber nicht, wenn es den Änderungsbescheid mittels einer Bedingung insoweit von dem Bestand des FG-Urteils abhängig macht, als es um die Betragsberechnung geht (BFH III R 75/85, BStBl. II 1990, 747). **Erlässt das FA** nach Rechtskraft des Urteils **keinen neuen VA** iSv § 100 II 3 Hs. 2, kann der Stpfl. auf der Grundlage dieser Norm eine **Verpflichtungsklage** erheben (HHS/Rauda § 100 Rn. 96: Leistungsklage).

Erlässt das FA statt der bloßen Steuerberechnung einen förmlichen 48
Steuerbescheid vor Rechtskraft des Urteils, der weder bedingt noch vorläufig ist, so liegt ebenfalls ein VA vor, der unter denselben Voraussetzungen anfechtbar ist, wie der nach § 100 II 3 Hs. 2 erlassene Bescheid (BFH I B 51/00, BFH/NV 2001, 461; V R 37/03, BStBl. II 2005, 217; offengelassen noch in BFH VIII R 9/03, BFH/NV 2005, 526; zur Anfechtbarkeit → Rn. 47). Für eine vom FA eingelegte NZB entfällt mit dem Erlass des Bescheides das Rechtsschutzbedürfnis (BFH I B 51/00, BFH/NV 2001, 461). Nach BFH IV R 31/02, BStBl. II 2006, 7 liegt dem FG-Urteil in diesem Fall „ein nicht mehr existierender Bescheid zugrunde mit der Folge, dass auch das FG-Urteil keinen Bestand haben kann." Der Änderungsbescheid wird nach § 68 S. 1 Gegenstand des Revisionsverfahrens. Haben sich hinsichtlich des streitigen Punktes durch die Bescheidänderung keine über den Tenor des FG-Urteils hinausgehenden Änderungen ergeben und die

Kläger auch keinen weiter gehenden Antrag gestellt, bedarf es keiner Zurückverweisung der Sache gem. § 127 FGO.

55 **c) Entscheidung nach § 100 III. aa) Allgemeines.** Nach § 100 III 1 kann das Gericht den VA und die Entscheidung über den außergerichtlichen Rechtsbehelf aufheben, sofern die in S. 1 iE genannten Voraussetzungen erfüllt sind (→ Rn. 56 ff.) und die **Ausschlusstatbestände** von S. 2 (Verletzung der Erklärungspflicht, → Rn. 64) und S. 5 (Sechsmonatsfrist, → Rn. 67) nicht entgegenstehen. § 100 III 1 sieht für jeden von § 100 erfassten VA – und damit abweichend zu § 100 II auch für VA, die einen Geldbetrag festsetzen oder feststellen (→ Rn. 31) – eine **reine Kassation** vor, ggf. verbunden mit einer einstweiligen Regelung nach § 100 III 3. Dies dient der **Entlastung der Finanzgerichte** und der Beschleunigung des Verfahrens (BFH XI R 62/95, BFH/NV 1996, 527; BT-Drs. 12/1061, 19).

56 **bb) Aufhebung ohne Sachentscheidung – § 100 III 1.** Die Kassation ohne Sachentscheidung kann nur erfolgen, wenn das Gericht aus seiner materiell-rechtlichen Sicht **eine weitere Sachaufklärung** für erforderlich hält, die Klage also weder zugunsten des Klägers noch des Beklagten spruchreif ist (Tipke/Kruse/Brandis § 100 Rn. 37). Erforderlich sind **nach Art oder Umfang erhebliche (weitere) Ermittlungen.** Denn nur soweit diese erforderlich sind, kann das Gericht den VA aufheben.

57 **Erstmalige oder weitere Ermittlungen** sind zum einen anzustellen, wenn das FA unter objektiver Verletzung der behördlichen Amtsermittlungspflicht des § 88 AO den **Sachverhalt nicht oder nur unzureichend aufgeklärt** hat, so dass es weiterer Feststellungen bedarf, um zu überprüfen, ob die vom FA angenommene Rechtsfolge zutrifft (BFH XI R 62/95, BFH/NV 1996, 527; Tipke/Kruse/Brandis § 100 Rn. 38: FG soll nicht die Arbeit des FA übernehmen). Das gilt auch dann, wenn das FA einen **Antrag nach § 364a AO** auf Erörterung des Sach- und Streitstands unbeachtet gelassen hat (BFH IV B 14/04, BFH/NV 2005, 2166). Weitere Ermittlungen sind aber auch erforderlich, wenn das **Gericht die Rechtslage anders beurteilt** und hierdurch weitere Ermittlungen notwendig werden. Denn zum einen ist die materiell-rechtliche Sicht des Gerichts maßgeblich und zum anderen setzt § 100 III 1 anders als die Vorgängerregelung des § 100 II 2 aF nicht voraus, dass dem FA ein Verfahrensfehler unterlaufen ist (BFH IV R 9/95, BStBl. II 1996, 310; IV R 9/95, BStBl. II 1996, 310: alte Rspr. überholt; FG BW 6 K 151/95, EFG 1996, 874; FG München 9 K 964/12, EFG 2012, 2215; HHS/Rauda § 100 Rn. 111 ff.; s. auch BT-Drs. 12/1061, T-19). Im letzteren Fall ist aber zu prüfen, ob die bloße Kassation ohne Sachentscheidung sachdienlich ist (s. dazu BFH XI R 62/95, BFH/NV 1996, 527: Belange des FA können einer Aufhebung entgegenstehen, wenn das FA den nach Ansicht des Klägers und des Beklagten streitigen Sachverhalt aus seiner Sicht vollständig und umfassend aufgeklärt hat; → Rn. 59).

58 Die Ermittlungen müssen **nach Art und Umfang erheblich** sein. Dafür reicht nicht aus, dass es auf die Feststellungen für die Entscheidung im Sinne eines „erheblichen Vortrags" iRd Relationstechnik ankommt. Aus der Verwendung der Begriffe „Art und Umfang" folgt vielmehr, dass die Ermittlungen besonders arbeits- und/oder zeitaufwendig sein müssen (Tipke/Kruse/Brandis § 100 Rn. 37). Das ist nicht der Fall, wenn lediglich auf einen Mietspiegel zurückgegriffen oder ein Sachverständigengutachten eingeholt werden muss (BFH IX R 74/95, BStBl. II 1997, 541; IX R 37/96, BFH/NV 1998, 1240).

Die Aufhebung muss auch unter Berücksichtigung der Belange der Beteiligten **sachdienlich** sein. Das ist der Fall, wenn Ermittlungen vorzunehmen sind, welche die **Behörde** nach ihrer personellen und sachlichen Ausstattung **besser durchführen kann** als das Gericht und es vernünftiger und sachgerechter ist, die Behörde tätig werden zu lassen, so insbes. dann, wenn sie den Sachverhalt gar nicht oder erkennbar unzureichend aufgeklärt hat (BFH VIII R 32/99, BFH/NV 2001, 178; FG München 9 K 964/12, EFG 2012, 2215). **Nicht sachdienlich** ist die bloße Kassation ohne Sachentscheidung hingegen, wenn sie als **wenig prozessökonomisch** erscheint (zur beabsichtigten Entlastung der Gerichte → Rn. 55), weil angesichts des bisherigen Verlaufs des Verwaltungsverfahrens oder der Art der noch anzustellenden Ermittlungen eine **außergerichtliche Beilegung des Streits zweifelhaft** ist. Das nimmt die Rspr. zB an, wenn der Stpfl. im Verwaltungs- und Einspruchsverfahren seinen **Mitwirkungspflichten in keiner Weise nachgekommen** ist und im finanzgerichtlichen Verfahren erst nach Setzen einer Ausschlussfrist Angaben zur Sache gemacht hat (BFH II R 13/94, BStBl. II 1995, 542). Gleiches soll gelten, wenn das FG noch umfangreichen Zeugenbeweis für erforderlich hält. Die eingeschränkten Möglichkeiten des FA, im Besteuerungs- und Rechtsbehelfsverfahren Zeugen zu vernehmen, und der im finanzgerichtlichen Verfahren geltende Grundsatz der Unmittelbarkeit der Beweisaufnahme sollen hier gegen eine Anwendung des § 100 III 1 sprechen (BFH II R 13/94, BStBl. II 1995, 542; XI R 62/95, BFH/NV 1996, 527; VIII R 32/99, BFH/NV 2001, 178; glA zur Einholung eines Sachverständigengutachtens BFH IV B 143–144/02, BFH/NV 2005, 359). Dem ist mE nur eingeschränkt zuzustimmen. Denn angesichts dessen, dass die Finanzämter idR keinen Gebrauch von der Heranziehung von Auskunftspersonen machen, kann in diesen Fällen eine Entscheidung nach § 100 III 1 gerade aus Gründen der Prozessökonomie geboten sein (in diese Richtung auch BFH IV B 143–144/02, BFH/NV 2005, 359: keine Entscheidung nach § 100 III 1, wenn erneute Anrufung des Gerichts zu befürchten ist; Tipke/Kruse/Brandis § 100 Rn. 39). Die Gründe hierfür muss das Gericht aber in seiner Ermessensbegründung darlegen (HHS/Rauda § 100 Rn. 128; → Rn. 62). 59

Bevor das Gericht nach § 100 III 1 entscheidet, muss es den Beteiligten **rechtliches Gehör** gewähren; davon kann nur abgesehen werden, wenn einer der Beteiligten zuvor eine derartige Entscheidung beantragt hat (BFH IV B 143–144/02, BFH/NV 2005, 359). Soweit HHS/Rauda § 100 Rn. 122 dagegen einwendet, dass das Gericht auch unter dem Gesichtspunkt der Gewährung rechtlichen Gehörs nicht verpflichtet sei, sein weiteres prozessuales Vorgehen mit den Beteiligten zu erörtern und die Hinweispflicht dem Entlastungszweck des § 100 III 1 widerspreche, ist dem nicht zu folgen. § 100 III 1 bestimmt ausdrücklich, dass das Gericht bei der Prüfung der Sachdienlichkeit einer Kassation ohne Sachentscheidung die Belange der Beteiligten zu berücksichtigen hat (→ Rn. 59 f.). Will man dies nicht zur bloßen Floskel verkommen lassen, bedarf es einer Anhörung, weil nur hierdurch die Möglichkeit besteht, die Belange der Beteiligten zu ermitteln. 60

Liegen die Voraussetzungen des § 100 III 1 vor, **kann** das Gericht den VA und die Entscheidung über den außergerichtlichen Rechtsbehelf bei Vorliegen der Voraussetzungen des § 100 III 1 ohne Sachentscheidung aufheben. Bereits aus der Wortwahl ergibt sich, dass die Entscheidung in seinem pflichtgemäßen **Ermessen** steht (BFH II R 13/94, BStBl. II 1995, 542; XI R 62/95, BFH/NV 1996, 527; VIII R 32/99, BFH/NV 2001, 178). Bevor das Gericht in die Ermessensprüfung eintritt, hat es zu prüfen, ob tatsächlich weitere erhebliche Ermittlungen erforder- 61 lich sind (→ Rn. 57 f.). Diese **Prüfung** kann wegen des beabsichtigten Entlastungseffekts für die Finanzgerichte (→ Rn. 55) nur eine **summarische** sein (Tipke/Kruse/Brandis § 100 Rn. 38; HHS/Rauda § 100 Rn. 106). Anschließend muss das Gericht iRd Ermessensprüfung abwägen, ob die Kassation ohne Sachentscheidung tatsächlich **prozessökonomisch** und damit sachdienlich iSv § 100 III 1 ist oder ob dies nur zu einer Verzögerung der Streitigkeiten führen würde, weil mit einer außergerichtlichen Beilegung ohnehin nicht zu rechnen ist (→ Rn. 59). Ob dem FA ein **Verfahrensfehler** unterlaufen ist, hat das Gericht bei seiner Ermessensausübung nicht zu berücksichtigen; diese beschränkt sich vielmehr darauf, ob der Umfang der noch erforderlichen Ermittlungen erheblich ist und ob die Aufhebung auch unter Berücksichtigung der Belange der Beteiligten sachdienlich ist (BFH IV R 9/95, BStBl. II 1996, 310 in Abgrenzung zur früheren Rechtslage). Zur **revisionsrechtlichen Überprüfung** der Ermessensausübung → Rn. 63.

62 Entscheidet das Gericht nach § 100 III 1, so spricht es die **reine Kassation** des VA und der Entscheidung über den Rechtsbehelf aus. Der Entlastungszweck der Regelung rechtfertigt es dabei auch, in Ausnahmefällen lediglich die **Rechtsbehelfsentscheidung aufzuheben** (glA HHS/Rauda § 100 Rn. 130). Das Gericht muss es in den **Entscheidungsgründen** genau darlegen, weshalb eine weitere Aufklärung des Sachverhalts aus seiner Sicht notwendig ist und warum diese einen erheblichen Aufwand an Kosten und Zeit erfordert (BFH IX R 124/92, BStBl. II 1995, 628; → Rn. 59 aE). Eine mit der Bindungswirkung des § 100 I 1 Hs. 2 und einer entsprechenden Rechtskraftwirkung versehene Sachentscheidung findet hingegen nicht statt und damit – von summarischen Erwägungen zur Entscheidungserheblichkeit des zu beurteilenden Sachverhalts sowie provisorischen Überlegungen iRd § 100 III 3 und 4 abgesehen – auch **keine materielle Rechtmäßigkeitsprüfung** (BFH IV B 143–144/02, BFH/NV 2005, 359). Zusammen mit der Entscheidung nach § 100 III 1 ist auch über die **Kosten** zu befinden (§ 143 I), wobei einerseits der Klageerfolg zu berücksichtigen ist (Aufhebung: § 135 I), andererseits ggf. auch der Umstand der Verantwortlichkeit für das Aufklärungsdefizit (§ 137). **Anschließend** ist es Sache der Behörde, erneut regelnd iSd § 118 iVm §§ 155 ff. bzw. §§ 179 ff. AO tätig zu werden. An die Rechtsauffassung des Gerichts ist sie dabei nur insoweit gebunden, als diese für die Kassationsentscheidung maßgeblich war.

63 Ob die Entscheidung nach § 100 III 1 gerechtfertigt ist, unterliegt der **revisionsrechtlichen Prüfung;** ein Verstoß gegen § 100 III 1 ist ein Verfahrensmangel iSv § 115 II Nr. 3 und führt idR zur Zurückverweisung an das FG nach § 126 II 1 Nr. 2 (BFH II R 13/94, BStBl. II 1995, 542; IV B 143–144/02, BFH/NV 2005, 359 mwN). Für den Anwendungsbereich des § 100 III 2 kann nichts anderes gelten.

64 **cc) Sonderregelung für Schätzungsfälle – § 100 III 2.** Eine bloße Kassation des VAs und der Rechtsbehelfsentscheidung ohne Sachentscheidung ist nach § 100 III 2 ausgeschlossen, soweit der Stpfl. seiner **Erklärungspflicht nicht nachgekommen** ist und deshalb die Besteuerungsgrundlagen nach § 162 AO geschätzt worden sind. Dies beruht auf dem Gedanken, dass sich der Rechtsuchende dadurch, dass er sowohl im Veranlagungsverfahren als auch im außergerichtlichen Rechtsbehelfsverfahren unter Verletzung seiner gesetzlichen Mitwirkungspflichten (zumindest teilweise) untätig geblieben ist, selbst der Möglichkeiten begeben hat, außerhalb eines Gerichtsverfahrens auf eine genauere

und ausführlichere Regelung des in Frage stehenden Steuerschuldverhältnisses hinzuwirken. Dem **Zweck des § 100 III 1,** die FG zu entlasten (→ Rn. 55), läuft diese Sonderregelung für Schätzungsfälle indes entgegen. Das gilt insbes. dann, wenn der Stpfl. seine Steuererklärung im gerichtlichen Verfahren einreicht. Beschränkt der Kläger sein Begehren nicht auf eine isolierte Aufhebung der Einspruchsentscheidung (→ Rn. 21), hat das Gericht keine Möglichkeit, die gesamte Veranlagungstätigkeit, bei der jedenfalls bei umfangreichen Erklärungen oftmals weitere Ermittlungen notwendig sind, auf das FA zu übertragen. Zur weiteren Entlastung der Finanzgerichte sollte S. 2 daher gestrichen werden (iE glA Tipke/Kruse/Brandis § 100 Rn. 40; HHS/Rauda § 100 Rn. 108). Die Kosten eines Urteils nach § 100 III 1 wären in Schätzungsfällen dem Kläger aufzuerlegen (→ Rn. 62).

dd) Provisorische Nebenentscheidungen – § 100 III 3 und 4. § 100 III 3 65
sieht für das Gericht die Möglichkeit vor, bis zum Erlass eines neuen VA eine einstweilige Regelung zu treffen. Dadurch soll die durch die Aufhebung des angefochtenen VA ausgelöste Ungewissheit beseitigt werden, die zB auch Auswirkungen auf die Vollstreckung haben kann (s. BT-Drs. 12/1061, 19). Die provisorische Nebenentscheidung setzt einen **Antrag** eines Beteiligten voraus, der durch die Kassation ohne Sachentscheidung belastet ist. Dies kann sowohl der Kläger sein, insbes. dann, wenn das FA seiner Ermittlungspflicht zugunsten des Klägers nicht nachgekommen ist, als auch der Beklagte, wie dies aus der exemplarisch genannten Möglichkeit der Anordnung von Sicherheiten oder der zumindest vorübergehenden Einbehaltung von Leistungen deutlich wird. Stellt ein Beteiligter den Antrag, so steht die Entscheidung gleichwohl im pflichtgemäßen **Ermessen** des Gerichts, welches sich vornehmlich an Zweckmäßigkeitsgesichtspunkten zu orientieren hat. Das Gericht kann **alle nach seiner Auffassung sinnvollen Maßnahmen** treffen. Die in § 100 III 3 genannten Möglichkeiten der Sicherheitsleistung und der vorläufigen Entbindung von der Rückgewähr von Leistungen geben nur beispielhafte Hinweise (ebenso Kopp/Schenke/Schenke/Schenke VwGO § 113 Rn. 170). **Sachliche Einschränkungen** ergeben sich nur aus dem vorläufigen Charakter der in Betracht kommenden Maßnahmen, die durch den Erlass des neuen VA obsolet werden, sowie daraus, dass der ausstehenden Einzelfallregelung nicht vorgegriffen werden darf. Gegen den Beschluss iSv § 100 III 3 ist nach § 128 I die **Beschwerde** gegeben (Tipke/Kruse/Brandis § 100 Rn. 42). Für die von HHS/Rauda § 100 Rn. 136 geforderte analoge Anwendung des § 128 III ist mE kein Raum, weil dies die Rechte der Beteiligten beschneiden würde.

Nach **§ 100 III 4** kann der Beschluss iSv § 100 III 3 jederzeit geändert oder 66
aufgehoben werden, und zwar auch ohne Antrag eines Beteiligten. Auch die Änderung oder die Aufhebung stehen im pflichtgemäßen Ermessen des Gerichts.

ee) Zeitliche Grenze für die Aufhebung ohne Sachentscheidung – 67
§ 100 III 5. § 100 III 5 sieht für die Kassation ohne Sachentscheidung eine zeitliche Grenze vor. Danach kann das Gericht diese nur **binnen sechs Monaten** seit Eingang der Akten der Behörde bei Gericht aussprechen. Die Regelung will verhindern, dass das FG die Sache bei bereits länger andauernder Prozessdauer in das Verwaltungsverfahren zurückversetzt (BFH IX R 31/95, BFH/NV 1997, 509 mwN). Die Fristenregelung führt in der gerichtlichen Praxis allerdings weitgehend zu einer **Unanwendbarkeit des § 100 III 1** (zu Bedenken gegen die Regelung s. bereits die Einwände des Bundesrats, BT-Drs. 10/3437, 98 zu Nr. 38). Damit

dem Gericht die Entscheidungsmöglichkeit des § 100 III 1 zur Verfügung steht, sollte der Richter mit dem Eingang einer neuen Anfechtungsklage sofort die Akten anfordern und diese nach Vorlage durch das FA sogleich auf die nicht gerade einfach gestalteten Voraussetzungen der Vorschrift durchprüfen, um die „besonders gelagerten Fälle" herauszufinden, die dem Gesetzgeber als Objekt für eine solche Verfahrensweise vorgeschwebt haben könnten. Diese Arbeitsweise ist realitätsfremd und auch für eine sachgerechte Führung und Bearbeitung des richterlichen Dezernats nicht erforderlich (so aber HHS/Rauda § 100 Rn. 118). Dies wird auch kaum realitätsbezogener dadurch, dass ihr Beginn an die **Vorlage der Akten** geknüpft ist. Damit sind – ebenso wie in § 45 II 1 – **die den Rechtsstreit betreffenden Akten** der beklagten Behörde gemeint. Diese müssen so vollständig sein, dass sich das Gericht ein Bild machen kann, ob noch weitere Ermittlungen erforderlich sind. Zuvor wird die Frist des § 100 III 5 nicht in Gang gesetzt (Tipke/Kruse/Brandis § 100 Rn. 41; HHS/Rauda § 100 Rn. 119). Ergeht während des Verfahrens ein **Änderungsbescheid,** der nach § 68 zum Gegenstand des Verfahrens wird, so wird hierdurch die Frist des § 100 III 5 nicht erneut in Gang gesetzt (Tipke/Kruse/Brandis § 100 Rn. 41; aA HHS/Rauda § 100 Rn. 120: die die Frist auslösenden vorgelegten Akten sind diejenigen des Änderungsbescheides). Das gilt auch für die nachträgliche Anforderung weiterer Akten (HHS/Rauda § 100 Rn. 119).

68 Die Entscheidung nach § 100 III 1 muss binnen sechs Monaten **ergehen.** Das erfordert, dass das Urteil innerhalb dieser Frist nach § 104 verkündet oder – wenn eine Verkündung nicht stattfindet – zugestellt wird, weil das Urteil erst hierdurch wirksam wird (Kopp/Schenke/Schenke/Schenke VwGO § 113 Rn. 168; aA HHS/Rauda § 100 Rn. 121: Urteil muss gefällt, aber noch nicht wirksam sein; offengelassen durch BFH IX R 31/95, BFH/NV 1997, 509). Beachtet das FG die Frist des § 100 III 5 nicht, so liegt ein **Verfahrensfehler** vor, der zur Zurückverweisung der Sache führt (BFH IX R 31/95, BFH/NV 1997, 509). **Verweist der BFH** in anderen Fällen nach erfolgreicher Revision **den Rechtsstreit an das FG zurück,** so ist hinsichtlich der zeitlichen Grenze des § 100 III 5 auf den Eingang der ursprünglichen Klage beim FG abzustellen, so dass eine Entscheidung nach § 100 III 1 regelmäßig ausgeschlossen ist (BFH IX R 124/92, BStBl. II 1995, 628; IX R 63/95, BStBl. II 1997, 409).

2. Besondere Entscheidungsformen

70 **a) Rückgängigmachen der Vollziehung – § 100 I 2 und 3.** Zur vollständigen Rechtsschutzgewährung reichen die Kassation nach § 100 I 1 und die abändernde Betragsfestsetzung nach § 100 II dann nicht aus, wenn der VA bereits vollzogen worden ist. Das ist zB der Fall, wenn das FA nach § 322 AO die Eintragung einer Sicherungshypothek beantragt, das Grundbuchamt dem nachkommt und das FG anschließend den VA zur Eintragung nach § 100 I 1 aufhebt (zur VA-Qualität des Eintragungsantrags BFH VII R 77/88, BStBl. II 1990, 44; krit. Tipke/Kruse/Loose AO § 322 Rn. 34). Es bedarf zusätzlich der Löschung der Sicherungshypothek. Ähnliches gilt, wenn zB auf den angefochtenen Steuerbescheid hin gezahlt wurde und das FG die Steuer anschließend nach § 100 II 1 herabsetzt. Die überschüssige Zahlung muss zurückgezahlt werden. Für diese Fälle bestimmt § 100 I 2, dass das Gericht auf Antrag auch aussprechen kann, dass und wie die Finbeh die Vollziehung rückgängig zu machen hat. Die Regelung gilt **sowohl für die Fälle des § 100 I 1 als auch für diejenigen des § 100 II 1**

(Tipke/Kruse/Brandis § 100 Rn. 43). Dabei handelt es sich um einen **Folgenbeseitigungsanspruch,** der darauf gerichtet ist, die Rechtslage herzustellen, die ohne den rechtswidrigen Eingriff bestehen würde (HHS/Rauda § 100 Rn. 150). Diesen Anspruch müsste der betroffene Beteiligte eigentlich im Anschluss an das den VA aufhebende oder abändernde Urteil im Wege einer Verpflichtungs- oder Leistungsklage geltend machen. Aus **prozessökonomischen Gründen** sieht § 100 I 2 eine unmittelbare Verbindung mit dem Urteil zur Anfechtungsklage vor (BFH VII K 31/67, BStBl. II 1971, 740; zur Abgrenzung zu einer eigenständigen diesbezüglichen Klage BFH VII B 319/05, BFH/NV 2007, 398).

Die Entscheidung setzt einen **Antrag** voraus. Antragsbefugt ist derjenige Beteiligte, dem ggü. der VA bereits vollstreckt worden ist, weil nur dieser einen Anspruch auf Rückgängigmachung der ihn betreffenden Vollstreckung hat. Der Beteiligte braucht für den Antrag ein **Rechtsschutzbedürfnis.** Daran fehlt es idR, weil sich die Finbeh wegen der in Art. 20 III GG normierten Bindung an Gesetz und Recht kaum weigern wird, eine gerichtliche Entscheidung auch hinsichtlich der sich für die Vollziehung ergebenden Konsequenzen umzusetzen (BFH VII R 24/77, BStBl. II 1980, 632; I R 62/81, BStBl. II 1986, 565; VII R 22/21, BStBl. II 2024, 657, Rn. 23; krit. hierzu Tipke/Kruse/Brandis § 100 Rn. 45). Dies führt dazu, dass der Entscheidung nach § 100 I 2 **kaum praktische Bedeutung** zukommt. 71

Der Beteiligte kann mit dem Antrag nach § 100 I 2 in zulässiger Weise nur die **Beseitigung der unmittelbaren Folgen der Vollziehung** begehren (BFH VII B 319/05, BFH/NV 2007, 398; FG BBg 7 K 42/05, EFG 2010, 1946), nicht aber auch anderweitige Maßnahmen gegen die Finbeh, wie zB die Anordnung eines Zwangsgelds nach § 154 (BFH VII B 197/99, BFH/NV 2000, 221 (222); → Rn. 46 zum Zwangsgeld in den Fällen des § 100 II 3) oder Maßnahmen der Amtshaftung (BFH VII 155/65, HFR 1966, 78). Derartige Ansprüche muss der Beteiligte gesondert verfolgen (BFH III R 66/04, BStBl. II 2006, 184: keine Anwendung von § 100 I 2 auf Klagen gegen einen VA, mit dem die Familienkasse die Gewährung von **Kindergeld** insgesamt abgelehnt hat; zu Kindergeldverfahren auch → Rn. 1 u. 31). Die Rückgängigmachung der Vollziehung kommt auch dann in Betracht, wenn der **VA nicht zwangsweise vollzogen** wurde, sondern der Stpfl. diesem freiwillig nachgekommen ist, er also die festgesetzte Steuer zB freiwillig gezahlt hat. § 100 I 2 findet auch im **Revisionsverfahren** Anwendung (BVerwG V C 100.64, BVerwGE 22, 314; Tipke/Kruse/Brandis § 100 Rn. 43) 72

Das Gericht darf die Rückgängigmachung der Vollziehung nach **§ 100 I 3** nur dann anordnen, wenn die Behörde dazu in der Lage und diese Frage spruchreif ist. Dies versteht sich von selbst, weil das Gericht die Behörde nicht zu Maßnahmen verpflichten kann, auf die sie keinen Einfluss hat. Spruchreife ist ebenso stets Voraussetzung für eine gerichtliche Entscheidung. 73

b) Fortsetzungsfeststellungsklage – § 100 I 4

Literatur: Albert, Fortsetzungsfeststellungsklage nach Erledigung eines Vorauszahlungsbescheides durch Erlass des Jahressteuerbescheides, DStZ 1999, 205; Ehlers, Die Fortsetzungsfeststellungsklage, Jura 2001, 415; Fechner, Die Rechtswidrigkeitsfeststellungsklage, NVwZ 2000, 121; Göpfert, Die Fortsetzungsfeststellungsklage – Versuch einer Neuorientierung, 1998; Lück, Zum Gegenstand der Klage gegen einen Vorauszahlungsbescheid nach Ergehen des Jahresbescheids, DStZ (A) 1990, 483; Rozek, Grundfälle zur Fortsetzungsfeststellungsklage, JuS 1995, 413, 598 u. 697; Rozek, Neues zur Fortsetzungsfeststellungsklage: Fortsetzung folgt? – BVerwGE 109, 203, JuS 2000, 1162; Ruppel, Wie ist bei Rechtswidrigkeit einer Außenprüfung das Verwertungsverbot geltend zu machen?, BB 1996, 1913; Schenke, Die Fortsetzungsfeststellungsklage, FS Menger, 1985, 461; Schenke, Der Erledigungsrechtsstreit im Verwaltungsprozess, 1996; Schenke, Die Neujustierung der Fortsetzungsfeststellungsklage, JuS 2007, 697; Trzaskalik, Die Rechtsschutzzone der Feststellungsklage im Zivil- und Verwaltungsprozess, 1978; Weber, Fortsetzungsfeststellungsklage bei „Judiz-Kassation", DStR 2007, 2298; Willmer, Die sogenannte Fortsetzungsfeststellungsklage, Saarbrücken Diss. 1994; Wüllenkemper, Auswirkungen der Bekanntgabe eines Jahressteuerbescheides auf einen Rechtsstreit um einen Vorauszahlungsbescheid, DStZ 1998, 458.

80 Erledigt sich ein VA, bevor das Gericht durch Urteil über seine Rechtmäßigkeit befinden kann, so stellt das Gericht nach § 100 I 4 auf Antrag dessen Rechtswidrigkeit fest, sofern der Kläger hieran ein berechtigtes Interesse hat (zur Abgrenzung zur Feststellungsklage s. BFH X R 25/19, DStRE 2021, 1202, Rn. 18). Wie sich bereits aus dem Wortlaut der Norm ergibt, handelt es sich dabei um ein **Feststellungsurteil,** weil sich der ursprüngliche VA bereits erledigt hat und damit seine Aufhebung nach § 100 I 1 oder seine Änderung nach § 100 II 1 nicht mehr in Betracht kommt (stRspr, zB BFH I R 214/82, BStBl. II 1986, 21; X R 27/87, BFH/NV 1989, 233; VII B 23/90, BFH/NV 1991, 396; IX B 5/90, BFH/NV 1991, 746 zur AdV). § 100 I 4 dient damit der Vervollkommnung des Rechtsschutzes (HHS/Rauda § 100 Rn. 155: der Kläger soll nicht um die „Früchte" seiner bisherigen Prozessführung gebracht werden). Da dieser nur dem **Kläger** zusteht, kann auch nur dieser den Übergang zur Fortsetzungsfeststellungsklage beantragen (→ Rn. 86). Zum Übergang im **NZB- oder Revisionsverfahren** → Rn. 85. **Keine Anwendung** – und zwar auch nicht im Wege einer Analogie – findet § 100 I 4 hingegen **in Verfahren des vorläufigen Rechtsschutzes** (BFH X S 20/93, BFH/NV 1994, 783 mwN; HHS/Rauda § 100 Rn. 165) und **in Beschwerdeverfahren** (BFH XI B 63/97, BFH/NV 1998, 991; III B 118/05, BFH/NV 2007, 1336; XI B 46/07, BFH/NV 2008, 397; III B 30/13, BFH/NV 2013, 1625; HHS/Rauda § 100 Rn. 166).

81 Die Fortsetzungsfeststellungsklage ist trotz des ergehenden Feststellungsurteils (→ Rn. 80) ein **Unterfall der Anfechtungsklage** (BFH I R 214/82, BStBl. II 1986, 21 in Abgrenzung zur Feststellungsklage; VIII R 192/83, BFH/NV 1988, 104 mwN; VII R 30/89, BFH/NV 1990, 710; IX R 65/91, BFH/NV 1995, 517 (519)). Es handelt sich um eine **verwaltungsaktbezogene Klage,** die zum Ziel hat, trotz Erledigung des VAs dessen **Rechtswidrigkeit** festzustellen (BFH I R 188/82, BStBl. II 1986, 2; VIII B 198/06, BFH/NV 2008, 238) oder – wegen des Rechtsscheins der Wirksamkeit – auch dessen **Nichtigkeit** (BFH IV R 172/83, BStBl. II 1985, 579 (580)). Da ein Anfechtungsbegehren auch in jeder **Verpflichtungsklage** enthalten und diese zudem ebenfalls verwaltungsaktbezogen ist, gelangt § 100 I 4 im Wege der Analogie auch insoweit zur Anwendung (stRspr, zB BFH IX R 82/00, BStBl. II 2003, 550; X R 54/99, BFH/NV 2005, 677; IX R 78/99, BFH/NV 2006, 1176; VIII B 198/06, BFH/NV 2008, 238; I R 19/13, BFH/NV 2015, 333; FG Bbg 2 K 1719/04, EFG 2005, 1151; NdsFG 2 K 228/08, EFG 2010, 1852, jeweils mwN; HHS/Rauda § 100 Rn. 162). Das gilt im Falle der Überprüfung einer **Ermessensentscheidung** jedenfalls dann, wenn der Kläger schlüssig vorträgt, dass eine Ermessensreduzierung auf Null vorliegt (BFH XI R 82/00, BStBl. II 2003, 550).

82 **Keine Anwendung** findet § 100 I 4 auf **Leistungsklagen** (BFH I R 188/82, BStBl. II 1986, 2 zur Ausdehnung eines Prüfungszeitraums ohne entsprechende Änderung der Prüfungsanordnung; BFH VIII B 198/06, BFH/NV 2008, 238 betr. Mitteilung von Besteuerungsgrundlagen; BFH VIII B 71/09, BFH/NV 2010, 1415 betr. Betreten einer Wohnung; offengelassen durch BFH VII R 55/84, BFH/NV 1988, 453 mwN; unklar NdsFG 2 K 228/08, EFG 2010, 1852) und auf **Unterlassungsklagen** (BVerwG 7 C 3/00, NVwZ 2000, 1411), weil diese nicht verwaltungsaktbezogen sind. Gleiches gilt für **Feststellungsklagen** (BFH VII B 319/05, BFH/NV 2007, 398; VIII B 198/06, BFH/NV 2008, 238; s. auch FG Hmb 6 K 44/17, EFG 2018, 1146).

Der angefochtene – oder im Fall der Verpflichtungsklage begehrte – **VA muss** 83 **sich erledigt haben.** Die Erledigung bezieht sich dabei nur auf den VA, nicht auf das gesamte gerichtliche Verfahren iSv § 138 (BFH X R 24/95, BStBl. II 2000, 514; Tipke/Kruse/Brandis § 100 Rn. 47). Der VA kann sich erledigen durch **Zurücknahme oder** auf andere Weise, dh insbes. dadurch, dass sich sein **Regelungsgehalt** iSd § 118 S. 1 AO **erschöpft** (BFH X R 36/19, BStBl. II 2021, 841, Rn. 19; VII R 32/22, BStBl. II 2024, 818, Rn. 18). Dadurch muss die von dem VA (Anfechtungsklage) oder seiner Unterlassung (Verpflichtungsklage) ausgehende Rechtsbeeinträchtigung oder -bedrohung vollständig entfallen, so dass das ursprüngliche Rechtsschutzbegehren des Klägers objektiv gegenstandslos wird (BFH I R 97/15, BFH/NV 2018, 177). **Das ist zB der Fall,** wenn ein Leistungsgebot zu einer mit einer dinglichen Arrestanordnung gesicherten Haftungsforderung ergeht, das FA also in die Vollstreckung eintritt (BFH VII B 33/00, BFH/NV 2001, 458 (459)), wenn der Destinatär die bei ihm angeforderte Auskunft erteilt hat (BFH IV R 244/83, BStBl. II 1984, 790), wenn die angeordnete Außenprüfung inzwischen durchgeführt ist (BFH VII R 96/75, BStBl. II 1978, 501 (502); FG MV 2 K 499/01, EFG 2004, 157), wenn der Freistellungszeitraum nach § 42b III 1 EStG abgelaufen ist (FG Köln 1 K 1796/13, EFG 2016, 1589), wenn im Verfahren betr. eine Kapitalertragsteueranmeldung der ESt-Jahresbescheid ergeht (NdsFG 10 K 391/02, EFG 2008, 1041), wenn der Stpfl. die Steuererklärungen, für die er Fristverlängerung erstrebt hatte, inzwischen abgegeben hat (BFH X R 24/95, BStBl. II 2000, 514), wenn er die angeforderten Unterlagen nachträglich einreicht (BFH I R 32/84, BStBl. II 1986, 736 (737)) oder wenn sich eine verbindliche Zolltarifauskunft durch Wegfall der einschlägigen Rechtsnorm erledigt (BFH VII R 47/96, BStBl. II 1997, 481; VII R 83/96, BFH/NV 1998, 1401). **Das ist nicht der Fall,** wenn der Stpfl. einer Aufforderung zur Vorlage von Unterlagen nur unzureichend nachkommt (BFH I R 97/15, BFH/NV 2018, 177).

Eine **Fortsetzungsfeststellungsklage ist grundsätzlich ausgeschlossen,** 84 wenn das FA einen **Änderungsbescheid** erlässt, der nach **§ 68 zum Gegenstand des Klageverfahrens** wird (BFH V R 81/89, BStBl. II 1993, 120; V R 39/92, BStBl. II 1994, 538; I R 91/10, BFH/NV 2012, 2004, Rn. 22: Fortsetzungsfeststellungsklage nur möglich, wenn sich auch der Änderungsbescheid erledigt, wobei der BFH in Rn. 27 offen lässt, ob sich der Feststellungsausspruch auf alle VA erstreckt, die sich erledigt haben; BFH II B 66/15, BFH/NV 2016, 1059: fehlendes Feststellungsinteresse, → Rn. 88 f.). Das gilt auch dann, wenn sich die Klage gegen einen **Vorauszahlungsbescheid** richtet (etwa zur USt oder ESt) und das FA während des Klageverfahrens den Jahresbescheid erlässt (BFH V R 39/92, BStBl. II 1994, 538 zum USt-Vorauszahlungsbescheid; dazu iE → § 68 Rn. 30) oder wenn während der Klage betr. das **LSt-Ermäßigungsverfahren** der ESt-Bescheid ergeht (BFH X R 156/97, BFH/NV 2001, 476). Zulässig ist die Fortsetzungsfeststellungsklage demgegenüber dann, wenn der erledigte Bescheid nach wie vor Grundlage einer noch bestehenden Pfändung ist oder sich bei der Beurteilung eines Vorauszahlungsbescheids Rechtsfragen stellen, die iRd Entscheidung über den Jahressteuerbescheid nicht geklärt werden können und an deren Klärung der Kläger ein berechtigtes Interesse hat (BFH I R 91/10, BFH/NV 2012, 2004, Rn. 26).

85 Die **Erledigung** kann auch schon **vor Klageerhebung** eingetreten sein (stRspr, zB BFH VII R 14/77, BStBl. II 1979, 708 (709); VIII R 415/83, BStBl. II 1990, 721; V R 97/84, BStBl. II 1990, 804; X R 65/96, BFH/NV 2002, 1567; VIII R 5/10, BFH/NV 2013, 431; I R 19/13, BFH/NV 2015, 333; VIII R 52/14, BFH/NV 2017, 777; VII R 6/18, BStBl. II 2023, 207, Rn. 21; aA ohne nähere Auseinandersetzung BFH I R 43/06, BStBl. II 2008, 134; zu den Zulässigkeitsvoraussetzungen → Rn. 87). Auch **nach Erlass des erstinstanzlichen Urteils** kommt eine zu einer Fortsetzungsfeststellungsklage berechtigende Erledigung des VA in Betracht, so dass der Kläger auch im **NZB- oder Revisionsverfahren** noch zur Fortsetzungsfeststellungsklage übergehen kann, selbst wenn die NZB oder Revision vom Beklagten eingelegt wurde (BFH VII B 34/01, BFH/NV 2001, 1604; VIII B 181/04, BFH/NV 2005, 896; IX R 78/99, BStBl. II 2006, 399; II B 66/15, BFH/NV 2016, 1059; VII R 7/18, BFH/NV 2022, 391, Rn. 19; HHS/Rauda § 100 Rn. 163; s. auch BFH II R 71/94, BFH/NV 1996, 873: Umstellung auch noch nach Ablauf der Revisionsbegründungsfrist). Dies gilt auch, wenn die Erledigung noch im Klageverfahren vor dem FG oder bereits vor dem Klageverfahren eingetreten ist (BFH I R 43/06, BStBl. II 2008, 134). Dies beruht darauf, dass es sich bei dem Übergang zur Fortsetzungsfeststellungsklage nicht um eine Klageänderung handelt, sondern nur um eine Einschränkung des ursprünglichen Begehrens (BFH VII R 35/90, BFH/NV 1993, 46 (48); V R 34/98, BFH/NV 1999, 1344; VII R 18/00, BStBl. II 2001, 263 mwN; I R 23/02, BFH/NV 2003, 653; besonders weitgehend BFH II R 71/94, BFH/NV 1996, 873: Übergang auch dann noch möglich, wenn in der Vorinstanz ein wegen eingetretener Erledigung der Hauptsache an sich unzulässiger Anfechtungs- oder Verpflichtungsantrag gestellt worden ist). Das Rechtsmittel muss allerdings vor der Erledigung **zulässig** gewesen sein (BFH IX R 29/89, BFH/NV 1994, 114). Der in § 100 I 4 verwendete Begriff **„vorher"** besagt nur, dass die Erledigung des VA vor der abschließenden Entscheidung oder vor Prozessbeendigung durch Klagerücknahme oder beiderseitige Erledigungserklärungen eingetreten sein muss (BVerwG 6 C 7/98, BVerwGE 109, 203: Erledigung muss vor Eintritt der Bestandskraft vorliegen; dazu auch Hufen JuS 2000, 720; Rozek JuS 2000, 1162; Schenke NVwZ 2000, 1255).

86 Der Kläger muss den Übergang zur Fortsetzungsfeststellungsklage **beantragen;** dieses Antragsrecht steht keinem anderen Beteiligten zu (Tipke/Kruse/Brandis § 100 Rn. 48). Der Antrag erfordert eine eindeutige und wirksame **Prozesserklärung** (→ Vor § 33 Rn. 30 ff.), die auch in der **Umstellung** des Klageantrags gesehen werden kann (Kopp/Schenke/Schenke/Schenke VwGO § 113 Rn. 122; BFH VII B 262/06, BFH/NV 2007, 1142 (1143): keine Umdeutung; sehr weit gehend mit einer Auslegung des klägerischen Interesses BFH IX R 90/83, BFH/NV 1987, 445; VII R 54/02, BFH/NV 2004, 797 (798); IX R 78/99, BStBl. II 2006, 399). Der Kläger kann den Fortsetzungsfeststellungsantrag auch **hilfsweise stellen** (BFH I R 32/84, BStBl. II 1986, 736 (737); VII R 83/96, BFH/NV 1998, 1400; VII R 32/22, BStBl. II 2024, 818, Rn. 26; anders noch BFH I R 78/73, BStBl. II 1976, 42).

87 Weitere Zulässigkeitsvoraussetzung für die Fortsetzungsfeststellungsklage ist, dass **alle Sachurteilsvoraussetzungen der Anfechtungs- bzw. Verpflich-**

tungsklage vorliegen, so zB grds. auch ein durchgeführtes Vorverfahren (BFH I R 214/82, BStBl. II 1986, 21; VIII R 192/83, BFH/NV 1988, 104; IX R 65/91, BFH/NV 1995, 517 (519); IV R 20/10, BStBl. II 2013, 705 zur Klagebefugnis; X S 15/22 (PKH), BFH/NV 2023, 385, Rn. 21 zur Untätigkeitsklage; HHS/Rauda § 100 Rn. 171). Das gilt auch dann, wenn sich der VA vor der Klageerhebung erledigt (→ Rn. 85).

Die Zulässigkeit einer Fortsetzungsfeststellungsklage erfordert ferner als beson- **88** deres Merkmal ein **berechtigtes Interesse des Klägers an der begehrten Feststellung.** Dies ist eine besondere **Sachentscheidungsvoraussetzung** für die Fortsetzungsfeststellungsklage, die am Schluss der letzten mündlichen Verhandlung jeder Instanz und damit auch noch im Zeitpunkt der gerichtlichen Entscheidung in der Revisionsinstanz vorliegen muss und von Amts wegen zu prüfen ist, sofern nicht ausnahmsweise feststeht, dass der Feststellungsantrag aus sachlichen Gründen unbegründet ist (BFH VI R 55/08, BStBl. II 2017, 715, Rn. 10 ff. mwN; FG Köln 11 K 1415/20, EFG 2024, 675; → Rn. 95). Ein solches berechtigtes Interesse setzt die FGO bei einem Feststellungsbegehren stets voraus, so auch bei der Feststellungsklage nach § 41, die im Unterschied zu § 100 I 4 allerdings ein berechtigtes Interesse an einer „baldigen" Feststellung erfordert (s. dazu FG BBg 16 K 2059/21, EFG 2022, 985, Rn. 141: Anforderungen an das Feststellungsinteresse sind bei der allgemeinen Feststellungsklage höher als bei der Fortsetzungsfeststellungsklage). Der Kläger muss das besondere Feststellungsinteresse **substantiiert darlegen** (BFH VII B 221/99, BFH/NV 2000, 1229; VII B 33/00, BFH/NV 2001, 458; V B 172/02, BFH/NV 2003, 1080; VII B 35/03, BFH/NV 2004, 652; VIII R 8/07, BFH/NV 2008, 1956; XI B 115/08, BFH/NV 2009, 1085; XI R 3/09, BFH/NV 2010, 1450; X B 68/19, BFH/NV 2020, 97, Rn. 15; VII R 7/18, BFH/NV 2022, 391, Rn. 19; VII R 6/18, BStBl. II 2023, 207, Rn. 21; HHS/Rauda § 100 Rn. 172, wegen der zugrunde liegenden Prozessökonomie sind keine überzogenen Anforderungen zu stellen).

Für das berechtigte Interesse iSv § 100 I 4 genügt **jedes konkrete, vernünfti- 89 gerweise anzuerkennende schutzwürdige Interesse rechtlicher, wirtschaftlicher oder ideeller Art** (stRspr, s. nur BFH VII R 80/74, BStBl. II 1975, 860; I B 8/02, BFH/NV 2002, 1317; VII R 54/02, BFH/NV 2004, 797 (798); VII B 105/06, BFH/NV 2007, 1902; VIII R 8/07, BFH/NV 2008, 1956; XI B 115/08, BFH/NV 2009, 1085; XI R 3/09, BFH/NV 2010, 1450; II B 66/15, BFH/NV 2016, 1059; VII R 7/18, BFH/NV 2022, 391, Rn. 18; VII R 6/18, BStBl. II 2023, 207, Rn. 21). Die begehrte Feststellung muss **geeignet** sein, in einem der genannten Bereiche zu einer Positionsverbesserung des Klägers zu führen (BFH I B 8/02, BFH/NV 2002, 1317; VII R 54/02, BFH/NV 2004, 797 (798); VI B 66/15, BFH/NV 2015, 1600). Dabei muss es sich nicht um eine Rechtsposition handeln. Es reicht aus, dass ein gewisser, die Verfahrensfortsetzung aus **prozessökonomischen Gründen** rechtfertigender Zusammenhang besteht (BFH XI R 33/93, BFH/NV 1995, 621 mwN; I R 19/13, BFH/NV 2015, 333). **Zu verneinen** ist dies, wenn es eine effektivere Rechtsschutzmöglichkeit gibt (BFH III B 58/00, BFH/NV 2001, 1530; I R 43/06, BStBl. II 2008, 134; I R 91/10, BFH/NV 2012, 2004, Rn. 27; FG BBg 7 K 7007/08, EFG 2012, 1008: Entscheidung der ordentlichen Gerichtsbarkeit zur Rechtsmäßigkeit einer Durchsuchung). **Zu bejahen** ist dies, wenn zB einerseits die Wahrscheinlichkeit besteht, dass das FA die im Urteil nach § 100 I 4 zum Ausdruck kommende Meinung des Gerichts im weiteren Verwaltungsverfahren umsetzen wird (zu Eintragungen auf der LSt-Karte: BFH VI R 21/77, BStBl. II 1979, 650 (651); X R 99/91, BStBl. II

1994, 305; zum **Rückzahlungsanspruch:** BFH VII R 32/22, BStBl. II 2024, 818, Rn. 24) oder wenn eine große Wahrscheinlichkeit dafür besteht, dass das FA im weiteren Verwaltungsverfahren einen im Vergleich zu dem erledigten VA identischen oder zumindest im Wesentlichen gleichen VA erlassen wird (**Wiederholungsgefahr** BFH IV R 221/67, BStBl. II 1972, 182; VIII R 88/00, BFH/NV 2004, 1103; VI R 64/02, BStBl. II 2006, 642; I R 43/06, BFH/NV 2008, 302; I R 57/07, BFH/NV 2009, 390; VIII R 11/09, BStBl. II 2012, 329 zu Vorauszahlungen; VII R 23/12, BFH/NV 2013, 949; X R 4/14, BStBl. II 2016, 135; VI R 55/08, BStBl. II 2017, 715; I R 49/16, BStBl. II 2018, 621; I R 5/16, BStBl. II 2018, 761; X R 36/19, BStBl. II 2021, 841, Rn. 21 zur elektronischen Steuererklärung; FG MV 1 K 58/11, BeckRS 2012, 94980 betr. Kindergeld). Letzteres gilt auch dann, wenn mit großer Wahrscheinlichkeit auch in den Folgejahren ein im Wesentlichen gleicher Sachverhalt der Besteuerung zugrunde liegen wird (BFH IV R 221/67, BStBl. II 1972, 182). Die Fälle der Wiederholungsgefahr setzen aber voraus, dass im Vergleich zu dem erledigten VA **keine wesentliche Veränderung der Sach- und Rechtslage** eingetreten ist und der wahrscheinlich zu erlassende VA einen identischen Regelungsgehalt hat (BFH IX R 41/86, BFH/NV 1987, 714; VII B 179/98, BFH/NV 1999, 1471 (1472); FG Köln 11 K 1415/20, EFG 2024, 675; HHS/Rauda § 100 Rn. 173). Denn nur in diesem Fall lässt sich die iRd Fortsetzungsfeststellungsverfahren getroffene Aussage des Gerichts auf den neuen VA übertragen. Zu verneinen ist eine solche Wiederholungsgefahr allerdings dann, wenn die **Finbeh den ursprünglich angefochtenen VA wegen Rechtswidrigkeit aufhebt,** selbst wenn sich dies nicht aus den Gründen des Bescheids ergibt, sondern lediglich aus einem Aktenvermerk (BFH I R 91/10, BFH/NV 2012, 2004, Rn. 23 unter Hinweis auf die Rspr. des BVerwG).

90 Ein besonderes Feststellungsinteresse liegt auch vor, wenn der Kläger die Feststellung der Rechtswidrigkeit des erledigten VA begehrt, um anschließend im Wege der Amtshaftung **Schadensersatzansprüche** vor den Zivilgerichten geltend machen zu können. Das erfordert indes nach stRspr, dass

- ein Schadensersatzprozess bereits anhängig oder zumindest mit hinreichender Sicherheit zu erwarten ist,
- die Entscheidung nach § 100 I 4 für den Schadensersatzprozess nicht unerheblich ist und
- der Schadensersatzprozess nicht offenbar aussichtslos (dh nicht nur wahrscheinlich erfolglos) ist

(BFH I R 153/73, BStBl. II 1975, 857; II R 109/91, BFH/NV 1995, 322; VII B 33/00, BFH/NV 2001, 458; V R 93/01, BFH/NV 2003, 643; V B 172/02, BFH/NV 2003, 1080; VII B 35/03, BFH/NV 2004, 652; VII R 54/02, BFH/NV 2004, 797; VIII R 8/07, BFH/NV 2008, 1956; VII R 24/11, BFH/NV 2013, 1423; VII R 6/18, BStBl. II 2023, 207, Rn. 21; FG BBg 6 K 6133/18, EFG 2020, 4; FG Köln 11 K 1415/20, EFG 2024, 675; s. auch BFH VII B 240, 241/03, BFH/NV 2005, 218, durch den Rechtsstreit entstandene Kosten sind kein im Rahmen einer Schadensersatzklage geltend zu machender tauglicher Schaden, weil hierüber schon die Kostenentscheidung befindet; FG Münster 1 K 6057/02 F, DStRE 2004, 922 zu Steuerberaterkosten des Vorverfahrens).

91 VA mit diskriminierendem Inhalt können ein Interesse an der **Rehabilitierung** begründen und eine Fortsetzungsfeststellungsklage rechtfertigen, so zB dann, wenn der angefochtene VA auf dem Vorwurf der **Steuerhinterziehung** beruht (BFH II R 109/91, BFH/NV 1995, 322; VII B 33/00, BFH/NV 2001, 458 (459); VII R 54/02, BFH/NV 2004, 797 (798); X B 56/04, BFH/NV 2005,

714; VI B 62/07, BFH/NV 2008, 1514; VIII R 5/10, BFH/NV 2013, 431; HHS/Rauda § 100 Rn. 174). Auch eine Rufschädigung durch ein Auskunftsersuchen durch Dritte kann ein Rehabilitierungsinteresse begründen (BFH X R 37/18, DStRE 2021, 366, Rn. 17).

Die Rspr. hat in folgenden Fällen grds. ein besonderes **Feststellungsinteresse** 92
bejaht:
- nach Erledigung einer **Arrestanordnung,** wenn Schadensersatzansprüche geltend gemacht werden sollen (BFH VII B 33/00, BFH/NV 2001, 458; FG Bbg 10 K 10324/14, EFG 2017, 186; → Rn. 83);
- bei der Frage nach der Reichweite der **Altvertragsklausel** gem. § 77 IV 1 Nr. 2 AWV (BFH VII R 7/18, BFH/NV 2022, 391, Rn. 22);
- bei **elektronischer Abgabe** der Steuerklärung (BFH X R 36/19, BStBl. II 2021, 841, Rn. 21);
- nach Erledigung der Verfügung, mit der ein wiederholter Antrag auf **Fristverlängerung zur Abgabe der Jahressteuererklärung** abgelehnt wurde (BFH X R 24/95, BStBl. II 2000, 514; XI R 82/00, BStBl. II 2003, 550; VI R 64/02, BStBl. II 2006, 642; IX R 78/99, BStBl. II 2006, 399; FG Düsseldorf 12 K 509/12 AO, EFG 2012, 890; FG Münster 12 K 553/12 Kg, EFG 2013, 94);
- bei Erledigung im **LSt-Ermäßigungsverfahren,** wenn es auf die streitige Rechtsfrage bei der nachfolgenden ESt-Veranlagung weiterhin ankommt (BFH X R 156/97, BFH/NV 2001, 476; VIII R 88/00, BFH/NV 2004, 1103; X R 54/99, BFH/NV 2005, 677 (679); VI R 152/01, BStBl. II 2006, 94; VI B 66/05, BFH/NV 2006, 1335; FG Düsseldorf 7 K 3301/02, EFG 2003, 1104);
- bei Streit um die Eintragung eines Freibetrags auf der **LSt-Karte,** wenn dies auch im Folgejahr streitig sein wird (BFH X R 36/09, BStBl. II 2014, 109);
- bei **Nichtzulassung zur Steuerberaterprüfung** zur Rehabilitierung (BFH VII R 14/94, BStBl. II 1995, 210; VII R 47/94, BFH/NV 1995, 737; abl. aber BFH VII R 24/11, BFH/NV 2013, 1423, wenn keine Herabwürdigung der Person stattgefunden hat);
- zur Beseitigung von Folgen einer aufgehobenen **Pfändungsverfügung** (BFH VII R 16/85, BFH/NV 1987, 780) oder zur Rehabilitation, insbes. nach **Kontenpfändung** (FG BW 9 K 312/91, EFG 1995, 130; FG BBg 7 K 7203/08, EFG 2012, 1006; 9 K 9346/13, EFG 2016, 1763) oder zur Vorbereitung von Schadensersatzansprüchen (FG Köln 15 K 755/99, EFG 2003, 591; FG Hmb V 15/03, EFG 2003, 1365);
- nach Durchführung der angeordneten **Prüfungsmaßnahmen** zur Verhinderung ihrer Auswertung (BFH I R 32/84, BStBl. II 1986, 736 (738) mwN; VIII R 123/86, BStBl. II 1987, 248; V R 57/83, BStBl. II 1988, 413; IV R 83/92, BStBl. II 1995, 488; XI R 33/93, BFH/NV 1995, 621; X B 86/99, BFH/NV 2000, 681; X R 30/13, BFH/NV 2015, 150; VI R 32/17, BStBl. II 2020, 487, Rn. 22). Haben die Prüfungsfeststellungen bereits Eingang in Steuerbescheide gefunden, müssen zur Beseitigung der aus den Prüfungsfeststellungen gezogenen Folgerungen zusätzlich die Steuerbescheide angefochten werden. Geschieht dies nicht, wird die Fortsetzungsfeststellungsklage gegen die **Prüfungsanordnung** unzulässig (BFH VIII R 415/83, BStBl. II 1990, 721). Nimmt das FA die Prüfungsanordnung nach § 130 AO zurück, so soll es nach BFH VIII R 192/83 (BFH/NV 1988, 104) an einem Feststellungsinteresse fehlen. Ein besonderes Feststellungsinteresse für eine Fortsetzungsfeststellungsklage gegen eine erledigte Prüfungsanordnung kann auch dann bestehen, wenn die **Verjährung** eines Teils der zu prüfenden Steuern streitig ist und diese von der rechtzei-

tigen Bekanntgabe des Prüfungsbeginns abhängt (BFH VI B 79/05, BFH/NV 2007, 84);
- wenn aufgrund einer Aufforderung zur vorzeitigen Abgabe der Steuererklärung, die sich nach Anfechtung durch Einreichung der Steuererklärung erledigt, ein **Verspätungszuschlag** festgesetzt worden ist (BFH VIII R 52/14, BFH/NV 2017, 777);
- zur Durchsetzung eines **Verwertungsverbots,** hergeleitet aus einem rechtswidrigen, erledigten Auskunftsersuchen (BFH VII B 175/08, BFH/NV 2009, 1128; VIII R 5/10, BFH/NV 2013, 431; FG Köln 13 K 66/13, EFG 2017, 101; s. auch oben zu Prüfungsmaßnahmen);
- bei möglicher **Verzinsung** nach § 233a AO (BFH X B 265/07, BFH/NV 2009, 1083) oder nach § 237 AO, weil die Vollziehung des erledigten **Vorauszahlungsbescheids** ausgesetzt war (BFH V R 146/83, BStBl. II 1985, 370; X R 20/82, BStBl. II 1988, 796);
- bei Versagen eines **Vollstreckungsaufschubs** (BFH VII R 52/06, BFH/NV 2008, 749);
- wenn aufgrund des erledigten VAs eingeleitete **Vollstreckungsmaßnahmen fortwirken,** und zwar auch nach Erlass eines rechtmäßigen Bescheids (BFH V R 146/83, BStBl. II 1985, 370 (371); ThürFG II 410/05, EFG 2007, 534);
- bei Geltendmachung eines **Vollstreckungsverbots** zur Rückerlangung der vollstreckten Beträge (BFH VII B 304/00, BStBl. II 2001, 525; FG München 6 K 434/11, EFG 2012, 1523);
- bei unsicherer Rechtslage im Bereich verbindlicher **Zolltarifauskünfte** (BFH VII K 5/77, BStBl. II 1980, 593; VII R 47/96, BStBl. II 1997, 481; VII R 83/96, BFH/NV 1998, 1401) oder wenn eine Zolltarifauskunft ungültig geworden ist und der Kläger eine neue zur tariflich gleichen Ware beantragen will (BFH VII R 47/14, BFH/NV 2016, 1759).

93 Die Rspr. hat in folgenden Fällen grds. ein besonderes **Feststellungsinteresse verneint:**
- wenn ein Änderungsbescheid den ursprünglich angefochtene Bescheid ersetzt und damit nach **§ 68 FGO** zum Gegenstand des Klageverfahrens wird (→ Rn. 84 mwN);
- bei einem **Abrechnungsbescheid** betr. USt-Vorauszahlungen, der sich durch Erlass des USt-Jahresbescheides erledigt (BFH VII R 44/10, BStBl. II 2013, 33);
- wenn nur ein **allgemeines Bedürfnis nach Klärung einer Rechtsfrage** erkennbar ist (BFH IV R 118/83, BFH/NV 1986, 196; XI R 3/09, BFH/NV 2010, 1450);
- wenn es allein um die Vermeidung von **Aussetzungszinsen** nach § 237 AO geht (BFH I R 43/06, BStBl. II 2008, 134);
- wenn offen ist, ob die aufgeworfene Rechtsfrage in dem Folgeprozess **entscheidungserheblich** sein wird (BFH I R 91/10, BFH/NV 2012, 2004, Rn. 27);
- wenn über die aufgeworfene Rechtsfrage in einem **Folgeprozess** entschieden werden kann (BFH I R 91/10, BFH/NV 2012, 2004, Rn. 27);
- bei Anfechtung einer Pfändungsverfügung zur **Forderungspfändung,** wenn sich der Kläger nicht auf ein Pfändungsverbot bezieht (FG Köln 15 K 2191/09, EFG 2010, 661);
- wenn der Feststellungsausspruch nicht zur **Klärung** durch das sachnähere Fachgericht führen würde (BFH I R 91/10, BFH/NV 2012, 2004, Rn. 27);

- bei Beschränkung der Fortsetzungsfeststellungsklage auf die **Kostenentscheidung** (BFH VIII B 21/05, BFH/NV 2006, 1256; VIII R 8/07, BStBl. II 2008, 941);
- nach Zurücknahme einer **Prüfungsanordnung** (BFH VIII R 192/83, BFH/NV 1988, 104 (105); zur Kritik hieran → Rn. 92 „Prüfungsanordnung“);
- wenn sich der angefochtene VA zur Festlegung des **Prüfungsortes** mit Abschluss der Prüfung erledigt (FG BW 4 K 1753/14, EFG 2015, 1415);
- wenn die Finbeh den ursprünglich angefochtenen VA wegen **Rechtswidrigkeit aufhebt,** selbst wenn sich dies nicht aus den Gründen des Bescheids ergibt, sondern lediglich aus einem Aktenvermerk (BFH I R 91/10, BFH/NV 2012, 2004, Rn. 23 unter Hinweis auf die Rspr. des BVerwG);
- wenn sich inzwischen die **Sach- und/oder Rechtslage geändert** hat (BFH X R 156/97, BFH/NV 2001, 476; NdsFG IV 662/93, EFG 1995, 897);
- wenn etwas rechtlich **Unmögliches** begehrt wird – zB weil die erstrebte Feststellung mit dem Inhalt eines nicht streitbefangenen VA unvereinbar wäre (BFH II R 42/80, BStBl. II 1982, 405 zur Feststellung der Rechtswidrigkeit eines VA wegen Verjährung, wenn die Erledigung dieses VAs auf der Anwendung einer Befreiungsvorschrift beruht).

Ist die Fortsetzungsfeststellungsklage zulässig und begründet, stellt das Gericht 94 als **Rechtsfolge** die Rechtswidrigkeit des erledigten VA fest; die **Kosten** sind dem Beklagten aufzuerlegen (HHS/Rauda § 100 Rn. 180: nach § 136 I 3 auch bei hilfsweise gestelltem Fortsetzungsfeststellungsantrag, wenn der Kläger im Wesentlichen erreicht, was er mit dem Hauptantrag erreichen wollte). Der **Streitwert** für eine Fortsetzungsfeststellungsklage richtet sich allein nach dem von dem Kläger iRd Fortsetzungsfeststellungsklage geltend gemachten wirtschaftlichen Interesse (HessFG 6 K 1642/90, EFG 1996, 725). Dieses bemisst der BFH mit 50 vH des ursprünglichen Streitwerts (BFH I R 6/91, BFH/NV 1996, 927; III S 20/05, BStBl. II 2006, 77; VII E 13/05, BFH/NV 2006, 2100; s. auch VII B 180/96, BFH/NV 1998, 879: Das gilt jedenfalls dann, wenn die Klage erst nach Erledigung des Verwaltungsaktes rechtshängig gemacht worden ist und die gepfändete Forderung voll werthaltig war). Diesem nur hälftigen Ansatz ist mE nicht zu folgen, weil sich das wirtschaftliche Interesse des Klägers an dem Rechtsstreit nicht ändert (glA HHS/Rauda § 100 Rn. 181 mwN zur Rspr. der VG).

Die **Rechtskraftwirkung** (§ 110) eines iRd § 100 I 4 ergehenden Urteils geht 95 dahin, dass es dem Unterliegenden verwehrt ist, den Obsiegenden erneut in eine Verfahrenssituation zu bringen, in der dieselben Rechtsfragen zu beantworten sind (BVerwG 4 B 11/00, BauR 2000, 1318; vgl. auch Kopp/Schenke/Schenke/Schenke VwGO § 113 Rn. 148). Schließt sich an das Fortsetzungsfeststellungsurteil ein **NZB- oder Revisionsverfahren** an, so hat der BFH ohne Bindung an die Auffassung des FG zu prüfen, ob ein Feststellungsinteresse vorliegt; insbes. kann der BFH hierzu eigene Feststellungen anhand der im Revisionsverfahren vorgelegten Akten treffen (BFH XI R 3/09, BFH/NV 2010, 1450). Eine **fehlerhafte Beurteilung** des berechtigten Interesses ist ein **Verfahrensmangel** iSd § 115 II Nr. 3 (BFH VII B 105/06, BFH/NV 2007, 1902; XI B 115/08, BFH/NV 2009, 1085; V R 18/15, BStBl. II 2016, 960: keine Abweisung als unzulässig durch den BFH, wenn das FG den Übergang zur Fortsetzungsfeststellungsklage angeregt hatte).

c) Verbindung mit einem Leistungsurteil – § 100 IV. § 100 IV eröffnet 96 die Möglichkeit, den Beklagten zusammen mit der Aufhebung des angefochtenen

VA zu einer damit verbundenen Leistung zu verurteilen. Damit soll aus **prozessökonomischen Gründen** im Wege einer objektiven Klagehäufung vermieden werden, dass der Kläger die mit dem aufgehobenen VA zusammenhängende Leistung nach Abschluss des Verfahrens gegen den VA gesondert einklagen muss (HHS/Rauda § 100 Rn. 183). Dieser **Folgenbeseitigungsanspruch** ist nach dem Wortlaut nur **neben einer Aufhebung des VA** zulässig, also nur bei einem Anfechtungsbegehren (BFH VII B 139/86, BFH/NV 1987, 663; → Rn. 1). Davon erfasst wird auch das Begehren auf Änderung eines VA iSv § 100 II (→ Rn. 30 ff.). Aus Gründen der Prozessökonomie wendet der BFH § 100 IV auch bei **Verpflichtungsklagen** an (BFH VII K 31/67, BStBl. II 1971, 740 (741); VII R 35/71, BStBl. II 1974, 408 (409); I R 89/80, BStBl. II 1982, 150 (154)). Einige FG wenden die Regelung sogar bei **Feststellungsklagen** (FG Brem 2 93 049 K 2, EFG 1994, 574) und bei **Leistungsklagen** an (FG Hmb IV 147/91 H, EFG 1997, 28; krit. dazu Tipke/Kruse/Brandis § 100 Rn. 55; offen gelassen durch BFH VII R 91/96, BStBl. II 1997, 476). Bei einem **Gestaltungsurteil** gelangt § 100 IV nicht zur Anwendung (BFH VII B 197/99, BFH/NV 2000, 221).

97 Die Regelung hat im finanzgerichtlichen Verfahren **kaum praktische Bedeutung,** weil zum einen das Gericht die Erstattung von zu Unrecht entrichteten Steuern und Nebenleistungen bereits nach dem vorrangig anzuwendenden **§ 100 I 2** anordnen kann (→ Rn. 70 ff.; glA Tipke/Kruse/Brandis § 100 Rn. 54) und zum anderen in den darüber hinausgehenden Fällen sich die Finbeh wegen der in Art. 20 III GG normierten Bindung an Gesetz und Recht kaum weigern wird, eine gerichtliche Entscheidung auch hinsichtlich der sich daraus ergebenden Rechtsfolgen vollumfänglich umzusetzen (so auch schon bei § 100 I 2, → Rn. 71). Daher fehlt es idR an einem **Rechtsschutzbedürfnis** für die Anwendung von § 100 IV (BFH VII R 24/77, BStBl. II 1980, 632; IV B 44/88, BFH/NV 1990, 247; aA Tipke/Kruse/Brandis § 100 Rn. 54: grds. zu bejahen).

98 **Gegenstand des § 100 IV** kann eine Verurteilung zur Zahlung von Prozesszinsen sein (BFH VII K 31/67, BStBl. II 1971, 740; V R 98/70, BStBl. II 1975, 300 (302); I R 89/80, BStBl. II 1982, 150), ebenso zur Freigabe von Sicherheiten, zur Erstattung von Säumnis- oder Verspätungszuschlägen oder von Vollstreckungskosten (FG BW II 7/80 Z, EFG 1981, 114 betr. Kosten zur Löschung einer Zwangshypothek; FG Düsseldorf IV 175/81 SZ, EFG 1985, 399 betr. Währungsausgleich). § 100 IV kann dabei auch dann zur Anwendung kommen, wenn die Beteiligten den eigentlichen Rechtsstreit um die Aufhebung oder Änderung des angefochtenen VA nach Abhilfe durch das FA für **erledigt erklären** und damit nur noch über die Folgenbeseitigung zu befinden ist (BFH VII K 31/67, BStBl. II 1971, 740).

§ 101 [Urteil auf Erlass eines Verwaltungsakts]

[1]Soweit die Ablehnung oder Unterlassung eines Verwaltungsakts rechtswidrig und der Kläger dadurch in seinen Rechten verletzt ist, spricht das Gericht die Verpflichtung der Finanzbehörde aus, den begehrten Verwaltungsakt zu erlassen, wenn die Sache spruchreif ist. [2]Andernfalls spricht es die Verpflichtung aus, den Kläger unter Beachtung der Rechtsauffassung des Gerichts zu bescheiden.

Vgl. §§ 113 V VwGO, 131 II SGG.

Literatur: (s. auch zu § 102): Bickenbach, Das Bescheidungsurteil als Ergebnis einer Verpflichtungsklage, Mainzer Diss., 2005; Hödl-Adick, Die Bescheidungsklage als Erfordernis eines interessengerechten Rechtsschutzes, 2001; Jacobj, Spruchreife und Entscheidungsgegenstand im Verwaltungsprozess, 2001; Kopp, Der für die Beurteilung der Sach- und Rechtslage maßgebliche Zeitpunkt bei verwaltungsgerichtlichen Anfechtungs- und Verpflichtungsklagen, FS Menger, 1985, 693; Marx, Das Herbeiführen der Spruchreife im Verwaltungsprozeß, 1996; Scholtz, Die Reichweite einer Verpflichtungsklage, FR 1985, 155; Schröder, Bescheidungsantrag und Bescheidungsurteil, FS Menger, 1985, 487; Stüer, Zurückverweisung und Bescheidungsverpflichtung im Verwaltungsprozess, FS Menger, 1985, 779.

I. Allgemeines

Die Vorschrift fixiert den Inhalt des Urteilsausspruchs im Fall einer zulässigen 1
und begründeten **Verpflichtungsklage** und korrespondiert infolgedessen mit § 40 I und II (BFH VIII B 50/21, BFH/NV 2022, 598, Rn. 15; → § 40 Rn. 22 ff.; wegen der übrigen Klagearten → § 100 Rn. 1 ff.; zur Rechtsentwicklung s. HHS/Rauda § 101 Rn. 2). Klagebegehren und Urteilsausspruch sind nach dem unmissverständlichen Wortlaut des § 101 **verwaltungsaktbezogen.** Folglich ist die Regelung nur für Verpflichtungsklagen anzuwenden, **nicht für sonstige Leistungsklagen** (zum Unterschied → § 40 Rn. 31). § 101 sieht dabei **zwei Urteilsvarianten** vor, die beide **Endurteile** sind (Tipke/Kruse/Brandis § 101 Rn. 4). Zum einen kann das Gericht die Finbeh nach S. 1 verurteilen, den begehrten VA zu erlassen. Zum anderen kann es nach S. 2 die Finbeh verpflichten, den Kläger unter Beachtung der Rechtsauffassung des Gerichts neu zu bescheiden. Beide Entscheidungsformen können auch im Rahmen eines **Gerichtsbescheids** (§ 90a) ausgesprochen werden. Die **Bindungswirkung** des Verpflichtungsurteils folgt unmittelbar aus § 101 iVm § 110 und ist durch § 154 sanktioniert. Die Bindungswirkung steht aber unter dem Vorbehalt, dass sich die Sach- und Rechtslage nicht in rechtlich relevanter Weise ändert (BVerwG 4 B 13/07, BauR 2007, 1709). Im Falle vorzeitiger Erledigung des Verpflichtungsbegehrens in der Hauptsache kommt in entsprechender Anwendung des § 100 I 4 ein Übergang zur **Fortsetzungsfeststellungsklage** in Betracht (→ § 100 Rn. 80 ff.). Vorläufig **vollstreckbar** sind Verpflichtungsurteile nur hinsichtlich der Kosten (→ § 151 Rn. 4).

II. Verurteilung zum Erlass des begehrten Verwaltungsakts (S. 1)

Die Verurteilung der Finbeh zum Erlass des begehrten VAs setzt nach **§ 101** 2
S. 1 voraus, dass die **Ablehnung oder Unterlassung eines VA rechtswidrig** ist. Das ist der Fall, wenn die Ablehnung oder Unterlassung des VAs gegen Verfassungsrecht, Unionsrecht, förmliches Gesetzesrecht, allgemeine Rechtsgrundsätze, (wirksames) Verordnungsrecht oder geltendes Gewohnheitsrecht verstößt (ausf. dazu → § 100 Rn. 9). Entscheidend ist dabei ausschließlich die **Sach- und Rechtslage im Zeitpunkt der gerichtlichen Entscheidung** (BFH VII R 28/91, BFH/NV 1993, 440; III R 66/04, BStBl. II 2006, 184 unter II.2.b.aa.; VII R 15/12, BStBl. II 2014, 69; IX R 2/17, BFH/NV 2018, 322; FG Hmb 6 K 179/19, EFG 2022, 1028; → § 100 Rn. 10 ff. ua zum Nachschieben von Gründen und zu rückwirkenden Ereignissen). Daher ist die Klage auf Erlass eines VA auch

dann abzuweisen, wenn das FA die Ablehnung zwar falsch begründet hat, iE aber kein Anspruch auf Erlass des VA besteht; in diesem Fall bedarf es keiner Verpflichtung des FA zur Neubescheidung nach § 101 S. 2 (BFH VII B 34/08, BFH/NV 2008, 1902; V R 9/14, BStBl. II 2015, 1067). Beruht der VA auf einer **Ermessensentscheidung** der Finbeh, so ist abweichend auf den **Zeitpunkt der letzten Verwaltungsentscheidung** abzustellen (FG Hmb 6 K 179/19, EFG 2022, 1028; → § 102 Rn. 13 ff.). Das gilt aber nicht, wenn ein Fall der **Ermessensreduzierung auf null** vorliegt (BFH IX R 2/17, BFH/NV 2018, 322; FG Hmb 6 K 179/19, EFG 2022, 1028; → § 102 Rn. 17). Bei dieser kommt es wie bei gebundenen VA auf die Sach- und Rechtslage zum Zeitpunkt der gerichtlichen Entscheidung an (BFH XI R 33/09, BStBl. II 2012, 477).

3 § 101 S. 1 setzt weiter voraus, dass der Kläger durch die Ablehnung oder Unterlassung des VA **in seinen Rechten verletzt** ist. Dies geht zurück auf das Ziel des finanzgerichtlichen Verfahrens, die Individualrechte des Klägers zu schützen und nicht diejenigen eines Dritten (HHS/Rauda § 101 Rn. 28; → § 100 Rn. 13).

4 Eine Verurteilung zum Erlass des von dem Kläger begehrten VA ist nur dann möglich, wenn der Kläger einen konkreten **Anspruch** auf den Erlass eben dieses VA hat (BFH XI R 33/09, BStBl. II 2012, 477; NdsFG 7 K 248/04, EFG 2010, 1227; Tipke/Kruse/Brandis § 101 Rn. 1). Das bedeutet, dass der Erlass des begehrten VAs durch Verfassungsrecht, Gemeinschaftsrecht, förmliches Gesetzesrecht, allgemeine Rechtsgrundsätze, (wirksames) Verordnungsrecht oder geltendes Gewohnheitsrecht geboten sein muss. Einen Anspruch auf Erlass des konkret begehrten VA hat der Kläger allerdings nur in zwei Fällen, nämlich erstens, wenn es sich dabei um einen **gebundenen VA** handelt, also um einen solchen, bei dem der Finbeh kein Ermessensspielraum zusteht, und zweitens, wenn der Finbeh beim Erlass des VA zwar ein **Ermessen** zusteht, dieses aber **auf null reduziert** ist, so dass nur der Erlass des begehrten VA ermessensgerecht ist (BFH X R 104/92, BStBl. II 1995, 297; X R 134/98, BStBl. II 2002, 176; X R 25/03, BFH/NV 2004, 1212 (1213); X R 3/04, BStBl. II 2006, 155; XI R 31/04, BFH/NV 2006, 943; III R 80/07, BFH/NV 2011, 401; X R 66/14, BFH/NV 2016, 1668; III R 16/20, BFH/NV 2022, 1160 zum Erlass; Kopp/Schenke/Schenke/Schenke VwGO § 113 Rn. 207; → Rn. 8; → § 102 Rn. 17 u. 21). In diesen Fällen kann das Gericht bei Spruchreife nach § 101 S. 1 entscheiden. In allen anderen Fällen, in denen der Finbeh beim Erlass des VA ein **Ermessensspielraum** zukommt, kann das Gericht nur ein Bescheidungsurteil nach § 101 S. 2 iVm § 102 erlassen, weil der Kläger nur Anspruch auf eine fehlerfreie Ermessensausübung durch die Finbeh hat; das Gericht darf sein eigenes Ermessen nicht an die Stelle des Ermessens der Finbeh setzen (BFH II R 144/80, BStBl. II 1984, 321; VI R 34/18, BStBl. II 2021, 446, Rn. 39 f.; IX R 24/23, BFH/NV 2025, 186, Rn. 24; HHS/Rauda § 101 Rn. 23; → § 102 Rn. 15 ff.).

5 **Die Sache muss ferner spruchreif sein.** Mit Spruchreife ist der Grad der Sachaufklärung umschrieben, der erreicht sein muss, damit das Gericht in die Lage versetzt ist, nach seiner Überzeugung (§ 96 I 1) im Rahmen seiner Befugnisse über die Rechtswidrigkeit der in Frage stehenden Ablehnung oder Unterlassung und die hieraus resultierende Verletzung eigener Rechte des Klägers zu befinden. Bezogen auf die Verpflichtungsklage setzt das voraus, dass für das Gericht feststeht, dass nach der zu beurteilenden Sach- und Rechtslage der Anspruch des Klägers (→ Rn. 4) auf Erlass des konkret begehrten VA besteht (BFH III R 66/04, BStBl. II 2006, 184; Tipke/Kruse/Brandis § 101 Rn. 2), so dass das Gericht den VA selbst erlassen könnte, wenn es dazu befugt wäre (→ Rn. 10).

Nach der Rspr. des BFH ist das **Gericht nicht verpflichtet, durch eigene Sachaufklärung Spruchreife herbeizuführen,** um nach § 101 S. 1 eine Verpflichtung zum Erlass des begehrten VA aussprechen zu können (BFH IV R 170/81, BStBl. II 1984, 200 (202); IX R 103/85, BStBl. II 1987, 707 (709); VIII R 13/03, BFH/NV 2004, 1253 (1254); III R 66/04, BStBl. II 2006, 184 (187) und III B 96/14, BFH/NV 2015, 1269 betr. **Kindergeld;** NdsFG 7 K 248/04, EFG 2010, 1227; HHS/Rauda § 101 Rn. 30; Tipke/Kruse/Brandis § 101 Rn. 3; s. zu Ermessensentscheidungen auch BFH V R 106/84, BStBl. II 1990, 179). Dem ist zuzustimmen. Das Gericht muss den Sachverhalt nur bis zur Entscheidungsreife für den Erlass eines Bescheidungsurteils aufklären, nicht aber hierüber hinaus (s. auch BFH III B 96/14, BFH/NV 2015, 1269: keine Rüge der mangelnden Sachaufklärung möglich). Die Aufgabe des Gerichts besteht nämlich nur darin, das bisher Geschehene oder Unterlassene auf seine Rechtmäßigkeit hin zu überprüfen und nicht, grds. der Verwaltung zustehende Funktionen auszuüben. Das Gericht darf vor allem nicht von der Verwaltung bisher noch nicht geprüfte Sachverhalte aufgreifen und durch eigene Ermittlungen klären. Dazu würde es aber zB kommen, wenn das FA die Veranlagung des Klägers ablehnt und das Gericht im anschließenden Klageverfahren die Pflicht zur Veranlagung bejaht. Um Spruchreife herbeizuführen, müsste es folgerichtig die gesamte Veranlagung durchführen. Das gehört nicht zu seinen Aufgaben. In diesen Fällen ergeht ein Bescheidungsurteil nach § 101 S. 2, ggf. in Kombination mit der Aufhebung der ablehnenden Entscheidung nach § 100 I 1 (s. stellvertretend BFH III R 66/04, BStBl. II 2006, 184 (187) mwN; FG Saarl 1 K 277/00, EFG 2004, 1486; aA die Rspr. des BVerwG, s. BVerwG 8 C 94/82, BVerwGE 69, 198; 8 C 4/93, NVwZ 1996, 175; Kopp/Schenke/Schenke/Schenke VwGO § 113 Rn. 193; s. auch FG München 9 K 4120/06, EFG 2007, 865: Das FG hat ein Bescheidungsurteil zu erlassen, wenn dem Stpfl. ansonsten eine außergerichtliche Instanz genommen würde). 6

Das Gericht spricht die Verpflichtung zum Erlass des begehrten VA aus, **„soweit"** die Ablehnung oder Unterlassung rechtswidrig ist. Damit kommt auch eine **teilweise Klagestattgabe** in Betracht. Diese setzt jedoch voraus, dass die erstrebte Regelung teilbar ist (→ § 100 Rn. 22 ff.). 7

Liegen die Voraussetzungen des § 101 S. 1 vor, so darf das Gericht den begehrten VA aus Gründen der Gewaltenteilung nicht selbst erlassen (BFH IX R 9/05, BFH/NV 2007, 1617; IX R 21/05, BFH/NV 2007, 2077 mwN), stattdessen **spricht das Gericht die Verpflichtung aus,** dass die Finbeh den entsprechenden VA erlässt. Das gilt auch in den Fällen der **Ermessensreduzierung auf null** (BFH IX R 9/05, BFH/NV 2007, 1617; II R 4/14, BStBl. II 2015, 237: Verpflichtung zum Erlass der begehrten Entscheidung; HHS/Rauda § 101 Rn. 34). Verstößt das FG hiergegen, kann der BFH die **Revision** des FAs gleichwohl mit der Maßgabe als unbegründet zurückweisen, dass die Urteilsformel des finanzgerichtlichen Urteils zu berichtigen ist (BFH II R 8/01, BStBl. II 2005, 463). Eine Anwendung des **§ 100 III** ist bei Verpflichtungsklagen wegen seines Zuschnitts auf Anfechtungsklagen ausgeschlossen (HHS/Rauda § 101 Rn. 36). 8

Der zu erlassende VA muss im Tenor genau bezeichnet werden (Tipke/Kruse/Brandis § 101 Rn. 2). Aus Gründen der Rechtsklarheit sollte dies mit der ausdrücklichen Aufhebung der den VA ablehnenden Entscheidung verbunden werden (HHS/Rauda § 101 Rn. 33; Tipke/Kruse/Brandis § 101 Rn. 1). Der **Tenor** lautet zB: „Unter Aufhebung des ablehnenden Bescheids vom … und der Einspruchsentscheidung vom … wird der Beklagte verpflichtet, den Kläger zur 9

Umsatzsteuer 2023 zu veranlagen." Hat nur einer der Ehegatten gegen den ESt-Bescheid geklagt, muss das FG auch im Tenor seines Verpflichtungsurteils zum Ausdruck bringen, dass sich die Entscheidung auf die Steuerfestsetzung gegen den Kläger beschränkt (BFH IX R 66/00, BFH/NV 2003, 781; III R 48/03, BStBl. II 2005, 865). Die **Kostenentscheidung** richtet sich nach § 135 ff. Zur **Bindungswirkung** und zur vorläufigen **Vollstreckbarkeit** → Rn. 1.

III. Verpflichtung zur Neubescheidung (S. 2)

10 Das Gericht spricht nach § 101 S. 2 **„andernfalls"** die Verpflichtung aus, den Kläger unter Beachtung der Rechtsauffassung des Gerichts neu zu bescheiden. Mit dieser Formulierung nimmt die Norm eine Abgrenzung zur Verpflichtungsentscheidung nach § 101 S. 1 vor. Das bedeutet zunächst, dass die **Ablehnung oder die Unterlassung des begehrten VA** ebenso wie beim Verpflichtungsurteil nach § 101 S. 1 **rechtswidrig** sein muss und dass der Kläger dadurch **in seinen Rechten verletzt** ist (HHS/Rauda § 101 Rn. 43). Gleichwohl kann das Gericht kein Verpflichtungsurteil erlassen, weil entweder der Kläger sein Begehren auf eine Neubescheidung beschränkt hat, was ggf. durch Auslegung zu ermitteln ist (BFH VIII B 50/21, BFH/NV 2022, 598, Rn. 15; IV R 9/22, BStBl. II 2025, 102 zur Verjährung) oder weil das Gericht mangels Spruchreife oder mangels rechtlicher Befugnis einen Anspruch des Klägers auf Erlass des begehrten VA nicht feststellen kann (BFH VI R 34/18, BStBl. II 2021, 446, Rn. 39 f.; → Rn. 4 ff.), ohne dass dieser aber ausgeschlossen ist, so dass eine Abweisung der Klage ausscheidet. In diesen Fällen muss ein **Bescheidungsurteil** nach § 101 S. 2 ergehen, für das das Gericht **Spruchreife** herbeiführen muss, ohne hierüber hinausgehen zu müssen (→ Rn. 6). Das ist insbes. der Fall, wenn der begehrte VA auf einer **Ermessensentscheidung** der Finbeh beruht und kein Fall der Ermessensreduzierung auf null vorliegt (→ Rn. 4; BFH V R 30/20, BStBl. II 2023, 1079, Rn. 27); s. zu **Prüfungsentscheidungen** BFH VII R 66/97, BStBl. II 1998, 218; VII R 52/99, BFH/NV 2000, 755 mit dem Hinweis, dass die Aussetzung des Verfahrens nach § 74 geboten sein kann, um der Prüfungskommission Gelegenheit zum Überdenken ihrer Entscheidung zu geben (→ § 102 Rn. 6).

11 Aus Gründen der Rechtsklarheit sollte auch das Bescheidungsurteil mit der ausdrücklichen Aufhebung der den VA ablehnenden Entscheidung verbunden werden. Der **Tenor** lautet zB: „Der Bescheid vom … und die hierzu ergangene Einspruchsentscheidung vom … werden aufgehoben. Der Beklagte wird verpflichtet, den Kläger unter Beachtung der Rechtsauffassung des Gerichts neu zu bescheiden." Hat der Kläger einen Verpflichtungsantrag iSv § 101 S. 1 gestellt, so erzielt er mit dem Bescheidungsurteil nur einen **Teilerfolg** (BFH VII R 103/75, BStBl. II 1976, 800 (803)). Der Tenor ist in diesem Fall zu ergänzen um den Ausspruch: „Im Übrigen wird die Klage abgewiesen".

12 Erlässt das FG ein Bescheidungsurteil, obwohl der Kläger ein Verpflichtungsurteil angestrebt hatte, so ist er insoweit unterlegen und kann im **Revisionsverfahren** sein Verpflichtungsbegehren weiter verfolgen (BFH II R 7/22, BFH/NV 2024, 1008, Rn. 35 zum Erlass). Hat die Finbeh die mangelnde Spruchreife zu vertreten, so sind ihr die **Kosten** des mit Bescheidungsurteil endenden Verfahrens nach § 135 I aufzuerlegen. Das gilt auch dann, wenn der Kläger einen Verpflichtungsantrag stellt, das Gericht aber nicht nach § 101 S. 1 entscheidet, sondern stattdessen ein Bescheidungsurteil erlässt. Dem Kläger kann nicht angelastet wer-

den, dass das Gericht nicht verpflichtet ist, Entscheidungsreife für ein Verpflichtungsurteil herbeizuführen. Deshalb ist es entsprechend dem Rechtsgedanken des § 136 I 3 nicht gerechtfertigt, ihn mit Kosten zu belasten (BFH III R 66/04, BStBl. II 2006, 184; Tipke/Kruse/Brandis § 101 Rn. 9). Etwas anderes gilt aber dann, wenn der Kläger in einer Ermessenssache trotz Belehrung nach § 76 II an einem Verpflichtungsantrag festhält. In diesem Fall kann eine Kostenteilung angemessen sein (ähnlich BFH VII R 103/75, BStBl. II 1976, 800; I R 41/75, BStBl. II 1977, 127 (130); VIII R 151/84, BFH/NV 1988, 695 (697); wohl auch ohne Belehrung: VI R 34/18, BStBl. II 2021, 446, Rn. 44). Der **Streitwert** einer Klage, die auf ein Bescheidungsurteil ausgerichtet ist, beträgt die Hälfte des Streitwerts einer auf Erlass des VA gerichteten Klage (BFH VII R 103/75, BStBl. II 1976, 800; FG Brem II 63/88 K, EFG 1993, 253; FG BW 9 K 403/91, EFG 1994, 268; 2 K 237/93, EFG 1995, 401; HHS/Rauda § 101 Rn. 41). Zur **Bindungswirkung** und zur vorläufigen **Vollstreckbarkeit** → Rn. 1.

§ 102 [Nachprüfung des Ermessensgebrauchs]

[1]Soweit die Finanzbehörde ermächtigt ist, nach ihrem Ermessen zu handeln oder zu entscheiden, prüft das Gericht auch, ob der Verwaltungsakt oder die Ablehnung oder Unterlassung des Verwaltungsakts rechtswidrig ist, weil die gesetzlichen Grenzen des Ermessens überschritten sind oder von dem Ermessen in einer dem Zweck der Ermächtigung nicht entsprechenden Weise Gebrauch gemacht ist. [2]Die Finanzbehörde kann ihre Ermessenserwägungen hinsichtlich des Verwaltungsaktes bis zum Abschluss der Tatsacheninstanz eines finanzgerichtlichen Verfahrens ergänzen.

Vgl. § 114 VwGO; § 54 II 2 SGG.

Literatur (s. auch zu § 101 und § 5 AO): Bachof, Beurteilungsspielraum, Ermessen und unbestimmter Rechtsbegriff, JZ 1955, 97; Beuermann, Intendiertes Ermessen, 2002; Bickenbach, Das Bescheidungsurteil einer Verpflichtungsklage, Mainzer Diss. 2005; Carlé, Abwehr von Haftungsbescheiden, KÖSDI 2024, 23888; Erichsen, Unbestimmter Rechtsbegriff und Beurteilungsspielraum, VerwA 1972, 337; Di Fabio, Die Ermessensreduzierung, VerwA 86 (1995), 214; Frowein (Hrsg.), Die Kontrolldichte bei der gerichtlichen Überprüfung von Handlungen der Verwaltung, 1993; Gern, Die Ermessensreduzierung auf Null, DVBl 1987, 1199; Gersch, Ermessen im Steuerrecht, AO-StB 2007, 329; Gruß, Das Ermessen im Steuerrecht, Diss. Münster 1957; Isensee, Das Billigkeitskorrektiv des Steuergesetzes, FS für Flume (1978) II, 129; Keppeler, Die Grenzen des behördlichen Versagungsermessens: unter besonderer Berücksichtigung des Zwecks der Ermächtigung, 1989; Kirchhof, Gesetz und Billigkeit im Abgabenrecht, FS Scupin, 1983; Kopp, Die Grenzen richterlicher Nachprüfung wertender Entscheidungen der Verwaltung, DÖV 1966, 317; Leibner, Das Ermessen im Steuerrecht, StBp 2006, 37; Löwer, Kontrolldichte im Prüfungsrecht nach dem Maßstab des BVerfG, FS Redeker, 1993, 515; Müller, Anfechtung von Ermessensentscheidungen, AO-StB 2006, 184; v. Mutius, Unbestimmter Rechtsbegriff und Ermessen im Verwaltungsverfahren, Jura 1987, 92; v. Mutius/Sperlich, Prüfungen auf dem Prüfstand, DÖV 1993, 45; Ossenbühl, Die maßgebliche Sach- und Rechtslage für die gerichtliche Beurteilung von Ermessensentscheidungen, JZ 1970, 348; Pietzcker, Zur gerichtlichen Kontrolle bei berufsbezogenen Prüfungsverfahren, JZ 1991, 1087; Pump, Das Ermessen im Steuerrecht, StBp 2006, 37; Redeker, Verfassungsrechtliche Vorgaben zur Kontrolldichte verwaltungsgerichtlicher Rechtsprechung, NVwZ 1992, 305; Rieger, Ermessen und innerdienstliche Weisung, Kölner Diss. 1991; Rozek, Nebenbestimmung der Justiziabilität von Prüfungsentscheidungen, NVwZ 1992, 343;

Starck, Das Verwaltungsermessen und dessen gerichtliche Kontrolle, FS für Sendler, 1991, 167; Völlmeke, Das Entschließungsermessen beim Haftungsbescheid, DStR 1991, 1001; Wimmer, Gibt es gerichtlich unkontrollierbare „prüfungsspezifische" Beurteilungsspielräume, FS Redeker, 1993, 531.

Zu S. 2: Bader, Die Ergänzung von Ermessenserwägungen im verwaltungsgerichtlichen Verfahren, NVwZ 1999, 120; Decker, Die Nachbesserung von Ermessensentscheidungen im Verwaltungsprozessrecht und ihre verfahrensrechtliche Behandlung gem. § 114 S 2 VwGO, JA 1999, 154; Fendt, Verpflichtungsklage und Nachschieben von Ermessenserwägungen, JA 2000, 883; Lange, Die Ergänzung von Ermessenserwägungen im finanzgerichtlichen Verfahren, DB 2001, 2680; Rößler, Nachschieben von Ermessenserwägungen im finanzgerichtlichen Verfahren, Inf 2004, 863; Schenke, Das Nachschieben von Ermessenserwägungen, JuS 2000, 230.

Übersicht

	Rn.
I. Zweck der Regelung	1
II. Überprüfung der Ermessensausübung (S. 1)	2
1. Ermessensentscheidung der Finanzbehörde	2
2. Umfang der gerichtlichen Überprüfung	13
a) Überprüfung der Sach- und Rechtslage zum Zeitpunkt der letzten Verwaltungsentscheidung	13
b) Begrenzung der gerichtlichen Prüfungskompetenzen	15
c) Prüfung des Gerichts und Entscheidung	19
3. Rechtsmittel	23
III. Ergänzung der Ermessenserwägungen (S. 2)	25

I. Zweck der Regelung

1 Die Vorschrift ergänzt die §§ 100, 101, indem sie die gerichtliche Prüfungs- und Entscheidungskompetenz ggü. **Ermessensentscheidungen** der Verwaltung konkretisiert (s. auch Tipke/Kruse/Drüen § 102 Rn. 2, wonach es der Vorschrift nicht bedarf). Die gerichtliche Kontrolle und Rechtsschutzgewährung erschöpfen sich dabei nach § 102 S. 1 in der Überprüfung, ob das Ermessen fehlerfrei ausgeübt worden ist. Eine Suche nach zweckmäßigeren, sachgerechteren oder sonst besseren Lösungen ist dem Gericht demgegenüber verwehrt. Das gilt auch in Verfahren des **einstweiligen Rechtsschutzes,** weil dem Gericht insoweit keine umfassenderen Kompetenzen zustehen können als im Hauptsacheverfahren (BFH I B 93/75, BStBl. II 1976, 628; SchlHFG 2 V 102/13, EFG 2013, 1985).

II. Überprüfung der Ermessensausübung (S. 1)

1. Ermessensentscheidung der Finanzbehörde

2 § 102 S. 1 betrifft nur Ermessensentscheidungen durch die **Finanzbehörde.** Auf die Ermessensausübung durch andere Behörden ist die Norm mithin nicht anwendbar, insbes. auch nicht auf eine Ermessensausübung durch das Gericht, zB iRd Entscheidung über das Ruhen des Verfahrens (BFH XI B 31/93, BFH/NV 1994, 187; X B 5/08, BFH/NV 2008, 1695; VI B 37/13, BFH/NV 2013, 1790;

VIII B 149/19, BFH/NV 2020, 1268, Rn. 17 und IV B 66/21, BFH/NV 2022, 1074, Rn. 29 zur Akteneinsicht nach § 78).

Die Finbeh muss ermächtigt sein, **nach ihrem Ermessen zu handeln oder zu entscheiden.** Der Begriff des Ermessens ist im Gesetz nicht definiert. Darunter ist die gesetzesakzessorische und gesetzesgelenkte Wahlfreiheit der Verwaltung bei der Rechtsfolgenbestimmung zu verstehen (BFH I R 158/71, BStBl. II 1972, 919; Tipke/Kruse/Drüen AO § 5 Rn. 5). Das bedeutet, dass das Ermessen der Finbeh die Wahl zwischen mehreren Rechtsfolgen als Handlungsalternativen bietet. Diese Wahlmöglichkeit kommt aber erst dann zum Tragen, wenn feststeht, dass die Tatbestandsvoraussetzungen der anzuwendenden Norm erfüllt sind. Verwaltungsermessen ist damit immer **Rechtsfolgenermessen;** ein Verwaltungsermessen im Bereich der Feststellung des gesetzlichen Tatbestandes ist mit dem Grundsatz der Gesetzmäßigkeit der Verwaltung demgegenüber unvereinbar (BFH X R 14/95, BStBl. II 1997, 642 (644); Tipke/Kruse/Drüen AO § 5 Rn. 7 mwN). Demgemäß ergeben sich in der Struktur von Ermessensentscheidungen **zwei Stufen** (BFH V R 109/75, BStBl. II 1978, 508 (509); II R 144/80, BStBl. II 1984, 321; VIII R 350/82, BStBl. II 1987, 286 (287); I R 117/91, BFH/NV 1994, 359; FG Hmb 2 V 16/21, EFG 2022, 824; FG Münster 4 K 1158/20 L, NZI 2023, 347 zur Haftung): 3

- Auf der ersten Stufe befindet die Finbeh darüber, ob die **tatbestandsmäßigen Voraussetzungen** für eine Ermessensentscheidung vorliegen. Diese Entscheidung fällt nicht in den Anwendungsbereich von § 102. Das Gericht darf und muss diese Entscheidung **uneingeschränkt überprüfen** (BFH X R 13/15, BStBl. II 2017, 1110; X R 36/15, BFH/NV 2017, 593 zur Haftung).
- Sind die tatbestandlichen Voraussetzungen erfüllt, so kommt es auf der zweiten Stufe zur eigentlichen **Ermessensentscheidung** der Finbeh, die das Gericht nur in den Grenzen des § 102 überprüfen darf.

Ob und inwieweit die **Finbeh ermächtigt** ist, **nach** ihrem **Ermessen zu handeln** (und demgemäß die in § 102 umschriebene verfahrensrechtliche Konsequenz eintritt), ist durch **Auslegung** nach dem Zweck der einschlägigen Gesetzesbestimmungen zu ermitteln, wobei die Wortfassung („kann", „darf", „soll" usw) hilfreich sein kann, aber nicht ausschlaggebend sein muss (s. GmS GmS-OGB 3/70, BStBl. II 1972, 603 (606)). Führt die Auslegung dazu, dass der Finbeh kein Ermessen zusteht, sie also eine gebundene Entscheidung zu treffen hat, so findet § 102 keine Anwendung, und zwar auch dann nicht, wenn die Finbeh irrtümlich davon ausgeht, dass es sich um eine Ermessensentscheidung handelt und sie dem entsprechend Ermessen ausübt (sog. **„Ermessensanmaßung";** s. BFH V R 75/78, BStBl. II 1986, 721). 4

Führt die Auslegung zu dem Ergebnis, dass die Finbeh ermächtigt ist, nach ihrem Ermessen zu handeln, so hat sie nach § 5 AO das Ermessen **entsprechend dem Zweck der Ermächtigung auszuüben** und die gesetzlichen **Grenzen des Ermessens** einzuhalten. Das bedeutet, dass die Entscheidung von sachlichen Erwägungen getragen sein und unter Beachtung bestimmter Verfahrensregeln verwirklicht werden muss; sie darf **nicht von Willkür bestimmt** sein (s. Tipke/Kruse/Drüen AO § 5 Rn. 5 mwN). Damit sind die Grenzen des Ermessens umfassend umrissen. Innerhalb dieser Grenzen ist das Ermessen frei, dh der Behörde wird in dem gesetzlich abgesteckten Rahmen der Spielraum gelassen, unter einer Mehrzahl von Rechtsfolgemöglichkeiten zu wählen (→ Rn. 3 mwN). Aus diesem Grunde ist es mE verfehlt, wenn in Rspr. und Lit. die Begriffe **„intendiertes Ermessen"** (BVerwG 8 C 22/83, BVerwGE 72, 1 (6); 3 C 22/96, 5

BVerwGE 105, 55 (57); Kopp/Schenke/Ruthig VwGO § 114 Rn. 21b; HHS/Wernsmann AO § 5 Rn. 134 ff.) oder **„vorgeprägtes Ermessen"** (BFH II R 144/80, BStBl. II 1984, 321; VII R 146/97, BFH/NV 1999, 216 (219); XI R 3/03, BStBl. II 2004, 919; XI R 1/03, HFR 2005, 293; VII B 213/04, BFH/NV 2005, 1217; VII R 57/04, BFH/NV 2005, 2080; VII B 280/06, BFH/NV 2007, 1822 (1824); VI R 40/07, BStBl. II 2009, 478; X R 50/09, BStBl. II 2012, 536 (539); I R 10/12, BStBl. II 2013, 266; HHS/Wernsmann AO § 5 Rn. 138) Verwendung finden. Dabei soll die Richtung der Ermessensausübung für den Normalfall vorgeprägt sein, so dass hiervon nur in atypischen Ausnahmefällen abgewichen werden kann, was besonders zu begründen ist. In Wirklichkeit handelt es sich um den untauglichen, weil systematischer Rechtfertigung entbehrenden Versuch, der Verwaltung die Ermessenshandhabung zu erleichtern und der gerichtlichen Kontrolle (zumindest teilweise) zu entziehen (zur Kritik auch Tipke/Kruse/Drüen AO § 5 Rn. 13 f.; HHS/Wernsmann AO § 5 Rn. 139 ff.; Borowski DVBl 2000, 149).

6 Ebenfalls dem Ermessensbereich zuzuordnen sind **unbestimmte Rechtsbegriffe mit Beurteilungsspielraum.** Bei ihnen geht es darum, dass der Gesetzgeber einer Behörde die rechtliche Beurteilung und Bewertung bestimmter Sachverhalte übertragen hat mit der Maßgabe, dass die unter wertender Abwägung aller betroffenen Belange getroffene Entscheidung der Behörde grds. letztverbindlich und einer gerichtlichen Kontrolle nur eingeschränkt unterworfen sein soll, weil sie sich hier nicht vollständig aus der Anwendung der einschlägigen Normen ergibt, sondern in spezifischer Weise Elemente wertender Erkenntnis beinhaltet, die der Verwaltung vorbehalten sein soll (Kopp/Schenke/Ruthig VwGO § 114 Rn. 23 mwN; zur Begrenzung BVerfG 2 BvR 539/80, BVerfGE 64, 279; 1 BvR 419/81, BVerfGE 84, 49; 1 BvR 167/87, BVerfGE 88, 56). Die unbestimmten Rechtsbegriffe mit Beurteilungsspielraum sind im finanzgerichtlichen Verfahren nur dann praktisch von Bedeutung, wenn es gem. § 33 I Nr. 3 um Rechtsschutz ggü. **Prüfungsentscheidungen** geht (BFH VII R 103/75, BStBl. II 1976, 800 (801); VII R 70/84, BStBl. II 1986, 103 (104); VII R 66/97, BStBl. II 1998, 218; VII R 52/99, BFH/NV 2000, 755; zur **„Kontrolldichte"** bei solchen Entscheidungen BVerfG 1 BvR 1486/90, NVwZ 1992, 55). In solchen Fällen gelten die in § 102 angesprochenen Grundsätze entsprechend mit der Folge, dass sich die gerichtliche Nachprüfung im Wesentlichen auf die äußeren Bedingungen des Reglements zu beschränken hat (Einzelheiten BFH VII R 66/97, BStBl. II 1998, 218; VII R 52/99, BFH/NV 2000, 755; VII B 287/01, BFH/NV 2002, 955; FG Hmb V 348/00, EFG 2002, 1263; Kopp/Schenke/Ruthig VwGO § 114 Rn. 28; → § 101 Rn. 10).

7 In der Praxis weit häufiger zu bewältigen sind von den FG, und im Falle des § 126 III Nr. 1 auch vom BFH, sog. **Koppelungsvorschriften,** in denen unbestimmte Gesetzes- bzw. Rechtsbegriffe mit Ermessenstatbeständen verbunden sind. Das ist zB der Fall bei **Verspätungszuschlägen.** Ob die Voraussetzungen des § 152 AO vorliegen, muss die Finbeh nach objektiven Kriterien feststellen. Dies ist von den Gerichten uneingeschränkt nachprüfbar, weil insoweit keine Ermessensentscheidung vorliegt. Sind die Voraussetzungen des § 152 AO erfüllt, so hat die Finbeh nach pflichtgemäßem Ermessen zu entscheiden, ob und inwieweit iRd gesetzlichen Grenzen im Einzelfall ein Verspätungszuschlag festgesetzt wird. Diese Entscheidung kann das Gericht nur iRd § 102 überprüfen (BFH X R 56/98, BStBl. II 2001, 60; VI R 29/05, BFH/NV 2007, 1076; IV B 106/07,

BFH/NV 2008, 1642; VIII R 19/09, BFH/NV 2013, 502; FG München 1 K 5481/00, EFG 2002, 998).

Das gilt nicht für **Erlassentscheidungen nach § 227 AO.** Der GmS OGB hat den Begriff „unbillig" zwar als unbestimmten Rechtsbegriff gekennzeichnet, wegen der unlösbaren Verknüpfung mit der tatbestandlichen Rechtsfolge „könne" die Gesamtregelung aber gleichwohl als **einheitliche Ermessensvorschrift** angesehen (GmS GmS-OGB 3/70, BStBl. II 1972, 603 (606); ebenso BFH VII R 103/69, BStBl. II 1972, 806 (808); X R 104/92, BStBl. II 1995, 297; X R 124/92, BStBl. II 1995, 824; X R 87/96, BFH/NV 2000, 161; II R 84/00, BFH/NV 2004, 340; V R 35/03, BStBl. II 2005, 460; X B 89/06, BFH/NV 2007, 958; I R 81/08, BFH/NV 2009, 1908 betr. **KiSt;** XI R 28/09, BFH/NV 2012, 1493; VIII R 17/10, BStBl. II 2013, 820; zur Rückforderung von **Kindergeld** in Weiterleitungsfällen BFH VI B 364/98, BFH/NV 1999, 1592; VI B 344/98, BFH/NV 2000, 36; III R 16/20, BFH/NV 2022, 1160, Rn. 14; s. iÜ auch BVerfG 2 BvR 89/91, HFR 1995, 220; zur Kritik Tipke/Kruse/Drüen AO § 5 Rn. 27 mwN; **aA zu § 163 AO:** BFH VIII R 21/20, BFH/NV 2022, 1050, Rn. 36; VIII R 26/20, BStBl. II 2022, 829, Rn. 17). Dieselben Rechtsgrundsätze wendet die Rspr. auch bei der **Stundung** nach § 222 I AO an und geht auch insoweit von einer einheitlichen Ermessensregelung aus (BFH VII B 9/77, BStBl. II 1977, 587; I R 98/81, BStBl. II 1983, 397; II R 71/94, BFH/NV 1996, 873; IV B 7/98, BFH/NV 1999, 12; I R 113/98, BFH/NV 2000, 1066). Zu **§ 18 I 2 UStG** s. NdsFG 5 K 149/05, EFG 2010, 277. 8

Außer den zuvor (→ Rn. 6 ff.) genannten VA fallen vor allem folgende **andere Entscheidungen mit Ermessensspielraum** in den Anwendungsbereich des § 102: 9

- Entscheidungen über Anträge auf **Akteneinsicht** (BFH VII R 25/82, BStBl. II 1985, 571; FG Köln 11 K 6922/98, EFG 2000, 903);
- Entscheidungen über **Auskunftsbegehren,** insbes. von Konkurrenten (FG LSA 1 K 30456/99, BeckRS 2003, 26020067, das allerdings die Ablehnung eines solchen Begehrens als „Realakt" qualifiziert) oder über Anzeigeerstatter (BFH VII B 44/03, BFH/NV 2007, 853);
- **Auskunftsersuchen** (§ 93 AO; FG Münster 6 K 5022/99 S, EFG 2000, 299); s. auch unten unter „verbindliche Auskunft";
- Entscheidungen über die Durchführung einer **Außenprüfung** (zu Prüfungsanordnungen zB BFH I R 20/99, BFH/NV 2000, 1447; XI B 49/00, BFH/NV 2002, 1013; III B 13/03, BFH/NV 2004, 312; IV B 231/02, BFH/NV 2004, 1501; III R 8/15, BStBl. II 2017, 25; VIII B 130/20, BFH/NV 2022, 97, Rn. 10; VIII B 53/21, BFH/NV 2022, 804; zur Bestimmung des Prüfungsorts BFH IV B 24/09, BFH/NV 2009, 1402);
- **Benennungsverlangen nach § 160 AO** (BFH IV R 27/09, BStBl. II 2013, 989);
- Erleichterungen bei der Erfüllung der **Buchführungspflichten** (§ 148 AO; BFH IV R 31/87, BStBl. II 1988, 20);
- **Duldungs- und Haftungsbescheide** (§ 191 AO; stRspr, zB BFH I R 39/04, BFH/NV 2007, 2419; VII B 345/06, BFH/NV 2008, 23; VI R 11/07, BFH/NV 2008, 1600; I R 9/07, BFH/NV 2008, 1647; VII B 184/07, BFH/NV 2008, 1805; I R 29/08, BFH/NV 2009, 1032; FG Münster 14 K 4314/09 AO, EFG 2012, 2177);
- Antrag auf Abgabe einer **eidesstattlichen Versicherung** (BFH VII R 34/90, BStBl. II 1992, 57; VII B 315/98, BFH/NV 1999, 1223; VII R 57/04, BFH/

NV 2005, 2080; VII B 201/12, BFH/NV 2013, 972; FG Köln 6 K 130/08, EFG 2013, 580);
- Entscheidung über **Fristverlängerung** zur Abgabe einer Steuererklärung (BFH X R 24/95, BStBl. II 2000, 514; XI R 82/00, BStBl. II 2003, 550);
- Auswahl unter mehreren **Gesamtschuldnern** iSd § 44 AO (BFH VII B 2/99, BFH/NV 2000, 99; VII R 20/02, BFH/NV 2005, 318);
- Verpflichtung zur **Herausgabe von Unterlagen** nach § 200 AO (BFH VIII B 42/21, BFH/NV 2022, 746 Rn. 7);
- Stellung eines **Insolvenzantrags** (BFH VII B 98/06, BFH/NV 2007, 1270; FG Köln 15 V 111/09, EFG 2009, 1128; FG Hmb 2 V 117/17, EFG 2017, 1364; FG RhPf 4 K 1032/21, EFG 2021, 1425);
- Abzweigung von **Kindergeld** nach § 74 I EStG (BFH VIII R 21/03, BFH/NV 2005, 171; III R 85/09, BStBl. II 2013, 19; V R 48/11, BStBl. II 2013, 697);
- **Korrektur von SteuerVA** (zu **§ 130 AO** BFH VII R 15/89, BStBl. II 1991, 552; VII K 34/90, BFH/NV 1992, 354; VII B 244/98, BFH/NV 1999, 1583; zu **§ 131 AO** BFH I R 38/96, BFH/NV 1997, 904 (905); zu **§ 172 I Nr. 2 AO** BFH V R 143/92, BFH/NV 1997, 741; VI R 34/18, BStBl. II 2021, 446; FG Köln 11 K 3573/99, EFG 2000, 1044);
- **Prüfungsanordnungen** nach § 196 AO (BFH VI B 33/06, BFH/NV 2007, 646; VIII R 61/06, BFH/NV 2008, 1223; XI R 32/19, BStBl. II 2023, 213, Rn. 18);
- Aufforderung zur Abgabe einer **Steuererklärung** (§ 149 I 2 AO; BFH I R 45/96, BFH/NV 1998, 14; VIII R 52/14, BFH/NV 2017, 777);
- Erteilung einer **verbindlichen Auskunft** nach § 89 II AO (BFH IX R 11/11, BStBl. II 2012, 651; FG Köln 13 K 3006/11, EFG 2012, 1421); s. auch „Auskunftsbegehren" und „Auskunftsersuchen";
- Festsetzung eines **Verzögerungsgeldes** nach § 146 AO (FG BBg 3 V 3006/12, EFG 2012, 1225; SchlHFG 2 K 9/12, EFG 2013, 264);
- Maßnahmen der **Vollstreckung** (§§ 249 ff. AO; FG RhPf 5 K 2441/01, EFG 2003, 823 betr. Lohnpfändung);
- Anordnung der sofortigen **Vollziehung** nach § 69 V 2 (BFH VII B 287/01, BFH/NV 2002, 955);
- Beifügung eines **Vorläufigkeitsvermerks** nach § 165 AO (FG BW 3 K 61/03, EFG 2005, 497; FG Hmb 1 K 126/20, EFG 2022, 1165);
- **Widerruf** einer Anrufungsauskunft nach § 42e EStG (BFH VI R 19/19, BStBl. II 2022, 136);
- **Zinsverzicht** (§ 234 II AO; BFH XI R 2/06, BFH/NV 2007, 1622);
- Höhe von **Zuschlägen** nach § 162 IV AO (BFH I B 55, 56/21 (AdV), BFH/NV 2022, 801);
- Art der **Zustellung** (BFH VII R 30/02, BStBl. II 2004, 439 zum Wahlrecht nach § 7 I 1 VwZG);
- Anordnung von **Zwangsmitteln** (§§ 328 I, 333 AO; BFH VII R 94/93, BFH/NV 1995, 754 mwN; VII R 43/95, BFH/NV 1996, 530; VII B 176/94, BFH/NV 1997, 166; FG Nürnberg IV 491/00, EFG 2001, 800; Tipke/Kruse/Drüen AO § 328 Rn. 38 ff.).

2. Umfang der gerichtlichen Überprüfung

13 **a) Überprüfung der Sach- und Rechtslage zum Zeitpunkt der letzten Verwaltungsentscheidung.** Gegenstand gerichtlicher Überprüfung iSd § 102

ist die Ermessensentscheidung der Verwaltung so, wie sie idR nach Abschluss des außergerichtlichen Rechtsbehelfsverfahrens getroffen wurde. Daher überprüft das Gericht die **Sach- und Rechtslage zum Zeitpunkt der letzten Verwaltungsentscheidung** (BFH III 138/65, BStBl. III 1967, 49; X R 24/95, BStBl. II 2000, 514 unter II.2.c; III B 13/03, BFH/NV 2004, 312; VI B 89/05, BFH/NV 2006, 964 unter II.1.b; VIII B 30/07, BFH/NV 2008, 335; II R 17/11, BStBl. II 2013, 639; IV 17/14, BFH/NV 2014, 1507, Rn. 26; XI B 57/16, BFH/NV 2017, 599; IX R 2/17, BFH/NV 2018, 322; V R 24/20, BFH/NV 2022, 624, Rn. 27; VII R 14/19, BFH/NV 2022, 401, Rn. 22; XI R 32/19, BStBl. II 2023, 213, Rn. 30; VIII B 13/22, BFH/NV 2023, 1101, Rn. 14; X B 23/24, BFH/NV 2025, 294, Rn. 14: auch nach Anfügung von S. 2; HHS/Rauda § 102 Rn. 61; Tipke/Kruse/Drüen § 102 Rn. 7; abw. bei **Ermessensreduzierung auf null** BFH IX R 2/17, BFH/NV 2018, 322; FG Münster 11 K 977/12 E, EFG 2012, 2194: Zeitpunkt der gerichtlichen Entscheidung). Ergeht ein geänderter Bescheid, der nach **§ 68** zum Gegenstand des Verfahrens wird, so kommt es für die gerichtliche Kontrolle auf den Zeitpunkt des Erlasses des Änderungsbescheides an (BFH IV R 17/14, BFH/NV 2014, 1507, Rn. 26). Der **Zeitpunkt der letzten Verwaltungsentscheidung** soll nach BFH VII R 138/84 (BStBl. II 1988, 364) **ausnahmsweise nicht maßgeblich** sein, wenn der VA noch nicht vollzogen ist oder es sich um einen DauerVA handelt und wenn mit der Anfechtungsklage nicht nur eine gerichtliche Entscheidung über die Rechtmäßigkeit zur Zeit seines Ergehens, sondern auch über die Rechtmäßigkeit seiner Aufrechterhaltung begehrt wird. In diesen Fällen soll eine Berücksichtigung (auch) der Sachlage zur Zeit der gerichtlichen Entscheidung möglich sein. Dem ist mE nicht zu folgen, weil das Gericht damit in unzulässiger Weise in die der Finbeh zustehende Ermessensausübung eingreift (zum Nachschieben von Ermessenserwägungen → Rn. 25 ff.).

Die Maßgeblichkeit der Sach- und Rechtslage zum Zeitpunkt der letzten Ver- 14
waltungsentscheidung hat zur Folge, dass das Gericht zu prüfen hat, welche **Ermessenserwägungen** die Finbeh **spätestens in der Einspruchsentscheidung** getroffen hat (s. aber zur Entbehrlichkeit von Ermessenserwägungen bei **Vorprägung des Ermessens** BFH VII R 29/18, BFH/NV 2023, 1071, Rn. 239 zum Haftungsbescheid bei vorsätzlicher Beihilfe zur Steuerhinterziehung). Stellt sie in dieser abweichend von der bisherigen Begründung neue Ermessenserwägungen an, die sich bei der gerichtlichen Überprüfung indes als nicht tragfähig erweisen, so muss die Klage unabhängig davon Erfolg haben, ob der VA mit den ursprünglichen, nicht mehr aufrechterhaltenen Erwägungen rechtmäßig gewesen wäre. Umgekehrt darf das Gericht in dem Urteil auch zugunsten des Klägers keine Umstände berücksichtigen, die erst nach der letzten Verwaltungsentscheidung eingetreten sind und die zu der von diesem begehrten Ermessensentscheidung führen würden (so aber BFH X B 52/93, BFH/NV 1994, 562 für eine Entscheidung über Erlassanträge nach überlanger Verfahrensdauer, wenn der Kläger deshalb einen Rechtsanspruch auf erneute Bescheidung hat, weil sich die tatsächlichen Grundlagen für die Betätigung des Verwaltungsermessens aufgrund Zeitablaufs in einem für die damalige Ermessensentscheidung maßgeblichen Punkt verändert haben). Zum Nachschieben von Gründen → Rn. 25 ff.

b) Begrenzung der gerichtlichen Prüfungskompetenzen. Das Gericht 15
darf in den Fällen des § 102 nur überprüfen, ob die Finbeh ermessensfehlerfrei gehandelt hat. S. 1 spricht zwar davon, dass das Gericht **„auch“** prüft, ob der VA oder dessen Ablehnung rechtswidrig ist, weil die gesetzlichen Grenzen

des Ermessens nicht beachtet oder das Ermessen fehlerhaft ausgeübt wurde. Dies führt aber entgegen der irreführenden und verfehlten Wortfassung nicht zu einer Erweiterung, sondern zu einer **Begrenzung der gerichtlichen Prüfungskompetenzen** (stRspr, zB GmS GmS-OGB 3/70, BStBl. II 1972, 603; BFH VII R 54/84, BStBl. II 1988, 176 (177); X R 24/95, BStBl. II 2000, 514 unter II.2.c; XI R 82/00, BStBl. II 2003, 550; VII R 30/02, BStBl. II 2004, 439; V R 35/03, BStBl. II 2005, 460; V R 37/04, BFH/NV 2006, 1014; I B 121/05, BFH/NV 2006, 1851; IX R 9/05, BFH/NV 2007, 1617; VI R 13/05, BFH/NV 2008, 794; III R 41/12, BFH/NV 2015, 85, Rn. 14; Tipke/Kruse/Drüen § 102 Rn. 2). Das gilt natürlich nur dann, wenn die Prüfung der Ermessensausübung entscheidungserheblich ist. Ist das nicht der Fall, weil der Kläger nicht die Ermessensentscheidung angreift, sondern zB die (gebundene) Auslegung der materiellen Rechtsnorm durch die Finbeh, so hat das Gericht eine uneingeschränkte Rechtmäßigkeitsprüfung vorzunehmen (BFH III B 194/05, BFH/NV 2007, 1072; → Rn. 1 u. 4 ff.). Zur **Ermessensanmaßung** → Rn. 4 aE.

16 § 102 stellt durch seine Formulierung klar, dass der Kläger idR – vom Fall der Ermessensreduzierung auf null abgesehen (→ Rn. 17) – nicht die Verpflichtung zum Erlass einer bestimmten Ermessensentscheidung beanspruchen kann. Er hat lediglich einen **Anspruch auf fehlerfreien Ermessensgebrauch** durch die Finbeh, den das Gericht in den von § 102 vorgegebenen Grenzen überprüfen kann.

17 Wegen der Einschränkung der gerichtlichen Prüfungskompetenzen (→ Rn. 15) ist die **gerichtliche Prüfung** nach der Rspr. des BFH **darauf beschränkt,** ob die Finbeh den für die Ermessensausübung maßgeblichen Sachverhalt vollständig ermittelt hat, ob die gesetzlichen Grenzen des Ermessens überschritten worden sind (sog. Ermessensüberschreitung), ob die Finbeh von ihrem Ermessen in einer dem Zweck der (Ermessens-)Ermächtigung nicht entsprechenden Weise Gebrauch gemacht (sog. Ermessensfehlgebrauch) oder ein ihr zustehendes Ermessen nicht ausgeübt hat (sog. Ermessensunterschreitung oder Ermessensnichtgebrauch) oder ob die Behörde die verfassungsrechtlichen Schranken der Ermessensbetätigung, insbes. also den Verhältnismäßigkeitsgrundsatz, missachtet hat (BFH VII R 29/19, BFH/NV 2022, 148, Rn. 28 mwN; s. auch FG Köln 5 K 1464/21, EFG 2022, 1674, Rev. BFH: III R 24/22). Bezieht man dies auf die von § 102 S. 1 genannten beiden Varianten (Ermessensüberschreitung und Ermessensfehlgebrauch), so ist wie folgt zu unterscheiden:

– Eine **Ermessensüberschreitung** liegt vor, wenn die gesetzlich gezogenen Grenzen des Ermessens überschritten sind, was auch als äußerer Ermessensfehler bezeichnet wird (BFH IV R 17/14, BFH/NV 2014, 1507, Rn. 25). Das ist ua der Fall, wenn die für die Ermessensgewährung vorgesehenen Tatbestandsmerkmale der Ermächtigungsvorschrift nicht erfüllt sind oder wenn die Finbeh eine nicht iRd Vorschrift liegende Rechtsfolge wählt (Tipke/Kruse/Drüen AO § 5 Rn. 36; FG Nürnberg IV 403/2004, DStRE 2007, 1061). Eine vom Gericht nach § 102 S. 1 zu überprüfende Ermessungsüberschreitung liegt ferner vor, wenn die Finbeh unbeachtet lässt, dass ein Fall der **Ermessensreduzierung auf null** vorliegt, bei der sich der eigentlich eröffnete Ermessensspielraum im konkreten Einzelfall derart verengt hat, dass nur eine bestimmte Entscheidung richtig sein kann (stRspr, zB BFH VII R 103/69, BStBl. II 1972, 806 (808); VIII R 27/96, BFH/NV 2002, 747 (748); X R 3/04, BFH/NV 2006, 387 unter 1.b; III R 16/06, BFH/NV 2009, 164; IX R 9/05, BFH/NV 2009, 1617; XI R 33/09, BStBl. II 2012, 477; III R 41/12, BFH/NV 2015, 85, Rn. 14; II R 4/14, BStBl. II 2015, 237; III R 35/14, BStBl. II 2017, 757; FG

Münster 3 K 2274/06 AO, EFG 2009, 635), oder wenn sie den **Verhältnismäßigkeitsgrundsatz** verletzt (BFH I R 10/12, BStBl. II 2013, 266; IV R 17/14, BFH/NV 2014, 1507, Rn. 25; II R 17/14, BStBl. II 2016, 822, Rn. 18; VII R 29/19, BFH/NV 2022, 148, Rn. 28; FG Köln 5 K 1464/21, EFG 2022, 1674, Rev. BFH: III R 24/22; zur Einordnung des Verhältnismäßigkeitsgrundsatzes s. HHS/Wernsmann AO § 5 Rn. 164). Die gesetzlich gezogenen Grenzen des Ermessens sind zudem auch im Fall einer **Ermessensunterschreitung** nicht eingehalten, also dann, wenn die Behörde von dem ihr zugebilligten Ermessen gar keinen Gebrauch macht (sog. **Ermessensnichtgebrauch**) bzw. dieses nicht in dem ihr zustehenden Umfang nutzt, indem sie zB zwar ihr Entschließungsermessen ausübt, nicht aber auch das Auswahlermessen (s. insgesamt Tipke/Kruse/Drüen AO § 5 Rn. 40; s. auch BFH IV R 31/87, BStBl. II 1988, 20; VII R 78/85, BStBl. II 1989, 118; VIII R 27/96, BFH/NV 2002, 747 (748); zum Zollrecht BFH VII R 53/05, BFH/NV 2006, 2013; VIII R 17/10, BStBl. II 2013, 820; IV R 17/14, BFH/NV 2014, 1507, Rn. 25; FG BW 3 K 1750/13, EFG 2015, 1207), oder sie nicht alle gebotenen Erwägungen anstellt (BFH VI R 79/91, BStBl. II 1993, 692; FG Nürnberg IV 403/2004, DStRE 2007, 1061). Erforderlich ist daher in beiden Fällen, dass die Finbeh prüft, ob die tatbestandlichen Voraussetzungen der Ermessensentscheidung erfüllt sind.

– Ein **Ermessensfehlgebrauch** liegt vor, wenn die Finbeh von dem Ermessen in einer dem Zweck der Ermächtigung nicht entsprechenden Weise Gebrauch macht, was auch als innerer Ermessenfehler, Ermessensmissbrauch oder Ermessensfehlgebrauch bezeichnet wird (BFH IV R 17/14, BFH/NV 2014, 1507, Rn. 25). Im Unterschied zur Überschreitung der gesetzlich gezogenen Grenzen des Ermessens (s. oben) hält die Finbeh zwar die äußeren Grenzen der Ermächtigungsvorschriften ein, beachtet aber nicht die gesetzlichen Zielvorstellungen der Vorschrift (Tipke/Kruse/Drüen AO § 5 Rn. 43; s. auch BFH VII R 85/89, BStBl. II 1990, 1008; VII R 72/11, BStBl. II 2013, 141; FG Nürnberg IV 403/2004, DStRE 2007, 1061; zu einer von der Finbeh angenommenen Ermessensbeschränkung s. FG Hmb 1 K 82/08, EFG 2011, 598). Dies kommt in der Praxis aber nur sehr selten vor (krit. dazu auch Tipke/Kruse/Drüen § 102 Rn. 2).

Damit das Gericht überprüfen kann, ob ein Fall der Ermessensüberschreitung **18**
oder des Ermessensfehlgebrauchs vorliegt, ist es erforderlich, dass die Finbeh den **zu beurteilenden Sachverhalt vollständig ermittelt** (BFH VII B 312/00, BFH/NV 2002, 899; XI R 33/09, BStBl. II 2012, 477, Rn. 77 mwN; III R 85/09, BStBl. II 2013, 19; IV R 17/14, BFH/NV 2014, 1507, Rn. 25; FG Hmb 1 K 82/08, EFG 2011, 598; Tipke/Kruse/Drüen § 102 Rn. 1a) und die **Ermessensgründe** spätestens in der Einspruchsentscheidung **umfassend darlegt** (BFH VII R 85/89, BStBl. II 1990, 1008; IV B 123/03, BFH/NV 2006, 11; II R 2/07, BFH/NV 2008, 1950; II B 108/11, BFH/NV 2013, 344; VI R 47/18, BFH/NV 2022, 99, Rn. 21; FG Hmb 2 V 16/21, EFG 2022, 824; → Rn. 19). Es sind also verstärkte Anforderungen an die in § 121 I AO normierte **Begründungspflicht** zu stellen (BFH VI R 47/18, BFH/NV 2022, 99, Rn. 21; FG Hmb 2 V 16/21, EFG 2022, 824; → Rn. 14; zum Nachschieben von Gründen → Rn. 25 ff.). Kommt das FA seiner Ermittlungspflicht nicht nach, so sind die Grundlagen für die Ermessensausübung unzureichend, so dass nach der oben zitierten Rspr. ebenfalls ein Ermessensfehler iSv § 102 S. 1 vorliegt. Zu eigenen Ermittlungen des Gerichts → Rn. 19.

19 **c) Prüfung des Gerichts und Entscheidung.** Das Gericht hat iRd ihm zugebilligten Kompetenzen (→ Rn. 15 ff.) lediglich zu **überprüfen, ob Ermessensfehler vorliegen;** eigene Ermessenserwägungen darf das Gericht nicht anstellen (stRspr, zB BFH X R 24/95, BStBl. II 2000, 514; VII R 72/11, BStBl. II 2013, 141; V R 62/14, BStBl. II 2016, 589; VI R 34/18, BStBl. II 2021, 446, Rn. 39; III R 16/20, BFH/NV 2022, 1160, Rn. 18; II R 7/22, BFH/NV 2024, 1008, Rn. 38; VIII R 18/21, BStBl. II 2025, 108, Rn. 16; Tipke/Kruse/Drüen § 102 Rn. 9). Das ist aber nur dann möglich, wenn die Finbeh den zu beurteilenden **Sachverhalt umfassend ermittelt** und spätestens in der Einspruchsentscheidung (→ Rn. 14) die für die Ermessensausübung maßgeblichen Gesichtspunkte tatsächlicher und rechtlicher Art **mitteilt** (→ Rn. 18 mwN). **Eigene Tatsachenermittlungen** muss das FG anstellen, wenn diese für die Feststellung notwendig sind, ob ein Ermessensfehler vorliegt (BFH V R 106/84, BStBl. II 1990, 179 zur Ermessensreduzierung auf null; FG Münster 4 K 1158/20 L, NZI 2023, 347 zu den dem Auswahlermessen zugrundeliegenden Tatsachen; Tipke/Kruse/Drüen § 102 Rn. 5; HHS/Rauda § 102 Rn. 119). Zu hierüber hinausgehenden Ermittlungen ist das Gericht indes nicht befugt, weil es gerade sein eigenes Ermessen nicht an die Stelle des Ermessens der Finbeh setzen darf (s. dazu auch BFH VII R 36/86, BFHE 152, 299; VI S 3/86, BFH/NV 1988, 518; XI R 38/14, BFH/NV 2016, 950; V R 62/14, BStBl. II 2016, 589; NdsFG 14 K 285/16, EFG 2017, 970).

20 Hat die FVerw in Ausfüllung des ihr zustehenden Ermessensspielraums **Ermessensrichtlinien** in Form von **Verwaltungsvorschriften** erlassen, so haben die Gerichte nur zu prüfen, ob sich die Finbeh an die Richtlinien gehalten hat und ob die Richtlinien selbst einer sachgerechten Ermessensausübung entsprechen (BFH I R 92/15, BFH/NV 2018, 252 mwN; I R 46/18, BStBl. II 2023, 467, Rn. 14; s. auch BFH GrS 1/15, BStBl. II 2017, 393, Rn. 42).

21 Im Rahmen des § 102 hat das Gericht folgende **Entscheidungsmöglichkeiten:**

- Stellt es **weder einen äußeren noch einen inneren Ermessensfehler** fest, so weist es die Klage ab (Bestätigung der Verwaltungsentscheidung).
  - **Tenor:** Die Klage wird abgewiesen.
- Stellt es bei einer zugrundeliegenden Anfechtungsklage einen äußeren oder inneren **Ermessensfehler** fest, so hebt es den angefochtenen VA und die dazu ergangene Einspruchsentscheidung auf. Da das Gericht kein Ermessen ausüben darf (→ Rn. 19), muss es zudem die Finbeh iRd klägerischen Verpflichtungsbegehrens (zB gerichtet auf Erlass der Steuer) verpflichten, den Kläger neu zu bescheiden (§ 101 S. 2, → § 101 Rn. 10 ff. und BFH XI R 52/00, BStBl. II 2002, 201; VI R 34/18, BStBl. II 2021, 446, Rn. 40).
  - **Tenor:** Der Bescheid über die Ablehnung des Erlasses der …steuer vom … und die dazu ergangene Einspruchsentscheidung vom … werden aufgehoben. Der Beklagte wird verpflichtet, den Kläger unter Beachtung der Rechtsauffassung des Gerichts neu zu bescheiden.
- Liegt ausnahmsweise eine **Ermessensreduzierung auf null** vor (→ Rn. 17), so kann das Gericht die Finbeh antragsgemäß verpflichten, den erstrebten VA zu erlassen (§ 101 S. 1; BFH VII R 103/69, BStBl. II 1972, 806 (808); VIII R 27/96, BFH/NV 2002, 747 (748); X R 3/04, BFH/NV 2006, 387 unter 1.b; III R 16/06, BFH/NV 2009, 164; IX R 9/05, BFH/NV 2009, 1617; FG Münster 3 K 2274/06 AO, EFG 2009, 635; FG Düsseldorf 13 K 799/09 L, EFG 2012, 1781).

  - **Tenor:** Unter Aufhebung des Bescheides vom … und der Einspruchsentscheidung vom … wird der Beklagte verpflichtet, die …steuer … iHv … EUR zu erlassen.
- Ausnahmsweise kommt auch bei Ermessensentscheidungen die **isolierte Aufhebung der Einspruchsentscheidung** in Betracht, wenn der Kläger lediglich durch diese beschwert ist und einen entsprechenden eingeschränkten Antrag gestellt hat (BFH VIII R 357/83, BFH/NV 1990, 175; I R 44/97, BFH/NV 1999, 314; ausf. → § 100 Rn. 21).
  - **Tenor:** Die Einspruchsentscheidung vom … wird aufgehoben. Der Beklagte wird verpflichtet, den Kläger unter Beachtung der Rechtsauffassung des Gerichts neu zu bescheiden.

Die **Kostenentscheidung** richtet sich nach § 135 ff. Hält der Kläger trotz Belehrung nach § 76 II an einem Verpflichtungsantrag fest und beantragt er damit nicht die bloße Neubescheidung, so kann eine Kostenteilung angemessen sein (ähnlich BFH VII R 103/75, BStBl. II 1976, 800; I R 41/75, BStBl. II 1977, 127 (130); VIII R 151/84, BFH/NV 1988, 695 (697)). Der **Streitwert** einer Klage, die auf ein Bescheidungsurteil ausgerichtet ist, beträgt die Hälfte des Streitwerts einer auf Erlass des VA gerichteten Klage (BFH VII R 103/75, BStBl. II 1976, 800; FG Brem II 63/88 K, EFG 1993, 253; FG BW 9 K 403/91, EFG 1994, 268; 2 K 237/93, EFG 1995, 401; → § 101 Rn. 12). 22

3. Rechtsmittel

Überschreitet das Gericht die durch § 102 vorgegebene **Prüfungskompetenz** (→ Rn. 15), so liegt im revisionsrechtlichen Sinn kein Verfahrensfehler vor, sondern ein materieller Fehler (BFH VII B 296/01, BFH/NV 2002, 1485; VII B 36/13, BFH/NV 2013, 1267; X B 144/17, BFH/NV 2018, 966). Da die Frage, ob Ermessensfehler vorliegen, von den Umständen des Einzelfalls abhängt, kommt eine Revisionszulassung nach § 115 II Nr. 1 wegen grundsätzlicher Bedeutung idR nicht in Betracht (BFH III B 124/14, BFH/NV 2015, 837 zur entsprechenden Rüge mit der NZB). Eine unabhängig hiervon aus anderem Grund erhobene Verfahrensrüge iSd § 115 II Nr. 3 erfordert besondere Darlegungen zur Erheblichkeit des Verfahrensmangels (BFH IX B 119/02, BFH/NV 2003, 1289). Siehe ferner BFH III R 35/14, BStBl. II 2017, 757: bei Ermessensreduzierung auf null keine Aufhebung des iE zutreffenden abweisenden FG-Urteils, selbst wenn darin die fehlerhaften Ermessenserwägungen des FA nicht beanstandet werden; zur Aufhebung des Urteils bei fälschlicher Annahme einer Ermessensentscheidung auf null durch das FG: BFH X R 22/19, BFH/NV 2020, 1241; I R 46/18, BStBl. II 2023, 467, Rn. 22. 23

III. Ergänzung der Ermessenserwägungen (S. 2)

Nach S. 2 kann die Finbeh ihre **Ermessenserwägungen** bis zum Abschluss der Tatsacheninstanz des finanzgerichtlichen Verfahrens **ergänzen.** Ausgehend vom Zweck des § 102, der Finbeh einen Ermessensspielraum zuzubilligen, den das Gericht nur eingeschränkt überprüfen darf (→ Rn. 1), ist die Norm aber **einschränkend zu verstehen.** Eine Ergänzung liegt daher nur dann vor, wenn die Behörde im Prozess ihre hinsichtlich des VA zuvor angestellten und dargelegten (→ Rn. 17) **Ermessenserwägungen vertieft, verbreitert oder verdeutlicht.** Die Finbeh ist demgegenüber **nicht befugt,** Ermessenerwägungen im finanzge- 25 richtlichen Verfahren **erstmals anzustellen,** die Ermessensgründe **auszuwechseln** oder vollständig **nachzuholen** (BFH VII R 52/02, BStBl. II 2004, 579 unter II.2.a; IV B 56/02, BFH/NV 2004, 1536; VII R 20/02, BFH/NV 2005, 318 (319); VI B 39/02, BFH/NV 2005, 378; II R 2/07, BStBl. II 2008, 897; IX R 43/09, BStBl. II 2010, 815; X R 30/13, BFH/NV 2015, 150, Rn. 32 ff.; XI R 56/17, BFH/NV 2020, 775, Rn. 21; III R 16/20, BFH/NV 2022, 1160, Rn. 20; FG RhPf 4 K 1032/21, EFG 2021, 1425: gilt auch bei Leistungsklage auf Rücknahme eines Insolvenzantrags; FG Hmb 2 V 16/21, EFG 2022, 824, jeweils mwN; FG Münster 4 K 2351/23, EFG 2024, 1646; FG Düsseldorf 14 K 1313/22 KV, EFG 2024, 1932, mit mE grenzwertigem Ergebnis; aA ohne Begründung FG Hmb 2 V 117/17, EFG 2017, 1364: FA darf Ermessenserwägungen bis zum Schluss des Verfahrens vor dem FG völlig neu treffen; zur Frage, wer die Ermessenserwägungen ergänzen darf, wenn mehrere Finanzämter beteiligt sind: SchlHFG 1 K 64/10, EFG 2013, 1191, evtl. aA aber BFH II B 108/11, BFH/NV 2013, 344; FG Düsseldorf 14 K 3649/11 AO, EFG 2013, 272). Damit scheidet eine Heilung der behördlichen Entscheidung im Wege einer Ergänzung nach § 102 S. 2 bei fehlerhaftem Entschließungs- oder Auswahlermessen, Über- oder Unterschreitung des Ermessens sowie – wegen der darauf aufbauenden Ermessensentscheidung – auch bei erheblichen Mängeln in der Sachverhaltsermittlung aus (BFH VII R 52/02, BStBl. II 2004, 579 unter II.2.a; XI R 56/17, BFH/NV 2020, 775, Rn. 21; III R 16/20, BFH/NV 2022, 1160, Rn. 20; XI R 32/19, BStBl. II 2023, 213, Rn. 31; FG Münster 4 K 1758/23, EFG 2024, 1269; Tipke/Kruse/Drüen § 102 Rn. 12a). Ebenso können auf Grundlage des § 102 S. 2 **keine Änderungen der Rechtsfolgen** vorgenommen werden (BFH XI R 56/17, BFH/NV 2020, 775, Rn. 21 zur Herabsetzung der Haftungssumme). Dies steht auch im Einklang mit **§ 126 I Nr. 2 iVm II AO,** wonach eine Verletzung von Verfahrens- oder Formvorschriften unbeachtlich ist, wenn die Finbeh eine erforderliche Begründung bis zum Abschluss der Tatsacheninstanz eines finanzgerichtlichen Verfahrens gibt. § 102 S. 2 ist insoweit Spezialvorschrift (BFH VIII R 15/12, BStBl. II 2014, 232; Klein/Ratschow AO § 126 Rn. 10; offengelassen durch BFH VIII R 52/14, BFH/NV 2017, 777).

26 **Umgehen kann die Finbeh die durch § 102 S. 2 auferlegte Beschränkung** allerdings, wenn sie den wegen unzureichender und nicht mehr nach § 102 S. 2 heilbarer Ermessensausübung rechtswidrigen VA durch einen anderen VA ersetzt, der den an die Ermessensausübung zu stellenden Anforderungen genügt. Denn dieser neue VA wird nach der Rspr. des BFH gem. **§ 68** zum Gegenstand des gerichtlichen Verfahrens (BFH I R 29/08, BStBl. II 2009, 539; VI R 28/12, BStBl. II 2013, 737 zum Revisionsverfahren; II R 17/14, BStBl. II 2016, 822). Dem ist **nicht zu folgen,** weil dies dem Zweck des § 102 S. 2 widerspricht, der Finbeh in engen Grenzen eine letzte Chance zur Vervollständigung der Ermessensausübung zu geben (so zutr. die Vorinstanz, NdsFG 11 K 300/01, EFG 2008, 1051; wie hier Tipke/Kruse/Drüen § 102 Rn. 13).

27 Ob die Finbeh bereits Ermessenserwägungen angestellt hat, muss sich aus dem **angefochtenen VA und der Einspruchsentscheidung** ergeben, weil die Finbeh ihre Ermessensentscheidung, die dem Gericht keinen Raum für eigene Ermessenserwägungen lässt, darin spätestens begründen muss; andernfalls ist die Ermessensentscheidung idR fehlerhaft (s. dazu FG Düsseldorf 14 K 1313/22 KV, EFG 2024, 1932 sowie die Nachweise → Rn. 19). Zu weit geht es mE, wenn der BFH zur Überprüfung dieser Frage den gesamten **Inhalt der Akten des Verwaltungsverfahrens** heranziehen will und ein Nachschieben von Gründen

nach § 102 S. 2 zulässt, wenn sich aus einem darin befindlichen Aktenvermerk ergibt, dass die Finbeh Ermessenserwägungen in diese Richtung bereits früher angestellt hatte (BFH VII B 268/04, BFH/NV 2006, 708 zum Auswahlermessen bei der Haftung; s. auch BFH VII R 52/02, BStBl. II 2004, 579 unter II.2.a, wonach § 102 S. 2 eine Vertiefung von „bereits an- oder dargestellten Ermessenserwägungen" zulässt; zutreffend auch NdsFG 15 K 307/15, EFG 2018, 175: Ermessenserwägungen müssen mitgeteilt sein).

Hat die Finbeh bis zum Ergehen der Einspruchsentscheidung **keine Ermessenserwägungen angestellt,** so sind der VA und die Einspruchsentscheidung aufzuheben (→ Rn. 21), weil eine Nachholung der Ermessensausübung nicht mehr möglich ist (zB FG BBg 7 K 42/05, EFG 2010, 1946). 28

Hat die Finbeh bis zum Ergehen der Einspruchsentscheidung **Ermessenserwägungen angestellt** und macht sie im finanzgerichtlichen Verfahren weitere Ausführungen, so hat das Gericht zu prüfen, ob diese Ausführungen die **bisherige Argumentation in ihrem Wesen verändern** (BFH IV B 56/02, BFH/NV 2004, 1536 (1537); FG Düsseldorf 6 K 4464/12 H(K), EFG 2017, 687: Änderung der sich aus den Ermessenserwägungen ergebenden Rechtsfolgen ist nicht zulässig). Das ist zu bejahen, wenn die nunmehrigen Ausführungen neu sind und sich auch nicht andeutungsweise in der zuletzt gegebenen Begründung der in Frage stehenden Ermessensentscheidung wiederfinden lassen. Derartige Ausführungen stellen keine Vertiefung, Verbreiterung oder Verdeutlichung der bisherigen Ermessensausübung dar. Das Gericht darf sie bei der Überprüfung der Ermessensentscheidung nicht berücksichtigen (mE bedenklich weit: BFH IV B 123/03, BFH/NV 2006, 11, Ergänzung einer Prüfungsanordnung durch Einsichtnahme in einen Aktenvermerk iRd mündlichen Verhandlung). 29

Die Ergänzung der Ermessensentscheidung ist nur **bis zum Abschluss der Tatsacheninstanz** eines finanzgerichtlichen Verfahrens möglich, dh bis zum Schluss der mündlichen Verhandlung vor dem FG. Im NZB- oder Revisionsverfahren ist eine Ergänzung der Ermessensentscheidung nicht mehr möglich, weil der BFH keine Tatsacheninstanz ist (s. § 118 II; BFH VI R 28/12, BStBl. II 2013, 737). Ferner ist ein Nachschieben nur solange möglich, als der angefochtene **VA wirksam** ist (BFH VIII R 52/14, BFH/NV 2017, 777: nicht mehr nach Übergang zur Fortsetzungsfeststellungsklage). 30

Das FG ist nach §§ 76 u. 96 **nicht verpflichtet, die Finbeh zur Ergänzung der Ermessenserwägungen aufzufordern,** selbst wenn es eine solche Ergänzung iSv § 102 S. 2 für erforderlich hält (BFH V B 216/02, BFH/NV 2003, 1202). Ergänzt die Finbeh die Ermessenserwägungen nach § 102 S. 2, so kommt bei der **Kostenentscheidung** uU die Anwendung von § 137 S. 1 in Betracht (HHS/Lange § 102 Rn. 121). **Berücksichtigt das Gericht nachträgliche Ermessenserwägungen** der Finbeh, obwohl es diese nach § 102 nicht hätte berücksichtigen dürfen, so liegt im revisionsrechtlichen Sinn kein Verfahrensfehler vor, sondern ein **materieller Fehler** (offen gelassen durch BFH VII B 268/04, BFH/NV 2006, 708). 31

§ 103 [Am Urteil beteiligte Richter]

Das Urteil kann nur von den Richtern und ehrenamtlichen Richtern gefällt werden, die an der dem Urteil zugrunde liegenden Verhandlung teilgenommen haben.

Vgl. § 112 VwGO, § 129 SGG, § 309 ZPO.

Literatur: Hürte, „Richterwechsel" nach Urteilsverkündung, JR 1985, 138; Jauernig, Nichturteil bei Mitwirkung von Nicht(mehr)richtern?, DStZ 1993, 137; Kirchner, Erneute Antragstellung bei Richterwechsel?, NJW 1971, 2158; Krause, Gesetzlicher Richter und schriftliches Verfahren, MDR 1982, 184; Küttner, Die Garantie des gesetzlichen Richters im Rahmen der Finanzgerichtsordnung, Diss. Köln 1999; Vollkommer, Richterwechsel nach dem Schluss der mündlichen Verhandlung im Zivilprozess, NJW 1968, 1309; Volmer, Richterwechsel im schriftlichen Urteilsverfahren, NJW 1970, 1300.

1 Die Vorschrift soll dafür Sorge tragen, dass das Urteil von denjenigen Richtern gefällt wird, die an der mündlichen Verhandlung teilgenommen haben. Ausgehend vom verfassungsrechtlich in Art. 101 I 2 GG verankerten **Grundsatz des gesetzlichen Richters** (BFH X R 67/99, BFH/NV 2001, 635 unter II.2.) und von den Verfahrensgrundsätzen der **Mündlichkeit** (§ 90 I 1) und der **Unmittelbarkeit** (§ 81 I 1) können nämlich nur diese Richter nach ihrer freien, aus dem **Gesamtergebnis des Verfahrens** gewonnenen Überzeugung entscheiden, wie § 96 I 1 dies erfordert (BFH III R 56/99, BFH/NV 2001, 197; V R 24/00, BStBl. II 2004, 89; V B 26/06, BFH/NV 2006, 2293; I B 165/05, BFH/NV 2007, 52). § 103 gilt für **alle Urteile,** die aufgrund einer mündlichen Verhandlung ergehen (→ Rn. 3), also auch für Zwischen-, Teil- und Endurteile. Für **Beschlüsse** gilt § 103 nach § 155 FGO iVm § 329 I 2, § 309 ZPO entsprechend, sofern diese **nach mündlicher Verhandlung** ergehen (glA HHS/Lange § 103 Rn. 11; → Rn. 3).

2 **Gefällt** wird das Urteil nach der Kollegialberatung mit der Beschlussfassung über die Urteilsformel im Wege der Abstimmung (BFH V R 24/00, BStBl. II 2004, 89; II B 94/04, BFH/NV 2006, 323; V R 16/05, BStBl. II 2007, 340; s. auch § 52 I FGO iVm §§ 192 ff. GVG).

3 Gefällt werden muss das Urteil von denselben Richtern und ehrenamtlichen Richtern, die an der dem Urteil zugrunde liegenden **mündlichen Verhandlung** teilgenommen haben (zur Beweiswirkung des Protokolls s. BFH VIII R 1/13, wistra 2015, 479). Daraus lässt sich ableiten, dass § 103 stets voraussetzt, dass eine **mündliche Verhandlung** stattgefunden hat (zur Besetzung bei der Entscheidung über die Wiedereröffnung der mündlichen Verhandlung s. FG Münster 9 K 2546/11 G F, EFG 2013, 64; FG LSA 3 K 624/07, EFG 2013, 1601). Entscheidet das Gericht ohne mündliche Verhandlung, zB durch **Gerichtsbescheid** nach § 90a oder weil die Beteiligten nach § 90 II auf eine mündliche Verhandlung verzichtet haben, so findet grds. § 103 keine Anwendung. Hat allerdings eine Beratung stattgefunden, so sind nur die daran teilnehmenden Richter zur Entscheidung berufen (HHS/Rauda § 103 Rn. 15).

4 Die Identität der Richter muss in Bezug auf die **letzte mündliche Verhandlung** gewährleistet sein (BFH IX B 13/08, BFH/NV 2008, 2029; I B 83/09, BFH/NV 2010, 913; V B 57/10, BFH/NV 2011, 615; III R 20/14, BStBl. II 2017, 1167; IV B 11/18, BFH/NV 2019, 1136, Rn. 26; II B 26/22, BFH/NV 2023, 729, Rn. 8). Bis zu diesem Zeitpunkt ist ein **Richterwechsel** unschädlich (BFH II B 26/22, BFH/NV 2023, 729, Rn. 8 mwN), und zwar auch ein solcher des Berichterstatters (BFH II R 49/98, BFH/NV 1999, 1484; X S 16/06 (PKH), BFH/NV 2008, 98 unter II.e. betr. Richterwechsel nach Erörterungstermin). Das gilt auch dann, wenn bereits eine mündliche Verhandlung stattgefunden hat, in der die Sache vertagt worden ist (BFH III R 20/14, BStBl. II 2017, 1167). Anders als bei der **Unterbrechung der mündlichen Verhandlung** müssen an einer erneuten mündlichen Verhandlung nach **Vertagung** nicht die-

selben Richter teilnehmen, wie im ersten Termin (→ § 27 Rn. 7; → § 81 Rn. 9; BFH I B 39/03, BFH/NV 2004, 350; II B 46/05, BFH/NV 2006, 587; II B 48/05, BFH/NV 2006, 589; V B 26/06, BFH/NV 2006, 2293; I B 83/09, BFH/NV 2010, 913). Daran ändert sich auch dann nichts, wenn in dem ersten Termin eine **Beweisaufnahme** stattgefunden hat. Diese muss grds. nicht wiederholt werden, weil sich neu hinzugekommene (hauptamtliche und ehrenamtliche) Richter anhand der Sitzungsniederschrift über die Beweisaufnahme informieren können, die ohnehin ggf. durch Verlesung in die (weitere) mündliche Verhandlung einzuführen ist (BFH III B 76/16, BFH/NV 2017, 1050 betr. ehrenamtliche Richter). Nur in besonderen Ausnahmefällen kommt eine Wiederholung der Beweisaufnahme in Betracht, nämlich dann, wenn es zB auf die Glaubwürdigkeit eines Zeugen ankommt. Dies steht im Ermessen des Gerichts (BFH I B 120/02, BFH/NV 2003, 1587; IX B 13/08, BFH/NV 2008, 2029 unter 2a; V B 57/10, BFH/NV 2011, 615; VII B 181/11, BFH/NV 2013, 210 zum **Einzelrichter;** HHS/Rauda § 103 Rn. 19; aA Tipke/Kruse/Brandis § 103 Rn. 4 f., Beweisaufnahme muss wiederholt werden, sofern die Beteiligten nicht darauf verzichten).

Findet eine mündliche Verhandlung statt, und **verzichten die Beteiligten auf** 5 **eine weitere mündliche Verhandlung** (zB zur Vermeidung einer Vertagung), so darf das Gericht die Entscheidung später ohne mündliche Verhandlung in einer anderen Besetzung fällen. Das – ohne mündliche Verhandlung gefällte – Urteil beruht nämlich nicht mehr auf der durchgeführten mündlichen Verhandlung (BFH IX B 121/10, BFH/NV 2011, 1391, Rn. 6 mwN; HHS/Rauda § 103 Rn. 19; aA Tipke/Kruse/Brandis § 103 Rn. 5). Das gilt auch dann, wenn anschließend der **Einzelrichter** entscheidet (BVerwG 9 B 40/90, BeckRS 1990, 07114; HHS/Rauda § 103 Rn. 16).

Von der Fällung des Urteils zu unterscheiden ist der zur Bindungswirkung 6 führende **Erlass** des Urteils, der sich gem. § 104 I durch die Verkündung oder gem. § 104 II durch die Zustellung vollzieht (→ § 104 Rn. 1 ff.). Hierfür **gilt § 103 nicht.** Die Besetzung bei der Verkündung des Urteils muss folglich nicht mit derjenigen übereinstimmen, die das Urteil gefällt hat (BFH X R 67/99, BFH/NV 2001, 635; XI B 144/02, BFH/NV 2003, 797; XI B 104/05, BFH/NV 2006, 1801; → § 104 Rn. 11). Dies ist im finanzgerichtlichen Verfahren aber praktisch nicht relevant, weil die Gerichte idR keine gesonderten Verkündungstermine bestimmen (s. § 104 I 1). Zur personellen Veränderung nach Verkündung, aber vor Unterzeichnung → § 104 Rn. 11; Zöller/Feskorn ZPO § 309 Rn. 4). Nicht zur Urteilsfindung gehört zB die reine **Betragsberechnung,** an der daher zB die ehrenamtlichen Richter auch nicht mitzuwirken haben (→ § 100 Rn. 38 mwN).

Verstößt das Gericht gegen § 103, so liegt darin ein **absoluter Revisions-** 7 **grund** iSv § 119 Nr. 1 (BFH VIII R 1/13, wistra 2015, 479), ebenso wie ein **Verfahrensmangel** iSd § 120 III Nr. 2b (BFH VII R 126/92, BFH/NV 1994, 252) und ein **Wiederaufnahmegrund** nach §§ 134 FGO, 579 I Nr. 1 ZPO). Unterzeichnet hingegen ein Richter das Urteil, der an dessen Erlass nicht beteiligt war, so kann dieser Fehler auch bei hierauf gestützter Revision oder NZB durch die nachträgliche Unterzeichnung durch den richtigen Richter und die erneute Zustellung des Urteils geheilt werden, die nunmehr erst die Rechtsmittelfrist in Gang setzt (BFH VII S 26/98, BFH/NV 1999, 1343; XI B 124/03, BFH/NV 2005, 6).

§ 104 [Verkündung und Zustellung des Urteils]

(1) [1]**Das Urteil wird, wenn eine mündliche Verhandlung stattgefunden hat, in der Regel in dem Termin, in dem die mündliche Verhandlung geschlossen wird, verkündet, in besonderen Fällen in einem sofort anzuberaumenden Termin, der nicht über zwei Wochen hinaus angesetzt werden soll.** [2]**Das Urteil wird durch Verlesung der Formel verkündet; es ist den Beteiligten zuzustellen.** [3]**Der Vorsitzende kann den Beteiligten, ihren Bevollmächtigten und Beiständen gestatten, an der Urteilsverkündung per Bild- und Tonübertragung teilzunehmen.**

(2) **Statt der Verkündung ist die Zustellung des Urteils zulässig; dann ist das Urteil binnen zwei Wochen nach der mündlichen Verhandlung der Geschäftsstelle zu übermitteln.**

(3) **Entscheidet das Gericht ohne mündliche Verhandlung, so wird die Verkündung durch Zustellung an die Beteiligten ersetzt.**

Vgl. § 116 VwGO, § 132f. SGG, §§ 310ff. ZPO.

Literatur: Albert; Der Zeitpunkt der Wirksamkeit einer finanzgerichtlichen Entscheidung, DStZ 2001, 418; Dolderer, Wann sind verwaltungsgerichtliche Entscheidungen „erlassen"?, VBlBW 2000, 417; Felix, Konventionskonforme Bekanntgabe steuergerichtlicher Urteile, BB 1996, 1741; Gräber, Zeitpunkt der Abfassung und Bekanntgabe nicht im Anschluss an die mündliche Verhandlung verkündeter Urteile, DStR (A) 1972, 217; Lippold, Grenzen der Zulässigkeit der Zustellung statt Verkündung von Urteilen – § 116 II VwGO und Art. 6 I EMRK, NVwZ 1996, 137; Schneider, Probleme aus der Prozesspraxis, Revision bei verzögerter Urteilsabsetzung, MDR 1988, 646.

I. Bedeutung und Anwendungsbereich

1 § 104 betrifft den **Erlass des Urteils,** der maßgeblich ist für dessen **Wirksamkeit und Bindungswirkung,** die sich nach § 318 ZPO auch auf das Gericht bezieht. Die Bindungswirkung tritt erst dann ein, wenn das Gericht das nach Beratung gefällte Urteil (→ § 103 Rn. 2ff.) nach außen bekannt gibt. Diese Bekanntgabe nach außen kann sich **in dreierlei Hinsicht vollziehen,** nämlich erstens durch die Verkündung des Urteils nach § 104 I, zweitens durch dessen Zustellung nach § 104 II und III oder drittens durch die formlose Bekanntgabe des der Geschäftsstelle nach § 104 II Hs. 2 übermittelten schriftlich niedergelegten und von den Richtern unterschriebenen Tenors an einen Beteiligten (BFH IX R 16/93, BStBl. II 1996, 142 mwN; X B 169/00, BFH/NV 2001, 1143 (1144); V R 24/00, BStBl. II 2004, 89; IV S 14/10, BFH/NV 2011, 1161, gilt als verkündet; IX B 9/14, BFH/NV 2015, 213; I R 97/15, BFH/NV 2018, 177; FG LSA 3 K 624/07, EFG 2013, 1601; HessFG 6 K 1407/17, EFG 2018, 759 zu § 104 III; s. auch OVG LSA 1 L 101/11, NJW 2012, 1386: keine Bindungswirkung bei telefonischer Bekanntgabe einer ohne Verlautbarungswillen des mitwirkenden Richters zur Geschäftsstelle gelangten Urteilsformel; zur Wirksamkeit des Urteils ab Erlass s. BFH IX R 1/95, BFH/NV 1997, 582; VII S 26/98, BFH/NV 1999, 1343; HHS/Rauda § 104 Rn. 10; zT aM Albert DStZ 2001, 418 unter Vernachlässigung der in jedem Fall maßgeblichen Außenwirkung; → Rn. 18). Bis zu diesen Zeitpunkten ist die gefällte Entscheidung jederzeit änderbar (BFH IX R 16/93, BStBl. II 1996, 142 mwN; V R 24/00, BStBl. II 2004, 89). Das setzt aber

eine neue Beratung durch die Richter voraus, die an der mündlichen Verhandlung teilgenommen haben (s. § 103).

Nach Eintritt der Bindungswirkung darf das Gericht das Urteil im Rahmen seiner durch Auslegung zu bestimmenden inhaltlichen Reichweite **nicht mehr ändern,** und zwar auch dann nicht, wenn es später dessen Fehlerhaftigkeit erkennt (BFH I B 171/08, BFH/NV 2009, 949 betr. klageabweisendes Urteil, bei dem das Gericht die vorherige Abtrennung eines Teils des Streitgegenstands versehentlich unterlassen hat; BFH I B 61/16, BFH/NV 2018, 210; s. auch BFH VI R 80/66, BStBl. III 1966, 595: bis zum Eintritt der Bindungswirkung können die beteiligten Richter das Urteil ändern, auch wenn es schon unterschrieben ist). Ausnahmen ergeben sich nur iRd **§§ 107–109.** Nach Eintritt der Bindungswirkung eingehende **Schriftsätze** sind unbeachtlich (BFH IX B 30/03, BFH/NV 2003, 1206; XI B 67/10, BFH/NV 2011, 1714, jeweils betr. Verkündung); auch nach diesem Zeitpunkt ergehende **Änderungsbescheide** können nicht mehr berücksichtigt werden (Umkehrschluss aus BFH IX R 18/12, BFH/NV 2013, 1094; Tipke/Kruse/Brandis § 104 Rn. 1). Eine **Wiedereröffnung der mündlichen Verhandlung** iSv § 93 III 2 ist nicht mehr möglich (BFH I R 43/93, BFH/NV 1995, 221; IV B 22/99, BFH/NV 2000, 211; VII B 198/00, BFH/NV 2001, 471; IV S 14/10, BFH/NV 2011, 1161; XI B 129/11, BFH/NV 2012, 1978; VI B 13/15, BFH/NV 2015, 1672; → § 93 Rn. 9; s. aber BFH IX B 128/06, BFH/NV 2007, 738: Wiedereröffnung der mündlichen Verhandlung ist zu prüfen, wenn der Schriftsatz nach Schluss der mündlichen Verhandlung, aber vor Eintritt der Bindungswirkung eingeht; zur Besetzung in diesem Fall → § 103 Rn. 3). 2

Sinngemäß gilt § 104 im **Revisionsverfahren** (§ 121 S. 1) und für **Beschlüsse** (BFH IX S 8/09, BFH/NV 2009, 1657). Ebenso ist § 104 III auf **Gerichtsbescheide** anzuwenden. 3

II. Verkündung – § 104 I

§ 104 I regelt die **Verkündung** des Urteils. Diese Form der Bekanntgabe (→ Rn. 1) steht **gleichberechtigt neben der Möglichkeit der Zustellung** des Urteils nach § 104 II. Weder aus der Stellung der Regelung in § 104 I noch aus dem Wortlaut lässt sich ein grds. Vorrang für die Variante der Verkündung des Urteils ableiten. § 104 I 1 verwendet zwar den Ausdruck „in der Regel". Dies bezieht sich aber nicht auf die Art der Bekanntgabe des Urteils, also die Verkündung, sondern auf den Termin der mündlichen Verhandlung, in dem das Urteil „in der Regel" verkündet werden soll, ohne also einen gesonderten Verkündungstermin zu bestimmen (BFH II B 43/98, BFH/NV 1999, 935). Ob das Urteil also nach § 104 I verkündet oder nach § 104 II zugestellt wird, steht im **Ermessen** des Gerichts, das hierüber durch einen am Schluss einer jeden mündlichen Verhandlung zu verkündenden **Beschluss** entscheidet (BFH II B 36/90, BStBl. II 1990, 987; HHS/Rauda § 104 Rn. 26; Tipke/Kruse/Brandis § 104 Rn. 2: Ermessensreduzierung auf Zustellung nach § 104 II, wenn ein Beteiligter nach § 52 II den Ausschluss der Öffentlichkeit beantragt). Der **Tenor** lautet zB: „Eine Entscheidung wird nach Beratung/im Laufe des Sitzungstages/am Ende des Sitzungstages verkündet." (→ Rn. 8) oder: „Eine Entscheidung wird den Beteiligten zugestellt." Ergeht ein derartiger Beschluss versehentlich nicht, so steht dies der gleichwohl vorgenommenen Verkündung nicht entgegen, weil diese „der Gesetzeslage entspricht" (BFH I B 72/07, BFH/NV 2008, 86 unter Hinweis auf § 104 I 4

1; s. auch BFH II B 36/90, BStBl. II 1990, 987 mwN zur Nachholung im schriftlichen Verfahren sowie BVerwG 7 C 19/02, BVerwGE 119, 329: keine Revisionszulassung wegen unterbliebener Verkündung des Beschlusses über die Verkündung oder Zustellung des Urteils).

5 Die Verkündung des Urteils ist nur dann möglich, wenn eine **mündliche Verhandlung** stattgefunden hat. Dies ergibt sich aus § 104 III, wonach die Verkündung dann, wenn das Gericht ohne mündliche Verhandlung entscheidet, durch die Zustellung an die Beteiligten ersetzt wird.

6 Hat das Gericht mündlich verhandelt und die Verkündung beschlossen (→ Rn. 4), so soll diese in der Regel in dem **Termin** erfolgen, **in dem die mündliche Verhandlung geschlossen wird.** Das Gericht muss dabei nicht unmittelbar im Anschluss an die mündliche Verhandlung verkünden. Die Verkündung kann auch **im Laufe oder am Schluss des Sitzungstages** vorgenommen werden, und zwar auch in zusammengefasster Folge für mehrere Sachen (BFH I B 72/07, BFH/NV 2008, 86; XI B 178/06, BFH/NV 2008, 562; III B 28/12, BFH/NV 2013, 1936, Rn. 35; HHS/Rauda § 104 Rn. 30).

7 Die **Anberaumung eines besonderen Verkündungstermins** lässt § 104 I 1 Hs. 2 als **Ausnahme in besonderen Fällen** zu und ist auch in der finanzgerichtlichen Praxis die absolute Ausnahme. Dies dient der Verwirklichung des Grundsatzes der Unmittelbarkeit der mündlichen Verhandlung. Der gewonnene Eindruck soll nicht durch ein weiteres Zuwarten bis zur Fällung und Verkündung des Urteils verwässert werden. Daher können nur solche Umstände die Anberaumung eines späteren Verkündungstermins rechtfertigen, die eine besonders intensive Auseinandersetzung mit dem Ergebnis der mündlichen Verhandlung erfordern, zB nach einer sehr umfangreichen Beweisaufnahme, oder wenn sich neue tatsächliche und/oder rechtliche Aspekte ergeben haben (ähnlich HHS/Rauda Rn. 38). Zum Wechsel der Gerichtsbesetzung vor Verkündung → § 103 Rn. 6.

8 Der besondere Verkündungstermin ist **sofort anzuberaumen,** also in dem Termin, in dem die mündliche Verhandlung geschlossen wird. Das Gericht hat hierüber einen **Beschluss** zu fassen, zB mit dem **Tenor:** „Termin zur Verkündung einer Entscheidung wird bestimmt auf …, … Uhr in Saal … des Finanzgerichts." (s. auch HHS/Rauda Rn. 39: nicht „zur Verkündung eines Urteils", um auch den Fall abzudecken, dass noch kein Urteil gesprochen wird, sondern zB ein Beweisbeschluss ergeht). Diesen Beschluss kann das Gericht unmittelbar am Schluss der mündlichen Verhandlung verkünden. Verkündet es stattdessen den Beschluss, dass eine Entscheidung nach Beratung/im Laufe des Sitzungstages/am Ende des Sitzungstages verkündet wird oder dass eine solche den Beteiligten zugestellt wird (→ Rn. 4 aE), so kann diese zu verkündende/zuzustellende Entscheidung auch der Beschluss über die Anberaumung eines gesonderten Verkündungstermins sein, so zB dann, wenn die Gründe für einen solchen gesonderten Termin erst in der Beratung zu Tage treten.

9 Der besondere Verkündungstermin soll **nicht über zwei Wochen hinaus** angesetzt werden. Auch dies dient der Wahrung des unmittelbaren Eindrucks, den die Richter von der mündlichen Verhandlung gewonnen haben und der dann verloren ginge, wenn die abschließende Beratung und anschließende Verkündung über einen längeren Zeitraum hinausgeschoben würde (aber zum Wechsel der Gerichtsbesetzung vor Verkündung → § 103 Rn. 6 sowie zur Verlegung des Verkündungstermins HHS/Rauda Rn. 40). Da § 104 I 1 Hs. 2 aber eine **Sollvorschrift** ist, bleibt ihre Nichtbeachtung ohne Konsequenzen (BFH X R 67/99,

BFH/NV 2001, 635 (636); zur Heilung von Verkündungsmängeln durch die Zustellung → Rn. 12).

10 Das Urteil wird nach **§ 104 I 2 Hs. 1** durch **Verlesung der Formel** iSv § 105 II Nr. 3 verkündet. Das setzt voraus, dass das Gericht die Urteilsformel zuvor schriftlich fixiert hat (Tipke/Kruse/Brandis § 104 Rn. 4). Die **Urteilsformel umfasst** neben dem eigentlichen Urteilsausspruch auch die Kostenentscheidung und die Entscheidung über die vorläufige Vollstreckbarkeit (→ § 105 Rn. 20 ff.). Die Urteilsgründe müssen zum Zeitpunkt der Verkündung noch nicht abgefasst sein. Dies ist angesichts dessen, dass die Verkündung regelmäßig im Termin der letzten mündlichen Verhandlung vorzunehmen ist (→ Rn. 6) auch kaum möglich. Gleichwohl kann das Gericht zur Vorabinformation der evtl. anwesenden Beteiligten eine kurze mündliche **Begründung** der Entscheidung geben (§ 155 FGO, § 311 III ZPO; zur Heilung von Verkündungsmängeln durch die Zustellung → Rn. 12).

11 Die Verkündung der Entscheidung erfolgt **öffentlich** (§ 52 I FGO, § 173 I GVG; zu Rechtsfolgen eines Verstoßes → § 52 Rn. 10) nach **nochmaligem Aufruf** der Sache durch den **Vorsitzenden** (§ 155 FGO, § 136 IV ZPO) im Beisein der übrigen Richter und **„im Namen des Volkes"** (s. § 105 I). Nur dann, wenn die Verkündung in einem gesonderten Verkündungstermin erfolgt, können an der Verkündung auch Richter beteiligt sein, die das Urteil nicht gefällt haben (→ § 103 Rn. 6); der Vorsitzende kann das Urteil nach § 155 FGO iVm § 311 IV ZPO in dem gesonderten Verkündungstermin auch allein verkünden. Auf die Anwesenheit der Beteiligten kommt es für die Wirksamkeit des Verkündungsakts nicht an (§§ 155 FGO, 312 I 1 ZPO). Solange die Urteilsverkündung noch nicht abgeschlossen ist, kann diese unterbrochen und die Urteilsformel – ggf. nach erneuter Beratung – berichtigt werden (BVerwG 2 WD 3/04, BVerwGE 120, 193; HHS/Rauda § 104 Rn. 49). Die Verkündung ist in der Niederschrift über die mündliche Verhandlung zu protokollieren (BFH X B 123/08, BFH/NV 2009, 752). Nach **§ 104 I 3** kann der Vorsitzende den Beteiligten, ihren Bevollmächtigten und Beiständen gestatten, an der Urteilsverkündung per Bild- und Tonübertragung **(Videokonferenz)** teilzunehmen. Dies gilt sowohl für die Verkündung im Termin der mündlichen Verhandlung als auch für einen späteren Verkündungstermin. Die Entscheidung steht im Ermessen des Vorsitzenden. Insoweit gelten dieselben Maßstäbe wie für die Gestattung der Durchführung der mündlichen Verhandlung per Videokonferenz, obgleich § 104 I 3 nach seinem Wortlaut keine Vorprägung des Ermessens vorsieht (→ § 90 Rn. 50). Zu den **Rechtsfolgen** der Verkündung → Rn. 1 ff.

12 Das verkündete Urteil ist nach § 105 IV der **Geschäftsstelle zu übermitteln** (s. dort), was auch elektronisch möglich ist (§§ 52a u. 52b; BT-Drs. 15/4067, 41; s. auch § 105 VI). Anschließend ist das verkündete Urteil nach **§ 104 I 2 Hs. 2** den Beteiligten **zuzustellen.** Die Zustellung richtet sich nach **§ 53** (BFH VI B 125/14, BFH/NV 2015, 848; VIII S 18/19, BFH/NV 2020, 768, Rn. 4). Da § 104 I 2 Hs. 2 die Zustellung anordnet, kommt es nicht darauf an, ob die Voraussetzungen des § 53 I vorliegen. Zur **Form der Zustellung** → Rn. 20. **Formmängel** werden idR hierdurch **geheilt** (BFH XI R 23, 24/92, BStBl. II 1993, 514; X R 67/99, BFH/NV 2001, 635; XI B 104/05, BFH/NV 2006, 1801; X B 123/08, BFH/NV 2009, 752; IV B 126/10, BFH/NV 2012, 774, Rn. 15; III B 28/12, BFH/NV 2013, 1936, Rn. 34; → § 53 Rn. 13). Mit der Zustellung beginnt – abweichend von der bereits mit der Verkündung eintretenden Bin-

dungswirkung (→ Rn. 2f.) – nach § 120 I 1 die **Rechtsmittelfrist** zu laufen (BFH V B 54/13, BFH/NV 2014, 169, Rn. 7).

III. Fakultative Zustellung – § 104 II

13 Nach **§ 104 II Hs. 1** ist **statt der Verkündung** auch die **Zustellung** des Urteils zulässig, wovon die Gerichte, die hierüber nach pflichtgemäßem **Ermessen** durch **Beschluss** entscheiden (→ Rn. 4), oft Gebrauch machen. Das ist in der ersten Instanz darauf zurückzuführen, dass es angesichts der Kompliziertheit des Steuerrechts oftmals praktikabel ist, die Bindungswirkung des Urteils hinauszuschieben, um ggf. die mündliche Verhandlung wieder eröffnen oder jedenfalls bis zur endgültigen schriftlichen Abfassung des Tatbestands und der der Entscheidungsgründe noch Änderungen vornehmen zu können, und zwar auch des Ausspruchs (so auch Tipke/Kruse/Brandis § 104 Rn. 2; zur Bindungswirkung → Rn. 1f.). In der Revisionsinstanz beruht die nahezu ausschließliche Bekanntgabe der Entscheidungen nach § 104 II im Wesentlichen auf der erforderlichen Abstimmung mit der Rspr. anderer Senate und der Breitenwirkung vieler Entscheidungen. Der Zustellung des Urteils an Stelle seiner Verkündung steht auch **Art. 6 I 2 EMRK** nicht entgegen. Danach muss ein Urteil zwar öffentlich verkündet werden. Die Regelung findet nach der stRspr des BFH im Steuerprozess aber keine Anwendung (BFH II B 18/08, BFH/NV 2008, 1866; X B 90/08, BFH/NV 2009, 1135; II R 31/14, BFH/NV 2015, 1697, jeweils mwN).

14 Voraussetzung für die Anwendung von § 104 II ist, dass eine **mündliche Verhandlung** stattgefunden hat, weil ansonsten § 104 III eingreift, und zwar auch dann, wenn die Sache nach mündlicher Verhandlung vertagt wird und die Beteiligten auf eine weitere mündliche Verhandlung verzichten (BVerwG 4 B 11/03, NVwZ-RR 2003, 460; HHS/Rauda § 104 Rn. 74). Die **Zustellung** richtet sich nach **§ 53.** Da § 104 I Hs. 2 die Zustellung anordnet, kommt es nicht darauf an, ob die Voraussetzungen des § 53 I vorliegen. Mit der Zustellung beginnt nach § 120 I 1 die **Rechtsmittelfrist** zu laufen. Zur Form der Zustellung → Rn. 20.

15 Macht das Gericht statt der Verkündung von der Zustellung Gebrauch, so muss es das Urteil nach **§ 104 II Hs. 2** innerhalb von **zwei Wochen** nach der mündlichen Verhandlung der Geschäftsstelle übermitteln, was auch elektronisch möglich ist (§§ 52a und 52b; BT-Drs. 15/4067, 41). Durch die Zweiwochenfrist soll der notwendige Zusammenhang zwischen mündlicher Verhandlung und Urteil gewahrt und zugleich sichergestellt werden, dass der Inhalt des Urteils dem Gesamtergebnis des Verfahrens einschließlich der in der mündlichen Verhandlung gewonnenen Überzeugung der beteiligten Richter entspricht (BFH IV R 45/09, BStBl. II 2013, 123; II B 67/15, BFH/NV 2016, 773). Das Gesetz geht dabei zunächst von dem Regelfall aus, dass das Gericht das **Urteil unmittelbar im Anschluss an die mündliche Verhandlung beschlossen** hat. Unter Einbeziehung von § 105 V 2 und 3 ist der Wortlaut des § 104 II Hs. 2 dahin gehend einschränkend auszulegen, dass nicht das gesamte Urteil der Geschäftsstelle zu übermitteln ist, sondern die **von den Berufsrichtern unterschriebene Urteilsformel** (BFH I R 40/72, BStBl. II 1975, 232; X B 146–149/94, BFH/NV 1995, 692 (694); II B 43/98, BFH/NV 1999, 935; VII R 51/99, BFH/NV 2000, 1232; VII B 340/06, BFH/NV 2008, 581; → § 105 Rn. 20ff.; → § 103 Rn. 7). Diese umfasst neben dem eigentlichen Urteilsausspruch auch die Kostenentscheidung und die Entscheidung über die vorläufige Vollstreckbarkeit. Die Geschäftsstelle

muss den Zeitpunkt des Eingangs der Urteilsformel nicht auf dem Urteil vermerken (BFH VII B 28/01, BFH/NV 2001, 1287; aA Tipke/Kruse/Brandis § 104 Rn. 7), sollte dies aus Nachweisgründen aber gleichwohl tun.

Hält das Gericht die Zweiwochenfrist nicht ein, so bleibt dies prozessual idR **ohne Folgen.** Dies nimmt der BFH jedenfalls dann an, wenn die Überschreitung geringfügig ist, ohne dass er den Begriff der Geringfügigkeit definiert (BFH VII B 173/98, BFH/NV 1999, 341; X B 62/07, BeckRS 2008, 25012970). Ist sie nicht geringfügig – wovon mE bei einer Überschreitung der Zweiwochenfrist um mehr als drei Tage auszugehen ist –, geht der BFH zwar von einem Verfahrensmangel iSv § 115 II Nr. 3 aus, der aber idR nicht zur Zulassung der Revision führt. Die vom BFH hierfür gegebene **Begründung ist uneinheitlich.** Zum Teil beruft er sich darauf, dass es sich bei § 104 II Hs. 2 um eine bloße Ordnungsvorschrift handelt, so dass das Urteil nicht auf der Verletzung dieser Frist beruhen kann (BFH V B 90/98, BFH/NV 1999, 1362; V R 49/98, BFH/NV 1999, 1364; V B 56/00, BFH/NV 2001, 57; II B 35–37/18, BStBl. II 2020, 394, Rn. 7). Zum Teil beruft er sich darauf, dass die Nichteinhaltung der Zweiwochenfrist eine Revision oder NZB solange nicht begründen kann, als nicht dargetan oder sonst erkennbar ist, dass die Urteilsformel bei fristgemäßer Niederlegung anders als im zugestellten Urteil gelautet hätte (BFH II B 43/98, BFH/NV 1999, 935; IV B 89/01, BFH/NV 2003, 177; IX B 42/04, BFH/NV 2005, 1311; VIII B 280/04, BFH/NV 2005, 2234; IV R 45/09, BStBl. II 2013, 123, Rn. 30; so auch Kopp/Schenke/Schenke VwGO § 116 Rn. 12). Letzterer Auffassung ist mE zu folgen, weil jedenfalls bei einer eklatanten Nichteinhaltung der Zweiwochenfrist in Ausnahmefällen nicht ausgeschlossen werden kann, dass der unmittelbar im Anschluss an die mündliche Verhandlung beschlossene Tenor nicht mehr mit dem erst nach Ablauf der Zweiwochenfrist übermittelten Tenor übereinstimmt (so auch BFH II B 67/15, BFH/NV 2016, 773 für ein erst knapp vier Monate nach der mündlichen Verhandlung an die Geschäftsstelle gegebenes **Einzelrichterurteil**). Derartige Zweifel muss der Revisionskläger oder Beschwerdeführer der NZB darlegen (iE glA HHS/Rauda § 104 Rn. 127), was ihm aber idR nicht gelingen wird. 16

Der BFH leitet aus § 104 II Hs. 2 ferner ab, dass das **Urteil vor Ablauf von zwei Wochen nach der mündlichen Verhandlung beschlossen** sein muss (BFH X B 54/12, BFH/NV 2013, 747 mit einer Beweisaufnahme zum Zeitpunkt der Urteilsfällung). Andernfalls sei es möglich, dass das Urteil iSv § 115 II Nr. 3 zumindest dann auf einem Verstoß gegen § 104 II Hs. 2 beruhe, wenn zweifelhaft sei, ob die Entscheidungsformel überhaupt in hinreichend engem zeitlichen Zusammenhang mit der mündlichen Verhandlung vom Gericht festgelegt worden sei (BFH VII B 239/02, BFH/NV 2004, 1114 unter Hinweis auf BVerwG 7 B 437/97, BVerwGE 106, 366: Ein erst zwei Wochen nach der mündlichen Verhandlung beschlossenes Urteil beruht auf einem Verstoß gegen § 116 II VwGO = § 104 II FGO). Ist das Urteil innerhalb dieser Frist noch nicht beschlossen, so muss das Gericht – sofern es den Fehler bemerkt – die mündliche Verhandlung und die Beratung nachholen. Gleiches gilt nach BFH X B 54/12 (BFH/NV 2013, 747) auch dann, wenn das beschlossene Urteil auf einem noch zu erlassenden **Änderungsbescheid** beruht und deshalb der Urteilstenor nur iVm diesem Änderungsbescheid in sinnvoller Weise verstanden werden kann. 17

Nach Ablauf von zwei Wochen nach der mündlichen Verhandlung haben die Beteiligten einen **Rechtsanspruch** ggü. der Geschäftsstelle **auf formlose Auskunftserteilung,** ob das Urteil dort eingegangen ist und wie die Urteilsformel 18 lautet (BFH VII B 28/01, BFH/NV 2001, 1287 (1288)). Teilt die Geschäftsstelle einem Beteiligten die Urteilsformel mit, so führt dies zu einer **Bindungswirkung** des Urteils und dessen Unabänderlichkeit durch das Gericht, und zwar selbst dann, wenn die Mitteilung formlos erfolgt (BFH IX R 16/93, BStBl. II 1996, 142 mwN; X B 169/00, BFH/NV 2001, 1143 (1144); V R 24/00, BStBl. II 2004, 89; IX B 9/14, BFH/NV 2015, 213; I R 97/15, BFH/NV 2018, 177; VIII B 87/23, BFH/NV 2025, 33, Rn. 7, zum zuvor eingegangenen Ablehnungsgesuch; ausf. → Rn. 1 f.). Wird telefonisch ein anderer als der schriftlich hinterlegte Tenor mitgeteilt, so ist nur der schriftlich niedergelegte Tenor maßgeblich (BFH VII B 49/13, BFH/NV 2014, 1756).

IV. Obligatorische Zustellung – § 104 III

19 Falls **ohne mündliche Verhandlung** entschieden wird (§ 90 II oder § 90a), kommt als Form der Bekanntgabe **nur** die **Zustellung** in Frage. Die Zweiwochenfrist des § 104 II Hs. 2 gilt dafür nicht (BFH VI R 139/99, BFH/NV 2001, 1596; VI B 70/04, BFH/NV 2005, 1836). Mangels einer mündlichen Verhandlung gibt es in den Fällen des § 104 III auch keine Frist, innerhalb derer die Entscheidung beschlossen sein muss (→ Rn. 17; glA HHS/Rauda § 104 Rn. 116; aA Tipke/Kruse/Brandis § 104 Rn. 10). Die Zustellung richtet sich nach **§ 53,** und zwar – wegen der ausdrücklichen Anordnung in § 104 III – unabhängig davon, ob die Voraussetzungen des § 53 I vorliegen. Mit der Zustellung beginnt nach § 120 I 1 die **Rechtsmittelfrist** zu laufen. Zur Form der Zustellung → Rn. 20.

V. Form der Zustellung (§ 317 ZPO)

20 Die Form der Zustellung ist in § 104 nicht geregelt. Über § 155 gelangt § 317 ZPO zur Anwendung, der wie folgt lautet:

§ 317 ZPO Urteilszustellung und -ausfertigung

(1) [1]Die Urteile werden den Parteien, verkündete Versäumnisurteile nur der unterliegenden Partei in Abschrift zugestellt. [2]Eine Zustellung nach § 310 Abs. 3 genügt. [3]Auf übereinstimmenden Antrag der Parteien kann der Vorsitzende die Zustellung verkündeter Urteile bis zum Ablauf von fünf Monaten nach der Verkündung hinausschieben.

(2) [1]Ausfertigungen werden nur auf Antrag und nur in Papierform erteilt. [2]Solange das Urteil nicht verkündet und nicht unterschrieben ist, dürfen von ihm Ausfertigungen, Auszüge und Abschriften nicht erteilt werden. [3]Die von einer Partei beantragte Ausfertigung eines Urteils erfolgt ohne Tatbestand und Entscheidungsgründe; dies gilt nicht, wenn die Partei eine vollständige Ausfertigung beantragt.

(3) Ausfertigungen, Auszüge und Abschriften eines als elektronisches Dokument (§ 130b) vorliegenden Urteils können von einem Urteilsausdruck erteilt werden.

(4) Die Ausfertigung und Auszüge der Urteile sind von dem Urkundsbeamten der Geschäftsstelle zu unterschreiben und mit dem Gerichtssiegel zu versehen.

(5) [1]Ist das Urteil nach § 313b Abs. 2 in abgekürzter Form hergestellt, so erfolgt die Ausfertigung in gleicher Weise unter Benutzung einer beglaubigten Abschrift

der Klageschrift oder in der Weise, dass das Urteil durch Aufnahme der in § 313 Abs. 1 Nr. 1 bis 4 bezeichneten Angaben vervollständigt wird. [2]Die Abschrift der Klageschrift kann durch den Urkundsbeamten der Geschäftsstelle oder durch den Rechtsanwalt des Klägers beglaubigt werden.

§ 317 ZPO findet nur insoweit Anwendung, als § 104 keine Sonderregelungen trifft, was aber hinsichtlich der Frage der Fall ist, **wann zugestellt wird.** Dies richtet sich ausschließlich nach § 104 II und III. § 317 ZPO greift damit nur bezüglich der Frage ein, **wie zugestellt wird.** § 317 I ZPO bestimmt insoweit, dass Urteile grds. nur in **Abschrift** zugestellt werden (zum Begriff → § 53 Rn. 12). **Ausfertigungen** (→ § 53 Rn. 13) werden gem. § 317 II ZPO nur auf Antrag, nur in Papierform und idR ohne Tatbestand und Entscheidungsgründe erteilt, sofern nicht der Beteiligte eine vollständige Ausfertigung beantragt. Dies soll dem Umstand Rechnung tragen, dass aus vielen Urteilen gar nicht vollstreckt wird, so dass es keiner Ausfertigung bedarf. Das gilt insbes. im finanzgerichtlichen Verfahren. Zudem soll die Zustellung einer Urteilsabschrift die Urkundsbeamten der Geschäftsstellen entlasten und zu einer Beschleunigung der Zustellung führen, da diese auch auf elektronischem Wege erfolgen kann (BT-Drs. 17/12634, 30; dies wohl übersehend BFH II B 35–37/18, BStBl. II 2020, 394, Rn. 23: Beteiligte erhalten regelmäßig eine Ausfertigung). Abschriften und Ausfertigungen sowie Auszüge aus dem Urteil dürfen nach § 317 II 2 ZPO **erst dann** erteilt werden, wenn das Urteil verkündet und unterschrieben ist. Zur Zustellung von Urteilen als elektronische Dokumente → § 53 Rn. 60. § 317 V ZPO findet im finanzgerichtlichen Verfahren keine Anwendung.

§ 105 [Urteilsform]

(1) [1]**Das Urteil ergeht im Namen des Volkes.** [2]**Es ist schriftlich abzufassen und von den Richtern, die bei der Entscheidung mitgewirkt haben, zu unterzeichnen.** [3]**Ist ein Richter verhindert, seine Unterschrift beizufügen, so wird dies mit dem Hinderungsgrund vom Vorsitzenden oder, wenn er verhindert ist, vom dienstältesten beisitzenden Richter unter dem Urteil vermerkt.** [4]**Der Unterschrift der ehrenamtlichen Richter bedarf es nicht.**

(2) **Das Urteil enthält**

1. **die Bezeichnung der Beteiligten, ihrer gesetzlichen Vertreter und der Bevollmächtigten nach Namen, Beruf, Wohnort und ihrer Stellung im Verfahren,**
2. **die Bezeichnung des Gerichts und die Namen der Mitglieder, die bei der Entscheidung mitgewirkt haben,**
3. **die Urteilsformel,**
4. **den Tatbestand,**
5. **die Entscheidungsgründe,**
6. **die Rechtsmittelbelehrung.**

(3) [1]**Im Tatbestand ist der Sach- und Streitstand unter Hervorhebung der gestellten Anträge seinem wesentlichen Inhalt nach gedrängt darzustellen.** [2]**Wegen der Einzelheiten soll auf Schriftsätze, Protokolle und andere Unterlagen verwiesen werden, soweit sich aus ihnen der Sach- und Streitstand ausreichend ergibt.**

(4) [1]**Ein Urteil, das bei der Verkündung noch nicht vollständig abgefasst war, ist vor Ablauf von zwei Wochen, vom Tag der Verkündung an gerechnet, vollständig abgefasst der Geschäftsstelle zu übermitteln.** [2]**Kann dies ausnahmsweise nicht geschehen, so ist innerhalb dieser zwei Wochen das von den Richtern unterschriebene Urteil ohne Tatbestand, Entscheidungsgründe und Rechtsmittelbelehrung der Geschäftsstelle zu übermitteln.** [3]**Tatbestand, Entscheidungsgründe und Rechtsmittelbelehrung sind alsbald nachträglich niederzulegen, von den Richtern besonders zu unterschreiben und der Geschäftsstelle zu übermitteln.**

(5) **Das Gericht kann von einer weiteren Darstellung der Entscheidungsgründe absehen, soweit es der Begründung des Verwaltungsakts oder der Entscheidung über den außergerichtlichen Rechtsbehelf folgt und dies in seiner Entscheidung feststellt.**

(6) [1]**Der Urkundsbeamte der Geschäftsstelle hat auf dem Urteil den Tag der Zustellung und im Fall des § 104 Abs. 1 Satz 1 den Tag der Verkündung zu vermerken und diesen Vermerk zu unterschreiben.** [2]**Werden die Akten elektronisch geführt, hat der Urkundsbeamte der Geschäftsstelle den Vermerk in einem gesonderten Dokument festzuhalten.** [3]**Das Dokument ist mit dem Urteil untrennbar zu verbinden.**

Vgl. § 117 VwGO; §§ 132ff. SGG; §§ 311 I, 313ff. ZPO.

Literatur: (Seit 2000; s. frühere Voraufl.): Bäcker, Begründen und Entscheiden, 2008; Brandt, Begründungsmängel finanzgerichtlicher Urteile, AO-StB 2001, 270; Hotz, Richterrecht zwischen methodischer Bindung und Beliebigkeit, 2008; Huber, Das Zivilurteil, 2. Aufl. 2003; Kischel, Folgen von Begründungsfehlern, 2004; Kment, Grundfälle zur Tenorierung im verwaltungsgerichtlichen Verfahren, JuS 2005, 420; Rafi, Kriterien für ein gutes Urteil, 2004 (Berliner Diss. 2003); Sattelmacher/Sirp, Bericht, Gutachten und Urteil, 33. Aufl. 2003; Vismann/Weitin (Hrsg.), Urteilen/Entscheiden, 2006; Wahrendorf/Huschens, Grundfragen beim Abfassen verwaltungsgerichtlicher Urteile, NWVBl. 2005, 197; Wank, Die Auslegung von Gesetzen, 4. Aufl. 2008.

Übersicht

	Rn.
I. Allgemeines	1
II. Form des Urteils (Abs. 1)	4
1. Eingangsformel	4
2. Schriftlichkeit, elektronische Form	6
3. Unterschrift	7
4. Zweck	8
5. Rechtsfolgen	10
6. Verhinderungsvermerk	11
7. Rechtsfolgen	13
III. Mindestinhalt und Aufbau (Abs. 2)	15
1. Rubrum (Abs. 2 Nr. 1 u. 2)	15
a) Begriff	15
b) Beteiligte	16
2. Urteilsformel (Abs. 2 Nr. 3)	20
3. Tatbestand und Entscheidungsgründe (Abs. 2 Nr. 4 u. 5)	24
a) Begründungspflicht und Ausnahmen	26
b) Umfang der Begründung	30

	Rn.
c) Tatbestand (Abs. 2 Nr. 4)	33
d) Entscheidungsgründe (Abs. 2 Nr. 5)	37
e) Darstellung der Entscheidungsgründe	43
f) Trennung von Tatbestand und Entscheidungsgründen	46
4. Rechtsmittelbelehrung (Abs. 2 Nr. 6)	48
5. Aufbau	49
IV. Darstellung des Tatbestands (Abs. 3)	50
V. Vervollständigung des verkündeten Urteils (Abs. 4)	60
VI. Begründungserleichterung (Abs. 5)	63
VII. Vermerk des Urkundsbeamten (Abs. 6)	67

I. Allgemeines

Inhalt. Die Vorschrift bestimmt in Abs. 1 die **Form** (ua Schriftlichkeit) und in Abs. 2 als geordnete Aufzählung den **Mindestinhalt** sowie den **Aufbau** des Urteils. Die in Abs. 2 Nr. 4 u. 5 angelegte **Begründungspflicht** ist in Abs. 3 für den Tatbestand und in § 96 I 3 für die Entscheidungsgründe (→ § 96 Rn. 175 ff.) näher ausgestaltet. Abs. 5 sieht eine allg. Erleichterung für die Darstellung der Entscheidungsgründe vor. Abs. 4 regelt in Ergänzung zu § 104 das weitere Verfahren, wenn ein Urteil bei seiner Verkündung noch nicht vollständig abgefasst war; Abs. 6 betrifft den Vermerk des Urkundsbeamten der Geschäftsstelle. 1

Anwendungsbereich. § 105 gilt für **alle Urteile** und Gerichtsbescheide (§ 106) und (mit Einschränkungen) sinngemäß auch für **Beschlüsse** (zB BFH I B 92/98, BFH/NV 1999, 1606; VII B 125/06, BFH/NV 2007, 767; IV B 126/07, BFH/NV 2009, 76; → § 113 Rn. 4). Abs. 2, 3 u. 5 sind zugeschnitten auf erstinstanzliche Urteile; § 116 V 2, § 126 VI und § 126a enthalten spezielle Begründungserleichterungen für **Entscheidungen des BFH.** 2

Rechtsfolgen. Die Norm gehört zum Verfahrensrecht; Verstöße führen, soweit das Urteil nicht nichtig ist, grds. zu Verfahrensmängeln, die mit der Nichtzulassungsbeschwerde und der Revision geltend gemacht werden können. Teilweise bleibt die Nichtbeachtung aber auch folgenlos. Ist das Urteil wegen Verstoßes gegen § 105 unvollständig, beginnt die Rechtsmittelfrist nicht zu laufen. Sie beginnt erst mit der Zustellung des vollständigen Urteils zu laufen (§ 116 II, III; § 120 I, II). Unter anderem hierfür geben Abs. 1 u. 2 den rechtlichen Maßstab vor. 3

II. Form des Urteils (Abs. 1)

1. Eingangsformel

Die Worte „Im Namen des Volkes" (vgl. Art. 20 II GG) stehen (in allen Gerichtszweigen) am Anfang des Urteils, gefolgt von der Bezeichnung der Entscheidung als Urteil (Zwischenurteil, Teilurteil, Grundurteil, Endurteil, Gerichtsbescheid). **Beschlüsse** ergehen nicht im Namen des Volkes, selbst wenn sie urteilsersetzend ein kontradiktorisches Verfahren abschließen. Wird die Eingangsformel versehentlich weggelassen, so ist dies für die Wirksamkeit des Urteils ohne Bedeutung. 4

Mit dem Urteil antwortet das Gericht im Namen des Volkes auf das individuelle Rechtsschutzbegehren. Die Beteiligten, für die das Urteil in erster Linie bestimmt 5 ist, sollen es verstehen und nachvollziehen können. Die **Gedankenführung** sollte geordnet, **Stil und Sprache** des Urteils sollten präzise, klar und verständlich sein. Die unumgängliche Verwendung von Fachbegriffen schließt es nicht aus, das Urteil iÜ in einer lebendigen und anschaulichen Sprache zu verfassen (MüKoZPO/Musielak ZPO § 313 Rn. 2).

2. Schriftlichkeit, elektronische Form

6 Das Urteil muss grds. **schriftlich** (vgl. § 64 I) abgefasst, dh in einem Schriftstück in deutscher Sprache (§ 52 I FGO iVm § 184 GVG) niedergelegt sein. Es kann auch **in elektronischer Form** erstellt werden. Wird das Urteil **originär** in elektronischer Form erstellt, muss es (wie alle gerichtlichen Dokumente, die der handschriftlichen Unterzeichnung bedürfen; → Rn. 7 ff.) die verantwortenden Personen namentlich bezeichnen und von ihnen mit einer qualifizierten elektronischen Signatur versehen sein (§ 52a VII 1 idF des Gesetzes zur Einführung der elektronischen Akte in der Justiz und zur weiteren Förderung des elektronischen Rechtsverkehrs vom 5.7.2017 (BGBl. I 2208), in Kraft getreten am 1.1.2018; BFH III B 80/18, DStRE 2019, 846). Dem steht es gleich, wenn das elektronische Dokument durch die **Übertragung** (gem. § 298a II ZPO) eines im Original von den verantwortenden Personen handschriftlich unterzeichneten Urteils entstanden ist (§ 52a VII 2; BT-Drs. 18/12203, 89). In diesem Fall ersetzt das elektronische Dokument die zunächst handschriftlich unterzeichnete Urschrift (BT-Drs. 18/12203, 77 zu § 130b S. 2 ZPO). Das elektronische Urteil kann ua elektronisch zugestellt werden (§ 173 I ZPO).

3. Unterschrift

7 Die Berufsrichter müssen das Urteil **eigenhändig unterschreiben** (Ausnahme: elektronische Form → Rn. 6). Die Unterschrift der ehrenamtlichen Richter ist nicht erforderlich (Abs. 1 S. 4; BFH I R 71/12, BFH/NV 2013, 1108). Die Anforderungen an eine rechtswirksame Unterschrift entsprechen denjenigen für bestimmende Schriftsätze (→ § 64 Rn. 11 ff.). Unterschreiben müssen **alle Richter,** die an der Entscheidung mitgewirkt haben (Abs. 2 Nr. 2), idR also diejenigen, die an der dem Urteil zugrunde liegenden (letzten) mündlichen Verhandlung teilgenommen haben (§ 103); auf eine abweichende Besetzung im Verkündungstermin oder in einem früheren Verfahrensstadium kommt es nicht an. Bei Entscheidung im schriftlichen Verfahren kommt es auf die Besetzung am Entscheidungstag an. Auch ein überstimmter Richter muss seine Unterschrift beifügen; eine Ausnahme von der **Unterschriftspflicht** gilt nur bei Verhinderung (→ Rn. 11).

4. Zweck

8 Mit der Unterschrift bestätigt der Richter (nur), dass die schriftliche Urteilsfassung in allen Bestandteilen mit der beschlossenen oder verkündeten Urteilsformel (BGH VII ZR 199/73, NJW 1975, 781) und den für die richterliche Überzeugung leitenden Gründen übereinstimmt, insbes. dass sie dem ordnungsgemäß zustande gekommenem Abstimmungsergebnis (ggf. auch hinsichtlich der Fassung) entspricht (§ 52 FGO iVm § 196 I GVG; BFH I B 56/96, BFH/NV 1997, 576), dass er seine Mitwirkung an der Entscheidung zum Abschluss bringt und diese zur Ausfertigung und Zustellung an die Beteiligten freigibt (BVerwG 5 C 9/89, NJW 1993, 1811). Die Unterschriften der Richter unter einem Urteil müssen dabei stets einen Text

decken, der dem Beratungsergebnis entsprechend verfasst und den Unterschreibenden **vollständig bekannt** war (BGH 2 StR 654/77, NJW 1978, 899; BVerwG 4 B 173/95, NVwZ-RR 1996, 299; BFH I R 32/17, IStR 2021, 369). Fehlt es daran, etwa weil der zuletzt unterschreibende Vorsitzende den Text inhaltlich ändert, ohne ihn noch einmal zur Unterschrift umlaufen zu lassen, beruht das Urteil auf einem Verfahrensmangel, der nach Ablauf der Fünf-Monats-Frist (→ Rn. 61) nicht mehr geheilt werden kann. Erkennt das Gericht seinen Fehler, kann es gleichwohl das rechtskräftige Urteil nicht vAw aufheben und die mündliche Verhandlung wieder eröffnen. Das Urteil ist zwar verfahrensfehlerhaft ergangen, aber nicht unwirksam (so aber BFH I R 32/17, IStR 2021, 369).

Nur die in den Gerichtsakten verbleibende **Urschrift** des Urteils muss unter- 9
schrieben werden (BFH II S 2/02, BFH/NV 2002, 941; II B 35–37/18, BStBl. II 2020, 394). Die an die Beteiligten zuzustellenden **Ausfertigungen** oder Ablichtungen des Urteils müssen aber erkennen lassen, welche Richter das Original des Urteils unterzeichnet haben, zB indem anstelle der Unterschrift der Name des Richters wiedergegeben ist (BFH IX B 13/03, BFH/NV 2003, 1203; V S 24/12, BFH/NV 2012, 2000). Die Angabe „gez. Unterschrift" genügt nicht, da sie nicht erkennen lässt, welche Richter das Urteil unterschrieben haben. Ist der Name des Richters in Klammern gesetzt, ergibt sich daraus nicht, ob er das Urteil unterschrieben hat (BGH VII ZR 199/73, NJW 1975, 781). Will ein Beteiligter die Beachtung des Unterschriftserfordernisses überprüfen und beantragt er (anstatt Akteneinsicht zu nehmen) die Übersendung einer Kopie der Urschrift, fallen dafür Kosten gemäß der Dokumentenpauschale an (BFH IX E 5/20, BFH/NV 2020, 1275).

5. Rechtsfolgen

Bei nicht verkündeten Urteilen ist die Unterschrift Wirksamkeitsvoraussetzung, 10
jedenfalls bei Entscheidung durch den Einzelrichter (BGH IX ZR 249/96, NJW 1998, 609). Die Zustellung eines Nicht-Urteils setzt keine Rechtsmittelfrist in Lauf; das Nicht-Urteil ist zur Klarstellung aufzuheben (BFH IX B 9/14, BFH/NV 2015, 213). Im Übrigen werden Urteile mit der Verkündung wirksam. Durch die Zustellung eines nicht oder nicht ordnungsgemäß unterschriebenen, verkündeten Urteils wird die **Rechtsmittelfrist** nicht in Lauf gesetzt (BFH IX B 13/03, BFH/NV 2003, 1203). Eine fehlende Unterschrift ist außerdem ein **Verfahrensmangel,** der jedoch nach der Rspr. behoben und deshalb idR nicht mit Erfolg gerügt werden kann. Hat ein an der Entscheidung nicht beteiligter Richter das Urteil unterschrieben, kann seine Unterschrift gestrichen und durch die Unterschrift des beteiligten Richters ersetzt werden (BGH II ZR 310/53, NJW 1955, 1919; BFH VIII R 218/85, BFH/NV 1989, 354). Das gilt auch dann, wenn schon Revision eingelegt worden ist und auf den Verfahrensmangel gestützt wird (vgl. zB BFH VII S 26/98, BFH/NV 1999, 1343). Die Nachholung wirkt zwar nicht zurück, lässt aber den Verfahrensmangel entfallen (vgl. Kopp/Schenke/Schenke VwGO § 117 Rn. 3). Ein nicht verkündetes Urteil muss nach der Unterschriftsleistung erneut zugestellt werden.

6. Verhinderungsvermerk

Ist ein mitwirkender Richter verhindert, seine Unterschrift beizufügen, wird 11
dies unter Angabe des Hinderungsgrunds vom Vorsitzenden, oder bei dessen Verhinderung vom dienstältesten Richter, unter dem Urteil schriftlich vermerkt (Formulierung zB: „Richter A ist wegen Urlaubs gehindert, seine Unterschrift

beizufügen“). Der Vermerk ist zu unterschreiben, um zu dokumentieren, von wem er herrührt (BGH II ZR 149/60, NJW 1961, 782). Eine Vertretung bei der Unterschrift findet nicht statt.

12 Ein **Verhinderungsgrund** muss vorliegen und im Verhinderungsvermerk angegeben werden. Der Richter darf tatsächlich nicht in der Lage sein, zu unterschreiben. Eine bloß kurzfristige Ortsabwesenheit genügt nicht (BVerwG 6 PB 17/08, NJW 2008, 3450: keine Verhinderung bei Abwesenheit von weniger als einer Woche), auch keine Versetzung innerhalb des Gerichts (BGH I ZR 90/14, HFR 2017, 184). Detaillierte Angaben zum Verhinderungsgrund sind nicht erforderlich; es genügen Schlagworte, zB Urlaub, Krankheit. Ist ein Grund angegeben, der an sich geeignet ist, die Verhinderung zu begründen, wird idR nicht überprüft, ob er vorgelegen hat (BGH II ZR 149/60, NJW 1961, 782; BFH II B 3/10, BFH/NV 2011, 415). Etwas anderes gilt aber, wenn aufgrund der Umstände davon auszugehen ist, dass der Begriff der Verhinderung verkannt worden ist (zB BAG 4 AZB 23/09, NJW 2010, 2300 zu kurzfristiger Abwesenheit); dann kann im Freibeweisverfahren geklärt werden, ob ein Verhinderungsgrund vorgelegen hat.

7. Rechtsfolgen

13 Ein wirksamer Verhinderungsvermerk ersetzt die fehlende Unterschrift. Fehlt ein Verhinderungsvermerk oder ist er unwirksam, etwa weil in ihm ein Verhinderungsgrund nicht angegeben ist oder nicht vorliegt, ist das Urteil nicht ordnungsgemäß unterschrieben (zu den Rechtsfolgen → Rn. 10). Jedenfalls beginnt die **Rechtsmittelfrist** nicht mit der Zustellung zu laufen (BGH VIII ZR 196/79, NJW 1980, 1849). Ist eine fehlende Unterschrift durch einen unzulässigen Verhinderungsvermerk ersetzt, liegt nur ein **Urteilsentwurf** vor (BGH IX ZR 147/72, NJW 1977, 765), der im Rechtsmittelverfahren zur Vermeidung des Rechtsscheins aufgehoben wird.

III. Mindestinhalt und Aufbau (Abs. 2)

1. Rubrum (Abs. 2 Nr. 1 u. 2)

15 **a) Begriff.** Die Bezeichnung der Beteiligten, ihrer gesetzlichen Vertreter und Bevollmächtigten (Nr. 1) sowie des Gerichts und der Namen der Mitglieder, die bei der Entscheidung mitgewirkt haben (Nr. 2) wird traditionell als **Rubrum** bezeichnet.

16 **b) Beteiligte.** Die Beteiligten (§ 57; alle) müssen so genau bezeichnet werden, dass **eindeutig bestimmbar** ist, für und gegen wen das Urteil wirkt. Das Gesetz verlangt insofern für natürliche Personen die Angabe von Name, Beruf und Anschrift. Bei Personenvereinigungen und juristischen Personen sind entsprechend eindeutige Angaben erforderlich. Anstelle des Wohnorts genügt die Angabe des statuarischen Sitzes (BFH V B 44/10, BFH/NV 2011, 2084). Bei gesetzlicher Vertretung sind auch die gesetzlichen Vertreter, nicht nur das Vertretungsorgan, mit Name, Beruf und Anschrift anzugeben. Entsprechendes gilt angesichts des klaren Wortlauts auch für die Finanzämter.

17 Nicht jeder Verstoß gegen die Bezeichnungsvorschrift, sondern erst **mangelnde Bestimmtheit** macht das Urteil unwirksam. Maßstab hierfür ist die

Titelfunktion (Vollstreckbarkeit). Sind die Angaben zu den Beteiligten eindeutig und klar, so dass Zweifel an deren Identität ausgeschlossen sind, bleiben Verstöße gegen die **Ordnungsvorschrift** in Abs. 2 Nr. 1 ohne Rechtsfolge (BFH IV R 31/05, BStBl. II 207, 687). Schreibfehler und andere offenbare Unrichtigkeiten im Rubrum können nach § 107 beseitigt werden.

Das **Gericht** (zB Finanzgericht X, 1. Senat) sowie die an der Entscheidung mitwirkenden (§ 103) **Mitglieder** des Gerichts (Berufsrichter und ehrenamtliche Richter) sind mit ihren **Namen** unter Angabe der **Art des Richteramts** (zB Richter, Richter auf Probe, ehrenamtlicher Richter) zu bezeichnen. Nur so können die Beteiligten mit Hilfe des Geschäftsverteilungsplans feststellen, ob der gesetzliche Richter entschieden hat (Art. 101 I 2 GG). Die Praxis vieler FG, den **Beruf** der ehrenamtlichen Richter anzugeben, entspricht nicht dem Gesetz und sollte unterbleiben (ebenso HHS/Lange § 105 Rn. 23c). Bei **Beschlüssen** genügt es, wenn der entscheidende Senat im Rubrum bezeichnet ist und sich die Namen der mitwirkenden Richter aus der Unterschriftenleiste am Ende des Beschlusses ergeben (BFH VII B 269/06, BFH/NV 2007, 260). **18**

Zum Rubrum gehört auch die **Angabe des Tags,** an dem die mündliche Verhandlung geschlossen worden ist (§ 155 FGO iVm § 313 I Nr. 3 ZPO, zB „auf die mündliche Verhandlung vom …") bzw. bei Entscheidung ohne mündliche Verhandlung des Tags der Entscheidung (zB „in der Sitzung am …"). Die in der Praxis übliche Kurzbezeichnung des Klagegegenstands (zB „wegen Einkommensteuer 2013") ist gesetzlich nicht vorgesehen und häufig wenig aussagekräftig. **19**

2. Urteilsformel (Abs. 2 Nr. 3)

Die Urteilsformel (Tenor, Entscheidungssatz, Ausspruch) enthält als Ergebnis des Verfahrens die zusammengefasste, in der äußeren Form hervorgehobene und von der Urteilsbegründung (Tatbestand und Entscheidungsgründe) abgesetzte Antwort des Gerichts auf das Klagebegehren in der **Hauptsache** (zB „Die Klage wird abgewiesen"; „Der Bescheid vom … in Gestalt der Einspruchsentscheidung vom … wird aufgehoben; im Übrigen wird die Klage abgewiesen"; „Es wird festgestellt, dass …") und die **Nebenentscheidungen** (Kosten, § 143 I; vorläufige Vollstreckbarkeit, § 151; Zulassung der Revision, § 115 I). Nicht zur Urteilsformel gehört die Entscheidung über die Notwendigkeit der Zuziehung eines Bevollmächtigten im Vorverfahren (§ 139 III 3). **20**

Inhalt. Der Tenor bestimmt die **Reichweite** des Urteils (→ § 110 Rn. 40; BFH I B 171/08, BFH/NV 2009, 949, unter II.3.). Die Urteilsformel muss **vollständig, eindeutig** und grds. aus sich selbst heraus verständlich sein. Den Umfang der Rechtskraft einschränkende Zusätze (wie zB „Die Klage wird als [derzeit] unzulässig abgewiesen") sind zulässig, aber nicht zwingend erforderlich, wenn sich der Umfang der Rechtskraft eindeutig aus den Entscheidungsgründen ergibt (→ § 110 Rn. 40 ff.). Unklarheiten können grds. im Wege der **Auslegung** beseitigt werden; offensichtliche Unrichtigkeiten können nach § 107 berichtigt werden. Maßgebend ist der objektive Erklärungswert aus Empfängersicht (BFH IV R 85/05, BStBl. II 2008, 516); der Tatbestand und die Entscheidungsgründe können bei der Auslegung herangezogen werden (BFH III R 12/16, BStBl. II 2018, 789). Bei **Widerspruch** zwischen Urteilsformel und Urteilsbegründung geht die Formel vor (BFH X E 3/04, BFH/NV 2005, 235; Kopp/Schenke/Schenke VwGO § 117 Rn. 10). **21**

22 **Unverständlichkeit, Unbestimmtheit.** Ist der Tenor weder aus sich heraus noch unter Heranziehung der Entscheidungsgründe verständlich, führt dies zur **Nichtigkeit** des Urteils (BFH XI B 171/04, BFH/NV 2006, 349); es kann zwar mit Rechtsmitteln angegriffen werden, um den Rechtsschein zu beseitigen, löst aber keine Rechtswirkungen aus (BFH VIII R 67/91, BStBl. II 1994, 469; I R 20/13, DStRE 2016, 1202; IV R 17/19, BFH/NV 2020, 1058; Schoch/Schneider/Clausing VwGO § 117 Rn. 14; Kopp/Schenke/Schenke VwGO § 117 Rn. 9 f.). Die mangelnde Bestimmtheit des Tenors ist zudem ein **Verstoß gegen die Grundordnung des Verfahrens** und vom BFH von Amts wegen zu beachten (BFH I R 47/13, BFH/NV 2014, 1395). Bei Unvollständigkeit des Ausspruchs wegen Übergehens eines Antrags oder der Kostenfolge kommt aber eine Urteilsergänzung in Betracht (§ 109).

3. Tatbestand und Entscheidungsgründe (Abs. 2 Nr. 4 u. 5)

24 Sie sind jeweils unverzichtbare Urteilsbestandteile („Das Urteil enthält …"). Zusammen bilden sie die **Begründung der Urteilsformel.** Abs. 2 ordnet deshalb auch die **Begründungspflicht** für Urteile im finanzgerichtlichen Verfahren an. Die Begründungspflicht (nur) für die tatsächlichen Feststellungen des Gerichts ergibt sich darüber hinaus aus § 96 I 3 (→ § 96 Rn. 175). Die Begriffe Tatbestand und Entscheidungsgründe werden in Abs. 2 Nr. 4 u. 5 allerdings nur erwähnt. Abs. 3 regelt insbes., in welchem Umfang der Tatbestand im Urteil dargestellt werden muss, setzt den Begriff jedoch voraus. Das Gesetz geht von der **Trennung** von Tatbestand und Entscheidungsgründen aus; als **Elemente einer Begründung** sind sie im Urteil jedoch inhaltlich aufeinander bezogen und entsprechend abzustimmen (Korrespondenzprinzip).

26 **a) Begründungspflicht und Ausnahmen. Idealtypische Funktion.** Das Gebot, die Urteilsformel zu begründen, gehört zum Kern einer rechtsstaatlichen Justiz und ist deshalb prinzipiell umfassend **(Begründungspflicht).** Jedes Gericht muss wegen der Bindung an Gesetz und Recht (Art. 20 III GG) an sich selbst den Anspruch haben, rechtlich richtig zu handeln, verfahrens- wie materiellrechtlich. Die Begründung dient dazu, diesen Anspruch einzulösen (**Rechtfertigungsfunktion;** BFH X R 8/00, BStBl. II 2007, 527). Begründen bedeutet vor allem Überzeugen durch Argumente. Gerichtsurteile sollen überzeugen, im besten Fall auch und vor allem den unterlegenen Beteiligten **(Befriedigungsfunktion).** Die Pflicht zur Begründung (Argumentation) bildet schließlich die Kehrseite der richterlichen Unabhängigkeit und inneren Freiheit des Richters bei der Überzeugungsbildung (§ 96 I). Sie dient auch der **Selbstkontrolle** (ebenso MüKoZPO/Musielak ZPO § 313 Rn. 5). Wer gezwungen ist, seine Gründe zu offenbaren und darzulegen, wird sich eher rational und intersubjektiv nachprüfbar verhalten.

27 **Verfassungsrechtlicher Umfang der Begründungspflicht.** Gerichtsentscheidungen, die mit ordentlichen Rechtsbehelfen nicht (mehr) angreifbar sind, bedürfen nach der Rspr. des BVerfG von Verfassungs wegen grds. keiner Begründung (BVerfG 2 BvR 84/79, NJW 1979, 182). Ausnahmsweise erfordert Art. 3 I GG (Willkürverbot) aber eine Begründung, wenn das Gericht **vom eindeutigen Wortlaut einer gesetzlichen Bestimmung** (BVerfG 2 BvR 1959/92, NJW 1993, 1909) oder von der Auslegung einer Norm durch die **höchstrichterliche Rechtsprechung** abweichen will und die Beteiligten die Gründe dafür weder kennen noch erkennen können (BVerfG 1 BvR 956/89, NJW 1990, 566; 1 BvR 1506/93, NJW 1995, 2911).

Gesetzliche Einschränkungen. Die **prinzipiell umfassende** Begründungspflicht und die hohen idealtypischen Ansprüche an Entscheidungsbegründungen (→ Rn. 26) stehen in einem Spannungsverhältnis zu den tatsächlichen Möglichkeiten der Justiz. Dem tragen zahlreiche Vorschriften Rechnung, durch die die Begründungspflicht konkretisiert bzw. gelockert oder eingeschränkt wird, ua durch **Abs. 3** (Umfang der Darstellung des Tatbestands), **Abs. 5** (Bezugnahme auf Verwaltungsentscheidung), **§ 90a IV** (Bezugnahme auf Gerichtsbescheid), **§ 113 II** (Beschlüsse) sowie im Rechtsmittelrecht durch **§ 116 V 2** (Entscheidung über Nichtzulassungsbeschwerde), **§ 126 VI** (Verfahrensrügen), **§ 126a** (Zurückweisung der Revision durch einstimmigen Beschluss). Dass die einfachrechtliche Ausgestaltung der Begründungspflicht mit dem GG vereinbar ist, wird nicht infrage gestellt (→ Rn. 27), auch wenn die Überlastung der FG in den vergangenen Jahren deutlich zurückgegangen ist. Wegen der fundamentalen Bedeutung der Begründung für das rechtsstaatliche Selbstverständnis der Gerichte sollte von diesen (quasi aus der Not geborenen) Erleichterungen aber nach Möglichkeit nur mit **Augenmaß** Gebrauch gemacht werden (ähnlich Schoch/Schneider/Clausing VwGO § 117 Rn. 19). 28

Die zivilprozessualen Begründungserleichterungen in **§ 313 III, § 313a, § 522 II 3, § 540 ZPO** (insbes. Weglassen der Entscheidungsgründe) werden im finanzgerichtlichen Verfahren von den abschließenden Sonderregeln in § 105 III und V verdrängt (vgl. auch BT-Drs. 7/5250, 18; Tipke/Kruse/Brandis § 105 Rn. 7; überholt BFH VI R 83/74, BStBl. II 1977, 642). 29

b) Umfang der Begründung. Welchen Umfang (Tiefe) die Begründung verfahrensrechtlich haben soll, lässt sich dem Gesetz nicht eindeutig entnehmen, auch nicht § 96 I 3. Die Rspr. konkretisiert die Begründungsanforderungen deshalb nach dem Zweck, den die Begründung erfüllen soll (→ § 96 Rn. 176). Insofern stellt § 96 I 3 an die Begründung keine anderen, insbes. keine höheren Anforderungen als § 105 II Nr. 5 (BFH II B 129/13, BFH/NV 2014, 708; V B 99/16, MwStR 2019, 495). Praktisch strahlt die Rspr. zu § 119 Nr. 6 auf den Umfang der Begründungspflicht aus. Sie spiegelt, innerhalb welcher Grenzen bei einem Begründungsdefizit ein **Verfahrensmangel** noch nicht anzunehmen ist und regelt die Rechtsfolgen, wenn eine (hinreichende) Begründung fehlt. Das Fehlen einer Begründung ist abzugrenzen von einer kurzen, fehlerhaften oder lückenhaften Begründung (→ § 119 Rn. 35 ff.; BFH X R 8/00, BStBl. II 2002, 527; IX B 36/07, BFH/NV 2008, 1149; vgl. aber auch → Rn. 43). 30

Die Begründung muss, ausgehend vom sog. Justiz-Syllogismus (→ § 96 Rn. 1 ff.), erkennen lassen, von welchen tatsächlichen und rechtlichen Erwägungen sich das Gericht bei seiner Entscheidung hat leiten lassen (zB BFH VIII R 47/99, BFH/NV 2001, 46; III B 114/03, BFH/NV 2004, 1109). Sie muss insbes. **zwei Funktionen** erfüllen: Die Beteiligten müssen in der Lage sein, die Entscheidung auf ihre Richtigkeit und Rechtmäßigkeit hin zu überprüfen, um die Erfolgsaussicht für ein Rechtsmittel einschätzen zu können (**Informationsfunktion;** Art. 19 IV GG; BFH I R 292/81, BStBl. II 1985, 417; IX B X B 211/10, BFH/NV 2012, 426; → Rn. 26). Außerdem soll die Urteilsbegründung die tatsächliche und rechtliche Grundlage für die Überprüfung der Entscheidung vermitteln (**Dokumentationsfunktion;** zB BFH X B 41/88, BStBl. II 1988, 838; I B 169/05, BFH/NV 2007, 48; vgl. auch BVerwG 9 B 412/98, NJW 1998, 3290). 31

c) Tatbestand (Abs. 2 Nr. 4). Als **Begründungselement** hat der Tatbestand die Funktion, den **Sachverhalt** darzustellen, den das Gericht seiner Entscheidung 33 zugrunde legt, wobei die Beweiswürdigung traditionell den Entscheidungsgründen vorbehalten ist. Da das Gericht den Sachverhalt nur in Abhängigkeit von der Mitwirkung der Beteiligten erforscht (→ § 76 Rn. 1), kommt es vor allem auf das **tatsächliche Vorbringen** der Beteiligten an. Das tatsächliche Vorbringen der Beteiligten wird traditionell unterteilt in **unstreitige und streitige Tatsachen.** Die Unterscheidung ist auf das vom Amtsermittlungsgrundsatz geprägte Verfahren übertragbar. **Unstreitig** sind diejenigen Tatsachen, die die Hauptbeteiligten **übereinstimmend vortragen** und die Behauptungen eines Beteiligten, die von den anderen Beteiligten **zugestanden** oder **nicht (substantiiert) bestritten** sind. Das Gericht kann sie seiner Entscheidung grds. zugrunde legen, wenn es an ihrem Vorliegen auch von Amts wegen keine Zweifel hat (vgl. aber → § 96 Rn. 129). Eine Tatsachenbehauptung, deren Richtigkeit (konkludent) bestritten ist, darf das Gericht auch unter der Geltung des Amtsermittlungsgrundsatzes nur zugrunde legen, wenn es sich in einem förmlichen Verfahren, an dem die Beteiligten mitwirken **(Erkenntnisverfahren)** von ihrer Richtigkeit überzeugt hat. Im Revisionsverfahren wird insoweit (nur) überprüft, ob das Verfahren mangelfrei durchgeführt worden ist (vgl. § 118). Im Tatbestand sind deshalb auch die für die Sachverhaltsermittlung wesentlichen **Verfahrenshandlungen** des Gerichts zu dokumentieren (insbes. die Erhebung von Beweisen, Beiziehung von Akten und sonstige Ermittlungen vAw), nicht jedoch das Ergebnis der Beweiswürdigung (→ Rn. 38). Zum Tatbestand gehört auch die **Verfahrensgeschichte,** soweit sie für die Entscheidung von Bedeutung ist.

35 **Rechtswirkungen.** Der Tatbestand liefert **Beweis** für das mündliche Parteivorbringen (§ 155 FGO iVm § 314 ZPO; zur Berichtigung nach § 108 vgl. dort → § 108 Rn. 2 ff.). Als **öffentliche Urkunde** erbringt er zudem Beweis für die in ihm dokumentierten Handlungen und Wahrnehmungen des Gerichts (§ 82 FGO iVm § 418 ZPO). Im Übrigen ergibt sich aus dem Tatbestand, ob das Gericht das Vorbringen der Beteiligten zur Kenntnis genommen und richtig verstanden hat (rechtliches Gehör). Aus dem Tatbestand kann sich auch ergeben, welche Tatsachen das FG mit Bindungswirkung für den BFH festgestellt hat (§ 118 II; BFH X R 26/19, BFH/NV 2020, 1238).

37 **d) Entscheidungsgründe (Abs. 2 Nr. 5).** Die Entscheidungsgründe sollen bezogen auf den Tatbestand und die einschlägigen Gesetze die (alle) **Feststellungen, Erkenntnisse und rechtlichen Erwägungen** enthalten, auf denen die Entscheidung beruht (BFH V R 16/05, BStBl. II 2007, 340). Dazu gehören auch die Gründe, die für die richterliche **Überzeugung** leitend gewesen sind (§ 96 I 3).

38 **Tatsachen- und Beweiswürdigung.** In den Entscheidungsgründen muss das Gericht insbes. darstellen, weshalb es vom Vorliegen welcher Tatsachen überzeugt ist und aufgrund welcher **objektiven Umstände** es sich davon überzeugt hat. Denn die Überzeugungsbildung ist auch im finanzgerichtlichen Verfahren eine Rechtsfrage (→ § 96 Rn. 135 ff.). Das schließt die Notwendigkeit der **Beweiswürdigung** ein (BFH VI R 10/94, BStBl. II 1994, 707; X S 27/09 (PKH), BFH/NV 2010, 1462), bedarf aber auch außerhalb eines förmlichen Beweisverfahrens der Angabe objektiver Umstände, anhand derer die Überzeugungsbildung des Gerichts nachvollziehbar und überprüfbar wird. Die Begründungspflicht ergibt sich insofern bereits aus § 96 I 3 (→ § 96 Rn. 175). Hat das Gericht einen ordnungsgemäß angetretenen Beweis nicht erhoben, muss es die Gründe dafür angeben. Hat das Gericht die zu beweisende Tatsache als wahr unterstellt, muss es sich

mit der als wahr unterstellten Tatsache in den Entscheidungsgründen auseinandersetzen, wenn die Beweiswürdigung ohne deren Erörterung lückenhaft bleibt (BGH 5 StR 86/11, NStZ 2011, 472, stRspr). Bezeichnet das Gericht eine Tatsache als **gerichtsbekannt,** muss es auch angeben, worauf sich seine Kenntnis gründet. Schließt das Gericht aus dem Vorliegen bestimmter Anknüpfungstatsachen (Indizien) auf das Vorliegen anderer Tatsachen, ist auch anzugeben, welche Gesetzmäßigkeiten nach der Auffassung des Gerichts den Schluss rechtfertigen und ggf. worauf das Gericht seine **Sachkunde** stützt.

Hinsichtlich der **Rechtsausführungen** (Begründung der normativen Aussagen im Urteil) muss sich das Gericht ebenfalls eine **Überzeugung** bilden. Besonders strenge Anforderungen stellt das BVerfG insofern an die Überzeugung von der **Verfassungswidrigkeit einer Norm** im konkreten Normenkontrollverfahren (Art. 100 I GG; zB BVerfG 2 BvL 9/08, BVerfGE 131, 88). Diese Maßstäbe sind nicht verallgemeinerbar. Das Gericht muss jedoch die Gründe angeben, weshalb es die dem Urteil zugrunde gelegte Rechtsauffassung für richtig hält und von ihrer Richtigkeit überzeugt ist. Die vollständige Auswertung der Judikatur und des Schrifttums kann vom FG nicht verlangt werden. Zitate ersetzen ohnehin keine Begründung. Vielmehr muss das Gericht unter Beachtung der Grenzen richterlicher Rechtsfortbildung und der anerkannten Grundsätze der juristischen Methodenlehre rechtlich argumentieren und die Vereinbarkeit seiner Rechtsauffassung mit dem Gesetz aufzeigen. Die rechtlichen Ausführungen des Gerichts werden im Revisionsverfahren in vollem Umfang inhaltlich überprüft (§ 118 I). 41

e) Darstellung der Entscheidungsgründe. Die für die Überzeugungsbildung **tragenden** Gründe müssen im Urteil grds. **vollständig dargestellt** werden (die Erleichterung in Abs. 3 gilt nur für den Tatbestand), sofern sie nicht durch Bezugnahmen (Abs. 5) ersetzt werden können oder andere gesetzliche Erleichterungen eingreifen (→ Rn. 28). Alle wesentlichen Fragen prozessualer und materiell-rechtlicher Art, insbes. **alle selbständigen Angriffs- oder Verteidigungsmittel** (BFH X R 8/00, BStBl. II 2002, 527), müssen auch unter dem Gesichtspunkt rechtlichen Gehörs in den Entscheidungsgründen behandelt sein. Selbständige Angriffs- oder Verteidigungsmittel sind nur solche, die den vollständigen Tatbestand einer mit selbständiger Wirkung ausgestalteten Rechtsnorm bilden (BFH II B 3/10, BFH/NV 2011, 415), zB die Aufrechnung (BFH XI B 33/13, BFH/NV 2014, 714). Das Gericht muss aber darüber hinaus auch alle **„wesentlichen Streitpunkte"** im Urteil behandeln (BFH X B 211/10, BFH/NV 2012, 426; IV B 107/12, BFH/NV 2013, 1928 nicht mit Tatsachen unterlegte Vorgabe des FG, die GewSt-Rückstellung zu berechnen). Nimmt das Gericht Steuerhinterziehung oder leichtfertige Steuerverkürzung an, muss die Begründung auch Ausführungen zum **Vorsatz** enthalten (BFH X B 176/12, BFH/NV 2013, 1445). 43

Bezugnahmen sind im Gesetz nicht vorgesehen, aber in Grenzen zulässig, sofern den Beteiligten die Kenntnisnahme von den in Bezug genommenen Begründungsbestandteilen zumutbar ist. Auf andere **Gerichtsentscheidungen** darf verwiesen werden, wenn sie allgemein zugänglich sind (BFH I R 177/87, BFH/NV 1992, 174) oder wenn das Gericht den Beteiligten vor der Urteilsverkündung einen neutralisierten Abdruck der Entscheidung ausgehändigt hat (BFH VI R 11/92, BStBl. II 1993, 772). Ferner, wenn es sich um ein Urteil handelt, das zwischen denselben Beteiligten ergangen und diesen bekannt ist (BFH X B 19/06, BFH/NV 2007, 1169). Auch die Verweisung auf einen dem Urteil vorangegangenen Beschluss im AdV-Verfahren ist zulässig (BFH I B 140/12, 44

BFH/NV 2013, 226). Unschädlich soll auch sein, wenn das FG die Fundstelle des Urteils nicht angegeben hat, weil sie leicht unter Zuhilfenahme von Datenbanken ermittelt werden kann (BFH VII B 257/01, BFH/NV 2002, 1498 mE zu weitgehend).

45 **Sprache.** Die Entscheidungsgründe werden im **„Urteilsstil"** abgefasst. Das Ergebnis ist in einem Satz an den Anfang der Argumentation zu stellen; die zur Begründung dienenden Aussagen rechtlicher und tatsächlicher Art sollten vom Allgemeinen zum Besonderen hin geordnet sein. Zur Darstellung des Tatbestands → Rn. 50 ff.

46 **f) Trennung von Tatbestand und Entscheidungsgründen.** Die im Gesetz angelegte **Trennung** von Tatbestand und Entscheidungsgründen muss vor allem inhaltlich vollzogen werden. Tatsächliche Feststellungen können, zB soweit sie das Ergebnis einer Beweiswürdigung sind, auch in den Entscheidungsgründen getroffen werden (BFH I R 83/03, BFH/NV 2004, 1482). Die Trennung sollte im Urteil aber auch äußerlich durch eine deutliche Zweigliederung zum Ausdruck kommen, wobei nichts dagegen spricht, die im Gesetz verwendeten Begriffe als **Zwischenüberschriften** zu verwenden. Bei **Beschlüssen** ist die einheitliche Überschrift „Gründe" gebräuchlich; die Begründung sollte jedoch inhaltlich ebenfalls in Tatbestand und Entscheidungsgründe gegliedert werden.

4. Rechtsmittelbelehrung (Abs. 2 Nr. 6)

48 Im Urteil muss darüber belehrt werden, ob und mit welchem Rechtsmittel es angefochten werden kann. Dies ist zur Rechtswahrung unerlässlich (zu den Einzelheiten → § 55 Rn. 10 ff.). Da die Rechtsmittelbelehrung notwendiger Bestandteil des Urteils ist, muss sie von den **Unterschriften** der Richter gedeckt sein (BFH I R 242/75, BStBl. II 1976, 787).

5. Aufbau

49 Die in Abs. 2 angelegte **Reihenfolge** der Urteilselemente entspricht dem üblichen Aufbau eines Urteils, enthält jedoch keine zwingende Vorgabe. Abweichungen machen das Urteil nicht unwirksam; für sie besteht jedoch idR auch keine Veranlassung.

IV. Darstellung des Tatbestands (Abs. 3)

50 Nach Abs. 3 soll im Tatbestand der Sach- und Streitstand seinem wesentlichen Inhalt nach **gedrängt** und ohne Darstellung der Einzelheiten (→ Rn. 55), dh kurz dargestellt werden. Die Darstellung muss noch den Anforderungen gem. → Rn. 35 genügen. Sie muss ein „klares, vollständiges und in sich abgeschlossenes Bild des Streitstoffs in logischer Folge" vermitteln (vgl. zB BFH VIII R 47/99, BFH/NV 2001, 46). Die **Vollständigkeit** wird insbes. durch **Bezugnahmen** erreicht (→ Rn. 55; vgl. zur Vollständigkeit auch → § 108 Rn. 7); der Text sollte gleichwohl aus sich heraus verständlich sein. Zur inneren Ordnung (Reihenfolge) der Darstellung → Rn. 52. Erforderlich ist in jedem Fall eine **eigenständige Leistung** des Gerichts. Gerade die Kürze der Darstellung verlangt vom Richter eine intensive Durchdringung des Streitstoffs, die jedoch für eine sachgerechte Entscheidung ohnehin unerlässlich ist. Eine wörtliche Übernahme der Sachver-

haltsdarstellung aus der Einspruchsentscheidung ist nicht zu empfehlen. Bezugnahmen sind nur wegen Einzelheiten zulässig (→ Rn. 55).

Die unstreitigen und die streitigen Tatsachen sind getrennt voneinander darzustellen (BFH X B 61/23, BFH/NV 2024, 935). **Sachstand** ist das unstreitige, **Streitstand** ist das streitige **Vorbringen der Beteiligten** (→ Rn. 33; BFH XI S 1/11, BFH/NV 2011, 829; ähnlich BFH IV R 30/97, BStBl. II 1998, 626: Gesamtheit der tatsächlichen Feststellungen, von denen das Gericht bei seiner Entscheidung ausgeht; BFH IX R 34/16, BStBl. II 2018, 582: Sachstand ist die Summe der Tatsachen, von deren Vorliegen das FG nach dem Ergebnis des Verfahrens überzeugt ist; Streitstand sind die (erheblichen) tatsächlichen Behauptungen der Beteiligten, von deren Richtigkeit sich das FG im Verfahren nicht hat überzeugen können. Nicht zum Streitstand gehören die Rechtsansichten der Beteiligten (aA HHS/Lange § 105 Rn. 32). Nur die zum Verständnis der Entscheidungsgründe erforderlichen Tatsachen und Daten sind im Tatbestand darzustellen (Korrespondenzprinzip; → Rn. 24). Die Wiedergabe wörtlicher Zitate oder von Datumsangaben ist nur angebracht, sofern es zum Verständnis der Entscheidungsgründe auf sie ankommt. 51

Reihenfolge. Es ist üblich, den Tatbestand mit einem Einleitungssatz zu beginnen, in dem der Gegenstand des Rechtsstreits zusammengefasst wird, gefolgt vom unstreitigen Tatbestand. Auf das streitige Klägervorbringen („Der Kläger behauptet …") folgen die (zB durch Einrücken) hervorgehobenen Anträge des Klägers und des Beklagten sowie dessen streitiges tatsächliches Vorbringen („Der Beklagte behauptet …"). Den Abschluss bildet (sofern es für die Entscheidung darauf ankommt) die Verfahrens- und Prozessgeschichte. Diese Reihenfolge der Darstellung ist nicht rechtlich verpflichtend. Andere Formen können in Einzelfällen sinnvoll erscheinen, weichen iÜ jedoch von einer durch die ständige Praxis geprägten Erwartung ab und wirken deshalb weniger professionell. Nicht überzeugend und auch keine eigenständige Leistung (→ Rn. 50) ist das noch gelegentlich zu beobachtende Abdiktieren der Verwaltungsakte („Dann trug der Kläger mit Schriftsatz vom … vor; daraufhin erwiderte das FA mit Schriftsatz vom …"; vgl. auch BeckOK ZPO/Elzer ZPO § 313 Rn. 65). 52

Zeiten. Die sprachliche Darstellung des Tatbestands folgt, was die Zeitform betrifft, üblicherweise einer hergebrachten, grds. alle Gerichtszweige übergreifenden **professionellen Konvention.** Danach werden Dauersachverhalte im Präsens, das unstreitige Vorbringen im Imperfekt, das streitige Vorbringen in indirekter Rede (Konjunktiv Präsens), die Anträge im (Indikativ) Präsens und die Verfahrens- und Prozessgeschichte im Perfekt dargestellt (näher zB BeckOK ZPO/Elzer ZPO § 313 Rn. 71 ff.). Der Übertragung dieser Konventionen auf das finanzgerichtliche Verfahren stehen Besonderheiten des Verfahrens nicht entgegen. Die Finanzgerichtsbarkeit, einschließlich des BFH, folgt dieser Konvention gleichwohl nur zum Teil. Wird der gesamte entscheidungserhebliche Sachverhalt im Tatbestand lediglich im Konjunktiv wiedergegeben, genügt dies idR nicht den Anforderungen (BFH X B 61/23, BFH/NV 2024, 935). 53

Bezugnahmen. Wegen **der (dh grds. wegen aller) Einzelheiten** soll das Gericht auf Schriftsätze, Protokolle und andere Unterlagen verweisen, soweit sich aus ihnen der Sach- und Streitstand ausreichend ergibt **(Abs. 3 S. 2).** Dies erspart unnötige Schreibarbeit und gewährleistet die gebotene Kürze (→ Rn. 50). Durch die Bezugnahme insbes. auf Schriftsätze vermeidet das Gericht zugleich Übernahme- und Darstellungsfehler und dokumentiert, dass es den in Bezug genommenen Inhalt zur Kenntnis genommen und seiner Entscheidung zugrunde gelegt 55 hat. Die Unterlagen, auf die verwiesen wird, müssen den Beteiligten bekannt und zugänglich sein. In der Regel handelt es sich um Bestandteile der Gerichtsakte oder der beigezogenen Akten. Die Beteiligten mussten Gelegenheit haben, sich dazu zu äußern (vgl. § 96 II).

56 Das Schriftstück, auf das Bezug genommen wird, muss **hinreichend genau bezeichnet** werden (zB BFH III R 11/98, BFH/NV 2001, 899; XI R 29/21, BStBl. II 2024, 450). Globale Bezugnahmen auf „die Akten" oder „die gewechselten Schriftsätze" ersetzen keine konkreten Feststellungen und sind zur Darstellung des Tatbestands grds. nicht geeignet (BFH IX R 28/08, BFH/NV 2009, 1416). Wegen des Inhalts von Zeugenaussagen wird idR vollständig auf das Protokoll verwiesen. Das ist ausreichend, sofern es sich nicht um ein Formalprotokoll handelt („Der Zeuge sagte zur Sache aus").

57 **Fehler** bei der Darstellung des Tatbestands, insbes. die unrichtige Beurkundung des mündlichen Vorbringens, begründen einen **Verfahrensmangel,** vorrangig ist jedoch die **Berichtigung nach § 108** (→ § 108 Rn. 3), so dass der Mangel idR nicht erfolgreich mit der NZB geltend gemacht werden kann. Ein Verfahrensmangel wegen Verstoßes gegen § 105 II Nr. 4 und III liegt nur bei „gravierenden Mängeln" (BFH IV R 30/97, BStBl. II 1998, 626) vor, insbes. wenn der Tatbestand ganz fehlt oder als Grundlage für die rechtlichen Schlussfolgerungen des Tatsachengerichts völlig unzureichend ist, weil er den zum Verständnis des Inhalts des Urteils erforderlichen Sach- und Streitstand nicht hinreichend wiedergibt (BFH VII B 350/03, BFH/NV 2004, 1543; III B 84/06, BFH/NV 2007, 1136) oder wenn er überwiegend im Konjunktiv abgefasst ist (→ Rn. 53), so dass nicht erkennbar ist, welche Tatsachen das FG seiner Entscheidung zugrunde gelegt hat (→ Rn. 51; BFH X R 26/19, BFH/NV 2020, 1238). Im Revisionsverfahren ist das **Fehlen ausreichender Feststellungen** (nicht die mangelnde Darstellung des Tatbestands, so aber BFH IV R 13/06, BFH/NV 2010, 1483) ein materiellrechtlicher Fehler, der auch ohne Rüge zur Aufhebung des Urteils führt (BFH III R 73/03, BStBl. II 2005, 290; IX R 28/08, BFH/NV 2009, 1416).

58 **Abgrenzung.** Mit den in § 105 III 2 und V eröffneten Verweisungsmöglichkeiten unterliegt das finanzgerichtliche Verfahren weniger strengen Vorgaben als das Strafverfahren (§ 267 StPO). Mit einer dem Strafprozess entlehnten sog. **„Darstellungsrüge"** kann der Kläger im finanzgerichtlichen Verfahren deshalb nicht durchdringen (BFH X B 117/14, BFH/NV 2015, 659).

V. Vervollständigung des verkündeten Urteils (Abs. 4)

60 Die Vorschrift regelt nur den Fall der **Urteilsverkündung** (§ 104 I), sie ist jedoch analog anwendbar, wenn ein Urteil zum Zweck der Zustellung abgefasst werden muss, weil es im Zeitpunkt der Entscheidung noch nicht vollständig vorlag (BFH VII B 262/07, BFH/NV 2008, 1448). Ist das Urteil bei der Verkündung noch nicht vollständig, muss es innerhalb von **zwei Wochen** vollständig gefasst (schriftlich oder elektronisch, → Rn. 6) der Geschäftsstelle übermittelt werden. Ausnahmsweise genügt es, wenn die Richter innerhalb der Frist von zwei Wochen das unterschriebene Urteil (Tenor) ohne Tatbestand, Entscheidungsgründe und Rechtsmittelbelehrung der Geschäftsstelle übermitteln. Auch der Einzelrichter kann so verfahren (BFH II B 67/15, BeckRS 2016, 94419). Dies dient der Unterrichtung der Beteiligten. Die Nichtbeachtung der Frist bleibt in der Praxis ohne Auswirkungen.

Das vollständige Urteil ist **„alsbald"** danach niederzulegen, von den Berufsrichtern gesondert zu unterschreiben und der Geschäftsstelle zu übermitteln. Der GemS-OGB hat hierfür eine **äußerste Grenze von fünf Monaten** angenommen, bei deren Überschreitung die Übereinstimmung der Entscheidungsgründe mit dem Ergebnis der Verhandlung und Beratung nicht mehr gewährleistet ist (GemS-OGB 1/92, NJW 1993, 2603). Die Fünf-Monats-Frist ist nach wie vor angemessen (BFH I B 126/16, BeckRS 2017, 135717). Es kommt auf die Übermittlung an die Geschäftsstelle und nicht auf die Zustellung an (BFH III B 155/03, BFH/NV 2004, 1646). Ist die Frist überschritten, wird das Urteil als nicht mit Gründen versehen (§ 119 Nr. 6) aufgehoben, auch wenn es möglicherweise in der Sache richtig sein könnte (BFH I B 75/05, BFH/NV 2006, 337). Aus der Nichteinhaltung der Frist ergibt sich aber kein Nichtigkeitsgrund (§ 134 FGO iVm § 579 I ZPO; BFH IV B 11/18, BFH/NV 2019, 1136). 61

VI. Begründungserleichterung (Abs. 5)

Die Vorschrift dient der Entlastung der FG. Bei VA-bezogenen Klagen (Anfechtungs- oder Verpflichtungsklage: BFH VI B 67/12, BFH/NV 2012, 2023) kann das Gericht (FG) von der **weiteren Darstellung der Entscheidungsgründe,** nicht des Tatbestands (BFH XI R 33/03, BFH/NV 2005, 2099), absehen, wenn oder soweit es der (zutreffenden) Begründung des VA oder der Einspruchsentscheidung folgt und dies in seiner Entscheidung ausdrücklich (BFH VII R 24/00, BFH/NV 2001, 909) feststellt. Es macht sich dadurch die Begründung der Verwaltung zu Eigen. Die Darstellung der Entscheidungsgründe kann auch **vollständig** ersetzt werden durch eine Bezugnahme (BFH III B 88/02, BFH/NV 2004, 517; XI B 147/05, BFH/NV 2007, 267); sie erschöpft sich dann in der Feststellung, dass das Gericht den Ausführungen im Bescheid folgt (aA BFH VII R 24/00, BFH/NV 2001, 909). Die Entscheidung, auf deren Begründung sich das FG beziehen will, muss so **genau bezeichnet** sein, dass eine Verwechslung ausgeschlossen ist (BFH II B 91/05, BFH/NV 2007, 256). Das Datum der Einspruchsentscheidung muss nicht zwingend angegeben werden (BFH VIII B 79/23, BFH/NV 2025, 176). Die Bezugnahme auf einen **strafrechtlichen Ermittlungsbericht** ist nicht vorgesehen; Abs. 5 bezeichnet den Gegenstand der Bezugnahme (VA oder Einspruchsentscheidung) abschließend (offengelassen BFH II B 32/20, BFH/NV 2021, 31; wie hier: HHS/Rauda § 105 Rn. 122). Davon abw. hält der BFH die Bezugnahme auf genau bezeichnete Schriftsätze des FA im finanzgerichtlichen Verfahren zur Begründungserleichterung für zulässig (BFH VIII B 79/23, BFH/NV 2025, 176, Rn. 41); dem ist nicht zu folgen. 63

Inhaltliche Anforderungen. Die verfassungskonforme Anwendung der Vorschrift setzt zum einen voraus, dass das Gericht auf **wesentliches neues Vorbringen** eines Beteiligten im Klageverfahren eingehen muss (BFH II R 14/92, BStBl. II 1992, 1043; XI B 5/18, BeckRS 2018, 14636), sofern es entscheidungserheblich ist (BFH IX B 150/04, BFH/NV 2005, 1320) und zum anderen, dass der VA oder die Entscheidung über den außergerichtlichen Rechtsbehelf selbst eine **aussagekräftige Begründung** zu den wesentlichen tatsächlichen und rechtlichen Erwägungen enthält, die aus der Sicht des Gerichts für die Entscheidung tragend waren (BFH VII R 24/00, BFH/NV 2001, 909). Die Anforderungen an die Auseinandersetzung des Gerichts mit dem Rechtsschutzbegehren werden 64 durch die Möglichkeit der Begründungserleichterung nicht herabgesetzt (stRspr, zB BFH XI B 147/05, BFH/NV 2007, 267). Bei der Anwendung von § 105 V durch die FG legt der BFH einen strengen Maßstab an.

65 **Rechtsfolgen.** Eine zulässige Bezugnahme ersetzt die (fehlende) Begründung. Liegen die Voraussetzungen für eine ersetzende Bezugnahme indes nicht vor, zB weil die in Bezug genommene Begründung lediglich formelhafte Wendungen enthält (BFH II R 14/92, BStBl. II 1992, 1043), widersprüchlich, unvollständig oder unzulänglich begründet ist (BFH VIII B 266/02, BFH/NV 2003, 1335) oder weil sie nicht zu sämtlichen Angriffs- und Verteidigungsmitteln Ausführungen enthält (BFH IV B 82/08, BFH/NV 2010, 50; X B 151/11, BFH/NV 2013, 534), ist die Entscheidung als **nicht mit Gründen versehen** (§ 119 Nr. 6) aufzuheben (Verfahrensmangel; BFH XI B 5/18, BeckRS 2018, 14636). Ausnahmsweise soll der BFH selbst entscheiden können (§ 126 IV), wenn ein übergangenes Angriffs- oder Verteidigungsmittel zur Begründung oder zur Abwehr des Angriffs ungeeignet war und eine erneute Entscheidung des FG deshalb nur zu einer Bestätigung des Urteils führen könnte (BFH XI R 32/17, BFH/NV 2019, 280). An der Begründung fehlt es etwa, wenn das Gericht auf § 105 V verweist und auf einen im Klageverfahren gestellten Antrag auf Aussetzung des Verfahrens nicht eingeht (BFH XI B 5/18, BFH/NV 2018, 958) oder wenn bereits das FA in der Einspruchsentscheidung ein tatsächliches Vorbringen des Einspruchsführers zu einem im Rahmen der Klage wiederholten, selbständigen Angriffs- oder Verteidigungsvorbringen übergangen hat (BFH IX B 114/22, BFH/NV 2023, 1227).

VII. Vermerk des Urkundsbeamten (Abs. 6)

67 Der in **§ 105 VI 1** vorgeschriebene **Vermerk** beweist nicht die Tatsache der Verkündung (BGH III ZB 38/88, VersR 1989, 604). Die Verkündung ist Gegenstand der Protokollierung (§ 94 FGO iVm § 160 III Nr. 7 ZPO) und kann gem. § 155 FGO iVm § 165 S. 1 ZPO nur durch das Protokoll bewiesen werden (→ § 94 Rn. 22). Der Vermerk betrifft nur die Urschrift des Urteils, nicht die Ausfertigungen (BFH X B 130/12, BFH/NV 2013, 228). Die S. 2 u. 3 betreffen den Fall der elektronischen Bekanntgabe (→ Vor § 1 Rn. 22). Fehlt der Vermerk, bleibt dies ohne prozessuale Folgen (BFH II R 103/81, BStBl. II 1984, 532; III B 28/12, BFH/NV 2013, 1936).

§ 106 [Gerichtsbescheide]

Die §§ 104 und 105 gelten für Gerichtsbescheide sinngemäß.

Vgl. auch § 84 I 4 FGO iVm §§ 107 ff. VwGO.

Die §§ 104, 105 setzen grds. eine mündliche Verhandlung voraus. Sie können deshalb auf Gerichtsbescheide nur insoweit angewandt werden, als sich nicht aus dem Fehlen der mündlichen Verhandlung beim Erlass eines Gerichtsbescheids (→ § 90a Rn. 2) und dem Umstand, dass in anderer Besetzung entschieden wird (§ 5 III 2), etwas anderes ergibt. Sinngemäß anwendbar sind demnach nur § 104 III, § 105 I 1–3, II, III, V und VI Fall 1.

§ 107 [Berichtigung des Urteils]

(1) **Schreibfehler, Rechenfehler und ähnliche offenbare Unrichtigkeiten im Urteil sind jederzeit vom Gericht zu berichtigen.**

(2) [1]**Über die Berichtigung kann ohne mündliche Verhandlung entschieden werden.** [2]**Der Berichtigungsbeschluss wird auf dem Urteil und den Ausfertigungen vermerkt.** [3]**Ist das Urteil elektronisch abgefasst, ist auch der Beschluss elektronisch abzufassen und mit dem Urteil untrennbar zu verbinden.**

Vgl. § 118 VwGO, § 138 SGG, § 319 ZPO; s. auch § 42 VwVfG, § 129 AO.

Literatur: Osterloh, Die Berichtigung gerichtlicher Entscheidungen nach § 319 ZPO, Diss. München 1970; Stackmann, Der (Un-)Sinn von Berichtigungsanträgen, NJW 2009, 1537; Weitzel, Tatbestand und Entscheidungsqualität, 1990; Wiesemann, Die Berichtigung gerichtlicher Entscheidungen im Zivil-, Verwaltungs-, Finanz- und Sozialgerichtsprozess, Diss. Mainz 1974.

I. Vorbemerkung

Nach Verkündung oder Zustellung (§ 104) sind Urteile (Gerichtsbescheide) 1
grds. nur noch mit Rechtsmitteln änderbar, denn das Gericht ist an sein Urteil gebunden (§ 155 FGO iVm § 318 ZPO sog. **innerprozessuale Bindungswirkung**).

§ 318 ZPO Bindung des Gerichts

Das Gericht ist an die Entscheidung, die in den von ihm erlassenen End- und Zwischenurteilen enthalten ist, gebunden.

Die **Bindungswirkung** beginnt mit dem Erlass des Urteils (Verkündung oder Zustellung) und endet mit dessen Aufhebung. Dazwischen darf das Gericht sein Urteil weder aufheben oder ändern **(Aufhebungs- und Änderungsverbot)** noch inhaltlich davon abweichen **(Abweichungsverbot).** Beschlüsse und Verfügungen binden das Gericht grds. nicht; § 318 ZPO ist auf sie nicht anwendbar (§ 329 I 2 ZPO). Eine entsprechende Bindungswirkung kann sich aber zB aus der Rechtskraft des Beschlusses ergeben (vgl. Zöller/Feskorn ZPO § 318 Rn. 9). Trotz teilweiser Überschneidung ist die innerprozessuale Bindungswirkung zu unterscheiden von der Rechtskraft (§ 110) und der Beweiswirkung des Tatbestands (→ § 108 Rn. 6 ff.).

Die §§ 107–109 durchbrechen die innerprozessuale Bindungswirkung, ohne 2
sie in ihrem Kern zu berühren. Nach diesen Vorschriften darf (muss) das Gericht unter bestimmten Voraussetzungen und in engen Grenzen den Tatbestand (§ 108) oder das Urteil (§ 107) berichtigen sowie das Urteil ergänzen (§ 109). Inhaltliche **Änderungen** sind jedoch grds. ausgeschlossen.

II. Urteilsberichtigung

§ 107 erlaubt die **jederzeitige Berichtigung** bestimmter Fehler. Der **Zweck** 3
der Regelung liegt darin, Verfälschungen des Rechtsspruchs durch technische Fehlleistungen und banale Irrtümer zu vermeiden (BVerfG 1 BvR 1140/86, NJW

1992, 1496 zu § 319 ZPO). Durch die einfache Berichtigungsmöglichkeit sollen unnötige Rechtsmittel vermieden werden. § 107 geht deshalb dem Rechtsmittelrecht vor. Die Berichtigung eines unter § 107 fallenden Fehlers kann mit der Revision (NZB) nicht erreicht werden (BFH IV B 109/12, BFH/NV 2013, 1931). Eine zu restriktive Handhabung der Vorschrift kann den grundrechtlichen Anspruch auf ein faires Verfahren verletzen (BVerfG 1 BvR 1623/11, NJW 2014, 205).

4 Sind nur die **Ausfertigungen** fehlerbehaftet, nicht aber die Urschrift des Urteils, kommt § 107 nicht zur Anwendung. Die Ausfertigungen können jederzeit vom Urkundsbeamten der Geschäftsstelle berichtigt werden (§ 155 FGO iVm § 317 IV ZPO, sog. **Kanzleiberichtigung;** s. zB BFH I B 165/05, BFH/NV 2007, 52; III B 73/11, BFH/NV 2012, 1825).

III. Schreibfehler, Rechenfehler und ähnliche offenbare Unrichtigkeit

5 Den in **Abs. 1** aufgezählten Unrichtigkeiten ist gemeinsam, dass sie auf einem **Erklärungsmangel** beruhen (ähnlich § 129 AO und anderen vergleichbaren Berichtigungsvorschriften; s. Aufzählung nach Gesetzestext). Das im Urteil Erklärte muss von dem erkennbar Gewollten abweichen (BFH III R 37/03, BFH/NV 2008, 1333; I R 12/09, BFH/NV 2011, 275). Erfasst werden jedenfalls alle **„mechanischen" Versehen,** die zur Folge haben, dass das wirklich Gewollte nicht zum Ausdruck kommt. Die Unrichtigkeit **darf nicht die Willensbildung,** sondern sie muss die Willensäußerung betreffen, wie dies bei einem Verschreiben oder Verrechnen der Fall ist (BFH VII B 70/06, BFH/NV 2006, 1678). Bereits die Möglichkeit eines Rechtsirrtums, Denkfehlers oder Verfahrensmangels (zB unvollständiger Sachverhaltsermittlung) schließt die Berichtigung wegen offenbarer Unrichtigkeit aus (stRspr, BFH IX B 86/12, BFH/NV 2012, 1994 mwN). Auch ein **offensichtlicher Rechtsfehler** darf vom Gericht nicht korrigiert werden (BFH I B 171/94, BFH/NV 1996, 161).

6 Ein **Schreibfehler** setzt danach idR ein (sinnentstellendes) Verschreiben (zB eine unrichtige Datumsangabe BFH III B 96/09, BFH/NV 2012, 742; I R 56/16, BStBl. II 2020, 104) oder einen Zahlendreher (BFH IV R 41/19, DStRE 2021, 630: amtl. Kfz-Kennzeichen), ein **Rechenfehler** ein Verrechnen (Fehler bei der Lösung einer rein rechnerischen Aufgabe, insbes. bei der Anwendung der Grundrechenarten) voraus; ein Fehler beim Ansatz der in die Rechnung einzubeziehenden Beträge ist nicht gemeint (BFH VIII B 53/93, BFH/NV 1994, 112). Auch insoweit dürfen (mögliche) gedankliche Fehlleistungen vom Gericht nicht korrigiert werden. Andere **Unrichtigkeiten** müssen einem Schreib- oder Rechenfehler ähnlich sein. Das ist der Fall, wenn es sich um ein Versehen handelt, durch das es wie bei einem Schreib- oder Rechenfehler dazu kommt, dass das wirklich Gewollte nicht zum Ausdruck gelangt (stRspr, BFH I R 13/03, BFH/NV 2005, 1336 mwN; IX B 86/12, BFH/NV 2012, 1994; V B 26/15, BFH/NV 2015, 1599).

7 Die **Unrichtigkeit** kann **alle Bestandteile des Urteils** betreffen (BFH V B 6/97, BFH/NV 1998, 46), zB die **Bezeichnung** als Gerichtsbescheid anstatt als Urteil nach mündlicher Verhandlung (BFH X B 161/11, BFH/NV 2013, 392 zur Rechtsfolge → Rn. 9), im **Rubrum** insbes. eine eindeutig unrichtige **Bezeichnung einer Partei** (BFH V B 66/12, BFH/NV 2013, 1933; IV R 38/

16, BFH/NV 2019, 551; nach gesetzlichem Beteiligtenwechsel BFH VII B 105/06, BFH/NV 2007, 1902; III B 96/09, BFH/NV 2012, 742 oder Tod eines Beteiligten BFH II R 20/06, BFH/NV 2008, 4; X R 40/13, BeckRS 2016, 94099; X R 25/21, DStR 2023, 927), jedoch **keine Auswechselung** eines Beteiligten durch Berichtigungsbeschluss (BFH III B 126/06, BFH/NV 2008, 74 mwN, beachte aber BFH IV R 8/13, BStBl. II 2015, 1046: Klage der Gesellschafter nach dem FA bekannter Vollbeendigung der PersGes; BFH X R 36/08, BeckRS 2016, 95631: Ersetzung des richtigen Erben durch dem im Urteil bezeichneten vermeintlichen Erben; BFH X B 113/20, BFH/NV 2021, 1201: irrtümlich als Kläger erfasster Ehegatte ohne Gewerbebetrieb bei Klage gegen GewSt-Messbescheid), der mitwirkenden ehrenamtlichen Richter (BFH II B 37/91, BFH/NV 1992, 124; VIII R 1/13, BeckRS 2015, 95573) oder des Prozessbevollmächtigten (BFH III B 39/93, BFH/NV 1996, 47; VII B 179/98, BFH/NV 1999, 1471; IX R 37/91, BFH/NV 1995, 915 Tod des Prozessbevollmächtigten) oder des Streitgegenstands (BFH V B 99/09, BFH/NV 2010, 911), den **Tenor** (BFH IV R 11/06, BFH/NV 2009, 937), selbst wenn sich durch die Berichtigung das Ergebnis ändert (BFH IV B 140/00, BFH/NV 2002, 1306 zur Steuerberechnung; BFH II B 114/04, BFH/NV 2005, 1333; V B 26/15, BFH/NV 2015, 1599), den **Tatbestand** (beachte aber § 108), die **Sachanträge** (BFH IX B 49/11, BFH/NV 2012, 54; IV R 6/11, BFH/NV 2015, 1381), die **Entscheidungsgründe** (zB BFH IV B 125/01, BFH/NV 2002, 1032; VIII B 27/11, BFH/NV 2012, 588) oder die **Rechtsmittelbelehrung** (BFH V R 93/01, BFH/NV 2003, 643; IX B 68/09, BFH/NV 2009, 2001). Die Unrichtigkeit kann auch in einer **Auslassung** bestehen (BFH IV R 44/88, BFH/NV 1990, 306 fehlende Klageabweisung iÜ; IX B 53/00, BFH/NV 2001, 631 Nichterwähnung eines mitwirkenden Richters im Urteil; BFH IX B 49/11, BFH/NV 2012, 54 fehlende Anträge; BFH IV R 50/15, BStBl. II 2018, 89: Unterlassene Revisionszulassung).

Offenbar ist die Unrichtigkeit, wenn sie „auf der Hand liegt", dh wenn der **8** Widerspruch zwischen Gewolltem und Erklärtem durchschaubar, eindeutig (nicht bei objektiver Mehrdeutigkeit des Urteils BFH I B 65/10, BFH/NV 2011, 1000) oder augenfällig und damit ohne weiteres **von außen erkennbar** ist (stRspr, zB BFH V R 2/09, BFH/NV 2011, 302). Sie muss für den Erklärungsempfänger (aA HHS/Lange § 107 Rn. 18) und auch für einen Dritten ohne weiteres deutlich sein, da Berichtigungen auch von einem Richter beschlossen werden können, der an der Entscheidung nicht mitgewirkt hat (BGH VI ZB 19/04, NJW 2004, 2389 zu § 319 ZPO). Die Unrichtigkeit kann sich **aus dem Zusammenhang** des Urteils ergeben (BFH IX B 174/91, BFH/NV 1992, 760), zB bei einem Widerspruch zw. Tenor und Tatbestand (BFH I R 56/16, BStBl. II 2020, 104) oder Entscheidungsgründen (BFH VII B 70/06, BFH/NV 2006, 1678). Eine offenbare Unrichtigkeit liegt regelmäßig nicht vor, wenn die Entscheidung des Gerichts vom Klageantrag gedeckt ist (BFH I B 121/10, BFH/NV 2010, 2098 mwN). Grundsätzlich muss die Unrichtigkeit aus dem Urteil selbst ersichtlich sein (so BFH I B 121/10, BFH/NV 2010, 2098 mwN). Die Rspr. lässt es darüber hinaus uU genügen, wenn sie sich aus den **Umständen bei Erlass und Verkündung des Urteils** und nicht unmittelbar aus dem Urteil ergibt (bejahend BGH VI ZR 176/78, BGHZ 78, 22; BFH VIII B 157/83, BStBl. II 1984, 834; Kopp/Schenke/Schenke VwGO § 118 Rn. 7), zB wenn das Urteil ungewollt vom eindeutig zutreffenden **Sitzungsprotokoll** (BFH IX B 49/11, BFH/NV 2012, 54) oder **Verkündungsprotokoll** (BFH IV R 11/06, BFH/NV 2009, 937; X B 161/11, BFH/NV 2013, 392) abweicht. Dem ist zuzustimmen, soweit sich die

Unrichtigkeit unmittelbar und eindeutig aus präsenten Urkunden ergibt; wäre eine weitere Sachaufklärung oder gar Beweisaufnahme über das vom Gericht Gewollte erforderlich, ist Offenbarkeit zu verneinen.

IV. Rechtsfolgen

9 Eine erkannte Unrichtigkeit muss berichtigt werden. Der Inhalt des Urteils ist an den offenkundigen Erklärungswillen des Gerichts anzupassen (BFH I R 12/09, BFH/NV 2011, 275). Die Berichtigung darf aber nicht darüber hinausgehen (BFH I B 65/10, BFH/NV 2011, 1000; IV B 59/10, BFH/NV 2012, 251). Wird der Tenor berichtigt, ist uU auch die **Kostenentscheidung** anzupassen (BFH V R 2/09, BFH/NV 2011, 302; X B 106/16, BFH/NV 2017, 1442). Mit der Berichtigung tritt die berichtigte Fassung an die Stelle der ursprünglichen Fassung und ist allein maßgeblich für die Zulässigkeit des Rechtsmittels (BFH IV R 11/06, BFH/NV 2009, 937 mwN). Die Berichtigung hat grds. keinen Einfluss auf den Lauf der **Rechtsmittelfrist.** Dagegen bestehen keine verfassungsrechtlichen Bedenken (BVerfG 1 BvR 1399/00, NJW 2001, 142). Eine Ausnahme besteht nur, wenn die Entscheidung keine klare Grundlage für das weitere Handeln der Beteiligten angab (BFH I B 36/98, BFH/NV 1999, 65). Wird die eindeutig fehlerhafte Bezeichnung der Entscheidung als Gerichtsbescheid in „Urteil“ berichtigt, hat dies (ausnahmsweise) auch zur Folge, dass der Antrag auf mündliche Verhandlung gegenstandslos wird, selbst wenn er schon gestellt worden ist, und die Nichtzulassungsbeschwerdefrist erst mit der Zustellung des Berichtigungsbeschlusses beginnt (BFH X B 161/11, BFH/NV 2013, 392). Die Berichtigung stellt keinen Wiederaufnahmegrund iSd § 134 FGO iVm §§ 578 ff. ZPO dar (BVerfG 2 BvR 377/69, BVerfGE 30, 58). Im **Revisionsverfahren** ist eine Berichtigung entbehrlich, wenn die fehlerhafte Entscheidung insgesamt aufgehoben wird (BFH VI R 12/08, BStBl. II 2010, 1069; V R 2/11, BStBl. II 2012, 634).

V. Verfahren

10 Das Gericht berichtigt grds. **von Amts wegen.** Ein Berichtigungsantrag ist gleichwohl nur zulässig, wenn der Antragsteller geltend machen kann, durch die Unrichtigkeit beschwert zu sein (zweifelnd Tipke/Kruse/Brandis § 107 Rn. 6). Das **Rechtsschutzbedürfnis** (→ Rn. 1) ist zB anzunehmen, wenn die begehrte Berichtigung für den Ausgang eines Rechtsmittelverfahrens von Bedeutung sein kann (BFH VIII B 27/11, BFH/NV 2012, 588) oder wenn das Urteil keine klare Grundlage für das weitere Handeln der Beteiligten abgibt (BFH IX B 160/10, BFH/NV 2011, 831). Es fehlt zB bei mangelnder Entscheidungserheblichkeit (BFH VIII R 3/03, BFH/NV 2006, 565; VI R 6/11, BFH/NV 2014, 241; IV R 9/15, DStR 17, 1584). Der Antrag ist nicht fristgebunden („jederzeit“) und auch noch nach Rechtskraft der fehlerhaften Entscheidung möglich (BFH III R 37/03, BFH/NV 2008, 1333 mwN). **Zuständig** ist das Gericht, das die Entscheidung getroffen hat (Senat, Einzelrichter, Vorsitzender, Berichterstatter, BFH XI B 239/02, BFH/NV 2004, 67) in der zur Zeit des Berichtigungsbeschlusses maßgebenden Besetzung. § 103 ist nicht anzuwenden. Ehrenamtliche Richter wirken nicht mit (§ 5 III 2). **Ist ein Rechtsmittel eingelegt,** wird neben dem FG (BFH VIII B 130/14, VIII B 17/15, BFH/NV 2016, 1052) der BFH für die Berichti-

gung der angefochtenen Entscheidung zuständig (zB BFH I R 91/10, BFH/NV 2012, 2004), soweit die Sache bei ihm anhängig geworden ist (BFH IV R 18/12, BStBl. II 2016, 346). Das gilt auch, wenn das Rechtsmittel unzulässig ist (BFH XI B 64–67/01, BFH/NV 2002, 371). Der **Vertretungszwang** ist grds. zu beachten. Will der BFH das angefochtene Urteil bestätigen, muss er zwingend berichtigen (BFH VI R 12/08, BStBl. II 10, 1069). Bei Zurückverweisung kann der BFH berichtigen (BFH X B 145/15, BFH/NV 2016, 1744), ist dazu aber nicht verpflichtet (BFH X B 23/16, BFH/NV 2017, 564). Vor der Berichtigung sind die Beteiligten grds. **anzuhören** (Art. 103 I GG; BVerfG 2 BvR 872/71, BVerfGE 34, 1). Das Gericht entscheidet durch **Beschluss,** der auf die Zeit des Wirksamwerdens des Urteils zurückwirkt (BFH IV B 71/01, BFH/NV 2002, 1019) und zu begründen ist (§ 113 I 1). Der **Berichtigungsbeschluss** wird nur auf dem Original und auf den Ausfertigungen **vermerkt** (§ 107 II 2). Die Nichtbeachtung hat wegen des reinen Ordnungscharakters der Vorschrift keine Folgen (BFH I R 42/98, BFH/NV 1999, 792); bei **elektronischer Aktenführung** (§ 52b) gilt **§ 107 II 3** (dazu BT-Drs. 15/4067, 34 zu § 319 ZPO). Es bedarf grds. keiner erneuten Zustellung, es sei denn, der Beschluss löst ausnahmsweise Fristen aus (→ Rn. 9).

VI. Rechtsmittel, Kosten

Gegen den Berichtigungsbeschluss (Ablehnungsbeschluss) ist grds. die 11
Beschwerde gegeben (§ 128 I), nicht jedoch, wenn gegen den zu berichtigenden Beschluss eine Beschwerde nicht statthaft ist (zB BFH X B 47/09, BFH/NV 2010, 660). Nach BFH fehlt das **Rechtsschutzbedürfnis für die Beschwerde,** wenn gegen die zu berichtigende Entscheidung kein Rechtsmittel eingelegt worden ist (BFH XI B 134/95, BFH/NV 1997, 48; offengelassen BFH VI B 258/99, BFH/NV 2001, 1420; IX B 160/10, BFH/NV 2011, 831) oder es entfällt, wenn in der Hauptsache Erledigung eintritt (BFH IV B 11/09, BFH/NV 2011, 649). Dem ist in dieser Allgemeinheit nicht zu folgen, da die Berichtigung „jederzeit" möglich ist (zutr. HHS/Lange § 107 Rn. 33; Tipke/Kruse/Brandis § 107 Rn. 9). Das Rechtsschutzbedürfnis fehlt jedenfalls dann nicht, wenn die Entscheidung erst nach Erschöpfung des Rechtswegs unanfechtbar geworden ist (BFH IX B 209/09, BFH/NV 2010, 1478; IX B 86/12, BFH/NV 2012, 1994). Im Übrigen muss das Rechtsschutzbedürfnis im Einzelfall beurteilt werden. Das Berichtigungsverfahren gehört zum Rechtszug und ist deshalb **gerichtskostenfrei;** die Beschwerde ist kostenpflichtig (§ 135 II; BFH V B 71/99, BFH/NV 2000, 66; zum Streitwert BFH IV E 3/02, BFH/NV 2003, 339). § 21 GKG ist zu beachten.

§ 108 [Antrag auf Berichtigung des Tatbestandes]

(1) **Enthält der Tatbestand des Urteils andere Unrichtigkeiten oder Unklarheiten, so kann die Berichtigung binnen zwei Wochen nach Zustellung des Urteils beantragt werden.**

(2) [1]**Das Gericht entscheidet ohne Beweisaufnahme durch Beschluss.** [2]**Der Beschluss ist unanfechtbar.** [3]**Bei der Entscheidung wirken nur die Richter mit, die beim Urteil mitgewirkt haben.** [4]**Ist ein Richter verhindert, so gibt bei Stimmengleichheit die Stimme des Vorsitzenden den Ausschlag.** [5]**Der Berichtigungsbeschluss wird auf dem Urteil und den**

Ausfertigungen vermerkt. [6]Ist das Urteil elektronisch abgefasst, ist auch der Beschluss elektronisch abzufassen und mit dem Urteil untrennbar zu verbinden.

Vgl. § 119 VwGO, § 139 SGG, § 320 ZPO.

Literatur: Hendricks/Hildebrand, Der Antrag auf Tatbestandsberichtigung nach § 108 FGO – eine häufig verpasste Chance, Ubg 2018, 63; Kapp, Die Tatbestandsberichtigung nach § 108 der Finanzgerichtsordnung – Eine rechtsstaatlich vertretbare Gesetzesbestimmung?, BB 1983, 190; Müller/Heydn, Der sinnlose Schlagabtausch zwischen den Instanzen auf dem Prüfstand: Für eine Abschaffung der Tatbestandsberichtigung, NJW 2005, 1750; Schmidt, Der Richterwechsel im Tatbestandsberichtigungsverfahren des Zivilprozesses, JR 1993, 457; Stackmann, Der (Un-)Sinn von Berichtigungsanträgen, NJW 2009, 1537; Vollkommer, Unrichtige tatbestandliche Feststellungen des Beschwerdegerichts als Gehörsverletzung, MDR 2010, 1161; Weitzel, Tatbestand und Entscheidungsqualität, 1990, 5, 79 ff.

I. Inhalt

1 § 108 durchbricht die **innerprozessuale Bindungswirkung** des Urteils (→ § 107 Rn. 2; hier des Tatbestands, § 105 II Nr. 4). Unter bestimmten Voraussetzungen darf und muss das Gericht den Tatbestand berichtigen. **Abs. 1** sieht vor, dass andere (→ Rn. 11) Unrichtigkeiten und Unklarheiten im Tatbestand des Urteils vom Gericht berichtigt werden, wenn ein Beteiligter dies rechtzeitig beantragt hat. **Abs. 2** regelt Einzelheiten des Verfahrens der Entscheidung über den Antrag und der Berichtigung.

II. Zweck der Vorschrift

2 Der Tatbestand des Urteils entfaltet **Beweiswirkung,** die nur durch das Protokoll entkräftet werden kann (§ 155 FGO iVm § 314 ZPO). Das Gericht muss die durch den Tatbestand des Urteils bewiesenen Tatsachen zugrunde legen, auch wenn es von ihrer Unrichtigkeit überzeugt ist. Die Tatbestandsberichtigung soll verhindern, dass unrichtig beurkundeter Parteivortrag zur Grundlage der Entscheidung des Rechtsmittelgerichts wird (zB BFH II B 173/08, BFH/NV 2009, 1272); die Berichtigung soll die **Grundlage für ein Rechtsmittelverfahren** (BFH V R 45/06, BFH/NV 2009, 39; X B 27/11, BFH/NV 2013, 734) oder eine **Urteilsergänzung** (§ 109) schaffen. Die Beweiskraft des Tatbestands ist zu unterscheiden von der Bindung an die tatsächlichen Feststellungen (§ 118 II; unklar Tipke/Kruse/Brandis § 108 Rn. 1; Gosch/Brandt § 108 Rn. 3). Auf die Beweiskraft des Tatbestands kommt es nur an, soweit das Rechtsmittelgericht selbst Tatsachen festzustellen und ggf. Beweis zu erheben hat, zB bei der Prüfung von Verfahrensrügen (→ § 118 Rn. 49).

III. Verhältnis zum Rechtsmittelrecht

3 Die unrichtige Beurkundung des Sachverhalts im Tatbestand ist ein **Verfahrensmangel** (aA BFH XI S 29/10, BFH/NV 2011, 824; HHS/Lange § 108 Rn. 3; → Rn. 10), denn das Gericht ist verpflichtet, den Sachverhalt richtig zu beurkunden und die Verpflichtung gehört zum Verfahrensrecht. Insoweit ist § 108

jedoch lex specialis zum Rechtsmittelrecht (BFH X B 38/15, BFH/NV 2016, 930). Der Einwand kann deshalb grds. nur mit einem Antrag nach § 108 verfolgt werden (zB BFH VII B 124/10, BFH/NV 2011, 2112; II S 9/11, BFH/NV 2012, 709; IX B 84/22, BFH/NV 2023, 1314, Rn. 16). Hat das FG den Antrag nach § 108 abgelehnt, können etwaige Unrichtigkeiten nicht mehr mit einer Verfahrensrüge geltend gemacht werden (zB BFH IV B 100/03, BFH/NV 2005, 1809). Dem ist zu folgen, wenn (1) der Anwendungsbereich des § 108 eng ausgelegt (→ Rn. 9 ff.) und (2) beachtet wird, dass die **Verletzung des rechtlichen Gehörs** zur Gewährleistung effektiven Rechtsschutzes uU vom Rechtsmittelgericht auch ohne vorherige Berichtigung des Tatbestands geprüft werden muss (Vollkommer MDR 2010, 1161; BFH VIII B 60/85, BFH/NV 1988, 780; BVerfG 1 BvR 786/04, NJW 2005, 657 Zugang zu effektivem Rechtsschutz; → Rn. 7 aE). Das Verfahren nach § 108 (einschließlich der Anhörungsrüge) bietet wegen seiner Ausgestaltung (Selbstkontrolle, keine Beweisaufnahme, Unanfechtbarkeit der Entscheidung) keinen so effektiven Rechtsschutz wie ein Rechtsmittelverfahren. Ein großzügiges Verständnis der Vorschrift verhindert deshalb die effektive Überprüfung von Verfahrensverstößen eher, als dass es sie ermöglicht.

Die **Auslegung der Vorschrift** muss sich an ihrem Zweck (→ Rn. 2) orientieren. 5
Die Berichtigung des Tatbestands kommt danach nur in Betracht, soweit seine Beweiswirkung reicht. Dies richtet sich nach **§ 314 ZPO,** die Vorschrift ist im finanzgerichtlichen Verfahren (entsprechend) anwendbar (BFH I B 127/98, BFH/NV 1999, 1609; IX B 173/02, BFH/NV 2003, 1081; XI B 18/05, BFH/NV 2006, 1113).

§ 314 ZPO Beweiskraft des Tatbestandes 6

[1]Der Tatbestand des Urteils liefert Beweis für das mündliche Parteivorbringen. [2]Der Beweis kann nur durch das Sitzungsprotokoll entkräftet werden.

IV. Wirkung im Zivilprozess

Überblick. § 314 ZPO setzt voraus, dass mündlich verhandelt worden ist. 7
Hat keine mündliche Verhandlung stattgefunden, entfaltet der Tatbestand keine Beweiswirkung. Parteivorbringen, das erst nach der letzten mündlichen Verhandlung in den Prozess eingeführt worden ist, unterliegt nicht der Beweiswirkung, selbst wenn es sich aus dem Tatbestand des Urteils ergibt (BGH I ZR 99/05, NJW-RR 2008, 1566). Der Beweiswirkung unterliegt außerdem nur auf **Tatsachen** bezogenes Vorbringen. Dazu gehören auch die prozessualen Erklärungen, einschließlich der Anträge. Das aus dem Tatbestand (konkret) ersichtliche tatsächliche Vorbringen gilt (mit den vorstehenden Einschränkungen) in vollem Umfang als vorgetragen, auch wenn es in der mündlichen Verhandlung nicht zur Sprache gekommen, sondern durch Bezugnahme zum Gegenstand gemacht worden ist. Andere Feststellungen des Gerichts, die nicht Parteivorbringen betreffen, unterliegen nicht der Beweiswirkung (BGH VII ZR 135/82, NJW 1983, 2030). § 314 ZPO entfaltet nur positive, aber **keine negative Beweiswirkung.** Der BGH hat die gegenteilige Auffassung aufgegeben, weil die Darstellung des Tatbestands im Urteil nicht auf Vollständigkeit hin angelegt ist (BGH V ZR 257/03, NJW 2004, 1876). § 313 II 1 ZPO verlangt nur eine „knappe" Darstellung der „wesentlichen" Inhalte. Für eine Tatbestandsberichtigung mit dem Ziel der Ergänzung besteht danach grds. kein Bedürfnis (mehr). Die Beweiswirkung entfällt, wenn der Tatbe-

stand in sich **widersprüchlich** ist (BGH VIII ZR 216/99, NJW 2000, 3007) oder wenn sich ein Widerspruch aus den Gründen über den abgelehnten Berichtigungsantrag ergibt (BGH I ZR 161/08, NJW 2011, 1513; iE ebenso BFH I B 131/08, BFH/NV 2009, 787).

8 Die **entsprechende Anwendung von § 314 ZPO** im finanzgerichtlichen Verfahren unterliegt keinen Besonderheiten (die bis zur Voraufl. an dieser Stelle vertretene aA wird aufgegeben). Die Beweiswirkung des Tatbestands erstreckt sich auch im finanzgerichtlichen Verfahren nur auf **tatsächliches, mündliches Parteivorbringen** (BFH II B 173/08, BFH/NV 2009, 1272). Aus dem Umstand, dass dem Parteivorbringen im Amtsverfahren eine geringere Bedeutung zukommt als im Zivilprozess, kann nicht geschlossen werden, dass die Beweiskraft des Tatbestands im finanzgerichtlichen Verfahren weiter reicht als im Zivilprozess. Dies hätte einer bewussten Entscheidung des Gesetzgebers bedurft. Das finanzgerichtliche Verfahren ist auch nicht mehr oder weniger vom Mündlichkeitsgrundsatz geprägt als der Zivilprozess. Zu beachten ist auch die **fehlende negative Beweiswirkung.** Der geänderten Rspr. des BGH (→ Rn. 7) ist zuzustimmen. Aus § 105 III ergibt sich nichts anderes. Im Tatbestand soll der Sach- und Streitstand „seinem wesentlichen Inhalt nach gedrängt" dargestellt werden. Daraus ergibt sich auch für das finanzgerichtliche Verfahren **kein Vollständigkeitsgebot.** Das Gericht muss das Gesamtergebnis des Verfahrens bei seiner Überzeugungsbildung berücksichtigen (§ 96 I 1); im Urteil darf es sich jedoch auf diejenigen Elemente beschränken, die für seine Überzeugungsbildung leitend waren. Eine Ausnahme gilt für die **Anträge;** sie sind im Tatbestand vollständig und richtig wiederzugeben.

9 Im Hinblick auf § 314 ZPO (→ Rn. 5–8) ist § 108 aus systematischen und teleologischen Gründen **einschränkend auszulegen** (→ Rn. 3). Soweit die Rspr. stattdessen nicht den Anwendungsbereich, sondern das Rechtsschutzbedürfnis für den Berichtigungsantrag verneint (zB BFH VI S 1/10, BFH/NV 2010, 1467), ist dies iE nicht zu beanstanden.

V. Gegenstand

10 **Urteile der Finanzgerichte** unterliegen der Tatbestandsberichtigung nur, soweit sie **aufgrund mündlicher Verhandlung** ergangen sind (BFH II B 173/08, BFH/NV 2009, 1272). Eine Tatbestandsberichtigung ist dagegen ausgeschlossen, wenn das Gericht mit Zustimmung der Beteiligten (§ 90 II; BFH V B 116/99, BFH/NV 2000, 852) oder sonst (zB nach § 94a I 1) ohne mündliche Verhandlung entschieden hat. Dasselbe gilt, wenn das Gericht (§ 90a I), der Vorsitzende (§ 79a II 1) oder der Berichterstatter (§ 79a IV) ohne mündliche Verhandlung durch Gerichtsbescheid entschieden haben (aA Tipke/Kruse/Brandis § 108 Rn. 2; Gosch/Brandt § 108 Rn. 18). Die unzutreffende Darstellung des Sachstands in einem ohne mündliche Verhandlung ergangenen Urteil ist als Verfahrensrüge (→ Rn. 3) geltend zu machen (BFH VIII B 115/02, BFH/NV 2003, 631; III B 105/02, BFH/NV 2004, 178; II B 173/08, BFH/NV 2009, 1272). Hat eine frühere mündliche Verhandlung stattgefunden, unterliegt nur das tatsächliche Vorbringen bis zur letzten mündlichen Verhandlung der Berichtigung nach § 108. Die Vorschrift ist auf **Beschlüsse der Finanzgerichte** entsprechend anwendbar (§ 113 I). Sie ergehen jedoch idR ohne mündliche Verhandlung (§ 90 I 2), enthalten nicht notwendig einen Tatbestand (§ 113 I iVm § 105 II Nr. 6) und unterliegen grds. keiner innerprozessualen Bindungswirkung (§ 329 I 2 ZPO). Nur soweit

all dies ausnahmsweise doch der Fall ist, kommt eine Berichtigung des Tatbestands in Betracht. **Revisionsurteile des BFH** unterliegen grds. nicht der Tatbestandsberichtigung (BFH IV R 63/99, BStBl. II 2003, 809, V R 45/06, BFH/NV 2009, 39). Sie enthalten grds. keine eigenen tatsächlichen Feststellungen, sondern geben nur tatsächliche Feststellungen des FG wieder (zB BFH X S 25/09, BFH/NV 2010, 1293; Ausnahme: Anträge und tatsächliche Feststellungen zu Sachurteilsvoraussetzungen). Die Berichtigung des Revisionsantrags in einem BFH-Urteil ist zulässig, wenn sie erforderlich ist, um eine Urteilsergänzung beantragen zu können (BFH II R 2/05, BFH/NV 2007, 1530; → Rn. 2). Die Berichtigung kann iÜ auch nicht Grundlage für ein Rechtsmittel sein, da eine weitere Überprüfung nicht stattfindet (zur Wiederaufnahme des Verfahrens → § 134 Rn. 1). Das gilt auch für **erstinstanzliche Entscheidungen des BFH** über Entschädigungsklagen und für **Beschlüsse des BFH** (zB BFH X B 27/11, BFH/NV 2013, 734 Zurückweisung der NZB; BFH VI S 8/12, BFH/NV 2013, 400 AdV). Daran ändert die Möglichkeit einer **Verfassungsbeschwerde** oder einer **Beschwerde zum EGMR** nichts, denn im Verhältnis zu diesen Gerichten ist § 314 ZPO nicht anwendbar und entfaltet der Tatbestand nach den jeweiligen Verfahrensrechten auch sonst keine Beweiswirkung (BFH X S 25/09, BFH/NV 2010, 1293; VI S 8/12, BFH/NV 2013, 400; X S 22/21, BFH/NV 2022, 124).

VI. Andere Unrichtigkeiten oder Unklarheiten

Andere Unrichtigkeiten oder Unklarheiten. Der Zusatz „andere" bezieht 11
sich auf § 107. Es darf sich mithin nicht um Schreibfehler, Rechenfehler oder ähnliche offenbare Unrichtigkeiten handeln; insofern ist § 107 vorrangig anzuwenden.

Die zu berichtigenden Unrichtigkeiten oder Unklarheiten müssen den **Tatbe-** 12
stand des Urteils betreffen. Zum Tatbestand iSd Vorschrift gehören alle Ausführungen im Urteil, die die **Darstellung des Sachstands** (§ 105 III 1) betreffen. Solche Ausführungen können nicht nur in dem mit „Tatbestand" überschriebenen Abschnitt des Urteils stehen, sondern auch in den Entscheidungsgründen (BFH VIII B 32/03, BFH/NV 2005, 1261; XI B 35/06, BFH/NV 2007, 1268). Sie müssen Feststellungen tatsächlicher Art (BFH X S 25/09, BFH/NV 2010, 1293) und zwar das **auf Tatsachen bezogene Parteivorbringen** betreffen (→ Rn. 8; BFH V B 116/99, BFH/NV 2000, 852). Dazu gehören auch die **Anträge** (§ 115 III 1; → Rn. 13), nicht aber die Wiedergabe des Prozessgeschehens (BGH VII ZR 135/82, NJW 1983, 2030) oder des Ergebnisses einer Beweisaufnahme (aA Tipke/Kruse/Brandis § 108 Rn. 5).

Unrichtig (oder unklar) ist der Tatbestand, wenn er mit den tatsächlichen 13
Feststellungen, die das Gericht bis zum Ende der mündlichen Verhandlung getroffen hat, nicht im Einklang steht. Insofern kommt es auf die Erinnerung der beteiligten Richter an; eine Beweisaufnahme ist ausgeschlossen (108 II 1; → Rn. 16). Die begehrte Richtigstellung muss **entscheidungserheblich** sein (BFH II R 5/04, BFH/NV 2007, 2302). **Auslassungen** im Tatbestand begründen grds. keine Unrichtigkeit oder Unklarheit, weil der Tatbestand keine negative Beweiskraft entfaltet (aA BFH VII B 124/10, BFH/NV 2011, 2112; V B 37/11, BFH/NV 2012, 956 jedoch insoweit ohne Begründung). Eine Ausnahme gilt für die Anträge (→ Rn. 8). Die Nichtbeurkundung eines in der mündlichen Verhandlung gestellten **Sachantrags** ist deshalb vorrangig nach § 108 zu berichti-

gen (zB BFH VII B 262/06, BFH/NV 2007, 1142; VII B 57/11, BFH/NV 2012, 1623). Sachanträge sind zu protokollieren (§ 94 FGO iVm § 160 III Nr. 2 ZPO). Bei Widerspruch zwischen dem Protokoll und dem Tatbestand, gilt das Protokollierte (§ 314 S. 2 ZPO). Ein Antrag auf Ergänzung des Protokolls kann nur bis zum Schluss der mündlichen Verhandlung gestellt werden (BFH II S 18/06, BFH/NV 2007, 939); eine Berichtigung des Protokolls ist jederzeit möglich (→ § 94 Rn. 19 f.).

VII. Antrag

15 Die Berichtigung findet nur auf **Antrag** statt (BFH V B 98, 99/08, BFH/NV 2009, 398 keine Umdeutung eines als „Beschwerde" bezeichneten Rechtsmittels in einen Antrag). Der **Vertretungszwang** ist zu beachten (BFH IX R 10/11, BFH/NV 2013, 1239). Der Antrag muss **binnen zwei Wochen** nach **Zustellung** des Urteils (§ 104 I 2 Hs. 2; II) schriftlich (entsprechend § 64 I) bzw. elektronisch bei dem Gericht, dessen Entscheidung berichtigt werden soll, gestellt werden (BFH V B 212/05, BFH/NV 2007, 730). Die Frist kann nicht verlängert werden (§ 54 II FGO iVm § 224 II ZPO); Wiedereinsetzung ist möglich (§ 56). Der Antrag (beim FG) löst **keine Verlängerung der Rechtsmittelfrist** aus (BFH XI B 185/04, BFH/NV 2005, 1856). Zulässig ist ein Antrag nach § 108 nur, wenn ein **Rechtsschutzinteresse** an der begehrten Berichtigung besteht. Daran fehlt es zB, wenn sich die begehrte Berichtigung auf **nicht entscheidungserhebliche Tatsachen** bezieht (BFH II R 5/04, BFH/NV 2007, 2302).

VIII. Verfahren

16 **Zuständig** ist das Gericht, das die zu berichtigende Entscheidung erlassen hat (BFH VII B 331/02, BFH/NV 2003, 1196) in der ursprünglichen **Besetzung** (§ 108 II 3), beim BFH in der Besetzung mit fünf Richtern (BFH X S 22/21, BFH/NV 2022, 124). Die ehrenamtlichen Richter wirken nur mit, wenn auf Grund mündlicher Verhandlung über den Berichtigungsantrag entschieden wird (§ 5 III 2; BFH VII B 20/78, BStBl. II 1978, 675 (676)). Richter, die verhindert sind, wirken nicht mit (BFH IX S 17/21, BFH/NV 2023, 973). Das gilt auch für Richter, die zwischenzeitlich in den Ruhestand eingetreten sind (BFH X B 9/24, BFH/NV 2024, 1192). Vollzähligkeit des Spruchkörpers ist nicht erforderlich. Eine geschäftsplanmäßige Vertretung findet nicht statt, da es auf die Erinnerung der mitwirkenden Richter ankommt. Bei Stimmengleichheit gibt die Stimme des Vorsitzenden den Ausschlag (§ 108 II 4). **Verhinderung** liegt zB vor bei Krankheit, Urlaub, Versetzung in den Ruhestand (BFH II R 5/04, BFH/NV 2007, 2302), nach erfolgreicher Ablehnung (BFH VII B 70/89, BStBl. II 1989, 899), wohl nicht nach Wechsel in einen anderen Senat (BFH IV R 63/99, BStBl. II 2003, 809). Sind alle Richter verhindert, ist eine Berichtigung nicht mehr möglich; eine voraussichtlich längere Verhinderung ist dafür nicht erforderlich (HHS/Lange § 108 Rn. 21; aA Tipke/Kruse/Brandis § 108 Rn. 7). Zumindest in diesem Fall darf sich das Rechtsmittelgericht nicht ohne eigene Prüfung an den Tatbestand binden (BVerfG 1 BvR 786/04, NJW 2005, 657, Rn. 3). Das Gericht entscheidet **ohne Beweisaufnahme** durch **Beschluss** (§ 108 II 1); mündliche Verhandlung ist nicht erforderlich (§ 90 I 2; aA: Kapp BB 1983, 190 (191)). Die Beteiligten sind zu hören (§§ 113 I, 96 II). Beschlüsse nach § 108

müssen idR **nicht begründet** werden (§ 108 II 2 FGO iVm § 113 II; Ausnahme → Rn. 18). Zustellung ist nur erforderlich, wenn Fristen in Gang gesetzt werden (§ 53 I).

Der **Berichtigungsbeschluss** wird auf dem Original und den Ausfertigungen vermerkt (§ 108 II 5; wegen des reinen Ordnungscharakters der Vorschrift bleibt das Unterlassen jedoch ohne Rechtsfolgen: vgl. BFH I R 42/98, BFH/NV 1999, 792); bei **elektronischer Aktenführung** (§ 52b) gilt **§ 108 II 6** (dazu BR-Drs. 609/04, 78 zu § 320 ZPO). **17**

IX. Rechtsmittel, Kosten

Der Beschluss ist grds. **unanfechtbar** (§ 108 II 2). Das ist nicht verfassungswidrig (BVerfG 2 BvR 1745/82, HFR 1983, 226; BFH VIII B 60/85, BFH/NV 1988, 780 mwN). Bei Verletzung des rechtlichen Gehörs ist die **Anhörungsrüge** gegeben. Daneben findet eine (außerordentliche) Beschwerde nicht mehr statt, weder bei greifbarer Gesetzwidrigkeit noch bei schwerwiegenden Verfahrensverstößen (BFH VIII B 8/06, BFH/NV 2007, 2069; aA HHS/Lange § 108 Rn. 28; vgl. auch BFH V B 149/09, BFH/NV 2011, 621), und grds. auch keine Gegenvorstellung (BFH IX S 14/21, BFH/NV 2022, 910). Einer teleologischen Einschränkung von § 108 II 2 (Gosch/Brandt § 108 Rn. 50) bedarf es nicht, wenn der Anwendungsbereich von § 108 I von vornherein eng gefasst und effektiver Rechtsschutz im Rechtsmittelverfahren gewährt wird (→ Rn. 3, 16). **Ausnahmsweise** ist die **Beschwerde** statthaft (dh § 108 II 2 gilt nicht), wenn ein Antrag auf Tatbestandsberichtigung (zu Unrecht) als unzulässig abgelehnt worden ist (BVerfG 1 BvR 786/04, NJW 2005, 657; BFH X B 9/24, BFH/NV 2024, 1192), auch nach abgelehnter Wiedereinsetzung (BFH II B 87/12, BFH/NV 2012, 2003). Die Entscheidung ist **gerichtsgebührenfrei,** weil das Berichtigungsverfahren zum Hauptverfahren gehört (zB BFH X B 27/11, BFH/NV 2013, 734). Das gilt nicht für das Beschwerdeverfahren (BFH II B 87/12, BFH/NV 2012, 2003). **18**

§ 109 [Nachträgliche Ergänzung eines Urteils]

(1) **Wenn ein nach dem Tatbestand von einem Beteiligten gestellter Antrag oder die Kostenfolge bei der Entscheidung ganz oder zum Teil übergangen ist, so ist auf Antrag das Urteil durch nachträgliche Entscheidung zu ergänzen.**

(2) **[1]Die Entscheidung muss binnen zwei Wochen nach Zustellung des Urteils beantragt werden. [2]Die mündliche Verhandlung hat nur den nicht erledigten Teil des Rechtsstreits zum Gegenstand. [3]Von der Durchführung einer mündlichen Verhandlung kann abgesehen werden, wenn mit der Ergänzung des Urteils nur über einen Nebenanspruch oder über die Kosten entschieden werden soll und wenn die Bedeutung der Sache keine mündliche Verhandlung erfordert.**

Vgl. § 120 VwGO, § 140 SGG, § 321 ZPO.

Literatur: Jungemeyer/Teichmann, Die unterbliebene Kostengrundentscheidung in Fällen der Nebenintervention, MDR 2011, 1019; Uerpmann, Teilurteil, ergänzungsbedürftiges Urteil und fehlerhaftes Urteil im Asylrechtsstreit, NVwZ 1993, 743.

I. Inhalt

1 § 109 durchbricht die **innerprozessuale Bindungswirkung** des Urteils (→ § 107 Rn. 1). Unter bestimmten (engen) Voraussetzungen darf (muss) das Gericht das unvollständige Urteil ergänzen und eine **ungewollte Entscheidungslücke** selbst schließen. Es darf ein unrichtiges Urteil jedoch nicht ändern (→ § 107 Rn. 2).

II. Verhältnis zu anderen Vorschriften

2 Das Übergehen (→ Rn. 6) eines Antrags oder der Kostenfolge ist ein **Verfahrensmangel** (Verstoß gegen § 96 I 1 – Bindung an das Klagebegehren; BFH III B 105/02, BFH/NV 2004, 178; diff. BGH VIII ZR 29/09, NJW 2010, 1148 zu § 321 ZPO). Das Urteilsergänzungsverfahren geht aber dem **Rechtsmittelrecht** vor (zB BFH X B 244/12, BFH/NV 2013, 1578; → § 108 Rn. 3; HHS/Lange § 109 Rn. 3). Im Anwendungsbereich von § 109 ist eine Verfahrensrüge daher ausgeschlossen (BFH III B 105/02, BFH/NV 2004, 178; III B 193/04, BFH/NV 2006, 2101). Wegen der Unvorhersehbarkeit, in welchem Verfahren der Mangel letztlich behoben wird, ist es zulässig, beide Verfahren gleichzeitig zu betreiben (BFH IX B 47/05, BFH/NV 2006, 1120). Eine **Tatbestandsberichtigung** kann vorrangig durchzuführen sein (→ Rn. 4; BFH X S 38/15 (PKH), BFH/NV 2016, 940). § 109 ist nicht anzuwenden, wenn sich aus dem Urteil ergibt, dass das Gericht über alle Anträge und die Kostenfolge entschieden hat. Fehlt im Tenor der Ausspruch, kann eine **andere offenbare Unrichtigkeit** vorliegen, die nach § 107 zu berichtigen ist (→ § 107 Rn. 4).

III. Urteil

3 § 109 ist auf **alle Urteile** (Gerichtsbescheide), auch wenn sie ohne mündliche Verhandlung ergangen sind (→ § 108 Rn. 10), sowie auf **Beschlüsse** entsprechend anzuwenden (§ 113 I; BFH VIII R 126/84, BFH/NV 1987, 257; VIII B 16/87, BFH/NV 1989, 661; X B 3/99, BFH/NV 2000, 1473). Die Norm gilt ferner für alle Urteile und Beschlüsse (auch § 126a), die im **Revisionsverfahren** ergangen sind (§ 121 S. 1; BFH II R 36/87, BStBl. II 1991, 367; X B 3/99, BFH/NV 2000, 1473; unzutreffend BFH X B 27/11, BFH/NV 2013, 743).

IV. Gestellter Antrag

4 Es muss sich um einen **Sachantrag** (Haupt- oder Hilfsantrag) handeln. **Verfahrensanträge** werden nicht erfasst (BFH VII B 35/02, AO-StB 2003, 112 zum Beweisantrag; Tipke/Kruse/Brandis § 109 Rn. 2), auch nicht der Antrag auf Zulassung der Revision (BFH VII R 65/95, BFH/NV 1996, 338), wohl aber der Antrag gem. § 563 I 2 ZPO, die Sache an einen anderen Spruchkörper zurückzuverweisen. Der Antrag muss **gestellt** sein (§ 92 III). Das muss sich aus dem („nach dem") **Tatbestand** (§ 105 II Nr. 4, III; → § 108 Rn. 12) ergeben. Nach hM genügt es wegen des klaren Wortlauts der Norm nicht, wenn sich aus dem **Protokoll** ergibt, dass die Anträge gestellt worden sind (BFH VII B 117/08, BFH/NV 2008, 2035; HHS/Lange § 109 Rn. 8). Das überzeugt nicht. Da die (negative)

Beweiswirkung des Tatbestands (→ § 108 Rn. 8) durch das Protokoll widerlegt wird (§ 155 FGO iVm § 314 S. 2 ZPO), erfordert es der Zweck der Norm (→ Rn. 1), in diesem Fall das Ergänzungsverfahren durchzuführen. Kann der Tatbestand nicht berichtigt werden, zB weil das Urteil ohne mündliche Verhandlung ergangen ist (→ § 108 Rn. 10), bleibt es dabei, dass sich das Übergehen des Antrags nicht aus dem Tatbestand ergibt, mit der Folge, dass eine Urteilsergänzung nicht in Betracht kommt. Das Übergehen des Antrags ist dann unmittelbar mit der Verfahrensrüge geltend zu machen (BFH III B 105/02, BFH/NV 2004, 178; IX B 252/07, BeckRS 2008, 25013433). Der BFH wendet § 109 I entsprechend an, wenn er einen während des Revisionsverfahrens ergangenen **Änderungsbescheid** übersehen hat (BFH II R 37/09, BFH/NV 2011, 629).

Übergangene Kostenfolge ist die nach § 143 I zu treffende Kostengrundentscheidung. Ist sie erforderlich und fehlt sie, kommt ebenfalls eine Ergänzung in Betracht. Das gilt auch, wenn ein Ausspruch nach §§ 135 III, 139 IV (BFH III S 7/10, BFH/NV 2010, 1285 zu § 139 IV) oder über die Abwendungsbefugnis nach § 711 ZPO (BFH IV S 3/81, BStBl. II 1981, 402) unterblieben ist, nicht jedoch bei unterbliebener Entscheidung nach § 139 III 3, weil diese zum Kostenfestsetzungsverfahren gehört (→ § 139 Rn. 130). 5

Übergehen setzt voraus, dass das Gericht **versehentlich** (ungewollt) nicht entschieden hat (BFH I B 25/92, BFH/NV 1993, 423), zB weil es einen Antrag übersehen hat. Hat das Gericht **bewusst** oder **rechtsirrtümlich** den Antrag nicht behandelt, abgelehnt oder fehlerhaft ausgelegt, kommt eine Ergänzung nicht in Betracht (BFH V B 71/99, BFH/NV 2000, 66; IX B 47/05, BFH/NV 2006, 1120). Ob dies der Fall ist, ist durch Auslegung des Urteils zu ermitteln; Offenbarkeit ist nicht erforderlich. 6

V. Ergänzungsantrag

Ein Beteiligter (§ 57) muss die Ergänzung beantragen. Sie findet auch dann nicht von Amts wegen statt, wenn (zB über Kosten) von Amts wegen hätte entschieden werden müssen (BFH VIII R 346/83, BStBl. II 1988, 287). Für den Antrag gilt beim BFH der **Vertretungszwang** (BFH IX S 5/88, BFH/NV 1990, 181). Der Antragsteller muss ein **Rechtsschutzbedürfnis** geltend machen können und das Begehren substantiieren (BFH VIII B 39/11, BFH/NV 2012, 418). Zu **Form** und **Frist des Antrags** (§ 109 II 1) → § 108 Rn. 15 (zur Wiedereinsetzung BFH IV B 161/96, BFH/NV 1998, 37). Ist der Tatbestand im Hinblick auf den übergangenen Antrag nach § 108 ergänzt worden, beginnt die Frist mit der Zustellung dieses Beschlusses (BGH VIII ZR 39/82, NJW 1982, 1821). 7

VI. Verfahren

Grundsatz. Das Gericht entscheidet (in der geschäftsplanmäßigen, nicht in der ursprünglichen Besetzung) durch **Ergänzungsurteil** (nicht durch Beschluss, BFH VI B 60/91, BFH/NV 1992, 186) und idR aufgrund mündlicher Verhandlung. **Ohne mündliche Verhandlung** wird entschieden durch Gerichtsbescheid (§ 90a) oder bei übereinstimmendem Verzicht auf die Durchführung der mündlichen Verhandlung. Der Verzicht erstreckt sich auch auf das Ergänzungsverfahren (BFH II R 37/09, BFH/NV 2011, 629). Nach **Abs. 2 S. 3** kann das Gericht nach Ermessen von der Durchführung der mündlichen Verhandlung absehen, wenn nur über einen 8

Nebenanspruch oder über die Kosten entschieden werden soll oder wenn die **Bedeutung der Sache** keine mündliche Verhandlung erfordert. Abs. 2 S. 3 ist eingefügt worden durch Art. 7 Nr. 2 des G vom 12.12.2019 (BGBl. I 2633) mWv 1.1.2020. § 321 III ZPO enthält eine entspr. Regelung (vgl. BT-Drs. 19/13828, 24). **Durch Beschluss** (Ergänzungsbeschluss) wird entschieden, wenn ein Beschluss ergänzt werden soll (BFH II K 2/92, BFH/NV 1998, 620) oder, wenn der Ergänzungsantrag offensichtlich unzulässig, insbes. verfristet ist (BFH VII R 28/13, BFH/NV 2014, 1771; BVerwG 3 C 14/11, NVwZ 2011, 1196). Dann wird der Ergänzungsantrag als unzulässig verworfen. Ein zu Unrecht ergangener Ergänzungsbeschluss kann nicht in ein Ergänzungsurteil umgedeutet werden. Das Ergänzungsurteil muss eine **Kostenentscheidung** enthalten, da es die Instanz abschließt (HHS/Lange § 109 Rn. 36; Schoch/Schneider/Clausing/Kimmel VwGO § 120 Rn. 8); die ursprüngliche Kostenentscheidung ist uU anzupassen (Tipke/Kruse/Brandis § 109 Rn. 6; HHS/Lange § 109 Rn. 20). Für das Ergänzungsverfahren fallen keine **Gerichtsgebühren** an (BFH VI B 234/00, BFH/NV 2001, 1292), es gehört kostenrechtlich zum Rechtszug; die **PKH** deckt deshalb auch das Ergänzungsverfahren mit ab (BFH VIII B 81/89, BFH/NV 1991, 261).

VII. Rechtsmittel

9 Das **Ergänzungsurteil** ist als Teilurteil (vgl. § 98) grds. mit Rechtsmitteln selbständig angreifbar (BFH X B 120/03, BeckRS 2003, 25002581). Ist nur die Kostenentscheidung ergänzt worden, muss grds. das ergänzte Urteil mitangefochten werden (§ 145; BFH I R 123/71, BStBl. II 1972, 770; Ausnahme BVerwG 8 B 30/07, NVwZ 2007, 1442). Nur wenn das Urteil innerhalb der Revisionsfrist ergänzt wird, beginnt die **Revisionsfrist** mit Zustellung des Ergänzungsurteils neu zu laufen (§ 155 FGO iVm § 518 S. 1 ZPO; einschränkend BVerwG 6 B 48/09, NVwZ 2010, 962: nur, wenn die Ergänzung erforderlich war, um über die Einlegung des Rechtsmittels entscheiden zu können). Im Übrigen beeinflusst das Verfahren (sein Ausgang) den Lauf von Rechtsmittelfristen nicht (BFH II R 108/77, BStBl. II 1979, 373). Werden das Haupturteil und das Ergänzungsurteil jeweils mit der Nichtzulassungsbeschwerde angegriffen, so sind die Darlegungs- und Zulassungsvoraussetzungen für beide Beschwerden gesondert darzulegen (BFH VIII B 10/23, BFH/NV 2024, 539). Gegen einen **Beschluss,** durch den ein Antrag nach § 109 abgelehnt worden ist, ist die Beschwerde gegeben (BFH VIII B 93/07, BFH/NV 2008, 392; VII B 145/07, BFH/NV 2009, 200.

§ 110 [Rechtskraftwirkung der Urteile]

(1) [1]Rechtskräftige Urteile binden, soweit über den Streitgegenstand entschieden worden ist,

1. **die Beteiligten und ihre Rechtsnachfolger,**
2. **in den Fällen des § 48 Abs. 1 Nr. 1 die nicht klageberechtigten Gesellschafter oder Gemeinschafter und**
3. **im Fall des § 60a die Personen, die einen Antrag auf Beiladung nicht oder nicht fristgemäß gestellt haben.**

[2]Die gegen eine Finanzbehörde ergangenen Urteile wirken auch gegenüber der öffentlich-rechtlichen Körperschaft, der die beteiligte Finanzbehörde angehört.

(2) **Die Vorschriften der Abgabenordnung und anderer Steuergesetze über die Rücknahme, Widerruf, Aufhebung und Änderung von Verwaltungsakten sowie über die Nachforderung von Steuern bleiben unberührt, soweit sich aus Absatz 1 Satz 1 nichts anderes ergibt.**

Vgl. § 121 VwGO, § 141 I SGG, §§ 322ff. ZPO.

Literatur (seit 2000): v. Arnauld, Rechtssicherheit, 2006, 278ff.; Beinert, Der Umfang der Rechtskraft bei Teilklagen, 2000; Germelmann, Die Rechtskraft von Gerichtsentscheidungen in der Europäischen Union, Diss. Berlin, 2009; Habscheid, Der Ausschluss des nicht vorgebrachten Prozessstoffs durch die materielle Rechtskraft, ZZP 117 (2004), 235; Jesse, Bindung der Finanzbehörden an (Finanz-) Gerichtsentscheidungen – Teil I, BB 2020, 87; Jesse, Bindung der Finanzbehörden an (Finanz-) Gerichtsentscheidungen – Teil II, BB 2020, 151; Michl, Gegenstand des Klagebegehrens/Streitgegenstand im finanzgerichtlichen Verfahren, UR 17, 826; Reischl, Die objektiven Grenzen der Rechtskraft im Zivilprozess, 2002; Vollkommer, Bereicherungsausgleich nach Verurteilung zur Doppelleistung im Streit der Rechtskrafttheorien, MDR 16, 976.

Übersicht

	Rn.
I. Allgemeines	1
1. Inhalt	1
2. Funktion	2
3. Sachlicher Anwendungsbereich	3
II. Formelle Rechtskraft	8
III. Materielle Rechtskraft	10
1. Persönlicher Umfang	10
a) Beteiligte und ihre Rechtsnachfolger (Abs. 1 S. 1 Nr. 1)	10
b) Erweiterter Personenkreis (Abs. 1 S. 1 Nr. 2 und 3)	14
c) Bindung der übergeordneten Körperschaft (Abs. 1 S. 2)	18
d) Bindung der Gerichte	19
2. Sachlicher Umfang	20
a) Streitgegenstand – Entscheidungsgegenstand	20
b) Ermittlung des Entscheidungsgegenstands	30
c) Prozessurteile	35
d) Sachurteile	37
aa) Anfechtungsklage	37
bb) Verpflichtungsklage	40
3. Bindungswirkung	45
a) Theoretische Grundlagen	45
b) Inhalt der Bindungswirkung	47
c) Neue Tatsachen	50
d) Veränderung von Verwaltungsakten (Abs. 2)	55

I. Allgemeines

1. Inhalt

§ 110 regelt die Wirkungen der formellen und materiellen Rechtskraft. Die 1
formelle Rechtskraft ist Voraussetzung für die materielle Rechtskraft. Abs. 1 bestimmt den **Umfang der Bindungswirkung** in persönlicher (→ Rn. 10ff.)

und (andeutungsweise auch) in sachlicher Hinsicht (→ Rn. 20 ff.); ihr genauer **Inhalt** bleibt im G dagegen offen. Der Gesetzgeber hat die Konkretisierung der sachlichen Reichweite der Rechtskraft einschließlich ihrer Rechtsfolgen (→ Rn. 45 ff.) bewusst Rspr. und Lehre überlassen und akzeptiert deren Ergebnisse. Abs. 2 hat va klarstellende Bedeutung (→ Rn. 55 ff.).

2. Funktion

2 Die Funktion der Rechtskraft ist es, durch die Maßgeblichkeit und Beständigkeit des Inhalts der Entscheidung über den Streitgegenstand für die Beteiligten und die Bindung der öffentlichen Gewalt an die Entscheidung die **Rechtslage verbindlich zu klären** und damit dem Rechtsfrieden zwischen den Beteiligten zu dienen, ihnen insbes. zu ermöglichen, ihr Verhalten gemäß dieser Rechtslage auszurichten (BVerfG 2 BvL 8/77, NJW 1978, 1151). **Rechtsfriede und Rechtssicherheit** sind von so zentraler Bedeutung für die Rechtsstaatlichkeit, dass um ihretwillen im Einzelfall die Möglichkeit einer vielleicht **unrichtigen Entscheidung** in Kauf genommen werden muss (BVerfG 1 BvL 21/53, BVerfGE 2, 380; 1 PBvU 1/02, BVerfGE 395; BFH V S 29/16, BFH/NV 2017, 306). Das BVerfG hat es nicht beanstandet, dass der Gesetzgeber die Bestimmung der Reichweite der Rechtskraft im Wesentlichen Rspr. und Lehre überlassen hat (→ Rn. 1). Es akzeptiert idR deren Ergebnisse, wenn das **Prinzip der Rechtssicherheit,** das uU widerstreitende **Gebot inhaltlicher Richtigkeit** und die **Rechtsweggarantie** ausreichend Beachtung gefunden haben (BVerfG 1 BvR 4/01, BeckRS 2001, 30164091).

3. Sachlicher Anwendungsbereich

3 Die Vorschrift gilt für **alle Urteile** (und Gerichtsbescheide) in jeder Instanz (§ 121 S. 1). Auf **Beschlüsse** ist § 110 trotz fehlender Verweisung in § 113 I entsprechend anwendbar (BFH IX R 22/88, BFH/NV 1991, 47), soweit sie **selbständige und abschließende Entscheidungen** enthalten, zB Beschlüsse über eine einstweilige Anordnung (→ § 114 Rn. 105) sowie Beschlüsse des BFH nach § 126 I (→ § 126 Rn. 5), § 126a und § 116 V 1 (BFH IX B 87/87, BFH/NV 1988, 180; X R 135/90, BFH/NV 1991, 467; XI B 192/06, BFH/NV 2008, 85). Es muss sich nicht um **Sachentscheidungen** handeln; auch **Prozessentscheidungen** werden materiell rechtskräftig (zum Umfang der Bindungswirkung → Rn. 35). Übereinstimmende Erledigungserklärungen fallen nicht in den Anwendungsbereich (BFH V B 115/99, BFH/NV 2000, 937).

4 **Ausländische Sachurteile** können, sofern das ausländische Recht dies vorsieht, im Inland in bestimmten Grenzen eine der Rechtskraft entsprechende prozessuale Wirkung entfalten durch **Anerkennung kraft Gesetzes** (§ 155 FGO iVm § 328 ZPO; vgl. Zöller/Geimer ZPO § 328 Rn. 31; zB FG Düsseldorf 10 K 4820/99 Kg, EFG 2002, 924, Beschluss eines türkischen Landgerichts als Abstammungsnachweis für die Kindergeldberechtigung). Für Urteile aus EU-Mitgliedsstaaten bestehen diverse vorrangig zu beachtende Verordnungen und Staatsverträge.

5 Die **§§ 322 ff. ZPO** sind entsprechend (iVm § 155) anzuwenden, soweit § 110 keine Regelung enthält (zB BFH VII B 73/01, BStBl. II 2002, 509 zu § 322 II ZPO bei Aufrechnung mit einer Gegenforderung).

II. Formelle Rechtskraft

Der Wortlaut („rechtskräftige Urteile") knüpft an die **formelle Rechtskraft** 8
an. Sie tritt gem. § 155 FGO iVm § 705 S. 1 ZPO nicht vor Ablauf der für die Einlegung des zulässigen Rechtsmittels oder des zulässigen Einspruchs bestimmten Frist ein. Der Eintritt der Rechtskraft wird durch rechtzeitige Einlegung des Rechtsmittels oder des Einspruchs gehemmt (§ 705 S. 2 ZPO). Gemeint ist das **statthafte** Rechtsmittel, auf die Zulässigkeit im Einzelfall kommt es nicht an (GemS-OGB 1/83, NJW 1984, 1027; BFH XI R 75/97, BFH/NV 2000, 1067). Formelle Rechtskraft (Unabänderbarkeit) tritt danach ein, wenn ein Rechtsmittel (NZB, Revision, Beschwerde) gegeben ist, mit Fristablauf, Rechtsmittelverzicht (§ 155 FGO iVm §§ 565, 515 ZPO) oder mit Beendigung des Rechtsmittelverfahrens (zB durch abschließende Entscheidung des Gerichts oder übereinstimmende Erledigungserklärungen) und wenn ein Rechtsmittel nicht gegeben ist, sofort (→ Vor § 115 Rn. 8). Als außerordentlicher Rechtsbehelf hemmt die **Verfassungsbeschwerde** die Rechtskraft nicht (BVerfG 1 BvR 2116/94, NJW 1996, 1736). Die formelle Rechtskraft wird auf Antrag bescheinigt (§ 155 FGO iVm § 706 ZPO: Rechtskraftzeugnis).

Die (formelle) Rechtskraft wird durchbrochen (beseitigt) durch Wiedereinset- 9
zung in die versäumte Rechtsmittelfrist (§ 56) oder Wiederaufnahme des Verfahrens (§ 134). Der BGH lässt daneben in engen Grenzen eine auf den **Rechtsgedanken des § 826 BGB** gestützte Klage gegen die Vollstreckung aus einem rechtskräftigen Vollstreckungsbescheid zu, wenn der Titel durch unlautere Mittel und unter Verstoß gegen die guten Sitten erwirkt wurde (zB BGH VI ZR 9/98, NJW 1999, 1257; einschränkend BGH VIII ZR 299/04, NJW 2005, 2991). Diese Rspr. hat für das Steuerrecht bislang keine Bedeutung erlangt.

III. Materielle Rechtskraft

1. Persönlicher Umfang

a) Beteiligte und ihre Rechtsnachfolger (Abs. 1 S. 1 Nr. 1). Beteiligte. 10
Urteile binden zunächst nur die **Beteiligten** des Rechtsstreits (§ 57; § 105 II Nr. 1; inter partes-Wirkung). Beteiligte sind der **Kläger** (§ 57 Nr. 1, § 122 I; → § 57 Rn. 33; BFH V B 42/91, BStBl. II 1991, 888), der **Beklagte** (§ 57 Nr. 2, § 122 I), also die in der Klageschrift bezeichnete Behörde (→ § 57 Rn. 42, § 63 I), der **Beigeladene** (§ 57 Nr. 3, § 60, § 122 I; BFH XI B 48/12, BFH/NV 2013, 230; auch der zu Unrecht Beigeladene, offengelassen in BFH VI R 15/12, BFH/NV 2013, 1242) und die **beigetretene Behörde** (§ 57 Nr. 4, § 122 II; → § 57 Rn. 45; → § 122 Rn. 4 ff.).

Wer Beteiligter ist, muss im Zweifel durch **Auslegung** ermittelt werden. Dabei 11
ist regelmäßig auf das Rubrum des FG-Urteils abzustellen (BFH I B 88/08, BFH/NV 2009, 184). Nach einem zulässigen Beteiligtenwechsel kommt es auf den im Rubrum zuletzt erfassten Beteiligten an (§ 105 II Nr. 1). Die Bindungswirkung setzt in persönlicher Hinsicht die **Identität** der Beteiligten voraus (BFH VII B 214/97, BFH/NV 1999, 1599; Ausnahme: Rechtsnachfolge) und entfaltet sich nur **zwischen den Beteiligten.** Keine Bindungswirkung besteht ggü. mittelbar Betroffenen oder Dritten (BFH V B 42/91, BStBl. II 1991, 888). Ist bei objektiver Klagehäufung die Beiladung auf einen Teil der Klagegegenstände beschränkt

(→ § 60 Rn. 16), tritt Bindungswirkung für den Beigeladenen nur ein, soweit über die Gegenstände entschieden worden ist, zu denen er beigeladen war (BFH IV R 37/15, BFH/NV 2018, 539, Rn. 33).

12 **Rechtsnachfolger** der Beteiligten sind sowohl Einzel- als auch Gesamtrechtsnachfolger (vgl. § 45 AO; BFH VII B 3/85, BStBl. II 1985, 672 zur Überleitung und Aufrechnung einer rechtswegfremden Forderung), sofern es **nach Rechtshängigkeit** (§ 66 I) zur Rechtsnachfolge gekommen ist (§ 325 I ZPO). Die Wirkung tritt auch ein, wenn die Rechtsnachfolge aus dem Urteil nicht ersichtlich ist. Nach dem klaren und eindeutigen Wortlaut (vgl. auch § 325 I ZPO) erstreckt sich die Rechtskraft nicht auf Rechtsvorgänger. So ist der Zedent nicht an die Rechtskraft des gegen den Zessionar ergangenen Urteils gebunden (BFH VII R 12/16, BStBl. II 2018, 737; V B 23/22 (AdV), DStR 2023, 2341).

14 **b) Erweiterter Personenkreis (Abs. 1 S. 1 Nr. 2 und 3).** Die Bindungswirkung erstreckt sich kraft ausdrücklicher gesetzlicher Anordnung auch auf **nicht klageberechtigte Gesellschafter oder Gemeinschafter** (Abs. 1 S. 1 Nr. 2 iVm § 48 I Nr. 1) sowie auf **notwendig Beizuladende,** die im Verfahren nach § 60a nicht rechtzeitig den Antrag auf Beiladung gestellt haben (Abs. 1 S. 1 Nr. 3; eingefügt durch FGOÄndG ab 1.1.1993; → Vor § 1 Rn. 4 ff.).

15 Die Erstreckung der Rechtskraft auf **nicht klagebefugte Gesellschafter oder Gemeinschafter** in den Fällen des § 48 I Nr. 1 (und des § 60 III 2) setzt voraus, dass das Gesellschaftsverhältnis einschließlich der Vertretungsverhältnisse „intakt" ist (Verweisung auf den Rechtsgrund); ist das nicht der Fall, lebt die individuelle Klagebefugnis (wieder) auf und kommt eine Rechtskrafterstreckung nicht in Betracht.

16 Die Erstreckung der Rechtskraft auf Gesellschafter von **Publikumsgesellschaften,** die im Verfahren nach **§ 60a** (zu den Einzelheiten dort → § 60a Rn. 8 ff.; FG Hmb III 383/01, EFG 2005, 447) von der befristeten Möglichkeit einer Beteiligung als notwendig Beigeladener keinen (fristgerechten) Gebrauch gemacht haben, entspricht dem Bedürfnis nach **Einheitlichkeit der Entscheidung** (vgl. BT-Drs. 12/1061, 20), ihre Rechtfertigung begegnet jedoch Bedenken, da es in dem von der Dispositionsmaxime beherrschten Verfahrensrecht an der **erforderlichen Initiative** fehlt und weil selbst ein mittelbarer Zurechnungsgrund wie im Fall des § 48 I Nr. 1 fehlt.

18 **c) Bindung der übergeordneten Körperschaft (Abs. 1 S. 2).** Die Rechtskraft erstreckt sich darüber hinaus kraft ausdrücklicher gesetzlicher Anordnung (Abs. 1 S. 2) auch auf die Körperschaft, der die beklagte Behörde angehört (BFH I R 3/86, BStBl. II 1991, 610; VII B 215/02, NVwZ-RR 2003, 536; → § 63 Rn. 2), sofern diese nicht selbst Beteiligte ist (BFH VII B 215/02, BFH/NV 2003, 804), und mit ihr auf alle Finbeh, die dieser Körperschaft angehören (BFH X R 17/06, BFH/NV 2010, 459).

19 **d) Bindung der Gerichte.** Über den Wortlaut hinaus bindet die materielle Rechtskraft auch die (alle) innerstaatlichen Gerichte (zutr. HHS/Lange § 110 Rn. 9b), soweit die personellen und sachlichen Voraussetzungen erfüllt sind. Dies folgt unmittelbar aus dem Rechtsstaatsprinzip. Jedes Gericht muss die entgegenstehende Rechtskraft einer vorangegangenen Entscheidung in derselben Sache (als negative Sachentscheidungsvoraussetzung) beachten. Die Bindungswirkung gem. § 318 ZPO ist damit nicht gleichzusetzen; sie betrifft nur das erkennende oder beschließende Gericht und hat keine materielle Bedeutung (→ § 107 Rn. 1).

2. Sachlicher Umfang

a) Streitgegenstand – Entscheidungsgegenstand. Streitgegenstand. Das Urteil bindet nicht in vollem Umfang, sondern nur „soweit über den Streitgegenstand entschieden worden ist" (Abs. 1 S. 1). Die Bindungswirkung wird danach durch zwei Größen beschränkt, durch den Streitgegenstand und den Entscheidungsgegenstand. Beide sind voneinander unabhängig. Der Streitgegenstand wird durch den Antrag des Klägers und den von ihm geltend gemachten Klagegrund (Anspruch) bestimmt (ebenso Gosch/Brandt § 110 Rn. 96; Dispositionsmaxime). Stets entscheidet das Gericht über eine bestimmte **Rechtsbehauptung** des Klägers (Revisionsklägers) unter Zugrundelegung bestimmter (bekannter) **Tatsachen** (BFH XI B 48/12, BFH/NV 2013, 230). Dazu gehören auch alle Tatsachen, die das Gericht seiner Entscheidung nicht zugrunde gelegt hat, die für die Entscheidung aber erheblich gewesen wären. Sie sind durch die Rechtskraft präkludiert (→ Rn. 52), rechtfertigen also keine erneute Entscheidung in derselben Sache. Bei den Veranlagungssteuern ist Streitgegenstand die im jeweiligen VZ **festgesetzte Steuer,** nicht die einzelne streitige, aber rechtlich unselbständige (§ 157 II AO) Besteuerungsgrundlage. 20

Entscheidungsgegenstand. Der Umfang der Bindungswirkung hängt zudem von der Entscheidung ab, die das Gericht über den Streitgegenstand getroffen hat (Entscheidungsgegenstand). Hat das Gericht nicht in der Sache entschieden, beschränkt sich die Bindungswirkung auf die im Urteil verneinte Zulässigkeitsvoraussetzung (vgl. BVerwG IV C 160.65, NJW 1968, 1795). Hat das Gericht in der Sache entschieden, erfasst die Bindungswirkung nach Maßgabe des Urteilstenors den Rechtsfolgenausspruch im angefochtenen VA. Das gilt auch, wenn das FG (nach Sachprüfung) die Klage abweist. Dann erwächst der Rechtsfolgenausspruch im VA (unverändert) in Rechtskraft und nicht etwa nur der Abweisungsgrund (aA Tipke/Kruse/Krumm § 110 Rn. 15). Hat das Gericht nicht über den gesamten Streitgegenstand entschieden, sondern (zu Unrecht) eine **Teilentscheidung** erlassen, kommt es für den Umfang der Rechtskraft auf die Teilbarkeit des Streitgegenstands nicht an (→ § 100 Rn. 22). Hat das Gericht die **Bindung an den Antrag** (ne ultra petita) oder das **Verböserungsverbot** (reformatio in peius) nicht beachtet und deshalb tatsächlich mehr entschieden, als es hätte entscheiden dürfen, erstreckt sich die Bindungswirkung auch auf die zu Unrecht getroffenen Entscheidungen (BFH VIII B 36/04, BFH/NV 2006, 86; BGH I ZR 275/95, NJW 1999, 287). 21

Davon abweichend bestimmen der BFH und ihm folgend die FG den sachlichen Umfang der Bindungswirkung in stRspr erheblich enger. Sie erstreckt sich danach von vornherein nur auf den Entscheidungsgegenstand, also nur auf den Teil des Streitgegenstands, über den das FG **tatsächlich** entschieden hat (zB BFH VIII R 45/03, BFH/NV 2006, 1448; VIII R 16/14, BFH/NV 2017, 595), nicht aber worüber es hätte entscheiden müssen (BFH X B 138/11, BFH/NV 2013, 63). Der Bindungswirkung unterfällt danach auch nur der **Sachverhalt,** der der Entscheidung des FG **tatsächlich zugrunde gelegt wurde** (zB BFH IV R 3/11, BFH/NV 2012, 779). In Grenzen akzeptiert die neuere Rspr. allerdings die Präklusionswirkung der Rechtskraft (→ Rn. 52). Nach diesem Verständnis beschränkt sich der Entscheidungsgegenstand bei den Veranlagungssteuern uU auf die einzelne (rechtlich unselbständige) Besteuerungsgrundlage, über die vor Gericht gestritten wurde und über die das Gericht (tatsächlich) entschieden hat (BFH VIII R 16/14, BFH/NV 2017, 595; II R 32/17, BStBl. II 2021, 25). Alle 22 anderen Besteuerungsgrundlagen, die der (streitgegenständlichen) Steuerfestsetzung ebenfalls zugrunde liegen, werden dagegen von der Rechtskraft nicht erfasst, soweit festgestellt werden kann, dass das FG darüber (tatsächlich) nicht entschieden hat. Durch diese Einschränkung der Bindungswirkung eröffnen sich weite Spielräume für die Anwendung der Änderungsvorschriften der AO (→ Rn. 55) auch nach rechtskräftiger Entscheidung und in der Folge für erneute gerichtliche Verfahren über denselben Streitgegenstand. Der BFH ersetzt den Begriff des Streitgegenstands durch den Begriff des Entscheidungsgegenstands. Der Begriff des Streitgegenstands bildet nur noch die theoretische Unterlage, bestimmt und begrenzt jedoch nicht (mehr) den Umfang der Bindungswirkung. Worüber das FG tatsächlich entschieden hat, muss im Einzelfall „ermittelt" werden.

23 **Kritik.** Der BFH löst die Rechtskraft (ohne Begründung) vom Streitgegenstandsbegriff ab. Dafür gibt es mE keine gesetzliche Grundlage und auch keine sachliche Rechtfertigung (vgl. auch Schoch/Schneider/Clausing VwGO § 121 Rn. 54 ff.). Abs. 1 S. 1 knüpft unmissverständlich an den Streitgegenstand an. Dieser Begriff hat (bei aller Unschärfe) Rechtsweg übergreifend einen feststehenden Inhalt und kann nicht im Kontext der Rechtskraft anders verstanden werden. Die Einschränkung ist auch nicht deshalb gerechtfertigt, weil sie die Realität des finanzgerichtlichen Rechtsschutzes sachgerecht abbildet (aA Tipke/Kruse/Krumm § 110 Rn. 13). Unselbständige Besteuerungsgrundlagen (§ 157 II AO) können nicht isoliert in Rechtskraft erwachsen. Ob die FG in der Praxis die Steuerfestsetzungen in vollem Umfang überprüfen, ist unerheblich. Zwar sind sie dazu verpflichtet (vgl. § 177 AO; aA Tipke/Kruse/Krumm § 110 Rn. 14), aber selbst wenn die Realität anders aussehen sollte, kann davon nicht der Umfang der Rechtskraft abhängen. Die notwendigen Ermittlungen, worüber das FG tatsächlich entschieden hat (→ Rn. 30 ff.), bewirken zudem eine erhebliche Unsicherheit über die Reichweite der Rechtskraft im Einzelfall. Der Umfang der Rechtskraft muss aber für alle Normadressaten einfach und sicher bestimmbar sein. Schließlich wählt der BFH einen **Sonderweg.** Das BVerwG versteht die insoweit gleichlautende Vorschrift in § 121 VwGO anders und bestimmt den Umfang der Rechtskraft nach dem Streitgegenstand (vgl. zB BVerwG 8 C 15/10, BVerwGE 140, 290; zu § 141 SGG vgl. auch MKS/Keller SGG § 141 Rn. 8). Auch damit setzt sich der BFH nicht auseinander. Die Unterscheidung ermöglicht es dem BFH, einen weiten Begriff des Streitgegenstands (Saldierung) mit einem engen Verständnis der Rechtskraft zu verbinden (nachträgliche Änderung; → Rn. 55 ff.). Dadurch wird der **Fiskus** als Beteiligter **doppelt begünstigt.** Der BFH justiert damit das Verhältnis von Rechtsrichtigkeit und Rechtsfrieden im Steuerrecht grundlegend anders als in allen anderen Gerichtszweigen und verschiebt es deutlich zugunsten der Rechtsrichtigkeit (→ Rn. 2). Er schwächt damit zugleich ohne Not die Bedeutung finanzgerichtlicher Urteile, auch seiner eigenen.

25 **Entscheidung.** Die Bindungswirkung reicht nur soweit, wie das Gericht entschieden hat. Kein Bestandteil der Entscheidung und deshalb nicht bindend sind alle Aussagen im Urteil, auf denen die Entscheidung nicht beruht, die also hinweggedacht werden können, ohne die Begründung zu berühren, insbes. **obiter dicta** (BFH VIII R 16/14, BFH/NV 2017, 595) und **Leitsätze.** Eine **griffweise Schätzung** entfaltet mangels konkreter Tatsachen keine Bindungswirkung für einen anderen Streitgegenstand (BFH X B 124/10, BFH/NV 2011, 1838).

26 **Saldierung.** Übersteigt das Saldierungsvolumen den Klageerfolg, kann das FG wegen des Verböserungsverbots (→ § 96 Rn. 51) den Saldierungsbetrag nicht

ausschöpfen. Eine erneute Änderung des VA durch das FA kommt dann nicht mehr in Betracht, soweit das FG über den der Saldierung zugrunde liegenden (einheitlichen) Sachverhalt rechtskräftig entschieden hat. Hat die Klage keinen Erfolg, gehört die Saldierung hingegen nicht zum Streitgegenstand. Einer anschließenden Änderung durch das FG steht die Rechtskraft der Entscheidung dann nicht entgegen (iE zutr. BFH VI R 92/10, BStBl. II 2013, 139; → Rn. 59).

b) Ermittlung des Entscheidungsgegenstands. In Rechtskraft erwächst grds. nur die **Urteilsformel** (§ 105 II Nr. 3). Ist die Urteilsformel nicht hinreichend aussagekräftig (zB „Die Klage wird abgewiesen"), muss der Umfang der Bindungswirkung (im Zweifel) durch **Auslegung** ermittelt werden. Zu ermitteln ist der objektive Erklärungsinhalt (der Urteilsformel) aus der Sicht des Erklärungsempfängers (→ Vor § 33 Rn. 40; s. auch BFH I B 130/03, BFH/NV 2004, 969 (970); IX B 98/04, BFH/NV 2005, 234; I B 88/08, BFH/NV 2009, 184; I B 171/08, BFH/NV 2009, 949, unter II.3.). Bei der Auslegung sind auch die tragenden (zur Abgrenzung → Rn. 25) tatsächlichen und rechtlichen Aussagen der Urteilsbegründung heranzuziehen (zB BFH VI R 63/02, BFH/NV 2007, 924; IV B 30/11, BFH/NV 2012, 965). Das sind diejenigen Bestandteile des Tatbestands und der Entscheidungsgründe, die nicht hinweggedacht werden können, wenn die Begründung Bestand haben soll. 30

Tatsachen und tatsächliche Feststellungen erwachsen nicht in Rechtskraft. Bei der Ermittlung des Entscheidungsgegenstands und der Prüfung, ob die Entscheidungsgegenstände der rechtskräftigen Entscheidung und des nachfolgenden Verfahrens „identisch" sind (→ Rn. 47 ff.), sind sie jedoch heranzuziehen und zwar zum einen die Tatsachen, die das FG seiner Entscheidung zugrunde gelegt hat (BFH VII R 117/94, BFH/NV 1996, 269), und zum andern die präkludierten Tatsachen (→ Rn. 52), weil sie eine Durchbrechung der Rechtskraft nicht rechtfertigen. 31

Idealtypisch hängt der Entscheidungsgegenstand va von der **Art des Urteils** (Prozess- oder Sachurteil), bei Sachurteilen von der **Klageart** (Anfechtungs-, Verpflichtungs- oder Feststellungsklage) und davon ab, ob das Gericht die Klage abgewiesen oder ihr teilweise oder in vollem Umfang stattgegeben hat. Letztlich lässt sich der Umfang der Rechtskraft (nach den Grundsätzen der Rspr., → Rn. 22) nur im Einzelfall bestimmen. 32

Bei **VA-bezogenen Klagen** kommt es zudem auf den **Bescheid** an (BFH VII R 50/84, BFH/NV 1988, 600). Urteile zu Einkommensteuer- und Gewinnfeststellungsbescheiden entfalten deshalb keine Rechtskraft für die Feststellung des GewSt-Messbetrags (BFH X B 214/11, BFH/NV 2013, 85). Der Entscheidungsgegenstand eines rechtskräftigen Urteils, das zu einem bestimmten Sachverhalt in einem Veranlagungszeitraum ergangen ist, ist in zeitlicher Hinsicht auf den jeweiligen Veranlagungszeitraum begrenzt (BFH IV R 3/11, BFH/NV 2012, 779; VIII R 3/17, BStBl. II 2020, 813); die rechtskräftige Feststellung, dass ein **Verlustvortrag** (nicht) besteht, bindet jedoch über den Veranlagungszeitraum hinaus (BFH IV R 47/97, BStBl. II 1999, 303). Ist (nur) über die Rechtmäßigkeit der Steuerfestsetzung rechtskräftig entschieden worden, ist ein **Erlass aus Billigkeitsgründen** nicht generell ausgeschlossen (aA BFH VIII B 156/10, BFH/NV 2011, 1537), wohl aber wegen sachlicher Unbilligkeit (BFH I R 236/74, BStBl. II 1977, 771; möglicherweise anders BFH X R 40/12, BStBl. II 2016, 117 bei offenbarer Unrichtigkeit des Urteils). 33

c) Prozessurteile. Urteile, mit denen die Klage als unzulässig abgewiesen wird, binden nur hinsichtlich der im Einzelfall **verneinten Sachurteilsvoraus-** 35

setzung(en) (BFH X R 17/06, BFH/NV 2010, 459; HHS/Lange § 110 Rn. 73). Eine erneute, zulässige Klage mit demselben Ziel wird dadurch nicht ausgeschlossen (BFH VII S 44/10 (PKH), BFH/NV 2011, 284). Zwischenurteile (§ 97) binden sowohl das Gericht als auch die Beteiligten (BFH X B 118/16, BFH/NV 2017, 1437).

37 **d) Sachurteile. aa) Anfechtungsklage.** Hat das FG die Klage **abgewiesen** (und den VA bestätigt), schließt dies eine nachfolgende Klage wegen Nichtigkeit des VA nicht aus, sofern das FG über die Frage der Nichtigkeit (tatsächlich) nicht entschieden hat (aA BFH X B 18/01, BFH/NV 2001, 1582; I B 16/01, BStBl. II 2001, 13; III B 39/15, BFH/NV 2015, 1689: Nichtigkeit konkludent verneint). Hat das FG der Klage stattgegeben und den angefochtenen Bescheid **aufgehoben,** kommt es für den Umfang der Rechtskraft darauf an, ob eine **echte oder unechte Kassation** (→ § 100 Rn. 17 ff.) vorliegt. Eine echte Kassation (bloße Aufhebung zB wegen Ermessensfehlern) hindert nicht den Erlass eines neuen Bescheids in derselben Sache (BFH IV R 104/86, BStBl. II 1989, 180 zu Prüfungsanordnung). Das gilt auch, soweit der VA aus formellen Gründen (zB wegen inhaltlicher Unbestimmtheit) aufgehoben worden ist (BFH II R 176/80, BStBl. II 1982, 524). Hat das FG hingegen den VA aus sachlichen Gründen aufgehoben, über die es im Urteil selbst entschieden hat, kommt insoweit eine erneute Entscheidung in derselben Sache grds. nicht mehr in Betracht. Hat das FG die Anfechtungsklage gegen einen Steuer- oder Haftungsbescheid abgewiesen, steht rechtskräftig auch fest, dass Zahlungsverjährung bis zum Tag der Entscheidung nicht eingetreten war (BFH VII B 24/96, BFH/NV 1997, 95).

38 Nur für den Fall der **echten Kassation** enthält **§ 100 I 1 Hs. 2** eine spezielle Bindungsanordnung. Die Finbeh ist an die rechtliche Beurteilung gebunden, die der Aufhebung zugrunde liegt, an die tatsächliche so weit, als nicht **neu bekannt werdende Tatsachen** und Beweismittel eine andere Beurteilung rechtfertigen. Das gilt jedoch nicht für Tatsachen oder Beweismittel, die den Entscheidungsgegenstand eines rechtskräftigen Urteils betreffen (BFH VII R 3/88, BFH/NV 1990, 650). Insofern ist auch die Präklusionswirkung der Rechtskraft zu beachten (→ Rn. 52; iE ebenso HHS/Lange § 10 Rn. 58; Gosch/Brandt § 110 Rn. 169). Bei diesem Verständnis verändert § 100 I 1 Hs. 2 den Umfang der Rechtskraft nicht und hat im Wesentlichen klarstellende Funktion.

40 **bb) Verpflichtungsklage.** Wird der streitgegenständliche Anspruch vom FG bejaht oder verneint, kommt es für den Umfang der Rechtskraft auf den genauen Inhalt des geltend gemachten Anspruchs an (BFH VII R 45/80, BStBl. II 1983, 51; FG BBg 6 K 6271/17, EFG 2020, 13). Bei **Ermessensentscheidungen** sind alle Tatsachen zu berücksichtigen, die das FG seiner Entscheidung zugrunde gelegt hat, und darüber hinaus auch diejenigen Tatsachen, die unter Berücksichtigung von § 102 S. 2 in den Prozess hätten eingebracht werden können und deshalb durch die Rechtskraft präkludiert sind (→ Rn. 52) weil sie bei natürlichem Verständnis zum Entscheidungsgegenstand gehören.

3. Bindungswirkung

45 **a) Theoretische Grundlagen.** Über die richtige Rechtfertigung der materiellen Rechtskraft herrscht noch immer Streit (zum Meinungsstand vgl. nur MüKoZPO/Gottwald ZPO § 322 Rn. 6 ff.). Die praktische Bedeutung ist gering. Nach der heute ganz herrschenden **prozessrechtlichen Theorie** stellt das Urteil

nur fest, was Rechtens ist, schafft aber kein Recht (Ausnahme: Gestaltungsurteil). Danach erschöpft sich die materielle Rechtskraft darin, dass die Parteien und die Gerichte für den Fall einer späteren Auseinandersetzung an das Urteil (verfahrensrechtlich) gebunden sind.

b) Inhalt der Bindungswirkung. Wiederholungsverbot (ne bis in idem). 47
Bindungswirkung bedeutet va, dass über **denselben Gegenstand** (Identität der Gegenstände) **nur einmal** entschieden wird. Alle **Personen** (Behörden), denen ggü. die Entscheidung Bindungswirkung entfaltet (→ Rn. 10 ff.), müssen die Entscheidung gegen sich gelten lassen und können eine erneute Entscheidung in derselben Sache nicht beanspruchen (res iudicata). **Gerichte** dürfen nicht tätig werden, wenn der Gegenstand des Verfahrens bereits einmal Gegenstand einer gerichtlichen Entscheidung war (→ Rn. 19). Dies schließt nicht nur jede abweichende, sondern jede erneute (auch nur wiederholende oder bestätigende) Entscheidung aus (zB BFH X B 224/07, BFH/NV 2008, 1187). Sie müssen dies in jeder Lage des Verfahrens **von Amts wegen** beachten und sicherstellen. Gebunden sind auch die Gerichte anderer Gerichtszweige (vgl. §§ 17a, 17b GVG). Die gebundenen **Behörden** dürfen nicht mehr selbst entscheiden, soweit das Gericht entschieden hat. Sie müssen die Entscheidung des Gerichts inhaltlich respektieren und bestehen lassen (→ Rn. 55 ff.).

Vorgreiflichkeit (Präjudizialität). Bindungswirkung besteht nicht nur bei 48
Identität der Gegenstände im Erst- und im Zweitverfahren, sondern auch, soweit im Erstverfahren über eine **materiell-rechtliche Vorfrage** für das Zweitverfahren entschieden worden ist (BFH IV R 38/96, BFH/NV 1997, 388; VI R 37/18, BFH/NV 2021, 1085). Auch insofern sind die beteiligten Personen und die zuständigen Gerichte an die Vorentscheidung inhaltlich gebunden, zB bei der Entscheidung über gesondert festgestellte Besteuerungsgrundlagen. Insofern bewirkt die Rechtskraft eine Verdoppelung der Bindungswirkung, weil sie zu der in § 182 AO angeordneten Bindungswirkung hinzutritt. Präjudizwirkung haben auch Gerichtsentscheidungen aus anderen Gerichtszweigen (zB BFH VII B 102/97, BFH/NV 1998, 729: präjudizielle rechtskräftige Feststellung im Amtshaftungsprozess vor dem LG, dass die gewaltsame Öffnung der Türe durch einen Vollziehungsbeamten des FA rechtmäßig war).

Rechtsfolgen. Bei Identität der Entscheidungsgegenstände ist jedes nachfol- 49
gende Verfahren **unzulässig.** Die entgegenstehende Rechtskraft ist eine **negative Sachentscheidungsvoraussetzung.** Ein gleichwohl ergangenes weiteres Sachurteil beruht auf einem Verfahrensfehler, der als **Verstoß gegen die Grundordnung des Verfahrens** vom Revisionsgericht von Amts wegen zu beachten ist (→ § 118 Rn. 69); das Urteil kann außerdem mit der Restitutionsklage beseitigt werden (§ 134 iVm § 580 Nr. 7a ZPO). Ist das nicht mehr möglich, geht das ältere Urteil vor (BGH V ZR 115/80, NJW 1981, 1517). Eine Änderung kommt auch nicht im Wege der Gegenvorstellung in Betracht (BFH XI S 4/98, BFH/NV 1998, 993). Bei **Vorgreiflichkeit** (→ Rn. 48) führt die Nichtbeachtung der Bindungswirkung grds. zu einem materiell-rechtlichen Fehler der Entscheidung.

c) Neue Tatsachen. Die Rechtskraft einer gerichtlichen Entscheidung bezieht 50
sich stets auf den Sach- und Rechtsstand im **Zeitpunkt ihres Ergehens** (BVerfG 1 BvL 10/98, BStBl. II 1999, 509). Tatsächliche Veränderungen, die erst nach diesem Zeitpunkt eintreten, unterliegen nicht der Bindungswirkung, weil die Entscheidung nicht auf ihnen beruhen kann (vgl. Schoch/Schneider/Clausing VwGO § 121 Rn. 71).

51 Nicht jede nachträgliche Änderung der Sachlage lässt die Rechtskraftwirkung entfallen. Es muss sich um eine **wesentliche Änderung der erheblichen Umstände** handeln, die auch unter Berücksichtigung des Zwecks der Rechtskraft eine erneute Sachentscheidung rechtfertigt (BVerwG 1 C 7/01, NVwZ 2002, 345; 9 C 16/99, NVwZ 2000, 575; zu weitgehend HHS/Lange § 110 Rn. 41). Zwar enthält § 121 VwGO keine § 110 II entsprechende Vorschrift, die Grundsätze sind gleichwohl übertragbar (offen gelassen BFH II R 11/17, BStBl. II 2021, 155), da sie allg. die Reichweite der Rechtskraft betreffen und weil Abs. 2 bei zutr. Verständnis den Umfang der materiellen Rechtskraft nicht einschränkt (→ Rn. 20). **Identität der Entscheidungsgegenstände** (→ Rn. 47) liegt danach auch vor, solange der dem rechtskräftigen Urteil zugrunde liegende Sachverhalt im Wesentlichen unverändert ist. Der bloße Zeitablauf bewirkt keine wesentliche Veränderung der Umstände. Unwesentlich ist zB auch, wenn das FG im Urteil Bodenrichtwerte nicht berücksichtigen konnte, weil sie zum Zeitpunkt der gerichtlichen Entscheidung noch nicht ermittelt waren, aber später vorliegen (BFH II R 11/17, BStBl. II 2021, 155).

52 **Präklusionswirkung.** Objektiv entscheidungserhebliche Tatsachen, die bei Ergehen des Urteils bestanden, die das Gericht seiner Entscheidung jedoch bewusst (zB wegen Verletzung von Mitwirkungspflichten oder gem. § 79b III) oder unbewusst (zB unter Verletzung von Verfahrensvorschriften oder weil sie nicht vorgetragen und deshalb nicht bekannt waren) nicht zugrunde gelegt hat, gehören zwar nicht zum Entscheidungsgegenstand (→ Rn. 22). Die Präklusionswirkung der Rechtskraft schließt es jedoch aus, sie zum Gegenstand einer erneuten Entscheidung in derselben Sache zu machen (BFH II R 32/17, BStBl. II 2021, 25, Rn. 17; II R 11/17, BStBl. II 2021, 155, Rn. 17; im Grundsatz zustimmend Tipke/Kruse/Krumm § 110 Rn. 14, 21; vgl. auch Schoch/Schneider/Clausing VwGO § 121 Rn. 68; MKS/Keller SGG § 141 Rn. 6c); sie können allenfalls in engen Grenzen zur Wiederaufnahme des Verfahrens führen (§ 134; BFH IX R 47/15, BFH/NV 2017, 1044, Rn. 33).

55 **d) Veränderung von Verwaltungsakten (Abs. 2).** Für die Veränderung von VA (Rücknahme, Widerruf, Aufhebung, Änderung) sowie für die Nachforderung von Steuern gelten im Hinblick auf die Bindungswirkung des rechtskräftigen Urteils grds. **keine Besonderheiten.** Auch das FA ist als Beteiligter an das rechtskräftige Urteil gebunden. Dasselbe ergibt sich (trotz irreführender Satzstellung) aus dem Nachsatz in Abs. 2 („soweit sich aus Abs. 1 S 1 nichts anderes ergibt"). Der **Vorrang der Rechtskraft** (BFH IV R 3/11, BFH/NV 2012, 779; VIII R 16/14, BFH/NV 2017, 595; II R 11/17, BStBl. II 2021, 155; BVerwG 9 B 72/15, NVwZ-RR 2017, 464) ist selbstverständlich auch im (weiteren) Besteuerungsverfahren zu beachten; Abs. 2 stellt dies ohne Not ausdrücklich klar.

56 **Grundsatz.** Soweit das FG oder der BFH rechtskräftig über den Inhalt eines VA entschieden hat, darf das FA davon nicht mehr abweichen (BFH VI R 92/10, BStBl. II 2013, 139). Das gilt auch, wenn der Bescheid noch gem. § 164 I AO unter dem Vorbehalt der Nachprüfung steht (BFH I R 145/87, BStBl. II 1990, 1032). Ausgenommen ist nur die Anpassung nach § 175 I 1 Nr. 1 AO. Insoweit wird in einem anderen Verfahren und in einem Grundlagenbescheid entschieden, der nicht Gegenstand der rechtskräftigen Entscheidung war. Die Rechtskraft des Folgebescheids steht deshalb der Anpassung nicht entgegen; eine Fehlerberichtigung nach § 177 AO scheidet in diesem Zusammenhang jedoch aus (BFH IV R 66/97, BFH/NV 1999, 788). Im Übrigen unterliegen alle Ände-

rungen des rechtskräftigen Bescheids dem allg. Vorbehalt einer wesentlichen Änderung des zugrunde liegenden Sachverhalts (→ Rn. 51), an der es idR fehlen wird. Das gilt auch für eine Änderung wegen Eintritts eines rückwirkenden Ereignisses (§ 175 I 1 Nr. 2 AO). Nicht jedes rückwirkende Ereignis rechtfertigt die Durchbrechung der Rechtskraft.

Welche Änderungsmöglichkeiten nach Rechtskraft verbleiben, hängt somit entscheidend davon ab, (1) wie der Umfang der Rechtskraft in sachlicher Hinsicht bestimmt wird und (2) ob eine wesentliche Änderung der tatsächlichen Verhältnisse bejaht werden kann. Beschränkt man mit der stRspr und hL den Umfang der sachlichen Rechtskraft auf den **Entscheidungsgegenstand** (→ Rn. 22), verbleibt für die Anwendung der Änderungsvorschriften nach Rechtskraft ein erheblicher Spielraum (vgl. zB Tipke/Kruse/Krumm § 110 Rn. 39). Folgt man der hier vertretenen Ansicht, dass nicht der Entscheidungs-, sondern (in erster Linie) der Streitgegenstand den Umfang der sachlichen Bindungswirkung bestimmt (→ Rn. 20, 23), sind VA-Änderungen oder die Nachforderung von Steuern nach Rechtskraft idR ausgeschlossen. **57**

Eine Änderung nach **§ 173 I Nr. 1** AO wegen nachträglich bekannt gewordener Tatsachen kommt nach hier vertretener Auffassung grds. nicht in Betracht, wenn über den Streitgegenstand in der Sache entschieden worden ist. Dann erstreckt sich die Bindungswirkung auf alle Tatsachen, die den Rechtsausspruch (im VA) tragen sowie alle präkludierten Tatsachen (→ Rn. 52). Nachträglich bekannt gewordene Tatsachen können eine Durchbrechung der Rechtskraft nur ausnahmsweise rechtfertigen, wenn sie den der Entscheidung zugrunde liegenden Sachverhalt wesentlich verändern (→ Rn. 51). Das wird idR nicht der Fall sein. Rspr. und hM lassen es demgegenüber genügen, wenn es sich um Tatsachen handelt, über die das FG tatsächlich nicht entschieden hat (→ Rn. 22) und wenn sie dem FG erst **nach Schluss der mündlichen Verhandlung** bekannt werden (BFH IX R 75/03, BFH/NV 2005, 1765; Tipke/Kruse/Krumm § 110 Rn. 39). Nach dieser Auffassung unterliegen va Steuerbescheide auch nach rechtskräftiger Entscheidung (über die Höhe der festgesetzten Steuer) uU nur einer sehr engen Änderungssperre. **58**

Ein vom Gericht nach **§ 174 IV AO geänderter** Bescheid kann vom FA nicht noch einmal nach § 174 IV AO geändert werden, wenn die Rechtsfolgen vom Gericht in Betracht gezogen, aber bewusst nicht berücksichtigt wurden (BFH XI R 54/89, BStBl. II 1992, 867). Das gilt nicht, wenn das FG einen Veräußerungsgewinn verneint und den Feststellungsbescheid entsprechend geändert, über die Höhe des laufenden Gewinns jedoch bewusst nicht entschieden hat. Dann kann das FA nach § 174 IV AO denselben Bescheid erneut ändern und den laufenden Gewinn erhöhen (BFH IV R 65/99, BStBl. II 2001, 89). Zur Änderung des VA nach **Saldierung** durch das FG → Rn. 26. Der BFH hat die Bindungswirkung verneint, wenn sich zwei rechtskräftige Urteile **in unvereinbarer Weise gegenüberstehen,** zB weil in zwei unterschiedlichen Jahren die steuerliche Erfassung eines Sachverhalts verneint worden ist, obwohl feststeht, dass er in einem der beiden Jahre hätte erfasst werden müssen. Die FVerw soll dann § 174 AO anwenden dürfen, weil anders Rechtsfrieden nicht eintreten könne (BFH V R 23/02, BStBl. II 2004, 763; Weber-Grellet DStR 1997, 1204). Diese Auffassung ist abzulehnen. Beide Festsetzungen dürfen mit Rücksicht auf die materielle Rechtskraft nicht mehr geändert werden (so auch BFH IV R 3/11, BFH/NV 2012, 779); Rechtsfrieden (→ Rn. 2) tritt ein, indem die Rechtskraft beachtet wird, auch wenn eines der beiden Urteile unrichtig sein muss. **59**

60 **Rechtsfolgen.** Bei entgegenstehender Rechtskraft und im Wesentlichen unveränderter Sach- und Rechtslage ist jede Veränderung eines VA unzulässig, auch wenn die Voraussetzungen einer Änderungsvorschrift vorliegen (Rechtskraft als negative Änderungsvoraussetzung). Hat das FA unter Verstoß gegen die Bindungswirkung einen VA erlassen oder verändert, ist die dagegen gerichtete Klage zulässig und ohne weitere (über die Prüfung der Bindungswirkung hinausgehende) Sach- und Rechtsprüfung begründet.

§§ 111, 112 (weggefallen)

Diese Vorschriften betrafen die Zahlung von Prozesszinsen, die inzwischen (ab 1.1.1977) in den §§ 236, 237 AO geregelt ist.

§ 113 [Beschlüsse]

(1) **Für Beschlüsse gelten § 96 Abs. 1 Satz 1 und 2, § 105 Abs. 2 Nr. 6, §§ 107 bis 109 sinngemäß.**

(2) [1]**Beschlüsse sind zu begründen, wenn sie durch Rechtsmittel angefochten werden können oder über einen Rechtsbehelf entscheiden.** [2]**Beschlüsse über die Aussetzung der Vollziehung (§ 69 Abs. 3 und 5) und über einstweilige Anordnungen (§ 114 Abs. 1), Beschlüsse nach Erledigung des Rechtsstreits in der Hauptsache (§ 138) sowie Beschlüsse, in denen ein Antrag auf Bewilligung von Prozesskostenhilfe zurückgewiesen wird (§ 142), sind stets zu begründen.** [3]**Beschlüsse, die über ein Rechtsmittel entscheiden, bedürfen keiner weiteren Begründung, soweit das Gericht das Rechtsmittel aus den Gründen der angefochtenen Entscheidung als unbegründet zurückweist.**

Vgl. § 122 VwGO, § 142 SGG, § 329 ZPO.

Literatur: Ewer/Schürmann, Zur Zulässigkeit der Zustellung verwaltungsgerichtlicher Eilentscheidungen im Telekommunikationsweg, NVwZ 1990, 336; RSG ZivilProzR § 59 Kap. III; Werner, Rechtskraft und Innenbindung zivilprozessualer Beschlüsse im Erkenntnis- und summarischen Verfahren, 1983.

1 **Der Beschluss** ist als Entscheidungsform zu unterscheiden von Urteil oder Gerichtsbescheid einerseits (§ 128 I) und prozessleitender Verfügung oder Anordnung (§§ 79 I 1; 80 I; 128 II) andererseits (zu „Schein-Beschluss" BFH III B 191/09, BFH/NV 2011, 440). Beschlüsse ergehen idR ohne mündliche Verhandlung (§ 90 I 2), in anderer Besetzung als Urteile (§ 5 III 1 u. 2) und sind nicht mit der Revision (§ 115), sondern allenfalls mit der Beschwerde anfechtbar. In welchen Fällen das FG durch Beschluss entscheidet, ergibt sich idR aus dem Gesetz (zB § 113 II 2; § 128 II; § 60 IV; § 62 III 1; § 72 II 2; § 73 I; → § 74 Rn. 18; § 82 FGO iVm § 358 ZPO). § 113 gilt nur für **Beschlüsse des Gerichts** (Senat, Vorsitzender, Berichterstatter, beauftragter Richter (§ 361 ZPO), ersuchter Richter (§ 362 ZPO)), nicht für solche des Urkundsbeamten der Geschäftsstelle (HHS/Lange § 113 Rn. 13).

2 **Verfahren.** § 113 regelt nicht das der Entscheidung durch Beschluss vorangehende Verfahren. Das ergibt sich aus der systematischen Stellung der Vorschrift

im IV. Abschnitt des 2. Teils. Die FGO setzt insofern die unmittelbare oder entsprechende Anwendung der allg. Verfahrensvorschriften (Zweiter Teil, Abschnitte I und II, §§ 51 ff.; zB über die Ausschließung und Ablehnung von Gerichtspersonen) sowie der **Vorschriften über das Klageverfahren** (Zweiter Teil, Abschnitt III, §§ 63 ff.) voraus (vgl. Schoch/Schneider/Clausing VwGO § 122 Rn. 2). Das ergibt sich auch aus der entsprechenden Anwendung dieser Vorschriften im Beschwerdeverfahren (→ § 132 Rn. 4). Beschlüsse, durch die eine Frist in Lauf gesetzt wird, müssen idR zugestellt werden (§ 53 I).

Abs. 1 verweist **nicht abschließend** (BFH I B 92/98, BFH/NV 1999, 1606; HHS/Lange § 113 Rn. 2; Schoch/Schneider/Clausing VwGO § 122 Rn. 3; Kopp/Schenke/Schenke VwGO § 122 Rn. 3) auf einzelne **Vorschriften über Urteile** (Zweiter Teil, Abschnitt IV, §§ 95 ff.). Kraft ausdrücklicher Anordnung entscheidet das Gericht stets auf der Grundlage des Gesamtergebnisses des Verfahrens (§ 96 I 1) nach seiner freien Überzeugung (vgl. BVerfG 1 BvR 1724/18, NVwZ 2019, 1506) unter Beachtung der Bindung an das Begehren (§ 96 I 2; → § 96 Rn. 45; Ausnahme: Beschlüsse, die von Amts wegen ergehen). Anfechtbare Beschlüsse müssen mit einer **Rechtsmittelbelehrung** versehen sein (§ 105 II Nr. 6; BFH I B 121/10, BFH/NV 2010, 2098). Beschlüsse unterliegen außerdem grds. der Berichtigung oder Ergänzung entsprechend §§ 107–109 (s. Erläuterung dort; BFH III S 7/10, BFH/NV 2010, 1285 zur Beschlussergänzung bei fehlendem Ausspruch gem. § 139 IV; BFH XI B 113/14, BFH/NV 2016, 934 keine Tatbestandsberichtigung nach Zurückweisung der NZB). 3

Darüber hinaus sind aus dem Zweiten Teil, Abschnitt IV uU sinngemäß anwendbar: **§ 96 II** (rechtliches Gehör; BFH/NV 2002, 936; Tipke/Kruse/Krumm § 113 Rn. 3). Das gilt jedenfalls für streitentscheidende bzw. selbständige Verfahren abschließende Beschlüsse. Ergeht ein Beschluss ausnahmsweise aufgrund mündlicher Verhandlung, ist **§ 103** entsprechend zu beachten (HHS/Lange § 113 Rn. 33). **§ 104** über die Verkündung oder Zustellung des Urteils ist auf Beschlüsse entsprechend anwendbar (BFH IX S 8/09, BFH/NV 2009, 1657), soweit nicht ausnahmsweise die **formlose Mitteilung** (§ 155 FGO iVm § 329 II 1 ZPO) genügt. Trotz ausdrücklicher Verweisung nur auf § 105 II Nr. 6 ist auch **§ 105** auf Beschlüsse weitgehend anwendbar. Beschlüsse sind grds. **schriftlich** abzufassen (§ 105 I 2 ff.; BFH I B 92/98, BFH/NV 1999, 1606 Nichtabhilfe bei Beschwerde), jedenfalls soweit sie begründet werden müssen, auch wenn sie verkündet worden sind. Eine mündliche Begründung genügt regelmäßig nicht (Kopp/Schenke/Schenke VwGO § 122 Rn. 7). Schriftliche Beschlüsse enthalten ein Rubrum (§ 105 II Nr. 1–3), ergehen aber nicht im Namen des Volkes. Eine nach außen erkennbare Trennung von Tatbestand und Entscheidungsgründen ist bei Beschlüssen nicht üblich (nicht erforderlich). Da sich die Art und Weise der Begründung in der Sache jedoch nicht unterscheidet, kann eine entsprechende Gliederung wie bei Urteilen zweckmäßig sein. Dann genügt allerdings eine gedrängte Darstellung des Sach- und Streitstands (§ 105 III; BFH VIII B 211/08, BFH/NV 2010, 663). § 113 II und speziellere Einzelvorschriften (zB § 116 V 2, § 133a IV 4) verdrängen die Vorgaben, die § 105 an die Begründung von Urteilen stellt (näher → Rn. 5 ff.). § 105 VI ist auf streitentscheidende Beschlüsse entsprechend anwendbar. Bestimmte Beschlüsse können entsprechend **§ 110** materiell **rechtskräftig** werden (→ § 110 Rn. 3). 4

Begründungszwang, Grundsatz (Abs. 2 S. 1). Nur Beschlüsse, die entweder mit Rechtsmitteln (Beschwerde) angefochten werden können oder die über einen Rechtsbehelf entscheiden, müssen begründet werden (zum Zweck des 5

Begründungszwangs → § 105 Rn. 11; zum Begriff des Rechtsmittels → Vor § 115 Rn. 10). Gem. § 128 I ist gegen Beschlüsse idR die Beschwerde gegeben. Ausnahmen hiervon ergeben sich insbes. aus § 128 II, aber auch aus Einzelvorschriften, zB § 6 IV 1; § 56 V, § 70 S. 2; § 108 II 2 (iE → § 128 Rn. 6). **Rechtsbehelf** iSd Vorschrift sind Rechtsmittel und sonstige Rechtsbehelfe (HHS/Lange § 113 Rn. 61). Das ergibt sich im Gegenschluss aus Abs. 2 S. 3, der den Begründungszwang für Beschlüsse, die über ein Rechtsmittel entscheiden, lockert, aber der Sache nach voraussetzt. Es besteht demnach kein allgemeiner, sondern im Grds. lediglich ein **beschränkter Begründungszwang.** Unanfechtbare Beschlüsse und solche, die nicht über einen Rechtsbehelf entscheiden, bedürfen grds. keiner Begründung (zB Streitwertbeschluss, → Vor § 135 Rn. 150). Ein mittelbarer Zwang zur Begründung kann sich jedoch aus dem **Verfassungsrecht** ergeben. Der Anspruch auf den gesetzlichen Richter (Art. 101 I 2 GG) kann verletzt sein, wenn ein Fachgericht ein Rechtsmittel ohne nähere Begründung nicht zulässt, obwohl die Zulassung des Rechtsmittels nahe gelegen hätte (BVerfG 1 BvR 2365/11, NJW 2012, 1715; 1 BvR 2851/13, Grundeigentum 2014, 733).

6 **Absoluter Begründungszwang (Abs. 2 S. 2)** besteht für Beschlüsse über die Aussetzung der Vollziehung (§ 69 III und V), über einstweilige Anordnungen (§ 114 I), nach Erledigung des Rechtsstreits in der Hauptsache (§ 138) und Beschlüsse, mit denen ein Antrag auf PKH abgelehnt („zurückgewiesen") wird (§ 142). Soweit diese Beschlüsse unanfechtbar sind (insbes. → § 128 Rn. 11, 12), bleibt die Nichtbeachtung des Begründungszwangs allerdings sanktionslos, weil sie nicht effektiv gerügt werden kann, sofern nicht das BVerfG die Verfassungswidrigkeit bejaht.

7 **Keiner weiteren Begründung (Abs. 2 S. 3)** bedürfen Beschlüsse, die über ein Rechtsmittel entscheiden (vgl. § 132), soweit das Gericht das Rechtsmittel aus den Gründen der angefochtenen Entscheidung zurückweist und darauf Bezug nimmt, zB wenn das FG die Erfolgsaussicht im PKH-Verfahren mit zutreffenden Erwägungen verneint hat (BFH VII B 40/99, BFH/NV 2000, 1216; VII B 252/00, BFH/NV 2001, 1222; → § 105 Rn. 20, 24). Eine Bezugnahme auf die Beschwerdeerwiderung des FA genügt nicht (aA BFH IX S 13/06, BFH/NV 2007, 1340).

8 **Sondervorschriften.** Spezielle Begründungserleichterungen enthalten **§ 116 V 2** für Beschlüsse über Nichtzulassungsbeschwerden (→ § 116 Rn. 59), **§ 126a S. 3** für Beschlüsse bei einstimmiger Zurückweisung der Revision als unbegründet (→ § 126a Rn. 8) und **§ 133a IV 4** für Beschlüsse, mit denen eine **Anhörungsrüge** zurückgewiesen wird (→ § 133a Rn. 17).

9 **Inhalt und Umfang** der erforderlichen Begründung richten sich ansonsten nach den Umständen des Einzelfalls. Allgemein gelten die für die Begründung von Urteilen entwickelten Grundsätze entsprechend, einschließlich Begründungserleichterungen und Bezugnahmen (→ § 105 Rn. 20, 24). Die Begründung muss erkennen lassen, auf welche tatsächlichen und rechtlichen Erwägungen das Gericht seine Entscheidung gestützt hat (BFH VI B 52/01, BFH/NV 2001, 1597; XI B 43/07, BFH/NV 2007, 2307). Ein Verstoß gegen den Begründungszwang kann als wesentlicher Verfahrensmangel im Beschwerdeverfahren zur Zurückverweisung führen (BFH I B 13/06, BFH/NV 2007, 261; → § 132 Rn. 10).

§ 114 [Einstweilige Anordnungen]

(1) [1]**Auf Antrag kann das Gericht, auch schon vor Klageerhebung, eine einstweilige Anordnung in Bezug auf den Streitgegenstand treffen, wenn**

die Gefahr besteht, dass durch eine Veränderung des bestehenden Zustands die Verwirklichung eines Rechts des Antragstellers vereitelt oder wesentlich erschwert werden könnte. [2]Einstweilige Anordnungen sind auch zur Regelung eines vorläufigen Zustands in Bezug auf ein streitiges Rechtsverhältnis zulässig, wenn diese Regelung, vor allem bei dauernden Rechtsverhältnissen, um wesentliche Nachteile abzuwenden oder drohende Gewalt zu verhindern oder aus anderen Gründen nötig erscheint.

(2) **[1]Für den Erlass einstweiliger Anordnungen ist das Gericht der Hauptsache zuständig. [2]Dies ist das Gericht des ersten Rechtszugs. [3]In dringenden Fällen kann der Vorsitzende entscheiden.**

(3) **Für den Erlass einstweiliger Anordnungen gelten die §§ 920, 921, 923, 926, 928 bis 932, 938, 939, 941 und 945 der Zivilprozessordnung sinngemäß.**

(4) **Das Gericht entscheidet durch Beschluss.**

(5) **Die Vorschriften der Absätze 1 bis 3 gelten nicht für die Fälle des § 69.**

Vgl. § 123 VwGO; §§ 916–945 ZPO.

§ 920 ZPO Arrestgesuch

(1) Das Gesuch soll die Bezeichnung des Anspruchs unter Angabe des Geldbetrages oder des Geldwertes sowie die Bezeichnung des Arrestgrundes enthalten.

(2) Der Anspruch und der Arrestgrund sind glaubhaft zu machen.

(3) Das Gesuch kann vor der Geschäftsstelle zu Protokoll erklärt werden.

§ 921 ZPO Entscheidung über das Arrestgesuch

[1]Das Gericht kann, auch wenn der Anspruch oder der Arrestgrund nicht glaubhaft gemacht ist, den Arrest anordnen, sofern wegen der dem Gegner drohenden Nachteile Sicherheit geleistet wird. [2]Es kann die Anordnung des Arrestes von einer Sicherheitsleistung abhängig machen, selbst wenn der Anspruch und der Arrestgrund glaubhaft gemacht sind.

§ 923 ZPO Abwendungsbefugnis

In dem Arrestbefehl ist ein Geldbetrag festzustellen, durch dessen Hinterlegung die Vollziehung des Arrestes gehemmt und der Schuldner zu dem Antrag auf Aufhebung des vollzogenen Arrestes berechtigt wird.

§ 926 ZPO Anordnung der Klageerhebung

(1) Ist die Hauptsache nicht anhängig, so hat das Arrestgericht auf Antrag ohne mündliche Verhandlung anzuordnen, dass die Partei, die den Arrestbefehl erwirkt hat, binnen einer zu bestimmenden Frist Klage zu erheben habe.

(2) Wird dieser Anordnung nicht Folge geleistet, so ist auf Antrag die Aufhebung des Arrestes durch Endurteil auszusprechen.

§ 928 ZPO Vollziehung des Arrestes

Auf die Vollziehung des Arrestes sind die Vorschriften über die Zwangsvollstreckung entsprechend anzuwenden, soweit nicht die nachfolgenden Paragraphen abweichende Vorschriften enthalten.

§ 929 ZPO Vollstreckungsklausel; Vollziehungsfrist

(1) Arrestbefehle bedürfen der Vollstreckungsklausel nur, wenn die Vollziehung für einen anderen als den in dem Befehl bezeichneten Gläubiger oder gegen einen anderen als den in dem Befehl bezeichneten Schuldner erfolgen soll.

(2) [1]Die Vollziehung des Arrestbefehls ist unstatthaft, wenn seit dem Tag, an dem der Befehl verkündet oder der Partei, auf deren Gesuch er erging, zugestellt ist, ein Monat verstrichen ist. [2]Kann ein ausländischer Sicherungstitel im Inland ohne vorherige Vollstreckbarerklärung vollzogen werden, so beträgt die Frist nach Satz 1 zwei Monate.

(3) [1]Die Vollziehung ist vor der Zustellung des Arrestbefehls an den Schuldner zulässig. [2]Sie ist jedoch ohne Wirkung, wenn die Zustellung nicht innerhalb einer Woche nach der Vollziehung und vor Ablauf der für diese im vorhergehenden Absatz bestimmten Frist erfolgt.

§ 930 ZPO Vollziehung in bewegliches Vermögen und Forderungen

(1) [1]Die Vollziehung des Arrestes in bewegliches Vermögen wird durch Pfändung bewirkt. [2]Die Pfändung erfolgt nach denselben Grundsätzen wie jede andere Pfändung und begründet ein Pfandrecht mit den im § 804 bestimmten Wirkungen. [3]Für die Pfändung einer Forderung ist das Arrestgericht als Vollstreckungsgericht zuständig.

(2) Gepfändetes Geld und ein im Verteilungsverfahren auf den Gläubiger fallender Betrag des Erlöses werden hinterlegt.

(3) Das Vollstreckungsgericht kann auf Antrag anordnen, dass eine bewegliche körperliche Sache, wenn sie der Gefahr einer beträchtlichen Wertverringerung ausgesetzt ist oder wenn ihre Aufbewahrung unverhältnismäßige Kosten verursachen würde, versteigert und der Erlös hinterlegt werde.

(4) Die Vollziehung des Arrestes in ein nicht eingetragenes Seeschiff ist unzulässig, wenn sich das Schiff auf der Reise befindet und nicht in einem Hafen liegt.

§ 931 ZPO Vollziehung in eingetragenes Schiff oder Schiffsbauwerk

(1) Die Vollziehung des Arrestes in ein eingetragenes Schiff oder Schiffsbauwerk wird durch Pfändung nach den Vorschriften über die Pfändung beweglicher Sachen mit folgenden Abweichungen bewirkt.

(2) Die Pfändung begründet ein Pfandrecht an dem gepfändeten Schiff oder Schiffsbauwerk; das Pfandrecht gewährt dem Gläubiger im Verhältnis zu anderen Rechten dieselben Rechte wie eine Schiffshypothek.

(3) Die Pfändung wird auf Antrag des Gläubigers vom Arrestgericht als Vollstreckungsgericht angeordnet; das Gericht hat zugleich das Registergericht um die Eintragung einer Vormerkung zur Sicherung des Arrestpfandrechts in das Schiffsregister oder Schiffsbauregister zu ersuchen; die Vormerkung erlischt, wenn die Vollziehung des Arrestes unstatthaft wird.

(4) Der Gerichtsvollzieher hat bei der Vornahme der Pfändung das Schiff oder Schiffsbauwerk in Bewachung und Verwahrung zu nehmen.

(5) Ist zur Zeit der Arrestvollziehung die Zwangsversteigerung des Schiffes oder Schiffsbauwerks eingeleitet, so gilt die in diesem Verfahren erfolgte Beschlagnahme des Schiffes oder Schiffsbauwerks als erste Pfändung im Sinne des § 826; die Abschrift des Pfändungsprotokolls ist dem Vollstreckungsgericht einzureichen.

(6) [1]Das Arrestpfandrecht wird auf Antrag des Gläubigers in das Schiffsregister oder Schiffsbauregister eingetragen; der nach § 923 festgestellte Geldbetrag ist als der Höchstbetrag zu bezeichnen, für den das Schiff oder Schiffsbauwerk haftet. [2]Im Übrigen gelten der § 867 Abs. 1 und 2 und der § 870a Abs. 3 entsprechend, soweit nicht vorstehend etwas anderes bestimmt ist.

(7) Die Vollziehung des Arrestes in ein eingetragenes Seeschiff ist unzulässig, wenn sich das Schiff auf der Reise befindet und nicht in einem Hafen liegt.

§ 932 ZPO Arresthypothek

(1) [1]Die Vollziehung des Arrestes in ein Grundstück oder in eine Berechtigung, für welche die sich auf Grundstücke beziehenden Vorschriften gelten, erfolgt durch Eintragung einer Sicherungshypothek für die Forderung; der nach § 923 festgestellte Geldbetrag ist als der Höchstbetrag zu bezeichnen, für den das Grundstück oder die Berechtigung haftet. [2]Ein Anspruch nach § 1179a oder § 1179b des Bürgerlichen Gesetzbuchs steht dem Gläubiger oder im Grundbuch eingetragenen Gläubiger der Sicherungshypothek nicht zu.

(2) Im Übrigen gelten die Vorschriften des § 866 Abs. 3 Satz 1, des § 867 Abs. 1 und 2 und des § 868.

(3) Der Antrag auf Eintragung der Hypothek gilt im Sinne des § 929 Abs. 2, 3 als Vollziehung des Arrestbefehls.

§ 938 ZPO Inhalt der einstweiligen Verfügung

(1) Das Gericht bestimmt nach freiem Ermessen, welche Anordnungen zur Erreichung des Zweckes erforderlich sind.

(2) Die einstweilige Verfügung kann auch in einer Sequestration sowie darin bestehen, dass dem Gegner eine Handlung geboten oder verboten, insbesondere die Veräußerung, Belastung oder Verpfändung eines Grundstücks oder eines eingetragenen Schiffes oder Schiffsbauwerks untersagt wird.

§ 939 ZPO Aufhebung gegen Sicherheitsleistung

Nur unter besonderen Umständen kann die Aufhebung einer einstweiligen Verfügung gegen Sicherheitsleistung gestattet werden.

§ 941 ZPO Ersuchen um Eintragungen im Grundbuch usw.

Hat auf Grund der einstweiligen Verfügung eine Eintragung in das Grundbuch, das Schiffsregister oder das Schiffsbauregister zu erfolgen, so ist das Gericht befugt, das Grundbuchamt oder die Registerbehörde um die Eintragung zu ersuchen.

§ 945 ZPO Schadensersatzpflicht

Erweist sich die Anordnung eines Arrestes oder einer einstweiligen Verfügung als von Anfang an ungerechtfertigt oder wird die angeordnete Maßregel auf Grund des § 926 Abs. 2 oder des § 942 Abs. 3 aufgehoben, so ist die Partei, welche die Anordnung erwirkt hat, verpflichtet, dem Gegner den Schaden zu ersetzen, der ihm aus der Vollziehung der angeordneten Maßregel oder dadurch entsteht, dass er Sicherheit leistet, um die Vollziehung abzuwenden oder die Aufhebung der Maßregel zu erwirken.

Literatur: Becker, Vollstreckung trotz rechtshängigem AdV-Antrag – Was tun?, Inf 2002, 166; Bilsdorfer, Vollstreckungsschutz während eines laufenden Aussetzungsverfahrens, FR 2000, 708; Bilsdorfer, Der vorläufige einstweilige Rechtsschutz vor den Finanzgerichten,

DStR 2021, 320; Buciek, Der vorläufige Rechtsschutz in Steuersachen, DStJG 18 (1995), 149; Carl, Vorläufiger Rechtsschutz im Steuerrecht, DB 1991, 2615; Fu, Rechtsschutz gegen Insolvenzanträge des Finanzamtes, DStR 2010, 1411; Fumi, Rechtsschutzmöglichkeiten gegen Pfändungsmaßnahmen, Inf 1999, 97; Geimer, Die einstweilige Anordnung zum Zwecke der Vollstreckungsabwendung, FR 1983, 399; Greite, Kindergeld und einstweiliger Rechtsschutz, FR 2002, 397; Hong, Verbot der endgültigen und Gebot der vorläufigen Vorwegnahme der Hauptsache im verwaltungsgerichtlichen Eilverfahren, NVwZ 2012, 468; Jörißen, Der vorläufige Rechtsschutz im Besteuerungsverfahren im Überblick (Teil 1und Teil 2), AO-StB 2021, 296 und 333; Leipold, Grundlagen des einstweiligen Rechtsschutzes im zivil-, verfassungs- und verwaltungsrechtlichen Verfahren, 1971, 207 ff.; Lemaire, Der vorläufige Rechtsschutz im Steuerrecht, Diss. Köln/Aachen, 1997; Pöllath, Anordnungsgrund bei einstweiliger Anordnung am Beispiel sogenannter negativer Feststellungsbescheide, BB 1983, 688; Roggan, Der vorläufige Rechtsschutz gegen Feststellungs- und Folgebescheide, Diss. Göttingen, 1981; Schwab, Das Kriterium der Existenzgefährdung im verwaltungsgerichtlichen Eilrechtsschutz, NVwZ 2020, 689; Schwarze, Vorläufiger Rechtsschutz im Widerstreit von Gemeinschaftsrecht und nationalem Verwaltungsverfahrens- und Prozessrecht, FS Börner, 1992, 289; Tormöhlen, Einstweilige Anordnung, AO-StB 2013, 381; Triantafyllou, Europäisierung des vorläufigen Rechtsschutzes, NVwZ 1992, 129; Trossen, Vorläufiger Rechtsschutz gegen Insolvenzanträge der Finanzbehörden, DStZ 2001, 877.

Übersicht

	Rn.
I. Anwendungsbereich und Bedeutung	1
II. Sachentscheidungsvoraussetzungen	6
1. Finanzrechtsweg	6
2. Örtliche, sachliche Zuständigkeit	7
3. Form des Gesuchs – Antrag	9
4. Antragsbefugnis	11
5. Antragsgegner	12
6. Rechtsschutzbedürfnis	15
a) Allgemeines Rechtsschutzbedürfnis	15
b) Besonderes Rechtsschutzbedürfnis – Subsidiarität der einstweiligen Anordnung (§ 114 V)	20
7. Darlegung der Antragsvoraussetzungen, Glaubhaftmachung	24
8. „Antragssperre“	28
III. Materiell-rechtliche Voraussetzungen der einstweiligen Anordnung	30
1. Abgrenzung zwischen Sicherungs- und Regelungsanordnung	30
2. Sicherungsanordnung (§ 114 I 1)	35
a) Anordnungsanspruch	35
b) Anordnungsgrund	42
3. Regelungsanordnung (§ 114 I 2)	50
a) Anordnungsanspruch	50
b) Anordnungsgrund	56
IV. Entscheidungsgrundsätze	65
1. Gegenstand und Maßstab der Prüfung	65
2. Kein gerichtliches Ermessen	70
V. Verfahrensgrundsätze	75
1. Die zur Entscheidung berufene Stelle	75
2. Maßgeblichkeit der allgemeinen Verfahrensgrundsätze	76
3. Fakultative mündliche Verhandlung	77
4. Form der Entscheidung, Bekanntgabe	78

Rn.
5. Beiladung, Kostenentscheidung ... 79
VI. Zum Inhalt der Entscheidung ... 85
1. Zulässige Maßnahmen ... 85
a) Ermessen des Gerichts ... 85
b) Einschränkung des Ermessens ... 86
aa) Verhältnismäßigkeit ... 86
bb) Vereinbarkeit mit dem Gesetz ... 87
cc) Keine Vorwegnahme der Entscheidung in der Hauptsache ... 88
dd) Realisierbarkeit des Anspruchs im Hauptsacheverfahren ... 90
2. Sicherheitsleistung ... 92
3. Anordnung ohne Glaubhaftmachung ... 93
4. Auflage der Rechtsbehelfseinlegung in der Hauptsache ... 94
VII. Wirkungen, Vollziehung und Dauer der einstweiligen Anordnung ... 97
VIII. Rechtsbehelfe ... 101
IX. Aufhebung/Änderung der einstweiligen Anordnung aus besonderen Gründen ... 105
1. Veränderte Umstände ... 105
2. Weitere Aufhebungsgründe ... 106
X. Schadenersatzpflicht ... 110

I. Anwendungsbereich und Bedeutung

1 Die Einstweilige Anordnung dient – ebenso wie die AdV/Aufhebung der Vollziehung – der Verwirklichung des vorläufigen Rechtsschutzes im Bereich des nationalen Abgabenrechts. – Zum Verhältnis des § 114 zu § 69, insbes. zur **Subsidiarität der einstweiligen Anordnung** (§ 114 V) und zur prinzipiellen **Abgrenzung der Anwendungsbereiche** der §§ 114 und 69 → § 69 Rn. 3 ff. – Zum vorläufigen Rechtsschutz durch die nationalen Gerichte im Bereich des **EU-Rechts** → § 69 Rn. 16 ff., 19 f.

2 Die einstweilige Anordnung (§ 114) kann (anders als die AdV) **nur auf Antrag** angeordnet werden. Ihre gesetzlichen Voraussetzungen stimmen im Wesentlichen mit denjenigen der einstweiligen Anordnung im verwaltungsgerichtlichen Verfahren (§ 123 VwGO) überein. Beide Vorschriften (§ 114 und § 123 VwGO) sind der Regelung über den Erlass von einstweiligen Verfügungen (§§ 935, 940 ZPO) nachgebildet, für die wiederum die Bestimmungen über die Anordnung von Arresten und über das Arrestverfahren gelten (§ 936 ZPO). Entsprechend ordnet § 114 III die sinngemäße Anwendung der einschlägigen Arrestvorschriften an.

3 Das auf Erlass einer einstweiligen Anordnung (§ 114) gerichtete Verfahren ist ein formell verselbständigtes Prozessverfahren **neben oder vor dem Hauptsacheverfahren.** Es handelt sich um ein **summarisches Eilverfahren,** in dem lediglich über eine vorläufige Sicherung oder Regelung der Rechte des Antragstellers entschieden wird, während Gegenstand des Hauptsacheverfahrens der vom Antragsteller geltend gemachte oder geltend zu machende Anspruch ist. Inhaltlich sind die Verfahren jedoch miteinander verknüpft (vgl. zB → Rn. 6 ff., 11 ff., 16 ff., 22, 35, 42, 50, 56, 88, 90 ff.).

4 Die einstweilige Anordnung hat ggü. der AdV eine nur untergeordnete praktische Bedeutung. Dies ist vor allem darauf zurückzuführen, dass die **Anfechtungsverfah-**

ren im Bereich des Abgabenrechts zahlenmäßig weitaus **überwiegen,** so dass – weil vorläufiger Rechtsschutz insoweit im Wege der AdV zu gewähren ist (→ § 69 Rn. 5; → Rn. 20 ff.) und die einstweilige Anordnung nur **subsidiär** zum Zuge kommt – der Anwendungsbereich des § 114 von vornherein beschränkt ist. Hinzu kommt, dass ein Anordnungsgesuch häufig schon deshalb unterbleibt, weil es wegen der durch die Rspr. aufgestellten strengen Voraussetzungen der einstweiligen Anordnung (→ Rn. 24 ff., 42 ff., 56 ff.) als nicht aussichtsreich erscheint.

II. Sachentscheidungsvoraussetzungen

1. Finanzrechtsweg

6 Das Gesuch auf Erlass einer einstweiligen Anordnung ist nur zulässig, wenn im Hauptsacheverfahren der **Rechtsweg zu den Finanzgerichten** (§ 33) führt (BFH VII B 23/71, BStBl. II 1971, 813; VII B 53/85, BStBl. II 1985, 553; VII R 30/89, BFH/NV 1990, 710; FG Saarl 2 V 1089/16, EFG 2016, 969 zur Herausgabe von Daten an einen Landtagsausschuss). – Zur Möglichkeit der **Verweisung** → Anh. § 33 Rn. 22 ff.

2. Örtliche, sachliche Zuständigkeit

7 Das Gesuch muss beim **örtlich und sachlich zuständigen Gericht** gestellt werden. Die örtliche Zuständigkeit richtet sich nach § 38. Sachlich zuständig ist das **Gericht der Hauptsache** (§ 114 II 1). Hauptsache ist im Falle des § 114 I 1 das abzusichernde Recht, im Falle des § 114 I 2 das streitige Rechtsverhältnis (→ Rn. 50 ff.). Gericht der Hauptsache **ist immer das FG** als Gericht des ersten Rechtszugs (§ 114 II 2), und zwar auch dann, wenn das Hauptsacheverfahren schon in der Revisions- oder Beschwerdeinstanz vor dem BFH schwebt (BFH IX S 5/08, BFH/NV 2008, 1513; V S 25/12, BFH/NV 2012, 1994). Gegebenenfalls kann auch der Einzelrichter als Gericht der Hauptsache zuständig sein (§§ 6, 79a III, IV).

8 Ist das **Hauptsacheverfahren noch nicht anhängig,** ist das für die jeweilige Klage in erster Instanz zuständige FG auch für das Verfahren nach § 114 zuständig.

3. Form des Gesuchs – Antrag

9 Das Verfahren auf Erlass einer einstweiligen Anordnung ist **antragsgebunden.** Das Gesuch kann schon **vor Klageerhebung** gestellt werden. Es braucht noch nicht einmal ein außergerichtlicher Rechtsbehelf eingelegt zu sein (bei Leistungs- und Feststellungsklagen ist ein solcher nicht einmal möglich). Der Antrag muss **formell ordnungsmäßig** sein, dh schriftlich gestellt oder vor dem Urkundsbeamten der Geschäftsstelle zu Protokoll erklärt werden (§ 114 III FGO iVm § 920 III ZPO). Dadurch wird das Gesuch **rechtshängig** (§ 66).

10 Ein Gesuch ist stets dahin auszulegen, dass wirksamer Rechtsschutz erreicht wird. Kann mit **Auslegung** nicht geholfen werden, kommt **Umdeutung** in Betracht. Das gilt insbes., wenn vorläufiger Rechtsschutz nur über den Weg des § 114 zu erreichen ist, der Stpfl. aber einen Antrag auf AdV gestellt hat. In diesen Fällen ist der Antrag im Allgemeinen in ein Anordnungsgesuch umzudeuten (BFH IV B 13/81, BStBl. II 1982, 133 (134); I B 113/91, BFH/NV 1993, 349). Entsprechend ist im umgekehrten Fall zu verfahren. Eine Umdeutung ist aber **ausgeschlossen,** wenn

das mit dem Antrag befasste Gericht für das andere Verfahren **nicht zuständig** ist (BFH IV S 8/94, BFH/NV 1995, 409; V S 35/07, BeckRS 2007, 25012835 (nv) betr. Umdeutung eines beim BFH gestellten AdV-Antrags), wenn der (ggf. umzudeutende) Antrag unzulässig ist, wenn der Vortrag unzureichend ist (BFH V B 120/17, BFH/NV 2018, 735) oder wenn das Antragsbegehren weder durch AdV noch durch einstweilige Anordnung erreichbar ist (BFH VII B 33/90, BFH/NV 1991, 607). Umdeutung kommt im Allgemeinen auch nicht in Betracht, wenn das von einem **sachkundigen Prozessbevollmächtigten** vorgebrachte Rechtsschutzbegehren ausdrücklich als Antrag auf AdV bzw. als Gesuch auf Erlass einer einstweiligen Anordnung bezeichnet worden ist (BFH VII B 99/89, BFH/NV 1990, 718 mwN; VIII R 6/99, BFH/NV 2000, 1074; Tipke/Kruse/Loose § 114 Rn. 59). Abgesehen davon hat der Antragsteller vor Abschluss des Verfahrens die Möglichkeit, sein **Antragsbegehren** analog § 67 zu **ändern.**

4. Antragsbefugnis

Hinsichtlich der Antragsbefugnis gelten die §§ 40 II, 48 entsprechend. Antragsbefugt ist deshalb, wer im Hauptsacheverfahren klagebefugt ist oder wäre (BFH VIII B 83/00, BFH/NV 2001, 578; HessFG 12 V 643/20, EFG 2020, 1056; → § 69 Rn. 135 mwN). Das ist derjenige, der die **Gefährdung** einer eigenen Rechtsstellung geltend macht (BFH IV B 83/91, BStBl. II 1993, 265; VII B 136, 137/90, BFH/NV 1992, 254; → § 69 Rn. 61; zur Antragsbefugnis einer Bank, die nach Auswertung bankinterner Konten anlässlich einer Außen- oder Steuerfahndungsprüfung den Versand von Kontrollmitteilungen an die Wohnsitzfinanzämter der Bankkunden verhindern will, s. BFH VII B 28/99, BFH/NV 2000, 1384). – Zur **Beteiligtenfähigkeit** s. § 57. 11

5. Antragsgegner

Das Gesuch ist nur zulässig, wenn Rechtsschutz ggü. dem richtigen **Antragsgegner** begehrt wird (§ 65 I 1). Antragsgegner ist regelmäßig die Behörde, die im Hauptsacheverfahren Beklagte ist oder sein wird (§ 63 analog). Das ist zB bei beantragter Einstellung der Zwangsvollstreckung das für die Zwangsvollstreckung zuständige FA, das nicht zwingend mit dem FA übereinstimmt, welches den Steueranspruch festgesetzt hat (BFH VII B 179/91, BFH/NV 1992, 606). Ausnahmsweise sollen **Antragsgegner** im Anordnungsverfahren und **Beklagter** im Hauptsacheverfahren **verschieden** sein können, wenn nach Rechtshängigkeit der Hauptsache ein örtlicher Zuständigkeitswechsel (§ 63) eintritt (BFH VI B 67/76, BStBl. II 1977, 161, zweifelhaft; aA Tipke/Kruse/Loose § 114 Rn. 54). – Eine **unbeteiligte Behörde** kann nie Antragsgegner sein (BFH VI B 67/76, BStBl. II 1977, 161). 12

6. Rechtsschutzbedürfnis

a) Allgemeines Rechtsschutzbedürfnis. Ein Antrag nach § 114 ist nur zulässig, wenn ein allgemeines Rechtsschutzbedürfnis des Antragstellers vorliegt. Das setzt voraus, dass der **Antrag zweckmäßig und nicht mutwillig oder rechtsmissbräuchlich** ist (FG Hmb 1 V 117/22, EFG 2023, 62 zur Nichtbeachtung der Vollstreckungssperre des § 79 II 1 BVerfGG; ferner → § 69 Rn. 137 ff.). Dies ist insbes. der Fall, wenn der Antragsgegner (→ Rn. 12) schon einen Antrag abgelehnt oder ein bestimmtes Verhalten zu erkennen gegeben hat, das die Anrufung des Gerichts erfordert. Dem ggü. ist das allgemeine Rechtsschutzbedürfnis 15 nicht bereits zu verneinen, weil sich der Antragsteller zunächst mit der Bitte um eine vorläufige Regelung (zB Stundung) an die Verwaltung hätte wenden können oder weil er gegen die ablehnende Entscheidung (noch) keinen außergerichtlichen Rechtsbehelf eingelegt oder – im Falle der Untätigkeit der Behörde – noch keinen Untätigkeitseinspruch (§ 347 I 2 AO) erhoben hat. Derartige Anforderungen würden dem Wesen der einstweiligen Anordnung als Eilverfahren widersprechen. Allenfalls kann die übereilte Anrufung des Gerichts Einfluss auf die Kostenentscheidung haben, falls nämlich die Verwaltung nach Antragstellung von sich aus vorläufigen Rechtsschutz gewährt (§ 138). Allerdings wird es in diesen Fällen durchweg an einem Anordnungsgrund (→ Rn. 42 ff., 56 ff.) fehlen.

16 Das **Rechtsschutzbedürfnis entfällt** nachträglich, wenn zB

- der Antragsteller die **Steuerschulden** nach Stellung des auf einstweilige Einstellung der Zwangsvollstreckung gerichteten Antrags **tilgt** (BFH VII B 26/89, BFH/NV 1989, 794; VII B 163/89, BFH/NV 1991, 50; VI B 107/88, BFH/NV 1991, 77; aA VI B 136/88, BFH/NV 1991, 242: Unbegründetheit des Antrags),
- der Leistungsanspruch des FA auf andere Weise **erloschen** ist,
- das Hauptsacheverfahren vor Entscheidung über den Antrag **rechtskräftig beendet** wird (BFH I B 92/89, BFH/NV 1990, 660; VII B 224/95, BFH/NV 1996, 457; V S 35/07, BeckRS 2007, 25012835 (nv),
- die Finbeh von weiteren **Vollstreckungsmaßnahmen absieht** (BFH VII S 40/91, BFH/NV 1992, 317),
- die Zwangsvollstreckung nach Antragstellung **abgeschlossen** wird (BFH VII S 1-3/89, BFH/NV 1990, 259; VII B 61/91, BFH/NV 1992, 319) oder
- sich das **Antragsverfahren in der Hauptsache erledigt** (BFH VI B 136/88, BFH/NV 1991, 242; X S 20/93, BFH/NV 1994, 783).

Der Übergang zum Antrag auf Feststellung der Rechtswidrigkeit des VA entsprechend **§ 100 I 4** kommt dann wegen des vorläufigen Charakters des Anordnungsverfahrens nicht in Betracht (BFH VII B 46/84, BStBl. II 1985, 302; X S 20/93, BFH/NV 1994, 783; FG Saarl 1 K 53/97, EFG 1997, 693).

17 Das **Rechtsschutzbedürfnis fehlt,** wenn

- der Einspruch **aufschiebende Wirkung** hat und es deshalb vorläufigen Rechtsschutzes durch das Gericht nicht bedarf (BFH VII B 131/92, BFH/NV 1993, 460 zu § 284 AO aF),
- das **Hauptsacheverfahren** im Zeitpunkt der Anbringung des Gesuchs schon **rechtskräftig abgeschlossen** ist (BFH IX S 3/97, BFH/NV 1997, 371; zur Rechtskraftwirkung → Rn. 105),
- die **Klage** (im Hauptsacheverfahren) **offenkundig unzulässig** ist (FG Brem II 20/77 eA, StBp 1978, 115),
- die einstweilige Einstellung oder Aufhebung der Zwangsvollstreckung wegen Krankheit des Vollstreckungsschuldners begehrt wird und das FA **nur Sicherungsmaßnahmen** ergriffen hat und weitere Vollstreckungsmaßnahmen nicht zu erwarten sind (BFH VII S 40/91, BFH/NV 1992, 317 (318)),
- eine **Beeinträchtigung des Stpfl. noch nicht vorliegt** (FG Brem II 20/77 eA, StBp 1978, 115 zur Auswertung eines Betriebsprüfungsberichts; FG RhPf V 1a/79, EFG 1979, 377 zur Auswertung von beschlagnahmten Akten),
- die **Untersagung einer Amtshandlung** wegen Besorgnis ihrer rechtsmissbräuchlichen Verwertung verlangt wird, weil der Stpfl. die Möglichkeit hat, gegen den Missbrauch selbst vorzugehen (BFH IV B 60/87, BFH/NV 1989, 13).

b) Besonderes Rechtsschutzbedürfnis – Subsidiarität der einstweiligen Anordnung (§ 114 V). Neben dem allgemeinen Rechtsschutzbedürfnis (→ Rn. 15 ff.) muss der Antragsteller auch ein besonderes Rechtsschutzbedürfnis haben. Dieses setzt voraus, dass **vorläufiger Rechtsschutz durch den Erlass einer einstweiligen Anordnung erreichbar** ist (BFH II B 35/83, BStBl. II 1984, 210; VII B 262/92, BFH/NV 1994, 719; abl. für nicht selbstständig anfechtbare Verfahrenshandlungen, wie die Verbindung von Einspruchsverfahren: BFH VII B 62/20, BStBl. II 2021, 587, Rn. 22 ff.). Das ist nicht der Fall, soweit vorläufiger Rechtsschutz durch AdV (§ 69) erreicht werden kann, weil die einstweilige Anordnung nach **§ 114 V** im Verhältnis zu § 69 subsidiär ist, so dass schon die Möglichkeit, vorläufigen Rechtsschutz gem. § 69 zu erreichen, zur Unanwendbarkeit des § 114 führt (BFH I B 113/91, BFH/NV 1993, 349 mwN; V B 25/20 (AdV), BStBl. II 2021, 263, Rn. 14 zum Antrag gem. § 60a II Nr. 1 AO auf Feststellung der Satzungsmäßigkeit). Das gilt auch dann, wenn der dem Steueranspruch zugrunde liegende VA mangels Einspruchseinlegung bestandskräftig geworden ist und daher ein Antrag auf AdV keinen Erfolg (mehr) haben kann (BFH I B 12/93, BFH/NV 1993, 726) oder wenn der Beantragung der AdV bei Gericht (§ 69 III) die Zugangsvoraussetzungen des § 69 IV entgegenstehen. – Zur Abgrenzung zum Antrag nach § 319 AO iVm § 850k IV ZPO s. FG Münster 1 V 1286/20 AO, EFG 2020, 897; FG Köln 9 V 1302/20, EFG 2020, 1587. 20

Da die **Abgrenzung** zwischen AdV einerseits und einstweiliger Anordnung andererseits grds. nach dem Begehren des Antragstellers im Hauptsacheverfahren zu treffen ist, kommt vorläufiger Rechtsschutz durch **einstweilige Anordnung** vor allem in Betracht, wenn das eigentliche Klageziel im Hauptsacheverfahren mit der **Verpflichtungs-, Feststellungs- oder sonstigen Leistungsklage** verfolgt wird oder verfolgt werden soll (ausf. → § 69 Rn. 5 mwN). Das ist zB der Fall, wenn 21
- die Finbeh **trotz bestehender AdV vollstrecken** will (FG Hmb IV 43/77 H, EFG 1977, 553);
- die Finbeh Vollstreckungsmaßnahmen durchführen will, obwohl ein beim Gericht anhängiger **AdV-Antrag noch nicht beschieden** worden ist (FG Saarl 1 V 389/99, EFG 2000, 449, Recht auf ungestörte Durchführung des AdV-Verfahrens; FG Hmb II 475/01, BeckRS 2002, 2100989);
- sie eine **Untersagungsverfügung** nach § 7 StBerG zwangsweise durchsetzen will, ohne zuvor die hemmende Wirkung der gegen die Untersagungsverfügung eingelegten Beschwerde (§ 69 V 2) beseitigt zu haben (NdsFG IV 39/74, EFG 1974, 379);
- zwar ein AdV-Antrag statthaft ist, das Begehren aber auf einstweilige Einstellung der Zwangsvollstreckung **(§ 258 AO)** gerichtet ist (BFH VII B 131/92, BFH/NV 1993, 460; → § 69 Rn. 116).

Vorläufiger Rechtsschutz durch **einstweilige Anordnung** ist **regelmäßig nicht** erreichbar, soweit 22
- eine gesetzlich unzulässige Maßnahme begehrt wird (→ Rn. 87),
- der Antrag auf eine Maßnahme gerichtet ist, die die **Entscheidung im Hauptsacheverfahren vorwegnehmen** würde (s. aber BFH VIII B 94/79, BStBl. II 1982, 307 (308) zur Stundung; → Rn. 88 f.) oder
- die begehrte Maßnahme **über das im Hauptsacheverfahren realisierbare Ergebnis hinausgeht** (→ Rn. 90 f.).

Das Gesuch ist in diesen Fällen jedoch **nicht ohne Weiteres** im vollen Umfang als **unzulässig** zurückzuweisen. Da das Gericht in der Auswahl der in Betracht kommenden Maßnahmen frei ist (→ Rn. 85 ff.), hat es – sofern zulässige Anordnungen denkbar sind – eine Sachentscheidung zu treffen.

7. Darlegung der Antragsvoraussetzungen, Glaubhaftmachung

24 Der Antragsteller muss den Anordnungsanspruch (→ Rn. 35 ff., 50 ff.) und den Anordnungsgrund (→ Rn. 42 ff., 56 ff.) iSd § 114 I 1 u. 2 **schlüssig vortragen** (BFH I B 21/88, BStBl. II 1988, 585; I B 15/93, BFH/NV 1994, 182; I B 86/02, BFH/NV 2003, 166; I B 132/02, BFH/NV 2003, 313; VII B 183/21, BFH/NV 2022, 1302, Rn. 21; FG BBg 7 V 7023/22, EFG 2022, 1417 sowie zu Ermessensentscheidungen der Finbeh BFH VIII B 27/89, BFH/NV 1990, 654; → Rn. 39, 91 aE; → § 69 Rn. 136). Ein Vortrag, der den Arrestanspruch und/oder den Arrestgrund lediglich als möglich erscheinen lässt, genügt nicht (zur Unabweisbarkeit der einstweiligen Anordnung → Rn. 56 f.). Ebenso wenig genügt die Bezugnahme auf den bisherigen Schriftwechsel und die vorgelegten Akten sowie die ausschließliche Berufung auf die Rechtswidrigkeit der Steuerfestsetzung (BFH VII B 66/91, BFH/NV 1992, 156; VII B 169/92, BFH/NV 1994, 554). Bei **Änderung der maßgebenden Verhältnisse** muss der Antragsteller weitere Ausführungen machen (BFH VII B 176/88, BFH/NV 1989, 592 (593); → Rn. 10 aE, 65 zur generellen Möglichkeit, das Vorbringen zu ergänzen und zur entsprechenden Hinweispflicht des Gerichts).

25 Das Gesuch muss zwar **keinen bestimmten Antrag** (§ 65 I 1) enthalten (weil das Gericht über die Art und Weise des vorläufigen Rechtsschutzes nach seinem Ermessen entscheiden kann, → Rn. 85 ff.), der Antragsteller muss aber **wenigstens** das von ihm angestrebte **Rechtsschutzziel konkretisieren,** dh es muss erkennbar sein, welcher einstweilige Rechtsschutz nach Art und Umfang begehrt wird (Bender FS Menger, 1985, 657 (667)).

26 Nach § 114 III FGO iVm § 920 II ZPO muss der Antragsteller den Anordnungsanspruch und den Anordnungsgrund **glaubhaft machen** (zu Ausnahmen → Rn. 94). Dies soll nach einer zT vertretenen Auffassung eine **Zulässigkeitsvoraussetzung** für den Antrag sein (bejahend zB BFH I B 100/91, BFH/NV 1992, 478; Brühl JuS 1995, 917 (918) mwN und wohl auch BFH I B 15/93, BFH/NV 1994, 182; offengelassen zB durch BFH V B 123/15, BFH/NV 2016, 1253: Einstweilige Anordnung kann nicht ergehen). Dem ist mE nicht zu folgen, weil es bei der Glaubhaftmachung um den Nachweis der Antragsvoraussetzungen geht, der die Begründetheit des Antrags betrifft (glA Bender FS Menger, 1985, 668). – Ansonsten zur Glaubhaftmachung → § 69 Rn. 196. Aus der Glaubhaftmachung des Anordnungsanspruchs kann sich uU zugleich die Glaubhaftmachung des Anordnungsgrundes ergeben (zB BFH I B 87/05, BFH/NV 2006, 1175 (1176)).

27 Als Prozesshandlung darf das Gesuch – ebenso wie der Antrag auf AdV (→ § 69 Rn. 134) – nicht unter einer **Bedingung** gestellt werden (s. grds. BFH I B 96/95, BFH/NV 1996, 698; XI R 15/04, BStBl. II 2005, 644).

8. „Antragssperre“

28 Ist ein **Antrag nach § 114 bereits anhängig,** so ist jedes weitere Anordnungsverfahren in der gleichen Sache zwischen den gleichen Beteiligten unzulässig (→ Anh. § 33 Rn. 12; Brühl JuS 1995, 918). Der Antrag auf Erlass einer einstweiligen Anordnung ist wegen der **Rechtskraftwirkung** (→ Rn. 105) außerdem unzulässig, wenn nach rechtskräftiger Entscheidung über einen Anordnungsantrag

ein erneuter Antrag in der gleichen Sache gestellt wird. Eine Ausnahme gilt aber für den Fall, dass sich die tatsächlichen oder rechtlichen Verhältnisse geändert haben (→ Rn. 105; s. auch Brühl JuS 1995, 918).

III. Materiell-rechtliche Voraussetzungen der einstweiligen Anordnung

1. Abgrenzung zwischen Sicherungs- und Regelungsanordnung

Nach **§ 114 I 1** kann das Gericht eine einstweilige Anordnung in Bezug auf den Streitgegenstand treffen, wenn die Gefahr besteht, dass durch die Veränderung des bestehenden Zustands die Verwirklichung eines Rechts des Antragstellers vereitelt oder wesentlich erschwert werden könnte. Es soll also ein bestimmter, **schon eingetretener Zustand** im Interesse einer sonst gefährdeten Rechtsverwirklichung **vorläufig erhalten bleiben** oder gesichert werden **(Sicherungsanordnung).** 30

§ 114 I 2 lässt einstweilige Anordnungen auch zur Regelung eines vorläufigen Zustandes in Bezug auf ein streitiges Rechtsverhältnis zu, wenn eine solche Regelung aus bestimmten Gründen als nötig erscheint. Anders als S. 1 eröffnet also S. 2 die Möglichkeit, einen **Zustand** zur Beseitigung eines Interessenwiderstreits zugunsten des Antragstellers einstweilen **neu zu regeln (Regelungsanordnung).** 31

In der Praxis ist die **Grenze zwischen der Sicherungsanordnung und der Regelungsanordnung fließend;** eine exakte Abgrenzung ist häufig nur schwer möglich. Dies lässt sich dadurch ersehen, dass einige Stimmen in der Lit. davon ausgehen, dass die richtige Antragsart zur Durchsetzung einer einstweiligen Einstellung oder Beschränkung der Vollstreckung nach § 258 AO zT die Sicherungsanordnung ist (so Gosch/Gosch § 114 Rn. 37; Tipke/Kruse/Loose § 114 Rn. 16), während andere für die Regelungsanordnung eintreten (so HHS/Lange § 114 Rn. 67). ZT wird zur Abgrenzung auf die im Hauptsacheverfahren richtige **Klageart** abgestellt. Ist dies eine allgemeine Leistungsklage oder eine Unterlassungsklage, so soll richtige Antragsart die Sicherungsanordnung sein, während die Regelungsanordnung in Betracht kommen soll, wenn die Verpflichtungsklage im Hauptsacheverfahren die richtige Klageart ist (FG Hmb 1 V 14/21, EFG 2021, 1133 zu Säumniszuschlägen; Gosch/Gosch § 114 Rn. 36, 41). Auch dies führt mE nicht in allen Fällen zu einer richtigen Einordnung, so dass die Abgrenzung allein danach vorzunehmen ist, ob ein bestehender Zustand beibehalten (Sicherungsanordnung) oder ob er verändert werden soll (Regelungsanordnung). Angesichts der gleichartigen Regelungsvoraussetzungen ist die Unterscheidung aber weitgehend ohne praktische Bedeutung. 32

2. Sicherungsanordnung (§ 114 I 1)

a) Anordnungsanspruch. Voraussetzung für den Erlass einer Sicherungsanordnung ist, dass ein Anordnungsanspruch besteht (zur Darlegung und Glaubhaftmachung durch den Antragsteller → Rn. 24 ff.). Der Anordnungsanspruch entspricht dem „Verfügungsanspruch" iSd §§ 935, 940 ZPO. Für die Sicherungsanordnung kennzeichnet § 114 I den Anordnungsanspruch als **„Recht des Antragstellers".** Gemeint ist damit das Recht, das im Hauptsacheverfahren Gegenstand des Klagebegehrens ist oder sein soll (BFH II B 2/71, BStBl. II 1971, 633; VII B 35

58/91, BFH/NV 1092, 519; VIII B 83/00, BFH/NV 2001, 578). Dies beruht darauf, dass das Gericht eine einstweilige Anordnung nur in Bezug auf den **„Streitgegenstand"** treffen kann, wobei der Streitgegenstand in diesem Sinn (abw. von § 65) rein gegenständlich dasjenige ist, was im Hauptsachestreit begehrt wird oder begehrt werden wird (Kopp/Schenke/Schenke VwGO § 123 Rn. 7 aE). Das bedeutet, dass der im Hauptsacheverfahren geltend gemachte oder geltend zu machende **Anspruch ohne die einstweilige Anordnung vereitelt oder** seine Durchsetzung wesentlich **erschwert** werden könnte (vgl. Kopp/Schenke/Schenke VwGO § 123 Rn. 6). Der Antragsteller muss also einen Anspruch darauf haben, dass der bestehende **Zustand nicht verändert** wird („Bestandsschutz" → Rn. 30; s. zur Verhinderung der Übermittlung von Informationen an ausländ. Finbeh FG Köln 2 V 1375/15, EFG 2015, 1769; 2 V 3130/15, EFG 2016, 608; 2 V 687/17, EFG 2017, 1568; 2 V 1055/17, EFG 2018, 351; 2 V 174/18, EFG 2018, 1164 betr. grenzüberschreitenden Informationsaustausch).

36 Ein auf Bestandsschutz gerichteter Sicherungsanspruch kann sich insbes. aus der in **§ 258 AO** normierten – und im Hauptsacheverfahren mit einer Verpflichtungsklage durchzusetzenden (Gosch/Gosch § 114 Rn. 37; Tipke/Kruse/Loose § 114 Rn. 16; aA HHS/Lange § 114 Rn. 67; → § 69 Rn. 3 ff.) – **einstweiligen Einstellung oder Beschränkung der Vollstreckung** ergeben (FG Hmb 1 V 14/21, EFG 2021, 1133). Das gilt jedenfalls dann, wenn noch keine Vollstreckung stattgefunden hat und der Antragsteller diesen Zustand „sichern" will (zu § 258 AO als Anordnungsgrund einer Regelungsanordnung → Rn. 43).

37 Eine einstweilige Einstellung oder Beschränkung der Vollstreckung setzt voraus, dass die Vollstreckung im Einzelfall **unbillig** ist. Das ist der Fall, wenn die Vollstreckung dem Schuldner einen unangemessenen Nachteil bringen würde, der durch **kurzfristiges Abwarten** oder durch eine andere Vollstreckungsmaßnahme vermieden werden könnte, wobei konkrete Anhaltspunkte dafür vorliegen müssen, dass die Steuerschulden **in absehbarer Zeit** durch freiwillige Leistungen des Schuldners zurückgeführt werden können, was aber zu verneinen ist, wenn der dem FA unterbreitete Tilgungsvorschlag eine vollständige Begleichung der Steuerrückstände erst nach mehreren Jahren erwarten lässt (BFH VII R 63/04, BFH/NV 2006, 900 mwN; VII R 52/06, BFH/NV 2008, 749; I B 178/08, BFH/NV 2009, 1596; XI B 56/10, BFH/NV 2011, 199; FG BBg 10 V 10146/20, EFG 2021, 172; Klein/Werth AO § 258 Rn. 9). Maßgeblich ist dabei nicht die aktuelle wirtschaftliche Situation des Vollstreckungsschuldners, sondern allein die Unbilligkeit der Vollstreckung (BFH XI B 56/10, BFH/NV 2011, 199). **Nachteile und etwaige Härten, die üblicherweise mit jeder Vollstreckungsmaßnahme verbunden sind** und die jeden Vollstreckungsschuldner treffen, begründen daher für sich allein noch keine Unbilligkeit der Vollstreckung iSv § 258 AO und zwar auch dann nicht wenn die Ablehnung des Vollstreckungsaufschubes die Gefahr einer **Insolvenz** erhöht oder die Einleitung eines Insolvenzverfahrens nach sich zieht (BFH VII R 62/04, BFH/NV 2005, 1743).

38 Umstände, die über die üblicherweise mit Vollstreckungsmaßnahmen einhergehenden Nachteile und etwaige Härten hinausgehen und die damit eine **Unbilligkeit der Vollstreckung** zur Folge haben, können je nach Einzelfall vorliegen, wenn

– der Vollstreckungsschuldner **krank** ist und aufgrund der Vollstreckung eine unmittelbare Gefahr für sein Leben oder seine Gesundheit besteht (BFH VII B 35/04, BFH/NV 2004, 1631; V B 71/05, BeckRS 2006, 25010944 (nv)). Der bloße Vortrag des Antragstellers, seine Gesundheit sei infolge dauernder

Sorgen und Probleme angegriffen, reicht hingegen für eine Unbilligkeit der Vollstreckung nicht aus (BFH VII B 35/04, BFH/NV 2004, 1631; FG Hmb 3 V 168/10, EFG 2011, 475);
- ein vom Stpfl. rechtzeitig gestellter **AdV-Antrag noch nicht beschieden** worden ist, aber mit hoher Wahrscheinlichkeit **von seinem Erfolg auszugehen** ist (BFH VII B 66/91, BFH/NV 1992, 156; VII B 233/07, BFH/NV 2008, 1991; FG Bbg 6 V 6196/07, EFG 2008, 964; NdsFG 15 V 164/14, EFG 2014, 1838). Ist Letzteres nicht der Fall, soll eine Vollstreckung nicht unbillig sein (BFH VII B 10/86, BFH/NV 1987, 96; FG Brem 2 93 068 V 2, EFG 1994, 78; FG Münster 7 V 4138/03, EFG 2004, 132; aA FG Düsseldorf VIII 18/83, EFG 1984, 105; Klein/Werth AO § 258 Rn. 10 für den Fall, dass genügend Zeit verbleibt zur Entscheidung über den AdV-Antrag oder wenn die Vollstreckungsstelle von dem AdV-Antrag weiß), es sei denn, dass das FA dem Vollstreckungsschuldner zuvor mitgeteilt hat, dass vor der Entscheidung über die AdV nicht mit der Vollstreckung begonnen wird (BFH I R 143/90, BFH/NV 1992, 431);
- der **Betrag der Vollstreckung sogleich zurückgezahlt werden müsste** (BFH V B 44/84, BStBl. II 1985, 194; X B 59/91, BFH/NV 1992, 618; FG BBg 6 V 6196/07, EFG 2008, 964). Das kann der Fall sein, wenn der Vollstreckungsschuldner einen **Erlass- oder Stundungsantrag** gestellt hat und mit einer gewissen Wahrscheinlichkeit mit dem Erfolg des Antrags zu rechnen ist (BFH V S 17/02, BFH/NV 2003, 738 mwN; Klein/Werth AO § 258 Rn. 10 f.). Gleiches gilt, wenn den zu vollstreckenden Steueransprüchen **aufrechenbare Gegenansprüche** gegenüberstehen, die mit an Sicherheit grenzender Wahrscheinlichkeit bestehen und in absehbarer Zeit fällig werden (BFH VII B 233/07, BFH/NV 2008, 1991; FG München 10 V 626/14, BeckRS 2014, 95667);
- der Vollstreckungsschuldner **Ratenzahlungen** anbietet, die ihrer Höhe nach zu einer kurzfristigen Tilgung der Steuerschuld führen (→ Rn. 37) und mit hinreichender Wahrscheinlichkeit davon auszugehen ist, dass er diese leisten wird (BFH VII R 52/06, BFH/NV 2008, 749; FG Köln 13 V 228/14, EFG 2014, 1017; s. auch BFH VII B 224/10, BFH/NV 2011, 763: bei rückständigen Raten ist ein förmlicher Widerruf der Ratenzahlungsvereinbarung vor der Einleitung weiterer Vollstreckungsmaßnahmen nicht erforderlich);
- die Behörde die Vollstreckungssperre des § 79 II 1 BVerfGG nicht beachtet (FG Hmb 1 V 117/22, EFG 2023, 62 zu § 62 II Nr. 3 Buchst. b EStG aF).

Zu weiteren Einzelfällen s. Klein/Werth AO § 258 Rn. 8 ff.; Tipke/Kruse/Loose AO § 258 Rn. 4 ff.

Geht es in der Hauptsache um eine **Ermessensentscheidung der Behörde,** genügt es, wenn das Begehren bei sachgerechter Ermessensausübung als gerechtfertigt erscheint und die angestrebte vorläufige Regelung unter Berücksichtigung des Zwecks des vorläufigen Rechtsschutzes erforderlich ist (BVerwG 2 ER 301/93, DVBl 1994, 120; NdsOVG 5 M 1488/93, DVBl 1993, 959; Kopp/Schenke/Schenke VwGO § 123 Rn. 12 mwN; aA BVerfG 1 BvR 1008/79, BVerfGE 63, 112: Anspruch nur bei Ermessensverdichtung „auf Null"). 39

Eine Sicherungsanordnung kommt ferner in Betracht, wenn der Antragsteller die Erfüllung eines **Auskunftsersuchens** unterbinden (FG Köln 2 V 1217/20, EFG 2021, 713) oder **Prüfungsmaßnahmen der Zollbehörde** verhindern will (BFH VII B 85/21, BFH/NV 2022, 514, Rn. 30 ff. und VII B 183/21, BFH/NV 2022, 1302, Rn. 25 zu § 6a ff. SAFleischWiG; VII B 9/22, BFH/NV 2023, 862, Rn. 27 zu **§ 2 ff. SchwarzArbG,** der aber abw. von der hier vertretenen Definition wohl von einer Regelungsanordnung ausgeht). 40

42 **b) Anordnungsgrund.** Der **Anordnungsgrund** ist dem „Verfügungsgrund" iSd §§ 935, 940 ZPO nachgebildet und muss **neben dem Anordnungsanspruch** (→ Rn. 35 ff.) vorliegen. Im Falle der Sicherungsanordnung ist er nur dann zu bejahen, wenn die Gefahr besteht, dass durch eine – vor Ergehen einer vollziehbaren Endentscheidung im Hauptsacheverfahren eintretende – Veränderung des bestehenden Zustandes die Verwirklichung des Individualrechts des Antragstellers vereitelt oder wesentlich erschwert werden könnte (zB Bender FS Menger, 1985, 657 (661)). Ob eine solche **unmittelbare Gefährdung der Rechtsposition des Antragstellers** vorliegt, ist aus der Sicht eines unbefangenen (objektiven) Betrachters zu beurteilen. Bejaht werden kann sie nur, wenn konkrete Umstände unmittelbar auf rechtserhebliche Veränderungen schließen lassen (HessFG 7 V 3847/02, UR 2003, 147; Tipke/Kruse/Loose § 114 Rn. 22). – Zur Darlegung und Glaubhaftmachung des Anordnungsgrundes → Rn. 24 ff.

43 Ein **Anordnungsgrund liegt zB vor,** wenn

– in den Fällen des **§ 258 AO** (→ Rn. 36 ff.) die **persönliche oder wirtschaftliche Existenz des Betroffenen konkret bedroht** ist (BFH VII B 150/89, BFH/NV 1991, 104; VII B 169/92, BFH/NV 1994, 554; II B 91/15, BStBl. II 2016, 846; FG BBg 10 V 10146/20, EFG 2021, 172; wegen der Einzelheiten → Rn. 38),
– die Finbeh dem Haftungsschuldner **Einsicht in die Steuerakten** des Stpfl. gewähren will (BFH I B 47/69, BStBl. II 1970, 83),
– die beabsichtigte **Spontanauskunft** an die Steuerverwaltung eines anderen Mitgliedstaats der EU mangels Erfüllung der Tatbestandsvoraussetzungen des § 2 II EGAHiG (seit 1.1.2013 § 48 II EUAHiG) das **Steuergeheimnis** (§ 30 AO) **irreparabel verletzen** würde (BFH I B 87/05, BFH/NV 2006, 1175 f.; ferner → Rn. 30 und → Rn. 35),
– die Herausgabe der Steuerakten an einen parlamentarischen Untersuchungsausschuss das **Steuergeheimnis** (§ 30 AO) und das durch das GG geschützte Recht des Antragstellers auf informationelle Selbstbestimmung endgültig und unheilbar verletzen würde (BFH VII B 126/92, BFH/NV 1993, 579; s. auch FG Saarl 2 V 1089/16, EFG 2016, 969),
– die Finbeh einer anderen Finbeh durch den Besteuerungszweck nicht gedeckte rufgefährdende Mitteilungen machen will (BFH V B 3/86, BStBl. II 1987, 30 (32)).

44 An einem **Anordnungsgrund fehlt** es **zB,** wenn die Verwertung von Ergebnissen einer angeblich rechtswidrigen Außenprüfung untersagt werden soll; die Verwertung kann stattdessen mit Rechtsbehelfen gegen den später auf Grund der Prüfung evtl. ergehenden Steuerbescheid angefochten werden (BFH VIII B 62/84, BFH/NV 1987, 23; HessFG 8 V 427/99, EFG 1999, 663; NdsFG 6 V 779/00, PStR 2002, 74; aA NdsFG 6 V 672/00, EFG 2001, 1100 betr. die Befugnis zur Verwertung festgestellter Daten aus einem Auskunftsersuchen über Wertpapiergeschäfte).

3. Regelungsanordnung (§ 114 I 2)

50 **a) Anordnungsanspruch.** Im Falle der Regelungsanordnung (einstweilige Anordnung zur Sicherung des Rechtsfriedens) muss sich der Anordnungsanspruch (→ Rn. 35) aus einem **„streitigen Rechtsverhältnis"** ergeben und sich aus dem (künftigen) Hauptsachebegehren zumindest ableiten lassen. Unter Rechtsverhältnis ist jede aus einem konkreten Sachverhalt resultierende, durch Rechtsnor-

men geordnete rechtliche Beziehung zwischen Personen oder zwischen Personen und Sachen zu verstehen (BFH VII B 183/21, BFH/NV 2022, 1302, Rn. 28; VII B 9/22, BFH/NV 2023, 862, Rn. 29 unter Hinweis auf § 41 I). Das „Rechtsverhältnis“ ist dabei idR dasjenige zwischen dem Antragsteller und der Finbeh als Antragsgegner. „Streitig“ ist dieses Rechtsverhältnis dann, wenn der Antragsteller von dem Antragsgegner die Vornahme einer bestimmten Handlung oder die Herstellung eines bestimmten Zustands begehrt, was Letzterer ablehnt, so dass es bis zur Entscheidung des Streits im Hauptsacheverfahren einer vorläufigen Regelung bedarf, ohne dass der Antragsteller ein Recht auf Vornahme der angeordneten oder Unterlassung der verbotenen Handlung sowie auf Herstellung des angeordneten Zustands haben muss (so insges. zutr. Tipke/Kruse/Loose § 114 Rn. 23; zur Abgrenzung zur Sicherungsanordnung → Rn. 30 ff.).

Ein Anordnungsanspruch für eine Regelungsanordnung kann sich – ebenso 51 wie für eine Sicherungsanordnung (→ Rn. 36 ff.) aus **§ 258 AO** ergeben, nämlich dann, **wenn** das FA **bereits Vollstreckungsmaßnahmen durchgeführt** hat, deren vorläufige Aufhebung der Antragsteller mit der Begründung begehrt, dass die Vollstreckung im Einzelfall **unbillig** war (zu den Voraussetzungen → Rn. 37 ff.). Ziel des Antragstellers ist es in diesem Fall nämlich, den durch die Vollstreckungsmaßnahmen eingetretenen Zustand einstweilen wieder zu verändern (BFH VII B 131/92, BFH/NV 1993, 460; VII B 262/92, BFH/NV 1994, 719; → Rn. 31; und zur Verhinderung von noch nicht erfolgten Vollstreckungsmaßnahmen im Wege der Sicherungsanordnung → Rn. 36).

Um die Herstellung eines bestimmten Zustands und damit um einen **Rege-** 52 **lungsanspruch** geht es ferner dann, wenn der Antragsteller zB erreichen will, dass die Behörde

- ihm eine **Unbedenklichkeitsbescheinigung** erteilt (BFH II S 9/95, BStBl. II 1995, 605; FG Köln 5 K 4403/03, EFG 2009, 610; → Rn. 88 f.),
- ihm eine **Freistellungsbescheinigung gem. § 48b EStG** erteilt (BFH I B 86/02, BFH/NV 2003, 166; I B 132/02, BFH/NV 2003, 313; I B 147/02, BStBl. II 2003, 716 betr. Erteilung der Freistellungsbescheinigung an den Insolvenzverwalter),
- ihm eine **Gemeinnützigkeitsbescheinigung** erteilt (BFH I B 82/98, BStBl. II 2000, 320; X R 32/10, BFH/NV 2012, 179),
- einen **Abrechnungsbescheid** erteilt (§ 218 II 1 AO; BFH VII B 74/86, BFH/NV 1987, 558),
- eine **Steuernummer** erteilt (BFH IX B 194/07, BFH/NV 2008, 600 (601); FG Köln 8 V 1653/07, DStRE 2008, 226 betr. § 14 IV 1 UStG),
- nach **§ 168 S. 2 AO** der eingereichten **Steueranmeldung zustimmt** (BFH V B 140/05, BFH/NV 2006, 473),
- Steuererstattungsansprüche umbucht (BFH V B 53/87, BFH/NV 1988, 201),
- **beschlagnahmte Gegenstände nicht verwertet,**
- bei einer Forderungspfändung das ggü. dem **Drittschuldner** ergangene Verbot aufhebt, die Forderung an den Antragsteller auszuzahlen (FG BW II V 21/90, EFG 1991, 171),
- **Vollstreckungsmaßnahmen aufhebt,** zB wegen Unpfändbarkeit gepfändeter Gegenstände nach § 295 AO (aA BFH VII B 115/87, BFH/NV 1988, 316: Sicherungsanordnung) oder Forderungen nach § 851 I ZPO (zur **Corona**-Soforthilfe: BFH VII S 23/20 (AdV), NJW 2020, 2749; FG Köln 9 V 1302/20, EFG 2020, 1587; FG Münster 10 V 1604/20 AO, EFG 2020, 1371; 8 V 1952/20 AO, EFG 2020, 1381; diff. FG Münster 4 V 1584/20 AO, EFG 2020,

1254; zur Corona-Überbrückungshilfe: FG Münster 6 V 2806/20 AO, EFG 2020, 1819; s. zum allg. Absehen von Vollstreckungsmaßnahmen in der Corona-Pandemie auch FG Düsseldorf 9 V 754/20, EFG 2020, 1049; FG BBg 10 V 10146/20, EFG 2021, 172), Rechtswidrigkeit von Zwangsvollstreckungsmaßnahmen (zu § 258 AO → Rn. 51; s. auch BFH VII B 47/93, BFH/NV 1995, 6) oder im Hinblick darauf, dass das BVerfG die der Steuerfestsetzung zugrundeliegende Norm nach Eintritt der Bestandskraft des Steuerbescheides für nichtig oder für unvereinbar mit dem GG erklärt hat (§§ 257 I Nr. 3 AO, 79 II 2 BVerfGG: FG Hmb 1 V 117/22, EFG 2023, 62),
- einen **Insolvenzantrag** zurücknimmt oder das Insolvenzverfahren nicht betreibt (BFH VII B 94/90, BFH/NV 1991, 787; VII B 226/10, BFH/NV 2011, 1017; VII B 59/11, BFH/NV 2011, 2105; FG Hmb 2 V 121/19, NZI 2019, 848; → § 69 Rn. 85; → § 33 Rn. 81; zur Unzulässigkeit des Antrags mangels Rechtsschutzinteresses ab Eröffnung des Insolvenzverfahrens s. BFH VII B 176/87, BFH/NV 1988, 762 mwN),
- **Vollstreckungsmaßnahmen** nach Anordnung der AdV einer Pfändung vorläufig **außer Kraft setzt** (BFH VII B 301/00, BFH/NV 2001, 425 zur Freigabe eines gepfändeten Kontos).

53 Ein **Regelungsanspruch besteht nicht,** soweit der Antragsteller
- den **Ausschluss eines Amtsträgers wegen** Besorgnis der **Befangenheit** verlangt (BFH IV B 60/80, BStBl. II 1981, 634; FG Köln 15 V 20/12, EFG 2012, 1715),
- beantragt, eine **Pressemitteilung** von der **Homepage der** Finanzverwaltung zu **entfernen,** wenn die dort offenbarten Tatsachen **bereits** der Öffentlichkeit **bekannt** sind (BFH VII B 226/07, BFH/NV 2008, 1295),
- die **Nichtanwendung einer Verwaltungsanweisung** begehrt (FG Münster V 495/70 A, EFG 1970, 351),
- beantragt, dem FA im Wege der einstweiligen Anordnung aufzugeben, den **Insolvenzverwalter** mit Zwangsmitteln zur **Abgabe der Erklärung zur** einheitlichen und gesonderten **Gewinnfeststellung** der Personengesellschaft anzuhalten (BFH IV B 83/91, BStBl. II 1993, 265),
- dem FA verbieten will, einen **Haftungsbescheid** zu erlassen (FG Brem II 257/90 V, EFG 1991, 211),
- die Erteilung einer **verbindlichen Zusage** durchsetzen will (BFH VIII B 27/89, BFH/NV 1990, 654).

56 **b) Anordnungsgrund.** Ein Anordnungsgrund ist in den Fällen des **§ 114 I 2** gegeben, wenn die **einstweilige Regelung** zur Abwendung wesentlicher Nachteile, zur Verhinderung drohender Gewalt oder aus anderen Gründen vor Abschluss des Hauptsacheverfahrens als **„nötig“** erscheint. Notwendig ist die Anordnung nur, wenn das private Interesse des Antragstellers an der einstweiligen Regelung das öffentliche Interesse an der Aufrechterhaltung des gegenwärtigen Zustands überwiegt und die **vorläufige Maßnahme unumgänglich** und die **einstweilige Anordnung unabweisbar** ist, um wesentliche Beeinträchtigungen der Rechtsposition des Antragstellers (durch die Finbeh BFH I B 105/87, BFH/NV 1988, 315) zu verhindern (BFH X B 59/91, BFH/NV 1992, 618; VII B 170/98, BFH/NV 1999, 818; VII B 121/06, BStBl. II 2009, 839; III B 166/11, BFH/NV 2012, 1605; V B 28/19, BFH/NV 2019, 1141, Rn. 16; FG BBg 7 V 7023/22, EFG 2022, 1417). Die für den Erlass einer Anordnung geltend gemachten Gründe müssen jedenfalls ähnlich gewichtig und bedeutsam sein wie die im

Gesetz ausdrücklich genannten (BFH VII B 119/15, BFH/NV 2016, 1586; V B 123/15, BFH/NV 2016, 125). Es ist somit eine **Abwägung** zwischen den Belangen der Öffentlichkeit und den privaten Interessen des Antragstellers vorzunehmen, bei der vor allem die Folgen für den Antragsteller bei Ablehnung seines Gesuchs und späterem Erfolg in der Hauptsache den Folgen für den Fiskus bei Erlass der einstweiligen Anordnung und späterem Misserfolg des Antragstellers im Hauptsacheverfahren gegenüberzustellen sind (BFH V B 28/19, BFH/NV 2019, 1141, Rn. 30 zur Verhinderung der Ausübung der unternehmerischen Tätigkeit bei verweigerter Erteilung einer Umsatzsteuernummer; Bender FS Menger, 1985, 657 (644); s. auch Kopp/Schenke/Schenke VwGO § 123 Rn. 26 mwN).

Das private Interesse des Antragstellers überwiegt idR dann – und macht damit 57
die einstweilige Anordnung unabweisbar –, wenn seine wirtschaftliche oder persönliche **Existenz bedroht** ist (BFH VII B 231/96, BFH/NV 1997, 428 (429); VII B 121/06, BStBl. II 2009, 839 mwN; V B 123/15, BFH/NV 2016, 1253; FG Hmb 1 V 14/21, EFG 2021, 1133; zur Einbeziehung etwaiger Nachteile in der Person der Kommanditisten, wenn Antragsteller eine KG ist: BFH I B 81/82, BStBl. II 1984, 206; zum Insolvenzantrag des FA s. FG LSA 3 V 916/15, EFG 2015, 2194; FG MV 3 V 65/15, EFG 2016, 56). Es reicht hingegen **nicht** aus, wenn es sich lediglich um **Nachteile** handelt, **die typischerweise mit der Pflicht zur Steuerzahlung** und ggf. auch der Vollstreckung **verbunden sind** (BFH VII B 231/96, BFH/NV 1997, 428 (429); zur **Verfassungsmäßigkeit** dieser Rspr. vgl. BVerfG 1 BvR 724/07, StEd 2008, 530).

Nach diesen Maßstäben **verneint die Rspr. einen Anordnungsgrund,** wenn 58

- in den Fällen des **§ 258 AO** die bei sofortiger Vollstreckung befürchtete Existenzgefährdung durch eine tragbare **Ratenzahlung** abgewendet werden kann und das FA sich mit dieser Verfahrensweise ausdrücklich einverstanden erklärt hat (BFH VII B 202/92, BFH/NV 1994, 38),
- dem Stpfl. **lediglich** ein **Zinsverlust** droht (BFH III B 537/90, BFH/NV 1992, 118; III B 180/11, BFH/NV 2012, 1303),
- der Stpfl. **zur Bezahlung der Steuern Kredite** aufnehmen, Vermögensgegenstände veräußern oder seinen gewohnten **Lebensstandard einschränken** muss (BFH III B 537/90, BFH/NV 1992, 118; III B 180/11, BFH/NV 2012, 1303),
- infolge Fehlens einer vorläufigen Bescheinigung über die Gemeinnützigkeit das **Spendenaufkommen einstweilen gemindert** sein kann (BFH I B 58/85, BStBl. II 1986, 677 (678); zur **Ausnahme** s. BFH I B 82/98, BFH/NV 1999, 105 ff.),
- wegen eines **Auskunftsersuchens an** eine **ausländische Steuerbehörde** die Gefahr der Beeinträchtigung der Geschäftsbeziehungen des Stpfl. zu seinem ausländischen Geschäftspartner besteht, weil die mit dem Auskunftsersuchen erstrebte zutreffende Besteuerung des Antragstellers und seines Geschäftspartners dem Gesetzeszweck entspricht (BFH I B 35/05, BFH/NV 2006, 922 mwN; auch → Rn. 35 aE).

IV. Entscheidungsgrundsätze

1. Gegenstand und Maßstab der Prüfung

Das Gericht prüft **von Amts wegen** die Zulässigkeit und die Begründetheit 65
des Antrags. Im Rahmen der Begründetheitsprüfung hat es zu ermitteln, ob

Anordnungsanspruch und Anordnungsgrund gegeben sind. Die **Prüfung ist eine summarische.** Es gilt zwar grds. der **Untersuchungsgrundsatz** des § 76 I, allerdings mit der Einschränkung, dass dem Gericht eine sofortige Entscheidung möglich sein muss (BFH III B 23/87, BeckRS 1987, 5437; FG BW 12 V 26/99, EFG 2000, 592; FG Hmb V 214/00, EFG 2001, 516).

66 In diesem Rahmen prüft das Gericht zunächst diejenigen Tatsachen, die der Antragsteller vorgetragen **und glaubhaft gemacht** hat (→ Rn. 24 ff., insbes. → Rn. 26). Maßgeblich sind dabei die Verhältnisse im Zeitpunkt der Entscheidung über das Anordnungsbegehren (BFH VII B 128/89, BFH/NV 1990, 658; FG BW 11 K 498/07, EFG 2010, 1144). Darüber hinaus muss das Gericht lediglich die Tatsachen berücksichtigen, von denen es sonst – zB durch Beiziehung behördlicher Akten, ggf. auch unabhängig von den Beteiligten – (amtliche) Kenntnis hat. Eine weitergehende, zu Zeitverlusten führende Sachverhaltsermittlung würde dem Wesen des Anordnungsverfahrens als **Eilverfahren** widersprechen (so zutreffend Bender FS Menger, 1985, 657 (669)). Es braucht deshalb **weder** eine **Vorlage an** das **BVerfG** nach Art. 100 I GG **noch an** den **EuGH** nach Art. 267 AEUV zu erfolgen (→ § 69 Rn. 197).

2. Kein gerichtliches Ermessen

70 Ob das Gericht eine einstweilige Anordnung erlässt, steht nicht in seinem Ermessen. Es handelt sich vielmehr um eine **Rechtsentscheidung** (Bender FS Menger, 1985, 657 (664); Kopp/Schenke/Schenke VwGO § 123 Rn. 23 mwN). Demgemäß führt ein (zulässiges) Anordnungsgesuch zum Erlass einer einstweiligen Anordnung, wenn der Antragsteller die materiell-rechtlichen Voraussetzungen (Anordnungsanspruch und Anordnungsgrund) nicht nur schlüssig dargelegt, sondern auch glaubhaft gemacht hat (BFH VII B 183/21, BFH/NV 2022, 1302, Rn. 21). Eine Interessenabwägung findet dabei nur iRd Überprüfung des Anordnungsgrundes einer Regelungsanordnung statt (→ Rn. 56 f.), nicht aber hierüber hinaus.

V. Verfahrensgrundsätze

1. Die zur Entscheidung berufene Stelle

75 Zuständig ist nach § 114 II 1, 2 das **Gericht der Hauptsache,** und zwar der geschäftsplanmäßig zur Entscheidung berufene Senat des örtlich und sachlich zuständigen erstinstanzlichen FGs (→ Rn. 7) oder der nach dem Mitwirkungsplan (→ § 4 Rn. 48 ff.) zuständige **Einzelrichter** (§§ 6, 79a III, IV). **In dringenden Fällen,** dh in Fällen, in denen eine sofortige Entscheidung zur Vermeidung irreparabler Rechtsverluste unumgänglich ist (BFH V B 39/00, BFH/NV 2000, 1230), kann **der Senatsvorsitzende** allein über den Antrag befinden (§ 114 II 3).

2. Maßgeblichkeit der allgemeinen Verfahrensgrundsätze

76 Für das Verfahren gelten die allgemeinen Verfahrensgrundsätze, insbes.
- der Untersuchungsgrundsatz (→ Rn. 65);
- der Grundsatz der (vorherigen) Gewährung rechtlichen Gehörs (§ 96 II; Art. 103 I GG), soweit sich eine Einschränkung nicht aus der „Natur der Sache“ (besondere Eilbedürftigkeit) ergibt;

- der Dispositions- oder Verfügungsgrundsatz (Möglichkeit der Zurücknahme des Gesuchs; Festlegung des Rahmens der gerichtlichen Prüfung durch den Antrag);
- der Grundsatz der Öffentlichkeit im Falle mündlicher Verhandlung (→ Rn. 77, 105 f., → § 52 Rn. 2 ff.) und
- der Grundsatz der Unmittelbarkeit im Falle der Beweiserhebung in mündlicher Verhandlung (→ Rn. 77, 105 f.; → § 81 Rn. 7 ff.).

3. Fakultative mündliche Verhandlung

Die Durchführung einer **mündlichen Verhandlung** steht bei erstmaliger Entscheidung über das Gesuch im Ermessen des Gerichts (§ 114 IV; BFH VII B 15/88, BFH/NV 1989, 75 (76)). 77

4. Form der Entscheidung, Bekanntgabe

Das Gericht (→ Rn. 75) entscheidet – auch wenn eine mündliche Verhandlung stattgefunden hat (→ Rn. 77, 105 f.) – immer durch **Beschluss** (§ 114 IV). Die **ehrenamtlichen Richter** wirken an dem Beschluss mit, wenn eine mündliche Verhandlung durchgeführt worden ist (§ 5 III 1). Ergeht der Beschluss ohne mündliche Verhandlung, entscheiden die Berufsrichter allein (§ 5 III 2, § 144 II 3). Die Entscheidung ist stets (sowohl bei Stattgabe als auch bei Ablehnung) zu **begründen** (§ 113 II 2). Die **Zustellung** der Entscheidung muss von Amts wegen erfolgen, und zwar auch dann, wenn sie (nach mündlicher Verhandlung) verkündet wurde (§§ 53 I, 104 I 2 Hs. 2). 78

5. Beiladung, Kostenentscheidung

Zur **Beiladung** → § 69 Rn. 221; zur **Kostenentscheidung** → § 69 Rn. 216. 79

VI. Zum Inhalt der Entscheidung

1. Zulässige Maßnahmen

a) Ermessen des Gerichts. Das Gericht (der Senat, der Einzelrichter oder der Vorsitzende) bestimmt nach freiem Ermessen, welche Anordnungen zur Erreichung des Zwecks (Sicherung des bestehenden Zustands oder vorläufige Regelung eines Rechtsverhältnisses) erforderlich sind (§ 114 III FGO iVm § 938 I ZPO). Es darf über das Antragsbegehren nicht hinausgehen (§ 96 I 2), ist iÜ an die gestellten Anträge aber nicht gebunden. 85

b) Einschränkung des Ermessens. aa) Verhältnismäßigkeit. Eingeschränkt wird das dem Gericht zustehende Ermessen durch den Grundsatz der Verhältnismäßigkeit. Durch die einstweilige Anordnung darf **kein weitergehender Schutz** gewährt werden **als beantragt** (§ 96 I 2) und erforderlich ist (Grundsatz der **Verhältnismäßigkeit**). 86

bb) Vereinbarkeit mit dem Gesetz. Die einstweilige Anordnung muss ihrem Inhalt nach **gesetzlich zulässig** sein und sie muss ein Recht oder Rechtsverhältnis betreffen, das auch Gegenstand einer Klage (bzw. des Hauptsacheverfahrens) sein kann (→ Rn. 35). Es darf **keine einstweilige Anordnung** getroffen werden, **die dem Abgabenrecht fremd ist,** wie zB die **Senkung eines** noch anzuwen- 87 denden **Zollsatzes** (BFH VII B 200/95, BFH/NV 1996, 491 mwN). Auch die Anordnung eines „vorläufigen" Steuererlasses ist nicht zulässig, der Finbeh kann nur die Einziehung der Steuer einstweilen untersagt werden (BFH I B 26/71, BStBl. II 1972, 83; zur Stundung → Rn. 38).

88 **cc) Keine Vorwegnahme der Entscheidung in der Hauptsache.** Die einstweilige Anordnung darf die **Entscheidung im Hauptsacheverfahren nicht vorwegnehmen,** zB den angestrebten Zustand schon herstellen (stRspr, zB BFH VII B 25/89, BFH/NV 1990, 77 (78); II B 6/08, BFH/NV 2008, 1004; VII B 119/15, BFH/NV 2016, 1586; VII B 183/21, BFH/NV 2022, 1302, Rn. 35). So kann zB **nicht** durch einstweilige Anordnung ausgesprochen werden, dass

- ein Bewerber (vorläufig) zur **Steuerberaterprüfung zuzulassen** (BFH VII B 129/88, BStBl. II 1988, 956; s. aber auch VII B 214/98, BStBl. II 1999, 141) oder von ihr **zu befreien** ist (BFH VII B 37/71, BStBl. II 1971, 635) oder auch, dass ein ehemaliger **Steuerbevollmächtigter** einstweilen **wieder zu bestellen** ist (offen gelassen durch BFH VII B 143/89, BFH/NV 1990, 458);
- eine **Unbedenklichkeitsbescheinigung** vorläufig zu erteilen ist (BFH B 59/73, BStBl. II 1974, 221); eine Ausnahme gilt für den Fall, dass **Sicherheitsleistung** angeboten worden ist (BFH II B 102/86, BStBl. II 1987, 269; FG Düsseldorf 7 V 1704/95 AE (AO), EFG 1995, 758) oder die Folgen der vorläufigen Nichterteilung für den Antragsteller unerträglich sind (BFH II S 9/95, BStBl. II 1995, 605; → Rn. 52; → Rn. 89);
- vorläufig eine **Freistellungsbescheinigung gem. § 44a V 4 EStG** erteilt wird (BFH I B 246/93, BStBl. II 1994, 899; aA FG LSA II 80/93 V, EFG 1994, 844);
- **ESt-Vorauszahlungen vorläufig herabgesetzt** werden (BFH VIII B 115/82, BStBl. II 1984, 492 (493));
- **gezahlte Steuern erstattet** werden (BFH V B 37/81, BStBl. II 1982, 515).

89 **Ausnahmsweise** kann jedoch eine die endgültige Regelung **vorwegnehmende Anordnung** erfolgen, wenn Rechtsschutz auf andere Weise nicht zu erlangen ist und die Versagung vorläufigen Rechtsschutzes zu **unerträglichen Folgen** für den Antragsteller führen würde (BVerfG 2 BvR 42/76, BVerfGE 46, 166 (179); BFH I B 82/98, BStBl. II 2000, 320; VII B 119/15, BFH/NV 2016, 1586; VII S 23/20 (AdV), BFH/NV 2020, 1104, Rn. 36 zur Pfändung der Corona-Soforthilfe; VII B 85/21, BFH/NV 2022, 514, Rn. 30; VII B 9/22, BFH/NV 2023, 862, Rn. 31). Das ist zB der Fall, wenn eine „besondere Intensität" des Anordnungsgrundes vorliegt und ein **Misserfolg** des Antragstellers **in der Hauptsache so gut wie ausgeschlossen** ist (zB BFH I B 147/02, BStBl. II 2003, 716; VII B 121/06, BStBl. II 2009, 839; VII B 9/22, BFH/NV 2023, 862, Rn. 49), wobei die Erteilung der Unbedenklichkeitsbescheinigung (→ Rn. 52) regelmäßig von der Gestellung einer Sicherheitsleistung abhängig zu machen ist (→ Rn. 88). – Ebenso kann die Vollstreckung ausnahmsweise endgültig und nicht nur einstweilen bis zur Entscheidung in der Hauptsache ausgesetzt werden, wenn die Vollstreckung des VA aufgrund der **Vollstreckungssperre des § 79 II 2 BVerfGG** dauerhaft gesperrt ist (FG Hmb 1 V 117/22, EFG 2023, 62 zu § 62 II Nr. 3 Buchst. b EStG aF). – Zudem kann eine einstweilige Anordnung zur Gewährleistung effektiven Rechtsschutzes auch in Gestalt einer **vorläufigen Feststellung des in der Hauptsache sachlich Begehrten** getroffen werden (BFH VII B 183/21, BFH/NV 2022, 1302, Rn. 22 unter Hinweis auf BVerfG 1 BvR 2129/02, NVwZ 2003, 856, unter II.2.b; OVG Hmb 2 Bs 179/14, NVwZ-

RR 2015, 361; OVG Koblenz 6 B 10774/18.OVG, NVwZ-RR 2019, 103), weil es einem Betroffenen nicht zuzumuten ist, die Klärung rechtlicher Zweifelsfragen auf der Anklagebank erleben zu müssen. Dieser hat vielmehr ein als schutzwürdig anzuerkennendes Interesse daran, den fachgerichtlichen Rechtsweg als „fachspezifischere" Rechtsschutzform einzuschlagen, insbes. wenn dem Betroffenen andernfalls ein Ordnungswidrigkeitenverfahren droht (BFH VII B 183/21, BFH/NV 2022, 1302, Rn. 22 unter Hinweis auf BVerwG I C 86.64, NJW 1969, 1589; I C 33.68, BVerwGE 39, 247).

dd) Realisierbarkeit des Anspruchs im Hauptsacheverfahren. Durch einstweilige Anordnung kann nur ein **im Hauptsacheverfahren realisierbarer Zustand** geschaffen werden (BFH VII B 153/95, BStBl. II 1995, 645 (647)). Wird zB die **Ablehnung eines Antrags auf Erlass eines bestimmten VA** nicht mit der Verpflichtungsklage angegriffen, sondern der Weg der (isolierten) **Anfechtungsklage** gewählt (→ § 40 Rn. 26), kann vorläufiger Rechtsschutz weder durch AdV (→ § 69 Rn. 42) noch durch einstweilige Anordnung gewährt werden. § 114 versagt hier, weil mit einer einstweiligen Anordnung nicht mehr erreicht werden kann als mit der Klage selbst. Es kann keine vorläufige positive Regelung getroffen werden, wenn mit der Klage lediglich die Aufhebung einer ablehnenden Verwaltungsentscheidung erstrebt wird. Wird in derartigen Fällen eine einstweilige Anordnung jedoch schon **vor Klageerhebung** beantragt (→ Rn. 9), ist zunächst davon auszugehen, dass eine Verpflichtungsklage erhoben werden wird. Die begehrte einstweilige Anordnung ist – bei Vorliegen der übrigen Voraussetzungen – zu erlassen. Erweist sich die Prognose später als unrichtig, wird also Anfechtungsklage erhoben, muss die einstweilige Anordnung aufgehoben werden (→ Rn. 105 f.). Das gilt bei Unwirksamkeit/Nichtigkeit eines VA auch für das Verhältnis von Anfechtungs- und Feststellungsklage (FG München 10 V 57/88, EFG 1989, 194 (195)). **90**

Hängt die Entscheidung im Hauptsacheverfahren vom **Ermessen der Finbeh ab,** welches das Gericht nicht ersetzen darf (→ § 102 Rn. 19), so ist aus Gründen des effektiven Rechtsschutzes (Art. 19 IV GG) der Erlass einer einstweiligen Anordnung gleichwohl möglich. Das Gericht darf selbst eine vorläufige Ermessensentscheidung **(„Interimsermessen")** treffen (BFH VII B 352/00, BFH/NV 2002, 1547 mwN; FG Saarl 2 V 44/06, EFG 2006, 546; FG Köln 13 V 228/14, EFG 2014, 1017; Tipke/Kruse/Loose § 114 Rn. 45; offen gelassen durch FG BW II V 21/90, EFG 1991, 171; FG Hmb 1 V 289/09, EFG 2010, 977). Hat die **Verwaltung** ihr **Ermessen schon ausgeübt** (zB Bewilligung eines Steuerlagers nur gegen Sicherheitsleistung) und soll diese Entscheidung im Wege einer einstweiligen Anordnung korrigiert werden (einstweilige Bewilligung ohne Sicherheitsleistung), kann die Entscheidung der Verwaltung nur nach den für Ermessensentscheidungen geltenden Grundsätzen überprüft werden (FG Hmb IV 65/77 H, EFG 1978, 145; → Rn. 39). **91**

2. Sicherheitsleistung

Die einstweilige Anordnung kann von einer Sicherheitsleistung abhängig gemacht werden (§ 114 III FGO iVm §§ 938, 921 ZPO). Sie ist zB geboten, wenn die Gefahr besteht, dass der Steuerschuldner bis zur Entscheidung in der Hauptsache sein Vermögen verbrauchen und damit die Finbeh auch bei Obsiegen jeder Zugriffsmöglichkeit verlustig gehen wird (BFH III B 39/71, BStBl. II 1973, 123) oder wenn die Beibringung einer Sicherheitsleistung nach dem Zweck der **92** begehrten Maßnahme erforderlich ist (→ Rn. 88 f., 91). Das kann nach § 114 III FGO iVm § 921 S. 2 ZPO auch der Fall sein, wenn der Antragsteller alle entscheidungserheblichen Tatsachen glaubhaft gemacht hat (BFH II B 102/86, BStBl. II 1987, 269; II S 9/95, BStBl. II 1995, 605 (609)). Zu Einzelheiten → § 69 Rn. 233 ff.

3. Anordnung ohne Glaubhaftmachung

93 Nach § 114 III FGO iVm **§ 921 S. 1 ZPO** kann das Gericht eine einstweilige Anordnung auch erlassen, wenn ein Anordnungsanspruch oder -grund nicht glaubhaft gemacht ist, sofern wegen der dem Gegner drohenden Nachteile Sicherheit geleistet wird. Die Vorschrift dient nicht dazu, dem Antragsteller in allen Fällen, in denen er **Sicherheit** anbietet, die Darlegung und Glaubhaftmachung von Anordnungsanspruch und -grund zu ersparen. Sie ist vielmehr nur für besondere Eilfälle gedacht, in denen der Antragsteller nicht in der Lage ist, die erforderlichen Tatsachen sofort glaubhaft zu machen (BFH I B 26/71, BStBl. II 1972, 83; → Rn. 92).

4. Auflage der Rechtsbehelfseinlegung in der Hauptsache

94 Ergeht die einstweilige Anordnung vor Anhängigkeit der Hauptsache (→ Rn. 9), hat das Gericht dem Antragsteller auf Antrag des Antragsgegners nach § 114 III FGO iVm § 926 I ZPO **durch Beschluss** aufzugeben, innerhalb einer (vom Gericht) zu bestimmenden Frist – von etwa einem Monat – **Klage zu erheben.** Kann der Klageweg in Verpflichtungssachen noch nicht beschritten werden, muss ggf. die Auflage gemacht werden, den zulässigen außergerichtlichen **Rechtsbehelf einzulegen** Kopp/Schenke/Schenke VwGO § 123 Rn. 38; Bender FS Menger, 1985, 657 (670)). Für den Antrag, die Auflage der Rechtsbehelfseinlegung auszusprechen, fehlt das **Rechtsschutzbedürfnis,** wenn die einmonatige Rechtsbehelfsfrist wirksam in Gang gesetzt ist, weil die einstweilige Anordnung ohnehin mit Unanfechtbarkeit der Ablehnung im Hauptsacheverfahren endet (→ Rn. 100). Gegen den (Auflage-)Beschluss ist ebenso wie gegen den Beschluss, mit dem ein Antrag des FA auf Verpflichtung des Antragstellers zur Klageerhebung zurückgewiesen wird, **die zulassungsbedürftige Beschwerde** nach § 128 III (→ Rn. 101) gegeben, weil beide Beschlüsse Bestandteil des Rechtsschutzverfahrens nach § 114 I sind (BFH VII B 157/05, BFH/NV 2006, 569).

VII. Wirkungen, Vollziehung und Dauer der einstweiligen Anordnung

97 Durch die einstweilige Anordnung wird der Antragsgegner im Allgemeinen vorläufig verpflichtet, konkrete (hoheitliche) Handlungen vorzunehmen oder zu unterlassen oder ein bestimmtes Verhalten des Antragstellers zu dulden (zur Untersagung von Maßnahmen s. HessFG 12 V 591/19, EFG 2020, 218). Es bedarf also ggf. einer **Vollziehung** der einstweiligen Anordnung, für die die §§ 151 ff. gelten.

98 Die einstweilige Anordnung ist **ohne Vollstreckungsklausel** vollziehbar (§§ 153, 151 II Nr. 2), allerdings nur **innerhalb eines Monats nach** ihrer **Zustellung** (§ 114 III FGO iVm § 929 II 1 ZPO; zur Zweimonatsfrist bei im Inland ohne vorherige Vollstreckbarerklärung vollziehbaren ausländischen Sicherungsti-

teln s. § 929 II 2 ZPO). Die Frist kann nicht verlängert werden; Vollstreckung nach Fristablauf ist unzulässig (HessFG 9 S 296/86, EFG 1987, 366). Wird die Frist versäumt, ist die einstweilige Anordnung wegen veränderter Umstände aufzuheben (→ Rn. 105); ein neuer Antrag nach § 114 ist möglich (Kopp/Schenke/Schenke VwGO § 123 Rn. 40).

Wird **wegen** einer **Geldforderung** vollstreckt, bedarf es weder der Ankündigung der Vollstreckung noch der Einhaltung einer Wartefrist (§ 152 V). **In anderen Fällen** ist vor der Vollstreckung Fristsetzung und Androhung eines Zwangsgeldes erforderlich (§ 154). Im Übrigen gelten die §§ 928–932, 941 ZPO sinngemäß (§ 114 III). **99**

Die vorläufige Regelung gilt für die Dauer der Anordnung, **längstens** jedoch **bis zum** (rkr.) **Abschluss des Hauptsacheverfahrens** (BFH IV B 41/77, BStBl. II 1978, 584 (587); → § 69 Rn. 231; Kopp/Schenke/Schenke VwGO § 123 Rn. 34 mwN). **100**

VIII. Rechtsbehelfe

Gegen den stattgebenden und den ablehnenden Beschluss ist nur die – zulassungsbedürftige – **Beschwerde** gegeben (§ 128 III). Das gilt gleichermaßen für die Beschlüsse des Senats, des Vorsitzenden und des Einzelrichters. – Zur **Zulassung der Beschwerde** und wegen der Unanwendbarkeit der Vorschriften über die NZB → § 69 Rn. 265 ff.; BFH VII B 31/07, BFH/NV 2007, 971. – Zur Unstatthaftigkeit der Rüge der **Verletzung des rechtlichen Gehörs** → § 133a Rn. 8 mwN; zur Unstatthaftigkeit der außerordentlichen Beschwerde s. BFH IX B 139/06, BFH/NV 2007, 73. **101**

IX. Aufhebung/Änderung der einstweiligen Anordnung aus besonderen Gründen

1. Veränderte Umstände

Beschlüsse über eine einstweilige Anordnung erwachsen grds. in **materielle Rechtskraft** (BFH II B 112/91, BStBl. II 1992, 250). Eine **Aufhebung oder Änderung** der einstweiligen Anordnung ist deshalb nur nach Maßgabe der Vorschriften über die **Wiederaufnahme** des Verfahrens (§ 134 FGO iVm §§ 578, 579 ZPO – BFH VII B 105/92, BFH/NV 1993, 428) oder analog § 69 VI ohne mündliche Verhandlung oder nach Maßgabe des **§ 927 ZPO** aufgrund mündlicher Verhandlung (§ 927 II ZPO) zulässig, wenn sich die entscheidungserheblichen **Umstände nachträglich geändert** haben (BFH II B 112/91, BStBl. II 1992, 250). Zwar ist die Vorschrift des § 927 ZPO, die diese Möglichkeit für den Zivilprozess eröffnet, durch § 114 III nicht für entsprechend anwendbar erklärt worden, diese Entscheidung des Gesetzgebers ist aber nicht sachgerecht. Insbesondere in den Fällen, in denen der Arrestgrund nachträglich entfallen ist, muss die einstweilige Anordnung in entsprechender Anwendung des § 927 ZPO (über § 155 bzw. § 939 ZPO) beseitigt werden können, zumal in derartigen Fällen nach den allgemeinen Grundsätzen über die zeitlichen Grenzen der Rechtskraft eine Bindung nicht besteht (ebenso BFH IV R 68/86, BStBl. II 1988, 449; VII S 8/14, BFH/NV 2014, 1392; Tipke/Kruse/Loose § 114 Rn. 88; aA Kopp/Schenke/ **105**

Schenke VwGO § 123 Rn. 35). Die Entscheidung über die Aufhebung oder Änderung der einstweiligen Anordnung ergeht durch **Beschluss** (§ 114 IV).

2. Weitere Aufhebungsgründe

106 Die einstweilige Anordnung kann **auch aufgehoben** werden, wenn der Antragsteller der **Auflage der Klageerhebung** (→ Rn. 94) innerhalb der ihm gesetzten Frist nicht nachkommt. Gemäß § 114 IV erfolgt die Aufhebung – abw. von § 926 II ZPO – durch Beschluss (Tipke/Kruse/Loose § 114 Rn. 88; zur Aufhebungsmöglichkeit analog § 69 VI und nach § 927 ZPO → Rn. 105). – Die **Aufhebung** einer einstweiligen Anordnung kann ferner gem. § 114 III FGO iVm § 939 ZPO unter besonderen Umständen **gegen Sicherheitsleistung** gestattet werden. Ob derartige Umstände vorliegen, entscheidet das Gericht nach freiem Ermessen. Die gewöhnlichen Nachteile, die mit der Vollziehung der einstweiligen Anordnung verbunden sind, genügen nicht. Das Gericht entscheidet auf Grund mündlicher Verhandlung im Verfahren nach § 924 oder § 927 ZPO durch Beschluss (§ 114 IV).

X. Schadenersatzpflicht

110 Erweist sich die einstweilige Anordnung als ungerechtfertigt oder wird sie nach § 926 ZPO aufgehoben (→ Rn. 106), ist der Antragsteller dem Antragsgegner – nicht jedoch dem notwendig Beigeladenen (BGH VI ZR 165/78, BGHZ 78, 127) – schadenersatzpflichtig, und zwar unabhängig davon, ob der Antragsteller die Rechtswidrigkeit der einstweiligen Anordnung kannte und ob er irgendwie schuldhaft gehandelt hat (§ 114 III FGO iVm § 945 ZPO; s. hierzu Bender FS Menger, 1985, 657 (673 ff.)). Der Schadenersatzanspruch ist vor den ordentlichen Gerichten geltend zu machen (str.; → § 33 Rn. 107). Zur Schadenersatzpflicht s. zB MüKoBGB/Papier/Shirvani BGB § 839 Rn. 394 ff.

Abschnitt V. Rechtsmittel und Wiederaufnahme des Verfahrens

Vor § 115: Rechtsschutz gegen Gerichtsentscheidungen

Übersicht

	Rn.
I. Rechtsmittel und andere Rechtsbehelfe	1
1. Allgemeines, Begriffe	1
2. Verfassungsrechtliche Grundlagen	15
a) Effektiver Rechtsschutz	18
b) Recht auf den gesetzlichen Richter (Art. 101 I 2 GG)	26
c) Rechtliches Gehör (Art. 103 I GG)	28
d) Gesetzesvorbehalt, Rechtsmittelklarheit	30
3. Rechtsmittel der FGO	35
4. Außerordentliche Rechtsbehelfe	40
a) Gegenvorstellung	40

	Rn.
b) Außerordentliche Beschwerde	50
II. Zulässigkeit der Rechtsmittel	60
1. Allgemeines, Vorrang der Zulässigkeit	60
2. Zulässigkeitsvoraussetzungen	65
3. Statthaftigkeit	70
a) Sachliche und persönliche Voraussetzungen	73
b) Kein Rechtsmittelverzicht	80
c) Rechtsmittel gegen inkorrekte Entscheidungen	90
4. Beschwer	100
a) Allgemeines	100
b) Formelle Beschwer des Klägers	112
c) Materielle Beschwer des Beklagten oder Beigeladenen	118
d) Beschwer der beigetretenen Behörde?	125
5. Rechtsschutzbedürfnis nach Erledigung der Hauptsache	130
6. Feststellung der Zulässigkeitsvoraussetzungen	135

I. Rechtsmittel und andere Rechtsbehelfe

1. Allgemeines, Begriffe

Änderung gerichtlicher Entscheidungen. Gerichtsentscheidungen, die Außenwirkung erlangt haben, können nur noch in engen Grenzen geändert werden. Zur Änderung befugt sind allenfalls das Gericht, von dem die Entscheidung stammt (iudex a quo) und ggf. das im Instanzenzug gesetzlich bestimmte höhere Gericht (iudex ad quem). Andere staatliche Stellen haben keine Befugnis, in Gerichtsentscheidungen einzugreifen. Es findet insbes. **keine Fachaufsicht** statt. Die Richter sind unabhängig (Art. 97 I GG). Die Befugnis, die Entscheidung eines anderen Gerichts ändern zu dürfen, bedarf einer vorherigen gesetzlichen Regelung. Jede Änderung von Amts wegen durch ein anderes Gericht ist ausgeschlossen. Stets muss eine dazu berechtigte Person die Nachprüfung verlangen und im Fall des Unterliegens die Kosten tragen. Das gilt auch für das BVerfG. 1

Unterschiedliche Bindungswirkungen. Die Änderung gerichtlicher Entscheidungen wird auch dadurch beschränkt, dass die Gerichtsentscheidungen in unterschiedlichem Umfang inhaltliche Bindungswirkung entfalten. Gesetzlich geregelt sind (a) die **Rechtskraft** (§ 110) und (b) die Bindung des Gerichts an seine Entscheidung (§ 155 iVm § 318 ZPO; **Selbstbindung;** → § 107 Rn. 1). Außerdem ist das Gericht an die **Dispositionsentscheidung** des Rechtsschutz begehrenden Beteiligten gebunden (→ § 96 Rn. 46). Will er das Verfahren nicht fortsetzen, scheidet eine Änderung von Amts wegen grds. aus. 2

Rechtskraft. An eine rechtskräftige Entscheidung sind ua **alle Gerichte** gebunden (→ § 110 Rn. 12). Die Rechtskraft schließt nicht nur jede Änderung der Entscheidung aus, sondern schon jede weitere/erneute Befassung mit dem entschiedenen Fall. Die Rechtskraft kann nur aufgrund eines Gesetzes durchbrochen werden. In Betracht kommen insbes. die Wiedereinsetzung in den vorigen Stand (§ 56) und die Wiederaufnahme des Verfahrens (§ 134). 3

Selbstbindung. Gemäß § 155 iVm § 318 ZPO ist **das Gericht** an die Entscheidungen gebunden, die in den von ihm erlassenen End- und Zwischenurteilen enthalten sind (→ § 107 Rn. 1). Diese (seine) Entscheidungen darf das Gericht nicht mehr ändern, sobald es sie erlassen hat. Die Bindung des Gerichts an seine 4

Entscheidung gem. § 318 ZPO hat nichts mit der Rechtskraft zu tun (zutr. Thomas/Putzo/Seiler § 318 Rn. 1). Das Gericht darf sich über die Selbstbindung nur hinwegsetzen, soweit dies gesetzlich geregelt ist (zB §§ 107 ff.; § 133a).

5 **Bindung an die Dispositionsentscheidung.** Ist das Gericht weder durch Rechtskraft noch durch Selbstbindung daran gehindert, seine Entscheidung zu ändern, kann es gleichwohl idR nicht von Amts wegen tätig werden, wenn es nachträglich seine Entscheidung als unrichtig erkennt. Die Gerichte gewähren Rechtsschutz auf Anruf; es ist nicht ihre vordringliche Aufgabe, die Richtigkeit ihrer Entscheidungen zu überprüfen. Die Dispositionsbefugnis des Rechtsschutz begehrenden Beteiligten geht dem Interesse an einer richtigen Entscheidung grds. vor. Will der Kläger/Antragsteller, nachdem er das Gericht angerufen hat, die (möglicherweise unrichtige) Entscheidung des Gerichts (aus welchen Gründen auch immer) hinnehmen, so hat sich das Gericht damit abzufinden. Es ist an die Dispositionsentscheidung des Klägers/Antragstellers, sein Rechtsschutzbegehren nicht fortführen zu wollen, gebunden. Etwas anderes (Änderung von Amts wegen) gilt allerdings, wo dies ausdrücklich vorgesehen/vorgeschrieben ist (wie zB bei § 69 VI 1 oder § 142 iVm § 124 I ZPO).

8 **Prozessuale Rechtsbehelfe** sind vor diesem Hintergrund alle rechtlich zulässigen Möglichkeiten, mit denen ein Verfahrensbeteiligter erreichen kann, dass das Gericht (wieder) tätig wird, das Verfahren fortführt (zB Antrag auf mündliche Verhandlung nach Gerichtsbescheid, § 90a II 1) und/oder eine einmal getroffene Entscheidung überprüft (zB Anhörungsrüge, § 133a). Als **ordentliche Rechtsbehelfe** bezeichnet man die Rechtsbehelfe, die zum Rechtsweg gehören. Der Rechtsweg muss ausgeschöpft sein, damit die Verfassungsbeschwerde zulässig wird (§ 90 II 1 BVerfGG). **Außerordentliche Rechtsbehelfe** sind zB die Gegenvorstellung und die außerordentliche Beschwerde. Ihre Voraussetzungen sind gesetzlich nicht geregelt. Mit ihnen kann weder die Rechtskraft noch die Selbstbindung überwunden werden. Sie gehören nicht zum Rechtsweg. Die Frist zur Einlegung der Verfassungsbeschwerde wird durch das Einlegen eines außerordentlichen Rechtsbehelfs nicht gehemmt (BVerfG 1 BvR 848/07, BVerfGE 122, 190). Der Rechtsweg endet mit der letzten Entscheidung, gegen die ein ordentlicher Rechtsbehelf nicht mehr gegeben ist. Auch die **Verfassungsbeschwerde** ist ein außerordentlicher Rechtsbehelf.

10 **Rechtsmittel** sind **prozessuale, ordentliche Rechtsbehelfe,** mit denen ein Verfahrensbeteiligter (§ 57), wenn das Rechtsmittel zulässig ist, die Überprüfung einer gegen ihn ergangenen gerichtlichen Entscheidung durch ein anderes, im Instanzenzug höheres Gericht erreichen kann. Kennzeichnend für Rechtsmittel sind der **Devolutiveffekt** (Anfallwirkung) und der **Suspensiveffekt** (Hemmungswirkung). Das Verfahren wird bei der höheren Instanz anhängig und deren Zuständigkeit für die Entscheidung wird begründet. Das Verfahren wird nach oben abgewälzt (lat. devolvere). Der Eintritt der Rechtskraft wird bis zur Entscheidung des Rechtsmittelgerichts gehemmt (vgl. § 116 IV, § 155 FGO iVm § 705 ZPO). Der Rechtsstreit wird dadurch zur Schwebe gebracht (lat. suspendere). Davon unberührt bleiben die vorläufige Vollstreckbarkeit der angefochtenen Entscheidung (§ 151 II Nr. 1) und die Vollziehbarkeit des VA (§§ 69 ff.). Voraussetzungen und Reichweite der beiden Rechtswirkungen sind je nach Rechtsmittel unterschiedlich ausgestaltet.

12 **Ziel** aller Rechtsmittel ist die **Überprüfung der Vorentscheidung.** Sie kann zur Aufhebung **(Kassation)** der Vorentscheidung und zu einer eigenen Entscheidung in der Sache **(Reformation)** führen. Das Rechtsmittelgericht ist nicht

grundsätzlich auf die Aufhebung der Vorentscheidung beschränkt; es darf und muss unter bestimmten Voraussetzungen auch in der Sache selbst entscheiden. Gegenstand des Rechtsmittelverfahrens ist grds. der ursprüngliche Rechtsstreit (Streitgegenstand; → § 110 Rn. 35). Im Rechtsmittelverfahren kann der Streitgegenstand eingeschränkt, aber idR nicht wirksam erweitert werden. Das Rechtsmittelgericht überprüft die Entscheidung der Vorinstanz je nach Verfahrensart in tatsächlicher und in rechtlicher Hinsicht in unterschiedlichem Umfang.

Verwendung des Begriffs. In der FGO wird der Begriff des Rechtsmittels nicht definiert, sondern vorausgesetzt (zB in §§ 36, 113, 125, 133a, 135, 136, 145). Aus der Überschrift zum V. Abschnitt („Rechtsmittel und Wiederaufnahme des Verfahrens") ergibt sich, dass der Antrag auf Wiederaufnahme des Verfahrens (§ 134) kein Rechtsmittel ist. Aus § 133a I 1 ergibt sich, dass die Anhörungsrüge kein Rechtsmittel ist. **14**

2. Verfassungsrechtliche Grundlagen

Überblick. Art. 19 IV GG eröffnet den Zugang zu den Gerichten (Rechtsweg). Die Vorschrift gewährleistet ein Mindestmaß an effektivem, gerichtlichem Rechtsschutz gegen Akte der öffentlichen Gewalt **(Rechtsweggarantie).** Zur öffentlichen Gewalt iSd Art. 19 IV GG gehört aber nicht die (originär) Recht sprechende Tätigkeit der Gerichte (Rechtschutz durch den Richter, nicht gegen den Richter; BVerfG Plenum 1 PBvU 1/02, BVerfGE 107, 395). Jenseits dessen (zB Richtervorbehalt, freiwillige Gerichtsbarkeit, Gerichtsverwaltung) gewährt Art. 19 IV GG den Rechtsweg auch gegen Akte der rechtsprechenden Gewalt (vgl. DHS/Schmidt-Aßmann GG Art. 19 Abs. 4 Rn. 100 ff.). Das BVerfG schränkt den (eindeutigen) Wortlaut des Art. 19 IV GG im Interesse der Rechtssicherheit (Rechtsstaatsprinzip) insoweit ein, um endlose Rechtswege zu vermeiden. Ein Instanzenzug ist von Verfassungs wegen nicht garantiert (BVerfG Plenum 1 PBvU 1/02, BVerfGE 107, 395, Rn. 18). Schutzdefizite, die dadurch hinsichtlich der Verletzung der sog. Justizgrundrechte (insbes. Art. 101 I 2 GG, Art. 103 I GG) entstehen können, die sich nur an die Gerichte wenden, schließt das BVerfG durch den aus der allgemeinen Handlungsfreiheit (Art. 2 I GG) und dem Rechtsstaatsprinzip (Art. 20 III GG) abgeleiteten **Justizgewährungsanspruch** (BVerfG Plenum 1 PBvU 1/79, BVerfGE 54, 277; 1 PBvU 1/02, BVerfGE 107, 395, Rn. 23). Die Rechtsweggarantie und der Justizgewährungsanspruch verdichten sich in der Rspr. des BVerfG zu einem Gebot effektiven Rechtsschutzes **(Rechtsschutzgarantie;** BVerfG Plenum 1 PBvU 1/02, BVerfGE 107, 395, Rn. 15 ff.). Gebietskörperschaften und deren Organe können sich grds. nicht auf die Rechtsschutzgarantie berufen (BVerfG 2 BvR 2203/18, NVwZ 2019, 642). **15**

a) Effektiver Rechtsschutz. Kein Instanzenzug. Nach der Rspr. des BVerfG gewährleistet das GG keinen Instanzenzug (BVerfG Plenum 1 PBvU 1/02, BVerfGE 107, 395, Rn. 18; BVerfG 1 BvR 2267/23, NJW 2025, 1199). Ein Anspruch auf Einrichtung mehrerer Instanzen ergibt sich danach insbes. weder aus Art. 19 IV GG noch aus dem Rechtstaatsprinzip (Justizgewährungsanspruch) oder einer anderen Verfassungsnorm (BVerfG 2 BvR 2312/17, BeckRS 2017, 137689; **aA** Tipke/Kruse/Krumm Vor § 115 Rn. 1 mwN: zweistufiges Verfahren). Die Frage stellt sich in dieser Allgemeinheit gegenwärtig nicht, da Art. 95 I GG die Errichtung oberster Bundesgerichte vorsieht, was einen Instanzenzug einschließt. Im Übrigen schließt der Justizgewährungsanspruch das Recht auf **18**

eine wirksame gerichtliche Kontrolle im Rahmen des prozessrechtlich eröffneten Instanzenzuges ein (BVerfG 2 BvR 817/90, NJW 1997, 2163).

19 **Verletzung der Justizgrundrechte.** Auch die nur durch den Richter mögliche Verletzung der sog. Justizgrundrechte (insbes. Art. 101 I 2 GG und Art. 103 I GG) erfordert nach der Rspr. des BVerfG keine Überprüfung durch ein anderes, im Instanzenzug höheres Gericht. Nach dem BVerfG genügt vor dem GG vielmehr eine (effektive) Überprüfung durch das Gericht, dem die Rechtsverletzung zur Last gelegt wird (BVerfG Plenum 1 PBvU 1/02, BVerfGE 107, 395; **Selbstüberprüfung**). Dem trägt die gesetzliche Ausgestaltung der **Anhörungsrüge** Rechnung (§ 133a). Soweit im Einzelfall ein Rechtsmittel statthaft ist, kann die Verletzung des rechtlichen Gehörs allerdings auch im Rechtsmittelverfahren als Verfahrensmangel gerügt werden. Die **Besetzungsrüge** und andere Verfahrensrügen mit Verfassungsrang (zB Verletzung des Anspruchs auf ein faires Verfahren) müssen im laufenden Verfahren erhoben werden. Soweit ein Rechtsmittel statthaft ist und soweit der Rüge nicht abgeholfen wird, können sie zudem als Verfahrensrüge im Rechtsmittelverfahren erhoben werden. Ist ein Rechtsmittel nicht gegeben, kommt bei nicht vorschriftsgemäßer Besetzung des Gerichts die Nichtigkeitsklage in Betracht (§ 134 iVm § 578 I ZPO und § 579 I Nr. 1–3 ZPO).

20 **Zugang zum Gericht.** Dem Gesetzgeber ist es nicht verwehrt, den Zugang zur nächst höheren Instanz von besonderen Voraussetzungen abhängig zu machen oder einzuschränken. Die Garantie wirksamen Rechtsschutzes schließt gewisse Erschwerungen des Zugangs zu den Gerichten durch sachgerechte prozessrechtliche Anforderungen, vor allem solche, die einer geordneten Rechtspflege und damit ebenfalls der Wirksamkeit des Rechtsschutzes dienen, nicht aus (zB BVerfG 1 BvL 17/59, BVerfGE 10, 264; 1 BvR 249/92, BVerfGE 88, 118). Hat der Gesetzgeber mehrere Instanzen geschaffen, verbietet das Gebot effektiven Rechtsschutzes, den Zugang zu ihnen von unerfüllbaren oder unzumutbaren Voraussetzungen abhängig zu machen oder in unzumutbarer und durch Sachgründe nicht mehr zu rechtfertigender Weise zu erschweren (zB BVerfG 2 BvR 1337/00, BVerfGE 104, 220; BVerfG 1 BvR 3057/11, NJW 2013, 3506). Das Gleiche gilt, wenn gemäß dem Prozessrecht die Verfahrensbeteiligten die Zulassung eines Rechtsmittels erstreiten können (zB BVerfG 1 BvR 1653/99, NVwZ 2001, 552; 1 BvR 2267/23, NJW 2025, 1199).

22 **Auslegung und Anwendung der Zulassungsvoraussetzungen.** Das Gebot des effektiven Rechtsschutzes richtet sich auch an die Gerichte. Sie müssen insbes. die Normen, durch die der Zugang zur nächst höheren Instanz beschränkt ist, so auslegen und handhaben, dass der Zugang effektiv und gleichheitsgerecht gewährleistet ist und nicht leerläuft (BVerfG 2 BvR 350/18, BeckRS 2018, 15667). Das gilt sowohl hinsichtlich der Anforderungen an die Darlegung der Zulassungsgründe als auch für die Auslegung und Anwendung der Zulassungsgründe selbst (BVerfG 1 BvR 2524/06, NVwZ 2009, 515; BVerfG 2 BvR 758/07, BVerfGE 125, 104). Mit dem Gebot effektiven Rechtsschutzes unvereinbar sind eine den Zugang zur Revision erschwerende Auslegung und Anwendung der die Zulassung beschränkenden Normen, wenn sie **wegen krasser Fehlerhaftigkeit** sachlich nicht zu rechtfertigen sind, sich damit als objektiv willkürlich erweisen und dadurch den Zugang zur nächsten Instanz unzumutbar einschränken (zB BVerfG 1 BvR 873/15, BeckRS 2016, 48582: zu § 543 ZPO), bzw. wenn das Gericht „in einer unzumutbaren und durch Sachgründe nicht mehr zu rechtfertigenden Weise die **Darlegungsanforderungen** … überspannt und das Vorliegen der geltend gemachten Zulassungsgründe verneint" (BVerfG 2 BvR 350/18, BeckRS

2018, 15667: zu § 124a IV 4 VwGO). Die Anforderungen an die Darlegung werden etwa dann verfassungswidrig überspannt, wenn an die Begründung eines Zulassungsantrags dieselben Anforderungen gestellt werden wie an die spätere Berufungsbegründung, für die zusätzliche Zeit zur Verfügung steht (BVerfG 1 BvR 2705/16, NVwZ-RR 2020, 905: zu § 124a IV 4 VwGO), wenn das Gericht zur Ablehnung der Zulassung in einer sachlichen Tiefe argumentiert oder argumentieren müsste, die dem eigentlichen Rechtsmittelverfahren vorbehalten ist (BVerfG 1 BvR 587/17, NVwZ 2020, 220; 1 BvR 561/19, NVwZ 2020, 1661), oder wenn Verfahrensbeteiligten Darlegungen zu in der Zukunft liegenden Umständen abverlangt werden, deren Eintritt ungewiss und zu denen ihnen eine belastbare Prognose nicht möglich ist (BVerfG 1 BvR 2267/23, NJW 2025, 1199). Lehnt das Gericht die Rechtsmittelzulassung ab, weil sich die angegriffene Entscheidung im Ergebnis als richtig erweist (vgl. § 126 IV), verletzt es das Gebot des effektiven Rechtsschutzes, wenn es dabei eine höchstrichterlich noch nicht geklärte Frage entscheidet (BVerfG 1 BvR 2705/16, NVwZ-RR 2020, 905: zu § 124 II Nr. 1 VwGO).

Einzelfälle. Hat das FG die Zulassung der Revision versehentlich nicht tenoriert, sondern nur in den Entscheidungsgründen erwähnt und berichtigt es den Tenor entsprechend, darf die Zulassung der Revision nicht mangels Verkündung des Tenors versagt werden (vgl. BVerfG 1 BvR 1140/86, NJW 1992, 1496: zu Berufung in Zivilsachen). Eine im Zeitpunkt ihrer Einlegung wegen grundsätzlicher Bedeutung begründete NZB darf nicht zurückgewiesen werden, wenn die grundsätzliche Bedeutung bis zur Entscheidung über die NZB durch Entscheidung in einem anderen Verfahren entfallen ist und wenn die Sache Aussicht auf Erfolg verspricht (BVerfG 1 BvR 2419/03, BVerfGK 6, 79; 1 BvR 2649/06, BeckRS 2010, 54616). Beruht eine Fristversäumung auf Fehlern des Gerichts, sind die Anforderungen an eine Wiedereinsetzung mit besonderer Fairness zu handhaben (vgl. BVerfG 2 BvR 172/04, NJW 2005, 3629); insbes. dürfen aus Fehlern des Gerichts keine Verfahrensnachteile für die Beteiligten abgeleitet werden (vgl. BVerfG 2 BvR 1471/01, BeckRS 2001, 30218662). Wird mit der NZB die Verfassungswidrigkeit einer entscheidungserheblichen Norm gerügt, dürfen keine Darlegungen dazu verlangt werden, ob eine Normverwerfung durch das BVerfG zu einer rückwirkenden Neuregelung oder zu einer Fortgeltungsanordnung führen werde (BVerfG 1 BvR 2267/23, NJW 2025, 1199). 23

Gerichtskosten und Gebührenregelungen. Gebührenregelungen dürfen sich nicht tatsächlich so auswirken, dass sie tendenziell dazu führen, den Rechtsschutz vornehmlich nach Maßgabe wirtschaftlicher Leistungsfähigkeit zu eröffnen (vgl. BVerfG 2 BvL 5/76, BVerfGE 50, 217). Eine unzumutbare finanzielle Erschwerung des Zugangs zu den Gerichten kann nicht nur vorliegen, wenn das Kostenrisiko die wirtschaftliche Leistungsfähigkeit des Einzelnen übersteigt. Vielmehr kann sich die Beschreitung des Rechtsweges auch dann als praktisch unmöglich erweisen, wenn das Kostenrisiko zu dem mit dem Verfahren angestrebten wirtschaftlichen Erfolg derart außer Verhältnis steht, dass die Anrufung der Gerichte nicht mehr sinnvoll erscheint (vgl. BVerfG 1 BvL 1/89, BVerfGE 85, 337; 1 BvR 247/05, BVerfGK 9, 295). Das gilt auch für den Zugang zu einer höheren Instanz. 25

b) Recht auf den gesetzlichen Richter (Art. 101 I 2 GG). Zugang zur eingerichteten Instanz. Wird der Zugang zur nächsten Instanz auf willkürliche Weise verwehrt, liegt darin zugleich eine Verletzung des Rechts auf den gesetzli- 26 chen Richter (zB BVerfG 2 BvR 1545/14, BeckRS 2019, 18031; 1 BvR 1173/19, BeckRS 2020, 37377). Der sachlich beschränkte Anspruch auf willkürfreie Zulassung zur nächsten Instanz ergibt sich in gleicher Weise aus dem Anspruch auf den gesetzlichen Richter wie aus dem Gebot des effektiven Rechtsschutzes.

28 **c) Rechtliches Gehör (Art. 103 I GG).** Der Zugang zur nächst höheren Instanz stellt keine Frage des rechtlichen Gehörs dar, sondern des Rechts auf den gesetzlichen Richter und des effektiven Rechtsschutzes (→ Rn. 26). Art. 103 I GG schützt nicht davor, dass der Sachvortrag eines Beteiligten aus Gründen des formellen oder materiellen Rechts teilweise oder ganz unberücksichtigt bleibt (vgl. BVerfG 2 BvR 658/65, BVerfGE 21, 191; 1 BvR 1336/14, BeckRS 2016, 112934).

30 **d) Gesetzesvorbehalt, Rechtsmittelklarheit. Gesetzesvorbehalt.** Die Befugnis, eine von einem anderen Gericht erlassene Entscheidung kontrollieren und ändern zu dürfen, bedarf einer gesetzlichen Ermächtigung (→ Rn. 1). Gleiches gilt, soweit ein Rechtsbehelf oder Rechtsmittel eine der gesetzlich angeordneten Bindungswirkungen (→ Rn. 2 ff.) durchbrechen soll. Außerordentliche Rechtsbehelfe kommen deshalb nach zutr. Auffassung nur noch in Betracht, wenn das Gericht weder durch Rechtskraft noch durch Selbstbindung an einer Korrektur seiner Entscheidung gehindert ist (BVerfG 1 BvR 848/07, BVerfGE 122, 190; BFH V S 10/07, BStBl. II 2009, 824) und sofern dadurch nicht die Zuständigkeit einer höheren Instanz begründet werden soll.

31 **Rechtsmittelklarheit.** Der Gesetzgeber muss für die **Rechtsmittel,** die er vorsieht, die Voraussetzungen ihrer Zulässigkeit in einer dem Grundsatz der Rechtsmittelklarheit entsprechenden Weise bestimmen (zB BVerfG 2 BvR 831/76, BVerfGE 49, 148; 1 BvR 10/99, BVerfGE 108, 341). Das ergibt sich aus dem Anspruch auf effektiven Rechtsschutz. Dieser Grundsatz verbietet es, den Rechtsuchenden mit einem unübersehbaren „Annahmerisiko" und dessen Kostenfolgen zu belasten (vgl. BVerfG 2 BvR 831/76, BVerfGE 49, 148 (164)). Die Rechtsmittelgerichte haben dies auch bei der Auslegung und Anwendung des Prozessrechts zu beachten (vgl. BVerfG 2 BvR 831/76, BVerfGE 49, 148; 2 BvR 3071/14, BeckRS 2016, 40852).

32 Diese Anforderungen gelten nicht nur für Rechtsmittel, sondern darüber hinaus auch für **ordentliche Rechtsbehelfe** (→ Rn. 6). Der Rechtsweg, der gemäß § 90 II 1 BVerfGG erschöpft sein muss, bevor das BVerfG angerufen werden kann, muss klar geregelt sein. Sie gelten nicht für die von der Rechtsprechung in bestimmten Fällen anerkannten außerordentlichen Rechtsbehelfe. Diese sind deshalb weder obsolet noch verfassungswidrig (unklar BVerfG 1 BvR 2803/06, NJW 2007, 2538).

3. Rechtsmittel der FGO

35 **Rechtsmittel** iSd FGO sind die **Revision** (§ 115 I, §§ 118–127) und die **Beschwerde** (§§ 128 ff.). Bei der Beschwerde tritt der Devolutiveffekt erst ein, wenn das FG der Beschwerde nicht abhilft und sie deshalb dem BFH vorlegt (§ 130). Rechtsmittel ist auch die **Nichtzulassungsbeschwerde** als Sonderform der Beschwerde (§ 116; wie hier: HHS/Lange Vor § 115 Rn. 4; Tipke/Kruse/Krumm Vor § 115 Rn. 8; Gosch/Werth § 116 Rn. 1; aA BAG 3 AZB 56/07, NJW 2008, 1610; 5 AZN 1743/12 (F), NZA 2012, 1319). Wegen der Zweistufig-

keit der Finanzgerichtsbarkeit (→ § 2 Rn. 1) ist die Berufung gegen Urteile der Finanzgerichte nicht gegeben.

Keine Rechtsmittel sind zB der Antrag auf mündliche Verhandlung gegen Gerichtsbescheide (§ 90a II Nr. 3), die unselbständige Anschlussrevision (→ § 120 Rn. 81), die Wiederaufnahmeklage (§ 134 FGO iVm §§ 578 ff. ZPO; BFH VII E 4/04, BFH/NV 2004, 1539), die Anhörungsrüge (§ 133a), die Entschädigungsklage (§ 155 iVm §§ 198 ff. GVG.), die Verfassungsbeschwerde (BVerfG 1 BvR 2116/94, BVerfGE 93, 381 (385); 2 BvR 1516/93, BVerfGE 94, 166 (213)), die Klage beim EuGH und die Gegenvorstellung (→ Rn. 26 ff.; BFH IX B 219/02, BFH/NV 2003, 1451 mwN). 38

4. Außerordentliche Rechtsbehelfe

a) Gegenvorstellung. Grundlagen. Die Gegenvorstellung ist ein von der Rspr. außerhalb der geschriebenen Verfahrensordnungen entwickelter formloser Rechtsbehelf, der im Fall seiner Zulässigkeit zur Überprüfung einer (änderbaren) Entscheidung durch den iudex a quo führt. 40

Verfassungsrechtliche Zulässigkeit. Die Gegenvorstellung ist nicht deshalb von Verfassungs wegen ausgeschlossen, weil sie gesetzlich nicht normiert ist (BVerfG 1 BvR 848/07, NJW 2009, 829). Sie kommt jedoch nur gegen **änderbare Entscheidungen** in Betracht. Das sind Entscheidungen, die das Gericht nach geltendem Prozessrecht (vAw oder auf Antrag) ändern darf. Soweit das Gericht an seine Entscheidung gebunden ist und soweit diese Bindung nur auf gesetzlicher Grundlage überwunden werden kann (→ Rn. 30), kann ein formloser Rechtsbehelf nicht zum Tragen kommen und ist unstatthaft. Das ist bei der Selbstbindung des Gerichts (§ 155 FGO iVm § 318 ZPO) wie bei Rechtskraft (§ 110) der Fall. 41

Ausnahme. Das BVerfG hat in einem Fall (BVerfG 2 BvR 2674/10, NJW 2012, 1065) eine Gegenvorstellung gegen seine (rechtskräftige) Entscheidung, die Verfassungsbeschwerde nicht zur Entscheidung anzunehmen, zugelassen. Die per Fax rechtzeitig eingegangene Begründung war im BVerfG zunächst nicht auffindbar gewesen. Das BVerfG hatte deshalb die Beschwerde als verfristet behandelt. Auf die (die Rechtskraft durchbrechende) Gegenvorstellung hat das BVerfG die Beschwerde angenommen und ihr stattgegeben. Die (atypische) Entscheidung betrifft nur das Verfahren beim BVerfG; sie lässt sich auf das Verfahren bei den Fachgerichten nicht übertragen. 42

Statthaftigkeit. Der BFH folgt dem BVerfG und geht davon aus, dass eine Gegenvorstellung gegen eine nicht änderbare Entscheidung nicht statthaft ist. Nicht änderbare Entscheidungen des BFH sind insbes. das Revisionsurteil (BFH X S 31/09, BFH/NV 2011, 1178), der Beschluss, mit dem eine NZB verworfen oder zurückgewiesen wird (BFH III S 11/10, BFH/NV 2010, 1651; V S 16/11, BFH/NV 2011, 2087; Nichtannahmebeschluss BVerfG 1 BvR 2613/11, BeckRS 2012, 47239), die Entscheidung des BFH über eine Beschwerde (BFH IV S 1/12, BFH/NV 2012, 967), die Entscheidung des BFH über eine Kostenerinnerung (BFH III S 43/09, BFH/NV 2010, 453; II S 18/14, BeckRS 2014, 95346). Die Unstatthaftigkeit der Gegenvorstellung kann sich auch daraus ergeben, dass die Beschwerde ausgeschlossen ist und § 128 II nicht unterlaufen werden soll (BFH X B 80/22, BFH/NV 2023, 742 zu Ablehnung eines Fristverlängerungsantrags). Eine Gegenvorstellung ist danach nur noch statthaft gegen Beschlüsse über **AdV** (§ 69 VI), **PKH** (→ § 142 Rn. 109; BFH I S 14/13, BFH/ 43

NV 2014, 50; V S 15/14, BeckRS 2014, 95799) oder gegen eine **vorläufige Streitwertfestsetzung** (§ 63 GKG).

44 **Rechtsschutzbedürfnis.** Voraussetzung einer zulässigen Gegenvorstellung ist nach der Rspr. des BVerfG, dass dem Betroffenen **grobes prozessuales Unrecht** zugefügt worden ist, das im Wege der richterlichen Selbstkontrolle beseitigt werden muss (vgl. BVerfG 1 BvR 2544/12, NJW 2014, 681). Gerügt werden kann die Verletzung von Verfahrensgrundrechten (außer Art. 103 I GG: Anhörungsrüge) und die Verletzung des Willkürverbots, insbes. das **Fehlen jeglicher gesetzlicher Grundlage.** Für eine (weitere) Gegenvorstellung gegen den Beschluss, mit dem eine Gegenvorstellung abgelehnt worden ist, fehlt idR ein Rechtsschutzbedürfnis (BFH V S 29/16, BeckRS 2017, 94006). Einer Gegenvorstellung gegen eine Gegenvorstellung fehlt jedenfalls dann das **Rechtsschutzinteresse,** wenn sie sich gegen einen Beschluss richtet, mit dem eine frühere Gegenvorstellung als unzulässig verworfen wurde (BFH V S 23/16, BeckRS 2016, 95462).

45 **Darlegungsanforderungen.** Die geltend gemachte Rechtsverletzung muss in der Gegenvorstellung **substantiiert dargelegt** werden (stRspr, vgl. nur BFH I S 14/13, BeckRS 2013, 96431; V S 29/16, BeckRS 2017, 94006; IX S 3/17, BeckRS 2017, 112843). Es muss konkret dargelegt werden, dass die angegriffene Entscheidung auf schwerwiegenden Grundrechtsverstößen beruht oder unter keinem denkbaren Gesichtspunkt vertretbar erscheint und jeder gesetzlichen Grundlage entbehrt (BFH II S 11–13/19, BFH/NV 2020, 368; IX S 14/21, BFH/NV 2022, 910). Die Abänderung wegen einer Verletzung von Verfahrensgrundrechten oder einer Verletzung des Willkürverbots tritt dann ergänzend neben die Voraussetzungen, unter denen die Entscheidung nach dem Gesetz ohnehin abgeändert werden dürfte. Deren Voraussetzungen (Änderungsantrag) müssen nicht dargelegt werden, weil die Gegenvorstellung sonst überflüssig wäre. Genügt das Vorbringen nicht den Darlegungsanforderungen, ist die Gegenvorstellung unzulässig.

46 **Frist, Form, Verfahren.** Die Gegenvorstellung ist (anders als die Anhörungsrüge) mangels einer gesetzlichen Regelung **nicht fristgebunden** (iE ebenso BFH IV S 10/05, BStBl. II 2006, 76). Die Zwei-Wochen-Frist des § 133a oder die Monatsfrist des § 93 BVerfGG sind weder direkt noch sinngemäß anwendbar (str., **aA** analog § 133a II 1: BFH VII S 38/06, BeckRS 2006, 25011686; IX S 1/01, BeckRS 2001, 25006447; zust. HHS/Lange Vor § 115 Rn. 77). Sie kann formlos, auch zu Protokoll erhoben werden; schriftliche Geltendmachung dürfte sich jedoch empfehlen. Die Gegenvorstellung gegen Entscheidungen des BFH unterliegt dem **Vertretungszwang** des § 62 IV, wenn für das Verfahren, in welchem der BFH entschieden hat, der Vertretungszwang galt (BFH IX S 21/19, BFH/NV 2020, 221). Das Gericht entscheidet über die Gegenvorstellung durch Beschluss in der **Besetzung,** die für die Entscheidung galt, gegen die der Rechtsbehelf eingelegt worden ist.

47 **Gerichtsgebühren** fallen nicht an, da ein Gebührentatbestand für die Gegenvorstellung nicht gesetzlich bestimmt ist (stRspr, vgl. zB BFH IX S 14/06, BFH/NV 2007, 474; X S 8/11, BFH/NV 2011, 1383).

48 Die Gegenvorstellung **gehört nicht zum Rechtsweg** iSv § 90 II 1 BVerfGG. Ihre erfolglose Erhebung ist nicht Voraussetzung für die Zulässigkeit der Verfassungsbeschwerde. Wird gleichwohl eine Gegenvorstellung erhoben, hemmt dies nicht die Frist für die Einlegung der Verfassungsbeschwerde und wahrt sie auch nicht (BVerfG 1 BvR 893/09, NJW 2009, 3710; 1 BvR 289/12, BeckRS 2012,

48174). Die Verfassungsbeschwerde muss deshalb unabhängig von der Gegenvorstellung (und parallel zu ihr) fristgerecht erhoben werden.

b) Außerordentliche Beschwerde. Begriff. Die von der Rspr. entwickelte außerordentliche Beschwerde eröffnete im Fall ihrer Zulässigkeit die Überprüfung einer Entscheidung durch das nächst höhere Gericht. Sie wurde in Fällen sog. greifbarer Gesetzwidrigkeit und bei der Verletzung von Verfahrensgrundrechten für möglich gehalten, wenn ein weiterer Rechtsbehelf nicht gegeben war. Es handelte sich um ein gesetzlich nicht geregeltes Rechtsmittel. **50**

Nicht (mehr) statthaft. Nach ganz hM ist eine außerordentliche Beschwerde jedenfalls seit dem Inkrafttreten des § 133a nicht mehr statthaft (→ § 128 Rn. 16; BFH VIII B 181/05, BStBl. II 2006, 188; VI S 14/08, BFH/NV 2009, 1130; X B 198/10, BFH/NV 2011, 1166; IV S 1/12, BFH/NV 2012, 967; V B 128/12, BFH/NV 2013, 1611; XI B 140/13, BFH/NV 2014, 879). Die abw. Ansicht des BFH im Beschluss IV B 42/05 (BStBl. II 2005, 838), ist überholt (BFH IV S 13/06 (PKH), BStBl. II 2007, 468). Dem ist zuzustimmen. Zwar sind die außerordentlichen Rechtsmittel nicht am Grundsatz der Rechtsmittelklarheit zu messen (→ Rn. 31; ebenso Tipke/Kruse/Krumm Vor § 115 Rn. 47). Die fehlende gesetzliche Regelung ist unter diesem Gesichtspunkt unschädlich. Auch hat die Einführung der gesetzlich geregelten Anhörungsrüge der außerordentlichen Beschwerde nicht den Boden entzogen, denn die Anhörungsrüge deckt nicht den gesamten Anwendungsbereich der außerordentlichen Beschwerde ab. Der die außerordentliche Beschwerde kennzeichnende Devolutiveffekt (→ Rn. 10) berührt jedoch die gerichtliche Zuständigkeitsordnung, die dem Gesetzesvorbehalt unterliegt. Auch das Rechtsmittelgericht darf nur auf gesetzlicher Grundlage in die Entscheidung eines anderen unabhängigen Gerichts eingreifen (→ Rn. 1). **51**

Keine Umdeutung. Eine Umdeutung des von einem fachkundigen Prozessvertreter ausdrücklich als Beschwerde bezeichneten Rechtsmittels in eine gesetzlich nicht geregelte Gegenvorstellung, in einen Antrag auf Änderung oder Aufhebung des FG-Beschlusses über die AdV oder in eine subsidiäre Anhörungsrüge kommt grds. nicht in Betracht (BFH XI B 140/13, BeckRS 2014, 94852). **52**

Verfassungsbeschwerde. Soweit der Gesetzgeber in den jeweiligen Verfahrensordnungen entsprechende Rechtsbehelfe nicht vorgesehen bzw. die Beschwerde ausdrücklich ausgeschlossen hat (vgl. § 128 II), bleibt dem Bürger als außerordentlicher Rechtsbehelf gegen greifbar gesetzwidrige Entscheidungen der Gerichte, die nicht mit einem Rechtsmittel oder einem gesetzlichen Rechtsbehelf innerhalb der Fachgerichtsbarkeit korrigiert werden können, nur die Verfassungsbeschwerde (BGH II ZR 108/02, NJW 2004, 1531). Die Frist für die Einlegung der Verfassungsbeschwerde wird durch einen außerordentlichen Rechtsbehelf weder gehemmt noch gewahrt (→ Rn. 48). **53**

Gerichtskosten. Für die Entscheidung über eine unstatthafte außerordentliche Beschwerde werden Gerichtsgebühren wie für eine Beschwerde erhoben; eine Gebührenfreiheit (zB § 66 VIII GKG) besteht bei einer unstatthaften Beschwerde nicht (BFH VIII B 181/05, BStBl. II 2006, 188). **54**

II. Zulässigkeit der Rechtsmittel

1. Allgemeines, Vorrang der Zulässigkeit

Grundsatz. Wie jedes gerichtliche Rechtsschutzbegehren (zur Klage → Vor § 33 Rn. 1 f.) muss ein Rechtsmittel, wenn es zum Erfolg führen soll, zulässig **60**

und begründet sein. Nur wenn **alle Zulässigkeitsvoraussetzungen** des Rechtsmittelverfahrens im maßgeblichen Zeitpunkt erfüllt sind, darf das Rechtsmittelgericht in der Sache entscheiden. Fehlt eine Sachentscheidungsvoraussetzung, ist das Rechtsmittel durch Beschluss als unzulässig zu verwerfen (Revision: §§ 124 I, 126 I; Beschwerde und Nichtzulassungsbeschwerde: § 155 iVm § 572 II ZPO). Bei objektiver oder subjektiver Rechtsmittelhäufung kann ausnahmsweise (aus Gründen der Entscheidungsökonomie) auch über ein unzulässiges Rechtsmittel durch Urteil mitentschieden werden (bei Revision → § 10 Rn. 3; Tipke/Kruse/Seer § 126 Rn. 8).

61 **Entscheidung.** Über die Zulässigkeit des Rechtsmittels muss das Gericht (zumindest inzident) entscheiden. Erst wenn es von der Zulässigkeit des Rechtsmittels überzeugt ist (→ Rn. 135 f.), darf es in die Sachprüfung eintreten. Eine förmliche Zwischenentscheidung muss idR nicht ergehen, ist aber möglich (§ 97; BVerwG 4 C 58/81, BVerwGE 65, 27 zu § 109 VwGO). Das Gericht darf die Zulässigkeit grundsätzlich **nicht offen lassen,** auch dann nicht, wenn das Rechtsmittel offensichtlich unbegründet ist und dem Rechtsmittelführer dadurch keine Nachteile entstehen (offen gelassen in BFH VI 308/63 U, BStBl. III 1965, 68; **aA** Kopp/Schenke/Schenke VwGO Vor § 124 Rn. 30). Das ergibt sich nicht nur aus dem klaren Wortlaut des § 124 (für die Revision), sondern va auch aus der unterschiedlichen Reichweite der materiellen Rechtskraft (Jauernig FS Schiedermair, 1976, 289 (293)). Ein als unzulässig verworfenes Rechtsmittel kann theoretisch noch einmal eingelegt werden; in Rechtskraft erwächst nur das Fehlen einer Zulässigkeitsvoraussetzung oder mehrerer. Ein (rechtskräftig) als unbegründet zurückgewiesenes Rechtsmittel ist dagegen verbraucht (ne bis in idem; → § 110 Rn. 12).

62 **Ausnahmen.** Erwächst die Entscheidung des Rechtsmittelgerichts nicht in materielle Rechtskraft, kann die Zulässigkeit des Rechtsmittels unentschieden bleiben, wenn das Rechtsmittel (offensichtlich) unbegründet ist (stRspr, BFH VIII B 22/76, BStBl. II 1977, 313; II B 140/86, BStBl. II 1987, 344; BGH IX ZB 171/04, NJW-RR 2006, 1346). Entsprechendes gilt, wenn die Entscheidung zwar in materielle Rechtskraft erwächst, die Rechtskraft des angefochtenen Urteils jedoch in gleicher Weise und in gleichem Umfang bei der Verwerfung wie bei der Zurückweisung des Rechtsmittels eintritt. Das ist nach hM insbes. bei der **NZB** der Fall. Der BFH lässt deshalb in stRspr die Zulässigkeit der NZB offen, wenn sie jedenfalls unbegründet ist (stRspr seit BFH II B 140/86, BStBl. II 1987, 344; III B 30/10, BFH/NV 2011, 998; zust. HHS/Lange § 116 Rn. 254; zur **Kritik** an der Rspr. → § 116 Rn. 60).

2. Zulässigkeitsvoraussetzungen

65 **Abgrenzung.** Die Zulässigkeit des Rechtsmittels ist zu unterscheiden von der **Zulässigkeit der Entscheidung in der Vorinstanz.** Die Sachentscheidungsvoraussetzungen für das erstinstanzliche Verfahren regeln, ob das FG zu Recht in der Sache entschieden oder eine Sachentscheidung zu Recht verweigert hat (→ Vor § 33 Rn. 1 ff.). Adressat der betreffenden Normen ist das FG. Wird im Rechtsmittelverfahren die Richtigkeit der Rechtsanwendung durch das FG überprüft, handelt es auch hinsichtlich der Sachentscheidungsvoraussetzungen für das Verfahren vor dem FG um eine Frage der **Begründetheit des Rechtsmittels** (stRspr BFH III R 18/02, BStBl. II 2004, 980; IV R 68/02, BFH/NV 2005, 553; III R 35/02, BFH/NV 2005, 60; BGH II ZR 82/85, WM 1986, 145;

BVerwG 7 C 34/80, NJW 1983, 1133; Tipke/Kruse/Krumm Vor § 115 Rn. 12; HHS/Lange Vor § 115 Rn. 12; Kopp/Schenke/Schenke VwGO Vor § 124 Rn. 29).

Beispiel: Hat das FG über die Klage in der Sache entschieden und die Klage abgewiesen, obwohl die **Klagefrist versäumt** war, ist die zulässige Revision des Klägers begründet. Sie führt zur Aufhebung der Vorentscheidung und zur Abweisung der Klage als unzulässig (§ 126 III Nr. 1; BFH IX R 23/93, BStBl. II 1995, 306).

Entsprechendes gilt auch für Zulässigkeitsvoraussetzungen, die in beiden Instanzen gleichermaßen zu beachten sind.

Beispiel: Hat das FG über die Klage zu Unrecht durch Sachurteil entschieden, weil es nicht erkannt hat, dass der Kläger (dauerhaft) **prozessunfähig** ist, ist die zulässige Revision begründet. Sie führt zur Aufhebung der Vorentscheidung und zur Abweisung der Klage als unzulässig. Das gilt auch, wenn der Kläger (durch einen postulationsfähigen Vertreter) Revision eingelegt hat. Zur Klärung der Frage, ob er prozessunfähig ist, gilt der Kläger als prozessfähig (→ § 58 Rn. 3).

Gemeinsame Zulässigkeitsvoraussetzungen aller Rechtsmittel. Neben den allg. Sachentscheidungsvoraussetzungen (→ Vor § 33 Rn. 1 ff.), die auch im Rechtsmittelrecht zu beachten sind, und den besonderen Zulässigkeitsvoraussetzungen, die für die einzelnen Rechtsmittel unterschiedlich ausgestaltet sind (zB Zulassung, Fristen, Darlegungsanforderungen), gibt es Zulässigkeitsvoraussetzungen, die jedes Rechtsmittel erfüllen muss und die von den Zulässigkeitsvoraussetzungen des erstinstanzlichen Verfahrens abweichen. Rechtsmittel sind insbes. nur zulässig, wenn das Rechtsmittel (an sich) statthaft ist **(Statthaftigkeit).** Dazu gehört als negative Voraussetzung, dass der Rechtsmittelführer nicht wirksam auf das Rechtsmittel verzichtet haben darf **(kein Rechtsmittelverzicht).** Außerdem muss der Rechtsmittelführer durch die angefochtene Entscheidung beschwert sein **(Beschwer).** Daneben ist das allg. **Rechtsschutzbedürfnis** idR nicht mehr zu prüfen. Besonderheiten ergeben sich allerdings im Hinblick auf das Verfahren nach Erledigung der Hauptsache. Soweit der Vertretungszwang zu beachten ist (§ 62 IV 1, 2), müssen die handelnden Personen postulationsfähig sein (→ § 62 Rn. 55 ff.). 66

3. Statthaftigkeit

Begriff. Ein Rechtsmittel ist **statthaft** iSv §§ 124, 155 FGO iVm § 572 II ZPO, wenn es (1) nach der FGO, ggf. iVm der ZPO, gegen die Art der Entscheidung gegeben (dh gesetzlich vorgesehen und nicht ausdrücklich ausgeschlossen) und (2) von einer zu seiner Einlegung berechtigten (befugten) Person eingelegt worden ist (BFH X R 149/90, BStBl. II 1991, 462; BGHZ 88, 353; RSG ZivilProzR/Gottwald § 135 Rn. 5; zust. HHS/Lange Vor § 115 Rn. 11). Die Revision eines Nichtbeteiligten ist unstatthaft. 70

Bedeutung. Eine (der Rechtskraft fähige) Entscheidung, gegen die ein Rechtsmittel nicht statthaft ist, wird mit ihrer Wirksamkeit (Verkündung oder Zustellung) rechtskräftig. Ist jedoch ein Rechtsmittel gegeben, tritt die **Rechtskraft** erst mit Ablauf der hierfür bestimmten Frist oder wenn das Rechtsmittel eingelegt worden ist, erst mit der Rechtskraft der Entscheidung über das Rechtsmittel ein. Das gilt auch dann, wenn das (eingelegte) Rechtsmittel aus anderen Gründen (zB wegen Fristversäumung) von vornherein unzulässig war (GmS-OGB GmSOGB 1/83, NJW 1984, 1027; stRspr, BFH II B 140/86, BStBl. II 1987, 344; 71

III B 35/05, BFH/NV 2006, 2057). Ein statthaftes, aber aus anderen Gründen unzulässiges Rechtsmittel löst den Suspensiveffekt aus (→ Rn. 2).

72 **Zeitpunkt.** Die Statthaftigkeit muss im Zeitpunkt der **Einlegung des Rechtsmittels** vorliegen (Zugangsvoraussetzung). Maßgeblich ist auch die Rechtslage im Zeitpunkt der Einlegung (Grundsatz des intertemporalen Prozessrechts). Ein zulässig eingelegtes Rechtsmittel bleibt danach zulässig, wenn der Gesetzgeber das Rechtsmittel nachträglich durch eine (verfassungsrechtlich zulässige) Gesetzesänderung wegfallen lässt oder beschränkt (BVerfG 2 BvR 1631/90, BVerfGE 87, 48; BFH V S 12/04, BFH/NV 2005, 1838). Ein nach der Rechtslage im Zeitpunkt seiner Einlegung nicht statthaftes Rechtsmittel wird nicht zulässig, wenn der Gesetzgeber die Statthaftigkeit durch Gesetzesänderung erstmals nach seiner Einlegung regelt und eine Übergangsregelung nicht vorsieht.

73 **a) Sachliche und persönliche Voraussetzungen. Sachliche Voraussetzungen.** Abstrakt vorgesehen (dh gesetzlich geregelt) sind in der FGO nur die Rechtsmittel Revision, Beschwerde und NZB (→ Rn. 35). Welches Rechtsmittel im Einzelfall konkret gegeben ist, hängt in erster Linie von der Form der anzufechtenden Entscheidung ab. Gegen Urteile ist grds. die Revision, gegen Beschlüsse ist grds. die Beschwerde gegeben (Statthaftigkeit der Revision → § 115 Rn. 4, der Beschwerde → § 128 Rn. 3 ff., der NZB → § 116 Rn. 6 ff.; zur Statthaftigkeit bei sog. inkorrekter Entscheidung → Rn. 90 ff.). Ist das Rechtsmittel nur zulässig, wenn es zuvor (vom FG oder vom BFH) zugelassen worden ist, gehört die (wirksame) **Zulassung** ebenfalls zu den Voraussetzung für die Statthaftigkeit des Rechtsmittels (May, Die Revision in den zivil- und verwaltungsgerichtlichen Verfahren, 2. Aufl. 1997, Kap. IV Rn. 47 ff.). Durch Einlegung einer nicht zugelassenen Revision kann der Eintritt der Rechtskraft nicht hinausgeschoben werden (vgl. → Rn. 71). Die Zulassung des Rechtsmittels ist derzeit vorgesehen für das Rechtsmittel der Revision (§ 115 I) und der Beschwerde gegen den Beschluss des FG über einen Antrag auf AdV (§ 69 III, § 128 III).

74 **Persönliche Voraussetzungen.** Zur Einlegung eines Rechtsmittels berechtigt sind **die Beteiligten** (§ 57) des finanzgerichtlichen Verfahrens (vgl. § 115 I, § 128 I). Rechtsmittelbefugt sind auch einfach Beigeladene (BFH VIII R 114/78, BStBl. II 1981, 101; VIII R 55/92, BFH/NV 1994, 334). Rechtsmittel kann einlegen, wer in der rechtsmittelfähigen Entscheidung als Beteiligter aufgeführt ist, auch wenn das Rubrum insofern unrichtig sein sollte. Hinsichtlich der Beteiligtenstellung kommt es für die Berechtigung zur Einlegung von Rechtsmitteln nicht nur auf die materielle Rechtslage, sondern auch auf den Inhalt der angefochtenen Entscheidung an (formelle Beteiligtenstellung; wegen der **Berechtigung zur Einlegung** der Revision → § 115 Rn. 30, der Beschwerde → § 128 Rn. 10). Gegen Beschlüsse und sonstige Entscheidungen, die nicht Urteile oder Gerichtsbescheide sind, können außer den Beteiligten auch „sonst von der Entscheidung Betroffene" Beschwerde einlegen (§ 128 I). Die (nicht) wirksame Einlegung des Rechtsmittels berührt seine Statthaftigkeit nicht (vgl. BFH XI R 75/97, BFH/NV 2000, 1067). Bei der Statthaftigkeit geht es nur um die Berechtigung zur Einlegung des Rechtsmittels, nicht um die Wirksamkeit der prozessualen Handlung. Auf die Berechtigung zur Einlegung des Rechtsmittels darf der Rechtsmittelführer nicht wirksam verzichtet haben (→ Rn. 80 ff.).

75 **Rechtsfolgen.** Fehlt es nach den Vorschriften der Verfahrensordnung an der Statthaftigkeit des Rechtsmittels, ist ein gleichwohl eingelegtes Rechtsmittel unzulässig. Das Rechtsmittel hemmt in diesem Fall nicht den Eintritt der Rechtskraft

(→ Rn. 71). Eine außerordentliche Beschwerde ist daneben auch bei greifbarer Gesetzwidrigkeit der angefochtenen Entscheidung nicht gegeben (str., aber stRspr seit dem Inkrafttreten des § 133a, → Rn. 71; zB BFH VIII B 181/05, BStBl. II 2006, 188; IV S 13/06, BStBl. II 2007, 68; → § 128 Rn. 16).

b) Kein Rechtsmittelverzicht. Allgemeines. Auf das prozessuale Recht, ein Rechtsmittel einlegen zu dürfen (→ Rn. 74), kann verzichtet werden (§ 155 FGO iVm §§ 515, 565, ZPO). Der Verzicht bewirkt den endgültigen **Verlust des prozessualen Rechts,** das an sich gegebene Rechtsmittel einlegen zu dürfen. Steht dem Verzichtenden das Recht nicht zu, geht seine Verzichtserklärung ins Leere (Verfügung eines Nichtberechtigten). Der Rechtsmittelverzicht unterscheidet sich von der Zurücknahme des Rechtsmittels im Hinblick auf seine Rechtsfolge. Die Zurücknahme des Rechtsmittels bewirkt nur den Verlust des eingelegten Rechtsmittels (§ 125 II für Revision), nicht aber den Verlust des prozessualen Rechts. Nach Zurücknahme des eingelegten Rechtsmittels kann ein Rechtsmittel erneut eingelegt werden. 80

Einseitige Erklärung. Der Verzicht ist eine einseitige, empfangsbedürftige prozessuale Willenserklärung mit Gestaltungswirkung (Gestaltungserklärung; § 515 ZPO). Sie kann schriftlich, mündlich oder auch konkludent abgegeben werden; eine besondere Form ist nicht vorgeschrieben. Wird der Verzicht ggü. dem Gericht (FG, BFH) erklärt, handelt es sich zugleich um eine **Prozesserklärung** (→ Vor § 33 Rn. 30 ff.). Als solche ist er bedingungsfeindlich, unwiderrufbar und wird mit dem Zugang bei Gericht wirksam. Der Vertretungszwang ist zu beachten. Rechtskraft tritt erst ein, wenn alle Beteiligten ggü. dem Gericht auf Rechtsmittel verzichtet haben. Der Verzicht kann auch ggü. dem Beklagten erklärt werden (wie hier Tipke/Kruse/Krumm Vor § 115 Rn. 31; Eyermann/Happ VwGO § 124 Rn. 33; offen gelassen in BFH II R 90/72, BStBl. II 1974, 171). Dann handelt es sich nicht um eine Prozesserklärung; der Vertretungszwang ist unbeachtlich. Das Gericht muss den Verzicht aber beachten, wenn ihn der Erklärungsempfänger geltend macht (**prozessuale Einrede;** Zöller/Heßler ZPO § 515 Rn. 9 ff.). Möglich ist auch der wechselseitige Verzicht durch übereinstimmende Erklärungen zwischen den Beteiligten **(Verzichtsvertrag).** Er begründet, wenn er wirksam ist, für den jeweils anderen Vertragspartner die prozessuale Einrede des Rechtsmittelverzichts. 81

Der Beklagte ist von Rechts wegen nicht gehindert, auf Rechtsmittel zu verzichten. Insofern gelten auch im finanzgerichtlichen Verfahren keine Besonderheiten (§ 155). Etwas anderes ergibt sich insbes. nicht aus § 85 AO. Die Norm regelt keine prozessualen Pflichten. Ob und unter welchen Umständen der Beklagte auf sein prozessuales Recht verzichten sollte, unterliegt vielmehr seinem **freien Ermessen.** 82

Zeitpunkt. Ein Rechtsmittelverzicht kann **vor oder nach Erlass der Entscheidung** erklärt werden (vgl. § 515 ZPO), gegen die auf Rechtsmittel verzichtet werden soll. Aus § 354 AO ergibt sich für das finanzgerichtliche Verfahren nichts anderes. Der Verzicht kann auch nach Einlegung des Rechtsmittels erklärt werden. Die Erklärung schließt dann die Zurücknahme des Rechtsmittels ein. 83

Inhalt. Ein Rechtsmittelverzicht ist (ungeachtet der Formfreiheit der Erklärung) nur anzunehmen, wenn der Wille des Erklärenden, sich ernsthaft und endgültig mit der Entscheidung zufrieden zu geben und sie nicht anfechten zu wollen, in der Erklärung **klar, eindeutig und vorbehaltlos** zum Ausdruck kommt (BFH II R 30/81, BStBl. II 1983, 680; VIII R 121/83, BStBl. II 1989, 585; BGH IV 84

ZR 83/73, NJW 1974, 1248). An die Eindeutigkeit der Erklärung sind wegen ihrer weit reichenden Wirkungen strenge Anforderungen zu stellen; dem Verzichtenden muss die Bedeutung seiner Verzichtserklärung klar gewesen sein (BFH III B 65/87, BStBl. II 1988, 281 mwN). Die Formulierung ist nicht so zu verstehen, dass der innere Vorbehalt oder der Einwand eines Rechtsirrtums ausreichen, um die Verzichtswirkungen beseitigen zu können. Der einmal erklärte Verzicht ist vielmehr unwiderruflich; eine Anfechtung findet nicht statt. Jeglicher Irrtum ist unbeachtlich. Im Übrigen gilt für den Rechtsmittelverzicht wie für jede auslegungsfähige und im Zweifel auslegungsbedürftige Prozesserklärung der Maßstab des objektiven Empfängerhorizonts (→ Vor § 33 Rn. 40 ff.). Auf das Erklärte, nicht auf das Gewollte kommt es an. Der strenge Maßstab ist aber bei der Auslegung der Erklärung anzulegen; im Zweifel ist ein Rechtsmittelverzicht eher nicht anzunehmen.

85 **Beschränkung.** Der Rechtsmittelverzicht kann auf selbständig anfechtbare Teile des Urteils beschränkt werden (Thomas/Putzo/Seiler ZPO § 515 Rn. 2; Tipke/Kruse/Krumm Vor § 115 Rn. 32). Wird ein Urteil ausdrücklich und eindeutig nur teilweise angefochten, so kann bezüglich der nicht angefochtenen Streitgegenstände ein Rechtsmittelverzicht vorliegen (BGH VI ZB 25/89, BB 1990, 517). Der Wille, das Urteil endgültig nicht weiter anfechten zu wollen, muss jedoch eindeutig zum Ausdruck kommen. In der bloßen **Nichtbenennung einzelner Streitgegenstände** in der Revisionsschrift kann ein teilweiser Rechtsmittelverzicht nicht gesehen werden (BFH VIII R 121/83, BStBl. II 1989, 585; BGH IVb ZR 19/82, FamRZ 1983, 685). Zur Teilanfechtung → § 115 Rn. 6 f.; → § 120 Rn. 56.

90 **c) Rechtsmittel gegen inkorrekte Entscheidungen. Grundsatz der Meistbegünstigung.** Hat das FG für seine Entscheidung eine falsche Form gewählt, also zB durch Urteil entschieden, obwohl es durch Beschluss hätte entscheiden müssen oder umgekehrt (sog. **inkorrekte Entscheidung**), soll den Prozessbeteiligten dadurch kein Nachteil entstehen. Nach dem Grundsatz der Meistbegünstigung ist deshalb sowohl der Rechtsbehelf statthaft, der gegen die gewählte (falsche) Entscheidungsform zulässig wäre, als auch der Rechtsbehelf, der gegen die richtige Entscheidungsform statthaft ist (hM, BFH III B 18/66, BStBl. III 1967, 142; VIII B 215/07, BFH/NV 2008, 815; X B 26/17, BFH/NV 2017, 915). Auf den Wortlaut der Rechtsbehelfsbelehrung kommt es insofern nicht an. Entsprechendes (Meistbegünstigung) gilt auch, wenn unklar ist, ob das Gericht durch Beschluss oder durch Urteil entschieden hat oder welches Rechtsmittel statthaft sein könnte.

91 **Ausnahme.** Der Grundsatz der Meistbegünstigung gilt nicht, wenn nur die inkorrekte, nicht aber die an sich richtige Entscheidung mit einem Rechtsmittel angefochten werden kann. Zweck des Grundsatzes ist es nur, prozessuale Nachteile zu vermeiden, die sich für die Beteiligten aus einer unrichtigen Sachbehandlung des Gerichts ergeben können, nicht aber, den Rechtsschutz auszudehnen und den Beteiligten eine vom Gesetz nicht vorgesehene Instanz zu eröffnen (BFH VII R 45/83, BStBl. II 1987, 504; BGH II ZB 10/05, NJW-RR 2006, 1184; Stein/Jonas ZPO/Grunsky, Bd. 3, Allg. Einl. III 1b; RSG ZivilProzR/Gottwald § 134 Rn. 11).

92 **Besetzung des Rechtsmittelgerichts.** Der BFH entscheidet über das Rechtsmittel gegen eine inkorrekte Entscheidung immer in der Besetzung, die für die Entscheidung bei **korrektem Verfahrensablauf** gefordert gewesen wäre,

also zB durch Urteil mit fünf Richtern, wenn das FG durch Urteil hätte entscheiden müssen (BFH I B 72/80, BStBl. II 1982, 128).

Sinngemäße Anwendung. Der BFH wendet die Grundsätze über die Anfechtung einer in falscher Form getroffenen Entscheidung sinngemäß an, wenn aus einem Gerichtsbescheid des Berichterstatters iSv § 79a II iVm IV nicht eindeutig zu erkennen ist, auf welcher verfahrensrechtlichen Grundlage der Richter allein entschieden hat (BFH IX R 58/93, BStBl. II 94, 571). In diesem Fall ist nicht nur der Antrag auf mündliche Verhandlung gegeben, sondern auch die Revision, die bei korrekter Entscheidung des Senats eröffnet wäre. 93

4. Beschwer

a) Allgemeines. Grundlagen. Der Rechtsmittelführer muss durch die angefochtene Entscheidung beschwert sein. Das ergibt sich zwar nicht unmittelbar aus dem Gesetz. In der FGO ist der Begriff der Beschwer nicht erwähnt. Es handelt sich jedoch um eine in allen Prozessordnungen für Rechtsmittel anerkannte **besondere Form des Rechtsschutzinteresses** (vgl. Jauernig/Hess/Hess § 72 Rn. 17). Die Beschwer muss tatsächlich vorliegen; es genügt nicht, dass sie der Rechtsmittelführer geltend macht. Das Rechtsmittelgericht hat die tatsächlichen Voraussetzungen der Beschwer, sofern sie streitig sein sollten, im Freibeweisverfahren festzustellen (→ Rn. 136). Das Rechtsmittel muss darauf gerichtet sein, die Beschwer zu beseitigen (RSG ZivilProzR/Gottwald § 135 Rn. 24) und dadurch die Rechtsstellung des Rechtsmittelführers zu verbessern (Gosch/Werth FGO § 115 Rn. 35). 100

Allgemeines Rechtsschutzbedürfnis. Aus der Beschwer ergibt sich idR auch das allgemeine Rechtsschutzbedürfnis (RSG ZivilProzR/Gottwald § 135 Rn. 8). Es kann aber trotz Beschwer fehlen oder wegfallen, zB wenn sich der Rechtsstreit vor Einlegung des Rechtsmittels oder vor Entscheidung über das Rechtsmittel durch Abhilfe in der Hauptsache erledigt hat (→ Rn. 130 ff.) oder wenn der angefochtene VA zwischenzeitlich vollzogen worden ist. Dann wird das ursprüngliche Begehren unzulässig. Es kommt aber (in jedem Stadium des Verfahrens) der Übergang zur Fortsetzungsfeststellungsklage in Betracht (→ § 100 Rn. 80), sofern ein schützenswertes Interesse daran besteht. 101

Rechtsmittel, für deren Einlegung der Rechtsmittelführer beschwert sein muss, sind die Revision, die Beschwerde und die Nichtzulassungsbeschwerde (→ Rn. 35). Eine Beschwer ist darüber hinaus auch erforderlich **bei der Anschlussrevision** (→ § 120 Rn. 88; **aA** BVerwG 4 C 58/81, BVerwGE 65, 27). 102

Rechtsmittelführer kann jeder Beteiligte des Rechtsstreits sein (§ 57), der Kläger, der Beklagte, etwaige Beigeladene und die Behörde, die dem Verfahren beigetreten ist. Als Rechtsmittelführer beschwert sein kann auch, wer zu Unrecht im Urteil als Beteiligter aufgeführt worden ist (BFH VIII R 98/85, BStBl. II. 1986, 571; III R 64/90, BFH/NV 1996, 729). Jeder Rechtsmittelführer muss beschwert sein (vgl. aber → Rn. 125). Die Anforderungen an die Beschwer hängen davon ab, welche Beteiligtenrolle der Rechtsmittelführer in der Vorinstanz hatte (→ Rn. 107). Nicht beteiligte Dritte sind schon nicht berechtigt, Rechtsmittel einzulegen (→ Rn. 70); ob sie durch das Urteil beschwert sind, ist unerheblich. 103

Durch die angefochtene Entscheidung muss der Rechtsmittelführer beschwert sein. Die Beschwer muss sich unmittelbar aus der angefochtenen 104

Gerichtsentscheidung für ihn ergeben. Auf die Beschwer durch den angefochtenen VA, der Gegenstand des Rechtsstreits ist (vgl. § 40 II), kommt es für die Zulässigkeit des Rechtsmittels nicht an. Sie ist Sachentscheidungsvoraussetzung des Klageverfahrens (→ § 40 Rn. 75 ff.) und deshalb im Rechtsmittelverfahren erst auf der Stufe der Begründetheit des Rechtsmittels zu prüfen (→ Rn. 65). Maßgeblich ist (nur) der **rechtskraftfähige Inhalt** der angefochtenen Gerichtsentscheidung. Aus ihm muss sich die Beschwer ergeben. In welchem Umfang eine Gerichtsentscheidung der Rechtskraft fähig ist, ist umstritten (→ § 110 Rn. 35 ff.). Für die Feststellung der Beschwer kommt es jedenfalls im Ausgangspunkt auf die Urteilsformel **(Tenor)** an (→ § 110 Rn. 40). Bei weiterem Verständnis der Rechtskraft muss auf den gesamten **Subsumtionsschluss** des Gerichts abgestellt werden (vgl. RSG ZivilProzR/Gottwald § 135 Rn. 13). Nicht der Rechtskraft fähig sind jedenfalls nicht tragende Begründungselemente (obiter dicta).

105 **Formell beschwert** ist der Rechtsmittelführer, soweit seinem Begehren in der Vorinstanz nicht voll entsprochen wurde, wenn ihm also in der angegriffenen Entscheidung ganz oder zum Teil abgesprochen wurde, was er vor dem FG begehrt (beantragt) hatte (BFH IV R 236/71, BStBl. II 1977, 62; VIII R 13/89, BStBl. II 1994, 734). Die formelle Beschwer ist grds. durch Gegenüberstellung von Tenor der angefochtenen Entscheidung einerseits und Antrag in der Vorinstanz andererseits zu ermitteln. Der Wert der Beschwer ist unerheblich, da eine Streitwertgrenze für die Zulassung der Revision nicht mehr besteht. Hat das Gericht dem Antrag entsprochen, fehlt es an der formellen Beschwer (BFH X R 42/16, BFH/NV 2019, 586). Ein Antrag, der nicht Gegenstand des Klageverfahrens war, kann mangels Beschwer nicht zum Gegenstand des Revisionsverfahrens gemacht werden (zB BFH IV R 43/16, BFH/NV 2020, 511).

106 **Materiell beschwert** ist der Rechtsmittelführer, wenn der Inhalt der angefochtenen Entscheidung ohne Rücksicht auf die in der Vorinstanz gestellten Anträge für ihn nachteilig ist (BFH IX R 158/86, BFH/NV 1991, 391; V R 38/06, BStBl. II 2009, 749; III B 151/16, BFH/NV 2017, 1628). Der Nachteil muss rechtlicher Art sein und sich auf eine rechtlich geschützte Position auswirken. Die materielle Beschwer ergibt sich danach durch einen Vergleich der rechtlichen Situation des Verfahrensbeteiligten vor und nach Erlass der angefochtenen Entscheidung. Auch insofern kommt es auf die Rechtskraftwirkung der angefochtenen Entscheidung an (Eyermann/Happ Vor § 124 Rn. 29).

107 **Differenzierung nach Beteiligtenrolle.** Ob auf die formelle oder auf die materielle Beschwer abzustellen ist, richtet sich nach der Beteiligtenrolle (§ 57) des Rechtsmittelführers in der Vorinstanz. Der **Kläger** als Rechtsmittelführer muss grds. **formell** beschwert sein; Ausnahmen gelten nur in engen Grenzen (→ Rn. 113 ff.). War der Rechtsmittelführer in der Vorinstanz **Beklagter oder Beigeladener,** muss er nach hM **materiell** beschwert sein (HHS/Lange Vor § 115 Rn. 15; Gosch/Werth § 115 Rn. 40; Tipke/Kruse/Krumm Vor § 115 Rn. 22 und die stRspr des BFH; → Rn. 118 ff.). Zur Beschwer der dem Verfahren beigetretenen Behörde (§ 57 Nr. 4) → Rn. 125. Während der Kläger mit seinem Antrag den **Streitgegenstand bestimmt** (§ 96 I), sind die anderen Beteiligten grds. darauf beschränkt, den Angriff des Klägers abzuwehren. Sie sollen an Ausführungen und Anträgen, mit denen sie den angefochtenen VA vor dem FG verteidigt haben, im Rechtsmittelverfahren nicht gebunden sein. Insbes. soll das FA befugt sein, eine bessere rechtliche Erkenntnis auch dann durch Einlegung eines Rechtsmittels geltend zu machen, wenn es seine frühere Einlassung vor dem

FG nicht mehr für zutr. hält und eine durch das Urteil eingetretene Verschlechterung der materiellen Rechtslage hinsichtlich des angefochtenen VA wieder rückgängig machen möchte (BFH GrS 7/70, BStBl. II 1972, 120).

Kritik: Es erscheint fragwürdig, ob die **Differenzierung nach der Beteiligtenrolle** tragfähig ist. Wenn der Beklagte einen (kontradiktorischen) Antrag gestellt hat, lässt sich bei ihm eine formelle Beschwer ebenso feststellen wie beim Kläger. Das Gericht entscheidet in diesem Fall auch über den Antrag des Beklagten. Im kontradiktorischen Verfahren müssen beide Beteiligte grundsätzlich gleich behandelt werden (RSG ZivilProzR/Gottwald § 135 Rn. 20). Das gilt nicht nur für den Zivilprozess, bei dem sich die Parteien stets auf Augenhöhe begegnen, sondern auch (und erst recht) im finanzgerichtlichen Verfahren. Das FA ist insbes. kein „Vertreter des öffentlichen Interesses", sondern Partei (vgl. aber → Rn. 125) und das Rechtsmittelverfahren bezweckt nicht unmittelbar die zutr. Festsetzung der Steuer. Dass der Kläger den Streitgegenstand bestimmt, trifft zwar zu, hat jedoch für die Feststellung der formellen Beschwer keine Bedeutung. Auf die materielle Beschwer des Beklagten kommt es nach dieser Auffassung nur an, wenn er entweder keinen Antrag gestellt hat oder wenn sich aus anderen Gründen eine formelle Beschwer nicht feststellen lässt (ebenso Kopp/Schenke/Schenke Vorb. § 124 Rn. 40). 108

Maßgeblicher Zeitpunkt. Die Beschwer muss bei **Einlegung des Rechtsmittels** vorliegen, da sie sich aus dem angefochtenen Urteil ergeben muss. Eine formelle Beschwer kann nicht wirksam durch eine Klageerweiterung im Rechtsmittelverfahren herbeigeführt werden (→ § 123 Rn. 2; I R 39/11, BFH/NV 2013, 1284; IV R 25/10, BFH/NV 2014, 170); umgekehrt setzt eine wirksame Klageerweiterung ein zulässiges Rechtsmittelverfahren voraus. Die Beschwer muss außerdem im Zeitpunkt der Entscheidung über das Rechtsmittel noch vorhanden sein. Entfällt die Beschwer bis zur Entscheidung im Rechtsmittelverfahren, wird das Rechtsmittel unzulässig (str. Kopp/Schenke/Schenke Vorb. § 124 Rn. 39). Dieser Fall tritt jedoch nicht ein, da das Urteil, aus dem sich die Beschwer ergibt, bis zur Entscheidung über das Rechtsmittel nicht geändert werden darf. Entfallen kann allerdings das neben der Beschwer zu prüfende (allgemeine) **Rechtsschutzbedürfnis** (→ Rn. 26), zB im Fall der Erledigung der Hauptsache (→ § 138 Rn. 75 ff.; Tipke/Kruse/Krumm Vor § 115 Rn. 25). 109

b) Formelle Beschwer des Klägers. Formelle Beschwer. Der Kläger muss als Rechtsmittelführer grds. formell beschwert sein (→ Rn. 107). Insofern kommt es darauf an, ob er durch die vorinstanzliche Entscheidung nicht alles erlangt hat, was er beantragt hatte (→ Rn. 105). Das ist nicht nur der Fall, wenn das FG das Begehren abgelehnt, sondern auch dann, wenn es (zu Recht oder zu Unrecht) nicht darüber entschieden hat (zB BFH III R 24/08, BStBl. II 2012, 210). 112

Ausnahme. Auf die materielle Beschwer des Klägers als Rechtsmittelführers kommt es an, wenn eine formelle Beschwer ausnahmsweise nicht festgestellt werden kann. Hat das Gericht eine nicht oder **nicht wirksam erhobene Klage** (Antrag) abgewiesen, genügt es, wenn der vermeintliche Kläger materiell beschwert ist (BFH VIII R 98/85, BStBl. II 1986, 571; II R 128/91, BFH/NV 1996, 197; III R 64/90, BFH/NV 1996, 729). In diesem Fall lässt sich eine formelle Beschwer mangels Antrags nicht feststellen. Die materielle Beschwer liegt darin, dass gegen die in der gerichtlichen Entscheidung zu Unrecht als Kläger oder Antragsteller bezeichnete Person eine Entscheidung ergangen ist (BFH VIII R 397/83, BFH/NV 1989, 560; vgl. auch BGH III ZR 196/50, BGHZ 4, 328). In diesem Fall muss der Betroffene die Möglichkeit haben, das Rechtsmittel 113 einzulegen, das zur Aufhebung der Entscheidung (des Rechtsscheins) führen kann. Die materielle Beschwer ist auch dann maßgeblich, wenn der Entscheidungssatz des FG nach geltendem Recht nicht erlassen werden durfte und deshalb keine Bindungswirkung (§ 155 FGO iVm § 318 ZPO) entfaltet (zweifelhaft), aber wegen des von ihm ausgehenden Rechtsscheins die Interessen des Klägers berührt (BFH VIII R 7/97, BFH/NV 2000, 564 mwN).

114 Der **Kläger ist (formell) beschwert,** wenn das FG beispielsweise die Klage ganz oder zum Teil abgewiesen hat, nur dem **Hilfsantrag,** nicht aber dem **Hauptantrag** stattgegeben hat (BVerwG IV C 27/67, NJW 1968, 1842; BGH VIII ZR 265/56, NJW 1958, 631) oder wenn es einen Hauptantrag des Klägers nicht beschieden hat (BFH VI B 57/07, BFH/NV 2007, 2325) oder die Klage als **unbegründet statt als unzulässig** abgewiesen hat. Die Beschwer liegt dann in der weitergehenden Rechtskraftwirkung des Sachurteils (BFH IV R 68/02, BFH/NV 2005, 553).

115 Der **Kläger ist nicht beschwert,** wenn er in vollem Umfang obsiegt hat (BFH IV R 236/71, BStBl. II 1977, 62; X R 36/03, BFH/NV 2005, 682; BGH IV ZR 594/68, BGHZ 50, 261), wenn das FG der Klage aus einem anderen als dem vom Kläger geltend gemachten (BFH IV R 91/06, BFH/NV 2008, 1298; VII R 16/12, BFH/NV 2013, 1440) oder für zutr. gehaltenen (BFH X B 123–125/12, BFH/NV 2013, 1253) Rechtsgrund stattgegeben hat, soweit er den zu **schätzenden** Umfang von Besteuerungsgrundlagen in das Ermessen des Gerichts gestellt und auch keinen Schätzungsrahmen angegeben hat, von dem das FG ersichtlich abgewichen ist (BFH IV R 53/77, BStBl. II 1980, 450; BGH VI ZR 193/64, BGHZ 45, 91), soweit er erstmals im Revisionsverfahren seinen in erster Instanz gestellten Antrag erweitert (BFH GrS 2/97, BStBl. II 1990, 327; II R 81/00, BStBl. II 2003, 199) oder wenn er lediglich im Kostenausspruch unterliegt (wegen § 145).

118 **c) Materielle Beschwer des Beklagten oder Beigeladenen.** Beim **Beklagten** kommt es dagegen stets auf die **materielle Beschwer** an (stRspr BFH GrS 7/70, BStBl. II 1972, 120; IX R 6/13, BFH/NV 2014, 561). Das gilt auch für **Beigeladene.** Der Beklagte und der Beigeladene sind nicht verpflichtet, Anträge zu stellen und können durch ihre Anträge den Streitgegenstand nicht beeinflussen (→ Rn. 107 f.; HHS/Lange Vor § 115 Rn. 15). Das FA kann deshalb im Revisionsverfahren die vollständige Abweisung der Klage beantragen, auch wenn es im Klageverfahren einen eingeschränkten Antrag gestellt hatte, dem das FG vollen Umfangs entsprochen hat (BFH I R 98/10, BStBl. II 2012, 716).

119 **Ausnahme.** Auf die formelle Beschwer kommt es an, wenn eine materielle Beschwer nicht in Betracht kommt. Das ist zB der Fall, wenn die im Klageverfahren gegen einen Gewinnfeststellungsbescheid **beigeladene Personengesellschaft** (§ 48 I Nr. 1) Revision einlegt. Die Gesellschaft kann nicht materiell beschwert sein, da sie in gesetzlicher Prozessstandschaft für die von dem angefochtenen Feststellungsbescheid betroffenen Gesellschafter handelt (BFH VIII R 26/94, BStBl. II 2000, 300). Überzeugender wäre es, dem Prozessstandschafter die materielle Beschwer der unmittelbar von dem Urteil betroffenen Feststellungsbeteiligten zuzurechnen, die ihre Klagebefugnis nach dem Gesetz nicht selbst wahrnehmen können.

120 Der **Beklagte ist beschwert,** wenn das FG den angefochtenen VA ganz oder zum Teil aufgehoben oder der Verpflichtungs- oder Leistungsklage ganz oder zum Teil stattgegeben hat (BFH X R 142/94, BFH/NV 1998, 965) oder wenn es die

Klage durch **Prozessurteil** statt durch Sachurteil abgewiesen hat (BFH I R 99/06, BStBl. II 2011, 40; Eyermann/Happ VwGO § 124 Rn. 4 mwN). Das gilt nicht, wenn die Klage aus Gründen abgewiesen wurde, die auch einen Erfolg in der Sache ausschließen, zB weil die Klagefrist bereits verstrichen ist und eine Wiedereinsetzung nicht in Betracht kommt (BVerwG IV C 160.65, DÖV 1968, 732; BSG 1 RA 55/64, MDR 1966, 542; Eyermann/Happ Vor § 124 Rn. 29). Eine materielle Beschwer ist ferner zu bejahen, wenn das FG zwar nicht die Höhe der vom FA festgesetzten Steuer geändert, aber im Urteilsausspruch von der Rechtsauffassung des FA abweichende Bilanzansätze gebildet hat (BFH IV R 157/71, BStBl. II 1972, 465 und BFH VIII R 258/72, BStBl. II 1975, 206), Besteuerungsgrundlagen ausnahmsweise mit bindender Wirkung für künftige Veranlagungszeiträume festgestellt hat und wenn dadurch unter Einbeziehung künftiger Steuerfestsetzungen insgesamt eine geringere Steuer anfallen könnte (BFH IX R 158/86, BFH/NV 1991, 391), durch klageabweisendes Prozessurteil gegen einen Hinzugezogenen der Einspruchsentscheidung die Bindungswirkung für das Folgeänderungsverfahren abgesprochen hat (BFH X R 16/06, BStBl. II 2009, 732) oder den Zeitpunkt der Bekanntgabe des streitbefangenen Steuerbescheids nicht mit der öffentlichen Zustellung, sondern erst mit dem späteren Zugang einer Bescheidkopie angenommen und den Steuerbescheid folglich nicht als bestandskräftig angesehen hat (BFH X R 54/06, BStBl. II 2010, 732).

Der **Beklagte ist nicht beschwert,** wenn das FG die Klage **durch Sachurteil** **121** anstatt durch Prozessurteil abgewiesen hat (BFH II R 29/09, BFH/NV 2011, 603; IX R 6/13, BFH/NV 2014, 561: weitergehende Rechtskraft), die Klage aus einem anderen als dem vom FA vorgebrachten Grund als unbegründet abgewiesen (BFH I R 56/08, BStBl. II 2010, 492) oder die Steuer zu hoch festgesetzt hat, ohne dass dadurch eine Bindung für die Steuerfestsetzung in einem späteren Veranlagungszeitraum eintritt (BFH IX R 158/86, BFH/NV 1991, 391). An einer materiellen Beschwer fehlt es auch, wenn das FG den Bescheid über die gesonderte Feststellung der Schuldzinsen bei einem Gesamtobjekt lediglich hinsichtlich der Verteilung der Schuldzinsen geändert hat und das FA mit der Revision eine andere Verteilung der Schuldzinsen erreichen möchte (BFH IX R 6/13, BFH/NV 2014, 561).

Der **Beigeladene** muss ebenfalls materiell beschwert, aber nicht in Rechten **122** verletzt sein. Er ist schon dann materiell beschwert, wenn ihn das Urteil in seinen **rechtlichen Interessen** (vgl. § 60 I 1) berührt (BFH VIII R 114/78, BStBl. II 1981, 101; V R 94/96, BStBl. II 1997, 707; BVerwG IV C 83/66, DVBl 1969, 365; 3 C 3/95, DVBl 1997, 1324). Die rechtlichen Interessen des Beigeladenen müssen aber **steuerlicher Natur** sein (§ 60 I; BFH I R 216/82, BStBl. II 1984, 348). Eine denkbare Belastung mit zivilrechtlichen Ansprüchen genügt nicht. Der Beigeladene ist deshalb insbes. beschwert, wenn das FA aufgrund des FG-Urteils berechtigt ist, einen ihm ggü. ergangenen Steuerbescheid gem. § 174 IV und V AO zu seinen Ungunsten zu ändern (BFH VIII R 114/78, BStBl. II 1981, 101; X R 16/06, BStBl. II 2009, 732). Ist der Beigeladene nur formell beschwert, weil er mit seinen Anträgen im Verfahren vor dem FG nicht durchgedrungen ist, genügt dies nicht.

Rechtmäßigkeit der Beiladung. Fehl(t)en die Voraussetzungen für die Beila- **123** dung (§ 60), hätte der Beigeladene also nicht beigeladen werden dürfen, weil er durch die Entscheidung **unter keinem denkbaren Gesichtspunkt steuerlich betroffen** ist (vgl. § 60 I 1), ist er als (formell) Beteiligter gleichwohl berechtigt, Rechtsmittel einzulegen (→ Rn. 24). Er ist jedoch nicht beschwert. Gegen die rechtswidrige Beiladung hätte er sich mit der Beschwerde wenden können und müssen (→ § 128 Rn. 4). Die formelle Stellung als Beteiligter und die Erstreckung der Rechtskraft auf ihn (§ 110 I) genügen dagegen (anders als beim Kläger → Rn. 53) für die Annahme einer materiellen Beschwer beim (zu Unrecht) Beigeladenen nicht (BFH V R 94/96, BStBl. II 1997, 707; BVerwG IV C 83/66, BVerwGE 31, 233; IV C 29/73, BVerwGE 47, 19). Da der Beigeladene von dem Urteil (definitionsgemäß) unter keinem Gesichtspunkt betroffen sein kann, belastet ihn beides nicht.

125 **d) Beschwer der beigetretenen Behörde?** Die dem Verfahren **beigetretene Behörde** (§ 57 Nr. 4) muss wie der Beklagte und der Beigeladene keine Anträge stellen und kann durch ihren Antrag den Streitgegenstand nicht beeinflussen. Folglich müsste sie als Rechtsmittelführer **materiell beschwert** sein (→ Rn. 107). Der BFH hat es jedoch ausreichen lassen, dass sie formell beschwert war, weil sie mit einem beim FG gestellten Antrag nicht durchgedrungen war (BFH I R 14/87, BStBl. II 1990, 993). Das ist inkonsequent und beantwortet nicht die Frage, worauf abzustellen ist, wenn die Beigetretene keinen Antrag gestellt hat. Richtigerweise handelt die Beigetretene, wenn sie sich an einem finanzgerichtlichen Verfahren beteiligt, wie ein **Vertreter des öffentlichen Interesses** (vgl. § 63 Nr. 4 VwGO). Sie ist durch das Urteil weder in eigenen Rechten noch in eigenen steuerlichen Interessen verletzt; sie ist nicht „Partei“. Bei ihr ist deshalb wie bei einem Vertreter des öffentlichen Interesses eine Beschwer nicht zu fordern; sie bestimmt das öffentliche Interesse an ihrem Handeln vielmehr selbst (wie hier für Vertreter des öffentlichen Interesses: BVerwG I C 20/74, MDR 1977, 867; Eyermann/Happ Vor § 124 Rn. 23; Kopp/Schenke/Schenke Vorb. § 124 Rn. 49).

5. Rechtsschutzbedürfnis nach Erledigung der Hauptsache

130 **Vor Erlass des Urteils.** Hat es der Kläger nach Erledigung der Hauptsache in erster Instanz unterlassen, den Rechtsstreit in der Hauptsache für erledigt zu erklären und ist die Klage deshalb (kostenpflichtig als unzulässig) abgewiesen worden, ist der Kläger durch das klageabweisende Urteil zwar beschwert. Für die Durchführung des Rechtsmittels fehlt ihm aber das Rechtsschutzbedürfnis. Der Kläger hätte sein Ziel auf anderem, einfacherem Weg erreichen können. Er hätte den Rechtsstreit schon vor Ergehen der Entscheidung in erster Instanz in der Hauptsache für erledigt erklären müssen.

131 **Vor Einlegung des Rechtsmittels.** Hat sich der Rechtsstreit nach Verkündung/Zustellung des klageabweisenden Urteils, aber vor Einlegung des (vom FG zugelassenen) Rechtsmittels in der Hauptsache erledigt (insbes. durch Abhilfeentscheidung des FA), entfällt die Beschwer durch das Urteil nicht. Der Kläger kann Rechtsmittel einlegen, um den Rechtsstreit in der Hauptsache für erledigt zu erklären, auch wenn er damit nur eine abw. Entscheidung über die Kosten anstrebt (trotz § 145; BFH IX R 79/90, BFH/NV 1991, 611). Eine Überprüfung in der Sache kann er jedoch nicht mehr erreichen, da er insofern obsiegt hat. Dafür fehlt ihm das Rechtsschutzbedürfnis. Dasselbe gilt, wenn sich der Rechtsstreit vor Einlegung der NZB in der Hauptsache erledigt hat. Die Rechtsstreit kann auch im NZB-Verfahren in der Hauptsache für erledigt erklärt werden (VII B 244/10, BFH/NV 2011, 1535; → § 138 Rn. 77).

132 **Nach Einlegung des Rechtsmittels.** Erledigt sich der Rechtsstreit in der Hauptsache nach wirksamer Einlegung des Rechtsmittels, wird das (zulässige)

Rechtsmittelbegehren dadurch unzulässig (→ § 138 Rn. 75 ff.). Nicht die Beschwer, sondern das Rechtsschutzbedürfnis entfällt (BFH X R 99/91, BStBl. II 1994, 305; X R 154/95, BFH/NV 2000, 443 mwN). Der Änderungsbescheid ändert nicht etwa das angefochtene Urteil (missverständlich BFH II B 66/15, BFH/NV 2016, 1059); dies wäre allein dem Rechtsmittelgericht vorbehalten. Deshalb bleibt die Beschwer durch das Urteil bestehen. Es entfällt aber die Beschwer durch den Steuerbescheid und mit ihr das Rechtsschutzbedürfnis für die Fortsetzung des Verfahrens.

6. Feststellung der Zulässigkeitsvoraussetzungen

Die Voraussetzungen für die Zulässigkeit des Rechtsmittels hat das Rechtsmittelgericht **von Amts wegen** zu prüfen. Hinsichtlich der **Reihenfolge der Prüfung** der Zulässigkeitsvoraussetzungen gelten die Ausführungen zu den allgemeinen Sachentscheidungsvoraussetzungen entsprechend (→ Vor § 33 Rn. 6 ff.). 135

Die Feststellungslast **(Beweislast)** für das Vorliegen der Zulässigkeitsvoraussetzungen trägt der Rechtsmittelführer (BFH VIII B 3/03, BFH/NV 2003, 1441; IV R 200/85, BFH/NV 1989, 172; BGH VIII ZB 100/04, NJW 2006, 1808; HHS/Lange Vor § 115 Rn. 14). Dabei darf ihm aber nicht die Beweislast für Vorgänge im gerichtsinternen Bereich aufgebürdet werden, die er nicht aufklären kann und deren Aufklärbarkeit allein in den Verantwortungsbereich des Gerichts fällt (BFH I R 12/84, BStBl. II 1988, 111; BGH IX ZR 251/99, NJW 2000, 1872). Bei der Ermittlung, ob die Zulässigkeitsvoraussetzungen für das Rechtsmittelverfahren gegeben sind, kann das Revisionsgericht aus Gründen der Prozessökonomie nach den Grundsätzen des sog. **Freibeweises** verfahren; § 82 ist insoweit nicht anwendbar (hM, vgl. zB BFH X S 47/15, BeckRS 2016, 94691; BGH III ZB 81/04, NJW 2005, 3501 mwN; BVerwG VIII A 1/73, BVerwGE 48, 204; **aA** Kopp/Schenke/Schenke VwGO Vor § 40 Rn. 16). 136

Unterabschnitt 1. Revision

§ 115 [Zulassung der Revision]

(1) **Gegen das Urteil des Finanzgerichts (§ 36 Nr. 1) steht den Beteiligten die Revision an den Bundesfinanzhof zu, wenn das Finanzgericht oder auf Beschwerde gegen die Nichtzulassung der Bundesfinanzhof sie zugelassen hat.**

(2) **Die Revision ist nur zuzulassen, wenn**
1. **die Rechtssache grundsätzliche Bedeutung hat,**
2. **die Fortbildung des Rechts oder die Sicherung einer einheitlichen Rechtsprechung eine Entscheidung des Bundesfinanzhofs erfordert oder**
3. **ein Verfahrensmangel geltend gemacht wird und vorliegt, auf dem die Entscheidung beruhen kann.**

(3) **Der Bundesfinanzhof ist an die Zulassung gebunden.**

Vgl. § 132 VwGO; § 160 SGG; § 72 ArbGG; § 543 ZPO; § 74 II GWB; § 80 OWiG; § 100 PatG.

Literatur: seit 2010: Baumert, Nichtzulassungsbeschwerde – Darlegung und Prüfung von Revisionszulassungsgründen, MDR 2014, 1181; Birk, Ein (kritischer) Blick auf das finanzrichterliche Selbstverständnis, DStR 2018, 1; Bleschick, Die Revisionszulassungsgründe des § 115 Abs. 2 Nr. 1 u. 2 FGO im Spannungsverhältnis zwischen Individualrechtsschutz und Allgemeininteresse, 2012; Heidner, Die zulässige Nichtzulassungsbeschwerde, UStDD 16/2022, 14; Jachmann-Michel, Die erfolgreiche Beschwerde wegen Nichtzulassung der Revision zum BFH, jM 2015, 426; Jesse, Der prozessuale Rechtsschutz im Steuerrecht, FR 2024, 54; Kulosa, Zugang zum BFH bei schwerwiegenden Rechtsfehlern – Plädoyer für mehr Großzügigkeit, DStR 2013, 1523; Kummer, Die Nichtzulassungsbeschwerde, 2. Aufl. 2010; Maidowski, Die verwaltungsprozessuale Aufklärungsrüge: Sicherer Zugang zur Revisionsinstanz oder sinnlose Pflichtübung?, jM 2014, 73; Müller, Begründungsfehler bei Einlegen der Grundsatzrevision, AO-StB 2010, 308; Müller, Begründungsfehler bei der Divergenzrevision, AO-StB 2011, 49; Nacke, Verfahren vor dem BFH – Anforderungen und Fallstricke, NWB 2016, 2054, 2131; Offerhaus, Zweistufigkeit in der Finanzgerichtsbarkeit?, FR 2016, 711; Roth, Die Nichtzulassungsbeschwerde beim Bundesfinanzhof, DZWIR 2010, 61; Roth, Die Nichtzulassungsbeschwerde beim Bundesfinanzhof, NWB 2010, 276; Rüsken/Bleschick, Revisionszulassung und Revision – Eine Handreichung zu deren Begründung, DStR Beih. zu Heft 14-15/2015, 45; Stuckert, Prozessuale Dispositionen im Verfahren der Nichtzulassungsbeschwerde, ZZP 2012, 479; Thebrath, Die Revisionszulassungsgründe gemäß § 115 Abs. 2 Nrn. 1 und 2 FGO und ihre Darlegung im Rahmen der Nichtzulassungsbeschwerde, 2015; Voelzke, Fehler bei der Nichtzulassungsbeschwerde zum BSG vermeiden!, jM 2017, 372; Vollkommer, Nichtzulassungsbeschwerde – Die Beiordnung eines Notanwalts durch den BGH als Zulassungsproblem, MDR 2014, 569; Waclawik, Aufruhr im Auenland: Was wird aus der Nichtzulassungsbeschwerde?, NJW 2016, 1639; Winter, Die Nichtzulassungsbeschwerde – ein Scheinrechtsmittel, NJW 2016, 922; Wüstenberg, Revision: Die grundsätzliche Bedeutung der Rechtssache als Herausforderung, AnwBl. 2018, 94.

Übersicht

	Rn.
I. Allgemeines	1
1. Zugang zur Revision	1
2. Revisionszwecke	10
II. Statthaftigkeit der Revision (Abs. 1)	20
1. Berechtigung zur Einlegung der Revision	22
2. Mögliche Gegenstände der Revision	30
a) Urteile des Finanzgerichts	32
b) Gerichtsbescheide des Finanzgerichts	35
3. Zulassung der Revision	40
a) Zulassung durch das Finanzgericht	45
b) Zulassung durch den BFH	60
c) Wirkungen der unbeschränkten Zulassung	62
d) Beschränkung der Zulassung	70
III. Gründe für die Zulassung der Revision	80
1. Allgemeines	80
a) Neuordnung durch das 2. FGOÄndG	81
b) Verhältnis zu höherrangigem Recht	85
c) Gemeinsame Grundlagen	90
2. Grundsätzliche Bedeutung (Abs. 2 Nr. 1)	100
a) Begriff	100
b) Rechtsentwicklung, Allgemeines	102
c) Verhältnis zu anderen Zulassungsgründen	107

Rn.
d) Rechtssache, Rechtsfrage, Entscheidungserheblichkeit 110
e) Grundsätzliche Bedeutung 125
f) Klärungsbedürftigkeit 140
g) Klärungsfähigkeit 150
3. Rechtsfortbildung (Abs. 2 Nr. 2 Fall 1) 160
4. Sicherung der Rechtseinheit (Abs. 2 Nr. 2 Fall 2) 170
a) Allgemeines 170
b) Zulassung wegen Abweichung (Divergenz) 180
aa) Mögliche Divergenzentscheidungen 185
bb) Entscheidung über eine entscheidungserhebliche Rechtsfrage 190
cc) Abstrakter Obersatz 195
dd) Abweichung im Grundsätzlichen, maßgeblicher Zeitpunkt 200
ee) Identität der Rechtsfrage 208
ff) Gleicher oder vergleichbarer Sachverhalt 210
gg) Erforderlichkeit einer Entscheidung des BFH 212
c) Zulassung bei qualifizierten Rechtsfehlern 220
aa) Allgemeines 220
bb) Objektive Willkür 230
cc) Greifbare Gesetzwidrigkeit 242
dd) Offensichtlichkeit des Rechtsfehlers 244
ee) Erforderlichkeit einer Entscheidung des BFH 246
5. Verfahrensmangel (Abs. 2 Nr. 3) 250
a) Allgemeines 250
b) Begriff, unbeachtliche Verfahrensmängel 255
c) Abgrenzung zum materiellen Rechtsfehler 265
aa) Tatsachenfeststellung, tatsächliche Überzeugungsbildung . 267
bb) Verletzung von Vorlagepflichten 272
cc) Fassung des Urteils 275
dd) Inhalt des Urteils 282
d) Geltendmachen, Verlust des Rügerechts 285
e) Vorliegen des Verfahrensmangels 300
f) Erheblichkeit des Verfahrensmangels 303
g) Ergebnisrichtigkeit 309
h) ABC Verfahrensmängel 310
IV. Bindung des BFH an die Zulassungsentscheidung (Abs. 3) 311

I. Allgemeines

1. Zugang zur Revision

Abs. 1 regelt die **Statthaftigkeit der Revision** in persönlicher (Berechtigung zur Einlegung der Revision), sachlicher (Gegenstand der Revision) und verfahrensmäßiger Hinsicht (Zulassung). Die Revision ist nur noch statthaft, wenn sie ua zuvor vom FG oder auf Beschwerde vom BFH zugelassen worden ist **(Zugangsschranke).** Eine zulassungsfreie Revision gibt es nicht mehr. Zur Statthaftigkeit der Rechtsmittel allg. → Vor § 115 Rn. 70 ff. Ist die Revision statthaft, prüft der BFH weiter, ob sie zulässig ist (§ 124 I). Andernfalls verwirft er sie als unzulässig (§ 126 I). 1

2 **Abs. 2** zählt abschließend die Voraussetzungen auf, unter denen die Revision zugelassen wird **(Zulassungsgründe).** Die Revision ist danach zuzulassen, wenn die Rechtssache grundsätzliche Bedeutung hat (Abs. 2 Nr. 1), wenn eine Entscheidung des BFH zur Fortbildung des Rechts oder zur Sicherung einer einheitlichen Rechtsprechung erforderlich ist (Abs. 2 Nr. 2) oder wenn ein Verfahrensmangel geltend gemacht wird und vorliegt, auf dem die angefochtene Entscheidung beruhen kann (Abs. 2 Nr. 3).

3 Nach **Abs. 3** ist der BFH an die Zulassungsentscheidung des FG gebunden. Die Vorschrift ordnet außerdem an, dass gegen die Zulassung der Revision ein Rechtsmittel nicht gegeben ist.

5 **Zulassungsverfahren.** Über die Zulassung der Revision entscheidet das FG vAw; ein Antrag ist nicht erforderlich. Lässt das FG im Urteil die Revision zu, ist der BFH daran gebunden (Abs. 3). Lässt das FG die Revision nicht zu, kann der Beteiligte, der Revision einlegen möchte, gegen die Entscheidung Beschwerde zum BFH erheben (NZB, § 116). Gegenstand der NZB ist die Frage, ob das FG die Zulassung der Revision zu Recht abgelehnt hat. Im Beschwerdeverfahren geht es nur um die Frage, ob (mindestens) ein Grund für die Zulassung der Revision vorliegt. Soweit eine inhaltliche Überschneidung nicht vorliegt, geht es nicht darum, ob das FG in der Sache richtig entschieden hat. Im NZB-Verfahren entscheidet der BFH grds. nur über die Zulassung der Revision (Ausnahme: Verfahrensmangel, § 116 VI).

6 **Einlegung der Revision.** Hat das FG die Revision zugelassen, muss sie gemäß § 120 eingelegt werden. Hat der BFH die Revision zugelassen, wird das Verfahren als Revisionsverfahren fortgesetzt; der Einlegung einer Revision durch den Beschwerdeführer bedarf es nicht (§ 116 VII 1). Die Zulassung der Revision wirkt für und gegen alle Beteiligte. Beteiligte, die keine NZB eingelegt hatten, müssen, wenn sie nach der Zulassung ebenfalls Revision einlegen wollen, § 120 beachten. Die Frist zur Einlegung beginnt dann mit der Zustellung der Entscheidung des BFH über die Zulassung der Revision (§ 116 VII 2).

8 **Andere Prozessordnungen** enthalten ebenfalls Regelungen über die Zulassung von Rechtsmitteln (Kummer Die Nichtzulassungsbeschwerde, 2. Aufl. 2010). Der Gesetzgeber hat sich flächendeckend für die Zulassungsschranke entschieden. Der Zugang ist allerdings nicht einheitlich geregelt. Die grundsätzliche Bedeutung der Rechtssache und Divergenz sind als Revisionszulassungsgründe in allen Prozessordnungen verankert; darüber hinaus bestehen jedoch Unterschiede. Dies beruht im Wesentlichen auf der historischen Entwicklung. Eine konsequente Vereinheitlichung ist bisher ausgeblieben. Das mag man bedauern (kritisch insbes. HHS/Lange § 115 Rn. 10); eine rechtliche Relevanz hat dieser Befund jedoch nicht.

2. Revisionszwecke

10 **Grundlagen.** Ob der Gesetzgeber einen Instanzenzug (→ Vor § 115 Rn. 18 ff.) und ob er insbes. das Rechtsmittel der Revision eröffnet, steht grds. in seinem freien Ermessen. Er kann das Verfahren dementsprechend weitestgehend nach seinen **Zweckmäßigkeitsvorstellungen** ausgestalten (BVerfG 1 PBvU 1/79, BVerfGE 54, 277; BT-Drs. 14/4061, 6). Welche Zwecke der Gesetzgeber mit der Eröffnung des Revisionsverfahrens verfolgt, ergibt sich va aus den Regeln, die er für den Zugang zur Revision und zur Ausgestaltung des Rechtsmittels geschaffen hat.

Individualrechtsschutz. Die Revision dient dem individuellen Rechtsschutz. Sie ist, soweit sie zugelassen ist, ein echtes Rechtsmittel. Entschieden wird der Fall, nicht die „Rechtsfrage“ (BVerfG 1 PBvU 1/79, BVerfGE 54, 277). Die Revision ermöglicht nicht nur die Aufhebung des angefochtenen Urteils, sondern auch eine anderweitige Entscheidung in der Sache (→ Vor § 115 Rn. 12). Die Einleitung des Revisionsverfahrens liegt ebenso wie seine Beendigung zB durch Rücknahme des Rechtsmittels in den Händen des Revisionsklägers (Dispositionsmaxime). Die Zulässigkeit des Rechtsmittels ist von der Beschwer des Revisionsklägers abhängig (→ Vor § 115 Rn. 112 ff.). Der Revisionskläger bestimmt auch den Gegenstand des Verfahrens. Das Revisionsgericht kann nur innerhalb der Revisionsanträge der Beteiligten über den Rechtsstreit entscheiden (→ § 96 Rn. 46). Die Entscheidung über die Revision bewirkt Rechtskraft zwischen den Beteiligten. Die Kosten der Revision sind Kosten des Rechtsstreits und als solche vom unterliegenden Beteiligten zu tragen (§ 135). 11

Allgemeininteresse. Die Revision dient daneben auch dem Allgemeininteresse an der Wahrung der Rechtseinheit (einheitliche Rechtsprechung) und Rechtsfortbildung. Das ergibt sich aus der Konzentration der funktionellen Zuständigkeit für die Revision bei den obersten Bundesgerichten, der Beschränkung des revisiblen Rechts (§ 118 I), der grundsätzlichen Bindung des Revisionsgerichts an die tatsächlichen Feststellungen des FG (§ 118 II), der Bindung des BFH an die Revisionszulassung durch das FG (§ 115 III) und va aus der Beschränkung des Zugangs zum Revisionsgericht durch die Zulassungsgründe der grundsätzlichen Bedeutung und der Divergenz. Sie bringen zum Ausdruck, dass die Revision nicht allein dem Individualrechtsschutz, sondern auch übergeordneten Interessen dienen soll (vgl. BVerfG 1 PBvU 1/79, BVerfGE 54, 277). Der BFH soll als Revisionsgericht eine möglichst große Wirkungsbreite erzielen (BT-Drs. 14/4061, 6). 13

Verhältnis der Revisionszwecke. Beide Revisionszwecke – Wahrung der Einzelfallgerechtigkeit und des Allgemeininteresses an der Rechtsfortbildung und Rechtseinheit – stehen nach der Rspr. des BVerfG **gleichberechtigt** nebeneinander (BVerfG 2 BvR 831/76, BVerfGE 49, 148; 1 PBvU 1/79, BVerfGE 54, 277; BT-Drs. 14/4061, 6). Der FGO-Gesetzgeber geht demgegenüber davon aus, dass das Individualinteresse im Zweifel hinter dem Allgemeininteresse zurückzutreten hat (BT-Drs. 14/4061, 6). 15

Verfahrensaufsicht. Neben den klassischen Revisionszwecken bewirkt die Eröffnung einer nur auf Verfahrensmängel gestützten Revision oder NZB (vgl. § 116 VI) eine gewisse **Disziplinierung** der FG bei der Anwendung des Verfahrensrechts. Dies ist gewollt. Den BFH trifft in dieser Hinsicht auch eine **Verantwortung.** Insbesondere das gerichtliche (Erkenntnis-)Verfahren der Tatsachenaufklärung und -würdigung bedarf im zweistufigen System der FGO einer möglichst breiten effektiven Fehlerkontrolle. Es ist nicht erforderlich, dass eine Verfahrensfrage aus rechtlichen Gründen von allgemeinem Interesse ist (Divergenz, Rechtsfortbildung). Insofern genügt vielmehr die unrichtige Anwendung einer Verfahrensnorm im Einzelfall. Zwar findet auch insofern eine echte „Aufsicht“ nicht statt (→ Vor § 115 Rn. 1); der BFH darf insbes. nicht vAw tätig werden. Der Kläger muss den Verfahrensmangel idR schon beim FG gerügt haben. Andernfalls droht ihm der Rügeverlust (§ 155 FGO iVm § 294 ZPO). Er muss den Verfahrensmangel außerdem beim BFH geltend machen und darlegen (§ 116 III 3), dh er muss die prozessualen Tatsachen angeben, aus denen sich (nach seiner Rechtsauffassung) der Mangel ergibt (§ 120 III Nr. 2 Buchst. b). Verstöße gegen die sog. 17

Grundordnung des Verfahrens berücksichtigt der BFH im Rahmen einer zulässigen Revision oder NZB jedoch auch ohne entsprechende Rüge.

II. Statthaftigkeit der Revision (Abs. 1)

20 **Überblick.** Nach Abs. 1 ist die Revision nur statthaft, wenn sie von einer dazu berechtigten Person eingelegt worden ist (→ Rn. 22 ff.), sich gegen eine Entscheidung richtet, gegen die das Rechtsmittel der Revision gegeben ist (→ Rn. 30 ff.) und wenn die Revision zuvor zugelassen worden ist (→ Rn. 40 ff.). Zur Statthaftigkeit von Rechtsmitteln allg. → Vor § 115 Rn. 70 ff.; zu den Rechtsfolgen bei fehlender Statthaftigkeit → Vor § 115 Rn. 75.

1. Berechtigung zur Einlegung der Revision

22 **Allgemeines.** Die Revision steht **den Beteiligten** zu; sie ist deren Recht (→ Vor § 115 Rn. 74). Nur die von einem Berechtigten eingelegte Revision ist statthaft. Berechtigt sind alle Beteiligten, aber auch nur diese. Mit dem Rechtsmittel soll eine zwischen bestimmten Personen ergangene Entscheidung der Vorinstanz nachgeprüft werden (BFH VIII R 41/96, BFH/NV 1997, 128; III B 115/03, BFH/NV 2005, 713; HHS/Lange § 115 Rn. 40); neue Beteiligte soll es im Revisionsverfahren grds. nicht geben (Ausnahmen: notwendige Beiladung, Beitritt). Maßgeblich ist, wer am **Verfahren erster Instanz** beteiligt war (BFH III R 49/13, BStBl. II 2017, 37). Daraus erwächst die Berechtigung zur Einlegung der Revision. Wer nicht an diesem Verfahren beteiligt war, ist nicht berechtigt, Revision gegen das Urteil einzulegen (BFH IX R 33/12, BFH/NV 2014, 557), etwa der vollmachtlose Vertreter, dem das FG die Kosten des Verfahrens auferlegt hat (BFH IV B 85/10, BFH/NV 2012, 585). Auf § 122 kommt es in diesem Zusammenhang nicht an. Die Vorschrift setzt die wirksame Einlegung der Revision voraus und regelt nicht, wer zur Einlegung der Revision berechtigt ist. Auf das Recht, Revision einlegen zu dürfen, darf der Berechtigte nicht verzichtet haben (→ Vor § 115 Rn. 80 ff.).

23 **Erweiterter Beteiligtenbegriff.** Der Beteiligtenbegriff in § 115 I 1 verweist zunächst auf § 57. Er ist jedoch weiter. § 57 bestimmt, wer am Verfahren beteiligt ist, regelt aber nicht, wer Rechtsmittel einlegen kann, wenn das FG § 57 verkannt hat. In diesem Fall ergibt sich aus § 57, wen das FG richtigerweise als Beteiligten hätte ansehen müssen. Berechtigt, Revision einzulegen, sind im Grundsatz jedoch auch diejenigen Personen oder Behörden, die das Gericht (entgegen § 57) als Beteiligte angesehen hat, sofern ihnen das Recht zugestanden wird, die zu Unrecht gegen sie ergangene Entscheidung aufheben zu lassen.

24 **Tatsächlich Beteiligte.** Nach der Rspr. kommt es darauf an, wer in der Vorinstanz am Verfahren tatsächlich beteiligt war (zB BFH IV R 83/92, BStBl. II 1995, 488; I B 72/12, BFH/NV 2013, 565). Die Formulierung ist missverständlich, weil die Beteiligung am Verfahren nicht in erster Linie eine Tatsache ist, sondern ein Rechtsverhältnis. Sie verschleiert außerdem, worauf es ankommt. Vorab ist zu unterscheiden zwischen Fehlern des Gerichts bei der **Bestimmung** der als Beteiligte behandelten Personen und deren **Bezeichnung.** Hat das FG die richtige Person als Beteiligten behandelt, diese aber im Verfahren/Urteil fehlerhaft bezeichnet, kann es das Rubrum jederzeit vAw nach § 107 berichtigen. Die (vorherige) Berichtigung ist nicht Voraussetzung für die Berechtigung zur Einlegung der Revision. Nach Einlegung der Revision steht das Recht zur Berichti-

gung des Rubrums dem BFH zu (→ § 107 Rn. 10). Hat das FG dagegen einen Hauptbeteiligten (Kläger, Beklagten) unzutreffend bestimmt (zB weil es die Klageschrift unrichtig verstanden hat), ist neben dem richtigen Hauptbeteiligten auch die Person zur Einlegung der Revision berechtigt, die das Gericht **zu Unrecht als Hauptbeteiligten behandelt** hat (formelle Beteiligtenstellung; → Vor § 115 Rn. 74; BFH VIII R 24/92, BFH/NV 1994, 763). Dasselbe gilt, wenn das FG einen **gesetzlichen Beteiligtenwechsel** (→ § 63 Rn. 20) übersehen und den ursprünglichen Hauptbeteiligten weiterhin im Rubrum aufgeführt hat (BFH VIII R 33/20, BStBl. II 2023, 663). Sofern nicht lediglich eine Fehlbezeichnung vorliegt, sind sowohl die Person, die das FG im Urteil zu Unrecht als Beteiligten aufgeführt hat, als auch der nach dem gesetzlichen Beteiligtenwechsel richtige Beteiligte berechtigt, gegen das Urteil Revision einzulegen (BFH IV R 83/92, BStBl. II 1995, 488). Wer vom Gericht zu Unrecht als Hauptbeteiligter (Kläger oder Beklagter, nicht Beigeladener oder beigetretene Behörde) behandelt worden ist, soll die Möglichkeit haben, das ihm gegenüber zu Unrecht ergangene Urteil beseitigen zu lassen.

Kläger iSd § 57 ist, wer die Klage erhoben hat oder in wessen Namen sie erhoben worden ist (→ § 57 Rn. 33). Das ergibt sich (allein) aus der Klageschrift (Dispositionsbefugnis). Sie ist im Zweifel auszulegen. Der Kläger ist stets zur Einlegung der Revision berechtigt. Das gilt auch, wenn das FG zu Unrecht eine andere Person „tatsächlich" als Kläger behandelt hat, der (eigentliche) Kläger am Verfahren also nicht „tatsächlich" beteiligt war (BFH I B 72/12, BFH/NV 2013, 565). In diesem Fall ist allerdings auch die vom FG zu Unrecht als Kläger behandelte Person berechtigt, Revision einzulegen (→ Rn. 24). Welche Person das FG als Kläger behandelt hat, ergibt sich in erster Linie aus dem Rubrum des Urteils, aber auch aus den Gerichtsakten und gerichtlichen Schriftstücken. **25**

Beklagter iSd § 57 ist, gegen wen das Rechtsschutzbegehren gerichtet war (→ § 57 Rn. 42), nicht jedoch gegen wen es hätte gerichtet werden müssen. Gegen wen die Klage gerichtet ist, ergibt sich aus der Klageschrift. Ist die Klage gegen die falsche Person oder Behörde gerichtet, ist sie unbegründet (fehlende Passivlegitimation). Die Person oder Behörde, gegen die die Klage richtigerweise hätte gerichtet werden müssen, wird nicht Beteiligte des Verfahrens. Revision kann (nur) die Person oder Behörde einlegen, die in der Klageschrift (wenn auch zu Unrecht) als Beklagter bezeichnet worden ist. Hat das FG irrtümlich eine andere als die in der Klage bezeichnete Person oder Behörde als Beklagten behandelt und „tatsächlich" am Verfahren beteiligt, ist neben dem richtigen Beklagten auch diese Person oder Behörde berechtigt, gegen das Urteil Revision einzulegen (BFH IV R 83/92, BStBl. II 1995, 388; → Rn. 24). **26**

Beigeladener iSd § 57 ist, wer durch **Beschluss des Gerichts** zum Verfahren beigeladen worden ist. Die Stellung als Beigeladener kann im finanzgerichtlichen Verfahren nicht durch Prozesserklärung begründet werden (→ § 57 Rn. 44; § 60; keine Streitverkündigung, keine Nebenintervention). Der Beiladungsbeschluss muss wirksam sein. Entfaltet er, zB mangels wirksamer Bekanntgabe keine Rechtswirkungen, entsteht die Beteiligtenstellung nicht. Welche Person beigeladen worden ist, muss im Zweifel durch Auslegung des Beiladungsbeschlusses geklärt werden. Auch wer wirksam, aber **zu Unrecht beigeladen** worden ist, ist Beteiligter iSd § 57 und als solcher zur Einlegung der Revision befugt (BFH IV R 146/78, BStBl. II 1982, 506). Das Rechtsmittel eines zu Unrecht Beigeladenen wird jedoch idR wegen fehlender Beschwer unzulässig sein (→ Vor § 115 Rn. 123). Hat das Gericht eine Person als Beigeladenen behandelt, obwohl es sie nicht **27**

durch Beschluss beigeladen hatte, kann die Person als formell Beteiligter Revision einlegen (→ Rn. 24). Für die Beschwer kommt es darauf an, ob die Person als Beteiligter hätte beigeladen werden müssen. Wer nicht beigeladen worden ist, ist nicht Beteiligter, auch wenn er (notwendig) hätte beigeladen werden müssen (BFH II R 129/73, BStBl. II 1975, 40; IX R 124/90, BFH/NV 1991, 545).

28 **Beigetretene Behörde.** Die Beteiligtenstellung iSd § 57 hängt davon ab, dass eine dazu berechtigte Behörde (§ 122 II 1, 2) von ihrem Recht zum Beitritt Gebrauch gemacht und ihren **Beitritt erklärt** hat (§ 122 II 4). Hat das FG den Beitritt zu Unrecht als unwirksam erachtet und war die beigetretene Behörde deshalb nicht „tatsächlich" am Verfahren beteiligt, kann sie als Beteiligte iSd § 57 gleichwohl Revision gegen das Urteil einlegen. Ist das FG zu Unrecht von einem (wirksamen) Beitritt ausgegangen, kann die Behörde nach den allgemeinen Grundsätzen als formell Beteiligte Revision einlegen (→ Rn. 24). Das gilt auch, wenn sie sich nicht aktiv am Verfahren beteiligt und zB keine eigenen Anträge gestellt hat. Zur Beschwer der beigetretenen Behörde → Vor § 115 Rn. 125. Hat die Behörde ihren Beitritt nicht (wirksam) erklärt und hat sie das FG auch nicht als Beteiligte behandelt, kann sie nicht selbst Revision einlegen. Sie kann aber im Revisionsverfahren eines anderen Beteiligten ihren Beitritt erklären.

29 **Rechtsfolgen.** Die Berechtigung zur Einlegung der Revision ist notwendige Voraussetzung für die Statthaftigkeit der Revision. Die von einem Nichtberechtigten eingelegte Revision ist nicht statthaft (zu den Rechtsfolgen bei fehlender Statthaftigkeit → Vor § 115 Rn. 71). Die Berechtigung ist aber eher abstrakter Natur. Sie umfasst insbes. nicht die Befugnis, die Revision selbst einzulegen. Dafür ist als weitere persönliche Voraussetzung **Postulationsfähigkeit** erforderlich. Wer nicht selbst postulationsfähig ist, muss sich vor dem BFH vertreten lassen (§ 62). Ferner müssen die allg. **Prozesshandlungsvoraussetzungen** vorliegen (→ Vor § 33 Rn. 30 ff.), um wirksam Revision einlegen zu können. Zulässig ist die Revision nur, wenn ferner idR eine **Beschwer** vorliegt (→ Vor § 115 Rn. 100 ff.).

2. Mögliche Gegenstände der Revision

30 Nach Abs. 1 ist die Revision gegeben gegen **„das Urteil des Finanzgerichts (§ 36 Nr. 1)".** Gemäß § 36 Nr. 1 entscheidet der BFH über das Rechtsmittel der Revision gegen (1) Urteile des Finanzgerichts und (2) gegen Entscheidungen, die Urteilen des Finanzgerichts gleichstehen. Beide Klassen von Entscheidungen sind mögliche Gegenstände eines Revisionsverfahrens. Maßgeblich ist die Form der Entscheidung. Zur Statthaftigkeit der Revision gegen sog. **inkorrekte Entscheidungen** → Vor § 115 Rn. 90 ff.

32 **a) Urteile des Finanzgerichts. Urteile.** Im finanzgerichtlichen Verfahren können grds. **alle Arten von Urteilen** mit der Revision angefochten werden. Der Form nach muss es sich um eine Entscheidung iSv § 105 handeln. Inhaltlich ist eine Beschränkung auf Endurteile und diesen ausdrücklich gleichgestellte Zwischenurteile (wie in der ZPO; vgl. § 542, § 280, § 304 II ZPO) nicht vorgesehen. Mögliche Gegenstände eines Revisionsverfahrens sind danach

- Endurteile,
- Teilurteile (§ 98; BFH IX R 92/91, BStBl. II 1994, 403; VI R 148/01, BFH/NV 2004, 527),
- Ergänzungsurteile nach § 109 (BFH X B 120/03, BeckRS 2003, 25002581; VIII R 82–83, BFH/NV 1992, 670),

– Zwischenurteile über die Zulässigkeit der Klage nach § 97 (BFH I R 24/85, BStBl. II 1989, 369),
– Zwischenurteile (Grundurteile) nach § 99 I (BFH VIII R 35/91, BFH/NV 1993, 316; II B 112/94, BFH/NV 1995, 1070),
– Zwischenurteile nach § 99 II (BFH VIII B 52/05, BFH/NV 2006, 1155; III R 22/06, BFH/NV 2009, 1087; **aA** May, Die Revision in den zivil- und verwaltungsgerichtlichen Verfahren, 2. Aufl. 1997, Kap. IV Rn. 25).

Ausnahmen. Nicht statthaft ist die Revision gegen sog. **unselbständige Zwi-** 33
schenurteile nach § 155 FGO iVm § 303 ZPO; diese können nur zusammen mit dem Endurteil angefochten werden. Im finanzgerichtlichen Verfahren ergeht, soweit über einen die Zulässigkeit der Klage betreffenden Zwischenstreit zu entscheiden ist, ein (selbständiges) Zwischenurteil iSv § 97 (→ § 97 Rn. 4). Aufgrund gesetzlicher Anordnung nicht anfechtbar sind die Entscheidung, dass eine Klageänderung nicht vorliegt oder zuzulassen ist (§ 67 III; BFH I R 24/85, BStBl. II 1989, 369; X B 151/11, BeckRS 2013, 94433), und die Entscheidung, mit der Wiedereinsetzung gewährt wird (§ 56 V), soweit sie in der Form eines Zwischenurteils ergeht (→ § 56 Rn. 65).

b) Gerichtsbescheide des Finanzgerichts. Gerichtsbescheide stehen den 35
Urteilen des FG iSv § 36 Nr. 1 gleich, denn ein Gerichtsbescheid wirkt als Urteil (§ 90a III Hs. 1). Etwas anderes (keine Revision) gilt für Gerichtsbescheide, die **im vorbereitenden Verfahren** (§ 79a I, II) ergangen sind. Sie wirken zwar ebenfalls als Urteil, sofern ein Antrag auf mündliche Verhandlung nicht (rechtzeitig) gestellt worden ist. Gegen sie ist jedoch nur der Antrag auf mündliche Verhandlung gegeben (§ 79a II 2). Diese Regelung geht dem Grundsatz, wonach Gerichtsbescheide den Urteilen gleichstehen, als lex specialis vor.

Statthaft. Die Revision ist danach gegeben gegen Gerichtsbescheide des Senats 36
(§ 90a II 2), des fakultativen Einzelrichters (§ 6 iVm § 90a I; BFH VI R 7/99, BeckRS 1999, 25004637) oder des konsentierten Einzelrichters (Vorsitzender oder Berichterstatter, § 79a III, IV). Der fakultative Einzelrichter ist das Gericht der Hauptsache. Er kann im vorbereitenden Verfahren (§ 79a I; → Rn. 26) oder zur Beendigung des Verfahrens (§ 90a) einen Gerichtsbescheid erlassen. Im zweiten Fall ist die Revision statthaft. Entsprechendes gilt für den konsentierten Einzelrichter (§ 79a III). Er ist (potentiell) Gericht der Hauptsache. An die Zustimmung der Beteiligten ist er zwar nicht gebunden (→ § 79a Rn. 28). Hat er jedoch (nach seinem Ermessen) von der Ermächtigung, allein zu entscheiden, Gebrauch gemacht (vgl. BFH IX B 34/03, BStBl. II 2003, 858), kann er entweder im vorbereitenden Verfahren (§ 79a I; → Rn. 26) oder zur Beendigung des Verfahrens (§ 90a) einen Gerichtsbescheid erlassen. Nur im zweiten Fall ist die Revision gegeben.

Nicht statthaft. Gegen Gerichtsbescheide, die (erkennbar) im vorbereitenden 37
Verfahren ergangen sind (§ 79a I), ist nur der Antrag auf mündliche Verhandlung gegeben (§ 79a II 2). Das gilt für Gerichtsbescheide, die der Vorsitzende oder der Berichterstatter (§ 79a II 1, IV; BFH XI R 76/98, BeckRS 1999, 25003626) erlassen haben, aber auch für Gerichtsbescheide, die der fakultative Einzelrichter (§ 6; BFH VI R 85/98, BStBl. II 1999, 302; XI R 71/98, BeckRS 1999, 25003636) oder der konsentierte Einzelrichter (§ 79a III) im vorbereitenden Verfahren erlassen haben. Die Revision ist in diesem Fall auch dann nicht gegeben, wenn sie im Gerichtsbescheid zu Unrecht zugelassen worden ist. § 79a II 2 ist zwingendes Recht. Aus dem Gerichtsbescheid muss sich aber unmissverständlich

ergeben, dass es sich um eine im vorbereitenden Verfahren ergangene Entscheidung handelt. Das gebietet der Grundsatz der Rechtsmittelklarheit (→ Vor § 115 Rn. 31). Anders wäre für die Beteiligten nicht erkennbar, welches Rechtsmittel gegeben ist (zutr. BFH IX R 58/93, BStBl. II 1994, 571).

38 **Meistbegünstigung.** Ist nicht eindeutig zu erkennen, ob ein Gerichtsbescheid im vorbereitenden Verfahren ergangen ist, ist im Zweifel auch die Revision gegeben (§ 90a II 2). Entsprechendes gilt (Revision statthaft), wenn der Gerichtsbescheid nicht eindeutig erkennen lässt, auf welcher verfahrensrechtlichen Grundlage der Einzelrichter entschieden hat und wenn bei richtiger Sachbehandlung (nach mündlicher Verhandlung vor dem Senat) der Senat hätte entscheiden müssen (§ 103; BFH IX R 58/93, BStBl. II 1994, 571; → Vor § 115 Rn. 93).

39 **Teilanfechtung.** Der Revisionsführer muss nicht immer das Urteil insgesamt angreifen. Er kann uU sein Revisionsbegehren auf einzelne Streitgegenstände oder selbständige Streitgegenstandsteile begrenzen (→ Rn. 70 ff.) und iÜ Teilbestandskraft herbeiführen (→ § 120 Rn. 57). Eine wirksame Begrenzung ist allerdings nur anzunehmen, soweit eindeutig ein **Rechtsmittelverzicht** (→ Vor § 115 Rn. 80 ff.) erklärt worden ist (BFH X B 28/24, BFH/NV 2024, 1427). Insofern geht es jedoch nicht um die Statthaftigkeit der Revision, sondern um das vom Kläger bestimmte Revisionsziel.

3. Zulassung der Revision

40 **Zulassung.** Die Revision ist nur statthaft, wenn sie vom FG oder auf Beschwerde vom BFH zuvor zugelassen worden ist (Zulassungsschranke). Die Streitwertrevision ist „endgültig" (BT-Drs. 14/4061, 7) abgeschafft (→ Vor § 1 Rn. 12); entfallen ist auch die zulassungsfreie Revision in Zolltarifsachen (§ 116 aF). Der Zugang zur Revision unterliegt danach ausnahmslos einer richterlichen Zugangskontrolle. Die Zulassungsgründe ergeben sich abschließend aus Abs. 2. An die Zulassung ist der BFH gebunden, Abs. 3.

41 **Zweck.** Das Zulassungsverfahren dient der sachgerechten und gleichmäßigen Steuerung des Zugangs zum BFH. Nicht alle Fälle, in denen der unterlegene Beteiligte die Entscheidung des FG für unrichtig hält, können vom BFH überprüft werden. Die Revisionsziele (→ Rn. 10 ff.) sind nur erreichbar, wenn der Zugang zum BFH **effektiv begrenzt** ist. Bei der Neuordnung des Zulassungsverfahrens hat sich der Gesetzgeber von der Vorstellung leiten lassen, dass der Zugang zur Revision in erster Linie am Zweck des Rechtsmittels ausgerichtet sein soll. Das individuelle Interesse der Parteien an der Richtigkeit der sie betreffenden Entscheidung (Eigenbedeutung der Rechtssache) müsse im Zweifel zurücktreten hinter den vorrangigen Revisionszweck der Wahrung der Rechtseinheit und der Fortbildung des Rechts (vgl. BT-Drs. 14/4061, 6).

42 Das **Zulassungserfordernis** (§ 115 I) ist **verfassungsgemäß.** Entschließt sich der Gesetzgeber, einen Rechtsmittelzug einzurichten, so hat er weitgehende Freiheit, den Zugang zum Rechtsmittelgericht wie den Verfahrensgang nach seinen Zweckmäßigkeitsvorstellungen auszurichten. Der Gesetzgeber darf den Zugang zur Revision von besonderen Voraussetzungen abhängig machen und ihn va im Interesse der Funktionsfähigkeit des Revisionsgerichts effektiv begrenzen (→ Vor § 115 Rn. 20). Durch das Zulassungserfordernis wird der BFH nicht nur vor übermäßigem Arbeitsanfall bewahrt. Die Zulassungsgründe sorgen für eine auf Sachgründen beruhende Auswahl der im Revisionsverfahren zu entscheidenden Fälle. Das Zulassungsverfahren gewährleistet bei sachgerechter Handhabung in

besonderem Maße auch die Verwirklichung der Revisionsziele (→ Rn. 6). Die Streitwertrevision berücksichtigte dagegen nur das Individualinteresse des Rechtsmittelklägers an der Entscheidung seines Falls; ihre Wiedereinführung ist verfassungsrechtlich jedenfalls nicht geboten.

a) Zulassung durch das Finanzgericht. Zuständig für die Entscheidung über die Zulassung der Revision ist in erster Linie **das Finanzgericht.** Nur wenn das FG die Zulassung abgelehnt oder eine Entscheidung über die Zulassung nicht getroffen hat, kann auf Beschwerde nach § 116 eine Entscheidung des BFH über die Zulassung der Revision herbeigeführt werden. Beim FG entscheidet der Spruchkörper in der für die Hauptsache geltenden Besetzung, ggf. also auch der **Einzelrichter** (vgl. BGH VIII ZR 286/02, NJW 2003, 2900). 45

Gegenstand des Zulassungsverfahrens ist allein, ob die Revision zugelassen wird. Das FG muss prüfen und entscheiden, ob das Rechtsmittel der Revision gegen seine Entscheidung an sich gegeben ist (→ Rn. 30 ff.) und ob ein Zulassungsgrund vorliegt (Abs. 2). Das geschieht **von Amts wegen.** Ein Antrag ist nicht erforderlich. Gleichwohl erscheint es zweckmäßig, bereits im finanzgerichtlichen Verfahren die Zulassung der Revision anzuregen oder sie sogar zu beantragen (Begründungspflicht bei Ablehnung, → Rn. 56). Der Antrag löst keine zusätzlichen Kosten aus, auch wenn ihm nicht stattgegeben wird. Statistisch werden die meisten Revisionen durch die FG zugelassen. Außerdem muss der potentielle Rechtsmittelführer vor dem FG die Gründe für die Zulassung der Revision weder geltend machen noch ihre Voraussetzungen darlegen (§ 116 III 3). Er ist aber auch nicht daran gehindert. 47

Gebundene Entscheidung. Ergibt die Prüfung des FG, dass die Revision an sich gegeben ist und dass ein Zulassungsgrund iSd § 115 II vorliegt, muss es die Revision zulassen. Ein Ermessen besteht insoweit nicht. Dies wäre mit dem Grundsatz der Rechtsmittelklarheit (→ Vor § 115 Rn. 31) nicht vereinbar. Andernfalls darf das FG die Revision nicht zulassen. In diesem Fall lehnt das FG die Zulassung der Revision ab oder es trifft darüber keine Entscheidung. Auch in diesem Fall hat es die Revision nicht zugelassen. Zur Beschränkung der Zulassung → Rn. 70 ff. Eine vorherige **Anhörung** der Beteiligten ist in keinem Fall erforderlich. 48

Entscheidung über die Zulassung. Will das FG die Revision zulassen, muss es darüber ausdrücklich entscheiden (§ 115 I 1: „zugelassen hat"). Die positive Entscheidung über die Zulassung muss **ausdrücklich** und klar **erkennbar** ausgesprochen werden (BFH X R 12/04, BeckRS 2004, 25006638; VII B 161/97, BFH/NV 1998, 484). In der bloßen Vorlage einer Revision an den BFH durch das FG liegt nicht deren Zulassung (BFH IV R 127/76, BStBl. II 1977, 819). Will das FG die Revision nicht zulassen, ist eine ausdrückliche Entscheidung nicht unbedingt erforderlich. Ist dem Urteil ein Ausspruch über die Zulassung der Revision nicht zu entnehmen oder ist das Urteil in Bezug auf die Zulassung nicht eindeutig, ist sie im Zweifel **nicht zugelassen** (stRspr BFH IV R 127/76, BStBl. II 1977, 819; VII R 2/06, BeckRS 2006, 25010178; IX R 36/05, BeckRS 2005, 25009517; VII R 48/04, BeckRS 2004, 25007272; V R 12/98, BFH/NV 1999, 494; Gosch/Werth § 115 Rn. 47; Redeker/v. Oertzen/Redeker VwGO § 132 Rn. 19; Ausnahme → Rn. 39). Zweifel können ggf. durch Auslegung beseitigt werden (BFH III R 22/23, BFH/NV 2024, 1188). Es kommt insofern allein darauf an, wie das Urteil aus der objektiven Empfängersicht zu verstehen ist. Unerheblich ist, aus welchem Grund eine Entscheidung über die 50

Zulassung der Revision unterblieben ist und ob das FG überhaupt schon einen Entscheidungswillen gebildet hatte.

51 **Form der Entscheidung.** Das FG entscheidet über die Zulassung der Revision **im Urteil.** Als prozessuale Nebenentscheidung (BFH XI B 116/12, BFH/NV 2013, 1640) gehört die Entscheidung kraft Sachzusammenhangs in das Urteil und kann nur zusammen mit diesem ausgesprochen werden (hM, vgl. BFH VI R 24/71, BStBl. II 1971, 811 mwN; Weyreuther FS Menger, 1985, 681, Rn. 163). Im Interesse der Klarheit sollte die Entscheidung in den **Tenor** aufgenommen werden („Die Revision wird zugelassen"). Sie ist aber auch wirksam, wenn sich aus den **Entscheidungsgründen klar und eindeutig** ergibt, dass das FG die Revision zugelassen hat (BFH VI R 284/69, BStBl. II 1972, 139 mwN; X R 95/98, BFH/NV 2000, 441; VII B 229/93, BFH/NV 1994, 254; BGH V ZR 260/03, NJW 2005, 154). Bei einem Widerspruch zwischen Tenor und Entscheidungsgründen kommt es darauf an, ob sich aus anderen Umständen eindeutig ergibt, dass das FG die Revision zugelassen hat. Unschädlich ist, wenn die Rechtsmittelbelehrung dem widerspricht. Sie enthält grds. keine Entscheidung des Gerichts, sondern bloße Hinweise zur Rechtslage. Nur in Ausnahmefällen kann sich die Zulassung der Revision auch aus der **Rechtsmittelbelehrung** ergeben (vgl. BFH VI R 321/66, BStBl. III 1967, 396; VIII R 4/01, BFH/NV 2005, 105). Die fehlerhafte Formulierung in der Rechtsmittelbelehrung, den Beteiligten stehe das Rechtsmittel der Revision zu, genügt allerdings nicht (BFH VIII B 212/86, BStBl. II 1987, 635; X R 12/04, BeckRS 2004, 25006638; III R 53/03, BFH/NV 2005, 374; X R 95/98, BFH/NV 2000, 441).

52 **Berichtigung.** Hat das FG im Zusammenhang mit dem Urteil die Revision zugelassen, hat die Entscheidung jedoch keinen Eingang in das schriftlich abgefasste Urteil gefunden oder ist das Urteil in Bezug auf die Zulassung uneindeutig, kommt (ausnahmsweise) eine **Berichtigung wegen offenbarer Unrichtigkeit** (§ 107) in Betracht (BGH VI ZR 176/78, 22 mwN; VI ZB 19/04, BB 2004, 1415; Tipke/Kruse/Krumm § 115 Rn. 110; Gosch/Werth § 115 Rn. 49). Die Unrichtigkeit muss allerdings „offenbar" sein. Das kann der Fall sein, wenn die Zulassung zwar bei der Verkündung ausgesprochen und im Sitzungsprotokoll festgestellt wurde, aus dem schriftlichen Urteil aber nicht ersichtlich ist (BGH VI ZR 176/78, NJW 1980, 2813) oder wenn der Tenor dem widerspricht. Ergeht in diesem Fall ein Berichtigungsbeschluss nach § 107, beginnt die Revisionsfrist mit dessen Zustellung neu zu laufen (→ § 120 Rn. 24; vgl. auch Zöller/Feskorn ZPO § 543 Rn. 23).

53 **Keine Zulassung durch Beschluss.** Hat das FG im Urteil nicht über die Zulassung der Revision entschieden, kommt eine Nachholung der Entscheidung durch einen äußerlich selbständigen Beschluss nicht in Betracht, da sonst Unsicherheiten über den Zeitpunkt des Eintritts der Rechtskraft bestünde (BFH VI R 24/71, BStBl. II 1971, 811; VIII B 212/86, BStBl. II 1987, 635, betr. AdV-Beschluss; vgl. auch BGH II ZB 37/02, MDR 2004, 465). In diesem Fall hat das FG die Revision nicht zugelassen (→ Rn. 50). Erlässt es gleichwohl einen Zulassungsbeschluss, ergeben sich daraus keine anderen Rechtsfolgen. Lässt das FG auf eine **Anhörungsrüge** hin die Revision nachträglich zu, ohne einen darauf bezogenen Gehörsverstoß festzustellen, ist die Zulassungsentscheidung verfahrensfehlerhaft ergangen und bindet das Revisionsgericht nicht (vgl. BGH V ZR 123/10, NJW 2011, 1516).

54 **Keine Zulassung durch Ergänzungsurteil.** Das Fehlen einer Entscheidung über die Zulassung der Revision im Urteil kann auch nicht im Wege der Urteilser-

gänzung gemäß § 109 nachgeholt oder korrigiert werden (stRspr, BFH I B 9/68, BStBl. II 1968, 585; XI B 185/05, BFH/NV 2005, 1856; VII R 65/95, BFH/NV 1996, 338; IV R 62/87, BFH/NV 1991, 256; Rüsken/Bleschick DStR Beih. zu Heft 14-15/2015, 45). Das Urteil ist bezüglich der fehlenden Entscheidung über die Zulassung nicht unvollständig (BFH XI B 185/04, BFH/NV 2005, 1856), auch nicht, wenn die Beteiligten die Zulassung der Revision beantragt hatten, da es sich lediglich um eine Nebenentscheidung handelt (→ Rn. 51). Ein Antrag auf Urteilsergänzung ist schon deshalb unzulässig, weil die FGO mit der NZB einen speziellen Rechtsbehelf gegen die Nichtzulassung der Revision geschaffen hat, der § 109 vorgeht. Beachte: Anders ist die Rechtslage hinsichtlich der Zulassung der Beschwerde nach § 128 III gegen einen Beschluss über die AdV (→ § 69 Rn. 170; BFH XI B 18/90, BStBl. II 1992, 301). Ein (unzulässiger) Antrag auf Urteilsergänzung wegen fehlender Entscheidung über die Revisionszulassung kann nicht in eine NZB umgedeutet werden (BFH I B 9/68, BStBl. II 1968, 585).

Begründung der Entscheidung. Hat das FG die Revision zugelassen, sollte es seine Entscheidung, wenn auch kurz, begründen, also zumindest angeben, auf welchen Grund es die Zulassung stützt. Eine fehlende Begründung hat allerdings keine praktischen Konsequenzen, sie stellt insbes. die Wirksamkeit der Zulassung nicht in Frage (BFH I B 147/01, BFH/NV 2003, 197; VI R 85/76, BStBl. II 1979, 660; Tipke/Kruse/Krumm § 115 Rn. 111; Gräber DStR 1969, 131). Die ablehnende Entscheidung bedarf grds. keiner Begründung. Eine Begründungspflicht kann sich aber aus allg. (verfassungsrechtlichen) Grundsätzen ergeben (→ § 116 Rn. 5), zB wenn ein Beteiligter die Zulassung der Revision beantragt (angeregt) hat und das FG den Antrag ablehnt (BVerfG 1 BvR 2365/11, NJW 2012, 1715) oder wenn das FG die Zulassung ablehnt, obwohl sie nahegelegen hat (BVerfG 1 BvR 2006/16, BeckRS 2019, 12508). **56**

Belehrungen. Lehnt das FG die Zulassung ab, muss es in der **Rechtsmittelbelehrung** des Urteils über die NZB belehren (BFH V R 116/86, BStBl. II 1987, 438). Lässt es die Revision zu, ist über ihre Einlegung zu belehren. Eine fehlerhafte Belehrung hat uU Auswirkungen auf den Lauf von Fristen. Es kommt auf die Umstände im Einzelfall an. **57**

Rechtsbehelfe. Die (positive) **Zulassungsentscheidung** ist **unanfechtbar** (BFH VI B 56/67, BStBl. II 1968, 94). Durch sie werden die Beteiligten nicht beschwert. Gegen die Nichtzulassung der Revision ist die Beschwerde nach § 116 gegeben. **58**

b) Zulassung durch den BFH. Überblick. Hat das FG die Revision nicht zugelassen (→ Rn. 50), kann auf Beschwerde (§ 116 I) eine Entscheidung des BFH herbeigeführt werden. Die **Nichtzulassungsbeschwerde** ist fristgebunden. Sie muss begründet werden. In ihr müssen die Zulassungsvoraussetzungen dargelegt werden (§ 116 III 3). In der Vergangenheit hat der BFH hohe Anforderungen an die Darlegung der Zulassungsgründe gestellt. Die gegenwärtige Praxis rückt davon zunehmend ab, wenn auch (noch) nicht in rechtsgrundsätzlicher Weise. Über die Beschwerde entscheidet der BFH durch Beschluss. Eine mündliche Verhandlung findet nicht statt. Die Beteiligten werden auch nicht vorher gehört. Der Beschluss muss idR nicht begründet werden (§ 116 V 2); üblich ist jedoch eine kurze Begründung. Lässt der BFH die Revision zu, wird das Verfahren als Revisionsverfahren fortgeführt. Die Einlegung der Revision entfällt (§ 116 VII Alt. 2). Mit der Zustellung des Zulassungsbeschlusses beginnt die Begründungsfrist zu laufen (→ § 120 Rn. 43). **60**

62 **c) Wirkungen der unbeschränkten Zulassung. Überblick.** Mit der positiven und nicht beschränkten Entscheidung über die Zulassung ist das Rechtsmittel der Revision eröffnet. Hat das FG die Revision zugelassen, muss sie eingelegt werden (§ 120 I 1); hat sie der BFH zugelassen, wird das Beschwerdeverfahren als Revisionsverfahren fortgesetzt (§ 116 VII 1). Die übrigen Anforderungen an die Statthaftigkeit und Zulässigkeit der Revision bleiben unberührt (BFH XI R 22/17, BFH/NV 2018, 961, Rn. 24; BVerwG 6 C 13/05, NVwZ-RR 2006, 580; Schoch/Schneider/Pietzner/Buchheister VwGO § 132 Rn. 138).

63 **Wegfall des Zulassungsgrunds.** Die Entscheidung über die Zulassung der Revision bleibt wirksam, wenn der Grund, der zur Zulassung der Revision geführt hat, nachträglich weggefallen ist (zB weil der BFH die grds. bedeutsame Rechtsfrage zwischenzeitlich geklärt hat). Das Zulassungsverfahren ist ein selbständiges Verfahren, das mit der Zulassungsentscheidung beendet ist (BFH IV 2/65, BStBl. II 1970, 383; BVerwG VIII C 306/59, NJW 1961, 1737; BGH V BLw 66/56, NJW 1957, 1519; Eyermann/Kraft VwGO § 132 Rn. 27; Gräber DStR 1969, 133 f.). Über die Statthaftigkeit des Rechtsmittels muss Klarheit herrschen.

65 **Bindungswirkung.** Das FG ist an seine Zulassungsentscheidung gebunden, da sie notwendig in einem End- oder Zwischenurteil enthalten ist (→ Rn. 49; § 155 FGO iVm § 318 ZPO; → § 107 Rn. 1). Es kann sie deshalb auch dann nicht mehr ändern, wenn es sie nachträglich als unrichtig erkennt. An die Entscheidung des FG ist der BFH grds. gebunden (Abs. 3; → Rn. 311), insbes. auch dann, wenn er sie für unzutreffend hält. Zur Bindung des BFH an seine eigene Zulassungsentscheidung → § 116 Rn. 71).

67 **Vollrevision.** Die Zulassung gibt das Rechtsmittel regelmäßig in persönlicher wie in sachlicher Hinsicht in vollem Umfang frei (Grundsatz der Vollrevision; BFH V R 22/05, BStBl. II 2007, 426; V R 42/03, BStBl. II 2006, 44; II R 47/04, BFH/NV 2006, 1509; VII R 8/03, BFH/NV 2004, 1498; IV 2/65, BStBl. II 1970, 383). Eine Beschränkung auf einzelne Beteiligte oder einzelne Streitpunkte ist grds. nicht zulässig. Nur ausnahmsweise und nur unter engen Voraussetzungen kommt eine Beschränkung der Zulassung in persönlicher oder sachlicher Hinsicht in Betracht (→ Rn. 70 ff.).

68 **Alle Beteiligten** (→ Rn. 22 ff.) können Revision einlegen, nicht etwa nur der Beteiligte, der die Zulassung beim BFH erstritten hat (BFH II R 110/87, BStBl. II 1989, 733; II B 103/87, BStBl. II 1987, 785; X R 48/82, BStBl. II 1987, 752; BVerwGE 65, 31; MKS/Schmidt SGG § 160 Rn. 28). Die Zulassung ist grds. nicht personengebunden.

69 **Anträge und Rügen.** Der Revisionsführer kann alle Revisionsanträge (§ 120 III Nr. 1) stellen und alle Revisionsrügen (§ 120 III Nr. 2) geltend machen. Es besteht insbes. **keine Bindung an den Zulassungsgrund.** Auch bei einer auf **Verfahrensmängel** gestützten Zulassung, ist der Revisionskläger nicht auf die Rüge von Verfahrensfehlern beschränkt. Er kann mit der Revision auch materiellrechtliche Einwendungen gegen das Urteil vorbringen (BVerwG V B 83.61, BVerwGE 14, 342; 2 C 12/81, NJW 1983, 2042; Weyreuther FS Menger, 1985, 681, Rn. 38; Tipke/Kruse/Krumm § 115 Rn. 117; Gosch/Werth § 115 Rn. 57). Davon zu unterscheiden ist die Frage, in welchem Umfang der BFH das angefochtene Urteil überprüfen kann, wenn sich der Revisionskläger auf die Rüge von Verfahrensmängeln beschränkt (→ § 118 Rn. 66 ff.).

70 **d) Beschränkung der Zulassung. Sachliche Beschränkung.** Eine sachliche (gegenständliche) Beschränkung der Zulassung ist nur zulässig bei **objektiver**

Klagehäufung (Mehrzahl von Streitgegenständen, zB bei einer Klage gegen mehrere Steuerbescheide unterschiedlicher Jahre oder unterschiedlicher Steuerarten) oder in Bezug auf mehrere, voneinander abtrennbare, prozessual **selbständige Teile des Streitgegenstandes** (→ § 98 Rn. 2). Es muss sich um Teile eines Streitgegenstands handeln, über die in einem abgetrennten Verfahren durch **Teilurteil** (§ 98), **Zwischenurteil** über den Grund des Anspruchs (§ 99) oder über die Zulässigkeit der Klage (§ 97) entschieden werden könnte (BFH VI R 157/89, BStBl. II 1991, 86; VII B 234/02, BFH/NV 2003, 1063; IX R 56/08, BFH/NV 2009, 2058; BGH IVa ZR 292/85, BB 1987, 1628). Die Beschränkung ist vorzunehmen, wenn nur hinsichtlich eines Streitgegenstandes oder eines abtrennbaren Teils des Streitgegenstands ein Zulassungsgrund gegeben ist (BFH I B 23/85, BStBl. II 1985, 605; X R 48/82, BStBl. II 1987, 752; IX R 56/08, BFH/NV 2009, 2058). **Nicht zulässig** ist eine Beschränkung der Zulassung auf **einzelne Streitpunkte** und/oder **unselbständige Teile des Streitgegenstands.**

Persönliche Beschränkung. Bei **subjektiver Klagehäufung** kommt eine subjektiv beschränkte Zulassung nur in den Fällen einfacher Streitgenossenschaft in Betracht (BFH IX R 125/86, BFH/NV 1987, 784; Gosch/Werth § 115 Rn. 54; zB wenn zur ESt zusammen veranlagte Eheleute gegen ihren ESt-Bescheid klagen). Dagegen ist es grds. **nicht zulässig,** die Revision nur für einen der beiden Hauptbeteiligten zuzulassen (stRspr, BFH VIII R 195/77, BStBl. II 1981, 470; X R 48/82, BStBl. II 1987, 752; I R 58/04, BStBl. II 2006, 707; BVerwG II C 39.72, BVerwGE 50, 292). 72

Wirksamkeit. Die Beschränkung der Zulassung ist nur wirksam, wenn sie **ausdrücklich** und **eindeutig** ausgesprochen wird (BFH IV R 39/97, BStBl. II 1999, 28; IX B 73/97, BFH/NV 1998, 607; VII R 32, 33/99, BStBl. II 2001, 133; X R 83/88, BFH/NV 1990, 548). Eine konkludente Beschränkung kommt nicht in Betracht. Die Beschränkung kann sich nicht nur aus dem Tenor des Urteils, sondern auch aus den Entscheidungsgründen ergeben (BGH VII ZR 226/03, NJW 2004, 3264). Aus einem in den Urteilsgründen genannten Zulassungsgrund ergibt sich jedoch eine solche eindeutige Beschränkung der Zulassung auf einzelne Streitgegenstände idR nicht (BFH VII R 32, 33/99, BStBl. II 2001, 133). Hat das FG nach dem Tenor und den Entscheidungsgründen seines Urteils die Revision in vollem Umfang zugelassen, führt eine anders lautende Rechtsmittelbelehrung nicht zu einer Beschränkung der Revisionszulassung (BFH XI R 15/16, DStR 2019, 866). Im Zweifel ist von einer unbeschränkten Revisionszulassung auszugehen (BFH VII R 32, 33/99, BStBl. II 2001, 133; BGH VII ZR 374/86, NJW 1988, 1210; Schoch/Schneider/Pietzner/Buchheister VwGO § 132 Rn. 126). 74

Eine **unzulässige Beschränkung** entfaltet keine Wirkung. Unwirksam ist dann die Beschränkung, nicht aber die Zulassung. Die Zulassung wirkt unbeschränkt (BFH X R 48/82, BStBl. II 1987, 752; VI R 157/89, BStBl. II 1991, 86; BGH XI ZR 248/02, NJW 2003, 2529; Gosch/Werth § 115 Rn. 56; Tiedtke WM 1977, 666). Hätte das FG ein Zwischenurteil erlassen können, hat es dies aber tatsächlich nicht getan, ist die gleichwohl ausgesprochene Beschränkung der Zulassung wirkungslos (BFH VI R 16/94, BFH/NV 1995, 216). 75

Unterbliebene Beschränkung. Ist eine an sich gebotene Beschränkung der Revisionszulassung unterblieben, ergeben sich daraus keine Auswirkungen. Die Revision ist in diesem Fall unbeschränkt zugelassen. 76

Teilanfechtung. Sie ist unter denselben Voraussetzungen (→ Rn. 70 ff.) zulässig (iÜ → Rn. 39). 78

III. Gründe für die Zulassung der Revision

1. Allgemeines

80 Abs. 2 regelt **abschließend** (BT-Drs. 14/4061, 9) die Gründe für die Zulassung der Revision. Sie sollen den Zugang zum BFH sach- und gleichheitsgerecht begrenzen und bilden insofern den materiellen Kern des Revisionszulassungsrechts. Die Zulassungsgründe stehen, auch wenn sie sich nicht immer trennscharf voneinander abgrenzen lassen, grds. **gleichberechtigt nebeneinander.** Jeder rechtfertigt für sich allein die Zulassung der Revision. Sie gelten gleichermaßen für die Zulassung durch das **FG** (§ 115 I) wie für die Zulassung durch den **BFH** (§ 116). Allerdings prüft das FG nur, ob die Revision wegen grundsätzlicher Bedeutung (Abs. 2 Nr. 1) oder zur Wahrung der Rechtseinheit (Abs. 2 Nr. 2; Divergenz oder Rechtsfortbildung) zuzulassen ist. Dem BFH obliegt darüber hinaus die Anwendung von Abs. 2 Nr. 3 (Verfahrensaufsicht, → Rn. 17) und die Zulassung wegen eines qualifizierten materiellen Rechtsanwendungsfehlers (Abs. 2 Nr. 2 Fall 2).

81 **a) Neuordnung durch das 2. FGOÄndG.** Im 2. FGOÄndG (→ Vor § 1 Rn. 11 ff.) hat der Gesetzgeber ua die Revisionszulassungsgründe teilweise **neu gefasst.** Er verband damit ua die Erwartung, den Rechtsschutz in finanzgerichtlichen Verfahren zu verbessern und den Zugang zum BFH zu erweitern (BT-Drs. 14/4061, 1, 7; 14/4549, 11). Insbes. die Neufassung des § 115 II Nr. 2 sollte dem BFH die Möglichkeit geben, auch aus Gründen der **Einzelfallgerechtigkeit** Zugriff auf ein Verfahren zu nehmen. Kein Obergericht sollte gezwungen sein, sehenden Auges ein Fehlurteil gut zu heißen (BT-Drs. 14/4549, 11). Dem ist entgegen gehalten worden, dies sei in der Formulierung des Gesetzes nicht hinreichend zum Ausdruck gekommen (vgl. zB BVerfG 1 BvR 864/03, NJW 2004, 1371, Rn. 15 zu § 543 II ZPO; Ruban DStR 2005, 2033; Lange StuW 2006, 366).

82 **Umsetzung durch den BFH.** Der BFH hat zwischenzeitlich zwar die Formulierung aus der Gesetzesbegründung übernommen und prüft nun regelmäßig, ob ein **qualifizierter materieller Rechtsanwendungsfehler** (→ § 115 Rn. 220 ff.) vorliegt, der geeignet ist, das Vertrauen in die Rspr. zu beschädigen. Er bejaht diesen Zulassungsgrund jedoch nur, wenn die Entscheidung **objektiv willkürlich** erscheint oder zumindest **greifbar gesetzwidrig** ist (stRspr, zB BFH X B 70/11, BFH/NV 2012, 376); unterhalb dieser Schwelle liegende materielle Rechtsfehler begründen die Revisionszulassung weiterhin nicht. Diese Voraussetzungen sind nach wie vor sehr streng; die Erwartung des Gesetzgebers dürfte sich danach iE eher nicht erfüllt haben (ebenso Lange StuW 2006, 366). Auch nach der Neuordnung des Zulassungsrechts kommt es vor, dass der BFH in der Sache für falsch erachtete Entscheidungen „sehenden Auges" unangetastet lässt.

83 **Stellungnahme.** Die Revisionszulassungsgründe ermöglichen nicht nur die revisionsrechtliche Überprüfung eines Urteils (→ Rn. 90), sie haben auch die Funktion, den Zugang zum BFH effektiv zu begrenzen, um dessen Arbeitsfähigkeit nicht zu gefährden. Eine **restriktive Auslegung** erscheint deshalb grds. gerechtfertigt und sogar geboten. Dies hindert die Rspr. jedoch nicht an einer behutsamen, punktuellen **Lockerung der teilweise zu engen Praxis** (vgl. Kulosa DStR 2013, 1325). Bedenklich erscheint in diesem Zusammenhang auch, dass der BFH Zulassungsentscheidungen idR nicht begründet. In der Öffentlich-

keit entsteht so der falsche Eindruck, es gäbe keine Zulassungen wegen eines qualifizierten Rechtsanwendungsfehlers oder die Rspr. verfahre insofern willkürlich (vgl. Winter NJW 2016, 922). Dem sollte der BFH durch mehr Transparenz (Begründung) und auch etwas mehr Großzügigkeit begegnen (zum Ganzen: Ratschow FS 100 Jahre RFH/BFH, 2018, 1889).

b) Verhältnis zu höherrangigem Recht. § 115 II ist verfassungsgemäß. 85
Zur Verfassungsgemäßheit der Zulassungsschranke → Rn. 42. Bei der Ausgestaltung der Zulassungsgründe ist der Gesetzgeber weitgehend frei. Er darf sich dabei auch von **Zweckmäßigkeitsvorstellungen** leiten lassen (BVerfG 1 PBvU 1/79, BVerfGE 54, 277). Die Beschränkung muss aber insbes. gleichheitsgerecht sein und darf eines sachlichen Grundes nicht entbehren (**Willkürgrenze;** → Vor § 115 Rn. 20). Der Zugang zum BFH darf nicht per se von unerfüllbaren oder unzumutbaren Voraussetzungen abhängig gemacht oder in unzumutbarer oder nicht mehr zu rechtfertigender Weise erschwert werden (zum Maßstab → Vor § 115 Rn. 20). Das Gesetz muss in sprachlicher Hinsicht die allgemeinen Bestimmtheitsanforderungen erfüllen. Diesen Anforderungen genügt die gesetzliche Regelung. Der Gesetzgeber hat die Ausgestaltung der Zulassungsgründe am Zweck des Rechtsmittels (zu den Revisionszwecken → Rn. 10) ausgerichtet (BT-Drs. 14/4061, 6). Sie sollen dazu beitragen, dass die Revisionsziele erreicht werden können. Dass sie dazu prinzipiell geeignet sind, wird – soweit ersichtlich – von niemandem infrage gestellt. Der Zugang zur Revision wird durch sie auch nicht in unzumutbarer Weise erschwert. Die Zulassungsgründe sind in allen Prozessordnungen in ähnlicher Weise geregelt (vgl. Kummer Die Nichtzulassungsbeschwerde) und durch die Rspr. dogmatisch hinreichend gefestigt. Sie sind insbes. nicht zu unbestimmt formuliert. Dem Gesetzgeber ist es nicht verwehrt, bei der Regelung des Zugangs zum Revisionsgericht **unbestimmte Rechtsbegriffe** zu verwenden (BVerfG 1 BvR 2262/03, NJW 2004, 1729 mwN).

Auslegung der Zulassungsgründe. Auch die (abstrakte, dh vom Einzelfall 86
losgelöste) Auslegung der Zulassungsgründe durch die Rspr. ist **verfassungsgemäß.** Verfassungsrechtliche Vorgaben für die Auslegung der Zulassungsvorschriften ergeben sich zum einen aus dem rechtsstaatlichen Gebot der **Rechtsmittelklarheit** und zum andern daraus, dass der Zugang zu einer vom Gesetzgeber eingerichteten Instanz (→ Vor § 115 Rn. 18 ff.) nicht in unzumutbarer, sachlich nicht gerechtfertigter Weise erschwert werden darf. Ist das der Fall, wird nach der neueren Rspr. des BVerfG der **Anspruch auf den gesetzlichen Richter** (Art. 101 I 2 GG) verletzt (näher → § 116 Rn. 5).

Rechtsmittelklarheit. Das rechtsstaatliche Postulat der Rechtsmittelklarheit 87
(Art. 20 III GG; → Vor § 115 Rn. 31) verlangt vom Rechtsanwender, dass die Auslegung der Zulassungsvorschriften, namentlich der Zulassungsgründe, die **gleichmäßige Anwendung** des Rechts ermöglicht und gewährleistet (BVerfG 2 BvR 831/76, BVerfGE 49, 148; 1 BvR 475/85, BVerfGE 74, 228; 2 BvR 1631/90, BVerfGE 87, 48; Kopp/Schenke/Schenke VwGO Vorb. § 124 Rn. 3b). Das betrifft va die **Ausfüllung unbestimmter Rechtsbegriffe.** Inhaltliche Vorgaben lassen sich dem Grundsatz nicht entnehmen, auch keine Vorgabe hinsichtlich der Frage, ob die oder einzelne Zulassungsvorschriften restriktiv oder großzügiger anzuwenden sind (→ Rn. 83). Eine großzügigere Anwendung der Zulassungsvorschriften müsste in gleicher Weise wie die derzeit eher restriktive Praxis den gleichmäßigen Vollzug gewährleisten. Das rechtsstaatliche Bestimmtheitsgebot ist erst dann verletzt, wenn den gesetzlichen Tatbeständen bei einer an

den herkömmlichen juristischen Auslegungsmethoden orientierten Interpretation durch den BFH **keine hinreichend konkreten Beurteilungsmaßstäbe** mehr entnommen werden können. Für die Entwicklung solcher Maßstäbe war dem BFH eine angemessene Zeit zuzugestehen (BVerfG 1 BvR 864/03, NJW 2004, 1371 mwN).

88 **Unzumutbarkeit.** Die verfassungsrechtliche Vorgabe, dass der Zugang zu einer vom Gesetzgeber eingeräumten Instanz nicht in unzumutbarer oder sachlich nicht gerechtfertigter Weise beschränkt werden darf (→ Vor § 115 Rn. 22), betrifft weniger die abstrakte Begriffsbildung (Auslegung der Zulassungsgründe) als vielmehr die Anwendung des Zulassungsrechts im **konkreten Einzelfall.** Das BVerfG greift insofern korrigierend ein, wenn es die Einzelfallentscheidung für (verfassungsrechtlich) nicht mehr hinnehmbar erachtet (→ Vor§ 115 Rn. 23). Konkret geht es dabei auch um die Handhabung der Begründungs- und Darlegungsanforderungen (näher → § 116 Rn. 5).

89 **Stellungnahme.** An diesen Maßstäben gemessen begegnet die Auslegung der Zulassungsgründe durch den BFH grds. keinen durchgreifenden verfassungsrechtlichen Bedenken (**aA** Thebrath 2014, 609). Überkommene Rechtsbegriffe wie „grundsätzliche Bedeutung" oder „Rechtsfortbildung" waren bereits durch eine umfangreiche Judikatur hinreichend konkretisiert (BVerfG 1 BvR 864/03, NJW 2004, 1371 zu der mit § 115 II Nr. 1 übereinstimmenden Regelung in § 543 II Nr. 1 ZPO nF; Schoch/Schneider/Pietzner/Buchheister VwGO § 132 Rn. 12). Der BFH hat auch den neuen Zulassungsgrund der Sicherung einer einheitlichen Rspr. in angemessener Zeit hinreichend konkretisiert. Die namentlich bei der Feststellung eines qualifizierten Rechtsanwendungsfehlers restrikte Rspr. (→ Rn. 220 ff.) vermeidet jedenfalls Bestimmtheitsprobleme und gewährleistet die rechtssichere und gleichmäßige Anwendung der Vorschrift. Dies hat das BVerfG für die Anwendung des gleichlautenden § 543 II 1 Nr. 2 ZPO durch die Zivilgerichte bejaht (BVerfG 1 BvR 85/04, NJW 2005, 3345). Für die Anwendung von § 115 II Nr. 2 durch den BFH gilt iE nichts anderes (ebenso Lange StuW 2006, 366).

90 **c) Gemeinsame Grundlagen. Ermöglichung der Revision.** Die Zulassungsgründe sind nicht isoliert, sondern im Kontext zu sehen. Sie haben (wie das gesamte Zulassungsverfahren) dienende Funktion (→ Rn. 85), indem sie eine revisionsrechtliche Überprüfung ermöglichen sollen. Deshalb können sie nicht losgelöst von den §§ 118 ff. ausgelegt werden. Die Zulassung der Revision wegen einer Frage, die im Revisionsverfahren (voraussichtlich) nicht geklärt werden könnte, wäre sinnlos. Neben der Klärungsbedürftigkeit ist deshalb auch die **Klärbarkeit im Revisionsverfahren** eine Zulassungsvoraussetzung. Daran fehlt es etwa, wenn die Entscheidung des Falls maßgeblich von einer Würdigung der festgestellten Tatsachen abhängt, soweit sie der Nachprüfung durch das Revisionsgericht entzogen ist (§ 118 II) oder wenn die als grds. bedeutsam erachtete Rechtsfrage für das angefochtene Urteil nicht entscheidungserheblich war oder wenn der BFH (bei Verfahren im zweiten Rechtszug) die Rechtsfrage nicht mehr anders entscheiden kann, weil er an sein Urteil im ersten Rechtsgang gebunden ist (§ 126 V).

91 **Berücksichtigung der Revisionsziele.** Bei der Auslegung der Revisionszulassungsgründe sind iÜ die abstrakten Revisionszwecke des Individualrechtsschutzes und des Allgemeininteresses zu berücksichtigen (→ Rn. 1, 2). Die Zulassungsgründe in Abs. 2 Nr. 1 u. 2 setzen ein **Allgemeininteresse** an der Fortbildung

des Rechts und an der Wahrung der Rechtseinheit voraus (vgl. BT-Drs. 14/4061, 9 zu §§ 115, 116 und BT-Drs. 14/4722, 66 zur vergleichbaren Regelung in § 543 II ZPO; BVerfG 1 BvR 864/03, NJW 2004, 1371, Rn. 15). Dadurch wird das Bedürfnis der Beteiligten nach einer möglichst umfassenden Gewährleistung der Einzelfallgerechtigkeit zurückgedrängt. Qualifizierte Rechtsanwendungsfehler können darüber hinaus die Zulassung der Revision zur Sicherung einer einheitlichen Rspr. begründen (→ Rn. 220 ff.). Demgegenüber wird das **Individualinteresse** des Rechtsmittelklägers an einer richtigen Entscheidung seines Streitfalls va durch den Zulassungsgrund des Verfahrensmangels (Abs. 2 Nr. 3) berücksichtigt.

Entscheidung in der Hauptsache. Die Zulassungsgründe müssen sich auf die Entscheidung (des FG) in der Hauptsache beziehen. Es kommt auf die vom FG tatsächlich gewählte Begründung an (BFH X B 114/12, BFH/NV 2013, 580). Selbst wenn in Bezug auf **Nebenentscheidungen** des FG ein Zulassungsgrund vorliegen sollte, kann damit die Zulassung der Revision nicht erreicht werden (BFH VI B 83/02, BFH/NV 2003, 331; VII B 247/06, BFH/NV 2008, 75; VIII B 86/18, BFH/NV 2019, 1130: Kostenentscheidung). Es ist nicht die Aufgabe des Revisionsverfahrens, Nebenentscheidungen der FG auf ihre Richtigkeit zu überprüfen. Die Ausnahme in § 128 IV 2, wonach eine NZB in Streitigkeiten über Kosten statthaft ist, hat nur für solche Urteile Bedeutung, deren Gegenstand in der Hauptsache Kosten sind (BFH III B 62/15, BeckRS 2016, 95075; VIII B 86/18, BFH/NV 2019, 1130). Unerheblich ist deshalb auch, ob in Bezug auf die **Nichtzulassung der Revision** durch das FG ein Revisionszulassungsgrund gegeben ist (BFH VII B 129/86, BStBl. II 1987, 305). 94

Maßgeblicher Zeitpunkt. Bei der Prüfung, ob ein nicht das Verfahren betreffender Zulassungsgrund vorliegt, kommt es grds. auf die Verhältnisse im **Zeitpunkt der Entscheidung über die Zulassung** an, im Verfahren der NZB also auf den Zeitpunkt der Entscheidung durch den BFH (BFH VI B 105/73, BStBl. II 1974, 321; I B 141/05, BFH/NV 2007, 928; V B 179/07, BFH/NV 2009, 1477; HHS/Lange § 115 Rn. 21, 188, 258). Ist ein Zulassungsgrund erst nach Erlass des angefochtenen Urteils und/oder nach Einlegung der NZB entstanden, kann er noch im Verfahren der NZB berücksichtigt werden (→ § 116 Rn. 55, 61). 96

Ausnahme. Davon abw. kommt es auf den Zeitpunkt der **Einlegung der NZB** an, wenn zu diesem Zeitpunkt ein Zulassungsgrund vorlag und später, aber vor der Entscheidung über die NZB, aus Gründen entfallen ist, die dem Einflussbereich des Rechtsmittelführers entzogen sind. Dann ist die Revision im Interesse der Vorhersehbarkeit und Rechtsmittelklarheit und zur Durchsetzung der Individualbelange des Rechtsmittelführers zuzulassen, wenn sie aus anderen Gründen **Aussicht auf Erfolg** hat (BGH I ZR 197/03, NJW 2004, 3188 betr. grundsätzliche Bedeutung; V ZR 260/03, NJW 2005, 154 betr. Sicherung einer einheitlichen Rspr.; X ZR 51/09, NJW 2010, 2812 betr. Fortbildung des Rechts; BAG 3 AZN 1389/11, NJW 2012, 3196; BVerfG 1 BvR 2419/03, BVerfGK 6, 79; 1 BvR 2565/03, WM 2007, 182; 1 BvR 1440/07, NJW 2008, 2493; 1 BvR 2649/06, BVerfGK 18, 105; 1 BvR 2952/08, WM 2013, 15). 97

Der **BFH** hat sich dieser Rspr. bisher nur teilweise angeschlossen (BFH X B 15/13, BFH/NV 2013, 1609; X B 44/13, BFH/NV 2013, 1672), ohne dass es in den entschiedenen Fällen darauf ankam. Die davon abw. Ansicht des I. Senats des BFH (I B 141/05, BFH/NV 2007, 928) bedarf aus verfassungsrechtlichen Gründen in einem geeigneten Fall der Fortentwicklung (Bleschick Revisionszulassungsgründe, S. 394; Tipke/Kruse/Krumm § 115 Rn. 35). 98

2. Grundsätzliche Bedeutung (Abs. 2 Nr. 1)

100 **a) Begriff. Definition.** Nach stRspr des BFH hat die Rechtssache grundsätzliche Bedeutung, wenn die für die Beurteilung des Streitfalls maßgebliche Rechtsfrage das (abstrakte) Interesse der Allgemeinheit an der einheitlichen Entwicklung und Handhabung des Rechts berührt. Dabei muss die Rechtsfrage klärungsbedürftig und in dem angestrebten Revisionsverfahren klärungsfähig sein (vgl. nur BFH VI B 45/17, BeckRS 2017, 140056).

102 **b) Rechtsentwicklung, Allgemeines. Keine sprachliche Neufassung.** Nach Abs. 2 Nr. 1 ist die Revision zuzulassen, wenn die Rechtssache grundsätzliche Bedeutung hat. Die Formulierung des Gesetzes ist durch das 2. FGOÄndG (→ Rn. 81) unverändert geblieben. Eine ursprünglich geplante, weitere Fassung des Gesetzes (BT-Drs. 14/4061, 9) ist nicht Gesetz geworden. Der Gesetzgeber hat sich letztlich entschieden, den früheren Rechtszustand nicht grundlegend verändern zu wollen (BT-Drs. 14/4549, 10 f.). Für ein generell weiteres Verständnis des Zulassungsgrunds besteht deshalb jedenfalls aus historischer Sicht keine Veranlassung (**aA** Tipke/Kruse/Krumm § 115 Rn. 42. ff., insbes. Rn. 44).

103 Dennoch ist der Zulassungsgrund durch die sprachliche Neufassung und Ausweitung der anderen Zulassungsgründe in Abs. 2 Nr. 2 im 2. FGOÄndG (→ Rn. 81) in zweierlei Hinsicht **enger geworden.** Die **Fortbildung des Rechts** ist als spezieller Zulassungsgrund in Abs. 2 Nr. 2 Fall 1 geregelt (BFH I B 17/13, BFH/NV 2014, 184; HHS/Lange § 115 Rn. 84) und eine **Divergenz** (Abs. 2 Nr. 2 Fall 2) liegt auch bei Abweichung von einer Entscheidung des EuGH oder eines anderen obersten Bundesgerichts (→ Rn. 185) vor. Beide Fallgruppen waren nach früherem Recht vom Auffangtatbestand der grundsätzlichen Bedeutung erfasst. Mit dieser doppelten Einschränkung ist die zu § 115 II Nr. 1 aF ergangene Rspr. bei der Auslegung von Abs. 2 Nr. 1 weiterhin zu beachten.

104 **Grundsatzrevision.** Der Zulassungsgrund der grundsätzlichen Bedeutung bildet den Kern des Revisionszulassungsrechts. Die in Abs. 2 Nr. 2 aufgeführten Zulassungsgründe konkretisieren und erweitern den Tatbestand der Grundsatzrevision. Er entspricht der zentralen **Aufgabe des Revisionsgerichts,** das Recht fortzuentwickeln und eine einheitliche Rspr. zu sichern (vgl. die Definition der grundsätzlichen Bedeutung in § 11 IV; May, Die Revision in den zivil- und verwaltungsgerichtlichen Verfahren, 2. Aufl. 1997, Kap. IV Rn. 50 ff., 68 ff.). Gleichlautende Vorschriften finden sich in § 543 II Nr. 1 ZPO, § 132 II Nr. 1 VwGO und § 160 II Nr. 1 SGG. Nach § 72 II Nr. 1 ArbGG ist die Revision zuzulassen, „wenn eine entscheidungserhebliche Rechtsfrage grundsätzliche Bedeutung hat".

105 **Allgemeininteresse.** Kennzeichnende Gemeinsamkeit der Grundsatzrevision und ihrer Ausprägungen in Abs. 2 Nr. 2 ist, dass über das Einzelinteresse der Beteiligten an einer Korrektur des erstinstanzlichen Urteils hinaus ein Interesse der Allgemeinheit an einer Entscheidung des Revisionsgerichts bestehen muss (vgl. die Gesetzesbegründung zu § 115, BT-Drs. 14/4061, 9 und BT-Drs. 14/4722, 66 zu der identischen Regelung in § 543 II ZPO). Die Bedeutung der Sache darf sich (negativ gewendet) nicht in der **Entscheidung des konkreten Einzelfalls** erschöpfen (BFH V B 15/23, BFH/NV 2024, 1424). Das gilt auch, soweit Abs. 2 Nr. 2 die Revision zur **Korrektur von qualifizierten Rechtsfehlern** eröffnet. Zwar wird damit auch das Individualinteresse des Klägers befriedigt; Voraussetzung für die Zulassung der Revision ist jedoch auch in diesem Fall, dass wegen der Bedeutung des Fehlers ein allgemeines Interesse an seiner Beseitigung besteht (zB zur Wiederherstellung des Vertrauens in die Rspr.).

c) Verhältnis zu anderen Zulassungsgründen. Spezialität. Abs. 2 Nr. 2 ist grds. **lex specialis** im Verhältnis zu Abs. 2 Nr. 1. Die dort geregelten Zulassungsgründe konkretisieren den unbestimmten Rechtsbegriff der grundsätzlichen Bedeutung. Sie gehen der Zulassung wegen grundsätzlicher Bedeutung im Grundsatz vor und verdrängen sie. Die grundsätzliche Bedeutung kann im Verhältnis zu den spezielleren Zulassungsgründen, wenn deren Voraussetzungen nicht erfüllt sind, aber die Funktion eines Auffangtatbestands haben. Das gilt gleichermaßen für die Zulassung zur **Fortbildung des Rechts** (BFH IV B 131/08, BFH/NV 2010, 1487; VIII B 25/14, BFH/NV 2016, 1021) wie für die Zulassung wegen **Divergenz** (BVerfG 2 BvR 1058, 2 BvR 1059/92, NVwZ 1993, 465). 107

Ausnahme. Soweit das Allgemeininteresse (über die Fälle der Rechtsfortbildung oder Divergenz hinaus) die Zulassung der Revision zur **Korrektur bestimmter qualifizierter Rechtsfehler** erfordert, handelt es sich nicht um einen Anwendungsfall der Grundsatzrevision. Der Begriff der grundsätzlichen Bedeutung hat durch das 2. FGOÄndG keine Ausweitung erfahren (→ Rn. 100). Vielmehr findet der (neue) Zulassungsgrund seine Rechtsgrundlage in **Abs. 2 Nr. 2 Fall 2** (Sicherung der Rechtseinheit; stRspr, vgl. nur BFH VI B 58/16, BeckRS 2017, 94514; ebenso zB HHS/Lange § 115 Rn. 79 ff., 83, 200; Gaier NJW-Sonderheft 2003, 1822; **aA** Beermann DStR 2005, 450 (455); Tipke/Kruse/Krumm § 115 Rn. 43). Insofern geht Abs. 2 Nr. 2 idF durch das 2. FGO-ÄndG über Abs. 2 Nr. 1 hinaus und erweitert die Zulassungstatbestände substantiell. 108

Abs. 2 Nr. 3 (Verfahrensmangel) steht grds. gleichberechtigt neben Abs. 2 Nr. 1 und Nr. 2. Ein Allgemeininteresse an einer Entscheidung des BFH ist (anders als im Fall der Grundsatzrevision und ihrer Spezialfälle) für die Zulassung wegen eines Verfahrensmangels nicht erforderlich. Wirft die Auslegung einer Verfahrensvorschrift eine Frage von grundsätzlicher Bedeutung auf, ist die Revision wegen grundsätzlicher Bedeutung zuzulassen. Entsprechendes gilt, wenn das FG bei der Anwendung einer Verfahrensvorschrift von einer divergenzfähigen Entscheidung eines anderen Gerichts abgewichen ist. Ein Verfahrensmangel setzt dagegen grds. voraus, dass in rechtlicher Hinsicht feststeht, wie das Verfahren richtigerweise hätte ablaufen müssen, dass also die grundlegenden Rechtsfragen geklärt sind. 109

d) Rechtssache, Rechtsfrage, Entscheidungserheblichkeit. Rechtssache ist nach hM und stRspr die (konkrete) **Rechtsfrage,** über die das FG im Streitfall entschieden hat und die einer rechtlichen Überprüfung im Revisionsverfahren zugeführt werden soll. Das ergibt sich schon aus der Definition der grundsätzlichen Bedeutung, die der BFH ständig zugrunde legt (→ Rn. 100; zust. HHS/Lange § 115 Rn. 91; Gosch/Werth § 115 Rn. 83). Der BFH ersetzt den Begriff der Rechtssache durch den der Rechtsfrage. Das ist, wenn man nur den Wortlaut der Norm betrachtet, sicherlich nicht zwingend (abl. Tipke/Kruse/Krumm § 115 Rn. 44), erscheint aber sachgerecht, denn im Revisionsverfahren können nur Rechtsfragen geklärt werden; an die tatsächlichen Feststellungen des FG ist der BFH dagegen grds. gebunden (§ 118 II). Die das Revisionsverfahren prägende Unterscheidung zwischen Tat- und Rechtsfragen strahlt insofern auf die Auslegung des zentralen Zulassungsgrunds aus (→ Rn. 90). 110

Rechtsfragen sind solche, die die **Anwendung des Rechts** betreffen. Die Richtigkeit der Rechtsanwendung (Rechtmäßigkeit) muss infrage stehen. Die Behauptung des Rechtsmittelführers, das FG habe eine **Rechtsverletzung** begangen (vgl. § 118 I 1) schließt die Frage an den BFH ein, ob das Recht verletzt ist. 111

Die Rechtsfrage kann **materielles Recht** oder **Verfahrensrecht** betreffen (Gräber DStR 1968, 175; Kopp/Schenke/Schenke VwGO § 132 Rn. 9). Insoweit decken sich im Ausgangspunkt der mögliche Prüfungsumfang im Revisionsverfahren und der Zulassungsgrund in Abs. 2 Nr. 1. Eingeschränkt wird der Zugang zum BFH va durch das zusätzliche Erfordernis der grundsätzlichen Bedeutung, die Klärungsbedürftigkeit der Rechtsfrage und ihre Klärbarkeit im Revisionsverfahren.

112 **Rechtsverletzung.** Das Recht ist verletzt, wenn eine Rechtsnorm (vom FG) nicht oder nicht richtig angewendet worden ist (§ 546 ZPO; → § 118 Rn. 6). Das Verständnis der Rspr. vom Vorgang der Rechtsanwendung folgt dem sog. **Subsumtionsmodell** (→ § 96 Rn. 1). Aus mindestens einem rechtlichen (normativen) Obersatz und mindestens einem Tatsachen betreffenden (empirischen) Untersatz kann nach dem Wenn-Dann-Schema auf die konkrete Rechtsfolge im Einzelfall geschlossen werden. In diesem Modell liegt eine Rechtsverletzung (Rechtsfrage) jedenfalls vor, wenn der (geltend gemachte) rechtliche Fehler die **Obersatzbildung,** insbes. die Auslegung einer gesetzlichen Vorschrift betrifft. Eine Rechtsverletzung kommt aber auch in Betracht hinsichtlich des **Subsumtionsvorgangs** (Schließen), zB wenn die vom FG festgestellten Tatsachen den Schluss auf die Rechtsfolge nicht erlauben. Auch das Schließen ist Rechtsanwendung.

113 **Keine Rechtsfragen** sind dagegen grds. Fragen, die die **Tatsachenfeststellung,** also das Zustandekommen des empirischen Untersatzes (→ Rn. 112) betreffen. **Fehler** bei der Feststellung oder **Würdigung** von **Tatsachen** können regelmäßig nur aufgrund einer Verfahrensrüge zur Zulassung der Revision nach Abs. 2 Nr. 3 oder bei greifbar gesetzwidriger Beweiswürdigung zur Zulassung nach Abs. 2 Nr. 2, nicht aber nach Abs. 2 Nr. 1 führen (BFH VI B 113/04, BStBl. II 2005, 488; IX B 169/03, BFH/NV 2005, 1057; III B 53/05, BFH/NV 2006, 718). Auch im Bereich der Tatsachenfeststellung hat das Gericht Rechtssätze zu beachten (→ § 96 Rn. 5). Deren Verletzung führt idR zu einem Verfahrensmangel (bei der Tatsachenfeststellung). Speziell im Bereich der tatsächlichen Folgerungen (zB bei der Feststellung von Tatsachen auf der Grundlage von anderen, sog. Indiztatsachen), bei denen als Schlussregel **Erfahrungssätze** zum Einsatz kommen, ist die Grenze zwischen Tat- und Rechtsfrage nicht eindeutig (→ § 96 Rn. 10). Im Interesse einer möglichst einheitlichen Rspr. überprüfen die obersten Bundesgerichte gleichwohl (zu Recht) im Revisionsverfahren auch die Anwendung der Erfahrungssätze und ordnen sie traditionell der materiellen Rechtsanwendung zu (→ § 96 Rn. 135 f.). Die Frage, ob das FG einen Erfahrungssatz oder ein Denkgesetz nicht oder nicht richtig angewandt hat, ist nach diesem Verständnis eine Rechtsfrage (vgl. BFH IV B 53/08, BeckRS 2009, 25015441), die aber idR nicht zur Zulassung der Revision führt.

115 **Entscheidungserheblichkeit.** Die Rechtsfrage muss **für die Entscheidung des FG** erheblich gewesen sein (BFH II B 164/09, BFH/NV 2011, 193; X B 137/11, BFH/NV 2013, 404). Das ist der Fall, wenn die Antwort, die das FG auf die Rechtsfrage gefunden hat, nicht hinweggedacht werden kann, ohne dass die (tragende) Grundlage seines Urteils entfällt (vgl. BFH III B 105/12, BeckRS 2012, 96596). Eine Frage, die für die Entscheidung des FG nicht erheblich war, kann im Revisionsverfahren nicht geklärt werden, denn es ist nicht Aufgabe des Revisionsgerichts, Rechtsfragen losgelöst vom konkreten Einzelfall zu klären. Die Rechtsfrage muss sich innerhalb des vom FG festgestellten Sachverhalts stellen (BFH X B 5/15, BFH/NV 2016, 8). Eine die Verteilung der **Feststel-**

lungslast betreffende Rechtsfrage ist deshalb nicht klärungsfähig, wenn das FG nicht nach Feststellungslast, sondern aufgrund seiner Überzeugung entschieden hat (BFH VI B 152/10, BFH/NV 2011, 1347; X B 84/12, BFH/NV 2013, 771; I B 85/14, BFH/NV 2016, 423). Vgl. auch → Rn. 150 ff.

Nicht entscheidungserheblich sind demnach alle Rechtsausführungen des FG, die hinweggedacht werden können, ohne dass die tragende Begründung seines Urteils entfällt. Ob Ausführungen im Urteil tragende Bedeutung haben, muss im Zweifel durch **Auslegung** ermittelt werden. Dabei muss jeweils gefragt werden, ob das Urteil auch ohne die fraglichen Ausführungen Bestand haben könnte. Zu beurteilen ist die Frage aus der **objektiven Empfängersicht.** Was das FG gewollt oder was es sich vorgestellt hat (haben könnte), ist dagegen grds. unerheblich. 116

Beiläufige Rechtsausführungen des FG sind definitionsgemäß nicht tragend **(obiter dictum).** Sie werden häufig mit der Formel „im Übrigen" eingeleitet und auch als Hilfsbegründung bezeichnet. Darunter fallen auch Ausführungen des Gerichts zu alternativen Sachverhalten, die es seiner Entscheidung nicht zugrunde gelegt hat („Im Übrigen wäre die Rechtslage nicht anders, wenn man davon ausginge, dass xy der Fall ist, wovon das Gericht jedoch nicht ausgeht"). Eine Rechtsfrage, die sich nur in Bezug auf ein obiter dictum stellt, war für das FG nicht entscheidungserheblich (vgl. BFH VIII B 60/98, BFH/NV 1999, 1233). 117

Alternative Begründung. Hat sich das FG in tatsächlicher Hinsicht nicht festgelegt, sondern die streitige Tatfrage offengelassen mit der Begründung, dass die Rechtsfolge in jedem (alternativen) Fall dieselbe sei, kann keiner der Begründungsstränge hinweggedacht werden, ohne die Begründung insgesamt zu Fall zu bringen. In diesem Fall genügt es, wenn ein Begründungsstrang eine Frage von rechtsgrundsätzlicher Bedeutung aufwirft; die Rechtsfrage war dann für das FG entscheidungserheblich. 118

Kumulative Begründungen. Hat das FG sein Urteil nicht nur auf eine, sondern (bei gleichem Sachverhalt) auf zwei oder noch mehr jeweils für sich tragende Begründungen gestützt, kann bis auf die letzte jede einzelne Begründung hinweggedacht werden, ohne dass die Begründung insgesamt entfiele. In diesem Fall muss für jede Begründung ein Zulassungsgrund geltend gemacht werden und vorliegen (BFH IX B 1/24, BFH/NV 2024, 916). Wirft nur eine (von mehreren tragenden) Begründung eine Frage von rechtsgrundsätzlicher Bedeutung auf, war diese Frage für das FG nicht entscheidungserheblich (stRspr, zB BFH III B 1/13, BFH/NV 2013, 1264; Gosch/Werth § 115 Rn. 108; HHS/Lange § 115 Rn. 123). 119

Zulässigkeit und Begründetheit. Hat das FG die **Klage als unzulässig abgewiesen,** ist eine Rechtsfrage nur dann entscheidungserheblich, wenn von ihrer Beantwortung abhängt, ob das FG eine Sachentscheidung hätte treffen müssen (BFH VII B 226/12, BFH/NV 2013, 1590). Eine Rechtsfrage, die sich nur stellt, wenn das FG die Klage nicht als unzulässig abgewiesen hätte, war für seine Entscheidung dagegen nicht erheblich (→ Rn. 115; BFH VII B 175/08, BFH/NV 2009, 1128; XI B 34/09, BFH/NV 2010, 1142). 120

Konkretisierbarkeit der Rechtsfrage. Nach der Rspr. muss die Rechtsfrage derart konkretisierbar sein, dass sie grds. mit „ja" oder mit „nein" beantwortet werden kann; eine Rechtsfrage, deren Beantwortung von den Umständen des Einzelfalls abhängt oder auf die Antwort „kann sein" hinausläuft, ist im Regelfall nicht ausreichend (BFH I B 88/11, BFH/NV 2012, 1089; VI B 34/16, BFH/NV 2017, 26; VIII B 118/19, BFH/NV 2020, 780; VI B 61/21, BFH/NV 2022, 731). Auch eine nicht auf diese Weise konkretisierbare Rechtsfrage ist indes eine 123

Rechtsfrage. Ihr mangelt es aber an der grundsätzlichen Bedeutung. Das Merkmal der Konkretisierbarkeit ist eher eine Ausprägung dieser Anforderung.

125 **e) Grundsätzliche Bedeutung. Grundsätzliche Bedeutung.** Die Rechtssache/Rechtsfrage muss grundsätzliche Bedeutung haben. Ihre Bedeutung darf sich nicht in der Entscheidung des konkreten Einzelfalls erschöpfen; sie muss vielmehr **über den Einzelfall hinausweisende Bedeutung** haben (vgl. BFH VIII B 68/09, BeckRS 2010, 25016000) und die vom BFH zu formulierenden **Rechtsgrundsätze** betreffen. Dabei ist das Kriterium der Bedeutung **nicht objektiv** zu verstehen. Nicht erforderlich ist deshalb, dass es sich um eine aus **rechtssystematischen Gründen** bedeutsame Frage handeln muss (so aber BFH IV B 131/07, BFH/NV 2009, 133; I B 17/13, BFH/NV 2014, 184). Diese Formulierung schränkt den Anwendungsbereich von Abs. 2 Nr. 1 zu weit ein (ebenso Seer StuW 2001, 3). Auch Rechtsfragen, die nicht in das Rechtssystem ausstrahlen, weil sie sich zB auf ein nur wenige Einzelfälle betreffendes Nebengesetz beziehen, bedürfen uU einer verallgemeinerbaren Klärung durch den BFH und können in diesem Sinne grundsätzliche Bedeutung haben. Zutreffend bestimmt die Rspr. die grundsätzliche Bedeutung deshalb idR nach dem jeweils überwiegenden Interesse.

126 **Allgemeininteresse.** Nach der grundlegenden Definition der Rspr. (→ Rn. 100) hat die Rechtssache grundsätzliche Bedeutung, wenn sie das **(abstrakte) Interesse der Allgemeinheit** an der einheitlichen Entwicklung und Handhabung des Rechts **berührt** (stRspr, vgl. zB BFH VI B 2/66, BStBl. III 1966, 628; VIII B 41/91, BStBl. II 1991, 924; I B 75/00, BeckRS 2002, 25000262; IV B 10/01, BFH/NV 2002, 42; V B 119/17, BFH/NV 2018, 544). Nach einer etwas anderen Formulierung hat eine Rechtsfrage grundsätzliche Bedeutung, wenn ihre Beantwortung durch den BFH aus Gründen der Rechtssicherheit, der Rechtseinheitlichkeit und/oder der Rechtsentwicklung **im allgemeinen Interesse liegt** (vgl. zB BFH I B 27/85, BStBl. II 1985, 625; IV B 102/03, BStBl. II 2005, 864; XI B 202/07, BFH/NV 2009, 118; I B 17/13, BFH/NV 2014, 184; IX B 30/17, BFH/NV 2017, 1322).

127 **Individualinteresse.** Das individuelle Interesse der Beteiligten an einer Entscheidung des BFH tritt bei der Anwendung von Abs. 2 Nr. 1 dagegen zurück. Unerheblich ist insbes. die individuelle wirtschaftliche Bedeutung der Sache (**Streitwert,** erhebliche Härte etc). Aber auch das rechtliche Individualinteresse an einer richtigen Entscheidung im Einzelfall wird bei Abs. 2 Nr. 1 nicht berücksichtigt. **Fehler bei der Auslegung und Anwendung des materiellen Rechts** im Einzelfall können die Zulassung der Revision wegen grundsätzlicher Bedeutung nicht rechtfertigen (stRspr, zB BFH VII B 266/08, BFH/NV 2009, 1589; V B 104/05, BFH/NV 2007, 1724 mwN; I B 10/12, BFH/NV 2013, 27). Beachtet das FG die vom BFH aufgestellten Rechtsgrundsätze, wendet es sie jedoch auf den Streitfall unrichtig an, ist die grundsätzliche Bedeutung zu verneinen. Das Individualinteresse an einer korrigierenden Entscheidung im Einzelfall wird nur bei Abs. 2 Nr. 2 Fall 2 berücksichtigt und nur dann, wenn der Fehler eine besondere Schwere erreicht oder überschreitet (→ Rn. 108).

128 **Breitenwirkung.** Das danach erforderliche Allgemeininteresse an einer Entscheidung des BFH lässt sich positiv nur schwer fassen. Es muss **nicht konkret** sein. Die Entscheidung des BFH muss nicht allg. erwartet werden. Die Rechtsfrage muss auch nicht bekannt oder gar umstritten sein. Es genügt ein **abstraktes** Interesse der Allgemeinheit. Auch eine erstmals aufgeworfene Rechtsfrage kann

danach grundsätzliche Bedeutung haben. Im Zweifel ist das Allgemeininteresse zu bejahen, wenn die **Revisionszwecke** eine Entscheidung des BFH erfordern. Das ist der Fall, wenn die Entscheidung voraussichtlich eine gewisse (prägende) **Breitenwirkung** haben wird (vgl. BFH V B 69/06, BFH/NV 2008, 1006; III B 69/12, BeckRS 2013, 95728; X B 155/12, BeckRS 2014, 94175), wenn sie also in der Zukunft (voraussichtlich) zu einer gleichmäßigen Rechtsanwendung beitragen kann. Sie muss in rechtlicher Hinsicht (noch) **richtungsweisend** sein können (vgl. HHS/Lange § 115 Rn. 98). Daran kann es bei ausgelaufenem oder auslaufendem Recht fehlen (→ Rn. 132).

Tatsächliche Auswirkungen. Auf sie kommt es grds. nicht an. Insbesondere 129 die wirtschaftlichen oder energiepolitischen (BFH III B 125/14, BFH/NV 2016, 61) oder finanziellen Auswirkungen der Entscheidung für die Allgemeinheit, mögen sie auch noch so bedeutend sein, verleihen der Rechtssache keine grundsätzliche Bedeutung (BFH V B 94/04, BeckRS 2005, 25008741; IV B 110/01, BeckRS 2002, 25001046; III B 159/96, BFH/NV 1999, 1514; **aA** zu § 543 II Nr. 1 ZPO: BGH V ZB 9/03, NJW 2003, 3765; Tipke/Kruse/Krumm § 115 Rn. 49; Wenzel NJW 2002, 353). Auch der Umstand, dass von einer Rechtsfrage (möglicherweise) eine **Vielzahl von Steuerfällen** betroffen ist, begründet für sich genommen noch nicht die grundsätzliche Bedeutung (BFH VII B 22/94, BFH/NV 1995, 79; V B 85/93, BFH/NV 1995, 603; XI B 61/07, BFH/NV 2008, 592; VI B 31/11, BFH/NV 2011, 1322; II B 86/10, BFH/NV 2012, 286; BVerfG 2 BvG 2/58, 2 BvE 1/59, BVerfGE 13, 90; HHS/Lange § 115 Rn. 93; Tipke/Kruse/Krumm § 115 Rn. 45).

Stellungnahme. Dem ist zuzustimmen, soweit es um die **tatsächlichen Aus-** 130 **wirkungen** einer Entscheidung geht. Die tatsächlichen Auswirkungen sind auch bei der Entscheidungsfindung nicht zu berücksichtigen. Die Folgenabschätzung ist allein Aufgabe des Gesetzgebers. Die grundsätzliche Bedeutung der Rechtssache kann sich deshalb nur aus den **rechtlichen Auswirkungen** ergeben, die die Entscheidung (voraussichtlich) haben wird. Bedenklich erscheint jedoch die zweite Aussage. Wenn die Entscheidung tatsächlich für eine Vielzahl anderer Steuerfälle von Bedeutung ist, weil sie sich in ihnen ebenfalls stellt, indiziert dies mE die erforderliche qualitative, nämlich die Einheitlichkeit der Rechtsanwendung fördernde Wirkung der Entscheidung. Dann muss allerdings feststehen, dass die Behauptung auch zutrifft.

Ausgelaufenes oder auslaufendes Recht. Insofern fehlt es regelmäßig an 132 der grundsätzlichen Bedeutung einer Rechtsfrage, denn die Entscheidung des BFH könnte nicht mehr hinreichend richtungsweisend sein (stRspr, zB BFH IV B 139/09, BFH/NV 2011, 1125; VII B 167/11, BFH/NV 2012, 2029; IX B 18/16, BFH/NV 2016, 1173). Das kann auch der Fall sein für Rechtsfragen zu **Übergangsvorschriften** (BVerwG 11 B 24/94, NJW 1995, 741). Ausnahmsweise (bei Vorliegen besonderer Gründe) kann aber auch bei auslaufendem oder ausgelaufenem Recht Klärungsbedarf bestehen (BFH VI B 167/09, BStBl. II 2010, 747), zB wenn sich die gleiche Rechtsfrage bei einer **Nachfolgeregelung** stellt (BFH VIII B 235/04, BFH/NV 2006, 2091; BVerwG 6 B 35/95, NVwZ-RR 1996, 712) oder wenn sich die Rechtsfrage in nicht absehbarer Zukunft weiterhin bei einer **nicht ganz unerheblichen Zahl noch anhängiger Verfahren** stellt (BFH XI B 158/03, BFH/NV 2005, 1343; I B 151/12, BFH/NV 2013, 1572; V B 67/12, BFH/NV 2014, 578; HHS/Lange § 115 Rn. 98 ff.; Kopp/Schenke/Schenke VwGO § 132 Rn. 11). Im letzteren Fall ist die höchstrichterliche Entscheidung zwar nicht zur Rechtsfortbildung, aber zur Wahrung der Rechtseinheit erforderlich (wie hier Tipke/Kruse/Krumm § 115 Rn. 55).

133 **Änderung der Rechtslage.** Wird nach Ergehen des finanzgerichtlichen Urteils eine für die Entscheidung des Streitfalls erhebliche **Rechtsnorm rückwirkend geändert** oder steht eine solche Änderung unmittelbar bevor, rechtfertigt dieser Umstand für sich genommen nicht die Zulassung der Revision nach Abs. 2 Nr. 1 (BFH IV B 21/21, BFH/NV 2022, 816). FG und BFH sind nicht verpflichtet, die Revision nur deshalb zuzulassen, damit die Gesetzesänderung im Revisionsverfahren noch berücksichtigt werden kann (BVerwG IV C 6/71, BVerwGE 41, 230). Die Änderung läge dann va im Individualinteresse (→ Rn. 127). Das gilt auch, wenn das BVerfG eine dem Streitfall zugrunde liegende Norm während des finanzgerichtlichen Verfahrens nicht für nichtig erklärt, sondern nur ihre Unvereinbarkeit mit der Verfassung festgestellt und mit einer **sog. Appellentscheidung** dem Gesetzgeber aufgegeben hat, eine neue verfassungsgemäße Regelung zu treffen. In diesem Fall kommt aber die Zulassung der Revision nach Abs. 2 Nr. 3 in Betracht, sofern man eine Verpflichtung des FG zur Aussetzung des Verfahrens nach § 74 annimmt (BFH III B 547/90, BStBl. II 1992, 842; VIII R 49/95, BStBl. II 1998, 272; Brockmeyer DStR 1992, 1222).

134 **Verfassungsrechtliche Zweifel** begründen idR die grundsätzliche Bedeutung der Rechtssache (BFH V B 98/68, BStBl. II 1969, 532; III B 43/88, BStBl. II 1990, 70; III B 547/90, BStBl. II 1972, 842). Dem steht nicht entgegen, dass der BFH über die Verfassungswidrigkeit nicht selbst entscheiden könnte, sondern die Sache nach **Art. 100 I GG** dem BVerfG zur Entscheidung vorlegen müsste (BFH III B 37/90, BStBl. II 1994, 795; BSG 11 BA 8/75, BSGE 40, 158; HHS/Lange § 115 Rn. 127; Schoch/Schneider/Pietzner/Buchheister VwGO Rn. 50). Voraussetzung für die Zulassung ist aber, dass es für die künftige Entscheidung im Revisionsverfahren auf die Gültigkeit der betreffenden Norm ankommt, sie mithin klärungsfähig ist. In der Rspr. des BFH wird darüber hinaus für die Zulassung nach Abs. 2 Nr. 1 verlangt, dass im Fall der Verfassungswidrigkeit der Norm mit einer **rückwirkenden Änderung** des betreffenden Steuergesetzes zu Gunsten des Beschwerdeführers zu rechnen ist (BFH IV B 134/97, BFH/NV 1999, 590; XI B 224/04, BFH/NV 2006, 556; VIII B 73/05, BFH/NV 2006, 540; zu Recht krit. Tipke/Kruse/Krumm § 115 Rn. 54); sie darf zumindest nicht ausgeschlossen erscheinen.

135 **Unionsrechtliche Zweifel.** Kommt es für die Entscheidung eines Falles auf die Auslegung oder die Gültigkeit einer Norm des **Unionsrechts** an, haben die nationalen Gerichte vAw zu prüfen, ob eine Vorlage der Sache an den EuGH nach Art. 267 AEUV (früher Art. 234 EGV) in Betracht kommt (BFH VII B 129/86, BStBl. II 1987, 305); eine Rechtssache hat jedoch nicht allein deshalb grundsätzliche Bedeutung, weil das FG unmittelbar anwendbares Unionsrecht auszulegen hat und von der Einholung einer Vorabentscheidung des EuGH absieht (BFH VII B 282/02, BeckRS 2003, 25001813). Da das (unmittelbar anwendbare) Unionsrecht zum (revisiblen) Bundesrecht gehört (→ § 118 Rn. 13) ist die Zulassung der Revision nach Abs. 2 Nr. 1 aber dann geboten, wenn die Auslegung des einschlägigen Unionsrechts zweifelhaft ist und die (nicht entfernte) Möglichkeit besteht, dass in einem künftigen Revisionsverfahren eine **Vorabentscheidung des EuGH** einzuholen sein wird (BFH IV B 169/06, BFH/NV 2008, 390; V B 29/10, BFH/NV 2011, 563; BVerfG 2 BvR 557/88, HFR 1993, 203; BVerwG 6 B 8/95, NJW 1996, 2945; HHS/Lange § 115 Rn. 127; Schoch/Schneider/Pietzner/Buchheister VwGO Rn. 49). Das ist nicht der Fall, wenn keine vernünf-

tigen Zweifel an der Auslegung oder der Gültigkeit einer Norm des Unionsrechts bestehen können (BFH VII R 107/81, BFHE 145, 266; VII B 23/00, BFH/NV 2000, 1510; VII B 54/15, BFH/NV 2016, 949).

Vorläufiger Rechtsschutz. Gem. §§ 69, 114 wird nicht endgültig über die streitige Rechtsfrage entschieden. Gleichwohl kann auch gegen Beschlüsse der FG über die AdV die Beschwerde wegen grundsätzlicher Bedeutung der Rechtssache zugelassen werden (**§ 128 III,** der ausdrücklich auf § 115 II verweist). Dabei kann sich die grundsätzliche Bedeutung auch auf die in der Hauptsache streitige materielle Rechtsfrage beziehen, derentwegen ernstliche Zweifel an der Rechtmäßigkeit des VA geltend gemacht werden (BFH GrS 4/77, BStBl. II 1978, 229; IV B 125/08, BFH/NV 2009, 760; I B 125/86, BFH/NV 1987, 799; Tipke/Kruse/Krumm § 115 Rn. 56). Denn einer zweifelhaften Rechtsfrage kann die grundsätzliche Bedeutung nicht deswegen abgesprochen werden, weil sie im summarischen Verfahren des vorläufigen Rechtsschutzes nicht abschließend geklärt werden kann (BFH GrS 4/77, BStBl. II 1978, 229; VII B 56/91, BFH/NV 1993, 137; anders BFH II B 67/86, BStBl. II 1986, 859). 136

f) Klärungsbedürftigkeit. Die Rechtsfrage muss **klärungsbedürftig** sein (stRspr, vgl. zB BFH IX B 116/03, BStBl. II 2004, 1000; I B 99/98, BStBl. II 2000, 254; VIII B 184/05, BStBl. II 2009, 850; IV B 91/05, BFH/NV 2006, 2245; BAG 4 AZN 41/79, NJW 1980, 1812; Tipke/Kruse/Krumm § 115 Rn. 50). Der BFH soll nicht mit unnötigen Revisionen belastet werden. Die Rechtsfrage muss **offen** sein. Ihre Beantwortung muss **zu Zweifeln Anlass geben,** weil sie (im Zeitpunkt der Entscheidung über die Zulassung der Revision) auf rechtl. vertretbare Weise unterschiedlich beantwortet werden könnte (vgl. BFH VII B 102/10, BFH/NV 2011, 740). Die Rechtslage darf nicht eindeutig sein. Das Gesetz muss unterschiedliche Deutungen zulassen. Ob unterschiedliche Antworten auf eine Rechtsfrage jeweils vertretbar sind, bestimmt sich grds. nach den anerkannten Regeln der juristischen **Argumentations- und Methodenlehre.** Ist die Frage bereits höchstrichterlich geklärt, werden an die Vertretbarkeit einer Gegenargumentation erhöhte Anforderungen gestellt. 140

Rechtsfrage umstritten. Werden zu einer Rechtsfrage **in Rechtsprechung und/oder im Schrifttum** unterschiedliche Antworten vertreten, ist idR von der Klärungsbedürftigkeit auszugehen. Ein öffentlicher Diskurs ist jedoch nicht erforderlich. Es genügt, wenn sich die Zweifel aus dem **Vorbringen eines Beteiligten** ergeben. Die Rechtsfrage kann deshalb auch neu sein. Auch aus einer **Verwaltungsvorschrift,** an die nur das FA gebunden ist, kann sich die Klärungsbedürftigkeit ergeben. Im finanzgerichtlichen Verfahren ist eine solche Verwaltungsvorschrift nicht als Rechtsnorm, sondern als **Parteivortrag** zu werten. Die Klärungsbedürftigkeit ergibt sich dann nicht schon aus dem Umstand, dass die FVerw nach der Anweisung verfährt, sondern erst daraus, dass sie ihre Auffassung vertretbar begründen kann. Allein der Umstand, dass der BFH über die Rechtsfrage **noch nicht entschieden** hat, begründet keine Zweifel (zB BFH IV B 19/09, BFH/NV 2010, 1480). 141

Rechtslage eindeutig. Nicht klärungsbedürftig ist eine Rechtsfrage, wenn die Rechtslage eindeutig ist, weil sich die Frage **ohne Weiteres** aus dem klaren Wortlaut und Sinngehalt des Gesetzes, auch des Unionsrechts (vgl. BFH VII B 86/12, BFH/NV 2014, 585; I B 139/11, BFH/NV 2016, 1453), beantworten lässt oder wenn sie **offensichtlich** so zu entscheiden ist, wie es das FG getan hat (stRspr, zB BFH VIII B 184/08, BStBl. II 2009, 850; VI B 20/11, BFH/NV 142

2011, 1863; V B 58/13, BFH/NV 2014, 192; X B 161/17, DStRE 2018, 453; X B 24/18, BFH/NV 2018, 1148; VI B 64/19, BFH/NV 2021, 306). Davon geht der BFH auch aus, wenn die Rechtsfrage durch eine Entscheidung des **BVerfG** oder des **EuGH** geklärt ist (vgl. BFH VII B 186/14, BFH/NV 2016, 1316) und auch, wenn der diesen Entscheidungen zugrunde liegende Sachverhalt nur im Wesentlichen mit dem streitigen Fall vergleichbar ist (BFH III B 220/90, BFH/NV 1996, 407). Dem entspricht es, wenn die Gegenauffassung jeweils nicht vertretbar oder abwegig ist. Das gilt auch für **verfassungsrechtliche Zweifel** (BFH III B 51/16, BFH/NV 2017, 1163). Nimmt der BFH diese Voraussetzungen an, ergeht zumeist ein begründeter Beschluss über die Nichtzulassung der NZB, in dem die materielle Rechtsfrage, auch wenn sie neu sein sollte, höchstrichterlich geklärt wird **(kleine Revision).** Nicht selten werden solche Beschlüsse vom BFH auch amtlich veröffentlicht (zB BFH VI B 95/13, BStBl. II 2014, 525). Von der Möglichkeit, Rechtsfragen abschließend im NZB-Verfahren zu klären, macht der BFH zu Recht nur zurückhaltenden Gebrauch. Offene Rechtsfragen sollten grds. im Rahmen eines Revisionsverfahrens geklärt werden.

143 **Rechtsfrage höchstrichterlich geklärt.** Hat der BFH über die Rechtsfrage bereits entschieden, ist sie grds. geklärt (BFH IV B 24/10, BFH/NV 2012, 164; XI B 21/11, BFH/NV 2012, 813) und bedarf keiner weiteren Klärung mehr. Das gilt auch, wenn die Frage erst nach Einlegung der NZB geklärt worden ist (BFH XI B 11/14, BFH/NV 2015, 851; → Rn. 97). Bei im Wesentlichen unveränderter Sach- und Rechtslage ist davon auszugehen, dass der BFH im Fall einer erneuten Befassung nicht anders entscheiden wird, auch wenn die einschlägige Rspr. schon älter ist (BFH X B 112/17, BFH/NV 2018, 1086). Etwas anderes gilt nur, wenn **neue Gesichtspunkte** erkennbar sind, die eine erneute Prüfung und Entscheidung dieser Frage durch den BFH erforderlich machen (zB BFH X B 12/13, BFH/NV 2014, 874; VI B 95/13, BFH/NV 2014, 948; X B 168/14, BFH/NV 2015, 1369; IX B 40/20, BFH/NV 2021, 349; Tipke/Kruse/Krumm § 115 Rn. 49). Dafür sind idR ernst zu nehmende **neue Argumente** erforderlich, mit denen sich der BFH erkennbar noch nicht befasst hat/befassen konnte. Das kann der Fall sein, wenn eine **neue Fallgestaltung** vermehrt auftritt, die Besonderheiten aufweist (BFH II B 176/03, BFH/NV 2005, 355). Bloße **Kritik** an der Rspr. des BFH, die sich va in der Wiederholung derjenigen Argumente erschöpft, mit denen sich der BFH bereits auseinander gesetzt hat, genügt dagegen nicht (stRspr, zB BFH X B 192/12, BFH/NV 2014, 337; V B 52/16, BFH/NV 2017, 67), auch nicht pauschale Behauptungen, zB, die Rspr. ignoriere die wirtschaftlichen Gegebenheiten und den Willen des Gesetzgebers (BFH IX B 49/19, BFH/NV 2020, 94). Es genügt auch nicht, wenn das **Gesetz geändert** wurde, die Merkmale, auf die sich Rspr. des BFH bezieht, aber unverändert in das neue Gesetz übernommen worden sind (BFH IX B 38/99, BStBl. II 1999, 587).

144 **Nichtanwendungserlass.** Eine Rechtsfrage kann auch klärungsbedürftig sein, wenn die FVerw nicht nach der höchstrichterlichen Rspr. verfährt, weil ein **Nichtanwendungserlass** ergangen ist (BFH VI B 46/68, BStBl. II 68, 779; VIII B 98/94, BFH/NV 1995, 992). Die FVerw muss dann allerdings (wie der Kläger) beachtliche, vom BFH noch nicht erwogene Gründe vorbringen (BFH VIII B 71/88, BStBl. II 1989, 566; III B 50/01, BFH/NV 2003, 55; I B 186/02, BFH/NV 2003, 1581). Das gilt erst recht, wenn der BFH seine Rechtsauffassung nach Ergehen eines Nichtanwendungserlasses noch einmal bestätigt hat (BFH IV B 171/06, BStBl. II 2008, 380). Sind jedoch einzelne FG der Rspr. des BFH nicht

gefolgt oder sind im Schrifttum oder seitens der FVerw beachtliche Argumente gegen die Rspr. vorgebracht worden, die der BFH noch nicht erwogen hat, kann eine Zulassung wegen grundsätzlicher Bedeutung oder zur Rechtsfortbildung nach § 115 II Nr. 2 auch dann geboten sein, wenn zu der streitigen Rechtsfrage bereits eine gefestigte Rspr. des BFH vorliegt (zB BFH X B 172/11, BFH/NV 2013, 1404; Tipke/Kruse/Krumm § 115 Rn. 50; Kopp/Schenke/Schenke VwGO § 132 Rn. 10).

Nicht klärungsbedürftig sind regelmäßig Streitigkeiten, in denen es nach der Rspr. entscheidend auf die **Umstände des Einzelfalls** ankommt. Die erforderliche Gesamtwürdigung der tatsächlichen Umstände unterliegt als Teil der auf Tatsachen bezogenen Überzeugungsbildung des FG nur eingeschränkt der revisionsrechtlichen Überprüfung (§ 118 II). Außerdem indiziert die Gesamtwürdigung der den Einzelfall prägenden Umstände, dass der Fall keine über sich hinausweisende Bedeutung hat (zB BFH IX B 126/11, BFH/NV 2012, 741; I B 26/12, BFH/NV 2013, 1061; IX B 33/13, BFH/NV 2013, 1419; III B 37/14, BFH/NV 2015, 857; VIII B 53/21, BFH/NV 2022, 804; vgl. iÜ → Rn. 28). Insofern geht es vielmehr um die **Anwendung feststehender Rechtsgrundsätze** auf den jeweiligen Einzelfall; insofern fehlt es auch an dem erforderlichen Allgemeininteresse an einer Entscheidung des BFH. Nicht klärungsbedürftig sind ferner die **Denkgesetze,** da sie offen zutage liegen (BFH V B 35/75, BStBl. II 1977, 497). 145

Ermessen. Die Frage, ob Ermessensfehler vorliegen, hängt idR von den Umständen des Einzelfalls ab. Sie ist deshalb verallgemeinernden Aussagen von grundsätzlicher Bedeutung regelmäßig nicht zugänglich (BFH XI B 57/16, BFH/NV 2017, 599; → Rn. 145) und kann daher idR nicht zur Zulassung der Revision führen. Etwas anderes kann aber gelten, wenn zum einen auf Grund bestimmter Umstände eine **Ermessensreduzierung auf null** in Frage steht und zum anderen diese Umstände ihrerseits nicht solche des Einzelfalls sind (vgl. BFH X B 183/11, BFH/NV 2012, 1570; III B 124/14, BFH/NV 2015, 837). 146

Billigkeitsentscheidungen beruhen (als streng Einzelfall bezogene Entscheidungen) idR auf einer Würdigung der gesamten Umstände des Einzelfalls (→ Rn. 145) und werfen insofern keine Fragen von grundsätzlicher Bedeutung auf. Dies kann ausnahmsweise anders sein (BFH VI B 205/99, BFH/NV 2002, 1603; VIII B 43/16, BFH/NV 2017, 729). 147

g) Klärungsfähigkeit. Begriff. Die Revision kann wegen grundsätzlicher Bedeutung nur zugelassen werden, wenn die klärungsbedürftige Rechtsfrage **im zukünftigen Revisionsverfahren** auch geklärt werden kann. Sie muss insbes. **revisibles Bundesrecht** betreffen (§ 118 I) und für die Entscheidung des Streitfalls durch den BFH (voraussichtlich) **erheblich** sein (stRspr, BFH III B 40/71, BStBl. II 1972, 575; VI B 159/08, BeckRS 2009, 25015265; VII B 273/05, BFH/NV 2006, 1787; VI B 130/05, BFH/NV 2007, 85; Tipke/Kruse/Krumm § 115 Rn. 52; May, Die Revision in den zivil- und verwaltungsgerichtlichen Verfahren, 2. Aufl. 1997, Kap. IV Rn. 63). 150

Bundesrecht. Die Rechtsfrage muss revisibles Bundesrecht (§ 118 I) betreffen (BFH I B 211/07, BFH/NV 2008, 1697; II B 9/84, BStBl. II 1984, 721; II B 87/96, BFH/NV 1997, 374; BVerwG 7 B 35/86, NVwZ 1986, 739; HHS/Lange § 115 Rn. 121). Rechtsfragen aus dem Bereich des **Unionsrechts** gehören dem revisiblen Bundesrecht iSd § 118 I an, soweit die Norm des Unionsrechts mit unmittelbarer Geltung in den Mitgliedsstaaten erlassen wird (BFH VI R 158/74, BStBl. II 1976, 755; VII C 35/69, BVerwGE 35, 277) und sind insoweit grds. 151

klärungsfähig (BFH IV B 169/06, BFH/NV 2008, 390; III B 14/93, BFH/NV 1996, 34). Sie sind insbes. klärungsfähig, wenn der BFH in einem künftigen Revisionsverfahren voraussichtlich eine **Vorabentscheidung** des EuGH einholen muss (BFH IV B 169/06, BFH/NV 2008, 390). Fragen des **ausländischen Rechts** gehören prozessrechtlich dagegen zu den Tatsachenfragen und können deshalb keine grundsätzliche Bedeutung haben (BFH I B 158/10, BFH/NV 2011, 1109). Die Zulassung kann insofern auch nicht mit dem Vorbringen erreicht werden, das FG habe bei der Anwendung des irrevisiblen Rechts allgemeine Auslegungsgrundsätze (§§ 157, 133 BGB) verletzt (BFH II B 9/84, BStBl. II 1984, 721).

152 **Entscheidungserheblichkeit.** Für den BFH entscheidungserheblich ist eine Rechtsfrage, wenn sie der BFH (voraussichtlich) entscheiden muss, um seine Revisionsentscheidung begründen zu können. Sie muss für die Begründung des BFH tragend sein (→ Rn. 115–120). Dabei ist die Bindung des BFH an die vom FG festgestellten Tatsachen zu beachten (§ 118 II). **Neue Tatsachen** darf der BFH im Revisionsverfahren nicht berücksichtigen. Eine Rechtsfrage, die sich nur stellt, wenn man einen anderen als den vom FG festgestellten Sachverhalt zugrunde legt, kann für den BFH daher nicht erheblich sein (**anderer Sachverhalt;** stRspr, BFH III B 150/12, BFH/NV 2013, 1431; X B 142/15, BFH/NV 2016, 1030; XI B 37/17, BFH/NV 2017, 1635; VI B 45/17, BFH/NV 2018, 333). Sie war dann aber idR für das FG auch schon nicht erheblich (→ Rn. 115).

153 Die Beurteilung erfordert eine **Prognose** über den mutmaßlichen Ausgang des Revisionsverfahrens. Es genügt für die Zulassung nicht, dass die Klärung der Rechtsfrage nur theoretisch möglich ist. Vielmehr muss **zu erwarten** sein, dass es tatsächlich zu einer Klärung der Grundsatzfrage kommen wird (BFH VII B 136, 137/98, BFH/NV 1999, 331; V B 114/93, BFH/NV 1995, 603; V B 99/89, BFH/NV 1995, 842; VII B 18/89, BFH/NV 1990, 170; HHS/Lange § 115 Rn. 123 ff.; Weyreuther FS Menger, 1985, 681, Rn. 75 ff.). Eine überwiegende Wahrscheinlichkeit ist jedoch nicht erforderlich. Das Revisionsverfahren mit all seinen nicht vorhersehbaren Entwicklungen kann und soll nicht etwa antizipiert werden. Es genügt vielmehr, wenn die Entscheidungserheblichkeit möglich erscheint. Die Beantwortung der Rechtsfrage darf insbes. nicht aus tatsächlichen oder rechtlichen Gründen ausgeschlossen sein.

154 **Fehlende tatsächliche Feststellungen.** Eine abschließende Sachentscheidung des BFH (§ 126 III 1 Nr. 1) muss nicht wahrscheinlich sein (ebenso HHS/Lange § 115 Rn. 124). Auch wenn die Sache vom BFH möglicherweise zurückverwiesen werden muss, weil die tatsächlichen Feststellungen der Vorinstanz keine abschließende Entscheidung des BFH über den Streitfall erlauben, ist die Revision zuzulassen, wenn es dem BFH im Revisionsverfahren (voraussichtlich) möglich sein wird, in bindender Weise zu der klärungsbedürftigen Frage Stellung zu nehmen (zum Umfang der Bindung des FG in den Fällen der **Zurückverweisung** → § 126 Rn. 21 ff.). Die Rechtsfrage ist nicht klärungsfähig, wenn der BFH voraussichtlich das Urteil im Revisionsverfahren (wegen fehlender tatsächlicher Feststellungen) aufheben muss, ohne sich in bindender Weise zu der grundsätzlichen Frage äußern zu können (BFH III B 61/00, BFH/NV 2001, 634; II B 9/84, BStBl. II 1984, 721; I B 108/86, BStBl. II 1989, 104); es reicht insbes. nicht aus, dass der BFH die Rechtsfrage möglicherweise **in einem zweiten Rechtsgang** klären könnte (BVerwG VIII B 183/60, BVerwGE 12, 107; 9 B 387.96, DVBl. 1997, 678).

Bindende tatsächliche Feststellungen. An der Klärungsfähigkeit fehlt es insbes., wenn bindende tatsächliche Feststellungen des FG (§ 118 II) unabhängig von der Beantwortung der aufgeworfenen Rechtsfrage zu dem vom FG vertretenen Ergebnis führen würden (BFH III B 122/12, BFH/NV 2013, 1798; III B 18/14, BFH/NV 2015, 701). Einen anderen als den vom FG festgestellten Sachverhalt darf der BFH nicht zugrunde legen (→ Rn. 152). Etwas anderes gilt nur, wenn ausnahmsweise die Bindungswirkung des § 118 II entfällt (BFH VI B 18/16, BFH/NV 2016, 1708; → § 118 Rn. 53). Dies führt jedoch idR zur Zurückverweisung der Sache an das FG zur weiteren Sachaufklärung (→ Rn. 154). 155

Rechtliche Bindungen. Eine Rechtsfrage ist aus Rechtsgründen nicht klärbar, soweit der BFH im Revisionsverfahren einer rechtlichen Bindung unterliegen würde. Hat der **Gesetzgeber** eine offene Frage zwischenzeitlich geklärt, kommt eine Klärung durch den BFH nicht mehr in Betracht (vgl. BFH III B 108/15, BeckRS 2016, 94991). Hat das BVerfG die **Weitergeltung einer verfassungswidrigen Norm** mit Gesetzeskraft (§ 31 BVerfGG) angeordnet, ist diese Frage einer Überprüfung durch die Fachgerichte entzogen (BFH II B 9/10, BFH/NV 2011, 441; II B 13/12, BFH/NV 2013, 42). Ist die Rechtsfrage zwischen denselben Beteiligten bereits rechtskräftig entschieden, wäre der BFH an die **Rechtskraft** der Entscheidung gebunden (§ 110). An seine **Entscheidung im ersten Rechtsgang** ist der BFH gem. § 126 V gebunden; er darf dieselbe Rechtsfrage im zweiten Rechtsgang nicht noch einmal (abw.) entscheiden (BFH V B 4/66, BStBl. II 1968, 382; V B 113/05, BFH/NV 2006, 2103; Schoch/Schneider/Pietzner/Buchheister VwGO § 132 Rn. 46). In all diesen Fällen ist die Rechtsfrage zudem schon geklärt (→ Rn. 133). 155a

Rechtliche Hindernisse. An der Klärbarkeit fehlt es auch, wenn der BFH (voraussichtlich) aus rechtlichen Gründen gehindert wäre, die Rechtsfrage zu entscheiden. Das kann der Fall sein, wenn die Rechtsfrage **zu unbestimmt** (BFH VIII B 173/12, BFH/NV 2013, 1599) oder **zu allgemein** gehalten (BFH VIII B 191/07, BFH/NV 2009, 1078) oder **schlicht unerheblich** ist, etwa wenn sich bei ihrer Beantwortung iSd Rechtsmittelführers keine steuerlichen Auswirkungen ergeben würden (BFH VIII B 161/11, BFH/NV 2013, 1266). Eine Rechtsfrage kann auch nicht geklärt werden, wenn sie sich nur stellt, falls eine **Vorfrage** anders beantwortet wird, die ihrerseits nicht klärungsfähig ist (BFH I B 184/07, BFH/NV 2008, 2051; III B 222/10, BFH/NV 2013, 71), oder deren Beantwortung von den Umständen des konkreten Einzelfalls abhängt (BFH IV B 111/11, BFH/NV 2012, 1482) oder wenn für die Frage der **Rechtsweg nicht eröffnet** wäre (BFH V B 23/15, BFH/NV 2016, 53). 156

Ergebnisrichtigkeit. Der BFH verneint die Entscheidungserheblichkeit einer Rechtsfrage auch dann, wenn sich die angefochtene Entscheidung im Revisionsverfahren voraussichtlich aus anderen Gründen als richtig darstellen wird (**analoge Anwendung von § 126 IV;** BFH X B 134/02, BFH/NV 2004, 906; III B 134/86, BStBl. II 1988, 484; V B 8/99, BFH/NV 2000, 192; VIII B 141/19, BFH/NV 2021, 534; HHS/Lange § 115 Rn. 125; Schoch/Schneider/Pietzner/Buchheister VwGO § 132 Rn. 13; **aA** Tipke/Kruse/Krumm § 115 Rn. 53d). Das trifft zwar begrifflich zu, weil bei diesem Ausgang des Revisionsverfahrens etwaige Aussagen des BFH zu der Rechtsfrage nicht tragend wären. Die Rspr. überzeugt gleichwohl nicht, weil damit im Zulassungsverfahren eine Prüfung vorweggenommen wird, die dem Senat in der für Urteile geltenden Besetzung obliegt (Art. 101 I 2 GG) und für die besondere Verfahrensvorschriften gelten (ebenso Tipke/Kruse/Krumm § 115 Rn. 53d; May, Die Revision in den zivil- und verwaltungsgerichtli- 158 chen Verfahren, 2. Aufl. 1997, Kap. IV Rn. 67; Bleschick Revisionszulassungsgründe S. 385 ff.; → § 116 Rn. 56). Dem kann nicht entgegen gehalten werden, dass die Zulassung der Revision in diesem Falle „sinnlos" wäre. Die Anwendung oder Nichtanwendung von Verfahrensrecht steht nicht unter dem Vorbehalt, ob seine Beachtung nach Meinung des Rechtsanwenders sinnvoll wäre. Die Prognoseprüfung soll nicht dazu dienen, den Ausgang des Hauptsacheverfahrens vorwegzunehmen (→ Rn. 140). Wird bei der Prognose der Ergebnisrichtigkeit im Zulassungsverfahren eine bislang ungeklärte Frage „durchentschieden", ist zudem das Gebot des effektiven Rechtsschutzes verletzt (BVerfG 1 BvR 2705/16, NVwZ-RR 2020, 905). § 126 IV ist grds. nicht anwendbar, wenn ein Verfahrensfehler iSv **§ 119** vorliegt (→ § 126 Rn. 9; BFH VIII B 131/09, BFH/NV 2010, 2110; II B 110/10, BFH/NV 2011, 833).

3. Rechtsfortbildung (Abs. 2 Nr. 2 Fall 1)

160 **Verhältnis zu Abs. 2 Nr. 1.** Der Zulassungsgrund der Rechtsfortbildung konkretisiert den Zulassungsgrund der grundsätzlichen Bedeutung; es handelt sich um einen (speziellen) **Unterfall der grundsätzlichen Bedeutung** (zB BFH I B 17/13, BFH/NV 2014, 184; XI B 15/13, BFH/NV 2014, 839; XI B 81/17, MwStR 2018, 402; → Rn. 107). Die Fortbildungsrevision ist wie die Grundsatzrevision nur eröffnet, wenn eine abstrakte Rechtsfrage im allgemeinen Interesse klärungsbedürftig und klärungsfähig ist (stRspr BFH VI B 53/17, BeckRS 2017, 140055). Eine Entscheidung des BFH muss zur Klärung der Rechtsfrage **erforderlich** sein. In den Fällen, in denen eine Entscheidung des Revisionsgerichts der Rechtsfortbildung dient, liegt regelmäßig auch eine Frage von grundsätzlicher Bedeutung vor (zB BFH I B 32/15, BeckRS 2016, 94897; IV B 119/15, NZI 2017, 115; IV B 59/16, BeckRS 2017, 134775).

161 **Begriff der Rechtsfortbildung.** Rechtsfortbildung **im weiteren Sinne** ist jede Fortentwicklung des Rechts (Gesetz, Richterrecht) durch das Aufstellen neuer Rechtsgrundsätze, auch soweit diese durch **Auslegung des Gesetzes** gewonnen werden. Darunter fallen auch die permanente Fortentwicklung der höchstrichterlichen Rspr. sowie deren Überprüfung anhand neuer, vom BFH noch nicht erwogener Argumente. Rechtsfortbildung **im engeren Sinne** ist dagegen die rechtsschöpferische (kreative) Ausfüllung von Lücken im Gesetz im Wege der Analogie (teleologische Extension) oder der teleologischen Reduktion, jeweils jenseits der Grenzen methodisch zulässiger Auslegung des Gesetzes. Sie gehört ebenfalls zu den Aufgaben und Befugnisse der Gerichte, auch der FG. Ihr sind jedoch im Eingriffs- und speziell im Steuerrecht durch die **allgemeine Handlungsfreiheit** (Art. 2 I GG) und das **Rechtsstaatsprinzip** (Gesetzesbindung, Gesetzesvorbehalt, Bestimmtheitsgrundsatz, Tatbestandsmäßigkeit der Besteuerung, Art. 20 III GG) enge Grenzen gesetzt, deren Einhaltung das BVerfG kontrolliert (zB BVerfG 1 BvR 918/10, BVerfGE 128, 193: Dreiteilungsmethode Geschiedenenunterhalt; BVerfG 1 BvR 871/13, 1 BvR 1833/13, NVwZ 2017, 617: Zweitwohnungssteuer).

162 **Weites Verständnis der Rechtsprechung.** Der BFH versteht den Begriff der Rechtsfortbildung in Abs. 2 Nr. 2 weit. Nach stRspr des BFH ist die Zulassung der Revision zur Fortbildung des Rechts erforderlich, wenn über eine bisher ungeklärte abstrakte Rechtsfrage zu entscheiden ist (zB BFH V B 76/11, BFH/NV 2012, 1840), insbes. wenn der Streitfall im allgemeinen Interesse Veranlassung gibt, **Grundsätze und Leitlinien** für die Auslegung von Gesetzesbestimmungen

des materiellen Rechts oder des Verfahrensrechts **aufzustellen** oder **Gesetzeslücken rechtsschöpferisch auszufüllen** (stRspr, zB BFH VI B 58/16, BeckRS 2017, 94514; XI B 13/17, BeckRS 2017, 117295; IX B 84/22, BFH/NV 2023, 1314; HHS/Lange § 115 Rn. 148; Gaier NJW-Sonderheft 2003, 18; **aA** Gosch/Werth § 115 Rn. 112). Das entspricht im Grundsatz dem Anliegen des Gesetzgebers, der mit dem Zulassungsgrund der Rechtsfortbildung einem möglicherweise zu engen Verständnis des Begriffs der grundsätzlichen Bedeutung vorbeugen wollte (vgl. BT-Drs. 14/4722, 104 zu § 543 II ZPO).

Überprüfung höchstrichterlicher Rechtsprechung. Nach der Rspr. des BFH ist die Rechtsfortbildungsrevision auch eröffnet, wenn gegen eine bestehende höchstrichterliche Rspr. gewichtige neue Argumente vorgetragen worden sind, die der BFH noch nicht erwogen hat (BFH X B 109/02, BFH/NV 2003, 1082; XI B 52/15, DStRE 2016, 415; X B 146/15, BeckRS 2016, 95557; **aA** HHS/Lange § 115 Rn. 148: grundsätzliche Bedeutung; → Rn. 143). **163**

Stellungnahme. Der Zulassungstatbestand der Rechtsfortbildung hat va **klarstellende Funktion.** Eine trennscharfe Abgrenzung von grundsätzlicher Bedeutung und Rechtsfortbildung ist nicht möglich, aber auch nicht erforderlich. Die Voraussetzungen und Rechtsfolgen sind gleich. Der BFH zieht (auch im Hinblick auf § 116 III 3) keine Konsequenzen, wenn anstatt der Grundsatzrevision die Rechtsfortbildungsrevision oder umgekehrt geltend gemacht worden ist. Begrifflich und systematisch erscheint es sinnvoll, den Begriff der Rechtsfortbildung in Abs. 2 Nr. 2 Fall 1 möglichst eng zu verstehen (→ Rn. 161). Für die Grundsatzrevision verbleibt dann als Grundtatbestand die (allg.) Fortentwicklung des Rechts durch Auslegung und Überprüfung der höchstrichterlichen Rspr. (Bleschick Revisionszulassungsgründe, S. 323; **aA** Tipke/Kruse/Krumm § 115 Rn. 61a). Andernfalls droht die Gefahr, dass die Rechtsfortbildungsrevision den Anwendungsbereich der Grundsatzrevision zu weitgehend aushöhlt. Die besondere Erwähnung der Rechtsfortbildung im Gesetz kann darüber hinaus auch als **Appell** verstanden werden: Bei der Rechtsfortbildung ieS ist der BFH nicht darauf beschränkt, etwaige Rechtsfortbildungen der FG zu kontrollieren (oder zu verhindern); er kann die Revision auch zulassen, wenn das FG eine Rechtsfortbildung abgelehnt hat, der BFH sie jedoch für erforderlich hält (Beermann DStZ 2000, 773). **164**

Erforderlichkeit. Eine Entscheidung des BFH muss erforderlich sein. Nach einer im Schrifttum verbreiteten Ansicht handelt es sich dabei um das zusätzliche Merkmal, aus dem sich das Spezialitätsverhältnis ergibt (→ Rn. 160; HHS/Lange § 115 Rn. 153; Tipke/Kruse/Krumm § 115 Rn. 62). Praktisch kommt ihm jedoch keine eigenständige Bedeutung zu. Die Erforderlichkeit ist danach wie bei der Grundsatzrevision jedenfalls idR zu bejahen, wenn die in Rede stehende Rechtsfortbildung eine abstrakte Frage betrifft, deren Klärung **im allgemeinen Interesse** liegt (zB BFH III B 55/12, BFH/NV 2014, 575; → Rn. 125 ff.; II B 104/17, BFH/NV 2019, 401), die **klärungsbedürftig** (→ Rn. 140 ff.) und **klärungsfähig** ist (→ Rn. 150 ff.; zB BFH VIII B 107/10, BFH/NV 2011, 1175; XI B 79/12, BFH/NV 2013, 1953; XI B 16/14, BFH/NV 2014, 1098). Sie muss über den konkreten Einzelfall hinaus bedeutsam sein. Das ist insbes. der Fall, wenn die Frage nach dem „Ob" und „Wie" der Rechtsfortbildung zu klären ist (BFH IV B 139/09, BFH/NV 2011, 1125; IV B 62/10, BFH/NV 2012, 369). Daran fehlt es, wenn die Entscheidung des Streitfalls maßgeblich von den tatsächlichen Besonderheiten des Einzelfalles abhängt (zB BFH VIII B 159/09, BFH/NV 2011, 300; V B 84/10, BFH/NV 2011, 2010). Eine Entscheidung des BFH zu einer **165**

bestimmten Rechtsfrage ist nicht schon dann im Interesse der Rechtsfortbildung und Rechtsentwicklung erforderlich, wenn der Kläger sinngemäß einwendet, die bisherige Rspr. habe hierzu keine (aktuellen) Antworten geliefert (BFH IX B 132/16, BeckRS 2017, 94685).

4. Sicherung der Rechtseinheit (Abs. 2 Nr. 2 Fall 2)

170 **a) Allgemeines. Inhalt und Zweck.** Die Revision ist zuzulassen, wenn die **Sicherung einer einheitlichen Rechtsprechung** eine Entscheidung des BFH erfordert. Durch Abs. 2 Nr. 2 soll eine einheitliche Rspr. nicht hergestellt, sondern lediglich **gesichert** werden. Dem liegt die Vorstellung zugrunde, dass die Einheitlichkeit der Rspr. (als objektive Gegebenheit) durch abweichende Einzelfälle gestört wird. Dann soll der BFH, wenn es erforderlich ist, die (an sich bestehende) Einheitlichkeit der Rspr. sichern, indem er vereinheitlichend (korrigierend) eingreift.

171 **Einheitlichkeit und Gleichheit der Rechtsprechung.** Die **Einheitlichkeit der Rechtsanwendung** ist nicht nur eine tatsächliche Größe, sondern auch eine normative Zielvorgabe. Sie gewährleistet die notwendige Gleichheit der Rechtsanwendung und schafft zugleich Akzeptanz. Eine vollständige **Gleichheit der Rechtsprechung** wird bewusst nicht angestrebt. Die Richter sind unabhängig; sie müssen nicht so entscheiden, wie andere Richter bereits entschieden haben. Das gilt auch für die Richter an den obersten Bundesgerichten. Die vollständige Gleichheit der Rspr. würde auch zu ihrer **Versteinerung** führen. Indes muss sich die Rspr. fortentwickeln können. Gleichwohl kann nicht auf jegliche Vereinheitlichung verzichtet werden. Die Rechtsanwendung sollte, soweit sie sich auf rechtlich gesichertem Boden bewegt, möglichst einheitlich sein. Gleiche Fälle sollten gleich, ungleiche Fälle können unterschiedlich entschieden werden. Dahinter steht die (noch allgemeinere) Idee der einzig richtigen Entscheidung. Die Gerichte müssen „richtig" entscheiden; diese Vorstellung lässt idealiter nur eine richtige und damit nur „gleiche" Antworten zu. Die obersten Bundesgerichte **fördern** die Einheitlichkeit der Rechtsanwendung, indem sie durch Präjudizien Rechtssicherheit schaffen und **sichern** sie, indem sie bestimmte Abweichungen verhindern bzw. korrigieren.

172 **Abweichungen.** Theoretisch verletzt jede **bewusste** oder **unbewusste** Abweichung von einer einheitlichen Rechtspraxis die Idee der Rechtseinheit, also auch jeder „falsch" entschiedene Einzelfall. Das hätte zur Folge, dass jeder entscheidungserhebliche Rechtsfehler des FG zur Zulassung nach Abs. 2 Nr. 2 führen müsste (so zB Musielak FS Gerhardt, 2004, 677; Piekenbrook/Schulze JZ 2002, 911 zu § 543 II ZPO). So ist die Vorschrift jedoch nicht zu verstehen. Zwar können beide Fallgruppen (bewusste Abweichung oder Rechtsfehler) zur Zulassung der Revision führen. Die Anforderungen an die Zulassung sind dabei jedoch in beiden Fallgruppen deutlich höher. Im Fall der klassischen Divergenz muss eine **Abweichung im Grundsätzlichen** vorliegen. Ein materieller Rechtsfehler des FG führt nur zur Zulassung der Revision, wenn er geeignet ist, das Vertrauen in die Rspr. insgesamt zu beschädigen **(schädlicher Rechtsfehler);** er muss „systemrelevant" sein. Unterhalb dieser Schwelle, quasi im Grundrauschen des Justizalltags, müssen Unschärfen und eine gewisse Uneinheitlichkeit der Entscheidungen hingenommen werden. Sie sind auch der Preis für die Unabhängigkeit der Gerichte. Die FVerw treibt dagegen die Vereinheitlichung der Rechtsan-

wendung durch sehr detaillierte, bindende Einzelanweisungen auf die Spitze; sie kann Abweichungen auf diese Weise aber auch nicht vollständig verhindern.

Allgemeininteresse. Wie bei der Grundsatzrevision muss auch bei der Rechtsvereinheitlichung ein abstraktes Interesse der Allgemeinheit vorliegen (→ Rn. 105; BFH I B 126/16, BeckRS 2017, 135717). Das individuelle Interesse an einer Korrektur der für unrichtig gehaltenen Entscheidung genügt nicht. Im Fall der klassischen Divergenz wird das Allgemeininteresse an ihrer Korrektur indiziert, wenn die objektiven Merkmale vorliegen (→ Rn. 212). Eine Abweichung im Grundsätzlichen kann auf Dauer nicht bestehen bleiben. Insofern bedarf es stets der Vereinheitlichung. Im Fall eines qualifizierten Rechtsfehlers muss sich das Allgemeininteresse an einer korrigierenden Entscheidung des BFH aus der Schwere und Bedeutung des Fehlers ergeben. Er muss, wenn er bestehen bliebe, geeignet sein, das Vertrauen in die Rspr. zu beschädigen (→ Rn. 221). Wäre das der Fall, muss der BFH die abweichende Entscheidung aufheben. 173

Klärungsbedürftigkeit und **Klärungsfähigkeit** müssen ebenfalls vorliegen (BFH I B 108/86, BStBl. II 1989, 104). Eine bewusste oder unbewusste Abweichung bedarf nur dann der Korrektur durch den BFH, wenn sie den zu entscheidenden Fall betrifft, für das FG entscheidungserheblich war und wenn der BFH im Revisionsverfahren voraussichtlich in der Lage sein wird, die Rechtsfrage zu entscheiden und durch seine Entscheidung die Einheitlichkeit der Rspr. wiederherzustellen. Die Zulassung der Revision zur Rechtsvereinheitlichung kommt demzufolge nicht in Betracht, wenn eine Abweichung im Revisionsverfahren voraussichtlich (aus tatsächlichen oder rechtlichen Gründen) nicht beseitigt werden könnte (BFH VII B 210/08, BeckRS 2009, 25015358; I B 160/09, BFH/NV 2010, 1644). 174

Verhältnis zu Abs. 2 Nr. 1. Nach stRspr ist die Zulassung wegen klassischer **Divergenz** ein Unterfall der grundsätzlichen Bedeutung; Abs. 2 Nr. 2 ist insofern **lex specialis** zu Abs. 2 Nr. 1 (→ Rn. 107). Dem ist zuzustimmen. Die grundsätzliche Bedeutung ergibt sich in diesem Fall daraus, dass zwei Gerichte in grundsätzlicher Weise unterschiedlich über eine jeweils entscheidungserhebliche Rechtsfrage entschieden haben. Zulassung wegen Divergenz nimmt die Entscheidung in der Hauptsache nicht vorweg. Die (angesichts der Abweichung) unterschiedlich entschiedene Rechtsfrage (von grundsätzlicher Bedeutung) ist wieder offen und bedarf im allgemeinen Interesse einer erneuten Entscheidung durch den BFH. Die Zulassung wegen eines qualifizierten **Rechtsfehlers** ist dagegen kein Unterfall der Grundsatzrevision. Bei ihr ist die Rechtsfrage nicht offen, sondern es steht von vornherein fest, dass die fehlerhafte Entscheidung weichen muss. Die Zulassung wegen eines qualifizierten Rechtsfehlers steht deshalb selbständig neben der Grundsatzrevision und ihren speziellen Ausprägungen und erweitert den Kanon der Zulassungsgründe substantiell. 175

Verhältnis zu Abs. 2 Nr. 3. Abs. 2 Nr. 2 steht grds. selbständig neben Abs. 2 Nr. 3 (→ Rn. 109). Eine inhaltliche Überschneidung ergibt sich daraus, dass ein qualifizierter Rechtsfehler auch die **Anwendung des Verfahrensrechts** betreffen kann. Das gilt namentlich für die Verletzung von Verfahrensgrundrechten wie dem Anspruch auf rechtliches Gehör oder den Anspruch auf ein faires Verfahren (BGH I ZR 174/01 (KG), NJW 2005, 152; BFH VII B 110/08, BeckRS 2008, 25014445; IV B 6/05, BFH/NV 2007, 727; X B 25/04, BFH/NV 2004, 1545). In diesem Fall geht Abs. 2 Nr. 3 als speziellere Vorschrift dem Abs. 2 Nr. 2 Fall 2 vor. Die Verletzung ist also als Verfahrensmangel zu rügen. Anders verhält es 176 sich im Zivilprozess, weil die ZPO den Zulassungsgrund eines Verfahrensmangels nicht kennt.

180 **b) Zulassung wegen Abweichung (Divergenz). Überblick.** Eine Zulassung nach Abs. 2 Nr. 2 Fall 2 wegen Abweichung setzt nach stRspr voraus, dass das FG in einer Rechtsfrage von einer anderen Entscheidung abgewichen ist. Das ist der Fall, wenn

- beide Entscheidungen dieselbe Rechtsfrage in rechtsgrundsätzlicher Weise unterschiedlich beantwortet haben,
- die Rechtsfrage für beide Entscheidungen erheblich war und
- wenn beide Entscheidungen zu gleichen oder vergleichbaren Sachverhalten ergangen sind.

Außerdem muss eine Entscheidung des BFH zur Sicherung einer einheitlichen Rspr. erforderlich sein. Das ist der Fall, wenn

- die Rechtsfrage klärungsbedürftig und
- im Revisionsverfahren klärungsfähig ist und
- wenn eine Rechtsvereinheitlichung durch den BFH möglich ist.

181 **Methodische Vorbemerkung.** Betrachtet werden (mindestens) **zwei Gerichtsentscheidungen.** Die Abweichung von einer **Behördenentscheidung** rechtfertigt die Revisionszulassung wegen Divergenz nicht (BFH IX B 11/10, BFH/NV 2010, 1648; VII B 146/12, BFH/NV 2013, 1429). Beide Gerichtsentscheidungen müssen bestimmte **Anforderungen** erfüllen. Die Anforderungen sind dieselben. In jeder Entscheidung muss über eine jeweils entscheidungserhebliche Rechtsfrage in rechtsgrundsätzlicher Weise entschieden worden sein (durch Aufstellen eines abstrakten Rechtssatzes). Der inhaltliche Vergleich der beiden Rechtssätze (**Obersatzvergleich;** BGH IX ZR 212/08, DStR 2011, 2114) ergibt eine **Abweichung,** wenn es sich um dieselbe Rechtsfrage handelt, die Antworten in beiden Entscheidungen nicht miteinander vereinbar sind und die Entscheidungen zu gleichen oder vergleichbaren Sachverhalten ergangen sind. Die unterschiedlich beantwortete Rechtsfrage muss im Revisionsverfahren **klärungsfähig** sein und es muss die Möglichkeit bestehen, dass der BFH die Einheitlichkeit der Rspr. wiederherstellen kann.

182 **Konkurrenz.** Missachtet das FG im zweiten Rechtsgang bei der Beurteilung einer Rechtsfrage seine **Bindung** an die Rechtsauffassung des BFH nach § 126 V, ist die Revision nach zutr. hM nicht wegen Divergenz, sondern wegen eines **Verfahrensmangels** zuzulassen (→ Rn. 176; BFH V B 4/66, BStBl. II 1968, 382; X B 206/10, BFH/NV 2011, 1527; X B 75/13, BFH/NV 2014, 1073; VIII B 138/19, BFH/NV 2021, 445; **aA** Tipke/Kruse/Krumm § 115 Rn. 74a).

185 **aa) Mögliche Divergenzentscheidungen. Gerichte.** Nach altem Recht kam eine Abweichung nur von Entscheidungen des **BFH,** des **GmSOGB** (§ 18 I RsprEinhG) oder des **BVerfG** in Betracht. Eine solche Einschränkung enthält Abs. 2 Nr. 2 nicht mehr. Grundsätzlich kommen deshalb Entscheidungen aller nationalen Gerichte in Betracht. Die Entscheidungen internationaler und supranationaler Gerichte (zB **EuGH;** BFH V B 74/09, BFH/NV 2011, 1547; V B 142/17, BeckRS 2018, 6813) sind divergenzfähig, soweit sie aufgrund entsprechender völkerrechtlicher Verträge im Inland unmittelbar Rechtswirkungen entfalten. Relevant sind insbes. die Entscheidungen anderer oberster Bundesgerichte **(BGH, BAG, BVerwG, BSG)** und die Entscheidungen anderer **Finanzgerichte.** Darunter fallen auch Entscheidungen eines **anderen Senats** desselben FG (BFH VII B 102/12, BFH/NV 2013, 1428; X B 117/14, BeckRS 2015, 94481 sog.

Binnendivergenz) ebenso wie die (unbewusste) Abweichung eines Senats von seiner eigenen Rspr. (offengelassen BFH VII B 102/12, BFH/NV 2013, 1428).

Instanzgerichte anderer Rechtswege. Nach der Rspr. des BFH führen Abweichungen von ihren Entscheidungen nicht zur Zulassung der Revision wegen Divergenz (BFH XI B 107/09, BFH/NV 2011, 289 zu Landgericht; V B 30/13, BFH/NV 2014, 920 zu Arbeits- oder Sozialgerichten; iE ebenso BFH I B 160/09, BFH/NV 2010, 1644 zu OLG in Strafsachen, sofern eine Vereinheitlichung durch den BFH ausscheidet; **aA** BGH IX ZR 23/10, BFH/NV 2013, 1903 bei Abweichung eines OLG von einem FG). Dem kann nicht uneingeschränkt zugestimmt werden. Zwar hat der BFH idR nicht die Möglichkeit, in einem anderen Rechtsweg effektiv für eine Vereinheitlichung zu sorgen. Seine Entscheidung hätte für das rechtswegfremde Gericht nicht dieselbe präjudizielle Wirkung wie eine Entscheidung des zuständigen obersten Bundesgerichts und der **GmSOGB** kann nur angerufen werden bei einer Divergenz zwischen zwei oberstgerichtlichen Entscheidungen (§ 2 RsprEinhG). Der BFH kann die Einheitlichkeit der Rspr. aber auch dadurch wiederherstellen, dass er die angefochtene FG-Entscheidung aufhebt. Erscheint dieser Ausgang des Revisionsverfahrens nicht ausgeschlossen, ist die Revision wegen Divergenz zuzulassen. In Betracht kommen insbes. verfahrensrechtl. Fragen zB bei der Anwendung von Vorschriften der ZPO (§ 155). 186

Entscheidungen des RFH waren nach altem Recht nicht divergenzfähig (BFH III B 21/70, BStBl. II 1971, 4). Nachdem alle Beschränkungen hinsichtlich des Gerichts entfallen sind, kommen auch Entscheidungen des RFH in Betracht (HHS/Lange § 115 Rn. 174; so wohl auch Gosch/Werth § 115 Rn. 118; **aA** BFH III B 48/07, BFH/NV 2008, 76), soweit sie aufgrund der Kontinuität des materiellen Rechts für die Rechtsanwendung noch von Bedeutung sein können. Die zu § 11 ergangene Übergangsregelung in § 184 II Nr. 5 FGO aF, hat für die Anwendung von Abs. 2 Nr. 2 keine Bedeutung. Nach dieser Vorschrift kommt eine Anrufung des GrS wegen (beabsichtigter) Abweichung von einer vor dem Inkrafttreten der FGO ergangenen Entscheidung nur in Betracht, wenn diese gem. § 64 der Reichsabgabenordnung veröffentlicht war. 187

Überholte Entscheidungen kommen als mögliche Divergenzentscheidungen nicht in Betracht. Frühere Entscheidungen, die durch die neuere Rspr. des jeweiligen Gerichts überholt oder vom BFH aufgehoben sind, können eine Divergenz grds. nicht begründen (BFH II B 26/79, BStBl. II 1980, 211; X B 59/10, BFH/NV 2011, 1862; IX B 91/11, BFH/NV 2012, 58; X B 97/11, BFH/NV 2013, 13; BSG 5b BJ 46/85, MDR 1987, 437; BAG 2 AZR 85/74, DB 1974, 1536). Hat der BFH ein divergierendes FG-Urteil aufgehoben, besteht die Divergenz nicht mehr fort (BFH III B 146/13, BFH/NV 2014, 1080; VI B 26/16, BeckRS 2016, 95713; I B 75/22, BFH/NV 2024, 1353). 188

Entscheidungsform. Die Form der Entscheidung ist grds. unerheblich. Es kann sich um ein **Urteil** oder einen **Beschluss** handeln. Eine richterliche **Verfügung** ist keine Entscheidung und insofern nicht divergenzfähig (BFH III B 153/11, BFH/NV 2012, 705). Es kommt auch nicht darauf an, ob die Entscheidung amtlich **veröffentlicht** oder auf andere Weise bekanntgemacht worden ist (BFH III B 38/67, BStBl. II 1968, 685). Die relevanten Anforderungen ergeben sich va aus dem Inhalt der Entscheidung. 189

bb) Entscheidung über eine entscheidungserhebliche Rechtsfrage. 190
Rechtsfrage. Divergenz setzt voraus, dass beide Gerichte über eine Rechtsfrage

(→ Rn. 110 ff.) entschieden haben. Die Rechtsfrage kann das materielle oder das Verfahrensrecht betreffen. Sie muss den Rechtsstreit in der **Hauptsache** betreffen (→ Rn. 86). Eine Divergenz ist deshalb von vornherein nicht möglich hinsichtlich einer **Kostenentscheidung** (§ 145; III B 62/15, BeckRS 2016, 95075), der Entscheidung über die **Zulassung der Revision** (BFH VII B 43/11, BFH/NV 2012, 743; III B 234/92, BStBl. II 1994, 401; V B 121/09, BFH/NV 2010, 2015; III B 167/11, BFH/NV 2013, 754; X B 132/12, BFH/NV 2013, 1593) oder einer anderen **Nebenentscheidung.**

191 **Nichtzulassung der Revision.** Hat das **FG** die Revision nicht zugelassen, scheidet eine Divergenz insofern aus, weil die Entscheidung Nebenentscheidung ist. Hat der **BFH** die Revision nicht zugelassen, handelt es sich im NZB-Verfahren um die Hauptsacheentscheidung. Sie ist **nicht divergenzfähig,** soweit sie sich allein mit den **Zulassungsvoraussetzungen** befasst (BFH I B 99/14, BeckRS 2016, 94994), denn diese können nur im NZB-Verfahren geklärt werden (arg. § 116 V 2). Eine Divergenz kommt jedoch in Betracht, soweit der BFH im NZB-Verfahren ausnahmsweise abschließend über Rechtsfragen entscheidet. Das ist der Fall, wenn der BFH wegen Eindeutigkeit der Rechtslage die **Klärungsbedürftigkeit der Rechtsfrage verneint** (→ Rn. 142) und gleichwohl rechtliche Ausführungen macht, wenn er wegen eines Verfahrensmangels nach **§ 116 VI** verfährt (BFH IX B 27/04, BStBl. II 2004, 895; Tipke/Kruse/Krumm § 115 Rn. 74) und wenn er im NZB-Verfahren **§ 126 IV analog** anwendet und quasi zur Sache durchentscheidet (→ Rn. 158).

192 **Entscheidung.** Beide Gerichte müssen über die Rechtsfrage **entschieden** haben. Daran fehlt es, wenn das Gericht die **Rechtsfrage übersehen** hat (BFH VIII B 49/90, BStBl. II 1992, 671; III B 49/12, BFH/NV 2013, 730; III B 79/12, BFH/NV 2013, 1422). Die Entscheidung muss grds. **abschließend** sein. Das ist nicht der Fall, wenn sie im Verfahren noch änderbar ist oder aus anderen Gründen noch keinen Anspruch auf Endgültigkeit erheben kann wie zB bei einer Entscheidung im **AdV-Verfahren** (BFH II B 23/10, BFH/NV 2011, 63). Im AdV-Verfahren entscheidet das Gericht nicht über die Rechtsfrage, sondern darüber, ob es ernstliche Zweifel hat. Etwaige Rechtsausführungen beanspruchen noch keine Endgültigkeit; die endgültige Entscheidung ist dem Hauptsacheverfahren vorbehalten. Entsprechendes gilt für einen **Vorlagebeschluss** oder ein **Vorabentscheidungsersuchen** (nach Art. 267 AEUV). In ihm wird die Rechtsfrage (trotz Darlegung der eigenen Überzeugung) als noch nicht abschließend geklärt dargestellt; die Rechtsausführungen im Vorlagebeschluss beanspruchen deshalb ebenfalls noch keine Endgültigkeit (zutr. BFH X B 229/08, BeckRS 2009, 25015121; I B 63/17, DStR 2018, 1604; VII B 121/20, BFH/NV 2021, 682).

193 **Entscheidungserheblichkeit.** Die Rechtsfrage muss für die Entscheidungen jeweils erheblich gewesen sein (→ Rn. 115 ff.). Auf ihrer Entscheidung muss das Urteil beruhen (stRspr, zB BFH XI B 201/07, BeckRS 2008, 25013590; IV B 91/01, BFH/NV 2003, 304; III B 189/05, BFH/NV 2006, 2055).

195 **cc) Abstrakter Obersatz. Abstrakter Rechtssatz.** Zur Entscheidung der Rechtsfrage müssen beide Gerichte einen abstrakten, dh **verallgemeinerbaren, rechtlichen Obersatz** gebildet und ihren Entscheidungen zugrunde gelegt haben. Das ist eigentlich selbstverständlich, denn ohne einen Obersatz ist ein Subsumtionsschluss nicht möglich (zum Subsumtionsmodell → Rn. 112) und die Begründung unvollständig. In der Praxis kommen aber auch verkürzte Begründungen vor. Fehlt ein abstrakter Rechtssatz oder lässt er sich nicht eindeutig

erkennen (→ Rn. 197), kommt eine Abweichung nicht in Betracht. **Zugrunde gelegt** hat das Gericht einen Obersatz, wenn die Entscheidung auf ihm beruht, wenn er also nicht hinweggedacht werden kann, ohne dass die Begründung entfällt (→ Rn. 193).

Feststellung. Der abstrakte Obersatz, den das Gericht seiner Entscheidung zugrunde gelegt hat, muss sich aus der jeweiligen Entscheidung **unmittelbar und mit hinreichender Deutlichkeit** ergeben (BFH III B 55/12, BFH/NV 2014, 575). In der Regel ist er dem sog. Maßstabsteil der Entscheidungsgründe zu entnehmen. Er kann aber auch **konkludent** in scheinbar nur **fallbezogenen Rechtsausführungen** enthalten sein (BFH VIII B 49/90, BStBl. II 1992, 671 mwN; VIII B 15/07, BFH/NV 2008, 61; III B 79/12, BFH/NV 2013, 1422; Tipke/Kruse/Krumm § 115 Rn. 70). Auch in diesem Fall muss er sich jedoch deutlich aus dem gedanklichen Zusammenhang der Entscheidungsgründe entnehmen lassen (BFH II B 18/97, BFH/NV 1998, 188; VIII B 74/97, BFH/NV 1999, 14). 196

Auslegung. Etwaige **Zweifel** können grds. durch Auslegung beseitigt werden. Maßgebend ist der **objektive Empfängerhorizont.** Das Ergebnis der Auslegung muss jedoch **evident** sein; die bloße Vertretbarkeit der Auslegung genügt nicht (BFH III B 220/11, BFH/NV 2013, 567). Nur wenn der abstrakte Rechtssatz, der einer Entscheidung zugrunde liegt, für jedermann leicht und eindeutig zu erkennen ist, geht von ihm (im Fall einer Abweichung) eine Gefahr für die Einheitlichkeit der Rspr. aus. Ob die Divergenzentscheidung auf dem behaupteten Obersatz beruht, prüft der BFH in vollem Umfang nach (vgl. BFH I B 83/20, BFH/NV 2022, 427; VIII B 15/22, BFH/NV 2023, 964). 197

dd) Abweichung im Grundsätzlichen, maßgeblicher Zeitpunkt. Überblick. Die eigentliche Divergenzprüfung setzt an den abstrakten Rechtssätzen an (**Obersatzvergleich;** → Rn. 181). Nur eine **Abweichung im Grundsätzlichen** ist für die Zulassung der Revision von Bedeutung. Ergibt die inhaltliche Gegenüberstellung der abstrakten Obersätze, dass sie inhaltlich nicht miteinander vereinbar sind, liegt eine Divergenz vor, wenn sie **dieselbe Rechtsfrage** betreffen und zu **gleichen oder vergleichbaren Sachverhalten** ergangen sind. Es kommt insofern grds. auf den Zeitpunkt der Entscheidung an. Eine Ausnahme gilt aber bei nicht mehr bestehender Divergenz (→ Rn. 206). 200

Abweichung. Nur die isolierten abstrakten rechtlichen Obersätze sind inhaltlich miteinander zu vergleichen (BFH X B 83/16, BFH/NV 2017, 607). Es kommt auf die jeweilige **Aussage** an. Eine Abweichung liegt zwischen ihnen jedenfalls vor, wenn der eine dem anderen in der Weise **offen widerspricht,** dass nicht beide zugleich Geltung beanspruchen können (normativer Widerspruch). Auch ein **verdeckter Widerspruch,** dessen Feststellung weitere Wertungen erfordert, kommt grds. in Betracht (zB BFH I B 66/14, BeckRS 2015, 94582), wenn er evident ist. Eine bloß oberflächliche Abweichung in der Formulierung genügt dagegen nicht, wenn sich aus ihr eine inhaltliche Differenz nicht hinreichend sicher ergibt (→ Rn. 197). Eine Abweichung ist nicht gegeben, wenn in der Entscheidung letztlich offen geblieben ist, wie die Rechtsfrage zu entscheiden ist (BFH I B 125/93, BFH/NV 1994, 470). 201

Stufenordnung der Präjudizien. Ist eine Rechtsfrage höchstrichterlich geklärt, kommt eine Divergenz von ihr widersprechenden (nicht aufgehobenen) untergerichtlichen Präjudizien nicht mehr in Betracht (→ Rn. 188; überholte Entscheidungen). Insofern besteht keine weitere Möglichkeit, die Einheitlichkeit 202 der Rspr. zu sichern. Eine relevante Abweichung liegt deshalb nicht vor, wenn das FG mit seiner Entscheidung zwar von der Rspr. eines FG abweicht, der Rspr. des BFH jedoch entspricht (BFH VII B 210/08, BeckRS 2009, 25015358; XI B 11/14, BFH/NV 2015, 851; BFH VIII B 73/23, BFH/NV 2024, 1411). Das ist auch der Fall, wenn die Divergenzentscheidung ohne jede Begründung und daher in nicht nachvollziehbarer Weise von der ständigen BFH-Rspr. abweicht (BFH I B 1/20, BFH/NV 2021, 640). Entscheidet sich das FG in dieser Situation anders und widerspricht es dem BFH, liegt eine Divergenz vor. Liegen voneinander abw. Entscheidungen **verschiedener Senate** des BFH vor, ohne dass die Divergenz durch Zustimmung des Senats, der früher entschieden hat, ausgeräumt ist (vgl. § 11 III), darf das FG von keiner der Entscheidungen abweichen, ohne die Revision zuzulassen (HHS/Lange § 115 Rn. 188).

203 Es genügt, wenn die Abweichung **objektiv** vorliegt (BFH IV B 39/69, BStBl. II 1970, 251). Das FG muss nicht bewusst abgewichen sein. Die Revision ist auch zuzulassen, wenn das FG eine divergierende Entscheidung übersehen hat oder wenn es sie nicht kennen konnte, weil sie erst nachträglich veröffentlicht worden ist (BFH V B 10/76, BStBl. II 1976, 684). Es geht nicht darum, Widerspruch gegen den BFH zu sanktionieren, sondern die gestörte Rechtseinheit wiederherzustellen. Vom Übersehen einer Divergenzentscheidung ist das **Übersehen einer Rechtsfrage** zu unterscheiden. Divergenz in einer Rechtsfrage setzt in jedem Fall voraus, dass das FG die Rechtsfrage entschieden und nicht übersehen hat (→ Rn. 192).

204 **Keine Abweichung.** Legt das Gericht seiner Entscheidung ausdrücklich oder erkennbar die in der höchstrichterlichen Rspr. aufgestellten Grundsätze zugrunde, wendet es diese aber ggf. fehlerhaft auf die Besonderheiten des Streitfalls an, liegt eine Abweichung nicht vor (stRspr, zB BFH V B 48/16, BFH/NV 2017, 629; X B 44/17, BFH/NV 2018, 637; VIII B 86/18, BFH/NV 2019, 1130; BVerwG 9 B 18/95, NVwZ-RR 1997, 191; BAG 1 ABN 33/82, NJW 1983, 1510; krit. Tipke/Kruse/Krumm § 115 Rn. 72). Gleiches gilt, wenn das Gericht eine vom EuGH vorgegebene Prüfung vorgenommen und sich dabei streng an die Vorgaben des EuGH gehalten hat (BFH I B 4/22, BFH/NV 2023, 831: Rechtfertigung bei Beschränkung der Kapitalverkehrsfreiheit). In diesem Fall hat das Gericht keinen neuen abstrakten Rechtssatz gebildet und seiner Entscheidung zugrunde gelegt. Bloße **Subsumtionsfehler** des Tatsachengerichts sind ebenfalls unbeachtlich, sofern es sich dabei nicht ausnahmsweise um gravierende (qualifizierte) Rechtsanwendungsfehler handelt (vgl. zB BFH VI B 29/06, BFH/NV 2007, 969; VIII B 133/07, BeckRS 2008, 25013327; I B 202/08, BeckRS 2009, 25014994; IX B 14/02, BFH/NV 2003, 191; VII B 239/39, BFH/NV 1995, 89; vgl. auch zu § 80 OWiG: BGH 1 StR 263/70, NJW 1971, 389). Eine Abweichung und nicht nur eine unrichtige Rechtsanwendung im Einzelfall hat der BFH aber bejaht, wenn das FG im Rahmen einer Gesamtwürdigung eine **Gewichtung der maßgeblichen Kriterien** unterlässt und tatsächlich nur auf einzelne Kriterien abstellt, denen eine solche Bedeutung nicht zukommt (BFH III B 188/08, BFH/NV 2010, 667 mE zweifelhaft).

205 **Maßgeblicher Zeitpunkt** für das Vorliegen einer Abweichung ist grds. der Zeitpunkt der **Entscheidung über die Zulassung** (zB BFH III B 146/13, BFH/NV 2014, 1080). Ergeht nach Einlegung der NZB eine Entscheidung, von der das angefochtene Urteil objektiv abweicht, kommt die Zulassung der Revision wegen **nachträglicher Divergenz** in Betracht (zB BFH X B 237/10, BFH/NV 2012, 218; X B 20/12, BFH/NV 2013, 1111; V B 14/13, BFH/NV 2014,

918), allerdings nur, wenn der Beschwerdeführer innerhalb der Begründungsfrist hinsichtlich der betroffenen Rechtsfrage die grundsätzliche Bedeutung bzw. die Notwendigkeit einer Rechtsfortbildung dargelegt hat (→ § 116 Rn. 44).

Ausnahme. Lagen die Voraussetzungen einer Divergenz bei Einlegung der NZB vor und sind sie noch vor der Entscheidung über die NZB entfallen (zB weil der BFH die Rechtsfrage in einem anderen Verfahren zwischenzeitlich geklärt hat und das angefochtene Urteil der neuen Rspr. des BFH entspricht), ist die Revision gleichwohl zuzulassen, wenn sie Aussicht auf Erfolg hat (BFH X B 44/13, BFH/NV 2013, 1672). 206

ee) Identität der Rechtsfrage. Die Abweichung (→ Rn. 200 ff.) muss **dieselbe Rechtsfrage** betreffen. Das ist idR unproblematisch, wenn beide Entscheidungen zur selben Rechtsnorm ergangen sind. Eine die Zulassung nach Abs. 2 Nr. 2 rechtfertigende Divergenz kann aber auch vorliegen, wenn die voneinander divergierenden Entscheidungen dieselbe Rechtsfrage in Bezug auf **verschiedene Rechtsnormen** mit **gleichem Regelungsgehalt** unterschiedlich beantwortet haben (BFH GrS 6/70, BStBl. II 1971, 274; III B 38/67, BStBl. II 1968, 685; III B 89/03, BFH/NV 2004, 1221; VII B 244/02, BFH/NV 2003, 833 mwN; V B 106/11, BFH/NV 2012, 1339; BGH V ZB 19/57, BGHZ 25, 188; GmSOGB GmS-OGB 1/72, BFHE 109, 206; BAG 9 AZN 849/94, NJW 1995, 1693; **aA** BVerwG V B 84.58, DVBl. 1960, 364). Dabei ist zu beachten, dass der jeweilige **Normzweck** und der unterschiedliche Bedeutungszusammenhang der Vorschriften auch bei gleichem Wortlaut eine unterschiedliche Auslegung rechtfertigen können (BFH IV B 72/98, BFH/NV 1999, 1086). Im Zweifel ist die Revision nicht wegen Divergenz, sondern nach Abs. 2 Nr. 1 zuzulassen. 208

Keine Identität ist anzunehmen, wenn die mutmaßlich abweichende Entscheidung zu einer **anderen Rechtslage** ergangen ist als das FG-Urteil (BFH X B 67/13, BFH/NV 2014, 1073; VIII B 94/18, BFH/NV 2019, 835). Wirft die Entscheidung eine **neue Rechtsfrage** auf, zu der es noch keinen abstrakten Rechtsgrundsatz gibt, kommt (als Auffangtatbestand) die Zulassung wegen grundsätzlicher Bedeutung zum Tragen. 209

ff) Gleicher oder vergleichbarer Sachverhalt. Die Rechtsfrage muss sich in Bezug auf vergleichbare (dh ähnliche) Sachverhalte oder Sachverhaltsteile (stRspr zB BFH X B 154/04, BFH/NV 2008, 1116; VIII B 15/07, BFH/NV 2008, 61; IV B 106/07, BFH/NV 2008, 1642; III B 4/10, BFH/NV 2011, 2092) stellen. Andernfalls könnte die unterschiedliche Beantwortung der Rechtsfrage **sachlich gerechtfertigt** sein. Aber nicht jeder tatsächliche Unterschied ist schädlich. Die Variation muss auch geeignet sein, die unterschiedliche Beantwortung der Rechtsfrage zu rechtfertigen. Um die Divergenz zu verneinen genügt es deshalb nicht, tatsächliche Unterschiede herauszustellen. Es muss dann auch fallbezogen begründet werden, weshalb es sich um einen Unterschied handelt, der eine unterschiedliche rechtliche Beurteilung rechtfertigt (vgl. BFH VII B 186/14, BeckRS 2016, 95037; V B 4/16, BeckRS 2016, 95476). Das wird in der Praxis nicht immer beachtet. 210

gg) Erforderlichkeit einer Entscheidung des BFH. Überblick. Anders als nach § 115 II Nr. 2 aF wird das **Allgemeininteresse** an einer Entscheidung des Revisionsgerichts bei Divergenz nicht mehr (unwiderlegbar) vermutet. Abs. 2 Nr. 2 verlangt ausdrücklich, dass eine Entscheidung des BFH erforderlich ist. Dem Merkmal kommt jedoch im Vergleich mit Abs. 2 Nr. 1 praktisch keine 212 eigenständige Bedeutung zu (→ Rn. 165). Die Erforderlichkeit ist zu bejahen, wenn die Rechtsfrage klärungsbedürftig ist, wenn sie im Revisionsverfahren (voraussichtlich) geklärt werden kann und wenn der BFH die gestörte Rechtseinheit wiederherstellen kann (BFH I B 108/86, BStBl. II 1989, 104).

213 **Klärungsbedürftigkeit** (→ Rn. 140). Sie ist idR, va bei Abweichungen von der Rspr. des BFH, ohne weiteres anzunehmen. Durch ihre unterschiedliche Beantwortung ist die Rechtsfrage wieder offen und bedarf einer (erneuten) höchstrichterlichen Klärung. Eine die Einheitlichkeit der Rspr. störende Abweichung indiziert grds. die Erforderlichkeit einer BFH-Entscheidung. Etwas anderes kann ausnahmsweise gelten, wenn die abw. Entscheidung eine ganz **einmalige Fallgestaltung** zum Gegenstand hat, insbes. wenn es ausgeschlossen erscheint, dass sie sich in künftigen Streitfällen noch einmal stellen wird oder wenn die Rechtsfrage nur noch für sehr wenige Fälle von Bedeutung ist, weil sie **ausgelaufenes oder auslaufendes Recht** betrifft (BFH VI B 105/16, BeckRS 2017, 116268; → Rn. 132).

214 **Klärungsfähigkeit.** Über die allg. Voraussetzungen hinaus (→ Rn. 150 ff.) muss der BFH im Revisionsverfahren (voraussichtlich) in der Lage sein, die Rechtsfrage zu entscheiden. An der Klärbarkeit fehlt es zB, wenn das FG abw. von der Rspr. des BVerwG den **Finanzrechtsweg** bejaht hat (§ 17a V GVG; BFH VII B 172/12, BFH/NV 2013, 1230).

215 **Ergebnisrichtigkeit.** Weicht die Entscheidung des FG zwar von einer möglichen Divergenzentscheidung ab, stellt sie sich aus der Sicht des BFH aber **aus anderen Gründen** als richtig dar, soll nach der Rspr. des BFH in **entsprechender Anwendung des § 126 IV** die Zulassung der Revision zu versagen sein (BFH V B 106/93, BFH/NV 1995, 315; V B 23/10, BFH/NV 2012, 75; I B 48/12, BFH/NV 2013, 742; HHS/Lange § 115 Rn. 185). Gegen diese Ansicht sprechen dieselben Erwägungen wie gegen die analoge Anwendung des § 126 IV bei der Zulassung wegen grundsätzlicher Bedeutung (→ Rn. 158).

216 **Wiederherstellung der Einheitlichkeit.** Dem BFH muss es möglich sein, durch seine Entscheidung die Einheitlichkeit der Rspr. zu sichern. Daran kann es fehlen, wenn er nicht die Möglichkeit hat, die Entscheidung, von der die Störung ausgeht, aufzuheben oder auf das Gericht, das abweichend entschieden hat, effektiv einzuwirken (→ Rn. 186).

220 **c) Zulassung bei qualifizierten Rechtsfehlern. aa) Allgemeines. Grundsatz.** Nicht jeder Fehler, den das FG bei der Anwendung materiellen Rechts begeht, rechtfertigt die Zulassung der Revision. Das Verfahren der NZB dient nicht dazu, allgemein die Richtigkeit finanzgerichtlicher Urteile zu gewährleisten (stRspr, zB BFH VIII B 206/06, BFH/NV 2007, 1634). Eine Zulassung der Revision nach Abs. 2 Nr. 2 Fall 2 kommt deshalb nur bei einem besonders schwerwiegenden, „qualifizierten" Rechtswendungsfehler in Betracht, der im **Allgemeininteresse** eine Korrektur durch das Revisionsgericht erfordert (stRspr, vgl. zB BFH VII B 76/06, BFH/NV 2007, 185; → Rn. 45). Das Individualinteresse an einer richtigen Entscheidung genügt grds. nicht. Ein qualifizierter Rechtsfehler kann auch das Verfahrensrecht betreffen (BFH XI B 65/17, BeckRS 2017, 133895; IX B 81/21, BFH/NV 2023, 380).

221 **Schädlicher Fehler.** Der Fehler muss bei seinem Fortbestand geeignet sein, das **Vertrauen in die Rspr.** zu **beschädigen** (stRspr, zB VI B 120/10, BFH/NV 2011, 1185; X B 70/11, BFH/NV 2012, 376; IV B 126/10, BFH/NV 2012, 774; V B 89/11, BFH/NV 2012, 1157; IX B 1/22, BFH/NV 2023, 573; BGH

V ZR 291/02, NJW 2003, 1943; V ZR 328/03, NJW 2005, 153). Wann das anzunehmen ist, hat die Rspr. noch nicht abschließend geklärt (BFH IV B 85/02, BStBl. II 2004, 25; IV B 189/01, BFH/NV 2003, 1604; aA BFH XI B 73/08, BeckRS 2009, 25015139). Denkbar ist es, auf die **Bedeutung und Schwere** des Fehlers abzustellen. Dies erfordert seine Klassifizierung und die Aussage, dass Fehler ab einer bestimmten Schwere im allgemeinen Interesse nicht mehr hingenommen werden können. Denkbar ist auch, auf die (tatsächlichen) **Auswirkung** des Fehlers abzustellen. Deren Feststellung bleibt allerdings weitgehend spekulativ.

Objektive Willkür. Die Revision ist jedenfalls dann zur Sicherung einer ein- **222**
heitlichen Rspr. zuzulassen ist, wenn die Auslegung oder Anwendung des revisiblen Rechts durch das FG im Einzelfall das aus dem Rechtsstaatsprinzip (Art. 20 GG) abgeleitete Verbot objektiv willkürlicher Entscheidungen und damit zugleich das Grundrecht des Beschwerdeführers aus Art. 3 I GG verletzt (vgl. zB BFH III B 155/10, BFH/NV 2012, 48; III B 47/13, BFH/NV 2014, 72; V B 81/13, BFH/NV 2014, 740; ebenso die Rspr. des BGH zu § 543 ZPO, vgl. zB BGH V ZR 75/02, NJW 2002, 2957; V ZR 291/02, NJW 2003, 1943). Das ist einhellige Meinung.

Greifbar gesetzwidrig. Daneben hat es der BFH zT ausreichen lassen, dass **223**
die Entscheidung (nur) greifbar gesetzwidrig und noch nicht objektiv willkürlich war (zB BFH IX B 121/10, BFH/NV 2011, 1391; XI B 80/11, BFH/NV 2012, 815; II B 12/12, BFH/NV 2012, 772; XI B 57/10, BFH/NV 2011, 1704; XI B 10/14, BFH/NV 2014, 1099: „willkürliche oder (zumindest) greifbar gesetzwidrige" Entscheidung). Greifbare Gesetzwidrigkeit soll zB anzunehmen sein, wenn das Urteil **jeglicher gesetzlicher Grundlage entbehrt** oder auf einer offensichtlich Wortlaut und Gesetzeszweck widersprechenden Gesetzesauslegung beruht (BFH III B 119/00, BFH/NV 2001, 1036; III B 128/04, BFH/NV 2006, 1116; X B 121/08, BFH/NV 2009, 890; VI B 58/16, BeckRS 2017, 94514; IX B 54/17, BeckRS 2017, 125094).

Wiederholungsgefahr. Der **BGH** bejaht ein Allgemeininteresse darüber **224**
hinaus auch dann, wenn im konkreten Fall die Gefahr der **Wiederholung** oder **Nachahmung** des Fehlers besteht (vgl. zB BGH V ZR 75/02, NJW 2002, 2957; V ZR 100/02, NJW 2003, 754; V ZR 291/02, JR 2004, 331). Anhaltspunkte für eine Wiederholungsgefahr oder einen Nachahmungseffekt sind nach Ansicht des BGH gegeben, wenn sich die rechtsfehlerhafte **Begründung** eines Urteils **verallgemeinern** lässt und überdies eine nicht unerhebliche Zahl künftiger Sachverhalte zu erwarten ist, auf die die fehlerhafte Argumentation übertragen werden kann, der Rechtsfehler also **symptomatische Bedeutung** hat (BGH XI ZR 71/02, NJW 2003, 65; V ZR 100/02, NJW 2003, 754; vgl. auch Zöller/Feskorn ZPO § 543 Rn. 17 ff.). Das muss festgestellt werden.

Stellungnahme. Das vom BGH eingeführte Kriterium der Wiederholungs- **226**
und Nachahmungsgefahr begegnet ernsthaften **Bestimmtheitsbedenken** (→ Rn. 221). Ob sich die Fallgruppen objektiver Willkür und greifbarer Gesetzwidrigkeit sinnvoll voneinander abgrenzen lassen und ob mit dem Kriterium der greifbaren Gesetzwidrigkeit der Zugang zur Revision effektiv erweitert wird (zurückhaltend auch HHS/Lange § 115 Rn. 210), mag dahinstehen. Die gegenwärtige Praxis des BFH, die Revision wegen eines Rechtsfehlers idR nur bei objektiver Willkür zuzulassen, beruht jedenfalls auf der **denkbar restriktivsten Auslegung** der Norm. Das ist zumindest nicht zwingend. Eine weniger restriktive Handhabung müsste allerdings die Vorhersehbarkeit der Ergebnisse zumindest in

gleicher Weise gewährleisten. Abstrakte Formeln haben sich dazu eher als ungeeignet erwiesen (Bleschick Revisionszulassungsgründe, S. 336 ff.).

227 **Fallgruppenbezogene Öffnung.** Als Ausweg bietet sich (ähnlich wie bei § 42 AO und vergleichbar unbestimmten Generalnormen) eine Annäherung in Fallgruppen an. Zuzustimmen ist der Ansicht, wonach die „Allgemeinbedeutung des Rechtsfehlers" aus der Rechtsordnung abgeleitet werden muss, da es sich um eine **normative Qualität** handelt. Einen Anhalt dafür bietet zB der Katalog der absoluten Revisionsgründe (vgl. Zöller/Feskorn ZPO § 543 Rn. 19 ff.). Vorschläge im Schrifttum gehen in ähnliche Richtung (Bleschick Revisionszulassungsgründe, S. 353 ff.). Zu wünschen wäre eine behutsame Öffnung nach vorheriger möglichst transparenter und breiter Diskussion, die auch die tatsächlichen Auswirkungen in den Blick nimmt. Eine neuerliche (selbst verschuldete) Überlastung des BFH muss dabei vermieden werden (vgl. Ratschow FS 100 Jahre RFH/BFH, 2018, 1889).

228 **Begründung der Zulassungsentscheidungen.** Der BFH sieht idR davon ab, die Entscheidung über die Zulassung der Revision zu begründen (§ 116 V 2 Fall 2). Die Öffentlichkeit erfährt so nur, unter welchen Voraussetzungen objektive Willkür vom BFH verneint worden ist, nicht aber, wann er sie für gegeben erachtet hat. Die Erfolgsaussicht einer beabsichtigten NZB kann nur anhand einer **Positivliste der qualifizierten Rechtsfehler** zuverlässig beurteilt werden. Sie fehlt weitestgehend. Der BFH sollte deshalb Beschlüsse, mit denen die Revision wegen eines qualifizierten Rechtsfehlers zugelassen worden ist, begründen und veröffentlichen. Nur auf diese Weise kann er dem Vorwurf einer **willkürlichen Zulassungspraxis** (vgl. Winter NJW 2016, 922) wirksam begegnen.

230 **bb) Objektive Willkür. Objektive Willkür** hält die Rspr. erst für gegeben, wenn die Rechtslage in krasser Weise verkannt wird (BVerfG 2 BvR 20/93, DVBl. 1993, 1001), wenn insbes. die Entscheidung **jeglicher gesetzlicher Grundlage entbehrt** oder sonst **unter keinem denkbaren Aspekt mehr rechtlich vertretbar** ist, so dass sich der Schluss aufdrängt, sie beruhe auf **sachfremden Erwägungen** (BFH VII B 157/04, BStBl. II 2005, 457; IV B 85/02, BStBl. II 2004, 25; V B 64/12, BFH/NV 2013, 1135; vgl. auch BVerfG 1 BvR 967/83, BVerfGE 67, 90; 1 BvR 1243/88, BVerfGE 87, 273; 2 BvR 2104/01, NJW 2002, 2859; BGH V ZR 291/02, JZ 2003, 794). Dies ist anhand **objektiver Kriterien** festzustellen. Objektiv unvertretbar ist die Ableitung von **Schlussfolgerungen aus widersprüchlichen Grundannahmen.** Das betrifft va die Tatsachen- und Beweiswürdigung (→ Rn. 237 ff.). Bei der Annahme normativer Widersprüche ist dagegen Zurückhaltung geboten.

231 **Subjektive Willkür** ist nicht erforderlich. Nicht schuldhaften Handelns des Richters führt zur Annahme eines qualifizierten (auch verfassungsrechtlich relevanten) Rechtsanwendungsfehlers, sondern die tatsächliche (objektive) und eindeutige **Unangemessenheit** einer Entscheidung im Verhältnis zu dem zu beurteilenden Sachverhalt (BVerfG 1 BvR 441/00, MDR 2001, 103; 2 BvR 802/90, BStBl. II 1996, 34). Im Fall von Rechtsbeugung wird allerdings auch die objektive Willkür idR vorliegen.

232 **Es genügt nicht,** wenn die Entscheidung eindeutig (BFH VII B 132/10, BFH/NV 2011, 1842) und/oder **offensichtlich fehlerhaft** ist (BFH X B 115/97, BFH/NV 1999, 630; VIII B 182/02, BFH/NV 2003, 1059; BGH V ZR 291/02, JR 2004, 331 (335); Zöller/Heßler ZPO § 543 Rn. 15c). Die Offensichtlichkeit des Rechtsfehlers ist allerdings ein Indiz für die Unvertretbarkeit der

Entscheidung iSd Willkürgrenze (Zöller/Heßler ZPO § 543 Rn. 15c). Auch erhebliche Rechtsfehler, die nicht die Schwelle der Willkür überschreiten, rechtfertigen die Zulassung der Revision nicht (vgl. BFH IX B 9/21, BFH/NV 2022, 1061). Es genügt auch nicht, dass das FG mit seiner Rechtsauffassung von der ganz hM abweicht. Hinzukommen muss die objektive Unvertretbarkeit der Argumentation.

Übersehen einer Rechtsnorm. Objektive Willkür ist idR anzunehmen, wenn das Gericht eine **offensichtlich einschlägige Rechtsnorm übersehen** und deshalb in der Sache falsch entschieden hat (BVerfG 1 BvR 1243/88, BVerfGE 87, 273 mwN; 2 BvR 20/93, DVBl. 1993, 1001; BFH V B 72/02, BFH/NV 2003, 1597; HHS/Lange § 115 Rn. 206; Gailer NJW-Sonderheft 2003, 18 (22)). Dann fehlt der Entscheidung jegliche gesetzliche Grundlage. BFH VII B 344/03 (BStBl. II 2004, 896) hat die Zulassung trotzdem abgelehnt, weil die Beteiligten durch ihr Verhalten den Irrtum des Gerichts hätten verhindern können. Dem ist nicht zu folgen. Das Auffinden der richtigen Norm ist allein Sache des Gerichts (iura novit curia); die Beteiligten sind auch nicht verpflichtet, einen Rechtsirrtum des Gerichts zu verhindern. 235

Auslegung des Gesetzes. Die Entscheidung muss auf einer offensichtlich dem Wortlaut und Gesetzeszweck widersprechenden Gesetzesauslegung beruhen (BFH X B 154/04, BFH/NV 2008, 1116 mwN; IV B 48/11, BFH/NV 2012, 1462; IX B 54/17, BeckRS 2017, 125094; BGH VII ZB 3/92, NJW 1993, 135). Das Übersehen der einschlägigen höchstrichterlichen Rspr. genügt nicht (BFH X B 88/11, BFH/NV 2012, 1932; X B 184/12, BFH/NV 2013, 1257), auch nicht das Übersehen eines rechtlichen Gesichtspunkts (BFH VIII B 216/09, BFH/NV 2010, 1110). Von Willkür kann nicht gesprochen werden, wenn das Gericht sich mit der **Rechtslage eingehend auseinandergesetzt** hat und seine Auffassung nicht jedes sachlichen Grundes entbehrt (BVerfG 1 BvR 208/93, BVerfGE 89, 1 (13); 1 BvR 1934/93, BVerfGE 96, 189 (203); BFH IV B 79, 80/01, BStBl. II 2001, 837; IV B 122/02, BFH/NV 2005, 560; XI B 68/08, BFH/NV 2009, 975; VIII B 46/20, BFH/NV 2021, 1511). 236

Die **Tatsachen-** oder **Beweiswürdigung** ist willkürlich, wenn sie so schwerwiegende Fehler aufweist, dass sie unter keinem rechtlichen Gesichtspunkt vertretbar ist und offensichtlich jedem Zweck einer Beweiswürdigung zuwiderläuft, so dass ein allgemeines Interesse an einer korrigierenden Entscheidung besteht (BFH II B 105/10, BFH/NV 2012, 254; V B 10/11, BFH/NV 2012, 1315; IX B 25/13, BFH/NV 2013, 1604; III B 33/16, BeckRS 2016, 95474). Das ist nicht schon der Fall, wenn das FG die Indizien im Rahmen seiner Beweiswürdigung anders gewichtet als der Beschwerdeführer (BFH VIII B 129/07, BeckRS 2008, 25013198). Allein der Umstand, dass das FG die Angaben des Klägers für lückenhaft und unzutreffend hält und andere Schlüsse aus ihnen zieht, macht eine Entscheidung nicht willkürlich oder greifbar gesetzwidrig (BFH IX B 34/17, BeckRS 2017, 128009). Würdigen verschiedene Senate des FG denselben Sachverhalt unterschiedlich, führt dies allein nicht zur Zulassung der Revision (BFH II B 14/11, BFH/NV 2012, 59). Berücksichtigt das FG eine **unzulässige tatsächliche Verständigung,** kann darin ausnahmsweise ein qualifizierter Rechtsanwendungsfehler liegen (BFH X B 21/10, BFH/NV 2010, 2093). 237

Auslegung von Verträgen und Erklärungen. Objektive Willkür kann auch vorliegen, wenn das Gericht eine notwendige **Vertragsauslegung unterlassen** hat und die Entscheidung deshalb unverständlich ist (BGH V ZR 328/03, NJW 2005, 153), oder wenn das Gericht bei der Auslegung einer Willenserklärung 238

anerkannte Auslegungsgrundsätze in einem Maße außer Acht lässt, dass seine Entscheidung nicht mehr nachvollziehbar ist (BVerfG 1 BvR 441/00, MDR 2001, 103; 2 BvR 2939–93, NJW 1998, 2810; 1 BvR 346/99, EuGRZ 1999, 494; BFH I B 108/10, BFH/NV 2011, 1924, grobe Missachtung grundlegender Auslegungsprinzipien; BFH IX B 8/18, BFH/NV 2018, 960; vgl. auch BFH X B 239/12, BFH/NV 2014, 65 zur Auslegung einer behördlichen Erklärung). Das kann der Fall sein, wenn sie auf sich widersprechenden Grundannahmen beruht (BFH IX B 8/18, BFH/NV 2018, 960).

239 **Schätzung der Besteuerungsgrundlagen.** Objektive Willkür kann erst angenommen werden, wenn das Schätzungsergebnis des FG **schlechthin unvertretbar** (wirtschaftlich unmöglich) ist (BFH IV B 85/02, BStBl. II 2004, 25; VI B 108/11, BFH/NV 2012, 1612; VIII B 107/16, BeckRS 2017, 125091; X B 167/16, BeckRS 2017, 124038; X B 76/18, BFH/NV 2019, 1113) oder krass von den tatsächlichen Gegebenheiten abweicht und wenn in keiner Weise erkennbar ist, dass überhaupt oder welche Schätzungserwägungen angestellt worden sind (BFH X B 198/09, BFH/NV 2010, 2102; V B 132/09, BFH/NV 2011, 760; II B 50/02, BFH/NV 2003, 1150; X B 175/11, BFH/NV 2013, 44; III B 25/12, BFH/NV 2013, 1600). Dagegen führt ein Verstoß gegen die **Denkgesetze** im Rahmen einer Schätzung nur dann zur Zulassung der Revision wegen willkürlich falscher Rechtsanwendung, wenn sich (auch) das **Ergebnis der Schätzung** als offensichtlich realitätsfremd darstellt (BFH X B 68/03, BFH/NV 2004, 1112; X B 59/08, BeckRS 2009, 25014734; X B 76/18, BFH/NV 2019, 1113; VIII B 30/19, BFH/NV 2020, 778).

242 **cc) Greifbare Gesetzwidrigkeit. Keine Fälle.** Ob dem Kriterium (→ Rn. 223) eine eigenständige Bedeutung zukommt (so HHS/Lange § 115 Rn. 210), kann zumindest nicht verifiziert werden. Derzeit ist kein Fall bekannt, in dem der BFH objektive Willkür abgelehnt, aber eine greifbare Gesetzwidrigkeit angenommen hat.

244 **dd) Offensichtlichkeit des Rechtsfehlers. Keine gesetzliche Voraussetzung.** Aus dem Gesetz ergibt sich nicht, dass der Fehler offensichtlich sein muss (so aber HHS/Lange § 115 Rn. 213). Das Merkmal kann auch nicht aus der Begründung des Gesetzes (BT-Drs. 14/4549, 11) abgeleitet werden. Dass kein Gericht „sehenden Auges" ein Fehlurteil gutheißen müsse, bedeutet nicht, dass der Fehler offensichtlich sein muss. Die Frage bedarf aber keiner Vertiefung. In der Regel wird ein krasser Rechtsfehler (jedenfalls für einen kundigen Beobachter) offensichtlich sein; richtig ist, dass eine die Einheitlichkeit der Rspr. störende Abweichung nur vorliegt, wenn sie zumindest leicht erkennbar ist (→ Rn. 197).

246 **ee) Erforderlichkeit einer Entscheidung des BFH.** Eine Entscheidung des BFH muss erforderlich sein. Im Falle eines qualifizierten Rechtsfehlers läuft das Kriterium weitgehend leer, weil die Voraussetzungen, unter denen eine Entscheidung des BFH erforderlich ist, insofern bereits zum Tatbestand des Zulassungsgrunds gehören. Zumindest die Feststellung der Klärungsbedürftigkeit entfällt, weil der Fehler aufgrund seiner Schwere und Bedeutung stets das Eingreifen des BFH erfordert. Der BFH muss aber (voraussichtlich) Gelegenheit haben, die fehlerhafte Entscheidung aufheben zu können (vgl. BFH XI B 65/17, BeckRS 2017, 133895). Anders kann die Einheitlichkeit der Rspr. bei einem qualifizierten Rechtsfehler nicht gesichert werden.

5. Verfahrensmangel (Abs. 2 Nr. 3)

a) Allgemeines. Zwecke. Der Zulassungsgrund dient va dem **Individualrechtsschutz** (→ Rn. 91) und der **Einzelfallgerechtigkeit** (Tipke/Kruse/Krumm § 115 Rn. 83). Verfahrensmängel, die möglicherweise das Ergebnis der Entscheidung beeinflusst haben, eröffnen die Revision, auch wenn ein Allgemeininteresse an der Entscheidung des Einzelfalls nicht vorliegt. Der Zulassungsgrund dient zugleich der **Verfahrensaufsicht** (→ Rn. 17) über die Tätigkeit der Instanzgerichte (BVerwG 9 B 710/94, NVwZ-RR 1996, 359; Bettermann NJW 1954, 1305; Tipke/Kruse/Krumm § 115 Rn. 83; Gosch/Werth § 115 Rn. 130) und insofern zumindest mittelbar dem Allgemeininteresse an einem regelkonformen und fairen Gerichtsverfahren. Schließlich dient die Verfahrensrevision der **Entlastung des BVerfG,** soweit Verstöße gegen **Verfahrensgrundrechte** mit der NZB gerügt und vom BFH korrigiert werden können (Tipke/Kruse/Krumm § 115 Rn. 83; Gosch/Werth § 115 Rn. 118). 250

Verhältnis zu Abs. 2 Nr. 1 und Nr. 2. Der Zulassungsgrund des Abs. 2 Nr. 3 steht gleichberechtigt neben den anderen Zulassungsgründen. Er schließt insbes. die Grundsatz- und Divergenzrevision nicht aus (arg. § 118 III 1). Auch die Auslegung einer Verfahrensvorschrift kann grundsätzliche Bedeutung haben oder Gegenstand einer Divergenz sein. Wird dies mit Erfolg geltend gemacht, erscheint es nicht ermessensgerecht, wenn der BFH nach § 116 VI verfährt; in diesem Fall sollte er die Revision zulassen und die Rechtsfrage klären (→ § 116 Rn. 65). 251

Verhältnis zu anderen Vorschriften. Schreibfehler, Rechenfehler und ähnliche offenbare Unrichtigkeiten des angefochtenen Urteils, die nach § 107 jederzeit vom FG berichtigt werden können, rechtfertigen nicht die Zulassung der Revision wegen eines Verfahrensmangels (BFH VIII R 31/91, BFH/NV 1992, 685; Tipke/Kruse/Krumm § 115 Rn. 110). Die **Berichtigung des Urteils** nach § 107 geht dem Revisionsrecht und dem Revisionszulassungsrecht vor (→ Rn. 275). Das gilt auch für Unrichtigkeiten im Tatbestand. Sie sind vorrangig im Wege der **Tatbestandsberichtigung** nach § 108 zu beseitigen (→ Rn. 276; BFH VII B 1/00, BFH/NV 2000, 1125; BVerwG 2 C 5/99, DVBl. 2001, 726). Vorrang hat auch die **Urteilsergänzung** nach § 109; das Übergehen eines Sachantrags durch das FG kann deshalb nicht mit Erfolg als Verfahrensfehler geltend gemacht werden (→ Rn. 278). Ob ein **Wiederaufnahmegrund** (§ 134 iVm §§ 578 ff. ZPO) zugleich ein Verfahrensmangel sein kann, hat der BFH bislang offengelassen (BFH VIII B 62/02, BFH/NV 2003, 1328; I B 27/14, BeckRS 2016, 94439). Die Frage ist mE aus Gründen der Prozessökonomie zu bejahen; der Kläger muss nicht zuerst das Urteil rechtskräftig werden lassen, um sodann den Wiederaufnahmegrund geltend machen zu können. Die **überlange Verfahrensdauer** ist vorrangig mit der Verzögerungsrüge (§ 198 GVG) geltend zu machen (BFH VIII B 107/16, BeckRS 2017, 125091). 252

Bedeutung. Die Einhaltung des Verfahrensrechts legitimiert die Entscheidungen der Gerichte wie das materielle Recht. Grundsätzlich sollen nur rechtsförmig zustande gekommene Entscheidungen Bestand haben. Die Einhaltung des Verfahrensrechts ist allerdings kein Selbstzweck; das Verfahrensrecht hat dienende Funktion; es soll auch die Richtigkeit der Entscheidung absichern. Die Annahme, dass Mängel im Verfahren hinzunehmen sind, wenn nur das Ergebnis stimmt, wäre dennoch verfehlt. Sie kann allenfalls die Ausnahme sein (§ 126 IV). Die Richtigkeit der Entscheidung hat eben auch eine verfahrensrechtliche Seite. Kann nicht ausgeschlossen werden, dass der Verfahrensmangel das Ergebnis beeinflusst hat, 253 muss das Verfahren fehlerfrei wiederholt werden. Jede falsch verstandene Großzügigkeit bei der Anwendung und Überprüfung von Verfahrensrecht schadet dem Ansehen der Gerichtsbarkeit und fördert Misstrauen in deren Ergebnisse. Abs. 2 Nr. 3 ist im finanzgerichtlichen Verfahren ein wichtiges Korrektiv für die fehlende zweite Tatsacheninstanz.

255 **b) Begriff, unbeachtliche Verfahrensmängel. Definition.** Verfahrensmängel iSv Abs. 2 Nr. 3 sind (unbewusste oder bewusste) **Verstöße des FG** gegen Vorschriften des **Gerichtsverfahrensrechts,** die zur Folge haben, dass eine ordnungsgemäße (verfahrensrechtliche) **Grundlage für die Entscheidung** über das Klagebegehren fehlt (BFH I B 5/09, BeckRS 2009, 25015279; XI B 16/07, BFH/NV 2008, 595; II B 111/08, BeckRS 2008, 25014599; VI B 98/06, BFH/NV 2007, 949; Tipke/Kruse/Krumm § 115 Rn. 87). Verfahrensmängel sind insbes. die in § 119 geregelten Fälle (Erläuterung jeweils dort). Von vornherein unbeachtlich sind dagegen Verstöße gegen sog. **Ordnungsvorschriften,** wie zB das Überschreiten der Zweiwochenfrist des § 104 II bei einem Senatsurteil (BFH X R 52/88, BFH/NV 1991, 49 mwN; IV S 2/93, BFH/NV 1995, 118; XI B 69/03, BFH/NV 2004, 527), anders bei Einzelrichterurteil (BFH II B 67/15, BeckRS 2016, 94419). Sie betreffen zwar auch das gerichtliche Verfahren, wirken sich aber auf die Grundlagen der Entscheidung nicht aus.

256 **Rechtsquellen.** Zum **Gerichtsverfahrensrecht** gehören nicht nur die das Verfahren betreffenden Vorschriften der **FGO** und die über § 155 S. 1 in Bezug genommenen Vorschriften der **ZPO** und des **GVG,** sondern als unmittelbar geltendes Recht auch die sog. **Justizgrundrechte** (Anspruch auf rechtliches Gehör, Anspruch auf den gesetzlichen Richter, Anspruch auf ein faires Verfahren). In Betracht kommen aber nur Vorschriften des **Bundesrechts** (§ 118 I 1).

257 **Verwaltungsverfahrensrecht.** Die das Verwaltungsverfahren betreffenden Vorschriften gehören nicht zum Gerichtsverfahrensrecht. Etwas anderes gilt nur, soweit Vorschriften der FGO ausdrücklich auf Vorschriften der AO verweisen (zB § 96 I 1 Hs. 2). Rechtsfehler bei der Anwendung des Verwaltungsverfahrensrechts sind keine Verfahrensmängel, sondern sie betreffen revisionsrechtl. das materielle Recht (→ Rn. 265 ff.). Das gilt in gleicher Weise, wenn das FA (zB BFH IX B 218/06, BFH/NV 2007, 1526; IX B 81/13, BFH/NV 2013, 1799) oder wenn das FG das Verwaltungsverfahrensrecht fehlerhaft angewendet hat (allgA BFH I R 190/78, BStBl. II 1982, 682; VII B 72/07, BeckRS 2007, 25012872; XI B 57/01, BFH/NV 2002, 51; VIII B 45/05, BFH/NV 2006, 961; I B 51/15, BeckRS 2015, 96138).

258 **Mangel** ist jeder **Rechtsfehler** (§ 118 I 1) bei der Auslegung und Anwendung einer Vorschrift des Gerichtsverfahrensrechts. Der Begriff ist **objektiv** zu verstehen. Verschulden (Vorwerfbarkeit) ist nicht erforderlich; auch ein unvermeidbarer Rechtsirrtum ist unerheblich. Der Mangel kann auch in einem **Unterlassen** bestehen (schlicht unterlassene Anhörung, Gewährung rechtlichen Gehörs). Die ältere Unterscheidung zwischen einem **error in procedendo** (Verfahrensmangel) und einem **error in iudicando** (materiell-rechtlicher Fehler bei der Auslegung und Anwendung von Verfahrensrecht) findet im Gesetz keine Stütze und ist überholt (Tipke/Kruse/Krumm § 115 Rn. 88a; nicht beachtet von BFH X B 159/15, BeckRS 2016, 95594).

259 **Entscheidung in der Hauptsache.** Der Verfahrensmangel muss sich (zumindest auch) auf die Entscheidung in der Hauptsache beziehen (→ Rn. 94). Betrifft er lediglich eine **Nebenentscheidung** des finanzgerichtlichen Urteils, kommt

die Zulassung der Revision nicht in Betracht. Insoweit gilt nichts anderes als für die Zulassungsgründe in Abs. 2 Nr. 1 u. 2. Für die Zulassung der Revision unbeachtlich sind deshalb Verfahrensfehler, die nur die Kostenentscheidung (BFH IV B 122/98, BFH/NV 2000, 345) oder die Entscheidung über die Zulassung der Revision berühren (BVerwG 7 B 104/90, NJW 1991, 190). Auch Verfahrensfehler beim Zustandekommen der Rechtsmittelbelehrung rechtfertigen nicht die Zulassung nach Abs. 2 Nr. 3.

Unanfechtbare Entscheidungen (§ 124 II). Entscheidungen des FG, die dem Endurteil vorausgegangen sind, unterliegen nicht der Revision, soweit sie nach den Vorschriften der FGO unanfechtbar sind (§ 124 II). Wegen der Einzelheiten wird auf die Kommentierung zu § 124 verwiesen (→ § 124 Rn. 2 ff.). Verfahrensmängel, die beim Zustandekommen solcher Entscheidungen vorgekommen sind und sich nur auf die unanfechtbare Entscheidung ausgewirkt haben, können die Zulassung der Revision wegen eines Verfahrensmangels grds. nicht rechtfertigen. **260**

Willkürvorbehalt. Ein mit der Revision nachprüfbarer Verfahrensmangel liegt aber vor, wenn das FG eine unanfechtbare Entscheidung willkürlich oder greifbar gesetzwidrig getroffen hat und wenn deshalb dem gesamten weiteren Verfahren und dem Urteil ein **Mangel anhaftet** (→ § 124 Rn. 3; zB BFH VIII B 155/11, BFH/NV 2012, 1610); stRspr, vgl. zB BFH VII B 167/11, BFH/NV 2012, 2029; X B 118/12, BFH/NV 2013, 750; V B 108/15, BeckRS 2016, 95038; XI B 81/16, BeckRS 2017, 94555; VIII B 10/23, BFH/NV 2024, 539). Das kann zB der Fall sein, wenn einem Beteiligten das rechtliche Gehör willkürlich versagt wurde oder wenn ein befangener Richter an der Entscheidung mitgewirkt hat (→ § 124 Rn. 3; Gosch/Werth § 115 Rn. 127). Die willkürliche Zurückweisung eines Ablehnungsgesuchs begründet keinen Verfahrensmangel, wohl aber die weitere Mitwirkung des willkürlich nicht ausgeschlossenen Richters (Verletzung des Anspruchs auf den gesetzlichen Richter). Die willkürliche Ablehnung einer Terminverlegung (§ 155 FGO iVm § 227 ZPO) kann zwar nicht als Verfahrensmangel gerügt werden, wohl aber die dadurch verursachte Verletzung des rechtlichen Gehörs (BFH VII B 7/04, BFH/NV 2005, 64 mwN). Entsprechendes gilt für die Versagung von PKH (BFH VI B 21/17, BeckRS 2017, 140800). **261**

Selbständig anfechtbare Zwischenentscheidungen. Über den Wortlaut des § 124 II hinaus sind auch solche Verfahrensmängel nicht mehr im Verfahren der NZB gegen das Endurteil zu berücksichtigen, die (ausschließlich) eine **selbständig anfechtbare Entscheidung** des FG, wie zB ein Zwischenurteil nach § 97, betreffen (vgl. § 155 FGO iVm § 512 ZPO; → § 124 Rn. 4; BFH X B 118/16, BeckRS 2017, 125083). Diese Verfahrensmängel hätten im Verfahren gegen die Zwischenentscheidung geltend gemacht werden müssen. Dies kann nicht im Verfahren der Hauptsache nachgeholt werden. **262**

Vorrang der Berichtigungsvorschriften. Mängel des Urteils die das Gericht nach den §§ 107, 108 berichtigen kann, rechtfertigen nicht die Zulassung der Revision wegen eines Verfahrensmangels (→ Rn. 252). Die Ablehnung des Antrags auf Tatbestandsberichtigung ist unanfechtbar (§ 108 II); sie kann deshalb grds. auch nicht als Verfahrensmangel im Zulassungsverfahren berücksichtigt werden (→ Rn. 260 f.). **263**

c) Abgrenzung zum materiellen Rechtsfehler. Grundsatz. Kein Verfahrensmangel, sondern ein materiell-rechtlicher Rechtsfehler liegt vor, wenn das FG Vorschriften angewandt hat, die **revisionsrechtl. zum materiellen Recht** **265**

zählen, bzw. wenn der Fehler nicht die Handhabung des Verfahrens, sondern den Inhalt der Entscheidung über das Klagebegehren betrifft (vgl. auch Tipke/Kruse/Krumm § 115 Rn. 105). Die Rspr. hat zur Abgrenzung Fallgruppen gebildet.

267 **aa) Tatsachenfeststellung, tatsächliche Überzeugungsbildung. Überblick.** Verstöße gegen § 96 I, können Verfahrensmängel oder materielle Rechtsfehler sein. Die Vorschrift betrifft nur die abschließende Tatsachenfeststellung durch das FG; die rechtliche Überzeugungsbildung ist dort nicht geregelt (→ § 96 Rn. 1). Zur Tatsachenfeststellung gehört zB auch die **Auslegung von Verträgen** (→ § 118 Rn. 24). Die Überzeugungsbildung zerfällt nach der Konzeption des § 96 I in zwei Abschnitte, einen äußerlichen und einen innerlichen. Der äußerliche Vorgang betrifft die **Wahrnehmung der Tatsachen** als Grundlage der Überzeugungsbildung. Das FG muss das Gesamtergebnis des Verfahrens (→ § 96 Rn. 30 ff.) vollständig und zutr. zur Kenntnis nehmen und dabei auch rechtliche Regeln beachten. Deren Einhaltung unterliegt der Nachprüfung durch den BFH. Rechtsmängel, die diesen Bereich betreffen, führen idR zu Verfahrensmängeln. Der innerliche Vorgang betrifft die **subjektive Überzeugungsbildung.** Dabei ist das Gericht nach der Konzeption des § 96 I „frei"; rechtliche Vorgaben fehlen. In diesem Bereich können keine Verfahrensmängel mehr vorkommen. Andernfalls würde die Bindung des BFH an die tatsächlichen Feststellungen des FG (§ 118 II) unterlaufen. Soweit der BFH in diesem Bereich die Einhaltung der **Denkgesetze** und die Beachtung der **allg. Erfahrungssätze** prüft, handelt es sich um Fragen, die dem materiellen Recht zuzurechnen sind (kein Verfahrensmangel). Die Überzeugungsbildung ist ein Teilakt der Rechtsanwendung, auch wenn er sich nur auf Tatsachen bezieht.

268 **Kein Verfahrensmangel.** Verstöße gegen **Denkgesetze** oder **Erfahrungssätze** (bei der Feststellung von Tatsachen) sind materielle Rechtsfehler (BFH I R 81/72, BStBl. II 1974, 291; X B 249/08, BFH/NV 2010, 444; II B 12/12, BFH/NV 2012, 772; III B 47/13, BFH/NV 2014, 72). Hierzu gehört auch die **Widersprüchlichkeit** eines Urteils als Unterfall eines Verstoßes gegen Denkgesetze (BFH III B 15/13, BFH/NV 2014, 352). Die Denkgesetze und die allg. Erfahrungssätze stehen revisionsrechtlich den Rechtsnormen gleich (BFH II R 118/67, BStBl. II 1969, 84; VII R 75/85, BStBl. II 1989, 534; VIII B 49/90, BStBl. II 1992, 671); es handelt sich jedenfalls nicht um Verfahrensvorschriften (BFH VI B 75/12, BFH/NV 2012, 1969). Das BVerwG nimmt abw. davon einen Verfahrensfehler an, wenn der Denkfehler ausschließlich einen **Indizienbeweis** betrifft und die rechtliche Subsumtion nicht berührt (BVerwG 4 C 28/89, NJW 1990, 1681; vgl. auch BFH I R 52/94, BFH/NV 1995, 606). Das überzeugt nicht. § 96 I betrifft nur die Feststellung und Schlussfolgerungen im Tatsächlichen, nicht jedoch den Subsumtionsschluss (dazu → Rn. 195. Zur **Rechtsnatur** der Denkgesetze und Erfahrungssätze näher → § 118 Rn. 27 f.).

269 Ein **Verfahrensmangel** (Verstoß gegen § 96 I) liegt dagegen ua vor, wenn dem Gericht Fehler in Bezug auf die (Wahrnehmung, Kenntnisnahme) der „Grundlagen der Beweiswürdigung" zur Last fallen (vgl. BFH I B 94/13, BFH/NV 2014, 890; → § 96 Rn. 126 ff.), insbes. wenn das Gericht gegen die allg. Beachtungspflicht (→ § 96 Rn. 25) oder die Bindung an das Klagebegehren (→ § 96 Rn. 53) verstößt, wenn es ein gesetzliches Verwertungsverbot nicht beachtet (→ § 96 Rn. 76), wenn es das anzuwendende Beweismaß verkennt (→ § 96 Rn. 99) oder wenn es sich zu Unrecht an bestimmte Beweisregeln gebunden fühlt.

bb) Verletzung von Vorlagepflichten. Vorlage an das BVerfG. Mit dem Vorbringen, das FG habe zu Unrecht eine Vorlage an das BVerfG unterlassen (Verletzung von Art. 100 GG) wird **kein Verfahrensmangel** geltend gemacht. Die Verfassungsmäßigkeit von Gesetzen ist eine materiell-rechtliche Frage (BFH VI B 119/01, BFH/NV 2004, 639; VII B 195/10, BFH/NV 2011, 1743; VIII B 70/19, BFH/NV 2020, 212). Die Verfassungsbeschwerde ist ein außerordentlicher Rechtsbehelf, der nicht zum Rechtszug gehört. Die Verletzung der Vorlagepflicht gem. Art. 100 GG berührt deshalb auch nicht das Recht auf den gesetzlichen Richter. **272**

Vorlage an den EuGH. Unterlässt es das FG **pflichtwidrig,** eine Vorabentscheidung des EuGH einzuholen, liegt ein **Verfahrensmangel** vor (Verletzung des Rechts auf den gesetzlichen Richter, § 119 Nr. 1 FGO iVm Art. 101 I GG; BFH I B 28/12, BFH/NV 2013, 246; III B 89/13, BFH/NV 2014, 521). Der EuGH gehört uU zum Instanzenzug. Verpflichtet sind nach Art. 267 III AEUV allerdings nur Gerichte, deren Entscheidungen selbst nicht mehr mit Rechtsmitteln des innerstaatlichen Rechts angefochten werden können. Das FG ist deshalb zur Vorlage **grds. nicht verpflichtet** (BFH III B 89/13, BFH/NV 2014, 521; V B 85/13, BFH/NV 2014, 1048). Nur ausnahmsweise ist auch ein FG (mittelbar) verpflichtet, eine Vorabentscheidung des EuGH einzuholen, wenn unklar ist, ob und inwieweit das Unionsrecht den Mitgliedsstaaten einen **Umsetzungsspielraum** belässt, sofern Anlass zur Vorlage des nationalen Umsetzungsrechts wegen Unvereinbarkeit mit dem GG nach Art. 100 I 1 GG besteht (BVerfG 1 BvL 3/08, NJW 2012, 45; BFH I B 28/12, BFH/NV 2013, 246). Die Pflicht ergibt sich in diesen Fällen daraus, dass die Vorlage an das BVerfG mangels Entscheidungserheblichkeit unzulässig ist, solange das vorlegende Gericht nicht vom EuGH hat klären lassen, welchen Umsetzungsspielraum das EU-Recht dem nationalen Gesetzgeber belässt. Nur in diesem Umfang kommt nach der Rspr. des BVerfG eine Überprüfung am Maßstab des GG in Betracht (BVerfG 2 BvR 197/83, BVerfGE 73, 339 – Solange II; 2 BvL 1/97, BVerfGE 102, 147; Art. 23 I 1 GG). **273**

cc) Fassung des Urteils. Schreibfehler, Rechenfehler und ähnliche offenbare Unrichtigkeiten, die das Gericht jederzeit nach § 107 berichtigen darf (und muss), dürfen definitionsgemäß nicht den Inhalt des Urteils betreffen (→ § 107 Rn. 2). Dann wäre eine Berichtigung nach § 107 ausgeschlossen. Sie betreffen deshalb das Zustandekommen des Urteils und sind als **Verfahrensmangel** anzusehen. Der Verfahrensmangel kann jedoch wegen des einfacheren zur Verfügung stehenden Verfahrens der Berichtigung nicht mit der NZB geltend gemacht werden (→ Rn. 252). **275**

Fehler im Tatbestand. Nach hM liegt ein Verfahrensmangel nicht vor, wenn das FG den Sachverhalt im Tatbestand des Urteils fehlerhaft oder widersprüchlich dargestellt hat (stRspr, BFH IX B 148/08, BeckRS 2009, 25014590). Dem kann nicht gefolgt werden (→ § 108 Rn. 3). § 105 II Nr. 4, III gehört zum Verfahrensrecht. Die Darstellung des Sachverhalts im Tatbestand muss richtig sein. Der Verstoß begründet einen **Verfahrensmangel.** Allerdings geht in diesen Fällen das einfachere zur Verfügung stehende Verfahren der Tatbestandsberichtigung vor (→ Rn. 252). Fehler im Tatbestand können deshalb im Anwendungsbereich des § 108 nicht mit der NZB, sondern nur mit dem fristgebundenen Antrag auf **Tatbestandsberichtigung** geltend gemacht werden (BFH V B 82/04, BFH/NV 2005, 568; VII B 110/03, BFH/NV 2004, 1310; X B 38/15, BeckRS 2016, 94511). Außerhalb des eng auszulegenden § 108 ist aber die Verfahrensrüge eröffnet (→ § 108 Rn. 9 ff.). **276**

277 **Fehlender Tatbestand.** Fehlt der Tatbestand völlig oder entspricht er den Mindestanforderungen des § 105 II Nr. 4 und III nicht, liegt ein **Verfahrensmangel** vor (BFH VII R 61/87, BStBl. II 1989, 979; VII B 350/03, BFH/NV 2004, 1543; BGH V ZB 11/77, NJW 1979, 548; → § 105 Rn. 21). Eine (vorrangige) Berichtigung nach § 108 scheidet dann aus.

278 **Tenor.** Eine mangelnde Bestimmtheit des Tenors ist ein Verfahrensmangel (→ Rn. 310, Urteilstenor). Auch die Unvollständigkeit des Tenors (Übergehen eines Sachantrags) ist ein Verfahrensmangel (Verstoß gegen § 96 I 1; → § 109 Rn. 2), der aber grds. vorrangig im Verfahren nach § 109 geltend gemacht werden muss (→ § 109 Rn. 2; BFH III B 105/02, BFH/NV 2004, 178). Wegen der Unvorhersehbarkeit, in welchem Verfahren der Mangel letztlich behoben wird, erachtet es die Rspr. aber als zulässig, beide Verfahren (NZB und Antrag nach § 109) gleichzeitig zu betreiben (BFH IX B 47/05, BFH/NV 2006, 1120).

279 **Fehlende tatsächliche Feststellungen.** Ist das Urteil rechtsfehlerhaft, weil die vom FG ausgesprochene **Rechtsfolge** nicht durch ausreichende tatsächliche Feststellungen des FG gedeckt ist (zB BFH VII B 190/09, BFH/NV 2010, 1120) oder wenn die Ausführungen des FG dem Revisionsgericht eine Überprüfung der im Wesentlichen auf tatsächlichem Gebiet liegenden Würdigung anhand hierzu geeigneter tatsächlicher Feststellungen nicht ermöglichen (stRspr, BFH III R 21/96, BStBl. II 1999, 670; VIII B 24/01, BeckRS 2001, 25000139) liegt darin ein den Inhalt des Urteils betreffender **materiell-rechtlicher Mangel.** Der Vorgang des Schließens ist, soweit er den Schluss auf die Rechtsfolge betrifft, dem materiellen Recht und nicht dem Verfahrensrecht zuzurechnen. Anders ist dies, soweit der Schluss die **Tatsachenfeststellung** betrifft (zB von Indizien auf Haupttatsachen). Insofern kann ein Verfahrensmangel vorliegen (Verstoß gegen § 96 I 1: Gesamtergebnis des Verfahrens), wenn das FG seiner Entscheidung einen Sachverhalt zugrunde legt, der seinerseits nicht durch hinreichende tatsächliche Feststellungen unterlegt ist (→ § 96 Rn. 25).

282 **dd) Inhalt des Urteils. Klagebegehren.** Legt das FG die Klage fehlerhaft aus und verkennt es deshalb das Klagebegehren, beruht das Urteil auf einem Verfahrensmangel (Verstoß gegen § 96 I 2; BFH VIII B 50/21, BFH/NV 2022, 598). Es handelt sich um einen Verstoß gegen die Grundordnung des Verfahrens (→ § 96 Rn. 53). Prozessuale Willenserklärungen und Prozesshandlungen legt der BFH selbst aus und ist dabei an die tatsächlichen Feststellungen des FG nicht gebunden (BFH VII R 39/19, BFH/NV 2021, 329).

283 **Feststellungslast, Beweismaß.** Hat das FG die Grundsätze über die Verteilung der Feststellungslast oder über eine Minderung des Beweismaßes verkannt und deshalb eine in der Sache unrichtige Entscheidung getroffen, liegt **kein Verfahrensmangel,** sondern ein materiell-rechtlicher Fehler vor (BFH VII S 6/11 (PKH), BFH/NV 2012, 242; II B 129/13, BFH/NV 2014, 708; IX B 18/16, BFH/NV 2016, 1173), sofern kein Aufklärungsmangel vorliegt (→ § 96 Rn. 188). Die Regeln über die Beweislast knüpfen in ihren Wertungen an die jeweils anzuwendenden Normen des sachlichen Rechts an und ergänzen sie (→ § 96 Rn. 181). Soweit die Beweislastregeln in Bezug auf eine Vorschrift des Gerichtsverfahrensrechts anzuwenden sind, kommt ein Verfahrensmangel in Betracht (Tipke/Kruse/Krumm § 115 Rn. 106 aE).

284 **Schätzung. Kein Verfahrensmangel** liegt grds. vor, wenn geltend gemacht wird, das FG sei zur Schätzung der Besteuerungsgrundlagen nicht befugt gewesen, es habe eine unzulässige Schätzungsmethode gewählt, in unzutreffender Höhe

geschätzt und/oder sonst gegen Schätzungsgrundsätze verstoßen (BFH X B 68/10, BFH/NV 2011, 818; V B 132/09, BFH/NV 2011, 760; I B 91/14, BeckRS 2015, 94877). Die Schätzung ist Tatsachenfeststellung. Die damit zusammen hängenden Rechtsfragen sind solche des materiellen Rechts. Allenfalls kommt insofern ein **qualifizierter Rechtsfehler** in Betracht (→ Rn. 239; → § 96 Rn. 116). Ein Verfahrensmangel (Verletzung des rechtl. Gehörs) kann aber vorliegen, wenn das FG überraschend (ohne vorherigen Hinweis) eine mit den Beteiligten noch nicht erörterte Schätzungsmethode anwendet (BFH X B 10/16, BeckRS 2016, 95638; X B 60/17, BeckRS 2018, 3285).

d) Geltendmachen, Verlust des Rügerechts. Geltendmachen. Abs. 2 Nr. 3 verlangt, dass der Verfahrensmangel „geltend gemacht" wird. Das gilt für **alle Verfahrensmängel,** auch solche, die im Revisionsverfahren vAw berücksichtigt werden, wie zB Verstöße gegen die **Grundordnung des Verfahrens** (BFH I B 142/94, BFH/NV 2005, 994: unterlassene notwendige Beiladung; BFH III B 74/01, BFH/NV 2003, 935: Verstoß gegen § 96 II 2; BFH VIII B 103/18, BFH/NV 2019, 566: Nichtbeachtung des vorgreiflichen Feststellungsverfahrens) oder die fehlerhafte Beurteilung von Sachurteilsvoraussetzungen (BFH III B 56/98, BFH/NV 1999, 635). Die Rüge dient wie das Darlegungserfordernis in § 116 III 3 der Entlastung des BFH. 285

Schlüssige Rüge. An die Erfüllung der Rügeobliegenheit dürfen keine überhöhten Anforderungen gestellt werden (→ Rn. 295). Nach stRspr genügt es, wenn der Verfahrensmangel schlüssig gerügt wird (zB BFH V B 29/07, BFH/NV 2008, 1501 mwN; ebenso Tipke/Kruse/Krumm § 115 Rn. 103). Die Rüge setzt nicht voraus, dass der Beschwerdeführer dabei den Begriff „Verfahrensmangel" verwendet; es genügt, wenn sich aus den Darlegungen ergibt, dass ein Verfahrensmangel gerügt werden soll (BFH IV B 33/10, BFH/NV 2011, 1888; V B 63/13, BFH/NV 2014, 702). Bei Verfahrensmängeln, die im Revisionsverfahren vAw beachtet werden, bedarf es grds. keiner Ausführungen zur Ursächlichkeit des Mangels (BFH IV B 76/05, BStBl. II 2007, 466). 286

Rügerecht. Der Beschwerdeführer muss zur Rüge berechtigt sein. Daran fehlt es, wenn er auf das Rügerecht verzichtet oder wenn er es verloren hat (§ 155 FGO iVm § 295 ZPO; stRspr, vgl. zB BFH VIII R 40/66, BStBl. II 1972, 572; II B 18/08, BFH/NV 2008, 1866). § 295 ZPO gilt nur für Vorschriften, die den **äußeren Prozessablauf** betreffen. Verzichtbar sind nur Normen, an deren Einhaltung kein öffentliches Interesse besteht. Ein öffentliches Interesse besteht grds. an einer geordneten, funktionsfähigen Rechtspflege, aber auch an der Einhaltung von Vorschriften, die dem besonderen Schutz eines Beteiligten dienen (Zöller/Greger ZPO § 295 Rn. 2). 287

Zu den **verzichtbaren Mängeln** gehört nach der Rspr. die Verletzung des Grundsatzes der **Unmittelbarkeit der Beweisaufnahme** (BFH II B 169/91, BFH/NV 1993, 258; V B 26/06, BFH/NV 2006, 2293; IX B 41/10, BFH/NV 2010, 2239; IX B 54/19, BFH/NV 2020, 219; V B 38/23, BFH/NV 2024, 1191), das **Übergehen eines Beweisantrages** (BFH IV R 299/83, BStBl. II 1989, 727; I R 54/93, BStBl. II 1994, 864; III B 179/05, BFH/NV 2006, 1683; BVerwG 9 B 388/88, NJW 1989, 1233), die **Verletzung der Sachaufklärungspflicht** (§ 76; V B 108/08, BFH/NV 2010, 170; III B 179/06, BFH/NV 2007, 1181; III B 179/05, BFH/NV 2006, 1683; VII B 51/03, BFH/NV 2004, 217), sofern sich dem FG die weitere Sachaufklärung nicht aufdrängen musste (→ Rn. 290), die **Verwertung einer Zeugenaussage** trotz unterbliebener 288

Belehrung über das Aussageverweigerungsrecht (BGH VI ZR 202/83, NJW 1985, 1470) und das Unterlassen der **Protokollierung** bestimmter Vorgänge (BFH X B 184/95, BFH/NV 1998, 336). Verzichtet werden kann auch auf die Einhaltung der Vorschriften über die **Öffentlichkeit des Verfahrens** (str., BFH X R 45–46/90, BStBl. II 1990, 1032; I B 111/09, BFH/NV 2010, 1102; IX B 71/19, BFH/NV 2020, 371; Zöller/Greger ZPO § 295 Rn. 5; aA OLG Köln 16 U 102/84, NJW-RR 1986, 560), die Einhaltung der **Ladungsfrist** (BFH VII B 239/97, BFH/NV 1999, 1093) und den **Grundsatz des rechtlichen Gehörs** (BFH V R 313/68, BStBl. II 1971, 591; I R 163/74, BStBl. II 1977, 348; IX B 194/03, BFH/NV 2005, 1354; I B 20/09, BeckRS 2009, 25015276; BVerwG VIII C 35063, BVerwGE 19, 231).

290 **Unverzichtbar** ist dagegen die Beachtung der **Sachentscheidungsvoraussetzungen** (zB fehlerhafte Beurteilung von Beteiligtenfähigkeit, Prozessfähigkeit, Postulationsfähigkeit, der Klagebefugnis, des Finanzrechtswegs), der Vorschriften über die **Besetzung des Gerichts** (BFH XI B 21–22/10, BFH/NV 2012, 46; I B 109/11, BFH/NV 2012, 1162), der Ausschließung von der Ausübung des Richteramts und der Vorschriften, die zur Grundordnung des Verfahrens gehören (→ Rn. 301), wie zB die Beachtung der Vorschriften über die notwendige **Beiladung.** Unverzichtbar sind auch die Beachtung der **Sachaufklärungspflicht** (§ 76 II), sofern sich dem FG eine konkrete Ermittlungsmaßnahme **aufdrängen musste** (BFH IX B 109/19, BFH/NV 2021, 186; V B 35/23, BFH/NV 2024, 1363), und die **Verletzung der Beweiserhebungspflicht,** wenn aus dem Urteil selbst hervorgeht, dass dem FG die Existenz des übergangenen Beweismittels bekannt war (BFH X B 242/10, BFH/NV 2011, 1715; V B 145/16, DStRE 2018, 615; XI B 57/18, DStR 2019, 156). Die Einhaltung dieser Vorschriften liegt nicht nur im Interesse der Beteiligten, sondern im **öffentlichen Interesse;** auf ihre Befolgung kann deshalb nicht wirksam verzichtet werden (Rosenberg/Schwab/Gottwald § 67 Rn. 12).

291 Bei den verzichtbaren Verfahrensmängeln geht das Rügerecht nicht nur durch eine ausdrückliche oder konkludente Verzichtserklärung ggü. dem FG verloren, sondern auch durch das **bloße Unterlassen** einer rechtzeitige Rüge (BFH V R 313/68, BStBl. II 1971, 591; VII B 162/88, BStBl. II 1989, 372; IX B 194/03, BFH/NV 2005, 1354; III B 47/12, BFH/NV 2013, 1438); ein Verzichtswille ist nicht erforderlich (BFH V B 50/95, BFH/NV 1996, 333). Der Verfahrensmangel muss in der **nächsten mündlichen Verhandlung** gerügt werden, in der der (rechtskundig vertretene) Rügeberechtigte erschienen ist. Verhandelt er in der Sache (dh stellt er zu Protokoll einen Sachantrag), ohne zuvor den Verfahrensmangel zu rügen, obwohl er den Mangel kannte oder kennen musste (§ 295 I), verliert er das Rügerecht (BFH V R 23/83, BStBl. II 1988, 1022; IX B 194/03, BFH/NV 2005, 1354; IX B 138/17, BFH/NV 2018, 1089; BVerwG IV C 41/68, BVerwGE 41, 174; 9 B 562–98, NJW 1998, 3369). Der Mangel gilt dann als geheilt und kann nicht mehr berücksichtigt werden. Die „nächste" mündliche Verhandlung kann auch die sich unmittelbar an die Beweisaufnahme oder den Verfahrensmangel anschließende Verhandlung sein (BFH VIII R 56/93, BStBl. II 1998, 152; VII B 162/88, BStBl. II 1989, 372; IX B 175/01, BFH/NV 2002, 793; BVerwG VI C 21/76, NJW 1977, 313; 9 B 562–98, NJW 1998, 3369). In Verfahren mit einer Vielzahl von Beweisanträgen geht das Rügerecht nicht verloren, wenn der Prozessbevollmächtigte in der mündlichen Verhandlung die nicht erledigten Beweisanträge bezeichnet (BFH V B 14/09, BFH/NV 2010, 1286). Auch von einem fürsorglich und verantwortungsbewusst handelnden Prozessvertreter kann ohne Überspannung seiner Sorgfaltspflichten nicht verlangt werden, dass er in Voraussicht eines erst den schriftlichen Urteilsgründen zu entnehmenden Verfahrensfehlers des Gerichts auf die Unmittelbarkeit der Beweisaufnahme besteht (BFH V B 38/23, BFH/NV 2024, 1191).

Das **Unterlassen einer Rüge** setzt grds. die Teilnahme an der mündlichen Verhandlung voraus. In der bloßen **Nichtteilnahme an der mündlichen Verhandlung** liegt deshalb kein Verzicht iSv § 295 ZPO (BFH VII R 135/85, BStBl. II 1988, 841; VI B 76/98, BFH/NV 1999, 200; aA BFH X B 40/11, BFH/NV 2013, 941; IX B 9/23, NJW 2024, 695). Dieser Grundsatz wird jedoch durch die Rspr. insbes. für die Gehörsrüge eingeschränkt. Danach verliert der fachkundig vertretene Beteiligte sein Rügerecht auch dann, wenn er nicht alle prozessualen Möglichkeiten ausschöpft, um sich rechtliches Gehör zu verschaffen und zur Aufklärung des Sachverhalts beizutragen (BFH V B 82/04, BFH/NV 2005, 568; IX B 239/06, BFH/NV 2007, 1088; IX B 155/08, BFH/NV 2009, 412). Wer zB trotz ordnungsgemäßer Ladung zur mündlichen Verhandlung (willentlich) ohne (ausreichende) Entschuldigung nicht erscheint, kann anschließend eine Verletzung (aller) verzichtbaren Verfahrensrechte nicht mehr geltend machen (stRspr BFH V B 85/10, BFH/NV 2011, 1365; X B 9/11, BFH/NV 2013, 233; III B 42/14, BeckRS 2015, 95058; XI B 33/15, BeckRS 2015, 95812; VI B 33/22, BFH/NV 2023, 41). Dieses zutr. Ergebnis wird besser darauf gestützt, dass die Entscheidung nicht auf dem Verfahrensmangel beruht (BFH VIII B 24/10, BFH/NV 2010, 1840). 292

Der **Verzicht auf mündliche Verhandlung** (§ 90 II) führt grds. nicht zum Verlust des Rügerechts (BFH XI R 13/91, BFH/NV 1993, 483; Bischof NJW 1985, 1143; aA BFH V B 20/08, BFH/NV 2010, 1616). Darin kann aber der Verzicht auf die beantragte Zeugeneinvernahme liegen, die grds. in der mündlichen Verhandlung durchgeführt wird (BFH III B 110/10, BFH/NV 2011, 2100; III B 108/13, BFH/NV 2014, 706; IX B 78/15, BeckRS 2016, 94687; X B 16/19, BFH/NV 2019, 925). Hält der Kläger ausdrücklich an seinem Beweisantrag fest und verzichtet er trotzdem auf mündliche Verhandlung, kann der Verzicht unwirksam sein (BFH X B 37/12, BFH/NV 2013, 1592). Das Rügerecht geht nicht verloren, wenn der Kläger nach Verzicht auf mündliche Verhandlung seinen Beweisantrag bis zur Entscheidung des Gerichts im schriftlichen Verfahren erneut stellt (BFH III B 143/12, BFH/NV 2013, 963). Wird in einem **Gerichtsbescheid** die Revision zugelassen (§ 90a II), muss der Beteiligte keinen Antrag auf mündliche Verhandlung stellen, um den Verlust seines Rügerechts zu vermeiden (BFH IV R 48/98, BStBl. II 1999, 531; VII R 51, 52/97, BFH/NV 1998, 220; **aA** wohl BFH IV B 130/96, BFH/NV 1998, 609). 293

Das **Übergehen eines Beweisantrags** kann nicht mehr gerügt werden, wenn für den durch einen rechtskundigen Prozessbevollmächtigten vertretenen Beteiligten erkennbar war, dass das Gericht die beantragte Zeugenvernehmung nicht durchführen werde (BFH X R 252–253/93, BFH/NV 1996, 906; vgl. aber → § 119 Rn. 16; → Rn. 310 Pflicht zur Beweiserhebung, Hinweispflicht des Gerichts, wenn es bereits einen Beweisbeschluss erlassen oder den Zeugen zum Termin geladen hatte). Ein Rügeverzicht ist jedoch nicht anzunehmen, wenn ein Beweisantrag erst in der mündlichen Verhandlung gestellt und nach den besonderen Umständen des Falles davon auszugehen ist, dass der Beteiligte an seinem Beweisantrag festhalten wollte (BFH XI B 182/02, BFH/NV 2005, 564; IV B 102/00, BFH/NV 2002, 54). Wird auf die Vernehmung eines Zeugen, auf dessen Aussage es für die Entscheidung ankommt, erkennbar nur in der Annahme „ver- 294 zichtet", dass schon aufgrund des bisherigen Verhandlungsstands der Klage stattzugeben sei, so kann in der Erklärung, die Vernehmung dieses Zeugen sei nicht erforderlich, kein Rügeverzicht iSv § 295 ZPO gesehen werden (BFH VII R 60/84, BFHE 150, 93). Einen konkludenten Verzicht auf die Rüge einer unterlassenen Zeugenvernehmung hat der BFH in einem Fall angenommen, in dem der Kläger nach einem **Erörterungstermin** oder nach Ergehen eines Gerichtsbescheids auf eine mündliche Verhandlung verzichtet und auch keinen Beweisantrag gestellt hat (BFH X B 32/96, BFH/NV 1997, 414; VIII B 63/04, BFH/NV 2004, 1526; III B 108/13, BFH/NV 2014, 706).

295 Die Rspr. zum Rügeverlust ist nur in den Fällen uneingeschränkt anzuwenden, in denen der Beteiligte in der Tatsacheninstanz durch einen **rechtskundigen Prozessbevollmächtigten** vertreten war (BFH III B 118/98, BFH/NV 1999, 1478; VI B 189/96, BFH/NV 1999, 326; VIII B 46/97, BFH/NV 1998, 875). Tritt der Beteiligte ohne Rechtsbeistand auf, kann ihm die Unkenntnis solcher Verfahrensverstöße regelmäßig nicht zugerechnet werden, die einer entsprechenden Wertung („Parallelwertung") in der Laiensphäre normalerweise verschlossen sind (BFH I B 80/11, BFH/NV 2012, 954; BVerwG VI C 4/76, BVerwGE 51, 66 (69) zu Mängeln der Sitzungsniederschrift; Tipke/Kruse/Krumm § 115 Rn. 114). Es kann jedoch genügen, wenn dem Vertreter (Geschäftsführer einer Kapitalgesellschaft) die Sachumstände bekannt waren, die aus der Sicht der Beteiligten die Verletzung von Verfahrensvorschriften begründen (BFH I B 81/12, BFH/NV 2013, 752).

300 **e) Vorliegen des Verfahrensmangels.** Ein geltend gemachter Verfahrensmangel muss **tatsächlich vorliegen** (BFH IX B 139/13, BFH/NV 2014, 1078). Ob der Verfahrensmangel vorliegt, hat der BFH im Verfahren der NZB festzustellen. Er muss dazu die erforderlichen tatsächlichen Feststellungen selbst treffen (vgl. BFH III B 112/14, BeckRS 2015, 95598) und darf sich dabei in geeigneten Fällen des **Freibeweisverfahrens** bedienen, ist also an das förmliche Beweisverfahren (§ 82) nicht gebunden (aA → § 81 Rn. 2). Einem unsubstantiierten Beweisantrag muss der BFH nicht nachkommen (BFH VIII B 2/21, BFH/NV 2022, 239).

301 Ein **Verstoß gegen die Grundordnung des Verfahrens** muss nicht vorliegen (teleologische Reduktion des Wortlauts zur Erweiterung des individuellen Rechtsschutzes). Die Grundordnung des Verfahrens muss stets eingehalten werden. Deshalb muss der BFH einen im NZB-Verfahren geltend gemachten (→ Rn. 295) Verstoß gegen die Grundordnung des Verfahrens nicht positiv feststellen, sondern ausschließen. Es genügt, wenn der Verstoß möglich erscheint, zB weil ihn das FG gesehen, aber mit rechtlich fehlerhafter Begründung verneint hat. Nicht der materiell-rechtliche Begründungsfehler, sondern der mögliche Verstoß gegen die Grundordnung des Verfahrens rechtfertigt dann die Zulassung. Ein (konkludenter) Rügeverzicht kommt insoweit nicht in Betracht (→ Rn. 290). Eine vom FG unterlassene Sachaufklärung muss der BFH nicht nachholen (zum Ganzen BFH IX B 73/19, HFR 2020, 626 mit Anm. Ratschow). Dementsprechend genügt es, wenn das FG mit fehlerhafter Begründung die Voraussetzungen für eine notwendige Beiladung verneint hat (BFH IV R 17/16, BFH/NV 2019, 1123) oder wenn es eine eigene Sachprüfung unterlässt, weil es rechtsirrtümlich die Bindungswirkung eines Grundlagenbescheids bejaht (BFH IX B 73/19, HFR 2020, 626 mit Anm. Ratschow).

302 Bei der Prüfung, ob ein Verfahrensfehler vorliegt, ist der materiell-rechtliche Standpunkt des FG zugrunde zu legen, selbst wenn dieser unrichtig sein sollte, (stRspr, BFH I R 218/74, BStBl. II 1976, 621; IV R 109/90, BStBl. II 1993, 235; IX B 154/07, BFH/NV 2008, 1340; VIII B 60/06, BFH/NV 2007, 1341; V B 39/04, BFH/NV 2005, 1585). Hat das Gericht einen vom Kläger angebotenen Beweis nicht erhoben, liegt ein Verfahrensmangel nicht vor, wenn es darauf aus der Sicht des FG (zu Recht) nicht ankam. Bei der **Beurteilung einer materiell-rechtlichen Vorfrage** kann es nicht auf den materiell-rechtlichen Standpunkt des FG ankommen, wenn ein Verstoß des FG gegen die Grundordnung des Verfahrens oder die fehlerhafte Beurteilung einer Sachurteilsvoraussetzung in Betracht kommt (→ § 116 Rn. 50).

f) Erheblichkeit des Verfahrensmangels. Die Revision darf nur zugelassen werden, wenn das Urteil des FG auf dem Verfahrensmangel **beruhen kann.** Der Begriff des Beruhens in Abs. 2 Nr. 3 ist derselbe wie in Abs. 2 Nr. 2 (aA Gräber DStR 1968, 178). Diese Voraussetzung ist erfüllt, wenn die **Möglichkeit** besteht, dass das Urteil bei mangelfreiem Verfahren anders ausgefallen wäre (BFH V B 62/94, BFH/NV 1995, 861; IV B 5/09, BFH/NV 2010, 445; Thomas/Putzo/Reichold ZPO § 545 Rn. 12; Eyermann/Kraft VwGO § 132 Rn. 19). Wird die **überlange Dauer** des Verfahrens gerügt, beruht die Entscheidung nur dann auf dem Verfahrensmangel, wenn die Möglichkeit besteht, dass sie bei früherer Entscheidung anders ausgefallen wäre (BFH IX B 23/14, BFH/NV 2014, 1081). 303

Dabei ist der **materiell-rechtliche Standpunkt des FG** zugrunde zu legen, mag dieser richtig oder falsch sein (stRspr, BFH IV R 109/90, BStBl. II 1993, 235; V B 62/94, BFH/NV 1995, 861; BVerwG 1 B 165/96, NVwZ 1997, 501; 11 B 150/95, NVwZ-RR 1996, 369). Das gilt jedenfalls für solche Verfahrensfehler, die die Ermittlung oder Würdigung des maßgeblichen Sachverhalts betreffen (→ Rn. 301). Ob der Verfahrensmangel für die Entscheidung ursächlich war, kann nur dem Urteil selbst entnommen werden, nicht aber einer nachträglichen Äußerung der Richter, sie hätten ohne den Fehler auch nicht anders entschieden (BVerwG IV C 27/67, NJW 1968, 1842). 304

Beruhensfiktion. Nach § 119 ist das Beruhen anzunehmen, wenn ein **absoluter Revisionsgrund** vorliegt (vgl. aber → § 119 Rn. 11, 14 zur Durchbrechung dieses Grundsatzes). Auch bei anderen vergleichbar schweren Verfahrensverstößen (zB Verletzung der Vorschriften über die notwendige Beiladung und anderen Verstößen gegen die **Grundordnung des Verfahrens**) wird zu Recht ohne Weiteres angenommen, dass das Urteil auf dem Verfahrensmangel beruht (BFH VIII R 12/98, BStBl. II 1999, 731; VIII B 53/97, BFH/NV 1998, 997 betr. Verstoß gegen § 74; aA BFH II B 31/95, BFH/NV 1996, 237). Derartige Mängel, die der BFH im Revisionsverfahren vAw prüft, machen das finanzgerichtliche Verfahren insgesamt fehlerhaft mit der Folge, dass das angefochtene Urteil aufzuheben ist, ohne dass es darauf ankommt, ob der Mangel das materiell-rechtliche Ergebnis des Urteils beeinflusst haben kann. Von einer notwendigen Beiladung kann ausnahmsweise abgesehen werden, wenn die Klage offensichtlich unzulässig ist (BFH IV B 147/11, BFH/NV 2012, 1614; IV B 7/16, BFH/NV 2017, 1056). Nur dann ist das Beruhen zu verneinen. 305

Entscheidungserheblichkeit. Der Verfahrensmangel muss nach den allg. Kriterien (→ Rn. 115 ff.) für die Entscheidung erheblich gewesen sein. Ist das Urteil des FG auf zwei selbständig tragende Begründungen gestützt und beruht nur eine davon auf einem Verfahrensmangel (zB Versagung des rechtlichen Gehörs), beruht das Urteil nicht (insgesamt) auf diesem Mangel (stRspr, vgl. zB BFH X B 28, 29/13, BFH/NV 2013, 1800; III B 129/12, BFH/NV 2013, 163; VIII R 41/ 306

14, BeckRS 2016, 123932; IX B 33/20, BFH/NV 2021, 320; Tipke/Kruse/Krumm § 115 Rn. 101). Ergibt sich der Mangel aus Ausführungen, die das angefochtene Urteil nicht tragen, war er nicht erheblich (BFH IX B 56/19, BFH/NV 2020, 366).

307 **Fehlerketten.** Das Urteil beruht auf dem im Verfahrensablauf **ersten Fehler,** der dem Gericht unterlaufen ist. Hat das FG die **Zulässigkeit des Einspruchs** zu Unrecht verneint und in der Folge zu Unrecht durch Prozessurteil anstatt zur Sache entschieden, beruht das Urteil nicht auf dem unvermeidbaren verfahrensrechtlichen Folgefehler, sondern auf dem im Verfahrensablauf ersten Fehler. Dieser ist materiell-rechtlicher Natur, denn die Auslegung und Anwendung von Vorschriften des Verwaltungsverfahrensrechts gehört revisionsrechtl. zum materiellen Recht (→ Rn. 257; stRspr BFH VII B 282/01, BFH/NV 2002, 1473; **aA** BFH II B 85/04, BeckRS 2005, 25008900; X B 34/17, BeckRS 2017, 124040; BVerwG VII B 94/76, NJW 1977, 542; 8 C 38/86, NVwZ 1989, 648). Hat das FG den Sachverhalt unvollständig ermittelt, weil es zu Unrecht angenommen hat, eine Tatsache lasse sich nicht ermitteln und entscheidet es sodann zu Unrecht nach den Regeln der Feststellungslast, beruht das Urteil auf dem im Verfahrensablauf früheren Verfahrensmangel (→ § 96 Rn. 188).

309 **g) Ergebnisrichtigkeit.** Der **BFH** wendet § 126 IV im Verfahren der NZB entsprechend an, wenn die Voraussetzungen von Abs. 2 Nr. 3 erfüllt sind (stRspr zB BFH V B 123/09, BFH/NV 2011, 663; VIII B 83/11, BFH/NV 2012, 726). Das gilt grds. nicht, wenn es sich um absolute Revisionsgründe (§ 119) handelt; hiervon sollen aber wiederum Ausnahmen gelten (BFH V B 168/16, BeckRS 2017, 123264). Er prüft dann im Verfahren der NZB auf der Grundlage der tatsächlichen Feststellungen des FG, ob das vom FG gefundene Ergebnis voraussichtlich im Revisionsverfahren Bestand haben wird. Bejahendenfalls weist er die NZB als unbegründet zurück, obwohl ein Grund für die Zulassung vorlag und die Revision in diesem Fall zuzulassen ist. Die (analoge) Anwendung von § 126 IV verlangt die volle **Gewissheit** des Senats, dass sich die Entscheidung aus anderen Gründen als richtig darstellt; im Zweifel muss zurückverwiesen werden (BFH X B 138/11, BFH/NV 2013, 63). Die Rspr. ist **abzulehnen** (so auch Tipke/Kruse/Krumm § 115 Rn. 117). Dagegen spricht, dass die Anwendung von § 126 IV im Verfahren der NZB nicht vorgesehen ist, das Gesetz den Beruhensmaßstab anders bestimmt hat (§ 119; BFH GrS 3/98, BStBl. 2001, 802), die Erfolgsaussichten der Revision im Verfahren der NZB unbeachtlich sind, die Entscheidung über die materielle(n) Rechtsfrage(n) dem vollbesetzten Senat vorbehalten ist, der BFH dadurch seiner Aufgabe zur Verfahrensaufsicht und uU der Bedeutung der Justizgrundrechte nicht gerecht wird.

h) ABC Verfahrensmängel

310 **Ablehnung → Ausschließung und Ablehnung von Gerichtspersonen (§ 51).**

Absolute Revisionsgründe (§ 119); → Gesetzlicher Richter (Art. 101 I 2 GG); → Ausschließung und Ablehnung von Gerichtspersonen (§ 51); → Rechtliches Gehör (§ 96 II, Art. 103 I GG); → Vertretungsmangel; → Öffentlichkeit (§ 52 FGO iVm §§ 169 ff. GVG); → Begründung (§ 119 Nr. 6).

Aktenbeiziehung → Beiziehung von Akten.

Akteneinsicht (§ 78). Das FG **verwehrt** (verweigert) zu Unrecht die beantragte (begehrte) A. (BFH IX B 159/09, BFH/NV 2012, 176; X B 91/09, BFH/

NV 2010, 1844; IX B 67/12, BFH/NV 2012, 1637; X B 137/20, BFH/NV 2022, 730; II B 55/21, BFH/NV 2022, 903; III B 41/22, BFH/NV 2023, 825).

Amtsermittlungsgrundsatz → Sachaufklärungspflicht.

Änderungsbescheid (§ 68 I 1). Das FG verkennt das → **Klagebegehren,** wenn es nicht über den zum Gegenstand des Verfahrens gewordenen Änderungsbescheid, sondern (antragsgemäß) über den mit der Klage angefochtenen Steuerbescheid entscheidet (BFH III B 157/12, BFH/NV 2014, 545; I B 61/16, BeckRS 2017, 136625).

Anhörung. Das FG verletzt die Pflicht zur persönlichen Anhörung des Klägers (Sachaufklärung), wenn es den Versuch unterlässt, zu ermitteln, ob der Kläger über eine ladungsfähige Anschrift verfügt (§ 65 I 1; BFH X B 122/17, BFH/NV 2018, 630).

Anspruch auf → Faires Verfahren; → Gesetzlicher Richter; → Rechtliches Gehör.

Aufhebung des Termins → Terminsänderung.

Aufklärungspflicht → Sachaufklärungspflicht.

Ausländisches Recht. Das FG unterlässt die gebotene Ermittlung (BFH III B 162/09, BFH/NV 2010, 2292; V B 70/11, BFH/NV 2012, 256: Verletzung der → **Sachaufklärungspflicht**).

Auslegung von Erklärungen/Verträgen. Sie ist grds. → **Tatsachenfeststellung.** Kein Verfahrensmangel, sondern materiell-rechtlicher Fehler, wenn das FG gegen anerkannte Auslegungsregeln verstößt. Ausnahmsweise soll aber ein Verfahrensmangel vorliegen, wenn die Beurteilung einer zivilrechtl. Vorfrage (dort: Auslegung einer Erklärung) durch das FG schlechthin unvertretbar (nicht mehr rechtsförmig) erscheint (BFH IX B 84/18, BFH/NV 2019, 840).

Ausschließung und Ablehnung von Gerichtspersonen (§ 51). Das FG entscheidet in fehlerhafter Besetzung, weil ein ausgeschlossener oder ein abgelehnter Richter mitgewirkt hat (§ 119 Nr. 2, absoluter Revisionsgrund). Das FG **übergeht einen Befangenheitsantrag** (BFH I B 56/01, BFH/NV 2002, 1164; VII B 254/09, BFH/NV 2010, 1835; VIII B 121/18, BFH/NV 2019, 709) oder es entscheidet über ihn nicht durch selbständige Zwischenentscheidung, sondern im Endurteil (BFH IV B 46/99, BStBl. II 2000, 376; vgl. aber auch BFH X B 192, 193/08, BFH/NV 2010, 1645). Lehnt das FG einen Befangenheitsantrag durch Beschluss ab, haftet dem Endurteil ein erheblicher Verfahrensmangel (vgl. § 119 Nr. 2) nur an, wenn die an sich unanfechtbare Entscheidung (§ 124 II) **willkürlich** war (→ Rn. 261); → **Verbot der Selbstentscheidung.**

Ausschlussfrist (§ 65 II 2). Das FG entscheidet zu Unrecht durch → **Prozessurteil** anstatt zur Sache, weil es fehlerhaft davon ausgeht, eine von ihm wirksam gesetzte Ausschlussfrist sei ergebnislos verstrichen (BFH VIII B 96/10, BFH/NV 2011, 1172; III B 65/13, BFH/NV 2014, 1059; III B 133/13, BFH/NV 2014, 894); → **Präklusion.**

Aussetzung des Verfahrens (§ 46 I 3). Das FG lehnt die beantragte Aussetzung des Verfahrens ermessensfehlerhaft ab (BFH VI B 78/04, BStBl. II 2006, 430; V B 135/14, BeckRS 2015, 95885).

Aussetzung des Verfahrens (§ 74). Pflichtwidriges Unterlassen ist Verstoß gegen die Grundordnung des Verfahrens (BFH II B 56/91, BStBl. II 1991, 930; VIII R 12/98, BStBl. II 1999, 731; VIII B 134/11, BFH/NV 2013, 1246; IX B 18/20, BFH/NV 2021, 442; vgl. aber BFH VI B 269/01, BFH/NV 2003, 77). Fehlerhafte Aussetzung des Verfahrens kann nicht als Verfahrensmangel, sondern nur mit der Beschwerde gegen den Aussetzungsbeschluss gerügt werden (→ Rn. 262; → § 128 Rn. 4); → **Zwischenurteil.**

Beachtenspflicht → Rechtliches Gehör; → § 96 Rn. 21, → § 119 Rn. 14; → **Verstoß gegen den klaren Inhalt der Akten.**

Befangenheit → Ausschließung und Ablehnung von Gerichtspersonen (§ 51).

Begründung (§ 119 Nr. 6). Fehlen jeglicher Begründung ist absoluter Revisionsgrund (→ § 119 Rn. 36); → **Bezugnahme (§ 105 V);** → **Fünfmonatsfrist.**

Beiladung → Notwendige Beiladung oder → **Einfache Beiladung.**

Beiladung (§ 174 V 2 AO). Unterlassene Beiladung ist Verfahrensmangel, der nur vom FA/Familienkasse gerügt werden kann, nicht aber vom Kindergeldberechtigten (BFH III B 20/10, BFH/NV 2012, 1415).

Beiziehung von Akten (§ 71 II). Das FG unterlässt die Beiziehung der den Streitfall betreffenden (BFH X B 22/12, BFH/NV 2013, 226: Verstoß gegen die Grundordnung des Verfahrens; III B 29/16, BeckRS 2016, 95248; II B 56/21, BFH/NV 2022, 905) oder anderer entscheidungserheblicher Akten (BFH X B 120/13, BFH/NV 2014, 546; V B 26/13, BFH/NV 2014, 1102: Verletzung der → **Sachaufklärungspflicht**). Das FG zieht Schlüsse aus der Nichtvorlage der Verwaltungsakten, ohne den Sachverhalt vAw näher aufzuklären (BFH X B 101/18, BFH/NV 2019, 285).

Bestandskraft. Das FG bestimmt das → **Klagebegehren** zu eng oder zu weit, weil es zu Unrecht die Bestandskraft eines VA bejaht oder verneint (BFH VIII B 20/09, BFH/NV 2009, 1978); mE **kein Verfahrensmangel,** sondern materiell-rechtlicher Fehler, da die fehlerhafte Anwendung von Verwaltungsverfahrensrecht vorausgegangen und maßgeblich ist (→ Rn. 307).

Bestimmtheitsgebot → Urteilstenor.

Beweisantrag. Das FG verletzt seine → **Pflicht zur Beweiserhebung** (→ § 76 Rn. 26), wenn es einen ordnungsgemäßen und entscheidungserheblichen Beweisantrag übergeht (BFH IX B 117/19, BFH/NV 2020, 1089; X B 61/23, BFH/NV 2024, 935) oder zu Unrecht ablehnt (BFH III B 56/13, BFH/NV 2014, 62; III B 134/15, BeckRS 2016, 95271; X B 65/17, DStR 2018, 614: fehlerhafte Annahme eines unzulässigen Ausforschungsbeweises → § 76 Rn. 32; X B 135/21, BFH/NV 2023, 731; VIII B 98/22, BFH/NV 2023, 974: Wissensprüfung), beachte aber → Rn. 288.

Beweisergebnis → Ergebnis der Beweisaufnahme.

Beweiserhebung von Amts wegen. Das FG verletzt seine → **Pflicht zur Beweiserhebung** (→ § 76 Rn. 26) erst, wenn es einen Beweis nicht erhebt, der sich ihm auf der Grundlage seiner materiell-rechtlichen Rechtsauffassung als erheblich **aufdrängen** musste (→ Rn. 290).

Beweismaß (§ 96 I 1). Das FG berücksichtigt das → **Gesamtergebnis des Verfahrens** verfahrensfehlerhaft, wenn es das anzuwendende B. verkennt (→ § 96 Rn. 99).

Beweismittel → Beweiswert.

Beweisregel (§ 96 I 1). Das FG berücksichtigt das → **Gesamtergebnis des Verfahrens** verfahrensfehlerhaft, wenn es eine anzuwendende gesetzliche Beweisregel verkennt (→ § 96 Rn. 104).

Beweisverwertungsverbot → Verwertungsverbot.

Beweiswert. Das FG würdigt das → **Gesamtergebnis des Verfahrens** verfahrensfehlerhaft, wenn es den unterschiedlichen Beweiswert von Urkunden- und

Zeugenbeweis unbeachtet lässt (BFH VIII B 198/09, BFH/NV 2010, 2096; I B 174/09, BFH/NV 2011, 47; V B 72/18, BFH/NV 2019, 202: Verstoß gegen den Grundsatz der Unmittelbarkeit der Beweisaufnahme).

Beweiswürdigung. Sie gehört revisionsrechtlich zum materiellen Recht und begründet grds. keinen Verfahrensmangel (→ Rn. 267 ff.). Anders (Verfahrensmangel) → **Beweiswert;** → **Ergebnis der Beweisaufnahme;** → **Pflicht zur Beweiserhebung;** → **Vorweggenommene Beweiswürdigung.**

Bezugnahme (105 V). Dem Urteil fehlt die → **Begründung (§ 119 Nr. 6),** wenn das FG auf eine widersprüchliche, unvollständige (BFH IX B 114/22, BFH/NV 2023, 1227) oder unzulänglich begründete Einspruchsentscheidung des FA Bezug nimmt (BFH VIII B 79/23, BFH/NV 2025, 176) oder wenn es nicht „feststellt", dass es der in Bezug genommenen Begründung folgt, sondern Bestandteile dieser Begründung im Rahmen einer eigenen Würdigung als nachvollziehbar bezeichnet (BFH II B 32/20, BFH/NV 2021, 31).

Bindung an das → **Klagebegehren (§ 96 I 2);** → **Revisionsurteil (§ 126 V).**

Bindungswirkung (§ 182 AO). Das FG bejaht zu Unrecht (ohne hinreichende tatsächliche Feststellungen) die Bindungswirkung eines Grundlagenbescheids und unterlässt deshalb eine eigene Sachprüfung; Verstoß gegen die Grundordnung des Verfahrens (→ Rn. 301; BFH IX B 73/19, BFH/NV 2020, 562).

Denkgesetze (§ 96 I 1, § 118 II). Kein Verfahrensmangel, sondern materiellrechtlicher Fehler, wenn das FG bei der Feststellung von Tatsachen gegen Denkgesetze verstößt. In Betracht kommt aber ein qualifizierter Rechtsfehler (→ Rn. 237).

Dolmetscher (§ 185 GVG). Das FG lehnt die beantragte Hinzuziehung eines Dolmetschers ab (BFH III S 19/10 (PKH), BFH/NV 2010, 2064).

Effektiver Rechtsschutz (Art. 19 IV GG). → **Faires Verfahren;** → **Klagebegehren;** → **Verfahrensdauer.**

Ehrenamtlicher Richter. Das FG führt die ehrenamtlichen Richter nur unzureichend in den Sach- und Streitstand ein, so dass sie in der mündlichen Verhandlung deutliche Anzeichen zeigen, der Verhandlung nicht folgen zu können (offengelassen BFH II B 54/19, BStBl. II 2020, 586; → **Gesetzlicher Richter (Art. 101 I 2 GG).**

Einfache Beiladung (§ 60 I 1). Unterlassen ist **kein Verfahrensmangel** (BFH V B 186/01, BFH/NV 2003, 780; IX B 16/20, BFH/NV 2021, 27). Fehlerhafte einfache Beiladung kann nicht als Verfahrensmangel, sondern nur mit der Beschwerde gegen den Beiladungsbeschluss gerügt werden (→ Rn. 262; → § 128 Rn. 4; → **Beiladung (§ 174 V 2 AO)**).

Einspruchsfrist (§ 355 AO). Geht das FG zu Unrecht von der Unzulässigkeit des Einspruchs aus und entscheidet es in der Folge zu Unrecht durch → **Prozessurteil** anstatt zur Sache, beruht das Urteil nicht auf dem Verfahrensmangel, sondern auf dem ersten (materiell-rechtlichen) Fehler (→ Rn. 307).

Entscheidungsgründe (§ 105 II Nr. 5) → **Begründung.**

Erfahrungssätze (§ 96 I 1, § 118 II). Kein Verfahrensmangel, sondern materiell-rechtlicher Fehler, wenn das FG bei der Feststellung von Tatsachen gegen Erfahrungssätze verstößt. In Betracht kommt aber ein qualifizierter Rechtsfehler (→ Rn. 237).

Ergebnis der Beweisaufnahme (§ 155 iVm § 285 I und § 279 III ZPO). Das FG verletzt → **Rechtliches Gehör (§ 96 II, Art. 103 I GG),** wenn es nach Schluss der Beweisaufnahme das Ergebnis der Beweisaufnahme nicht mit den

Beteiligten erörtert (BFH XI B 1/22, BFH/NV 2023, 269). Die Erörterung kann sich nur aus dem Protokoll ergeben.

Ergänzung der Klage (§ 65 II 1). Der Vorsitzende oder Berichterstatter entscheidet, ohne den Kläger zuvor zur Ergänzung der Klage aufzufordern (BFH X B 136/17, BFH/NV 2018, 534).

Ergebnis der Beweisaufnahme. Das FG begeht einen → **Verstoß gegen den klaren Inhalt der Akten,** wenn es feststehende Umstände erkennbar nicht berücksichtigt, die in die → **Beweiswürdigung** hätten einfließen müssen (BFH IV B 3/10, BFH/NV 2012, 740; X B 62/11, BFH/NV 2012, 1625; III B 8/12, BFH/NV 2013, 1606), indem es zB ein eindeutiges (insbes. ein negatives) Beweisergebnis nicht oder unzutreffend berücksichtigt (**selektive oder lückenhafte Beweiswürdigung** BFH X B 151/10, BFH/NV 2011, 1165; X B 155/11, BFH/NV 2012, 2015; VI B 100/12, BFH/NV 2013, 951; I B 99/15, BeckRS 2016, 94930; aA BFH VII B 183/11, BFH/NV 2013, 208, jedoch ohne Begründung), oder wenn das Urteil auf einer **Zeugenaussage** beruht, die mit den protokollierten Bekundungen des Zeugen nicht in Einklang steht (BFH X B 151/10, BFH/NV 2011, 1165).

Erläuterung des Gutachtens (§§ 397, 402, 411 III 1 ZPO). Das FG übergeht den Antrag eines Beteiligten, den → **Sachverständigen** zur Erläuterung seines Gutachtens zu laden (BFH X B 189/08, BFH/NV 2010, 910) oder weist den Antrag zu Unrecht im Urteil zurück.

Erledigungserklärung. Das FG verkennt das → **Klagebegehren,** wenn es nach einseitiger Erledigungserklärung des Klägers über den ursprünglichen Sachantrag und nicht über die Frage entscheidet, ob der Rechtsstreit erledigt ist (BFH IX B 221/09, BFH/NV 2010, 1299).

Ermittlungsgrundsatz → Sachaufklärungspflicht.

Faires Verfahren. Das FG verletzt den Anspruch auf ein faires Verfahren (Art. 2 I GG iVm dem Rechtsstaatsprinzip und dem Gebot des effektiven Rechtsschutzes, zB BVerfG 1 BvR 2194/97, NJW 1998, 2044; 1 BvR 1623/11, NJW 2014, 205), wenn es dem Bürger das Versagen organisatorischer Vorkehrungen, auf die er keinen Einfluss hat, zur Last legt (BFH X B 138/13, BFH/NV 2014, 720; X B 168–170/13, BFH/NV 2014, 876 Abgrenzung) oder wenn es einen Tag nach Mandatsniederlegung einen Termin zur mündlichen Verhandlung in den Sommerferien anberaumt (BFH VIII B 151/19, BStBl. II 2020, 715).

Feststellung von Tatsachen → Überzeugungsbildung.

Feststellungsinteresse (§ 41, § 100 I 4). Das FG verneint das F. und entscheidet deshalb zu Unrecht durch → **Prozessurteil** anstatt zur Sache (BFH VII R 42/68, BStBl. II 1970, 873; VII R 80/74, BStBl. II 1975, 860; XI B 192/04, BFH/NV 2006, 355; XI B 115/08, BFH/NV 2009, 1085; XI B 46/10, BFH/NV 2011, 448).

Feststellungslast (§ 76 II). Das FG verletzt die → **Sachaufklärungspflicht,** wenn es nach der Feststellungslast erkennt, obwohl es den Sachverhalt weiter hätte aufklären müssen (BFH II B 29/18, BFH/NV 2019, 1237).

Frist zur Stellungnahme (§ 77 I 2, § 79b). Das FG verweigert eine Frist zur Stellungnahme oder es bemisst sie unzumutbar kurz oder es entscheidet vor Ablauf einer von ihm selbst gesetzten Frist zur Stellungnahme (BFH III B 99/08, BeckRS 2009, 25015229; V B 48/09, BFH/NV 2010, 228; V B 101/14, BeckRS 2015, 94411). Zum Ergebnis der Beweisaufnahme müssen sich die Beteiligten idR spontan in der mdl. Verhandlung äußern (BFH IX B 59/24, BFH/NV 2025, 35).

Fünfmonatsfrist. Das FG übergibt das schriftliche Urteil nicht innerhalb der Frist von fünf Monaten an die Geschäftsstelle (vgl. § 119 Nr. 6; → § 104 Rn. 10 aE; BFH II B 3/10, BFH/NV 2011, 415; IV R 45/09, BStBl. II 2013, 123; IV B 11/18, BFH/NV 2019, 1136).

Fürsorgepflicht (§ 76 II). Das FG erachtet den → **Sachvortrag** eines Beteiligten als **unsubstantiiert** zurück, ohne ihm zuvor Gelegenheit zur Nachbesserung zu geben (BFH X B 191/12, BFH/NV 2013, 1622; einschränkend BFH VI B 49/15, BeckRS 2015, 95941). Der Vorsitzende unterlässt es, auf sachdienliche Anträge hinzuwirken (BFH V B 15/11, BFH/NV 2012, 247). Vgl. auch → **Hinweispflicht.**

Gerichtseigener Prüfer. Das FG verletzt → **Rechtliches Gehör (§ 96 II, Art. 103 I GG),** wenn es sich von gerichtseigenen Prüfern beraten lässt, ohne die Beteiligten über das Ergebnis zu informieren (BFH X B 18–20/23, BFH/NV 2023, 1325).

Gesamtergebnis des Verfahrens (§ 96 I 1). Das FG verletzt die äußerlichen Regeln der → **Überzeugungsbildung,** indem es das Gesamtergebnis des Verfahrens fehlerhaft bestimmt. Ausführlich → § 96 Rn. 30 ff., zB es nimmt zu Unrecht ein → **Verwertungsverbot** an oder es verkennt dessen Reichweite (→ § 96 Rn. 64 ff.), es verkennt das anzuwendende → **Beweismaß** (→ § 96 Rn. 80 ff.) oder eine gesetzliche → **Beweisregel** (→ § 96 Rn. 102 ff.). → **Vollständigkeitsgebot;** → **Verstoß gegen den klaren Inhalt der Akten** oder rechtsfehlerhaft, zB weil es den → **Beweiswert** unterschiedlicher → **Beweismittel** verkennt.

Geschäftsverteilungsplan. Das Gericht bejaht unter Verstoß gegen den Geschäftsverteilungsplan seine sachliche Zuständigkeit. Dies führt nach der Rspr. aber nur dann zu einem Verfahrensmangel, wenn sich der Verstoß zugleich als Verletzung des verfassungsrechtlichen Anspruchs auf den gesetzlichen Richter darstellt (Art. 101 I 2 GG), weil die Annahme der Zuständigkeit auf schlechthin unvertretbaren, sachfremden und willkürlichen Erwägungen beruht (BFH X B 21/10, BFH/NV 2010, 2093; IV B 30/10, BFH/NV 2012, 431; I B 14/13, BFH/NV 2014, 880; IX B 72/20, NJW 2021, 2232); → **Gesetzlicher Richter.**

Gesetzlicher Richter (Art. 101 I 2 GG). Verstoß gegen den gesetzlichen Richter ist absoluter Revisionsgrund (§ 119 Nr. 1). In Betracht kommt insbes. Verstoß gegen → **Geschäftsverteilungsplan,** Nichtbeachtung der Vorschriften über die → **Ausschließung und Ablehnung von Gerichtspersonen,** insbes. → **Verbot der Selbstentscheidung (§ 45 I ZPO),** sowie Verletzung der → **Vorlegungspflicht.** → **Ehrenamtlicher Richter.**

Grundurteil (§ 99). Das FG erlässt ein Grundurteil, ohne dass die Voraussetzungen dafür vorliegen (vgl. Thomas/Putzo/Reichold ZPO § 538 Rn. 12 mwN); → **Teilurteil;** → **Zwischenurteil.**

Gründe (§ 119 Nr. 6) → **Begründung.**

Gutachten → **Erläuterung des Gutachtens;** → **Sachverständiger.**

Hinweispflicht (§ 76 II). Das FG weicht in der Entscheidung ohne einen vorherigen Hinweis von einem schriftlichen Hinweis des Berichterstatters ab (BFH IX R 14/07, BStBl. II 2009, 309). Der Vorsitzende unterlässt es, einen Hinweis darauf zu erteilen, wie das erstrebte Prozessziel am wirksamsten und einfachsten erreicht werden kann (BFH X B 36/11, BFH/NV 2011, 2079). Die Hinweispflicht entfällt nicht bei professioneller Vertretung; auf Tatsachen, die „auf der Hand liegen" erstreckt sie sich dann jedoch nicht (BFH VI B 49/15, BFH/NV 2016, 38; X B 202/15, BeckRS 2016, 94643; noch enger: BFH VI B 10/

16, BeckRS 2016, 95670). Vgl. auch → **Ergänzung der Klage (§ 65 II 1);** → **Fürsorgepflicht;** → **Pflicht zur Beweiserhebung;** → **Schätzung.**

Klagebegehren (§ 65 I 1). Nichtbeachtung ist Verstoß gegen die Grundordnung des Verfahrens (BFH IV B 59/10, BFH/NV 2012, 251; II B 31/18, BFH/NV 2019, 1239). Das FG verletzt das Grundrecht auf → **Effektiven Rechtsschutz,** wenn es das Klagebegehren fehlerhaft **zu eng** bestimmt (BFH B 43/09, BFH/NV 2009, 1443). Es verletzt die → **Bindung an das Klagebegehren (ne ultra petita),** wenn es das Klagebegehren fehlerhaft **zu weit** bestimmt (BFH IX B 33/09, BFH/NV 2009, 1821). In Betracht kommt insbes. die fehlerhafte Beurteilung der → **Präklusion,** der → **Bestandskraft,** der → **Rechtskraft** oder der Bindung an das → **Revisionsurteil.** Das FG verletzt die → **Bindung an das Klagebegehren (ne ultra petita)** auch, wenn es über einen anderen Gegenstand **(aliud)** als das Klagebegehren entscheidet, zB: Das FG übersieht eine einseitige → **Erledigungserklärung** oder einen zum Gegenstand des Verfahrens gewordenen → **Änderungsbescheid.** Das FG übersieht einen → **Sachantrag** oder es entscheidet über einen anderen Sachverhalt als denjenigen, der dem angefochtenen VA zugrunde lag (BFH II B 31/18, BFH/NV 2019, 1239).

Klagefrist (§ 47). Das FG entscheidet durch Prozessurteil anstatt durch Sachurteil, weil es zu Unrecht annimmt, die Klagefrist sei nicht eingehalten (BFH IX R 47/83, BStBl. II 1986, 268; X B 104/05, BFH/NV 2006, 1136; IX B 28/13, BFH/NV 2013, 1537); → **Wiedereinsetzung in den vorigen Stand.**

Klagerücknahme → **Zurücknahme der Klage (§ 72).**

Klageschrift. Das FG legt die Klageschrift falsch aus → **Klagebegehren.**

Ladung (§ 91) → **Vertretungsmangel.** Das FG verletzt → **Rechtliches Gehör (§ 96 II, Art. 103 I GG),** wenn es ohne oder nach nicht ordnungsgemäßer Ladung in Abwesenheit verhandelt und entscheidet (BFH IX B 63/17, BFH/NV 2017, 1451). Dem ist es gleichzusetzen, wenn die Ladung mit einer rechtswidrigen, weil von den sitzungspolizeilichen Befugnissen nicht gedeckten Fesselungsanordnung verbunden ist und der Geladene der mündlichen Verhandlung deshalb fern bleibt (BFH X B 136/22, BFH/NV 2023, 1228).

Mündliche Verhandlung. Das FG entscheidet **ohne** mündliche Verhandlung, obwohl ein wirksamer Verzicht auf mündliche Verhandlung nicht, nicht von allen Beteiligten (BFH III B 82/11, BFH/NV 2011, 1911 – Beigeladener) oder nicht mehr vorliegt (BFH I B 76, 77/12, BFH/NV 2013, 219; XI B 7/13, BFH/NV 2014, 708; III B 32/17, BeckRS 2017, 133909); → **Rechtliches Gehör;** → **Verfahren nach billigem Ermessen;** → **Wiedereröffnung der mündlichen Verhandlung.** Das FG eröffnet die mündliche Verhandlung, obwohl ein Beteiligter unverschuldet noch nicht erscheinen konnte (**Wartepflicht;** BFH X B 68/23, DStR 2024, 1127).

Nichtbeteiligter. Das FG erlässt ein Urteil gegen eine Person, die **keine Klage erhoben** hat (BFH IV B 56/08, BFH/NV 2010, 1108). Das Urteil ergeht (auch) gegen den nicht mehr beteiligten Insolvenzverwalter (BFH XI B 110/17, BeckRS 2018, 8793).

Notwendige Beiladung (§ 60 III). Unterlassen ist Verstoß gegen die Grundordnung des Verfahrens (stRspr, BFH VI B 49/66, BStBl. III 1967, 612; VIII R 33/05, BFH/NV 2006, 1693; II R 42/98, BFH/NV 2000, 446; VIII B 2/19, BFH/NV 2020, 222; vgl. aber BFH IV B 66/94, BFH/NV 1995, 996); das gilt auch nach In-Kraft-Treten des § 123 I 2, der dem BFH die Möglichkeit eröffnet, eine vom FG unterlassene Beiladung im Revisionsverfahren nachzuholen. Fehlerhafte Beiladung kann nicht als Verfahrensmangel, sondern nur mit der Beschwerde gegen den Beiladungsbeschluss gerügt werden (→ Rn. 262; → § 128 Rn. 4).

Offenbare Unrichtigkeiten. Sie können nicht mit der NZB geltend gemacht werden, sondern nur im vorrangigen Verfahren der Berichtigung nach § 107 (→ Rn. 275).

Öffentlichkeit (§ 52 FGO iVm §§ 169 ff. GVG). Die → **Mündliche Verhandlung** hat zu Unrecht ohne Öffentlichkeit stattgefunden: absoluter Revisionsgrund (§ 119 Nr. 5; → § 119 Rn. 32). Das FG hat die Öffentlichkeit auf Antrag eines Berechtigten nicht (vollständig) ausgeschlossen (§ 52 II): Verfahrensmangel. Die Beteiligten können auf die Einhaltung der Vorschriften verzichten (str. → Rn. 288; bej. BFH IX B 108/24, BFH/NV 2025, 527). Der Mangel muss im Verfahren gerügt werden → Rn. 285 ff.).

Parteivernehmung (§ 445 ff. ZPO). Unterlassen (Ablehnung) ist regelmäßig kein Verfahrensmangel (BFH X B 21/10, BFH/NV 2010, 2093; VIII B 107/09, BFH/NV 2011, 282), da keine → **Pflicht zur Beweiserhebung,** sondern Ermessen. Anders, wenn das FG die Parteivernehmung ermessensfehlerhaft ablehnt, zB wegen Unglaubwürdigkeit (→ **Vorweggenommene Beweiswürdigung;** BFH IX B 86/22, BFH/NV 2023, 1218).

Pflicht zur Beweiserhebung (§ 76 II, § 81). → **Beweisantrag;** → **Beweiserhebung von Amts wegen;** → **Parteivernehmung.** Das FG verletzt die Pflicht zur Beweiserhebung, wenn es einen eindeutigen **Hinweis** an die Beteiligten **unterlässt,** weshalb es einen Beweis **nicht mehr erheben will.** Voraussetzung dafür ist, dass das Gericht zuvor (eindeutig) zu erkennen gegeben hat, dass es den Beweis für erheblich hält. Dies kann durch einen ausdrücklichen Hinweis (BFH X B 236/08, BeckRS 2009, 25015368; XI B 97/12, BFH/NV 2013, 1791) oder konkludent durch Erlass eines Beweisbeschlusses (stRspr, zB BFH III B 113/09, BFH/NV 2010, 2292; XI B 84/12, BFH/NV 2013, 745; XI B 97/12, BFH/NV 2013, 1791; XI B 69/13, BFH/NV 2014, 166; XI B 29/15, BeckRS 2015, 95238; VIII B 126/20, BFH/NV 2022, 27) oder durch prozessleitende Ladung eines Zeugen (BFH V B 128/11, BFH/NV 2012, 1804; II B 31/13, BFH/NV 2014, 68; III B 21/16, BeckRS 2017, 94159; V B 12/23, BFH/NV 2024, 689) geschehen sein. Das FG sieht von der Beweiserhebung wegen Wahrunterstellung ab, geht in der → **Beweiswürdigung** jedoch vom Gegenteil aus (BFH X B 14/19, BFH/NV 2019, 1116).

Präklusion (§ 65 II 2, § 79b III). Das FG wendet eine Präklusionsvorschrift fehlerhaft an und bestimmt deshalb das → **Klagebegehren** zu eng oder zu weit (BFH I R 75/83, BStBl. II 1986, 753; VIII B 29/94, BFH/NV 1995, 886; VI B 114/01, BStBl. II 2002, 306; XI B 99/02, BeckRS 2004, 25007326; VIII B 40/08, BeckRS 2008, 25013782; → § 119 Rn. 15) oder es nimmt vom Kläger vorgelegte Unterlagen und Beweismittel zu Unrecht nicht entgegen (BFH VI B 113/17, BFH/NV 2018, 1153; X B 40/19, BFH/NV 2020, 231). In beiden Fällen verletzt das FG zugleich den Anspruch auf → **Rechtliches Gehör (§ 96 II, Art. 103 I GG).**

Prozesserklärung. Das FG legt eine Prozesserklärung unrichtig aus; → **Klagebegehren.**

Prozesskostenhilfe. Das FG verletzt den Anspruch auf → **Rechtliches Gehör (§ 96 II, Art. 103 I GG),** wenn es in der Sache entscheidet, ohne zuvor über einen Antrag auf PKH entschieden zu haben (BFH V S 23/19 (PKH), BFH/NV 2020, 893: **Grundsatz der Vorherigkeit** mit Ausnahmen; → § 142 Rn. 94).

Prozessurteil. Das FG verkennt das → **Klagebegehren,** wenn es zu Unrecht durch Prozessurteil anstatt durch Sachurteil entscheidet (BFH XI B 123/17, IStR 2019, 670; X B 6/18, BFH/NV 2020, 769; zugleich Verstoß gegen den Anspruch auf → **Rechtliches Gehör,** BFH X B 96/21, BFH/NV 2022, 1187) oder wenn es zu Unrecht ein Sachurteil erlässt, obwohl es durch Prozessurteil hätte entscheiden müssen (BFH IV B 72/14, BeckRS 2015, 95389; V S 20/16 (PKH), BeckRS 2016, 95408; X B 118/16, BeckRS 2017, 125083). In Betracht kommen insbes. Fehler im Hinblick auf die → **Klagefrist,** eine → **Sachurteilsvoraussetzung,** das → **Feststellungsinteresse** (BFH VIII B 123/23, BFH/NV 2025, 396), eine → **Ausschlussfrist (§ 65 II 2)** oder die → **Untätigkeitsklage.** Vgl. auch → **Einspruchsfrist.**

Rechenfehler. Sie können nicht mit der NZB geltend gemacht werden, sondern nur im vorrangigen Verfahren der Berichtigung nach § 107 (→ Rn. 275).

Rechtliches Gehör (§ 96 II, Art. 103 I GG). Absoluter Revisionsgrund (§ 119 Nr. 3; → § 96 Rn. 190 ff.; → § 119 Rn. 13 ff.). Auch → **Beachtenspflicht;** → **Ergebnis der Beweisaufnahme;** → **Gerichtseigener Prüfer;** → **Präklusion (§ 65 II 2, § 79b III);** → **Prozessurteil;** → **Terminsänderung (§ 227 ZPO);** → **Überraschungsentscheidung;** → **Verfahren nach billigem Ermessen (§ 94a);** → **Videoverhandlung (§ 91a).**

Rechtskraft (§ 110). Das FG bestimmt das → **Klagebegehren** zu eng oder zu weit, weil es sich zu Unrecht an die Rechtskraft einer anderen Entscheidung gebunden fühlt (BFH VIII B 36/04, BFH/NV 2006, 86; VIII B 20/09, BFH/NV 2009, 1978) oder sie verkennt.

Revisionsurteil (§ 126 V). Das FG legt seiner Entscheidung nicht die rechtliche Beurteilung des BFH zugrunde (BFH X B 135/20, BFH/NV 2022, 580), bzw. es bestimmt das → **Klagebegehren** zu eng oder zu weit, weil es die Reichweite der Bindungswirkung des Revisionsurteils verkennt (BFH VI B 155/12, BFH/NV 2013, 1103; X B 75/13, BFH/NV 2014, 1073).

Sachantrag. Das FG verfehlt das → **Klagebegehren,** wenn es über einen Sachantrag zu Unrecht nicht entscheidet, → **Urteilstenor.**

Sachaufklärungspflicht (§ 76 II). Das FG verletzt die Sachaufklärungspflicht, wenn es entscheidungserhebliche Tatsachen nicht ermittelt, obwohl dies geboten, möglich und zumutbar gewesen wäre (BFH IV B 155/97, BFH/NV 1999, 632; IV B 43/06, BFH/NV 2007, 2127; instruktiv BFH X B 122/17, BeckRS 2018, 5468; → § 76 Rn. 33). Vgl. iE → **Anhörung;** → **Ausländisches Recht;** → **Beiziehung von Akten;** → **Feststellungslast;** → **Sachverständiger.**

Sachurteil. Das FG entscheidet zu Unrecht zur Sache anstatt durch → **Prozessurteil** (BFH VI B 94/13, BFH/NV 2014, 176).

Sachurteilsvoraussetzung. Das FG verneint zu Unrecht eine Sachurteilsvoraussetzung und entscheidet deshalb durch → **Prozessurteil** anstatt zur Sache (BFH V B 133/09, BFH/NV 2011, 612: Prozessführungsbefugnis eines Liquidators; BFH X B 58/23, BFH/NV 2023, 1327: Klagebefugnis und Rechtsschutzbedürfnis).

Sachverhalt → **Gesamtergebnis des Verfahrens;** → **Sachaufklärungspflicht.**

Sachverständiger. Das FG sieht ermessensfehlerhaft **(§ 82 FGO iVm §§ 404, 412 ZPO)** davon ab, das Gutachten eines Sachverständigen einzuholen, weil es nicht selbst über die nötige Sachkunde verfügt (BFH I B 42/13, BFH/NV 2015, 1093; V B 44/15, BeckRS 2016, 94617). Das FG sieht ermessensfehlerhaft davon ab, ein zweites Gutachten eines anderen Sachverständigen einzuholen (vgl. BFH

VI B 53/17, BeckRS 2017, 140055). Die Notwendigkeit muss sich dem FG nach der Rspr. des BFH jeweils aufdrängen (BFH IX B 46/16, BeckRS 2016, 95471; V B 105/17, MwStR 2018, 446; IX B 48/18, BFH/NV 2019, 39). Das FG stützt seine Entscheidung auf tatsächliche Feststellungen eines vom Gericht bestellten Sachverständigen, obwohl es die Tatsachen selbst hätte feststellen müssen (**§ 404a III ZPO;** BFH VIII B 224/09, BFH/NV 2010, 1650: Sachaufklärungspflicht). → **Gutachten.**

Sachvortrag. Das FG begeht einen → **Verstoß gegen den klaren Inhalt der Akten,** wenn es den eindeutigen und entscheidungserheblichen Sachvortrag eines Beteiligten übergeht oder erkennbar außer Betracht lässt (vgl. I B 53/12, BFH/NV 2013, 1561; VI B 53/15, BeckRS 2016, 94156; V B 72/16, BeckRS 2017, 94042); → **Fürsorgepflicht.** Darin liegt zugleich ein Verstoß gegen die → **Beachtenspflicht** (BFH VI B 23/24, BFH/NV 2025, 391).

Schätzung (§ 162 AO). Grds. kein Verfahrensmangel (→ Rn. 283; → § 96 Rn. 116). Das FG verletzt aber die → **Sachaufklärungspflicht (76 II),** wenn es keinerlei Sachaufklärung dahin betreibt, ob das Ergebnis seiner Schätzung noch schlüssig, wirtschaftlich möglich und vernünftig ist (BFH X B 53/17, BFH/NV 2018, 820). Das FG verletzt die → **Hinweispflicht (§ 76 II),** wenn es nicht auf die beabsichtigte Schätzungsmethode hinweist, obwohl sie den bisher erörterten Schätzungsmöglichkeiten unähnlich ist oder die Einführung neuer Tatsachen mit sich bringt (BFH X B 60/17, BFH/NV 2018, 530; X B 120/18, BFH/NV 2022, 744).

Schreibfehler (§ 107). Sie können nicht mit der NZB geltend gemacht werden, sondern nur im vorrangigen Verfahren der Berichtigung nach § 107 (→ Rn. 275).

Schriftsatzfrist → **Frist zur Stellungnahme (§ 77 I 2).**

Tatbestand (§ 105 II Nr. 4, III). Unvollständigkeiten und sachliche Unrichtigkeiten im Tatbestand können nicht mit der NZB, sondern grds. nur im vorrangigen Verfahren nach § 108 geltend gemacht werden (→ Rn. 276). Verfahrensmangel, wenn Tatbestand vollständig fehlt (→ Rn. 277).

Tatsachenfeststellung → **Überzeugungsbildung.**

Teilurteil (§ 98). Das FG erlässt ein Teilurteil, ohne dass die Voraussetzungen dafür vorliegen (vgl. Thomas/Putzo/Reichold ZPO § 538 Rn. 12 mwN); → **Grundurteil;** → **Zwischenurteil.**

Tenor → **Urteilstenor.**

Terminsänderung (§ 227 ZPO). Das FG verletzt den Anspruch auf → **Rechtliches Gehör,** wenn es einen Antrag auf Terminsänderung übergeht, die mündliche Verhandlung durchführt und in der Sache entscheidet, obwohl es dem Antrag hätte stattgeben müssen (BFH IX B 178/12, BFH/NV 2013, 762; IX B 71/13, BFH/NV 2014, 175; XI B 138/13, BFH/NV 2014, 1079; → § 91 Rn. 2; → § 119 Rn. 24 Vertagung). Lehnt das FG die beantragte Terminsänderung durch Beschluss zu Unrecht ab, haftet dem Endurteil ein Verfahrensmangel nur an, wenn die unanfechtbare Entscheidung (§ 124 II) willkürlich war (→ Rn. 261).

Trennung von Verfahren (§ 73). Sie stellt nur dann einen Verfahrensmangel dar, wenn sie willkürlich, also ohne sachlichen Grund, vorgenommen wird und einen Beteiligten in der Wahrnehmung seiner prozessualen Rechte behindert (BFH VIII R 36/89, BStBl. II 1995, 353; IX B 33/10, BFH/NV 2010, 1647; IX B 137/10, BFH/NV 2011, 1369). Das gilt (erst recht) auch für die unterbliebene → **Verbindung von Verfahren** (BFH X B 144/17, BFH/NV 2018, 966). Ausnahmsweise ist die unterlassene Verbindung aber Verfahrensmangel, wenn ansonsten eines der Verfahren wegen doppelter Rechtshängigkeit verworfen werden müsste. Der BFH kann die unterbliebene Verbindung im NZB-Verfahren selbst vornehmen (Verbindung im Kosteninteresse; BFH XI B 69/19, BFH/NV 2020, 891).

Überlange Verfahrensdauer → **Verfahrensdauer.**

Überraschungsentscheidung → § 119 Rn. 24.

Überzeugungsbildung (§ 96 I 1). Grds. **kein Verfahrensmangel,** soweit es um den innerlichen Vorgang des Erwägens geht (→ Rn. 267). Zum materiellen Recht gehören auch → **Denkgesetze** und → **Erfahrungssätze** (→ Rn. 268). **Verfahrensmangel** möglich, soweit der äußerliche Vorgang der Kenntnisnahme der beachtlichen Tatsachen betroffen ist (→ Rn. 269): Das FG bestimmt das → **Gesamtergebnis des Verfahrens** fehlerhaft oder es würdigt es nicht vollständig oder fehlerhaft (stRspr, zB BFH X B 7/11, BFH/NV 2011, 1005); → **Auslegung von Erklärungen/Verträgen.**

Unmittelbarkeit der Beweisaufnahme (§ 355 ZPO). Das FG beachtet die Unmittelbarkeit der Beweisaufnahme nicht (BFH X B 67/07, BFH/NV 2008, 1346; VI B 162/04, BFH/NV 2005, 1613; I B 219/08, BFH/NV 2010, 45; V B 63/14, BeckRS 2015, 94883; X B 28/16, BeckRS 2017, 94103; beachte aber → Rn. 288). Das FG beachtet im Rahmen der Beweiswürdigung nicht den unterschiedlichen → **Beweiswert** von Urkunden- und Zeugenbeweis (BFH V B 72/18, BFH/NV 2019, 202).

Untätigkeitsklage (§ 46). Das Gericht entscheidet zu Unrecht durch → **Prozessurteil** anstatt zur Sache, weil es fehlerhaft annimmt, die Voraussetzungen für eine Untätigkeitsklage lägen nicht vor (BFH III B 36/11, BFH/NV 2012, 1169).

Unterbrechung des Verfahrens (§ 239 ff. ZPO). Das FG erlässt trotz Unterbrechung des Verfahrens ein Urteil (BFH IX B 36/16, BeckRS 2016, 95082).

Untersuchungsgrundsatz → **Sachaufklärungspflicht.**

Urteilstenor. Verstoß gegen die Grundordnung des Verfahrens, wenn der Urteilstenor so **unklar** ist, dass er auch unter Heranziehung der Urteilsgründe nicht in einem bestimmten Sinn ausgelegt werden kann (BFH VIII R 67/91, BStBl. II 1994, 469; X B 106/05, BFH/NV 2006, 580; IX B 30/10, BFH/NV 2010, 2104; VIII B 93/21, BFH/NV 2023, 738). Ist der Urteilstenor **unvollständig,** weil das FG bei der Entscheidung einen → **Sachantrag übergangen** hat, kommt vorrangig ein Antrag nach § 109 in Betracht (→ Rn. 278).

Verbindung von Verfahren (§ 73) → **Trennung von Verfahren.**

Verbot der Selbstentscheidung (§ 45 I ZPO). Entscheidet der abgelehnte Richter zu Unrecht selbst über einen zulässigen Ablehnungsantrag, ist er nicht → **Gesetzlicher Richter (Art. 101 I 2 GG).** Der Verstoß schlägt auf die Endentscheidung durch, ohne dass es darauf ankommt, ob das Ablehnungsgesuch in der Sache begründet war (BFH X B 99/19, BStBl. II 2020, 375; X B 81/23, BFH/NV 2024, 1190).

Verfahren nach billigem Ermessen (§ 94a). Das FG verletzt → **Rechtliches Gehör (§ 96 II, Art. 103 I GG),** wenn es ohne vorherige Anhörung der Beteiligten im Verfahren nach billigem Ermessen entscheidet (BFH III B 92/15, BStBl. II 2016, 844; IV B 61/21, BFH/NV 2022, 815). Es entscheidet im Verfahren nach billigem Ermessen **ohne** → **Mündliche Verhandlung,** obwohl ein Beteiligter rechtzeitig, ausdrücklich oder konkludent die mündliche Verhandlung beantragt hat (BFH IX B 157/09, BFH/NV 2010, 920; VIII B 15/10, BFH/NV 2011, 630, VI B 147/10, BStBl. II 2011, 556).

Verfahrensdauer. Das FG verletzt den Anspruch auf effektiven Rechtsschutz (Art. 19 IV GG), wenn es in zurechenbarer Weise (BFH IX R 19/98, BStBl. II 1999, 407) eine **überlange Verfahrensdauer** verursacht (zB BVerfG 1 BvR 1490/89, NJW 1992, 1497; BFH VII B 131/13, BFH/NV 2014, 1055; BVerwG 8 B 3/05, DVBl. 2005, 859). Dabei kann nur die Verfahrensdauer beim FG berücksichtigt werden (BFH VII B 75/07, BFH/NV 2008, 126; XI B 51/12, BFH/NV 2013, 220). Der Mangel ist nur erheblich, wenn das FG zu einem früheren Zeitpunkt anders entschieden hätte (zB BFH XI B 51/12, BFH/NV 2013, 220).

Verfahrensgegenstand (§ 68 S. 1). Das FG verkennt den Verfahrensgegenstand; ausnahmsweise unbeachtlich, wenn durch den Änderungsbescheid keine neuen Streitpunkte eingeführt worden sind (BFH IX B 45/20, BFH/NV 2021, 767).

Verfahrenstrennung (§ 73) → Trennung von Verfahren.

Verlegung des Termins → Terminsänderung.

Vernehmung der Beteiligten → Parteivernehmung.

Verstoß gegen den klaren Inhalt der Akten (§ 96 I 1; → Beachtenspflicht, → BFH VI B 23/24 BFH/NV 2025, 391). Das FG berücksichtigt nicht das → **Gesamtergebnis des Verfahrens,** wenn es eine aufgrund des eindeutigen Akteninhalts feststehende und entscheidungserhebliche Tatsache erkennbar unberücksichtigt lässt (BFH IX B 1/13, BFH/NV 2013, 1624; X B 114/13, BFH/NV 2014, 346; II B 129/13, BFH/NV 2014, 708; X B 93/15, BeckRS 2016, 94412; VIII B 67/21, BFH/NV 2022, 897); zB das FG lässt entscheidungserheblichen → **Sachvortrag** der Beteiligten erkennbar unberücksichtigt (BFH V B 87/14, BeckRS 2015, 94475; X B 138/14, BeckRS 2015, 94760), oder es legt seiner Entscheidung einen Sachverhalt zugrunde, der dem protokollierten Vorbringen der Beteiligten (BFH IX B 126/17, BFH/NV 2019, 583) oder Zeugen (BFH II B 30/18, BStBl. II 2019, 620) nicht entspricht, oder es wertet das → **Ergebnis der Beweisaufnahme** erkennbar lückenhaft, selektiv oder rechtlich fehlerhaft aus. Bei der aktenwidrig angenommenen Tatsache kann es sich auch um eine **Rechtstatsache** handeln (BFH V B 78/18, BFH/NV 2020, 1091: Abtretbarkeit einer Forderung).

Vertagung → Terminsänderung.

Vertretungsmangel. Absoluter Revisionsgrund (§ 119 Nr. 4; → § 119 Rn. 29).

Verwertungsverbot (§ 96 I 1). Das FG verkennt das → **Gesamtergebnis des Verfahrens,** wenn es zu Unrecht ein Verwertungsverbot annimmt oder dessen Reichweite fehlerhaft bestimmt (→ § 96 Rn. 76).

Verzicht auf → Mündliche Verhandlung (§ 90 II).

Videoverhandlung (§ 91a). Das FG verletzt → **Rechtliches Gehör (§ 96 II, Art. 103 I GG),** wenn ein im Gerichtssaal anwesender Beteiligter den zugeschalteten Beteiligten nur sehen kann, wenn er sich um 180 Grad dreht (BFH IX B 104/22, BFH/NV 2023, 1414).

Vollständigkeitsgebot. → § 96 Rn. 20 ff. Das FG berücksichtigt nicht das → **Gesamtergebnis des Verfahrens (§ 96 I 1),** stRspr (BFH V B 87/14, BeckRS 2015, 94475). Es genügt, wenn das FG ein rechtlich erhebliches Indiz übersieht, sofern nicht ausgeschlossen werden kann, dass das FG bei Berücksichtigung des Indizes anders entschieden hätte (BFH IX B 12/19, BFH/NV 2020, 376).

Vorlegungspflicht. Das FG verletzt seine Pflicht, ein **Vorabentscheidungsersuchen** an den EuGH zu richten (BFH I B 28/12, BFH/NV 2013, 246); näher → Rn. 272 ff.

Vorweggenommene Beweiswürdigung. Das FG würdigt im Urteil Beweise, die es nicht erhoben hat (BFH VIII B 209/03, BFH/NV 2005, 1123; X B 248/07, BFH/NV 2009, 186; XI B 75/12, BFH/NV 2014, 164) oder es lehnt die beantragte (weitere) Beweisaufnahme mit der Begründung ab, es sei bereits vom Gegenteil überzeugt (BFH X B 41/16, BeckRS 2017, 94132) oder die Unterlagen könnten die Tatsachenbehauptung nicht erweisen (BFH X B 64/17, BFH/NV 2018, 538) oder die Beweiserhebung werde keinen Einfluss auf den Ausgang des Verfahrens haben (BFH IX B 37/19, BFH/NV 2020, 95).

Wiederaufnahmegrund. Ob auch ein Verfahrensmangel vorliegt, hat der BFH bislang offengelassen (BFH VIII B 62/02, BFH/NV 2003, 1328; I B 27/14, BeckRS 2016, 94439; mE zu bej. → Rn. 252).

Wiedereinsetzung in den vorigen Stand (§ 56) → Klagefrist.

Wiedereröffnung der mündlichen Verhandlung (§ 93 III 2). Das FG lehnt die Wiedereröffnung der mündlichen Verhandlung ohne zureichende Gründe ab (BFH VII B 167/14, BeckRS 2015, 94806).

Zurücknahme der Klage (§ 72). Das FG erlässt ein Urteil, obwohl die Klage vor der Entscheidung wirksam zurückgenommen worden ist (BFH VII B 69/11, BFH/NV 2012, 248). In diesem Fall muss das FG das Fehlen der Sachentscheidungsvoraussetzung feststellen (BFH X B 136/19, BFH/NV 2020, 774).

Zweiwochenfrist (§ 104 II). Sie ist grds. **Ordnungsvorschrift;** Nichtbeachtung führt deshalb nicht zu Verfahrensmangel (→ Rn. 252). **Verfahrensmangel** jedoch, wenn **Einzelrichter** sein Urteil erst nach Ablauf der Frist übermittelt (BFH II B 67/15, BeckRS 2016, 94419).

Zwischenurteil (§ 97). Das FG erlässt ein Zwischenurteil, ohne dass die Voraussetzungen dafür vorliegen (BFH XI B 52/15, DStRE 2016, 415; vgl. Thomas/Putzo/Reichold ZPO § 538 Rn. 12 mwN), insbes. weil die → **Aussetzung des Verfahrens (§ 74)** geboten war; → **Grundurteil;** → **Teilurteil.**

IV. Bindung des BFH an die Zulassungsentscheidung (Abs. 3)

311 **Grundsatz.** Der BFH ist an die **Zulassung** durch das FG **gebunden** (ebenso § 132 III VwGO, § 160 III SGG). Er muss sie beachten, auch wenn er sie im Hinblick auf Abs. 2 für unzutreffend hält. Die Bindung ist ein Gebot der **Rechtsmittelklarheit** und **Rechtsmittelsicherheit.** Ein Vorbehalt wenn die Zulassung offensichtlich gesetzwidrig ist, besteht nicht mehr. Hat der **Einzelrichter** die Revision wegen grds. Bedeutung zugelassen, ist die Entscheidung zwar bindend, verletzt sein kann aber der Anspruch auf den gesetzlichen Richter (§ 6 III 1; BGH VI ZB 17/13, NJW 2014, 3520).

312 **Einschränkungen.** Der BFH muss prüfen, ob das FG die Revision zugelassen hat. **Unwirksam** ist eine Zulassung durch Ergänzungsurteil oder durch einen nachträglich erlassenen Beschluss (BFH VII B 45/77, BStBl. II 1978, 434; VII B 8/85, BFH/NV 1986, 106). **Unbeachtlich** ist die Zulassung der Revision, wenn die Revision gegen die Entscheidung ihrer Art nach nicht gegeben ist, zB gegen den Gerichtsbescheid eines Einzelrichters gemäß § 79a II, IV (BFH VI R 85/98, BStBl. II 1999, 302) gegen ein unselbständiges Zwischenurteil oder bei einer Entscheidung durch Urteil anstatt durch Beschluss → Vor § 115 Rn. 91).

§ 116 [Nichtzulassungsbeschwerde]

(1) **Die Nichtzulassung der Revision kann durch Beschwerde angefochten werden.**

(2) **[1]Die Beschwerde ist innerhalb eines Monats nach Zustellung des vollständigen Urteils bei dem Bundesfinanzhof einzulegen. [2]Sie muss das angefochtene Urteil bezeichnen. [3]Der Beschwerdeschrift soll eine Ausfertigung oder Abschrift des Urteils, gegen das Revision eingelegt werden soll, beigefügt werden. [4]Satz 3 gilt nicht im Falle der elektronischen Beschwerdeeinlegung.**

(3) **[1]Die Beschwerde ist innerhalb von zwei Monaten nach der Zustellung des vollständigen Urteils zu begründen. [2]Die Begründung ist bei dem Bundesfinanzhof einzureichen. [3]In der Begründung müssen die Voraussetzungen des § 115 Abs. 2 dargelegt werden. [4]Die Begründungsfrist kann von dem Vorsitzenden auf einen vor ihrem Ablauf gestellten Antrag um einen weiteren Monat verlängert werden.**

(4) **Die Einlegung der Beschwerde hemmt die Rechtskraft des Urteils.**

(5) **[1]Der Bundesfinanzhof entscheidet über die Beschwerde durch Beschluss. [2]Der Beschluss soll kurz begründet werden; von einer Begründung kann abgesehen werden, wenn sie nicht geeignet ist, zur Klärung der Voraussetzungen beizutragen, unter denen eine Revision zuzulassen ist, oder wenn der Beschwerde stattgegeben wird. [3]Mit der Ablehnung der Beschwerde durch den Bundesfinanzhof wird das Urteil rechtskräftig.**

(6) **Liegen die Voraussetzungen des § 115 Abs. 2 Nr. 3 vor, kann der Bundesfinanzhof in dem Beschluss das angefochtene Urteil aufheben und den Rechtsstreit zur anderweitigen Verhandlung und Entscheidung zurückverweisen.**

(7) **[1]Wird der Beschwerde gegen die Nichtzulassung der Revision stattgegeben, so wird das Beschwerdeverfahren als Revisionsverfahren fortgesetzt, wenn nicht der Bundesfinanzhof das angefochtene Urteil nach Absatz 6 aufhebt; der Einlegung einer Revision durch den Beschwerdeführer bedarf es nicht. [2]Mit der Zustellung der Entscheidung beginnt für den Beschwerdeführer die Revisionsbegründungsfrist, für die übrigen Beteiligten die Revisions- und die Revisionsbegründungsfrist. [3]Auf Satz 1 und 2 ist in dem Beschluss hinzuweisen.**

Vgl. § 133 VwGO; § 544 ZPO; § 160a SGG; §§ 72a, 92a ArbGG.

Literatur: Vgl. auch die Literaturangaben zu §§ 115, 119, 120. Glückselig/Rose, Notwendige Reformen des finanzgerichtlichen Revisionsrechts aus Sicht der Bundessteuerberaterkammer, DStR 2022, 811; Heidner, Die zulässige Nichtzulassungsbeschwerde – Hinweise zur Fehlervermeidung, UStdd 16/2022, 14; Hendricks, Verdeckte Divergenz – Darlegungsvoraussetzungen bei unausgesprochenen Rechtssätzen, Ubg 2018, 306.

Übersicht

Rn.

I. Allgemeines 1
II. Statthaftigkeit der NZB (Abs. 1) 6
1. Berechtigung zur Einlegung der NZB 7

	Rn.
2. Beschwer, Rechtsschutzbedürfnis	8
III. Einlegung der NZB (Abs. 2)	10
1. Einlegung beim BFH	10
2. Einlegungsfrist	16
3. Bezeichnung des angefochtenen Urteils	18
4. Beifügung des angefochtenen Urteils	18a
IV. Begründung der NZB (Abs. 3)	19
1. Begründungspflicht, Form, Funktion der Begründung	19
2. Begründungsfrist (Abs. 3 S. 1, 2 und 4)	20
3. Darlegung eines Zulassungsgrunds (Abs. 3 S. 3)	25
a) Allgemeines	25
b) Grundsätzliche Bedeutung	30
c) Rechtsfortbildung	38
d) Sicherung der Rechtseinheit	40
e) Verfahrensmangel	48
V. Wirkungen der eingelegten NZB (Abs. 4)	52
VI. Entscheidung des BFH über die NZB (Abs. 5–7)	55
1. Entscheidung durch Beschluss (Abs. 5 S. 1)	55
2. Begründung des Beschlusses (Abs. 5 S. 2)	60
3. Entscheidung bei erfolgreicher Verfahrensrüge (Abs. 6)	64
4. Kostenentscheidung	68
5. Wirkung der Entscheidung	69
a) Ablehnung (Abs. 5 S. 3)	69
b) Zulassung der Revision (Abs. 7)	71
VII. Sonstige Beendigung des Beschwerdeverfahrens	73

I. Allgemeines

1 **Entstehungsgeschichte, Begriff.** § 116 ist durch das **2. FGOÄndG** v. 19.12.2000 (BGBl. I 1757; → Vor § 1 Rn. 11 ff.) nach dem Vorbild des § 133 VwGO idF des 4. VwGOÄndG v. 17.12.1990 (BGBl. I 2809) völlig neu gefasst worden. Einzelne Regelungen des § 116 waren davor in § 115 III–V aF enthalten. Die in § 116 geregelte „Beschwerde gegen die Nichtzulassung der Revision" (Abs. 7 S. 1) wird in § 116 überwiegend nur als „Beschwerde" bezeichnet. § 115 I spricht von „Beschwerde gegen die Nichtzulassung". Nur in § 56 II 1 kommt der Begriff der **Nichtzulassungsbeschwerde** (NZB) in der FGO vor. Die Bezeichnung als NZB hat sich durchgesetzt (nicht amtliche Überschrift zu § 116).

2 **Inhalt.** § 116 regelt das Verfahren der Revisionszulassung, wenn das FG die Revision nicht zugelassen hat (→ § 115 Rn. 50; Überblick → § 115 Rn. 60). Nach Abs. 1 ist die NZB **statthaft,** wenn das FG die Revision nicht zugelassen hat. Abs. 2 (Einlegung) und Abs. 3 (Begründung) enthalten **besondere Zulässigkeitsvoraussetzungen.** Abs. 4 ordnet den **Suspensiveffekt** der Beschwerde an und bestimmt dessen Umfang. Aus Abs. 5 S. 1 ergibt sich der **Devolutiveffekt** (Zuständigkeit des BFH). Die Vorschrift regelt die **Zurückweisung der NZB** durch den BFH (Begründungserleichterung) und bestimmt die Rechtsfolgen (Rechtskraft). Nach Abs. 6 kann der BFH bei einem **Verfahrensmangel** die Vorentscheidung im NZB-Verfahren aufheben und die Sache an das FG zurückverweisen. Das Verfahren nach Abs. 6 ersetzt in der Praxis weitgehend die Verfahrensrevision. Abs. 7 betrifft das Verfahren bei **Zulassung der Revision** durch den BFH.

3 Die NZB ist ein **Rechtsmittel** (→ Vor § 115 Rn. 35). Sie hemmt den Eintritt der Rechtskraft des angefochtenen Urteils in vollem Umfang (Abs. 4; Suspensiveffekt) und bewirkt, dass der Rechtsstreit beim BFH anhängig wird (Abs. 5 S. 1; Devolutiveffekt). Hat die NZB Erfolg, wird das Beschwerdeverfahren als Revisionsverfahren fortgeführt; dann hat der BFH auch über die Hauptsache zu entscheiden. Als Rechtsmittel gelten für die NZB die **allgemeinen Zulässigkeitsvoraussetzungen für jedes Rechtsmittels** (→ Vor § 115 Rn. 60 ff.), insbes. die Beteiligten- und Prozessfähigkeit (→ Vor § 115 Rn. 66). Besondere Zulässigkeitsvoraussetzungen der NZB ergeben sich aus Abs. 2 und 3.

4 **Verhältnis zu anderen Vorschriften.** § 116 geht als speziellere Norm den §§ 128 ff. vor; sie sind nur ergänzend heranzuziehen (→ § 128 Rn. 1). Eine unselbständige Anschlussbeschwerde (→ § 128 Rn. 8) ist im Verfahren der NZB nicht vorgesehen (BVerwG III B 68/69, BVerwGE 34, 351; Kopp/Schenke/Schenke VwGO § 133 Rn. 1; Tipke/Kruse/Krumm § 116 Rn. 9). Die NZB ist ein eigenständiges Verfahren. Das NZB-Verfahren ist allein darauf gerichtet, die Zugangsschranke (→ § 115 Rn. 1; Zulassung der Revision) zu überwinden (BFH IV B 108/13, BFH/NV 2014, 379). Gegenstand des Verfahrens ist nur die Frage, ob einer der in § 115 II genannten Zulassungsgründe vorliegt. Die NZB dient nicht dazu, allgemein die Richtigkeit finanzgerichtlicher Urteile zu gewährleisten (zB BFH II B 164/09, BFH/NV 2011, 193). Auf die **Erfolgsaussicht** der Revision kommt es grds. nicht an (Ausnahme: Verfahrensmangel). Etwas anderes gilt ausnahmsweise bei der Prüfung der Zulassungsgründe in § 115 II Nr. 1 u. Nr. 2, wenn ein Zulassungsgrund gegeben war, aber vor der Entscheidung über die NZB wegfällt (→ § 115 Rn. 97) oder wenn verfassungsrechtliche Zweifel geltend gemacht werden (→ § 115 Rn. 134). Die fehlende Erfolgsaussicht ist nach der Rspr. auch von Bedeutung, wenn im NZB-Verfahren eine sinngemäße Anwendung des § 126 IV bejaht wird (→ § 115 Rn. 158). § 118 II ist wegen der dienenden Funktion des NZB-Verfahrens (→ § 115 Rn. 90) zu beachten. **Neue Tatsachen** darf der BFH grds. nicht berücksichtigen, soweit er nicht dazu aufgerufen ist, sie selbst zu ermitteln (zB bei Verfahrensmangel). **Zulassung der Revision.** Gegen die Zulassung der Revision durch das FG ist eine Beschwerde nicht gegeben (→ § 115 Rn. 58). **AdV-Verfahren.** Eine Beschwerde gegen die Nichtzulassung der Beschwerde ist im Gesetz nicht vorgesehen und deshalb nicht statthaft (BFH VIII B 1/06, BFH/NV 2006, 1313; XI B 135/05, BFH/NV 2006, 959 mwN). Nach § 128 III steht den Beteiligten die Beschwerde gegen einen Beschluss nach § 69 III und IV nur zu, wenn sie **vom FG zugelassen** worden ist; für die Zulassung gilt § 115 II entsprechend.

5 **Verhältnis zu höherrangigem Recht.** § 116 ist verfassungsgemäß. Bei der **Anwendung von § 116** ist das **Gebot des effektiven Rechtsschutzes** zu beachten (→ Vor § 115 Rn. 22). Namentlich die Darlegungsanforderungen (Abs. 3 S. 3) dürfen dabei nicht überspannt werden. Der Zugang zur eingerichteten Revisionsinstanz darf nicht von unerfüllbaren Anforderungen abhängig gemacht werden. Lässt ein Fachgericht die Revision nicht zu, verletzt es den **Anspruch auf den gesetzlichen Richter** (Art. 101 I 2 GG), wenn sich die Entscheidung als **objektiv willkürlich** erweist und den Zugang zur nächst höheren Instanz unzumutbar erschwert (BVerfG 1 BvR 137/92, NJW 1993, 381). Der Anspruch auf den gesetzlichen Richter kann aber auch verletzt sein, wenn ein Fachgericht ein Rechtsmittel **ohne nähere Begründung** nicht zulässt, obwohl die Zulassung des Rechtsmittels nahe gelegen hätte (BVerfG 1 BvR 2365/11, NJW 2012, 1715; 1 BvR 2851/13, NJW 2014, 2417). Das BVerfG prüft dabei inzident, wenn auch

nur kursorisch, ob die (formellen und materiellen) Zulassungsvoraussetzungen unter Berücksichtigung der in der Rspr. anerkannten Formeln erfüllt sein konnten. Daraus ergibt sich mittelbar trotz fehlender gesetzlicher oder verfassungsrechtlicher Pflicht zur Begründung (→ § 113 Rn. 5) zumindest eine **Begründungsobliegenheit,** wenn eine mögliche Aufhebung durch das BVerfG vermieden werden soll, denn das BVerfG prüft die sachliche Rechtfertigung der Entscheidung nur anhand der vorliegenden Begründung. Diese zu § 543 ZPO ergangene Rspr. ist zwar im Anwendungsbereich von § 115 noch nicht praktisch geworden, erscheint jedoch ohne weiteres übertragbar (→ § 115 Rn. 56).

II. Statthaftigkeit der NZB (Abs. 1)

6 **Überblick.** Abs. 1 regelt die Statthaftigkeit der NZB. Sie ist statthaft, wenn das FG die Revision (im Urteil) nicht zugelassen hat (→ § 115 Rn. 50). Allgemein zur Statthaftigkeit der Rechtsmittel → Vor § 115 Rn. 70 ff. Die NZB muss ua von einer dazu berechtigten Person eingelegt worden sein (→ Rn. 7), der Beschwerdeführer muss durch die angefochtene Entscheidung beschwert sein und er muss ein Rechtsschutzbedürfnis geltend machen können.

1. Berechtigung zur Einlegung der NZB

7 Jeder **Beteiligte** (§ 57), der im Fall der Zulassung berechtigt wäre, Revision einzulegen (BFH BFH/NV 2004, 362 mwN; → § 115 Rn. 22 ff.) ist auch berechtigt, die NZB einzulegen. Allgemein zur persönlichen Berechtigung, ein Rechtsmittel einlegen zu dürfen, → Vor § 115 Rn. 74 ff., insbes. zum **Rechtsmittelverzicht** → Vor § 115 Rn. 80. Das Verfahren der NZB dient der Zulassung der Revision; es soll sie ermöglichen. Die persönlichen Voraussetzungen sind deshalb im NZB-Verfahren und im Revisionsverfahren identisch. Es kommt auf die **tatsächliche Beteiligung** an (→ § 115 Rn. 24). Lässt sich im Wege der Auslegung ermitteln, dass ein tatsächlich Beteiligter im vorinstanzlichen Urteil irrtümlich nicht als solcher aufgeführt worden ist, so ist auch dieser zur Einlegung der NZB berechtigt (BFH I B 72/12, BFH/NV 2013, 565). Beteiligte sind der Kläger (→ § 115 Rn. 25), der Beklagte (→ § 115 Rn. 26), der Beigeladene (→ § 115 Rn. 27) und die beigetretene Behörde (→ § 115 Rn. 28). **Keine Beteiligten** sind die **Prozessbevollmächtigten,** auch wenn ihnen Kosten auferlegt worden sind (BFH I B 37/81, BStBl. II 1982, 167; XI B 61/99, BFH/NV 2000, 1121).

2. Beschwer, Rechtsschutzbedürfnis

8 **Beschwer.** Die NZB ist nur zulässig, wenn der Beschwerdeführer durch das angefochtene Urteil beschwert ist (→ Vor § 115 Rn. 100 ff.). Es ist nicht erforderlich, dass der Beschwerdeführer gerade durch die Entscheidung über die zur Begründung der NZB angeführte Rechtsfrage beschwert ist; es genügt, dass die **Sachentscheidung** des FG für ihn eine Beschwer enthält (Weyreuther, Revisionszulassung und Nichtzulassungsbeschwerde in der Rechtsprechung der obersten Bundesgerichte, 1991, Rn. 197). Sind mehrere Beteiligte beschwert, können sie im Rahmen ihrer jeweiligen Beschwer selbständig NZB einlegen (BFH II B 103/87, BStBl. II 1987, 785; V B 191/07, BeckRS 2008, 25014619).

Für die NZB muss außerdem ein **Rechtsschutzbedürfnis** bestehen (→ Vor § 115 Rn. 101.). Das Rechtsschutzbedürfnis für eine NZB des Klägers entfällt, wenn dieser sein Klageziel während des Beschwerdeverfahrens erreicht hat (BFH VII B 82/99, BFH/NV 2000, 335; → Vor § 115 Rn. 130). 9

III. Einlegung der NZB (Abs. 2)

1. Einlegung beim BFH

Die Beschwerde ist unmittelbar **beim BFH** einzulegen (Abs. 2 S. 1; anders 10
§ 133 II 1 VwGO: Einlegung bei dem Gericht, gegen dessen Urteil Revision eingelegt werden soll: vgl. aber § 160a I 2 SGG). § 130 wird dadurch verdrängt; das FG hat keine Möglichkeit, der NZB abzuhelfen. Die Einlegung der NZB beim FG oder beim FA wahrt die Beschwerdefrist nicht.

Wird die Beschwerde entgegen Abs. 2 beim FG eingereicht, trägt der 10a
Beschwerdeführer das Risiko, dass die Beschwerde noch rechtzeitig innerhalb der Monatsfrist beim BFH eingeht. Er kann insbes. nicht erwarten, dass das FG seine Beschwerde sofort an den BFH weiterleitet (BFH II B 59/09, BeckRS 2009, 25015225). Kann die rechtzeitige **Weiterleitung der Beschwerde** an den BFH im ordentlichen Geschäftsgang jedoch ohne weiteres erwartet werden, kommt Wiedereinsetzung in den vorigen Stand in Betracht (BFH XI B 44/12, BFH/NV 2012, 1811).

Gehen innerhalb der Beschwerdefrist **mehrere NZB** desselben Beschwerde- 10b
führers gegen das finanzgerichtliche Urteil beim BFH ein, handelt es sich (Auslegung) nur um ein einheitliches Rechtsmittel, über das einheitlich zu entscheiden ist (BFH X B 13/87, BFH/NV 1988, 453; VIII R 112/75, BStBl. II 1978, 376; BGH II ZB 10/93, NJW 1993, 3141). Haben sowohl der Beschwerdeführer persönlich als auch sein Prozessbevollmächtigter NZB eingelegt, umfasst die Rücknahmeerklärung des Bevollmächtigten idR auch die (unzulässige) NZB des Beschwerdeführers (BFH X R 9–10/01, BFH/NV 2001, 1284).

Unbedingte Einlegung. Die NZB darf nicht unter einer (außerprozessualen) 11
Bedingung eingelegt werden; sie ist anderenfalls unzulässig, da über das Schweben eines Rechtsmittels und damit über die Hemmung der Rechtskraft des angefochtenen Urteils (bzw. der Bestandskraft eines angefochtenen VA) keine Unklarheit bestehen darf (stRspr, BVerfG 2 BvR 630/73, BVerfGE 40, 272; BFH VII B 115/81, BStBl. II 1982, 603; VII B 39/00, BFH/NV 2000, 1233; BVerwG 4 B 223/92, NJW 1993, 1940). Unzulässig ist deshalb eine NZB, die nur für den Fall eingelegt wird, dass einem gleichzeitig (unbedingt) gestellten Antrag auf **Prozesskostenhilfe** stattgegeben wird (BGH VI ZR 74/68, DB 1970, 297; BVerwG 5 C 32/79, BVerwGE 59, 302; BAG 1 AZB 31/68, NJW 1969, 446; Schoch/Schneider/Pietzner/Bier VwGO § 133 Rn. 18; **aA:** Tipke/Kruse/Krumm § 116 Rn. 17, die eine zulässige innerprozessuale Bedingung annehmen). Dagegen liegt **noch keine Einlegung einer NZB** vor, wenn der Antragsteller der PKH eine NZB nur in dem Fall erheben will, dass ihm für das Beschwerdeverfahren PKH bewilligt wird, und er die bereits gefertigte Beschwerdebegründung erkennbar nur zu dem Zweck beigefügt hat, die hinreichenden Erfolgsaussichten des beabsichtigten Rechtsmittels darzutun (BFH III B 192/04, BeckRS 2005, 25008607). Auch eine „hilfsweise" für den Fall der Unstatthaftigkeit einer gleichzeitig eingelegten Revision erhobene NZB ist unzulässig, weil es sich bei dieser Bedingung

nicht nur um eine unschädliche Bezeichnung eines innerprozessualen Bedingungsverhältnisses handelt (BFH IX R 66/07, BeckRS 2007, 25013115 mwN). Ein als „NZB/Revision" bezeichnetes Rechtsmittel gegen ein klageabweisendes FG-Urteil ist als NZB anzusehen, sofern nicht das FG die Revision zugelassen hat (BFH IV B 190/01, BFH/NV 2002, 1032). Wirksam ist eine „vorsorglich" eingelegte NZB, wenn sie dahingehend ausgelegt werden kann, dass sie zur Wahrung der Rechtsmittelfrist unbedingt eingelegt, aber unter bestimmten Umständen zurückgenommen werden soll.

12 **Auslegung der Beschwerdeschrift.** Die NZB muss nicht ausdrücklich als solche bezeichnet sein. Das prozessuale Ziel des Rechtsmittelführers muss aber erkennbar sein. Es ist aus seinem gesamten Vorbringen nach Maßgabe der §§ 133, 157 BGB zu ermitteln (BFH IV B 144/07, BeckRS 2008, 25014210; I B 84/97, BFH/NV 1998, 712; Tipke/Kruse/Krumm § 116 Rn. 18). Als **Prozesserklärung** (→ Vor § 33 Rn. 30 ff.) ist die Beschwerdeschrift so auszulegen, dass im Zweifel dasjenige gewollt ist, was nach den Maßstäben der Rechtsordnung vernünftig ist und der recht verstandenen Interessenlage entspricht (BFH VI B 44/09, BFH/NV 2009, 1822 mwN; XI R 25/98, BFH/NV 1999, 633; VI S 10/14, BeckRS 2015, 94405). Ist der Vertretungszwang (§ 62 IV) beachtet worden, sind allerdings der Auslegung oder Umdeutung von Prozesserklärungen gegen ihren klaren Wortlaut Grenzen gesetzt (BFH I B 47/05, BFH/NV 2009, 766 mwN; X R 23/07, BFH/NV 2007, 2333; IV S 1/12, BFH/NV 2012, 967). Ein eindeutig formulierter Antrag auf nachträgliche Zulassung der Revision im Wege der Urteilsergänzung (§ 109) kann nicht in eine NZB umgedeutet werden (BFH I B 9/68, BStBl. II 1968, 585).

13 **Inhaltliche Beschränkung.** Hat das FG im angefochtenen Urteil über **mehrere Streitgegenstände** (zB über mehrere Veranlagungszeiträume und/oder Steuerarten) entschieden, kann der Beschwerdeführer seinen Antrag auf Zulassung der Revision auf einen oder mehrere dieser Streitgegenstände beschränken (BFH X B 183/09, BFH/NV 2010, 2077; → § 115 Rn. 39). Bezieht sich in einem solchen Fall die Beschwerde ausdrücklich auf das gesamte Urteil, erfasst die Begründung jedoch nur einzelne Streitgegenstände, ist die Beschwerde iÜ mangels Begründung unzulässig (BFH X B 73/11, BFH/NV 2012, 754). Die Beschränkung ist nur wirksam, wenn sie hinreichend eindeutig zum Ausdruck kommt, denn davon hängt der Umfang der Rechtskraft ab (Abs. 4).

14 **Form.** Die Beschwerde kann **schriftlich** („Beschwerdeschrift"; Abs. 2 S. 3) oder **elektronisch** (§ 52a) eingelegt werden. Nach Maßgabe der Benutzungspflicht (§ 52d) ist die elektronische Einlegung zum Regelfall geworden. Eine unter Verstoß gegen § 52d schriftlich eingereichte Beschwerde ist unwirksam (BFH XI B 101/22, BStBl. II 2023, 763, Rn. 11; VI B 74/22, DStRE 2023, 1332). Ein elektronisches Dokument, das aus einem besonderen elektronischen Postfach (beA, beSt) versandt wird und nicht mit einer qualifizierten elektronischen Signatur versehen ist, ist nur dann wirksam auf einem sicheren Übermittlungsweg bei Gericht eingereicht, wenn die das Dokument signierende (und damit verantwortende) Person mit dem tatsächlichen Versender übereinstimmt (BFH XI R 10/22, BStBl. II 2025, 129). Wegen des beim BFH bestehenden Vertretungszwangs (→ Rn. 12) ist die Einlegung zur Niederschrift des Urkundsbeamten der Geschäftsstelle durch den Beschwerdeführer persönlich (vgl. §§ 569 II, 78 III ZPO) im finanzgerichtlichen Verfahren nicht vorgesehen (BFH X B 25/91, BFH/NV 1991, 549 mwN; Tipke/Kruse/Krumm § 116 Rn. 26). Eine nicht qualifizierte NZB kann „schriftlich" auch durch **Telegramm, Telefax** oder **Telebrief**

eingelegt werden. Zu den Anforderungen an die Schriftform → § 64 Rn. 10 ff. Das Fehlen der Unterschrift kann ausnahmsweise unschädlich sein, wenn sich aus anderen Umständen zweifelsfrei ergibt, dass die Beschwerde mit Wissen und Wollen des angegebenen Absenders gefertigt und abgesandt worden ist (BFH X B 190/09, BFH/NV 2010, 2285).

Vertretungszwang. Bei Einlegung der NZB ist der Vertretungszwang zu beachten (§ 62 IV; → § 62 Rn. 55 ff.); andernfalls ist die Beschwerde unzulässig. Der Vertretungszwang dient nicht nur der Entlastung des BFH, sondern auch dem Interesse des Beteiligten an einer sachgerechten Vertretung im Verfahren. Damit unvereinbar ist die Rspr. des BFH, der Beschwerdeführer könne ohne Beachtung des Vertretungszwangs die **Zurücknahme der NZB** oder die **Erledigung der Hauptsache** erklären (zB BFH IV B 158/01, BFH/NV 2002, 511; VII R 14/80, BStBl. II 1981, 395; VI R 62/82, BStBl. II 1983, 25; → § 62 Rn. 63 ff.). Aus dem Vertretungszwang ergeben sich auch Anforderungen an die **Begründung** der NZB (→ Rn. 27). **15**

2. Einlegungsfrist

Die NZB ist **innerhalb eines Monats** nach **Zustellung** des vollständigen Urteils beim BFH einzulegen (Abs. 2 S. 1). Der Zeitpunkt der Zustellung ist auch bei verkündeten Urteilen maßgeblich (§ 104 I 2). Lässt sich die formgerechte Zustellung des Urteils nicht nachweisen oder ist es unter Verletzung zwingender Zustellungsvorschriften zugegangen, gilt es nach § 53 FGO iVm § 189 ZPO in dem Zeitpunkt als zugestellt, in dem es dem Zustellungsempfänger tatsächlich zugegangen ist (BFH GrS 2/13, BStBl. II 2014, 645; vgl. aber auch BGH XII ZB 138/18, NJW 2018, 2802; AnwZ (Brfg) 59/17, BeckRS 2019, 911; BVerfG 1 BvR 561/19, NVwZ 2020, 1661). Mit der wirksamen Zustellung beginnen die prozessualen Fristen zu laufen (BFH VII B 148/08, BFH/NV 2009, 777). Wegen der Fristberechnung vgl. § 54. Für die Wahrung der Frist ist der **Eingang beim BFH** maßgebend. Hat der Beschwerdeführer die Beschwerdeschrift entgegen der zutr. Rechtsmittelbelehrung nicht an den BFH, sondern an das FG gerichtet, trägt er das Risiko des verspäteten Eingangs der Beschwerde beim BFH (→ Rn. 10a; BFH XI B 99/08, BFH/NV 2009, 778). **16**

Bei fehlender oder unrichtiger **Rechtsmittelbelehrung** läuft die Frist nicht (→ § 55 Rn. 27). Ein Antrag auf Ruhen des Verfahrens hemmt den Lauf der Monatsfrist nicht (BFH V R 192/84, BStBl. II 1985, 552; V R 8/06, BFH/NV 2006, 1852). Gleiches gilt für Anträge nach § 107 (→ § 107 Rn. 9), § 108 (→ § 108 Rn. 15) oder § 109 (→ § 109 Rn. 9). Bei verkündeten Urteilen kann die NZB wirksam auch schon **vor Zustellung** (aber erst nach der Verkündung) eingelegt werden; ist die Zustellung unwirksam, wird das Beschwerdeverfahren entspr. § 74 bis zur wirksamen Zustellung des Urteils ausgesetzt (BFH V B 54/13, BFH/NV 2014, 169). Die Frist zur Einlegung der NZB kann **nicht verlängert** werden. Wird die Frist versäumt, ist die NZB unzulässig. Bei unverschuldeter **Versäumung der Frist** kann Wiedereinsetzung in den vorigen Stand beantragt werden (§ 56). Wiedereinsetzung kann auch noch gewährt werden, nachdem der BFH die NZB bereits wegen der Fristversäumnis verworfen hatte (BFH III S 9/00, BFH/NV 2001, 63; IX S 11/93, BFH/NV 1994, 805 mwN; → § 56 Rn. 63). Nach der Wiedereinsetzung wird der Beschluss über die Unzulässigkeit des Rechtsmittels gegenstandslos; das Verfahren ist fortzusetzen (BVerwG 2 B 75/89, NJW 1990, 1806). **16a**

17 Wird innerhalb der Beschwerdefrist ein **Antrag auf Prozesskostenhilfe** (§ 142) eingereicht, ist die Fristversäumnis nur dann unverschuldet, wenn der Antragsteller innerhalb der Monatsfrist **alle Voraussetzungen** für die Bewilligung der PKH zur Einlegung des Rechtsmittels schafft, also insbes. sämtliche für die Entscheidung über den Antrag erforderlichen Unterlagen vorlegt (stRspr, vgl. zB BFH II S 4/09 (PKH), BeckRS 2009, 25015120; X S 6/06 (PKH), BFH/NV 2006, 1141; BGH VIII ZB 31/80, VersR 1981, 61; → § 142 Rn. 41). Der BFH verlangt darüber hinaus, dass der Antragsteller (kein Vertretungszwang) innerhalb der Beschwerdefrist zumindest **in laienhafter Weise darlegt,** welcher Zulassungsgrund des § 115 II geltend gemacht werden soll (BFH II S 21/9 (PKH), BFH/NV 2010, 455; X S 6/99, BFH/NV 2000, 962; str., aA BVerwG VIII ER 202/63, NJW 1965, 1038; → § 142 Rn. 69). Hat der Beschwerdeführer alles Erforderliche getan, um eine Entscheidung über seinen Antrag zu ermöglichen, kann er nach Bewilligung der Prozesskostenhilfe Wiedereinsetzung wegen Versäumung der Fristen des § 116 II und III beantragen. Mit der Zustellung des PKH bewilligenden Beschlusses (Wegfall des Hindernisses) ist die versäumte Rechtshandlung (Einlegung der NZB) innerhalb der Frist von **zwei Wochen** gem. § 56 II 1 Hs. 1 nachzuholen (BFH X B 31/21, BFH/NV 2022, 1290). Etwas anderes gilt nur für die versäumte Begründungsfrist; sie wird mit der Zustellung des PKH bewilligenden Beschlusses neu in Gang gesetzt und beträgt zwei Monate (→ Rn. 24a).

3. Bezeichnung des angefochtenen Urteils

18 In der Beschwerdeschrift ist das angefochtene **Urteil zu bezeichnen** (Abs. 2 S. 2). Erforderlich sind konkrete Angaben, die es ermöglichen, die angefochtene gerichtliche Entscheidung zweifelsfrei zu identifizieren (BFH VII B 104/13, BeckRS 2015, 94651). Das erfordert grds. die genaue Bezeichnung des erlassenden Gerichts sowie des Datums und des Aktenzeichens der Entscheidung (BFH III B 90/09, BFH/NV 2011, 626; III B 136/14, BeckRS 2015, 95937); unvollständige oder unrichtige Angaben sind aber unschädlich, wenn das angefochtene Urteil aufgrund sonstiger Umstände zweifelsfrei identifiziert werden kann (BFH VII B 217/04, BFH/NV 2005, 1107; X B 167/07, BFH/NV 2008, 244; III B 3/12, BFH/NV 2013, 59). Es genügt, wenn sich die erforderlichen Angaben aus einer beigefügten **Ausfertigung** oder **Abschrift des Urteils** (vgl. die Sollvorschrift Abs. 2 S. 3) ergeben (BVerfG 1 BvR 630/91, NJW 1991, 3140). Die Angabe der Beteiligten ist darüber hinaus nicht erforderlich; sie ergibt sich aus dem Urteil (BFH VII B 174/20, BFH/NV 2022, 603).

4. Beifügung des angefochtenen Urteils

18a Die in Abs. 2 S. 3 vorgesehene Beifügung einer Ausfertigung oder Abschrift des Urteils soll eindeutig klarstellen, gegen welches Urteil Revision eingelegt werden soll (HHS/Lange § 116 Rn. 118). Dieser Zweck wird allerdings bereits durch die Pflicht zur Bezeichnung des angefochtenen Urteils (Abs. 2 S. 2) erreicht (→ Rn. 18). Der Sinn der Vorschrift erschließt sich danach nicht, zumal es sich um eine Sollvorschrift handelt, bei deren Nichterfüllung idR keine negativen Konsequenzen drohen. Sind die nach Abs. 2 S. 2 bezeichnete und die nach Abs. 2 S. 3 beigefügte Entscheidung nicht identisch, kommt es auf die Bezeichnung an. Sie ist notwendige Zulässigkeitsvoraussetzung. Eine Klarstellung kommt nur bis zum Ablauf der Einlegungsfrist in Betracht. Nach Abs. 2 S. 4 (eingefügt durch

Gesetz v. 5.7.2017, BGBl. I 2208) gilt S. 3 nicht bei elektronischer Einlegung der Beschwerde. Die Vorschrift dient der Angleichung an die entspr. Bestimmung in § 120 I 4 (so schon HHS/Lange § 116 Rn. 120).

IV. Begründung der NZB (Abs. 3)

1. Begründungspflicht, Form, Funktion der Begründung

Die Beschwerde ist zu begründen, dh sie **muss begründet werden** (Pflicht). 19
Fehlt die Begründung vollständig, entspricht sie in keiner Weise den Anforderungen oder ist sie nicht fristgerecht eingegangen und kann Wiedereinsetzung in die Begründungsfrist nicht gewährt werden, ist die Beschwerde **unzulässig.** Die Beschwerde muss in Textform begründet werden; die Begründung kann, soweit die Benutzungspflicht nicht greift (§ 52d), beim BFH noch **schriftlich** eingereicht werden. Der Regelfall ist jedoch die **elektronische** Übermittlung (→ Rn. 14). Auch und gerade bei der Begründung der NZB ist der **Vertretungszwang** zu beachten (→ Rn. 15).

Mit der Begründung legt der Beschwerdeführer zugleich den **Verfahrensgegenstand der NZB** und das Prüfungsprogramm für den BFH fest. Nur die von 19a
ihm frist- (→ Rn. 20 ff.) und ordnungsgemäß (→ Rn. 25 ff.) geltend gemachten und dargelegten Zulassungsgründe werden vom BFH geprüft. Wird die NZB auf grundsätzliche Bedeutung gestützt, prüft der BFH den Zulassungsgrund nur in Bezug auf die in der Beschwerdebegründung bezeichnete Rechtsfrage. Erkennt der BFH stattdessen die grundsätzliche Bedeutung einer in der Begründung nicht aufgeworfenen Rechtsfrage, darf er die Revision nicht zulassen. An die rechtliche Einordnung durch den Beschwerdeführer ist der BFH allerdings nicht gebunden (ebenso BAG 9 AZN 892/04, MDR 2005, 825; Tipke/Kruse/Krumm § 116 Rn. 73c aE). Ist in der Beschwerdebegründung ein Verfahrensmangel ordnungsgemäß bezeichnet, auf dem die Entscheidung beruhen kann, ist die Revision auch zuzulassen, wenn das Wort „Verfahrensmangel" fehlt (BFH VII B 304/03, BFH/NV 2005, 1111; VII B 236/02, BFH/NV 2003, 1208; IV B 63/07, BFH/NV 2008, 39).

2. Begründungsfrist (Abs. 3 S. 1, 2 und 4)

Die NZB ist innerhalb von **zwei Monaten** nach der Zustellung des vollständi- 20
gen Urteils zu begründen (Abs. 3 Satz 1). Die zweimonatige Begründungsfrist ist eine selbständige, vom Lauf der Einlegungsfrist (→ Rn. 16) **unabhängige Frist;** sie ist daher nicht mit einer Monatsfrist seit dem Ablauf der Einlegungsfrist zu berechnen (BFH I B 37/09, BeckRS 2009, 25015489 mwN). Die antragsgemäße Verlängerung der Begründungsfrist schließt die Wiedereinsetzung in die versäumte Einlegungsfrist nicht ein (BFH V B 70/14, BeckRS 2015, 94380). Durch die längere Begründungsfrist soll der Rechtsschutz für die Beteiligten verbessert und die große Zahl unzulässiger NZB beim BFH verringert werden; außerdem ging der Gesetzgeber bei der Neuregelung davon aus, dass der BFH über eine sorgfältig begründete NZB leichter und schneller entscheiden könne (BT-Drs. 14/4061, 10). Nichteinhaltung der Begründungsfrist führt zur Unzulässigkeit der NZB.

Fristbeginn. Die Begründungsfrist beginnt grds. mit der Zustellung des voll- 21
ständigen Urteils zu laufen. Ist das Urteil an einem Samstag zugestellt worden,

beginnt die Frist am Sonntag zu laufen. Aus § 54 II FGO iVm § 222 ZPO ergibt sich nichts anderes; geregelt ist dort nur eine Fristverlängerung, nicht aber ein Hinausschieben des Fristbeginns (BFH IX B 52/19, BFH/NV 2020, 211). Die Frist beginnt auch dann mit der Zustellung des vollständigen Urteils zu laufen, wenn die Einlegungsfrist versäumt war und deshalb **Wiedereinsetzung** in den vorigen Stand gewährt worden ist (BFH XI B 95/02, BStBl. II 2004, 26; IV B 83/04, BFH/NV 2004, 1664; XI B 8/22, BFH/NV 2022, 1057; BVerwG 9 B 256/91, NJW 1992, 2780; BAG II B 33/97, NJW 1997, 2007; Schoch/Schneider/Pietzner/Bier VwGO § 133 Rn. 61; vgl. auch § 120 II). Ausnahme: Hat der BFH für eine unbedingt eingelegte NZB PKH bewilligt, beginnt die Begründungsfrist mit der Zustellung des bewilligenden Beschlusses neu (BFH VII B 196/02, BStBl. II 2003, 609; XI B 1/12, BFH/NV 2012, 1170; → Rn. 24a).

22 **Verlängerung der Frist (Abs. 3 S. 4).** Die **Frist für die Begründung** der NZB kann von dem Vorsitzenden des zuständigen Senats auf einen **vor ihrem Ablauf** gestellten Antrag **um einen weiteren Monat verlängert** werden (Abs. 3 S. 4). Für die Revisionsbegründungsfrist enthält § 120 II 3 eine vergleichbare Regelung (→ § 120 Rn. 48 ff.). An die Begründung des Antrags sind keine besonderen Anforderungen zu stellen; erstmaligen Anträgen auf Verlängerung der Revisionsbegründungsfrist wird beim BFH regelmäßig (ohne Sachprüfung) entsprochen. Anders als bei § 120 II 3 kann die Begründungsfrist für die NZB nur **einmal** und **nur um einen weiteren Monat** verlängert werden (Abs. 3 S. 4; BFH IV B 118/01, BStBl. II 2001, 768; XI B 1/15, BFH/NV 2015, 860; **aA** Tipke/Kruse/Krumm § 116 Rn. 22). Das erscheint gerechtfertigt, weil das Verfahren der NZB nur ein Nebenverfahren mit dem einzigen Zweck ist, die Zugangsschranke zur Revisionsinstanz zu überwinden. In diesem Verfahren sollte deshalb möglichst schnell Klarheit darüber geschaffen werden, ob eine sachliche Überprüfung des finanzgerichtlichen Urteils in einem Revisionsverfahren möglich ist. Hat der Antragsteller die Verlängerung der Frist um **weniger als einen Monat** beantragt, beträgt der Verlängerungszeitraum gleichwohl einen vollen Monat; das gilt auch, wenn der Vorsitzende antragsgemäß nur die verkürzte Verlängerung gewährt hat (BFH IV B 118/01, BStBl. II 2001, 768; II B 176/05, BFH/NV 2007, 257; II B 85/17, BFH/NV 2019, 404). Hat der Vorsitzende die Begründungsfrist **irrtümlich** für einen **längeren Zeitraum** als einen Monat bewilligt, ist dieser maßgebend (BSG 3 RK 49/56, BSGE 11, 257).

23 Der **Antrag auf Verlängerung** der Begründungsfrist muss **vor ihrem regulären Ablauf beim BFH** eingehen; der Eingang beim FG genügt nicht. Nicht der Antrag, sondern erst die Entscheidung des Vorsitzenden führt zur Verlängerung der Frist (BFH IX B 8/10, BFH/NV 2010, 1481). Die Entscheidung kann formlos mitgeteilt werden. Ist der Antrag rechtzeitig gestellt, kann über ihn auch noch nach Fristablauf entschieden werden (→ § 120 Rn. 48). Hat der Antragsteller im Vertrauen auf die Bewilligungspraxis die Frist verstreichen lassen, ist ihm Wiedereinsetzung zu gewähren (→ § 56 Rn. 46; str. BFH VIII B 2/21, BFH/NV 2022, 239: offengelassen). Die Fristverlängerung wirkt nur für den Beteiligten, der sie beantragt hat (BVerwG II C 63/55, BVerwGE 3, 233). Hat es der Beschwerdeführer versäumt, den Fristverlängerungsantrag vor Ablauf der regulären Frist zu stellen, kann ihm wegen dieser Versäumnis **keine Wiedereinsetzung** bewilligt werden, da es sich bei der Antragsfrist nicht um eine gesetzliche Frist iSd § 56 handelt (stRspr, zB BFH XI B 165/01, BFH/NV 2002, 1480; VII B 58/08, BFH/NV 2009, 411; VIII B 48/11, BFH/NV 2011, 1911; VIII B 23/21, BFH/NV 2022, 241).

Fristberechnung, Wahrung der Frist. Für die Berechnung der (verlängerten) Begründungsfrist gelten § 54 FGO iVm § 222 ZPO und § 190 BGB. Wurde zB das Urteil des FG dem Bevollmächtigten des Klägers am 3.1. zugestellt, endet die Begründungsfrist grds. am 3.3. Fällt der 3.3. auf einen Sonntag oder auf einen Tag, der **am Sitz des BFH (Bayern!)** gesetzlicher Feiertag ist, endet die Frist erst mit Ablauf des 4.3. (§ 54 FGO iVm § 222 II ZPO). Die neue Monatsfrist ist sodann vom Ablauf der vorigen Frist an zu berechnen (§ 190 BGB); im Beispielsfall beginnt sie deshalb erst mit Ablauf des 4.3. (BGH V ZB 8/56, BGHZ 21, 43). Die Begründung der NZB ist ebenso wie die Beschwerde **beim BFH** einzureichen (Abs. 3 S. 2). Die Einreichung beim FG wahrt die Begründungsfrist nicht. Der Beschwerdeführer trägt das Risiko der rechtzeitigen Weiterleitung (Eingang beim BFH). Auf den Fristablauf hat die **Mandatsniederlegung** keinen Einfluss (BGH V ZB 8/56, BFH X B 99/08, BFH/NV 2008, 2039; VII B 91/15, BeckRS 2015, 96130). Hat der Beschwerdeführer die Begründungsfrist versäumt und auch nicht innerhalb dieser Frist (erfolgreich) deren Verlängerung beantragt, kann ihm Wiedereinsetzung nur gewährt werden, wenn er die Beschwerdebegründung innerhalb der Wiedereinsetzungsfrist von einem Monat (§ 56 II 1) nachholt (BFH VII B 99/02, BStBl. II 2003, 316; X B 161/05, BFH/NV 2006, 795). 24

Prozesskostenhilfe. Hat der Antragsteller die Einlegungs- und die Begründungsfrist für die beabsichtigte NZB wegen Mittellosigkeit versäumt und wird ihm **Prozesskostenhilfe** für die beabsichtigte Rechtsverfolgung bewilligt, beträgt die Frist für die Nachholung der Begründung **zwei Monate** (abw. vom Wortlaut des § 56 II 1). Die Frist beginnt mit der Zustellung des Beschlusses über die Gewährung von PKH zu laufen (BFH VII B 196/02, BStBl. II 2003, 609; XI B 1/12, BFH/NV 2012, 1170; XI B 164/02, BFH/NV 2006, 311; BVerwG 3 B 137/01, DVBl. 2002, 1050). Andernfalls müsste die mittellose Partei die NZB innerhalb eines Monats begründen (§ 56 II 1). Eine derartige Einschränkung des der „armen Partei" verbleibenden Rechtsschutzes ist nicht gerechtfertigt. Für die Versäumung der Einlegungsfrist gilt das nicht; die versäumte Einlegung muss innerhalb von zwei Wochen nach Wegfall des Hindernisses nachgeholt werden (→ Rn. 17 aE). 24a

3. Darlegung eines Zulassungsgrunds (Abs. 3 S. 3)

a) Allgemeines. Zweck der Norm. Mit seiner Begründung bestimmt und beschränkt der Beschwerdeführer den Gegenstand der Prüfung im NZB-Verfahren (→ Rn. 19a). Nur die in der Begründung dargelegten (geltend gemachten) Zulassungsgründe werden vom BFH geprüft. Die Darlegungspflicht bezweckt die **Entlastung des Revisionsgerichts** (ebenso Gosch/Werth § 116 Rn. 66; Tipke/Kruse/Krumm § 116 Rn. 30). Nach der Rspr. des BGH und des BVerwG soll das Revisionsgericht in die Lage versetzt werden, (allein) durch Lektüre der Beschwerdebegründung und des angefochtenen Urteils die Voraussetzungen der Zulassung prüfen zu können (BGH XI ZR 71/02, NJW 2003, 65 (66); BVerwG 9 B 362/95, NJW 1996, 1554). Es ist jedenfalls nicht Aufgabe des BFH, anhand der Akten mögliche Zulassungsgründe selbst zu ermitteln (BFH I B 27/85, BStBl. II 1985, 625; X B 158/04, BFH/NV 2005, 1014; VII B 124/11, BFH/NV 2012, 1458; I B 22/12, BFH/NV 2013, 389; BVerwG 9 B 362/95, NJW 1996, 1554). 25

Kritik. Eine so enge Auslegung gebietet der Entlastungszweck nicht. Aus ihm lässt sich jedenfalls nicht ableiten, dass bei der Entscheidung über die NZB nur die Beschwerdebegründung und das angefochtene (ihr beigefügte) Urteil berücksichtigt werden sollen, können oder gar dürfen. Das ist schon im Hinblick auf geltend gemachte Verfahrensmängel nicht möglich, weil deren Vorliegen vom BFH (anhand der Gerichtsakten) festgestellt werden muss. Es entspricht aber auch im Hinblick auf die Zulassungsgründe in Abs. 2 Nr. 1 und Nr. 2 nicht der Praxis. Regelmäßig zieht der BFH nämlich im NZB-Verfahren zumindest die FG-Akten bei, in Ausnahmefällen auch die Steuerakten. Eine Entlastung des BFH tritt schon dadurch ein, dass der Beschwerdeführer durch seine Begründung den Umfang der Prüfung beschränkt. Erforderlich, aber auch ausreichend erscheint danach, dass aus der Beschwerdebegründung hinreichend eindeutig erkennbar wird, welche Zulassungsgründe geltend gemacht werden (so schon Pezzer, Mitverantwortung in Vierter Deutscher Finanzgerichtstag 2007, S. 67, 81 ff.). Die Rspr. des BFH geht teilweise immer noch weit darüber hinaus, was zT scharf kritisiert wird (vgl. nur Tipke/Kruse/Krumm § 116 Rn. 29: „nicht versiegende Quelle von Schwierigkeiten"). Bei der Begründung einer NZB ist deshalb im eigenen Interesse (noch immer) äußerste Sorgfalt geboten.

26 **Darlegen.** Der Beschwerdeführer muss die Voraussetzungen des § 115 II darlegen. Darlegen bedeutet nach hM **schlüssig und substantiiert** vortragen. Mit allg. Hinweisen, bloßen Behauptungen oder formelhaften Wendungen wird ein Zulassungsgrund nicht „dargelegt" (stRspr, vgl. zB BFH V B 45/67, BStBl. II 1968, 98; VI B 78/07, BStBl. II 2008, 878; VII B 113/07, BFH/NV 2009, 404; V B 45/10, BFH/NV 2011, 999). Die Anforderungen dürfen andererseits schon aus verfassungsrechtlichen Gründen nicht überspannt werden (→ Rn. 5). Sie sollten konsequent am Entlastungszweck ausgerichtet sein und keinesfalls zum Selbstzweck werden. Zu berücksichtigen ist aber der **Vertretungszwang** (§ 62 IV). Daraus ergibt sich, dass der Prozessbevollmächtigte die von ihm eingelegte NZB **selbst begründen** muss (BFH XI B 104/09, BFH/NV 2010, 2308; XI B 49/17, BeckRS 2017, 132657; II B 85/17, BFH/NV 2019, 404); die bloße Bezugnahme auf von seinem Mandanten gefertigte Schriftsätze (BFH IX B 83/05, BFH/NV 2006, 330 mwN; VIII B 27/22, BFH/NV 2023, 1214) oder dessen Klagebegründung (BFH X B 104/12, BFH/NV 2013, 559) reicht nicht aus.

26a Die Begründung muss eine an den gesetzlichen Zulassungsgründen orientierte Sichtung und (eigene) **rechtliche Durchdringung des Streitstoffes** durch den Prozessbevollmächtigten erkennen lassen (BFH X S 48/13, BFH/NV 2014, 552). Die Begründung muss außerdem ein **Mindestmaß an Klarheit, Geordnetheit und Verständlichkeit** des Vortrags aufweisen (BFH VI B 78/08, BStBl. II 2008, 878; IV B 34/12, BFH/NV 2012, 1621; II B 85/17, BFH/NV 2019, 404; II B 49/19, BFH/NV 2020, 230; BVerwG 9 B 362/95, NJW 1996, 1554; 7 B 261/97, NJW 1997, 3328). Auch der Vertretungszwang dient der Entlastung des BFH. Eine Beschwerdebegründung, die aus einer Mehrzahl unübersichtlicher Schriftsätze besteht, deren Ausführungen überdies nicht klar bestimmten Zulassungsgründen zugeordnet werden können, entspricht diesen Anforderungen nicht (BFH VI B 78/07, BStBl. II 2008, 878; VII B 113/07, BFH/NV 2009, 404). Es ist nicht Aufgabe des BFH, aus einer Vielzahl von eingereichten Unterlagen die zur Begründung der NZB geeigneten Zulassungsgründe im Wege einer wohlwollenden Auslegung herauszusuchen (BFH X B 132–133/20, BFH/NV 2022, 734).

27 **Umfang der Darlegungen.** In der Beschwerdebegründung müssen „die Voraussetzungen des § 115 II" dargelegt werden, soweit sie geltend gemacht werden. Macht der Beschwerdeführer nur einen Zulassungsgrund geltend, genügt es, wenn er dessen Voraussetzungen darlegt. Darzulegen sind **grds. alle Voraussetzungen,** die erfüllt sein müssen, damit die Revision wegen des geltend gemachten Zulassungsgrunds zugelassen wird („die" = alle), jedenfalls aber alle in § 115 II ausdrücklich genannten Voraussetzungen (BFH I B 154/01, BFH/NV 2003, 52; III B 206/11, BFH/NV 2012, 1626; in diesem Sinne wohl auch BT-Drs. 14/4061, 10). Voraussetzungen, deren Vorliegen **offenkundig** ist, bedürfen keiner Darlegung, weil sie nicht zur Entlastung des BFH beitragen könnte (BFH IV B 35/87, BStBl. II 1988, 7254; I B 184/07, BFH/NV 2008, 2051; IX B 166/06, BeckRS 2007, 25012325; X B 101/14, DStRE 2017, 189). Bei der Annahme vom BFH noch nicht bestätigter Fälle von Offenkundigkeit ist allerdings Vorsicht geboten.

Es sind **nur die Zulassungsvoraussetzungen** darzulegen. Ausführungen zur Richtigkeit der Entscheidung sind grds. nicht zulassungsrelevant. Die NZB ist deshalb nicht ordnungsgemäß begründet, wenn nur nach Art einer Revisionsbegründung vorgetragen wird, das angefochtene Urteil verletze materielles Recht (stRspr, vgl. zB BFH VIII B 206/07, BFH/NV 2009, 601; III B 206/11, BFH/NV 2012, 1626). Aus demselben Grund reicht auch die Bezugnahme auf das Vorbringen im Klageverfahren (BFH III B 52/93, BFH/NV 1995, 709; III B 97/01, BFH/NV 2002, 366; X B 144/10, BFH/NV 2012, 3; VII B 43/20, BFH/NV 2021, 31; VIII B 3/23, BFH/NV 2024, 942) oder auf eine zugleich eingereichte Revisionsbegründung idR nicht aus. Etwas anderes gilt nur bei Verfahrensmängeln und wenn geltend gemacht wird, das angefochtene Urteil beruhe auf einem qualifizierten Rechtsfehler (→ § 115 Rn. 220 ff.). **27a**

Ist das Urteil des FG **kumulativ auf mehrere Gründe** gestützt, von denen jeder für sich das Entscheidungsergebnis trägt, muss hinsichtlich jedes Grundes mindestens ein Zulassungsgrund iSd § 115 II geltend gemacht werden und vorliegen (stRspr, BFH IV B 3/74, BStBl. II 1974, 524; IX B 143/08, BFH/NV 2009, 547; I B 119/06, BeckRS 2007, 25011884; IX B 1/24, BFH/NV 2024, 916; BVerwG 7 B 261/97, NJW 1997, 3328; BAG 9 AZN 575/98, DB 1999, 492). Das gilt nicht für **alternative Begründungen** (BVerwG 4 NB 3/93, NVwZ 1994, 269). **27b**

Innerhalb der Begründungsfrist. Nur fristgemäß **geltend gemachte** Zulassungsgründe werden im NZB-Verfahren berücksichtigt. Nach Ablauf der Begründungsfrist ist nur noch eine **Erläuterung** und **Vervollständigung** der fristgerecht geltend gemachten Zulassungsgründe möglich (stRspr, zB BFH III B 547/90, BStBl. II 1992, 842; X B 116/06, BFH/NV 2007, 1705; IV B 34/12, BFH/NV 2012, 1621; X B 153/14, BeckRS 2016, 94513). Die Darlegungen können ergänzt werden; neue Zulassungsgründe können aber nicht mehr mit Erfolg geltend gemacht werden (BFH III B 547/90, BStBl. II 1992, 842; X B 94/05, BFH/NV 2006, 1142; X B 19/07, BFH/NV 2008, 1342; IV B 143/09, BFH/NV 2011, 1694; X B 85/11, BFH/NV 2012, 749). **28**

Ausnahmen können sich aus dem Grundsatz ergeben, dass für das Vorliegen eines Zulassungsgrundes grds. die **Verhältnisse im Zeitpunkt der Entscheidung** über die Zulassung maßgeblich sind. Unter bestimmten Voraussetzungen kann der BFH bei einer ausreichend begründeten Beschwerde die Revision aus einem anderen als dem mit der NZB geltend gemachten Grund zulassen (→ Rn. 55). Erfüllt die Begründung die inhaltlichen Anforderungen, ist es unschädlich, wenn die Beschwerde nicht ausdrücklich auf den geltend gemachten Zulassungsgrund gestützt worden ist (BFH II B 48/69, BStBl. II 1970, 332; I B 9/93, BStBl. II 1983, 479; II B 49/04, BFH/NV 2005, 1335). **28a**

29 **Neues tatsächliches Vorbringen** ist im Verfahren der NZB im selben Umfang **ausgeschlossen** wie im Revisionsverfahren. Seiner Berücksichtigung steht die Bindung des BFH an die vom FG festgestellten Tatsachen (§ 118 II) entgegen (→ Rn. 4; stRspr, BFH VI B 113/04, BStBl. II 1995, 488; III B 26/00, BFH/NV 2000, 1352). Deshalb findet eine Beweisaufnahme im NZB-Verfahren grds. nicht statt (BFH IX B 153/09, BFH/NV 2010, 922). Nur soweit der BFH auch im Revisionsverfahren zu eigenen tatsächlichen Ermittlungen befugt wäre (→ § 118 Rn. 37), ist er dies auch im Verfahren der NZB (BFH V B 68/68, BStBl. II 1987, 502).

30 **b) Grundsätzliche Bedeutung. Allgemeines.** Die zu § 115 III 3 aF in der Rspr. entwickelten Grundsätze sind grds. auch weiterhin anzuwenden. Die Anforderungen, die nach Abs. 3 S. 3 an die Darlegung der grundsätzlichen Bedeutung zu stellen sind, entsprechen denen des § 133 VwGO und des § 544 III ZPO (vgl. zB BGH XI ZR 71/02, NJW 2003, 65 (66) mwN). Erforderlich sind grds. Ausführungen dazu, dass der Streitfall eine abstrakte, entscheidungserhebliche Rechtsfrage aufwirft, deren Klärung im allgemeinen Interesse liegt (grundsätzliche Bedeutung), die klärungsbedürftig und voraussichtlich auch klärungsfähig ist (zB BFH VI B 151/09, BFH/NV 2010, 1453).

31 **Entscheidungserhebliche, abstrakte Rechtsfrage** (→ § 115 Rn. 110 ff.). Der Beschwerdeführer muss eine Rechtsfrage formulieren (BFH I B 41/15, BeckRS 2016, 94582) und grds. derart konkretisieren, dass sie mit „ja" oder „nein" beantwortet werden kann (BFH VI B 34/16, BeckRS 2016, 95711; VI B 61/21, BFH/NV 2022, 731). Es muss sich um eine abstrakte Rechtsfrage handeln; nicht ausreichend ist hingegen eine Rechtsfrage, deren Beantwortung von den Umständen des Streitfalles abhängt und damit auf die Antwort „kann sein" hinausläuft (BFH I B 88/11, BFH/NV 2012, 1089). Darzulegen ist auch, dass die Rechtsfrage für die Entscheidung des FG erheblich war (→ § 115 Rn. 115 ff.).

32 **Grundsätzliche Bedeutung** (→ § 115 Rn. 125 ff.). Es muss dargelegt werden, dass die Rechtsfrage über den Einzelfall hinaus Bedeutung hat, dass (und weshalb) ihre Beantwortung im allgemeinen Interesse liegt (BFH I B 27/85, BStBl. II 1985, 625; III B 43/94, BStBl. II 1995, 890; X B 4/07, BFH/NV 2008, 587; VII B 61/08, BFH/NV 2008, 1708; X B 36/11, BFH/NV 2011, 2079; **aA** Tipke/Kruse/Krumm § 116 Rn. 47). Die bloße Behauptung, die Entscheidung sei für eine Vielzahl von Stpfl. von Bedeutung, genügt grds. nicht (zB BFH V B 13/09, BFH/NV 2010, 2084).

32a Betrifft die als grds. bedeutsam aufgeworfene Rechtsfrage **ausgelaufenes oder auslaufendes Recht** (§ 115 Rn. 132) sind besondere Gründe dafür anzuführen, dass der Frage ausnahmsweise weiterhin grundsätzliche Bedeutung zukommt, zB weil sie sich für einen nicht überschaubaren Personenkreis auch in Zukunft weiterhin stellen kann (BFH XI B 158/03, BFH/NV 2005, 1343; VIII B 184/08, BStBl. II 2009, 850; I B 40/10, BFH/NV 2011, 637; III B 145/09, BFH/NV 2011, 597; IV B 106/10, BFH/NV 2012, 166; I B 79/17, BFH/NV 2022, 23; IX B 69/21, BFH/NV 2022, 1292). Die Beschwerde muss sich darüber hinaus mit den tragenden rechtlichen Erwägungen der Vorinstanz, der bestehenden höchstrichterlichen Rspr. sowie der Entscheidungserheblichkeit der Rechtsfrage auseinandersetzen (BFH I B 79/17, BFH/NV 2022, 23).

32b Wird die **Verfassungswidrigkeit einer Rechtsnorm** (→ § 115 Rn. 134) geltend gemacht oder deren Unvereinbarkeit mit dem **Unionsrecht** (→ § 115 Rn. 135; BFH IV B 169/06, BFH/NV 2008, 390; III B 156/07, BFH/NV 2009,

580), muss der Beschwerdeführer substantiiert darlegen, mit welcher Verfassungsvorschrift oder Vorschrift des Unionsrechts die der angefochtenen Entscheidung zu Grunde liegende Norm seiner Ansicht nach unvereinbar ist. Dies erfordert eine Auseinandersetzung mit den **Vorgaben des GG oder des Unionsrechts** und der dazu ergangenen **Rspr.** des BVerfG, des EuGH sowie des BFH (stRspr, vgl. zB BFH I B 84/08, BFH/NV 2009, 191; X B 77/09, BFH/NV 2010, 656; X B 129/11, BFH/NV 2013, 37; III B 63/12, BFH/NV 2013, 67; III B 59/12, BFH/NV 2013, 1447; X B 217/12, BFH/NV 2014, 41; VIII B 5/14, BeckRS 2015, 95369; I B 63/17, DStR 2018, 1604; III B 74/17, DStRE 2019, 26). Erforderlich ist zumindest ein Hinweis darauf, ob und in welchem Umfang die von den Beschwerdeführern angegriffene Rspr. in der **Literatur** in verfassungsrechtlicher Hinsicht beanstandet wird (BFH III B 123/15, BeckRS 2016, 95461). Darüber hinaus bedarf es konkreter Erläuterungen dazu, welche **Folgerungen** aus dem Verstoß zu ziehen sind (BFH III B 108/09, BFH/NV 2011, 436, verfassungskonforme Auslegung oder Vorlage nach Art. 100 I GG) und dass der verfassungsrechtlichen Frage in einem Revisionsverfahren entscheidungserhebliche Bedeutung zukommt, sie mithin klärungsfähig ist (stRspr, zB BFH I B 130/13, BFH/NV 2014, 1085). Hat der BFH in einer früheren Entscheidung begründet, weshalb er eine Norm nicht für verfassungswidrig hält, muss die Beschwerde darauf eingehen, warum eine erneute Klärung der Frage geboten sein könnte (BFH I B 6/09, BFH/NV 2010, 48). Wird eine **verfassungskonforme Auslegung** gefordert, muss dargelegt werden, inwiefern der Gesetzgeber seinen Gestaltungsspielraum verletzt haben soll (BFH XI B 109/14, BeckRS 2015, 94761).

Wird die **Verfassungswidrigkeit der Rspr.** geltend gemacht, muss sich die Beschwerdebegründung mit der einschlägigen höchstrichterlichen Rspr. auseinandersetzen (BFH IX B 18/15, BeckRS 2015, 94963: Liebhaberei) und darauf eingehen, ob und in welchem Umfang die angegriffene Rspr. im Schrifttum in verfassungsrechtlicher Hinsicht beanstandet wird (BFH X B 216/11, BFH/NV 2013, 24). **32c**

Klärungsbedürftigkeit (→ § 115 Rn. 140 ff.). Die Beschwerdebegründung muss auch darauf eingehen, dass die Rechtsfrage **offen** ist, ggf. in welchem Umfang, von welcher Seite und aus welchen Gründen ihre Beantwortung zweifelhaft und strittig ist (BFH VIII B 70/07, BFH/NV 2008, 380; X B 59/05, BFH/NV 2006, 597; I B 84/08, BFH/NV 2009, 191; II B 99/11, BFH/NV 2012, 982; II B 61/12, BFH/NV 2012, 1995). Das erfordert idR eine **Auseinandersetzung** mit den in Rspr. und Lit. zu dieser Frage vertretenen Auffassungen (BFH III B 3/11, BFH/NV 2012, 1473); der bloße Hinweis auf vom FG-Urteil abw. Literaturmeinungen reicht nicht aus (BFH IX B 57/12, BFH/NV 2012, 2014). Der Beschwerdeführer muss sich grds. zu der von ihm aufgeworfenen Rechtsfrage sowohl mit der Rspr. des Gerichtshofs der Europäischen Union und des Bundesfinanzhofs oder anderer Gerichte wie auch mit dem Schrifttum befassen (BFH V B 53/23, BFH/NV 2025, 30). Ausnahmsweise bedarf es keiner Darlegung, wenn die Klärungsbedürftigkeit **offenkundig** ist (→ Rn. 27), insbes. wenn die Rechtsfrage seit längerer Zeit in der Literatur kontrovers diskutiert wird, vom BFH noch nicht geklärt und für eine Vielzahl von Stpfl. von Bedeutung ist; dann genügt die Bezeichnung der Rechtsfrage (BFH XI B 113/19, BStBl. II 2020, 476). **33**

Hat der BFH bereits **über die Rechtsfrage entschieden** (→ § 115 Rn. 143) muss der Beschwerdeführer begründen, weshalb er gleichwohl eine erneute Entscheidung des BFH zu dieser Frage im Interesse der Rechtseinheit oder Rechts- **33a** fortbildung für erforderlich hält und warum die bisherige Rspr. nicht auf eine möglicherweise veränderte Rechtslage übertragen werden kann (stRspr, vgl. zB BFH I B 9/83, BStBl. II 1983, 479; VIII B 253/05, BFH/NV 2008, 740; XI B 23/07, BFH/NV 2008, 376; X B 116/06, BFH/NV 2007, 1705; III B 212/11, BFH/NV 2013, 78); hierzu muss er substantiiert vortragen, inwiefern und aus welchen Gründen die höchstrichterlich beantwortete Frage weiterhin umstritten ist, insbes. welche neuen und gewichtigen, vom BFH noch **nicht geprüften Argumente** in der Rspr. der FG und/oder der Lit. gegen die Rechtsauffassung des BFH vorgebracht worden sind (stRspr, vgl. zB BFH II B 107/06, BFH/NV 2008, 573; III B 35/11, BFH/NV 2012, 696). Der bloße Hinweis, die BFH-Rspr. sei auf Kritik gestoßen, genügt nicht.

33b Wird eine **gefestigte oder stRspr** in Frage gestellt, bedarf es neben einzelnen Bedenken einer Auseinandersetzung mit den für diese Rspr. tragenden Erwägungen (BFH X B 96/12, BFH/NV 2013, 1802 betr. Betriebsaufspaltung); bloße Hinweise auf abw. Literaturauffassungen genügen nicht (BFH X B 139/10, BFH/NV 2011, 1291).

33c Bei Streitfragen, die maßgeblich von der **Beurteilung** des **Einzelfalles** abhängen (→ § 115 Rn. 145; wie zB bei der Frage, ob ein Erlass aus sachlichen Billigkeitsgründen gewährt werden kann), bedarf es substantiierter Darlegungen, weshalb einer Entscheidung des Streitfalls durch das Revisionsgericht ausnahmsweise eine über den Einzelfall hinausgehende Bedeutung zukommt (BFH VIII B 253/05, BFH/NV 2008, 740; VIII B 43/16, BeckRS 2017, 94579).

34 **Klärungsfähigkeit** (→ § 115 Rn. 150 ff.). Darlegungen sind insbes. erforderlich, wenn unklar ist, ob die Rechtsfrage revisibles Bundesrecht betrifft. Weitere, insbes. hypothetische Erwägungen über den Verlauf des Revisionsverfahrens, die erforderlich sind, um prognostisch beurteilen zu können, ob es im Revisionsverfahren voraussichtlich zu einer Klärung der Rechtsfrage durch den BFH kommen wird, sind nicht Voraussetzung für die Zulassung der Revision. Es genügt, wenn eine Klärung der Frage durch den BFH möglich (nicht ausgeschlossen) erscheint (→ § 115 Rn. 153); dazu ist grds. nichts vorzutragen.

35 Die grundsätzliche Bedeutung ist insbes. nicht ausreichend dargelegt mit dem Vorbringen,

– der BFH habe über **einen vergleichbaren Fall** oder über eine bestimmte **Rechtsfrage** noch **nicht entschieden,** denn daraus ergibt sich nicht, dass die zu entscheidende Rechtsfrage klärungsbedürftig ist (BFH VIII B 79/07, BFH/NV 2008, 732; III B 9/10, BFH/NV 2012, 65; IX B 184/11, BFH/NV 2012, 1813; XI B 97/18, BFH/NV 2019, 711);
– beim BFH sei in einem **ähnlich gelagerten Fall** bereits ein **Revisionsverfahren anhängig** (BFH I B 27/85, BStBl. II 1985, 625; VIII B 62/06, BeckRS 2006, 25010858; IX B 193/04, BFH/NV 2005, 1342); oder gegen eine Entscheidung des BFH in einem ähnlichen Fall sei eine **Verfassungsbeschwerde anhängig** (BFH III B 163/10, BFH/NV 2011, 2090; XI B 88/14, BeckRS 2015, 94580), denn damit wird zunächst nur ein individuelles Interesse des Beschwerdeführers an einer Gleichbehandlung mit dem Stpfl. in dem bereits anhängigen Verfahren dargelegt;
– eine Entscheidung des BFH über die bezeichnete Rechtsfrage sei für eine **größere Zahl von Fällen bedeutsam,** denn daraus ergibt sich nicht, dass die Rechtsfrage inhaltlich klärungsbedürftig ist (BFH VII B 22/94, BFH/NV 1995, 79; V B 85/93, BFH/NV 1995, 603);

- das angefochtene **Urteil verstoße gegen materielles Bundesrecht** (BFH V B 45/67, BStBl. II 1968, 98; VIII B 53/07, BFH/NV 2008, 971; IX B 169/03, BFH/NV 2005, 1057) und zwar auch dann nicht, wenn der Rechtsfehler **offensichtlich** ist, denn damit wird nur ein individuelles Interesse an einer Entscheidung des BFH im Revisionsverfahren dargelegt. Wird jedoch schlüssig gerügt, das Urteil verletze das verfassungsrechtliche Willkürverbot, kommt die Zulassung der Revision nach § 115 II Nr. 2 Fall 2 in Betracht (→ § 115 Rn. 222);
- das angefochtene **Urteil sei verfassungswidrig.** Wird die Verfassungswidrigkeit eines einzelnen staatlichen Hoheitsakts (zB Urteil) behauptet, fehlt es regelmäßig an der erforderlichen Breitenwirkung der erstrebten höchstrichterlichen Klärung (BFH III B 69/12, BFH 2013, 1573; X B 155/12, BFH/NV 2014, 294);
- das angefochtene Urteil stimme mit einer **Verwaltungsanweisung** nicht überein (BFH VI B 46/23, BFH/NV 2024, 391);
- die Entstehung der Steuer sei unverhältnismäßig, denn damit wird nicht dargelegt, dass die Klärung einer im Zusammenhang stehenden Rechtsfrage im Interesse der Allgemeinheit liegen soll (BFH VII B 133/18, BFH/NV 2023, 1412).

c) Rechtsfortbildung. Es handelt sich um einen **Unterfall der Grundsatzrevision** (→ § 115 Rn. 160; BFH IV B 169/06, BFH/NV 2008, 390; X B 48/04, BFH/NV 2005, 698; VI B 68/06, BFH/NV 2008, 977). Zu beachten sind deshalb die für die Darlegung der grundsätzlichen Bedeutung geltenden Anforderungen (zB BFH VI B 32/10, BFH/NV 2011, 591; IV B 62/10, BFH/NV 2012, 369; VIII B 15/16, BeckRS 2017, 94391). Erforderlich sind konkrete und substantiierte Ausführungen dazu, weshalb eine Entscheidung des BFH aus Gründen der Rechtsklarheit oder Rechtsfortbildung im allgemeinen Interesse liegt (BFH IX B 13/11, BFH/NV 2011, 2074). Die erforderlichen Ausführungen zur Klärbarkeit der Rechtsfrage müssen umso genauer sein, je weniger sich aus der Vorentscheidung ergibt, dass die Entscheidung von der Beantwortung der bezeichneten Rechtsfrage abhängt (BFH III B 35/12, BFH/NV 2014, 531). Ist eine im Verfahren über die NZB herausgestellte Rechtsfrage bereits Gegenstand eines Vorabentscheidungsverfahrens nach Art. 267 AEUV, gelten hinsichtlich der Darlegung des Zulassungsgrunds der Fortbildung des Rechts herabgesetzte Darlegungsanforderungen (BFH X B 101/14, DStRE 2017, 189). 38

d) Sicherung der Rechtseinheit. Der Zulassungsgrund umfasst **zwei Fallgruppen,** die Zulassung wegen Abweichung (**Divergenz;** → § 115 Rn. 180 ff.) und die Zulassung wegen eines **qualifizierten Rechtsfehlers** (→ § 115 Rn. 220 ff.). Die klassische **Divergenz** ist ein Unterfall der grundsätzlichen Bedeutung (→ § 115 Rn. 175). Für sie gelten deshalb grds. dieselben Darlegungsanforderungen wie für den Zulassungsgrund der grundsätzlichen Bedeutung. Wegen der spezifischen Ausgestaltung des Zulassungsgrunds gehen die Anforderungen jedoch deutlich darüber hinaus (**aA** Tipke/Kruse/Krumm § 116 Rn. 53). Auch ein qualifizierter Rechtsfehler muss dargelegt werden (→ Rn. 45). Die Anforderungen sind insofern jedoch geringer; ein qualifizierter Rechtsfehler wird idR evident sein. 40

Divergenz. Erforderlich sind grds. Ausführungen, dass das FG in einer Rechtsfrage von der Entscheidung eines anderen Gerichts abgewichen ist (→ § 115 Rn. 180), dass in beiden Entscheidungen dieselbe Rechtsfrage in rechtsgrundsätzlicher Weise unterschiedlich beantwortet worden ist, dass die Rechtsfrage für 41 beide Entscheidungen erheblich war und dass beide Entscheidungen zu gleichen oder vergleichbaren Sachverhalten ergangen sind. Die Beschwerdebegründung muss auch darauf eingehen, dass die Rechtsfrage klärungsbedürftig und klärungsfähig ist und dass eine Rechtsvereinheitlichung durch den BFH möglich erscheint (zB BFH II B 3/13, BFH/NV 2013, 1805). Diese hohen Anforderungen spiegeln die gesetzlichen Voraussetzungen für die Zulassung der Revision. Sie sind in der Praxis nur schwer zu erfüllen. Zumindest im praktisch bedeutsamsten Fall einer Abweichung von seiner Rspr. hat der BFH an der Vereinheitlichung der Rspr. allerdings auch ein eigenes Interesse.

42 **Divergenzentscheidung.** Sie muss so genau bezeichnet werden, dass die Identität des Urteils zweifelsfrei feststeht. Das divergierende Urteil ist grds. mit Datum und Aktenzeichen und/oder Fundstelle zu bezeichnen (BFH I B 9/83, BStBl. II 1983, 479; VI B 140/69, BStBl. II 1970, 552; X B 216/10, BFH/NV 2011, 1511; IX B 21/21, BFH/NV 2022, 810; IX B 59/24, BFH/NV 2025, 35).

42a **Rechtsfrage.** Aus der Beschwerdebegründung muss sich ergeben, in welcher konkreten Rechtsfrage das FG nach Ansicht des Beschwerdeführers von der Rspr. abgewichen ist. Dazu muss der Beschwerdeführer rechtserhebliche **(tragende) abstrakte Rechtsätze** im Urteil des FG und in der Divergenzentscheidung so genau bezeichnen und einander gegenüberstellen, dass eine Abweichung im Grundsätzlichen erkennbar wird (stRspr, vgl. zB BFH I B 9/83, BStBl. II 1983, 479; VI B 140/89, BStBl. II 1991, 309). Die bloße Behauptung, das FG sei von einer (genau bezeichneten) Entscheidung abgewichen, genügt nicht. Auch die (eher unübersichtliche) Gegenüberstellung von ganzen Urteilspassagen, reicht zur Darlegung einer Divergenz nicht aus (BFH IX B 125/11, BFH/NV 2012, 2001). Aus der Beschwerdebegründung muss sich ergeben, dass eine Divergenz nicht nur hinsichtlich der Beurteilung von Tatsachen (zB im Rahmen einer sog. „Gesamtbildbetrachtung") besteht, sondern „im Grundsätzlichen", dh bei der Aufstellung für die jeweilige Entscheidung rechtserheblicher (tragender) abstrakter Rechtsgrundsätze (stRspr, BFH X B 19/07, BFH/NV 2008, 1342; III B 48/07, BFH/NV 2008, 76; **aA** Tipke/Kruse/Krumm § 116 Rn. 53).

42b Aus der Beschwerdebegründung muss sich auch ergeben, dass dem Streitfall ein gleicher oder **vergleichbarer Sachverhalt** zu Grunde liegt wie der Divergenzentscheidung (BFH VIII B 79/07, BFH/NV 2008, 732; VI B 100/10, BFH/NV 2011, 574).

43 **Erforderlichkeit einer Entscheidung des BFH.** Hat der Beschwerdeführer eine Abweichung im Grundsätzlichen schlüssig gerügt, erübrigen sich iAllg Ausführungen zur Erforderlichkeit einer Entscheidung, weil diese auf der Hand liegt. Darlegungen sind zu diesem Merkmal aber ausnahmsweise geboten, wenn zweifelhaft ist, ob ein Allgemeininteresse an der Klärung durch den BFH besteht, zB weil die unterschiedlich beantwortete Rechtsfrage ausgelaufenes Recht betrifft (→ § 115 Rn. 213). Wird geltend gemacht, das angefochtene Urteil weiche von einer Entscheidung eines anderen FG ab, muss auch dargelegt werden, dass das angefochtene Urteil von der Rspr. des BFH abweicht; nur dann wäre eine Entscheidung des BFH erforderlich (→ § 115 Rn. 202; BFH III B 66/11, BFH/NV 2013, 177).

44 **Darlegung der grundsätzlichen Bedeutung.** Da sich die Zulassungsgründe in Nr. 1 u. Nr. 2 nicht ganz klar voneinander abgrenzen lassen, ist dem Darlegungserfordernis auch dann genügt, wenn der Beschwerdeführer zwar nicht die Voraussetzungen der (tatsächlich vorliegenden) Divergenz, sondern die Voraussetzungen der grundsätzlichen Bedeutung dargelegt hat; das gilt jedenfalls dann,

wenn bei einer auf § 115 II Nr. 1 gestützten NZB der Zulassungsgrund des § 115 II Nr. 2 **nachträglich,** dh nach Ablauf der Beschwerdebegründungsfrist, entstanden ist (sog. **nachträgliche Divergenz**) und deshalb vom Beschwerdeführer (noch) nicht dargelegt werden konnte (BFH III B 101/86, BFH/NV 1988, 312; VIII B 8/95, BFH/NV 1996, 619).

Qualifizierter Rechtsanwendungsfehler (→ § 115 Rn. 220 ff.). Es sind insbes. Angaben erforderlich, weshalb nach Ansicht des Beschwerdeführers das FG-Urteil unter keinem denkbaren Gesichtspunkt rechtlich vertretbar ist (BFH VII B 267/02, BFHE 202, 91; IV B 85/02, BStBl. II 2004, 25; VIII B 205/06, BFH/NV 2007, 1634; II B 3/07, BFH/NV 2007, 2348; III B 28/12, BFH/NV 2013, 1936; VI B 101/12, BFH/NV 2014, 355) und dass der Fehler im Revisionsverfahren korrigiert werden kann (BFH III B 186/11, BFH/NV 2013, 236). Es genügt nicht, wenn nur schlüssig ausgeführt wird, das FG habe im konkreten Einzelfall offensichtlich falsch entschieden und dabei ggf. eine vorhandene höchstrichterliche Rspr. übersehen oder fehlerhaft umgesetzt (BFH IV B 85/02, BStBl. II 2004, 25; VII B 344/03, BStBl. II 2004, 896; X B 90/07, BFH/NV 2008, 610; VIII B 205/06, BFH/NV 2007, 1634; → § 115 Rn. 68). Mit der Rüge, das FG habe den Sachverhalt nicht richtig gewürdigt, wird ein qualifizierter Rechtsanwendungsfehler nur dann schlüssig dargetan, wenn sich aus dem Vorbringen in der Beschwerdebegründung ergibt, dass die **Beweiswürdigung** offensichtlich Fehler von so erheblichen Gewicht aufweist, dass sie jedem Zweck einer Beweiswürdigung zuwider läuft und das Allgemeininteresse die Zulassung der Revision zur Korrektur des Fehlers fordert (BFH XI B 177/06, BFH/NV 2007, 1340; IV B 124/06, BFH/NV 2008, 781). 45

Auf substantiierte Darlegungen kann verzichtet werden, soweit **offenkundig** ist, dass das angefochtene Urteil jeder gesetzlichen Grundlage entbehrt und deshalb willkürlich erscheint (→ Rn. 26). Ist dies der Fall oder ist die Verletzung des Willkürverbots (Art. 3 GG) in der Beschwerdebegründung schlüssig dargetan, ergibt sich daraus zugleich ohne weitere Darlegungen, dass eine korrigierende Entscheidung des BFH erforderlich ist. 46

e) Verfahrensmangel. Zum Begriff → § 115 Rn. 250 ff., zu den besonderen Anforderungen an die Darlegung absoluter Revisionsgründe → § 119 Rn. 1 ff. Die schlüssige Darlegung eines Verfahrensmangels erfordert die genaue **Bezeichnung der Tatsachen,** die den Mangel ergeben. Insofern gilt im NZB-Verfahren nichts anderes als für die Begründung der Revision (§ 120 III Nr. 2 Buchst. b; → § 120 Rn. 66 ff.). § 120 III Nr. 2b ist entspr. anzuwenden, wenn eine NZB auf Verfahrensmängel gestützt wird (BFH I B 122/03, BFH/NV 2004, 810; X S 22/12, BFH/NV 2013, 216). Ein Verfahrensmangel ist danach ausreichend dargelegt, wenn die zu seiner Begründung bezeichneten Tatsachen, ihre Richtigkeit unterstellt, einen Verfahrensmangel ergeben (BFH VI B 71/11, BFH/NV 2012, 767; IX B 45/21, BFH/NV 2022, 910). Dabei kommt es auf die materiellrechtliche Auffassung des FG an (stRspr, zB BFH II B 90/11, BFH/NV 2012, 998). Die angeblich verletzte Vorschrift muss nicht ausdrücklich genannt werden; auch muss nicht zwingend der Begriff „Verfahrensfehler" gebraucht werden (BFH V B 63/13, BFH/NV 2014, 702). Es genügt die Angabe/Bezeichnung von Tatsachen. Unschädlich ist auch, wenn anstatt eines Verfahrensmangels ausdrücklich andere Zulassungsgründe gerügt werden, sofern nur die Tatsachen angegeben sind, aus denen sich ein Verfahrensmangel ergibt (zB BFH III B 13/09, BFH/NV 2010, 931; IV B 33/10, BFH/NV 2011, 1888). Zu möglichen Verfahrensmängeln 48

→ § 115 Rn. 310 ff. sowie Erläut. zu § 119. Wird eine **Ermessensvorschrift** (zB § 74) als verletzt gerügt, muss der Beschwerdeführer auch schlüssig dartun, weshalb das dem FG eingeräumte Ermessen im Streitfall auf „Null" reduziert und die von ihm für richtig gehaltene Entscheidung die einzig mögliche gewesen sein soll (BFH V B 122/16, BeckRS 2017, 94576).

48a **Ausnahme.** Ergeben sich die einen angeblichen Verfahrensmangel begründenden Tatsachen bereits **aus dem Urteil selbst,** ist ihre Angabe in der Beschwerdeschrift nicht erforderlich (BFH VII B 267/01, BFH/NV 2003, 63; I B 99/14, BeckRS 2016, 94994). Hat das FG im Urteil (fehlerhaft) begründet, weshalb es von der **Erhebung beantragter Beweise** abgesehen hat, genügt bereits die schlichte Rüge der Nichtbefolgung des Beweisantritts den Anforderungen des § 116 III 3 (BFH III B 148/15, BeckRS 2016, 95215).

49 **Beruhen (Kausalität).** Es ist grds. auch darzulegen, dass das angefochtene Urteil auf dem Verfahrensmangel **beruht,** dass es also ohne den Verfahrensfehler möglicherweise anders ausgefallen wäre (stRspr, BFH GrS 3/98, BStBl. II 2001, 802 unter III. 2.a; V B 29/07, BeckRS 2008, 25013627 mwN; IV B 76/05, BStBl. II 2007, 466; X B 178/09, BFH/NV 2010, 2010). Hat das FG seine Entscheidung **kumulativ** auf zwei Begründungen gestützt, beruht das Urteil nur dann auf einem Verfahrensmangel, wenn er beide Begründungen betrifft oder wenn beide Begründungen mit unterschiedlichen Verfahrensrügen angegriffen werden können; auch das ist darzulegen (BFH X B 191/13, BFH/NV 2014, 695). Zur Darlegung der Gehörsrüge muss auch vorgetragen werden, was bei rechtzeitiger/ausreichender Gewährung des rechtlichen Gehörs noch vorgetragen worden wäre und inwiefern dies die Entscheidung des FG hätte beeinflussen können (BFH IX B 93/18, BFH/NV 2019, 577). Das gilt auch bei unterlassener Benachrichtigung über beigezogene oder verwertete Strafakten (BFH III B 95/12, BFH/NV 2013, 768; VIII B 86/19, BFH/NV 2020, 92). Wird als Verfahrensmangel die **überlange Verfahrensdauer** gerügt, muss auch vorgetragen werden, dass es bei einer kürzeren Verfahrensdauer zu einer inhaltlich anderen Entscheidung des FG hätte kommen können (BFH VIII B 107/16, BeckRS 2017, 125091). Wird die Verletzung der Zwei-Wochen-Frist gem. § 104 II Hs. 2 gerügt, sind Ausführungen dazu erforderlich, dass der Tenor des Urteils bei fristgemäßer Niederlegung anders als in dem zugestellten Urteil gelautet hätte (BFH II B 35–37/18, BStBl. II 2020, 394).

49a Etwas anderes (keine Darlegung zum Beruhen erforderlich) gilt für die Rüge **absoluter Revisionsgründe,** bei denen die Kausalität des Verfahrensmangels für das Urteil gesetzlich vermutet wird (→ § 119 Rn. 2). Die schlüssige Rüge der Verletzung des Rechts auf Gehör erfordert keine Ausführungen darüber, was bei ausreichender Gewährung des rechtlichen Gehörs noch vorgetragen worden wäre und dass dieser Vortrag die Entscheidung des Gerichts hätte beeinflussen können, wenn das Gericht verfahrensfehlerhaft in Abwesenheit des Rechtsmittelführers aufgrund mündlicher Verhandlung entschieden hat (BFH GrS 3/98, BStBl. II 2001, 802). Das gilt auch für andere Gehörsverstöße, wenn der Verstoß das gesamte Verfahren (und nicht nur einzelne tatsächliche Feststellungen) erfasst (näher → § 119 Rn. 21).

50 **Im Revisionsverfahren von Amts wegen zu berücksichtigende Verfahrensmängel** wie insbes. die fehlerhafte Beurteilung der Sachurteilsvoraussetzungen oder Verstöße gegen die Grundordnung des Verfahrens (iE → § 118 Rn. 68 f.), müssen im NZB-Verfahren ebenfalls **ausdrücklich** und **schlüssig** (dh unter genauer Angabe der den Mangel ergebenden Tatsachen) geltend gemacht

und dargelegt werden (BFH IX B 178/08, BeckRS 2009, 25014668; VIII B 154/07, BeckRS 2008, 25014071; VIII B 103/18, BFH/NV 2019, 566; Tipke/Kruse/Krumm § 116 Rn. 59). Darlegungen zur **Erheblichkeit** (Ursächlichkeit) des Mangels sind insofern aber nicht erforderlich. Soweit die Verletzung von Sachentscheidungsvoraussetzungen schlüssig dargetan ist, liegt die Erheblichkeit des Mangels für das angefochtene Urteil auf der Hand, bedarf also keiner Begründung (ebenso BFH IV B 76/05, BStBl. II 2007, 466). Entsprechendes gilt für die Rüge von Verstößen gegen die **Grundordnung des Verfahrens.** Dabei handelt es sich idR um Verstöße, die die angefochtene Entscheidung ohne weiteres fehlerhaft machen (wie zB bei der Missachtung der Bindung des FG an den Klageantrag nach § 96 oder der Bindung an einen vorgreiflichen Grundlagenbescheid).

Rügerecht (§ 155 FGO iVm § 295 ZPO; → § 115 Rn. 285 ff.). Wird eine 51
Verfahrensvorschrift als verletzt gerügt, auf deren Einhaltung die Beteiligten wirksam verzichten können (→ § 115 Rn. 288), sind Darlegungen erforderlich, dass die Verletzung dieser Verfahrensvorschrift in der Vorinstanz ordnungsgemäß **gerügt** wurde oder weshalb dem Beschwerdeführer eine solche Rüge nicht möglich war. Wegen der Anforderungen an einen entsprechenden Vortrag vgl. zB BFH VIII B 322/04, BFH/NV 2006, 2280; III B 179/05, BFH/NV 2006, 1683; XI B 71/06, BFH/NV 2007, 1685; III S 2/07 (PKH), BFH/NV 2008, 81). Entsprechende Darlegungen sind allerdings entbehrlich, wenn und soweit sich die Erhebung der Rüge schon aus dem Urteil oder den in Bezug genommenen Unterlagen (insbes. Protokoll der mündlichen Verhandlung) ergibt (BFH IV R 299/83, BStBl. II 1989, 727; VII B 224/03, BFH/NV 2004, 1060; VIII B 103/06, BFH/NV 2007, 1330) oder soweit es um eine Verfahrensvorschrift geht, auf deren Einhaltung die Beteiligten nicht wirksam verzichten können (→ § 115 Rn. 290) insbes. wenn ein **Verstoß gegen die Grundordnung des Verfahrens** geltend gemacht wird (→ Rn. 50; → § 115 Rn. 301; BFH II B 56/21, BFH/NV 2022, 905).

V. Wirkungen der eingelegten NZB (Abs. 4)

Eine wirksam eingelegte NZB hemmt den **Eintritt der Rechtskraft** (Abs. 4; 52
Suspensiveffekt). Die Wirkung tritt auch ein, wenn die NZB von vornherein unzulässig oder offensichtlich unbegründet ist. Mit Anhängigkeit der NZB wird der BFH außerdem zum **Gericht der Hauptsache,** auch wenn er zunächst nur über die Zulassung der Revision entscheidet (Abs. 5 S. 1; Devolutiveffekt). Das FG hat keine Abhilfemöglichkeit mehr (→ Rn. 10). Als Gericht der Hauptsache hat der BFH insbes. über AdV zu entscheiden (§ 69 III 1).

VI. Entscheidung des BFH über die NZB (Abs. 5–7)

1. Entscheidung durch Beschluss (Abs. 5 S. 1)

Beschluss. Der BFH entscheidet über die Beschwerde durch Beschluss. Für 55
die Entscheidung gilt die Besetzung mit drei Richtern (§ 116 V 1, § 10 III). Das gilt auch dann, wenn der BFH eine auf Verfahrensmängel gestützte NZB für begründet erachtet und von der in Abs. 6 eröffneten Möglichkeit Gebrauch macht, das angefochtene Urteil durch Beschluss aufzuheben. Der BFH entscheidet grds. ohne vorherige persönliche Anhörung der Beteiligten. Er fordert die Betei-

ligten auch nicht auf, ihre Darlegungen zu substantiieren (BFH X B 47/15, BeckRS 2015, 95324). Eine mündliche Verhandlung oder eine Beweisaufnahme finden grds. nicht statt. Der BFH ist nicht gehalten, den Beschwerdeführer vor der Ablehnung der Beschwerde auf seine Rechtsauffassung hinzuweisen (BFH I S 7/10, BFH/NV 2010, 1297). Betrifft eine NZB **mehrere Streitgegenstände,** kann der BFH insbes. bei unterschiedlichem Ausgang das Verfahren trennen (§ 73; BFH IV B 119/12, BFH/NV 2014, 540; X E 5/16, BeckRS 2016, 94776).

56 **Ablehnung.** Eine unzulässige NZB wird **verworfen** (§ 155 FGO iVm § 572 II 2 ZPO; → § 132 Rn. 9); eine unbegründete NZB **zurückgewiesen.** Ist die Beschwerde teils unzulässig, teils unbegründet, ist sie insgesamt als unbegründet zurückzuweisen (BFH IV B 147/11, BFH/NV 2012, 1614). Im NZB-Verfahren kann offen bleiben, ob die Beschwerde zulässig war, da eine als unzulässig verworfene NZB wegen der Rechtskraft des angefochtenen Urteils (Abs. 5 S. 3) nicht erneut eingelegt werden kann (→ Rn. 69). Auf die eingeschränkte Rechtskraft der Verwerfungsentscheidung kommt es deshalb ausnahmsweise nicht an (vgl. aber auch → § 132 Rn. 9). Zu den Rechtsfolgen der ablehnenden Entscheidung → Rn. 69.

57 **Stattgabe.** Ist die Beschwerde zulässig und begründet, lässt der BFH die Revision durch Beschluss zu, sofern er nicht (bei erfolgreicher Verfahrensrüge) von der Möglichkeit nach Abs. 6 Gebrauch macht und in der Sache selbst entscheidet. Betrifft die NZB mehrere selbständige Klagegegenstände, kann sie teilweise begründet und teilweise unzulässig oder unbegründet sein (BFH X B 177/03, BFH/NV 2005, 909; III B 89/04, BFH/NV 2005, 915; → § 115 Rn. 70 ff.). Eine teilweise Zurückverweisung nach Abs. 6 führt zur Trennung des Verfahrens. Zu den Rechtsfolgen der Zulassungsentscheidung → Rn. 71 ff.

2. Begründung des Beschlusses (Abs. 5 S. 2)

60 Der Beschluss soll kurz begründet werden (Abs. 5 S. 2). Der BFH kann von einer **Begründung** absehen, wenn sie nicht geeignet ist, zur Klärung der Voraussetzungen beizutragen, unter denen eine Revision zuzulassen ist, oder wenn der Beschwerde stattgegeben wird. Abs. 5 S. 2 ist bei der **Entscheidung über PKH** für eine NZB entspr. anwendbar (BFH II S 31/10, BFH/NV 2011, 619), jedoch nur im Hinblick auf die hinreichende Erfolgsaussicht. Die Regelung ist **verfassungsrechtlich unbedenklich** (BVerfG 1 BvR 815/76, HFR 1977, 255). Das Absehen von einer Begründung rechtfertigt nicht die Annahme, der BFH habe das Vorbringen der Beteiligten nicht erwogen und den Anspruch der Beteiligten auf rechtliches Gehör verletzt (BFH XI S 27/06, BFH/NV 2007, 750; V S 11/12, BFH/NV 2013, 237; IX S 5/23, BFH/NV 2023, 1219). Das gilt auch, wenn der BFH von der Möglichkeit der Zurückverweisung nach Abs. 6 Gebrauch gemacht hat (BFH XI S 6/24, BFH/NV 2024, 1365).

61 Der BFH gibt in aller Regel zumindest eine kurze rechtliche Begründung, wenn er die Beschwerde ablehnt. Eine nachvollziehbare Begründung kann erforderlich sein, damit das BVerfG prüfen kann, ob der Zugang zur Revisionsinstanz in sachlich nicht gerechtfertigter Weise eingeschränkt worden ist mit der Folge, dass der Anspruch auf den gesetzlichen Richter (Art. 101 I 2 GG) verletzt ist (→ Rn. 5 und → § 113 Rn. 5). Beschlüsse, in denen die Revision zugelassen wird, ergehen regelmäßig ohne Begründung. Der BFH kann auch dann von einer Begründung gemäß Abs. 5 S. 2 absehen, wenn er nach Abs. 6 verfährt und das Urteil durch Beschluss aufhebt (BFH VI B 156/00, BFH/NV 2001, 808; X B

7/11, BFH/NV 2011, 1005; X B 22/12, BFH/NV 2013, 226; X B 55/15, BeckRS 2015, 96079; X B 136/22, BFH/NV 2023, 1228). In diesen Fällen wird es aber in aller Regel geboten sein, den Beschluss zu begründen, damit das FG erfährt, welcher Verfahrensmangel zur Aufhebung des Urteils geführt hat.

3. Entscheidung bei erfolgreicher Verfahrensrüge (Abs. 6)

Liegt ein Verfahrensmangel vor, auf dem das Urteil beruhen kann (§ 115 II Nr. 3), kann der BFH das angefochtene **Urteil aufheben** und die Sache zur anderweitigen Verhandlung und Entscheidung an das FG zurückverweisen. Die Regelung soll der Verfahrensvereinfachung und Beschleunigung des Rechtsschutzes dienen (BT-Drs. 14/4061, 10). Die Entscheidung, ob nach Abs. 6 verfahren werden soll, liegt im **Ermessen** des Revisionsgerichts (BFH III B 160/03, BFH/NV 2005, 1075; BVerwG 9 B 247.90, DÖV 1991, 509; 11 C 24/93, NJW 1994, 674). Die Zurückverweisung ist jedenfalls dann ermessensgerecht, wenn von einem nachfolgenden Revisionsverfahren **keine weitere rechtliche Klärung** zu erwarten wäre (BFH I B 18/03, BFH/NV 2004, 207; V B 54/11, BFH/NV 2011, 2091; X B 211/10, BFH/NV 2012, 426) oder wenn der BFH im Revisionsverfahren das Urteil ebenfalls aufheben und die Sache zurückverweisen müsste (BFH III B 54/10, BFH/NV 2012, 1151; BVerwG 5 A 3923/92, NWVBl. 1996, 126), insbes. wenn die Vorinstanz unter Verstoß gegen die Besetzungsvorschriften entschieden hat (BFH IV B 30/10, BFH/NV 2012, 431). 64

Abs. 6 gilt entsprechend für eine auf Abweichung (§ 115 II Nr. 2) gestützte NZB, wenn sich die Abweichung auf eine Norm des Gerichtsverfahrensrechts bezieht (BVerwG 9 B 142/91, NVwZ 1992, 890). Der BFH kann von Abs. 6 auch dann Gebrauch machen, wenn die NZB nicht nur auf Verfahrensmängel iSd § 115 II Nr. 3, sondern auch auf **andere Zulassungsgründe** gestützt ist, sofern er bei Zulassung der Revision wegen eines Verfahrensmangels voraussichtlich zurückverweisen müsste (BFH I B 94/06, BFH/NV 2007, 1669; VII B 29/01, BFH/NV 2002, 1321; IV B 46/17, BFH/NV 2018, 728; BVerwG 11 B 12/92, NVwZ-RR 1994, 120; 1 B 164/97, NVwZ 1998, 170). Der Verfahrensmangel, der zur Aufhebung führt, muss aber gerügt worden sein. Betrifft ein vorliegender Verfahrensmangel nur eines von mehreren Streitjahren, kann der BFH das Urteil insgesamt aufheben und zurückverweisen, wenn hinsichtlich der anderen Streitjahre materiell-rechtliche Zulassungsgründe gegeben sind, die voraussichtlich ebenfalls zur Aufhebung führen würden (BFH X B 244/12, BFH/NV 2013, 1578). Wird mit der NZB eine **Verfahrensfrage von grundsätzlicher Bedeutung** geltend gemacht, sollte aber die Revision zugelassen werden, weil es nicht Sinn des § 116 VI ist, Grundsatzfragen in der Beschlussbesetzung des § 10 III zu klären (BFH VII B 73/01, BStBl. II 2002, 509). 65

Inhalt der Entscheidung. Abs. 6 erlaubt dem BFH idR nur eine **Zurückverweisung** an das FG, aber keine **abschließende Entscheidung** in der Sache selbst. Gleichwohl hat der BFH im Anschluss an die Rspr. des BVerwG zu § 133 VI VwGO die Ansicht vertreten, Abs. 6 ermächtige bei erweiternder Auslegung auch zu einer abschließenden Entscheidung im Verfahren der NZB, wenn der Verfahrensmangel unmittelbar durch Aufhebung des angefochtenen Urteils beseitigt werden könne (BFH V B 51/01, BStBl. II 2001, 767; I B 171/08, BFH/NV 2009, 949) bzw. wenn die im Fall der Zurückverweisung zu treffende Entscheidung bereits feststehe (BFH X B 118/16, BeckRS 2017, 125083). Das BVerwG hat es auch für zulässig erachtet, durch Beschluss nach § 133 VI VwGO 66 ein fehlerhaftes Verpflichtungsurteil der Vorinstanz in ein Bescheidungsurteil abzuändern (BVerwG 5 C 6/03, NVwZ 2004, 1006). Jedenfalls ist es unbedenklich, wenn sich die Entscheidung über die NZB auf die **ersatzlose Aufhebung** eines verfahrensfehlerhaft zustande gekommenen Urteils beschränkt, zB weil die Vorinstanz ein unzulässiges Ergänzungsurteil (BVerwG 9 B 372.99, BayVBl. 2000, 540) oder ein unzulässiges Zwischenurteil (BFH IX B 18/20, BFH/NV 2021, 442) erlassen hat, oder weil das Urteil aus anderen formalen Gründen nicht hätte erlassen werden dürfen (BFH I B 171/08, BFH/NV 2009, 949), zB weil die Klage vor Erlass des Urteils wirksam zurückgenommen worden ist (BFH VII B 69/11, BFH/NV 2012, 248) oder wenn das FG trotz Unterbrechung des Verfahrens ein Urteil erlassen hat (BFH IX B 36/16, BeckRS 2016, 95082). Hat das FG über eine unzulässige Klage durch Sachurteil entschieden, nimmt der BFH in entsprechender Anwendung von Abs. 6 eine **Berichtigung des Tenors** vor mit der Maßgabe, dass die Klage als unzulässig abgewiesen wird (BFH X B 118/16, BeckRS 2017, 125083); die Änderungsbefugnis soll auch die Kostenentscheidung umfassen (BFH IV B 72/14, BeckRS 2015, 95389, mE zweifelhaft).

66a Bei objektiver Klagehäufung kann die Aufhebung des Urteils nach Abs. 6 auf **einzelne Klagegegenstände beschränkt** werden (BFH X B 177/03, BFH/NV 2005, 909; III B 89/04, BFH/NV 2005, 915). Betrifft der zur Zurückverweisung führende Verfahrensmangel zwar nur einzelne Streitjahre oder Steuerbescheide, kann aber über die dort zu entscheidende Rechtsfrage nur aufgrund einer alle Urteilsgegenstände betreffenden vorgreiflichen Rechtsfrage entschieden werden, kann das Urteil insgesamt aufgehoben und hinsichtlich aller Urteilsgegenstände zurückverwiesen werden (BFH III B 114/03, BFH/NV 2004, 1109).

67 Der BFH kann den Rechtsstreit grds. nur **an das FG** zurückverweisen. Dort bleibt grds. der Senat oder Einzelrichter zuständig, der das angefochtene Urteil erlassen hat. In entsprechender Anwendung von § 155 FGO iVm § 563 I 2 ZPO kommt ausnahmsweise die **Zurückverweisung an einen anderen Senat** oder trotz Erlass eines Einzelrichterbeschlusses die **Zurückverweisung an den Vollsenat** in Betracht (→ § 126 Rn. 15). Dafür müssen jedoch rechtfertigende Gründe vorliegen (BFH XI R 27/13, BFH/NV 2016, 252, Rn. 45; VII B 208/18, BFH/NV 2020, 895). Die Zurückverweisung an einen anderen Senat berührt den Anspruch auf den gesetzlichen Richter (Art. 101 I 2 GG). Sie kommt nur in Betracht, wenn ernstliche Zweifel an der Unvoreingenommenheit der Vorinstanz bestehen (BFH IX R 34/16, BStBl. II 2018, 582; X R 27/19, BFH/NV 2021, 15; VIII B 35/21, BFH/NV 2022, 817), dann vermeidet die Zurückverweisung das (mutmaßlich erfolgreiche) Ablehnungsverfahren (BFH X B 100/19, BFH/NV 2020, 914). Solche Zweifel können sich ergeben, wenn in Schriftsätzen auf Telefongespräche mit dem Vorsitzenden Bezug genommen wird, sich in den Akten aber keine Telefonvermerke über solche Gespräche finden (BFH X R 27/19, BFH/NV 2021, 15); sie können ausgeschlossen werden, wenn die Vorinstanz die Revision zur Überprüfung ihrer Entscheidung zugelassen hat (BFH X R 65/09, BStBl. II 2012, 345). Die Zurückverweisung an den Vollsenat anstatt an den Einzelrichter kommt insbes. in Betracht, wenn die Übertragung des Rechtsstreits auf den Einzelrichter ihrerseits einen Verfahrensmangel (Besetzungsmangel) begründet hätte (BFH V B 66/15, BFH/NV 2016, 1574; II B 56/21, BFH/NV 2022, 905; X B 58/23, BFH/NV 2023, 1327).

67a Das FG ist an die im Beschluss geäußerte Rechtsauffassung des BFH gebunden; **§ 126 V** gilt entspr. (BFH IX B 66/01, BFH/NV 2002, 989; IV B 20/17, BeckRS 2017, 116265).

4. Kostenentscheidung

Die Kosten einer erfolglosen NZB trägt der Beschwerdeführer nach § 135 II. Hat die NZB Erfolg, entscheidet der BFH erst nach Abschluss des Revisionsverfahrens über die Kosten, denn das erfolgreiche Verfahren der NZB ist kostenrechtlich Teil des Revisionsverfahrens (BFH V B 10/76, BStBl. II 1976, 684; II B 103/87, BStBl. II 1987, 785; II R 36/87, BStBl. II 1991, 367; X B 142/94, BFH/NV 1995, 819). Ist die Beschwerde **teilweise** (zB bzgl. einzelner Streitjahre) **unbegründet,** ist insoweit eine Kostenentscheidung erforderlich (BFH I B 127/03, BFH/NV 2004, 821; I B 186/03, BFH/NV 2005, 40); sie ergeht insoweit zum Nachteil des Beschwerdeführers (BFH VII B 147/04, BStBl. II 2005, 457; BGH V ZR 343/02, NJW 2004, 1048). Dieser hat die Gerichtskosten für das Beschwerdeverfahren nach dem Wert des erfolglos gebliebenen Streitgegenstands zu tragen. Haben mehrere Beteiligte NZB eingelegt und hatte nur die NZB eines von ihnen Erfolg, ist den erfolglosen Beteiligten ein ihrem Anteil am Streitwert entsprechender Teil der Kosten aufzuerlegen (§ 135 II, § 136 I 1); die anteiligen Kosten der erfolgreichen Beschwerde sind Teil der Kosten des Revisionsverfahrens. Entsprechendes gilt bei teilweisem Unterliegen eines von mehreren Beteiligten. 68

Verfährt der BFH nach **Abs. 6** und verweist er die Sache an das FG zurück, kann er dem FG die Entscheidung über die Kosten übertragen (§ 143 II; → § 143 Rn. 23). Entscheidet der BFH nach Abs. 6 ausnahmsweise in der Sache selbst (→ Rn. 66), richtet sich die Kostenentscheidung nach § 135 I (BFH VIII B 3/96, BFH/NV 2006, 570). Führt bei objektiver Klagehäufung die Beschwerde hinsichtlich eines Streitgegenstands (Streitjahrs) zur Aufhebung und Zurückverweisung und hat sie iÜ keinen Erfolg, kann der BFH wegen des Grundsatzes der **Einheitlichkeit der Kostenentscheidung** dem FG die Entscheidung über die Kosten des gesamten Beschwerdeverfahrens übertragen (BFH IX B 52/09, BFH/NV 2010, 220; XI B 33/13, BFH/NV 2014, 714; III B 149/18, BFH/NV 2020, 90; XI B 33/20, DStR 2021, 724). 68a

5. Wirkung der Entscheidung

a) Ablehnung (Abs. 5 S. 3). Rechtskraft. Mit der **Ablehnung** der Beschwerde (→ Rn. 56) durch den BFH wird das mit der Beschwerde angefochtene Urteil des FG rechtskräftig (Abs. 5 S. 3). Die Suspensivwirkung der Beschwerde ist beendet. Es kommt insofern nicht darauf an, ob der BFH die Beschwerde als unzulässig verworfen oder als unbegründet zurückgewiesen hat (vgl. GemSOGB 1/83, NJW 1984, 975). Maßgebend ist der **Zeitpunkt der Zustellung** des ablehnenden Beschlusses, nicht der Herausgabe des Beschlusses aus dem Gerichtsgebäude zur Beförderung mit der Post (str. wie hier: BGH VIII ZR 217/04, NJW 2005, 3724; **aA** BVerwG 6 C 2/92, NVwZ 1994, 1206; HHS/Lange § 116 Rn. 278; Tipke/Kruse/Krumm § 116 Rn. 84). 69

Stellungnahme. Zwar ist nach diesem Zeitpunkt eine „Zurückholung in den Spruchkörper" tatsächlich nicht mehr möglich (so HHS/Lange § 116 Rn. 278). Darauf kommt es jedoch nicht an. Der Zeitpunkt, in dem die Rechtskraft eintritt, muss rechtssicher dokumentiert sein, da er bedeutsam ist für die Berechnung der Frist, innerhalb derer die Wiederaufnahme des Verfahrens statthaft ist (§ 134 FGO iVm § 579 ZPO). Deshalb ist gesetzlich die Zustellung des Beschlusses angeordnet (§ 53); sie dient ua dazu, die Grundlagen für die Fristberechnung rechtssicher zu dokumentieren. Die bloße Dokumentation des Datums der Übergabe zur 69a

Post gewährleistet dies nicht, denn sie ist im Gesetz nicht vorgesehen. Hintergrund der abw. Begriffsbestimmung dürfte sein, dass der BFH häufig über die NZB entscheidet und zugleich Anträge auf PKH oder AdV verwirft, weil für sie nach Zurückweisung der NZB kein Rechtsschutzbedürfnis mehr bestehe (zB BFH IV B 35/09, BFH/NV 2011, 820). Auch diese Praxis ist, unabhängig davon, dass sie den Zeitpunkt des Eintritts der Rechtskraft unzutr. bestimmt, abzulehnen, weil in beiden Fällen die vorbereitenden Nebenentscheidungen vor der Hauptentscheidung ergehen müssten (Grundsatz der Vorherigkeit; zutr. BFH V S 23/19 (PKH), BFH/NV 2020, 893 allerdings mit Ausnahmen, sofern die Effektivität des Rechtsschutzes nicht leidet). Meines Erachtens müsste dem Antragsteller zumindest die Möglichkeit eröffnet werden, seine unzulässig gewordenen Anträge zurückzunehmen, soweit damit ein Kostenvorteil verbunden wäre.

69b Die Rechtskraft tritt auch dann mit der Zustellung des ablehnenden Beschlusses ein, wenn die **Beschwerdefrist noch nicht abgelaufen** ist (zB Jahresfrist gem. § 55 II bei unrichtiger Rechtsbehelfsbelehrung). Eine als unzulässig verworfene NZB kann deshalb, selbst wenn der Zulässigkeitsmangel behoben werden könnte (zB Vertretungsmangel) und die Beschwerdefrist noch nicht abgelaufen ist, nicht noch einmal (wirksam) eingelegt werden.

69c Die Rechtskraft tritt ausnahmsweise nicht ein, wenn ein **anderer Beteiligter** NZB eingelegt hat, über die noch nicht entschieden ist oder die Erfolg gehabt hat. Dasselbe gilt, wenn ein anderer Beteiligter nach Versäumung der Einlegungsfrist und Wiedereinsetzung in den vorigen Stand (zB nach Gewährung von PKH) noch NZB einlegen kann.

69d Beschließt der BFH auf **Anhörungsrüge** gem. § 133a die Fortsetzung des NZB-Verfahrens, entfällt die bereits eingetretene Rechtskraft rückwirkend. Hebt das BVerfG eine höchstrichterliche Entscheidung auf **Verfassungsbeschwerde** hin gem. § 95 II BVerfGG auf, beseitigt es zugleich rückwirkend die eingetretene Rechtskraft und die Bestandskraft des angefochtenen Bescheids (BVerfG 1 BvR 765, 766/89, NJW 1994, 1053).

70 **Mit der Rechtskraft** des angefochtenen Urteils (§ 110) wird zugleich der angefochtene Steuerbescheid bestandskräftig und kann nicht mehr geändert werden. Deshalb besteht für einen Antrag auf AdV kein Rechtsschutzbedürfnis mehr.

71 **b) Zulassung der Revision (Abs. 7).** Der Beschluss über die Zulassung der Revision eröffnet das Rechtsmittel grds. ohne persönliche oder sachliche Einschränkungen (zu möglichen Beschränkungen → § 115 Rn. 70). Die Zulassung wirkt, soweit sie nicht in zulässiger Weise auf einzelne Beteiligte beschränkt wurde, **zugunsten aller Beteiligten,** nicht nur zugunsten des Beschwerdeführers (BFH II R 29/09, BFH/NV 2011, 603; IV R 9/18, BFH/NV 2020, 338). In sachlicher Hinsicht besteht grds. keine Bindung an den geltend gemachten und vom BFH festgestellten Zulassungsgrund (Grundsatz der **Vollrevision;** BFH II R 47/04, BFH/NV 2006, 1509). Mit der Zulassung verliert der Zulassungsgrund seine Bedeutung. Das Revisionsgericht ist an die von ihm ausgesprochene Zulassung gebunden, auch wenn ihm dabei Fehler unterlaufen sind, zB weil es übersehen hatte, dass die NZB nicht fristgerecht eingelegt worden war.

72 **Fortsetzung als Revisionsverfahren** (Abs. 7 S. 1). Der **Beschwerdeführer** muss die Revision nicht mehr einlegen; für ihn entfällt auch die Frist zur Einlegung der Revision. Mit der Zustellung des Beschlusses über die Zulassung der Revision wird für den Beschwerdeführer die **einmonatige Revisionsbegründungsfrist** in Lauf gesetzt (BFH VIII R 23/18, BFH/NV 2021, 188). Für alle anderen Beteiligten beginnt mit der Zustellung des Beschlusses die Frist für die

Einlegung der Revision und ihre Begründung (Abs. 7 S. 2 iVm § 120 II) zu laufen. Alle Fristen beginnen auch dann an dem auf die Zustellung des Zulassungsbeschlusses folgenden Tag, wenn dieser ein Sonnabend, Sonntag oder allgemeiner Feiertag ist (BFH XI R 40/11, BFH/NV 2013, 213); § 122 II Nr. 1 AO ist ebenfalls nicht anwendbar (BFH II R 56/09, BFH/NV 2010, 1833). Auf diese Fristen ist im Beschluss hinzuweisen. Zur Verlängerung der Revisionsbegründungsfrist → § 120 Rn. 48 ff.

VII. Sonstige Beendigung des Beschwerdeverfahrens

Die **Zurücknahme** der Beschwerde ist in entsprechender Anwendung des § 125 zulässig (BFH III B 27/95, BFH/NV 1995, 914). Für sie gilt nach der Ansicht des BFH **kein Vertretungszwang** (BFH IX B 133/02, BFH/NV 2003, 1089; X B 28/93, BFH/NV 1994, 182 mwN; **aA** BVerwG VIII C 150/60, NJW 1961, 1641; → § 64 Rn. 63 ff.). Auch ein vollmachtloser Vertreter kann das von ihm eingelegte Rechtsmittel der NZB wirksam zurücknehmen (BFH III B 79/01, BFH/NV 2002, 211). Die Zurücknahme der NZB bedarf nicht der Einwilligung des oder der anderen Verfahrensbeteiligten (BFH VII B 108/97, BFH/NV 1998, 604; X B 28/93, BFH/NV 1994, 182). Besteht Unklarheit über die Zurücknahme, ist das Beschwerdeverfahren durch Beschluss einzustellen, wenn die Auslegung durch das Gericht ergibt, dass die unklare Prozesserklärung als Rücknahme der NZB zu werten ist (BFH III B 65/87, BStBl. II 1988, 281). Die Rücknahme bewirkt die Beendigung des NZB-Verfahrens. Sie führt nur zum **Verlust des eingelegten Rechtsmittels** (BFH I B 12/00, BFH/NV 2000, 1363; XI B 1/15, BeckRS 2015, 94738). Eine erneute Einlegung der NZB ist dadurch nicht ausgeschlossen. Für die Kostenentscheidung gilt § 136 II. 73

Übereinstimmende Erledigungserklärung. Erklären die Hauptbeteiligten während des Beschwerdeverfahrens übereinstimmend **den Rechtsstreit** in der Hauptsache für erledigt, wird auch die Beschwerde in der Hauptsache gegenstandslos. Über die Zulassung der Revision ist nicht mehr zu entscheiden, sondern nur noch über die Kosten des Verfahrens. Da auch das angefochtene Urteil einschließlich der Kostenentscheidung gegenstandslos wird (→ § 138 Rn. 25), hat der BFH über die Kosten des gesamten Verfahrens zu entscheiden (BFH VII B 46/71, BStBl. II 1972, 706; I B 6/94, BFH/NV 1995, 331 mwN). Diese Wirkungen treten jedoch nur ein, wenn die NZB zulässig war (BFH VII R 82/88, BStBl. II 1989, 569; IV B 81/09, BFH/NV 2011, 1181; VII B 113/15, BeckRS 2015, 96146). War die NZB **unzulässig,** entfalten die übereinstimmenden Erledigungserklärungen in Bezug auf den Rechtsstreit in der Hauptsache keine Wirkung; die Kostenentscheidung ergibt sich dann aus § 135 II (BFH X B 198/08, BeckRS 2009, 25015547; VII B 84/99, BFH/NV 2000, 571). Erklären die Beteiligten (nur) **das Rechtsmittel** übereinstimmend in der Hauptsache für erledigt, kommt eine Entscheidung über die Zulassung der Revision nicht mehr in Betracht. Diese Wirkung tritt auch ein, wenn die NZB unzulässig war. Der BFH entscheidet nur noch über die Kosten des NZB-Verfahrens in entsprechender Anwendung von § 138 (BFH III B 10/91, BStBl. II 1991, 846; VII B 172/97, BFH/NV 1998, 487; XI B 32/04, BeckRS 2004, 25007410). 74

Einseitige Erledigungserklärung. Erklärt der Beschwerdeführer **den Rechtsstreit** einseitig für erledigt, muss der BFH, wenn die Beschwerde zulässig war, nur noch darüber entscheiden, ob der Rechtsstreit in der Hauptsache erledigt 75 ist. Stellt er die Erledigung (durch Beschluss) fest, ist damit auch das Verfahren der NZB beendet (BFH VII B 62/91, BFH/NV 1993, 605; VIII B 46/92, BFH/NV 1994, 728; VII B 82/99, BFH/NV 2000, 335; offengelassen in BFH III B 543/90, BStBl. II 1994, 473). Stellt er die Erledigung nicht fest, ist die Beschwerde unbegründet. Hat der Beschwerdegegner den Rechtsstreit in der Hauptsache einseitig für erledigt erklärt, prüft der BFH ebenfalls, ob Hauptsacheerledigung eingetreten ist. Ist das der Fall, wird die NZB unzulässig (BFH VI B 105/91, BStBl. II 1993, 57).

76 **Änderungsbescheid** (§ 68). Wird während des Verfahrens über eine zulässige aber unbegründete NZB der angefochtene VA zu Lasten des Stpfl. geändert, ist das FG-Urteil in entsprechender Anwendung von **§ 127** aufzuheben und die Sache an das FG zurückzuverweisen (BFH XI B 213/02, BFH/NV 2005, 566; IV B 90/07, BeckRS 2009, 25014767). Die Zurückverweisung ist im Interesse der Gewährleistung eines effektiven Rechtsschutzes (Art. 19 IV GG) geboten, um dem Stpfl. die Prüfung der durch den Änderungsbescheid aufgeworfenen Rechtsfragen in einer Tatsacheninstanz zu ermöglichen. Sie ist nicht geboten, wenn die Änderung weder verbösernd wirkt noch streitig ist (BFH X B 205/15, BeckRS 2016, 95493). Ist die NZB unzulässig, kommt eine Zurückverweisung nicht in Betracht (→ § 68 Rn. 60; BFH VIII B 6/20, BFH/NV 2021, 769).

§ 117 (weggefallen)

§ 118 [Revisionsgründe]

(1) [1]**Die Revision kann nur darauf gestützt werden, dass das angefochtene Urteil auf der Verletzung von Bundesrecht beruhe.** [2]**Soweit im Fall des § 33 Abs. 1 Nr. 4 die Vorschriften dieses Unterabschnitts durch Landesgesetz für anwendbar erklärt werden, kann die Revision auch darauf gestützt werden, dass das angefochtene Urteil auf der Verletzung von Landesrecht beruhe.**

(2) **Der Bundesfinanzhof ist an die in dem angefochtenen Urteil getroffenen tatsächlichen Feststellungen gebunden, es sei denn, dass in Bezug auf diese Feststellungen zulässige und begründete Revisionsgründe vorgebracht sind.**

(3) [1]**Wird die Revision auf Verfahrensmängel gestützt und liegt nicht zugleich eine der Voraussetzungen des § 115 Abs. 2 Nr. 1 und 2 vor, so ist nur über die geltend gemachten Verfahrensmängel zu entscheiden.** [2]**Im Übrigen ist der Bundesfinanzhof an die geltend gemachten Revisionsgründe nicht gebunden.**

Vgl. § 137 VwGO; §§ 162, 163 SGG; §§ 545, 546, 559 ZPO.

Literatur: Bertrams, Das vor dem BVerwG revisible Recht, DÖV 1992, 97; Fastrich, Revisibilität der Ermittlung ausländischen Rechts, ZZP 97 (1984), 423; Gottwald, Die Revisionsinstanz als Tatsacheninstanz, 1975; Grave/Mühle, Denkgesetze und Erfahrungssätze als Prüfungsmaßstab im Revisionsverfahren, MDR 1975, 247; Grimm, Bundesfinanzhof und Finanzgericht in „50 Jahre deutsche Finanzgerichtsbarkeit", 1968, 126; Hardt, Die Revisibilität der allgemeinen Verwaltungsgrundsätze, DVBl. 1973, 325; Kirchhof, Revisibles Verwaltungsrecht, FS Menger, 1985, 813; Lindwurm, Die Ausnahmen von der Bindung des BFH an die tatsächlichen Feststellungen des Finanzgerichts, AO-StB 2016, 299 (Teil 1), AO-StB

2016, 333 (Teil 2) und AO-StB 2016, 368 (Teil 3); May, Die Revision in den zivil- und verwaltungsgerichtlichen Verfahren, 2. Aufl. 1997; May, Auslegung individueller Willenserklärungen durch das Revisionsgericht?, NJW 1983, 980; Mayen, Die Befugnis des Bundesverwaltungsgerichts zur Auslegung behördlicher Willenserklärungen, Festgabe 50 Jahre Bundesverwaltungsgericht, 2003, 641; Messer, Die revisionsrechtliche Nachprüfung der Vertragsauslegung, FS Odersky, 1996, 605; Mittelbach, Schutz gegen Ermittlung eines falschen Sachverhalts durch das Finanzgericht, DStR 1973, 105; Petzold, Ist Gemeinschaftsrecht Bundesrecht?, NVwZ 1999, 151; Schleifenbaum, Die allgemeinen Grundsätze des Verwaltungsrechts als revisibles Bundesrecht, 1966; Schütze, Zur Revisibilität ausländischen Rechts, NJW 1970, 1584; Schwinge, Grundlagen des Revisionsrechts, 2. Aufl. 1960; Sommerlad/Schrey, Die Ermittlung ausländischen Rechts im Zivilprozess und die Folgen der Nichtermittlung, NJW 1991, 1377.

Übersicht

Rn.

I. Allgemeines 1
II. Verletzung des Rechts, Beruhen (Abs. 1) 10
1. Allgemeines, anzuwendendes Recht 10
a) Theoretische Grundlagen 11
b) Anzuwendendes Recht 14
2. Rechtsnorm 20
3. Revisibles Recht 30
a) Bundesrecht (Abs. 1 S. 1) 31
b) Landesrecht (Abs. 1 S. 2) 35
c) Nicht revisibles Recht 40
4. Tatsachenfeststellung und Rechtsanwendung 45
a) Allgemeines 45
b) Fallgruppen 50
aa) Auslegung von Willenserklärungen und Verträgen 50
bb) Auslegung von Verwaltungsakten 60
cc) Auslegung von Prozesserklärungen 64
dd) Rechtsbegriffe 66
ee) Denkgesetze 70
ff) Allgemeine Erfahrungssätze 74
gg) Beweiswürdigung 80
hh) Schätzung, Prognose 84
ii) Verkehrsanschauung, Handelsbräuche 90
jj) Nicht revisibles Recht 92
kk) Sachverständigengutachten 94
5. Beruhen 95
III. Bindung an die tatsächlichen Feststellungen (Abs. 2) 100
1. Allgemeines 100
2. Positive Bindungswirkung 104
a) Gegenstand der positiven Bindungswirkung 105
b) Wegfall der positiven Bindungswirkung 124
3. Negative Bindungswirkung 150
a) Inhalt und Umfang 150
b) Ausnahmen von der negativen Bindungswirkung 160
aa) Zulässigkeitsvoraussetzungen der Revision 162
bb) Sachentscheidungsvoraussetzungen 164
cc) Prozesshandlungen 170
dd) Verfahrensmangel 172

Rn.
ee) Wiederaufnahmegründe 174
ff) Unstreitige und neue Tatsachen 176
4. Bindung an die Feststellung irrevisiblen Rechts 180
a) Prüfungsumfang des BFH 190
b) Wegfall der positiven Bindungswirkung 192
c) Verletzung von Bundesrecht 200
d) Ersetzende eigene Feststellungen 202
IV. Umfang der Rechtsprüfung im Revisionsverfahren (Abs. 3) 210
1. Allgemeines 210
2. Prüfungsumfang bei Verfahrensrevision 212
3. Prüfungsumfang bei Rüge der Verletzung materiellen Rechts 225

I. Allgemeines

1 **Rechtsprüfung.** § 118 definiert das Prüfungsprogramm im Revisionsverfahren und beschränkt die Prüfungskompetenz des Revisionsgerichts. Als Revisionsgericht prüft der BFH grds. nur, ob die Entscheidung auf einer **Verletzung des Rechts** beruht (vgl. § 545 I 1 ZPO; → Rn. 10 ff.). Er ist insbes. keine (weitere) Tatsacheninstanz; einzige Tatsacheninstanz ist im finanzgerichtlichen Verfahren das FG. An die tatsächlichen Feststellungen des FG ist der BFH im Revisionsverfahren zunächst gebunden. Sind dem FG bei der Tatsachenfeststellung Rechtsfehler unterlaufen, entfällt die Bindungswirkung. Eigene tatsächliche Feststellungen sind dem BFH aber grds. verwehrt. Neues tatsächliches Vorbringen der Beteiligten darf er nicht berücksichtigen. Fehlende tatsächliche Feststellungen kann grds. nur das FG nachholen. Dies ergibt sich aus der Zusammenschau von Abs. 1 und Abs. 2 (ebenso Tipke/Kruse/Krumm § 118 Rn. 2). Da der BFH im Revisionsverfahren nur über Rechtsfragen entscheiden darf, muss im Revisionsrecht notwendig zwischen Tat- und Rechtsfragen unterschieden werden (→ Rn. 45 ff.). Die Entscheidung muss außerdem auf einer Verletzung des (revisiblen) Rechts beruhen (→ Rn. 10 ff.); zum **Beruhen** (→ Rn. 95 ff.) enthält § 119 wichtige Spezialregelungen.

2 **Revisibles Recht.** Nach Abs. 1 unterliegen im Rahmen der Revision nur bestimmte Rechtsnormen (zum Begriff der Rechtsnorm → Rn. 20 ff.) der Nachprüfung. Grundsätzlich kann die Revision nur auf die Verletzung von **Bundesrecht** gestützt werden (Abs. 1 S. 1; → Rn. 31 ff.). Die Anwendung von Landesrecht (→ Rn. 35 ff.) unterliegt der revisionsgerichtlichen Kontrolle nur, soweit der Landesgesetzgeber den BFH dazu ermächtigt hat (§ 33 I Nr. 4; → § 33 Rn. 40) oder soweit das Landesrecht inhaltlich auf Bundesrecht beruht, so dass letztlich Bundesrecht überprüft wird (Verschränkung; → Rn. 38).

3 **Bindung an die tatsächlichen Feststellungen.** Nach Abs. 2 ist der BFH in tatsächlicher Hinsicht an den im angefochtenen Urteil festgestellten Sachverhalt gebunden. Man kann zwischen positiver (Bindung an die vom FG festgestellten Tatsachen; → Rn. 104 ff.) und negativer Bindungswirkung unterscheiden (zur Unterscheidung → Rn. 100). Auch vom FG nicht festgestellte Tatsachen „binden" insofern, als der BFH im Revisionsverfahren grds. keine eigenen tatsächlichen Feststellungen treffen darf (→ Rn. 150 ff.) Die positive Bindungswirkung entfällt (→ Rn. 124 ff.), wenn die Beteiligten des Revisionsverfahrens gegen die tatsächlichen Feststellungen des FG zulässige und begründete Revisionsgründe (Verfahrensrügen, → § 115 Rn. 250 ff.) vorbringen (→ § 116 Rn. 48 ff.) oder

wenn ein vAw zu beachtender Verfahrensmangel vorliegt. Revisibel ist vor allem die Einhaltung der Vorschriften über den äußeren Hergang der Ermittlung des Sachverhalts durch das Gericht einschließlich der Ermittlung von Anknüpfungstatsachen (→ § 96 Rn. 128). Der weitgehend innere Vorgang der eigentlichen Überzeugungsbildung (→ § 96 Rn. 100) ist dagegen nicht rechtlich überformt, sondern „frei" (§ 96 I 1; → § 96 Rn. 6) und in seinem Kern deshalb nicht revisibel (→ Rn. 80 und näher → § 96 Rn. 135). Von der negativen Bindungswirkung gibt es Ausnahmen (→ Rn. 160 ff.).

Verfahrensrevision. Nach Abs. 3 S. 1 überprüft der BFH im Rahmen einer Verfahrensrevision (→ Rn. 210 ff.) nur die geltend gemachten Verfahrensmängel. Voraussetzung dafür ist, dass nur Verfahrensmängel gerügt worden sind und, dass die Voraussetzungen des § 115 II Nr. 1 und 2 nicht vorliegen. Im Übrigen (Abs. 3 S. 2), nämlich im Normalfall, gilt der Grundsatz der Vollrevision. Der BFH überprüft dann die Rechtmäßigkeit des Urteils ohne Bindung an die geltend gemachten Revisionsgründe (→ § 115 Rn. 67). 4

Abgrenzung. § 118 regelt nicht, welche Gründe der Revisionskläger zur Begründung der Revision vorbringen kann. Dies ergibt sich aus § 120 III. Aus dieser Vorschrift ergibt sich auch, welche sog. Gegenrügen der Revisionsbeklagte erheben kann, wenn er keine Anschlussrevision eingelegt hat (→ § 120 Rn. 75). § 118 regelt auch nicht den Gegenstand der Revision, sondern setzt ihn voraus. Die möglichen Revisionsgegenstände sind in § 115 I bestimmt (→ § 115 Rn. 30 ff.). 5

Verhältnis zu anderen Vorschriften. Eine Rechtsverletzung iSv § 120 III Nr. 2 Buchst. a wird nicht geltend gemacht, wenn der Revisionskläger die Bindung an die tatsächlichen Feststellungen nicht beachtet (dh nicht den vom FG festgestellten Sachverhalt zugrunde legt) und lediglich seine eigene tatsächliche Würdigung an die Stelle der tatrichterlichen Würdigung des FG setzt (→ § 120 Rn. 65; BFH I R 40/21, BFH/NV 2025, 515). § 118 ist deshalb auch sinngemäß bei der Auslegung der Revisionszulassungsgründe im Verfahren der NZB zu beachten. Die Revision soll nicht zugelassen werden wegen einer Frage, die im Revisionsverfahren nicht vom BFH geklärt werden könnte (→ § 115 Rn. 90). Abs. 2 ist auch im AdV-Verfahren vor dem BFH (XI S 28/10, BFH/NV 2011, 1746) und bei der Gewährung von PKH für das Revisions- oder NZB-Verfahren zu beachten. 6

II. Verletzung des Rechts, Beruhen (Abs. 1)

1. Allgemeines, anzuwendendes Recht

Definition. Die FGO definiert den Begriff der Rechtsverletzung nicht. Für das finanzgerichtliche Verfahren kann deshalb auf die Definition in § 546 ZPO iVm § 155 FGO zurückgegriffen werden (Tipke/Kruse/Krumm § 118 Rn. 31; HHS/Lange § 118 Rn. 75). Danach ist das Gesetz verletzt, wenn eine Rechtsnorm (→ Rn. 20 ff.) nicht oder nicht richtig angewendet worden ist. 10

a) Theoretische Grundlagen. Subsumtionsmodell. Der Vorgang der Rechtsanwendung wird modellhaft als Subsumtionsschluss verstanden (→ § 115 Rn. 112; → § 96 Rn. 1). Die unrichtige Anwendung des Rechts kommt danach (theoretisch) in zwei Ausprägungen vor: Sie kann darin bestehen, dass die abstrakten Tatbestandsmerkmale einer Norm unzutreffend ausgelegt wurden **(Interpre-** 11

tationsfehler) oder dass die festgestellten Tatsachen zu Unrecht einer bestimmten Norm unterstellt oder fehlerhaft einer an sich verwirklichten Norm nicht unterstellt wurden (**Subsumtionsfehler;** vgl. Thomas/Putzo/Seiler ZPO § 546 Rn. 2; Zöller/Feskorn ZPO § 546 Rn. 6 f.; May, Die Revision in den zivil- und verwaltungsgerichtlichen Verfahren, 2. Aufl. 1997, Kap. VI Rn. 75, 172; Völlmeke DStR-Beih. 1997, 6). Ob der empirische Untersatz zutrifft, ob also die auf Tatsachen bezogenen Aussagen wahr sind (→ § 96 Rn. 2), kann dagegen grds. nicht (bzw. nur eingeschränkt) mit der Revision überprüft werden (Tatfrage; → Rn. 80). Folge der so verstandenen Rechtsverletzung ist, dass entweder Rechtsfolgen aus einer Vorschrift abgeleitet werden, deren Tatbestandsmerkmale nicht erfüllt sind, oder, dass zwar der Tatbestand der Rechtsnorm erfüllt ist, sich aus ihr aber nicht die vom FG angenommenen Rechtsfolgen ergeben (May, Die Revision in den zivil- und verwaltungsgerichtlichen Verfahren, 2. Aufl. 1997, Kap. VI Rn. 76). Diese Differenzierungen haben keine praktische Bedeutung, da es nur darauf ankommt, ob das Recht verletzt ist.

12 **Verfahrensrecht.** Auch die Anwendung des Verfahrensrechts folgt theoretisch dem Subsumtionsmodell. Es ist deshalb unerheblich, in welcher Phase des finanzgerichtlichen Verfahrens der Rechtsfehler vorgekommen ist. Ein Rechtsfehler liegt auch vor, wenn dem Gericht vor der Urteilsfindung, insbes. bei der Sachverhaltsaufklärung und Tatsachenfeststellung, soweit sie durch Rechtsnormen überformt ist, Rechtsanwendungsfehler unterlaufen sind (May, Die Revision in den zivil- und verwaltungsgerichtlichen Verfahren, 2. Aufl. 1997, Kap. VI Rn. 77, 79; nur scheinbar aA Tipke/Kruse/Krumm § 118 Rn. 32 f.: iGrds nicht revisibler Feststellungsfehler).

14 **b) Anzuwendendes Recht. Maßstab.** Die Antwort auf die Frage, ob das FG das Recht richtig angewandt hat, hängt davon ab, welches Recht anzuwenden ist. Die Frage stellt sich insbes. bei nachträglichen Rechtsänderungen. Der Begriff der Rechtsverletzung ist **objektiv** zu verstehen. Es kommt deshalb nicht darauf an, ob das FG in der Lage war, so zu entscheiden, wie es aus der Sicht des BFH hätte entscheiden müssen. Im Einzelnen ist zwischen dem materiellen Recht und dem Verfahrensrecht zu differenzieren.

15 **Änderung des materiellen Rechts.** Eine Rechtsverletzung iSd § 118 liegt auch vor, wenn das FG nach dem zur Zeit seiner Entscheidung geltenden Recht richtig entschieden hat, danach aber eine Veränderung der materiellen Rechtslage mit Rückwirkung (→ Rn. 16) auf den zu beurteilenden Steuerfall eingetreten ist. Im umgekehrten Fall ist ein ursprünglich fehlerhaftes Urteil zu bestätigen, wenn es sich aufgrund einer nach seinem Erlass eingetretenen Rechtsänderung im Zeitpunkt der revisionsrechtlichen Überprüfung als richtig erweist (Zöller/Feskorn ZPO § 546 Rn. 21). Das Revisionsgericht hat Rechtsänderungen, die nach Erlass des angefochtenen Urteils eingetreten sind, in gleichem Umfang zu beachten, wie sie die Vorinstanz hätte berücksichtigen müssen, wenn sie an Stelle des Revisionsgerichts jetzt über die Sache zu entscheiden hätte (allgA, BFH II R 104/70, BStBl. II 1972, 183; VII R 128/71, BStBl. II 1974, 110; IV R 260/84, BStBl. II 1986, 518; BVerwG 5 C 97.54, BVerwGE 1, 291; 2 C 57.82, BVerwGE 67, 287; BGH III ZR 118/56, BGHZ 24, 253; III ZR 72/80, WM 1982, 299). Das gilt auch für Rechtsänderungen, die auf zwischenstaatlichen Vereinbarungen beruhen (BGH IV ZB 20/72, NJW 1973, 417; BVerwG 1 C 35.72, BVerwGE 42, 148).

16 **Rückwirkung.** Die Anwendung neuen Rechts im Revisionsverfahren hängt davon ab, dass es nach seinem **zeitlichen Anwendungsbereich** das streitige

Steuerrechtsverhältnis erfasst. Ob das der Fall ist, bestimmt sich nach den Vorschriften des materiellen Rechts. Im Steuerrecht schließt der Grundsatz der **Tatbestandsmäßigkeit der Besteuerung** die rückwirkende Änderung von Steuergesetzen weitgehend aus. Steuerrechtsverhältnisse unterliegen in Bezug auf Inhalt und Wirkung grds. dem Recht, das zu der Zeit galt, als sich ihr Entstehungstatbestand verwirklichte (BFH X R 63/82, BStBl. II 1988, 967 mwN; X B 2/95, BFH/NV 1995, 968). Soweit ein Gesetz aber ausnahmsweise in zulässiger Weise (steuerliche) **Rückwirkung** entfaltet, ist es im Revisionsverfahren auch dann anzuwenden, wenn die Rechtsänderung erst während des Revisionsverfahrens eingetreten ist (BFH IV R 12/81, BStBl. II 1986, 811). Die Zulässigkeit rückwirkender (verschärfender) Rechtsänderungen ist verfassungsrechtlich begrenzt (vgl. zB BeckOK EStG/Kirchhof EStG § 2 Rn. 108–119).

Änderung des Verfahrensrechts. Änderungen auf dem Gebiet des Verwal- 17
tungs- und/oder des Gerichtsverfahrensrechts sind im Revisionsverfahren idR auch dann zu beachten, wenn die Änderung erst nach Erlass des finanzgerichtlichen Urteils in Kraft getreten ist und nicht auf den Zeitpunkt des Ergehens des FG-Urteils zurückwirkt (BFH VIII R 50/74, BStBl. II 1977, 516; V R 25/87, BStBl. II 1991, 496; IV R 14/91, BStBl. II 1994, 250; IX R 12/91, BStBl. II 1996, 606). Der Grundsatz der sofortigen Anwendbarkeit neuer Vorschriften des Verwaltungsverfahrensrechts gilt nicht, wenn mit der Gesetzesänderung die Voraussetzungen für die **Zulässigkeit** eines **Rechtsmittels,** für den materiellen Steueranspruch oder für eine sachliche Ermessensentscheidung **geändert** werden (BFH V R 25/87, BStBl. II 1991, 496; BVerwG 4 CN 12/97, BVerwGE 106, 237; BSG GS 2/80, BSGE 54, 223; SozR 3–4100 § 152 Nr. 7).

Rechtsfolgen. Eine Rechtsverletzung durch das FG hat nicht notwendig zur 18
Folge, dass die Revision begründet und das Urteil aufzuheben ist. Das Urteil muss auch auf dem Rechtsfehler beruhen (→ Rn. 95 ff.). Gelangt das Revisionsgericht zu dem Ergebnis, dass sich das (rechtsfehlerhafte) Urteil der Vorinstanz aus anderen Gründen iE als richtig erweist, hat es die Revision trotz der Rechtsverletzung zurückzuweisen (§ 126 IV).

2. Rechtsnorm

Das verletzte Recht muss die Qualität einer Rechtsnorm haben (vgl. § 4 AO). 20
Zu den Rechtsnormen gehören alle Gesetze, Rechtsverordnungen, autonome Satzungen, Gewohnheitsrecht sowie zwischenstaatliche Verträge des Deutschen Reichs oder der Bundesrepublik, sofern sie ratifiziert und im RGBl., im BGBl. oder in Amtsblättern verkündet sind (BGH II ZR 125/58, BGHZ 32, 84). Rechtsnorm iSd § 118 sind auch allgemeine Rechtsgrundsätze (zB Treu und Glauben), die zur Ergänzung gesetzten Rechts herangezogen werden (BFH II R 167/84, BStBl. II 1987, 12). Unbestimmte Rechtsbegriffe sind Bestandteile von Rechtsnormen; ihre zutreffende Auslegung durch die FG ist deshalb uneingeschränkt vom Revisionsgericht nachprüfbar (BFH VI R 113/66, BStBl. II 1969, 316; IV R 153/80, BStBl. II 1983, 324, zum Begriff des groben Verschuldens; BFH III R 81/82, BStBl. II 1983, 552; VII R 47/81, BFHE 148, 378).

Keine Rechtsnormen sind insbes. **Verwaltungsanweisungen** (Verwaltungs- 21
anordnungen, Richtlinien, Erlasse etc). Sie sind Willensäußerungen der FVerw und als solche nicht revisibel. Für ihre Auslegung ist nicht maßgeblich, wie das FG sie versteht, sondern wie die Verwaltung sie verstanden hat und verstanden wissen wollte. Deshalb dürfen die FG Verwaltungsanweisungen nicht wie Gesetze

auslegen, sondern nur darauf überprüfen, ob die Auslegung durch die Behörde möglich ist (stRspr, BFH V R 37/04, BStBl. II 2006, 466 mwN; I R 68/98, BFH/NV 2000, 891; VI R 65/99, BFH/NV 2001, 257). Ist zweifelhaft, ob ein bestimmter Fall unter eine Verwaltungsanweisung fällt, ist es Sache der Verwaltungsbehörde zu entscheiden, ob die Regelung anzuwenden ist oder nicht (BFH I R 68/98, BFH/NV 2000, 891 mwN).

22 **Gesetzesinterpretierende Verwaltungsanweisungen,** die die gleichmäßige Anwendung des Gesetzes durch die nachgeordneten Behörden sicherstellen sollen, haben keine Rechtsnormqualität; sie binden die Gerichte nicht (stRspr, vgl. zB BFH VI R 28/05, BStBl. II 2006, 781; VI B 45/07, BFH/NV 2008, 60; I R 48/02, BStBl. II 2004, 425; X R 10/99, BStBl. II 2002, 653 aE mwN). Eine Bindung ist auch dann zu verneinen, wenn die Auslegung des Gesetzes durch die Verwaltungsanweisung im Regelfall für die Stpfl. günstiger ist, als die Auslegung durch die Gerichte (BFH III R 62/84, BStBl. II 1985, 319).

23 Verwaltungsanweisungen, die **auf Erfahrung beruhende Schätzungen** zum Inhalt haben, oder typisierende Pauschalregelungen (zB Pauschalen für Verpflegungsmehraufwand; Nutzungsdauer von Wirtschaftsgütern), die auf einer sachverständigen Beurteilung und Auswertung einer Vielzahl repräsentativer Einzeldaten beruhen, dienen der Gleichmäßigkeit der Besteuerung (Art. 3 GG) und sind deshalb auch von den FG zu beachten, sofern sie nicht zu offensichtlich falschen Ergebnissen führen (BFH VI R 8/76, BStBl. II 1979, 54; VI R 195/82, BStBl. II 1986, 824; II R 126/87, BStBl. II 1991, 556; VI R 56/91, BStBl. II 1994, 417; VI R 82/89, BStBl. II 1992, 1000; I R 48/02, BStBl. II 2004, 425). Die Gerichte dürfen derartige Verwaltungsanweisungen nur darauf überprüfen, ob deren Auslegung durch die Finbeh möglich ist. Bei Zweifeln über den Anwendungsbereich der Anweisung ist es Sache der Finbeh zu entscheiden, ob die Vereinfachungsregelung anzuwenden ist oder nicht (BFH VI R 147/85, BStBl. II 1988, 445).

24 Haben die Verwaltungsbehörden in Ausfüllung eines ihnen nach dem Gesetz zustehenden **Ermessensspielraums** Richtlinien erlassen, können die Gerichte grds. nur prüfen, ob sich die Behörden an die Richtlinien gehalten haben (**„Selbstbindung der Verwaltung“** gem. Art. 3 I GG) und ob die Richtlinien selbst einer sachgerechten Ermessensausübung entsprechen (BFH XI R 85/95, BStBl. II 1997, 377 mwN; VI R 64/02, BStBl. II 2006, 642; V R 37/04, BStBl. II 2006, 466; I R 1/98, BFH/NV 2000, 691). Unter dem Gesichtspunkt der Selbstbindung der Verwaltung kann die Nichtanwendung von **begünstigenden Verwaltungsvorschriften,** die die Ausübung des Ermessens regeln, auf einen an sich von ihnen erfassten Fall gegen den Gleichheitssatz (Art. 3 I GG) verstoßen; die Richtlinien können auf diese Weise eine „quasi-gesetzliche“ Form erlangen und unter dem Gesichtspunkt der Gleichbehandlung zu einem einklagbaren Rechtsanspruch auf Anwendung führen, sofern sie sich in den Grenzen hält, die die Gesetze der Ausübung des Ermessens setzen (BFH VIII R 61/87, BStBl. II 1991, 752 mwN; I R 123/04, BFH/NV 2006, 1097 mwN; III R 29/05, BStBl. II 2005, 77).

25 **Billigkeitsregelungen** der Verwaltung, wie zB solche, die aus Gründen des Vertrauensschutzes die Anpassung der Verwaltungspraxis an eine verschärfende Rspr. oder an geänderte Rechtsauffassungen erleichtern sollen, binden Verwaltung und Gerichte nur dann, wenn sie von §§ 163 oder 227 AO gedeckt sind (BFH IV R 69/95, BStBl. II 1997, 245 mwN; IX R 54/04, BFH/NV 2006, 1241). Zur gerichtlichen Kontrolle von Richtlinien über die Ermessensausübung → § 102

Rn. 13 f.; Tipke (Hrsg.), Grenzen der Rechtsfortbildung durch Rechtsprechung und Verwaltungsvorschriften im Steuerrecht, 1982.

3. Revisibles Recht

Mit der Revision kann grds. nur die Verletzung von **Bundesrecht** gerügt werden. Unter besonderen Voraussetzungen (Abs. 1 S. 2) kann die Revision auch auf die Verletzung von Landesrecht gestützt werden (→ Rn. 35). 30

a) Bundesrecht (Abs. 1 S. 1). Zum Bundesrecht gehören: 31

(1) Das GG und die vom Bundestag aufgrund der ausschließlichen (Art. 73 GG) oder konkurrierenden (Art. 74 GG) Gesetzgebungszuständigkeit des Bundes erlassenen **Gesetze;**

(2) die Vorschriften eines **Bundesrahmengesetzes,** soweit sie unverändert in ein Landesausführungsgesetz übernommen worden sind, ihren Geltungsgrund also im Bundesrecht haben;

(3) die allgemeinen **Regeln des Völkerrechts** (Art. 25 S. 1 GG; BFH I 230/61 S, BStBl. III 1964, 253);

(4) **Völkerrechtliche Verträge,** soweit sie in innerstaatliches Recht transformiert wurden (Art. 59 II GG; BFH IV R 75/97, BStBl. II 1998, 732);

(5) das **primäre Recht der Europäischen Union,** insbes. die Grundfreiheiten, die GRCh und das Beihilferecht (Art. 23 I, 59 II GG; stRspr, vgl. zB BFH X R 15/08, BStBl. II 2008, 976; I R 88, 89/07, BStBl. II 2016, 438; VIII R 101/02, BStBl. II 2010, 265);

(6) das **sekundäre Unionsrecht** (insbes. EU-Verordnungen) ist insoweit revisibel, als es nach Art. 288 AEUV in den Mitgliedsstaaten unmittelbar gilt (stRspr, BVerfG 2 BvR 557/88, NVwZ 1993, 883; BFH VI R 158/74, BStBl. II 1976, 755; III R 41/05, BStBl. II 2008, 369; BVerwG VII C 35/69, BVerwGE 35, 277). Kann sich der Einzelne unmittelbar auf eine EU-Richtlinie berufen, gehört die Vorschrift ebenfalls zum revisiblen Recht (BFH XI R 5/13, BStBl. II 2015, 724). Richtlinienrecht, das der Bundesgesetzgeber in nationales Recht umgesetzt hat, ist als solches revisibel (BFH VII R 52/08, BStBl. II 2010, 51). Es muss seinerseits richtlinienkonform ausgelegt werden (BFH XI R 13/13, BStBl. II 2015, 730). Die Vorlageverpflichtung (Art. 267 III AEUV) schränkt die Entscheidungskompetenz des Revisionsgerichts ein, soweit die Auslegung des Gemeinschaftsrechts dem EuGH vorbehalten ist. Das Revisionsgericht hat aber im Rahmen der Revision zu prüfen, ob das vom FG angewandte innerstaatliche Recht durch Unionsrecht verdrängt worden ist (Grundsatz des Anwendungsvorrangs), ob der Inhalt des Unionsrechts auslegungsbedürftig und deshalb eine Vorlage an den EGH notwendig ist (BFH I R 6/96, BStBl. II 1999, 129; X R 15/08, BFH/NV 2009, 559) und ob das Unionsrecht in seiner Anwendung die Grenzen des Übertragungsakts nach Art. 24 GG überschreitet und deshalb nicht anzuwenden ist (sog. „ausbrechender Rechtsakt“, BVerfG 2 BvR 2134/92, 2 BvR 2159/92, BVerfGE 89, 155; Gosch DStR 2007, 1895);

(7) das nach Art. 124, 125 GG als Bundesrecht **fortgeltende Reichsrecht;**

(8) **ehemaliges Besatzungsrecht,** soweit es als Bundesrecht fortgilt (BVerwG I C 36/68, NJW 1973, 529; 1 C 47/74, NJW 1979, 1840);

(9) das **Steuerrecht der ehemaligen DDR,** das aufgrund des Art. 8 des Einigungsvertrages (Anl. I Kap. IV Sachgebiet B II 14) als **partielles Bundesrecht** bis zum 31.12.1990 fort galt (BFH II R 29/92, BStBl. II 1993, 630;

I R 75/93, BStBl. II 1994, 578; VI R 95/94, BStBl. II 1995, 579; BGH VIII ZR 91/91 (KG), NJW 1993, 259); die befristete Fortgeltung des Rechts der DDR beruhte auf einer Anordnung des bundesdeutschen Gesetzgebers (BFH XI R 69/93, BStBl. II 1995, 521);

(10) Normen des **Gewohnheitsrechts,** soweit sie in den Bereich der Rechtssetzungskompetenz des Bundes fallen, insbes., soweit sie **Bundesrecht ergänzen** (hM, BVerwG 4 C 5/86, NJW 1989, 922; Kopp/Schenke/Schenke VwGO § 137 Rn. 5; Eyermann/Kraft VwGO § 137 Rn. 9). Über das Bestehen und den Inhalt von Bundesgewohnheitsrecht hat das Revisionsgericht selbst zu entscheiden und ggf. Beweis zu erheben (BGH Ia ZB 27/64, MDR 1965, 731);

(11) von Bundesbehörden erlassene **Rechtsverordnungen** einschließlich der Rechtsverordnungen bundesunmittelbarer Körperschaften;

(12) **Verwaltungsvorschriften des Bundes,** soweit ihre Bedeutung über die einer bloßen Anweisung für den inneren Dienstbetrieb hinausgeht, weil sie eine im Gesetz nur allgemein festgelegte Rechtspflicht durch bestimmte und für alle gleich gelagerten Fälle allgemein geltende Regel konkretisiert und damit das **Ermessen** der Verwaltung **mit Außenwirkung bindet** (BFH VII R 52/08, BStBl. II 2010, 51; → Rn. 24).

32 **Allgemeine Rechtsgrundsätze,** die Lücken des geschriebenen Rechts ausfüllen, sind derselben Normebene zuzuordnen wie das Recht, zu dessen Ergänzung sie herangezogen werden (BVerwG VII B 15.71, DVBl. 1973, 373, zum Grundsatz von Treu und Glauben; BGH XI ZR 193/14, NJW 2015, 2328; für **Auslegungs- und Beweislastregeln:** BVerwG VII C 33.73, BeckRS 1975, 605; Kopp/Schenke/Schenke VwGO § 137 Rn. 8; Eyermann/Kraft VwGO § 137 Rn. 9, 10).

33 **Sonderfälle.** Das FG wendet revisibles Bundesrecht auch dann an, wenn es sich bei der Auslegung irrevisiblen Rechts (irrtümlich) durch revisibles Recht gebunden sieht (BVerwG IV C 8–11/74, NJW 1976, 723) oder soweit es aus dem von ihm festgestellten Landesrecht Schlüsse im Hinblick auf die Auslegung und Anwendbarkeit von Bundesrecht gezogen hat (BFH II R 10/93, BStBl. II 1995, 432; XI B 115/18, BFH/NV 2020, 340). Das Revisionsgericht ist insbes. nicht an der Prüfung gehindert, ob das FG das irrevisible Recht zutreffend unter das ranghöhere Bundesrecht subsumiert hat und ob das Landesrecht mit übergeordnetem Bundesrecht übereinstimmt. Dabei ist allerdings die Auslegung des irrevisiblen Rechts selbst durch das Tatsachengericht für das Revisionsgericht bindend (BFH II R 58/93, BStBl. II 1995, 438; BVerwG VII B 15.71, DVBl. 1973, 373).

35 **b) Landesrecht (Abs. 1 S. 2). Grundsatz.** Landesrecht gehört grds. zum nicht revisiblen Recht. Davon gibt es zwei Ausnahmen: Das Landesrecht kann **durch Rechtsakt** (Ermächtigung) dem revisiblen Recht zugewiesen sein und es kann ausnahmsweise revisibel sein, soweit es im Fall **inhaltlicher Verschränkung** mit Bundesrecht letztlich auf die Rechtsetzungskompetenz des Bundes bzw. den Rechtsetzungsbefehl des Bundesgesetzgebers zurückzuführen ist (stRspr des BVerwG).

36 **Ermächtigung.** Nach Art. 99 GG kann der Landesgesetzgeber dem BFH als oberstem Gerichtshof des Bundes die Entscheidung auch in solchen Sachen zuweisen, bei denen es sich um die Anwendung von Landesrecht handelt. Für die Revisibilität einer Norm des Landesrechts genügt es nicht, dass nach § 33 I Nr. 4 durch Landesgesetz der Finanzrechtsweg eröffnet worden ist. Die Revision

kann nur dann auf die Verletzung von Landesrecht gestützt werden, wenn und soweit der Landesgesetzgeber die FGO insgesamt oder zumindest auch die Vorschriften des Unterabschnitts der FGO über die Revision ausdrücklich für anwendbar erklärt hat (BFH I R 99/06, BFH/NV 2008, 842 mwN; II R 10/93, BStBl. II 1995, 431; 5 V 242/14, BeckRS 2015, 95829). Die Revisibilität des Landesrechts muss im Fall einer Rechtsänderung im Zeitpunkt der Einlegung der Revision noch bestehen (BFH II R 6/94, BStBl. II 1995, 738; II R 102/93, BStBl. II 1996, 396).

Verschränkung. Sind Normen des Landes- und des Bundesrechts durch Bezugnahmen inhaltlich verschränkt, liegt revisibles Bundesrecht vor, wenn die Anwendung der Norm des Bundesrechts auf den konkret geregelten Sachverhalt auf dem Gesetzesbefehl eines Rechtsetzungsorgans des Bundes beruht. Kommt die Norm des Bundesrechts hingegen aufgrund eines Normsetzungsbefehls des Landesgesetzgebers zur Anwendung, ist sie nicht revisibel. **Verweist** das Landesrecht auf eine Norm des Bundesrechts, wird diese aufgrund eines Normsetzungsbefehls des Bundes angewendet, wenn sich ihr sachlicher Anwendungsbereich durch die Verweisung nicht ändert. Das ist der Fall, wenn der Landesgesetzgeber die bundesrechtliche Norm als geltend voraussetzt und sie lediglich als Anknüpfungspunkt für eine eigene Regelung heranzieht. Ob ihre Voraussetzungen erfüllt sind, ist deshalb eine revisible Vorfrage für die Anwendung der landesrechtlichen Norm. Demgegenüber ist der Normsetzungsbefehl des Landes maßgeblich, wenn die Verweisung auf das Bundesrecht dessen sachlichen Anwendungsbereich, wie der Bundesgesetzgeber ihn bestimmen konnte und wollte, erweitert (BVerwG 7 C 4/12, NVwZ-RR 2013, 462; 9 B 7/14, BeckRS 2014, 56264). Entsprechendes gilt für die Ausfüllung bundesrechtlicher Begriffe durch Landesrecht und umgekehrt. 38

c) Nicht revisibles Recht. Nicht revisibel sind insbes. das Landesrecht, soweit die Ausnahmevorrausetzungen (→ Rn. 36, 38) nicht vorliegen, ausländisches Recht, Ortsrecht sowie Satzungen öffentlich-rechtlicher Körperschaften (vgl. zu innerkirchlichen Rechtsakten BFH I R 28/93, BStBl. II 1994, 253; I B 111/07, BFH/NV 2008, 1697). Zum ausländischen irrevisiblen Recht gehört auch die **Auslegung von Verträgen** und Testamenten, die nach ausländischem Recht abgeschlossen wurden (BFH VIII R 29/80, BFHE 141, 321; II R 13/19, BStBl. II 2022, 481), oder die Auslegung der Satzung eines nach ausländischem (englischem) Recht errichteten und einer deutschen Stiftung vergleichbaren Colleges (BFH V R 35/18, BStBl. II 2021, 657). 40

Nicht revisibles (ausländisches) Recht wird nicht dadurch revisibel, dass es mit deutschem Recht übereinstimmt (BGH II ZR 109/57, NJW 1959, 1873). Werden bundesrechtliche Begriffe durch Begriffe ausgefüllt, die dem irrevisiblen Recht (zB Kirchenrecht) entnommen sind, ist das Ergebnis nicht revisibel (BVerwG V C 28.70, BVerwGE 38, 264). Beurteilt sich eine **Vorfrage** für die Anwendung bundesrechtlicher Steuerrechtssätze nach nicht revisiblem Landesrecht oder ausländischem Recht, so ist der BFH zu eigener Nachprüfung nur berechtigt, wenn sich das FG mit der Existenz und dem Inhalt des als Vorfrage entscheidungserheblichen Landesrechts nicht befasst hat (BFH II R 15/04, BStBl. II 2006, 557 mwN; X R 89/98, BStBl. II 2003, 72 mwN; VII R 83/90, BFH/NV 1993, 272; V R 1/68, BStBl. II 1972, 70). 41

Rechtsfolgen. Feststellungen des FG zum Inhalt des irrevisiblen (insbes. ausländischen) Rechts werden revisionsrechtlich wie die Feststellung von Tatsachen 42 behandelt und unterliegen nur eingeschränkter revisionsrechtlicher Überprüfung (BFH I R 63/03, BStBl. II 2005, 501; I R 46/07, BFH/NV 2008, 930; VI B 68/06, BFH/NV 2008, 977; ausführlich → Rn. 180 ff.).

43 Wird entgegen Abs. 1 mit der Revision die Verletzung irrevisiblen Rechts gerügt, ist die Revision nicht unzulässig, sondern **unbegründet** (BFH II R 104/70, BStBl. II 1972, 183; II R 6/94, BStBl. II 1995, 738).

4. Tatsachenfeststellung und Rechtsanwendung

Literatur: Fischer, Zur Revisibilität unbestimmter Rechtsbegriffe, Ansprache zur Verabschiedung von Heusinger (1968) Gesammelte Schriften, 1985, 11 ff.; Gottwald, Die Revisionsinstanz als Tatsacheninstanz, 1975; Grave/Mühle, Denkgesetze und Erfahrungssätze als Prüfungsmaßstab im Revisionsverfahren, MDR 1975, 274; Henke, Rechtsfrage oder Tatfrage – eine Frage ohne Antwort?, ZZP 81 (1968), 196 ff., 321 ff.; May, Auslegung individueller Willenserklärungen durch das Revisionsgericht, NJW 1983, 2014; May, Die Revision in den zivil- und verwaltungsgerichtlichen Verfahren, 2. Aufl. 1997; Mayen, Die Befugnis des Bundesverwaltungsgerichts zur Auslegung behördlicher Willenserklärungen, FS 50 Jahre Bundesverwaltungsgericht 2003, 641; Messer, Die revisionsrechtliche Nachprüfung der Vertragsauslegung, FS Odersky, 1996, 605; Mitsopoulos, Die Unterscheidung zwischen Tatfrage und Rechtsfrage im Kassationsverfahren, ZZP 81 (1968), 251; Nierwetberg, Die Unterscheidung von Tatfrage und Rechtsfrage, JZ 1983, 237; Scheuerle, Beiträge zum Problem der Trennung von Tat- und Rechtsfrage, AcP 157 (1958/59), 1 ff.; Schulte, Rechtsprechungseinheit als Verfassungsauftrag, 1986, 92 ff.; Schwinge, Grundlagen des Revisionsrechts, 2. Aufl. 1960; Sieg, Eigene Beweiserhebung durch das Revisionsgericht, NJW 1983, 980; Stumpf, Zur Revisibilität der Auslegung von privaten Willenserklärungen, FS Nipperdey, Bd. 1, 957; Völlmeke, Bindung des BFH an die Würdigung des FG bei unbestimmten Rechtsbegriffen, DStR 1997, Beih. zu Heft 32; Völlmeke, Überlegungen zur tatsächlichen Vermutung und zum Anscheinsbeweis im finanzgerichtlichen Verfahren, DStR 1996, 1070; Wickrath, Die Abgrenzung der Tatfrage von der Rechtsfrage in der Rechtsprechung des BFH, 1961.

45 **a) Allgemeines.** Die Unterscheidung zwischen Tat- und Rechtsfrage ist für das Revisionsrecht von grundlegender Bedeutung. Als Revisionsgericht darf der BFH nur die **Rechtsanwendung** des FG uneingeschränkt überprüfen. An die tatsächlichen Feststellungen des FG ist er dagegen regelmäßig gebunden (Abs. 2; → Rn. 3).

46 **Unsicherheit.** Trotz intensiver wissenschaftlicher Diskussion (s. Schrifttum) ist es bisher nicht gelungen, für alle erdenklichen Fälle allg. akzeptierte Kriterien für die Unterscheidung zwischen bindender Tatsachenfeststellung und nachprüfbarer Rechtsanwendung zu finden (vgl. die Darstellung des Meinungsstandes bei Nierwetberg JZ 1983, 237; May, Die Revision in den zivil- und verwaltungsgerichtlichen Verfahren, 2. Aufl. 1997, Kap. VI Rn. 320 ff.). Hinzu kommt, dass die Tatsachenfeststellung nicht schlechthin unüberprüfbar ist. Die Einhaltung der Denkgesetze und der allgemeinen Erfahrungssätze wird bei Schlussfolgerungen stets überprüft. Ergänzend haben sich (revisible) Mindeststandards bei der Auslegung (anerkannte Auslegungsgrundsätze; → Rn. 53) und Schätzung (allgemeine Schätzungsgrundsätze; → Rn. 86) herausgebildet, deren Einhaltung stets der revisionsgerichtlichen Kontrolle unterliegt, die aber ihrerseits keine klaren Konturen aufweisen. Von beiden Seiten ergibt sich ex ante eine praktisch bedeutsame Unsicherheit, wie weit die revisionsrechtliche Überprüfung im Einzelfall gehen wird (→ § 96 Rn. 10).

47 **Kasuistik.** Der BFH und die anderen obersten Bundesgerichte halten sich mit theoretischen Ausführungen zur Abgrenzung von Tat- und Rechtsfragen

weitgehend zurück und gehen idR **pragmatisch** vor, dh sie entscheiden jeweils von Fall zu Fall, ob eine bindende Tatsachenfeststellung oder eine revisible Rechtsanwendung vorliegt (vgl. dazu die Nachw. aus der Rspr. bei Völlmeke DStR-Beih. 1997, 5 f. (8 ff.); vgl. auch BFH II R 51/01, BFH/NV 2005, 14). Dabei haben sich bestimmte Fallgruppen herausgebildet, innerhalb derer die Rechtslage als (weitgehend) geklärt angesehen werden kann (→ Rn. 50 ff.).

Theoretisch bedeutsame Ausführungen enthält ausnahmsweise das Urteil des BSG v. 29.10.1997 (7 RAr 48/96, NZS 1998, 390), in dem das BSG zur Abgrenzung von Tat- und Rechtsfrage im Anschluss an May (Die Revision in den zivil- und verwaltungsgerichtlichen Verfahren, 2. Aufl. 1997, Kap. VI Rn. 322 ff.) und Nierwetberg (JZ 1983, 237) ua ausgeführt hat: 48

„Tatsachenfeststellungen als Bestandteil der vom Gericht vorzunehmenden Subsumtion unter Rechtssätze sind alle Feststellungen zum Vorhandensein, zum Fehlen und zur gegenseitigen Abhängigkeit von vergangenen, gegenwärtigen, zukünftigen oder hypothetischen Geschehnissen, die entweder zum Zeitpunkt des Geschehens selbst mit den menschlichen Sinnen wahrnehmbar sind bzw. wären – äußere Tatsachen – oder zumindest dadurch erfahrbar sind bzw. waren, dass auf ihr Vorhandensein oder ihr Fehlen aus wahrnehmbaren Geschehnissen geschlossen werden kann bzw. könnte – innere Tatsachen … Ob und welche Tatsachenfeststellungen vorliegen, ist indessen häufig schwierig zu beurteilen, weil Sprache als Kommunikationsmittel, nicht in der Lage ist, wahrnehmbare bzw. erfahrbare Geschehnisse exakt zu umschreiben. Der Gebrauch eines Begriffes als eines Elementes der Sprache verlangt nämlich immer einen Verständniskonsens zwischen Anwender und Adressaten (Hörer, Leser). Bei einem Verständnisdissens müssen die gebrauchten Begriffe erst definitorisch verfeinert und – theoretisch unbeschränkt – zergliedert werden; bei der Definition eines Begriffes bewegt man sich dann aber auf einer oberhalb der konkreten Ebene der Tatsachenfeststellung liegenden abstrakten Ebene der Rechtsanwendung, die vom Revisionsgericht überprüfbar ist … Das bedeutet für eine Entscheidung über die Frage, ob die Ausführungen im Urteil eines Instanzgerichts Tatsachenfeststellungen enthalten, dass die gebrauchten Begriffe darauf untersucht werden müssen, welchen Inhalt an wahrnehmbaren und erfahrbaren Vorgängen sie aufgrund eines begrifflichen Vorverständnisses, also unterhalb der Definitionsebene, umschreiben. Lässt sich ein solcher Inhalt nicht ermitteln, weil zweifelhaft ist, von welchem Begriffsverständnis das Vordergericht ausgegangen ist, fehlt es an für die Revisionsinstanz bindenden Tatsachenfeststellungen …; ist die Definition selbst Gegenstand der Revision, handelt es sich um eine vom Revisionsgericht zu entscheidende Rechtsfrage."

Tatfrage. Als „Faustformel" kann gelten: Tatsächlicher Art sind diejenigen Feststellungen und Schlussfolgerungen, die eine Antwort geben auf die Frage „Was ist tatsächlich geschehen?" oder, bei inneren Tatsachen, „Welche Vorstellungen oder Absichten hatte der Stpfl. bei einer bestimmten Handlung (Vertragsabschluss, Aufnahme einer Tätigkeit etc.)?". Dabei kommen häufig **Schlussregeln** zur Anwendung (insbes. allgemeine Erfahrungssätze und Denkgesetze). Ihre Anwendung wird revisionsrechtlich der Rechtsanwendung gleich gestellt (→ § 115 Rn. 268) und (in Grenzen) vom Revisionsgericht überprüft (näher → Rn. 70 ff.; → § 115 Rn. 265 ff. und → § 96 Rn. 1 ff.). 49

b) Fallgruppen. aa) Auslegung von Willenserklärungen und Verträgen. 50
Grundsatz. Ihre Auslegung ist iGrds **Tatsachenfeststellung** (vgl. BFH VI R 52/20, DStR 2024, 2469, Rn. 29). Das gilt ebenso für einseitige Erklärungen (BFH II R 36/18, BFH/NV 2021, 933: Vermächtnis) und auch, soweit davon

die Annahme wirtschaftlichen Eigentums abhängt (vgl. BFH II R 44/17, BStBl. II 2022, 188). Auch die Auslegung eines **Einspruchs** (sowie vergleichbarer Verfahrenshandlungen im Verwaltungsverfahren) ist Gegenstand der vom FG zu treffenden tatsächlichen Feststellungen, an die der BFH grds. im gleichen Umfang gebunden ist wie an die Auslegung privatrechtlicher Willenserklärungen (BFH VI R 12/05, BStBl. II 2009, 116; IV R 35/04, BFH/NV 2007, 1509; X R 51/06, BStBl. II 2009, 892; III B 36/11, BFH/NV 2012, 1169).

51 **Tatfragen.** Das FG hat insbes. festzustellen, was die Erklärenden (objektiv) **geäußert** und was sie bei der Erklärungshandlung **subjektiv gewollt** haben (BFH VIII R 44/92, BStBl. II 1995, 900 mwN; IV R 15/96, BStBl. II 1997, 535; X R 12/02, BStBl. II 2004, 722; I B 63/02, BFH/NV 2003, 1062; BGH VIII ZR 134/78, NJW 1979, 2616; BVerwG 8 C 6/81, NVwZ 1982, 196). Zur Tatsachenfeststellung gehört auch die *Würdigung* der für die Auslegung maßgeblichen Begleitumstände des Vertragsabschlusses sowie der Interessenlage der Beteiligten (BFH VIII R 44/92, BStBl. II 1995, 900 mwN; Hervorhebung durch Verfasser), sofern die im Zusammenhang revisionsrechtlich nachprüfbaren Voraussetzungen (→ Rn. 52) erfüllt sind. Auch die Frage, **wer** Einspruch eingelegt hat, ist im Wege der Auslegung zu bestimmen (BFH IV R 4/03, BFH/NV 2005, 162: Einspruch der ehemaligen Gesellschafter, wenn der Einspruch namens einer vollbeendeten PersGes erhoben worden ist).

52 **Rechtsfragen.** Revisibel ist, ob eine Willenserklärung nach ihrem Wortlaut und Zweck eindeutig oder **auslegungsbedürftig** ist (BFH VI R 12/05, BStBl. II 2009, 116 mwN; III B 36/11, BFH/NV 2012, 1169; BGH V ZR 51/80, NJW 1982, 31) und ob die Auslegung des FG nach dem Wortlaut der Erklärung möglich ist (BFH VIII R 7/90, BStBl. II 1993, 228). Außerdem prüft der BFH stets, ob die **gesetzlichen Auslegungsregeln** (§§ 133, 157 BGB) beachtet worden sind (Bundesrecht; BFH IX R 32/19, BStBl. II 2023, 169; I R 29/20, BFH/NV 2023, 1195). Zu den wichtigsten gesetzlichen Auslegungsregeln gehört, dass bei der Auslegung gem. §§ 133, 157 BGB nicht am Wortlaut des Erklärten zu haften ist, sondern auch alle **Begleitumstände** zu berücksichtigen sind (BFH II R 110/88, BStBl. II 1992, 357). Dazu gehört auch die **Interessenlage der Parteien** (BFH XI R 49/07, BStBl. II 2010, 1109; V R 57/17, BStBl. II 2020, 356). Zur nachprüfbaren Rechtsanwendung gehört deshalb auch, ob das FG die für die Auslegung bedeutsamen Begleitumstände hinreichend erforscht hat, insbes. die Interessenlage der Beteiligten (BFH VII R 29/77, BStBl. II 1980, 488; I R 13/77, BStBl. II 1981, 475; IX R 73/01, BFH/NV 2005, 192; V R 4/22, DStR 2024, 1411; BGH V ZR 196/93, NJW 1995, 45; mE eher Verfahrensmangel). Dies gilt ebenso für die Frage, ob das FG bei der Prüfung der Steuerfreiheit einer einheitlichen Leistung den Hauptbestandteil oder den dominierenden Bestandteil zutreffend bestimmt hat (BFH V R 57/17, BStBl. II 2020, 356). Die tatrichterliche Gesamtwürdigung ist bereits dann zu beanstanden, wenn wichtige Aspekte fehlen oder entscheidende Gesichtspunkte nicht entsprechend ihrer Bedeutung in die Abwägung eingeflossen sind (BFH VI R 12/08, BStBl. II 2010, 1069; V R 17/20, BStBl. II 2024, 492). Auch die rechtliche Einordnung des von den Vertragspartnern Gewollten am Maßstab der einschlägigen Rechtsnormen ist stets Rechtsfrage (BFH V R 10/03, BStBl. II 2004, 675 mwN; X R 8/13, BFH/NV 2015, 1409; XI R 7/11, BStBl. II 2013, 648; II R 35/15, BStBl. II 2017, 966).

53 **Prüfungsmaßstab bei Tatfragen.** Als Revisionsgericht kann der BFH die Auslegung einer Willenserklärung oder eines Vertrags durch das FG nur daraufhin überprüfen, ob das FG die **anerkannten Auslegungsgrundsätze** beachtet (BFH

VIII R 7/90, BStBl. II 1993, 228; IV R 75/00, BStBl. II 2003, 467; X R 12/02, BStBl. II 2004, 722) und nicht gegen **Denkgesetze** (→ Rn. 70) oder **allgemeine Erfahrungssätze** (→ Rn. 74) verstoßen hat (stRspr, BFH IX R 76/07, BFH/NV 2009, 1268; IV R 24/21, DStR 2024, 1178, Rn. 41; BGH V ZR 219/60, NJW 1962, 1715; BVerwG 8 C 6/81, NVwZ 1982, 196).

Anerkannte Auslegungsgrundsätze. Sie sind abzugrenzen von den gesetzlichen Auslegungsregeln, deren Einhaltung der BFH revisionsrechtlich stets überprüft (→ Rn. 52). Welche Elemente zu den anerkannten Auslegungsgrundsätzen gehören, ist nicht abschließend geklärt. Es kann sich um Verfahrensmängel handeln, die als solche zu rügen sind, zB wenn das FG einen für die Auslegung wesentlichen Gesichtspunkt übergangen hat (BFH IX R 36/16, BFH/NV 2018, 215; X R 15/22, BFH/NV 2023, 1397). Zu den anerkannten Grundsätzen bei der Auslegung von Verträgen gehören die vollständige Erfassung des Vertragstextes und die Einbeziehung der systematischen Stellung der zu betrachtenden Regelungen im jeweiligen Gesamtzusammenhang (BFH X R 30/12, BFH/NV 2016, 203). Keine Bindungswirkung entfaltet eine widersprüchliche Vertragsauslegung (BFH IX R 13/15, BFH/NV 2016, 1556). Die Gewährleistung eines effektiven Rechtsschutzes durch Art. 19 IV GG gebietet eine Auslegung und Anwendung der die Einlegung von Rechtsbehelfen regelnden Vorschriften, die die Beschreitung des eröffneten Rechtswegs nicht in unzumutbarer Weise erschweren (BFH V R 87/01, BStBl. II 2003, 505; IV B 166/06, BFH/NV 2008, 248). 54

Rechtsfolgen. Entspricht die Auslegung des FG den gesetzlichen Auslegungsregeln sowie den allgemeinen Auslegungsgrundsätzen, den Denkgesetzen und den allgemeinen Erfahrungssätzen, ist sie für den BFH bindend, auch wenn sie nicht zwingend, sondern nur **möglich** ist (BFH VIII R 44/92, BStBl. II 1995, 900; I R 67/92, BStBl. II 1996, 77; IV R 71/04, BFH/NV 2008, 347). Andernfalls entfällt die Bindungswirkung. Das FG muss die fehlende oder fehlerhafte Auslegung nachholen. 55

Ausnahmsweise soll das Revisionsgericht eine vom FG **unterlassene Auslegung** selbst vornehmen dürfen, wenn das FG den Sachverhalt vollständig festgestellt hat und zwar auch dann, wenn mehrere Auslegungsmöglichkeiten bestehen (stRspr, vgl. zB BFH IX R 43/89, BStBl. II 1991, 918; IV R 75/00, BStBl. II 2003, 467; X R 37/02, BStBl. II 2004, 493; X R 29/19, BFH/NV 2022, 577; BGH VII ZR 179/73, BGHZ 65, 107) oder wenn eine **ergänzende Vertragsauslegung** vorzunehmen ist (BGH V ZR 250–96, NJW 1998, 1219; BFH X R 59/04, BStBl. II 2008, 284; II R 16/02, BStBl. II 2006, 36). Dem kann nicht gefolgt werden. Der BFH darf Schlüsse aus den vom FG vollständig festgestellten Tatsachen nur ziehen, wenn sie eindeutig sind. Dann wäre die Zurückverweisung eine leere Förmelei, die nicht geboten ist (→ Rn. 141). Für die Tatsachenfeststellung ist der BFH nicht der gesetzliche Richter. 56

Korporationsrechtliche Vereinbarungen. Der BFH überprüft die Auslegung ausnahmsweise ohne Bindung an die tatsächlichen Feststellungen des FG, weil solche Vereinbarungen (insbes. Gesellschaftsverträge etc.) für einen unbestimmten Personenkreis, insbes. für die Gläubiger und künftigen Gesellschafter, bestimmt sind und deshalb einheitlich ausgelegt werden müssen (BFH I R 94/06, DStRE 2008, 878; I R 22/14, BStBl. II 2017, 336). Das gilt aber grds. nicht für Gesellschafterbeschlüsse (BFH I R 31/19, BFH/NV 2022, 1317). 57

bb) Auslegung von Verwaltungsakten. Die Auslegung behördlicher Erklärungen und Entscheidungen ist **Rechtsfrage.** Insbesondere bei der Prüfung, ob 60 eine behördliche Erklärung einen **Verwaltungsakt** darstellt, ist das Revisionsgericht nicht an die Feststellungen des Tatsachengerichts gebunden (BFH III R 18/02, BStBl. II 2004, 980; I R 72/07, BFH/NV 2008, 1977; I R 69/12, DStR 2015, 1297; X R 32/13, BStBl. II 2016, 139; BGH V ZR 275/56, BGHZ 28, 34 (39); III ZR 6/50, BGHZ 3, 1 (15); BVerwG 2 C 34/80, BVerwGE 67, 222 (234); Thomas/Putzo/Seiler ZPO § 546 Rn. 5). Das gilt auch für die Frage, ob der VA einer Auslegung zugänglich ist oder ob er mangels hinreichender Bestimmtheit unwirksam ist (BFH I R 72/07, BFH/NV 2008, 1977; VIII B 148/14, BeckRS 2016, 95243).

61 Der BFH kann auch den vom FG festgestellten **Inhalt eines Verwaltungsakts** uneingeschränkt nachprüfen und die Auslegung des FG (auf der Grundlage der tatsächlichen Feststellungen des FG) durch seine eigene Auslegung ersetzen (BFH I R 72/07, BFH/NV 2008, 1977 mwN; X R 32/13, BStBl. II 2016, 139; **aA** BVerwG 4 C 2/00, BVerwGE 115, 274; offengelassen in BVerwG 9 C 4/04, NVwZ 2005, 1070). Eigene weitere tatsächliche Feststellungen sind ihm dazu jedoch nicht erlaubt (Kopp/Schenke/Schenke VwGO § 137 Rn. 25a). Dies gilt jedenfalls für die Auslegung des VA, der Gegenstand des Rechtsstreits ist. Unter der Voraussetzung, dass die tatsächlichen Feststellungen des FG dies ermöglichen, kann das Revisionsgericht auch einen fehlerhaften VA in einen anderen VA umdeuten (BFH II R 44/05, BStBl. II 2009, 754 mwN).

62 Dieselben Grundsätze gelten für die Auslegung von Nebenbestimmungen zum VA (BFH X R 20/95, BFH/NV 1997, 540 mwN; BVerwG 3 B 92/04, BeckRS 2005, 25820), zB für den Vorläufigkeitsvermerk als unselbständige Nebenbestimmung zum VA (BFH IV R 28/14, BeckRS 2017, 130884).

64 **cc) Auslegung von Prozesserklärungen.** Die Auslegung von Prozesshandlungen und -erklärungen (auch des Klageverfahrens) ist Rechtsfrage. Insofern unterliegt das Revisionsgericht keiner Bindung an die tatsächlichen Feststellungen des FG (→ Rn. 170).

66 **dd) Rechtsbegriffe.** Die Auslegung von Rechtsnormen und Rechtsbegriffen ist Rechtsfrage. Bestimmte und unbestimmte Rechtsbegriffe können als solche vom Revisionsgericht uneingeschränkt nachgeprüft werden. Das Revisionsgericht hat insbes. zu prüfen, ob der Rechtsbegriff im Allgemeinen richtig ausgelegt wurde (vgl. zB BFH III R 81/82, BStBl. II 1983, 552), ob das FG bei der Beurteilung alle für diesen Rechtsbegriff wesentlichen Umstände berücksichtigt hat und ob die festgestellten Tatsachen den Schluss auf das Vorliegen des Rechtsbegriffs rechtfertigen (BFH VII R 27/07, BStBl. II 2009, 129; III R 217/82, BFH/NV 1987, 441).

67 **Abgrenzung.** An die Feststellung der den Rechtsbegriff ausfüllenden Tatsachen durch das FG ist der BFH gebunden (BFH II R 97/85, BStBl. II 1990, 448). Geht es zB um die Frage, ob ein Beteiligter vorsätzlich oder grob fahrlässig iSv § 173 AO gehandelt hat, überprüft der BFH uneingeschränkt, ob das FG den Rechtsbegriff des Vorsatzes bzw. der groben Fahrlässigkeit und die aus ihm abzuleitenden Sorgfaltspflichten zutreffend erkannt hat. Hinsichtlich des individuellen Verschuldens (Tatfrage) kann der BFH dagegen nur prüfen, ob die Feststellungen und Schlussfolgerungen des FG den Denkgesetzen und allgemeinen Erfahrungssätzen entsprechen (stRspr, vgl. zB BFH I R 196/79, BStBl. II 1983, 77; II R 20/86, BStBl. II 1989, 109; XI R 25/99, BStBl. II 2002, 817; II R 14/09, BFH/NV 2010, 2002; BGH IV ZR 170/52, BGHZ 10, 14). Ob eine **Behinderung** im Rechtssinne vorliegt, ist, soweit es die Auslegung des unbestimmten

Rechtsbegriffs betrifft, Rechtsfrage (tendenziell zu weitgehend BFH III R 44/14, BFH/NV 2017, 735), soweit es die Frage betrifft, ob der konkrete Sachverhalt den unbestimmten, aber rechtlich konkretisierten Rechtsbegriff ausfüllt, dagegen Tatfrage (→ Rn. 94 Sachverständigengutachten). Die Feststellungen des FG zu den objektiven Merkmalen und Eigenschaften einer Ware, insbes. zu deren Abmessungen, binden revisionsrechtlich; ob diese Merkmale die Voraussetzungen einer Position der Kombinierten Nomenklatur erfüllen, ist hingegen Rechtsfrage (BFH VII R 8/24, BFH/NV 2025, 499).

Rechtstatsachen. Verwendet das FG im Tatbestand oder in den Entscheidungsgründen sog. einfache Rechtsbegriffe („Eheleute“, „Kaufvertrag“, „Darlehen“), sind damit idR zugleich die diesem Rechtsbegriff zugrundeliegenden Tatsachen festgestellt (→ Rn. 112). Das gilt aber nicht (mehr) für komplexere Begriffe wie etwa den Begriff der „Rechtsnachfolge“ (BFH VII R 57/20, BStBl. II 2024, 706, Rn. 21). 68

ee) Denkgesetze. Die Beachtung der **Denkgesetze** (→ § 96 Rn. 131) ist revisibel. Die Denkgesetze sind zwar keine Rechtsnormen, sie bilden aber gemeinsam mit den allgemeinen Erfahrungssätzen, die ebenfalls beachtet werden müssen, den Rahmen, in dem sich die freie Beweiswürdigung entfalten darf. Die Denkgesetze beinhalten einen allgemein gültigen Maßstab zur Beurteilung von Tatsachen und tatsächlichen Schlussfolgerungen (Thomas/Putzo/Seiler ZPO § 546 Rn. 12). Aus ihnen ergibt sich der Mindeststandard an Rationalität, den gerichtliche Entscheidungen mit Blick auf die Gesetzesbindung einhalten müssen. Denkgesetze sind jedenfalls keine Verfahrensvorschriften. Ihre Verletzung bei der Rechtsanwendung oder der Beweiswürdigung begründet deshalb keinen Verfahrensmangel, sondern wird revisionsrechtlich wie ein **Verstoß gegen materielles Recht** behandelt (BFH X B 249/08, BFH/NV 2010, 444; VI B 75/12, BFH/NV 2012, 1969; → § 115 Rn. 268; → § 96 Rn. 136; aA May, Die Revision in den zivil- und verwaltungsgerichtlichen Verfahren, 2. Aufl. 1997, Kap. IV Rn. 347 f.: Denkgesetze sind revisionsrechtlich Tatsachen). 70

Inhalt. Welche Elemente zu den Denkgesetzen zählen, ist weitgehend ungeklärt. Dazu gehört jedenfalls das Gebot der **Widerspruchsfreiheit** (BFH V R 31/10, BStBl. II 2013, 352). Fehlt es an einer tragfähigen Tatsachengrundlage für die Folgerungen in der tatrichterlichen Entscheidung oder fehlt die nachvollziehbare Ableitung dieser Folgerungen aus den festgestellten Tatsachen und Umständen, so liegt ein Verstoß gegen die Denkgesetze vor (BFH III R 49/03, BStBl. II 2005, 483; X R 20/11, BFH/NV 2012, 1778; III R 28/19, BStBl. II 2020, 562; IX R 6/20, BFH/NV 2021, 1172). 71

ff) Allgemeine Erfahrungssätze. Allgemeine Erfahrungssätze. Ihre Beachtung ist revisibel. Sie bilden gemeinsam mit den Denkgesetzen (→ Rn. 70) den allgemeinen Rahmen, in dem sich die freie Beweiswürdigung entfalten darf, und müssen deshalb stets beachtet werden. Allgemeine Erfahrungssätze iSd gerichtlichen Beweiserhebungs- und Beweiswürdigungsrechts sind jedermann zugängliche Sätze, die nach allgemeiner Erfahrung unzweifelhaft gelten und **durch keine Ausnahmen durchbrochen** sind (BFH V R 35/89, BStBl. II 1993, 641; X R 13/85, BStBl. II 1989, 786; I R 51/11, BFH/NV 2012, 1800; BVerwG 1 C 24/90, BVerwGE 89, 110 (117) mwN; BSG 10 RV 313/74, BeckRS 1975, 00308; BGH 4 StR 60/82, NJW 1982, 2455). Insofern unterscheiden sie sich von den speziellen (einfachen) Erfahrungssätzen, die Ausnahmen zulassen (→ Rn. 78). 74

75 **Einordnung.** Allgemeine Erfahrungssätze erlauben zB den Schluss, dass bestimmte Ursachen nach der Lebenserfahrung bestimmte Folgen haben (→ § 96 Rn. 9). Es handelt sich um „gesichertes Erfahrungswissen" (BFH II R 52/07, BFH/NV 2010, 824). Sie sind weder Rechtsnormen noch Tatsachen, sondern Schlussregeln, die dem Richter ein (unerlässliches) Mittel zur rechtlichen Einordnung von Tatsachen bieten (BFH I R 85/69, BFHE 102, 512). Soweit das Gericht allgemeine Erfahrungssätze auf den festgestellten Sachverhalt anwendet, handelt es sich nicht um Schlussfolgerungen tatsächlicher, sondern (eher) um Folgerungen **rechtlicher Art,** die vom Revisionsgericht nachgeprüft werden können (BFH VII R 111/98, BStBl. II 1999, 803; VII R 75/85, BStBl. II 1989, 534; BSG 2 RU 17/71, BSGE 36, 35; Kopp/Schenke/Schenke VwGO § 137 Rn. 25). Das Revisionsgericht prüft dabei auch, welchen **Inhalt** und welche **Tragweite** der allgemeine Erfahrungssatz hat (BGH II ZR 16/81, NJW 1982, 2254; vgl. aber BGH IV ZR 15/72, NJW 1973, 1411); dazu bedarf es weder tatsächlicher Feststellungen noch empirischer Untersuchungen.

76 Der **Beweis des ersten Anscheins** beruht auf der Anwendung allgemeiner Erfahrungssätze (→ § 96 Rn. 149 ff.). Verkennt das FG die Grundsätze über den Anscheinsbeweis, kann das vom Revisionsgericht beanstandet werden (BFH I R 17/96, BStBl. II 1999, 48; VII R 75/85, BStBl. II 1989, 534; VII R 10/84, BFH/NV 1987, 728; zum Anscheinsbeweis und zur **tatsächlichen Vermutung** aus revisionsrechtlicher Sicht → § 96 Rn. 146 ff.).

78 **Spezielle (einfache) Erfahrungssätze.** Ihre Feststellung, ihr Inhalt und ihre Anwendung sind Tatfrage. Sie begründen im Gegensatz zu den allgemeinen Erfahrungssätzen nur eine (widerlegbare) tatsächliche Vermutung für einen bestimmten Geschehensablauf (BFH VIII R 7/88, BStBl. II 1993, 84: Vermutung für die Gestaltung mit Missbrauchsabsicht bei Fehlen jeglicher wirtschaftlicher Gründe), dulden also Ausnahmen. Spezielle Erfahrungssätze sind vom FG ebenso festzustellen wie entscheidungserhebliche Tatsachen (BFH III R 178/85, BStBl. II 1988, 442; BVerwG I C 37.72, NJW 1974, 1634). Der Inhalt eines speziellen Erfahrungssatzes kann vom Revisionsgericht nicht festgestellt werden, sofern es nicht ausnahmsweise zur Tatsachenfeststellung befugt ist (→ Rn. 160 ff.; BFH II R 29/94, BStBl. II 1994, 862). Das Revisionsgericht kann nur das bei der Feststellung des Erfahrungssatzes angewandte **Verfahren** überprüfen (BSG 10 RV 313/74, BeckRS 1975, 00308). Das Tatsachengericht muss insbes. darlegen, welchen Quellen es die dem behaupteten Erfahrungssatz zugrunde liegenden Tatsachen entnimmt (BFH III R 178/85, BStBl. II 1988, 442; BSG 10 RV 313/74, BeckRS 1975, 00308).

80 **gg) Beweiswürdigung. Begriff.** Unter „Beweiswürdigung" (nicht amtliche Überschrift zu § 96) ist der innerliche Vorgang der **Überzeugungsbildung** zu verstehen (Beweiswürdigung iwS). Dieser schließt die Würdigung förmlich erhobener Beweise (Beweiswürdigung ieS) ein, geht aber darüber hinaus. Nach dem Abschluss des Erkenntnisverfahrens, idR nach dem Schluss der mündlichen Verhandlung, muss sich jeder Richter (vor der Beratung) eine eigene Überzeugung bilden, welche (rechtserheblichen) tatsächlichen Behauptungen oder Aussagen er (auf der Grundlage des Gesamtergebnisses des Verfahrens) für wahr erachtet (**Wahrheitsurteil,** → § 96 Rn. 80, 81). Dieser innere Vorgang ist nicht rechtlich überformt, sondern „frei" (§ 96 I 1) und deshalb einer Nachprüfung im Revisionsverfahren weitgehend entzogen. Die Beweiswürdigung bildet danach den nicht revisiblen Kern der Tatsachenfeststellung. In der ZPO ist dies klar geregelt: Die

Feststellungen des Tatsachengerichts über die Wahrheit oder die Unwahrheit einer Behauptung sind gem. **§ 559 II ZPO** für das Revisionsgericht bindend (zur sinngemäßen Anwendung dieser Vorschrift im finanzgerichtlichen Verfahren vgl. BFH X R 52/88, BFH/NV 1991, 49 mwN). Das Gericht muss allerdings im Urteil auch für seine tatsächliche Überzeugung eine Begründung geben (§ 96 I 3) und damit seine inneren Beweggründe offenbaren. Zumindest diese Begründung ist dann in Grenzen revisionsrechtlich überprüfbar.

Eingeschränkte Überprüfung. Ist eine Begründung für die tatsächliche 81
Überzeugungsbildung im Urteil nicht mitgeteilt oder ist sie nicht nachvollziehbar, hebt der BFH das Urteil auf (→ § 96 Rn. 178). Ist eine Begründung vorhanden und nachvollziehbar, prüft der BFH stets mindestens, ob das FG bei seinen Schlussfolgerungen die Denkgesetze (→ Rn. 70) und die allgemeinen Erfahrungssätze (→ Rn. 74) beachtet hat (stRspr, vgl. zB BFH VI R 25/80, BStBl. II 1982, 442; IX R 95/93, BStBl. II 1995, 462; VII R 76/04, BFHE 210, 70; VI R 4/05, BStBl. II 2008, 826; BVerwG 1 C 24/90, BVerwGE 89, 110 (117); 9 B 460/94, NVwZ 1995, 373).

Rechtsfolgen. Lässt sich ein Verstoß gegen die Denkgesetze und allgemeinen 82
Erfahrungssätze nicht feststellen, ist der BFH an die festgestellten Tatsachen gebunden, auch wenn die Würdigungen und Schlussfolgerungen des FG nicht zwingend, sondern nur **möglich** sind (stRspr, BFH V R 9, 10/02, BStBl. II 2004, 627; VII R 36/09, BFH/NV 2010, 2142; VII R 21/20, BFH/NV 2023, 866). Andernfalls entfällt die Bindungswirkung der tatsächlichen Feststellung, bei der es zu dem Fehler gekommen ist (→ Rn. 136). Das FG hat dann ggf. die fehlende Feststellung nachzuholen.

hh) Schätzung, Prognose. Die **Schätzung** von Besteuerungsgrundlagen 84
durch das FG (§ 96 I 1 Hs. 2 FGO iVm § 162 AO) ist eine unter rechtlichen Voraussetzungen zulässige Art der **Tatsachenfeststellung** (BFH I R 99/10, BStBl. II 2013, 196; V R 34/11, BStBl. II 2013, 460); das betrifft auch die Wahl der Schätzungsmethode (BFH IV R 30/08, BStBl. II 2011, 210; X R 48/08, BFH/NV 2011, 2032; X R 5/18, BFH/NV 2020, 698; IV R 2/18, BFH/NV 2022, 313). Das FG-Urteil muss aber erkennen lassen (Begründung), welche Erwägungen für die Wahl der Schätzungsmethode ausschlaggebend waren und auf welche Weise die Schätzung zustande gekommen ist, damit dem BFH eine (eingeschränkte) Überprüfung der Schätzung möglich ist (BFH IV R 7/89, BStBl. II 1991, 833; X R 48/08, BFH/NV 2011, 2032). Fehlt es daran mit der Folge, dass der BFH die Angemessenheit der Schätzung nicht nachvollziehen kann, hebt er das Urteil auf (BFH X R 11/16, BStBl. II 2017, 992).

Rechtsfehler im Vorfeld der eigentlichen Schätzung können Verfahrensmängel 85
sein, zB wenn das FG den Sachverhalt weiter hätte aufklären müssen oder wenn es ohne vorherigen Hinweis von der Schätzungsmethode des FA abgewichen ist (BFH III R 79/07, BFH/NV 2010, 610: Verletzung rechtlichen Gehörs). Erfordert die vom FG gewählte Schätzungsmethode die Einführung neuen Tatsachenstoffs, müssen die Beteiligten hierzu gehört werden (§ 96 II; BFH VIII R 65/80, BStBl. II 1982, 409: Gehörsverletzung). Diese Mängel prüft der BFH auf entsprechende Rüge. Liegen sie vor, verweist der BFH den Rechtsstreit an das FG zurück.

Tatfrage. Hinsichtlich der nicht revisiblen Tatfrage prüft der BFH nur, ob 86
das FG die **anerkannten Schätzungsgrundsätze,** die Denkgesetze und die allgemeinen Erfahrungssätze beachtet hat, dh ob das Ergebnis der Schätzung

schlüssig und plausibel ist (stRspr, BFH IV R 1/18, BFH/NV 2022, 305; IV R 2/18, BFH/NV 2022, 313). Als Rechtsinstanz hat der BFH keine eigene Schätzungsbefugnis. Das FG muss eine fehlerhafte Schätzung (nach Zurückverweisung) wiederholen. Der Inhalt der anerkannten Schätzungsgrundsätze ist nicht abschließend geklärt.

88 **Prognosen** werden revisionsrechtlich **wie tatsächliche Feststellungen** behandelt. Zukünftige Tatsachen sind keiner Feststellung zugänglich. Eine Prognose ist demzufolge keine Tatsachenfeststellung, sondern eine Vorhersage, die sich auf festgestellte Tatsachen stützt und mit Hilfe (weiterer) Annahmen eine Aussage über zukünftiges Verhalten oder eine zukünftige Tatsache trifft (BFH VI R 107/99, BStBl. II 2001, 294). Anders als allgemeine Erfahrungssätze erheben die Annahmen, auf denen eine Prognose beruht, nicht den Anspruch, keine Ausnahmen zu dulden (→ Rn. 74). Prognosen werden deshalb revisionsrechtlich wie tatsächliche Feststellungen behandelt, die vom BFH nur eingeschränkt daraufhin überprüft werden können, ob sie mit den Denkgesetzen und allgemeinen Erfahrungssätzen vereinbar sind (BFH VIII R 77/97, BStBl. II 2000, 660; IX R 97/00, BStBl. II 2002, 726, zur Überschusserzielungsabsicht; BFH II R 48/01, BStBl. II 2003, 908; VIII R 86/00, BFH/NV 2003, 464 mwN; BSG 10 RKg 29/95, BSGE 79, 151).

90 **ii) Verkehrsanschauung, Handelsbräuche.** Die (einheitlich gedachte) **Verkehrsanschauung** ist als tatsächlich geübtes Verhalten iGrds eine **Tatsache** (str.). Ihre Feststellung obliegt deshalb dem FG (BFH III B 103/05, BFH/NV 2006, 1499; IX R 95/88, BStBl. II 1991, 572; V 99/64, BStBl. III 1967, 403). Dazu bedarf es keiner empirischen Untersuchungen. Davon abw. nimmt der BFH beim gewerblichen Grundstückshandel eine Vollüberprüfung vor, ob die Drei-Objekte-Grenze überschritten ist, obwohl er den Objektbegriff nach der Verkehrsanschauung bestimmt (BFH X R 40/03, BStBl. II 2005, 35; IV R 34/08, BStBl. II 2011, 787). Welche Aufgaben für den Beruf des Ingenieurs typisch sind (§ 18 I Nr. 1 EStG), bestimmt der BFH ebenfalls nach der Verkehrsanschauung, nimmt jedoch auch hier eine umfassende revisionsrechtliche Nachprüfung vor (BFH VIII R 79/06, BStBl. II 2010, 404). Zu den tatsächlichen Feststellungen gehört auch die Feststellung eines **Handelsbrauchs** (BFH IX R 14/81, BFH/NV 1986, 403; Zöller/Feskorn ZPO § 546 Rn. 20).

92 **jj) Nicht revisibles Recht.** Die Feststellungen des FG über das Bestehen und den Inhalt nicht revisiblen Rechts (→ Rn. 40 ff.) werden revisionsrechtlich der Tatsachenfeststellung gleichgestellt und unterliegen deshalb grds. keiner revisionsrechtlichen Nachprüfung (→ Rn. 180 ff.).

94 **kk) Sachverständigengutachten.** Revisible Rechtsfrage ist, ob das FG sein Ermessen bzgl. der Zuziehung eines Sachverständigen und dessen Auswahl (§ 82 iVm §§ 404, 412 ZPO) fehlerfrei ausgeübt hat und ob das FG die zur Beantwortung der Beweisfrage erforderliche Fachkompetenz und Sachkunde des Sachverständigen zu Recht bejaht hat. Unter bestimmten Umständen gibt der BFH zB vor, dass das FG idR ein ärztliches Sachverständigengutachten einzuholen hat (BFH III R 47/08, BFH/NV 2012, 939, Rn. 16; III R 9/23, DStRE 2025, 525). Die tatrichterliche Würdigung der Feststellungen des Gutachters und seiner Schlussfolgerungen (→ § 96 Rn. 170) ist im Wesentlichen Tatfrage. Sie unterliegt der revisionsrechtlichen Nachprüfung nur im Hinblick auf die Beachtung der allg. Erfahrungssätze oder Denkgesetze. Die Bindung an die rechtsfehlerfreie Beweis-

würdigung des FG besteht auch dann, wenn eine andere Beweiswürdigung gleichermaßen möglich oder gar naheliegend ist (BFH III R 9/23, DStRE 2025, 525, Rn. 39).

5. Beruhen

Das angefochtene Urteil muss auf der Rechtsverletzung **beruhen** (Kausalität). 95
Hat das FG das materielle Recht verletzt, beruht die Entscheidung auf der Verletzung, wenn das Urteil bei richtiger Rechtsanwendung anders ausgefallen wäre. Hat das FG Verfahrensrecht verletzt, beruht die Entscheidung auf der Rechtsverletzung, wenn nicht ausgeschlossen werden kann, dass die Entscheidung bei richtiger Anwendung des Verfahrensrechts anders ausgefallen wäre. Es genügt die Möglichkeit einer anderen Entscheidung (stRspr, BFH VI B 85/08, BFH/NV 2009, 171 mwN; BVerwG V B 83.61, BVerwGE 14, 342; Thomas/Putzo/Seiler ZPO § 545 Rn. 12; Kopp/Schenke/Schenke VwGO § 137 Rn. 23; Zöller/Feskorn ZPO § 545 Rn. 8; MüKoZPO/Krüger ZPO § 545 Rn. 16; HHS/Lange § 118 Rn. 110; Tipke/Kruse/Krumm § 118 Rn. 51; Gosch/Rüsken § 118 Rn. 39 f.; → § 115 Rn. 303 ff.).

Mehrfache Begründung. Ist das Urteil alternativ begründet, genügt es, wenn 96
eine Begründung rechtsfehlerhaft ist. Ist das Urteil kumulativ begründet, stützt es sich also auf mehrere selbständig tragende Begründungen, muss jede Begründung rechtsfehlerhaft sein. Dies unterliegt der freien Würdigung des Revisionsgerichts (→ § 115 Rn. 119).

Bei den **absoluten Revisionsgründen** iSd § 119 wird die Ursächlichkeit des 97
Verfahrensmangels von Gesetzes wegen unwiderleglich vermutet; → § 119 Rn. 1.

III. Bindung an die tatsächlichen Feststellungen (Abs. 2)

1. Allgemeines

Zweierlei Bindungswirkungen. Die tatsächlichen Feststellungen des FG bin- 100
den den BFH im Revisionsverfahren in zweierlei Hinsicht: (1) Er muss zunächst den vom FG festgestellten Sachverhalt der revisionsrechtlichen Prüfung zugrunde legen (Gebot). Insofern besteht eine **positive Bindungswirkung** an die vom FG im Urteil „getroffenen tatsächlichen Feststellungen". Die positive Bindungswirkung entfällt, wenn in Bezug auf einzelne tatsächliche Feststellungen zulässige und begründete Revisionsgründe vorgebracht sind. Das ergibt sich unmittelbar aus Abs. 2 („es sei denn"). Dann greift die zweite Dimension der Bindungswirkung. (2) Der BFH darf im Revisionsverfahren grds. nur die vom FG (positiv) festgestellten Tatsachen berücksichtigen. Tatsachen, die das FG nicht festgestellt hat, darf der BFH nicht selbst feststellen; sie dürfen im Revisionsverfahren grds. nicht berücksichtigt werden (**negative Bindungswirkung,** Feststellungs- und Berücksichtigungsverbot). Fehlende tatsächliche Feststellungen darf (nach Zurückverweisung) grds. nur das FG treffen; eine abschließende Entscheidung ist dem BFH dann nicht möglich. Von diesem Grundsatz bestehen Ausnahmen.

Die negative Bindungswirkung (Feststellungs- und Berücksichtigungsverbot) 101
kommt in **§ 559 I 1 ZPO** (im Hinblick auf das tatsächliche Vorbringen der Parteien) klar zum Ausdruck. Für das finanzgerichtliche Verfahren ergibt sich aus dem **Zweck der Revisionsinstanz,** die nur die Anwendung des Rechts auf einen festgestellten Sachverhalt überprüft (→ Rn. 1), in gleicher Weise, dass der

BFH im Revisionsverfahren auf die Berücksichtigung des vom FG (positiv) festgestellten Sachverhalts beschränkt ist.

2. Positive Bindungswirkung

104 **Überblick.** Die Bindung des BFH an die tatsächlichen Feststellungen des FG ist notwendig, um auf der Grundlage des Subsumtionsmodells (→ Rn. 11) die Rechtmäßigkeit des angefochtenen Urteils beurteilen zu können. Materiell prüft das Revisionsgericht iGrds also nicht, ob der Fall richtig entschieden ist, sondern ob das FG das Recht auf den von ihm festgestellten und zugrunde gelegten Sachverhalt richtig angewandt hat. Die positive Bindungswirkung erstreckt sich auf alle vom FG getroffenen tatsächlichen Feststellungen, erfasst aber auch nur diese. Sie entfällt (punktuell), sofern in Bezug auf bestimmte tatsächliche Feststellungen zulässige und begründete Revisionsgründe vorgebracht sind. Der Wegfall der positiven Bindungswirkung wirkt sich auf die Rechtsprüfung aus, wenn die vom FG erkannte Rechtsfolge ohne die (nicht mehr bindende) tatsächliche Feststellung keinen Bestand (mehr) haben kann, wenn also die tatsächliche Feststellung rechtserheblich war.

105 **a) Gegenstand der positiven Bindungswirkung. Feststellungen.** Gebunden ist der BFH „an die im angefochtenen Urteil getroffenen tatsächlichen Feststellungen". Der Begriff der Feststellung ist nicht eng zu verstehen. Darunter fallen nicht nur diejenigen auf Tatsachen bezogenen Aussagen, von deren Wahrheit (oder Unwahrheit) sich die Richter nach streitiger Auseinandersetzung oder förmlicher Beweisaufnahme bewusst eine innere Überzeugung gebildet haben (Wahrheitsurteil; vgl. § 559 II ZPO). Nach dem Zweck des Revisionsverfahrens, die Rechtmäßigkeit des angefochtenen Urteils zu überprüfen, erstreckt sich die positive Bindungswirkung darüber hinaus auf den gesamten vom FG seiner Entscheidung **zugrunde gelegten Sachverhalt,** einschließlich etwaiger Anknüpfungstatsachen. Das können auch unstreitig gebliebene oder zugestandene Tatsachen sein. Dem steht der Untersuchungsgrundsatz nicht entgegen. Die Beteiligten können unter dem Untersuchungsgrundsatz nicht über den Sachverhalt verfügen. An zugestandene oder unstreitig gebliebene Behauptungen ist das Gericht nicht gebunden (stRspr BFH X R 28/21, DStRE 2023, 1223). Es darf sie seiner Entscheidung aber gleichwohl (ohne weitere Sachaufklärung) zugrunde legen, soweit es vAw keinen Zweifel an deren Richtigkeit hat. Der Untersuchungsgrundsatz enthebt die Beteiligten nicht der Obliegenheit, die auf Tatsachen bezogenen Behauptungen des jeweils anderen Beteiligten selbst zu evaluieren, sie ggf. zu bestreiten und durch substantiierten Vortrag beim Gericht Zweifel hervorzurufen.

106 Auch **negative Feststellungen** (Nichtvorliegen einer Tatsache) sind Feststellungen. Sie sind aber selten. Kann sich das FG vom Vorliegen einer Tatsache nicht überzeugen, ist zwar die Tatsache nicht erwiesen, daraus kann jedoch regelmäßig nicht auf ihr Nichtvorliegen geschlossen werden. In der Praxis wird dies nicht immer beachtet. Beispiel: Kann das FG die Gewinnerzielungsabsicht nicht feststellen, darf es sie nicht verneinen, sondern es muss angeben, dass es sich von ihrem Vorliegen nicht überzeugen konnte. Eine negative Feststellung ist damit nicht verbunden.

107 Abzugrenzen sind Feststellungen von bloßen **Behauptungen** (ins Blaue hinein). Behauptungen können (ungeprüft) *aufgestellt* werden; eine Feststellung wird dagegen *getroffen*. Das setzt begrifflich zumindest eine vorherige **Vergewisserung** voraus, dass die Behauptung zutrifft. Davon ist zB bei pauschalen Bezugnah-

men nicht auszugehen (→ Rn. 119). Auch wenn eine förmliche Sachaufklärung (zu Recht) unterbleibt, muss jeder Richter vor der Feststellung selbst prüfen, ob Zweifel an der Richtigkeit einer entscheidungserheblichen, auf Tatsachen bezogenen Aussage bestehen, ob er also von der Tatsache ausgeht. Eine Feststellung zu treffen, setzt zudem aktives Handeln voraus. Die bloße Untätigkeit erfüllt den Begriff nicht.

Tatsächliche Feststellungen. Die getroffene Feststellung muss sich auf **Tatsachen** oder auf tatsächliche Würdigungen (Schlussfolgerungen) beziehen (zur Abgrenzung → Rn. 45 ff.). Tatsachen sind alle äußeren oder inneren Vorgänge, die sinnlich wahrnehmbar sind oder auf die von anderen Tatsachen ausgehend geschlossen werden kann. Eine tatsächliche Behauptung ist wahr, wenn sie den Tatsachen entspricht. **110**

Schlussfolgerungen tatsächlicher Art. Auch sie gehören zu den tatsächlichen Feststellungen (stRspr, vgl. zB BFH VIII R 84/89, BStBl. II 1992, 9; IV R 33/99, BStBl. II 2000, 227; I R 15/04, BStBl. II 2006, 196; VII R 28/06, BFH/NV 2008, 177). Kann eine rechtserhebliche Tatsache nur indirekt festgestellt werden, weil sie keiner unmittelbaren sinnlichen Wahrnehmung zugänglich ist oder weil sie in der abgeschlossenen Vergangenheit liegt, muss das FG sog. Anknüpfungstatsachen feststellen, aus denen es auf die Haupttatsache schließen kann. Nicht nur innere, auch äußere Tatsachen können häufig nur indirekt festgestellt werden. Ist zB festgestellt, dass bei einem Stpfl. ein ungeklärter Vermögenszuwachs in einer bestimmten Höhe eingetreten ist (Tatsache), so kann das FG ggf. aus weiteren Umständen darauf schließen, dass der Vermögenszuwachs aus (bisher unversteuerten) Einnahmen stammt (Tatsachenwürdigung; BFH IV R 22/67, BStBl. II 1970, 189). **111**

Rechtstatsachen. Gehen die Beteiligten übereinstimmend und ohne sie missverstanden zu haben von einfachen Rechtsbegriffen aus (zB „Kauf" oder „Miete") und übernimmt das FG diese Begriffe („der Kläger kaufte"), so sind auch die dem Rechtsbegriff zugrundeliegenden Tatsachen festgestellt (sog. Rechtstatsache; BFH III R 75/92, BFH/NV 1995, 545). Das gilt nicht, wenn die Rechtsbegriffe weniger eindeutig sind (zB „Rechtsnachfolge" oder „Organschaft", BFH II R 97/85, BStBl. II 1990, 448). In solchen Fällen fehlt es an hinreichenden Tatsachenfeststellungen, wenn das FG nur den Rechtsbegriff nennt (… „der Kläger als Rechtsnachfolger" …; StRK § 118 Rn. 69) oder wenn es den Vorgang der Ausgliederung der Entwicklungsabteilung zur Neugründung gegen Gewährung von Anteilen des neuen Rechtsträgers als verdeckte Einlage und nicht als tauschähnlichen Vorgang wertet (BFH I R 25/16, BFH/NV 2018, 838). **112**

Feststellungen des FG zum **Inhalt irrevisiblen Rechts** und zu dessen **Auslegung** werden revisionsrechtlich wie tatsächliche Feststellungen behandelt und entfalten positive Bindungswirkung (→ Rn. 180 ff.). Zu den Grenzen der Bindungswirkung in dieser Fallgruppe → Rn. 190 ff. **113**

Erkennbarkeit. Die tatsächlichen Feststellungen des FG, die Grundlage der revisionsgerichtlichen Prüfung sind, müssen **im Urteil** getroffen worden sein, dh sie müssen sich aus dem Urteil ergeben. Die Anforderungen dürfen nicht überspannt werden. Es genügt, wenn aus dem Urteil erkennbar ist, welche tatsächlichen Feststellungen das FG seiner Entscheidung zugrunde gelegt hat. Eine ausdrückliche Darstellung im Urteil ist nicht immer erforderlich. Das ergibt sich schon aus § 105 III (→ § 105 Rn. 50 ff.). Der angefochtene Steuerbescheid und die ihm zugrunde liegende Steuererklärung nebst Anlagen sowie die Einspruchsentscheidung sind ohne Weiteres Gegenstand der tatsächlichen Feststellungen des **114**

FG, auch wenn sie im Urteil nicht ausdrücklich erwähnt werden (BFH VI R 7/66, BStBl. II 1968, 589 mwN).

115 **Anfänglich fehlende Bindungswirkung.** Fehlt im Urteil eine tatbestandliche Darstellung völlig oder ist sie derart widersprüchlich, lückenhaft oder unverständlich, dass eine rechtliche Überprüfung unmöglich ist **(unzureichende Sachverhaltsdarstellung),** entsteht (von Anfang an) keine Bindung. Anders als beim (nachträglichen) Wegfall der Bindungswirkung bedarf es insofern keiner Revisionsgründe. Vielmehr liegt dann (auch) ein materiell-rechtlicher Fehler des Urteils vor, der im Revisionsverfahren (im Rahmen der Sachrüge) zur Aufhebung des Urteils und zur Zurückverweisung der Sache führt (stRspr BFH I R 2/13, BFH/NV 2016, 47; VIII R 67/13, BStBl. II 2016, 569; III R 6/20, BFH/NV 2021, 646; X R 17/19, BFH/NV 2021, 1494; VII R 37/20, BFHE 279, 330; → § 115 Rn. 81). Im Verfahren der NZB muss in diesen Fällen ein Verfahrensmangel gerügt werden, da der materiell-rechtliche Fehler nicht zur Zulassung der Revision führt.

116 **Urteil.** Regelmäßig ergeben sich die tatsächlichen Feststellungen, die das FG seiner Entscheidung zugrunde gelegt hat, aus dem **Tatbestand** des Urteils (§ 105 II Nr. 4, III). Sie können aber auch in den **Entscheidungsgründen** des Urteils enthalten sein (BFH X R 48/96, BFH/NV 2002, 153; BGH VIII ZR 258/81, NJW 1983, 886). Auch eine Hilfsbegründung kann tatsächliche Feststellungen enthalten (BFH IX R 51/03, BFH/NV 2005, 1262).

117 **Protokoll.** Auch aus dem Protokoll der mündlichen Verhandlung können sich tatsächliche Feststellungen ergeben, an die der BFH im Revisionsverfahren gebunden ist. § 559 I ZPO regelt dies ausdrücklich in Bezug auf tatsächliches Vorbringen der Beteiligten. Im finanzgerichtlichen Verfahren gilt trotz fehlender Regelung nichts anderes (BFH I R 30/81, BStBl. II 1985, 305). Widersprechen die Feststellungen im Protokoll denen im Tatbestand des Urteils, gehen die Feststellungen des Protokolls vor (BFH VI R 67/90, BStBl. II 1994, 182).

118 **Bezugnahmen** auf Schriftsätze, Protokolle und andere (veraktete) Unterlagen (§ 105 III 2) genügen, wenn der Gegenstand der Bezugnahme hinreichend **genau bezeichnet** ist (BFH I R 153/77, BStBl. II 1981, 517; VII R 146/82, BStBl. II 1984, 183; BVerwG 4 C 22/80, NJW 1985, 1570; BGH IVa ZR 39/81, NJW 1983, 885; Kopp/Schenke/Schenke VwGO § 137 Rn. 24; weitergehend BFH VII R 152/97, BStBl. II 2000, 93: die stillschweigende Bezugnahme genügt, wenn ihr Gegenstand erkennbar ist) und die Grenzen einer zulässigen Bezugnahme beachtet sind. Die Bezugnahme darf nur ergänzenden Charakter haben, nicht aber entscheidungserhebliche tatsächliche Feststellungen ersetzen (BFH I R 153/77, BStBl. II 1981, 517). Innerhalb dieser Grenzen genügt die tatsächliche Erwähnung des betreffenden Schriftstücks im Urteil (BFH I R 87/83, BStBl. II 1987, 75; VII R 148/81, BFH/NV 1986, 134); dann gilt dessen gesamter Inhalt als festgestellt (BFH VIII R 72/87, BStBl. II 1992, 958 mwN).

119 **Pauschale (formelhafte) Bezugnahmen** auf die (dh alle) im Verfahren gewechselten Schriftsätze (BFH II R 97/70, BStBl. II 1976, 697), auf bestimmte Prozessakten (BFH I R 153/77, BStBl. II 1981, 517; III R 11, 12/98, BFH/NV 2001, 899), eine Vielzahl von Unterlagen oder auf einen umfangreichen Betriebsprüfungsbericht (BFH VII R 71/85, BFH/NV 1989, 65) genügen nicht. Sie können nicht dahin verstanden werden, dass sich das FG sämtliche Feststellungen in diesen Unterlagen zu Eigen machen wollte; jedenfalls wäre eine derartige Bezugnahme unzulässig und müsste aus materiell-rechtlichen Gründen vAw zur

Aufhebung des angefochtenen Urteils führen (BFH VII R 71/85, BFH/NV 1989, 65).

Bezugnahme auf die Einspruchsentscheidung (§ 105 III). Waren bestimmte Unterlagen Gegenstand der Einspruchsentscheidung und hat sich das FG im angefochtenen Urteil insoweit auf die Einspruchsentscheidung bezogen, so ist der Inhalt dieser Unterlagen als **stillschweigend festgestellt** anzusehen, sofern die Beteiligten dazu in tatsächlicher Hinsicht keine Einwendungen erheben (BFH VII R 63/02, BFH/NV 2007, 1212). Dem ist entgegenzuhalten, dass § 105 V nur eine Erleichterung bei der Darstellung der Entscheidungsgründe vorsieht und von der Darstellung des Tatbestands nicht entbindet. 120

b) Wegfall der positiven Bindungswirkung. Revisionsgründe. Der (nachträgliche) Wegfall der Bindungswirkung ist abzugrenzen von der anfänglich fehlenden Bindungswirkung (→ Rn. 115). Diese muss nicht beseitigt werden. Fehlende entscheidungserhebliche Feststellungen bewirken einen materiell-rechtlichen Mangel des Urteils, der im Rahmen der Sachrüge vAw zu beachten ist und zur Aufhebung des Urteils führt. Die positive Bindungswirkung einer tatsächlichen Feststellung entfällt dagegen nur, wenn in Bezug auf die tatsächliche Feststellung zulässige und begründete Revisionsgründe vorgebracht sind. Welche Revisionsgründe zum Wegfall der positiven Bindungswirkung führen, lässt Abs. 2 offen. Insofern ist zu unterscheiden zwischen dem **Wahrheitsurteil** als der subjektiven Vergewisserung des einzelnen Richters davon, welche Tatsachenbehauptung er als wahr erachtet, und der **Tatsachenwürdigung** einschließlich der Schlussfolgerungen tatsächlicher Art, dh der Schlüsse von bestimmten festgestellten Tatsachen auf andere Tatsachen (→ Rn. 80). 124

Wahrheitsurteil. Da das Wahrheitsurteil (→ Rn. 80 und → § 96 Rn. 81) revisionsrechtlich nicht überprüfbar ist (vgl. § 559 II ZPO), der BFH also sein eigenes Fürwahrhalten nicht an die Stelle der Überzeugung des FG setzen darf, kann es im Revisionsverfahren **nur mit Verfahrensrügen** erfolgreich angegriffen werden. In diesem Sinne bindet die Tatsachenfeststellung des FG den BFH folglich dann nicht, wenn sie verfahrensfehlerhaft zustande gekommen ist und wenn dies im Revisionsverfahren erfolgreich gerügt wird. Darauf bezieht sich der ausdrückliche Vorbehalt in Abs. 2 Hs. 2. Die Rüge setzt dann nicht bei der (inneren) Überzeugungsbildung, sondern im Verlauf des Verfahrens früher an. 125

Beispiele. Die beiden wichtigsten Verfahrensrügen, die zum Wegfall der Bindungswirkung führen können, sind die **Rüge mangelnder Sachaufklärung** und die Rüge, das FG habe bei seiner Überzeugungsbildung wesentliche **Teile des Gesamtergebnisses der Verhandlung nicht berücksichtigt** (Verstoß gegen das Vollständigkeitsgebot, vgl. zB BFH IV R 72/05, DStRE 2008, 1031; → § 96 Rn. 30 ff.). Bei der Prüfung, ob ein gerügter Verfahrensmangel tatsächlich vorliegt, ist der BFH Tatsachengericht und hat die erforderlichen Feststellungen ohne Bindung an das finanzgerichtliche Urteil zu treffen (→ Rn. 172 ff.). 126

Schlussfolgerungen tatsächlicher Art, die revisionsrechtlich ebenfalls zu den tatsächlichen Feststellungen gehören (→ Rn. 111), können dagegen nicht nur durch (vorangegangene) Verfahrensfehler, sondern auch durch **Fehler im Denkprozess** beeinflusst sein. Auch das Wahrheitsurteil kann auf tatsächlichen Schlussfolgerungen beruhen. Das ist etwa der Fall, wenn das FG nach förmlicher Beweisaufnahme aus anderen festgestellten Tatsachen auf die Wahrheit der einen oder der anderen tatsächlichen Bekundung schließen muss. Solche Schlussfolgerungen unterliegen (im Rahmen der Sachrüge) stets der revisionsrechtlichen Kontrolle 128 hinsichtlich der Einhaltung der **Denkgesetze** (→ Rn. 70) und der **allgemeinen Erfahrungssätze** (→ Rn. 74). Hinzu kommen in speziellen Situationen die anerkannten Auslegungsgrundsätze (→ Rn. 54) sowie die anerkannten Schätzungsgrundsätze (→ Rn. 86).

129 **Ausnahme Verfahrensrevision.** Verstöße gegen die Denkgesetze und gegen die allgemeinen Erfahrungssätze sind revisionsrechtlich dem materiellen Recht zuzurechnen und deshalb der Prüfung des BFH im Rahmen einer nur auf Verfahrensmängel gestützten Revision entzogen (stRspr, vgl. zB BFH IX B 34/07, BFH/NV 2008, 239 mwN und die Nachw. bei → § 115 Rn. 268; **aA** BVerwG 11 B 61/98, VIZ 2000, 27 mwN: Verfahrensmangel bei Verletzung der Denkgesetze im Rahmen eines Indizienbeweises; ähnlich May, Die Revision in den zivil- und verwaltungsgerichtlichen Verfahren, 2. Aufl. 1997, Kap. VI Rn. 349).

130 **Maß der Überprüfung.** Liegt der Schlussfolgerung ein vollständig und richtig ermittelter Sachverhalt zugrunde, entfällt die Bindung nur, wenn der Schluss, den das FG gezogen hat, mit den Denkgesetzen, den allgemeinen Erfahrungssätzen oder den sonst zu beachtenden allgemeinen Grundsätzen **unvereinbar** ist. Es genügt nicht, dass das FG auch einen anderen Schluss hätte ziehen können. Die Gesamtwürdigung des FG bindet den BFH danach, wenn sie verfahrensrechtlich einwandfrei zustande gekommen und nicht durch Denkfehler oder die Verletzung von allgemeinen Erfahrungssätzen beeinflusst ist, auch wenn sie **nicht zwingend,** sondern **nur möglich** ist (BFH IV R 195/69, BStBl. II 1971, 522; XI R 6/98, BStBl. II 1999, 735; V R 9, 10/02, BStBl. II 2004, 627 mwN; VII S 16/05, BFH/NV 2007, 455; ebenso BAG 2 AZR 455/80, ZIP 1983, 719; BVerwG 3 C 79/82, NVwZ 1985, 488). Ein Verstoß gegen die Denkgesetze liegt nur vor, wenn der vom FG gezogene Schluss **schlechthin unmöglich** ist, dh wenn nach dem festgestellten Sachverhalt nur eine Folgerung möglich, jede andere jedoch denkgesetzlich ausgeschlossen ist und das Gericht die in diesem Sinne allein denkbare Folgerung nicht gezogen hat (BFH VII R 11/02, DStRE 2003, 751; III R 169/80, BFH/NV 1986, 7).

132 **Anerkannte Auslegungsregeln.** Die Bindungswirkung der tatsächlichen Feststellungen des FG zum Inhalt von Willenserklärungen und Verträgen entfällt, wenn das FG die anerkannten Auslegungsregeln verletzt hat (→ Rn. 54 ff.).

134 **Anerkannte Schätzungsgrundsätze.** Die Bindungswirkung der tatsächlichen Feststellungen des FG im Rahmen einer Schätzung entfällt, wenn das FG die anerkannten Schätzungsgrundsätze verletzt hat (→ Rn. 86 ff.).

136 **Allgemeine Rechtsgrundsätze der Beweiswürdigung.** Zur Irrevisibilität der Beweiswürdigung allg. → Rn. 80. Die Bindungswirkung tatsächlicher Feststellungen (Schlussfolgerungen) des FG im Rahmen der (im Urteil mitgeteilten) Gründe für die Überzeugungsbildung entfällt, wenn das FG allgemeine Rechtsgrundsätze der Beweiswürdigung (BFH VII R 17/04, DStRE 2005, 1285; VII R 28/06, BFH/NV 2008, 177) verletzt hat. Dabei handelt es sich nicht um eine eigenständige Klasse anerkannter Grundsätze, sondern insbes. um Verfahrensmängel, die als solche gerügt werden müssen. Die Beweiswürdigung durch das FG ist **lückenhaft,** wenn sie das Gesamtergebnis des Verfahrens erkennbar nicht ausschöpft, etwa wenn das FG erkennbar nicht in die gebotene Gesamtwürdigung der von ihm festgestellten Beweistatsachen eingetreten ist (BFH X R 30/12, BFH/NV 2016, 203). Gleiches gilt (keine Bindungswirkung), wenn wegen unzulänglicher Feststellungen oder, bezogen auf die einzelne Schlussfolgerung fehlender Begründung (BFH VII R 49/13, BFH/NV 2015, 1683), aus den Gründen des angefochtenen Urteils **nicht nachvollziehbar** ist, aus welchen Tatsachen das FG

eine Schlussfolgerung tatsächlicher Art ableitet (BFH VII R 113/91, BFHE 171, 157 (161) mwN; V R 25/02, BStBl. II 2003, 734; X R 72/98, BStBl. II 2004, 403 mwN; VI R 55/15, BFH/NV 2017, 1028; I R 55/14, BFH/NV 2017, 1588: fehlerhafte Auslegung ausländischen Rechts; VII R 14/15, BFH/NV 2017, 58), oder wenn die Feststellungen des FG **mehrdeutig** sind (BFH X R 42/03, BFH/NV 2006, 715 mwN).

Darüber hinaus entfällt die Bindungswirkung nach der Rspr. einiger BFH- 137 Senate immer schon dann, wenn die Tatsacheninstanz die maßgeblichen Umstände **nicht ihrer Bedeutung entsprechend** in ihre Überzeugungsbildung einbezieht (vgl. BFH VI R 77/12, BStBl. II 2015, 903; V R 4/17, BStBl. II 2018, 370 mwN). Dem kann in dieser Allgemeinheit nicht zugestimmt werden. Wenn der BFH die Bedeutung und Gewichtung der tatsächlichen Umstände stets selbst evaluiert, setzt er seine Überzeugung an die Stelle derjenigen des FG. Nur wenn das FG die Bedeutung oder das Gewicht eines tatsächlichen Umstands in krasser Weise verkannt hat mit der Folge, dass seine tatsächliche Schlussfolgerung deshalb unmöglich erscheint, darf der BFH die tatsächliche Würdigung des FG korrigieren.

Beim **Fremdvergleich** entfällt die Bindungswirkung schon dann, wenn das 138 FG nicht alle für den Fremdvergleich maßgeblichen Indizien entsprechend ihrer Gewichtung in seine Würdigung einbezogen hat (BFH VI R 77/12, BStBl. II 2015, 903; VI R 59/15, BStBl. II 2018, 461). In diesem Fall kontrolliert der BFH auch die Gewichtung der Indizien (anders BFH IX R 28/15, BFH/NV 2016, 1006), obwohl sie grds. zur nicht revisiblen, freien Beweiswürdigung gehört. Dem ist zuzustimmen, weil die gleichmäßige Anwendung des Fremdvergleichs eine intensivere revisionsrechtliche Kontrolle erfordert.

Rechtsfolgen. Entfällt wegen einer begründeten Verfahrensrüge oder wegen 140 eines iRd Sachrüge vAw zu berücksichtigenden Rechtsfehlers verfahrensrechtlicher oder materiell-rechtlicher Art die Bindung des BFH an die (oder einzelne) Tatsachenfeststellungen des FG, kann das Urteil keinen Bestand haben, wenn die (nicht mehr bindend festgestellte) Tatsache entscheidungserheblich war. Der BFH kann die fehlende, aber erforderliche Feststellung nicht selbst treffen. Er darf auch die verbleibenden (bindenden) tatsächlichen Feststellungen im Lichte der durch den Wegfall der Bindungswirkung neu entstandenen Sachlage nicht selbst (insbes. nicht abweichend) würdigen.

Eine Ausnahme lässt die Rspr. zu, wenn das FG alle für die Tatsachenwürdigung 141 erforderlichen Anknüpfungstatsachen festgestellt hat und diese Feststellungen nach den Denkgesetzen oder den allgemeinen Erfahrungssätzen für **eine** bestimmte Schlussfolgerung sprechen, die das FG nicht gezogen hat (BFH VII S 26/99, IStR 2000, 365; VII R 11/06, BStBl. II 2007, 338; VIII R 20/11, BStBl. II 2014, 275; II R 7/18, BStBl. II 2021, 665). In diesen Fällen wäre die Zurückverweisung eine reine Förmelei, die niemals geboten ist.

3. Negative Bindungswirkung

a) Inhalt und Umfang. Grundsatz. Hat das FG bestimmte Tatsachen nicht 150 festgestellt, ist der BFH auch daran gebunden (vgl. BFH VIII R 18/21, BStBl. II 2025, 108, Rn. 32). Er darf im Revisionsverfahren grds. nur die vom FG festgestellten Tatsachen zugrunde legen. Daraus kann sich ergeben, dass eine andere Entscheidung in der Sache ausgeschlossen oder dass eine abschließende Entscheidung in der Sache noch nicht möglich ist. Dann muss die Sache an das FG zurückverwiesen werden, um die noch fehlenden erforderlichen tatsächlichen Feststellungen nachzuholen. Unerheblich ist, ob tatsächliche Feststellungen von Anfang an fehlen oder ob die Bindungswirkung einer vom FG festgestellten entscheidungserheblichen Tatsache im Revisionsverfahren entfallen ist. Aus der Beschränkung auf den vom FG festgestellten Sachverhalt ergeben sich verschiedene an den BFH adressierte Verbote, die im Revisionsverfahren zu beachten sind (Feststellungs- und Berücksichtigungsverbot). Von diesem Grundsatz gibt es Ausnahmen.

151 **Neuer Vortrag.** Tatsachen, die von den Beteiligten erstmals im Revisionsverfahren vorgetragen werden, darf der BFH grds. nicht berücksichtigen (stRspr, BFH II 25/61, BStBl. II 1969, 550; VIII R 327/83, BStBl. II 1987, 848; X R 88/95, BStBl. II 1998, 343; I R 52/03, BStBl. II 2005, 514; BVerwG 9 C 277/86, NVwZ 1988, 160), auch dann nicht, wenn das neue Vorbringen eines Beteiligten für diesen ungünstig ist (BFH VII R 152/97, BStBl. II 2000, 93; VII S 14/98, BFH/NV 1999, 1133) oder wenn es von den anderen Beteiligten zugestanden oder nicht bestritten wird. Die Beteiligten haben in der Tatsacheninstanz im eigenen Interesse aktiv darauf hinzuwirken, dass ihr eigener Sachvortrag vollständig ist. Haben sie dies versäumt, lässt sich das Versäumte in der Revisionsinstanz (endgültig) nicht mehr nachholen. Aus dem im Revisionsverfahren nicht berücksichtigungsfähigen Vortrag ergibt sich auch nicht, dass die tatsächlichen Feststellungen des FG nicht ausreichen oder unvollständig sind. Maßstab für die Beurteilung der Unvollständigkeit der tatsächlichen Feststellungen ist die Rechtsnorm, die das FG angewandt hat, nicht der wahre Sachverhalt.

152 **Ausnahme:** Der Grundsatz, dass der BFH neuen Tatsachenvortrag der Beteiligten nicht beachten darf, wird durchbrochen, soweit das neue Vorbringen eine **Wiederaufnahme** des Verfahrens nach § 134 FGO iVm § 580 ZPO rechtfertigen würde (→ Rn. 174).

154 **Eigene tatsächliche Feststellungen** sind dem BFH im Revisionsverfahren grds. verwehrt. Er darf den vom FG festgestellten Sachverhalt **nicht ergänzen** (BFH V R 123/68, BStBl. II 1969, 505; XI R 9/87, BStBl. II 1991, 723; I R 52/03, BStBl. II 2005, 514; XI R 37/11, BFH/NV 2013, 1170) und fehlerhafte Feststellungen **nicht nachholen.** Fehlende tatsächliche Feststellungen darf (nach Zurückverweisung) grds. nur das Tatsachengericht treffen (BFH I R 238/74, BStBl. II 1977, 217; BVerwG VIII C 53/60, DÖV 1962, 508; Tipke/Kruse/Krumm § 118 Rn. 56). Das gilt grds. auch für solche Tatsachen, die **offenkundig** (vgl. § 291 ZPO) sind, sofern nicht der BFH ausnahmsweise selbst zur Tatsachenfeststellung befugt ist (aA Zöller/Greger ZPO § 291 Rn. 5). Auch nicht festgestellte Tatsachen, die **zugestanden** (unstreitig) sind, darf der BFH nicht verwerten (BFH VII R 152/97, BStBl. II 2000, 93; diff. HHS/Lange § 118 Rn. 132; → Rn. 51). **AA** ist das BVerwG in stRspr aus Gründen der Prozessökonomie für offenkundige und unstreitige Tatsachen, vgl. zB BVerwG VI C 53/65, DVBl. 1968, 432; VII C 36/71, BVerwGE 42, 346; 9 C 77/91, NVwZ 1993, 275; Kopp/Schenke/Schenke VwGO § 137 Rn. 26; einschränkend Stein/Jonas/Grunsky ZPO § 561 Rn. II 2g).

156 **Neue Tatsachen.** Abs. 2 betrifft in erster Linie Tatsachen, die bereits bei Erlass des finanzgerichtlichen Urteils vorhanden waren. Er verbietet aber, soweit es um die materiell-rechtlichen Voraussetzungen des Klageanspruchs geht und kein Fall der Wiederaufnahme iSd § 580 ZPO vorliegt, auch die Berücksichtigung solcher Tatsachen, die erst nach Erlass des angefochtenen Urteils eingetreten oder bekannt geworden sind und deshalb vom FG nicht berücksichtigt werden konnten (BFH

III R 209/83, BStBl. II 1988, 277; V R 91/85, BFH/NV 1995, 836; VII S 14/98, BFH/NV 1999, 1133; VII R 152/97, BStBl. II 2000, 93; BVerwG 1 C 25/03, NVwZ 2005, 229; HHS/Lange § 118 Rn. 130; str. **aA** für den Fall, dass die neuen Tatsachen unstreitig bzw. nicht beweisbedürftig sind (BVerwG VIII C 90.70, BVerwGE 37, 151; 9 C 20/00, BVerwGE 114, 16), und soweit schützenswerte Belange der Gegenpartei nicht entgegenstehen (BFH XII ZR 133/11, NJW 2013, 2662)).

Eigene tatsächliche Würdigung. Der BFH darf nicht seine eigene tatsächliche Würdigung an die Stelle der Tatsachenwürdigung des FG setzen. Die tatsächliche Würdigung des FG bindet den BFH. Entfällt die Bindungswirkung, darf der BFH gleichwohl die Würdigung nicht selbst vornehmen, auch wenn die tatsächlichen Feststellungen des FG dafür ausreichen und die Sache aus der Sicht des BFH eindeutig ist. Er muss die Sache dann zur erneuten tatsächlichen Würdigung an das FG zurückverweisen (BFH I R 138/74, BStBl. II 1976, 682; VII R 75/85, BStBl. II 1989, 534; I R 63/90, BStBl. II 1992, 362; VI B 89/04, BFH/NV 2005, 1292). Das ist insbes. zu beachten, wenn das FG nicht sämtliche Umstände des Falles bei einer tatsächlichen Würdigung berücksichtigt hat (Verstoß gegen § 96 I 1 im Rahmen einer indiziellen Feststellung). Hat das FG nur ein Indiz übersehen und kann die tatsächliche Würdigung deshalb keinen Bestand haben, muss sie vom FG wiederholt werden. 158

b) Ausnahmen von der negativen Bindungswirkung. Von dem Grundsatz, dass das Revisionsgericht keine eigenen tatsächlichen Feststellungen treffen und keine anderen als die vom FG zugrunde gelegten Tatsachen berücksichtigen darf, gibt es Ausnahmen, insbes. aus Gründen der **Prozessökonomie** (vgl. hierzu Stein/Jonas/Grunsky ZPO § 561 Rn. II 2). Andere Tatsachen können danach insbes. berücksichtigt werden, soweit sie zur Beurteilung der vom BFH vAw zu prüfenden Fragen erforderlich sind. Soweit hierüber Beweis zu erheben ist, gelten grds. die allg. Regeln; Verfahrensvoraussetzungen können davon abw. im Wege des **Freibeweises** festgestellt werden. 160

aa) Zulässigkeitsvoraussetzungen der Revision. Tatsachen, von denen die **Zulässigkeit der Revision** oder der **Fortgang des Revisionsverfahrens** abhängen, kann (muss) das Revisionsgericht selber feststellen und würdigen (zB Tatsachen im Zusammenhang mit einem Antrag auf Wiedereinsetzung in den vorigen Stand wegen Versäumung der Revisions- oder Revisionsbegründungsfrist; Zurücknahme der Revision; fehlendes Rechtsschutzbedürfnis; vgl. Thomas/Putzo/Seiler ZPO § 559 Rn. 8; → § 124 Rn. 1). Für die Feststellung der betreffenden Tatsachen gelten die Grundsätze des sog. **Freibeweises** (→ Vor § 115 Rn. 136). 162

bb) Sachentscheidungsvoraussetzungen. Das Revisionsgericht muss das Vorliegen der **Sachentscheidungsvoraussetzungen** der Klage in jeder Lage des Verfahrens auch ohne Verfahrensrüge **von Amts wegen** prüfen und kann dazu eigene Feststellungen treffen und ggf. Beweis erheben oder die Sache zur Klärung an das FG zurückverweisen (stRspr, BFH GrS 3/66, BStBl. II 1968, 285; I R 168/84, BStBl. II 1989, 514; VIII R 6/99, BFH/NV 2000, 1074; VI R 19/01, BFH/NV 2002, 651; IV R 76/06, BFH/NV 2009, 725; X B 174/15, BeckRS 2016, 95079; einschränkend hinsichtlich der Zugangsvermutung des § 4 VwZG: BFH II R 5/84, BStBl. II 1986, 462; BGH VI ZR 198/76, VersR 164

1978, 155; Tipke/Kruse/Krumm § 118 Rn. 92). Das gilt zB für die Frage, ob das **Feststellungsinteresse** noch vorliegt (BFH V R 39/14, BStBl. II 2017, 755).

165 Das gilt nicht, soweit sich eine Sachentscheidungsvoraussetzung aus nicht revisiblem Recht ergibt, das vom FG nach § 155 FGO iVm § 560 ZPO bindend festgestellt wurde. Zur Feststellung der tatsächlichen Grundlagen von Sachentscheidungsvoraussetzungen kann der BFH das Verfahren des **Freibeweises** anwenden (BFH V R 25/95, BStBl. II 1996, 578; BGH IX ZB 81/90, NJW 1992, 627).

166 **Keine Sachentscheidungsvoraussetzung** ist die wirksame **Bekanntgabe des Steuerverwaltungsakts.** Der gegenteiligen Auffassung des I. Senats (BFH I R 31/84, BStBl. II 1986, 474) kann nicht gefolgt werden. Stellt das FG (oder der BFH im Revisionsverfahren) fest, dass der angefochtene Steuerbescheid wegen eines Bekanntgabemangels nicht wirksam geworden ist, weist es die Anfechtungsklage nicht durch Prozessurteil ab, sondern hebt den unwirksamen Bescheid (zur Klarstellung) auf, erlässt also ein Sachurteil. Auch die **Rechtzeitigkeit des Einspruchs** ist, anders als die der Klage, **keine Sachentscheidungsvoraussetzung** des finanzgerichtlichen Verfahrens (BFH I R 240/74, BStBl. II 1977, 321; VII R 122/80, BStBl. II 1984, 791 mwN). Die frühere Rspr. des BFH (vgl. Nachw. in BFH VII R 122/80, BStBl. II 1984, 791) ist überholt. Die gegen einen bestandskräftigen Bescheid erhobene Klage ist zulässig, aber unbegründet.

167 Eine andere Frage ist es, ob das Revisionsgericht hinsichtlich der für die Zulässigkeit des Einspruchs relevanten Tatsachen zu **eigenen Feststellungen** gleichwohl deshalb befugt ist, weil bei Fehlen einer Zulässigkeitsvoraussetzung des Einspruchs der angefochtene Bescheid **bestandskräftig** geworden ist mit der Folge, dass es zu einer Prüfung der streitigen Sachfrage nicht mehr kommen kann. Ob das der Fall ist, muss das Gericht in jeder Lage des Verfahrens vAw prüfen. Abzulehnen ist deshalb die Ansicht des BVerwG (BVerwG VIII C 353/59, MDR 1962, 336), das Revisionsgericht sei an die von der Vorinstanz zur Frage der Wiedereinsetzung in die Versäumung der Einspruchsfrist festgestellten Tatsachen gebunden (vgl. aber BVerwG VI C 76.73, Buchholz 310 § 60 VwGO Nr. 85).

170 **cc) Prozesshandlungen.** Die Auslegung von **Prozesshandlungen** und **Prozesserklärungen** gehört zu den Aufgaben des Revisionsgerichts, bei der es nicht an die Tatsachenfeststellungen der Vorinstanz gebunden ist (BFH I R 207/75, BStBl. II 1978, 11; I R 22/80, BStBl. II 1985, 5; IV R 27/16, BStBl. II 2020, 11). Insbes. bei der **Bestimmung des Klagebegehrens** ist der BFH nicht an die Auslegung durch das FG und an die vom FG formulierten Anträge gebunden (BFH IV R 12/12, BFH/NV 2016, 412). Das gilt auch für die Frage, ob das Urteil gegen eine Person ergangen ist, die nicht Kläger war (BFH X R 23/18, BFH/NV 2020, 361).

171 Keine Prozesshandlung ist die Einlegung des **Einspruchs.** Da es sich um einen vorprozessualen Rechtsbehelf handelt, kann das Revisionsgericht die Auslegung des Einspruchs durch das Tatsachengericht nur in dem für privatrechtliche Willenserklärungen geltenden Umfang überprüfen (→ Rn. 50 ff.). Revisionsrechtlich nachprüfbar ist jedoch, ob ein Einspruch auslegungsbedürftig ist (BFH X R 51/06, BStBl. II 2009, 892 mwN).

172 **dd) Verfahrensmangel.** Das Revisionsgericht darf und muss diejenigen Tatsachen feststellen, die zur Beurteilung erforderlich sind, ob ein rechtzeitig gerügter oder vAw zu berücksichtigender (→ Rn. 214 ff.) **Verfahrensmangel vorliegt** (BFH IV R 147/80, BStBl. II 1983, 476; V B 86/86, BStBl. II 1987, 502; X R

98–100/90, BStBl. II 1992, 411; Kopp/Schenke/Schenke VwGO § 137 Rn. 26; zum Verfahrensmangel → § 115 Rn. 250 ff.). Es handelt sich um die Tatsachen, die den Mangel ergeben (§ 120 III Nr. 2 Buchst. b). Im Zweifel entscheidet der BFH im Wege des Freibeweises (BFH IV R 147/80, BStBl. II 1983, 476; V B 86/86, BStBl. II 1987, 502; III B 84/93, BFH/NV 1995, 990; V R 25/95, BStBl. II 1996, 578; IV R 45/09, BStBl. II 2013, 123).

ee) Wiederaufnahmegründe. Das Revisionsgericht darf und muss diejenigen **174** Tatsachen feststellen und berücksichtigen, aus denen sich ein **Wiederaufnahmegrund** ergibt, weil sonst das Verfahren zwar mit der Revisionsentscheidung abgeschlossen wäre, aber als Wiederaufnahmeverfahren fortgesetzt werden könnte (BFH I R 77/74, BStBl. II 1976, 431; I R 9/78, BStBl. II 1979, 184; III R 209/93, BStBl. II 1988, 277; VII S 14/98, BFH/NV 1999, 1133; BVerwG 9 C 77/91, BVerwGE 91, 104 (107); III C 301/58, BVerwGE 10, 357 mwN auch über die teilweise abw. Rspr. des BGH; vgl. insbes. BGH IV ZR 55/55, BGHZ 18, 59; Kopp/Schenke/Schenke VwGO § 137 Rn. 27).

ff) Unstreitige und neue Tatsachen. Nach einer in Rspr. und Literatur ver- **176** breiteten Auffassung sollen aus Gründen der Prozessökonomie auch **unstreitige und neue Tatsachen,** die nach Erlass des die Tatsacheninstanz abschließenden Urteils eingetreten sind, im Revisionsverfahren berücksichtigt werden können (BFH I R 43/86, BStBl. II 1990, 615; BVerwG 1 C 24.84, DVBl. 1986, 108; 9 C 77/91, BVerwGE 91, 104; Kopp/Schenke/Schenke VwGO § 137 Rn. 28; Thomas/Putzo/Seiler ZPO § 559 Rn. 12; **aA** zu Recht; BFH II R 64/93, BFH/NV 1997, 157; VII R 152/97, BStBl. II 2000, 93; III R 87/03, BFH/NV 2012, 1603; offengelassen in BFH III R 209/93, BStBl. II 1988, 277; VIII R 98/90, BFH/NV 1993, 468; Tipke/Kruse/Krumm § 118 Rn. 93). Das BVerwG berücksichtigt neue Tatsachen, wenn sie nicht beweisbedürftig sind, ihre Verwertung einer endgültigen Streiterledigung dient und schützenswerte Interessen der Beteiligten dadurch nicht berührt werden (BVerwG 1 C 16/87, NVwZ 1993, 781; 9 C 77/91, NVwZ 1993, 275), ähnlich der BGH (vgl. Zöller/Feskorn ZPO § 559 Rn. 5).

Dem kann, soweit es sich nicht um Wiederaufnahmegründe (§ 134 FGO iVm **177** §§ 579 ff. ZPO) handelt, nicht zugestimmt werden. In dem vom Prinzip der **Amtsermittlung** beherrschten Steuerprozess können die Beteiligten nicht über den für die Entscheidung maßgeblichen Tatsachenstoff verfügen; fehlende tatsächliche Feststellungen des FG können nicht durch übereinstimmenden Tatsachenvortrag der Beteiligten im Revisionsverfahren ersetzt werden (so iE auch BFH VII R 152/97, BStBl. II 2000, 93; Redeker/v. Oertzen/Redeker VwGO § 137 Rn. 17).

4. Bindung an die Feststellung irrevisiblen Rechts

Grundsatz. An die Feststellungen des FG über das Bestehen und den Inhalt **180** des nicht revisiblen Rechts (→ Rn. 40) ist der BFH im Revisionsverfahren **wie an tatsächliche Feststellungen** gebunden (**§ 155 FGO iVm § 560 ZPO;** stRspr, BFH I R 85/03, BStBl. II 2006, 139; VI R 6/11, BFH/NV 2014, 241; II R 14/23, DStR 2025, 273, Rn. 34; BGH XII ZR 240/90, NJW 1992, 438; Zöller/Feskorn ZPO § 560 Rn. 1; Thomas/Putzo/Seiler ZPO § 560 Rn. 1; Kopp/Schenke/Schenke VwGO § 137 Rn. 30). Nach § 560 ZPO ist die Entscheidung des Berufungsgerichts über das Bestehen und den Inhalt von Gesetzen, auf deren Verletzung die Revision nach § 545 ZPO nicht gestützt werden kann, für die auf die Revision ergehende Entscheidung maßgebend.

181 **Vorfragen.** Die Bindung des Revisionsgerichts besteht auch, sofern das vom FG festgestellte irrevisible Recht lediglich eine **Vorfrage** für die Anwendung von Bundesrecht betrifft (BFH III R 112–113/79, BStBl. II 1983, 657; X R 89/98, BStBl. II 2003, 72; IX R 23/21, BStBl. II 2023, 557). Das Revisionsgericht ist an die Entscheidung der Vorinstanz über das Bestehen eines nicht revisiblen Rechtssatzes auch dann gebunden, wenn sich dieser auf eine **Prozessvoraussetzung,** zB die Beteiligtenfähigkeit, bezieht (BGH III ZR 320/54, BGHZ 21, 214; VIII ZR 71/64, NJW 1965, 1666; IX ZB 354/72, BeckRS 1975, 31385218; Stein/Jonas/Grunsky ZPO § 562 Rn. 1).

182 **Anfänglich fehlende Bindungswirkung.** Die Feststellungen des FG zum irrevisiblen Recht entfalten von vornherein keine Bindungswirkung, wenn sie **willkürlich** sind (BVerfG 2 BvR 539, 612/80, NStZ 1983, 476; May, Die Revision in den zivil- und verwaltungsgerichtlichen Verfahren, 2. Aufl. 1997, Kap. VI Rn. 61 mwN; Kopp/Schenke/Schenke VwGO § 137 Rn. 31) oder wenn aus den Gründen des angefochtenen Urteils **nicht nachvollziehbar** ist, aus welchen Tatsachen das FG seine Schlussfolgerung tatsächlicher Art ableitet (BFH I R 55/14, BFH/NV 2017, 1588). In diesen Fällen wird aber auch ein Verstoß gegen die Denkgesetze vorliegen (→ Rn. 70).

183 Eine Bindung des Revisionsgerichts nach § 155 FGO iVm § 560 ZPO besteht auch dann nicht, wenn das Tatsachengericht das anzuwendende nicht revisible Recht **offensichtlich übersehen** und deshalb nicht angewendet hat. Die Nichtanwendung des irrevisiblen Rechts verletzt dann materielles Bundesrecht und ist als solche revisibel. Der Verstoß ist vom BFH ohne Rüge zu beachten (BFH IV R 23/14, BStBl. II 2018, 444; II R 13/19, BStBl. II 2022, 481). Aus dem Urteil des Tatsachengerichts muss sich in diesem Fall ergeben, dass die Anwendung der Norm des irrevisiblen Rechts **versehentlich** unterblieben ist (Stein/Jonas/Grunsky ZPO § 560 Rn. 1).

184 Eine Bindung an die Feststellungen des FG zum Inhalt irrevisiblen Rechts kann auch dann nicht eingreifen, wenn sich das maßgebliche **irrevisible Recht** nach Ergehen des erstinstanzlichen Urteils **geändert** hat (BVerwG 11/7 RAr 115/87, NVwZ 1990, 697; 4 C 54/89, NVwZ-RR 1993, 65; BGH XII ZR 18/91, NJW-RR 1993, 13). Dies darf das Revisionsgericht in eigener Kompetenz feststellen.

186 **Rechtsfolgen.** Der BFH hat das irrevisible Recht grds. **ohne eigene Prüfung** seiner Entscheidung so zugrunde zu legen, wie es das Tatsachengericht festgestellt und ausgelegt hat (positive Bindungswirkung; → Rn. 104 ff.). Eigene Feststellungen und Korrekturen sind ihm verwehrt (negative Bindungswirkung, → Rn. 150 ff.). Der BFH darf insbes. eigene (bessere) Erkenntnisse über das irrevisible Recht nicht berücksichtigen oder seine eigene Auslegung an die Stelle der Auslegung des FG setzen.

187 **Einzelheiten.** Der Einwand unrichtiger Rechtsanwendung ist in Bezug auf das nicht revisible Recht im Revisionsverfahren unbeachtlich. Das gilt insbes. für die Rüge, das FG habe bei der Auslegung und Anwendung des irrevisiblen Rechts allgemeine **Rechtsgrundsätze** (zB Treu und Glauben) oder **anerkannte Auslegungsregeln** verletzt (BFH VIII R 29/80, BFHE 141, 321; BGH V ZR 151/67, WPM 1970, 933; V ZR 75/56, BGHZ 24, 159; **aA** BFH I B 97/02, BFH/NV 2003, 1190 mwN). Diese Grundsätze gehören, soweit sie zur Feststellung und Auslegung des irrevisiblen Rechts herangezogen worden sind, ebenfalls zum irrevisiblen Recht (BFH V R 35/18, BStBl. II 2021, 657). Unerheblich ist deshalb

auch, ob in Bezug auf die Anwendung des nicht revisiblen Rechts eine **sachliche Härte** iSd § 227 AO oder eine **Umgehung des Gesetzes** iSv § 42 AO vorliegt. Beides erfordert eine inhaltliche Auseinandersetzung mit dem irrevisiblen Recht, die dem BFH verwehrt ist (BFH II R 6/94, BStBl. II 1995, 738; II R 102/93, BStBl. II 1996, 396).

a) Prüfungsumfang des BFH. Allgemein. Der BFH prüft stets, ob das FG bei der Ermittlung des nicht revisiblen Rechts die **Denkgesetze** (→ Rn. 70) und die **allgemeinen Erfahrungssätze** (→ Rn. 74) beachtet hat (BFH VIII R 29/80, BFHE 141, 321; I R 257/78, BStBl. II 1982, 768; I R 14/94, BStBl. II 1995, 502; I R 82/01, BStBl. II 2004, 4; **aA** BGH II ZR 9/60 (KG), NJW 1961, 410; VI ZR 309/93, NJW 1994, 1408; MüKoZPO/Krüger ZPO § 562 Rn. 5). Allgemeine Erfahrungssätze wird es in Bezug auf die Feststellung ausländischen Rechts kaum geben; die Denkgesetze müssen aber stets beachtet werden (vgl. BFH V R 35/18, BStBl. II 2021, 657). 190

Landesrecht. Der BFH hat in jedem Fall zu prüfen, ob das FG bei der Auslegung von irrevisiblem Landesrecht das Gebot bundesrechtskonformer, insbes. verfassungskonformer Auslegung beachtet hat (BVerwG 4 C 9/86, NVwZ 1988, 527, Ls. 3). Dazu gehört auch die Frage, wie das Landesrecht unter Vertrauensschutzgesichtspunkten und damit in verfassungskonformer Weise auszulegen ist (BFH II R 7/20, BStBl. II 2023, 402). 191

b) Wegfall der positiven Bindungswirkung. Die positive Bindungswirkung entfällt, soweit gegen die Feststellungen des FG zum irrevisiblen Recht zulässige und begründete **Verfahrensrügen** vorgebracht sind (BFH II R 169/78, BStBl. II 1981, 104; II R 10/93, BStBl. II 1995, 431; II R 6/94, BStBl. II 1995, 738; I R 82/01, BStBl. II 2004, 4). Bei der Ermittlung des nicht revisiblen Rechts unterliegt das FG dem deutschen Prozessrecht. Mängel bei der Anwendung des Verfahrensrechts (Bundesrecht), die dem FG bei der Ermittlung des irrevisiblen Rechts unterlaufen sind, können deshalb mit der Revision gerügt werden (stRspr, BFH I R 14/94, BStBl. II 1995, 502; I R 74/94, BStBl. II 1996, 441; BGH IX ZR 233/90, NJW 1992, 2029; Fastrich ZZP 97, 423). 192

Ermittlungspflicht des FG. Zu den revisiblen Verfahrensvorschriften gehört insbes. **§ 293 ZPO** iVm § 155 FGO. Danach ist das FG verpflichtet, das ausländische Recht zu ermitteln. Dabei sind nicht nur die einschlägigen Rechtsnormen des ausländischen Rechts heranzuziehen, sondern es ist auch die konkrete Ausgestaltung dieses Rechts in der Rechtspraxis, insbes. die ausländische Rspr. zu berücksichtigen (BFH II R 13/19, BStBl. II 2022, 481; BGH VI ZR 112/86, NJW 1988, 648; BVerwG 13 B 27/89, DVBl. 1989, 893). Das umfasst auch die Auslegung von Verträgen, die nach ausländischem Recht abgeschlossen worden sind (BFH II R 13/19, BStBl. II. 2022, 481). Der Umstand, dass das ausländische Recht sehr komplex ist, entbindet das FG nicht von seiner Ermittlungspflicht. Gegebenenfalls darf oder muss das FG sachverständige Hilfe in Anspruch nehmen (BFH IV R 23/14, BStBl. II 2018, 444; II R 13/19, BStBl. II 2022, 481). Nicht revisible Rechtssätze sind keine Tatsachen; eine Entscheidung nach den Grundsätzen der Feststellungslast ist daher nicht zulässig (BFH III R 63/11, BStBl. II 2014, 711; III R 10/11, BStBl. II 2014, 706; II R 13/19, BStBl. II 2022, 481). Es ist nicht Aufgabe des Klägers, die Regelungen über das ausländische Recht darzulegen (BFH III R 63/11, BFH/NV 2013, 1872). Gleichwohl soll der Kläger auf die Einhaltung der besonderen Ermittlungspflicht gem. § 155 FGO iVm § 295 ZPO durch rügelose Einlassung verzichten können (BFH I R 45/11, BStBl. II 193

2013, 771). Es erscheint indes nicht konsequent, eine Rügeobliegenheit anzunehmen, obwohl eine Mitwirkungspflicht nicht besteht.

194 **Ermessen.** Auf welche Weise sich das FG die erforderliche Kenntnis verschafft, liegt grds. in seinem pflichtgemäßen **Ermessen** (BFH I R 46/07, BFH/NV 2008, 930; III R 63/11, BFH/NV 2013, 1872), das revisionsrechtlich ebenfalls nur eingeschränkt überprüft werden kann. Übt das FG sein Ermessen nicht aus und kommt es seiner Ermittlungspflicht nicht nach, kann dieser Mangel mit der Verfahrensrüge im Revisionsverfahren gerügt werden (BFH I R 14/94, BStBl. II 1995, 502; BGH II ZR 6/87, NJW 1988, 647; BVerwG 1 B 139/91, Buchholz 310 § 98 VwGO Nr. 41). Der BFH kann auch prüfen, ob das FG die **Grenzen des Ermessens** beachtet hat (BFH I R 46/07, BFH/NV 2008, 930). An die Ermittlungspflicht werden umso höhere Anforderungen zu stellen sein, je komplexer oder je fremder im Vergleich zum eigenen das anzuwendende ausländische Recht ist (BFH X R 28/21, DStRE 2023, 1223; BGH IX ZR 233/90, NJW 1992, 2026; III ZR 206/82, NJW 1984, 2763). Entsprechendes ist anzunehmen, wenn die Beteiligten die ausländische Rechtspraxis detailliert und kontrovers vortragen (BFH III R 63/11, BFH/NV 2013, 1872; II R 13/19, BStBl. II 2022, 481). Die Entscheidungsgründe müssen erkennen lassen, dass und wie das Tatsachengericht sein Ermessen bei der Ermittlung des ausländischen Rechts ausgeübt hat (BGH VI ZR 112/86, NJW 1988, 648).

196 **Rechtsfolgen.** Die Bindungswirkung der Feststellungen des FG zum Inhalt des irrevisiblen Rechts entfällt, wenn die Feststellungen auf einem **nur kursorischen Überblick** über die Materie beruhen. In diesem Fall liegt ein materieller Mangel vor (BFH IV R 50/14, BStBl. II 2017, 456; X R 5/16, BStBl. II 2018, 651; IV R 3/20, BStBl. II 2023, 703; X R 28/21, DStRE 2023, 1223).

198 **Weitere Verfahrensmängel.** Außerdem kann gerügt werden, das FG habe bei seiner Entscheidung überraschend irrevisibles Recht angewendet und damit den **Anspruch auf rechtliches Gehör** verletzt (BGH I ZR 99/74, NJW 1976, 474), oder das FG habe **Beweisanträge** der Beteiligten zur Ermittlung des ausländischen Rechts übergangen (BGH II ZR 50/90, NJW 1991, 1418). Die Verfahrensrüge ist aber unzulässig, soweit mit ihr letztlich die sachliche Nachprüfung der Feststellungen des FG über den Inhalt des irrevisiblen Rechts angestrebt wird (BVerwG 13 B 27/89, DVBl. 1989, 893; BGH II ZR 6/87, NJW 1988, 647 mwN).

200 **c) Verletzung von Bundesrecht.** Die Bindung an die Feststellungen des Tatrichters über das Bestehen und den Inhalt des irrevisiblen Rechts entfällt auch, wenn die Sachrüge erhoben wird und die Auslegung oder Anwendung des irrevisiblen Rechts gegen **übergeordnetes (materielles) Bundesrecht** verstößt (BFH II R 10/93, BStBl. II 1995, 431; XI R 16/90, BStBl. II 1992, 132; Tipke/Kruse/Krumm § 118 Rn. 30; Kopp/Schenke/Schenke VwGO § 137 Rn. 31). Bundesrecht ist verletzt, wenn der Tatrichter eine Rechtsfrage, auf die Bundesrecht hätte angewendet werden müssen, nach nicht revisiblem Recht entschieden hat und umgekehrt (BFH VIII R 42/90, BStBl. II 1994, 702; IV R 23/14, BStBl. II 2018, 444: Auslegung eines Vertrags, der kalifornischem Recht unterliegt, nach deutschem Recht) oder wenn er aus dem von ihm festgestellten irrevisiblen Recht unzutreffende Schlüsse auf die Anwendbarkeit von Vorschriften des Bundesrechts gezogen hat (BFH III R 112, 113/79, BStBl. II 1983, 657; II R 10/93, BStBl. II 1995, 431). Die Anwendung oder Nichtanwendung des revisiblen Rechts beruht dann auf der Verletzung revisibler Rechtssätze. Bei der Ermittlung der Grenzen

des revisiblen zum nicht revisiblen Recht kann der BFH die Auslegung nicht revisiblen Rechts durch die Vorinstanz nachprüfen (BFH VIII R 42/90, BStBl. II 1994, 702; BGH IV ZR 107/58, BGHZ 28, 375).

d) Ersetzende eigene Feststellungen. Strittig ist, ob das Revisionsgericht in den Fällen, in denen das FG den Inhalt des irrevisiblen Rechts nicht (ausreichend) festgestellt hat oder in denen die Bindung an die Feststellungen der Vorinstanz nach § 155 FGO iVm § 560 ZPO entfallen ist, das irrevisible Recht in eigener Zuständigkeit feststellen und auslegen darf oder ob es stets nach § 126 III 1 Nr. 2 zurückverweisen muss, damit das FG die unterlassene oder verfahrensfehlerhaft vorgenommene Ermittlung des irrevisiblen Rechts nachholt. **202**

In § **563 IV ZPO** ist nach der Rspr. des BGH die Frage im Sinne einer eigenen Ermittlungskompetenz des Revisionsgerichts geregelt. Der BGH entscheidet nach Ermessen (Wahlrecht), ob er die Sache zurückverweist oder ob er das irrevisible Recht ersetzend selbst feststellt (BGH V ZR 146/57, BGHZ 40, 197; XII ZR 18/91, NJW-RR 1993, 13; ebenso Zöller/Feskorn ZPO § 563 Rn. 14; Thomas/Putzo/Seiler ZPO § 563 Rn. 16). Auch der BFH und das BVerwG haben im Anschluss an diese Rspr. eine eigene ersetzende Ermittlungsbefugnis zum Inhalt des irrevisiblen Rechts bejaht (BFH I R 257/78, BStBl. II 1982, 768; II R 13/92, BStBl. II 1995, 540; VI R 98/95, BStBl. II 1996, 478; BVerwG 4 C 9/86, DVBl. 1988, 494; 3 C 17/92, NJW 1995, 3067). **203**

Kritik. Dem kann nicht gefolgt werden. Da die Feststellung des irrevisiblen Rechts ebenso wie die Feststellung von Tatsachen nach Abs. 2 dem FG obliegt, muss der BFH bei Wegfall der Bindungswirkung zurückverweisen. Eine eigene Kompetenz zur Feststellung und Auslegung des irrevisiblen Rechts steht ihm nicht zu (so auch Tipke/Kruse/Krumm § 118 Rn. 28; Kopp/Schenke/Schenke VwGO § 137 Rn. 32; Eyermann/Kraft VwGO § 137 Rn. 23). Da § 126 die möglichen Entscheidungen des BFH über die Revision eigenständig und abschließend regelt, kommt eine sinngemäße Anwendung des § 563 IV ZPO iVm § 155 im finanzgerichtlichen Verfahren als Rechtsgrundlage für die Entscheidung des BFH über Bestehen und Inhalt des irrevisiblen Rechts nicht in Betracht. Der BFH verweist im Allgemeinen zurück, wenn Feststellungen des FG zum entscheidungserheblichen irrevisiblen Recht fehlen (zB BFH VI R 37/09, BStBl. II 2011, 923). **204**

IV. Umfang der Rechtsprüfung im Revisionsverfahren (Abs. 3)

1. Allgemeines

Grundsatz. Ist die Revision zulässig, prüft der BFH nach Abs. 3 S. 2 in den Grenzen der Revisionsanträge (§§ 120, 121 iVm § 96 I 2) und den sich aus Abs. 1 u. 2 ergebenden Beschränkungen die Rechtmäßigkeit des angefochtenen Urteils grds. in vollem Umfang und ohne Bindung an die geltend gemachten Revisionsgründe (sog. **Vollrevision;** BFH V R 133/81, BStBl. II 1988, 199; I R 151/93, BStBl. II 1997, 327; X R 2/14, BStBl. II 2016, 534; → Rn. 225). Etwas anderes gilt, wenn die Revision nur auf **Verfahrensmängel** gestützt wird und weder die Voraussetzungen von § 115 II Nr. 1 noch Nr. 2 vorliegen (Abs. 3 S. 1; → Rn. 212 ff.). Dann ist der BFH im Revisionsverfahren auf die Prüfung der gerügten Verfahrensmängel beschränkt. **210**

211 Die Verfahrensrevision hat nach dem Inkrafttreten des 2. FGOÄndG erheblich an Bedeutung verloren, weil der BFH bei erfolgreicher Rüge eines Verfahrensmangels mit der NZB bereits im Beschwerdeverfahren das Urteil des FG aufheben und die Sache zurückverweisen kann (→ § 116 Rn. 66), wovon regelmäßig Gebrauch gemacht wird.

2. Prüfungsumfang bei Verfahrensrevision

212 **Grundsatz.** Wird die Revision ausschließlich auf Verfahrensmängel (→ § 115 Rn. 250 ff.) gestützt oder wurde eine gleichzeitig erhobene Rüge der Verletzung materiellen Rechts nicht ausreichend begründet, darf der BFH grds. **nur über die geltend gemachten Verfahrensmängel** entscheiden, sofern nicht ein Revisionszulassungsgrund gem. § 115 II Nr. 1 oder Nr. 2 vorliegt. Geltend gemacht sind Verfahrensmängel, wenn sie ordnungsgemäß gerügt sind (Verfahrensrüge → § 120 Rn. 66 ff.). Die Bindung an die gerügten Verfahrensmängel schließt die Prüfung **von Amts wegen** zu beachtender Verfahrensmängel nicht aus (BFH III R 39/14, BeckRS 2015, 95637; Redeker/v. Oertzen/Redeker VwGO § 137 Rn. 21).

213 **Grundsätzliche Bedeutung/Rechtsfortbildung/Sicherung der Rechtseinheit (§ 115 II Nr. 1 und 2).** Eine verfahrensrechtliche Frage kann in der Verfahrensrevision auch ohne Rüge vom Revisionsgericht behandelt werden, wenn sie von grundsätzlicher Bedeutung (→ § 115 Rn. 100 ff.) ist oder wenn ihre Entscheidung zur Rechtsfortbildung (→ § 115 Rn. 160 ff.) oder zur Sicherung der Rechtseinheit (→ § 115 Rn. 170) erforderlich ist. Das ergibt sich unmittelbar aus Abs. 3 S. 1, der nicht nur für materiell-rechtliche, sondern auch für **verfahrensrechtliche** Fragen von Bedeutung ist (BFH X R 15–16/97, BStBl. II 1999, 412; Tipke/Kruse/Krumm § 118 Rn. 104; Gosch/Werth § 118 Rn. 87; so schon Gräber DStR 1968, 242). Hiervon abweichende frühere Urteile des BFH (BFH VIII R 67/91, BStBl. II 1994, 469; offengelassen in BFH III R 51/87, BFH/NV 1989, 377) sind überholt. Liegen die Voraussetzungen der grundsätzlichen Bedeutung oder Divergenz in Bezug auf einen nicht gerügten Verfahrensmangel vor, prüft das Revisionsgericht auch diesen Verfahrensmangel; eine Vollüberprüfung des Urteils wird dadurch nicht ausgelöst.

214 **Sachentscheidungsvoraussetzungen der Klage.** Sie (→ Vor § 33 Rn. 16 ff.) hat das Revisionsgericht in jeder Lage des Verfahrens vAw zu prüfen (allg. Ansicht, → Rn. 164), also auch in der Verfahrensrevision. Die Sachentscheidungsvoraussetzungen des Klageverfahrens sind nicht identisch mit den absoluten Revisionsgründen des § 119, die idR nur auf ausdrückliche und schlüssige Rüge hin geprüft werden können (vgl. zB BFH IV R 139/67, BStBl. II 1968, 152; III 59/64, BStBl. II 1968, 683; → § 119 Rn. 2).

215 **Verstoß gegen die Grundordnung des Verfahrens.** Er ist stets vAw (ohne Rüge) zu prüfen. Das betrifft zB die **Zulässigkeit eines Grundurteils** (BGH III ZR 34/73, NJW 1975, 1968; BFH I R 135/77, BStBl. II 1980, 695; II R 105/87, BFH/NV 1989, 311) oder die **Wirksamkeit** des Urteils (BFH VIII R 67/91, BStBl. II 1994, 469). Zur Grundordnung des Verfahrens gehören nach allg. Ansicht ferner die Beachtung der **notwendigen Beiladung** (→ § 60 Rn. 151), der **Aussetzung des Verfahrens nach § 74** (zB bei Vorgreiflichkeit des Gewinnfeststellungsverfahrens; BFH IV R 170/81, BStBl. II 1984, 200; I B 132/90, I B 134/90, BStBl. II 1991, 641; XI R 109/92, BFH/NV 1996, 404), der **Bindung an das Klagebegehren** (§ 96 I 1; BFH VI R 67/90, BStBl. II

1994, 182; VIII R 61/97, BStBl. II 1999, 483; BGH V ZR 47/84, NJW 1985, 3006; Thomas/Putzo/Seiler ZPO § 308 Rn. 5; Zöller/Feskorn ZPO § 308 Rn. 6) und des **Verböserungsverbots** (BGH VII ZR 213/60, NJW 1962, 907).

Unlösbarer Zusammenhang. Steht mit dem gerügten Verfahrensmangel ein nicht oder nicht ordnungsgemäß gerügter Verfahrensmangel in unlösbarem Zusammenhang, so ist auch dieser in der Verfahrensrevision zu prüfen (RG I 167/06, RGZ 64, 278 (280); BFH VII R 150/71, BStBl. II 1976, 48; I R 43/79, BStBl. II 1985, 2; VIII R 67/91, BStBl. II 1994, 469; Kopp/Schenke/Schenke VwGO § 137 Rn. 39). Der absolute Revisionsgrund der **Verletzung des rechtlichen Gehörs** (§ 119 Nr. 3) ist auch dann zu prüfen, wenn er zwar nicht ausdrücklich geltend gemacht, jedoch form- und fristgerecht die Verletzung einer Verfahrensvorschrift gerügt worden ist, die der Wahrung des rechtlichen Gehörs dient (BVerwG VII C 180/63, BVerwGE 22, 71). **216**

Wiederaufnahme des Verfahrens. Liegt ein Verfahrensmangel vor, der eine Wiederaufnahme rechtfertigen könnte, so ist dieser aus Gründen der Prozessökonomie stets auch ohne Rüge zu beachten (BVerwG VIII C 44/65, BVerwGE 28, 18; → Rn. 174). **217**

Beruhensprüfung. Soweit sie die Prüfung materiellen Rechts erfordert, ist das Revisionsgericht durch die Beschränkung auf die geltend gemachten Verfahrensmängel daran nicht gehindert (BVerwG II C 166.60, BVerwGE 17, 16; BGH III ZR 158/52, NJW 1954, 150; VI ZR 222/58, NJW 1960, 669; Kopp/Schenke/Schenke VwGO § 137 Rn. 38; Gräber DStR 1968, 242). Das gilt auch für die ohne Rüge im Rahmen der Verfahrensrevision zu prüfenden Verfahrensmängel. **218**

Materielles Recht darf bei einer ausschließlich auf Verfahrensmängel gestützten Revision nach ganz hM nur geprüft werden, soweit die Voraussetzungen des **§ 115 II Nr. 1 oder Nr. 2** vorliegen (stRspr, BFH VI R 110/68, BStBl. II 1969, 621; III R 141/68, BStBl. II 1974, 350; I R 100/74, BStBl. II 1976, 498; III R 102/89, BStBl. II 1991, 763; IV R 24/94, BFH/NV 1995, 421; II R 55/09, BFH/NV 2011, 1702; III R 24/09, BFH/NV 2012, 198; BVerwG II C 761, BVerwGE 18, 64; VIII C 68/69, NJW 1970, 1617; HHS/Lange § 118 Rn. 237; Tipke/Kruse/Krumm § 118 Rn. 101; Eyermann/Kraft VwGO § 137 Rn. 32; Kopp/Schenke/Schenke VwGO § 137 Rn. 35; **aA** Gräber DStR 1968, 238 (243)). Ist eine dieser Voraussetzungen in Bezug auf die Anwendung des materiellen Rechts erfüllt, hat der BFH das angefochtene Urteil uneingeschränkt zu überprüfen (arg. § 126 IV). **220**

Amtsprüfung. Ob die Anwendung des materiellen Rechts eine Frage von grundsätzlicher Bedeutung aufwirft oder ob die Zulassung der Revision nach § 115 II Nr. 2 geboten wäre, untersucht das Revisionsgericht im Rahmen der Verfahrensrevision vAw (Gräber DStR 1968, 238 (239)); der Revisionskläger muss die Voraussetzungen des § 115 II Nr. 1 oder Nr. 2 nicht darlegen (BFH VII R 196/83, BFH/NV 1986, 512; VII R 73/83, BFH/NV 1988, 163; III R 24/09, BFH/NV 2012, 198). **221**

3. Prüfungsumfang bei Rüge der Verletzung materiellen Rechts

Rügt der Revisionskläger (auch) die Verletzung materiellen Rechts (sog. Sachrüge), muss der BFH das angefochtene Urteil **in vollem Umfang** (iRd Antrags des Revisionsklägers) auf die Verletzung revisiblen Rechts prüfen. Er ist dabei nicht an die vorgebrachten Revisionsgründe gebunden (BFH I R 151/93, **225**

BStBl. II 1997, 327; I R 42/97, BStBl. II 1999, 316, X R 65/09, BStBl. II 2012, 345; I R 110/09, BStBl. II 2014, 119). Das gilt nicht für die Verletzung von **Verfahrensrecht,** das idR nur auf Grund einer entsprechenden **Verfahrensrüge** vom Revisionsgericht geprüft wird.

§ 119 [Fälle der Verletzung von Bundesrecht]

Ein Urteil ist stets als auf der Verletzung von Bundesrecht beruhend anzusehen, wenn
1. **das erkennende Gericht nicht vorschriftsmäßig besetzt war,**
2. **bei der Entscheidung ein Richter mitgewirkt hat, der von der Ausübung des Richteramts kraft Gesetzes ausgeschlossen oder wegen Besorgnis der Befangenheit mit Erfolg abgelehnt war,**
3. **einem Beteiligten das rechtliche Gehör versagt war,**
4. **ein Beteiligter im Verfahren nicht nach Vorschrift des Gesetzes vertreten war, außer wenn er der Prozessführung ausdrücklich oder stillschweigend zugestimmt hat,**
5. **das Urteil auf eine mündliche Verhandlung ergangen ist, bei der die Vorschriften über die Öffentlichkeit des Verfahrens verletzt worden sind, oder**
6. **die Entscheidung nicht mit Gründen versehen ist.**

Vgl. § 138 VwGO; § 547 ZPO.

Literatur: May, Die Revision in den zivil- und verwaltungsgerichtlichen Verfahren, 2. Aufl. 1997; Sangmeister, Die Rüge wesentlicher Mängel des Verfahrens (§ 116 I FGO), DStZ 1991, 358; Sangmeister, Der Umfang der revisionsgerichtlichen Prüfung bei der Rüge von Verfahrensfehlern, StVj 1991, 128; Sangmeister, Zurückweisung der Revision als unbegründet trotz absoluten Revisionsgrundes bei Unzulässigkeit der Klage, ZIP 1994, 230.

Vgl. ferner die Literaturhinweise vor Rn. 6, 13, 31, 35.

Übersicht

	Rn.
I. Allgemeines	1
II. Die einzelnen absoluten Revisionsgründe	6
1. Nicht vorschriftsmäßige Besetzung des Gerichts (Nr. 1)	6
2. Mitwirkung eines ausgeschlossenen oder mit Erfolg abgelehnten Richters (Nr. 2)	12
3. Versagung des rechtlichen Gehörs (Nr. 3)	13
a) Inhalt des Rechts auf Gehör	13
b) Kausalität des Mangels	19
c) Rüge einer Verletzung des rechtlichen Gehörs	20
d) Einzelfälle	24
4. Mangel der Vertretung (Nr. 4)	27
5. Verletzung der Öffentlichkeit des Verfahrens (Nr. 5)	31
6. Fehlen der Gründe (Nr. 6)	35

I. Allgemeines

1 Ein **Verfahrensmangel (§ 115 II Nr. 3;** → § 115 Rn. 250 ff.) führt im Allgemeinen nur dann zur Aufhebung des Urteils, wenn dieses auf dem Mangel **beruht**

(→ § 115 Rn. 303 ff.; → § 118 Rn. 95 ff.). Das Beruhen muss deshalb grds. festgestellt werden. Bei den in § 119 abschließend aufgeführten Verfahrensverstößen (absolute Revisionsgründe) wird dagegen **unwiderleglich vermutet,** dass das Urteil auf der Verletzung von Bundesrecht beruht. Feststellungen zum Beruhen sind deshalb nicht erforderlich. Das gilt gleichermaßen für das Revisionsverfahren wie für das Verfahren der NZB (→ § 116 Rn. 49).

Liegt ein absoluter Revisionsgrund vor, ist **§ 126 IV grds. nicht anzuwenden** (vgl. zB BFH I R 65/94, BFHE 176, 571; II R 39/91, BStBl. II 1994, 187; VII R 62/00, BFH/NV 2001, 1037; II B 110/10, BFH/NV 2011, 833; V B 168/16, BeckRS 2017, 123264; Kopp/Schenke/Schenke VwGO § 138 Rn. 2; Tipke/Kruse/Krumm § 119 Rn. 13). Das folgt allerdings nicht schon aus der Kausalitätsvermutung des § 119, da die Ursächlichkeit eines Verfahrensmangels für die angefochtene Entscheidung auf der Grundlage der Rechtsauffassung des FG zu beurteilen ist, während es für die Ergebnisrichtigkeit iSv § 126 IV auf die Rechtsauffassung des BFH ankommt (May, Die Revision in den zivil- und verwaltungsgerichtlichen Verfahren, 2. Aufl. 1997, Kap. VI Rn. 100; → § 115 Rn. 96, 98). Im Regelfall ist aber die **Zurückverweisung** geboten, weil es sich bei den in § 119 aufgezählten Revisionsgründen um **besonders schwer wiegende Verstöße** gegen die Verfahrensordnung handelt, die nicht nur einzelne Prozessakte betreffen, sondern das **gesamte Verfahren** berühren (BFH GrS 3/98, BStBl. II 2001, 802). Ein Urteil, das an einem schweren Verfahrensmangel iSd § 119 leidet, kann keine geeignete Grundlage für eine Entscheidung des Revisionsgerichts in der Sache selbst sein (stRspr, BFH II R 65/89, BStBl. II 1990, 787; I R 101/99, BFH/NV 2002, 493; I R 45/01, BFH/NV 2003, 173). Bei derartigen Verstößen ist es auch regelmäßig nicht möglich, die Ursächlichkeit des Verfahrensmangels für das Urteilsergebnis festzustellen (Dänzer-Vanotti DStZ 1999, 516). Der Grundsatz, dass es bei Vorliegen eines Mangels iSd § 119 stets zur Zurückverweisung kommt, wird nur in wenigen Ausnahmefällen durchbrochen (→ Rn. 3, 11, 25).

Im Übrigen gelten die allgemeinen Vorschriften. Ein absoluter Revisionsgrund 2
kommt nur zum Tragen, wenn die **Revision zulässig** ist (BGH II ZR 16/51, GHZ 2, 278; Kopp/Schenke/Schenke VwGO § 138 Rn. 2). Verfahrensmängel iSd § 119 müssen insbes. innerhalb der Revisionsbegründungsfrist ordnungsgemäß, dh **schlüssig gerügt** werden (vgl. § 120 III; BFH IV R 190/85, BStBl. II 1986, 568; VII R 121/92, BFH/NV 1994, 40; VII R 87/93, BFH/NV 1995, 406; Kopp/Schenke/Schenke VwGO § 138 Rn. 2; Zöller/Feskorn ZPO § 547 Rn. 1; Thomas/Putzo/Seiler ZPO § 547 Rn. 1). Eine Rüge ist aber entbehrlich, wenn der absolute Revisionsgrund eine von Amts wegen zu berücksichtigende **Sachentscheidungsvoraussetzung** betrifft. Zu den Anforderungen an die ordnungsgemäße Rüge eines Verfahrensmangels → § 120 Rn. 66 ff.

Die Prüfung ordnungsgemäß gerügter Verfahrensmängel iSd § 119 hat Vorrang 3
vor der Prüfung materiell-rechtlicher Revisionsrügen. Da die Ursächlichkeit des Mangels für die Entscheidung unwiderleglich vermutet wird, muss bei Vorliegen eines absoluten Revisionsgrundes das **Urteil regelmäßig aufgehoben** und die Sache ohne eine Äußerung des Revisionsgerichts zur Sache selbst an die Vorinstanz **zurückverwiesen** werden (BFH I R 90/85, BStBl. II 1989, 800; I R 118/88, BStBl. II 1991, 242 aE; III B 116/06, BeckRS 2008, 25012900; HHS/Lange § 119 Rn. 37). Eine Entscheidung nach § 126 IV ist grds. ausgeschlossen (→ Rn. 1 mwN).

Ausnahmsweise kann der BFH auch bei Vorliegen eines absoluten Revisionsgrunds **in der Sache selbst entscheiden,** wenn zweifelsfrei feststeht, dass die Aufhebung und Zurückverweisung nur zu einer Wiederholung des angefochtenen Urteils führen könnte (BFH IV R 40/98, BStBl. II 1999, 563; III R 78/92, BStBl. II 1994, 859; BVerwG 2 C 22/98, NVwZ-RR 2000, 233; → Rn. 14, 25). Eine Entscheidung des BFH in der Sache nach **§ 126 IV** kommt zB in Betracht, wenn das FG die Klage durch Sachurteil abgewiesen hat und die Prüfung durch den BFH ergibt, dass der gerügte Verfahrensmangel iSd § 119 zwar vorliegt, die Klage aber in jedem Fall wegen Fehlens einer Sachentscheidungsvoraussetzung durch **Prozessurteil** hätte abgewiesen werden müssen (BFH V B 168/16, BeckRS 2017, 123264; aA Sangmeister ZIP 1994, 230) oder wenn das FG seine Entscheidung **kumulativ begründet** hat und der Verfahrensmangel nur eine dieser (selbständig die Entscheidung tragenden) Gründe betrifft (BFH VII R 62/00, BFH/NV 2001, 1037 mwN) oder wenn die materiell-rechtliche Prüfung ebenfalls zur Zurückverweisung führt (→ § 126 Rn. 16). Eine weitere Ausnahme gilt in den Fällen der **Verletzung des rechtlichen Gehörs,** wenn sich der Verfahrensmangel nur auf einzelne Feststellungen bezieht, auf die es für die Entscheidung unter keinem rechtlichen Gesichtspunkt ankommen kann (→ Rn. 19).

Zu der Frage, inwieweit ein **Rügeverzicht** bei den Revisionsgründen des § 119 möglich ist, vgl. die Hinweise bei den einzelnen Revisionsgründen.

II. Die einzelnen absoluten Revisionsgründe

1. Nicht vorschriftsmäßige Besetzung des Gerichts (Nr. 1)

Literatur: Arndt/Wiesbrock, Der EuGH als gesetzlicher Richter in ertragsteuerlichen Rechtsstreitigkeiten, DStR 1999, 350; Gomm, Ich sehe was, was du nicht siehst … (Un-)Sichtbarkeiten und ihre Folgen bei Verhandlungen im Wege der Bild- und Tonübertragung, jM 2024, 128; Kirchhof, Der Europäische Gerichtshof als gesetzlicher Richter im Sinne des Grundgesetzes, DStR 1989, 551; Meilicke, Hindernislauf zum gesetzlichen Richter, BB 2000, 17; Sangmeister, Revision und Nichtigkeitsklage bei unrichtiger Anwendung oder Gesetzwidrigkeit des Geschäftsverteilungsplans, DStZ 1988, 31; Sangmeister, Von der Verantwortung der Justiz für den gesetzlichen Richter, BB 1992, 321; Sangmeister, Grundrechtsschutz und Grundrechtsentziehung, NJW 1998, 721; Vollkommer, Das Ablehnungsverfahren der FGO nach dem Zweiten FGO-Änderungsgesetz – ein Modell für andere Verfahrensordnungen?, NJW 2001, 1827; Wichmann, Integrität – Anmerkungen zu Problemen des gesetzlichen Richters, Stbg 1996, 205; Zärban, Senatsinterne Geschäftsverteilung – Ermessen, Vertrauen und gesetzlicher Richter, MDR 1995, 1202.

Vgl. ferner die Literaturangaben bei § 103.

6 **Zweck.** § 119 Nr. 1 dient in erster Linie der **Gewährleistung des gesetzlichen Richters** (Art. 101 I 2 GG). Das Verfahrensgrundrecht soll der Gefahr vorbeugen, dass die Sachentscheidung durch Einfluss auf die entscheidende(n) Person(en) sachfremd beeinflusst wird. Es soll insbes. verhindert werden, dass im Einzelfall durch die gezielte Auswahl von Richtern das Ergebnis der Entscheidung beeinflusst wird (BFH VIII R 54/95, BStBl. II 1997, 647; BVerfG 1 BvR 984, 985/87, BVerfGE 82, 286 (296)). Ein Verfahrensmangel iSd § 119 Nr. 1 liegt deshalb immer dann vor, wenn durch eine Maßnahme, die die Besetzung des erkennenden Gerichts betrifft, zugleich Art. 101 I 2 GG verletzt ist (stRspr, vgl. zB BFH VIII R 74/97, BStBl. II 1999, 300; VI B 53/05, BFH/NV 2006, 103;

II B 166/03, BFH/NV 2005, 705; IV B 30/10, BFH/NV 2012, 431; BVerwG 6 C 30/98, NVwZ 2000, 1290 mwN).

Ein **Besetzungsmangel** betrifft in erster Linie die **personelle Zusammensetzung** des erkennenden oder beschließenden Gerichts (Richterbank). Zu vergleichen ist die Soll-Besetzung mit der Ist-Besetzung. Das Gericht ist insbes. dann nicht richtig besetzt, wenn nicht die richtige Anzahl an Richtern entscheidet oder nicht die richtigen Personen. Ob § 119 Nr. 1 darüber hinaus auch verletzt ist, wenn der Anspruch auf den gesetzlichen Richter nicht beachtet worden ist, ohne dass ein Fehler in der personellen Zusammensetzung des Gerichts vorliegt, ist fraglich geworden. Der BFH (IX K 1/21, BStBl. II 2024, 181) hat zu der gleichlautenden Vorschrift in § 579 I Nr. 1 ZPO entschieden, dass ein Besetzungsmangel (der die Nichtigkeitsklage begründet) nicht vorliegt, wenn lediglich eine **Verletzung von Vorlagepflichten** (Art. 267 AEUV) gerügt wird. Dann liegt zwar eine Verletzung des gesetzlichen Richters (stRspr, BVerfG 2 BvL 12/88 ua, BVerfGE 82, 159 (194); BFH V B 34/00, BFH/NV 2001, 1306), aber kein Besetzungsmangel vor. Wenn man diese Rspr. auf § 119 Nr. 1 überträgt, begründet eine Verletzung von Vorlagepflichten zwar einen Verstoß gegen den Anspruch auf den gesetzlichen Richter, nicht aber einen Besetzungsmangel; sie führt auch nicht zu einem absoluten Revisionsgrund. 6a

Nach der Rspr. des BVerfG verlangt Art. 101 I 2 GG, dass sich die Soll-Besetzung des Gerichts im Einzelfall möglichst eindeutig aus einer allgemeinen Norm ergibt. Die vorschriftsmäßige Besetzung eines Spruchkörpers hängt demnach in erster Linie davon ab, ob das Präsidium bei der Aufstellung des **Geschäftsverteilungsplans** die gesetzlichen Vorgaben beachtet und umgesetzt hat, die das Gericht als solches (Besetzung mit einer bestimmten Zahl von Richtern, Verteilung der Geschäfte auf die Senate), das erkennende Gericht als Spruchkörper (Bestimmung des Vorsitzenden und der Beisitzer, Reihenfolge der Heranziehung) und die einzelnen Richter (Befähigung zum Richteramt, persönliche Unabhängigkeit, ordnungsgemäße Ernennung, ordnungsgemäße Vertretungsregelung, Verhandlungsfähigkeit) betreffen (BVerfG 2 BvR 166/64, BVerfGE 18, 344; BFH VIII K 4/91, BStBl. II 1992, 252; II R 49/89, BStBl. II 1992, 260; VII 37/89, BFH/NV 1990, 305). Die Besetzung des erkennenden Gerichts kann deshalb insbes. dann fehlerhaft sein, wenn bei der Zusammensetzung der Richterbank **§ 5 III, §§ 14–27** nicht beachtet wurden oder wenn gegen Vorschriften des **§ 4 FGO iVm §§ 21e–g GVG** oder gegen den **Geschäftsverteilungsplan** des Gerichts verstoßen wurde (Kopp/Schenke/Schenke VwGO § 138 Rn. 5). Gesetzlicher Richter ist auch der durch Beschluss bestimmte Einzelrichter (§ 6; BFH VI B 40/12, BFH/NV 2012, 1609).

Hingegen gibt das Gebot des gesetzlichen Richters keinen Anspruch auf vorherige (abstrakte) Bestimmung eines Mitglieds des Spruchkörpers zum **Berichterstatter** (BFH I R 54/91, BStBl. II 1993, 311; III R 78/92, BStBl. II 1994, 859). Art. 101 I 2 GG schließt eine im Verfahrensgesetz vorgesehene Übertragung des Rechtsstreits auf einen anderen Richter (zB vom Kollegium auf den Einzelrichter) nicht aus (BFH VII R 102/97, BStBl. II 1998, 544).

Nicht jeder Fehler bei der Anwendung von Vorschriften, die die personelle Zusammensetzung des Gerichts betreffen, führt zu einem Verfahrensmangel iSd § 119 Nr. 1. Die fehlerhafte Auslegung und Anwendung von **Zuständigkeitsnormen,** insbes. die fehlerhafte Anwendung von Regelungen über die sachliche Zuständigkeit der Senate in einem ansonsten gesetzeskonformen Geschäftsverteilungsplan begründen nur dann einen Verfahrensmangel nach § 119 Nr. 1, wenn sie bei verständiger Würdigung der das Verfahrensgrundrecht des gesetzlichen Richters bestimmenden Gedanken nicht mehr verständlich erscheinen und **offensichtlich unhaltbar (greifbar gesetzwidrig),** und damit **willkürlich,** sind (stRspr, vgl. zB BFH VII R 15/99, BStBl. II 2000, 88; VIII R 2/96, BFH/NV 2006, 573; XI B 143/05, BFH/NV 2006, 1886; X B 21/10, BFH/NV 2010, 2093; I B 14/13, BFH/NV 2014, 880; X B 44/17, BeckRS 2018, 4851; BVerfG 2 BvR 687/85, NJW 1988, 1459). Von Willkür kann nur dann die Rede sein, wenn die Entscheidung sich so weit von dem verfassungsrechtlichen Grundsatz des gesetzlichen Richters entfernt hat, dass sie nicht mehr zu rechtfertigen ist (stRspr BFH IX B 94/15, BeckRS 2016, 94207). Unter dieser Voraussetzung kann auch eine gerichtliche Entscheidung, die nicht mit der Beschwerde anfechtbar ist (zB die Übertragung des Rechtsstreits auf den Einzelrichter oder die Zurückweisung eines Ablehnungsgesuchs gegen einen Richter) aufgrund einer Verfahrensrüge nach § 119 Nr. 1 im Revisionsverfahren oder im Verfahren der NZB überprüft werden (→ Rn. 12; → § 124 Rn. 2f.).

7 **Qualitative Anforderungen.** § 119 Nr. 1 soll über die richtige Zusammensetzung der Richterbank hinaus auch das Vertrauen der Rechtssuchenden und der Öffentlichkeit in die **Sachlichkeit der Gerichte** sichern (BFH V B 34/17, BStBl. II 2019, 489). Vorschriftsmäßig besetzt ist das erkennende Gericht danach nur, wenn jeder an der Verhandlung und Entscheidung beteiligte Richter die zur Ausübung des Richteramts erforderliche Fähigkeit besitzt, die wesentlichen Vorgänge der Verhandlung wahrzunehmen und in sich aufzunehmen. Die beteiligten Richter müssen **körperlich und geistig** in der Lage sein, der Verhandlung in ihren wesentlichen Abschnitten zu folgen. Nur wenn jeder Richter die wesentlichen Vorgänge aufnimmt, ist er in der Lage, seine Überzeugung aus dem Gesamtergebnis der Verhandlung zu gewinnen (§ 96 I 1), selbständig zu urteilen und so an einer sachgerechten Entscheidung mitzuwirken.

Die Richter müssen während der gesamten mündlichen Verhandlung **anwesend und gegenwärtig** sein. Ein Richter, der in der mündlichen Verhandlung für eine nicht nur unerhebliche Zeit abwesend ist (körperlich oder geistig, zB schlafend) ist nicht gegenwärtig. Wenn er dadurch wesentlichen Vorgängen nicht mehr folgen kann, ist das erkennende Gericht nicht mehr vorschriftsmäßig besetzt (BFH V R 18/86, BStBl. II 1986, 908). Die ungenügende Einführung der ehrenamtlichen Richter kann einen Besetzungsmangel begründen, wenn sie dazu führt, dass die ehrenamtlichen Richter der mündlichen Verhandlung erkennbar nicht folgen können (offengelassen BFH II B 54/19, BStBl. II 2020, 586).

Videoverhandlung (§ 155 FGO iVm § 128a ZPO; früher: § 91a FGO): Das Erfordernis der vorschriftsmäßigen Besetzung erfordert, dass alle zur Entscheidung berufenen Richter während der „Videokonferenz" für die lediglich „zugeschalteten" Beteiligten sichtbar sind. Die Beteiligten müssen sehen können, ob alle Richter nicht nur anwesend, sondern auch gegenwärtig sind. Daran fehlt es jedenfalls dann, wenn für den überwiegenden Zeitraum nur der Vorsitzende Richter im Bild zu sehen ist (BFH V B 13/22, NJW 2023, 2596).

8 **„Erkennendes Gericht"** iSd Nr. 1 (Ist-Besetzung) ist das Gericht in der Besetzung bei der abschließenden Entscheidung, dh regelmäßig das Gericht, welches das angefochtene Urteil gefällt hat, also das Gericht iSv **§ 103** (BFH VII R 107/95, BFH/NV 1997, 452; IX B 179/05, BFH/NV 2006, 1873; XI B 111/11, BFH/NV 2013, 785). Im Fall der Entscheidung ohne mündliche Verhandlung ist die Besetzung bei der **letzten Beratung** maßgeblich, auf die das Urteil ergangen ist. Ist das Urteil auf Grund mündlicher Verhandlung ergangen, so ist die

Besetzung der Richterbank in der **letzten mündlichen Verhandlung** das „erkennende Gericht" (BFH V R 83/88, BFH/NV 1990, 780; BVerwG 7 CB 5/80, Buchholz 310 § 133 VwGO Nr. 26). Für die Soll-Besetzung maßgeblich ist der Geschäftsverteilungsplan in der für diesen Zeitpunkt geltenden Fassung (BFH IV B 30/10, BFH/NV 2012, 431; XI B 111/11, BFH/NV 2013, 785). Ein Richterwechsel nach Vertagung der mündlichen Verhandlung ist unschädlich (BFH IX B 13/08, BeckRS 2008, 25013979; III R 20/14, BStBl. II 2017, 1167).

Eine mangelhafte Besetzung in einer früheren mündlichen Verhandlung kann nur mit der Verfahrensrüge nach § 120 III, nicht als absoluter Revisionsgrund des § 119 Nr. 1 geltend gemacht werden (BGH IV ZR 17/63, BGHZ 40, 179). Eine Besetzungsrüge nach Nr. 1 kann auch nicht mit Erfolg auf die Tatsache gestützt werden, dass nach einer Vertagung an der mündlichen Verhandlung, auf die das angefochtene Urteil ergangen ist, **andere Richter mitgewirkt** hätten, als an einem früheren Verhandlungstermin; das gilt auch, wenn in dem früheren Termin eine **Beweisaufnahme** stattgefunden hat (BFH I R 67/94, BStBl. II 1985, 305; I B 39/03, BFH/NV 2004, 350; BVerwG IV B 5.71, DÖV 1971, 711; BGH III ZR 139/67, BGHZ 53, 245 (257); V ZR 146/77, NJW 1979, 2518). Eine Wiederholung der Beweisaufnahme ist nicht erforderlich (BFH VII R 106/74, BStBl. II 1978, 311). Allerdings darf das Gericht in einem solchen Fall nur Tatsachen und Beweisergebnisse für seine Entscheidung verwerten, die auf **eigener Wahrnehmung** der an der Entscheidung beteiligten Richter beruhen oder die **aktenkundig** sind (BGH IV ZR 261/54, NJW 1955, 988; BVerwG 4 CB 6/89, NVwZ 1990, 58). Eine Veränderung in der Besetzung der Richterbank ist hingegen unzulässig, wenn die mündliche Verhandlung nicht vertagt, sondern nur unterbrochen wurde (BFH VII R 122/73, BStBl. II 1977, 431).

Wegen der Besetzung des Gerichts bei **Unterbrechung** und **späterer Weiterführung des Verfahrens** → § 27 Rn. 5; → § 103 Rn. 4. Wird gerügt, dass an den Terminen zur mündlichen Verhandlung jeweils unterschiedliche ehrenamtliche Richter teilgenommen haben, muss auch dargelegt werden, weshalb im zweiten Termin die lediglich unterbrochene Verhandlung fortgesetzt wurde (BFH V B 57/10, BFH/NV 2011, 615).

Ein **Besetzungsmangel** iSd § 119 Nr. 1 kommt nach diesen Grundsätzen in 9
Betracht, wenn

- ein Spruchkörper in verfassungswidriger Weise **überbesetzt** ist; das ist grds. nur dann der Fall, wenn es die Zahl seiner ordentlichen Mitglieder gestattet, in personell völlig verschiedenen Gruppen Recht zu sprechen oder wenn der Vorsitzende drei Spruchkörper mit je verschiedenen Beisitzern bilden kann (BVerfG 2 BvR 42, 83, 89/63, BVerfGE 17, 294; 2 BvR 498/62, BVerfGE 18, 65); die FG-Senate dürfen deshalb grds. nicht mehr als fünf ordentliche Mitglieder haben (BFH IV R 199/66, BStBl. II 1969, 37); zur (grds. zulässigen) Überbesetzung der Senate beim BFH vgl. BFH VI R 105/92, BStBl. II 1994, 836;
- der **Einzelrichter anstelle des Senats** entscheidet, zB weil die **Übertragung** des Rechtsstreits auf den Einzelrichter greifbar gesetzwidrig und unwirksam war (§ 6 I; BFH IX R 22/95, BFH/NV 1998, 720; II B 110/10, BFH/NV 2011, 833; I B 109/11, BFH/NV 2012, 1162; V B 66/15, BeckRS 2016, 95347; VIII B 129/22, BFH/NV 2024, 536); das ist nicht schon deshalb der Fall, weil die Sache grundsätzliche Bedeutung hat (BFH VIII B 184/04, BFH/NV 2006, 1142; VI B 26/16, BeckRS 2016, 95713; III B 20/16, BeckRS 2017, 94578) oder weil die (unterbliebene) Rückübertragung der Sache auf den Senat

(§ 6 III) **willkürlich** (greifbar gesetzwidrig) war (BFH IV R 80/94, BStBl. II 1995, 776; IX R 94/97, BStBl. II 2001, 415; VIII B 184/04, BFH/NV 2005, 556; I B 105/08, BeckRS 2009, 25014703; V B 3/22, BFH/NV 2023, 1224; BVerwG 6 C 30/98, BVerwGE 110, 40) oder weil die gesetzlichen Voraussetzungen des **§ 79a III und IV** oder des **§ 6 I** für eine Entscheidung durch den **Einzelrichter** fehlen (BFH VIII R 74/97, BStBl. II 1999, 300; XI R 44/98, BFH/NV 1999, 1485; BVerwG 8 B 104/01, NVwZ-RR 2002, 150; BFH III B 25/16, BeckRS 2017, 94271 zum Widerruf der Einverständniserklärung zu einer Entscheidung durch den Einzelrichter), wohl aber, wenn sich der Einzelrichter selbst bestellt hat oder wenn ihm der Rechtsstreit statt durch Senatsbeschluss durch Verfügung des Vorsitzenden zugewiesen wurde, wenn gegen § 6 II oder § 6 III 2 verstoßen wurde oder wenn sich die Übertragung auf den Einzelrichter aus sonstigen Gründen als greifbar gesetzeswidrig erweist (BFH VII B 53/19, BFH/NV 2021, 177);

- der Senat unter Mitwirkung eines zuvor **erfolglos** wegen Befangenheit **abgelehnten Richters** entscheidet (zur Mitwirkung trotz erfolgreicher Ablehnung § 119 Nr. 2), sofern die Zurückweisung des Ablehnungsgesuchs **willkürlich** war (BFH II B 88/05, BFH/NV 2006, 1625; X B 193/08, BFH/NV 2010, 1645; VIII B 155/11, BFH/NV 2012, 1610; III B 239/11, BFH/NV 2012, 1470; BVerwG 4 B 21/99, NVwZ-RR 2000, 260 mwN; vgl. zur Besetzungsrüge bei behaupteter Mitwirkung eines wegen Befangenheit ausgeschlossenen Richters → Rn. 9), zB weil über das Ablehnungsgesuch (wegen Unwirksamkeit der Übertragung des Rechtsstreits auf den Einzelrichter) nicht der gesetzliche Richter (Einzelrichter anstelle des Senats) entschieden hat (BFH X B 118/12, BFH/NV 2013, 750) oder weil der **Befangenheitsantrag übergangen** wurde (BFH VII B 254/09, BFH/NV 2010, 1835; I B 189/12, BFH/NV 2013, 1789; VIII B 121/18, BFH/NV 2019, 709);
- der Berichterstatter allein entscheidet, nachdem zuvor in derselben Sache vor dem Senat mündlich verhandelt worden war (BFH IX R 58/93, BStBl. II 1994, 571);
- anstelle des Senats (§ 5 III 2) der Vorsitzende oder der Berichterstatter entscheidet (BFH VIII B 123/20, BStBl. II 2021, 915);
- ein Spruchkörper willkürlich seine **Zuständigkeit** bejaht (BVerwG I CB 19.73, Buchholz 310 § 133 VwGO Nr. 9);
- der Präsident zugleich Gerichtspräsident in einer anderen Gerichtsbarkeit ist und der **Geschäftsverteilungsplan** des Gerichts nicht erkennen lässt, mit welchem Bruchteil seiner Arbeitskraft der **Präsident** seinem Senat im FG zugewiesen ist (BFH V B 34/17, BStBl. II 2019, 489);
- der **Geschäftsverteilungsplan** des Gerichts oder des Spruchkörpers während des Geschäftsjahrs ohne sachlichen Grund **geändert** wird (BFH IV R 121/89, BFH/NV 1991, 826);
- das Präsidium bereits anhängige, **einzelne ausgesuchte Verfahren** einem anderen Spruchkörper zuweist (Verstoß gegen das Abstrahierungsgebot; BFH IV B 30/10, BFH/NV 2012, 431);
- bei der Besetzung des erkennenden Gerichts **willkürlich** (also nicht nur irrtümlich oder versehentlich) **vom Geschäftsverteilungsplan** des Gerichts oder dem Mitwirkungsplan des Spruchkörpers **abgewichen** wurde (BFH VIII R 5/88, BFH/NV 1989, 517; BVerfG 2 BvR 23/65, BVerfGE 27, 297; BVerwG VII C 77/72, NJW 1974, 1885);

- bei grob **fehlerhafter Entpflichtung** eines an sich zur Mitwirkung verpflichteten Richters (BGH 6 Ss 242/82, NJW 1982, 1656; vgl. aber BFH IV R 32/00, BStBl. II 2001, 651; II B 166/03, BFH/NV 2005, 705; der Vorsitzende braucht nicht nachzuprüfen, ob der vom Richter mitgeteilte Hinderungsgrund in tatsächlicher Hinsicht vorliegt);
- die **Vertretung des Vorsitzenden** dem regelmäßigen Vertreter nicht nur vorübergehend überlassen wird (BFH I R 15/85, BStBl. II 1989, 424; → § 4 Rn. 17);
- bei der Entscheidung ohne zwingende Gründe ein Richter mitgewirkt hat, der **nicht hauptamtlich** und planmäßig endgültig angestellt ist. Zwingende Gründe liegen vor, wenn Richter zur Eignungserprobung abgeordnet werden (BVerfG 1 BvR 1623/17, NVwZ 2023, 418, Rn. 12; BFH VIII B 16/23, BFH/NV 2024, 1195);
- das Präsidium einem Senat dauerhaft (dh jedenfalls bei einer Vakanz von 17 Monaten) einen **nicht namentlich benannten Richter** zuweist (BFH X B 126/13, BFH/NV 2014, 1016);
- bei **vermeidbarer Unbestimmtheit** des Geschäftsverteilungsplans des Gerichts (BGH X ZB 17/74 (BPatG), NJW 1976, 1688); wegen der Anforderungen an die Bestimmtheit des im Falle der Überbesetzung erforderlichen **Mitwirkungsplans** des Spruchkörpers BFH VIII R 19/93, BFH/NV 1995, 609; BGH X ZR 51/92, HFR 1995, 604;
- bei der Heranziehung der **ehrenamtlichen Richter** willkürlich von der für jeden Spruchkörper aufzustellenden **Liste** (§ 27) **abgewichen** wurde (BFH IV R 181/79, BStBl. II 1981, 400; II B 166/03, BFH/NV 2005, 705 mwN; BVerwG VII C 77/72, NJW 1974, 1885; → § 27 Rn. 10) oder wenn die Liste nicht vom Präsidium für das Geschäftsjahr neu bestimmt wurde (BFH VIII B 31/22, BFH/NV 2023, 1215);
- bei **Mitwirkung unterschiedlicher** ehrenamtlicher **Richter** an den Terminen einer (fortgesetzten) mündlichen Verhandlung (BFH V B 26/06, BFH/NV 2006, 2293);
- wegen schwerwiegender Fehler bei der **Wahl** der ehrenamtlichen Richter der Schutzzweck des Art. 101 I 2 GG berührt ist (BFH IV R 32/00, BStBl. II 2001, 651; BVerfG 2 BvR 1205/81, NJW 1982, 2368; 9 CB 36/87, NJW 88, 219);
- das Gericht willkürlich seine **Vorlagepflicht** an ein anderes Gericht oder einen anderen Spruchkörper (zB EuGH, GmSOGB, GrS) verletzt (BFH IV K 1/09, BFH/NV 2010, 218; BVerfG 2 BvR 687/85, BVerfGE 75, 223; 1 BvR 2083/11, WM 2014, 647); mE fraglich geworden, → Rn. 6. Zur Vorlagepflicht der FG → § 115 Rn. 272 ff.;
- bei grob **fehlerhafter Verweisung** der Streitsache an ein unzuständiges Gericht (BVerfG 1 BvR 787/81, NJW 1982, 2367);
- dem erkennenden Gericht ein Richter angehört, dessen **Ernennung unwirksam** ist (BVerfG V ZR 119/83, NJW 1985, 126);
- ein Richter aus **physischen** oder **psychischen Gründen** gehindert ist, seine richterlichen Funktionen ordnungsgemäß wahrzunehmen (BFH X B 202/08, BFH/NV 2009, 1659). Das ist der Fall, wenn der Richter während der mündlichen Verhandlung körperlich oder geistig abwesend ist oder **schläft** und deshalb wesentliche Vorgänge nicht wahrnehmen kann (stRspr, zB BFH VI R 198/66, BStBl. II 1967, 558; II B 11/02, BFH/NV 2004, 661; III B 62/10, BFH/NV 2011, 1379; IV B 61/10, BFH/NV 2012, 246; BVerwG 6 C 141.82, NJW

1986, 2721). **Blindheit** oder **Taubstummheit** eines Richters sind nur dann ein absoluter Revisionsgrund, wenn sie den Richter hindern, den Streitfall sachgerecht zu beurteilen (BFH II R 103/81, BStBl. II 1984, 532; BSG 12 RJ 424/70, BSGE 32, 201). Hält ein Richter in einer Sache, in der es auf den visuellen Eindruck ankommt, für längere Zeit die Augen geschlossen, so ist das Gericht nicht ordnungsgemäß besetzt (BFH VIII R 17/99, BeckRS 1999, 15188). Zur Problematik der Mitwirkung blinder Richter vgl. Schulze MDR 1995, 670;
– bei einer **„Videokonferenz“** (Videoverhandlung) die Richterbank nicht vollständig zu sehen ist (BFH V B 13/22, NJW 2023, 2596).

10 Ein **Besetzungsmangel** iSd § 119 Nr. 1 ist von der Rspr. **verneint** worden,
– bei sachlich begründeten Abweichungen vom senatsinternen Mitwirkungsplan im Einzelfall (BFH IV B 53/93, BFH/NV 1995, 234);
– bei einer sachlich gebotenen maßvollen **Überbesetzung** eines Spruchkörpers (BFH II R 49/89, BStBl. II 1992, 260; VI R 105/92, BStBl. II 1994, 836);
– bei **Zurückweisung eines Ablehnungsgesuchs** gegen einen Richter wegen Befangenheit, wenn die Entscheidung zwar inhaltlich unrichtig, aber nicht willkürlich ist (BFH VII S 11/4 (PKH), BStBl. II 2005, 139; VII B 170/04, BFH/NV 2005, 709; BVerwG 4 B 21/99, NVwZ-RR 2000, 260; → Rn. 12);
– wenn einem Senat für eine kurze Zeitspanne **kein Vorsitzender Richter** angehört (BFH VII R 15/99, BStBl. II 2000, 88);
– bei geringfügigen **Mängeln** eines senatsinternen **Mitwirkungsplans** (BFH VIII K 4/91, BStBl. II 1992, 252; BGH X ZR 51/92, HFR 1995, 604; VGS 1-4/93, NJW 1994, 1735) oder eines gerichtlichen **Geschäftsverteilungsplans** (BVerwG 9 C 276/86, Buchholz 310 § 133 VwGO Nr. 76). Mängel bei der Dokumentation des Mitwirkungsplans sind keine Mängel des Mitwirkungsplans (BFH X B 109/16, BeckRS 2017, 113623), die Unterschriften der Richter müssen auch nicht lesbar sein (BFH X B 109/16, BeckRS 2017, 113623);
– bei nur **versehentlichem Abweichen** von dem Geschäftsverteilungsplan des Gerichts oder des Spruchkörpers (BVerwG VII C 77/72, NJW 1974, 1885);
– wenn ein Vorsitzender Richter (abweichend vom Geschäftsverteilungsplan) zugleich als **Berichterstatter** tätig wurde (BFH VIII R 95/86, BFH/NV 1989, 585);
– bei (nicht schwerwiegenden) Mängeln im Verfahren der **Wahl ehrenamtlicher Richter,** insbes. beim Verstoß gegen bloße Sollvorschriften (BFH IV R 32/00, BStBl. II 2001, 651 mwN);
– im Hinblick darauf, dass die **Berufsrichter vom Bayerischen Staatsministerium der Finanzen ernannt** worden sind (BFH VI R 70/97, BFH/NV 1998, 609; IX R 68/10, BStBl. II 2013, 367) oder weil das FG dem Bayerischen Staatsministerium der Finanzen zugeordnet ist (BFH III B 96/10, BFH/NV 2011, 1874);
– wenn der **Einzelrichter** im Übertragungsbeschluss nicht namentlich genannt wird; es genügt, wenn er durch den Mitwirkungsplan bestimmt ist (BFH II B 89/21, BFH/NV 2022, 907).

11 Die vorschriftsmäßige Besetzung des Gerichts ist **nicht von Amts** wegen zu prüfen; es muss vielmehr (innerhalb der Revisionsbegründungsfrist) eine entsprechende **Verfahrensrüge** erhoben werden (BFH XI R 64/06, BFH/NV 2006, 798; XI R 25/18, DStR 2020, 2240). Auf die Beachtung der Vorschriften über die Besetzung des Gerichts kann nach **§ 155 FGO iVm § 295 ZPO nicht verzichtet** werden (BFH VIII R 74/97, BStBl. II 1999, 300; IV B 141/05,

BeckRS 2007, 25011646; XI B 21–22/10, BFH/NV 2012, 46; I B 109/11, BFH/NV 2012, 1162; V B 13/22, NJW 2023, 2596; vgl. aber BFH VII R 41/95, BFH/NV 1996, 54, Richterwechsel zwischen Beweisaufnahme und mündlicher Verhandlung als verzichtbarer Mangel; zweifelhaft).

Für die **schlüssige Rüge** eines Verfahrensmangels nach § 119 Nr. 1 genügt es nicht, eine unvorschriftsmäßige Besetzung des Gerichts nur („auf Verdacht") zu behaupten (BFH I R 40/72, BStBl. II 1975, 232; VIII R 70/93, BFH/NV 1997, 31; BGH III ZR 114/85, HFR 1987, 150). Der Beteiligte, der sie geltend macht, muss sich über ihm nicht bekannte Vorgänge, die für die Besetzung maßgeblich sein können, nach Möglichkeit **Aufklärung verschaffen** (BFH IV R 181/79, BStBl. II 1981, 400; IV R 32/00, BStBl. II 2001, 651; III B 20/16, BeckRS 2017, 94578) und ggf. eigene Ermittlungen anstellen (BFH I R 40/72, BStBl. II 1975, 232). Es müssen in jedem Fall **konkrete Tatsachen** vorgetragen werden, die geeignet erscheinen, eine Verletzung der Vorschriften über die Besetzung darzutun (BFH VII B 205/03, BFH/NV 2004, 1678; V R 53/95, BFH/NV 1997, 37; Tipke/Kruse/Seer § 119 Rn. 23). Es ist deshalb unerlässlich, zuvor **Einsicht in den Geschäftsverteilungs- oder Mitwirkungsplan** zu nehmen (§ 4 FGO iVm § 21g VII und § 21e IX GVG). Der im Internet einsehbare Geschäftsverteilungsplan des Gerichts ist nicht maßgeblich (BFH IX B 72/20, NJW 2021, 2232). Auch wenn die formelle Rechtmäßigkeit des Geschäftsverteilungs- oder Mitwirkungsplans gerügt werden soll, muss die Gerichtsverwaltung grds. nur Abschriften zur Einsichtnahme zur Verfügung stellen (BFH X B 44/17, BeckRS 2018, 4851). Einsicht in das Original kann nur bei berechtigtem Interesse verlangt werden (BFH IX B 94/15, BeckRS 2016, 94207).

Darlegungsanforderungen. Die Rüge, ein Richter habe während der mündlichen Verhandlung geschlafen und sei deshalb gehindert gewesen, den Vorgängen in der Verhandlung zu folgen, ist nur dann in zulässiger Weise erhoben, wenn der Revisionskläger darlegt, welche wesentlichen Vorgänge der Verhandlung dieser Richter nicht hat wahrnehmen können (BFH II R 175/84, BStBl. II 1986, 908; VIII R 53/01, BFH/NV 2002, 1161). Zu den Anforderungen an die Rüge eines Besetzungsmangels, wenn ein Verstoß gegen den Geschäftsverteilungsplan des Gerichts oder den Mitwirkungsplan eines Spruchkörpers behauptet wird, BFH VII R 78/93, BFH/NV 1995, 403; VIII R 80–82/93, BFH/NV 1995, 416; BVerwG 3 C 19/88, NJW 1991, 1370; zur Rüge einer fehlerhaften Heranziehung ehrenamtlicher Richter BFH IV R 32/00, BStBl. II 2001, 651; VIII B 31/22, BFH/NV 2023, 1215; zur Rüge eines übergangenen Ablehnungsgesuchs BFH I B 189/12, BFH/NV 2013, 1789, zur Rüge einer Entscheidung des Einzelrichters anstelle des Senats BFH IV B 7/09, BFH/NV 2010, 903.

2. Mitwirkung eines ausgeschlossenen oder mit Erfolg abgelehnten Richters (Nr. 2)

§ 119 Nr. 2 dient wie § 54 VwGO der Verwirklichung des Willkürverbots 12
(Art. 3 I GG), des Rechtsstaatsprinzips (Art. 20 III GG) und des Rechts auf den gesetzlichen Richter (Art. 101 I 2 GG; vgl. Kopp/Schenke/Schenke § 54 Rn. 1; BFH II B 110/10, BFH/NV 2011, 833). Ziel ist es, das Vertrauen in die Unparteilichkeit des Gerichts zu schützen und dem Eindruck entgegenzuwirken, der Richter sei infolge einer früheren Befassung mit der Angelegenheit in der Sache schon festgelegt (vgl. BVerfG 1 BvL 114/78, BVerfGE 54, 159; BFH X B 191/10, BFH/NV 2011, 1385). § 119 Nr. 2 erfasst **Verstöße gegen Mitwirkungsverbote.**

Wer als (an sich zuständiger) Richter von der Ausübung des Richteramts **kraft Gesetzes ausgeschlossen** oder wegen Besorgnis der Befangenheit **mit Erfolg abgelehnt** war, darf an der Entscheidung nicht mitwirken (BFH X B 191/10, BFH/NV 2011, 1385). Die Ausschließungsgründe ergeben sich abschließend aus § 51 I FGO iVm § 41 ZPO und § 51 II FGO. Von Bedeutung ist insbes. die Mitwirkung an einem vorausgegangenen Verwaltungsverfahren (→ § 51 Rn. 16). Den Tatbestand erfüllt nur die verbotene Mitwirkung an der **Entscheidung,** nicht auch an der Beweisaufnahme (Kopp/Schenke/Schenke VwGO § 138 Rn. 7). Die fehlende Zuständigkeit (zB des Einzelrichters – wegen Unwirksamkeit des Übertragungsbeschlusses) begründet zwar ebenfalls ein „Mitwirkungsverbot", fällt jedoch nicht unter § 119 Nr. 2, sondern unter § 119 Nr. 1 (aA BFH II B 110/10, BFH/NV 2011, 833). Die Ablehnung wegen Besorgnis der Befangenheit richtet sich nach § 51 I FGO iVm §§ 42 ff. ZPO (vgl. iE → § 51 Rn. 5 ff.). § 119 Nr. 2 setzt voraus, dass ein Ablehnungsgesuch Erfolg gehabt hat.

Bei Ablehnung eines Richters wegen **Besorgnis der Befangenheit** (§ 51 I FGO iVm § 42 ZPO) ist die Rüge gem. § 119 Nr. 2 nur dann schlüssig erhoben, wenn der Richter **„mit Erfolg"** (im finanzgerichtlichen Verfahren) abgelehnt worden ist (BFH X B 143/17, BeckRS 2018, 16115). Es genügt nicht, dass er mit Erfolg hätte abgelehnt werden können. Nicht ausreichend ist es deshalb, wenn die Besorgnis der Befangenheit der Mitglieder des erkennenden Senats des FG erstmals mit der NZB oder der Revision geltend gemacht wird (BFH II B 42/08, BFH/NV 2009, 46; X B 90/08, BFH/NV 2009, 1135; III B 236/11, BFH/NV 2012, 973). Das gilt selbst dann, wenn dem Betroffenen der Ablehnungsgrund erst nachträglich bekannt geworden ist (BFH IX R 1/95, BFH/NV 1997, 582 mwN; VIII R 20/99, BFH/NV 2000, 1359; IX B 216/07, BFH/NV 2008, 1510). Ob hiervor in Sonderfällen zur Vermeidung unbilliger Ergebnisse eine Ausnahme zu machen sein könnte, hat die Rspr. bislang offengelassen (BFH VIII R 132/86, BFH/NV 1988, 506; I B 88/11, BFH/NV 2012, 1089). Hat das FG das Ablehnungsgesuch zurückgewiesen und anschließend unter Mitwirkung des abgelehnten Richters über die Klage entschieden, liegt darin kein absoluter Revisionsgrund iSd § 119 Nr. 2 (BFH VII R 13/01, BFH/NV 2001, 1142; X B 90/08, BFH/NV 2009, 1135). Die Rüge, ein Ablehnungsgesuch sei vom FG zu Unrecht zurückgewiesen worden, kann grds. nur als Besetzungsrüge nach § 119 Nr. 1 geltend gemacht werden (→ Rn. 6 ff.).

Ob ein Richter wegen **Mitwirkung im vorausgegangenen Verwaltungsverfahren** gem. § 51 II kraft Gesetzes (dh ohne vorherige Ablehnung) ausgeschlossen war, muss konkret dargelegt werden. Allein durch den Umstand, dass der Richter zuvor Sachgebietsleiter der Veranlagungsstelle war, die den streitigen Steuerbescheid erlassen hat, und dass sein Name in den Finanzamtsakten erscheint, wird die erforderliche Mitwirkung nicht in der gebotenen Weise dargelegt (BFH I B 148/11, BFH/NV 2012, 1802; mE zweifelhaft). Gleichermaßen soll es nicht ausreichen, wenn der Richter als Verwaltungsbeamter die Prüfungsanordnung, die den Rechtsstreit ausgelöst hat erweitert hat auf Jahre, die nicht im Streit stehen (BFH X B 44/08, BFH/NV 2009, 771).

Auf die Geltendmachung eines Mangels iSv § 119 Nr. 2 kann **nicht wirksam verzichtet** werden (Zöller/Greger ZPO § 295 Rn. 4).

3. Versagung des rechtlichen Gehörs (Nr. 3)

Literatur: Bilsdorfer, Verletzung des Rechts auf Gehör, SteuerStud 2002, 158; Dänzer-Vanotti, Die Rüge der Verletzung des rechtlichen Gehörs – der BFH überspannt die Anforderungen, DStZ 1999, 516; Drüen, Die Verfahrensrüge der Überraschungsentscheidung, AO-StB 2002, 196 ff., 242 ff.; List, Die Rüge der Verletzung des rechtlichen Gehörs, DStZ 2003, 269; Nieland, Rechtsschutz gegen Verletzung des rechtlichen Gehörs, AO-StB 2003, 381; Rüping, Zur schlüssigen Darlegung der Rüge der Verletzung des rechtlichen Gehörs, BB 2002, 770; Rüsken, Wann führt die abgekürzte Ladungsfrist zur Verletzung des rechtlichen Gehörs?, BFH-PR 2001, 397; Wolff, Die Verletzung rechtlichen Gehörs als Revisionsrüge in verschiedenen Verfahrensordnungen, ZZP 116, 403 ff. Vgl iÜ die Literaturangaben bei § 96.

a) Inhalt des Rechts auf Gehör. In § 119 Nr. 3 ist der Begriff des rechtlichen Gehörs **umfassend** zu verstehen; er schließt den verfassungsrechtlich garantierten Mindestumfang der Gewährleistung des Art. 103 I GG ebenso ein wie alle darüber hinaus gehenden Ausprägungen in der FGO; → § 96 Rn. 190 ff. Zum Rechtsbehelf der Anhörungsrüge vgl. § 133a. 13

Der in **Art. 103 I GG** verfassungsrechtlich verbürgte Anspruch auf rechtliches Gehör ist ein objektiv-rechtliches Verfahrensprinzip, das für jedes Gerichtsverfahren unabdingbar ist (BVerfG 2 BvR 701/80, BVerfGE 55, 1 (5); Art. 6 I EMRK). Als **Prozessgrundrecht** verpflichtet Art. 103 I GG das Gericht vor allem, die Ausführungen der Prozessbeteiligten zur Kenntnis zu nehmen und sie in Erwägung zu ziehen und seine Entscheidung nur auf solche Tatsachen und Beweisergebnisse zu stützen, zu denen die Prozessbeteiligten sich äußern konnten (§ 96 II; stRspr, → § 96 Rn. 190 ff.). Die nähere Ausgestaltung dieses Grundrechts ist dem **einfachen Verfahrensrecht,** dh der im konkreten Fall anzuwendenden Verfahrensordnung überlassen (BVerfG 1 BvR 706/85, BVerfGE 74, 1). Art. 103 I GG ist nicht verletzt, wenn das Vorbringen eines Beteiligten im Gerichtsverfahren aus Gründen des formellen oder materiellen Rechts unberücksichtigt bleibt (BVerfG 1 BvR 585/80, BVerfGE 62, 249; 1 BvR 763/82, BVerfGE 66, 260; 1 BvR 818/88, BVerfGE 79, 51 (62)). Nur soweit die Regelungen des einfachen Verfahrensrechts (oder deren Auslegung durch die Gerichte) hinter den Mindestanforderungen des Art. 103 I GG zurückbleiben, ergibt sich der Anspruch auf rechtliches Gehör unmittelbar aus Art. 103 I GG (BVerfG 2 BvR 176/63, BVerfGE 18, 399 (405); 2 BvR 970/79, BVerfGE 54, 97; 2 BvR 810/81, BVerfGE 60, 305). Andererseits kann der im einfachen Verfahrensrecht geregelte Anspruch auf Gehör auch über das in Art. 103 I garantierte Recht hinausgehen (BVerfG 2 BvR 639/66, BVerfGE 22, 271; 2 BvR 810/81, BVerfGE 60, 305; 1 BvR 706/85, BVerfGE 74, 1; Kopp/Schenke/Schenke VwGO § 108 Rn. 19 und § 138 Rn. 10).

In der FGO ist das Gebot des rechtlichen Gehörs insbes. durch **§§ 96 II und 119 Nr. 3** gewährleistet; **Ausprägungen** dieses Grundsatzes finden sich aber auch in zahlreichen **anderen Vorschriften** der FGO, wie zB in den Vorschriften über die Wiedereinsetzung in den vorigen Stand (§ 56), die Mitteilung von Unterlagen der Besteuerung (§ 75) und Schriftsätzen der Gegenseite (§ 77 I), das Recht auf Akteneinsicht (§ 78), über den Ausschluss verspäteten Vorbringens (§ 79b III), die gerichtlichen Hinweis-, Aufklärungs- und Erörterungspflichten (zB §§ 76 I und II, 91 II, 79 I und II, 93 I) das Äußerungsrecht der Beteiligten nach § 92 III, die Ladung zum Termin (§ 91 I), die Notwendigkeit einer mündlichen Verhandlung (§§ 90 I, 90a II Nr. 2 u. 3, § 94a S. 2), die Beachtung der Frist des § 104 II sowie in den Bestimmungen über die Prozesskostenhilfe (§ 142 FGO iVm §§ 114 ff. ZPO). Beschlüsse der FG nach den genannten Vorschriften sind idR **unanfechtbar** (vgl. § 128 II); gleichwohl ist der BFH im Revisionsverfahren durch § 124 II nicht an der Prüfung gehindert, ob das FG mit dem als solchem unanfechtbaren Beschluss das rechtliche Gehör verletzt hat (→ § 124 Rn. 3).

14 Der Anspruch auf rechtliches Gehör umfasst im Kern das durch **§ 96 II** gewährleistete Recht der Verfahrensbeteiligten, sich vor Erlass einer Entscheidung zu den vom FG für entscheidungserheblich erachteten **Tatsachen** und **Beweisergebnissen** zu äußern (stRspr, vgl. zB BFH VII R 104/80, BStBl. II 1982, 356; IV R 175/84, BStBl. II 1987, 89; BVerfG 1 BvR 1024/79, BVerfGE 58, 353; 1 BvR 1379/80, BVerfGE 60, 1 mwN; näher → § 96 Rn. 190 ff.). Auch die Frage, wie der Streitstoff auszuwerten ist, kann ein Aspekt sein, zu dem den Beteiligten Gelegenheit zur Stellungnahme zu geben ist. Es liegt in der Natur der Sache, dass das Gericht weder wissen noch ahnen muss, welchen Inhalt diese Äußerung haben könnte. Auf die Gewährung rechtlichen Gehörs kann daher auch nicht mit der Überlegung verzichtet werden, dass nicht erkennbar ist, was zu einem bestimmten Aspekt noch vorgetragen werden könnte (BFH X B 10/16, BeckRS 2016, 95638). Über den Anspruch des § 96 II hinaus haben die Beteiligten nach Art. 103 I GG einen Anspruch darauf, dem Gericht auch in **rechtlicher Hinsicht** alles **vorzutragen,** was sie für wesentlich halten (BVerfG 2 BvR 314/86, BVerfGE 74, 224 mwN; → § 96 Rn. 191). Das Recht auf Gehör schließt ferner das Recht der Prozessbeteiligten ein, **Anträge** zu stellen (stRspr, vgl. zB BVerfG 2 BvR 1441/79, BVerfGE 54, 123; 2 BvR 399/81, BVerfGE 65, 293).

Diesen Ansprüchen entspricht die Pflicht des Gerichts, die Beteiligten zu Wort kommen zu lassen und ihnen zuzuhören, dh Anträge und Ausführungen der Prozessbeteiligten zur **Kenntnis zu nehmen** und (bei seiner Überzeugungsbildung) **in Erwägung zu ziehen** (BFH I B 166/94, BStBl. II 1995, 532; IV R 30/90, BFH/NV 1991, 531; BVerfG 1 BvR 168/89 ua, BVerfGE 87, 363 (392) mwN). Es versteht sich dabei von selbst, dass das Gericht den Rechtsansichten der Beteiligten iE nicht folgen muss (vgl. zB BVerfG 2 BvR 2062/07, NVwZ-RR 2008, 657; BFH III B 1/13, BFH/NV 2013, 1264). Mit der **Beachtungspflicht** (→ § 96 Rn. 21) korrespondiert die **Begründungspflicht** (vgl. § 119 Nr. 6). Die Begründung hat auch die Aufgabe zu zeigen, dass das Gericht seiner Pflicht, die Beteiligten zu hören und ihr wesentliches Vorbringen zur Kenntnis zu nehmen und in Erwägung zu ziehen, im Verfahren nachgekommen ist (BFH IV R 30/90, BFH/NV 1991, 531; BVerfG 1 BvR 1024/79, BVerfGE 58, 353).

Diese Pflicht geht nicht soweit, dass sich das Gericht mit **jedem Vorbringen** in den Entscheidungsgründen ausdrücklich befassen müsste; grds. ist vielmehr davon auszugehen, dass das Gericht das von ihm entgegengenommene Vorbringen der Beteiligten auch zur Kenntnis genommen hat (BFH X B 154/04, BFH/NV 2008, 1116; VIII R 22/95, BStBl. II 1998, 560; BVerfG 1 BvR 1463/89, HFR 1996, 153; 2 BvR 827/79, BVerfGE 54, 86; 2 BvR 399/81, BVerfGE 65, 293). Es darf Vorbringen außer Betracht lassen, das nach seiner Rechtsauffassung unerheblich oder unsubstantiiert ist (BVerfG 1 BvR 33/83, BVerfGE 70, 288). Das rechtliche Gehör ist erst dann verletzt, wenn sich aus den **besonderen Umständen** des einzelnen Falles klar ergibt, dass das Gericht Äußerungen eines Verfahrensbeteiligten zu entscheidungserheblichen Fragen nicht zur Kenntnis genommen oder bei seiner Entscheidung ersichtlich nicht in Erwägung gezogen hat (stRspr, zB BFH VIII B 253/05, BFH/NV 2008, 740; IX B 46/10, BFH/NV 2011, 448; II B 13/12, BFH/NV 2013, 42; VIII R 8/10, BFH/NV 2013, 1096; VIII R 4/10, BStBl. II 2013, 615; III B 1/13, BFH/NV 2013, 1264; BVerfG 1 BvR 986/91, BVerfGE 86, 133); zumindest die **wesentlichen** der Rechtsverfolgung oder Rechtsverteidigung dienenden Tatsachen und **Rechtsausführungen** sowie erhebliche Beweisanträge müssen jedoch in den Entscheidungsgründen verarbeitet werden (BFH I R 101/99, BFH/NV 2002, 493; X B 53/17, BeckRS 2018, 13853; BVerfG 2 BvR 316/80, BVerfGE 54, 39 (45); 2 BvR 324/91, NJW 1992, 1031; 1 BvR 1790/22, BeckRS 2024, 43003).

Nach der **Rspr. des BVerfG** gewährt das **Verfahrensgrundrecht aus** 15
Art. 103 I GG grds. **keinen Anspruch auf ein Rechtsgespräch** mit dem Gericht (BVerfG 1 BvR 1640/97, NJW 1998, 2515; 2 BvR 710/02, NJW 2003, 1726). Das Gericht ist auch nicht verpflichtet, auf seine Rechtsauffassung hinzuweisen (BVerfG 2 BvR 1384/99, DVBl. 2001, 795). Auch wenn die Rechtslage umstritten und problematisch ist, muss ein Verfahrensbeteiligter grds. alle vertretbaren rechtlichen Gesichtspunkte von sich aus in Betracht ziehen und seinen Vortrag darauf einstellen (BVerfG 1 BvR 986/91, BVerfGE 86, 133). Es verstößt aber gegen Art. 103 I GG, wenn das Gericht ohne vorherigen Hinweis auf einen rechtlichen Gesichtspunkt abstellt, mit dem auch ein gewissenhafter und kundiger Prozessbeteiligter selbst unter Berücksichtigung der Vielzahl vertretbarer Rechtsauffassungen nicht zu rechnen brauchte (**Verbot der Überraschungsentscheidung;** BVerfG 1 BvR 1383/90, BVerfGE 84, 188). Zum Verbot der Überraschungsentscheidung auch → Rn. 16 und → Rn. 24.

Diesen **verfassungsrechtlichen Minimalstandard** (kein Anspruch auf ein Rechtsgespräch, keine Hinweispflichten des Gerichts) hat der BFH in stRspr auch für das finanzgerichtliche Verfahren als maßgeblich übernommen (→ § 93 Rn. 3). Demgemäß verneint der BFH in stRspr **auch unter Geltung der FGO** einen Anspruch der Beteiligten auf ein (umfassendes und ins Einzelne gehende) Rechtsgespräch (BFH X B 18/03, BFH/NV 2008, 102; XI B 222/07, BFH/NV 2009, 404; VIII R 28/07, BStBl. II 2009, 842), auch soll das Gericht nicht verpflichtet sein, auf seine Rechtsauffassung hinzuweisen (zB BFH IX B 209/05, BFH/NV 2007, 80; XI B 53/11, BFH/NV 2011, 2081; IX B 16/20, BFH/NV 2021, 27). Vielmehr soll jeder Beteiligte verpflichtet sein, seinen Vortrag von sich aus auf alle erdenklichen Gesichtspunkte zu erstrecken (BFH VIII R 66/96, BStBl. II 1998, 383 mwN; XI R 85/93, BStBl. II 1995, 732; IX B 36/07, BFH/NV 2008, 1149; IX B 23/20, BFH/NV 2021, 335).

Kritik. Die Rspr. berücksichtigt nicht ausreichend, dass der verfassungsrechtliche Grundsatz des rechtlichen Gehörs in vielen Vorschriften der FGO konkretisiert und ausgeformt worden ist (→ Rn. 13). Nach ausdrücklicher gesetzlicher Anordnung in § 93 I hat der Vorsitzende (von Amts wegen) die Streitsache mit den Beteiligten in der mündlichen Verhandlung in tatsächlicher und **rechtlicher Hinsicht** zu erörtern. Dies dient auch der Verwirklichung des rechtlichen Gehörs. Eine umfassende Erörterung sämtlicher rechtlicher Gesichtspunkte kann selbstverständlich nicht verlangt werden (BFH VIII B 128/95, BStBl. II 1996, 426; VIII R 170/83, BStBl. II 1990, 539); auch hat das Gericht nicht jeden einzelnen für die Entscheidung erheblichen Gesichtspunkt im Voraus anzudeuten (BFH IX B 209/05, BFH/NV 2007, 80; VIII R 303/84, BStBl. II 1989, 711; II R 39/11, BFH/NV 2012, 1664). Dies ändert jedoch nichts daran, dass das Gericht mit den Beteiligten ein **eingehendes Rechtsgespräch** führen muss. Die Beteiligten können von der rechtlich geschützten Möglichkeit, ihren Sach- und Rechtsvortrag in der mündlichen Verhandlung zu ergänzen nur dann sinnvoll Gebrauch machen, wenn sie sich darauf verlassen können, dass ihnen das Gericht (der Vorsitzende) in der mündlichen Verhandlung im Wesentlichen darlegt, welche tatsächlichen und rechtlichen Gesichtspunkte für die Entscheidung aus der Sicht des Gerichts voraussichtlich entscheidungserheblich sein werden (→ § 96 Rn. 58). Dies setzt auf Gerichtsseite idR eine Vorberatung voraus, da andernfalls der Vorsitzende nur für sich sprechen könnte.

Es überzeugt auch nicht, die Verantwortung für einen sachgerechten Vortrag einseitig und ausschließlich den Beteiligten zuzuweisen. Dabei geht die Rspr. zu Unrecht davon aus, dass **Erörterungs- und Hinweispflichten** (§ 76 II) des Gerichts im Wesentlichen nur ggü. nicht vertretenen Beteiligten bestehen (vgl. zB BFH X B 245/12, BFH/NV 2014, 564). Auch ein Prozessvertreter kann nicht wissen, welche Gesichtspunkte nach der Auffassung des FG für die Entscheidung erheblich sein können, wenn er nicht vom Gericht darauf hingewiesen wird. § 76 II lässt eine solche Einschränkung auch nicht erkennen. Es wäre zudem in hohem Maße unökonomisch, wenn die Beteiligten von sich aus zu sämtlichen denkbaren Erwägungen vortragen müssten, ohne dass es darauf nach der vorläufigen Auffassung des Gerichts ankommt. Es dient letztlich auch der Verfahrensbeschleunigung und der Effektivität des Rechtsschutzes, wenn die FG das Gespräch mit den Beteiligten suchen und es nicht verweigern. Nicht zuletzt ist kein Grund ersichtlich, weshalb die gesetzlichen Fürsorge- und Hinweispflichten in dem vom Amtsprinzip bestimmten finanzgerichtlichen Verfahren weniger stark ausgeprägt sein sollten als in dem vom Beibringungsgrundsatz beherrschten Zivilprozess. Das ist aber derzeit in erheblichem Maße der Fall (vgl. Grube DStZ 2015, 36).

16 **Unvollständige Information.** Das rechtliche Gehör ist jedenfalls verletzt, wenn das FG sein Urteil auf **Tatsachen** stützt, die nicht von den Beteiligten in den Prozess eingeführt worden sind und zu denen sich die Beteiligten nicht äußern konnten, zB weil das Gericht die Beteiligten entgegen § 79 II, § 155 FGO iVm § 273 IV ZPO nicht davon benachrichtigt hat, dass es die Akten eines anderen (Straf-)Verfahrens beigezogen hat (BFH VII B 4/99, BFH/NV 2000, 214; IV B 101/99, BFH/NV 2000, 738; IX B 164/11, BFH/NV 2012, 1643), weil es Tatsachen verwertet, die es nicht ordnungsgemäß in das Verfahren eingeführt hat (BFH X B 12/20, BFH/NV 2020, 1087), oder weil das Gericht ohne mündliche Verhandlung über eine Einspruchsentscheidung entscheidet, die weder dem Kläger persönlich noch seinem Prozessbevollmächtigten bekannt war (BFH XI B 50/08, BFH/NV 2010, 921). Das ergibt sich auch eindeutig aus § 96 II. Dem Recht auf Äußerung ist das **Recht auf Information** vorgelagert (Gosch/Werth § 119 Rn. 127, 128). Es besteht ein umfassender Anspruch, über den gesamten Prozessstoff kommentarlos und ohne Einschränkungen unterrichtet zu werden (BVerfG 2 BvR 969/14, NJW 2014, 3085). Das FG verletzt das rechtliche Gehör deshalb auch dann, wenn es einen bestimmenden Schriftsatz nicht nach § 77 I 4 den anderen Beteiligten zuleitet (BFH X B 150/16, BeckRS 2017, 116261).

Eine Verletzung des rechtlichen Gehörs kann auch vorliegen, wenn das Gericht seine Entscheidung auf **rechtliche Erwägungen** stützt, zu denen sich die Beteiligten weder im Besteuerungsverfahren (Einspruchsverfahren) noch im Prozess äußern konnten. Der verfassungsrechtlich garantierte Mindestschutz des rechtlichen Gehörs (Art. 103 I GG) umfasst auch das Recht der Beteiligten, dem Gericht rechtliche Erwägungen vorzutragen und Anträge zu stellen (→ Rn. 14). Eine Verletzung des rechtlichen Gehörs setzt in diesen Fällen nach der Rspr. des BFH (die der Formulierung des BVerfG entspricht, → Rn. 15) aber weiter voraus, dass das Gericht damit dem Rechtsstreit eine Wendung gegeben hat, mit der auch ein gewissenhafter und kundiger Prozessbeteiligter nach dem bisherigen Prozessverlauf nicht rechnen musste (**Verbot der Überraschungsentscheidung;** stRspr, zB BFH II R 121/72, BStBl. II 1972, 637; IX B 131/05, BFH/NV 2006, 904; VI B 61/07, BFH/NV 2008, 601; IX B 103/13, BFH/NV 2014, 887; BVerwG

6 B 60/99, NVwZ-RR 2000, 396; vgl. auch die ausdrückliche Regelung der gerichtlichen Hinweispflicht in **§ 139 II–V ZPO**). Auf rechtliche Umstände, die ein Beteiligter selbst hätte sehen können und müssen, muss er nach der Rspr. des BFH nicht hingewiesen werden (zB BFH X B 53/11, BFH/NV 2013, 972; X B 198/15, BeckRS 2016, 94748). Es stellt auch keine verbotene Überraschungsentscheidung dar, wenn das FG rechtliche Gesichtspunkte, die bisher nicht im Vordergrund standen, in der Entscheidung als maßgebend herausstellt (BFH I R 105/88, BStBl. II 1989, 741; VIII R 23/89, BStBl. II 1992, 375). Stützt das FG seine Entscheidung überraschend auf einen neuen rechtlichen Gesichtspunkt, liegt gleichwohl kein Verfahrensmangel vor, wenn es durch Gerichtsbescheid entscheidet (BFH V R 156/78, BStBl. II 1981, 720).

Hat sich das Gericht (in der Besetzung, die auch später in der Sache entscheidet) ggü. den Beteiligten in einer den Rechtsstreit betreffenden Tat- oder Rechtsfrage (zB in einem Hinweis) **eindeutig geäußert,** liegt eine Überraschungsentscheidung auch vor, wenn es, ohne zuvor auf eine Änderung in seiner Beurteilung hinzuweisen, entgegen der zuvor geäußerten Ansicht entscheidet (BVerfG 2 BvR 808/24, NJW 2024, 2978; BFH VIII B 228/02, BFH/NV 2003, 1440; IX R 14/07, BStBl. II 2009, 309). Weicht der Senat im Urteil von einem Hinweis ab, den zuvor der Berichterstatter erteilt hat, liegt nach der Rspr. keine Überraschungsentscheidung vor (BFH X B 160/05, BFH/NV 2007, 480; IX B 16/10, BFH/NV 2010, 1836). Ein eindeutiger Hinweis, von dem das Gericht ohne vorherigen Hinweis nicht wieder abrücken darf, kann die materielle Rechtslage oder das Verfahren betreffen. Das FG muss deshalb zB darauf hinweisen, wenn es einen zuvor angeordneten oder (zB durch prozessleitende Ladung) angekündigten **Beweis nicht mehr erheben will** (BFH X B 26/02, BFH/NV 2003, 343; III B 113/09, BFH/NV 2010, 2292; X B 4/10, BFH/NV 2012, 958; → § 115 Rn. 294). Das gilt auch, wenn die Beteiligten nicht zum Termin erschienen sind (BFH X B 55/15, BeckRS 2015, 96079). Voraussetzung ist, dass das Gericht zuvor zu erkennen gegeben hat, dass es den Beweis für erheblich hält. Dies kann durch einen **ausdrücklichen Hinweis** (BFH X B 236/08, BeckRS 2009, 25015368; XI B 97/12, BFH/NV 2013, 1791) oder konkludent durch Erlass eines **Beweisbeschlusses** (stRspr, zB BFH III B 113/09, BFH/NV 2010, 2292; XI B 84/12, BFH/NV 2013, 745; XI B 97/12, BFH/NV 2013, 1791; XI B 69/13, BFH/NV 2014, 166; IV B 35/23, BFH/NV 2025, 385) oder durch **prozessleitende Ladung** eines Zeugen (BFH V B 128/11, BFH/NV 2012, 1804; II B 31/13, BFH/NV 2014, 68; V B 12/23, BFH/NV 2024, 689) geschehen (→ § 76 Rn. 54).

Der Hinweis kann schriftlich oder in der mündlichen Verhandlung mündlich erteilt werden. Ein mündlich erteilter Hinweis ist als wesentlicher Vorgang der Verhandlung in das Protokoll aufzunehmen (vgl. § 94 FGO iVm § 160 II ZPO). Versäumt das FG den Hinweis, liegt ein Verstoß gegen § 119 Nr. 3 vor. Da sich die Tatsachen, die den Mangel ergeben (fehlender schriftlicher Hinweis bzw. fehlender Protokolleintrag) aus den Akten ergeben, genügt zur Geltendmachung des Mangels die **schlichte Rüge** der Überraschungsentscheidung bzw. der Nichterhebung des Beweises; Darlegungen zur Kausalität des Mangels, insbes. zur Erheblichkeit des Beweises sind gem. § 119 entbehrlich, denn der Mangel erfasst das Gesamtergebnis des Verfahrens (→ Rn. 14). Ein Rügeverzicht kommt nicht in Betracht, weil nicht gerügt werden kann, was (mangels Hinweises) nicht bekannt ist und auch nicht bekannt sein musste (→ Rn. 15; zum Ganzen BFH

IX B 101/13, BFH/NV 2015, 214). Mit einem Wechsel in der erklärten Auffassung des Gerichts brauchen die Beteiligten von sich aus nicht zu rechnen.

17 Ob das FG den Anspruch auf rechtliches Gehör **schuldhaft** verletzt hat oder nicht, ist unerheblich. Ein Verstoß gegen Art. 103 I GG liegt deshalb auch dann vor, wenn ein Gericht den Sachvortrag eines Beteiligten deshalb unberücksichtigt gelassen hat, weil ihm ein nachgereichter Schriftsatz aufgrund eines Versehens der Geschäftsstelle nicht rechtzeitig vorgelegt wurde (BFH VIII B 154/06, BFH/NV 2007, 1910). Anders ist es, wenn dem Gericht die Kenntnisnahme objektiv unmöglich war, weil der Schriftsatz nicht bei Gericht eingegangen ist (BFH IX R 192/85, BFH/NV 1990, 229; Kopp/Schenke/Schenke VwGO § 138 Rn. 15).

Ein Verfahrensmangel ist nicht deshalb ausgeschlossen, weil der Kläger seiner **prozessualen Mitwirkungspflicht** nicht ausreichend nachgekommen ist (BFH IV R 30/90, BFH/NV 1991, 531; vgl. aber BFH XI R 104/92, BFH/NV 1995, 46: zulässige Ablehnung einer Aufhebung des Termins bei offensichtlicher Absicht der Prozessverschleppung oder erheblicher Verletzung der Mitwirkungspflicht). Der Grundsatz der Amtsermittlung verpflichtet das Gericht, in der mündlichen Verhandlung auch solche entscheidungserheblichen Tatsachen aufzugreifen, welche ein Beteiligter im bisherigen Verfahren nicht vorgetragen hat. Ein Beteiligter verliert deshalb nicht das Recht, den Verfahrensverstoß zu rügen, wenn er von der Möglichkeit, zur Vorbereitung der mündlichen Verhandlung Schriftsätze einzureichen, keinen Gebrauch gemacht hat (BVerwG 8 C 58/90, NJW 1992, 3185 mwN; vgl. aber → Rn. 21).

Der Berechtigte muss **sein Recht wahrnehmen** (Obliegenheit). Hat er nicht alle prozessualen Möglichkeiten ausgeschöpft, sich rechtliches Gehör zu verschaffen, ist der Anspruch nicht verletzt (stRspr, BFH GrS 3/98, BStBl. II 2001, 802 aE; VIII R 32/95, BStBl. II 1998, 676 mwN; I R 39/05, BFH/NV 2006, 1618; IV B 138/04, BFH/NV 2006, 1490; BVerfG 1 BvR 316/60, BVerfGE 15, 256 (267); BVerwG 8 B 218–97, DVBl. 1999, 93; Kopp/Schenke/Schenke VwGO § 138 Rn. 19). Das gilt auch dann, wenn Verfahrensvorschriften verletzt worden sind, deren Haupt- oder Nebenzweck darauf gerichtet ist, den Anspruch der Beteiligten auf rechtliches Gehör zu wahren, wie zB die Vorschriften über die Prozesskostenhilfe (BVerwG 4 B 153/88, NJW 1989, 601). Gleiches gilt, wenn auf die Gewährung des rechtlichen Gehörs abzielende Maßnahmen des FG deshalb nicht wirksam werden können, weil der Beteiligte (oder sein Bevollmächtigter) seinen prozessualen Obliegenheiten nicht nachgekommen ist (BVerwG 9 B 10275.83, DVBl. 1984, 90; Kopp/Schenke/Schenke VwGO § 138 Rn. 19). Die Nichtteilnahme an der mündlichen Verhandlung bewirkt nicht den Verlust des Rügerechts (§ 295 ZPO) bei wesentlicher Änderung der Prozesssituation (BFH X B 4/10, BeckRS 2012, 94818; X B 55/15, BeckRS 2015, 96079).

18 Anspruch auf rechtliches Gehör haben nicht nur die Hauptbeteiligten des Verfahrens, sondern auch die **Beigeladenen** (BFH IV R 48/98, BStBl. II 1999, 531). Im Revisionsverfahren kann die Verletzung des rechtlichen Gehörs nur von dem jeweils **betroffenen Beteiligten** des erstinstanzlichen Verfahrens gerügt werden (BFH I B 34/94, BFH/NV 1995, 623). Hat ein Beteiligter die Durchführung einer mündlichen Verhandlung beantragt und entscheidet das FG gleichwohl ohne eine solche, ist das rechtliche Gehör auch des anderen Verfahrensbeteiligten verletzt (BFH IX R 135/83, BStBl. II 1988, 141 zu § 119 Nr. 4; → Rn. 24).

In **zeitlicher Hinsicht** besteht der Anspruch auf Gewährung rechtlichen Gehörs auch noch nach Schluss der mündlichen Verhandlung **bis zur Verkündung oder Zustellung des Urteils** oder – bei Verzicht auf eine mündliche

Verhandlung – bis zum Absenden der Urteilsausfertigungen (BFH IV R 30/90, BFH/NV 1991, 531; XI B 100/99, BFH/NV 2002, 356). Das FG muss deshalb auch solches schriftliches Vorbringen der Beteiligten zur Kenntnis nehmen und in Erwägung ziehen, das erst nach Schluss der mündlichen Verhandlung, aber vor der Verkündung oder Zustellung des Urteils im FG eingeht (→ Rn. 24 „Wiedereröffnung der mündlichen Verhandlung"; → Rn. 21).

b) Kausalität des Mangels. Liegt ein Verstoß gegen das Gebot der Gewährung rechtlichen Gehörs vor, wird **von Gesetzes wegen** (unwiderleglich) vermutet, dass das Urteil auf diesem Mangel beruht (→ Rn. 1). Im Regelfall ist dann auch eine Zurückweisung der Revision nach § 126 IV ausgeschlossen, weil ein Urteil, das auf einem wesentlichen Verfahrensmangel beruht, keine geeignete Grundlage für eine Sachentscheidung des Revisionsgerichts sein kann (→ Rn. 3). Das gilt uneingeschränkt jedenfalls dann, wenn sich der Verfahrensverstoß auf das **Gesamtergebnis des Verfahrens** (§ 96 I) **ausgewirkt** hat (zB weil dem Beteiligten durch rechtswidrige Ablehnung seines Vertagungsantrags die Teilnahme an der mündlichen Verhandlung versagt wurde). Eine Prüfung der Kausalität des Mangels oder eine Entscheidung kommt dann nach § 126 IV nicht in Betracht (stRspr, BFH GrS 3/98, BStBl. II 2001, 802; VIII R 32/95, BStBl. II 1998, 676 mwN; XI B 123/06, BFH/NV 2007, 1152; BVerwG 3 C 28/92, NJW 1995, 1441; weitergehend Dänzer-Vanotti DStZ 1999, 516; Tipke/Kruse/Krumm § 119 Rn. 15, 60. Zur Bedeutung der mündlichen Verhandlung für das finanzgerichtliche Verfahren BFH GrS 3/98, BStBl. II 2001, 802). Zur Begründung der Verfahrensrüge nach § 119 Nr. 3 → Rn. 22. 19

Die Kausalitätsvermutung des § 119 Nr. 3 gilt jedoch nicht, wenn die Verletzung des rechtlichen Gehörs nicht das Gesamtergebnis des Verfahrens, sondern nur **einzelne Feststellungen oder rechtliche Gesichtspunkte** betrifft. In diesem Fall ist der Gehörsverstoß nur kausal, wenn er sich auf einen Umstand bezieht, auf den es zum einen nach der materiell-rechtlichen Auffassung des FG für die Entscheidung ankam und zum andern wenn er auch aus der Sicht des Revisionsgerichts (§ 126 IV) entscheidungserheblich sein kann (BFH X B 152/16, BeckRS 2017, 128014). Zu von ihm als nicht entscheidungserheblich angesehenen Punkten muss das FG rechtliches Gehör nicht gewähren. Hält das Revisionsgericht einen vom FG als entscheidungserheblich erachteten Punkt **unter keinem rechtlichen Gesichtspunkt** für entscheidungserheblich, braucht ein diesbezüglicher Gehörsverstoß nicht nachgeholt zu werden. (stRspr, vgl. zB BFH GrS 3/98, BStBl. II 2001, 802 mwN; VII B 74/05, BFH/NV 2006, 1309; I R 43/07, BFH/NV 2008, 1848; I R 1/12, BFH/NV 2013, 989; II R 29/13, BStBl. II 2017, 413); das ist der Fall, wenn die fehlerhaft getroffenen Feststellungen hinweggedacht werden können, ohne das Ergebnis der Entscheidung in Frage zu stellen (BVerwG 4 C 42/89, NJW 1992, 2042). Nur wenn die Zurückverweisung ausschließlich zu einer Wiederholung des aufgehobenen Urteils führen könnte, ist es zulässig, die Kausalität des Mangels nach § 126 IV zu verneinen. Kann die Möglichkeit, dass das FG anders entschieden hätte, nicht sicher ausgeschlossen werden, darf der BFH dagegen nicht in der Sache selbst entscheiden. Diese Ausnahme wird mit einer durch den **Zweck** und die **Systematik** der Vorschrift gebotenen Einschränkung des Gesetzeswortlauts gerechtfertigt (BFH VIII R 32/95, BStBl. II 1998, 676; GrS 3/98, BStBl. II 2001, 802; abl. Dänzer-Vanotti DStZ 1999, 516; Tipke/Kruse/Krumm § 119 Rn. 15, 60). 19a

Diese Voraussetzungen liegen idR **nicht** vor, wenn das FG im Rahmen einer **Gesamtwürdigung** einen Umstand berücksichtigt hat, zu dem sich die Beteiligten nicht vorher äußern konnten (zB Ergebnisse eigener Internet-Recherchen; **aA** BFH IV B 115/13, BeckRS 2015, 95233). Bei einer Gesamtwürdigung sind alle vom FG ausdrücklich behandelten Indizien vom Standpunkt des FG entscheidungserheblich. Ein solches Urteil kann nicht mit der Begründung gehalten werden, auch ohne das fehlerhafte Indiz hätte das FG eine andere Entscheidung nicht getroffen, denn damit setzt der BFH seine Würdigung an die Stelle derjenigen des FG. Der BFH kann in diesem Fall nicht sicher ausschließen, dass das FG anders entschieden hätte, wenn es den Verfahrensmangel vermieden hätte.

20 **c) Rüge einer Verletzung des rechtlichen Gehörs.** Der Verfahrensverstoß kann im Revisionsverfahren nur berücksichtigt werden, wenn er schlüssig vorgetragen wird und der Revisionskläger sein **Rügerecht** nicht **verloren** hat.

Auf die Geltendmachung des Verfahrensmangels kann nach der Rspr. des BFH grds. **verzichtet** werden (BFH I R 163/74, BStBl. II 1977, 348; VI B 88/07, BFH/NV 2008, 401; BVerwG VIII C 35063, BVerwGE 19, 231). Die Verletzung des rechtlichen Gehörs muss deshalb nach Möglichkeit schon **vor dem FG** gerügt werden (BFH VII B 287/06, BFH/NV 2008, 803). Hatte der vor dem FG **rechtskundig Vertretene** (BFH VIII B 76/03, BFH/NV 2004, 50) von dem Mangel Kenntnis und rügte er ihn bis zum Ende der mündlichen Verhandlung nicht, kann er ihn nicht mehr als Verfahrensmangel mit der NZB oder der Revision geltend machen (BFH I R 247/78, BStBl. II 1980, 299; V B 260/02, BFH/NV 2003, 1595; vgl. aber BFH II R 91/78, BStBl. II 1981, 401). Die Rüge des Verfahrensmangels vor dem FG ist ausnahmsweise dann **nicht zumutbar,** wenn der Beteiligte vom Gericht unter Druck gesetzt wurde (BFH I R 247/78, BStBl. II 1980, 299). Zum Verlust des Rügerechts → § 115 Rn. 285 ff.

21 Welche **Anforderungen** an eine **schlüssige Rüge** der Verletzung des rechtlichen Gehörs zu stellen sind, bestimmt sich danach, ob der Verstoß das **Gesamtergebnis des Verfahrens** erfasst, wie zB idR bei der rechtswidrigen Ablehnung eines Antrags auf Terminverlegung (BFH X B 13/20, BFH/NV 2020, 900) oder der Durchführung einer mündlichen Verhandlung, zu der der Beteiligte nicht ordnungsgemäß geladen war, oder ob sich der Mangel nur auf **einzelne Feststellungen** oder **rechtliche Gesichtspunkte** bezieht, zu denen sich der Beteiligte nicht äußern konnte (BFH GrS 3/98, BStBl. II 2001, 802). Handelt es sich um einen Verfahrensverstoß, der das **gesamte Verfahren** vor dem FG betrifft, muss der Revisionskläger lediglich **substantiiert und schlüssig** die Tatsachen vortragen, aus denen sich die Mangel ergibt. Da die **Kausalität** des Verfahrensmangels für die Entscheidung **unwiderleglich vermutet** wird (→ Rn. 1, 19), sind keine Ausführungen in der Revisionsbegründung dazu erforderlich, inwiefern das angefochtene Urteil auf dem Mangel beruht und was der Beteiligte im Fall seiner Anhörung noch vorgetragen hätte (stRspr, vgl. zB BFH GrS 3/98, BStBl. II 2001, 802 mwN; III B 19/03, BFH/NV 2004, 504; BVerwG 6 B 121–98, NVwZ-RR 1999, 587; 3 C 28/92, NJW 1995, 1441). In diesen Fällen fehlt jede Grundlage für eine Entscheidung des FG in der Sache. Die frühere abw. Rspr. einiger Senate des BFH (vgl. die Nachw. in BFH GrS 3/98, BStBl. II 2001, 802), ist durch die Entscheidung des BFH GrS 3/98, BStBl. II 2001, 802 überholt.

22 Greift die Kausalitätsvermutung dagegen nicht ein (→ Rn. 19a), verlangt die Rspr. für eine zulässige Verfahrensrüge, dass der Revisionskläger iE substantiiert darlegt, wozu er sich nicht hat äußern können, was er bei ausreichender Gewährung des rechtlichen Gehörs noch **zusätzlich vorgetragen** hätte und inwiefern bei Berücksichtigung des übergangenen Vorbringens eine **andere Entscheidung**

in der Sache **möglich** gewesen wäre (stRspr, vgl. zB BFH GrS 3/98, BStBl. II 2001, 802 mwN; VIII R 28/07, BStBl. II 2009, 842; X B 92/14, BeckRS 2015, 94812; **aA** Dänzer-Vanotti DStZ 1999, 516; Tipke/Kruse/Seer § 119 Rn. 15, 60). Dabei muss der Revisionskläger seinem Vortrag den materiell-rechtlichen Standpunkt des FG zugrunde legen (BFH VII B 282/99, BFH/NV 2000, 857; VII B 113/00, BFH/NV 2001, 194).

Da die Beteiligten auf die Geltendmachung der Verletzung des rechtlichen Gehörs verzichten können (→ Rn. 20), setzt eine schlüssige Rüge des Mangels iSv § 119 Nr. 3 ferner voraus, dass der Revisionskläger **darlegt,** dass der Mangel **in der Vorinstanz gerügt** wurde (→ § 120 Rn. 67 mwN; BFH VI B 88/07, BFH/NV 2008, 401; III R 175/85, BStBl. II 1988, 995) oder, wenn dies nicht geschehen ist, weshalb dem Revisionskläger eine entsprechende Rüge nicht möglich war (stRspr, vgl. zB BFH VIII B 81/96, BFH/NV 1998, 196; IV B 21/07, BFH/NV 2008, 974; II B 42/08, BFH/NV 2009, 46; IX B 93/18, BFH/NV 2019, 577). Ein entsprechender Vortrag ist entbehrlich, wenn sich schon aus der Art des gerügten Verstoßes ergibt, dass dem Beteiligten eine Rüge nicht möglich war. Die Rspr. verlangt ferner, dass der Rechtsmittelführer darlegt, er habe alle **Möglichkeiten ausgeschöpft,** sich das rechtliche Gehör vor dem FG zu verschaffen (BFH VII R 137/81, BFH/NV 1986, 136 mwN; I B 96/01, BFH/NV 2002, 1469). **23**

Wird in der Revisionsbegründung schlüssig die Verletzung einer Vorschrift gerügt, die der Wahrung des rechtlichen Gehörs dient (zB § 60 III: Unterlassen einer notwendige Beiladung), so ist es unschädlich, wenn der Revisionskläger nicht ausdrücklich die Verletzung des rechtlichen Gehörs geltend macht (→ § 120 Rn. 31; Kopp/Schenke/Schenke VwGO § 138 Rn. 10).

d) Einzelfälle. Eine Verletzung des rechtlichen Gehörs kommt nach der Rspr. ua in folgenden Fällen in Betracht: **24**

- **Akteneinsicht (§ 78).** Das Recht auf Akteneinsicht ist Ausfluss des Rechts auf rechtliches Gehör. Es ist, da Akteneinsicht einen Antrag voraussetzt, erst verletzt, wenn das FG die beantragte Akteneinsicht ausdrücklich verwehrt (BFH X B 8/12, BFH/NV 2013, 1065; II B 55/21, BFH/NV 2022, 903; III B 41/22, BFH/NV 2023, 825) oder zeitlich und örtlich in nicht ausreichendem Maße gewährt (vgl. BFH VI B 13/15, BeckRS 2015, 95813) oder eine Stellungnahme nach Akteneinsicht verhindert, indem es am Tag der Akteneinsicht ein Endurteil erlässt (BFH VI B 2/02, BFH/NV 2002, 1168). Die Ablehnung der beantragten Akteneinsicht muss gerügt werden (BFH X B 8/12, BFH/NV 2013, 1065).
- **Aufruf der Sache (§ 92 II).** Er dient der Verwirklichung des rechtlichen Gehörs; durch ihn sollen die Beteiligten effektiv in die Lage versetzt werden, den Termin wahrzunehmen (BFH I R 11/68, BStBl. II 1968, 537; X R 51/93, BFH/NV 1995, 233; BVerfG 2 BvR 558/75, BVerfGE 42, 364; BVerwG 6 C 95/82, BVerwGE 72, 28). Hat ein Beteiligter wegen fehlenden Aufrufs der Sache den Termin versäumt, rechtfertigt dies die Rüge nach § 119 Nr. 3.
- **Ausschlussfrist (Präklusion; Wiedereinsetzung).** Setzt das FG eine Ausschlussfrist nach § 62 III, § 65 II 2 oder § 79b zu kurz oder sonst fehlerhaft fest und berücksichtigt es deshalb das weitere Vorbringen der Beteiligten nicht, wird der Anspruch auf rechtliches Gehör verletzt (BFH IX R 6/94, BStBl. II 1995, 545; VI B 114/01, BStBl. II 2002, 306; XI B 213/01, BFH/NV 2004, 514; X B 28/15, BeckRS 2015, 95394; BVerfG 2 BvR 206/91, NJW 1992,

679). Gleiches gilt bei nicht mehr vertretbarer Anwendung einer Präklusionsvorschrift (BVerfG 2 BvR 1292/96, NJW 2000, 945; BGH VII ZR 71/82, BGHZ 86, 31 (39)). Bei unverschuldeter Versäumung einer richterlichen Frist gebietet das Recht auf Gehör eine sinngemäße Anwendung der Wiedereinsetzungsvorschriften (BVerwG 9 B 501/93, DVBl. 1994, 821). Das Gericht ist im Fall des § 79b jedoch nicht verpflichtet, den betroffenen Beteiligten auf die Fristversäumnis und die Möglichkeit einer Entschuldigung hinzuweisen (BFH X B 243–244/94, BStBl. II 1995, 417). Entscheidet das Gericht (ohne mündliche Verhandlung), bevor eine von ihm selbst gesetzte Frist abgelaufen ist, verletzt es den Anspruch auf rechtliches Gehör (BVerfG 1 BvR 1646/02, BeckRS 2003, 24346; BFH VIII B 116/03, BFH/NV 2005, 1108; III B 178/10, BFH/NV 2011, 1389; V B 101/14, BeckRS 2015, 94411).

- **Beiziehung von Akten.** Mit der Rüge unterlassener Beiziehung von Akten wird kein Gehörsverstoß, sondern eine Verletzung der Sachaufklärungspflicht (§ 76 I) geltend gemacht. Zu deren Darlegung gehören Angaben, was das FG von Amts wegen hätte aufklären sollen und warum dies zu einem anderen Ergebnis geführt hätte (BFH X B 144/10, BFH/NV 2012, 3). Eine Gehörsverletzung liegt aber regelmäßig vor, wenn das Gericht Akten beizieht und verwertet, ohne dies den Beteiligten mitzuteilen (→ § 71 Rn. 7; → § 79 Rn. 13).
- **Beweisantrag.** Die unberechtigte Ablehnung eines entscheidungserheblichen Beweisantrags kann mit der Rüge nach § 119 Nr. 3 geltend gemacht werden (BFH IX R 101/90, BStBl. II 1994, 660; X S 16/06 (PKH), BFH/NV 2008, 98; VI B 119/06, BFH/NV 2007, 1697; Kopp/Schenke/Schenke VwGO § 138 Rn. 10). Gleiches gilt, wenn das Gericht – ohne die Beteiligten zu benachrichtigen – von der Durchführung einer bereits angeordneten Beweisaufnahme absieht (BFH I R 46/69, BStBl. II 1972, 20; X B 55/15, BeckRS 2015, 96079) oder erstmals in der mündlichen Verhandlung zusätzliche Beweisanforderungen stellt und dem Beteiligten keine ausreichende Gelegenheit gibt, einen angemessenen Beweisantrag zu stellen (BFH I B 124/00, BFH/NV 2002, 919).
- **Einzelrichter.** Nach dem Wortlaut des § 6 I kann der Senat die Sache ohne vorherige Anhörung der Verfahrensbeteiligten dem Einzelrichter übertragen (anders nach Abs. 3 bei Rückübertragung der Sache auf den Senat). Gleichwohl ist es wegen des Gewichts der Entscheidung und ihrer Folgen für den gesetzlichen Richter nach Art. 103 I GG geboten, den Beteiligten vor Übertragung der Sache auf den Einzelrichter rechtliches Gehör zu gewähren (BVerwG 6 C 30/98, NVwZ 2000, 1290; → § 6 Rn. 7 mwN; **aA** BFH I B 124/98, BFH/NV 1999, 793; offengelassen in BFH VIII R 15/99, BStBl. II 2000, 88). Ein Verstoß gegen die Anhörungspflicht ist durch nachträgliche Anhörung bis zur Endentscheidung, auch iRd Entscheidung über eine etwaige Rückübertragung nach Abs. 3, aber auch durch Rügeverzicht der Beteiligten (§ 155 FGO iVm § 295 ZPO) heilbar (BVerwG 6 C 30/98, NVwZ 2000, 1290). Die Vorschrift des § 124 II steht der Prüfung des Verfahrensmangels nicht entgegen (→ § 124 Rn. 3).
- **Gesamtergebnis des Verfahrens (§ 96 I).** Das FG muss seiner Entscheidung das Gesamtergebnis des Verfahrens (→ § 96 Rn. 30 ff.) zugrunde legen. Das rechtliche Gehör ist deshalb verletzt, wenn das FG rechtzeitig, dh bis zur Verkündung oder Zustellung des Urteils, eingehende Schriftsätze (BFH VI R 13/82, BStBl. II 1986, 187; IV B 91/05, BFH/NV 2006, 2245; V B 242/02 (nv), BFH/NV 2003, 940; BVerfG 1 BvR 2174/94 ua, NJW 1995, 2095) oder das tatsächliche Vorbringen der Beteiligten in der mündlichen Verhandlung (BFH

IX R 126/86, BFH/NV 1991, 759; BVerfG 2 BvR 558/75, BVerfGE 42, 364) oder die Ergebnisse der Beweisaufnahme nicht zur Kenntnis nimmt und in Erwägung zieht. Eine Ausnahme besteht, wenn der nachgereichte Schriftsatz nur früheres Vorbringen wiederholt oder für die Entscheidung des Gerichts unerheblich ist (BFH I R 41/02, BFH/NV 2004, 604). Das rechtliche Gehör ist auch dann verletzt, wenn das FG Tatsachen (einschließlich Presseberichte, Behördenauskünfte und gerichtsbekannte Tatsachen) verwertet, ohne sie zum Gegenstand des Verfahrens zu machen und den Beteiligten Gelegenheit zur Äußerung zu geben (BFH VIII R 76/75, BStBl. II 1977, 474; BVerfG 2 BvR 2075/92, NVwZ 1993, 769; vgl. dazu auch die Ausführungen zum Stichwort „Hinweispflichten"). Dagegen kann mit der Rüge nach § 119 Nr. 3 nicht geltend gemacht werden, das FG habe dem Vortrag eines Beteiligten nicht die richtige Bedeutung beigemessen (BFH I B 219/93, BFH/NV 1994, 878) oder es habe sich in seiner Entscheidung nicht mit jedem Vorbringen des Revisionsklägers auseinandergesetzt (BFH I B 166/94, BStBl. II 1995, 532).

- **Hinweis- und Informationspflichten (§ 76 II).** Sie sind zur Wahrung des rechtlichen Gehörs der Beteiligten geboten, insbes. zur Vermeidung einer → **Überraschungsentscheidung** (auch → Rn. 15 und → Rn. 16). Gemäß § 155 FGO iVm § 139 IV ZPO sind notwendige Hinweise auf entscheidungserhebliche Umstände, die der Beteiligte erkennbar für unerheblich gehalten hat, grds. so frühzeitig vor der mündlichen Verhandlung zu erteilen, dass der Beteiligte ausreichend Gelegenheit hat, seine Prozessführung darauf einzurichten. Wird der Hinweis erst in der mündlichen Verhandlung erteilt, muss dem Beteiligten genügend Gelegenheit gegeben werden, sich darauf zu äußern. Ggf. ist eine Vertagung geboten (BGH II ZR 10/05, DStR 07, 448), uU auch von Amts wegen (BGH VII ZR 177/17, NJW 2018, 2202). Das FG ist ua verpflichtet, die Beteiligten zu unterrichten, wenn es Akten oder Urkunden eines anderen gerichtlichen Verfahrens (BFH I R 41/92, BStBl. II 1993, 407; III B 67/99, BFH/NV 2000, 1091 mwN) oder die Handakten des Betriebsprüfers beiziehen (BFH IV R 129/90, BStBl. II 1992, 841) oder tatsächliche Feststellungen eines anderen Gerichtsverfahrens verwerten will. Dagegen ist dem Kläger nicht mitzuteilen, welche Steuerakten dem FG vorgelegt wurden (BFH III R 159/72, BStBl. II 1975, 741; IV R 129/90, BStBl. II 1992, 841). Unterlagen, die sich in den Steuerakten befinden, können vom FG auch ohne vorherigen Hinweis verwendet werden (BFH VI R 257/67, BStBl. II 1968, 569). Insofern muss sich der Kläger das rechtliche Gehör durch Akteneinsicht verschaffen. Das FG ist auch nicht verpflichtet, von sich aus darauf hinzuweisen, dass es ohne mündliche Verhandlung gem. § 94a zu entscheiden beabsichtigt (BFH IV B 90/94, BFH/NV 1995, 802 mwN). Die Hinweispflichten bestehen (eingeschränkt) auch dann, wenn der Beteiligte fachkundig vertreten ist (BFH VIII R 61/92, BFH/NV 1994, 790).
- **Ladung (§ 53).** Das rechtliche Gehör kann verletzt sein, wenn die Ladung nicht ordnungsgemäß war. Hat der Beteiligte die Ladung nicht erhalten (zB BFH V B 37/08, BFH/NV 2009, 1656) und bleibt er deshalb der mündlichen Verhandlung fern, weil er keine Kenntnis von dem Termin hat, ist der Anspruch auf rechtliches Gehör stets verletzt. Dasselbe gilt, wenn die Ladung unrichtige Angaben enthielt oder wenn der Beteiligte versehentlich abgeladen worden ist (BFH IX B 63/17, BeckRS 2017, 125944). Es genügt aber auch, wenn die Ladung verfahrensfehlerhaft und deshalb unwirksam war (BFH IV B 39/16, BeckRS 2017, 94156: Einwurf einer Benachrichtigung in den Briefkasten

anstelle des Schriftstücks). Hat der Beteiligte Kenntnis von dem Termin erhalten, liegt eine Verletzung des rechtlichen Gehörs vor, wenn die Ladungsfrist nicht eingehalten wurde, ohne dass ein Grund für die Abkürzung der Ladungsfrist gegeben war (BFH II R 91/79, BStBl. II 1981, 401; IV R 27/88, BFH/NV 1990, 110; VII B 140/99, BFH/NV 2000, 589; VIII B 50/11, BFH/NV 2012, 585). Ist die Ladung mit einer rechtswidrigen Fesselungsanordnung verbunden und bleibt der Beteiligte deshalb der mündlichen Verhandlung fern, kann der Anspruch auf rechtliches Gehör verletzt sein (BFH X B 136/22, BFH/NV 2023, 1228). Der Mangel der Ladung wird geheilt, wenn der Beteiligte oder sein Prozessvertreter an dem Termin teilnehmen und rügelos verhandeln; die bloße Nichtteilnahme am Termin führt nicht zum Rügeverlust, wenn die Teilnahme nicht zumutbar war (BFH VIII B 50/11, BFH/NV 2012, 585; → § 115 Rn. 103). Hat der Beteiligte bei abgekürzter Ladungsfrist wegen kurzfristiger Abwesenheit von seiner Wohnung von der Ladung nicht rechtzeitig Kenntnis erlangt, kann die Wiedereröffnung der mündlichen Verhandlung geboten sein (BFH X B 111/02, BFH/NV 2003, 808). Der Verstoß gegen Art. 103 I GG wird nicht dadurch bedeutungslos, dass der betreffende Beteiligte von der eingeschränkten Möglichkeit rechtliches Gehör zu finden, keinen Gebrauch macht (BFH II R 91/79, BStBl. II 1981, 401; aA BVerwG 9 C 486.82, BVerwGE 66, 311; 8 B 218–97, NJW 1998, 2377; Eyermann/Kraft VwGO § 138 Rn. 21).

– **Mündliche Verhandlung (§ 90 I 1).** Vgl. auch **„Videoverhandlung".** Das FG genügt seiner Verpflichtung, den Beteiligten rechtliches Gehör zu gewähren, grds. dadurch, dass es eine mündliche Verhandlung anberaumt, die Beteiligten ordnungsgemäß lädt, die mündliche Verhandlung zum festgesetzten Zeitpunkt durchführt und den Beteiligten in der mündlichen Verhandlung Gelegenheit zur Äußerung gibt (BFH XI B 47/01, BFH/NV 2004, 51). In der Regel ist das rechtliche Gehör nicht verletzt, wenn das FG die mündliche Verhandlung zur angegebenen Zeit durchführt, obwohl der ordnungsgemäß geladene Beteiligte (ohne Angabe von Hinderungsgründen) nicht erschienen ist (BFH XI B 187/02, BFH/NV 2004, 640; VII S 25/01, BFH/NV 2002, 1169). Führt aber das FG eine mündliche Verhandlung ohne den Prozessbevollmächtigten des Klägers durch, obwohl es diesem ggü. den Eindruck erweckt hat, es werde den Termin nicht ohne ihn beginnen, ist das rechtliche Gehör verletzt (BFH VIII R 93/76, BStBl. II 1979, 702). Gleiches gilt, wenn dem FG bekannt ist, dass der Beteiligte unverschuldet an der pünktlichen Wahrnehmung des Termins verhindert ist (**Verspätungsmitteilung;** BVerwG 8 C 58/90, NJW 1992, 3185; BFH X B 68/23, DStR 2024, 1127) oder wenn es eine Tatsache zur maßgeblichen Grundlage der Klageabweisung macht, die das FA in Abwesenheit des Klägers erstmals während der mündlichen Verhandlung in das Verfahren eingeführt hat (BFH XI B 47/01, BFH/NV 2004, 51). Das rechtliche Gehör ist auch verletzt, wenn das FG den erschienenen Beteiligten in der mündlichen Verhandlung das Recht zum Vortrag abschneidet, zB indem es einen Gerichtsbescheid erlässt und die Revision zulässt (BFH XI R 20/00, BFH/NV 2001, 1123). Vgl. ergänzend auch „Vertagung" und „Wiedereröffnung der mündlichen Verhandlung".

– **Entscheidung ohne mündliche Verhandlung (§ 90 II).** Durch sie verletzt das FG das rechtliche Gehör, wenn eine Ausnahme vom Grundsatz der Mündlichkeit (→ § 90 Rn. 10 ff.) nicht vorliegt. Die Entscheidung ist auf eine entsprechende Rüge ohne Kausalitätsprüfung aufzuheben (BFH VII R 64/90,

BStBl. II 1992, 425; X R 56/00, BFH/NV 2003, 1588; III B 19/03, BFH/NV 2004, 504; VIII B 131/09, BFH/NV 2010, 2110; I B 76, 77/12, BFH/NV 2013, 219). Zugleich ist bei diesem Vorgehen der absolute Revisionsgrund des **§ 119 Nr. 4** gegeben (BFH GrS 3/98, BStBl. II 2001, 802; II R 112/91, BStBl. II 1993, 194; → § 90 Rn. 23). Liegen die Voraussetzungen für eine Entscheidung ohne mündliche Verhandlung vor, verletzt das FG das rechtliche Gehör auch dann, wenn es dadurch einem Beteiligten den angekündigten weiteren Vortrag abschneidet (vgl. BFH IX B 2/17, BeckRS 2017, 94513). Entscheidet das Gericht **nach § 94a** ohne mündliche Verhandlung, verletzt es das rechtliche Gehör, wenn ein Antrag auf mündliche Verhandlung (ausdrücklich oder konkludent) gestellt worden ist (BFH VI B 136/10, BFH/NV 2011, 813).

- **Präklusion.** Siehe **„Ausschlussfrist".**
- **Prozesskostenhilfe (§ 142).** Die nach § 128 II idF des 2. FGOÄndG unanfechtbare Ablehnung des Antrags auf Prozesskostenhilfe kann als Verletzung des Rechts auf Gehör mit der Verfahrensrüge nach § 119 Nr. 3 geltend gemacht werden, wenn schlüssig vorgetragen wird, dass dem Beteiligten die Prozesskostenhilfe rechtswidrig vorenthalten wurde und er deshalb im Verfahren vor dem FG um die Möglichkeit einer fachkundigen Vertretung gebracht wurde; § 124 II steht der Prüfung des Mangels im Revisionsverfahren nicht entgegen (BVerwG 6 B 121–98, NVwZ-RR 1999, 587; aA Eyermann/Kraft VwGO § 138 Rn. 19). → § 124 Rn. 3 mwN.
- **Sachurteilsvoraussetzung.** Unterlässt das FG zu Unrecht eine Sachentscheidung und weist es die Klage durch Prozessurteil ab, so liegt darin ein von Amts wegen zu beachtender Verfahrensmangel und zugleich eine Verletzung des rechtlichen Gehörs (BFH VII B 98/04, BFH/NV 2007, 1345; IV B 150/07, BFH/NV 2009, 358; IX B 28/13, BFH/NV 2013, 1537; X S 18/16 (PKH), BeckRS 2017, 94761).
- **Schriftsatznachlass (§ 155 FGO iVm § 283 ZPO).** Lehnt das Gericht den (begründeten) Antrag eines Beteiligten ab oder übergeht es ihn, verletzt es den Anspruch auf rechtliches Gehör nur, wenn sich der Beteiligte in der mündlichen Verhandlung auf ein Vorbringen des anderen Beteiligten nicht erklären kann, weil es ihm nicht rechtzeitig vor dem Termin mitgeteilt worden ist (BFH VI B 135/12, BFH/NV 2013, 569). Dient der Antrag dagegen erkennbar nur der Verzögerung des Verfahrens, kann er ohne Gehörsverletzung abgelehnt werden (BFH IX B 111/15, BeckRS 2016, 94417).
- **Überraschungsentscheidung.** Der Anspruch auf rechtliches Gehör wird verletzt, wenn das FG ohne Beachtung seiner **Hinweis- und Informationspflichten** entscheidungserheblich auf einen rechtlichen oder tatsächlichen Gesichtspunkt abstellt, der weder im Besteuerungsverfahren noch im gerichtlichen Verfahren zur Sprache gekommen ist und mit dem auch ein gewissenhafter und kundiger Prozessbeteiligter selbst unter Berücksichtigung der Vielzahl vertretbarer Rechtsauffassungen nicht zu rechnen braucht (stRspr zB BFH XI R 85/93, BStBl. II 1995, 732; IX B 24/07, BFH/NV 2008, 92; IV B 150/07, BFH/NV 2009, 358; VIII R 80/98, BFH/NV 2000, 978 mwN; BVerfG 1 BvR 1934/93, NJW 1997, 2305; II R 11/20, BFH/NV 2022, 812). Entsprechendes gilt, wenn das Gericht bei der Schätzung von Besteuerungsgrundlagen eine im bisherigen Verfahren nicht erörterte Schätzungsmethode verwendet, ohne den Beteiligten vorab Gelegenheit zur Stellungnahme zu geben (BFH VIII R 65/80, BStBl. II 1982, 409) oder wenn es ohne ersichtlichen Grund

vom Sachvortrag des Klägers abweicht (BFH V B 263/02, BFH/NV 2003, 494). → Rn. 15.

- **Vertagung, Aufhebung oder Verlegung des Termins (§ 155 FGO iVm § 227 ZPO).** Lehnt das FG den Antrag eines Beteiligten zu Unrecht ab, verletzt es den Anspruch auf rechtliches Gehör (stRspr, zB BFH IX B 75/22, BFH/NV 2023, 981; VIII B 110/22, BFH/NV 2024, 22; zu den Einzelheiten → § 91 Rn. 4). Ist der Beteiligte, der die Vertagung beantragt, fachkundig vertreten und ist sein persönliches Erscheinen nicht angeordnet, muss er Gründe vortragen, die seine persönliche Anwesenheit neben dem Prozessbevollmächtigten erforderlich erscheinen lassen (BFH IX B 108/24, BFH/NV 2025, 527). Die Kausalitätsvermutung greift ein (BFH VII B 206/18, BFH/NV 2020, 917 und → Rn. 21).
- **Videoverhandlung** (§ 155 FGO iVm § 128a ZPO; früher: § 91a FGO). Der Anspruch auf rechtliches Gehör ist verletzt, wenn der im Gerichtssaal anwesende Beteiligte den zugeschalteten Beteiligten nur sehen kann, wenn er den Kopf um 180 Grad dreht (BFH IX B 104/22, BFH/NV 2023, 1414). Sind nicht alle Mitglieder des Gerichts im Bild zu sehen, kommt ein Besetzungsmangel in Betracht (→ Rn. 7).
- **Wiedereröffnung der mündlichen Verhandlung (§ 93 III 2).** Das Institut der Wiedereröffnung der mündlichen Verhandlung dient ua der nachträglichen Gewährung des rechtlichen Gehörs, zB dann, wenn ein Beteiligter nach Beendigung der mündlichen Verhandlung, aber vor Verkündung oder Zustellung des Urteils (BFH XI B 129/11, BFH/NV 2012, 1978) noch einen Schriftsatz einreicht. Die Entscheidung darüber, ob die mündliche Verhandlung wiedereröffnet werden soll, liegt im Ermessen des Gerichts (BFH IV R 30/90, BFH/NV 1991, 531; BVerwG 8 C 58/90, NJW 1992, 3185; vgl. auch Sangmeister BB 1992, 1535; Schneider MDR 1990, 122). Das Ermessen ist auf Null reduziert, wenn durch die Ablehnung der Wiedereröffnung das rechtliche Gehör verletzt würde (BFH XI R 60/00, BStBl. II 2001, 726). Auch wenn die Wiedereröffnung nicht ausdrücklich beantragt wird, sich aber entsprechende Erwägungen aufdrängen, muss das Gericht einen Beschluss über die Wiedereröffnung fassen und diesen begründen. Dass entsprechende Erwägungen angestellt wurden, muss aus dem Urteil ersichtlich sein, weil sonst nicht nachprüfbar ist, ob das FG das nachträgliche Vorbringen eines Beteiligten überhaupt zur Kenntnis genommen und in Erwägung gezogen hat (BFH VI R 13/82, BStBl. II 1986, 187; III R 101/89, BFH/NV 1994, 555). Auch wenn das FG seiner Pflicht zur Gewährung rechtlichen Gehörs im Regelfall dadurch genügt, dass es die mündliche Verhandlung aufgrund ordnungsgemäßer Ladung zur angegebenen Zeit durchführt, kann es im Ausnahmefall zur Wiedereröffnung der mündlichen Verhandlung verpflichtet sein, zB wenn der geladene Beteiligte oder sein Prozessbevollmächtigter durch höhere Gewalt gehindert war, rechtzeitig zur mündlichen Verhandlung zu erscheinen oder rechtzeitig einen Antrag auf Aufhebung des Termins zu stellen (BVerwG 8 C 58/90, NJW 1992, 3185; BFH X B 111/02, BFH/NV 2003, 808) oder wenn nach Schluss der mündlichen Verhandlung ein Schriftsatz eingeht, aus dem sich ein Wiederaufnahmegrund ergibt (str. vgl. → § 93 Rn. 10). Die Gründe, aus denen das Ermessen des Gerichts auf Null reduziert ist, sind darzulegen (BFH III B 239/11, BFH/NV 2012, 1470).
- **Zustellung (§ 53).** In der Verletzung von Zustellungsvorschriften (insbes. bei der Ladung zur mündlichen Verhandlung) kann ein Verstoß gegen das Gebot

des rechtlichen Gehörs liegen, wenn der Beteiligte oder sein Prozessbevollmächtigter aufgrund dieses Mangels nicht am Termin teilnehmen konnte (BFH III B 234/92, BStBl. II 1994, 401; s. auch „Ladung"). Einen wesentlichen Verfahrensmangel hat die Rspr. angenommen, wenn das Gericht zu Unrecht eine öffentliche Zustellung vorgenommen hat (BVerfG 1 BvR 198/87, MDR 1988, 832).

4. Mangel der Vertretung (Nr. 4)

Die Vorschrift dient dem Schutz von Beteiligten, die in der Vorinstanz nicht ordnungsgemäß vertreten waren. Sie soll gewährleisten, dass die Verfahrensbeteiligten Gelegenheit erhalten, entweder in eigener Person oder vertreten durch ihren Bevollmächtigten ihren Standpunkt darzulegen (BFH III R 190/86, BFH/NV 1992, 41; X R 177/93, BFH/NV 1995, 888; Tipke/Kruse/Krumm § 119 Rn. 62). Voraussetzung ist, dass ein Beteiligter in **gesetzwidriger Weise** im Verfahren nicht vertreten war; ein Verfahrensmangel kann deshalb nur gerügt werden, wenn das FG bei der Vorbereitung oder der Durchführung der mündlichen Verhandlung den Vorschriften des Gesetzes nicht genügt und dadurch dem Beteiligten die Teilnahme unmöglich gemacht hat (BFH VII B 171/01, BStBl. II 2002, 870; V B 72/89, V R 112/88, BStBl. II 1989, 850; III B 146/02, BFH/NV 2003, 1207; I B 22/12, BFH/NV 2013, 389). 27

Der Ausdruck „nicht vertreten" in § 119 Nr. 4 wird von der Rspr. sehr **weit ausgelegt** (BFH X R 195/93, BFH/NV 1995, 713). Er umfasst nicht nur die Fälle, in denen ein Beteiligter keinen gesetzlichen Vertreter hatte oder in denen ein Vertreter ohne Prozessvollmacht handelte, sondern auch solche, in denen eine prozessunfähige Partei vom Gericht zu Unrecht als prozessfähig behandelt wurde (BFH III B 86/01, BFH/NV 2003, 1197) oder in denen ein Beteiligter **aus tatsächlichen Gründen** gehindert war, seine Belange wahrzunehmen (vgl. zB BFH VIII R 13/67, BStBl. II 1972, 424). Mangelnde **Prozessführungsbefugnis** (zB bei Durchführung der mündlichen Verhandlung mit dem Kläger trotz Eröffnung des Insolvenzverfahrens über das Vermögen des Klägers und Bestimmung eines Treuhänders BFH VII B 199/09, BFH/NV 2010, 1106; BGH II ZR 37/64, MDR 1967, 565; VIII ZR 253/83, WM 1984, 1170), mangelnde Prozessfähigkeit (BGH IVb ZR 707/80, BGHZ 84, 28) und mangelnde **Parteifähigkeit** (BFH VIII R 53/88, BFH/NV 1990, 178; BGH III ZR 36/70, NJW 1972, 1714) stehen den Fällen der Nr. 4 gleich. In vielen Fällen liegt bei einem Mangel iSd § 119 Nr. 4 zugleich eine Verletzung des **rechtlichen Gehörs** vor (BFH GrS 3/98, BStBl. II 2001, 802; XI B 176/04, BFH/NV 2006, 1105).

Der Mangel der gesetzlichen Vertretung ist im Revisionsverfahren auch ohne Rüge **von Amts wegen** zu beachten, soweit es sich um eine **Sachentscheidungsvoraussetzung** handelt, wie zB der mangelnden Prozessführungsbefugnis. Auf die Rüge des Mangels fehlender Vertretung kann deshalb in den Fällen fehlender Parteifähigkeit, Prozessfähigkeit oder Prozessführungsbefugnis **nicht wirksam verzichtet** werden. 28

Ein **absoluter Revisionsgrund** iSd Nr. 4 ist danach in folgenden Fällen **gegeben:** 29

Entscheidung ohne mündliche Verhandlung. Das Gericht entscheidet zu Unrecht ohne mündliche Verhandlung, obwohl die Voraussetzungen dafür nicht vorliegen (BFH X B 145/15, BeckRS 2016, 95556; III B 32/17, BeckRS 2017, 133909), zB weil es irrtümlich davon ausgeht, dass die Beteiligten auf die Durchführung der mündlichen Verhandlung wirksam verzichtet haben (Verstoß gegen § 90 II; stRspr, BFH VI R 37/96, BStBl. II 1997, 77; XI B 176/04, BFH/NV 2006, 1105; II B 41/06, BFH/NV 2007, 755; VIII R 36/08, BStBl. II 2011, 126; X B 37/12, BFH/NV 2013, 1592; → § 90 Rn. 10 ff.). Das FG entscheidet in einem Rechtsstreit mit einem Streitwert bis zu 500 EUR **ohne mündliche Verhandlung** durch Urteil, obwohl einer der Beteiligten eine solche nach § 94a S. 2 beantragt hatte (Verstoß gegen § 94a S. 2; BFH XI R 24/99, BStBl. II 2000, 32; X B 237/94, BFH/NV 1995, 1062; VI B 136/10, BFH/NV 2011, 813). Der Antrag kann auch konkludent gestellt werden (BFH VI R 16/98 (nv), BFH/NV 2001, 325; VI B 147/10, BStBl. II 2011, 556). In beiden Fallgruppen liegt zugleich ein **Mangel iSv § 119 Nr. 3** (Verletzung rechtlichen Gehörs) vor (BFH GrS 3/98, BStBl. II 1992, 425); der Verfahrensmangel kann auch von dem Beteiligten geltend gemacht werden, der wirksam auf mündliche Verhandlung verzichtet hatte (BFH II B 41/06, BFH/NV 2007, 755).

Durchführung der mündlichen Verhandlung bei Ausbleiben. Das Gericht entscheidet aufgrund mündlicher Verhandlung, an der nicht alle Beteiligten teilgenommen haben, obwohl die Voraussetzungen dafür (ordnungsgemäße Ladung und Hinweis nach § 91 II) nicht vorgelegen haben (→ § 91 Rn. 16), zB weil es irrtümlich davon ausgeht, der ausgebliebene Beteiligte sei wirksam zum Termin geladen worden (stRspr, vgl. zB BFH VIII R 13/67, BStBl. II 1972, 424; VII B 171/01, BStBl. II 2002, 870; VII B 147/07, BFH/NV 2008, 803; V B 118–119/06, BFH/NV 2008, 583; BVerwG 9 C 486.82, BVerwGE 66, 311). Einer fehlenden Ladung steht es gleich, wenn das FG eine mündliche Verhandlung durchführt, obwohl der Termin zuvor aufgehoben wurde (BVerwG 8 C 38/88, NJW 1991, 583). Die fehlende Ladung des Prozessbevollmächtigten zum Termin wird nicht durch das persönliche Erscheinen des Klägers in der mündlichen Verhandlung geheilt (BFH VI B 180–183/03, BFH/NV 2005, 224).

Fehlende oder unwirksame Prozessvollmacht. Für einen Beteiligten tritt in der mündlichen Verhandlung ein Bevollmächtigter ohne oder ohne wirksame Prozessvollmacht auf (zB nach Widerruf der Vollmacht, BFH XI R 29/93, BStBl. II 1994, 661). Entsprechendes gilt für den umgekehrten Fall, dass das FG eine wirksam erteilte Vollmacht zu Unrecht als unwirksam behandelt und deshalb den Bevollmächtigten als nicht erschienen behandelt (BFH III R 190/86, BFH/NV 1992, 41). Ein Verfahrensmangel der nicht ordnungsgemäßen Vertretung ist auch dann gegeben, wenn ein **Prozessbevollmächtigter** zu Unrecht **zurückgewiesen** und deshalb nicht geladen wurde (BFH X B 98/06, BFH/NV 2007, 1912; X B 101/14, DStRE 2017, 189).

Dagegen liegt **ein Mangel nach § 119 Nr. 4** nicht vor, wenn der ordnungsgemäß geladene Beteiligte oder sein Prozessbevollmächtigter aus einem in seiner Person liegenden Grund nicht oder nicht rechtzeitig zum festgesetzten Termin erscheinen konnte (BFH IX R 5/96, BStBl. II 1997, 638; VI S 10/06 (PKH), BFH/NV 2007, 936); das gilt auch dann, wenn die Versäumung des Termins unverschuldet ist, zB wegen plötzlich aufgetretener Krankheit (BFH X R 146/96, BFH/NV 1999, 958).

Nur **schwerwiegende Verfahrensverstöße** rechtfertigen die Revisionsrüge nach § 119 Nr. 4. Ein Mangel iSd Vorschrift ist nicht schon dann gegeben, wenn bei der **Zustellung** der Ladung Fehler vorgekommen sind (BFH VIII R 80–82/93, BFH/NV 1995, 416 zu § 116 I Nr. 3 aF); das gilt jedenfalls dann, wenn der Beteiligte (ggf. vertreten durch seinen Prozessbevollmächtigten) am Termin teilgenommen hat oder wenn feststeht, dass er von dem Termin Kenntnis hatte

(BFH VIII R 79/93, BFH/NV 1995, 225 mwN; VII R 95/97, BFH/NV 1999, 332 zu § 116 I Nr. 3 aF). Wird eine Aufhebung oder **Verlegung des Termins** zur mündlichen Verhandlung zu Unrecht **abgelehnt,** so liegt nach stRspr des BFH kein Revisionsgrund der mangelnden Vertretung vor (BFH V B 72/89, V R 112/88, BStBl. II 1989, 850; X S 14/96, BFH/NV 1998, 470). In diesen Fällen kommt nur die Rüge der Verletzung des rechtlichen Gehörs in Betracht (BFH IX R 15/94, BFH/NV 1995, 913; → Rn. 24: „Vertagung, Verlegung etc.").

Ist einem Beteiligten aufgegeben worden, einen **Bevollmächtigten zu bestellen** (§ 62 I 2), kommt er der Aufforderung aber nicht nach, sondern erscheint er in der mündlichen Verhandlung in Person, so kann das Gericht, ohne gegen Nr. 4 zu verstoßen, verhandeln und entscheiden (BFH V K 1/69, BStBl. II 1971, 370). Wollte man in diesem Fall einen Verstoß gegen Nr. 4 annehmen, könnte ein Beteiligter das Verfahren blockieren. Erscheint der Beteiligte nicht, ist er als (trotz ordnungsgemäßer Ladung) nicht erschienen, nicht aber als nicht ordnungsgemäß vertreten anzusehen.

Nicht unter Nr. 4 fällt die **unterlassene notwendige Beiladung** eines Dritten zum Verfahren (§ 60 III; BFH VIII R 24/87, BFH/NV 1988, 376; IV R 21/88, IV B 36/88, BFH/NV 1989, 174). Es liegt dann aber ein von Amts wegen zu beachtender Verfahrensmangel vor (→ § 60 Rn. 151).

Da § 119 Nr. 4 den **Schutz des nicht ordnungsgemäß Vertretenen** 30
bezweckt, kann idR auch nur dieser den Verfahrensmangel iSd § 119 Nr. 4 geltend machen (hM, BFH VII R 71/92, BFH/NV 1993, 314 mwN; I B 22/12, BFH/NV 2013, 389; BGH IV ZR 55/73, BGHZ 63, 78; Dolde NVwZ 1997, 319; Tipke/Kruse/Krumm § 119 Rn. 70; HHS/Lange § 119 Rn. 322; Kopp/Schenke/Schenke VwGO § 138 Rn. 22). Das gilt jedoch nicht ausnahmslos. Soweit der Mangel des § 119 Nr. 4 eine Sachentscheidungsvoraussetzung betrifft (zB die Prozessführungsbefugnis) kann auch der andere Beteiligte im Rahmen einer zulässigen Revision den Mangel geltend machen, da das Vorliegen der Sachentscheidungsvoraussetzungen vom BFH von Amts wegen zu prüfen ist. Nimmt das FG zu Unrecht einen Verzicht beider Beteiligter auf die mündliche Verhandlung an und entscheidet es ohne mündliche Verhandlung, kann auch der Beteiligte, der wirksam verzichtet hatte, den Verfahrensmangel des § 119 Nr. 4 rügen (BFH VI R 148/00, BFH/NV 2004, 201; → Rn. 29).

5. Verletzung der Öffentlichkeit des Verfahrens (Nr. 5)

Literatur: Kretzschmar, Die Verletzung der Vorschriften über die Öffentlichkeit des Verfahrens, DStZ 1992, 625; Kretzschmar, Der wesentliche Verfahrensmangel der zulassungsfreien Revision nach § 116 Abs. 1 Nr. 4 FGO, BB 1993, 343; Lindwurm, Videokonferenz und gesetzlicher Richter, AO-StB 2023, 272; Strauß, Der Grundsatz der Öffentlichkeit im Finanzprozess, DStR 1996, 908.

Inwiefern ein gerichtliches Verfahren öffentlich zu sein hat, regelt § 52 FGO 31
iVm §§ 169 ff. GVG. Die Gerichtsöffentlichkeit ist im Gesetz nach wie vor im Kern als **Saalöffentlichkeit** vorgesehen. Sie ist insofern nur gegeben, wenn allen nicht aus sitzungspolizeilichen Gründen von der Teilnahme ausgeschlossenen Personen der Zugang zum Gerichtssaal möglich ist (BFH I B 108/92, BFH/NV 1994, 381). § 169 GVG ist durch das G zur Erweiterung der Medienöffentlichkeit in Gerichtsverfahren (EMöGG v. 8.10.2017, BGBl. I 3546) geändert und wesentlich ergänzt worden. Der in § 169 I 2 GVG als Grundsatz nach wie vor angeord-

nete **Ausschluss der Medienöffentlichkeit** während der Verhandlung ist verfassungsgemäß (BVerfG 1 BvR 539/96, NVwZ 2001, 790). Nach § 169 I 3 GVG kann eine Tonübertragung in einen Arbeitsraum für Medienvertreter vom Gericht zugelassen werden. Die Tonübertragung kann zum Schutz bestimmter Interessen beschränkt werden; sie ist nicht zur Veröffentlichung bestimmt. Unter engen Voraussetzungen kann das Gericht Tonaufnahmen nach § 169 II GVG zu wissenschaftlichen und historischen Zwecken zulassen. Abweichend von § 169 I 2 GVG kann der **BFH** gem. § 52 I iVm § 169 III für die **Verkündung von Entscheidungen** in besonderen Fällen Ton- und Fernseh-Rundfunkaufnahmen sowie Ton- und Filmaufnahmen zum Zwecke der öffentlichen Vorführung oder der Veröffentlichung ihres Inhalts zulassen. Zur Wahrung schutzwürdiger Interessen der Beteiligten oder Dritter sowie eines ordnungsgemäßen Ablaufs des Verfahrens sind Einschränkungen möglich.

32 Ein absoluter Revisionsgrund iSv Nr. 5 ist nur gegeben, wenn die Öffentlichkeit bei der **letzten mündlichen Verhandlung,** auf die das Urteil ergangen ist, nicht gewährleistet war (BFH II R 31/14, BeckRS 2015, 95779; OLG Düsseldorf 12 U 74/70, OLGZ 1971, 185; Thomas/Putzo/Reichold ZPO § 547 Rn. 11). Die Verletzung der Vorschriften über die Öffentlichkeit bei einer früheren mündlichen Verhandlung kann nicht als absoluter Revisionsgrund, sondern nur als sonstiger Verfahrensmangel geltend gemacht werden. Ein **Erörterungstermin** kann einer mündlichen Verhandlung iSv § 119 Nr. 5 nicht gleichgestellt werden (BFH IV R 190/85, BStBl. II 1968, 568). In dem Termin für eine **Beweisaufnahme** vor dem beauftragten Richter gilt der Grundsatz der Öffentlichkeit des Verfahrens nicht (BVerwG 4 CB 19.88, NJW 1989, 730). Hingegen kann ein Verfahrensmangel iSd § 119 Nr. 5 vorliegen, wenn bei einem **Ortstermin** die (öffentliche) Verhandlung (zB nach Schluss der Beweisaufnahme) an anderer Stelle fortgesetzt wird, ohne dass die Öffentlichkeit darauf hingewiesen worden ist.

Kein absoluter Revisionsgrund, sondern ein sonstiger Verfahrensmangel liegt vor, wenn der Öffentlichkeitsgrundsatz nur bei der **Verkündung des Urteils** (§ 52 FGO iVm § 173 I GVG) verletzt wurde, denn in diesem Fall kann das Urteil nicht auf der Verletzung der Vorschriften über die Öffentlichkeit beruhen (BFH V R 53/95, BFH/NV 1997, 37; III B 58/00, BFH/NV 2001, 1530; I R 39/11, BFH/NV 2013, 1284; II R 31/14, BeckRS 2015, 95779; BVerwG 6 C 29/88, NJW 1990, 1249).

33 Nicht jede Verletzung der Bestimmungen über die Öffentlichkeit des Verfahrens ist ein absoluter Revisionsgrund. Es sind die Fälle zu unterscheiden, in denen das Verfahren nicht öffentlich war, obwohl es öffentlich hätte sein sollen, und diejenigen, in denen es öffentlich war, obwohl es nicht öffentlich hätte sein sollen (dies übersieht BFH IX B 108/24, BFH/NV 2025, 527). In den letzteren Fällen liegt zwar ein Verfahrensmangel vor, der uU für das Urteil ursächlich geworden sein kann, um einen absoluten Revisionsgrund handelt es sich aber nur, wenn in einem an sich **zwingend öffentlichen Verfahren** die Öffentlichkeit nicht hergestellt war, denn der eigentliche Grund, warum in der Verletzung dieser Vorschriften über die Öffentlichkeit ein absoluter Revisionsgrund gesehen wird, ist der, dass sich die **Rspr. unter den Augen der Öffentlichkeit** abspielen soll (BFH VII R 122/73, BStBl. II 1977, 431; VIII B 166/04, BFH/NV 1996, 752; IV R 20/95, BFH/NV 1996, 914), nicht dagegen, dass private Interessen an der Nichtöffentlichkeit geschützt werden sollen.

Diesem Zweck entsprechend ist die Saalöffentlichkeit gewahrt, wenn ein unbestimmter Personenkreis die Möglichkeit hat, die Verhandlung an Ort und Stelle zu verfolgen (BFH X R 98–100/90, BStBl. II 1992, 411; VIII R 1/94, BFH/NV 1996, 416). Dies erfordert, dass der Raum, in dem die mündliche Verhandlung stattfindet, während der Dauer der Verhandlung grds. **jedermann zugänglich** ist (BFH VIII R 84/93, VIII R 1/94, BFH/NV 1996, 416; V B 164/01, BFH/NV 2003, 521). Die Öffentlichkeit der Verhandlung ist auch dann noch gewahrt, wenn zwar die Haupteingangstür des Gerichtsgebäudes zeitweise verschlossen ist, Zuhörer sich aber mit Hilfe einer Klingel Einlass verschaffen können (BFH V B 164/01, BFH/NV 2003, 521; BAG 9 AZN 777/07, DB 2008, 2204). Darüber hinaus muss eine **Mindestzahl** von Sitz- und Stehplätzen vorhanden sein, damit die „Öffentlichkeit" vom Zutrittsrecht auch tatsächlich Gebrauch machen kann (BFH IV R 53/96, BFH/NV 1998, 340 mwN; vgl. aber BFH IX R 54/97, BFH/NV 1998, 719). Das Gebot der Öffentlichkeit ist nicht schon deshalb verletzt, wenn eine Sache nicht **ordnungsgemäß aufgerufen** (BFH VIII R 83/93, BFH/NV 1996, 223; X R 265/93, BFH/NV 1995, 986) oder wenn die am Sitzungstag stattfindende Verhandlung nicht durch einen **schriftlichen Aushang** am Sitzungssaal kenntlich gemacht worden ist (BFH VII R 122/73, BStBl. II 1977, 431; IV R 52/92, BFH/NV 1993, 543 mwN). Bei einer **Videoverhandlung** muss auch die Saalöffentlichkeit durch Bildschirm und Lautsprecher in die Lage versetzt werden, der Verhandlung in gleicher Art und Weise zu folgen, wie dies bei einer Präsenzverhandlung der Fall wäre. Eine reine Tonübertragung genügt nicht; die Saalöffentlichkeit muss insbes. den zugeschalteten Beteiligten während der Verhandlung sehen und hören können (→ Rn. 24, „Videoverhandlung"; Lindwurm, AO-StB 2023, 272).

Ein Mangel iSd Nr. 5 ist nach Ansicht der Rspr. darüber hinaus nur zu bejahen, wenn die Beschränkung der Öffentlichkeit auf den Willen oder die **mangelnde Sorgfalt des Gerichts** zurückzuführen ist (BFH XI R 23, 24/92, BStBl. II 1993, 514; IV B 108/94, BFH/NV 1995, 803 mwN). Deswegen verletzt das versehentliche Schließen der Eingangstür zum Gerichtsgebäude und die dadurch verursachte Behinderung des Zugangs zur mündlichen Verhandlung den Grundsatz der Öffentlichkeit des Verfahrens nur, wenn das Gericht dies bemerkt hat oder hätte bemerken können (BVerwG 9 CB 444/81, HFR 1985, 47). Bei der Frage, ob eine Beeinträchtigung der Öffentlichkeit, auf den Willen des Gerichts zurückzuführen ist, muss sich der Spruchkörper jedenfalls das Verhalten der ihm angehörenden Berufsrichter zurechnen lassen (BFH X R 98–100/90, BStBl. II 1992, 411).

Auf die Befolgung der Vorschriften über die Öffentlichkeit des finanzgerichtlichen Verfahrens kann ein Beteiligter **wirksam verzichten** (BFH X R 45–46/90, BStBl. II 1990, 1032; IX B 71/19, BFH/NV 2020, 371; BVerwG IV C 71/77, HFR 1978, 174; **aA** Stein/Jonas/Grunsky ZPO § 547 Rn. II 6). Die Rüge des Revisionsgrundes der Verletzung der Öffentlichkeit ist deshalb nur dann schlüssig erhoben, wenn vorgetragen wird, dass die behauptete Beschränkung der Öffentlichkeit bereits in der mündlichen Verhandlung vor dem FG gerügt worden ist bzw. weshalb dies nicht möglich war (stRspr, vgl. zB BFH VII B 198/06, BeckRS 2006, 25010985; V R 28/94, BFH/NV 1995, 893). Mit der Rüge nach § 119 Nr. 4 kann nicht geltend gemacht werden, ein Urteil sei unter Verstoß gegen prozessuale Vorschriften ohne mündliche Verhandlung ergangen (BFH XI R 23–24/92, BStBl. II 1993, 514); insoweit ist die Rüge der Verletzung des rechtlichen Gehörs gegeben (→ Rn. 24).

Vollvirtuelle Videoverhandlung. Nach § 16 I EGZPO (idF durch Art. 4 G v. 15.7.2024, BGBl. 2024 I Nr. 237) sind die BReg und die Landesregierungen **34**

ermächtigt, durch Rechtsverordnung vollvirtuelle Videoverhandlungen zur Erprobung zuzulassen. Eine Videoverhandlung findet vollvirtuell statt, wenn alle Verfahrensbeteiligten und alle Mitglieder des Gerichts an der mündlichen Verhandlung per Bild- und Tonübertragung teilnehmen und der Vorsitzende die Videoverhandlung von einem anderen Ort als der Gerichtsstelle aus leitet. In öffentlichen Verhandlungen ist die Öffentlichkeit herzustellen, indem die vollvirtuelle Videoverhandlung in Bild und Ton an einen öffentlich zugänglichen Raum im zuständigen Gericht übertragen wird (§ 16 IV EGZPO).

6. Fehlen der Gründe (Nr. 6)

Literatur: Brandt, Begründungsmängel finanzgerichtlicher Urteile, AO-StB 2001, 270; Lange, Die richterliche Überzeugung und ihre Begründung, DStZ 1997, 174.

35 Ein Urteil ist **nicht mit Gründen versehen,** wenn ihm die gesetzlich vorgeschriebene Begründung fehlt. Nach § 105 II Nr. 4 u. 5 muss ein Urteil einen **Tatbestand und Entscheidungsgründe** enthalten. Aus diesen beiden Elementen setzt sich die gesetzliche vorgeschriebene Begründung zusammen (→ § 105 Rn. 24). Das Urteil muss in tatsächlicher und rechtlicher Hinsicht begründet werden (BFH X B 218/09, BFH/NV 2010, 1633). Die Begründung soll den Beteiligten die Kenntnis darüber vermitteln, aufgrund welcher tatsächlichen Feststellungen und rechtlichen Erwägungen das Gericht zu seiner Entscheidung gekommen ist. Sie dient als **Rechtmäßigkeitsnachweis** (BFH VIII B 16/08, BFH/NV 2010, 389: Legitimationsfunktion); nur anhand der expliziten Begründung ist es den Beteiligten möglich, das Urteil auf seine Rechtmäßigkeit zu überprüfen (→ § 105 Rn. 23). Ein Verfahrensmangel iSv § 119 Nr. 6 liegt demnach vor, wenn die Urteilsgründe ganz oder zum Teil fehlen oder wenn sie derart unverständlich sind, dass sie den Prozessbeteiligten keine Kenntnis darüber vermitteln, auf welchen Feststellungen, Erkenntnissen und rechtlichen Überlegungen das Urteil beruht. Dh **wenn den Beteiligten die Möglichkeit entzogen ist, die Entscheidung auf ihre Rechtmäßigkeit hin zu überprüfen** (stRspr, zB BFH X R 8/00, BStBl. II 2002, 527; II B 91/05, BFH/NV 2007, 256; III B 48/07, BFH/NV 2008, 76; VII B 243/05, BStBl. II 2008, 436; IX B 51/12, BFH/NV 2012, 1823; III B 28/12, BFH/NV 2013, 1936; X B 176/12, BFH/NV 2013, 1445; XI B 120/13, BFH/NV 2014, 686). Das ist nicht der Fall, wenn (noch) zu erkennen ist, welche Überlegungen für das Gericht maßgeblich waren (BFH I B 166/94, BStBl. II 1995, 532; VI B 88/07, BFH/NV 2008, 401; X B 56/11, BFH/NV 2012, 1331; IX B 51/12, BFH/NV 2012, 1823; VIII R 4/10, BStBl. II 2013, 615; XI B 69/20, BFH/NV 2021, 1108).

Zielt die NZB allein auf eine Berichtigung des Urteils wegen einer offenbaren Unrichtigkeit, so kann damit die Zulassung der Revision nach § 115 II Nr. 3 iVm § 119 Nr. 6 nicht erreicht werden. In diesem Fall ist vorrangig beim FG die **Berichtigung gem. § 107** zu beantragen. Dem steht nicht entgegen, dass der BFH iRd Beschwerdeverfahrens auch für eine Berichtigung einer offenbaren Unrichtigkeit zuständig ist (BFH III B 5/99, BFH/NV 2000, 844; X B 21/10, BFH/NV 2010, 2093).

Gibt die Entscheidung den **Tatbestand** nicht richtig oder nicht vollständig wieder, so ist der Mangel grds. nicht mit der Verfahrensrüge nach § 119 Nr. 6, sondern vorrangig mit dem **Antrag auf Tatbestandsberichtigung gem. § 108** beim FG geltend zu machen (BFH III B 14/06, BFH/NV 2007, 46; BGH I ZR

67/79, BGHZ 80, 64). Im Übrigen gehört aber auch der Tatbestand zur Begründung (→ § 105 Rn. 24). § 119 Nr. 6 kommt deshalb auch zum Tragen, wenn nicht erkennbar ist, welcher Sachverhalt der Entscheidung zugrunde liegt (BFH X B 211/10, BFH/NV 2012, 426). Soweit § 108 nicht anwendbar ist, zB auf Urteile, die ohne mündliche Verhandlung ergangen sind (→ § 108 Rn. 10), kommt § 119 Nr. 6 deshalb auch in Betracht, wenn allein der Tatbestand Mängel aufweist, die dazu führen, dass die Begründung des Gerichts insgesamt nicht mehr nachvollziehbar ist (BFH III S 2/05 (PKH), BFH/NV 2006, 120; zust. Tipke/Kruse/Krumm § 119 Rn. 79).

Das **versehentliche Übergehen eines** (im Tatbestand festgestellten) **Sachantrags** ist nicht mit der Verfahrensrüge nach § 119 Nr. 6, sondern vorrangig mit einem **Antrag nach § 109** zu korrigieren, da es insoweit nicht an der Begründung, sondern an der Entscheidung fehlt (BFH VIII R 82–83/89, BFH/NV 1992, 670; III B 193/04, BFH/NV 2006, 2101; VIII B 21/05, BFH/NV 2006, 1256; → § 109 Rn. 2); anders ist es, wenn das FG den Sachantrag **rechtsirrtümlich** nicht behandelt oder ihn fehlerhaft ausgelegt hat. In Zweifelsfällen kann neben dem Antrag auf Tatbestandsberichtigung auch das zulässige Rechtsmittel (NZB oder Revision) eingelegt werden (BFH IX B 47/05, BFH/NV 2006, 1120).

§ 119 Nr. 6 setzt grds. das **Fehlen der rechtlichen Begründung** voraus. Ein **36**
Fall der Nr. 6 ist vor allem dann gegeben, wenn jede Begründung fehlt (BFH I R 292/81, BStBl. II 1985, 417; V B 145/02, BFH/NV 2003, 1096). Dem völligen Fehlen der Entscheidungsgründe steht es gleich, wenn diese zwar vorhanden sind, aber nur aus **inhaltsleeren Floskeln** bestehen oder so **missverständlich** oder **widersprüchlich** und **verworren** sind, dass nicht mehr erkennbar ist, welche Überlegungen für die Entscheidung maßgebend waren (BFH II B 99/02, BFH/NV 2004, 609; II B 159/02, BFH/NV 2004, 1665 mwN; X R 8/00, BStBl. II 2002, 527; VIII B 48/08, BFH/NV 2010, 1439; II B 83/12, BFH/NV 2013, 765; XI B 17/13, BFH/NV 2014, 548; V B 68/23, BFH/NV 2024, 1145; BGH I ZB 27/62, BGHZ 39, 333 (337); Kopp/Schenke/Schenke VwGO § 138 Rn. 27). Die **Darstellungsweise des Urteils** kann einen Verfahrensfehler begründen, wenn sie dem Fehlen der Gründe iSv § 119 Nr. 6 gleichzusetzen ist (BFH X B 214/10, BFH/NV 2011, 2073).

§ 119 Nr. 6 kann aber auch verletzt sein, wenn die **Gründe nur zum Teil** fehlen (BFH XI B 17/08, BFH/NV 2009, 429). Eine bloß **kurze** (BFH II B 3/10, BFH/NV 2011, 415; X B 160/18, BFH/NV 2020, 5: äußerst knappe), **lückenhafte** (BFH IX B 202/09, BFH/NV 2010, 1841), **fehlerhafte oder nicht überzeugende Begründung** ist allerdings kein Mangel iSd § 119 Nr. 6 (BFH I R 74/95, BStBl. II 1997, 132; V B 145/02, BFH/NV 2003, 1096; II B 47/07, BFH/NV 2008, 1846; X B 41/11, BFH/NV 2012, 1634; IX B 23/14, BFH/NV 2014, 1081). Die Abgrenzung zwischen einer fehlenden und einer nur lückenhaften Begründung muss sich aus dem **Sinn des Begründungszwangs** ergeben, der bezweckt „für den Ausspruch der Urteilsformel den Nachweis seiner Rechtmäßigkeit" zu erbringen (BFH X R 8/00, BStBl. II 2002, 527; XI B 33/13, BFH/NV 2014, 714). Ein Begründungsmangel ist danach nicht gegeben, wenn noch zu erkennen ist, welche Überlegungen für das Gericht maßgeblich waren (BFH IX B 51/12, BFH/NV 2012, 1823; VIII R 68/13, BStBl. II 2016, 571; VI R 18/13, BStBl. II 2017, 730).

Ein (wesentlicher) Mangel iSd § 119 Nr. 6 ist demnach gegeben, wenn das Urteil hinsichtlich eines **wesentlichen Streitpunkts** nicht mit Gründen versehen ist (BFH IV B 23/02, BFH/NV 2004, 457; IV B 107/12, BFH/NV 2013, 1928;

VIII R 33/16, BFH/NV 2020, 517; XI B 81/20, BFH/NV 2021, 1462; V B 34/20, BFH/NV 2021, 1523). Es muss sich dabei um grobe Begründungsmängel handeln (BFH X B 138/07, BFH/NV 2008, 1516; BVerwG V C 214.62, DÖV 1964, 563). Die Beteiligten sollen Kenntnis davon haben, auf welchen Feststellungen, Erkenntnissen und rechtlichen Erwägungen das Urteil beruht (vgl. die Nachw. in → Rn. 35). Wird zB mit der Klage vorgetragen, bestimmte Aufwendungen seien entweder als Anschaffungskosten oder als Betriebsausgaben zu berücksichtigen, darf sich das FG in der klageabweisenden Entscheidung nicht darauf beschränken, das Klagebegehren nur unter einem dieser Gesichtspunkte zu würdigen (BFH X B 105/02, BFH/NV 2003, 1193).

37 Ein Urteil ist va dann nicht mit Gründen versehen, wenn das Gericht einen **selbständigen Anspruch** oder ein **selbständiges Angriffs- oder Verteidigungsmittel** mit Stillschweigen **übergangen** hat (stRspr, vgl. zB BFH I R 136/76, BStBl. II 1977, 351; X B 106/05, BFH/NV 2006, 580; II B 47/07, BFH/NV 2008, 1846; V B 63/13, BFH/NV 2014, 702; VI B 8/16, BeckRS 2017, 94324). Eine Rüge nach § 119 Nr. 6 ist deshalb schlüssig, wenn geltend gemacht wird, das FG habe in den Urteilsgründen einen bestimmten Sachantrag oder Sachverhaltskomplex überhaupt nicht berücksichtigt oder nur zum **Grund** des Steueranspruchs, nicht aber zur (ebenfalls streitigen) **Höhe** Stellung genommen (BFH X R 18/95, BFH/NV 1997, 494). Unter „selbstständigen Ansprüchen" sind nur die **eigenständigen Streitgegenstände** (Kopp/Schenke/Schenke VwGO § 138 Rn. 26), unter selbständigen Angriffs- und Verteidigungsmitteln sind (wie im Zivilprozessrecht; BGH I ZB 27/62, BGHZ 39, 333) nur solche **Angriffs- oder Verteidigungsmittel** zu verstehen, die den vollständigen Tatbestand einer mit selbständiger Wirkung ausgestatteten Rechtsnorm bilden (BFH I R 136/76, BStBl. II 1977, 351; IV R 93/99, BFH/NV 2001, 1570; VI B 151/01, BFH/NV 2003, 1068; V B 63/13, BFH/NV 2014, 702; V B 44/18, BFH/NV 2020, 236), zB eine Aufrechnung (BFH XI B 33/13, BFH/NV 2014, 714), der geltend gemachte Abzug für ein Arbeitszimmer (§ 4 V Nr. 6b S. 2 EStG; BFH IX B 52/09, BFH/NV 2010, 220) oder der Betriebsausgabenabzug, soweit er auf einem selbständigen Sachverhaltskomplex beruht (BFH X B 146/19, BFH/NV 2020, 899). Es genügt aber nicht, dass der behauptete Verfahrensmangel nur **ein Tatbestandselement** einer Rechtsnorm berührt (BFH II R 240/83, BStBl. II 1985, 494; IV R 69/89, BFH/NV 1991, 540; X B 138/07, BFH/NV 2008, 1516) oder wenn geltend gemacht wird, das FG gehe lediglich auf bestimmte materiell-rechtliche Gesichtspunkte (unselbständige Begründungselemente) nicht ein (BFH II R 123/93, BFH/NV 1994, 46). Das angeblich übergangene Angriffs- oder Verteidigungsmittel wird nur übergangen, wenn es zuvor auch geltend gemacht worden ist (BFH II B 164/05, BFH/NV 2007, 470; VIII B 218/05, BFH/NV 2007, 1086; XI B 94/08, BFH/NV 2009, 1134; X B 34/10, BFH/NV 2011, 813; X B 143/17, BeckRS 2018, 16115).

Vom Übergehen eines „selbständigen Anspruchs" ist das Übergehen eines **Sachantrags** zu unterscheiden (→ Rn. 35). Waren Gegenstand einer Anfechtungsklage zB mehrere Steuerbescheide, die der Kläger mit unterschiedlichen Gründen angegriffen hat, und hat das FG über alle entschieden (zB durch Klageabweisung), sich aber in seiner Begründung nicht mit allen Streitgegenständen befasst, liegt ein Verfahrensmangel iSv § 119 Nr. 6 vor; dagegen mangelt es beim Übergehen eines Sachantrags bereits an einer gerichtlichen Entscheidung, zB dann, wenn das FG nur über den Hauptantrag, nicht aber über einen Hilfsantrag entschieden hat (→ Rn. 35).

Der Begründungsmangel muss das **sachliche Klagebegehren** und die damit zusammenhängenden selbständigen Angriffs- oder Verteidigungsmittel betreffen (BFH II R 94/92, BFH/NV 1995, 729); die **Kostenentscheidung** fällt nicht darunter (BFH I R 210/84, BStBl. II 1989, 110; VI R 61/94, BFH/NV 1995, 813). Ebenso wenig kann die fehlende Begründung der Entscheidung über einen **Antrag,** der das gerichtliche **Verfahren** betrifft und über den im allgemeinen durch Beschluss entschieden wird (wie zB die Ablehnung eines Vertagungsantrags, eines Beweisantrags oder eines Antrags auf Aussetzung des Verfahrens nach § 74), mit der Revisionsrüge nach § 119 Nr. 6 geltend gemacht werden, und zwar auch dann nicht, wenn über diesen Antrag im Endurteil entschieden wurde (BFH VIII R 19/86, BFH/NV 1988, 164; I R 72/93, BFH/NV 1994, 490; III R 58/93, BFH/NV 1995, 49).

Ein Begründungsmangel iSd § 119 Nr. 6 führt nach der Rspr. gleichwohl nicht zur Aufhebung des angefochtenen Urteils, wenn das übergangene **Angriffs- oder Verteidigungsmittel** zur Begründung des Klageanspruchs oder zur Abwehr des Angriffs **ungeeignet** war (§ 126 IV; BFH I R 27/68, BStBl. II 1969, 492; IX R 51/86, BFH/NV 1988, 35; I R 159/84, BFH/NV 1990, 8; XI R 5/19, BStBl. II 2022, 607; BGH XII ZR 124/89, FamRZ 1991, 322; Tipke/Kruse/Krumm § 119 Rn. 16). Bei offensichtlich fehlender Entscheidungserheblichkeit des Verfahrensmangels könnte die Aufhebung und Zurückverweisung nur zur Wiederholung des aufgehobenen Urteils führen (BFH I R 16/00, BFH/NV 2001, 626; X B 154/04, BFH/NV 2008, 1116; V R 4/08, BStBl. II 2010, 310; BGH I ZB 27/62, BGHZ 39, 333 (339); → Rn. 19). Die Rspr. hat damit den Begründungsmangel, soweit er selbständige Angriffs- oder Verteidigungsmittel betrifft, zu einem **relativen Revisionsgrund** herabgestuft (Bettermann ZZP 88, 365 (380)).

Ein Mangel iSd § 119 Nr. 6 kann auch vorliegen, wenn **entscheidungserhebliche tatsächliche Feststellungen** im Urteil vollständig fehlen (BFH XI B 29/ 38
15, BeckRS 2015, 95238 zu anwaltlichem Organisationsverschulden) oder wenn die **Beweiswürdigung** zur Gänze **fehlt** (BFH X B 135/05, BFH/NV 2006, 1797; X B 41/11, BFH/NV 2012, 1634). Kein absoluter Revisionsgrund iSd Nr. 6 liegt aber vor, wenn die Beweiswürdigung nur unvollständig oder mangelhaft ist, weil das FG entscheidungserhebliche Teile des Gesamtergebnisses des Verfahrens nicht berücksichtigt oder aus den festgestellten Tatsachen fehlerhafte Schlussfolgerungen gezogen hat. Das Gericht muss sich auch nicht mit jedem Vorbringen der Beteiligten ausdrücklich befassen (BFH VI B 88/07, BFH/NV 2008, 401; II B 47/07, BFH/NV 2008, 1846). Für einen Revisionsgrund iSd Nr. 6 genügt es nicht, dass in der Darstellung des Tatbestands Widersprüche enthalten sind. Nur wenn nicht mehr zu erkennen ist, welche tatsächlichen Feststellungen das FG seinem Urteil zugrunde gelegt hat, ist ein Mangel iSd Nr. 6 gegeben (BFH I R 292/81, BStBl. II 1985, 417; IX R 34/16, DStR 2018, 910).

Ein Begründungsmangel iSd § 119 Nr. 6 kommt auch in Betracht, wenn das 39
FG zur Begründung seiner Entscheidung in unzulässiger Weise von Begründungserleichterungen Gebrauch gemacht und insbes. auf die Gründe einer anderen Entscheidung **Bezug genommen** hat. Eine solche Bezugnahme ist nicht schlechthin unzulässig (→ § 105 Rn. 44). Sie ist dann nicht zu beanstanden, wenn die in Bezug genommene Entscheidung **zwischen denselben Beteiligten ergangen ist.** Sie muss dann zumindest gleichzeitig mit der angefochtenen Entscheidung verkündet oder zugestellt werden (BFH IX B 92/15, BeckRS 2015, 96022). Unproblematisch ist, wenn sie schon zu einem früheren Zeitpunkt zugestellt worden ist (BFH VIII R 229/83, BStBl. II 1984, 591; III R 125/73, BStBl. II

1977, 396; IV R 122/71, BStBl. II 1975, 885). Ein wesentlicher Verfahrensmangel liegt nach der Rspr. des BFH aber dann vor, wenn das FG die Gründe seiner Entscheidung hinsichtlich eines **wesentlichen Streitpunkts** dadurch ersetzt, dass es auf die Gründe einer Entscheidung verweist, deren Inhalt den Beteiligten **bei Beginn der Revisionsfrist** weder bekannt noch zugänglich war (BFH I R 117/83, BStBl. II 1984, 666; VII R 60/89, BStBl. II 1990, 1071; V S 6/94, BFH/NV 1995, 805 mwN; BGH I ZR 49/89, BB 1991, 506). Der BGH hält weitergehend eine Bezugnahme auf eine am selben Tag zwischen denselben Parteien **verkündete** Entscheidung für zulässig (BGH I ZB 9/69 (BPatG), NJW 1971, 39). In einer weiteren Entscheidung (VersR 1978, 961; ebenso BFH XII ZR 39/90, WM 1991, 1005) hat er eine Bezugnahme auch dann zugelassen, wenn die Entscheidung zwar zwischen anderen Parteien ergangen, aber zum Gegenstand der mündlichen Verhandlung gemacht worden war (vgl. aber BFH VIII R 229/83, BStBl. II 1984, 591).

Auf **veröffentlichte Entscheidungen** desselben oder eines anderen Gerichts, die zwischen **anderen Beteiligten** ergangen sind, kann wegen der Begründung Bezug genommen werden durch bloße Angabe der Fundstelle in einer allgemein zugänglichen Fachzeitschrift (BFH VII R 43/68, BStBl. II 1970, 494; I R 177/87, BFH/NV 1992, 174; BGH V ZR 61/90, MDR 1991, 1169); das gilt jedenfalls dann, wenn dadurch die Begründung lediglich ergänzt wird; soll sie durch die Bezugnahme ersetzt werden, verlangt die Rspr. des BFH, dass die in Bezug genommene Entscheidung dem Urteil als Anlage beigefügt wird (BFH V R 96/90, BStBl. II 1992, 1040). Die Bezugnahme auf eine zwischen anderen Beteiligten ergangene (unveröffentlichte) Entscheidung ist nicht zu beanstanden, wenn den Beteiligten vor der Urteilsverkündung ein neutralisierter Abdruck dieser Entscheidung ausgehändigt worden ist (BFH VI R 11/92, BStBl. II 1993, 722).

Gemäß § 105 V darf das FG zur Darstellung der Entscheidungsgründe auch auf die **Begründung des VA** oder die **Begründung der Einspruchsentscheidung** Bezug nehmen (→ § 105 Rn. 63 ff.); diese Verfahrensweise ist aber nur zulässig, wenn die Einspruchsentscheidung selbst eine ausreichende und widerspruchsfreie Begründung (BFH II R 14/92, BStBl. II 1992, 1043; III B 88/02, BFH/NV 2004, 517; X B 151/11, BFH/NV 2013, 534) und Ausführungen zu allen entscheidungserheblichen Angriffs- und Verteidigungsmitteln enthält (BFH IV R 30/97, BStBl. II 1998, 626; IV B 82/08, BFH/NV 2010, 50; IX B 114/22, BFH/NV 2023, 1227). Die Rüge gem. § 119 Nr. 6 ist danach zB begründet, wenn im finanzgerichtlichen Verfahren eine Beweisaufnahme stattgefunden hat und sich das FG gleichwohl ohne Würdigung der erhobenen Beweise auf eine Bezugnahme nach § 105 V beschränkt (BFH VI R 10/94, BStBl. II 1994, 707) oder wenn es zu wesentlichem neuen Vorbringen der Beteiligten im Klageverfahren nicht Stellung genommen hat (BFH IX R 76/98, BFH/NV 2000, 731; IV R 30/97, BStBl. II 1998, 626) oder wenn es von § 105 V Gebrauch macht, obwohl ein Beteiligter beantragt hat, das Verfahren wegen eines Billigkeitsverfahrens auszusetzen (BFH XI B 5/18, BeckRS 2018, 14636), oder wenn es pauschal auf einen strafrechtlichen Ermittlungsbericht verweist (BFH II B 32/20, BFH/NV 2021, 31).

40 Ein Urteil, das erst **längere Zeit nach der letzten mündlichen Verhandlung zugestellt** wird, ist nicht mit Gründen versehen, wenn die Umstände dafür sprechen, dass der Zusammenhang zwischen mündlicher Verhandlung und Urteilsabsetzung so weit gelöst ist, dass den Urteilsgründen ein ausreichender Beurkundungswert nicht mehr zugesprochen werden kann (BFH VII R 30/98,

BFH/NV 1999, 208; VII R 38/02, BFH/NV 2003, 626; BVerwG 4 CB 20/82, NJW 1983, 466; BSG 10/8b RAr 1/80, HFR 1982, 81; BAG 4 AZR 532/78, NJW 1981, 2079). Welcher Zeitraum zwischen der Verkündung des Urteils und der vollständigen schriftlichen Abfassung der Entscheidungsgründe verstrichen sein muss, um einen Begründungsmangel iSd § 119 Nr. 6 annehmen zu können, war bis zur Entscheidung des GmSOGB (GmS-OGB 1/92, NJW 1993, 2603) streitig. In dieser Entscheidung hat der GmSOGB die Auffassung des BVerwG (4 CB 18/90, NJW 1991, 313) bestätigt, nach welcher ein absoluter Revisionsgrund iSd § 119 Nr. 6 vorliegt, wenn die Urteilsgründe eines im Zeitpunkt der Verkündung noch nicht vollständig abgefassten Urteils nicht **binnen fünf Monaten** nach der **Verkündung** schriftlich niedergelegt, von den beteiligten Berufsrichtern unterschrieben und der Geschäftsstelle übergeben worden sind. Denn nach Ablauf dieser Frist verlieren die Gründe die ihnen vom Gesetz zugedachte Funktion, den Beteiligten „alsbald" (vgl. § 105 IV 3) offenzulegen, von welchen Gründen sich das Gericht bei der Entscheidung hat leiten lassen, die Frist von fünf Monaten wird aus dem Rechtsgedanken der §§ 517, 548 ZPO hergeleitet. „Vollständig abgefasst" ist ein Urteil grds. erst dann, wenn es **von allen Berufsrichtern,** die an der Entscheidung mitgewirkt haben **unterschrieben** worden ist (BFH IV R 55/86, BFH/NV 1987, 722; BVerwG 4 B 173/95, DVBl. 1996, 106). Der BFH hat sich der Entscheidung des GmSOGB angeschlossen (vgl. zB BFH V R 25/95, BStBl. II 1996, 578; VII R 38/94, BStBl. II 1995, 859; IV B 11/18, BFH/NV 2019, 1136).

Wird das Urteil nicht verkündet, sondern **zugestellt** (§ 104 II), gelten diese Grundsätze entsprechend (→ § 105 Rn. 60). Von einem Fehlen der Entscheidungsgründe ist im Fall der **Zustellung** des Urteils auszugehen, wenn das vollständige Urteil nicht binnen fünf Monaten, gerechnet von dem in **§ 104 II** genannten Termin (Niederlegung des unterschriebenen Urteilstenors), an die Geschäftsstelle übergeben worden ist (BFH VII R 30/98, BFH/NV 1999, 208 mwN; III B 155/03, BFH/NV 2004, 1646; BVerwG 6 C 30/98, NVwZ 2000, 1290 mwN). Ist die Zweiwochenfrist des § 104 Nr. 2 nicht eingehalten worden, beginnt die Frist von fünf Monaten nach Ablauf des Tages, an dem die Urteilsformel nach § 104 II spätestens der Geschäftsstelle hätte übergeben werden müssen (BFH II R 39/91, BStBl. II 1994, 187; VII B 239/02, BFH/NV 2004, 1114 mwN), offengelassen vom BVerwG (6 C 30/98, NVwZ 2000, 1290). Bei der Frist von fünf Monaten handelt es sich um eine **genau einzuhaltende Frist;** auch eine geringfügige Überschreitung begründet den Mangel des § 119 Nr. 6 (BFH V R 25/95, BStBl. II 1996, 578; BAG 2 AZR 350/99, NJW 2000, 2835). Die Überschreitung der Fünfmonatsfrist kann grds. nicht mit der Verfassungsbeschwerde gerügt werden (BVerfG 1 BvR 1463/89, HFR 1996, 153).

§ 120 [Einlegung der Revision]

(1) [1]**Die Revision ist bei dem Bundesfinanzhof innerhalb eines Monats nach Zustellung des vollständigen Urteils schriftlich einzulegen.** [2]**Die Revision muss das angefochtene Urteil bezeichnen.** [3]**Eine Ausfertigung oder Abschrift des Urteils soll beigefügt werden, sofern dies nicht schon nach § 116 Abs. 2 Satz 3 geschehen ist.** [4]**Satz 3 gilt nicht im Falle der elektronischen Revisionseinlegung.**

(2) [1]**Die Revision ist innerhalb von zwei Monaten nach Zustellung des vollständigen Urteils zu begründen; im Fall des § 116 Abs. 7 beträgt die Begründungsfrist für den Beschwerdeführer einen Monat nach Zustellung des Beschlusses über die Zulassung der Revision.** [2]**Die Begründung ist bei dem Bundesfinanzhof einzureichen.** [3]**Die Frist kann auf einen vor ihrem Ablauf gestellten Antrag von dem Vorsitzenden verlängert werden.**

(3) **Die Begründung muss enthalten:**

1. **die Erklärung, inwieweit das Urteil angefochten und dessen Aufhebung beantragt wird (Revisionsanträge);**
2. **die Angabe der Revisionsgründe, und zwar**
   a) **die bestimmte Bezeichnung der Umstände, aus denen sich die Rechtsverletzung ergibt;**
   b) **soweit die Revision darauf gestützt wird, dass das Gesetz in Bezug auf das Verfahren verletzt sei, die Bezeichnung der Tatsachen, die den Mangel ergeben.**

Vgl. § 139 VwGO; § 164 SGG; § 551 III ZPO.

Literatur: Beermann, Neues Revisionsrecht für das finanzgerichtliche Verfahren ab 1.1.2001?, DStZ 2000, 773; Bilsdorfer, Das Zweite Gesetz zur Änderung der Finanzgerichtsordnung, BB 2001, 753; Binnewies, Rechtbehelfe nach beiderseitigem Teilunterliegen im finanzgerichtlichen Verfahren, DStR 2001, 342; Brandt, Elektronisch übermittelte Schriftsätze im FG-Verfahren, AO-StB 2001, 197; Büttner, Begründung der Revision vor ihrer Zulassung durch das Revisionsgericht, NJW 2004, 3524; Dißars, Wesentliche Änderung der Finanzgerichtsordnung durch das Zweite FGO-Änderungsgesetz, StB 2002, 4; Gosch, Emmott'sche Fristenhemmung und nationales Recht, BFH-PR 2005, 35; Hampel, Die Neuregelungen des Revisionsrechts nach dem Zweiten Gesetz zur Änderung der Finanzgerichtsordnung, ZfZ 2001, 116; Henseler, Fristgerechte Revisionseinlegung, DStR 07, 1612; May, Die Revision in dem zivil- und verwaltungsgerichtlichen Verfahren, 2. Aufl. 1997; Nieland, Fristen im Revisionsrecht, AO-StB 2001, 103; Rüsken, Begründung einer Revision, BFH-PR 2004, 329; Seer, 2. FGO-Änderungsgesetz – Zweitinstanzlicher Rechtsschutz bleibt auf der Strecke!, BB 2000, 2387; Seer, Rechtsmittel und Rechtsschutz nach der FGO-Reform, StuW 2003, 193; Spindler, Das 2. FGO-Änderungsgesetz, DB 2001, 61; Suhrbier-Hahn, Die Reform der Finanzgerichtsordnung zum 1.1.2001, DStR 2001, 467; v. Wedelstädt, Der Weg zum Bundesfinanzhof, AO-StB 2005, 87 ff., 110 ff.; Wüllenkemper, Die Wiedereinsetzung in den vorigen Stand bei fehlerhafter oder unvollständiger Adressierung einer Rechtsmittelschrift, DStZ 2000, 366.

Vgl. ferner die Literaturangaben bei §§ 115, 116, 119; zur Anschlussrevision vgl. die Angaben vor Rn. 77.

Übersicht

	Rn.
I. Überblick	1
II. Revision	3
1. Einlegung der Revision	3
a) Richtiger Empfänger	3
b) Schriftform, Übermittlung als elektronisches Dokument	6
c) Vertretungszwang	10
d) Inhalt der Revisionsschrift	12
e) Unbedingte Einlegung	17

	Rn.
f) Revisionsfrist	21
aa) Beginn der Frist	22
bb) Einlegung der Revision vor Fristbeginn	28
cc) Wiedereinsetzung wegen Versäumung der Revisionsfrist	30
dd) Nachweis der Fristwahrung	32
g) Mehrfache Einlegung der Revision	35
2. Begründung der Revision	37
a) Form	37
b) Richtiger Empfänger	38
c) Vertretungszwang	39
d) Revisionsbegründungsfrist	41
e) Verlängerung der Begründungsfrist	48
f) Inhalt der Revisionsbegründung	53
aa) Revisionsantrag	53
bb) Angabe der Revisionsgründe	58
cc) Sachrüge	63
dd) Verfahrensrüge	66
3. Gegenrügen	75
III. Anschlussrevision	77
1. Begriff und Rechtsnatur	77
2. Rechtsgrundlagen	80
3. Einlegung, Frist	83
4. Akzessorietät	86
5. Weitere Zulässigkeitsvoraussetzungen	87
6. Entscheidung über die Anschlussrevision	89

I. Überblick

§ 120 ist durch das **2. FGOÄndG** v. 19.12.2000 (in Kraft getreten am 1.1.2001) neu gefasst worden. Revision und Revisionsbegründung sind **beim BFH** einzulegen. Hat der BFH die Revision aufgrund einer NZB zugelassen, wird das Beschwerdeverfahren, ohne dass es der Einlegung der Revision durch den Beschwerdeführer bedarf, als Revisionsverfahren fortgesetzt (§ 116 VII); erforderlich ist dann nur die fristgerechte Begründung der Revision. Soweit **andere Verfahrensbeteiligte,** die nicht NZB eingelegt haben, ebenfalls durch das Urteil beschwert sind und es anfechten wollen, müssen sie innerhalb der Monatsfrist des § 120 I beim BFH Revision einlegen (§ 116 VII 2). Die **Frist für die Revisionsbegründung** beträgt bei Zulassung durch das FG zwei Monate nach Zustellung des vollständigen Urteils, bei Zulassung durch den BFH einen Monat nach Zustellung des Beschlusses über die Zulassung (→ Rn. 42 f.). Die Anforderungen an die Darlegung der Rechtsverletzung (§ 120 III) haben sich durch die Neufassung nicht geändert (vgl. BT-Drs. 14/4061, 11). Zu den **allgemeinen Zulässigkeitsvoraussetzungen** eines Rechtsmittels → Vor § 115 Rn. 60 ff. Wegen der **Berechtigung zur Einlegung** der Revision → § 115 Rn. 22 ff.; zum **Gegenstand der Revision** → § 115 Rn. 30 ff., § 120 I 4 wurde durch das JKomG mit Wirkung vom 1.4.2005 eingefügt (vgl. hierzu die Kommentierung zu § 52a). 1

II. Revision

1. Einlegung der Revision

3 **a) Richtiger Empfänger. Einlegung beim BFH.** Die (vom FG zugelassene) Revision ist beim BFH einzulegen (anders § 139 VwGO). Die Einlegung beim FG oder FA wahrt die Frist nicht (vgl. zB zu § 120 I aF BFH VIII R 14/72, BStBl. II 1973, 246; X R 92/88, BStBl. II 1989, 147). Beim BFH eingelegt ist die Revision, sobald die Revisionsschrift in dessen Machtbereich gelangt ist (Gosch/Rüsken § 120 Rn. 49). Es ist nicht erforderlich, dass die Revisionsschrift innerhalb der Frist des § 120 I auch an den zuständigen **Spruchkörper** des Gerichts gelangt (BFH I R 160/80, BStBl. II 1981, 738; BGH VII ZB 27/74, VersR 1975, 473). Wird die Revision bei einem anderen Gericht oder bei einer Behörde eingelegt, ist sie gleichwohl zulässig, wenn sie an den BFH weitergeleitet wird und dort fristgerecht eingeht. In einem solchen Fall schadet die unzutreffende Adressierung an das FG nicht. Die Revision ist nicht beim BFH eingelegt, wenn die Revisionsschrift in einem verschlossenen an das FG adressierten Umschlag innerhalb der Revisionsfrist in den Briefkasten des BFH eingeworfen und ungeöffnet an das FG weitergeleitet wird (BFH II R 29/85, BStBl. II 1986, 28).

Wird die Revision trotz ordnungsgemäßer Rechtsmittelbelehrung nicht beim BFH, sondern zB beim FG eingelegt, das sie an den BFH weiterleitet, wo sie verspätet eingeht, so kann eine an sich mögliche **Wiedereinsetzung (§ 56)** nicht gewährt werden (vgl. zu § 120 I aF: BFH VI R 278/67, BStBl. II 1968, 350; VIII R 58/82, BStBl. II 1983, 63; II R 75/76, BFH/NV 1997, 500). Das FG ist in einem solchen Fall nicht verpflichtet, den Prozessbevollmächtigten telefonisch auf die fehlerhafte Einlegung der Revision hinzuweisen, um diesem die ordnungsgemäße Einlegung beim BFH noch innerhalb der Revisionsfrist zu ermöglichen (BFH IX R 23/90, BFH/NV 1993, 366). Das Risiko des verspäteten Eingangs einer Revisionsschrift, die statt beim BFH beim FG eingereicht wird, trägt der Rechtsmittelkläger (vgl. zu § 120 I aF: BFH VIII R 30/89, BStBl. II 1989, 1020; IX R 56/98, BFH/NV 1999, 821).

4 Wird die Revision nicht schon vom FG im angefochtenen Urteil, sondern erst **vom BFH zugelassen,** entfällt das Einlegen der Revision; das Beschwerdeverfahren wird dann ohne weiteres als Revisionsverfahren fortgeführt (vgl. § 116 VII; → Rn. 1).

Zur Einlegung einer **Anschlussrevision** → Rn. 83 f.

6 **b) Schriftform, Übermittlung als elektronisches Dokument. Schriftform.** Die Revision ist eine prozessuale Willenserklärung, die im Interesse der Rechtssicherheit **schriftlich** einzulegen ist. Die Schriftlichkeit (→ § 64 Rn. 7 ff.) soll gewährleisten, dass aus dem Schriftstück der Inhalt der Erklärung und die erklärende Person zuverlässig entnommen werden können. Es muss feststehen, dass es sich nicht um einen Entwurf handelt, sondern dass das Schriftstück mit Wissen und Willen des Berechtigten dem Gericht zugeleitet wurde (GmSOGB GmS-OGB 1/78, NJW 1980, 172). Zur Schriftform gehört grds. die **eigenhändige Unterschrift** (→ § 64 Rn. 10). Da für die Einlegung der Revision **Vertretungszwang** gilt, muss die Revisionsschrift von einer vor dem BFH vertretungsberechtigten Person (vgl. § 62 IV iVm II 1) unterschrieben sein (BFH IV R 14/01, BFH/NV 2002, 1604; I R 81/11, BFH/NV 2013, 698; BGH VII ZB 36/10, MDR 2012, 797).

Elektronisches Dokument, sicherer Übermittlungsweg, Benutzungszwang. Seit dem 1.1.2022 müssen (Benutzungszwang) **Rechtsanwälte** (§ 52d S. 1; BFH IX R 3/22, BStBl. II 2023, 267) sowie **Behörden** (BFH VII R 26/22, BFH/NV 2024, 937, Rn. 16) und seit dem 1.1.2023 auch **Steuerberater** (BFH XI B 101/22, BStBl. II 2023, 763; VI B 74/22, BFH/NV 2023, 1221) als vertretungsberechtigte Personen vorbereitende Schriftsätze und deren Anlagen (dazu gehört auch die Revisionsschrift) als elektronisches Dokument auf dem vorgesehenen sicheren Übermittlungsweg übermitteln (§ 52d S. 2 iVm § 52a IV 1 Nr. 2). Wird die Form nicht beachtet, ist die Einlegung unwirksam (BFH VIII S 3/22, BStBl. II 2023, 83; XI B 8/22, BFH/NV 2022, 1057). Die Revision kann, soweit Benutzungszwang besteht, nicht mehr durch Übermittlung eines Schriftstücks eingelegt werden; die gleichwohl vorgeschriebene Schriftform hat nur noch Bedeutung für die Unterschrift (elektronische Signatur). 7

c) Vertretungszwang. Eine unter **Missachtung des Vertretungszwangs** vom Beteiligten selbst oder von einer vor dem BFH nicht postulationsfähigen Person eingelegte Revision ist unwirksam, sie ist als unzulässig zu verwerfen (→ § 62 Rn. 74 mwN). Zur Möglichkeit und zu den Grenzen einer Heilung durch **nachträgliche Genehmigung** der Prozessführung → § 62 Rn. 74. 10

d) Inhalt der Revisionsschrift. Die **Bezeichnung** des Schriftsatzes als „Revision" ist nicht erforderlich. Rechtsmittelschriften sind der **Auslegung** zugänglich. Eine unzutreffende oder unklare Bezeichnung des Rechtsmittels ist unschädlich, wenn erkennbar ist, dass Revision eingelegt werden sollte (BFH IV R 118–120/89, BFH/NV 1990, 707; IV R 78–81/89, BFH/NV 1990, 709; V B 190/99, BFH/NV 2000, 872). Das gilt auch dann, wenn ein rechtskundiger Prozessvertreter die Erklärung formuliert und abgegeben hat. Maßgebend ist nicht das buchstäblich Erklärte, sondern der objektiv erkennbare Erklärungsinhalt (BFH I R 91/99, BeckRS 2000, 25005071; vgl. aber BFH II R 19/99, BFH/NV 2000, 447). Bei der Auslegung ist davon auszugehen, dass derjenige Rechtsbehelf eingelegt werden soll, der den Belangen des Rechtsmittelführers entspricht und zu dem angestrebten Erfolg führen kann (**rechtsschutzgewährende Auslegung;** BFH IV R 11/83, BStBl. II 1987, 5; V B 190/99, BFH/NV 2000, 872; VII R 43/96, BFH/NV 1997, 50; V R 50/13, BStBl. II 2014, 813; Tipke/Kruse/Krumm § 120 Rn. 6, 12). Hat das FG die Revision zugelassen, kann berücksichtigt werden, dass nur die Revision eingelegt werden kann (Eyermann/Kraft VwGO § 139 Rn. 6). Im Übrigen findet aber **keine Umdeutung** statt. Ein von einem postulationsfähigen Prozessvertreter eindeutig als NZB bezeichnetes Rechtsmittel kann wegen der erheblichen rechtlichen und verfahrensmäßigen Unterschiede zwischen diesen beiden Rechtsmitteln sowie aus Gründen der Rechtssicherheit nicht in eine Revision umgedeutet werden (ebenso HHS/Lange § 120 Rn. 54; Kopp/Schenke/Schenke VwGO § 133 Rn. 9; stRspr zu § 120: vgl. zB BFH I B 14/69, BStBl. II 1969, 735; X R 23/07, BFH/NV 2007, 2333; V R 6/06, BFH/NV 2006, 1672; → § 116 Rn. 9). 12

Mit einem als „**Entwurf** einer Revisionsschrift" bezeichneten Schreiben ist noch nicht wirksam Revision eingelegt (BGH IVb ZB 62/85, VersR 1986, 40). Fehlt es an einem solchen Hinweis und ist die von einem postulationsfähigen Prozessbevollmächtigten unterschriebene Rechtsmittelschrift dem BFH zugegangen, ist die Revision auch dann wirksam eingelegt, wenn der Bevollmächtigte behauptet, der Schriftsatz sei (als Entwurf) gegen seinen Willen abgesandt worden (BFH VII R 92/94, BFH/NV 1995, 1001).

13 Die Revision muss das angefochtene **Urteil bezeichnen** (Abs. 1 S. 2; vgl. für die NZB § 116 II 2). Mehr ist bei Einlegung der Revision nicht erforderlich. Erst die Begründungsschrift muss einen Antrag enthalten (Abs. 3). Bis dahin bedarf es keiner Entscheidung des Revisionsklägers, welches Ziel er mit der Revision verfolgen und in welchem Umfang er das Urteil anfechten will (BFH I R 57/11, BFH/NV 2014, 390).

Das Urteil wird idR bezeichnet durch Angabe des Gerichts, dessen Entscheidung angefochten werden soll, des Datums der Entscheidung und ihres Aktenzeichens (BFH I R 187–188/71, BStBl. II 1973, 684; VII R 129/95, BFH/NV 1997, 542; BGH IVa ZB 15/82, VersR 1983, 250). Das Fehlen einzelner Angaben ist unschädlich, wenn der BFH als zuständiges Gericht innerhalb der Revisionsfrist aus den Angaben in der Revisionsschrift, ggf. auch aus sonstigen ihm vorliegenden Unterlagen (zB einer beigefügten Abschrift des Urteils), **zweifelsfrei** feststellen kann, welches Urteil angefochten ist (BFH VII R 94/74, BStBl. II 1980, 588; I R 31/84, BStBl. II 1986, 474; VII R 103/95, BFH/NV 1996, 922; IX R 19/16, BeckRS 2017, 94760; VII R 47/20, BFH/NV 2024, 69; BGH VII ZB 22/92 (KG), NJW 1993, 1719).

14 Nach allgemeiner Ansicht muss die Revisionsschrift auch die **Beteiligten** angeben. Dies wird zwar vom Gesetz nicht ausdrücklich verlangt, ergibt sich aber aus der Pflicht zur Bezeichnung des angefochtenen Urteils. In der Revisionsschrift muss deshalb hinreichend und richtig zum Ausdruck gebracht werden, **für wen Revision eingelegt wird** und gegen wen sie sich richtet (BFH VII R 94/74, BStBl. II 1980, 588; VIII R 2/88, BFH/NV 1992, 177). Insbesondere wenn das angefochtene Urteil gegen mehrere Personen ergangen ist, gehört die Bezeichnung des Revisionsklägers zum notwendigen Inhalt der Rechtsmittelschrift (BFH I R 114/75, BStBl. II 1977, 163; V R 48/03, BFH/NV 2005, 233). Unrichtige oder fehlende Angaben hinsichtlich der Verfahrensbeteiligten können auch noch nach Einlegung der Revision, aber grds. nur innerhalb der Revisionsfrist, richtiggestellt oder ergänzt werden (BFH VIII R 2/88, BFH/NV 1992, 177; VIII R 81/83, BFH/NV 1987, 172; zur Befugnis des BFH zur Auslegung unklarer Beteiligtenbezeichnungen in der Klageschrift und im Rubrum des finanzgerichtlichen Urteils → § 122 Rn. 1).

Der BFH lässt ausnahmsweise eine Richtigstellung nach Ablauf der Rechtsmittelfrist zu, wenn die Bezeichnung des Rechtsmittelführers erkennbar unrichtig ist, weil dieser bei Einlegung des Rechtsmittels nicht mehr existierte (BFH III R 132/85, BStBl. II 1989, 846; VIII R 142/85, BStBl. II 1991, 401). Die **Anschrift** des Rechtsmittelgegners oder seines Bevollmächtigten muss nicht angegeben werden, wenn sie gerichtsbekannt ist (BAG 3 AZR 995/77, BB 1979, 525).

15 Nach § 120 I 3 **soll** der Revisionsschrift eine **Ausfertigung oder Abschrift** des angefochtenen **Urteils beigefügt** werden, sofern dies nicht schon nach § 116 II 3 (also bei Einlegung einer NZB) geschehen ist. Die Vorschrift entspricht § 164 I 2 SGG, § 550 I ZPO. Die Regelung dient der Erleichterung des Geschäftsgangs beim BFH; der für die Revision zuständige Senat kann auf diese Weise idR schon bei Eingang der Revisionsschrift ermittelt werden. Eine Verletzung der Sollvorschrift des Abs. 1 S. 3 macht die Revision nicht unzulässig.

16 § 120 I 3 ist durch die Einfügung von **§ 120 I 4** überholt. Bei elektronischer Einlegung der Revision ist es nicht erforderlich, eine Abschrift der angefochtenen Entscheidung als Anlage beizufügen.

17 **e) Unbedingte Einlegung.** Die Revision darf nicht unter einer Bedingung eingelegt werden, weil aus Gründen der Rechtssicherheit über das Schweben

eines Rechtsmittels und damit über die Hemmung der Rechtskraft des angefochtenen Urteils Klarheit bestehen muss (BFH VII B 115/81, BStBl. II 1982, 603 mwN; VIII B 38/03, BFH/NV 2003, 1344 mwN; BAG 4 AZN 576/95, NJW 1996, 2533; Tipke/Kruse/Krumm § 120 Rn. 9 ff.; → Vor § 115 Rn. 10). Unschädlich ist jedoch der **Hinweis** des Revisionsklägers auf ein **innerprozessuales Bedingungsverhältnis** (BVerfG 2 BvR 630/73, NJW 1976, 141; BFH VII R 82/78, BStBl. II 1979, 374). Um eine solche (zulässige) Bedingung handelt es sich, wenn sie vor der erforderlichen Zulassung durch den BFH eingelegt wird und der Revisionskläger lediglich darauf hinweist, dass der Erfolg des Rechtsmittels von dem Ausgang des schwebenden Verfahrens über die NZB abhängig ist (Eyermann/Kraft VwGO § 139 Rn. 7). Die Revision wird dann mit ihrer Zulassung statthaft (BVerwG 1 C 19/81, NVwZ 1985, 428; Eyermann/Kraft VwGO § 143 Rn. 2; und VwGO § 139 Rn. 7; MKS/Schmidt SGG § 160 Rn. 30; **aA** zu § 116 aF: BFH III R 181/90, BStBl. II 1991, 638); dies hat allerdings nach geltendem Recht nur Auswirkungen auf die Kosten des Verfahrens, weil nach § 116 VII das erfolgreiche Verfahren der NZB ohne weiteres als Revisionsverfahren fortgesetzt wird, die vor Zulassung eingelegte Revision ist dann als ein mehrfach eingelegtes Rechtsmittel zu behandeln (→ Rn. 35).

Unzulässig ist die Revision, wenn sie unter der Bedingung eingelegt wird, dass 18
ein Antrag auf **Prozesskostenhilfe** für das Rechtsmittelverfahren Erfolg hat (BAG 1 AZB 31/68, NJW 1969, 446; BVerwG 5 C 32.79, BVerwGE 59, 302; BFH VII B 166/13, BeckRS 2014, 95241) oder wenn sie vom **Erfolg der NZB** abhängig gemacht wird (str., vgl. BFH VIII R 219/72, BStBl. II 1974, 34; II R 8/98, BFH/NV 1999, 1244 mwN; BVerwG III C 95.59, DVBl. 1960, 780; Tipke/Kruse/Seer § 120 Rn. 10). Ein unzulässiges Bedingungsverhältnis liegt auch vor, wenn das Rechtsmittel nur **„hilfsweise"** für den Fall eingelegt wird, dass das Gericht in bestimmter Weise über weiteren prozessualen Antrag des Revisionsklägers (zB auf Prozesskostenhilfe) entscheidet (stRspr, vgl. zB BFH VII B 115/81, BStBl. II 1982, 603; VII B 39/00, BFH/NV 2000, 1233; II R 8/98, BFH/NV 1999, 1244 (1246)). Ob das Rechtsmittel unter einer Bedingung eingelegt wurde oder ob lediglich auf ein innerprozessuales Bedingungsverhältnis hingewiesen worden ist, muss ggf. durch **Auslegung** geklärt werden (BFH VII R 82/78, BStBl. II 1979, 374; Tipke/Kruse/Krumm § 120 Rn. 9; Gosch/Rüsken § 120 Rn. 11).

Bis zum Ablauf der Rechtsmittelfrist muss nicht nur feststehen, ob ein Rechts- 19
mittel eingelegt worden ist, sondern auch, welches Rechtsmittel eingelegt werden soll, die **alternative Einlegung** („Revision oder NZB") ist unzulässig (BFH VIII R 41–42/93, BFH/NV 1994, 53; VII R 94/88, BFH/NV 1989, 648). Die **Umdeutung** einer nicht zugelassenen Revision in eine NZB ist nicht möglich (BFH III R 16/04, BFH/NV 2004, 1539; → Rn. 12 mwN).

f) Revisionsfrist. Die Revision ist innerhalb **eines Monats nach Zustellung** 21
des vollständigen Urteils einzulegen (§ 120 I 1), wenn das FG sie zugelassen hat. Der Beschluss des **BFH** über die **Zulassung der Revision** hat für den Lauf der Revisionsfrist nach geltendem Recht nur noch in **Ausnahmefällen** Bedeutung (vgl. dazu § 116 VII 2; → Rn. 25). Denn nach § 116 VII wird bei erfolgreicher NZB das Beschwerdeverfahren als Revisionsverfahren fortgesetzt, ohne dass der Beschwerdeführer Revision einlegen muss. Wegen der **Berechnung** der Frist vgl. § 54 II.

aa) Beginn der Frist. Die Frist für die Einlegung der Revision beginnt für 22
jeden Beteiligten gesondert mit der Zustellung an ihn (BGH VIII ZB 9/80,

VersR 1980, 928; Tipke/Kruse/Krumm § 120 Rn. 21). Urteile des FG werden gem. § 53 I und II nach den Vorschriften der ZPO zugestellt (vgl. iE die Erläuterungen zu § 53). Ist für das Verfahren vor dem FG ein **Bevollmächtigter** bestellt, ist das Urteil an diesen zuzustellen; die Zustellung an den Vertretenen ist dann nach stRspr unwirksam (BFH VII R 148/97, BFH/NV 1999, 883 mwN). Sind mehrere Prozessbevollmächtigte bestellt, ist die zeitlich erste Zustellung maßgeblich (§§ 172, 84 ZPO; BVerwG 9 B 776–98, NJW 1998, 3582; BGH VII ZR 383/02, NJW 2003, 2100). Durch eine **unwirksame Zustellung** wird die Revisionsfrist nicht in Lauf gesetzt (BFH V R 94/96, BStBl. II 1997, 707; II R 36/94, BFH/NV 1996, 170; HHS/Lange § 120 Rn. 69). Nach Ablauf eines Jahres ist die Befugnis, gegen ein fehlerhaft zugestelltes Urteil Revision einzulegen, idR verwirkt (BFH I R 144/74, BStBl. II 1976, 194). Der Lauf der Revisionseinlegungsfrist wird durch die sog. **Emmott'sche Fristenhemmung** nicht berührt (BFH I R 83/04, BFH/NV 2005, 229; Gosch BFH-PR 2005, 35; → § 47 Rn. 1). Das gilt auch, wenn mit der Revision ein Verstoß gegen Gemeinschaftsrecht geltend gemacht wird (BFH I R 83/04, BFH/NV 2005, 229).

23 Die Frist wird nur durch die Zustellung des **vollständigen Urteils** (§ 105) oder Gerichtsbescheids (§ 90a II 2) in Lauf gesetzt. Enthält die zugestellte Ausfertigung kleine Mängel, kann der Empfänger aber den Inhalt der Urschrift erkennen und insbes. seine Beschwer feststellen, schaden diese Mängel nicht (BFH VII R 21–22/67, BStBl. II 1968, 535 zu unvollständigem Rubrum). Die Revisionsfrist wird aber nicht in Lauf gesetzt, wenn das Urteil ohne die Kostenentscheidung zugestellt worden ist (BFH VIII R 99/75, BStBl. II 1976, 296) oder wenn das FG in den Urteilsgründen ausdrücklich auf Anlagen verwiesen hat und das Urteil ohne diese Anlagen zugestellt worden ist (BFH VII R 70/96, BFH/NV 1998, 1115). Durch nachträgliche Zustellung eines vollständigen Urteils wird der Mangel geheilt (BFH V R 50/98, BFH/NV 1999, 957; BGH X ZB 31/97, HFR 1999, 121). Bei fehlender, unrichtiger oder unvollständiger **Rechtsmittelbelehrung** des Urteils wird die Revisionsfrist nicht in Lauf gesetzt. Es gilt dann die Jahresfrist des § 55 II (BFH II R 27/06, BFH/NV 2008, 2056). Zum notwendigen Inhalt einer ordnungsgemäßen Rechtsmittelbelehrung → § 55 Rn. 10 ff.; zu den besonderen Anforderungen an die Rechtsmittelbelehrung im Fall der erneuten Zustellung eines Urteils BFH II R 27/06, BFH/NV 2008, 2056.

Hat das FG zur Begründung seines Urteils auf ein anderes **später zugestelltes Urteil Bezug genommen,** soll nach Ansicht des BFH (BFH VII R 60/89, BStBl. II 1990, 1071) die Revisionsfrist bereits mit der Zustellung des ersten bezugnehmenden Urteils in Lauf gesetzt werden (krit. zu Recht HHS/Lange § 120 Rn. 73).

24 Wird das Urteil nachträglich **berichtigt oder ergänzt (§§ 107–109)** gilt Folgendes:

Die Berichtigung eines Urteils wegen **offenbarer Unrichtigkeit (§ 107)** hat grds. keinen Einfluss auf den Lauf der Revisionsfrist (BFH IX R 44/01, BFH/NV 2005, 188; → § 107 Rn. 9). Durch die Zustellung des Berichtigungsbeschlusses wird im Regelfall keine neue Revisionsfrist in Lauf gesetzt, der Berichtigungsbeschluss wirkt auf die Zeit der Verkündung oder Zustellung des ursprünglichen Urteils zurück (BFH IV R 44/88, BFH/NV 1990, 306 mwN; BGH XII ZB 157/99, NJW-RR 2001, 211). Diese Rspr. ist verfassungsrechtlich unbedenklich, denn es ist den Beteiligten im Allgemeinen zumutbar, schon gegen das noch nicht berichtigte Urteil Revision einzulegen (BVerfG 1 BvR 1399/00, DStZ 2001, 100). Etwas anderes gilt nur dann, wenn erst die berichtigte Entscheidung die zutreffende Grundlage für das weitere Handeln der Beteiligten ergibt, zB wenn erst die berichtigte Fassung erkennen lässt, ob der Beteiligte beschwert ist (BFH II R 108/77, BStBl. II 1979, 373; IV R 44/88, BFH/NV 1990, 306; BGH VII ZR 72/80, VersR 1981, 548) oder wenn wegen eines Widerspruchs zwischen dem Tenor und der Begründung des Urteils bezüglich der Zulassung der Revision unklar ist, ob die Revision zugelassen wurde oder wenn die Verfahrensbeteiligten erst im Berichtigungsbeschluss darüber belehrt werden, dass das berichtigte Urteil mit der NZB angefochten werden kann (BFH X B 161/11, BFH/NV 2013, 392). In diesen Fällen beginnt die Rechtsmittelfrist erst mit der Zustellung des Berichtigungsbeschlusses; der Beschluss ist dann zwingend zuzustellen (§ 53 I; BFH IX R 44/01, BFH/NV 2005, 188 mwN).

Der Umstand, dass ein Beteiligter nach Zustellung des Urteils zunächst einen **Antrag auf Tatbestandsberichtigung (§ 108)** stellt, hat auf den Lauf der Revisionsfrist keinen Einfluss (BFH II R 108/77, BStBl. II 1979, 373; XI B 185/04, BFH/NV 2005, 1856; → § 108 Rn. 15). Das gilt auch dann, wenn das FG auf den Antrag die ursprüngliche Urteilsfassung berichtigt (BGH VI ZB 4/55, BGHZ 17, 149; VII ZB 8/66, VersR 1966, 956).

Ein **Antrag auf Ergänzung** eines Urteils **nach § 109** hemmt den Lauf der Revisionsfrist für das ursprüngliche Urteil nicht. Wird der Antrag auf Urteilsergänzung abgelehnt, bleibt es bei der ursprünglichen Revisionsfrist des § 120 I 1 für das ergänzte Urteil (BFH II R 108/77, BStBl. II 1979, 373). Gibt das FG dem Antrag statt und erlässt es ein Ergänzungsurteil, ist dieses **selbständig** mit der Revision **anfechtbar.** Wird nur die Kostenentscheidung nachgeholt, muss wegen § 145 I auch das ursprüngliche Urteil angefochten werden. Wird das Urteil allerdings noch **innerhalb der Revisionsfrist** ergänzt, beginnt mit der Zustellung des Ergänzungsurteils zugleich auch die Revisionsfrist für das ergänzte Urteil (§ 155 FGO iVm § 518 ZPO).

Lässt der BFH die Revision zu, beginnt für die **Beteiligten, die nicht** selbst **Beschwerde** eingelegt haben, die Revisions- und der Revisionsbegründungsfrist mit der Zustellung des Beschlusses. Darauf ist im Beschluss hinzuweisen (§ 116 VII 2 und 3). Für den **Beschwerdeführer** wird eine Revisionsfrist nicht in Lauf gesetzt, da dieser ohne weiteres mit dem stattgebenden Beschluss zum Revisionskläger wird, sofern nicht der BFH – bei erfolgreicher Rüge eines Verfahrensmangels – nach § 116 VI verfahren ist und das angefochtene Urteil durch Beschluss aufgehoben hat (§ 116 VII 1). 25

bb) Einlegung der Revision vor Fristbeginn. Die wirksame Einlegung eines Rechtsmittels ist erst möglich, wenn die anzufechtende Entscheidung **rechtlich existent** ist (so schon RG IV 396/24, RGZ 110, 170). Gegen ein verkündetes Urteil kann die Revision nicht vor der Verkündung, gegen ein zugestelltes Urteil nicht vor der Zustellung eingelegt werden. Hat das FG die Revision nicht zugelassen, kann die Revision schon vor Zustellung der Entscheidung über die (gleichzeitig eingelegte) NZB, wirksam eingelegt werden, sie wird dann mit der Zulassung durch den BFH rückwirkend statthaft (BFH II R 108/77, BStBl. II 1979, 650; III B 184/86, BStBl. II 1989, 107; VI R 10/99, BStBl. II 2004, 195; BVerwG 1 C 19/81, NVwZ 1985, 428; Kopp/Schenke/Schenke VwGO § 132 Rn. 30, 31; Eyermann/Kraft VwGO § 139 Rn. 7; **aA** BFH III R 181/90, BStBl. II 1991, 638 für die zulassungsfreie Verfahrensrevision nach § 116 aF; BSG 1 RK 18/95, NVwZ 1997, 832 zur Berufung nach SGG; → Rn. 35). Wird die Zulassung versagt, ist die Revision unzulässig. Da nach § 116 VII das erfolgreiche 28

Verfahren der NZB mit der Zulassung automatisch als Revisionsverfahren fortgesetzt wird, ist die Streitfrage nach geltendem Recht nur noch für solche Revisionskläger bedeutsam, die nicht selbst NZB eingelegt haben – für den Beschwerdeführer ist die vor Zulassung eingelegte Revision nach den Grundsätzen **der mehrfachen Rechtsmitteleinlegung** zu beurteilen (→ Rn. 35).

30 **cc) Wiedereinsetzung wegen Versäumung der Revisionsfrist.** Da die Revisionseinlegungsfrist eine **gesetzliche Frist** ist, kommt bei ihrer Versäumung eine Wiedereinsetzung in den vorigen Stand (§ 56) in Betracht. Wird wegen Versäumung der Revisionsfrist Wiedereinsetzung beantragt, so muss die Revision unter Beachtung der für sie geltenden Förmlichkeiten innerhalb der Antragsfrist von zwei Wochen (§ 56 II 1) beim FG eingelegt werden (BFH II R 118/83, BStBl. II 1985, 586; VII R 2/00, BFH/NV 2000, 1117 mwN).

War ein Beteiligter wegen **Mittellosigkeit** gehindert, innerhalb der Revisionsfrist wirksam ein Rechtsmittel durch nach § 62 vertretungsbefugten Bevollmächtigten einzulegen, so ist ihm unter weiteren Voraussetzungen Wiedereinsetzung zu gewähren (vgl. zB BFH VII S 13/01, BFH/NV 2002, 692). Das gilt jedoch nur, wenn er alles in seinen Kräften Stehende getan hat, um das der rechtzeitigen Einlegung des Rechtsmittels entgegenstehende Hindernis zu beheben. Wiedereinsetzung wegen Versäumung der Revisionsfrist kann deshalb in diesen Fällen nur gewährt werden, wenn der Beteiligte innerhalb der Revisionsfrist das **Gesuch um Prozesskostenhilfe** und die **Erklärung über seine persönlichen und wirtschaftlichen Verhältnisse** nach § 117 II ZPO (vollständig) eingereicht hat, sofern er nicht ohne sein Verschulden auch hieran gehindert war (BFH I S 4/82, BStBl. II 1982, 737; II S 2/83, BStBl. II 1983, 644; VIII S 8/01, BFH/NV 2002, 668). Bei der Entscheidung, ob der Beteiligte die Revisionsfrist wahren konnte, sind **alle Umstände** des Falles zu berücksichtigen, also nicht nur die Frage, ob der Beteiligte die Prozesskosten nicht aufbringen konnte, sondern auch, ob er in der Lage war, innerhalb der Frist tätig zu werden, zB das Prozesskostenhilfegesuch zu stellen und den Vordruck iSd § 117 II ZPO nebst Anlagen auszufüllen und einzureichen (so auch BFH VII S 56/77, BStBl. II 1978, 72; BGH VIII ZB 31/80, VersR 1981, 61; VII ZR 127/81, VersR 1981, 884; BSG 11 BA 46/81, BeckRS 1981, 03725).

31 Wird **Prozesskostenhilfe bewilligt,** ist Wiedereinsetzung in die versäumte Frist zu gewähren. Die versäumte Rechtshandlung (Einlegung der Revision) ist dann gem. § 56 II 1 Hs. 1 innerhalb von **zwei Wochen** nach Wegfall des Hindernisses (Zustellung des Beschlusses über die Bewilligung der Prozesskostenhilfe) nachzuholen (BFH III R 64/09, BFH/NV 2011, 54). Wird die **Prozesskostenhilfe versagt,** kann gleichwohl Wiedereinsetzung zu gewähren sein, zB wenn der Beteiligte vernünftigerweise nicht mit der Ablehnung wegen fehlender Mittellosigkeit oder ihrer mangelnden Glaubhaftmachung zu rechnen brauchte (BGH VIII ZB 14/57, VersR 1958, 31; IV ZB 5/76, HFR 1977, 98; VIII ZB 47/75, VersR 1976, 966; II ZR 109/77, VersR 1978, 824; IVb ZB 832/81, VersR 1982, 41). Wiedereinsetzung ist nicht zu gewähren, wenn der Revisionskläger wusste, dass seine Angaben unrichtig oder unvollständig sind (BGH I ZB 13/75, HFR 1977, 99). Wegen der Frage der Wiedereinsetzung bei eingereichtem Antrag auf Prozesskostenhilfe → § 56 Rn. 20 „Prozesskostenhilfe".

32 **dd) Nachweis der Fristwahrung.** Ob die Frist gewahrt wurde, ist nach **allgemeinen Beweisregeln** zu entscheiden; Glaubhaftmachung genügt nicht (Ausnahme: wenn die Voraussetzungen der Wiedereinsetzung zu beurteilen sind; BGH

VI ZR 65/73, VersR 1974, 1021). Die Nichterweislichkeit geht zu Lasten des Rechtsmittelführers (BGH IV ZB 59/78, VersR 1978, 960; BVerwG 5 B 147/80, Buchholz 310 § 60 VwGO Nr. 119). Das gilt jedoch nicht für Vorgänge, die im **Verantwortungsbereich des Gerichts** liegen (Zöller/Schneider ZPO § 519 Rn. 20 mwN; Tipke/Kruse/Seer § 120 Rn. 23). Der **Eingangsstempel** des Gerichts erbringt grds. Beweis für Zeit und Ort des Eingangs des Schreibens (BFH I R 87, 169/94, BStBl. II 1996, 19 mwN; VII R 70/96, BFH/NV 1998, 1115; BGH VIII ZR 8/86 KG, VersR 1988, 1140). Ein in elektronischer Form übermittelter Schriftsatz geht bei Gericht ein, wenn er auf dem für das Gericht eingerichteten Server im Netzwerk für das elektronische Gerichts- und Verwaltungspostfach gespeichert ist. Den Nachweis erbringt (im Freibeweisverfahren) das sog. Prüfungsprotokoll, das den Zeitpunkt der elektronischen Verarbeitung dokumentiert (BFH X B 158/21, NJW 2022, 2872).

g) Mehrfache Einlegung der Revision. Das Recht, Revision einzulegen, 35
kann innerhalb der Revisionsfrist **wiederholt** wahrgenommen werden (BFH IX R 16/81, BStBl. II 1984, 833; VIII R 95/86, BFH/NV 1989, 585; VIII R 52/90, BFH/NV 1992, 323; für die Berufung vgl. RGZ 158, 53; Thomas/Putzo/Seiler ZPO § 519 Rn. 10). Eine erneute Einlegung der Revision ist vor allem dann ratsam, wenn **Zweifel an der Wirksamkeit** der ersten Revision bestehen.

Liegen mehrere „Revisionen" eines Beteiligten oder seines Bevollmächtigten gegen dasselbe Urteil vor, so handelt es sich um das **nämliche Rechtsmittel,** über das das Revisionsgericht einheitlich zu entscheiden hat (stRspr, BFH IX R 16/81, BStBl. II 1984, 833; I R 87, 169/94, BStBl. II 1996, 19; III R 52/01, BStBl. II 2004, 542; BGH III ZB 24/67, NJW 1968, 49; IV ZR 86/65, BGHZ 45, 380). Steht fest, dass die Revisionsinstanz durch eine der beiden Einlegungen ordnungsgemäß eröffnet ist, kommt es auf die Zulässigkeit der anderen nicht mehr an (BFH X R 36/95, BFH/NV 1995, 997; BGH II ZB 10/93, NJW 1993, 3141). Sind beide Einlegungsakte unwirksam (unzulässig) ist die Revision durch einheitlichen Beschluss zu verwerfen (BFH X R 36/88, BFH/NV 1989, 119). Ist bereits mit der ersten Einlegung (ggf. nach Zulassung der Revision) wirksam Revision eingelegt worden, ist die erneute Einlegung des Rechtsmittels (nach seiner Zulassung) gegenstandslos (BFH IX R 167/83, BStBl. II 1987, 322; BGH IV ZR 86/65, BGHZ 45, 380; II ZB 10/93, DStR 1993, 1676). Wird die erste „Revision" zurückgenommen, ist allein die zweite entscheidend (BGH VIII ZB 7/57, BGHZ 24, 179). Wird bei mehrfacher Einlegung „die Revision" zurückgenommen, ist im Allgemeinen davon auszugehen (Auslegung), dass damit sämtliche Einlegungsakte erledigt sein sollen (OLG München 25 U 2708/78, MDR 1979, 409), sofern nicht die Rücknahme ausdrücklich auf eines der Rechtsmittel beschränkt ist (BFH III R 24/86, BFH/NV 1986, 683).

Über das Rechtsmittel ist auch dann einheitlich zu entscheiden, wenn ein Beteiligter vor der Entscheidung über die von ihm eingelegte NZB Revision eingelegt hat und das Beschwerdeverfahren nach Erfolg der NZB gem. § 116 VII als Revisionsverfahren fortgesetzt wird (Eyermann/Kraft VwGO § 143 Rn. 2).

2. Begründung der Revision

a) Form. Für die Revisionsbegründung ist die Schriftlichkeit (anders als für 37
die Revisionseinlegung) nicht gesetzlich angeordnet. Die Rspr. verlangt jedoch auch für die Revisionsbegründung die **Schriftform** (BFH IV R 14/01, BFH/

NV 2002, 1604). Zu den Anforderungen an die Schriftform (→ § 64 Rn. 7 ff.) und die heute vorrangige **elektronische Form** (→ § 52a Rn. 1 ff.).

38 **b) Richtiger Empfänger.** Nach § 120 II 2 ist die Revisionsbegründungsschrift (wie die Revision) **beim BFH** einzureichen (ebenso § 139 III 2 VwGO). Der fristgerechte Eingang beim FG genügt nicht (→ Rn. 3).

39 **c) Vertretungszwang.** Der in § 62 IV angeordnete Vertretungszwang vor dem BFH bezieht sich nicht nur auf die Einlegung, sondern auch auf die **Begründung der Revision.** Deshalb müssen die Revisionsbegründungsschrift und ggf. auch ein **Antrag auf Verlängerung der Revisionsbegründungsfrist** von einer postulationsfähigen Person unterzeichnet sein. → § 116 Rn. 15; s. auch Erläuterungen zu § 64.

40 Dem Vertretungszwang ist nicht allein dadurch Genüge getan, dass eine postulationsfähige Person die Revisionsbegründung **unterschreibt.** Aus dem Zweck des Vertretungszwangs ergibt sich, dass der Prozessbevollmächtigte auch für ihren **Inhalt** die volle Verantwortung übernehmen muss (BFH IX R 167/83, BStBl. II 1982, 607 mwN; II R 18/85, BFH/NV 1989, 107; BVerwG VI C 57/63, BVerwGE 22, 38; bei Begründung der NZB → § 116 Rn. 27). An dieser Voraussetzung fehlt es, wenn aus der Revisionsbegründung ersichtlich ist, dass der Bevollmächtigte lediglich einen von der Partei selbst verfassten Schriftsatz unterschrieben und weitergeleitet hat. Das gilt auch dann, wenn sich der postulationsfähige Vertreter die Ausführungen seines Mandanten pauschal zu Eigen macht (BFH II B 170/89, BFH/NV 1991, 106). Die Revisionsbegründung muss vom Prozessbevollmächtigten selbst stammen. Unter dieser Voraussetzung entspricht auch die bezugnehmende Begründung eines einer anderen Behörde angehörenden Vertreters iSv § 62 I 2 den Anforderungen des § 120 II (BFH VII R 99–100/93, BFH/NV 1995, 559 zu Art. 1 Nr. 1 S. 3 BFHEntlG). Die **Bezugnahme auf ein Rechtsgutachten,** das von einer vor dem BFH nicht postulationsfähigen Person gefertigt wurde, entspricht nicht den gesetzlichen Anforderungen an eine Revisionsbegründung (BFH IX R 177/83, BStBl. II 1985, 470; VIII R 256/80, BFH/NV 1986, 173). Die von einem nicht postulationsfähigen Kläger eingelegte Revision kann nach Ablauf der Revisionsfrist nicht nachträglich von einem Rechtsanwalt oder Steuerberater genehmigt werden (BFH IV R 114/90, BFH/NV 1992, 481).

41 **d) Revisionsbegründungsfrist.** Hat der Revisionskläger die Revision nicht schon in der Revisionsschrift begründet, muss er dies in einer besonderen **Revisionsbegründungsschrift** nachholen. Innerhalb der maßgeblichen Begründungsfrist muss der Revisionskläger **zumindest eine Revisionsrüge** in der gebotenen Form vortragen, anderenfalls ist die Revision unzulässig. Nach Ablauf der Begründungsfrist ist nur noch die Ergänzung einer innerhalb dieser Frist an sich schon ausreichend begründeten Revision möglich (BFH I R 9/78, BStBl. II 1979, 184; III R 7/98, BFH/NV 1999, 501).

Die Begründungsfrist ist eine selbständige Frist. Sie beginnt **unabhängig vom Ablauf der Revisionsfrist** (BFH V R 64/03, BStBl. II 2004, 366). Sie ist eine Frist für einen Rechtsbehelf iSv § 55 I, denn von ihrer Einhaltung hängt die Zulässigkeit der Revision ab. Sie beginnt deshalb nur zu laufen, wenn der Beteiligte ordnungsgemäß über den Rechtsbehelf belehrt wurde; ansonsten gilt § 55 II (BFH IV R 37/09, BFH/NV 2012, 41). Die **Dauer der Begründungsfrist** ist für den Fall der Zulassung der Revision durch das FG einerseits und den der

Zulassung durch den BFH aufgrund einer NZB anderseits **unterschiedlich** geregelt.

Hat das **FG die Revision zugelassen,** ist sie innerhalb von **zwei Monaten** nach Zustellung des vollständigen Urteils (oder Gerichtsbescheids nach § 90a II 2) zu begründen (§ 120 II 1 Hs. 1; BFH I R 11/08, BStBl. II 2008, 766); die Regelung entspricht § 116 III 1 (vgl. auch § 139 III 1 VwGO, § 164 II 1 SGG). Die Revisionsbegründungsfrist beginnt grds. nicht neu zu laufen, wenn dem Revisionskläger wegen Versäumung der Revisionsfrist Wiedereinsetzung in den vorigen Stand gewährt wurde (BVerwG 15 W 224/91, NJW-RR 1994, 361; 9 B 256/91, NJW 1992, 2780). Gegebenenfalls muss wegen Versäumung der Begründungsfrist erneut Wiedereinsetzung beantragt werden. 42

Hat der Beschwerdeführer die Einlegungs- und die Begründungsfrist versäumt, weil er mittellos ist und wird ihm nach **Bewilligung von Prozesskostenhilfe** Wiedereinsetzung in die Einlegungsfrist gewährt, so beträgt die Frist für die Nachholung der Begründung **zwei Monate;** sie beginnt mit der Zustellung des Beschlusses über die Gewährung von Prozesskostenhilfe zu laufen (BFH VII B 196/02, BStBl. II 2003, 609; XI B 1/12, BFH/NV 2012, 1170; XI B 164/02, BFH/NV 2006, 311; BVerwG 3 B 137/01, DVBl. 2002, 1050). Diese zu § 116 III 1 entwickelte Rspr. ist auch bei der Anwendung von § 120 II 1 Hs. 1 zu beachten. Der besondere Fristlauf muss unabhängig davon gelten, ob über die Wiedereinsetzung durch gesonderten Beschluss entschieden worden ist. Die Rspr. beruht auf der Erwägung, dass anderenfalls der Verfahrensbeteiligte, der wegen seiner anfänglichen Mittellosigkeit sowohl die Einlegungs- als auch die Begründungsfrist versäumt hat, seine Revision innerhalb von zwei Wochen nach Wegfall des Hindernisses einlegen und innerhalb eines Monats begründen müsste (§ 56 II 1; → § 116 Rn. 20a). 42a

Hat der **BFH die Revision zugelassen,** ist sie **innerhalb eines Monats** nach Zustellung des Beschlusses über die Zulassung der Revision zu begründen (§ 120 II 1 Hs. 2). Die Vier-Tage-Fiktion (§ 122 II Nr. 1 AO) ist nicht anzuwenden; die Frist beginnt auch dann an dem auf die Zustellung folgenden Tag, wenn dieser ein Sonntag, allgemeiner Feiertag oder Sonnabend ist (BFH II R 56/09, BFH/NV 2010, 1833). Die Abkürzung der Begründungsfrist wird damit gerechtfertigt, dass wegen der Regelung des § 116 VII (gesetzliche Überleitung des Beschwerdeverfahrens in das Revisionsverfahren) für den Beschwerdeführer die Einlegung der Revision und die hierfür vorgesehene Monatsfrist entfällt. Die Monatsfrist gilt nach der ausdrücklichen Regelung in § 120 II 1 Hs. 2 nur für den Beschwerdeführer. 43

Für die **anderen Beteiligten** gilt **§ 116 VII 2.** Danach beginnt für diese Personen mit der Zustellung des Beschlusses über die Zulassung der Revision die (einmonatige) Revisionsfrist und die (zweimonatige) Revisionsbegründungsfrist (vgl. auch § 164 II 1 SGG). Diese unterschiedliche Fristenregelung ist deshalb gerechtfertigt, weil Beteiligte, die nicht selbst NZB eingelegt haben, nicht schon aufgrund des Zulassungsbeschlusses die Stellung von Revisionsklägern erwerben. Ihnen müssen deshalb auch die unverkürzten Fristen für die Einlegung und die Begründung der Revision zur Verfügung stehen. Die (anderen) Beteiligten sind im Beschluss über die Zulassung der Revision auf die für sie maßgebliche **Begründungsfrist hinzuweisen** (§ 116 VII 3; BVerwG 13 TZ 4026/97, NVwZ 1998, 1313). Wird die Belehrung über die Revisionsbegründungsfrist nicht oder fehlerhaft erteilt, wird die Frist nicht in Lauf gesetzt (→ § 55 Rn. 27 mwN). Sie läuft dann ein Jahr nach Zustellung der Entscheidung ab (§ 55 II 1; BVerwG III C 20.67, HFR 1969, 38).

44 Wegen Versäumung der Begründungsfrist kann **Wiedereinsetzung (§ 56)** gewährt werden und zwar auch noch dann, wenn das Rechtsmittel bereits wegen der Fristversäumnis verworfen wurde (BFH II B 3/67, BStBl. III 1967, 472; BSG 4 RJ 231/67, NJW 1967, 2332; BAG 5 AZN 446/83, NJW 1984, 941; → § 56 Rn. 63). Der Unzulässigkeitsbeschluss wird mit Bewilligung der Wiedereinsetzung gegenstandslos (BSG 4 RJ 231/67, NJW 1967, 2332). Voraussetzung für eine Wiedereinsetzung ist, dass innerhalb der Monatsfrist des § 56 II 1 die versäumte Rechtshandlung (also die Revisionsbegründung) nachgeholt wird. Es genügt nicht, innerhalb dieser Frist einen Antrag auf Fristverlängerung zu stellen (hM, BFH GrS 1/85, BStBl. II 1987, 264 mwN; VII B 219/08, BeckRS 2009, 25014969; BVerwG 9 C 7/96, NJW 1996, 2808 mwN; BGH II ZB 25–98, NJW 1999, 3051). Ein Antrag auf Wiedereinsetzung wegen Versäumung der **Revisionsfrist** lässt den Lauf der Revisionsbegründungsfrist unberührt (ebenso schon zu § 120 I aF: BFH V R 36/98, BFH/NV 1999, 482; VI R 97/98, BFH/NV 2000, 471 mwN). War (noch) ein Antrag auf Verlängerung der Frist für die Begründung eines Rechtsmittels möglich, scheidet die Wiedereinsetzung in den vorigen Stand aus (BFH II R 16/11, BFH/NV 2012, 593).

Die Monatsfrist für den Antrag auf Wiedereinsetzung und die Nachholung der versäumten Revisionsbegründung beginnt regelmäßig mit dem Zugang des Hinweises des BFH auf die Fristversäumnis (BFH V R 19/08, BFH/NV 2009, 396). Zuständig für die (positive) Entscheidung über den Wiedereinsetzungsantrag ist grds. der **Vollsenat,** da dieser regelmäßig auch die Endentscheidung zu treffen hat. In Beschlussbesetzung entscheidet der Senat über den Wiedereinsetzungsantrag, wenn bereits übereinstimmende Erledigungserklärungen abgegeben wurden (BFH VIII R 81/05, BFH/NV 2009, 1447). Ein Wiedereinsetzungsgrund kann auch die verspätete Entscheidung über ein (innerhalb der Frist ordnungsgemäß gestelltes) **Prozesskostenhilfegesuch** sein (Gräber DStR 1978, 473).

45 Die Begründungsfrist ist nicht versäumt, mit der Folge, dass **keine Wiedereinsetzung** in Betracht kommt, wenn lediglich eine **einzelne Revisionsrüge** nachgeschoben werden soll (BFH I R 9/78, BStBl. II 1979, 184; BVerwG VIII C 44/65, BVerwGE 28, 18; vgl. aber BGH III ZR 87/99, MDR 2000, 235 für den Fall, dass die Revisionsbegründungsschrift infolge eines Büroversehens nicht vollständig an das Revisionsgericht gelangt ist) oder wenn die **Unterschrift** des Prozessbevollmächtigten **fehlt** (BGH III ZR 18/86, NJW 1987, 957).

48 **e) Verlängerung der Begründungsfrist.** Die Revisionsbegründungsfrist kann verlängert werden, wenn vor ihrem Ablauf ein Antrag auf Fristverlängerung gestellt wird (BFH VII R 112/99, BFH/NV 2000, 1479; IV R 68/94, BFH/NV 1995, 627). War die Begründungsfrist im Zeitpunkt des Eingangs des Antrags bereits abgelaufen, kann die Frist nicht mehr wirksam verlängert werden. Über einen rechtzeitig (vor Fristablauf) gestellten Antrag kann auch noch **nach** Fristablauf entschieden werden (BFH VIII R 128/70, BStBl. II 1975, 338; BVerwG VI C 70/58, BVerwGE 10, 75; BGH IX ZR 55/81, NJW 1982, 1652).

49 Der Antrag ist **beim BFH** zu stellen, er muss dort **vor Fristablauf** eingegangen sein (BFH II R 5/13, BFH/NV 2013, 1428); der fristgerechte Eingang beim FG genügt nicht. Geht der Antrag verspätet ein, kommt eine Wiedereinsetzung nicht in Betracht (BFH II R 5/13, BFH/NV 2013, 1428). Gibt der Vorsitzende irrtümlich einem verspätet eingegangenen Fristverlängerungsantrag statt, ist die Fristverlängerung unwirksam (BGH VI ZB 26/91, NJW 1992, 842).

Der Antrag ist **schriftlich** zu stellen; diese Anforderung ist verfassungsgemäß (BFH IV R 5–6/89, BFH/NV 1991, 828; BVerfG 1 BvR 1510/93, NVwZ 1994, 781; HHS/Lange § 120 Rn. 136). Wird der Antrag nur telefonisch gestellt und gibt der Vorsitzende ihm (auch nur telefonisch) statt, ist die Fristverlängerung gleichwohl wirksam (BGH VIII ZB 32–97, NJW 1998, 1155). Für den Antrag besteht **Vertretungszwang** (§ 62 IV; BFH I R 61/82, BFHE 136, 82). Wird der Vertretungszwang nicht beachtet, ist der Antrag unbeachtlich; entspricht der Vorsitzende dem Antrag gleichwohl, ist die gewährte Fristverlängerung nicht nichtig (BFH I R 13/13, BStBl. II 2016, 971). Über den Antrag entscheidet der **Vorsitzende** des zuständigen Senats beim BFH nach pflichtgemäßem Ermessen. Gibt der Vorsitzende dem Antrag nur für einen **kürzeren** als den beantragten **Zeitraum** statt, so wird diese Verfügung auch dann wirksam, wenn sie dem Prozessbevollmächtigten des Antragstellers erst nach (dem neuen) Fristende zugeht. Es ist Sache des Antragstellers, sich rechtzeitig nach der Entscheidung über den Fristverlängerungsantrag zu erkundigen. Er darf nicht darauf vertrauen, dass seinem Fristverlängerungsantrag stattgegeben werde (BFH II R 8/68, BStBl. II 1968, 659; III R 203/90, BStBl. II 1991, 640; vgl. aber BGH II ZB 16/99, BB 2000, 796). Der BFH teilt den Beteiligten die Fristverlängerung allerdings idR unverzüglich mit (→ Rn. 51). Weicht die dem Antragsteller bekannt gegebene Ausfertigung der Verfügung über den Fristverlängerungsantrag von der Urschrift ab, ist zu seinen Gunsten davon auszugehen, dass die in der Ausfertigung genannte Frist maßgeblich ist (BFH I R 37/91, BStBl. II 1992, 282). 50

Die Entscheidung über den Fristverlängerungsantrag muss dem Antragsteller nicht zugestellt werden, es genügt, wenn sie ihm **formlos** mitgeteilt wird (§ 155 FGO iVm § 329 II 1 ZPO; BFH III R 18/05, BFH/NV 2008, 229). Eine telefonische Fristverlängerung kann genügen, wenn sie vom Vorsitzenden selbst am Telefon ausgesprochen wird (BGH VIII ZB 32–97, NJW 1998, 1155); eine von der Senatsgeschäftsstelle ausgesprochene Fristverlängerung ist unwirksam, es sei denn, sie beruht auf einer Anordnung des Senatsvorsitzenden (BFH III R 18/05, BFH/NV 2008, 229). Die Fristverlängerung wird mit der Bekanntgabe an den Antragsteller wirksam. Bei **mehreren Revisionsklägern** wirkt die Fristverlängerung jeweils nur für den Antragsteller (BFH I R 49/94, BFH/NV 1996, 130; BVerwG II C 63/55, BVerwGE 3, 233; BGH VII ZB 4/90, HFR 1990, 523). 51

Die Begründungsfrist kann **mehrfach** verlängert werden (§ 54 II FGO iVm § 224 II ZPO), der Antrag auf weitere Verlängerung muss aber vor Ablauf der verlängerten Begründungsfrist beim BFH eingehen (BFH II R 29/17, BFH/NV 2019, 705). Die wiederholte Verlängerung darf nur nach **Anhörung des Gegners** bewilligt werden (54 II FGO iVm § 225 II ZPO). Unterbleibt die Anhörung des Gegners, ist die erneute Fristverlängerung gleichwohl wirksam (BAG 1 AZR 953/77, BB 1979, 1294). Wird die Fristverlängerung **abgelehnt,** ist diese Entscheidung des Vorsitzenden **unanfechtbar** (§ 54 II FGO iVm § 225 III ZPO; HHS/Lange § 120 Rn. 145). 52

f) Inhalt der Revisionsbegründung. aa) Revisionsantrag. Nach § 120 III Nr. 1 muss die Revisionsbegründung (oder die Revisionsschrift) die Erklärung enthalten, **inwieweit das Urteil angefochten** und dessen Aufhebung beantragt wird (Revisionsanträge). Der Gegenstand des Revisionsverfahrens wird idR durch den Revisionsantrag im Zusammenhang mit dem Revisionsbegehren bestimmt (BFH IX R 47/98, BStBl. II 2002, 756; IV R 82/06, BFH/NV 2009, 581; I R 66/16, BFH/NV 2019, 1360). Ein entsprechendes Erfordernis war schon in 53

§ 120 II aF enthalten, der einen „bestimmten Antrag" verlangte. Die neue Fassung konkretisiert „im Interesse einer größeren Transparenz für den Rechtsmittelführer" (BT-Drs. 14/4061, 11) die Darlegungsanforderungen für eine ordnungsgemäße Revisionsbegründung.

Ebenso wie nach § 120 II aF ist ein **förmlicher Revisionsantrag** in der Revisionsbegründung **entbehrlich,** wenn sich aus dem Vorbringen des Revisionsklägers eindeutig ergibt, inwieweit er sich durch das angefochtene Urteil beschwert fühlt und inwieweit er dessen Aufhebung oder Änderung erstrebt (stRspr, BFH IV R 9/22, BStBl. II 2025, 102, Rn. 25). Erwähnt der Kläger im Revisionsantrag überholte Bescheide, ist dies unschädlich, wenn ansonsten eindeutig erkennbar ist, welche Änderungen er mit der Revision erstrebt (BFH X R 31/12, BStBl. II 2013, 1015).

54 Die **Bezugnahme auf** die **Anträge im Klageverfahren** vor dem FG kann ausreichen, wenn das FG die Klage in vollem Umfang abgewiesen hat, und der Rechtsmittelführer mit der Revision sein Klagebegehren weiterverfolgt (BVerwG VIII C 63.65, BVerwGE 23, 41). Wird nur die **Aufhebung des angefochtenen Urteils** beantragt, so ist dies idR dahingehend auszulegen, dass eine Entscheidung nach den Anträgen in der Vorinstanz begehrt wird (BFH VI R 279/67, BStBl. II 1969, 173; VIII R 114/78, BStBl. II 1981, 101; V R 86/85, BStBl. II 1991, 729). Der Antrag, das klageabweisende Urteil des FG aufzuheben, genügt nicht, wenn Gegenstand des Klageverfahrens **mehrere Steuerbescheide** waren, die der Kläger teils aus formellen, teils aus materiellen Gründen angegriffen hat. In diesem Fall muss der Revisionsantrag erkennen lassen, in welchem Umfang die einzelnen Steuerbescheide angegriffen werden sollen (BFH II R 75/72, BStBl. II 1978, 196). Hat das FG die Klage **teils als unzulässig, teils als unbegründet** abgewiesen, muss der Revisionskläger deutlich machen, in Bezug auf welchen Teil oder welche Teile er das Urteil für falsch hält (BFH VII R 104/75, BStBl. II 1976, 788).

55 Ist das Ziel der Revision auch unter Berücksichtigung des Vorbringens in der Revisionsbegründung nicht klar erkennbar, ist die Revision **unzulässig** (BFH II R 75/72, BStBl. II 1978, 196; VI R 79/92, BFH/NV 1993, 317). Anders als im erstinstanzlichen Verfahren ist es nicht möglich, einen nicht ausreichend bestimmten Revisionsantrag nach Ablauf der Revisionsbegründungsfrist um die erforderlichen Angaben zu ergänzen. Die §§ 65 II, 76 II haben im Revisionsverfahren (iVm § 121) nur die Bedeutung, dass der Vorsitzende den Revisionskläger zur **Präzisierung eines an sich schon ausreichenden Antrags** zu veranlassen hat (BFH II R 75/72, BStBl. II 1978, 196). Ein erst nach Ablauf der Revisionsbegründungsfrist gestellter bestimmter Antrag kann nicht mehr berücksichtigt werden (BFH VIII R 146/85, BFH/NV 1991, 333; VIII R 30/85, BFH/NV 1986, 291). Ist innerhalb der Revisionsbegründungsfrist kein bestimmter Antrag gestellt worden, kann wegen dieses Versäumnisses nicht **Wiedereinsetzung** in den vorigen Stand gewährt werden (BFH II R 127/70, BStBl. II 1977, 613; X R 102/88, BFH/NV 1990, 47; → § 56 Rn. 4). Ist der Antrag bei teilbarem Streitgegenstand (→ § 98 Rn. 2) nur **teilweise unklar,** so bleibt die Revision wegen des klaren Teils zulässig (BGH VI ZR 251/74, NJW 1975, 2013).

56 Der Revisionsantrag darf nicht über das Klagebegehren hinausgehen; eine **Erweiterung des Klageantrags** ist im Revisionsverfahren **unzulässig** (vgl. § 123; BFH IX R 78/94, BStBl. II 1996, 16; II R 233/81, BStBl. II 1989, 186). Das folgt bereits aus dem Zweck der Revision, die der Überprüfung einer bereits ergangenen Entscheidung dienen soll. Der Revisionskläger kann deshalb nicht einen Streitpunkt, über den das FG nicht entschieden hat, zum Gegenstand der Revision machen (BFH I R 149/83, BStBl. II 1988, 25; GrS 2/87, BStBl. II 1990, 327; IV R 66/97, BFH/NV 1999, 788 mwN; → § 123 Rn. 2).

Von der unzulässigen Klageerweiterung ist die **Erweiterung eines Revisionsantrags** zu unterscheiden (BFH VIII R 87/85, BFH/NV 1986, 690). Diese ist in den Grenzen der Beschwer des Revisionsklägers grds. bis zum Ablauf der Revisionsbegründungsfrist zulässig, weil die Rechtskraft des angefochtenen Urteils durch die Einlegung der Revision zunächst in vollem Umfang gehemmt wird, und weil § 120 III dem Revisionskläger erst bei Ablauf der Revisionsbegründungsfrist die verbindliche Erklärung darüber abverlangt, welches konkret bestimmte Ziel er mit seinem Rechtsmittel verfolgen will (BFH VIII R 87/85, BFH/NV 1986, 690; IX R 29/19, BStBl. II 2023, 562; BVerwG 3 C 6/89, NJW 1992, 703; HHS/Lange § 120 Rn. 170). Das gilt auch, wenn das FG im angefochtenen Urteil über **mehrere selbständige Streitgegenstände** entschieden hat und wenn der Revisionskläger in der Revisionsschrift das Urteil nur hinsichtlich einzelner Streitgegenstände als angefochten bezeichnet hat (BFH X R 108/87, BStBl. II 1989, 572; VIII R 121/83, BStBl. II 1989, 585); vgl. zur **Teilanfechtung** → § 115 Rn. 39.

Eine Erweiterung des Revisionsantrags ist nur dann ausgeschlossen, wenn der Revisionskläger durch die Beschränkung der Anfechtung in der Revisionsschrift eindeutig einen **Rechtsmittelverzicht** bezüglich der übrigen Streitgegenstände erklärt hat (BFH VIII R 87/85, BFH/NV 1986, 690; → Vor § 115 Rn. 80 ff.). Nach Ablauf der Revisionsbegründungsfrist ist eine Erweiterung des Revisionsantrags ausgeschlossen; bezüglich der bis dahin nicht angefochtenen Streitgegenstände wird das Urteil mit Ablauf der Revisionsbegründungsfrist (teil)rechtskräftig (BFH V 167/62, BStBl. III 1966, 627; IX R 47/98, BStBl. II 2002, 756; IV R 82/06, BFH/NV 2009, 581 mwN). Der BFH hält im Anschluss an die Rspr. des BGH (BGH V ZR 6/51, BGHZ 12, 52 (68); IX ZR 61/73, MDR 1978, 573; VIII ZR 140/83, NJW 1985, 3079) eine Erweiterung der Revisionsanträge auch noch nach Ablauf der Revisionsbegründungsfrist für zulässig, sofern die **Erweiterung von** der **Revisionsbegründung gedeckt** ist (BFH V 167/62, BStBl. III 1966, 627; II R 101/78, BStBl. II 1981, 270; VI R 97/78, BFH/NV 1987, 514; ebenso Tipke/Kruse/Krumm § 120 Rn. 101). Der BGH hat seine Auffassung damit begründet, dass die in der Revisionsbegründung enthaltenen Anträge nur vorläufigen Charakter hätten und in der mündlichen Verhandlung noch geändert (insbes. erweitert) werden könnten (BGH V ZR 6/51, BGHZ 12, 52 (67)). Dieser Auffassung kann jedenfalls für das Revisionsverfahren im Finanzrechtsstreit nicht gefolgt werden, weil sie in Widerspruch zu dem Zweck des § 120 II steht, bis zum Ablauf der Revisionsbegründungsfrist Klarheit darüber zu schaffen, in welchem Umfang eine Änderung des angefochtenen Urteils möglich ist und inwieweit das Urteil rechtskräftig geworden ist (vgl. auch Redeker/v. Oertzen/Redeker VwGO § 139 Rn. 12; Kopp/Schenke/Schenke VwGO § 124 Rn. 5 aE).

Eine (ausdrückliche) **Beschränkung des Revisionsantrags** ist jederzeit mög- 57
lich. In der Einschränkung des Revisionsantrags liegt **keine teilweise Rücknahme** der Revision und auch kein teilweiser Rechtsmittelverzicht (BFH IX R 47/98, BStBl. II 2002, 756; IV R 82/06, BFH/NV 2009, 581; IV R 25/08, BStBl. II 2010, 622; I R 57/11, BFH/NV 2014, 390; II R 53/11, BStBl. II 2014, 352; X R 4/11, BFH/NV 2015, 853; X R 9/17, BStBl. II 2021, 418; BVerwG 3 C 6/89, NJW 1992, 703), sondern sie ist als von Anfang an beschränkte Anfechtung anzusehen. Das Urteil wird in diesem Fall hinsichtlich des nicht angefochte-

nen Teils rechtskräftig. Fehlt es an einer ausdrücklichen Beschränkung in der Rechtsmittelbegründung, bleibt das Urteil vollumfänglich angefochten; insofern fehlt es dann teilweise an der erforderlichen Begründung der Revision (BFH IV R 25/08, BStBl. II 2010, 622; X B 128/15, BeckRS 2016, 94442).

Ergeht während des Revisionsverfahrens ein **Änderungsbescheid** (§ 68), muss der Revisionskläger seinen Revisionsantrag ändern und damit dem neuen Verfahrensgegenstand Rechnung tragen; ausnahmsweise kann das Gericht von sich aus den ursprünglichen Antrag im Wege der Auslegung der neuen Verfahrenssituation anpassen, wenn der Änderungsbescheid den Streitstoff inhaltlich unberührt lässt (BFH IV R 71/00, BStBl. II 2004, 43; X R 43/05, BFH/NV 2007, 55; → § 68 Rn. 48).

58 **bb) Angabe der Revisionsgründe.** Die Revisionsbegründung muss nach § 120 III Nr. 2 außerdem die **Revisionsgründe** angeben. Der **Zweck** der Begründungspflicht besteht darin, **das Revisionsgericht zu entlasten** und den Revisionskläger zu veranlassen, Inhalt, Umfang und Zweck seines Revisionsangriffs von vornherein klarzustellen (BFH III R 69/11, BFH/NV 2014, 67). Durch die in § 120 III Nr. 2 geforderten Angaben zur Konkretisierung der geltend gemachten Revisionsrügen soll bloßen **Formalbegründungen** vorgebeugt werden. Die Revisionsbegründung muss auf den zur Entscheidung stehenden Fall zugeschnitten sein. Sie darf nicht nur aus inhaltsleeren Floskeln bestehen. Dagegen ist eine eingehende und umfassende Erörterung der streitigen Rechtsfragen nicht erforderlich (BFH I R 108/81, BStBl. II 1985, 523; X R 183/96, BStBl. II 2003, 238; VIII R 5/04, BFH/NV 2007, 906). Die Begründungspflicht entfällt nicht, weil das FG die Revision wegen grundsätzlicher Bedeutung zugelassen hat (BFH VI R 15/22, BFH/NV 2023, 858).

Bezieht sich die Revision (ein Verfahren) auf **mehrere Streitgegenstände,** so müssen in der Revisionsbegründung bezogen auf sämtliche Streitgegenstände die Rechtsverletzungen bezeichnet und, soweit Verfahrensmängel gerügt werden, die Tatsachen angegeben werden, aus denen sich diese Mängel ergeben (BFH III R 21/16, BFH/NV 2020, 103). Sind diese Voraussetzungen nur hinsichtlich einzelner Streitgegenstände erfüllt, so ist die Revision bezüglich der übrigen unzulässig (BFH I R 1/85, BStBl. II 1988, 463; IV R 25/94, BStBl. II 1995, 318; X R 109/97, BFH/NV 1999, 63).

Betrifft das Urteil einen einheitlichen Streitgegenstand mit **mehreren Streitpunkten,** ist die Revision (insgesamt) zulässig, wenn nur hinsichtlich eines dieser Streitpunkte eine hinreichend begründete Revisionsrüge vorgetragen wird (BFH X R 43/05, BFH/NV 2007, 55); der BFH kann dann bei einer auf die Verletzung materiellen Rechts gestützten Revision iRd Revisionsantrags das angefochtene Urteil auch hinsichtlich der übrigen Streitpunkte überprüfen (BFH X R 2/14, BStBl. II 2016, 534; Grundsatz der Vollrevision; → § 118 Rn. 73). Betrifft das Urteil des FG einen einheitlichen Streitgegenstand, bei dem über mehrere Rechtsfragen gestritten wird, die **kumulativ** iSd Revisionsklägers beantwortet werden müssen, um seinem Klageantrag entsprechen zu können, bedarf die Begründung der Revision einer Darlegung der Gründe, weshalb alle Rechtsfragen iSd Revisionsklägers beantwortet werden müssen, auch wenn das FG sein Urteil allein auf die Verneinung einer der Rechtsfragen gestützt hat (BFH IV R 11/14, BFH/NV 2018, 963; II R 44/18, BStBl. II 2023, 1009; IV R 30/19, BStBl. II 2023, 1050).

Hat das FG seine Entscheidung auf **mehrere selbständig tragende rechtliche Erwägungen** gestützt, muss der Revisionskläger in der Revisionsbegründung für jede dieser Erwägungen darlegen, inwieweit sie nach seiner Auffassung Bundesrecht verletzt; andernfalls ist die Revision unzulässig (BFH XI R 101/96, BFH/NV 1999, 1228; X R 190/93, BFH/NV 1995, 919; BGH IX ZB 89/89, NJW 1990, 1184; BAG 5 AZR 442/07, DB 2008, 1443).

Da eine ordnungsgemäße Revisionsbegründung sich mit den Gründen des angefochtenen Urteils auseinandersetzen muss, ist es im Allgemeinen nicht möglich, die Revision durch **Bezugnahme** auf im **Klageverfahren,** im Einspruchsverfahren oder in anderen Gerichtsverfahren eingereichte **Schriftsätze** oder durch **wörtliche Wiederholung** der Ausführungen in der Klageschrift zu begründen (stRspr, vgl. zB BFH I R 185/66, BStBl. III 1967, 342; III R 21/99, BStBl. II 2000, 700; I R 12/05, BFH/NV 2006, 2088; BSG 1 RA 1/86, NJW 1987, 1359; BVerwG IV ER 403/61, BVerwGE 13, 181). **Ausnahmsweise** kann die Revision durch Bezugnahme auf die schriftsätzlichen Ausführungen im Klageverfahren begründet werden, wenn sich aus dem in Bezug genommenen Schriftsatz hinreichend deutlich ergibt, was ggü. dem angefochtenen Urteil gerügt werden soll. Das ist zB der Fall, wenn der Prozessbevollmächtigte des Revisionsklägers schon im Verfahren erster Instanz seine **Rechtsauffassung eingehend begründet** und sich dabei auch abschließend mit den Argumenten der (später vom FG im angefochtenen Urteil gebilligten) Gegenmeinung auseinandergesetzt hat und mehr zu der Streitfrage nicht zu sagen ist (stRspr, BFH I R 88/07, BFH/NV 2009, 2047; IV R 11/14, BFH/NV 2018, 963; VI R 37/20, BFH/NV 2022, 1183; VI R 15/22, BFH/NV 2023, 858). Auch die Bezugnahme auf **Schriftsätze in Parallelverfahren** reicht für eine ordnungsgemäße Revisionsbegründung idR nicht aus; eine Ausnahme kommt aber in Betracht, wenn es sich in beiden Verfahren um **dieselbe Rechtsfrage und dieselben Personen** handelt (BFH VIII R 104/83, BFH/NV 1988, 306; III R 121/93, BFH/NV 1996, 557; II R 9/07, BFH/NV 2009, 1096). Entgegen der in der älteren Rspr. (BFH IX R 85/91, BFH/NV 1993, 374; I R 73/91, BFH/NV 1995, 402) vertretenen Ansicht ist es für die Zulässigkeit der Bezugnahme nicht in jedem Fall erforderlich, der Revisionsbegründung eine **Abschrift** des in Bezug genommenen Schriftsatzes beizufügen; das gilt insbes. in den Fällen der Bezugnahme auf die Begründung der erfolgreichen NZB (BFH VII R 46/07, BFH/NV 2008, 1691; II R 9/07, BFH/NV 2009, 1096 unter Hinweis auf § 551 III 2 ZPO). Erforderlich ist aber stets, dass der in Bezug genommene Schriftsatz seinerseits den Anforderungen des § 120 III genügt (BFH IX R 85/91, BFH/NV 1993, 374). Zulässig ist die Bezugnahme auf die (ordnungsgemäße) Revisionsbegründung eines **anderen Verfahrensbeteiligten,** zB eines Beigeladenen, wenn beide Beteiligte dasselbe Prozessziel verfolgen und dieselben Anträge stellen (BSG B 6 KA 15/99 R, BSGE 85, 145; BGH XII ZR 209/92, NJW 1993, 3333; offengelassen für Bezugnahme auf Ausführungen des beigetretenen BMF: BFH VIII R 13/20, BFH/NV 2024, 1332, Rn. 36). 59

Wegen der **unterschiedlichen Anforderungen** an die Begründung einer NZB einerseits und einer Revision andererseits kann zur Begründung der Revision grds. nicht auf die **Begründung der NZB** Bezug genommen werden (BFH VII R 29/95, BFH/NV 1996, 385; VIII R 39/14, BeckRS 2017, 119032; BVerwG 4 C 14/88, NVwZ 1989, 557). Das gilt auch, wenn nach erfolgreicher NZB das Beschwerdeverfahren gem. § 116 VII als Revisionsverfahren fortgesetzt wird (BFH II R 46/05, BFH/NV 2006, 1304; VII R 46/07, BFH/NV 2009, 38). Eine Ausnahme gilt, wenn die Begründung der NZB inhaltlich zugleich den Anforderungen an eine Revisionsbegründung genügt, weil sie bereits eine 60 umfassende kritische Würdigung des angefochtenen Urteils unter dem Gesichtspunkt seiner materiell-rechtlichen und verfahrensrechtlichen Richtigkeit enthält (BFH VIII R 23/78, BStBl. II 1979, 116; X R 63/01, BFH/NV 2004, 36; VII R 29/85, BFH/NV 1996, 385 mwN; BVerwG 9 C 6/98, NVwZ 1998, 1311; Tipke/Kruse/Krumm § 120 Rn. 55). Eine Bezugnahme der Revisionsbegründung auf die Begründung der NZB ist insbes. dann zulässig, wenn die Revision auf einen **Verfahrensmangel** gestützt wird und der BFH in dem die Revision zulassenden Beschluss den gerügten Verfahrensmangel bejaht und die Revision deshalb zugelassen hat (stRspr, BFH I R 102/77, BStBl. II 1981, 578; VII R 15/03, BStBl. II 2004, 566; II R 9/07, BFH/NV 2009, 1096). Eine zulässige Bezugnahme bei der Begründung der Revision kommt auch in Betracht, wenn die **erfolgreiche NZB** mit der **Abweichung** des angefochtenen Urteils von einer Entscheidung des BFH oder eines anderen Gerichts begründet wurde und eine ausreichende kritische Würdigung des angefochtenen Urteils enthält (BFH VII R 15/03, BStBl. II 2004, 566; IV R 60/97, BFH/NV 1999, 149; IV R 36/09, BFH/NV 2011, 2092).

61 Ausreichend ist idR auch die **Bezugnahme auf** die Begründung eines für das Revisionsverfahren angebrachten **Prozesskostenhilfegesuchs,** da die Anforderungen an die Begründung hinsichtlich der sachlichen Voraussetzungen der Prozesskostenhilfe (hinreichende Erfolgsaussicht) dieselben sind wie die der Revision (BGH XII ZR 209/92, NJW 1993, 3333; 1 AZR 248/67, NJW 1968, 1739; BVerwG III C 99.66, Buchholz 310 § 60 VwGO Nr. 40). Gegen eine solche Bezugnahme bestehen jedenfalls dann keine Bedenken, wenn das Gesuch von einem vor dem BFH vertretungsberechtigten Bevollmächtigten (§ 62 IV) begründet wurde und der Inhalt dieses Gesuchs den Anforderungen des § 120 III entspricht.

62 Grenzen für eine zulässige Bezugnahme ergeben sich auch aus dem im Verfahren vor dem BFH geltenden **Vertretungszwang.** Deshalb ist es nicht zulässig, wenn sich der Prozessbevollmächtigte zur Begründung des Rechtsmittels lediglich auf das von einem **Dritten** gefertigte **Rechtsgutachten** bezieht, auch wenn das Gutachten für sich genommen den Anforderungen des § 120 III genügen würde; das gilt auch dann, wenn der Bevollmächtigte sich die Rechtsausführungen des Dritten zu eigen macht (BFH IX R 177/83, BStBl. II 1985, 470; III R 35/96, BFH/NV 1998, 332).

63 **cc) Sachrüge.** Rügt der Kläger eine **Rechtsverletzung (Sachrüge),** muss er die **Umstände bestimmt bezeichnen,** aus denen sich die Rechtsverletzung ergibt (§ 120 III Nr. 2a). Die Neufassung der Vorschrift entspricht im Wesentlichen der bisherigen Rspr. des BFH zu § 120 II aF. Erforderlich ist danach zweierlei. Die Begründung muss zum einen eindeutig erkennen lassen, welche **Norm** der Revisionskläger für verletzt hält. Der Revisionskläger muss zum andern die **Gründe tatsächlicher und rechtlicher Art** angeben, die nach seiner Auffassung das angefochtene Urteil unrichtig erscheinen lassen (stRspr, zB BFH I R 108/81, BStBl. II 1985, 523; IX R 28/01, BFH/NV 2004, 1383; III R 69/11, BFH/NV 2014, 67). Der Revisionskläger muss sich deshalb mit den tragenden Gründen des FG-Urteils auseinandersetzen und darlegen, weshalb er diese für unrichtig hält (BFH VI R 13/03, BFH/NV 2006, 1321 mwN; VII R 49/03, BFH/NV 2004, 521).

64 Ein **bestimmter Paragraph** muss nicht ausdrücklich genannt werden. Es muss aber aus der Revisionsbegründung (eindeutig) erkennbar sein, welche **Rechts-**

norm der Revisionskläger für verletzt hält (BFH III R 32/70, BStBl. II 1971, 329; XI R 23–24/92, BStBl. II 1993, 514; X R 66/00, BFH/NV 2004, 19; X R 24/06, BFH/NV 2008, 774; VI R 13/14, BStBl. II 2016, 778). Mit der Revision kann grds. nur die Rechtsanwendung durch das FG, nicht aber die Tatsachenfeststellung und -würdigung überprüft werden (→ § 118 Rn. 1; BFH VI R 13/03, BFH/NV 2006, 1321). Eine Revisionsbegründung, die sich in Angriffen gegen die Beweiswürdigung des FG erschöpft, genügt deshalb im Allgemeinen nicht (vgl. aber BFH VII R 1/02, BFH/NV 2002, 950), es sei denn, es werden Umstände bezeichnet, aus denen sich schlüssig ergibt, dass die vom FG in dem angefochtenen Urteil getroffenen Feststellungen mit den Denkgesetzen oder mit allgemeinen Erfahrungssätzen unvereinbar sind (BFH VI R 1/15, BeckRS 2015, 95638; VIII R 22/14, BeckRS 2016, 94695; VI R 26/15, BeckRS 2017, 94280). Wird die Verletzung eines **ungeschriebenen Rechtsgrundsatzes** (wie zB Treu und Glauben) gerügt, muss angegeben werden, um welchen Rechtsgrundsatz es sich handelt, woraus er sich ergibt und in welcher konkreten Ausprägung er verletzt sein soll (BFH II R 118/67, BStBl. II 1969, 84; VII R 64/73, BStBl. II 1976, 456; IV R 9/87, BFH/NV 1989, 790). Die Rechtsnorm, deren Verletzung gerügt werden soll, muss grds. dem Bundesrecht angehören (§ 118 I; → § 118 Rn. 31 ff.).

In der Revisionsbegründung müssen auch die **Gründe** (Umstände) dargelegt 65
(bestimmt bezeichnet) werden, aus denen sich nach Ansicht des Revisionsklägers die Rechtsverletzung ergibt. Diesem Erfordernis ist durch die bloße Behauptung, das Urteil beruhe auf der Verletzung materiellen (oder formellen) Rechts, nicht genügt (BFH IV R 168/66, BStBl. III 1966, 596; II R 118/67, BStBl. II 1969, 84; BVerwG 5 C 3/81, Buchholz 310 § 139 VwGO Nr. 61). Erforderlich ist vielmehr, dass sich der Revisionskläger mit den tragenden **Gründen** des angefochtenen Urteils **sachlich auseinandersetzt** und dartut, weshalb er diese Gründe für rechtsfehlerhaft hält (stRspr, vgl. zB BFH IX R 177/83, BStBl. II 1985, 470 mwN; III R 21/99, BStBl. II 2000, 700 mwN; VIII R 5/04, BFH/NV 2007, 906; BVerwG 9 C 20/97, HFR 1999, 496; BSG 2 RU 14/96, MDR 1997, 273). Die Revisionsbegründung muss aus sich heraus erkennen lassen, dass der Revisionskläger anhand der Gründe des finanzgerichtlichen Urteils sein **bisheriges Vorbringen überprüft** hat (stRspr, vgl. zB BFH I R 185/66, BStBl. II 1967, 342; I R 80/95, BStBl. II 1997, 134; X R 43/05, BFH/NV 2007, 55). Die Revisionsbegründung sollte deshalb eine, wenn auch kurze, Auseinandersetzung mit den Gründen des FG-Urteils enthalten (BFH III R 21/99, BStBl. II 2000, 700 mwN; III R 7/98, BFH/NV 1999, 501). Sie muss bei der Rüge der Verletzung materiellen Rechts die **tatsächlichen Feststellungen** des FG zugrunde legen (BFH VII R 25/958, BFH/NV 2000, 235; Gosch/Rüsken § 120 Rn. 172f).

Die bloße Behauptung, das angefochtene Urteil beruhe auf fiktiven Annahmen und einer nicht hinreichenden Würdigung des Geschehens durch das FG, genügt nicht (BFH VI R 83/14, BeckRS 2017, 94764). Ungenügend ist auch die bloße Wiederholung der bereits im Klageverfahren vertretenen Rechtsauffassung (BFH VI R 1/15, BeckRS 2015, 95638) oder die bloße Bezugnahme auf ein anderes Gerichtsverfahren, in dem möglicherweise über dieselbe Rechtsfrage zu entscheiden ist (BFH I R 79/14, BeckRS 2016, 94751). Unschädlich ist allerdings, wenn der Revisionskläger seinen erstinstanzlichen Standpunkt weitgehend wiederholt und nicht aufgegeben hat (BFH XI R 17/09, MwStR 2013, 51; III R 21/14, BeckRS 2017, 119030).

Ergibt sich aus den Entscheidungsgründen des FG-Urteils, dass das Gericht von einer bestimmten höchstrichterlichen Rechtsprechung abgewichen ist und will der Revisionskläger diese **Abweichung rügen,** so reicht es aus, wenn er die Abweichung darstellt und darauf hinweist, dass er sich der höchstrichterlichen Rechtsprechung anschließt (BFH I R 108/81, BStBl. II 1985, 532; XI R 6/14, BStBl. II 2016, 828).

66 **dd) Verfahrensrüge.** Zum **Begriff des Verfahrensmangels** und zur Abgrenzung des Verfahrensmangels vom materiellen Rechtsfehler → § 115 Rn. 250 ff.

Für die ordnungsgemäße **Rüge** eines Verfahrensmangels müssen die **Tatsachen** (genau) bezeichnet werden, aus denen sich nach Ansicht des Revisionsklägers der behauptete Verfahrensverstoß ergibt (§ 120 III Nr. 2b; BFH II R 118/67, BStBl. II 1969, 84; X S 22/12, BFH/NV 2013, 216). Das sind diejenigen Prozessvorgänge, die mangelhaft sind oder die den Mangel im Urteil ergeben. Nicht ausreichend, aber auch nicht erforderlich ist die ausdrückliche Bezeichnung der angeblich verletzten Rechtsnorm (BFH I R 120/82, BStBl. II 1983, 46; IV R 1/00, BFH/NV 2001, 786). Auch der Begriff „Verfahrensfehler" muss nicht erwähnt werden (BFH V R 28/19, BFH/NV 2020, 1275). Die Tatsachen müssen **genau** angegeben werden. Es soll dem Revisionsgericht nicht überlassen bleiben, die Akten auf etwaige Verfahrensverstöße zu durchsuchen (BFH X B 150/89, BFH/NV 1991, 329). Eine Verfahrensrüge genügt nur dann den Anforderungen des § 120 III Nr. 2b, wenn der Revisionskläger **schlüssig** Tatsachen bezeichnet, aus denen sich (ihre Richtigkeit unterstellt) ein Verfahrensmangel ergibt (BFH V R 135/68, BStBl. II 1970, 384; V R 17/85, BFH/NV 1991, 201; BVerwG 1 C 78.77, DVBl. 1981, 493). Daran fehlt es, wenn die zur Begründung der Rüge vorgetragenen Tatsachen (unabhängig von ihrer Beweisbarkeit) den behaupteten Mangel nicht ergeben (BFH III R 90/07, BStBl. II 2011, 543).

Der Revisionskläger muss außerdem darlegen, dass das angefochtene Urteil auf dem Verfahrensmangel **beruhen** kann (BFH V R 130/69, BStBl. II 1974, 219; IV R 54/93, BStBl. II 1995, 473; VII R 25/98, BFH/NV 2000, 235). Ausführungen zum Beruhen sind entbehrlich, wenn es sich um die Rüge eines **absoluten Revisionsgrundes** iSd § 119 handelt (→ § 119 Rn. 3) und soweit keine Einschränkung zu beachten ist (→ § 119 Rn. 19). Darlegungen zum Beruhen sind ebenfalls nicht erforderlich, wenn sich die den Verfahrensverstoß begründenden Tatsachen **aus dem Urteil selbst ergeben;** die Forderung nach ihrer Angabe zusätzlich in der Rechtsmittelbegründung wäre dann eine unnötige Förmelei (BFH GrS 3/98, BStBl. II 2001, 802 unter III. 2b) bb) mwN; BFH I R 108/81, BStBl. II 1985, 523).

Wird der Verstoß gegen Vorschriften des Prozessrechts gerügt, auf deren Beachtung die Beteiligten **verzichten** können (→ § 115 Rn. 287 ff.), muss außerdem vorgetragen werden, dass der Verstoß in der Vorinstanz gerügt worden ist, oder weshalb dem Beteiligten eine derartige Rüge nicht möglich war (stRspr, vgl. zB BFH I R 173/83, BStBl. II 1991, 66; VI B 126/08, BFH/NV 2009, 1267; IX B 24/07, BFH/NV 2008, 92; BVerwG III C 133/57, BVerwGE 8, 149). Die bloße Behauptung, den Verfahrensmangel gerügt zu haben, genügt nicht; die Rüge muss aus dem **Sitzungsprotokoll** oder dem angefochtenen **Urteil** ersichtlich sein (BFH VIII R 84/90, BStBl. II 1994, 764); wird die fehlerhafte Protokollierung behauptet, muss auch vorgetragen werden, dass eine Berichtigung des Protokolls nach § 94 FGO iVm § 164 ZPO beantragt worden ist (BFH II B 201/

91, BStBl. II 1992, 562; V R 50/09, BStBl. II 2012, 151). Zum **Rügeverzicht** → § 115 Rn. 291 ff.; → § 116 Rn. 51 f.

Das Revisionsgericht kann grds. nur solche Verfahrensfehler berücksichtigen, die **innerhalb der Revisionsbegründungsfrist** in einer den Anforderungen des § 120 III Nr. 2b) entsprechenden Weise dargelegt worden sind (BFH IV R 60/95, BStBl. II 1997, 567 mwN; XI R 64/06, BFH/NV 2009, 798; V R 50/09, BStBl. II 2012, 151; VI R 9/10, BFH/NV 2011, 976; X R 14/10, BStBl. II 2012, 511; XI R 8/11, BFH/NV 2013, 596; IV R 50/14, BStBl. II 2017, 456; XI R 25/18, DStR 2020, 2240). Eine Ausnahme gilt für die **von Amts wegen** zu berücksichtigenden Verfahrensverstöße (→ § 118 Rn. 215), die im Revisionsverfahren auch ohne Rüge geprüft werden. Ist ein Verfahrensmangel nicht fristgerecht gerügt, so kann zur Nachholung Wiedereinsetzung nicht gewährt werden (BFH I R 9/78, BStBl. II 1979, 184; → Rn. 55).

Bei der (Darlegung) und Prüfung, ob ein entscheidungserheblicher Verfahrens- 68
mangel vorliegt, ist vom **materiell-rechtlichen Standpunkt des FG** auszugehen (stRspr, vgl. zB BFH I R 218/74, BStBl. II 1976, 621; I R 57/93, BStBl. II 1994, 377; I B 123/06, BFH/NV 2007, 2148; BVerwG 7 B 169/83, NVwZ 1984, 307). Das gilt jedenfalls, soweit der Mangel die Tatsachenfeststellung und -würdigung betrifft (→ § 115 Rn. 304). Die Schlüssigkeit einer Aufklärungsrüge oder einer Rüge, das FG habe seine Überzeugung nicht aus dem Gesamtergebnis des Verfahrens gebildet (§ 96) setzt deshalb voraus, dass die nicht berücksichtigten Tatsachen auch aus der Sicht des FG entscheidungserheblich waren (BFH IX B 24/07, BFH/NV 2008, 92 mwN).

Die Darlegungsanforderungen iE entsprechen denen des § 116 III 3 (→ § 126 Rn. 26 ff.). Wegen der Möglichkeit der Aufhebung und Zurückverweisung des Urteils gem. § 116 VI im NZB-Verfahren kommen Verfahrensrevisionen kaum noch vor. Im Einzelnen gilt Folgendes:

Wird geltend gemacht, das FG habe **Beweisanträge übergangen,** so sind 69
nach stRspr des BFH (vgl. zB BFH III R 141/68, BStBl. II 1974, 350; V R 68/96, BStBl. II 1998, 637; IX B 209/05, BFH/NV 2007, 80; II R 55/09, BFH/NV 2011, 1702) grds. Angaben zu folgenden Punkten erforderlich:

- den ermittlungsbedürftigen Tatsachen (präzise Angabe des Beweisthemas);
- den angebotenen **Beweismitteln;**
- genaue Bezeichnung des **Sitzungsprotokolls** oder des **Schriftsatzes** mit Datum und Seitenzahl, in dem die Beweismittel benannt sind, die das FG nicht erhoben hat;
- inwiefern das Urteil des FG – ausgehend von der materiell-rechtlichen Auffassung des Gerichts – auf der unterlassenen Beweisaufnahme **beruhen** kann und was das voraussichtliche **Ergebnis der Beweisaufnahme** gewesen wäre (BFH IV B 150/07, BFH/NV 2009, 598 mwN);
- dass die Nichterhebung der angebotenen Beweise in der (nächsten) **mündlichen Verhandlung gerügt** wurde (BFH VII R 135/85, BStBl. II 1988, 841; VI B 84/08, BFH/NV 2009, 1657; XI R 8/11, BFH/NV 2013, 596) oder, wenn dies nicht geschehen sein sollte, weshalb die rechtzeitige Rüge dem Revisionskläger nicht möglich war (BFH I R 54/93, BStBl. II 1994, 864 mwN; X B 156/04, BFH/NV 2005, 907). Das gilt jedenfalls dann, wenn der Beteiligte bereits im finanzgerichtlichen Verfahren **sachkundig vertreten** war (→ § 115 Rn. 103 aE).

Wird gerügt, das Gericht habe einen **mündlich gestellten** (aber nicht protokollierten) **Beweisantrag** übergangen, ist ferner der Vortrag erforderlich, dass von der Möglichkeit, die Berichtigung des Protokolls zu beantragen, Gebrauch gemacht wurde (BFH II B 201/91, BStBl. II 1992, 562).

70 Wird ein Verstoß gegen die Sachaufklärungspflicht (§ 76 I) mit der Begründung gerügt, das FG hätte auch ohne entsprechenden Beweisantritt **von Amts wegen** den Sachverhalt weiter **aufklären müssen,** so sind nach der Rspr. (vgl. zB BFH IV R 45/76, BStBl. II 1977, 694; V R 47/88, BStBl. II 1992, 1046; II S 42/92, BStBl. II 1993, 723; VII B 61/04, BFH/NV 2005, 921) Ausführungen zu folgenden Punkten erforderlich:

- welche **Tatsachen** das FG auch ohne besonderen Antrag hätte aufklären oder welche **Beweise** zu welchem **Beweisthema** es von Amts wegen hätte erheben müssen;
- aus welchen Gründen (genaue Angabe) sich dem FG die Notwendigkeit einer weiteren Aufklärung des Sachverhalts oder einer **Beweiserhebung** auch ohne einen entsprechenden Antrag hätte **aufdrängen** müssen;
- welche entscheidungserheblichen Tatsachen sich bei einer weiteren Sachaufklärung oder Beweisaufnahme voraussichtlich ergeben hätten;
- inwiefern eine weitere Aufklärung des Sachverhalts auf der Grundlage des materiell-rechtlichen Standpunkts des FG zu einer **anderen Entscheidung** hätte führen können (BFH IX B 154/05, BFH/NV 2007, 31; XI B 228/07, BeckRS 2008, 25013057) und
- dass der Mangel in der mündlichen Verhandlung vor dem FG gerügt wurde (→ Rn. 67).

Hat das **FG begründet,** weshalb es einzelne Beweise nicht erhoben hat, so ergeben sich die den angeblichen Verfahrensverstoß begründenden Tatsachen aus dem Urteil selbst und ist ihre Angabe in der Revisionsbegründung (die sich auch rechtlich mit der Ansicht des FG auseinandersetzen muss) nicht erforderlich (BFH VII R 135/85, BStBl. II 1988, 841; I R 101/95, BStBl. II 1997, 464; XI B 58/02, BFH/NV 2003, 787; BVerwG IV C 267/57, BVerwGE 6, 69; Gräber DStZ/A 1967, 315 mwN in Fn. 51). Es genügt in diesem Fall die **schlichte Rüge der Nichtbeachtung des Beweisantritts** (BFH XI B 58/02, BFH/NV 2003, 787 mwN).

71 Wird die **Verletzung der Hinweispflicht** gerügt (§ 76 II 2), muss angegeben werden, worauf hätte hingewiesen werden müssen, welche Frage hätte gestellt werden müssen und was darauf geantwortet worden wäre (BFH II B 24/06, BeckRS 2006, 25010926; III B 135/03, BFH/NV 2004, 339; III B 43/03, BFH/NV 2004, 371; BGH IX ZR 37/79, HFR 1980, 515). Ferner ist darzulegen, aus welchem Grund ein Anlass zu einem Hinweis des Gerichts bestand (BFH I B 98/02, BFH/NV 2003, 1191) und inwiefern das angefochtene Urteil auf dem Verfahrensfehler beruhen kann (BFH III B 135/03, BFH/NV 2004, 339 mwN). Zur Hinweispflicht und zum Verbot einer Überraschungsentscheidung vgl. auch BFH III B 89/04, BFH/NV 2005, 915.

72 Wird gerügt, das FG habe seiner **Beweiswürdigung** nicht das **Gesamtergebnis des Verfahrens** zugrunde gelegt (**„Verstoß gegen den klaren Inhalt der Akten", § 96;** vgl. BFH X B 6/07, BFH/NV 2007, 1921), so muss der von dem Beteiligten vorgetragene oder nach dem Inhalt der Akten klar feststehende Sachverhalt, den das FG nach Ansicht des Revisionsklägers bei seiner Entscheidung nicht berücksichtigt hat, genau bezeichnet werden (BFH V R 130/69, BStBl. II 1974, 219; IV B 165/06, BeckRS 2007, 25012559; I B 115/93, BFH/NV 2004, 551). Es genügt nicht, zur Begründung der Verfahrensrüge nur pauschal „auf die bei den Akten befindlichen Belege" oder auf das Vorbringen des Revisi-

onsklägers in der Vorinstanz hinzuweisen. Unzureichend ist auch der Vortrag, das FG habe bestimmtes Vorbringen des Klägers nicht ausdrücklich in den Urteilsgründen gewürdigt (BFH VI B 98/06, BFH/NV 2007, 949). Darzulegen ist ferner, inwiefern der Verfahrensfehler für das angefochtene Urteil auf der Grundlage der materiell-rechtlichen Rechtsauffassung des FG **ursächlich** war (BFH V B 39/04, BFH/NV 2005, 1585; XI B 13/99, BFH/NV 2001, 200). Wird gerügt, das FG habe entscheidungserhebliches Vorbringen des Klägers übergangen, so ist die Rüge nur in zulässiger Weise erhoben, wenn unter genauer Angabe der betreffenden Schriftsätze (Angabe der Seitenzahl) dargelegt wird, welches substantiierte Vorbringen vor dem FG im angefochtenen Urteil unberücksichtigt geblieben sei (BFH II R 90/69, BStBl. II 1970, 408; III R 141/68, BStBl. II 1974, 350; V B 39/04, BFH/NV 2005, 1585). Es muss außerdem dargelegt werden, welche Schlussfolgerungen sich dem FG nach Ansicht des Revisionsklägers auf Grund dieser Tatsachen hätten aufdrängen müssen (BFH X B 142/99, BFH/NV 2001, 16).

Die Rüge, das FG habe entscheidungserheblichen Vortrag der Beteiligten über- 73
gangen, kann als Rüge der Verletzung des Anspruchs auf **rechtliches Gehör** zu prüfen sein (BFH II B 121/02, BFH/NV 2004, 666). Wird geltend gemacht, das FG habe bei der Würdigung des Gesamtergebnisses des Verfahrens gegen die Denkgesetze oder gegen allgemeine Erfahrungssätze verstoßen, handelt es sich nicht um eine Verfahrensrüge, sondern um die Rüge der Verletzung materiellen Rechts (BFH V B 201/06, BFH/NV 2008, 827; VI B 84/08, BFH/NV 2009, 1657; → § 115 Rn. 83).

Wegen der Anforderungen an die Geltendmachung eines **absoluten Revisionsgrundes** vgl. die Kommentierung zu § 119.

3. Gegenrügen

Die sog. **„Gegenrügen"** sind Rügen, die der **Revisionsbeklagte,** der keine 75
Anschlussrevision eingelegt hat, erheben kann. Gesetzlich ist zu ihnen nichts bestimmt. Sie sind gleichwohl zulässig, weil der Beteiligte, der im finanzgerichtlichen Verfahren obsiegt hat und deshalb mangels Beschwer nicht selbst ein Rechtsmittel einlegen kann, als Revisionsbeklagter die Möglichkeit haben muss, **tatsächliche Feststellungen** des FG, die er für unrichtig oder lückenhaft hält und die zu einer ihm ungünstigen Entscheidung des BFH führen können, mit Verfahrensrügen anzugreifen (stRspr, vgl. GmSOGB GmS-OGB 1/75, NJW 1976, 1682 mwN; BFH IV R 72/69, BStBl. II 1970, 497; V R 109/78, BStBl. II 1987, 228). Diese Gegenrügen können bis zum **Schluss der mündlichen Verhandlung** vor dem BFH erhoben werden (BFH V R 30/83, BStBl. II 1989, 210; I R 43/86, BStBl. II 1990, 615). Tatsachen, die der Revisionsbeklagte aufgrund seiner prozessualen **Mitwirkungspflicht** schon im Verfahren vor dem FG hätte vortragen können, kann er nicht mehr im Wege der Gegenrüge in das Revisionsverfahren einführen (BFH I R 27/74, BStBl. II 1977, 802; V R 92/77, BFH/NV 1988, 534; X R 36/06, BStBl. II 2010, 171; IV R 34/08, BStBl. II 2011, 787).

Werden Gegenrügen erhoben, so müssen sie den allgemeinen Anforderungen an eine ordnungsgemäße Verfahrensrüge (§ 120 III) und den allgemeinen revisionsrechtlichen Grundsätzen (kein neuer Tatsachenvortrag) genügen (BFH IV R 54/01, BStBl. II 2003, 854; II R 43/01, BFH/NV 2004, 922). Rügt der Revisionsbeklagte mangelnde Sachaufklärung, so kann er damit nicht gehört werden, wenn er die Rüge schon in der Tatsacheninstanz hätte erheben können und müssen (BFH I R 27/74, BStBl. II 1977, 802; II R 114/82, BStBl. II 1985, 380; III R 34/93, BFH/NV 1996, 707).

Die Gegenrüge kann mE auch im Verfahren der **NZB** vom Beschwerdegegner erhoben werden, da der BFH nach § 116 VI im Fall einer erfolgreichen Verfahrensrüge des Beschwerdeführers das angefochtene Urteil durch Beschluss aufheben kann.

III. Anschlussrevision

Literatur: Baur, Ist die Anschlussberufung (Revision) ein Rechtsmittel?, Festschrift für Fragistas, 1966, 359; Coring, Die Anschlussrevision im Finanzrechtsstreit, BB 1989, 1659; Gehrlein, Keine Erweiterung der Anschlussrevision durch die ZPO-Reform, NJW 2008, 896; Gilles, Anschließung, Beschwer. Verbot der reformatio in peius und Parteidisposition über die Sache in höherer Instanz, ZZP 91 (1978), 128; Gilles, Grundprobleme des zivilprozessualen Anschließungsrechts, ZZP 92 (1979), 152; Jacoby, Das Anschlussrechtsmittel und seine Kosten nach dem Zivilprozessreformgesetz, ZZP 115, 185; Müller, Neue Entwicklung im Recht der Anschlussrevision, ZZP 115, 215.

1. Begriff und Rechtsnatur

77 Sind durch das Urteil des FG beide Beteiligte beschwert, so kann grds. jeder Beteiligte selbständig Revision einlegen. Die Zulässigkeit des Rechtsmittels bestimmt sich dann nach den allgemeinen Grundsätzen (→ Vor § 115 Rn. 60 ff.). Der **Revisionsbeklagte** muss selbst Revision einlegen, wenn er mehr erreichen will als die Zurückweisung der Revision des Klägers. Er kann sich aber auch, anstatt selbst Revision einzulegen, der vom Gegner eingelegten Revision **anschließen.** Anschlussrevision ist der in einem bereits eröffneten und noch nicht beendeten Revisionsverfahren unter Bezugnahme auf die zuerst eingelegte Revision vom Revisionsbeklagten gestellte **Antrag,** das angefochtene Urteil auch zu seinen Gunsten abzuändern (RSG ZivilProzR/Gottwald § 144).

78 Die Anschlussrevision ist nach zutr. hM **kein Rechtsmittel,** da ihr die Devolutiv- und die Suspensivwirkung fehlen (BFH VII R 53/76, BStBl. II 1979, 655; VII R 16/82, BStBl. II 1984, 167; BGH GSZ 2/51, NJW 1952, 384; VII ZR 72/83, NJW 1984, 1240; BAG 2 AZR 539/75, NJW 1976, 2143; BVerwG 1 B 1581, BayVBl. 1981, 374; Kopp/Schenke/Schenke VwGO Vor § 124 Rn. 3; **aA** RSG ZivilProzR/Gottwald § 139 I 3). Sie ist vielmehr nur ein **Antrag** innerhalb der vom Revisionskläger eingelegten Revision (BFH III R 33/97, BStBl. II 2000, 208; IV R 41/05, BFH/NV 2007, 1813; IV R 42/11, BFH/NV 2012, 1927).

2. Rechtsgrundlagen

80 Die FGO sieht, anders als andere Verfahrensordnungen (vgl. § 554 ZPO, §§ 127, 141 VwGO), eine Anschlussrevision nicht ausdrücklich vor. Gleichwohl ist sie auch im finanzgerichtlichen Verfahren anerkannt (stRspr, vgl. zB BFH VI R 104/66, BStBl. III 1967, 655; II R 4/78, BStBl. II 1981, 534; I R 22/79, BStBl. II 1985, 69).

Die Nichterwähnung der Anschlussrevision in der FGO beruht auf einem Versehen des Gesetzgebers. Ursprünglich war ein dreistufiger Aufbau der Finanzgerichtsbarkeit geplant mit Oberfinanzgerichten als Berufungsinstanz. Durch eine Verweisung auf die für das Berufungsverfahren geltenden Vorschriften über die

Anschlussberufung sollte auch die Anschlussrevision geregelt werden. Im Laufe des Gesetzgebungsverfahrens wurde der Gedanke der Dreistufigkeit fallen gelassen. Bei der dann für die Revision eingefügten Verweisung auf das Verfahren des ersten Rechtszugs in § 121 wurde offenbar übersehen, dass damit eine ausdrückliche Regelung der Anschlussrevision in der FGO fehlte (vgl. zur Entstehungsgeschichte BFH VI R 104/66, BStBl. III 1967, 655). Die Gesetzeslücke ist unter Berücksichtigung der in der FGO zum Ausdruck kommenden Wertungen zu schließen. Da § 155 allgemein auf die Vorschriften der ZPO verweist und grundsätzliche Unterschiede zwischen Zivilprozess und Steuerprozess insoweit nicht bestehen, ist **§ 554 ZPO,** der die Anschlussrevision regelt, im finanzgerichtlichen Verfahren **entsprechend anwendbar** (BFH VI R 104/66, BStBl. II 1967, 655; II R 4/78, BStBl. II 1981, 534).

§ 554 ZPO Anschlussrevision

(1) [1]Der Revisionsbeklagte kann sich der Revision anschließen. [2]Die Anschließung erfolgt durch Einreichung der Revisionsanschlussschrift bei dem Revisionsgericht.

(2) [1]Die Anschließung ist auch statthaft, wenn der Revisionsbeklagte auf die Revision verzichtet hat, die Revisionsfrist verstrichen oder die Revision nicht zugelassen worden ist. [2]Die Anschließung ist bis zum Ablauf eines Monats nach der Zustellung der Revisionsbegründung zu erklären.

(3) [1]Die Anschlussrevision muss in der Anschlussschrift begründet werden. [2]§ 549 Abs. 1 Satz 2 und Abs. 2 und die §§ 550 und 551 Abs. 3 gelten entsprechend.

(4) Die Anschließung verliert ihre Wirkung, wenn die Revision zurückgenommen, verworfen oder durch Beschluss zurückgewiesen wird.

Die nach § 556 ZPO aF bestehende Unterscheidung zwischen der **selbständigen** und der **unselbständigen Anschließung** ist nach der Neuregelung der Anschlussrevision in § 554 ZPO durch das ZivilprozessreformG entfallen. Die Anschlussrevision ist von der Zulässigkeit und der Fortführung des Hauptrechtsmittels vollständig abhängig; sie steht und fällt mit der Hauptrevision (Zöller/Feskorn ZPO § 554 Rn. 2). Sie verliert insbes. kraft Gesetzes ihre Wirkung, wenn die Hauptrevision wirksam zurückgenommen oder als unzulässig verworfen wird (§ 155 FGO iVm §§ 554 IV ZPO; BFH V R 58/67, BStBl. II 1970, 849; IX R 6/91, BStBl. II 1994, 599; V R 126/81, BFH/NV 1989, 33). Die in § 554 IV ZPO vorgesehene Zurückweisung der (vom Berufungsgericht zugelassenen) Revision durch Beschluss (gem. § 552a ZPO) hat in der FGO keine Entsprechung. 81

Soll die Abhängigkeit von dem Rechtsmittel des anderen Beteiligten vermieden werden, muss der Revisionsbeklagte selbst innerhalb der Revisionsfrist das zugelassene Rechtsmittel einlegen, das dann allen Zulässigkeitsvoraussetzungen der Revision unterliegt.

Wurde die Hauptrevision zurückgenommen oder als unzulässig verworfen, so ist die innerhalb der Frist des § 120 (formgerecht) eingelegte Anschließung als selbständige Revision anzusehen und unterliegt nunmehr allen Zulässigkeitsvoraussetzungen der Revision (→ Vor § 115 Rn. 7 ff.). Sie ist daher zB als unzulässig zu verwerfen, wenn sie unter einer Bedingung eingelegt wurde oder wenn sie sich auf die Anfechtung des Urteils im Kostenpunkt beschränkt (so schon RG IV 183/37, RGZ 156, 243).

3. Einlegung, Frist

83 Der Revisionsbeklagte erklärt die Anschließung durch Einreichung einer **Anschlussschrift** beim BFH. Die **Schriftform** (bzw. elektronische Form) ist vorgeschrieben (§ 155 FGO iVm § 554 I 2 ZPO); zur Schriftform vgl. Erläuterungen zu § 64. Die Anschlussrevision kann wie die Revision (§ 120 I 1) wirksam nur **beim BFH** eingelegt werden (→ Rn. 3). Für die Einlegung und Begründung der Anschlussrevision besteht **Vertretungszwang** (§ 62 IV). Die abw. Rspr. zur Rechtslage vor Inkrafttreten des 2. FGOÄndG, nach welcher die Anschlussrevision auch beim FG eingelegt werden konnte (BFH IX R 176/84, BStBl. II 1990, 430), ist überholt.

Die Anschließung muss nicht als solche bezeichnet werden, das Wort „Anschlussrevision" muss nicht gebraucht werden. Es genügt **jede Erklärung,** die den Willen des Anschlussrevisionsklägers zum Ausdruck bringt, ebenfalls eine Abänderung des angefochtenen Urteils anzustreben (BFH V R 72/03, BStBl. II 2004, 684; VIII R 49/94, BFH/NV 1997, 484). Eine solche Erklärung kann darin liegen, dass der Kläger mehr beantragt als die Zurückweisung der Revision (BFH VIII R 25/86, BStBl. II 1991, 564; VIII R 51/88, BStBl. II 1993, 3; IX R 6/91, BStBl. II 1994, 599; III R 93/10, BFH/NV 2012, 932). Eine unbedingte Erklärung ist nicht erforderlich. Da die Anschlussrevision kein Rechtsmittel ist, kann sie unter einer **(innerprozessualen) Bedingung** eingelegt werden (BFH III R 33/97, BStBl. II 2000, 208; I R 43/06, BStBl. II 2008, 134; BGH VII ZR 72/83, NJW 1984, 1240; HHS/Lange § 115 Rn. 230; offengelassen in BFH I R 22/79, BStBl. II 1985, 69).

Eine **unzulässige Revision** kann in eine Anschlussrevision **umgedeutet** werden, wenn deren Zulässigkeitsvoraussetzungen erfüllt sind und die Umdeutung vom (mutmaßlichen) Willen des Rechtsmittelführers gedeckt ist (BFH VIII R 218/78, BStBl. II 1979, 741; I R 69/11, BFH/NV 2013, 840). Das gilt auch, wenn die Revision wegen Versäumung der Revisionsfrist unzulässig ist. § 554 II 2 ZPO verlangt für die Anschließung nur, dass sie innerhalb eines Monats nach Zustellung der Begründung der Hauptrevision erhoben worden ist (BFH I R 69/11, BFH/NV 2013, 840).

In der Erklärung eines Beteiligten, der selbständig Revision eingelegt hat, dass er diese nur als Anschlussrevision aufrecht erhalte, liegt die Rücknahme seiner Hauptrevision und die gleichzeitige Einlegung einer Anschlussrevision (BFH VII R 26/69, BStBl. II 1972, 351; II R 93/90, BStBl. II 1994, 817).

84 Die Anschließung ist nur **innerhalb der Frist** des **§ 554 II 2 ZPO** zulässig; sie muss also innerhalb eines Monats nach Zustellung der Revisionsbegründung eingelegt und innerhalb derselben Frist **begründet** werden (BFH II R 4/78, BStBl. II 1981, 534; III R 33/97, BStBl. II 2000, 208; VII R 77/97, BStBl. II 2000, 660; I R 89/12, BFH/NV 2014, 797). Es handelt sich nicht um eine Frist für einen Rechtsbehelf iSv § 55 I, denn die Anschlussrevision ist kein Rechtsmittel. Einer Rechtsmittelbelehrung bedarf es deshalb nicht (BFH I R 89/12, BFH/NV 2014, 797). Die **Frist für die Begründung** kann **nicht verlängert** werden (BFH VI R 40/01, BFH/NV 2003, 1163; II R 37/12, BStBl. II 2014, 114; BGH VII ZR 68/75, VersR 1977, 152). Bei unverschuldeter Fristversäumung kommt jedoch die Wiedereinsetzung in Betracht (§ 56). Die frühere Rspr. des BFH, nach der die (unselbständige) Anschlussrevision jederzeit eingelegt werden konnte (BFH IV R 111/66, BStBl. II 1968, 207; I R 188/67, BStBl. II 1969, 690), ist überholt.

4. Akzessorietät

Die Anschließung ist nicht nur äußerlich vom Bestand der Hauptrevision abhängig, sondern auch inhaltlich **(Akzessorietät).** Sie muss sich auf **denselben Streitgegenstand** beziehen wie die Revision. Mit der Anschlussrevision kann nicht ein Lebenssachverhalt oder ein Anspruch zur Überprüfung gestellt werden, der von der Hauptrevision nicht erfasst oder nicht mindestens mit diesem in unmittelbaren rechtlichen oder wirtschaftlichem Zusammenhang steht (BGH I ZR 74/05, NJW 2008, 920; V ZR 75/08, NJW 2009, 3787; Zöller/Feskorn ZPO § 554 Rn. 7a). Das muss für das finanzgerichtliche Verfahren erst recht gelten, denn das angefochtene Urteil wird hinsichtlich der nicht mit der Revision angegriffenen (selbständigen) Streitgegenstände mit Ablauf der Revisionsbegründungsfrist (teilweise) rechtskräftig (→ Rn. 57). 86

Ist bei **objektiver Klagehäufung** Revision nur wegen eines Streitjahres oder gegen einen Verwaltungsakt eingelegt worden, so kann nicht durch eine Anschlussrevision ein anderes Streitjahr oder ein anderer Verwaltungsakt zur Nachprüfung des Revisionsgerichts gestellt werden (BFH IX R 26/03, BStBl. II 2004, 995; I R 67/06, BStBl. II 2011, 55; IV R 42/11, BFH/NV 2012, 1927; I R 89/12, BStBl. II 2014, 729). Gleiches gilt für einen Haftungsbescheid, in dem verschiedene Steuerfälle zusammengefasst sind (BFH VII R 53/76, BStBl. II 1979, 655). Ist die **Revision** nur hinsichtlich eines **selbständig anfechtbaren Teils** des Streitgegenstandes **zugelassen** worden (→ § 115 Rn. 70ff.), so kann die Anschlussrevision nicht hinsichtlich eines anderen Teils eingelegt werden (BGH VI ZR 27/68, WM 1968, 849; XI ZR 125/03, NJW 2004, 1315 zu § 554 ZPO). In diesen Fällen ist die Anschließung **unzulässig** (BFH VII R 53/76, BStBl. II 1979, 655; IX R 26/03, BStBl. II 2004, 995; IV R 41/05, BFH/NV 2007, 1813).

Eine Anschlussrevision des Klägers und Revisionsbeklagten ist auch unzulässig, soweit mit ihr mehr begehrt wird als mit dem ursprünglichen Klageantrag, denn dies käme einer im Revisionsverfahren unzulässigen (§ 123) **Klageerweiterung** gleich (BFH II R 9/95, BStBl. II 1997, 635).

5. Weitere Zulässigkeitsvoraussetzungen

Die Anschlussrevision ist kein Rechtsmittel. Sie muss deshalb nicht alle Voraussetzungen erfüllen, die an die Zulässigkeit der Revision gestellt werden. Sie bedarf insbes. nicht der **Zulassung** (§ 554 II 1 ZPO). Voraussetzung für die Zulässigkeit der Anschließung ist aber, dass bereits eine Hauptrevision eingelegt wurde, die noch nicht als unzulässig verworfen (§ 124) oder wirksam zurückgenommen (§ 125) wurde. 87

Die Anschlussrevision ist nur zulässig, wenn sie sich gegen einen **Beteiligten** richtet, der **Revision eingelegt** hat (BFH II R 3/69, BFHE 119, 492). Anschließen kann man sich nur dem Rechtsmittel eines **Prozessgegners.** Hat ein auf der Seite des Rechtsmittelklägers stehender Beteiligter erster Instanz kein selbständiges Rechtsmittel eingelegt, so kann er im Revisionsverfahren nur seine Rechte als Beigeladener (§ 60) geltend machen (BFH III 59/64, BStBl. II 1968, 683; BVerwG 8 C 108/82, NJW 1985, 393).

Die Anschlussrevision muss **begründet** werden (§ 155 FGO iVm § 554 III 1 ZPO). Zur Frist → Rn. 84. Für den notwendigen Inhalt der Begründung gilt **§ 120 III entsprechend.** Dadurch werden die in § 554 III 2 aufgeführten ZPO-Vorschriften für das finanzgerichtliche Verfahren verdrängt. Fehlt die Begründung oder entspricht sie nicht den Anforderungen, ist die Anschlussrevision unzulässig.

88 Die Anschlussrevision erfordert ebenso wie das Hauptrechtsmittel eine **Beschwer** (BFH VII R 48/01, BFH/NV 2003, 279; VIII R 77/97, BStBl. II 2000, 660; BGH VIII ZR 267/94, NJW 1995, 2563; Thomas/Putzo/Seiler ZPO § 554 Rn. 2; **aA** Kopp/Schenke/Schenke VwGO Vor § 124 Rn. 53). Der Anschlussrevisionsführer muss geltend machen, durch das angefochtene Urteil (selbst) beschwert zu sein; dabei ist auf den vom Anschlussrevisionsführer gestellten Antrag abzustellen. Der Antrag, die Hauptrevision zurückzuweisen, lässt nicht erkennen, inwiefern der Anschlussrevisionsführer eine Abänderung des Urteils zu seinen Gunsten erstrebt (BFH I R 76/09, BStBl. II 2012, 276). Das BVerwG hat die Frage in 1 C 20/74, MDR 1977, 867 offengelassen, die Anschlussrevision aber mangels Rechtsschutzbedürfnisses für unzulässig gehalten, wenn der Beklagte statt einer Sachabweisung eine Abweisung der Klage durch Prozessurteil erstrebt. Diese Unterscheidung erscheint nicht überzeugend.

Die Beschwer kann sich (anders als bei der Hauptrevision) auch aus der **Kostenentscheidung** des FG ergeben. Die Anschlussrevision kann sich deshalb auf die Anfechtung der Entscheidung im **Kostenpunkt** beschränken (stRspr, BFH III R 105/70, BStBl. II 1971, 675; VIII R 36/89, BStBl. II 1995, 353; V R 72/03, BStBl. II 2004, 684; V R 72/03, BFH/NV 2004, 1201 mwN; X R 22/07, BFH/NV 2010, 208).

6. Entscheidung über die Anschlussrevision

89 Über Revision und Anschlussrevision ist gemeinsam zu verhandeln und durch Urteil zu entscheiden. Das gilt auch, wenn die Revision zulässig, die Anschlussrevision jedoch unzulässig ist (BFH IV R 42/11, BFH/NV 2012, 1927; II R 37/12, BStBl. II 2014, 114). Ein **Teilurteil** (§§ 98, 121) über die Anschlussrevision ist nicht zulässig, weil es wegen § 554 IV ZPO (iVm § 155) durch Zurücknahme oder Verwerfung der Hauptrevision hinfällig werden kann (BGH II ZR 217/54, BGHZ 20, 312; IV ZB 96/53, NJW 1954, 109; BAG 2 AZR 168/74, NJW 1975, 1248; Thomas/Putzo/Seiler ZPO § 524 Rn. 19 ff.).

Wird die Hauptrevision als unzulässig verworfen, wird die Anschlussrevision wirkungslos (BFH IX R 6/91, BStBl. II 1994, 599). Gleiches gilt, wenn der Revisionskläger die Revision zurücknimmt. Über sie ist nicht mehr zu entscheiden. Erweist sich die Anschlussrevision als begründet, so kann das erstinstanzliche Urteil unter **Durchbrechung des Verbots der Verböserung** (reformatio in peius) auch zum Nachteil des Revisionsklägers abgeändert werden (BFH III R 33/97, BStBl. II 2000, 208; I R 69/11, BFH/NV 2013, 840). Soll dies verhindert werden, muss der Revisionskläger die Revision zurücknehmen.

Für die **Kostenentscheidung** gilt die Anschlussrevision als selbständiges Rechtsmittel (BFH IX R 69/96, BFH/NV 2001, 754). Das gilt jedenfalls bei Zurücknahme der Anschlussrevision (BFH II R 184/81, BStBl. II 1985, 261; X R 48/13, BeckRS 2015, 95323). Der Streitwert der Anschlussrevision ist dem der Hauptrevision hinzuzurechnen (BFH I R 183/66, BStBl. II 1968, 60; I R 87/00, BFH/NV 2003, 785; AnwSt (R) 6/78, BGHZ 72, 342).

Die **Kostenverteilung** bestimmt sich grds. nach § 135 I u. II, § 136 I. Zur Kostenentscheidung im Fall der Zurücknahme der Hauptrevision oder der Verwerfung der Hauptrevision als unzulässig → § 136 Rn. 8.

§ 121 [Verfahrensvorschriften]

[1]Für das Revisionsverfahren gelten die Vorschriften über das Verfahren im ersten Rechtszug und die Vorschriften über Urteile und andere Entscheidungen entsprechend, soweit sich aus den Vorschriften über die Revision nichts anderes ergibt. [2]§ 79a über die Entscheidung durch den vorbereitenden Richter und § 94a über das Verfahren nach billigem Ermessen sind nicht anzuwenden. [3]Erklärungen und Beweismittel, die das Finanzgericht nach § 79b zu Recht zurückgewiesen hat, bleiben auch im Revisionsverfahren ausgeschlossen.

Die Vorschriften des **Abschnitts II** (§§ 51–62) gelten, da es sich dabei um „Allgemeine Verfahrensvorschriften" handelt, ohne die Verweisung in § 121 auch für die Revision. Ausnahmen gelten, soweit diese Vorschriften wegen der **Besonderheiten des Revisionsverfahrens** nicht angewendet werden können. Die Vorschriften der **Abschnitte III und IV** (§§ 63–94a und 95–114) gelten nur **sinngemäß,** dh ebenfalls, soweit ihrer Anwendung nicht die Besonderheiten des Revisionsverfahrens entgegenstehen. 1

Sinngemäß anwendbar sind insbes. folgende Vorschriften: 2

- **§§ 51–56** (allgemeine Verfahrensvorschriften) sowie **§§ 58** (Prozessfähigkeit) und **59** (Streitgenossenschaft); BFH IV R 35/19, NJW 2021, 1558 zu § 52 I: Zulässigkeit der Beratung und Abstimmung (ohne mündliche Verhandlung) in einer Videokonferenz;
- **§ 60 III** (notwendige Beiladung); eine vom FG unterlassene notwendige Beiladung kann im Revisionsverfahren nachgeholt werden (§ 123 I 2); § 60 I (einfache Beiladung) ist im Revisionsverfahren nicht sinngemäß anwendbar (§ 123 I 1);
- **§ 62** (Vollmacht; Bevollmächtigte); BFH X B 109/11, BFH/NV 2012, 438 zu § 62 VI 1, 4; § 62 II 1;
- **§ 68** (Änderung des angefochtenen Verwaltungsakts) ist im Revisionsverfahren anwendbar, wenn ein streitgegenständlicher Bescheid während des Revisionsverfahrens (BFH VI R 44/07, BFH/NV 2008, 666; XI R 3/11, BStBl. II 2014, 86; III R 52/11, BFH/NV 2014, 851; II R 34/21, BStBl. II 2025, 420) oder während des vorgelagerten NZB-Verfahrens (BFH X R 24/20, BStBl. II 2023, 953) geändert oder um einen Vorläufigkeitsvermerk ergänzt wird (BFH II R 66/11, BStBl. II 2014, 266);
- **§ 69** (Aussetzung der Vollziehung), soweit der BFH für die Entscheidung über den Aussetzungsantrag zuständig ist (→ § 69 Rn. 136);
- **§ 70** (Verweisung bei Unzuständigkeit des Gerichts);
- **§ 71 II** (Aktenübersendung); § 71 I (Zustellung der Klage) ist nicht entsprechend anwendbar. Die Verpflichtung, die Revisionsschrift den anderen Beteiligten zuzustellen, ergibt sich aus § 155 FGO iVm § 550 II ZPO; entsprechendes gilt für die Revisionsbegründung (§ 551 IV ZPO);
- **§ 72 II 2** (Einstellung des Verfahrens nach Rechtsmittelrücknahme; BFH VIII R 17/19, DStR 2022, 407; XI R 20/22, DStR 2025, 706). Abs. 1 der Vorschrift ist nicht anwendbar, da die Rücknahme der Revision in § 125 gesondert geregelt ist; hingegen ist Abs. 2 S. 2, der die Form der Entscheidung im Fall der Rücknahme des Rechtsbehelfs regelt, sinngemäß anzuwenden (BFH VIII R 37/02, BeckRS 2002, 25000991; → § 125 Rn. 7);
- **§ 73** (Verbindung und Trennung von Rechtsmittelverfahren); Verbindung: BFH I R 79–80/86, BStBl. II 1990, 452; IV B 53, 54/07, BFH/NV 2008, 924; Trennung: BFH IV B 119/12, BFH/NV 2014, 540;

- **§ 74** (Aussetzung des Verfahrens; BFH I R 39/04, BStBl. II 2008, 95; I R 31/11, BFH/NV 2012, 605; I R 74/12, BFH/NV 2013, 1452; XI R 11/23, BStBl. II 2024, 601);
- **§ 77** (Schriftsätze), **§ 78** (Akteneinsicht, BFH VII R 57/93, BFH/NV 1995, 533) und **§ 79 I u. II** (Vorbereitende Anordnungen); **§ 79 III** (Vorbereitende Beweiserhebung durch den Vorsitzenden oder Berichterstatter) ist nicht anwendbar. Wenn der BFH im Revisionsverfahren förmlich Beweis erhebt, geschieht dies vor dem Vollsenat in mündlicher Verhandlung (§ 81 I);
- **§ 90** (Mündliche Verhandlung), **§ 90 II** (Verzicht auf mündliche Verhandlung; BFH I R 67/23, DStR 2024, 1591), **§ 90a** (Entscheidung durch Gerichtsbescheid; BFH VII R 27/74, BStBl. II 1979, 652; I R 38/01, BStBl. II 2003, 822; IX R 8/17, BFH/NV 2019, 398), **§§ 91–94** (Ladung der Beteiligten (§ 91), Videoverhandlung (§ 155 FGO iVm § 128a ZPO, früher: § 91a FGO), Gang der Verhandlung (§ 92), Erörterung der Streitsache (§ 93), Protokoll (§ 94)) sind auch im Revisionsverfahren anwendbar. Im Revisionsverfahren kann insbes. ohne mündliche Verhandlung (zu **§ 91 II;** BFH V R 60/17, BStBl. II. 2019, 301; VI R 39/17, BFH/NV 2020, 85; VII R 39/19, BFH/NV 2021, 329) oder aufgrund einer Videoverhandlung (BFH V B 13/22, NJW 2023, 2596; IX B 104/22, BFH/NV 2023, 1414 zu § 91a aF) entschieden werden. Auch die Wiedereröffnung der mündlichen Verhandlung kommt in Betracht (**§ 93 III 2,** BFH I R 2/09, BStBl. II 2010, 760; I R 32/17, BFH/NV 2021, 644);
- **§ 96 I 2:** Die **Bindung an den Antrag** gilt sinngemäß; auch der BFH darf über die gestellten Anträge nicht hinausgehen und dem Revisionskläger nicht mehr zusprechen, als er beantragt hat (BFH II R 40/20, BStBl. II 2023, 1012). Eine Ausnahme gilt nach der Rspr. des BFH, wenn der Antrag des Revisionsklägers nur auf **Abänderung** eines VA gerichtet ist, der BFH jedoch feststellt, dass der Bescheid **unwirksam** und deshalb **aufzuheben** ist (BFH X R 42/05, BStBl. II 2007, 220; II R 35/01, BFH/NV 2004, 467). Andererseits ist der BFH – ebenso wie das FG im Klageverfahren – durch das sog. **Verböserungsverbot** (→ § 96 Rn. 5) gehindert, die Rechtsposition des Revisionsklägers im Vergleich zum angefochtenen Urteil zu verschlechtern, wenn kein anderer Beteiligter Revision eingelegt hat (BFH IV R 67/98, BStBl. II 2000, 355; VII R 12/05, BStBl. II 2006, 1374; V R 63/09, BStBl. II 2011, 461). Der BFH darf deshalb, auch wenn er der Ansicht ist, dass die Klage in vollem Umfang hätte abgewiesen werden müssen, ein der Klage teilweise stattgebendes FG-Urteil nicht aufheben, wenn nur der Kläger Revision eingelegt hat. Zweifelhaft ist die Reichweite des Verböserungsverbots, wenn das FG der **Klage** unter Verstoß gegen eine **zwingende Verfahrensvorschrift teilweise stattgegeben** hat (zB unter Verstoß gegen die Vorschriften über die notwendige Beiladung, die Unterbrechung des Verfahrens oder die Klagefrist). Nach mE zutr. Ansicht des BGH ist in einem solchen Fall – wenn nur der Kläger Revision eingelegt hat – abzuwägen, ob der Beachtung der zwingenden Verfahrensvorschriften ggü. dem Verbot der Schlechterstellung Vorrang einzuräumen ist (BGH IVb ZB 677/81, NJW 1986, 1494; ebenso Thomas/Putzo/Seiler ZPO § 528 Rn. 6). Einen Fall zulässiger Verböserung auf die Revision des FA wegen eines Verfahrensfehlers des FG hat der BFH in BFH II R 63/87, BStBl. II 1990, 504 angenommen. Das Verböserungsverbot gilt nur für die **Sachentscheidung,** nicht aber für die Kostenentscheidung des FG (BFH V R 36/84, BFH/NV 1990, 386). Im Revisionsverfahren anwendbar ist aber das **Saldie-**

rungsgebot. Danach sind begünstigende Fehler im Rahmen des Antrags saldierend zu berücksichtigen (BFH X R 20/19, DStRE 2021, 773, Rn. 84);
- **§ 97** (Zwischenurteil). Der BFH kann durch Zwischenurteil nur aussprechen, dass die Revision zulässig ist (BFH VI R 108/75, BStBl. II 1979, 338; XI R 40/11, BFH/NV 2013, 213; X R 15/18, BStBl. II 2021, 157; IX R 3/22, BStBl. II 2023, 267; X R 13/23, BFH/NV 2024, 1420);
- **§§ 98–106,** sind entsprechend anzuwenden (zB zur Entscheidung des BFH nach **§ 100** bei Ergehen eines geänderten Bescheids im Revisionsverfahren vgl. zB BFH IX R 11/06, BStBl. II 2008, 519; II R 45/08, BStBl. II 2012, 292; IX R 7/09, BStBl. II 2011, 540; zu **§ 100 II 2** (Übertragung der Berechnung auf das FA BFH IV R 3/08, BStBl. II 2014, 512; I R 110/09, BStBl. II 2014, 119; zu **§ 102** zB BFH IV R 25/11, BStBl. II 2014, 819; VI R 19/19, BStBl. II 2022, 136);
- **§ 107** (Berichtigung des Urteils; BFH VI R 6/11, BFH/NV 2014, 241);
- **§ 109** (Nachträgliche Ergänzung des Urteils). Ist bei der Entscheidung über die Revision die Kostenfolge ganz oder teilweise übergangen worden, ist in entsprechender Anwendung des § 109 das Revisionsurteil auf Antrag nachträglich zu ergänzen (BFH II R 36/87, BStBl. II 1991, 367; VIII R 346/83, BStBl. II 1988, 287);
- **§ 110** (Rechtskraftwirkung der Urteile; BFH III B 189/10, BFH/NV 2012, 1101 zu § 110 I 1 Nr. 1).

Die **Anwendung** folgender Vorschriften ist im Revisionsverfahren grds. **ausgeschlossen:** 3
- **§ 62 I:** Für das Verfahren vor dem BFH gilt Vertretungszwang gem. § 62 IV;
- **§ 67:** Eine Klageänderung ist im Revisionsverfahren unzulässig (§ 123);
- **§ 76 I:** Wegen der Bindung des BFH an die Tatsachenfeststellungen der Vorinstanz (§ 118 II) sind § 76 I und die Vorschriften über die Beweisaufnahme **(§§ 81 ff.)** im Revisionsverfahren grds. nicht anwendbar. Anderes gilt nur, soweit der BFH an die tatsächlichen Feststellungen des FG nicht gebunden und zu eigenen Sachverhaltsermittlungen berechtigt ist, also insbes. für die Prüfung, ob die Zulässigkeitsvoraussetzungen der Revision und die Sachentscheidungsvoraussetzungen des Klageverfahrens gegeben sind, sowie für die Prüfung, ob ein gerügter Verfahrensmangel vorliegt (→ Vor § 115 Rn. 7; → § 118 Rn. 160 ff.);
- **§§ 79a, 94a:** Nach der ausdrücklichen Regelung in **§ 121 S. 2** gelten diese Vorschriften nicht im Revisionsverfahren;
- **§ 108:** Ein Antrag auf Berichtigung des Tatbestands einer unanfechtbaren Entscheidung des BFH ist wegen **fehlenden Rechtsschutzinteresses** unzulässig (BFH VII B 83/93, BFH/NV 1994, 189; IV B 33/94, BFH/NV 1995, 228; HHS/Bergkemper § 122 Rn. 20);
- **§ 114:** Für einstweilige Anordnungen ist nur das Gericht erster Instanz zuständig.

Sonderregelungen bestehen für den Unterabschnitt „Revision" neben den die Statthaftigkeit, Zulässigkeit, Einlegung und Begründung der Revision regelnden §§ 115–120 für den Kreis der Beteiligten (§§ 122, 123), die Klageänderung (§ 123), die Rücknahme der Revision (§ 125) und die Art der Entscheidung über die Revision (§§ 124, 120, 127). 4

§ 121 S. 3 stellt klar, dass sich die Wirkung der zulässigen Präklusion nach § 79b auch auf das Revisionsverfahren erstreckt. 5

§ 122 [Beteiligte am Revisionsverfahren]

(1) **Beteiligter am Verfahren über die Revision ist, wer am Verfahren über die Klage beteiligt war.**

(2) [1]**Betrifft das Verfahren eine auf Bundesrecht beruhende Abgabe oder eine Rechtsstreitigkeit über Bundesrecht, so kann das Bundesministerium der Finanzen dem Verfahren beitreten.** [2]**Betrifft das Verfahren eine von den Landesfinanzbehörden verwaltete Abgabe oder eine Rechtsstreitigkeit über Landesrecht, so steht dieses Recht auch der zuständigen obersten Landesbehörde zu.** [3]**Der Senat kann die zuständigen Stellen zum Beitritt auffordern.** [4]**Mit ihrem Beitritt erlangt die Behörde die Rechtsstellung eines Beteiligten.**

I. Beteiligte am Revisionsverfahren

1 Am Revisionsverfahren kann nur **beteiligt** sein, wer auch schon am **erstinstanzlichen Verfahren** beteiligt war, also der Steuerpflichtige oder Feststellungsbeteiligte als Kläger, das FA als Beklagter sowie Beigeladene (§ 60) und Beigetretene (§ 57). Neue Beteiligte können am Revisionsverfahren nicht teilnehmen, weil mit der Revision (nur) eine zwischen bestimmten Beteiligten ergangene Entscheidung der Vorinstanz nachgeprüft werden soll (BFH VIII R 41/96, BFH/NV 1997, 128). Ein **gewillkürter Beteiligtenwechsel** ist im Rechtsmittelverfahren ausgeschlossen (BFH VIII R 41/96, BFH/NV 2005, 713). Deshalb sind auch im Revisionsverfahren Beiladungen grds. unzulässig; eine Ausnahme gilt für notwendige Beiladungen iSv § 60 III (§ 123 I 2).

2 Welche Personen und Behörden am Verfahren über die Klage beteiligt waren, ergibt sich idR aus dem Rubrum des finanzgerichtlichen Urteils (§ 105 II Nr. 1; BFH II R 74/84, BFH/NV 1988, 371). Ist die angefochtene Entscheidung gegen die falsche Beklagte ergangen, muss sich die Revision gegen die im Urteil (zu Unrecht) als Beklagte behandelte Behörde richten (BFH III R 11/22, BFH/NV 2024, 18). Im Übrigen kommt es auf die **tatsächliche Beteiligung** am Klageverfahren an (BFH VIII R 302/84, BStBl. II 1989, 697; VII B 124/03, BFH/NV 2004, 362; HHS/Bergkemper § 122 Rn. 8; → § 115 Rn. 24 ff.). Wer Klage erhoben hat, ist ggf. durch Auslegung der Klageschrift und aus dem weiteren Vorbringen im Klageverfahren zu ermitteln (BFH IX R 124/90, BFH/NV 1991, 545 mwN). **Unklarheiten** der Klageschrift in der Beteiligtenbezeichnung können im weiteren Verlauf des Verfahrens jederzeit berichtigt werden (BFH III R 26/02, BFH/NV 2004, 792; vgl. dort auch zur Abgrenzung zu der fristgebundenen subjektiven Klageänderung). Eine erkennbar **unrichtige Parteibezeichnung** im Rubrum des FG-Urteils kann vom BFH im Revisionsverfahren (als offenbare Unrichtigkeit iSv § 107) **berichtigt** werden (BFH VIII R 276/81, BStBl. II 1984, 820; III R 12/81, BStBl. II 1987, 178; IX R 40/88, BStBl. II 1992, 741; X R 11/03, BFH/NV 2004, 1389). Lässt sich feststellen, dass ein tatsächlich Beteiligter im Urteil zu Unrecht nicht als solcher aufgeführt worden ist, so ist auch dieser zur Einlegung der Revision (NZB) berechtigt (BFH I B 72/12, BFH/NV 2013, 565). Die Revision einer Person, die am Klageverfahren nicht beteiligt war, ist dagegen unzulässig (BFH XI R 15/93, BFH/NV 1994, 330; IX R 33/12, BFH/NV 2014, 557). Da es auf die tatsächliche Beteiligung ankommt, bleibt auch ein vom FG **zu Unrecht Beigeladener**

Beteiligter des Revisionsverfahrens (BFH VIII R 302/84, BStBl. II 1989, 697 mwN; VIII R 50/92, BStBl. II 1994, 282; VIII R 33/00, BFH/NV 2001, 320; VI R 15/12, BFH/NV 2013, 1242). Der zu Unrecht Beigeladene ist allerdings regelmäßig wegen fehlender Beschwer nicht berechtigt, Revision einzulegen (→ § 115 Rn. 27). Ist die Frage streitig, ob ein als Beteiligter Auftretender beteiligt ist, ist hierüber (analog § 71 ZPO) durch **Zwischenurteil** zu entscheiden (BFH I R 160/73, BFHE 112, 113).

Aus der Regelung in Abs. 1 folgt für die Fälle **subjektiver Klagenhäufung** (§ 59) oder der **Verbindung** mehrerer Klagen (§ 73) nicht zwingend, dass sämtliche Kläger zugleich Beteiligte eines nachfolgenden Revisionsverfahrens werden (BFH X R 9/20, BStBl. II 2024, 227). In diesen Fällen ist hinsichtlich der Anwendung des Abs. 1 zwischen einfacher und notwendiger Streitgenossenschaft zu unterscheiden (→ § 59 Rn. 4 ff.). 3

Bei **notwendiger Streitgenossenschaft,** wie sie zB regelmäßig bei Klagen mehrerer Gesellschafter gegen Gewinnfeststellungsbescheide gegeben ist, bleibt auch ein Streitgenosse, der selbst kein Rechtsmittel eingelegt hat, am Revisionsverfahren des anderen Streitgenossen beteiligt (BFH I R 182/76, BStBl. II 1977, 696; IV B 210/04, BFH/NV 2007, 869); das soll jedoch nicht gelten für Streitgenossen, deren Klage das FG als unzulässig abgewiesen hat (BFH II R 246/83, BStBl. II 1986, 820). Dann endet die notwendige Streitgenossenschaft; der ehemalige Streitgenosse ist aber notwendig zum Revisionsverfahren des anderen beizuladen (BFH IV R 17/16, BFH/NV 2019, 1123). Bei **einfacher Streitgenossenschaft,** die im finanzgerichtlichen Verfahren nur bei Vorliegen einer Rechtsgemeinschaft oder bei gleichartigen Ansprüchen aller Streitgenossen (zB bei Klagen zusammen veranlagter Eheleute BFH III R 31/93, BeckRS 1995, 11296) in Betracht kommt (BFH II R 33/95, BStBl. II 1997, 626; II R 23/00, BFH/NV 2002, 1610), behalten die mehreren Klagen (wie bei der notwendigen Streitgenossenschaft; → § 59 Rn. 12) ihre rechtliche Selbständigkeit. Trotz äußerer Verbindung (§ 73 I) ist der einfache Streitgenosse nicht am Verfahren des anderen „beteiligt" iSd § 57. Legt nur einer der (einfachen) Streitgenossen Revision ein, oder ist die Revision des FA nur gegen einen von mehreren Streitgenossen gerichtet, so ist der andere Streitgenosse an diesem Revisionsverfahren nicht beteiligt (BFH VIII R 90/84, BStBl. II 1989, 326; I R 160/73, BFHE 112, 113; II R 183/71, BFHE 122, 160; X R 9/20, BStBl. II 2024, 227). 4

Abs. 1 gilt nicht, wenn während des Revisionsverfahrens ein **gesetzlicher Parteiwechsel** eintritt (stRspr, BFH VII R 115/76, BStBl. II 1979, 714 mwN; VI R 102/98, BStBl. II 2003, 151; V S 21/04, BStBl. II 2005, 101). Ist **aufgrund eines Organisationsakts** die Zuständigkeit von dem ursprünglich beteiligten FA X auf das FA Y (von der Familienkasse A auf die Familienkasse B) übergegangen, so tritt aufgrund dieser Maßnahme ein gesetzlicher Beteiligtenwechsel ein, der auch im Revisionsverfahren zu beachten ist; das Revisionsurteil ist dann gegen das FA Y zu erlassen (BFH I R 142/90, BStBl. II 1992, 784 mwN; VI R 102/98, BStBl. II 2003, 151; X R 2/04, BStBl. II 2008, 109; V R 15/13, BFH/NV 2014, 1030). Wird durch einen Umzug des Klägers ein anderes FA örtlich zuständig, hat dies auf die Passivlegitimation des beklagten FA keinen Einfluss (IX R 33/12, BFH/NV 2014, 557). Wegen der prozessualen Folgen eines Zuständigkeitswechsels auf Seiten des Beklagten im Verfahren der AdV vgl. BFH I S 8/04, BeckRS 2005, 25007781. Im Falle eines gesetzlichen Parteiwechsels wird das 5

Verfahren nicht nach § 155 FGO iVm § 239 ZPO unterbrochen (BFH VIII R 49/94, BFH/NV 1997, 484).

6 Auf Seiten des Klägers kommt es zu einem Wechsel in der Beteiligtenstellung, wenn dieser während des Revisionsverfahrens stirbt und sein **Rechtsnachfolger** den Rechtsstreit aufnimmt (§ 155 FGO iVm § 239 ZPO; BFH V R 99/78, BStBl. II 1987, 147; ähnlich für den Fall des Erlöschens einer parteifähigen Personenvereinigung während des Steuerprozesses BFH VIII R 90/84, BStBl. II 1989, 326). Durch den Beteiligtenwechsel infolge des Todes des Klägers tritt eine Unterbrechung des Verfahrens nur ein, wenn der Kläger nicht durch einen postulationsfähigen Prozessbevollmächtigten vertreten war (BFH II R 23/06, BFH/NV 2008, 2038).

7 Hat das FG einen während des **Klageverfahrens** eingetretenen **Parteiwechsel übersehen** und deshalb ein Urteil gegen einen **falschen** Beteiligten (Nichtbeteiligten) erlassen, so ist nicht nur der richtige Beteiligte, sondern auch der irrtümlich als beteiligt Behandelte zur Einlegung der Revision berechtigt (BFH VIII R 24/92, BFH/NV 1994, 763 mwN). Auf die Revision des falschen Beklagten hebt der BFH das angefochtene Urteil auf, wenn der richtige Beklagte selbst nicht ebenfalls Revision eingelegt hat und der Prozessführung des falschen Beklagten im Revisionsverfahren auch nicht zugestimmt hat (BFH VIII R 33/20, BStBl. II. 2023, 663).

8 Streitig ist, ob § 122 im Verfahren der **Nichtzulassungsbeschwerde** sinngemäß anzuwenden ist. Nach der Rspr. des BFH zu § 115 aF waren Beigeladene des finanzgerichtlichen Verfahrens, die nicht selbst Beschwerde gegen die Nichtzulassung der Revision eingelegt hatten, am Beschwerdeverfahren des Klägers oder des FA nicht beteiligt (BFH IV B 115/91, BFH/NV 1993, 369; HHS/Bergkemper § 122 Rn. 10). Nach Auffassung des IX. Senat des BFH hat sich diese Rechtslage durch die Neufassung des § 116 geändert. Das Verfahren der NZB sei kein selbständiges Verfahren mehr, das mit der Entscheidung über die Zulassung ende. Im Fall der Zulassung werde es als Revisionsverfahren fortgesetzt; auch könne der BFH im Verfahren der NZB das angefochtene Urteil gemäß § 116 VI wegen eines Verfahrensfehlers durch Beschluss aufheben und die Sache an das FG zurückverweisen (BFH IX B 27/04, BStBl. II 2004, 895). Dieser Auffassung ist jedenfalls für den Fall zu folgen, dass das Gericht die Aufhebung des angefochtenen Urteils nach § 116 VI in Erwägung zieht. In diesen Fällen muss es dem Beigeladenen zur Wahrung seines Anspruchs auf rechtliches Gehör ermöglicht werden, die aus seiner Sicht für die Richtigkeit des FG-Urteils sprechenden Argumente vorzutragen (BFH IV B 76/05, BStBl. II 2007, 466). Ist dagegen lediglich über Zulassungsgründe iSd § 115 II Nr. 1 u. 2 zu entscheiden oder ist die NZB unzulässig, ist ein schutzwürdiges Interesse des Beigeladenen auf Beteiligung am Verfahren der NZB des Hauptbeteiligten nicht ersichtlich (BFH I B 181/12, BFH/NV 2013, 757). Soweit die NZB Erfolg hat, ist er ohnehin gemäß § 122 I am anschließenden Revisionsverfahren beteiligt. Der Beigeladene des früheren Verfahrens ist auch ohne weiteres Beteiligter des **Wiederaufnahmeverfahrens** (BFH 1 K 2/89, BFH/NV 1991, 751).

II. Beitritt zum Revisionsverfahren

10 Sinn und **Zweck des § 122 II** ist es, dem BMF oder den obersten Landesbehörden das Recht einzuräumen, sich jederzeit in ein anhängiges Revisionsverfahren

einzuschalten und entscheidungserhebliche rechtliche Gesichtspunkte geltend zu machen (BFH GrS 4/82, BStBl. II 1984, 751). Damit soll das besondere, über den Einzelfall hinausgehende Interesse dieser Behörden am Ausgang des jeweiligen Verfahrens berücksichtigt werden, denen die Abgabenverwaltung obliegt (vgl. Art. 108 GG). Außerdem soll es diesen Behörden ermöglicht werden, dem BFH Material (Informationen) zu verschaffen, das ihm sonst nicht oder nur schwer zugänglich wäre (BFH I R 301/81, BStBl. II 1984, 409). Die Regelung des § 122 II ist **verfassungsgemäß** (BFH VII R 35/90, BFH/NV 1993, 46; III R 50/92, BStBl. II 94, 389).

§ 122 II sieht lediglich einen Beitritt zu einem Revisionsverfahren, nicht aber 11 zu einem **Beschwerdeverfahren** vor. Der BFH hat offengelassen, ob und ggf. in welchen Fällen eine Beteiligung an einem Beschwerdeverfahren in Betracht kommt (BFH I B 146/08, BFH/NV 2010, 1790). Er hat jedoch zu Recht eine solche Beteiligung als unzulässig angesehen, wenn es um eine Beschwerde wegen AdV geht. Bei der Entscheidung, ob ernstliche Zweifel an der Rechtmäßigkeit eines VA bestehen, bedarf es der Beteiligung oberster Behörden nicht (BFH VI B 42/07, BStBl. II 2007, 799).

Beitreten können nur die ausdrücklich genannten Behörden. Das BMF kann 12 beitreten, wenn Gegenstand des Rechtsstreits eine auf Bundesrecht beruhende Abgabe oder eine (nicht abgabenrechtliche) Streitigkeit über Bundesrecht (zB über Fragen des Steuerberatungsgesetzes, über Prämien und Investitionszulagen, über Erstattungen und Vergütungen nach EWG-Recht) ist (§ 122 II 1). **Oberste Landesbehörde** iSd § 122 II 2 ist die Landesbehörde, die für die Verwaltung der betreffenden Abgabe oder die Rechtsstreitigkeit über Landesrecht zuständig ist; dies ist nicht immer die oberste Landesfinanzbehörde, sondern zB auch die für die innere Verwaltung zuständige oberste Landesbehörde (Gemeinde- und Kirchensteuer). Die oberste Landesbehörde kann einem Revisionsverfahren beitreten, wenn Gegenstand des Rechtsstreits eine von den Landesfinanzbehörden verwaltete Abgabe oder eine Rechtsstreitigkeit über Landesrecht ist (BFH II R 67/08, BStBl. II 2010, 522).

Ein Beitritt **anderer Behörden** oder **Organisationen** (zB der Bundessteuer- 13 beraterkammer) ist nicht vorgesehen und nicht zulässig (BFH GrS 4/82, BStBl. II 1984, 751). Das gilt auch für **andere Bundesministerien,** wie zB das BMJ (BFH I R 108/94, BFH/NV 1995, 874); soweit diese ein Interesse daran haben, dem BFH ihre Rechtsauffassung vorzutragen, müssen sie dies über das beteiligte BMF tun (HHS/Bergkemper § 122 Rn. 25). Auch wenn andere Organisationen und Verbände im finanzgerichtlichen Verfahren nicht die Rechtsstellung eines Beteiligten haben können, kann sie der BFH zur Mitwirkung im Revisionsverfahren heranziehen. Er kann zB in geeigneten Fällen **Stellungnahmen** oder **Auskünfte** von **Verbänden** einholen, soweit es um die Feststellung von entscheidungserheblichen „generellen" Tatsachen geht (vgl. hierzu Schwendy FR 1990, 604; BFH IV 300/64, BStBl. III 1967, 690; VIII R 156/84, BStBl. II 1988, 252).

Für die **Aufforderung zum Beitritt** nach Abs. 2 S. 3 ist der **Senat** in der 14 Besetzung mit fünf Richtern zuständig (Tipke/Kruse/Krumm § 122 Rn. 31). Die Aufforderung geschieht durch **förmlichen Beschluss** (vgl. zB BFH IX R 26/19, BStBl. II 2020, 278; IX R 27/18, BStBl. II. 2021, 314). Die aufgeforderte Behörde braucht der Aufforderung nicht zu folgen. Sie ist zum Beitritt berechtigt, aber **nicht verpflichtet** (Tipke/Kruse/Krumm § 122 Rn. 22). Hat die Behörde zunächst erklärt, von ihrem Beitrittsrecht keinen Gebrauch machen zu wollen, so ist sie an diese Erklärung nicht gebunden. Sie ist nicht gehindert, zu einem späteren

Zeitpunkt den Beitritt zum Revisionsverfahren zu erklären. Die für einen Rechtsmittelverzicht geltenden Grundsätze sind auf den Verzicht des Beitritts nicht entsprechend anwendbar (BFH GrS 4/82, BStBl. II 1984, 751). Hält der BFH einen Beitritt des BMF für nicht zwingend erforderlich, will er ihm aber Gelegenheit zum Beitritt geben, zB, weil er beabsichtigt, von einer Richtlinie oder einem Erlass des BMF abzuweichen, kann er anstelle einer Aufforderung einen **Gerichtsbescheid** erlassen und diesen auch dem BMF bekanntgeben (BFH I R 91, 102/97, BStBl. II 1999, 306, insoweit nv).

15 Durch den Beitritt wird die Behörde zum **Beteiligten** (§ 57 Nr. 4). Zu den prozessualen Befugnissen der beigetretenen Behörde vgl. BFH VII R 102/72, BFHE 115, 425. Die beigetretene Behörde kann nicht über das Verfahren disponieren; das können nur die Hauptbeteiligten (Kläger, Beklagter). Der Anspruch auf verfahrensrechtliche Gleichbehandlung erschöpft sich darin, innerhalb der von den Hauptbeteiligten (einvernehmlich) vorgegebenen Rahmenbedingungen wie Revisionskläger oder Revisionsbeklagter behandelt zu werden (BFH IV R 15/14, BStBl. II 2016, 284). Haben die Hauptbeteiligten **auf mündliche Verhandlung verzichtet** (§ 91 II), kann der BFH auch dann ohne mündliche Verhandlung entscheiden, wenn die beigetretene Behörde nicht ebenfalls verzichtet (BFH VI R 16/09, BStBl. II 2011, 966; II R 61/15, BStBl. II 2020, 463; V R 60/17, BStBl. II 2019, 301). Gegen einen Gerichtsbescheid kann die beigetretene Behörde nicht wirksam **Antrag auf mündliche Verhandlung** stellen, wenn die Hauptbeteiligten den Gerichtsbescheid akzeptiert haben (BFH IV R 15/14, BStBl. II 2016, 284). Haben die Hauptbeteiligten den Rechtsstreit **übereinstimmend für erledigt erklärt,** kommt es nicht darauf an, ob sich die beigetretene Behörde den Erklärungen anschließt (BFH X R 5/12, BeckRS 2012, 96524; III R 5/09, BeckRS 2013, 94833). Hat die beigetretene Behörde einen eigenen Antrag gestellt, trägt sie als unterlegener Beteiligter zusammen mit dem FA die Kosten (BFH I R 11/11, BStBl. II 2013, 146), auch wenn ihr Antrag über den des FA nicht hinausging; § 135 III ist auf die nach § 122 II Beigetretenen nicht anwendbar (BFH I B 88/05, BFH/NV 2007, 1148).

17 Hält der BFH den Beitritt für nicht zulässig, kann er ihn ablehnen. Die Entscheidung muss durch Zwischenurteil ergehen, wenn es sich um ein Revisionsverfahren handelt (ebenso Tipke/Kruse/Krumm § 122 Rn. 33; vgl. aber BFH VI B 42/07, BStBl. II 2007, 799).

§ 123 [Unzulässigkeit der Klageänderung]

(1) [1]**Klageänderungen und Beiladungen sind im Revisionsverfahren unzulässig.** [2]**Das gilt nicht für Beiladungen nach § 60 Abs. 3 Satz 1.**

(2) [1]**Ein im Revisionsverfahren nach § 60 Abs. 3 Satz 1 Beigeladener kann Verfahrensmängel nur innerhalb von zwei Monaten nach Zustellung des Beiladungsbeschlusses rügen.** [2]**Die Frist kann auf einen vor ihrem Ablauf gestellten Antrag von dem Vorsitzenden verlängert werden.**

Vgl. § 142 VwGO; § 168 SGG.

I. Klageänderung

1 Das Revisionsverfahren dient der Überprüfung des finanzgerichtlichen Urteils auf Rechtsfehler (→ § 118 Rn. 1). Der Rechtsstreit geht deshalb grds. in dem

Zustand in das Revisionsverfahren über, den er zuletzt im finanzgerichtlichen Verfahren erreicht hatte. In der Revisionsinstanz können grds. weder der **Prozessstoff** (Verbot der Klageänderung) noch der **Kreis der Beteiligten** geändert werden. Beides gilt jedoch nicht uneingeschränkt. Das Verbot der Klageänderung wird zB durchbrochen durch die im Gesetz vorgesehene **Änderung des streitgegenständlichen VA** (§ 68; → Rn. 3). Auch der Kreis der Beteiligten kann sich im Revisionsverfahren noch ändern. Zwar ist eine (einfache) Beiladung im Revisionsverfahren ausgeschlossen. Eine bis dahin unterbliebene **notwendige Beiladung** nach § 60 III 1 kann aber im Revisionsverfahren nachgeholt werden (→ Rn. 4 ff.).

Als im Revisionsverfahren unzulässige Klageänderung gilt grds. auch der (gewillkürte) **Parteiwechsel** (BFH VIII R 41/96, BFH/NV 1997, 128); zulässig ist jedoch ein **gesetzlicher Beteiligtenwechsel** zB aufgrund gesetzlicher Rechtsnachfolge, behördlicher Zuständigkeitsänderung oder gesetzlich angeordneter Funktionsnachfolge (→ § 122 Rn. 5; BFH X R 2/04, BStBl. II 2008, 109; V R 15/13, BFH/NV 2014, 1030). Einem unzulässigen Wechsel der Beteiligten steht es gleich, wenn ein Kläger erstmals im Revisionsverfahren von der Klage im eigenen Namen und aus eigenem Recht zu einer Klage im eigenen Namen aus fremdem Recht (Prozessstandschaft) übergeht (BFH VII R 44/73, BFHE 123, 225).

Eine (unzulässige) Klageänderung ist gegeben, wenn der erstmals im Revisi- 2
onsverfahren gestellte Antrag einen **anderen Streitgegenstand** betrifft als der Klageantrag (BFH VI R 17/03, BStBl. II 2006, 830; IV R 25/10, BFH/NV 2014, 170; XI R 6/23, BStBl. II 2025, 377). Zum Begriff der Klageänderung → § 67 Rn. 2. Das ist zB der Fall beim Übergang von der Anfechtungsklage zur Verpflichtungsklage und umgekehrt (BFH X R 51/06, BStBl. II 2009, 892 mwN), beim Übergang von der Anfechtungsklage zur Feststellungsklage (BFH II R 18/02, BFH/NV 2004, 203; II R 42/11, BFH/NV 2012, 1486), beim Übergang von der Anfechtungsklage zur auf Aufhebung der Einspruchsentscheidung gerichteten Klage (BFH I R 8/18, BFH/NV 2024, 514), beim Übergang von der Bescheidungs- zur Verpflichtungsklage (BFH III R 15/23, NJW 2024, 1605) oder im erneuten Anbringen eines Antrags im Revisionsverfahren, nachdem dieser vor dem FG fallengelassen worden war (BFH III B 141/01, BFH/NV 2002, 526; XI R 34/89, BFH/NV 1991, 829). Hat die Klage des FA auf Feststellung festgesetzter Steuern zur Insolvenztabelle in erster Instanz Erfolg gehabt, kann der Insolvenzverwalter nicht im Revisionsverfahren erstmals beantragen, die Steuerbescheide erklärungsgemäß zu ändern (BFH I R 96/10, BFH/NV 2012, 991). Ist der Rechtsstreit in der Hauptsache erledigt, liegt eine unzulässige Klageänderung vor, wenn dadurch der Streit über eine Zinsforderung im Revisionsverfahren erstmals zur neuen Hauptsache wird (BFH VIII B 158/94, BFH/NV 1995, 680). Eine unzulässige Klageänderung liegt auch in dem Anbringen eines **Hilfsantrags** des Klageverfahrens **als Hauptantrag** des Revisionsverfahrens (BFH I R 90/79, BStBl. II 1983, 382). Im Revisionsverfahren des Beklagten kann der BFH aber über den (wegen Erfolgs des Hauptantrags) im erstinstanzlichen Verfahren nicht beschiedenen Hilfsantrag des Klägers entscheiden (BGH VIII ZR 296/88, NJW-RR 1990, 518).

Keine unzulässige Klageänderung liegt vor, wenn ein in erster Instanz gestellter Stufenantrag im Revisionsverfahren auf beiden Stufen ausformuliert und präzisiert wird (BFH II R 43/19, BStBl. II 2022, 427), ein in der Vorinstanz gestellter Hauptantrag nur noch als Hilfsantrag geltend gemacht wird (BGH IV ZR 7/73, WM 1974, 1185) oder wenn ein Revisionskläger abw. von dem in erster Instanz gestellten Antrag auf Abänderung eines SteuerVA nunmehr dessen Aufhebung als unwirksam begehrt (BFH X R 20/08, BFH/NV 2008, 1682). Ein erstmals in der

Revisionsinstanz gestellter Hilfsantrag ist idR nicht zulässig (BFH IX R 22/17, BeckRS 2018, 13850). Er kann ausnahmsweise zulässig sein, wenn er das Klagebegehren nicht erweitert, sondern einschränkt (BFH XI R 16/09, BStBl. II 2012, 371). Auch der Übergang von der Anfechtungsklage zum **Feststellungsantrag nach § 100 I 4** im Revisionsverfahren ist keine unzulässige Klageänderung (BFH VI R 7/77, BStBl. II 1980, 512; VIII R 415/83, BStBl. II 1990, 721; BVerwG 2 C 56/81, NVwZ 1985, 265; BSG 6 RKa 22/55, BSGE 8, 178; vgl. aber für den umgekehrten Fall BFH V R 82/89, BFH/NV 1991, 832).

Eine **Erweiterung des Klageantrags** ist im Revisionsverfahren ebenfalls **ausgeschlossen.** Zwar handelt es sich begrifflich idR nicht um eine Klageänderung iSv § 123 (→ § 67 Rn. 8), denn die nachträgliche Erweiterung oder Beschränkung des Klagebegehrens lässt die Identität des Streitgegenstandes grds. unberührt (BFH VI B 28/73, BStBl. II 1975, 515). Im Hinblick auf die Erweiterung fehlt es jedoch an einer erstinstanzlichen Entscheidung, die Gegenstand der rechtlichen Überprüfung durch den BFH sein könnte (BFH X R 51/06, BStBl. II 2009, 892; III S 4/09 (PKH), BFH/NV 2010, 1482; VII R 29/21, BStBl. II 2023, 803, Rn. 43). Es fehlt insoweit (auch) an der für die Zulässigkeit der Revision des Klägers erforderlichen **formellen Beschwer** (stRspr, BFH I R 63/11, BStBl. II 2012, 1423; IV R 43/16, BFH/NV 2020, 511; IV R 3/18, BStBl. II 2022, 668). Eine im Revisionsverfahren unzulässige Erweiterung des Klagantrags liegt zB vor, soweit der Kläger die Festsetzung der Steuer auf einen niedrigeren Betrag begehrt als im Klageverfahren (BFH I R 110/09, BStBl. II 2014, 119; X R 43/14, BStBl. II 2017, 55; IX R 9/23, BStBl. II 2024, 737), oder wenn der Kläger beim FG nur die Verpflichtung zur Durchführung einer Einkommensteuerveranlagung beantragt hat und im Revisionsverfahren darüber hinaus die Festsetzung der Einkommensteuer auf einen bestimmten Betrag begehrt (BFH VI R 51/05, BFH/NV 2007, 45) oder beim Übergang von einem reinen Bescheidungsbegehren zum Vornahmebegehren (wegen Ermessensreduzierung auf Null); der Bescheidungsantrag bleibt jedoch zulässiger Gegenstand der Revision, weil er vom Vornahmebegehren umfasst ist (BFH I R 63/11, BStBl. II 2012, 1423 betr. § 364a AO). Hat das FA nach Insolvenzeröffnung die mit der Anfechtungsklage angefochtene Steuer zur Tabelle angemeldet und nimmt der **Insolvenzverwalter** das durch die Insolvenzeröffnung unterbrochene Verfahren auf, wird das Verfahren zwischen den neuen Beteiligten als Feststellungsverfahren fortgesetzt; eine im Revisionsverfahren unzulässige Erweiterung des Klageantrags liegt jedoch vor, soweit sich der Feststellungsantrag auf Forderungen bezieht, die vom FA zur Insolvenztabelle angemeldet worden sind, ohne zuvor Gegenstand der finanzgerichtlichen Anfechtungsklage gewesen zu sein (BFH VIII R 59/14, BStBl. II 2018, 163).

Eine **Beschränkung des Klageantrags** ist im Revisionsverfahren jederzeit zulässig (stRspr, BFH I R 81/66, BStBl. II 1970, 15; VIII R 58/92, BStBl. II 1995, 362; XI R 16/09, BStBl. II 2012, 371). Wegen der Erweiterung des **Revisionsantrags** → § 120 Rn. 56.

II. Änderung des angefochtenen Verwaltungsakts

3 Nach § 68 wird im Fall der Änderung des angefochtenen VA der **neue VA kraft Gesetzes zum neuen Verfahrensgegenstand** (→ § 68 Rn. 75 ff.); das gilt auch, wenn der angefochtene VA während des Revisionsverfahrens oder im NZB-Verfahren geändert wird (→ § 121 Rn. 1). Der Revisionskläger muss dann

seinen **Revisionsantrag** ggf. der durch den neuen Verfahrensgegenstand geschaffenen geänderten Prozesssituation **anpassen** (→ § 68 Rn. 77). Der Antrag darf in diesem Fall auch über das ursprüngliche Klagebegehren hinausgehen (BFH IV R 39/97, BStBl. II 1994, 734; VII B 235/00, BFH/NV 2001, 1130; I R 6/20, BStBl. II 2025, 202). Macht die rechtliche Beurteilung des geänderten Revisionsantrags weitere tatsächliche Ermittlungen und Feststellungen durch das FG erforderlich, ist die Sache wegen fehlender Spruchreife an das FG zurückzuverweisen (vgl. § 127; BFH II R 57/96, BStBl. II 1999, 789; V R 18/99, BFH/NV 2000, 955). Eine Zurückverweisung wegen fehlender Spruchreife ist auch dann geboten, wenn das FA den Änderungsbescheid nicht allen klagebefugten Beteiligten bekanntgegeben hat (BFH VIII R 42/97, BFH/NV 1999, 1113). Bedarf es keiner weiteren tatsächlichen Feststellungen, muss der BFH auf die zulässige Revision das FG-Urteil auch dann **aus verfahrensrechtlichen Gründen aufheben,** wenn die Revision in der Sache keinen Erfolg hat, denn das FG hat über einen VA entschieden, der nicht mehr Gegenstand des anhängigen Verfahrens ist (stRspr, vgl. zB BFH II R 164/85, BStBl. II 1988, 955; V R 10/05, BFH/NV 2005, 2217; näher → § 127 Rn. 3).

§ 68 ist auch anwendbar im **Verfahren der Nichtzulassungsbeschwerde** (BFH IX R 130/92, BStBl. II 1993, 606; X B 166/87, BFH/NV 1989, 380). Zu den möglichen Entscheidungen des BFH bei Änderung des Verfahrensgegenstandes während des Revisionsverfahrens → § 127 Rn. 2.

III. Beiladung

4 Die einfache Beiladung (§ 60 I) ist nach Abs. 1 S. 1 im Revisionsverfahren ausgeschlossen (BFH VII R 25/18, BFH/NV 2020, 887); eine unterlassene notwendige Beiladung (§ 60 III 1) darf jedoch nachgeholt werden (Abs. 1 S. 2). § 60 II verdrängt als lex specialis § 60 III. Ist die notwendige Beiladung der Landeskirche in einem Rechtsstreit wegen KiSt unterblieben, obwohl sie nach Landesrecht (notwendig) vorgeschrieben ist, kann sie der BFH nicht nachholen (BFH I R 6/21, BFH/NV 2022, 728). Ein erstmals im Revisionsverfahren gestellter Antrag auf Beiladung eines Dritten nach § 174 V AO ist unzulässig (BFH XI R 32/06, BFH/NV 2008, 385; X R 21/17, BeckRS 2018, 2342). Das Unterlassen einer notwendigen Beiladung durch das FG ist als Verstoß gegen die **Grundordnung des Verfahrens** vAw zu berücksichtigen (zB BFH III R 33/05, BFH/NV 2007, 720) und führt regelmäßig zur Zurückverweisung der Sache an das FG (§ 116 VI). Durch die Zurückverweisung wird sichergestellt, dass die Beiladung im zweiten Rechtsgang nachgeholt und ihr Zweck erreicht wird, dem notwendig Beizuladenden eine umfassende Teilnahme am Rechtsstreit zu ermöglichen und die Rechtskraft des Urteils (§ 110) auf ihn zu erstrecken, (stRspr, vgl. zB BFH I R 114/97, BStBl. II 2000, 399; IV R 48/98, BStBl. II 1999, 531).

5 Ausnahmsweise kann der BFH eine vom FG unterlassene notwendige Beiladung im Revisionsverfahren (nicht im Verfahren der NZB: BFH III B 74/02, BFH/NV 2003, 195; IV B 101/10, BFH/NV 2012, 598; IV B 108/11, BFH/NV 2012, 1620) nachholen (§ 123 I 2; BFH IX R 38/17, BStBl. II 2021, 202). Die Vorschrift entspricht im Wesentlichen § 142 VwGO und § 168 SGG; sie dient der **Verfahrensökonomie.** Unnötige Zurückverweisungen sollen dadurch vermieden werden (BT-Drs. 14/4061, 11). Im NZB-Verfahren ist sie nicht anwendbar (BFH I B 81/17, BeckRS 2018, 2349; I B 11/19, IStR 2021, 947).

Ob der BFH von der Möglichkeit der Beiladung Gebrauch macht, liegt in seinem **Ermessen** (BFH VIII R 33/05, BFH/NV 2006, 1693; VI R 38/02, BFH/NV 2005, 1456; VI R 15/12, BFH/NV 2013, 1242). Die Nachholung der notwendigen Beiladung durch den BFH kommt va in Betracht, wenn die Sache spruchreif ist, weil weitere tatsächliche Feststellungen nicht getroffen werden müssen oder wenn die Voraussetzungen für die Beiladung erst im Revisionsverfahren eingetreten sind (BFH IV R 32/07, BFH/NV 2011, 271). Ist dagegen nach den Umständen des Falles wahrscheinlich, dass der Zweck des § 123 I 2 nicht erreicht werden kann, weil nach der Beiladung voraussichtlich **weitere Ermittlungen zum Sachverhalt** erforderlich sein werden, kann der BFH ohne vorherige Beiladung das Urteil des FG aufheben und die Sache wegen des Verfahrensmangels zurückverweisen (BFH X R 16/06, BStBl. II 2009, 732). Das ist zB der Fall, wenn das FG die Klage zu Unrecht als unzulässig abgewiesen und deshalb noch keinerlei tatsächliche Feststellungen getroffen hat (X R 16/06, BStBl. II 2009, 732) oder wenn die Sache auch aus anderen Gründen zurückverwiesen werden muss (BFH IV R 24/08, BFH/NV 2009, 1427).

6 **Rechtsfolgen der Beiladung.** Hat der BFH gemäß § 123 I 2 durch Beschluss nach § 60 IV den notwendig beteiligten Dritten beigeladen, kann der Beigeladene **Verfahrensmängel** nur innerhalb von zwei Monaten nach Zustellung des Beiladungsbeschlusses rügen (§ 123 II 1). Dadurch soll verhindert werden, dass der Beigeladene das Revisionsgericht in jeder Lage des Verfahrens dazu zwingen kann, die Sache zurückzuverweisen (BT-Drs. 14/4061, 11). Die Vorschrift steht in Zusammenhang mit § 126 III 2. Danach ist der Rechtsstreit zurückzuverweisen, wenn der nach § 123 I 2 Beigeladene daran ein berechtigtes Interesse hat. Das berechtigte Interesse an der Zurückverweisung kann der BFH verneinen, wenn der Beigeladene erst nach Ablauf der Frist des § 123 II (zB in der mündlichen Verhandlung vor dem BFH) die tatsächlichen Feststellungen des FG mit Verfahrensrügen angreift. Die Regelung des § 123 I 2 darf aber nicht zu einer Beeinträchtigung schutzwürdiger Interessen des Beigeladenen führen. Da dieser im Verfahren vor dem FG keine Gelegenheit hatte, sich zu dem entscheidungserheblichen Sachverhalt zu äußern, muss er das Recht haben, den tatsächlichen Feststellungen des FG auch ohne schlüssige Rüge eines darauf bezogenen Verfahrensmangels entgegenzutreten, indem er zB **neue Tatsachen** vorträgt, die zu einer anderen Entscheidung des Streitfalls führen können (**aA** möglicherweise Kopp/Schenke/Schenke VwGO § 142 Rn. 10). Insoweit greift die zeitliche Beschränkung des § 123 II nicht ein.

7 Die **Zweimonatsfrist** kann auf einen vor ihrem Ablauf gestellten Antrag vom Vorsitzenden **verlängert** werden (§ 123 II 2). Für die Fristverlängerung gelten die Grundsätze für die Verlängerung der Revisionsbegründungsfrist entsprechend (→ § 120 Rn. 48).

§ 124 [Prüfung der Zulässigkeit der Revision]

(1) [1]**Der Bundesfinanzhof prüft, ob die Revision statthaft und ob sie in der gesetzlichen Form und Frist eingelegt und begründet worden ist.** [2]**Mangelt es an einem dieser Erfordernisse, so ist die Revision unzulässig.**

(2) **Der Beurteilung der Revision unterliegen auch diejenigen Entscheidungen, die dem Endurteil vorausgegangen sind, sofern sie nicht nach den Vorschriften dieses Gesetzes unanfechtbar sind.**

Vgl. § 143 VwGO; § 169 SGG; §§ 552, 557 II ZPO.

Literatur: Sangmeister, Überprüfung richterlicher Selbstentscheidung bei Ablehnungsgesuchen, AnwBl. Online 2020, 524; Vollkommer, Das Ablehungsverfahren der FGO nach dem Zweiten FGO-Änderungsgesetz – ein Modell für andere Verfahrensordnungen?, NJW 2001, 1827; Wegner, Verfahrensmangel: Was tun bei Besorgnis der Befangenheit? PStR 2021, 279; s. auch die Angaben zu § 120 und § 126.

I. Zulässigkeit der Revision

Die Zulässigkeitsvoraussetzungen der Revision prüft der BFH **von Amts wegen** (allgemein zur Zulässigkeit der Rechtsmittel → Vor § 115 Rn. 135). Erfordert dies die Feststellung von Tatsachen, kann er dabei aus Gründen der Prozessökonomie nach den Grundsätzen des sog. **Freibeweises** verfahren (BFH V R 55/00, BFH/NV 2002, 1601; X R 13/23, BFH/NV 2024, 1420; BGH VII ZR 218/89, NJW 1990, 3088; → Vor § 115 Rn. 136; → § 118 Rn. 162). 1

Die Revision ist zulässig, wenn sie
- vom FG oder vom BFH zugelassen worden ist (→ § 115 Rn. 40 ff.; BFH VIII R 15/08, BFH/NV 2009, 1445) und
- von einer hierzu berechtigten Person (→ § 115 Rn. 22 ff.; → § 120 Rn. 8 ff.),
- die durch das angefochtene Urteil (formell) beschwert ist (→ Vor § 115 Rn. 130 ff.),
- gegen eine der Art nach mit diesem Rechtsmittel anfechtbare Entscheidung des FG (→ § 115 Rn. 30 ff.),
- innerhalb der Frist des § 120 I (→ § 120 Rn. 21 ff.),
- durch eine vor dem BFH vertretungsberechtigte Person (§ 62 IV),
- unbedingt (→ § 120 Rn. 17) und
- formell ordnungsgemäß (→ § 120 Rn. 6 ff.; BFH I R 74/10, BFH/NV 2011, 1371) eingelegt sowie
- innerhalb der Frist des § 120 II (zB BFH VI R 25/12, BFH/NV 2013, 235; X R 4/17, BeckRS 2017, 114428) in einer den Anforderungen des § 120 III entsprechenden Weise (→ § 120 Rn. 53 ff.; zB BFH IV R 36/09, BFH/NV 2011, 2092; IV R 11/14, BeckRS 2018, 16121) begründet worden ist.

Fehlt es an einer dieser Voraussetzungen, ist die Revision unzulässig (Abs. 1 Satz 2). Wegen des **Verfahrens** bei der Entscheidung über eine unzulässige Revision → § 126 Rn. 2 ff.

II. Nachprüfung vorausgegangener Entscheidungen

1. Unanfechtbare Entscheidungen

Der Beurteilung im Revisionsverfahren unterliegen grds. auch diejenigen **Entscheidungen** der Vorinstanz, die dem **Endurteil vorausgegangen** sind. Von einer Nachprüfung im Revisionsverfahren sind jedoch Entscheidungen des FG ausgenommen, die nach den Vorschriften der FGO unanfechtbar sind. Unanfechtbar sind alle Entscheidungen, die im Gesetz ausdrücklich **als unanfechtbar bezeichnet** sind, wie zB der Beschluss über die Bewilligung der Wiedereinsetzung (§ 56 V), die Ablehnung einer Tatbestandsberichtigung (§ 108 II) oder über die Beschlüsse nach § 6 I und III (§ 6 IV) und die in **§ 128 II** aufgeführten Entscheidungen, insbes. die prozessleitenden Verfügungen wie etwa die (Ablehnung der) Wiedereröffnung der mündlichen Verhandlung (BFH IV B 33/08, BFH/NV 2

2010, 219) oder die Fristsetzung nach § 79b (BFH VII S 18/11 (PKH), BFH/NV 2012, 52). Unanfechtbar sind auch die Entscheidungen, gegen die das Rechtsmittel der **Beschwerde nicht zugelassen** worden ist (§ 128 III; hM, vgl. zB BFH I B 124/98, BFH/NV 1999, 793; VII B 140/99, BFH/NV 2000, 589; BVerwG 6 C 30/98, BVerwGE 110, 40; BGH IVb ZR 86/86, NJW 1988, 268; May, Die Revision in den zivil- und verwaltungsgerichtlichen Verfahren, 2. Aufl. 1997, Kap. VI Rn. 406; **aA** BSG 10 RV 1131/56, NJW 1958, 1654).

Unanfechtbare Entscheidungen sind grds. **jeder Nachprüfung** durch ein übergeordnetes Gericht **entzogen;** soweit die Beschwerde ausgeschlossen ist, kann die unanfechtbare Entscheidung auch im Revisionsverfahren nicht auf Rechtsfehler überprüft und ggf. aufgehoben werden (BFH VII R 15/99, BStBl. II 2000, 88; II B 48/05, BFH/NV 2006, 589; BVerwG 9 B 165/99, NVwZ 1991, 261). Das gilt auch dann, wenn eine an sich durch gesonderten Beschluss zu treffende Entscheidung (wie zB die über ein Richterablehnungsgesuch) erst im **Endurteil** getroffen wird (BGH II ZR 230/64, BGHZ 46, 112). Soweit eine Nachprüfung unanfechtbarer Entscheidungen im Revisionsverfahrens ausgeschlossen ist, können Rechtsfehler derartiger Entscheidungen auch nicht mit der NZB gerügt werden (BFH VII B 7/04, BFH/NV 2005, 64).

3 § 124 II schließt allerdings (wie § 557 II ZPO) die Rüge solcher **Verfahrensmängel** nicht aus, die als Folge der beanstandeten Vorentscheidung fortwirken und damit dem angefochtenen **Urteil anhaften,** sofern die Vorentscheidung gegen das **Willkürverbot** verstößt (BFH I B 77/07, BFH/NV 2008, 1445; IX B 144/08, BFH/NV 2009, 195; IX B 33/10, BFH/NV 2010, 1647 betr. Verfahrenstrennung) oder ein **Verfahrensgrundrecht** verletzt, wie den Anspruch auf **rechtliches Gehör** (BFH V R 71–73/79, BStBl. II 1980, 457; X S 35/08, BFH/NV 2008, 2030; BGH V ZR 155/60, BGHZ 37, 125; BVerwG 6 C 30/98, BVerwGE 110, 40; Schmidt-Preuß NVwZ 2000, 260), den **Anspruch auf den gesetzlichen Richter** (zB BFH V R 71–73/79, BStBl. II 1980, 457; VII B 140/99, BFH/NV 2000, 589; X B 237/12, BFH/NV 2014, 369; VIII B 10/23, BFH/NV 2024, 539) oder den **Anspruch auf ein faires Verfahren.**

Im Revisionsverfahren oder im Verfahren der NZB ist deshalb aufgrund einer Rüge der **Verletzung des rechtlichen Gehörs** zB auch nachprüfbar, ob das FG einen Antrag auf **Terminsverlegung** zu Unrecht abgelehnt hat (zB BFH VII B 142/04, BFH/NV 2005, 1576; VII B 7/04, BFH/NV 2005, 64; VIII B 20/10, BFH/NV 2010, 2110) oder ob das FG dem Beteiligten in rechtswidriger Weise **Prozesskostenhilfe** vorenthalten und ihn damit um die Möglichkeit einer sachkundigen Vertretung im erstinstanzlichen Verfahren gebracht hat (BFH X S 35/08, BFH/NV 2008, 2030; BVerwG 6 B 121–98, NVwZ-RR 1999, 587). Formale Mängel der Entscheidung, die keinen Gehörsverstoß begründen, können jedoch nicht überprüft werden (BFH X B 78/08, BeckRS 2009, 25015078).

Hat das FG zB vor der Übertragung eines Rechtsstreits auf den **Einzelrichter** die Voraussetzungen des § 6 I verkannt (→ § 6 Rn. 10 ff.), kann dieser Verfahrensmangel nur dann zur Aufhebung des angefochtenen Urteils führen, wenn darin zugleich eine Verletzung des Rechts auf den **gesetzlichen Richter** nach Art. 101 I GG liegt (BFH IX R 94/97, BStBl. II 2001, 415; IX B 144/08, BFH/NV 2009, 195; Schmidt-Preuß NVwZ 2000, 257). Das Verfahrensgrundrecht auf den gesetzlichen Richter greift grds. nur bei **willkürlichen** Verfahrensverstößen ein (stRspr, zB BFH I B 83/09, BFH/NV 2010, 913; II B 78/12, BStBl. II 2013, 172; X B 118/12, BFH/NV 2013, 750; III B 149/12, BFH/NV 2013, 1602; II B 55/21, BFH/NV 2022, 903; II B 56/21, BFH/NV 2022, 905). Entsprechendes gilt, wenn im Revisionsverfahren (oder mit der NZB) geltend gemacht wird, das FG habe zu Unrecht ein **Befangenheitsgesuch** (§ 51 FGO iVm § 42 ZPO) abgelehnt (vgl. zB BFH VII S 11/04, BStBl. II 2005, 139; VII B 265/08, BFH/NV 2009, 888; V B 110/07, BFH/NV 2009, 396; VIII B 155/11, BFH/NV 2012, 1610; VII B 183/11, BFH/NV 2013, 208; → § 119 Rn. 9; Vollkommer NJW 2001, 1827).

2. Selbständig anfechtbare Entscheidungen

Über den Wortlaut des § 124 II hinaus sind auch solche Entscheidungen des FG der Nachprüfung durch den BFH im Revisionsverfahren entzogen, die selbständig mit der Beschwerde oder der Revision angefochten werden können (vgl. Zöller/Feskorn ZPO § 557 Rn. 5b). Das sind insbes. die **selbständig anfechtbaren Zwischen- und Teilurteile** (BFH XI B 135/95, BFH/NV 1997, 638; BGH VII ZR 296/64, BGHZ 47, 289; XII ZR 241/91, BGHZ 121, 266 (276); → § 115 Rn. 4). Da diese rechtskräftig werden, wenn sie nicht oder nicht erfolgreich angefochten werden, steht ihrer Überprüfung im Revisionsverfahren gegen das Endurteil die Bindung der Beteiligten und des BFH an die Rechtskraft des Zwischenurteils entgegen (BFH II R 67/79, BStBl. II 1980, 515; BGH VII ZR 296/64, BGHZ 47, 289; Zöller/Feskorn ZPO § 557 Rn. 5b und ZPO § 512 Rn. 2). Gleiches gilt für mit der **Beschwerde anfechtbare Beschlüsse** des FG. Wenn die Verfahrensordnung dem Betroffenen gegen Beschlüsse des FG das Rechtsmittel der Beschwerde zur Verfügung stellt, hat dies den Zweck, bereits in diesem selbständigen Zwischenverfahren die Rechtmäßigkeit der gerichtlichen Entscheidung zu klären. Macht der Beteiligte von dem Recht der Beschwerde keinen Gebrauch oder bleibt sein Rechtsmittel erfolglos, kann die Rechtmäßigkeit der Entscheidung des FG nicht (nochmals) im späteren Revisionsverfahren überprüft werden (BFH VII B 7/76, BStBl. II 1976, 387; GrS 1/80, BStBl. II 1982, 217; IX R 172/84, BStBl. II 1987, 501; BGH III ZR 147/57, BGHZ 28, 302). Etwas anderes gilt nur dann, wenn der Beteiligte keine Möglichkeit hatte, Beschwerde einzulegen, weil das FG über die prozessuale Frage (zB Beiladung eines Dritten) nicht durch gesonderten Beschluss, sondern **erst im Endurteil** entschieden hat (BFH VIII B 5/93, BStBl. II 1994, 681; X B 29/93, BFH/NV 1994, 643). 4

§ 125 [Rücknahme der Revision]

(1) [1]**Die Revision kann bis zur Rechtskraft des Urteils zurückgenommen werden.** [2]**Nach Schluss der mündlichen Verhandlung, bei Verzicht auf die mündliche Verhandlung und nach Ergehen eines Gerichtsbescheides ist die Rücknahme nur mit Einwilligung des Revisionsbeklagten möglich.**

(2) **Die Zurücknahme bewirkt den Verlust des eingelegten Rechtsmittels.**

§ 140 VwGO; §§ 516, 565 ZPO.

Literatur: Gräber, Konkurrenz von Klagerücknahme und Rechtsmittelrücknahme, DStR 1967, 176; Rößler, Verweigerung der Einwilligung in die Rücknahme der Klage oder Revision, DStZ 1993, 276.

I. Allgemeines; Abgrenzung zur Klagerücknahme

1 § 125 regelt nur die Zurücknahme der Revision. Daneben kann der Kläger während des Revisionsverfahrens, nämlich ebenfalls bis zur Rechtskraft des Urteils, auch die Klage zurücknehmen (§ 72). Die Rechtsfolgen sind unterschiedlich. Die Zurücknahme der Revision bewirkt nur den **Verlust des Rechtsmittels,** beseitigt aber nicht die Rechtshängigkeit und lässt auch das angefochtene Urteil bestehen (→ Rn. 10; → § 72 Rn. 2). Der Revisionskläger kann deshalb innerhalb der Revisionsfrist erneut Revision einlegen (BFH IX R 16/81, BStBl. II 1984, 833; I B 12/00, BFH/NV 2000, 1363). Die Zurücknahme der Klage beseitigt dagegen rückwirkend die Rechtshängigkeit. Ein bereits ergangenes, aber noch nicht rechtskräftiges Urteil wird dadurch wirkungslos (→ § 72 Rn. 30).

Die Zurücknahme der Revision ist vom (vorherigen) Verzicht auf Rechtsmittel (§ 155 FGO iVm §§ 565, 515 ZPO) zu unterscheiden. Der **Rechtsmittelverzicht** beseitigt jede Möglichkeit einer selbständigen Revision, während die Zurücknahme nur zum Verlust der eingelegten Revision führt. Zum Rechtsmittelverzicht → Vor § 115 Rn. 80 ff.

2 Erklärt der Kläger und Revisionskläger gleichzeitig die **Zurücknahme der Klage und der Revision,** ist idR davon auszugehen, dass er die weitergehende Wirkung der Klagerücknahme herbeiführen will (BFH III B 45/98, BFH/NV 1999, 318; I R 45/16, BeckRS 2018, 1894; HHS/Bergkemper § 125 Rn. 6; Tipke/Kruse/Krumm § 125 Rn. 3). Da die Klagerücknahme im Revisionsverfahren nur mit vorheriger Zustimmung des Beklagten möglich ist (§ 72 I; BFH I R 156/71, BStBl. II 1972, 625; I R 134/90, BFH/NV 1992, 564), wird sie nicht wirksam, wenn der Beklagte seine Zustimmung versagt. In diesem Fall wird die gleichzeitig (hilfsweise) erklärte Zurücknahme der Revision wirksam, wenn sie vor den in Abs. 1 S. 2 genannten Zeitpunkten erklärt wird oder wenn der Beklagte in die Zurücknahme der Revision einwilligt; eine unzulässige Bedingung ist darin nicht zu sehen (BFH III R 136/66, BStBl. III 1967, 225; Gräber DStR 1967, 176; Tipke/Kruse/Krumm § 125 Rn. 3; HHS/Bergkemper § 125 Rn. 6). Willigt der Beklagte in die Klagerücknahme ein, ist das Verfahren insgesamt beendet und die Vorentscheidung wirkungslos (→ § 72 Rn. 30; BFH VI R 165/69, BStBl. II 1970, 327). Nimmt der Rechtsmittelführer **zu unterschiedlichen Zeitpunkten** die Klage und die Revision zurück, kommt es darauf an, welche Erklärung zuerst (wirksam) beim Revisionsgericht eingeht.

3 § 125 ist sinngemäß anwendbar bei **Zurücknahme der Nichtzulassungsbeschwerde** (BFH III B 27/95, BFH/NV 1995, 914; I B 12/00, BFH/NV 2000, 1363; X B 25/11, BFH/NV 2013, 207). Geht die Rücknahmeerklärung beim BFH ein, bevor dem Beschwerdeführer die Entscheidung über seine NZB zugegangen ist, ist die Beschwerdeentscheidung gegenstandslos (BFH IX B 133/03, BFH/NV 2003, 1089).

II. Voraussetzungen der Revisionsrücknahme

1. Anforderungen an die Erklärung

4 Die Zurücknahme der Revision ist **schriftlich** (elektronisch) oder (in der mündlichen Verhandlung) **mündlich** (§ 155 FGO iVm §§ 555, 516 II 2 ZPO)

zu erklären. Eine Zurücknahme zu Protokoll der Geschäftsstelle ist nicht möglich, weil zwar die Klage (§ 64), nicht aber die Revision (§ 120 I) zur Niederschrift des Urkundsbeamten der Geschäftsstelle erhoben werden kann (BFH VII R 14/80, BStBl. II 1981, 395).

Die Zurücknahme eines durch einen Prozessbevollmächtigten eingelegten 5
Rechtsmittels ohne dessen Mitwirkung ist aufgrund des vor dem BFH bestehenden **Vertretungszwangs** unwirksam (BFH X R 4/17, BeckRS 2017, 114428). Die zu § 62a aF ergangene anderslautende Rspr. (BFH VIII R 52/76, BStBl. II 1976, 630; VIII R 14/80, BStBl. II 1981, 395; IX B 133/02, BFH/NV 2003, 1089) ist überholt. Ausnahmsweise wird man aber die Zurücknahme des Rechtsmittels durch den Beteiligten selbst als wirksam ansehen können, wenn dieser zuvor persönlich ohne Beachtung des Vertretungszwangs eine unzulässige Revision eingelegt hatte (HHS/Bergkemper § 125 Rn. 17 mwN). Auch ein **Prozessunfähiger** (§ 58) kann die von ihm eingelegte Revision wirksam zurücknehmen (BSG 7 RU 12/70, NJW 1970, 1624). Ein **vollmachtloser Prozessbevollmächtigter** ist berechtigt, die von ihm eingelegte Revision zurückzunehmen (BFH VII B 10/79, BStBl. II 1979, 564; III R 122/95, BFH/NV 1997, 253; III B 45/98, BFH/NV 1999, 318). Haben **mehrere Prozessbevollmächtigte** in derselben Sache Revision eingelegt, ist die Zurücknahme durch einen von ihnen auch für den Einlegungsakt des anderen Bevollmächtigten wirksam.

Die Zurücknahme ist **gegenüber dem Revisionsgericht** zu erklären (§ 155 6
FGO iVm §§ 555, 516 II 1 ZPO). Das FG hat eine bei ihm eingegangene Erklärung an den BFH weiterzuleiten. Sie wird erst mit dem Eingang beim BFH wirksam. Als **Prozesserklärung** darf die Zurücknahme **nicht** unter einer **Bedingung** erklärt werden (BFH V B 18–21/01, BFH/NV 2001, 1574; BGH IVb ZB 135/88 (KG), NJW-RR 1990, 67). Sie kann weder in entsprechender Anwendung der Vorschriften des BGB über die Anfechtung von Willenserklärungen angefochten (BFH IV B 93, 94/01, BFH/NV 2003, 1606) noch (frei) **widerrufen** werden (BFH VII S 26/08 (PKH), BeckRS 2008, 25014206; VII R 10/08, BFH/NV 2009, 955; BVerwG 8 C 41/9, NJW 1997, 2897; BGH III ZB 1/91, NJW 1991, 2839), es sei denn, sie ist durch Zwang oder Täuschung seitens des Gerichts bewirkt worden.

Aus der Erklärung muss **hinreichend deutlich,** dh zweifelsfrei und unmissver- 7
ständlich erkennbar sein, dass der Revisionskläger das Rechtsmittel zurücknehmen will (BFH IX R 9/94, BFH/NV 1995, 220; VIII R 64/94, BFH/NV 1996, 218 mwN; BVerwG 4 NB 35/96, NVwZ 1998, 1064). Das ist nicht der Fall, wenn der Rechtsmittelführer nur erklärt, der Schriftsatz, durch den Revision eingelegt wurde, sei „gegenstandslos" (BFH VIII R 35/94, BFH/NV 1996, 165; vgl. aber BFH VII R 13/95, BFH/NV 1996, 140), er sei „an der Fortführung des Verfahrens nicht mehr interessiert", „er stelle anheim, die Revision zurückzunehmen" (BFH X R 9/15, BeckRS 2017, 130883) oder wenn er innerhalb der Revisionsbegründungsfrist erklärt, die Hauptsache sei erledigt (BFH VIII R 64/94, BFH/NV 1996, 218).

Bei **mehreren Streitgegenständen** oder einem teilbaren Streitgegenstand kann die Revision auch **teilweise** zurückgenommen werden (Thomas/Putzo/Seiler ZPO § 516 Rn. 3; Tipke/Kruse/Krumm § 125 Rn. 10; HHS/Bergkemper § 125 Rn. 11).

Die Revision kann vom Zeitpunkt ihrer Einlegung bis zur Rechtskraft des 8
Urteils zurückgenommen werden. Möglich ist auch die Zurücknahme einer

unzulässigen Revision (BFH II R 175/82, BFH/NV 1988, 586; X B 28/93, BFH/NV 1994, 182; ebenso die Zurücknahme einer Klage bei unzulässiger Revision BFH IX R 14/96, BFH/NV 1997, 252) und zwar bis zur Rechtskraft der Verwerfungsentscheidung (HHS/Bergkemper § 125 Rn. 10). Denn die Rechtskraft eines Urteils tritt bei Verwerfung eines an sich statthaften, aber unzulässigen Rechtsmittels erst mit Rechtskraft der Entscheidung über die Revision ein (GmSOGB GmS-OGB 1/83, NJW 1984, 1027; BFH X R 149/90, BStBl. II 1991, 462). Auch eine **unstatthafte Revision** kann zurückgenommen werden, da § 125 offenbar für die Möglichkeit der Zurücknahme des Rechtsmittels darauf abstellt, ob das für die Entscheidung über die Revision (§ 126) maßgebende Urteil oder der Verwerfungsbeschluss bereits ergangen ist (Tipke/Kruse/Krumm § 125 Rn. 9; HHS/Bergkemper § 125 Rn. 10). Eine **Klagerücknahme** kann dagegen in einem unstatthaften Rechtsmittelverfahren nicht wirksam erklärt werden, weil das finanzgerichtliche Urteil mit Ablauf der Rechtsmittelfrist rechtskräftig geworden ist (BFH VII B 18/94, BFH/NV 1995, 126).

2. Einwilligung des Revisionsbeklagten

9 In den Fällen des Abs. 1 S. 2 wird die Zurücknahme der Revision nur wirksam, wenn der Revisionsbeklagte darin einwilligt (BFH VIII R 35/94, BFH/NV 1996, 165). Die Regelung dient dem Schutz des Revisionsbeklagten. Der Revisionskläger soll sich nicht in einem fortgeschrittenen Stadium des Verfahrens gegen den Willen des Revisionsbeklagten einer Entscheidung durch Urteil entziehen können, wenn der Verlauf des Verfahrens bereits sein voraussichtliches Unterliegen erkennen lässt (BFH I R 14/87, BStBl. II 1990, 595). Ein fortgeschrittenes Verfahrensstadium ist nach § 125 I 2 erreicht, wenn

- der Vorsitzende die **mündliche Verhandlung geschlossen** hat (§ 125 I 2 iVm § 93 III);
- **beide Beteiligten auf mündliche Verhandlung verzichtet** haben (BFH VIII R 35/94, BFH/NV 1996, 165; VI R 51/10, BFH/NV 2011, 984); findet trotz des Verzichts eine mündliche Verhandlung statt, kann die Revision wieder ohne Einwilligung zurückgenommen werden (→ § 72 Rn. 24);
- ein **Gerichtsbescheid** (§ 121 S. 1 iVm § 90a) ergangen ist; die Zustimmung ist auch dann erforderlich, wenn der Gerichtsbescheid als nicht ergangen gilt, weil rechtzeitig mündliche Verhandlung beantragt wurde (BFH VII R 116–117/87, BStBl. II 1990, 695; I R 134/90, BFH/NV 1992, 564).

Versagt der Revisionsbeklagte seine Einwilligung, ist über die Revision auch dann sachlich zu entscheiden, wenn der Revisionskläger seinen Revisionsantrag nicht mehr aufrechterhält (BFH XI R 5/90, BStBl. II 1992, 969; I R 13/98, BFH/NV 1999, 619). Erforderlich ist nur die Einwilligung des Revisionsbeklagten, nicht die der Beigeladenen oder der beigetretenen Behörde (BFH IV R 165–166/87, BFH/NV 1989, 240 zu § 72). Die formellen Anforderungen an die Wirksamkeit der Einwilligungserklärung sind dieselben wie an die Erklärung der Zurücknahme.

Die **Nichtzulassungsbeschwerde** kann ohne Zustimmung des Beschwerdegegners zurückgenommen werden, wenn die Beschwerdeentscheidung dem Rechtsmittelführer noch nicht zugestellt war (BFH V B 21/88, BFH/NV 1990, 105; X B 28/93, BFH/NV 1994, 182).

III. Wirkung der Zurücknahme

10 Nur das eingelegte Rechtsmittel geht verloren. Der Revisionskläger kann also innerhalb der evtl. noch laufenden Revisionsfrist (Jahresfrist) **erneut Revision einlegen** (allgA, BFH VI R 107/66, BStBl. III 1966, 680; VI R 107/66, BStBl. II 1984, 833; I B 12/00, BFH/NV 2000, 1363; Tipke/Kruse/Krumm § 125 Rn. 23; HHS/Bergkemper § 125 Rn. 34; → § 120 Rn. 16). Das ergibt sich aus Abs. 2 im Vergleich mit § 72 II 1 (Verlust der „Klage"). Das angefochtene Urteil wird erst rechtskräftig, wenn die Revisionsfrist abgelaufen ist. Wird die Zurücknahme erst nach Ablauf der Revisionsfrist erklärt, wird das finanzgerichtliche Urteil in dem Zeitpunkt rechtskräftig, in dem die Zurücknahme wirksam wird (Thomas/Putzo/Seiler ZPO § 705 Rn. 9; HHS/Bergkemper § 125 Rn. 34). Entsprechendes gilt im Beschwerdeverfahren, in dem § 125 ebenfalls anwendbar ist (BFH XI B 1/15, BeckRS 2015, 94738).

Die Zurücknahme der Revision wirkt grds. nur für den Beteiligten, der sie erklärt hat (BFH VIII R 33/00, BFH/NV 2001, 320; BSG 3 RK 37/60, NJW 1963, 1943). Nimmt nur **einer von mehreren Revisionsklägern** die Revision zurück, bleibt der Zurücknehmende in den Fällen notwendiger Streitgenossenschaft am Revisionsverfahren des anderen beteiligt (→ § 122 Rn. 2). Haben sowohl der Beteiligte als auch sein Bevollmächtigter gegen dasselbe Urteil Beschwerde wegen Nichtzulassung der Revision eingelegt, ist nur **ein** Beschwerdeverfahren anhängig geworden; dieses Verfahren wird beendet, wenn der Bevollmächtigte die Zurücknahme der Beschwerde erklärt; die weitere vom Kläger selbst eingelegte Beschwerde entfaltet keine zusätzliche Wirkung (BFH X R 9–10/01, BFH/NV 2001, 1284; IX R 85/90, BFH/NV 1993, 375). Anderes gilt, wenn sich die Zurücknahmeerklärung ausdrücklich nur auf einen von mehreren Einlegungsakten bezieht (BFH III R 24/86, BFH/NV 1986, 683).

Die Zurücknahme der Revision bewirkt die **Unzulässigkeit** der **Anschlussrevision,** → § 120 Rn. 82. Wegen der Kostenentscheidung in diesem Fall → § 136 Rn. 10.

IV. Verfahren bei Streit über die Zurücknahme

11 Entsteht Streit über die Wirksamkeit der Rücknahmeerklärung, ist das Verfahren wegen dieser Frage fortzusetzen und ggf. durch **Urteil** festzustellen, dass die Revision wirksam zurückgenommen ist (BFH VI R 107/66, BStBl. III 1966, 680; V K 1/67, BStBl. II 1968, 96; VI B 95/06, BFH/NV 2007, 1704). Der Ausspruch lautet dann zB: „Die Revision ist zurückgenommen" (Tipke/Kruse/Krumm § 125 Rn. 18). Der BFH kann die Entscheidung durch Beschluss treffen, wenn die Revision, wäre sie nicht zurückgenommen, als unzulässig hätte verworfen werden müssen (BFH VII R 10/08, BFH/NV 2009, 955). Stellt der BFH fest, dass die Zurücknahme nicht wirksam ist, muss das Verfahren – ggf. nach einem **Zwischenurteil** über das Nichtvorliegen einer wirksamen Zurücknahme – fortgesetzt und ggf. über die Revision entschieden werden (BFH V K 1/67, BStBl. II 1968, 96; → § 97 Rn. 3).

Die Zurücknahme des Rechtsmittels kann nur in dem Verfahren geprüft werden, in dem das Rechtsmittel zurückgenommen worden ist, also nicht etwa in einem späteren Abrechnungsverfahren nach § 218 AO (BFH IV R 244/67, BStBl. II 1970, 444).

V. Entscheidung bei wirksamer Zurücknahme der Revision

12 In den Fällen der **Klagerücknahme** ist das Klageverfahren durch (deklaratorisch wirkenden) Beschluss einzustellen (§ 72 II 2). Wird die Klage erst im Revisionsverfahren zurückgenommen, stellt der BFH in sinngemäßer Anwendung (§ 121) dieser Vorschrift das Verfahren ein. Eine § 72 II 2 entsprechende Regelung fehlt in § 125 für die Zurücknahme der Revision. Es ist deshalb zweifelhaft, ob in diesem Fall ein **förmlicher Einstellungsbeschluss** des BFH ergehen muss. Die (mE zutr.) hM hält für den Regelfall eine förmliche Einstellung des Revisionsverfahrens durch Gerichtsbeschluss für entbehrlich (BFH VI R 107/66, BStBl. III 1966, 680; VIII R 52/76, BStBl. II 1976, 630; X B 28/93, BFH/NV 1994, 182; Tipke/Kruse/Krumm § 125 Rn. 17; HHS/Bergkemper § 125 Rn. 36). § 125 ist insoweit nicht lückenhaft; die vergleichbaren Regelungen in §§ 126 II, 140 II VwGO, in denen abweichend von § 92 II VwGO lediglich eine Entscheidung über die Kostenfolge angeordnet ist, sprechen dafür, dass der Gesetzgeber in § 125 bewusst auf eine dem § 72 II 2 entsprechende Regelung verzichtet hat. Nach § 121 iVm § 72 II 2 kann aber auch der BFH das Revisionsverfahren durch Beschluss einstellen, wenn er dies im Interesse der Rechtsklarheit für zweckmäßig erachtet (BFH X B 28/93, BFH/NV 1994, 182; VIII R 28/16, BFH/NV 2021, 932). Die Einstellung des Revisionsverfahrens wird der BFH insbes. aussprechen, wenn die Rücknahme nicht völlig zweifelsfrei war, zB weil sie auslegungsbedürftig war (vgl. BFH IX R 29/19, BStBl. II 2023, 562), wenn sie vom Beteiligten persönlich erklärt wurde, wenn das zurückgenommene Rechtsmittel unzulässig war oder bei sachlicher Klagehäufung, wenn die Revision nur wegen eines Streitgegenstands zurückgenommen worden ist (BFH IV R 46/08, BStBl. II 2011, 692; VIII R 17/19, DStR 2022, 407). Ein förmlicher Einstellungsbeschluss (mit Kostenentscheidung) wird regelmäßig auch dann erlassen, wenn der **vollmachtlose Prozessbevollmächtigte** das von ihm eingelegte Rechtsmittel zurückgenommen hat (→ § 144 Rn. 1).

Gemäß § 144 ist in den Fällen der Zurücknahme des Rechtsmittels eine **Kostenentscheidung** nur in Ausnahmefällen zu treffen, weil sich die Kostenfolge regelmäßig aus § 136 II ergibt.

§ 126 [Entscheidung über die Revision]

(1) **Ist die Revision unzulässig, so verwirft der Bundesfinanzhof sie durch Beschluss.**

(2) **Ist die Revision unbegründet, so weist der Bundesfinanzhof sie zurück.**

(3) [1]**Ist die Revision begründet, so kann der Bundesfinanzhof**
1. **in der Sache selbst entscheiden oder**
2. **das angefochtene Urteil aufheben und die Sache zur anderweitigen Verhandlung und Entscheidung zurückverweisen.**

[2]**Der Bundesfinanzhof verweist den Rechtsstreit zurück, wenn der in dem Revisionsverfahren nach § 123 Abs. 1 Satz 2 Beigeladene ein berechtigtes Interesse daran hat.**

(4) **Ergeben die Entscheidungsgründe zwar eine Verletzung des bestehenden Rechts, stellt sich die Entscheidung selbst aber aus anderen Gründen als richtig dar, so ist die Revision zurückzuweisen.**

(5) **Das Gericht, an das die Sache zur anderweitigen Verhandlung und Entscheidung zurückverwiesen ist, hat seiner Entscheidung die rechtliche Beurteilung des Bundesfinanzhofs zugrunde zu legen.**

(6) [1]**Die Entscheidung über die Revision bedarf keiner Begründung, soweit der Bundesfinanzhof Rügen von Verfahrensmängeln nicht für durchgreifend erachtet.** [2]**Das gilt nicht für Rügen nach § 119 und, wenn mit der Revision ausschließlich Verfahrensmängel geltend gemacht werden, für Rügen, auf denen die Zulassung der Revision beruht.**

Vgl. § 144 VwGO; § 170 SGG; §§ 552, 561–564 ZPO.

Literatur: Bergkemper, Das Verhältnis zwischen dem Bundesfinanzhof, dem Bundesverfassungsgericht und dem Gericht der Europäischen Gemeinschaften, DStZ 1997, 501; Birk/Jahndorf, Zur Begründungspflicht des BFH bei Zurückweisung von Revisionen, DB 1995, 1301; Koch, Einwirkungen des Gemeinschaftsrechts auf das nationale Verfahrensrecht, EuZW 1995, 78; Meilicke, Zum Verhältnis zwischen Selbstbindung des Revisionsgerichts und gemeinschaftsrechtlicher Vorlagepflicht, RIW/AWD 1994, 477; Meilicke, Zum Vorrang der Vorlage nach Art. 177 EWG-Vertrag vor der Bindung nach § 126 Abs. 5 FGO, DStZ 1995, 427; Meyer, Zum Umfang der Bindungswirkung nach § 144 Abs. 6 VwGO oder: Hat die aufhebende und zurückverweisende Revisionsentscheidung Zwischenurteilscharakter?, BayVBl. 2007, 391; Reiche, Kompetenzwidrige EuGH-Rechtsprechung zu Art. 177 II EGV?, EuZW 1995, 569; Rößler, Darf der BFH darüber befinden, ob im zweiten Rechtsgang der Vollsenat oder der Einzelrichter des FG zur Entscheidung berufen ist?, DStZ 1996, 726; Stüer, Zurückverweisung und Bescheidungsverpflichtung im Verwaltungsprozess, FS Menger, 1985, 779; Tiedtke, Die innerprozessuale Bindungswirkung von Urteilen der obersten Bundesgerichte, 1976; Tiedtke, Zur bindenden Wirkung von Urteilen des Bundesfinanzhofs, StuW 1976, 262; Tiedtke, Die Bindungswirkung revisionsgerichtlicher Entscheidungen, JZ 1978, 626; Tiedtke, Selbstbindung der Revisionsgerichte, JZ 1995, 275; Zeihe, Die Zurückverweisung an einen anderen Senat, DVBl. 1999, 1322; vgl. ferner die Literaturangaben bei §§ 115 und 120.

Übersicht

	Rn.
I. Allgemeines	1
II. Entscheidung bei unzulässiger Revision (Abs. 1)	3
1. Allgemeines	3
2. Form und Verfahren	4
3. Wirkung	5
III. Entscheidung bei unbegründeter Revision (Abs. 2, 4 und 6)	7
IV. Entscheidung bei begründeter Revision (Abs. 3 u. 5)	11
1. Allgemeines	11
2. Entscheidung in der Sache (Abs. 3 Nr. 1)	12
3. Zurückverweisung (Abs. 3 Nr. 2)	14
a) Allgemeines	14
b) Zurückverweisung nach Beiladung (Abs. 3 S. 2)	17
4. Wirkung der Zurückverweisung	20
a) Weiteres Verfahren	20
b) Bindung an die rechtliche Beurteilung des BFH (Abs. 5)	21
c) Ausnahmen von der Bindung	27
d) Selbstbindung des BFH	30

I. Allgemeines

1 § 126 regelt die Beendigung des Revisionsverfahrens durch **Entscheidung** des BFH über die Revision. Außer durch eine Entscheidung nach § 126 kann das Verfahren beendet werden durch Zurücknahme der Revision (§ 125), Zurücknahme der Klage (§ 72), durch übereinstimmende Erledigungserklärungen (§ 138 I) oder durch Aufhebung des finanzgerichtlichen Urteils aus verfahrensrechtlichen Gründen, wenn während des Revisionsverfahrens ein **Änderungsbescheid** (§ 68) ergeht und das erstinstanzliche Urteil deshalb einen in seiner Wirkung suspendierten VA betrifft (vgl. dazu auch die Kommentierung zu § 127 mwN). Soweit der BFH in einem solchen Fall nicht nach der speziellen Vorschrift des § 127 zurückverweist (dazu BFH V R 10/21, BFH/NV 2022, 126), entscheidet er über den geänderten Klageantrag nach § 121 iVm § 100 (BFH III R 27/03, BStBl. II 2007, 332; X R 4/19, BStBl. II 2022, 256).

II. Entscheidung bei unzulässiger Revision (Abs. 1)

1. Allgemeines

3 Abs. 1 regelt, wie der BFH über eine unzulässige Revision (§ 124 I) zu entscheiden hat. Der BFH prüft zunächst, ob die Revision **statthaft** und auch **im Übrigen zulässig** ist (§ 124 I). Allgemein zur Zulässigkeit der Rechtsmittel → Vor § 115 Rn. 60 ff. Die Zulässigkeit der Revision muss gegeben sein (festgestellt sein); andernfalls kann nicht zur Sache entschieden werden. Das ergibt sich schon aus der unterschiedlichen **Rechtskraftwirkung** von Prozess- und Sachurteil. Auch wegen der unterschiedlichen **Besetzung** des Revisionsgerichts in den Fällen des § 126 I und denen des Abs. 2 kann die Frage nicht offenbleiben (→ Vor § 115 Rn. 61; ebenso HHS/Bergkemper § 126 Rn. 13). Etwas anderes gilt auch dann nicht, wenn die Revision offensichtlich und eindeutig unbegründet ist, die Klärung der Zulässigkeit aber weitere Ermittlungen des BFH erfordern würde (BFH VI 308/63 U, BStBl. III 1965, 68; KG 15 W 2603/76, NJW 1976, 2353).

Bei **mehreren Revisionsklägern** oder **mehreren Streitgegenständen,** zB bei mehreren angefochtenen Bescheiden für verschiedene Steuerarten oder mehreren Bescheiden für verschiedene Veranlagungszeiträume, (nicht aber bei mehreren unselbständigen Streitpunkten), ist die Zulässigkeit der Revision für jeden Revisionskläger (in jedem Prozessrechtsverhältnis) und für jeden Streitgegenstand (objektive Klagenhäufung) gesondert zu prüfen (BVerwG V C 150/59, DVBl. 1960, 140; Tipke/Kruse/Krumm § 126 Rn. 4). Danach kann eine Revision teils zulässig, teils unzulässig sein. Zum Verfahren in solchen Fällen → Rn. 4. Eine Revision mit **einheitlichem Streitgegenstand,** aber mehreren unselbständigen Streitpunkten, ist dagegen (insgesamt) zulässig, wenn der Revisionskläger innerhalb der Revisionsbegründungsfrist nur bezüglich eines Streitpunkts einen Revisionsgrund in den Anforderungen entsprechender Weise vorgetragen hat.

§ 126 I ist **entsprechend anwendbar,** wenn ein Antrag auf mündliche Verhandlung gegen einen Gerichtsbescheid unzulässig ist, zB weil der Antrag verspätet beim BFH eingegangen ist (BFH VI R 159/68, BStBl. II 1971, 812; VIII R 40/10, BFH/NV 2013, 397) oder weil der Antragsteller durch den Gerichtsbescheid nicht beschwert ist (BFH IV R 51/10, BFH/NV 2013, 1110).

2. Form und Verfahren

4 Eine unzulässige Revision ist grds. durch **Beschluss** zu verwerfen. Eine Entscheidung durch Gerichtsbescheid ist nicht zulässig (Tipke/Kruse/Krumm § 126 Rn. 7; Kopp/Schenke/Schenke VwGO § 144 Rn. 1). Ein Zwischenurteil über die Unzulässigkeit kommt nicht in Betracht, sondern nur, wenn die Revision zulässig ist (→ § 121 Rn. 2 zu § 97; BFH XI R 40/11, BFH/NV 2013, 213). Eine **mündliche Verhandlung** ist, selbst wenn sie beantragt wird, nicht erforderlich (BFH V R 177/66, BStBl. III 1967, 368; I K 1/68, BStBl. II 1969, 320; III R 44/09, BFH/NV 2011, 997), kann jedoch nach Ermessen anberaumt werden. Nach dem eindeutigen Wortlaut des § 126 I ist auch in diesem Fall durch Beschluss zu entscheiden, wenn sich die Revision nach mündlicher Verhandlung als unzulässig erweist (BVerwG 3 C 46.84, NJW 1987, 1349). Ergeht die Entscheidung ohne mündliche Verhandlung, entscheidet der Senat in der Besetzung mit drei Richtern (§ 10 III, → § 10 Rn. 2; BFH II R 33/18, BFH/NV 2020, 1079), bei einer Entscheidung aufgrund mündlicher Verhandlung durch Beschluss in der **Besetzung mit fünf Richtern.** Der Beschluss muss **begründet** werden (§§ 113 II, 121). § 126a ist insoweit nicht anzuwenden (Offerhaus FR 1975, 414; Tipke/Kruse/Krumm § 126a Rn. 4).

Erweist sich die Revision als zulässig, entscheidet der BFH hierüber grds. erst im Endurteil. Er kann jedoch vorab durch Zwischenurteil oder Zwischengerichtsbescheid (§§ 90, 97, 121) in der Besetzung mit fünf Richtern über die Zulässigkeit der Revision gesondert entscheiden (→ § 121 Rn. 2 zu § 97; BFH II R 159/73, BStBl. II 1975, 516; VIII R 81/05, BFH/NV 2009, 1447).

Ist die Revision (bei mehreren Streitgegenständen, → Rn. 3) nur **zum Teil unzulässig,** entscheidet der BFH einheitlich durch Urteil (BFH IV 126/64, BStBl. III 1967, 252; X R 42/16, BFH/NV 2019, 586; XI R 6/23, BStBl. II 2025, 377; → § 10 Rn. 3). Gleiches gilt für den Fall, dass **mehrere Revisionen** (von mehreren Beteiligten) eingelegt wurden, von denen mindestens eine unzulässig ist (BFH X R 40/91, BStBl. II 1994, 752; III R 33/97, BStBl. II 2000, 208; II R 33/16, BStBl. II 2017, 663; X R 7/15, DStR 2018, 180). Eine **unzulässige Anschlussrevision** kann durch Urteil verworfen werden, wenn in derselben Rechtssache zugleich über die zulässige Revision zu befinden ist (BFH IV R 42/11, BFH/NV 2012, 1927; II R 37/12, BStBl. II 2014, 114).

3. Wirkung

5 Der Verwerfungsbeschluss wird materiell **rechtskräftig** (BFH VII R 79–80/78, BStBl. II 1979, 574; I E 1/86, BFH/NV 1986, 483). Verwirft der BFH die Revision, weil Wiedereinsetzung nicht gewährt wird, kann der **Wiedereinsetzungsantrag** nicht mit derselben Begründung wiederholt (BFH V S 9/67, BStBl. III 1967, 615; X B 54–59/90, BFH/NV 1991, 547) oder das Rechtsmittel mit derselben Begründung nochmals eingelegt werden (BGH VII ZR 366/80, NJW 1981, 1962). Hat der BFH die Revision wegen Versäumung der Revisions- oder Revisionsbegründungsfrist verworfen und stellt sich erst danach heraus, dass die Frist unverschuldet versäumt war, kann der BFH nach § 56 Wiedereinsetzung in den vorigen Stand gewähren und den **Verwerfungsbeschluss** für **gegenstandslos** erklären (BFH II B 3/67, BStBl. III 1967, 472; III S 9/00, BFH/NV 2001, 63; → § 56 Rn. 63); insoweit durchbricht § 56 die Rechtskraft und lässt die Aufhebung des rechtskräftigen Beschlusses zu.

Gegen einen Verwerfungsbeschluss ist eine **Gegenvorstellung** nicht statthaft; auch dann nicht, wenn er mit schweren Mängeln behaftet ist, weil der BFH seine Entscheidung nicht ändern könnte (vgl. dazu die Erläuterung → Vor § 115 Rn. 40 ff.). Zulässig ist jedoch die **Anhörungsrüge,** wenn der unterlegene Beteiligte eine Verletzung des rechtlichen Gehörs durch den BFH geltend machen kann (§ 133a).

Die Rechtskraft des angefochtenen Urteils tritt grds. erst mit der Rechtskraft der Verwerfungsentscheidung ein (vgl. GmSOGB GmS-OGB 1/83, NJW 1984, 1027; BFH VIII R 295/81, BFH/NV 1987, 108).

Durch den Beschluss nach Abs. 1 wird nur die **eingelegte** Revision verworfen. Wegen der Möglichkeit, erneut Revision einzulegen → § 120 Rn. 35.

III. Entscheidung bei unbegründeter Revision (Abs. 2, 4 und 6)

7 Die Revision ist **unbegründet,** wenn das angefochtene Urteil nicht auf einer Verletzung revisiblen Rechts (§ 118 I) beruht. Nicht jede Verletzung revisiblen Rechts rechtfertigt die Aufhebung des angefochtenen Urteils. Sie muss auch entscheidungserheblich, also tragend gewesen sein. Hat das FG seine Entscheidung mehrfach (kumulativ) begründet und verletzt nur eine der Begründungen revisibles Recht, so beruht das Urteil nicht auf dieser Rechtsverletzung, weil die andere (rechtfehlerfreie) Begründung das Urteil trägt. Auch in diesem Fall ist die Revision unbegründet.

Ergebnisrichtigkeit. Nach **Abs. 4** ist die Revision auch dann (als unbegründet) zurückzuweisen, wenn die Entscheidungsgründe zwar eine Gesetzesverletzung ergeben, die Entscheidung sich aber (aus anderen vom FG nicht erörterten Gründen) als **im Ergebnis richtig** erweist. In den Fällen des § 126 IV ist die Revision an sich begründet, gleichwohl darf das Urteil nicht aufgehoben werden, wenn das FG bei einer erneuten Verhandlung (notwendig) zum selben Ergebnis kommen müsste. Der Sache nach handelt es sich bei der Zurückweisung der Revision nach Abs. 4 um einen Sonderfall des § 126 III Nr. 1. Das Revisionsgericht ersetzt im Fall des Abs. 4 die fehlerhaften Entscheidungsgründe des FG durch andere, richtige (Bettermann ZZP 88, 365). In beiden Fällen der Zurückweisung des Rechtsmittels erkennt der BFH zum Nachteil des Revisionsklägers durch abschließendes Urteil.

Der BFH wendet § 126 IV im **NZB-Verfahren entsprechend** an (stRspr BFH II B 38/20, BFH/NV 2021, 636; VIII B 141/19, BFH/NV 2021, 534; II B 25/21, BFH/NV 2022, 811; VIII B 4/22, BFH/NV 2023, 545; zur Kritik → § 115 Rn. 309).

8 Obwohl § 126 ausdrücklich zwischen der Zurückweisung der Revision wegen Unbegründetheit (Abs. 2) und wegen Ergebnisrichtigkeit (Abs. 4) unterscheidet, wird in der Praxis des BFH auch im Fall des Abs. 4 die Revision als **unbegründet** zurückgewiesen (vgl. zB BFH III R 35/77, BStBl. II 1978, 383; I R 36/77, BStBl. II 1978, 491; Tipke/Kruse/Krumm § 126 Rn. 52; HHS/Bergkemper § 126 Rn. 32).

Kommt der BFH bei der Entscheidung nach Abs. 4 zu dem Ergebnis, dass statt einer Klageabweisung durch Prozessurteil eine **Sachabweisung** geboten gewesen wäre, weist er die Revision in der Urteilsformel mit der Maßgabe als unbegründet zurück, dass die Klage nicht unzulässig, sondern unbegründet ist

(→ Rn. 9; BFH III R 35/77, BStBl. II 1978, 383; IV R 7/19, BStBl. II 2023, 378). Entsprechendes gilt im umgekehrten Fall, in dem das FG die Klage durch Sachurteil abgewiesen hat, obwohl wegen Fehlens einer Sachentscheidungsvoraussetzung die Klageabweisung durch **Prozessurteil** hätte ausgesprochen werden müssen (BFH VIII R 371/83, BStBl. II 1986, 537; I R 67/84, BStBl. II 1988, 927). In diesen Fällen ist nach der Rspr. des BFH das FG-Urteil nicht aufzuheben, weil der **Urteilstenor richtig** ist (BFH IX R 60/03, BFH/NV 2005, 327; X B 265/07, BFH/NV 2009, 1083; I B 207/09, BFH/NV 2011, 48; XI R 12/08, BStBl. II 2011, 819; VIII R 17/09, BFH/NV 2013, 1581; VI R 48/15, BeckRS 2017, 94011). Diese Ansicht berücksichtigt indes nicht die unterschiedliche Reichweite der Rechtskraft von Prozess- und Sachurteilen (→ § 110 Rn. 45). Mit Zurückweisung der Revision wird das FG-Urteil in seiner ursprünglichen Form rechtskräftig; die Klarstellung im Tenor des BFH-Urteils ändert daran nichts. Soweit es auf die unterschiedliche Reichweite der Rechtskraft ankommt, kann der Ansicht des BFH deshalb nicht zugestimmt werden.

Weitergehend hält der BFH die Zurückweisung der Revision auch dann für möglich, wenn das FG zwar iE zu Recht der Klage stattgegeben hat, dabei aber zu Unrecht vom Vorliegen einer Anfechtungsklage statt einer Verpflichtungsklage ausgegangen ist, der Urteilsausspruch (Tenor) also vom BFH zu ändern ist (BFH III R 204/81, BStBl. II 1986, 245; I R 95/84, BStBl. II 1988, 663; offengelassen in BFH VIII R 28/84, BStBl. II 1990, 558).

Entgegen einer im Schrifttum vertretenen Ansicht fehlt es in den Fällen des § 126 IV nicht an einer **Beschwer** des Revisionsklägers (ebenso HHS/Bergkemper § 126 Rn. 33; **aA** Redeker/v. Oertzen/Redeker VwGO § 144 Rn. 3; MKS/Schmidt SGG § 170 Rn. 5). Die (formelle) Beschwer bestimmt sich im Revisionsverfahren nach dem Urteilsausspruch (Tenor) der Entscheidung des FG, nicht nach ihrer Begründung (→ Vor § 115 Rn. 100 ff.).

Abs. 4 ist auch anzuwenden, wenn das FG-Urteil wegen eines **Verfahrensfehlers** mangelhaft ist, sich aber mit anderer, von dem Verfahrensmangel unabhängiger Begründung rechtfertigen lässt (BFH V R 134/85, BStBl. II 1990, 1098; VI R 58/03, BFH/NV 2005, 781; BGH VI ZR 222/58, BGHZ 31, 364; Bettermann ZZP 88, 381). Bei Verletzung der Sachaufklärungspflicht und des rechtlichen Gehörs darf sich die Verletzung nur auf einzelne Feststellungen beziehen, auf die es für die Entscheidung nicht ankommt (BFH V R 46/14, BStBl. II 2023, 771). Hat das FG die Klage (fehlerhaft) durch **Prozessurteil** abgewiesen, anstatt zur Sache zu entscheiden, hat es materielles Recht nicht geprüft; insoweit liegt auch keine nachprüfbare Entscheidung vor. Gleichwohl darf der BFH nach seiner Rspr. auch in einem solchen Fall durcherkennen, wenn eindeutig feststeht, dass der vom FG (trotz aus seiner Sicht mangelnder Entscheidungserheblichkeit) festgestellte Sachverhalt vollkommen klar und eindeutig vollständig ist und wenn die Klage auf dieser Grundlage unter keinem rechtlichen Gesichtspunkt Erfolg haben kann (BFH VIII R 142–144/70, BStBl. II 1973, 497; III R 35/77, BStBl. II 1978, 383; V B 51/01, BStBl. II 2001, 767; VIII R 77/05, BFH/NV 2008, 53; Kopp/Schenke/Schenke VwGO § 144 Rn. 4; HHS/Bergkemper § 126 Rn. 38). Lässt sich die Ergebnisrichtigkeit der Entscheidung nicht mit der erforderlichen Sicherheit (Evidenz) feststellen, muss der BFH an das FG zurückverweisen (BFH I R 118/88, BStBl. II 1991, 242; X B 138/11, BFH/NV 2013, 63). Bei der Prüfung nach 9

§ 126 IV ist das Revisionsgericht an die Beschränkungen des **§ 118 III** (Verfahrensrevision; → § 118 Rn. 212 ff.) nicht gebunden (vgl. BVerwG 5 C 47/78, BVerwGE 58, 149; Kopp/Schenke/Schenke VwGO § 144 Rn. 5).

Liegt ein **Verfahrensmangel iSd § 119** (absoluter Revisionsgrund) vor, ist § 126 IV grds. **nicht anwendbar** (BFH I R 118/88, BStBl. II 1991, 242; VIII R 32/95, BStBl. II 1998, 676 mwN; I R 45/01, BFH/NV 2003, 173; II B 110/10, BFH/NV 2011, 833; → § 119 Rn. 1). Da die Feststellungen des fehlerhaften Urteils in diesen Fällen keine ordnungsgemäße Grundlage für eine Sachentscheidung des BFH sein können, muss der BFH die Sache nach Aufhebung des finanzgerichtlichen Urteils ohne bindende Äußerungen zur materiell-rechtlichen Beurteilung des Streitfalls an das FG zurückverweisen (→ § 119 Rn. 2). Das ist zB der Fall, wenn das FG zu Unrecht ohne mündliche Verhandlung entschieden hat (BFH VIII B 131/09, BFH/NV 2010, 2110).

Dieser Grundsatz ist einzuschränken für den Fall, dass das (klageabweisende) Sachurteil nicht nur an einem Mangel iSv § 119 leidet, sondern zusätzlich auch wegen **Fehlens einer Prozessvoraussetzung** nicht hätte ergehen dürfen. Da der BFH das Vorliegen der Sachentscheidungsvoraussetzungen vAw zu prüfen hat, kann er in diesem Fall § 126 IV anwenden (BFH III R 78/92, BStBl. II 1994, 859; IV R 40/98, BStBl. II 1999, 563; V R 82/97, BFH/NV 1999, 487; V B 168/16, BeckRS 2016, 94210; → § 119 Rn. 3). Weitere Ausnahmen gelten für den absoluten Revisionsgrund des **§ 119 Nr. 4 (Verletzung des rechtlichen Gehörs),** wenn sich die Verletzung nur auf einzelne Feststellungen bezieht, auf die es für die Entscheidung nicht ankommt (BFH II R 56/76, BStBl. II 1980, 208; VIII R 32/95, BStBl. II 1998, 676 mwN; I B 151/98, BStBl. II 2001, 556; I B 53/12, BFH/NV 2013, 1561; → § 119 Rn. 14; → Rn. 10), wenn also das vom FG übergangene Vorbringen unter keinem denkbaren Gesichtspunkt entscheidungserheblich sein kann (→ § 119 Rn. 11; BFH III B 107/11, BFH/NV 2012, 987) und für den Revisionsgrund des **§ 119 Nr. 6,** wenn das FG ein selbständiges Angriffs- oder Verteidigungsmittel in den Urteilsgründen übergangen hat, das zur Begründung des Klageantrags oder zur Abwehr des Angriffs ungeeignet war und wenn feststeht, dass die Zurückverweisung nur zu einer Wiederholung des aufgehobenen Urteils führen könnte (BFH IX R 51/86, BFH/NV 1988, 35; VIII R 70/93, BFH/NV 1997, 31; → § 119 Rn. 25).

Nach **Abs. 6 S. 1** können als nicht durchgreifend erachtete Verfahrensrügen **ohne Begründung** zurückgewiesen werden. Das ist nicht verfassungswidrig (BVerfG 7.11.1979 – 2 BvR 1264/79, nv). Die Befreiung von der Begründungspflicht gilt nach Abs. 6 S. 2 nicht für Verfahrensrügen nach § 119 (absolute Revisionsgründe) und, wenn mit der Revision ausschließlich Verfahrensmängel geltend gemacht werden, für Rügen, auf denen die Zulassung der Revision beruht. Letzteres kommt kaum noch vor, da der BFH bei begründeten Verfahrensrügen idR bereits im Verfahren der NZB das Urteil des FG durch Beschluss aufhebt (vgl. § 116 VI; → § 116 Rn. 64 ff.). Etwas anderes (keine Begründung erforderlich) gilt wiederum, soweit die Kausalitätsvermutung in § 119 nicht zum Tragen kommt, etwa, wenn sich die Verletzung des rechtlichen Gehörs nicht auf das Gesamtergebnis des Verfahrens auswirkt (→ § 119 Rn. 19; BFH VIII R 28/07, BStBl. II 2009, 842; I R 69/12, DStR 2015, 1297; VI R 55/08, BStBl. II 2017, 715) oder wenn das vom FG übergangene Angriffs- oder Verteidigungsmittel ungeeignet war (→ § 119 Rn. 37 aE).

IV. Entscheidung bei begründeter Revision (Abs. 3 u. 5)

1. Allgemeines

Die Revision ist **begründet,** wenn das angefochtene Urteil auf einer Verletzung von Bundesrecht oder von revisiblem Landesrecht beruht (→ § 118 Rn. 35 ff.). Ist die Revision zulässig und begründet (ohne dass ein Fall des § 126 IV gegeben ist), **hebt der BFH** das angefochtene Urteil **auf** und entscheidet entweder abschließend in der Sache selbst (Abs. 3 Nr. 1, sog. **Durcherkennen**) oder er verweist die Sache zur anderweitigen Verhandlung und Entscheidung an das FG zurück (Abs. 3 Nr. 2, sog. **Zurückverweisung**). Richtet sich die Revision gegen ein Urteil mit **mehreren selbständigen Streitgegenständen** kann die Revision **teilweise begründet** und teilweise unbegründet sein. In einem solchen Fall hebt der BFH das Urteil hinsichtlich des fehlerhaften Teils auf und weist die Revision iÜ als unbegründet zurück (BFH IV R 54/97, BStBl. II 2000, 139; VIII R 77/05, BFH/NV 2008, 53; → Rn. 2, 10). Die Entscheidung ergeht dann einheitlich durch Urteil (BFH III R 71/10, BStBl. II 2013, 380; X R 43/14, BStBl. II 2017, 55). Abs. 3 S. 1 Nr. 1 ist (entsprechend) auch anwendbar, wenn eine Entscheidung in der Sache nicht möglich ist, zB weil keine Klage erhoben worden ist; die Klage führt dann zur isolierten Aufhebung des Urteils (BFH VIII R 16/21, BFH/NV 2024, 1415). 11

Spruchreife, Entscheidungsreife. § 126 III besagt hierzu (ebenso wie der gleichlautende § 144 VwGO) nichts. Die entsprechende Vorschrift des § 563 III ZPO enthält eine explizite Regelung, wonach durcherkannt werden kann, „wenn die Aufhebung des Urteils nur wegen Rechtsverletzung bei Anwendung des Gesetzes auf das festgestellte Sachverhältnis erfolgt und nach letzterem die Sache zur Endentscheidung reif ist." Damit ist das auch in § 118 II formulierte revisionsrechtliche Grundprinzip angesprochen, dass die Feststellung der Tatsachen allein dem FG obliegt und das Revisionsgericht den von diesem festgestellten Sachverhalt nicht ergänzen darf (→ § 118 Rn. 150 ff.). **Entscheidungsgrundlage** können alle unmittelbar oder mittelbar (zB durch zulässige Bezugnahme des FG gem. § 105 III) im angefochtenen Urteil getroffenen tatsächlichen Feststellungen (→ § 118 Rn. 105 ff.) sein, ohne Rücksicht darauf, ob sie vom FG bei seiner Entscheidung verwertet worden sind. Zu eigenen Tatsachenfeststellungen ist der BFH ausnahmsweise befugt, soweit es um die Feststellung der Sachentscheidungsvoraussetzungen des Klageverfahrens, die Zulässigkeitsvoraussetzungen der Revision oder die Wirksamkeit von Prozesshandlungen geht (→ § 118 Rn. 160 ff.). Wegen der Befugnis des Revisionsgerichts zur **Ermittlung irrevisiblen Rechts** → § 118 Rn. 180 ff. Soweit der BFH ausnahmsweise zur Ermittlung von Tatsachen befugt ist, liegt es in seinem Ermessen, ob er selbst die Spruchreife herbeiführen und durcherkennen oder zurückverweisen will (BFH II R 10/79, BStBl. II 1983, 698; X R 98–100/90, BStBl. II 1992, 411).

2. Entscheidung in der Sache (Abs. 3 Nr. 1)

Der BFH kann (muss) in der Sache selbst entscheiden, wenn oder soweit die Sache **spruchreif** ist, dh wenn oder soweit die vom FG festgestellten Tatsachen eine abschließende rechtliche Beurteilung ermöglichen. Spruchreif ist eine Sache auch dann, wenn nur noch die **Steuerberechnung** aussteht; es handelt sich bei der Anwendung der Steuertabellen nicht um die Ermittlung von Tatsachen, son- 12 dern um Rechtsanwendung. Liegen die Voraussetzungen des **§ 100 II 2** vor, kann der BFH die Steuerfestsetzung in entsprechender Anwendung dieser Vorschrift (§ 121) dem FA überlassen (→ § 100 Rn. 44).

An der Spruchreife fehlt es regelmäßig, wenn die tatsächlichen Feststellungen des FG so lücken- oder fehlerhaft sind, dass sie von vornherein keine Bindungswirkung entfalten (→ § 118 Rn. 115), oder wenn hinsichtlich einer entscheidungserheblichen tatsächlichen Feststellung des FG die positive Bindungswirkung (zum Begriff → § 118 Rn. 104 ff.) gem. § 118 II entfallen ist (→ § 118 Rn. 124 ff.). Liegt ein **absoluter Revisionsgrund** (§ 119) oder ein vAw zu beachtender **Verstoß gegen die Grundordnung** des Verfahrens vor, darf das Revisionsgericht idR nicht durcherkennen (BFH I R 162/94, BStBl. II 1996, 139). Eine Entscheidung in der Sache ist ausnahmsweise möglich, wenn der Verfahrensfehler, wie zB die unterlassene notwendige Beiladung im Revisionsverfahren, nachgeholt (§ 123 I 2) und damit geheilt ist, oder wenn zweifelsfrei feststeht, dass die Zurückverweisung nur zu einer Wiederholung des aufgehobenen Urteils führen könnte (BFH IV R 40/98, BStBl. II 1999, 563: Entscheidung des BFH in der Sache, wenn das FG zu Unrecht durch Sachurteil statt durch Prozessurteil entschieden hat). An der Spruchreife fehlt es im Allgemeinen auch dann, wenn das FA den angefochtenen **Steuerbescheid** während des Revisionsverfahrens **zum Nachteil des Klägers geändert (§ 68)** und der Kläger infolgedessen (zulässigerweise) sein bisheriges Klagebegehren erweitert hat (→ § 123 Rn. 3; BFH X R 38/90, BStBl. II 1992, 504). Verändert sich der bisherige Streitstoff durch den Änderungsbescheid nicht, bedarf es keiner Zurückverweisung und der BFH entscheidet, wenn alle Voraussetzungen dafür vorliegen, in der Sache selbst (BFH V R 61/06, BStBl. II 2009, 828).

Ist die Sache spruchreif, **muss** der BFH selbst entscheiden; das gilt auch dann, wenn der Kläger mit der Revision **neue Tatsachen** vorgetragen hat, die das FG bei seiner Entscheidung nicht berücksichtigen konnte (BFH IV S 413/60 S, BStBl. III 1964, 413) oder wenn er nur die **Zurückverweisung beantragt** hat (BFH VI R 313/68, BStBl. II 1971, 591; I R 5/96, BStBl. II 1997, 5; VII R 8/97, BFH/NV 1998, 1137; V R 81/07, BStBl. II 2010, 109; Bettermann ZZP 88, 365).

Macht der BFH im Verfahren der NZB von der Möglichkeit des **§ 116 VI** Gebrauch und hebt er das Urteil des FG durch Beschluss wegen eines mit Erfolg gerügten Verfahrensmangels auf, kann er nach § 116 VI nur zurückverweisen, nicht aber in der Sache selbst entscheiden.

13 Ist über **mehrere Streitgegenstände** oder über einen teilbaren Streitgegenstand (→ § 98 Rn. 2) zu entscheiden, kann der BFH, wenn nur ein Teil spruchreif ist, **teilweise durcherkennen** und iÜ zurückverweisen (BFH IX R 124/92, BStBl. II 1995, 537; V R 61/10, BStBl. II 2014, 475). Eine förmliche Verfahrenstrennung (§ 73) ist insoweit nicht erforderlich. Das FG entscheidet dann einheitlich über die Kosten des Verfahrens (→ § 143 Rn. 24).

3. Zurückverweisung (Abs. 3 Nr. 2)

14 **a) Allgemeines.** Ist die Sache nicht entscheidungsreif, ist sie zur erneuten Verhandlung und Entscheidung an das FG zurückzuverweisen. Ist die Sache nur zum Teil entscheidungsreif, verweist der BFH nur insoweit zurück und entscheidet iÜ selbst (BFH IV R 33/18, BFH/NV 2022, 911). Hebt der BFH das Urteil nach Abs. 3 Nr. 2 auf, muss er grds. auch zurückverweisen. Eine **isolierte (ersatzlose)**

Aufhebung des Urteils sieht § 126 nicht vor (§ 563 I ZPO: „Im Falle der Aufhebung des Urteils ist die Sache … zurückzuverweisen"). Nach der Rspr. des BVerwG kann das Revisionsgericht sich ausnahmsweise auf die Aufhebung des Urteils beschränken, wenn es nach dieser Aufhebung keine noch zu entscheidende Rechtssache gibt (BVerwG 7 B 281–98, BayVBl. 1999, 768 zur Aufhebung eines über das Klagebegehren hinausgehenden Urteils; zust. Eyermann/Kraft VwGO § 133 Rn. 25a). Der BFH hat (weitergehend) ein FG-Urteil (zur Klarstellung) isoliert aufgehoben, wenn es gegen den falschen Beteiligten ergangen war (BFH I R 53/74, BStBl. II 1977, 481; VIII R 203/81, BStBl. II 1984, 318; IV R 61/16, DStR 2019, 2131: Urteil gegen Nichtkläger) oder wenn das FG ein **unzulässiges Zwischenurteil** (BFH I R 41/14, BFH/NV 2016, 570) oder ein **unzulässiges Grundurteil** erlassen hat (BFH III R 72/74, BStBl. II 1975, 714; I R 157/76, BStBl. II 1980, 252; I R 135/77, BStBl. II 1980, 695). Wenn feststeht, dass eine Entscheidung dieser Art nicht noch einmal ergehen dürfte, bedarf es keiner Zurückverweisung.

Der BFH darf die Sache nur **an das Finanzgericht** (nicht auch an das **Finanzamt**) zurückverweisen (BFH V R 142/75, BStBl. II 1981, 71). Die Zurückverweisung an einen **anderen Senat** des FG ist zulässig (§ 155 FGO iVm **§ 563 I 2 ZPO**), kommt aber wegen des Anspruchs auf den gesetzlichen Richter nur in Betracht, wenn ernstliche Zweifel an der Unvoreingenommenheit des erkennenden Senats des FG bestehen (BFH I R 68/93, BFH/NV 1994, 798; V R 82/97, BFH/NV 1999, 487; X R 27/19, BFH/NV 2021, 15). Hat der BFH das Urteil eines **Einzelrichters** aufgehoben, kann er die Sache an den **Vollsenat** zurückverweisen, wenn die Sache im zweiten Rechtsgang weiterhin besondere Schwierigkeiten tatsächlicher oder rechtlicher Art aufweist oder grundsätzliche Bedeutung hat (BFH VI R 98/95, BStBl. II 1996, 478; IX R 64/01, BFH/NV 2005, 191; IV R 48/11, BeckRS 2015, 95060; V B 66/15, BeckRS 2016, 95347). Hat der BFH das Urteil des Einzelrichters aufgehoben, ohne ausdrücklich an den Vollsenat zurückzuverweisen, ist im zweiten Rechtsgang weiterhin der Einzelrichter zuständig; denn im zweiten Rechtsgang wird das ursprüngliche Verfahren fortgesetzt (BFH I R 22/98, BStBl. II 1999, 60; → Rn. 15). Bei dauerhafter Verhinderung des ursprünglich bestellten Einzelrichters wird dessen **geschäftsplanmäßiger Vertreter** zuständig (BFH I R 22/98, BStBl. II 1999, 60). 15

Der BFH ist nicht verpflichtet, eine Sache, die er zurückverweist, nach **allen rechtlichen Gesichtspunkten zu beurteilen** und, wenn der Sachverhalt noch nicht ausreichend geklärt ist, zu allen denkbaren Alternativen Ausführungen zu machen (BFH II R 34/69, BStBl. II 1973, 798). Ist das FG-Urteil bereits wegen eines Verfahrensfehlers aufzuheben, braucht der BFH auf die materiell-rechtlichen Rügen des Revisionsklägers nicht einzugehen. Wird aus materiell-rechtlichen Gründen aufgehoben und zurückverwiesen, braucht über die Verfahrensrügen nicht mehr entschieden zu werden (BFH I R 42/97, BStBl. II 1999, 316; X R 8/02, BFH/NV 2004, 949). Das gilt allerdings nicht für die Beachtung der **Sachentscheidungsvoraussetzungen** und für Verstöße gegen die **Grundordnung des Verfahrens,** die stets vorrangig zu prüfen sind. Hebt der BFH wegen eines Verfahrensfehlers auf, kann er anlässlich der Zurückverweisung aus Gründen der Prozessökonomie **Hinweise** zur weiteren Behandlung des Falles im zweiten Rechtsgang geben; diese Hinweise haben allerdings keine bindende Wirkung nach § 126 V. 16

b) Zurückverweisung nach Beiladung (Abs. 3 S. 2). Der BFH muss den Rechtsstreit auch dann zurückverweisen, wenn der nach § 123 erstmals im Revisi- 17 onsverfahren (notwendig) Beigeladene ein **berechtigtes Interesse** daran hat. Die Entscheidung des BFH über die Zurückverweisung ergeht in diesem Fall vAw. Das berechtigte Interesse des Beigeladenen ist regelmäßig zu bejahen, wenn er innerhalb der Frist des § 123 II zulässige und begründete Verfahrensrügen gegen die Feststellungen des FG erhoben hat oder wenn er im zweiten Rechtsgang **eine weitere Sachaufklärung erreichen will** und dieses Begehren nicht abwegig erscheint (BFH VI R 38/02, BFH/NV 2005, 2240). Bei der Beurteilung des rechtlichen Interesses ist zu berücksichtigen, dass ein Beigeladener, der erst im Revisionsverfahren an dem Rechtsstreit beteiligt wurde, in der Tatsacheninstanz keine Gelegenheit hatte, sich zu dem Streitgegenstand zu äußern und Anträge zu stellen. Die Zurückverweisung kann deshalb zur Wahrung des rechtlichen Gehörs des Beigeladenen auch dann geboten sein, wenn dieser keine Verfahrensrügen gegen die tatsächlichen Feststellungen erhoben hat, auf denen das finanzgerichtliche Urteil beruht (ebenso Redeker/v. Oertzen/Redeker VwGO § 144 Rn. 7a; Redeker/v. Oertzen/Redeker VwGO § 142 Rn. 5; Eyermann/Kraft VwGO § 142 Rn. 4).

4. Wirkung der Zurückverweisung

20 **a) Weiteres Verfahren.** Das Ergebnis der mündlichen Verhandlung im ersten Rechtsgang ist durch die Aufhebung der Vorentscheidung und die Zurückverweisung der Sache **gegenstandslos** geworden (BFH IX R 47/95, BStBl. II 1997, 348). Mit der Zurückverweisung wird das Verfahren **erneut** beim FG **anhängig.** Es wird dadurch nicht ein neues Verfahren eröffnet, sondern das ursprüngliche Verfahren wird vor dem FG fortgesetzt (BFH V R 142/75, BStBl. II 1981, 71 mwN; IX R 63/95, BStBl. II 1997, 409). Hat der BFH nur zum Teil **zurückverwiesen** (→ Rn. 13), ist der aufrechterhaltene Teil endgültig erledigt und nicht mehr Gegenstand des Verfahrens im zweiten Rechtsgang (BFH III R 67/97, BStBl. II 1998, 613; HHS/Bergkemper § 126 Rn. 62). Vor dem FG findet eine neue mündliche Verhandlung statt. Der Streitstoff ist nicht auf den des Revisionsverfahrens beschränkt (HHS/Bergkemper § 126 Rn. 60 f.). Es können **neue Anträge** gestellt und **neue Tatsachen** vorgetragen werden (aber → § 67 Rn. 7 wegen der Möglichkeit einer Klageerweiterung bei fristgebundenen Klagen). Dies kann, abgesehen von der in Abs. 5 vorgeschriebenen Bindung, dazu führen, dass das neue Urteil auf anderer tatsächlicher und rechtlicher Grundlage ergeht. Das FG kann auch eine Entscheidung fällen, die den Kläger im Vergleich zum ersten (aufgehobenen) Urteil schlechter stellt (BFH I R 70/67, BStBl. II 1968, 279; III R 15/74, BStBl. II 1976, 110). Das **Verböserungsverbot** gilt im zweiten Rechtsgang nur noch in Bezug auf den angefochtenen VA. Wegen der Bindung des FG an eigene frühere materiell-rechtliche Erwägungen → Rn. 24.

Daneben ist auch die **Anhörungsrüge** (§ 133a) statthaft. Es genügt, dass eine die Instanz beendende Entscheidung ergangen ist, gegen die kein Rechtsmittel oder anderer Rechtsbehelf gegeben ist (BFH IX S 15/22, BFH/NV 2023, 269).

21 **b) Bindung an die rechtliche Beurteilung des BFH (Abs. 5).** § 126 V (und den entsprechenden Vorschriften anderer Verfahrensordnungen) liegt der Gedanke zugrunde, dass es für die Beteiligten des Rechtsstreits untragbar und mit der rechtlichen Bedeutung einer revisionsgerichtlichen Entscheidung unvereinbar wäre, wenn das Tatsachengericht im zweiten Rechtszug die Rechtsauffassung des Revisionsgerichts als für seine Entscheidung unmaßgeblich behandeln könnte (BGH II ZR 274/55, BGHZ 22, 370). Anderenfalls könnte eine endgültige

Entscheidung der Sache verzögert oder verhindert werden, indem sie zwischen Tatsachen- und Revisionsinstanz hin- und hergeschoben wird (BFH IX R 62/92, BFHE 174, 195; VII R 119/94, BFHE 180, 231). § 126 V ist auch anwendbar, wenn der BFH das Urteil des FG im ersten Rechtsgang nicht durch Urteil, sondern **durch Beschluss nach § 116 VI** aufgehoben und die Sache zurückverwiesen hat (BFH IX B 66/01, BeckRS 2002, 25000556; IV B 20/17, BeckRS 2017, 116265; BVerwG 8 B 151/97, NJW 1997, 3456). Die Beachtung des § 126 V hat der BFH auch ohne Verfahrensrüge **von Amts wegen** zu prüfen (GmSOGB GmS-OGB 1/72, NJW 1973, 1273; BFH III R 38/02, BStBl. II 2005, 271; **aA** BFH XI B 21/11, BFH/NV 2012, 813 insoweit ohne Begr.). § 126 V ist verfassungsrechtlich unbedenklich (BVerfG 1 BvR 1023/76, HFR 1977, 450).

§ 126 V bindet das FG im zweiten Rechtsgang nur an die **rechtliche Beurteilung** des BFH. Anders als der BFH (vgl. § 118 II) ist das FG an seine **tatsächlichen Feststellungen** nicht gebunden (BFH VI B 155/12, BFH/NV 2013, 1103; X B 75/13, BFH/NV 2014, 1073). Es kann im zweiten Rechtszug grds. neue entscheidungserhebliche Tatsachen feststellen und die im ersten Rechtszug festgestellten Tatsachen neu würdigen (→ Rn. 20). Gibt der BFH dem FG auf, sich über eine bestimmte Tatsache Gewissheit zu verschaffen, ist das FG nicht nur zu weiteren tatsächlichen Ermittlungen berechtigt, sondern aufgrund des Amtsermittlungsgrundsatzes (nicht aber aufgrund der Bindungswirkung des Revisionsurteils) auch verpflichtet (BFH X B 206/10, BFH/NV 2011, 1527; **aA** BFH XI R 12/16, BeckRS 2017, 142086: Bindungswirkung).

Der **Umfang der rechtlichen Bindungswirkung** ist nach der Rspr. des BFH 22 weit zu bestimmen. Sie betrifft nach dem Wortlaut des Gesetzes „die Beurteilung des Bundesfinanzhofs" und weicht damit von **§ 563 II ZPO** ab (Bindung nur an die rechtliche Beurteilung, „die der Aufhebung zugrunde gelegt ist"). Der BFH nimmt deshalb für das finanzgerichtliche Verfahren eine Bindung des FG nicht nur an die der „Aufhebung" zugrunde liegende Rechtsansicht des BFH, sondern auch an die **„der Zurückverweisung zugrunde liegende"** rechtliche Beurteilung an (stRspr, vgl. zB BFH V B 4/66, BStBl. II 1968, 382; III R 38/02, BStBl. II 2005, 271; VIII R 21/04, BFH/NV 2006, 1839 mwN). Dem ist zuzustimmen (ebenso HHS/Bergkemper § 126 Rn. 73 f.; Tipke/Kruse/Krumm § 126 Rn. 67; aA Tiedtke JZ 1978, 626 (628) und ders. JZ 1995, 275). Es erscheint darüber hinaus zweckmäßig, dass **jede abschließende rechtliche Beurteilung durch den BFH** für den zweiten Rechtsgang bindend ist, und zwar ohne dass es darauf ankommt, ob sie für die Aufhebung und Zurückverweisung unmittelbar oder nur mittelbar kausal war (FG Hmb 2 K 184/17, BeckRS 2017, 141367: Bindung an die Beurteilung allgemeiner Erfahrungssätze im Zusammenhang mit der Aufhebung).

Die Bindungswirkung besteht deshalb grds. auch, aber auch nur für die **den** 23 **unmittelbaren Aufhebungsgründen logisch vorausgehenden Gründe** (BFH I R 78/73, BStBl. II 1976, 42; III R 38/02, BStBl. II 2005, 271; II R 6/96, BFH/NV 1997, 833; X B 75/13, BFH/NV 2014, 1073). Im Übrigen ist das FG durch § 126 V aber nicht gehindert, weitere entscheidungserhebliche Tatbestandsvoraussetzungen zu prüfen, soweit diese nicht denklogisch der vom BFH entschiedenen Frage vorausgehen (X B 75/13, BFH/NV 2014, 1073). So ist grds. davon auszugehen, dass das Revisionsgericht das Vorliegen der unverzichtbaren **Prozessvoraussetzungen** geprüft und bejaht hat (BFH IV R 26/92, BStBl. II 1993, 720; BVerwG 8 B 151/97, NJW 1997, 3456; BAG 2 AZR 231/59, BAGE

10, 355; einschränkend Rößler DStZ 1994, 254; abl. Gosch/Rüsken § 126 Rn. 93). Allerdings muss es die betreffende Rechtsfrage doch in irgendeiner Form „beurteilt" haben (BFH IV R 26/92, BStBl. II 1993, 720 mwN; VII B 227/96, BFH/NV 1997, 591; FG Saarl 1 K 168/92, GmbHR 1993, 371). Daran fehlt es, wenn das Revisionsgericht auf Grund des damals vorliegenden und bekannten Sachverhalts keine Veranlassung hatte, eine Rechtsfrage zu prüfen (BFH V R 123/68, BStBl. II 1969, 505) oder wenn es sie ausdrücklich nicht geprüft hat (BFH I R 70/67, BStBl. II 1968, 279). Das FG ist deshalb im zweiten Rechtsgang nicht gem. § 126 V gebunden, wenn es nach der Zurückverweisung einen neuen Sachverhalt feststellt, auf den die bisherige rechtliche Beurteilung des BFH nicht zutrifft (→ Rn. 27).

Keine Bindung besteht im Hinblick auf die Beurteilung der Vereinbarkeit des anzuwendenden Rechts mit dem **Verfassungsrecht.** Hat der BFH die Vereinbarkeit (ausdrücklich oder konkludent) bejaht oder eine verfassungskonforme Auslegung vorgenommen, ist das FG im zweiten Rechtsgang gleichwohl nicht gehindert, die anzuwendende Rechtsnorm nach Art. 100 I GG dem BVerfG vorzulegen (zutr. Tipke/Kruse/Krumm § 126 Rn. 81; **aA** HHS/Bergkemper § 126 Rn. 77; Kopp/Schenke/Schenke VwGO § 144 Rn. 12 mwN). § 126 V soll nur das Hin- und Herschieben der Sache zwischen der Tatsachen- und der Revisionsinstanz verhindern, nicht jedoch die allein dem BVerfG obliegende Klärung, ob das Gesetz (ggf. in der Auslegung durch den BFH) verfassungswidrig ist. An die (verfassungskonforme) Auslegung der Norm des einfachen Rechts ist das FG dabei gebunden, an die Beurteilung des BFH, dass dadurch die Verfassungswidrigkeit vermieden wird, nicht.

Entsprechendes gilt, wenn der BFH in einem zurückverweisenden Urteil ausdrücklich oder stillschweigend die Vereinbarkeit einer Norm des innerstaatlichen Rechts mit **Unionsrecht** bejaht hat. (EuGH 166/73, NJW 1974, 440; 146/73, BeckRS 2004, 71680 – Rheinmühlen-Düsseldorf). Der EuGH hat entschieden, die Bindung nach § 126 V müsse zurücktreten, wenn sich das FG verpflichtet fühle, den EuGH um eine **Vorabentscheidung nach Art. 267 AEUV** zu ersuchen, obwohl das Revisionsgericht im ersten Rechtsgang keine Zweifel an der Auslegung der (entscheidungserheblichen) Norm des Unionsrechts hatte (EuGH 166/73, NJW 1974, 440). Soweit über die Reichweite der (mittelbaren) Verweisung einer innerstaatlichen Norm auf Unionsrecht zu befinden ist (wie zB über die des Maßgeblichkeitsgrundsatzes in § 5 I EStG auf die Bilanz-Richtlinie), geht es um die Auslegung nationalen Rechts, für die die innerstaatlichen Gerichte zuständig sind. In diesem Bereich steht das Unionsrecht der Geltung des § 126 V nicht entgegen (Bärenz DStR 2001, 692).

24 **Keine Bindung** besteht an **beiläufige Bemerkungen** (obiter dicta) und an (im Interesse der Prozessökonomie gegebene) **Empfehlungen** zur weiteren Behandlung der Sache, bei denen eine Bindung des Tatsachengerichts an die Rechtsausführungen des BFH nicht beabsichtigt ist (BFH IV B 6/93, BStBl. II 1994, 569; XI B 22/06, BFH/NV 2007, 909; III B 206/11, BFH/NV 2012, 1626; BGH 5 StR 50/63, NJW 1963, 1214). Hat der BFH das FG-Urteil wegen eines **Verfahrensmangels** aufgehoben, muss das FG hinsichtlich der Verfahrensfrage die Rechtsauffassung des BFH befolgen, während es hinsichtlich der materiell-rechtlichen Beurteilung frei ist; es ist (nach Aufhebung der Vorentscheidung) insoweit auch nicht an seine **eigene frühere Rechtsauffassung** gebunden (BGH I ZR 61/51, BGHZ 3, 321).

Die Bindungswirkung gem. Abs. 5 besteht nur für den **konkreten Rechtsstreit,** in dem zurückverwiesen wurde. Sie besteht für ein anderes Verfahren selbst dann nicht, wenn es in diesem Verfahren um dieselbe Rechtsfrage unter denselben Beteiligten geht (BVerwG III C 78/67, DÖV 1968, 739). Die Bindung besteht auch, wenn das Urteil des BFH rechtsfehlerhaft ist (BFH XI R 12/16, BeckRS 2017, 142086; HHS/Bergkemper § 126 Rn. 79). Das FG kann sich der Bindung auch nicht mit dem Argument entziehen, die Ansicht des Revisionsgerichts sei **greifbar gesetzwidrig** (BGH XII AR 436/93, NJW 1994, 2956; XI ZR 347/05, NJW 2007, 1127) oder die Vorgaben des BFH seien nicht eindeutig oder widersprüchlich (BFH XI R 12/16, BeckRS 2017, 142086). Die Bindung kann auch dann nicht entfallen, wenn das aufhebende Urteil unter Verletzung des rechtlichen Gehörs zustande gekommen ist (vgl. aber BFH I R 77/74, BStBl. II 1976, 431; zweifelnd BFH I B 117/96, BFH/NV 1998, 18). 25

Die Verletzung der Bindung nach § 126 V ist als **Verfahrensmangel** geltend zu machen (stRspr, BFH IV B 6/93, BStBl. II 1994, 569; IX R 35/15, BFH/NV 2018, 347; VIII B 138/19, BFH/NV 2021, 445; X B 135/20, BFH/NV 2022, 580; → § 115 Rn. 310, „Revisionsurteil"). Hält sich das FG zu Unrecht an bestimmte Rechtsausführungen im zurückverweisenden Urteil gebunden und verschließt es sich deshalb weiteren Ausführungen eines Beteiligten, liegt darin zugleich eine Verletzung des rechtlichen Gehörs (BGH XII ZR 97/02, FamRZ 2005, 1667).

c) Ausnahmen von der Bindung. Die Bindungswirkung kann nur **ausnahmsweise entfallen.** Sie entfällt insbes. wegen veränderter Sachlage, wenn sich der bisher zugrunde gelegte **Sachverhalt** in einer für die Entscheidung erheblichen Weise **geändert** hat, und zwar auch, wenn er früher schon so vorlag, aber erst im zweiten Rechtszug vom Tatsachengericht festgestellt wird (allgA, BFH I 92/65, BStBl. II 1969, 194; VI B 85/06, BFH/NV 2007, 2138; III B 206/11, BFH/NV 2012, 1626; VI B 155/12, BFH/NV 2013, 1103; VIII B 138/19, BFH/NV 2021, 445). Dabei ist allerdings vorausgesetzt, dass die zurückverweisende Entscheidung dem FG überhaupt noch Raum für eine weitere Aufklärung des Sachverhalts lässt, dass also nicht schon **abschließend** über einen Teil des Prozessstoffs **entschieden** ist, wie zB im Fall der ausdrücklichen Bejahung der Zulässigkeit des Rechtsbehelfs (BFH V R 112/67, BStBl. II 1969, 447) oder der konkludenten Beurteilung logisch vorausgehender Fragen (BFH VII R 122/80, BStBl. II 1984, 791; VI B 85/06, BFH/NV 2007, 2138 mwN). Ergibt die Beweisaufnahme im zweiten Rechtsgang, dass sich der Zeuge an den entscheidungserheblichen Sachverhalt nicht erinnert, bleibt es bei der Bindungswirkung auch hinsichtlich der Ausführungen zur objektiven Feststellungslast im zurückweisenden Urteil (BFH IV R 84/13, BeckRS 2015, 95304). 27

Auch eine (rückwirkende) **Änderung des Gesetzes** beseitigt die Bindungswirkung, wenn die geänderte Bestimmung (ausnahmsweise: echte Rückwirkung) auf die Entscheidung anwendbar ist (BFH IX R 12/91, BStBl. II 1996, 606; I B 117/96, BFH/NV 1998, 18; BGH III ZR 97/50, BGHZ 2, 324; III ZR 214/50, BGHZ 9, 101). Gleiches gilt, wenn das **BVerfG** eine entscheidungserhebliche **Norm** zwischenzeitlich für **verfassungswidrig erklärt** hat; die gegenteilige Ansicht des Revisionsgerichts verliert damit ihre bindende Wirkung (BFH II R 25/11, BFH/NV 2012, 78; BVerwG VI C 34/70, BVerwGE 39, 300; HHS/Bergkemper § 126 Rn. 83). Die Bindung entfällt auch, wenn der BFH nach der Zurückverweisung seine **Rechtsprechung geändert hat** (GmSOGB GmS- 28

OGB 1/72, NJW 1973, 1273; BFH II R 127/74, BStBl. II 1980, 218; V R 137/84, BStBl. II 1989, 660; krit. insoweit Gräber DStR 1973, 449), selbst dann, wenn dabei das Verfahren nach § 11 III nicht beachtet worden ist (BFH V R 137/84, BStBl. II 1989, 660). Auch an die Auslegung des Gemeinschaftsrechts durch den BFH ist das FG gebunden. Die Bindungswirkung entfällt, wenn der BFH seine Rspr. geändert hat (BFH IX R 35/15, BFH/NV 2018, 347). Eine Änderung der Rspr. liegt noch nicht vor, wenn der BFH dem EuGH die Frage vorgelegt hat; insofern kann aber die Aussetzung des Verfahrens (§ 74) im Hinblick auf die mögliche Änderung der Rspr. geboten sein (BFH V B 103/18, BFH/NV 2019, 399).

29 Dagegen **entfällt die Bindung nicht,** wenn das BVerfG im Rahmen einer Verfassungsbeschwerde bei der Auslegung des einfachen Rechts eine andere Rechtsauffassung vertreten hat als der BFH (**aA** HessFG II 169/75, EFG 1976, 620) oder wenn zwischenzeitlich eine abweichende **Entscheidung des GrS des BFH,** des **EuGH** oder des **GmSOGB** ergangen ist. Auch daran ist das FG nicht nach Abs. 5 gebunden, weil sie der BFH nicht berücksichtigen konnte (BFH XI B 22/06, BFH/NV 2007, 909; BSG 4 RJ 69/61, BSGE 17, 50; Tipke/Kruse/Krumm § 126 Rn. 90; **aA** Gräber, → 1. Aufl., § 126 Rn. 10 B).

30 **d) Selbstbindung des BFH.** Auch der BFH ist, wenn die Sache im zweiten Rechtsgang erneut bei ihm anhängig wird, an seine frühere Rechtsauffassung gebunden (**Selbstbindung;** stRspr, BFH III R 38/02, BStBl. II 2005, 271; VIII R 21/04, BFH/NV 2006, 1839 mwN; IV R 2/10, BStBl. II 2011, 171; VI R 84/13, BeckRS 2015, 95304; Tipke/Kruse/Krumm § 126 Rn. 95; HHS/Bergkemper § 126 Rn. 89 ff.). Dieser bereits vom BVerfG (1 BvR 361/52, BVerfGE 4, 1) als allgemeiner Grundsatz des Verfahrensrechts bezeichnete Satz ist eine Folge der Bindung der Vorinstanz nach Zurückverweisung; er soll ebenso wie diese verhindern, dass die Sache zwischen Vorinstanz und Revisionsgericht unnötig hin- und hergeschoben wird (GmSOGB GmS-OGB 1/72, NJW 1973, 1273). Gebunden ist auch ein inzwischen **zuständig gewordener Senat** des BFH (BFH IV 150/65, BStBl. II 1971, 209; VII R 97/87, BStBl. II 1988, 865; I R 102/93, BStBl. II 1995, 249; VIII R 73/13, DStRE 2016, 1416).

Für Gegenstand, **Umfang** und **Wegfall der Bindungswirkung** gelten die Ausführungen zur Bindung des FG entsprechend (→ Rn. 21 ff.). Der BFH ist im zweiten Rechtsgang nicht an seine rechtliche Beurteilung im ersten Rechtszug gebunden, wenn und soweit er seine bisherige Rechtsauffassung bei der (gleichzeitigen) **Entscheidung** über **andere Revisionen,** die dieselbe Rechtsfrage betreffen, bereits geändert hat (BFH IX R 62/92, BFHE 174, 195), nicht aber, wenn er sie anlässlich der Entscheidung über dieselbe Sache im zweiten Rechtszug ändern will (BFH II R 127/74, BStBl. II 1980, 218; VIII R 21/04, BFH/NV 2006, 1839 mwN; BVerwG 5 C 51/74, BVerwGE 54; **aA** Kopp/Schenke/Schenke VwGO § 144 Rn. 16; iE ebenso Tiedtke JZ 1995, 275).

Die Selbstbindung besteht auch im Beschwerdeverfahren. → § 132 Rn. 11.

§ 126a [Unbegründete Revision]

[1]Der Bundesfinanzhof kann über die Revision in der Besetzung von fünf Richtern durch Beschluss entscheiden, wenn er einstimmig die Revision für unbegründet und eine mündliche Verhandlung nicht für erforderlich hält. [2]Die Beteiligten sind vorher zu hören. [3]Der Beschluss soll eine

kurze Begründung enthalten; dabei sind die Voraussetzungen dieses Verfahrens festzustellen. [4]§ 126 Abs. 6 gilt entsprechend.

Literatur: Lücke, Begründungszwang und Verfassung – Zur Begründungspflicht der Gerichte, Behörden und Parlamente, 1987; Weigell, Entscheidungen des Bundesfinanzhofs ohne Begründung auf dem verfassungsgerichtlichen Prüfstand, DStR 1995, 1334.

I. Allgemeines

Nach § 126a kann der BFH über eine unbegründete Revision unter weiteren 1
Voraussetzungen mit einer **Kurzbegründung** durch **Beschluss** entscheiden. Bei einer auf Verfahrensmängel gestützten Revision gilt für die Begründung § 126 VI sinngemäß. Der Beschluss nach § 126a tritt an die Stelle eines Urteils und steht diesem hinsichtlich seiner verfahrensbeendenden Wirkung gleich. Vergleichbare Regelungen enthalten § 130a VwGO und § 153 IV SGG für Entscheidungen der OVG und LSG über die Berufung.

§ 126a dient der **Entlastung des BFH.** Der effektive Rechtsschutz des Bürgers darf dadurch nicht unangemessen beschränkt werden. Es empfiehlt sich deshalb, von § 126a nur zurückhaltend Gebrauch zu machen. Das Verfahren kommt insbes. in Betracht, wenn das FG die Revision wegen grundsätzlicher Bedeutung zugelassen hat und die Rechtsfrage durch eine später ergangene Entscheidung des BFH, die mit der Rechtsauffassung des FG übereinstimmt, entfallen ist (vgl. zB BFH VIII R 6/08, BFH/NV 2009, 1397). In derartigen Fällen bedarf es keiner umfassenden Begründung der Entscheidung über die Revision. Dem berechtigten Informationsinteresse der Beteiligten wird durch eine Kurzbegründung Rechnung getragen (BT-Drs. 14/4061, 11). Der BFH kann von der Regelung des § 126a auch Gebrauch machen, wenn über die Verfassungsmäßigkeit einer Norm des Steuerrechts zu entscheiden ist (BFH II R 129/98, BStBl. II 1992, 707).

§ 126a ist **verfassungsgemäß** (BVerfG 1 BvR 123/83, HFR 1985, 237; 1 BvR 1485/89, HFR 1996, 827; BFH II R 42/94, BFH/NV 1997, 336, jeweils zur Vorläufervorschrift in Art. 1 Nr. 7 BFHEntlG; BFH VII R 22/15, BeckRS 2017, 94765 zu § 126a). Die Vorschrift verkürzt insbes. nicht den Anspruch auf rechtliches Gehör, weil Art. 103 I GG eine mündliche Verhandlung nicht garantiert (BVerfG 1 BvR 765, 766/89, BVerfGE 89, 381 (391)). Die Beteiligten können sich schriftlich zu den streitigen Rechtsfragen äußern, außerdem müssen sie zu dem beabsichtigten Verfahren nach § 126a vorher (schriftlich) gehört werden.

II. Voraussetzungen der Entscheidung nach § 126a

§ 126a ist nur bei einer **unbegründeten** Revision anzuwenden. Hält der BFH 3
die Revision (einstimmig) für **unzulässig,** muss er seinen Beschluss begründen; § 126a ist auf Verwerfungsbeschlüsse nicht entsprechend anwendbar (Tipke/Kruse/Krumm § 126a Rn. 4; HHS/Bergkemper § 126a Rn. 3). Auch bei Zurückweisung einer NZB ist § 126a nicht anwendbar.

§ 126a ist auch anwendbar, wenn der BFH die Revision selbst zugelassen hat 4
und erst im Revisionsverfahren zu dem Ergebnis kommt, dass die Revision unbegründet ist (BVerfG 1 BvR 1485/89, NJW 1997, 1693; BFH VI R 27/15, BStBl. II 2018, 441) oder wenn er zuvor einen **Gerichtsbescheid** erlassen und einer der Beteiligten einen Antrag auf mündliche Verhandlung gestellt hat (BFH

VII R 51/04, BFH/NV 2007, 1161; X R 28/03, BFH/NV 2006, 2259; IV R 6/08, BFH/NV 2011, 430; Tipke/Kruse/Krumm § 126a Rn. 7; Gosch/Rüsken § 126a Rn. 7) oder wenn der BFH **in den Fällen des § 127** in der Sache selbst entscheidet, weil der Änderungsbescheid den Sachstand unberührt lässt (BFH VIII R 48/11, BFH/NV 2014, 1568; XI R 18/16, BeckRS 2017, 133899). § 126a ist auch anwendbar, wenn der BFH die Revision aus einem vom FG nicht erörterten Grund zurückweisen will (**§ 126 IV;** BFH VIII R 48/14, BeckRS 2017, 140805; **aA** HHS/Bergkemper § 126 Rn. 3; Tipke/Kruse/Krumm § 126a Rn. 4, die in den Fällen des § 126 IV die Anwendung des § 126a für ausgeschlossen halten). In dem Fall ist eine Anhörung auch zu den Gründen der Zurückweisung geboten (→ Rn. 6). Nach Durchführung einer mündlichen Verhandlung kann der Senat nicht mehr nach § 126a verfahren. Er muss ggf. die mündliche Verhandlung wiedereröffnen, wenn es ihm nicht möglich ist, aufgrund der mündlichen Verhandlung über die Revision zu entscheiden (zB weil sich in der Beratung die Notwendigkeit der Anfrage bei einem anderen Senat nach § 11 III ergibt).

Der Anwendung des § 126a stehen ein **Wechsel in der Richterbank** bei der Beschlussfassung (BFH XI R 12/21, BStBl. II 2022, 417) und die **Komplexität von Rechtsfragen** (BFH VII R 68/93, BFH/NV 1995, 91; VI R 18/19, BFH/NV 2022, 13, Rn. 27) nicht entgegen. Gleiches gilt, wenn über verfassungsrechtliche Fragen (BFH VIII R 106/03, BStBl. II 2008, 762) oder sonstige ungeklärte Rechtsfragen (BFH I R 51/04, BeckRS 2007, 25011327) zu entscheiden ist. Unschädlich ist ferner ein **besonderes Interesse** der Klägerin an einer mündlichen Verhandlung aufgrund einer von ihr so wahrgenommenen „existenziellen Bedrohung“ (BFH XI R 19/09, BFH/NV 2013, 272; XI R 19/20, BFH/NV 2022, 429; XI R 22/20, BFH/NV 2024, 182).

5 Der Senat darf nur dann nach § 126a verfahren, wenn er in der für Urteile vorgesehenen Besetzung mit fünf Richtern **einstimmig** die Revision für unbegründet und eine mündliche Verhandlung nicht für erforderlich hält. Die Zurückweisung der Revision im Verfahren nach § 126a setzt dagegen nicht voraus, dass der Senat die Ansicht des Revisionsklägers für zweifelsfrei unrichtig hält (BFH VII R 31–32/83, BFH/NV 1988, 798; VII R 68/93, BFH/NV 1995, 91). Das Erfordernis der Einstimmigkeit gilt nach dem Wortlaut der Vorschrift nur für das **Ergebnis,** nicht für die Begründung der Sachentscheidung (vgl. zu § 130a VwGO; BVerwG 9 B 1387/82, NVwZ 1984, 792; Eyermann/Happ VwGO § 130a Rn. 11; **aA** Kopp/Schenke/Schenke VwGO § 130a Rn. 6). Auch für die weitere Frage, ob der Senat von der Entlastungsvorschrift Gebrauch machen und durch Beschluss nach § 126a entscheiden soll, genügt es, wenn die Senatsmitglieder mehrheitlich für das Verfahren nach § 126a votieren (HHS/Bergkemper § 126a Rn. 6).

6 Nach § 126a sind die Beteiligten des Revisionsverfahrens (§ 122) vorher zu hören. Gegenstand der **Anhörung** sind die Voraussetzungen des Verfahrens nach § 126a, also die Unbegründetheit des Rechtsmittels und die beabsichtigte Entscheidung ohne mündliche Verhandlung. Die **Anhörungsmitteilung des Vorsitzenden** braucht die Gründe für das beabsichtigte Vorgehen nicht zu erläutern und insbes. die Gründe für die beabsichtigte Sachentscheidung nicht zu benennen (BFH VII S 45/13, BFH/NV 2014, 563; BVerfG 1 BvR 1411/89, HFR 1993, 202; BVerwG 9 B 1387/82, NVwZ 1984, 792 zu § 130a VwGO). Beabsichtigt der Senat, nach **§ 126 IV** zu verfahren und die Revision aus einem vom FG im angefochtenen Urteil nicht erörterten Grund zurückzuweisen, muss er die Beteiligten ausnahmsweise auch zu den Gründen der beabsichtigten Zurückwei-

sung anhören (Verbot der Überraschungsentscheidung). Den Beteiligten ist eine **angemessene Frist** zur Äußerung einzuräumen (Tipke/Kruse/Krumm § 126a Rn. 6). Die Anhörungsfrist kann auf Antrag der Beteiligten verlängert werden. Eine Verlängerung wegen Mandatswechsels kommt nur in Betracht, wenn der Vertretene den Mandatswechsel nicht verschuldet hat (BFH VII R 29/18, NZWiSt 2023, 371). Die Anhörungsmitteilung ist keine Entscheidung iSv § 133a I, so dass eine dagegen gerichtete Anhörungsrüge unstatthaft ist (BFH VII S 45/ 13, BFH/NV 2014, 563).

Der BFH entscheidet durch Beschluss in der Besetzung mit fünf Richtern. 7
Beschlüsse nach § 126a können im sog. **Umlaufverfahren** (ohne vorherige mündliche Beratung und Abstimmung) ergehen, sofern alle Senatsmitglieder mit dieser Verfahrensweise einverstanden sind (BVerwG 2 B 99/91, NJW 1992, 257 zu § 130a VwGO).

III. Anforderungen an die Begründung

§ 126a sieht für den Regelfall eine **Kurzbegründung** vor („Soll-Vorschrift"). 8
Danach muss der BFH im Regelfall seine Entscheidung zumindest kurz begründen. Dabei sind die Voraussetzungen für das Verfahren nach § 126a darzustellen. Eine **Begründung** ist schon aus **verfassungsrechtlichen Gründen geboten,** wenn der BFH mit seiner Auslegung von dem eindeutigen Wortlaut einer Rechtsnorm abweichen will und die Gründe für diese Auslegung den Beteiligten nicht ohne Weiteres aus dem bisherigen Verlauf des Verfahrens erkennbar sind (BVerfG 2 BvR 1959/92, NJW 1993, 1909). Gleiches gilt, wenn das Revisionsgericht seine bisherige Auslegung einer Rechtsnorm aufgeben will (BVerfG 2 BvR 1434/ 83, NJW 1987, 1619; 1 BvR 1411/89, HFR 1993, 202; 1 BvR 610/89, HFR 1993, 466). In diesen Fällen wird jedoch idR kein Gebrauch von § 126a gemacht.

Nur in besonderen **Ausnahmefällen** kann vollständig von einer Begründung abgesehen werden, insbes. dann, wenn schon das FG die Entscheidung umfassend und rechtsfehlerfrei begründet hat und der Revisionskläger keine neuen Gesichtspunkte vorgetragen hat, die der Erörterung bedürfen. Im Übrigen richtet sich der Umfang der Begründung nach dem berechtigten Informationsinteresse der Beteiligten, insbes. dem des unterliegenden Revisionsklägers (Tipke/Kruse/ Krumm § 126a Rn. 9). Zumindest die tragenden Gründe für die Zurückweisung der Revision sind darzustellen und die Argumente des unterlegenen Beteiligten zumindest knapp zu würdigen.

Einer Begründung bedarf es nicht, soweit der BFH **Verfahrensrügen** für nicht durchgreifend erachtet. Das gilt nicht für Rügen nach **§ 119** (absolute Revisionsgründe) und – bei einer ausschließlich auf Verfahrensmängel gestützten Revision – für Rügen, auf denen die Zulassung der Revision beruht (§ 126a S. 4 iVm § 126 VI).

§ 127 [Zurückverweisung]

Ist während des Revisionsverfahrens ein neuer oder geänderter Verwaltungsakt Gegenstand des Verfahrens geworden (§§ 68, 123 Satz 2), so kann der Bundesfinanzhof das angefochtene Urteil aufheben und die Sache zur anderweitigen Verhandlung und Entscheidung an das Finanzgericht zurückverweisen.

Literatur: Geist, Die Bedeutung des § 127 FGO im Revisionsverfahren vor dem Bundesfinanzhof, FR 1989, 229; Hildebrand, Der Änderungsbescheid im Steuerprozess, Vielfalt in der steuerzentrierten Rechtsberatung, 2021, 45.

1 **Allgemeines.** § 68 ist gem. § 121 auch im Revisionsverfahren anwendbar. Dies bestätigt § 127 explizit. Andernfalls könnte das FA den Kläger durch Änderung des angefochtenen oder durch den Erlass eines ersetzenden Bescheids in ein neues Verfahren zwingen. Das soll vermieden werden. Nach Maßgabe des § 68 wird der während des Revisionsverfahrens geänderte oder der ersetzende Bescheid deshalb, soweit die Revision zulässig ist (BFH V R 21/10, BStBl. II 2014, 81), zum (neuen) Gegenstand des Revisionsverfahrens, zB wenn während des Revisionsverfahrens der angefochtene Vorauszahlungsbescheid durch einen Jahressteuerbescheid ersetzt wird (BFH X B 3/08, BFH/NV 2009, 410). Eine Änderung iSd § 68 liegt nicht vor, wenn das FA gem. § 100 II 3 vor Eintritt der Rechtskraft (Gerichtsbescheid) lediglich das Ergebnis der Neuberechnung mitteilt (→ § 68 Rn. 50). Hat das FA anstelle der Mitteilung nach § 100 II 3 einen Änderungsbescheid erlassen, ist § 127 aber anwendbar (BFH IV R 19/16, BStBl. II 2019, 614).

An einer Änderung **„während des Revisionsverfahrens"** fehlt es, wenn der streitgegenständliche Bescheid nach Urteilsverkündung, aber vor Einlegung der Revision geändert wird. Auch in diesem Fall greift indes § 68 ein. Die Änderung oder Ersetzung des ursprünglichen Streitgegenstands führt dann nach Ansicht der Rspr. zu einem von Amts wegen zu beachtenden Verfahrensmangel (BFH I B 61/16, BeckRS 2017, 136625; zweifelhaft mE § 127 analog; ebenso: BFH V R 21/19, BStBl. II 2023, 276; iE ebenso BFH X R 24/20, BStBl. II 2023, 953: § 127 angewandt). Ist der Änderungsbescheid bereits während des vorgelagerten NZB-Verfahrens ergangen (und dort nicht bemerkt worden), kommt § 127 weder direkt noch analog zur Anwendung (BFH V R 1/18, DStR 2020, 1672). Das FG hat zwar über einen nicht mehr existierenden Bescheid entscheiden, es mangelt aber an einer Änderung während des Revisionsverfahrens. Entsprechendes müsste gelten, wenn das FG einen im Einspruchsverfahren ergangenen Änderungsbescheid (§ 365 II 2 AO) übersehen und deshalb von Anfang an über einen nicht mehr existierenden Bescheid entschieden hat. Auch in diesem Fall kann § 127 nicht zum Tragen kommen (aA BFH V R 23/20, DStRE 2023, 355: Richtigstellung im Rechtsmittelurteil). Zu den Voraussetzungen, unter denen der bisherige Verfahrensgegenstand durch den neuen Bescheid ersetzt wird → § 68 Rn. 20 ff.

Hat sich der Gegenstand des Revisionsverfahrens nach § 68 geändert, muss der Kläger Gelegenheit haben, seinen **Revisionsantrag** der geänderten verfahrensrechtlichen Situation anzupassen. Der Auffassung des BFH, wonach der Antrag in diesen Fällen sogar „von Gerichts wegen" an die veränderte Prozesslage anzupassen sei (BFH IV R 71/00, BStBl. II 2004, 43; VIII R 34/08, BFH/NV 2011, 585), kann nicht zugestimmt werden. Nur die Beteiligten können Anträge stellen; der Vorsitzende hat aber darauf hinzuwirken, dass sachdienliche Anträge gestellt werden (§ 76 II). § 127 stellt zunächst klar, dass die darin liegende **Klageänderung zulässig** ist. § 127 durchbricht insoweit den Grundsatz des § 123 I 1, dass Klageänderungen im Revisionsverfahren unzulässig sind (→ § 123 Rn. 3; BFH GrS 9/70, BStBl. II 1972, 219; Geist FR 1989, 229). Nimmt der Revisionskläger eine Anpassung nicht vor, wird sein Begehren gegenstandslos und unzulässig.

Die Klammerverweisung auf **§ 123 S. 2 ist gegenstandslos.** In § 123 S. 2 war die Zulässigkeit der Klageänderung in den Fällen des § 68 ausdrücklich bestimmt.

Die Vorschrift ist aufgehoben worden. An der Rechtslage hat sich dadurch nichts geändert. Der (unveränderte) Hinweis in § 127 auf § 123 S. 2 beruht auf einem redaktionellen Versehen des Gesetzgebers.

Für den weiteren Verlauf des Verfahrens sieht § 127 vor, dass der BFH das angefochtene Urteil aufheben und die Sache zur anderweitigen Verhandlung und Entscheidung an das FG **zurückverweisen kann.** Auf die Voraussetzungen von § 126 III 1 Nr. 2 kommt es dabei nicht an; § 127 ist lex specialis zu dieser Vorschrift. Infolgedessen kann der BFH das FG-Urteil auch dann aufheben, wenn es nicht auf einer Verletzung von Bundesrecht beruht (Geist FR 1989, 229 (232)). 2

Der BFH darf nur dann in der Sache selbst entscheiden, wenn die Sache trotz des geänderten Streitgegenstands (ausnahmsweise) **spruchreif** ist. Die Voraussetzungen dafür müssen feststehen. Im Zweifel ist die Zurückverweisung geboten, insbes. wenn nicht ausgeschlossen werden kann, dass sich aufgrund des Änderungsbescheids tatsächliche Fragen stellen, die bisher noch nicht geklärt sind (BFH III R 52/11, BFH/NV 2014, 851; XI R 12/14, BeckRS 2015, 9482; XI R 18/13, BeckRS 2015, 95596; HHS/Bergkemper § 127 Rn. 10). Auch eine neue materiell-rechtliche Bewertung im Änderungsbescheid kann die Aufhebung und Zurückverweisung gebieten (BFH IX R 5/09, BFH/NV 2010, 654).

Spruchreif ist die Sache (jedenfalls), wenn und soweit die vom FG **festgestellten tatsächlichen Grundlagen** des Streitstoffs durch die Änderung oder Ersetzung des angefochtenen VA **unberührt** geblieben sind (stRspr, BFH II R 39/89, BStBl. II 1993, 63; IX R 78/94, BStBl. II 1996, 16; XI R 15/03, BStBl. II 2004, 718; XI R 30/04, BStBl. II 2005, 274) und soweit darüber kein Streit besteht. Unschädlich soll sein, wenn der Kläger seinen Antrag nach einer Änderung des Streitgegenstands nach § 68 zulässigerweise angepasst hat (zulässige Klageerweiterung, keine Änderung des Streitstoffs, → § 123 Rn. 3; BFH II R 22/20, BStBl. II 2024, 731, Rn. 17; I R 6/20, BStBl. II 2025, 202, Rn. 18). Ausnahmsweise soll auch bei verändertem Streitstoff Spruchreife gegeben sein, zB wenn die Beteiligten die Änderung unstreitig stellen (BFH IX R 44/01, BFH/NV 2005, 188; mE abzulehnen, → § 118 Rn. 177). Um festzustellen, ob der bisherige Streitstoff durch den Änderungsbescheid unberührt geblieben ist, wird der zuständige Senat die Beteiligten zweckmäßigerweise hierzu **anhören** (BFH V R 10/05, BFH/NV 2007, 2217). Der Streitstoff ist nicht unverändert, wenn bereits das FG verfahrensfehlerhaft einen (früheren) Änderungsbescheid nicht zum Gegenstand seiner Feststellungen gemacht hat (BFH I R 43/13, BeckRS 2016, 94677). Kritisch ist anzumerken, dass der Begriff des „Streitstoffs" keinen konsentierten Inhalt hat und deshalb in der Praxis Unsicherheit verursacht; er sollte besser vermieden werden.

An der **Spruchreife fehlt** es jedenfalls, wenn der neue Bescheid ggü. dem bisher angefochtenen VA eine verbösernde Entscheidung (zusätzliche Belastung) enthält, die erstinstanzlich noch nicht überprüft worden und die zwischen den Beteiligten streitig geworden ist (BFH X B 3/08, BFH/NV 2009, 410; V B 35/06, BFH/NV 2008, 1001; VIII B 294/03, BFH/NV 2005, 1832), bzw. wenn der Änderungsbescheid einen neuen Streitpunkt enthält (BFH V R 10/21, BFH/NV 2022, 126).

Die Vorschrift räumt dem BFH **„sachbezogenes" Ermessen** ein, ob er von der Möglichkeit der Zurückverweisung Gebrauch machen will. Die Entscheidung hängt in erster Linie davon ab, ob weitere Tatsachenfeststellungen erforderlich erscheinen. Darüber entscheidet der BFH unter Berücksichtigung der Stellungnahmen der Beteiligten (BFH V R 4/21, BStBl. II 2022, 350; V R 10/21, BFH/

NV 2022, 126). Dabei ist die **Zurückverweisung** nicht die Ausnahme („kann"), sondern der Regelfall (vgl. BFH VI R 71/13, BeckRS 2015, 95569).

3 **Fehlt die Spruchreife** oder lässt sie sich nicht zweifelsfrei feststellen, hebt der BFH das angefochtene Urteil idR aus verfahrensrechtlichen Gründen auf und verweist die Sache nach § 127 zurück, ohne sich in bindender Weise zur Sache zu äußern (BFH I R 229/70, BStBl. II 1973, 121; IX R 169/83, BStBl. II 1988, 1003; IX R 17/03, BFH/NV 2004, 953; Geist FR 1989, 229 (232)).

Ist die Sache spruchreif, hebt der BFH das angefochtene Urteil idR aus verfahrensrechtlichen Gründen auf und entscheidet auf der Grundlage der tatsächlichen Feststellungen des FG (§ 118 II) und aufgrund seiner Befugnis nach § 121 iVm § 100 **in der Sache selbst** (zB IX R 7/09, BStBl. II 2011, 540; VIII R 44/10, BFH/NV 2013, 359; VI R 27/18, BStBl. II 2021, 86). Das Urteil beruht zwar nicht (notwendig) auf einer Verletzung von Bundesrecht, ihm liegt aber ein nicht mehr existierender Bescheid zugrunde, so dass es gegenstandslos geworden ist. Es kann deshalb nach stRspr des BFH keinen Bestand haben (zB BFH V R 30/83, BStBl. II 1989, 210; IV R 20/02, BStBl. II 2004, 10; V R 61/06, BFH/NV 2009, 1212). Dies gilt unabhängig davon, ob das Revisionsverfahren eine Anfechtungsklage oder eine Verpflichtungsklage betrifft (BFH III R 3/87, BStBl. II 1991, 854; II B 31/00, BStBl. II 2004, 237; VIII R 46/14, BeckRS 2017, 133902). Die Aufhebung dient insoweit der Beseitigung des von dem gegenstandslos gewordenen Urteil ausgehenden Rechtsscheins (Steinhauff jurisPR-SteuerR 16/2011 Anm. 4). Mit der Aufhebung des FG-Urteils fallen die **tatsächlichen Feststellungen** des FG nicht weg; sie bleiben vielmehr bis zur Beendigung des Prozesses bestehen und bilden die Grundlage für die Durchführung des Revisionsverfahrens, soweit sie nicht mit zulässigen und begründeten Verfahrensrügen angegriffen worden sind (stRspr, zB BFH VIII R 62/04, BStBl. II 2007, 568; VIII R 34/08, BFH/NV 2011, 585; VI R 28/12, BStBl. II 2013, 737).

Die **Entscheidung des BFH in der Sache** richtet sich in Abhängigkeit vom Ausgang des Revisionsverfahrens nach § 126 II–IV. Ergibt die weitere Prüfung, dass die Revision begründet ist und dass die tatsächlichen Feststellungen des FG für eine abschließende Entscheidung des BFH in der Sache nicht ausreichen, so verweist der BFH die Sache nach § 126 III 1 Nr. 2 (nicht nach § 127) zurück (vgl. zB BFH IX R 25/11, BFH/NV 2013, 1387; V R 17/13, BFH/NV 2014, 284). Die Aufhebung der Vorentscheidung lässt sich in diesen Fällen auch unmittelbar auf § 126 III 1 Nr. 2 stützen (vgl. BFH VIII R 74/13, BStBl. II 2016, 388; IV R 30/14, BStBl. II 2017, 1061).

4 Besteht wegen eines **(verfahrensrechtlich selbständigen) Teils Spruchreife,** wegen eines anderen Teils nicht, kann der BFH – ggf. nach Trennung der Verfahrensgegenstände – wegen des spruchreifen Teils zur Sache entscheiden und iÜ nach § 127 zurückverweisen (→ § 126 Rn. 11; BFH VI R 144–145/70, BStBl. II 1974, 34; IX R 60/02, BFH/NV 2004, 348; III R 52/11, BFH/NV 2014, 851).

5 § 127 ist im **Verfahren der Nichtzulassungsbeschwerde** entsprechend anwendbar. Ergeht während des Verfahrens über eine zulässige (BFH XI B 213/02, BFH/NV 2005, 566; VIII B 6/20, BFH/NV 2021, 769), aber unbegründete NZB ein (verbösernder) Änderungsbescheid, ist das FG-Urteil grds. entsprechend § 127 aufzuheben und die Sache an das FG zurückzuverweisen (BFH II B 31/00, BStBl. II 2004, 237; V B 115/09, BFH/NV 2010, 1829; VI B 140/12, BFH/NV 2014, 176; V B 3/15, BeckRS 2016, 94857; VIII B 38/22, BFH/NV 2023,

978; HHS/Bergkemper § 127 Rn. 9). Die Vorentscheidung ist aber nicht entsprechend § 127 aufzuheben, wenn der Änderungsbescheid keine verbösernde Wirkung entfaltet oder wenn die Entscheidung insoweit nicht streitig ist (BFH IV B 138/05, BFH/NV 2007, 1326; X B 91/09, BFH/NV 2010, 1844; V B 123/09, BFH/NV 2011, 663; III B 2/11, BFH/NV 2012, 1305; V B 1/13, BFH/NV 2014, 915). Verweist der BFH nicht nach § 127 zurück, kann er über die NZB in der Sache entscheiden und zB wegen eines Verfahrensmangels nach § 116 VI verfahren (BFH X B 205/15, BeckRS 2016, 95493).

Unterabschnitt 2. Beschwerde, Erinnerung, Anhörungsrüge

§ 128 [Fälle der Zulässigkeit der Beschwerde]

(1) **Gegen die Entscheidungen des Finanzgerichts, des Vorsitzenden oder des Berichterstatters, die nicht Urteile oder Gerichtsbescheide sind, steht den Beteiligten und den sonst von der Entscheidung Betroffenen die Beschwerde an den Bundesfinanzhof zu, soweit nicht in diesem Gesetz etwas anderes bestimmt ist.**

(2) **Prozessleitende Verfügungen, Aufklärungsanordnungen, Beschlüsse über die Vertagung oder die Bestimmung einer Frist, Beweisbeschlüsse, Beschlüsse über die Ablehnung von Beweisanträgen, über Verbindung und Trennung von Verfahren und Ansprüchen und über die Ablehnung von Gerichtspersonen, Sachverständigen und Dolmetschern, Einstellungsbeschlüsse nach Klagerücknahme sowie Beschlüsse im Verfahren der Prozesskostenhilfe können nicht mit der Beschwerde angefochten werden.**

(3) [1]**Gegen die Entscheidung über die Aussetzung der Vollziehung nach § 69 Abs. 3 und 5 und über einstweilige Anordnungen nach § 114 Abs. 1 steht den Beteiligten die Beschwerde nur zu, wenn sie in der Entscheidung zugelassen worden ist.** [2]**Für die Zulassung gilt § 115 Abs. 2 entsprechend.**

(4) [1]**In Streitigkeiten über Kosten ist die Beschwerde nicht gegeben.** [2]**Das gilt nicht für die Beschwerde gegen die Nichtzulassung der Revision.**

Vgl. § 146 VwGO; § 172 SGG; §§ 567, 577 ZPO.

Literatur: Bloching/Kettinger, Verfahrensgrundrechte im Zivilprozess – Nun endlich das Comeback der außerordentlichen Beschwerde?, NJW 2005, 860; Brunk, Beschwerde gegen den Einstellungsbeschluss des Finanzgerichts, FR 1972, 390; Chlosta, Zulässigkeit der außerordentlichen Beschwerde, NJW 1993, 2160; Gräber, Beschwerdeverfahren und Wiederaufnahmeverfahren nach der FGO, DStR 1972, 202; Lange, Der leise Wegfall der außerordentlichen Beschwerde zum BFH, DB 2002, 2396; Lipp, Beschwerden wegen „greifbarer Gesetzwidrigkeit" nach der ZPO-Reform, NJW 2002, 1700; Mittelbach, Einwendungen gegen Beschlüsse bei Klagerücknahme und Hauptsacheerledigung, Information 1980, 289; Rüsken, Rechtsbehelfe gegen willkürliche Gerichtsentscheidungen, DStZ 2000, 815; Tiedtke, Bindungswirkung von Beschlüssen des BFH in Beschwerdeverfahren über die Aussetzung der Vollziehung von Gewinnfeststellungsbescheiden, DStR 1980, 455; Voßkuhle, Erosionserscheinungen des zivilprozessualen Rechtsmittelsystems, NJW 1995, 1377.

Vgl. ferner die Literaturangaben vor § 115.

I. Allgemeines

1 Die Beschwerde ist ein **Rechtsmittel** (zum Begriff → Vor § 115 Rn. 35.); ihre **Zulässigkeit** bestimmt sich nach den speziellen Regelungen der §§ 128 ff. und iÜ nach den für alle Rechtsmittel geltenden Zulässigkeitsvoraussetzungen (→ Vor § 115 Rn. 60 ff.). Die Zulässigkeit einer **Nichtzulassungsbeschwerde** bestimmt sich in erster Linie nach den spezielleren Vorschriften des § 116; die §§ 128 ff. sind insoweit nur ergänzend heranzuziehen. § 128 regelt (nur) die **Statthaftigkeit der Beschwerde.** Zum Begriff der Statthaftigkeit der Rechtsmittel → Vor § 115 Rn. 70 ff.

II. Statthaftigkeit der Beschwerde

1. Mögliche Gegenstände der Beschwerde

3 **Grundsatz.** Soweit gesetzlich nichts anderes bestimmt ist (insbes. Abs. 2), sind nach der FGO grds. alle Entscheidungen **des Finanzgerichts** (Senat oder Einzelrichter), des Vorsitzenden oder des Berichterstatters (BFH X B 80/22, BFH/NV 2023, 742) beschwerdefähig, die **nicht Urteile** oder **Gerichtsbescheide** sind. Nach § 82 FGO iVm § 387 ZPO ist die Beschwerde auch statthaft gegen **Zwischenurteile** des FG über die Rechtmäßigkeit der Zeugnisverweigerung (BFH I R 9/71, BStBl. II 1971, 808; XI B 135/95, BFH/NV 1997, 638). Bestimmte Eilentscheidungen sind nur unter der Voraussetzung anfechtbar, dass die Beschwerde vom FG zugelassen wurde (→ Rn. 14 f.). Nicht mit der Beschwerde anfechtbar sind **Entscheidungen des BFH** (BFH X B 80/22, BFH/NV 2023, 742; IV B 4/24, BFH/NV 2024, 1194).

Mit der grds. Zulassung der Beschwerde gegen Beschlüsse der FG unterscheidet sich das finanzgerichtliche Verfahren wesentlich von anderen Prozessordnungen, bei denen Beschlüsse der OLG, OVG und LSG nur in Ausnahmefällen mit der Beschwerde angefochten werden können (vgl. § 574 ZPO, § 152 VwGO, § 177 SGG). Die FGO kennt nicht die Unterscheidung der ZPO zwischen der fristgebundenen sofortigen Beschwerde gegen erstinstanzliche Entscheidungen (§ 567 ff. ZPO), die zur Überprüfung in tatsächlicher und rechtlicher Hinsicht durch das Beschwerdegericht führt, und der Rechtsbeschwerde (§ 574 ZPO) zum BGH, mit der lediglich Rechtsfehler gerügt werden können (§ 576 ZPO). Die abw. Regelung der Anfechtbarkeit von Beschlüssen der FG ist durch die Zweistufigkeit des finanzgerichtlichen Verfahrens als einer Besonderheit ggü. anderen Gerichtszweigen bedingt (BFH GrS 1/80, BStBl. II 1982, 217). Eine „sofortige Beschwerde" wird als einfache Beschwerde ausgelegt (BFH IX K 1/15, BeckRS 2016, 94334).

Mit der Beschwerde anfechtbar sind nur **„Entscheidungen",** die dem FG zuzurechnen sind (BFH IV B 35/82, BStBl. II 1983, 332; X B 327/93, BFH/NV 1996, 149). Dazu gehören Beschlüsse und Verfügungen des Gerichts, nicht aber Maßnahmen ohne Regelungscharakter wie **bloße Anfragen, Mitteilungen und Hinweise** des Gerichts (vgl. BFH IX B 26/23, BFH/NV 2024, 415) oder der Geschäftsstelle oder die **formlose Abgabe** einer ohne Zustimmung des FA eingelegten Sprungklage an das FA (BFH IV B 63/79, BStBl. II 1980, 2; II B 78/96, BFH/NV 1997, 56; IX B 38/02, BFH/NV 2002, 1610; vgl. aber BFH II B 70/98, BFH/NV 1999, 1225). Die Entscheidung muss, um beschwerdefähig zu sein, **im Rahmen der rechtsprechenden Tätigkeit** ergangen sein; Entscheidungen der Justizverwaltung (vgl. BFH VII B 230/00, BFH/NV 2001, 472) oder Gerichtsverwaltung (vgl. HHS/Bergkemper § 128 Rn. 28) fallen nicht darunter (BFH IX B 99/24, BFH/NV 2025, 401, Rn. 5).

Eine anfechtbare Entscheidung iSd § 128 I kann auch vorliegen, wenn sie nicht durch förmliche Anordnung oder einen Gerichtsbeschluss, sondern „faktisch" durch eine formlose Verfügung getroffen wurde (BFH I B 22/05, BFH/NV 2005, 1361 zur Zulässigkeit einer Beschwerde gegen die faktische Anordnung der Verfahrensruhe gem. § 79a I Nr. 1). Die in Abs. 2 genannten **prozessleitenden Verfügungen** sind zwar idR „Entscheidungen" iSd § 128 I, sie sind aber nach der ausdrücklichen Regelung in Abs. 2 nicht beschwerdefähig; Fehler beim Erlass einer prozessleitenden Verfügung können allenfalls mit der Revision gegen das Urteil gerügt werden (→ Rn. 4, 6).

An einer „Entscheidung" iSd § 128 I fehlt es, solange das FG einen bei ihm gestellten Antrag nicht beschieden hat; eine **Untätigkeitsbeschwerde** ist in der FGO für das Rechtsmittelverfahren nicht vorgesehen (BFH V B 61/87, BStBl. II 1988, 45; VI B 57/07, BFH/NV 2007, 2335; V B 203/06, BFH/NV 2007, 951). Eine Entscheidung des FG kann deshalb nicht mit der Beschwerde erzwungen werden (BFH XI B 127/95, BFH/NV 1997, 892; XI B 82/22, BFH/NV 2024, 766).

Für die Statthaftigkeit der Beschwerde ist die **Form,** in der die Entscheidung ergangen ist, nicht immer maßgebend. In der Regel werden die mit der Beschwerde anfechtbaren Entscheidungen in der äußeren Form eines **Beschlusses** getroffen; sie können aber auch in einem **Urteil** enthalten sein, ohne dass dadurch ihr Charakter als Beschluss verloren geht (BFH I B 121/10, BFH/NV 2010, 2098, Berichtigungsbeschluss im Urteil). Das FG muss dann aber im Urteil deutlich machen, inwieweit es durch Urteil (in der Besetzung gem. § 10 III 1) oder durch Beschluss (in der Besetzung nach § 10 III 2) entschieden hat. Fehlt es daran, ist davon auszugehen, dass das FG die Entscheidung durch Urteil getroffen hat. Ergeht eine Entscheidung, die sowohl durch Urteil als auch durch Beschluss getroffen werden kann (wie zB die über die Aussetzung des Verfahrens gem. § 74 oder über die Ablehnung eines Antrags auf Beiladung), durch **Urteil,** ist sie nur mit der **Revision** oder der **Nichtzulassungsbeschwerde** anfechtbar (BFH I B 132/90, I B 134/90, BStBl. II 1991, 641; VIII B 5/93, BStBl. II 1994, 681; II B 113/97, BFH/NV 1999, 1106).

Ergeht eine Entscheidung, die nach dem Gesetz **nur durch Beschluss** getroffen werden kann (zB § 60 IV 1) fehlerhaft durch Urteil, so gilt für die Anfechtbarkeit der Grundsatz der sog. **Meistbegünstigung;** → Vor § 115 Rn. 90. Hat das FG jedoch im **Endurteil** über die richtigerweise vorab durch Beschluss zu entscheidende Frage mitentschieden, ist die Rechtmäßigkeit der Entscheidung nur im Verfahren der NZB (§ 116 VI) oder der Revision zu überprüfen.

Wird dem Antragsteller von der Geschäftsstelle des Gerichts versehentlich ein Entwurf eines Beschlusses zugestellt **(Schein-Beschluss),** ist zur Beseitigung des Rechtsscheins die Beschwerde als das im Falle einer wirksamen Entscheidung statthafte Rechtsmittel zulässig (BFH III B 191/09, BFH/NV 2011, 440).

Die **Abgrenzung** der beschwerdefähigen Entscheidungen des FG von den **4**
nicht anfechtbaren prozessleitenden Maßnahmen, die auch in Form eines Beschlusses ergehen können (→ Rn. 7), ist nicht immer einfach. Prozessleitende Maßnahmen sind Entscheidungen, die unmittelbar den Verlauf des gerichtlichen Verfahrens betreffen (→ Rn. 7). Es handelt sich dabei regelmäßig um Entschei-

dungen, die keinen besonders hohen Stellenwert haben (BFH VII B 64/80, BStBl. II 1981, 475 mwN) und bei denen es den Beteiligten zumutbar ist, schwere Verfahrensfehler, die dem Gericht bei der Entscheidung unterlaufen sind, erst mit dem Rechtsmittel gegen das Endurteil geltend zu machen (→ Rn. 6). Mit der Beschwerde angreifbare Zwischenentscheidungen haben demgegenüber **höheres Gewicht,** sie berühren – wie die Entscheidung über die Beiladung oder die Akteneinsicht – idR Verfahrensgrundrechte, wie zB das Recht auf Gehör, auf den gesetzlichen Richter oder auf effektiven Rechtsschutz und ergehen deshalb in einem Zwischenstreit.

Mit der Beschwerde **anfechtbare Entscheidungen** des Gerichts sind (in alphabetischer Reihenfolge) zB

- die Ablehnung des Antrags auf **Akteneinsicht** oder Entscheidung über die Art und Weise ihrer Gewährung durch das FG (§ 78; BFH VII B 64/80, BStBl. II 1981, 475; III B 176/07, BFH/NV 2009, 192; IX B 27/13, BFH/NV 2013, 1788; I B 179/12, BFH/NV 2014, 48; V B 146/14, BeckRS 2015, 94387; IV B 128/15, BeckRS 2016, 94446), nicht jedoch die Entscheidung des FG gem. § 155 FGO iVm § 299 II ZPO, mit der (einem Dritten) die Einsicht in die Akten eines abgeschlossenen Verfahrens versagt wird (BFH I B 172/08, BeckRS 2009, 25014988; VI B 89/15, BeckRS 2016, 94584); insofern ist der Rechtsweg zu den Verwaltungsgerichten eröffnet (§ 40 VwGO); lehnt der Urkundsbeamte der Geschäftsstelle die spontan begehrte Akteneinsicht ab, ist dagegen die Erinnerung (§ 133) gegeben (BFH IX B 27/13, BFH/NV 2013, 1788; IX B 6/16, BeckRS 2016, 94337); statthaft ist die Beschwerde gegen die ablehnende Entscheidung des FG über den Antrag, die beim FA eingereichten Unterlagen und die Betriebsprüfungsakte dem Prozessbevollmächtigten in Form einer Daten-CD zu überlassen (BFH X B 35/23 (AdV), BFH/NV 2024, 38);
- der Beschluss über die Verpflichtung zur **Aktenvorlage** (§ 86 III und § 71 II; BFH IX B 29/98, BFH/NV 1999, 62);
- der Beschluss über die **Aussetzung des Verfahrens** (§ 74; BFH VII B 245/04, BFH/NV 2005, 711; V B 121/14, BeckRS 2015, 94813) und der Beschluss über die Wiederaufnahme eines ausgesetzten Verfahrens (BFH II B 70/98, BFH/NV 1999, 1225); der Aussetzungsbeschluss ist keine prozessleitende Maßnahme (Redeker/v. Oertzen/Redeker VwGO § 146 Rn. 3; Kopp/Schenke/Schenke VwGO § 146 Rn. 9 mwN; Eyermann/Happ VwGO § 146 Rn. 7; **aA** Bilsdorfer BB 2001, 753 (757));
- der Beschluss über die einstweilige **Aussetzung der Vollziehung** (→ § 131 Rn. 5);
- die Anordnung der **Beiladung** (BFH XI B 5/21, BFH/NV 2022, 405) oder die Ablehnung einer beantragten Beiladung (§ 60; BFH II B 17/99, BFH/NV 2000, 679; IV B 136/07, BFH/NV 2009, 597);
- die Entscheidung, einen **ehrenamtlichen Richter** von seinem Amt zu entbinden (§ 21);
- der Beschluss über die **Einstellung des Verfahrens,** die nicht mit einer Klagerücknahme zusammenhängt (BFH IV B 209/03, BFH/NV 2004, 966);
- der Beschluss des FG, für das Verfahren erster Instanz einen **Notanwalt** nicht zu bestellen (§ 78b ZPO iVm § 155; BFH I B 12/16, BeckRS 2016, 94961); das gilt nicht (keine Beschwerde), wenn der BFH die Bestellung eines Notanwalts abgelehnt hat (→ Rn. 3; BFH IV B 4/24, BFH/NV 2024, 1194);

- die Festsetzung eines **Ordnungsgeldes** gegen einen nicht erschienenen Beteiligten (§ 80 I), Zeugen (§ 82 FGO iVm § 380 III ZPO; BFH IV B 73/10, BFH/NV 2011, 811) oder Sachverständigen (§ 82 FGO iVm §§ 409, 411 ZPO); auch gegen die **Androhung** eines Zwangsgeldes gegen einen vom Gericht bestellten Sachverständigen, ist die Beschwerde gegeben (§ 82 FGO iVm § 411 II 4 ZPO; BFH IV B 6/10, BFH/NV 2010, 1109); auch insoweit ist der Vertretungszwang zu beachten (BFH V B 42/16, BeckRS 2016, 94753); zur Beschwerdefrist in diesen Fällen → § 129 Rn. 4;
- die Anordnung des **Ruhens des Verfahrens** (§ 155 FGO iVm § 251 ZPO);
- Maßnahmen der **Sitzungspolizei** (§ 52 FGO iVm §§ 178, 181 GVG; Tipke/Kruse/Seer § 128 Rn. 19; Redeker/v. Oertzen/Redeker VwGO § 146 Rn. 3; aA Eyermann/Happ VwGO § 146 Rn. 7);
- ein Beschluss, durch den ein Antrag auf **Tatbestandsberichtigung** wegen Versagung der Wiedereinsetzung in die Antragsfrist **als unzulässig verworfen** wurde (BFH II B 87/12, BFH/NV 2012, 2003);
- die Entscheidung über die Berichtigung (Nichtberichtigung) offenbarer **Unrichtigkeiten** im Urteil (→ § 107 Rn. 6; BFH I B 121/10, BFH/NV 2010, 2098; VIII B 27/11, BFH/NV 2012, 588; V B 26/15, BeckRS 2015, 95600), es sei denn, es ist ein nicht anfechtbarer Beschluss berichtigt worden (BFH X B 47/09, BFH/NV 2010, 660);
- Entscheidungen, in denen die **Unterbrechung des Verfahrens** vom FG nicht beachtet worden ist (BFH IV B 42/03, BFH/NV 2005, 365; X B 134/12, BStBl. II 2013, 585);
- der Beschluss über die **Wiederaufnahme des Verfahrens** (BFH VI B 28/11, BFH/NV 2011, 1898; VI B 37/13, BFH/NV 2013, 1790), auch wenn die Wiederaufnahme abgelehnt wird (BFH IV B 103/04, BFH/NV 2005, 1103);
- die Androhung und Festsetzung eines **Zwangsgeldes gegen die Finbeh** (§ 154);
- die Verfügung der **Zwangsvollstreckung** wegen einer Geldforderung (§ 152);
- das **Zwischenurteil** über die Rechtmäßigkeit der **Zeugnisverweigerung** (§ 82 FGO iVm § 387 III ZPO; BFH I R 91/72, BStBl. II 1974, 359; XI B 135/95, BFH/NV 1997, 638).

2. Entscheidungen des Vorsitzenden/Berichterstatters

Entscheidungen des **Vorsitzenden** und Entscheidungen des **Berichterstatters** 5 sind mit der Beschwerde anfechtbar. Gegen Entscheidungen des beauftragten oder ersuchten Richters muss zunächst die Entscheidung des FG beantragt werden (→ § 133 Rn. 1, 3).

Entscheidungen des Vorsitzenden sind idR prozessleitende Verfügungen, die nach Abs. 2 nicht mit der Beschwerde angefochten werden können oder gegen die ausdrücklich ein anderer Rechtsbehelf vorgesehen ist (→ Rn. 6 f.). Als **beschwerdefähige Entscheidungen** iSd Abs. 1 kommen in Betracht:

- die Anordnung der **Aussetzung** oder des **Ruhens des Verfahrens** (§ 79a);
- die Entscheidung über den Antrag auf **Akteneinsicht** (§ 78) und die Art und Weise ihrer Gewährung (BFH III B 176/07, BFH/NV 2009, 192 mwN; I B 179/12, BFH/NV 2014, 48; V B 146/14, BeckRS 2015, 94387);
- die Entscheidung über die Festsetzung eines **Ordnungsgeldes** nach § 52 FGO iVm § 178 GVG.

3. Nicht beschwerdefähige Entscheidungen

6 **Subsidiarität.** Die Beschwerde ist nicht gegeben, wenn und soweit vorrangig ein anderes Rechtsmittel gegeben ist. Hat das FG nach übereinstimmenden Erledigungserklärungen durch Beschluss über die Kosten entschieden, kann die Fortsetzung des Verfahrens nicht mit der Beschwerde gegen den Beschluss, sondern nur mit einem Antrag beim FG erreicht werden (BFH X B 26/17, BeckRS 2017, 94659).

Videoverhandlung. Nach § 155 FGO iVm § 128a II 1 Alt. 2 ZPO ist der Vorsitzende ermächtigt, eine Videoverhandlung anzuordnen. Dadurch wird den Verfahrensbeteiligten verwehrt, an der mündlichen Verhandlung in Präsenz teilzunehmen. Gegen die Anordnung können die Beteiligten binnen einer Frist von zwei Wochen **Einspruch** einlegen (§ 128a II 2, IV 1). Darauf ist in der Anordnung hinzuweisen (§ 128a II 3). Der Einspruch muss nicht begründet werden. Auf den fristgemäß eingelegten Einspruch eines Beteiligten hebt der Vorsitzende die Anordnung ggü. allen Beteiligten auf. Im Ergebnis wird niemand gegen seinen Willen gezwungen, an einer mündlichen Videoverhandlung teilnehmen zu müssen. Nach früherem Recht (§ 91a FGO aF) war die Beschwerde gegen die Anordnung einer Videokonferenz ausgeschlossen (BFH I B 64/09, BFH/NV 2010, 46); dies ist überholt.

Unanfechtbare Entscheidung. Die Beschwerde ist auch nicht gegeben, wenn eine Entscheidung des FG nach den Vorschriften der FGO oder eines anderen im finanzgerichtlichen Verfahren anzuwendenden Gesetzes unanfechtbar ist. Dazu gehören außer den in → Rn. 13 behandelten Fällen die in § 128 II–IV genannten Entscheidungen, insbes. die prozessleitenden Verfügungen, die Entscheidungen über Ablehnungsgesuche gegen Richter oder Sachverständige, die Beschlüsse im Verfahren der PKH (§ 142) die Einstellungsbeschlüsse nach Klagerücknahme (§ 72), ferner die in Abs. 3 behandelten Entscheidungen im Verfahren des vorläufigen Rechtsschutzes und die in Abs. 4 genannten Entscheidungen über Kosten.

Entscheidungen, die nicht mit der Beschwerde angefochten werden können, sind grds. auch einer **Nachprüfung im Revisionsverfahren** entzogen (vgl. § 124 II). So kann mit der NZB oder der Revision nicht als Verfahrensmangel gerügt werden, das FG habe einem Antrag auf Terminverlegung formell fehlerhaft abgelehnt (BFH VII B 7/04, BFH/NV 2005, 64). Dagegen ist der Rechtsmittelführer durch § 124 II nicht gehindert, das Endurteil wegen solcher **Verfahrensmängel** anzufechten, die als **Folge der beanstandeten Vorentscheidung** (zB der Verletzung rechtlichen Gehörs bei der Ablehnung der Verlegung eines Termins) dem Endurteil noch anhaften (→ § 124 Rn. 3 mwN).

Eine gesetzlich ausgeschlossene Beschwerde wird nicht dadurch zulässig, dass das FG im Beschluss fehlerhaft über die Zulässigkeit einer Beschwerde belehrt hat (BFH I B 16/03, BFH/NV 2003, 1601).

7 **a) Prozessleitende Maßnahmen (Abs. 2).** Nach § 128 II können **prozessleitende Verfügungen** nicht mit der Beschwerde angefochten werden. Die FGO definiert diesen Begriff nicht. Aus dem Wortlaut und Sinn des § 128 II folgt jedoch, dass es sich um Entscheidungen (Verfügungen oder Beschlüsse) des FG, des Vorsitzenden oder des Berichterstatters handeln muss, die den gesetz- und zweckmäßigen Ablauf des Verfahrens selbst betreffen und eine abschließende Entscheidung des FG vorbereiten sollen (BFH IV B 35/82, BStBl. II 1983, 332; X B 68/92, BFH/NV 1993, 372). In der Regel handelt es sich bei diesen, auf

den Ablauf des Verfahrens bezogenen Maßnahmen um Entscheidungen, die die Rechtsstellung der Beteiligten nicht wesentlich berühren (BFH VII B 64/80, BStBl. II 1981, 475; I B 41/82, BStBl. II 1983, 230). Im Interesse der **Prozessökonomie** sind derartige Maßnahmen der selbständigen Anfechtung mit der Beschwerde entzogen, anderenfalls könnten die Beteiligten den Ablauf des Verfahrens und den Erlass der Entscheidung in der Sache erheblich verzögern (Tipke/Kruse/Seer § 128 Rn. 23). Schutzwürdige Interessen der Beteiligten werden durch den Ausschluss der Beschwerde nicht berührt, soweit sie wesentliche Verfahrensmängel, die durch die unanfechtbare Vorentscheidung verursacht wurden, mit dem Rechtsmittel gegen das Endurteil des FG effektiv geltend machen können (→ Rn. 6).

Dritte (sonst von der Entscheidung Betroffene → Rn. 17), die gegen das Endurteil nicht selbst Rechtsmittel einlegen können, aber von einer gerichtlichen Maßnahme unmittelbar selbst betroffen sind, können entgegen dem Wortlaut **auch gegen prozessleitende Verfügungen** Beschwerde einlegen, soweit sie durch sie beschwert sind. Der Zeuge kann deshalb gegen die ihn betreffende Ladung zum Termin Beschwerde einlegen; er braucht die Festsetzung eines Ordnungsgeldes wegen Nichterscheinens nicht abzuwarten (BFH IX B 95/15, BeckRS 2015, 95398).

Nicht alle in Abs. 2 aufgezählten Maßnahmen gehören zu den prozessleitenden Verfügungen; zum Teil handelt es nicht um **„Entscheidungen"** (zB bei den lediglich deklaratorisch wirkenden Beschlüssen über die Einstellung des Verfahrens nach Klagerücknahme oder über die Unterbrechung des Klageverfahrens nach § 155 FGO iVm § 241 ZPO), zum Teil handelt es sich um Entscheidungen, die wegen ihres Gewichts für den Betroffenen über eine nur den Verfahrensablauf betreffende Maßnahme hinausgehen, wie zB die Entscheidung über die PKH oder die Zurückweisung eines Antrags auf Ablehnung eines Richters oder Sachverständigen.

Prozessleitende Verfügung iSd § 128 II sind zB: 8

- die Aufforderung gem. § 53 III 1, einen Zustellungsbevollmächtigten zu bestellen (BFH V B 103/11, BFH/NV 2012, 1980);
- Beschlüsse gem. § 73 über die **Verbindung** oder **Trennung** von Verfahren (BFH VIII R 36/89, BStBl. II 1995, 353; III B 101/06, BFH/NV 2008, 28; III B 241/11, BFH/NV 2012, 1322); ist der Verbindungsbeschluss rechtsfehlerhaft ergangen, kommt ihm keine Bindungswirkung für das Revisionsverfahren zu (BFH X R 9/20, BStBl. II 2024, 227);
- die **Anforderung einer Prozessvollmacht** durch den Berichterstatter (BFH IX B 54/11, BFH/NV 2011, 1373);
- die **Fristsetzung nach § 79b** (BFH V B 65/00, BFH/NV 2000, 1236; VII S 18/11 (PKH), BFH/NV 2012, 52) oder nach **§ 65 II** (BFH I B 113/99, BFH/NV 2000, 734; VIII B 3/19, BFH/NV 2020, 373);
- die Ablehnung einer beantragten **Fristverlängerung** (BFH IX R 20/16, BFH/NV 2017, 165; X B 80/22, BFH/NV 2023, 742);
- die **Anberaumung eines Termins** zur mündlichen Verhandlung (BFH X B 68/92, BFH/NV 1993, 372; VIII B 62/99, BFH/NV 2000, 1251), es sei denn, das FG hat dabei eine Verfahrensunterbrechung nicht beachtet und damit konkludent (und rechtswidrig) über die Fortführung des Verfahrens entschieden (BFH X S 24/12, BFH/NV 2012, 1638; X B 134/12, BStBl. II 2013, 585);
- die **Ladung zur mündlichen Verhandlung** (BFH V S 1/09, BFH/NV 2009, 1442) einschließlich der Entscheidung über die **Abkürzung der Ladungsfrist** (BFH VII B 140/99, BFH/NV 2000, 589);

- die Verfügung des Vorsitzenden über den Antrag auf **Verlegung eines Termins** (BFH IV B 99/10, BFH/NV 2011, 1904) sowie der Beschluss über einen Antrag auf **Vertagung** nach § 155 FGO iVm § 227 ZPO (BFH I R 72/93, BFH/NV 1994, 490);
- alle Maßnahmen zur Leitung der mündlichen Verhandlung;
- die (positive) Entscheidung über die **Wiedereröffnung** der mündlichen Verhandlung (BFH I B 41/82, BStBl. II 1983, 230; II B 46/05, BFH/NV 2006, 587) einschließlich der Frage, wer an dem Beschluss mitzuwirken hat (BFH IV B 33/08, BFH/NV 2010, 219); dagegen ist die Ablehnung der beantragten Wiedereröffnung ggf. im Revisionsverfahren nachprüfbar, da sie einen Verstoß gegen andere Verfahrensvorschriften begründen kann, BFH II B 46/05, BFH/NV 2006, 587;
- die Anordnung, ein **Verfahren im Prozessregister auszutragen** (BFH IV B 68/80, BStBl. II 1981, 478; III S 46/92, BFH/NV 1994, 251).

Nicht beschwerdefähig sind nach Abs. 2 auch **Beweisbeschlüsse** nach § 82 FGO iVm §§ 358 ff. ZPO und Beschlüsse über die **Ablehnung von Beweisanträgen** (vgl. aber zur Nachprüfung im Revisionsverfahren BFH V B 29/07, BFH/NV 2008, 1501).

9 **b) Beschlüsse über die Ablehnung von Richtern und Sachverständigen.** Beschlüsse über die **Ablehnung** von **Gerichtspersonen, Sachverständigen und Dolmetschern** (§ 51 FGO iVm §§ 41 ff. ZPO) unterliegen nicht der Beschwerde. Dadurch soll verhindert werden, dass Beteiligte Ablehnungsgesuche allein deshalb anbringen, um die Entscheidung hinauszuzögern (BT-Drs. 14/4061, 12). Der Gesetzgeber hielt diese Einschränkung des Rechtsschutzes für vertretbar, weil der Beteiligte, dessen Ablehnungsgesuch zu Unrecht zurückgewiesen worden sei, diesen Verfahrensfehler gem. § 115 II Nr. 3 mit der NZB geltend machen könne.

Das trifft jedoch nicht zu. Der BFH nimmt in stRspr wegen § 124 II einen Verfahrensmangel bei rechtswidriger Behandlung eines Ablehnungsgesuchs durch das FG nur an, wenn das FG mit seiner Entscheidung das Verfahrensgrundrecht des **gesetzlichen Richters** (Art. 101 GG) verletzt, also **willkürlich** entschieden hat (stRspr, BFH III B 51/02, BFH/NV 2003, 640; VII B 26/07, BFH/NV 2008, 221; V B 110/07, BFH/NV 2009, 396; III B 108/21, NJW 2022, 1479; weitergehend Vollkommer NJW 2001, 1827: uneingeschränkte Nachprüfung der Zurückweisung des Ablehnungsgesuchs im Verfahren der NZB oder der Revision; ebenso Spindler DB 2001, 61; Bilsdorfer BB 2001, 753 (757); → § 124 Rn. 3). Das führt in der Praxis in einem besonders sensiblen Bereich zu einem bedauerlichen Mangel an effektivem Rechtsschutz.

10 **c) Einstellungsbeschlüsse nach Klagerücknahme.** Auf Empfehlung des Bundesrates (BT-Drs. 14/4450, 3) hat der Gesetzgeber die Beschwerde gegen Einstellungsbeschlüsse nach Klagerücknahme (§ 72) in Angleichung an die entsprechende Regelung in § 92 III 2 VwGO abgeschafft. Der Einstellungsbeschluss iSv § 72 II 2 hat im Regelfall, in dem kein Streit über die Wirksamkeit der Klagerücknahme besteht, nur **deklaratorischen Charakter** (→ § 72 Rn. 35 mwN); konstitutiv ist der Beschluss nur hinsichtlich der dort ausgesprochenen Kostenfolge.

Besteht schon **vor Erlass** des Einstellungsbeschlusses **Streit über die Wirksamkeit** der Klagerücknahme, ist das **Klageverfahren fortzusetzen** und in jedem Fall durch **Urteil** über die Wirksamkeit der Klagerücknahme zu entscheiden (→ § 72 Rn. 38 f.). Entscheidet das FG gleichwohl (rechtswidrig) durch Beschluss und lehnt es damit konkludent auch einen Antrag auf Fortsetzung des Verfahrens ab, hat der Beschluss nicht nur deklaratorische Wirkung. In diesem Fall sollte die Beschwerde ausnahmsweise zulässig sein (ebenso zu § 92 III VwGO: BayVGH 8 C 81 A. 601, NVwZ 1982, 45; 7 C 90.3547, NVwZ-RR 1991, 389; OVG NRW 19 A 5125/96, NVwZ-RR 1998, 271 mwN; Eyermann/Happ VwGO § 146 Rn. 4; **aA** Schoch/Schneider/Rudisile VwGO § 146 Rn. 9).

Entsteht der Streit über die Wirksamkeit der Klagerücknahme erst **nach Erlass des Einstellungsbeschlusses,** muss der Kläger beim FG die Fortsetzung des Verfahrens beantragen. Die Beschwerde gegen den Einstellungsbeschluss ist auch in diesem Fall unzulässig, sie kann aber ggf. als **Antrag auf Fortsetzung des Verfahrens** ausgelegt werden (→ § 72 Rn. 40; vgl. auch BFH XI R 15/04, BStBl. II 2005, 644; IV B 99/00, BFH/NV 2001, 1428; Redeker/v. Oertzen/Kothe VwGO § 92 Rn. 14; Schoch/Schneider/Rudisile VwGO § 146 Rn. 9 Fn. 60). Die gegenteilige Rspr. des BFH zu § 128 II aF (vgl. zB BFH XI B 137/95, BFH/NV 1997, 239; X B 91/98, BFH/NV 1999, 1227) ist durch die Neufassung des Abs. 2, der die Beschwerde ausdrücklich ausschließt, überholt. Eine ausdrücklich an den BFH gerichtete NZB kann nicht in einen Antrag auf Fortsetzung des Verfahrens umgedeutet werden (BFH V B 193/03, BFH/NV 2004, 1538; VIII B 61/05, BFH/NV 2006, 788 aE).

d) Beschlüsse im Verfahren der Prozesskostenhilfe. Gegen Beschlüsse im Verfahren der PKH ist eine Beschwerde nicht mehr statthaft. Dasselbe gilt für eine auf dasselbe Ziel gerichtete Beschwerde gegen die Zurückweisung eines Nichtigkeitsantrags gegen die Ablehnung eines Antrags auf Gewährung von PKH nach § 134 FGO iVm § 578 ZPO (BFH V B 129/09, BFH/NV 2010, 2088). Der Ausschluss der Beschwerde ist nicht verfassungswidrig (BFH V B 37/12, BFH/NV 2013, 43; X B 82/13, BFH/NV 2013, 1598). Der Kläger, dessen Antrag auf PKH vom FG abgelehnt wurde, kann jedoch mit der NZB als Verfahrensmangel geltend machen, das angefochtene Urteil beruhe auf einer **Verletzung des rechtlichen Gehörs,** weil das FG ihm zu Unrecht die PKH versagt und ihn damit um die Möglichkeit einer sachkundigen Vertretung im Verfahren gebracht habe (BFH X S 35/08, BFH/NV 2008, 2030; V S 27/12 (PKH), BFH/NV 2013, 945; VI B 21/17, BeckRS 2017, 140800). § 124 II steht einer Überprüfung der nach Abs. 2 nicht anfechtbaren Entscheidung über die PKH nicht entgegen (→ § 124 Rn. 3). 11

e) Entscheidungen über Kosten (Abs. 4). In Kostensachen ist die Beschwerde nicht statthaft (Abs. 4 S. 1; § 145). Der BFH soll im Interesse einer möglichst zügigen Entscheidung der eigentlichen Sachfragen auf Dauer von kostenrechtlichen Beschwerdesachen befreit werden. Der Gesetzgeber hat die damit verbundene Gefahr einer uneinheitlichen Rspr. der FG auf dem Gebiet des Kostenrechts in Kauf genommen (BT-Drs. 12/1061, 24). 12

Streitigkeiten über Kosten iSd Abs. 4 sind sämtliche Entscheidungen über Kosten, Gebühren und Auslagen, gleich welcher Art, sofern ihr **Gegenstand in der Hauptsache** Kosten sind (BFH VIII B 157/06, BFH/NV 2007, 931; V B 19/05, BFH/NV 2005, 1830; III B 62/15, BeckRS 2016, 95075). Die Unanfechtbarkeit von Nebenentscheidungen über die Kosten ergibt sich aus § 145.

Nach Abs. 4 **nicht anfechtbar** sind danach insbes.:

aa) Isolierte Kostenentscheidungen, zB im Einstellungsbeschluss nach Klagerücknahme oder im Beschluss über die Kostentragung nach **Erledigung der**

Hauptsache (BFH IV B 35/82, BStBl. II 1983, 332; VIII B 181/05, BStBl. II 2006, 188; → § 138 Rn. 25 ff.). Eine isolierte Kostenentscheidung kann auch nicht mit der NZB angegriffen werden (BFH VI B 64/77, BStBl. II 1978, 2; VI B 83/02, BFH/NV 2003, 331). Die in Abs. 4 S. 2 enthaltende Einschränkung hat nur in den Fällen Bedeutung, in denen das FG über eine Klage gegen die Auferlegung von Kosten durch Urteil entschieden und die Revision nicht zugelassen hat; ferner die Auferlegung einer **Verzögerungsgebühr** nach § 38 GKG (BFH VIII B 16/82, BStBl. II 1982, 373; FG Saarl 174/73, EFG 1976, 242), von Kosten bei einem **Vertreter ohne Vertretungsmacht** (BFH III B 234/92, BStBl. II 1994, 401; I B 95/99, BFH/NV 2000, 877), die Ablehnung einer beantragten Billigkeitsentscheidung nach § 139 IV (BFH VIII B 75/96, BFH/NV 1997, 196) sowie der Beschluss über die Notwendigkeit der Zuziehung eines Bevollmächtigten für das Vorverfahren (BFH V B 7/77, BStBl. II 1977, 628; VII B 302/97, BFH/NV 1998, 1120; VIII R 23/09, BFH/NV 2012, 933).

bb) Entscheidungen im **Kostenansatz- und im Kostenfestsetzungsverfahren.** § 5 II 3 GKG aF und § 149 IV 2 aF (bis 1992), die unter bestimmten Voraussetzungen eine Beschwerde im Kostenansatz- oder Kostenfestsetzungsverfahren zuließen, sind durch G v. 12.11.1992 (BGBl. I 2109) aufgehoben worden. Ausgeschlossen ist danach zB eine Überprüfung der **Streitwertfestsetzung** im Kostenansatzverfahren mit der Beschwerde (BFH X E 1/98, BFH/NV 1998, 1120; IX B 54/12, BFH/NV 2012, 1799; IX E 4/12, BFH/NV 2012, 1798). Ein Änderungsbegehren kann insoweit nur als Anregung auf Änderung der Festsetzung von Amts wegen nach § 63 III GKG verstanden werden (BFH IV B 167/02, BFH/NV 2004, 1657 mwN). Gegen den Beschluss, mit dem das FG die kostenrechtliche **Erinnerung** zurückgewiesen hat, ist die Beschwerde nicht gegeben (BFH II B 119/10, BFH/NV 2011, 58; IX B 55/12, BFH/NV 2012, 1799; IX B 105/19, BFH/NV 2020, 913; VII B 26/20, BFH/NV 2021, 335).

Zu den „Streitigkeiten über Kosten" iSv Abs. 4 gehört nicht der Streit über die Bewilligung der **Prozesskostenhilfe** (→ § 142 Rn. 26 ff.). Die Beschwerde gegen Entscheidungen über PKH ist jedoch nach Abs. 2 ausgeschlossen.

Abs. 4 S. 2, wonach in Streitigkeiten über Kosten zwar die Beschwerde ausgeschlossen ist, nicht jedoch die NZB, hat nur Bedeutung für Urteile, deren **Gegenstand in der Hauptsache Kosten** sind (zB BFH III B 169/95, BFH/NV 1996, 430; VI B 98/11, BFH/NV 2012, 759; HessFG 11 K 1210/17, EFG 2023, 351), wie etwa bei einem Klageverfahren wegen der Erstattung der Vorverfahrenskosten in Kindergeldangelegenheiten (BFH III B 55/10, BFH/NV 2012, 972).

Nicht zu den Streitigkeiten über Kosten gehört die Streitwertfestsetzung. Gegen die **Festsetzung des Streitwerts** durch das FG ist die Beschwerde gleichwohl nicht gegeben (→ Vor § 135 Rn. 156).

13 **f) Weitere unanfechtbare Entscheidungen.** Aufgrund ausdrücklicher gesetzlicher Regelung oder ihrer Auslegung sind ua folgende Entscheidungen nicht mit der Beschwerde anfechtbar (in der Reihenfolge der Paragrafen, zuerst der FGO):

- der Beschluss des Senats, eine Sache dem **Einzelrichter** zu übertragen (§ 6 I und IV; BFH IX B 144/08, BFH/NV 2009, 195) und der Beschluss des Einzelrichters, die Sache nicht auf den Senat zurückzuübertragen (§ 6 III 1, IV; BFH X B 43/13, BFH/NV 2013, 1260);
- der stattgebende Beschluss über die **Befangenheit** eines Richters oder Sachverständigen (§ 51);

- die Gewährung der **Wiedereinsetzung** (§ 56 V);
- der Beschluss nach § 60a über die **Beiladung in Massenverfahren;**
- der Beschluss über die Zurückweisung eines nicht vertretungsbefugten Bevollmächtigten (§ 62 III 1);
- die Entscheidung, dass eine **Klageänderung** nicht vorliegt oder zuzulassen ist (§ 67 III);
- die Verweisung der Sache wegen örtlicher oder sachlicher Unzuständigkeit nach § 70;
- die Entscheidung über die **Entschädigung von Zeugen** und Sachverständigen (§ 82 FGO iVm §§ 401, 413 ZPO; BFH VII B 65/69, BStBl. II 1971, 586);
- die **Ablehnung der Protokollierung** bestimmter Erklärungen (§ 94 FGO iVm § 160 IV 3 ZPO) und die Ablehnung einer inhaltlichen **Berichtigung des Protokolls** (BFH II B 113/93, BFH/NV 1994, 388; XI B 67/97, BFH/NV 1998, 596), denn es handelt sich um unvertretbare Handlungen (BFH IV B 47/11, BFH/NV 2012, 425; XI B 29/24, BFH/NV 2024, 1057); etwas anderes gilt ausnahmsweise, wenn geltend gemacht wird, die Berichtigung sei zu Unrecht als verfahrensrechtlich unzulässig abgelehnt oder die Entscheidung über den Berichtigungsantrag sei von einer nicht berechtigten Person vorgenommen worden (BFH VIII B 90/09, BFH/NV 2010, 2090) oder leide sonst an einem schwerwiegenden Verfahrensmangel (stRspr, zB BFH VII B 183/05, BFH/NV 2006, 102; X B 198/10, BFH/NV 2011, 1166);
- die Vornahme oder Ablehnung einer **Tatbestandsberichtigung** (§ 108 II 2); die Beschwerde ist jedoch ausnahmsweise zulässig, wenn das FG den Antrag wegen Versagung der Wiedereinsetzung als unzulässig verworfen hat (BFH V B 149/09, BFH/NV 2011, 621; II B 87/12, BFH/NV 2012, 2003) oder wenn der Beschluss unter **schweren Verfahrensfehlern** zustande gekommen ist (BFH VII B 20/78, BStBl. II 1978, 675; X B 53/98, BFH/NV 1999, 491);
- der Beschluss, der Beschwerde nicht abzuhelfen (§ 130);
- der Beschluss, durch den eine **Gegenvorstellung** oder eine **Anhörungsrüge** verworfen oder zurückgewiesen wird (§ 133a IV 3; BFH IX B 177/04, BFH/NV 2005, 1128; IX B 156/08, BFH/NV 2009, 183);
- der **Vorlagebeschluss** an das BVerfG nach Art. 100 I GG;
- die **Vorlage** an den **EuGH** im Vorabentscheidungsverfahren nach Art. 267 AEUV (BFH VII B 96/95, BFH/NV 1996, 163; Tipke/Kruse/Seer § 128 Rn. 31);
- der Beschluss über die **Bewilligung der öffentlichen Zustellung** (§ 186 ZPO; BFH VIII S 18/19, BFH/NV 2020, 768).

4. Nach Zulassung beschwerdefähige Entscheidungen

a) Beschlüsse über AdV und einstweilige Anordnung (Abs. 3). Nach Abs. 3 ist die Anfechtung von Beschlüssen der FG über die **Aussetzung der Vollziehung** gem. § 69 III und V und die **einstweilige Anordnung** gem. § 114 I nur noch statthaft, wenn das FG die Beschwerde gegen seine Entscheidung zugelassen hat. Abs. 3 ist auch anzuwenden auf Entscheidungen über die **Aufhebung** der Vollziehung (BFH X B 15/99, BFH/NV 1999, 1622) und über einen Antrag auf Änderung oder Aufhebung eines AdV-Beschlusses gem. § 69 VI (BFH III B 49/13, BFH/NV 2013, 1797) und in Verfahren der **Vollstreckung** gem. § 150 S. 3 (BFH IV B 57/17, BeckRS 2017, 130076). 14

Die Zulassung setzt voraus, dass einer der Gründe des § 115 II vorliegt. Die Beschwerde muss **im Beschluss** des FG **ausdrücklich** und **eindeutig** zugelassen worden sein; eine bestimmte **Form** ist hierfür nicht vorgeschrieben (BFH V B 83/10, BFH/NV 2011, 621). Die Zulassung kann im Tenor, in den Gründen oder in der Rechtsmittelbelehrung ausgesprochen werden (BFH VII B 229/93, BFH/NV 1994, 254; VII B 153–154/95, BStBl. II 1995, 645). Es genügt jedoch nicht, dass in der (fehlerhaften) Rechtsmittelbelehrung über die Einlegung der Beschwerde belehrt wird (BFH VII B 229/93, BFH/NV 1994, 254; II B 171/93, BFH/NV 1994, 647; I B 16/03, BFH/NV 2003, 1601; X B 63/23 (AdV), BFH/NV 2023, 1313). Das FG kann auch noch **nachträglich** die Zulassung der Beschwerde beschließen (BFH III B 9/98, BStBl. II 1998, 721; IX B 26/16, BFH/NV 2016, 775; II B 76/18, BFH/NV 2019, 408). Die Zulassung kann auf einzelne von mehreren Streitgegenständen (BFH II B 93/00, BFH/NV 2002, 554; II B 76/01, BFH/NV 2002, 938) oder auf selbständige Teile eines einheitlichen Streitgegenstands, nicht aber auf einen (unselbständigen) Teil eines einheitlichen Streitgegenstands begrenzt werden (BFH X B 138/16, DStR 2017, 1259).

Der BFH ist an die Zulassung der Beschwerde gebunden (BFH IV B 125/08, BFH/NV 2009, 760). Der Bindungswirkung der ausdrücklich zugelassenen Beschwerde steht nicht entgegen, dass nach der (fehlerhaften) Rechtsmittelbelehrung ein Rechtsmittel nicht gegeben ist (BFH I B 74/22 (AdV), DStR 2023, 1466). Die Zulassung kann nur vom FG, nicht auch vom BFH ausgesprochen werden. Eine **Beschwerde gegen die Nichtzulassung** der Beschwerde ist **unstatthaft,** weil § 128 III nur auf § 115 II, nicht auch auf § 115 III verweist (BFH V B 91/75, BStBl. II 1976, 241; VIII S 3/06, BFH/NV 2007, 982). Das gilt auch dann, wenn mit der Beschwerde die Verletzung des rechtlichen Gehörs (BFH I B 234/93, BFH/NV 1995, 47) oder ein anderer Verfahrensmangel gerügt wird (BFH IX B 26/16, BeckRS 2016, 94448). Streitig ist, ob in einem solchen Fall der Rechtsbehelf der Anhörungsrüge gegeben ist (→ § 133a Rn. 7). Auch eine außerordentliche Beschwerde ist spätestens seit Inkrafttreten des § 133a nach ganz hM gegen mit ordentlichen Rechtsmitteln nicht anfechtbare Beschlüsse der FG nicht mehr statthaft (BFH V B 33/07, BFH/NV 2007, 1171); das gilt selbst dann, wenn der Beschluss des FG **„greifbar gesetzwidrig"** ist (→ Rn. 16).

Die beschränkte Anfechtbarkeit von Entscheidungen im Eilverfahren gem. § 128 III ist **verfassungsgemäß** (BVerfG 2 BvR 923/76, HFR 1977, 32; 1 BvR 245/85, HFR 1986, 597; BFH VIII B 5/00, BFH/NV 2000, 1327; XI B 17/02, BeckRS 2002, 25000825). Art. 19 IV GG garantiert nur den Zugang zu einem Gericht, aber keinen Instanzenzug (→ Vor § 115 Rn. 18).

15 **b) Entscheidungen über den Rechtsweg (§ 17a IV 4 GVG).** Kommt das FG zu der Erkenntnis, dass der Finanzrechtsweg (§ 33) für eine beim FG eingereichte Klage nicht gegeben ist, hat es die Sache durch Beschluss an das zuständige Gericht im zutreffenden Rechtsweg zu verweisen (§ 155 FGO iVm § 17a II GVG). Auch wenn das FG, entgegen der Auffassung des Beklagten, den Finanzrechtsweg für gegeben hält, hat es dies vorab durch Beschluss auszusprechen (§ 17a III GVG). Nach § 17 IV 4 GVG ist die Beschwerde gegen den Beschluss des FG über die (Un-)Zulässigkeit des Finanzrechtwegs (Verweisung) nur dann mit der Beschwerde anfechtbar, wenn das FG in seinem Beschluss die **Beschwerde zugelassen** hat (BFH VII B 4/97, BStBl. II 1997, 543; V B 128/12, BFH/NV 2013, 1611; XI B 29/24, BFH/NV 2024, 1057). Die Gründe für die Zulassung ergeben sich aus § 17 V GVG. Der BFH ist an die Zulassung der Beschwerde durch

das FG gebunden (§ 155 FGO iVm § 17a IV 6 GVG). Die Nichtzulassung der Beschwerde im Beschluss des FG kann nicht mit Rechtsmitteln angegriffen werden (BFH IX B 125/01, BFH/NV 2002, 513), die Rechtslage ist insoweit vergleichbar mit der des § 128 III.

In den Fällen der **örtlichen und sachlichen Zuständigkeit** sieht § 70 zwar die entsprechende Anwendung der §§ 17 ff. GVG vor; der Verweisungsbeschluss nach § 70 ist jedoch anders als die Verweisung in einen anderen Rechtsweg nach der ausdrücklichen speziellen Regelung in § 70 S. 2 **unanfechtbar.**

5. Statthaftigkeit einer außerordentlichen Beschwerde?

Zur Statthaftigkeit einer außerordentlichen Beschwerde → Vor § 115 **16**
Rn. 50 ff.; zur Statthaftigkeit einer Gegenvorstellung gegen nicht mit Rechtsmitteln anfechtbare Entscheidungen des FG → Vor § 115 Rn. 40 ff.

6. Beschwerdeberechtigte

Beschwerdeberechtigt sind die **Beteiligten** des erstinstanzlichen Verfahrens iSv **17**
§ 57 (BFH GrS 5/82, BStBl. II 1984, 439; II B 76/08, BFH/NV 2009, 1655) und die **sonst von der Entscheidung Betroffenen.** Gegen den Beiladungsbeschluss kann auch der Beigeladene Beschwerde einlegen (BFH IV B 75/16, BeckRS 2017, 114433). Durch die Entscheidung betroffen ist jeder, in dessen Rechte eingegriffen wird (BFH IV B 63/79, BStBl. II 1980, 2; IV B 53/90, BFH/NV 1991, 468; III B 33/91, BFH/NV 1992, 783). Beschwerdeberechtigt kraft eigenen Rechts ist zB der als **Prozessbevollmächtigter Zurückgewiesene** (BFH IV B 76/81, BStBl. II 1982, 221 mwN; IX B 49/84, BStBl. II 1985, 215; X B 12/92, BStBl. II 1993, 243), der **vollmachtlose Vertreter,** dem vom FG Kosten auferlegt wurden (BFH I B 37/81, BStBl. II 1982, 167; vgl. aber § 128 IV), der zu einer Ordnungsstrafe verurteilte **Zeuge** (BFH V B 6/69, BStBl. II 1969, 526; GrS 5/82, BStBl. II 1984, 439), oder der Rechtsanwalt, dem die Überlassung der Akten in die Wohnung oder in die Kanzlei zur Einsicht verweigert wird (BFH IV B 20/77, BStBl. II 1978, 677; VI B 63/02, BFH/NV 2004, 207). Die Frage, ob ein Beteiligter betroffen ist, wenn das FG dem Ersuchen des FA auf eidliche Vernehmung einer Auskunftsperson (§ 94 AO) stattgeben will, ist zu bejahen, da der Beteiligte die Möglichkeit haben muss, geltend zu machen, die Voraussetzungen einer Vernehmung lägen nicht vor (offengelassen BFH IV B 63/79, BStBl. II 1980, 2).

Zur Einlegung des Rechtsmittels ist nur derjenige berechtigt, der ausweislich des Rubrums der angefochtenen Entscheidung (BFH VII B 124/03, BFH/NV 2004, 362) in der Vorinstanz tatsächlich am Verfahren beteiligt war (BFH V B 146/05, BFH/NV 2007, 958; III B 45/99, BFH/NV 2001, 173 zur Befugnis des BFH zu einer Korrektur des fehlerhaften Rubrums). Der **zu Unrecht nicht Beigeladene** kann gegen den Beschluss über die Einstellung des Verfahrens nach Zurücknahme der Klage nicht Beschwerde einlegen, weil er von dieser Entscheidung nicht in eigenen Rechten betroffen sein kann (BFH IV B 53/90, BFH/NV 1991, 468).

Keine Befugnis zur Einlegung der Beschwerde im eigenen Namen hat der Geschäftsführer in einem Klageverfahren der GmbH. Eine Klagebefugnis ergibt sich nicht schon aus der in § 166 AO angeordneten Drittwirkung der Steuerfestsetzung (BFH I B 68/86, BFH/NV 1988, 237).

Die Erweiterung der Beschwerdebefugnis auf „sonst von der Entscheidung Betroffene" gilt nicht im Verfahren der **Nichtzulassungsbeschwerde** (→ § 116 Rn. 6; BFH VIII B 24/90, BFH/NV 1991, 689; VIII B 110/92, BFH/NV 1994, 334).

Auch im Beschwerdeverfahren kann es zu einem **gesetzlichen Parteiwechsel** kommen (BFH VII R 115/76, BStBl. II 1979, 714; VII B 167/87, BFH/NV 1989, 36; zum Wechsel der Beteiligten im Revisionsverfahren → § 122 Rn. 3).

III. Weitere Zulässigkeitsvoraussetzungen

18 Es gelten insoweit die Ausführungen in → Vor § 115 Rn. 65 ff. Zu der bei Einlegung der Beschwerde zu beachtenden **Form** und **Frist** → § 129 Rn. 1 ff. Zum **Vertretungszwang** nach § 62 IV bei der Beschwerde → § 62 Rn. 60; → § 129 Rn. 3 und BFH GrS 5/82, BStBl. II 1984, 439. Zum Erfordernis der **Beschwer** → Vor § 115 Rn. 100 ff.; BFH IV B 63/79, BStBl. II 1980, 2. Durch den Beschluss, mit dem die ggü. einem Zeugen wegen Nichterscheinens festgesetzten Ordnungsmittel aufgehoben werden, wird ein Verfahrensbeteiligter nicht beschwert (BFH X B 7/20, BFH/NV 2020, 1277). Zum **Rechtsschutzbedürfnis** als Zulässigkeitsvoraussetzung der Beschwerde → Vor § 115 Rn. 101 und → Rn. 130 ff.

Das Rechtsschutzbedürfnis für die Beschwerde entfällt, wenn das mit der Beschwerde verfolgte Ziel nicht mehr erreicht werden kann. Das kann der Fall sein, wenn das Verfahren in der Hauptsache abgeschlossen ist und das begehrte Beschwerdeverfahren unter keinem Gesichtspunkt mehr geeignet ist, dem Rechtsschutz zu dienen (zB BFH X B 55/06, BeckRS 2006, 25010080: Akteneinsicht; BFH I B 12/16, BeckRS 2016, 94961: Bestellung eines Notanwalts). Im Übrigen entfällt das Rechtsschutzbedürfnis nicht bereits deshalb, weil das FG eine Entscheidung in der Hauptsache getroffen hat. Unter bestimmten Voraussetzungen kann bei Erfolg der Beschwerde nachträglich ein Verfahrensverstoß mit der Revision oder der Beschwerde gegen die Nichtzulassung der Revision geltend gemacht werden (BFH X B 32/93, BStBl. II 1993, 797; III B 127/93, BStBl. II 1994, 658 zur Beschwerde gegen die **Ablehnung einer Aussetzung** des Verfahrens bzw. gegen die Fortsetzung des Verfahrens; BFH GrS 1/80, BStBl. II 1982, 217 zur Beschwerde gegen die Ablehnung einer notwendigen **Beiladung;** BFH X B 333/93, BStBl. II 1994, 802 zur Beschwerde gegen einen Beschluss nach § 86 III). Das Rechtsschutzbedürfnis für die Beschwerde entfällt, wenn nach **Insolvenzeröffnung** der Bescheid, gegen den AdV abgelehnt worden war, ohnehin nicht mehr vollzogen werden darf (BFH V B 14/16, NZI 2017, 319).

Ist der zugrunde liegende **Rechtsstreit in der Hauptsache erledigt** oder ist eine Abänderung der Entscheidung des FG in der Hauptsache aus einem anderen Grund ausgeschlossen, so kann das mit der Beschwerde verfolgte Ziel nicht mehr erreicht werden; das Rechtsschutzbedürfnis für die Durchführung des Beschwerdeverfahrens entfällt (BFH X B 4/98, BFH/NV 1999, 209; I B 57/07, BFH/NV 2007, 1916; XI B 46/07, BFH/NV 2008, 397).

IV. Anschlussbeschwerde

19 Die Anschlussbeschwerde ist in der FGO – anders als in der ZPO (vgl. §§ 567 III, 574 IV ZPO) – nicht ausdrücklich geregelt; gleichwohl wird sie

(ebenso wie die Anschlussrevision, → § 120 Rn. 77 ff.) allgemein als zulässig angesehen (BFH I B 35/67, BStBl. II 1967, 784; VII B 69/75, BStBl. II 1977, 430; V B 6/01, BFH/NV 2001, 1589 mwN; V B 156/08, BFH/NV 2010, 238; Tipke/Kruse/Krumm § 128 Rn. 15; HHS/Bergkemper § 128 Rn. 142 ff.; Gosch/Rüsken § 128 Rn. 111). Dass der Beschwerdegegner **selbständig** Beschwerde einlegen kann, wenn auch er beschwert ist, versteht sich von selbst. Zulässig ist aber auch die **unselbständige,** dh vom Schicksal der Hauptbeschwerde abhängige **Anschlussbeschwerde.** Diese ist auch noch nach Ablauf der Beschwerdefrist möglich (BFH VI B 63/69, BStBl. II 1970, 95; VIII B 158/94, BFH/NV 1995, 680; I B 134/97, BFH/NV 1999, 372). Die (unselbständige) Anschlussbeschwerde kann bis zum Abschluss des Beschwerdeverfahrens eingelegt werden. Sie ist ebenso wie die Anschlussrevision **kein Rechtsmittel,** sondern ein angriffsweise wirkender Antrag innerhalb des fremden Rechtsmittels (BFH IV B 3/66, BStBl. II 1968, 538; II B 42/73, BStBl. II 1974, 57). Im Verfahren der **Nichtzulassungsbeschwerde** ist nur die selbständige Anschließung zulässig (BFH IV B 155/96, BFH/NV 1998, 596; VIII B 17/98, BFH/NV 1999, 344; BVerwG III B 68/69, NJW 1970, 824).

§ 129 [Einlegung der Beschwerde]

(1) **Die Beschwerde ist beim Finanzgericht schriftlich oder zu Protokoll des Urkundsbeamten der Geschäftsstelle innerhalb von zwei Wochen nach Bekanntgabe der Entscheidung einzulegen.**

(2) **Die Beschwerdefrist ist auch gewahrt, wenn die Beschwerde innerhalb der Frist beim Bundesfinanzhof eingeht.**

Vgl. § 147 VwGO, § 173 SGG.

I. Einlegung der Beschwerde

1. Richtiger Empfänger

Die Beschwerde ist „beim Finanzgericht" einzulegen, dh bei dem FG, das die angefochtene Entscheidung erlassen hat (HHS/Bergkemper § 129 Rn. 2). Der BFH hat offengelassen, ob in entsprechender Anwendung des § 129a ZPO die Beschwerde auch bei einem anderen FG eingelegt werden kann mit der Folge, dass die Wirkung der beim unzuständigen FG eingelegten Beschwerde frühestens eintritt, wenn das Protokoll oder die Beschwerdeschrift beim zuständigen Gericht eingeht (BFH X B 7/04, BFH/NV 2004, 976). Meines Erachtens kommt eine entsprechende Anwendung des § 129a ZPO iVm § 155 FGO im finanzgerichtlichen Verfahren nicht in Betracht, da der Gesetzgeber die Frage, bei welchen Gerichten die Beschwerde eingelegt werden kann, in § 129 geregelt hat. Nach der ausdrücklichen Regelung in Abs. 2 kann die Beschwerde nicht nur beim (zuständigen) FG, sondern fristwahrend **auch beim BFH** eingelegt werden. Wird die Beschwerde beim BFH eingelegt, muss dieser die Beschwerdeschrift dem FG übersenden, damit es über eine mögliche Abhilfe (§ 130) entscheiden kann. 1

2. Form

2 Für die Beschwerde ist **Schriftlichkeit** vorgeschrieben. Zum Erfordernis der Schriftlichkeit → § 64 Rn. 7 ff. Sie ist auch gewahrt, wenn die Beschwerde in das (vom Urkundsbeamten der Geschäftsstelle geführte) **Sitzungsprotokoll** der mündlichen Verhandlung (BFH VII B 39/75, BStBl. II 1975, 673; V B 14/94, BFH/NV 1995, 526) aufgenommen oder zur Niederschrift des beauftragten **Richters** iSv § 81 II oder des nach § 79 bestimmten Richters (→ § 64 Rn. 28) erklärt worden ist; ein bloßer **Aktenvermerk** des Richters über die telefonische Einlegung der Beschwerde reicht dagegen nicht aus (BFH VI B 134/90, BFH/NV 1992, 49). § 52a (elektronisches Dokument) und § 52d sind zu beachten; zum Vertretungszwang → Rn. 3.

Die Beschwerde kann auch zur **Niederschrift des Urkundsbeamten** der Geschäftsstelle eingelegt werden. Die Regelung ist systemwidrig. Grundsätzlich gilt für Verfahrenshandlungen, die vor dem Urkundsbeamten der Geschäftsstelle vorgenommen werden können, kein Vertretungszwang (§ 78 III ZPO iVm § 155 FGO; BFH GrS 5/82, BStBl. II 1984, 439; I B 44/94, BFH/NV 1995, 424). § 129 I 1 durchbricht diesen Grundsatz. Offenbar ist bei Schaffung der FGO die gleichlautende Regelung des § 147 I 1 VwGO übernommen worden ohne zu beachten, dass nach der FGO – anders als nach der VwGO – das Revisionsgericht zugleich Beschwerdegericht ist. Nach Einführung des Vertretungszwangs vor dem BFH hätte deshalb die Regelung des § 129 I 1 überprüft werden müssen.

3 Für die Einlegung der Beschwerde gilt der **Vertretungszwang** des § 62 IV (BFH V B 135/08, BFH/NV 2009, 1450). Das gilt für alle Arten von Beschwerden. Auch Personen, die nicht als Beteiligte, sondern als „sonst von der Entscheidung Betroffene" (→ § 128 Rn. 17) Beschwerde einlegen, müssen sich vor dem BFH durch einen nach § 62 vertretungsberechtigten Bevollmächtigten vertreten lassen (BFH GrS 5/82, BStBl. II 1984, 439; IV B 73/10, BFH/NV 2011, 811: Zeuge, der sich gegen die Festsetzung eines Ordnungsgelds wehrt). Der Vertretungszwang des § 62 IV ist auch zu beachten, wenn die Beschwerde zur **Niederschrift** des Urkundsbeamten der Geschäftsstelle erklärt oder in das von diesem in das vom Urkundsbeamten der Geschäftsstelle oder vom Richter geführte **Sitzungsprotokoll** aufgenommen wird (BFH III B 18/91, BFH/NV 1991, 471). Eine unter Missachtung des Vertretungszwangs eingelegte Beschwerde ist **unzulässig;** sie kann innerhalb der Beschwerdefrist durch eine vor dem BFH postulationsfähige Person genehmigt werden (BFH XI B 42/95, BFH/NV 1995, 1007; XI B 69/98, BFH/NV 1999, 72). Dadurch wird der Formmangel geheilt.

3. Frist

4 Die Beschwerde ist im finanzgerichtlichen Verfahren grds. **befristet;** das gilt auch, soweit in der FGO zivilprozessuale Vorschriften für anwendbar erklärt werden und soweit eine Beschwerdefrist dort nicht besteht (→ § 128 Rn. 2). Gegen die Verhängung von Ordnungsmitteln ist die Beschwerde binnen **einer Woche** gegeben (§ 52 I FGO iVm § 181 I GVG; offengelassen in BFH VIII B 40/23, BFH/NV 2024, 1360).

Die Beschwerde ist innerhalb von **zwei Wochen** nach Bekanntgabe der Entscheidung einzulegen. Wird der Beschluss nach § 107 berichtigt, verlängert sich dadurch nicht die Frist für die Beschwerde gegen den ursprünglichen Beschluss

(BFH I B 36/98, BFH/NV 1999, 65). Für die Beschwerdefrist wegen Nichtzulassung der Revision besteht eine vorrangige Sonderregelung in § 116 II (Monatsfrist). Keine Frist gilt für die unselbständige **Anschlussbeschwerde,** → § 128 Rn. 19.

Für die **Berechnung der Frist** gilt § 54. Die Beschwerdefrist kann **nicht verlängert** werden (→ § 54 Rn. 6; BFH VIII B 85/92, BFH/NV 1994, 332). Wegen der Versäumung der Beschwerdefrist kann Wiedereinsetzung nach § 56 gewährt werden.

Der Lauf der Beschwerdefrist beginnt mit der **Bekanntgabe** der Entscheidung, also mit deren Zustellung oder Verkündung im Termin, vgl. § 53. Die formlose Zuleitung des Beschlusses steht einer förmlichen Bekanntgabe nicht gleich (BAG 3 AZB 56/07, NJW 2008, 1610). Die Bekanntgabe setzt die Frist (auch bei Verkündung) nur in Lauf, wenn dem Beschwerdeführer eine zutreffende schriftliche **Rechtsmittelbelehrung** ausgehändigt wurde; vgl. § 55 I 2 (§ 113 I, § 105 II Nr. 6; BFH IV B 75/01, BFH/NV 2003, 45). Fehlt die Rechtsmittelbelehrung oder ist sie fehlerhaft, beginnt die Beschwerdefrist nicht zu laufen (BFH I B 121/10, BFH/NV 2010, 2098), sondern die Jahresfrist gem. § 55 II (BFH V B 42/16, BeckRS 2016, 94753). Die Beschwerdefrist wird auch dann durch die Zustellung des Beschlusses in Lauf gesetzt, wenn dieser ohne Kostenentscheidung ergangen ist (BFH VII B 165/94, BFH/NV 1995, 719).

Die Beschwerde kann auch schon **vor der Bekanntgabe** des Beschlusses (nicht aber vor Beschlussfassung BFH VIII B 145/90, BFH/NV 1992, 184; III B 54/98, BFH/NV 1999, 316) wirksam eingelegt werden (BFH IX B 88/89, BFH/NV 1990, 253; VII B 123/05, BFH/NV 2006, 916; BAG 3 AZB 56/07, NJW 2008, 1610). Die Einlegung vor Beginn des Fristablaufs kommt insbes. in Betracht, wenn den Beteiligten die Beschlussformel vor der formellen Bekanntgabe telefonisch mitgeteilt wurde (Kopp/Schenke/Schenke VwGO § 147 Rn. 3).

Zur Wahrung der Beschwerdefrist genügt es, wenn die Beschwerdeschrift bis 24 Uhr des letzten Tages der Rechtsmittelfrist in den Briefkasten des zuständigen FG eingeworfen wird, auch wenn der Briefkasten kein Nachtbriefkasten ist (BFH VII B 37/75, BStBl. II 1976, 570; BVerfG 2 BvR 652/75, NJW 1976, 747).

Zu den **weiteren Zulässigkeitsvoraussetzungen** der Beschwerde → § 128 Rn. 3 ff.; → Vor § 115 Rn. 60 ff.

4. Mehrfache Einlegung

Innerhalb der Beschwerdefrist kann mehrfach Beschwerde eingelegt werden; 5
für die Beschwerde gelten insoweit dieselben Grundsätze wie für die Revision (→ § 120 Rn. 35). Über eine mehrfach eingelegte Beschwerde ist im selben Verfahren einheitlich zu entscheiden (BFH IX B 56/86, BFH/NV 1987, 52; IX B 102/87, BFH/NV 1989, 15). Dabei genügt es, wenn nur einer von mehreren Einlegungsakten den Zulässigkeitsvoraussetzungen der Beschwerde genügt (BFH IX B 102/87, BFH/NV 1989, 15).

5. Inhalt der Beschwerdeschrift

Die §§ 128 ff. (anders aber § 146 IV 3 VwGO) enthalten keine Vorschriften 6
über den Inhalt der Beschwerde. Insbesondere die strengen Anforderungen des § 120 an die Bezeichnung des Streitgegenstandes und die Begründung der Revision gelten im Beschwerderecht nicht. Die Beschwerde muss **nicht begründet** werden (BFH VI B 47/67, BStBl. II 1968, 608; VII B 102/92, BFH/NV 1993,

425; VIII B 93/07, BFH/NV 2008, 392 mwN; Tipke/Kruse/Krumm § 129 Rn. 9). Eine Begründung kann deshalb auch noch nach Ablauf der Einlegungsfrist nachgereicht werden (BFH I B 44/21 (AdV), BStBl. II 2022, 431). Etwas anderes (fristgebundene Begründungspflicht) gilt für die NZB (vgl. § 116 III).

Ein bestimmter **Mindestinhalt** muss aber innerhalb der Beschwerdefrist vorliegen. Dazu gehört, dass die angefochtene Entscheidung innerhalb der Frist eindeutig bezeichnet wird (BFH II B 9/74, BStBl. II 1974, 717; Tipke/Kruse/Krumm § 129 Rn. 9). Dagegen ist es nicht erforderlich, dass der Beschwerdeführer innerhalb der Beschwerdefrist einen förmlichen **Antrag** stellt; die Beschwerdeschrift muss jedoch wie jede Rechtsmittelschrift das **Begehren** des Beschwerdeführers **erkennen lassen** (stRspr, vgl. zB BFH X E 6/89, BStBl. II 1989, 626; VIII B 93/07, BFH/NV 2008, 392; VII B 145/07, BFH/NV 2009, 200; HHS/Bergkemper § 129 Rn. 8 f.; Gosch/Rüsken § 129 Rn. 7; Kopp/Schenke/Schenke VwGO § 147 Rn. 2). Außerdem muss mit der Beschwerde eine **Beschwer** durch den angefochtenen Beschluss schlüssig geltend gemacht werden (BFH VIII B 93/07, BFH/NV 2008, 392; V B 149/09, BFH/NV 2011, 621); anderenfalls ist die Beschwerde unzulässig (BFH VII B 145/07, BFH/NV 2009, 200). Im Regelfall kann das Begehren dem erstinstanzlichen Antrag entnommen werden (BFH II B 8/09, BFH/NV 2009, 1845); das gilt aber nicht ausnahmslos, zB dann nicht, wenn das FG den Antrag als unklar beurteilt hat (BFH III R 91/85, BFH/NV 1989, 646). Da die Konkretisierung des Beschwerdebegehrens zum Mindestinhalt der fristgebundenen Beschwerde gehört, und das Beschwerdeverfahren in erster Linie der Überprüfung der erstinstanzlichen Entscheidung dient, kann der Beschwerdeführer sein **Beschwerdebegehren** zwar **ändern und ergänzen,** aber nicht in einem solchen Umfang, dass der Gegenstand des Beschwerdeverfahrens nicht mehr identisch ist mit dem des erstinstanzlichen Verfahrens (→ § 132 Rn. 6 mwN). Eine Änderung des Antrags wird man insbes. dann zulassen müssen, wenn mit der Beschwerde neue Tatsachen vorgetragen werden, die erst nach Ablauf der Beschwerdefrist eingetreten sind (Kopp/Schenke/Schenke VwGO § 146 Rn. 43).

II. Zurücknahme und Verzicht

7 Die Beschwerde kann bis zur Verkündung oder Zustellung der Beschwerdeentscheidung des BFH **zurückgenommen** werden. Einer Zustimmung des Beschwerdegegners bedarf es hierfür nicht (HHS/Bergkemper § 129 Rn. 16 f.). Die Zurücknahme und der Widerruf der Zurücknahme einer Beschwerde müssen als Prozesshandlungen in gleicher Form ausgesprochen werden wie die Zurücknahme einer Klage (BFH VI B 134/90, BFH/NV 1992, 49; → § 72 Rn. 6).

Auf die Beschwerde kann auch **verzichtet** werden (Tipke/Kruse/Krumm § 129 Rn. 14; zum Rechtsmittelverzicht → Vor § 115 Rn. 80 ff.).

§ 130 [Abhilfe oder Vorlage beim BFH]

(1) **Hält das Finanzgericht, der Vorsitzende oder der Berichterstatter, dessen Entscheidung angefochten wird, die Beschwerde für begründet, so ist ihr abzuhelfen; sonst ist sie unverzüglich dem Bundesfinanzhof vorzulegen.**

(2) **Das Finanzgericht soll die Beteiligten von der Vorlage der Beschwerde in Kenntnis setzen.**

Vgl. § 148 VwGO; § 174 SGG; vgl. auch § 572 ZPO.

I. Abhilfe

1. Voraussetzungen und Verfahren

§ 130 gilt nur für Beschwerden iSd § 128, die beim FG anzubringen sind (§ 129 I); die Vorschrift ist nicht anwendbar auf die **Nichtzulassungsbeschwerde,** da diese unmittelbar beim BFH einzulegen ist (§ 116 II). **Zuständig** für die Abhilfe ist der Spruchkörper oder Richter (Vorsitzender, Berichterstatter), der die angefochtene Entscheidung erlassen hat. Dabei kann das Gericht auch in anderer Besetzung entscheiden, wenn ein Richter gewechselt hat oder bei Überbesetzung ein anderer Richter zuständig (geworden) ist. Hat bei einer Entscheidung des Vorsitzenden dieser inzwischen gewechselt oder ist er verhindert, so ist der neue Vorsitzende oder sein Vertreter zuständig. 1

Das Gericht bzw. der Vorsitzende oder der Berichterstatter haben bei der Entscheidung über die Abhilfe nicht nur die Rechtsausführungen des Beschwerdeführers zu würdigen, sondern auch einen etwaigen **neuen Sachvortrag** zu berücksichtigen (BFH VII B 35/79, BStBl. II 1980, 86; Redeker/v. Oertzen/Redeker VwGO § 148 Rn. 1); ggf. muss auch Beweis erhoben werden (Thomas/Putzo/Seiler ZPO § 572 Rn. 3; Tipke/Kruse/Krumm § 130 Rn. 7; HHS/Bergkemper § 130 Rn. 3). Durch die Abhilfemöglichkeit ist dem FG eine weitere Entscheidungsbefugnis eingeräumt.

Kommt das FG zu dem Ergebnis, dass die Beschwerde ganz oder teilweise **zulässig und begründet** ist, **muss** es ihr abhelfen. Das gilt im finanzgerichtlichen Verfahren allgemein, also auch, soweit in der FGO auf Vorschriften der ZPO verwiesen wird, nach denen eine Rechtsbeschwerde ohne Möglichkeit einer Abhilfe gegeben ist (vgl. § 574 I ZPO), wie zB im Fall der §§ 51 I FGO iVm 46 II ZPO (BFH IV B 7/66, BStBl. III 1966, 547 zu § 577 III ZPO aF).

Einer **nicht statthaften** oder sonst **unzulässigen Beschwerde** darf das FG nicht abhelfen, auch wenn es sie in der Sache für begründet hält (stRspr, vgl. BFH VII B 84/83, BStBl. II 1984, 562; X S 10/98, BFH/NV 1999, 503; HHS/Bergkemper § 130 Rn. 10; Gosch/Rüsken § 130 Rn. 4). Ausnahmsweise ist das FG trotz Unzulässigkeit der Beschwerde zur Abhilfe berechtigt, wenn es auch unabhängig von einem Rechtsmittel zu einer Abänderung seiner Entscheidung befugt ist, wie zB bei der vorläufigen Festsetzung des Streitwerts nach § 63 GKG oder bei Entscheidungen, die nur deklaratorischen Charakter haben (Einstellungsbeschluss nach Klagerücknahme, Ablehnung der Fortsetzung des Verfahrens nach übereinstimmender Erledigungserklärung; → Vor § 115 Rn. 43). Bei **unverschuldeter Versäumung der Beschwerdefrist** kann das FG Wiedereinsetzung gewähren, wenn es die Beschwerde für begründet erachtet (Gosch/Rüsken § 130 Rn. 6). 2

Will das FG der Beschwerde abhelfen, muss es zuvor dem Beschwerdegegner **rechtliches Gehör** (Art. 103 I GG) gewähren (Eyermann/Happ VwGO § 148 Rn. 6). 3

2. Entscheidung über die Abhilfe

4 Das FG muss grds. durch **Beschluss** entscheiden, und zwar sowohl im Fall der Abhilfe als auch im Fall der Nichtabhilfe (BFH IV B 33/66, BStBl. III 1967, 788; III R 98/71, BStBl. II 1972, 515; Tipke/Kruse/Krumm § 130 Rn. 15; Kopp/Schenke/Schenke VwGO § 146 Rn. 2). Hat das FG in der angefochtenen Entscheidung über mehrere Streitgegenstände oder über einen teilbaren Streitgegenstand entschieden, kann es der Beschwerde auch **teilweise abhelfen;** iÜ muss es dann vorlegen (HHS/Bergkemper § 130 Rn. 24).

Eine bestimmte **Form** ist für den Beschluss nicht vorgeschrieben; es entspricht jedoch stRspr des BFH, dass der Beschluss von allen Richtern, die ihn gefasst haben, eigenhändig zu **unterschreiben** ist (BFH IV B 33/66, BStBl. III 1967, 788; X B 101/12, BFH/NV 2013, 749).

Bei der **Nichtabhilfe** wird der Beschluss regelmäßig nur durch einen Aktenvermerk, der von den Berufsrichtern unterschrieben ist, dokumentiert; ein „förmlicher" Beschluss ist nicht erforderlich (BVerwG IV B 124/62, NJW 1963, 554). Es handelt sich dabei nicht um eine selbständige „Entscheidung" iSd § 128 I, sondern lediglich um die Entschließung des FG, keine andere Entscheidung in der Sache zu treffen (BFH I B 35/03, BFH/NV 2003, 1431). Der Beschluss über die Nichtabhilfe ist entbehrlich, wenn gegen die Entscheidung ein **Rechtsmittel nicht statthaft** und das FG deshalb unter keinem denkbaren Gesichtspunkt befugt ist, der Beschwerde abzuhelfen (BFH VII B 84/83, BStBl. II 1984, 562; X S 10/98, BFH/NV 1999, 503). Dasselbe gilt bei einer **offensichtlich unzulässigen Beschwerde** (BFH X B 186/93, BFH/NV 1995, 59; XI B 199/96, BFH/NV 1997, 517; V R 112/88, V B 72/89, BStBl. II 1989, 850; BVerwG IV B 124/62, NJW 1963, 554). Der Abgabe an das FG zur Nachholung eines Beschlusses über die Abhilfe und einer nochmaligen Vorlage an den BFH steht in diesen Fällen der Grundsatz der **Prozessökonomie** entgegen (BFH XI B 199/96, BFH/NV 1997, 517 mwN; XI B 140/13, BFH/NV 2014, 879). Ansonsten leitet der BFH dem FG die Akten wieder zu, damit es den Beschluss nachholen kann, sofern dieser (zu Unrecht) unterblieben ist.

Der **Nichtabhilfebeschluss** muss den Beteiligten nicht bekannt gegeben werden (Kopp/Schenke/Schenke VwGO § 148 Rn. 1; **aA** Eyermann/Happ VwGO § 148 Rn. 8). Er kann nicht mit der Beschwerde angefochten werden (BFH II B 31/72, BStBl. II 1972, 575; X B 66/92, BFH/NV 1994, 31). Die Beschwerde ist schon deshalb unzulässig, weil sich für den Beschwerdeführer aus der Entscheidung über die Nichtabhilfe **keine selbständige Beschwer** ergibt (BFH III B 163/92, BStBl. II 1992, 675; X B 164/98, BFH/NV 1999, 505). Aus diesem Grund besteht auch kein Rechtsschutzbedürfnis für die Beschwerde gegen die Zurückweisung eines Gesuchs auf die Ablehnung von Richtern, die an einem Nichtabhilfebeschluss mitgewirkt haben (BFH X B 54/92, BFH/NV 1993, 557). Auch ein **Wiederaufnahmeverfahren** (§ 134 FGO iVm § 579 ZPO) kommt nicht in Betracht, weil die Nichtabhilfeentscheidung des FG kein Verfahren beendet (BFH III B 159/92, BFH/NV 1993, 370; X B 66/92, BFH/NV 1994, 31).

Der **Abhilfebeschluss** ist den Beteiligten in derselben Form bekanntzugeben wie die abgeänderte Entscheidung. Er muss im Fall der vollständigen Abhilfe eine Kostenentscheidung, enthalten (BFH II B 14/71, BStBl. II 1972, 493). Im Fall einer Teilabhilfe und Vorlage im Übrigen entscheidet der BFH einheitlich über die Kosten (HHS/Bergkemper § 130 Rn. 26; analog § 143 II). Einer Begründung bedarf es nicht (BFH VI R 85/76, BStBl. II 1979, 660). Gegen den Abhilfebeschluss kann der Gegner **Beschwerde** einlegen (Tipke/Kruse/Krumm § 130 Rn. 16).

II. Vorlage

1. Voraussetzungen

Hält das Gericht die Beschwerde für unzulässig oder unbegründet, so ist sie unverzüglich, dh ohne schuldhaftes Zögern, dem BFH vorzulegen. Auch eine **unzulässige** Beschwerde muss vorgelegt werden, denn die Frage der Zulässigkeit ist vom Beschwerdegericht zu entscheiden (BFH II B 1/00, BFH/NV 2001, 60; BVerwG IV B 124/62, NJW 1963, 554). 5

Hält das FG die Beschwerde für begründet, seine Entscheidung aber aus einem **anderen Rechtsgrund** für zutreffend, hat es die Beschwerde ggf. unter Angabe der im Nichtabhilfebeschluss dokumentierten neuen oder erweiterten Gründe ebenfalls vorzulegen (hM Thomas/Putzo/Seiler ZPO § 572 Rn. 3; HHS/Bergkemper § 130 Rn. 12). Das FG kann seinen eigenen Beschluss nicht aufheben, wenn es ihn in der Sache für zutreffend erachtet. Etwas anderes kommt allenfalls in Ausnahmefällen in Betracht, wenn die ursprüngliche Entscheidung an einem gravierenden Verfahrensmangel leidet, zB bei einem Verstoß gegen die Grundordnung des Verfahrens (HHS/Bergkemper § 130 Rn. 12) oder bei einem Verstoß gegen absolute Revisionsgründe iSv § 119 (Tipke/Kruse/Krumm § 130 Rn. 21). Die zu dieser Frage ergangene ältere Rspr. war uneinheitlich (BFH VII B 105/75, BStBl. II 1976, 595; VII B 113/85, BStBl. II 1986, 413). Hebt das Gericht seinen (für zutreffend erachteten) Beschluss auf und erlässt es sogleich einen gleichlautenden, aber anders begründeten Beschluss, ist dagegen erneut die Beschwerde gegeben. 6

2. Vorlageentscheidung

Eines förmlichen **Vorlagebeschlusses** bedarf es nicht (ebenso BVerwG IV B 124/62, NJW 1963, 554; Tipke/Kruse/Seer § 130 Rn. 26; Redeker/v. Oertzen/Redeker VwGO § 148 Rn. 3). Es genügt, dass sich der **Nichtabhilfebeschluss** bei den Akten befindet. Der Vorlagebeschluss (oder Nichtabhilfebeschluss) braucht idR **nicht begründet** zu werden; eine Begründung ist jedoch erforderlich, wenn mit der Beschwerde neue Tatsachen vorgetragen werden (Thomas/Putzo/Reichold ZPO § 572 Rn. 10) und das FG auch unter Berücksichtigung der neuen Tatsachen an seiner Entscheidung festhält. Eine wesentliche Änderung der Begründung ist den Beteiligten mitzuteilen. Der Beschwerdeführer muss Gelegenheit haben, die Beschwerde zurückzunehmen. Wird die Beschwerde ohne Begründung vorgelegt, muss der Vorlagebeschluss den Beteiligten nicht bekanntgegeben werden (BFH II B 31/72, BStBl. II 1972, 575). Nimmt der Beschwerdeführer die Beschwerde zurück, erübrigt sich die Vorlage an den BFH; das FG muss nur noch über die Kosten entscheiden (Tipke/Kruse/Krumm § 130 Rn. 24). 7

Mit der Vorlage wird die Sache beim BFH anhängig und der BFH als Beschwerdegericht für die Entscheidung in der Sache bis zum Abschluss des Beschwerdeverfahrens allein zuständig (BFH III B 84/02, BeckRS 2002, 25001395). Damit entfällt die Möglichkeit des FG, der Beschwerde abzuhelfen oder seinen angefochtenen Beschluss zu ändern oder zu berichtigen (BFH VII B 113/85, BStBl. II 1986, 413; VIII B 130/14, VIII B 17/15, BeckRS 2016, 94678).

§ 131 [Aufschiebende Wirkung der Beschwerde]

(1) [1]**Die Beschwerde hat nur dann aufschiebende Wirkung, wenn sie die Festsetzung eines Ordnungs- oder Zwangsmittels zum Gegenstand hat. [2]Das Finanzgericht, der Vorsitzende oder der Berichterstatter, dessen Entscheidung angefochten wird, kann auch sonst bestimmen, dass die Vollziehung der angefochtenen Entscheidung einstweilen auszusetzen ist.**

(2) **Die §§ 178 und 181 Abs. 2 des Gerichtsverfassungsgesetzes bleiben unberührt.**

Vgl. § 149 VwGO; § 175 SGG; § 570 ZPO.

I. Aufschiebende Wirkung

1. Allgemeines

1 Die Beschwerde hat im Grundsatz **keine** aufschiebende Wirkung, dh sie hemmt zwar den Eintritt der formellen Rechtskraft des angefochtenen Beschlusses, hindert jedoch nicht dessen Vollziehung und steht dem Fortgang des Verfahrens nicht entgegen. Die Beschwerde hat nur dann aufschiebende Wirkung, wenn

- die angefochtene Entscheidung die **Festsetzung eines Ordnungs- oder Zwangsmittels** betrifft (§ 131 I 1; BFH VII S 32/20 (AdV), BFH/NV 2020, 1296) oder
- das FG, der Vorsitzende oder der Berichterstatter, dessen Entscheidung angefochten wird, die **einstweilige Aussetzung der Vollziehung** (AdV) angeordnet hat (§ 131 I 2).

In den Fällen des § 131 I 1 tritt die aufschiebende Wirkung mit Einlegung der Beschwerde ein und entfällt mit der Entscheidung über die Beschwerde (Thomas/Putzo/Seiler ZPO § 570 Rn. 1). In den Fällen des Abs. 1 S. 2 kann die Entscheidung vollzogen werden bis ein die Einstellung der Vollstreckung anordnender Beschluss des FG, des Vorsitzenden oder des Berichterstatters vorliegt. Die Entscheidung über die AdV liegt im Ermessen des FG (BFH VII R 103/99, BFH/NV 2001, 69).

2. Festsetzung eines Ordnungs- oder Zwangsmittels

2 Ordnungs- und Zwangsmittel, bei denen die **aufschiebende Wirkung** eintritt, sind zB solche, die zur Aufrechterhaltung der Ordnung **außerhalb der Sitzung** verhängt werden (§ 52 I FGO iVm §§ 178, 180, 181 II GVG) sowie Maßnahmen gegen ausgebliebene Beteiligte (→ § 80 Rn. 10 ff.), ausgebliebene oder nicht aussagebereite oder nicht eidesbereite Zeugen und Sachverständige (§ 82 FGO iVm §§ 380, 390, 409, 411 ZPO).

Nach Abs. 2 hat indessen auch eine Beschwerde gegen solche Maßnahmen nicht immer aufschiebende Wirkung. Sie fehlt bei den sofort vollziehbaren Maßnahmen zur Aufrechterhaltung der Ordnung **in der Sitzung** (§§ 178, 181 II GVG).

II. Einstweilige Aussetzung der Vollziehung

1. Zuständigkeit

In anderen Fällen als denen des Abs. 1 S. 1 kann die Vollziehung des angefochtenen Beschlusses **einstweilen ausgesetzt** werden und zwar (auf **Antrag** oder **von Amts wegen**) durch das Gericht, den Vorsitzenden oder den Berichterstatter, je nachdem, wer die angefochtene Entscheidung erlassen hat (→ § 130 Rn. 1). 3

§ 131 enthält zwar keine dem § 570 III ZPO entsprechende Regelung, nach der auch das **Beschwerdegericht** die einstweilige AdV anordnen kann. Nach zutr. hM ist aber § 570 III ZPO (über § 155) auch im finanzgerichtlichen Verfahren anwendbar (BFH VII B 49/97, BFH/NV 1997, 691). Dafür sprechen zumindest Gründe der Prozessökonomie. Das FG kann danach nur bis zur Vorlage an den BFH aussetzen. Lehnt es dies ab, so kann der Antrag unmittelbar beim BFH gestellt werden (ebenso: BFH VII S 25/84, BStBl. II 1985, 221; VII B 49/97, BFH/NV 1997, 691; HHS/Bergkemper § 131 Rn. 16; Gosch/Rüsken § 131 Rn. 7; Tipke/Kruse/Krumm § 131 Rn. 11). Nach Vorlage der Beschwerde an den BFH ist dieser auch für die Entscheidung über die einstweilige AdV zuständig (§ 155 FGO iVm § 570 III ZPO; BFH X S 24/12, BFH/NV 2012, 1638). Ein vor der Vorlage an den BFH bei diesem gestellter Antrag wird mit der Vorlage durch das FG zulässig (BFH VII S 27/20 (AdV), BFH/NV 2020, 1294). Daneben ist eine Beschwerde gegen die vom FG abgelehnte einstweilige AdV nicht statthaft (BFH VII S 23/20 (AdV), NJW 2020, 2749).

2. Voraussetzungen

Gegenstand der einstweiligen AdV kann nur eine **Entscheidung des FG** (nicht ein VA) sein (BFH VII B 127/71, BStBl. II 1973, 498). Bloße Hinweise oder Mitteilungen des FG sind keine „Entscheidungen" iSv § 131 (→ § 128 Rn. 3; FG BW 6 K 134/93, EFG 1994, 666). Es muss sich um eine **vollziehbare** Entscheidung handelt (BFH VIII B 26/82, BStBl. II 1982, 264; I B 107, 124/97, BFH/NV 1998, 716; → § 69 Rn. 38). Die Androhung eines Zwangsgelds genügt, auch wenn sie in erster Linie eine Warnfunktion hat (BFH VII S 27/20 (AdV), BFH/NV 2020, 1294). Die einen Antrag lediglich ablehnende Entscheidung ist nicht vollziehbar (BFH VII B 145–147/67, BStBl. II 1968, 744; VIII B 26/82, BStBl. II 1982, 264; VII B 93/94, BFH/NV 1995, 140 betr. den Antrag auf Akteneinsicht). Der Beschluss, durch den eine NZB zurückgewiesen wird, hat keinen vollziehbaren Inhalt (BFH VIII S 2/10, BFH/NV 2010, 1298). 4

Ein Beschluss, in dem die **Vollziehung des angefochtenen Verwaltungsakts** (nach § 69 III) **ausgesetzt** worden ist, kann nicht Gegenstand der einstweiligen AdV nach § 131 sein. Auf diesem Weg kann die Vollziehbarkeit nicht wiederhergestellt werden (BFH VIII B 26/82, BStBl. II 1982, 264; HHS/Bergkemper § 131 Rn. 11). Das Verfahren der AdV des angefochtenen VA ist in § 69 speziell und abschließend geregelt (BFH VII B 99/10, BFH/NV 2010, 1845).

Die einstweilige AdV der angefochtenen gerichtlichen Entscheidung setzt weiter voraus, dass die davon betroffene Maßnahme noch Gegenstand eines Rechtsstreits zwischen den Beteiligten ist. Nach **rechtskräftiger Entscheidung in der Hauptsache,** ist für eine einstweilige AdV der angefochtenen FG-Entscheidung kein Raum mehr (BFH VII B 93/96, BFH/NV 1988, 247; VII B 84/97, BFH/NV 1997, 885); einem entsprechenden Antrag des Beteiligten fehlt dann das Rechtsschutzbedürfnis (BFH VII B 49/97, BFH/NV 1997, 691).

Ausgesetzt werden kann nur die **Vollziehung.** Ist die angefochtene Entscheidung bereits vollzogen, kommt Abs. 1 S. 2 nicht in Betracht. Eine einstweilige **Aufhebung der Vollziehung** ist nicht vorgesehen (BFH VII S 27/20 (AdV), BFH/NV 2020, 1294).

III. Entscheidung

5 Das Gericht entscheidet nach **Ermessen** über die einstweilige AdV; es hat dabei die Erfolgsaussichten summarisch zu beurteilen und die beiderseitigen Interessen abzuwägen. Die einstweilige AdV kann auch teilweise, gegen **Sicherheitsleistung** oder unter **Auflagen** angeordnet werden (Tipke/Kruse/Krumm § 131 Rn. 17; Zöller/Feskorn ZPO § 570 Rn. 4).

Die Entscheidung ergeht durch **Beschluss,** der **bekannt zu geben** und mit einer **Rechtsmittelbelehrung** zu versehen ist (§§ 53 I, 55 I 2). Eine **Kostenentscheidung** ist nicht zu treffen, da es sich um eine Entscheidung in einem unselbständigen Nebenverfahren handelt (BFH VI S 8/08, BeckRS 2008, 25013925; Tipke/Kruse/Krumm § 131 Rn. 17). Der Beschluss kann jederzeit aufgehoben oder geändert werden, da er nur eine einstweilige Regelung trifft.

Gegen die Entscheidung des FG ist das Rechtsmittel der **Beschwerde** gegeben. Dies erscheint zwar im Hinblick auf die Befugnis des FG, den Beschluss jederzeit ändern zu können überflüssig; gleichwohl lässt die weite Fassung des § 128 I nur die Auslegung zu, dass die Beschwerde gegeben ist (ebenso Tipke/Kruse/Krumm § 131 Rn. 18; HHS/Bergkemper § 131 Rn. 19; Gosch/Rüsken § 131 Rn. 13). Die Einschränkung in § 128 III, der die Beschwerde nur einräumt, wenn sie vom FG zugelassen ist, gilt nur für die AdV nach § 69. Die Beschwerde wird unzulässig, sobald der Rechtsstreit in der Hauptsache rechtskräftig abgeschlossen worden ist (BFH XI B 28/11, BFH/NV 2012, 249; → Rn. 4).

§ 132 [Entscheidung über die Beschwerde]

Über die Beschwerde entscheidet der Bundesfinanzhof durch Beschluss.

Vgl. § 150 VwGO; § 174 SGG; § 572 IV ZPO.

Literatur: Schneider, Probleme bei der Aufhebung und Zurückverweisung im Beschwerdeverfahren, MDR 1978, 525; Tiedtke, Bindungswirkung von Beschlüssen des BFH in Beschwerdeverfahren über die Aussetzung der Vollziehung von Gewinnfeststellungsbescheiden, DStR 1980, 455.

I. Verfahren

1. Rechtsgrundlagen

1 Das Beschwerdeverfahren ist in der FGO (wie auch in den übrigen Verfahrensordnungen) nur **unvollständig geregelt.** Neben den wenigen Vorschriften in den §§ 128 ff. gelten kraft der Verweisung in § 113 I die dort genannten Vorschriften der FGO und iVm § 155 ergänzend und sinngemäß die Vorschriften der ZPO. Sinngemäß können auch die Vorschriften über das **Revisionsverfahren** (§ 121) herangezogen werden, soweit nicht Besonderheiten der Beschwerde entgegenste-

hen. Der BFH verfährt deshalb zB entsprechend § 126 IV, wenn der angefochtene Beschluss zwar an einem Rechtsfehler leidet, aber der Tenor gleichwohl richtig ist (BFH VII B 301/05, BFH/NV 2006, 916).

Eigene Vorschriften für das Beschwerdeverfahren bestehen über 2
- die **Statthaftigkeit** der Beschwerde (§ 128);
- **Form und Frist** (§ 129);
- über die Möglichkeit der **Abhilfe** (§ 130);
- die **hemmende Wirkung** der Beschwerde (§ 131);
- die Form der Entscheidung (§ 132);
- die **Kostenentscheidung** (§§ 135 ff.);
- die **Begründung** von Beschwerdeentscheidungen (§ 113 II).

Durch ausdrückliche **Verweisung in § 113 I** sind die folgenden **Vorschriften** 3
der FGO anwendbar (wobei die Aufzählung nicht vollständig ist, → § 113 Rn. 2):
- die Grundsätze über die **Beweiswürdigung** (§ 96 I 1);
- die Bindung an das **Begehren** und auch an das **Verbot der reformatio in peius** (§ 96 I 2), → § 96 Rn. 45 ff., 51;
- das Erfordernis der (bei Beschwerdeentscheidungen des BFH notwendigerweise negativen) **Rechtsmittelbelehrung** (§ 105 II Nr. 6);
- die Möglichkeit der **Berichtigung** und **Ergänzung** (§§ 107–109; BFH X B 142/94, BFH/NV 1995, 819).

Nach der für das Revisionsverfahren geltenden und auch im Beschwerdeverfah- 4
ren **sinngemäß anzuwendenden Vorschrift des § 121** (BFH V B 86/86, BStBl. II 1987, 502) gelten zudem die Vorschriften der Abschn. III u. IV (des Zweiten Teils) der FGO und ebenso die des Abschn. II des Zweiten Teils (→ § 121 Rn. 1) sinngemäß, also insbes. die Vorschriften über
- die **Ablehnung von Gerichtspersonen** (§ 51);
- **Öffentlichkeit, Sitzungspolizei, Gerichtssprache, Beratung, Abstimmung** (§ 52);
- die **Bekanntgabe** von Entscheidungen (§ 53, ergänzt durch §§ 104, 105);
- die Berechnung von **Fristen** (§ 54);
- die **Wiedereinsetzung** (§ 56);
- die **Beteiligten-** und **Prozessfähigkeit** (§§ 57 und 58);
- **Prozessbevollmächtigte** und **Beistände** (§ 62);
- die **Verweisung** wegen örtlicher oder sachlicher **Unzuständigkeit** (§ 70);
- die **Rücknahme** der Beschwerde (§ 72), die nach allgemeiner Ansicht nicht der Einwilligung des Gegners bedarf; → § 129 Rn. 56;
- die **Trennung** und **Verbindung** von Verfahren (§ 73); BFH I B 23/85, BStBl. II 1985, 605; III B 348/90, BFH/NV 1994, 647;
- die **Aussetzung des Verfahrens** (§ 74);
- die **Amtsermittlungs-** und **Belehrungspflicht** (§ 76);
- die **Schriftsätze** (§ 77);
- die **Akteneinsicht** (§ 78);
- Maßnahmen zu Aufklärung des Sachverhalts, insbes. die Vorschriften über die **Beweisaufnahme** (§§ 79 ff.);
- die (nicht obligatorische) **mündliche Verhandlung** (§§ 90 ff.);
- die Gewährung des **rechtlichen Gehörs** (§ 96 II); vgl. BVerfG 1 BvR 113/57, BVerfGE 8, 89; 2 BvL 17/69, BVerfGE 30, 392 (406); BFH V B 25/99, BFH/NV 2000, 192);

- **Zwischen-** und **Teilentscheidungen** (§§ 97–99); zust. Tiedtke DStR 1980, 458;
- die **Besetzung** der entscheidenden Richterbank (§ 103).

5 Gemäß **§ 155** sind auch **Vorschriften der ZPO** entsprechend anwendbar, und zwar zum einen die Vorschriften **allgemeiner Art,** wie solche über die Unterbrechung, Aussetzung und das Ruhen des Verfahrens (§§ 239 ff. ZPO; → Vor § 74 Rn. 2) sowie zum anderen spezielle Vorschriften für das **Beschwerdeverfahren** (§§ 567 ff. ZPO), nämlich über die

- Einführung **neuer Tatsachen** und **Beweismittel** (§ 571 I ZPO);
- Anordnung der **aufschiebenden Wirkung** durch den BFH (§ 570 III ZPO); → § 131 Rn. 5;
- Vorabprüfung der **Zulässigkeit der Beschwerde** (§ 572 II ZPO); → Rn. 9;
- Möglichkeit der **Zurückverweisung** (§ 572 III, § 577 IV ZPO); → Rn. 10.

2. Allgemeine Verfahrensgrundsätze

6 **a) Neues Vorbringen.** Im Beschwerdeverfahren ist, anders als im Revisionsverfahren (vgl. § 118 II), **neues Vorbringen zulässig** (§ 155 FGO iVm § 571 II ZPO). Das Beschwerdegericht (auch der BFH) muss die angefochtene Entscheidung **auch in tatsächlicher Hinsicht** (ggf. nach Beweisaufnahme) in vollem Umfang nachprüfen und kann die entscheidungserheblichen Tatsachen ggf. auch selbst ermitteln (stRspr, vgl. zB BFH II B 1/68, BStBl. II 1968, 748; V B 86/86, BStBl. II 1987, 502; IV B 48/09, BFH/NV 2009, 1685; X B 197/08, BFH/NV 2009, 961; V B 82/11, BStBl. II 2012, 809). Der BFH kann die Sache aber auch zur Ermittlung der Tatsachen an das FG zurückverweisen (→ Rn. 10). Neue Angriffs- und Verteidigungsmittel können im Beschwerdeverfahren auch dann vorgetragen werden, wenn sie schon in der Vorinstanz hätten vorgebracht werden können/müssen (Zöller/Feskorn ZPO § 571 Rn. 3). Ob die „neuen Tatsachen" vor oder nach Erlass des angefochtenen Beschlusses entstanden sind, ist unerheblich (Zöller/Feskorn ZPO § 571 Rn. 3). Im Verfahren der **Nichtzulassungsbeschwerde** ist die Berücksichtigung neuer Tatsachen wegen der Besonderheiten dieses Verfahrens ausgeschlossen (BFH VI B 388/98, BFH/NV 2000, 721; → § 116 Rn. 54).

Bei der Überprüfung einer **Ermessensentscheidung** ist der BFH als Beschwerdegericht zu eigener Ermessensausübung berechtigt und verpflichtet (BFH VII B 64/80, BStBl. II 1981, 475; III B 133/91, BStBl. II 1993, 240; III B 176/07, BFH/NV 2009, 192; IV B 84/16, BeckRS 2017, 94320). Rechtsgrundlage hierfür ist nicht § 102, da diese Vorschrift nur für die Überprüfung behördlicher (nicht aber gerichtlicher) Ermessensentscheidungen gilt (BFH III B 176/07, BFH/NV 2009, 192).

Grundsätzlich kann der Beschwerdeführer seinen **Antrag** im Beschwerdeverfahren **ändern** oder **erweitern.** Das Beschwerdegericht ist anders als das Revisionsgericht nicht auf eine Nachprüfung in rechtlicher Hinsicht beschränkt (keine Rechtsbeschwerde). Deshalb ist das in § 123 für das Revisionsverfahren angeordnete Verbot der Klageänderung im Beschwerdeverfahren nicht anwendbar (iE ebenso BFH VIII B 36/07, BFH/NV 2007, 1911; VIII B 158/94, BFH/NV 1995, 680; offengelassen in BFH VI B 97/79, BStBl. II 1980, 210; VII B 76/88, BStBl. II 1988, 952). Unzulässig ist es jedoch, den Antrag im Beschwerdeverfahren so wesentlich zu ändern, dass der **Streitgegenstand** des Beschwerdeverfahrens mit dem des erstinstanzlichen Verfahrens **nicht mehr identisch** ist. Anderenfalls würde der Zweck des Beschwerdeverfahrens, der (auch) auf die Überprüfung einer bereits ergangenen Entscheidung des FG gerichtet ist, verfehlt (BFH VII B 76/88, BStBl. II 1988, 952; VIII B 36/07, BFH/NV 2007, 1911; Zöller/Feskorn ZPO § 571 Rn. 4).

b) Rechtliches Gehör. Der Grundsatz des **rechtlichen Gehörs** (Art. 103 I GG) gilt auch im Beschwerdeverfahren. Wird ohne mündliche Verhandlung entschieden, muss das Gericht vor der Entscheidung auf andere Weise gewährleisten, dass der Beschwerdegegner die Möglichkeit hat, sich zu äußern, wenn die angefochtene Entscheidung zu seinen Ungunsten geändert werden soll. Dem Beschwerdegegner ist idR von der Einlegung der Beschwerde durch **Übersendung der Beschwerdeschrift** Kenntnis zu geben (BVerfG 2 BvR 482/72, BVerfGE 36, 85). Das gilt vor allem dann, wenn die Beschwerdeschrift neues tatsächliches Vorbringen enthält. Beabsichtigt das Gericht, die Beschwerde als unzulässig zu verwerfen, ist die Anhörung des Beschwerdegegners nicht erforderlich (BVerfG 1 BvR 535/53, BVerfGE 7, 95; 2 BvR 465/70, BVerfGE 30, 408; 2 BvR 482/72, NJW 1974, 133). Das rechtliche Gehör ist auch verletzt, wenn der Beschwerdeführer um Akteneinsicht bittet und das Gericht ihn mit einer Sachentscheidung überrascht, ohne zuvor über den Antrag auf Akteneinsicht zu entscheiden und den Eingang der angekündigten Beschwerdebegründung abzuwarten (BVerfG 2 BvR 176/63, BVerfGE 18, 399). 7

Ein Verstoß des **FG** gegen den Anspruch auf rechtliches Gehör kann im Beschwerdeverfahren **geheilt** werden (BFH I B 113/75, BStBl. II 1977, 83; V B 25/99, BFH/NV 2000, 192).

c) Bindung an das Beschwerdebegehren, Verbot der reformatio in peius. Auch im Beschwerdeverfahren ist das Gericht an das **Beschwerdebegehren** gebunden (§ 96 I 2), nicht aber an die Fassung der Anträge (→ § 96 Rn. 45 ff.). Es darf mit seiner Entscheidung grds. nicht darüber hinausgehen (ne ultra petita; → § 96 Rn. 46; Tipke/Kruse/Krumm § 132 Rn. 11) und es darf die Rechtsposition des Beschwerdeführers nicht verschlechtern (Verbot der reformatio in peius; → § 96 Rn. 51). Eine Änderung der angefochtenen Entscheidung zum Nachteil des Beschwerdeführers ist aber zulässig, wenn auch der Gegner Beschwerde oder **Anschlussbeschwerde** (→ § 128 Rn. 12) eingelegt hat. 8

II. Beschwerdeentscheidung

1. Entscheidung des BFH über die Zulässigkeit

Auch im Beschwerdeverfahren ist grds. **vorab** zu prüfen, ob die Beschwerde **zulässig** ist (§ 155 FGO iVm § 572 II ZPO; BFH III B 27/69, BStBl. II 1970, 217; → Vor § 115 Rn. 60). Die Zulässigkeit der Beschwerde darf idR auch dann nicht offenbleiben, wenn sie offensichtlich unbegründet ist (**aA** Thomas/Putzo/Seiler ZPO § 572 Rn. 13; BGH IX ZB 171/04, NJW-RR 2006, 1346). Das gilt jedenfalls dann, wenn der Umfang der Rechtskraft bei der Verwerfung und der Zurückweisung der Beschwerde unterschiedlich ist. Besteht kein Unterschied in der Rechtskraftwirkung oder erwächst die Entscheidung nicht in materielle Rechtskraft, so kann (BFH GrS 4/77, BStBl. II 1978, 229) bei einer unbegründeten Beschwerde die Zulässigkeit ungeprüft bleiben (BFH VIII B 22/76, BStBl. II 1977, 313; II B 140/86, BStBl. II 1987, 344). Dabei ist jedoch zu berücksichtigen, 9 dass es für eine mögliche **Verfassungsbeschwerde** gegen die Beschwerdeentscheidung des BFH von Bedeutung ist, ob die Beschwerde als unzulässig verworfen oder als unbegründet zurückgewiesen wurde. Denn die Zulässigkeit der Verfassungsbeschwerde setzt die **Erschöpfung des Rechtswegs** voraus (§ 90 BVerfGG). Nach der Rspr. des BVerfG fehlt es an diesem Erfordernis, wenn das Rechtsmittel vom Fachgericht aus formellen Gründen zurückgewiesen wurde oder wenn im Instanzenzug ein (verfassungsrechtlich relevanter) Verfahrensmangel nicht ordnungsgemäß gerügt wurde (BVerfG 1 BvR 41/51, BVerfGE 1, 12 ff.; 2 BvR 106/63, BVerfGE 16, 124 ff.; 2 BvR 335/72, BVerfGE 34, 204 ff.). Zur Statthaftigkeit der Beschwerde → § 128 Rn. 1 ff., zur Zulässigkeit iÜ → § 129 Rn. 1 ff. sowie die allgemeinen Ausführungen → Vor § 115 Rn. 60 ff.

Hält der BFH die Beschwerde für unzulässig, so verwirft er sie durch **Beschluss** (§ 155 FGO iVm § 572 II 2 ZPO). Die Beschwerde kann auch während einer Unterbrechung des Verfahrens verworfen werden, wenn das Ereignis, das die Unzulässigkeit der Beschwerde bewirkt hat, bereits vor der Unterbrechung des Verfahrens eingetreten ist (BFH IV B 10/07, BFH/NV 2007, 2118).

2. Entscheidung des BFH über die Begründetheit

10 Ist die Beschwerde **unbegründet,** wird sie **zurückgewiesen.** Ist sie dagegen **begründet,** so ist die angefochtene Entscheidung **aufzuheben.** Der BFH hat dann nach Ermessen entweder durch **eigene Sachentscheidung** das Verfahren zu beenden oder in entsprechender Anwendung des § 572 III ZPO iVm § 155 FGO die Sache an das FG **zurückzuverweisen** (BFH X B 197/08, BFH/NV 2009, 961; V B 82/11, BStBl. II 2012, 809; IV B 84/16, BeckRS 2017, 94320).

Begründet ist das Rechtsmittel, wenn der BFH zugunsten des Beschwerdeführers zu einer abweichenden Entscheidung kommt, weil der angefochtene Beschluss entweder verfahrensfehlerhaft zustande gekommen oder inhaltlich unrichtig ist, oder weil sich die rechtliche Beurteilung auf Grund zulässigen neuen Vorbringens (§ 155 FGO iVm § 571 II ZPO) oder weil sich die Rechtslage nach einer Änderung der anzuwendenden Vorschriften geändert hat (vgl. Thomas/Putzo/Seiler ZPO Vorb. § 511 III). **Unbegründet** ist die Beschwerde auch, wenn der BFH die angefochtene Entscheidung des FG aus einem anderen Grund als das FG für zutreffend erachtet (§ 126 IV analog) und erforderlichenfalls den Tenor entsprechend berichtigt (BFH I B 121/15, BeckRS 2016, 94158: betr. Aussetzungsbeschluss gem. § 74).

Die **Zurückverweisung** an das FG ist nach zutr. hM auch im Beschwerdeverfahren zulässig, obwohl eine dem § 126 III 1 Nr. 2 entsprechende Vorschrift für das Beschwerdeverfahren fehlt (BFH VII B 18/80, BStBl. II 1980, 657). Auch in Beschwerdeverfahren betreffend die AdV kann der BFH an das FG zurückverweisen (stRspr, vgl. zB BFH IV B 126/07, BStBl. II 2009, 156 mwN; VIII B 176/07, BFH/NV 2009, 239; I B 57/18, IStR 2020, 769). Durch die Zurückverweisung soll den Beteiligten der Verlust einer Instanz erspart werden (BFH I B 69/80, BStBl. II 1982, 135; VIII B 79/95, BStBl. II 1986, 316; VIII B 98/99, BFH/NV 2000, 1444). Die Befugnis zur Zurückverweisung ist iÜ Ausfluss eines Grundprinzips des Instanzenzuges, nämlich der Aufteilung der Rechtsprechungsfunktionen unter den Gerichten; als Beschwerdegericht hat der BFH in erster Linie die Aufgabe, die Entscheidungen der FG zu überprüfen (BFH IV B 126/07, BFH/NV 2009, 156; X B 197/08, BFH/NV 2009, 961; I B 57/18, IStR 2020, 769). Die Zurückverweisung erscheint insbes. dann sinnvoll (Ermessen), wenn das FG (nach Ansicht des BFH zu Unrecht) einen Antrag aus **formellen Gründen** zurückgewiesen hat, wenn nach Auffassung des BFH noch erforderliche tatsächliche Ermittlungen besser durch das FG getroffen werden können (BFH X B 197/08, BFH/NV 2009, 961), weil eine neue Einkünfteermittlung durchzuführen ist (I B 57/18, IStR 2020, 769), oder wenn das Verfahren vor dem FG an einem **wesentlichen Mangel** (zB iSd § 119) leidet (BFH III B 150/91, BFH/NV 1993, 375; X B 209/01, BFH/NV 2002, 1487), den der BFH nicht heilen kann (→ Rn. 7).

Hat der BFH die Beschwerdesache an das FG zurückverwiesen, so tritt (wie nach einer Zurückverweisung im Revisionsverfahren) für das **FG** eine **Bindung** an die rechtliche Beurteilung (→ § 126 Rn. 21 ff.) und für den **BFH** eine **Selbstbindung** ein (→ § 126 Rn. 30; BFH VIII R 103/72, BStBl. II 1976, 216; I B 11/80, BStBl. II 1980, 334; Zöller/Feskorn ZPO § 572 Rn. 30; Tiedtke DStR 1980, 457; Thomas/Putzo/Seiler ZPO § 572 Rn. 21). 11

Auch wenn der BFH in der Sache selbst entscheidet, kann er gemäß § 155 FGO iVm § 572 III ZPO die **erforderliche Anordnung dem FG übertragen** (zB Übertragung der Berechnung des auszusetzenden Betrages; Bestellung eines Prozessbevollmächtigten bei der Prozesskostenhilfe). Ob der BFH die Anordnung selbst trifft, oder er sie dem FG oder dem Vorsitzenden überträgt, liegt in seinem Ermessen (Zöller/Feskorn ZPO § 572 Rn. 26).

Maßgeblicher Zeitpunkt für die Beurteilung der Begründetheit ist die Sach- und Rechtslage im Zeitpunkt der **Beschwerdeentscheidung** (BFH VII B 60/66, BStBl. II 1969, 318; III B 133/91, BStBl. II 1993, 240; IV B 24/09, BFH/NV 2009, 1402; Tipke/Kruse/Krumm § 132 Rn. 17). Bei Beschlüssen, die auf Grund mündlicher Verhandlung ergehen, ist für die Berücksichtigung neuer Tatsachen der Schluss der mündlichen Verhandlung maßgebend (wegen der Möglichkeit einer Wiedereröffnung der mündlichen Verhandlung → § 93 Rn. 6 ff.); bei Beschlüssen ohne mündliche Verhandlung muss jedes Vorbringen berücksichtigt werden, das bis zur Freigabe der Entscheidung zur Bekanntgabe eingeht; ggf. ist neu zu beraten (BayOLG BReg. 3 Z 86/80, MDR 1981, 409; Tipke/Kruse/Krumm § 132 Rn. 17). 12

3. Form der Entscheidung

Die Entscheidung ergeht stets durch **Beschluss,** und zwar auch dann, wenn ausnahmsweise ein Urteil mit der Beschwerde anfechtbar ist; das gilt auch, wenn nur irrtümlich in der Form eines Urteils entschieden worden ist. Der Beschluss muss **begründet** werden (§ 113 II). Er ist bekanntzugeben (→ § 104 Rn. 3) und (außer im Fall der Zurückverweisung) mit einer **Kostenentscheidung** zu versehen (§ 143 I), sofern nicht die Entscheidung in einem kostenrechtlich unselbständigen Zwischenverfahren ergeht (BFH X B 5/08, BFH/NV 2008, 1695; IV B 84/16, BeckRS 2017, 94320; → § 143 Rn. 2). 13

§ 133 [Antrag auf Entscheidung des Gerichts]

(1) [1]**Gegen die Entscheidung des beauftragten oder ersuchten Richters oder des Urkundsbeamten kann innerhalb von zwei Wochen nach Bekanntgabe die Entscheidung des Finanzgerichts beantragt werden.** [2]**Der Antrag ist schriftlich oder zu Protokoll des Urkundsbeamten der**

Geschäftsstelle des Gerichts zu stellen. [3]Die §§ 129 bis 131 gelten sinngemäß.

(2) **Im Verfahren vor dem Bundesfinanzhof gilt Absatz 1 für Entscheidungen des beauftragten oder ersuchten Richters oder des Urkundsbeamten der Geschäftsstelle sinngemäß.**

Vgl. § 151 VwGO; § 178 SGG.

1 Gegen Entscheidungen des beauftragten oder des ersuchten Richter (§ 81 II) oder des Urkundsbeamten der Geschäftsstelle ist unmittelbar **keine Beschwerde** zulässig (BFH I B 45/74, BStBl. II 1974, 660; II R 61/93, BFH/NV 1997, 299). Gegeben ist nur der **Antrag** auf Entscheidung des Gerichts (auch als **Erinnerung** bezeichnet), dem sie angehören, zB wenn der Urkundsbeamte der Geschäftsstelle die spontan begehrte Akteneinsicht ablehnt (BFH IX B 27/13, BFH/NV 2013, 1788; IX B 7/16, BeckRS 2016, 94441). Die Erinnerung ist auch gegeben, wenn die Prozessvertreter des Ausgangsverfahrens gegen den Kostenfestsetzungsbeschluss (des Urkundsbeamten) im eigenen Namen den Vergütungsanspruch aus § 126 I ZPO weiterverfolgen (FG Düsseldorf 9 Ko 1522/19 KF, AGS 2020, 143). Die Erinnerung ist kein Rechtsmittel, sondern ein sonstiger prozessualer Rechtsbehelf (→ Vor § 115 Rn. 8). Die Erinnerung ist nur gegen **Entscheidungen** gegeben (→ § 128 Rn. 1); dazu gehören nicht bloße Hinweise oder Mitteilungen des Richters (BFH VIII B 31/74, BStBl. II 1974, 716; VI B 39/84, BFH/NV 1986, 35; XI R 13/18, BStBl. II 2020, 296). Das beim BFH von der Gerichtsverwaltung gebildete „Stichwort" ist keine Entscheidung; weder die Geschäftsstelle noch die Pressestelle handeln dabei als Urkundsbeamte (BFH XI R 13/18, BStBl. II 2020, 296).

2 Der **Antrag** kann schriftlich oder zur Niederschrift des Urkundsbeamten der Geschäftsstelle gestellt werden. Deshalb besteht für ihn **kein Vertretungszwang,** wenn er beim BFH gestellt wird (Abs. 2 iVm Abs. 1 S. 2; ebenso Gosch/Rüsken § 133 Rn. 4). Für den Antrag gelten iÜ die Vorschriften über Form, Frist, Abhilfemöglichkeit und aufschiebende Wirkung der Beschwerde entsprechend (vgl. §§ 129–131).

Für das **Verfahren** über den Antrag gelten die Vorschriften über die Beschwerde entsprechend. Ein Richter, der die angefochtene Entscheidung getroffen hat, ist nicht von der Entscheidung über die Erinnerung gemäß § 51 I FGO iVm § 41 Nr. 6 ZPO ausgeschlossen; die Tätigkeiten des beauftragten oder ersuchten Richters sind dort ausdrücklich ausgenommen.

Die Entscheidung über den Antrag ergeht durch **Beschluss,** der den Beteiligten zuzustellen ist (§ 53). Vor der Entscheidung ist rechtliches Gehör zu gewähren. Eine Verböserung ist ausgeschlossen (Gosch/Rüsken § 133 Rn. 6). Gegen eine Entscheidung des FG über eine Erinnerung kann Beschwerde nach §§ 128 ff. eingelegt werden (BFH I B 45/74, BStBl. II 1974, 660).

§ 133a [Anhörungsrüge]

(1) [1]**Auf die Rüge eines durch eine gerichtliche Entscheidung beschwerten Beteiligten ist das Verfahren fortzuführen, wenn**

1. **ein Rechtsmittel oder ein anderer Rechtsbehelf gegen die Entscheidung nicht gegeben ist und**
2. **das Gericht den Anspruch dieses Beteiligten auf rechtliches Gehör in entscheidungserheblicher Weise verletzt hat.**

[2]Gegen eine der Endentscheidung vorausgehende Entscheidung findet die Rüge nicht statt.

(2) **[1]Die Rüge ist innerhalb von zwei Wochen nach Kenntnis von der Verletzung des rechtlichen Gehörs zu erheben; der Zeitpunkt der Kenntniserlangung ist glaubhaft zu machen. [2]Nach Ablauf eines Jahres seit Bekanntgabe der angegriffenen Entscheidung kann die Rüge nicht mehr erhoben werden. [3]Formlos mitgeteilte Entscheidungen gelten mit dem vierten Tag nach Aufgabe zur Post als bekannt gegeben. [4]Die Rüge ist schriftlich oder zu Protokoll des Urkundsbeamten der Geschäftsstelle bei dem Gericht zu erheben, dessen Entscheidung angegriffen wird. [5]Die Rüge muss die angegriffene Entscheidung bezeichnen und das Vorliegen der in Absatz 1 Satz 1 Nr. 2 genannten Voraussetzungen darlegen.**

(3) **Den übrigen Beteiligten ist, soweit erforderlich, Gelegenheit zur Stellungnahme zu geben.**

(4) **[1]Ist die Rüge nicht statthaft oder nicht in der gesetzlichen Form oder Frist erhoben, so ist sie als unzulässig zu verwerfen. [2]Ist die Rüge unbegründet, weist das Gericht sie zurück. [3]Die Entscheidung ergeht durch unanfechtbaren Beschluss. [4]Der Beschluss soll kurz begründet werden.**

(5) **[1]Ist die Rüge begründet, so hilft ihr das Gericht ab, indem es das Verfahren fortführt, soweit dies aufgrund der Rüge geboten ist. [2]Das Verfahren wird in die Lage zurückversetzt, in der es sich vor dem Schluss der mündlichen Verhandlung befand. [3]In schriftlichen Verfahren tritt an die Stelle des Schlusses der mündlichen Verhandlung der Zeitpunkt, bis zu dem Schriftsätze eingereicht werden können. [4]Für den Ausspruch des Gerichts ist § 343 der Zivilprozessordnung entsprechend anzuwenden.**

(6) **§ 131 Abs. 1 Satz 2 ist entsprechend anzuwenden.**

Vgl. § 152a VwGO, § 178a SGG, § 321a ZPO, § 78a ArbGG.

Literatur: Desens, Die subsidiäre Verfassungsbeschwerde und ihr Verhältnis zu fachgerichtlichen Anhörungsrügen, NJW 2006, 1243; Gravenhorst, Kritische Überlegungen zur Anhörungsrüge, MDR 2019, R6–R7; Guckelberger, Die Anhörungsrüge nach § 152a VwGO nF, NVwZ 2005, 11; Mack/Fraedrich, Die Anhörungsrüge nach § 133a FGO, AO-StB 2005, 115; Müller, Abhilfemöglichkeiten bei der Verletzung des Anspruchs auf rechtliches Gehör nach der ZPO-Reform, NJW 2002, 2743; Nassall, Anhörungsrügengesetz – Nach der Reform ist vor der Reform, ZRP 2004, 164; Nöcker, Anhörungsrüge im Fall eines selbständigen Zwischenverfahrens, HFR 2025, 48; Nöcker/Ebner, Begründung der Anhörungsrüge, AO-StB 2017, 184; Rensen, Die Gehörsrüge nach In-Kraft-Treten des Anhörungsrügengesetzes, MDR 2005, 181; Sangmeister, Rechtsbehelfe gegen „unanfechtbare" Entscheidungen: Die Gewährleistung des rechtlichen Gehörs als Umsetzungs- und nicht als Erkenntnisproblem der gerichtlichen Praxis, Festschrift für Korn, 2005, 657; Schoenfeld, Die Anhörungsrüge nach § 133a FGO – Voraussetzungen und Stellung im System der außerordentlichen Rechtsbehelfe, DB 2005, 850; Seer/Thulfaut, Die neue Anhörungsrüge als außerordentlicher Rechtsbehelf im Steuerprozess, BB 2005, 1085; Treiber, Neuerungen durch das Anhörungsrügengesetz, NJW 2005, 97; Werth, Die Anhörungsrüge nach § 133a FGO im Kontext der Verfassungsbeschwerde, DStZ 2008, 534; Zuck, Das Verhältnis von Anhörungsrüge und Verfassungsbeschwerde, NVwZ 2005, 739.

I. Allgemeines

1. Zweck der Regelung

1 Die Verletzung des Anspruchs auf rechtliches Gehör kann seit 2005 (nur noch) mit der **fristgebundenen Anhörungsrüge** nach § 133a geltend gemacht werden. Voraussetzung ist ua, dass gegen die Entscheidung des Gerichts ein anderes Rechtsmittel oder ein anderer gesetzlicher Rechtsbehelf nicht statthaft ist (Grundsatz der Subsidiarität). Das BVerfG hat in seinem Plenarbeschluss v. 30.4.2003 (BVerfG 1 PBvU 1/02, NJW 2003, 1924) entschieden, dass Rechtsmittel und ordentliche Rechtsbehelfe in der geschriebenen Rechtsordnung geregelt und in ihren Voraussetzungen für die Bürger erkennbar sein müssen (→ Vor § 115 Rn. 32). Dabei gebietet es der im Rechtsstaatsprinzip wurzelnde Justizgewährungsanspruch (→ Vor § 115 Rn. 15) dem Gesetzgeber, bei der Verletzung von Verfahrensgrundrechten (insbes. Art. 101 I und 103 I GG) zumindest eine wirksame (Selbst)Kontrolle solcher Verfahrensfehler durch die **Fachgerichte** (iudex a quo) vorzusehen (→ Vor § 115 Rn. 19). Dies trägt zugleich der **Subsidiarität** der **Verfassungsbeschwerde** Rechnung und entlastet das BVerfG (→ Vor § 115 Rn. 8). Der Gesetzgeber ist dem mit dem AnhRügG nachgekommen, das am 1.1.2005 in Kraft getreten ist (→ Vor § 115 Rn. 26 ff.).

2. Begriff und Anwendungsbereich der Anhörungsrüge

2 Die Anhörungsrüge ist kein Rechtsmittel, sondern ein **anderer ordentlicher Rechtsbehelf** (→ Vor § 115 Rn. 38). Sie hat keinen Devolutiveffekt, da für die Entscheidung das Gericht zuständig ist, dem der gerügte Verstoß gegen den Anspruch auf rechtliches Gehör vorgeworfen wird (iudex a quo). Mit der Anhörungsrüge soll das Gericht zu einer **Selbstüberprüfung** seiner Entscheidung veranlasst werden (BFH IV B 190/02, BStBl. II 2003, 269). Das BVerfG hat das Fehlen einer Kontrolle durch eine übergeordnete Instanz (iudex ad quem) nicht beanstandet. Das geltende Verfahrensrecht sei von dem Gedanken geprägt, dass ein Richter grds. unvoreingenommen an die Beurteilung einer Sache herantrete, mit der er bereits früher befasst gewesen sei; das gelte auch für das Verhältnis der Anhörungsrüge zu der mit ihr beanstandeten Gerichtsentscheidung (BVerfG 1 BvR 730/01, NJW 2001, 3533; kritisch dagegen zB Nassall ZRP 2004, 164 (167); Seer/Thulfaut BB 2005, 1085; Tipke/Kruse/Krumm § 133a Rn. 22 f.; Sangmeister FS Korn, 2005, 657 (673 ff.); Gravenhorst, MDR 2019, R6–R7). Die Anhörungsrüge hat auch keinen Suspensiveffekt. Sie **hemmt nicht** den Eintritt der **Rechtskraft** der angefochtenen Entscheidung (§ 155 FGO iVm § 705 ZPO; Zöller/Seibel ZPO § 705 Rn. 1). Das Gericht kann jedoch in entsprechender Anwendung des § 131 I 2 **Vollstreckungsschutz** gewähren und die Vollziehung der angefochtenen Entscheidung einstweilen aussetzen, wenn dies nach den Umständen des Falles geboten ist (§ 133a VI). Wird gegen die Ablehnung von PKH eine aussichtslose Anhörungsrüge erhoben, hemmt sie nicht den Fristbeginn für den Antrag auf Wiedereinsetzung (BFH III S 30/15 (PKH), BeckRS 2016, 94415).

3 Der **Anwendungsbereich** der Anhörungsrüge ist nach dem klaren Wortlaut des Gesetzes auf die Rüge der **Verletzung des rechtlichen Gehörs** beschränkt (stRspr und hM, BFH VI S 3/05, BStBl. II 2005, 614; VIII S 29/08, BFH/NV 2009, 403; X S 8/11, BFH/NV 2011, 1383; BVerwG 8 B 154/03, NVwZ 2004, 627; FG BW 7 V 55/04, EFG 2005, 885; Tipke/Kruse/Krumm § 133a Rn. 3;

Zöller/Vollkommer ZPO § 321a Rn. 3a; **aA** Kopp/Schenke/Schenke VwGO § 152a Rn. 22 ff.). Mit der Anhörungsrüge soll das Gericht zur Selbstüberprüfung seiner Entscheidung veranlasst werden; deshalb kann nur eine von dem angerufenen Gericht selbst begangene Gehörsverletzung gerügt werden (BFH X S 48/13, BFH/NV 2014, 552). Mit einer Anhörungsrüge gegen eine Entscheidung des BFH kann folglich nicht geltend gemacht werden, das Finanzamt (BFH IX S 21/17, BeckRS 2017, 132649) oder das FG habe das rechtliche Gehör verletzt (BFH I S 10/15, BeckRS 2016, 94204). Zweck der Anhörungsrüge ist es insbes. nicht, neuen Tatsachenstoff oder neue Rechtsfragen in das Verfahren einzuführen oder materielle Mängel der Entscheidung geltend zu machen (BFH VI S 10/08, BFH/NV 2009, 1129; V S 40/07, BFH/NV 2008, 1854). Die Anhörungsrüge dient auch nicht dazu, die angegriffene Entscheidung in der Sache nochmals umfassend zu überprüfen. Auch eine **Ergänzung der Begründung** (zB in den Fällen des § 116 V 2 Hs. 2) kann mit ihr nicht erreicht werden (stRspr, vgl. zB BFH VI S 3/05, BStBl. II 2005, 614; V S 12, 13/05, BStBl. II 2006, 75; VI S 5/06, BFH/NV 2006, 1337; XI S 7/15, BeckRS 2015, 94962; vgl. auch BT-Drs. 15/3706, 16).

Eine **sinngemäße Anwendung** wegen Verletzung anderer Verfahrensgrundrechte (zB Art. 101 GG), Grundrechte (BFH VI S 10/08, BFH/NV 2009, 1129) oder bei willkürlicher Handhabung des formellen oder des materiellen Rechts ist **nicht möglich** (BFH VI S 3/05, BStBl. II 2005, 614; IX S 17/21, BFH/NV 2023, 986; ebenso Guckelberger NVwZ 2005, 11 (13); Tipke/Kruse/Seer § 133a Rn. 3a; Schoenfeld DB 2005, 850 (854); **aA** Thomas/Putzo/Seiler ZPO § 321a Rn. 18; Müller NJW 2002, 2747); sie entspräche auch nicht dem Willen des Gesetzgebers (vgl. BT-Drs. 15/3706, 149; vgl. auch BFH IX K 1/21, BStBl. II 2024, 181, Rn. 19). Die teilweise abw. Rspr. der Gerichte unter der Geltung des **§ 321a ZPO aF** (vgl. zB BFH V B 185/02, BStBl. II 2003, 270; V B 183/02, BFH/NV 2003, 1352; BGH IX ZB 11/02, NJW 2002, 1577; BVerwG 6 B 28/02, 6 B 29/02, NVwZ 2002, 1387; 2 B 90/04, NVwZ 2005, 232) ist nach Inkrafttreten des AnhRügG überholt. Der Gesetzgeber des AnhRügG hat in Kenntnis des Meinungsstreits um den Anwendungsbereich des § 321a ZPO aF die Anhörungsrüge bewusst auf Verletzungen des rechtlichen Gehörs beschränkt (BT-Drs. 15/3706, 14).

Soll ein Verstoß gegen das Gebot des **gesetzlichen Richters** (Art. 101 GG) geltend gemacht werden, steht (wie schon nach bisherigem Recht) nur der außerordentliche Rechtsbehelf der Nichtigkeitsklage (§ 134 FGO iVm § 579 I Nr. 1 ZPO) zur Verfügung, wenn die Entscheidung nicht mit Rechtsmitteln anfechtbar ist (BT-Drs. 15/3706, 14; Guckelberger NVwZ 2005, 11 (13); Schoenfeld DB 2005, 850). Bei einer Verletzung des **Willkürverbots** (Art. 3 I GG) oder der Garantie eines fairen Verfahrens kommt grds. nur noch die Verfassungsbeschwerde in Betracht (→ Rn. 20). Im Einzelfall kann allerdings in dem Verstoß gegen das Willkürverbot zugleich eine Verletzung des rechtlichen Gehörs liegen mit der Folge, dass in einem solchen Fall der Verfahrensverstoß mit der Anhörungsrüge geltend gemacht werden kann (weitergehend Kopp/Schenke/Schenke VwGO § 152a Rn. 3, 22 ff.).

II. Statthaftigkeit der Anhörungsrüge

Die Anhörungsrüge ist nur statthaft gegen Entscheidungen, gegen die kein **6**
Rechtsmittel und kein anderer gesetzlicher Rechtsbehelf gegeben ist (**Grundsatz der Subsidiarität;** § 133a I 1 Nr. 1). Gegen den Beschluss, mit dem das Gericht

über eine Anhörungsrüge entschieden hat, ist eine weitere Anhörungsrüge nicht statthaft (BFH IX S 12/13, BFH/NV 2013, 1444). Ist gegen die Entscheidung ein Rechtsmittel (Revision, NZB, Beschwerde) oder ein anderer gesetzlicher Rechtsbehelf (zB Antrag auf mündliche Verhandlung, Erinnerung) gegeben, mit dem die Gehörsverletzung beseitigt werden kann, muss vorrangig von dieser Möglichkeit Gebrauch gemacht werden (BT-Drs. 15/3706, 13). Die Subsidiarität der Anhörungsrüge schränkt deren Anwendungsbereich im finanzgerichtlichen Verfahren erheblich ein, da gegen erstinstanzliche Urteile die NZB oder die (zugelassene) Revision, gegen Gerichtsbescheide der Antrag auf mündliche Verhandlung oder die Revision statthaft sind. Bedeutung hat die Anhörungsrüge vor allem für ein Verfahren abschließende, **nicht anfechtbare Beschlüsse des FG** (zB Kostenentscheidung nach § 138, Ablehnung von PKH) sowie für **Entscheidungen des BFH.**

7 **Möglicher Gegenstand** einer statthaften Anhörungsrüge sind nur **Endentscheidungen** des Gerichts. Erfasst werden die Endentscheidungen **aller Instanzen.** Endentscheidungen sind solche, die ein selbständiges Verfahren abschließen. Die Form der Entscheidung ist gleichgültig; es kann sich dabei um Urteile (des BFH) handeln oder um Beschlüsse, die die Instanz im Hauptsacheverfahren oder einem selbständigen Nebenverfahren (zB auf Bewilligung von PKH; BFH VI S 3/05, BStBl. II 2005, 614) oder einen Beschwerderechtszug abschließen. Eine Endentscheidung liegt deshalb auch vor, wenn der BFH eine bei ihm anhängige Sache an das FG zurückverweist (BFH IX S 15/22, BFH/NV 2023, 269). Die behauptete Gehörsverletzung muss sich gegen die Entscheidung in der Hauptsache richten. Die Anhörungsrüge kann nicht auf eine Gehörsverletzung beim Erlass von Nebenentscheidungen, zB der Kostenentscheidung gestützt werden (BFH VI S 1/10, BFH/NV 2010, 1467).

Ausgeschlossen ist die Anhörungsrüge gegen die der Endentscheidung vorausgehenden **(Zwischen-) Entscheidungen** (§ 133a I 2). Die Beschränkung ist schon deshalb geboten, weil sich erst aus der Endentscheidung ergibt, ob die Verletzung des rechtlichen Gehörs entscheidungserheblich geworden ist und ob der Beteiligte, dessen rechtliches Gehör verletzt wurde, durch die Entscheidung beschwert ist (BT-Drs. 15/3706, 16; BVerfG 1 PBvU 1/02, BVerfGE 107, 395; Guckelberger NVwZ 2005, 11 (12)). Gegen **unanfechtbare Beschlüsse** des FG, mit denen zB ein Beweisantrag, ein Vertagungs- oder ein Befangenheitsgesuch abgelehnt wurde, ist die Anhörungsrüge deshalb nicht statthaft. Soweit beim Erlass einer unanfechtbaren Zwischenentscheidung Verfahrensgrundrechte verletzt wurden und dem Endurteil noch anhaften, kann der Beteiligte den Verfahrensmangel im Rechtsmittelverfahren geltend machen (→ § 124 Rn. 3). Abs. 1 S. 2 ist **nicht anzuwenden** auf Beschwerdeentscheidungen des BFH in Bezug auf Beschlüsse eines FG, gegen die die Beschwerde gem. Abs. 1 statthaft ist (BFH X S 43/23, BFH/NV 2024, 1422).

8 Gegen nicht anfechtbare Entscheidungen der Gerichte in Verfahren des **vorläufigen Rechtsschutzes** (§ 69 III, § 114) steht den Beteiligten gem. § 69 VI der Rechtsbehelf eines **Antrags auf Änderung oder Aufhebung der Entscheidung** wegen veränderter oder wegen im ursprünglichen Verfahren unverschuldet nicht geltend gemachter Umstände zu. Sieht man in der Verletzung des rechtlichen Gehörs einen „Umstand" iSd § 69 VI, ist die Anhörungsrüge insoweit ausgeschlossen, weil die Verletzung des rechtlichen Gehörs dann im Wege eines Antrags nach § 69 VI 2 geheilt werden kann (so FG Bln 8 B 5457/04, EFG 2006, 1270; Guckelberger NVwZ 2005, 11 (12); zweifelnd Schoenfeld DB 2005, 850 (852);

aA wohl Seer/Thulfaut BB 2005, 1085 (1087); diff. Kopp/Schenke/Schenke VwGO § 152a Rn. 6). Dies wird man jedenfalls dann bejahen müssen, wenn der Beteiligte vorträgt, er sei infolge einer Verletzung seines Rechts auf Gehör im Verfahren des vorläufigen Rechtsschutzes gehindert gewesen, Umstände zu seinen Gunsten geltend zu machen. Sofern solche für die AdV möglicherweise entscheidungserheblichen Umstände nicht vorliegen, kommt ein Antrag nach § 69 VI nicht in Betracht; für diesen Fall wird man die Anhörungsrüge als statthaft ansehen müssen (ebenso Kopp/Schenke/Schenke VwGO § 152a Rn. 6). Gegen einen die Gewährung der AdV ablehnenden Beschluss des BFH ist die Anhörungsrüge statthaft, wenn der Rügeführer geltend macht, sein Vorbringen zur Begründung der AdV sei nicht vollständig zur Kenntnis genommen und bei der Entscheidung nicht erwogen worden (BFH VIII S 9/24, BFH/NV 2025, 180).

III. Sonstige Zulässigkeitsvoraussetzungen

1. Rügefrist

Die Rüge ist innerhalb einer Frist von **zwei Wochen nach positiver Kenntnis** (BAG 5 AZR 342/06 (F), NJW 2006, 2346) von der Verletzung des rechtlichen Gehörs zu erheben und zu begründen. Mit der Anknüpfung an das subjektive Moment der Kenntnis von dem Verfahrensverstoß lehnt sich § 133a II an vergleichbare Regelungen in § 56 II und in § 134 FGO iVm § 586 II ZPO an. Im Rahmen der Prozessvertretung kommt es grds. auf die Kenntnis des **Bevollmächtigten** und nicht auf die des Vertretenen an (BFH X S 8/11, BFH/NV 2011, 1383; III S 11/11, BFH/NV 2011, 2088). Das gilt aber nicht, wenn für das Verfahren der Anhörungsrüge ein neuer Bevollmächtigter bestellt wird, der sich erst in die Akten einlesen muss (BFH X S 19/10, BFH/NV 2011, 62). Einlegungs- und Begründungsfrist fallen bei § 133a zusammen (BFH X S 53/08, BeckRS 2009, 25015460). Auf den Zeitpunkt der **Bekanntgabe** kommt es nicht an. Die Bekanntgabefiktion in § 133a II 3 betrifft nur die Bekanntgabe, nicht aber die Kenntnisnahme (BVerfG 1 BvR 66/07, NJW 2007, 2242; BFH VII S 39/19, BFH/NV 2020, 1080). Anderslautende frühere Rspr. ist überholt. 10

Die Frist beginnt erst zu laufen, wenn der Betroffene oder sein Bevollmächtigter alle Umstände kennt, aus denen sich die Berechtigung zur Erhebung der Anhörungsrüge ergibt (vgl. zur Wiederaufnahme BFH V B 80/87, BStBl. II 1988, 290; BGH X ZR 51/92, NJW 1995, 332). Es genügt die **positive Kenntnis** der objektiven Umstände; nicht erforderlich ist, dass der Rügeführer daraus auch den Schluss gezogen hat, dass diese Tatsachen die Erhebung der Anhörungsrüge rechtfertigen (BFH I S 2/11, BFH/NV 2011, 1882). Der positiven Kenntnis ist es gleichzustellen, wenn der Rügeführer die Kenntnisnahme mutwillig verweigert, zB indem er eine gleichsam auf der Hand liegende Möglichkeit der Kenntnisnahme, die jeder andere in seiner Lage wahrgenommen hätte, bewusst nicht wahrnimmt (BFH VIII S 10/21, BFH/NV 2022, 605).

Der Rügeführer muss den maßgebenden **Zeitpunkt glaubhaft machen.** Der Glaubhaftmachung bedarf es nicht, wenn die Anhörungsrüge innerhalb von zwei Wochen nach der Bekanntgabe der gerichtlichen Entscheidung erhoben wird (BFH VII S 39/19, BFH/NV 2020, 1080). Ergibt sich die behauptete Gehörsverletzung aus dem angefochtenen Beschluss, kann das Gericht im Wege der tatsächlichen Vermutung (§ 122 II Nr. 1 AO) davon ausgehen, dass einfache Post am vierten Tag nach der Aufgabe zur Post dem Empfänger zugegangen ist (BFH X S 20/14, BFH/NV 2015, 508; V S 24/19, BFH/NV 2020, 372: jeweils zum früher geltenden Drei-Tage-Zeitraum). Wegen der Anforderungen an die Glaubhaftmachung kann auf die zu § 56 II entwickelten Grundsätze zurückgegriffen werden (→ § 56 Rn. 42 ff.). Ebenso wie im Verfahren nach § 56 II kann der Zeitpunkt der Kenntniserlangung noch nach Ablauf der Zwei-Wochen-Frist glaubhaft gemacht werden (ebenso Tipke/Kruse/Krumm § 133a Rn. 7a).

Die Frist kann nicht verlängert werden. Wiedereinsetzung kommt in Betracht (§ 56). Im Interesse der **Rechtssicherheit** sieht das Gesetz in Abs. 2 S. 2 eine **Ausschlussfrist** von einem Jahr seit Bekanntgabe der angegriffenen Entscheidung vor. Bei Versäumung dieser Frist kann Wiedereinsetzung nicht mehr gewährt werden (BT-Drs. 15/3706, 15; Zöller/Vollkommer ZPO § 321a Rn. 14).

2. Beschwer, Vertretungszwang

11 **Rügeberechtigt** ist jeder Beteiligte (§ 57), der durch die gerichtliche Entscheidung **beschwert** ist und geltend machen kann, in seinem Anspruch auf rechtliches Gehör verletzt zu sein (§ 133a I 1). Eine Verletzung des rechtlichen Gehörs des Gegners oder eines anderen Beteiligten kann mit der Anhörungsrüge nicht geltend gemacht werden (BFH VII S 45/08, BeckRS 2009, 25014973). Die **Beschwer** des Rügeführers ist nach denselben Grundsätzen zu beurteilen, die für die Zulässigkeit eines Rechtsmittels gelten (→ Vor § 115 Rn. 100 ff.).

12 Für Anhörungsrügen gegen Entscheidungen des BFH ist der **Vertretungszwang** zu beachten (§ 62 IV). Nach stRspr des BFH besteht der Vertretungszwang für eine Anhörungsrüge beim BFH immer dann, wenn auch für die beanstandete Entscheidung Vertretungszwang bestand (zB BFH V B 135/08, BFH/NV 2009, 1450; V S 31/10, BFH/NV 2011, 838; X S 1/12, BFH/NV 2012, 1149; IX S 26/17, BeckRS 2018, 808). Kein Vertretungszwang besteht beim BFH zB für Anträge auf PKH; der Antragsteller muss sich deshalb auch bei einer auf dieses Verfahren bezogenen Anhörungsrüge nicht durch einen Prozessbevollmächtigten iSd § 62 IV iVm II vertreten lassen (BFH X S 28/08, BFH/NV 2008, 1701; IX S 11/08, BFH/NV 2008, 1497; II S 31/10, BFH/NV 2011, 619). Ausnahmsweise ist eine Anhörungsrüge trotz Nichtbeachtung des Vertretungszwangs zulässig, soweit geltend gemacht wird, das Gericht habe zu Unrecht eine Ausnahme vom Vertretungszwang nicht angenommen (BFH IX S 6/15, BeckRS 2015, 94668; X S 10/16, BeckRS 2016, 95517; II S 11–13/19, BFH/NV 2020, 368, Rn. 3) bzw. die Umstände nicht berücksichtigt, aus denen sich eine Ausnahme vom Vertretungszwang ergebe (BFH IX S 3/24, BFH/NV 2024, 534). Soweit Vertretungszwang besteht, muss der Bevollmächtigte die volle Verantwortung für den Inhalt der Rügebegründung übernehmen; der bloße Hinweis auf den beigefügten Schriftsatz eines Dritten im Ausgangsverfahren genügt nicht (BFH IV S 12/07, BFH/NV 2008, 1166 mwN), auch nicht das Auftreten „im Auftrag" (BFH I S 3/14, BFH/NV 2014, 872).

Eine beim BFH von einer postulationsfähigen Person eingelegte (nicht statthafte) „sofortige Beschwerde" kann nach der Rspr. des BFH grds. nicht in eine statthafte Anhörungsrüge **umgedeutet** werden (zB BFH X B 198/10, BFH/NV 2011, 1166; IV S 1/12, BFH/NV 2012, 967; **aA** zu Recht BFH I S 12/12, BFH/NV 2013, 733). Dem Gebot der Rechtssicherheit ist nicht generell ein höheres Gewicht beizumessen als dem Anspruch auf effektiven Rechtsschutz. Soweit es der BFH idR auch ablehnt, einen fehlerhaft als „Gegenvorstellung" bezeichneten

Rechtsbehelf in eine Anhörungsrüge umzudeuten (BFH V S 33/06, BFH/NV 2007, 747; VIII B 172/06, BFH/NV 2007, 480), kann dem ebenfalls nicht gefolgt werden. Ein als Gegenvorstellung bezeichneter Rechtsbehelf, mit dem in der Sache ein Verstoß gegen Art. 103 GG gerügt wird, ist bei der gebotenen wohlwollenden Ermittlung (Auslegung) des wohlverstandenen Rechtsschutzinteresses als Anhörungsrüge zu behandeln, und zwar auch bei einer (bloßen) Falschbezeichnung durch einen postulationsfähigen Prozessvertreter (BVerfG 1 BvR 1126/11, NJW 2014, 991).

3. Form und Inhalt der Rüge

Die Anhörungsrüge muss grds. **schriftlich** (→ § 64 Rn. 7 ff.) eingelegt werden. Richtet sich die Anhörungsrüge gegen eine Entscheidung des FG, kann sie auch zur **Niederschrift des Urkundsbeamten der Geschäftsstelle** erhoben werden. **Richtiger Empfänger** der Rüge ist stets das Gericht, das die angegriffene Entscheidung erlassen hat (§ 133a II 4; BFH V B 135/08, BFH/NV 2009, 1450). Wird eine Anhörungsrüge, die sich gegen eine Entscheidung des FG richtet, beim BFH eingelegt, gibt dieser den Rechtsbehelf an das zuständige FG ab (BFH V B 135/08, BFH/NV 2009, 1450). Für die Fristwahrung kommt es auf den Eingang bei dem zuständigen Gericht an. Rechtsanwälte und Steuerberater müssen als Prozessvertreter bei der Einlegung **§§ 52a, 52d** beachten. Die Anhörungsrüge ist danach als elektronisches Dokument auf einem sicheren Übertragungsweg (beA, beSt) einzureichen; andernfalls ist sie unwirksam und unbeachtlich (BFH VIII S 3/22, BStBl. II 2023, 83; VI S 23/23, BFH/NV 2024, 415). 13

In der Rügeschrift ist die angegriffene **Entscheidung zu bezeichnen.** Das geschieht idR durch Angabe des erlassenden Gerichts, des Datums und Aktenzeichens und der Sache, in der die Entscheidung ergangen ist (vgl. auch zur Revision → § 120 Rn. 13).

In der Rügeschrift sind außerdem die Umstände (Tatsachen) **„darzulegen“,** aus denen sich nach der Auffassung des Rügeführers eine entscheidungserheblich **Verletzung des rechtlichen Gehörs** ergibt (§ 133a II 5). Es gelten vergleichbare Grundsätze wie für die Rüge einer Gehörsverletzung im Rahmen einer NZB (→ § 116 Rn. 25 ff.; BFH X S 28/10, BFH/NV 2011, 203) oder Revision (→ § 119 Rn. 20 ff.; BFH X S 15/21, BFH/NV 2022, 125). Danach ist erforderlich, dass der Rügeführer **schlüssig und substantiiert** vorträgt, zu welchen Sach- oder Rechtsfragen er sich im rechtskräftig abgeschlossenen Verfahren nicht habe äußern können, welches entscheidungserhebliche Vorbringen das Gericht unter Verstoß gegen Art. 103 I GG nicht zur Kenntnis genommen oder nicht in Erwägung gezogen habe und woraus der Rügeführer dies iE folgert (BFH X S 28/10, BFH/NV 2011, 203; XI S 24/10, BFH/NV 2011, 63; IX S 8/13, BFH/NV 2013, 1244; I S 14, 15/13, BFH/NV 2014, 50). Schlüssig ist der Vortrag, wenn die angegebenen Tatsachen, ihre Richtigkeit unterstellt, den behaupteten Gehörsverstoß ergeben. Nicht ausreichend ist es darzulegen, das Gericht habe in der Sache fehlerhaft entschieden, denn die Anhörungsrüge dient nicht dazu, die angegriffene Entscheidung in vollem Umfang zu überprüfen (zB BFH VI S 2/09, BFH/NV 2009, 1131; I S 11/12, BFH/NV 2013, 394; IX S 3/20, BFH/NV 2021, 37; X S 6/19, BFH/NV 2020, 25).

Zum Inhalt des Anspruchs auf rechtliches Gehör → § 96 Rn. 190 ff.; → § 119 Rn. 10 f.; zu den Anforderungen an die Gehörsrüge → § 119 Rn. 12 ff. Bei einer Anhörungsrüge gegen die **Zurückweisung einer Nichtzulassungsbe-**

schwerde kann der Anspruch auf rechtliches Gehör nur dann iSv § 133a I 1 Nr. 2 in entscheidungserheblicher Weise verletzt sein, wenn der BFH ein Vorbringen im Zusammenhang mit der Darlegung der Zulassungsgründe iSv § 115 II Nr. 1–3 nicht zur Kenntnis genommen oder in Erwägung gezogen hat und die Revision bei Berücksichtigung dieses Vorbringens hätte zugelassen werden müssen (zB BFH XI S 29/10, BFH/NV 2011, 824; III S 9/11, BFH/NV 2012, 433; I S 11/12, BFH/NV 2013, 394). Dazu muss in der Rügeschrift substantiiert und schlüssig vorgetragen werden.

Für die substantiierte Begründung einer Anhörungsrüge gegen einen **Prozesskostenhilfe** ablehnenden Beschluss im Zusammenhang mit einer noch zu erhebenden NZB müssen **nicht vertretene Antragsteller** in **zumindest laienhafter Weise** darlegen, welches entscheidungserhebliche Vorbringen der BFH bei der Entscheidung über die Ablehnung der PKH nicht zur Kenntnis genommen oder nicht in Erwägung gezogen haben soll, woraus sie dies ableiten und, dass bei summarischer Prüfung ein Zulassungsgrund vorliegen könnte (BFH VIII S 16/06 (PKH), BFH/NV 2007, 89; V S 34/16 (PKH), BFH/NV 2017, 470; VIII S 8/23, BFH/NV 2024, 33).

Fehlt es an einer schlüssigen und substantiierten Darlegung des Gehörsverstoßes, ist die Rüge **unzulässig** (BFH VII S 5/08, BFH/NV 2009, 597). Auf eine Begründung der Anhörungsrüge kann auch dann nicht verzichtet werden, wenn sie sich gegen eine Entscheidung richtet, die zulässigerweise ohne oder mit verkürzter Begründung (vgl. zB § 116 V 2) ergangen ist; in diesen Fällen kann eine Verletzung des rechtlichen Gehörs nicht schon aus dem Umstand hergeleitet werden, dass die Ausgangsentscheidung nicht mit Gründen versehen war (BFH XI S 33/06, BFH/NV 2007, 1180; VII S 19/08, BFH/NV 2008, 1687; IX S 3/17, BeckRS 2017, 112843; XI S 6/24, BFH/NV 2024, 1365).

Anders als im Revisionsverfahren (§ 119) wird im Verfahren der Anhörungsrüge die Kausalität der Gehörsverletzung für die Entscheidung nicht von Gesetzes wegen vermutet; es sind deshalb stets auch Ausführungen zur **Entscheidungserheblichkeit** des Verfahrensverstoßes erforderlich (Tipke/Kruse/Krumm § 133a Rn. 9c; Zöller/Vollkommer ZPO § 321a Rn. 13; Guckelberger NVwZ 2005, 11 (14); Seer/Thulfaut DB 2005, 1085 (1087)). Der Rügeführer muss deshalb grds. auch vortragen, was er bei ausreichender Gewährung des rechtlichen Gehörs noch vorgetragen hätte, dass er keine Möglichkeit hatte, die Gehörsverletzung bereits vor Ergehen der Entscheidung zu rügen oder dass er sie gerügt hat und inwiefern durch sein (unterbliebenes) Vorbringen die Entscheidung auf der Grundlage der materiell-rechtlichen Auffassung des Gerichts hätte anders ausfallen können (BFH X S 24/10, BFH/NV 2011, 279).

IV. Entscheidungserheblichkeit

14 Das Gericht muss den Anspruch auf rechtliches Gehör in entscheidungserheblicher Weise verletzt haben (§ 133a I 1; Zöller/Vollkommer ZPO § 321a Rn. 12). Das ist der Fall, wenn nicht ausgeschlossen werden kann, dass das Gericht ohne die Verletzung des Art. 103 GG zu einer anderen, für den Rügeführer günstigeren Entscheidung gekommen wäre (BT-Drs. 15/3706, 15; BVerfG 1 BvR 496/00, NJW 2004, 3551; BGH V ZR 271/04, NJW 2005, 2624). Die bloße **Möglichkeit** einer günstigeren Entscheidung genügt (→ § 118 Rn. 95; Zöller/Vollkommer ZPO § 321a Rn. 12 mwN). Insofern muss sich das angerufene Gericht ernst-

haft selbst befragen. Kleinlichkeit oder übertrieben strenge Anforderungen an die Darlegung der Entscheidungserheblichkeit sind insofern nicht angebracht. Richtet sich die Anhörungsrüge gegen die Zurückweisung einer NZB, verlangt der BFH, dass die Revision bei Berücksichtigung des nicht berücksichtigten Vortrags hätte zugelassen werden müssen (zB BFH XI S 29/10, BFH/NV 2011, 824; III S 9/11, BFH/NV 2012, 433; I S 11/12, BFH/NV 2013, 394).

V. Verfahren und Entscheidung (Abs. 3–5)

Das Gericht hat, wie im Rechtsmittelverfahren (§ 124 I), zunächst **von Amts wegen** zu prüfen, ob die Anhörungsrüge statthaft und auch iÜ zulässig ist. Fehlt es an der Statthaftigkeit oder ist die Rüge nicht form- oder nicht fristgerecht erhoben, wird sie durch Beschluss kostenpflichtig **als unzulässig verworfen** (§ 133a IV 1 u. 3; → Rn. 17). 15

Die Rügeschrift ist idR den übrigen Beteiligten des Ausgangsverfahrens zu übersenden, um ihnen Gelegenheit zur Stellungnahme zu geben (§ 133a III). Von der Übersendung der Rügeschrift an die anderen Beteiligten kann abgesehen werden, wenn sie nicht erforderlich ist. Ein schutzwürdiges Interesse der übrigen Beteiligten an der Mitteilung der Rügeschrift besteht ausnahmsweise nicht, wenn die Rüge offensichtlich unstatthaft oder wegen Versäumung der Rügefrist oder wegen formeller Mängel, insbes. wegen völlig unzureichender Begründung, **offenkundig unzulässig** ist (Zöller/Vollkommer ZPO § 321a Rn. 15; Schoenfeld BB 2005, 850 (854)).

Ist die Rüge zulässig, muss das Gericht prüfen, ob es den Anspruch des Rügeführers auf rechtliches Gehör in entscheidungserheblicher Weise verletzt hat. Zum Inhalt des Anspruchs auf rechtliches Gehör → § 96 Rn. 190 ff.; → § 119 Rn. 10 f. Falls sich die tatsächlichen Umstände, auf die der Rügeführer die Anhörungsrüge stützt, nicht aus den Akten oder aus den vom Rügeführer vorgelegten Beweismitteln ergeben, muss das Gericht von Amts wegen ermitteln und ggf. Beweis erheben, ob die zur Begründung der Rüge schlüssig vorgetragenen Tatsachen zutreffen (Zöller/Vollkommer ZPO § 321a Rn. 17). 16

Ist das rechtliche Gehör nicht verletzt, weist das Gericht die Rüge **als unbegründet zurück.** Der Beschluss, durch den die Anhörungsrüge verworfen oder zurückgewiesen wird, ergeht stets in der **Beschlussbesetzung** mit drei Richtern; das gilt auch dann, wenn sich die Rüge gegen ein Urteil des BFH richtet (BFH III S 49/10, BFH/NV 2011, 1177; XI S 8/20, BFH/NV 2021, 34; BVerwG 8 C 5/07, HFR 2008, 875). Über die erfolglose Anhörungsrüge entscheidet das Gericht, sofern in seinem Mitwirkungsplan nichts anderes bestimmt ist, in der **regulären Besetzung,** denn aus § 133a ergibt sich nicht, dass über die Rüge nur die Richter entscheiden dürfen, die an der beanstandeten Entscheidung mitgewirkt haben (BGH III ZR 443/04, FamRZ 2005, 1831; BAG 3 AZN 584/08 (F), NJW 2009, 541; BFH XI S 17-21/08, BeckRS 2009, 25014885; XI S 2/23, BFH/NV 2023, 1095). Hat nach § 79a I der Vorsitzende oder der Berichterstatter **im vorbereitenden Verfahren** entschieden, ist er auch für die Entscheidung über die Anhörungsrüge gegen seine Entscheidung zuständig (zB FG LSA 5 K 160/15, BeckRS 2016, 95249). Bei Änderung der Geschäftsverteilung ist der neue Senat auch für die Anhörungsrüge zuständig, die sich gegen eine Entscheidung des abgebenden Senats richtet (BFH VI S 1/12, BFH/NV 2012, 966); das gilt auch nach einem Wechsel in der Senatsbesetzung (BFH X S 31/23, BFH/NV 17

2024, 295). Die zur Entscheidung berufenen Richter sind nicht deshalb ausgeschlossen, weil sie auch an der Ausgangsentscheidung mitgewirkt haben; die Anhörungsrüge bezweckt eine Selbstüberprüfung (→ Rn. 2; BFH VIII S 3/23, BFH/NV 2023, 860, Rn. 11).

Die Entscheidung über die erfolglose Anhörungsrüge **soll kurz begründet** werden (§ 133a IV 4). Die Vorschrift entspricht ihrem Wortlaut nach § 126a S. 3 und § 116 V 2. Wegen der Bedeutung des Anspruchs auf rechtliches Gehör, die auch darin zum Ausdruck kommt, dass im Revisionsverfahren stets eine Begründung geboten ist, wenn der BFH eine Gehörsrüge als nicht durchgreifend erachtet (vgl. § 126 VI 2 iVm § 119 Nr. 3), ist im Regelfall eine zumindest kurze Begründung geboten. Nur in **Ausnahmefällen** kann von einer Begründung vollständig abgesehen werden; der Gesetzgeber hält eine solche Ausnahme insbes. dann für gegeben, wenn die Rüge sich gegen eine Entscheidung des Revisionsgerichts über eine NZB richtet, die nach § 116 V 2 Hs. 2 ohne Begründung ergangen ist (BT-Drs. 15/3706, 16 zu § 321a ZPO; ebenso BFH in stRspr, vgl. zB BFH I S 19/06, BFH/NV 2007, 1670; V S 2/08, BFH/NV 2009, 400; krit. hierzu mit überzeugender Begründung Tipke/Kruse/Krumm § 133a Rn. 13).

Einer **Kostenentscheidung** bedarf es nicht, da es sich nicht um ein kontradiktorisches Verfahren handelt (BFH X S 20/14, BeckRS 2015, 94303; VII S 26/15, BeckRS 2016, 94467; **aA** BFH XI S 28/17, BeckRS 2018, 2344). Die erfolglose Anhörungsrüge löst **Gerichtskosten** iHv 66 EUR aus (vgl. Nr. 6400 des Kostenverzeichnisses Anl. 1 zu § 3 II GKG, abgedruckt unter → Vor § 135 Rn. 156). Für vor dem 1.1.2021 anhängig gewordene Verfahren beträgt die Gebühr 60 EUR (BFH X S 16/21, BFH/NV 2022, 423; IX S 6/23, BFH/NV 2023, 985). Auf die Kostenpflicht sollte in der Entscheidung hingewiesen werden. Die Gerichtskosten werden auch dann erhoben, wenn sich die Anhörungsrüge gegen die Versagung von PKH richtet und auch für die Anhörungsrüge keine PKH bewilligt worden ist (FG Hmb 3 KO 207/16, BeckRS 2016, 95484).

Der Beschluss, durch den die Rüge verworfen oder zurückgewiesen wurde, ist **unanfechtbar** (§ 133a IV 3). Eine **Wiederholung** der Anhörungsrüge ist nicht statthaft (BFH VI S 9/06, BFH/NV 2006, 1684; VII S 19/08, BFH/NV 2008, 1687). Gegen den die Anhörungsrüge zurückweisenden oder verwerfenden Beschluss ist nur die Verfassungsbeschwerde gegeben (→ Rn. 20).

18 Ist die **Rüge begründet,** hilft das Gericht ihr ab, indem es das Verfahren fortsetzt, soweit dies aufgrund der erfolgreichen Rüge geboten ist. Beschränkt sich die Verletzung des rechtlichen Gehörs auf einen von mehreren Streitgegenständen, wird das Verfahren nur hinsichtlich dieses Streitgegenstandes, bei teilbaren Streitgegenständen nur hinsichtlich des von dem Gehörsverstoß betroffenen Teiles, fortgesetzt. Aus dem Gesetz ergibt sich nicht, ob die **Abhilfe** durch gesonderten **Beschluss** festzustellen ist (verneinend Zöller/Vollkommer ZPO § 321a Rn. 18; bejahend Schoenfeld DB 2005, 850 (854)). Aus Gründen der Rechtsklarheit sollte über die Abhilfe durch einen förmlichen, den Beteiligten bekanntzugebenden Beschluss entschieden werden, auch wenn dies nicht zwingend erforderlich ist; der unanfechtbare Beschluss bedarf keiner Begründung.

19 Durch die Abhilfe wird das Verfahren unter **Durchbrechung der Rechtskraft** in die Lage zurückversetzt, in der es sich vor dem Schluss der mündlichen Verhandlung befand. Dem Rügeführer wird dadurch Gelegenheit gegeben, seinen Anspruch auf das bisher nicht ausreichend gewährte rechtliche Gehör wahrzunehmen. Hinsichtlich des **Ausspruchs** der neuen Entscheidung nimmt § 133a V 4 Bezug auf die Regelungen über das Versäumnisurteil in § 343 ZPO. Soweit die

Entscheidung, die auf Grund der nachträglichen Gewährung des rechtlichen Gehörs zu treffen ist, mit der angegriffenen Entscheidung übereinstimmt, ist danach auszusprechen, dass diese **Entscheidung aufrechterhalten wird.** Anderenfalls wird die frühere Entscheidung ganz oder teilweise aufgehoben und durch eine andere ersetzt. Das Verbot der **reformatio in peius** gilt für den außerordentlichen Rechtsbehelf der Anhörungsrüge nicht (Kopp/Schenke/Schenke VwGO § 152a Rn. 15).

VI. Unanfechtbarkeit; Verfassungsbeschwerde

Der Beschluss, mit dem das Gericht über die Anhörungsrüge entschieden hat, **20** ist **unanfechtbar** (§ 133a IV 3). Die Beschwerde ist deshalb nicht gegeben (BFH IX B 128/10, BFH/NV 2010, 2295). Gegen ihn kann auch keine weitere Anhörungsrüge erhoben werden (BFH IX S 31/17, BeckRS 2017, 138517; XI S 11/24, BFH/NV 2024, 1426; → Rn. 6, 17 aE). Auch eine Gegenvorstellung (BFH V S 23/16, BeckRS 2016, 95462) oder eine außerordentliche Beschwerde sind nicht statthaft. Eine **Gegenvorstellung** ist nach gefestigter Rspr. des BFH nur noch statthaft gegen Entscheidungen, die jederzeit vom Gericht geändert werden dürfen (→ Vor § 115 Rn. 29). Geklärt ist auch, dass spätestens nach Inkrafttreten des AnhRügG eine **außerordentliche Beschwerde** generell nicht mehr zulässig ist (→ Vor § 115 Rn. 51; → § 128 Rn. 30).

Der Rügeführer, der nach wie vor seinen Anspruch auf rechtliches Gehör verletzt sieht, kann deswegen nur **Verfassungsbeschwerde** erheben. Diese ist nur unter engen Voraussetzungen zulässig. Sie setzt ua voraus, dass der Beschwerdeführer den **Rechtsweg erschöpft** hat (§ 90 II BVerfGG); dazu gehört, dass er den behaupteten Gehörverstoß zunächst erfolglos mit der Anhörungsrüge geltend gemacht hat (BVerfG 1 BvR 848/07, NJW 2009, 829). Eine offensichtlich unzulässige Anhörungsrüge erschöpft den Rechtsweg nicht (BVerfG 2 BvR 1394/00, NJW 2004, 1650). Der Beschwerdeführer muss ferner die **Monatsfrist** des § 93 BVerfGG beachten, die durch die Bekanntgabe der Entscheidung über die Anhörungsrüge ausgelöst wird (BVerfG 1 BvR 1022/88, BVerfGE 91, 93). Will der Beschwerdeführer bzgl. desselben Streitgegenstandes neben der Verletzung des rechtlichen Gehörs einen Verstoß gegen andere Grundrechte (zB Art. 101 oder Art. 3 GG) rügen, verlangt das BVerfG auch insoweit für die Zulässigkeit der Verfassungsbeschwerde, dass der Beschwerdeführer zunächst erfolglos das Verfahren der Anhörungsrüge durchgeführt hat (BVerfG 1 BvR 644/05, NJW 2005, 3059; zust. mit überzeugender Begründung Kopp/Schenke/Schenke VwGO § 152a Rn. 16). Die Verfassungsbeschwerde ist auch dann unzulässig, wenn der **Gehörverstoß** im Verfahren der Anhörungsrüge **geheilt** wurde. Das ist nicht der Fall, wenn das Fachgericht den im Ausgangsverfahren nicht ausreichend berücksichtigten Tatsachenstoff oder die rechtlichen Erwägungen des Beschwerdeführers zwar im Verfahren der Anhörungsrüge zur Kenntnis genommen, aber die Anhörungsrüge gleichwohl mit einer nicht nachvollziehbaren Begründung zurückgewiesen und damit seinerseits den verfassungsrechtlich gewährten Anspruch auf rechtliches Gehör verletzt hat (BVerfG 1 BvR 461/09, BeckRS 2009, 35226). Hat die Verfassungsbeschwerde Erfolg, hebt das BVerfG die Ausgangsentscheidung (Urteil oder Beschluss) auf und verweist die Sache zur erneuten Verhandlung und Entscheidung an das Gericht, das die beanstandeten

Entscheidungen getroffen hat, zurück. Der Beschluss über die Anhörungsrüge wird damit gegenstandslos.

Unterabschnitt 3. Wiederaufnahme des Verfahrens

§ 134 [Wiederaufnahme des Verfahrens]

Ein rechtskräftig beendetes Verfahren kann nach den Vorschriften des Vierten Buchs der Zivilprozessordnung wieder aufgenommen werden.

Vgl. §§ 153 I VwGO, 179 I SGG; vgl. auch §§ 51 VwVfG; § 48 SGB X.

Literatur (s auch zu § 110): Albert, Zur Besetzung des Gerichts bei Wiederaufnahmeklagen gem. § 134 FGO, §§ 578 ff. ZPO gegen Urteile des Einzelrichters, DStZ 1998, 239; Braun, Anhörungsrüge oder Wiederaufnahmeklage? NJW 1983, 1403 und 1984, 348; Braun, Rechtskraft und Restitution, 1985; Braun, Die Grundlagen des geltenden Restitutionsrechts, 1985; Gräber, Beschwerdeverfahren und Wiederaufnahmeverfahren nach der FGO, DStR 1972, 202; Griemla, Zur Widersprüchlichkeit der „objektiven Willkür" als Prüfungsmaßstab für Nichtigkeitsklagen und -anträge nach § 134 FGO iVm § 579 Abs. 1 Nr. 1 ZPO, AO-StB 2017, 89; Harenberg/Eschenbach, Können abgeschlossene Kindergeldverfahren wieder aufgerollt werden?, NWB Fach 3, 13 551; Hummel, Zum Erfordernis einer Nichtigkeitsklage im Falle der unterbliebenen Vorlage des BFH an den EuGH, UR 2021, 736; Jauernig, Kein Rechtsschutzinteresse für erneute Nichtigkeitsklage?, NVwZ 1996, 31; Osterloh, Wiederaufgreifen eines Verwaltungsverfahrens trotz Rechtskraft eines klageabweisenden Urteils, JuS 1990, 851; Osterloh, zum gleichen Thema, DStR 1978, 613 in Erwiderung auf Woring DStR 1978, 611; Ott, Zur Vorlagepflicht an den Europäischen Gerichtshof als gesetzlicher Richter der Umsatzsteuer, in: Steuerrechtsschutz in Theorie und Praxis (75 Jahre Finanzgericht des Saarlandes) 2022, 67–82; Sachs, Keine Wiederaufnahme nach § 580 Ziff. 7b ZPO im finanzgerichtlichen Verfahren, DStR 1978, 394; Seetzen, Anhörungsrüge oder Wiederaufnahmeklage? NJW 1984, 347; Seibel, Das Wiederaufnahmeverfahren, AO-StB 2002, 318; Zeihe, Wiederaufnahmeklage bei einem nicht für die Entscheidung zuständigen Gericht, NJW 1971, 2292.

Die Vorschriften des **Vierten Buchs der ZPO,** auf die § 134 (wie § 153 I VwGO und § 179 I SGG) verweist, haben folgenden Wortlaut:

§ 578 ZPO Arten der Wiederaufnahme

(1) Die Wiederaufnahme eines durch rechtskräftiges Endurteil geschlossenen Verfahrens kann durch Nichtigkeitsklage und durch Restitutionsklage erfolgen.

(2) Werden beide Klagen von derselben Partei oder von verschiedenen Parteien erhoben, so ist die Verhandlung und Entscheidung über die Restitutionsklage bis zur rechtskräftigen Entscheidung über die Nichtigkeitsklage auszusetzen.

§ 579 ZPO Nichtigkeitsklage

(1) Die Nichtigkeitsklage findet statt:

1. wenn das erkennende Gericht nicht vorschriftsmäßig besetzt war;
2. wenn ein Richter bei der Entscheidung mitgewirkt hat, der von der Ausübung des Richteramts kraft Gesetzes ausgeschlossen war, sofern nicht dieses Hindernis mittels eines Ablehnungsgesuchs oder eines Rechtsmittels ohne Erfolg geltend gemacht ist;

3. wenn bei der Entscheidung ein Richter mitgewirkt hat, obgleich er wegen Besorgnis der Befangenheit abgelehnt und das Ablehnungsgesuch für begründet erklärt war;
4. wenn eine Partei in dem Verfahren nicht nach Vorschrift der Gesetze vertreten war, sofern sie nicht die Prozessführung ausdrücklich oder stillschweigend genehmigt hat.

(2) In den Fällen der Nummern 1, 3 findet die Klage nicht statt, wenn die Nichtigkeit mittels eines Rechtsmittels geltend gemacht werden konnte.

§ 580 ZPO Restitutionsklage

Die Restitutionsklage findet statt:
1. wenn der Gegner durch Beeidigung einer Aussage, auf die das Urteil gegründet ist, sich einer vorsätzlichen oder fahrlässigen Verletzung der Eidespflicht schuldig gemacht hat;
2. wenn eine Urkunde, auf die das Urteil gegründet ist, fälschlich angefertigt oder verfälscht war;
3. wenn bei einem Zeugnis oder Gutachten, auf welches das Urteil gegründet ist, der Zeuge oder Sachverständige sich einer strafbaren Verletzung der Wahrheitspflicht schuldig gemacht hat;
4. wenn das Urteil von dem Vertreter der Partei oder von dem Gegner oder dessen Vertreter durch eine in Beziehung auf den Rechtsstreit verübte Straftat erwirkt ist;
5. wenn ein Richter bei dem Urteil mitgewirkt hat, der sich in Beziehung auf den Rechtsstreit einer strafbaren Verletzung seiner Amtspflichten gegen die Partei schuldig gemacht hat;
6. wenn das Urteil eines ordentlichen Gerichts, eines früheren Sondergerichts oder eines Verwaltungsgerichts, auf welches das Urteil gegründet ist, durch ein anderes rechtskräftiges Urteil aufgehoben ist;
7. wenn die Partei
   a) ein in derselben Sache erlassenes, früher rechtskräftig gewordenes Urteil oder
   b) eine andere Urkunde auffindet oder zu benutzen in den Stand gesetzt wird, die eine ihr günstigere Entscheidung herbeigeführt haben würde;
8. wenn der Europäische Gerichtshof für Menschenrechte eine Verletzung der Europäischen Konvention zum Schutz der Menschenrechte und Grundfreiheiten oder ihrer Protokolle festgestellt hat und das Urteil auf dieser Verletzung beruht.

§ 581 ZPO Besondere Voraussetzungen der Restitutionsklage

(1) In den Fällen des vorhergehenden Paragraphen Nummern 1 bis 5 findet die Restitutionsklage nur statt, wenn wegen der Straftat eine rechtskräftige Verurteilung ergangen ist oder wenn die Einleitung oder Durchführung eines Strafverfahrens aus anderen Gründen als wegen Mangels an Beweis nicht erfolgen kann.

(2) Der Beweis der Tatsachen, welche die Restitutionsklage begründen, kann durch den Antrag auf Parteivernehmung nicht geführt werden.

§ 582 ZPO Hilfsnatur der Restitutionsklage

Die Restitutionsklage ist nur zulässig, wenn die Partei ohne ihr Verschulden außerstande war, den Restitutionsgrund in dem früheren Verfahren, insbesondere durch Einspruch oder Berufung oder mittels Anschließung an eine Berufung, geltend zu machen.

§ 583 ZPO Vorentscheidungen

Mit den Klagen können Anfechtungsgründe, durch die eine dem angefochtenen Urteil vorausgegangene Entscheidung derselben oder einer unteren Instanz betroffen wird, geltend gemacht werden, sofern das angefochtene Urteil auf dieser Entscheidung beruht.

§ 584 ZPO Ausschließliche Zuständigkeit für Nichtigkeits- und Restitutionsklagen

(1) Für die Klagen ist ausschließlich zuständig: das Gericht, das im ersten Rechtszug erkannt hat; wenn das angefochtene Urteil oder auch nur eines von mehreren angefochtenen Urteilen von dem Berufungsgericht erlassen wurde oder wenn ein in der Revisionsinstanz erlassenes Urteil auf Grund des § 580 Nr. 1 bis 3, 6, 7 angefochten wird, das Berufungsgericht; wenn ein in der Revisionsinstanz erlassenes Urteil auf Grund der §§ 579, 580 Nr. 4, 5 angefochten wird, das Revisionsgericht.

(2) Sind die Klagen gegen einen Vollstreckungsbescheid gerichtet, so gehören sie ausschließlich vor das Gericht, das für eine Entscheidung im Streitverfahren zuständig gewesen wäre.

§ 585 ZPO Allgemeine Verfahrensgrundsätze

Für die Erhebung der Klagen und das weitere Verfahren gelten die allgemeinen Vorschriften entsprechend, sofern nicht aus den Vorschriften dieses Gesetzes sich eine Abweichung ergibt.

§ 586 ZPO Klagefrist

(1) Die Klagen sind vor Ablauf der Notfrist eines Monats zu erheben.

(2) [1]Die Frist beginnt mit dem Tag, an dem die Partei von dem Anfechtungsgrund Kenntnis erhalten hat, jedoch nicht vor eingetretener Rechtskraft des Urteils. [2]Nach Ablauf von fünf Jahren, von dem Tag der Rechtskraft des Urteils an gerechnet, sind die Klagen unstatthaft.

(3) Die Vorschriften des vorstehenden Absatzes sind auf die Nichtigkeitsklage wegen mangelnder Vertretung nicht anzuwenden; die Frist für die Erhebung der Klage läuft von dem Tag, an dem der Partei und bei mangelnder Prozessfähigkeit ihrem gesetzlichen Vertreter das Urteil zugestellt ist.

(4) Die Vorschrift des Absatzes 2 Satz 2 ist auf die Restitutionsklage nach § 580 Nummer 8 nicht anzuwenden.

§ 587 ZPO Klageschrift

In der Klage muss die Bezeichnung des Urteils, gegen das die Nichtigkeits- oder Restitutionsklage gerichtet wird, und die Erklärung, welche dieser Klagen erhoben wird, enthalten sein.

§ 588 ZPO Inhalt der Klageschrift

(1) Als vorbereitender Schriftsatz soll die Klage enthalten:
1. die Bezeichnung des Anfechtungsgrundes;
2. die Angabe der Beweismittel für die Tatsachen, die den Grund und die Einhaltung der Notfrist ergeben;
3. die Erklärung, inwieweit die Beseitigung des angefochtenen Urteils und welche andere Entscheidung in der Hauptsache beantragt werde.

(2) [1]Dem Schriftsatz, durch den eine Restitutionsklage erhoben wird, sind die Urkunden, auf die sie gestützt wird, in Urschrift oder in Abschrift beizufügen. [2]Befinden sich die Urkunden nicht in den Händen des Klägers, so hat er zu erklären, welchen Antrag er wegen ihrer Herbeischaffung zu stellen beabsichtigt.

§ 589 ZPO Zulässigkeitsprüfung

(1) [1]Das Gericht hat von Amts wegen zu prüfen, ob die Klage an sich statthaft und ob sie in der gesetzlichen Form und Frist erhoben sei. [2]Mangelt es an einem dieser Erfordernisse, so ist die Klage als unzulässig zu verwerfen.

(2) Die Tatsachen, die ergeben, dass die Klage vor Ablauf der Notfrist erhoben ist, sind glaubhaft zu machen.

§ 590 ZPO Neue Verhandlung

(1) Die Hauptsache wird, insoweit sie von dem Anfechtungsgrunde betroffen ist, von neuem verhandelt.

(2) [1]Das Gericht kann anordnen, dass die Verhandlung und Entscheidung über Grund und Zulässigkeit der Wiederaufnahme des Verfahrens vor der Verhandlung über die Hauptsache erfolge. [2]In diesem Fall ist die Verhandlung über die Hauptsache als Fortsetzung der Verhandlung über Grund und Zulässigkeit der Wiederaufnahme des Verfahrens anzusehen.

(3) Das für die Klagen zuständige Revisionsgericht hat die Verhandlung über Grund und Zulässigkeit der Wiederaufnahme des Verfahrens zu erledigen, auch wenn diese Erledigung von der Feststellung und Würdigung bestrittener Tatsachen abhängig ist.

§ 591 ZPO Rechtsmittel

Rechtsmittel sind insoweit zulässig, als sie gegen die Entscheidungen der mit den Klagen befassten Gerichte überhaupt stattfinden.

Das Wiederaufnahmeverfahren dient dem **Zweck,** in eng umgrenzten Ausnahmefällen eine erneute Prüfung eines rechtskräftig beendeten Verfahrens zu erreichen, und zwar bei besonders schweren Verfahrensmängeln im Wege der **Nichtigkeitsklage** (§ 579 ZPO), bei entsprechenden inhaltlichen Mängeln, zB wenn sich die tatsächlichen Grundlagen einer rechtskräftigen Entscheidung als gefälscht erweisen, durch **Restitutionsklage** (§ 580 ZPO; BFH IX K 1/21, BStBl. II 2024, 181, Rn. 14). Die Nichtigkeitsklage geht der Restitutionsklage vor (§ 578 II ZPO; BFH VII B 69/03, BFH/NV 2003, 1338). 1

Die Wiederaufnahme ist ein **außerordentlicher Rechtsbehelf** (→ Vor § 115 Rn. 8), der darauf gerichtet ist, eine rechtskräftige fehlerhafte Entscheidung rückwirkend zu beseitigen und durch eine fehlerfreie Entscheidung zu ersetzen (zur Abgrenzung ggü. dem außerordentlichen Rechtsbehelf einer Gegenvorstellung: BFH V K 1/88, BStBl. II 1988, 586; VII S 7/96, BFH/NV 1997, 135). Ein Wiederaufnahmeantrag hat weder Devolutiv- noch Suspensiveffekt (→ Vor § 115 Rn. 10); solange das Wiederaufnahmeverfahren keinen Erfolg gehabt hat, bleibt es bei der Rechtskraft der ursprünglichen Entscheidung (zB BFH X B 137/02, BFH/NV 2004, 92; VII E 4/04, BFH/NV 2004, 1539).

Das Wiederaufnahmeverfahren ist **subsidiär,** dh es kommt nur in Betracht, sofern in Bezug auf die behaupteten Rechtsverstöße zuvor alle Rechtsmittel und ordentlichen Rechtsbehelfe ausgeschöpft worden sind. Für die Nichtigkeitsklage ergibt sich dies aus § 579 II ZPO, für die Restitutionsklage aus § 582 ZPO. Einer vorherigen Entscheidungsberichtigung nach den §§ 107–109 bedarf es nicht (BFH VIII S 14/86, BFH/NV 1987, 786).

Die praktische Bedeutung des Wiederaufnahmeverfahrens ist gering. **Von Bedeutung** ist insbes. die Nichtigkeitsklage wegen nicht vorschriftsmäßiger Besetzung des erkennenden Gerichts (§ 579 I Nr. 1 ZPO; vgl. zB BFH III K 35/95, BFH/NV 1996, 901), wegen Mitwirkung eines ausgeschlossenen oder mit Erfolg abgelehnten Richters oder wegen nicht vorschriftsmäßiger Vertretung (§ 579 I Nr. 4 ZPO; BFH VII R 71/92, BFH/NV 1993, 314).

2 **Gegenstand** eines Wiederaufnahmeantrags nach § 134 kann **jedes rechtskräftig beendete Verfahren** sein. Das ergibt sich eindeutig aus dem Wortlaut des § 134. Dieser wird durch die Verweisung auf § 578 I nicht dahin eingeschränkt, dass die Wiederaufnahme nur in Betracht kommt, wenn das Verfahren durch rechtskräftiges Endurteil abgeschlossen worden ist (grundlegend BFH III K 1/69, BStBl. II 1970, 216; IX B 199/05, BFH/NV 2007, 75). § 578 I hat für das finanzgerichtliche Wiederaufnahmeverfahren nicht diese Bedeutung. Auch ein (nach gerichtlicher Sachprüfung) durch einen **rechtskräftigen Beschluss** abgeschlossenes selbständiges Verfahren kann deshalb nach § 134 wiederaufgenommen werden (BFH VIII K 4/91, BStBl. II 1992, 252; XI S 20/92, BFH/NV 1993, 613; VII K 1/94, BFH/NV 1995, 795; III K 35/95, BFH/NV 1996, 901). In diesem Fall ist anstelle einer Klage ein **Antrag** auf Wiederaufnahme zu stellen (BFH VIII K 1/92, BFH/NV 1992, 538; V K 1/07, BFH/NV 2009, 1125; V K 2/09, BFH/NV 2011, 828); die Entscheidung ergeht dann durch **Beschluss** ohne mündliche Verhandlung (BFH III K 1/85, BStBl. II 1986, 415). Die Wiederaufnahme kann zB auch gegen einen Beschluss beantragt werden, durch den eine NZB als unzulässig verworfen wurde (BFH III K 1/85, BStBl. II 1986, 415). Das wieder aufzunehmende Verfahren kann **auch ein Wiederaufnahmeverfahren** sein (BFH VII K 11/74, BStBl. II 1979, 777). Gegen einen Kostenbeschluss nach übereinstimmender Erledigungserklärung ist die Wiederaufnahme nicht gegeben, wenn geltend gemacht wird, die Erledigungserklärung sei unwirksam (FG BBg 10 K 10256/14, BeckRS 2017, 94284).

Gegen **nicht der Rechtskraft fähige Beschlüsse** ist ein Wiederaufnahmeantrag nicht statthaft, weil sie von dem erlassenden Gericht geändert werden können (Subsidiarität), zB gegen Beschlüsse im PKH-Verfahren (BFH I K 1–3/03, BFH/NV 2003, 1191; V B 129/09, BFH/NV 2010, 2088), Beschlüsse über AdV (BFH VII S 30/97, BFH/NV 1998, 990) oder Beschlüsse über die Bestellung oder Beiordnung eines Prozessbevollmächtigten (BFH VII S 1/98, BFH/NV 1998, 874).

Beteiligt im Wiederaufnahmeverfahren sind grds. die Beteiligten des Ausgangsverfahrens (BFH IX B 210/01, BFH/NV 2002, 1324; VI K 1/67, BStBl. II 1968, 119). Dies gilt auch für den im Ausgangsverfahren Beigeladenen; einer erneuten Beiladung bedarf es nicht (→ § 60 Rn. 140; BFH VIII B 180/19, BFH/NV 2020, 610). Die Stellung als Verfahrensbeteiligter lebt wieder auf, wenn die Wiederaufnahme des ursprünglichen Verfahrens beantragt wird, an dem der Beigeladene beteiligt war, da die Entscheidung auch ihm ggü. rechtliche Wirkung entfaltet hat (BFH I K 2/89, BFH/NV 1991, 751).

3 Das Wiederaufnahmeverfahren vollzieht sich in **drei Prüfungsstufen,** von denen die jeweils nächste erst eröffnet ist, wenn die vorhergehende mit positivem Ergebnis abgeschlossen wurde (BVerwG 5 B 49/84, NVwZ 1987, 218; Kopp/Schenke/Schenke VwGO § 153 Rn. 4). Dies steht einer gemeinsamen Verhand-

lung und Entscheidung zB über Zulässigkeit und Begründetheit des Wiederaufnahmeantrags indes nicht entgegen (BGH IV ZB 105/78, NJW 1979, 427).

Erste Stufe. Das Gericht prüft die **Zulässigkeit** des Wiederaufnahmebegehrens (§ 589 I 1 ZPO). Es müssen die allgemeinen **Sachentscheidungsvoraussetzungen** erfüllt sein (→ Vor § 33 Rn. 16 ff.; vgl. auch § 585 ZPO; zur Unbedingtheit der Klageerhebung: BFH III B 98/02, BFH/NV 2003, 1214; zu Ausschlussfristen BFH X K 2/94, BFH/NV 1994, 890). Ist der BFH für die Wiederaufnahme zuständig, ist der **Vertretungszwang** zu beachten (zB BFH VII K 2/97, BFH/NV 1998, 348). 4

Darüber hinaus sind folgende **besondere Zulässigkeitserfordernisse** zu beachten:

- **Zuständigkeit.** Zuständig für das Wiederaufnahmeverfahren ist nach § 584 I ZPO das Gericht, dessen Entscheidung abgeändert werden soll (zur Zuständigkeit des Beschwerde- oder Revisionsgerichts BFH XI K 3–4/97, BFH/NV 1998, 1239; I K 1/98, BFH/NV 2000, 730; III K 2/08, BeckRS 2008, 25013990; V K 1/07, BFH/NV 2009, 1125; FG Hmb 4 V 182/09, EFG 2010, 247);
- **Beschwer, Darlegung eines Wiederaufnahmegrundes.** Zur Geltendmachung der Beschwer entsprechend § 40 II sind die Voraussetzungen eines Wiederaufnahmegrunds darzulegen (BFH VI K 1/09, BeckRS 2009, 25015204). Ein Nichtigkeitsgrund iSd § 579 oder ein Restitutionsgrund iSd § 580 müssen **schlüssig dargelegt** werden (stRspr, zB BFH II S 8/99, BFH/NV 2000, 457; III K 2/03, BFH/NV 2004, 78; X K 8/03, BFH/NV 2004, 977; XI B 192/06, BFH/NV 2008, 85). Dazu müssen substantiiert Tatsachen angegeben werden, aus denen sich, ihre Richtigkeit unterstellt, der behauptete Verstoß ergibt. Die Tatsachen müssen nicht in der Klageschrift vorgetragen werden; es genügt, wenn sie in einem späteren Schriftsatz bis zur mündlichen Verhandlung nachgereicht werden (BFH I K 1/10, BFH/NV 2011, 1159). Sie sind **glaubhaft zu machen** iSd § 294 ZPO (allg. zur Glaubhaftmachung → § 56 Rn. 42 ff.). Die Darlegung eines Zulassungs- oder eines Revisionsgrundes genügt nicht (BFH IV K 1/90, BStBl. II 1991, 813; IX B 199/05, BFH/NV 2007, 75), auch nicht die Darlegung einer Abweichung von einem Beschluss des GrS (BFH IV K 1/91, BStBl. II 1992, 625);
- **Darlegung zur Subsidiarität.** Es ist darzulegen, dass und weshalb der geltend gemachte Wiederaufnahmegrund **ohne Verschulden** früher nicht geltend gemacht werden konnte. Dabei ist nach der Rspr. ein strenger Maßstab anzulegen (BFH I B 27/14, BeckRS 2016, 94439; zur Subsidiarität → Rn. 1; zur Nichtigkeitsklage BFH X R 15–16/97, BStBl. II 1999, 412);
- **Frist des § 586** (BFH VIII K 4/91, BStBl. II 1992, 252; zum Beginn und zum Lauf der Frist: BFH III K 1/85, BStBl. II 1986, 415 betr. Verwerfung einer Revision wegen eines Verstoßes gegen § 62 IV; BFH V B 80/87, BStBl. II 1988, 290; X B 182/97, BFH/NV 1998, 1496; zum Lauf der Frist bei mehreren Wiederaufnahmegründen BVerwG 9 B 320/89, NVwZ 1990, 359; zum Erfordernis der Glaubhaftmachung BFH VIII K 2/92, BFH/NV 1993, 254; zur Fünfjahresfrist des **§ 586 II 2 ZPO** BFH II S 6/96, BFH/NV 1997, 139; X S 22/15 (PKH), BeckRS 2015, 95851). Der Beginn des Fristlaufs ist nicht davon abhängig, dass in der Rechtsbehelfsbelehrung auf die Möglichkeit der Wiederaufnahme hingewiesen wird (BFH III K 1/03, BFH/NV 2003, 1436); auch der Vorsitzende muss auf die Frist nicht hinweisen (§ 76 II; BFH V B 15/11, BFH/NV 2012, 247);

– Notwendiger **Inhalt der Klageschrift** (§ 587 ZPO);
– Voraussetzungen des **§ 581 ZPO** in den Fällen des § 580 Nr. 1–5 ZPO.

Ist die Wiederaufnahmeklage unzulässig, wird sie durch Endurteil verworfen (§ 589 I 2 ZPO). Richtet sich das Begehren gegen einen rechtskräftigen Beschluss (→ Rn. 2), ergeht die Entscheidung durch Beschluss.

5 **Zweite Stufe.** Ist das Wiederaufnahmebegehren zulässig, muss das Gericht wegen der Durchbrechung der Rechtskraft, die nicht der Disposition der Parteien unterliegt **von Amts wegen** (Zöller/Greger ZPO Vor § 578 Rn. 22) prüfen, ob der behauptete **Wiederaufnahmegrund** vorliegt. Dies erfordert uU tatsächliche Ermittlungen und die Feststellung neuer Tatsachen; dazu ist auch der BFH verpflichtet (vgl. § 590 III ZPO). Die Voraussetzungen für eine Wiederaufnahme ergeben sich aus der **abschließenden Aufzählung** der Nichtigkeits- und Restitutionsgründe in den §§ 579, 580 ZPO. Auch die Aufzählung der Nichtigkeitsgründe in § 579 ZPO ist abschließend; sie decken sich mit den absoluten Revisionsgründen des § 119 Nr. 1, 2 und 4 FGO. Deshalb führt zB ein Verstoß gegen § 119 Nr. 6 nicht zu einem Wiederaufnahmegrund (BFH IV B 11/18, BFH/NV 2019, 1136). Gemeinsamer Grundgedanke aller Wiederaufnahmegründe ist die Unhaltbarkeit der rechtskräftigen Entscheidung wegen evidenter Erschütterung ihrer Grundlagen (BFH X R 15–16/97, BStBl. II 1999, 412).

Einzelheiten (vgl. **zu § 579 I Nr. 1 ZPO:** BFH VIII K 4/91, BStBl. II 1992, 252; VII S 5-6/92, BFH/NV 1993, 302; X K 4/94, BFH/NV 1995, 141). Die Nichtigkeitsklage ist **nicht statthaft,** wenn mit ihr lediglich eine **Verletzung der Pflicht zur Vorlage an den EuGH** geltend gemacht wird (BFH IX K 1/21, BStBl. II 2024, 181); darin liegt zwar uU ein Verstoß gegen den gesetzlichen Richter (BFH VII K 1/22, BFH/NV 2023, 1422), nicht aber ein Besetzungsmangel (zweifelnd bereits: BFH VI K 1/21, BFH/NV 2023, 1212; VII K 1/22, BFH/NV 2023, 1422: Statthaftigkeit der Nichtigkeitsklage offengelassen). Anderslautende Entscheidungen (BFH IV K 1/09, BFH/NV 2010, 218; VIII K 1/16, BStBl. II 2017, 198; XI K 1/17, NJW 2018, 1710) sind überholt. Die Senate haben der Abweichung von ihren Entscheidungen zugestimmt (Anfragebeschluss BFH IX K 1/21, BStBl. II 2024, 181). Die Änderung der Rspr. bewirkt, dass wegen einer Verletzung des gesetzlichen Richters in Form der Nichtbeachtung von Vorlagepflichten (mE nicht nur Art. 267 AEUV, sondern auch § 11 FGO, Vorlage an den GrS, Art. 100 GG, Vorlage an das BVerfG, und § 11 RsprEinhG, Vorlage an den GemSOGB) die Verfassungsbeschwerde zulässig ist (§ 90 II BVerfGG, Erschöpfung des Rechtswegs), ohne dass es der vorherigen (erfolglosen) Erhebung einer Nichtigkeitsklage bedarf. Die Vorlage muss aber im Ausgangsverfahren zur Erschöpfung des Rechtswegs angeregt worden sein (BVerfG 1 BvR 2731/19, IStR 2021, 556). **Zu § 579 I Nr. 2 ZPO:** wegen angeblicher Fälschung einer Urkunde BFH XI R 78/07, BFH/NV 2010, 2132; **zu § 579 I Nr. 4 ZPO:** BFH X R 15–16/97, BStBl. II 1999, 412; I R 65/98, BFH/NV 2000, 1298; IX B 210/01, BFH/NV 2002, 1324 zur Abtrennung; VII S 27/02, BFH/NV 2003, 175; V K 1/07, BFH/NV 2009, 1125; zur Rüge der Rechtsbeugung I B 23/12, BFH/NV 2013, 391; IX B 25/13, BFH/NV 2013, 1604; **zu §§ 580 Nr. 5, 581 ZPO** BFH VI K 2/03, BFH/NV 2004, 359; X K 8/03, BFH/NV 2004, 977; V K 1/03, BeckRS 2004, 25007007; **zu § 580 Nr. 6 ZPO** BFH VII K 1/76, BStBl. II 1978, 21; II K 1/84, BFH/NV 1986, 164; III K 1/90, BFH/NV 1992, 184; **zu § 580 Nr. 7a ZPO** BFH VII K 1/76, BStBl. II 1978, 21; **zu § 580 Nr. 7b ZPO** BFH III B 22/99, BFH/NV 1999, 1628; BVerwG III C 9.60, BVerwGE 11, 124; III C 122.64, BVerwGE 20, 344, Urkunde darf nicht nachträglich erstellt sein; BFH III K 1/69, BStBl. II 1970, 216, Urkunde muss dem Beteiligten bis zur Rechtskraft der Entscheidung im Vorprozess unbekannt gewesen sein; BFH IX B 40/90, BFH/NV 1991, 547, durch die Urkunde belegte Tatsache darf im Vorprozess nicht für unerheblich erklärt worden sein; BFH V B 116/05, BFH/NV 2006, 2277, der Inhalt der Urkunde muss erheblich sein; zum Vernehmungsprotokoll s. BFH V B 154/03, BFH/NV 2004, 805; sie muss für sich allein und nicht erst iVm anderen Beweismitteln entscheidungserheblich sein, BFH VIII R 47/09, BFH/NV 2013, 411; VI B 5/15, BeckRS 2015, 95396.

Liegt ein Wiederaufnahmegrund nicht vor oder kann er nicht festgestellt werden, weist das Gericht das Wiederaufnahmebegehren durch Urteil (Beschluss) ab.

Dritte Stufe. Ist die Wiederaufnahmeklage zulässig und begründet, hebt das 6
Gericht die fehlerhafte Entscheidung auf und eröffnet so den Zugang zur **neuen Verhandlung und Entscheidung des früheren Rechtsstreits** (§ 590 ZPO). Die Aufhebung der angefochtenen Entscheidung kann durch selbständig anfechtbares Zwischenurteil geschehen (BFH IVb ZR 707/80, NJW 1982, 2449); sie kann aber auch zusammen mit der ersetzenden Entscheidung beim Abschluss des dritten Verfahrensabschnitts ausgesprochen werden. Die Entscheidung ergeht grds. in derselben Form und Besetzung, in der die den Gegenstand des Wiederaufnahmeverfahrens bildende Entscheidung ergangen ist (BFH III K 1/90, BFH/NV 1992, 184). Abweichend davon entscheidet der Senat, wenn die Entscheidung, die Gegenstand des Wiederaufnahmeverfahrens ist, vom **Einzelrichter** getroffen wurde (BFH X R 15–16/97, BStBl. II 1999, 412; aM Albert DStZ 1998, 239 (241)). Ein Richter ist bei der Entscheidung über eine Nichtigkeitsklage nicht deshalb ausgeschlossen, weil er an dem der Nichtigkeitsklage vorangegangenen Urteil mitgewirkt hat (BFH VIII R 1/96, BFH/NV 1997, 122; I B 22/12, BFH/NV 2013, 389).

Der Streitgegenstand und die Beteiligten sind identisch mit denen des Vorprozesses. Der Prozess wird in die **Lage vor Erlass der Entscheidung** zurückversetzt (BFH VI K 1/67, BStBl. II 1968, 119). Rechtsänderungen können nach allg. Grundsätzen berücksichtigt werden (BVerwG 9 C 5/88, DVBl. 1988, 1027). **Vorläufiger Rechtsschutz** kommt entsprechend § 150 S. 3 iVm § 69 in Betracht (BFH V B 41/87, BFH/NV 1990, 644). Für die **Kostenentscheidung** gelten die §§ 135 ff.

Dritter Teil. Kosten und Vollstreckung

Abschnitt I. Kosten

Vor § 135: Kostenbegriff, Gerichtskosten, Streitwert

Literatur: Balmes/Felten, Kosten des Steuerstreits, DStZ 2010, 454; Dellner, Auswirkungen des Kostenrechtsmodernisierungsgesetzes auf das finanzgerichtliche Verfahren, DStZ 2004, 647; Fahl, Die Beteiligung des Beigeladenen an den Kosten des Verfahrens bei teilweisem Unterliegen und teilweisem Obsiegen, NVwZ 1996, 1189; Gersch, Die Kosten des Beigeladenen, AO-StB 2001, 59; Gruber, Die gerichtliche Kostenentscheidung im Steuerprozess, StB 1992, 166; Gruber, Kostenrechtliche Betrachtungen zur Beiladung im finanzgerichtlichen Verfahren, StB 2003, 16; Hollatz, Kosten im gerichtlichen Steuerrechtsstreit, NWB Fach 2, 8677; Just, Das Kostenrecht im Finanzprozess, DStR 2008, Beihefter zu Heft 40; Just, Die Erhebung der Vorfälligkeitsgebühr bei den Finanzgerichten – Die Änderung des GKG zum 16.7.2014, DStR 2014, 2481; Mack, Kosten im FG-Verfahren, AO-StB 2002, 321; Mack, Der Streit beim Finanzgericht, AG 2010, 326; Maurer, Die Kosten unselbständiger Anschlussrechtsmittel, NJW 1991, 72; Schwarz, Kosten des finanzgerichtlichen Verfahrens, AO-StB 2004, 31; Wackerbeck, Kostenverursachung durch vollmachtlose Berufsträger im finanzgerichtlichen Verfahren, AO-StB 2021, 205.

Übersicht

	Rn.
I. Allgemeines	1
1. Kostenbegriff der FGO	1
2. Rechtsgrundlagen	3
a) Formelles und materielles Kostenrecht	3
b) Gerichtskosten	5
c) Außergerichtliche Kosten	12
d) Streitwert	13
e) Verfassungsgemäßheit der Gebührenerhebung	14
II. Gerichtskosten	15
1. Kostenschuldner	20
2. Gebühren und Auslagen nach dem GKG	25
a) Einheitliche Verfahrensgebühr	25
aa) Rechtszug	27
bb) Trennung und Verbindung von Verfahren	29
cc) Höhe der Gebühr	32
b) Andere Gebühren	34
aa) Festgebühren	34
bb) Verzögerungsgebühr	35
c) Auslagen	38
d) Fälligkeit	44
aa) Vorfälligkeit	45
bb) Endfälligkeit	52
3. Kostenansatz	54
a) Begriff, Zuständigkeit, Verfahren	55

Rn.
aa) Allgemeines ... 55
bb) Kostenansatz bei Insolvenzverfahren ... 60
cc) Nachforderung von Kosten ... 62
b) Erinnerung ... 64
aa) Statthaftigkeit, Wirkung ... 65
bb) Einlegung ... 67
cc) Gegenstand ... 69
dd) Zuständigkeit, Verfahren, Entscheidung ... 73
ee) Rechtsbehelfe ... 78
c) Anhörungsrüge ... 80
4. Erhebung von Gerichtskosten ... 83
a) Allgemeines ... 83
b) Nichterhebung bei Bewilligung von Prozesskostenhilfe ... 85
c) Nichterhebung von Kosten (§ 21 GKG) ... 87
aa) Allgemeines ... 88
bb) Unrichtige Sachbehandlung ... 90
cc) Terminverlegung ... 94
dd) Unverschuldete Unkenntnis ... 95
ee) Verfahren ... 97
III. Streitwert ... 100
1. Rechtsgrundlagen ... 100
2. Allgemeine Grundsätze der Streitwertermittlung ... 103
a) Streitgegenstand als Bezugsgröße ... 104
b) Klagehäufung ... 108
aa) Objektive Klagehäufung ... 108
bb) Eventuelle Klagehäufung ... 110
cc) Subjektive Klagehäufung ... 112
c) Verteidigungsvorbringen des Beklagten ... 114
d) Änderung des Streitgegenstands ... 115
e) Streitwert in Rechtsmittelverfahren ... 118
3. Bewertung des Streitgegenstands ... 125
a) Zeitpunkt der Bewertung ... 126
b) Absolute Grenzen ... 127
c) Bezifferte Geldleistung (§ 52 III GKG) ... 129
d) Bedeutung der Sache (§ 52 I GKG) ... 135
e) Auffangstreitwert (§ 52 II GKG) ... 141
4. Festsetzung des Streitwerts ... 145
a) Zuständigkeit, Verfahren ... 146
b) Änderung der Streitwertfestsetzung ... 152
c) Rechtsbehelfe ... 155
5. ABC der Streitwerte ... 160
IV. Anlagen ... 180
1. Kostenverzeichnis (KV) ... 180
2. Gebührentabelle ... 181

I. Allgemeines

1. Kostenbegriff der FGO

Kosten iSd Dritten Teils der FGO sind die **Gerichtskosten** (→ Rn. 15 ff.) und **1**
die **notwendigen Aufwendungen** der Beteiligten (§ 139 I: „außergerichtliche

Kosten"). Nicht notwendige (zB übermäßige) Aufwendungen sind kostenrechtlich ohne Bedeutung, da sie nicht erstattungsfähig sind. Beide Kostengruppen setzen sich begrifflich zusammen aus **Gebühren** und **Auslagen** (§ 139 I 1, III 1). Die Gerichtsgebühren sind Gebühren im öffentlich-rechtlichen Sinne. Die „Gebühren" der Rechtsanwälte und Steuerberater sind dagegen privatrechtliche Entgelte. Zu den **Kosten des Verfahrens** (§ 135 I) gehören sie nur, wenn sie im Zusammenhang mit einer Tätigkeit des Gerichts entstanden sind. Zu den notwendigen, dh erstattungsfähigen Aufwendungen (Kosten) zählen auch die **Kosten des Vorverfahrens,** dh die Gebühren und Auslagen des Bevollmächtigten oder Beistands im Vorverfahren, wenn das Gericht dessen Zuziehung für notwendig erklärt hat (§ 139 III 3).

2. Rechtsgrundlagen

3 **a) Formelles und materielles Kostenrecht.** Die Vorschriften des Kostenrechts lassen sich unterteilen in formelle und materielle Bestimmungen. Das **materielle Kostenrecht** regelt, wer im Zusammenhang mit einer Tätigkeit des Gerichts welche Kosten zu tragen oder zu erstatten hat. Darüber entscheidet das Gericht in der **Kostengrundentscheidung** (→ § 143 Rn. 1 ff.), es sei denn die Kostentragungspflicht ergibt sich unmittelbar aus dem G. Zum materiellen Kostenrecht gehören zB die §§ 135 ff., aber auch die Vorschriften des GKG, aus denen sich die Gebührentatbestände und ihre Höhe ergeben. Die Vorschriften des **formellen Kostenrechts** (zB §§ 19, 63, 66 GKG; § 149) betreffen die Zuständigkeit, das Verfahren und die Form der Festsetzung der Gerichtskosten (**Kostenansatz,** → Rn. 54 ff.) und der außergerichtlichen Kosten einschließlich der zu erstattenden Kosten (**Kostenfestsetzung,** vgl. § 149).

5 **b) Gerichtskosten.** Für die Verfahren vor den Gerichten der Finanzgerichtsbarkeit nach der FGO werden **Gerichtskosten** (Gebühren und Auslagen) nach dem **GKG** erhoben (§ 1 II Nr. 2 GKG). Das GKG regelt nur das Verhältnis des Kostenschuldners zur Staatskasse, nicht jedoch die Verhältnisse zwischen den Beteiligten und ihren jeweiligen Verfahrensbevollmächtigten und auch nicht etwaige Erstattungsansprüche zwischen den Verfahrensbeteiligten (vgl. dazu §§ 139, 149). Als späteres G (zur Rechtsentwicklung vgl. Gräber, 7. Aufl. 2010) geht das GKG in der FGO erhalten gebliebenen Gerichtskostenregelungen vor. Die in § 135 V 1 angeordnete Haftung nach Kopfteilen wird deshalb für die Gerichtskosten von § 32 GKG verdrängt und läuft insoweit leer (BFH VII E 4/88, BStBl. II 1989, 46; → Rn. 23; Toussaint/Toussaint GKG § 32 Rn. 1; → § 135 Rn. 25).

6 Durch das **Kostenrechtsmodernisierungsgesetz** (KostRMoG) v. 12.2.2004 (BGBl. I 718) ist ua das Gerichtskostenrecht für finanzgerichtliche Verfahren geändert worden, zB durch Einführung einer **einheitlichen Verfahrensgebühr** (§ 3 II GKG iVm Nr. 6110 ff. KV), eines **Mindeststreitwerts** (§ 52 IV GKG; vgl. dazu Eberl DB 2004, 1910; Bartone AO-StB 2005, 22), einer **Vorfälligkeitsregelung** für die Verfahrensgebühr (§ 6 I 1 Nr. 5 GKG), den **Wegfall** der **gerichtsgebührenfreien Klagerücknahme** (Nr. 6111 KV) sowie die kostenrechtliche Gleichstellung von Urteil und Gerichtsbescheid einerseits, Zurücknahme der Klage und Erledigung der Hauptsache andererseits. Durch das KostRMoG wurde ferner eine Kappungsgrenze für Streit- und Gegenstandswerte eingeführt: Nach § 39 II GKG beträgt der Streitwert höchstens 30 Mio. EUR. Durch diese Regelung wird das Kostenrisiko bei Rechtsstreitigkeiten mit sehr hohen Streitwerten erheblich vermindert (Wenner/Schuster BB 2005, 230). Spe-

zielle Vorschriften für das finanzgerichtliche Verfahren enthalten ua § 2 I 1, § 6 I Nr. 5, § 52 I–IV, § 53 II Nr. 1 u. 3, § 63 I 3 u. 4, II 2 GKG.

Durch das **2. Kostenrechtsmodernisierungsgesetz** (2. KostRMoG) v. 23.7.2013 (BGBl. I 2586) ist ua klargestellt, dass in den kostenrechtlichen Erinnerungs- und Beschwerdeverfahren der **Einzelrichter** entscheidet, auch wenn er institutionell nicht vorgesehen ist (§ 1 V GKG; → Rn. 74) und dass die gerichtliche Verfahrensgebühr für ein Rechtsmittelverfahren mit der Zulassung des Rechtsmittels fällig wird (§ 6 I 2 GKG). Die **Gebührentabelle** ist verändert. Die Gebühren sollten nach dem Willen der BReg um etwa 11 % angehoben werden (BT-Drs. 17/11471 (neu), 244), die beschlossene, weit darüber hinausgehende Erhöhung geht auf den Vorschlag des Vermittlungsausschusses zurück (BT-Drs. 17/14120). Offensichtlich absehbare **zukünftige Auswirkungen** erhöhen nun den **Streitwert** einer Klage vor dem FG (§ 52 III 2, → Rn. 129 ff.); die Erhöhung ist gedeckelt auf das Dreifache der Geldleistung, um deren Höhe gestritten wird. Der **Mindeststreitwert** ist auf 1.500 EUR angehoben; er gilt nicht für Klagen in Kindergeldangelegenheiten und Entschädigungsklagen. Die **Gebührentatbestände** Nr. 6400 und 6502 KV sind um 10 EUR auf 60 EUR angehoben worden. Der **Auslagentatbestand** Nr. 9000 KV ist neu gefasst und ergänzt. 7

Durch das **G zur Durchführung der Verordnung (EU) Nr. 1215/2012 sowie zur Änderung sonstiger Vorschriften** v. 8.7.2014 (BGBl. I 890) ist § 52 III GKG um einen neuen S. 3 (Streitwert bei Kindergeldangelegenheiten) ergänzt und in § 52 GKG ein neuer Abs. 5 eingefügt worden (vorläufiger Ansatz des Mindeststreitwerts). § 63 I 4 GKG ist aufgehoben worden. Die Änderungen sind am 16.7.2014 in Kraft getreten (Art. 15 II des G) und gelten gem. § 71 I 1 GKG nicht für Rechtsstreitigkeiten, die vor der Gesetzesänderung anhängig geworden sind (→ Rn. 9). Durch das **Kostenrechtsänderungsgesetz** v. 21.12.2020 (KostRÄG 2021, BGBl. I 3229) sind ua die Vergütungssätze für Rechtsanwälte sowie die Gerichtsgebühren linear um 10% angehoben worden. Die Anhebung der Gerichtsgebühren trägt den gestiegenen Sach- und Personalkosten in der Justiz Rechnung (BT-Drs. 19/23484, 1). 8

Den **zeitlichen Anwendungsbereich** des GKG regeln die §§ 71 ff. GKG. Das GKG (2013) ist anzuwenden auf Rechtsstreitigkeiten, die nach dem Inkrafttreten des G (am 1.8.2013) anhängig geworden sind (§ 71 I 1 GKG). Für Rechtsmittel ist der Zeitpunkt ihrer Einlegung maßgebend, selbst wenn das Verfahren schon vorher in Gang gesetzt worden war (§ 71 I 2 GKG). Das GKG idF des **KostRÄG 2021** (→ Rn. 8) ist grds. anwendbar auf Verfahren, die nach dem 31.12.2020 anhängig geworden sind, sowie auf Rechtsmittel, die nach dem Stichtag eingelegt worden sind. Im Fall einer **Zurückverweisung** an die Vorinstanz (§ 116 VI, § 126 III 1 Nr. 2) bleibt es, außer für das Rechtsmittelverfahren, bei der Maßgeblichkeit des Zeitpunkts des ursprünglichen Anhängigwerdens (Toussaint/Toussaint GKG § 71 Rn. 9). Für eine Anhörungsrüge (§ 133a), die sich auf ein Verfahren bezieht, das noch vor dem 1.1.2021 anhängig geworden war, bemisst sich die Gebühr noch nach der alten Tabelle (BFH X S 16/21, BFH/NV 2022, 423). Entsprechendes gilt für frühere Fassungen des GKG. 9

Die bundeseinheitliche **Kostenverfügung** (**KostVfg;** für den Bund idF der Bekanntmachung v. 5.9.2023, BAnz. AT 29.9.2023 B2, geändert durch Verwaltungsvorschrift vom 18.12.2024, BAnz. AT 7.1.2025 B1) regelt ua das Verwaltungsverfahren betr. den **Ansatz** (→ Rn. 54 ff.) und die **Erhebung der Gerichtskosten** (→ Rn. 83 ff.). Als allgemeine Verwaltungsvorschrift ist sie für die Gerichte grds. nicht bindend. Sie unterliegt der gerichtlichen Nachprüfung 10 zumindest, soweit sie verbindliche Vorgaben für die Ausübung behördlichen Ermessens enthält (HessFG 2 Ko 1497/20, BeckRS 2022, 30021 zu § 8 KostVfg).

12 **c) Außergerichtliche Kosten.** Rechtsgrundlage für die Entstehung und Bemessung der **außergerichtlichen Kosten** (notwendigen Aufwendungen der Beteiligten) sind vor allem die Vorschriften des **Rechtsanwaltsvergütungsgesetzes (RVG) v. 5.5.2004** (BGBl. I 718), neugefasst durch Bekanntmachung v. 15.3.2022 (BGBl. I 610), zuletzt geändert durch G v. 24.10.2024 (BGBl. 2024 I Nr. 328). Die Auslagen und Gebühren der Rechtsanwälte werden vom RVG zusammenfassend als **Vergütung** bezeichnet (§ 1 I RVG). Das RVG ist sinngemäß anzuwenden auf die Vergütung der **Steuerberater** (und Steuerbevollmächtigten) in Verfahren der Finanzgerichtsbarkeit ua (§ 45 StBVV). Das RVG enthält nur eine Sondervorschrift für das Verfahren vor den FG. Es weist in § 11 III 1 RVG darauf hin, dass für die Festsetzung der Vergütung der Urkundsbeamte der Geschäftsstelle zuständig ist (vgl. § 149 I). Teil 3 des Vergütungsverzeichnisses (Anl. 1 zu § 2 II RVG) enthält einige Tatbestände, die auf Besonderheiten des finanzgerichtlichen Verfahrens Bezug nehmen (insbes. Nr. 3200 ff. VV). Nicht zu den Kosten iSd FGO (→ Rn. 1) gehört die ebenfalls im RVG geregelte Vergütung für **Hilfeleistung in Steuersachen.** Dafür verweist § 35 RVG auf die §§ 23–39 StBVV. Die vor dem Inkrafttreten des RVG für die Gebühren der Rechtsanwälte geltende BRAGO ist durch das KostRMoG (→ Rn. 6) aufgehoben; sie gilt nach § 61 RVG nur noch für eine Übergangszeit.

13 **d) Streitwert.** Für die Gerichtskosten wie für die außergerichtlichen Kosten gleichermaßen bedeutsam sind die (im GKG enthaltenen) Vorschriften über den **Streitwert** (→ Rn. 100 ff.). Der Streitwert bildet grds. die Bemessungsgrundlage für die Gebühren (§ 3 I GKG); in gerichtlichen Verfahren ist der für die Gebühren geltende (festgesetzte) Streitwert zugleich der **Gegenstandswert** (§ 2 I RVG) für die Gebühren des bevollmächtigten Rechtsanwalts (§ 23 I 1 RVG) oder Steuerberaters (§ 45 StBVV). Entsprechendes gilt nach § 23 I 3 RVG für die Vertretung im **außergerichtlichen Vorverfahren,** auch für die Vertretung durch Steuerberater. § 40 StBVV verweist seit dem 1.7.2020 wie § 45 StBVV sinngemäß, aber vollumfänglich auf die Vorschriften des RVG. Auch Steuerberater können danach für ihre Tätigkeit im außergerichtlichen Vorverfahren den Mindeststreitwert ansetzen (zur früheren Rechtslage: Draf DStR 2017, 624). Der Streitwert ist außerdem maßgeblich für die Anwendung des § 94a (Verfahren nach billigem Ermessen).

14 **e) Verfassungsgemäßheit der Gebührenerhebung.** Die Erhebung von Gerichtsgebühren ist verfassungsrechtlich unbedenklich. Der auf die Gewährung effektiven Rechtsschutzes gerichtete **Justizgewährungsanspruch** (Art. 19 IV GG; → Vor § 115 Rn. 15) schließt es nicht aus, dass der Gesetzgeber für die Inanspruchnahme der Gerichte Gebühren erhebt (BVerfG 1 BvR 1821/94, NJW-RR 2000, 946). Die Erhebung der Gerichtsgebühren verstößt auch nicht gegen das aus Art. 19 I 2 GG folgende **Zitiergebot** (BFH VI E 2/12, BFH/NV 2013, 399). Die entsprechenden Vorschriften müssen aber der Bedeutung des Justizgewährungsanspruchs im Rechtsstaat Rechnung tragen (BVerfG 1 BvL 1/89, BVerfGE 85, 337). Der Zugang zu den Gerichten darf nicht in unzumutbarer, aus Sachgründen nicht mehr zu rechtfertigender Weise erschwert werden. Mit der Bedeutung des Justizgewährungsanspruchs ist es nicht vereinbar, wenn einer Partei dabei Kosten entstehen, die außer Verhältnis zu dem wirtschaftlichen Wert des Verfahrensgegenstandes stehen. Nach der stRspr des BVerfG ist eine unzumut-

bare Erschwerung des Rechtswegs regelmäßig zu bejahen, wenn es nicht nur um geringfügige Beträge geht und wenn schon das **Gebührenrisiko** für eine Instanz das **wirtschaftliche Interesse** eines Beteiligten an dem Verfahren erreicht oder sogar übersteigt (BVerfG 1 BvL 1/89, BVerfGE 85, 337; BFH X E 23/14, BFH/NV 2015, 219). Das schließt nicht aus, dass im Einzelfall und wenn um einen geringen Betrag gestritten wird, die Gerichtsgebühren und Auslagen den Streitwert zulässigerweise um ein Mehrfaches übersteigen können (FG BW 11 KO 459/11, EFG 2013, 550). Streitwertbezogene Gebühren sind mit dem GG vereinbar (BVerfG 1 BvR 1595/88, Inf 1989, 383; 1 BvR 2182/13, BeckRS 2014, 52271). Der in finanzgerichtlichen Verfahren zu beachtende **Mindeststreitwert** (von 1.500 EUR) unterliegt keinen durchgreifenden verfassungsrechtlichen Bedenken (BFH V E 2/06, BStBl. II 2007, 791; Eberl DB 2004, 1910).

II. Gerichtskosten

§ 1 GKG Geltungsbereich 15

(1) [1]Für Verfahren vor den ordentlichen Gerichten

1. bis 22. …

werden Kosten (Gebühren und Auslagen) nur nach diesem Gesetz erhoben …

(2) Dieses Gesetz ist ferner anzuwenden für Verfahren

1. …
2. vor den Gerichten der Finanzgerichtsbarkeit nach der Finanzgerichtsordnung;
3. bis 5. …

(3) …

(4) Kosten nach diesem Gesetz werden auch erhoben für Verfahren über eine Beschwerde, die mit einem der in den Absätzen 1 bis 3 genannten Verfahren im Zusammenhang steht.

(5) Die Vorschriften dieses Gesetzes über die Erinnerung und die Beschwerde gehen den Regelungen der für das zugrunde liegende Verfahren geltenden Verfahrensvorschriften vor.

§ 2 GKG Kostenfreiheit

(1) [1]In Verfahren vor den ordentlichen Gerichten und den Gerichten der Finanz- und Sozialgerichtsbarkeit sind von der Zahlung der Kosten befreit der Bund und die Länder sowie die nach Haushaltsplänen des Bundes oder eines Landes verwalteten öffentlichen Anstalten und Kassen. [2]In Verfahren der Zwangsvollstreckung wegen öffentlich-rechtlicher Geldforderungen ist maßgebend, wer ohne Berücksichtigung des § 252 der Abgabenordnung oder entsprechender Vorschriften Gläubiger der Forderung ist.

(2) …

(3) [1]Sonstige bundesrechtliche Vorschriften, durch die für Verfahren vor den ordentlichen Gerichten und den Gerichten der Finanz- und Sozialgerichtsbarkeit eine sachliche oder persönliche Befreiung von Kosten gewährt ist, bleiben unberührt. [2]Landesrechtliche Vorschriften, die für diese Verfahren in weiteren Fällen eine sachliche oder persönliche Befreiung von Kosten gewähren, bleiben unberührt.

(4) …

(5) [1]Soweit jemandem, der von Kosten befreit ist, Kosten des Verfahrens auferlegt werden, sind Kosten nicht zu erheben; bereits erhobene Kosten sind zurückzuzahlen. [2]Das Gleiche gilt, soweit eine von der Zahlung der Kosten befreite Partei Kosten des Verfahrens übernimmt.

§ 3 GKG Höhe der Kosten

(1) Die Gebühren richten sich nach dem Wert des Streitgegenstands (Streitwert), soweit nichts anderes bestimmt ist.

(2) Kosten werden nach dem Kostenverzeichnis der Anlage 1 zu diesem Gesetz erhoben.

§ 4 GKG Verweisungen

(1) Verweist ein erstinstanzliches Gericht oder ein Rechtsmittelgericht ein Verfahren an ein erstinstanzliches Gericht desselben oder eines anderen Zweiges der Gerichtsbarkeit, ist das frühere erstinstanzliche Verfahren als Teil des Verfahrens vor dem übernehmenden Gericht zu behandeln.

(2) [1]Mehrkosten, die durch Anrufung eins Gerichts entstehen, zu dem der Rechtsweg nicht gegeben oder das für das Verfahren nicht zuständig ist, werden nur dann erhoben, wenn die Anrufung auf verschuldeter Unkenntnis der tatsächlichen oder rechtlichen Verhältnisse beruht. [2]Die Entscheidung trifft das Gericht, an das verwiesen worden ist.

§ 5 GKG Verjährung, Verzinsung

(1) [1]Ansprüche auf Zahlung von Kosten verjähren in vier Jahren nach Ablauf des Kalenderjahrs, in dem das Verfahren durch rechtskräftige Entscheidung über die Kosten, durch Vergleich oder in sonstiger Weise beendet ist. [2] …

(2) [1]Ansprüche auf Rückerstattung von Kosten verjähren in vier Jahren nach Ablauf des Kalenderjahrs, in dem die Zahlung erfolgt ist. [2]Die Verjährung beginnt jedoch nicht vor dem im Absatz 1 bezeichneten Zeitpunkt. [3]Durch Einlegung eines Rechtsbehelfs mit dem Ziel der Rückerstattung wird die Verjährung wie durch Klageerhebung gehemmt.

(3) [1]Auf die Verjährung sind die Vorschriften des Bürgerlichen Gesetzbuchs anzuwenden; die Verjährung wird nicht von Amts wegen berücksichtigt. [2]Die Verjährung der Ansprüche auf Zahlung von Kosten beginnt auch durch die Aufforderung zur Zahlung oder durch eine dem Schuldner mitgeteilte Stundung erneut. [3]Ist der Aufenthalt des Kostenschuldners unbekannt, genügt die Zustellung durch Aufgabe zur Post unter seiner letzten bekannten Anschrift. [4]Bei Kostenbeträgen unter 25 Euro beginnt die Verjährung weder erneut noch wird sie gehemmt.

(4) Ansprüche auf Zahlung und Rückerstattung von Kosten werden vorbehaltlich der nach Nummer 9018 des Kostenverzeichnisses für das erstinstanzliche Musterverfahren nach dem Kapitalanleger-Musterverfahrensgesetz geltenden Regelung nicht verzinst.

§ 5a GKG Elektronische Akte, elektronisches Dokument

In Verfahren nach diesem Gesetz sind die verfahrensrechtlichen Vorschriften über die elektronische Akte und über das elektronische Dokument anzuwenden, die für das dem kostenrechtlichen Verfahren zugrunde liegende Verfahren gelten.

§ 5b GKG Rechtsbehelfsbelehrung

Jede Kostenrechnung und jede anfechtbare Entscheidung hat eine Belehrung über den statthaften Rechtsbehelf sowie über die Stelle, bei der dieser Rechtsbehelf einzulegen ist, über deren Sitz und über die einzuhaltende Form und Frist zu enthalten.

Gerichtskosten sind (pauschale) öffentliche Abgaben für die Inanspruchnahme der Gerichte; sie sollen den tatsächlich entstandenen Aufwand der Gerichte abdecken (vgl. BFH IV E 1/77, BStBl. II 1978, 198; XI E 1/03, BFH/NV 2004, 792). Aufwandsunterschreitung ist unschädlich. Rechtsgrundlage für ihre Bemessung, Erhebung (Ansatz) und Verjährung ist das **GKG** (vgl. § 1 GKG; → Rn. 5). Als Eingriffsrecht ist das GKG vor allem an rechtsstaatlichen Maßstäben zu messen (insbes. Gesetzesvorbehalt und Bestimmtheitsgebot). Zur Verfassungsgemäßheit der Gebührenerhebung in gerichtlichen Verfahren → Rn. 14. Das GKG regelt für Verfahren vor den Finanzgerichten nach der FGO abschließend, welche Kosten der Kostenschuldner tragen muss (BFH X E 9/02, BFH/NV 2003, 650). Eine gerichtliche Handlung ist folglich **kostenfrei,** wenn sie in den Tatbeständen des Kostenverzeichnisses (Anl. 1 zu § 3 II GKG) nicht aufgeführt ist (BFH X E 5/20, BFH/NV 2021, 770; Tipke/Kruse/Brandis Vor §§ 135–149 Rn. 7). Kostenfrei ist deshalb zB die Entscheidung über einen Antrag auf PKH (stRspr, BFH VIII S 1/09, BFH/NV 2009, 954; Tipke/Kruse/Brandis § 142 Rn. 56). 16

Gebühren. Das GKG unterscheidet zwischen Wertgebühren (§ 34 GKG), deren Höhe sich nach dem Streitwert richten (§ 3 I GKG) und (festen) Gebühren. Eine Festgebühr kann grds. nicht ermäßigt werden (BFH IX E 9/11, BFH/NV 2012, 58). Ist die Verfahrensgebühr eine Wertgebühr, so bemisst sie sich nach einem Vielfachen oder einem Bruchteil der einfachen Gebühr (**Gebührensatz,** vgl. § 38). Für die Verfahren vor den Gerichten der Finanzgerichtsbarkeit nach der FGO sind die **Gebührentatbestände** iE abschließend aufgeführt im 6. Teil des KV Nr. 6110–6600 KV (Anl. 1 zu § 3 II; abgedr. als Anlage zu diesen Vorb. → Rn. 180). Für die Höhe der Wertgebühren enthält das GKG als Anl. 2 zu § 34 GKG eine **Gebührentabelle** (für Streitwerte bis 500.000 EUR, (abgedr. als Anlage zu diesen Vorb. → Rn. 181). Für höhere Streitwerte muss die Höhe der Gebühr nach § 34 I GKG bestimmt werden. 17

Kostenfreiheit (§ 2 I, V GKG). § 2 I 1 GKG gewährt eine auf die Person des Kostenschuldners bezogene Kostenbefreiung und greift daher nur dann ein, wenn der Bund, ein Land oder eine der in § 2 I 1 GKG benannten Anstalten oder Kassen unmittelbar als Partei (Beteiligter) den Prozess führt (BGH V ZR 172/08, MDR 2009, 594). In finanzgerichtlichen Verfahren genießen die beteiligten Behörden (einschließlich der Familienkassen) Gebührenfreiheit. Einzelheiten vgl. Toussaint/Toussaint GKG § 2 Rn. 10 ff. Die Kostenfreiheit bezieht sich auf alle im GKG geregelten Gebühren und Auslagen. 18

Die **Ansprüche** auf Zahlung (Rückerstattung) von Gerichtskosten **verjähren** grds. in vier Jahren (§ 5 I, II). Die Verjährung wird nicht vAw berücksichtigt (§ 5 III 1 Hs. 2 GKG). Die Ansprüche werden nicht verzinst (§ 5 IV GKG; Ausnahme: Verfahren nach dem KapMuG) und können **verwirkt** werden (BFH X E 8/13, BFH/NV 2014, 867). 19

Verfahren. Für den elektronischen Rechtsverkehr in Kostensachen verweist das GKG in § 5a auf die Vorschriften der jeweiligen Verfahrensordnung (§§ 52a und 52b). Eine im Jahr 2021 per einfacher E-Mail eingelegte Erinnerung war unzulässig mangels qualifizierter Signatur und mangels Nutzung eines sicheren 19a

Übertragungswegs (FG Düsseldorf 1 Ko 1054/22 GK, EFG 2022, 1416). Rechtsanwälte und Steuerberater als Prozessvertreter müssen zusätzlich § 52d (Benutzungszwang) beachten (BFH VIII E 3/23, BFH/NV 2024, 768).

1. Kostenschuldner

20 **§ 22 GKG Streitverfahren, Bestätigungen und Bescheinigungen zu inländischen Titeln**

(1) [1]In bürgerlichen Rechtsstreitigkeiten … sowie in Verfahren nach § 1 … Absatz 2 Nummer 1 bis 3 … schuldet die Kosten, wer das Verfahren des Rechtszugs beantragt hat …

(2)–(4) …

§ 29 GKG Weitere Fälle der Kostenhaftung

Die Kosten schuldet ferner,

1. wem durch gerichtliche oder staatsanwaltschaftliche Entscheidung die Kosten des Verfahrens auferlegt sind;
2. wer sie durch eine vor Gericht abgegebene oder dem Gericht mitgeteilte Erklärung oder in einem vor Gericht abgeschlossenen oder dem Gericht mitgeteilten Vergleich übernommen hat; dies gilt auch, wenn bei einem Vergleich ohne Bestimmung über die Kosten diese als von beiden Teilen je zur Hälfte übernommen anzusehen sind;
3. wer für die Kostenschuld eines anderen kraft Gesetzes haftet und
4. der Vollstreckungsschuldner für die notwendigen Kosten der Zwangsvollstreckung.

§ 30 GKG Erlöschen der Zahlungspflicht

[1]Die durch gerichtliche oder staatsanwaltschaftliche Entscheidung begründete Verpflichtung zur Zahlung von Kosten erlischt, soweit die Entscheidung durch eine andere gerichtliche Entscheidung aufgehoben oder abgeändert wird. [2]Soweit die Verpflichtung zur Zahlung von Kosten nur auf der aufgehobenen oder abgeänderten Entscheidung beruht hat, werden bereits gezahlte Kosten zurückerstattet.

§ 31 GKG Mehrere Kostenschuldner

(1) Mehrere Kostenschuldner haften als Gesamtschuldner.

(2) [1]Soweit ein Kostenschuldner aufgrund von § 29 Nummer 1 oder 2 (Erstschuldner) haftet, soll die Haftung eines anderen Kostenschuldners nur geltend gemacht werden, wenn eine Zwangsvollstreckung in das bewegliche Vermögen des ersteren erfolglos geblieben ist oder aussichtslos erscheint. [2]Zahlungen des Erstschuldners mindern seine Haftung aufgrund anderer Vorschriften dieses Gesetzes auch dann in voller Höhe, wenn sich seine Haftung nur auf einen Teilbetrag bezieht.

(3) [1]Soweit einem Kostenschuldner, der aufgrund von § 29 Nummer 1 haftet (Entscheidungsschuldner), Prozesskostenhilfe bewilligt worden ist, darf die Haftung eines anderen Kostenschuldners nicht geltend gemacht werden; von diesem bereits erhobene Kosten sind zurückzuzahlen, soweit es sich nicht um eine Zahlung nach § 13 Absatz 1 und 3 des Justizvergütungs- und -entschädigungsgesetzes handelt und die Partei, der die Prozesskostenhilfe bewilligt worden ist, der besonderen Vergütung zugestimmt hat. [2]Die Haftung eines anderen Kostenschuldners darf auch nicht geltend gemacht werden, soweit dem Entscheidungsschuldner ein Betrag für

die Reise zum Ort einer Verhandlung, Vernehmung oder Untersuchung und für die Rückreise gewährt worden ist.

(4) Absatz 3 ist entsprechend anzuwenden, soweit der Kostenschuldner aufgrund des § 29 Nummer 2 haftet, wenn
1. der Kostenschuldner die Kosten in einem vor Gericht abgeschlossenen oder gegenüber dem Gericht angenommenen Vergleich übernommen hat,
2. der Vergleich einschließlich der Verteilung der Kosten von dem Gericht vorgeschlagen worden ist und
3. das Gericht in seinem Vergleichsvorschlag ausdrücklich festgestellt hat, dass die Kostenregelung der sonst zu erwartenden Kostenentscheidung entspricht.

§ 32 GKG Haftung von Streitgenossen und Beigeladenen

(1) [1]Streitgenossen haften als Gesamtschuldner, wenn die Kosten nicht durch gerichtliche Entscheidung unter sie verteilt sind. [2]Soweit einen Streitgenossen nur Teile des Streitgegenstandes betreffen, beschränkt sich seine Haftung als Gesamtschuldner auf den Betrag, der entstanden wäre, wenn das Verfahren nur diese Teile betroffen hätte.

(2) Absatz 1 gilt auch für mehrere Beigeladene, denen Kosten auferlegt worden sind.

§ 33 GKG Verpflichtung zur Zahlung von Kosten in besonderen Fällen

Die nach den §§ 53 bis 55, 177, 209 und 269 der Insolvenzordnung … begründete Verpflichtung zur Zahlung von Kosten besteht auch gegenüber der Staatskasse.

Antragsteller. Schuldner der Gerichtskosten ist stets, und zwar ohne Rück- **21**
sicht auf den Ausgang des Verfahrens, wer das Verfahren des Rechtszugs beantragt hat (§ 22 I 1 GKG). Antragsteller iSd Vorschrift ist der Vertretene, nicht der Vertreter. Etwas anderes gilt ausnahmsweise für **vollmachtlose Vertreter.** Wer nur vorgibt, für einen anderen zu handeln, wird zwar nicht selbst Beteiligter iSd § 57 (→ § 62 Rn. 89), er kann aber Antragsteller iSd Vorschrift sein, wenn (und weil) er durch sein Handeln Kosten verursacht hat (stRspr, BFH V B 56/02, BFH/NV 2002, 1325; **Veranlasserprinzip**). Davon abweichend soll nach der Rspr. beim „Handeln ohne Vollmachtsvorlage" der angeblich Vertretene nicht nur Beteiligter, sondern auch kostenrechtlicher Antragsteller sein (BFH VII E 2/05, BFH/NV 2005, 1598; X E 10/13, BFH/NV 2014, 377). Dem kann in dieser Allgemeinheit nicht gefolgt werden. Es kommt darauf an, wer die Kosten verursacht hat (iE → § 135 Rn. 9). In diesem Sinne ist auch § 22 I 1 GKG auszulegen. Der vermeintlich (insbes. unwirksam) Vertretene hat die Kosten nur zu tragen, wenn feststeht, dass er das vollmachtlose Auftreten seines vermeintlichen Vertreters selbst veranlasst hat (zutr. BGH V ZR 112/90, NJW 1992, 1458). Insofern kommt es auf die Umstände des Einzelfalls an. Antragsteller nach § 22 I 1 GKG ist auch, wer in **Prozessstandschaft** ein fremdes Recht verfolgt, wie zB im Steuerprozess gegen einen Gewinnfeststellungsbescheid die Personengesellschaft, vertreten durch den Geschäftsführer, in Prozessstandschaft für ihre Gesellschafter (Toussaint/Toussaint GKG § 22 Rn. 7; und die Nachw. bei → § 48 aF Rn. 1, 3). Der **Insolvenzverwalter** ist Antragsteller, soweit er den unterbrochenen Prozess aufnimmt (BGH III ZR 297/03, ZIP 2004, 2293), und zwar für die Kosten des gesamten Verfahrens, auch soweit der Gebührentatbestand vor Aufnahme des Verfahrens begründet war (BFH II E 18/12, NZI 2014, 381; FG Köln 2 Ko 1887/21, EFG 2022, 274).

22 **Kostenhaftung.** Daneben zählt § 29 GKG vier weitere Fälle der „Kostenhaftung" auf. Die Kosten schuldet danach auch, wem sie durch gerichtliche oder staatsanwaltschaftliche Entscheidung auferlegt sind (**Entscheidungsschuldner;** § 29 Nr. 1 GKG). Die Kostengrundentscheidung (§ 143) muss wirksam sein (BFH VII E 8/03, BFH/NV 2003, 1201). Ob sie richtig ist, hat der Kostenbeamte nicht zu prüfen (FG Münster 14 Ko 2470/21 GK, ZInsO 2022, 1187). Als weitere mögliche Schuldner der Gerichtskosten nennt das G denjenigen, der sie übernommen hat (**Übernahmeschuldner,** § 29 Nr. 2 GKG), oder wer für die Kostenschuld eines anderen kraft Gesetzes haftet (**Haftungsschuldner,** § 29 Nr. 3 GKG), ferner den **Vollstreckungsschuldner** für die notwendigen Kosten der Zwangsvollstreckung (§ 29 Nr. 4 GKG). Kostenschuldner nach § 29 Nr. 3 GKG ist zB der Gesellschafter einer OHG oder GbR oder der persönlich haftende Gesellschafter einer KG. Ein **Kommanditist** haftet nach § 29 Nr. 3 GKG für die Kostenschuld der KG, soweit er die Einlage noch nicht geleistet hat (§ 177 I HGB); die Leistung der Einlage muss er nachweisen. Dagegen muss die Kostenstelle des Gerichts nachweisen, dass die Einlage zurückgezahlt oder eine der Rückzahlung gleichgestellte Gewinnentnahme (§ 172 IV 1 HGB) erfolgt ist (BFH VII E 9/77, BStBl. II 1978, 651). Weitere Sonderfälle der Kostenhaftung und Ausnahmen zu den §§ 22, 29 sind für bestimmte Auslagen in § 28 GKG geregelt (→ Rn. 26).

23 **Mehrere Kostenpflichtige** haften für die Gerichtskosten gem. §§ 31, 32 GKG als **Gesamtschuldner** und nicht gem. § 135 V 1 FGO nach Kopfteilen; § 32 GKG schließt als die jüngere (lex posterior), nicht als die speziellere Regel (so aber BFH VII E 8/96, BFH/NV 1997, 603) § 135 V 1 insoweit aus (BFH VII E 4/88, BStBl. II 1989, 46; VII E 3/93, BFH/NV 1994, 819). Die Auswahl unter mehreren Gesamtschuldnern trifft der Kostenbeamte nach pflichtgemäßem Ermessen (vgl. dazu § 8 IV Kostenverfügung; BFH VII E 8/96, BFH/NV 1997, 603; HessFG 2 Ko 1497/20, BeckRS 2022, 30021). Betreffen die Anträge mehrerer Streitgenossen **unterschiedliche Streitgegenstände,** so haftet jeder von ihnen nur für die Gerichtskosten, die durch das Verfahren über seinen Antrag entstanden sind (§ 32 I 2 GKG). § 32 I 2 GKG ist auch anzuwenden, wenn das FG die Verfahren mehrerer Kläger mit unterschiedlichen Streitgegenständen zur gemeinsamen Entscheidung verbunden hat (BFH II R 30/09, BFH/NV 2011, 755).

24 Eine **Kostenhaftung** kann sich nach Maßgabe des § 33 GKG auch **aus anderen Gesetzen** ergeben. Die dort aufgeführten Bestimmungen sind Bestandteil des GKG (Toussaint/Toussaint GKG § 33 Rn. 1). Die Kostentragungspflicht des Insolvenzverwalters erstreckt sich gem. § 33 GKG iVm § 55 InsO insbes. auf die Masseverbindlichkeiten (vgl. HessFG 2 Ko 1497/20, BeckRS 2022, 30021). Zum Verfahren → Rn. 60.

2. Gebühren und Auslagen nach dem GKG

a) Einheitliche Verfahrensgebühr.

25 **§ 35 GKG Einmalige Erhebung der Gebühren**

Die Gebühr für das Verfahren im Allgemeinen und die Gebühr für eine Entscheidung werden in jedem Rechtszug hinsichtlich eines jeden Teils des Streitgegenstands nur einmal erhoben.

§ 37 GKG Zurückverweisung

Wird eine Sache zur anderweitigen Verhandlung an das Gericht des unteren Rechtszugs zurückverwiesen, bildet das weitere Verfahren mit dem früheren Verfahren vor diesem Gericht im Sinne des § 35 einen Rechtszug.

§ 40 GKG Zeitpunkt der Wertberechnung → Rn. 103.

Grundlage des Gebührensystems ist seit 2004 (→ Rn. 7) die **einheitliche Verfahrensgebühr.** Mit ihr sind grds. sämtliche Handlungen des Gerichts im selben Rechtszug abgegolten. Sie wird **in jedem Rechtszug** und für jeden Teil des Streitgegenstands **nur einmal erhoben** (§ 35). Die besondere Beweisgebühr ist abgeschafft; die Verfahrensgebühr wird auch dann in voller Höhe erhoben, wenn eine Beweisaufnahme nicht stattgefunden hat. Die Verfahrensgebühr ermäßigt sich aber in Abhängigkeit vom Ausgang des Verfahrens mit Rücksicht auf den typischerweise geringeren Aufwand der Gerichte in bestimmten Fällen. 26

aa) Rechtszug. Der kostenrechtliche Begriff des Rechtszugs ist im GKG nur unvollständig geregelt. Wird die Sache nach Aufhebung des FG-Urteils durch den BFH zurückverwiesen, so bilden das vorangegangene und das sich nach der **Zurückverweisung** anschließende Verfahren vor dem FG iSd § 35 GKG nur einen Rechtszug (§ 37 GKG; vgl. BVerfG 1 BvR 2194/18, BeckRS 2020, 25158). Damit wird eine Verdoppelung der Gebühren ausgeschlossen. Wird gegen das nach Zurückverweisung ergangene Urteil erneut Revision eingelegt, handelt es sich um einen neuen Rechtszug (BFH VII B 112/68, BStBl. II 1970, 852; V S 3/17 (PKH), BeckRS 2017, 94656). Bei **Verweisung** an ein anderes Gericht, ist das frühere erstinstanzliche Verfahren als Teil des Verfahrens vor dem übernehmenden Gericht zu behandeln (§ 4 I GKG). Das Verfahren zur Bestimmung des zuständigen Gerichts gehört als Nebenverfahren zum selben Rechtszug (BFH VIII S 15/24, BFH/NV 2025, 521). Nicht zum Rechtszug gehört das kostenrechtlich selbständige Verfahren der Anhörungsrüge (BGH XI ZR 372/12, NJW-Spezial 2014, 477; anders BFH VIII S 9/24, BFH/NV 2025, 180, aber nicht zum Kostenrecht). Das AdV-Verfahren und das Verfahren auf Zulassung der Revision gehören kostenrechtlich nicht zum selben **Rechtszug,** auch wenn die Entscheidungen über beide Verfahren in einem Beschluss zusammengefasst sind (BFH IV E 7/11, BFH/NV 2012, 55). Mehrere Verfahren nach § 69 III und V gelten innerhalb eines Rechtszugs als ein Verfahren (Vorb. 6.2 (2) 2 zu Nr. 6210 KV). 27

bb) Trennung und Verbindung von Verfahren. Bei der Trennung und Verbindung von Verfahren (§ 73) überlagert der Begriff des Verfahrens den Begriff des Rechtszugs: Durch die **Trennung** entstehen prozessrechtlich selbständige (neue) **Verfahren.** Für jedes durch die Trennung entstandene neue Verfahren entsteht auch kostenrechtlich nach dem jeweiligen Streitwert eine einheitliche Verfahrensgebühr. Ist die Trennung geboten, zB weil es an einer zulässigen Klagehäufung fehlt, darf die unzulässige Verbindung bei Einleitung des Verfahrens gebührenrechtlich nicht privilegiert werden. Für die Bewertung kommt es auf den Zeitpunkt der Abtrennung an. § 40 GKG ist nicht anwendbar, da die durch Abtrennung entstandenen Verfahren zum selben Rechtszug gehören und dieser durch den einheitlichen Antrag eingeleitet worden ist. Daraus lässt sich jedoch nicht ableiten, dass für die durch die Trennung neu entstandenen Verfahren keine einheitliche Verfahrensgebühr anfällt. Der Regelungszweck des § 40 GKG (Vereinfachung) gebietet es vielmehr, die Vorschrift mit der Maßgabe entsprechend anzuwenden, dass es auf den Zeitpunkt des Beginns des Verfahrens ankommt. Die 29

einheitliche Verfahrensgebühr entsteht nach der Trennung also **mehrfach** und so, als ob von Anfang an getrennte Verfahren eingeleitet worden wären (BFH II E 14/07, BeckRS 2008, 25014308; KG 1 W 443/09, BeckRS 2010, 13349; SchlHFG 5 KO 101/11, EFG 2011, 1924; FG BW 8 KO 3052/12, BeckRS 2014, 94926; FG Münster 14 Ko 2470/21 GK, ZInsO 2022, 1187). **Fälligkeit:** § 6 I 1 Nr. 5 GKG ist nicht anwendbar, da die durch Trennung entstandenen Verfahren nicht mit der Einreichung einer „Schrift“ eingeleitet werden (ebenso Tipke/Kruse/Brandis Vor §§ 135–149 Rn. 21 mwN). Die bis zur Trennung entstandene einheitliche Verfahrensgebühr des alten Verfahrens wird nicht (in voller Höhe) fällig, da das Verfahren beendet ist, ohne dass ein Tatbestand des § 9 II GKG erfüllt ist (→ Rn. 30). Soweit sie bereits nach § 6 I 1 Nr. 5 GKG erhoben worden ist, wird sie anteilig angerechnet (§ 35; Zöller/Greger ZPO § 145 Rn. 28). Die Praxis vieler FG, erledigte Teilstreitgegenstände abzutrennen und einzustellen, ist wegen der dadurch bewirkten Gebührensteigerung fragwürdig. Das BVerfG (1 BvR 2169/13 ua, BeckRS 2014, 52271) hat eine ähnliche Praxis der Sozialgerichte nicht als verfassungswidrig angesehen. Für Auslagen, die bis zur Trennung angefallen (und fällig geworden) sind, haften mehrere Kläger weiter gesamtschuldnerisch (§ 32 GKG).

30 Verbindet das Gericht mehrere bei ihm anhängige Klagen oder Rechtsmittelverfahren desselben Klägers oder verschiedener Kläger zur gemeinsamen Verhandlung und Entscheidung, entsteht prozessrechtlich **ein neues Verfahren** (→ Rn. 29) mit mehreren Streitgegenständen iSv § 39 I GKG. Mehrere Kläger werden durch die Verbindung zu Streitgenossen und haften für danach entstandene Gerichtsgebühren gem. § 32 I 2. Die Streitwerte der bisher einzeln geführten Klagen sind ab dem Zeitpunkt der Verbindung zu einem Gesamtstreitwert zu addieren (BFH I R 207/84, BStBl. II 1986, 569; V E 2/11, BFH/NV 2011, 1907). Nach der Rspr. des BFH bleiben die vor der Verbindung in den einzelnen Verfahren bereits entstandenen **einheitlichen Verfahrensgebühren** bestehen. Die Verbindung wirkt nicht zurück; die Verfahren werden letztlich so abgerechnet, als ob die Verbindung nicht stattgefunden hätte (BFH VIII E 4/00, BFH/NV 2000, 1238; V E 2/11, BFH/NV 2011, 1907; X E 5/12, BFH/NV 2013, 386; FG BBg 9 Ko 9140/18, BeckRS 2019, 14946; FG Düsseldorf 13 Ko 2594/21 GK, BeckRS 2021, 46974; aA BFH VI E 1/04, BFH/NV 2005, 379 aufgegeben). Diese Rspr. sollte überdacht werden. Die einheitlichen Verfahrensgebühren sind zwar für die bis zu ihrer Verbindung selbständigen Verfahren entstanden und bleiben auch bestehen, sie werden jedoch nicht nach § 9 II (in voller Höhe) fällig. Die ursprünglich einzeln geführten Verfahren sind prozessrechtlich mit ihrer Verbindung beendet. Insofern kann nichts anderes gelten als für den umgekehrten Vorgang der Trennung. An ihre Stelle tritt das (neue) verbundene Verfahren. § 9 II GKG sieht für den Fall der Verbindung nicht vor, dass die Gebühren fällig werden. Eine allenfalls in Betracht kommende „anderweitige Erledigung“ iSd § 9 II Nr. 5 GKG ist nicht anzunehmen, weil die verbundenen Verfahren gerade nicht erledigt sind, sondern in dem neuen Verfahren fortgesetzt werden. Für das durch die Verbindung entstandene neue Verfahren entsteht eine einheitliche Verfahrensgebühr nach dem Gesamtstreitwert. Sind vor der Trennung die Gerichtsgebühren nach § 6 I 1 Nr. 5 GKG erhoben worden, sind die Zahlungen darauf anzurechnen (§ 35). Im Ergebnis ist deshalb der vom VI. Senat aufgegebenen Auffassung zuzustimmen (BFH VI E 1/04, BFH/NV 2005, 379).

32 **cc) Höhe der Gebühr.** In **Verfahren vor den Finanzgerichten** beträgt die Gebühr das Vierfache der einfachen Gebühr (Nr. 6110 KV); sie ermäßigt sich bei

Zurücknahme der Klage vor der mündlichen Verhandlung oder Erledigung der Hauptsache auf zwei Gebühren (Nr. 6111 KV). Die durch einen Gerichtsbescheid ausgelöste volle Gebühr bleibt trotz Antrags auf mündliche Verhandlung bestehen (BFH II E 18/12, BFH/NV 2014, 726). Eine frühzeitige Zurücknahme der Klage führt nicht mehr zu vollständiger Kostenfreiheit. Der Kläger wird dadurch zu einer sorgfältigen Prüfung angehalten, ob seine Klage tatsächlich Aussicht auf Erfolg hat. Besteht Streit über die Wirksamkeit der Klagerücknahme und hat das Gericht hierüber durch Urteil entschieden, entsteht die volle Gebühr (FG München 4 Ko 2150/12, EFG 2013, 240). In **Verfahren vor dem Bundesfinanzhof** beträgt die Verfahrensgebühr grds. das Fünffache der einfachen Gebühr (Nr. 6112 KV; für Revisionen Nr. 6120 KV). In erstinstanzlichen Verfahren (zB Restitutionsklage, Entschädigungsklage) ermäßigt sich die Gebühr im Fall der Zurücknahme oder Erledigung, wenn noch kein Gerichtsbescheid ergangen ist, auf das Dreifache der Gebühr (Nr. 6113 KV); im Fall der Zurücknahme der Revision vor Eingang der Revisionsbegründungsschrift beim BFH auf eine Gebühr (Nr. 6121 KV), bei Zurücknahme der Revision zu einem späteren Zeitpunkt, aber vor dem Schluss der mündlichen Verhandlung oder Übermittlung der Gerichtsentscheidung an die Geschäftsstelle, auf drei Gebühren (Nr. 6122 KV). Entsprechendes gilt bei Erledigung der Hauptsache. Eine Verfahrensgebühr oder Bruchteile davon werden auch in **anderen Verfahren** vor den FG erhoben, zB in Verfahren wegen vorläufigen Rechtsschutzes nach § 69 oder § 114 (Nr. 6210–6221 KV), im selbständigen Beweisverfahren (Nr. 6300 KV). Für das Beschwerdeverfahren wegen Nichtzulassung der Revision fällt eine doppelte Gebühr an (Nr. 6500 KV), bei Zurücknahme des Antrags eine Gebühr (Nr. 6501 KV). Diese Gebühren entstehen nicht, wenn die Revision zugelassen wird.

b) Andere Gebühren. aa) Festgebühren. Eine **feste Gebühr** (→ Rn. 17) wird zB erhoben für Verfahren über Anträge auf gerichtliche Handlungen der Zwangsvollstreckung nach § 152 (Nr. 6301 KV), für das Verfahren wegen Anhörungsrüge (§ 133a), wenn die Rüge in vollem Umfang verworfen oder zurückgewiesen wird (66 EUR, Nr. 6400 KV) und bei Verwerfung oder Zurückweisung sonstiger, nicht besonders aufgeführter Beschwerden (66 EUR, Nr. 6502 KV). Die Festgebühren sind gegenstandsbezogen; bei objektiver Verfahrenshäufung fallen sie mehrfach an (BFH X E 12/17, BeckRS 2017, 137574; XI S 11/24, BFH/NV 2024, 1426). Zum zeitlichen Anwendungsbereich → Rn. 9. **34**

bb) Verzögerungsgebühr.

§ 38 GKG Verzögerung des Rechtsstreits 35

[1]Wird außer im Fall des § 335 der Zivilprozessordnung durch Verschulden des Klägers, des Beklagten oder eines Vertreters die Vertagung einer mündlichen Verhandlung oder die Anberaumung eines neuen Termins zur mündlichen Verhandlung nötig oder ist die Erledigung des Rechtsstreits durch nachträgliches Vorbringen von Angriffs- oder Verteidigungsmitteln, Beweismitteln oder Beweiseinreden, die früher vorgebracht werden konnten, verzögert worden, kann das Gericht dem Kläger oder dem Beklagten von Amts wegen eine besondere Gebühr mit einem Gebührensatz von 1,0 auferlegen. [2]Die Gebühr kann bis auf einen Gebührensatz von 0,3 ermäßigt werden. [3]Dem Kläger, dem Beklagten oder dem Vertreter stehen gleich der Nebenintervenient, der Beigeladene, der Vertreter des Bundesinteresses beim Bundesverwaltungsgericht und der Vertreter des öffentlichen Interesses sowie ihre Vertreter.

36 § 38 GKG iVm Nr. 6600 KV sieht vor, dass einem Beteiligten eine besondere, der Höhe nach vom Gericht festzusetzende Gebühr auferlegt werden kann, wenn durch sein oder seines Vertreters **Verschulden** die Vertagung einer mündlichen Verhandlung nötig wird oder wenn die Erledigung des Rechtsstreits durch nachträgliches Vorbringen von Angriffs- oder Verteidigungsmitteln, Beweismitteln oder Beweiseinreden verzögert wurde (Verzögerungsgebühr). Vor der Auferlegung dieser besonderen Gebühr ist dem Betroffenen ausreichend Gelegenheit zu geben, sich zu den gegen ihn erhobenen Vorwürfen zu äußern (BFH VI B 3/69, BStBl. II 1969, 550). Der Auferlegung einer Gebühr wegen verspäteter Einreichung eines Schriftsatzes steht nicht entgegen, dass das FG nach § 76 I 1 verpflichtet ist, den Sachverhalt vAw zu erforschen und dass nach § 77 I 1 die Beteiligten zur Vorbereitung der mündlichen Verhandlung Schriftsätze nur einreichen „sollen". Auch die Beteiligten haben im finanzgerichtlichen Verfahren die Pflicht (Obliegenheit), das Verfahren zu fördern (→ § 76 Rn. 2). Zuständig für die Entscheidung über die Auferlegung einer Verzögerungsgebühr ist das **Gericht,** dh der/die Richter, nicht der Kostenbeamte. Das Gericht trifft die Entscheidung nach pflichtgemäßem Ermessen durch besonderen Beschluss, der zu begründen ist (Toussaint/Toussaint GKG § 38 Rn. 30); der Beschluss kann in jeder Lage des Verfahrens ergehen (BFH VIII B 157/06, BFH/NV 2007, 931). Das Gericht kann die Gebühr nach § 38 GKG in demselben Verfahren auch mehrfach verhängen. IdR ist als Verzögerungsgebühr eine volle Gebühr zu erheben (Toussaint/Toussaint GKG § 38 Rn. 35). Schuldner der Gebühr ist derjenige Beteiligte, gegen den das Gericht die Verzögerungsgebühr verhängt hat. Gegen die Festsetzung einer Gebühr nach § 38 GKG durch das FG ist eine Beschwerde zum BFH nicht statthaft (§ 69 S. 2 GKG iVm § 66 III 3 GKG und § 128 IV, weil es sich um eine isolierte Kostenentscheidung handelt; BFH VIII B 157/06, BFH/NV 2007, 931).

c) Auslagen.

38 **§ 28 GKG Auslagen in weiteren Fällen**

(1) [1]Die Dokumentenpauschale schuldet ferner, wer die Erteilung der Ausfertigungen, Kopien oder Ausdrucke beantragt hat. [2]Sind Kopien oder Ausdrucke angefertigt worden, weil die Partei oder der Beteiligte es unterlassen hat, die erforderliche Zahl von Mehrfertigungen beizufügen, schuldet nur die Partei oder der Beteiligte die Dokumentenpauschale.

(2) Die Auslagen nach Nummer 9003 des Kostenverzeichnisses schuldet nur, wer die Versendung der Akte beantragt hat.

(3) Im Verfahren auf Bewilligung von Prozesskostenhilfe einschließlich des Verfahrens auf Bewilligung grenzüberschreitender Prozesskostenhilfe ist der Antragsteller Schuldner der Auslagen, wenn
1. der Antrag zurückgenommen oder vom Gericht abgelehnt wird oder
2. die Übermittlung des Antrags von der Übermittlungsstelle oder das Ersuchen um Prozesskostenhilfe von der Empfangsstelle abgelehnt wird.

39 Auslagen sind **Aufwendungen,** die im Verfahren erwachsen, zB für die Herstellung und Überlassung von Dokumenten, für Zustellungen, öffentliche Bekanntmachungen oder für die Vergütung von Sachverständigen und die Entschädigung von Zeugen nach dem JVEG. Auslagen dürfen nur erhoben werden, soweit es im GKG vorgesehen ist (§ 1 S. 1 GKG). Soweit die Nr. 9000 ff. KV keinen Auslagenersatz vorsehen, ist der Kostenschuldner zum Ersatz nicht ver-

pflichtet (BFH X E 9/02, BFH/NV 2003, 650; FG Köln 10 Ko 6401/01, EFG 2002, 785). KV Teil 9 gilt nicht für Auslagen, die ein Dritter veranlasst hat; sie werden nach den allg. Verwaltungsvorschriften festgesetzt, zB nach dem JVKostG. Barauslagen müssen wirklich entstanden sein. Sie sind grds. in der tatsächlich angefallenen Höhe zu erstatten, zT wird der Aufwand aber auch pauschal abgegolten. Gemäß § 17 GKG kann für Auslagen des Gerichts ein Vorschuss verlangt werden.

Auslagenschuldner ist nach § 22 I 1 GKG, wer das Verfahren des Rechtszugs beantragt hat. Der Antragsteller haftet grds. für alle Auslagen, die im Verfahren anfallen. Schuldner der Auslagen ist auch, wer in den Fällen des § 29 GKG die Kosten schuldet (→ Rn. 22). Ausnahmen dazu ergeben sich für bestimmte Auslagen aus § 28 I 2 und II GKG. Neben den Schuldnern nach §§ 22, 29 GKG schuldet die Dokumentenpauschale auch („ferner“), wer die Entstehung der Auslagen durch einen Antrag veranlasst hat (§ 28 I 1 GKG). Fordert ein Prozessbevollmächtigter Abschriften an und tritt dabei der Wille, im fremden Namen zu handeln, nicht erkennbar hervor, so ist er selbst Schuldner der Auslagen (BFH VII B 74/75, BStBl. II 1977, 325). Im Verfahren auf Bewilligung von PKH ist der Antragsteller Schuldner der Auslagen, wenn der Antrag zurückgenommen oder vom Gericht abgelehnt wird (§ 28 III GKG). Ist PKH bewilligt worden, so ist der Beteiligte (ab der Bewilligung) auch von allen baren Auslagen befreit (§ 122 ZPO iVm § 142 FGO). Obsiegt der Auslagenschuldner in der Hauptsache, kann er seine Auslagen im Kostenfestsetzungsverfahren (§ 149) geltend machen (FG Köln 10 Ko 2849/15, DStRE 2017, 114). **40**

Einzelheiten. Zu den erstattungspflichtigen Auslagen gehören ua die Dokumentenpauschale **(Nr. 9000 KV),** die für die **Herstellung und Überlassung von Dokumenten** anfällt. Infolge der Einführung des elektronischen Rechtsverkehrs hat die Fertigung von Kopien an Bedeutung verloren. Für die **Überlassung von elektronisch gespeicherten Dateien** oder deren Bereitstellung zum Abruf fällt eine Pauschale von 1,50 EUR je Datei an. Sie wird anstelle der für Ausfertigungen, Kopien oder Ausdrucke bestimmten Auslagen erhoben. Für die in einem Arbeitsgang überlassenen, bereitgestellten oder in einem Arbeitsgang auf denselben Datenträger übertragenen Dokumente beträgt die Pauschale höchstens 5 EUR. Nach **Abs. 1** wird die Dokumentenpauschale in jedem Rechtszug und für jeden Kostenschuldner (§ 28 GKG) gesondert berechnet. **Abs. 2** bestimmt die Pauschale, wenn zum Zweck der Überlassung Dokumente von der Papierform in die elektronische Form übertragen werden. **Abs. 3** enthält eine Aufzählung, welche Ausfertigungen und Abschriften „frei“ sind, also nicht der Erstattungspflicht unterliegen (ua eine vollständige Ausfertigung oder Kopie jeder gerichtlichen Entscheidung oder jedes vor Gericht geschlossenen Vergleichs etc.). Die Ausfertigung (Kopie, Ausdruck) einer gerichtlichen Entscheidung, für die eine Dokumentenpauschale nicht anfällt, ist auch dann vollständig, wenn aus ihr die Originalunterschriften der mitwirkenden Richter nicht ersichtlich sind. Für eine Abschrift, aus der die Originalunterschriften ersichtlich sind, fällt deshalb die Dokumentenpauschale an (BFH IX E 5/20, BFH/NV 2020, 1275). Nach **Abs. 4** wird bei der Gewährung von **Akteneinsicht** eine Dokumentenpauschale nur erhoben, wenn auf besonderen Antrag ein Ausdruck einer elektronischen Akte oder ein Datenträger mit dem Inhalt einer elektronischen Akte übermittelt wird. In voller Höhe zu ersetzen sind die **Auslagen für Telegramme** (Nr. 9001 KV); Auslagen für Telefax, Telefon und andere Telekommunikationsmittel sind mit der Verfahrensgebühr abgegolten. Für **Zustellungen** mit Zustellungsurkunde etc sind **41**

pauschal 3,50 EUR zu erstatten, jedoch nur, soweit in einem Rechtszug mehr als zehn Zustellungen anfallen (Nr. 9002 KV). Die Pauschale für **Dokumentenversendung** (KV 9003) schuldet gem. § 28 II GKG nur, wer die Übersendung oder Übermittlung einer (Papier-)Akte beantragt hat. Das ist der Vertreter, nicht der Vertretene (BGH IV ZR 232/08, NJW 2011, 3041; BSG B 13 SF 4/15 S, NJW-Spezial 2015, 572). Die Hin- und Rücksendung gelten als eine Sendung. Nur wenn Teillieferungen beantragt waren, fällt die Pauschale von 12 EUR mehrfach an (BSG B 13 SF 4/15 S, NJW-Spezial 2015, 572). Für die elektronische Übermittlung einer elektronisch geführten Akte wird seit dem 1.8.2013 nur noch die Dokumentenpauschale erhoben. Auslagen für **öffentliche Bekanntmachungen** sind grds. in voller Höhe zu ersetzen (Nr. 9004 KV); für die öffentliche Bekanntmachung in einem elektronischen Informations- und Kommunikationssystem, für dessen Nutzung kein Entgelt zu entrichten ist, werden keine Auslagen (mehr) erhoben. Auslagen für **Zeugen und Sachverständige** nach dem JVEG sind in voller Höhe zu ersetzen (Nr. 9005 KV), nicht jedoch Zahlungen gem. § 1 I 1 Nr. 2 JVEG an ehrenamtliche Richter. Kosten für Gutachten, die gerichtseigene Prüfer (sog. Buchsachverständige) im Auftrag des Gerichts erstatten oder erläutern, sind nicht zu erstatten (FG München E 4045/91, EFG 1994, 170; Schall StB 1994, 284). Der Auslagentatbestand für die Nutzung von **Video-Konferenzverbindung** (früher Nr. 9019 KV) ist entfallen (Art. 13 Nr. 1 G v. 15.7.2024, BGBl. 2024 I Nr. 237).

42 Auslagen, die durch **verschiedene Rechtssachen** veranlasst worden sind, werden nach Vorb. 9 Abs. 2 zu Nr. 9000 KV auf alle Rechtssachen angemessen (anteilig) verteilt.

d) Fälligkeit.

44 **§ 6 GKG Fälligkeit der Gebühren im Allgemeinen**

(1) [1]In folgenden Verfahren wird die Verfahrensgebühr mit der Einreichung der Klage-, Antrags-, Einspruchs- oder Rechtsmittelschrift oder mit der Abgabe der entsprechenden Erklärung zu Protokoll fällig:

1. bis 4. …
5. in Prozessverfahren vor den Gerichten der Verwaltungs-, Finanz- und Sozialgerichtsbarkeit.

[2]Im Verfahren über ein Rechtsmittel, das vom Rechtsmittelgericht zugelassen worden ist, wird die Verfahrensgebühr mit der Zulassung fällig.

(2) Soweit die Gebühr eine Entscheidung oder sonstige gerichtliche Handlung voraussetzt, wird sie mit dieser fällig.

(3) …

§ 9 GKG Fälligkeit der Gebühren in sonstigen Fällen, Fälligkeit der Auslagen

(1) …

(2) …

(3) Im Übrigen werden die Gebühren und die Auslagen fällig, wenn
1. eine unbedingte Entscheidung über die Kosten ergangen ist,
2. das Verfahren oder der Rechtszug durch Vergleich oder Zurücknahme beendet ist,
3. das Verfahren sechs Monate ruht oder sechs Monate nicht betrieben worden ist,

4. das Verfahren sechs Monate unterbrochen oder sechs Monate ausgesetzt war oder
5. das Verfahren durch anderweitige Erledigung beendet ist.

(4) Die Dokumentenpauschale sowie die Auslagen für die Versendung von Akten werden sofort nach ihrer Entstehung fällig.

aa) Vorfälligkeit. Nach § 6 I 1 Nr. 5 GKG wird die **Verfahrensgebühr in Prozessverfahren** bereits mit der Einreichung der Klage- oder Revisionsschrift bei Gericht fällig. Nach erfolgreicher NZB kommt es auf den Zeitpunkt der Zulassung der Revision an (§ 6 I 2 GKG), weil die Einlegung in diesem Fall entfällt (§ 116 VII 1 Hs. 2). Diese (vorgezogene) Fälligkeit ist zu unterscheiden von einem Vorschuss (§ 10 GKG). In finanzgerichtlichen Verfahren ist die Tätigkeit der Gerichte grds. nicht von der Zahlung der sofort fälligen Gebühr abhängig (Bartone AO-StB 2005, 22; Ausnahme → Rn. 46). Die Gebühr nach § 6 I 1 Nr. 5 GKG ist nach hM nur für Klage- und Revisionsverfahren (Nr. 6110, 6120 KV) zu entrichten, nicht aber für Verfahren des vorläufigen Rechtsschutzes und andere Verfahren, die nicht „Prozessverfahren" sind (FG Hmb 3 KO 196/15, BeckRS 2015, 95747; Tipke/Kruse/Brandis Vor §§ 135–149 Rn. 21; Schoenfeld DB 2004, 1281, Bartone AO-StB 2005, 22 mwN). Die Erhebung einer vorfälligen Gebühr ist nicht verfassungswidrig, nicht unionsrechtswidrig und verletzt keine Menschenrechte (BFH X E 1/17, BeckRS 2017, 134779). 45

Die **Höhe der sofort zu entrichteten Gebühr** nach § 6 I 1 Nr. 5 GKG bestimmte sich für Verfahren, die bis zum 15.7.2014 bei den FG anhängig geworden sind, im finanzgerichtlichen Verfahren gem. § 63 I 3, 4 GKG nach dem **Mindeststreitwert** von 1.000 EUR (1.500 EUR seit 1.8.2013, → Rn. 8; § 52 IV Nr. 1). Der Mindeststreitwert ist durch das KostRÄG 2021 (→ Rn. 8) nicht erhöht worden. Angesetzt wurde auf dieser Bemessungsgrundlage ein Betrag in Höhe des Vierfachen (284 EUR) bzw. Fünffachen (355 EUR) einer Gebühr nach § 34 GKG (→ Rn. 157). 46

Durch das **G zur Durchführung der Verordnung (EU) Nr. 1215/2012 sowie zur Änderung sonstiger Vorschriften** v. 8.7.2014 (BGBl. I 890) ist § 63 I 4 GKG aufgehoben worden. An seine Stelle ist der neu eingefügte § 52 V GKG getreten (abgedr. unter → Rn. 125). Die Vorschrift regelt, nach welchem Wert die sofort fällige Gebühr zu erheben ist. Sie stellt eine **Rangfolge** auf: 47

- Maßgebend ist an erster Stelle der vom Gericht **festgesetzte Wert.** § 63 I 3 GKG bestimmt allerdings auch weiterhin, dass vor den Gerichten der Finanzgerichtsbarkeit der Streitwert für die Erhebung der Gerichtsgebühren nur auf Antrag festgesetzt wird oder wenn das Gericht die Festsetzung für angemessen hält. Im Regelfall wird also eine gerichtliche Festsetzung für die Erhebung der sofort fälligen Gebühr nicht vorliegen.
- An zweiter Stelle ist der Wert maßgebend, der sich aus **§ 52 III GKG** ergibt (→ Rn. 129 ff.). Enthält die Klageschrift einen **bezifferten Antrag,** ist die sofort fällige Gebühr nach diesem zu bemessen. Zukünftige Auswirkungen sind gem. § 52 III 2 u. 3 GKG erhöhend zu berücksichtigen, soweit sich der Erhöhungsbetrag unmittelbar aus den gerichtlichen Verfahrensakten ergibt (§ 52 V GKG). Weitere Ermittlungen sind jedenfalls untunlich (Just DStR 2014, 2482; Tipke/Kruse/Brandis Vor §§ 135–149 Rn. 21). Die Übersendung der Steuerakten ist nicht abzuwarten. Die Vorschrift benachteiligt Kläger, die bereits im einleitenden Schriftsatz konkrete Angaben machen; Abhilfe könnte jedoch nur der Gesetzgeber schaffen.

– An dritter Stelle ist der **Mindeststreitwert** (§ 52 IV Nr. 1 GKG) maßgeblich. Er ist anzusetzen, wenn der nach § 52 III GKG ermittelte Wert geringer ist. Der Mindeststreitwert ist nicht anzusetzen in den gem. § 52 IV Nr. 1 GKG ausdrücklich ausgenommenen Verfahren nach § 155 S. 2 und in Kindergeldangelegenheiten (→ Rn. 168, „Kindergeld“). In diesen Fällen kann der sich aus dem Antrag ergebende maßgebliche Wert geringer sein als der Mindeststreitwert.
– § 52 V GKG verweist nicht auf **§ 52 I GKG.** Soweit sich der Streitwert nach dieser Vorschrift und der Bedeutung der Sache für den Kläger bestimmt (zB bei der Anfechtung von Feststellungsbescheiden; → Rn. 135 ff.), ist der Vorfälligkeitsgebühr der Mindeststreitwert zugrunde zu legen (BFH X E 1/17, BeckRS 2017, 134779). Das gilt selbst dann, wenn der Kläger in der Klageschrift Angaben zur Höhe des Streitwerts gemacht hat oder wenn sie sich unmittelbar aus den gerichtlichen Verfahrensakten ergibt.
– § 52 V GKG verweist nicht auf **§ 52 II GKG.** Der Auffangstreitwert kann dem vorläufigen Kostenansatz nicht zugrunde gelegt werden (FG LSA 3 KO 962/15, BeckRS 2015, 95752).

48 Die vorstehenden Grundsätze für die Bemessung der sofort fälligen Gebühr gelten **für alle Verfahren** vor den Gerichten der Finanzgerichtsbarkeit. Der Gesetzgeber hat zwar in BT-Drs. 18/823, 26 eindeutig zum Ausdruck gebracht, dass er die sofort fällige Gebühr nur für die Verfahren nach § 155 S. 2 und die Verfahren in Kindergeldangelegenheiten nach dem endgültigen Wert bemessen wollte. Er hat dies im G aber nicht zum Ausdruck gebracht.

49 Die sofort fällige Gebühr ist der Sache nach eine **(Teil)vorauszahlung** auf die letztlich zu entrichtende Gebühr. Die sofort fällige Gebühr ist verfahrensbezogen und erhöht sich nicht bei einer Mehrheit von Streitgegenständen oder Klägern (str., wie hier Bartone AO-StB 2005, 22; aA Morgenstern AO-StB 2004, 180). Zu Trennung und Verbindung von Verfahren → Rn. 29, 30. Zuständig für die Erhebung der sofort fälligen Gebühr ist das Gericht; eine besondere funktionelle Zuständigkeit ist gesetzlich nicht bestimmt (§ 19 I 1 GKG). Die Kosten werden vom **Urkundsbeamten der Geschäftsstelle** (§ 12) in seiner Funktion als **Kostenbeamter** (→ § 12 Rn. 1; § 1 KostVfg) angesetzt. Ein gleichzeitig mit der Klageerhebung gestellter Antrag auf Bewilligung von **Prozesskostenhilfe** beseitigt die Fälligkeit nicht (Bartone AO-StB 2005, 22). Es widerspricht aber dem Zweck der PKH und Art. 19 IV GG, die Gebühr vor der Entscheidung über den Prozesskostenhilfeantrag anzufordern (BVerfG 1 BvR 2186/14, NJW 2015, 687).

50 Etwas anderes gilt für **Entschädigungsklagen** wegen überlanger Gerichtsverfahren (§ 155 S. 2 FGO iVm §§ 198 ff. GVG). Insofern verweist § 12a GKG auf § 12 GKG mit der Folge, dass die Klage grds. erst zugestellt werden soll, wenn die Gebühr für das Verfahren im Allgemeinen bezahlt ist (Ausnahmen zB § 14 bei Bewilligung von PKH). Die Entscheidung darüber ist Teil des Hauptsacheverfahrens (BFH X E 1/13, BFH/NV 2013, 1106; X K 2/13, BFH/NV 2013, 1442). Der Mindeststreitwert ist nicht anzusetzen (§ 52 IV Nr. 1 GKG). Bestimmt sich der Streitwert mangels eines bezifferten Antrags (§ 52 III GKG) nach dem Interesse des Klägers (§ 52 I GKG), wird er abweichend von § 63 I 3, 4 GKG vom Gericht vorläufig festgesetzt; zuständig ist der Einzelrichter (§ 79a; BFH X K 10/12, BFH/NV 2013, 953), auch für die Entscheidung über die Erinnerung, wenn sie im vorbereitenden Verfahren ergeht (BFH X E 8/12, BFH/NV 2013, 763). Zur Höhe des Streitwerts → Rn. 163, „Entschädigungsklage“.

bb) Endfälligkeit. Soweit die Fälligkeit nicht nach § 6 I 1 Nr. 5 GKG vorverlegt ist, werden die Gebühren und Auslagen nach § 9 II Nr. 1 GKG grds. erst fällig, wenn eine unbedingte gerichtliche Entscheidung über die Kosten ergangen ist (vgl. § 143 I; zu den Ausnahmen vgl. § 9 II Nr. 2–5 GKG). Es ist nicht erforderlich, dass die Entscheidung rechtskräftig ist. Das Einlegen einer **Verfassungsbeschwerde** hat auf die Fälligkeit der Gerichtskosten keinen Einfluss (BFH III E 3/05, BFH/NV 2006, 325). Zu § 9 II Nr. 5 → Rn. 30 (Verbindung von Verfahren). 52

3. Kostenansatz

§ 19 GKG Kostenansatz 54

(1) [1]Außer in Strafsachen und in gerichtlichen Verfahren nach dem Gesetz über Ordnungswidrigkeiten werden angesetzt:

1. die Kosten des ersten Rechtszugs bei dem Gericht, bei dem das Verfahren im ersten Rechtszug anhängig ist oder zuletzt anhängig war,
2. die Kosten des Rechtsmittelverfahrens bei dem Rechtsmittelgericht.

[2]Dies gilt auch dann, wenn die Kosten bei einem ersuchten Gericht entstanden sind.

(2) …

(3) …

(4) Die Dokumentenpauschale sowie die Auslagen für die Versendung von Akten werden bei der Stelle angesetzt, bei der sie entstanden sind.

(5) [1]Der Kostenansatz kann im Verwaltungsweg berichtigt werden, solange nicht eine gerichtliche Entscheidung getroffen ist. [2]Ergeht nach der gerichtlichen Entscheidung über den Kostenansatz eine Entscheidung, durch die der Streitwert anders festgesetzt wird, kann der Kostenansatz ebenfalls berichtigt werden.

§ 20 GKG Nachforderung

(1) [1]Wegen eines unrichtigen Ansatzes dürfen Kosten nur nachgefordert werden, wenn der berichtigte Ansatz dem Zahlungspflichtigen vor Ablauf des nächsten Kalenderjahres nach Absendung der den Rechtszug abschließenden Kostenrechnung (Schlusskostenrechnung), in Zwangsverwaltungsverfahren der Jahresrechnung, mitgeteilt worden ist. [2]Dies gilt nicht, wenn die Nachforderung auf vorsätzlich oder grob fahrlässig falschen Angaben des Kostenschuldners beruht oder wenn der ursprüngliche Kostenansatz unter einem bestimmten Vorbehalt erfolgt ist.

(2) Ist innerhalb der Frist des Absatzes 1 ein Rechtsbehelf in der Hauptsache oder wegen der Kosten eingelegt worden, ist die Nachforderung bis zum Ablauf des nächsten Kalenderjahres nach Beendigung dieser Verfahren möglich.

(3) Ist der Wert gerichtlich festgesetzt worden, genügt es, wenn der berichtigte Ansatz dem Zahlungspflichtigen drei Monate nach der letzten Wertfestsetzung mitgeteilt worden ist.

a) Begriff, Zuständigkeit, Verfahren. aa) Allgemeines. Als Kostenansatz bezeichnet das G die **Gerichtskostenrechnung** des Kostenbeamten (§ 4 I 1 und § 24 KostVfg; Toussaint/Toussaint GKG § 19 Rn. 2). Im Rahmen der Kostengrundentscheidung trifft das Gericht grds. nur die Entscheidung, wer in welchem Umfang im Verhältnis der Beteiligten zueinander die Kosten zu tragen hat. Daraus ergibt sich idR nicht, welche konkret bezifferten Kosten welcher Beteiligte zu tragen hat und auch nicht, ob Gerichtskosten zu erheben und in welcher Höhe 55 diese entstanden sind. Die Ermittlung und Festsetzung obliegt dem **Kostenbeamten** iRd Kostenansatzes gem. § 19 GKG. Das Gericht kann und darf sich damit nur befassen, wenn der Kostenschuldner oder die Staatskasse gegen den Kostenansatz gem. § 66 GKG Erinnerung eingelegt haben. Hat das Gericht über die Gerichtskosten entschieden, bindet die Entscheidung den Kostenbeamten auch dann, wenn sie unrichtig ist (NdsOVG 4 OA 12/06, NVwZ-RR 2008, 68). Die **Zuständigkeit** ist instanziell gegliedert: Die Kosten des ersten Rechtszugs werden bei dem Gericht angesetzt, bei dem das Verfahren im ersten Rechtszug anhängig ist oder war. Die Kosten des Rechtsmittelverfahrens werden bei dem Rechtsmittelgericht angesetzt (§ 19 I GKG). § 19 IV GKG sieht eine besondere Zuständigkeit für den Ansatz der Dokumenten- und die Versendungspauschale vor.

56 Der Kostenansatz ist (Justiz-)**VA** (Toussaint/Toussaint GKG § 19 Rn. 2). Als solcher unterliegt er den allg. Bestimmtheitsanforderungen (BFH VII E 11/11, BFH/NV 2011, 1723). Er bedarf einer Rechtsbehelfsbelehrung (§ 5b GKG) und ist dem Kostenschuldner bekannt zu geben; ist ein Prozessbevollmächtigten bestellt, ist er diesem bekannt zu geben (BFH XI E 4/12, BFH/NV 2013, 398). Die förmliche Zustellung ist grds. nicht erforderlich. Der Kostenansatz hat die Berechnung der Gerichtskosten und der Justizverwaltungskosten sowie die Feststellung des/der Kostenschuldner zum Gegenstand (§ 4 I 1 KostVfg). Der Kostenbeamte muss außerdem den **Streitwert** ermitteln. Bei der Festsetzung der Gerichtskosten hat der Kostenbeamte kein Ermessen. Er muss die entstandenen Kosten ansetzen (Ausnahmen: § 10 KostVfg ua bei dauerndem Unvermögen des Kostenschuldners; § 11 KostVfg Nichterhebung von Auslagen) und darf sie auch nicht aus Billigkeitsgründen niedriger festsetzen (BFH VII E 6/89, BFH/NV 1990, 185). Kosten dürfen (müssen) festgesetzt werden, wenn sie entstanden und fällig sind (BFH VII E 3/85, BFH/NV 1987, 53; VII E 2/88, BFH/NV 1989, 250). Zur Fälligkeit → Rn. 44 ff. Kosten sind gem. § 15 I KostVfg „alsbald" nach ihrer Fälligkeit anzusetzen. Auslagen werden idR nach Beendigung des Rechtszugs angesetzt (§ 15 II KostVfg).

57 Da das Aufstellen der Kostenrechnung **Verwaltungstätigkeit** ist, kann (muss) der Kostenbeamte den Kostenansatz grds. jederzeit im Verwaltungsweg **berichtigen** (§ 19 V 1 GKG), auf Erinnerung oder vAw (§ 28 II 1 KostVfg) oder auf Anweisung des Kostenprüfungsbeamten (§ 19 V GKG; § 36 KostVfg). Eine Berichtigung im Verwaltungsweg ist nicht mehr zulässig, wenn das Gericht über den Kostenansatz entschieden hat (§ 19 V 1 Hs. 2 GKG); der Kostenansatz kann jedoch geändert werden, wenn nach der gerichtlichen Entscheidung über den Kostenansatz eine Entscheidung des Gerichts ergeht, durch die der Streitwert anders festgesetzt wird (§ 19 V 2 GKG).

60 **bb) Kostenansatz bei Insolvenzverfahren.** Ist über das Vermögen des Kostenschuldners das **Insolvenzverfahren** eröffnet worden, dürfen Kosten ggü. dem Insolvenzverwalter nur angesetzt werden, soweit es sich um Massekosten (§ 55 I InsO) handelt (→ Rn. 21 aE). Insolvenzforderungen (§ 38 InsO) dürfen nach Eröffnung des Insolvenzverfahrens auch gegen den Insolvenzschuldner als Kostenschuldner nicht mehr angesetzt, sondern müssen zur Tabelle angemeldet werden (HHS/Schwarz § 139 Rn. 130; zur Fälligkeit § 41 I InsO). Über die Frage, welche Kosten (dem Grunde nach) der Insolvenzverwalter als Kläger zu tragen hat, entscheidet das Gericht nach zutr. Auffassung in der **Kostengrundentscheidung,** die es gegen ihn als Partei kraft Amtes erlässt und in der es ihm bestimmte Kosten dem Grunde nach als Entscheidungsschuldner (§ 29 Nr. 1 GKG; → Rn. 22) auf-

erlegt (BAG 3 AZB 35/05, ZIP 2007, 2141). Das Gericht darf dem Insolvenzverwalter dabei nur Kosten auferlegen, die er nach Insolvenzrecht aus der Masse in vollem Umfang erfüllen muss (→ Rn. 24). Die Auffassung des BFH (I R 69/00, BFH/NV 2002, 1545; zust. Tipke/Kruse/Brandis Vor §§ 135–149 Rn. 4), wonach der Kostenbeamte hierüber entscheiden soll, ist nicht damit vereinbar, dass die gerichtliche Kostengrundentscheidung Bindungswirkung auch hinsichtlich der Frage entfaltet, wer Kostenschuldner ist (→ Rn. 61; OLG Stuttgart 8 W 39/09, BeckRS 2009, 5300; zweifelnd auch BFH VII E 8/03, BFH/NV 2003, 1201). Daran ändert auch nichts, dass im finanzgerichtlichen Verfahren gegen die Kostengrundentscheidung ein Rechtsmittel nicht gegeben ist (§ 145, § 128 IV 1; → Rn. 71). Fehlender Rechtsschutz kann nicht dadurch ersetzt werden, dass die Bindungswirkung der Kostengrundentscheidung eingeschränkt und dass dem Kostenbeamten für diesen nicht vorgesehene (vgl. KostVfg), hoch komplexe Aufgaben zugewiesen werden (aA FG Münster 11 K 4689/08, EFG 2011, 354; HessFG 2 Ko 1497/20, BeckRS 2022, 30021). Hat der Insovenzverwalter die **Unzulänglichkeit der Masse** angezeigt (§ 208 InsO), dürfen die Kosten, soweit es sich um Altmasseverbindlichkeiten handelt, die dem Vollstreckungsverbot gem. § 210 InsO unterliegen, gegen die Masse nicht mehr angesetzt werden. Zwar ist der Kostenansatz keine Vollstreckungshandlung; da jedoch die obsiegende Partei ihre Kostenerstattungsansprüche nach diesem Zeitpunkt nicht mehr titulieren lassen kann (BGH IX ZB 129/07, ZIP 2008, 2284; OLG Oldenburg 6 W 12/13, JurBüro 2013, 310), kann für den Gebührenfiskus nichts anderes gelten (aA BFH VII E 10/15, NZI 2016, 655; FG Münster 11 K 4689/08, EFG 2011, 354: angesetzte Gebühr darf nicht angefordert und nicht beigetrieben werden).

cc) Nachforderung von Kosten. Bei **unrichtig zu niedrigem Ansatz** (früher: irriger Ansatz) von Kosten können die Kosten in der zutr. Höhe nur zeitlich begrenzt nachgefordert werden. Der berichtigte Ansatz muss dem Kostenschuldner vor Ablauf des nächsten Kalenderjahres nach Absendung der den Rechtszug abschließenden Kostenrechnung (Schlusskostenrechnung) mitgeteilt werden (§ 20 I GKG). Die Frist verlängert sich, wenn innerhalb der Frist ein Rechtsbehelf in der Hauptsache oder wegen der Kosten eingelegt worden ist, bis zum Ablauf des nächsten Kalenderjahres nach Beendigung dieser Verfahren (§ 20 II GKG). Eine nach Fristablauf ergangene Kostennachforderung ist rechtswidrig und unterliegt der Aufhebung. Hatte der Kostenbeamte übersehen, dass in derselben Sache zweimal Revision eingelegt war, und waren nur für die eine Kosten angefordert worden, so ist die Anforderung von Kosten für die zweite keine „Nachforderung", sondern die erstmalige Anforderung von Kosten (BFH VII E 3/76, BStBl. II 1977, 41); insofern ist nur die Verjährung (§ 5 GKG) zu beachten. 62

b) Erinnerung.

§ 66 GKG Erinnerung gegen den Kostenansatz, Beschwerde 64

(1) [1]Über Erinnerungen des Kostenschuldners und der Staatskasse gegen den Kostenansatz entscheidet das Gericht, bei dem die Kosten angesetzt sind. [2]Sind die Kosten bei der Staatsanwaltschaft angesetzt, ist das Gericht des ersten Rechtszugs zuständig. [3]War das Verfahren im ersten Rechtszug bei mehreren Gerichten anhängig, ist das Gericht, bei dem es zuletzt anhängig war, auch insoweit zuständig, als Kosten bei den anderen Gerichten angesetzt worden sind …

(2) …

(3) …[3]Eine Beschwerde an einen obersten Gerichtshof des Bundes findet nicht statt …

(4) …

(5) [1]Anträge und Erklärungen können ohne Mitwirkung eines Bevollmächtigten schriftlich eingereicht oder zu Protokoll der Geschäftsstelle abgegeben werden; § 129a der Zivilprozessordnung gilt entsprechend. [2]Für die Bevollmächtigung gelten die Regelungen der für das zugrunde liegende Verfahren geltenden Verfahrensordnung entsprechend. [3]Die Erinnerung ist bei dem Gericht einzulegen, das für die Entscheidung über die Erinnerung zuständig ist …

(6) [1]Das Gericht entscheidet über die Erinnerung durch eines seiner Mitglieder als Einzelrichter; … [2]Der Einzelrichter überträgt das Verfahren der Kammer oder dem Senat, wenn die Sache besondere Schwierigkeiten tatsächlicher oder rechtlicher Art aufweist oder die Rechtssache grundsätzliche Bedeutung hat. [3]Das Gericht entscheidet jedoch immer ohne Mitwirkung ehrenamtlicher Richter. [4]Auf eine erfolgte oder unterlassene Übertragung kann ein Rechtsmittel nicht gestützt werden.

(7) [1]Erinnerung und Beschwerde haben keine aufschiebende Wirkung. [2]Das Gericht oder das Beschwerdegericht kann auf Antrag oder von Amts wegen die aufschiebende Wirkung ganz oder teilweise anordnen; ist nicht der Einzelrichter zur Entscheidung berufen, entscheidet der Vorsitzende des Gerichts.

(8) [1]Die Verfahren sind gebührenfrei. [2]Kosten werden nicht erstattet.

§ 69 GKG Beschwerde gegen die Auferlegung einer Verzögerungsgebühr

[1]Gegen den Beschluss nach § 38 findet die Beschwerde statt, … [2]§ 66 Absatz 3, 4, 5 Satz 1, 2 und 5, Absatz 6 und 8 ist entsprechend anzuwenden.

65 **aa) Statthaftigkeit, Wirkung.** Gegen den Kostenansatz ist nur der Rechtsbehelf der Erinnerung gegeben (§ 66 I GKG). § 66 GKG geht §§ 23 ff. EGGVG und der Auffangvorschrift des § 30a EGGVG als speziellere Regel vor. Die Erinnerung gem. § 149 II 1 gegen die Kostenfestsetzung bleibt unberührt; sie kann ebenfalls zu einer gerichtlichen Entscheidung über den Streitwert führen (→ § 149 Rn. 18). Eine weitere (erneute) Erinnerung in derselben Sache ist unstatthaft (FG Saarl 1 KO 1432/15, BeckRS 2016, 94945). Erinnerungsberechtigt sind der **Kostenschuldner** und die **Staatskasse.** Kostenschuldner ist, wer in der Kostenrechnung als Kostenschuldner bestimmt ist, auch wenn er materiellrechtlich die Kosten nicht schuldet. Erinnerungsbefugt ist auch der Rechtsnachfolger des Kostenschuldners, solange die Beschwer fortbesteht (OLG Koblenz 14 W 124/12, NJW-RR 2012, 891). Im Verfahren des Kostenschuldners gegen den Kostenansatz ist die Staatskasse (der Vertreter der Staatskasse) als eigentlicher Beschwerdegegner anzusehen (BFH V S 1/08, BFH/NV 2009, 1127). Der Vertreter der Staatskasse soll Erinnerung nur einlegen, wenn es wegen der grundsätzlichen Bedeutung der Sache angezeigt erscheint, von einer Berichtigung im Verwaltungsweg abzusehen und eine gerichtliche Entscheidung herbeizuführen (§ 38 I KostVfg).

66 Die Erinnerung hat **keine aufschiebende Wirkung** (§ 66 VII 1 GKG). Der Einzelrichter oder der Vorsitzende des Gerichts (→ Rn. 74) können jedoch nach ihrer Einlegung auf Antrag oder vAw die aufschiebende Wirkung ganz oder teilweise anordnen (§ 66 VII 2 GKG; Toussaint/Toussaint GKG § 66 Rn. 69). Dabei sind die zu § 69 III 1 entwickelten Grundsätze anzuwenden (BFH IV S 8/16, BeckRS 2017, 94268; FG LSA 1 KO 145/23, BeckRS 2023, 30756). Der Antrag

des Kostenschuldners, die aufschiebende Wirkung der Erinnerung anzuordnen, ist auch dann zulässig, wenn der Antragsteller zuvor die Kostenschuld freiwillig getilgt hatte (FG BW 9 Ko 4/89, EFG 1995, 228). Mit der Zurückweisung der Erinnerung erledigt sich der Antrag, nach § 66 VII GKG die aufschiebende Wirkung der Erinnerung anzuordnen (BFH X E 11/07, BFH/NV 2008, 246).

bb) Einlegung. Die Erinnerung ist **nicht befristet.** Sie ist schriftlich oder zu Protokoll der Geschäftsstelle bei dem Gericht einzulegen, das über die Erinnerung zu entscheiden hat (§ 66 V GKG). Die Einlegung per Email ohne qualifizierte Signatur ist beim BFH unwirksam (§ 5a GKG iVm § 52a; BFH I E 2/16, BeckRS 2016, 95098; ebenso BGH IX ZB 52/14, NJW-RR 2015, 1209). Die Mitwirkung eines Bevollmächtigten ist nicht erforderlich; auch vor dem BFH besteht **kein Vertretungszwang** (§ 66 V 1 iVm § 1 V GKG; BT-Drs. 16/11385, 56; BFH X E 1/11, BFH/NV 2012, 428; II E 19/12, BFH/NV 2013, 586; X E 25/14, BeckRS 2015, 94493). Wirkt ein Bevollmächtigter mit, sind § 62 und § 52d zu beachten (§ 66 V 2; dies übersieht BFH X E 2/14, BFH/NV 2014, 894). Die Erinnerung muss nicht ausdrücklich als solche bezeichnet werden. Ist die Kostenrechnung dem Kostenschuldner bereits zugegangen, so ist ein **Antrag auf Nichterhebung** der Gerichtskosten (§ 21 GKG) als Erinnerung gegen den Kostenansatz zu behandeln (stRspr, BFH VIII E 1/08, BFH/NV 2008, 1185). Die Erinnerung ist auch zulässig, wenn der Erinnerungsführer die angesetzte Gebühr bereits bezahlt hat; sie ist dann auf Rückerstattung (§ 5 II 3 GKG) gerichtet (BGH IX ZR 93/20, BeckRS 2021, 2407). 67

Eine **Begründung** ist nicht vorgeschrieben. Wie jeder Rechtsbehelf ist die Erinnerung jedoch nur zulässig, wenn der Erinnerungsführer das von ihm angestrebte konkrete **Rechtsschutzziel benennt** (BFH I E 3/06, BFH/NV 2007, 1347; I E 2/16, BeckRS 2016, 95098). Mit der Erinnerung kann grds. nur eine Abänderung des Kostenansatzes zugunsten des Erinnerungsführers angestrebt werden; für den Antrag auf Festsetzung einer höheren Kostenschuld besteht kein schutzwürdiges Interesse. Dagegen kann der **Vertreter der Staatskasse** eine Kostenrechnung auch mit der Begründung anfechten, der Kostenansatz sei zu hoch; denn er hat nicht nur fiskalische Interessen wahrzunehmen, sondern auch auf einen richtigen Kostenansatz hinzuwirken (KG 1 W 4345/76, Rpfleger 1977, 227). 68

cc) Gegenstand. Mit der Erinnerung können (neben formalen Mängeln beim Ansatz) nur Einwendungen erhoben werden, die sich **gegen die Kostenrechnung** selbst, also gegen den Ansatz einzelner Kosten, deren Fälligkeit und Höhe oder gegen den **Streitwert** richten (stRspr, BFH X E 3/08, BFH/NV 2008, 1693; IX E 3/19, BFH/NV 2019, 1354; vgl. zur gerichtlichen Streitwertfestsetzung → Rn. 155 ff.). Die Einwendungen müssen im Kostenrecht wurzeln; nur eine Verletzung des Kostenrechts kann mit der Erinnerung geltend gemacht werden. Der Erinnerungsführer kann sich gegen seine Heranziehung als Kostenschuldner (BFH I E 2/12, BFH/NV 2013, 46), bei mehreren Kostenschuldnern auch gegen die Reihenfolge der Heranziehung wenden (BFH VII E 3/93, BFH/NV 1994, 819; Toussaint/Toussaint GKG § 66 Rn. 77, „Kostenhaftung"). Ist die Kostenrechnung dem Kostenschuldner bereits zugegangen, kann er mit der Erinnerung gegen den Kostenansatz auch die **Nichterhebung** wegen unrichtiger Sachbehandlung (§ 21 GKG) beantragen (stRspr, BFH III E 5/06, BFH/NV 2007, 79). In Betracht kommt auch der Einwand der Erfüllung durch Aufrechnung oder der **Verwirkung** (BFH X E 8/13, BFH/NV 2014, 867). 69

70 Dagegen kann der Kostenschuldner im Erinnerungsverfahren nicht mit dem Einwand gehört werden, die dem Kostenansatz zugrunde liegende **gerichtliche Entscheidung** sei falsch; das gilt sowohl für die Sachentscheidung wie für die Kostengrundentscheidung (stRspr, vgl. zB BFH IX E 1/05, BFH/NV 2005, 1622; VI E 1/05, BFH/NV 2006, 602). Die gerichtliche Kostengrundentscheidung ist Grundlage des Kostenansatzverfahrens; sie ist für den Kostenbeamten und das zur Entscheidung über die Erinnerung berufene Gericht bindend (BFH X E 10/13, BFH/NV 2014, 377; → Rn. 51). Die Erinnerung führt nicht dazu, dass rechtskräftige Gerichtsentscheidungen, die dem Kostenansatz zugrunde liegen, nochmals auf ihre Rechtmäßigkeit überprüft werden; Ausnahmen kommen nach der Rspr. allenfalls bei erkennbaren Versehen oder **offensichtlichen Verstößen** gegen eindeutige Vorschriften in Betracht (BFH VIII E 7/93, BFH/NV 1994, 571; VIII E 2/97, BFH/NV 1997, 891; X E 2/05, BFH/NV 2006, 326 mwN).

71 Etwas anderes soll nach der Rspr. des BFH für die Frage gelten, ob der **Insolvenzverwalter** die gegen ihn angesetzten Kosten in voller Höhe (als Masseverbindlichkeiten) vorrangig aus der Masse schuldet oder ob es sich um Insolvenzforderungen handelt, die nur quotal bedient werden müssen. Die Frage soll Gegenstand des Kostenansatzverfahrens und damit auch Gegenstand der Erinnerung sein können (BFH II E 18/12, BFH/NV 2014, 726; I E 3/14, BFH/NV 2015, 347). Die Auffassung überzeugt nicht (→ Rn. 60).

73 **dd) Zuständigkeit, Verfahren, Entscheidung.** Zuständig für die Entscheidung über die Erinnerung ist das Gericht, bei dem die Kosten angesetzt worden sind (§ 66 I 1 GKG). Die Erinnerung wird zunächst dem **Kostenbeamten** vorgelegt. Der Kostenbeamte hilft der Erinnerung ab, wenn er die Einwendungen des Kostenschuldners in vollem Umfang für begründet erachtet; anderenfalls hat er die Erinnerung dem für die Vertretung der Staatskasse zuständigen **Prüfungsbeamten** vorzulegen (§ 28 II 2 KostVfg). Dieser prüft, ob der Kostenansatz im Verwaltungsweg zu ändern ist und ob die Staatskasse Veranlassung hat, ebenfalls Erinnerung einzulegen. Soweit er der Erinnerung nicht abhilft, veranlasst er, dass die Akten unverzüglich dem **Gericht** vorgelegt werden (§ 38 II 2, 3 KostVfg).

74 Das Gericht (FG, BFH) entscheidet durch eines seiner Mitglieder als **Einzelrichter.** § 66 VI 1 GKG begründet eine originäre Zuständigkeit des Einzelrichters. Die Zuständigkeit des Einzelrichters ist **auch beim BFH** zu beachten. Zuständig ist der Berichterstatter; das gilt auch für Anträge auf Anordnung der aufschiebenden Wirkung der Erinnerung (→ Rn. 66; BFH IV S 8/16, BeckRS 2017, 94268). § 1 V GKG ordnet nun (→ Rn. 7) an, dass die Vorschriften des GKG denen des zugrunde liegenden Verfahrens vorgehen (zum zeitlichen Anwendungsbereich → Rn. 8). Dadurch ist klargestellt, dass der Einzelrichter in den kostenrechtlichen Erinnerungs- und Beschwerdeverfahren auch dann zuständig ist, wenn er institutionell (dh in der FGO) nicht vorgesehen ist (BT-Drs. 17/11471 (neu), 243). Die frühere, anders lautende Rspr. ist überholt (BFH X E 2/14, BFH/NV 2014, 894).

75 Aufgrund der (statthaften und zulässigen) Erinnerung hat das Gericht die angefochtene Kostenrechnung sowohl unter rechtlichen als auch unter tatsächlichen Gesichtspunkten ohne Bindung an die Auffassung des Kostenbeamten (und des Prüfungsbeamten) auf ihre Rechtmäßigkeit zu untersuchen (BVerfG 2 BvR 319/62, NJW 1970, 853); der Kostenansatz ist auch insoweit zu überprüfen, als Einwendungen nicht ausdrücklich erhoben worden sind. Zwar ist das Gericht nicht

befugt, den Kostenansatz zum Nachteil des Erinnerungsführers zu ändern, weil das **Verbot der reformatio in peius** auch im Erinnerungsverfahren gilt (BFH VII B 45/68, BStBl. II 1970, 251; X E 3/88, BFH/NV 1990, 184). Das bedeutet aber nur, dass im Gesamtergebnis (Saldierung) keine Verschlechterung für diesen eintreten darf (BFH VII E 9/86, BFH/NV 1987, 597); eine Erhöhung des Streitwerts kommt in Betracht, wenn sie keinen Gebührensprung auslöst (FG Hmb 3 KO 156/13, EFG 2013, 1960). Ein vom Kostenbeamten während des Erinnerungsverfahrens geänderter Kostenansatz wird automatisch Gegenstand des Erinnerungsverfahrens (BFH IV E 7/12, BFH/NV 2013, 403).

Die Entscheidung über die Erinnerung ergeht durch **Beschluss,** der grds. 76
zu begründen ist (§ 113 II). Das Erinnerungsverfahren ist, soweit es statthaft ist, **gerichtsgebührenfrei** (§ 66 VIII 1 GKG). (Außergerichtliche) Kosten werden nicht erstattet (§ 66 VIII 2 GKG). Die Vorschrift soll verhindern, dass aus Kostenstreitigkeiten weitere Kostenstreitigkeiten entstehen (BGH IX ZB 303/02, NJW 2003, 70). **Auslagen** des Gerichts müssen erstattet werden (Toussaint/Toussaint GKG § 66 Rn. 74).

ee) Rechtsbehelfe. Gegen die Erinnerungsentscheidung des FG oder des 78
BFH ist subsidiär die **Anhörungsrüge** gem. § 69a GKG gegeben, wenn und soweit der Anspruch des Kostenschuldners auf rechtliches Gehör im Erinnerungsverfahren verletzt wurde (→ Rn. 80 ff.). Gegen die **Erinnerungsentscheidung des FG,** also auch gegen die Entscheidung über die Nichterhebung von Gebühren und Auslagen (→ Rn. 87 ff.), ist **kein Rechtsmittel** gegeben. Die Beschwerde zum BFH ist nicht gegeben (§ 66 III 2 GKG; § 128 IV 1). Nach Einführung der Anhörungsrüge ist auch eine **„außerordentliche Beschwerde"** nicht mehr statthaft (BFH VII B 150/06, BFH/NV 2007, 78); zumindest kann mit ihr eine Verletzung des rechtlichen Gehörs nicht gerügt werden (BFH IX B 200/05, BFH/NV 2006, 961). Eine gleichwohl eingelegte (außerordentliche) Beschwerde ist nicht nach § 66 VIII GKG gerichtsgebührenfrei (stRspr BFH IX B 105/19, BFH/NV 2020, 913; VII B 26/20, BFH/NV 2021, 335); der Vertretungszwang ist nicht zu beachten (§ 66 V GKG; BFH III B 16/15, BeckRS 2016, 95071). Gegen die **Erinnerungsentscheidung des BFH** ist ebenfalls kein Rechtsmittel gegeben. Insbesondere eine erneute Erinnerung ist ausgeschlossen (BFH IX E 2/22, BFH/NV 2023, 31).

Auch eine **Gegenvorstellung** (allg. zur Statthaftigkeit → Vor § 115 Rn. 26 ff.; 79
BVerfG 1 BvR 848/07, NJW 2009, 829) ist grds. nicht statthaft, soweit das Gericht an seine Entscheidung gebunden ist und diese ohne gesetzliche Grundlage nicht mehr ändern darf (BFH V S 10/07, BStBl. II 2009, 824). Das ist bei einem Beschluss, durch den eine Erinnerung gegen den Kostenansatz zurückgewiesen wird der Fall, denn er erwächst grds. in materielle Rechtskraft (BFH III S 43/09, BFH/NV 2010, 453). Das gilt nicht für die **Streitwertfestsetzung;** sie ist innerhalb von sechs Monaten jederzeit änderbar (→ Rn. 152). Gegen die Erinnerungsentscheidung können insoweit nebeneinander Anhörungsrüge oder (fristgebundene) Gegenvorstellung erhoben werden (BVerwG 4 BN 61/20, BeckRS 2021, 9702). Im Übrigen soll die Gegenvorstellung von vornherein auf Ausnahmefälle schwerwiegender Grundrechtsverstöße beschränkt sein, wenn die angegriffene Entscheidung unter keinem denkbaren Gesichtspunkt vertretbar erscheint und jeder gesetzlichen Grundlage entbehrt oder gegen das Gebot des gesetzlichen Richters ergangen ist (BFH V S 1/08, BFH/NV 2009, 1127; XI S 4/09, BeckRS 2009, 25015329).

c) Anhörungsrüge.

80 **§ 69a GKG Abhilfe bei Verletzung des Anspruchs auf rechtliches Gehör**

(1) Auf die Rüge eines durch die Entscheidung beschwerten Beteiligten ist das Verfahren fortzuführen, wenn

1. ein Rechtsmittel oder ein anderer Rechtsbehelf gegen die Entscheidung nicht gegeben ist und
2. das Gericht den Anspruch dieses Beteiligten auf rechtliches Gehör in entscheidungserheblicher Weise verletzt hat.

(2) [1]Die Rüge ist innerhalb von zwei Wochen nach Kenntnis von der Verletzung des rechtlichen Gehörs zu erheben; der Zeitpunkt der Kenntniserlangung ist glaubhaft zu machen. [2]Nach Ablauf eines Jahres seit Bekanntmachung der angegriffenen Entscheidung kann die Rüge nicht mehr erhoben werden. [3]Formlos mitgeteilte Entscheidungen gelten mit dem vierten Tag nach Aufgabe zur Post als bekannt gemacht. [4]Die Rüge ist bei dem Gericht zu erheben, dessen Entscheidung angegriffen wird; § 66 Absatz 5 Satz 1 und 2 gilt entsprechend. [5]Die Rüge muss die angegriffene Entscheidung bezeichnen und das Vorliegen der in Absatz 1 Nummer 2 genannten Voraussetzungen darlegen.

(3) Den übrigen Beteiligten ist, soweit erforderlich, Gelegenheit zur Stellungnahme zu geben.

(4) [1]Das Gericht hat von Amts wegen zu prüfen, ob die Rüge an sich statthaft und ob sie in der gesetzlichen Form und Frist erhoben ist. [2]Mangelt es an einem dieser Erfordernisse, so ist die Rüge als unzulässig zu verwerfen. [3]Ist die Rüge unbegründet, weist das Gericht sie zurück. [4]Die Entscheidung ergeht durch unanfechtbaren Beschluss. [5]Der Beschluss soll kurz begründet werden.

(5) Ist die Rüge begründet, so hilft ihr das Gericht ab, indem es das Verfahren fortführt, soweit dies aufgrund der Rüge geboten ist.

(6) Kosten werden nicht erstattet.

81 Durch das Anhörungsrügengesetz v. 9.12.2004 (BGBl. I 3220) ist die **Anhörungsrüge** als neuer Rechtsbehelf in das GKG eingefügt worden. § 69a GKG ergänzt §§ 66 ff. GKG. Er greift nur ein, soweit diese Vorschriften nicht ausreichen, um den Anspruch des Kostenschuldners auf rechtliches Gehör zu gewährleisten. § 69a gilt **subsidiär,** dh nur dann, wenn ein Rechtsmittel oder ein anderer Rechtsbehelf gegen die Entscheidung nicht gegeben ist. Vorrangig ist deshalb der Rechtsbehelf der Erinnerung (bei Einwendungen gegen den Kostenansatz und den Streitwert). Da aber im finanzgerichtlichen Verfahren eine Beschwerde in Kostensachen ausgeschlossen ist (§ 68 I 5, § 66 III 3 GKG; § 128 IV 1), ist gegen die Entscheidung über die Erinnerung nur die Anhörungsrüge gegeben (BFH IX E 5/10, BFH/NV 2011, 443). Ein ausdrücklich als (außerordentliche) Beschwerde oder Gegenvorstellung bezeichneter Rechtsbehelf kann bei rechtsschutzgewährender Auslegung als Anhörungsrüge zu behandeln sein (BVerfG 1 BvR 1126/11, NJW 2014, 991; BGH I ZB 22/23, AGS 2023, 519).

82 Für das Verfahren beim BFH besteht **kein Vertretungszwang** (§ 69a II 4 iVm § 66 V 1 GKG; → Rn. 67; anders als bei der Anhörungsrüge nach § 133a FGO: → § 133a Rn. 12; BFH X E 1/11, BFH/NV 2012, 428). Der Beteiligte muss schlüssig darlegen, dass das Gericht im Erinnerungsverfahren in entscheidungserheblicher Weise (→ Rn. 69, 70) seinen Anspruch auf rechtliches Gehör verletzt hat (§ 69a II 5 GKG). Zuständig ist das Gericht, dessen Entscheidung angegriffen

wird (§ 69a II 4 GKG). § 69a GKG entspricht im Wesentlichen § 133a; Wegen weiterer Einzelheiten wird deshalb auf die Kommentierung zu dieser Vorschrift verwiesen. Das Anhörungsrügeverfahren ist **gerichtsgebührenfrei** (BFH IV S 17/05, BFH/NV 2006, 956; V S 23/12, BFH/NV 2012, 1819; Toussaint/Toussaint GKG § 69a Rn. 17). Zwar fehlt eine § 66 VIII 1 GKG entsprechende ausdrückliche Regelung. Der Grund für die Kostenfreiheit der Erinnerung gilt jedoch gleichermaßen für die Anhörungsrüge (→ Rn. 76). Das KV enthält außerdem keinen einschlägigen Kostentatbestand (Tipke/Kruse/Brandis Vor §§ 135–149 Rn. 60).

4. Erhebung von Gerichtskosten

a) Allgemeines. Die angesetzten Kosten (zum Kostenansatz → Rn. 54 ff.) **83**
werden nach dem JBeitrG (v. 27.6.2017, BGBl. 2017 I 1926) beigetrieben. Das JBeitrG gilt als Bundesrecht wie als Landesrecht (Toussaint/Volpert JBeitrG § 1 Rn. 4). Für die Beitreibung zuständige Stellen sind grds. die **Gerichtskassen;** für die beim BFH entstandenen Gerichtskosten das BfJ (§ 2 II JBeitrG). Der Beitreibung durch Zwang geht die Anforderung der Kosten voraus. Mit der Anforderung der Kosten wird der zu erhebende Betrag auf Veranlassung des Kostenbeamten von der zuständigen Kasse zum Soll gestellt (§ 25 KostVfg). Nach Übergang der Zuständigkeit auf die Vollstreckungsbehörde hat der Kostenbeamte im weiteren Verfahren mitzuwirken (§§ 27 KostVfg).

b) Nichterhebung bei Bewilligung von Prozesskostenhilfe.

§ 122 ZPO Wirkung der Prozesskostenhilfe **85**

(1) Die Bewilligung der Prozesskostenhilfe bewirkt, dass
1. die Bundes- oder Landeskasse
   a) die rückständigen und die entstehenden Gerichtskosten und Gerichtsvollzieherkosten,
   b) die auf sie übergegangenen Ansprüche der beigeordneten Rechtsanwälte gegen die Partei

   nur nach den Bestimmungen, die das Gericht trifft, gegen die Partei geltend machen kann,
2. die Partei von der Verpflichtung zur Sicherheitsleistung für die Prozesskosten befreit ist,
3. …

(2) Ist dem Kläger, dem Berufungskläger oder dem Revisionskläger Prozesskostenhilfe bewilligt und ist nicht bestimmt worden, dass Zahlungen an die Bundes- oder Landeskasse zu leisten sind, so hat dies für den Gegner die einstweilige Befreiung von den in Absatz 1 Nr. 1 Buchstabe a bezeichneten Kosten zur Folge.

Von einem Beteiligten, dem PKH bewilligt worden ist, darf die Bundes- oder **86**
Landeskasse rückständige oder entstehende Gerichtskosten nur erheben, soweit im Bewilligungsbeschluss vom Gericht Ratenzahlungen oder Zahlungen aus dem Vermögen angeordnet worden sind (vgl. Erläut. zu § 122 ZPO). IÜ sind Kosten nicht anzusetzen oder angesetzte Kosten nicht zu erheben (§ 10 I KostVerfg). Zu beachten sind die zwischen den Bundesländern abgestimmten Durchführungsbestimmungen zur Prozess- und Verfahrenskostenhilfe sowie zur Stundung der Kosten des Insolvenzverfahrens (**DB-PKH;** zB DB-PKH Bayern v. 21.5.2021, BayMBl Nr. 394). Ist dem Kläger nur **teilweise** PKH bewilligt worden und stellt

er seine Anträge gleichwohl auch hinsichtlich des nicht von der PKH-Bewilligung erfassten Teils, schuldet er Gerichtsgebühren in Höhe der Differenz zwischen den Gebühren aus dem Gesamtstreitwert und den Gebühren aus dem Wert der Anträge, für die PKH bewilligt worden ist (FG LSA 5 Ko 175/24, BeckRS 2024, 26009, Rn. 16).

c) Nichterhebung von Kosten (§ 21 GKG).

87 **§ 21 GKG Nichterhebung von Kosten**

(1) [1]Kosten, die bei richtiger Behandlung der Sache nicht entstanden wären, werden nicht erhoben. [2]Das Gleiche gilt für Auslagen, die durch eine von Amts wegen veranlasste Verlegung eines Termins oder Vertagung einer Verhandlung entstanden sind. [3]Für abweisende Entscheidungen sowie bei Zurücknahme eines Antrags kann von der Erhebung von Kosten abgesehen werden, wenn der Antrag auf unverschuldeter Unkenntnis der tatsächlichen oder rechtlichen Verhältnisse beruht.

(2) [1]Die Entscheidung trifft das Gericht. [2]Solange nicht das Gericht entschieden hat, können Anordnungen nach Absatz 1 im Verwaltungsweg erlassen werden. [3]Eine im Verwaltungsweg getroffene Anordnung kann nur im Verwaltungsweg geändert werden.

88 **aa) Allgemeines.** § 21 GKG entspricht § 8 GKG aF (BT-Drs. 15/1971, 153). Die Vorschrift bezieht sich wegen § 1 GKG nur auf **Gerichtskosten** (Gebühren und Auslagen), nicht jedoch auf außergerichtliche Kosten der Beteiligten (BFH V B 111/08, BFH/NV 2009, 1269; VI B 89/15, BeckRS 2016, 94584; → Rn. 1). Die Nichterhebung bzw. das Absehen von der Erhebung (§ 21 I 3 GKG) setzen voraus, dass Gebühren oder Auslagen überhaupt entstanden sind. Erst dann stellt sich die Frage, ob sie hätten vermieden werden können und ob sie erhoben werden dürfen (Toussaint/Toussaint GKG § 21 Rn. 10). Die Kosten müssen durch einen der im G genannten Tatbestände (kausal) verursacht worden sein. Liegen diese Voraussetzungen vor, ist in den Fällen des § 21 I 1 und S. 2 GKG die Rechtsfolge der Nichterhebung zwingend; nur § 21 I 3 GKG eröffnet Ermessen des Gerichts, ob von der Erhebung abgesehen werden soll.

89 Die Vorschrift dient der **Kostengerechtigkeit,** indem sie es den Beteiligten erspart, für Kosten aufkommen zu müssen, die sie nicht (bewusst) veranlasst haben, sei es, dass sie auf einer unrichtigen Sachbehandlung durch das Gericht (→ Rn. 90 ff.), von den Beteiligten nicht zu vertretenden Vertagung (→ Rn. 94) oder auf unverschuldeter Unkenntnis (→ Rn. 95 ff.) beruhen. § 21 I 1 GKG dient andererseits auch der **Prozesswirtschaftlichkeit:** Nicht jeder (kleinste) Fehler des Gerichts führt dazu, dass der Kostenanspruch des Staates entfällt. Die Prüfung der Voraussetzungen kann grds. nicht dazu führen, rechtskräftige Gerichtsentscheidungen, die der zum Kostenansatz führenden Kostenentscheidung zugrunde liegen, nochmals auf ihre Rechtmäßigkeit hin zu überprüfen; Ausnahmen hiervon kommen nur bei erkennbaren Versehen oder offensichtlichen Verstößen gegen eindeutige Vorschriften in Betracht (stRspr, BFH III E 3/85, BFH/NV 1986, 352; X E 2/05, BFH/NV 2006, 326; XI E 2/05, BFH/NV 2006, 596; → Rn. 70).

90 **bb) Unrichtige Sachbehandlung.** Nach § 21 I 1 GKG werden Kosten nicht erhoben, wenn sie bei richtiger Behandlung der Sache nicht entstanden wären. **Sache** iSd Vorschrift ist das Verfahren, in dem die Kosten erhoben werden (BFH X E 1/13, BFH/NV 2013, 1106). Es kommt auf die unrichtige Behandlung der Sache **durch das Gericht** an. Ein Verschulden des Gerichts ist nicht erforderlich

(BFH III B 543/90, BFH/NV 1995, 145; VII B 56/00, BFH/NV 2002, 1492). Nur **eindeutig** erkennbare Versehen oder **offensichtliche** Verstöße gegen **eindeutige Rechtsnormen** des formellen oder materiellen Rechts rechtfertigen die Anwendung des § 21 GKG (BFH II E 1/93, BFH/NV 1994, 335; IV E 1/04, BFH/NV 2004, 966). Die unrichtige Behandlung muss zudem **schwerwiegend** und **offensichtlich** sein (BFH VII B 112/68, BStBl. II 1970, 852; I E 1/01, BFH/NV 2002, 1458; II E 3/06, BFH/NV 2006, 2113; VIII E 1/20, BFH/NV 2021, 197; Schall StB 1994, 284 (287) mwN); anderenfalls würde in allen Fällen, in denen das Rechtsmittelgericht zu einer anderen Auffassung als die Vorinstanz kommt, Kosten für das weitere Verfahren nicht erhoben, was dem Sinn und Zweck der Kostenvorschriften nicht entspräche (BFH VII B 112/68, BStBl. II 1970, 852). Die enge Auslegung der Anforderungen an eine unrichtige Sachbehandlung durch die Rspr. hat zur Folge, dass kaum jemals Fehler bei der Anwendung des materiellen Rechts zur Nichterhebung von Gerichtskosten führen (BFH VII E 1/10, BFH/NV 2010, 1109; vgl. aber FG Münster 9 Ko 3642/20 GK, BeckRS 2021, 2763 bei sachlicher Unrichtigkeit der Kostengrundentscheidung). Die Gerichtskosten können selbst dann nicht zurückgefordert werden, wenn die dem Urteil zugrunde liegende Vorschrift nachträglich in einem anderen Verfahren für nichtig erklärt wird (BFH VII E 1/10, BFH/NV 2010, 1109).

Eine unrichtige Sachbehandlung kann aber vorliegen, wenn das Gericht offen- **91**
kundig einen schweren **Verfahrensfehler** begangen hat. Unrichtige Sachbehandlung hat die Rspr. ua bejaht,

– bei Verstoß gegen das Gebot wirksamen Rechtsschutzes (Art. 19 IV GG; BFH IX R 19/98, BStBl. II 1999, 407),
– bei Besetzungsfehlern (Verletzung des Rechts auf den gesetzlichen Richter gem. Art. 101 I 2 GG; BVerwG 11 KSt 2/00, DVBl. 2001, 310),
– bei Unterlassen einer notwendigen Beiladung (BFH VIII E 2/96, BFH/NV 1997, 521),
– bei einem unzutreffenden Hinweis (BFH VIII B 3/96, BFH/NV 2006, 570; VIII B 61/05, BFH/NV 2006, 788),
– bei nicht erforderlicher Beweiserhebung (BFH VII R 25/98, BFH/NV 2000, 235),
– wegen unzulässiger Ausschlussfrist (zur Bezeichnung des Gegenstands des Klagebegehrens; BFH VI B 89/02, BFH/NV 2004, 1541),
– wegen Entscheidung zur Unzeit (wenn das Gericht entscheidet, obwohl zahlreiche von ihm selbst entschiedene, fast identische Parallelfälle beim BFH anhängig sind und das Gericht damit rechnen muss, dass der BFH diese Fälle zügig entscheiden wird (BFH VI R 62/99, BFH/NV 2000, 843),
– wenn das Gericht über einen rechtzeitig gestellten AdV-Antrag nicht rechtzeitig entscheidet (BFH I S 9/94, BFH/NV 1995, 679),
– bei Unterlassen der Aussetzung des Verfahrens trotz Anhängigkeit eines Musterverfahrens beim BVerfG (BFH III B 543/90, BStBl. II 1994, 473),
– wenn das FG die Steuer fehlerhaft berechnet hat (BFH I R 99/96, BStBl. II 2001, 22),
– wenn das FG das nach Zurücknahme der Klage eingestellte Verfahren nicht fortsetzt, obwohl die Unwirksamkeit der Klagerücknahme eingewandt worden ist (BFH VI B 116/79, BStBl. II 1980, 300; XI B 194/96, BFH/NV 1997, 605),
– wenn das FG § 104 II Hs. 2 nicht beachtet hat und dadurch Kosten einer Beweisaufnahme beim BFH ausgelöst hat (BFH IV R 45/09, BStBl. II 2013, 123),

– wenn das FG-Urteil gegen eine Person ergangen ist, die nicht als Kläger am Verfahren beteiligt war (BFH IV R 27/20, BFH/NV 2023, 377, Rn. 25),
– wenn das Urteil gegen eine prozessunfähige Partei ergangen ist, die offensichtlich nicht in der Lage ist, die Tragweite ihrer Prozesshandlungen zu erfassen und ihr Verhalten vernunftgerecht zu steuern (OVG Lüneburg 2 LA 170/24, BeckRS 2024, 26665),
– wenn das FG über eine vermeintliche (in Wirklichkeit aber nicht erhobene) Klage entschieden hat (BFH VIII R 16/21, BFH/NV 2024, 1415: Nichterhebung der Gerichtskosten erster und zweiter Instanz).

Eine unrichtige Sachbehandlung verneint der BFH dagegen im Fall der **Verfahrenstrennung** (BFH X E 5/16, BeckRS 2016, 94776; zust. HessFG 11 Ko 886/23, BeckRS 2023, 24324; FG LSA 5 Ko 443/21, BeckRS 2024, 26012, Rn. 29). Die dadurch ausgelöste Vervielfachung der Kosten (→ Rn. 29) soll für die Ausübung des Ermessens unbeachtlich („sachfremd") sein (vgl. OVG NRW 9 E 1187/10, NJW 2011, 871). Dem kann nicht gefolgt werden (vgl. BGH II ZR 314/95, NJW-RR 1997, 831). Die **Verfahrensverbindung** bewirkt nach der Rspr. des BFH keine Gebührendegression (→ Rn. 30; zur Kritik s. dort); eine unterlassene Verbindung soll deshalb auch für § 21 GKG von vornherein unbeachtlich sein (BFH I E 9–12/15, BeckRS 2016, 94443; FG Düsseldorf 13 Ko 2594/21 GK, BeckRS 2021, 46974). Eine unrichtige Sachbehandlung liegt auch nicht vor, wenn ein Rechtsanwalt eine schriftliche Vollmacht nicht vorgelegt hat (§ 62 VI 1 FGO; BFH IX E 1/24, BFH/NV 2024, 408).

92 Eine unrichtige Sachbehandlung kann auch vorliegen, bei Erteilung einer **unzutreffenden oder missverständlichen Rechtsmittelbelehrung** (BFH VII R 34/10, BFH/NV 2011, 278; Tipke/Kruse/Brandis Vor §§ 135–149 Rn. 30a; vgl. aber auch BFH VII B 22/99, BFH/NV 2000, 77 – überlagerndes Anwaltsverschulden, → Rn. 88). Das kommt insbes. in Betracht, wenn aufgrund unrichtiger Belehrung ein an sich nicht statthafter Rechtsbehelf eingelegt wird und dadurch Kosten ausgelöst werden. Bei Zurücknahme des Antrags auf Zulassung der Revision kann nicht von der Erhebung von Kosten abgesehen werden, wenn der Kostenschuldner in der dem zugrunde liegenden Urteil des FG beigefügten Rechtsmittelbelehrung auf die Voraussetzungen für die Erhebung einer Beschwerde wegen Nichtzulassung der Revision hingewiesen worden ist (BFH XI E 3/06, BFH/NV 2006, 1127). Die Vorschrift verfolgt nicht den Zweck, einem Rechtsmittelführer das mit der Einlegung eines Rechtsmittels verbundene Kostenrisiko abzunehmen und auf die Allgemeinheit abzuwälzen (BFH V E 2/06, BStBl. II 2007, 791; IX E 2/22, BFH/NV 2023, 31).

93 Die unrichtige Sachbehandlung des Gerichts muss für die Entstehung der Kosten **ursächlich** gewesen sein („durch"; BFH IV E 1/01, BFH/NV 2001, 1429). Das ist unproblematisch, soweit das Gericht die unnötigen Kosten selbst verursacht hat (zB durch unnötige Beweiserhebung). Sind unnötige Kosten hingegen durch die Handlung eines Beteiligten (zB Einlegung von Rechtsmitteln) oder durch ein zurechenbares Unterlassen (zB Nichtzurücknahme eines Rechtsmittels; KG 5 W 34/24, NJW-RR 2024, 805) ausgelöst worden, muss der Beteiligte gerade durch eine unrichtige Sachbehandlung des Gerichts dazu bestimmt worden sein. Ob das der Fall ist, wird in der Rspr. (ohne die Erforschung innerer Motive) **nach objektiven Maßstäben** auf der Grundlage allgemeinen Erfahrungswissens beurteilt. Ein mitwirkendes Verschulden des Beteiligten, seines gesetzlichen Vertreters oder Prozessbevollmächtigten ist grds. unbeachtlich (Toussaint/Toussaint GKG § 21 Rn. 24, „Mitwirkendes Verschulden"). Ist in der **Rechtsmittelbelehrung** ein unzulässiges Rechtsmittel als gegeben bezeichnet, ist regelmäßig davon auszugehen, dass der Rechtsmittelführer dadurch veranlasst worden ist, das Rechtsmittel einzulegen (BFH XI R 63/06, BFH/NV 2008, 606; X B 63/23 (AdV), BFH/NV 2023, 1313). Dasselbe sollte gelten, wenn die Rechtsmittelbelehrung fehlt. Zwar lässt sich die Kausalität eines Unterlassens streng genommen nicht feststellen, die Pflicht des Gerichts zu einer zutreffenden Rechtsmittelbelehrung besteht indes auch ggü. professionellen Prozessvertretern. Der VII. Senat des BFH entfernt sich zunehmend von dieser Betrachtungsweise und stellt darauf ab, ob das **Verschulden** des Gerichts das mitwirkende Verschulden des Beteiligten überwiegt (BFH VII B 22/99, BFH/NV 2000, 77; VII R 34/10, BFH/NV 2011, 278). Daran soll es zB fehlen, wenn ein Rechtsanwalt bei unterlassener Belehrung über die Unanfechtbarkeit eine Beschwerde einlegt (BFH VII E 9/12, BFH/NV 2012, 1317). Das überzeugt nicht. § 21 GKG setzt kein Verschulden des Gerichts voraus. Die überlange **Dauer des FG-Verfahrens** (13 Jahre) führt mangels Kausalität nicht dazu, die Kosten des anschließenden Rechtsmittelverfahrens nicht zu erheben (BFH VIII E 1/90, BFH/NV 1990, 520). Die unrichtige Sachbehandlung im Kostenansatzverfahren hat die dort festgesetzten Gebühren nicht ausgelöst (BFH III E 4/15, BeckRS 2015, 95635). Hält der BFH die Sachbehandlung durch das FG für unrichtig, führt dies idR zur Nichterhebung der Gerichtskosten für das Rechtsbehelfsverfahren. Hat das FG durch unrichtige Sachbehandlung eine Beweisaufnahme beim BFH ausgelöst, werden die Kosten dafür nicht erhoben (BFH IV R 45/09, BStBl. II 2013, 123).

cc) Terminverlegung. Nach § 21 I 2 GKG werden **Auslagen** (zB Entschädigungen für Zeugen und Sachverständige, Zustellkosten für Ladungen) nur dann nicht erhoben, wenn sie durch eine vAw **veranlasste Verlegung eines Termins** oder die **Vertagung** einer Verhandlung entstanden sind. Die Verlegung oder Vertagung iSd § 21 I 2 GKG muss durch einen Umstand veranlasst sein, den allein das Gericht zu vertreten hat. 94

dd) Unverschuldete Unkenntnis. Nach § 21 I 3 GKG kann (Ermessen) das Gericht bei „abweisenden Entscheidungen" und bei der Zurücknahme eines Antrags von der Kostenerhebung absehen, wenn der Antrag auf unverschuldeter Unkenntnis der tatsächlichen oder rechtlichen Verhältnisse beruht. Dadurch sollen im Interesse der Kostengerechtigkeit (→ Rn. 86) Unbilligkeiten und Härten vermieden werden, die sich aus der strengen Anwendung des G für die Beteiligten ergeben können (Greite DStZ 2000, 90 mwN). Zweck der Vorschrift ist es jedoch nicht, den Beteiligten nachträglich das Prozesskostenrisiko abzunehmen und auf die Allgemeinheit abzuwälzen (BFH I B 43/67, BStBl. III 1967, 786; V E 2/06, BStBl. II 2007, 791). **Abweisende Entscheidung** ist jede Verwerfung oder Zurückweisung, in welcher Form (Beschluss, Urteil, Verfügung) auch immer (BFH V E 2/06, BStBl. II 2007, 791; Toussaint/Toussaint GKG § 21 Rn. 29), zB auch der Beschluss, mit dem eine Beschwerde als unzulässig verworfen wird (BFH VII E 8/89, BFH/NV 1991, 55). Die **Unkenntnis** kann sich auf Tatsachen und auf Rechtsfragen beziehen, auch auf die prozessuale Rechtslage (BFH V E 2/06, BStBl. II 2007, 791). **Unverschuldet** ist die Unkenntnis nur, wenn sie bei zumutbarer Bemühung unvermeidbar war. Ein Verschulden des gesetzlichen Vertreters oder des Prozessbevollmächtigten ist dem Vertretenen grds. zuzurechnen (§ 85 II ZPO; Toussaint/Toussaint GKG § 21 Rn. 32, „Prozessbevollmächtigter"). 95

Eine unverschuldete Unkenntnis wird nur in seltenen Fällen vorliegen, etwa wenn ein unter **Betreuung** stehender Stpfl., ohne Einwilligung seines Betreuers 96 ein unzulässiges Rechtsmittel eingelegt hat. Der Rechtsmittelantrag beruht dann idR auf unverschuldeter Unkenntnis der fehlenden Prozessfähigkeit (BFH VII B 56/00, BFH/NV 2002, 1492; III B 107/04, BFH/NV 2005, 228; V B 3/12, BFH/NV 2012, 770; FG Hmb 3 K 272/15, BeckRS 2016, 94545). War der Kostenschuldner durch einen **rechtskundigen Prozessbevollmächtigten** vertreten, kann er sich idR nicht auf unverschuldete Unkenntnis der rechtlichen Verhältnisse berufen (BFH IV E 2/04, BFH/NV 2004, 967). Dasselbe gilt, wenn der Kostenschuldner selbst rechtskundig ist (BFH II E 3/06, BFH/NV 2006, 2113). Bei der Frage, ob die Unkenntnis unverschuldet war, ist auch der Bildungsgrad zu berücksichtigen (BFH III B 73/67, BStBl. II 1968, 659; V E 2/06, BStBl. II 2007, 791). Unverschuldete Unkenntnis liegt auch nicht vor, wenn es sich um eine schwierige Rechtsfrage handelt und der Rechtsmittelführer sich der Problematik bewusst war (BFH VII B 151/68, BStBl. II 1969, 344 mwN) oder wenn der BFH die Klage im Revisionsverfahren als unzulässig und anders als das FG nicht als unbegründet angesehen hat (BFH I E 1/06, BFH/NV 2006, 1674). Auf Unkenntnis kann sich nicht berufen, wer zutr. belehrt worden ist, zB wer eine zutr. Rechtsmittelbelehrung nicht zur Kenntnis genommen oder nicht verstanden hat (BFH VII E 6/85, BFH/NV 1988, 46; III E 1/05, BFH/NV 2006, 92; VII E 9/15, BeckRS 2016, 94689: **Nichtbeachtung des Vertretungszwangs** trotz eindeutiger Belehrung) oder wer neben dem Antrag auf Bewilligung von PKH wirksam Klage erhoben hat (FG Düsseldorf 18 Ko 2303/07 GK, EFG 2008, 78). Die Unkenntnis ist nicht unverschuldet, wenn der Prozessbevollmächtigte, dem die Kosten auferlegt wurden, ein Rechtsmittel ohne Vollmacht eingelegt hatte, obwohl die Erfolgsaussichten so gering waren, dass er nicht mit der Erteilung einer Vollmacht hatte rechnen können (BFH V B 13/67, BStBl. II 1969, 265). Steht die Kostenbelastung wegen Anwendung des Mindeststreitwerts völlig außer Verhältnis zum finanziellen Interesse des Klägers (30 EUR), so soll im Hinblick auf verfassungsrechtliche Bedenken (→ Rn. 14), bei verfahrensrechtlichem Irrtum über die Kosten und Klagerücknahme die Nichterhebung der Verfahrensgebühr folgen (ThürFG II 70007/05, EFG 2005, 975, zweifelhaft).

97 **ee) Verfahren.** Zuständig für die Entscheidung ist **das Gericht** (§ 21 II 1 GKG), und zwar das Gericht, bei dem die Kosten angesetzt wurden (§ 66 I 1 GKG), wenn die Entscheidung im Erinnerungsverfahren getroffen wird, sonst das Gericht, bei dem die Kosten anzusetzen sind (§ 19 I 1 GKG). Verfahrensrechtlich gehört die Entscheidung über die Nichterhebung von Gerichtskosten nach § 21 GKG ins **Kostenansatzverfahren** (BFH III B 8/66, BStBl. III 1967, 369). Das bedeutet, der BFH entscheidet nur über die Nichterhebung der Kosten des Rechtsmittelverfahrens (§ 19 I 1 Nr. 2 GKG). Hat das FG bereits über die Nichterhebung der Kosten entschieden, ergibt sich die Unanfechtbarkeit dieser Entscheidung aus § 128 IV. Bei **Zurückverweisung** mit der Kostenfolge aus § 143 II muss der BFH über die Nichterhebung der bei ihm angefallenen Kosten selbst entscheiden; die Befugnis dazu ist nicht gem. § 143 II auf das FG übertragbar.

98 Die Entscheidung über die Nichterhebung kann auf Antrag oder vAw getroffen werden. Die **Verwaltung** (Präsidenten der Gerichte, § 37 KostVfg) entscheidet nur vAw und nur solange das Gericht (noch) nicht im Einzelfall entschieden hat (§ 21 II 2 GKG). Eine im Verwaltungsweg getroffene Anordnung wird bestandskräftig; sie kann nur im Verwaltungsweg geändert werden (§ 21 II 3 GKG). **Beantragt** der Kostenschuldner die Nichterhebung der Gerichtskosten (oder regt er eine solche Entscheidung an) ist für die Entscheidung (ausschließlich) das Gericht

(der Richter) zuständig (§ 21 II 1 GKG; BFH VII E 11/94, BFH/NV 1995, 722). Das Gericht entscheidet in der Kostengrundentscheidung, in einem selbständigen Nebenverfahren (Tipke/Kruse/Brandis Vor §§ 135–149 Rn. 36) oder, soweit der Antrag erst nach Zugang der Kostenrechnung gestellt wird, im Verfahren der **Erinnerung** (→ Rn. 73 ff.). Der Antrag ist **nicht fristgebunden;** er kann auch nach Zahlung der Kosten gestellt werden (Toussaint/Toussaint GKG § 21 Rn. 37). Vor dem BFH besteht für den Antrag **kein Vertretungszwang** (BFH VII B 56/00, BFH/NV 2002, 1492; → Rn. 67). Die Entscheidung des Gerichts ergeht nach Anhörung des Antragstellers durch Beschluss, der kurz begründet werden soll; die Entscheidung kann auch im Urteil getroffen werden. Wurde der Antrag im Urteil übergangen, kann über ihn nachträglich in einem selbständigen Beschluss entschieden werden (BFH X R 169/93, BFH/NV 1995, 251, keine Urteilsergänzung). Gegen eine ablehnende Entscheidung des FG ist eine Beschwerde nicht gegeben (§ 128 IV; bei Entscheidung über die Erinnerung § 68 I 5, § 66 III 3 GKG; BFH IX B 55/12, BFH/NV 2012, 1799). In Betracht kommt – auch im Verfahren vor dem BFH – allenfalls eine Anhörungsrüge (§ 133a; § 69a GKG; → Rn. 80 ff.).

III. Streitwert

Literatur (seit 2000): Balmes/Jochim, Kosten des Steuerstreits, DStZ 2001, 272; Bartone, Das neue Gerichtskostengesetz in der Beratungspraxis, AO-StB 2005, 22; Eberl, Der Mindeststreitwert als neue Zugangsbeschränkung in der Finanzgerichtsbarkeit, DB 2004, 1912; Heitland, Euroumstellungen im Kostenrecht, NJW 2001, 2306; Jost, Strittige Fragen zum Gerichtskostengesetz nach Änderung durch das Kostenrechtsmodernisierungsgesetz, InfStW 2004, 636; Liebheit, Streitwert nach einer Klageänderung, JuS 2001, 687; Müller, Streitwertermittlung nach dem neuen § 52 III 2 GKG, BB 2013, 2519; Schneider, Gegenstandswert in Verfahren auf Bestellung eines Notanwalts, NJW-Spezial 2015, 27; Schneider, Das Recht zur Streitwertbeschwerde, NJW-Spezial 2015, 91; Schneider, Streitwertbeschwerde und Verbot der reformatio in peius, NJW 2017, 3764; Schwarz, Probleme bei der Streitwertermittlung, AO-StB 2003, 165; Wenner/Schuster, Einführung der Deckelung des Streitwerts in RVG und GVG: Hohe Streitwerte, kleines Risiko, BB 2005, 230; Wüllenkemper, Zur Auslegung des Begriffs „Gegenstand“ in § 19 I 3 GKG im finanzgerichtlichen Verfahren, DStZ 2003, 807; Zenke, Streitwert-ABC, StB 2004, 425 ff., 459 ff., StB 2005, 27 ff., 65 ff., 106 ff.

1. Rechtsgrundlagen

Überblick. Die **Höhe des Streitwerts** bestimmt sich nach den Vorschriften in Abschn. 7 „Wertvorschriften“ im GKG (§§ 39 ff. GKG), insbes. den §§ 52 u. 47 GKG, die weitgehend den §§ 13, 14 GKG aF entsprechen. Die zu den früheren Vorschriften ergangene Rspr. ist deshalb idR weiterhin zu beachten. Zu den Änderungen durch das KostRMoG und durch das 2. KostRMoG → Rn. 6, 7. Das Verfahren der **Streitwertfestsetzung** richtet sich nach § 63 GKG (→ Rn. 145 ff.). § 62 GKG betrifft die Wertfestsetzung für die Zuständigkeit des Gerichts oder die Zulässigkeit des Rechtsmittels und hat für den Steuerprozess nach Abschaffung der Streitwertrevision keine Bedeutung mehr. 100

Keine (verbindliche) Rechtsgrundlage, sondern lediglich eine Zusammenstellung der finanzgerichtlichen Rspr. zur Bemessung des Streitwerts mit Empfehlungscharakter enthält der von den Präsidenten der FG im Juni 2009 beschlossene **Streitwertkatalog für die Finanzgerichtsbarkeit** (Stand Dez. 2021, zB Web- 101 site des FG Düsseldorf). Er soll zugleich einen Beitrag leisten zur Vereinheitlichung der Streitwertrechtsprechung (→ Rn. 156). Die Entscheidung über die Festsetzung des Streitwerts im Einzelfall obliegt jedoch allein dem zuständigen Gericht; an die Empfehlungen des Streitwertkatalogs ist das Gericht nicht gebunden (vgl. BFH I E 4/23, BFH/NV 2024, 189).

2. Allgemeine Grundsätze der Streitwertermittlung

103 **§ 39 GKG Grundsatz**

(1) In demselben Verfahren und in demselben Rechtszug werden die Werte mehrerer Streitgegenstände zusammengerechnet, soweit nichts anderes bestimmt ist.

(2) Der Streitwert beträgt höchstens 30 Millionen Euro, soweit kein niedrigerer Höchstwert bestimmt ist.

§ 40 GKG Zeitpunkt der Wertberechnung

Für die Wertberechnung ist der Zeitpunkt der den jeweiligen Streitgegenstand betreffenden Antragstellung maßgebend, die den Rechtszug einleitet.

§ 42 GKG Wiederkehrende Leistungen

(1) [1]Bei Ansprüchen auf wiederkehrende Leistungen aus einem öffentlich-rechtlichen Dienst- oder Amtsverhältnis, einer Dienstpflicht oder einer Tätigkeit, die anstelle einer gesetzlichen Dienstpflicht geleistet werden kann, bei Ansprüchen von Arbeitnehmern auf wiederkehrende Leistungen sowie in Verfahren vor Gerichten der Sozialgerichtsbarkeit, in denen Ansprüche auf wiederkehrende Leistungen dem Grunde oder der Höhe nach geltend gemacht oder abgewehrt werden, ist der dreifache Jahresbetrag der wiederkehrenden Leistungen maßgebend, wenn nicht der Gesamtbetrag der geforderten Leistungen geringer ist …

(2) …

(3) [1]Die bei Einreichung der Klage fälligen Beträge werden dem Streitwert hinzugerechnet; dies gilt nicht in Rechtsstreitigkeiten vor den Gerichten für Arbeitssachen. [2]Der Einreichung der Klage steht die Einreichung eines Antrags auf Bewilligung der Prozesskostenhilfe gleich, wenn die Klage alsbald nach Mitteilung der Entscheidung über den Antrag oder über eine alsbald eingelegte Beschwerde eingereicht wird.

§ 43 GKG Nebenforderungen

(1) Sind außer dem Hauptanspruch auch Früchte, Nutzungen, Zinsen oder Kosten als Nebenforderungen betroffen, wird der Wert der Nebenforderungen nicht berücksichtigt.

(2) Sind Früchte, Nutzungen, Zinsen oder Kosten als Nebenforderungen ohne den Hauptanspruch betroffen, ist der Wert der Nebenforderungen maßgebend, soweit er den Wert des Hauptanspruchs nicht übersteigt.

(3) Sind die Kosten des Rechtsstreits ohne den Hauptanspruch betroffen, ist der Betrag der Kosten maßgebend, soweit er den Wert des Hauptanspruchs nicht übersteigt.

§ 45 GKG Klage und Widerklage, Hilfsanspruch, wechselseitige Rechtsmittel, Aufrechnung

(1) [1]In einer Klage und in einer Widerklage geltend gemachte Ansprüche, die nicht in getrennten Prozessen verhandelt werden, werden zusammengerechnet.

[2]Ein hilfsweise geltend gemachter Anspruch wird mit dem Hauptanspruch zusammengerechnet, soweit eine Entscheidung über ihn ergeht. [3]Betreffen die Ansprüche im Fall des Satzes 1 oder 2 denselben Gegenstand, ist nur der Wert des höheren Anspruchs maßgebend.

(2) Für wechselseitig eingelegte Rechtsmittel, die nicht in getrennten Prozessen verhandelt werden, ist Absatz 1 Satz 1 und 3 entsprechend anzuwenden.

(3) Macht der Beklagte hilfsweise die Aufrechnung mit einer bestrittenen Gegenforderung geltend, erhöht sich der Streitwert um den Wert der Gegenforderung, soweit eine der Rechtskraft fähige Entscheidung über sie ergeht.

(4) Bei einer Erledigung des Rechtsstreits durch Vergleich sind die Absätze 1 bis 3 entsprechend anzuwenden.

a) Streitgegenstand als Bezugsgröße. Streitwert ist der Wert des Streitgegenstands (§ 3 I GKG). Der Streitgegenstand bildet den **Gegenstand der Bewertung** bei der Streitwertermittlung. Der (kostenrechtliche) Begriff des Streitgegenstands wird bei der Streitwertermittlung grds. vorausgesetzt. Die Bestimmung des Streitgegenstands muss dessen Bewertung vorangehen. Was nicht zum Streitgegenstand gehört, darf nicht bewertet werden (BFH I E 2/77, BStBl. II 1978, 58). Das GKG trennt nicht scharf zwischen beiden Fragen. Das erschwert seine Anwendung. Viele Einzelfragen betreffen den **Gegenstand** der Bewertung und nicht die Bewertung selbst. **104**

Der **kostenrechtliche Streitgegenstand** wird in erster Linie durch den Antrag des Klägers in der Hauptsache bestimmt. Der für das finanzgerichtliche Verfahren maßgebliche weite Streitgegenstandsbegriff (Saldierungstheorie, → § 110 Rn. 37) ist kostenrechtlich ohne Bedeutung. Die Möglichkeit der **Saldierung** wirkt sich auf den Streitwert nicht aus; kommt es tatsächlich zur Saldierung, erhöht dies den Streitwert ebenfalls nicht (FG Köln 4 K 2429/09, EFG 2012, 2025). Die Anordnung der **Sicherheitsleistung** in Verfahren des vorläufigen Rechtsschutzes ist kein selbständiger Streitgegenstand (BFH VIII B 158/94, BFH/NV 1995, 680). **105**

Nebenforderungen (insbes. Zinsen und Kosten) werden, auch wenn um sie gestritten wird, grds. nicht werterhöhend berücksichtigt (§ 43 I GKG; BFH III R 24/04, BFH/NV 2006, 816), es sei denn, dass sie selbst Hauptanspruch (geworden) sind (BFH VII R 119/83, BFH/NV 1988, 180), zB wenn der Kläger die Zinsfestsetzung mit eigenständigen Angriffsmitteln in Frage stellt und das FG darüber entschieden hat (BFH VIII S 15/12, BFH/NV 2012, 1822). **106**

b) Klagehäufung. aa) Objektive Klagehäufung. Werden in einer Klage mehrere selbständige prozessuale Ansprüche verfolgt (kumulative Klagehäufung, § 43), werden die (jeweils einzeln und uU nach unterschiedlichen Regeln ermittelten) Einzelstreitwerte der verschiedenen Klagebegehren (Streitgegenstände) nach § 39 I GKG zu einem **Gesamtstreitwert** zusammengerechnet (BFH IV E 2/02, BFH/NV 2003, 338). Auch negative Streitwerte erhöhen den Gesamtstreitwert (FG BW 13 KO 280/15, BeckRS 2015, 95146), etwa wenn der Kläger zulässigerweise die Festsetzung einer niedrigeren Steuer begehrt. Eine Addition der Streitwerte ist insbes. geboten, wenn der Kläger mit einer Klage Steuerbescheide verschiedener Steuerarten oder verschiedener Streitjahre angreift und zwar auch dann, wenn in jedem Streitjahr stets und nur dieselbe Frage streitig ist (BFH I E 2/05, BFH/NV 2005, 2217). Die Streitwerte sind auch dann zu addieren, wenn für einzelne oder alle Klagebegehren der **Auffangwert** (BFH VII S 49/ **108**

91, BFH/NV 1992, 484; FG LSA 2 KO 720/07, EFG 2007, 1985) oder der **Mindeststreitwert** (§ 52 IV GKG) anzusetzen ist (str. wie hier BFH IV E 2/16, BeckRS 2016, 95343). Die Gegenansicht summiert die ohne Beachtung von § 52 IV Nr. 1 GKG ermittelten Einzelstreitwerte nach § 39 I GKG und setzt den Mindeststreitwert nur an, wenn der Gesamtstreitwert geringer ist (FG BW 12 K 300/04, EFG 2005, 1894; FG Köln 10 Ko 257/07, 10 Ko 258/07, EFG 2008, 332; NdsFG 15 K 196/11, EFG 2015, 1023; beiläufig zustimmend BFH X E 1/17, BeckRS 2017, 134779; Gosch/Böwing-Schmalenbrock § 139 Rn. 91). Der Wortlaut ist unergiebig. Die Einleitung „in Verfahren" grenzt nur den sachlichen Anwendungsbereich ein. Im Gesetz fehlt der Begriff des Gesamtstreitwerts; er wird ebenfalls als Streitwert bezeichnet (arg. § 39 II GKG). Es entspricht aber der durch § 3 I GKG und § 39 I GKG vorgegebenen Systematik, dass die Streitgegenstände zunächst bewertet und die Werte sodann addiert werden. Etwas anderes ist in § 52 IV Nr. 1 GKG nicht „bestimmt" (§ 39 I GKG). Die Vorschrift enthält keine Regelung für objektive Klagehäufungen. Der **Höchststreitwert** von 30 Mio. EUR (§ 39 II GKG) wird nicht kumuliert. Er bezieht sich auf den „Gesamtstreitwert", wie sich aus dem Zusammenhang mit § 39 I GKG ergibt.

109 Eine Addition findet aber nicht statt **(Additionsverbot),** soweit mehrere Streitgegenstände **wirtschaftlich identisch** sind (vgl. BFH X B 93/15, BFH/NV 2016, 776; Toussaint/Elzer GKG § 39 Rn. 17). Wirtschaftliche Identität liegt insbes. vor, wenn die Anträge bei wirtschaftlicher Betrachtung auf dasselbe Interesse gerichtet sind bzw. letztlich dasselbe Ziel verfolgen. Ein Indiz dafür kann sein, wenn nicht beide Anträge gleichzeitig Erfolg haben könnten. Einzelheiten → Rn. 110 und → Rn. 112.

109a **Einzelheiten.** Erhebt der Kläger gegen denselben Bescheid Anfechtungs- und Nichtigkeitsfeststellungsklage, werden die Einzelstreitwerte nicht kumuliert, sondern es kommt auf den höheren Streitwert an (BFH X B 93/15, BeckRS 2016, 94412: analog § 45 I 3 GKG). In **Kindergeldsachen** wird der Mindeststreitwert nicht mehrfach angesetzt (BFH III S 2/14, BStBl. II 2015, 37; V S 30/14, BeckRS 2015, 94019).

110 **bb) Eventuelle Klagehäufung.** Hat der Kläger neben seinem Hauptantrag einen Hilfsantrag gestellt, erhöht der hilfsweise gestellte Antrag den Streitwert nur, soweit eine Entscheidung über ihn ergeht (§ 45 I 2 GKG). Betreffen die Anträge **denselben Gegenstand,** ist der Wert des höheren Antrags maßgebend (§ 45 I 3 GKG; BFH IV B 18/69, BStBl. II 1973, 505; VIII R 414/83, BFH/NV 1988, 798; IV S 17/14, BeckRS 2015, 94573). Entsprechendes gilt, wenn der Kläger mit dem Hilfsantrag nicht mehr erreichen kann als mit dem Hauptantrag, auch wenn der Hilfsantrag einen selbständigen Streitgegenstand betrifft (BFH IX S 16/19, BFH/NV 2019, 1354). Wird ein einheitlicher Streitgegenstand willkürlich in einen Haupt- und einen Hilfsantrag aufgeteilt **(unechte Eventualklage),** kommt es auf den weitergehenden Hilfsantrag an (BFH XI E 1/23, BFH/NV 2023, 1415). Die Vorschrift passt nicht richtig zum finanzgerichtlichen Verfahren, weil sie „Ansprüche" betrifft und nicht Anträge. Im Zivilprozess hat ein hilfsweise geltend gemachter Anspruch idR eine alternative Begründung für das Hauptbegehren (und häufig neues tatsächliches Vorbringen) zum Gegenstand. Darauf kommt es im Steuerprozess nicht an, weil das Gericht dem Begehren auch dann stattgeben muss, wenn die Klage aus anderen als den zu ihrer Begründung angeführten Gründen Erfolg hat (zutr. Wüllenkemper DStZ 2003, 807). Betrifft der Hilfsantrag einen **anderen Gegenstand,** sind die Streitwerte von Haupt- und

Hilfsantrag zusammenzurechnen, soweit auch über den Hilfsantrag entschieden worden ist (BFH IX E 10/03, BFH/NV 2004, 77). Das erscheint unbillig, wenn in Bezug auf mehrere streitgegenständliche Steuerbescheide lediglich umstritten ist, in welchem Veranlagungszeitraum eine bestimmte Besteuerungsgrundlage berücksichtigt wird. Speziell für das finanzgerichtliche Verfahren und den Fall, dass sämtliche in Betracht kommenden Steuerbescheide Streitgegenstand sind, soll deshalb unter „Gegenstand" iSv § 45 I 3 GKG die streitige Besteuerungsgrundlage zu verstehen sein (Wüllenkemper DStZ 2003, 807; zust. Gräber, 7. Aufl. 2010; Tipke/Kruse/Brandis Vor §§ 135–149 Rn. 112). Ob für eine solche Einschränkung des Begriffs wirklich ein Bedürfnis besteht, erscheint indes zweifelhaft. Der Hilfsantrag hat zur Folge, dass das Gericht auch prüfen muss, in welchem Veranlagungszeitraum die Besteuerungsgrundlage zu berücksichtigen ist. Das geht über die Prüfung hinaus, ob sie einem bestimmten Zeitraum zuzuordnen ist. Lediglich der gerichtliche Aufwand für die Feststellung der Besteuerungsgrundlage fällt nur einmal an (→ Rn. 155, „Aufrechnung"). Der BFH wendet § 45 I 2, 3 GKG analog an, wenn der Beigeladene einen über den Antrag des Klägers hinausgehenden Antrag gestellt hat und wenn über diesen entschieden worden ist (BFH IV E 7/13, BFH/NV 2013, 1809).

cc) Subjektive Klagehäufung. Klagen mehrere Streitgenossen (§ 59) gemeinsam gegen verschiedene VA, so sind die Streitwerte der jeweiligen Streitgegenstände grds. zu addieren (BFH II R 68/68, BStBl. II 1969, 471; II R 157/81, BStBl. II 1984, 204 zum Zuständigkeitsstreitwert). Klagen mehrere gegen denselben VA, werden die einzelnen Streitwerte nicht addiert, soweit die Begehren aller Kläger **wirtschaftlich identisch** sind. Bei wirtschaftlicher Teilidentität bestimmt sich der Streitwert nach dem Antrag mit dem höchsten Wert (Gruber Inf 1994, 33 (38)). Sind die Klagebegehren von Streitgenossen nicht wirtschaftlich identisch (zB wenn mit der Klage gegen einen Gewinnfeststellungsbescheid ein Kläger die Änderung des Gewinns auf Gesellschaftsebene, ein anderer die Herabsetzung des Sondergewinns beantragt), sind die Streitwerte der Klagebegehren zu einem Gesamtstreitwert zu addieren (BFH VII S 32/84, BFH/NV 1986, 108; FG Köln 10 Ko 783/11, EFG 2012, 2237). 112

c) Verteidigungsvorbringen des Beklagten. Das Verteidigungsvorbringen des Beklagten, einschließlich einer von ihm unbedingt erklärten **Aufrechnung** erhöht den Streitwert grds. nicht (arg. § 45 III; vgl. aber → Rn. 160 „Aufrechnung"). Eine den Streitwert erhöhende Erweiterung des gerichtlichen Prüfungsumfangs ergibt sich grds. erst durch (den Hauptvortrag ergänzendes) Hilfsvorbringen, einschließlich einer Hilfsaufrechnung, und nur, soweit darüber vom Gericht entschieden werden muss (§ 45 I 2 GKG). 114

d) Änderung des Streitgegenstands. Der Streitwert erhöht sich, wenn während des Rechtszugs der **Streitgegenstand erweitert** oder der **Klagantrag erhöht** wird. Der Schriftsatz, mit dem die Klage erhöht oder gegenständlich erweitert wird, leitet insofern einen neuen Rechtszug ein (Toussaint/Elzer GKG § 40 Rn. 6; BeckOK KostR/Schindler GKG § 40 Rn. 12). Für die Bewertung des erweiterten Streitgegenstands kommt es wiederum auf den Zeitpunkt der maßgeblichen **Antragsänderung** an (§ 40 GKG). Ergeht während des Verfahrens der USt-Jahresbescheid, der gem. § 68 zum Gegenstand des Verfahrens wird, erweitert dies den Streitgegenstand erst (bisheriger Streitgegenstand war die USt-Voranmeldung für einen Monat/ein Quartal), wenn das Klagebegehren durch 115

Prozesserklärung an den geänderten Verfahrensgegenstand angepasst wird (BFH XI E 1/10, BFH/NV 2010, 2087). Geht der Antrag eines Beigeladenen über den klägerischen Antrag hinaus, so erhöht dies den Streitwert, soweit über den Antrag entschieden worden ist (BFH IV E 7/13, BFH/NV 2013, 1809).

116 Wird der bisherige Klageantrag **ermäßigt** oder die Klage **teilweise zurückgenommen,** hat dies keinen Einfluss auf den Streitwert, denn der an die veränderte Situation angepasste Antrag leitet keinen neuen Rechtszug ein. Für die einheitliche Verfahrensgebühr bleibt es in diesen Fällen bei dem zu Beginn des Verfahrens maßgebenden (höchsten) Streitwert; für die Rechtsanwaltsgebühren kann eine Anpassung erforderlich sein, soweit sie nach verschiedenen Verfahrensabschnitten und Werten unterscheiden (BeckOK KostR/Schindler GKG § 40 Rn. 13). Erlässt das FA während des Verfahrens einen **Teilabhilfebescheid** und passt der Kläger seinen Antrag entsprechend an den geänderten Streitgegenstand an, wird der maßgebliche Streitwert hierdurch nicht herabgesetzt (BFH IV E 9/11, BFH/NV 2012, 434). Wird mit der Klage die Aufhebung eines Steuerbescheids in vollem Umfang beantragt, bemisst sich der Streitwert auch dann nach der Höhe der während des Klageverfahrens festgesetzten Steuer, wenn diese nach rechtskräftigem Abschluss des Verfahrens herabgesetzt wird; dies gilt entsprechend bei Feststellungsbescheiden und im Rechtsmittelverfahren (BFH II E 1/05, BFH/NV 2005, 1852). Zu berücksichtigen sind (bei der Bewertung des Streitgegenstands) jedoch uU Erkenntnisquellen, die zwar erst nach dem maßgeblichen Stichtag zutage getreten sind, aber ein neues Licht auf die Wertverhältnisse an diesem Tag werfen (BGH X ZR 26/20, JurBüro 2022, 140).

117 **Erledigung der Hauptsache:** Erklären die Beteiligten den Rechtsstreit ganz oder teilweise (in Bezug auf einen selbständigen Streitgegenstand) übereinstimmend für erledigt, ist der Betrag der Kosten maßgeblich, soweit er den Wert des Hauptanspruchs nicht übersteigt (**§ 43 III GKG;** BGH XI ZR 395/13, AGS 2015, 78; XI ZR 571/21, BeckRS 2022, 15061).

e) Streitwert in Rechtsmittelverfahren.

118 **§ 47 GKG Rechtsmittelverfahren**

(1) [1]Im Rechtsmittelverfahren bestimmt sich der Streitwert nach den Anträgen des Rechtsmittelführers. [2]Endet das Verfahren, ohne dass solche Anträge eingereicht werden, oder werden, wenn eine Frist für die Rechtsmittelbegründung vorgeschrieben ist, innerhalb dieser Frist Rechtsmittelanträge nicht eingereicht, ist die Beschwer maßgebend.

(2) [1]Der Streitwert ist durch den Wert des Streitgegenstands des ersten Rechtszugs begrenzt. [2]Das gilt nicht, soweit der Streitgegenstand erweitert wird.

(3) Im Verfahren über den Antrag auf Zulassung des Rechtsmittels und im Verfahren über die Beschwerde gegen die Nichtzulassung des Rechtsmittels ist Streitwert der für das Rechtsmittelverfahren maßgebende Wert.

119 Im Revisionsverfahren bestimmt sich der Streitwert nach den **Anträgen** des Rechtsmittelklägers (BFH VIII E 2/12, BFH/NV 2012, 1318); stellt er innerhalb der Revisionsbegründungsfrist keinen Antrag, ist die **Beschwer** maßgebend, die sich für ihn aus dem erstinstanzlichen Urteil ergibt (§ 47 I GKG; vgl. zur Ermittlung der Beschwer BFH I E 3/86, BFH/NV 1987, 319; VII E 5/88, BFH/NV 1989, 654; IV E 1/85, BFH/NV 1989, 718; III E 2/90, BFH/NV 1992, 484; → Vor § 115 Rn. 100 ff.). Für die Ermittlung des mit der Revision verfolgten

prozessualen Begehrens ist das gesamte Vorbringen im Revisionsverfahren zu berücksichtigen (BFH II B 25/73, BStBl. II 1976, 685; IV R 3/85, BFH/NV 1989, 368; VIII E 1/92, BFH/NV 1993, 680). Ergeben sich daraus keine Anhaltspunkte für eine Einschränkung des Revisionsbegehrens, bestimmt sich der Streitwert grds. nach dem Antrag im erstinstanzlichen Verfahren (BFH X E 1/99, BFH/NV 1999, 1245; VIII E 3/21, BFH/NV 2022, 826). Beantragt der Revisionskläger nur, das Urteil des FG aufzuheben, ist dies dahin auszulegen, dass der Sachantrag im erstinstanzlichen Verfahren weiterverfolgt wird (BFH VIII E 1/87, BFH/NV 1988, 518). Auf den Antrag kommt es nicht an, wenn aus der Rechtsmittelbegründung zweifelsfrei zu erkennen ist, dass das Rechtsmittelbegehren über die in erster Instanz gestellten Anträge hinausgeht (BFH V E 6/11, BFH/NV 2012, 1981). Fehlen ausreichende Anhaltspunkte für die Wertermittlung nach § 47 I GKG, ist der Streitwert mit dem Auffangwert des § 52 II GKG festzusetzen (BFH IV R 25/85, BFH/NV 1988, 587; III E 3/89, BFH/NV 1991, 551).

Nach § 47 II GKG ist der Streitwert im Rechtsmittelverfahren grds. durch **120**
den Wert des **Streitgegenstands der ersten Instanz** begrenzt, sofern nicht der Streitgegenstand im Revisionsverfahren erweitert wird. Auf die Zulässigkeit der Erweiterung (→ § 123 Rn. 2) kommt es nicht an. Eine den Streitwert erhöhende Erweiterung des Streitgegenstands (§ 47 II 2 GKG) kommt insbes. in Betracht bei einer unzulässigen Klageerweiterung. § 47 II GKG ordnet **keine Bindung** an den von der Vorinstanz ermittelten Streitwert an (vgl. § 63 III GKG; BFH III S 2/14, BStBl. II 2015, 37), sondern bezieht sich insbes. auf den Fall, dass ein Rechtsmittel von einem Beigeladenen geführt wird, dessen Interesse von dem des Klägers abweichen kann (BVerwG 4 B 185/88, JurBüro 1989, 528; BFH XI E 1/98, BFH/NV 1998, 999). Tritt im Laufe des finanzgerichtlichen Verfahrens eine Rechtsänderung ein, ist die Streitwertbeschränkung nach § 47 II 1 GKG nach der neuen Rechtslage zu bemessen, die auch für das Revisionsverfahren gilt (BFH X S 15/17, BeckRS 2017, 124034). Dem das Rechtsmittel selbst führenden Kläger gewährt die Vorschrift keinen Vertrauensschutz (BVerwG 6 B 42/92, JurBüro 1993, 738; BFH IV E 2/02, BFH/NV 2003, 338).

Legen mehrere Beteiligte Revision ein, werden die Streitwerte aller Rechtsmit- **121**
tel zu einem Gesamtstreitwert addiert, wenn sie **verschiedene Streitgegenstände** betreffen (§ 45 II iVm § 45 I 1 GKG; → Rn. 107). Gleiches gilt bei Einlegung einer (selbständigen oder unselbständigen) **Anschlussrevision;** ein Gesamtstreitwert ist auch zu bilden, bei einer Revision mit mehreren Streitgegenständen (§ 39 I GKG; BFH IV 224/64, BStBl. III 1967, 274; I R 56/78, BStBl. II 1982, 761; I R 74/95, BFH/NV 1997, 524). Betreffen verschiedene Rechtsmittel denselben Streitgegenstand, ist nur der Streitwert des weitergehenden Rechtsmittelantrags maßgebend (§ 45 II iVm § 45 I 3 GKG).

Wird während des Revisionsverfahrens die **Anschlussrevision zurückge- 122**
nommen, verringert sich der Streitwert ab diesem Zeitpunkt um den Wert der Anschlussrevision (BFH II R 184/81, BStBl. II 1985, 261). Hat der Kläger den Rechtsstreit einseitig in der Hauptsache für erledigt erklärt (→ § 138 Rn. 90), bemisst sich der Streitwert für die Zeit ab der Erledigungserklärung nur noch nach dem sog. Kosteninteresse (§ 43 III GKG; BFH I R 212/84, BStBl. II 1989, 106 mwN).

Streitwert im Verfahren der **Nichtzulassungsbeschwerde** ist der für das **123**
Rechtsmittelverfahren maßgebende Wert **(§ 47 III GKG).** Danach kommt es vorrangig auf den für das Revisionsverfahren angekündigten Antrag des Beschwer-

deführers, bei Fehlen eines Antrags auf dessen Beschwer durch das angefochtene Urteil an (§ 47 I 2 GKG; → Rn. 171, „Nichtzulassungsbeschwerde").

3. Bewertung des Streitgegenstands

125 **§ 40 GKG Zeitpunkt der Wertberechnung → Rn. 103.**

§ 52 GKG Verfahren vor Gerichten der Verwaltungs-, Finanz- und Sozialgerichtsbarkeit

(1) In Verfahren vor den Gerichten der Verwaltungs-, Finanz- und Sozialgerichtsbarkeit ist, soweit nichts anderes bestimmt ist, der Streitwert nach der sich aus dem Antrag des Klägers für ihn ergebenden Bedeutung der Sache nach Ermessen zu bestimmen.

(2) Bietet der Sach- und Streitstand für die Bestimmung des Streitwerts keine genügenden Anhaltspunkte, ist ein Streitwert von 5000 Euro anzunehmen.

(3) [1]Betrifft der Antrag des Klägers eine bezifferte Geldleistung oder einen hierauf bezogenen Verwaltungsakt, ist deren Höhe maßgebend. [2]Hat der Antrag des Klägers offensichtlich absehbare Auswirkungen auf künftige Geldleistungen oder auf noch zu erlassende, auf derartige Geldleistungen bezogene Verwaltungsakte, ist die Höhe des sich aus Satz 1 ergebenden Streitwerts um den Betrag der offensichtlich absehbaren zukünftigen Auswirkungen für den Kläger anzuheben, wobei die Summe das Dreifache des Werts nach Satz 1 nicht übersteigen darf. [3]In Verfahren in Kindergeldangelegenheiten vor den Gerichten der Finanzgerichtsbarkeit ist § 42 Absatz 1 Satz 1 und Absatz 3 entsprechend anzuwenden; an die Stelle des dreifachen Jahresbetrags tritt der einfache Jahresbetrag.

(4) In Verfahren

1. vor den Gerichten der Finanzgerichtsbarkeit, mit Ausnahme der Verfahren nach § 155 Satz 2 der Finanzgerichtsordnung und der Verfahren in Kindergeldangelegenheiten, darf der Streitwert nicht unter 1500 Euro,
2. …
3. …
4. …

angenommen werden.

(5) Solange in Verfahren vor den Gerichten der Finanzgerichtsbarkeit der Wert nicht festgesetzt ist und sich der nach den Absätzen 3 und 4 Nummer 1 maßgebende Wert auch nicht unmittelbar aus den gerichtlichen Verfahrensakten ergibt, sind die Gebühren vorläufig nach dem in Absatz 4 Nummer 1 bestimmten Mindestwert zu bemessen.

(6), (7) …

(8) Dem Kläger steht gleich, wer sonst das Verfahren des ersten Rechtszugs beantragt hat.

§ 53 GKG Einstweiliger Rechtsschutz und Verfahren nach § 148 Absatz 1 und 2 des Aktiengesetzes

(1) …

(2) In folgenden Verfahren bestimmt sich der Wert nach § 52 Absatz 1 und 2:

1. über einen Antrag auf Erlass, Abänderung oder Aufhebung einer einstweiligen Anordnung nach § 123 der Verwaltungsgerichtsordnung oder § 114 der Finanzgerichtsordnung,

2. …
3. nach § 69 Absatz 3, 5 der Finanzgerichtsordnung,
4. …
5. …

a) Zeitpunkt der Bewertung. Für die Bewertung des Streitgegenstands kommt es auf den **Zeitpunkt der Antragstellung** an, die den Rechtszug einleitet (§ 40 GKG). Der Streitwert erhöht oder vermindert sich deshalb grds. nicht, wenn sich (nur) der Wert des Streitgegenstands während des Rechtszugs ändert (→ Rn. 115 f.). Dies dient der Vereinfachung (Toussaint/Elzer GKG § 40 Rn. 1). Der Umstand, dass nach Ergehen der Entscheidung die endgültige Nichtverwertbarkeit des streitgegenständlichen Verlusts erkennbar geworden ist, ist für die Bemessung des Streitwerts ohne Bedeutung (BFH IV E 1/09, BFH/NV 2010, 666). Zu Änderungen des Streitgegenstands → Rn. 105, 117. **126**

b) Absolute Grenzen. Untere Grenze. Der Streitwert beträgt ab dem 1.8.2013 (→ Rn. 6) **mindestens 1.500 EUR** und für Verfahren, die davor anhängig geworden sind, mindestens 1.000 EUR. Der Mindeststreitwert ist nicht anzuwenden in Kindergeldangelegenheiten (→ Rn. 168, „Kindergeld"), in Verfahren nach § 155 S. 2 (→ Rn. 50; → Rn. 163, „Entschädigungsklage") und in Eilverfahren (§ 53 II Nr. 1 u. 3 GKG). In diesen Fällen kann der Streitwert geringer als 1.500 EUR sein. Die Vorschrift ist verfassungsgemäß (→ Rn. 14). Der Mindeststreitwert wird bei mehreren Streitgegenständen kumuliert (→ Rn. 108). **127**

Obere Grenze. Der Streitwert eines Verfahrens beträgt **höchstens 30 Mio. EUR** (§ 39 II GKG). Die Begrenzung gilt auch für die Vergütung der Bevollmächtigten (vgl. § 22 II RVG, § 23 I 1 RVG) und ist verfassungsgemäß (BVerfG 1 BvR 910/05, 1 BvR 1389/05, NJW 2007, 1179; BFH VII E 12/12, BFH/NV 2013, 211). Der Höchststreitwert ist auch anzusetzen, wenn in einem Verfahren auf AdV der Streitwert rechnerisch 300 Mio. EUR beträgt. Es soll in diesem Fall aber hinzunehmen sein, dass der Wert des Eilverfahrens demjenigen der Hauptsache entspricht (BFH VII E 12/12, BFH/NV 2013, 211, mE zweifelhaft). **128**

c) Bezifferte Geldleistung (§ 52 III GKG). Betrifft der Antrag des Klägers – wie regelmäßig in finanzgerichtlichen Verfahren – eine **bezifferte Geldleistung** oder einen hierauf gerichteten VA, ist nach § 52 III 1 GKG deren Höhe maßgebend. Als **speziellere Regelung** geht § 52 III GKG der Streitwertbestimmung nach § 52 I GKG vor und bildet in finanzgerichtlichen Verfahren praktisch den **Regelfall.** § 52 III GKG gilt für alle Klagearten (Anfechtungs-, Verpflichtungs- oder Feststellungsklagen) und alle Verfahren, in denen darum gestritten wird, ob ein Beteiligter eine bestimmte Geldleistung schuldet. Bei Klagen und Anträgen, die ab dem 1.8.2013 anhängig geworden sind (→ Rn. 6), erhöhen **offensichtliche zukünftige Auswirkungen** den Streitwert, jedoch höchstens um das Dreifache des nach S. 1 maßgeblichen Betrags (§ 52 III 2 GKG). § 42 GKG (→ Rn. 103) wird dadurch (für zukünftige Auswirkungen) verdrängt (zur Rechtslage bei bis zum 31.7.2013 anhängig gewordenen Verfahren vgl. Gräber, 7. Aufl. 2010). § 52 III 3 GKG enthält eine spezielle Vorschrift für die Streitwertbestimmung in Kindergeldangelegenheiten. **129**

Die im finanzgerichtlichen Verfahren regelmäßig auf „Nichtzahlung" gerichtete Klage betrifft eine **bezifferte Geldleistung,** wenn der Antrag auf **Abänderung** oder **Aufhebung** einer bezifferten Zahlungsverpflichtung in bestimmter, dh bezifferbarer Höhe gerichtet ist. Es ist nicht erforderlich, dass der Antrag selbst **130** beziffert ist (Herabsetzung der Steuer auf einen bestimmten Betrag; zur Fassung des Antrags → § 65 Rn. 46). Lässt sich dem Klagevorbringen eindeutig entnehmen, um welchen Betrag eine (zB im Steuer- oder Haftungsbescheid) bezifferte Verpflichtung zu einer Geldleistung herabgesetzt werden soll, ist die Klage auf eine bezifferte Geldleistung gerichtet (zutr. Tipke/Kruse/Brandis Vor §§ 135–149 Rn. 118). An die Fassung der Anträge ist das Gericht nicht gebunden (§ 96 I 2; BFH VII E 3/09, BFH/NV 2009, 1660). Nicht ausreichend ist die Ermittlung des „bezifferten Geldbetrags" nach dem mutmaßlichen Interesses des Klägers (zu weitgehend BFH I E 3/05, BFH/NV 2005, 2228). Ist das Klagevorbringen nicht bestimmt, sondern nur bestimmbar, ist der Wert nicht nach § 52 III GKG, sondern nach § 52 I GKG zu ermitteln (BFH X K 10/12, BFH/NV 2013, 953; Toussaint/Elzer GKG § 52 Rn. 23). Das gilt auch, wenn nur mittelbar um eine bezifferte Geldleistung gestritten wird, zB bei **gesonderter Feststellung** der Besteuerungsgrundlagen (→ Rn. 135).

131 Liegen die Voraussetzungen des § 52 III 1 GKG vor, ergibt sich der für die Gebührenberechnung maßgebliche Streitwert ohne weiteres aus der **Differenz zwischen** dem **festgesetzten** und dem **beantragten Betrag** (BFH VII E 3/93, BFH/NV 1994, 819; IV S 15/92, BFH/NV 1993, 189; zB bei Rechtsstreitigkeiten wegen ESt, KSt, GewSt und USt). Das gilt auch, wenn die Klage auf eine **Erhöhung der Steuer** gerichtet ist (BFH I E 1/98, BFH/NV 1999, 483; VII E 9/02, BFH/NV 2003, 287; X S 15/17, BeckRS 2017, 124034). Der Rspr. ist zuzustimmen, auch wenn das Ergebnis offenbar der Bedeutung der Sache für den Kläger nicht gerecht wird (→ Rn. 135 ff.). Wird die ersatzlose Aufhebung eines Steuerbescheids beantragt, entspricht der Streitwert grds. der gesamten in diesem Bescheid festgesetzten Steuer, soweit sie Streitgegenstand ist (BFH III B 190/90, BStBl. II 1994, 900). Wird die Aufhebung eines Änderungsbescheids begehrt, bestimmt sich der Streitwert nach dem Unterschiedsbetrag zwischen der im angefochtenen Bescheid festgesetzten Steuer und der im vorausgegangenen Steuerbescheid (BFH I E 17/09, BFH/NV 2010, 903; I B 171/08, BFH/NV 2010, 1107). Der Differenzbetrag ist auch dann maßgebend, wenn es nicht zu einer Erstattung kommen kann (BFH VII E 1/93, BFH/NV 1994, 255). Wird nur die Aufhebung des FG-Urteils beantragt mit der Folge, dass über das Begehren im Einspruchsverfahren zu befinden ist, kommt es auf den Unterschied zwischen dem im Bescheid festgesetzten und dem mit dem Einspruch angestrebten Betrag an (BFH I B 171/08, BFH/NV 2010, 1107).

132 **Zukünftige Auswirkungen** bleiben grds. außer Betracht (BFH X E 20/15, BeckRS 2016, 94307; → Rn. 137 ff.). **Offensichtlich absehbare zukünftige Auswirkungen** erhöhen jedoch gem. § 52 III 3 GKG (ab 1.8.2013, → Rn. 6, 7) den Streitwert. Eine Minderung findet aufgrund der Vorschrift nicht statt (BFH X E 20/15, BeckRS 2016, 94307). Dagegen bestehen keine verfassungsrechtlichen Bedenken (BFH II S 1/19, BStBl. II 2019, 183). Anlass für die Ergänzung war die Feststellung des Gesetzgebers, dass Klagen vor den Finanzgerichten häufig Auswirkungen haben „auf zB andere Steuerjahre und andere Steuerarten"; die Nichtberücksichtigung dieser Interessen führe zu einer „systematischen Unterbewertung von Streitwerten" (BT-Drs. 17/11471 (neu), 245). Die BReg wollte darauf abstellen, ob sich nach Abs. 1 „wegen der Bedeutung für die Zukunft" ein höherer Wert ergibt. Die Länder hielten dies für nicht praktikabel und haben die geltende Fassung durchgesetzt, um unnötige Kostenrechtsprechung zu vermeiden (BT-Drs. 17/11471 (neu), 311). § 52 III 2 GKG ist **nur in den Fällen des § 52 III GKG anwendbar.** Die Gesetz gewordene Fassung weist weder im Wortlaut noch

hinsichtlich ihrer Stellung im G einen Bezug zu § 52 I GKG auf (→ Rn. 137 aE); sie ist deshalb nicht anwendbar, soweit sich der Streitwert nach § 52 I GKG bemisst (BFH X S 22/16, BeckRS 2017, 94351; FG Hmb 2 K 195/14, BeckRS 2017, 94539). Nach dem Willen des Gesetzgebers ist ungeachtet der auf den Streitgegenstand begrenzten rechtlichen Bindungswirkung des Urteils (→ § 110 Rn. 35) und des die Besteuerung weithin prägenden Abschnittsprinzips (zB § 2 VII EStG) auf **tatsächliche Auswirkungen** abzustellen. Eine Beschränkung auf Auswirkungen in derselben Steuerart ist dem G nicht zu entnehmen (anders Tipke/Kruse/Brandis Vor §§ 135–149 Rn. 119a; Müller BB 2013, 2519). Es muss sich um **zukünftige** Auswirkungen handeln. Folgesteuern sowie Zinsen des Streitjahres rechnen nicht dazu (FG Hmb 5 K 137/16, BeckRS 2017, 94746). Die Streitwerterhöhung nach § 52 III 2 GKG kommt auch zur Anwendung, wenn die Berechnung des Streitwerts nach § 52 III 1 GKG zum Ansatz des **Mindeststreitwerts** (§ 52 IV Nr. 1 GKG) führt (BFH VI S 12/17, BeckRS 2018, 18608). Die Erhöhung ist gedeckelt auf das Dreifache des Werts nach § 52 III 1 GKG. Bei objektiver Klagenhäufung kommt es auf den Durchschnitt der Werte an (BFH XI S 1/15, BStBl. II 2015, 906). Sind bei der Bestimmung des Streitwerts sowohl die Erhöhung wegen Auswirkungen auf künftige Steuerbescheide als auch der Mindeststreitwert zu beachten, so ist zuerst die Erhöhung durchzuführen und danach der Mindeststreitwert anzuwenden (FG BBg 3 K 3150/18, EFG 2020, 221; evtl. aA BFH VI S 12/17, BFH/NV 2018, 1090).

Die zukünftigen Auswirkungen müssen **offensichtlich absehbar** und **bezifferbar** sein, wie sich aus der Rechtsfolgenanordnung in § 52 III 2 GKG ergibt 133
(so auch OVG NRW 1 E 987/13, BeckRS 2013, 57584; aA Müller BB 2013, 2519: Schätzung). Es muss ohne umfangreiche Prüfung oder aufwändige Überlegungen, also auf den ersten Blick, erkennbar sein, dass (und in welcher Höhe) der konkret verwirklichte Sachverhalt auch die Höhe zukünftiger Steuerfestsetzungen beeinflusst. Dabei muss die nochmalige Verwirklichung des im Streitjahr zu beurteilenden Sachverhalts nicht absolut sicher sein, sondern lediglich hinreichend sicher absehbar. Dies erfordert eine wertende und sich an wirtschaftlichen Erfahrungen und Lebensrealitäten orientierende Betrachtung, wobei ein sehr hohes Maß an Wahrscheinlichkeit für eine Wiederholung des Sachverhalts ausreichend sein kann (BFH X E 8/19, BFH/NV 2020, 1092). Ist das nicht der Fall, scheidet eine Erhöhung des Streitwerts nach § 52 III 2 GKG aus (BFH XI S 1/15, BStBl. II 2015, 906). Nach aA des **BFH** soll es genügen, dass zukünftige Auswirkungen **dem Grunde nach** feststehen, auch wenn sie noch nicht bezifferbar sind (BFH X S 15/17, BeckRS 2017, 124034), sich aber ohne Schwierigkeiten anhand der Steuerakten für die Folgejahre ermitteln lassen (FG Köln 10 Ko 2520/15, EFG 2016, 836) oder wenn die Höhe der offensichtlich feststehenden Auswirkungen einigermaßen zuverlässig geschätzt werden kann (BFH X S 15/17, BeckRS 2017, 124034; VI S 12/17, BeckRS 2018, 18608). Der BFH übergeht dabei die eindeutige gesetzliche Anordnung, dass der **Betrag der Erhöhung** dem Streitwert hinzuzurechnen ist, und nimmt stattdessen eine pauschale Erhöhung um das Dreifache des Ausgangswerts vor (zB BFH VI S 12/17, BeckRS 2018, 18608; mE zweifelhaft; vgl. auch BFH X E 8/19, BFH/NV 2020, 1092).

In Kindergeldangelegenheiten richtet sich der Streitwert in Verfahren, die 134
nach dem 15.7.2014 anhängig geworden sind (§ 71 I 1 GKG; → Rn. 9) gem. § 52 III 3 GKG nach § 42 I 1 und III GKG (abgedr. unter → Rn. 103). § 42 I 1 betrifft die Bewertung **zukünftiger wiederkehrender Leistungen.** An die Stelle des in § 42 I 1 maßgebenden dreifachen Jahresbetrags tritt in Kindergeldangele-

genheiten der einfache Jahresbetrag (§ 52 III 3 Hs. 2 GKG) Nach § 42 III 1 GKG werden die bei Einreichung der Klage (oder unter weiteren Voraussetzungen eines PKH-Antrags) fälligen Beträge dem Streitwert hinzugerechnet. Aus der Gesetzesbegründung (BT-Drs. 18/823, 25) ergibt sich, dass beim Kindergeld für die zukünftig wiederkehrenden Leistungen entsprechend der derzeitigen Rspr. auf einen Jahresbetrag abgestellt werden soll. Der Gesetzgeber hat dabei übersehen, dass der BFH seine Rspr. geändert hat. Er geht nun davon aus, dass die Ablehnung eines unbefristeten Kindergeldantrags keine in die Zukunft gerichtete Wirkung hat (BFH III R 54/09, BFH/NV 2011, 1858; III R 71/10, BStBl. II 2013, 380; III R 70/09, BFH/NV 2012, 1446; III S 16/18, DStRE 2019, 1416). Sofern die Kläger dies in Zukunft bei der Formulierung ihrer Anträge berücksichtigen, wird die neue Bewertungsvorschrift praktisch keine Bedeutung haben (→ Rn. 168, „Kindergeld").

135 **d) Bedeutung der Sache (§ 52 I GKG).** Ist § 52 III GKG nicht anzuwenden, hat das Gericht den Streitwert gem. § 52 I GKG nach der sich **aus dem Antrag** des Klägers für ihn ergebenden **Bedeutung der Sache** nach Ermessen zu bestimmen. Die Regelung kommt vor allem zur Anwendung, wenn Gegenstand des Rechtsstreits ein VA ist, der nicht (oder nicht unmittelbar) eine bezifferbare Geldforderung betrifft, wie etwa **Feststellungsbescheide** (Gewinnfeststellungs-, Einheitswert- oder Steuermessbescheid; stRspr BFH I E 4/23, BFH/NV 2024, 189; näher → Rn. 163, „Einheitliche (und gesonderte) Feststellung"). Die Gegenansicht (FG LSA 3 KO 962/15, EFG 2015, 2108), wonach sich der Streitwert auch bei Feststellungsbescheiden und begehrtem Verlustabzug aus § 52 III GKG ergibt, hat der BFH abgelehnt (BFH IV E 2/16, BFH/NV 2016, 1582; II E 3/22, BFH/NV 2023, 147). Wird der festgestellte Gesamtgewinn angegriffen, kommt es auf den dem Kläger zuzurechnenden Anteil am Gewinn oder Verlust und nicht auf die Höhe des Gesamtgewinns an (BFH IX S 16/19, BFH/NV 2019, 1354). Das Gericht hat den Streitwert idR zu **bestimmen.** Dabei steht ihm **Ermessen** zu. „Bestimmen" bedeutet feststellen und nicht festsetzen. § 52 I GKG ermächtigt zur Schätzung, nicht aber zu einer Vollschätzung ohne Anknüpfung an tatsächliche Feststellungen (BFH IV 90/64, BStBl. III 1967, 433; IV 4/64, BStBl. II 1970, 547). Im Interesse der Vereinfachung und Gleichbehandlung kann es allerdings zulässig und geboten sein, die Streitwertbestimmung für gleichartige Streitigkeiten durch Pauschalierung und Schematisierung zu vereinheitlichen (BFH II E 3/05, BStBl. II 2006, 333). Die danach in der Praxis gefundenen Pauschalansätze, insbes. für Klagen gegen Feststellungsbescheide, sind keine festen Größen, sondern können ausnahmsweise erhöht werden (BFH I E 4/23, BFH/NV 2024, 189). Liegen im konkreten Fall „genügende" Anhaltspunkte für die Bestimmung des Streitwerts nicht vor, greift der Auffangstreitwert ein (§ 52 II GKG).

136 Die **Bedeutung der Sache** ist nicht nach den subjektiven Vorstellungen des Klägers, sondern (soweit wie möglich) nach objektiven Maßstäben zu bestimmen, insbes. nach dem **finanziellen Interesse** des Klägers am Ausgang des Rechtsstreits. Bei der (vorrangigen) Ermittlung des Klagebegehrens (→ Rn. 104) ist das Gericht an die Fassung des Antrags nicht gebunden, sondern es hat den Antrag unter Heranziehung des gesamten Vorbringens im Klageverfahren **auszulegen** (BFH III B 4/71, BStBl. II 1972, 89; VII E 1/94, BFH/NV 1994, 896). Auf einen bezifferten Antrag kommt es nicht an, wenn sich aus der Rechtsmittelbegründung ein weitergehendes Rechtsmittelbegehren ergibt (BFH VIII R 27/75, BStBl. II 1977, 306).

Maßgeblich für die Bedeutung der Sache ist grds. nur der Geldbetrag, um den **unmittelbar gestritten** wird (BFH II B 8/68, BStBl. II 1971, 603; I E 2/77, BStBl. II 1978, 58). Nur das unmittelbar verfolgte Klageziel bestimmt den Streitgegenstand (→ Rn. 105). Steuerliche Auswirkungen des mit der Klage unmittelbar erstrebten Ziels auf **nachfolgende oder frühere Veranlagungszeiträume** bleiben deshalb idR außer Betracht (BFH III E 1/03, BFH/NV 2004, 74 mwN; IV E 3/06, BFH/NV 2007, 1155), auch wenn sie beabsichtigt sind (BFH VIII E 2/12, BFH/NV 2012, 1318). Dient die Klage (auch) der Klärung eines Zivilrechtsverhältnisses, wird dies bei der Bemessung des Streitwerts nicht berücksichtigt (BFH IV S 3/10, BFH/NV 2010, 1476). Von der streitgegenständlichen Steuerschuld abhängige Steuern (sog. **Folgesteuern**) wie Kirchensteuer oder SolZ sind in die Streitwertermittlung nicht einzubeziehen (BFH I R 91/78, BStBl. II 1979, 441). Wird (nur) über die Höhe der ESt oder KSt gestritten, bleiben für die Streitwertberechnung die Auswirkungen des Rechtsstreits auf die GewSt außer Betracht (BFH IV 3/64, BStBl. III 1966, 611; IV R 60/67, BStBl. II 1968, 62). Ebenso haben **Steuerabzugsbeträge** (zB LSt) und **anzurechnende Steuern** (KSt) grds. keinen Einfluss auf den Streitwert eines Klageverfahrens gegen die Einkommensteuerfestsetzung (BFH I E 2/77, BStBl. II 1978, 58; I R 195, 82, BStBl. II 1983, 331; IX E 4/87, BFH/NV 1989, 43; I E 2/92, BFH/NV 1993, 377). Zu **Nebenforderungen** (Kosten und Zinsen) → Rn. 106. Die Rspr. ist begrifflich konsequent, führt aber nicht selten zu wenig überzeugenden Ergebnissen. Die Rspr. tendiert deshalb in Einzelfällen zu (fraglichen) Billigkeitslösungen. **§ 52 III 2 GKG** bietet hier keine Hilfestellung, weil er einen bezifferten Antrag voraussetzt und auf die Fälle des § 52 I GKG nicht anwendbar ist (→ Rn. 132). **137**

Sind **mehrere Veranlagungszeiträume** angegriffen, bemisst sich der Streitwert nach der Steuerminderung, die der Kläger in den Streitjahren (per Saldo) hätte erreichen können (BFH I E 2/05, BFH/NV 2005, 2217). Dann sind auch unmittelbare Auswirkungen der einzelnen Entscheidung in den anderen streitgegenständlichen Jahren zu berücksichtigen (BFH III E 1/03, BFH/NV 2004, 74). Sämtliche Auswirkungen sind über den gesamten Streitzeitraum zu saldieren. Gegenläufige Auswirkungen mindern die Bedeutung der Sache für den Kläger und den Streitwert (FG Nürnberg 4 K 1707/10, EFG 2012, 81). **138**

Wird mit der Klage lediglich die **zeitliche Verschiebung** einer dem Grunde und der Höhe nach unstreitigen Steuerschuld von einem Besteuerungszeitraum in einen anderen erstrebt, ist der Streitwert mit einem geringeren Betrag als dem der streitgegenständlichen Steuerschuld anzusetzen, und zwar auch dann, wenn es um einen bezifferten Antrag geht. Der Betrag kann gem. § 52 I GKG nach dem finanziellen Vorteil (Zinsvorteil gem. § 238 AO) bemessen werden, der sich bei einer späteren Zahlung der geschuldeten Steuer ergibt (BFH IV B 87/70, BStBl. II 1971, 206; V E 5/90, BFH/NV 1992, 127; V E 1/94, BFH/NV 1995, 428 jeweils zu USt-Vorauszahlungen). Ob das auch für die zeitliche Zuordnung von nach dem EStG zu erfassenden Einkünften gilt, hat der BFH bislang offengelassen (BFH IV B 87/70, BStBl. II 1971, 206; eher abl. BFH IV E 3/06, BFH/NV 2007, 1155). Macht der Kläger (zu Recht) eine Beschwer durch **zu niedrige Steuerfestsetzung** geltend, weil sich die Festsetzung in späteren Jahren zu seinen Ungunsten auswirken kann, ist (ausnahmsweise) bei der Festsetzung des Streitwerts diese mögliche Auswirkung mit zu berücksichtigen (BFH I 49/64, BStBl. III 1967, 215), dies aber nur, wenn sie einigermaßen zuverlässig geschätzt werden kann (BFH V E 2/02, BFH/NV 2004, 73). Der Streitwert bemisst sich aber auch **139** dann nach der begehrten Herabsetzung der Steuer, wenn gem. **§ 174 AO** aus dem Lebenssachverhalt noch die zutreffenden Folgerungen gezogen werden können (BFH II E 3/12, BFH/NV 2012, 1167).

141 **e) Auffangstreitwert (§ 52 II GKG).** Wenn sich aus dem Sach- und Streitstand keine genügenden (tatsächlichen) Anhaltspunkte für eine Bestimmung des Streitwerts ergeben, ist der **Auffangwert** des § 52 II GKG von 5.000 EUR anzusetzen. Der Auffangstreitwert ist nicht als Regelstreitwert, sondern nur dann anzusetzen, wenn eine individuelle Bemessung nicht möglich ist, weil hinreichende Anhaltspunkte dafür fehlen (BFH VII E 4/05, BFH/NV 2005, 2021). Das kann der Fall sein bei der Ablehnung von Finanzbeamten (BFH VII E 8/05, BFH/NV 2006, 344), soweit im Verfahren ein auf Art. 15 I DS-GVO gestützter Auskunftsanspruch geltend gemacht wird (BFH IX S 14/24, BFH/NV 2024, 917), bei einer Klage auf kostenfreie Übersendung der amtlichen Vordrucke für vom Stpfl. abzugebende Steuererklärungen (BFH VII B 261/01, BFH/NV 2003, 938), bei Streit über die Verpflichtung zur Übermittlung einer Steuererklärung in elektronischer Form (BFH X S 35/21, BFH/NV 2022, 426), wenn lediglich pauschal behauptet wird, alle Steuergesetze seien verfassungswidrig (BFH VIII E 1/08, BFH/NV 2008, 1185; V B 10/04, BeckRS 2007, 25012368), wenn der Kläger sich weigert, einen Sachantrag zu stellen und lediglich Vertagung beantragt (BFH IV S 3/10, BFH/NV 2010, 1476), wenn die isolierte Aufhebung der Einspruchsentscheidung beantragt wird, ohne das weitere Klageziel zu bezeichnen (NdsFG 2 KO 3/11, EFG 2011, 2200) oder bei Streit über die Rechtmäßigkeit der Prüfungsanordnung, soweit die Prüfung noch nicht begonnen hat und Anhaltspunkte für deren Auswirkung fehlen (BFH VIII E 1/19, BFH/NV 2020, 380). In allen anderen Fällen, in denen der Kläger mit der Klage erkennbar ein wirtschaftlich bewertbares Ziel verfolgt, bemisst der BFH das wirtschaftliche Interesse nach seinem freien Ermessen (im Wege der Schätzung), auch wenn für die konkrete Höhe Anhaltspunkte fehlen (→ Rn. 130), und schränkt damit den Anwendungsbereich des § 52 II GKG praktisch weitgehend ein.

142 Uneinheitlich ist die Rspr. in der Frage, ob der Auffangwert anzusetzen ist, wenn der Kläger eine Steuererklärung nicht eingereicht, das FA die Besteuerungsgrundlagen geschätzt und der Kläger seinen Rechtsbehelf weder im Einspruchs- noch im Klageverfahren begründet hat. Der BFH hat in solchen Fällen zT das finanzielle Interesse auf 50 % der insgesamt vom FA festgesetzten Steuern geschätzt (BFH VIII R 181/85, BFH/NV 1987, 114; VIII E 1/91, BFH/NV 1992, 190; III B 108/94, BFH/NV 1995, 1008; X R 131/96, BFH/NV 1997, 196; XI R 29/95, BFH/NV 1997, 238), in anderen Entscheidungen hat er bei vergleichbarem Sachverhalt den Auffangwert angesetzt (BFH VIII R 292/84, BFH/NV 1986, 295; IV R 25/85, BFH/NV 1988, 587; III E 3/89, BFH/NV 1991, 551).

143 Nach Auffassung des BFH ist der Auffangwert **keine starre Größe;** liegt die Bedeutung des Antrags in ihrem Wert erkennbar über oder unter dem Auffangwert, soll es zulässig sein, den Auffangwert entsprechend der Grundregel des § 52 I GKG zu erhöhen oder zu ermäßigen (BFH VII S 17/89, BStBl. II 1990, 75; VII S 25/89, BFH/NV 1990, 520; VIII E 1/96, BFH/NV 1996, 575; VII R 146/97, BFH/NV 1999, 1108). Eine Ermäßigung auf 10 % kommt im AdV-Verfahren nicht in Betracht, wenn im Hauptsacheverfahren der Auffangstreitwert anzusetzen ist (BFH VIII E 1/19, BFH/NV 2020, 380).

4. Festsetzung des Streitwerts

§ 63 GKG Wertfestsetzung für die Gerichtsgebühren 145

(1) … [3]Die Sätze 1 und 2 gelten nicht in Verfahren vor den Gerichten der Finanzgerichtsbarkeit.

(2) [1]Soweit eine Entscheidung nach § 62 Satz 1 nicht ergeht oder nicht bindet, setzt das Prozessgericht den Wert für die zu erhebenden Gebühren durch Beschluss fest, sobald eine Entscheidung über den gesamten Streitgegenstand ergeht oder sich das Verfahren anderweitig erledigt. [2]In Verfahren vor den Gerichten für Arbeitssachen oder der Finanzgerichtsbarkeit gilt dies nur dann, wenn ein Beteiligter oder die Staatskasse die Festsetzung beantragt oder das Gericht sie für angemessen hält.

(3) [1]Die Festsetzung kann von Amts wegen geändert werden
1. von dem Gericht, das den Wert festgesetzt hat, und
2. von dem Rechtsmittelgericht, wenn das Verfahren wegen der Hauptsache oder wegen der Entscheidung über den Streitwert, den Kostenansatz oder die Kostenfestsetzung in der Rechtsmittelinstanz schwebt.

[2]Die Änderung ist nur innerhalb von sechs Monaten zulässig, nachdem die Entscheidung in der Hauptsache Rechtskraft erlangt oder das Verfahren sich anderweitig erledigt hat.

§ 68 GKG Beschwerde gegen die Festsetzung des Streitwerts

(1) … [5]§ 66 Absatz 3, 4, 5 Satz 1, 2 und 5 sowie Absatz 6 ist entsprechend anzuwenden …

(2), (3) …

a) Zuständigkeit, Verfahren. Der Streitwert wird nach § 63 GKG grds. nur „für die **Gerichtsgebühren**" festgesetzt (vgl. amtliche Überschrift); da er idR dem Gegenstandswert entspricht, ist er mittelbar auch für die Vergütung nach dem RVG maßgeblich (§ 23 I 1, § 32 I RVG; → Rn. 13). Ist das nicht der Fall, stellt das Gericht den Streitwert auf Antrag (nur) für die **Rechtsanwaltsgebühren** fest (§ 33 RVG; BFH X S 25/12, BFH/NV 2013, 741). Der Antrag kann erst gestellt werden, wenn die Gebühren fällig sind (§ 33 II RVG), nicht zB für einen Vorschuss (§ 9 RVG; BFH IV S 26/23, BFH/NV 2024, 37). Eine vorläufige Festsetzung findet im Grundsatz nicht statt (BFH III S 11/15, BeckRS 2016, 94201). Die Festsetzung kommt zB in Betracht, wenn für die Gerichtsgebühren eine vom Streitwert unabhängige Festgebühr anfällt, soweit Gerichtsgebühren nicht erhoben werden (SächsFG 8 K 1846/13 Kg, BeckRS 2015, 94257) oder wenn der Prozessbevollmächtigte vor Abschluss des Verfahrens wegen Mandatskündigung ausgeschieden ist (FG Hmb 3 K 218/14, BeckRS 2015, 94859). Ein besonderes Rechtsschutzbedürfnis ist in den Fällen des § 33 I RVG nicht erforderlich (BFH IV S 2/08, BFH/NV 2009, 182; X S 25/12, BFH/NV 2013, 741). 146

Grundsatz. Für die Gerichtsgebühren wird der Streitwert in finanzgerichtlichen Verfahren grds. nicht förmlich festgestellt (**§ 63 I 3 GKG;** Ausnahme: Entschädigungsklage → Rn. 46). Der Streitwert wird vielmehr vom Kostenbeamten (→ Rn. 52) ermittelt und dem (vorläufigen) Kostenansatz zugrunde gelegt. Das gilt für die Höhe der sofort zu entrichtenden Gebühr (→ Rn. 47). Aber auch nach Abschluss des Verfahrens ist es idR nicht erforderlich, den Streitwert für die Gerichtsgebühren festzusetzen. Dies geschieht vielmehr nur, wenn ein Beteiligter 147 oder die Staatskasse die Festsetzung beantragt oder das Gericht sie für angemessen erachtet (**§ 63 II 2 GKG;** zB weil dabei Fragen von grundsätzlicher Bedeutung zu klären sind: BFH X S 15/17, BeckRS 2017, 124034).

148 Der **Antrag** ist nicht fristgebunden (BFH VII R 69/76, BStBl. II 1978, 599; VIII S 10/89, BFH/NV 1990, 449). Antragsbefugt ist jeder Beteiligte (§ 57) und der Vertreter der Staatskasse (der Bezirksrevisor, vgl. § 35 KostVfg). Der Prozessbevollmächtigte eines Beteiligten kann den Antrag auf gerichtliche Wertfestsetzung auch selbst stellen (§§ 32 II 1, 33 GKG; BFH VIII B 62/97, BFH/NV 1999, 1366; III S 16/18, DStRE 2019, 1416; → Rn. 146). Ein konkludenter Antrag auf gerichtliche Festsetzung des Streitwerts kann darin zu sehen sein, dass der Kläger mit der Erinnerung gegen die Kostenfestsetzung die Höhe des vom Kostenbeamten zugrunde gelegten Streitwerts beanstandet (BFH VIII B 62/97, BFH/NV 1999, 1366). Für den Antrag beim BFH besteht **kein Vertretungszwang** (→ Rn. 62).

149 Der Antrag erfordert ein **besonderes Rechtsschutzbedürfnis** (Ausnahme → Rn. 146 aE); eine Beschwer ist nicht erforderlich (stRspr, BFH I B 46/74, BStBl. II 1975, 385; I E 3, 4/06, BFH/NV 2007, 1347). Das besondere Rechtsschutzbedürfnis ist vom Antragsteller darzulegen. Es ist gegeben, wenn die Höhe des Streitwerts nicht auf der Grundlage eines einfachen Rechenvorgangs ermittelt werden kann und zwischen den Beteiligten **umstritten** ist (BFH X S 22/16, BeckRS 2017, 94351) oder wenn die Bestimmung des Streitwerts für derartige Fälle noch nicht entschieden ist (BFH VIII S 10/89, BFH/NV 1990, 449; X S 35/21, BFH/NV 2022, 426; IX S 14/24, BFH/NV 2024, 917) oder wenn der Kostenbeamte des BFH für das Rechtsmittelverfahren (bei identischem Streitgegenstand) einen anderen Streitwert ermittelt hat als der Kostenbeamte des FG im Kostenfestsetzungsbeschluss (BFH VIII B 62/97, BFH/NV 1999, 1366) oder wenn der Antragsteller und der Kostenbeamte den Klage- oder Revisionsantrag unterschiedlich auslegen (BFH VIII S 24/02, BFH/NV 2003, 789) oder wenn der Streitwert nach Mandatsniederlegung für eine beabsichtigte Kostenfestsetzung gegen die eigene Partei benötigt wird (BFH III S 55/08, BeckRS 2008, 25014226). Der Umstand, dass der Kostenbeamte beim Kostenansatz bereits einen Streitwert festgesetzt hat, steht dem Rechtsschutzbedürfnis für eine Festsetzung durch das Gericht nicht entgegen (BFH VII R 69/76, BStBl. II 1978, 599; VII R 71/98, BFH/NV 2000, 598; IX S 16/19, BFH/NV 2019, 1354). Das besondere Rechtsschutzbedürfnis **fehlt,** wenn sich die Höhe des Streitwerts eindeutig aus den gestellten Sachanträgen sowie aus den von der Rspr. zur Bemessung des Streitwerts in gleichartigen Fällen entwickelten Grundsätzen bestimmen lässt (stRspr, BFH III S 16/18, DStRE 2019, 1416). Das Rechtsschutzbedürfnis für eine **Streitwertfestsetzung für das Revisionsverfahren** besteht, wenn der Kostenbeamte des FG die Rspr. des BFH unrichtig angewandt hat (BFH IV S 17/14, BeckRS 2015, 94573). Aus prozessökonomischen Gründen sollten die Anforderungen an das Rechtsschutzbedürfnis nicht überspannt werden; denn der mit dem Antrag zurückgewiesene Antragsteller kann im Verfahren der Erinnerung gegen den Kostenansatz jederzeit eine gerichtliche Nachprüfung der Streitwertfestsetzung des Kostenbeamten erzwingen (Schwarz AO-StB 2003, 165).

150 Das zuständige Prozessgericht setzt den Streitwert durch **Beschluss** fest (§ 63 II 1 GKG), der zumindest in knapper Form begründet werden sollte, auch wenn eine Begründung gem. § 113 II 1 fehlen darf (Toussaint/Toussaint GKG § 63 Rn. 52 ff.; Eberl DStZ 1995, 34). Zuständig ist das Gericht (Prozessgericht), also der Einzelrichter (§ 6) oder Spruchkörper. Ergeht eine Entscheidung im vorberei-

tenden Verfahren (§ 79a I Nr. 4), ist der Vorsitzende oder der Berichterstatter für die Streitwertfestsetzung zuständig. Der Streitwert wird **für jeden Rechtszug gesondert** ermittelt (BFH VII R 22/76, BStBl. II 1977, 42). Über den Streitwert des Revisionsverfahrens hat der BFH auch dann zu entscheiden, wenn er in einem zurückverweisenden Urteil dem FG die Entscheidung über die Kosten des Revisionsverfahrens gem. § 143 II FGO übertragen hat (vgl. § 19 I 1 Nr. 2 GKG). Der Beschluss muss nicht zusammen mit der Entscheidung in der Hauptsache getroffen werden. Er kann auch nach Zustellung der Entscheidung in der Hauptsache ergehen (BFH V S 24/00, BStBl. II 2001, 498). Die Festsetzung des Streitwerts bleibt auch dann eine selbständige gerichtliche Entscheidung, wenn sie gleichzeitig mit der Entscheidung zur Hauptsache ergeht und äußerlich als Teil des Urteils erscheint (BFH VII R 15/96, BFH/NV 1998, 17). Bei Entscheidung durch Gerichtsbescheid ist ggf. eine Streitwertfestsetzung erst zu treffen, wenn der Gerichtsbescheid als Urteil wirkt oder NZB eingelegt wird. Das Verfahren (§ 63 II GKG) ist **gerichtsgebührenfrei,** da ein Gebührentatbestand im GKG dafür fehlt (BFH III B 49/95, BFH/NV 1996, 246; IV S 17/12, BFH/NV 2013, 248).

b) Änderung der Streitwertfestsetzung. Hat das Gericht den Streitwert unzutreffend festgesetzt, muss es den Beschluss jederzeit **von Amts wegen** ändern. Der Beschluss über die Festsetzung des Streitwerts hat keine bindende Wirkung. Er erwächst insbes. nicht in materielle Rechtskraft. **§ 63 III 1 GKG** regelt nur die Zuständigkeit, eröffnet aber kein Ermessen (FG RhPf 6 Ko 1093/15, BeckRS 2015, 94856). Ein unrichtiger Ansatz muss auch zum Nachteil des Kostenschuldners geändert werden; das Verbot der reformatio in peius gilt nicht (BFH IV 424/62, BStBl. III 1966, 594; Schneider NJW 2017, 3764). Der BFH kann den Streitwert für das Revisionsverfahren ohne Bindung an die Streitwertfestsetzung des FG festsetzen (BFH IX S 1/92, BFH/NV 1993, 681; IX E 5/10, BFH/NV 2011, 433; I E 4/13, BFH/NV 2013, 1449). Der BFH kann auch die erstinstanzliche Festsetzung des Streitwerts ändern, wenn und solange das Verfahren wegen der Hauptsache bei ihm anhängig ist (§ 63 III 1 Nr. 2 GKG). Wird die Kostengrundentscheidung des FG hierdurch offenbar unrichtig, korrigiert der BFH auch diese gem. § 107 (BFH VI S 4/00, BStBl. II 2000, 544; IV B 33/00, BFH/NV 2001, 791). Zu einer erstmaligen Festsetzung des Streitwerts für das Klageverfahren ist der BFH nicht berechtigt (BFH VII R 22/76, BStBl. II 1977, 42). Die Zuständigkeit des BFH endet mit der Erledigung der Hauptsache; ein entsprechender Antrag an den BFH wird dann unzulässig (BFH I B 99/14, BeckRS 2016, 94994). 152

Die Änderungsbefugnis ist gem. **§ 63 III 2 GKG befristet.** Änderungen sind nur innerhalb von sechs Monaten zulässig, nachdem die Entscheidung in der Hauptsache (formelle) Rechtskraft erlangt oder das Verfahren sich anderweitig erledigt hat. Die Frist gilt nur für die Änderung, nicht für die erstmalige Festsetzung des Streitwerts (Toussaint/Toussaint GKG § 63 Rn. 79; → Rn. 118). Hat ein Beteiligter die Änderung der Streitwertfestsetzung innerhalb der Frist beantragt, kann das Gericht den Beschluss auch noch nach Fristablauf ändern (BFH I R 130/94, BFH/NV 1997, 374). Verweist der BFH die Sache nach § 126 III an das FG zurück, ist für die Sechsmonatsfrist die Streitwertfestsetzung im zurückverweisenden Urteil des BFH maßgebend (BFH III 325/63, BStBl. II 1974, 505). Ein Gerichtsbescheid erlangt formelle Rechtskraft erst, wenn kein Beteiligter mehr mündliche Verhandlung beantragen kann; erst dann beginnt die Frist des 153

§ 63 III 2 GKG zu laufen (BFH I S 10/00, BFH/NV 2001, 806). Eine Änderung nach Fristablauf ist nicht nichtig, sondern rechtswidrig.

155 **c) Rechtsbehelfe.** Soweit der **Kostenbeamte** (→ Rn. 49) den Streitwert ermittelt und iRd Kostenansatzes oder der Kostenfestsetzung zugrunde gelegt hat, kann die Streitwertermittlung mit der Erinnerung gerichtlich nachgeprüft werden (→ Rn. 64 ff.).

156 Gegen die **gerichtliche Feststellung** des Streitwerts nach § 63 II GKG ist in Verfahren der Finanzgerichtsbarkeit die **Beschwerde nicht gegeben** (§ 68 I 5 GKG iVm § 66 III 3 GKG; § 128 IV; BFH IX B 132/10, BFH/NV 2011, 61). Eine Beschwerde gegen einen gerichtlichen (FG) Streitwertbeschluss an einen obersten Gerichtshof des Bundes (BFH) ist ausgeschlossen. Das gilt auch, wenn das FG iRd Erinnerung gegen den Kostenansatz des Kostenbeamten über den Streitwert entschieden oder einen Antrag auf Änderung der Streitwertfestsetzung abgelehnt hat. Der danach drohenden Rechtszersplitterung soll der **Streitwertkatalog für die Finanzgerichtsbarkeit** entgegen wirken (→ Rn. 101). Zur Statthaftigkeit der **außerordentlichen Beschwerde** wegen greifbarer Gesetzwidrigkeit und zu den Kosten bei Einlegung eines nicht statthaften Rechtsmittels → Rn. 78.

157 Gegen die Streitwertfeststellung durch Gerichtsbeschluss sind nur die durch das Anhörungsrügengesetz v. 9.12.2004 (BGBl. I 3220) eingefügte **Anhörungsrüge** (§ 69a GKG) und ggf. der (nicht förmliche) Rechtsbehelf der **Gegenvorstellung** gegeben (→ Vor § 115 Rn. 40 ff.; → Rn. 79; BFH IV B 167/02, BFH/NV 2004, 1657). Zur Anhörungsrüge → Rn. 80 ff.

5. ABC der Streitwerte

160 **Ablehnung von Richtern**

Beschlüsse der FG, mit denen ein Ablehnungsgesuch zurückgewiesen wurde, sind nach § 128 II idF des 2. FGOÄndG unanfechtbar. Für die Rechtslage bis zum Inkrafttreten des 2. FGOÄndG wurde der Streitwert des Beschwerdeverfahrens mit 10 % des Werts des Hauptsacheverfahrens bemessen (BFH VII E 5/99, BFH/NV 2000, 217; vgl. auch BFH VII E 8/05, BFH/NV 2006, 344: Auffangstreitwert).

Abrechnungsbescheid

Abrechnungsbescheide (§ 218 II AO) regeln, ob und inwieweit ein Anspruch aus dem Steuerschuldverhältnis durch Zahlung etc erloschen ist oder nicht. Mit der Erteilung eines Abrechnungsbescheids begehrt der Kläger idR die Feststellung, dass der Steueranspruch ganz oder teilweise erloschen ist. Wird im Rahmen eines Abrechnungsbescheids über die Zahlungsverjährung von Steueransprüchen einschließlich SolZ und Zinsen gestritten, bemisst sich der Streitwert nach dem Nennbetrag sämtlicher Forderungen, über deren Zahlungsverjährung gestritten wird (BFH VII E 1/16, BeckRS 2016, 94673). Ist im Klageverfahren gegen einen Abrechnungsbescheid streitig, in welcher Höhe der Steueranspruch erloschen ist, ergibt sich der Streitwert idR aus der Höhe des streitigen Betrages (BFH VII R 15/96, BStBl. II 1998, 2; FG Brem 2 94 114 K 2, EFG 1995, 340; FG Düsseldorf VI 8/71 EK, EFG 1972, 354; Tipke/Kruse/Brandis Vor §§ 135–149 Rn. 150, 10 % der festgesetzten Steuer).

Akteneinsicht

Wenn die Einsichtnahme der Vorbereitung eines Verfahrens dient, ein Bruchteil des Werts dieses Verfahrens (FG Düsseldorf 4 K 6535/91 AO, EFG 1995, 401), iÜ ist der Auffangstreitwert anzusetzen (FG Saarl 2 K 1614/09, EFG 2011, 271; BFH IX R 21/22, DStR 2024, 1609, Rn. 41).

Anschlussrechtsmittel

Es ist ein Gesamtstreitwert aus der Summe der Werte von Hauptrechtsmittel und Anschließung zu bilden (BFH IV 224/64, BStBl. III 1967, 274; III 46/64, BStBl. II 1969, 535; XI R 33/93, BFH/NV 1995, 621; → Rn. 121). Hat das FG einer Klage nur zT stattgegeben und haben daraufhin beide Beteiligte Revision eingelegt und ihre ursprünglichen Anliegen weiterverfolgt, so bestimmt sich der Streitwert des Revisionsverfahrens nach der Differenz zwischen der vom FA beantragten und der vom Kläger begehrten Steuerfestsetzung (BFH I E 3/08, BFH/NV 2009, 189).

Ansparrücklage

→ Rn. 167, „Investitionsabzugsbetrag".

Anteilsbewertung

Bei Klagen gegen die gesonderte Feststellung des gemeinen Werts nicht notierter Anteile an Kapitalgesellschaften ist der Streitwert grds. mit dem einfachen Jahresbetrag der Vermögensteuer anzusetzen, die auf den streitigen Wertunterschied der Anteile entfällt (BFH III B 28/76, BStBl. II 1977, 698) und zwar auch dann, wenn der festgestellte Wert nicht nur an einem Stichtag der Besteuerung zugrunde gelegt wird (BFH III R 136/82, BStBl. II 1983, 506). Hierbei wird die Vermögensteuer mit dem am Stichtag für natürliche Personen geltenden Steuersatz zugrunde gelegt (BFH II E 1/94, BStBl. II 1995, 26). Bei Klagen der Gesellschaft ist der Streitwert mit dem streitigen Wertunterschied aller durch den Feststellungsbescheid betroffenen Anteile zu bemessen (BFH III 365/61 U, BStBl. III 1965, 64). Zur Bemessung des Streitwerts in Fällen der sog. Anteilsrotation vgl. FG Nürnberg I 54/97, EFG 1999, 670.

Arrestverfahren

Streitwert ist die Hälfte der Hinterlegungssumme (BFH I B 12/66, BStBl. III 1966, 653; VII R 150/81, BFH/NV 1986, 752; FG BW 16.10.1980 IX 210/79, EFG 1981, 205). Das gilt auch, wenn das Arrestverfahren bei Klageerhebung bereits in das Vollstreckungsverfahren übergeleitet war (BFH VII S 104/81, BStBl. II 1982, 328). Zur abweichenden Rspr. der Zivilgerichte vgl. Schall DStZ 1996, 391.

Aufforderung

Für den Streit über die Rechtmäßigkeit der Aufforderung, die Steuererklärung in elektronischer Form zu übermitteln, ist der Auffangstreitwert anzusetzen (BFH X S 35/21, BFH/NV 2022, 426).

Aufhebung der Vollziehung

Der Streitwert in einem Verfahren wegen Aufhebung der Vollziehung eines Rückforderungsbescheides beträgt 10 % des zurückgeforderten Betrages (BFH VII B 223/99, BFH/NV 2000, 1220).

Aufrechnung

Hat das beklagte FA gegen einen Erstattungsanspruch des Stpfl. die Aufrechnung erklärt, so bemisst sich der Streitwert (im Revisionsverfahren) nach dem vollen Wert der zur Aufrechnung gestellten Gegenforderung, wenn der Bestand dieser Gegenforderung streitig ist (BFH VII E 6/90, BStBl. II 1991, 467). Ist nur die Zulässigkeit der Aufrechnung (nicht die zur Aufrechnung gestellte Forderung) streitig, so ist der Streitwert mit einem geringeren Betrag festzusetzen (idR 10 % des zur Aufrechnung gestellten Steueranspruchs: FG Bln V 223-224/75, EFG 1976, 583; Tipke/Kruse/Brandis Vor §§ 135–149 Rn. 160; ebenso Schall DStZ 992, 97). Gleiches gilt, wenn nur um die Wirksamkeit der AdV ggü. der vom FA erklärten Aufrechnung gestritten wird, dh um den Zeitpunkt der Erfüllung der Gegenforderung (BFH VII R 58/94, BStBl. II 1996, 55). Beachte aber § 45 III GKG: Nur die Hilfsaufrechnung mit einer bestrittenen Gegenforderung wirkt streitwerterhöhend, soweit über sie entschieden wird. Die als Hauptverteidigung vom Beklagten erklärte (unbedingte) Aufrechnung erweitert den Streitgegenstand grds. nicht (→ Rn. 73).

Aufteilung

Maßgeblich ist das Interesse des Antragstellers an der Aufteilung (§ 52 I GKG). Wird mit dem Aufteilungsantrag die endgültige Abwendung der Vollstreckung angestrebt, ist der volle Wert anzusetzen (FG BBg 5 KO 5240/16, BeckRS 2017, 94534).

Auskunft

Nach der Rspr. der Zivilgerichte ist der Streitwert mit einem Bruchteil der Geldforderung zu bemessen, deren Geltendmachung durch das Auskunftsersuchen erleichtert werden soll. Im finanzgerichtlichen Verfahren ist der Streitwert grds. mit 10 % des Werts der Hauptsache anzusetzen. Kann das finanzielle Interesse des Klägers nicht festgestellt werden (zB, weil kein Hauptsacheverfahren anhängig ist), ist der Auffangwert des § 52 II GKG maßgebend (BFH VII B 154/81, BStBl. II 1982, 705; VII R 38/95, BStBl. II 1996, 488; NdsFG XV 273/91, EFG 1993, 602; BFH IX S 14/24, BFH/NV 2024, 917: **Auskunftsanspruch nach Art. 15 I DS-GVO;** dazu Reddig HFR 2024, 652; BFH IX R 21/22, DStR 2024, 1609, Rn. 41). Der Streitwert der Klage auf Erteilung einer verbindlichen **Zolltarifauskunft** ist nach stRspr idR mit dem Auffangwert nach § 52 II GKG zu bemessen (BFH VII E 8/91, BFH/NV 1992, 542; VII R 83/99, HFR 2001, 491). Entsprechendes gilt für das Begehren auf rückwirkende Aufhebung einer verbindlichen Zolltarifauskunft (BFH VII S 7/89, BFH/NV 1990, 256). Der Streitwert für eine Klage auf Erteilung einer verbindlichen **Ursprungsauskunft** ist nach § 52 II GKG mit 5.000 EUR festzusetzen (BFH VII S 17/10, BFH/NV 2011, 270). Dasselbe (Auffangwert) gilt, soweit ein **Informationsanspruch** nach den IFG oder dem BDSchG geltend gemacht wird (FG Köln 2 K 465/17, BeckRS 2018, 7054).

Außenprüfung

Prüfungsanordnung. Bei Streitigkeiten über die Anordnung einer Außenprüfung oder einzelne Ermittlungsmaßnahmen ist der Streitwert idR mit 50 % der mutmaßlich zu erwartenden Mehrsteuern anzusetzen, die im Einzelfall geschätzt werden müssen (BFH VIII E 4/09, BFH/NV 2009, 1823; X E 1/14, BFH/NV 2014, 1387). Entsprechendes gilt, wenn wegen Fehlens einer (wirksamen) Prüfungsanordnung sämtliche Handlungen des Prüfers angegriffen werden (BFH VIII E 4/90, BFH/NV 1991, 763). Sind Mehrsteuern bereits festgesetzt, kommt es auf die Festsetzung an unabhängig davon, ob sie Bestand haben wird (BFH VIII E 4/09, BFH/NV 2009, 1823). Das in nicht streitgegenständlichen anderen

Jahren erzielte Mehrergebnis kann als Grundlage für die Bemessung des Streitwerts nur herangezogen werden, wenn die tatsächlichen Verhältnisse dieser Jahre mit denen der Streitjahre vergleichbar sind (BFH I R 94/83, BFH/NV 1987, 49). Wendet sich der Kläger gegen mehrere Prüfungsanordnungen, so sind die Streitwerte für die einzelnen Anordnungen gesondert anzusetzen und zu addieren (BFH IV B 167/02, BFH/NV 2004, 1657). Ist eine Prognose hinsichtlich der zu erwartenden Mehrsteuern nicht möglich, ist der **Auffangstreitwert** von 5.000 EUR anzusetzen (BFH VI E 11/10, BFH/NV 2011, 629; VIII E 1/19, BFH/NV 2020, 380). Wird aufgrund der Prüfungsanordnung eine Fahndungsprüfung durchgeführt, so sind die Mehrsteuern aus den aufgrund der Fahndungsprüfung geänderten Steuerfestsetzungen maßgebend, wenn die Kostenschuldner mit der Feststellung der Rechtswidrigkeit der Prüfungsanordnung ein Verwertungsverbot der Prüfungsergebnisse erstreben (BFH X E 4/89, BFH/NV 1990, 387). Bei Streit über die Verpflichtung, eine Schlussbesprechung abzuhalten, beträgt der Streitwert 10 % der steuerlichen Auswirkungen der in der Besprechung zu erörternden Sachverhalte (BFH I R 31/85, BFH/NV 1987, 525). Ist im gerichtlichen Verfahren über den Antrag auf Durchführung einer Außenprüfung zu entscheiden, mit der sich der Stpfl. Unterlagen für Schadensersatzforderungen verschaffen will, so muss dieses außersteuerliche Interesse bei der Festsetzung des Streitwerts außer Betracht bleiben (BFH IV R 111/85, BFH/NV 1987, 113).

Zur Bemessung des Streitwerts für einen Antrag auf AdV **der Prüfungsanordnung** vgl. BFH III R 138/85, BFH/NV 1987, 114; III E 2/89, BFH/NV 1991, 552. Ist für das Hauptsacheverfahren der Auffangwert des § 52 II GKG anzusetzen, ist dieser auch für das Verfahren der AdV maßgebend und nicht nur ein Bruchteil (BFH III R 138/85, BFH/NV 1987, 114; VIII E 1/19, BFH/NV 2020, 380; Zenke StB 2004, 425).

Schlussbesprechung. Bei Streit über die Verpflichtung zu einer Schlussbesprechung beträgt der Streitwert 10 % der steuerlichen Auswirkungen, die sich aus den in der Schlussbesprechung zu erörternden Sachverhalten ergeben (BFH I B 45/78, BStBl. II 1980, 751). Bei Streit über die Form der Schlussbesprechung reduziert sich der Streitwert auf 5 % (FG Düsseldorf 13 V 771/21 AEAO, BeckRS 2021, 20425).

Aussetzung (Ruhen) des Verfahrens

Vgl. § 74; § 155 S. 1 FGO iVm § 251 ZPO. Bei Aussetzung des Verfahrens verschiebt sich nur der Entscheidungszeitpunkt. Der Beteiligte wird dadurch in die Lage versetzt, die Entscheidung bis zum Ergehen einer höchstrichterlichen Entscheidung aufzuhalten und Aufwendungen zu ersparen; er wird hinsichtlich des Prozesskostenrisikos entlastet und kann ggf. aus der Entscheidung in einem Musterprozess Vorteile ziehen. In Anbetracht dieser Umstände schätzt der BFH den Streitwert auf 5 % des Streitwerts im Hauptsacheverfahren (BFH IV S 2/08, BFH/NV 2009, 182). Das FG Hmb III 142/69 (II E), EFG 1972, 351 und das FG BW 2 Ko 2/96, EFG 1996, 1058 haben einen Streitwert von 10 % des Hauptsacheverfahrens angesetzt (Jost Inf 1996, 184).

Aussetzung der Vollziehung (§ 69)

Mehrere Verfahren nach § 69 III und V gelten innerhalb eines Rechtszugs als ein Verfahren (Vorb. 6.2 (2) 2 zu Nr. 6210 KV). Grundsätzlich 10 % des Betrages, um den in der Hauptsache gestritten wird (stRspr, BFH IV S 15/10, BStBl. II 2012, 246). Das gilt auch, wenn im Hauptsacheverfahren der Mindeststreitwert anzusetzen ist (Streitwert dann 150 EUR); der Mindeststreitwert (§ 52 IV GKG) findet in Verfahren des vorläufigen Rechtsschutzes vor den Gerichten der Finanzgerichtsbarkeit keine Anwendung (§ 53 II Nr. 3 GKG; BFH IX E 17/07, BStBl. II 2008, 199). Einige FG haben in der Vergangenheit den Streitwert mit 25 % angesetzt (FG Düsseldorf 11 V 5884/03, EFG 2005, 1285; 11 V 1531/11 A (E, L, G, U, H (L)), EFG 2012, 266; SächsFG 2 V 1992/04, BeckRS 2006, 26022750; FG Münster 11 V 4418/05 AO, EFG 2007, 1109; FG Hmb IV 169/05, EFG 2008, 488 mwN; zust. Tipke/Kruse/Brandis Vor §§ 135–149 Rn. 165; ebenso Nr. 1.5 des Streitwertkatalogs für die Verwaltungsgerichtsbarkeit, Stand 2013; aA HessFG 7 KO 3125/08, BeckRS 2009, 26027027; SächsFG 8 Ko 1625/14, BeckRS 2015, 94348). Eine Vereinheitlichung der Streitwerte in verwaltungs- und finanzgerichtlichen Abgabenangelegenheiten wäre wünschenswert. Da der Streitwert nach Ermessen zu bestimmen ist (§ 52 I GKG), besteht indes keine Möglichkeit, eine Entscheidung des Großen Senats des BFH herbeizuführen. Der Versuch des IV. Senats, beim BFH eine einvernehmliche Anhebung des Streitwerts herbeizuführen, hatte keinen Erfolg (BFH IV S 15/10, BStBl. II 2012, 246).

Der Satz von 10 % gilt auch, wenn um die Rechtmäßigkeit des Widerrufs der Aussetzung gestritten wird (BFH VII E 4/75, BStBl. II 1976, 385) oder wenn hilfsweise die Aussetzung gegen Sicherheitsleistung beantragt wird (FG Hmb IV 15/92 N, EFG 1993, 251). Geht der Streit lediglich darum, ob ohne oder gegen Sicherheitsleistung auszusetzen ist: 10 % der geforderten Sicherheitsleistung (die idR dem auszusetzenden Betrag entsprechen wird; BFH IV B 52/67, BStBl. II 1973, 16). Derselbe Prozentsatz ist anzusetzen bei einem Streit über die Aufhebung der Vollziehung (BFH VII B 223/99, BFH/NV 2000, 1120). Wegen der einstweiligen AdV → Rn. 163, „Einstweilige Aussetzung der Vollziehung".

161 **Bedarfswert**

Bei Streitigkeiten über Grundstückswerte, deren gesonderte Feststellung gem. den §§ 138 ff. BewG für die Erbschaftsteuer oder Schenkungsteuer erforderlich ist, ist der Streitwert pauschal, aber gestaffelt, wie folgt anzusetzen: a) Bei Grundstückswerten bis einschließlich 512.000 EUR mit 10 % der streitigen Wertdifferenz, b) bei Grundstückswerten bis einschließlich 12.783.000 EUR mit 20 % der streitigen Wertdifferenz, c) bei darüber hinausgehenden Grundstückswerten mit 25 % der streitigen Wertdifferenz (BFH II E 3/05, BStBl. II 2006, 333; II E 6/05, BFH/NV 2005, 960). Dies gilt auch beim Erwerb eines Miteigentumsanteils an einem Grundstück (BFH II E 2/09, BFH/NV 2009, 1138). Wird im Rahmen eines Rechtsstreits über die gesonderte Feststellung des Grundstückswerts für Zwecke der Erbschaft- oder Schenkungsteuer darüber gestritten, ob das Grundstück im Erwerbszeitpunkt zu mehr als der Hälfte seines Werts einem Gewerbebetrieb diente und deshalb auch die Grundstücksart „Betriebsgrundstück" festzustellen ist, ist der Streitwert pauschal, aber gestaffelt wie folgt anzusetzen: a) Bei Grundstückswerten bis einschließlich 512.000 EUR mit 10 % der Wertdifferenz zwischen dem festgestellten Grundstückswert und demjenigen Wert, mit dem das Grundstück als Betriebsgrundstück in die Steuerbemessungsgrundlage eingehen würde, b) bei Grundstückswerten bis einschließlich 12.783.000 EUR mit 20 % dieser Wertdifferenz, c) bei darüber hinausgehenden Grundstückswerten mit 25 % dieser Wertdifferenz (BFH II E 1/09, BStBl. II 2009, 446).

Beiladung

Haben die Beigeladenen keine Anträge gestellt, so ist die Auswirkung der Entscheidung auf sie bei der Streitwertbemessung nicht zu berücksichtigen (BFH III R 110/66, BStBl. II 1969, 626; IX R 36/85, BFH/NV 1986, 353; FG BW

1 K 246/89, EFG 1996, 1059). Der Streitwert für das Beschwerdeverfahren gegen eine zu Unrecht beschlossene Beiladung bestimmt sich grds. nach dem finanziellen Interesse des zu Unrecht Beigeladenen an einer Aufhebung des Beiladungsbeschlusses; ist dieses nicht ohne Weiteres zu ermitteln, greift § 52 II GKG ein (BFH X S 5/89, BFH/NV 1990, 665; VIII B 153/94, BFH/NV 1998, 348).

Bekanntgabe
Will der Kläger erreichen, dass ihm ein Bescheid bekannt gegeben wird, der einem andern ggü. bereits wirksam geworden ist, so ist der Streitwert mit 10 % des Streitwerts zu bemessen, der bei einer Klage auf Erlass jenes Bescheides anzusetzen wäre (BFH III B 10/74, BStBl. II 1975, 673; II R 112/85, BFH/NV 1989, 247; aA Tipke/Kruse/Brandis Vor §§ 135–149 Rn. 167).

Bescheidungsklage
Der Wert ist geringer als bei einer Verpflichtungsklage, weil der Kläger mit der erstrebten Neubescheidung seines Antrags weniger erreicht als mit einem Verpflichtungsurteil (BFH II R 103/75, BStBl. II 1976, 800). Der Streitwert für die Klage auf Verurteilung des FA zur Verbescheidung nach § 101 S. 2 kann auf die Hälfte des vom Kläger letztlich verfolgten finanziellen Interesses geschätzt werden (FG BW 9 K 403/91, EFG 1994, 268; 2 K 237/93, EFG 1995, 401; ähnlich FG Brem II 63/88 K, EFG 1993, 253). Das gilt indes nicht, wenn der Wert ohnehin unbestimmbar und deshalb auf 5.000 EUR (§ 52 II GKG) festzusetzen ist.

Beschlagnahme
Bei einem Streit über die Zulässigkeit der Beschlagnahme von reinem Alkohol, der in das Eigentum des Bundes überführt wurde, entspricht der erzielbare Erlös des beschlagnahmten Alkohols am ehesten der Bedeutung, die die Sache für den Kläger hat. Bei Ablieferungspflicht stellt das zum Zeitpunkt der Beschlagnahme gültige Branntweinübernahmegeld einen geeigneten Anhaltspunkt für die Streitwertbemessung dar (FG Saarl 2 K 2026/05, StE 2008, 473).

Bevollmächtigte
Der Streitwert der Beschwerde gegen die gerichtliche Anordnung, dass ein Bevollmächtigter bestellt oder ein Beistand hinzugezogen werden muss (§ 62 I 2), beträgt 10 % des Werts der Hauptsache (BFH VII E 11/77, BStBl. II 1978, 135; VII S 10/90, BFH/NV 1990, 797). Gleiches gilt für eine Beschwerde im Zwischenstreit um die Zurückweisung von Prozessvertretern nach § 62 II 2 (BFH IV B 76/81, BStBl. II 1982, 662; XI B 188/02, BFH/NV 2003, 1341; aA BFH VII S 14/89, BFH/NV 1990, 386, Auffangstreitwert).

Beweisverfahren
Der Streitwert eines selbständigen Beweisverfahrens (§ 82 iVm §§ 485 ff. ZPO) ist im finanzgerichtlichen Verfahren mit dem Wert des Hauptsacheverfahrens anzusetzen (BFH I B 7/97, BFH/NV 1998, 736 mwN).

Brennereierlaubnis
Im Verfahren über die Erteilung einer Brennereierlaubnis ist es ermessensgerecht, den Gesamtbetrag an Branntweinübernahmegeldern anzusetzen, der an den Antragsteller in den letzten drei Jahren von der Bundesmonopolverwaltung ausgezahlt worden ist (FG Saarl 2 V 1239/11, EFG 2012, 744).

Buchführung

Im Verfahren über den Beginn der landwirtschaftlichen Buchführungspflicht ist der Streitwert mit dem Auffangwert nach § 52 II GKG anzusetzen (BFH IV R 250/82, BStBl. II 1984, 39). Dieser Wert ist auch maßgeblich für den Streit über eine Aufforderung zur Buchführung (Tipke/Kruse/Brandis Vor §§ 135–149 Rn. 175; BFH IV R 191/83, BFH/NV 1987, 316). Bei dem Streit darüber, ob in zurückliegenden Veranlagungszeiträumen Buchführungspflicht bestand, ist als Streitwert ein Betrag iHv 10 % der Mehrsteuern aus der Außenprüfung für diese Zeiträume anzusetzen (BFH III R 93/85, BFH/NV 1988, 589).

162 **Duldungsbescheid**

Maßgeblich ist die Höhe der Forderung, wegen der durch den Duldungsbescheid die Anfechtung nach dem AnfG erfolgt ist (BFH VII E 13/05, BFH/NV 2006, 2100 mwN). Das gilt jedoch nicht, wenn der Wert des Vollstreckungsgegenstandes niedriger ist; bei einem Grundstück ist der Grundstückswert, vermindert um noch valutierende Belastungen maßgebend (BFH VII E 1/91, BFH/NV 1992, 690). Hat das FA den streitbefangenen Bescheid bereits ersatzlos aufgehoben und macht der Kläger weiterhin die Nichtigkeit des angegriffenen Duldungsbescheides geltend, reduziert sich der Streitwert auf 50 % des Streitwerts einer „gewöhnlichen" Anfechtungsklage bzw. Nichtigkeitsfeststellungsklage (BFH VII E 13/05, BFH/NV 2006, 2100).

163 **Eidesstattliche Versicherung**

→ Rn. 177, „Vermögensverzeichnis".

Eigenheimzulage

Der Streitwert für eine Klage auf Eigenheimzulage ist grds. nach dem Wert für den gesamten Förderzeitraum zu bestimmen (BFH IX E 2/02, BFH/NV 2003, 66; aA HessFG 5 K 5580/99, EFG 2001, 86 Jahresbetrag), es sei denn, dass sich der Antrag nur auf einen geringeren Zeitraum bezieht (BFH IX E 4/08, BFH/NV 2008, 1516; IX E 8/10, BFH/NV 2011, 449). Hierzu auch → Rn. 174, „Steuervergünstigung".

Einfuhrumsatzsteuer

Sie ist bei Feststellung des Streitwerts zu berücksichtigen, wenn Wegfall des Zolls und der Einfuhrumsatzsteuer beantragt ist, und zwar auch dann, wenn der Importeur zum Vorsteuerabzug berechtigt ist (BFH VII B 60/73, BStBl. II 1975, 196).

Einheitliche (und gesonderte) Feststellung

a) Allgemeine Grundsätze

In Verfahren der einheitlichen (und gesonderten) Feststellung von Einkünften und anderen Besteuerungsgrundlagen gem. § 180 I Nr. 2a AO sowie in den Fällen der einheitlichen Feststellung von Besteuerungsgrundlagen gem. § 180 II AO iVm VO zu § 180 II AO (FG LSA 2 K 1234/12, BeckRS 2015, 131888) bemisst sich der Streitwert idR gem. § 52 I GKG nach der typisierten einkommensteuerlichen Bedeutung für den/die Feststellungsbeteiligten. Klagt nur ein Feststellungsbeteiligter, kommt es auf dessen Anteil an (BFH IV S 17/14, BeckRS 2015, 94573; IX S 16/19, BFH/NV 2019, 1354). Das gilt sowohl bei positiven als auch bei negativen Feststellungsbescheiden (BFH VIII E 1/06, BFH/NV 2006, 1303). Wegen des Streitwerts bei gesonderter (nicht einheitlicher) Feststellung auch → Rn. 165, „Gesonderte Feststellung, Verlustabzug".

Nach stRspr des BFH ist die typisierte Bedeutung grds. mit pauschal 25 % des streitigen Gewinns oder Verlustes zu bemessen (BFH VIII E 5/00, BFH/NV 2001, 1035; IV E 5/05, BFH/NV 2006, 315; IV E 1/18, BeckRS 2018, 10973). Die Rspr. beruht (insbes. im Verlustfall) auf der typisierenden Annahme, dass die Gesellschafter auch andere nach dem EStG steuerbare Einkünfte erzielen (Wacker HFR 2007, 50). Die tatsächlichen Auswirkungen bei den einzelnen Gesellschaftern werden (aus Gründen der Praktikabilität und zT im Hinblick auf § 30 AO) nicht ermittelt. Der Streitwert ist auch dann pauschal zu bemessen, wenn im Einzelfall die einkommensteuerlichen Auswirkungen bekannt sind (BFH IV E 1/98, BFH/NV 1999, 807; XI E 2/02, BFH/NV 2002, 1323; IV E 7/12, BFH/NV 2013, 403; IV E 8/15, BeckRS 2015, 96063) oder wenn feststeht, dass bei einem Beteiligten der streitige Gewinn infolge ausgleichsfähiger Verluste keine Auswirkungen auf die Höhe der ESt hat (BFH I E 1/19, BFH/NV 2019, 1355). Das soll Gleichbehandlung gewährleisten. An der pauschalen Streitwertermittlung und dem Regelsatz von 25 % hält der BFH auch nach Absenkung des für die ESt maßgeblichen Eingangssteuersatzes für Veranlagungszeiträume ab 2001 fest (BFH VIII B 177/05, BStBl. II 2007, 54; Wacker HFR 2007, 50). Er hat damit Forderungen eine Absage erteilt, den Regelsatz für die pauschale Streitwertermittlung auf 20 % abzusenken (vgl. Tipke/Kruse/Brandis Vor §§ 135–149 Rn. 199 ff.).

In Ausnahmefällen kann bei der Festsetzung des Streitwerts von dem pauschalen Satz von 25 % abgewichen werden, wenn bereits im Verfahren betreffend die einheitliche Gewinnfeststellung ohne weiteres erkennbar ist, dass dieser Vomhundertsatz den tatsächlichen Auswirkungen des Rechtsstreits auf die Einkommensteuer der Gesellschafter nicht gerecht wird (BFH IV E 5/05, BFH/NV 2006, 315; IV E 1/12, BFH/NV 2012, 1153). Der Streitwertermittlung ist dann ein höherer oder niedrigerer Vomhundertsatz (BFH VIII R 113/84, BFH/NV 1986, 554) oder eine andere Bemessungsgrundlage als der streitige Gewinn- oder Verlustbetrag (BFH I R 174/68, BStBl. II 1972, 428) zugrunde zu legen. Angemessene Erhöhungen des pauschalen Regelsatzes kommen grds. nur in Abhängigkeit von der absoluten Höhe des streitigen Betrags in Betracht. Der Prozentsatz wird danach schrittweise auf bis zu 50 % (Rechtslage bis Veranlagungszeitraum 2000) angehoben (BFH VIII E 5/05, BFH/NV 2006, 576; IX E 12/07, BFH/NV 2007, 1528; IV E 1/12, BFH/NV 2012, 1153). Die Obergrenze des Pauschalsatzes beträgt für die Feststellungs- beziehungsweise Veranlagungszeiträume ab 2005 grds. 40 % (BFH I E 4/23, BFH/NV 2024, 189). Zu den neuen Höchstsätzen iE s. b) „Gewinnhöhe“. Angemessene Verminderungen kommen in Betracht, wenn (ohne Rücksicht auf die persönlichen Besteuerungsverhältnisse der Feststellungsbeteiligten) im Feststellungsverfahren erkennbar wird, dass die einkommensteuerlichen Auswirkungen für alle Feststellungsbeteiligten unter 25 % liegen werden. Ist absehbar, dass sich keine einkommensteuerlichen Auswirkungen ergeben, ist der Streitwert mit 1 % des streitigen Betrags anzusetzen (BFH VIII R 2/95, BFH/NV 1999, 1121). Für die Ermittlung der Zwischenwerte gibt es keine klaren Richtlinien (vgl. b) „Gewinnhöhe“). Abzustellen ist auf die Höhe des streitigen Gewinns oder Verlusts (BFH IV E 1/99, BFH/NV 1999, 1360; Wacker HFR 2007, 50). Bei Verlusten hat der BFH allerdings bislang eine stufenweise Anhebung des Streitwerts vermieden und entweder 25 % oder den höchsten Pauschalsatz angesetzt. Er geht davon aus, dass hohe (ausgleichsfähige) Verluste bei den Feststellungsbeteiligten zum Ausgleich hoher positiver Einkünfte führen. Dies rechtfertige den Ansatz des höchsten Pauschalsatzes, auch wenn nicht alle Feststellungsbeteiligten einen Grenzsteuersatz in dieser Höhe erreichen (BFH IV E 1/16,

BeckRS 2016, 94755; s. auch b) „Abschreibungsgesellschaften"). Für die Höhe der einkommensteuerlichen Auswirkungen bleiben (wie allg. → Rn. 90) nur mittelbare Auswirkungen auf andere Steuern, insbes. die GewSt (BFH IV R 60/67, BStBl. II 1968, 62; IV R 46/79, BStBl. II 1982, 542), oder andere Feststellungszeiträume (BFH IX R 97/84, BFH/NV 1986, 173; IV E 2/99, BFH/NV 1999, 1608) außer Betracht. Eine den Gewinn des Streitjahrs beeinflussende Minderung oder Erhöhung der Gewerbesteuerrückstellung ist aber zu berücksichtigen (BFH IV R 135/79, BStBl. II 1980, 591; IV S 17/14, BeckRS 2015, 94573). Es kommt nur auf die von dem Verfahren unmittelbar betroffenen Personen (Mitunternehmer) an (BFH IV E 1/78, BStBl. II 1978, 409).

b) Einzelheiten

Abschreibungsgesellschaften. Bei Streit über die Höhe des Gesamtverlusts oder des Verlustanteils bei einer Abschreibungsgesellschaft wird der Streitwert auf 50 % des streitigen Verlusts geschätzt (stRspr, BFH IV E 2/80, BStBl. II 1980, 520; IX E 8/99, BFH/NV 2000, 848). Entsprechendes gilt für Verluste und Verlustanteile bei Bauherrengemeinschaften (FG Saarl 1 K 192/86, EFG 1988, 654). Bei einer Fondsgesellschaft, deren Geschäftsmodell die Verlusterzielung ausdrücklich vorsieht, ist der Ansatz des höchsten Pauschalsatzes auch bei beteiligten KapGes gerechtfertigt, wenn nicht ausgeschlossen werden kann, dass sie lediglich als Treuhänder beteiligt sind (BFH IV E 1/16, BeckRS 2016, 94755).

Aufhebung des Feststellungsbescheids. Wird die ersatzlose Aufhebung des Feststellungsbescheids aus verfahrensrechtlichen Gründen begehrt, so ist der Streitwert (ohne Erhöhung oder Verminderung mit Rücksicht auf die Höhe des festgestellten Gewinns) mit 25 % des festgestellten Gesamtgewinns zu bemessen (BFH IV B 22/71, BStBl. II 1976, 22; IV S 17/14, BeckRS 2015, 94573; IV E 9/15, BeckRS 2016, 94781). Das gilt auch für den Streitwert einer Nichtigkeitsfeststellungsklage (BFH IX E 7/99, BFH/NV 2000, 727; IX E 3/21, BFH/NV 2022, 609; → Rn. 171, „Nichtigkeitsfeststellungsklage"). Eine Erhöhung des Pauschalsatzes nach allg. Grundsätzen (bei entsprechend hohen Gewinnanteilen der Gesellschafter) hält der BFH jedoch für zulässig, wenn die ersatzlose Aufhebung des Feststellungsbescheids wegen Festsetzungsverjährung der ESt begehrt wird (BFH IV R 95/88, BFH/NV 1990, 183). Begehrt ein Gesellschafter mit seiner Klage die Aufhebung des Gewinnfeststellungsbescheids, ergibt sich der Streitwert nur aus dem Gewinnanteil des klagenden Gesellschafters (BFH IV E 5/05, BFH/NV 2006, 315).

Ehegatten. Klagen zur ESt zusammenveranlagte Ehegatten gegen einen für beide geltenden Gewinnfeststellungsbescheid, ergeben sich bei ihnen geringere steuerliche Auswirkungen als bei fremden Dritten, wenn nur die Gewinnverteilung oder die Zulässigkeit der Gewinnfeststellung im Streit ist. Begehren die Ehegatten eine andere Gewinnverteilung oder eine Aufhebung des Bescheids mit der Begründung, nur einer von ihnen sei Unternehmer, der andere jedoch Arbeitnehmer gewesen, sind als Streitwert 10 % des streitigen Gewinns anzusetzen (BFH IV E 3/87, BFH/NV 1988, 657; IV R 138/81, BStBl. II 1984, 445).

Einkunftsart. Wird mit der Klage gegen einen Gewinnfeststellungsbescheid lediglich über die Zuordnung zu einer anderen als der festgestellten Einkunftsart gestritten (Umqualifizierung), so ist die Höhe des festgestellten Gewinns für den Streitwert nicht maßgeblich. Vielmehr ist nach bisheriger Rspr. der Streitwert davon abhängig, welche einkommensteuerlichen Auswirkungen sich aus der vom Stpfl. beantragten anderweitigen Zuordnung ergeben (BFH IV 4/64, BStBl. II

1970, 547; VIII R 2/95, BFH/NV 1999, 1121). Wird beantragt, Einkünfte aus Gewerbebetrieb in solche aus nichtselbständiger Arbeit umzuqualifizieren, bemisst die Rspr. den Streitwert nach den einkommensteuerrechtlichen Auswirkungen mit 500 EUR/1.000 DM (BFH VIII R 294/82, BFH/NV 1986, 347; IV E 4/06, BFH/NV 2007, 1166). Damit sollen annähernd die bei der Einkunftsart des § 19 EStG geltenden Freibeträge erfasst werden. Auswirkungen, die sich aus dem Wegfall der Gewerbesteuerrückstellung für die Einkommensteuer ergeben, werden nicht berücksichtigt. Wird die Umqualifizierung der gewerblichen Einkünfte in solche aus Kapitalvermögen begehrt, zB mit der Behauptung, es liege nicht eine atypische, sondern eine typische stille Gesellschaft vor, ist nach diesen Grundsätzen ein Streitwert in Höhe des Sparerfreibetrags anzusetzen; die Entscheidung BFH IV 90/64, BStBl. III 1967, 433, die den Streitwert frei auf 1.500 DM geschätzt hat, ist überholt. Der Freibetrag des § 13 III EStG ist maßgebend, wenn die Zuordnung der Einkünfte zu der Einkunftsart Land- und Forstwirtschaft begehrt wird (BFH VIII R 21/84, BFH/NV 1986, 39). Ist abzusehen, dass sich aus der Umqualifizierung keine einkommensteuerlichen Auswirkungen ergeben, weil die streitigen Einkünfte in gleicher Höhe bei einer anderen Einkunftsart angesetzt werden müssten, bemisst der BFH den Streitwert pauschal mit 1 % der str. Einkünfte (BFH VIII E 2/11, BFH/NV 2012, 444); vgl. für die Umqualifizierung gewerblicher Einkünfte in solche aus Vermietung und Verpachtung und umgekehrt: BFH IV 4/64, BStBl. II 1970, 547; VIII R 2/95, BFH/NV 1999, 1121.

Gewinnerzielungsabsicht. Der Streitwert ist mit 25 % anzusetzen (FG Hmb 3 KO 226/15, BeckRS 2016, 94078).

Gewinnhöhe. Bei Streit über die Höhe des (laufenden) Gewinns oder Verlusts ist im Regelfall der Streitwert mit 25 % des streitigen Betrags anzusetzen (s. a) „Allgemeine Grundsätze"). Der Regelsatz von 25 % ist auch dann anzuwenden, wenn bei einzelnen Feststellungsbeteiligten zwar ein höherer Prozentsatz angemessen wäre, bei den übrigen Personen aber von einer geringeren Belastung als 25 % auszugehen ist (BFH IV R 67/85, BFH/NV 1986, 296). Nichts anderes gilt im Grundsatz, wenn körperschaftsteuerpflichtige Kapitalgesellschaften Feststellungsbeteiligte sind. Eine Erhöhung des Streitwerts kommt allerdings nicht in Betracht, wenn alle Feststellungsbeteiligten einem einheitlichen Steuersatz unterliegen (BFH I E 5/08, BFH/NV 2008, 2041; ob der Streitwert mit Blick auf die Höhe des einheitlichen Steuersatzes unter 25 % liegen kann, hat der BFH offengelassen; FG Münster 1 K 2184/02 F, EFG 2007, 1814). Richtet sich das Begehren auf die Feststellung eines Verlusts anstatt des bisher festgestellten Gewinns, sind in die Bemessung der positive und der negative Betrag einzubeziehen (BFH IV E 7/12, BFH/NV 2013, 403). Auswirkungen des Verlusts in zukünftigen Veranlagungszeiträumen bleiben außer Betracht (BFH IV S 8/16, BeckRS 2017, 94268). Die Inanspruchnahme der Tarifbegünstigung für nicht entnommene Gewinne (§ 34a EStG) gehört zu den persönlichen Besteuerungsverhältnissen, die bei der Streitwertbemessung unberücksichtigt bleiben (BFH IV E 2/14, BFH/NV 2014, 1766).

Die von der Rspr. bei der Erhöhung bisher (bis Veranlagungszeitraum 2000) beachtete Streitwertobergrenze von 50 % (vgl. zB BFH VIII E 5/05, BFH/NV 2006, 576; IX E 12/07, BFH/NV 2007, 1528) ist mit Rücksicht auf die Absenkung des Spitzensteuersatzes ab Veranlagungszeitraum 2001 schrittweise (nach unten) anzupassen. Der VIII. Senat des BFH hat hierzu ohne Bindungswirkung (Wacker HFR 2007, 50) eine Absenkung auf 45 % (für 2001 bis 2003; bestätigt BFH IV E 1/16, BeckRS 2016, 94755), 42 % (für 2004) und 40 % (ab 2005) vorgeschlagen. Für nach § 35 EStG begünstigte gewerbliche Einkünfte soll ein weiterer pauschaler Abschlag von 5 % geboten sein (BFH VIII B 177/05, BStBl. II 2007, 54; IV E 1/18, BeckRS 2018, 10973: Streitjahr 2006), jedoch nicht bei der Feststellung eines Verlusts (BFH IV E 8/15, BeckRS 2015, 96063; IV E 1/16, BeckRS 2016, 94755). Für Überschusseinkünfte kommt ab 2007 im Hinblick auf die Einführung der sog. „Reichensteuer" (Anhebung des Spitzensteuersatzes auf 45 % für zu versteuernde Einkommen ab 250.001 EUR durch § 32a I 1 Nr. 4 EStG) wieder eine Anhebung – auf dann wohl 42 % – in Betracht (Wacker HFR 2007, 50). Ist an den Einkünften eine KapGes beteiligt, muss anteilig der lineare KSt-Satz berücksichtigt werden (BFH IV E 1/18, BeckRS 2018, 10973). Die Obergrenze des Pauschalsatzes beträgt für die Feststellungs- beziehungsweise Veranlagungszeiträume ab 2005 grds. 40 % (BFH I E 4/23, BFH/NV 2024, 189).

Bei der Ermittlung des im Einzelfall anzuwendenden erhöhten oder verminderten Pauschalsatzes verfährt die Rspr. nicht einheitlich. Die Erhöhung soll zwar der progressiven Ausgestaltung des ESt-Tarifs Rechnung tragen. Da im Feststellungsverfahren aber nicht zu ermitteln ist, ob die einzelnen Feststellungsbeteiligten nach dem Grund- oder dem Splittingtarif veranlagt werden, erscheint es richtig, einen Mittelwert aus beiden Tarifen zugrunde zu legen. Auf dieser Grundlage haben die FG teilweise Streitwerttabellen entwickelt, die eine Anhebung des Streitwerts in festen Schritten vorsehen (NdsFG 11 Ko 22/00, EFG 2001, 712; FG Düsseldorf 16 K 8275/99 F, StE 2005, 184; vor allem ThürFG IV 70082/06 Ko, EFG 2007, 954 mAnm Müller EFG 2007, 956). Diese Vorstöße sind zu begrüßen, weil sie die dringend erforderliche Berechenbarkeit schaffen, welche die höchstrichterliche Rspr. vermissen lässt. Ihre Vereinheitlichung wäre wünschenswert, wird aber (nicht zuletzt wegen § 128 IV) wohl ausbleiben.

Gewinnverteilung. Ist nicht die Höhe, sondern nur die Verteilung des laufenden Gewinns oder Verlusts streitig, ist der Streitwert stets (also auch bei sehr hohen Gewinnanteilen) mit 25 % des Gewinns anzusetzen, um dessen Verteilung gestritten wird (stRspr, vgl. zB BFH IV B 6/72, BStBl. II 1974, 138; VIII S 6/01, BFH/NV 2002, 207).

Veräußerungsgewinn. Bei Streit über die Höhe eines tarifbegünstigt zu besteuernden Veräußerungsgewinns ist als Streitwert idR ein Betrag iHv 15 % des streitigen begünstigten Gewinns anzusetzen (BFH IV 224/64, BStBl. III 1967, 274; VIII R 340/82, BFH/NV 1986, 229); bei sehr hohen Veräußerungsgewinnen ist der Streitwert in angemessenem Umfang zu erhöhen (BFH IV E 3/06, BFH/NV 2007, 1155 mwN) auf bis zu 25 % (BFH IV E 3/92, BFH/NV 1993, 376; IV E 9/15, BeckRS 2016, 94781). Ob die Obergrenze auch insoweit gedeckelt werden müsste (s. „Gewinnhöhe"), ist unklar. Auch bei höheren Anteilen am laufenden Gewinn hält der BFH eine Erhöhung des 15 %-Satzes für angemessen (BFH IV E 1/00, BFH/NV 2000, 1218). Ist lediglich streitig, ob ein der Höhe nach unstreitiger Gewinn als tarifbegünstigter Veräußerungsgewinn zu besteuern ist, kann der Streitwert auf 20 % des streitigen Gewinns geschätzt werden (BFH IV E 2/88, BFH/NV 1990, 51; FG Köln 10 Ko 2120, 2598/08, EFG 2009, 978, 10–25 % des streitigen Gewinns). Der Streitwert für ein Verfahren, in dem um die Qualifikation gesondert und einheitlich festgestellter Gewinne als der Fünftel-Regelung unterliegende außerordentliche Einkünfte gestritten wird, ist pauschal mit 10 % des Gewinns zu bemessen, wenn nicht Anhaltspunkte dafür vorliegen, dass die betroffenen Mitunternehmer zu einem Großteil die Tarifvergünstigung des § 34 III EStG beanspruchen können (BFH IV S 15/10, BStBl. II 2012, 246: ausnahmsweise Anhebung auf bis zu 20 %).

Einheitsbewertung

Betriebsvermögen. Ebenso wie bei der einheitlichen Gewinnfeststellung (→ Rn. 163, „Einheitliche (und gesonderte) Feststellung") wird der Streitwert nach den (nicht konkret zu ermittelnden) steuerlichen Auswirkungen pauschal bemessen. Maßgeblich ist nach stRspr für Stichtage ab 1.1.1974 ein Pauschsatz von 10 ‰ des Unterschieds zwischen dem festgestellten und dem begehrten Einheitswert für jedes Geltungsjahr des angefochtenen Einheitswertbescheids; da der Einheitswert idR für drei Jahre festgestellt wird, wird der Streitwert idR mit 30 ‰ bemessen; bei kürzerer Geltungsdauer des Bescheids ist er entsprechend zu ermäßigen (BFH III R 59/81, BStBl. II 1982, 512; II E 1/96, BFH/NV 1997, 375). Der Satz von 30 ‰ gilt auch, wenn der angestrebte oder der festgestellte Einheitswert negativ ist (BFH VIII E 5/93, BFH/NV 1995, 330 mwN). Wird die Aufhebung eines negativen Einheitswertbescheids beantragt und steht fest, dass dieser keine steuerlichen Auswirkungen haben wird, ist der Auffangwert anzusetzen (Jost Inf 1996, 181; Schall DStZ 1992, 97). Ist nicht die Höhe des Einheitswerts, sondern seine Aufteilung auf die Feststellungsbeteiligten streitig, ermäßigt sich der Pauschsatz um 50 % (BFH III B 42/83, BStBl. II 1984, 721).

Grundvermögen. Der Streitwert bestimmt sich in Streitigkeiten über die Höhe des Einheitswerts gem. § 52 I GKG nach den voraussichtlichen Auswirkungen bei den darauf beruhenden Steuern. Nach dem Wegfall der Vermögensteuer hat die Einheitsbewertung des Grundbesitzes nur noch Bedeutung für die Grundsteuer. Für Bewertungsstichtage ab dem 1.1.1997 sind deshalb nur die grundsteuerlichen Auswirkungen zu berücksichtigen, und zwar grds. mit dem Sechsfachen der jährlichen Grundsteuer (BFH II R 17/96, BStBl. II 1997, 228; HessFG 3 K 1128/01, EFG 2005, 567; FG BBg 3 K 3033/17, DStRE 2018, 180). Der Satz ist zu vermindern, wenn bereits sicher abzusehen ist, dass der streitige Einheitswert nur für einen kürzeren Zeitraum Auswirkung haben wird (FG BBg 3 K 3033/17, DStRE 2018, 180). Zur Streitwertbemessung für Zeiträume vor Wegfall der Vermögensteuer vgl. Gräber, 7. Aufl. 2010. Ist eine Zurechnungsfortschreibung streitig, bemisst der BFH den Streitwert nicht nach dem Pauschsatz, sondern nach der konkreten steuerlichen Auswirkung (BFH II R 198/83, BFH/NV 1986, 688).

Betriebe der Land- und Forstwirtschaft. Die Einheitswertfeststellungen für die Betriebe der Land- und Forstwirtschaft wirken sich ebenfalls auf die Grundsteuer aus. Der Streitwert ist deshalb mit dem gleichen ‰-Satz des streitigen Wertunterschieds zu bemessen wie bei der Einheitsbewertung des Grundvermögens, wenn über die Höhe des Einheitswerts des Betriebs oder seine Qualifizierung als land- und forstwirtschaftliches Vermögen gestritten wird (BFH III R 112/76, BStBl. II 1978, 642; II R 181/85, BFH/NV 1995, 724).

Einkommensteuer

Der Streitwert bemisst sich grds. nach dem Unterschied zwischen der festgesetzten und der beantragten Steuer (§ 52 III GKG; → Rn. 131), sonst nach der Bedeutung der Sache für den Kläger (§ 52 I GKG). Beantragt ein getrennt veranlagter Ehegatte die Zusammenveranlagung, ergibt sich der Streitwert aus dem Unterschied zwischen der bei getrennter Veranlagung gegen den klagenden Ehegatten festgesetzten und der auf ihn bei Zusammenveranlagung entfallenden anteiligen Einkommensteuer (FG Hmb III 137/78, EFG 1980, 616; aA FG BW IV K 232/88, EFG 1991, 503). Entsprechendes gilt für den umgekehrten Fall, dass zusammenveranlagte Ehegatten die getrennte Veranlagung begehren (BFH I R 217/85, BFH/NV 1991, 471). In Streitigkeiten über die Verfassungsmäßigkeit des im ESt-Tarif berücksichtigten Grundfreibetrags ist der Streitwert unter Anwendung des in der Proportionalzone geltenden Steuersatzes zu errechnen (BFH III E 4/90, BStBl. II 1992, 256). Zur Anfechtung eines Nullbescheids mit dem Ziel der Feststellung eines höheren Verlusts → Rn. 165, „Gesonderte Feststellung, Nullbescheid“. Ist streitig, ob eine im Streitjahr bezogene Gewinnausschüttung einer GmbH zu Einkünften aus Kapitalvermögen oder aus Gewerbebetrieb führt, kann der Streitwert gem. § 52 III 2 GKG zu erhöhen sein, wenn die GmbH immer wieder Gewinnausschüttungen vornimmt und der Kostenschuldner (zB als Alleingesellschafter) den Inhalt der Gewinnverwendungsbeschlüsse bestimmen kann (BFH X E 8/19, BFH/NV 2020, 1092).

Einspruchsentscheidung

Für eine Verpflichtungsklage, die darauf gerichtet ist, dass die Finbeh verpflichtet wird, eine Einspruchsentscheidung zu erlassen, ist der Auffangstreitwert (§ 52 II GKG) anzusetzen, wenn streitig ist, ob in einer behördlichen Maßnahme ein anfechtbarer VA zu sehen ist (BFH VII B 310/02, BFH/NV 2004, 361).

Einstweilige Anordnung

Anwendbar ist nur § 52 I u. II GKG (§ 53 II Nr. 1 GKG), nicht der Mindeststreitwert gem. § 52 IV GKG (BFH IX E 17/07, BStBl. II 2008, 199; → Rn. 160, „Aussetzung der Vollziehung“). Im Eilverfahren erlassene Anordnungen wirken idR nur vorläufig; sie dürfen die Hauptsache nicht vorwegnehmen. Deshalb ist der Streitwert im Allgemeinen geringer als in der Hauptsache. Bewirkt die Anordnung einen Zahlungsaufschub, ist der Streitwert wie bei der AdV (→ Rn. 160, „Aussetzung der Vollziehung“) zu bestimmen, ggf. mit 25 % (FG Hmb 4 V 371/07, EFG 2008, 1667). Die hM bemisst den Streitwert insofern mit 10 % des in der Hauptsache streitigen Betrags: Wird die einstweilige Einstellung der Zwangsvollstreckung begehrt, ist der Streitwert mit 10 % der Forderungsbeträge zu bemessen, die Anlass zu der Vollstreckung waren (BFH VII E 1/88, BFH/NV 1989, 721). Wird wegen Stundung einer Steuerforderung der Erlass einer einstweiligen Anordnung beantragt, ist das wirtschaftliche Interesse mit höchstens 10 % der gesamten Zahlungsverpflichtung (einschließlich der Säumniszuschläge) zu bewerten (BFH III S 12/87, BFH/NV 1988, 325). Im Übrigen ist das Interesse an einer vorläufigen Regelung mit einem Bruchteil des Hauptsachewerts zu bemessen, der sich nach den Umständen des Einzelfalls richtet (BFH VII B 84/74, BStBl. II 1977, 80; V E 1/83, BFH/NV 1985, 107) und je nach dem Grad der Vorwegnahme der Hauptsache zwischen einem Drittel und 100 % des Hauptsachewerts betragen kann (vgl. zB BFH I B 82/98, BFH/NV 1999, 352 mwN; FG BW IX 210/79, EFG 1981, 205). Ergeben sich keine ausreichenden Anhaltspunkte für die Bewertung des mit der Klage in der Hauptsache verfolgten wirtschaftlichen Interesses, ist auch für den Streitwert der einstweiligen Anordnung der Auffangwert maßgebend (BFH IX E 1/98, BFH/NV 1999, 213).

Einstweilige Aussetzung der Vollziehung

Da es sich um ein Verfahren handelt, das dem der einstweiligen Anordnung ähnelt, beträgt der Streitwert ein Drittel des Streitwerts des Hauptverfahrens auf AdV (also ein Drittel von 10 % des Werts der Hauptsache BFH VII B 81/76, BStBl. II 1977, 354).

Entschädigungsklage

Für die vorläufige Festsetzung des Streitwerts (→ Rn. 23) geht der BFH vom Regelsatz der Entschädigung (1.200 EUR/Jahr) aus und multipliziert ihn mit der

Dauer des Verfahrens, soweit sie sich ohne weiteres feststellen lässt (BFH X K 10/12, BFH/NV 2013, 953).

Erlass

In einem Rechtsstreit um den Erlass von Steuern aus Billigkeitsgründen bemisst sich der Streitwert nach dem Gesamtbetrag, dessen Erlass begehrt wird; Säumniszuschläge, Verzugszinsen etc sind streitwerterhöhend zu berücksichtigen, wenn sie Gegenstand des Antrags sind (BFH I E 3/90, BStBl. II 1991, 528). Ist die Verpflichtungsklage auf erneute Bescheidung gerichtet, ist der Streitwert geringer (FG BW 9 K 403/91, EFG 1994, 268, 50 % des streitigen Betrags).

Erledigung der Hauptsache

Haben die Beteiligten den Rechtsstreit übereinstimmend für erledigt erklärt (→ § 138 Rn. 5 ff.), entspricht der Streitwert den bis dahin im Verfahren entstandenen gerichtlichen und außergerichtlichen Kosten (sog. Kosteninteresse; BFH II B 8/68, BStBl. II 1971, 603). Das Kosteninteresse kann ausnahmsweise höher sein als der ursprüngliche Streitwert (FG BW 4 Ko 3/00, EFG 2000, 967). Dasselbe gilt, wenn der Kläger den Rechtsstreit einseitig für erledigt erklärt hat (BFH I R 212/84, BStBl. II 1989, 106). Sein für den Streitwert maßgebliches Interesse reduziert sich danach auf die bis dahin angefallenen Kosten. Hat nur der Beklagte den Rechtsstreit einseitig für erledigt erklärt, wird der Rechtsstreit fortgesetzt; dann bleibt es bei dem ursprünglichen Streitwert (BFH IV E 1/00, BFH/NV 2000, 1218; Jost Inf 1994, 181 (185)). Hat der Kläger die Hauptsache nur teilweise für erledigt erklärt, so bestimmt sich der Streitwert nach dem streitigen Restbetrag der Hauptsache und iÜ nach dem Kosteninteresse (BGH VIII ZR 289/87, NJW-RR 1988, 1465).

Erstattung

Streitwert ist (gem. § 52 III GKG) der (bezifferte) Betrag, dessen Erstattung begehrt wird (BFH II B 8/68, BStBl. II 1971, 603). Gegebenenfalls ist der Mindeststreitwert anzusetzen (§ 52 IV Nr. 1 GKG). Etwas anderes (kein Mindeststreitwert) gilt in den Fällen des § 77 EStG (Erstattung von Kosten im Vorverfahren); das Verfahren gehört zu den privilegierten Kindergeldangelegenheiten.

Europäischer Gerichtshof

→ Rn. 177, „Vorabentscheidungsverfahren“.

Fälligkeit einer Steuerforderung **164**

Bei Streit über die Fälligkeit einer dem Grunde und der Höhe nach unstreitigen Forderung beträgt der Streitwert 10 % der Forderung (FG Düsseldorf V 234/73 A, EFG 1974, 435).

Feststellung des verrechenbaren Verlusts

Der Streitwert einer Klage gegen den Bescheid über die Feststellung des verrechenbaren Verlusts eines beschränkt haftenden Gesellschafters (§ 15a IV EStG) beträgt 10 % des streitigen Verlustbetrags, da dieser Streit keine endgültigen Auswirkungen auf die Höhe der gegen den Gesellschafter festgesetzten Einkommensteuer hat (BFH IV R 2/95, BFH/NV 1997, 350; IV E 6/06, BFH/NV 2007, 1156). Im Übrigen → Rn. 165, „Gesonderte Feststellung“.

Fortsetzungsfeststellungsklage

Der Streitwert beträgt bei einer Fortsetzungsfeststellungsklage 50 % des Streitwerts der Anfechtungs- oder Verpflichtungsklage (BFH I R 6/91, BFH/NV 1996, 927; III S 20/05, BStBl. II 2006, 77).

Freistellungsbescheid

→ Rn. 165, „Gemeinnützigkeit“

Freistellungsbescheinigung

a) Bauabzugssteuer

Vgl. § 48b EStG. Es ist streitig, worauf bei der Bemessung des Interesses (§ 52 I GKG) abzustellen ist. Die FG entscheiden unterschiedlich: 10 % des Gesamtbetrags der Abzugssteuern (SächsFG 7 K 1693/02, EFG 2004, 61; abl. Brandis EFG 2004, 61); Betrag der Abzugssteuer (15 % der zu erwartenden Gegenleistung) für die beantragte Dauer der Bescheinigung (FG Hmb II 47/03, BeckRS 2003, 26014793). Nach zutr. Auffassung kann weder auf das Volumen der Umsatzerlöse noch auf den Abzugsbetrag als solchen abgestellt werden. Deshalb dürfte der Auffangstreitwert (§ 52 II GKG) anzusetzen sein. Wird die Erteilung der Freibestellungsbescheinigung im Weg der einstweiligen Anordnung begehrt, kommt eine Ermäßigung des Mindeststreitwerts nicht in Betracht, da die Hauptsache vorweggenommen werden soll (FG Saarl 2 V 429/04, EFG 2005, 1803).

b) Kapitalertragsteuer

Der Streitwert für die Klage auf Erteilung einer Freistellungsbescheinigung nach § 44a V EStG (wegen Nichtentrichtung von Kapitalertragsteuer) ist mit dem Dreifachen des auf Seiten des Stpfl. eintretenden Zinsverlustes zu bemessen (FG Saarl 1 K 216/94, EFG 1995, 401; Schall StB 1996, 25 (29)).

c) § 50d EStG

Der Streitwert einer Klage, mit der ein beschränkt Stpfl. die Erteilung einer Freistellungsbescheinigung nach § 50d III 1 EStG beantragt, bemisst sich nach der aufgrund der Freistellungsbescheinigung zu erwartenden Steuerersparnis (BFH I E 1/99, BFH/NV 1999, 1505).

165 **Gemeinnützigkeit**

Ist streitig, ob ein Verein als gemeinnützig anzuerkennen ist, kann auf die künftig jährlich zu erwartenden Spendeneinnahmen abgestellt werden (BFH I B 82/98, BFH/NV 1999, 352; FG Münster 9 K 2649/10, EFG 2012, 1190). Liegen keine Anhaltspunkte für die Bestimmung des Streitwerts vor, ist idR der Auffangwert anzusetzen (FG BW 6 K 10/92, EFG 1995, 855). Wird die Aufhebung mehrerer auf 0 EUR lautender KSt-Bescheide begehrt, um die Steuerbefreiung wegen Verfolgung gemeinnütziger Zwecke bestätigt zu bekommen, ist der Auffangstreitwert für jede angefochtene Steuerfestsetzung anzusetzen (BFH I E 2/97, BFH/NV 1997, 879).

Gesamtschuldner

Klagen mehrere gemeinsam gegen einen VA, gelten für die Streitwertermittlung die Grundsätze in → Rn. 108. Eine Aufteilung des Streitwerts findet nicht statt (BFH VII E 1/15, BeckRS 2015, 94495). Für die Gerichtsgebühren haften die Streitgenossen als Gesamtschuldner (§ 32 I GKG; → Rn. 14). Der als Kostenschuldner in Anspruch Genommene hat den gesamten Betrag an die Gerichtskasse zu zahlen. Er kann im Innenverhältnis vom anderen Gesamtschuldner Ausgleich verlangen. Klagen Gesamtschuldner (Eheleute) getrennt voneinander, ist für jede Klage der volle Streitwert der Gesamtschuld zugrunde zu legen (BFH X E 6, 7/14, BFH/NV 2014, 1570).

Gesonderte Feststellung

Bei der gesonderten (nicht einheitlichen) Feststellung (§ 179 I AO) ist der Streitwert gem. § 52 I GKG soweit wie möglich nach den konkreten steuerlichen Auswirkungen und anders als bei gesonderter und einheitlicher Feststellung (→ Rn. 163, „Einheitliche Feststellung") grds. nicht mit einem pauschalen Prozentsatz zu bestimmen. Das gilt für die gesonderte Feststellung von Einkünften gem. § 180 I Nr. 2b AO (BFH VIII R 325/84, BStBl. II 1987, 195; IV E 2/99, BFH/NV 1999, 1608; III E 2/05, BFH/NV 2006, 585), aber auch für die in den Steuergesetzen angeordneten Fälle der gesonderten (nicht einheitlichen) Feststellung (zB § 10d IV EStG) und die Fälle gem. §§ 8, 9 VO zu § 180 II AO. Ist eine Klage auf die **ersatzlose Aufhebung** des gesonderten Feststellungsbescheids gerichtet, bestimmt sich der Streitwert wie bei Anfechtungsklagen gem. § 52 I GKG nach den konkreten einkommensteuerlichen Auswirkungen beim Kläger (BFH VIII E 4/24, BFH/NV 2025, 26). Bei der Bemessung des Streitwerts werden Auswirkungen der streitigen Gewinnerhöhung in anderen Feststellungszeiträumen grds. nicht berücksichtigt (→ Rn. 132, 137). Zu Sonderfällen der gesonderten Feststellung iRd Besteuerung von Körperschaften → Rn. 168, „Körperschaftsteuer".

a) Verlustabzug

Bescheid gem. § 10d IV EStG. Der Streitwert ist soweit wie möglich nach den konkreten steuerlichen Auswirkungen zu bestimmen (BFH X S 22/16, BeckRS 2017, 94351). Das gilt auch für die Feststellung eines höheren Verlustabzugs zur KSt unter der Geltung des Halbeinkünfteverfahrens (BFH I R 84/07, BFH/NV 2009, 1446). Lassen sich diese nicht sicher feststellen, sind 10 % des streitigen Verlusts anzusetzen (BFH VIII E 6/05, BFH/NV 2006, 1112; IX E 1/08, BFH/NV 2008, 1336). Entsprechendes gilt bei einem Streit über die Höhe des gewerbesteuerlichen Verlustvortrags (**§ 10a GewStG;** BFH IV E 1/09, BFH/NV 2010, 666; I E 4/13, BFH/NV 2013, 1449; I E 4/15, BeckRS 2015, 95484). § 52 III 2 GKG ist nicht anwendbar (→ Rn. 132f.; BFH X S 22/16, BeckRS 2017, 94351). Dass sich der Kostenschuldner zwischenzeitlich in Liquidation befindet, bleibt bei der Ermittlung der konkreten Auswirkungen außer Betracht, denn es kommt auf den Zeitpunkt der Antragstellung an (§ 40 GKG). Bei einem Bescheid gem. § 15a IV EStG beläuft sich der Streitwert auf 10 % des streitigen verrechenbaren Verlusts (BFH IV E 6/06, BFH/NV 2007, 1156).

b) Nullbescheid

Wird ein (auf 0 EUR lautender) Steuerbescheid (ESt/KSt) wegen seiner inhaltlichen Bindungswirkung (wie ein Grundlagenbescheid) für die gesonderte Verlustfeststellung (§ 10d IV 4, 5 EStG ab 2011) mit dem Ziel angefochten, die Besteuerungsgrundlagen so zu ändern, dass sich ein höherer Verlust ergibt und festgestellt werden kann, ist der Streitwert nach § 52 I GKG zu bestimmen (ebenso NdsFG 2 K 38/12, BeckRS 2013, 94604; FG Hmb 6 K 44/21, EFG 2021, 2018; offengelassen FG Münster 13 K 2556/15 K, G, BeckRS 2020, 1478). Insofern kommt es (allein) auf die tatsächlichen Auswirkungen der angestrebten Verlustfeststellung in anderen Veranlagungszeiträumen an (Verlustrücktrag und -vortrag; BFH IX E 1/18, BeckRS 2018, 23765; aA FG LSA 3 KO 964/15, BeckRS 2015, 95743 nur Verlustvortrag). Auswirkungen auf SolZ und Zinsen bleiben insofern unberücksichtigt (§ 43 GKG; aA FG BW 1 KO 2611/15, DStRE 2016, 1532). Da sich das Begehren auf die Steuerfestsetzung nicht auswirken soll, erhöht die Anfechtung des Steuerbescheids den Streitwert nicht

(FG Köln 10 Ko 597/15, BeckRS 2015, 95835). Lassen sich die Auswirkungen des begehrten Verlustabzugs nicht hinreichend genau quantifizieren, sind 10 % des streitigen Verlusts anzusetzen (BFH IX E 1/18, BeckRS 2018, 23765; HessFG 4 K 1822/15, BeckRS 2017, 139907). Ergibt sich daneben (gem. § 52 III 1 GKG) auch eine Auswirkung auf die festgesetzte Steuer, sind beide Werte zu addieren (objektive Klagehäufung).

c) Zinsen aus Kapitallebensversicherungen (§ 9 VO zu § 180 II AO)

Der Streitwert einer Klage, deren Gegenstand die gesonderte Feststellung der Steuerpflicht von Zinsen aus Kapitallebensversicherungen (§ 20 I Nr. 6 EStG) ist, ist mit der voraussichtlich auf die Zinsen entfallenden steuerlichen Belastung zu bemessen (FG Bln 7 K 7472/01, EFG 2003, 191, 25 % der geschätzten Zinsen; aA FG Nürnberg I 226/2002, EFG 2003, 345, 10 % der Versicherungssumme).

d) Gesonderte Feststellung des nachversteuerungspflichtigen Betrags (§ 34a III EStG)

Der Streitwert bemisst sich nach der im Falle der Nachversteuerung anfallenden Einkommensteuer. Ist ungewiss, ob bzw. wann die Nachversteuerung beim Kläger eintritt, ist die zukünftige Einkommensteuerschuld zur Ermittlung des Streitwerts mit dem Faktor 0,503 abzuzinsen (FG Hmb 2 K 327/17, DStRE 2020, 1071; hinsichtlich der Abzinsung mE zweifelhaft).

e) Gem. § 55 V EStG

Im gesonderten Feststellungsverfahren nach § 55 V EStG ist der Streitwert grds. mit 10 % des Unterschiedsbetrages zu bemessen, der sich aus der begehrten Teilwertfeststellung und der Feststellung des FA ergibt (BFH IV R 218/80, BStBl. II 1984, 33; IV R 213/84, BFH/NV 1988, 158).

f) Verwaltungsvermögen (§ 13b IIa ErbStG)

Der Streitwert bei gesonderter Feststellung der Summe der gemeinen Werte der Wirtschaftsgüter des Verwaltungsvermögens bis zum 30.6.2016 ist mit einem Prozentsatz auf Regelverschonungsbeträge (nämlich 85 % des zugrundeliegenden Betriebsvermögenswerts) zu bestimmen (BFH II E 3/22, DStRE 2023, 566).

g) Sonstige Fälle

Wegen der gesonderten Feststellung nach § 47 KStG 1977 und Feststellung eines Verlustabzugs zur Körperschaftsteuer → Rn. 168, „Körperschaftsteuer"; wegen der gesonderten Feststellung des gemeinen Werts nicht notierter Anteile an Kapitalgesellschaften, → Rn. 160, „Anteilsbewertung". Gesonderte Feststellung **Grundbesitzwerte:** pauschal gestaffelt (BFH II E 3/05, BStBl. II 2006, 333); Anteile an einer **Kapitalgesellschaft:** wie Grundbesitzwerte (FG Düsseldorf 4 K 108/18 F, BeckRS 2019, 6878); Unterschiedsbetrag gem. **§ 13 IV 1 InvStG** 2004: 25 % des Gesamt-Unterschiedsbetrags (BFH I E 1/19, BFH/NV 2019, 1355). Der Streitwert einer Klage wegen gesonderter Feststellung eines verbleibenden Großspendenabzugs nach § 10b I 5 EStG ist vom FG Düsseldorf mit 25 % des begehrten Spendenvortrags bemessen worden (FG Düsseldorf 7 K 2426/00 F, EFG 2003, 646).

Gewerbesteuer

Streitwert ist grds. die Differenz zwischen festgesetzter und begehrter GewSt (BFH VII E 3/93, BFH/NV 1994, 819). Bei Anfechtung eines GewSt-Messbescheids ist der Streitwert entsprechend der gewerbesteuerlichen Auswirkung zu bemessen, dh in Höhe des streitigen Messbetrags, vervielfältigt mit dem für das betreffende Jahr geltenden Hebesatz der zuständigen Gemeinde (BFH VIII E 3/11, BFH/NV 2012, 60; I E 4/13, BFH/NV 2013, 1449). Maßgeblich ist der Jahreswert der Vorauszahlungen (FG Hmb 3 K 157/14, BeckRS 2015, 94849). Er ist nicht um den Betrag der Steuerermäßigung nach § 35 EStG zu mindern (BFH X E 20/15, BeckRS 2016, 94307). Zum Streitwert der Feststellung des vertragsfähigen Verlusts nach § 10a GewStG → Rn. 165, „Gesonderte Feststellung". Beantragt eine Gemeinde die Heraufsetzung des Gewerbesteuermessbetrags, so ist Streitwert die Differenz zwischen dem festgesetzten und dem begehrten Messbetrag, beschränkt auf den Zerlegungsanteil und vervielfältigt mit dem geltenden Hebesatz (BFH I R 137/90, BFH/NV 1994, 55). Wird die ersatzlose Aufhebung des gegen eine Personengesellschaft festgesetzten GewSt-Messbetrags begehrt, ergibt sich der Streitwert aus dem festgesetzten Messbetrag multipliziert mit dem maßgeblichen Hebesatz (BFH IV E 1/93, BFH/NV 1993, 559). Im Klageverfahren gegen einen Zerlegungsbescheid ist der Streitwert nach dem Verhältnis der Hebesätze unter Berücksichtigung der begehrten Anteile am Gewerbesteuermessbetrag zu ermitteln; werden keine konkreten Einwendungen gegen den Zerlegungsbescheid vorgetragen, ist der Auffangwert anzusetzen (BFH VII E 7/85, BFH/NV 1986, 424). Wird die Aufhebung der festgesetzten Gewerbesteuer wegen bestehender Organschaft beantragt, so entspricht der Streitwert der gesamten Gewerbesteuer, die sich auf Grund des angefochtenen GewSt-Messbescheids ergibt (BFH I B 1/78, BStBl. II 1978, 463). Besonderheiten des Gewinnfeststellungsverfahrens (→ Rn. 163, „Einheitliche Gewinnfeststellung, Ehegatten") können auf den Streit um die Gewerbesteuermessbeträge nicht übertragen werden (BFH IV E 4/87, BFH/NV 1988, 658).

Gewinnausschüttung, verdeckte
→ Rn. 168, „Körperschaftsteuer".

Grundbesitzbewertung für die Erbschaftsteuer
→ Rn. 161, „Bedarfswert".

Grunderwerbsteuer
Streitwert ist der Unterschied zwischen festgesetzter und begehrter Steuer (BFH II 155/64, BStBl. II 1968, 749). Wegen der Einbeziehung der Zinsen nach § 3 II GrEStEigWoG in den Streitwert vgl. FG Saarl 2 S 128/92, EFG 1993, 252; Schall DStZ 1994, 428 (431). Erwerben mehrere ein Grundstück gemeinsam, wird die Grunderwerbsteuer gegen sie getrennt nach ihren ideellen Anteilen festgesetzt. Klagen sie gegen die Bescheide, sind insoweit gesonderte Streitwerte festzusetzen (BFH II 155/64, BStBl. II 1968, 749).

Grundsteuer
Der Wert eines Streits über den Grundsteuermessbetrag entspricht dem Sechsfachen der auf den streitigen Messbetrag entfallenden Jahressteuer, da der regelmäßige Hauptveranlagungszeitraum bei der Grundsteuer sechs Jahre beträgt (BFH II R 17/96, BStBl. II 1997, 228).

Haftungsbescheid **166**
Streitwert ist der Steuerbetrag, für den der Haftende in Anspruch genommen wird; das gilt auch für die Kirchenlohnsteuer und andere Ansprüche, soweit sie in den Haftungsbescheid einbezogen sind (BFH VI 153/63 U, BStBl. III 1965, 56; VII E 1/09, BFH/NV 2009, 1276). In den Fällen der Haftung nach § 75 AO

bestimmt sich der Streitwert nach dem Nennwert der mit dem Haftungsbescheid geltend gemachten Haftungssumme (BFH VII R 146/81, BStBl. II 1986, 589). Hat sich der Haftungsbetrag vor Klageerhebung durch Zahlungen anderer Gesamtschuldner ermäßigt, bleibt gleichwohl der ursprüngliche Betrag maßgeblich (BFH V R 125/76, BStBl. II 1980, 103 zur Beschwer). Ist ein Haftungsbescheid nach § 74 AO gegen mehrere Haftungsschuldner ergangen, bemisst sich der Streitwert ebenfalls nach dem vollen Nennbetrag der im Haftungsbescheid festgestellten Haftungssumme; die gegenständliche Haftungsbeschränkung auf den Anteil am Haftungsgegenstand beeinflusst den Streitwert nicht, weil sie sich betragsmäßig erst in der Zwangsvollstreckung auswirken kann (BFH VII E 7/94, BFH/NV 1995, 720). Das finanzielle Interesse an der Aufhebung eines mit dem Haftungsbescheid verbundenen Leistungsgebots kann mit 10 % des Haftungsbetrags angesetzt werden (FG BW 3 KO 1/02, EFG 2007, 221; hierzu auch → Rn. 169, „Leistungsgebot"). Bei AdV des Haftungsbescheids beträgt der Streitwert 10 % der Haftungssumme (BFH VII S 60/10, BFH/NV 2011, 1721).

Haupt- und Hilfsantrag
→ Rn. 110.

Hinterziehungszinsen

Der Streitwert bemisst sich nach der Höhe der festgesetzten Zinsen (BFH VII B 30/77, BStBl. II 1978, 314).

167 **Insolvenzverfahren**

Der Streitwert für eine Klage wegen eines Antrags auf Eröffnung des Insolvenzverfahrens ist wie bei Aufforderung zur Vorlage des Vermögensverzeichnisses (→ Rn. 177, „Vermögensverzeichnis") idR mit 50 % der Abgabenrückstände, höchstens 500.000 EUR zu bemessen (überzeugend FG Düsseldorf 8 Ko 249/08 GK, EFG 2008, 642; FG MV 3 V 65/15, BeckRS 2015, 95797; FG BBg 7 V 7191/22, NZI 2023, 645; aA FG Saarl 1 K 437/02, BeckRS 2004, 26016394, Auffangstreitwert; aA FG LSA 3 K 1339/12, EFG 2013, 1697, 50.000 EUR). Wird der durch die Eröffnung des Insolvenzverfahrens über das Vermögen des Steuerschuldners unterbrochene Rechtsstreit über die Rechtmäßigkeit eines Steuerbescheids vom Insolvenzverwalter aufgenommen, so bestimmt sich der Wert des Streitgegenstands für das weitere Verfahren auf Feststellung zur Insolvenztabelle nach dem Betrag, der bei der Verteilung der Insolvenzmasse für die noch unerfüllte Steuerforderung zu erwarten ist; über § 185 S. 3 InsO ist die Streitwertvorschrift des § 182 InsO auch auf die vor den Gerichten der Finanzgerichtsbarkeit betriebenen Verfahren auf Feststellung eines Haftungsrechts für Steuerforderungen anwendbar (BFH X S 4/06, BStBl. II 2007, 55). Bietet der Rechtsstreit hierfür keine genügenden Anhaltspunkte kann der Auffangstreitwert anzusetzen sein (FG Düsseldorf 11 K 2025/06 F, EFG 2009, 1336). Die griffweise Schätzung einer Quote von 2 % hat keine valide Grundlage (so aber FG Köln 10 Ko 781/16, BeckRS 2016, 95541).

Wendet sich der Kläger gegen die Anordnung der **Eintragung in das Schuldnerverzeichnis** (§ 284 IX AO), so kann iRd auf § 52 I GKG beruhenden Streitwertfestsetzung das Interesse, aus dem Schuldnerverzeichnis gelöscht zu werden, mit 10.000 EUR angesetzt werden (FG Münster 8 K 1081/18, BeckRS 2020, 17959).

Investitionsabzugsbetrag

Ist die Bildung eines Investitionsabzugsbetrags nach § 7g III EStG streitig, kann der Streitwert mit Rücksicht auf den Stundungseffekt typisierend zu ermitteln und pauschal auf 10 % des streitigen Gewinns bzw. Verlusts festzusetzen sein (ThürFG IV 70070/06 Ko, EFG 2007, 449 zur ehemaligen Ansparrücklage).

Investitionszulage

Maßgebend ist der Betrag der streitigen Zulage ohne Einbeziehung von Zinsen bei Rückforderung (BFH III R 6/90, BStBl. II 1995, 843; III R 24/04, BFH/NV 2006, 816).

Kindergeld 168

In der Vergangenheit ist der BFH davon ausgegangen, dass die Ablehnung eines unbefristeten Kindergeldantrags auch zukünftig wiederkehrende Leistungen umfasst, die den Streitwert der dagegen gerichteten Verpflichtungsklage erhöhen. Für deren Bewertung hatte er in Anlehnung an die für gesetzliche Unterhaltspflichten geltende Vorschrift in § 42 I 1 GKG aF (bis 2009) in Verfahren über eine unbefristete Kindergeldfestsetzung unabhängig vom Alter des Kindes den einfachen Jahresbetrag des geltend gemachten Anspruchs zuzüglich der bis zur Klageerhebung rückständigen Monatsbeträge angesetzt (BFH VI S 4/00, BStBl. II 2000, 544; VI R 134/00, BFH/NV 2002, 68; VI B 285/01, BFH/NV 2002, 534). § 42 I 1 GKG aF ist mit Wirkung ab 1.9.2009 aus dem GKG gestrichen und im G über Gerichtskosten in Familiensachen neu geregelt worden. Der Rspr. war damit die gesetzliche Grundlage entzogen (BFH III S 25/11, BeckRS 2011, 97050), denn für die Bestimmung des Streitwerts sind ausschließlich die Vorschriften des GKG maßgeblich (§ 1 II GKG). § 42 GKG (in der bis Juli 2014 geltenden Fassung) bot keine Grundlage mehr für den Ansatz des einfachen Jahresbetrags; das dort vorgesehene Dreifache des Jahresbetrags erschien zu hoch. Zu § 52 III 2 GKG → Rn. 132; Streitwertkatalog „Kindergeld".

In **§ 52 III 3 GKG** (→ Rn. 9, 133) hat der Gesetzgeber nun für die frühere Rspr. eine neue Grundlage geschaffen. Der Gesetzesbegründung (BT-Drs. 18/823, 26) ist zu entnehmen, dass genau dies in der Absicht des Gesetzgebers lag. Die Änderung gilt nicht für Verfahren, die bis zum 15.7.2014 anhängig geworden sind (§ 71 I 1 GKG; → Rn. 9). Für die zukünftig wiederkehrenden Leistungen soll der **einfache Jahresbetrag** angesetzt und es sollen die rückständigen Beträge dem Streitwert hinzugerechnet werden. Der Gesetzgeber hat dabei offenbar übersehen, dass der BFH in der Zwischenzeit seine Rspr. geändert hat. Er geht nun davon aus, dass die Ablehnung eines unbefristeten Kindergeldantrags keine in die Zukunft gerichtete Wirkung hat. Die Familienkasse kann im Fall eines zulässigen, aber unbegründeten Einspruchs gegen einen Ablehnungs- oder Aufhebungsbescheid eine Regelung des Kindergeldanspruchs längstens bis zu dem Ende des Monats der **Bekanntgabe der Einspruchsentscheidung** treffen (BFH III R 54/09, BFH/NV 2011, 1858; III R 71/10, BStBl. II 2013, 380; III R 70/09, BFH/NV 2012, 1446). Dieser Regelungsumfang kann durch Erhebung einer Verpflichtungsklage nicht erweitert werden. Die Klage ist deshalb unzulässig, soweit sie die Zeit nach dem Monat der Bekanntgabe der Einspruchsentscheidung betrifft (BFH III R 70/09, BFH/NV 2012, 1446; VI B 94/13, BFH/NV 2014, 176; XI R 24/12, BFH/NV 2013, 1920). Das folgt aus der Aufgabenteilung zwischen Verwaltung und Justiz. Aufgabe der Gerichte ist es, das bisher Geschehene bzw. Unterlassene auf seine Rechtmäßigkeit zu überprüfen, nicht jedoch, grds. der Verwaltung zustehende Funktionen auszuüben.

Soweit die Kläger dies bei der Formulierung ihrer Anträge berücksichtigen (worauf der Vorsitzende hinzuwirken hat, § 76 II), läuft § 52 III 3 GKG leer (vgl. FG Köln 10 Ko 890/15, BeckRS 2015, 95869). Für eine Erhöhung des Streitwerts im Hinblick auf eine Zukunftswirkung einer erstrebten Kindergeldfestsetzung ist regelmäßig kein Raum (FG Düsseldorf 9 K 242/23 Kg, BeckRS 2023, 10004; HessFG 9 K 689/21, BeckRS 2021, 46282). Wird gleichwohl das Zukunftsinteresse ausdrücklich geltend gemacht, ist (zusätzlich) der Jahresbetrag anzusetzen (§ 52 III 3 GKG), aber nur, wenn offensichtlich absehbar ist, dass sich die Zukunftswirkungen soweit erstrecken (§ 52 III 2 GKG; FG BW 11 KO 3702/16, BeckRS 2017, 94637). Nach aA soll es genügen, dass kein auf bestimmte Monate begrenzter Klageantrag gestellt wird und sich eine solche Antragstellung auch nicht im Wege der Auslegung ergibt (HessFG 2 K 1836/18, BeckRS 2022, 42690). Der Jahresbetrag ist auch anzusetzen, wenn lediglich streitig ist, ob die Behinderung für die Unfähigkeit des Kindes, sich selbst zu unterhalten, ursächlich war (FG Düsseldorf 7 K 1179/20 Kg, BeckRS 2021, 21958). Ist absehbar nur ein kürzerer Bewilligungszeitraum streitig, ist dieser maßgebend. Hierzu auch → Rn. 174, „Steuervergünstigung". Hebt die Familienkasse die Festsetzung von Kindergeld auf, bemisst sich der Streitwert in einem Verfahren gegen den **Aufhebungsbescheid** nur nach dem Kindergeldbetrag für das Kind, für das der Anspruch streitig ist; mittelbare Auswirkungen auf das Kindergeld für weitere Kinder des Anspruchsberechtigten bleiben außer Betracht (BFH III S 20/05, BStBl. II 2006, 77).

Der Mindeststreitwert ist in Kindergeldangelegenheiten nicht anwendbar (§ 52 IV Nr. 1 GKG). Die sozialpolitisch motivierte Kostenprivilegierung greift auch beim Streit über die Rechtmäßigkeit von Hinterziehungszinsen nach Aufhebung der Kindergeldfestsetzung (FG Köln 10 Ko 2084/15, BeckRS 2016, 945479.

Anspruch gem. § 77 EStG. Die Höhe der erstattungsfähigen Gebühren richtet sich gem. § 2 II RVG nach dem **Gegenstandswert des Vorverfahrens** (→ Rn. 13). Er entspricht bei der Vertretung durch einen **Rechtsanwalt** dem Streitwert des gerichtlichen Verfahrens, wenn der Gegenstand der Tätigkeit auch Gegenstand eines gerichtlichen Verfahrens sein könnte (§ 23 I 1, 3 RVG). Die Vorschrift verweist für die Wertermittlung auf die Vorschriften des GKG. Es gelten deshalb im Ausgangspunkt dieselben Grundsätze wie für die Ermittlung des Streitwerts (BFH III R 46/17, DStRE 2020, 1041). Der Mindeststreitwert ist nicht anwendbar (FG Münster 4 Ko 4071/13 GK, EFG 2014, 586). Anders als bei der Anfechtungs- oder Verpflichtungsklage ist der Gegenstand des Vorverfahrens jedoch nicht von vornherein auf abgeschlossene Zeiträume begrenzt (zutr. FG LSA 5 K 51/16, BeckRS 2017, 109657). Es sind deshalb grds. die rückständigen Beträge und ein Jahresbetrag (§ 52 III 3 GKG) anzusetzen (FG Münster 4 K 4115/14 Kg (PKH), BeckRS 2015, 94526; offengelassen BFH III R 46/17, DStRE 2020, 1041). Im Fall eines Untätigkeitseinspruchs ermäßigt sich der Wert auf 10 % des streitigen Kindergelds (BFH III R 46/17, DStRE 2020, 1041). Entsprechendes gilt bei der Vertretung durch einen Steuerberater (→ Rn. 13).

Für das Begehren auf **Beseitigung des Rechtsscheins,** der vom unzureichend formulierten Tenor des Kindergeld-Aufhebungsbescheids ausgeht, ist der Auffangstreitwert von 5.000 EUR anzusetzen (BFH III S 16/18, DStRE 2019, 1416).

Klagerücknahme

→ Rn. 116.

Konkurs
→ Rn. 167, „Insolvenzverfahren".

Körperschaftsteuer
Anrechnungsverfahren. Maßgebend für die Bemessung des Streitwerts ist nur der unmittelbar umstrittene Körperschaftsteuerbetrag (→ Rn. 130). Wird darüber gestritten, in welcher Höhe Verluste bei der Körperschaftsteuerveranlagung mit der sich aus § 47 II KStG 1977 ergebenden Bindungswirkung anzusetzen sind, beträgt der Streitwert 10 % der streitigen Verlustbeträge (BFH I B 41/85, BFH/NV 1986, 625; I R 20/95, BFH/NV 1997, 136). Bei Klagen gegen den Ansatz einer verdeckten Gewinnausschüttung ermittelt die Rspr. den Streitwert mit 9/16 des streitigen Ausschüttungsbetrages (FG Saarl 1 K 367/91, EFG 1994, 124; FG Düsseldorf 6 K 324/90 K, EFG 1992, 623). Nach der Änderung des KStG betrug der Streitwert $^{30}/_{70}$ des strittigen Betrages (Jost Inf 1996, 181). Der Streitwert für die gesonderte Feststellung der Teilbeträge des verwendbaren Eigenkapitals nach § 47 KStG entspricht den zukünftigen ausschüttungsbedingten Folgen einer Änderung der Aufteilung des verwendbaren Eigenkapitals (FG Düsseldorf 6 K 7739/91 F, EFG 1994, 714; FG MV I 228/93, EFG 1995, 338; Jost Inf 1996, 181). Der BFH schätzt den Streitwert auf 10 % der streitigen Körperschaftsteuer (BFH I E 3/04, BFH/NV 2005, 572). Bei gleichzeitiger Anfechtung von KSt-Bescheiden und nachfolgenden Bescheiden über die Feststellung des verwendbaren Eigenkapitals kann der Streitwert für die Feststellungsbescheide mit 10 % des Teilstreitwerts der KSt-Bescheide bemessen werden (BFH I R 20/95, BFH/NV 1997, 136; FG Hmb II 106/96, EFG 1998, 409). Bei Streit über die Höhe des Endbestands von KSt-Guthaben gem. § 36 VII KStG 1999 kommt es auf die Höhe des im Streit stehenden Guthabens an (BFH I E 9–12/15, BeckRS 2016, 94443).
Einlagekonto. Bei einer Klage auf Feststellung des Einlagekontos in geringerer Höhe ist es regelmäßig nicht zu beanstanden, wenn der Streitwert gem. § 52 I GKG nach dem Kapitalertragsteuereinbehalt (= 25 % des Ausschüttungsbetrags) bemessen wird (BFH I E 1/16, BeckRS 2016, 94462). Begehrt der Kläger die Feststellung einer Einlagenrückgewähr gem. § 27 VIII KStG, können die steuerlichen Auswirkungen beim Gesellschafter mit 10 % des streitigen Einlagebetrages geschätzt werden (FG Köln 10 Ko 3506/15, BeckRS 2016, 95350).
Verlustfeststellung. Der Streitwert einer Klage, die auf Feststellung eines höheren Verlustabzugs zur Körperschaftsteuer abzielt, bemisst sich unter der Geltung des Halbeinkünfteverfahrens nach den tatsächlichen steuerlichen Auswirkungen des Verlusts; die gewerbesteuerlichen Auswirkungen des Verlusts sind dabei nicht zu berücksichtigen, wenn sich die Klage nur gegen den KSt-Bescheid richtet (BFH I R 84/07, BFH/NV 2009, 1446). Zur Anfechtung von Nullbescheiden mit dem Ziel der Berücksichtigung eines höheren Verlusts → Rn. 165, „Gesonderte Feststellung, Verlustabzug".

Kraftfahrzeugsteuer
Der Wert eines Streits wegen eines Kraftfahrzeugsteuerbescheids bemisst sich nach einem Jahresbetrag der streitigen Steuer, es sei denn, es wird in dem Bescheid eine geringere Steuer gefordert oder es werden neben der Jahressteuer rückständige Steuerbeträge angefordert (BFH VII S 41/05, BFH/NV 2006, 319; VII R 71/98, BFH/NV 2000, 598).

Leistungsgebot 169
Klagt der Haftungsschuldner nur gegen das Leistungsgebot mit dem Ziel, sich endgültig von seiner Zahlungsverpflichtung zu befreien, ist als Streitwert grds.

der volle im Leistungsgebot angeforderte Betrag anzusetzen (BFH VII E 18/14, BeckRS 2015, 95313).

Leistungsklage

Streitwert einer Klage auf Auszahlung eines bereits festgesetzten Betrags ist der eingeklagte Betrag (SächsFG 6 Ko 791/15, BeckRS 2016, 94116; FG Münster 11 Ko 1144/15 KFB, BeckRS 2016, 94763: Kindergeld).

Lohnsteuer

Beantragt der Kläger die Durchführung des LStJA; ist Streitwert regelmäßig der Wert der beantragten Erstattung oder Ermäßigung, und zwar gleichgültig, ob Anfechtungs-, Verpflichtungs- oder Feststellungsklage erhoben ist (BFH VI B 6/73, BStBl. II 1973, 685; VI B 28/73, BStBl. II 1975, 515; IX E 4/88, BFH/NV 1990, 319). Der Streitwert für ein Verfahren (NZB) wegen Eintragung einer günstigeren Lohnsteuerklasse auf der Lohnsteuerkarte errechnet sich aus dem Unterschied zwischen der nach der bisherigen Steuerklasse und der nach der beantragten Steuerklasse zu zahlenden LSt (BFH VI E 1/83, BeckRS 1984, 04909) Wird mit der Klage nur die Eintragung eines der Höhe nach unstreitigen Freibetrags auf der Lohnsteuerkarte erstrebt, ist der Streitwert mit 10 % dieses Betrages zu bemessen (FG Münster XIII 9073/88 Ko, EFG 1989, 370; FG Hmb III 42/92, EFG 1993, 602; zust. Jost Inf 1996, 181 (186); Schall DStZ 1994, 428 (431); aA BFH IX E 1/85, BFH/NV 1986, 231; IX E 4/88, BFH/NV 1990, 319, Unterschiedsbetrag zwischen der LSt, die bei Gewährung, und der, die bei Nichtgewährung des beantragten Freibetrags für den LSt-Ermäßigungszeitraum zu zahlen ist).

Lohnsteuerhilfeverein

Im Streit über den Widerruf der Anerkennung eines Lohnsteuerhilfevereins beträgt der Streitwert grds. 50.000 EUR (BFH VII R 49/09, BFH/NV 2011, 1164). Bei Streit über die Schließung einer seiner Beratungsstellen ist der Streitwert mit 20 % des von der betreffenden Geschäftsstelle vereinnahmten Beitragsaufkommens anzusetzen (BFH VII R 62/81, BStBl. II 1982, 360; aA FG Hmb V 26/96, EFG 1999, 350, Auffangstreitwert). Der Streitwert einer Klage auf Eintragung einer bestimmten Person als Leiter einer Beratungsstelle des Vereins in das Verzeichnis der Lohnsteuerhilfevereine ist mit dem Auffangwert des § 52 II GKG anzusetzen (BFH VII R 95/80, BStBl. II 1981, 105; VII S 24/90, BFH/NV 1991, 473; VII B 116/94, BFH/NV 1995, 921). Auch der Streitwert einer Klage betreffend die Beratungsbefugnis eines Lohnsteuerhilfevereins bestimmt sich nach § 52 II GKG (BFH VII S 17/88, BFH/NV 1989, 191; VII S 20/89, BFH/NV 1990, 257).

170 **Milchquote**

Im Klageverfahren gegen den Feststellungsbescheid des HZA nach § 4 MGVO, mit dem die Zuteilung einer höheren Referenzmenge beantragt wird, ist für die Streitwertbemessung der Abgabenbetrag nach der MGVO maßgebend, der für die streitige Referenzmenge für einen zwölf-monatigen Entrichtungszeitraum zu zahlen wäre (BFH VII E 10/91, BFH/NV 1992, 621; VII S 36/93, BFH/NV 1994, 818; FG Düsseldorf 4 K 212/90, EFG 1996, 159; Schall DStZ 1993, 213; aA HessFG 7 K 1705/93, EFG 1995, 853). Wegen des Streitwerts für das Verfahren betreffend AdV des Milchquotenbescheids vgl. BFH VII S 5/88, BFH/NV 1990, 121. Im Verfahren wegen Zuteilung einer Milchquote beträgt der Streitwert

0,10 EUR je Kilogramm umstrittener Milchquote (BFH VII E 2/10, BFH/NV 2010, 2307).

Mineralöllager
→ Rn. 174, „Steuervergünstigung".

Nichtigkeitsfeststellungsklage 171
Wird die Feststellung der Nichtigkeit eines VA begehrt, ist der Streitwert in derselben Höhe festzusetzen wie der Streitwert einer Anfechtungsklage auf ersatzlose Aufhebung eines entsprechenden VA (BFH IX E 7/99, BFH/NV 2000, 727; VII E 13/15, BFH/NV 2006, 2100; IV E 9/15, BeckRS 2016, 94781). Das gilt auch, wenn die Nichtigkeit eines Feststellungsbescheids geltend gemacht wird (BFH IX E 3/21, BFH/NV 2022, 609). Bei einer Steuerfestsetzung bemisst sich der Streitwert nach der gesamten festgesetzten Steuerschuld; einbehaltene Steuerabzugsbeträge sind nicht abzuziehen (BFH V E 1/02, BFH/NV 2002, 949). Wird die Aufhebung oder Feststellung der Nichtigkeit eines Änderungsbescheids begehrt, ergibt sich der Streitwert aus dem Unterschied zwischen dem Steuerbetrag des Erstbescheids und dem des Änderungsbescheids (BFH I R 217/85, BFH/NV 1991, 471). Bei einem einheitlichen Feststellungsbescheid ist der Pauschalwert von 25 % anzusetzen (BFH IV E 9/15, BeckRS 2016, 94781; hierzu auch → Rn. 163, „Einheitliche Feststellung").

Nichtigkeitsklage
→ Rn. 178, „Wiederaufnahmeverfahren".

Nichtzulassungsbeschwerde
Der Streitwert entspricht dem Streitwert des angestrebten Revisionsverfahrens (§ 47 III GKG), der wiederum idR dem Streitwert des Klageverfahrens entspricht (stRspr, zB BFH VI E 1/04, BFH/NV 2005, 379; III E 4/06, BFH/NV 2006, 2294; IV E 6/06, BFH/NV 2007, 1156). Entscheidend ist, welche Anträge der Kläger im finanzgerichtlichen Verfahren tatsächlich, dh in der letzten mündlichen Verhandlung gestellt hat (BFH IV E 1/12, BFH/NV 2012, 1153); maßgebend sind die Anträge, wie sie sich aus dem Tatbestand des finanzgerichtlichen Urteils (BFH VIII E 8/06, BFH/NV 2007, 736) oder aus dem Protokoll ergeben. Bei Widerspruch zwischen dem Protokoll und dem Tatbestand, geht das Protokoll vor (→ § 108 Rn. 13). Auf die Anträge kommt es nicht an, wenn das FG der Klage teilweise stattgegeben hat oder wenn der Beschwerdeführer erkennbar macht, dass er im künftigen Revisionsverfahren sein Klagebegehren nur noch eingeschränkt weiterverfolgen (BFH I E 2/08, BFH/NV 2008, 1496; II E 2/09, BFH/NV 2009, 1138) oder darüber hinausgehen will (BFH V E 6/11, BFH/NV 2012, 1981). Hat der Kläger im finanzgerichtlichen Verfahren nur beantragt, die festgesetzte Steuer um einen nicht bezifferten und aus der Klagebegründung auch nicht errechenbaren Betrag herabzusetzen, so kann der Wert des Streitgegenstandes auf die Hälfte der festgesetzten Steuer geschätzt werden (BFH VIII R 181/85, BFH/NV 1987, 114; VIII E 1/91, BFH/NV 1992, 190). Diese Grundsätze gelten auch, wenn der VA nicht nur von dem Inhaltsadressaten angefochten wird, sondern zugleich von einem Dritten (BFH II E 1/90, BFH/NV 1991, 473). Bei **Teilstattgabe** BGH V ZR 343/02, NJW 2004, 1048; BFH VII B 147/04, BStBl. II 2005, 457.

Nullbescheid
→ Rn. 165, „Gesonderte Feststellung".

172 **Pfändung**

→ Rn. 177, „Vollstreckung“.

Progressionsvorbehalt, negativer (gesonderte Feststellung nach § 180 V AO)

Beim sog. Goldfinger-Modell wird ein erhöhter Pauschalansatz von 40 % der streitigen Verluste angesetzt (→ Rn. 163, „Einheitliche (und gesonderte) Feststellung, Gewinnhöhe“). Der Höchstbetrag gem. § 39 II GKG (30 Mio. EUR) ist zu beachten. Die Streitwertbemessung folgt dabei den Grundsätzen der Streitwertbemessung für Verluste bzw. Verlustanteile bei Abschreibungsgesellschaften oder Bauherrengemeinschaften (BFH I E 4/23, BFH/NV 2024, 189; → Rn. 163, „Einheitliche (und gesonderte) Feststellung, Abschreibungsgesellschaften“).

Prozesskostenhilfe

Verfahren über PKH sind gerichtskostenfrei, da das KV keinen Kostentitel dafür vorsieht (→ Rn. 10). Beantragt der Prozessbevollmächtigte eine Streitwertfestsetzung, bemisst sich der Streitwert nach dem Betrag, den der Beteiligte bei Versagung der PKH für seine Rechtsverfolgung aufwenden müsste (BFH VII S 22/98, BFH/NV 1999, 654).

Prüfungsanordnung

→ Rn. 160, „Außenprüfung“.

173 **Rechtsbehelfsentscheidung**

Bei isolierter Anfechtung der außergerichtlichen Rechtsbehelfsentscheidung ist der Streitwert anzusetzen, der für das Verfahren über den Bescheid maßgebend ist, der Anlass zu dem Rechtsbehelfsverfahren gegeben hat (BFH VII S 104/81, BStBl. II 1982, 328; VII R 68/85, BFH/NV 1988, 457). Hierzu auch → Rn. 177, „Vorverfahren“.

Reichsbürger

Begehrt der Kläger die Feststellung, dass die Rechtsordnung der Bundesrepublik Deutschland unwirksam sei und dass deshalb zwischen ihm und dem FA kein steuer- oder staatsrechtliches Rechtsverhältnis bestehe, kann gem. § 52 I GKG für das Begehren ein Streitwert von 60.000 EUR angenommen werden (in Anlehnung an den Streitwertkatalog für die Verwaltungsgerichtsbarkeit (Stichwort „Normenkontrolle“; FG LSA 5 K 150/15, BeckRS 2015, 95899).

Restitutionsklage

→ Rn. 178, „Wiederaufnahmeverfahren“.

Richterablehnung

→ Rn. 160, „Ablehnung von Richtern“.

Rücklage

Ist die nachträgliche Bildung einer Rücklage (gem. § 6c I 2 EStG iVm § 6b III EStG) im Streit, kommt es zunächst auf die Auswirkungen im Streitjahr an (§ 52 III 1 GKG). Wirkt sie sich im Streitjahr nicht aus, ist der Mindestwert anzusetzen (BFH VI S 12/17, BeckRS 2018, 18608). In der Regel kommt eine Erhöhung nach § 52 III 2 GKG in Betracht (→ Rn. 132 f.; BFH VI S 12/17, BeckRS 2018, 18608).

Rückstellung

Führt die steuerliche Anerkennung einer streitigen Rückstellung im Erststreitjahr zu einer Steuerminderung und in den folgenden drei Streitjahren zu einer

Steuererhöhung, kann für die Streitwertbemessung eine Saldierung der jeweiligen Steuerdifferenzbeträge gerechtfertigt sein. Dies gilt jedenfalls dann, wenn das wirtschaftliche Ziel der Klage auf das Generieren eines Steuerstundungseffekts nebst Steuersatzvorteil gerichtet ist (SchlHFG 1 KO 30/09, EFG 2009, 1481).

Säumniszuschläge **174**

Säumniszuschläge sind Nebenforderungen iSv § 43 GKG (steuerliche Nebenleistungen gem. § 3 IV AO) und erhöhen als solche nicht den Streitwert. Sie haben jedoch einen selbständigen Streitwert (festgesetzter Betrag), wenn sie Gegenstand des Rechtsstreits in der Hauptsache sind (→ Rn. 106).

Steuerabzugsbeträge

Sie sind bei der Streitwertbemessung nicht zu berücksichtigen, wenn die Rechtmäßigkeit der Steuerfestsetzung im Streit ist (BFH I E 2/77, BStBl. II 1978, 58).

Steuerberater/Steuerbevollmächtigter

Der Streitwert ist in einem Verfahren, in dem es um den Zugang zum Beruf des Steuerberaters geht, grds. mit 25.000 EUR zu bemessen; diese Festsetzung stellt lediglich einen pauschalen Wert dar, der im Regelfall und vorbehaltlich gegenteiliger Anhaltspunkte im Einzelfall heranzuziehen ist (BFH VII E 4/05, BFH/NV 2005, 2021). Das gilt auch für den Wert der prüfungsfreien Bestellung zum Steuerberater (BFH VII S 9/03, BFH/NV 2003, 1082). Bei einem Streit um die Zulassung zur Prüfung hat der BFH den Auffangstreitwert gem. § 52 II GKG angesetzt (BFH VII S 6/89, BFH/NV 1989, 656; möglicherweise überholt).

Der Gegenstandswert beim Widerruf der Bestellung als Steuerberater ist pauschalierend mit 50.000 EUR anzusetzen, wenn nicht besondere Umstände im Einzelfall eine abweichende Streitwertfestsetzung rechtfertigen (BFH VII E 9/05, BFH/NV 2006, 344). Abzustellen ist auf die wahrscheinlichen Einkommenseinbußen, die der durch den Widerruf seiner Bestellung als Steuerberater Betroffene erleidet (BFH VII E 2/00, BFH/NV 2000, 975). Das Gericht muss insoweit jedoch vAw keine Ermittlungen anstellen, vielmehr ist eine grobe Schätzung zulässig, die sich auch daran zu orientieren hat, dass eine möglichst gleichmäßige Behandlung aller Betroffenen gewährleistet wird und auch das Kostenrisiko überschaubar bleibt (BFH VII E 9/05, BFH/NV 2006, 344). Das gilt auch beim Widerruf einer Bestellung zum Steuerbevollmächtigten (ThürFG III 150/04, nv). Steht aufgrund besonderer Umstände im Vordergrund des Interesses des Steuerberaters lediglich der Erhalt der aus der steuerberatenden Tätigkeit resultierenden Vorteile und nicht auch der Erhalt des Wertes der für den Aufbau einer Steuerberaterpraxis getätigten Aufwendungen, ist der Regelstreitwert nur mit 25.000 EUR anzusetzen (BFH VII E 15/05, BFH/NV 2006, 1678).

Steuerberatungsgesellschaft

Der Streitwert des Widerrufs der Anerkennung einer Steuerberatungsgesellschaft beträgt grds. 50.000 EUR; bei einer „großen" Gesellschaft kann dieser Wert jedoch verdoppelt werden (BFH VII R 39/07, BFH/NV 2010, 661 ohne Angaben zur tatsächlichen Größe der Gesellschaft). Der Streitwert einer Klage auf Zulassung als „besonders befähigte Person" nach § 50 III StBerG beträgt 25.000 EUR (FG Hmb V 58/02, EFG 2005, 311).

Steuererklärung

Ist nur streitig, ob der Kläger zur Abgabe einer Steuererklärung verpflichtet ist, so ist im Allgemeinen der Auffangwert anzusetzen (FG Bln VII 27/88, EFG 1988, 504; FG MV 1 K 52/96, EFG 1997, 138). Zum Streitwert bei Streitigkeiten über eine Verlängerung der Abgabefrist für Steuererklärungen BFH VIII R 32/85, BFH/NV 1986, 198. Unter Umständen kann der Streitwert mit 50 % des Steuerbetrags zu bestimmen sein, der auf Grund der mutmaßlichen Angaben in der Steuererklärung zu erwarten ist (FG BW X 113/82, DStZ/E 1983, 70).

Steuervergünstigung

Wird mit der Klage eine Steuervergünstigung angestrebt, bestimmt sich der Streitwert nach dem sich aus der Vergünstigung ergebenden wirtschaftlichen oder finanziellen Nutzen (Toussaint/Elzer GKG § 52 Rn. 10). Bei einer auf unbestimmte Zeit gewährten Steuervergünstigung ist Streitwert der Betrag des jährlichen Nutzens; die finanziellen Vorteile, die sich für den Fall der Erteilung der beantragten Erlaubnis bis zum Zeitpunkt der Klageerhebung ergeben hätten, sind nicht hinzuzurechnen (BFH VII E 5/88, BFH/NV 1989, 654; VII E 18/05, BFH/NV 2006, 2135; weitergehend FG Hmb 4 K 114/07, DStRE 2008, 848). Lehnt das HZA den Antrag auf Erteilung einer mehrere Jahre zurückwirkenden Erlaubnis zur steuerfreien Verwendung einer bestimmten Menge an Mineralöl ab, so bemisst sich der Streitwert nach dem gesamten Vergütungsbetrag, der vom Kläger für diesen Zeitraum geltend gemacht wird (BFH VII E 2/08, BFH/NV 2008, 1859). Geht es nur um die vorläufige Belassung einer Vergünstigung (im Verfahren nach § 69), so beträgt der Streitwert 10 % des Streitwerts der Hauptsache (BFH VII S 16/80, BStBl. II 1981, 276). Hierzu auch → Rn. 168, „Kindergeld".

Bei Streit um die Bewilligung eines besonderen Zollverkehrs richtet sich der Streitwert ebenfalls nach dem bei der Durchführung des beabsichtigten Geschäfts zu erwartenden Nutzen und nicht nach der damit verbundenen Abgabenvergünstigung (BFH VII B 44/74, BStBl. II 1976, 568). Zum Streitwert bei Streit um den Widerruf der Bewilligung eines Mineralöllagers BFH VII R 87/83, BFH/NV 1986, 771. Der Wert des Streits um eine Erlaubnis zur steuerbegünstigten Verwendung von Strom richtet sich nach dem Steuervorteil, den der Antragsteller durchschnittlich im Zeitraum eines Jahres erzielt hätte. Zur Bestimmung des Beginns des Jahreszeitraums ist auf den Zeitpunkt der Antragstellung abzustellen (BFH VII E 18/05, BFH/NV 2006, 2135; aA FG BW 11 K 32/02, BeckRS 2004, 152299).

Stundung

In der Regel sind 10 % des Steuerbetrages anzusetzen, dessen Stundung begehrt wird (BFH VI 163/55 S, BStBl. III 1958, 121; VIII R 198/82, BeckRS 1983, 05361). Dasselbe gilt bei einem Streit um die Festsetzung einer Frist zur Entrichtung verkürzter Steuern nach § 395 III AO (BFH IV R 94/77, BStBl. II 1982, 352). Ausnahmen sind möglich, wenn die Stundung für einen bestimmbaren oder einen sehr langen Zeitraum beantragt wird (BFH IV 44/58 U, BStBl. II 1963, 76). Vgl. iÜ auch → Rn. 160, „Aussetzung der Vollziehung".

175 **Tonnagebesteuerung**

Wirkt sich die Feststellung absehbar und kurzfristig auf den Gewinn aus, ist der Streitwert mit 25 % des streitigen festgestellten Betrags anzusetzen; ist die

Gewinnauswirkung überhaupt oder bezüglich des Zeitpunkts ihres Eintretens ungewiss, ist der Streitwert mit 10 % anzusetzen (FG Hmb 3 K 163/08, BeckRS 2009, 26028201).

Umqualifizierung von Einkünften 176

→ Rn. 163, „Einheitliche (und gesonderte) Feststellung".

Umsatzsteuer

Streitwert ist grds. der Differenzbetrag zwischen der festgesetzten und der erstrebten Steuer (BFH VII E 3/93, BFH/NV 1994, 819). Ist der Übergang von der Ist- zur Sollbesteuerung streitig, beträgt der Streitwert 1 % der letzten Jahressteuer. Wird mit der Klage beantragt, die Steuer nach vereinnahmten (statt nach vereinbarten) Entgelten berechnen zu dürfen, ist ein geringerer Streitwert anzusetzen; fehlen geeignete Anhaltspunkte für die Schätzung des finanziellen Interesses, greift der Auffangwert ein (BFH V E 1/94, BFH/NV 1995, 428). Geht der Streit nur um die anrechenbare Vorsteuer, bemisst sich der Streitwert nach dem streitigen Vorsteuerbetrag. Geht es nur um die zeitliche Verschiebung einer dem Grunde und der Höhe nach unstreitigen USt-Schuld, ist der Zinsvorteil maßgeblich (FG Düsseldorf 1 K 338/16 U, BeckRS 2018, 15850).

Untätigkeitseinspruch

→ Rn. 176, „Untätigkeitsklage".

Untätigkeitsklage

Wird mit der Untätigkeitsklage lediglich beantragt, das FA zu verpflichten, über den Einspruch zu entscheiden, beträgt der Streitwert grds. 10 % des Steuerbetrags, um den gestritten wird (BFH VI B 63/67, BStBl. III 1967, 786; FG LSA 4 K 503/08, EFG 2010, 74; FG RhPf 6 Ko 1093/15, BeckRS 2015, 94856; FG Nürnberg 5 K 544/14, BeckRS 2015, 95964). Entsprechendes gilt für den Wert eines im Vorverfahren eingelegten Untätigkeitseinspruchs (BFH III R 46/17, DStRE 2020, 1041). Wird dagegen (dem Wortlaut des § 46 I entsprechend) beantragt, das FG möge in der Sache selbst entscheiden, so ist der volle Steuerbetrag um den gestritten wird, maßgebend (BFH I B 11/66, BStBl. III 1967, 253; VII B 38/70, BStBl. II 1972, 574).

Untersagung der Hilfeleistung in Steuersachen

In einem Rechtsstreit über die Untersagung der Hilfeleistung in Steuersachen ist der Streitwert nach den Einkünften zu bemessen, die der von der Untersagungsverfügung Betroffene in dem der Untersagungsverfügung vorangegangenen Kalenderjahr aus der untersagten Tätigkeit erzielt hat (BFH VII B 324/04, BFH/NV 2006, 764).

Urteilsberichtigung

Im Urteilsberichtigungsverfahren (Beschwerde) ist der Streitwert mit 10 % des Hauptsacheverfahrens anzusetzen (BFH XI B 239/02, BFH/NV 2005, 573; X S 25/12, BFH/NV 2013, 741).

Veräußerungsgewinn 177

→ Rn. 163, „Einheitliche (und gesonderte) Feststellung".

Verfassungswidrigkeit einer Norm

Wird die Verfassungswidrigkeit einer Norm geltend gemacht, muss ein konkreter Sachantrag hinsichtlich des mit der Verfassung noch vereinbaren Steuerbetrags gestellt oder das Begehren zumindest so genau umschrieben werden, dass das

Gericht die betragsmäßigen Grenzen seiner Entscheidungsbefugnis bestimmen kann. Dieses Begehren ist der Streitwertermittlung zugrunde zu legen (BFH IV E 1/05, BFH/NV 2006, 561; VI E 1/06, BFH/NV 2006, 1498; III E 4/06, BFH/NV 2006, 2294).

Vermögensteuer

Der Streitwert beträgt für die Vermögensteuer ab 1.1.1974 das Dreifache der streitigen Jahressteuer (BFH IV R 231/85, BFH/NV 1990, 49). Bei kürzerer Geltungsdauer des Bescheids vermindert sich der Streitwert entsprechend.

Vermögensverzeichnis

Der Streitwert bei Rechtsstreitigkeiten, welche die Vorlage eines Vermögensverzeichnisses einschließlich der Abgabe der eidesstattlichen Versicherung in Verfahren nach § 284 AO betreffen, beträgt idR 50 % der rückständigen Steuerbeträge, aus denen vollstreckt wird, höchstens aber 500.000 EUR (BFH VII E 14/03, BFH/NV 2004, 351).

Verlustabzug

→ Rn. 165, „Gesonderte Feststellung".

Verwaltungsvermögen

→ Rn. 165, „Gesonderte Feststellung".

Vollstreckung

Beim Streit um die Rechtmäßigkeit einer Forderungspfändung ist der Streitwert grds. mit dem Betrag anzusetzen, zu dessen Beitreibung die Pfändung ausgebracht wurde, wenn nicht der Wert der gepfändeten Forderungen geringer ist (BFH VII E 10/05, BFH/NV 2006, 345; VII E 26/05, BFH/NV 2006, 1686; FG Saarl 2 KO 1172/15, BeckRS 2015, 95863). Bleibt die Pfändung in vollem Umfang ohne Erfolg, weil das betreffende Bankkonto aufgelöst wird, ist von einem tatsächlichen Wert von 0 EUR auszugehen, so dass gem. § 52 IV Nr. 1 GKG ein Streitwert von 1.500 EUR anzunehmen ist (FG Saarl 2 KO 1171/15, BeckRS 2015, 95856). Wird der Anspruch auf Auflassung eines Grundstücks gepfändet, richtet sich der Streitwert nach dem Wert des Auflassungsanspruchs, der idR dem des Grundstücks entspricht (BFH VII R 68/85, BFH/NV 1988, 457). Führt die Vollstreckung hinsichtlich der gepfändeten Forderung nicht zum vollen Erfolg, so ist der Streitwert nach dem tatsächlich erlangten Erfolg zu bemessen (BFH VII S 2/87, BFH/NV 1988, 112). Geht der Streit um die Rechtmäßigkeit einer Pfändungs- und Überweisungsverfügung des FA, mit dem dieses den Anspruch des Vollstreckungsschuldners auf Zahlung einer Altersrente gepfändet hat, so soll der Streitwert in entsprechender Anwendung des § 42 III GKG mit dem 36-fachen des monatlich gepfändeten und überwiesenen Betrags zu bestimmen sein (BFH VII S 5/89, BStBl. II 1989, 625). Richtet sich die Klage gegen die Eintragung einer Sicherungshypothek, bestimmt sich der Streitwert grds. nach dem Wert der zugrunde liegenden (Rest-)Forderung (BVerfG 1 BvR 1821/94, NJW-RR 2000, 946; OLG Dresden 6 W 139/08, JurBüro 2008, 476; aA SchlHFG IV 544/85, EFG 1986, 310: Verkehrswert des Grundstücks). Im Fall einer Vollstreckungsschutzklage nach § 258 AO kann der Streitwert auf 10 % der Beträge bemessen werden, die Anlass der Vollstreckung waren (BFH IV B 15/66, BStBl. III 1967, 512). Soll die Vollstreckung endgültig abgewendet werden, so entspricht der Streitwert demjenigen des der Vollstreckung zugrunde liegenden Bescheids (FG Saarl 2 K 1537/

07, EFG 2008, 1334). Der Streitwert einer Klage gegen den Antrag des FA auf Anordnung der Zwangsversteigerung eines Grundstücks bemisst sich nach dem Betrag, der dem FA voraussichtlich im Zwangsversteigerungsverfahren zugeteilt werden wird (FG BW 14 Ko 2/94, EFG 1996, 197). Zum Streitwert der Klage wegen Duldungsbescheid → Rn. 162, „Duldungsbescheid". Zum Streitwert des Verfahrens um die Vorlage eines Vermögensverzeichnisses → Rn. 177, „Vermögensverzeichnis". Wird im Verfahren des vorläufigen Rechtsschutzes gegen eine Forderungspfändung (Kontenpfändung) Aufhebung der Pfändung und Rückzahlung des vom Drittschuldner an das FA überwiesenen Geldbetrages beantragt, kann der Streitwert des Aussetzungsverfahrens dem Wert der Hauptsache gleichkommen (FG BW 9 V 46/99, EFG 2000, 97).

Vorabentscheidungsverfahren

Das Verfahren vor dem EuGH bildet (wie bei der Anrufung des BVerfG bei der konkreten Normenkontrolle des Art. 100 I GG) kostenrechtlich mit dem vor dem nationalen Gericht anhängigen Verfahren eine Einheit. Es ist daher kein besonderer Streitwert dafür festzusetzen, es sei denn, dass die dem EuGH zur Entscheidung vorgelegte Rechtsfrage lediglich für einen Teil des Ausgangsverfahrens Bedeutung hat (BFH VII B 106/67, BStBl. II 1969, 83). Kommt es nicht zu einer Entscheidung in der Hauptsache, weil die Klage oder das Rechtsmittel nach Ergehen der Entscheidung des EuGH zurückgenommen wird, ist der Streitwert für das Vorabentscheidungsverfahren nach dem des Ausgangsverfahrens festzusetzen (BFH VII R 96/72, BStBl. II 1976, 714).

Vorauszahlungen

Der Streitwert ist nach dem vollen Steuerbetrag zu bemessen, wenn der Rechtsstreit um den Grund und die Höhe der letztlich zu zahlenden Steuer geführt wird, weil dann schon im Vorauszahlungsverfahren die gewünschte gerichtliche Klärung erreicht wird (BFH IV B 87/70, BStBl. II 1971, 206; V R 12/88, BStBl. II 1992, 931; X E 4/09, BeckRS 2009, 25015369). Maßgebend ist das Jahresvorauszahlungssoll (FG Nürnberg VI 214/87, EFG 1988, 136). Bei Streitigkeiten, in denen es lediglich um die Verschiebung einer (dem Grund und der Höhe nach anerkannten) Steuerschuld (zB Umsatzsteuervorauszahlung) von einem Besteuerungszeitraum auf einen späteren Besteuerungszeitraum geht, ist der Streitwert geringer festzusetzen als der (dem Grunde nach anerkannte) Steuerbetrag, dessen Festsetzungsverschiebung begehrt wird; in einem solchen Fall kann der Streitwert nach dem finanziellen Vorteil (entsprechend § 238 AO mit 0,5 % je Monat) zu ermitteln sein (BFH V E 5/90, BFH/NV 1992, 127; V E 1/94, BFH/NV 1995, 428). Zum Streitwert, wenn nur die Anrechnung von Vorauszahlungen im Abrechnungsbescheid angegriffen wird, BFH VII S 31/91, BFH/NV 1992, 262.

Vorbehalt der Nachprüfung/vorläufige Veranlagung

Geht der Streit nur um die Berechtigung des Vorbehalts der Nachprüfung, so ist der Streitwert mangels anderer Anhaltspunkte mit dem Auffangwert des § 52 II GKG anzusetzen (BFH IV R 154/78, BStBl. II 1980, 417; V E 3/87, BFH/NV 1988, 182). Entsprechendes gilt, wenn nur streitig ist, ob ein Bescheid vorläufig nach § 165 I AO ergehen durfte (BFH II R 54/90, BFH/NV 1995, 634; FG LSA 2 KO 225/11, EFG 2012, 549; aA FG Nürnberg VI 79/93, EFG 1993, 604, 10 % der möglichen steuerlichen Auswirkung bei Streit um die Vorläufigkeit wegen behaupteter Verfassungswidrigkeit einer Vorschrift). Entgegen der Ansicht des FG BW 9 K 86/86, EFG 1993, 603 ist eine Ermäßigung des Streitwerts auf 50 % des Auffangwerts nicht möglich. Geht der Streit darum, ob eine vorläufige Veranlagung für endgültig erklärt werden muss, so bestimmt sich der Streitwert nach dem, was der Stpfl. bei der endgültigen Veranlagung erreichen will (BFH I B 8/68, BStBl. II 1968, 827).

Vorverfahren

Ist ein Einspruch nicht begründet worden und kann deshalb nicht festgestellt werden, welches Begehren mit ihm verfolgt wird, so ist der Streitwert für das Vorverfahren mit dem Auffangstreitwert zu bemessen (FG Hmb 3 K 142/06, EFG 2008, 1312). Soweit es für die Höhe des nach § 77 EStG zu erstattenden Betrags auf den Gegenstandswert des Vorverfahrens ankommt, → Rn. 168, „Kindergeld".

178 **Wiederaufnahmeverfahren**

Im Regelfall entspricht der Streitwert des Wiederaufnahmeverfahrens (§ 134 FGO iVm § 579 I ZPO) dem Streitwert des Verfahrens, dessen Wiederaufnahme begehrt wird (BFH III E 2/86, BFH/NV 1987, 598). Der Streitwert eines Wiederaufnahmeverfahrens betreffend das Beschwerdeverfahren wegen Nichtzulassung der Revision entspricht der mit der angestrebten Revision voraussichtlich begehrten Steuerminderung (BFH VI E 1/89, BFH/NV 1990, 257).

179 **Zerlegungs- und Zuteilungsklage**

Maßgeblich ist das Interesse, das vom Kläger geltend gemacht wird (BFH I B 31/59 U, BStBl. II 1962, 341). Ist Gegenstand des Verfahrens lediglich ein Antrag auf Neubescheidung zur Zerlegung des Gewerbesteuermessbetrages, ist eine Ermäßigung des Streitwerts um die Hälfte gerechtfertigt (FG Düsseldorf 14 K 2779/14 G, BeckRS 2017, 107232).

Zolltarifauskunft

→ Rn. 160, „Auskunft".

Zulässigkeit des Rechtsbehelfs

Geht der Streit um die Frage, ob ein Einspruch oder eine Klage zulässig war, so ist der volle Wert der streitigen Steuer maßgebend (BFH I B 17/79, BStBl. II 1979, 565; I R 137/90, BFH/NV 1994, 55). Entsprechendes gilt für den Streitwert des Revisionsverfahrens, wenn das Zwischenurteil gem. § 97 mit der Revision angegriffen wird (BFH IV S 19/85, BFH/NV 1986, 631). Hierzu auch → Rn. 179, „Zwischenurteil".

Zwangsgeld

Der Streitwert einer Klage gegen eine isolierte Zwangsgeldfestsetzung (§§ 329, 333 AO) ergibt sich aus dem festgesetzten Betrag. Für die Klage gegen eine Zwangsgeldandrohung (§ 332 AO) ist die Hälfte des angedrohten Betrages anzusetzen (FG Brem II 81/89 K, EFG 1991, 99). Anders dürfte zu entscheiden sein, wenn die Grundverfügung mit einer Zwangsgeldfestsetzung verbunden ist. Dann bleibt das Zwangsgeld für die Streitwertfestsetzung grds. außer Betracht, es sei denn die Höhe des angedrohten Zwangsgeldes übersteigt den der Grundverfügung beizumessenden Streitwert (HessVGH 6 TE 2258/06, NVwZ-RR 2007, 427).

Zwischenurteil

Der Streitwert eines Zwischenurteils über die Zulässigkeit der Klage oder die Anhängigkeit der Sache bei einem bestimmten Gericht entspricht grds. dem Streitwert des Endurteils (BFH V E 6/05, BFH/NV 2006, 229).

IV. Anlagen

1. Kostenverzeichnis (KV)

Anl. 1 (zu § 3 II GKG) **180**
idF des G v. 7.10.2024 (BGBl. 2024 I Nr. 302)

Nr.	Gebührentatbestand	Gebühr oder Satz der Gebühr nach § 34 GKG
	Teil 6. Verfahren vor den Gerichten der Finanzgerichtsbarkeit	
	Hauptabschnitt 1. Prozessverfahren	
	Abschnitt 1. Erster Rechtszug	
	Unterabschnitt 1. Verfahren vor dem Finanzgericht	
6110	Verfahren im Allgemeinen, soweit es sich nicht nach § 45 Abs. 3 FGO erledigt	4,0
6111	Beendigung des gesamten Verfahrens durch 1. Zurücknahme der Klage a) vor dem Schluss der mündlichen Verhandlung oder, b) wenn eine solche nicht stattfindet, vor Ablauf des Tages, an dem das Urteil oder der Gerichtsbescheid der Geschäftsstelle übermittelt wird, oder 2. Beschluss in den Fällen des § 138 FGO, es sei denn, dass bereits ein Urteil oder ein Gerichtsbescheid vorausgegangen ist: Die Gebühr 6110 ermäßigt sich auf .... Die Gebühr ermäßigt sich auch, wenn mehrere Ermäßigungstatbestände erfüllt sind.	2,0
	Unterabschnitt 2. Verfahren vor dem Bundesfinanzhof	
6112	Verfahren im Allgemeinen	5,0
6113	Beendigung des gesamten Verfahrens durch 1. Zurücknahme der Klage a) vor dem Schluss der mündlichen Verhandlung oder, b) wenn eine solche nicht stattfindet, vor Ablauf des Tages, an dem das Urteil oder der Gerichtsbescheid der Geschäftsstelle übermittelt wird, oder 2. Beschluss in den Fällen des § 138 FGO, es sei denn, dass bereits ein Urteil oder ein Gerichtsbescheid vorausgegangen ist: Die Gebühr 6112 ermäßigt sich auf .... Die Gebühr ermäßigt sich auch, wenn mehrere Ermäßigungstatbestände erfüllt sind.	3,0

Nr.	Gebührentatbestand	Gebühr oder Satz der Gebühr nach § 34 GKG
	Abschnitt 2. Revision	
6120	Verfahren im Allgemeinen	5,0
6121	Beendigung des gesamten Verfahrens durch Zurücknahme der Revision oder der Klage, bevor die Schrift zur Begründung der Revision bei Gericht eingegangen ist: Die Gebühr 6120 ermäßigt sich auf .... Erledigungen in den Fällen des § 138 FGO stehen der Zurücknahme gleich.	1,0
6122	Beendigung des gesamten Verfahrens, wenn nicht Nummer 6121 erfüllt ist, durch 1. Zurücknahme der Revision oder der Klage a) vor dem Schluss der mündlichen Verhandlung oder, b) wenn eine solche nicht stattfindet, vor Ablauf des Tages, an dem das Urteil, der Gerichtsbescheid oder der Beschluss in der Hauptsache der Geschäftsstelle übermittelt wird, oder 2. Beschluss in den Fällen des § 138 FGO, es sei denn, dass bereits ein Urteil, ein Gerichtsbescheid oder ein Beschluss in der Hauptsache vorausgegangen ist: Die Gebühr 6120 ermäßigt sich auf .... Die Gebühr ermäßigt sich auch, wenn mehrere Ermäßigungstatbestände erfüllt sind.	3,0

Hauptabschnitt 2. Vorläufiger Rechtsschutz

Vorbemerkung 6.2:
(1) Die Vorschriften dieses Hauptabschnitts gelten für einstweilige Anordnungen und für Verfahren nach § 69 Abs. 3 und 5 FGO.
(2) Im Verfahren über den Antrag auf Erlass und im Verfahren über den Antrag auf Aufhebung einer einstweiligen Anordnung werden die Gebühren jeweils gesondert erhoben. Mehrere Verfahren nach § 69 Abs. 3 und 5 FGO gelten innerhalb eines Rechtszugs als ein Verfahren.

	Abschnitt 1. Erster Rechtszug	
6210	Verfahren im Allgemeinen	2,0
6211	Beendigung des gesamten Verfahrens durch 1. Zurücknahme des Antrags a) vor dem Schluss der mündlichen Verhandlung oder, b) wenn eine solche nicht stattfindet, vor Ablauf des Tages, an dem der Beschluss (§ 114 Abs. 4	

Nr.	Gebührentatbestand	Gebühr oder Satz der Gebühr nach § 34 GKG
	FGO) der Geschäftsstelle übermittelt wird, oder 2. Beschluss in den Fällen des § 138 FGO, es sei denn, dass bereits ein Beschluss nach § 114 Abs. 4 FGO vorausgegangen ist:	
	Die Gebühr 6210 ermäßigt sich auf	0,75
	Die Gebühr ermäßigt sich auch, wenn mehrere Ermäßigungstatbestände erfüllt sind.	
	Abschnitt 2. Beschwerde	
	Vorbemerkung 6.2.2: Die Vorschriften dieses Abschnitts gelten für Beschwerden gegen Beschlüsse über einstweilige Anordnungen (§ 114 FGO) und über die Aussetzung der Vollziehung (§ 69 Abs. 3 und 5 FGO).	
6220	Verfahren über die Beschwerde	2,0
6221	Beendigung des gesamten Verfahrens durch Zurücknahme der Beschwerde:	
	Die Gebühr 6220 ermäßigt sich auf	1,0
	Hauptabschnitt 3. Besondere Verfahren	
6300	Selbstständiges Beweisverfahren	1,0
6301	Verfahren über Anträge auf gerichtliche Handlungen der Zwangsvollstreckung gemäß § 152 FGO	22,00 €
	Hauptabschnitt 4. Rüge wegen Verletzung des Anspruchs auf rechtliches Gehör	
6400	Verfahren über die Rüge wegen Verletzung des Anspruchs auf rechtliches Gehör (§ 133a FGO):	
	Die Rüge wird in vollem Umfang verworfen oder zurückgewiesen	66,00 €
	Hauptabschnitt 5. Sonstige Beschwerden	
6500	Verfahren über die Beschwerde gegen die Nichtzulassung der Revision:	
	Soweit die Beschwerde verworfen oder zurückgewiesen wird	2,0
6501	Verfahren über die Beschwerde gegen die Nichtzulassung der Revision:	
	Soweit die Beschwerde zurückgenommen oder das Verfahren durch anderweitige Erledigung beendet wird	1,0
	Die Gebühr entsteht nicht, soweit die Revision zugelassen wird.	

Nr.	Gebührentatbestand	Gebühr oder Satz der Gebühr nach § 34 GKG
6502	Verfahren über nicht besonders aufgeführte Beschwerden, die nicht nach anderen Vorschriften gebührenfrei sind:	
	Die Beschwerde wird verworfen oder zurückgewiesen	66,00 €
	Wird die Beschwerde nur teilweise verworfen oder zurückgewiesen, kann das Gericht die Gebühr nach billigem Ermessen auf die Hälfte ermäßigen oder bestimmen, dass eine Gebühr nicht zu erheben ist.	
	Hauptabschnitt 6. Besondere Gebühr	
6600	Auferlegung einer Gebühr nach § 38 GKG wegen Verzögerung des Rechtsstreits	wie vom Gericht bestimmt
…		

Nr.	Auslagentatbestand	Höhe

Teil 9. Auslagen

Vorbemerkung 9:
(1) Auslagen, die durch eine für begründet befundene Beschwerde entstanden sind, werden nicht erhoben, soweit das Beschwerdeverfahren gebührenfrei ist; dies gilt jedoch nicht, soweit das Beschwerdegericht die Kosten dem Gegner des Beschwerdeführers auferlegt hat.
(2) Sind Auslagen durch verschiedene Rechtssachen veranlasst, werden sie auf die mehreren Rechtssachen angemessen verteilt.

Nr.	Auslagentatbestand	Höhe
9000	Pauschale für die Herstellung und Überlassung von Dokumenten:	
	1. Ausfertigungen, Kopien und Ausdrucke bis zur Größe von DIN A3, die a) auf Antrag angefertigt oder auf Antrag per Telefax übermittelt worden sind oder b) angefertigt worden sind, weil die Partei oder ein Beteiligter es unterlassen hat, die erforderliche Zahl von Mehrfertigungen beizufügen; der Anfertigung steht es gleich, wenn per Telefax übermittelte Mehrfertigungen von der Empfangseinrichtung des Gerichts ausgedruckt werden:	
	für die ersten 50 Seiten je Seite	0,50 €
	für jede weitere Seite	0,15 €
	für die ersten 50 Seiten in Farbe je Seite	1,00 €
	für jede weitere Seite in Farbe	0,30 €

Nr.	Auslagentatbestand	Höhe
	2. Entgelte für die Herstellung und Überlassung der in Nummer 1 genannten Kopien oder Ausdrucke in einer Größe von mehr als DIN A3	in voller Höhe
	oder pauschal je Seite	3,00 €
	oder pauschal je Seite in Farbe	6,00 €
	3. Überlassung von elektronisch gespeicherten Dateien oder deren Bereitstellung zum Abruf anstelle der in den Nummern 1 und 2 genannten Ausfertigungen, Kopien und Ausdrucke:	
	je Datei	1,50 €
	für die in einem Arbeitsgang überlassenen, bereitgestellten oder in einem Arbeitsgang auf denselben Datenträger übertragenen Dokumente, insgesamt höchstens	5,00 €
	(1) Die Höhe der Dokumentenpauschale nach Nummer 1 ist in jedem Rechtszug und für jeden Kostenschuldner nach § 28 Abs. 1 GKG gesondert zu berechnen; Gesamtschuldner gelten als ein Schuldner. Die Dokumentenpauschale ist auch im erstinstanzlichen Musterverfahren nach dem KapMuG gesondert zu berechnen. (2) Werden zum Zweck der Überlassung von elektronisch gespeicherten Dateien Dokumente zuvor auf Antrag von der Papierform in die elektronische Form übertragen, beträgt die Dokumentenpauschale nach Nummer 3 nicht weniger, als die Dokumentenpauschale im Fall der Nummer 1 betragen würde. (3) Frei von der Dokumentenpauschale sind für jede Partei, jeden Beteiligten, jeden Beschuldigten und deren bevollmächtigte Vertreter jeweils 1. eine vollständige Ausfertigung oder Kopie oder ein vollständiger Ausdruck jeder gerichtlichen Entscheidung und jedes vor Gericht abgeschlossenen Vergleichs, 2. eine Ausfertigung ohne Tatbestand und Entscheidungsgründe und 3. eine Kopie oder ein Ausdruck jedes Protokolls über eine Sitzung. § 191a Abs. 1 Satz 5 GVG bleibt unberührt. (4) Bei der Gewährung der Einsicht in Akten wird eine Dokumentenpauschale nur erhoben, wenn auf besonderen Antrag ein Ausdruck einer elektronischen Akte oder ein Datenträger mit dem Inhalt einer elektronischen Akte übermittelt wird.	
9001	Auslagen für Telegramme	in voller Höhe

Nr.	Auslagentatbestand	Höhe
9002	Pauschale für Zustellungen mit Zustellungsurkunde, Einschreiben gegen Rückschein oder durch Justizbedienstete nach § 168 Abs. 1 ZPO je Zustellung	3,50 €
	Neben Gebühren, die sich nach dem Streitwert richten, mit Ausnahme der Gebühr 3700, wird die Zustellungspauschale nur erhoben, soweit in einem Rechtszug mehr als 10 Zustellungen anfallen. Im erstinstanzlichen Musterverfahren nach dem KapMuG wird die Zustellungspauschale für sämtliche Zustellungen erhoben.	
9003	Pauschale für die bei der Versendung von Akten auf Antrag anfallenden Auslagen an Transport- und Verpackungskosten je Sendung	12,00 €
	Die Hin- und Rücksendung der Akten durch Gerichte oder Staatsanwaltschaften gelten zusammen als eine Sendung.	
9004	Auslagen für öffentliche Bekanntmachungen	in voller Höhe
	(1) Auslagen werden nicht erhoben für die Bekanntmachung in einem elektronischen Informations- und Kommunikationssystem, wenn das Entgelt nicht für den Einzelfall oder nicht für ein einzelnes Verfahren berechnet wird. Nicht erhoben werden ferner Auslagen für die Bekanntmachung eines besonderen Prüfungstermins (§ 177 InsO, § 18 SVertO). (2) Die Auslagen für die Bekanntmachung eines Vorlagebeschlusses gemäß § 7 Absatz 4 KapMuG gelten als Auslagen des Musterverfahrens.	
9005	Nach dem JVEG zu zahlende Beträge	in voller Höhe
	(1) Nicht erhoben werden Beträge, die an ehrenamtliche Richter (§ 1 Abs. 1 Satz 1 Nr. 2 JVEG) gezahlt werden. (2) Die Beträge werden auch erhoben, wenn aus Gründen der Gegenseitigkeit, der Verwaltungsvereinfachung oder aus vergleichbaren Gründen keine Zahlungen zu leisten sind. Ist aufgrund des § 1 Abs. 2 Satz 2 JVEG keine Vergütung zu zahlen, ist der Betrag zu erheben, der ohne diese Vorschrift zu zahlen wäre. (3) Auslagen für Übersetzer, die zur Erfüllung der Rechte blinder oder sehbehinderter Personen herangezogen werden (§ 191a Abs. 1 GVG), werden nicht, Auslagen für Kommunikationshilfen zur Verständigung mit einer hör- oder sprachbehinderten Person (§ 186 GVG) werden nur nach Maßgabe des Absatzes 4 erhoben. (4) Ist für einen Beschuldigten oder Betroffenen, der der deutschen Sprache nicht mächtig, hör-	

Nr.	Auslagentatbestand	Höhe
	oder sprachbehindert ist, im Strafverfahren oder im gerichtlichen Verfahren nach dem OWiG ein Dolmetscher oder Übersetzer herangezogen worden, um Erklärungen oder Schriftstücke zu übertragen, auf deren Verständnis der Beschuldigte oder Betroffene zu seiner Verteidigung angewiesen oder soweit dies zur Ausübung seiner strafprozessualen Rechte erforderlich war, werden von diesem die dadurch entstandenen Auslagen nur erhoben, wenn das Gericht ihm diese nach § 464c StPO oder die Kosten nach § 467 Abs. 2 Satz 1 StPO, auch i.V.m. § 467a Abs. 1 Satz 2 StPO, auferlegt hat; dies gilt auch jeweils i.V.m. § 46 Abs. 1 OWiG. (5) Im Verfahren vor den Gerichten für Arbeitssachen werden Kosten für vom Gericht herangezogene Dolmetscher und Übersetzer nicht erhoben, wenn ein Ausländer Partei und die Gegenseitigkeit verbürgt ist oder ein Staatenloser Partei ist. (6) Auslagen für Sachverständige, die durch die Untersuchung eines Beschuldigten nach § 43 Abs. 2 JGG entstanden sind, werden nicht erhoben. (7) Auslagen für Übersetzer, die durch die Übersetzung von Verfahrensakten in die deutsche Sprache (§ 184b Absatz 2 Satz 2 des Gerichtsverfassungsgesetzes) oder für die Übersetzung von Entscheidungen zum Zweck der Veröffentlichung (§ 608 Absatz 3 der Zivilprozessordnung) entstanden sind, werden nicht erhoben.	
9006	Bei Geschäften außerhalb der Gerichtsstelle	
	1. die den Gerichtspersonen aufgrund gesetzlicher Vorschriften gewährte Vergütung (Reisekosten, Auslagenersatz) und die Auslagen für die Bereitstellung von Räumen	in voller Höhe
	2. für den Einsatz von Dienstkraftfahrzeugen für jeden gefahrenen Kilometer	0,42 €
9007	An Rechtsanwälte zu zahlende Beträge mit Ausnahme der nach § 59 RVG auf die Staatskasse übergegangenen Ansprüche	in voller Höhe
9008	Auslagen für	
	1. die Beförderung von Personen	in voller Höhe
	2. Zahlungen an mittellose Personen für die Reise zum Ort einer Verhandlung, Vernehmung oder Untersuchung und für die Rückreise	bis zur Höhe der nach dem JVEG an Zeugen zu zahlenden Beträge

Nr.	Auslagentatbestand	Höhe
9009	An Dritte zu zahlende Beträge für	
	1. die Beförderung von Tieren und Sachen mit Ausnahme der für Postdienstleistungen zu zahlenden Entgelte, die Verwahrung von Tieren und Sachen sowie die Fütterung von Tieren	in voller Höhe
	2. die Beförderung und die Verwahrung von Leichen	in voller Höhe
	3. die Durchsuchung oder Untersuchung von Räumen und Sachen einschließlich der die Durchsuchung oder Untersuchung vorbereitenden Maßnahmen	in voller Höhe
	4. die Bewachung von Schiffen und Luftfahrzeugen	in voller Höhe
9010	Kosten einer Zwangshaft, auch aufgrund eines Haftbefehls nach § 802g ZPO .... Maßgebend ist die Höhe des Haftkostenbeitrags, der nach Landesrecht von einem Gefangenen zu erheben ist.	in Höhe des Haftkostenbeitrags
9011	Kosten einer Haft außer Zwangshaft, Kosten einer einstweiligen Unterbringung (§ 126a StPO), einer Unterbringung zur Beobachtung (§ 81 StPO) und einer einstweiligen Unterbringung in einem Heim der Jugendhilfe (§ 71 Abs. 2, § 72 Abs. 4 JGG) ...... Maßgebend ist die Höhe des Haftkostenbeitrags, der nach Landesrecht von einem Gefangenen zu erheben ist. Diese Kosten werden nur angesetzt, wenn der Haftkostenbeitrag auch von einem Gefangenen im Strafvollzug zu erheben wäre.	in Höhe des Haftkostenbeitrags
9012	Nach § 12 BGebG, dem 5. Abschnitt des Konsulargesetzes und der Besonderen Gebührenverordnung des Auswärtigen Amts nach § 22 Abs. 4 BGebG zu zahlende Beträge)	in voller Höhe
9013	An deutsche Behörden für die Erfüllung von deren eigenen Aufgaben zu zahlende Gebühren sowie diejenigen Beträge, die diesen Behörden, öffentlichen Einrichtungen oder deren Bediensteten als Ersatz für Auslagen der in den Nummern 9000 bis 9011 bezeichneten Art zustehen .... Die als Ersatz für Auslagen angefallenen Beträge werden auch erhoben, wenn aus Gründen der Gegenseitigkeit, der Verwaltungsvereinfachung oder aus vergleichbaren Gründen keine Zahlungen zu leisten sind.	in voller Höhe, die Auslagen begrenzt durch die Höchstsätze für die Auslagen 9000 bis 9011
9014	Beträge, die ausländischen Behörden, Einrichtungen oder Personen im Ausland zustehen, sowie Kosten des Rechtshilfeverkehrs mit dem Ausland	in voller Höhe

Nr.	Auslagentatbestand	Höhe
	Die Beträge werden auch erhoben, wenn aus Gründen der Gegenseitigkeit, der Verwaltungsvereinfachung oder aus vergleichbaren Gründen keine Zahlungen zu leisten sind.	
9015	Auslagen der in den Nummern 9000 bis 9014 bezeichneten Art, soweit sie durch die Vorbereitung der öffentlichen Klage entstanden sind	begrenzt durch die Höchstsätze für die Auslagen 9000 bis 9013
9016	Auslagen der in den Nummern 9000 bis 9014 bezeichneten Art, soweit sie durch das dem gerichtlichen Verfahren vorausgegangene Bußgeldverfahren entstanden sind .... Abs. 3 der Anmerkung zu Nummer 9005 ist nicht anzuwenden.	begrenzt durch die Höchstsätze für die Auslagen 9000 bis 9013
9017	An den vorläufigen Insolvenzverwalter, den Insolvenzverwalter, die Mitglieder des Gläubigerausschusses oder die Treuhänder auf der Grundlage der Insolvenzrechtlichen Vergütungsverordnung aufgrund einer Stundung nach § 4a InsO sowie an den Restrukturierungsbeauftragten, den Sanierungsmoderator und die Mitglieder des Gläubigerbeirats nach dem StaRUG zu zahlende Beträge	in voller Höhe
9018	Im ersten Rechtszug des Prozessverfahrens:	
	Auslagen des erstinstanzlichen Musterverfahrens nach dem KapMuG zuzüglich Zinsen	anteilig
	(1) Die im erstinstanzlichen Musterverfahren entstehenden Auslagen nach Nummer 9005 werden vom Tag nach der Auszahlung bis zum rechtskräftigen Abschluss des Musterverfahrens mit 5 Prozentpunkten über dem Basiszinssatz nach § 247 BGB verzinst. (2) Auslagen und Zinsen werden nur erhoben, wenn der Kläger nicht innerhalb von einem Monat ab Zustellung des Aussetzungsbeschlusses nach § 10 KapMuG oder unter den in § 18 Abs. 2 KapMuG genannten Voraussetzungen seine Klage in der Hauptsache zurücknimmt. (3) Der Anteil bestimmt sich nach dem Verhältnis der Höhe des von dem Kläger geltend gemachten Anspruchs, soweit dieser von den Feststellungszielen des Musterverfahrens betroffen ist, zu der Gesamthöhe der vom Musterkläger und den Beigeladenen des Musterverfahrens in den Prozessverfahren geltend gemachten Ansprüche, soweit diese von den Feststellungszielen des Musterverfahrens betroffen sind. Der Anspruch des Musterklägers oder eines Beigeladenen ist hierbei nicht zu berücksichtigen, wenn er innerhalb von einem Monat ab Zustellung	

Nr.	Auslagentatbestand	Höhe
	des Aussetzungsbeschlusses nach § 10 KapMuG oder unter den in § 18 Abs. 2 KapMuG genannten Voraussetzungen seine Klage in der Hauptsache zurücknimmt.	
9019	Umsatzsteuer auf die Kosten .... Dies gilt nicht, wenn die Umsatzsteuer nach § 19 Abs. 1 UStG unerhoben bleibt.	in voller Höhe

2. Gebührentabelle

181 Anl. 2 (zu § 34 I 3 GKG)
idF durch G v. 21.12.2020 (BGBl. I 3229) mWv 1.1.2021;
zum Übergangsrecht → Rn. 9

Streitwert bis ... €	Gebühr ... €
500	38,00
1.000	58,00
1.500	78,00
2.000	98,00
3.000	119,00
4.000	140,00
5.000	161,00
6.000	182,00
7.000	203,00
8.000	224,00
9.000	245,00
10.000	266,00
13.000	295,00
16.000	324,00
19.000	353,00
22.000	382,00
25.000	411,00
30.000	449,00
35.000	487,00
40.000	525,00
45.000	563,00
50.000	601,00
65.000	733,00
80.000	865,00
95.000	997,00
110.000	1.129,00
125.000	1.261,00
140.000	1.393,00
155.000	1.525,00
170.000	1.657,00
185.000	1.789,00
200.000	1.921,00

Streitwert bis … €	Gebühr … €
230.000	2.119,00
260.000	2.317,00
290.000	2.515,00
320.000	2.713,00
350.000	2.911,00
380.000	3.109,00
410.000	3.307,00
440.000	3.505,00
470.000	3.703,00
500.000	3.901,00

Bei einem Streitwert von über 500.000 EUR erhöht sich die Gebühr um 198 EUR für jeden angefangenen Betrag von weiteren 50.000 EUR (§ 34 I 2 GKG). Es gilt eine absolute **Höchstgrenze** von 30 Mio. EUR (§ 39 II GKG).

§ 135 [Kostenpflichtige]

(1) **Der unterliegende Beteiligte trägt die Kosten des Verfahrens.**

(2) **Die Kosten eines ohne Erfolg eingelegten Rechtsmittels fallen demjenigen zur Last, der das Rechtsmittel eingelegt hat.**

(3) **Dem Beigeladenen können Kosten nur auferlegt werden, soweit er Anträge gestellt oder Rechtsmittel eingelegt hat.**

(4) **Die Kosten des erfolgreichen Wiederaufnahmeverfahrens können der Staatskasse auferlegt werden, soweit sie nicht durch das Verschulden eines Beteiligten entstanden sind.**

(5) [1]**Besteht der kostenpflichtige Teil aus mehreren Personen, so haften diese nach Kopfteilen.** [2]**Bei erheblicher Verschiedenheit ihrer Beteiligung kann nach Ermessen des Gerichts die Beteiligung zum Maßstab genommen werden.**

Vgl. § 91 I 1 Hs. 1, § 97 I, § 100 I, II ZPO; § 154 VwGO.

Übersicht

	Rn.
I. Kostenpflicht des unterliegenden Beteiligten	1
1. Allgemeines	1
2. Unterliegen	2
3. Beteiligter	7
4. Vertreter ohne Vertretungsmacht	9
5. Kosten des Verfahrens	12
II. Kostenpflicht bei erfolglosem Rechtsmittel	14
III. Kostenpflicht des Beigeladenen	18
IV. Wiederaufnahmeverfahren	22
V. Kostenpflicht mehrerer Personen	24

I. Kostenpflicht des unterliegenden Beteiligten

1. Allgemeines

1 Abs. 1 enthält den für kontradiktorische Verfahren geltenden **Grundsatz** (kein allgemein gültiges Prinzip, vgl. BVerfG 1 BvR 872/82, BVerfGE 74, 78), dass der Unterliegende die Kosten des gesamten Verfahrens tragen muss. Grund dafür ist, dass er das Verfahren veranlasst hat (Veranlassungsprinzip). Kein kontradiktorisches Verfahren ist zB die Rechtswegbeschwerde gem. § 17a IV 4 GVG; eine Kostengrundentscheidung ist auch bei erfolgreicher Beschwerde nicht zu treffen (→ § 136 Rn. 14). Insbesondere bieten die §§ 135–138 dafür keine Rechtsgrundlage (BFH II B 92/21, BStBl. II 2022, 535). Von diesem Grundsatz gibt es **Ausnahmen.** Die Abs. 2–4 und teilweise die nachfolgenden Vorschriften gehen Abs. 1 als speziellere Regeln vor. Dem obsiegenden Beteiligten können Kosten auferlegt werden, etwa in den Fällen des § 136 I 3 (geringfügiges Unterliegen), § 136 III (Kosten des Wiedereinsetzungsverfahrens) und des § 137 (schuldhaftes Verhalten). Bei einer erfolgreichen Entschädigungsklage wegen überlanger Verfahrensdauer können dem Kläger die Kosten zur Last fallen, wenn er es versäumt hat, den Anspruch vor Klageerhebung gegenüber dem Beklagten geltend zu machen und der Beklagte den Anspruch sofort anerkennt (§ 155 iVm § 93 ZPO; BFH X K 1/16, BStBl. II 2018, 132).

2. Unterliegen

2 Ein Beteiligter unterliegt iSd Vorschrift, wenn sein Sachantrag in vollem Umfang endgültig erfolglos geblieben ist. Bei Teilunterliegen gilt § 136 I. Zur Kostenentscheidung bei teilweiser Zurückverweisung einer Sache im Revisionsverfahren → § 143 Rn. 24 und bei Zulassung der Revision für einzelne selbständige Streitgegenstände → § 116 Rn. 68. Maßgeblich ist der **endgültige Ausgang** des gesamten Verfahrens. Er steht idR erst fest, wenn ein den gesamten Streitgegenstand (alle Streitgegenstände) betreffendes Urteil oder ein das Verfahren beendender Beschluss ergangen ist (→ § 143 Rn. 2 ff.). Eine Kostenentscheidung ist deshalb idR noch nicht zu treffen, wenn das Gericht nur über einen Teil des Streitgegenstands entscheidet (→ § 143 Rn. 6) oder wenn der BFH die Sache an das FG zurückverweist (§ 143 II; dort → § 143 Rn. 23 ff.). Zur Kostenentscheidung in selbständigen Zwischenverfahren → § 143 Rn. 8; → Rn. 15.

3 Das Unterliegen ist **einheitlich** zu bestimmen (zum Grundsatz der **Einheitlichkeit der Kostenentscheidung** → § 143 Rn. 1). Hat ein Beteiligter zunächst im Revisionsverfahren obsiegt und eine Zurückverweisung an das FG erreicht, unterliegt er dann aber vor dem FG endgültig im zweiten Rechtsgang, so hat er auch die Kosten des (ersten) Revisionsverfahrens zu tragen (zB NdsFG 13 K 254/20, EFG 2022, 1661, Rev. IV R 17/22). Ein weiteres Revisionsverfahren (im zweiten Rechtsgang) gilt als neuer Rechtszug (zum Begriff → Vor § 135 Rn. 27); eine einheitliche Kostenentscheidung ist insoweit nicht mehr zu treffen. In Rechtsmittelverfahren kann das endgültige Unterliegen nur festgestellt werden, wenn der BFH nach Aufhebung der angefochtenen Entscheidung in der Sache selbst entscheidet (vgl. § 126 III 1 Nr. 1; → § 132 Rn. 10 zum Beschwerdeverfahren). Der BFH entscheidet dann einheitlich über die Kosten des erstinstanzlichen Verfahrens (einschließlich eines bereits erledigten Teils der Klage) und des Revisionsverfahrens; dabei kann er die Kostenverteilung des FG auch zu Lasten des

Rechtsmittelführers ändern (BFH VII R 112/98, BStBl. II 1999, 799; I R 85/98, BFH/NV 2000, 1247). Nach hM kann der BFH, zB nach Einschränkung des Klagebegehrens im Revisionsverfahrens, auch getrennt über die Kosten des Revisions- und des Klageverfahrens entscheiden, ohne gegen den Grundsatz der Einheitlichkeit der Kostenentscheidung zu verstoßen (BFH II R 6/01, BFH/NV 2004, 341; V R 13/08, BFH/NV 2010, 960; III R 26/13, BFH/NV 2014, 878; VIII R 21/18, BFH/NV 2021, 1516). Es ergeht dann formal nur eine Kostenentscheidung.

Das Unterliegen ist **verfahrensbezogen** zu prüfen (zum kostenrechtlichen Begriff des Verfahrens → Vor § 135 Rn. 29). Wird der mit der Klage angefochtene VA vom Gericht nicht abgeändert, sondern ersatzlos aufgehoben (§ 100 I 1), ist die Verwaltung in diesem Verfahren vollständig unterlegen, unabhängig davon, ob sie später einen neuen VA erlassen darf, der den Steuerpflichtigen erneut beschwert. Im Übrigen kommt es auf das Klagebegehren an. Gibt das FG dem Antrag des Stpfl. auf Aussetzung der Vollziehung statt, hat das FA auch dann die gesamten Kosten nach § 135 I zu tragen, wenn das FG die Aussetzung nur gegen **Sicherheitsleistung** angeordnet hat (BFH I R 127/94, DStR 1996, 337; IX B 204/08, BFH/NV 2009, 1262 kein Teilunterliegen; beachte aber → § 136 Rn. 2). 4

Auf die Gründe, weshalb ein Beteiligter unterlegen ist, kommt es nicht an. 5
Billigkeitserwägungen dürfen nicht angestellt werden. Dem Kläger sind die Kosten des gesamten Verfahrens auch dann aufzuerlegen, wenn er mit der Klage die **Verfassungswidrigkeit** einer entscheidungserheblichen Rechtsnorm gerügt und wenn das BVerfG die Norm für verfassungswidrig erklärt, zugleich aber auch entschieden hat, dass die für verfassungswidrig erklärte Regelung erst für die Zukunft neu zu gestalten ist (Weitergeltungsanordnung; BFH III B 543/90, BStBl. II 1994, 473; III R 52/90, BStBl. II 1996, 20; II R 16/13, DStR 2018, 1669; aA Tipke/Kruse/Brandis § 135 Rn. 10 mwN; BFH VI R 123/94, BStBl. II 2006, 39 zur Kostenentscheidung nach billigem Ermessen gem. § 138 I bei erzwungener Hinnahme eines verfassungswidrigen Sonderopfers; → § 138 Rn. 45).

3. Beteiligter

Die Kosten können nur einem Beteiligten auferlegt werden. Wer am Verfahren 7
beteiligt ist, ergibt sich grds. aus §§ 57, 122 I. **Beteiligtenfähigkeit** (→ § 57 Rn. 11 ff.) wird dabei nicht vorausgesetzt. Ein Kosten auslösendes Verfahren kann auch von einer nicht beteiligtenfähigen Person oder gegen eine solche Person veranlasst werden. Auch einem prozessunfähigen unterlegenen Beteiligten sind deshalb grds. die Kosten aufzuerlegen (BGH V ZB 5/93, NJW 1993, 1865). Der Beteiligte iSd § 57 hat die Kosten indes nicht zu tragen, wenn er ausnahmsweise das Verfahren **nicht veranlasst** hat (Kopp/Schenke/Schenke VwGO § 154 Rn. 3; → Rn. 9), zB weil er den für ihn auftretenden Vertreter weder mandatiert noch bevollmächtigt hat. In diesem Fall sind die Verfahrenskosten von demjenigen zu tragen, der sie veranlasst hat (→ Rn. 1; zur Kostenhaftung des Veranlassers → Rn. 9; → Vor § 135 Rn. 21).

Nur der „unterliegende" Beteiligte trägt die Kosten. Unterliegen können idR 8
nur der Kläger (Antragsteller) oder der Beklagte (Antragsgegner), da sie als Hauptbeteiligte mit ihren Sachanträgen den Streitgegenstand bestimmen (→ Rn. 2). Andere Beteiligte (Beigeladener oder beigetretene Behörde, vgl. § 57 Nr. 3 u. 4)

können iSv § 135 I nur unterliegen, wenn sie eigene Anträge zur Hauptsache gestellt oder selbst Rechtsmittel eingelegt haben (vgl. Abs. 3; → Rn. 18 ff.). Einer gem. § 122 II beigetretenen Behörde können aus anderen Gründen Kosten auferlegt werden, auch soweit sie keine Anträge gestellt hat, zB wegen schuldhaft verspäteten Beitritts (BFH V R 64/00, BStBl. II 2006, 212). Zu nicht kontradiktorischen Verfahren, in denen schon mangels „Gegner" eine Kostenentscheidung nicht zu treffen ist, → § 143 Rn. 1.

4. Vertreter ohne Vertretungsmacht

9 Nach der Rspr. ist Abs. 1 auf den **vollmachtlosen Vertreter** oder den Vertreter, der eine Vollmacht nicht beigebracht hat (§ 89 ZPO, BFH I B 153/09, BFH/NV 2010, 904; X B 109/11, BFH/NV 2012, 438), entsprechend anzuwenden, wenn er das Verfahren veranlasst hat (→ Rn. 1; stRspr, BFH V R 46/66, BStBl. III 1967, 5; V R 55/00, BFH/NV 2002, 1601; BGH XI ZB 15/97, NJW-RR 1998, 63). Beteiligt iSd § 57 ist ohne Rücksicht auf die Wirksamkeit der Vollmacht die im maßgeblichen Schriftsatz als Kläger (Antragsteller) bezeichnete Person (→ § 62 Rn. 89). Ihr ggü. ergeht die Entscheidung des Gerichts. Grundsätzlich hat deshalb der vermeintlich Vertretene die Kosten zu tragen. Etwas anderes kann nur gelten, wenn feststeht, dass nicht der Beteiligte, sondern der Vertreter das Verfahren veranlasst hat (zutr. BFH VII B 118/98, BFH/NV 1999, 212; I R 74/10, BFH/NV 2011, 1371). Es gibt **keine Regel,** wonach der vollmachtlose Vertreter (im Zweifel) die Kosten zu tragen hat (so aber BFH X B 25/11, BFH/NV 2013, 207; FG München 7 K 1379/17, BeckRS 2017, 143432: Grundsatz, dass der Prozessvertreter das Risiko trägt, eine wirksame Vollmacht nicht vorlegen zu können; Gosch/Brandt § 62 Rn. 242; → § 62 Rn. 96). Steht fest, dass der vermeintlich Vertretene das Verfahren veranlasst hat, hat er die Kosten zu tragen (BGH V ZR 112/90, NJW 1992, 1485; BFH II R 188/82, BStBl. II 1984, 831; VIII R 45/94, BFH/NV 1995, 426; III B 76/97, BFH/NV 1998, 1227). Das gilt auch, wenn er die Prozessführung hätte erkennen und verhindern müssen (iE wohl ebenso BFH VII E 2, 3/05, BFH/NV 2005, 1598; X B 25/11, BFH/NV 2013, 207; X E 10/13, BFH/NV 2014, 377). Das Risiko der Unwirksamkeit der Vollmacht trägt aber derjenige, der sie erteilen will. Nur wenn der vermeintliche Vertreter in Kenntnis seiner fehlenden Bevollmächtigung (GoA) auftritt, sind ihm idR die Verfahrenskosten als Veranlasser aufzuerlegen (BGH XI ZB 15/97, NJW-RR 1998, 63). Dabei bleibt es auch, wenn er das Mandat niederlegt (BFH I R 9/98, BFH/NV 2000, 572). Bloße Fahrlässigkeit bei der Beurteilung der Wirksamkeit der Vollmacht genügt aber nicht (BGH V ZB 5/93, NJW 1993, 1865; BAG 3 AZB 65/04, NJW 2006, 461; Zöller/Althammer ZPO § 88 Rn. 11). Hat der vermeintliche Prozessvertreter die Unwirksamkeit der ihm erteilten Vollmacht schuldhaft nicht erkannt, ist der Ausgleich im Innenverhältnis zwischen Vertreter und Vertretenem zu suchen (ebenso Kopp/Schenke/Schenke VwGO § 154 Rn. 3 aE). Abweichend davon belastet die Rspr. den vollmachtlosen Vertreter und denjenigen, der eine wirksame Vollmacht nicht vorlegen kann, schon dann mit den Kosten, wenn er die Unwirksamkeit der ihm erteilten Vollmacht hätte kennen müssen (BFH III B 100/86, BFH/NV 1988, 183; I R 9/98, BFH/NV 2000, 572, III B 115/03, BFH/NV 2005, 713; FG BBg 7 K 7052/15, DStRE 2018, 631) oder wenn er auf die Wirksamkeit der ihm erteilten Vollmacht nicht vertrauen durfte, weil die vermeintlich vertretene GmbH wegen Vermögenslosigkeit im Handelsregister gelöscht und der ehemalige Geschäftsführer nicht zum Liqui-

dator bestellt worden war (BFH V R 55/00, BFH/NV 2002, 1601; FG LSA 3 K 59/09, EFG 2012, 1179). Wegen der Kostenentscheidung für den Fall, dass der vollmachtlose Vertreter die Klage zurücknimmt, → § 62 Rn. 96.

Bei fehlender gesetzlicher oder organschaftlicher Vertretungsmacht können auch einem **Vertreter ohne Vertretungsmacht** die Kosten des Verfahrens auferlegt werden, obwohl er nicht Beteiligter ist, wenn feststeht, dass sie (allein) durch sein Handeln verursacht worden sind, zB weil er einen Prozessvertreter beauftragt hat, ohne dass dieser die Unwirksamkeit der Vollmacht erkennen konnte (BFH I B 69/12, BFH/NV 2013, 50; I B 39/13, BFH/NV 2013, 1943; FG Münster 9 V 3872/10, EFG 2011, 1443 betr. ehemaligen „director" einer aufgelösten Limited nach britischem Recht; FG München 3 V 2094/11, DStRE 2012, 1353). 10

Kein Rechtsbehelf. Der vollmachtlose Vertreter und der Vertreter ohne Vertretungsmacht sind mangels Beteiligtenstellung nicht befugt, gegen die sie beschwerende Kostenentscheidung im eigenen Namen Revision oder NZB einzulegen (§ 145; BFH IV B 85/10, BFH/NV 2012, 585; I B 72/12, BFH/NV 2013, 565); auch eine Beschwerde ist nicht gegeben (§ 128 IV). Mit der Erinnerung gegen den Kostenansatz kann die fehlende Kostenschuldnerschaft in diesem Fall nicht geltend gemacht werden (BFH VI E 3/10, BFH/NV 2010, 2294). Macht der vollmachtlose Vertreter gegen die zu seinen Lasten ergangene Kostenentscheidung im Wege der **Anhörungsrüge** bzw. **Gegenvorstellung** unter (erneuter) Vorlage der Vollmacht glaubhaft, diese bereits nach Anforderung an das Gericht abgesandt zu haben, so sind die Kosten unter Abänderung der Kostenentscheidung dem unterliegenden Beteiligten aufzuerlegen (BFH X R 72/99, BFH/NV 2001, 1127). Wegen der nicht vorgesehenen Rechtsschutzmöglichkeiten sollte vor der Entscheidung **rechtliches Gehör** gewährt werden. 11

5. Kosten des Verfahrens

Grds. hat der unterliegende Beteiligte **einheitlich** (→ Rn. 3; → § 143 Rn. 7) sämtliche Kosten des Verfahrens zu tragen, dh die Gerichtskosten, die Vergütungsansprüche des eigenen Prozessbevollmächtigten sowie den Kostenerstattungsanspruch des Gegners. Da es auf das gesamte Verfahren ankommt (→ Rn. 2), umfasst die Kostentragungspflicht iSv § 135 I grds. auch die Kosten aller Instanzen (BFH VII E 8/86, BFH/NV 1987, 319). Eine davon abw. Aufteilung der Kosten kommt nur in den im G geregelten Fällen in Betracht (zB § 137). Zum **Begriff der Verfahrenskosten** iE § 139 I; → Vor § 135 Rn. 1. 12

II. Kostenpflicht bei erfolglosem Rechtsmittel

Ein Rechtsmittel ist erfolglos, wenn es der BFH in vollem Umfang als unzulässig verwirft oder als unbegründet zurückweist; bei mehreren Streitgegenständen oder teilbarem Streitgegenstand kommt es auf den Teil an (BFH VII B 147/04, BStBl. II 2005, 457; III B 144/09, BFH/NV 2011, 1144, teilweise Zurückweisung der NZB). Bei Teilunterliegen im Rechtsmittelverfahren gilt § 136 I. Haben der Kläger und der Beklagte jeweils erfolglos Rechtsmittel eingelegt, ist über die Kosten einheitlich zu entscheiden, → § 136 Rn. 2. **Rechtsmittel** sind nach allgemeiner Bedeutung des Begriffs nur die Revision und die Beschwerde (→ Vor § 115 Rn. 35), Letztere auch soweit sie unstatthaft ist (BFH V B 19/05, BFH/NV 2005, 1830). Die unselbständige **Anschließung** (Anschlussrevision, -beschwerde) ist zwar nach hM kein echtes Rechtsmittel (→ § 120 Rn. 78), 14 kostenrechtlich steht sie aber einem Rechtsmittel gleich. Der Anschlussrechtsmittelführer ist deshalb nach Abs. 2 kostenpflichtig, wenn sein Antrag unzulässig ist (BFH V R 20/09, BFH/NV 2011, 280), aus sachlichen Gründen erfolglos bleibt (BFH V R 126/81, BFH/NV 1989, 33) oder wenn er ihn zurücknimmt (BFH X R 48/13, BeckRS 2015, 95323). Wird das unselbständige Anschlussrechtsmittel wegen Zurücknahme des Rechtsmittels unzulässig, hat der Rechtsmittelführer auch die Kosten des Anschlussrechtsmittels zu tragen (BGH GSZ 2/51, BGHZ 4, 229). **Keine Rechtsmittel** sind die Anhörungsrüge gem. § 133a (der BFH entscheidet uneinheitlich; aA zB BFH XI S 28/17, BeckRS 2018, 2344) und gem. § 69a GKG, die Erinnerung gem. § 149 II gegen die Kostenfestsetzung (aA Tipke/Kruse/Brandis § 135 Rn. 12) und gem. § 66 GKG gegen den Kostenansatz. Da durch § 149 – anders als in § 66 VIII GKG – die Kostenerstattung nicht ausgeschlossen ist, muss das Gericht in den Fällen des § 149 allerdings nach anderen Vorschriften entscheiden, wer die Kosten zu tragen hat. Kein Rechtsmittel ist ferner die Gegenvorstellung (→ Vor § 115 Rn. 40 f.). Bei Erfolglosigkeit der Gegenvorstellung ist deshalb keine Kostenentscheidung zu treffen (BFH XI S 11/09, BFH/NV 2000, 726). Das Wiederaufnahmeverfahren (§ 134) gilt als erstinstanzliches Verfahren, so dass Abs. 2 nicht anwendbar ist.

15 In den Fällen des Abs. 2 entscheidet der BFH grds. nur über die Kosten des Rechtsmittelverfahrens. Die Kosten des erfolglosen Rechtsmittelverfahrens hat der Rechtsmittelkläger zu tragen, während sich die Belastung mit den Kosten des Klageverfahrens nach der Kostenentscheidung des FG bestimmt (BFH VIII R 31/68, BStBl. II 1973, 823). Insoweit durchbricht § 135 II den Grundsatz der Einheitlichkeit der Kostenentscheidung (→ Rn. 3). Weist der BFH die Revision als unbegründet zurück, weil schon die Klage unzulässig war, kann er (gem. § 135 I) auch die Kostenentscheidung des FG ändern (BFH V R 36/84, BFH/NV 1990, 386). Auch in einem Urteil oder Beschluss, mit dem der BFH eine Revision oder Beschwerde gegen eine unselbständige Entscheidung (zB ein Zwischenurteil oder einen Beiladungsbeschluss) des FG zurückweist, ist über die Kosten nach § 135 II zu entscheiden (BFH IV R 1/81, BStBl. II 1985, 368; X R 28/03, BFH/NV 2006, 2259; I R 66/06, BStBl. II 2008, 510). Hat das FA in einem zum Gegenstand des Verfahrens gewordenen Änderungsbescheid (§ 68) die Steuer wegen tatsächlicher Änderung der Verhältnisse herabgesetzt, ist der Kläger gleichwohl mit den Kosten des aus anderen Gründen geführten erfolglosen Revisionsverfahrens zu belasten (BFH II R 28/95, BStBl. II 1997, 469). Zur Kostenentscheidung bei Einlegung eines Rechtsmittels durch einen vollmachtlosen Vertreter → Rn. 9.

III. Kostenpflicht des Beigeladenen

18 Da der Beigeladene (§§ 60, 60a) ohne oder sogar gegen seinen Willen Beteiligter (§ 57) wird, können ihm Kosten nur auferlegt werden, soweit er sich **aktiv** am Prozess beteiligt und dadurch ein eigenes Kostenrisiko übernommen hat (BFH VIII R 349/83, BStBl. II 1992, 330; I R 11/11, BStBl. II 2013, 146). Aus dem Wortlaut („soweit") ist nicht zu schließen, dass dem Beigeladenen nur Mehrkosten auferlegt werden können, die durch seine Anträge **zusätzlich** verursacht worden sind (so aber BFH II R 2/83, BStBl. II 1985, 368; I R 1/00, BStBl. II 2001, 769). Ein Antrag iSd Vorschrift soll nach der Rspr. nicht vorliegen, wenn sich der Beigeladene dem Antrag eines Hauptbeteiligten lediglich anschließt (sog. Formalantrag; BFH II R 2/83, BStBl. II 1985, 386; VIII R 81/87, BStBl. II 1992, 147; III S 7/10, BFH/NV 2010, 1285; IV R 17/08, BStBl. II 2011, 716; aA FG Düsseldorf 11 K 789/14 F, BeckRS 2018, 9837; Lange DB 2002, 608; Tipke/Kruse/Brandis § 135 Rn. 19). Das erscheint nicht gerechtfertigt (ebenso Gosch/Böwing-Schmalenbrock § 135 Rn. 83), denn über die Anträge der Hauptbeteiligten hinausgehende Anträge kann ein Beigeladener, der nicht selbst Rechtsmittel eingelegt hat, nicht wirksam stellen, da er über den Streitgegenstand nicht verfügt. Die Auffassung der Rspr. führt dazu, dass die Vorschrift weitgehend leer läuft (FG Saarl 1 K 1244/09, EFG 2014, 240; FG Düsseldorf 11 K 789/14 F, EFG 2018, 1176, gegenstandslos geworden nach übereinstimmenden Erledigungserklärungen: BFH VIII R 21/18, BFH/NV 2021, 1516). Der BFH (BFH I R 24/22, DStR 2025, 568, Rn. 32) hat dem Beigeladenen, der wie das FA die Zurückweisung der Revision beantragt hatte, jedenfalls für die dort gegebene Konstellation die Kosten des Verfahrens auferlegt (vgl. auch BFH VIII B 108/22, BFH/NV 2024, 524, Rn. 22).

Der vom FG Beigeladene kann, sofern er beschwert ist, **selbständig Rechtsmittel** einlegen (→ § 115 Rn. 27). Hat er allein Revision eingelegt, trägt er bei Unterliegen nach Abs. 2 die Kosten. Er kann ferner neben dem von ihm in erster Linie unterstützten Beteiligten (selbständig) Revision einlegen. In diesem Fall richtet sich die Kostenschuldnerschaft für die Gerichtskosten nach § 31 GKG (nicht Abs. 5; → Rn. 25). Der Beigeladene kann auch eine (selbständige oder unselbständige) **Anschlussrevision** einlegen. Da er sich in diesem Fall nur dem Rechtsmittel der Gegenseite anschließen kann, trifft ihn bei alleinigem Unterliegen die Kostenlast nach Abs. 2; bei teilweisem Unterliegen ist § 136 I anzuwenden. Haben Kläger und Beklagter Revision eingelegt und hat der Beigeladene sich der Revision des Gegners angeschlossen, so tragen bei Unterliegen des Beigeladenen und des von ihm unterstützten Beteiligten beide die Kosten nach Maßgabe von § 31 GKG; bei teilweisem Unterliegen werden die Kosten zwischen dem Beigeladenen und dem von ihm unterstützten Beteiligten einerseits und dem Gegner andererseits nach § 136 I geteilt, wobei hinsichtlich des auf den Beigeladenen und den von ihm unterstützten Beteiligten entfallenden Teils wiederum § 31 GKG eingreift. 19

Liegen die Voraussetzungen vor, **müssen** dem Beigeladenen die Kosten auferlegt werden (kein Ermessen, ebenso Tipke/Kruse/Brandis § 135 Rn. 19; Gosch/Böwing-Schmalenbrock § 135 Rn. 87; HHS/Morsch § 135 Rn. 62). Die Kosten eines Vorverfahrens, an dem der Beigeladene nicht beteiligt war, dürfen ihm nicht auferlegt werden (BVerwG 5 C 130/83, NVwZ 1988, 53). Zur Erstattung von außergerichtlichen Kosten des Beigeladenen → § 139 Rn. 157 ff. 20

Abs. 3 ist auf die nach § 122 II **Beigetretenen** nicht anwendbar (BFH I B 88/05, BFH/NV 2007, 1148). Einer nach § 122 II beigetretenen Behörde sind die Kosten des Verfahrens deshalb auch dann aufzuerlegen, wenn sie einen Antrag gestellt hat, der nicht über den Antrag des FA hinausging (BFH I R 11/11, BStBl. II 2013, 146; → Rn. 8). 21

IV. Wiederaufnahmeverfahren

Die Regelung in Abs. 4 weicht vom Grundsatz des Abs. 1 (Einheitlichkeit der Kostenentscheidung, → Rn. 3) insofern ab, als die Kosten eines **erfolgreichen** Verfahrens nicht zwingend dem Unterlegenen zur Last fallen. Unterliegt der Klä- 22 ger nach erfolgreichem Wiederaufnahmeverfahren (§ 134) endgültig, so kann es unbillig sein, ihm die gesamten Kosten des Verfahrens (einschließlich des erfolgreichen Wiederaufnahmeverfahrens) aufzuerlegen, es sei denn, dass der Wiederaufnahmegrund durch ihn verschuldet worden ist. Die Kosten eines erfolgreichen Wiederaufnahmeverfahrens sind idR demjenigen Beteiligten aufzuerlegen, der sie schuldhaft verursacht hat. Hat kein Beteiligter die Wiederaufnahme verschuldet, können die Kosten der Staatskasse auferlegt werden. Die Kosten sind abtrennbar, da das Wiederaufnahmeverfahren kostenrechtlich einen neuen Rechtszug eröffnet (Toussaint/Toussaint GKG § 35 Rn. 7, „Wiederaufnahme").

V. Kostenpflicht mehrerer Personen

24 Mehrere Personen sind iSv Abs. 5 kostenpflichtig, wenn sie **gleichgerichtete Anträge** verfolgt haben, zB als Streitgenossen (§ 59), nach Verfahrensverbindung (§ 73) oder Beiladung unter den Voraussetzungen von Abs. 3 (→ Rn. 18 ff.). Unterliegt nur einer von mehreren Streitgenossen oder unterliegen mehrere Streitgenossen in unterschiedlichem Maß, so ist Abs. 5 nicht anzuwenden. Die Kosten werden dann (analog) § 136 I (nach Maßgabe der sog. Baumbach'schen Formel) aufgeteilt, und zwar getrennt zwischen gerichtlichen und außergerichtlichen Kosten (BFH III B 15/99, BFH/NV 2000, 827).

25 Abs. 5 S. 1 ordnet allgemein die Haftung nach Kopfteilen an. Etwas anderes gilt jedoch für die **Gerichtskosten.** Insofern sind vorrangig die §§ 31, 32 GKG anzuwenden (vgl. § 1 II Nr. 2 GKG). Danach haften mehrere kostenpflichtige Personen für die Gerichtskosten **als Gesamtschuldner;** insofern läuft § 135 I 1 leer (→ Vor § 135 Rn. 5). Das gilt auch im Fall der gemeinsamen Haftung eines Hauptbeteiligten mit einem Beigeladenen (aA Gosch/Böwing-Schmalenbrock § 135 Rn. 102). Abweichend von der gesetzlichen Regel kann das Gericht die Kosten nach Bruchteilen verteilen (§ 32 I 1 GKG). Die §§ 31, 32 GKG schließen Abs. 5 nur für die Gerichtskosten aus, denn das GKG regelt nur den Kostenanspruch des Staates. Da der Begriff der Kosten in § 135 indes umfassend gemeint ist (→ Rn. 12), verbleibt es für die Kostenerstattung bei der Haftung nach Kopfteilen. Zur Haftung mehrerer ggü. dem in derselben Angelegenheit beauftragten Rechtsanwalt vgl. § 7 RVG. Die Wirkungen des Abs. 5 treten unmittelbar kraft Gesetzes ein.

26 Das Gericht kann die in S. 1 angeordnete Haftung nach Kopfteilen bei erheblicher Verschiedenheit der Beteiligung nach Ermessen ändern. Das **Ausmaß der Beteiligung** kann sowohl hinsichtlich des Anteils am Streitwert als auch hinsichtlich sonstiger das Verfahren betreffender Handlungen (ein Beteiligter verursacht eine Beweisaufnahme, während ein anderer Beteiligter die Richtigkeit des Sachverhalts nicht bestreitet) verschieden groß sein. In solchen Fällen kann das FG nach seinem Ermessen die Kosten nach Bruchteilen verteilen (Abs. 5 S. 2). Soweit es in diesem Zusammenhang auch die Gerichtskosten abweichend verteilt, ist § 32 I 2 GKG zu beachten.

§ 136 [Kompensation der Kosten]

(1) [1]**Wenn ein Beteiligter teils obsiegt, teils unterliegt, so sind die Kosten gegeneinander aufzuheben oder verhältnismäßig zu teilen.** [2]**Sind die Kosten gegeneinander aufgehoben, so fallen die Gerichtskosten jedem Teil**

zur Hälfte zur Last. [3]Einem Beteiligten können die Kosten ganz auferlegt werden, wenn der andere nur zu einem geringen Teil unterlegen ist.

(2) **Wer einen Antrag, eine Klage, ein Rechtsmittel oder einen anderen Rechtsbehelf zurücknimmt, hat die Kosten zu tragen.**

(3) **Kosten, die durch einen Antrag auf Wiedereinsetzung in den vorigen Stand entstehen, fallen dem Antragsteller zur Last.**

Vgl. § 92 ZPO; § 155 VwGO.

Literatur: Binnewies, Rechtsbehelfe nach beiderseitigem Teilunterliegen im finanzgerichtlichen Verfahren, DStR 2001, 342; Gluth, Kostenüberlegungen bei Beendigung des Verfahrens, AO-StB 2001, 156; Gruber, Die gerichtliche Kostenentscheidung im Steuerprozess, StB 1992, 166; Hendricks/Hildebrand, Praxisforum Steuerrechtsschutz: Der sog. Hamburger Brauch – Kosten als Verhandlungsmasse für einen einvernehmlichen Abschluss des Klageverfahrens, Ubg 2018, 246; Maurer, Die Kosten unselbständiger Anschlussrechtsmittel, NJW 1991, 72; Offerhaus, Ungerechte Kostenentscheidung bei Weitergeltungsanordnung des BVerfG, DB 2018, M4-M5.

I. Kostenpflicht bei teilweisem Obsiegen oder Unterliegen

§ 136 I 1 regelt entsprechend dem Grundprinzip des § 135 I die Kostenverteilung in den Fällen des teilweisen Unterliegens. Zum Begriff des Unterliegens → § 135 Rn. 2 ff. Das **Maß des Unterliegens** ergibt sich (in einem Prozessrechtsverhältnis) aus der Differenz zwischen dem (maßgeblichen) Sachantrag und dem endgültig Erreichten (BFH VIII R 79/91, BStBl. II 1995, 121). Es kommt nicht allein auf die Entscheidung des Gerichts an; auch eine **Teilabhilfe** durch das FA ist zu berücksichtigen (vgl. zB BFH X B 114/14, BFH/NV 2015, 511). Hat der Kläger im Rechtsmittelverfahren seinen Antrag beschränkt oder erweitert, kann die Kostenverteilung im Rechtsmittelverfahren von der im Verfahren erster Instanz abweichen. Hat der (Rechtsmittel-)Kläger nur mit dem **Hilfsantrag** Erfolg, so sind, wenn dieser Erfolg nicht dem mit dem Hauptantrag erstrebten Erfolg im Wesentlichen gleichkommt, die Kosten entsprechend der Gewichtigkeit der Anträge aufzuteilen (BFH IV B 18/69, BStBl. II 1973, 505; VII R 83/96, BFH/NV 1998, 1400). Ist nur die **Aussetzung der Vollziehung** (§ 69) beantragt und wird diese gegen Sicherheitsleistung gewährt, ist der Antragsteller, weil es sich lediglich um eine Modalität der Aussetzung handelt, nicht teilweise unterlegen (BFH I R 127/94, DStR 1996, 337; IX B 204/08, BFH/NV 2009, 1262), anders jedoch, wenn gerade die Aussetzung ohne Sicherheitsleistung beantragt oder allein die Frage der Sicherheitsleistung Gegenstand des Verfahrens ist (FG Brem 298250V 2, BeckRS 1999, 31019493; SchlHFG 3 V 10314/06, EFG 2007, 1538). Das Teilunterliegen kann dann jedoch nach S. 3 unbeachtlich sein (→ Rn. 6). Hat der Kläger anstelle des begehrten Verpflichtungsurteils letztlich nur ein **Bescheidungsurteil** erstritten, ist er teilweise unterlegen (BFH X R 169/90, BFH/NV 1993, 510). Dies rechtfertigt idR die Kostenteilung (BFH V R 1/12, BFH/NV 2013, 906, Rn. 18). Ist nicht absehbar, inwieweit der Kläger mit seiner Klage endgültig Erfolg haben wird, ist der Unterliegensanteil zu schätzen (NdsFG 13 K 258/19, BeckRS 2020, 25040). Das Teilunterliegen ist unbeachtlich, soweit wegen fehlender Verpflichtung zur Herbeiführung der Spruchreife lediglich eine Neubescheidung ausgesprochen werden kann (BFH III R 66/04, BStBl. II 2006, 184; III R 73/07, BFH/NV 2010, 1429; I R 24/22, DStR 2025, 568, Rn. 31). 1

§ 136 I findet auch Anwendung, wenn mehrere **Streitgenossen** unterschiedlichen Erfolg erzielt haben (BFH III B 7/71, BStBl. II 1972, 17; III B 15/99, BFH/NV 2000, 827).

2 Der Grundsatz der einheitlichen Kostenverteilung gilt auch, wenn **mehrere Steuerbescheide** in einem Verfahren angefochten sind (BFH III B 36/71, BStBl. II 1972, 627), wenn beide Beteiligte Revision eingelegt haben (BFH VII R 10/97, BFH/NV 1997, 906; III R 79/97, BStBl. II 2001, 702; III R 70/11, BStBl. II 2013, 544; X R 7/15, DStR 2018, 180; BFH XI R 49/17, DStR 2020, 719; XI R 25/21, DStR 2025, 327) oder wenn eine **Revision und** eine (selbständige oder unselbständige) **Anschlussrevision** eingelegt worden sind (BFH IV 224/64, BStBl. III 1967, 274); ebenso für Beschwerde und Anschlussbeschwerde. In diesen Fällen werden die Streitwerte zusammengerechnet und die Kosten nach dem Maß des daran gemessenen Unterliegens verteilt (vgl. BFH XI R 25/21, DStR 2025, 327, Rn. 81; Thomas/Putzo/Hüßtege ZPO § 92 Rn. 3). Beispiel: Die Kosten des Verfahrens (Revision und Anschlussrevision) tragen der Kläger zu ¼, der Beklagte zu ¾. Es ist also nicht etwa zulässig, einem Beteiligten die Kosten der Revision, dem anderen Beteiligten die Kosten der Anschlussrevision oder einem Beteiligten die Kosten des Streits um den einen, dem anderen Beteiligten die Kosten des Streits um den anderen Steuerbescheid aufzuerlegen. Unzulässig ist auch eine Aufteilung dahin, dass die Kosten dem Kläger auferlegt werden, soweit er unterlegen ist, iÜ der Verwaltung.

2a § 136 I 1 ist darüber hinaus entsprechend anwendbar bei unterschiedlichem Klageerfolg **mehrerer Streitgenossen** (Gosch/Böwing-Schmalenbrock § 136 Rn. 24). Dabei müssen die Gerichtskosten und die außergerichtlichen Kosten getrennt behandelt werden (BFH I R 33/18, BFH/NV 2021, 776). Die Quotierung richtet sich dann nach der sog. Baumbach'schen Formel (FG Münster 10 K 781/22 K, F, EFG 2025, 581, Rev. BFH: I R 28/24).

3 Liegen die Voraussetzungen des Abs. 1 vor, so entscheidet das Gericht nach seinem **Ermessen,** ob es die Kosten gegeneinander aufhebt oder verhältnismäßig verteilt (Tipke/Kruse/Brandis § 136 Rn. 6; HHS/Morsch § 136 Rn. 15; Gosch/Böwing-Schmalenbrock § 136 Rn. 37; Kopp/Schenke/Schenke VwGO § 155 Rn. 3) **Gegeneinander Aufheben der Kosten** bedeutet, dass die Gerichtskosten hälftig geteilt werden (Abs. 1 S. 2) und dass iÜ jeder Beteiligte seine außergerichtlichen Kosten selbst trägt. Dabei muss berücksichtigt werden, dass die Finbeh von der Zahlung der Gerichtskosten befreit sind (§ 2 I 1 GKG) und dass ihnen Auslagen nicht erstattet werden (§ 139 II). Kostenaufhebung ist deshalb idR nicht gerechtfertigt, wenn nur einer Partei (durch Zuziehung eines Prozessbevollmächtigten) außergerichtliche Kosten entstanden sind (BFH III B 4/71, BStBl. II 1972, 89; VII R 88/92, BStBl. II 1994, 552; III R 49/95, BFH/NV 1996, 812). Auch wenn dies unberücksichtigt bleibt, ist die Kostenaufhebung zumindest nicht willkürlich (BFH II B 54/08, BFH/NV 2008, 1508; beachte aber BVerfG 1 BvR 1964/09, NJW 2010, 1349). Hat das FA die Abhilfe durch das FG angeregt (Aussetzung des Verfahrens), entspricht die Kostenaufhebung billigem Ermessen (BFH V B 112/04, BFH/NV 2006, 1498).

4 Werden die Kosten **verhältnismäßig geteilt,** hat das Gericht mit Wirkung für alle im Verfahren angefallenen Kosten einheitlich **eine Quote** zu bilden. Eine Aufteilung nach Verfahrensabschnitten oder einzelnen Streitgegenständen kommt grds. nicht in Betracht (Tipke/Kruse/Brandis § 136 Rn. 4; aA die Rspr. → Rn. 5). Wenn eine Gesamtquote gebildet wird, muss die Quotierung zahlenmäßig bestimmt sein (BFH I R 207/67, BStBl. II 1973, 213). Unterliegt bei

Klagenhäufung der Kläger mit der einen Klage, während er mit der anderen obsiegt, und stehen ihm verschiedene, nicht etwa durch eine notwendige Streitgenossenschaft verbundene Beklagte ggü. und verlaufen die Prozesse unterschiedlich, so muss das bei der Kostenverteilung, die auch in diesem Fall nach Quoten vorzunehmen ist, berücksichtigt werden (BFH III B 7/71, BStBl. II 1972, 17). Die Belastung eines Beteiligten mit einem **zahlenmäßig bestimmten Teil** der Kosten kommt nur in besonderen Fällen (§ 136 III, § 137) in Betracht (Tipke/Kruse/Brandis § 136 Rn. 8; HHS/Morsch § 136 Rn. 12); dann wird aber nicht an das (teilweise) Unterliegen angeknüpft wie in § 136 I.

Davon abweichend hält der BFH in stRspr auch eine nach **Verfahrensabschnitten** getrennte Kostenverteilung für zulässig (BFH III R 71/10, BStBl. II 2013, 380; XI R 24/12, BFH/NV 2013, 1920), insbes. wenn sich der Streitwert während des Verfahrens geändert hat (BFH IV R 40/88, BFH/NV 1990, 182; IX R 9/23, BStBl. II 2024, 737, Rn. 36) oder wenn der Kläger mit der Klage obsiegt hat, mit der Revision aber zum Teil unterliegt (BFH III R 15/23, NJW 2024, 1605, Rn. 40: Die Kosten des Klageverfahrens hat der Beklagte zu tragen. Die Kosten des Revisionsverfahrens tragen die Beteiligten je zur Hälfte). Dadurch soll die Befassung des Gerichts mit unnötigem Rechenwerk vermieden werden (zust. Tipke/Kruse/Brandis § 136 Rn. 4). Eine nach Verfahrensabschnitten geteilte Kostenentscheidung nimmt der BFH auch vor, wenn ein Anschlussrechtsmittel zurückgenommen wird (BFH VIII R 46/00, BStBl. II 2002, 685), oder wenn die Beteiligten den Rechtsstreit zum Teil in der Hauptsache für erledigt erklärt haben und der Kläger den Rechtsbehelf iÜ zurücknimmt (BFH VII R 110/87, BFH/NV 1994, 117). Vgl. auch die Erläuterungen zu § 144. 5

Ist ein Beteiligter nur **zu einem geringen Teil unterlegen,** kann das Gericht dem anderen Beteiligten alle Kosten auferlegen. Bei der Frage, ob nur ein geringfügiges Unterliegen gegeben ist, wird idR von der Höhe der Quote (→ Rn. 4) auszugehen sein. Ist der Streitwert nicht ungewöhnlich hoch und hätte ein Beteiligter bei einer Kostenverteilung nach § 136 I 1 **weniger als 5 %** der Kosten zu tragen, so ist § 136 I 3 grds. anwendbar (BFH V B 33/93, BFH/NV 1994, 133; X R 53/04, BStBl. II 2005, 698; vgl. auch FG Köln 13 K 4188/07, EFG 2011, 264 stellt zusätzlich darauf ab, ob der Aufwand für das Geltendmachen des Erstattungsanspruchs diesen Anspruch der Höhe nach übersteigt). Bei sehr hohem Streitwert kann auch schon eine geringere Quote als nicht mehr geringfügig anzusehen sein (BFH V R 11/03, BStBl. II 2007, 63; FG Hmb 6 K 184/12, BeckRS 2016, 94260; einschränkend FG BW 1 K 2492/19, EFG 2020, 1795). Geringfügigkeit ist nicht mehr anzunehmen bei einer Unterliegensquote von 6 % (BFH V R 2/09, BFH/NV 2011, 302 bei hohem Streitwert; FG Köln 3 K 1146/13, BeckRS 2015, 95790) oder 7 % (BFH III R 19/09, BFH/NV 2013, 1568; III R 5/09, BFH/NV 2013, 933; X K 3/20, BFH/NV 2021, 1507, Rn. 57). Ob neben der relativen auch noch eine absolute Grenze der Geringfügigkeit beachtlich sein soll (welche?), erscheint zweifelhaft, denn nach dem Wortlaut der Vorschrift kommt es nicht auf die Höhe der Kosten, sondern auf das Maß des Unterliegens an (Tipke/Kruse/Brandis § 136 Rn. 9). Das Gericht kann aber nach Ermessen von der Anwendung des Abs. 1 S. 3 absehen. Abs. 1 S. 3 ist nicht nur anwendbar bei Verfahren, in denen es um Geldbeträge geht, sondern auch zB bei Feststellungsklagen (HHS/Morsch § 136 Rn. 21). Erzielt der Kläger anstatt der beantragten Verpflichtung ein **Bescheidungsurteil,** weil es das Gericht ablehnt, die Spruchreife selbst herbeizuführen, hat er insofern keine Kosten zu tragen, da ihm das Teilunterliegen nicht zuzurechnen ist (BFH III R 66/04, BStBl. II 2006, 6

184; III R 73/07, BFH/NV 2010, 1429). Hat der Antragsteller die **Aussetzung ohne Sicherheitsleistung** beantragt, kann das Unterliegen wegen Anordnung einer Sicherheitsleistung (→ Rn. 1) unbeachtlich sein (FG München 12 V 143/15, BeckRS 2016, 95702). Anders kann dies sein, wenn die Sicherheitsleistung einziger Gegenstand des Verfahrens ist (FG Düsseldorf 3 V 3863/14 A (E, U), BeckRS 2015, 94917). Liegen die Voraussetzungen von S. 3 nicht vor, ist ein Kostenanteil auch dann aufzuerlegen, wenn zwischen dem zugesprochenen und dem beantragten Betrag weder im Bereich der Gerichtskosten noch im Bereich der Rechtsanwaltsvergütung ein Gebührensprung liegt (BFH X K 3/20, BFH/NV 2021, 1507).

II. Kostenpflicht bei Zurücknahme eines Rechtsbehelfs

8 Der Begriff des **Rechtsbehelfs** ist weit zu verstehen; er umfasst alle prozessualen Mittel zur Rechtsverwirklichung im Wege gerichtlicher Verfahren, einschließlich Antrag, Klage und Rechtsmittel (BFH IV R 37/09, BFH/NV 2012, 41; zum Begriff → Vor § 115 Rn. 8). Betrifft eine Klage (ein Rechtsmittel) **mehrere** selbständige **Streitgegenstände** oder einen teilbaren Streitgegenstand, kann sie auch hinsichtlich einzelner Streitgegenstände oder hinsichtlich eines selbständig anfechtbaren Teils zurückgenommen werden. Von diesen Fällen abgesehen, bedeutet die bloße Einschränkung des Klage- oder Rechtsmittelantrags keine teilweise Rücknahme der Klage oder des Rechtsmittels (→ § 72 Rn. 12 ff.). Auch ein **Prozessunfähiger,** der eine nicht wirksam erhobene Klage zurücknimmt, trägt die Verfahrenskosten (Kopp/Schenke/Schenke VwGO § 155 Rn. 7). Abs. 2 ist auf den **vollmachtlose Vertreter** nicht unmittelbar anwendbar, da er nicht Beteiligter ist. Gleichwohl kann er die von ihm erhobene Klage wirksam zurücknehmen (→ § 62 Rn. 91) und mit den Kosten belastet werden (→ § 135 Rn. 9). In diesem Fall bedarf es ausnahmsweise einer ausdrücklichen Kostenentscheidung im Einstellungsbeschluss (→ § 144 Rn. 2; FG Hmb 3 KO 195/10, BeckRS 2011, 94487). Dagegen ist es nicht zulässig, dem **Prozessbevollmächtigen,** durch dessen Verschulden die Kosten entstanden sind, die Kosten nach Abs. 2 aufzuerlegen (BFH VIII R 10/93, BFH/NV 1994, 872).

9 Wer seine Klage, seinen Antrag oder sein Rechtsmittel zurücknimmt, begibt sich freiwillig in die Position des Unterliegenden. Die Kostentragungspflicht entspricht deshalb in den Fällen der Zurücknahme der im Fall des Unterliegens. Im Hinblick darauf bedarf es grds. keiner Kostenentscheidung (§ 144). Bei nur teilweiser Zurücknahme der Klage ist Abs. 2 iRd einheitlichen Kostenentscheidung anteilig zu berücksichtigen. Wird ein **Antrag** oder eine **Klage zurückgenommen,** trägt der Antragsteller oder Kläger die Kosten aller Instanzen (BFH V R 46/75, BStBl. II 1978, 13). Wird ein **Rechtsmittel** zurückgenommen, trägt der Rechtsmittelführer nur die Kosten der Rechtsmittelinstanz; iÜ bleibt es bei der Kostenentscheidung der angefochtenen Entscheidung (BFH IV R 172/66, BStBl. II 1966, 548). Kosten, die durch Verschulden eines Beteiligten entstanden sind, können diesem auferlegt werden; **§ 137 S. 2** ist als speziellere Regel insoweit **anwendbar** (überzeugend FG Saarl 2 K 1096/07, EFG 2008, 399; FG BW 2 K 1648/11, EFG 2012, 344; FG München 12 K 558/20, BeckRS 2020, 20380; ebenso Gosch/Böwing-Schmalenbrock § 137 Rn. 7 ff.; **aA** BFH VIII R 10/93, BFH/NV 1994, 872; X R 117/97, BFH/NV 1998, 622; offengelassen BFH X R 41/00, BFH/NV 2001, 1107; Tipke/Kruse/Brandis § 144 Rn. 1). Hat das FA

den angefochtenen VA zugunsten des Klägers geändert und nimmt dieser, anstatt den Rechtsstreit in der Hauptsache für erledigt zu erklären, die Klage zurück, hat er die Kosten (vorbehaltlich § 137 S. 2) in vollem Umfang zu tragen; **§ 138 II** ist nicht anwendbar (aA BFH VII B 49/73, BStBl. II 1974, 748). Gleiches gilt, wenn der Kläger nach Vollabhilfe trotz fehlenden Feststellungsinteresses zur (unzulässigen) Fortsetzungsfeststellungsklage übergeht und diese zurücknimmt (HessFG 4 K 244/16, BeckRS 2017, 94613).

Nimmt der Revisionskläger die Revision zurück und wird dadurch eine unselb- 10 ständige **Anschlussrevision** unzulässig (→ § 120 Rn. 81), hat er auch die Kosten der Anschlussrevision zu tragen (stRspr, BGH GSZ 2/51, BFHZ 4, 229; BFH IX R 25/23, BFH/NV 2024, 296); dasselbe gilt auch, wenn die Revision wegen Wegfalls einer Sachentscheidungsvoraussetzung unzulässig wird (BVerwG 2 C 25/82, BVerwGE 72, 165), aber nicht, wenn sich die Erfolglosigkeit des Anschlussrechtsmittels unabhängig von der Zurücknahme der Revision aus dem eigenen Verhalten des Anschlussrevisionsklägers ergibt, weil zB der Anschlussrevisionskläger gemäß § 125 I 2 in die Zurücknahme der Revision einwilligt (BGH GSZ 1/80, BGHZ 80, 146; BVerwG VIII C 73.66, BVerwGE 26, 300; aA Kopp/Schenke/Schenke VwGO § 155 Rn. 6) oder weil er vor der Zurücknahme der Revision die Anschlussrevision zurücknimmt (BFH I R 72/99, BFH/NV 2001, 331) oder weil er die selbständige Revision zurücknimmt und nur als unselbständige Anschlussrevision aufrecht erhält (BFH VII R 26/69, BStBl. II 1972, 351; XI R 35/91, BFH/NV 2000, 598). Der Anschlussrevisionskläger hat die durch seine Anschließung verursachten Kosten auch dann zu tragen, wenn er sich einer (für ihn erkennbar) **unzulässigen Revision** anschließt mit der Folge, dass auch die Anschlussrevision unzulässig ist (BFH IV R 34/70, BStBl. II 1970, 457; VI R 7/71, BStBl. II 1972, 90). Über die Kosten ist in diesem Fall in sinngemäßer Anwendung des § 136 I zu entscheiden. Diese für die Revision und Anschlussrevision geltenden Grundsätze sind entsprechend anzuwenden auf **Beschwerde und Anschlussbeschwerde** (BFH VII B 69/75, BStBl. II 1977, 430).

III. Kostenpflicht bei Wiedereinsetzung

Nach Abs. 3 fallen ausscheidbare, besondere Kosten, die durch einen Antrag 12 auf Wiedereinsetzung entstehen, stets dem Antragsteller zur Last. § 238 IV ZPO ist nicht entspr. anwendbar. Entsprechendes gilt, wenn Wiedereinsetzung von Amts wegen gewährt wird, soweit dadurch besondere Kosten ausgelöst werden (wie hier Tipke/Kruse/Brandis § 136 Rn. 19; HHS/Morsch § 136 Rn. 45; Kopp/Schenke/Schenke VwGO § 155 Rn. 13; Gosch/Böwing-Schmalenbrock § 136 Rn. 82). Nach dem Wortlaut ist es unerheblich, ob die Wiedereinsetzung gewährt oder versagt wurde. Abs. 3 hat indes nur für den Fall der Gewährung Bedeutung. Im Fall der Versagung trägt der Antragsteller die Kosten nach § 135 I. Wird über die Wiedereinsetzung durch besonderen Beschluss entschieden (→ § 56 Rn. 57), so ist darin auch über die Kosten der Wiedereinsetzung zu befinden (Kopp/Schenke/Schenke VwGO § 155 Rn. 15). Wird erst im Urteil Wiedereinsetzung gewährt, müssen dem Kläger die Kosten der Wiedereinsetzung nach Abs. 3 ausdrücklich (und insoweit abweichend vom Grundsatz der Einheitlichkeit der Kostenentscheidung) auferlegt werden. Dasselbe gilt, wenn die Behörde nach § 138 II 1 die Kosten zu tragen hat (BFH VIII R 81/05, BFH/NV 2009, 1447; → § 138 Rn. 50).

IV. Kosten bei Verweisung

14 Bei Verweisung sind gemäß § 155 S. 1 die **§§ 17–17b GVG** (idF des Art. 2 des 4. VwGOÄndG) anzuwenden.

§ 17b GVG [Anhängigkeit nach Verweisung; Kosten]

(1) …

(2) [1]Wird ein Rechtsstreit an ein anderes Gericht verwiesen, so werden die Kosten im Verfahren vor dem angegangenen Gericht als Teil der Kosten behandelt, die bei dem Gericht erwachsen, an das der Rechtsstreit verwiesen wurde. [2]Dem Kläger sind die entstandenen Mehrkosten auch dann aufzuerlegen, wenn er in der Hauptsache obsiegt.

(3) …

Eine Kostenentscheidung ist nach § 17b II 1 GVG im Verweisungsbeschluss nicht zu treffen. Das nach der Verweisung zuständige Gericht hat auch über die Kosten zu entscheiden, die bei dem verweisenden Gericht angefallen sind (BFH VIII S 15/03, BFH/NV 2004, 81; IX S 5/08, BFN/NV 2008, 1513); das gilt auch für die Kosten des Revisionsverfahrens bei einer Verweisung durch den BFH (BFH II R 90/79, BStBl. II 1983, 180). Die Mehrkosten, die durch die Inanspruchnahme des unzuständigen Gerichts entstanden sind, trägt unabhängig von einem Verschulden der Kläger. Sie sind ausnahmsweise nach § 137 S. 2 dem Beklagten aufzuerlegen, zB wenn er durch eine unrichtige Rechtsbehelfsbelehrung die Erhebung der Klage zum unzuständigen Gericht und die Kosten für das Verweisungsverfahren verursacht hat (FG LSA 5 K 577/21, BeckRS 2023, 6384).

§ 137 [Anderweitige Auferlegung der Kosten]

[1]Einem Beteiligten können die Kosten ganz oder teilweise auch dann auferlegt werden, wenn er obsiegt hat, die Entscheidung aber auf Tatsachen beruht, die er früher hätte geltend machen oder beweisen können und sollen. [2]Kosten, die durch Verschulden eines Beteiligten entstanden sind, können diesem auferlegt werden. [3]Berücksichtigt das Gericht nach § 76 Abs. 3 Erklärungen und Beweismittel, die im Einspruchsverfahren nach § 364b der Abgabenordnung rechtmäßig zurückgewiesen wurden, sind dem Kläger insoweit die Kosten aufzuerlegen.

Vgl. § 155 IV VwGO; § 192 SGG.

Literatur: Hardt, Privat eingeholtes Verkehrswertgutachten oder gerichtliche Beweisaufnahme? EFG 2018, 924; Kamps, BFH zwingt Steuerpflichtigen, Nachweis des niedrigeren gemeinen Werts eines Grundstücks zu erbringen – Kostenfalle, Stbg 2022, 299; Lemaire, Kostentragung in den Fällen des § 137 FGO, Vermeidung unliebsamer Kostenentscheidungen, AO-StB 2009, 374; Wiese/Leingang-Ludolph, Präklusion und Kosten, BB 2003, 25.

I. Allgemeines

1 § 137 durchbricht den kostenrechtlichen Grundsatz, dass der Unterliegende (in vollem Umfang) die Kosten seines erfolglos gebliebenen Angriffs zu tragen hat (→ § 135 Rn. 1). Die Vorschrift soll der Verfahrensverschleppung vorbeugen,

indem sie durch Verspätung oder Verschulden entstandene Mehrkosten dem Verursacher zuweist und entsprechendes Fehlverhalten sanktioniert (vgl. VerfG Bbg 39/16, BeckRS 2017, 102481 mwN; vgl. auch die Verzögerungsgebühr gem. § 38 GKG → Vor § 135 Rn. 35). Derselbe Rechtsgedanke liegt § 77 I 3 EStG zugrunde (FG RhPf 6 K 1816/15, BeckRS 2016, 94916). Als **speziellere Vorschrift** geht § 137 grds. allen anderen Kostenvorschriften vor (str. Kopp/Schenke/Schenke VwGO § 155 Rn. 19), auch § 136 II (FG München 12 K 558/20, BeckRS 2020, 20380; → § 136 Rn. 9; aA BFH) und § 138 I und II (vgl. § 138 II 2; zu § 138 I: BFH III B 222/90, BStBl. II 1994, 520; X S 9/07, BFH/NV 2008, 585; → § 138 Rn. 49).

Wenn die Voraussetzungen des § 137 S. 1 u. 2 erfüllt sind, liegt es im **Ermessen** 2
des Gerichts, ob es dem obsiegenden Beteiligten die durch sein Verschulden verursachten Kosten auferlegen will (BFH IV B 34/67, BStBl. II 1968, 440; II B 17/66, BStBl. II 1968, 753; HHS/Morsch § 137 Rn. 6; Tipke/Kruse/Brandis § 137 Rn. 5). Dabei sind einerseits die Pflichten des FA zum Zusammenwirken mit dem Steuerpflichtigen auf Grund seiner Verpflichtung zur **Aufklärung des Sachverhaltes von Amts wegen** zu beachten. Andererseits muss auch der Steuerpflichtige, zumal wenn er steuermindernde Umstände geltend macht, seiner gesetzlichen **Mitwirkungspflicht** nach Umfang und Zeit von sich aus so nachkommen, wie es billigerweise bei Beachtung der erforderlichen Sorgfalt von ihm zu erwarten ist (BFH II B 17/66, BStBl. II 1968, 753). Bei der Ausübung des Ermessens ist auch zu berücksichtigen, dass § 137 Ausnahmevorschrift ist, von der nur zurückhaltend Gebrauch gemacht werden sollte (Tipke/Kruse/Brandis § 137 Rn. 5) und dass die Anwendung von § 137 S. 1 zugleich die **Verzinsung** eines Erstattungs- oder Vergütungsbetrags ausschließt (§ 236 III AO). Kein Ermessen gewährt § 137 S. 3 für den Fall, dass das FG nach § 76 III Erklärungen und Beweismittel berücksichtigt, die das FA im Einspruchsverfahren zu Recht gem. § 364b AO zurückgewiesen hat (→ Rn. 10). Ermessen des Gerichts besteht nur hinsichtlich der in § 137 vorgesehenen Rechtsfolge. Dagegen ist die Frage, ob die Voraussetzungen des § 137 (schuldhaft verspätetes Vorbringen, sonstiges schuldhaftes Verhalten) vorliegen, Tat- und Rechtsfrage. Die Voraussetzungen müssen grds. festgestellt werden, zB aus den Unterlagen, die dem Gericht vorliegen. Die Vorschrift soll aber nicht zu einer zusätzlichen Belastung des Gerichts führen. Ließe sich nur durch (weitere) Beweisaufnahme klären, ob die Voraussetzungen des § 137 vorliegen, so ist nach dem Beschluss in BFH I B 37/70, BStBl. II 1971, 529 regelmäßig von der Anwendung der Vorschrift abzusehen.

II. Kosten wegen Verschulden eines Beteiligten (Satz 2)

Nach der **Grundregel des § 137 S. 2** (wortgleich § 155 IV VwGO) können 3
Kosten, die durch Verschulden eines Beteiligten verursacht sind, diesem auch dann auferlegt werden, wenn er obsiegt hat. Es kommen in erster Linie aussonderbare Kosten einzelner Verfahrensabschnitte in Betracht, zB Kosten, die durch die Verlegung eines Verhandlungs- oder Beweistermins entstanden sind. Sie können auch dem schuldhaft zu spät beigetretenen BMF aufzuerlegen sein (BFH V R 64/00, BStBl. II 2006, 212). Aber auch vorprozessuales Verschulden kann relevant sein (BFH III R 33/20, BFH/NV 2022, 824: Erlass von Ablehnungsbescheid und Einspruchsentscheidung durch unzuständige Behörde). Soweit es zur vermeidbaren Anrufung des Gerichts geführt hat (Kausalität), können auch die gesamten

Verfahrenskosten des Obsiegenden auferlegt werden (FG Düsseldorf 14 K 1313/22 KV, EFG 2024, 1932, Rn. 40). **Verschulden** iSd S. 2 ist jedes Verschulden; es genügt also auch leichte Fahrlässigkeit (BFH VIII R 36/89, BStBl. II 1995, 353; VII R 57/91, BFH/NV 1993, 152; Tipke/Kruse/Brandis § 137 Rn. 3; HHS/Morsch § 137 Rn. 32). Dieser Maßstab gilt auch für S. 1 (Tipke/Kruse/Brandis § 137 Rn. 3). Zum Begriff des Verschuldens → § 56 Rn. 7 ff. Auch vorprozessuales Verschulden eines Beteiligten ist bei der Anwendung des § 137 zu berücksichtigen (BFH VIII R 14/95, BFH/NV 1999, 145; VI R 161/90, BFH/NV 1999, 659), zB wenn der Kläger durch **fehlerhafte Rechtsbehelfsbelehrung** des FA zur Einlegung eines unstatthaften Rechtsbehelfs veranlasst worden ist (BVerwG 1 WB 115/88, NVwZ-RR 1989, 391; FG BW 2 K 1648/11, EFG 2012, 344; FG LSA 5 K 577/21, BeckRS 2023, 6384) oder wenn das FA ernstliche Zweifel iSv § 69 II 2 erst durch Nachholung der bisher fehlenden Ermessensausübung und Begründung beseitigt (FG Köln 13 V 3359/13, EFG 2014, 610) oder wenn das FA schuldhaft erst im Klageverfahren seine Ermessenserwägungen ergänzt hat (FG Düsseldorf 14 K 1313/22 KV, EFG 2024, 1932, Rn. 35).

4 Verschulden Dritter (nicht Beteiligter) kann nur berücksichtigt werden, soweit es einem Beteiligten zurechenbar ist. Verschulden des gesetzlichen Vertreters oder Bevollmächtigten steht einem Verschulden des Beteiligten gleich (§ 155 S. 1 FGO iVm §§ 51 II, 85 II ZPO; → § 56 Rn. 8). Verschulden des Gesetzgebers (zB bei Verfassungswidrigkeit der Norm) ist der ausführenden Behörde nicht zuzurechnen (BFH III B 543/90, BStBl. II 1994, 473; III R 52/90, BStBl. II 1996, 20; I R 55/05, BeckRS 2009, 25015191). Liegt (zurechenbares) Verschulden eines Dritten vor, können die Kosten nach § 137 nur dem **Beteiligten,** nicht aber dem gesetzlichen Vertreter oder dem Prozessbevollmächtigten auferlegt werden, dessen Verschulden dem Beteiligten zugerechnet wird, denn als Kostenschuldner (→ Vor § 135 Rn. 20 ff.) kommen nur die in § 57 abschließend genannten Verfahrensbeteiligten in Betracht (BFH VIII R 10/93, BFH/NV 1994, 872; aA Rößler DStZ 1993, 158). § 137 ist nicht anwendbar, wenn durch ein **Verschulden des Gerichts** Kosten entstanden sind (vgl. dazu § 21 GKG; → Vor § 135 Rn. 84 ff.).

5 Die Kosten müssen durch das schuldhafte Verhalten entstanden sein. Zur **Kausalität** des schuldhaften Verhaltens für die Entstehung der Kosten BFH VIII R 73/71, BStBl. II 1973, 262. Die Kausalität fehlt, wenn das schuldhafte Verhalten hinweggedacht werden kann, ohne dass die Kosten entfallen (Tipke/Kruse/Brandis § 137 Rn. 4; BFH II R 6/01, BFH/NV 2004, 341). § 137 S. 1 ist nicht anwendbar, wenn das Urteil bei rechtzeitigem Tatsachenvortrag oder Beweis genauso ausgefallen wäre (BFH V R 72/03, BStBl. II 2004, 684), zB weil der Beklagte den verspäteten Tatsachenvortrag oder Beweis für unerheblich erachtet (VerfG Bbg 39/16, BeckRS 2017, 102481) oder weil er den Klageanspruch auch nach Wegfall des Versäumnisses bestreitet (FG Hmb 3 K 141/16, BeckRS 2017, 145315).

III. Kosten wegen verspäteten Vorbringens (Satz 1)

7 § 137 S. 1 betrifft einen Anwendungsfall des § 137 S. 2 (BFH I R 68/03, BStBl. II 2006, 380). Die Vorschrift knüpft an die auch im Steuerprozess bestehende **Mitwirkungspflicht der Beteiligten** (→ § 76 Rn. 37 ff.), auch an die der beklagten Finbeh, an. Zweck der Bestimmung ist es, einer Prozessverschleppung vorzubeugen und die Beteiligten zu einem zügigen Fortgang des Prozesses anzu-

halten (BFH I R 68/03, BStBl. II 2006, 380). Die Beteiligten sollen veranlasst werden, von vornherein in zumutbarer Weise bei der Sachaufklärung mitzuwirken. § 137 S. 1 setzt verspäteten **Tatsachenvortrag** oder ein verspätetes **Beweisangebot** voraus, gilt aber nicht für (geänderte) Rechtsausführungen (BFH VIII R 111/01, BFH/NV 2004, 660). Zu den Tatsachen gehören auch **Anträge** oder **Erklärungen,** die für die Besteuerung von Bedeutung sind (BFH X S 9/07, BFH/NV 2008, 585), zB Steuererklärungen (BFH VIII R 28/85, BFH/NV 1988, 323; FG Bbg 3 K 3197/16, BeckRS 2017, 94418), der Antrag auf eine Steuervergünstigung, eine für die Grunderwerbsteuerbefreiung erforderliche Versicherung (BFH II B 17/66, BStBl. II 1968, 753) oder Verpflichtungserklärung (BFH II B 23/74, BStBl. II 1976, 45). (Schuldhafte) Verspätung liegt nur vor, wenn der säumige Beteiligte früher hätte handeln können (Tatfrage) und sollen (Rechtsfrage). Es kommt hinsichtlich der Rechtzeitigkeit also darauf an, ob der Beteiligte eine besondere Veranlassung (Verpflichtung) zum Vorbringen oder zum Nachweis der maßgeblichen Tatsachen hatte und ob er tatsächlich dazu in der Lage war (Gosch/Böwing-Schmalenbrock § 137 Rn. 21).

Dem Obsiegenden muss hinsichtlich der Verzögerung ein vorwerfbares, dh 8
schuldhaftes Verhalten zur Last fallen (BFH VI B 66/75, BStBl. II 1976, 384; XI R 71/97, BFH/NV 1999, 460, X R 22/07, BFH/NV 2010, 208). Davon ist auszugehen, wenn er trotz (von Rechts wegen) fälliger Handlungspflicht (zB nach entsprechender Aufforderung durch das FG) und ohne in tatsächlicher Hinsicht an der Handlung gehindert zu sein, vorwerfbar untätig geblieben ist. Wie bei S. 2 genügt als Grad des Verschuldens **jede Fahrlässigkeit.** Die ältere Rspr., wonach grobes Verschulden (Vorsatz, grobe Fahrlässigkeit) erforderlich sein sollte (zB BFH VI B 47/67, BStBl. II 1968, 608), findet im G keine Stütze (ebenso Tipke/Kruse/Brandis § 137 Rn. 3; Gosch/Böwing-Schmalenbrock § 137 Rn. 49; HHS/Morsch § 137 Rn. 17). Das G verwendet eine Formulierung, die dem Ermessenscharakter der Vorschrift (→ Rn. 2) Rechnung trägt. Das Gericht kann von dem Grundsatz, dass der Obsiegende keine Kosten trägt, abweichen; es kann aber auch, insbes. bei geringem Verschulden, von der Anwendung des § 137 S. 1 absehen (BFH I R 68/03, BStBl. II 2006, 380). Schuldhaft verspätetes Vorbringen ist idR anzunehmen, wenn die Steuererklärung erst im Prozess gegen den **Schätzungsbescheid** eingereicht wird (BFH I R 15/96, BFH/NV 1997, 195; FG Hmb 8 K 44/08, EFG 2008, 1907), es sei denn, die Schätzung war unangemessen hoch. Zur Kausalität → Rn. 5.

Nachweispflicht im Bedarfswertverfahren (§ 198 BewG). Nach der Rspr. 9
des BFH trifft den Kläger nicht nur die objektive Beweislast (bei Nichterweislichkeit), sondern er muss einen niedrigeren gemeinen Wert aktiv, dh durch ein von ihm (und auf seine Kosten) beizubringendes **Parteigutachten** nachweisen. Eine entsprechende Mitwirkungspflicht besteht bereits im Verwaltungsverfahren, aber auch vor Gericht. Das FG darf sich (im Rahmen freier Beweiswürdigung, § 96 I 1) auf das Parteigutachten stützen, wenn es von dem örtlich zuständigen Gutachterausschuss oder von einem (öffentlich vereidigten) Sachverständigen für die Bewertung von Grundstücken stammt. Der Kläger muss den Beweis so führen, dass das FG ihm regelmäßig ohne Bestellung weiterer Gutachter folgen kann (BFH II R 69/01, BStBl. II 2005, 259; II R 61/11, BStBl. II 2014, 363; II R 47/15, DStR 2018, 2147). Einige FG gewähren dem obsiegenden Kläger einen Kostenerstattungsanspruch gegen das FA auch hinsichtlich der Gutachtenkosten. Legt der Kläger das Gutachten erst im Klageverfahren und nicht schon im Einspruchsverfahren vor, soll § 137 S. 1 aus verfassungsrechtl. Gründen nicht anwend-

bar sein (NdsFG 1 K 204/13, BeckRS 2015, 94843; 1 K 91/15, BeckRS 2015, 95130; zust. FG Hmb 3 K 176/15, BeckRS 2016, 94392; **aA** FG Hmb 3 K 65/20, EFG 2022, 562: Kostentragung durch den Kläger, auch bei Teilabhilfe durch das FA). Die FVerw reagiert darauf mit Fristsetzungen nach § 364b AO, um § 137 S. 3 zu aktivieren (OFD Niedersachsen 23.7.2015 – 2018-31-St 143, nv). Im Kostenrecht können die Probleme der mE bereits im Ansatz verfehlten Rspr. nur gemildert, aber nicht gelöst werden.

IV. Kosten bei Präklusion im Vorverfahren (Satz 3)

10 S. 3 wurde durch G v. 19.12.2001 (BGBl. I 3922) eingefügt. Hat der Einspruchsführer eine Frist gem. § 364b AO verstreichen lassen, muss das FG gem. § 76 III nach Ermessen entscheiden, ob es die im Einspruchsverfahren als verspätet zurückgewiesenen Erklärungen und Beweismittel zulässt. Hat die Klage danach Erfolg, soll der Kläger stets in vollem Umfang die Kosten tragen, auch wenn sich die Finbeh zu Unrecht weigert, im Klageverfahren einen Abhilfebescheid zu erlassen. Diese Kostenfolge soll § 137 S. 3 sicherstellen (BT-Drs. 14/7471, 9; BFH IX B 29/04, BFH/NV 2005, 711). Ein Auslegungsspielraum dahingehend, dass S. 3 nur anzuwenden ist, wenn das Verhalten des Klägers allein für die Kosten des Klageverfahrens ursächlich war, besteht insoweit nicht mehr (BFH IV B 230/02, BStBl. II 2004, 833; Tipke/Kruse/Brandis § 137 Rn. 9). Die Fristsetzung nach § 364b AO muss rechtmäßig gewesen sein.

§ 138 [Kostenentscheidung durch Beschluss]

(1) **Ist der Rechtsstreit in der Hauptsache erledigt, so entscheidet das Gericht nach billigem Ermessen über die Kosten des Verfahrens durch Beschluss; der bisherige Sach- und Streitstand ist zu berücksichtigen.**

(2) **[1]Soweit ein Rechtsstreit dadurch erledigt wird, dass dem Antrag des Steuerpflichtigen durch Rücknahme oder Änderung des angefochtenen Verwaltungsakts stattgegeben oder dass im Fall der Untätigkeitsklage gemäß § 46 Abs. 1 Satz 3 Halbsatz 2 innerhalb der gesetzten Frist dem außergerichtlichen Rechtsbehelf stattgegeben oder der beantragte Verwaltungsakt erlassen wird, sind die Kosten der Behörde aufzuerlegen. [2]§ 137 gilt sinngemäß.**

(3) **Der Rechtsstreit ist auch in der Hauptsache erledigt, wenn der Beklagte der Erledigungserklärung des Klägers nicht innerhalb von zwei Wochen seit Zustellung des die Erledigungserklärung enthaltenden Schriftsatzes widerspricht und er vom Gericht auf diese Folge hingewiesen worden ist.**

Vgl. § 91a ZPO, § 161 II VwGO.

Literatur: Assmann, Die einseitige Erledigungserklärung, Erlanger FS Schwab, 1990, 179; Bertrand/Gravenhorst, Terminsgebühr bei übereinstimmenden Erledigungserklärungen außerhalb eines Gerichtstermins, Stbg 2023, 311; Brandt, Erledigung der Hauptsache und ihre Rechtsfolgen im FG-Verfahren, AO-StB 2003, 168; Cormann, Die Erledigung im Verwaltungsprozess, 1998; Dürrschmidt, Rechtsfolgenentscheidungen des Bundesverfassungsgerichts bei „Normenkontrollen" und effektiver Rechtsschutz, AöR 147 (2022), 70; Feser/Kirchmaier, Die Erledigung des Rechtsstreits in der Hauptsache im Steuerprozess, BayVBl.

1995, 641; Hendricks/Hildebrand, Praxisforum Steuerrechtsschutz: Abgabe der Erledigungserklärung bereits vor Erlass des Abhilfebescheides?, Ubg 2018, 124; Hollatz, Einseitige Erledigungserklärung im finanzgerichtlichen Verfahren, NWB Fach 2, 9953; Künzel, Die einseitige Erledigungsklärung im Urteilsverfahren, DB 1990, 2370; Lange, Rechtswirkungen übereinstimmender Erledigungserklärungen im Finanzgerichtsprozess, StuW 1996, 137; Lindwurm, Aussetzungszinsen bei übereinstimmender Erledigungserklärung, AO-StB 2018, 9; Rössler, Einseitige Erledigungserklärung des beklagten Finanzamts als Revisionskläger, DStZ 1991, 284; Rössler, Erledigung der Hauptsache im Revisionsverfahren nach einem mit dem FG-Urteil inhaltsgleichen Änderungsbescheid, 1992, 189; Schenke, Der Erledigungsstreit im Verwaltungsprozess, 1991.

Übersicht

	Rn.
I. Überblick	1
II. Kostenentscheidung nach § 138	3
1. Anwendungsbereich der Norm	3
a) Übereinstimmende Erledigungserklärungen	5
aa) Wirksamkeitsvoraussetzungen	7
bb) Bedingte und hilfsweise Erklärung	12
cc) Widerruf der Erklärung	16
dd) Inhalt der Erklärungen	18
b) Fiktion der Beklagtenerklärung (Abs. 3)	20
c) Rechtsfolgen	25
aa) Rechtshängigkeit der Hauptsache	25
bb) Ausnahme: Fortsetzung des Verfahrens	27
cc) Teilerledigungserklärungen	29
2. Grundsätze der Kostenentscheidung nach § 138	30
a) Hypothetischer Verfahrensausgang	30
b) Umfang der Entscheidung	34
c) Verfahren	38
d) Entscheidung nach billigem Ermessen (Abs. 1)	40
aa) Bisheriger Sach- und Streitstand	40
bb) Entscheidung nach anderen Grundsätzen	48
e) Entscheidung zu Lasten der Behörde (Abs. 2)	50
aa) Allgemeines	50
bb) Rücknahme oder Änderung	51
cc) Teilabhilfe	56
dd) Untätigkeitsklage	58
ee) Aufhebung nach § 100 III	59
III. Entsprechende Anwendung von § 138	60
IV. Erledigung der Hauptsache	65
1. Allgemeines	65
2. Wirkungen	75
3. Einzelfälle	80
a) Erledigung in den Fällen des Abs. 2	80
b) Erledigung in anderen Fällen	85
aa) Wegen Zielerreichung	85
bb) Wegen Unmöglichkeit	88
V. Einseitige Erledigungserklärung des Klägers	90
1. Rechtsnatur und Wirkung	90
2. Entscheidung des Gerichts	95
VI. Einseitige Erledigungserklärung des Beklagten	100

Rn.
VII. Keine Erledigungserklärung 105
VIII. Übergang zur Fortsetzungsfeststellungsklage 108

I. Überblick

1 Die Vorschrift, die § 91a ZPO nachgebildet ist, regelt nur einen Ausschnitt aus dem Fragenkomplex, der sich verfahrens- und materiell-rechtlich hinsichtlich der Sachentscheidung und der Kostenentscheidung ergibt, wenn sich im Verfahren vor dem FG die **Hauptsache erledigt.** § 138 regelt diesbezüglich (ohne Rücksicht auf den zunächst weiter erscheinenden Wortlaut in Abs. 1) nur den Fall, dass die Beteiligten den Rechtsstreit in der Hauptsache **übereinstimmend für erledigt erklären** (sog. formelle Erledigung der Hauptsache). Eine fehlende Erledigungserklärung des Beklagten wird ggf. gem. § 138 III fingiert. Nur wenn und soweit die Beteiligten auf diese Weise über den Gegenstand des Verfahrens disponiert haben, entscheidet das Gericht gem. Abs. 1 durch Beschluss über die Kosten des Verfahrens, wobei es auch die Fallgruppen des Abs. 2 zu berücksichtigen hat (→ Rn. 3 ff.). Darüber hinaus wird die Vorschrift von der Rspr. in einigen Fällen entsprechend angewandt (→ Rn. 60 ff.).

2 Davon zu unterscheiden ist die Frage, wodurch sich der Rechtsstreit in der **Hauptsache erledigt** und welche **Rechtsfolgen** dies hat (→ Rn. 65 ff.). Dabei handelt es sich im Wesentlichen weder um Regelungsinhalte noch um Anwendungsfälle von § 138. Die Rechtsfolgen materieller Erledigung der Hauptsache hängen ua von der Reaktion der Beteiligten auf das erledigende Ereignis ab (keine bzw. einseitige Erledigungserklärung des Klägers oder Beklagten). Gemeinsam ist diesen Fällen, dass eine Kostenentscheidung nach § 138 nicht ergehen darf. Stattdessen muss das Gericht über den (ggf. geänderten) Klagegegenstand entscheiden. Die Kostenentscheidung ergibt sich in diesen Fällen aus den §§ 135 ff. (ohne § 138).

II. Kostenentscheidung nach § 138

1. Anwendungsbereich der Norm

3 § 138 enthält eine Kostenvorschrift (lediglich) für den Fall, dass der Rechtsstreit in der Hauptsache erledigt ist (zur allg. Einordnung → Rn. 1 f.). Die Vorschrift regelt nicht, wann ein „Rechtsstreit in der Hauptsache erledigt" ist (BFH III 142/65, BStBl. II 1969, 167). Zwar legt Abs. 2 ein materielles Verständnis des Ausdrucks „Erledigung der Hauptsache" nah (→ Rn. 66). Für die Anwendung von § 138 kommt es darauf jedoch nicht an. Nach ganz hM ist der Begriff formell zu verstehen: § 138 ist **nur anwendbar, wenn die Beteiligten übereinstimmend den Rechtsstreit in der Hauptsache für erledigt erklärt haben** (stRspr seit BFH V B 46/67, BStBl. II 1968, 413; I B 68/99, BFH/NV 2000, 1226; Kopp/Schenke/Schenke VwGO § 161 Rn. 7). Dabei wird die fehlende Erledigungserklärung des Beklagten gem. Abs. 3 unter den dort genannten Voraussetzungen fingiert (→ Rn. 20 ff.). Haben die Beteiligten in dieser Weise über den Gegenstand des Rechtsstreits (Hauptsache) disponiert, entfällt unmittelbar die Rechtshängigkeit der Hauptsache; anhängig bleibt nur noch die Kostenfrage. Die Erklärungen sind für das Gericht auch dann bindend, wenn sich der Rechtsstreit

in der Hauptsache tatsächlich nicht erledigt hat. Das Gericht hat nicht festzustellen, ob ein die Hauptsache erledigendes Ereignis wirklich eingetreten ist (→ Rn. 26). Es entscheidet dann, aber auch nur dann, gem. § 138 über die Kosten durch Beschluss.

Liegen übereinstimmende Erledigungserklärungen (→ Rn. 5 ff.) nicht vor, kann idR (Ausnahmen → Rn. 60) eine Kostenentscheidung nach § 138 nicht ergehen. Das Verfahren ist fortzusetzen. Die Kostenentscheidung ergibt sich dann idR (Ausnahme: Teilerledigungserklärungen → Rn. 29) nicht aus § 138, sondern aus den allgemeinen Vorschriften (§§ 135 ff.). 4

a) Übereinstimmende Erledigungserklärungen. Die **Hauptbeteiligten** (Kläger und Beklagter) müssen den Rechtsstreit in der Hauptsache übereinstimmend für erledigt erklärt haben (BFH VII R 107/72, BFHE 115, 425). Mehrere Kläger oder Beklagte müssen jeweils für sich eine Erklärung abgeben; die Erledigungserklärung eines Streitgenossen wirkt nicht für und gegen die anderen Streitgenossen (BFH IV B 210/04, BFH/NV 2007, 869). Es ist nicht erforderlich, dass sich der **Beigeladene** oder die **beigetretene Behörde** der Erledigungserklärung anschließen (BFH VI R 17/07, BStBl. II 2009, 421; III R 5/09, BFH/NV 2013, 933); auch ein Widerspruch dieser Beteiligten ist unbeachtlich, da sie über den Streitgegenstand der Hauptsache nicht verfügen können (stRspr, BFH VIII R 33/00, BFH/NV 2001, 320 mwN). Eine Revision, die der Beigeladene nach übereinstimmenden Erledigungserklärungen der Hauptbeteiligten eingelegt hat, ist mangels Rechtsschutzbedürfnis unzulässig (BFH VIII R 33/00, BFH/NV 2001, 320). Der Beigeladene oder die beigeladene Behörde können sich aber der Erledigungserklärung eines Hauptbeteiligten anschließen, ohne dass es darauf ankommt. 5

Es müssen (mindestens) zwei wirksame Erklärungen vorliegen, die miteinander übereinstimmen. Ob die Erklärungen wirksam sind, bestimmt sich nach den → Rn. 7 ff. dargestellten Grundsätzen. Ob sie übereinstimmen, ist durch Vergleich ihrer Inhalte festzustellen. Geht das FG zu Unrecht davon aus, dass die Beteiligten den Rechtsstreit übereinstimmend für erledigt erklärt haben (zB weil eine oder beide Erledigungserklärung(en) nicht wirksam ist/sind) und verweigert es deshalb die an sich gebotene Sachentscheidung, liegt ein **Verfahrensmangel** vor (BFH X B 1/23, BFH/NV 2024, 397, Rn. 23). 6

aa) Wirksamkeitsvoraussetzungen. Die Erledigungserklärung ist **Prozesshandlung** (BFH GrS 4/82, BStBl. II 1979, 375). Für ihre Wirksamkeit müssen deshalb die allgemeinen Prozesshandlungsvoraussetzungen (Beteiligten-, Prozess- und Postulationsfähigkeit) vorliegen (Thomas/Putzo/Seiler ZPO Einl. III Rn. 10). Während der Unterbrechung des Verfahrens (§ 155 FGO iVm § 239 ff. ZPO) können Prozesshandlungen nicht wirksam vorgenommen werden (BFH IX B 145/12, BFH/NV 2013, 1452). Vor dem BFH ist der **Vertretungszwang** zu beachten (→ § 62 Rn. 64). Nach Auffassung des BFH kann auch ein vollmachtloser Vertreter eine Erledigungserklärung wirksam abgeben (BFH I B 42/72, BStBl. II 1973, 532; zweifelhaft; → § 135 Rn. 9). Übereinstimmende Erledigungserklärungen sind zugleich **prozessuale Bewirkungshandlungen** (vergleichbar: Verfügungen), denn durch sie wird der Rechtsstreit unmittelbar beendet (zu den Rechtswirkungen iE → Rn. 25 ff.; BVerwG VII ER 412.63, DVBl. 1964, 874; BFH IV R 170/71, BStBl. II 1972, 466; VIII R 60/79, BStBl. II 1984, 697; XI R 21/02, BStBl. II 2003, 888). Erledigungserklärungen müssen deshalb klar, 7 eindeutig und vorbehaltlos formuliert werden (BFH IV S 1/92, BFH/NV 1997, 307).

8 Die Erledigung ist **ggü. dem Gericht** zu erklären, bei dem die Sache anhängig ist, im Rechtsmittelverfahren ggü. dem Rechtsmittelgericht. Dies kann **schriftlich,** zur **Niederschrift** oder auch mündlich zu Protokoll geschehen (BFH IV R 97/06, BStBl. II 2009, 542; vgl. Zöller/Vollkommer ZPO § 91a Rn. 10; Tipke/Kruse/Brandis § 138 Rn. 19). Rechtsanwälte und Steuerberater müssen bei schriftlichen (elektronischen) Erklärungen § 52d beachten. Die Erledigung muss nicht ausdrücklich, sie kann auch **schlüssig,** dh durch konkludentes Handeln erklärt werden (BFH III R 69/67, BStBl. II 1968, 203; IV R 13/79, BStBl. II 1979, 705; VIII R 36/70, BStBl. II 1982, 406; III R 293/84, BFH/NV 1986, 760; IX B 94/04, BFH/NV 2005, 70). Das Verhalten muss aber hinreichend eindeutig sein. Bloßes **Schweigen** hat grds. keinen Erklärungswert (arg. § 138 III; aA BFH IV R 13/79, BStBl. II 1979, 705; vgl. aber BFH IV R 101/86, BFH/NV 1988, 258; III R 293/84, BFH/NV 1986, 760; FG Hmb 4 K 114/08, EFG 2008, 1471). In dem Antrag, die Kosten gegeneinander aufzuheben, kann aber eine Erledigungserklärung gesehen werden (BFH I B 14/70, BStBl. II 1972, 222). Zur fingierten Erledigungserklärung des Beklagten nach Abs. 3 → Rn. 20.

9 Eine Erledigungserklärung kann jederzeit **während der Anhängigkeit** des Rechtsstreits (vgl. § 66), zumindest bis zur letzten mündlichen Verhandlung bzw. bis zum Ergehen einer Entscheidung in der Hauptsache abgegeben werden (aA Kopp/Schenke/Schenke VwGO § 161 Rn. 12: auch noch nach Ergehen der Entscheidung in der Hauptsache bis zu deren Unanfechtbarkeit). Die Hauptsache kann auch dann wirksam für erledigt erklärt werden, wenn nach Ergehen eines Gerichtsbescheids Antrag auf mündliche Verhandlung gestellt wurde (BFH IX R 8/02, BFH/NV 2004, 1290; III R 7/07, BFH/NV 2008, 403; XI R 21/15, DStR 2017, 1031; V R 15/18, DStR 2019, 2533). Die **Zulässigkeit der Klage** ist nach hM nicht Voraussetzung für die Abgabe wirksamer **übereinstimmender Erledigungserklärungen** beider Beteiligter (BFH IV R 131/73, BStBl. II 1974, 749; III B 10/91, BStBl. II 1991, 846; BGH III ZR 83/74, WM 1977, 332; Tipke/Kruse/Brandis § 138 Rn. 29; anders bei einseitiger Erledigungserklärung des Klägers → Rn. 92).

10 Die Erledigungserklärung kann auch noch in der **Rechtsmittelinstanz** abgegeben werden (BVerwG 1 B 291/02, NVwZ 2004, 353). Der Rechtsstreit kann dort allerdings nur für erledigt erklärt werden, wenn das **Rechtsmittel zulässig** ist (BFH VIII R 81/05, BFH/NV 2009, 1447; IV B 81/09, BFH/NV 2011, 1181; V B 59/11, BFH/NV 2012, 2013; VII B 113/15, BeckRS 2015, 96146; X B 162/21, BFH/NV 2022, 1061). Die Einschränkung wird damit begründet, dass im Falle eines unzulässigen Rechtsmittels der Streitgegenstand, auf den sich die Erledigungserklärungen bezögen, nicht an das Gericht gelangt sei, das über das Rechtsmittel zu entscheiden habe; die Erklärungen seien insoweit gegenstandslos und könnten im unzulässigen Rechtsmittelverfahren keine Wirkung entfalten. Nach der Rspr. kann aber in entsprechender Anwendung von § 138 I zumindest das (unzulässige) Rechtsmittel wirksam übereinstimmend für erledigt erklärt werden (BFH III B 10/91, BStBl. II 1991, 846; → Rn. 60). Wird der Rechtsstreit im Rechtsmittelverfahren insgesamt für erledigt erklärt, hat der BFH über die Kosten des gesamten Verfahrens einschließlich der Kosten der ersten Instanz zu entscheiden (BFH VII B 46/71, BStBl. II 1972, 706; I R 78/83, BStBl. II 1985, 258; VII R 71/99, BStBl. II 2001, 683). Zu den Rechtsfolgen bei übereinstimmenden Teilerledigungserklärungen → Rn. 25 ff. Für die Ent-

scheidung, ob die Hinzuziehung eines Bevollmächtigten notwendig war (§ 139 IV), bleibt das FG zuständig (BFH V B 61/10, BeckRS 2011, 94853; VII B 207/12, BeckRS 2015, 94566).

bb) Bedingte und hilfsweise Erklärung. Als Prozesshandlung (→ Rn. 7) kann eine Erledigungserklärung nicht von einer **(außerprozessualen) Bedingung** abhängig gemacht werden (BFH IV S 1/92, BFH/NV 1997, 307); eine bedingte Prozesserklärung ist unwirksam. Eine schädliche außerprozessuale Bedingung kann vorliegen, wenn sich die Beteiligten auf eine außergerichtliche Erledigung geeinigt und die Hauptsache mit Rücksicht darauf für erledigt erklärt haben (BFH VI R 264/70, BFHE 206, 84). Es besteht jedoch keine Veranlassung, bei Erledigungserklärungen, die im Hinblick auf eine außergerichtliche Einigung abgegeben werden, stets zu prüfen, ob sie unter der aufschiebenden Bedingung der materiellen Erledigung stehen. Eine Bedingung liegt nur vor, wenn die Beteiligten erkennbar den Eintritt der Rechtswirkungen vom Eintritt der Bedingung abhängig machen wollten. Grundsätzlich unschädlich sind dagegen **innerprozessuale Bedingungen,** zB der Vorbehalt, dass das Rechtsmittel zulässig ist, da sie nur die Rechtslage wiedergeben (BFH I R 56/99, BFH/NV 2000, 1211; V B 59/11, BFH/NV 2012, 2013). 12

Eine Erledigungserklärung kann deshalb bei Aufrechterhaltung des Hauptantrags auch **hilfsweise** abgegeben werden, zB weil der Beteiligte der Ansicht ist, die Hauptsache sei nicht erledigt. Ein Hilfsantrag ist notwendig bedingt (durch den Nichterfolg des Hauptantrags) und als solcher zulässig (hM; BFH VII S 15/80, BStBl. II 1981, 37; I B 68/99, BFH/NV 2000, 1226). Ebenso ist es umgekehrt zulässig, den Erledigungsantrag als Hauptantrag und den Sachantrag hilfsweise zu stellen (BGH II ZR 19/63, NJW 1965, 1597). Haupt- und Hilfsantrag müssen ausdrücklich und eindeutig gestellt werden. Von der hilfsweisen Aufrechterhaltung des ursprünglichen Antrags ist nicht auszugehen, wenn ein fachkundig vertretener Kläger einen solchen Antrag nicht stellt (BFH V B 72/12, BFH/NV 2013, 984). Zur Bedeutung bei der einseitigen Erledigungserklärung des Klägers → Rn. 96. 13

Wird der Rechtsstreit von einem oder von beiden Beteiligten nur hilfsweise für erledigt erklärt, kann es an der erforderlichen Übereinstimmung der Erledigungserklärungen fehlen; dann besteht der sachliche Streit weiter (BGH VIII ZR 160/64, NJW 1967, 564; Zöller/Althammer ZPO § 91a Rn. 13). Hat der Beklagte den (vom Kläger für erledigt erklärten) Rechtsstreit nur hilfsweise für erledigt erklärt, muss das Gericht also uU eine Sachentscheidung treffen und der Klage stattgeben (Dänzer-Vanotti DStZ 1981, 390; aA BFH VII S 15/80, BStBl. II 1981, 37, bei hilfsweiser Erledigungserklärung des Beklagten Kostenentscheidung gem. § 138 I; BFH II R 250/85, BFH/NV 1987, 318; offengelassen in BFH VII B 140/85, BFH/NV 1987, 47). 14

cc) Widerruf der Erklärung. Eine (einseitige) Erledigungserklärung kann grds. vom Erklärenden **frei widerrufen** werden (aA BFH V R 40/05, BStBl. II 2007, 271 für Klagerücknahme). Das gilt für beide Hauptbeteiligten. Geht der Kläger vom Sachantrag zur Erledigungserklärung über, so ist darin eine (zulässige) Änderung des Antrags nach § 264 Nr. 2 u. 3 ZPO iVm § 155 S. 1 zu sehen (BFH VII B 7/66, BStBl. II 1969, 80; I R 8/95, BFH/NV 1998, 187; Schmidt DÖV 1984, 622; Lüke FS Weber, 1975, 323; Geist DStR 1969, 24 (27); → Rn. 90). Er muss deshalb die Möglichkeit haben, bis zu einer abschließenden Entscheidung des Gerichts oder bis zum Eingang einer übereinstimmenden Erledigungserklärung des Beklagten seinen Antrag erneut zu ändern und seine Erledigungserklä- 16 rung zu widerrufen (BFH VII B 7/66, BStBl. II 1969, 80; III B 184/86, BStBl. II 1989, 107; BVerwG 4 C 27/90, NVwZ-RR 1992, 276). Der Widerruf einer Erledigungserklärung ist wie diese eine **Prozesshandlung** und unterliegt denselben Wirksamkeitsanforderungen (→ Rn. 7).

17 Nach dem Eingang einer (übereinstimmenden) Erledigungserklärung des anderen Hauptbeteiligten bei dem Gericht (→ Rn. 8) ist ein **Widerruf nicht möglich** (BVerwG 6 A 5/08, DVBl. 2010, 732), auch nicht übereinstimmend (hM), da übereinstimmende Erledigungserklärungen die Rechtshängigkeit der Hauptsache unmittelbar beenden (→ Rn. 7 mwN). Diese Wirkung kann grds. nicht mehr rückgängig gemacht werden. Ein Widerruf soll aber ausnahmsweise zulässig sein, wenn ein **Restitutionsgrund** (§ 134 FGO iVm §§ 579 ff. ZPO) vorliegt; in diesem Fall entspreche die Fortsetzung des Rechtsstreits der Prozessökonomie (BGH IVb ZR 589/80, BGHZ 80, 389). Entsprechendes gilt auch für den Fall, dass die Erledigungserklärung des Klägers Folge einer unzulässigen Einwirkung auf den Kläger seitens des Gerichts und/oder der Finbeh durch Drohung, Druck, Täuschung oder unbewusste Irreführung ist. Für die Bejahung eines solchen Ausnahmefalles gelten jedoch strenge Maßstäbe (BFH X B 63/05, BeckRS 2005, 25008128; X B 1/23, BFH/NV 2024, 397). Ein bloßer Irrtum über den Inhalt einer tatsächlichen Verständigung rechtfertigt den Widerruf einer Erledigungserklärung nicht (FG Saarl 1 K 177/90, EFG 1991, 140).

18 **dd) Inhalt der Erklärungen.** Im Regelfall werden die Erledigungserklärungen Ausführungen dazu enthalten, durch welches Ereignis sich der Rechtsstreit nach Auffassung der Beteiligten in der Hauptsache materiell erledigt hat (→ Rn. 80 ff.). Da eine Überprüfung durch das Gericht nicht stattfindet, ist dies jedoch nicht erforderlich. Eine Begründung ist zwar nicht geboten, im Hinblick auf die vom Gericht nach Abs. 2 zu treffende Kostenentscheidung aber zu empfehlen. Auch der Grund für die Abgabe der Erklärungen ist unerheblich. Die Erklärung muss lediglich die Mitteilung an das Gericht enthalten, dass der Rechtsstreit in der Hauptsache erledigt sei. Abs. 1 betrifft den Fall, dass der Rechtsstreit **insgesamt** erledigt ist; darauf müssen die übereinstimmenden Erklärungen gerichtet sein, wenn die Rechtsfolge des § 138 I eintreten soll. Wird „die Hauptsache" für erledigt erklärt, sind damit grds. alle Sachanträge gemeint. Der Inhalt einer nicht eindeutigen Erklärung ist durch **Auslegung** zu ermitteln. Für die Auslegung gelten die allgemeinen Grundsätze (§§ 133, 157 BGB) wie bei der Auslegung prozessualer Willenserklärungen (BFH IV S 1/92, BFH/NV 1997, 307). Das Gericht muss prüfen, ob das Erklärte tatsächlich gemeint war (BFH IV B 43/68, BStBl. II 1969, 113). Die Erledigungserklärung kann inhaltlich beschränkt werden, zB in Bezug auf einzelne von mehreren Streitgegenständen oder abtrennbare Teile eines Streitgegenstandes. Zu den Rechtsfolgen bei inhaltlich beschränkten übereinstimmenden Erledigungserklärungen → Rn. 29. Zur Erklärung, dass nur das Rechtsmittelverfahren erledigt sei, → Rn. 60 ff.

20 **b) Fiktion der Beklagtenerklärung (Abs. 3).** Abs. 3 wurde durch G v. 24.8.2004 (BGBl. I 2198) eingefügt. Danach wird eine Erledigungserklärung des Beklagten fingiert, wenn er der Erledigungserklärung des Klägers nicht innerhalb von zwei Wochen widerspricht. Die Erledigungserklärung des Klägers muss schriftsätzlich vorliegen und wirksam sein (BFH VII B 306/04, BFH/NV 2005, 1616). Der Schriftsatz muss dem Beklagten **förmlich zugestellt** werden, um die Frist in Lauf zu setzen. Erforderlich ist ferner ein **Hinweis** des Gerichts an den Beklagten, dass seine Erledigungserklärung fingiert wird, wenn er nicht binnen

zwei Wochen seit der Zustellung widerspricht (BFH XI R 60/05, BFH/NV 2007, 1693). Dieser Hinweis muss dem Beklagten **gleichzeitig** mit der Erledigungserklärung des Klägers zugehen. § 138 III entspricht § 91a I 2 ZPO (ähnlich auch § 269 II 4 ZPO). Die Vorschrift soll der Vereinfachung des Verfahrens dienen (vgl. BT-Drs. 15/1508, 17 zu § 91a ZPO).

Für die Erklärung des Widerspruchs gelten dieselben Anforderungen wie für die Erledigungserklärung (→ Rn. 7). Eine nach Abs. 3 fingierte Erledigungserklärung des Beklagten wird, wenn die Voraussetzungen iÜ vorliegen, mit Ablauf der Frist für den Widerspruch wirksam. Sie entspricht inhaltlich dem vom Kläger Erklärten, führt also grds. zur Erledigung des Rechtsstreits ohne inhaltliche Einschränkungen (→ Rn. 18). **21**

c) Rechtsfolgen. aa) Rechtshängigkeit der Hauptsache. Haben die Beteiligten den Rechtsstreit in der Hauptsache übereinstimmend für erledigt erklärt, entfällt die Rechtshängigkeit der Hauptsache (BFH XI R 28/99, BStBl. II 2001, 303; IX B 145/12, BFH/NV 2013, 1452; I R 38/15, BStBl. II 2018, 2). Maßgeblich ist der **Zeitpunkt** des Zugangs der übereinstimmenden zweiten Erledigungserklärung bei dem Gericht (→ Rn. 17) oder Eintritt der Fiktionswirkung (Abs. 3). Haben die Beteiligten den Rechtsstreit in der Hauptsache insgesamt für erledigt erklärt, entfällt die Rechtshängigkeit der Hauptsache vollständig; anhängig bleibt der Rechtsstreit nur noch wegen der Kosten; (nur) darüber hat das Gericht noch durch Beschluss zu entscheiden (→ Rn. 30 ff.). Der Wegfall der Rechtshängigkeit der Hauptsache hat ua folgende Wirkungen: Prozesshandlungen sind ab diesem Zeitpunkt nicht mehr möglich. Der Kläger kann zB die Klage nicht mehr zurücknehmen (BFH VII B 74/90, BFH/NV 1992, 392). Das Gericht darf nicht mehr in der Hauptsache tätig werden oder gar entscheiden. Erlässt es dennoch ein Prozessurteil, begeht es einen Verfahrensfehler (BFH III B 12/06, BFH/NV 2007, 1905; IV R 97/06, BStBl. II 2009, 542). Noch nicht rechtskräftige (Vor)Entscheidungen werden (einschließlich der Kostenentscheidung) **wirkungslos** (§ 155 S. 1 FGO iVm § 269 III 1 ZPO; → § 72 Rn. 30; BFH II R 54/84, BFH/NV 1988, 111; VI R 17/07, BStBl. II 2009, 421; Kopp/Schenke/Schenke VwGO § 161 Rn. 15; Zöller/Althammer ZPO § 91a Rn. 12). Die **Festsetzungsfrist für Zinsen** gem. § 237 AO beginnt mit Ablauf des Jahres, in dem ua eine Anfechtungsklage endgültig erfolglos geblieben ist (§ 239 I 2 Nr. 5 AO); das ist im Zeitpunkt des Wegfalls der Rechtshängigkeit der Fall, auch wenn der angefochtene Bescheid später auf anderer Grundlage geändert wird (BFH I R 38/15, BStBl. II 2018, 2). Der Wegfall der Rechtshängigkeit hat ferner zur Folge, dass der mit der Klage angefochtene Steuerbescheid **unanfechtbar** wird (BFH VIII R 60/79, BStBl. II 1984, 697; XI R 21/02, BStBl. II 2003, 888; Lange StuW 1996, 137; Ausnahme Abhilfezusage, → Rn. 28). Zum Umfang der Bestandskraft BFH XI R 39/19, BStBl. II 2023, 295. Entsprechendes gilt, wenn sich die Erledigungserklärungen auf einen (selbständigen) Teil des Streitgegenstands der Hauptsache beziehen (→ Rn. 29). Die übereinstimmenden Erledigungserklärungen entfalten **keine materielle Rechtskraftwirkung;** ein weiteres Verfahren über denselben Streitgegenstand ist deshalb nicht ausgeschlossen (BFH VIII R 23/01, BStBl. II 2004, 474; FG Düsseldorf 15 K 2051/12 F, BeckRS 2015, 94447). **25**

Diese Wirkungen treten als Folge der Dispositionsmaxime unmittelbar ein (stRspr, BFH V B 46/67, BStBl. II 1968, 413; III B 1/70, BStBl. II 1970, 550; I R 38/15, BStBl. II 2018, 2). Ein gerichtlicher Ausspruch über die Erledigung und deren Rechtsfolgen ist deshalb grds. nicht erforderlich (BFH I R 80/91, **26**

BStBl. II 1993, 462). Zur Klarstellung sollte aber die Unwirksamkeit des erstinstanzlichen Urteils deklaratorisch festgestellt werden, wenn der Rechtsstreit nur zum Teil in der Hauptsache erledigt ist (BFH X B 66/06, BFH/NV 2007, 1693). Das Gericht muss entgegen verbreiteter Darstellung in der Rspr. nicht ohne weitere Nachprüfungen davon ausgehen, dass die Hauptsache erledigt ist (BFH I R 80/91, BStBl. II 1993, 462; III B 222/90, BStBl. II 1994, 520; IV S 1/92, BFH/NV 1997, 307; VIII R 55/03, BFH/NV 2004, 1392), sondern es muss lediglich beachten, dass die Rechtshängigkeit der Hauptsache entfallen ist.

27 **bb) Ausnahme: Fortsetzung des Verfahrens.** Abweichend von den oben (→ Rn. 25 f.) dargestellten Wirkungen, lässt die Rspr. die Fortsetzung des Verfahrens in der Hauptsache in zwei Fällen aus prozessökonomischen Gründen zu. Entsteht im Anschluss an die Abgabe übereinstimmender Erledigungserklärungen ein **Streit** über die **Wirksamkeit der Erledigungserklärung,** so ist der Rechtsstreit in der Hauptsache mit dem (geänderten) Gegenstand, die (Un-)Wirksamkeit der Erledigungserklärung(en) festzustellen, fortzusetzen (BFH VIII B 215/07, BFH/NV 2008, 815; X B 26/17, BeckRS 2017, 94659). Das gilt auch, wenn Wiederaufnahmegründe geltend gemacht werden. Ein Wiederaufnahmeantrag ist unstatthaft (FG Bbg 10 K 10256/14, BeckRS 2017, 94284), da das Verfahren nicht durch rechtskräftige Entscheidung beendet worden ist (→ Rn. 25 aE). Die Unwirksamkeit einer Erledigungserklärung kann entspr. § 72 II 3 nur innerhalb eines Jahres geltend gemacht werden (FG BW 9 K 3319/13, BeckRS 2015, 122468). Das Gericht spricht durch Urteil entweder aus, dass der Rechtsstreit erledigt ist (BFH VII B 179/98, BFH/NV 1999, 1471) oder es entscheidet (bei Unwirksamkeit der Erledigungserklärung) über den Sachantrag des Klägers (vgl. Tipke/Kruse/Brandis § 138 Rn. 34). Eine bereits ergangene isolierte Kostenentscheidung nach § 138 ist aufzuheben (BFH IV B 35/82, BStBl. II 1983, 332). Die Unwirksamkeit der Erledigungserklärung kann nicht alternativ mit der NZB gerügt werden, sondern erst nach (erfolglosem) Abschluss des fortgesetzten Verfahrens (BFH X B 26/17, BB 2017, 1639).

28 Erklären die Beteiligten den Rechtsstreit in der Hauptsache für erledigt, weil sich das FA zum Erlass eines **Änderungsbescheids** zu Gunsten des Klägers verpflichtet hat, ist das FA nach Treu und Glauben an die Zusage gebunden. Nach übereinstimmenden Erledigungserklärungen kann der Kläger den Rechtsstreit entsprechend § 100 I 4 in der Hauptsache fortsetzen mit dem (neuen) Begehren, das FA zur Einhaltung seiner Zusage zum Erlass eines Änderungsbescheids zu verpflichten (BFH X R 1/80, BStBl. II 1988, 121; XI R 28/99, BStBl. II 2001, 303; V R 37/18, BStBl. II 2021, 50; Lange StuW 1996, 137; Tipke/Kruse/Brandis § 138 Rn. 34 mwN). Die Fortsetzung des Verfahrens ist in diesem Fall der gegebene Rechtsbehelf. Es besteht kein Wahlrecht, stattdessen ein neues Rechtsbehelfsverfahren zu beginnen (BFH X B 42/11, BFH/NV 2012, 439; SächsFG 6 K 1865/16, BeckRS 2017, 111097) oder den ursprünglichen Rechtsstreit fortzusetzen (FG Nürnberg 8 K 566/19, BeckRS 2020, 48322). Entspricht der Änderungsbescheid der Verpflichtung, ist dagegen ein erneuter Einspruch nicht gegeben (BFH XI R 21/02, BStBl. II 2003, 888; FG München 7 K 3229/14, BeckRS 2015, 95134).

29 **cc) Teilerledigungserklärungen.** Haben die Beteiligten den Rechtsstreit übereinstimmend nur teilweise für erledigt erklärt, entfällt die Rechtshängigkeit nur, soweit es sich um einen **selbständigen Streitgegenstand** oder **Streitgegenstandsteil** handelt. Nur insoweit kann ggf. nach **Abtrennung** (gem. § 73) eine

isolierte Kostenentscheidung ergehen (BFH III B 12/06, BFH/NV 2007, 1905). Dabei ist jedoch zu beachten, dass durch die Abtrennung ein neues Prozessrechtsverhältnis begründet wird, für das die einheitliche Verfahrensgebühr nach dem dann maßgeblichen Teilstreitwert erneut anfällt (→ Vor § 135 Rn. 29). Grundsätzlich muss deshalb das **Verfahren fortgeführt** werden. Über die Kosten ist **einheitlich** erst im Endurteil zu entscheiden (BFH VII B 49/73, BStBl. II 1974, 748; VIII B 3/87, BFHE 151, 354; IV R 39/93, BFH/NV 1995, 873). Zur Kostenentscheidung in diesen Fällen (→ Rn. 56 f.).

2. Grundsätze der Kostenentscheidung nach § 138

a) Hypothetischer Verfahrensausgang. Abs. 1 und 2 verwirklichen den kostenrechtlichen Grundsatz, dass der Unterliegende die Kosten des Verfahrens zu tragen hat (→ § 135 Rn. 1), in Fällen, in denen es zu einer Kostenentscheidung nach den §§ 135, 136 nicht mehr kommen kann (BFH VII R 25/94, BFH/NV 1996, 13 mwN). Bei Anwendung der Vorschrift muss deshalb die Frage beantwortet werden, wie der Rechtsstreit mutmaßlich ausgegangen wäre (BFH VI R 80/06, BStBl. II 2009, 547; VI R 17/07, BStBl. II 2009, 421). Dabei ist in zweifacher Hinsicht zu abstrahieren. Es sind nicht nur die übereinstimmenden Erledigungserklärungen der Beteiligten außer Betracht zu lassen. Hinweggedacht werden muss auch (sofern vorhanden) das **materiell erledigende Ereignis** (BFH X B 192/03, BFH/NV 2007, 497; I B 158/12, BFH/NV 2013, 1807). Zwar muss das Gericht nicht positiv feststellen, ob die Hauptsache wirklich erledigt ist. Die Frage, wie der Rechtsstreit ausgegangen wäre, lässt sich aber nur sinnvoll beantworten, wenn auch das materiell erledigende Ereignis hinweggedacht wird, denn mit Eintritt der materiellen Erledigung entfällt das Rechtsschutzbedürfnis für die Klage und die Klage wird unzulässig (→ Rn. 75). Die Kosten hätte folglich stets der Kläger zu tragen. Für die Anwendung des § 138 bedeutet dies, dass das Gericht im Zweifel doch (→ Rn. 3, 26) wissen muss, ob und ggf. durch welches Ereignis sich der Rechtsstreit in der Hauptsache erledigt hat (→ Rn. 65 ff.). 30

Haben die Beteiligten den Rechtsstreit in der Hauptsache für erledigt erklärt, ohne dass ein materiell erledigendes Ereignis eingetreten ist, so ist das Gericht an die Erklärungen gebunden, soweit durch sie unmittelbar die Rechtshängigkeit entfallen ist. Bei der Anwendung des § 138 darf unter diesen Umständen nur die formelle Erledigung (übereinstimmende Erledigungserklärungen) hinweggedacht werden, denn die Kostenentscheidung nach § 138 soll idR der Kostenentscheidung entsprechen, wie sie ohne den Wegfall der Rechtshängigkeit der Hauptsache mutmaßlich gelautet hätte. 31

Maßgeblicher Zeitpunkt für die Beurteilung der Frage, wie der Rechtsstreit ausgegangen wäre (hypothetischer Entscheidungszeitpunkt), sollte aus Gründen der Praktikabilität der Zeitpunkt des Eingangs der zweiten Erledigungserklärung bei Gericht sein (→ Rn. 17). Dieser Zeitpunkt ist dem Gericht ohne weitere Nachforschungen bekannt. Änderungen der Sach- und Rechtslage, die erst nach diesem Zeitpunkt eingetreten sind, müssen bei der Entscheidung unberücksichtigt bleiben. 32

b) Umfang der Entscheidung. Die Entscheidung erstreckt sich wegen des Grundsatzes der Einheitlichkeit der Kostenentscheidung (→ § 143 Rn. 1) auf die **gesamten Kosten des bisherigen Verfahrens.** Erledigt sich der Rechtsstreit im Verfahren vor dem BFH, wird die Vorentscheidung auch im Kostenpunkt gegenstandslos (→ Rn. 25). Der BFH entscheidet deshalb über die in **der ersten** 34

Instanz entstandenen Kosten erneut (zB BFH III R 26/13, BFH/NV 2014, 878). Hatten die Hauptbeteiligten den Rechtsstreit **vor dem FG teilweise** übereinstimmend für erledigt erklärt, so entscheidet der BFH wegen der Einheitlichkeit der Kostenentscheidung und ohne Bindung an die Kostenentscheidung des FG über die Kosten des erledigten Teils noch einmal selbst (BFH VII R 112/98, BStBl. II 1999, 799; I R 85/98, BFH/NV 2000, 1247).

35 Wird die Erledigung der Hauptsache erst im Revisionsverfahren erklärt, sind für die Kostenentscheidung nach Abs. 1 nicht die **Erfolgsaussichten** der Revision, sondern die **des Rechtsstreits** maßgeblich. Es kommt also nicht darauf an, ob der Kläger mit dem Rechtsmittelantrag obsiegt (und zB eine Zurückverweisung erreicht), sondern ob er mit der Revision eine für sich günstige Sachentscheidung erreicht hätte (anders nur, wenn das Rechtsmittelverfahren für erledigt erklärt wird; → Rn. 60). Erklären die Beteiligten den Rechtsstreit im Nichtzulassungsbeschwerdeverfahren für erledigt, können die Kosten nur dann nach Abs. 1 der beklagten Behörde auferlegt werden, wenn der Kläger auch mit der Revision Erfolg gehabt hätte (BFH VII B 137/05, BFH/NV 2006, 2099).

38 **c) Verfahren.** Die Kostenentscheidung nach § 138 ist vAw zu treffen; ein Antrag ist nicht erforderlich. Zuständig ist, wenn die Entscheidung im vorbereitenden Verfahren ergeht, der Vorsitzende oder Berichterstatter (§ 79a I Nr. 3, 5; IV), ansonsten der Senat. Ergeht der Beschluss außerhalb der mündlichen Verhandlung, wirken die ehrenamtlichen Richter nicht mit (§ 5 III 2). § 138 soll das Verfahren vereinfachen. Eine mündliche Verhandlung findet idR nicht statt (§ 90 I 2). Sachverhaltsermittlungen sind entbehrlich; eine besondere **Beweisaufnahme** ist grds. nicht zulässig (Thomas/Putzo/Hüßtege ZPO § 91a Rn. 46a). Zu würdigen ist der „bisherige" Sach- und Streitstand (→ Rn. 40). Soweit die Entscheidung auf den maßgeblichen Zeitpunkt bezogen (→ Rn. 32) nach Lage der Akten ergeht, ist es grds. nicht erforderlich, weiteres rechtliches Gehör zu gewähren. Das Gericht hat nur **summarisch zu prüfen,** wem die Kosten aufzuerlegen sind (BFH VIII R 2/08, BFH/NV 2012, 1135). Die Anrufung des Großen Senats kommt deshalb ebenso wenig in Betracht (BFH I K 1/10, BFH/NV 2011, 1159) wie eine Vorlage an das BVerfG (Art. 100 I GG; Kopp/Schenke/Schenke VwGO § 161 Rn. 18) oder an den EuGH (BFH V R 202/83, BFH/NV 1990, 201). Die Kostenentscheidung dient nicht dazu, schwierige rechtliche Fragen, die in der Hauptsache zu entscheiden gewesen wären, erstmals einer Prüfung zu unterziehen (BFH VIII B 176/11, BFH/NV 2012, 1163; V B 59/11, BFH/NV 2012, 2013; X R 5/12, BFH/NV 2013, 53). Zur Beachtlichkeit einer **Vereinbarung** der Beteiligten über die Kostenverteilung → Rn. 43.

39 Die Entscheidung ergeht durch Beschluss, der zu **begründen** ist (§ 113 II 2). Der Beschluss ist **unanfechtbar** (§ 128 IV 1; BFH XI B 151/04, BFH/NV 2006, 82). Die **Anhörungsrüge** ist statthaft (§ 133a), verspricht aber kaum Aussicht auf Erfolg, da nach übereinstimmenden Erledigungserklärungen eine weitere Sachaufklärung grds. nicht mehr in Betracht kommt (→ Rn. 38).

40 **d) Entscheidung nach billigem Ermessen (Abs. 1). aa) Bisheriger Sach- und Streitstand.** Nach stRspr räumt Abs. 1 dem Gericht „einen erheblichen **Spielraum**" ein (BFH I B 14/70, BStBl. II 1972, 222; VII B 3/71, BStBl. II 1973, 262; VII R 9/19, DStR 2019, 1869: „weiter Spielraum"). Dieser Ermessensspielraum wird allerdings dadurch eingeschränkt, dass bei der Ermessensausübung der mutmaßliche Ausgang des Verfahrens aufgrund des **bisherigen Sach- und Streitstands** (zu den Begriffen → § 105 Rn. 51) zu berücksichtigen ist

(BFH II B 11/74, BStBl. II 1975, 41). Maßgeblicher **Zeitpunkt** („bisheriger") sollte aus Gründen der Praktikabilität der Zeitpunkt des Eingangs der zweiten Erledigungserklärung bei Gericht sein (→ Rn. 32). Nachträgliche tatsächliche Entwicklungen bleiben außer Betracht. Fehlende Spruchreife ist nicht mehr herbeizuführen. Wäre ein Beteiligter nach dem bisherigen Sach- und Streitstand zu diesem Zeitpunkt voraussichtlich unterlegen, so entspricht es idR billigem Ermessen, ihm die Kosten nach Abs. 1 aufzuerlegen (BFH VII R 20/74, BStBl. II 1976, 686; III B 10/91, BStBl. II 1991, 846; III B 222/90, BStBl. II 1994, 520; III S 4/02, BFH/NV 2005, 377).

Die Kosten sind nach billigem Ermessen dem Kläger (Antragsteller) aufzuerle- **41**
gen, wenn das Verfahren **unzulässig** war (stRspr, BFH IV R 131/73, BStBl. II 1974, 749; III B 10/74, BStBl. II 1975, 673; IV R 251/83, BFH/NV 1988, 182; bei unzulässigem Beschwerdeverfahren BFH III B 10/91, BStBl. II 1991, 846). Deshalb muss ein **vollmachtloser Vertreter,** der die unzulässige Klage in der Hauptsache für erledigt erklärt, die Kosten tragen, soweit er sie auch sonst hätte tragen müssen (→ § 135 Rn. 9, 10; BFH I B 42/72, BStBl. II 1973, 532).

War das Verfahren zulässig, kommt es auf den mutmaßlichen Ausgang in der **42**
Sache an (dazu allg. → Rn. 30 ff.). Ist der **Ausgang des Rechtsstreits** (aus tatsächlichen Gründen) **völlig ungewiss,** so rechtfertigt sich idR eine **Kostenteilung** entsprechend § 136 I 1 (BFH I B 56/67, BStBl. II 1968, 414; I B 37/70, BStBl. II 1971, 529; I B 27/74, BStBl. II 1975, 38; FG Köln 15 K 3613/11, EFG 2012, 1231). Die **Kostenaufhebung** kommt grds. nicht in Betracht, wenn (wie üblich) nur ein Beteiligter außergerichtliche Aufwendungen hatte (→ § 136 Rn. 2; vgl. aber BFH VII R 2/05, BFH/NV 2006, 353: wahlweise Entscheidung je nach Fall). Gewährt das FA AdV, nachdem der BFH die Revision wegen grundsätzlicher Bedeutung zugelassen hat, kann es sachgerecht sein, die Kosten des erledigten Aussetzungsverfahrens gegeneinander aufzuheben (BFH II S 4/02, BFH/NV 2005, 377).

Haben sich die Beteiligten über die **Kosten geeinigt,** so kann das als Anhalt **43**
für den vermutlichen Ausgang des Verfahrens angesehen werden. Die Kosten können dann nach billigem Ermessen entsprechend der Einigung verteilt werden (BFH VI R 35/67, BStBl. II 1968, 352; VII B 254/91, BFH/NV 1994, 732). Einer vom Sach- und Streitstand ausgehenden Einigung der Beteiligten über die Verteilung der Kosten ist in aller Regel zu folgen, sofern diese dem Verfahrensrecht nicht widerspricht (BFH V R 23/03, BFH/NV 2005, 1849; V R 57/03, BFH/NV 2006, 1121). Zulässig ist die Vereinbarung, dass die Gerichtskosten vom FA und die außergerichtlichen Kosten vom Kläger zu tragen sind (BFH V B 67/05, BFH/NV 2005, 1846; Hendricks/Hildebrand Ubg 2018, 246). Eine vereinbarte Kostenverteilung widerspricht der **Verfahrensordnung,** wenn die Kosten nach Streitgegenständen getrennt anstatt einheitlich nach Quoten verteilt werden (BFH I B 48/69, BStBl. II 1970, 431).

Hat sich der Rechtsstreit durch (zurückwirkende) **Rechtsänderung** oder auf- **44**
grund einer Entscheidung des BVerfG über die **Verfassungswidrigkeit** der einschlägigen Vorschrift erledigt, so trägt derjenige die Kosten, der sich auf die verfassungswidrige Vorschrift gestützt hat und nach neuer (und im Fall streitiger Entscheidung maßgeblicher) Rechtslage unterlegen wäre (BVerwG II C 66.64, DÖV 1966, 654; BFH VII R 20/74, BStBl. II 1976, 686; III R 53/01, BFH/NV 2004, 1119; III R 29/13, BeckRS 2014, 94174; zust. HHS/Morsch § 138 Rn. 137; Tipke/Kruse/Brandis § 138 Rn. 74; Gosch/Böwing-Schmalenbrock § 138 Rn. 139; Kopp/Schenke/Schenke VwGO § 161 Rn. 18; BGH I ZR 68/

01, BeckRS 2004, 650 mwN). Das **Risiko einer Rechtsänderung** weist der BFH zutr. dem Prozessbeteiligten zu, der sich im Verfahren auf die Fortgeltung einer für ihn günstigen Norm beruft. Eine Rechtsänderung ist kein erledigendes Ereignis (→ Rn. 65 ff.) und darf deshalb bei der Beantwortung der Frage, wie der Rechtsstreit mutmaßlich ausgegangen wäre, nicht hinweg gedacht werden (→ Rn. 30). Dasselbe gilt bei einer Änderung der Rspr. (BFH VII R 29/07, BFH/NV 2008, 602). Etwas anderes ergibt sich nicht aus Gründen des Vertrauensschutzes. Zwar darf grds. auf den Fortbestand des geltenden Rechts vertraut werden; das Vertrauen ist jedoch nicht schutzwürdig im Verhältnis zum Verfahrensgegner (iE glA Gosch/Böwing-Schmalenbrock § 138 Rn. 139; aA Tipke/Kruse/Brandis § 138 Rn. 74).

45 Wird das G mit der Maßgabe für verfassungswidrig erklärt, dass dem Gesetzgeber erst für die Zukunft eine verfassungskonforme Neuregelung aufgegeben wird (sog. „Unvereinbarkeits-Entscheidung") und erklären die Beteiligten daraufhin den Rechtsstreit übereinstimmend in der Hauptsache für erledigt, so entspricht es nach neuerer Auffassung in der Rspr. idR billigem Ermessen, dem FA die Verfahrenskosten auch insoweit aufzuerlegen, als der Stpfl. nicht obsiegt hätte. Die Kostenfolge soll sich daraus ergeben, dass der Kläger andernfalls ein **verfassungswidriges Sonderopfer** zu tragen hätte (BFH VI R 123/94, BStBl. II 2006, 39 mAnm Greite HFR 2005, 1142; VII R 9/19, DStR 2019, 1869; anders noch BFH III B 222/90, BStBl. II 1994, 520 aE; III B 543/90, BFH/NV 1995, 145; vgl. aber auch → § 135 Rn. 5, → § 137 Rn. 4; aA Gosch/Böwing-Schmalenbrock § 138 Rn. 139: allg. Prozessrisiko).

48 **bb) Entscheidung nach anderen Grundsätzen.** Bei der Ermessensentscheidung nach Abs. 1 sind neben dem Sach- und Streitstand auch **andere Gründe** zu berücksichtigen, zB wenn dies nach allg. Gerechtigkeitsempfinden sachgerecht ist (BFH III B 162/95, BFH/NV 1998, 1259; zur „Gerechtigkeitsidee" vgl. auch Tipke/Kruse/Brandis § 138 Rn. 71). Das Gericht darf neben dem bisherigen Sach- und Streitstand auch den Grund, der zur Erledigung geführt hat, würdigen (BFH V R 181/83, BFH/NV 1986, 761). Insbesondere andere materielle Grundsätze des Kostenrechts können herangezogen werden, etwa die Frage, wer durch sein Verhalten **Anlass zur Klageerhebung** gegeben hat (BFH II B 11/74, BStBl. II 1975, 41; VII B 59/85, BStBl. II 1986, 101; VII B 83/71, BStBl. II 1973, 262; VI R 140/90, BStBl. II 2003, 719 für den Fall, dass das FA einem Antrag auf Ruhen des Einspruchsverfahrens nach § 363 AO trotz eines beim BVerfG anhängigen Musterverfahrens abgelehnt hat; ferner FG Hmb III 86/03, EFG 2003, 1184 bei verspäteter Veröffentlichung eines für den Streitfall relevanten BFH-Urteils). Dazu gehört auch der Rechtsgedanke aus **§§ 93, 94 ZPO und § 156 VwGO:** Hat sich der Antragsteller mit einem AdV-Antrag unmittelbar an das Gericht gewandt und gewährt das FA daraufhin die beantragte AdV, so können die Kosten geteilt (BFH VII S 15/80, BStBl. II 1981, 37) oder vollständig dem Antragsteller auferlegt werden. Hat der **Insolvenzverwalter** das FA durch Bestreiten der vom FA angemeldeten Forderungen dazu veranlasst, den unterbrochenen Rechtsstreit aufzunehmen und erkennt er danach die Forderung des FA an, können ihm die Kosten auferlegt werden (BGH IX ZB 160/04, NJW-RR 2006, 773; FG Düsseldorf 7 K 939/09, EFG 2009, 1852). Umgekehrt können dem FA die Kosten des Verfahrens zur Last fallen, wenn es den Insolvenzverwalter vor Aufnahme des Verfahrens nicht nach den Gründen für den Widerspruch gefragt und ihm für die Antwort eine angemessene Frist gewährt hat (FG Köln 15 K

1867/09, EFG 2010, 1061). Die Kosten einer durch Abhilfe erledigten **Entschädigungsklage** fallen dem Kläger zur Last, wenn er den Anspruch vor Erhebung der Klage nicht geltend gemacht hat (BFH X K 1/16, BStBl. II 2018, 132).

Im Rahmen der Kostenentscheidung nach Abs. 1 ist auch der allg. Rechtsgedanke des **§ 136 I 3** zu beachten (Kostentragung durch den Obsiegenden bei nur geringfügigem Unterliegen des Gegners; BFH VI R 140/90, BStBl. II 2003, 719; Tipke/Kruse/Brandis § 138 Rn. 75), genauso wie **§ 137** (BFH X S 9/07, BFH/NV 2008, 585). Etwas anderes ergibt sich nicht aus § 138 II 2 (BFH VI B 47/67, BStBl. II 1968, 608; III B 222/90, BStBl. II 1994, 520). Die Anwendung von § 137 kommt aber nur in Betracht, wenn seine Voraussetzungen anhand des bereits feststehenden Sachverhalts beurteilt werden können; eine weitere Sachaufklärung oder gar Beweisaufnahme findet nicht statt (BFH I B 37/70, BStBl. II 1971, 529). Auch der Rechtsgedanke aus **Abs. 2** (Kostentragungspflicht bei Abhilfe) kann im Rahmen einer Entscheidung nach Abs. 1 anzuwenden sein (BFH III R 293/84, BFH/NV 1986, 761; X K 1/16, BStBl. II 2018, 132). 49

e) Entscheidung zu Lasten der Behörde (Abs. 2). aa) Allgemeines. 50
Abs. 2 befasst sich (wie Abs. 1) mit dem mutmaßlichen Ausgang des Verfahrens (→ Rn. 30) und hat insofern keinen über Abs. 1 hinausgehenden Anwendungsbereich. Abs. 2 ist nicht etwa eine Ausnahme, sondern ein Anwendungsfall von Abs. 1 (BFH VIII B 6/75, BStBl. II 1977, 119; Tipke/Kruse/Brandis § 138 Rn. 69 – „typisierende Konkretisierung"). Liegen die Voraussetzungen von Abs. 2 nicht vor, ist Abs. 1 anzuwenden. Die Rechtsfolge in den Fällen des Abs. 2 ist allerdings **zwingend** („sind … aufzuerlegen"). Ein Ermessensspielraum besteht nicht; eine davon abw. Kostenentscheidung kommt grds. nur wegen verschuldeter Kosten in Betracht (§ 138 II 2 iVm § 137; zB BFH III B 222/90, BStBl. II 1994, 520; III R 13/01, BFH/NV 2002, 670 zur Erledigung der Hauptsache bei im Klageverfahren gegen **Schätzungsbescheide** nachgereichter Steuererklärung). Zu Einzelheiten s. Erläuterungen zu § 137. Darüber hinaus soll nach BFH VIII R 81/05, BFH/NV 2009, 1447 auch **§ 136 III** (Kosten eines Antrags auf **Wiedereinsetzung**) iRd nach § 138 II 1 zu treffenden Kostenentscheidung zu beachten sein (zweifelhaft).

bb) Rücknahme oder Änderung. Abs. 2 S. 1 ist nach seinem Wortlaut („angefochtenen") nur im Verfahren aufgrund von **Anfechtungsklagen** anwendbar (BFH VII B 137/88, BFH/NV 1990, 52; VII B 48/92, BFH/NV 1993, 320; VII B 137/05, BFH/NV 2006, 2099) und im Fall der **Untätigkeitsklage.** Nach dem Wortlaut der Vorschrift kommt es nur darauf an, dass die Behörde dem Begehren durch Rücknahme oder Änderung abhilft und dass der Rechtsstreit dadurch erledigt ist (BFH XI R 15/02, BFH/NV 2007, 237). Diese Voraussetzungen wendet die Rspr. streng an. War ein Verpflichtungsantrag Gegenstand der Hauptsache, ist nicht Abs. 2, sondern Abs. 1 anzuwenden (BFH III R 26/13, BFH/NV 2014, 878). Ein gerichtliches AdV-Verfahren ist nicht durch Rücknahme oder Änderung erledigt, wenn das FA die begehrte Aussetzung gewährt (BFH III B 555/90, BStBl. II 1991, 876 mwN; Tipke/Kruse/Brandis § 138 Rn. 64 mwN). Führt die **Entschädigungsklage** zur außergerichtlichen Festsetzung der begehrten Entschädigung, richtet sich die Kostenentscheidung nach Abs. 1 (BFH X K 1/16, BStBl. II 2018, 132). Wird dem Begehren auf **prüfungsfreie Zulassung als Steuerberater** entsprochen, erledigt sich der Rechtsstreit zwar, jedoch nicht nach Abs. 2, wenn die Entscheidung auf einem erneuten 51

Antrag und einer neuerlichen Ermessensentscheidung des Zulassungsausschusses beruht (BFH VII B 172/97, BFH/NV 1998, 487).

52 **Einschränkung.** Die Rspr. wendet die Vorschrift darüber hinaus (trotz Rücknahme oder Änderung des VA) nur an, wenn das FA **bei unveränderter Sach- und Rechtslage** seine ursprüngliche Rechtsmeinung (freiwillig) berichtigt hat (BFH XI R 21/15, DStR 2017, 1031). Das verfahrensrechtliche Kostenrisiko der Rechtswidrigkeit des VA trägt die Behörde danach nur bei unveränderter Sach- und Rechtslage (BFH I B 158/12, BFH/NV 2013, 1807; Tipke/Kruse/Brandis § 138 Rn. 62, 74). Beruht die Aufhebung oder Änderung des VA dagegen auf Gründen, die nicht in der Rechtswidrigkeit des angefochtenen VA liegen (BFH VIII B 6/75, BStBl. II 1977, 119; V R 181/83, BFH/NV 1986, 761; VII B 48/92, BFH/NV 1993, 320; FG Münster 13 K 1995/94 E, U, EFG 1995, 583), oder auf Gründen, die mit der Anfechtungsklage nicht oder jedenfalls noch nicht geltend gemacht worden sind (BFH II B 169/05, BFH/NV 2007, 1707), so ist die Kostenentscheidung nach Abs. 1 zu treffen. Dem kann nur insoweit zugestimmt werden, als die Vorschrift typisierend darauf abstellt, ob die Finbeh im Verfahren unterlegen wäre (→ Rn. 50). Insofern kommt es darauf an, ob die Behörde aus Gründen abgeholfen hat, die bei einer streitigen Entscheidung zu ihrem Unterliegen geführt hätten. Die für die streitige Entscheidung maßgebliche Risikoverteilung hinsichtlich einer nachträglichen Änderung der Sach- und Rechtslage muss aber auch bei der Kostenentscheidung nach Abs. 2 beachtet werden. Darüber hinaus ist keine Rechtfertigung erkennbar, das FA bei der Anwendung von Abs. 2 von Risiken zu entlasten, die es bei streitigem Ausgang des Verfahrens (nach § 135 I) zu tragen gehabt hätte.

53 Abs. 2 ist **nicht anwendbar,** wenn der Beklagte nach Erhebung einer **unzulässigen Klage** dem Begehren des Klägers durch Erlass eines geänderten Bescheids entsprochen hat und die Beteiligten daraufhin die Hauptsache für erledigt erklärt haben (BFH IV R 131/73, BStBl. II 1974, 749; IV R 251/83, BFH/NV 1988, 182), oder wenn das FA den angefochtenen Steuerbescheid nicht aus Rechtsgründen, sondern aus **Billigkeit** nach § 163 AO 1977 geändert hat (BFH VII R 111/96, BFH/NV 1999, 71; I R 43/02, BFH/NV 2003, 785; VIII R 55/03, BFH/NV 2004, 1392; VIII R 103/03, BFH/NV 2005, 1830; V R 45/05, BFH/NV 2008, 235). Der Umstand ist jedoch iRd Ermessensentscheidung nach Abs. 1 zu berücksichtigen; beruht eine dem Klagebegehren abhelfende Billigkeitsmaßnahme auch auf rechtlichen Erwägungen, so sind die Verfahrenskosten regelmäßig dann dem FA aufzuerlegen, wenn hierfür auch rechtliche Gründe maßgebend waren (BFH VIII R 55/03, BFH/NV 2004, 1392 mwN). Die Kostenfolge ergibt sich auch dann nicht aus Abs. 2, sondern aus Abs. 1, wenn die Finbeh den angefochtenen **Folgebescheid** nur deshalb antragsgemäß geändert hat, weil inzwischen außerhalb des Klageverfahrens auch der **Grundlagenbescheid** geändert wurde (BFH VI B 101/67, BStBl. II 1968, 780; I B 137/03, BFH/NV 2004, 530; HessFG 4 K 618/20, BeckRS 2021, 19114). Zwar erreicht der Kläger hier (zufällig) sein Ziel. Ohne die Abhilfe durch das FA hätte die Klage aber keinen Erfolg gehabt, weil die Anpassungsverpflichtung aus § 175 I 1 AO nicht an das Gericht gerichtet ist. Entsprechendes soll auch dann gelten, wenn der Beklagte den angefochtenen **Abrechnungsbescheid** deshalb aufgehoben hat, weil der ihm zugrunde liegende Mineralölsteuerbescheid aufgehoben wurde (BFH VII R 74/68, BStBl. II 1971, 498).

54 Darüber hinaus will die Rspr. Abs. 2 auch dann nicht anwenden, wenn das beklagte FA den Bescheid wegen **veränderter tatsächlicher Umstände** ändert

oder aufhebt (BFH VII R 129/87, BFH/NV 1990, 122 zu verbindlicher Auskunft; BFH VII B 48/92, BFH/NV 1993, 320; VII B 179/97, BFH/NV 1999, 796 zur Aufhebung eines Duldungsbescheids nach Tilgung der Hauptschuld durch den Vollstreckungsschuldner; BFH VII R 32/08, BFH/NV 2009, 1463 Aufhebung des Widerrufs der Bestellung zum Steuerberater nach Aufhebung des Insolvenzverfahrens), bzw. wenn die Erledigung des Rechtsstreits auf einem außerprozessualen Ereignis beruht (BFH X B 22/22 (AdV), BFH/NV 2023, 1090), weil ein für den Stpfl. günstiges **Merkmal rückwirkend eingetreten** ist (BFH VII K 13/68, BStBl. II 1970, 328; III B 49/71, BStBl. II 1972, 955), oder weil der Kläger **nachträglich Tatsachen** zu seinen Gunsten vorgetragen hat, ohne dass die Voraussetzungen des § 138 II 2 iVm § 137 vorliegen (BFH IX B 56/88, BFH/NV 1990, 573; II R 54/84, BFH/NV 1988, 111; IV R 276/84, BFH/NV 1988, 386). Auch insoweit muss darauf abgestellt werden, ob die Klage ohne die Abhilfe Erfolg gehabt hätte. Das hängt davon ab, ob die veränderten tatsächlichen Umstände bei einer streitigen Entscheidung zu berücksichtigen gewesen wären (zB rückwirkendes Ereignis; vgl. iÜ → § 100 Rn. 27). Ist das der Fall, hat die Finbeh zwar **keine Veranlassung** zur Klage gegeben, auf die anfängliche Unbegründetheit der Klage kommt es für den mutmaßlichen Ausgang des Verfahrens jedoch nicht an (aA Tipke/Kruse/Brandis § 138 Rn. 62; HHS/Morsch § 138 Rn. 160). Für die Prüfung der Veranlassung ist (vorbehaltlich von → § 137 Rn. 50) iRd Abs. 2 wegen der zwingenden Rechtsfolge (→ Rn. 50) kein Raum.

Ändert die Behörde den angefochtenen Bescheid wegen einer rückwirkenden **55**
Änderung der Rechtslage, soll Abs. 2 ebenfalls nicht anwendbar sein (BFH VII R 40/07, BFH/NV 2010, 909; I B 158/12, BFH/NV 2013, 1807; offengelassen BFH VII R 42/91, BFH/NV 1992, 854; VIII R 78/98, BFH/NV 2001, 936; IX R 75/01, BFH/NV 2003, 15; III R 53/01, BFH/NV 2004, 1119; III R 29/13, BeckRS 2014, 94174). Nach hier vertretener Auffassung darf die Rechtsänderung nicht hinweg gedacht werden, wenn nach dem mutmaßlichen Ausgang des Verfahrens gefragt wird, da durch sie der Rechtsstreit nicht (unmittelbar) erledigt wird (→ Rn. 44). Das Risiko einer Rechtsänderung trägt während des laufenden Verfahrens und bis zum maßgeblichen Zeitpunkt (→ Rn. 32) der Beteiligte, der sich auf den Fortbestand einer für ihn günstigen Norm oder Rspr. beruft (→ Rn. 44; iE ebenso BFH VII R 29/07, BFH/NV 2008, 602; III R 29/13, BeckRS 2014, 94174). Danach ist Abs. 2 anzuwenden, wenn das FA wegen veränderter Rechtslage dem Begehren des Klägers abhelfen muss (iE ebenso BFH X R 63/04, BFH/NV 2011, 1674).

cc) Teilabhilfe. Abs. 2 S. 1 ordnet die Kostentragungspflicht der Behörde an, **56**
„soweit" sie dem Klagebegehren abhilft. Der Wortlaut spricht dafür, die Kosten auch dann dem Beklagten (teilweise) aufzuerlegen, wenn sich die Teilabhilfe auf **verfahrensrechtlich unselbständige Teile** des Streitgegenstandes bezieht und wenn die Möglichkeit besteht, die Kosten aufzuteilen (BFH VII B 49/73, BStBl. II 1974, 748; III R 5/05, BStBl. II 2008, 354; Tipke/Kruse/Brandis § 138 Rn. 12). Durch übereinstimmende Erledigungserklärungen kann in diesem Fall zwar nicht die Rechtshängigkeit der Hauptsache beseitigt werden (→ Rn. 29). Darauf kommt es jedoch für die Anwendung von Abs. 2 im Rahmen einer einheitlich erst mit der Endentscheidung zu treffenden Kostenentscheidung nicht an. Die einheitliche Kostenentscheidung ergibt sich dann nicht allein aus Abs. 2 S. 1; es ist eine **gemischt-rechtliche Kostenentscheidung** unter Berücksichtigung von Abs. 2 S. 1 zu treffen (BFH III R 19/09, BFH/NV 2013, 1568). In Betracht

kommt auch eine Aufteilung nach Zeitabschnitten (BFH IX R 7/23, BFH/NV 2023, 1098). Dem Beklagten können die Kosten auch ganz auferlegt werden, wenn der Kläger nur zu einem geringen Teil unterliegt (BFH V R 79/88, BFH/NV 1991, 472 zu § 136 I 3). Eine gemischte Kostenentscheidung ist nicht zu treffen, wenn der Kläger nach Vollabhilfe keine Erledigungserklärung abgibt, sondern zur (unzulässigen) Fortsetzungsfeststellungsklage übergeht und diese später zurücknimmt (HessFG 4 K 244/16, BeckRS 2017, 94613).

57 Hat der Beklagte dem Begehren nur **teilweise abgeholfen** und erklären die Beteiligten den Rechtsstreit gleichwohl übereinstimmend insgesamt in der Hauptsache für erledigt, ist nicht allein Abs. 2 anwendbar (BFH III R 64/88, BFH/NV 1993, 188; III R 29/02, BFH/NV 2004, 75). Über die Kosten ist dann nach Abs. 1 unter Berücksichtigung von Abs. 2 zu entscheiden (BFH VI B 47/67, BStBl. II 1968, 608; III B 4/71, BStBl. II 1972, 89; IV R 76/86, BFH/NV 1989, 369; VIII R 81/05, BFH/NV 2009, 1447). Haben die Beteiligten nach Ergehen des Änderungsbescheids die Hauptsache nur **teilweise** für erledigt erklärt und hat der Kläger hinsichtlich des nicht erledigten Teils die Klage oder die Revision zurückgenommen, so folgt die Kostenpflicht aus Abs. 1, soweit die Beteiligten die Hauptsache für erledigt erklärt haben; soweit die Rücknahme erklärt wurde, trägt der Kläger die Kosten nach § 136 II (BFH VI B 47/67, BStBl. II 1968, 608; VII R 110/87, BFH/NV 1994, 117; XI R 63/90, BFH/NV 1994, 897; Tipke/Kruse/Brandis § 138 Rn. 83).

58 **dd) Untätigkeitsklage.** Haben die Beteiligten die zulässige (BFH V B 170/01, BFH/NV 2003, 197) Untätigkeitsklage übereinstimmend für erledigt erklärt, nachdem der Beklagte innerhalb einer vom FG festgesetzten Frist dem außergerichtlichen Rechtsbehelf stattgegeben oder den beantragten VA erlassen hat, so sind die Kosten nach Abs. 2 S. 1 der Finbeh aufzuerlegen. Bei **Erledigung ohne Fristsetzung** oder erst **nach Fristablauf** ist gem. Abs. 1 über die Kosten zu entscheiden (BFH VI B 19/67, BStBl. II 1968, 61; I B 48/67, BStBl. II 1968, 471; V B 25/05, BFH/NV 2006, 791; HHS/Morsch § 138 Rn. 177; Tipke/Kruse/Brandis § 138 Rn. 81; aA Woerner BB 1968, 114; Modest DB 1969, 104). Auch in diesen Fällen dürfte es idR billigem Ermessen entsprechen, die Kosten der Behörde aufzuerlegen (BVerwG 3 C 56/90, NJW 1992, 453; aA BFH VII B 83/71, BStBl. II 1973, 262 – Kostenteilung). Nach Abs. 1 ist auch zu entscheiden, wenn die Untätigkeitsklage unzulässig war (BFH V B 170/01, BFH/NV 2003, 193 und FG Hmb II 184/88, EFG 1991, 138). Eine **Entschädigungsklage** ist keine Untätigkeitsklage, sondern Leistungsklage (→ § 155 Rn. 85); bei ihrer Erledigung richtet sich die Kostenentscheidung nach Abs. 1 (BFH X K 1/16, BStBl. II 2018, 132).

59 **ee) Aufhebung nach § 100 III.** Hebt das FG den VA nach § 100 III (früher 100 II 2) auf, bleibt ungeklärt, ob der angefochtene VA materiell fehlerhaft war. In diesen Fällen hatte die Behörde nach der durch das 1. FGO-Änderungsgesetz v. 12.11.1992 aufgehobenen Regelung in § 134 II 2 in jedem Fall die Kosten zu tragen und zwar unabhängig vom Ausgang des Verfahrens. Der Gesetzgeber hat diese starre Regel aufgehoben, weil sie dem Inhalt des § 100 III nicht mehr gerecht wird; denn nach der Neufassung ist die Zurückverweisung der Sache an die Finbeh nicht mehr davon abhängig, dass das FG einen wesentlichen Verfahrensmangel feststellt. Die Kostenentscheidung ist in den Fällen der Zurückverweisung durch das FG nach § 100 III nach den Grundsätzen der §§ 135, 136, 137 zu treffen.

III. Entsprechende Anwendung von § 138

Nach hM können die Beteiligten in entsprechender Anwendung von § 138 auch ein **Rechtsmittelverfahren** für erledigt erklären, obwohl das Rechtsmittelverfahren nicht „Hauptsache" iSd Vorschrift ist (BFH I B 158/12, BFH/NV 2013, 1807 für NZB). Das gilt selbst dann, wenn das Rechtsmittel unzulässig ist (vgl. zB BFH II B 25/79, BStBl. II 1983, 481; III B 10/91, BStBl. II 1991, 846; III B 543/90, BStBl. II 1994, 473; str. vgl. Thomas/Putzo/Hüßtege ZPO § 91a Anm. 8; Zöller/Althammer ZPO § 91a Rn. 19). In diesen Fällen ist jedoch stets zu prüfen, ob nicht die **Rücknahme des Rechtsmittels** beabsichtigt war (BFH VII B 111/88, BFH/NV 1989, 719; XI B 77/92, BFH/NV 1999, 515 zu einseitiger Erledigungserklärung des Beschwerdeführers). 60

Rechtswirkungen. Während bei einer Erledigung des Rechtsstreits in der Hauptsache in der Revisionsinstanz die erstinstanzliche Entscheidung wirkungslos wird (→ Rn. 25), ist dies nicht der Fall bei einer auf das Rechtsmittelverfahren beschränkten Erledigungserklärung (BFH III B 10/91, BStBl. II 1991, 846). Vielmehr wird die Vorentscheidung in dem Zeitpunkt formell und materiell rechtskräftig, in dem die Rechtshängigkeit des Rechtsmittels in der Hauptsache entfällt (→ Rn. 17, 25; → § 110 Rn. 51). Darauf kann im Tenor klarstellend hingewiesen werden (BFH III R 12/09, BFH/NV 2012, 1612). Der BFH entscheidet in diesem Fall entsprechend Abs. 1 nach billigem Ermessen nur noch über die Kosten des Rechtsmittelverfahrens. Für die Kostenentscheidung kommt es nicht auf den Ausgang des Rechtsstreits (→ Rn. 35), sondern auf den des für erledigt erklärten Rechtsmittels an (BFH III B 10/91, BStBl. II 1991, 846; IV R 131/73, BStBl. II 1974, 749). Der BFH wendet § 138 auch dann entsprechend an, wenn das FA während des Klageverfahrens die Einspruchsentscheidung aufgehoben hat, ohne gleichzeitig erneut über den Einspruch zu entscheiden; in diesem Fall sei nicht die Hauptsache, sondern nur das Klageverfahren erledigt (BFH IV B 43/68, BStBl. II 1969, 113, zweifelhaft). 61

IV. Erledigung der Hauptsache

1. Allgemeines

Die (materielle) **Erledigung der Hauptsache** ist zu unterscheiden von der (formellen) Erledigung des Rechtsstreits. Letztere tritt nur ein, soweit die Hauptbeteiligten den Rechtsstreit übereinstimmend für erledigt erklären (→ Rn. 5 ff.). Die Erledigung der Hauptsache ist zwar idR der Grund dafür, dass die Beteiligten den Rechtsstreit für erledigt erklären. Der Rechtsstreit kann aber auch für erledigt erklärt werden, wenn die Hauptsache materiell nicht erledigt ist. Die Beteiligten können umgekehrt auch davon absehen, den Rechtsstreit für erledigt zu erklären, obwohl die Hauptsache erledigt ist. Ist die Hauptsache erledigt, **entfällt** nicht die Rechtshängigkeit, sondern das **Rechtsschutzbedürfnis** für die Klage. Ob der Rechtsstreit in der Hauptsache erledigt ist, spielt für die Anwendung des § 138 grds. keine Rolle (→ Rn. 3, 26; vgl. aber auch → Rn. 30). Die Frage ist jedoch insbes. von Bedeutung, wenn der Kläger den Rechtsstreit einseitig für erledigt erklärt hat (→ Rn. 90 ff.). 65

Unter welchen Voraussetzungen die Hauptsache erledigt ist, lässt sich dem G nicht abschließend entnehmen. § 138 enthält ebenso wie § 46 I 3 und § 100 I 4 66 insofern nur Regelungen zu Einzelfragen. Nach stRspr ist die Hauptsache erledigt, wenn nach Rechtshängigkeit ein **außerprozessuales Ereignis** eingetreten ist, durch welches **unmittelbar** (→ Rn. 75) das gesamte im Klageantrag zum Ausdruck kommende **Begehren objektiv gegenstandslos** geworden ist (BFH GrS 4/78, BStBl. II 1979, 375; I R 82/95, BStBl. II 1996, 608; I R 29/08, BStBl. II 2009, 539; III R 18/24, BFH/NV 2024, 1178). Das ergibt sich verallgemeinernd aus § 138 II 1. Die Vorschrift betrifft zwar nur Sonderfälle der Erledigung, die dadurch gekennzeichnet sind, dass der Beklagte den Kläger klaglos stellt. Daraus lässt sich jedoch auf einen allgemeinen Begriff der Erledigung schließen. Indes muss das erledigende Ereignis nicht vom Beklagten gesetzt worden sein (vgl. § 100 I 4 „anders erledigt"). **Gegenstandslos** ist das Klagebegehren nicht nur, wenn ihm entsprochen worden ist, sondern auch dann, wenn es zB infolge veränderter tatsächlicher Umstände unerfüllbar oder (zB nach dem Vollzug einer angefochtenen Maßnahme) rechtlich unmöglich geworden ist. Unerheblich ist, ob genau das Beantragte eingetreten ist, wenn es nur **im Ergebnis** dem Begehren entspricht, wie zB bei Erlass der Steuer anstatt beantragter Aufhebung des Steuerbescheids (BFH VII B 153/70, BStBl. II 1972, 707). Der bloße Wegfall des Interesses an der weiteren Verfolgung des Rechtsstreits hat aber nicht die Erledigung der Hauptsache zur Folge (BFH VII R 71/99, BStBl. II 2001, 683; I R 8/95, BFH/NV 1998, 187; VI B 126/09, BFH/NV 2010, 924; X K 3/23, BFH/NV 2025, 166).

67 Erledigung der Hauptsache kann grds. **in jedem Verfahren** eintreten, auch in selbständigen Beschlussverfahren (zB nach § 69 III; BFH III B 555/90, BStBl. II 1991, 876), nach § 74 (BFH VII B 222/99, BFH/NV 2000, 599) oder § 152 (FG Brem 292 183 V 2, EFG 1993, 327) oder in selbständigen Zwischenstreitigkeiten (BFH XI B 71/05, BFH/NV 2006, 333: Beschwerde gegen Beiladungsbeschluss; FG München 12 K 254/18, BeckRS 2021, 54412: Zeugnisverweigerungsrecht). „Hauptsache" ist stets der Gegenstand des jeweiligen Verfahrens (BFH VII B 140/85, BFH/NV 1987, 47). Es muss sich aber um einen „Rechtsstreit" handeln. Daran fehlt es zum einen bei nicht kontradiktorischen Verfahren (zB PKH-Antrag: FG Köln 6 K 1075/18 (PKH), BeckRS 2018, 21813) sowie zum andern bei nicht selbständigen Zwischenverfahren. In diesen Fällen ergeht auch keine Kostenentscheidung (→ § 143 Rn. 9).

68 Die Hauptsache kann sich auch **zum Teil** erledigen, etwa wenn das FA dem Klagebegehren nur zum Teil stattgegeben hat (BFH VI B 47/67, BStBl. II 1968, 608; I R 85/98, BFH/NV 2000, 1247). Das setzt aber voraus, dass der Streitgegenstand der Hauptsache **teilbar ist oder** dass er **mehrere selbständige Streitgegenstände** umfasst (objektive Klagenhäufung). Das erledigende Ereignis muss einen selbständigen Streitgegenstandsteil betreffen; ein unteilbarer Streitgegenstand kann sich nicht teilweise erledigen (Tipke/Kruse/Brandis § 138 Rn. 12; → Rn. 29 zu inhaltlich beschränkten übereinstimmenden Erledigungserklärungen). Hat der Beklagte dem Begehren hinsichtlich eines unteilbaren Streitgegenstandsteils abgeholfen, kommt aber die Anwendung von Abs. 2 iRd mit der Endentscheidung zu treffenden einheitlichen Kostenentscheidung in Betracht (→ Rn. 56).

69 Die Hauptsache kann sich während der Anhängigkeit **jederzeit,** nicht nur im erstinstanzlichen Klage- oder Antragsverfahren, sondern auch im **Rechtsmittelverfahren** erledigen (BFH VIII R 36/70, BStBl. II 1982, 407; VIII B 3/87, BStBl. II 1988, 183; VII R 82/88, BStBl. II 1989, 569; III B 5/96, BFH/NV 1997, 692 zum Nichtzulassungsbeschwerdeverfahren). Eine Erledigung der

Hauptsache **vor Anhängigkeit** ist begrifflich ausgeschlossen (BFH I R 154/74, BStBl. II 1977, 785; BGH V ZR 50/81, BGHZ 83, 12; Linke JR 1984, 48; Geist DStR 1969, 24). Einer gleichwohl erhobenen Klage fehlt von Anfang an das Rechtsschutzbedürfnis (BFH I R 154/74, BStBl. II 1977, 785).

2. Wirkungen

Mit dem Eintritt eines erledigenden Ereignisses **entfällt das Rechtsschutzinteresse** des Klägers (Antragstellers) an einer Sachentscheidung des Gerichts über sein Begehren in der Hauptsache (BFH VI B 105/91, BStBl. II 1993, 57; IX R 6/91, BStBl. II 1994, 599; VII B 82/99, BFH/NV 2000, 335; VIII R 33/00, BFH/NV 2001, 320). Ein ursprünglich zulässiges Verfahren wird unzulässig (BFH X R 54/13, BeckRS 2016, 95126). Das zur Erledigung der Hauptsache führende Ereignis ist dasjenige, welches diese Wirkung **unmittelbar** entfaltet (→ Rn. 55, 66). Die Bescheinigung der Denkmalschutzbehörde ist nicht das erledigende Ereignis, wenn die Klage auf Änderung des Einkommensteuerbescheids gerichtet ist (anders BFH X R 5/12, BFH/NV 2013, 53). Ein Ereignis, das unmittelbar zur Erledigung der Hauptsache führt, bewirkt zugleich die **Erledigung des Beschwerdeverfahrens** wegen Nichtzulassung der Revision (BFH VII B 62/91, BFH/NV 1993, 605; VIII B 46/92, BFH/NV 1994, 728); ein ursprünglich zulässiger Antrag auf Zulassung der Revision wird dadurch unzulässig. Da das Gericht die Zulässigkeit (Sachentscheidungsvoraussetzungen) in jeder Lage des Verfahrens **von Amts wegen zu beachten** hat, muss es uU den Sachverhalt insoweit aufklären und entsprechende Feststellungen treffen. Die Klage darf nur dann als unzulässig abgewiesen werden, wenn sich das Gericht Gewissheit darüber verschafft hat, dass der Kläger seinen (ursprünglichen) Sachantrag aufrechterhält. Bei Ungewissheit darüber hat der Vorsitzende gem. § 76 II darauf hinzuwirken (Hinweis), dass sachdienliche Anträge gestellt werden (BFH I B 91/06, BFH/NV 2007, 934). 75

Das Ereignis, das zur Erledigung der Hauptsache geführt hat, entfaltet als solches **keine verfahrensbeendende Wirkung** (BFH II R 30/81, BStBl. II 1985, 218; VIII R 6/88, BStBl. II 1991, 744; → Rn. 2, 65). Eine isolierte Kostenentscheidung nach § 138 darf nur ergehen, wenn die Beteiligten den Rechtsstreit übereinstimmend in der Hauptsache für erledigt erklärt haben (→ Rn. 5 ff.). Das gilt auch in den Fällen der **Erledigung einer Untätigkeitsklage** nach § 46. Gemäß § 46 I 3 ist der Rechtsstreit in der Hauptsache als erledigt anzusehen, wenn dem außergerichtlichen Rechtsbehelf innerhalb der vom FG gesetzten Frist stattgegeben oder der beantragte VA innerhalb der Frist erlassen wird. Daraus ist jedoch nicht zu schließen, dass die Rechtshängigkeit (ohne verfahrensbeendende Erklärungen der Beteiligten) entfällt (→ Rn. 81), da dem Kläger andernfalls die Möglichkeit genommen wird, zur Fortsetzungsfeststellungsklage überzugehen (str.; wie hier Tipke/Kruse/Brandis § 138 Rn. 14; aA Gosch/Böwing-Schmalenbrock § 138 Rn. 15). 76

Erledigt sich die Hauptsache nach Abschluss des erstinstanzlichen Verfahrens, jedoch innerhalb der Rechtsmittelfrist **(Erledigung zwischen den Instanzen),** kann noch ein Rechtsmittel eingelegt werden, wenn für eine dem Rechtsmittelführer günstige Entscheidung ein Rechtsschutzbedürfnis besteht. Für die Revision des Klägers gegen ein klagabweisendes Urteil besteht ein Rechtsschutzbedürfnis, wenn er die zwischen den Instanzen eingetretene Erledigung der Hauptsache festgestellt wissen will (Gottwald NJW 1976, 2250). Auch für ein Rechtsmittel 77 des Beklagten kann ein Rechtsschutzbedürfnis bestehen, wenn zweifelhaft und streitig ist, ob das Verhalten des FA zur Erledigung geführt hat (BFH X R 99/91, BStBl. II 1994, 305; II R 30/81, BStBl. II 1983, 680; aA VIII R 193/80, BStBl. II 1982, 263; → Vor § 115 Rn. 17).

3. Einzelfälle

80 **a) Erledigung in den Fällen des Abs. 2.** Abs. 2 S. 1 betrifft exemplarische Sonderfälle der Erledigung, bei denen der Beklagte den Kläger klaglos stellt und deshalb die Kosten des Verfahrens zu tragen hat. Insofern muss unterschieden werden zwischen der Frage, ob Erledigung eingetreten ist, und der Frage, unter welchen Voraussetzungen der Beklagte nach Abs. 2 die Kosten des Verfahrens zu tragen hat (→ Rn. 50 ff.).

81 Eine **Untätigkeitsklage** ist in der Hauptsache erledigt, sobald der Beklagte die begehrte Handlung vorgenommen hat. Damit wird das Begehren objektiv gegenstandslos. Trotz § 46 I 3 kann eine isolierte Kostenentscheidung nach § 138 jedoch nicht ergehen, ohne dass die Beteiligten den Rechtsstreit in der Hauptsache übereinstimmend für erledigt erklärt haben (→ Rn. 76). Zur Kostenentscheidung in diesen Fällen → Rn. 58.

82 Bei **Rücknahme** des angefochtenen VA (vgl. §§ 130, 131 AO) erledigt sich die Hauptsache des Anfechtungsbegehrens. Erledigung tritt auch ein, wenn die Verfügung iE einer **Rücknahme gleichkommt,** wie zB beim Aufschub der Vollziehung eines Arrestes bis zur Vollstreckbarkeit der streitigen Steuerforderung, der wie eine Aufhebung der Arrestanordnung wirkt (BFH VII 295/64, BStBl. II 1968, 501) oder wenn die angefochtene Steuerfestsetzung bestehen bleibt, die Steuer aber aus sachlichen **Billigkeitsgründen** erlassen wird. In diesen Fällen soll nach Ansicht der Rspr. Abs. 2 allerdings nicht anwendbar sein (→ Rn. 52).

83 Durch **Änderung** iSd ersten Falles des Abs. 2 erledigt sich der Rechtsstreit, wenn das FA während des Revisionsverfahrens einen geänderten Steuerbescheid erlässt, in dem es die Steuer vorbehaltlos in gleicher Höhe festsetzt wie im angefochtenen Urteil (BFH VI B 105/91, BStBl. II 1993, 57; VIII R 6/88, BStBl. II 1991, 744). Hat das FA den Bescheid während des Klageverfahrens zwar in den streitigen Punkten zugunsten des Klägers geändert, aber in einem anderen Punkt die **Steuer erhöht,** so ist der Rechtsstreit nicht erledigt, wenn das Begehren auf eine Herabsetzung der Steuer gerichtet ist. Hat das FA dem Antrag nur **zum Teil** entsprochen und den Bescheid nur zum Teil iSd Klageantrags geändert, ist der Rechtsstreit nur zum Teil erledigt (→ Rn. 68).

84 **Verlustabzug.** Bei der Anfechtung von auf Null lautenden Steuerbescheiden mit dem Ziel einer Änderung der Besteuerungsgrundlagen im Hinblick auf einen höheren Verlustabzug (vgl. § 10d IV 4, 5 EStG) kommt es darauf an, ob das FA den begehrten Verlustabzug gewährt. Bewirkt der Kläger zwar die Herabsetzung der Steuer auf Null, erhält er jedoch nicht den begehrten Verlustabzug, ist die Hauptsache in Bezug auf das Anfechtungsbegehren erledigt (iE ebenso HessFG 4 K 307/15, BeckRS 2016, 94030), nicht jedoch in Bezug auf das darüber hinausgehende Begehren auf Änderung der Besteuerungsgrundlagen (objektive Klagenhäufung). Insoweit ist das Verfahren fortzusetzen (FG Düsseldorf 10 K 3686/13 F, BeckRS 2016, 94520; FG BBg 3 K 3106/15, BeckRS 2016, 94911; 10 K 10105/15, BeckRS 2017, 117771; aA HessFG 4 K 307/15, BeckRS 2016, 94030).

b) Erledigung in anderen Fällen. aa) Wegen Zielerreichung. Die Hauptsache ist erledigt, wenn im Verfahren wegen **Vollstreckung** von **Steuervorauszahlungen** ein Steuerbescheid ergeht, in dem die Steuer entsprechend dem Begehren auf Herabsetzung der Vorauszahlungen niedriger festgesetzt wird (BFH VII B 134/85, BStBl. II 1966, 752), oder wenn während des Rechtsstreits die streitige Steuerforderung durch Eintritt der **Zahlungsverjährung** erlischt (BFH V R 90/87, BStBl. II 1990, 802; eine Erledigung der Hauptsache liegt dagegen nicht vor, wenn Zahlungsverjährung bereits vor Erhebung der Klage eingetreten war, vgl. BFH I R 8/18, BFH/NV 2024, 514: Klage von Anfang an unzulässig) oder wenn das FA, nachdem es Revision eingelegt hat, den angefochtenen Steuerbescheid nicht nur entsprechend der Auflage des FG sondern zugleich aufgrund einer Änderungsvorschrift der AO dem Begehren entsprechend ändert (BFH VIII R 102/87, BStBl. II 1990, 545; VIII R 6/88, BStBl. II 1991, 744), oder wenn eine mit der Verpflichtungsklage angegriffene verbindliche Zolltarifauskunft während des Klageverfahrens ungültig wird (BFH VII R 38/12, BFH/NV 2014, 562) oder wenn in Verfahren über Insolvenzforderungen der Eintragung der Forderung zur Tabelle nicht widersprochen wird (BFH IV B 11/09, BFH/NV 2011, 649; IV B 18/09, BFH/NV 2011, 650) oder wenn das beklagte Hauptzollamt nach Erhebung der Untätigkeitsklage die begehrte Zinsfestsetzung erlässt (FG Hmb 4 K 38/17, BeckRS 2018, 10753). Der Rechtsstreit um den Widerruf der Bestellung als Steuerberater wegen Vermögensverfalls erledigt sich, wenn das Insolvenzverfahren und der Widerrufsbescheid aufgehoben werden (BFH VII R 32/08, BFH/NV 2009, 1463). 85

Die Hauptsache ist **nicht erledigt,** wenn bei beantragter und vom FA abgelehnter **Stundung** die Steuern gezahlt wurden, und zwar zu den Zeitpunkten, zu denen sie nach dem Antrag gezahlt werden sollten; denn die Frage, ob Anspruch auf die Stundung bestand, kann auch für die Säumniszuschläge und Zinsansprüche Bedeutung haben (BFH I 204/65, BStBl. III 1966, 694; Tipke/Kruse/Brandis § 138 Rn. 10). Ein gerichtlicher **Antrag auf AdV** erledigt sich nicht, wenn das FA außergerichtlich AdV unter Widerrufsvorbehalt oder nur gegen Sicherheitsleistung gewährt (vgl. BFH II S 39/68, BStBl. II 1970, 385; X B 209/01, BFH/NV 2002, 1487). Die Klärung einer streitigen **Verfassungsfrage** in einem Musterprozess durch das BVerfG macht die vor den Fachgerichten anhängigen Streitsachen zu der gleichen Rechtsfrage nicht gegenstandslos (BFH III B 543/90, BStBl. II 1994, 473). Erlässt das FA, das die Voraussetzungen für den Erlass eines Grundlagenbescheids verneint hatte, auf entsprechenden richterlichen Hinweis im Klageverfahren gegen den Einkommensteuerbescheid den Gewinnfeststellungsbescheid, ist das Klageverfahren betreffend Einkommensteuer nicht in der Hauptsache erledigt (BFH XI B 126/06, BFH/NV 2007, 1150). Die Hauptsache erledigt sich nicht, wenn die **Zulassung zur Steuerbevollmächtigtenprüfung** beantragt und der begehrte Prüfungstermin bereits verstrichen ist; denn der Antrag geht auf Zulassung zur Prüfung schlechthin (BFH VII R 101/76, BStBl. II 1977, 706; FG Hmb III 129/76 (V), BeckRS 1976, 00746). 86

bb) Wegen Unmöglichkeit. Die Hauptsache ist auch erledigt, wenn im Anfechtungsverfahren gegen einen **Vorauszahlungsbescheid** der endgültige Steuerbescheid ergeht (BFH V R 146/83, BStBl. II 1985, 370; V R 110/88, BStBl. II 1993, 779; I R 105/77, BStBl. II 1978, 596; FG BW 6 K 161/91, EFG 1995, 1062), oder wenn gegen die **Durchführung einer Außenprüfung** einstweiliger Rechtsschutz begehrt wird, die Außenprüfung aber inzwischen 88 durchgeführt ist (BFH VII R 96/75, BStBl. II 1978, 501; I R 214/82, BStBl. II 1986, 21). Ein **Arrestverfahren** ist erledigt, wenn der Steuerbescheid erlassen ist, weil dann das Sicherungsverfahren in das Veranlagungsverfahren übergeleitet ist (FG Hmb IV 111/78 H, EFG 1979, 531). Der Streit um die **verbindliche Zolltarifauskunft** ist erledigt, wenn diese außer Kraft getreten ist (BFH VII K 7/76, DStR 1978, 260; VII K 4/77, BStBl. II 1978, 407; VII K 41/87, BFH/NV 1990, 106). Kann im **Lohnsteuerermäßigungsverfahren,** in dem um die **Eintragung eines Freibetrags** gestritten wird, die Eintragung wegen Zeitablaufs nicht mehr wirksam werden, so ist die Hauptsache erledigt (BFH X R 156/97, BFH/NV 2001, 476; III R 2/12, BFH/NV 2014, 549). Die Hauptsache ist auch dann erledigt, wenn das FA den **Vorbehalt der Nachprüfung** aufhebt und die begehrte Bescheidänderung dadurch rechtlich unmöglich macht (BFH V R 91/83, BStBl. II 1984, 788).

V. Einseitige Erledigungserklärung des Klägers

1. Rechtsnatur und Wirkung

90 Erklärt der Kläger den Rechtsstreit in der Hauptsache für erledigt, gibt er dadurch zu erkennen, dass er seinen ursprünglichen Sachantrag nicht weiter verfolgt (anders beim Übergang zur Fortsetzungsfeststellungsklage; → Rn. 108). Die Erklärung schließt die Behauptung ein, dass der ursprüngliche Sachantrag durch ein nachträglich eingetretenes Ereignis **gegenstandslos** geworden sei (→ Rn. 65). Stimmt der Beklagte dieser Behauptung nicht zu und erklärt er deshalb den Rechtsstreit nicht in der Hauptsache für erledigt, ist der Rechtsstreit nicht erledigt, sondern wird fortgesetzt. Gegenstand des Rechtsstreits ist dann grds. nur noch die Frage, ob die Hauptsache erledigt ist und wer die Kosten des Verfahrens zu tragen hat (BFH IV R 70/72, BStBl. II 1979, 779; I R 212/84, BStBl. II 1989, 106; VII R 71/99, BStBl. II 2001, 683 mwN; I R 29/08, BStBl. II 2009, 539). Die einseitige Erledigungserklärung des Klägers kann als **Antragsänderung** eigener Art verstanden werden (BFH VII B 7/66, BStBl. II 1969, 80; I R 154/74, BStBl. II 1976, 785; VIII R 92/89, BFH/NV 1996, 776; Tipke/Kruse/Brandis § 138 Rn. 37; Thomas/Putzo/Hüßtege ZPO § 91a Rn. 32; Zöller/Althammer ZPO § 91a Rn. 34), die auch im Revisionsverfahren ohne Rücksicht auf § 67 zustimmungsfrei zulässig ist (BFH IV R 70/72, BStBl. II 1979, 779; X R 44/82, BStBl. II 1988, 801; VI R 87/00, BFH/NV 2001, 620; X K 3/23, BFH/NV 2025, 166). Der Kläger macht keinen neuen Anspruch geltend, sondern er begehrt eine andere gerichtliche Sachentscheidung in Bezug auf den bisherigen Streitgegenstand. Die einseitige Erledigungserklärung ist Prozesshandlung (→ Rn. 7). Sie ist klar und eindeutig zu erklären und grds. frei **widerruflich** (→ Rn. 16). Zu den zeitlichen Grenzen der **Erledigungserklärung** → Rn. 9.

91 Ist der Kläger im Zweifel, ob sich die Hauptsache erledigt hat, kann er seinen ursprünglichen Klageantrag **hilfsweise** aufrechterhalten (BFH V B 188/05, BFH/NV 2006, 2107; I R 29/08, BStBl. II 2009, 539; BGH VIII ZR 167/82, WM 1982, 1260; BVerwG 1 WB 131/80, BVerwGE 73, 312). Es ist auch zulässig, dass der Kläger **in erster Linie** seinen **Hauptantrag** weiterverfolgt und hilfsweise die Klage für erledigt erklärt (→ Rn. 13; BGH III ZR 115/72, NJW 1975, 539; OLG Schleswig 6 U 58/72, NJW 1973, 1933; Dänzer-Vanotti DStZ 1981, 390). Der Erledigungsantrag kann dann allerdings nicht zu der (hilfsweise) angestrebten

Kostenentscheidung nach § 138 führen, wenn wegen der Aufrechterhaltung des Sachantrags noch eine Entscheidung in der Sache erforderlich ist.

Die klageändernde Wirkung tritt nur ein, wenn das Verfahren ursprünglich **zulässig war.** In einem unzulässigen erstinstanzlichen Verfahren (Klage- oder Antragsverfahren) kann nach hM die Hauptsache nicht einseitig wirksam für erledigt erklärt werden (str.; BFH VII B 137/69, BStBl. II 1971, 306; VII R 123/74, BStBl. II 1977, 697; III S 6/99, BFH/NV 2000, 1129; X B 144/05, BFH/NV 2006, 604; X B 162/12, BeckRS 2014, 94614; HHS/Morsch § 138 Rn. 103; Gosch/Böwing-Schmalenbrock § 138 Rn. 56 f.; diff. Tipke/Kruse/Brandis § 138 Rn. 40 f.; aA Kopp/Schenke/Schenke VwGO § 161 Rn. 23 ff. und teilweise das BVerwG). Der hM ist zuzustimmen, denn in einem von Anfang an unzulässigen Verfahren kommt eine Sachentscheidung weder über das ursprüngliche noch über das geänderte Begehren in Betracht. Eine gerichtliche Sachentscheidung ist nicht möglich, weil dieses Begehren wegen Fehlens einer Prozessvoraussetzung nicht Gegenstand einer sachlichen Verhandlung und Entscheidung des FG sein kann; die Klage ist vielmehr als unzulässig abzuweisen (BFH VII R 94/74, BStBl. II 1980, 588). 92

War das ursprüngliche Verfahren zulässig, hat das Gericht nach einseitiger Erledigungserklärung des Klägers von Amts wegen und nach allgemeinen Verfahrensgrundsätzen zu prüfen, ob die Hauptsache erledigt ist (→ Rn. 65 ff.). Soweit Tatsachen streitig sind, ist eine Beweisaufnahme durchzuführen. 93

2. Entscheidung des Gerichts

Ist die **Hauptsache erledigt,** ergeht eine stattgebende Endentscheidung, in der das Gericht ausspricht, dass die Hauptsache erledigt ist („Der Rechtsstreit ist in der Hauptsache erledigt"). Tritt die Erledigung der Hauptsache erst im Rechtsmittelverfahren ein und wird die Entscheidung der Vorinstanz dadurch gegenstandslos (→ § 127 Rn. 1), spricht der BFH dies im Urteil aus, da die Folge, anders als bei übereinstimmenden Erledigungserklärungen, nicht unmittelbar kraft Gesetzes eintritt (BFH II R 30/81, BStBl. II 1985, 218; VIII R 6/88, BStBl. II 1991, 744; VII R 71/99, BStBl. II 2001, 683). Das Gericht entscheidet einheitlich gem. §§ 135 ff. (nicht § 138) über die Kosten des gesamten Verfahrens (§ 143 I). Die Kosten sind in diesem Fall dem Beklagten nach § 135 I aufzuerlegen, weil er seinen Antrag auf Sachabweisung aufrechterhalten hat und damit unterlegen ist (BFH VII R 32/69, BStBl. II 1971, 307; VII B 62/91, BFH/NV 1993, 605; I S 8/04, BFH/NV 2005, 1109). Zur Entscheidung, wenn das ursprüngliche Verfahren unzulässig war → Rn. 92. 95

Ist die **Hauptsache nicht erledigt,** weist das Gericht die Klage durch Sachurteil ab (BFH X K 3/23, BFH/NV 2025, 166), denn ihr einziger verbliebener Gegenstand war (neben der Kostenfrage) das Begehren, die Erledigung festzustellen. Eine Entscheidung über das ursprüngliche Begehren kommt nur in Betracht, wenn es der Kläger hilfsweise aufrecht erhalten hat (BFH I R 8/95, BFH/NV 1998, 187; III B 74/01, BFH/NV 2003, 935; I R 29/08, BStBl. II 2009, 539; Gosch/Böwing-Schmalenbrock § 138 Rn. 208; HHS/Morsch § 138 Rn. 105; aA Tipke/Kruse/Brandis § 138 Rn. 45: Erledigung nur Zwischenstreit, iÜ Fortsetzung des Verfahrens und Entscheidung über den ursprünglichen Antrag). Da der Kläger mit seinem Antrag auf Feststellung der Erledigung unterlegen ist, trägt er nach § 135 I die Kosten (BFH IV R 70/72, BStBl. II 1979, 779). Diese Grundsätze gelten auch für das Entschädigungsklageverfahren (§§ 198 ff. GVG; X K 3/23, BFH/NV 2025, 166). 96

97 Hat das FG über die Frage der Erledigung durch Urteil entschieden, ist dagegen grds. die (zugelassene) Revision bzw. NZB statthaft. Diese kann aber nicht darauf gestützt werden, dass beabsichtigt sei, die in erster Instanz verweigerte Erledigungserklärung nachzuholen. Zwar fehlt in diesem Fall nicht das Rechtsschutzbedürfnis (so aber BFH VIII R 218/78, BStBl. II 1979, 741), die Revision hat jedoch keinen Erfolg, weil nicht dargetan ist, dass das FG-Urteil rechtsfehlerhaft ist (§ 118 I).

VI. Einseitige Erledigungserklärung des Beklagten

100 Erklärt der Beklagte den Rechtsstreit (einseitig) in der Hauptsache für erledigt (weil er der Meinung ist, dass sich die Hauptsache erledigt habe), führt die Erklärung weder zur Beendigung der Rechtshängigkeit (BFH II R 142/87, BStBl. II 1991, 527), noch hat sie unmittelbare Auswirkungen auf den Streitgegenstand. Die einseitige Erledigungserklärung des Beklagten stellt sich vielmehr als **Anregung an das Gericht** dar, zu prüfen, ob die Hauptsache erledigt und daher die Klage als unzulässig abzuweisen sei, weil ihr nunmehr das Rechtsschutzbedürfnis fehle und der Kläger dem nicht durch Änderung seines Antrags Rechnung getragen habe (BFH VIII R 36/70, BStBl. II 1982, 407; VII K 41/87, BFH/NV 1990, 106; → Rn. 92). Der Prozess wird fortgesetzt. Bestehen begründete Zweifel, ob der Kläger das ursprüngliche Klagebegehren weiter verfolgt, muss das Gericht einen entsprechenden **Hinweis** erteilen (BFH I B 91/06, BFH/NV 2007, 934; → Rn. 75).

101 Ist die **Hauptsache erledigt,** ist die Klage (nach entsprechendem Hinweis des Gerichts) als unzulässig abzuweisen mit der Kostenfolge aus § 135 I (BFH GrS 4/78, BStBl. II 1979, 375; VII B 82/99, BFH/NV 2000, 335). An der Feststellung, dass die Hauptsache erledigt ist, wird das Gericht durch den Kläger gehindert, der mit seinem Antrag den Streitgegenstand bestimmt (§ 96 I 2). Die Tatsache der Erledigung ist in diesem Fall ein **inzident festzustellender Umstand,** der das Rechtsschutzinteresse an der Sachentscheidung entfallen lässt (stRspr seit den Entscheidungen BFH GrS 4/78, BStBl. II 1979, 375; GrS 3/78, BStBl. II 1979, 378). Tritt die Erledigung der Hauptsache im Revisionsverfahren ein, kann das FA als Revisionskläger seinen ursprünglichen Revisionsantrag ändern und die Hauptsache für erledigt erklären; darin liegt kein Verstoß gegen § 123 (BFH VIII R 92/89, BFH/NV 1996, 776). Ist die **Hauptsache nicht erledigt,** wird das Verfahren unverändert fortgesetzt (BFH VI R 22/03, BFH/NV 2006, 2109). Die einseitige Erledigungserklärung des Beklagten löst keine Kosten aus.

VII. Keine Erledigungserklärung

105 Ist zweifelhaft, ob der Rechtsstreit in der Hauptsache erledigt ist, und geben die Beteiligten (trotz eines entsprechenden Hinweises des Gerichts) dazu **keine Erklärung** ab, muss das Gericht von Amts wegen feststellen, ob die Hauptsache erledigt ist, denn durch die Erledigung der Hauptsache entfällt das Rechtsschutzinteresse an der Sachentscheidung (→ Rn. 75). Ist das nicht der Fall, ergeht ein Sachurteil. Ist dagegen die Hauptsache erledigt, kann dies, weil vom Kläger nicht begehrt (§ 96 I 2), nicht ausgesprochen werden. Die **Klage** (das Rechtsmittel) ist dann nach einem entsprechenden Hinweis des Gerichts (→ Rn. 75, 100) als **unzulässig** abzuweisen (BFH X R 44/82, BStBl. II 1988, 801; VIII B 46/92, BFH/NV 1994, 728). Über die Kosten ist nach § 135 ff. zu entscheiden.

VIII. Übergang zur Fortsetzungsfeststellungsklage

Geht der Kläger zur Fortsetzungsfeststellungsklage (§ 100 I 4) über mit der Behauptung, der Rechtsstreit sei in der Hauptsache erledigt, muss das Gericht auch feststellen, ob die Hauptsache erledigt ist. Ist die **Hauptsache nicht erledigt,** muss das Gericht gleichwohl über das Feststellungsbegehren entscheiden, da der Kläger das ursprüngliche Begehren aufgegeben hat. Die subsidiäre Feststellungsklage ist dann unzulässig, da in der Sache (die Hauptsache ist nicht erledigt) noch Primärrechtsschutz möglich ist. Ist die **Hauptsache erledigt,** ist ebenfalls über die Feststellungsklage zu entscheiden. Diese kann je nach Lage abzuweisen sein, weil schon die ursprüngliche Klage unzulässig war, weil das Feststellungsbegehren unzulässig oder weil es unbegründet ist. Die Kostenfolge aus § 135 I ist dann unausweichlich, obwohl sie durch (einseitige) Erledigungserklärung vermieden worden wäre (vgl. HessFG 4 Ko 1076/20, BeckRS 2021, 3970). Der Klage ist stattzugeben, wenn das Verfahren zulässig begonnen hatte und die Feststellungsklage zulässig und begründet ist. Näher → § 100 Rn. 80 ff. **108**

§ 139 [Erstattungsfähige Kosten]

(1) **Kosten sind die Gerichtskosten (Gebühren und Auslagen) und die zur zweckentsprechenden Rechtsverfolgung oder Rechtsverteidigung notwendigen Aufwendungen der Beteiligten einschließlich der Kosten des Vorverfahrens.**

(2) **Die Aufwendungen der Finanzbehörden sind nicht zu erstatten.**

(3) [1]**Gesetzlich vorgesehene Gebühren und Auslagen eines Bevollmächtigten oder Beistands, der nach den Vorschriften des Steuerberatungsgesetzes zur geschäftsmäßigen Hilfeleistung in Steuersachen befugt ist, sind stets erstattungsfähig.** [2]**Aufwendungen für einen Bevollmächtigten oder Beistand, für den Gebühren und Auslagen gesetzlich nicht vorgesehen sind, können bis zur Höhe der gesetzlichen Gebühren und Auslagen der Rechtsanwälte erstattet werden.** [3]**Soweit ein Vorverfahren geschwebt hat, sind die Gebühren und Auslagen erstattungsfähig, wenn das Gericht die Zuziehung eines Bevollmächtigten oder Beistands für das Vorverfahren für notwendig erklärt.** [4]**Steht der Bevollmächtigte oder Beistand in einem Angestelltenverhältnis zu einem Beteiligten, so werden die durch seine Zuziehung entstandenen Gebühren nicht erstattet.**

(4) **Die außergerichtlichen Kosten des Beigeladenen sind nur erstattungsfähig, wenn das Gericht sie aus Billigkeit der unterliegenden Partei oder der Staatskasse auferlegt.**

Vgl. § 162 VwGO; § 193 SGG.

Literatur: Alvermann/Pittelkow, Erstattungsfähigkeit von Bürgschaftskosten bei der Aussetzung der Vollziehung gegen Sicherheitsleistung, Stbg 2009, 410; Bächer, Erstattungsfähige Kosten in Verfahren vor den Finanzgerichten, Stbg 2011, 422; Balmes/Felten, Kosten des Steuerstreits, DStZ 2010, 454; Carlé/Rockoff, Abtretung des Kostenerstattungsanspruchs an den Prozessbevollmächtigten, AO-StB 2005, 84; Franz/Dardat, Die Post- und Telekommunikationspauschale nach dem RVG, NJW 2018, 11; Gruber, Kostenrechtliche Betrachtungen zur Beiladung im finanzgerichtlichen Verfahren, StB 2003, 16; Hollatz,

Gebühren des Steuerberaters im außergerichtlichen Vorverfahren, NWB Fach 2, 7935; Hollatz, Anforderung von Schreibauslagen im Finanzgerichtsverfahren, NWB Fach 2, 7969; Hollatz, Kosten im gerichtlichen Steuerrechtsstreit, NWB Fach 2, 8677; Kilian/Schwerdtfeger, Amtshaftung und Einspruchsverfahren, DStR 2006, 1773; Kroiß, Das neue Rechtsanwaltsvergütungsgesetz, JuS 2005, 33; Lange, Kosten des Beigeladenen bei sogenanntem Formalantrag, DB 2002, 608; Linssen, Notwendigkeit der Hinzuziehung eines Steuerberaters im Vorverfahren und die Folgen für die Kostentragung, Inf 1995, 296; Mayer, Entwicklungen zur Rechtsanwaltsvergütung, NJW 2019, 1419; NJW 2019, 3426; NJW 2020, 1779; NJW 2020, 3420; Mayer, Die Anwaltsvergütung nach dem Kostenrechtsänderungsgesetz 2021, NJW 2021, 345; Schall, Notwendigkeit der Zuziehung eines Bevollmächtigten zum Vorverfahren (§ 139 III 3 FGO), StB 1996, 234; Schneider, Die Erstattungsfähigkeit von Rechtsgutachten, MDR 1988, 457; Schneider, Kostenrechtsmodernisierungsgesetz – Das neue Rechtsanwaltsvergütungsgesetz, AnwBl. 2004, 129; Schwarz, Kosten des finanzgerichtlichen Verfahrens, AO-StB 2004, 31; Starz, Das Honorar des Steuerberaters im Finanzgerichtsprozess, DStR 2009, 2449; Sterzinger, Umsatzsteuer auf Auslagen des Rechtsanwalts?, NJW 2008, 1254; Volpert, Aktuelle Fragestellungen zur Aktenversendungspauschale, NJW 2016, 218.

Übersicht

	Rn.
I. Anwendungsbereich	1
II. Gerichtskosten	2
III. Außergerichtliche Kosten	3
1. Begriff	3
2. Notwendigkeit der Aufwendungen	4
3. Persönliche Auslagen der Beteiligten (§ 139 I u. II)	10
4. Gebühren und Auslagen eines Bevollmächtigten oder Beistands (§ 139 III 1)	18
a) Tätigwerden eines Bevollmächtigten oder Beistands	18
b) Die Gebühren des Bevollmächtigten oder Beistands	23
aa) Anwendbarkeit des RVG	23
bb) Überblick über die Regelungen des RVG	28
cc) Überblick über die Gebührentatbestände des RVG für das erstinstanzliche gerichtliche Verfahren	55
dd) Gebühren für das Verfahren vor dem BFH	96
ee) Gebühren für Vorabentscheidungsverfahren vor dem EuGH	100
c) Die Auslagen des Bevollmächtigten oder Beistands	105
d) Bevollmächtigte und Beistände ohne gesetzlich vorgesehene Gebühren und Auslagen (§ 139 III 2)	112
5. Kosten des Vorverfahrens (§ 139 III 3)	120
a) Voraussetzungen der Kostenerstattung	120
b) Erstattungsfähige Aufwendungen im Vorverfahren	135
aa) Aufwendungen für das Vorverfahren	135
bb) Anwendung von RVG oder StBVV	136
cc) Gebühren für das Vorverfahren nach RVG	137
dd) Gebühren für das Vorverfahren nach StBVV (anzuwenden bis zum 30.6.2020)	147
6. Außergerichtliche Kosten des Beigeladenen (§ 139 IV)	157
7. Entstehen, Verzinsung und Verjährung des Kostenerstattungsanspruchs	170

I. Anwendungsbereich

Die **Kostengrundentscheidung** bestimmt, wer die Kosten des Verfahrens dem Grunde nach zu tragen hat (s. § 143; → Vor § 135 Rn. 3). **§ 139** setzt anschließend an und regelt den **Umfang der Kostenerstattungspflicht der Höhe nach.** Der obsiegende Beteiligte hat dazu seinen Erstattungsanspruch geltend zu machen (wegen weiterer Einzelheiten s. § 149). Nach § 139 I umfasst der **Kostenbegriff der FGO** die Gerichtskosten (Gebühren und Auslagen) sowie die außergerichtlichen Aufwendungen, die zur zweckentsprechenden Rechtsverfolgung oder Rechtsverteidigung notwendig sind, wozu nach § 139 III 3 auch die Kosten des Vorverfahrens gehören. Die behördlichen Aufwendungen nimmt § 139 II von einer Kostenerstattungspflicht aus. Der Regelungsinhalt des § 139 III bezieht sich auf Aufwendungen eines Beteiligten zur Vergütung eines Bevollmächtigten/Beistandes. § 139 IV stellt die Erstattungsfähigkeit von außergerichtlichen Kosten des Beigeladenen unter besondere Voraussetzungen. Ergänzend zu § 139 sind zivilprozessuale (Kosten-)Vorschriften anzuwenden (s. § 155 S. 1), insbes. §§ 91, 103, 104 ZPO. 1

II. Gerichtskosten

Die **Gerichtskosten** bestehen aus den Gebühren und Auslagen, die an die Staatskasse zu entrichten sind (zur Höhe der Einbeziehung s. ThürFG 4 Ko 557/13, EFG 2015, 72; FG Düsseldorf 15 Ko 4622/09, EFG 2011, 271). Wegen weiterer Einzelheiten zu den Gerichtskosten und dem Verfahren des Kostenansatzes → Vor § 135 Rn. 15 ff. 2

III. Außergerichtliche Kosten

1. Begriff

§ 139 betrifft die Kosten des Finanzprozesses vor dem FG oder BFH. Normenkontrollverfahren (Art. 100 I GG) oder Vorabentscheidungsverfahren beim EuGH (Art. 267 AEUV) im laufenden Finanzprozess sind ebenfalls erfasst (FG Hmb 4 K 84/17, EFG 2018, 683; Tipke/Kruse/Brandis § 139 Rn. 6; Gosch/Böwing-Schmalenbrock § 139 Rn. 22). Kosten für Verfassungsbeschwerden sind dagegen nicht erstattungsfähig (BFH VII 1/64 U, BStBl. III 1965, 519). 3

Zu den Kosten gehören nach § 139 I – neben den Gerichtskosten (→ Rn. 1) – die außergerichtlichen Kosten. Dies sind die zur zweckentsprechenden Rechtsverfolgung oder Rechtsverteidigung tatsächlich entstandenen und notwendigen Aufwendungen der Beteiligten, die im unmittelbaren Zusammenhang mit dem konkreten Rechtsstreit stehen. Diese setzen sich zusammen aus den **eigenen** (persönlichen) **Auslagen,** die der Beteiligte in unmittelbarem Zusammenhang mit dem Prozess oder dem Vorverfahren aufgewendet hat (→ Rn. 10 ff.), und den **Gebühren** und **Auslagen für Bevollmächtigte** (→ Rn. 23 ff.). Die außergerichtlichen Aufwendungen werden im Kostenfestsetzungsverfahren (§ 149) festgesetzt.

2. Notwendigkeit der Aufwendungen

Die Aufwendungen müssen nach § 139 I zur **zweckentsprechenden** Rechtsverfolgung oder Rechtsverteidigung in dem jeweiligen Verfahren (FG 4

Hmb 4 K 100/17, EFG 2018, 679 zur Abgrenzung Klage/AdV) **notwendig** gewesen sein (sog. Kostenoptimierungspflicht, s. BFH III R 17/13, BFH/NV 2015, 1101; BVerwG 9 KSt 5/07, NJW 2007, 3656). Dem Zweck Rechtsverfolgung dient jede Maßnahme, die ein verständiger Beteiligter unter Berücksichtigung der Bedeutung der Streitsache und ihrer Schwierigkeit in tatsächlicher oder rechtlicher Hinsicht für erforderlich halten durfte. Notwendig sind alle Kosten, ohne die die zweckentsprechenden Maßnahmen nicht getroffen werden könnten (BVerwG VII C 14.63, BVerwGE 17, 245; BGH X ZB 3/09, NJW 2011, 529; ThürFG IV 70008/06 Ko, EFG 2006, 997; Tipke/Kruse/Brandis § 139 Rn. 8; Zöller/Herget ZPO § 91 Rn. 12; Kopp/Schenke/Hug VwGO § 162 Rn. 3; abl. für Aufwendungen zur Teilnahme des Klägers an der mündlichen Verhandlung vor dem BFH: FG Düsseldorf 16 Ko 441/07, EFG 2007, 1262 und vor dem EuGH: BFH III R 17/13, BFH/NV 2015, 1101, mE bedenklich wegen Art. 19 IV GG; bejahend für Kosten eines Betreuungsverfahrens zur Feststellung der Prozessfähigkeit eines Beteiligten FG Saarl 2 KO 1369/13, EFG 2014, 1213). Kosten, die durch überflüssige oder zwecklose Maßnahmen verursacht werden, sind vom Kostentragungspflichtigen daher nicht zu erstatten (BFH VII B 53/75, BStBl. II 1976, 504; ThürFG II 1/94 Ko, EFG 1996, 1115; Tipke/Kruse/Brandis § 139 Rn. 8). Davon unberührt bleibt der Grundsatz der Kostenminimierung (BFH X K 5/13, AnwBl. 2016, 438; III R 17/13, BFH/NV 2015, 1101; Tipke/Kruse/Brandis § 139 Rn. 8). Erstattungsfähig sind zudem nur die den Beteiligten in dem konkreten Verfahren entstandenen Kosten (Tipke/Kruse/Brandis § 139 Rn. 7). Kosten eines AdV-Verfahrens können daher nicht im Rahmen des Hauptsacheverfahrens geltend gemacht werden (FG Hmb 4 K 100/17, EFG 2018, 679).

5 **Gesetzlich vorgeschriebene Gebühren und Auslagen** eines Bevollmächtigten oder Beistandes, der zur geschäftsmäßigen Hilfeleistung in Steuersachen befugt ist, sind nach § 139 III 1 **stets erstattungsfähig.** Das bedeutet aber nicht, dass auch solche Gebühren und Auslagen erstattet werden müssen, die zur Rechtsverfolgung nicht notwendig waren (BFH VII E 1/72, BStBl. II 1973, 23; ThürFG II 1/94 Ko, EFG 1996, 1115). Die **Notwendigkeit** von Gebühren und insbes. Auslagen ist **auch insoweit Voraussetzung** für deren Erstattungsfähigkeit (vgl. zB BFH VII E 9/83, BStBl. II 1984, 422).

6 **Eingeschränkt** wird der Grundsatz des § 139 III 1 **weiter durch** die über § 155 auch im finanzgerichtlichen Verfahren anwendbare Vorschrift des **§ 91 II ZPO.** So sind nach § 91 II 1 Hs. 2 ZPO solche **Reisekosten eines Rechtsanwalts** (oder im finanzgerichtlichen Verfahren auch eines Steuerberaters oder Wirtschaftsprüfers) nicht zu erstatten, die dadurch entstehen, dass dieser sein Büro oder seinen Wohnsitz nicht am Gerichtsort oder am Wohn-/Geschäftssitz des Klägers hat (BGH VII ZB 27/03, NJW-RR 2004, 858; XI ZB 13/11, NJW-RR 2012, 697; VIII ZB 37/18, NJW 2019, 681, jeweils mwN; FG Brem 2 93 079 E 2, EFG 1994, 162; FG BBg 1 Ko 242/96 KF, EFG 1996, 1054; FG BW 11 KO 840/15, EFG 2016, 600 zu einem ausländischen Kläger). Haben Kläger und Bevollmächtigte jeweils ihren Wohn- bzw. Geschäftssitz im Bezirk des Prozessgerichts (nicht zwingend Gerichtsort oder Wohnort des Klägers), sind die Reisekosten erstattungsfähig (BGH I ZB 62/17, NJW 2018, 2572; VIII ZB 37/18, NJW 2019, 681). Unerheblich ist dabei, wie groß der Gerichtsbezirk ist, insbes. auch bei OLG bzw. Fachobergerichten wie dem FG, oder auch, dass er sich evtl. über mehrere Bundesländer erstreckt (LAG BBg 26 Ta (Kost) 6114/18, AGS 2019, 441). Insoweit ist eine Notwendigkeitsprüfung nach § 91 II 1

ZPO nicht erforderlich. Beauftragt der Kläger dagegen einen Bevollmächtigten außerhalb des Gerichtsbezirks, ohne dass die Hinzuziehung des auswärtigen Bevollmächtigten notwendig ist, sind nach der Rspr. des BFH fiktive Reisekosten erstattungsfähig, die angefallen wären, wenn ein am entferntesten Ort innerhalb des Gerichtsbezirks ansässiger Bevollmächtigter beauftragt worden wäre (BGH I ZB 62/17, NJW 2018, 2572; VIII ZB 37/18, NJW 2019, 681). Der Umstand, dass ein Beteiligter einen bestimmten Anwalt oder Steuerberater **besonders gut kennt,** rechtfertigt es nicht, höhere Kosten, die durch die Beauftragung dieses Anwalts oder Steuerberaters entstehen, zu erstatten (BGH VII ZB 93/06, NJW-RR 2007, 1071; XI ZB 20/07, BeckRS 2008, 10901; **aA** FG Brem 2 93 079 E 2, EFG 1994, 162 mwN). Es reicht auch nicht aus, wenn der Bevollmächtigte für den Beteiligten in derselben Angelegenheit bereits vorprozessual tätig war (BGH XI ZB 12/11, BeckRS 2012, 3796). In Einzelfällen kann es allerdings zur zweckentsprechenden Rechtsverfolgung notwendig sein, einen auswärtigen Anwalt (oder Steuerberater usw) zu beauftragen, zB wenn für die Prozessführung fachliche **Spezialkenntnisse** erforderlich sind, die kein am Gerichtsort ansässiger Anwalt in vergleichbarem Maß hat (ThürFG II 2/97 KO, EFG 1998, 58; FG Hmb 3 KO 117/15, EFG 2016, 393; BGH I ZB 29/02, NJW 2003, 901; XI ZB 13/11, NJW-RR 2012, 697; Kopp/Schenke/Hug VwGO § 162 Rn. 11; Zöller/Herget ZPO § 91 Rn. 13 – Reisekosten), oder der Beteiligte mehrere gleichgelagerte Rechtsstreitigkeiten bei verschiedenen Gerichten führt und die Rechtswahrnehmung durch einen Bevollmächtigten sachdienlich ist (BGH VIII ZB 85/20, NJW 2021, 3663; VIII ZB 33/21, NJW-RR 2022, 1436).

Nach **§ 91 II 2 ZPO** (iVm § 155) sind die Aufwendungen eines Beteiligten 7 für **mehrere Prozessbevollmächtigte** nur insoweit zu erstatten, als sie die Gebühren und Auslagen eines Prozessbevollmächtigten nicht übersteigen (BFH VII B 154/68, BStBl. II 1971, 398; FG BBg 15 K 1236/13, BeckRS 2016, 95503; FG Köln 10 Ko 3040/97, EFG 2000, 963; FG Saarl 1 S 364/02, EFG 2002, 1630 zum Vorverfahren; Kopp/Schenke/Hug VwGO § 162 Rn. 12 mwN). Das gilt trotz der Besonderheiten des Steuerprozesses auch für die **gleichzeitige Vertretung** durch einen **Anwalt** und einen **Steuerberater** oder Steuerbevollmächtigten, und zwar selbst dann, wenn mehrere Beteiligte als Streitgenossen auftreten, die sich gemeinsam durch zwei Bevollmächtigte vertreten lassen (BFH VII B 79/74, BStBl. II 1976, 574; FG BW 6 Ko 3/92, EFG 1994, 52; FG Köln 10 Ko 3040/97, EFG 2000, 963). Dagegen kann bei mehreren Streitgenossen jeder die Kosten für den von ihm allein bestellten Prozessbevollmächtigten erstattet verlangen (BGH IX ZB 152/11, NJW 2013, 2826; V ZB 290/10, NJW 2012, 319; BayVGH 193 I 73, BayVBl. 1976, 696; Kopp/Schenke/Hug VwGO § 162 Rn. 13), es sei denn, es bestand kein sachlicher Grund für die Beauftragung jeweils eigener Anwälte durch Streitgenossen (BGH VI ZB 72/16, NJW 2017, 3788; VI ZB 55/16, NJW-RR 2018, 124; VI ZB 76/03, NJW-RR 2004, 536; OLG Karlsruhe 15 W 6/18, NJW-RR 2018, 569; Zöller/Herget ZPO § 91 Rn. 13.93 zum Missbrauch). Auch bei der Hinzuziehung eines weiteren Bevollmächtigten für einen bestimmten Verfahrensabschnitt (EuGH) sind die Aufwendungen nur insoweit zu erstatten, als sie die Gebühren und Auslagen eines Prozessbevollmächtigten nicht übersteigen (FG Köln 10 Ko 3040/97, EFG 2000, 963). Dieselben Grundsätze gelten auch, wenn ein **Wechsel des Prozessbevollmächtigten** während der Instanz eintritt (BFH VII B 79/74, BStBl. II 1976, 574), es sei denn, der Wechsel war bei objektiver Betrachtung zwingend geboten (§ 91 II 2 ZPO; FG BBg 15 K 1236/13, BeckRS 2016, 95503 zum Tod des ersten Bevollmächtigten; FG Köln 2 Ko 3002/18, EFG 2019, 819 zur Einstellung der Tätigkeit des Bevollmächtigten; FG Brem I 117/84 KO, EFG 1985, 85 zur Einleitung eines strafrechtlichen Ermittlungsverfahrens gegen den Bevollmächtigten; BGH IV ZB 3/12, NJW 2012, 3790 zur nicht vorhersehbaren Zulassungsaufgabe des Bevollmächtigten; vgl. dazu auch Schall StB 1994, 327). Dafür reicht es nicht aus, wenn der Kläger der Auffassung ist, der neue Bevollmächtigte werde seine Interessen besser vertreten (FG Köln 10 Ko 3591/08, EFG 2009, 428 mwN: Bevollmächtigtenwechsel darf nicht auf Umständen beruhen, die für den ersten Bevollmächtigten oder für den Erstattungsberechtigten selbst in irgendeiner Weise vorhersehbar oder zurechenbar verschuldet waren). Beauftragt ein auswärtiger Bevollmächtigter zwecks Wahrnehmung eines Gerichtstermins einen am Gerichtsort ansässigen **Unterbevollmächtigten,** so sind diese Kosten erstattungsfähig, soweit sie die ersparten Reisekosten des Bevollmächtigten nicht wesentlich übersteigen (BGH VIII ZB 87/20, NJW-RR 2023, 205; XII ZB 499/11, NJW-RR 2014, 763; VIII ZB 106/11, NJW 2012, 2888).

8 Die Feststellung, ob die Kosten notwendig waren, wird im **Kostenfestsetzungsverfahren** getroffen; vgl. hierzu § 149.

3. Persönliche Auslagen der Beteiligten (§ 139 I u. II)

10 § 139 erfasst neben Aufwendungen für Bevollmächtigte und Beistände nur **tatsächlich angefallene persönliche notwendige Aufwendungen** der Beteiligten. Als solche kommen nach § 155 FGO iVm § 91 I 2 ZPO insbes. **Reisekosten** und ein etwaiger **Verdienstausfall** (bei Handelsgesellschaften auch der Zeitaufwand ihrer gesetzlichen oder sonstigen Vertreter) in Betracht. Die Kosten müssen idR durch die Wahrnehmung eines **gerichtlichen Termins** entstanden sein (Schall StB 1995, 144; Zöller/Herget ZPO § 91 Rn. 13.116; → Rn. 3), wobei unerheblich ist, ob das persönliche Erscheinen des Beteiligten angeordnet wurde (FG Düsseldorf 16 Ko 441/07 KF, EFG 2007, 1262 zur Ausnahme von Parteireisekosten zum BFH bei Streit um Rechtsfrage). Darüber hinaus sind auch die Kosten einer **Informationsreise** des Beteiligten zu seinem Bevollmächtigten erstattungsfähig (Tipke/Kruse/Brandis § 139 Rn. 28; → Rn. 5). Die Höhe richtet sich gem. § 155 FGO iVm § 91 I 2 ZPO nach den für die Entschädigung von Zeugen geltenden Bestimmungen des JVEG. Sonstiger mit der Bearbeitung des Prozesses zusammenhängender **Zeitaufwand** wird nicht erstattet (BFH VI ZR 98/75, BGHZ 66, 114; FG Hmb IV 155/80 H, EFG 1982, 193; Kopp/Schenke/Hug VwGO § 162 Rn. 5).

11 Kosten für ein **Privatgutachten** sind idR nicht erstattungsfähig, weil es im finanzgerichtlichen Verfahren grds. dem FG obliegt, den Sachverhalt zu erforschen und den Umfang der Beweisaufnahme zu bestimmen (BFH VII B 79/74, BStBl. II 1976, 574; FG BW 9 KO 11/90, EFG 1992, 153; FG Hmb VI 28/91, EFG 1996, 34; → § 76 Rn. 10 ff.). Ausnahmsweise kann das Privatgutachten aber für eine zweckentsprechende Rechtsverteidigung notwendig sein, um schwierige technische Fragen zu klären, um den Ausführungen des anderen Beteiligten in einer schwierigen tatsächlichen Streitfrage entgegenzutreten, die nur mit Hilfe spezifischen Fachwissens beantwortet werden kann oder um ein vom Gericht oder von der Gegenseite eingeholtes Fachgutachten zu widerlegen (BFH VII B 43/69, BStBl. II 1971, 400; VGH BW 5 S 3245/98, NVwZ-RR 2002, 315; FG Köln

10 Ko 7601/98, EFG 1999, 789; FG Hmb 3 KO 56/17, EFG 2017, 1620 zum Gutachten zur Veranlassung einer Beweisaufnahme; FG Münster 8 Ko 326/21, EFG 2022, 59, abl. zum Gutachten bei Nachkalkulation von Einnahmen und Auftrag vor Beginn des Klageverfahrens; Tipke/Kruse/Brandis § 139 Rn. 26; Kopp/Schenke/Hug VwGO § 162 Rn. 8). Eine Verwertung durch das Gericht indiziert Notwendigkeit (Tipke/Kruse/Brandis § 139 Rn. 26; HHS/Schwarz § 139 Rn. 194), bei dem Stpfl. obliegender gesetzlicher Beweislast besteht aber keine Erstattungsfähigkeit (NdsFG 1 KO 6/07, EFG 2007, 1814 zu § 138 IV BewG; FG Münster 3 K 2618/14 F, nv; 3 Ko 859/17 KFB, nv, jeweils zu § 198 BewG; FG Hmb 3 K 65/20 EFG 2022, 562; **aA** NdsFG 1 K 204/13, EFG 2015, 1010; FG Hmb 3 K 141/16, EFG 2018, 921). Die Kosten eines **Rechtsgutachtens** können nicht erstattet werden, weil das Gericht selbst zur Lösung (auch sehr schwieriger) Rechtsfragen berufen ist (BFH VII B 79/74, BStBl. II 1976, 574; FG Köln 10 Ko 2211/02, EFG 2003, 56; 2 Ko 3037/19, nv zu noch nicht geklärten schwierigen steuerrechtlichen Fragestellungen; BVerfG 1 BvR 1174/90, NJW 1997, 3430; FG Hmb 4 K 84/17, EFG 2018, 683 für Gutachten zu verfassungs- und europarechtlichen Fragen; **aA** für den Fall, dass es um schwierige Rechtsfragen geht Tipke/Kruse/Brandis § 139 Rn. 26; Kopp/Schenke/Hug VwGO § 162 Rn. 8). Etwas anderes gilt nur dann, wenn die Rechtsfragen **ausländisches Recht** betreffen (s. auch § 293 ZPO). Die Höhe der erstattungsfähigen Kosten beurteilt sich nach dem JVEG (FG Hmb 3 KO 56/17, EFG 2017, 1620; HessFG 2 Ko 332, 333/88, EFG 1989, 140; aA Tipke/Kruse/Brandis § 139 Rn. 26: freies Ermessen).

Provisionen für Bürgschaften (Avalprovisionen), durch die dem FA Sicherheit zur Abwendung der Vollziehung eines Abgabenbescheids geleistet worden ist, können nicht als erstattungsfähige Aufwendungen des Hauptverfahrens, in dem die Aufhebung des Steuerbescheids betrieben wird, berücksichtigt werden (BFH VII B 170/69, BStBl. II 1972, 429; VII B 123/70, BStBl. II 1972, 573; FG BW 1 Ko 6/95, EFG 1996, 997; FG Köln 10 Ko 4258/09, EFG 2010, 1644; 10 Ko 1883/12, EFG 2012, 2234; aA FG BW 3 KO 7/03, EFG 2007, 783 mwN). Wird die Bürgschaft in Erfüllung einer **Sicherheitsauflage** in einer Vollziehungsaussetzungsanordnung erbracht, gehört die Avalprovision auch nicht zu den erstattungsfähigen Aufwendungen des Aussetzungsverfahrens (BFH VIII R 68/79, BStBl. II 1982, 602; FG Köln 10 Ko 1883/12, EFG 2012, 2234; s. auch FG BW 2 K 212/05, EFG 2008, 1267 zur AdV des FA gegen Sicherheitsleistung). Aufwendungen für eine **Sicherheitsleistung** können jedoch erstattungsfähige Aufwendungen des Aussetzungsverfahrens sein, wenn die Sicherheit zur Erlangung eines Vollstreckungsaufschubs im Hinblick auf ein **schwebendes Verfahren zur Aussetzung der Vollziehung** geleistet wird (BFH VIII R 68/79, BStBl. II 1982, 602). 12

Die Kosten für **Abschriften, Fotokopien** oder **Übersetzungen** von Beweismitteln oder Aktenteilen können erstattungsfähig sein, wenn sie zur Prozessführung erforderlich sind. Die Regelungen des VV-RVG 7000 sind aber auf Privatpersonen nicht übertragbar; die Höhe ist ggf. nach allgemeiner Lebenserfahrung zu schätzen. Aufwendungen für **Fachliteratur,** die eigens für den Steuerprozess angeschafft wurde, sind wegen der Pflicht, die Kosten möglichst gering zu halten, jedenfalls bei einem geringen Streitwert nicht erstattungsfähig (FG BW XII Ko 2/88, EFG 1988, 525). 13

Die **Aufwendungen der Finanzbehörde** im **gerichtlichen** und **außergerichtlichen Verfahren** sind nach § 139 II **nicht** zu erstatten. Finbeh im Sinne 14 dieser Vorschrift ist jede steuerverwaltende Behörde, die einen VA, der den Gegenstand eines finanzgerichtlichen Verfahrens bildet, erlassen hat oder von der der Erlass eines VA oder einer sonstigen Leistung begehrt wird (bejahend für Kirchensteueramt FG Köln 10 Ko 223/05, EFG 2005, 1647; FG Hmb 3 KO 152/15, BeckRS 2016, 94085 zu **HZA;** zu **Familienkassen** s. § 6 II Nr. 6 AO). Zu den Finbeh gehören nicht die **Einfuhr-** oder **Vorratsstellen** (BFH VII B 134/70, BStBl. II 1973, 243), das Landesfinanzministerium oder die OFD als Beklagter in berufsrechtlichen Streitigkeiten (HessFG 12 Ko 3483/98, EFG 1998, 1423; FG BBg 1 Ko 997/99 KF, EFG 1999, 1246; NdsFG 6 KO 26/03, EFG 2004, 924), das **Bundesamt für Ernährung, Landwirtschaft und Forsten** (BFH VII B 80/73, BStBl. II 1975, 489) oder die bei einem Zerlegungsverfahren beteiligten **Gemeinden** (BFH I B 32/74, BStBl. II 1974, 747). Siehe auch BFH I B 88/05, BFH/NV 2007, 1148 zum Verfahren **Beigetretenen** mwN. Zum Umfang der zu erstattenden Aufwendungen s. NdsFG 6 KO 26/03, EFG 2004, 924. Wird ein Land wegen überlanger Dauer eines finanzgerichtlichen Verfahrens verklagt, ist § 139 II nicht einschlägig (BFH X K 8/13, BStBl. II 2014, 584; X K 2/12, BStBl. II 2014, 395; X K 5/13, AnwBl. 2016, 438).

4. Gebühren und Auslagen eines Bevollmächtigten oder Beistands (§ 139 III 1)

18 **a) Tätigwerden eines Bevollmächtigten oder Beistands.** Nach § 139 III 1 sind gesetzliche Gebühren und Auslagen eines **Bevollmächtigten** oder **Beistands,** der nach den Vorschriften des StBerG zur geschäftsmäßigen Hilfe in Steuersachen befugt ist (§ 3 StBerG, abgedr. bei § 62), **stets erstattungsfähig** (zur Einschränkung dieses Grundsatzes → Rn. 5 ff.). Ob eine Person Bevollmächtigter oder Beistand ist, richtet sich nach § 62. Steht ein Bevollmächtigter bzw. Beistand in einem Angestelltenverhältnis zu einem Beteiligten, kommt jedoch keine Erstattung in Betracht, § 139 III 4 (FG Brem 297056 K 2, EFG 2000, 885). Dies gilt für Vor- und Hauptverfahren (Tipke/Kruse/Brandis § 139 Rn. 38; HHS/Schwarz § 139 Rn. 363).

19 Voraussetzung für die Erstattungsfähigkeit der gesetzlich vorgesehenen Gebühren und Auslagen des Bevollmächtigten oder Beistands ist allerdings, dass der Bevollmächtigte oder Beistand **tatsächlich** in einer die Gebühren auslösenden Weise für den Auftraggeber **tätig geworden** ist. Dagegen ist nicht erforderlich, dass seine Beistandsleistung durch Einreichen von Schriftsätzen usw nach außen erkennbar geworden ist (str., vgl. die hier sinngemäß geltenden Ausführungen zu → Rn. 125 ff.). Zur Erstattungsfähigkeit der Gebühren eines Prozessbevollmächtigten in einem vom ArbG an das FG **verwiesenen Verfahren** s. ThürFG IV 70047/05 Ko, EFG 2007, 453.

20 Tritt ein **Rechtsanwalt in eigener Sache** auf, so sind ihm die gesetzlichen Gebühren und Auslagen des gerichtlichen Verfahrens (zum Vorverfahren → Rn. 126) nach § 91 II 3 ZPO iVm § 155 ebenfalls zu erstatten (BFH VII B 10/67, BStBl. II 1969, 81; BGH VIII ZB 92/02, NJW 2003, 1534; FG Hmb 3 KO 123/16, EFG 2016, 1280). Das gilt auch für einen **Steuerberater** oder Steuerbevollmächtigten (BFH VII B 161/69, BStBl. II 1972, 94) oder einen **Rechtsbeistand.** Der Bevollmächtigte tritt allerdings nicht in eigener Sache auf, wenn er eine PersGes vertritt, an der er selbst beteiligt ist (NdsFG III 9/76 E, EFG 1977, 76). Vertritt sich ein Beteiligter, der nicht nach § 62 II als Bevollmächtigter

zugelassen ist, selbst, so kommt eine analoge Anwendung des § 91 II 3 ZPO nicht in Betracht (BFH VII B 102/75, BStBl. II 1977, 615; X B 38/15, BFH/NV 2016, 930). Vertritt der Bevollmächtigte/Beistand seinen Ehepartner, hat er Anspruch auf Erstattung der gesetzlichen Gebühren und Auslagen (FG BW VII 527/82, EFG 1983, 629). Einem RA, der das Verfahren als Partei kraft Amtes (zB Insolvenzverwalter) selbst führt, stehen ebenfalls die gesetzlichen Gebühren und Auslagen zu (FG Brem 2 96 207 Ko 2, EFG 1997, 374). Gleiches gilt bei Auftreten als gesetzlicher Vertreter (beachte hier aber § 139 III 4). Ein Anspruch auf höhere fiktive Kosten als die gesetzlichen Gebühren und Auslagen besteht nicht (FG Hmb 3 KO 73/17, BeckRS 2017, 124273).

b) Die Gebühren des Bevollmächtigten oder Beistands. aa) Anwendbarkeit des RVG. Die **Gebühren der Rechtsanwälte** bestimmen sich nach den Vorschriften des **RVG.** Für **Steuerberater,** Steuerbevollmächtigte und Steuerberatungsgesellschaften sind in Verfahren vor den Gerichten der Finanzgerichtsbarkeit die Vorschriften des **RVG sinngemäß** anwendbar (§ 45 StBVV; zu den Gebühren des Vorverfahrens → Rn. 126). Zu sonstigen Bevollmächtigten, insbes. zu **Wirtschaftsprüfern und im Ausland zugelassenen Rechtsanwälten** → Rn. 112. 23

Das RVG gliedert sich in einen **Paragraphenteil,** der überwiegend allg. Vorschriften enthält, und in ein als Anlage 1 bezeichnetes **Vergütungsverzeichnis (VV),** welches die einzelnen Gebühren- und Auslagentatbestände in sieben Teilen systematisch zusammenstellt. Die **Gebührentatbestände** für Verfahren der Finanzgerichtsbarkeit finden sich in **Teil 3 des VV.** Das RVG geht von dem einheitlichen System der **Verfahrenspauschgebühren** aus. Es bestehen drei Gebührentypen, nämlich die Verfahrensgebühr (→ Rn. 56 ff.), die Terminsgebühr (→ Rn. 64 ff.) und die Erledigungsgebühr (→ Rn. 84 ff.). Die Gebührensätze gelten einheitlich für **alle anwaltlichen Tätigkeiten** in der Bundesrepublik Deutschland. 24

bb) Überblick über die Regelungen des RVG. Im Folgenden soll ein **Überblick über die Regelungen des RVG** gegeben werden, soweit sie für das finanzgerichtliche Verfahren von Bedeutung sind. Hinsichtlich der Einzelheiten wird auf die Kommentare zum RVG verwiesen (vgl. insbes. Gerold/Schmidt, RVG; Mayer/Kroiß, RVG sowie Toussaint, Kostenrecht). 28

Nach Vorb. 3 I VV erhält ein Bevollmächtigter, dem ein **unbedingter Auftrag** als Prozess- oder Verfahrensbevollmächtigter, als Beistand für einen Zeugen oder Sachverständigen oder für eine sonstige Tätigkeit in einem gerichtlichen Verfahren erteilt wurde, Gebühren für den Finanzprozess nach Teil 3 VV. 29

Das RVG stellt den Begriff der „Angelegenheit" in den Vordergrund und widmet diesem sogar einen eigenen Abschnitt (§§ 16–21 RVG). Für jede gesonderte **Angelegenheit** erhält der Anwalt eine gesonderte Vergütung. Eine Angelegenheit kann aus mehreren Streitgegenständen bestehen, die nach § 22 RVG zusammengerechnet werden. Die Gebühren entgelten die gesamte Tätigkeit des RA vom Auftrag bis zur Erledigung der Angelegenheit (§ 15 I RVG; aber zur Zurückverweisung → Rn. 33). Der RA kann die Gebühren in derselben Angelegenheit nur einmal fordern (§ 15 II RVG; zu mehreren Rechtszügen → Rn. 33). Wird der RA, nachdem er in einer Angelegenheit tätig geworden ist, beauftragt, in derselben Angelegenheit weiter tätig zu werden, erhält er nicht mehr an Gebühren, als er erhalten würde, wenn er von vornherein hiermit beauftragt worden wäre, es sei denn, der frühere Auftrag ist seit mehr als zwei

Kalenderjahren erledigt; in diesem Fall gilt die weitere Tätigkeit als neue Angelegenheit (§ 15 V RVG). Das ist aber nicht der Fall, wenn ein gerichtliches Verfahren erst nach mehr als zwei Jahren fortgesetzt wird. Es liegt dann immer noch dieselbe Angelegenheit vor (FG BW 13 KO 1170/10, EFG 2011, 373, FG Saarl 2 KO 1643/07, NJW-Spezial 2008, 637). Die Zweijahresfrist stellt auf Kalenderjahre ab, die mit Ablauf des Kalenderjahres, in dem die Aussetzung des Verfahrens beschlossen wurde, zu laufen beginnt (OLG Bbg 6 W 219/08, BeckRS 2009, 13186).

30 **Welche Tätigkeiten zur selben Angelegenheit gehören,** regelt § 16 RVG. Dieselbe Angelegenheit sind zB das Verwaltungsverfahren auf **AdV** und jedes Verwaltungsverfahren auf Abänderung oder Aufhebung der AdV (§ 16 Nr. 1 RVG); das Verfahren über die **Prozesskostenhilfe** und das Verfahren, für das die PKH beantragt worden ist (§ 16 Nr. 2 RVG); mehrere Verfahren über die PKH in demselben Rechtszug (§ 16 Nr. 3 RVG); das Verfahren über einen Antrag ua auf Erlass einer **einstweiligen Anordnung** und jedes Verfahren auf deren Änderung oder Aufhebung (§ 16 Nr. 5 RVG). Zum Rechtsbehelfsverfahren → Rn. 148 ff.; zum Mediationsverfahren → Rn. 94.

31 **Welche Tätigkeiten verschiedene Angelegenheiten sind,** bestimmt § 17 RVG. Dies sind zB jeweils das **Verwaltungsverfahren,** das **Einspruchsverfahren,** das Verwaltungsverfahren auf **AdV** und ein gerichtliches Verfahren (§ 17 Nr. 1a RVG); das Verfahren in der Hauptsache und ein Verfahren über einen Antrag auf Erlass einer **einstweiligen Anordnung** oder Gewährung der **Aufhebung der Vollziehung** nebst Änderungs- und Aufhebungsanträgen (§ 17 Nr. 4 RVG); das Verfahren über ein Rechtsmittel und der vorausgegangene Rechtszug (§ 17 Nr. 1a RVG); das Verfahren über ein Rechtsmittel und über die NZB (§ 17 Nr. 9 RVG). Das Wiederaufnahmeverfahren und das wiederaufgenommene Verfahren sind im finanzgerichtlichen Verfahren nicht erfasst, weil § 17 Nr. 13 RVG darauf abstellt, dass sich die Gebühren nach Teil 4 und 5 VV richten, was nur strafrechtliche Verfahren betrifft (Gosch/Böwing-Schmalenbrock § 139 Rn. 355).

32 Schließlich bestimmt § 18 RVG, welche Tätigkeiten zu den **besonderen Angelegenheiten** gehören, die für das finanzgerichtliche Verfahren aber nur von nachrangiger Bedeutung sind. Vgl. iE § 18 RVG.

33 Umfasst ein gerichtliches Verfahren **mehrere Rechtszüge,** so handelt es sich hierbei um verschiedene Angelegenheiten (→ Rn. 31). Von Bedeutung ist dabei insbes. § 21 I RVG, wonach im Falle der **Zurückverweisung** einer Sache durch den BFH an das FG das weitere Verfahren vor dem FG ein neuer Rechtszug ist. Der RA kann die Gebühren nach § 15 II RVG in jedem Rechtszug fordern. §§ 19–21 RVG bestimmen dabei, welche Tätigkeiten iE zu einem Rechtszug gehören. Ist in dem ursprünglich vor dem FG geführten Verfahren bereits eine Verfahrensgebühr angefallen, so ist diese nach Abs. 6 der Vorb. 3 VV auf die Verfahrensgebühr für das erneute FG-Verfahren anzurechnen (FG Köln 10 Ko 783/11, EFG 2012, 2237; 2 Ko 32/19, EFG 2019, 816). Die Zweijahresfrist des § 15 V 2 RVG findet mE wegen der durchgängigen Befassung des RA keine Anwendung (FG Köln 2 Ko 32/19, EFG 2019, 816; Gosch/Böwing-Schmalenbrock § 139 Rn. 381; aA Mayer/Kroiß RVG § 21 Rn. 35, Gerold/Schmidt/Mayer RVG § 21 Rn. 15 unter Hinweis auf die OLG-Rspr.). Die Anrechnung gilt nicht bei einem **notwendigen Bevollmächtigtenwechsel** (Tipke/Kruse/Brandis § 139 Rn. 75). Erhöht sich nach der Zurückverweisung der **Gegenstandswert,**

so ist der höhere Wert auch für die Verfahrensgebühr maßgebend (Gerold/ Schmidt/Müller-Rabe VV Vorb. 3 Rn. 331).

Bei **Verbindung von selbständigen Verfahren** nach § 73 I bleiben die einmal in den ursprünglichen Verfahren entstandenen Gebühren bestehen (§ 15 IV RVG). Dem Bevollmächtigten steht ein Wahlrecht zu, ob er die Gebühren aus den Einzelwerten oder aus dem Gesamtwert nach Verbindung verlangt (FG Köln 10 Ko 2647/99, EFG 2001, 713; BGH IV ZB 6/09, NJW 2010, 3377). Vor Verbindung entstandene Gebühren sind auf nach Verbindung entstandene Gebühren aber anzurechnen. Wegen § 15 IV RVG ist eine Reduzierung unter die bereits entstandenen Gebühren ausgeschlossen (Gerold/Schmidt/Müller-Rabe VV 3100 Rn. 40 ff. mit Berechnungsbeispielen). Im Falle der **Trennung** eines Verfahrens nach § 73 II gehen wegen § 15 IV RVG bereits entstandene Gebühren nicht unter, von der Trennung an entstehen die Gebühren noch einmal (FG Münster 12 Ko 5812/95 KFB, EFG 1996, 1056; FG Düsseldorf 6 Ko 45/ 96 GK, StB 1997, 279; BVerwG 9 KSt 10/09, BeckRS 2009, 39945). Dies gilt auch bei der Abtrennung von Streitgenossen. Handelt es sich dabei zudem um Gesamtschuldner, erhöhen sich die Gebühren erheblich (Gerold/Schmidt/Müller-Rabe VV 3100 Rn. 65–67). 34

Als Gebühren, die der Bevollmächtigte für jede gesonderte Angelegenheit im finanzgerichtlichen Verfahren beanspruchen kann, geht das RVG grds. von **Wertgebühren** aus, die sich gem. § 2 I RVG nach dem **Gegenstandswert** der anwaltlichen Tätigkeit bemessen. Der Gegenstandswert richtet sich – soweit das RVG keine besonderen Regelungen enthält (s. hierzu aber §§ 24–31 RVG) – in gerichtlichen Verfahren gem. § 23 I 1 RVG nach den für die Gerichtsgebühren geltenden Wertvorschriften (iE → Vor § 135 Rn. 100 ff.). Eine gerichtliche Festsetzung des Streitwerts für die Gerichtsgebühren ist auch für die Gebühren des Bevollmächtigten maßgebend (§ 32 I RVG; zum Recht des RA, die Wertfestsetzung zu beantragen s. § 32 II RVG). Die **Werte mehrerer Gegenstände** (zB mehrerer angefochtener Steuerbescheide) werden nach § 22 I RVG innerhalb derselben Angelegenheit (→ Rn. 29 ff.) zusammengerechnet, wobei der Wert in derselben Angelegenheit nach § 22 II 1 RVG **höchstens 30 Mio. EUR** beträgt, soweit durch das RVG nichts anderes bestimmt ist (zu mehreren Auftraggebern s. § 22 II 2 RVG). 35

Im Regelfall bestimmt das VV bei den Wertgebühren einen **festen Gebührensatz.** Unter Anwendung der **Gebührentabelle** zum RVG (Anlage 2), die – gestaffelt nach Gegenstandswerten – die Beträge der jeweils vollen Gebühren ausweist, lässt sich dann der dem RA für die jeweilige Tätigkeit zustehende Gebührenbetrag errechnen. – Ausnahmsweise sieht das VV aber auch sogenannte **Gebührensatzrahmen** vor (s. zB VV 2300: Geschäftsgebühr: 0,5–2,5; zum Begriff auch Gerold/ Schmidt/Mayer RVG § 14 Rn. 2). In diesen Fällen obliegt es nach § 14 I 1 RVG dem RA, die Gebühr im Einzelfall unter Berücksichtigung aller Umstände, vor allem des Umfangs und der Schwierigkeit der anwaltlichen Tätigkeit, der Bedeutung der Angelegenheit sowie der Einkommens- und Vermögensverhältnisse des Auftraggebers, nach billigem Ermessen zu bestimmen. Ein besonderes Haftungsrisiko des RA kann nach § 14 I 2 RVG ebenfalls berücksichtigt werden. Ist die Gebühr von einem Dritten zu ersetzen, ist die von dem RA getroffene Bestimmung nicht verbindlich, wenn sie unbillig ist (§ 14 I 4 RVG). Eine Verpflichtung zur Einholung eines Gutachtens der Rechtsanwaltskammer nach § 14 II RVG besteht nicht (BFH VI B 139/11, BFH/NV 2012, 962). 36

37 Den Gegensatz zu den Wertgebühren bilden die **Festgebühren,** bei denen das VV bestimmt, welchen konkreten Betrag der RA für eine bestimmte Tätigkeit erhält. Vorgesehen sind derartige Festgebühren insbes. in den Fällen der Beratungshilfe (s. VV 2500–2508). Zum Teil sieht das VV auch sogenannte **Gebühren mit Betragsrahmen** vor, bei denen für eine konkrete anwaltliche Tätigkeit ein Mindest- und ein Höchstbetrag angegeben werden (vgl. VV 1008 III; s. zum Begriff auch Gerold/Schmidt/Mayer RVG § 14 Rn. 3). Auch bei diesen Gebühren handelt es sich um Rahmengebühren, bei denen der RA unter Berücksichtigung der in § 14 I 1 RVG aufgezählten Kriterien die Höhe der Gebühr bestimmt (→ Rn. 36, allerdings mit dem Unterschied, dass das Haftungsrisiko nach § 14 I 3 RVG zwingend zu berücksichtigen ist).

38 Wird der RA in derselben Angelegenheit für **mehrere Auftraggeber** tätig, erhält er die Gebühren nach § 7 I RVG nur einmal. Allerdings **erhöht sich die Verfahrens- oder Geschäftsgebühr** nach VV 1008 stets um 0,3 bei Wertgebühren und um 30 % bei Festgebühren; bei Betragsrahmengebühren erhöhen sich der Mindest- und der Höchstbetrag um 30 % (s. dazu NdsFG 7 KO 10/09, EFG 2010, 749, die Erhöhung ist keine eigenständige Gebühr; zu den einzelnen Gebührenarten → Rn. 36 f.; zur Obergrenze bei mehreren Erhöhungen s. VV 1008 III). Auf die Höhe der Verfahrens- oder Geschäftsgebühr kommt es dabei nicht an. Die Erhöhung ist nach VV 1008 IV auch bei Schwellengebühren nach VV 2300 und VV 2302 anzuwenden; der Gebührensatz oder Betrag dieser Gebühren erhöht sich entsprechend (s. Schneider/Volpert/Fölsch/Winkler RVG VV 1008 Rn. 26). Zur Abgrenzung bei Vorliegen mehrerer verschiedener Gegenstände innerhalb derselben Angelegenheit bei Streitgenossen → Rn. 40.

39 **Beispiel:**

Die Geschäftsgebühr beträgt 1,3. Der Bevollmächtigte hat acht weitere Auftraggeber, so dass eigentlich eine Gebührenerhöhung in Höhe von 8 × 0,3 = 2,4 vorzunehmen wäre. Wegen der Obergrenze von 2,0 erhält der RA hingegen nur eine Gebühr von 1,3 + 2,0 = 3,3.

40 Voraussetzung für die Erhöhung der Gebühr ist nach VV 1008, dass Auftraggeber in derselben Angelegenheit mehrere (natürliche oder juristische) Personen sind. Das ist nicht der Fall, wenn eine im finanzgerichtlichen Verfahren **steuerrechts- und beteiligtenfähige PersGes** (→ § 57 Rn. 11 ff.) ein Verfahren führt, weil der Auftrag nicht von den (mehreren) Gesellschaftern, sondern von der (alleinigen) PersGes erteilt wurde (Gerold/Schmidt/Müller-Rabe VV 1008 Rn. 65 ff., 111; Gosch/Böwing-Schmalenbrock § 139 Rn. 373; vgl. auch BGH II ZB 22/02, AnwBl. 2004, 251; FG Düsseldorf 15 Ko 4622/09 KF, EFG 2011, 271; FG Köln 10 KO 783/11, EFG 2012, 2237 und 10 Ko 1766/11, EFG 2012, 1498; FG Hmb 3 KO 226/15, AGS 2016, 468). Ist die PersGes im finanzgerichtlichen Verfahren **nicht beteiligtenfähig,** muss die Klage idR durch die Gesellschafter erhoben werden (s. etwa § 48 I Nr. 2), so dass dem RA bei einer Mehrheit der ihn beauftragenden klagenden Gesellschafter die Erhöhungsgebühr grds. zusteht.

41 Der RA kann nach § 11 I 1 RVG beim Gericht des ersten Rechtszugs beantragen, die gesetzliche Vergütung und die zu ersetzenden Aufwendungen nach § 670 BGB ggü. dem Auftraggeber vollstreckbar **festzusetzen.** Für eine Gebührenklage besteht kein Rechtsschutzbedürfnis, solange die Vergütungsfestsetzung nach § 11 RVG betrieben werden kann (LG Essen 18 O 317/18, Stbg 2020, 426). Auch der Mandant kann als Antragsteller eine anwaltliche Vergütungsforderung gerichtlich

überprüfen lassen (OLG Köln I-17 W 330/14, AnwBl. 2016, 855; OLG Nürnberg 9 W 294/05, NJOZ 2006, 3971). Dabei wird ausschließlich über den zivilrechtlichen Anspruch des Bevollmächtigten aus dem mit dem Mandanten geschlossenen Anwaltsvertrag entschieden (FG Köln 10 Ko 2250/13, EFG 2014, 674). Wegen § 45 StBVV gilt dieses Verfahren auch für den Vergütungsanspruch des im finanzgerichtlichen Verfahren tätigen Steuerberaters bzw. der Steuerberatungsgesellschaft (BFH VII B 221/90, BFH/NV 1991, 619; Tipke/Kruse/Brandis § 139 Rn. 56; Gosch/Böwing-Schmalenbrock § 149 Rn. 127 ff.). Die Vergütungsfestsetzung ist ein von der Kostenfestsetzung nach § 149 unabhängiges Verfahren (→ § 149 Rn. 2). Der Antrag auf Vergütungsfeststellung ist nach § 11 II 1 RVG erst bei Fälligkeit der Vergütung zulässig. Die Festsetzung umfasst ausdrücklich nur die **gesetzliche Vergütung** und die zu ersetzenden Aufwendungen nach § 670 BGB. Eine Festsetzung darüber hinaus in Bezug auf eine vereinbarte Vergütung ist nach § 11 RVG nicht möglich (Gerold/Schmidt/Müller-Rabe RVG § 11 Rn. 42, 44; Mayer/Kroiß/Mayer RVG § 11 Rn. 69). Die Beteiligten sind gem. § 11 II 2 RVG zwingend anzuhören. Wird der von dem Bevollmächtigten angegebene Gegenstandswert von einem Beteiligten **bestritten,** ist das Verfahren nach § 11 IV RVG auszusetzen, bis das Gericht hierüber entschieden hat. Erhebt der Antragsgegner Einreden, die ihren Grund nicht im Gebührenrecht haben, sondern auf Vorschriften des allgemeinen, auch für andere Rechtsbeziehungen maßgeblichen Rechts oder auf besondere Abmachungen zwischen dem Bevollmächtigten und seinem Auftraggeber gestützt sind, so ist die Festsetzung nach § 11 V RVG abzulehnen. Dazu gehört neben dem Aufrechnungseinwand auch die Einrede der Schlechterfüllung des Anwaltsvertrags, zB durch abredewidrige Klagerücknahme (FG Köln 10 Ko 2250/13, EFG 2014, 674) oder unterlassene Einlegung eines Rechtsbehelfs (SchlHFG 1 KO 278/06, EFG 2007, 384), die inzident den Einwand der Aufrechnung mit einem Schadensersatzanspruch aus positiver Vertragsverletzung des Anwaltsvertrags beinhaltet oder eine fehlende Mandatierung (FG LSA 5 KO 121/13, EFG 2013, 1608; FG Münster 5 Ko 2255/19 KFB, DStR 2020, 568; s. auch OLG Koblenz 14 W 777/15, NJW-RR 2016, 380 zur zugesagten Kostenobergrenze; OLG Naumburg 12 W 16/16, AGS 2017, 117 zur vereinbarten Stundung oder Ratenzahlung; OLG Köln II-4 WF 35/12, AGS 2013, 19 zum Erfüllungseinwand; OLG Jena 3 W 599/13, BeckRS 2014, 128812 und OLG Koblenz 14 W 302/84, JurBüro 1985, 220 zum Vorliegen einer Vergütungsvereinbarung; LG Saarbrücken 5 T 176/09, NJOZ 2009, 2819 zur Verjährung, soweit nicht offensichtlich unbegründet). Die Einwendung muss erkennen lassen, dass der Antragsgegner sie aus konkreten, tatsächlichen Umständen herleitet, so dass zumindest insoweit ein Minimum an **Substantiierung** zu verlangen ist (s. insges. FG Köln 10 Ko 2250/13, EFG 2014, 674). Die **Entscheidung** erfolgt durch den Urkundsbeamten der Geschäftsstelle (§ 11 III 1 RVG) durch Beschluss, welcher mit **Erinnerung** angefochten werden kann (§ 11 III 2 RVG). Hilft der Urkundsbeamte nicht ab, entscheidet das Gericht durch unanfechtbaren Beschluss (§§ 149 IV, 128 IV). Das Verfahren nach § 11 RVG vor dem Gericht des ersten Rechtszugs ist **gebührenfrei** (§ 11 II 4 RVG); das gilt aber nicht für das Erinnerungsverfahren (Gerold/Schmidt/Müller-Rabe RVG § 11 Rn. 297). Eine Erstattung der außergerichtlichen Kosten findet nicht statt (§ 11 II 6 RVG), und zwar auch nicht im Erinnerungsverfahren (FG Hmb 3 KO 194/10, NJW-RR 2011, 720; Gerold/Schmidt/Müller-Rabe RVG § 11 Rn. 298). Der Vergütungsfestsetzungsbeschluss ist nach §§ 11 II 3 RVG, 794 I Nr. 2 ZPO ein vollstreckbarer Titel.

42 Durch die Regelung des § 11 VIII RVG ist gewährleistet, dass auch eine Festsetzung von **Rahmengebühren** erfolgen kann, sofern der RA die Mindestgebühr geltend macht oder der Auftragsgegner einer höheren Gebühr ausdrücklich zugestimmt hat. Zudem ist auch eine Festsetzung der **zu ersetzenden Aufwendungen** möglich. Dazu dürften neben den verauslagten Zustellungskosten nach § 11 II 5 RVG auch alle weiteren Aufwendungen gehören, die mit dem Verfahren im Zusammenhang stehen (zB Kosten für Grundbuchauszüge, Auszüge aus dem Handelsregister, Auskünfte des Meldeamtes), es sei denn, sie werden bereits durch die Gebühren mit abgegolten (→ Rn. 105 ff.).

55 **cc) Überblick über die Gebührentatbestände des RVG für das erstinstanzliche gerichtliche Verfahren. (1) Allgemeines.** Die Gebührentatbestände für Zivilsachen und Verfahren der öffentlich-rechtlichen Gerichtsbarkeiten sind in Teil 3 des VV geregelt (→ Rn. 24). Für die **Verfahren vor den Finanzgerichten** ist dabei der Unterabschn. 1 des Abschn. 2 anzuwenden, der ansonsten für Berufungsverfahren gilt und im Vergleich zu erstinstanzlichen Verfahren höhere Gebührensätze vorsieht (s. Vorb. 3.2.1 zu Teil 3 Abschn. 2 Unterabschn. 1 VV). Damit erkennt das RVG die Stellung der FG als obere Landesgerichte an. – Die höheren Gebührensätze gelten **auch für Verfahren des einstweiligen Rechtsschutzes** (gerichtliche AdV und Erlass einer einstweiligen Anordnung). Vorb. 3.2 II 1 zu Teil 3 Abschn. 2 VV regelt zwar, dass sich die Gebühren in Verfahren des einstweiligen Rechtsschutzes dann nach Abschn. 1 richten, wenn das Berufungsgericht als Gericht der Hauptsache anzusehen ist. Das gilt nach Vorb. 3.2 II 2 zu Teil 3 Abschn. 2 VV entsprechend in den Verfahren des einstweiligen Rechtschutzes vor den Gerichten der Verwaltungs- und Sozialgerichtsbarkeit. Die Finanzgerichte sind dort nicht erwähnt, so dass unter Berücksichtigung des Wortlauts der Regelung davon auszugehen ist, dass sich die Gebühren in Verfahren des einstweiligen Rechtsschutzes vor den Finanzgerichten – wie auch in den Hauptsacheverfahren – nach Unterabschn. 1 des Abschn. 2 richten (glA SächsFG 3 Ko 243/06, EFG 2006, 1103; FG BBg 1 KO 541/06, EFG 2006, 1704; NdsFG 7 KO 10/09, EFG 2010, 749; FG Köln 10 Ko 1553/11, EFG 2011, 2108; NdsFG 5 KO 5/16, BeckRS 2016, 124135; Tipke/Kruse/Brandis § 139 Rn. 96; Jost Inf 2006, 839; aA NdsFG 6 KO 3/05, EFG 2005, 1803).

56 **(2) Verfahrensgebühr.** Für das Betreiben des Geschäfts einschließlich der Information steht dem Bevollmächtigten nach VV 3200 eine 1,6 **Verfahrensgebühr** zu (zur Definition der Verfahrensgebühr s. Vorb. 3 II vor Teil 3 VV; zur Geltung auch für das AdV-Verfahren → Rn. 55). Diese setzt voraus, dass der RA/Steuerberater zum Bevollmächtigten bestellt worden ist und eine unter die Verfahrensgebühr fallende Tätigkeit ausgeübt hat. Das ist regelmäßig mit der Entgegennahme der ersten Information nach Erteilung des Auftrags der Fall (BGH II ZB 14/09, NJW-RR 2010, 1697). Eine allg. **Beratungsgebühr** sieht das RVG nicht vor; der Bevollmächtigte soll stattdessen nach § 34 RVG für Beratungen, Gutachten und Mediationen auf eine Gebührenvereinbarung hinwirken. Die Verfahrensgebühr wird nach VV 3201 auf eine 1,1 Verfahrensgebühr **ermäßigt,** falls der Auftrag endet, bevor der Bevollmächtigte das Rechtsmittel (im finanzgerichtlichen Verfahren die Klage- oder Antragsschrift) eingelegt oder einen Schriftsatz, der Sachanträge, Sachvortrag oder die Zurücknahme der Klage (oder des Antrags) enthält, eingereicht oder bevor er einen gerichtlichen Termin wahrgenommen hat (VV 3201 I Nr. 1; Nr. 2 ist für finanzgerichtliche Verfahren nicht einschlägig).

Zur **Verbindung und Trennung** von Verfahren → Rn. 34. Zu Verfahren vor dem BFH → Rn. 96 ff.

Wird ein **Korrespondenz- oder Verkehrsanwalt** tätig, dessen Auftrag sich auf die Führung des Verkehrs des Beteiligten mit dem Verfahrensbevollmächtigten beschränkt, so ist die diesem Korrespondenz- oder Verkehrsanwalt nach VV 3400 zustehende Verfahrensgebühr **nicht** nach § 139 III **erstattungsfähig,** weil der Korrespondenz- oder Verkehrsanwalt nicht vor Gericht auftritt (BGH XII ZB 245/04, NJW-RR 2006, 1563; VII ZB 46/12, NJW 2015, 633). Die Aufwendungen können allenfalls als notwendige Aufwendungen des Beteiligten selbst (→ Rn. 10 ff.) erstattungsfähig sein (BFH VII B 94/71, BStBl. II 1973, 664). 58

(3) Terminsgebühr. Neben der Verfahrensgebühr erhält der Bevollmächtigte – einmal je Rechtszug – eine **Terminsgebühr,** die in Verfahren vor dem FG 1,2 (VV 3202), in Entschädigungsklageverfahren vor dem BFH 1,2 (VV 3104; BFH X E 4/20, BFH/NV 2021, 650) und in Rechtsmittelverfahren vor dem BFH 1,5 (VV 3210) beträgt. Die Terminsgebühr entsteht nach Vorb. 3 III zu Teil 3 VV sowohl für die Wahrnehmung von **gerichtlichen Terminen,** sofern diese nicht nur der Verkündung einer Entscheidung dienen, als auch für die Wahrnehmung von **außergerichtlichen Terminen und Besprechungen.** Mit dem **KoStRÄndG 2021** (BGBl. 2020 I 3229) wurde ein weiterer Gebührentatbestand eingeführt. Danach entsteht eine fiktive Terminsgebühr neben einer Erledigungsgebühr nach VV 1002. 64

Gerichtliche Termine und gerichtliche Entscheidungen ohne mündliche Verhandlung. Die Wahrnehmung eines **gerichtlichen Termins** setzt zum einen voraus, dass ein solcher **stattfindet,** was entweder eine Ladung oder zumindest aber die Anwesenheit aller Beteiligten und/oder ihrer Bevollmächtigten voraussetzt (FG Hmb 4 K 84/17, EFG 2018, 683 zur Entscheidung des BVerfG ohne mündliche Verhandlung; zu Telefongesprächen → Rn. 73). Ob der Termin gesetzlich vorgesehen ist, ist unerheblich (zB bei mündlicher Verhandlung in einem AdV-Verfahren, s. OVG BBg 1 K 116.08, AGS 2009, 539; VGH BW 3 S 1748/05, NJW 2007, 860; OVG MV 3 O 43/10, BeckRS 2011, 49667). Daher entsteht keine Terminsgebühr, wenn das Gericht die Anberaumung eines eigentlich notwendigen Termins unterlässt (Gerold/Schmidt/Müller-Rabe Vorb. 3 VV Rn. 125). Der **Termin muss begonnen haben,** was bei mündlichen Verhandlungen idR mit Eröffnung der Verhandlung/des Termins erfolgt (Gosch/Böwing-Schmalenbrock § 139 Rn. 388). Erscheint der Bevollmächtigte zu der mündlichen Verhandlung und wird ihm ohne Aufruf der Sache mitgeteilt, dass der Termin nicht stattfindet (zB wegen Erkrankung eines Beteiligten oder Richters), hat der Termin nicht begonnen; es entsteht keine Terminsgebühr (Gerold/Schmidt/Müller-Rabe Vorb. 3 VV Rn. 86). Wird dennoch über die Sache gesprochen, löst dies keine Terminsgebühr aus (Gerold/Schmidt/Müller-Rabe Vorb. 3 VV Rn. 93). Wird das Verfahren hingegen aufgerufen und anschließend sofort vertagt, so entsteht die Terminsgebühr (Gerold/Schmidt/Müller-Rabe Vorb. 3 VV Rn. 89). Zum Entstehen der Terminsgebühr bei Behandlung nicht rechtshängiger Ansprüche in den genannten Terminen → Rn. 74 f.). 65

In dem Termin muss der Bevollmächtigte den Auftraggeber vertreten. Dafür reicht die **vertretungsbereite Teilnahme** an dem Termin, auch per Zuschalung mittels Videokonferenz, aus. Es ist weder erforderlich, dass die Sache erörtert wird, noch, dass der Bevollmächtigte Anträge stellt oder sich überhaupt zur Sache äußert (FG Hmb 3 KO 49/12, EFG 2012, 2157, im Unterschied zur Erledigungs- 66 gebühr ist keine besondere Mitwirkung erforderlich; Gerold/Schmidt/Müller-Rabe VV Vorb. 3 Rn. 105–107). **Keine Terminsgebühr** entsteht nur dann, wenn der Bevollmächtigte ohne Vertretungsbereitschaft anwesend ist, zB in rein beobachtender oder beratender Funktion (Gerold/Schmidt/Müller-Rabe VV Vorb. 3 Rn. 110), wenn der Bevollmächtigte zu dem anberaumten Termin nicht erscheint oder wenn das Gericht keinen Termin ansetzt, selbst wenn er notwendig wäre.

67 Für das **finanzgerichtliche Verfahren** sieht VV 3202 II zudem die Besonderheit vor, dass die **Terminsgebühr auch** dann entsteht, wenn durch **Urteil ohne mündliche Verhandlung** (Verfahren nach billigem Ermessen gem. § 94a) oder durch **Gerichtsbescheid** (§§ 90a, 79a) entschieden wird. Str. ist dabei, ob bei einem als nicht ergangen geltenden Gerichtsbescheid eine Terminsgebühr anfällt (zB bei Klagerücknahme oder Hauptsacheerledigung nach gestelltem Antrag auf mündliche Verhandlung). Das ist mE nicht der Fall, weil der Gerichtsbescheid nach § 90a III als nicht ergangen gilt, wenn rechtzeitig mündliche Verhandlung beantragt wird (glA FG Köln 10 Ko 2120, 2598/08, EFG 2009, 978; Tipke/Kruse/Brandis § 139 Rn. 93; **aA** FG Saarl 1 KO 1229/17, NJW-Spezial 2018, 93; Gosch/Böwing-Schmalenbrock § 139 Rn. 389). **Bei anderen Entscheidungen** ohne gerichtlichen Termin fällt die Terminsgebühr hingegen nicht an. Das gilt insbes. für Verfahren des **einstweiligen Rechtsschutzes** nach §§ 69, 114 (NdsFG 10 KO 39/05, EFG 2006, 1012) und zur Bewilligung von **Prozesskostenhilfe** nach § 142, sofern nicht doch ein Termin stattfindet (→ Rn. 65, 69). Gleiches gilt für Beschlüsse nach § 138 bei **Hauptsacheerledigung,** sofern diese nicht Folge eines gerichtlichen oder außergerichtlichen Termins ist (FG BBg 1 KO 817/06, EFG 2006, 1786; SchlHFG 3 KO 68/06; 5 KO 16/08, EFG 2008, 1150; HessFG 12 Ko 3799/06, EFG 2008, 1152) oder eine fiktive Terminsgebühr nach VV 3202 I iVm VV 3104 I 1 Nr. 1 Hs. 2 Alt. 3 gegeben ist. Mit der Kostenentscheidung nach übereinstimmender Hauptsacheerledigung liegt noch keine Entscheidung iSd VV 3202 I iVm VV 3104 I Nr. 1 Hs. 1 Alt. 1 vor (HessFG 2 Ko 39/87, EFG 1987, 375; SchlHFG 5 KO 16/08, EFG 2008, 1150; Gerold/Schmidt/Müller-Rabe VV 3104 Rn. 36). Die Beteiligten schließen mit der Hauptsacheerledigung auch keinen schriftlichen Vergleich (s. zum Zweck der Regelung auch Gerold/Schmidt/Müller-Rabe VV 3104 Rn. 11 ff.; s. auch SächsFG 3 Ko 1688/09, BeckRS 2009, 26028195; ThürFG 4 KO 179/09, NJW-Spezial 2009, 316). Allerdings ist mit dem KostRÄndG 2021 der Anwendungsbereich der fiktiven Terminsgebühr bei übereinstimmenden Erledigungserklärungen erweitert worden (VV 3202 I iVm VV 3104 I Nr. 1 Hs. 2 Alt. 3). Ist in einem Verfahren, für das eine mündliche Verhandlung vorgeschrieben ist, eine Erledigung iSv VV 1000 (im finanzgerichtlichen Verfahren nicht relevant) oder VV 1002 eingetreten, sind die Voraussetzungen für eine Terminsgebühr auch erfüllt. Es kommt nur auf die Erledigung iSv VV 1002 an, nicht auf die Geltendmachung einer Erledigungsgebühr (FG Münster 15 Ko 158/22, DStRE 2022, 1532). Da diese Erweiterung der fiktiven Terminsgebühr nur für Verfahren gilt, für die die mündliche Verhandlung vorgeschrieben ist, kann für Verfahren im einstweiligen Rechtschutz nur im Fall von Teil 3 VV Vorb. 3 III eine Terminsgebühr zum Ansatz kommen. Die nur im Verfahren vor den Sozialgerichten geltende VV 3104 I Nr. 3 ist im finanzgerichtlichen Verfahren nicht anwendbar (FG BW 8 KO 508/12, BeckRS 2013, 199776; SächsFG 3 Ko 635/09, BeckRS 2009, 26027175).

68 **Außergerichtliche Termine und Besprechungen.** Auch außergerichtliche Termine und Besprechungen können die Terminsgebühr auslösen. Das ist der

Fall, wenn der Bevollmächtigte zB einen von einem gerichtlich bestellten **Sachverständigen** anberaumten Termin wahrnimmt (Teil 3 VV Vorb. 3 III 3 Nr. 1); die Teilnahme an einem Termin eines Privatgutachters ist dagegen nicht ausreichend, auch wenn das Privatgutachten später gerichtlich verwendet wird (Gerold/Schmidt/Müller-Rabe VV Vorb. 3 Rn. 129).

Auch sonstige auf die Vermeidung oder Erledigung des Verfahrens gerichtete **außergerichtliche Termine und Besprechungen ohne Beteiligung des Gerichts** können die Terminsgebühr nach Teil 3 VV Vorb. 3 III 3 Nr. 2 auslösen, so zB dann, wenn sich der **Bevollmächtigte mit einem Vertreter des Beklagten bespricht,** wie der Rechtsstreit erledigt werden kann. Str. ist dabei, ob nur Besprechungen unter Beteiligung eines in dem konkreten Fall entscheidungsbefugten Vertreters des zuständigen FA (idR Vorsteher oder Sachgebietsleiter) die Gebühr auslösen (NdsFG 10 KO 39/05, EFG 2006, 1012; HessFG 12 Ko 3799/06, EFG 2008, 1152; FG München 4 E 1612/10, EFG 2011, 833) oder ob Besprechungen mit dem zuständigen Sachbearbeiter der Rechtsbehelfsstelle ausreichend sind (NdsFG 11 KO 8/09, EFG 2009, 1412; FG BBg 13 KO 13326/10, EFG 2011, 1551; FG Köln 10 Ko 3640/11, EFG 2012, 2158; Tipke/Kruse/Brandis § 139 Rn. 92; Bächer Stbg 2011, 423). Meines Erachtens kann nur ein Termin oder eine Besprechung unter Beteiligung eines entscheidungsbefugten Beklagtenvertreters die Terminsgebühr auslösen, weil nur dieser die Entscheidungsbefugnis hat, die letztendlich zu einer Vermeidung oder Erledigung des Verfahrens führen kann. Besprechungen nur zwischen Bevollmächtigten und Berichterstatter sind nicht ausreichend (FG BW 8 KO 2155/14, DStR 2015, 1943; FG Münster 4 Ko 2422/12, EFG 2012, 2239). 69

Bei den außergerichtlichen Terminen und Besprechungen müssen beide Beteiligten **gesprächsbereit** sein, dh es muss eine inhaltliche Auseinandersetzung über die Sach- und/oder Rechtslage erfolgen. Daran fehlt es, wenn lediglich ein Beteiligter (oder auch der Richter, zB in einem Telefonat, → Rn. 73) Vorschläge zur Erledigung des Rechtsstreits macht, ohne dass der andere Beteiligte hierzu Stellung nimmt (FG LSA 4 KO 1272/13, EFG 2014, 1143; ThürFG 4 Ko 772/10, EFG 2011, 1549; aA FG BBg 13 KO 13326/10, EFG 2011, 1551). Lehnt ein Beteiligter eine eventuelle tatsächliche Verständigung von vornherein ab, so entsteht keine Terminsgebühr (BGH II ZB 9/06, NJW-RR 2007, 286; Gerold/Schmidt/Müller-Rabe VV Vorb. 3 Rn. 174 ff.; zur vertretungsbereiten Teilnahme des Bevollmächtigten → Rn. 66). – Ansonsten muss die Besprechung **nicht zwingend streitig** verlaufen. Auch bei sofortiger Annahme eines Vorschlags für eine tatsächliche Verständigung durch den Gegner entsteht die Terminsgebühr (Gerold/Schmidt/Müller-Rabe VV Vorb. 3 Rn. 180). 70

Die Besprechung muss auf die **Vermeidung oder Erledigung des Verfahrens** ausgerichtet sein. Bei einem bereits anhängigen finanzgerichtlichen Verfahren wird es dabei vorrangig um die Erledigung eben dieses Verfahrens gehen (s. dazu HessFG 12 Ko 3799/06, EFG 2008, 1152; FG Hmb 4 K 100/17, EFG 2018, 689). Diese ist möglich durch den Abschluss einer **tatsächlichen Verständigung** (s. aber SchlHFG 5 KO 16/08, EFG 2008, 1150, keine Terminsgebühr auf der Grundlage von VV 3104 I Nr. 1 aE wegen des Abschlusses eines – im Steuerrecht unzulässigen – schriftlichen Vergleichs). Die Voraussetzungen liegen auch vor, wenn der Beklagte die auf eine Erledigung des Verfahrens gerichteten Vorschläge zwecks Prüfung entgegennimmt (BVerwG 3 KSt 1/18, AGS 2018, 493; BGH I ZB 14/09, AGS 2010, 164; II ZB 9/06, NJW-RR 2007, 286). Eine Besprechung zur Erledigung des Verfahrens ist dabei auch dann zu bejahen, wenn 71 es in der Besprechung nur noch um die Frage der Kostentragung geht und eine Abhilfezusage der verklagten Behörde noch nicht vorliegt (FG Hmb 3 KO 201/10, EFG 2011, 1546; 3 KO 49/12, EFG 2012, 2157; 3 KO 13/13, EFG 2013, 1522; zum Zeitpunkt der Abhilfezusage s. FG Hmb 3 KO 201/10, EFG 2011, 1546). Bloße Besprechungen über den Sachstand, Fristverlängerungen, die technische Abwicklung einer möglichen Einigung oder eine Abstimmung des Zahlenwerkes lösen hingegen keine Terminsgebühr aus (NdsFG 9 KO 1/12, EFG 2012, 2153; Gerold/Schmidt/Müller-Rabe VV Vorb. 3 Rn. 111, 114). Auch eine Besprechung zur Möglichkeit einer **Klagerücknahme** kann die Terminsgebühr auslösen, ebenso wie Besprechungen in **Verfahren des einstweiligen Rechtsschutzes** (FG BW 9 KO 4/03, EFG 2004, 1089; NdsFG 7 KO 5/08, EFG 2010, 752; FG BBg 13 KO 13326/10, EFG 2011, 1551; Gerold/Schmidt/Müller-Rabe Vorb. 3 VV Rn. 141).

72 Die Besprechung muss nicht den gesamten Verfahrensgegenstand betreffen. Die Terminsgebühr entsteht auch dann, wenn sich die Besprechung nur auf einen **Teil des Verfahrensgegenstands** bezieht. War dies von Beginn an so geplant, so fällt die Terminsgebühr allerdings nur aus dem diesen Teil betreffenden Gegenstandswert an (Gerold/Schmidt/Müller-Rabe VV Vorb. 3 Rn. 110).

73 Auf welche Art und Weise die Besprechung stattfindet, ist unerheblich (NdsFG 11 KO 8/09, EFG 2009, 1412, an die Besprechung sind nur geringe Anforderungen zu stellen). Erforderlich ist lediglich eine mündliche Auseinandersetzung. Diese kann **persönlich** oder auch **telefonisch** erfolgen (FG Saarl 2 S 335/05, EFG 2006, 926; HessFG 12 Ko 3799/06, EFG 2008, 1152; NdsFG 11 KO 8/09, EFG 2009, 1412; FG Hmb 3 KO 49/12, EFG 2012, 2157; BGH XI ZB 39/05, NJW-RR 2007, 1578; Gerold/Schmidt/Müller-Rabe VV Vorb. 3 Rn. 180, s. auch FG LSA 4 KO 1272/13, EFG 2014, 1143; ThürFG 4 Ko 772/10, EFG 2011, 1549: keine Terminsgebühr, wenn der Richter einen eigenen Erledigungsvorschlag entwickelt hat, den er mit den Beteiligten telefonisch bespricht), auch **Gespräche per Videokonferenz oder Skype** sind denkbar. Das gilt auch dann, wenn der **Richter mit beiden Beteiligten telefoniert,** die Beteiligten dabei ihre unterschiedlichen Vorstellungen über eine vergleichsweise Beilegung des Rechtsstreits mitteilen und dies dem jeweils anderen Beteiligten weitergeleitet wird (BGH II ZB 28/05, MDR 2007, 302; OVG Hamm I-25 W 148/20, NJW-RR 2021, 126; Gerold/Schmidt/Müller-Rabe VV Vorb. 3 Rn. 214; **aA** HessFG 6 Ko 1615/21, EFG 2022, 359; Gosch/Böwing-Schmalenbrock § 139 Rn. 391). Demgegenüber entsteht keine Terminsgebühr bei nur **einseitigen Besprechungen** zwischen Berichterstatter und Bevollmächtigten (HessFG 6 Ko 1615/21, EFG 2022, 359; FG Köln 2 Ko 1600/20, EFG 2022, 358; FG BW 8 Ko 2155/14, DStRE 2016, 703; Schneider/Volpert/Fölsch/Winkler RVG VV Vorb. 3 Rn. 40; **aA,** mE aber zu weit gehend FG Düsseldorf 11 Ko 186/19 KF, DStRE 2020, 1145; Gerold/Schmidt/Müller-Rabe VV Vorb. 3 Rn. 216). Die Kommunikation über **E-Mails** zwischen dem Bevollmächtigten und dem Berichterstatter löst hingegen keine Terminsgebühr aus, weil diese ggf. die Schriftform ersetzen, keinesfalls aber ein Gespräch (FG Köln 10 Ko 2594/13, EFG 2013, 2042; FG Hmb 4 K 100/17, EFG 2018, 679; BGH IV ZB 27/09, NJW 2010, 381). Das gleiche gilt für SMS und Schriftsätze via Internet oder Fax (Gerold/Schmidt/Müller-Rabe VV Vorb. 3 Rn. 181). Die **Dauer** der Besprechung spielt keine Rolle (NdsFG 11 KO 8/09, EFG 2009, 1412; Gerold/Schmidt/Müller-Rabe VV Rn. 180), sofern sich diese inhaltlich auf die Erledigung des Verfahrens bezieht (→ Rn. 71).

Besprechungen über nicht rechtshängige Ansprüche – Erhöhung der Terminsgebühr. Die Terminsgebühr entsteht auch dann, wenn Gegenstand der Besprechung ein **nicht rechtshängiger Anspruch** ist. Für Besprechungstermine ohne Beteiligung des Gerichts (→ Rn. 68 ff.) folgt dies daraus, dass diese nach Vorb. 3 III zu Teil 3 VV auch auf die „Vermeidung" eines Verfahrens ausgerichtet sein können (Gerold/Schmidt/Müller-Rabe VV Vorb. 3 Rn. 164). Für die übrigen Termine folgt dies daraus, dass nach VV 3202 I iVm 3104 II die Terminsgebühr desjenigen Verfahrens, in dem eine Besprechung auch über nicht rechtshängige Ansprüche stattgefunden hat, insoweit auf die Terminsgebühr eines weiteren Verfahrens (einer anderen Angelegenheit) wegen desselben Gegenstands anzurechnen ist, als die Terminsgebühr in der Angelegenheit, in der die Besprechung stattgefunden hat, den sich ohne Berücksichtigung der nicht rechtshängigen Ansprüche ergebenden Gebührenbetrag übersteigt (Gerold/Schmidt/Müller-Rabe VV Vorb. 3 Rn. 128). 74

Von Bedeutung sind diese Regelungen nicht in erster Linie im Hinblick auf das Entstehen der Terminsgebühr, weil in einem anhängigen Verfahren wohl kaum ein Termin oder eine Besprechung anberaumt wird, der sich nur auf andere Ansprüche bezieht. Entscheidend ist die genannte Regelung vielmehr für die Höhe der Terminsgebühr. Denn aus der in VV 3202 I iVm 3104 II enthaltenen Anrechnungsregelung (→ Rn. 74) folgt, dass immer dann, wenn in einem Termin oder einer Besprechung nicht nur über den im konkreten Verfahren anhängigen Anspruch verhandelt wird, sondern – bezogen auf das finanzgerichtliche Verfahren – zB auch über die Ansprüche aus dem Steuerschuldverhältnis weiterer Veranlagungszeiträume oder weiterer Steuerarten, sich der **für die Terminsgebühr maßgebliche Gegenstandswert** um eben diese mit einbezogenen und nicht rechtshängigen Ansprüche **erhöht** (Schneider AnwBl. 2004, 129 (138)). Das gilt unabhängig davon, ob diese bei dem Termin oder der Besprechung mit einbezogenen Ansprüche entweder noch gar nicht rechtshängig sind oder ob sie Gegenstand eines anderen gerichtlichen Verfahrens sind. Denn wenn VV 3202 I iVm 3104 II von „nicht rechtshängigen Ansprüchen" spricht, sind damit die nicht in diesem Verfahren rechtshängigen Ansprüche gemeint (Gerold/Schmidt/Müller-Rabe VV Vorb. 3 Rn. 162). 75

Voraussetzung der Erhöhung des für die Terminsgebühr maßgebenden Gegenstandswerts ist allerdings, **dass der Rechtsanwalt** auch hinsichtlich der bei dem Termin oder der Besprechung mit einbezogenen, aber noch nicht rechtshängigen Ansprüche **einen Verfahrensauftrag hat** und nicht nur einen außergerichtlichen Auftrag (Gerold/Schmidt/Müller-Rabe VV Vorb. 3 Rn. 128; und VV 3104 Rn. 92 ff.). Für das **finanzgerichtliche Verfahren** bedeutet dies Folgendes: Wird in einem Termin oder in einer Besprechung auch über Ansprüche verhandelt, die in einem anderen gerichtlichen Verfahren anhängig sind, wegen dessen der Termin oder die Besprechung aber nicht anberaumt worden ist, so erhöht sich der für die Terminsgebühr maßgebende Gegenstandswert. Sind die mit einbezogenen Ansprüche noch nicht Gegenstand eines anderweitigen gerichtlichen Verfahrens, so erhöht sich der Gegenstandswert für die Terminsgebühr idR hingegen nur dann, wenn bereits eine Einspruchsentscheidung vorliegt, die Klagefrist noch nicht abgelaufen ist und der Stpfl. dem Bevollmächtigten bereits einen Klageauftrag erteilt hat. Sind die mit einbezogenen Ansprüche aber noch Gegenstand eines Einspruchsverfahrens oder des vorgehenden Verwaltungsverfahrens, scheidet eine Erhöhung des Gegenstandswerts für die Terminsgebühr – vom Fall des § 46 abgesehen – aus, weil es an einem Verfahrensauftrag fehlt. 76

77 Bei **Verbindung** mehrerer Verfahren zur gemeinsamen mündlichen Verhandlung fällt die Terminsgebühr für jedes einzelne Verfahren gesondert an (FG Düsseldorf 11 Ko 3244/11 KF, DStRE 2013, 191; NdsFG 6 KO 3/09, DStRE 2010, 711; OVG NRW 18 E 373/09, JurBüro 2009, 529). Weiteres dazu sowie zur **Trennung** → Rn. 34.

78 **Darlegungslast.** Die konkreten Umstände, die eine Terminsgebühr entstehen lassen, hat derjenige substantiiert vorzutragen und ggf. zu beweisen, der die Terminsgebühr zur Erstattung geltend macht; er trägt die Darlegungs- und Feststellungslast (OVG RhPf 7 E 10100/21, ZfS 2022, 163; FG LSA 3 KO 987/13, EFG 2014, 1229). Erforderlich ist ein substantiierter Vortrag, aus dem sich das Datum des Gesprächs, die Gesprächspartner und der konkrete Inhalt des einzelnen Gesprächs entnehmen lassen. Ein Nachweis einer Besprechung kann durch Vorlage von zeitnah erstellten Gesprächsvermerken geführt werden, aus denen sich die konkreten Umstände des Gesprächs entnehmen lassen.

82 **(4) Einigungsgebühr.** Eine **Einigungsgebühr** steht dem RA – uU neben einer Terminsgebühr (dazu SchlHFG 5 KO 16/08, EFG 2008, 1150 mwN) – nach VV 1000 I 1 zu, wenn er beim Abschluss eines Vertrags, durch den der Streit oder die Ungewissheit der Parteien über ein Rechtsverhältnis beseitigt wird, mitgewirkt hat. Im öffentlichen Recht kommt die Einigungsgebühr nach VV 1000 IV nur dann zur Anwendung, wenn über die Ansprüche vertraglich verfügt werden kann, was im **Steuerrecht** wegen des Grundsatzes der Gesetzmäßigkeit der Verwaltung idR **nicht** der Fall ist (→ § 76 Rn. 4; s. auch FG LSA 5 KO 268/14, EFG 2015, 70, keine Anwendung von VV 1900, 5600, 7600 im finanzgerichtlichen Verfahren).

84 **(5) Erledigungsgebühr.** Entsteht eine Einigungsgebühr nicht – wie regelmäßig im Steuerrecht (→ Rn. 82) –, kann stattdessen nach VV 1003 eine 1,0 **Erledigungsgebühr** entstehen (zur Höhe → Rn. 88), wenn sich eine Rechtssache ganz oder teilweise nach Aufhebung oder Änderung des mit einem Rechtsbehelf angefochtenen VA durch die anwaltliche Mitwirkung erledigt oder sich eine Rechtssache ganz oder teilweise durch Erlass eines bisher abgelehnten VA erledigt (FG Hmb 3 KO 110/14, EFG 2014, 1817 zur AdV; s. auch FG Köln 10 Ko 60/89, EFG 1990, 268: Erledigungsgebühr entsteht nicht, wenn der Kläger auf Rat seines Prozessbevollmächtigten die Klage zurücknimmt; zur Teilabhilfe FG Bln 8 G 8296/03, EFG 2006, 1456; s. auch SächsFG 3 Ko 635/09, BeckRS 2009, 26027175, Anerkenntnisregelung in VV 3104 I Nr. 3 im finanzgerichtlichen Verfahren nicht anwendbar). Damit entspricht VV 1003 im Wesentlichen der früheren Rechtslage (§ 24 BRAGO), so dass die diesbezügliche Rspr. weiterhin zu berücksichtigen ist.

85 Die Rechtssache muss sich durch die anwaltliche Mitwirkung erledigen, was auch **nach Zurückweisung** der Sache durch den BFH an das FG noch möglich ist (FG Düsseldorf 14 K 4380/03, EFG 2005, 975; FG Köln 10 KO 1588/04, EFG 2004, 1643). Es handelt sich nicht um eine reine Erfolgs-, sondern um eine Tätigkeitsgebühr (FG Münster 15 Ko 158/22, DStRE 2022, 1532). Die **Mitwirkung** erfordert eine besondere, über die bereits mit der Verfahrensgebühr abgegoltene Einlegung und Begründung des Rechtsbehelfs hinausgehende, auf die Beilegung des Rechtsstreits ohne streitige Entscheidung gerichtete **Tätigkeit des Bevollmächtigten** (so schon zu § 24 BRAGO: BFH VII B 45/68, BStBl. II 1970, 251; FG Münster XIV 4959/90 Ko, EFG 1991, 567; HessFG 12 Ko 1552/00, EFG 2003, 490; FG Köln 10 Ko 715/07, EFG 2007, 1474; SchlHFG 5 KO

15/08, EFG 2008, 1745; FG Münster 8 Ko 3497/09 KFB, BB 2010, 214; FG Hmb 3 KO 110/14, EFG 2014, 1817 zur tatsächlichen Verständigung, selbst wenn diese vom FA widerrufen wird; FG Hmb 3 KO 56/17, EFG 2017, 1620). Ein solches Mitwirken kann darin bestehen, dass Bemühungen nicht nur unwesentlich zur Zurücknahme oder Änderung eines Steuerbescheids durch das FA beigetragen haben (BFH VII B 120/67, BStBl. II 1968, 772), dass der Bevollmächtigte selbst Ermittlungen zum Sachverhalt anstellt, die zur Erledigung des Rechtsstreits führen (FG BW 4 Ko 3/03, EFG 2004, 144), oder dass dessen Beratung zur Annahme eines Erledigungsvorschlags der Behörde beigetragen hat (FG Düsseldorf 4 KO 12/93 KF, EFG 1994, 318; 14 K 4380/03, EFG 2005, 975; FG Münster 1 Ko 5693/03, EFG 2004, 1254; aA zB FG Hmb I 30/87, EFG 1988, 594, keine besondere Bemühungen um die Erledigung erforderlich). Im Allgemeinen soll es auch ausreichen, wenn der Bevollmächtigte einem Erledigungsvorschlag des Gerichts oder des FA ohne weiteres Zutun zustimmt (FG Köln 10 Ko 707/05, DStRE 2005, 1045; FG Bln 8 G 8296/03, EFG 2006, 1456; FG Münster 10 Ko 1119/10, EFG 2011, 1545; SächsFG 8 Ko 1091/14, BeckRS 2014, 96207; FG Hmb 3 KO 114/16, BeckRS 2016, 95018; Gerold/Schmidt/Müller-Rabe VV 1002 Rn. 26 f.; beachte aber → Rn. 79; **aA** FG Köln 2 Ko 3253/17, EFG 2018, 1582 mwN, wonach Anhaltspunkte vorliegen müssen, die auf eine über die allg. Prozessführung hinausgehende zusätzliche Beratungsleistung des Bevollmächtigten hindeuten und für die eine Einschränkung eines Klagebegehrens um mehr als 10 % ein Indiz sein kann). Eine Mitwirkungshandlung iSv VV 1003 kann auch in dem Hinweis des Bevollmächtigten auf ein einschlägiges BFH-Urteil gesehen werden, wenn dieser Hinweis zur Erledigung des Rechtsstreits führt (FG Saarl II 145/82, EFG 1983, 253; aA FG BW 1 Ko 2/95, EFG 1995, 1077); ferner in der Mitwirkung des Prozessbevollmächtigten an einer tatsächlichen Verständigung mit dem FA, durch die sich der Rechtsstreit erledigt (FG Münster XIV 4959/90 Ko, EFG 1991, 567; FG Brem 2 94 238 E 2, EFG 1995, 381); sehr zweifelhaft aber FG Saarl 1 K 15/00, EFG 2004, 743, Erledigungsgebühr möglich, wenn Bevollmächtigter nach Ergehen eines Gerichtsbescheids prüft, ob er mündliche Verhandlung beantragen soll.

Die **Erledigungsgebühr entsteht nicht,** wenn das FA allein aufgrund der Klageschrift dem Klagebegehren entspricht (FG LSA 3 KO 249/14, BeckRS 2015, 94031; FG Bbg 1 KO 817/06, EFG 2006, 1786, Mitwirkung bei der formellen Beendigung des Verfahrens reicht nicht aus), selbst wenn der Bevollmächtigte darin rechtliche Ausführungen macht (SchlHFG 5 KO 15/08, EFG 2008, 1745) oder wenn das FA ohne Mitwirkung des Bevollmächtigten den angefochtenen VA antragsgemäß aufhebt und die Erledigung der Hauptsache erklärt (FG BW 1 Ko 9/93, EFG 1995, 382; OVG MV 1 O 27/10, BeckRS 2010, 50605). Gleiches gilt, wenn die Abhilfe auf einem bloßen Hinweis des Gerichts beruht (FG LSA 4 KO 1272/13, EFG 2014, 1143; aA Gerold/Schmidt/Müller-Rabe VV 1002 Rn. 27) oder auf einem Hinweis des Bevollmächtigten außerhalb der Klagebegründung auf ein einschlägiges BFH-Urteil (FG BW 1 Ko 2/95, EFG 1995, 1077; FG Köln 2 Ko 2139/18, EFG 2018, 1909). Auch die Benennung von Beweismitteln und die Einreichung von Beweisunterlagen löst keine Erledigungsgebühr aus (FG BW 3 KO 1/02, EFG 2007, 221; FG Köln 10 Ko 3867/07, EFG 2008, 1235; FG Hmb 3 KO 24/11, BeckRS 2011, 95600), insbes. nicht die Vorlage von Urkunden, die bereits im Einspruchsverfahren angefordert wurden (FG Hmb 3 KO 172/13, BeckRS 2013, 96686), ebenso nicht ein bloßer Antrag auf Ruhen des Verfahrens nach einem entsprechenden Hinweis des 86

Gerichts (FG Düsseldorf 14 Ko 472/01, EFG 2001, 595; FG Köln 10 Ko 933/11, EFG 2012, 175) oder eine Tätigkeit im Parallelverfahren desselben Klägers (HessFG 2 Ko 3121/88, EFG 1989, 140). Eine Erledigungsgebühr entsteht nicht, wenn es an der **Kausalität** der besonderen Mitwirkung für den eingetretenen Abhilfe-Erfolg fehlt (FG Hmb 3 KO 298/14, EFG 2015, 845; 3 KO 56/17, EFG 2017, 1620; 4 K 100/17, EFG 2018, 679).

87 Str. ist, ob eine Erledigungsgebühr entsteht, wenn sich das **gerichtliche AdV-Verfahren** dadurch erledigt, dass das FA die Vollziehung aussetzt. Die (bislang) überwiegende Rechtsauffassung sieht nach strenger Auslegung des Gesetzeswortlauts in der gerichtlichen Aussetzung nach § 69 keine Zurücknahme oder Änderung des angefochtenen VA, da diese VA nicht identisch sind (BFH VII B 105/67, BStBl. II 1968, 771; VII B 170/67, BStBl. II 1969, 7). Diese Auffassung ist mE zu formalistisch, so dass die Gegenmeinung zu Recht eine Erledigungsgebühr bejaht (FG Bln V 278/79, EFG 1981, 526; FG Köln 10 Ko 60/89, EFG 1990, 268; FG Hmb 3 KO 197/10, EFG 2011, 1468; FG Hmb 3 Ko 110/14, EFG 2014, 1817; Gerold/Schmidt/Müller-Rabe VV 1002 Rn. 18; Gosch/Böwing-Schmalenbrock § 139 Rn. 405).

88 Die **Höhe der Erledigungsgebühr** bestimmt sich im Verfahren vor dem FG nach VV 1003 und beläuft sich auf 1,0. Nach VV 1002 entsteht zwar grds. eine 1,5 Erledigungsgebühr. Dies gilt nach VV 1003 aber nur dann, wenn über den Gegenstand, über den man sich geeinigt hat, kein anderes gerichtliches Verfahren als ein selbständiges Beweisverfahren anhängig ist. Das bedeutet, dass die 1,5 Erledigungsgebühr – vom im finanzgerichtlichen Verfahren bedeutungslosen selbständigen Beweisverfahren abgesehen – nur bei nicht anhängigen Gegenständen entsteht. Ist der Gegenstand der Einigung hingegen – wie dies regelmäßig der Fall sein wird – anhängig, entsteht im finanzgerichtlichen Verfahren nach VV 1003 eine 1,0 Erledigungsgebühr (FG Münster 9 Ko 647/10, EFG 2010, 2021; FG Köln 10 Ko 1662/11, EFG 2011, 1832; HessFG 10 KO 690/11, EFG 2012, 547; FG Düsseldorf 10 Ko 2007/11 KF, BeckRS 2012, 210988; FG Saarl 2 KO 1089/12, EFG 2012, 1880; FG Köln 10 Ko 930/12, EFG 2012, 2236; 2 Ko 32/19, EFG 2019, 816; FG Hmb 3 KO 110/14, EFG 2014, 1817; Gerold/Schmidt/Müller-Rabe VV 1003, 1004 Rn. 58). Im Verfahren vor dem BFH gilt dagegen VV 1004, der Gebührensatz beträgt 1,3.

92 **(6) Gebühr zur Prüfung der Erfolgsaussicht eines Rechtsmittels.** Nach VV 2100 erhält der RA für die **Prüfung der Erfolgsaussicht eines Rechtsmittels** eine Gebühr von 0,5–1,0 (bei Ausarbeitung eines schriftlichen Gutachtens: 1,3). Die Gebühr gilt für alle Rechtsmittel, also auch für Beschwerden und die NZB. Ob der RA zur Durchführung des Rechtsmittels rät oder hiervon abrät, ist für das Entstehen der Gebühr ohne Bedeutung (Schneider AnwBl. 2004, 129 (137)). Wird das Rechtsmittelverfahren durchgeführt, ist die Gebühr auf die Gebühr für das Rechtsmittelverfahren **anzurechnen** (Gerold/Schmidt/Mayer VV 2100–2103 mit Berechnungsbeispielen).

93 **(7) Gebühren für Beschwerde- und Erinnerungsverfahren.** Für Verfahren über die **Beschwerde** und die **Erinnerung** fällt nach VV 3500 eine 0,5 Verfahrensgebühr an.

94 **(8) Gebühren für Mediationsverfahren.** Die Tätigkeit in einem Verfahren der gerichtlichen Mediation löst keine gesonderte Angelegenheit (→ Rn. 29 ff.) aus. Die Tätigkeit gehört nach § 19 I 2 Nr. 1 RVG mit zur jeweiligen Instanz.

Daher erhält der Bevollmächtigte für seine Tätigkeit im Verfahren der gerichtlichen Mediation keine gesonderten Gebühren, allerdings können durch die Tätigkeit im Mediationsverfahren einzelne Gebührentatbestände entstehen, die im gerichtlichen Verfahren noch nicht entstanden waren (Terminsgebühr oder eine Erledigungsgebühr). Auch die Teilnahme an einem Termin im Mediationsverfahren löst die Terminsgebühr aus.

dd) Gebühren für das Verfahren vor dem BFH. Im **Revisionsverfahren** 96
beträgt die Verfahrensgebühr 1,6 (VV 3206; bei vorzeitiger Beendigung des Auftrags 1,1 nach VV 3207). Die erhöhten Verfahrensgebühren nach VV 3208 und VV 3209 gelten ausschließlich für Verfahren vor dem BGH (Gerold/Schmidt/Müller-Rabe VV 3208, 3209 Rn. 3). Die Terminsgebühr beträgt für Verfahren vor dem BFH 1,5 (VV 3210). Sie entsteht auch, wenn gem. §§ 79a II, 90a oder 94a ohne mündliche Verhandlung entschieden wird (Anm. zu VV 3210 iVm VV 3202 II). Die Verfahrensgebühr für die **Nichtzulassungsbeschwerde** beträgt nach VV 3506 1,6 (bei vorzeitiger Beendigung des Auftrags 1,1 nach VV 3507) und wird auf die Verfahrensgebühr für ein nachfolgendes Revisionsverfahren **angerechnet.** Im Übrigen gelten für die Gebühren im Revisionsverfahren und im Verfahren betreffend die NZB dieselben Grundsätze, die auch im Verfahren vor dem FG anzuwenden sind (iE → Rn. 28 ff.).

Für **Entschädigungsklagen wegen überlanger Verfahrensdauer** (→ § 155 97
Rn. 40 ff.) bestimmt sich die Verfahrensgebühr nach VV 3300 Nr. 3 und beträgt 1,6. Endet der Auftrag in den Fällen der Nr. 3300 VV vorzeitig, reduziert sich die Gebühr nach VV 3301 auf 1,0.

ee) Gebühren für Vorabentscheidungsverfahren vor dem EuGH. In 100
Vorabentscheidungsverfahren vor dem EuGH geltend nach § 38 I 1 RVG die Vorschriften in Teil 3 Abschn. 2 VV entsprechend (BGH VIII ZB 3/11, NJW 2012, 2118). Folglich stehen dem RA dieselben Gebühren zu, wie im finanzgerichtlichen Verfahren (ausf. → Rn. 55 ff.). Die Verfahrensgebühr des Verfahrens, in dem vorgelegt worden ist, wird allerdings nach § 38 III RVG auf die Verfahrensgebühr des Verfahrens vor dem EuGH angerechnet, wenn nicht eine im Verfahrensrecht vorgesehene schriftliche Stellungnahme ggü. dem EuGH abgegeben wird (zum Gegenstandswert s. § 38 I 2 u. 3 RVG).

c) Die Auslagen des Bevollmächtigten oder Beistands. Mit den Gebüh- 105
ren wird die Betätigung des Bevollmächtigten entgolten, aber auch dessen allg. Geschäftskosten. Fallen bei dem Bevollmächtigten **Auslagen** an, die nicht zu den allg. Geschäftskosten gehören, so hat er auf der Rechtsgrundlage der §§ 670, 675 BGB zum Geschäftsbesorgungsvertrag gegen seinen Mandanten einen Anspruch auf Ersatz dieser Auslagen, soweit er diese für erforderlich halten durfte (s. hierzu auch Vorb. 7 I zu Teil 7 VV; zur **Festsetzung** der Auslagen ggü. dem Mandanten → Rn. 42). Dabei ist die Frage, ob Kosten zu den **allgemeinen Geschäftskosten** gehören oder ob sie hierüber hinausgehen, oftmals schwierig zu beantworten. Nicht zu den allg. Geschäftskosten gehören zB verauslagte Gerichtskosten, Kosten für Grundbuchauszüge, Auszüge aus dem Handelsregister oder für Auskünfte des Meldeamtes sowie die Aktenversendungspauschale nach GKG KV 9003 (BGH IV ZR 232/08, NJW 2011, 3041; Gerold/Schmidt/Müller-Rabe VV Vorb. 7 Rn. 17 ff.; zur Pflicht des Gegners, die Aktenversendungspauschale zu erstatten, s. Mayer/Kroiß VV 7000 Rn. 11; Gerold/Schmidt/Müller-Rabe VV Vorb. 7 Rn. 24; Eckert StBVV 608). Gleiches gilt für eine Verwaltungszeitgebühr zur

Gewährung von Akteneinsicht (HessFG 12 Ko 5190/96, EFG 1997, 427). Kosten für die Anschaffung von Fachliteratur und – dem gleichgestellt – für eine **Datenbank-Recherche** sind hingegen den allg. Geschäftskosten zuzurechnen (zur Datenbank-Recherche Hansen JurBüro 1994, 546; Schall StB 1994, 505; Schneider AnwBl. 2004, 129 (132)).

106 Die Auslagen des Bevollmächtigten sind nach § 139 III 1 **erstattungsfähig,** dh der obsiegende Beteiligte kann von dem unterliegenden Beteiligten deren Erstattung verlangen. Das setzt aber trotz der Regelung des § 139 III 1 voraus, dass die Aufwendungen (Auslagen) **notwendig** waren (→ Rn. 3 ff.).

107 Für **besondere Arten** von Auslagen enthält Teil 7 VV **Sonderregelungen.**

108 VV 7000 sieht Pauschalen für die **Herstellung und Überlassung von Dokumenten** vor (die Erstattungsfähigkeit bejahend: Tipke/Kruse/Brandis § 139 Rn. 11; dem steht mE § 28 GKG entgegen, weil zum einen bei Beantragung von Kopien nach §§ 28 I 1, 31 II 1 GKG der Verursacher lediglich als Zweitschuldner neben dem Entscheidungsschuldner haftet, so dass insoweit weder Gerichtsauslagen noch ein Ansatz bei der Kostenfestsetzung möglich sind, und weil zum anderen bei Schreibauslagen wegen fehlenden Mehrausfertigungen nach § 28 I 2 GKG nur der Verursacher Kostenschuldner ist, so dass diese Auslagen ebenfalls nicht in eine Kostenfestsetzung einzubeziehen sind). Die Auslagen werden insbes. gewährt für **Kopien und Ausdrucke** aus Behörden- und Gerichtsakten (VV 7000 Nr. 1a), soweit deren Herstellung zur sachgemäßen Bearbeitung der Rechtssache geboten war, und für Kopien und Ausdrucke zur Zustellung oder Mitteilung an Gegner, Beteiligte, Verfahrensbevollmächtigte (VV 7000 Nr. 1b) und den Auftraggeber (VV 7000 Nr. 1c), soweit in den Fällen von VV 7000 Nr. 1b und 1c dafür jeweils mehr als 100 Ablichtungen zu fertigen waren, und in sonstigen Fällen nur, wenn sie im Einverständnis mit dem Auftraggeber angefertigt worden sind (VV 7000 Nr. 1d). Jeder Buchstabe in Nr. 1 stellt einen selbständigen Tatbestand dar (Schneider/Volpert/Fölsch/Stollenwerk RVG VV 7000 Rn. 144, 162). Eine **Übermittlung durch den Bevollmächtigten per Telefax** steht der Herstellung einer Kopie dabei gleich (VV 7000 I 2). Unter dieser Anzahl gefertigte Kopien und Ausdrucke gehören zu den allg. Geschäftskosten (→ Rn. 105). Die Notwendigkeit bestimmt sich nach der allgemeinen Verkehrsanschauung im Prozessrechtsverkehr (ThürFG 4 Ko 557/13, EFG 2015, 72). Eine kleinliche Handhabung bei der erforderlichen Glaubhaftmachung der Entstehung der Kosten und ihrer Notwendigkeit ist grds. zu vermeiden (vgl. OVG NRW 7 E 1339/05, NVwZ-RR 2007, 500). Allerdings ergibt sich hierdurch nicht die Anerkennung der gesamten Kosten für das komplette Kopieren einer Akte ohne jegliche Prüfung der Notwendigkeit (vgl. ThürFG 4 Ko 557/13, EFG 2015, 72; LG Detmold 3 T 260/10, BeckRS 2011, 20634). Gleiches gilt für den Ausdruck von elektronisch überlassenen Akten (Darlegung und Beweislast für die Notwendigkeit beim RA: OLG Celle 1 Ws 518/15, NStZ-RR 2016, 160; OLG Rostock 20 Ws 193/14, DStR 2014, 2259). Eine **elektronische Datei** ist keine Kopie, das Scannen fällt daher nicht unter VV 7000 Nr. 1 (Gerold/Schmidt/Müller-Rabe RVG VV 7000 Rn. 15, 24; Schneider/Volpert/Fölsch/Stollenwerk RVG VV 7000 Rn. 6 f.). Der **Pauschsatz** ist gestaffelt. Für die ersten 50 Seiten beträgt er 0,50 EUR, für jede weitere Seite 0,15 EUR. Werden anstelle der in VV 7000 Nr. 1d genannten Kopien und Ausdrucke elektronisch gespeicherte Dateien überlassen und zum Abruf bereitgestellt, beträgt die Vergütung 1,50 EUR je Datei; bei in einem Arbeitsgang auf demselben Datenträger übertragenen Dokumenten beträgt sie höchstens 5 EUR. Zu beachten ist aber, dass VV 7000 Nr. 2 nur anzuwenden ist, wenn die in VV 7000 Nr. 1d genannten Dokumente elektronisch überlassen werden. Scans zur Unterrichtung des Auftraggebers oder Gegners fallen nicht hierunter (Schneider/Volpert/Fölsch/Stollenwerk RVG VV 7000 Rn. 162). Müssen Dokumente erst von der Papierform in die elektronische Form übertragen werden, soll nach VV 7000 II mindestens der Betrag nach VV 7000 Nr. 1 anfallen, was je nach Aktenführung beim Bevollmächtigten zu ungerechten Ergebnissen führen kann (Schneider/Volpert/Fölsch/Stollenwerk RVG VV 7000 Rn. 159–162).

Entgelte für **Post-, Telegraphen-, Fernsprech- und Fernschreibdienstleistungen** müssen dem Bevollmächtigten nach VV 7001 **in der tatsächlich entstandenen Höhe** erstattet werden; er kann stattdessen nach VV 7002 aber auch eine **Pauschale** von 20 % der Gebühren, höchstens aber 20 EUR verlangen, und zwar gesondert für jede gebührenrechtliche Angelegenheit (Gerold/Schmidt/Müller-Rabe VV 7001, 7002 Rn. 14). Setzt er die Kosten in tatsächlicher Höhe an, so fallen darunter nicht die Kosten für die Geltendmachung dieser Entgelte (zB Entgelt für Aufschlüsselung der Telefongespräche). Unter VV 7001/7002 fallen Portokosten, Telefonkosten und Gebühren für online-Verbindungen (Schneider/Volpert/Fölsch/Stollenwerk RVG VV 7001–7002 Rn. 7). Unerheblich ist dabei, ob im einzelnen Mandatsverhältnis aufschlüsselbare Post- und Telekommunikationsverbindungen angefallen sind, wenn irgendeine Kommunikation stattgefunden hat (FG Köln 1 K 1443/17, BeckRS 2018, 55035; OLG Frankfurt 18 W 195/16, DStRE 2018, 382; Schneider/Volpert/Fölsch/Stollenwerk RVG VV 7001–7002 Rn. 5). Die Kosten einer Flatrate können allerdings nicht umgelegt werden, auch nicht anteilig (Schneider/Volpert/Fölsch/Stollenwerk RVG VV 7001–7002 Rn. 15). Die verlangten Kosten können ohne weitere Nachprüfung anerkannt werden, wenn sie nicht unangemessen hoch sind (BFH VII B 99/68, BStBl. II 1969, 590). Bei Streit über den Anfall der Auslagen genügt nach § 155 FGO iVm § 104 II 2 ZPO die Versicherung des Bevollmächtigten, dass Auslagen in bestimmter Höhe entstanden sind. Wird aber die Notwendigkeit der Auslagen bestritten, so besteht grds. eine Darlegungspflicht seitens des Bevollmächtigten. Ein Nachweis ist insbes. erforderlich, wenn die geltend gemachten Auslagen den Pauschbetrag ganz erheblich übersteigen, ohne dass dies angemessen wäre (FG Brem 298300Ko 2, EFG 1999, 1250; VGH BW 8 S 1743/87, JurBüro 1990, 1001; Gerold/Schmidt/Müller-Rabe VV 7001, 7002 Rn. 51 ff.). Auslagen für besondere Boten-, Expressgut- oder Frachtkosten fallen nicht unter VV 7001, 7002 (Gerold/Schmidt/Müller-Rabe VV 7001, 7002 Rn. 11), für sie gelten §§ 670, 695 BGB. 109

VV 7003–7006 betreffen Aufwendungen in Bezug auf eine **Geschäftsreise** des Bevollmächtigten, die nur dann vorliegt, wenn das Reiseziel außerhalb der Gemeinde liegt, in der sich die Kanzlei oder die Wohnung des Bevollmächtigten befindet (Vorb. 7 II zu Teil 7 VV; s. zur **Einschränkung der Erstattungsfähigkeit** dieser Aufwendungen aber → Rn. 5). Für die **Fahrtkosten** bei Benutzung eines eigenen Kraftfahrzeugs und für **Tage- und Abwesenheitsgeld** sehen VV 7003 und 7005 feste Sätze vor. Fahrtkosten bei Benutzung eines anderen Verkehrsmittels und **sonstige Auslagen** (zB Übernachtungskosten, BFH III R 17/13, BFH/NV 2015, 1101; Bahncard nur, wenn diese sich im Verfahren amortisiert, OLG Celle 4 StE 1/17, JurBüro 2021, 138) sind nach VV 7004 und 7006 in voller Höhe zu erstatten, soweit sie **angemessen** sind (BFH III R 17/13, BFH/NV 2015, 1101, Mittelklassehotel mit modernem Komfort, aber nicht Luxushotel). Bei Übernachtungskosten sind die Kosten für das Frühstück herauszurechnen 110

(OLG Düsseldorf I-10 W 5/12, NJW-RR 2012, 1470; LG Oldenburg 5 Qs 217/22, JurBüro 2022, 587). Die Kosten einer Flugreise können erstattungsfähig sein, wenn dadurch eine erhebliche Zeitersparnis erreicht werden kann (BGH I ZB 38/14, NJW-RR 2015, 761) und die Mehrkosten nicht außer Verhältnis zu den Kosten einer Bahnreise stehen (FG BW 11 KO 840/15, EFG 2016, 600; BGH IX ZB 112/05, NJW-RR 2008, 654; I ZB 38/14, NJW-RR 2015, 761). Dient eine Reise der Ausführung **mehrerer Geschäfte,** so sind die entstandenen Auslagen nach dem Verhältnis der Kosten zu verteilen, die bei gesonderter Ausführung der einzelnen Geschäfte entstanden wären (Vorb. 7 III 1 zu Teil 7 VV; BFH X K 5/13, AnwBl. 2016, 438).

111 Nach VV 7008 gehört die **Umsatzsteuer** auf die Vergütung des Bevollmächtigten in voller Höhe zu den Auslagen. Diese ist nach **§ 104 II 3 ZPO** bei der Kostenfestsetzung aber nur zu berücksichtigen, wenn der Antragsteller die Erklärung abgibt, dass er die Beträge nicht als Vorsteuer abziehen kann. Die **Erklärung** muss **ausdrücklich** und **eindeutig** erfolgen, andernfalls ist der im Kostenfestsetzungsgesuch angesetzte Umsatzsteuerbetrag nicht erstattungsfähig (FG BW 1 Ko 5/96, EFG 1997, 632; FG Köln 10 Ko 715/07, EFG 2007, 1474; FG Hmb 3 KO 226/15, AGS 2016, 468; zur beendeten unternehmerischen Tätigkeit s. FG Köln 10 Ko 4314/08, EFG 2010, 1640; FG BW IX Ko 3/90, EFG 1991, 37). Die Richtigkeit der Erklärung ist vom Gericht im Kostenerstattungsverfahren grds. nicht nachzuprüfen (BGH VIII ZB 92/02, NJW 2003, 1534). Etwas anderes gilt jedoch dann, wenn die Erklärung „offensichtlich und zweifelsfrei unrichtig" ist (für die Überprüfung in diesen Fällen auch BGH VIII ZB 92/02, NJW 2003, 1534; FG Köln 2 Ko 2139/18, EFG 2018, 1909; 10 Ko 4314/08, EFG 2010, 1640). Dem steht mE auch das Ziel des § 104 II 3 ZPO nicht entgegen, dass Fragen des materiellen Umsatzsteuerrechts im Kostenerstattungsverfahren nicht geprüft werden sollen (dazu BT-Drs. 12/6962, 110 f.). Denn wenn die Erklärung offensichtlich und zweifelsfrei unrichtig ist, bedarf es keiner umfassenden Prüfung. In ESt-Fällen, in denen unternehmerische Bereiche im Verfahren strittig waren, ist die USt bei Vorsteuerabzugsberechtigung nicht abzugsfähig (NdsFG 3 Ko 1/12, EFG 2012, 1881; FG Düsseldorf 11 Ko 1819/22 KF, EFG 2023, 213; Gosch/Böwing-Schmalenbrock § 139 Rn. 438). Sind die tatsächlichen Voraussetzungen dafür, ob eine Partei vorsteuerabzugsberechtigt ist, streitig, so kann eine Klärung dieser Frage im Kostenfestsetzungsverfahren nicht stattfinden (OLG Düsseldorf 10 W 108/91, AnwBl. 1993, 42). Bei Bevollmächtigten in eigener unternehmerischer Sache ist die USt nicht erstattungsfähig, da kein Umsatz vorliegt (OLG Düsseldorf I-24 W 93/07, JurBüro 2008, 152; Tipke/Kruse/Brandis § 139 Rn. 108). Zur Abgrenzung zu privaten Belangen s. FG BW VII 527/82, EFG 1983, 629 sowie zur Partei kraft Amtes (zB Insolvenzverwalter) FG Brem 2 96 207 Ko 2, EFG 2007, 374. Landwirte, die der Durchschnittsatzbesteuerung nach § 24 UStG unterliegen, sind vorsteuerabzugsberechtigt und haben im Kostenfestsetzungsverfahren keinen Anspruch auf Erstattung der Umsatzsteuer (FG Köln 10 Ko 1355/08, EFG 2009, 515; NdsFG 5 Ko 14/00, NJW-RR 2001, 934; aA FG BW 9 Ko 4/98, EFG 1999, 1154; FG Nürnberg 1 Ko 1790/10, JurBüro 2012, 199; NdsOVG 12 OA 156/11, NVwZ-RR 2012, 87). Ist bei mehreren Streitgenossen nur einer von ihnen vorsteuerabzugsberechtigt, ist die Umsatzsteuer nach Kopfteilen aufzuteilen (FG Düsseldorf 11 Ko 1819/22 KF, EFG 2023, 213; FG Köln 10 Ko 4058/09, EFG 2010, 1638; OLG Bbg 6 W 148/09, AGS 2010, 361). Besteht die Vorsteuerabzugsberechtigung nur für Teile des Gesamtstreitwertes (zB bei einer Klage wegen Einkommensteuer und Umsatzsteuer), ist der auf den

Gesamtstreitwert entfallende Umsatzsteuerbetrag entsprechend der Streitwertanteile aufzuteilen.

d) Bevollmächtigte und Beistände ohne gesetzlich vorgesehene Gebühren und Auslagen (§ 139 III 2). Aufwendungen für einen Bevollmächtigten oder Beistand, für den Gebühren und Auslagen **gesetzlich nicht vorgesehen** sind, können nach § 139 III 2 bis zur Höhe der gesetzlichen Gebühren und Auslagen der RA erstattet werden (§ 139 III 2; zu den gesetzlichen Gebühren → Rn. 55 ff. und zur Notwendigkeit der Gebühren und Auslagen → Rn. 3 ff.). Dies gilt aber nur für die Bevollmächtigten und Beistände, die nach den Vorschriften des StBerG zur geschäftsmäßigen Hilfeleistung in Steuersachen befugt sind (FG Brem 2 93 122 E 2, 2 93 148 E 2, EFG 1994, 306). Dies betrifft zB **Wirtschaftsprüfer** oder **im Ausland zugelassene Rechtsanwälte** (s. zu Letzteren auch EuGH C-289/02, NJW 2004, 833 – AMOK Verlags GmbH/A&R Gastronomie GmbH; zu Steuerberatern → Rn. 23). Erforderlich ist aber, dass die zu erstattenden Kosten **tatsächlich entstanden** sind; ersparte oder rein fiktive Aufwendungen sind nicht erstattungsfähig (BFH X B 38/15, BFH/NV 2016, 930). Die „Kann-Regelung" bedeutet nicht die Einräumung eines Ermessens hinsichtlich der Höhe des Erstattungsanspruchs (Tipke/Kruse/Brandis § 139 Rn. 124). 112

5. Kosten des Vorverfahrens (§ 139 III 3)

a) Voraussetzungen der Kostenerstattung. Die im Hinblick auf ein Vorverfahren angefallenen Gebühren und Auslagen sind nach § 139 III 3 nur dann erstattungsfähig, wenn der Erstattungsberechtigte die Kosten des gerichtlichen Verfahrens nicht zu tragen hat (BFH IV E 1/06, BFH/NV 2006, 1874) und wenn das Gericht die Zuziehung eines Bevollmächtigten oder Beistands für das Vorverfahren für notwendig erklärt (s. aber für Kindergeldsachen die Ausnahmeregelung in § 77 EStG und dazu FG Hmb III 465/03, EFG 2004, 1621; FG München 4 K 29/04, EFG 2007, 1704). **Erstattungsberechtigt** ist dabei nicht nur der **Kläger,** sondern auch ein **notwendig Beigeladener** (§ 60 III), wenn der Beklagte ihn zum Vorverfahren hinzugezogen hatte (FG München 2 K 2258/04, EFG 2009, 207). 120

Vorverfahren iSd § 139 III 3 ist nur das der Klage vorangegangene und über einen außergerichtlichen Rechtsbehelf (Einspruch) geführte Verwaltungsvorverfahren, welches der **Überprüfung des Bescheids durch die Verwaltung** dient. Diese Voraussetzungen liegen weder bei einem dem Bescheid vorausgegangenen **Verwaltungsverfahren** (BFH II B 26/72, BStBl. II 1973, 760; FG BBg 12 K 12076/07, EFG 2010, 824 zum prüfungsrechtlichen Überdenkungsverfahren nach § 29 DVStB; FG Hmb 3 KO 220/11, EFG 2012, 1374; FG LSA 5 KO 314/13, EFG 2013, 1700; FG Düsseldorf 6 Ko 307/14 KF, EFG 2014, 863; ThürFG 3 K 248/15, DStR 2015, 2256) noch bei einem Verfahren auf Änderung des Steuerbescheids nach **§ 164 AO** (FG Düsseldorf 6 Ko 307/14 KF, EFG 2014, 863) oder einem solchen auf **AdV** nach § 361 II AO im Verhältnis zum gerichtlichen Aussetzungsverfahren nach § 69 III vor (stRspr, zB BFH VII B 100/75, BStBl. II 1977, 557; FG BW 6 Ko 11/93, EFG 1994, 262; FG Hmb 4 V 196/06, EFG 2007, 1796; NdsFG 7 KO 10/09, EFG 2010, 749; FG Hmb 3 V 117/11, EFG 2012, 906; FG BBg 12 V 12204/11, EFG 2012, 1352) oder bei einem Verfahren über den Antrag auf Bewilligung von **Prozesskostenhilfe** vor (FG Brem 1 94 237 S 6, EFG 1995, 818). 121

122 § 139 III 3 fordert, dass ein **Verwaltungsvorverfahren geschwebt** hat, aber auch, dass sich an das Vorverfahren ein **gerichtliches Verfahren angeschlossen** hat, weil sonst ein gerichtlicher Ausspruch nicht möglich wäre (FG BW 2 K 212/05, EFG 2008, 1267; s. aber für Kindergeldsachen die Ausnahmeregelung in § 77 EStG und dazu SächsFG 5 K 569/08 (Kg), BeckRS 2009, 30386; FG Hmb III 465/03, EFG 2004, 1621). Folglich kommt eine Kostenerstattung nicht in Betracht, wenn sich die Sache bereits im Vorverfahren erledigt hat (BFH II B 26/72, BStBl. II 1973, 760; VII K 10/85, BFH/NV 1990, 388; FG München 15 K 320/09, EFG 2009, 1581; Tipke/Kruse/Brandis § 139 Rn. 126; zur Verfassungsmäßigkeit BVerfG 1 BvL 9/71, BStBl. II 1973, 720; BFH VII B 42/96, BStBl. II 1996, 501) oder wenn der Kläger die Klage zurückgenommen hat und gleichwohl nach § 144 Kostenerstattung begehrt (FG RhPf V 238/79, EFG 1980, 556; NdsFG 11 K 511/02, EFG 2006, 518). Gleiches gilt, wenn der Kläger zwar im Klageverfahren zT obsiegt, ihm aber auch insoweit die Kosten des Verfahrens nach § 136 I 3 oder § 137 auferlegt werden (BFH IV E 1/06, BFH/NV 2006, 1874). In diesen Fällen bleibt aber die Möglichkeit eines **zivilrechtlichen Schadensersatzanspruchs** wegen Amtspflichtverletzung nach § 839 BGB iVm Art. 34 GG bestehen (FG München 2 K 1865/08, EFG 2009, 142; s. aber BFH VIII R 8/07, BStBl. II 2008, 941, für einen materiell-rechtlichen Kostenerstattungsanspruch ist grds. kein Raum, wenn es um Kosten geht, die durch Einleitung und Führung eines Prozesses ausgelöst werden [Kosten des gerichtlichen Verfahrens]). Im Fall der **Untätigkeitsklage** hat ein Vorverfahren in Form des noch nicht abgeschlossenen Einspruchsverfahrens geschwebt (BFH III B 23/68, BStBl. II 1969, 438). Kein Vorverfahren hat demgegenüber geschwebt, wenn **Sprungklage** erhoben (BFH II B 32/69, BStBl. II 1972, 92; beachte aber BFH I R 1/15, BStBl. II 2017, 720 zur Umwandlung, wenn nach Erhebung der Sprungklage und vor Zustimmungserklärung noch Einspruch erhoben wird) oder ein Einspruch mit Zustimmung des FA zulässigerweise in eine Sprungklage umgewandelt wird (BFH IV R 27/96, BStBl. II 1998, 286; VII B 39/72, BStBl. II 1973, 852). In Fällen eines beschiedenen **Untätigkeitseinspruchs** nach § 347 I 2 AO erledigt sich das Verfahren des Untätigkeitseinspruchs unabhängig davon, ob dem Antrag des Steuerpflichtigen stattgegeben wird und der begehrte VA erlassen oder dessen Erlass abgelehnt wird (BFH VII B 107/15, BFH/NV 2017, 145). Der ergangene Ablehnungsbescheid wird daher nicht nach § 365 III AO Gegenstand des Einspruchsverfahrens; zu seiner Anfechtung bedarf es vielmehr eines gesonderten Einspruchs (BFH VII B 107/15, BFH/NV 2017, 145; I R 74/02, BFH/NV 2006, 19; FG Hmb 3 KO 201/10, EFG 2011, 1546; FG München 4 K 680/21, EFG 2022, 1677). Im Fall des § 77 EStG sind die Kosten eines erfolgreichen Untätigkeitseinspruches aber zu erstatten (BFH III R 46/17, BFH/NV 2020, 690; FG Düsseldorf 7 K 85/11 Kg, EFG 2012, 529; FG Köln 14 K 1020/12, EFG 2013, 713; FG München 7 K 2111/17, BeckRS 2017, 139705).

123 Das Vorverfahren muss der gegenwärtigen Klage **unmittelbar vorangegangen** sein (BFH III B 48/70, BStBl. II 1971, 714; II B 32/69, BStBl. II 1972, 92, keine Anwendung des § 139 III 3 auf ein **früheres Vorverfahren** mit dem identischen materiellen Ziel) und **dieselbe Sache** betreffen wie das Klageverfahren (FG BBg 3 K 3355/03 B, EFG 2007, 1367). Letzteres ist nicht der Fall bei einem Einspruchsverfahren, das die Rechtmäßigkeit oder Änderung eines Steuerbescheids betrifft und der anschließenden Klage auf Feststellung der Nichtigkeit dieses Bescheids (HessFG 12 Ko 4338/89, EFG 1990, 327; FG München 2 K 1865/08, EFG 2009, 142), bei einem Obsiegen im Klageverfahren, das nur

auf einer nach Erlass eines Änderungsbescheids im Klageverfahren erfolgten Erweiterung des Klagebegehrens beruht (FG Köln 10 K 5858/98, EFG 2008, 644) sowie bei einem anderweitigen Verfahren zur Änderung der Bescheide (FG Düsseldorf 6 Ko 307/14 KF, EFG 2014, 863). Gleiches gilt, wenn mit der Klage die **isolierte Aufhebung der Einspruchsentscheidung** begehrt wird. Da das Klageverfahren nur die Rechtmäßigkeit der Einspruchsentscheidung zum Gegenstand hat, betrifft es nicht dieselbe Sache wie das Einspruchsverfahren, in dem es um die Überprüfung der Rechtmäßigkeit des angefochtenen Bescheides geht (vgl. FG Köln 7 K 498/86, EFG 1990, 69, beachte zur Abgrenzung FG Düsseldorf 16 K 7371/97 F, EFG 2002, 483 bei Einwendungen im Vorverfahren zur Verböserung).

Macht der Kläger mit der sich an das Einspruchsverfahren anschließenden Klage **124** **nur einen Teil seiner bisher verfolgten Ansprüche** geltend, zB weil er bereits im Vorverfahren teilweise Erfolg gehabt oder er die teilweise Erfolglosigkeit seines Begehrens eingesehen hat, so sind die Kosten des Vorverfahrens nur insoweit nach § 139 III 3 erstattungsfähig, als sie denjenigen Teil des mit dem Einspruchsverfahren verfolgten Anspruchs betreffen, der Gegenstand des gerichtlichen Verfahrens geworden ist (BFH I B 68/74, BStBl. II 1975, 336 mwN; FG Köln 10 Ko 783/11, EFG 2012, 2237; FG BW 3 KO 1/00, EFG 2002, 497; FG Köln 10 Ko 707/05, DStRE 2005, 1045; Tipke/Kruse/Brandis § 139 Rn. 127; **aA** FG Düsseldorf VI 77/72 EK, EFG 1972, 498).

Voraussetzung für die Erstattungsfähigkeit von Kosten des Vorverfahrens nach **125** § 139 III 3 ist, dass überhaupt ein **Bevollmächtigter zugezogen** wurde (zur Wirkungslosigkeit eines gleichwohl ergehenden Beschlusses nach § 139 III 3: FG Köln 10 Ko 3869/02, EFG 2003, 55; s. auch NdsFG 7 KO 3/07, EFG 2008, 1218 betr. Vorverfahren der Ehefrau eines RA). Für die Frage der Zuziehung kommt es nicht darauf an, ob der Bevollmächtigte **erkennbar** nach außen aufgetreten ist, sondern nur darauf, ob er **tatsächlich** für den Beteiligten in einer Gebühren auslösenden Weise **tätig geworden ist** (FG Hmb 4 K 243/08, BeckRS 2010, 26028744; FG LSA 5 KO 1294/10, EFG 2011, 901; FG Köln 2 Ko 2202/23, EFG 2024, 1037: Tätigkeiten und die Entstehung der damit zusammenhängenden Kosten müssen anderweitig nachvollziehbar belegt werden; Tipke/Kruse/Brandis § 139 Rn. 129; **aA** BFH III B 36/69, BStBl. II 1970, 123; FG BW 9 KO 11/90, EFG 1992, 153; FG München 4 K 29/04, EFG 2007, 1704). Fiktive Ausgaben können ebenfalls nicht erstattet werden (FG Münster 15 KO 4308/93 KFG, EFG 1994, 632; FG Brem 298273Ko 2, 298274Ko 2, 298275Ko 2, 298276Ko 2, EFG 2000, 513; SchlHFG 5 KO 15/08, EFG 2008, 1745; FG Hmb 3 KO 73/17, BeckRS 2017, 124273; Schall StB 1994, 462). Ein Insolvenzverwalter, der als RA zugelassen ist und das Vorverfahren ohne Hinzuziehung eines RA betreut, kann wegen § 5 I InsVV als notwendig hinzugezogen erklärt werden (SächsFG 3 Ko 1513/14, BeckRS 2015, 94091).

An einer „Zuziehung" iSv § 139 III 3 fehlt es, wenn sich ein **Rechtsanwalt,** **126** Wirtschaftsprüfer oder Steuerberater im **Vorverfahren selbst vertreten** hat; eine Erstattung von Kosten kommt insoweit nicht in Betracht (BFH IV B 3/73, BStBl. II 1977, 767 mwN; BFH IV E 1/06, BFH/NV 2006, 1874; FG Köln 10 Ko 3869/02, EFG 2003, 55; NdsFG 7 KO 3/07, EFG 2008, 1218 mwN; FG Hmb 3 KO 73/17, BeckRS 2017, 124273; **aA** BVerwG 8 C 10/80, HFR 1982, 85; Kopp/Schenke/Hug VwGO § 162 Rn. 19 mwN; s. aber auch FG BW 3 K 4247/09, EFG 2010, 1138, wonach es nur auf die Notwendigkeit der Hinzuziehung ankommen soll). Vertritt ein RA seine Ehefrau im Vorverfahren, so ist dagegen insoweit eine Erstattung möglich (BFH IV B 3/73, BStBl. II 1977, 767;

IV E 1/06, BFH/NV 2006, 1874). Dabei ist es unerheblich, ob (bei zusammen veranlagten Eheleuten) auch der RA Kläger war und es sich nur um dessen Einkünfte handelte. Gleiches gilt, wenn der RA/Steuerberater eine GbR vertritt, an der er selbst beteiligt ist (NdsFG III 9/76 E, EFG 1977, 76).

127 Im Zweifel hat der **Kostengläubiger nachzuweisen,** dass ein Bevollmächtigter für ihn tätig geworden ist, verbleibende Zweifel gehen zu seinen Lasten (HessFG 2 Ko 57/87, EFG 1988, 247; FG München 1 K 3814/07, EFG 2009, 1006). Die Prüfung, ob der Bevollmächtigte in diesem Sinne zugezogen wurde, obliegt dem Urkundsbeamten im Kostenfestsetzungsverfahren (→ Rn. 130). Steht eindeutig fest, dass ein Bevollmächtigter im Vorverfahren nicht tätig geworden ist, fehlt für die gerichtliche Entscheidung nach § 139 III 3 das Rechtsschutzbedürfnis (BFH VII B 24/74, BStBl. II 1976, 568; FG LSA 5 KO 1294/10, EFG 2011, 901). Gleiches gilt, wenn die entsprechenden Kosten bereits durch Urteil in der Hauptsache als erstattungsfähig erkannt wurden (FG Köln 2 Ko 2097/23, EFG 2024, 498).

128 Die **Zuziehung** eines Bevollmächtigten war **notwendig,** wenn die Sach- und Rechtslage nicht so einfach war, dass sich der Beteiligte selbst vertreten konnte (BFH VIII R 73/00, BFH/NV 2003, 25; zum notwendig Beigeladenen FG München 2 K 2258/04, EFG 2009, 207). Bei der Beurteilung ist nicht (nur) die abstrakte Schwierigkeit und der Umfang der Sache, sondern auch die persönliche Sach- und Rechtskunde des konkreten Stpfl. zu berücksichtigen (BFH IV B 89/70, BStBl. II 1973, 535 mwN; Kopp/Schenke/Hug VwGO § 162 Rn. 18). **In der Regel** ist die Notwendigkeit der Zuziehung eines Bevollmächtigten **zu bejahen,** da ohne Beratung durch einen Steuerberater oder RA kaum ein Stpfl. in der Lage ist, seinen außergerichtlichen Rechtsbehelf in verfahrens- und sachlichrechtlicher Hinsicht ausreichend zu begründen (ebenso Schall StB 1995, 187; StB 1996, 234; zu eng FG Brem 1 94 008 K 6, EFG 1994, 846). Die Notwendigkeit einer Hinzuziehung ist aber **zu verneinen,** wenn lediglich Unterlagen oder Angaben beizubringen waren, die vom Beklagten in allg. verständlicher Form erbeten wurden (BFH VIII R 73/00, BFH/NV 2003, 25; SächsFG 5 K 569/08 (Kg), nv; FG BW 3 K 4247/09, EFG 2010, 1138; FG München 7 K 2803/14, BeckRS 2015, 95129; FG Brem 2 K 34/17 (1), BeckRS 2017, 135080).

129 Für die Frage, ob eine Zuziehung notwendig war, ist es **unerheblich,** ob die Tätigkeit des tatsächlich hinzugezogenen (→ Rn. 125) Bevollmächtigten **förderlich** war; es kommt deshalb nicht auf das **Ausmaß** der von dem Bevollmächtigten entfalteten **Tätigkeit** an und insbes. auch nicht darauf, ob er den eingelegten Rechtsbehelf begründet hat (FG Saarl II 256/82, EFG 1985, 188; FG Bbg 2 K 94/93 I, EFG 1994, 1110; FG Brem 2 94 108 K 2, EFG 1994, 1110; NdsFG XII 344/98 Ki, EFG 1999, 905; Tipke/Kruse/Brandis § 139 Rn. 130; Schall StB 1996, 234; **aA** FG München 15 K 730/91, EFG 1992, 210; HessFG 1 K 10339/86, EFG 1995, 584; FG BW 1 K 187/97, EFG 1998, 773).

130 Die Erstattung der Kosten des Vorverfahrens setzt eine **ausdrückliche Entscheidung des Gerichts** über die Notwendigkeit der Zuziehung eines Bevollmächtigten zum außergerichtlichen Vorverfahren voraus (konstitutive Wirkung; s. aber für Kindergeldsachen die Ausnahmeregelung in § 77 EStG und dazu FG Hmb III 465/03, EFG 2004, 1621; FG München 4 K 29/04, EFG 2007, 1704). Diese Entscheidung ist im **Kostenfestsetzungsverfahren durch das FG** als Gericht des ersten Rechtszugs zu treffen und ist im Revisionsverfahren unzulässig (stRspr, BFH XI R 31/01, BFH/NV 2003, 1628; VI S 1/10, BFH/NV 2010, 1467 betr. Anhörungsrüge; IX R 7/10, BStBl. II 2013, 436, IV R 5/12, BStBl. II

2015, 935; X R 25/12, BStBl. II 2016, 391; VI R 30/16, BStBl. II 2017, 644; jeweils mwN; **aA** BayVGH 32 VIII 78, BayVBl. 1978, 378), und zwar auch dann, wenn die übereinstimmenden Erklärungen zur Erledigung der Hauptsache erst vor dem BFH abgegeben werden (BFH VII B 207/12, BFH/NV 2015, 692 mwN). Es handelt sich **nicht** um eine **Kostenentscheidung,** da nicht darüber entschieden wird, wer die Kosten zu tragen hat, sondern ob sie erstattungsfähig sind (BVerwG VII C 128.66, BVerwGE 27, 39). Daher ist auch kein Antrag auf Urteilsergänzung nach § 109 zu stellen, wenn das Urteil keinen Ausspruch iSd § 139 III 3 enthält. Gleichwohl kann der gerichtliche Anspruch über die Notwendigkeit der Zuziehung eines Bevollmächtigten im Vorverfahren nach stRspr des BFH **in die Kostenentscheidung einbezogen** werden. Es liegt dann trotz der Aufnahme in das Urteil ein **Beschluss** vor, der hinsichtlich der Anfechtbarkeit als selbständiger Beschluss behandelt wird (BFH V B 33/71, BStBl. II 1972, 355 mwN; s. aber auch § 128 IV). Nach Ansicht des BFH enthält das Urteil keinen solchen Beschluss, wenn der Antrag nur in den Urteilsgründen und nicht in der Urteilsformel abgelehnt wurde (BFH VII B 302/97, BFH/NV 1998, 1120 mwN). Dem ist nicht zuzustimmen, da Beschlüsse insoweit (vgl. § 113) keiner besonderen Form bedürfen. Voraussetzung ist aber, dass eindeutig erkennbar ist, dass das Gericht die Entscheidung treffen wollte (Tipke/Kruse/Brandis § 139 Rn. 133).

Die Entscheidung muss **beantragt** werden, sie erfolgt nicht von Amts wegen. 131
Der Antrag muss nicht ausdrücklich gestellt werden. Reicht der Bevollmächtigte iRd Kostenfestsetzungsverfahrens eine Kostenrechnung ein, die die Kosten des Vorverfahrens beinhaltet, so ist hierin ein konkludenter Antrag auf eine Entscheidung nach § 139 III 3 zu sehen (FG Nürnberg 2 V 1958/07, DStRE 2008, 1235). Ist der Antrag oder auch die nach § 139 III 3 zu treffende Entscheidung im Kostenfestsetzungsverfahren **unterblieben,** kann beides jederzeit ohne Rücksicht auf den Ablauf von Rechtsmittelfristen nachgeholt werden (BFH V R 14/95, BStBl. II 1996, 491 mwN). Dem Antrag fehlt jedoch das Rechtsschutzbedürfnis, wenn im Vorverfahren offensichtlich kein Bevollmächtigter/Beistand von dem Beteiligten hinzugezogen worden ist (BFH VII B 24/74, BStBl. II 1976, 568), wenn der Kläger vollumfänglich die Kosten des Verfahrens trägt (BFH I R 90/10, BStBl. II 2013, 949) oder wenn lediglich Ansprüche gegen die Haftpflichtversicherung geltend gemacht werden sollen, ein Kostenerstattungsanspruch aber nicht besteht (FG BW 3 K 169/90, EFG 1998, 1534). Gleiches gilt, wenn die entsprechenden Kosten bereits durch Urteil in der Hauptsache als erstattungsfähig erkannt wurden (FG Köln 2 Ko 2097/23, EFG 2024, 498).

Zuständig für die Entscheidung nach § 139 III 3 ist – obwohl sie im Kosten- 132
festsetzungsverfahren ergeht (→ Rn. 130) – nicht der Urkundsbeamte, sondern nach der ausdrücklichen Regelung des § 139 III 3 das **Gericht des ersten Rechtszugs** (BFH IX R 29/21, BStBl. II 2023, 1087; III R 24/15, BFH/NV 2016, 1284; zu den Befugnissen des Urkundsbeamten im Erinnerungsverfahren s. HessFG 12 Ko 3799/06, EFG 2008, 1152). Das gilt selbst dann, wenn die Erklärungen zur Erledigung des Rechtsstreits in der Hauptsache erst vor dem BFH abgegeben werden; der beim BFH gestellte Antrag ist unzulässig (stRspr, zB BFH III R 29/02, BFH/NV 2004, 75; VII B 138/03, BFH/NV 2004, 974; I R 35/03, BFH/NV 2005, 1847; V R 1/05, BFH/NV 2006, 1503; X R 23/05, BFH/NV 2009, 814; IV R 47/07, BFH/NV 2009, 1518; VII B 207/12, BFH/NV 2015, 692). Hat der **Berichterstatter** die Kostenentscheidung im vorbereitenden Verfahren (§ 79a I Nr. 5) getroffen, so ist er auch für die Entscheidung nach § 139 III 3 zuständig (FG BW 6 K 96/91, EFG 1994, 846; 6 K 85/91, EFG

1994, 1067). – Gegen die ablehnende Entscheidung des FG, die Zuziehung eines Bevollmächtigten für das Vorverfahren für notwendig zu erklären, ist die **Beschwerde nicht statthaft** (§ 128 IV; BFH V B 96/90, BFH/NV 1991, 180; VII B 302/97, BFH/NV 1998, 1120; XI B 12/06, BFH/NV 2006, 1335). Denkbar ist nur die Gegenvorstellung oder die Anhörungsrüge nach § 133a FGO (Tipke/Kruse/Brandis § 139 Rn. 133). Ist die Zuziehung vom Gericht für notwendig erklärt worden, obgleich eine solche tatsächlich nicht vorlag, ergibt sich insoweit kein Anspruch auf Festsetzung (fiktiver) Kosten des Vorverfahrens. Damit ist nämlich nicht darüber entschieden, ob oder inwieweit tatsächlich ein Bevollmächtigter im außergerichtlichen Vorverfahren hinzugezogen und honoriert wurde (BFH VII B 24/74, BStBl. II 1976, 568; FG Brem 297056K 2, EFG 2000, 885; FG Köln 10 Ko 3869/02, EFG 2003, 55; NdsFG 7 KO 3/07, EFG 2008, 1218; FG Hmb 3 KO 73/17, BeckRS 2017, 124273; Tipke/Kruse/Brandis § 139 Rn. 132).

135 **b) Erstattungsfähige Aufwendungen im Vorverfahren. aa) Aufwendungen für das Vorverfahren.** Nach § 139 III 1 sind die gesetzlich vorgesehenen Gebühren und Auslagen eines Bevollmächtigten oder Beistandes, der nach den Vorschriften des StBerG zur geschäftsmäßigen Hilfeleistung in Steuersachen befugt ist, stets erstattungsfähig. Das gilt grds. auch für die Gebühren und Auslagen der Bevollmächtigten im Vorverfahren, wenn die Zuziehung des Bevollmächtigten vom Gericht für notwendig erklärt wurde. Erstattungsfähig sind **nur die Aufwendungen des Einspruchsverfahrens,** nicht die des dem angefochtenen Bescheid vorausgegangenen Verwaltungsverfahrens (BFH VII B 58/69, BStBl. II 1970, 219; FG BW 9 Ko 4/93, EFG 1994, 1116; abl. für **Zeitgebühren des Steuerberaters** nach §§ 13, 28 StBVV für die Prüfung von Steuerbescheiden vor Einspruchseinlegung SchlHFG 5 KO 15/08, EFG 2008, 1745; FG BBg 9 KO 3/07, EFG 2008, 1943); abl. für die Erstattungsfähigkeit der Kosten für die **Vertretung während der Betriebsprüfung** (FG Münster 8 Ko 326/21, EFG 2022, 59). Da ein **Lohnsteuerhilfeverein** von einem Mitglied kein Entgelt verlangen darf, können bei Vertretung eines solchen auch keine Kosten entstanden sein, die Grundlage eines Anspruchs nach § 139 III 3 sein könnten. Werden Kosten aus Verfahrensabschnitten geltend gemacht, in denen ein anderer Bevollmächtigter für den Kläger aufgetreten ist, ist hierfür die Einreichung der Kostenrechnung des anderen Bevollmächtigten notwendig, um die Zahlungspflicht, das Auftragsverhältnis und die Höhe der tatsächlich entstandenen Kosten zu klären (FG LSA 5 KO 1120/12, EFG 2013, 810; SchlHFG 5 KO 15/08, EFG 2008, 1745; FG Brem 298106Ko2, EFG 1998, 1535; **aA** FG Köln 10 Ko 4150/10, EFG 2011, 2020).

136 **bb) Anwendung von RVG oder StBVV.** Mit der Fünften Verordnung zur Änderung steuerlicher Verordnungen v. 25.6.2020 (BGBl. 2020 I 1495), wurde die für die Vergütung von Steuerberatern im außergerichtlichen Rechtsbehelfsverfahren relevante Vorschrift des § 40 StBVV **mWv 1.7.2020** dahingehend geändert, dass hierfür das RVG anzuwenden ist. Damit wurde für die Tätigkeit der Steuerberater im Einspruchsverfahren eine Gleichstellung mit den RA erreicht. Dies führt einerseits zur Anwendung der Gebührentabelle des RVG, andererseits entfallen die Kürzungstatbestände nach § 40 II–VIII StBVV. Ferner sind Steuerberater jetzt berechtigt, AdV-Verfahren nach § 361 AO gesondert abzurechnen, da nach § 17 Nr. 1a RVG Einspruchsverfahren und Verfahren des einstweiligen Rechtsschutzes verschiedene Angelegenheiten darstellen (für die Kostenerstattung nach § 139 ist diese gesonderte Abrechnung mangels Vorliegens eines Vorverfah-

rens aber nicht relevant, → Rn. 121). Wegen § 47a StBVV ist die neue Fassung des § 40 StBVV jedoch nur auf Einspruchsverfahren anwendbar, die nach dem 1.7.2020 erhoben wurden.

Für **Altfälle bis zum 30.6.2020** ist weiterhin noch zu unterscheiden, ob die Gebühren und Auslagen des **Vorverfahrens** nach dem RVG oder nach der StBVV abzurechnen sind (§ 1 der jeweiligen Gebührenordnung). Ist der Bevollmächtigte **Rechtsanwalt,** rechnet er die außergerichtlichen Gebühren und Auslagen nach dem RVG ab, ist er **Steuerberater,** erfolgt diese nach der StBVV. Ein **Bevollmächtigter, der sowohl Rechtsanwalt als auch Steuerberater ist,** kann in den Altverfahren grds. wählen, nach welcher Gebührenordnung er abrechnen will. Da nach § 139 I nur die notwendigen Kosten erstattungsfähig sind, kann der Gebührenanspruch im Kostenerstattungsverfahren auf den jeweils niedrigeren Satz beschränkt werden (FG Saarl 2 S 69/94, EFG 1995, 396; aA FG Köln 10 Ko 8040/98, EFG 2002, 1002: bei mehrfach qualifizierten Bevollmächtigten sind die Gebühren anzusetzen, die der Bevollmächtigte mit seinem Mandanten vereinbart hatte). Die Vergütung eines **Steuerberaters und Wirtschaftsprüfers** für die Beratung und Vertretung des Stpfl. (§ 33 StBerG) richtet sich nach der StBVV (OLG BBg 11 U 37/00, DB 2001, 2288). Bei **Wirtschaftsprüfern,** die nicht zugleich Steuerberater oder RA sind, aber in steuerlichen Angelegenheiten tätig werden, ist bei Fehlen einer Honorarvereinbarung str., ob nach §§ 611 II, 632 II BGB auf die StBVV-Bestimmungen zurückzugreifen ist (verneinend KG 22 U 204/08, BeckRS 2009, 27594; bejahend OLG Düsseldorf 18 U 215/88, StB 1989, 236; OLG Celle 13 U 211/93, BeckRS 2014, 11067).

cc) Gebühren für das Vorverfahren nach RVG. Für außergerichtliche 137 Tätigkeiten einschließlich der **Vertretung im Verwaltungsverfahren** erhält der RA nach VV 2300 eine **Geschäftsgebühr,** die allerdings **nicht** nach § 139 I 1 **erstattungsfähig** ist, weil außergerichtliche Gebühren und Auslagen nach § 139 III 3 nur dann erstattungsfähig sind, wenn sie ein Vorverfahren (Einspruchsverfahren) betreffen und das Gericht die Zuziehung eines Bevollmächtigten oder Beistands für das Vorverfahren für notwendig erklärt (→ Rn. 120 ff.). VV 2300 sieht für die Geschäftsgebühr einen Gebührensatzrahmen (zum Begriff → Rn. 36) von 0,5–2,5 vor, wobei aber eine Gebühr von mehr als 1,3 nach VV 2300 Anm. I nur gefordert werden kann, wenn die Tätigkeit umfangreich oder schwierig war (sog. **Schwellengebühr;** zur Bemessung der Gebühr s. auch Gruber BB-Special 2004 Nr. 1, 12, 14; bejahend für die Prüfung verfassungsrechtlicher Fragen FG Hmb 4 K 84/17, EFG 2018, 683 sowie für eine im Einspruchsverfahren in Bezug genommene umfangreiche Stellungnahme während der Betriebsprüfung FG Münster 4 Ko 1086/24, EFG 2024, 1781). Sie entsteht mit der Tätigkeit des Bevollmächtigten nach Beauftragung, idR mit der Entgegennahme von Informationen (Vorb. 2.3 VV 2300; FG LSA 5 KO 1294/10, EFG 2011, 901). Auf bestimmte Handlungen (etwa der Durchführung einer Besprechung) kommt es für das Entstehen der Geschäftsgebühr nicht an, die Entgegennahme einer im Klageverfahren bei Untätigkeitsklage ergangenen Einspruchsentscheidung ist nicht ausreichend (FG Brem 200225Ko 2, EFG 2000, 1276). Ausschlaggebend ist nur, dass der RA für den Beteiligten tätig geworden ist (→ Rn. 125). Eine Kollision mit § 35 I RVG besteht nicht, da die Tätigkeit von Bevollmächtigten im außergerichtlichen Rechtsbehelfsverfahren nach § 40 StBVV (wie auch die Tätigkeit im Klageverfahren nach § 45 StBVV) nicht in § 35 I RVG genannt ist. Zu beachten ist allerdings, dass die Berechnung der Geschäftsgebühr dann ausgeschlossen ist, wenn **andere Gebührenvorschriften Vorrang** haben. Das gilt zB auch für § 35 RVG, wonach sich die Gebühren des RA für die Hilfeleistung bei der Erfüllung allg. Steuerpflichten und bei der Erfüllung steuerlicher Buchführungs- und Aufzeichnungspflichten nach den §§ 23–39 StBVV iVm §§ 10 u. 13 StBVV richten (vgl. Gerold/Schmidt/Mayer VV 2300, 2301 Rn. 4). Folglich fällt die Geschäftsgebühr nur dann an, wenn die anwaltliche Tätigkeit über eine solche **Hilfeleistung in Steuersachen** hinausgeht, was zB dann der Fall ist, wenn der RA bereits im Verwaltungsverfahren in ähnlicher Art und Weise und in ähnlichem Umfang tätig wird wie im Einspruchsverfahren. Ferner kann bei Streitgenossen in derselben Angelegenheit die Erhöhung nach VV 1008 in Betracht kommen, → Rn. 38 ff.

138 Nach § 17 Nr. 1a RVG sind das **Verwaltungsverfahren** und das der Nachprüfung des VA dienende weitere Verwaltungsverfahren **(Einspruchsverfahren) verschiedene Angelegenheiten** (→ Rn. 31). Das hat zur Folge, dass die Geschäftsgebühr (→ Rn. 38) für jedes Verfahren entsteht. Die **für das Einspruchsverfahren entstehende Geschäftsgebühr** ist dabei nach § 139 III 3 dann **erstattungsfähig,** wenn das Gericht die Zuziehung eines Bevollmächtigten oder Beistands für das Vorverfahren für notwendig erklärt (→ Rn. 120 ff.). Eine Ermäßigung der für das Einspruchsverfahren anfallenden Geschäftsgebühr sieht das RVG seit dem 1.8.2013 nicht mehr vor (anders die frühere Regelung in VV 2301, s. dazu Gräber, 7. Aufl. 2010 und FG LSA 5 KO 314/13, EFG 2013, 1700). Stattdessen ist die Geschäftsgebühr für die Tätigkeit des Bevollmächtigten im Verwaltungsverfahren bei Vorliegen derselben Angelegenheit nach Vorb. 2.3 IV VV zur Hälfte, höchstens aber mit einem Gebührensatz von 0,75, auf dessen Tätigkeit im außergerichtlichen Rechtsbehelfsverfahren anzurechnen (FG Köln 10 Ko 3185/09, EFG 2010, 1642). Mit der Einfügung des § 35 II RVG werden Tätigkeiten nach § 23 StBVV (Antrag auf Berichtigung, Änderung, Aufhebung, Stundung, Erlass, Anpassung Vz. etc), § 24 StBVV (Erstellung von Steuererklärungen) und § 31 StBVV (Teilnahme an Besprechungen mit Behörden oder Dritten in steuerrechtlichen Angelegenheiten) den Gebühren nach Teil 2 des RVG gleichgestellt. Der erstattungspflichtige Beklagte kann sich insoweit nicht auf § 15a RVG berufen, da er die Geschäftsgebühr für das Verwaltungsverfahren nicht zu erstatten hat (SächsFG 2 K 1851/15 (Kg), StE 2016, 405; § 139 I, Gerold/Schmidt/Mayer VV 2300 Rn. 4).

139 Werden in einem Einspruchsverfahren **mehrere Streitjahre und/oder mehrere Steuerarten** gemeinsam mit einheitlicher Begründung angefochten, kann gebührenrechtlich nur eine Angelegenheit vorliegen, wenn ihr ein einheitlicher Auftrag zugrunde liegt, sie einen einheitlichen Rahmen hat und ihre einzelnen Teile in einem inneren Zusammenhang zueinander stehen (FG Düsseldorf 3 Ko 439/09 KF, EFG 2010, 161; FG BBg 1 KO 3064/00, EFG 2001, 653; aA FG Köln 10 Ko 4029/11, DStRE 2013, 120; FG BW 8 KO 1022/12, BeckRS 2014, 95520).

140 Wird wegen des Gegenstandes, der im Verwaltungsverfahren und im Verwaltungsvorverfahren (Einspruchsverfahren) streitig war, **Klage** erhoben, so wird gem. Vorb. 3 IV 1 zu Teil 3 VV eine nach Teil 2 entstandene **Geschäftsgebühr** zur Hälfte, jedoch höchstens mit einem Gebührensatz von 0,75, **auf** die entstehende **Verfahrensgebühr** des gerichtlichen Verfahrens **angerechnet.** Dadurch soll verhindert werden, dass die nahezu identische Tätigkeit zwei Mal in voller Höhe vergütet wird, was eine Identität des Streitstoffs und einen zeitlichen Zusammenhang von außergerichtlichem und gerichtlichem Verfahren erfordert (Gerold/

Schmidt/Müller-Rabe VV Vorb. 3 Rn. 277). Hat sich die **Geschäftsgebühr** nach VV 1008 **erhöht,** wird die erhöhte Verfahrensgebühr angerechnet (KG 1 W 73/08, Rpfleger 2008, 669; LG Ulm 2 O 269/06, AnwBl. 2008, 73; Gerold/Schmidt/Müller-Rabe VV 1008 Rn. 283). Bei einem **Bevollmächtigtenwechsel** vom Vor- zum Klageverfahren ist grds. keine Anrechnung vorzunehmen (BGH VII ZB 41/09, JurBüro 2010, 190; FG LSA 3 KO 887/14, BeckRS 2015, 131923; s. aber NdsFG 3 KO 1/12, EFG 2012, 1881, Anrechnung vorzunehmen, wenn Bevollmächtigter zuvor selbstständige Honorarkraft des früheren Bevollmächtigten war; FG Köln 10 Ko 1450/09, EFG 2009, 1857 bei Wechsel im Klageverfahren nach ungünstigem Ausgang des behördlichen und gerichtlichen AdV- und Einspruchsverfahrens). Dies soll auch unter der Prämisse des Kostenminimierungsgebots nach § 139 I gelten (FG Köln 10 Ko 2683/11, EFG 2012, 2240; 10 Ko 3640/11, EFG 2012, 2158; aA VGH BW 2 S 102/11, Justiz 2013, 233; SächsOVG 5 E 96/10, nv für das verwaltungsgerichtliche Verfahren). Bei einem nicht notwendigen innerprozessualen Bevollmächtigtenwechsel ist die Obergrenze der erstattungsfähigen Kosten nach § 155 FGO iVm § 91 II 2 ZPO zu beachten (FG Köln 10 Ko 3591/08, EFG 2009, 428). Die Anrechnung ist auch vorzunehmen, wenn das Vorverfahren nach der StBVV abgerechnet wurde (FG Köln 10 Ko 1450/09, EFG 2009, 1857; HessFG 11 Ko 103/10, BeckRS 2010, 26028752; FG Köln 10 Ko 3486/09, EFG 2010, 1641; NdsFG 3 KO 6/10, NVwZ-RR 2010, 704; 16 KO 7/10, BeckRS 2011, 95071; SächsFG 8 Ko 1091/14, BeckRS 2014, 96207). Sind mehrere Geschäftsgebühren entstanden, nämlich zB sowohl für das Verwaltungsverfahren als auch für das Verwaltungsvorverfahren (→ Rn. 137 f.), so ist für die Anrechnung die zuletzt entstandene Gebühr maßgebend, also diejenige für das Verwaltungsvorverfahren (Vorb. 3 IV 2 zu Teil 3 VV). Die Anrechnung erfolgt nach dem Wert des Gegenstands, der in das gerichtliche Verfahren übergegangen ist (Vorb. 3 IV 3 zu Teil 3 VV). Dies betrifft die Fälle, in denen der außergerichtliche Streitgegenstand nur teilweise eingeklagt wird (zu Berechnungsbeispielen s. Gerold/Schmidt/Müller-Rabe VV Vorb. 3 Rn. 318 ff.). Zur Anrechnung einer Geschäftsgebühr nach Trennung eines Prozesses s. BGH IV ZR 422/13, NJW-RR 2015, 189. Bei Vorliegen mehrerer getrennter Geschäftsgebühren für das Vorverfahren und einer Verfahrensgebühr (zB objektive Klagehäufung) ist nach Klarstellung in § 15a II RVG durch das 2. KostRÄndG 2021 ein Vergleich zwischen einheitlicher Geschäftsgebühr des Gesamtstreitwerts und der Summe der einzelnen Gebühren vorzunehmen; der niedrigere Betrag ist anzurechnen (Gerold/Schmidt/Müller-Rabe VV Vorb. 3 Rn. 329 f.). Die Regelung soll auch für Altverfahren gelten (Gerold/Schmidt/Müller-Rabe VV Vorb. 3 Rn. 331).

Trotz der Anrechnung der Geschäftsgebühr auf die Verfahrensgebühr kann der **141** Bevollmächtigte nach **§ 15a I RVG beide Gebühren jeweils ungekürzt fordern,** jedoch insgesamt nicht mehr als den um den Anrechnungsbetrag verminderten Gesamtbetrag der beiden Gebühren. Wird eine Gebühr bezahlt, bewirkt dies, dass im Umfang der Anrechnung die andere Gebühr erlischt (FG LSA 4 KO 409/10, EFG 2010, 1820). Ein **Dritter** kann sich auf die Anrechnungsbestimmung nach § 15a III RVG nur dann berufen, wenn er den Anspruch auf eine der beiden Gebühren erfüllt hat, wegen eines dieser Ansprüche gegen ihn ein Vollstreckungstitel besteht oder beide Gebühren in demselben Verfahren gegen ihn geltend gemacht werden. Dritter kann auch der **erstattungspflichtige Beteiligte** sein (§ 15 III Fall 3 RVG), wenn mit dem Kostenfestsetzungsantrag sowohl Kosten des Klageverfahrens als auch Kosten des Vorverfahrens gegen ihn geltend gemacht werden (HessFG 12 KO 2520/09, BeckRS 2011, 94097). § 15a III RVG stellt damit auch klar, dass die **Anrechnung im Kostenfestsetzungsverfahren** nach § 149 FGO **vom Antrag des erstattungspflichtigen Beteiligten abhängig** zu machen ist und nicht von Amts wegen durch die Urkundsbeamtin berücksichtigt werden darf (Gerold/Schmidt/Müller-Rabe RVG § 15a Rn. 57; aA FG Hmb 3 KO 226/15, AGS 2016, 468). Als Dritter iSd § 15a III RVG gilt auch die **Staatskasse** iRd Vergütung nach §§ 45 RVG eines im Wege der PKH beigeordneten Bevollmächtigten (FG Düsseldorf 9 Ko 1223/11 KF, BeckRS 2011, 139620). § 58 II 2 RVG ist hierbei zu beachten. Allerdings sind bei der Festsetzung der PKH-Vergütung nicht gezahlte Geschäftsgebühren des Vorverfahrens nicht auf die Verfahrensgebühr anzurechnen (NdsFG 7 KO 6/10, EFG 2012, 553).

142 Eine weitere **Gebührenbegrenzung** für Schreiben einfacher Art sieht VV 2301 vor. Die Geschäftsgebühr ist auf einen Gebührensatz von 0,3 begrenzt. Nach der Anm. zu VV 2301 enthalten einfache Schreiben weder schwierige rechtliche Ausführungen noch größere sachliche Auseinandersetzungen. Dabei muss der Prozessauftrag des Bevollmächtigten auf Schreiben einfacher Art beschränkt sein. Auf den Umfang der Tätigkeit kommt es dagegen nicht an (Gerold/Schmidt/Mayer VV 2301 Rn. 2).

147 **dd) Gebühren für das Vorverfahren nach StBVV (anzuwenden bis zum 30.6.2020).** Die **Geschäftsgebühr** nach § 40 StBVV ist ebenfalls eine Rahmengebühr, die grds. gem. § 11 StBVV nach dem billigen Ermessen des StB bestimmt wird. § 40 I StBVV sieht dabei einen Gebührensatzrahmen von $^{5}/_{10}$ bis $^{25}/_{10}$ vor, wobei aber eine Gebühr von mehr als $^{13}/_{10}$ **(Schwellengebühr)** nur gefordert werden kann, wenn die Tätigkeit umfangreich oder schwierig war. Bei **Schreiben einfacher Art** beträgt die Gebühr nur $^{3}/_{10}$. Als Schreiben einfacher Art sind fristwahrende Einsprüche ohne Begründung anzusehen. Die **Geschäftsgebühr ermäßigt sich** nach § 40 II StBVV auf $^{3}/_{10}$ bis $^{20}/_{10}$ einer vollen Gebühr, wenn der Gebührentatbestand des § 28 StBVV (**Zeitgebühr** für die Prüfung eines Steuerbescheides oder steuerlichen Bescheides) erfüllt ist. Ein Wahlrecht des Beraters, ob er die Gebühr nach § 28 StBVV geltend machen will, besteht nicht. Auch ist unerheblich, ob der Berater die Gebühr tatsächlich in Rechnung gestellt und erhalten hat. Entscheidend ist allein, dass der Gebührentatbestand des § 28 StBVV verwirklicht wurde (FG BW II Ko 1/90, EFG 1990, 540; FG Brem 2 93 078 E 2, EFG 1994, 314; FG Saarl 2 S 69/94, EFG 1995, 399; FG Köln 10 Ko 3092/01, EFG 2002, 115; 10 Ko 410/10, 10 Ko 411/10, EFG 2011, 2020). Der Begriff des Steuerbescheides iSd § 28 StBVV ist nicht mit dem Begriff in § 155 I AO identisch. Steuerbescheide iSd § 28 StBVV sind auch Bescheide über steuerliche Nebenleistungen (FG Düsseldorf 4 Ko 3125/12, EFG 2013, 399), Haftungsbescheide (SächsFG 3 KO 13/98, BeckRS 1998, 30878072). Abgrenzend sind Verfügungen im Vollstreckungsverfahren (FG BBg 9 KO 3/07, EFG 2008, 1490) oder Anordnungen von Prüfungsmaßnahmen (FG Bln V 70/85, EFG 1986, 625) keine Steuerbescheide nach § 28 StBVV (zur evtl. Kürzung nach § 40 IV StBVV → Rn. 148).

148 Nach § 40 II StBVV **ermäßigt sich die Geschäftsgebühr** für das Vorverfahren **oder ist** nach § 40 IV StBVV **der Höhe nach begrenzt,** wenn der Bevollmächtigte bereits Gebühren für das Verwaltungsverfahren erhalten hat (zur Kürzung, wenn für die Prüfung, ob das Einspruchsverfahren durchgeführt werden soll, bereits die Zeitgebühr nach § 28 StBVV entstanden ist, → Rn. 147). Hat zwischen den einzelnen Verfahrensabschnitten ein **Bevollmächtigtenwechsel** stattgefunden, ist str. ob, der Kürzungstatbestand nach § 40 II StBVV anzuwenden

ist (verneinend FG BW 9 Ko 4/93, EFG 1994, 1116; bejahend wegen § 139 I FGO: FG Köln 10 Ko 1450/09, EFG 2009, 1857; 10 Ko 3591/08, EFG 2009, 428; s. auch KG Bln 1 W 312/06, BeckRS 2006, 139920). – Gemäß § 40 III StBVV ist die **Geschäftsgebühr** ferner auf $^{1}/_{10}$ bis $^{7,5}/_{10}$ **zu kürzen,** wenn der Steuerberater im Zusammenhang mit der Vertretung im Rechtsbehelfsverfahren Gebühren für die Erstellung von Steuererklärungen nach § 24 StBVV erhält. Ein Zusammenhang besteht dabei nur dann, wenn der StB die Steuererklärung erst im Einspruchsverfahren zur Begründung angefertigt hat (zur Vorgängerregelung FG Brem 2 93 078 E 2, EFG 1994, 314).

Bei **mehreren Einsprüchen,** die nicht auf Grund eines einheitlichen Auftrags 149
eingelegt werden, bemessen sich die Gebühren des Steuerberaters nach Einzelgebühren zu Einzelstreitwerten, bei einheitlich erhobenen Einsprüchen nach dem Gesamtstreitwert (FG Brem 2 93 077 E 2, EFG 1994, 313; 2 92 138 E 2, EFG 1994, 316; FG Münster 15 Ko 4204/02 KFB, EFG 2003, 345). Bei der **Vertretung mehrerer Auftraggeber** in derselben Angelegenheit erhöht sich nach § 40 V StBVV die Geschäftsgebühr im Vorverfahren (FG Brem 2 93 077 E 2, EFG 1994, 314; betr. zusammenveranlagte Ehegatten und zur Berechnung der Erhöhung s. FG BW 4 Ko 6/03, EFG 2004, 300). § 40 VI StBVV **begrenzt die Geschäftsgebühr** weiter dann, wenn eine **Besprechung** iSv § 31 StBVV stattfindet und anschließend ein Rechtsbehelf eingelegt wird. Hiervon sind Besprechungen im Rahmen einer Außenprüfung (§ 29 StBVV), Verhandlungen im Rechtsbehelfsverfahren (§ 40 StBVV), im Verwaltungsvollstreckungsverfahren (§ 44 StBVV), im Strafverfahren (§ 45 StBVV iVm VV 4102 RVG) und im Bußgeldverfahren (VV 5102 RVG) abzugrenzen. Zur Anrechnung der Geschäftsgebühr auf eine anschließend entstehende Verfahrensgebühr s. FG Münster 11 Ko 3705/11 KFB, EFG 2012, 1962; → Rn. 130.

Nach § 40 VII StBVV bildet das Rechtsbehelfsverfahren (§ 40 I StBVV) mit 150
dem Verwaltungsverfahren auf **Aussetzung der Vollziehung** (§ 361 AO) oder Beseitigung der aufschiebenden oder hemmenden Wirkung eine Angelegenheit. Ein AdV-Verfahren kann daher nicht zusätzlich iRd behördlichen Rechtsbehelfsverfahrens abgerechnet werden.

Eine **Erledigungsgebühr** nach § 40 VIII StBVV erhält der Steuerberater für 151
die besondere Mitwirkung an der Erledigung des Einspruchsverfahrens. Diese Gebühr entspricht im Grunde VV 1003 RVG. Der Rechtsbehelf muss sich durch die Tätigkeit erledigt haben. Zu den erstattungsfähigen Kosten für das Vorverfahren gehören auch die Auslagen eines Steuerberaters nach § 15 StBVV (Umsatzsteuer), § 16 StBVV (Post- und Telekommunikationsentgelte), § 17 StBVV (Dokumentenpauschale), §§ 18, 19 StBVV (Geschäftsreisen). Die Regelungen entsprechen denjenigen des RVG (FG Saarl 1 S 73/94, EFG 1994, 847).

6. Außergerichtliche Kosten des Beigeladenen (§ 139 IV)

Im Fall einer Beiladung hat das Gericht in der Kostenentscheidung stets auch 157
über die Erstattungsfähigkeit der außergerichtlichen Kosten des Beigeladenen zu befinden (→ Rn. 162; → § 143 Rn. 18; BFH X B 3/99, BFH/NV 2000, 1473; zur Abgrenzung zum Verfahren Beigetretenen BFH I B 88/05, BFH/NV 2007, 1148; zur Anwendung im Beschwerdeverfahren gegen den Beiladungsbeschluss: BFH X B 42/16, BFH/NV 2017, 146 mwN). Eine Erstattung kommt nach § 139 IV nur in Betracht, wenn das Gericht die außergerichtlichen Kosten des Beigeladenen aus Billigkeit dem unterliegenden Teil oder der Staatskasse auferlegt.

Dies beruht auf der Überlegung, dass der Beigeladene in aller Regel ohne sein Zutun in das gerichtliche Verfahren einbezogen wird; er soll deshalb nach dem Willen des Gesetzgebers nur dann Anspruch auf Erstattung der ihm selbst entstandenen Verfahrenskosten haben, wenn über seine formelle Teilnahme am Verfahren hinaus weitere Voraussetzungen vorliegen (BFH I B 88/05, BFH/NV 2007, 1148). Ein Erstattungsanspruch kann auch Kosten des Vorverfahrens umfassen, wenn der Beigeladene bereits im vorangegangen Rechtsbehelfsverfahren notwendig beigeladen war (FG München 2 K 2258/04, EFG 2009, 207).

158 In der Regel entspricht es der **Billigkeit,** dem Beigeladenen Kostenerstattung zuzubilligen, wenn ihm **Kosten entstanden** sind (BFH III R 105/07, BFH/NV 2009, 638 mwN) und er **Sachanträge gestellt** hat, weil er dann auch das Risiko getragen hat, zu unterliegen und mit Kosten belastet zu werden (vgl. § 135 III; zB BFH I R 10/92, BStBl. II 1998, 63; IV R 14/04, BStBl. II 2006, 418; III B 176/11, BFH/NV 2012, 1304; IV R 6/10, BFH/NV 2013, 1584; III B 16/13, BFH/NV 2014, 673; HessFG 8 K 2117/07, EFG 2008, 1472; NdsFG 15 K 14/13, EFG 2014, 106). Bloße **Formalanträge** wie der, die Revision/Beschwerde zurückzuweisen, begründen noch kein Kostenrisiko des Beigeladenen (BFH II B 138/87, BStBl. II 1988, 842; III S 7/10, BFH/NV 2010, 1285; IV R 17/08, BStBl. II 2011, 716; III B 9/13, BFH/NV 2014, 1226; IV B 184/13, BFH/NV 2014, 1563 zur NZB; aA FG Saarl 1 K 1244/09, EFG 2014, 240; s. dazu auch Lange DB 2002, 608; Kopp/Schenke/Hug VwGO § 162 Rn. 23, Beigeladener muss seinen Antrag begründen). Voraussetzung für eine Billigkeitsentscheidung nach § 139 IV ist, dass der Beigeladene den obsiegenden Beteiligten unterstützt hat (zB BFH IV R 10/99, BFH/NV 2000, 1039; VIII R 14/19, BStBl. II 2022, 371; III R 9/21, BStBl. II 2022, 840; FG BW 5 K 448/99, EFG 2003, 1664). Eine Ausnahme von diesem Grundsatz soll nach Ansicht des FG München (8 K 13042/87, EFG 1990, 257) gelten, wenn der Stpfl. auf Antrag des FA nach § 174 V AO beigeladen wurde; in diesem Fall entspreche es der Billigkeit, dem Beigeladenen auch dann die Kosten zu erstatten, wenn dieser den unterliegenden Beteiligten unterstützt hat (krit. Gosch/Böwing-Schmalenbrock § 139 Rn. 486).

159 Die Kosten des Beigeladenen sind grds. **dem unterliegenden Beteiligten aufzuerlegen** (BFH IV B 15/10, BFH/NV 2011, 5). Ist ein Beschwerdegegner nicht vorhanden, können die Kosten des Beigeladenen der Staatskasse auferlegt werden (BFH VII B 141/81, BStBl. II 1982, 239; II R 2/83, BStBl. II 1985, 368; → Rn. 161). Eine Differenzierung je nach Mitwirkung im finanzgerichtlichen oder BFH-Verfahren ist möglich (BFH III R 11/15, BStBl. II 2017, 1199).

160 Hat der Beigeladene **keinen eigenen Sachantrag** gestellt, wird eine Kostenerstattung nur in Ausnahmefällen in Betracht kommen, zB dann, wenn der Beigeladene das **Verfahren** durch seinen Sachvortrag oder durch Rechtsausführungen **wesentlich gefördert** hat (stRspr, zB BFH X B 3/99, BFH/NV 2000, 1473; IX B 199/05, BFH/NV 2007, 1140; IV B 143/08, BFH/NV 2009, 1452; III S 7/10, BFH/NV 2010, 1285; V R 7/09, BFH/NV 2011, 1030; III R 82/08, BStBl. II 2012, 734; IV R 18/08, BFH/NV 2012, 1095; III R 41/42, BFH/NV 2015, 85 zum Verfahren betreffend Kindergeld; IV R 44/12, BFH/NV 2015, 1085; II R 24/15, BStBl. II 2017, 128). Eine Förderung des Verfahrens kann in der Revisionsinstanz auch darin liegen, dass der Beigeladene durch seinen Prozessbevollmächtigten erklärt, er verzichte auf mündliche Verhandlung (BFH I R 76/08, BFH/NV 2009, 1708 mwN; II R 24/15, BStBl. II 2017, 128).

161 War die Beiladung sachlich nicht gerechtfertigt, entspricht es regelmäßig der Billigkeit, die außergerichtlichen Kosten des Beigeladenen für das erfolgreiche

Beschwerdeverfahren der **Staatskasse** aufzuerlegen. Das gilt jedenfalls dann, wenn keiner der Hauptbeteiligten dem Antrag des Beigeladenen auf Aufhebung des Beiladungsbeschlusses entgegengetreten ist, weil es dann an einem Beschwerdegegner fehlt (BFH IX B 115/91, BFH/NV 1994, 482 mwN; vgl. ferner Kopp/Schenke/Hug VwGO § 162 Rn. 24).

§ 139 IV gilt entsprechend, wenn über die Erstattung der außergerichtlichen Kosten des Klägers im Revisionsverfahren des Beigeladenen zu entscheiden ist, weil der Kläger in diesem Verfahren eine dem Beigeladenen ähnliche Stellung hat (BFH VIII R 92/82, nv). 162

Die Entscheidung nach § 139 IV gehört nicht zum Kostenfestsetzungsverfahren, sondern ist (anders als die Entscheidung nach § 139 III 3, → Rn. 130) **Teil der gerichtlichen Kostenentscheidung** (BFH VIII R 346/83, BStBl. II 1988, 287 mwN). Sie ist deshalb **von Amts wegen** im Urteil zu treffen. Das gilt auch für die außergerichtlichen Kosten des Beigeladenen im Revisionsverfahren (vgl. aber BFH IX R 23/85, BFH/NV 1986, 406 zu nicht vertretenen Beigeladenen; BFH X B 42/16, BFH/NV 2017, 146: Im erfolgreichen Beschwerdeverfahren des Beigeladenen ist eine Entscheidung nach § 139 IV zu treffen). Die Entscheidung nach § 139 IV ist auch dann erforderlich, wenn sich die **Hauptsache erledigt** hat. Im Rahmen des nach § 138 I zu treffenden Kostenbeschlusses ist auch über die außergerichtlichen Kosten des Beigeladenen zu entscheiden. Die Kosten sind dann dem Beteiligten aufzuerlegen, der sie auch iÜ zu tragen hat (zur Unstatthaftigkeit der Beschwerde des Beigeladenen gegen einen Beschluss, durch den sein Antrag auf eine Billigkeitsentscheidung nach § 139 IV abgelehnt wurde, s. § 128 IV und BFH VIII B 75/96, BFH/NV 1997, 196). 163

Unterlässt das Gericht den Ausspruch über die Erstattung, so ist für eine Kostenerstattung kein Raum (BFH I B 88/05, BFH/NV 2007, 1148). Das Urteil ist aber auf (fristgebundenen) **Antrag nach § 109** zu ergänzen (stRspr, zB BFH IX B 199/05, BFH/NV 2007, 1140; IV B 143/08, BFH/NV 2009, 1452; III S 7/10, BFH/NV 2010, 1285, jeweils mwN; → § 109 Rn. 5). 164

7. Entstehen, Verzinsung und Verjährung des Kostenerstattungsanspruchs

Der **Kostenerstattungsanspruch** nach der FGO **entsteht** grds. mit Erlass der gerichtlichen Kostenentscheidung (§ 143 I FGO), ist jedoch auflösend bedingt. Wird die Entscheidung des FG im Rechtsmittelverfahren aufgehoben, entfällt der Kostenerstattungsanspruch (Tipke/Kruse/Brandis § 139 Rn. 3); es kann ein Rückerstattungsanspruch entstehen (§ 91 IV ZPO; BGH VI ZB 64/11, NJW-RR 2013, 186). Da die Entscheidung nach § 139 III 3 über die Erstattungsfähigkeit von Gebühren und Auslagen des Vorverfahrens zum Kostenfestsetzungsverfahren gehört (→ Rn. 130), entsteht dieser Anspruch mit Ergehen der diesbezüglichen Entscheidung. 170

Die zu erstattenden Aufwendungen sind nach § 155 FGO iVm § 104 I 2 ZPO **auf Antrag zu verzinsen,** auch wenn es sich um Aufwendungen für einen Bevollmächtigten handelt, der nicht RA ist (BFH VII B 135/69, BStBl. II 1971, 562). Das soll nach BSG 9a RVs 22/84, MDR 1987, 171 aber nicht für den Anspruch auf Erstattung der Aufwendungen im Vorverfahren gelten (aA Tipke/Kruse/Brandis § 139 Rn. 4). Die **Verzinsungspflicht beginnt** an sich mit der Anbringung des Kostenfestsetzungsgesuchs (§§ 103 II, 104 I 2, 105 II ZPO); in jedem Fall muss aber ein zur Vollstreckung geeigneter Titel vorliegen (§ 103 I 171

ZPO; BFH VII B 84/73, BStBl. II 1975, 263; s. auch FG Hmb 3 KO 201/10, EFG 2011, 1546; VG Hmb 2 K 4000/04, BeckRS 2011, 50156, In den Fällen von § 139 III 3 beginnt die Verzinsung allerdings nicht vor Ergehen des Beschlusses über die Notwendigkeit der Hinzuziehung des Bevollmächtigten im Vorverfahren, weil dieser konstitutiv wirkt (→ Rn. 130).

172 Für die **Verjährung des Kostenerstattungsanspruchs** gilt die zivilrechtliche Frist von 30 Jahren (§ 197 I Nr. 3 BGB; BGH V ZB 189/05, NJW 2006, 1962; FG Nürnberg I 214/98, EFG 1999, 37). Zinsen, die nach Rechtskraft der Kostengrundentscheidung entstehen, verjähren innerhalb von drei Jahren ab Ende des Jahres, in dem der Kostenfestsetzungsantrag beim Gericht eingegangen ist (OLG Hamm 25 W 226/18, NJW 2019, 3163 (3166)). Zur **Verwirkung** und zum **Verzicht** s. OLG Koblenz 14 W 102/16, NJW-RR 2016, 1216; FG BW 6 K 11/92, EFG 1997, 427.

§§ 140, 141 (weggefallen)

§ 142 [Prozesskostenhilfe]

(1) **Die Vorschriften der Zivilprozessordnung über die Prozesskostenhilfe gelten sinngemäß.**

(2) **[1]Einem Beteiligten, dem Prozesskostenhilfe bewilligt worden ist, kann auch ein Steuerberater, Steuerbevollmächtigter, Wirtschaftsprüfer oder vereidigter Buchprüfer beigeordnet werden. [2]Die Vergütung richtet sich nach den für den beigeordneten Rechtsanwalt geltenden Vorschriften des Rechtsanwaltsvergütungsgesetzes.**

(3) **[1]Die Prüfung der persönlichen und wirtschaftlichen Verhältnisse nach den §§ 114 bis 116 der Zivilprozessordnung einschließlich der in § 118 Absatz 2 der Zivilprozessordnung bezeichneten Maßnahmen und der Entscheidungen nach § 118 Absatz 2 Satz 4 der Zivilprozessordnung obliegt dem Urkundsbeamten der Geschäftsstelle des jeweiligen Rechtszugs, wenn der Vorsitzende ihm das Verfahren insoweit überträgt. [2]Liegen die Voraussetzungen für die Bewilligung der Prozesskostenhilfe hiernach nicht vor, erlässt der Urkundsbeamte die den Antrag ablehnende Entscheidung; anderenfalls vermerkt der Urkundsbeamte in den Prozessakten, dass dem Antragsteller nach seinen persönlichen und wirtschaftlichen Verhältnissen Prozesskostenhilfe gewährt werden kann und in welcher Höhe gegebenenfalls Monatsraten oder Beträge aus dem Vermögen zu zahlen sind.**

(4) **Dem Urkundsbeamten obliegen im Verfahren über die Prozesskostenhilfe ferner die Bestimmung des Zeitpunkts für die Einstellung und eine Wiederaufnahme der Zahlungen nach § 120 Absatz 3 der Zivilprozessordnung sowie die Änderung und die Aufhebung der Bewilligung der Prozesskostenhilfe nach den §§ 120a und 124 Absatz 1 Nummer 2 bis 5 der Zivilprozessordnung.**

(5) **[1]Der Vorsitzende kann Aufgaben nach den Absätzen 3 und 4 zu jedem Zeitpunkt an sich ziehen. [2]§ 5 Absatz 1 Nummer 1, die §§ 6, 7, 8 Absatz 1 bis 4 und § 9 des Rechtspflegergesetzes gelten entsprechend mit der Maßgabe, dass an die Stelle des Rechtspflegers der Urkundsbeamte der Geschäftsstelle tritt.**

(6) **§ 79a Absatz 4 gilt entsprechend.**

(7) [1]**Gegen Entscheidungen des Urkundsbeamten nach den Absätzen 3 und 4 ist die Erinnerung an das Gericht gegeben.** [2]**Die Frist für die Einlegung der Erinnerung beträgt zwei Wochen.** [3]**Über die Erinnerung entscheidet das Gericht durch Beschluss.**

(8) **Durch Landesgesetz kann bestimmt werden, dass die Absätze 3 bis 7 für die Gerichte des jeweiligen Landes nicht anzuwenden sind.**

Literatur: Bartone, Prozesskostenhilfe im finanzgerichtlichen Verfahren, AO-StB 2009, 150; Billiaß, Die Erklärung zum PKH-Antrag im elektronischen Rechtsverkehr, NJW 2020, 2941; Fischer, PKH-Verfahren – Bewilligung der PKH ohne Anhörung des Gegners?, MDR 2004, 667; Gottschalk/Schneider, Prozess- und Verfahrenskostenhilfe, Beratungshilfe 10. Auflage 2022; Grams, Prozesskostenhilfe im finanzgerichtlichen Verfahren, StB 1995, 68; Groß, Beratungshilfe, Prozesskostenhilfe, Verfahrenskostenhilfe 15. Auflage 2023; Gundlach/Frenzel/Schmidt, Die Gewährung von Prozesskostenhilfe an den Insolvenzverwalter, NJW 2003, 2412; Gundlach/Schirrmeister, Prozesskostenhilfe für den Insolvenzverwalter, NZI 2004, 268; Jost, Prozesskostenhilfe im finanzgerichtlichen Verfahren, Inf 1995, 394, 523; Just, Das Kostenrecht im Finanzprozess, DStR 2008, Beihefter zu Nr. 40, 69; Just, Die Tücken des neuen Prozesskostenhilfeformulars, NJ 2014, 102; Just, Kostenverfahren in der Finanz- und Verwaltungsgerichtsbarkeit, 2014; Linke, Überholte Erfolgsaussichten im Verwaltungsprozess? Zum maßgeblichen Zeitpunkt der prozesskostenhilferechtlichen Beurteilung, NVwZ 2003, 421; Meßling, Prozesskostenhilfe in der Corona-Krise, NJW 2020, 2005; Philippi, Prozesskostenhilfe und Grundgesetz, FS E. Schneider, 1997, 267; Poller/Köpf, Das neue Prozesskosten-, Verfahrenskosten- und Beratungshilferecht, NJ 2013, 353; Rupert/Scholz, Justizgewährleistung und wirtschaftliche Leistungsfähigkeit, GS Grabitz, 1995, 725; Schneider, Verzögerte Prozesskostenhilfe, MDR 2004, 1097; Schneider, Wesentliche Angaben im PKH-Bewilligungsverfahren, NJW 2014, 1287; Steenbuck, Die Gewährung von Prozesskostenhilfe an den Insolvenzverwalter, MDR 2004, 1155; Szymborski, Beratungshilfe im Steuerrecht, DStR 2012, 1984; Weigel, Fallstricke und die Erledigungen im Prozesskostenhilfeverfahren, AO-StB 2013, 19; Zenke, Prozesskostenhilfe im finanzgerichtlichen Verfahren, StB 2006, 302.

Übersicht

	Rn.
I. Rechtsgrundlagen	1
II. Bewilligung der PKH	8
1. Bewilligungsvoraussetzungen	8
a) Personenkreis und erfasste Verfahren	8
b) Natürliche Personen	14
aa) Persönliche Voraussetzungen	14
bb) Sachliche Voraussetzungen	38
c) Parteien kraft Amtes, juristische Personen, parteifähige Vereinigungen	48
aa) Persönliche Voraussetzungen	48
bb) Sachliche Voraussetzungen	52
2. Bewilligungsverfahren	56
a) Beteiligte des Bewilligungsverfahrens	56
b) Antrag	57
aa) Zulässigkeit des Antrags	57
bb) Substantiierung des Antrags/Vordrucke	67
c) Prüfungsverfahren nach § 118 ZPO	78
d) Entscheidung über den Antrag	87

	Rn.
aa) Zuständigkeit und Zeitpunkt der Entscheidung	87
bb) Inhalt der Entscheidung	95
cc) Wirkung der Entscheidung	102
dd) Bekanntgabe der Entscheidung	107
e) Rechtsbehelf	109
f) Überprüfung und Änderung der Bewilligung	114
g) Aufhebung der Bewilligung	119
h) Zuständigkeit, Form, Rechtsbehelf	120

I. Rechtsgrundlagen

1 Nach der Rspr. des BVerfG darf die Belastung mit Prozesskosten nicht dazu führen, dass das **Existenzminimum** eines Klägers oder Antragstellers unterschritten wird. Ihm muss wenigstens der sozialhilferechtliche Regelsatz iSd § 28 SGB XII verbleiben (BVerfG 1 BvL 84/86, NJW 1988, 2231). Um dies zu gewährleisten, sehen alle Verfahrensordnungen die Möglichkeit der Gewährung von PKH als eine spezialgesetzlich geregelte Einrichtung der Sozialhilfe vor (BVerfG 1 BvR 23/73, 1 BvR 155/73, NJW 1974, 227; BFH III B 170/95, BFH/NV 1996, 785). Denn das Prinzip der **Rechtsgleichheit** des Art. 3 III 1 iVm Art. 20 III GG gebietet es, auch solchen Personen die Durchsetzung ihrer Rechte vor Gericht zu ermöglichen, die wirtschaftlich nicht in der Lage sind, die Prozesskosten aufzubringen (stRspr, zB BVerfG 1 BvR 1807/07, NJW 2008, 1060; 1 BvR 3359/14, NJW 2016, 3228 mwN); dabei ist aber nur eine **im Wesentlichen Gleichstellung mit bemittelten Personen** geboten (zB BVerfG 1 BvR 1998/02, NJW 2003, 2976; 1 BvR 1152/02, NJW 2003, 3190; 2 BvR 1267/15, NJW 2016, 2560; BFH III B 247/11, BFH/NV 2013, 1112). – Dem kommt gerade im finanzgerichtlichen Verfahren insofern eine besondere Bedeutung zu, als sich die Stpfl. in der ganz überwiegenden Anzahl der Fälle gegen Akte der **Eingriffsverwaltung** zur Wehr setzen müssen. Wegen der nach Art. 19 IV GG gebotenen Gewährleistung eines **effektiven Rechtsschutzes** gegen Akte der öffentlichen Gewalt darf eine Überprüfung dieser Akte nicht von der finanziellen Situation des Stpfl. abhängen. Dies gilt umso mehr, als auch für das finanzgerichtliche Verfahren eine **Vorfälligkeit** gilt (→ Vor § 135 Rn. 6). Darüber hinaus dienen die Vorschriften über die PKH auch der Verwirklichung des Anspruchs der unbemittelten Partei auf **rechtliches Gehör** vor Gericht (Art. 103 GG) und auf **gleichen Zugang** zum Gericht (Art. 3 GG).

2 Für das finanzgerichtliche Verfahren verweist § 142 I auf die **Vorschriften der ZPO.** Die **EG-Richtlinie** zur PKH v. 27.1.2003 (2003/8/EG, ABl. 2003 L 26, 41) gilt ausdrücklich nicht für Steuer- und Zollsachen (s. dort Art. 1 II 2). Siehe auch BFH X S 5/13 (PKH), BFH/NV 2013, 971: kein Verstoß des § 142 gegen Art. 47 III GRCh.

3 Die §§ 114–127 ZPO haben folgenden Wortlaut:

§ 114 ZPO Voraussetzungen

(1) [1]Eine Partei, die nach ihren persönlichen und wirtschaftlichen Verhältnissen die Kosten der Prozessführung nicht, nur zum Teil oder nur in Raten aufbringen kann, erhält auf Antrag Prozesskostenhilfe, wenn die beabsichtigte Rechtsverfolgung oder Rechtsverteidigung hinreichende Aussicht auf Erfolg bietet und nicht

mutwillig erscheint. [2]Für die grenzüberschreitende Prozesskostenhilfe innerhalb der Europäischen Union gelten ergänzend die §§ 1076 bis 1078.

(2) Mutwillig ist die Rechtsverfolgung oder Rechtsverteidigung, wenn eine Partei, die keine Prozesskostenhilfe beansprucht, bei verständiger Würdigung aller Umstände von der Rechtsverfolgung oder Rechtsverteidigung absehen würde, obwohl eine hinreichende Aussicht auf Erfolg besteht.

§ 115 ZPO Einsatz von Einkommen und Vermögen

(1) [1]Die Partei hat ihr Einkommen einzusetzen. [2]Zum Einkommen gehören alle Einkünfte in Geld oder Geldeswert. [3]Von ihm sind abzusetzen:

1. a) die in § 82 Abs. 2 des Zwölften Buches Sozialgesetzbuch[1] bezeichneten Beträge;
   b) bei Parteien, die ein Einkommen aus Erwerbstätigkeit erzielen, ein Betrag in Höhe von 50 vom Hundert des Regelsatzes, der für den alleinstehenden oder alleinerziehenden Leistungsberechtigten vom Bund gemäß der Regelbedarfsstufe 1 nach der Anlage zu § 28 des Zwölften Buches Sozialgesetzbuch festgesetzt oder fortgeschrieben worden ist;
2. a) für die Partei und ihren Ehegatten oder ihren Lebenspartner jeweils ein Betrag in Höhe des um 10 vom Hundert erhöhten Regelsatzes, der für den alleinstehenden oder alleinerziehenden Leistungsberechtigten vom Bund gemäß der Regelbedarfsstufe 1 nach der Anlage zu § 28 des Zwölften Buches Sozialgesetzbuch festgesetzt oder fortgeschrieben worden ist;
   b) bei weiteren Unterhaltsleistungen auf Grund gesetzlicher Unterhaltspflicht für jede unterhaltsberechtigte Person jeweils ein Betrag in Höhe des um 10 vom Hundert erhöhten Regelsatzes, der für eine Person ihres Alters vom Bund gemäß den Regelbedarfsstufen 3 bis 6 nach der Anlage zu § 28 des Zwölften Buches Sozialgesetzbuch festgesetzt oder fortgeschrieben worden ist;
3. die Kosten der Unterkunft und Heizung, soweit sie nicht in einem auffälligen Missverhältnis zu den Lebensverhältnissen der Partei stehen;
4. Mehrbedarfe nach § 21 des Zweiten Buches Sozialgesetzbuch und nach § 30 des Zwölften Buches Sozialgesetzbuch;
5. weitere Beträge, soweit dies mit Rücksicht auf besondere Belastungen angemessen ist; § 1610a des Bürgerlichen Gesetzbuchs gilt entsprechend.

---

[1] § 82 II SGB XII idF des G v. 22.12.2023 (BGBl. I Nr. 408) lautet:

[1]Von dem Einkommen sind abzusetzen

1. auf das Einkommen entrichtete Steuern,
2. Pflichtbeiträge zur Sozialversicherung einschließlich der Beiträge zur Arbeitsförderung,
3. Beiträge zu öffentlichen oder privaten Versicherungen oder ähnlichen Einrichtungen, soweit diese Beiträge gesetzlich vorgeschrieben oder nach Grund und Höhe angemessen sind, sowie geförderte Altersvorsorgebeiträge nach § 82 des Einkommensteuergesetzes, soweit sie den Mindesteigenbeitrag nach § 86 des Einkommensteuergesetzes nicht überschreiten, und
4. die mit der Erzielung des Einkommens verbundenen notwendigen Ausgaben.

[2]Erhält eine leistungsberechtigte Person, die das 25. Lebensjahr vollendet hat, aus einer Tätigkeit Bezüge oder Einnahmen, die als Taschengeld nach § 2 Nummer 4 des Bundesfreiwilligendienstgesetzes oder nach § 2 Absatz 1 Nummer 4 des Jugendfreiwilligendienstgesetzes gezahlt werden, ist abweichend von Satz 1 Nummer 2 bis 4 und den Absätzen 3 und 6 ein Betrag von bis zu 250 Euro monatlich nicht als Einkommen zu berücksichtigen. [3]Soweit ein Betrag nach Satz 2 in Anspruch genommen wird, gelten die Beträge nach Absatz 3 Satz 1 zweiter Halbsatz und nach Absatz 6 Satz 1 zweiter Halbsatz insoweit als ausgeschöpft.

[4]Maßgeblich sind die Beträge, die zum Zeitpunkt der Bewilligung der Prozesskostenhilfe gelten. [5]Soweit am Wohnsitz der Partei aufgrund einer Neufestsetzung oder Fortschreibung nach § 29 Absatz 2 bis 4 des Zwölften Buches Sozialgesetzbuch höhere Regelsätze gelten, sind diese heranzuziehen. [6]Das Bundesministerium der Justiz und für Verbraucherschutz gibt bei jeder Neufestsetzung oder jeder Fortschreibung die maßgebenden Beträge nach Satz 3 Nummer 1 Buchstabe b und Nummer 2 und nach Satz 5 im Bundesgesetzblatt bekannt. [7]Diese Beträge sind, soweit sie nicht volle Euro ergeben, bis zu 0,49 Euro abzurunden und von 0,50 Euro an aufzurunden. [8]Die Unterhaltsfreibeträge nach Satz 3 Nr. 2 vermindern sich um eigenes Einkommen der unterhaltsberechtigten Person. [9]Wird eine Geldrente gezahlt, so ist sie anstelle des Freibetrages abzusetzen, soweit dies angemessen ist.

(2) [1]Von dem nach den Abzügen verbleibenden Teil des monatlichen Einkommens (einzusetzendes Einkommen) sind Monatsraten in Höhe der Hälfte des einzusetzenden Einkommens festzusetzen; die Monatsraten sind auf volle Euro abzurunden. [2]Beträgt die Höhe einer Monatsrate weniger als 10 Euro, ist von der Festsetzung von Monatsraten abzusehen. [3]Bei einem einzusetzenden Einkommen von mehr als 600 Euro beträgt die Monatsrate 300 Euro zuzüglich des Teils des einzusetzenden Einkommens, der 600 Euro übersteigt. [4]Unabhängig von der Zahl der Rechtszüge sind höchstens 48 Monatsraten aufzubringen.

(3) [1]Die Partei hat ihr Vermögen einzusetzen, soweit dies zumutbar ist. [2]§ 90 des Zwölften Buches Sozialgesetzbuch[2] gilt entsprechend.

---

[2] § 90 SGB XII idF des G v. 16.12.2022 (BGBl. I 2328) lautet:

„**§ 90 Einzusetzendes Vermögen.**

(1) Einzusetzen ist das gesamte verwertbare Vermögen.

(2) Die Sozialhilfe darf nicht abhängig gemacht werden vom Einsatz oder von der Verwertung

1. eines Vermögens, das aus öffentlichen Mitteln zum Aufbau oder zur Sicherung einer Lebensgrundlage oder zur Gründung eines Hausstandes erbracht wird,
2. eines nach § 10a oder Abschnitt XI des Einkommensteuergesetzes geförderten Altersvorsorgevermögens im Sinne des § 92 des Einkommensteuergesetzes; dies gilt auch für das in der Auszahlungsphase insgesamt zur Verfügung stehende Kapital, soweit die Auszahlung als monatliche oder als sonstige regelmäßige Leistung im Sinne von § 82 Absatz 5 Satz 3 erfolgt; für diese Auszahlungen ist § 82 Absatz 4 und 5 anzuwenden,
3. eines sonstigen Vermögens, solange es nachweislich zur baldigen Beschaffung oder Erhaltung eines Hausgrundstücks im Sinne der Nummer 8 bestimmt ist, soweit dieses Wohnzwecken von Menschen mit einer wesentlichen Behinderung oder einer drohenden wesentlichen Behinderung (§ 99 Absatz 1 und 2 des Neunten Buches) oder von blinden Menschen (§ 72) oder pflegebedürftigen Menschen (§ 61) dient oder dienen soll und dieser Zweck durch den Einsatz oder die Verwertung des Vermögens gefährdet würde,
4. eines angemessenen Hausrats; dabei sind die bisherigen Lebensverhältnisse der nachfragenden Person zu berücksichtigen,
5. von Gegenständen, die zur Aufnahme oder Fortsetzung der Berufsausbildung oder der Erwerbstätigkeit unentbehrlich sind,
6. von Familien- und Erbstücken, deren Veräußerung für die nachfragende Person oder ihre Familie eine besondere Härte bedeuten würde,
7. von Gegenständen, die zur Befriedigung geistiger, insbesondere wissenschaftlicher oder künstlerischer Bedürfnisse dienen und deren Besitz nicht Luxus ist,
8. eines angemessenen Hausgrundstücks, das von der nachfragenden Person oder einer anderen in den § 19 Abs. 1 bis 3 genannten Person allein oder zusammen mit Angehörigen ganz oder teilweise bewohnt wird und nach ihrem Tod von ihren Angehörigen bewohnt

(4) Prozesskostenhilfe wird nicht bewilligt, wenn die Kosten der Prozessführung der Partei vier Monatsraten und die aus dem Vermögen aufzubringenden Teilbeträge voraussichtlich nicht übersteigen.

§ 116 ZPO Partei kraft Amtes; juristische Person; parteifähige Vereinigung

[1]Prozesskostenhilfe erhalten auf Antrag

1. eine Partei kraft Amtes, wenn die Kosten aus der verwalteten Vermögensmasse nicht aufgebracht werden können und den am Gegenstand des Rechtsstreits wirtschaftlich Beteiligten nicht zuzumuten ist, die Kosten aufzubringen;
2. eine juristische Person oder parteifähige Vereinigung, die im Inland, in einem anderen Mitgliedstaat der Europäischen Union oder einem anderen Vertragsstaat des Abkommens über den Europäischen Wirtschaftsraum gegründet und dort ansässig ist, wenn die Kosten weder von ihr noch von den am Gegenstand des Rechtsstreits wirtschaftlich Beteiligten aufgebracht werden können und wenn die Unterlassung der Rechtsverfolgung oder Rechtsverteidigung allgemeinen Interessen zuwiderlaufen würde.

[2]§ 114 Absatz 1 Satz 1 letzter Halbsatz und Absatz 2 ist anzuwenden. [3]Können die Kosten nur zum Teil oder nur in Teilbeträgen aufgebracht werden, so sind die entsprechenden Beträge zu zahlen.

§ 117 ZPO Antrag; Verordnungsermächtigung

(1) [1]Der Antrag auf Bewilligung der Prozesskostenhilfe ist bei dem Prozessgericht zu stellen; er kann vor der Geschäftsstelle zu Protokoll erklärt werden. [2]In dem Antrag ist das Streitverhältnis unter Angabe der Beweismittel darzustellen. [3]Der Antrag auf Bewilligung von Prozesskostenhilfe für die Zwangsvollstreckung ist bei dem für die Zwangsvollstreckung zuständigen Gericht zu stellen.

(2) [1]Dem Antrag sind eine Erklärung der Partei über ihre persönlichen und wirtschaftlichen Verhältnisse (Familienverhältnisse, Beruf, Vermögen, Einkommen und Lasten) sowie entsprechende Belege beizufügen. [2]Die Erklärung und die Belege dürfen dem Gegner nur mit Zustimmung der Partei zugänglich gemacht werden; es sei denn, der Gegner hat gegen den Antragsteller nach den Vorschriften des bürgerlichen Rechts einen Anspruch auf Auskunft über Einkünfte und Vermögen des Antragstellers. [3]Dem Antragsteller ist vor der Übermittlung seiner Erklärung an den Gegner Gelegenheit zur Stellungnahme zu geben. [4]Er ist über die Übermittlung seiner Erklärung zu unterrichten.

(3) [1]Das Bundesministerium der Justiz wird ermächtigt, zur Vereinfachung und Vereinheitlichung des Verfahrens durch Rechtsverordnung mit Zustimmung des

---

werden soll. [2]Die Angemessenheit bestimmt sich nach der Zahl der Bewohner, dem Wohnbedarf (zum Beispiel behinderter, blinder oder pflegebedürftiger Menschen), der Grundstücksgröße, der Hausgröße, dem Zuschnitt und der Ausstattung des Wohngebäudes sowie dem Wert des Grundstücks einschließlich des Wohngebäudes,

9. kleinerer Barbeträge oder sonstiger Geldwerte; dabei ist eine besondere Notlage der nachfragenden Person zu berücksichtigen,
10. eines angemessenen Kraftfahrzeuges.

(3) [1]Die Sozialhilfe darf ferner nicht vom Einsatz oder von der Verwertung eines Vermögens abhängig gemacht werden, soweit dies für den, der das Vermögen einzusetzen hat, und für seine unterhaltsberechtigten Angehörigen eine Härte bedeuten würde. [2]Dies ist bei der Leistung nach dem Fünften bis Neunten Kapitel insbesondere der Fall, soweit eine angemessene Lebensführung oder die Aufrechterhaltung einer angemessenen Alterssicherung wesentlich erschwert würde.

Bundesrates Formulare für die Erklärung einzuführen.[3] [2]Die Formulare enthalten die nach § 120a Absatz 2 Satz 4 erforderliche Belehrung.

(4) [1]Soweit Formulare für die Erklärung nach Absatz 2 eingeführt sind, muss sich die Partei ihrer bedienen. [2]In geeigneten Fällen kann die Geschäftsstelle die Erklärung auch zu Protokoll aufnehmen.

§ 118 ZPO Bewilligungsverfahren

(1) [1]Dem Gegner ist Gelegenheit zur Stellungnahme zu geben, ob er die Voraussetzungen für die Bewilligung von Prozesskostenhilfe für gegeben hält, soweit dies aus besonderen Gründen nicht unzweckmäßig erscheint. [2]Die Stellungnahme kann vor der Geschäftsstelle zu Protokoll erklärt werden. [3]Das Gericht kann die Parteien zur mündlichen Erörterung laden, wenn eine Einigung zu erwarten ist; ein Vergleich ist zu gerichtlichem Protokoll zu nehmen. [4]Dem Gegner entstandene Kosten werden nicht erstattet. [5]Die durch die Vernehmung von Zeugen und Sachverständigen nach Absatz 2 Satz 3 entstandenen Auslagen sind als Gerichtskosten von der Partei zu tragen, der die Kosten des Rechtsstreits auferlegt sind. [6]§ 128a gilt für den Erörterungstermin nach Satz 3 entsprechend.

(2) [1]Das Gericht kann verlangen, dass der Antragsteller seine tatsächlichen Angaben glaubhaft macht, es kann insbesondere auch die Abgabe einer Versicherung an Eides statt fordern. [2]Es kann Erhebungen anstellen, insbesondere die Vorlegung von Urkunden anordnen und Auskünfte einholen. [3]Zeugen und Sachverständige werden nicht vernommen, es sei denn, dass auf andere Weise nicht geklärt werden kann, ob die Rechtsverfolgung oder Rechtsverteidigung hinreichende Aussicht auf Erfolg bietet und nicht mutwillig erscheint; eine Beeidigung findet nicht statt. [4]Hat der Antragsteller innerhalb einer von dem Gericht gesetzten Frist Angaben über seine persönlichen und wirtschaftlichen Verhältnisse nicht glaubhaft gemacht oder bestimmte Fragen nicht oder ungenügend beantwortet, so lehnt das Gericht die Bewilligung von Prozesskostenhilfe insoweit ab.

(3) Die in Absatz 1, 2 bezeichneten Maßnahmen werden von dem Vorsitzenden oder einem von ihm beauftragten Mitglied des Gerichts durchgeführt.

§ 119 ZPO Bewilligung

(1) [1]Die Bewilligung der Prozesskostenhilfe erfolgt für jeden Rechtszug besonders. [2]In einem höheren Rechtszug ist nicht zu prüfen, ob die Rechtsverfolgung oder Rechtsverteidigung hinreichende Aussicht auf Erfolg bietet oder mutwillig erscheint, wenn der Gegner das Rechtsmittel eingelegt hat.

(2) Die Bewilligung von Prozesskostenhilfe für die Zwangsvollstreckung in das bewegliche Vermögen umfasst alle Vollstreckungshandlungen im Bezirk des Vollstreckungsgerichts einschließlich des Verfahrens auf Abgabe der Vermögensauskunft und der eidesstattlichen Versicherung.

§ 120 ZPO Festsetzung von Zahlungen

(1) [1]Mit der Bewilligung der Prozesskostenhilfe setzt das Gericht zu zahlende Monatsraten und aus dem Vermögen zu zahlende Beträge fest. [2]Setzt das Gericht nach § 115 Absatz 1 Satz 3 Nummer 5 mit Rücksicht auf besondere Belastungen

[3] VO zur Einführung eines Vordrucks für die Erklärung über die persönlichen und wirtschaftlichen Verhältnisse bei Prozesskostenhilfe sowie eines Vordrucks für die Übermittlung der Anträge auf Bewilligung von Prozesskostenhilfe im grenzüberschreitenden Verkehr (EG-Prozesskostenhilfevordruckverordnung – EG-PKHVV) v. 21.12.2004 (BGBl. I 3538).

von dem Einkommen Beträge ab und ist anzunehmen, dass die Belastungen bis zum Ablauf von vier Jahren ganz oder teilweise entfallen werden, so setzt das Gericht zugleich diejenigen Zahlungen fest, die sich ergeben, wenn die Belastungen nicht oder nur in verringertem Umfang berücksichtigt werden, und bestimmt den Zeitpunkt, von dem an sie zu erbringen sind.

(2) Die Zahlungen sind an die Landeskasse zu leisten, im Verfahren vor dem Bundesgerichtshof an die Bundeskasse, wenn Prozesskostenhilfe in einem vorherigen Rechtszug nicht bewilligt worden ist.

(3) Das Gericht soll die vorläufige Einstellung der Zahlungen bestimmen,
1. wenn die Zahlungen der Partei die voraussichtlich entstehenden Kosten decken;
2. wenn die Partei, ein ihr beigeordneter Rechtsanwalt oder die Bundes- oder Landeskasse die Kosten gegen einen anderen am Verfahren Beteiligten geltend machen kann.

§ 120a ZPO Änderung der Bewilligung

(1) [1]Das Gericht soll die Entscheidung über die zu leistenden Zahlungen ändern, wenn sich die für die Prozesskostenhilfe maßgebenden persönlichen oder wirtschaftlichen Verhältnisse wesentlich verändert haben. [2]Eine Änderung der nach § 115 Absatz 1 Satz 3 Nummer 1 Buchstabe b und Nummer 2 maßgebenden Beträge ist nur auf Antrag und nur dann zu berücksichtigen, wenn sie dazu führt, dass keine Monatsrate zu zahlen ist. [3]Auf Verlangen des Gerichts muss die Partei jederzeit erklären, ob eine Veränderung der Verhältnisse eingetreten ist. [4]Eine Änderung zum Nachteil der Partei ist ausgeschlossen, wenn seit der rechtskräftigen Entscheidung oder der sonstigen Beendigung des Verfahrens vier Jahre vergangen sind.

(2) [1]Verbessern sich vor dem in Absatz 1 Satz 4 genannten Zeitpunkt die wirtschaftlichen Verhältnisse der Partei wesentlich oder ändert sich ihre Anschrift, hat sie dies dem Gericht unverzüglich mitzuteilen. [2]Bezieht die Partei ein laufendes monatliches Einkommen, ist eine Einkommensverbesserung nur wesentlich, wenn die Differenz zu dem bisher zu Grunde gelegten Bruttoeinkommen nicht nur einmalig 100 Euro übersteigt. [3]Satz 2 gilt entsprechend, soweit abzugsfähige Belastungen entfallen. [4]Hierüber und über die Folgen eines Verstoßes ist die Partei bei der Antragstellung zu belehren.

(3) [1]Eine wesentliche Verbesserung der wirtschaftlichen Verhältnisse kann insbesondere dadurch eintreten, dass die Partei durch die Rechtsverfolgung oder Rechtsverteidigung etwas erlangt. [2]Das Gericht soll nach der rechtskräftigen Entscheidung oder der sonstigen Beendigung des Verfahrens prüfen, ob eine Änderung der Entscheidung über die zu leistenden Zahlungen mit Rücksicht auf das durch die Rechtsverfolgung oder Rechtsverteidigung Erlangte geboten ist. [3]Eine Änderung der Entscheidung ist ausgeschlossen, soweit die Partei bei rechtzeitiger Leistung des durch die Rechtsverfolgung oder Rechtsverteidigung Erlangten ratenfreie Prozesskostenhilfe erhalten hätte.

(4) [1]Für die Erklärung über die Änderung der persönlichen oder wirtschaftlichen Verhältnisse nach Absatz 1 Satz 3 muss die Partei das gemäß § 117 Absatz 3 eingeführte Formular benutzen. [2]Für die Überprüfung der persönlichen und wirtschaftlichen Verhältnisse gilt § 118 Absatz 2 entsprechend.

§ 121 ZPO Beiordnung eines Rechtsanwalts

(1) Ist eine Vertretung durch Anwälte vorgeschrieben, wird der Partei ein zur Vertretung bereiter Rechtsanwalt ihrer Wahl beigeordnet.

(2) Ist eine Vertretung durch Anwälte nicht vorgeschrieben, wird der Partei auf ihren Antrag ein zur Vertretung bereiter Rechtsanwalt ihrer Wahl beigeordnet, wenn die Vertretung durch einen Rechtsanwalt erforderlich erscheint oder der Gegner durch einen Rechtsanwalt vertreten ist.

(3) Ein nicht in dem Bezirk des Prozessgerichts niedergelassener Rechtsanwalt kann nur beigeordnet werden, wenn dadurch weitere Kosten nicht entstehen.

(4) Wenn besondere Umstände dies erfordern, kann der Partei auf ihren Antrag ein zur Vertretung bereiter Rechtsanwalt ihrer Wahl zur Wahrnehmung eines Termins zur Beweisaufnahme vor dem ersuchten Richter oder zur Vermittlung des Verkehrs mit dem Prozessbevollmächtigten beigeordnet werden.

(5) Findet die Partei keinen zur Vertretung bereiten Anwalt, ordnet der Vorsitzende ihr auf Antrag einen Rechtsanwalt bei.

§ 122 ZPO Wirkung der Prozesskostenhilfe

(1) Die Bewilligung der Prozesskostenhilfe bewirkt, dass

1. die Bundes- oder Landeskasse
   a) die rückständigen und die entstehenden Gerichtskosten und Gerichtsvollzieherkosten,
   b) die auf sie übergegangenen Ansprüche der beigeordneten Rechtsanwälte gegen die Partei

   nur nach den Bestimmungen, die das Gericht trifft, gegen die Partei geltend machen kann,
2. die Partei von der Verpflichtung zur Sicherheitsleistung für die Prozesskosten befreit ist,
3. die beigeordneten Rechtsanwälte Ansprüche auf Vergütung gegen die Partei nicht geltend machen können.

(2) Ist dem Kläger, dem Berufungskläger oder dem Revisionskläger Prozesskostenhilfe bewilligt und ist nicht bestimmt worden, dass Zahlungen an die Bundes- oder Landeskasse zu leisten sind, so hat dies für den Gegner die einstweilige Befreiung von den in Absatz 1 Nr. 1 Buchstabe a bezeichneten Kosten zur Folge.

§ 123 ZPO Kostenerstattung

Die Bewilligung der Prozesskostenhilfe hat auf die Verpflichtung, die dem Gegner entstandenen Kosten zu erstatten, keinen Einfluss.

§ 124 ZPO Aufhebung der Bewilligung

(1) Das Gericht soll die Bewilligung der Prozesskostenhilfe aufheben, wenn

1. die Partei durch unrichtige Darstellung des Streitverhältnisses die für die Bewilligung der Prozesskostenhilfe maßgebenden Voraussetzungen vorgetäuscht hat;
2. die Partei absichtlich oder aus grober Nachlässigkeit unrichtige Angaben über die persönlichen oder wirtschaftlichen Verhältnisse gemacht oder eine Erklärung nach § 120a Absatz 1 Satz 3 nicht oder ungenügend abgegeben hat;
3. die persönlichen oder wirtschaftlichen Voraussetzungen für die Prozesskostenhilfe nicht vorgelegen haben; in diesem Fall ist die Aufhebung ausgeschlossen, wenn seit der rechtskräftigen Entscheidung oder sonstigen Beendigung des Verfahrens vier Jahre vergangen sind;
4. die Partei entgegen § 120a Absatz 2 Satz 1 bis 3 dem Gericht wesentliche Verbesserungen ihrer Einkommens- und Vermögensverhältnisse oder Änderungen ihrer Anschrift absichtlich oder aus grober Nachlässigkeit unrichtig oder nicht unverzüglich mitgeteilt hat;

5. die Partei länger als drei Monate mit der Zahlung einer Monatsrate oder mit der Zahlung eines sonstigen Betrages im Rückstand ist.

(2) Das Gericht kann die Bewilligung der Prozesskostenhilfe aufheben, soweit die von der Partei beantragte Beweiserhebung auf Grund von Umständen, die im Zeitpunkt der Bewilligung der Prozesskostenhilfe noch nicht berücksichtigt werden konnten, keine hinreichende Aussicht auf Erfolg bietet oder der Beweisantritt mutwillig erscheint.

§ 125 ZPO Einziehung der Kosten

(1) Die Gerichtskosten und die Gerichtsvollzieherkosten können von dem Gegner erst eingezogen werden, wenn er rechtskräftig in die Prozesskosten verurteilt ist.

(2) Die Gerichtskosten, von deren Zahlung der Gegner einstweilen befreit ist, sind von ihm einzuziehen, soweit er rechtskräftig in die Prozesskosten verurteilt oder der Rechtsstreit ohne Urteil über die Kosten beendet ist.

§ 126 ZPO Beitreibung der Rechtsanwaltskosten

(1) Die für die Partei bestellten Rechtsanwälte sind berechtigt, ihre Gebühren und Auslagen von dem in die Prozesskosten verurteilten Gegner im eigenen Namen beizutreiben.

(2) [1]Eine Einrede aus der Person der Partei ist nicht zulässig. [2]Der Gegner kann mit Kosten aufrechnen, die nach der in demselben Rechtsstreit über die Kosten erlassenen Entscheidung von der Partei zu erstatten sind.

§ 127 ZPO Entscheidungen

(1) [1]Entscheidungen im Verfahren über die Prozesskostenhilfe ergehen ohne mündliche Verhandlung. [2]Zuständig ist das Gericht des ersten Rechtszuges; ist das Verfahren in einem höheren Rechtszug anhängig, so ist das Gericht dieses Rechtszuges zuständig. [3]Soweit die Gründe der Entscheidung Angaben über die persönlichen und wirtschaftlichen Verhältnisse der Partei enthalten, dürfen sie dem Gegner nur mit Zustimmung der Partei zugänglich gemacht werden.

(2) [1]Die Bewilligung der Prozesskostenhilfe kann nur nach Maßgabe des Absatzes 3 angefochten werden. [2]Im Übrigen findet die sofortige Beschwerde statt; dies gilt nicht, wenn der Streitwert der Hauptsache den in § 511 genannten Betrag nicht übersteigt, es sei denn, das Gericht hat ausschließlich die persönlichen oder wirtschaftlichen Voraussetzungen für die Prozesskostenhilfe verneint. [3]Die Notfrist beträgt einen Monat.

(3) [1]Gegen die Bewilligung der Prozesskostenhilfe findet die sofortige Beschwerde der Staatskasse statt, wenn weder Monatsraten noch aus dem Vermögen zu zahlende Beträge festgesetzt worden sind. [2]Die Beschwerde kann nur darauf gestützt werden, dass die Partei gemäß § 115 Absatz 1 bis 3 nach ihren persönlichen und wirtschaftlichen Verhältnissen Zahlungen zu leisten oder gemäß § 116 Satz 3 Beträge zu zahlen hat. [3]Die Notfrist beträgt einen Monat und beginnt mit der Bekanntgabe des Beschlusses. [4]Nach Ablauf von drei Monaten seit der Verkündung der Entscheidung ist die Beschwerde unstatthaft. [5]Wird die Entscheidung nicht verkündet, so tritt an die Stelle der Verkündung der Zeitpunkt, in dem die unterschriebene Entscheidung der Geschäftsstelle übermittelt wird. [6]Die Entscheidung wird der Staatskasse nicht von Amts wegen mitgeteilt.

(4) Die Kosten des Beschwerdeverfahrens werden nicht erstattet.

II. Bewilligung der PKH

1. Bewilligungsvoraussetzungen

8 **a) Personenkreis und erfasste Verfahren.** Die Voraussetzungen für die Bewilligung von PKH sind im Wesentlichen in den §§ 114–116 ZPO geregelt. Angesichts der verfassungsrechtlichen Bedeutung der PKH (insges. → Rn. 1), dürfen bei der Prüfung der sachlichen Voraussetzungen der PKH die **Anforderungen nicht überspannt** werden (BVerfG 1 BvR 1790/13, NJW 2016, 1377; 2 BvR 1267/15, NJW 2016, 2560; 1 BvR 3359/14, NJW 2016, 3228; 2 BvR 451/17, NVwZ 2018, 319; BFH VI S 1/03 (PKH), BFH/NV 2004, 1541; VI S 8/04 (PKH), BFH/NV 2005, 1129; V S 8/11 (PKH), BFH/NV 2011, 1741).

9 PKH kann grds. **jedem Beteiligten** iSd § 57 bewilligt werden (s. aber BFH X S 2/10 (PKH), BFH/NV 2010, 2289: grds. keine Bewilligung mehr nach dem Tod des Antragstellers), dem **Beigeladenen** aber idR nur dann, wenn er auch ein Kostenrisiko trägt, also voraussichtlich aktiv am Verfahren teilnehmen wird (FG Hmb I 6/81, EFG 1985, 622; Tipke/Kruse/Brandis § 142 Rn. 3; s. auch BFH III S 14/13 (PKH), BFH/NV 2014, 1217: keine PKH-Gewährung im NZB-Verfahren, wenn mangels der Darlegung von Zulassungsgründen feststeht, dass es nicht zu einer Sachentscheidung kommen wird). Als Anspruchsberechtigte kommen natürliche Personen, Parteien kraft Amtes, juristische Personen und parteifähige Vereinigungen (zB die Personenhandelsgesellschaft im Gewinnfeststellungsverfahren, → Rn. 50) in Betracht. Begehren **mehrere an einem Verfahren Beteiligte** PKH, so sind die Voraussetzungen für jeden gesondert zu überprüfen. Haben Streitgenossen denselben RA beauftragt, ist aber nur einer von ihnen bedürftig, dann beschränkt sich die Bewilligung bzgl. der RA-Gebühren auf die Erhöhungsbeträge nach VV 1008 RVG (BGH II ZR 179/91, NJW 1993, 1715; II ZB 8/18, NJW-RR 2019, 572; **aA** OLG Köln 17 W 302–96, NJW-RR 1999, 725; OLG Celle 23 W 13/06, Rpfleger 2007, 151; OLG Jena 9 W 81/06, BeckRS 2007, 06090). Eine einmal bewilligte PKH wirkt wegen des Abstellens auf die persönlichen und wirtschaftlichen Verhältnisse des jeweiligen Beteiligten nicht auf einen eventuellen **Gesamtrechtsnachfolger** fort (SächsOVG 5 BS 272/00, NVwZ 2002, 492). Der Gesamtrechtsnachfolger kann aber einen eigenen PKH-Antrag stellen, wenn die Voraussetzungen für die Bewilligung in seiner Person ebenfalls erfüllt sind. Für vom Erblasser zu zahlende Raten oder Einmalzahlungen haften die Erben nur insoweit, als auch der Erblasser gehaftet hat (OLG Düsseldorf 10 WF 1–99, NJW-RR 1999, 1086). Stirbt die PKH-Partei vor der Bewilligung, ist eine Bewilligung für den Verstorbenen grds. nicht mehr möglich. Hat allerdings das Gericht die Bewilligung pflichtwidrig verzögert, kann ausnahmsweise nachträglich PKH bewilligt werden (BFH X S 2/10 (PKH), BFH/NV 2010, 2289). Eine dem **Insolvenzschuldner** vor Insolvenzeröffnung bewilligte PKH läuft ins Leere (BFH X S 4/08 (PKH), BFH/NV 2009, 1660; LAG RhPf 6 Ta 209/19, NZI 2020, 486; Tipke/Kruse/Brandis § 142 Rn. 3). Weiteres zur Insolvenz → Rn. 49. Bei gesetzlicher Vertretung sind die (wirtschaftlichen) Verhältnisse des Vertretenen/Beteiligten maßgebend, nicht die des Vertreters (Tipke/Kruse/Brandis § 142 Rn. 3). Nicht beteiligt als Partei ist ein Zeuge. Braucht daher ein **Zeuge** den Rat eines RA für die Frage, ob er das Zeugnis nach § 384 ZPO, § 55 StPO verweigern soll, so kann ihm hierfür **Beratungshilfe,** aber keine PKH bewilligt werden (Zöller/Schultzky ZPO § 114 Rn. 3).

PKH vor einem deutschen Gericht können auch Staatenlose oder Stpfl. mit **ausländischer Staatsangehörigkeit** (auch solche mit Wohnsitz im Ausland) erhalten (BFH VIII S 1/96, BFH/NV 1996, 781; zum Kindergeldanspruch FG BW 8 S 1/05, EFG 2005, 980; NdsFG 10 S 28/06, EFG 2007, 1892; Zöller/Schultzky ZPO § 114 Rn. 2), und zwar auch dann, wenn die Gegenseitigkeit nicht verbürgt ist. Wegen der persönlichen Bewilligungsvoraussetzungen bei diesen Personen → Rn. 20. 10

PKH kann für **jedes Verfahren** nach der **FGO** bewilligt werden, auch für Neben- und Zwischenverfahren, und zwar jeweils für eine Instanz (§ 119 S. 1 ZPO; BFH IX S 5/00, BFH/NV 2000, 1134; V S 3/17 (PKH), BFH/NV 2017, 921). Dies gilt auch im Beschwerdeverfahren wegen der Verhängung eines **Ordnungsgelds** gegen einen Zeugen (BFH VI S 7/06 (PKH), BFH/NV 2007, 266). Für das **PKH-Bewilligungsverfahren** kommt keine PKH in Betracht (BGH VI ZB 49/03, NJW 2004, 2595). Die Kosten des Verfahrens vor dem **Güterichter** während eines rechtshängigen Verfahrens nach § 155 FGO, § 278 V ZPO sind von einer bewilligten PKH umfasst. Für eine vom Gericht angeordnete außergerichtliche **Mediation** nach § 155 FGO, § 278a ZPO kann dagegen keine PKH bewilligt werden (OLG Dresden 20 WF 739/06, FamRZ 2007, 489; Gottschalk/Schneider PKH/VKH Rn. 18c; aA bei vom Gericht vorgeschlagener Mediation OLG Köln 25 UF 24/10, MDR 2011, 1497; KG 1 W 176/07, NJW 2009, 2754). Insoweit kommt allenfalls Mediationshilfe nach § 7 MediationsG in Betracht. Für die Verfahren zum Rechtsschutz bei **überlangen Gerichtsverfahren** nach §§ 155 S. 2 FGO, 198 GVG kann ebenfalls PKH bewilligt werden (§ 155 FGO, § 201 II GVG; BFH X S 1/20 (PKH), BFH/NV 2020, 933). Im **Verfahren nach dem GKG** kann keine PKH bewilligt werden (OLG Düsseldorf III 2 Ws 228/12, JurBüro 2012, 534; VG München M 22 M 19.322, BeckRS 2019, 15753). Diese Verfahren sind aber bereits gebührenfrei bzw. es werden keine Kosten erstattet (§ 66 VIII GKG). 11

b) Natürliche Personen. aa) Persönliche Voraussetzungen. (1) Begriff. 14
Die persönlichen Voraussetzungen der PKH richten sich für natürliche Personen nach den §§ 114 u. 115 ZPO. Nach § 114 I 1 ZPO kann einer natürlichen Person demnach dann PKH bewilligt werden, wenn sie nach ihren persönlichen und wirtschaftlichen Verhältnissen die Kosten der Prozessführung nicht, nur zum Teil oder nur auf Raten aufbringen kann (BFH X S 5/13 (PKH), BFH/NV 2013, 971, kein Verstoß gegen Art. 47 III GRCh; V S 12/20 (PKH), BFH/NV 2021, 343). Außerdem muss die beabsichtigte Rechtsverfolgung hinreichende Aussicht auf Erfolg versprechen und nicht mutwillig erscheinen (→ Rn. 39 ff.).

Kosten der Prozessführung iSd § 114 I 1 ZPO sind die rückständigen und die voraussichtlich noch entstehenden Kosten (§ 122 I Nr. 1 Buchst. a ZPO; BFH II B 76/81, BStBl. II 1982, 598). Dazu gehören die Gerichtskosten und die (Wahlanwalts-)Vergütung des (eigenen) Prozessbevollmächtigten. 15

Persönliche und wirtschaftliche Verhältnisse iSv § 114 I 1 ZPO sind, wie sich aus der Legaldefinition in § 117 II ZPO ergibt, Familienverhältnisse, Beruf, Vermögen, Einkommen und Lasten des Beteiligten. Diese Merkmale bilden die Grundlage für die Prüfung, ob der Beteiligte die Kosten der Prozessführung selbst tragen oder ob er diese Kosten nicht, nur zum Teil oder nur in Raten aufbringen kann. Dabei geht das Gesetz in §§ 114, 115 ZPO davon aus, dass PKH nur bewilligt werden kann, wenn das einzusetzende Einkommen und das Vermögen des Beteiligten nicht ausreichen, um daraus die Kosten der Prozessführung zu 16 bestreiten und kein Anspruch auf Prozesskostenvorschuss von einem Unterhaltsverpflichteten der PKH-Partei besteht (→ Rn. 30).

17 **(2) Einzusetzendes Einkommen.** Ob ein Beteiligter die Kosten der Prozessführung aufbringen kann, bestimmt sich vor allem nach seinem **Einkommen** (§ 115 I 1 ZPO; zum Einsatz des Vermögens → Rn. 29 ff.). Dieses ist nicht nach den Vorschriften des Einkommensteuerrechts zu bestimmen, sondern nach denjenigen des **Sozialrechts.** Das ergibt sich bereits aus § 115 I ZPO, dessen Einkommensbegriff weiter ist als derjenige des § 2 EStG, da jede Art von Einkommen relevant ist. Zum Einkommen gehören nach § 115 I 2 ZPO nämlich alle Einkünfte in Geld oder Geldeswert. Folglich sind bei Arbeitnehmern auch **Abfindungen** (OLG BBg 3 WF 65/13, BeckRS 2014, 07038; Zöller/Schultzky ZPO § 115 Rn. 7 mit der Abgrenzung zu Abfindungen aus Vermögensauseinandersetzungen, Schenkungen oder Erbschaften, die Vermögen darstellen), **Umsatzbeteiligungen, Urlaubs- und Weihnachtsgeld** (BFH IV S 2/91, BFH/NV 1992, 623), **Zuschläge** (zB für Sonntags-, Nachtarbeit, Überstunden etc.), **Arbeitnehmersparzulage** (OLG Frankfurt 1 WF 140/81, FamRZ 1982, 418), **Einkünfte mit Lohnersatzfunktion** sowie **Sachleistungen** in das Einkommen einzubeziehen, wie zB die kostenlose Überlassung eines Pkw (OLG Bbg 9 WF 112/20, BeckRS 2020, 13776; OLG Koblenz 13 WF 300/20, BeckRS 2020, 19344) oder einer Wohnung. Zum Einkommen rechnen ferner

- Arbeitslosengeld I, Leistungen der **Sozialhilfe** (BGH VIII ZB 18/06, NJW-RR 2008, 595; XII ZB 65/10, NJW-RR 2011, 3),
- Mehraufwandsentschädigung für eine Arbeitsgelegenheit nach § 16d SGB II („Ein-Euro-Job", LSG LSA L 2 AS 803/18, NJ 2021, 81),
- Arbeitsförderungsgeld nach § 59 II SGB IX (ThürLSG L 1 SV 219/21, NZFam 2022, 713),
- Wohngeld,
- BAföG (s. BAG 8 AZB 65/15, NZA-RR 2016, 434 zu KfW-Studienkrediten),
- der Erziehungsbetrag nach § 39 I 2 SGB VIII bei Pflegeeltern (BGH XII ZB 191/19, NJW-RR 2021, 196; aA OLG Hamm II-2 WF 109/18, MDR 2019, 318; zur Abgrenzung OLG Frankfurt 3 WF 99/19, FamRZ 2019, 2018 zu weitergeleitetem Pflegegeld nach § 37 SGB XI),
- die Eigenheimzulage,
- **Unterhaltsrenten** (BFH XI S 4/14 (PKH), BFH/NV 2014, 1222),
- freiwillige Leistungen Dritter (BFH IX S 23/23 (PKH), BFH/NV 2024, 919 zu freiwilligen Unterhaltsleistungen, sofern sie regelmäßig und in nennenswertem Umfang erfolgen; BGH X ZA 1/17, FamRZ 2019, 547),
- Einkünfte aus **Vermögensverwaltung** (Vermietung/Verpachtung, s. BFH VII S 32/11 (PKH), BFH/NV 2012, 258 zur Nießbrauchnutzung).

Verluste aus der Vermietung einer Immobilie können im PKH-Verfahren jedoch keine Berücksichtigung finden (BFH VII S 32/11 (PKH), BFH/NV 2012, 258). Der **Naturalunterhalt** ist hingegen nur zu berücksichtigen, wenn der Antragsteller der PKH daneben noch andere Einkünfte bezieht (Zöller/Schultzky ZPO § 115 Rn. 17 f. mwN). **Steuererstattungen** oder einmalige Nachzahlungen zu Unterhalt und Kindergeld stellen Vermögen dar (BGH XII ZB 636/17, NJW-RR 2018, 1411; Zöller/Schultzky ZPO § 115 Rn. 6). Nicht zum Einkommen der Eltern gehört nach der Rspr. der Zivilgerichte das **Kindergeld für minderjährige Kinder** (BGH XII ZB 207/15, NJW 2017, 962; OLG Rostock 10 WF 218/12, FamRZ 2013, 648; OLG Karlsruhe 18 WF 70/15, FamRZ 2016, 728;

Zöller/Schultzky ZPO § 115 Rn. 14). Bei **volljährigen Kindern** ist das ausgezahlte Kindergeld hingegen als Einkommen des Kindergeldberechtigten zu berücksichtigen (SchlHLAG 1 Ta 150/15, BeckRS 2015, 73376). Auch das **Elterngeld** ist bis zur Höhe von monatlich 300 EUR bzw. 150 EUR bei Zeitraumverdopplung kein Einkommen (§ 10 II u. III BEEG; Zöller/Schultzky ZPO § 115 Rn. 21 aE). Ebenfalls nicht zum Einkommen zählen Auslösen, Spesen und **Aufwandsentschädigungen** (LAG Köln 5 Ta 397/10, BeckRS 2011, 69847; LAG SchlH 5 Ta 189/12, BeckRS 2012, 76140; aA OLG Karlsruhe 18 WF 161/02, FamRZ 2004, 645: zu 1/3 anzusetzen), **Darlehen** von dritten Personen, freiwillige Leistungen Dritter, soweit diese sozialhilferechtlich außer Betracht bleiben (Blindengeld, Opferrente, Leistungen Unterstützungsverein; s. aber BFH IX S 23/23 (PKH), BFH/NV 2024, 919 zu einzusetzenden freiwilligen Unterhaltsleistungen, sofern sie regelmäßig und in nennenswertem Umfang erfolgen), vermögenswirksame Leistungen des Arbeitgebers, Leistungen aus der **Pflegeversicherung,** Sozialleistungen für Körper- und Gesundheitsschäden (Unfallrente aus Unfallkasse), unentgeltliches Wohnen. – Unterlässt es der PKH-Antragsteller rechtsmissbräuchlich, eine tatsächlich bestehende und zumutbare Erwerbsmöglichkeit zu nutzen und die Bedürftigkeit somit zu beseitigen oder zumindest zu mindern, so werden ihm die erzielbaren Einkünfte **fiktiv** zugerechnet (vgl. BGH XII ZB 135/07, NJW 2009, 3658; OLG Bbg 9 WF 47/11, FamRZ 2011, 1239; OLG Köln 20 W 13/16, BeckRS 2016, 13622). Werden Leistungen nach dem SGB II oder SGB XII bezogen, ist ein rechtsmissbräuchliches Verhalten allerdings idR zu verneinen, da zum einen die fehlende Möglichkeit, ein ausreichendes Einkommen zu erzielen, zu den dortigen Anspruchsvoraussetzungen gehört (BGH XII ZB 135/07, NJW 2009, 3658; **aA** OLG Bbg 9 WF 298/19, FamRZ 2020, 1022). Zum mutwillig nicht arbeitenden Antragsteller → Rn. 36.

Das Einkommen muss dem Antragsteller **zur freien Verfügung** stehen. Dabei 18
ist nur das Einkommen des Antragstellers zu berücksichtigen. **Ehegatteneinkommen** wird nur bei der Feststellung der Freibeträge berücksichtigt (LAG BBg 9 Ta 1418/11, BeckRS 2011, 75306). Einkünfte anderer Personen sind nicht einzubeziehen, auch wenn sie dem Antragsteller ggü. zur Unterhaltsleistung verpflichtet sind (zum Prozesskostenvorschuss aber → Rn. 30, 49). Gepfändete Einkünfte sind nicht zu berücksichtigen (Zöller/Schultzky ZPO § 115 Rn. 3). Nicht realisierte oder nicht realisierbare Einkünfte bleiben ebenfalls außer Betracht.

(3) Vom Einkommen abzusetzende Beträge. Von dem Einkommen des 19
Antragstellers der PKH sind nach **§ 115 I 3 Nr. 1 Buchst. a ZPO** die in § 82 II 1 SGB XII genannten **Beträge abzusetzen.** Dazu gehören nach § 82 II 1 SGB XII auf das Einkommen entrichtete **Steuern** (ESt, LSt, KiSt, nicht aber USt, ErbSt und Kfz-St, dazu BFH VII B 31/98, BFH/NV 1999, 183). Ferner sind nach § 82 II 1 Nr. 2 SGB XII abzusetzen Pflichtbeiträge zur **Sozialversicherung** (Renten-, Kranken-, Arbeitslosen- und Pflegeversicherung, und zwar unabhängig davon, ob eine gesetzliche, freiwillige oder private Versicherung vorliegt) sowie nach § 82 II 1 Nr. 3 SGB XII sonstige **Versicherungsbeiträge** in angemessenem Umfang, wie zB für Hausrat-, Unfall- und Rechtschutzversicherungen (OLG Frankfurt 4 WF 174/15, BeckRS 2016, 2470; **aA** OLG Bbg 13 WF 23/20, BeckRS 2020, 1919; OLG Koblenz 13 WF 638/18, MDR 2018, 1527: Sterbegeldversicherung nicht absetzbar) oder auch typische Risikoversicherungen, nicht aber kapitalbildende Verträge. Abzugsfähig sind ferner staatlich geförderte **Altersvorsorgebeiträge** nach § 82 EStG. § 82 II 1 Nr. 4 SGB XII sieht zudem den

Abzug von mit der Erzielung der Einnahmen verbundenen notwendigen Ausgaben vor. Bei der Bemessung der Höhe dieser **berufsbedingten Aufwendungen** sind allerdings andere Maßstäbe anzuwenden, als sie das EStG vorsieht. Berufsbedingte Fahrtkosten sind mit 5,20 EUR je Entfernungskilometer oder höheren nachgewiesenen Kosten anzusetzen, wenn die Benutzung eines PKW erforderlich ist (BGH XII ZB 658/11, NJW-RR 2012, 1089; mittlerweile hinfällig: BGH XII ZB 291/11, NJW-RR 2012, 1281 mit einer Begrenzung des Fahrkostenabzuges auf 40 Entfernungskilometer). Kosten der doppelten Haushaltsführung sind nach § 115 I 3 Nr. 1 ZPO iVm § 3 VII DVO zu § 82 SGB XII mit 130 EUR für Wohnkosten und einer Familienheimfahrt im Kalendermonat in Höhe der Bahnkosten (2. Klasse) ansetzbar. Arbeitsmittel (Arbeitskleidung und deren Reinigung, Fachbücher, Werkzeuge) sind nach § 115 I 3 Nr. 1 ZPO iVm § 3 IV und V DVO zu § 82 SGB XII pauschal mit 5,20 EUR zu berücksichtigen. Weiterhin sind Beiträge zu Berufsverbänden und Gewerkschaften abzusetzen. Kontoführungsgebühren sind hingegen über den allgemeinen Freibetrag abgedeckt (OLG Bbg 9 WF 301/07, BeckRS 2008, 09473; OLG Stuttgart 17 WF 250/11, BeckRS 2012, 02023). Bei den Einkünften aus Vermietung und Verpachtung zählen insbes. Schuldzinsen, Steuern vom Grundbesitz, sonstige öffentliche Abgaben, Versicherungsbeiträge und Erhaltungsaufwand zu den ansetzbaren Werbungskosten, nicht aber Aufwendungen für Modernisierung (Zöller/Schultzky ZPO § 115 Rn. 12). Tilgungsraten eines Darlehens, mit dem die Immobilie, an der das Nießbrauchrecht eingeräumt wurde, finanziert worden ist, sowie Abschreibungen sind dagegen nicht zu berücksichtigen (BFH VII S 32/11 (PKH), BFH/NV 2012, 258). Verluste aus Vermietung und Verpachtung mindern nicht andere Einkünfte (BFH VII S 32/11 (PKH), BFH/NV 2012, 258); dies gilt auch für Verluste aus Kapitalvermögen (Zöller/Schultzky ZPO § 115 Rn. 13). Der Antragsteller muss die angesetzten Beträge ggf. **glaubhaft machen** (§ 118 II ZPO; → Rn. 81, 90 f.); steuerliche Nichtbeanstandungsgrenzen finden keine Anwendung.

Für den Fall, dass eine leistungsberechtigte Person aus einer Tätigkeit Bezüge oder Einnahmen erhält, die nach § 3 Nr. 12, 26, 26a oder 26b EStG **steuerfrei** sind, bestimmt § 82 II 2 SGB XII, dass – abweichend von S. 1 Nr. 2–4 – ein Betrag von bis zu 200 EUR monatlich nicht als Einkommen zu berücksichtigen ist.

20 Bei **erwerbstätigen Antragstellern** ist **nach § 115 I 3 Nr. 1 Buchst. b ZPO** ein weiterer Betrag abzusetzen, der sich auf 50 % des höchsten sozialhilferechtlichen Regelsatzes für den Haushaltsvorstand beläuft, den die Landesregierungen nach der Anlage zu § 28 SGB XII erstmals zum 1.1.2005 und dann jeweils zum 1.7. eines jeden Jahres durch Rechtsverordnung festlegen. Das BMJ hat jede Neufestsetzung oder Fortschreibung der maßgebenden Beträge nach § 115 I 5 ZPO jährlich im BGBl. bekannt zu geben. Maßgeblich sind die zum Zeitpunkt der Bewilligung geltenden Beträge (§ 115 I 4 ZPO). Den Erwerbstätigenfreibetrag erhält jeder, der Einkommen aus/wegen einer Tätigkeit bezieht, auch arbeitende Strafgefangene (OLG München 12 WF 980/12, BeckRS 2012, 13143). Gleiches gilt für Krankengeld, das anstelle von Arbeitsentgelt gezahlt und der Höhe nach als Anteil vom Arbeitsentgelt berechnet wird (BAG 3 AZB 90/08, DB 2009, 1828 mit der Abgrenzung zu Krankengeld, das während der Arbeitslosigkeit gezahlt wird). Schüler und Studenten (ohne Nebenjob), Arbeitssuchende, Rentner und Pensionäre, Sozialhilfeempfänger sowie Personen mit ausschließlich Einkünften aus Vermietung und Verpachtung oder Kapitalvermögen sind nicht erwerbstätig (Zöller/Schultzky ZPO § 115 Rn. 32).

Hat der **Antragsteller** der PKH seinen **Wohnsitz im EU-Ausland,** so gelten die Freibeträge ebenfalls, und zwar auch dann, wenn die Lebenshaltungskosten in dem Wohnsitz-Mitgliedstaat niedriger sind (BFH X S 1/20 (PKH), BFH/NV 2020, 933 betr. Bulgarien; BGH VI ZB 56/07, NJW-RR 2008, 1453 betr. Polen; Zöller/Schultzky ZPO § 115 Rn. 4; **aA** NdsFG 10 S 28/06, EFG 2007, 1892 mwN: Ansatz von nur 50 % bei in Polen lebendem Kläger). Dies folgt allerdings nicht aus §§ 1076, 1078 II ZPO (so aber BFH X S 1/20 (PKH), BFH/NV 2020, 933), weil die §§ 1076–1078 ZPO nur die PKH nach der EG-Richtlinie zur PKH v. 27.1.2003 (2003/8/EG, ABl. 2003 L 26, 41) betreffen, die für Steuer- und Zollangelegenheiten keine Anwendung findet (→ Rn. 2; so auch Tipke/Kruse/Brandis ZPO § 115 Rn. 40). Die Anwendung der Freibeträge erfolgt allerdings aus Gründen der Vereinfachung (Zöller/Schultzky ZPO § 115 Rn. 4; aA Tipke/Kruse/Brandis ZPO § 115 Rn. 40: zu weitgehend). – Sind die Lebenshaltungskosten höher, so liegen nach OLG Stuttgart (16 WF 226/06, FamRZ 2007, 486) besondere Belastungen iSv § 115 I 3 Nr. 4 ZPO vor, so dass zusätzliche Beträge vom Einkommen abgezogen werden können (glA Zöller/Schultzky ZPO § 115 Rn. 4). Hat der Antragsteller seinen Wohnsitz nicht im Inland und auch nicht im EU-Ausland und werden die Pauschbeträge den Gegebenheiten im Wohnsitzstaat offensichtlich nicht gerecht, so steht es im Ermessen des Gerichts, die genannten Beträge abzuändern (NdsFG 10 S 28/06, EFG 2007, 1892 mwN; OLG Düsseldorf 20 W 67/93, MDR 1994, 301; Tipke/Kruse/Brandis ZPO § 115 Rn. 40; Zöller/Schultzky ZPO § 115 Rn. 4). Dabei ist eine Orientierung an der Ländergruppeneinteilung zu § 33a I 5 EStG möglich (glA NdsFG 10 S 28/06, EFG 2007, 1892; Tipke/Kruse/Brandis § 142 Rn. 40). Zur Abgrenzung der Freibeträge für **Angehörige** mit Wohnsitz im Ausland → Rn. 21.

Nach **§ 115 I 3 Nr. 2 Buchst. a ZPO** ist für den **Antragsteller** der PKH und seinen **Ehegatten** oder **Lebenspartner** jeweils ein sog. **Unterhaltsfreibetrag** abzuziehen. Dieser bemisst sich nach dem um 10 % erhöhten höchsten sozialhilferechtlichen Regelsatz für den Haushaltsvorstand (zur Bestimmung dieses Regelsatzes → Rn. 20; zu Strafgefangenen s. OLG Bbg 9 WF 168/16, FamRZ 2016, 1952: 110 % des Taschengeldanspruchs; **aA** Zöller/Schultzky ZPO § 115 Rn. 33). Erbringt der Antragsteller der PKH auf Grund **gesetzlicher Unterhaltspflicht weitere Unterhaltsleistungen** (insbes. an Verwandte), so ist nach **§ 115 I 3 Nr. 2 Buchst. b ZPO** iVm § 28 SGB XII für jede unterhaltsberechtigte Person ein weiterer Freibetrag abzuziehen, dessen Höhe sich nach dem Alter des Unterhaltsberechtigten richtet. Unterhaltsleistungen aufgrund einer vertraglichen Unterhaltspflicht reichen dafür nach dem Wortlaut der Norm indes nicht aus (Zöller/Schultzky ZPO § 115 Rn. 35: Berücksichtigung nach § 115 I 3 Nr. 4 ZPO). Leisten sowohl der Antragsteller der PKH als auch sein Ehegatte einem gemeinsamen Kind Unterhalt, so ist str., ob der Freibetrag jedem Unterhalt leistenden Ehegatten in voller Höhe zu gewähren ist, ob er anteilig aufzuteilen ist oder ob der geleistete Unterhalt dem anderen Elternteil als ersparter Barunterhalt zugerechnet werden muss. Da § 115 I 3 Nr. 2 Buchst. b ZPO keine derartige Aufteilung vorsieht, ist mE bei jedem Unterhaltsleistenden der volle Unterhaltsfreibetrag anzusetzen (glA OLG Hamm 19 W 1/07, MDR 2007, 973 mwN zum Streitstand; OLG Dresden 20 WF 294/15, MDR 2015, 1151; OLG Oldenburg 13 WF 11/21, MDR 2021, 967; LAG Hamm 14 Ta 629/11, BeckRS 2012, 67613; aA Christl FamRZ 2016, 959, Künzl BB 1996, 637; OLG Karlsruhe 5 WF 153/11, BeckRS 2012, 06087). – Erzielt die unterhaltsberechtigte Person iSv § 115 I 3 Nr. 2 Buchst. a u. b ZPO **eigenes Einkommen,** so vermindern sich die Unter- 21 haltsfreibeträge nach **§ 115 I 7 ZPO** entsprechend. Das anzurechnende Einkommen der unterhaltsberechtigten Person berechnet sich wie das Einkommen der antragstellenden Partei selbst nach § 115 ZPO. Von ihm sind deshalb nicht nur die in § 82 II SGB XII bezeichneten Beträge abzusetzen, sondern auch der Erwerbstätigenfreibetrag nach § 115 I 3 Nr. 1 Buchst. b ZPO sowie die sonstigen Belastungen nach § 115 I 3 Nr. 3 u. 4 ZPO (BAG 3 AZB 76/08, BeckRS 2011, 78852; LAG Hamm 14 Ta 629/11, BeckRS 2012, 67613; s. aber auch LAG Hamm 14 Ta 629/11, BeckRS 2012, 67613, wonach das nicht für den Freibetrag zugunsten des gemeinsamen unterhaltsberechtigten Kindes gem. § 115 I 3 Nr. 2 Buchst. b ZPO gilt). Vermögen kann nur über den Prozesskostenvorschuss berücksichtigt werden, → Rn. 30. – Zahlt der Antragsteller der unterhaltsberechtigten Person (auch Ehegatte iSv § 115 I 3 Nr. 2 Buchst. a ZPO) eine **Geldrente,** so ist diese gem. § 115 I 8 ZPO **anstelle des Freibetrags** anzusetzen, soweit sie angemessen ist. – Die Freibeträge nach § 115 I 3 Nr. 2 Buchst. b ZPO sind für unterhaltsberechtigte **Angehörige** mit **Wohnsitz im Ausland** nicht ohne weiteres anwendbar (Gottschalk/Schneider PKH/VKH Rn. 309). Meines Erachtens hat dies – wie bei den Antragstellern mit Wohnsitz im Ausland (→ Rn. 20 aE) – über eine Orientierung an der Ländergruppeneinteilung zu § 33a I 5 EStG zu erfolgen (glA BGH VI ZB 56/07, NJW-RR 2008, 1453; **aA** VGH BW A 11 S 2985/18, Die Justiz 2019, 202; Zöller/Schultzky ZPO § 115 Rn. 34: nur der tatsächlich gezahlte Unterhalt ist abziehbar).

22 Abziehbar sind nach **§ 115 I 3 Nr. 3 ZPO** ferner grds. die Kosten für **Heizung** und **Unterkunft.** Hierzu gehören die Kaltmiete und die Umlagen verbrauchsunabhängiger Betriebskosten (zB Grundsteuer, Straßenreinigung, Versicherung, Hausreinigung, Müllabfuhr, Hausstrom). **Wasser- und Abwasserkosten** sind mE ebenfalls absetzbare Kosten (OLG Bbg 15 WF 129/13, NJW 2013, 3108 und 10 UF 34/14, FamRZ 2015, 1314; OLG Dresden 20 WF 1200/13, MDR 2014, 241; OLG Celle 10 WF 272/14, FamRZ 2015, 350; **aA** aber BGH VIII ZB 18/06, NJW-RR 2008, 595). Kosten für **Strom/Gas** (soweit damit nicht Heizung betrieben wird) bleiben hingegen unberücksichtigt, weil sie durch die Freibeträge abgegolten sind (BGH VIII ZB 18/06, NJW-RR 2008, 595; LAG RhPf 3 Ta 266/11, BeckRS 2012, 66393). Gleiches gilt für Kosten für **Telefon/Internet** (LAG Köln 11 Ta 101/10, BeckRS 2010, 72969 und 1 Ta 323/12, BeckRS 2013, 66853; OLG Koblenz 13 WF 1114/11, BeckRS 2012, 02634), **Stellplatzkosten** (OLG Bbg 10 WF 129/07, FamRZ 2008, 69; OLG Koblenz 13 WF 282/15, FamRZ 2015, 1314) und **Rundfunkgebühren** (BayVGH 12 C 14.2069, BeckRS 2016, 44853; LAG Köln 1 Ta 323/12, BeckRS 2013, 66853; OLG Frankfurt 4 WF 174/15, BeckRS 2016, 2470; aA OLG Braunschweig 2 WF 27/23, NZFam 2023, 714; ThürLSG 1 SV 219/21 B, NZFam 2022, 713). Bei **Eigentümern** sind die Kosten für die Heizung und die sonstigen Nebenkosten (analog zu Mietwohnungen) von selbst bewohntem Wohneigentum abzugsfähig. Normale Instandhaltungskosten können ebenfalls berücksichtigt werden. Höhere **Sanierungskosten** sind jedoch auf mehrere Jahre zu verteilen (Gottschalk/Schneider PKH/VKH Rn. 316). Angemessene **Zins- und Tilgungsraten** sind nach § 115 I 3 Nr. 4 ZPO abziehbar, wenn die Kreditaufnahme vor Prozessbeginn erfolgt ist (BGH IVb ZR 70/89, NJW-RR 1990, 450; OLG Köln 25 WF 10/94, MDR 1995, 314; LAG Köln 1 Ta 270/10, BeckRS 2011, 65325; OLG Bbg 3 WF 115/12, BeckRS 2013, 14970; s. auch BFH VII B 31/98, BFH/NV 1999, 183; abl. aber BFH VII S 32/11 (PKH), BFH/NV 2012, 258 betr. Finanzierung einer Immobilie, an der ein Nießbrauch eingeräumt worden ist). Wohnt der Antragstel-

ler in einem **Heim,** ist der Anteil der Unterkunftskosten analog zu § 7 I WoGV aF mit 15–20 % zu schätzen (Zöller/Schultzky ZPO § 115 Rn. 39; Gottschalk/Schneider ZPO § 115 Rn. 315). – Leben **mehrere Personen** mit eigenen Einkünften im Haushalt des Antragstellers sind die Kosten der Unterkunft aufzuteilen (vgl. dazu OLG Koblenz 7 W 233/95, MDR 1995, 1165). Kinder ohne Einkommen bleiben dabei unberücksichtigt. Soweit der Antragsteller keine Angaben zur Wohnkostentragung macht, erfolgt die Aufteilung grds. nach Kopfteilen, es sei denn es liegen große Einkommensunterschiede vor (LAG RhPf 11 Ta 16/08, BeckRS 2008, 51629; LAG Köln 1 Ta 207/18, BeckRS 2019, 1950; BayVGH 5 C 08.558, BeckRS 2010, 54191; Gottschalk/Schneider PKH/VKH Rn. 274; s. aber auch LAG Hamm 14 Ta 629/11, BeckRS 2012, 67613; LAG LSA 2 Ta 104/11, BeckRS 2011, 77147, Aufteilung nach Verhältnis des bereinigten Nettoeinkommens – abl. hierzu Zöller/Schultzky ZPO § 115 Rn. 40). Die Übernahme von Wohnkosten durch den „Mehr"verdiener bei Eheleuten mit großen Einkommensunterschieden kann zu einer Unterhaltsleistung führen, eine Aufteilung unterbleibt dann Gottschalk/Schneider PKH/VKH Rn. 274). – Die Aufwendungen dürfen **nicht in auffälligem Missverhältnis zu den Lebensverhältnissen** des Antragstellers, dh zu seinem Einkommen stehen. Ein auffälliges Missverhältnis ist idR dann anzunehmen, wenn der Antragsteller im Hinblick auf seine Einkommens- und Vermögensverhältnisse für Unterkunft und Heizung deutlich zu viel ausgibt (OLG Bbg 9 WF 28/01, FamRZ 2001). Bei verhältnismäßig hohen Unterkunfts-/Heizkosten sollten aber stets auch die Umstände des Einzelfalls dem Gericht beigebracht werden (OLG Kiel 15 WF 186/13, FamRZ 2014. 57).

Nach **§ 115 I 3 Nr. 4 ZPO** vermindert sich das Einkommen um Mehrbedarfe **23**
nach § 21 SGB II und nach § 30 SGB XII. Der Mehrbedarf ist in unterschiedlicher Höhe zu gewähren für Altersrentner, voll Erwerbsgeminderte, Schwangere nach der 12. Schwangerschaftswoche, Alleinerziehende, Behinderte ab 15 Jahren sowie kranke, genesende oder behinderte Menschen, die einer kostenaufwändigen Ernährung bedürfen. Der Antragsteller muss darlegen und nachweisen, dass die sozialrechtlichen Tatbestandsvoraussetzungen erfüllt sind, nicht aber, dass tatsächlich Mehraufwendungen entstanden sind (BT-Drs. 17/11472, 30). Für Personen, die die Altersgrenze nach § 41 II SGB XII erreicht haben und einen Schwerbehindertenausweis mit der Feststellung des Merkzeichens „G" nachweisen, ist ein Mehrbedarf in Höhe von 17 % der maßgebenden Regelbedarfsstufe anzuerkennen (OLG Saarbrücken 6 WF 34/17, BeckRS 2017, 156612; OLG Hamm 6 WF 325/14, BeckRS 2015, 6840). Des Weiteren zählen Umgangskosten zum berücksichtigungsfähigen sozialhilferechtlichen Mehrbedarf (OLG Zweibrücken 2 WF 240/15, NJW-RR 2016, 131). Ferner ist für erwerbstätige Alleinerziehende ein Mehrbedarf anzusetzen (OLG Hamm II-4 WF 115/14, FamRB 2015, 136), nicht aber, wenn die PKH-Partei mit ihrem Kind und einer weiteren erwachsenen Person als Familie zusammenlebt und wirtschaftet (OLG Bbg 13 WF 288/14, FamRZ 2015, 946; OLG Bamberg 2 UF 165/20, FamRZ 2021, 614).

Nach **§ 115 I 3 Nr. 5 ZPO** vermindert sich das Einkommen um weitere **24**
Beträge, soweit dies mit Rücksicht auf **besondere Belastungen** angemessen ist. Die Regelung stellt eine Härteklausel dar. Kosten sind nur abzugsfähig, soweit sie objektiv erforderlich sind, nicht über die üblichen Lebensverhältnisse hinausgehen und durch die PKH-Partei nicht vorsätzlich geschaffen wurden. Der Begriff der außergewöhnlichen Belastungen nach § 33 EStG ist allerdings nicht deckungsgleich. Besondere Bedeutung kommt der Berücksichtigung von **Schulden** zu. Kreditverpflichtungen, die eingegangen wurden, bevor sich der Beginn der recht-

lichen Auseinandersetzung abzeichnete, sind idR zu berücksichtigen, ohne dass es auf den Grund der Kreditaufnahme ankäme (Rahm/Künkel/Schürmann/Bergmann Teil I, Kapitel 11 B. Rn. 359). In Ansehung oder während des Prozesses eingegangene Verpflichtungen sind hingegen grds. nicht zu berücksichtigen (OLG Koblenz 7 WF 276/19, BeckRS 2019, 34926). Davon ausgenommen sind jedoch unabwendbare Verbindlichkeiten, so zB Verpflichtungen wegen Krankheits-, Unglücks- oder Todesfällen oder der Anschaffung eines wegen des Berufs oder einer Behinderung benötigten angemessenen PKWs (OLG Zweibrücken 6 WF 48/04, FamRZ 2004, 1501 betr. Waschmaschine; OLG Hamm 6 WF 160/06, FamRZ 2007, 155; LAG Köln 11 Ta 196/12, BeckRS 2012, 75643 betr. Arbeitssuche; OLG Hamburg 4 WF 155/12, BeckRS 2013, 07070). Die Zahlungsverpflichtungen sind jedoch nur dann beachtlich, wenn sie auch **tatsächlich bedient** werden (OLG Stuttgart 18 WF 176/06, FamRZ 2007, 486). Darüber hinaus müssen die Tilgungs- und Zinsraten im Verhältnis zu den wirtschaftlichen Verhältnissen (OLG Bbg 15 WF 12/20, BeckRS 2020, 2004) oder zur Finanzierung von Luxusaufwand stehen (LAG BW 2 Ta 23/87, JurBüro 1988, 898 zum Erwerb einer Ferienwohnung). Zu Zins- und Tilgungsleistungen für die Wohnung und Rundfunkgebühren → Rn. 22. – Weitere Belastungen in diesem Sinne können sein:

- notwendige **Anwaltskosten** aus früheren Prozessen (OLG Köln 16 W 39/92, FamRZ 1993, 579 (580)),
- Kindergartenbeiträge (LAG BW 4 Ta 11/13, NZA-RR 2013, 607; OLG Bbg 13 WF 13/19, BeckRS 2019, 4168 ohne Essensgeldanteil),
- Arztkosten oder besondere Aufwendungen infolge **gesundheitlicher Beeinträchtigungen** (zur Abziehbarkeit von Pflegegeld s. BFH VIII S 4/04 (PKH), BFH/NV 2004, 1289),
- Kosten für eine Tagesmutter, erforderliches Schulgeld und Nachhilfeunterricht (OLG Karlsruhe 16 WF 217/00, BeckRS 2001, 30985861),
- der Eigenanteil am Mittagessen in Kita oder Schule (LAG BW 4 Ta 1/18, FamRZ 2018, 1591; LAG Köln 1 Ta 211/18, BeckRS 2019, 1951),
- andere PKH-Raten (LAG RhPf 3 Ta 179/12, BeckRS 2012, 75816) oder
- Unterhaltsleistungen an eine Lebensgefährtin, für die kein Unterhaltsanspruch besteht, wenn aufgrund des Zusammenlebens mit dem Antragsteller bei dieser die Sozialhilfe gekürzt wird (OLG Karlsruhe 16 WF 164/07, FamRZ 2008, 421; OLG Düsseldorf 8 WF 63/09, FamRZ 2010, 141; LAG BBg 26 Ta 2314/10, JurBüro 2011, 205; OLG Köln 10 WF 34/16, BeckRS 2016, 17273; OLG Frankfurt 5 WF 107/15, NZS 2015, 589).

Mitgliedsbeiträge von Vereinen, allgemeine Lebenshaltungskosten, Kosten für Tiere und Hobbys stellen keine besonderen Belastungen dar. Nicht angemessen sind solche Belastungen, die auf **Luxusausgaben,** Spekulationsgeschäften oÄ beruhen (OLG Bamberg 2 WF 86/86, FamRZ 1986, 699; 7 WF 23/91, JurBüro 1991, 843 zu Spielschulden). Keine Einkommensminderung ist ferner vorzunehmen bei Aufwendungen zur Vermögensbildung (OLG Nürnberg 11 WF 511/15, FamRZ 2015, 1917; OLG Bbg 9 W 13/06, BeckRS 2006, 19396) **Geldstrafen und -bußen** (BGH XII ZB 181/10, NJW 2011, 1007; OLG Celle 10 WF 18/11, MDR 2011, 627; Gottschalk/Schneider PKH/VKH Rn. 332; **aA** für Geldstrafen OLG Bbg 9 WF 153/03, FamRZ 2004, 646).

25 **(4) Ratenzahlung bei verbleibendem einzusetzendem Einkommen. Verbleibt** dem Antragsteller nach den in § 115 I ZPO vorgesehenen Abzügen

noch ein (auf volle Euro-Beträge abgerundetes) **einzusetzendes Einkommen,** so hat er zur Tilgung der Prozesskosten (→ Rn. 15) nach § 115 II 1 ZPO **Monatsraten** zu leisten, es sei denn, die Prozesskosten übersteigen vier Monatsraten und die aus dem Vermögen aufzubringenden Teilbeträge nicht; in diesem Fall ist nach § 115 IV ZPO wegen **Geringfügigkeit** keine PKH zu gewähren. Die Höhe der Raten ist nicht verhandelbar. Sie ermittelt sich unabhängig von der Anzahl der Rechtszüge. Es sind maximal 48 Monatsraten aufzubringen, § 115 II 4 ZPO. Dabei ist auf die Monate abzustellen, in denen die Raten tatsächlich gezahlt wurden (OLG Düsseldorf 5 WF 33/92, FamRZ 1993, 341; OLG Karlsruhe 2 WF 46/95, FamRZ 1995, 1505; Zöller/Schultzky ZPO § 115 Rn. 51; Groß ZPO § 115 Rn. 78); Änderungen der Ratenhöhe wirken sich auf diese Berechnung nicht aus. – Die Monatsraten sind nach § 115 II 1 ZPO in **Höhe** des nach unten abgerundeten hälftigen Betrags des einzusetzenden Einkommens festzusetzen. Beträgt die Höhe einer Monatsrate weniger als 10 EUR, ist nach § 115 II 2 ZPO von der Festsetzung von Monatsraten abzusehen. Bei einem einzusetzenden Einkommen von mehr als 600 EUR beträgt die Monatsrate nach § 115 II 3 ZPO 300 EUR zuzüglich des Teils des einzusetzenden Einkommens, der 600 EUR übersteigt (zur Tenorierung → Rn. 95 ff.).

(5) Einzusetzendes Vermögen. Der Beteiligte hat nach § 115 III ZPO auch 29
sein gesamtes verwertbares **Vermögen iSd § 90 SGB XII einzusetzen,** soweit dies zumutbar ist (zur Unzumutbarkeit → Rn. 31 ff.). Das bedeutet, dass er verpflichtet ist, vorhandenes Vermögen auch dann einzusetzen, wenn es nicht bestmöglich verwertet, dh nur mit finanziellen Einbußen veräußert werden kann, die sich auch aus der Besteuerung des Veräußerungsvorgangs ergeben können (zB nach § 23 EStG; BFH III B 68/99, BFH/NV 2000, 862; VI B 277/99, BFH/NV 2001, 809). Es gilt der umfassende **Vermögensbegriff des Sozialhilferechts.** Zum Vermögen iSv § 115 II ZPO gehören alle Gelder, Forderungen (BFH IV B 1/89, BFH/NV 1991, 181), Vermögens- und Nutzungsrechte sowie das Eigentum an beweglichen und unbeweglichen Gegenständen, die nicht den laufenden Unterhaltsbedarf zu decken bestimmt sind. Das Vermögen muss verwertbar sein. Unpfändbare Sachen, unerreichbare Vermögensteile (zB Gelder auf Sperrkonten) und Gegenstände, die nicht der uneingeschränkten Verfügungsmacht des Antragstellers unterliegen sind unverwertbar (Gottschalk/Schneider PKH/VKH Rn. 315). Der Antragsteller muss für die Prozessführung auch einen Anspruch auf **Versicherungsschutz** für die Prozesskosten einsetzen (BFH VII S 22/03 (PKH), BeckRS 2004, 25003464; V S 12/20 (PKH), BFH/NV 2021, 343: iRd Deckungszusage der Rechtsschutzversicherung; BGH IV ZB 5/90, NJW 1991, 109: ab Deckungszusage; VI ZR 255/05, ZfS 2006, 503; BSG B 14 AS 178/20 B, BeckRS 2021, 5486 betr. fehlenden Nachweis über Inanspruchnahme der Versicherung; B 7b AS 22/06 B, NZS 2006, 612 bei Selbstbehalt; OLG Karlsruhe 9 W 50/15, JurBüro 2016, 372 bei Ablehnung der Deckungszusage durch Rechtsschutzversicherung). Auch die Verwertung eines **Bausparguthabens** (BFH VII S 2/85, BFH/NV 1986, 233; OLG Stuttgart 8 WF 105/09, FamRZ 2010, 311; Zöller/Schultzky ZPO § 115 Rn. 54 mwN), einer **Lebensversicherung,** soweit kein Härtefall vorliegt (BGH XII ZB 55/08, VersR 2011, 1028; → Rn. 31, 32), eines größeren Sparguthabens oder von **Wertpapiervermögen** (BFH III S 9/05 (PKH), BFH/NV 2005, 1611), einer Abfindung für die Beendigung des Arbeitsverhältnisses (BAG 3 AZB 12/05, NZA 2006, 751) oder für das Ausscheiden aus einer Gesellschaft (BFH IV B 83/92, BFH/NV 1994,

256), von Nachzahlungen aus rückständigem Krankengeld (BayLSG L 11 AS 624/10 B PKH, BeckRS 2010, 75670) oder rückständiger Renten aus einer Berufsunfähigkeitsversicherung (OLG Karlsruhe 16 WF 200/07, FamRZ 2008, 1262) kann verlangt werden. Liegt im Zeitpunkt der Entscheidung über die PKH bereits eine Kostengrundentscheidung zugunsten der PKH-Partei vor, so ist auch der Kostenerstattungsanspruch als Vermögen anzusehen (Zöller/Schultzky ZPO § 115 Rn. 57). – Hat der Beteiligte anderweitige bereits fällige **Schulden,** darf er diese unabhängig vom Entstehensgrund bei Fälligkeit tilgen; er muss das hierfür benötigte Geld nicht für die Zahlung der Prozesskosten zurückhalten. Eine vorzeitige Tilgung ist hingegen nicht zulässig und damit PKH-schädlich (Zöller/Schultzky ZPO § 115 Rn. 46 mwN).

30 Der Antragsteller muss vorrangig vor der PKH auch einen Anspruch auf **Prozesskostenvorschuss** gem. § 1360a BGB geltend machen. Dieser Anspruch ist eine Sonderform eines Vermögenswertes. Er besteht grds. zwischen nicht geschiedenen Eheleuten (auch bei Getrenntleben: BayVGH 10 C 12.195, BeckRS 2014, 50150) und eingetragenen Lebenspartnern und ist auch auf minderjährige oder wirtschaftlich nicht selbständige Kinder anzuwenden (§ 1360a IV BGB, § 5 LPartG). Eine analoge Anwendung von § 1360a IV BGB auf nicht eingetragene nichteheliche Lebensgemeinschaften scheidet jedoch aus (AG Heilbronn 8 Ca 34/17, NJW-Spezial 2017, 548; OLG Düsseldorf 8 WF 41/93, nv). Er muss zweifelsfrei bestehen und realisierbar sein und kommt nur für wichtige persönliche Angelegenheiten in Betracht. Wichtige persönliche Angelegenheiten liegen vor bei Streitigkeiten über die Höhe der ESt und von Betriebssteuern (BFH IV B 132/85, BFH/NV 1988, 592; VII B 122/91, BFH/NV 1992, 263; X B 187/95, BFH/NV 1998, 489; V S 23/13 (PKH), BFH/NV 2015, 54 zur USt). Bei Streitigkeiten wegen Haftungsinanspruchnahme besteht kein Anspruch auf Prozesskostenvorschuss (SächsFG 5 K 1556/03, BeckRS 2003, 26020614). Ein Anspruch auf Prozesskostenvorschuss ist nicht realisierbar, wenn der verpflichtete Ehegatte seinerseits prozesskostenhilfebedürftig ohne Ratenanordnung ist (BFH I S 16/11, BFH/NV 2012, 765, LSG BW L 13 R 887/10, FamRZ 2011, 1235; OLG Celle 14 W 28/11, BeckRS 2011, 23196). Dagegen ist es zumutbar, dass der Unterhaltsverpflichtete ratenweise zahlt (BGH XII ZA 6/04, NJW-RR 2004, 1662, ThürLSG L 6 R 1497/13 B, BeckRS 2015, 68552). Ist der Unterhaltsverpflichtete ebenfalls Verfahrensbeteiligter und besteht für ihn eine eigene Prozesskostenhilferatenzahlungsbestimmung, sind die Raten für das Verfahren insgesamt auf die nach § 115 II ZPO festgelegten Beträge begrenzt. Darüber hinaus kann er nicht in Anspruch genommen werden. Eine Prozesskostenvorschusspflicht entfällt dann (OLG Celle 10 WF 222/09, NJW-RR 2010, 871). Die Möglichkeit des Prozesskostenvorschusses ist nur bei der Erstbewilligung zu prüfen. Im PKH-Überprüfungsverfahren nach Ende des Rechtsstreites ist insoweit keine Prüfung erforderlich.

31 Die über **§ 115 III 2 ZPO** anwendbare Regelung des **§ 90 II SGB XII** enthält einen **Katalog mit nicht einzusetzendem Vermögen** (BFH VI S 9/05 (PKH), BFH/NV 2006, 1690; Zöller/Schultzky ZPO § 115 Rn. 50; sog. Schonvermögen). Dazu gehören ua Vermögen aus öffentlichen Mitteln (§ 90 II Nr. 1 SGB XII, zB Leistungen nach dem Aufstiegsfortbildungsförderungsgesetz, OLG Dresden 22 WF 793/20, MDR 2021, 456), Kapital im Rahmen einer betrieblichen oder privaten Altersvorsorge mit staatlicher Förderung (§ 90 II Nr. 2 SGB XII), angemessener Hausrat (§ 90 II Nr. 4 SGB XII), Familien- und Erbstücke, deren Verlust eine besondere Härte bedeuten würde (§ 90 II Nr. 6 SGB XII) und Gegenstände, die zur Befriedigung geistiger Bedürfnisse dienen und nicht Luxus sind (§ 90 II

Nr. 7 SGB XII). Ferner gehören zum Schonvermögen Gegenstände, die der Antragsteller iRd **Berufsausbildung oder Erwerbstätigkeit** benötigt (§ 90 II Nr. 5 SGB XII; zu Gegenständen zur Aufnahme oder Fortsetzung einer Erwerbstätigkeit s. BFH III S 28/10 (PKH), BFH/NV 2012, 429). Da nunmehr auch **angemessene Kraftfahrzeuge** ohne berufliche Nutzung nach § 90 II Nr. 10 SGB XII zum Schonvermögen gehören, ist die Frage der Berufsbezogenheit nicht mehr ausschlaggebend, sondern nur noch die Angemessenheit (OLG Nürnberg 9 WF 467/23, FamRZ 2023, 1728; OLG Oldenburg 13 WF 12/23, FamRZ 2023, 1138). Zu dem nicht einzusetzenden Vermögen gehört auch ein von dem Hilfsbedürftigen, seinem nicht dauernd getrennt lebenden Ehegatten oder Lebenspartner und/oder seinen minderjährigen, unverheirateten Kindern bewohntes **„angemessenes Hausgrundstück"** (§ 90 II Nr. 8 SGB XII). Da es darum geht, dem Hilfsbedürftigen eine eigene Wohnung zu erhalten, wendet die hM § 90 II Nr. 8 SGB XII nur dann an, wenn der Hilfsbedürftige das Hausgrundstück **selbst bewohnt** (Zöller/Schultzky ZPO § 115 Rn. 78 mwN; ablehnend daher BGH V ZR 3/22, NZM 2023, 937; OLG Koblenz 5 W 220/02, MDR 2002, 904 betr. vermietete Wohnungen; OLG Koblenz 13 WF 860/13, MDR 2014, 48 betr. Miteigentum an einem Mehrfamilienhaus, welches nicht lediglich von dem in § 90 II Nr. 8 SGB XII genannten Personenkreis bewohnt wird; OLG Stuttgart 17 WF 187/93, JurBüro 1994, 46 betr. Ferienwohnungen; BFH I S 7/99, BeckRS 2000, 25005183 und BSG B 10 LW 1/14 BH, BeckRS 2015, 65792 betr. unbebaute Grundstücke). Die Angemessenheit bestimmt sich gem. § 90 II Nr. 8 S. 2 SGB XII nach der Zahl der Bewohner, dem Wohnbedarf (zB behinderter, blinder oder pflegebedürftiger Menschen), der Grundstücksgröße, der Hausgröße, dem Zuschnitt und der Ausstattung des Wohngebäudes sowie dem Wert des Grundstücks einschließlich des Wohngebäudes (vgl. zu den Kriterien auch BVerwG 5 C 48/78, BVerwGE 59, 295; zu weiteren Einzelfällen Zöller/Schultzky ZPO § 115 Rn. 79; s. auch BFH III S 46/10 (PKH), BFH/NV 2012, 584, bei Grundstücksgröße von 5.000 qm ist Überprüfung erforderlich). Eine Orientierung bieten hierbei auch die Vorschriften zum sozialen Wohnungsbau (BSG B 7b AS 2/05 R, BSGE 97, 203; derzeit für einen Vier-Personenhaushalt: 85–90 qm oder vier Wohnräume, je Person mehr oder weniger 10–15 qm, mindestens aber für Alleinstehende 45–50 qm). Nicht geschützt ist die Umschichtung von nicht geschütztem Geldvermögen in Wohnraum (OLG Nürnberg 10 WF 3471/01, MDR 2002, 171, soweit nicht nach § 90 II Nr. 3 SGB XII geschützt) sowie die Nutzung eines **Veräußerungserlöses** für das Hausgrundstück, soweit dieser die Schongrenze des § 90 II Nr. 9 SGB XII (→ Rn. 32) übersteigt (OLG Köln 19 W 40/95, MDR 1996, 197; Zöller/Schultzky ZPO § 115 Rn. 80 mwN); das gilt auch dann, wenn der Veräußerungserlös zur Finanzierung des Erwerbs einer neuen Eigentumswohnung verwendet werden soll (OLG Stuttgart 18 WF 73/95, 18 WF 74/95, FamRZ 1996, 873). Geschützt ist nach § 90 II Nr. 3 SGB XII schließlich auch Vermögen zur baldigen **Beschaffung eines Hausgrundstücks** iSv Nr. 8, **wenn** es zu Wohnzwecken behinderter oder pflegebedürftiger Menschen dient (zu Bausparguthaben s. BFH VI S 9/05 (PKH), BFH/NV 2006, 1690). Grundvermögen, das nicht zum Schonvermögen zählt, ist zwingend zur Prozessfinanzierung einzusetzen, dh es muss durch **Beleihung** belastet, im Zweifelsfall auch **verwertet** werden (BFH III B 68/99, BFH/NV 2000, 862; LAG RhPf 11 Ta 169/11, BeckRS 2011, 76993; → Rn. 34). Es kann auch eine Stundung der Verfahrenskosten für einen angemessenen Zeitraum in Betracht kommen, in dem die nicht zum Schonvermögen gehörende Immobilie veräußert werden kann (BGH V ZR 3/22, NZM 2023, 937).

32 Auch **„kleinere Barbeträge und sonstige Geldwerte"** brauchen nicht zur Deckung der Prozesskosten verwendet zu werden (§ 90 II Nr. 9 SGB XII; vgl. auch BFH VII B 152/86, BFH/NV 1987, 733), und zwar auch dann nicht, wenn anderes einsetzbares oder nicht einsetzbares Vermögen vorhanden ist (OLG Köln 14 WF 142/03, FamRZ 2004, 647; OLG Stuttgart 11 WF 156/19, BeckRS 2019, 39810). Als Anhaltspunkt für die betragsmäßige Ausfüllung dieser Begriffe dient § 1 I Nr. 1 der VO zu § 90 II Nr. 9 SGB XII v. 16.12.2022 (BGBl. I 2328), der ab dem 1.1.2023 eine Schongrenze von 10.000 EUR für jede volljährige Person sowie für alleinstehende minderjährige Personen vorsieht sowie 500 EUR für jede von dem Antragsteller der PKH überwiegend unterhaltene Person. Soweit die Norm von „jede" Person spricht, ist damit jede antragstellende Person gemeint. Stellt zB der Ehemann einen PKH-Antrag, so sind für ihn 10.000 EUR und für den von ihm unterhaltenen Ehegatten und die von ihm unterhaltenen Kinder jeweils 500 EUR zu berücksichtigen (glA Groß ZPO § 115 Rn. 120). Die noch weitaus höheren Schonbeträge nach dem SGB II (Bürgergeld, vormals „Hartz IV") gelten hier nicht, es gilt allein die Schongrenze nach SGB XII. – Auch **Entschädigungszahlungen und insbes. Schmerzensgelder** sind geschützt (BVerwG 5 B 26/11, JurBüro 2012, 39; OLG Naumburg 1 W 4/12 (PKH), BeckRS 2012, 21468).

33 Die Verwertung von Vermögensgegenständen kommt nach § 115 III 1 Hs. 2 ZPO dann nicht in Betracht, wenn sie **unzumutbar** ist, was sich wegen des Verweises in § 115 III 2 ZPO **nach § 90 III SGB XII beurteilt** (BFH III B 68/99, BFH/NV 2000, 862). Danach darf die Sozialhilfe (hier PKH) nicht vom Einsatz oder der Verwertung eines Vermögens abhängig gemacht werden, soweit dies für den, der das Vermögen einzusetzen hat (hier der Antragsteller der PKH), und für seine unterhaltsberechtigten Angehörigen in atypischen Fällen eine **Härte** bedeuten würde, was insbes. dann der Fall ist, soweit eine angemessene Lebensführung oder die Aufrechterhaltung einer angemessenen Alterssicherung wesentlich erschwert würde (OLG Schleswig 13 WF 7/99, FamRZ 1999, 1672 zu ständig pflegebedürftigem Antragsteller, dessen Pflegekosten über lange Zeit aus dem Vermögen gedeckt werden müssen). Dies betrifft vor allem auch die Altersvorsorge von Selbständigen (OLG Nürnberg 10 UF 1456/15, FamRZ 2016, 1951; zur Abgrenzung OLG Düsseldorf II-3 WF 96/12, MDR 2012 1249 bei ausreichender Zeit zum Aufbau einer Altersvorsorge) oder Fälle, in denen ohne den Einsatz einer Lebensversicherung die Altersvorsorge mit öffentlichen Fürsorgeleistungen bestritten werden kann (BGH XII ZB 120/08, NJW 2010, 2887; XII ZB 55/08, VersR 2011, 1028; OLG Zweibrücken 6 WF 192/07, FamRZ 2008, 524; OLG Bbg 9 WF 129/10, FamRZ 2011, 52; OLG Hamm II-8 WF 158/15, FamRZ 2016, 393). Das bedeutet, dass der Antragsteller der PKH keinesfalls seine Vermögenssubstanz und damit seine **Existenzgrundlage** gefährden muss (Zöller/Schultzky ZPO § 115 Rn. 84). Die Unwirtschaftlichkeit der Verwertung einer Renten- oder Lebensversicherung führt allerdings nicht von vorneherein zu einer besonderen Härte iSd § 90 III SGB XII (BGH XII ZB 120/08, NJW 2010, 2887). Dass das Vermögen zur Altersvorsorge bestimmt ist, reicht allein nicht aus; die angemessene Altersvorsorge muss tatsächlich erschwert sein (OLG Jena 5 W 601/16, JurBüro 2018, 34; OLG Frankfurt 4 WF 76/02, MDR 2003, 535). Die Verwertung einer Lebensversicherung ist beispielsweise dann zumutbar, wenn der Antragsteller in einem eigenen Haus wohnt, über eine Riesterrente und sowohl

über einen Renten- als auch einen Lebensversicherungsvertrag verfügt (LAG LSA L 3 R 122/14, BeckRS 2016, 67246). Die Umstände, die eine Härte begründen sollen, sind vom Antragsteller **darzulegen** (BGH XII ZB 120/08, NJW 2010, 2887). Die Heranziehung von Schmerzensgeld ist ebenfalls nicht zumutbar (BVerwG 5 B 26/11, ZfS 2011, 584; OLG Saarbrücken 4 W 9/14, FamRZ 2014, 1725); anders verhält sich dies dagegen bei einer Entschädigung wegen einer Verletzung des Persönlichkeitsrechts (BGH VI ZB 26/05, NJW 2006, 1068).

Eine Härte kann für den Hilfsbedürftigen oder seine Angehörigen auch schon dann vorliegen, wenn wirtschaftlich zweckgebundenes Vermögen nur mit **erheblichen finanziellen Nachteilen** verwertet werden kann, zB bei der Beleihung einer Lebensversicherung, wenn der Antragsteller die hiernach entstehenden Zinsen nicht bedienen kann (aA HessFG 6 K 3080/88, EFG 1996, 199), oder bei Verwertung von vermögenswirksamen Leistungen vor Fälligkeit, wenn Arbeitnehmersparzulagen zurückzuzahlen wären (OLG Nürnberg 10 WF 338/06, FamRZ 2006, 1284; zum Bausparvertrag zwecks Ablösung eines Zwischenfinanzierungsdarlehens LAG Hamm 4 Ta 827/03, MDR 2005, 299). Gewisse Verwertungsverluste sind aber hinzunehmen (Gosch/Schoenfeld § 142 Rn. 97; OLG Bbg 9 WF 129/10, FamRZ 2011, 52 zum nicht zuteilungsreifen Bausparvertrag; zu Zinsverlusten bei Verwertung einer Kapitallebensversicherung SchlHLAG 2 Ta 144/18, NZA-RR 2019, 216). Die Verwertung eines Grundstücks ist unzumutbar, wenn der erzielbare Erlös nach Abzug der dinglich gesicherten Verbindlichkeiten und Veräußerungskosten (Makler usw) nicht für die Finanzierung der Prozesskosten ausreicht (OLG Karlsruhe 15 W 3/03, FamRZ 2004, 1499), wenn ein Vermögensgegenstand im Zeitpunkt des Antrags auf PKH nicht oder nicht zu angemessenen Bedingungen veräußert werden könnte (OLG Düsseldorf 6 WF 96/08, BeckRS 2009, 28830) oder wenn bei Miteigentum der andere Miteigentümer den Verkauf verweigert (OLG Karlsruhe 5 WF 153/11, FamRZ 2012, 386). Darüber hinaus ist einem Beteiligten ein Vermögenseinsatz für Prozesskosten nur dann zuzumuten, wenn die Differenz zwischen den Aktiva und den fälligen Verbindlichkeiten den Schonbetrag nach § 90 II Nr. 9 SGB XII übersteigt (Künzl/Koller, Prozesskostenhilfe, S. 59; Zöller/Schultzky ZPO § 115 Rn. 90; OLG Nürnberg 9 WF 467/23, FamRZ 2023, 1728 zur Verwertung eines PKW). – In all diesen Fällen ist aber zu prüfen, ob eine **Beleihung** des Gegenstandes in Betracht kommt (BFH III B 68/99, BFH/NV 2000, 862; VI B 277/99, BFH/NV 2001, 809; BGH XII ZB 174/10, FamRZ 2013, 1720; XII ZB 120/08, NJW 2010, 2887; Zöller/Schultzky ZPO § 115 Rn. 92; Gottschalk/Schneider PKH/VKH Rn. 350). So verlangt der BFH grds., dass ein Kläger, der über Grundvermögen verfügt, zur Deckung der Prozesskosten iRd Möglichen einen **Realkredit** aufnimmt (BFH X S 10/87, BFH/NV 1989, 124; VII S 2/85, BFH/NV 1986, 233 zur Beleihung eines Bausparguthabens; ausnahmsweise abl. für die Beleihung eines Nießbrauchs zugunsten eines betagten Nießbrauchers BFH VII S 32/11 (PKH), BFH/NV 2012, 258). Der Kläger kann sich – nach der mE fraglichen Rspr. des BFH – in einem solchen Fall nicht darauf berufen, dass es ihm nicht möglich sei, Zinsen und Tilgung aus seinem Einkommen aufzubringen, da er Zinsen und Kapital erst nach einer späteren Verwertung des Vermögensgegenstandes zurückzahlen kann (BFH III B 68/99, BFH/NV 2000, 862 **aA** zutreffend OLG Bamberg 7 WF 30/97, FamRZ 1998, 247; OLG Koblenz 9 WF 1/01, FamRZ 2002, 105; kritisch auch Gottwald FamRZ 2014, 56). 34

Unzumutbar kann auch die **sofortige Verwertung** des Vermögens sein. Aus diesem Grunde kann insbes. bei der Verwertung von Immobilien eine Stundung 35 der Verfahrenskosten für einen angemessenen Zeitraum in Betracht kommen, in dem die nicht zum Schonvermögen gehörende Immobilie veräußert werden kann (BGH V ZR 3/22, NZM 2023, 937), oder auch ein Zuwarten, bis feststeht, ob der Antragsteller im Hauptsacheverfahren unterliegt und damit die Prozesskosten zu tragen hat (BFH XI S 23/02 (PKH), BFH/NV 2004, 48).

36 Keine PKH kann bewilligt werden bei **missbräuchlicher Bedürftigkeit.** Diese liegt zB vor, wenn der Antragsteller freie Geldmittel ausgibt, ohne Mittel für ein bevorstehendes Verfahren zurückzuhalten (BFH VIII B 37/97, BFH/NV 1998, 490 mwN; Tipke/Kruse/Brandis § 142 Rn. 39; Zöller/Schultzky ZPO § 115 Rn. 72 ff. mit weiteren Beispielen), oder vorhandenes Vermögen leichtfertig für nicht notwendige Anschaffungen verwendet (BGH XII ZB 636/17, NJW-RR 2018, 1411). Zur Anrechnung fiktiver Einkünfte bei einem mutwillig nicht arbeitenden Antragsteller s. Zöller/Schultzky ZPO § 115 Rn. 6 mwN.

38 **bb) Sachliche Voraussetzungen. (1) Allgemeine Voraussetzungen.** In **sachlicher Hinsicht** setzt die Gewährung von PKH voraus, dass die beabsichtigte Rechtsverteidigung oder Rechtsverfolgung **hinreichende Aussicht auf Erfolg** bietet, **nicht mutwillig** erscheint und – als ungeschriebenes Tatbestandsmerkmal – der Bewilligung der PKH der im Prozessrecht geltende Grundsatz von **Treu und Glauben** (→ Vor § 33 Rn. 27) nicht entgegensteht (zur Verfassungsmäßigkeit der tatbestandlichen Anforderungen BVerfG 1 BvR 1526/02, NJW 2003, 1857 mwN).

39 **(2) Hinreichende Erfolgsaussichten der Klage.** Bei der Auslegung des Merkmals der **„hinreichenden Erfolgsaussichten“** ist der Zweck der PKH, dem Unbemittelten den weitgehend gleichen Zugang zu Gericht zu ermöglichen (→ Rn. 1), zu beachten (BVerfG 1 BvR 81/00, NJW 2000, 1936; 2 BvR 2256/99, NJW 2003, 576; 1 BvR 1998/02, NJW 2003, 2976; 1 BvR 1807/07, NJW 2008, 1060; BFH VIII S 13/07 (PKH), BFH/NV 2008, 591). Daraus folgt, dass eine **abschließende Prüfung** der Erfolgsaussichten im Verfahren der PKH **unzulässig** ist (BVerfG 2 BvR 94/88, NJW 1991, 413; 1 BvR 1807/07, NJW 2008, 1060; BFH VI B 95/00, BFH/NV 2004, 466; XI S 20/03 (PKH), BFH/NV 2005, 216; VIII S 13/07 (PKH), BFH/NV 2008, 591, jeweils mwN). Die PKH soll den Rechtsschutz nämlich nur ermöglichen, nicht aber selbst gewähren (BVerfG 2 BvR 2256/99, NJW 2003, 576; 1 BvR 1998/02, NJW 2003, 2976). Das bedeutet gleichwohl nicht, dass deshalb PKH ohne Prüfung der Erfolgsaussichten zu gewähren ist (BFH XI S 5/08, BFH/NV 2008, 1863). Bei der Prüfung dürfen aber **keine zu großen Anforderungen** gestellt werden (BFH VIII S 13/07 (PKH), BFH/NV 2008, 591; V S 8/11 (PKH), BFH/NV 2011, 1741).

Die Rechtsverfolgung verspricht daher schon dann hinreichende Aussicht auf Erfolg, wenn für seinen Eintritt bei **summarischer Prüfung** eine gewisse Wahrscheinlichkeit spricht (stRspr, zB BFH XI S 23/02 (PKH), BFH/NV 2004, 48; X S 5/03 (PKH), BFH/NV 2004, 66; X S 2/03 (PKH), BFH/NV 2004, 342; V S 8/07 (PKH), BFH/NV 2009, 1467; V S 5/14 (PKH), BFH/NV 2014, 1381; XI S 20/03 (PKH), BFH/NV 2005, 216; III S 21/13 (PKH), BFH/NV 2014, 43: Erfolg ebenso unwahrscheinlich wie Misserfolg; VI S 9/19 (PKH), BFH/NV 2020, 1051; zur unanfechtbaren Hauptsacheentscheidung BFH XI S 37/01 (PKH), BFH/NV 2003, 194). Dies ist der Fall, wenn das Gericht in **tatsächlicher Hinsicht** von der Darstellung des Sachverhalts oder der Möglichkeit der Beweisführung überzeugt ist (zur Zulässigkeit einer insoweit vorzunehmenden **Beweisantizipation:** BVerfG 2 BvR 2256/99, NJW 2003, 576; 1 BvR 1998/02, NJW

2003, 2976; 1 BvR 1807/07, NJW 2008, 1060, BFH VII B 107/98, BFH/NV 1999, 342) und in **rechtlicher Hinsicht** den Rechtsstandpunkt des Antragstellers aufgrund dessen Sachdarstellung und der vorhandenen Unterlagen für zutreffend oder zumindest für vertretbar hält (BFH VI B 95/00, BFH/NV 2004, 466; III S 9/12 (PKH) BFH/NV 2013, 965; zur Darstellung des Streitverhältnisses im PKH-Antrag → Rn. 67 ff.).

Hinreichende Erfolgsaussichten können ferner zu bejahen sein, wenn es bei der Hauptsache um **schwierige tatsächliche, aber auch rechtliche Fragen** geht, über die im PKH-Verfahren eine abschließende Beurteilung nicht möglich ist, und wenn die Einwände des Klägers nicht von vornherein aussichtslos erscheinen (BVerfG 1 BvR 2004/10, NJW 2013, 1148; BFH VI B 134/00, BStBl. II 2001, 108; VI B 95/00, BFH/NV 2004, 466 zur ungeklärten Rechtslage; III S 14/07 (PKH), BFH/NV 2008, 67; VIII S 13/07 (PKH), BFH/NV 2008, 591; III S 8/12 (PKH), BFH/NV 2013, 922). Lässt das Gericht die **Revision** zu, weil es der Auffassung ist, dass die Sache Fragen grundsätzlicher Bedeutung aufwirft, so sind in aller Regel die Voraussetzungen für eine (rückwirkende) Gewährung von PKH gegeben (BVerfG 1 BvR 2096/13, NJW 2015, 2173). Sind im Besteuerungsverfahren **Schätzungen** vorzunehmen, deren Ergebnis von der Würdigung vieler Tatumstände abhängt, so kommt es darauf an, ob der vom Antragsteller begehrte Erfolg bei summarischer Prüfung der wichtigsten Tatumstände eine gewisse Wahrscheinlichkeit für sich hat (BFH XI B 74/93, BFH/NV 1995, 151; IV S 2/96, BFH/NV 1997, 700). **Erledigt sich** im Verfahren der isolierten PKH die Hauptsache bereits vor Klageerhebung, besteht für die Bewilligung von PKH kein Raum mehr (FG BBg 7 K 7093/17, BeckRS 2017, 130088; SächsFG 4 K 861/12, BeckRS 2013, 94924; FG Köln 6 K 1075/18 (PKH), EFG 2018, 1830; OVG Bbg 10 M 56.08, NJW-RR 2009, 1003). 40

Begehrt der Antragsteller PKH für die **Durchführung eines Rechtsmittelverfahrens,** so müssen für dieses ebenfalls hinreichende Erfolgsaussichten bestehen (BFH III S 1/13 (PKH), BFH/NV 2014, 1579 zur Anschlussrevision; → Rn. 63). Hat der Antragsteller innerhalb der Rechtmittelfrist nicht durch eine vor dem BFH vertretungsberechtigte Person (§ 62 IV) das statthafte Rechtsmittel eingelegt, so verspricht die beabsichtigte Rechtsverfolgung nur dann hinreichende Aussicht auf Erfolg, wenn wegen der Versäumung der Rechtsmittelfrist **Wiedereinsetzung in den vorigen Stand** zu gewähren ist. Das setzt voraus, dass der Antragsteller **innerhalb der Rechtsmittelfrist** (BFH X S 7/10 (PKH), BFH/NV 2011, 630) **sein Prozesskostenhilfe-Gesuch** zusammen mit den nach § 117 ZPO erforderlichen Unterlagen (→ Rn. 71 ff.) unaufgefordert (BFH VII B 98/02, BFH/NV 2002, 1337: keine Hinweispflicht) vorgelegt hat (stRspr, zB BFH X S 4/09 (PKH), BFH/NV 2009, 1132; V S 17/10 (PKH), BFH/NV 2011, 273; IV S 10/10 (PKH), BFH/NV 2011, 444; III B 92/10, BFH/NV 2012, 421; X S 27/11 (PKH), BFH/NV 2012, 758; III S 29/12 (PKH), BFH/NV 2013, 1116; V S 5/14 (PKH), BFH/NV 2014, 1381; V S 20/15 (PKH), BFH/NV 2015, 1435; V S 20/16 (PKH), BFH/NV 2016, 1734; X S 18/16 (PKH), BFH/NV 2017, 909; II S 5/21 (PKH), BFH/NV 2021, 1204, Rn. 12; s. auch BFH II B 111/01, BFH/NV 2003, 791, keine Nachholung des Rechtsmittels durch postulationsfähigen Vertreter nach Ablehnung der PKH und zur Wiedereinsetzung in die Wiedereinsetzungsfrist BFH V B 26/16, BFH/NV 2016, 1479; s. auch BFH III S 30/15 (PKH), BFH/NV 2016, 766: kein Hinausschieben der Wiedereinsetzungsfrist durch Anhörungsrügen oder Verfassungsbeschwerden; zu den Anforderungen an eine eingelegte NZB s. BFH X S 29/10 (PKH), BFH/NV 2011, 1160; VII S 32/ 41

13 (PKH), BFH/NV 2014, 1221). Dabei ist allerdings im Hinblick auf den durch Art. 3 I iVm Art. 20 III GG verbürgten **Grundsatz der Rechtsschutzgleichheit** für Bemittelte und Unbemittelte (BVerfG 1 BvR 1152/02, NJW 2003, 3190; → Rn. 1) zweifelhaft, ob diese strengen Anforderungen auch dann gelten können, wenn der rechtsunkundige Antragsteller sie nicht kannte (offengelassen durch BFH X S 9/03 (PKH), BFH/NV 2004, 221). Hingegen ist es einem in PKH-Sachen unerfahrenen Antragsteller nicht als Verschulden anzurechnen, wenn er den **Antrag auf Prozesskostenhilfe nicht beim BFH** als Prozessgericht einreicht, sondern beim FG (BFH VII S 1/95, BFH/NV 1996, 10; s. auch BFH V S 4/03 (PKH), BFH/NV 2003, 1339: auch das FG ist Prozessgericht iSd § 117 I 1 ZPO).

42 Der **Prüfung der Erfolgsaussichten** ist in der **Rechtsmittelinstanz** dasjenige Rechtsmittel zugrunde zu legen, das geeignet ist, zu der vom Antragsteller angestrebten Überprüfung der erstinstanzlichen Entscheidung zu führen (BFH II S 17/90, BFH/NV 1991, 338; XI S 18/95, BFH/NV 1996, 250; zum Prüfungsverfahren → Rn. 78 ff.). Für den voraussichtlichen Erfolg iSd § 114 S. 1 ZPO ist nicht der isolierte Erfolg (aus Verfahrensgründen) des beim BFH anhängigen Rechtsmittels maßgeblich, sondern der voraussichtliche Erfolg in der Sache selbst (BVerfG 1 BvR 296/94, NJW 1997, 2745). Wenngleich mit der Zulassung der Revision durch das FG wegen grundsätzlicher Bedeutung der Rechtssache noch keine Aussage über die Erfolgsaussichten des Revisionsverfahrens verbunden ist (s. BFH IV S 8/86, BFH/NV 1988, 730; XI S 23/10, BFH/NV 2010, 2310; III S 44/09 (PKH), BFH/NV 2011, 598; III S 19/12 (PKH), BFH/NV 2014, 1576), so verhält sich ein Gericht nach BVerfG 1 BvR 2096/13 (NJW 2015, 2173) gleichwohl widersprüchlich, wenn es einerseits von der grundsätzlichen Bedeutung der Sache ausgeht, andererseits aber gleichwohl PKH versagt (ferner → § 115 Rn. 261). Zudem belegt das Obsiegen des Klägers in der Vorinstanz eine gewisse Erfolgsaussicht des Revisionsverfahrens (BFH III S 23/07, BFH/NV 2007, 2290).

43 **(3) Mutwilligkeit der Klageerhebung.** An die Prüfung der Mutwilligkeit sind wegen des Grundsatzes der Rechtsschutzgewährung nach Art. 19 IV GG strenge Anforderungen zu stellen (Tipke/Kruse/Brandis § 142 Rn. 49). **Mutwillig** ist eine Rechtsverfolgung nach § 114 II ZPO dann, wenn ein nicht hilfsbedürftiger Beteiligter bei verständiger Würdigung aller Umstände von der Rechtsverfolgung absehen würde, obwohl eine hinreichende Aussicht auf Erfolg besteht (BFH X S 23/15 (PKH), BFH/NV 2016, 945 zur erfolgversprechenden NZB, wenn aber andererseits feststeht, dass die Klage bei Zurückweisung des Rechtsstreits an das FG abzuweisen ist). Das kann der Fall sein, wenn der Beteiligte den von ihm verfolgten Zweck auf einem **billigeren Weg** als dem eingeschlagenen erreichen könnte (BFH IV B 105/95, BFH/NV 1997, 58; III B 40/99, BFH/NV 2000, 722; offengelassen für Prozessverschleppungsabsicht: BFH IV S 1/02 (PKH), BFH/NV 2003, 1187). Damit wird allein auf das **innerprozessuale Verhalten** abgestellt, dh auf die Situation, in der sich der Rechtssuchende im Zeitpunkt der Klageerhebung befindet. Für eine Berücksichtigung zurückliegender Umstände, wie zB die Verletzung der Mitwirkungspflicht im Besteuerungsverfahren oder im außergerichtlichen Vorverfahren, ist dabei grds. kein Raum (stRspr, BFH III B 40/99, BFH/NV 2000, 722 mwN; IV B 27/00, BFH/NV 2001, 191; **aA** wohl BFH X B 167/92, BFH/NV 1993, 324; NdsFG 5 S 12/02, EFG 2003, 333; FG Düsseldorf 16 K 139/04, EFG 2006, 577; FG BBg 6 S 1617/04 PKH, EFG 2009, 207; FG

RhPf 6 K 1881/08, EFG 2009, 768). Denn dem PKH-Recht sind Sanktionserwägungen fremd (aber zur mutwillig herbeigeführten Bedürftigkeit → Rn. 36). Zur Berücksichtigung der Kostenfolge aus § 137 iRd Grundsatzes von Treu und Glauben → Rn. 45.

In der Praxis kommt dem Tatbestandsmerkmal der mutwilligen Rechtsverfolgung eine nur untergeordnete Bedeutung zu, weil die Rechtsverfolgung in den denkbaren Anwendungsfällen meistens ohnehin keine hinreichende Aussicht auf Erfolgt hat (BFH IV B 134/85, BFH/NV 1989, 658: mutwillige Rechtsverfolgung, wenn ein Kläger einen Folgebescheid nur mit Einwendungen angreift, die sich gegen den Grundlagenbescheid richten; mE hat die Rechtsverfolgung wegen der Bindungswirkung des Grundlagenbescheids keine hinreichende Aussicht auf Erfolg; s. auch BFH V S 5/89, BFH/NV 1991, 702 mwN: mutwillige Rechtsverfolgung, wenn ein Stpfl. im Klageverfahren gegen einen Steuerbescheid mit geschätzten Besteuerungsgrundlagen vorgeht, sich aber im finanzgerichtlichen Verfahren – wie zuvor schon im Besteuerungsverfahren – unter Berufung auf ein angebliches Widerstandsrecht weigert, eine Steuererklärung einzureichen und die erforderlichen Angaben zu den Besteuerungsgrundlagen zu machen; mE ist auch hier eine Erfolgsaussicht der Klage äußerst zweifelhaft). 44

Der Bewilligung der PKH darf weiter – als ungeschriebenes Tatbestandsmerkmal – der auch im Prozessrecht geltende **Grundsatz von Treu und Glauben** (→ Vor § 33 Rn. 27) nicht entgegenstehen (s. zur Prüfung dieses Merkmals neben der hinreichenden Erfolgsaussicht der Klage und der mangelnden Mutwilligkeit BFH III B 40/99, BFH/NV 2000, 722). Das ist aber der Fall, wenn ein Rechtssuchender selbst im Falle seines Obsiegens die Kosten des Verfahrens nach **§ 137** zu tragen hätte, weil ihn die Verantwortung dafür trifft, dass es überhaupt zu einem gerichtlichen Verfahren gekommen ist (BFH X B 167/92, BFH/NV 1993, 324; X B 90/97, BFH/NV 1998, 740; FG Köln 10 K 1157/04, EFG 2004, 1627; Tipke/Kruse/Brandis § 142 Rn. 49 mwN). Ist dies bereits zum Zeitpunkt der Beantragung der PKH offensichtlich, weil der Kläger zB vor der Klageerhebung keine Steuererklärung abgegeben hat, so kann es nicht angehen, dass die Rechtsfolge des § 137 durch die Gewährung der PKH umgangen wird. 45

c) Parteien kraft Amtes, juristische Personen, parteifähige Vereinigungen. aa) Persönliche Voraussetzungen. § 116 ZPO enthält Sonderregelungen für die Gewährung von PKH an Parteien (im finanzgerichtlichen Verfahren: Beteiligte) kraft Amtes, juristische Personen und parteifähige Vereinigungen. 48

Beteiligte kraft Amtes iSv § 116 S. 1 Nr. 1 ZPO sind Personen, die als Partei auftreten, aber fremde Interessen vertreten und nicht mit ihrem eigenen Vermögen für die Kosten aufzukommen haben. Ihr Amt wird ihnen durch besonderen Bestellungsakt übertragen (BGH IX ZA 9/16, NZI 2016, 1014; Zöller/Schultzky ZPO § 116 Rn. 2). Hierzu gehören zB **Testamentsvollstrecker** (§ 2212 BGB), **Zwangsverwalter** (§ 152 ZVG), **Pfleger von Sammelvermögen** (§ 1914 BGB), **Kanzleiabwickler** (§ 55 BRAO), **Nachlassverwalter** (§ 1385 BGB) und **Insolvenzverwalter** (§ 80 InsO; BFH X S 14/07 (PKH), BFH/NV 2008, 1351; auch sog. starke vorläufige Insolvenzverwalter, OLG Braunschweig 2 W 164/12, NZI 2013, 91). Der Insolvenzverwalter muss einen eigenen PKH-Antrag stellen; die dem Insolvenzschuldner gewährte PKH wirkt nicht fort (BFH X R 27/05, BFH/NV 2008, 394). Der Insolvenzschuldner kann nach Verfahrenseröffnung nicht mehr Beteiligter eines PKH-Antragsverfahrens sein (BFH X S 50/13, BFH/NV 2014, 890; X S 14/07 (PKH), BFH/NV 2008, 1351; Tipke/Kruse/Brandis 49

§ 142 Rn. 42). **Prozessstandschafter** oder **gesetzliche Vertreter** sind dagegen keine Partei kraft Amtes, so dass § 116 ZPO nicht eingreift (BGH IV ZR 199/03, NJW 2005, 756 zum Nachlasspfleger; BFH V S 16/93, BFH/NV 1995, 332 zum Liquidator). Sie können aber nach den allg. Grundsätzen (→ Rn. 8 ff.) PKH erhalten.

Voraussetzung für die Gewährung von PKH ggü. einer Partei kraft Amtes ist, dass die von ihr verwaltete **Vermögensmasse nicht oder nur teilweise ausreicht,** um die Prozesskosten zu decken. § 115 III 1 ZPO gilt entsprechend, nicht aber § 115 III 2 ZPO (kein Schonvermögen iSd 90 SGB XII). Die Vermögensmasse (Barmittel und kurzfristig verwertbare Masse, OLG Köln 18 W 42/06, ZIP 2007, 1030) ist in vollem Umfang zu verwerten. Bei **Nachlasspflegschaft** ist auf den Bestand des Nachlasses abzustellen (BGH VII ZR 208/62, NJW 1964, 1418). Bei **Insolvenzverwaltung** sind Massekosten und -verbindlichkeiten sowie die Insolvenzverwaltervergütung in Abzug zu bringen (BAG 2 AZB 78/02, ZIP 2003, 1947; OLG Naumburg 5 W 33/10, NZI 2010 765). Bei Anzeige der Masseunzulänglichkeit (§ 208 InsO) kann davon ausgegangen werden, dass die Kosten nicht aus der Masse gedeckt werden können (BFH V S 33/13 (PKH), BFH/NV 2014, 727; FG Bbg 2 S 1708/03, EFG 2004, 832; OLG Celle 9 W 92/12, MDR 2012, 1065). Der Insolvenzverwalter darf dann der Masse keine Kosten zum Zwecke der Rechtsverteidigung entziehen (BFH I S 4/01, BFH/NV 2002, 1319). Die Anzeige der Masseunzulänglichkeit befreit aber nicht von der Darlegung der weiteren Voraussetzungen des § 116 ZPO (BGH IX ZA 8/18, ZIP 2019, 1486; Zöller/Schultzky ZPO § 116 Rn. 6). Zu prüfen bleibt ferner, ob für erst in der Zukunft fällig werdende Masseverbindlichkeiten ebenfalls keine freien Mittel zur Verfügung stünden (BVerwG 8 PKH 4/05, ZIP 2006, 1542). Bei Massekostenarmut (§ 207 InsO) scheidet die PKH idR aus (FG Köln 13 K 2588/09 PKH, EFG 2012, 1955; OLG Frankfurt 13 W 68/11, NZI 2012, 714), es sei denn, dass bei Stattgabe der beabsichtigten Klage die bestehende Massekostenarmut beseitigt werden kann (im Aktivprozess BGH IX ZB 62/12, NJW-RR 2013, 422; IX ZB 82/14, ZVI 2016, 253; Zöller/Schultzky ZPO § 116 Rn. 6). Im Rahmen des Bewilligungsverfahrens ist grds. von der Richtigkeit der Angaben des Insolvenzverwalters auszugehen (OLG Stuttgart 13 W 57/03, MDR 2004, 1205). Dies gilt sowohl für Aktiv- (BGH IX ZB 221/08, NJW-RR 2009, 1346) als auch für Passivprozesse (FG Köln 13 K 2588/09 PKH, EFG 2012, 1955).

Weitere Voraussetzung für die Gewährung der PKH ist nach § 116 I 1 Nr. 1 ZPO, dass den am Gegenstand des Rechtsstreits „wirtschaftlich Beteiligten" die Zahlung nicht zuzumuten ist (BFH IV B 32/89, BFH/NV 1990, 116; OLG Koblenz 5 W 624/90, BeckRS 1990, 30840760). **Wirtschaftlich Beteiligte** sind diejenigen, die durch den Rechtsstreit den endgültigen Nutzen haben sollen (BGH VII ZR 181/76, NJW 1977, 2317), zB Erben, Vermächtnisnehmer, Insolvenzschuldner, Insolvenzgläubiger, soweit sich deren Befriedigungsaussichten verbessern (BGH XI ZR 4/98, NJW 1998 1868; IV ZR 320/04, NJW-RR 2007, 993; IX ZA 1/12, ZinsO 2012, 2198; II ZA 3/12, NZI 2013, 82; IX ZA 20/13, ZinsO 2014, 79; IX ZR 244/14, ZinsO 2015, 898; Zöller/Schultzky ZPO § 116 Rn. 8), oder Massegläubiger, die vom Ausgang des beabsichtigten Klageverfahrens profitieren (BGH IX ZB 224/04, NJW-RR 2005, 1640; IX ZR 145/21, ZInsO 2022, 590). Bei Gläubigern bestrittener oder ungeprüfter Forderungen ist die Rspr. uneinheitlich (bejahend BGH II ZR 263/14, ZInsO 2015, 1465; verneindend OLG München 5 W 1581/10, ZIP 2011, 398; Zöller/Schultzky ZPO § 116 Rn. 9). Der Insolvenzverwalter kann wirtschaftlich beteiligt sein, ihm ist die Kostenaufbringung aber nicht zuzumuten (BGH IX ZB 224/04, NJW-RR 2005, 1640). Hat ein etwaiger Erfolg keinen Einfluss auf die Insolvenzmasse, gibt es keine am Gegenstand des Rechtsstreits wirtschaftlich Beteiligten (BFH I S 4/01, BFH/NV 2002, 1319 bei lediglich verfahrensrechtlichen Fragen).

Ob **Unzumutbarkeit der Kostenaufbringung** vorliegt, ist nach Abwägung aller Gesamtumstände des Einzelfalls zu ermitteln, wobei etwaige Quotenerhöhungen, das Prozess- und Vollstreckungsrisiko, die Anzahl der Gläubiger sowie der Koordinierungsaufwand des Verwalters zu berücksichtigen sind (BGH II ZB 11/05, NZI 2006, 348; IX ZB 63/16, NZI 2017, 546; IX ZB 29/17, NZI 2018, 581; Zöller/Schultzky ZPO § 116 Rn. 14 und 15). Arbeitnehmern (BGH IX ZR 250/89, NJW 1991, 40), Trägern der Sozialverwaltung (BGH VII ZB 3/92, NJW 1993, 135) oder Kleingläubigern (BGH IX ZB 29/17, NZI 2018, 581) kann keine Kostenaufbringung zugemutet werden, dem Steuerfiskus hingegen uU schon (BGH XI ZR 4/98, NJW 1998, 1868). Der Insolvenzverwalter hat als Antragsteller die Unzumutbarkeit der Kostenaufbringung wirtschaftlich Beteiligter darzulegen und auf Verlangen des Gerichts glaubhaft zu machen (BGH IX ZR 244/14, ZInsO 2015, 898; OLG Koblenz 5 W 401/16, JurBüro 2016, 650).

Juristische Personen iSd § 116 S. 1 Nr. 2 ZPO sind private und öffentlich- 50
rechtliche juristische Personen (zB GmbH, AG, Genossenschaften, Stiftungen, eingetragene Vereine). Zu den **parteifähigen Personenvereinigungen** iSd § 116 S. 1 Nr. 2 ZPO gehören alle Personenhandelsgesellschaften (zB OHG, KG). Den parteifähigen Vereinigungen sind im Finanzprozess Personenvereinigungen gleichzustellen, die Beteiligte eines finanzgerichtlichen Verfahrens sein können (zB die GbR im umsatzsteuerrechtlichen Verfahren oder im Gewinnfeststellungsverfahren nach § 48 I Nr. 3 aF, dazu BFH V S 18/07 (PKH), BFH/NV 2007, 2309); Innengesellschaften fallen nicht hierunter (Zöller/Schultzky ZPO § 116 Rn. 17).

Auch bei juristischen Personen und parteifähigen Personenvereinigungen ist PKH nach § 116 S. 1 Nr. 2 ZPO nur zu bewilligen, wenn die **Kosten nicht aufgebracht** werden können, und zwar weder von ihnen noch von den am Gegenstand des Rechtsstreits wirtschaftlich Beteiligten (BFH V S 37/16 (PKH), BFH/NV 2017, 614: kein Verstoß gegen Art. 47 GRCh). Verwertbares Vermögen ist einzusetzen (Zöller/Schultzky ZPO § 116 Rn. 19). Wirtschaftlich Beteiligte sind insbes. die Gesellschafter (OLG Bbg 12 W 10/09, MDR 2009, 1367), bei der KG auch die Kommanditisten (BFH VII S 1/76, BStBl. II 1979, 187; FG Hmb 3 K 187/17, BeckRS 2017, 137678), bei der GmbH auch Gesellschafter, die zugleich Gläubiger sind (OLG Celle 3 W 95/00, BeckRS 2000, 30152557; OLG Köln 13 W 84/88, VersR 1989, 277), daneben aber auch Unterbeteiligte (OLG München 7 U 4716/02, ZIP 2002, 2131), Großaktionäre oder Vereinsmitglieder (BFH I S 6/98, BFH/NV 2000, 65; OLG Frankfurt 8 W 19/16, NZG 2016, 1386; SächsOVG 3 D 88/15, NVwZ-RR 2016, 120, unerheblich ob gemeinnützig; aA OLG Düsseldorf 2 UF 261/93, FamRZ 1995, 373). Auf die Zumutbarkeit der Mittelaufbringung kommt es bei § 116 S. 1 Nr. 2 ZPO nicht an (OLG Köln 4 W 51/19, NZG 2020, 23). – Ob der wirtschaftlich Beteiligte in der Lage ist, die Prozesskosten zu begleichen, richtet sich nach §§ 114 ff. ZPO (Gosch/Schoenfeld § 142 Rn. 133). Es sind die Verhältnisse der juristischen Person/parteifähigen Personenvereinigung sowie der wirtschaftlich Beteiligten zu erklären (BFH VII S 2/99, BFH/NV 2000, 433; I S 3/98, BFH/NV 1999, 181; SächsOVG 1 D 185/09, BeckRS 2010, 46520).

51 Für juristische Personen und parteifähige Personenvereinigungen, die **weder im Inland noch in einem EU- oder EWR-Mitgliedstaat** gegründet oder ansässig sind, ist PKH nicht vorgesehen (Zöller/Schultzky ZPO § 116 Rn. 18).

52 **bb) Sachliche Voraussetzungen. Sachliche Voraussetzung** für die Bewilligung von PKH an Parteien (im finanzgerichtlichen Verfahren: Beteiligte) kraft Amtes, juristische Personen und parteifähige Vereinigungen ist nach § 116 S. 2 iVm § 114 S. 1 Hs. 2 ZPO zunächst eine **hinreichende Erfolgsaussicht** und eine nicht mutwillige Rechtsverfolgung. Die diesbezüglichen Ausführungen zu → Rn. 38 ff. gelten entsprechend. Ansonsten ist in Abgrenzung zur PKH bei natürlichen Personen zu beachten, dass § 115 ZPO, insbes. Abs. 2 nicht anwendbar ist. Können die Parteien kraft Amtes, juristischen Personen und parteifähigen Vereinigungen die Kosten nur zum Teil oder nur in Teilbeträgen aufbringen, so sind die entsprechenden Beträge nach § 116 S. 3 ZPO zu zahlen. Ebenfalls entfällt die Beschränkung auf 48 Monatsraten; die Raten sind so lange zu zahlen, bis die Tilgung erfolgt ist (Zöller/Schultzky ZPO § 116 Rn. 27).

53 Bei der PKH-Gewährung an juristische Personen und parteifähige Vereinigungen ist nach § 116 S. 1 Nr. 2 darüber hinaus erforderlich, dass die **Unterlassung der Rechtsverfolgung allgemeinen Interessen zuwiderlaufen** würde (zur Verfassungsmäßigkeit BVerfG 1 BvR 153/69, NJW 1974, 229; s. auch BFH I B 33/85, BFH/NV 1986, 485: PKH-Gewährung auch nicht durch Grundsatz des rechtlichen Gehörs nach Art. 103 GG geboten). Das ist dann der Fall, wenn außer den an der Prozessführung wirtschaftlich Beteiligten ein großer Personenkreis durch die Unterlassung der Rechtsverfolgung in Mitleidenschaft gezogen würde (stRspr, zB BFH V S 11/96, BFH/NV 1998, 493; V B 89/98, BFH/NV 1999, 653; V S 18/07 (PKH), BFH/NV 2007, 2309; V S 41/07 (PKH), BFH/NV 2008, 1855; V S 15/09, BFH/NV 2009, 1453; V S 37/16 (PKH), BFH/NV 2017, 614), zB dadurch, dass eine juristische Person oder parteifähige Vereinigung an der Erfüllung ihrer der Allgemeinheit dienenden Aufgaben gehindert würde oder wenn von der Durchführung des Prozesses eine größere Zahl von Arbeitsplätzen abhängt (BFH VII S 24/84, BFH/NV 1986, 425; BGH V ZA 10/20, ZfIR 2020, 799) oder eine Vielzahl von Gläubigern Gefahr läuft, leer auszugehen (BFH I B 84/92, BFH/NV 1994, 573; BGH IX ZB 145/09, NJW 2011, 1595; II ZR 224/20, ZInsO 2022, 143; nicht jedoch Kleinanleger bei KGaA: BGH II ZR 56/18, NZI 2019, 764). Diese Voraussetzungen können nicht dadurch umgangen werden, dass die Gesellschaftsanteile zum Zwecke der Erlangung von PKH unentgeltlich auf einen Gesellschafter übertragen werden (BFH V S 11/10 (PKH), BFH/NV 2010, 2107). Allgemeine Interessen der juristischen Person oder der Personenvereinigung selbst reichen nicht aus (BFH V B 58/87, BStBl. II 1988, 198; BGH IX ZA 16/17, ZInsO 2017, 2538). – Zur **Darlegung** des allg. Interesses im Antrag s. BFH V S 1/95, BFH/NV 1995, 1008; VIII S 17/02 (PKH), BFH/NV 2003, 1338; II S 12/06 (PKH), BFH/NV 2007, 749; → Rn. 67.

2. Bewilligungsverfahren

56 **a) Beteiligte des Bewilligungsverfahrens.** Das Verfahren der PKH ist nach der gesetzlichen Regelung in §§ 114 ff. ZPO ein **nicht streitiges,** seinem Charakter nach der staatlichen Daseinsvorsorge zuzurechnendes Antragsverfahren (→ Rn. 1), in dem sich als Beteiligte nur der Antragsteller, der PKH begehrt, **und das Gericht** als Bewilligungsstelle gegenüberstehen (BGH VI ZR 100/83, BGHZ 89, 65; s. aber BFH X S 14/07 (PKH), BFH/NV 2008, 1351; X S 50/

13 (PKH), BFH/NV 2014, 890; III B 103/15, BFH/NV 2016, 1065: Verlust des Antragsrechts des Insolvenzschuldners mit Insolvenzeröffnung). Der im Klageverfahren Beklagte ist zwar im PKH-Verfahren zu den Erfolgsaussichten der Klage zu hören (→ Rn. 80), ohne aber Beteiligter dieses Verfahrens zu sein; seine Rechtsstellung im Hauptsacheverfahren wird dadurch nicht berührt (OLG Bamberg 2 WF 265/19, FamRZ 2020, 940; ferner Zöller/Schultzky ZPO § 118 Rn. 2: auch keine Beteiligung der Staatskasse und des beizuordnenden Anwalts). Dies liegt darin begründet, dass es dem Antragsteller nicht zugemutet werden soll, seine persönlichen und wirtschaftlichen Verhältnisse auch vor dem Beklagten des Hauptsacheverfahrens offen zu legen (s. § 117 II ZPO). Aus Gründen des **Datenschutzes** bestimmt § 117 II 2 ZPO daher auch, dass diese Verhältnisse und die eingereichten Belege den anderen Beteiligten (des Hauptsacheverfahrens) nur zugänglich gemacht werden dürfen, soweit der Antragsteller dem zustimmt oder – was im finanzgerichtlichen Verfahren nicht relevant ist –, wenn der Gegner gegen den Antragsteller einen zivilrechtlichen Auskunftsanspruch hat. – Zur Bekanntgabe des Beschlusses im PKH-Verfahren an die weiteren Beteiligten des Hauptsacheverfahrens → Rn. 106.

b) Antrag. aa) Zulässigkeit des Antrags. Die Bewilligung von PKH setzt **57**
einen **ausdrücklichen Antrag** des Beteiligten voraus (Zöller/Schultzky ZPO § 114 Rn. 14; zur Auslegung eines von einem nicht vertretenen Kläger beim BFH eingelegten Rechtsmittels in einen PKH-Antrag s. BFH VI B 83/13, BFH/NV 2014, 177 und BGH VI ZB 32/18, NJW 2019, 3727). Über dessen Voraussetzungen muss das Gericht **nicht von Amts wegen belehren** (BFH V S 38/07, BFH/NV 2008, 1497). Da PKH **für jeden Rechtszug** (jede Instanz) gesondert gewährt wird (§ 119 ZPO), ist für jeden Rechtszug ein **besonderer Antrag** erforderlich. Keinen neuen Rechtszug iSd § 119 ZPO bilden allerdings Wiederaufnahmeverfahren iSv § 134, Verfahren des vorläufigen Rechtsschutzes, Beschwerdeverfahren (BFH IX S 12/99, BFH/NV 2000, 870 betr. Beiladungsbeschluss), sonstige Nebenverfahren, für die das KostVerz des GKG besondere Gebühren vorsieht, Verfahren betr. die Zwangsvollstreckung, Rechtsmittelverfahren gegen Zwischen-, Teil- und Grundurteile gem. §§ 97, 98, NZB-Verfahren und ein anschließendes Revisionsverfahren nach § 116 VII (→ Rn. 83), Verfahren nach Zurückverweisung des Rechtsstreits an das FG durch den BFH (OLG Schleswig 5 U 169/11, NJW-RR 2015, 192). Etwas anderes gilt aber dann, wenn der BFH in einem Verfahren, für das PKH bewilligt war, den Rechtsstreit an das FG zurückverweist und der Kläger gegen die ablehnende FG-Entscheidung wiederum NZB oder Revision einlegt. Zwischen den beiden BFH-Verfahren besteht keine Einheit (BFH V S 3/17 (PKH), BFH/NV 2017, 921). – Der Antrag ist bei dem **Prozessgericht** zu stellen, dh bei dem Gericht, bei dem der Rechtsstreit anhängig ist oder anhängig gemacht werden soll (BFH VII S 8/81, BStBl. II 1981, 677; zur Antragstellung beim BFH → Rn. 41). Das gilt auch für Entschädigungsklagen nach § 198 GVG (BFH X S 40/13 (PKH), BFH/NV 2014, 569). Für Verfahren vor dem EuG und dem EuGH sind dagegen die Bestimmungen über die PKH in der Verfahrensordnung des Gerichts (Art. 146 ff.) sowie den Praktischen Durchführungsbestimmungen zur Verfahrensordnung des Gerichts zu beachten. Hier ist zudem zwingend das im Amtsblatt der EU veröffentlichte Formular (ABl. EU Nr. L 2024/2996) zu verwenden, welches auf der Internetseite des EuGH in der jeweiligen Sprache abrufbar ist.

Der Antrag kann **schriftlich, als elektronisches Dokument iSd § 52a** (zur **58**
Nutzungspflicht für RA und vertretungsberechtigte Personen → § 52d Rn. 1 ff.)

oder **zu Protokoll der Geschäftsstelle** des Prozessgerichts gestellt werden (§ 117 I 1 ZPO; zum Schriftformerfordernis: BFH X S 38/15 (PKH), BFH/NV 2016, 940). Er ist **Prozesshandlung,** dh er ist nur wirksam, wenn die Prozesshandlungsvoraussetzungen vorliegen (zur Beteiligtenfähigkeit → § 57 Rn. 11 ff.; und zur Prozessfähigkeit → § 58 Rn. 10 ff.; zur Prozessfähigkeit des Bevollmächtigten s. BFH II S 5/11 (PKH), BFH/NV 2012, 239). Reicht der Antragsteller lediglich den Vordruck über die persönlichen und wirtschaftlichen Verhältnisse ein, so ist dies ggf. als Antrag auszulegen (Zöller/Schultzky ZPO § 114 Rn. 15). Der Antrag muss unterschrieben sein (BGH XII ZB 21/94, NJW 1994, 2097; beachte ferner § 117 IV ZPO zur „Erklärung über die persönlichen und wirtschaftlichen Verhältnisse", → Rn. 71 ff.). Ein bedingter Antrag auf PKH ist unzulässig (BFH VIII S 11/93, BFH/NV 1995, 540).

59 Eine **Antragsfrist besteht nicht** (BFH I S 19/93, BFH/NV 1995, 427). Folglich ist der Antrag auch schon **vor Erhebung der Klage** oder Einlegung des Rechtsmittels zulässig (vgl. § 114 ZPO: „beabsichtigte Rechtsverfolgung"; BFH VII B 103/85, BFH/NV 1986, 180) und kann (nur) **bis zur rechtskräftigen Beendigung des Verfahrens** gestellt werden (BFH VII S 19/04 (PKH), BFH/NV 2005, 1582 zur NZB; VII S 57/10 (PKH), BFH/NV 2011, 446).

60 Reicht der Antragsteller **gleichzeitig** mit dem PKH-Gesuch eine **Klage- oder Rechtsmittelschrift** ein, so muss er deutlich machen, ob die Klage bereits jetzt oder ob sie erst später (nach Bewilligung der PKH) erhoben werden soll. Das kann zB dadurch geschehen, dass die Klageschrift ausdrücklich als „Entwurf" bezeichnet wird (BFH VII B 103/85, BFH/NV 1986, 180; III B 32/09, BFH/NV 2009, 1818; V S 18/17 (PKH), BFH/NV 2018, 225; BGH VIII ZB 15/17, MDR 2017, 1074) oder in dem Schriftsatz nur von „Antragstellern" die Rede ist (BFH VIII B 291/03, BFH/NV 2004, 1414). – Wird die Klage nicht sofort erhoben, obwohl es sich um eine fristgebundene Klage handelt, so kann das Gericht PKH nur dann gewähren, wenn wegen der Versäumung der Klagefrist **Wiedereinsetzung in den vorigen Stand** zu gewähren ist, weil ansonsten die Klage keine hinreichende Aussicht auf Erfolg hat (s. zur Wiedereinsetzung bei nur teilweiser Bewilligung von PKH BFH III B 92/10, BFH/NV 2012, 421; FG Düsseldorf 3 K 2450/08 Kg, EFG 2009, 1311; → Rn. 41). Wiedereinsetzung in den vorigen Stand kommt dabei aber nur dann in Betracht, wenn der Antragsteller innerhalb der Klagefrist sein PKH-Gesuch zusammen mit den nach § 117 ZPO erforderlichen Unterlagen (→ Rn. 71 ff.) vorgelegt hat (BFH II B 11/85, BFH/NV 1985, 99; VII S 1/85, BFH/NV 1986, 354; X S 4/09 (PKH), BFH/NV 2009, 1132; V S 34/16 (PKH), BFH/NV 2017, 470; FG LSA 4 K 1101/05, EFG 2009, 1318; NdsFG 15 V 208/14, EFG 2015, 750, keine Wiedereinsetzung bei unvollständigen Angaben zu den persönlichen und wirtschaftlichen Verhältnissen im PKH-Antrag).

61 Der Antrag kann nach Ablehnung **grds. erneut gestellt** werden, da der ablehnende Beschluss nicht materiell rechtskräftig wird (BFH VI B 87/99, BFH/NV 2000, 216 mwN; zur erneuten Antragstellung nach Aufhebung der Bewilligung gem. § 124 ZPO: BGH XII ZB 287/17, NJW-RR 2018, 257; zur Umdeutung eines Antrags nach § 134 in einen erneuten PKH-Antrag BFH I K 1–3/03, BFH/NV 2003, 1191). Es ist dann aber erforderlich, dass der Antrag auf **neue Gründe** gestützt oder durch Vorlage **neuer Belege** substantiiert wird. Andernfalls ist der Antrag unzulässig (BFH IX S 20/17 (PKH), BFH/NV 2018, 47; V S 20/15 (PKH), BFH/NV 2015, 1435; Zöller/Schultzky ZPO § 117 Rn. 5). Legt der Antragsteller in dem wiederholten Antrag erneut die persönlichen und wirtschaft-

lichen Verhältnisse nicht dar, so ist der Antrag rechtsmissbräuchlich (BFH X S 41/13 (PKH), BFH/NV 2014, 366).

Nach **Beendigung der Instanz** (zB durch übereinstimmende Erledigungserklärung) kann ein Antrag auf PKH nicht mehr wirksam gestellt werden (BFH VIII S 16-21/89, BFH/NV 1990, 391; IX S 7/99, BFH/NV 1999, 1231; X S 14/15 (PKH), RVGreport 2015, 395; Zöller/Schultzky ZPO § 127 Rn. 12; zur **rückwirkenden Bewilligung** von PKH → Rn. 95). 62

Wird der Antrag auf PKH für ein **Rechtsmittelverfahren** vor dem BFH irrtümlich nicht beim BFH, sondern bei dem in erster Instanz zuständigen FG gestellt, so ist dies nach der Rspr. des BFH einem nicht vertretenen Antragsteller grds. nicht vorzuwerfen (BFH VII S 1/95, BFH/NV 1996, 10; XI S 1/97, BFH/NV 1997, 703). Dagegen wendet Gosch/Schoenfeld § 142 Rn. 138 zutreffend ein, dass auch NZB und Revision nach §§ 116 II 1, 120 I 1 ausschließlich beim BFH einzulegen sind. – Der beim BFH gestellte PKH-Antrag unterliegt nicht **dem Vertretungszwang** des § 62 IV (BFH II S 5/21 (PKH), BFH/NV 2021, 1204, Rn. 7; → § 62 Rn. 66). 63

bb) Substantiierung des Antrags/Vordrucke. Der Antragsteller hat nach § 117 I 2 ZPO in dem Antrag das **Streitverhältnis** unter Angabe der Beweismittel **darzustellen** (BFH V S 38/07, BFH/NV 2008, 1497: Belehrung von Amts wegen über die diesbezüglichen Anforderungen ist nicht notwendig; III B 92/10, BFH/NV 2012, 421; X S 50/13 (PKH), BFH/NV 2014, 890). Das Gericht muss aus dieser Darstellung ersehen können, ob und in welchem Umfang die beabsichtigte Rechtsverfolgung Aussicht auf Erfolg hat (BFH IV B 9/86, BFH/NV 1986, 762; V B 173/98, BFH/NV 1999, 1442; zur erweiterten Darlegung in PKH-Anträgen juristischer Personen → Rn. 53 aE). Der Antragsteller muss also den **Sachverhalt darlegen** und etwaige **Beweismittel angeben,** was auch durch Vorlage des Entwurfs der Klageschrift geschehen kann (BFH VII B 63/92, BFH/NV 1994, 336; V S 18/17 (PKH), BFH/NV 2018, 225); „Kleinere Substantiierungsmängel" sind dabei unschädlich (BFH III B 247/11, BFH/NV 2013, 1112). Eines bezifferten Antrags bedarf es nicht (BFH III B 92/10, BFH/NV 2012, 421). Die Darstellung des Streitverhältnisses ist nur dann entbehrlich, wenn sich die erforderlichen Angaben aus den Akten ergeben oder in der Rechtsmittelinstanz aus dem Tatbestand des angefochtenen Urteils. Das FG ist grds. nicht verpflichtet, von sich aus das bisherige Vorbringen des Antragstellers heranzuziehen (BFH IV B 9/86, BFH/NV 1986, 762). 67

Der Antrag auf PKH für das erstinstanzliche Verfahren muss grds. auch ein **Mindestmaß** an **rechtlicher Begründung** enthalten. Dies folgt aus dem Zweck der Substantiierungspflicht, die dem Gericht eine Beurteilung der Erfolgsaussichten der beabsichtigten Rechtsverfolgung ermöglichen soll. Folglich muss eben diese hinreichende Erfolgsaussicht der beabsichtigten Rechtsverfolgung schlüssig dargelegt werden (BFH XI B 74/93, BFH/NV 1995, 151; IX B 168/94, BFH/NV 1996, 64; s. aber auch BFH X S 9/14 (PKH), BFH/NV 2014, 1890, wenn aufgrund laienhafter Schilderung hinreichende Erfolgsaussicht nicht ausgeschlossen ist, muss das Gericht die Akten beiziehen). 68

Begehrt der Antragsteller PKH für ein **Rechtsmittelverfahren** vor dem BFH, so ist hinsichtlich der Anforderungen an die Darlegung der Erfolgsaussichten dieses Rechtsmittelverfahrens im PKH-Gesuch zu unterscheiden: Lässt sich der Antragsteller auch im PKH-Verfahren durch eine vor dem BFH **postulationsfähige Person** vertreten, so muss er bereits im PKH-Antrag schlüssig darlegen, 69 warum das Rechtsmittelverfahren Erfolg haben wird. Bezogen auf eine NZB bedeutet dies, dass er die Zulassungsgründe herausarbeiten und hierauf substantiiert eingehen muss (s. zB BFH X S 5/06 (PKH), BFH/NV 2007, 94; III S 34/06 (PKH), BFH/NV 2007, 711; XI S 28/07 (PKH), BFH/NV 2008, 602; VII S 24/08 (PKH), BFH/NV 2009, 885; II S 26/10 (PKH), BFH/NV 2011, 59; X S 29/10 (PKH), BFH/NV 2011, 1160; VII S 19/12, BFH/NV 2012, 1624; abgeschwächt: BFH VIII S 21/07 (PKH), BFH/NV 2008, 810). **Vertritt sich der Antragsteller selbst** (→ Rn. 63), so muss er nach der stRspr des BFH die Erfolgsaussichten der beabsichtigten Rechtsverfolgung im Rechtsmittelverfahren „in zumindest **laienhafter Form**" darlegen (zB BFH X S 3/03 (PKH), BFH/NV 2003, 1210; X S 6/03 (PKH), BFH/NV 2003, 1215; XI S 8/03 (PKH), BFH/NV 2004, 346; VII S 23/07 (PKH), BFH/NV 2007, 2130; X S 29/08 (PKH), BFH/NV 2008, 1869; X S 40/13 (PKH), BFH/NV 2014, 569; V S 32/14 (PKH), BFH/NV 2015, 506; V S 20/16 (PKH), BFH/NV 2016, 1734; V S 34/16 (PKH), BFH/NV 2017, 470; VI S 21/16 (PKH), BFH/NV 2017, 904; V S 18/17 (PKH), BFH/NV 2018, 225; IV S 3/19 (PKH), BFH/NV 2020, 1090). Letzteres verstößt mE jedenfalls insoweit gegen den durch Art. 3 I iVm Art. 20 III GG verbürgten **Grundsatz der Rechtsschutzgleichheit** für Bemittelte und Unbemittelte (BVerfG 1 BvR 1152/02, NJW 2003, 3190; → Rn. 1) und gegen das verfassungsrechtliche Gebot, den Zugang zum Rechtsmittelgericht nicht in unzumutbarer Weise zu erschweren (BVerfG 1 BvR 1386/91, NJW 1992, 889), als es um die Erfolgsaussichten einer NZB geht (so auch Gosch/Schoenfeld § 142 Rn. 153; offengelassen insoweit auch durch BFH X S 9/03 (PKH), BFH/NV 2004, 221). Denn einem rechtsunkundigen Antragsteller wird es im Regelfall nicht gelingen, einen Zulassungsgrund iSd § 115 II darzulegen, und zwar auch nicht in laienhafter Form. Um diesen Antragsteller aber nicht in seiner Rechtsverfolgung im Rechtsmittelverfahren zu benachteiligen, genügt es, wenn sein Antrag erkennen lässt, in welchen Punkten und in welchem Umfang das Urteil angegriffen werden soll (so auch als Mindestanforderung BFH IV S 2/02, BFH/NV 2002, 1312; VIII S 16/02 (PKH), BFH/NV 2003, 1337; VI S 9/02 (PKH), BFH/NV 2004, 365). Im Übrigen ist der BFH verpflichtet, anhand der vorliegenden Gerichtsakten selbst festzustellen, ob ein Zulassungsgrund in Betracht kommt (glA BVerwG V ER 224.64 NJW 1965, 1293).

71 Nach § 117 II–IV ZPO sind dem Antrag eine **Erklärung** des Beteiligten **über seine persönlichen und wirtschaftlichen Verhältnisse** auf dem durch die VO v. 24.11.1980 (BGBl. I 2163; geändert durch VO v. 6.1.2014, BGBl. I 34 – PKHFV) eingeführten **Vordruck** (zur Anwendung auch für im Ausland lebende Antragsteller: BGH V ZB 214/10, NVwZ-RR 2011, 87; ThürOVG 3 ZO 674/14, ThürVBl. 2015, 121) sowie entsprechende Belege beizufügen. Das hat grds. für **jedes Verfahren** und für jeden Rechtszug gesondert (Groß ZPO § 117 Rn. 125; → Rn. 73) und **innerhalb der Klagefrist/Rechtsmittelfrist** zu geschehen, sofern Klage oder Rechtsmittel nicht unabhängig von der Bewilligung der PKH erhoben werden (BFH X S 29/08 (PKH), BFH/NV 2008, 1869; X S 4/09 (PKH), BFH/NV 2009, 1132; FG LSA 4 K 1101/05, EFG 2009, 1318; BFH X S 30/09 (PKH), BFH/NV 2010, 232 und XI S 5/14 (PKH), BeckRS 2014, 95004: Unkenntnis geht zu Lasten des Antragstellers; BFH X S 9/17 (PKH), BFH/NV 2018, 203). Die Einreichung kann mE auch per Telefax erfolgen, soweit der Einreichende nicht nach § 52a zur Verwendung des elektronischen Übermittlungswegs verpflichtet ist (offengelassen allerdings durch BFH IV S 1/02 (PKH), BFH/NV 2003, 1187). – Der Antragsteller muss nach § 1 I PKHFV das vorgesehene Formular über die persönlichen und wirtschaftlichen Verhältnisse in der jeweils aktuellen Fassung nutzen (OLG Bbg 13 WF 231/18, FamRZ 2019, 993). Dies gilt auch für Antragsteller mit Wohnsitz im Ausland (SächsOVG 3 D 71/18, NVwZ-RR 2019, 439) oder wenn über das Vermögen des Antragstellers Insolvenz eröffnet wurde (BFH X S 9/17 (PKH), BFH/NV 2018, 203). Zu den Ausnahmen bei natürlichen Personen nach § 2 II PKHFV → Rn. 73. Nur Parteien kraft Amtes, juristische Personen und parteifähige Vereinigungen können nach § 1 II PKHFV die objektiven und subjektiven Voraussetzungen für die Bewilligung der PKH individuell in vereinfachter Form darlegen (BFH V S 33/07 (PKH), BFH/NV 2008, 817; V S 28/14 (PKH), BFH/NV 2015, 218, bloße Behauptung der Mittellosigkeit reicht nicht aus; Zöller/Schultzky ZPO § 117 Rn. 19). Allerdings sind bei juristischen Personen und parteifähigen Vereinigungen darüber hinaus auch die wirtschaftlichen Verhältnisse der an diesen Gesellschaften/Gemeinschaften „wirtschaftlich Beteiligten" darzulegen. Sind dies natürliche Personen, besteht Formularzwang (BFH V S 6/97, BFH/NV 1998, 77; III S 9/98, BFH/NV 1999, 339). Das Formular ist vollständig auszufüllen (BFH VII S 13/99, BFH/NV 2000, 51; XI S 4/14 (PKH), BFH/NV 2014, 1222; zu unzureichenden Angaben oder fehlender Glaubhaftmachung → Rn. 72). Das Formular sieht eine eigenhändige Unterschrift des Antragstellers oder seines gesetzlichen Vertreters vor. Sie ist nicht Wirksamkeitsvoraussetzung, wenn feststeht, dass der Antrag vom Antragsteller stammt (OLG Dresden 4 W 325/18, MDR 2018, 829; SchlHLAG 6 Ta 67/17, BeckRS 2017, 121398).

Reicht der Beteiligte den Vordruck **nicht ein,** so ist der PKH-Antrag als 72
unbegründet abzulehnen (BFH I S 7/85, BFH/NV 1986, 484; IV S 7/86, BStBl. II 1987, 62; aA Gottschalk/Schneider PKH/VKH Rn. 107, 158: unzulässig; ohne Angabe dazu, ob der Antrag unzulässig oder unbegründet ist: BFH III S 35/13 (PKH), BFH/NV 2014, 893; V S 9/16 (PKH), BFH/NV 2016, 944; IX S 7/17 (PKH), BFH/NV 2017, 919; X S 2/17 (PKH), BFH/NV 2017, 1629; s. auch FG Köln 7 K 4052/05 PKH, EFG 2007, 1097 zur Ablehnung des Antrags, wenn nur einer der klagenden **Eheleute** eine Erklärung über die persönlichen und wirtschaftlichen Verhältnisse vorlegt; s. auch BFH VII S 5/06 (PKH), BFH/NV 2007, 61, Ersetzen des Vordrucks durch österreichisches Formblatt nicht möglich). Ein **gerichtlicher Hinweis** auf die erforderliche Vorlage der Erklärung über die persönlichen und wirtschaftlichen Verhältnisse ist nach der Rspr. des BFH **entbehrlich;** der Antragsteller muss sich selbst kundig machen und kann sich nicht auf Unkenntnis berufen (BFH X S 30/09 (PKH), BFH/NV 2010, 232; V S 8/12 (PKH), BFH/NV 2012, 1630; X S 26/12 (PKH), BFH/NV 2013, 69; III S 35/13 (PKH), BFH/NV 2014, 893; VII B 119/19, BFH/NV 2021, 321; BAG 9 AZB 32/17, ZfS 2017, 645; **aA** BGH VI ZB 32/18, NJW 2019, 3727 für rechtsunkundigen Antragsteller; OLG Saarbrücken 9 WF 85/11, FamRZ 2012, 806; OVG Hmb 1 Bf 3/20.Z, FamRZ 2020, 1023 für prozesserfahrenen Antragsteller; LAG Hamm 5 Ta 157/13, nv; 14 Ta 179/22, BeckRS 2022, 25750 auch für anwaltlich vertretene Partei; SchlHLAG 3 Ta 142/15, NZA-RR 2016, 212; Zöller/Schultzky ZPO § 117 Rn. 27; Gottschalk/Schneider PKH/VKH Rn. 107 und 158 mwN; s. zur Ankündigung, die Erklärung nachzureichen auch BFH VII B 175/93, BFH/NV 1994, 734; LAG BW 12 Ta 28/11, BeckRS 2012, 70424). – Abzulehnen ist der PKH-Antrag ferner, wenn der **Vordruck in wesentlichen Punkten unvollständig** ausgefüllt ist und die Lücken auch nicht durch beigefügte Anlagen, die vergleichbar übersichtlich und klar sind, geschlossen werden können (BVerfG 1 BvR 1975/18, FamRZ 2020, 846; BFH XI B 76–

78/00, BFH/NV 2001, 803; XI S 4/14 (PKH), BFH/NV 2014, 1222; Zöller/Schultzky ZPO § 117 Rn. 27). Das Gericht ist in diesen Fällen nicht zu eigenen Ermittlungen verpflichtet (BFH IX S 5/96, BFH/NV 1997, 704), muss den rechtlich nicht vertretenen Antragsteller nach § 118 II 4 ZPO aber auf die Lücken oder auch eventuelle Widersprüche **hinweisen** (BVerfG 2 BvR 229/98, NJW 2000, 275; OLG Frankfurt 3 WF 106/19, FamRZ 2020, 1384; OLG Bbg 13 WF 104/20, FamRZ 2020, 1862). Das gilt allerdings nicht für solche Daten, die nach den ausdrücklichen Fragen des Vordrucks mitzuteilen sind, es sei denn, die Lücke beruht erkennbar auf einem Versehen des Antragstellers (BFH III S 21/05 (PKH), BFH/NV 2005, 2239; IX B 120/00, BFH/NV 2001, 1271; X B 180/87, BFH/NV 1989, 251 zu einem anwaltlich vertretenen Antragsteller). Der Hinweis ist auch entbehrlich, wenn der Antragsteller fachkundig vertreten ist (BFH X B 51/99, BFH/NV 2000, 581; NdsFG 15 K 196/14 (PKH), EFG 2015, 748; OLG Bbg 13 WF 145/13, BeckRS 2013, 15705; s. auch NdsFG 15 V 208/14, EFG 2015, 750, keine Wiedereinsetzung in die Klagefrist; → Rn. 60). Insgesamt dürfen die Anforderungen an die Darlegung der Bedürftigkeit allerdings nicht überspannt werden (→ Rn. 8), weil sonst der Zweck der PKH, dem Unbemittelten den weitgehend gleichen Zugang zu den Gerichten zu ermöglichen (→ Rn. 1), verfehlt würde (zu einer im Parallelverfahren eingereichtem Erklärung s. BFH III B 247/11, BFH/NV 2013, 1112 und BGH V ZA 8/04, FamRZ 2004, 1961; zur Bezugnahme auf eine in einem früheren Rechtszug abgegebene Erklärung ohne Vorliegen von Veränderungen s. BVerfG 2 BvR 1514/21, BeckRS 2022, 7337; anders zu einer in einem früheren Verfahren vorgelegten Erklärung: BFH III S 26/12, BFH/NV 2013, 578; zutreffend ablehnend für den Verweis auf eine bei einem anderen Gericht eingereichte Erklärung: BFH VI S 10/98, BFH/NV 1999, 499). – Lehnt das Gericht den PKH-Antrag wegen Nichtverwendung oder unvollständiger Ausfüllung eines Formulars ab, so gelten für die Stellung eines neuen Antrags die Ausführungen in → Rn. 61 f.

73 **Entbehrlich** sind die Angaben zu den wirtschaftlichen Verhältnissen (nicht auch zu den persönlichen Verhältnissen), wenn der Antragsteller durch einen entsprechenden Bescheid nachweist, dass er laufend **Wohngeld** bezieht, welches als Teil der ihm gewährten **Sozialhilfe** ausgezahlt wird (BFH VI S 1/88, BFH/NV 1988, 803) oder wenn der Antragsteller durch die Vorlage des letzten und noch aktuellen (BFH II S 2/11 (PKH), BFH/NV 2011, 1531) Bewilligungsbescheids des Sozialamts belegt, dass er ständig laufende **Leistungen zum Lebensunterhalt** nach dem **SGB XII** erhält (§ 2 II PKHVV; BFH V S 12/11 (PKH), BFH/NV 2011, 1524; II S 2/11 (PKH), BFH/NV 2011, 1531, Felder E–J können unausgefüllt bleiben). Bei Zweifeln des Gerichts (OLG Dresden 4 W 325/18, MDR 2018, 829) oder nur eingeschränkter Vermögensprüfung während der Corona-Pandemie nach § 141 II SGB XII (Meßling NJW 2020, 2005) kann das Gericht dennoch Bezieher von Leistungen nach SGB XII zur Verwendung des Formulars auffordern (Tipke/Kruse/Brandis § 142 Rn. 10; Zöller/Schultzky ZPO § 117 Rn. 21). – Für Bezieher von **Arbeitslosengeld II nach SGB II** besteht eine solche Erleichterung indes nicht (BFH III S 35/13 (PKH) BFH/NV 2014, 893; V S 9/16 (PKH), BFH/NV 2016, 944). – Der bloße Hinweis darauf, dass der Antragsteller eine **Vermögensauskunft** (vormals eidesstattliche Versicherung) abgegeben hat, entbindet hingegen nicht von der Pflicht zum Ausfüllen des Vordrucks (BFH VII B 97/98, BFH/NV 1999, 494; s. auch BFH VII S 25/02 (PKH), BFH/NV 2003, 1077). Gleiches gilt für den Hinweis auf ein eröffnetes

Insolvenzverfahren über das Vermögen des Antragstellers (BFH X S 9/17 (PKH), BFH/NV 2018, 203; BGH IX ZB 221/02, NJW 2002, 2793).

Die Angaben in dem Erklärungsvordruck müssen den **tatsächlichen Verhältnissen zum Zeitpunkt des Ausfüllens** entsprechen (HessFG 10 K 362/83, EFG 1984, 617; LSG NRW L 9 AL 146/15 B, BeckRS 2016, 72631). Der Antragsteller muss der Erklärung über die persönlichen und wirtschaftlichen Verhältnisse die entsprechenden **Belege** beifügen (§ 117 II 1 ZPO). Dies muss nicht gleichzeitig mit dem Antrag geschehen. Es genügt, wenn die Belege – ggf. auf Anforderung des Gerichts – nachgereicht werden (FG LSA 4 K 1101/05, EFG 2009, 1318; Zöller/Schultzky ZPO § 117 Rn. 25 f.). Vorzulegen sind insbes. Verdienstbescheinigungen (auch die letzte Jahresverdienstbescheinigung), Rentenbescheide, vollständige Bescheide über Arbeitslosengeld II, Belege über Schulden (Urkunden und Kontoauszüge), Versicherungspolicen. Bei Selbständigen und Gewerbetreibenden ist mE neben der Einnahme-Überschussrechnung des Vorjahres auch eine aktuelle BWA vorzulegen (aA BGH VI ZB 49/91, JurBüro 1993, 106; Gottschalk/Schneider PKH/VKH Rn. 160). Gemäß § 118 II ZPO kann das Gericht auch die Abgabe einer Versicherung an Eides statt verlangen, so zB dann, wenn keine Belege beigebracht werden können (Zöller/Schultzky ZPO § 118 Rn. 21). Zum Untersuchungsgrundsatz → Rn. 81. Zum Datenschutz → Rn. 56. Auf Verlangen des Gerichts sind Belege in fremder Sprache ins Deutsche zu übersetzen (§ 184 GVG; OLG Hamm 6 WF 326/99, JurBüro 2000, 259). 74

Wird PKH zur Durchführung eines **Rechtsmittelverfahrens** beantragt, muss bis zum Ablauf der Rechtsmittelfrist **erneut** eine Erklärung über die persönlichen und wirtschaftlichen Verhältnisse vorgelegt werden, es sei denn, dass der Rechtsmittelführer innerhalb der Rechtsmittelfrist unter Bezugnahme auf eine bereits eingereichte Erklärung versichert, dass die Verhältnisse unverändert sind (BFH XI S 51/96, BFH/NV 1997, 800; V S 11/05, BFH/NV 2006, 756; XI S 5/14 (PKH), BeckRS 2014, 95004 mwN; s. auch BVerfG 2 BvR 1514/21, BeckRS 2022, 7337). Wird das Rechtsmittel innerhalb der Frist durch eine postulationsfähige Person eingelegt, so kann die Erklärung über die persönlichen und wirtschaftlichen Verhältnisse auch noch nach Ablauf der Rechtsmittelfrist **nachgereicht** werden (BFH IV S 3/94, BFH/NV 1994, 899 mwN; VII S 19/04 (PKH), BFH/NV 2005, 1582). Wird das Rechtsmittel nicht innerhalb der Rechtsmittelfrist eingereicht, kommt Wiedereinsetzung in den vorigen Stand in Betracht, wenn der Antragsteller innerhalb der Antragsfrist den PKH-Antrag vollständig eingereicht hat (ausf. → Rn. 41). – Im **Beschwerdeverfahren** gegen die **Ablehnung der Bewilligung** von PKH ist eine erneute Vorlage der Erklärung iSv § 117 II ZPO nicht erforderlich (BFH V B 32/95, BFH/NV 1996, 941). 75

c) Prüfungsverfahren nach § 118 ZPO. Das Gericht prüft, ob der Antrag formgerecht ist und – falls dies zu bejahen ist – ob die objektiven und subjektiven Voraussetzungen für die Bewilligung von PKH erfüllt sind (BFH X B 163/96, BFH/NV 1997, 525). Dabei sind grds. die Verhältnisse im **Zeitpunkt der Entscheidung** zugrunde zu legen (BFH VIII S 6/05 (PKH), BFH/NV 2006, 801; X B 122/00, BFH/NV 2001, 1598; zur rückwirkenden Bewilligung → Rn. 102). Das gilt sowohl für die persönlichen und wirtschaftlichen Verhältnisse des Antragstellers als auch für die Erfolgsaussichten und die Mutwilligkeit der Klage (BFH VII B 42/95, BFH/NV 1996, 66; VI S 5/04 (PKH), BFH/NV 2005, 2000; III S 1/07, BFH/NV 2007, 2113; VIII S 13/07 (PKH), BFH/NV 2008, 591; zur Klage gegen das Nichtbestehen der Steuerberaterprüfung: FG Hmb V 63/05, 78

EFG 2005, 1648; Tipke/Kruse/Brandis § 142 Rn. 54; Gosch/Schoenfeld § 118 Rn. 172; **aA,** Zeitpunkt der Entscheidungsreife BFH VII S 11/05 (PKH), BFH/NV 2005, 2215; VII S 54/10 (PKH), BFH/NV 2011, 2114; OVG LSA 4 O 238/19, NJW 2020, 944; Zöller/Schultzky ZPO § 119 Rn. 4; Linke NVwZ 2003, 421 (423); diff. Kopp/Schenke/Schenke VwGO § 166 Rn. 14a, Änderungen der Sach- und Rechtslage sind aber zu berücksichtigen; s. auch BFH X S 2/10 (PKH), BFH/NV 2010, 2289: ausnahmsweise auch Bewilligung von PKH nach dem Tod des Antragstellers, wenn das Gericht die Entscheidung verzögert hat). Zum Gebot der **zeitnahen Entscheidung** → Rn. 93.

79 Eine **mündliche Erörterung** zur Prüfung der Erfolgsaussichten kommt grds. nicht in Betracht, es sei denn, es ist eine Einigung, im finanzgerichtlichen Prozess eine tatsächliche Verständigung, zu erwarten (§ 118 I 3 ZPO; BFH V B 80/84, BFH/NV 1985, 97). Stattdessen ist über die Erfolgsaussichten der Rechtsverfolgung aufgrund einer **summarischen Prüfung** zu entscheiden. Eine abschließende Würdigung der streitigen Sach- und Rechtsfragen darf das Gericht in diesem Verfahren nicht vornehmen. Insbesondere dürfen schwierige und bisher ungeklärte Rechtsfragen im Verfahren der PKH nicht durchentschieden werden (BVerfG 2 BvR 94/88, NJW 1991, 413; 1 BvR 1386/91, NJW 1992, 889; BFH VII B 107/98, BFH/NV 1999, 342). – Für die Bewilligung der PKH ist es nicht erforderlich, dass die für einen Erfolg des Antragstellers sprechenden Gründe überwiegen. Es genügt, dass eine gewisse Wahrscheinlichkeit für den Erfolg der beabsichtigten Rechtsverfolgung oder -verteidigung besteht (→ Rn. 39 mwN). In **tatsächlicher Hinsicht** ist die hinreichende Erfolgsaussicht zu bejahen, wenn das Gericht von der Möglichkeit einer die Rechtsverfolgung des Antragstellers stützenden Beweisführung überzeugt ist (BFH VII B 39/94, BFH/NV 1995, 62; IX B 168/94, BFH/NV 1996, 64).

80 Auch im PKH-Verfahren ist den Beteiligten **rechtliches Gehör** zu gewähren. Das gilt nicht nur für den Antragsteller (BFH VII B 126/90, BFH/NV 1991, 549), sondern auch für den **Gegner** (im finanzgerichtlichen Verfahren: Beklagter und evtl. Beigeladener) des Hauptsacheverfahrens, der nach § 118 I 1 ZPO zwingend gehört werden muss, obwohl er nicht Beteiligter des PKH-Verfahrens ist (→ Rn. 56). Die Anhörung kann unterbleiben, soweit dies aus besonderen Gründen unzweckmäßig erscheint (bei Revisionseinlegung durch den Beklagten: BFH VI S 13/98, BFH/NV 2001, 1427). Nach § 117 II 2 ZPO erstreckt sich das Recht auf Gehör nur auf die **objektiven Voraussetzungen,** also die Erfolgsaussichten des Hauptsacheverfahrens, nicht auch auf die persönlichen und wirtschaftlichen Verhältnisse des Antragstellers.

81 Auch im PKH-Verfahren gilt der **Untersuchungsgrundsatz** (§ 76; BFH VII B 126/90, BFH/NV 1991, 549). Daher kann das Gericht nach § 118 II 1 ZPO von dem Antragsteller verlangen, dass er darlegt, wie er seinen Lebensunterhalt bestritten und die Kosten der Vorinstanzen aufgebracht hat (BGH IX ZA 21/17, FamRZ 2018, 196) und/oder seine **tatsächlichen Angaben glaubhaft** macht (BFH X B 53/89, BFH/NV 1990, 260; OLG Bbg 9 WF 49/12, FamRZ 2012, 1403; OLG Koblenz 5 W 234/16, FamRZ 2016, 2026) und ggf. eine eidesstattliche Versicherung abgibt. Kommt der Antragsteller dieser Aufforderung nicht nach oder beantwortet er die Fragen des Gerichts nicht oder ungenügend, so lehnt das Gericht die Bewilligung von PKH gem. § 118 II 4 ZPO „insoweit" ab (BFH III S 28/10 (PKH), BFH/NV 2012, 429; III S 46/10 (PKH), BFH/NV 2012, 584; XI S 3/17 (PKH), BFH/NV 2018, 54; BGH IX ZA 21/17, FamRZ 2018, 196). Werden zB bestimmte abziehbare Verbindlichkeiten nicht glaubhaft gemacht, so bleiben sie bei der Berechnung des einsetzbaren Einkommens außer Betracht. Im Rahmen des Untersuchungsgrundsatzes ist das Gericht auch befugt, **Auskünfte einzuholen** (BFH X S 38/19 (PKH), X S 4/20 (PKH), BFH/NV 2020, 910, Rn. 15 betr. Rentenversicherungsträger).

Wegen der lediglich summarischen Prüfung (→ Rn. 79) findet im PKH-Verfahren trotz der Geltung des Untersuchungsgrundsatzes eine Beschränkung auf **präsente Beweismittel** statt, die das Gericht nach § 118 II 2 ZPO selbst anfordern darf (insbes. schriftliche Auskünfte oder Urkunden). Dem entsprechend ist die **Vernehmung** von **Zeugen und Sachverständigen** nach § 118 II 3 ZPO nur dann zulässig, wenn sich anders nicht klären lässt, ob die Rechtsverfolgung hinreichende Aussicht auf Erfolg bietet und nicht mutwillig erscheint (BFH II B 39/92, BFH/NV 1994, 257; X B 134/97, BFH/NV 1998, 1126). 82

Wird PKH für die **Rechtsmittelinstanz** beantragt, so ist zunächst zu prüfen, ob das Rechtsmittel **in zulässiger Weise** eingelegt worden ist (zur NZB s. BFH III S 35/13 (PKH), BFH/NV 2014, 893 betr. die Versäumung der Frist nach § 116 FGO). Anschließend sind bei der summarischen Prüfung der **Erfolgsaussichten** insbes. der Vortrag des Antragstellers, die Vorentscheidung und das Protokoll über die mündliche Verhandlung heranzuziehen (BFH XI S 18/95, BFH/NV 1996, 250 (252); XI S 31/04 (PKH), BFH/NV 2005, 1344, Zulassung der Rev. durch FG ohne Bedeutung). Dabei hat das Revisionsgericht – unabhängig von der vom Antragsteller gewählten Bezeichnung – das Rechtsmittel zugrunde zu legen, das geeignet ist, zu der vom Antragsteller erstrebten revisionsgerichtlichen Überprüfung der angefochtenen Entscheidung zu führen (BFH XI S 18/95, BFH/NV 1996, 250; zur **NZB** s. BFH VII S 25/02 (PKH), BFH/NV 2003, 1077; III S 9/12 (PKH), BFH/NV 2013, 965; V S 1/14 (PKH), BFH/NV 2014, 917, nur summarische Überprüfung, ob ein Zulassungsgrund vorliegt). Hat der **Gegner** des Antragstellers das **Rechtsmittel eingelegt,** ist nach **§ 119 I 2 ZPO** nicht zu prüfen, ob die Rechtsverfolgung hinreichende Aussicht auf Erfolg bietet oder mutwillig erscheint (BFH XI S 14/05 (PKH), BFH/NV 2007, 916; IX S 9/06 (PKH), BFH/NV 2007, 1345; BVerfG 1 BvR 1571/19, ZfS 2020, 708). Der Regelung liegt der Gedanke zugrunde, dass mit dem Obsiegen in der Vorinstanz eine gewisse Erfolgsaussicht auch für das Rechtsmittelverfahren erwiesen ist. Allerdings muss feststehen, dass das **Rechtsmittel** auch **durchgeführt** wird. PKH für das Rechtsmittelverfahren ist deshalb dem Rechtsmittelbeklagten, der in erster Instanz obsiegt hat, erst dann zu gewähren, wenn der Verfahrensgegner sein Rechtsmittel begründet hat, da erst nach Eingang der Rechtsmittelbegründungsschrift feststeht, ob das Rechtsmittel zu verwerfen ist (ähnlich BFH VIII S 7/89, BFH/NV 1991, 473; III S 14/13 (PKH), BFH/NV 2014, 1217 für PKH-Antrag des Beigeladenen; BGH XII ZB 460/11, FamRZ 2013, 122; BAG 9 AZB 5/18, NJW 2018, 2433). Bis zu diesem Zeitpunkt fehlt dem PKH-Antrag das **Rechtschutzbedürfnis.** Wegen fehlenden Rechtsschutzbedürfnisses ist auch der Antrag des Beschwerdegegners auf PKH für das Beschwerdeverfahren wegen Nichtzulassung der Revision abzulehnen, wenn der BFH die NZB des FA verworfen oder zurückgewiesen hat; ein rechtskundiger Beistand ist für den Antrag auf Zurückweisung der NZB nicht erforderlich (BFH V S 11/86, BStBl. II 1988, 896). Hat der BFH **Prozesskostenhilfe für die Nichtzulassungsbeschwerde** bewilligt, so **umfasst** dies auch das sich nach Zulassung anschließende **Revisionsverfahren** (BFH III S 19/05 (PKH), BFH/NV 2006, 2121). 83

Die Regelung des § 119 I 2 ZPO gilt nicht für den **Beigeladenen.** Auch wenn dieser im finanzgerichtlichen Verfahren die Anträge des FA unterstützt hat, 84 ist der Beigeladene nicht „Gegner" des Klägers und Revisionsbeklagten iSd § 119 I 2 ZPO (s. zu dem vergleichbaren Fall des Streithelfers, BGH VII ZR 125/65, NJW 1966, 597). Folglich sind die sachlichen Voraussetzungen des PKH-Antrags eines Beigeladenen im Rechtsmittelverfahren nicht nach § 119 I 2 ZPO zu prüfen, sondern nach § 114 ZPO, → Rn. 9.

85 Ob die **persönlichen Voraussetzungen** für die Bewilligung der PKH erfüllt sind, hat das Rechtsmittelgericht im vollen Umfang zu überprüfen (Schultzky/Zöller ZPO § 119 Rn. 17; Musielak/Voit ZPO § 119 Rn. 18), es sei denn, der Antragsteller versichert, seine persönlichen und wirtschaftlichen Verhältnisse haben sich nicht geändert, → Rn. 75.

87 **d) Entscheidung über den Antrag. aa) Zuständigkeit und Zeitpunkt der Entscheidung.** Zuständig für die Entscheidung ist nach § 127 I 2 ZPO das **Gericht,** das in **erster Instanz über die Hauptsache zu entscheiden** hat, also im finanzgerichtlichen Verfahren das FG (zur Entscheidung durch den Vorsitzenden bei PKH für ein Verfahren des vorläufigen Rechtsschutzes s. FG Hmb 3 K 65/07, EFG 2007, 1486). Nach Beendigung des ersten Rechtszugs ist für die Entscheidung über die Bewilligung von PKH für das **Rechtsmittelverfahren der BFH** zuständig, und zwar auch dann, wenn die Revision oder NZB noch nicht bei ihm anhängig ist (BFH VIII B 153/86, BFH/NV 1987, 463; X S 13/87, BFH/NV 1988, 728; X S 42/09 (PKH), BFH/NV 2010, 1468; X S 10/10 (PKH), BFH/NV 2010, 2017; X S 23/10 (PKH), BFH/NV 2011, 286). Über einen rechtzeitig (vor Beendigung der Instanz) gestellten, aber nicht beschiedenen Antrag auf PKH für das finanzgerichtliche Verfahren hat auch nach Beendigung des ersten Rechtszugs das FG zu entscheiden.

88 Nach **§ 142 III 1** kann der Vorsitzende die **Prüfung der persönlichen und wirtschaftlichen Verhältnisse** nach §§ 114, 115 ZPO auf den **Urkundsbeamten der Geschäftsstelle** des jeweiligen Rechtszugs übertragen. Das gilt nach **§ 142 VIII** aber nur dann, wenn nicht durch **Landesgesetz** bestimmt ist, dass § 142 III–VII nicht anzuwenden sind (sog. Länderöffnungsklausel). Ob die Länder davon Gebrauch gemacht haben, ist den Ausführungsgesetzen zur FGO der jeweiligen Länder zu entnehmen.

89 Die Übertragung der Prüfung der persönlichen und wirtschaftlichen Verhältnisse ist formlos möglich. Es bedarf also **keines Beschlusses des Vorsitzenden;** ein Vermerk in der Akte reicht aus (s. auch BR-Drs. 516/12, 70 f.). Die Übertragung ist jederzeit widerrufbar; der Vorsitzende kann die Prüfung nach **§ 142 V 1** zu jedem Zeitpunkt wieder an sich ziehen. Umgekehrt hat der Urkundsbeamte das Verfahren an den Richter **zurückzugeben,** wenn sich ergibt, dass eine Entscheidung des BVerfG oder eines VerfG der Länder einzuholen ist **(§ 142 V 2 iVm § 5 I Nr. 1 RPflG).** Die Rückgabe soll erfolgen, wenn die übertragene Prüfung mit einem vom Richter wahrzunehmenden Geschäft in einem so engen Zusammenhang steht, dass eine getrennte Bearbeitung nicht sachdienlich wäre **(§ 142 V 2 iVm §§ 6, 7 RPflG). Unterbleibt die Übertragung,** weil der Vorsitzende zB den erforderlichen Vermerk nicht fertigt, so ist die anschließende Entscheidung des Urkundsbeamten nach **§ 142 V 2 iVm § 8 II RPflG** gleichwohl wirksam.

90 Mit der Übertragung **entscheidet der Urkundsbeamte der Geschäftsstelle über die subjektiven Voraussetzungen** der PKH (→ Rn. 14 ff.). Er ist nach **§ 142 V 2 iVm § 9 RPflG** bei der Entscheidung sachlich unabhängig und nur an Recht und Gesetz gebunden; eine Weisungsgebundenheit besteht damit nicht.

Im Zusammenhang mit der von ihm zu treffenden Entscheidung kann der Urkundsbeamte – wie § 142 III 1 dies ausdrücklich anordnet – von dem Antragsteller auch nach **§ 118 II 1 ZPO** die Glaubhaftmachung der tatsächlichen Angaben inklusive der Vorlage einer eidesstattlichen Versicherung verlangen sowie nach **§ 118 II 2 ZPO** Erhebungen anstellen und insbes. die Vorlage von Urkunden anordnen und Auskünfte einholen.

Liegen die **subjektiven Voraussetzungen** für die Bewilligung der PKH **nicht vor,** weil die persönlichen und wirtschaftlichen Verhältnisse des Antragstellers hiergegen sprechen, so erlässt der Urkundsbeamte der Geschäftsstelle nach § 142 III 2 den die PKH **ablehnenden Beschluss.** Das gilt über den ausdrücklichen Verweis in § 142 III 1 auf **§ 118 II 4 ZPO** auch dann, wenn der Antragsteller innerhalb einer von dem Gericht gesetzten Frist Angaben über seine persönlichen und wirtschaftlichen Verhältnisse nicht glaubhaft gemacht oder bestimmte Fragen nicht oder ungenügend beantwortet hat (→ Rn. 81). Gegen eine ablehnende Entscheidung des Urkundsbeamten ist nach § 142 VII die **Erinnerung** an das Gericht gegeben, die innerhalb von **zwei Wochen** zu erheben ist (zu den zulässigen Einwendungen im Erinnerungsverfahren s. Just, Kostenverfahren in der Finanz- und Verwaltungsgerichtsbarkeit, Rn. 1104). Hilft der Urkundsbeamte der Erinnerung nicht ab, legt er diese dem Gericht zur Entscheidung vor. Die Staatskasse ist als Erinnerungsgegner zu beteiligen, wenn sie nicht bereits selbst als Erinnerungsführer Erinnerung erhoben hat (Just, Kostenverfahren in der Finanz- und Verwaltungsgerichtsbarkeit, Rn. 1108). Über die Erinnerung entscheidet das Gericht in der Besetzung wie bei eigener richterlicher Entscheidung über den Antrag durch unanfechtbaren Beschluss (Tipke/Kruse/Brandis § 142 Rn. 51d). 91

Liegen die **subjektiven Voraussetzungen** für die Bewilligung der PKH **vor,** so ist der Urkundsbeamte der Geschäftsstelle nicht zur weiteren Entscheidung berufen; entscheidet er gleichwohl, so ist die Entscheidung nach **§ 142 V 2 iVm § 8 IV RPflG** unwirksam. Er **vermerkt in den Prozessakten,** dass dem Antragsteller nach seinen persönlichen und wirtschaftlichen Verhältnissen PKH gewährt werden kann und in welcher Höhe ggf. Monatsraten oder Beträge aus dem Vermögen zu zahlen sind. Anschließend leitet er die Akte wieder dem **Vorsitzenden** zu. Die Entscheidung über den PKH-Antrag erfolgt nach Prüfung der Erfolgsaussichten der Klage/des Antrags und einer evtl. Mutwilligkeit durch das Gericht. 92

Die **Entscheidung über die Prozesskostenhilfe** ist **zeitnah** nach Antragstellung zu treffen, um zu verhindern, dass sich die objektiven und subjektiven Voraussetzungen für die PKH-Bewilligung während des Verfahrens verändern, zumal die PKH-Entscheidung nach dem Grundverständnis des § 114 ZPO grds. **ohne Verwertung der im Hauptsacheverfahren gewonnenen Erkenntnisse und Überzeugungen** ergehen soll (Tipke/Kruse/Brandis § 142 Rn. 51 mwN; s. auch BFH X S 2/10 (PKH), BFH/NV 2010, 2289: ausnahmsweise auch Bewilligung von PKH nach dem Tod des Antragstellers, wenn das Gericht die Entscheidung verzögert hat; aber zur Zugrundelegung der zum Zeitpunkt der Entscheidung bestehenden subjektiven und objektiven Verhältnisse → Rn. 78). Ergeht die Entscheidung nicht zeitnah, so muss sich der Antragsteller insbes. nochmals dazu erklären, ob sich seine persönlichen und wirtschaftlichen Verhältnisse zwischenzeitlich verändert haben. 93

Die Entscheidung im PKH-Verfahren muss zudem **vor kostenauslösenden Maßnahmen** im Hauptsacheverfahren ergehen (BFH XI S 16/00, BFH/NV 2001, 1417; V S 23/19 (PKH), BFH/NV 2020, 893; Tipke/Kruse/Brandis § 142 Rn. 51). Der Antragsteller muss die Möglichkeit haben, weitere Kosten des 94

Hauptsacheverfahrens zB durch eine Rücknahme zu vermeiden. Das setzt bei Vertretung durch einen Bevollmächtigten im Hauptsacheverfahren voraus, dass die PKH-Entscheidung so rechtzeitig vor einem Termin im Hauptsacheverfahren erfolgen muss, dass der Antragsteller die Klage/den Antrag noch zurücknehmen und damit das Entstehen der dem Bevollmächtigten ansonsten zustehenden Terminsgebühr noch verhindern kann (→ § 139 Rn. 64 ff.). Das gilt allerdings nicht, wenn PKH für eine bereits eingelegte, offensichtlich unzulässige NZB begehrt wird (BFH V S 10/07, BStBl. II 2009, 1019; V S 23/19 (PKH), BFH/NV 2020, 893). Beide Entscheidungen können aus Gründen der Praktikabilität zeitgleich getroffen werden, ggf. auch nach Verbindung in einem Beschluss (BFH V S 10/07, BFH/NV 2009, 1900; VIII S 14/19 (PKH), BFH/NV 2020, 229). Nach BFH X B 210/09 (BFH/NV 2010, 2287) ist sogar die vorherige Entscheidung über die NZB zulässig. Eine frühzeitige Entscheidung über den PKH-Antrag ist ferner entbehrlich, wenn dieser in Verschleppungsabsicht gestellt wurde (BFH V B 108/09, BFH/NV 2010, 2014), wenn die Beiordnung eines Bevollmächtigten die Entscheidung zur Hauptsache wegen eindeutiger Rechtslage ohnehin nicht mehr ändern könnte (BFH VIII B 132/08, BeckRS 2008, 25014090), wenn rechtsmissbräuchlich ein inhaltsgleicher PKH-Antrag wiederholt gestellt wird (BFH VII B 56/90, BFH/NV 1991, 474) oder wenn bereits ein Bevollmächtigter sowohl den PKH-Antrag gestellt als auch die NZB eingelegt und begründet hat (BFH X B 210/09, BFH/NV 2010, 2287; s. generell auch BFH V S 23/19 (PKH), BFH/NV 2020, 893).

95 **bb) Inhalt der Entscheidung.** Ergibt die Prüfung des PKH-Gesuchs, dass die objektiven und subjektiven Voraussetzungen für die Bewilligung von PKH erfüllt sind, so ist hinsichtlich der zu treffenden Entscheidung zu unterscheiden:

Liegt das einzusetzende monatliche **Nettoeinkommen** des Antragstellers (→ Rn. 17 ff.) **unter 10 EUR** und verfügt der Antragsteller auch nicht über einzusetzendes Vermögen (§ 115 III ZPO, → Rn. 29 ff.), so ist PKH in vollem Umfang zu bewilligen, dh der Antragsteller muss für die Prozesskosten keine eigenen Zahlungen leisten. **Übersteigt** das einzusetzende monatliche **Nettoeinkommen** den Betrag von **10 EUR,** so setzt das Gericht nach Maßgabe des § 115 II ZPO zu zahlende Monatsraten oder – sofern der Antragsteller **einzusetzendes Vermögen** iSd § 115 III ZPO hat – die aus dem Vermögen zu leistende Einmalzahlung fest (§ 120 I 1 ZPO; s. dazu auch BFH XI S 23/02 (PKH), BFH/NV 2004, 48 zur erst späteren Verwertung von Vermögen; FG Düsseldorf 1 Ko 3840/13 GK, EFG 2014, 500, Gerichtskosten sind nur noch nach Maßgabe der Entscheidung zu leisten). Dabei muss das Gericht den **künftigen Wegfall von Belastungen,** die nach § 115 I 3 ZPO vom Einkommen abgezogen werden können, berücksichtigen (vgl. § 120 I 2 ZPO; OLG Frankfurt 3 WF 32/92, FamRZ 1992, 1451; dazu Schneider MDR 1987, 89 (90)). Steht mit Sicherheit fest, dass der Antragsteller innerhalb von vier Jahren Vermögen erwirbt, kann § 120 I 2 ZPO analog angewandt werden (Zöller/Schultzky ZPO § 120 Rn. 7). Der eingeklagte Anspruch ist dabei nicht zu berücksichtigen (OLG Hamm 2 WF 255/11, MDR 2012, 50). Die **Anzahl der** zu leistenden **Monatsraten** und damit das Ende der PKH setzt das Gericht in dem Beschluss nicht fest. Stattdessen bestimmt der Urkundsbeamte die voraussichtlichen Kosten des Verfahrens und bestimmt nach § 120 II Nr. 1 ZPO die vorläufige Einstellung der Zahlungen, wenn diese die voraussichtlich entstandenen Kosten decken. Auf die Möglichkeit der Wiederaufnahme der Ratenzahlung im Falle des Entstehens weiterer Kosten ist hinzuweisen (OLG Koblenz 13 WF 167/99, NJW-RR 2000, 1384). Der Urkundsbeamte bestimmt ferner auch dann die Einstellung der Zahlungen, wenn eine Kostengrundentscheidung zugunsten der PKH-Partei ergeht (§ 120 III Nr. 2 ZPO). Die Anforderung der Ratenzahlungen obliegt dem Kostenbeamten (zum Beginn der Zahlungspflicht → Rn. 102).

Ergibt die Prüfung, dass die beabsichtigte Rechtsverfolgung nur **teilweise** 96
Erfolg verspricht, so ist die PKH nur zur Geltendmachung dieser beschränkt Erfolg versprechenden Rechtsverfolgung zu bewilligen (BFH VII B 195/99, BFH/NV 2000, 1106). Dies geschieht in der Weise, dass die PKH nur „aus dem Streitwert des erfolgversprechenden Teils der Klage/des Antrags" bewilligt wird (zB „aus einem Streitwert iHv 2000 Euro"); iÜ ist der Antrag abzuweisen (Zöller/Schultzky ZPO § 114 Rn. 20 zum Gebot der genauen Formulierung). Problematisch kann dies allerdings dann sein, wenn die Klage (der Antrag) insgesamt nur einen Streitwert hat, der unter dem Mindeststreitwert von 1.500 EUR (§ 52 IV GKG) liegt. Wird in diesen Fällen PKH nur aus einem Streitwert von zB 600 EUR bewilligt, so umfasst die PKH nach Auffassung des ThürFG (4 Ko 518/07, EFG 2008, 1491) das gesamte Verfahren, weil sich die Gebühren ohnehin nach dem Mindeststreitwert von 1.500 EUR berechnen; eine Aufteilung der Gebühren soll nicht erfolgen (ebenso Just, Kostenverfahren in der Finanz- und Verwaltungsgerichtsbarkeit, Rn. 461 ff., mE zweifelhaft).

In dem Bewilligungsbeschluss ist auch darüber zu befinden, ob die Beiordnung 97
eines – von dem Antragsteller frei zu wählenden (s. § 121 V ZPO; BFH X B 12/10, BFH/NV 2011, 1170, ansonsten keine Vertretungsmacht; X S 11/11 (PKH), BFH/NV 2012, 441) – **Rechtsanwalts, Steuerberaters, Steuerbevollmächtigten, Wirtschaftsprüfers oder vereidigter Buchprüfers** in Frage kommt, wobei auch eine Sozietät oder eine GmbH beigeordnet werden kann (s. BFH X S 1/20, BFH/NV 2020, 933; BGH IV ZR 343/07, NJW 2009, 440; OLG Nürnberg 10 WF 1088/02, NJW 2002, 3715; Zöller/Schultzky ZPO § 121 Rn. 2; Tipke/Kruse/Brandis § 142 Rn. 60; aA SächsLSG L 3 AS 1310/12 B PKH, BeckRS 2013, 69010; s. auch FG Düsseldorf 9 K 933/19 Kg PKH, EFG 2021, 468: keine Beiordnung eines RA, der aufgrund des nicht mitgeteilten Verlustes seiner Zulassung sein Mandat niedergelegt hat). Soweit **Vertretungszwang** besteht, ist die Beiordnung immer geboten (BFH VII S 29/03 (PKH), BFH/NV 2005, 380 betr. Insolvenzverwalter, der selbst RA ist; V S 23/19, BFH/NV 2020, 893 zur Notvertretung; aA noch BFH I S 4/01, BFH/NV 2002, 1319; zur Nachholung s. BFH III S 8/05 (PKH), BFH/NV 2005, 1350). Allerdings setzt die PKH-Bewilligung in Verfahren mit Vertretungszwang voraus, dass sich der Antragsteller jedenfalls nach gerichtlicher Aufforderung vor Entscheidung über den PKH-Antrag so erklärt, dass ihm für den Fall der Bewilligung von PKH ein Prozessvertreter nach § 142 I FGO iVm § 121 I oder V ZPO beigeordnet werden kann (BFH IV S 3/19 (PKH), BFH/NV 2020, 1090). Im Übrigen erfolgt eine Beiordnung nur dann, wenn dies erforderlich erscheint (s. aber BFH II S 46/08 (PKH), BFH/NV 2009, 1443 hilfebedürftiger RA kann in seinem eigenen Verfahren nicht selbst beigeordnet werden). Die Erforderlichkeit bestimmt sich in erster Linie nach der **Schwierigkeit der Rechtslage,** wobei angesichts der Komplexität des deutschen Steuerrechts keine sehr strengen Maßstäbe angelegt werden sollten (Tipke/Kruse/Brandis § 142 Rn. 62; Gosch/Schoenfeld § 142 Rn. 225), aber auch nach dem Grad der Gewandtheit des Beteiligten. In der Verweigerung der – an sich gebotenen – Beiordnung eines RA oder Steuerberaters kann eine **Versagung des rechtlichen Gehörs** liegen (BFH X B 121/06, BFH/

NV 2008, 245 mwN). Nach BFH VI S 3/66, BStBl. III 1966, 629 soll die Beiordnung eines Bevollmächtigten nicht erforderlich sein, wenn der Antragsteller ohnehin obsiegen wird. In dieser Allgemeinheit kann dem nicht gefolgt werden. Im summarischen Verfahren der PKH ist idR eine Aussage über den endgültigen Ausgang des Verfahrens weder möglich noch angebracht, weil ansonsten die Entscheidung in der Hauptsache vorweggenommen werden müsste. Der Auffassung des BFH kann nur in den Fällen zugestimmt werden, in denen der Ausgang des Hauptsacheverfahrens zugunsten des Antragstellers ganz offensichtlich ist (glA Tipke/Kruse/Brandis § 142 Rn. 62). Zur Beiordnung eines Bevollmächtigten im Klageverfahren gegen einen **Schätzungsbescheid** BFH X B 156/94, BFH/NV 1995, 725; FG Hmb 6 K 92/13, BeckRS 2013, 96682. Ein **nicht im Bezirk des Prozessgerichts ansässiger Bevollmächtigter** kann nur beigeordnet werden, soweit keine höheren Kosten entstehen (§ 121 III ZPO), worauf im Bewilligungsbeschluss hinzuweisen ist (s. zur Abrechnung von Reisekosten LSG NRW L 19 AS 2116/17 B, BeckRS 2018, 3918; L 9 SO 261/12 B, BeckRS 2012, 74870; L 2 AS 974/18 B, BeckRS 2018, 19129). Unwesentlich höhere Mehrkosten von 10 % sollen nicht schädlich sein (FG LSA 5 K 703/11 (PKH), NJ 2018, 125; LAG Hamm 5 Ta 447/18, AGS 2018, 573). Fehlt ein Hinweis bzgl. der Mehrkosten, sind evtl. anfallende erhöhte Reisekosten zu erstatten (OLG Bbg 6 W 203/07, MDR 2009, 175). Ein **Wechsel des Bevollmächtigten** führt nicht zwingend zum Wechsel des Beigeordneten (HessVGH 7 D 2046/12, NJW 2013, 3050; OVG Lüneburg 2 LA 484/17, JurBüro 2017, 541). Im Gegensatz zur Vollmachterteilung (Verhältnis Mandant – Bevollmächtigter) ist der Beiordnungswechsel nur unter bestimmten Voraussetzungen möglich und kann nur durch das Gericht angeordnet werden, vgl. §§ 121, 127 ZPO (Verhältnis Bevollmächtigter – Gericht). Antragsberechtigt zur Entpflichtung/Aufhebung der Beiordnung sind sowohl der Beigeordnete (§ 48 II BRAO) als auch der Kläger selbst (§ 121 I ZPO; BFH XI S 2/13 (PKH), BFH/NV 2013, 967; s. auch LAG Hamm 4 Ta 470/02, BeckRS 2004, 40287: Vertretungsanzeige des neuen Bevollmächtigten ist als konkludenter Antrag auf Aufhebung der Beiordnung des vormaligen Bevollmächtigten zu sehen). Für die Entpflichtung müssen keine besonderen Gründe vorliegen (BFH XI S 2/13 (PKH), BFH/NV 2013, 967). Die **Beiordnung eines neuen Prozessbevollmächtigten** unter Aufhebung einer früheren Beiordnung ist dagegen nur dann möglich, wenn der Staatskasse dadurch keine höheren Ausgaben entstehen, wenn der zunächst beigeordnete RA aus tatsächlichen oder rechtlichen Gründen ohne ein Dazutun des Antragstellers zur Vertretung nicht mehr in der Lage ist oder wenn der Antragsteller Veranlassung hatte, den Mandatsvertrag aus einem Grund zu kündigen, der auch einen vermögenden Kläger veranlasst hätte, sich von seinem Wahlanwalt zu trennen (BFH VII S 7/11 (PKH), BFH/NV 2012, 954, nachhaltige und tiefgreifende Störung des Vertrauensverhältnisses, die nicht auf ein mutwilliges Verhalten des Antragstellers zurückzuführen ist; BFH XI S 2/13 (PKH), BFH/NV 2013, 967 zur Mandatsniederlegung wegen Beendigung der beruflichen Tätigkeit; BFH IV S 2/16, BFH/NV 2016, 938 zur Aufhebung der Beiordnung eines Notanwaltes). Die Beiordnung des neuen Prozessbevollmächtigten gem. § 121 ZPO darf nicht mit der Beschränkung seines Vergütungsanspruchs gegen die Staatskasse in Form des Abzugs der Gebühren, die schon der zuerst beigeordnete RA erhält, verbunden werden (NdsOVG 2 LA 484/17, BRAK-Mitt. 2017, 260 und 2 LA 325/13, BeckRS 2014, 122830; **aA** OLG Dresden 8 W 958/08, OLGR Dresden 2009, 482).

Eine **Kostenentscheidung** ergeht nicht (stRspr, BFH XI B 13/01, BFH/NV 2002, 1470; IX S 2/11 (PKH), BFH/NV 2011, 1383; X S 50/13 (PKH), BFH/NV 2014, 890; Tipke/Kruse/Brandis § 142 Rn. 51; aA Just, Kostenverfahren in der Finanz- und Verwaltungsgerichtsbarkeit, Rn. 1121, 1122). Der erfolglose Antrag auf PKH löst **keine Gerichtsgebühren** aus (§ 1 Nr. 3 iVm Anl. 1 Teil 6 GKG; BFH II S 26/10 (PKH), BFH/NV 2011, 59; V S 16/14 (PKH), BFH/NV 2014, 1768), dem Gegner entstandene Kosten sind nicht zu erstatten (§ 118 I 4 ZPO), Auslagen für die Vernehmung von Zeugen und Sachverständigen sind Gerichtskosten des Hauptsacheverfahrens (§ 118 I 5 ZPO). **98**

Beschlüsse, mit denen ein Antrag auf Bewilligung von PKH zurückgewiesen wird, sind nach § 113 II 2 stets **zu begründen** (BFH XI B 13/01, BFH/NV 2002, 1470). Bei vollumfänglicher Gewährung von PKH ist eine Begründung des Beschlusses nach § 113 II 1 nicht zwingend geboten, da dieser nicht mit Rechtsmitteln angefochten werden kann (→ Rn. 109 f.). Zur Bekanntgabe des Beschlusses → Rn. 107. **99**

cc) Wirkung der Entscheidung. Die Wirkung der Bewilligung der PKH ergibt sich aus den **§§ 122 u. 123 ZPO** (zur notwendigen Überprüfung der Entscheidung bei Klageänderung oder -erweiterung s. BGH IX ZB 163/04, NJW-RR 2006, 429). Insbesondere kann der beigeordnete RA nach § 122 I Nr. 3 ZPO keine Vergütungsansprüche gegen den Antragsteller der PKH geltend machen. Der **Bewilligungsbeschluss wirkt auf den Zeitpunkt der Antragstellung zurück,** wenn der Antragsteller durch einen formgerechten Bewilligungsantrag von seiner Seite aus alles für die Bewilligung Erforderliche getan hat. Er erfasst daher keine Zahlungen, die der Antragsteller vor der Antragstellung geleistet hat (zB BFH VII B 71/93, BFH/NV 1994, 257; XI B 87/93, BFH/NV 1994, 736; II E 5/08, BFH/NV 2009, 600; einschränkend Zöller/Schultzky ZPO § 122 Rn. 14: Rückwirkung auf Zeitpunkt der Bewilligungsreife). Hat das Gericht im Bewilligungsbeschluss Monatsraten oder aus dem Vermögen zu zahlende Beiträge festgesetzt, so **beginnt** die **Zahlungspflicht** demnach mit dem Wirksamwerden des Beschlusses, sofern nicht das Gericht ausdrücklich einen anderen Zeitpunkt bestimmt (Zöller/Schultzky ZPO § 120 Rn. 9). Wegen der Kostenvorauszahlungspflicht im finanzgerichtlichen Verfahren ist grds. eine erst spätere Fälligkeit der Zahlungen nicht möglich. Soweit FG Hmb V 63/05, EFG 2005, 1648 fordert, dass die PKH-Partei bei Bewilligung von Ratenzahlungen nicht schlechter gestellt werden darf, als eine Partei ohne eine solche Bewilligung, so dass die PKH-Ratenzahlung zunächst auf die fällige Gerichtskostenvorauszahlung nach §§ 6 I Nr. 5, 52 V GKG zu beschränken sein soll, übersieht das FG, dass sich die Ratenzahlung nicht nur nach den Gerichtskosten richtet, sondern gem. § 120 III Nr. 1 ZPO nach den voraussichtlichen Kosten des Verfahrens, so dass auch die Wahlanwaltsvergütung mitzuberücksichtigen ist (vgl. Zöller/Schultzky ZPO § 120 Rn. 113). – Eine **rückwirkende Bewilligung** ist auch nach Abschluss des Verfahrens möglich, wenn der **Bewilligungsantrag während des Verfahrens gestellt,** aber nicht beschieden worden ist (BFH V S 6/90, BFH/NV 1991, 183 mwN; II E 5/08, BFH/NV 2009, 600; zur PKH nach Rücknahme der Klage oder deren Erledigung in der Hauptsache: FG Köln 15 K 3367/00, EFG 2003, 108). Die Rückwirkung kann bis zu dem Zeitpunkt erstreckt werden, in dem der formgerechte Antrag nebst den für die Bewilligung erforderlichen Unterlagen vorlag. Das ist frühestens der Tag des Eingangs des Antrags bei Gericht (stRspr, zB BFH III B 62/89, BFH/NV 1991, 260; V B 133/00, BFH/NV **102**

2000, 1497; II E 5/08, BFH/NV 2009, 600; Tipke/Kruse/Brandis § 142 Rn. 53; Zöller/Schultzky ZPO § 119 Rn. 5). Die Einbeziehung von zuvor entstandenen Kosten ist ausgeschlossen, weil PKH nach § 114 S. 1 ZPO nur für eine „beabsichtigte" Rechtsverfolgung und mithin künftig entstehende Kosten gewährt werden kann (BFH VII S 54/10 (PKH), BFH/NV 2011, 2114). – Die **rückwirkende Beiordnung** ist nur möglich, wenn der Antrag auf PKH rechtzeitig gestellt und der Bevollmächtigte bereits tätig geworden war (BFH VII B 49/75, BStBl. II 1975, 715).

103 Mit **Bewilligung** der PKH darf die PKH-Partei (vorerst) nicht für die **rückständigen** und noch entstehenden **Gerichtskosten** (§ 122 I Nr. 1 ZPO) und die **Vergütung ihres Bevollmächtigten** (§ 122 I Nr. 3 ZPO) in Anspruch genommen werden (§ 31 DB-PKH). Die jeweiligen Ansprüche bleiben bestehen, können jedoch nicht durchgesetzt werden (Forderungssperre). Die Forderungssperre endet mit Aufhebung der Bewilligung der PKH nach § 124 ZPO. „Rückständig" sind Kosten, die zu der Zeit, als die PKH wirksam wurde, fällig, aber noch nicht bezahlt waren (FG Düsseldorf 16 Ko 3213/12 GK, EFG 2012, 2313; 1 Ko 3840/13 GK, EFG 2014, 500; 4 Ko 437/17, GK RVGreport 2018, 37; aA FG Köln 10 Ko 1033/09, EFG 2010, 1642). Nicht rückständig sind dagegen fällige Gerichtskosten, die bereits vor der Zeit, als die PKH wirksam wurde, auf das Konto der Staatskasse eingegangen sind (FG Düsseldorf 1 Ko 3840/13 GK, EFG 2014, 500). Die in § 123 ZPO vorgesehene Erstattungspflicht ggü. dem Gegner bleibt bestehen, hat im Finanzgerichtsprozess im Regelfall wegen § 2 GKG aber keine Bedeutung. Bei nur **teilweiser Bewilligung** von PKH, schuldet der Antragsteller – soweit er nach der Kostengrundentscheidung Kosten des Verfahrens zu tragen hat – die Gerichtskosten in Höhe des Differenzbetrages aus den Gebühren aus dem Gesamtstreitwert und dem Streitwert bzgl. der PKH-Bewilligung (BGH V ZR 99/53, NJW 1954, 1406; OLG Schleswig 15 WF 90/05, MDR 2006, 175; Gosch/Schoenfeld § 142 Rn. 249; HHS/Schwarz § 142 Rn. 207a; Zöller/Schultzky ZPO § 122 Rn. 13; Just, Kostenverfahren in der Finanz- und Verwaltungsgerichtsbarkeit, Rn. 428 ff.).

Des Weiteren hat die PKH-Partei unter dem Rechtsgedanken des Armenrechts einen Anspruch auf einen **Reisekostenvorschuss** bzw. Reisekostenentschädigung für Fahrten zum Gericht, wenn das Gericht ihr persönliches Erscheinen angeordnet hat oder die Wahrnehmung durch sie erforderlich erscheint (OLG München 25 W 2981/96, MDR 1997, 194; OLG Bbg 9 WF 133/03, NJW-RR 2004, 63; OLG Dresden 20 WF 1161/13, MDR 2014, 423; HHS/Schwarz § 142 Rn. 207; Gosch/Schoenfeld § 142 Rn. 248). Reisekosten, die sich wegen Aufhebung des Termins erübrigt haben und die durch Verschulden der Partei entstanden sind, muss die Staatskasse nicht übernehmen (OVG NRW 12 E 1224/12, BeckRS 2013, 48891; Gosch/Schoenfeld § 142 Rn. 248). Zwischen Reise und Antrag auf Entschädigung sollte aber ein zeitlich angemessener Zeitraum liegen (OLG LSA 4 WF 85/12, MDR 2013, 56; OLG Dresden 20 WF 1161/13, MDR 2014, 423).

104 Der **beigeordnete Bevollmächtigte** erwirbt durch die Beiordnung einen öffentlich-rechtlichen **Vergütungsanspruch** gegen den Staat, wenn er entsprechende vergütungspflichtige Tätigkeiten entfaltet hat **(§§ 45 ff. RVG).** Er erhält die gesetzliche Vergütung in dem Umfang und für den Verfahrensteil, in dem bzw. für den er beigeordnet worden ist, auch wenn er im gerichtlichen Verfahren einen weitergehenden Anspruch (teilweise ohne Prozesskostenhilfebewilligung) verfolgt (ThürFG 4 Ko 387/13, EFG 2015, 1026). Bei Streitwerten ab 4.000 EUR sind die Gebühren nach § 49 RVG allerdings gedeckelt. Die Anrechnung von

Geschäftsgebühren des Vorverfahrens richtet sich nach § 15a I RVG, der über § 55 II 2 u. 3 RVG anwendbar ist (FG LSA 4 KO 409/10, EFG 2010, 1820). Bei Teil-PKH ist bezüglich der Anrechnung § 58 II RVG zu beachten. Allerdings ist eine Anrechnung ausgeschlossen, soweit der Beigeordnete von seinem Mandanten keine Zahlungen erhalten hat (FG Düsseldorf 3 Ko 4024/11, EFG 2012, 2160; 10 KO 702/11 KF, BeckRS 2012, 95298; NdsFG 7 KO 4/10, BeckRS 2011, 96700; HessFG 13 KO 276/11, 13 KO 580/11, BeckRS 2011, 95562). Der beigeordnete Bevollmächtigte hat Anspruch auf Festsetzung der Umsatzsteuer, auch wenn die von ihm vertretene Partei vorsteuerabzugsberechtigt ist (OLG München 11 W 1281/16, AGS 2016, 528; OLG Braunschweig 2 W 92/17, MDR 2017, 1150; OLG Frankfurt 18 W 188/17, JurBüro 2018, 264; OLG Oldenburg 8 W 39/19, BeckRS 2019, 58953). – Die **Fälligkeit** der Vergütung bestimmt sich nach § 8 RVG. Der Beigeordnete kann nach § 47 RVG einen Vorschuss für entstandene Gebühren und Auslagen beantragen. Die Vergütung wird nur auf (formlosen) **Antrag** gezahlt (§§ 55, 56 RVG), der nach § 55 V RVG die von der PKH-Partei oder Dritten geleisteten Zahlungen der Höhe nach angeben muss (HessFG 13 KO 276/11, 13 KO 580/11, BeckRS 2011, 95562). Die PKH-Partei oder der Prozessgegner sind nicht antragsberechtigt. Die Festsetzung obliegt primär dem **Urkundsbeamten der Geschäftsstelle** des Rechtszuges, für den die Vergütung beantragt wird (§ 55 II RVG). Nach Abschluss dieses Rechtszuges ist stets der Urkundsbeamte des ersten Rechtszuges zuständig (§ 55 I RVG). Der Urkundsbeamte hat die bundeseinheitliche Verwaltungsvorschrift für das Festsetzungsverfahren **(StaatskVerg)** zu beachten und ist an den Beiordnungsbeschluss gebunden. Ansonsten entscheidet er aber **unabhängig;** der Vertreter der Staatskasse ist nicht weisungsbefugt (Gerold-Schmidt/Müller-Rabe RVG § 55 Rn. 23 f.). Der Urkundsbeamte hat auf eine sachgemäße Antragstellung hinzuwirken (Gerold-Schmidt/Müller-Rabe RVG § 55 Rn. 26–28, aA Just Rn. 315). Die Entscheidung erfolgt durch Festsetzungsverfügung. Die Vergütung ist nicht zu verzinsen (§ 55 V 1 RVG). Eine Änderung von Amts wegen ist mit Ausnahme von § 107 nicht zulässig (Gerold-Schmidt/Müller-Rabe RVG § 56 Rn. 5). Gegen die Festsetzung ist die **Erinnerung** durch den Beigeordneten und durch die Staatskasse zulässig (§ 56 I RVG). Die Erinnerung kann unbefristet erhoben werden, für die Staatskasse ist die Verwirkung nach § 20 GKG zu beachten. – Erfüllt die Staatskasse den PKH-Vergütungsanspruch des Beigeordneten, geht dessen **Anspruch** gegen die eigene Partei auf Vergütung sowie sein Betreibungsrecht gegen den erstattungspflichtigen Prozessgegner **kraft Gesetzes auf die Staatskasse über** (§ 59 RVG). Der Anspruch ist im Kostenfestsetzungsverfahren nach § 149 zu beachten, soweit ein Titel nach § 103 ZPO besteht. Die Aufhebung der PKH oder die Aufhebung der Beiordnung berührt die bis dahin verdiente Vergütung des beigeordneten Bevollmächtigten nicht (OLG Koblenz 13 WF 363/96, FamRZ 1997, 755; OLG Zweibrücken 5 WF 60/98, NJW-RR 1999, 436).

Ist der Prozessgegner ganz oder teilweise erstattungspflichtig, so ist der Beige- 105
ordnete zudem nach § 126 ZPO berechtigt, seine **Gebühren und Auslagen** von dem in die Prozesskosten verurteilten Gegner **im eigenen Namen beizutreiben,** wobei eine Einrede aus der Person der Partei nicht zulässig ist, wohl aber eine Aufrechnung mit zu erstattenden Kosten (s. dazu FG Saarl 1 S 267/01, EFG 2002, 435). Ist PKH nur teilweise bewilligt worden, erstreckt sich das Beitreibungsrecht nur auf den Teil, für den auch PKH bewilligt wurde (Hansens JurBüro 1988, 145). Allerdings kann der RA die Festsetzung der Kosten im Namen des Klägers nach §§ 103 ff. ZPO und gleichzeitig im eigenen Namen nach § 126 I

ZPO beantragen (FG Köln 10 Ko 3989/12, EFG 2013, 1793; BGH VII ZB 56/08, NJW 2009, 2962; OLG Hamm II-6 WF 324/12, 6 WF 324/12, AGS 2014, 93). Es ist nicht Aufgabe des Kostenbeamten, die für den Bevollmächtigten günstigste Gestaltungsmöglichkeit bei der Antragstellung auszuwählen (FG Köln 10 Ko 3989/12, EFG 2013, 1793), im Zweifel sollte eine klarstellende Erklärung vom Beigeordneten angefordert werden (Zöller/Schultzky ZPO § 126 Rn. 8). – Das Beitreibungsrecht steht dem RA dann nicht mehr zu, wenn der im Hauptsacheverfahren unterlegene Beklagte von der ihm im Urteil eingeräumten Möglichkeit Gebrauch macht, die Vollstreckung nach § 711 ZPO iVm § 155 durch Sicherheitsleistung abzuwenden (FG Bbg 1 S 169/05, EFG 2005, 1284).

106 Die Bewilligung von PKH für das Verfahren der **Nichtzulassungsbeschwerde** erstreckt sich im Fall der Zulassung der Revision auch auf das Revisionsverfahren (vgl. § 116 VII).

107 **dd) Bekanntgabe der Entscheidung.** Da nur der **Antragsteller** Beteiligter des PKH-Verfahrens ist (→ Rn. 56), ist der ergehende Beschluss grds. nur ihm bekannt zu geben (**aA** Zöller/Schultzky ZPO § 127 Rn. 11: dem Gegner und den Beigeladenen ist der Tenor bekanntzugeben, die Mitteilung weiterer Gründe steht im Ermessen des Gerichts). Ebenso, wie das Gericht den Beteiligten nach § 79 I 1 Hinweise geben kann, um den Rechtsstreit voranzutreiben, kann es den PKH-Beschluss dem **Beklagten** und den **Beigeladenen** des Hauptsacheverfahrens aber dann bekannt geben, wenn dies dem Fortgang des Hauptsacheverfahrens dient. Dies ist durch das Gericht ausdrücklich zu verfügen (vgl. Gosch/Schoenfeld § 142 Rn. 199). In keinen Fall dürfen dem Gegner und den Beigeladenen nach § 127 I 3 ZPO diejenigen Passagen des Beschlusses zur Kenntnis gegeben werden, die die Angaben über die persönlichen und wirtschaftlichen Verhältnisse des Antragstellers und die von diesem insoweit eingereichten Belege wiedergeben (OLG Bbg 10 WF 9/99, 10 WF 11/99, MDR 2000, 1095); diese dürfen dem Gegner nach § 117 II 2 ZPO nur mit Zustimmung des Antragstellers zugänglich gemacht werden. Der Staatskasse sind Bewilligungsentscheidungen nicht von Amts wegen mitzuteilen (§ 127 III 6 ZPO).

109 **e) Rechtsbehelf.** Abweichend von der Rechtslage im Zivilprozess (vgl. § 127 II u. III ZPO) können im finanzgerichtlichen Verfahren Beschlüsse über Anträge auf Bewilligung von PKH **nicht** mit der **Beschwerde** angefochten werden (§ 128 II, dazu BT-Drs. 14/4061, 12), und zwar auch nicht von der Staatskasse (Gosch/Schoenfeld § 142 Rn. 240; Tipke/Kruse/Brandis § 142 Rn. 71). Der Antragsteller kann jedoch ggf. eine **Anhörungsrüge nach § 133a** erheben (BFH III S 23/05, BFH/NV 2005, 2234; zur Kostenpflicht s. BFH IX S 19/14, BFH/NV 2015, 222). Die Anhörungsrüge ist jedoch nicht gebührenfrei, es fällt eine Festgebühr nach GKG KV Nr. 6400 an (vgl. BFH XI S 1/14, BFH/NV 2014, 1071; X S 16/21, X S 17/21 (PKH), X S 20/21 (PKH), BFH/NV 2022, 423); zur **Gegenvorstellung** → Vor § 115 Rn. 40 ff.; zum wiederholten PKH-Antrag → Rn. 62 sowie zum wiederholten Antrag im Rahmen einer Gegenvorstellung s. BFH V S 10/07, BFH/NV 2009, 1900. Zur Zulässigkeit eines wiederholten Antrages → Rn. 61.

110 Hat ein Kläger vor dem FG erfolglos die Bewilligung von PKH für das Klageverfahren beantragt und ist auch eine Anhörungsrüge zurückgewiesen worden, kann er die rechtswidrige Versagung der PKH als **Verfahrensmangel** mit dem zulässigen Rechtsmittel gegen das klageabweisende Urteil geltend machen, also idR mit der **Nichtzulassungsbeschwerde** (§ 116). Zwar kann der BFH wegen

§ 124 II im Verfahren der NZB oder der Revision nicht unmittelbar über die Rechtmäßigkeit des die PKH versagenden Beschlusses entscheiden, weil der Beschluss nach § 128 II **unanfechtbar** ist. Durch § 124 II wird jedoch nicht die Rüge solcher Verfahrensmängel ausgeschlossen, die als Folgen der beanstandeten (unanfechtbaren) Nebenentscheidung weiterwirkend dem angefochtenen Urteil anhaften (→ § 124 Rn. 3). Das gilt insbes. für die Rüge der **Verletzung des rechtlichen Gehörs** (BVerwG 6 B 121/98, NVwZ-RR 1999, 587 mwN). Das rechtliche Gehör eines Beteiligten wird aber gerade verletzt, wenn das FG ihm in rechtswidriger Weise PKH verweigert und ihn damit um die Möglichkeit gebracht hat, sich im Verfahren vor dem FG durch einen Prozessbevollmächtigten sachkundig vertreten zu lassen (BSG B 13 RJ 83/97 R, MDR 1998, 1367; BVerwG 6 B 121/98, NVwZ-RR 1999, 587).

Wurde dem Urkundsbeamten der Geschäftsstelle nach **§ 142 III** die Prüfung der persönlichen und wirtschaftlichen Verhältnisse übertragen, ist dessen Entscheidung nach § 142 VII anfechtbar; → Rn. 88–91.

f) Überprüfung und Änderung der Bewilligung. Die **Änderung** der PKH-Bewilligung ist in § 120a ZPO geregelt. Nach **§ 120a I 1 ZPO soll** das Gericht die Entscheidung über die (mit oder ohne Zahlungsbestimmung) zu leistenden Zahlungen ändern, wenn sich die für die PKH maßgebenden **persönlichen und wirtschaftlichen Verhältnisse wesentlich nachträglich geändert** haben (s. BT-Drs. 17/11472, 33: grds. kein Absehen mehr von der Änderung möglich). Das betrifft zum einen die Einkommens- und **Vermögensverbesserung,** die vorliegt, wenn 114

- der Beteiligte ein laufendes monatliches Einkommen bezieht und die Differenz zu dem bisher zu Grunde gelegten Bruttoeinkommen nicht nur einmalig 100 EUR übersteigt (§ 120a II 2 ZPO),
- in derselben Größenordnung abzugsfähige Belastungen entfallen (§ 120a II 3 ZPO) oder
- relevante, über dem Schonvermögen liegende (OLG Bbg 13 WF 74/20, FamRZ 2020, 1571) und verwertbare Vermögenszuwächse vorliegen, wozu auch diejenigen gehören, die der Beteiligte durch die Rechtsverfolgung erlangt (§ 120a III 1).

Nach der PKH-Bewilligung erworbenes Vermögen ist grds. für die Zahlung der Prozesskosten zu verwenden (Zöller/Schultzky ZPO § 120a Rn. 7), und zwar selbst dann, wenn es sich dabei um Schonvermögen handelt (zu angemessenen Hausgrundstücken: BFH XII ZA 11/07, NJW-RR 2008, 144; OLG München 12 WF 49/17, FamRZ 2017, 1143). Ein Prozesskostenvorschuss ist im Abänderungsverfahren nach § 120a ZPO nicht zu prüfen (BGH IVb ZR 27/84, NJW 1985, 2265).

Auch eine **Einkommensverschlechterung** ist zu berücksichtigen, dies jedoch nur auf Antrag. Insoweit gilt insbes. die Wesentlichkeits-Grenze von 100 EUR nicht (Groß Rn. 16). Allerdings können nach der Erstbewilligung von PKH eingegangene Zahlungsverpflichtungen nur für zwangsläufig eintretende Ereignisse berücksichtigt werden (vgl. BFH VII B 107/99, BFH/NV 2000, 339; Tipke/Kruse/Brandis § 142 Rn. 59). Wird (nachträglich) das **Insolvenzverfahren** über das Vermögen des Antragstellers eröffnet, so kann die Staatskasse bereits angefallene Gerichtskosten und auf sie nach § 59 RVG übergegangene Rechtsanwaltsgebühren, die vor Insolvenzeröffnung entstanden sind, nur iRd Insolvenzverfahrens als Insolvenzforderungen geltend machen; keinesfalls ist dies jedoch im Wege einer verfahrenskostenhilferechtlichen Zahlungsanordnung im Änderungsverfahren nach § 120a ZPO möglich (BGH XII ZB 119/19, NZI 2019, 953; OLG Frankfurt 5 WF 133/18, NZI 2019, 219). Anders dagegen, wenn es sich um Gerichtskosten und übergegangene Ansprüche handelt, die nach Insolvenzeröffnung entstanden sind (BGH IX ZR 211/11, NJW-RR 2012, 1465; XII ZB 119/19, FamRZ 2019, 1944). Eine Änderung wegen der jährlichen Anpassung der **Beträge nach § 115 I 3 Nr. 1 Buchst. b ZPO** (→ Rn. 20) erfolgt nach § 120a I 2 ZPO nur auf Antrag und nur wenn sie dazu führt, dass keine Monatsrate zu zahlen ist. Bei Tod der PKH-Partei erlischt deren PKH-Bewilligung (OLG Jena 9 W 452/11, NZI 2012, 197); ein Erbe kann nicht für bereits entstandene Kosten nach § 29 Nr. 3 GKG in Anspruch genommen werden (OLG Koblenz 14 W 625/12, FamRZ 2013, 902; Zöller/Schultzky ZPO § 119 Rn. 8). Bereits angeordnete rückständige Zahlungsverpflichtungen sollen aber gegen den Erben der PKH-Partei, soweit dieser nicht selbst PKH-würdig ist, durchsetzbar sein (Zöller/Schultzky ZPO § 120a Rn. 5).

115 Die Änderung der Bewilligung ist auf die genannten Fälle beschränkt. Das Verfahren nach § 120a ZPO **dient nicht dazu, die Erstentscheidung** über die PKH generell **neu zu überprüfen** (OLG Saarbrücken 6 WF 37/09, BeckRS 2009, 14309; OLG Karlsruhe 2 WF 40/00, BeckRS 2000, 30115644; OLG Köln 19 W 29/14, BeckRS 2015, 2423; OLG Frankfurt 6 WF 127/21, FamRZ 2022, 124; s. LAG Hamm 14 Ta 10/15, NZA-RR 2015, 327: Unterschiedliche Beurteilung der persönlichen und wirtschaftlichen Verhältnisse in der ersten und in der zweiten Instanz reicht nicht für eine Änderung aus). Auch wenn diese offensichtlich falsch war, ist das Vertrauen der Partei auf die Richtigkeit des Bewilligungsbeschlusses geschützt. Deshalb sollten die Berechnungsgrundlagen aktenkundig gemacht werden. Auf der anderen Seite besteht aber **kein Anspruch auf Fortschreibung eines Fehlers,** wenn eine Änderung der persönlichen und wirtschaftlichen Verhältnisse eingetreten ist.

116 Eine wesentliche **Verbesserung** der wirtschaftlichen Verhältnisse muss der Beteiligte dem Gericht – ebenso wie eine Änderung seiner Anschrift – nach § 120a II 1 ZPO **unverzüglich mitteilen** (zu den Folgen eines Verstoßes → Rn. 119). Hierauf weisen die PKH-Formulare ausdrücklich hin (§ 120a II 4 iVm § 117 III 2 ZPO; OLG Bbg 13 WF 10/19, MDR 2019, 502). Für die Mitteilung **ist** das speziell hierfür vorgesehene **Formular** zu verwenden (§ 120a IV 1 iVm § 117 III 1 ZPO). – Im Übrigen kann der Urkundsbeamte die persönlichen und wirtschaftlichen Verhältnisse jederzeit **von Amts wegen** überprüfen (§ 120a I 3 ZPO). Die gerichtliche Überprüfungsanordnung und der Abänderungsbeschluss sind den beigeordneten Bevollmächtigten zuzustellen (BGH XII ZB 38/09, FamRZ 2011, 463; XII ZB 582/15, NJW-RR 2016, 897; OLG Bbg 9 WF 114/22, JurBüro 2023, 157). Die Änderung zum Nachteil des Beteiligten ist nach § 120 I 4 ZPO **ausgeschlossen,** wenn seit der rechtskräftigen Entscheidung oder der sonstigen Beendigung des Verfahrens vier Jahre vergangen sind. Die Frist beginnt mit der Rechtskraft der Entscheidung in der Hauptsache zu laufen (Gottschalk/Schneider PKH/VKH Rn. 986). Eine Ausnahme von der Vierjahresfrist ist nur gegeben, wenn das Gericht die Verzögerung der Änderungsentscheidung nicht zu vertreten hat (OLG Zweibrücken 5 WF 42/07, FamRZ 2007, 1471; OLG Koblenz 5 W 632/12, MDR 2013, 488;). Die Änderungsentscheidung kann auf den Zeitpunkt der Änderung zurückbezogen werden (OLG Bbg 3 WF 73/13, FamRZ 2014, 1727).

Ist das **Verfahren** durch rechtskräftige Entscheidung oder auf sonstige Weise **abgeschlossen,** so soll das Gericht nach § 120a III 2 ZPO **überprüfen,** ob eine Änderung der Entscheidung über die zu leistenden Zahlungen im Hinblick auf das durch die Rechtsverfolgung Erlangte geboten ist (→ Rn. 104). Die Änderung der Entscheidung ist nach § 120a III 3 ZPO allerdings **ausgeschlossen,** soweit die Partei bei rechtzeitiger Leistung des durch die Rechtsverfolgung oder Rechtsverteidigung Erlangten ratenfreie PKH erhalten hätte. 117

Da § 120a ZPO als **Rechtsfolge lediglich die Änderung der Bewilligung** vorsieht und nicht auch deren Aufhebung, bleibt die in § 122 ZPO beschriebene Wirkung der PKH auch im Falle der Änderung bestehen. Es können sich daher lediglich Änderungen zur Zahlungsbestimmung ergeben; auch die Festsetzung von Einmalzahlungen ist möglich (OLG Bbg 9 WF 112/01, FamRZ 2002, 403; OLG Saarbrücken 6 WF 44/12, MDR 2012, 1186). 118

g) Aufhebung der Bewilligung. § 124 I ZPO regelt, unter welchen Voraussetzungen das Gericht die Bewilligung der PKH **aufheben** soll. Die **Aufzählung** ist **abschließend** (LAG SchlH 6 Ta 208/16, BeckRS 2016, 67774; OLG Köln 14 WF 21/03, BeckRS 2003, 30308132; Zöller/Schultzky ZPO § 124 Rn. 3). Es handelt sich um eine Soll-Vorschrift. Daher ist bei Vorliegen eines Aufhebungsgrundes nach § 124 I Nr. 1–5 ZPO die bewilligte PKH grds. aufzuheben, es sei denn, es liegen atypische besondere Umstände vor (OLG Frankfurt 8 W 29/18, MDR 2018, 1402; Zöller/Schultzky ZPO § 124 Rn. 4; BT-Drucks. 17/11472). Die Aufhebung der PKH nach § 124 ZPO wirkt auf den Zeitpunkt der Bewilligung zurück. Mit Aufhebung entfallen alle Vergünstigungen nach § 122 ZPO. – Im Einzelnen enthält § 124 I ZPO folgende Regelungen: 119

Nr. 1 betrifft die **Vortäuschung der Bewilligungsvoraussetzungen** durch unrichtige Darstellung des Streitverhältnisses (§ 117 I 2 ZPO). Hierzu zählen insbes. falsche oder verschwiegene Tatsachenangaben **in der Hauptsache.** Subjektive Voraussetzung ist das Vorliegen eines Täuschungsvorsatzes (absichtlich oder aus grober Nachlässigkeit). Auf die Kausalität zwischen Falschangabe und (Erst)Bewilligung von PKH kommt es nicht an (BGH IV ZB 16/12, NJW 2013, 68).

Nr. 2 erfasst zum einen den Fall, dass die Partei absichtlich oder aus grober Nachlässigkeit unrichtige Angaben über die persönlichen oder wirtschaftlichen Verhältnisse gemacht hat. Auf die Kausalität kommt es auch hier nicht an (BGH IV ZB 16/12, NJW 2013, 68; Zöller/Schultzy ZPO § 124 Rn. 12; **aA** OLG Bbg 9 WF 98/05, MDR 2006, 170; Gosch/Schoenfeld § 142 Rn. 285). Des Weiteren erfasst § 124 I Nr. 2 ZPO die fehlende oder ungenügende Abgabe einer Erklärung nach § 120a I 3 ZPO. Voraussetzung ist aber, dass mit der Aufforderung eine Frist zur Erklärung gesetzt wurde, die verstrichen ist (OLG Bbg 10 WF 95/17, FamRZ 2018, 1101), und diese dem beigeordneten RA bzw. – falls ein solcher nicht vorhanden ist – der PKH-Partei zugestellt wurde (OLG Bamberg 2 WF 183/19, FamRZ 2019, 1878). Ungenügend ist eine Erklärung, wenn sie eine Überprüfung der persönlichen und wirtschaftlichen Verhältnisse nicht zulässt (Zöller/Schultzky ZPO § 124 Rn. 14), zB wenn das Einkommen nicht ermittelbar ist (OVG Lüneburg 4 PA 64/12, JurBüro 2012, 316). Sind lediglich einzelne Belastungen nicht belegt, führt dies noch nicht zur Aufhebung, sondern lediglich zu deren Nichtberücksichtigung (OLG Bbg 13 WF 107/20, BeckRS 2020, 17645; 10 WF 46/21, BeckRS 2021, 38454). Eine spätere Nachreichung der erforderlichen Erklärung im Erinnerungsverfahren gegen die Aufhebung der PKH ist allerdings – auch bei schuldhafter Versäumnis – möglich (FG Düsseldorf 3 K 936/05 Kg, EFG 2011, 904; BGH XII ZB 287/17, NJW-RR 2018, 257; BAG 9 AZB 59/20, NJW 2021, 411). Das Verschulden an der nachträglichen Einreichung ist unbeachtlich (BAG 5 AZB 46/03, NZA 2004, 1062). Ferner kann die Partei vor Abschluss des Hauptsacheverfahrens einen erneuten Antrag auf PKH stellen (OLG Bbg 9 WF 300/08, FamRZ 2009, 242).

Nr. 3 regelt die Fälle, in denen unzutreffende oder fehlende Angaben zu den **persönlichen und wirtschaftlichen Verhältnissen** nur auf leichtem Verschulden beruhen oder unverschuldet gemacht wurden. Mit dieser Vorschrift können jedoch Fehler des Gerichts bei der rechtlichen Beurteilung nicht berichtigt werden (OLG Bbg 9 WF 94/99, MDR 2000, 174; OLG Köln 27 WF 216/00, FamRZ 2001, 1534). Die Aufhebung ist aber ausgeschlossen, wenn seit dem Eintritt der Rechtskraft einer Entscheidung oder sonstigen Erledigung **vier Jahre** vergangen sind, § 124 I Nr. 3 Hs. 2 ZPO.

Nr. 4 sieht die Aufhebung vor, wenn die Partei gegen die in § 120a II ZPO normierte **Pflicht zur unverzüglichen Mitteilung** über die wesentliche Verbesserung ihrer wirtschaftlichen Verhältnisse oder Änderungen ihrer Anschrift **absichtlich** oder **grob fahrlässig** verstoßen hat (zur Absicht oder groben Fahrlässigkeit s. OLG Karlsruhe 18 WF 239/16, BeckRS 2017, 102883; OLG Bbg 13 WF 19/17, FamRZ 2017, 1593; OLG Frankfurt 2 WF 241/18, MDR 2019, 1476; OLG Stuttgart 8 WF 273/18, FamRZ 2019, 1877; BAG 8 AZB 23/16, BeckRS 2016, 74442; 8 AZB 16/16, NJW 2017, 107; SächsLAG 4 Ta 285/15 (3), NZA-RR 2016, 496; LAG München 10 Ta 51/15, BeckRS 2016, 68579; HessLAG 3 Ta 241/16, BeckRS 2017, 124899). Ein schlichtes Vergessen stellt kein Verschulden dar (OLG Frankfurt 2 WF 241/18, MDR 2019, 1476); ist die Partei wegen mehrfachen Umzugs auch für den beigeordneten RA nicht erreichbar und hat sie sich selbst beim Einwohnermeldeamt nicht umgemeldet, liegt eine grobe Fahrlässigkeit vor (OLG Frankfurt 7 WF 106/20, NJW-RR 2021, 382). Unerheblich ist, ob aufgrund des Verstoßes der Mitteilungspflicht eine Abänderung der PKH-Bewilligung möglich wäre (OLG Koblenz 7 WF 495/19, FamRZ 2020, 182).

Nr. 5 normiert die Aufhebung der Bewilligung für den Fall, dass die Partei **länger als drei Monate** mit einer **Monatsrate** oder mit der Zahlung eines sonstigen Betrages in **Rückstand** ist. Dies erfordert nach hM einen schuldhaften Verzug (BGH IX ZR 61/94, NJW 1997, 1077; LAG Bbg 21 Ta 1261/16, NZA-RR 2017, 40; LSG NRW L 20 AY 88/12 B, BeckRS 2013, 67917; LAG Köln 1 Ta 176/14, BeckRS 2014, 72698; aA OLG Stuttgart 2 W 21/15, AnwBl 2016, 79; Zöller/Schultzky ZPO § 124 Rn. 18). Daran fehlt es, wenn dem Antragsteller eigentlich PKH ohne Ratenzahlungsverpflichtung hätte bewilligt werden müssen (BGH IX ZR 61/94, NJW 1997, 1077; OLG Bbg 13 WF 73/18, FamRZ 2019, 49; 13 WF 251/19, FamRZ 2020, 1572). Zudem liegt Verschulden erst dann vor, wenn die Partei eine ordnungsgemäße Zahlungsaufforderung der Gerichtskasse erhalten hat (LAG Köln 1 Ta 190/13, BeckRS 2013, 70836) bzw. wenn auf den Rückstand hingewiesen und auch auf eine Mahnung mit Fristsetzung nicht reagiert wurde (LAG Hamm 14 Ta 646/15, BeckRS 2016, 66272; OLG Brem 5 WF 60/10, FamRZ 2011, 129). Für den Fall des ergebnislosen Fristablaufs muss der Partei klar erkennbar gemacht werden, dass als Konsequenz die Aufhebung der bewilligten PKH erfolgt (LAG Bbg 21 Ta 1066/15, BeckRS 2015, 70313; OLG Bbg 10 WF 3/01, FamRZ 2002, 1419). Der **Tod der PKH-Partei** führt nicht zur Aufhebung der PKH, diese erlischt vielmehr von selbst (OLG Düsseldorf 10 WF 1/99, NJW-RR 1999, 1086).

Darüber hinaus **kann** nach **§ 124 II ZPO** das Gericht die Bewilligung der PKH teilweise aufheben, soweit die von der Partei beantragte Beweiserhebung aufgrund von neuen Umständen keine ausreichende Aussicht auf Erfolg bietet oder der Beweisantritt mutwillig erscheint. Dies findet mE im finanzgerichtlichen Verfahren wegen des Amtsermittlungsgrundsatzes keine Anwendung.

Mit der Aufhebung der Bewilligung entfallen alle **Wirkungen** der PKH nach §§ 122, 123 ZPO. Die Gerichtskosten und die auf die Staatskasse übergegangenen Ansprüche des beigeordneten Anwalts oder Steuerberaters (vgl. § 59 RVG) können ohne Beschränkungen gegen den Beteiligten geltend gemacht werden. Auch der beigeordnete Bevollmächtigte ist nicht mehr durch § 122 I Nr. 3 ZPO gehindert, seinen Vergütungsanspruch gegen den Beteiligten durchzusetzen (OLG Bbg 6 W 82/09, JurBüro 2010, 261). Sein Anspruch gegen die Staatskasse ist ebenfalls nicht erloschen (OLG Köln 14 WF 33/05, FamRZ 2005, 2007), es sei denn, er hat die Irreführung des Gerichts mitveranlasst (LAG Düsseldorf 7 Ta 421/89, JurBüro 1990, 755). Die Aufhebung der Bewilligung **erwächst nicht in Rechtskraft,** so dass der Antragsteller ggf. erneut PKH mit zutreffenden Angaben beantragen kann (BGH XII ZB 287/17, NJW-RR 2018, 257), selbst wenn das anhängige Gerichtsverfahren inzwischen durch übereinstimmende Erledigungserklärung beendet ist (FG Düsseldorf 3 K 936/05 Kg, EFG 2011, 904).

h) Zuständigkeit, Form, Rechtsbehelf. Zuständig für die Änderung nach **120** § 120a ZPO und die Aufhebung nach § 124 I Nr. 2–5 ZPO ist gem. § 142 IV der **Urkundsbeamte** der Geschäftsstelle. In den Fällen des § 124 I Nr. 1 ZPO ist der Richter zuständig. Dem Urkundsbeamten steht bei der Entscheidung **kein Ermessensspielraum** zu, weil das Gericht nach §§ 120a I 1, 124 I ZPO die Aufhebung oder Änderung vornehmen „soll" (Zöller/Schultzky ZPO § 120a Rn. 1, § 124 Rn. 4). Vor jeder Entscheidung über die Aufhebung/Abänderung ist dem Hilfsbedürftigen **rechtliches Gehör** zu gewähren (Art. 103 I GG). Der Urkundsbeamte entscheidet durch Beschluss, der zu **begründen** ist. Der Beschluss ist an den beigeordneten Bevollmächtigten zuzustellen (BGH XII ZB 38/09, FamRZ 2011, 463; XII ZB 582/15, NJW-RR 2016, 897; OLG Bbg 9 WF 114/22, JurBüro 2023, 157). Die Entscheidungen des Urkundsbeamten sind nach § 142 VII mit der **Erinnerung** anfechtbar. Der Vorsitzende kann nach § 142 V die Aufgaben des Urkundsbeamten der Geschäftsstelle nach 142 III bzw. IV jederzeit an sich ziehen. Gleiches gilt nach § 142 VI, wenn ein Berichterstatter bestellt ist. In den Fällen des § 120a ZPO kann die Partei angeforderte Erklärungen und/oder Belege im Erinnerungsverfahren nachreichen bzw. insbes. bei Verschlechterung ihrer wirtschaftlichen Verhältnisse die erneute Änderung beantragen. Eine Neubewilligung nach Aufhebung ist nur innerhalb der sehr engen Grenzen des § 124 ZPO möglich.

§ 143 [Kostenentscheidung]

(1) **Das Gericht hat im Urteil oder, wenn das Verfahren in anderer Weise beendet worden ist, durch Beschluss über die Kosten zu entscheiden.**

(2) **Wird eine Sache vom Bundesfinanzhof an das Finanzgericht zurückverwiesen, so kann diesem die Entscheidung über die Kosten des Verfahrens übertragen werden.**

Vgl. § 161 I VwGO.

Literatur: Gruber, Die gerichtliche Kostenentscheidung im Steuerprozess, StB 1992, 166; Just, Das Kostenrecht im Finanzprozess, DStR 2008, Beihefter zu Nr. 40, 68; Kaiser, Die Kostenentscheidung im finanzgerichtlichen Verfahren, DB 1966, 1106; Wollny, Zur Kostenentscheidung nach Zulassung der Revision durch das Finanzgericht DStR 1983, 196.

I. Kostenentscheidung (Abs. 1)

1. Allgemeines

1 Wegen der Kostenpflicht des finanzgerichtlichen Verfahrens ist grds. in jedem Verfahren eine Kostenentscheidung erforderlich. Abs. 2 und § 144 regeln Ausnahmen hiervon. Aus speziellen Regelungen kann sich ergeben, dass eine Kostenentscheidung nicht zu treffen ist (→ Rn. 3). Aus dem Wortlaut von Abs. 1 ergibt sich zunächst nur, wann (bei Beendigung) und in welcher Form (Urteil oder Beschluss) entschieden wird. Da das für die **Verteilung der Kostenlast** maßgebliche Obsiegen und Unterliegen (§§ 135 ff.) idR erst bei Beendigung des Verfahrens feststeht, kann die Entscheidung über die Kosten erst in diesem Zeitpunkt getroffen werden. Sie muss dann einheitlich ergehen; es ist eine Entscheidung über sämtliche Kosten („die Kosten") zu treffen **(Einheitlichkeit der Kostenentscheidung).** Die Kostenentscheidung des Gerichts entfaltet Bindungswirkung für den Kostenansatz (§ 19 GKG; → Vor § 135 Rn. 55 ff.) und die Kostenfestsetzung (§ 149). Das Gericht entscheidet (nur) dem Grunde nach darüber, wer im Verhältnis der Beteiligten zueinander und im Verhältnis zur Staatskasse welchen Anteil der Kosten zu tragen hat.

2. Anwendungsbereich

3 Eine Kostenentscheidung ist nur erforderlich, soweit Kosten entstanden sind. Ein Verfahren, in dem Kosten (zum Begriff → Vor § 135 Rn. 1) entstehen, muss anhängig geworden sein. In welchen Verfahren Kosten entstehen, ergibt sich für die Gerichtskosten aus den Vorschriften des GKG, insbes. aus § 3 I GKG iVm den Gebührentatbeständen im Kostenverzeichnis (→ Vor § 135 Rn. 5 ff., Rn. 156). Außergerichtliche Kosten entstehen nach Maßgabe des RVG (→ Vor § 135 Rn. 12; → § 139 Rn. 23 ff.). Fallen Gerichtskosten nicht an, kann eine Kostenentscheidung erforderlich sein, wenn außergerichtliche Kosten zu erstatten sind. Ist beides nicht der Fall (zB § 66 VIII GKG), ist ein Ausspruch über die Kosten entbehrlich (BFH X S 24/12, BFH/NV 2012, 1638). Sollen Kosten nicht erhoben werden (§ 21 GKG), ist eine Entscheidung darüber erforderlich (→ Vor § 135 Rn. 97 f.; → Rn. 19). Über die Kosten entscheidet das Gericht außerdem nur, wenn es sich um ein kontradiktorisches Verfahren handelt, in dem ein **Gegner vorhanden** ist. Das ist zB nicht der Fall im PKH-, im Kostenansatz- und im Streitwertverfahren. Hilft das FA dem Begehren in der Hauptsache ab und erledigt sich dadurch das vorgeschaltete PKH-Verfahren vor Entscheidung, ergeht keine Kostenentscheidung. Der Antragsteller muss seine außergerichtlichen Kosten selbst tragen (FG Köln 6 K 1075/18 (PKH), BeckRS 2018, 21813).

4 **Entfällt die Rechtshängigkeit rückwirkend** zB durch Klagerücknahme (§ 72 FGO iVm § 155 S. 1 FGO iVm § 269 III 1 ZPO) oder übereinstimmende Erledigungserklärungen (→ § 138 Rn. 25), bleibt die Kostenpflicht bestehen, die Gerichtsgebühren ermäßigen sich (zB Nr. 6111 KV). Ein Verfahren hat (kostenrechtlich) stattgefunden; ein Gebührentatbestand ist verwirklicht. Nichts anderes

kann gelten, wenn das Verfahren wegen **Unwirksamkeit der Zustimmung zur Sprungklage** gem. § 45 III formlos an das FA abgegeben wird. Dann entfällt zwar für das Verfahren vor dem FG die Verfahrensgebühr (Nr. 6110 KV), nicht jedoch für das Revisionsverfahren, wenn der Fehler erst beim BFH entdeckt wird (arg. Nr. 6120 KV). Die außergerichtlichen Kosten entfallen nicht. Wer diese Kosten zu tragen hat, muss das Gericht (nach allg. Maßstäben, insbes. nach dem Veranlassungsprinzip unter Berücksichtigung von § 21 GKG) entscheiden. Die Rspr. (BFH X R 48/01, BStBl. II 2004, 169; X R 34/06, BFH/NV 2009, 1826; VIII R 22/08, BFH/NV 2010, 44) hält dagegen eine Kostenentscheidung nicht für erforderlich, weil das Verfahren nicht rechtshängig geworden sei; das überzeugt nicht.

Das Verfahren muss **vollständig beendet** sein. Beendigung tritt ein durch abschließende Entscheidung in der Hauptsache oder „in anderer Weise". Die Entscheidung über den Antrag auf **Urteilsergänzung** beendet das (vermeintlich) schon beendete Verfahren endgültig; sie enthält deshalb ebenfalls eine (uU korrigierende) Kostenentscheidung (→ § 109 Rn. 8). **In anderer Weise beendet** ist das Verfahren, wenn es zu einer Entscheidung über den Gegenstand des Verfahrens nicht mehr kommt, zB wegen Rücknahme der Klage/des Antrags (§ 72; Kostenentscheidung nur nach Maßgabe von § 144), des Rechtsmittels (§ 125) oder weil die Beteiligten den Rechtsstreit übereinstimmend in der Hauptsache für erledigt erklärt haben (§ 138), ferner bei Aufhebung des Urteils durch das BVerfG (BFH III R 67/68, BStBl. II 1969, 79) oder bei formloser Abgabe als Einspruch an das FA (→ Rn. 4). Ist das Verfahren nur **teilweise beendet,** zB bei objektiver Klagenhäufung durch übereinstimmende teilweise Erledigungserklärungen (→ § 138 Rn. 29) oder bei subjektiver Klagenhäufung durch Rücknahme einzelner, aber nicht aller Klagen, darf das Gericht über die Kosten vorbehaltlich der Abtrennung des erledigten Teils erst im Endurteil einheitlich entscheiden. Das gilt auch, wenn die Beteiligten den Rechtsstreit nach teilweiser Zurückverweisung übereinstimmend für erledigt erklären (zutr. HessFG 11 K 1210/17, EFG 2023, 351). 5

Vorbereitende Entscheidungen. Das Verfahren (der kostenrechtliche Rechtszug, → Vor § 135 Rn. 27) wird nicht beendet durch Entscheidungen des Gerichts (Urteile und Beschlüsse), die der Endentscheidung in der Hauptsache vorangehen und sie vorbereiten **(Vorabentscheidung).** Keine Kostenentscheidung enthält danach ein Zwischenurteil über die Zulässigkeit der Klage (§ 97), den Klagegrund (§ 99 I) oder wegen anderer Fragen (§ 99 II). Auch bei einem Teilurteil ist die Kostenentscheidung dem Endurteil vorzubehalten (§ 98; BFH VIII R 31/68, BStBl. II 1973, 823). Durch förmliche Verfahrenstrennung entstehen zwei oder mehr kostenrechtlich selbständige Verfahren (→ Vor § 135 Rn. 29). Entscheidungen, die ein unselbständiges Zwischenverfahren abschließen **(Zwischenentscheidung),** insbes. soweit das Gericht dabei vAw entscheiden muss, enthalten idR ebenfalls keine Kostenentscheidung (→ Rn. 10). Soweit dadurch Kosten ausgelöst werden, ist hierüber erst bei Beendigung des Verfahrens einheitlich zu entscheiden. Zu Rechtsmitteln gegen Vorab- und Zwischenentscheidungen → Rn. 9. 6

Etwas Anderes (Kostenentscheidung) gilt insbes., soweit an einer Vorab- oder Zwischenentscheidung **Dritte** beteiligt sind, denen ggü. die Endentscheidung nicht ergeht und wenn der Dritte mit Kosten des Zwischenverfahrens belastet werden soll. Die den Verfahrensabschnitt abschließende Entscheidung des Gerichts muss dann eine Kostenentscheidung enthalten (zB BFH IX R 10/95, BStBl. II 7

1997, 178; IV R 76/95, BFH/NV 1997, 100). Eine Kostenentscheidung ist auch erforderlich, wenn das Gericht durch gesonderten Beschluss **Wiedereinsetzung** bewilligt, da das G insoweit die Trennung der Kosten anordnet (§ 136 III; → § 136 Rn. 12).

8 Eine **Kostenentscheidung** ist danach erforderlich, obwohl das Verfahren in der Hauptsache noch nicht beendet ist, bei der Entscheidung über

- die **Ablehnung** eines **Sachverständigen** (BFH VII B 7/76, BStBl. II 1976, 387);
- die **Aktenvorlage** nach § 86 III (In-camera-Verfahren), wenn der Antrag Erfolg hat und eine Finanzbehörde, die nicht Hauptbeteiligter ist, mit Kosten belastet werden soll (BFH X S 9/09, BeckRS 2009, 25015650V B 60/12, BFH/NV 2014, 745 mwN); bleibt der Antrag des Klägers erfolglos, ist eine Kostenentscheidung nicht zu treffen (BFH VII S 35/19, BFH/NV 2020, 1076);
- **Maßnahmen ggü. Zeugen** nach § 82 FGO iVm § 380 I ZPO (BFH XI B 60/93, BFH/NV 1994, 733 mwN; X B 7/20, BFH/NV 2020, 1277);
- das **Zeugnisverweigerungsrecht** eines Zeugen (BFH I R 9/71, BStBl. II 1971, 808; FG München 12 K 254/18, BeckRS 2021, 54412);
- den **Zwischenstreit** mit Dritten.

9 Hat ein **Rechtsmittel** gegen eine Vorab- oder Zwischenentscheidung Erfolg (Aufhebung der Entscheidung), wird das Verfahren in den Stand vor Erlass der Entscheidung zurückversetzt, ohne dass es der Zurückverweisung bedarf. Die Kosten des Rechtsmittelverfahrens bleiben der Endentscheidung in der Hauptsache vorbehalten (BFH II B 10/09, BFH/NV 2009, 1663; IV B 121/08, BFH/NV 2009, 604; VIII B 75/09, BFH/NV 2010, 1474; III R 43/11, BFH/NV 2013, 86; IX B 81/16, BStBl. II 2017, 196). Das gilt auch, wenn die Beteiligten während des Revisionsverfahrens über ein Zwischenurteil die Erledigung der Hauptsache erklären (BFH III R 22/74, BStBl. II 1976, 545). Bleibt das **Rechtsmittel ohne Erfolg,** ist (nur) für das (kostenrechtlich selbständige) Rechtsmittelverfahren bei dessen Beendigung eine Kostenentscheidung zu treffen (BFH VIII B 11/09, BFH/NV 2009, 1447; VIII B 27/09, BFH/NV 2009, 1449; II B 10/09, BFH/NV 2009, 1663; X B 36/17, BeckRS 2017, 119025).

10 **Keine Kostenentscheidung** enthalten vorbehaltlich der Beteiligung Dritter (→ Rn. 7) und eines erfolglosen Rechtsmittelverfahrens (→ Rn. 9) insbes. Entscheidungen über

- die **Ablehnung von Richtern** (zB BFH VII B 80/97, BFH/NV 1998, 463; IX S 17/99, BFH/NV 2000, 478);
- die **Akteneinsicht** (BFH IV B 100, 101/07, BFH/NV 2008, 1177; III B 176/07, BFH/NV 2009, 192);
- die (beschwerdefähige) **Anberaumung einer mündlichen Verhandlung** trotz Unterbrechung des Verfahrens (BFH X S 24/12, BFH/NV 2012, 1638);
- die **Aussetzung des Klageverfahrens** nach § 74 oder die Aufhebung des Aussetzungsbeschlusses (BFH VIII B 83/87, BStBl. II 1988, 947; I B 42/08, BFH/NV 2008, 1523); das gilt auch für das erfolgreiche Beschwerdeverfahren über Anordnung oder Versagung der Aussetzung des Verfahrens (zB BFH VI B 123/93, BFH/NV 1994, 548; IX B 13/97, BFH/NV 1998, 201; IX B 81/16, BStBl. II 2017, 196) oder Wiederaufnahme des Verfahrens (BFH VI B 37/13, BFH/NV 2013, 1790);
- die Anordnung oder Aufhebung einer **Beiladung** (BFH IV B 147/96, BFH/NV 1998, 345; X R 21/17, BeckRS 2018, 2342); zum Beschwerdeverfahren

s. BFH VI B 57/03, BFH/NV 2005, 71; VIII B 11/09, BFH/NV 2009, 1447; VIII B 27/09, BFH/NV 2009, 1449; II B 10/09, BFH/NV 2009, 1663;
- die **Beiordnung eines Notanwalts** (§ 78b ZPO iVm § 155; BFH X S 32/13, BFH/NV 2014, 57); anders bei erfolgloser Beschwerde (→ Rn. 9; BFH I B 12/16, BeckRS 2016, 94961);
- die **Berichtigung** eines Urteils **nach § 107,** anders bei erfolgloser Beschwerde (→ Rn. 9; BFH X B 47/09, BFH/NV 2010, 660; V B 26/15, BeckRS 2015, 95600);
- die erfolgreiche Beschwerde gegen die **Einstellung des Verfahrens,** wenn keine wirksame Klagerücknahme vorliegt (BFH IV B 209/03, BFH/NV 2004, 966);
- die **Zulassung der Revision** im NZB-Verfahren; maßgebend für die Kostentragung ist die Kostenentscheidung im Revisionsurteil (BFH X B 142/94, BFH/NV 1995, 819 mwN);
- die **öffentliche Zustellung** einer Entscheidung (BFH VII B 25/91, BFH/NV 1992, 610);
- die Bewilligung von **Prozesskostenhilfe** (BFH IV B 2/96, BFH/NV 1997, 607);
- die Anordnung des **Ruhens** des Verfahrens (BFH X R 54/03, BFH/NV 2008, 66) und die Wiederaufnahme eines ruhenden Verfahrens (BFH VI B 346/98, BFH/NV 2000, 220);
- die **Verbindung** und **Trennung** von Verfahren;
- die **Verweisung** der Sache in einen anderen Rechtsweg (§ 17a IV GVG; BFH VII B 4/97, BStBl. II 1997, 543);
- ein **Vorabentscheidungsersuchen** an den EuGH (BFH V B 64/96, BFH/NV 1997, 139; FG Hmb II 23/97, DStRE 2000, 171);
- die **Zurückverweisung eines Bevollmächtigten** nach § 62 III 1 (BFH VI B 94/97, BStBl. II 1998, 118; aA Zärban StB 1993, 141).

3. Zuständigkeit, Form, Verfahren

Zuständig ist das Gericht der Hauptsache (Senat, Vorsitzender, Berichterstatter). Das **FG** entscheidet über die bei ihm entstandenen Kosten sowie im Falle der Zurückverweisung und Übertragung der Kostenentscheidung (§ 143 II) auch über die Kosten des Rechtsmittels. Der **BFH** entscheidet über die im Rechtsmittelverfahren entstandenen Kosten und, wenn er die finanzgerichtliche Entscheidung aufhebt und in der Sache selbst entscheidet (§ 126 III 1 Nr. 1), auch über die Kosten des erstinstanzlichen Verfahrens (zur Hauptsacheerledigung s. BFH V R 57/03, BFH/NV 2006, 1121). Dasselbe gilt, wenn die Beteiligten den Rechtsstreit (nicht das Rechtsmittel) in der Revisionsinstanz für erledigt erklärt haben mit der Folge, dass die Vorentscheidung einschließlich der Kostenentscheidung wirkungslos wird (→ § 138 Rn. 25). Der BFH kann eine **unrichtige Kostenentscheidung** des FG unabhängig vom Ausgang des Verfahrens berichtigen (BFH XI R 38/10, BStBl. II 2013, 585). 12

Das Gericht entscheidet grds. durch (unselbständige) **Nebenentscheidung** in der Form (Urteil oder Beschluss), in der die Entscheidung zur Hauptsache ergeht; in den Fällen der Erledigung in anderer Weise (→ Rn. 5, dh bei Fehlen einer Entscheidung in der Hauptsache) durch Beschluss **(isolierte Kostenentscheidung).** Ist **streitig,** ob das Verfahren in anderer Weise beendet worden ist, ob zB eine (wirksame) Klagerücknahme vorliegt oder ob übereinstimmende Erledi- 13 gungserklärungen vorliegen, ist das Verfahren fortzusetzen und durch Urteil zu entscheiden. Ein bereits ergangener **Einstellungsbeschluss** (§ 72 II 2) oder **Kostenbeschluss** (§ 138) ist aufzuheben. Ist lediglich streitig, auf welche Weise das Verfahren beendet worden ist (durch Rücknahme oder Erledigung der Hauptsache), so ist hierüber im anhängigen Verfahren durch Beschluss zu entscheiden und die entsprechende Kostenentscheidung zu treffen (BFH IV R 101/86, BFH/NV 1988, 258).

14 Die Entscheidung ergeht **von Amts wegen.** Eines Antrags bedarf es nicht. Soweit die Beteiligten gleichwohl Anträge zur Kostenverteilung stellen, ist das Gericht daran nicht gebunden; § 96 I 2 gilt nur für die Sachanträge (BFH IV 424/62, BStBl. II 1966, 594). Da die Kostenentscheidung vAw zu treffen ist, kann sie in der Rechtsmittelinstanz auch zum Nachteil des Klägers geändert werden; das Verbot der **reformatio in peius** (→ § 96 Rn. 7) ist unbeachtlich (zB BFH VII R 112/98, BStBl. II 1999, 799). Das gilt selbst dann, wenn ein am Rechtsmittelverfahren nicht mehr Beteiligter betroffen ist (BGH VI ZR 35/79, MDR 1981, 928). Der BFH muss von den tatsächlichen Feststellungen des FG ausgehen (BFH II R 129/74, BStBl. II 1977, 511).

15 Fehlt die Kostenentscheidung, ist das Urteil (der Beschluss) unvollständig. Rechtsmittelfristen beginnen nicht zu laufen (§ 120 I 1). Es kann eine **Entscheidungsergänzung** nach §§ 109 I, 113 I beantragt werden. Fehlt die Kostenentscheidung nur im Tenor des Urteils, ist sie aber aus den Gründen ersichtlich, kommt die **Berichtigung** des Urteils (§ 107) in Betracht.

4. Inhalt der Entscheidung

17 Gegenstand der Kostenentscheidung ist die **Verteilung der Kostenlast** dem Grunde nach, dh die Frage, wer im Verhältnis der Beteiligten zueinander und im Verhältnis zur Staatskasse (als Entscheidungsschuldner gem. § 29 Nr. 1 GKG; → Vor § 135 Rn. 22) welchen Anteil der Kosten zu tragen hat (→ Rn. 1). Die Frage, ob und in welchem Umfang gegen den **Insolvenzverwalter** als Kläger festzusetzende Kosten Insolvenzforderungen oder Masseschulden sind, muss deshalb das Gericht beim Erlass der Kostenentscheidung entscheiden (aA BFH I R 69/00, BFH/NV 2002, 1545; → Vor § 135 Rn. 60). Über die Kosten ist für jeden Rechtszug (→ Vor § 135 Rn. 27) einheitlich zu entscheiden, sofern nicht im G ausdrücklich etwas anderes bestimmt ist (BFH X R 28/89, BFH/NV 1992, 435; VII R 112/98, BStBl. II 1999, 799; **Einheitlichkeit der Kostenentscheidung**). Alle Beteiligten und alle Streitgegenstände sind einzubeziehen. Getrennte Kostenentscheidungen für einzelne Streitgegenstände oder einzelne Personen kommen (vorbehaltlich der Abtrennung) nicht in Betracht. Eine Kostenentscheidung **nach Verfahrensabschnitten** wahrt in bestimmten Fällen den Grundsatz der Einheitlichkeit der Kostenentscheidung (→ § 136 Rn. 5; BFH XI R 24/12, BFH/NV 2013, 1920; III R 15/23, NJW 2024, 1605).

18 Das Gericht entscheidet über „die Kosten" des Verfahrens, dh über **alle Kosten** (§ 139 I), die im Verfahren (Rechtszug; → Rn. 10) entstanden sind. Zur Kostenentscheidung gehört deshalb auch die Entscheidung nach § 135 III über die Kostenpflicht und nach § 139 IV über die Erstattung der außergerichtlichen Kosten eines Beigeladenen (BFH IV B 122/98, BFH/NV 2000, 345). Das Gericht entscheidet über die Kostentragungspflicht nur **dem Grunde** nach. Aus der Kostenentscheidung muss sich ergeben, welcher Beteiligte mit welchem Anteil **(Quote)** die Kosten des Verfahrens zu tragen hat. Über die jeweiligen **Zahllasten** wird,

soweit es um die Gerichtskosten geht, im Kostenansatz (§ 19 GKG; → Vor § 135 Rn. 50) und soweit es um die zu erstattenden außergerichtlichen Kosten der Beteiligten geht, im Verfahren der Kostenfestsetzung (§ 149) entschieden. Im Kostenfestsetzungsverfahren (und nicht in der Kostenentscheidung) ist ferner darüber zu entscheiden, ob der **Beigetretene** Finbeh iSd § 139 II ist (BFH I B 88/05, BFH/NV 2007, 1148). Die Kostenentscheidung muss so bestimmt sein, dass nur noch der Betrag der Kosten zu ermitteln ist (BFH I R 22/79, BStBl. II 1985, 69; HHS/Schwarz § 143 Rn. 30).

Nicht zur Kostenentscheidung, sondern zum Erhebungsverfahren gehört die Entscheidung, von der Erhebung der Gerichtskosten abzusehen (**§ 21 GKG;** → Vor § 135 Rn. 87 ff.; BFH III B 8/66, BStBl. III 1967, 369). Die Entscheidung, die das Gericht treffen muss (→ Vor § 135 Rn. 92), kann aber mit der Kostenentscheidung verbunden werden. Entsprechendes gilt für die Entscheidung über die Notwendigkeit der **Zuziehung eines Bevollmächtigten** für das Vorverfahren (§ 139 III 3). Sie gehört zum Kostenfestsetzungsverfahren (→ § 139 Rn. 120), kann aber ebenfalls mit der Kostengrundentscheidung verbunden werden. 19

5. Rechtsbehelfe

Die Kostengrundentscheidung kann als unselbständige Nebenentscheidung nur zur Überprüfung gestellt werden, wenn (zugleich) gegen die Entscheidung in der Hauptsache ein Rechtsmittel eingelegt wird (§ 145). Gegen eine isolierte Kostenentscheidung ist ein Rechtsmittel nicht gegeben (§ 128 IV). Eine außerordentliche Beschwerde findet nicht statt (BFH VII B 344/05, BFH/NV 2007, 153; BVerfG 1 BvR 2803/06, NJW 2007, 1538). Einwendungen gegen die Kostenentscheidung können auch nicht mit der Erinnerung geltend gemacht werden, weil der Kostenbeamte und das Gericht an diese gebunden sind (→ Vor § 135 Rn. 64 ff.; BFH X E 10/13, BFH/NV 2014, 377). Gegen die Kostenentscheidung ist jedoch die **Anhörungsrüge** gegeben (§ 133a; FG München 7 K 854/11, EFG 2011, 1537). 21

II. Übertragung der Kostenentscheidung (Abs. 2)

Sofern der BFH die Sache an das FG zurückverweist (§ 116 VI; § 126 III 1 Nr. 2 und III 2; → § 132 Rn. 10 für das Beschwerdeverfahren), kann er diesem nach Abs. 2 die Entscheidung über die Kosten des Verfahrens übertragen. Unerheblich ist, ob der BFH durch Urteil oder Beschluss entschieden hat (BFH XI B 33/13, BFH/NV 2014, 714; III B 149/18, BFH/NV 2020, 90). Die Übertragung ist entgegen dem Wortlaut („kann") geboten, weil sich die Kostenentscheidung idR nach dem endgültigen Maß des Obsiegens und Unterliegens richtet, das im Zeitpunkt der Zurückverweisung noch nicht feststeht (BFH IV E 1/04, BFH/NV 2004, 966); außerdem sollte selbst bei aussonderbaren Teilen der Kosten eine Zersplitterung der Kostenentscheidung vermieden werden (BFH IV R 208/69, BStBl. II 1971, 689). Die Entscheidung über die Nichterhebung von Kosten (§ 21 GKG) gehört nicht zur Kostenentscheidung (→ Rn. 19); sie kann deshalb nicht übertragen werden. 23

Bei **teilweiser Zurückverweisung** kann (muss) der BFH dem FG (vorbehaltlich der förmlichen Abtrennung) die Entscheidung über die gesamten Kosten des Rechtsmittelverfahrens übertragen (stRspr, zB BFH IV R 43/16, BFH/NV 2020, 24

511; VIII R 17/19, DStR 2022, 407; Tipke/Kruse/Brandis § 143 Rn. 15), weil die Kostenentscheidung auch insoweit einheitlich ergehen muss (→ Rn. 16). Das gilt auch, wenn die Revision ohne Erfolg bleibt und die Anschlussrevision zur Zurückverweisung führt (BFH IX R 39/80, BFH/NV 1986, 337; I R 89/10, BFH/NV 2012, 306) oder umgekehrt (BFH X R 48/13, BeckRS 2015, 95323; VI R 42/14, BeckRS 2016, 94465). Verweist der BFH nach Verfahrenstrennung unter Aufhebung der Vorentscheidung einen abgetrennten Teil an das FG zurück, bleibt die Entscheidung über die Kosten des finanzgerichtlichen Verfahrens der Endentscheidung des FG vorbehalten (BFH IV R 9/17, BStBl. II 2021, 226).

25 Das FG entscheidet einheitlich über die Kosten des gesamten Rechtsstreits nach Maßgabe des endgültigen Obsiegens und Unterliegens. Unterliegt der Kläger endgültig, hat er auch die Kosten des (erfolgreichen) Revisionsverfahrens zu tragen. Nimmt der **Insolvenzverwalter** den nach Zurückverweisung und Übertragung der Kostenentscheidung im Kostenpunkt noch nicht erledigten Rechtsstreit auf, werden sämtliche Kosten des Verfahrens Masseverbindlichkeiten, auch soweit sie auf vor Eröffnung des Insolvenzverfahrens abgeschlossene Verfahrensteile entfallen (BFH II E 18/12, BFH/NV 2014, 726).

§ 144 [Kostenentscheidung bei Rücknahme eines Rechtsbehelfs]

Ist ein Rechtsbehelf seinem vollen Umfang nach zurückgenommen worden, so wird über die Kosten des Verfahrens nur entschieden, wenn ein Beteiligter Kostenerstattung beantragt.

1 Nimmt ein Beteiligter einen **Rechtsbehelf** (zum Begriff → § 136 Rn. 8) vollständig zurück, hat er kraft Gesetzes die Kosten zu tragen (§ 136 II). Einer Entscheidung bedarf es insoweit nicht; dem trägt § 144 Rechnung. Eine Kostenentscheidung ist deshalb gem. § 144 nur dann entbehrlich, wenn und soweit sich die Kostentragungspflicht unter Berücksichtigung des Grundsatzes der Einheitlichkeit der Kostenentscheidung (→ § 143 Rn. 1, 17) allein aus § 136 II ergibt und wenn die Kosten auch ohne eine Kostenentscheidung angesetzt werden können.

2 Bei **teilweiser Rücknahme** sind § 136 II, § 144 nicht anwendbar, da die Kostenentscheidung einheitlich ergehen muss (→ § 143 Rn. 1, → § 143 Rn. 17) und der für die Verteilung der Kostenlast maßgebende endgültige Ausgang des Verfahrens noch nicht feststeht (BFH VIII R 17/19, DStR 2022, 407). Entsprechendes gilt, wenn das FA der im finanzgerichtlichen Verfahren erweiterten Klage teilweise abgeholfen hat, beide Beteiligte Revision eingelegt haben und der Kläger im Revisionsverfahren seine Klage zurücknimmt (BFH II R 70/85, BFH/NV 1990, 448); die Klage ist in diesem Fall nicht vollen Umfangs zurückgenommen. § 144 ist auch dann nicht anwendbar, wenn **mehrere Beteiligte Rechtsmittel** eingelegt haben, aber nicht alle Rechtsmittel zurückgenommen werden. Auch in diesem Fall bedarf es einer (einheitlichen) Kostenentscheidung unter Berücksichtigung von § 136 II.

3 Eine Kostenentscheidung muss auch ergehen, wenn sich die Kostentragungspflicht trotz Rücknahme des Rechtsbehelfs in vollem Umfang nicht (oder nicht vollständig) aus § 136 II ergibt oder wenn die Kosten trotz § 136 II ohne eine Kostenentscheidung nicht angesetzt werden können. Sind die Kosten gem. **§ 137 S. 2** einem anderen Beteiligten aufzuerlegen, was § 136 II nicht ausschließt (str. → § 136 Rn. 9), oder steht die Frage im Raum, ob sie einem anderen auferlegt werden können (zB nach § 138 II 1; HessFG 4 K 244/16, BeckRS 2017, 94613),

muss eine Kostenentscheidung ergehen (BFH X R 117/97, BFH/NV 1998, 622). Nimmt der Kläger, nachdem das FA **Revision** eingelegt hat, die **Klage zurück,** können die Gerichtskosten des Revisionsverfahrens gegen ihn nur angesetzt werden, wenn er als Entscheidungsschuldner haftet (§ 29 Nr. 1 GKG; → Vor § 135 Rn. 22; BFH II R 29/82, BStBl. II 1983, 420; V R 37/07, BFH/NV 2007, 2323), da er insoweit nicht Antragsteller iSd § 22 GKG ist.

§ 144 (iVm § 136 II) setzt (ungeschrieben) voraus, dass ein **Beteiligter** den Rechtsbehelf zurückgenommen hat. Die Vorschrift ist deshalb nicht anwendbar, wenn ein **vollmachtloser Vertreter** einen Rechtsbehelf zurückgenommen hat (wozu er berechtigt ist, → § 62 Rn. 91). Soweit er ausnahmsweise als Veranlasser mit den Kosten des Verfahrens belastet werden soll (→ § 135 Rn. 9), bedarf es einer Kostenentscheidung. Zwar haftet er als Veranlasser uU bereits nach § 22 GKG für die Gerichtskosten (→ Vor § 135 Rn. 21); § 136 II ist jedoch nicht unmittelbar anzuwenden, da er nicht Beteiligter ist (→ § 136 Rn. 8; HHS/ Schwarz § 144 Rn. 16). 4

Eine Kostenentscheidung ist stets zu treffen, wenn ein Beteiligter **Kostenerstattung** beantragt, denn der Kostenfestsetzungsbeschluss (§ 149) setzt eine Kostenentscheidung voraus (BFH X R 117/97, BFH/NV 1998, 622). Der **Antrag** muss nicht ausdrücklich gestellt werden. Es genügt, wenn die Absicht erkennbar ist, Erstattungsansprüche geltend machen zu wollen. Im Revisionsverfahren kann die Absicht unterstellt werden, wenn anzunehmen ist, dass dem anwaltlich vertretenen Beteiligten erstattungsfähige Aufwendungen entstanden sind (BFH VII B 265/09, BFH/NV 2010, 1112; Tipke/Kruse/Brandis § 144 Rn. 4). Der Antrag kann beim BFH nur durch einen Bevollmächtigten iSd § 62 IV gestellt werden; § 52d ist zu beachten. 5

§ 145 [Anfechtung der Kostenentscheidung; Beschwerde]

Die Anfechtung der Entscheidung über die Kosten ist unzulässig, wenn nicht gegen die Entscheidung in der Hauptsache ein Rechtsmittel eingelegt wird.

Vgl. § 158 VwGO.

Die **Entscheidung über die Kosten** iSv § 145 ist die Entscheidung gem. § 143 I. Dazu gehören auch die Entscheidung nach § 135 III über die Kostenpflicht und nach § 139 IV über die Erstattung der außergerichtlichen Kosten eines Beigeladenen (BFH IV B 122/98, BFH/NV 2000, 345). Entscheidungen, die im **Kostenfestsetzungsverfahren** (§ 149) oder beim **Kostenansatz** (→ Vor § 135 Rn. 54 ff.) getroffen werden, fallen nicht in den Anwendungsbereich. Das gilt auch für die zum Kostenfestsetzungsverfahren gehörende Entscheidung über die Notwendigkeit der Zuziehung eines Prozessbevollmächtigten nach § 139 III 3 (→ § 139 Rn. 120 ff.). Unanwendbar ist § 145 auch auf Kostenentscheidungen nach § 77 I, II EStG (BFH III R 8/14, BStBl. II 2015, 844; FG Hmb 6 K 194/ 14, BeckRS 2016, 95023); sie können isoliert mit der Klage (nicht mit dem Einspruch) angefochten werden (Bauhaus AO-StB 2015, 289). § 145 regelt nur den Fall, dass durch **(unselbständige) Nebenentscheidung** über die Kosten entschieden worden ist. Eine Entscheidung in der Hauptsache muss ergangen sein. Ist die Kostenentscheidung selbst zur Hauptsache geworden (isolierte Kostenentscheidung), weil nur noch über die Kosten des Verfahrens zu entscheiden ist (zB 1 gem. § 138), so ergibt sich die Unanfechtbarkeit aus § 128 IV (HessFG 11 K 1210/17, EFG 2023, 351; ungenau FG Nürnberg 2 K 1534/14, BeckRS 2015, 95582). Das gilt auch für die Auferlegung einer Verzögerungsgebühr (§ 38 GKG; BFH VIII B 157/06, BFH/NV 2007, 931).

2 Die Rechtsmittelbeschränkung soll verhindern, dass nur wegen der Kosten (erneut und ggf. abweichend) über die Hauptsache entschieden wird. Die Kostenentscheidung wird deshalb nur überprüft, wenn zugleich die Hauptsache inhaltlich überprüft wird. Gegen die Entscheidung in der Hauptsache muss ein Rechtsmittel **zulässig** (BFH V B 107/14, BeckRS 2015, 94477) eingelegt worden sein. Es genügt nicht, dass sich aus der Kostenentscheidung eine Beschwer ergibt (zB § 137). Das gilt auch für die NZB. Die Revision kann nicht zugelassen werden, wenn nur in Bezug auf die Kostenentscheidung Revisionszulassungsgründe geltend gemacht werden und vorliegen (stRspr BFH VII B 247/06, BFH/NV 2008, 75; III B 20/13, BFH/NV 2014, 704; VIII B 86/18, BFH/NV 2019, 1130; X B 72/23, BFH/NV 2025, 387). Die Ausnahme in § 128 IV 2 gilt nur für Entscheidungen, deren Gegenstand in der Hauptsache Kosten sind (BFH VI B 83/02, BFH/NV 2003, 331; III B 62/15, BeckRS 2016, 95075).

3 Ist das Rechtsmittel zulässig, hat das Gericht nicht zu erforschen, ob es in Wahrheit zur **Umgehung von § 145** nur mit dem Ziel eingelegt worden ist, die Kostenentscheidung korrigieren zu lassen (RG II 1/21, RGZ 102, 290; BGH VI ZR 202/74, NJW 1976, 1267). Für die Zulässigkeit kommt es (allein) auf die formelle Beschwer an (→ Vor § 115 Rn. 105; BGH VI ZR 89/90, NJW 1991, 703). Das Rechtsmittel muss aber **inhaltlich** gegen die Entscheidung in der Hauptsache gerichtet sein. Stellt das FG durch Urteil fest, dass die Klage zurückgenommen oder die Hauptsache erledigt ist und trifft es in dem Urteil eine Kostenentscheidung (§ 136 II oder § 135 I; → § 72 Rn. 34 ff.), so kann das Urteil mit der Begründung angefochten werden, die Voraussetzungen einer Kostenentscheidung hätten nicht vorgelegen, nicht aber mit der Behauptung, die Kostenentscheidung sei in der Sache falsch (BFH VIII R 218/78, BStBl. II 1979, 741). Ist die Erledigung des Verfahrens an sich unstreitig, besteht aber Uneinigkeit darüber, ob die Erledigung durch eine Rücknahme des Rechtsbehelfs oder durch die Erledigung in der Hauptsache eingetreten ist, kann gegen den Beschluss, soweit er die Art der Erledigung feststellt, Beschwerde eingelegt werden, nicht aber gegen die Kostenentscheidung als solche. Wird die Kostenentscheidung in einer **Ergänzungsentscheidung** (§§ 109, 113 I) nachgeholt, so kann die Ergänzungsentscheidung mit der Behauptung angefochten werden, sie hätte nicht ergehen dürfen, nicht aber mit der Begründung, sie sei inhaltlich unrichtig (BFH I R 123/71, BStBl. II 1972, 770; FG BW 14 K 51/03, EFG 2004, 913; Kopp/Schenke/Schenke VwGO § 158 Rn. 3). Für eine Beschwerde, die sich nur formal gegen die Einstellung des Verfahrens richtet, die Wirksamkeit der Rücknahme jedoch nicht in Zweifel zieht, fehlt das Rechtsschutzbedürfnis (BFH IV B 163/95, BFH/NV 1997, 521).

4 **Ausnahmen.** § 145 gilt nur für (selbständige) Rechtsmittel. Die **unselbständige Anschließung** (Anschlussrevision oder -beschwerde) kann auch ausschließlich auf die Anfechtung der Kostenentscheidung gerichtet sein (→ § 120 Rn. 88). Die Anfechtung einer Kostenentscheidung ist auch zulässig, wenn sie (getrennt von der Hauptsache) in einem **Schlussurteil** enthalten ist, wenn gegen die Entscheidung in der Hauptsache (Grund- oder Teilurteil) ein zulässiges Rechtsmittel eingelegt wurde, über das noch nicht entschieden ist (BGH VII ZR 152/57, NJW 1959, 578; VII ZR 212/82, NJW 1984, 495; Zöller/Herget ZPO § 99 Rn. 10). Der **Antrag auf mündliche Verhandlung** (§ 90a II 1) ist kein Rechts-

mittel (Tipke/Kruse/Brandis Rn. 4); er ist auch zulässig, wenn nur die Kostenentscheidung angegriffen wird (aA FG BW 14 K 186/98, EFG 2000, 92).

Greift der Rechtsmittelausschluss gem. § 145 ein, kann gegen die Kostenentscheidung die **Anhörungsrüge** erhoben werden (→ § 143 Rn. 21). Nach der Rspr. ist daneben zur Beseitigung schweren Verfahrensunrechts und wegen sog. greifbarer Gesetzwidrigkeit eine (entsprechend § 133a) **fristgebundene Gegenvorstellung** bei dem Ausgangsgericht gegeben (BFH IV S 16, 17/03, BFH/NV 2004, 660). Nach erfolgloser Anhörungsrüge kann (auch isoliert) gegen die Kostenentscheidung **Verfassungsbeschwerde** erhoben werden mit der Begründung, das rechtliche Gehör sei verletzt (Art. 103 I GG; BVerfG 1 BvR 1126/11, NJW 2014, 911) oder die Entscheidung verstoße gegen das aus Art. 3 I GG folgende allg. Willkürverbot (BVerfG 1 BvR 1964/09, NJW 2010, 1349). 5

§§ 146 bis 148 (weggefallen)

§ 149 [Festsetzung der zu erstattenden Aufwendungen]

(1) **Die den Beteiligten zu erstattenden Aufwendungen werden auf Antrag von dem Urkundsbeamten des Gerichts des ersten Rechtszugs festgesetzt.**

(2) [1]**Gegen die Festsetzung ist die Erinnerung an das Gericht gegeben.** [2]**Die Frist für die Einlegung der Erinnerung beträgt zwei Wochen.** [3]**Über die Zulässigkeit der Erinnerung sind die Beteiligten zu belehren.**

(3) **Der Vorsitzende des Gerichts oder das Gericht können anordnen, dass die Vollstreckung einstweilen auszusetzen ist.**

(4) **Über die Erinnerung entscheidet das Gericht durch Beschluss.**

Vgl. §§ 164, 165 VwGO; §§ 103–107 ZPO; § 197 SGG.

Literatur: Bächer, Erstattungsfähige Kosten in Verfahren vor den Finanzgerichten, Stbg 2011, 422; Balmes/Felten, Kosten des Steuerstreits, DStZ 2010, 454; Gruber, Die außergerichtlichen Kosten des Finanzgerichtsprozesses, StB 1990, 1, 77, 153, 229; Gruber, Zur Frage der vorläufigen Vollstreckbarkeit finanzgerichtlicher Urteile, StB 1995, 8; Gruber, Die Erinnerung gegen den Kostenfestsetzungsbeschluss nach § 149 FGO, StB 2001, 141; Gruber, Neuregelung der Verzinsung im Kostenfestsetzungsverfahren, StB 2002, 185; Lemaire, Vergütungsfestsetzung und Kostenfestsetzung, AO-StB 2007, 159; Schall, Einige Anmerkungen zur Kostenfestsetzung, StB 1991, 175; Schwamberger, Die Gebühren des Steuerberaters im Steuerstreit, DStR 2012, 1576.

I. Begriff der Kostenfestsetzung

Im Kostenfestsetzungsverfahren wird über die **Erstattungsfähigkeit** und die **Höhe** der **außergerichtlichen Aufwendungen** (FG LSA 5 KO 268/14, EFG 2015, 70; → § 139 Rn. 3 ff.) des erstattungsberechtigten Beteiligten und über den zugrunde liegenden **Gegenstandswert,** entschieden, sofern er nicht schon gerichtlich festgesetzt war (→ Vor § 135 Rn. 100 ff.). Grundlage für die Kostenfestsetzung ist die **Kostenentscheidung,** in der das Gericht festlegt, wer (ggf. in welchem Verhältnis) die Kosten zu tragen hat (s. § 143). Die Kostenentscheidung ist bindend. Gegen ihre Richtigkeit – oder gar diejenige der Entscheidung in der 1

Sache selbst – können im Kostenfestsetzungsverfahren keine Einwendungen mehr erhoben werden (BFH X E 10/13, BFH/NV 2014, 377). Der Kostenfestsetzungsbeschluss hat **keine rechtsgestaltende, anspruchs- oder fälligkeitsbegründende Funktion** (BFH GrS 8/66, BStBl. II 1968, 59; BGH III ZR 146/73, MDR 1976, 475; OLG Düsseldorf 2 W 25/88, NJW-RR 1989, 503). Demzufolge ist eine **Aufrechnung** mit einer Kostenerstattungsforderung auch ohne Kostenfestsetzungsbeschluss zulässig, wenn die Höhe der zu erstattenden Kosten zwischen den Parteien unstreitig ist (BFH VII B 102/15, BFH/NV 2016, 996; OLG Frankfurt 18 W 130/11, BeckRS 2011, 105647; OLG Bbg 5 U 160/05, NJ 2006, 509; OLG München 11 WF 745/00, MDR 2000, 850; aA Staudinger/Gursky BGB § 387 Rn. 118).

2 Abzugrenzen ist die Kostenfestsetzung vom **Kostenansatz,** durch den der Anspruch der Staatskasse auf die Gerichtskosten gegen den Kostenpflichtigen geltend gemacht wird (→ Vor § 135 Rn. 54 ff.). Ferner ist die Kostenfestsetzung von der **Festsetzung des Vergütungsanspruchs** eines RA gegen seinen Mandanten gem. § 11 RVG, bei der ausschließlich über den Anspruch des RA (nicht auch eines Steuerberaters, FG Bln V 192/78, EFG 1979, 311) aus dem mit dem Mandanten abgeschlossenen Vertrag entschieden wird (→ § 139 Rn. 41) und die damit an die Stelle eines sonst um die Vergütung zu führenden Zivilprozesses tritt. Deshalb besteht zwischen dem Kostenfestsetzungsverfahren nach § 149 und dem Verfahren nach § 11 RVG **keine Bindungswirkung;** beide Verfahren können zu unterschiedlichen Ergebnissen führen (FG Brem 298255Ko 2, EFG 1999, 446 mwN zur Vorgängerregelung des § 19 BRAGO).

II. Verfahren

1. Rechtsgrundlagen

4 Während das Rechtsbehelfsverfahren in § 149 II–IV eigenständig geregelt ist, bestehen für das Kostenfestsetzungsverfahren selbst – mit Ausnahme der Bestimmungen in § 149 I – keine Verfahrensvorschriften. Soweit eigene Regelungen fehlen, sind deshalb über § 155 die **§§ 103–107 ZPO** entsprechend anwendbar. Dabei ist zu beachten, dass die Bestimmungen des § 103 II 1 ZPO und des § 104 I 1 ZPO durch § 149 I FGO, des § 104 I 4 ZPO durch § 53 FGO und des § 104 III ZPO durch § 149 II–IV FGO ersetzt sind (s. dazu auch FG LSA 5 KO 1120/12, EFG 2013, 810). Die §§ 103–107 ZPO lauten:

§ 103 ZPO Kostenfestsetzungsgrundlage; Kostenfestsetzungsantrag

(1) Der Anspruch auf Erstattung der Prozesskosten kann nur auf Grund eines zur Zwangsvollstreckung geeigneten Titels geltend gemacht werden.

(2) [1]Der Antrag auf Festsetzung des zu erstattenden Betrages ist bei dem Gericht des ersten Rechtszuges anzubringen. [2]Die Kostenberechnung, ihre zur Mitteilung an den Gegner bestimmte Abschrift und die zur Rechtfertigung der einzelnen Ansätze dienenden Belege sind beizufügen.

§ 104 ZPO Kostenfestsetzungsverfahren

(1) [1]Über den Festsetzungsantrag entscheidet das Gericht des ersten Rechtszuges. [2]Auf Antrag ist auszusprechen, dass die festgesetzten Kosten vom Eingang des Festsetzungsantrags, im Falle des § 105 Abs. 3 von der Verkündung des Urteils ab mit fünf Prozentpunkten über dem Basiszinssatz nach § 247 des Bürgerlichen

Gesetzbuchs zu verzinsen sind. [3]Die Entscheidung ist, sofern dem Antrag ganz oder teilweise entsprochen wird, dem Gegner des Antragstellers unter Beifügung einer Abschrift der Kostenrechnung von Amts wegen zuzustellen. [4]Dem Antragsteller ist die Entscheidung nur dann von Amts wegen zuzustellen, wenn der Antrag ganz oder teilweise zurückgewiesen wird; im Übrigen ergeht die Mitteilung formlos.

(2) [1]Zur Berücksichtigung eines Ansatzes genügt, dass er glaubhaft gemacht ist. [2]Hinsichtlich der einem Rechtsanwalt erwachsenden Auslagen für Post- und Telekommunikationsdienstleistungen genügt die Versicherung des Rechtsanwalts, dass diese Auslagen entstanden sind. [3]Zur Berücksichtigung von Umsatzsteuerbeträgen genügt die Erklärung des Antragstellers, dass er die Beträge nicht als Vorsteuer abziehen kann.

(3) [1]Gegen die Entscheidung findet sofortige Beschwerde statt. [2]Das Beschwerdegericht kann das Verfahren aussetzen, bis die Entscheidung, auf die der Festsetzungsantrag gestützt wird, rechtskräftig ist.

§ 105 ZPO Vereinfachter Kostenfestsetzungsbeschluss

(1) [1]Der Festsetzungsbeschluss kann auf das Urteil und die Ausfertigungen gesetzt werden, sofern bei Eingang des Antrags eine Ausfertigung des Urteils noch nicht erteilt ist und eine Verzögerung der Ausfertigung nicht eintritt. [2]Erfolgt der Festsetzungsbeschluss in der Form des § 130b, ist er in einem gesonderten elektronischen Dokument festzuhalten. [3]Das Dokument ist mit dem Urteil untrennbar zu verbinden.

(2) [1]Eine besondere Ausfertigung und Zustellung des Festsetzungsbeschlusses findet in den Fällen des Absatzes 1 nicht statt. [2]Den Parteien ist der festgesetzte Betrag mitzuteilen, dem Gegner des Antragstellers unter Beifügung der Abschrift der Kostenberechnung. [3]Die Verbindung des Festsetzungsbeschlusses mit dem Urteil soll unterbleiben, sofern dem Festsetzungsantrag auch nur teilweise nicht entsprochen wird.

(3) Eines Festsetzungsantrags bedarf es nicht, wenn die Partei vor der Verkündung des Urteils die Berechnung ihrer Kosten eingereicht hat; in diesem Fall ist die dem Gegner mitzuteilende Abschrift der Kostenberechnung von Amts wegen anzufertigen.

§ 106 ZPO Verteilung nach Quoten

(1) [1]Sind die Prozesskosten ganz oder teilweise nach Quoten verteilt, so hat nach Eingang des Festsetzungsantrags das Gericht den Gegner aufzufordern, die Berechnung seiner Kosten binnen einer Woche bei Gericht einzureichen. [2]Die Vorschriften des § 105 sind nicht anzuwenden.

(2) [1]Nach fruchtlosem Ablauf der einwöchigen Frist ergeht die Entscheidung ohne Rücksicht auf die Kosten des Gegners, unbeschadet des Rechts des letzteren, den Anspruch auf Erstattung nachträglich geltend zu machen. [2]Der Gegner haftet für die Mehrkosten, die durch das nachträgliche Verfahren entstehen.

§ 107 ZPO Änderung nach Streitwertfestsetzung

(1) [1]Ergeht nach der Kostenfestsetzung eine Entscheidung, durch die der Wert des Streitgegenstandes festgesetzt wird, so ist, falls diese Entscheidung von der Wertberechnung abweicht, die der Kostenfestsetzung zugrunde liegt, auf Antrag die Kostenfestsetzung entsprechend abzuändern. [2]Über den Antrag entscheidet das Gericht des ersten Rechtszuges.

(2) [1]Der Antrag ist binnen der Frist von einem Monat bei der Geschäftsstelle anzubringen. [2]Die Frist beginnt mit der Zustellung und, wenn es einer solchen nicht bedarf, mit der Verkündung des den Wert des Streitgegenstandes festsetzenden Beschlusses.

(3) Die Vorschriften des § 104 Abs. 3 sind anzuwenden.

2. Vollstreckungstitel

5 Die Kostenfestsetzung setzt nach § 155 iVm § 103 I ZPO einen **vollstreckungsfähigen Titel** voraus (BFH VII B 84/73, BStBl. II 1975, 263; Tipke/Kruse/Brandis § 149 Rn. 3). Das ist nicht nur ein rechtskräftiger, sondern auch ein **vorläufig vollstreckbarer Titel** (ausf. hierzu § 151; BFH VII B 84/73, BStBl. II 1975, 263). Bei vorläufiger Vollstreckbarkeit besteht für den (ursprünglichen) Kostengläubiger ein Rückgewährrisiko. Obsiegt nämlich der ursprüngliche Kostenschuldner im Rechtsmittelverfahren, so ist die bisherige Kostenfestsetzung ohne weiteres gegenstandslos; sie muss durch eine neue Kostenfestsetzung ersetzt werden (Tipke/Kruse/Brandis § 149 Rn. 3). Der ursprüngliche Kostengläubiger muss dem ursprünglichen Kostenschuldner die aufgrund des ursprünglichen Kostenfestsetzungsbeschlusses erstatteten außergerichtlichen Kosten zurückzahlen. – Zur nachträglichen **Streitwertfestsetzung** nach § 63 II GKG s. § 107 ZPO.

3. Zuständigkeit

6 Zuständig für die Kostenfestsetzung ist der **Urkundsbeamte der Geschäftsstelle des Gerichts erster Instanz,** also idR derjenige des FG (BFH IV S 7/11, BFH/NV 2012, 241). Das gilt auch dann, wenn der BFH über einen bei ihm gestellten Antrag auf **AdV** (§ 69) oder auf Erlass einer einstweiligen Anordnung (§ 114) entscheidet (BFH VI S 22/05, BStBl. II 2008, 306). Für die Entscheidung über den **Antrag, die Zuziehung eines Bevollmächtigten im außergerichtlichen Vorverfahren für notwendig zu erklären,** ist nicht der Urkundsbeamte, sondern gem. § 139 III 3 das Gericht zuständig, obwohl diese Entscheidung zum Kostenfestsetzungsverfahren gehört (BFH V R 27/14, BStBl. II 2016, 163; III R 24/15, BFH/NV 2016, 1284; → § 139 Rn. 120 ff.; → Rn. 9).

4. Antrag und Entscheidung

8 Der Kostenfestsetzungsbeschluss ergeht **nur auf Antrag,** der **ohne Frist** schriftlich oder zu Protokoll der Geschäftsstelle zu stellen ist und dem die in § 103 II ZPO genannten Unterlagen beizufügen sind. Antragsbefugt ist nur der **erstattungsberechtigte Beteiligte.** Der Prozessbevollmächtigte kann zwar für ihn Erstattung beantragen; er kann diesen Antrag aber nicht im eigenen Namen stellen, und zwar auch dann nicht, wenn ihm der Erstattungsanspruch abgetreten ist (BFH VII B 29/69, BStBl. II 1971, 242; VII B 115/09, BFH/NV 2009, 1821; zur abzugrenzenden Festsetzung der Vergütung eines RA nach § 11 RVG → Rn. 2).

9 Der **Urkundsbeamte entscheidet** im Kostenfestsetzungsverfahren **in eigener Verantwortung;** er ist ebenso wenig weisungsgebunden wie ein Richter. Er prüft nach **Anhörung des Gegners,** ob die erforderlichen Festsetzungsunterlagen vorliegen (§ 103 II ZPO), ob die geltend gemachten Kosten entstanden sind sowie zweckentsprechend und notwendig waren, da andere Kosten nach § 139 I nicht erstattungsfähig sind (BFH VII B 170/69, BStBl. II 1972, 429 betr. Bürgschafts-

provisionen; FG Hmb 3 KO 220/11, EFG 2012, 1374 betr. AdV; FG Köln 10 Ko 4258/09, EFG 2010, 1644; 10 Ko 1883/12, EFG 2012, 2234 betr. Avalprovisionen; → § 139 Rn. 4) und ob der Antragsteller sie **glaubhaft gemacht** hat. Der Urkundsbeamte ist **an den Antrag des Erstattungsgläubigers gebunden,** dh er darf den Erstattungsbetrag nicht höher festsetzen als beantragt und auch keinen höheren Antrag anregen (Tipke/Kruse/Brandis § 149 Rn. 7). Setzt der Prozessbevollmächtigte hingegen eine Gebühr überhöht an, so hat der Kostenbeamte diese im Kostenfestsetzungsverfahren auf den unter Beachtung aller Umstände angemessenen Betrag herabzusetzen (HessFG 2 Ko 2889/90, EFG 1991, 277). Zu entscheiden ist nur über die außergerichtlichen Aufwendungen des erstattungsberechtigten Beteiligten; eventuelle **Schadensersatzansprüche** aus unerlaubter Handlung können ebenso wenig Gegenstand des Kostenfestsetzungsverfahrens sein (BFH VII B 107/95, BStBl. II 1995, 916), wie die Kosten eines anderweitigen Verfahrens zur Änderung der Bescheide (zB nach § 164 AO), das nicht Vorverfahren iSv § 139 III 3 ist (FG Düsseldorf 6 Ko 307/14 KF, EFG 2014, 863); zur Berücksichtigung von **Umsatzsteuer** (§ 104 I 3 ZPO) → § 139 Rn. 111. Hat das Gericht die **Zuziehung eines Bevollmächtigten für das Vorverfahren** nach § 139 III 3 für notwendig erklärt, obwohl im Vorverfahren kein Bevollmächtigter beigezogen worden war, so ist der Urkundsbeamte an diesen Beschluss nicht gebunden (FG Köln 10 Ko 3869/02, EFG 2003, 55; → § 139 Rn. 132). Die **Verjährung des Gebührenanspruchs** des Prozessbevollmächtigten ggü. seinem Mandanten ist bei der Prüfung des festzusetzenden Kostenerstattungsanspruchs nur dann zu berücksichtigen, wenn dem Gericht bekannt ist, dass sich der Mandant ggü. seinem Bevollmächtigten auf die Verjährung ausdrücklich berufen hat (FG Nürnberg I 214/98, EFG 1999, 37). – Zur Entscheidung darüber, inwieweit die ggü. dem Kläger festzusetzenden Kosten **Insolvenzforderungen oder Masseschulden** darstellen s. FG Münster 11 K 4689/08, EFG 2011, 354.

Im Kostenfestsetzungsbeschluss ist die zugrunde liegende gerichtliche Entschei- **10**
dung (der **Titel** iSv § 103 I ZPO) genau **anzugeben.** Der Gesamtbetrag der erstattungsfähigen **Kosten** ist **ziffernmäßig zu bestimmen** (Zöller/Herget ZPO §§ 103, 104 Rn. 5). Der Kostenfestsetzungsbeschluss ist zu **begründen,** soweit die Festsetzung geltend gemachter Kosten abgelehnt wird (FG Brem 2 95 176 E 2, 2 95 178 E 2, EFG 1996, 150 mwN). Auf Antrag ist nach § 155 iVm § 104 I 2 ZPO auszusprechen, dass die festgesetzten Kosten ab Eingang des Festsetzungsantrags **zu verzinsen** sind; dieser Antrag kann auch nachträglich gestellt werden (Zöller/Herget ZPO §§ 103, 104 Rn. 6; s. auch BFH IV S 7/11, BFH/NV 2012, 241; vgl. insges. auch Gruber StB 2002, 185). Werden obsiegende **Streitgenossen** von verschiedenen Prozessbevollmächtigten vertreten, müssen die Erstattungsansprüche der Streitgenossen getrennt festgesetzt werden (FG Brem 2 95 176 E 2, 2 95 178 E 2, EFG 1996, 150; vgl. auch Schall StB 1995, 438).

Der Kostenfestsetzungsbeschluss ist ein **vollstreckbarer Titel** (§ 151 II Nr. 3). **11**
Er muss dem jeweiligen Prozessbevollmächtigten **zugestellt** werden (FG Brem 298148Ko 2, EFG 1999, 128). Wird der Kostenfestsetzungsbeschluss nicht rechtzeitig angefochten, erwächst er in **materielle Rechtskraft** (ThürFG II 10/99 Ko, EFG 2000, 653 mwN).

Hat der Beteiligte im Kostenfestsetzungsantrag bestimmte außergerichtliche **12**
Kosten nicht in vollständiger Höhe geltend gemacht oder hat der Urkundsbeamte bei der Kostenfestsetzung geltend gemachte Kosten versehentlich übergangen, kann im Wege der sog. **Nachtragsliquidation** beantragt werden, diese Kosten nachträglich festzusetzen. Die Nachtragsliquidation ist nicht mehr zulässig, wenn

der Kostenbeamte oder das Gericht im ursprünglichen (rechtskräftigen) Kostenfestsetzungsbeschluss über eine geltend gemachte Gebühr dem Grunde nach abschlägig entschieden hatte (ThürFG II 10/99 Ko, EFG 2000, 653).

III. Rechtsbehelfe

15 Der Kostenfestsetzungsbeschluss des Urkundsbeamten kann nach § 149 II innerhalb einer **Frist von zwei Wochen** nach Bekanntgabe des Bescheids schriftlich oder zur Niederschrift der Geschäftsstelle des Gerichts mit der Erinnerung angefochten werden. Die Frist beginnt mit der Zustellung der Festsetzung (§ 53 I). Die Frist beginnt nicht, wenn dem Beteiligten selbst statt dem bestellten Prozessbevollmächtigten zugestellt wurde (§ 62 VI 5, → § 62 Rn. 110 ff.). Da der Kostenfestsetzungsbeschluss mit einer **Rechtsbehelfsbelehrung** versehen sein muss (§ 149 II 3), beginnt die Frist auch nicht, wenn die Belehrung nicht oder unrichtig erteilt worden ist. § 55 I 2 ist, obwohl der Kostenfestsetzungsbeschluss keine „gerichtliche" Entscheidung im eigentlichen Sinn ist, entsprechend anzuwenden. Nach Ablauf der Frist kann der Kostenschuldner die eingelegte Erinnerung noch **erweitern,** nicht aber der Kostengläubiger (FG Hmb 3 KO 49/12, EFG 2012, 2157 mwN).

16 **Befugt zur Einlegung der Erinnerung** ist nur der beschwerte Beteiligte, nicht auch der für ihn tätige Prozessbevollmächtigte (Tipke/Kruse/Brandis § 149 Rn. 17; Gruber StB 2001, 141). Denn auch nur der Beteiligte selbst ist antragsbefugt (→ Rn. 8). Eine **Anschlusserinnerung** ist möglich (FG Bln V 514/80, EFG 1981, 581).

17 Eine **Begründung der Erinnerung** ist nicht erforderlich. Die Erinnerung ist jedoch nur zulässig, wenn der Erinnerungsführer das von ihm angestrebte **Rechtsschutzziel** benennt (BFH X E 6/89, BStBl. II 1989, 626 für die Erinnerung gegen den Kostenansatz).

18 Hilft der Urkundsbeamte der Geschäftsstelle der Erinnerung nicht ab, so ist str., wer anschließend hierüber zu entscheiden hat. Nach der wohl überwiegenden Rspr. richtet sich die Zuständigkeit danach, wer die Kostengrundentscheidung getroffen hat (BFH X E 4/20, BFH/NV 2021, 650, Rn. 8). Hat der **Berichterstatter** die Kostenentscheidung im vorbereitenden Verfahren nach § 79a I Nr. 5, IV getroffen, so ist er auch für die Erinnerung zuständig; ist die Kostenentscheidung hingegen in einem Senatsbeschluss enthalten, so muss der **Senat** über die Erinnerung entscheiden (BFH X E 4/20, BFH/NV 2021, 650, Rn. 8; FG BW 6 Ko 3/92, EFG 1994, 52; 6 Ko 6/92, EFG 1994, 669; FG Münster 6 Ko 6774/93, EFG 1994, 671; FG Saarl 2 S 69/94, EFG 1995, 379; FG Düsseldorf 14 Ko 583/01 KF, DStRE 2001, 1131; FG BW 8 KO 1/07, EFG 2007, 1972; FG MV 2 Ko 4/10, EFG 2010, 1447; FG Münster 9 Ko 647/10 KFB, EFG 2010, 2021; FG Hmb 3 KO 197/10, EFG 2011, 1468; 3 KO 201/10, EFG 2011, 1546; ausf. FG LSA 3 KO 965/10, EFG 2012, 1312; FG Münster 11 Ko 3705/11 KFB, EFG 2012, 1962; HessFG 6 Ko 1615/21, DStRE 2022, 1081; NdsFG 13 K 28/20, EFG 2024, 1423). Die **Gegenauffassung** fasst die Erinnerung hingegen nicht unter § 79a I Nr. 5, IV und geht stets von einer Zuständigkeit des Senats aus (FG Brem 2 94 238 E 2, EFG 1995, 381; FG LSA 4 KO 269/06, EFG 2006, 1344; FG BBg 13 KO 13326/10, EFG 2011, 1551; FG LSA 5 KO 1294/10, EFG 2011, 901; HessFG 10 KO 690/11, EFG 2012, 547; iE → § 79a Rn. 16). Die Entscheidung ergeht nach § 149 IV durch **Beschluss** (zur einstweiligen **Einstel-**

lung der Vollstreckung des angefochtenen Kostenfeststellungsbeschlusses bei ernstlichen Zweifeln an dessen Rechtsmäßigkeit s. § 149 III). Dabei ist die gesamte Kostenfestsetzung zu überprüfen. Eine **reformatio in peius** ist im Erinnerungsverfahren **nicht zulässig** (→ § 96 Rn. 51; s. dazu FG LSA 5 KO 314/13, EFG 2013, 1700; FG Hmb 3 KO 156/13, EFG 2013, 1961). Es dürfen jedoch einzelne Posten der Berechnung geändert werden (BFH VII B 45/68, BStBl. II 1970, 251). **Gerichtsgebühren** werden mangels eines entsprechenden Gebührentatbestandes nicht erhoben (ThürFG II 10/99 Ko, EFG 2000, 653; FG Brem 2 99 302 KO 2, EFG 2000, 289). Gerichtliche Auslagen müssen dagegen vom Kostenschuldner gezahlt werden (Bieler DStR 1976, 18). **Außergerichtliche Aufwendungen** werden erstattet. Der Beschluss ist nach § 128 IV **unanfechtbar** (BFH IV S 7/11, BFH/NV 2012, 241).

Abschnitt II. Vollstreckung

§ 150 [Anwendung der Bestimmungen der AO]

[1]Soll zugunsten des Bundes, eines Landes, eines Gemeindeverbands, einer Gemeinde oder einer Körperschaft, Anstalt oder Stiftung des öffentlichen Rechts als Abgabenberechtigte vollstreckt werden, so richtet sich die Vollstreckung nach den Bestimmungen der Abgabenordnung, soweit nicht durch Gesetz etwas anderes bestimmt ist. [2]Vollstreckungsbehörden sind die Finanzämter und Hauptzollämter. [3]Für die Vollstreckung gilt § 69 sinngemäß.

Vgl. § 169 VwGO, § 200 SGG, §§ 704ff. ZPO.

Literatur: (sa zu §§ 151u. 152): App/Wettlaufer, Verwaltungsvollstreckungsrecht, 4. Aufl. 2004; App, Die rechtliche Regelung der Verwaltungsvollstreckung in den neuen Bundesländern, NVwZ 1996, 656; Borck, Die Vollziehung und Vollstreckung von Unterlassungstiteln WRP 1993, 374; Brühl, Die Prüfung der Rechtmäßigkeit des Verwaltungszwangs im gestreckten Verfahren, JuS 1997, 926 u. 1021; JuS 1998, 65; v. Kalm, Die Duldungsverfügung im Rahmen der Verwaltungsvollstreckung, DÖV 1996, 463; Lüke, Die Entwicklung der öffentlich-rechtlichen Theorie der Zwangsvollstreckung in Deutschland, FS Nakamura, 1996, 389; Martens, Die vorläufige Vollstreckbarkeit finanzgerichtlicher Urteile, DStR 1967, 274; Meyer-Ladewig, Vollstreckungsanordnung bei Zwangsvollstreckung aus verwaltungsgerichtlichen Titeln? NVwZ 1984, 699; Pietzner, Rechtsschutz in der Verwaltungsvollstreckung, VerwA 1993, 261; Poscher, Verwaltungsakt und Verwaltungsrecht in der Vollstreckung, VerwA 1998, 111; Rahn, Die Vollstreckung aus finanzgerichtlichen Entscheidungen, BB 1974, 1434; Rupp, Kontrolle und Kontrollmaßstäbe bei der innerstaatlichen Erteilung der europäischen Vollstreckungsklauseln, FS Menger, 1985, 859; Schenke/Baumeister, Probleme des Rechtsschutzes bei der Vollstreckung von Verwaltungsakten, NVwZ 1993, 1; Seikel, Vorläufiger Rechtsschutz bei Vollstreckungsmaßnahmen, BB 1991, 1165; Wettlaufer, Die Vollstreckung aus verwaltungs-, sozial- und finanzgerichtlichen Titeln zugunsten der öffentlichen Hand, 1989.

§ 150 regelt die **Vollstreckung zu Gunsten eines Abgabenberechtigten;** 1
soll zu seinen Lasten vollstreckt werden, so greifen die §§ 151–154 ein. § 150 findet nur dann Anwendung, wenn es um die Vollstreckung aus einer **vollstreckbaren finanzgerichtlichen Entscheidung** geht (BFH VII B 47/76, BStBl. II 1977, 49).

2 Die **Bedeutung** des § 150 ist **gering.** Weist das Gericht eine gegen einen vollstreckbaren **VA** (§ 249 I AO; zB Steuerbescheide, Haftungsbescheide, Vergütungs-, Erstattungs- und Rückforderungsbescheide) gerichtete Klage oder einen den VA betreffenden Antrag (zB auf AdV) ab, so vollstreckt der Abgabenberechtigte (idR das FA oder das HZA) anschließend nicht aus dem (abweisenden) Urteil (Beschluss), sondern nach wie vor aus dem VA, dessen Regelungen und dessen Leistungsgebot (§ 254 I 1 AO) bestehen geblieben sind. Diese Vollstreckung richtet sich (originär) nach **§§ 249 ff. AO;** § 150 gelangt nicht zur Anwendung (BFH IV B 57/17, BFH/NV 2018, 48; SchlHFG 3 K 56/15, BeckRS 2019, 21400). Gleiches gilt, wenn das Gericht die Steuer nach § 100 II 1 neu festsetzt. Auch in diesem Fall wird anschließend aus dem VA vollstreckt und nicht aus dem Urteil (HHS/Schwarz § 150 Rn. 19; Tipke/Kruse/Loose § 150 Rn. 3), und zwar auch dann, wenn das Gericht die Berechnung der Steuer nach § 100 II 2 dem FA überträgt.

3 § 150 greift auch dann nicht ein, wenn das Gericht die Klage (oder einen Antrag) abweist und die **Kosten des Verfahrens** dem Kläger (Antragsteller) auferlegt (aA Tipke/Kruse/Loose § 150 Rn. 4; unklar ohne Auseinandersetzung mit der Problematik BFH IV B 57/17, BFH/NV 2018, 48). Insoweit kommt zwar eine Vollstreckung wegen der Kosten in Betracht. Diese kann der beklagte Abgabenberechtigte (FA, HZA, Kindergeldkasse) aber nicht betreiben, weil nach § 139 II seine Aufwendungen nicht zu erstatten sind (glA HHS/Schwarz § 150 Rn. 11; zu Ausnahmen → § 139 Rn. 14). Auch eine Beitreibung der **Gerichtskosten** erfolgt nicht nach § 150, sondern nach den Vorschriften der JBeitrO (§ 1 I Nr. 4 JBeitrO; s. dazu auch FG Hmb 3 KO 130/11, Rpfleger 2012, 157).

4 Auch **Ordnungsgelder,** die gem. § 380 I 2 ZPO gegen nicht erschienene Zeugen oder gem. § 178 GVG wegen ungebührlichem Verhalten gegen Beteiligte, Zeugen, Sachverständige oder am Verfahren nicht beteiligten Personen verhängt werden, werden nicht nach § 150 vollstreckt (aA FG RhPf 5 K 207/85, EFG 1992, 210; dazu auch Rößler DStZ (A) 1992, 401). Denn Ordnungsgelder sind keine Abgaben (Tipke/Kruse/Drüen § 3 Rn. 7a; aA mit einem viel zu weiten Abgabenbegriff FG RhPf 5 K 207/85, EFG 1992, 210; Gosch/Brandt § 150 Rn. 8 und HHS/Schwarz § 150 Rn. 12, die § 150 immer dann anwenden wollen, wenn der Rechtsstreit in der Hauptsache eine Abgabenangelegenheit betrifft). Folglich kann das Land bei deren Vollstreckung nicht als Abgabenberechtigter handeln, wie § 150 S. 1 dies aber verlangt. Ordnungsgelder werden vielmehr nach der **JBeitrO** vollstreckt, wie § 1 I Nr. 3 JBeitrO dies ausdrücklich bestimmt (wie hier Tipke/Kruse/Loose § 150 Rn. 4; s. auch MüKoZPO/Damrau/Weinland ZPO § 380 Rn. 7 zu Ordnungsgeldern gegen nicht erschienene Zeugen; Kissel/Mayer/Mayer GVG § 179 Rn. 4 zu Ordnungsgeldern wegen Ungebühr). Die Beitreibung der Ordnungsgelder obliegt nach § 2 I 1 JBeitrO den nach den Verfahrensgesetzen für die Vollstreckung dieser Ansprüche zuständigen Stellen. Für die **gegen Zeugen verhängten Ordnungsgelder** sind dies nach § 2 Nr. 2 der bundeseinheitlich geltenden Einforderungs- und Beitreibungsanordnung die **Finanzgerichte** (s. EBAO Bund v. 1.8.2011 BAnz. 2011 Nr. 112a, 1 (22), umgesetzt in den einzelnen Bundesländern, s. zB EBAO Bayern v. 25.7.2011 JMBl. 2011, 82 (162); EBAO Bbg. v. 12.8.2011 JMBl. 2011, 104; EBAO Hessen v. 12.6.2017, JMBl. 2017, 465; EBAO Nds. v. 13.7.2011 MBl. 2011, 486; EBAO NRW v. 1.8.2011 JMBl. 2011, 154). Für die Vollstreckung von **Ordnungsgeldern wegen Ungebühr** ist demgegenüber aufgrund der Sonderregelung in § 179 GVG der **Vorsitzende** zuständig, wobei nach § 31 III RPflG eine Übertragung

auf den Rechtspfleger stattfindet, soweit sich nicht der Richter im Einzelfall die Vollstreckung ganz oder teilweise vorbehält.

Letztendlich beschränkt sich die Anwendbarkeit des § 150 damit auf den Fall, dass gegen den Kläger außergerichtliche Kosten eines **Beigeladenen** (§ 139 IV) vollstreckt werden sollen und es sich bei diesem Beigeladenen um den Bund, ein Land, einen Gemeindeverband, eine Gemeinde oder eine Körperschaft, Anstalt oder Stiftung des öffentlichen Rechts in der jeweiligen Eigenschaft als **Abgabenberechtigte** handelt (glA HHS/Schwarz § 150 Rn. 11). Denn selbst wenn die zu erstattenden Aufwendungen keine Abgaben sind (vgl. Tipke/Kruse/Drüen § 3 Rn. 6 ff.), um deren Vollstreckung es § 150 geht, so sind sie doch Folgekosten des die Abgabenberechtigung betreffenden Rechtsstreits und als solche nach § 150 zu vollstrecken. 5

In den Anwendungsfällen des § 150 (→ Rn. 5) richtet sich die Vollstreckung gem. § 150 S. 1 nach den Bestimmungen der AO. Von besonderer Bedeutung ist dabei **§ 267 AO,** der die Vollstreckung ggü. „nichtrechtsfähigen Personenvereinigungen", „Zweckvermögen" und sonstigen „einer juristischen Person ähnlichen steuerpflichtigen Gebilden" regelt und damit immer dann anzuwenden ist, wenn die **Steuerrechtsfähigkeit** von der allg. Rechtsfähigkeit abweicht (→ § 57 Rn. 12 ff.). Darüber hinaus ist für die Vollstreckung nach den Vorschriften der AO **keine Vollstreckungsklausel** erforderlich. 6

Vollstreckungsbehörde ist das **Finanz- oder Hauptzollamt** (§ 150 S. 2; aA FG Brem 2 93 342 E 2, EFG 1994, 584). **Leistungsgebot** iSd § 254 I 1 AO ist das durch den Kostenfestsetzungsbeschluss ergänzte **Urteil.** Eine bestimmte Vollstreckbarkeitserklärung ist nicht erforderlich (Rahn BB 1974, 1434 (1436)). Die Verweisung auf die AO (dh soweit vollstreckbare VA betroffen sind) schließt im Umfang dieser Verweisung die Anwendung des § 767 (Vollstreckungsgegenklage) aus (BFH VII B 106/69, BStBl. II 1971, 702; aM für die **Vollstreckung von Gerichtskosten:** FG Brem 2 93 342 E 2, EFG 1994, 584). 7

Für **vorläufigen Rechtsschutz** ggü. der Vollstreckung aus finanzgerichtlichen Urteilen gilt § 69 sinngemäß (§ 150 S. 3; BFH V B 41/87, BFH/NV 1990, 644 mwN; aA auch insoweit FG Brem 2 93 342 E 2, EFG 1994, 584; vgl. demgegenüber zum vorläufigen Rechtsschutz bei Beschwerden gegen den Kostenansatz BFH VII B 127/71, BStBl. II 1973, 498). 8

§ 151 [Anwendung der Bestimmungen der ZPO]

(1) [1]**Soll gegen den Bund, ein Land, einen Gemeindeverband, eine Gemeinde, eine Körperschaft, eine Anstalt oder Stiftung des öffentlichen Rechts vollstreckt werden, so gilt für die Zwangsvollstreckung das Achte Buch der Zivilprozessordnung sinngemäß; § 150 bleibt unberührt.** [2]**Vollstreckungsgericht ist das Finanzgericht.**

(2) **Vollstreckt wird**
1. **aus rechtskräftigen und aus vorläufig vollstreckbaren gerichtlichen Entscheidungen,**
2. **aus einstweiligen Anordnungen,**
3. **aus Kostenfestsetzungsbeschlüssen.**

(3) **Urteile auf Anfechtungs- und Verpflichtungsklagen können nur wegen der Kosten für vorläufig vollstreckbar erklärt werden.**

(4) **Für die Vollstreckung können den Beteiligten auf ihren Antrag Ausfertigungen des Urteils ohne Tatbestand und ohne Entscheidungsgründe erteilt werden, deren Zustellung in den Wirkungen der Zustellung eines vollständigen Urteils gleichsteht.**

Vgl. §§ 167, 168, 170 VwGO; §§ 198, 199 SGG.

Literatur: (sa die Literaturangaben zu § 150): Albert, Rechtsschutzbedürfnis und vorläufige Vollstreckbarkeit von Anträgen und Urteilen nach § 100 I 2 und II FGO, DStZ 1998, 503; Just, Die vorläufige Vollstreckbarkeit verwaltungsgerichtlicher Urteile, Würzburger Diss. 1968; Münzberg, Der Schutzbereich der §§ 717 II, 945 ZPO, FS H. Lange, 1992, 599; Schilken, Grundfragen der vorläufigen Vollstreckbarkeit, JuS 1990, 641; Schmidt, Präklusion und Rechtskraft bei wiederholter Vollstreckung gegen Klagen, JR 1992, 89; Schmidt, Die Vollstreckungserinnerung im Rechtssystem, JuS 1992, 90; Seikel, Vorläufiger Rechtsschutz bei Vollstreckungsmaßnahmen, BB 1991, 1165; Vogg, Einstweiliger Rechtsschutz und vorläufige Vollstreckbarkeit: Gemeinsamkeiten und Wertungswidersprüche, 1991; Wetzel, Grundfälle zu den Klagen und Rechtsbehelfen im Zwangsvollstreckungsrecht, JuS 1990, 198.

I. Anwendungsbereich

1 Die Vollstreckung **gegen die öffentliche Hand** (zur Vollstreckung zugunsten des Abgabenberechtigten s. § 150) ist im Allgemeinen in § 151 und im Besonderen in den §§ 152, 153 (Vollstreckung wegen Geldforderungen) und in § 154 (Vollstreckung zur Erwirkung anderer Leistungen) geregelt. Voraussetzung ist, dass **eine Behörde** (§ 63) **zu einer Leistung** (zB Erstattung, Vergütung, Stundung, Erlass, Herausgabe von Unterlagen oder Unterlassung) **verurteilt** worden ist und aus einem der in § 151 II abschließend aufgezählten (BFH VII B 200/98, BStBl. II 2000, 541 mwN; Tipke/Kruse/Loose § 151 Rn. 6) Titeln vollstreckt werden soll (zur zuvor einzuräumenden angemessenen Frist zur freiwilligen Leistung s. FG Hmb 4 K 12/07, EFG 2007, 1797). Dabei legt § 151 III fest, dass **Anfechtungs- und Verpflichtungsurteile nur wegen der Kosten** für vorläufig vollstreckbar erklärt werden können, also nicht wegen des eigentlichen Urteilsausspruchs (BFH X R 99/91, BStBl. II 1994, 305 (307) zur Eintragung auf der LSt-Karte; VII B 109/94, BFH/NV 1995, 616 zur Abänderung eines Abrechnungsbescheids; V R 3/17, BFH/NV 2018, 153). **§ 151 ist nicht anzuwenden,** wenn sich sowohl auf Gläubiger- als auch auf Schuldnerseite Gebilde des öffentlichen Rechts gegenüberstehen (**§ 151 I 1 Hs. 2;** Rahn BB 1974, 1434 (1436)). In diesem Fall richtet sich die Vollstreckung nach § 150 FGO iVm den §§ 249 ff. AO.

II. Vollstreckung aus rechtskräftigen und vorläufig vollstreckbaren gerichtlichen Entscheidungen (§ 151 II Nr. 1)

2 § 151 II regelt **abschließend,** aus welchen Titeln im finanzgerichtlichen Verfahren vollstreckt wird (FG Hmb 4 V 288/11, EFG 2012, 955). Das sind nach § 151 II Nr. 1 grds. **vollstreckungsfähige** (abl. für einen AdV-Beschluss BFH VII B 131/03, BFH/NV 2004, 794) und **rechtskräftige** (§ 110; BFH VII B 74/86, BFH/NV 1987, 558 (559); FG Hmb 4 V 288/11, EFG 2012, 955 betr. AdV-Beschlüsse) **Gerichtsentscheidungen.** Daneben kann aber auch aus **vorläufig vollstreckbaren gerichtlichen Entscheidungen** vollstreckt werden. Die vorläufige Vollstreckbarkeit ist die auflösend bedingte (s. § 717 ZPO)

Vollstreckbarkeit einer Entscheidung vor Eintritt der Rechtskraft (Tipke/Kruse/Loose § 151 Rn. 7). Sie muss vom Gericht **ausdrücklich im Tenor angeordnet** werden (BFH VII B 128/71, BStBl. II 1973, 499). Letzteres folgt dabei aus § 155 FGO iVm § 704 I ZPO, aus dem sich ferner ergibt, dass **nur (End-)Urteile** für vorläufig vollstreckbar erklärt werden können. Im **finanzgerichtlichen Verfahren** kommt vorläufige Vollstreckbarkeit dabei nur in folgenden Fällen in Betracht:

- wegen der **Kosten** bei stattgebenden Urteilen in Folge von **Anfechtungs- und Verpflichtungsklagen** (§ 151 III; → Rn. 1 aE; mE gegen den Wortlaut des § 151 III FG Hmb 4 V 288/11, EFG 2012, 955 mit einer Erweiterung auf Kostenentscheidungen von AdV-Beschlüssen). Das gilt aber **nicht** für **Feststellungsurteile,** selbst wenn diese ebenso wie Anfechtungs- oder Verpflichtungsurteile keinen vollziehbaren Inhalt haben und nur wegen der Kosten für vorläufig vollstreckbar erklärt werden können; eine entsprechende Regelung fehlt indes (aA Tipke/Kruse/Loose § 151 Rn. 8);
- bei stattgebenden (End-)**Urteilen zu Leistungsklagen,** selbst wenn diese in § 151 III nicht erwähnt sind (Tipke/Kruse/Loose § 151 Rn. 8).

Für die Erklärung der vorläufigen Vollstreckbarkeit gelten über § 151 I 1 die Vorschriften der ZPO sinngemäß. Bezogen auf das **finanzgerichtliche Verfahren** sind **ohne Sicherheitsleistung für vorläufig vollstreckbar zu erklären:** 3

- nach § 708 Nr. 6 ZPO die Urteile, durch die Arreste oder einstweilige Verfügungen abgelehnt oder aufgehoben werden;
- nach **§ 708 Nr. 10 ZPO** die (stattgebenden) **Urteile in vermögensrechtlichen Streitigkeiten,** die immer dann vorliegen, wenn – wie im finanzgerichtlichen Verfahren vorwiegend – um Geld gestritten wird. Der Anwendung des § 708 Nr. 10 ZPO steht mE nicht entgegen, dass die Norm in der seit dem 1.9.2004 geltenden Fassung durch das 1. Justizmodernisierungsgesetz v. 24.8.2004 (BGBl. I 2198) nicht mehr von „Urteilen der Oberlandesgerichte in vermögensrechtlichen Streitigkeiten" spricht, sondern von „Berufungsurteilen in vermögensrechtlichen Streitigkeiten". Da die Finanzgerichte ebenso wie die Oberlandesgerichte obere Landesgerichte sind, war unstreitig, dass § 708 Nr. 10 ZPO aF auch auf finanzgerichtliche Urteile anzuwenden war (BFH III R 8/71, BStBl. II 1972, 709). § 708 Nr. 10 ZPO nF bezieht sich nun zwar auf Berufungsurteile, die im finanzgerichtlichen Verfahren nicht ergehen. Die diesbezügliche Wortlautänderung der Norm beruhte aber ausschließlich auf der Einbeziehung landgerichtlicher Urteile in den Anwendungsbereich des § 708 Nr. 10 ZPO (vgl. BT-Drs. 15/1508, 22); dass damit die Anwendung dieser Vorschrift auf die Urteile anderer oberer Landesgerichte in Frage gestellt werden würde, hat der Gesetzgeber offensichtlich übersehen. Dies rechtfertigt es, § 708 Nr. 10 ZPO nF auf die Urteile der Finanzgerichte in vermögensrechtlichen Streitigkeiten **entsprechend anzuwenden,** und zwar im Hinblick darauf, dass diese Urteile als Entscheidungen von oberen Landesgerichten den Berufungsurteilen iSd § 708 Nr. 10 ZPO nF gleichstehen (glA FG München 3 K 4519/01, EFG 2005, 969; 15 K 1825/07, EFG 2010, 1787; FG Hmb III 445/01, EFG 2005, 923; III 352/02, EFG 2005, 1268; III 493/01, EFG 2005, 1434; FG Nürnberg IV 278/05, EFG 2009, 611; FG BW 6 K 68/07, EFG 2010, 1037). – § 708 Nr. 10 ZPO ist auch auf Gerichtsbescheide nach § 90a anzuwenden (FG BBg 13 K 13287/10, EFG 2013, 51; SchlHFG 1 K 12/21, DStRE 2022, 885).

4 Aus für vorläufig vollstreckbar erklärten Urteilen darf nur dann nach § 151 vollstreckt werden, wenn der Vollstreckungsschuldner von der ihm nach **§ 711 ZPO** zustehenden **Abwendungsbefugnis** keinen Gebrauch gemacht hat. Danach darf dieser nämlich die Vollstreckung durch Sicherheitsleistung oder Hinterlegung abwenden, wenn nicht der Gläubiger vor der Vollstreckung Sicherheit leistet (einschränkend FG BW 4 K 23/90, EFG 1991, 338: Sicherheitsleistung des FA nicht erforderlich). Diese Abwendungsbefugnis **hat das Gericht** immer dann im Urteil **auszusprechen,** wenn es dieses (gesamt oder auch nur hinsichtlich der Kosten, → Rn. 3) nach § 708 Nr. 6 oder Nr. 10 ZPO für vorläufig vollstreckbar erklärt (BFH IV S 3/81, BStBl. II 1981, 402). Fehlt der Ausspruch, kommt vorläufiger Rechtsschutz nach **§ 719 II ZPO** iVm § 151 I 1 in Betracht (BFH VIII S 10/93, BFH/NV 1994, 335; VII S 29/99, BFH/NV 2000, 475), allerdings nicht mehr nach Eintritt der Rechtskraft (BFH VII S 35/92, BFH/NV 1994, 556). Zur Abwendung der Vollstreckung kann der Vollstreckungsschuldner ferner einen **Schutzantrag nach § 712 ZPO** stellen (BFH VI R 248/69, BStBl. II 1971, 426).

III. Vollstreckung aus weiteren Vollstreckungstiteln (§ 151 II Nr. 2 u. 3)

7 Vollstreckt wird ferner aus einstweiligen Anordnungen (§ 151 II Nr. 2) und aus Kostenfestsetzungsbeschlüssen (§ 151 II Nr. 3; s. dazu auch § 798 ZPO; zur abschließenden Regelung des § 151 II → Rn. 2). **Einstweilige Anordnungen** brauchen nicht für vorläufig vollstreckbar erklärt zu werden (→ § 114 Rn. 98; Tipke/Kruse/Loose § 151 Rn. 11). Ihre Durchsetzung ist in § 154 besonders geregelt (vgl. iÜ → § 114 Rn. 97 ff.). Aus sonstigen Entscheidungen kann **nicht** vollstreckt werden. Das gilt insbesondere für die nicht in § 151 II genannten **Gestaltungsurteile** (BFH VII B 197/99, BFH/NV 2000, 221; VII B 200/98, BStBl. II 2000, 541; → Rn. 1 zur abschließenden Aufzählung der vollstreckbaren Entscheidungen in § 151 II mwN).

IV. Durchführung der Vollstreckung

8 **Vollstreckungsgläubiger** ist derjenige, dem der Anspruch ausweislich des Titels zusteht (BFH VII B 205/89, BFH/NV 1991, 690; VII B 318/06, BFH/NV 2007, 1144; VII B 115/09, BFH/NV 2009, 1821: Prozessbevollmächtigter kann nicht im eigenen Namen aus Kostenfestsetzungsbeschluss vollstrecken; zur **Antragsbefugnis/Beschwerdebefugnis** im Fall der **Abtretung** BFH VII B 65/92, BFH/NV 1993, 188; VII B 115/09, BFH/NV 2009, 1821; zum Rechtsschutzinteresse: FG BW 9 V 22/91, EFG 1993, 329). **Vollstreckungsschuldner** iSd § 151 ist die öffentlich-rechtliche Körperschaft, der die beklagte und verurteilte Behörde (§ 63) angehört (Rechtsträger); **Vollstreckungsgericht** ist das FG (§ 151 I 2). Ansonsten verweist § 151 I 1 Hs. 1 wegen der Einzelheiten der Durchführung der Zwangsvollstreckung auf das Achte Buch der ZPO (§§ 704 ff. ZPO; s. auch BFH VII B 197/99, BFH/NV 2000, 221; VII B 200/98, BStBl. II 2000, 541; VII B 198/12, BeckRS 2014, 94079 zu § 727 ZPO bei Rechtsnachfolge; FG Köln 10 S 1820/12, EFG 2012, 2159 betr. § 775 Nr. 3 ZPO; FG Düsseldorf 4 Ko 4085/12 KF, EFG 2013, 65 betr. § 788 ZPO; SächsFG 6 K 136/14,

BeckRS 2014, 94672 betr. § 798 ZPO bei der Vollstreckung von Kostenfestsetzungsbeschlüssen). Die Verweisung erlaubt nur die **sinngemäße Anwendung der §§ 704 ff. ZPO.** Ausgenommen sind Regelungen, die mit dem Charakter des finanzgerichtlichen Verfahrens unvereinbar sind (so für § 718 ZPO: BFH VI R 248/69, BStBl. II 1971, 426; zu den Besonderheiten der vorläufigen Vollstreckbarkeit → Rn. 2 ff.).

Besondere Bedeutung kommt den in §§ 766–769 ZPO normierten **Rechtsbehelfen des zivilprozessualen Vollstreckungsrechts** zu (s. zur **Vollstreckungsabwehrklage** nach **§ 767:** BFH VII B 107/95, BStBl. II 1995, 916; VII B 29/99, BFH/NV 2000, 4; VII B 210/99, BFH/NV 2000, 166; VII B 150/12, BFH/NV 2013, 1597; FG Münster 7 S 814/14 AO, EFG 2016, 1140 ua zur Titelumschreibung; zur Geltendmachung der Aufrechnung im Wege der Vollstreckungsabwehrklage BFH VII B 107/95, BStBl. II 1995, 916; zum **vorläufigen Rechtsschutz nach § 769** BFH VII B 29/99, BFH/NV 2000, 4; VII B 210/99, BFH/NV 2000, 166, jeweils mwN; der Kostenregelung des **§ 788** BFH VII B 6/70, BStBl. II 1972, 773; FG Köln 10 Ko 2729/99, EFG 2000, 232). Eine Klage gegen die Erteilung der Vollstreckungsklausel (§ 768 ZPO) ist dabei nur in den Fällen des § 154 denkbar (→ Rn. 10 aE). 9

Die **Vorschriften der ZPO finden keine Anwendung,** soweit die §§ 152–154 **Sondervorschriften** enthalten (FG Hmb 4 V 288/11, EFG 2012, 955). Das ist zB der Fall, wenn es um die **Herausgabe von Sachen** und die **Erwirkung von Handlungen oder Unterlassungen** geht. Nach § 151 I 1 sind zwar auch insoweit die **§§ 883 ff. ZPO** grds. sinngemäß anzuwenden (zB wenn das FA zur Herausgabe von Schriftstücken oder zur Gewährung von **Akteneinsicht** verurteilt wurde; BFH VII B 197/99, BFH/NV 2000, 221; VII B 200/98, BStBl. II 2000, 541). § 154 verdrängt aber § 888 ZPO. Das hat zur Folge, dass zur Erzwingung nur die **Androhung von Zwangsgeld** in Betracht kommt. Darüber hinaus bedarf es zur Durchführung der **Vollstreckung wegen Geldleistungen** – anders als im Fall des § 154 – **keiner Vollstreckungsklausel** iSd § 752 ZPO, weil § 153 iVm § 152 I–III insoweit eine von § 724 ZPO abweichende Regelung vorsieht (→ Rn. 9 aE). Darum genügt als Grundlage für die Vollstreckung eine einfache Ausfertigung (§ 151 IV). 10

§ 152 [Vollstreckung wegen Geldforderungen]

(1) **[1]Soll im Fall des § 151 wegen einer Geldforderung vollstreckt werden, so verfügt das Vollstreckungsgericht auf Antrag des Gläubigers die Vollstreckung. [2]Es bestimmt die vorzunehmenden Vollstreckungsmaßnahmen und ersucht die zuständigen Stellen um deren Vornahme. [3]Die ersuchte Stelle ist verpflichtet, dem Ersuchen nach den für sie geltenden Vollstreckungsvorschriften nachzukommen.**

(2) **[1]Das Gericht hat vor Erlass der Vollstreckungsverfügung die Behörde oder bei Körperschaften, Anstalten und Stiftungen des öffentlichen Rechts, gegen die vollstreckt werden soll, die gesetzlichen Vertreter von der beabsichtigten Vollstreckung zu benachrichtigen mit der Aufforderung, die Vollstreckung innerhalb einer vom Gericht zu bemessenden Frist abzuwenden. [2]Die Frist darf einen Monat nicht übersteigen.**

(3) **[1]Die Vollstreckung ist unzulässig in Sachen, die für die Erfüllung öffentlicher Aufgaben unentbehrlich sind oder deren Veräußerung ein**

öffentliches Interesse entgegensteht. ²Über Einwendungen entscheidet das Gericht nach Anhörung der zuständigen Aufsichtsbehörde oder bei obersten Bundes- oder Landesbehörden des zuständigen Ministers.

(4) **Für öffentlich-rechtliche Kreditinstitute gelten die Absätze 1 bis 3 nicht.**

(5) **Der Ankündigung der Vollstreckung und der Einhaltung einer Wartefrist bedarf es nicht, wenn es sich um den Vollzug einer einstweiligen Anordnung handelt.**

Vgl. § 170 VwGO, § 882a ZPO.

Literatur: (sa die Literaturangaben zu § 151): Carlé, Vollstreckung gegen die Finanzverwaltung, AO-StB 2005, 181; Kerameus, Geldvollstreckungsarten in vergleichender Betrachtung, FS Zeuner, 1994, 389.

1 Die Vorschrift betrifft die Durchführung der Vollstreckung **gegen die öffentliche Hand** (§ 151 I) **wegen Geldforderungen.** Das heißt es muss ein **Zahlungstitel** iSd § 151 II und III vorliegen, dessen Ausspruch unmittelbar auf eine in Geld zu erbringende Leistungsverpflichtung gerichtet ist und nicht etwa einen Geldbescheid abändert (BFH VII B 131/03, BFH/NV 2004, 794; zum **Rechtsschutzinteresse** des Gläubigers s. BFH VII B 115/09, BFH/NV 2009, 1821; zur **Vollstreckungsabwehrklage** des FA → § 151 Rn. 9; zur Vollstreckung wegen anderer Leistungen vgl. § 154).

2 **Vollstreckungsgericht** ist auch hier das **FG** (§ 151 I 2), das auf Antrag des Gläubigers (zur Antragsbefugnis → § 151 Rn. 8) die Vollstreckung verfügt (§ 152 I 1), unter Beachtung der in § 152 II–V vorgesehenen Modalitäten die Vollstreckungsmaßnahmen bestimmt und die zuständigen Stellen um deren Vornahme ersucht (§ 152 I 2; zu den Einzelheiten des dreistufigen Verfahrens Kopp/Schenke/Schenke VwGO § 170 Rn. 3 ff.; s. auch FG Brem 292 183 V 2, EFG 1993, 327). **Zuständige Stelle** ist bei der Pfändung von Sachen der Gerichtsvollzieher (§ 753 I ZPO), bei Forderungspfändungen das FG am Sitz des Vollstreckungsschuldners, der Behörde (§ 151 I 2 FGO iVm § 828 I ZPO) und bei Zwangsvollstreckung in das unbewegliche Vermögen das Grundbuchamt (Eintragung einer Zwangshypothek nach § 867 ZPO, vgl. Zöller/Seibel ZPO § 867 Rn. 1) oder das nach § 1 ZVG zuständige Amtsgericht (Zwangsverwaltung und Zwangsversteigerung; s. iÜ auch Tipke/Kruse/Loose Rn. 3; zur zT abweichenden Vollstreckung im verwaltungsgerichtlichen Verfahren Kopp/Schenke/Schenke VwGO § 170 Rn. 4 f.).

3 In dem durch Antrag nach § 152 I 1 ausgelösten Verfahren kann eine **Aufrechnung nicht** berücksichtigt werden. Sie kann nur durch Klage analog §§ 151 I FGO, 767 ZPO geltend gemacht werden (BFH VII B 210/99, BFH/NV 2000, 166 mwN; → § 151 Rn. 2).

4 Gegen die Verfügung der Zwangsvollstreckung und andere belastende Maßnahmen des FG (nicht gegen die Ankündigung nach § 152 II 1: BFH VII B 66/68, BStBl. II 1968, 779; Tipke/Kruse/Loose Rn. 10; HHS/Schwarz Rn. 30) steht dem Schuldner die **Beschwerde** zu (zT abw. Kopp/Schenke/Schenke VwGO § 170 Rn. 6; zur Beschwerde gegen die einstweilige Einstellung der Vollstreckung aus einem Kostenfestsetzungsbeschluss BFH VII B 148/86, BFH/NV 1988, 574; zu den Kosten FG Bln VIII 526/83, EFG 1988, 652).

§ 153 [Vollstreckung ohne Vollstreckungsklausel]

In den Fällen der §§ 150, 152 Abs. 1 bis 3 bedarf es einer Vollstreckungsklausel nicht.

Vgl. §§ 171 VwGO, §§ 724ff. ZPO.

Für das **Vollstreckungsverfahren zu Gunsten der öffentlichen Hand** (§ 150) gelten die §§ 249 ff. AO, die eine Vollstreckungsklausel (§§ 724, 725 ZPO) nicht vorsehen (→ § 150 Rn. 6). Im **Vollstreckungsverfahren gegen die öffentliche Hand** (§§ 151, 152) ist die Vollstreckungsklausel durch die Vollstreckungsverfügung des FG (§ 152 I 2) ersetzt (einschränkend für den Fall der Rechtsnachfolge BFH VII B 205/89, BFH/NV 1991, 690; VII B 198/12, BeckRS 2014, 94079 zur Umschreibung eines Kostenfestsetzungsbeschlusses auf den Rechtsnachfolger). In beiden Fällen der Vollstreckung **genügt** mithin die **vollstreckbare Ausfertigung** (§ 724 I ZPO; BFH VII B 200/98, BStBl. II 2000, 541). Nicht einzusehen ist, warum der Verzicht auf die Vollstreckungsklausel **nicht auch** auf die **Fälle des § 154** erstreckt wurde (ebenso Tipke/Kruse/Loose § 153 Rn. 2; HHS/Schwarz § 153 Rn. 9). Das hat zur Folge, dass es insoweit bei den in §§ 724 I, 725 ZPO vorgeschriebenen Formalien bleibt (Tipke/Kruse/Loose § 153 Rn. 2).

§ 154 [Androhung eines Zwangsgeldes]

[1]Kommt die Finanzbehörde in den Fällen des § 100 Abs. 1 Satz 2 und der §§ 101 und 114 der ihr im Urteil oder in der einstweiligen Anordnung auferlegten Verpflichtung nicht nach, so kann das Gericht des ersten Rechtszugs auf Antrag unter Fristsetzung gegen sie ein Zwangsgeld bis eintausend Euro durch Beschluss androhen, nach fruchtlosem Fristablauf festsetzen und von Amts wegen vollstrecken. [2]Das Zwangsgeld kann wiederholt angedroht, festgesetzt und vollstreckt werden.

Vgl. § 172 VwGO, § 201 SGG, § 888 ZPO.

Literatur: (sa die Literaturangaben zu §§ 150, 151): Dünchheim, Vom Zwangsgeld zurück zur Zwangsstrafe?, NVwZ 1996, 117; Remien, Rechtsverwirklichung durch Zwangsgeld, 1992.

Die Regelung betrifft die **Vollstreckung gegen die öffentliche Hand** (§ 151 I 1) **aus Verurteilungen nach § 100 I 2** (Folgenbeseitigung; → § 100 Rn. 70), nach **§ 101** (Verpflichtung zum Erlass eines VA; → § 101 Rn. 2) und aus **einstweiligen Anordnungen nach § 114** zur Durchsetzung **anderer Leistungen als Geldleistungen** (BFH VII S 27/20 (AdV), BFH/NV 2020, 1294 betr. Androhung eines Zwangsgelds gegen das FA wegen Nichtbefolgung einer einstweiligen Anordnung; unklar BFH VII B 230/88, BFH/NV 1990, 117, der keine grundsätzlichen Bedenken ggü. einer Anwendung des § 154 im Regelungsbereich des § 100 II erkennen lässt). Es geht vor allem um die **Erzwingung unvertretbarer Handlungen,** die ausschließlich vom Willen des Schuldners abhängen (§ 888 ZPO). Für deren zwangsweise Durchsetzung bewirkt § 154 die **Beschränkung auf** das **Druckmittel des Zwangsgeldes** (zum Ausschluss von Zwangshaft BFH VII B 197/99, BFH/NV 2000, 221; VII B 200/98, BStBl. II 2000, 541). Zuständig ist das FG (§ 154 S. 1). Zur Durchführung der Vollstreckung bedarf es, anders als im Falle des § 153 (s. dort) einer **Vollstreckungsklausel.** Im Übrigen bestimmen sich die Voraussetzungen der Vollstreckung nach § 151 und hilfsweise nach den §§ 704 ff. ZPO (s. auch Tipke/Kruse/Loose § 154 Rn. 1). Droht das FG dem FA ein Zwangsgeld an, so besteht für einen Antrag auf **AdV kein Rechtsschutzbedürfnis,** weil die Androhung ihre Wirkung bereits in dem Augenblick entfaltet hat, in dem die gerichtliche Entscheidung bekanntgegeben worden ist (BFH VII S 27/20 (AdV), BFH/NV 2020, 1294).

Vierter Teil. Übergangs- und Schlussbestimmungen

§ 155 [Anwendung von GVG und ZPO]

[1]Soweit dieses Gesetz keine Bestimmungen über das Verfahren enthält, sind das Gerichtsverfassungsgesetz und, soweit die grundsätzlichen Unterschiede der beiden Verfahrensarten es nicht ausschließen, die Zivilprozessordnung einschließlich § 278 Absatz 5 und § 278a sinngemäß anzuwenden; das Leitentscheidungsverfahren nach den §§ 552b und 565 der Zivilprozessordnung ist nicht anzuwenden. [2]Die Vorschriften des Siebzehnten Titels des Gerichtsverfassungsgesetzes sind mit der Maßgabe entsprechend anzuwenden, dass an die Stelle des Oberlandesgerichts und des Bundesgerichtshofs der Bundesfinanzhof und an die Stelle der Zivilprozessordnung die Finanzgerichtsordnung tritt; die Vorschriften über das Verfahren im ersten Rechtszug sind entsprechend anzuwenden.

Vgl. § 173 VwGO, § 202 SGG.

Übersicht

	Rn.
I. Grundsätzliche Anwendung von GVG und ZPO (§ 155 S. 1)	1
II. Güterichter- und Mediationsverfahren (§ 155 S. 1 FGO iVm §§ 278 V und 278a ZPO)	20
1. Allgemeines	20
2. Güterichterverfahren (§ 278 V ZPO)	21
3. Mediation und außergerichtliche Konfliktbeilegung (§ 278a ZPO)	30
III. Rechtsschutz bei überlangen Gerichtsverfahren (§ 155 S. 2 FGO iVm § 198 ff. GVG)	40
1. Entstehungsgeschichte	40
2. Anspruchsberechtigter	41
3. Anspruchsverpflichteter	42
4. Unangemessene Dauer eines Gerichtsverfahrens	43
5. Nachteil	54
6. Verzögerungsrüge als Voraussetzung für die Entschädigung	65
7. Art und Höhe der Entschädigung	75
a) Materieller Nachteil	75
b) Immaterieller Nachteil	76
aa) Wiedergutmachung auf andere Weise/Feststellung der Verzögerung	76
bb) Entschädigung	78
8. Geltendmachen der Entschädigung/Entschädigungsklage	85

I. Grundsätzliche Anwendung von GVG und ZPO (§ 155 S. 1)

Die FGO ist ebenso wie die VwGO und das SGG keine in sich abgeschlossene, 1
vollständig durchnormierte Verfahrensordnung. Neben ausdrücklichen Verweisungen auf die AO (vgl. zB §§ 42, 96, 150 S. 1) und auf die ZPO (zB für den

Ausschluss und die Ablehnung von Gerichtspersonen in § 51, für die Beweisaufnahme in § 82 oder für die PKH in § 142) enthält sie zur Vervollständigung des Regelwerks für das finanzgerichtliche Verfahren in § 155 eine „Globalverweisung" auf GVG und ZPO. Dabei handelt es sich um eine **Generalklausel,** die im Verhältnis zu den ausdrücklichen Verweisungen auf GVG und ZPO in einzelnen Normen **subsidiär** ist.

2 § 155 lässt die Anwendung der Vorschriften des GVG und der ZPO zu, soweit die FGO keine Bestimmungen über das Verfahren enthält. Der Begriff **Verfahren** ist dabei **weit auszulegen.** Er erfasst alle Normen, die mit der Durchführung und Abwicklung eines finanzgerichtlichen Verfahrens zusammenhängen, also zB auch die Vorschriften über die Kostenerstattung. Diese Abgrenzung bereitet in der Praxis kaum Schwierigkeiten.

3 Die Anwendung der Verweisung des § 155 setzt eine **Regelungslücke** voraus, die nur durch **sinngemäße Anwendung** des GVG und/oder der ZPO ausgefüllt werden kann (BFH III B 7/71, BStBl. II 1972, 17 (18); Tipke/Kruse/Brandis § 155 Rn. 4; HHS/Schwarz § 155 Rn. 5 ff.; daher zB nur begrenzte Anwendbarkeit des § 57 ZPO: BFH IX S 8/99, BFH/NV 1999, 1631; FG Münster 9 V 3872/10, EFG 2011, 1443). Dies wird vielfach übersehen und stellt den Rechtsanwender oftmals vor große Probleme.

4 **Grundsätzliche Unterschiede** zwischen dem finanzgerichtlichen Verfahren und dem Zivilprozess können die **Anwendung** von Vorschriften der ZPO **ausschließen.** Diese grundsätzlichen Unterschiede können aus folgenden Umständen resultieren:

- Das finanzgerichtliche Verfahren soll Rechtsschutz gegen hoheitliche Maßnahmen gewähren. Dabei steht insbes. die Anfechtung von VA im Vordergrund. Dem entsprechend trifft die FGO zT andere **Grundentscheidungen** als die ZPO, so etwa zur **Beteiligtenfähigkeit** (→ § 57 Rn. 11 ff.) oder zur **Klagebefugnis** (§§ 40 II, 42 u. 48), was vor allem im Hinblick auf die Geltung des **§ 264 Nr. 2 ZPO** für die Klageerweiterung im finanzgerichtlichen Verfahren übersehen wird (BFH GrS 2/87, BStBl. II 1990, 327; IV R 20/19, BStBl. II 2023, 435, Rn. 26; FG Köln 7 K 147/99, EFG 2000, 1400 (1401); FG Münster 7 K 3666/08 E, EFG 2011, 1864; FG RhPf 3 K 1740/10, EFG 2013, 113). Darüber hinaus enthält die FGO Vorschriften, die speziell auf das von der ZPO abweichende Verfahrensziel zugeschnitten sind (zB §§ 68, 100, 101 u. 102).
- Im Zivilprozess herrscht – anders als im finanzgerichtlichen Verfahren – der **Beibringungsgrundsatz** (→ Vor § 76 Rn. 1), so dass hierdurch geprägte Normen der ZPO im finanzgerichtlichen Verfahren keine oder zumindest nur eingeschränkte Anwendung finden können.
- Der **Charakter des** mit Hilfe von ZPO einerseits und FGO andererseits durchzusetzenden **materiellen Zivil- und Steuerrechts ist grundverschieden,** was auch Einfluss auf das Verfahrensrecht hat (Zöllner AcP 190, 471 ff.; v. Groll DStJG 18, 47 ff.).

5 Die bestehenden grundsätzlichen Unterschiede haben zur Folge, dass für den Bereich der FGO nicht nur **eigenständige Grundsätze der Sachaufklärung** und der **Mitwirkung der Verfahrensbeteiligten** (→ § 76 Rn. 10 ff., 44 ff.) gelten, sondern zB auch besondere **Kriterien des Beweismaßes** (→ § 96 Rn. 80 ff.) oder besondere Anforderungen an die **Beweisführung** bestehen.

6 Weitere Folge der grundsätzlichen Unterschiede zwischen den Verfahrensordnungen ist, dass der Rechtsanwender für jede einzelne **Vorschrift** des GVG und insbes. der ZPO entscheiden muss, ob sie im finanzgerichtlichen Verfahren

uneingeschränkt, eingeschränkt oder auch **gar nicht gilt.** Dies beurteilt sich danach, inwieweit die konkrete Norm mit den besonderen Grundsätzen der FGO im Einklang steht. Dabei geben auch die in den speziellen Verweisungsvorschriften der FGO erkennbaren gesetzgeberischen Zielvorstellungen eine grundsätzliche Orientierungshilfe. **Von einer Einzelfallübersicht** über die im finanzgerichtlichen Verfahren sinngemäß anzuwendenden GVG- und ZPO-Vorschriften wird hier **abgesehen,** weil alle Bemühungen, eine auch nur annähernd verlässliche und brauchbare Übersicht zu geben, immer nur ein Versuch bleiben könnten. Sie müssten in zahllosen Fällen mit so vielen Einschränkungen, Vorbehalten und Modifizierungen erläutert werden, dass die sachgerechte Rechtsanwendung im Einzelfall eher gefährdet als gefördert würde. Stattdessen sollen **exemplarisch einige Fälle** genannt werden, in denen GVG- und ZPO-Vorschriften uneingeschränkt, eingeschränkt oder auch gar nicht anzuwenden sind. Diese Fälle mögen – gemeinsam mit den oben dargestellten Grundsätzen – als Orientierungshilfe dienen.

Unproblematisch ist die Anwendung von rein **organisatorischen** oder rein 7 **„prozesstechnischen“,** dh den äußeren Verfahrensablauf betreffenden **Normen** des GVG und ZPO im finanzgerichtlichen Verfahren. Diese gelten **uneingeschränkt.** Dazu gehören zB die Vorschriften

- über die **Öffentlichkeit des Verfahrens** (§ 169 GVG; BFH I B 111/09, BFH/NV 2010, 1102; IX B 71/19, BFH/NV 2020, 371, Rn. 4);
- zur Korrektur von **prozessleitenden Beschlüssen** (zB zur Trennung, Verbindung, Verfahrensunterbrechung nach § 150 ZPO; BFH VII B 124/94, BFH/NV 1995, 806);
- zur **Terminierung** (§ 227 ZPO; → § 91 Rn. 2 ff.; s. zB BFH IX B 11/23, BFH/NV 2023, 983, Rn. 4; IX B 75/22, BFH/NV 2023, 981, Rn. 3);
- zur **Verfahrensunterbrechung** (§§ 239–250 ZPO; zum Begriff → Vor § 74 Rn. 3; so etwa zu **§ 240 ZPO:** BFH IV R 46/16, BFH/NV 2020, 380; I B 43/20 (AdV), NZI 2021, 902; X K 1/21, X K 2/21, BFH/NV 2023, 720, Rn. 22; zu **§ 241 ZPO:** BFH V R 48/04, BStBl. II 2009, 315; IV B 52/10, BFH/NV 2010, 2106; IV R 14/20, BFH/NV 2021, 753; zu **§ 246 ZPO:** BFH VIII R 44/18, BStBl. II 2022, 636, Rn. 7; X B 123/21 (X B 47/20), BFH/NV 2023, 724; zum **Ruhen des Verfahrens nach § 251 ZPO** → Rn. 9);
- zum **Verlust des Rügerechts** nach **§ 295 I ZPO** (→ § 115 Rn. 285 ff.; → § 116 Rn. 51; → § 120 Rn. 67; BFH IX B 81/21, BFH/NV 2023, 380, Rn. 14; VIII B 98/22, BFH/NV 2023, 974; V B 13/22, DStR 2023, 1600, Rn. 22);
- zur **Anschlussrevision** (§ 554 ZPO, → § 120 Rn. 77 ff.; BFH IX R 20/17, BFH/NV 2019, 540, Rn. 18; VI R 46/18, BStBl. II 2021, 476, Rn. 29; **§ 562 ZPO:** BFH IX B 235/02, BFH/NV 2005, 1332) und zur unselbständigen **Anschlussbeschwerde** (§ 574 IV ZPO; BFH VIII B 158/94, BFH/NV 1995, 680; zur Möglichkeit neue Tatsachen vorzutragen BFH VII B 113/99, BFH/NV 2000, 436);
- zur **Zurückverweisung** der Sache **an einen anderen Senat** nach **§ 563 I 2 ZPO:** BFH X B 100/19, BFH/NV 2020, 914, Rn. 45 ff.; X R 27/19, BFH/NV 2021, 15, Rn. 73 ff.;
- zur **Vollstreckungsabwehrklage** und zu den **einstweiligen Anordnungen** in der Zwangsvollstreckung nach **§§ 767, 769 ZPO:** → § 150 Rn. 1; → § 151 Rn. 2.

8 **Ebenfalls uneingeschränkt** gelten die allgemeinen prozessualen Vorschriften, und zwar zB

- zur **Bestimmung des Rechtsweges** (§§ 17–17b GVG; BFH VII R 4/19, BFH/NV 2022, 1274, Rn. 31 zu § 17 GVG; II B 92/21, BStBl. II 2022, 535, Rn. 6 zu § 17a GVG; X S 21/12, BFH/NV 2013, 229, Rn. 6 zu § 17b GVG; iÜ → Anh. § 33 Rn. 5 ff.);
- zur **Prozessvollmacht,** jedenfalls soweit es um die **§§ 80–84 ZPO** geht (s. zu § 80 I ZPO: BFH XI B 126/98, BFH/NV 2001, 324; zu § 81: BFH II R 23/06, BFH/NV 2008, 2038; zu § 87 I ZPO: BFH IX R 8/17, BFH/NV 2019, 398, Rn. 4) sowie um die **Zurechnung von Vertreter-Verschulden** nach **§ 85 II ZPO** (BFH II R 33/18, BFH/NV 2020, 1079, Rn. 12; XI R 33/19, BFH/NV 2020, 907, Rn. 23; s. zu den **§§ 81, 83 ZPO:** BFH II R 23/06, BFH/NV 2008, 2038; III B 23/95, BStBl. II 1997, 75; zu **§ 86 ZPO:** BFH IV R 4/18, DStRE 2021, 399, Rn. 43; IV R 2/18, BFH/NV 2022, 313, Rn. 27 f.; zu **§ 87 ZPO:** BFH X B 20/16, BFH/NV 2016, 1736; IX R 8/17, BFH/NV 2019, 398, Rn. 4;
- zur Bedeutung des **Sitzungsprotokolls** (§ 165 ZPO; → § 94 Rn. 22; → § 105 Rn. 55 f., 67; → § 107 Rn. 8; → § 108 Rn. 6; BFH VI B 5/22, BFH/NV 2022, 1205, Rn. 30; II B 26/22, BFH/NV 2023, 729, Rn. 14);
- zur Behandlung **offenkundiger** (gerichtsbekannter) **Tatsachen** (§ 291 ZPO; → § 81 Rn. 3; BFH VIII B 16/01, BFH/NV 2002, 312; IX B 143/12, BFH/NV 2013, 554);
- zur systematischen Einordnung **ausländischen Rechts** (§ 293 ZPO; BFH III R 10/11, BFH/NV 2013, 1868 betr. Kindergeld; VIII B 82/21, BFH/NV 2022, 1295, Rn. 23; X R 4/21, BStBl. II 2023, 870, Rn. 50);
- zur **Glaubhaftmachung** (§ 294 ZPO; zB BFH I R 29/12, BFH/NV 2013, 58; XI R 48/10, BFH/NV 2013, 212);
- zur **formlosen Bekanntgabe von Beschlüssen** und Verfügungen nach § 329 II 1 ZPO (BFH II B 110/10, BFH/NV 2011, 833, Rn. 7; XI E 1/22, BFH/NV 2023, 146, Rn. 13);
- zum **Beschwerdeverfahren** nach **§§ 567 ff. ZPO** (ausf. → § 132 Rn. 5).

9 Nur **eingeschränkt gelten** im finanzgerichtlichen Verfahren zB die Vorschriften

- zum **Notanwalt** nach **§ 78b ZPO,** da die Norm durch § 62 modifiziert wird (zB BFH X S 32/13, BFH/NV 2014, 57; VI S 10/14, BFH/NV 2015, 694; VII S 80/22, BFH/NV 2023, 574, Rn. 2; → § 62 Rn. 72);
- zum **Ruhen des Verfahrens** nach **§ 251 ZPO,** weil mangels einer Disposition über die Steuer (→ § 76 Rn. 4) keine Vergleichsverhandlungen zwischen den Beteiligten schweben können; ansonsten ist § 251 ZPO aber entsprechend anzuwenden (zB BFH VI B 50/12, BFH/NV 2013, 1618; VI B 37/13, BFH/NV 2013, 1790; II R 22/18, BStBl. II 2022, 66, Rn. 58);
- zur **Urteilszustellung und -berichtigung (§§ 317 u. 319 ZPO),** weil die §§ 104 II, III und 107 insoweit Sondervorschriften enthalten (vgl. zu § 317 ZPO: BFH III B 73/11, BFH/NV 2012, 1825; II R 6/17, BStBl. II 2020, 509, Rn. 14; → § 104 Rn. 20; zu § 319 ZPO: BFH IV B 33/00, BFH/NV 2001, 791);
- zur materiellen **Rechtskraft** nach **§ 322 ZPO,** weil § 110 insoweit eine Spezialvorschrift enthält; s. aber zur Wirkung des § 322 ZPO im finanzgerichtlichen Verfahren zB BFH VII B 73/01, BStBl. II 2002, 990; VII R 12/16, BFH/NV 2018, 263; → § 110 Rn. 10 ff.

Kraft ausdrücklicher Regelung in **§ 155 S. 1 Hs. 2** ist das Leitentscheidungsverfahren nach den §§ 552b und 565 ZPO nicht anzuwenden. Wegen der grundsätzlichen Unterschiede beider Verfahrensarten **gelten im finanzgerichtlichen Verfahren zudem nicht** die Vorschriften: 10
- zur **gerichtlichen Bestimmung der Zuständigkeit** nach **§ 36 ZPO** (BFH VII B 341/03, BStBl. II 2004, 458);
- zum **Anerkenntnis** nach § 307 ZPO (→ § 76 Rn. 5);
- zur **Anhörungsrüge nach § 321a ZPO,** weil § 133a eine eigene Vorschrift enthält;
- zum **Versäumnisurteil** nach § 330 ff. ZPO, weil nach § 91 II auch bei Ausbleiben der Beteiligten verhandelt werden kann (Tipke/Kruse/Brandis § 155 Rn. 8);
- zur **Widerklage** (wie zB § 33 ZPO), weil das finanzgerichtliche Verfahren aufgrund seiner Ausrichtung auf die Gewährung von Rechtsschutz gegen hoheitliche Maßnahmen eine andere Zielsetzung verfolgt als die ZPO und zudem eine gesetzliche Regelung zur Widerklage in der FGO fehlt (anders aber § 89 VwGO u. § 100 SGG; glA Tipke/Kruse/Brandis § 155 Rn. 8).

Bei der Frage nach der sinngemäßen Anwendung von Vorschriften der ZPO ist zudem zu beachten, dass dieselben Rechtshandlungen im Zivilprozess und im finanzgerichtlichen Verfahren **unterschiedliche Auswirkungen** haben können, so zB im Fall der **Klagerücknahme,** die im finanzgerichtlichen Verfahren – anders als im Zivilprozess – den Verlust des Klagerechts zur Folge hat (ausf. → § 72 Rn. 30 f.). 11

Weiterhin erschwert wird die Rechtssicherheit dann, wenn zivilprozessuale Regeln trotz ihrer gezielten Ausklammerung im finanzgerichtlichen Verfahren Bedeutung erlangen, weil sie einen **allgemeinen Rechtsgedanken** ausdrücken. Dies ist zB der Fall bei der Beweiskraftregel des **§ 418 ZPO** (→ § 82 Rn. 40; BFH X R 14/21, BStBl. II 2023, 588, Rn. 17 f.; X B 135/21, BFH/NV 2023, 731, Rn. 23 ff.), obwohl die §§ 415 ff. ZPO in § 82 gezielt nicht in Bezug genommen worden sind. 12

II. Güterichter- und Mediationsverfahren (§ 155 S. 1 FGO iVm §§ 278 V und 278a ZPO)

Literatur: v. Bargen, Gerichtsinterne Mediation, 2008; Gläßer/Schroeter, Gerichtliche Mediation, 2011; Greger, Autonome Konfliktlösung innerhalb und außerhalb des Prozesses, FS Vollkommer, 2006, 3; Greger/Weber, Das neue Güterichterverfahren – Arbeitshilfe für Richter, Rechtsanwälte und Gerichtsverwaltungen, MDR Beilage zu Heft 18/2012; Greger/Weber, Das Güterichterverfahren, MDR 2019, 1; Günther, Mediation in der Finanzgerichtsbarkeit, AO-StB 2010, 259 und 2011, 131; Nöcker, Verfahrensrecht als Verfahrenshindernis? AO-StB 2011, 110; Paul, Mediation – Ein Thema für Finanzgerichte?, DStR 2008, 1111; Weißenbacher, Mediation im Steuerrecht – Eine praxisnahe Möglichkeit?, BB 2023, Heft 28, I.

1. Allgemeines

§ 155 S. 1 erklärt ausdrücklich, dass die §§ 278 V, § 278a ZPO im finanzgerichtlichen Verfahren sinngemäß anwendbar sind. **Ziel** ist es, auf der Grundlage der RL 2008/52/EG des Europäischen Parlaments und des Rates über bestimmte Aspekte der Mediation in Zivil- und Handelssachen (Mediations-RL) die Media- 20 tion und andere Verfahren der außergerichtlichen Konfliktbeilegung zu fördern und für die gerichtsinterne Mediation eine ausdrückliche rechtliche Grundlage zu schaffen (BT-Drs. 17/5335, 1). Diese findet sich in §§ 278 und 278a ZPO, wobei § 278 ZPO im finanzgerichtlichen Verfahren nur eingeschränkt zur Anwendung gelangt, da § 155 S. 1 nur auf § 278 V ZPO verweist; § 278a ZPO ist demgegenüber in vollem Umfang anwendbar. Angesichts des Grundsatzes der Gesetzmäßigkeit der Besteuerung (→ § 76 Rn. 4) dürfte allerdings sowohl dem Güterichterverfahren als auch der Mediation und der sonstigen außergerichtlichen Konfliktbeilegung im finanzgerichtlichen Verfahren nur **sehr geringe Bedeutung** zukommen. §§ 278 V und 278a ZPO haben folgenden Wortlaut:

§ 278 ZPO Gütliche Streitbeilegung, Güteverhandlung, Vergleich

…

(5) [1]Das Gericht kann die Parteien für die Güteverhandlung sowie für weitere Güteversuche vor einen hierfür bestimmten und nicht entscheidungsbefugten Richter (Güterichter) verweisen. [2]Der Güterichter kann alle Methoden der Konfliktbeilegung einschließlich der Mediation einsetzen.

…

§ 278a ZPO Mediation, außergerichtliche Konfliktbeilegung

(1) Das Gericht kann den Parteien eine Mediation oder ein anderes Verfahren der außergerichtlichen Konfliktbeilegung vorschlagen.

(2) Entscheiden sich die Parteien zur Durchführung einer Mediation oder eines anderen Verfahrens der außergerichtlichen Konfliktbeilegung, ordnet das Gericht das Ruhen des Verfahrens an.

2. Güterichterverfahren (§ 278 V ZPO)

21 **§ 278 V ZPO** sieht die Möglichkeit einer **Güteverhandlung** vor. Die Güteverhandlung ist **keine Form der Mediation,** diese ist ausschließlich in § 278a ZPO geregelt (so der Gesetzesentwurf der BReg, BT-Drs. 17/5335, 20). Daher steht die Verweisung der Parteien (im finanzgerichtlichen Verfahren: der Beteiligten) vor den Güterichter ausschließlich im **Ermessen** des zur Entscheidung berufenen Gerichts, also des zuständigen Senats oder Einzelrichters. Da die Durchführung einer Güterichterverhandlung nur dann aussichtsreich ist, wenn die Parteien für eine einvernehmliche Konfliktlösung offen und deshalb grds. bereit sind, sich auf ein solches Verfahren einzulassen, kommt der Verweis nach § 278 V ZPO nur dann in Betracht, wenn die **Beteiligten zuvor zustimmen** (so die Beschlussempfehlung des Rechtsausschusses, BT-Drs. 17/8058, 21; anders noch der Gesetzesentwurf der BReg, BT-Drs. 17/5335, 20, keine Zustimmung erforderlich; zur Berücksichtigung der Zustimmung bei der gerichtlichen Ermessensausübung s. FG BBg 16 K 16155/21, EFG 2023, 1443, Rn. 35). Verwiesen vor den Güterichter werden nach dem Wortlaut des § 278 V ZPO **„die Parteien"** (Beteiligten) und nicht der Rechtsstreit, was insofern konsequent ist, als der Güterichter ohnehin in der Sache nicht entscheidungsbefugt ist (→ Rn. 23). Die Verweisung erfordert mE einen **Beschluss** als Meinungsäußerung des zur Entscheidung berufenen Senats (glA Tipke/Kruse/Brandis § 155 Rn. 9; → § 113 Rn. 1 ff.). Das Ausgangsverfahren ist – ebenfalls anders als in den Fällen des § 278a ZPO – **nicht zum Ruhen zu bringen** (BT-Drs. 17/5335, 20).

Der **Güterichter** muss für die ihm zugedachte Aufgabe **„bestimmt"** sein. 22
Das erfordert, dass er als **gesetzlicher Richter** iSv § 16 II GVG (BT-Drs. 17/5335, 20) im **Geschäftsverteilungsplan** des Gerichts als Güterichter ausgewiesen ist (§ 21e I 1 GVG, so die Beschlussempfehlung des Rechtsausschusses, BT-Drs. 17/8058, 21), womit für die Beteiligten eine Wahl des Güterichters ausscheidet (so der Gesetzesentwurf der BReg, BT-Drs. 17/5335, 20; glA Tipke/Kruse/Brandis § 155 Rn. 9, zugleich krit. zu der zT abweichenden FG-Praxis, wonach sich die Beteiligten einen von mehreren im Geschäftsverteilungsplan bestimmten Güterichter aussuchen können). Dabei muss der (im Geschäftsverteilungsplan ausgewiesene) Güterichter **nicht demselben Gericht angehören,** bei dem der Rechtsstreit anhängig ist. Er kann auch an einem anderen Gericht tätig sein; es ist auch möglich, die Sache für die Güteverhandlung sowie für weitere Güteversuche an ein anderes Gericht derselben oder einer anderen Gerichtsbarkeit zu verweisen; entscheidend ist lediglich die Eigenschaft als Güterichter (so die Beschlussempfehlung des Rechtsausschusses, BT-Drs. 17/8058, 21; anders noch der Gesetzesentwurf der BReg, BT-Drs. 17/5335, 20).

Der Güterichter darf **nicht entscheidungsbefugt** sein. Damit darf er nicht 23
dem Senat angehören, der über den Rechtsstreit zu entscheiden hat (HHS/Schwarz § 155 Rn. 48c). Mangels Entscheidungsbefugnis kann der Güterichter in der Sache selbst **keine Entscheidungen treffen** und auch keine Beschlüsse (zB Beweisbeschlüsse) erlassen.

Der Güterichter bestimmt den **Termin zur Güteverhandlung von Amts** 24
wegen und darf als gesetzlicher Richter (→ Rn. 22) die **Akten** auch ohne Zustimmung der Beteiligten einsehen – auch insoweit unterscheidet sich das Verfahren von der Mediation nach § 278a ZPO (BT-Drs. 17/5335, 20). Eine **Protokollierung** der Verhandlung findet gem. § 159 II 2 ZPO nur auf übereinstimmenden Antrag der Beteiligten statt. Zur Beilegung des Rechtsstreits kann sich der Güterichter nach § 278 V 2 ZPO **aller Methoden der Konfliktbeilegung** einschließlich der Mediation bedienen. Das bedeutet, dass er die Güteverhandlung derart ausgestalten kann, dass die Beteiligten ohne einen Lösungsvorschlag des Güterichters freiwillig und eigenverantwortlich eine einvernehmliche Beilegung ihres Konflikts erarbeiten, wie § 1 I MediationsG v. 21.7.2012 (BGBl. I 1577) dies für eine echte Mediation vorsieht. Er kann aber auch im Sinne einer Schlichtungsverhandlung einen eigenen Lösungsvorschlag unterbreiten, was sich mE aufgrund des Zwecks des Güteverfahrens aber nur anbietet, wenn die Beteiligten darum bitten. Die in § 4 MediationsG geregelte **Vertraulichkeit** soll nach BT-Drs. 17/5335, 20 im Güterichterfahren nicht gelten. Zöller/Greger ZPO § 278 Rn. 30 leiten diese aber aus § 46 DRiG iVm § 67 BBG und § 37 I BeamtStG ab.

Führt die Güteverhandlung zu **keiner Beilegung** des Rechtsstreits, so **beendet** 25
der Güterichter das Güteverfahren. Das ist bereits dann angezeigt, wenn er der Auffassung ist, dass eine eigenverantwortliche Kommunikation oder eine Einigung der Beteiligten nicht zu erwarten ist (s. § 2 V MediationsG). Anschließend gibt er den Rechtsstreit an den zuständigen Senat oder Einzelrichter zurück. Eines Beschlusses bedarf es mE dabei weder für die Beendigung des Güteverfahrens noch für die Rückgabe des Rechtsstreits (→ Rn. 21 aE). **Einigen sich die Beteiligten** iRd Güteverfahrens, so sollte dies aus Gründen der Rechtssicherheit protokolliert werden (s. aber § 159 II 2 ZPO; → Rn. 22). Der Güterichter sollte dabei darauf hinwirken, dass die Beteiligten bereits **verfahrensbeendende Erklärungen** abgeben (Klagerücknahme oder Hauptsacheerledigung), um diese Frage nicht nochmals vor dem eigentlich zuständigen Senat auszutragen. Die **verfahrensbe-**

endenden Beschlüsse (Einstellung des Verfahrens nach § 72 II 2 oder Kostenbeschluss nach § 138) darf der Güterichter allerdings nicht erlassen, weil er in dem Rechtsstreit nicht entscheidungsbefugt ist (→ Rn. 21 aE).

3. Mediation und außergerichtliche Konfliktbeilegung (§ 278a ZPO)

30 Nach § 278a I ZPO kann das Gericht den Beteiligten eine Mediation oder ein anderes Verfahren der außergerichtlichen Konfliktbeilegung vorschlagen. Dies lässt zum einen eine **gerichtsinterne Mediation** zu, die aber voraussetzt, dass im Bereich der Justiz (nicht zwingend bei dem zuständigen Gericht, → Rn. 22) ein nach § 5 MediationsG ausgebildeter Mediator zur Verfügung steht. Zum anderen ist auch eine sog. **gerichtsnahe Mediation** möglich, bei der ein außergerichtlicher Mediator tätig wird, der ebenfalls iSv § 5 MediationsG ausgebildet sein muss (s. zu den verschieden Formen der Mediation BT-Drs. 17/5335, 1). Andere Verfahren der außergerichtlichen Konfliktbeilegung sind die Schlichtung, die Konfliktbewertung und das Schiedsgutachten (Zöller/Greger ZPO § 278a Rn. 2f.), die im finanzgerichtlichen Verfahren aber kaum zur Anwendung gelangen dürften.

31 Das Gericht kann die Mediation nicht anordnen, sondern lediglich **vorschlagen.** Ein solcher Vorschlag kann insbes. dann angezeigt sein, wenn dem Rechtsstreit Konflikte zugrunde liegen, die im Prozess nicht oder nur unzureichend beigelegt werden können (BT-Drs. 17/5335, 20). Das kann auch im finanzgerichtlichen Verfahren der Fall sein, wenn zB persönliche Konflikte zwischen dem Kläger und den Mitarbeitern des Beklagten bestehen, deren Ausräumung für die weitere Zusammenarbeit förderlich ist. Stimmen die Beteiligten der Mediation zu, so ordnet das Gericht per **Beschluss** (Zöller/Greger ZPO § 278a Rn. 4) das **Ruhen des Verfahrens** bis zur Beendigung des Mediationsverfahrens an (§§ 278a II, 251 ZPO).

32 Die Beteiligten können den Mediator – ggf. auf Vorschlag des Gerichts – **frei wählen.** Der Grundsatz des **gesetzlichen Richters gilt nicht,** und zwar auch nicht im Fall der gerichtsinternen Mediation (BT-Drs. 17/5335, 21). Daher besteht kein Anspruch auf einen bestimmten richterlichen Mediator (BT-Drs. 17/5335, 21). Ebenso ist der Mediator, auf den sich die Beteiligten geeinigt haben, nicht verpflichtet, die Mediation zu übernehmen. Er kann diese ablehnen, zB bei Überlastung. In diesem Fall müssen die Beteiligten eine neue Wahl treffen (BT-Drs. 17/5335, 21).

33 Für das gerichtsinterne und gerichtsnahe **Mediationsverfahren** gelten die in den §§ 2 und 3 MediationsG geregelten Aufgaben, Offenbarungspflichten und Tätigkeitsbeschränkungen und insbes. die in § 4 MediationsG normierte **Verschwiegenheitspflicht** (BT-Drs. 17/5335, 21). Diese gilt auch ggü. den Richtern, die für die Entscheidung des Rechtsstreits zuständig sind. Eventuell zum Mediationsverfahren separat geführte **Akten** dürfen diesen nicht überlassen werden, und zwar auch nicht zur Einsicht. Umgekehrt darf der Mediator die Akten des Rechtsstreits nur nach Zustimmung beider Beteiligter zum Mediationsverfahren hinzuziehen. Auch eine **Protokollierung** des Mediationsverfahrens darf nur im Einvernehmen mit allen Beteiligten erfolgen. Zur **Beendigung des Mediationsverfahrens** gelten die in → Rn. 25 gemachten Ausführungen entsprechend.

III. Rechtsschutz bei überlangen Gerichtsverfahren (§ 155 S. 2 FGO iVm § 198 ff. GVG)

Literatur: Böcker, Neuer Rechtsschutz gegen die überlange Dauer finanzgerichtlicher Verfahren, DStR 2011, 2173; Böcker, Entschädigung bei unangemessener Dauer finanzgerichtlicher Verfahren, DB 2013, 1930; Greger, 10 Jahre Schutz vor überlangen Gerichtsverfahren – Kein Grund zum Feiern, AnwBl. 2022, 96; Marx/Roderfeld, Rechtsschutz bei überlangen Gerichts- und Ermittlungsverfahren, 2013; Schlick, Die Verzögerungsrüge nach § 198 Abs. 3 GVG – zugleich Anmerkung zu BFHE 253, 205, in: Gelebtes Prozessrecht, FS für Volkert Vorwerk, 2019, 303; Stahnecker, Entschädigung bei überlangen Gerichtsverfahren, 2013; Steinbeiß-Winkelmann/Ott, Rechtsschutz bei überlangen Gerichtsverfahren, 2013.

1. Entstehungsgeschichte

Durch das **G über den Rechtsschutz bei überlangen Gerichtsverfahren** 40 und strafrechtlichen Ermittlungsverfahren v. 24.11.2011 (BGBl. I 2302) wurde in § 155 S. 2 der Verweis auf den neu geschaffenen 17. Titel des GVG und damit auf die §§ 198–201 GVG aufgenommen, die nach Art. 23 des G auch auf Verfahren anwendbar sind, die vor dem Inkrafttreten des G am 3.12.2011 bereits anhängig waren (s. dazu BVerfG 1 BvR 1928/16, BFH/NV 2018, 1134, Rn. 10: Entschädigungsklage ist auch dann zulässig, wenn das FG-Verfahren vor dem Inkrafttreten des G bereits abgeschlossen war; zur Rechtsentwicklung bis zu diesem Zeitpunkt s. Gräber, 9. Aufl., § 155 Rn. 40). Diese Vorschriften regeln vorrangig den Rechtsschutz bei überlangen Gerichtsverfahren (BFH X B 105/13, BFH/NV 2014, 1213 Rn. 40; s. zu den anzuwendenden Maßstäben auch BFH X K 1/15, BStBl. II 2016, 694, Rn. 24) und gelten aufgrund der generellen Anwendungsregelung in § 155 S. 1 (→ Rn. 2 ff.) mit der durch § 155 S. 2 (idF des Art. 9 des G über den Rechtsschutz bei überlangen Gerichtsverfahren; BFH X B 105/13, BFH/NV 2014, 1213, Rn. 40) getroffenen Modifikation **auch im finanzgerichtlichen Verfahren,** obwohl Art. 6 I EMRK nach der Rspr. des EGMR wegen seines Wortlauts im finanzgerichtlichen Verfahren nicht anwendbar ist (EGMR 44759/98, NJW 2002, 345 – Ferrazzini/Italien; BVerfG 1 BvR 1928/16, BFH/NV 2018, 1134, Rn. 14 ff.; BFH X R 1/15, BStBl. II 2016, 840, Rn. 29). Ohne Bedeutung für das finanzgerichtliche Verfahren ist lediglich § 199 GVG, der ausschließlich Strafverfahren betrifft. Hinsichtlich der in § 201 GVG geregelten Zuständigkeit gilt die Sonderregelung des § 155 S. 2 (→ Rn. 85). Die §§ 198 ff. GVG haben folgenden Wortlaut:

§ 198 GVG [Entschädigung; Verzögerungsrüge]

(1) [1]Wer infolge unangemessener Dauer eines Gerichtsverfahrens als Verfahrensbeteiligter einen Nachteil erleidet, wird angemessen entschädigt. [2]Die Angemessenheit der Verfahrensdauer richtet sich nach den Umständen des Einzelfalles, insbesondere nach der Schwierigkeit und Bedeutung des Verfahrens und nach dem Verhalten der Verfahrensbeteiligten und Dritter.

(2) [1]Ein Nachteil, der nicht Vermögensnachteil ist, wird vermutet, wenn ein Gerichtsverfahren unangemessen lange gedauert hat. [2]Hierfür kann Entschädigung nur beansprucht werden, soweit nicht nach den Umständen des Einzelfalles Wiedergutmachung auf andere Weise gemäß Absatz 4 ausreichend ist. [3]Die Entschädigung gemäß Satz 2 beträgt 1 200 Euro für jedes Jahr der Verzögerung. [4]Ist der

Betrag gemäß Satz 3 nach den Umständen des Einzelfalles unbillig, kann das Gericht einen höheren oder niedrigeren Betrag festsetzen.

(3) [1]Entschädigung erhält ein Verfahrensbeteiligter nur, wenn er bei dem mit der Sache befassten Gericht die Dauer des Verfahrens gerügt hat (Verzögerungsrüge). [2]Die Verzögerungsrüge kann erst erhoben werden, wenn Anlass zur Besorgnis besteht, dass das Verfahren nicht in einer angemessenen Zeit abgeschlossen wird; eine Wiederholung der Verzögerungsrüge ist frühestens nach sechs Monaten möglich, außer wenn ausnahmsweise eine kürzere Frist geboten ist. [3]Kommt es für die Verfahrensförderung auf Umstände an, die noch nicht in das Verfahren eingeführt worden sind, muss die Rüge hierauf hinweisen. [4]Anderenfalls werden sie von dem Gericht, das über die Entschädigung zu entscheiden hat (Entschädigungsgericht), bei der Bestimmung der angemessenen Verfahrensdauer nicht berücksichtigt. [5]Verzögert sich das Verfahren bei einem anderen Gericht weiter, bedarf es einer erneuten Verzögerungsrüge.

(4) [1]Wiedergutmachung auf andere Weise ist insbesondere möglich durch die Feststellung des Entschädigungsgerichts, dass die Verfahrensdauer unangemessen war. [2]Die Feststellung setzt keinen Antrag voraus. [3]Sie kann in schwerwiegenden Fällen neben der Entschädigung ausgesprochen werden; ebenso kann sie ausgesprochen werden, wenn eine oder mehrere Voraussetzungen des Absatzes 3 nicht erfüllt sind.

(5) [1]Eine Klage zur Durchsetzung eines Anspruchs nach Absatz 1 kann frühestens sechs Monate nach Erhebung der Verzögerungsrüge erhoben werden. [2]Die Klage muss spätestens sechs Monate nach Eintritt der Rechtskraft der Entscheidung, die das Verfahren beendet, oder einer anderen Erledigung des Verfahrens erhoben werden. [3]Bis zur rechtskräftigen Entscheidung über die Klage ist der Anspruch nicht übertragbar.

(6) Im Sinne dieser Vorschrift ist

1. ein Gerichtsverfahren jedes Verfahren von der Einleitung bis zum rechtskräftigen Abschluss einschließlich eines Verfahrens auf Gewährung vorläufigen Rechtsschutzes und zur Bewilligung von Prozess- oder Verfahrenskostenhilfe; ausgenommen ist das Insolvenzverfahren nach dessen Eröffnung; im eröffneten Insolvenzverfahren gilt die Herbeiführung einer Entscheidung als Gerichtsverfahren;
2. ein Verfahrensbeteiligter jede Partei und jeder Beteiligte eines Gerichtsverfahrens mit Ausnahme der Verfassungsorgane, der Träger öffentlicher Verwaltung und sonstiger öffentlicher Stellen, soweit diese nicht in Wahrnehmung eines Selbstverwaltungsrechts an einem Verfahren beteiligt sind.

§ 199 GVG [betrifft nur das Strafverfahren]

§ 200 GVG [Haftende Körperschaft]

[1]Für Nachteile, die auf Grund von Verzögerungen bei Gerichten eines Landes eingetreten sind, haftet das Land. [2]Für Nachteile, die auf Grund von Verzögerungen bei Gerichten des Bundes eingetreten sind, haftet der Bund. [3]Für Staatsanwaltschaften und Finanzbehörden in Fällen des § 386 Absatz 2 der Abgabenordnung gelten die Sätze 1 und 2 entsprechend.

§ 201 GVG [Zuständigkeit für die Entschädigungsklage; Verfahren]

(1) [1]Zuständig für die Klage auf Entschädigung gegen ein Land ist das Oberlandesgericht, in dessen Bezirk das streitgegenständliche Verfahren durchgeführt

wurde. [2]Zuständig für die Klage auf Entschädigung gegen den Bund ist der Bundesgerichtshof. [3]Diese Zuständigkeiten sind ausschließliche.

(2) [1]Die Vorschriften der Zivilprozessordnung über das Verfahren vor den Landgerichten im ersten Rechtszug sind entsprechend anzuwenden. [2]Eine Entscheidung durch den Einzelrichter ist ausgeschlossen. [3]Gegen die Entscheidung des Oberlandesgerichts findet die Revision nach Maßgabe des § 543 der Zivilprozessordnung statt; § 544 der Zivilprozessordnung ist entsprechend anzuwenden.

(3) [1]Das Entschädigungsgericht kann das Verfahren aussetzen, wenn das Gerichtsverfahren, von dessen Dauer ein Anspruch nach § 198 abhängt, noch andauert. [2]In Strafverfahren, einschließlich des Verfahrens auf Vorbereitung der öffentlichen Klage, hat das Entschädigungsgericht das Verfahren auszusetzen, solange das Strafverfahren noch nicht abgeschlossen ist.

(4) Besteht ein Entschädigungsanspruch nicht oder nicht in der geltend gemachten Höhe, wird aber eine unangemessene Verfahrensdauer festgestellt, entscheidet das Gericht über die Kosten nach billigem Ermessen.

Unterzieht man die neu geschaffenen Regelungen zum Rechtsschutz bei überlangen Gerichtsverfahren einer Bestandsaufnahme, so stellen sich diese als **stumpfes Schwert** dar, weil sie die zuständigen Justizverwaltungen kaum dazu veranlassen, etwa durch die Neueinstellung von Richterinnen und Richtern zu einer Beschleunigung der anhängigen Verfahren beizutragen. Dies ist zum einen auf die geringe Höhe der vorgesehenen Entschädigungszahlungen und zum anderen auch auf die großzügige Rspr. zu der Frage, wann eine Verzögerung eintritt, zurückzuführen. Da für das finanzgerichtliche Verfahren die **Rechtsprechung des BFH** als Entschädigungsgericht maßgeblich ist, wird die Rspr. aus anderen Gerichtsbarkeiten im Folgenden nur vereinzelt dargestellt.

2. Anspruchsberechtigter

Anspruchsberechtigt ist nach § 198 I 1 GVG nur ein **Verfahrensbeteiligter,** 41
der durch die unangemessene Dauer des Gerichtsverfahrens einen Nachteil erlitten hat (zum Nachteil → Rn. 54). Verfahrensbeteiligter ist nach § 198 VI Nr. 2 GVG jede Partei und jeder Beteiligte eines Gerichtsverfahrens mit Ausnahme der Verfassungsorgane, der Träger öffentlicher Verwaltung und sonstiger öffentlicher Stellen, soweit diese nicht in Wahrnehmung eines Selbstverwaltungsrechts an einem Verfahren beteiligt sind. Für das finanzgerichtliche Verfahren bedeutet dies, dass als Anspruchsberechtigte alle an dem Verfahren **Beteiligten iSv § 57** in Betracht kommen (zur Kapitalgesellschaft: BFH X K 5/21 (X K 2/19), BFH/NV 2023, 31, Rn. 22 ff.). Voraussetzung ist aber, dass der Anspruchsberechtigte kraft eigenen Rechts gestaltend auf den Prozessgegenstand des verzögerten Gerichtsverfahrens einwirken kann (abgelehnt für Insolvenzschuldner, wenn die Prozessführungsbefugnis allein dem Insolvenzverwalter obliegt, BFH X S 50/13 (PKH), BFH/NV 2014, 890). Erleiden **mehrere Verfahrensbeteiligte** durch die unangemessene Dauer des Gerichtsverfahrens einen Nachteil, so ist jedem die Entschädigung in voller Höhe zu zahlen (BFH X K 12/13, BFH/NV 2014, 1844, Rn. 47; X K 9/13, BStBl. II 2015, 33, Rn. 40; X K 3–7/16, BStBl. II 2018, 103, betr. mehrere Kläger; BFH X K 3/15, BFH/NV 2017, 159, Rn. 45; X K 3–7/16, BStBl. II 2018, 103, Rn. 46 betr. Ehegatten). Der Anspruch ist **vererblich** (BFH X K 9/13, BStBl. II 2015, 33, Rn. 41 f.).

3. Anspruchsverpflichteter

42 Anspruchsverpflichtet ist nach § 200 S. 1 GVG dasjenige **Bundesland,** in dessen Gebiet das Gericht seinen Sitz hat, bei dem die Verzögerung eingetreten ist (zur Übertragung der **Vertretung** des Bundeslandes auf den Präsidenten des FG s. BFH X K 3/12, BStBl. II 2013, 547). Ist die Verzögerung bei einem Bundesgericht eingetreten, so haftet nach § 200 S. 2 GVG der **Bund.**

4. Unangemessene Dauer eines Gerichtsverfahrens

43 Die Entschädigung setzt nach § 198 I 1 GVG die unangemessene Dauer eines Gerichtsverfahrens voraus. **Gerichtsverfahren** ist nach § 198 VI Nr. 1 GVG jedes Verfahren von der Einleitung bis zum rechtskräftigen Abschluss. Das betrifft alle beim Gericht laufenden Verfahren, also nicht nur die Klageverfahren, sondern auch die Antragsverfahren (zB vorläufiger Rechtsschutz) und die sonstigen Verfahren (zB Anhörungsrüge nach § 133a). Erfasst werden auch isolierte PKH-Verfahren (BFH X K 3/20, BFH/NV 2021, 1507, Rn. 25), nicht aber PKH-Verfahren, die gleichzeitig neben einem rechtshängigen Hauptsacheverfahren geführt werden; sie sind entschädigungsrechtlich keine eigenständigen Gerichtsverfahren iSv § 198 VI Nr. 1 GVG (BFH X K 6/20, BStBl. II 2022, 811, Rn. 27). – Eingeleitet sind die Verfahren mit dem Eingang der Klage oder des Antrags beim Gericht. Dies muss nicht das Gericht sein, welches letztendlich in der Sache entscheidet. Bei von einem anderen (unzuständigen) Gericht übernommenen Verfahren ist die Klageerhebung bei dem ursprünglichen Gericht maßgebend (BFH X K 3/20, BFH/NV 2021, 1507, Rn. 29; s. zur Zuständigkeit für die Entschädigungsverfahren auch BVerwG 5 B 1/21, NVwZ 2022, 412). Abgeschlossen sind die Verfahren mit der Zustellung der das Verfahren beendenden Entscheidung. Die Dauer des beim FA geführten **Verwaltungsverfahrens** ist für die Entschädigungsklage nach § 198 GVG **ohne Bedeutung,** weil es sich dabei nicht um ein Gerichtsverfahren handelt (BFH X S 18/12 (PKH), BFH/NV 2012, 1822; X K 3/13, BFH/NV 2014, 1053, Rn. 28; X R 1/15, BStBl. II 2016, 840, Rn. 29 unter Auseinandersetzung mit Art. 6 EMRK; X K 3/17, BFH/NV 2019, 27, Rn. 96). – **Mehrere eigenständige Verfahren** sind hinsichtlich der überlangen Verfahrensdauer separat zu betrachten, so dass eine bereits geleistete Geldentschädigung für die unangemessene Dauer eines Parallelverfahrens der Zuerkennung einer weiteren Entschädigung aufgrund der Verzögerung des anderen Verfahrens regelmäßig nicht entgegensteht (BFH X K 6/20, BStBl. II 2022, 811, Rn. 49).

44 Ab wann die Dauer eines Gerichtsverfahrens **unangemessen** ist, regelt § 198 GVG nicht im Einzelnen. Maßgeblich sind nach § 198 I 2 GVG die Umstände des Einzelfalles, insbes. die Schwierigkeit und Bedeutung des Verfahrens und das Verhalten der Verfahrensbeteiligten und Dritter (zur Verfassungsmäßigkeit der Regelung: BFH X K 3/17, BFH/NV 2019, 27: Vorschrift ist hinreichend bestimmt; s. auch BVerfG 1 BvR 1928/16, BFH/NV 2018, 1134 unter Verweis auf die Möglichkeit der Untätigkeitsklage). Diese Kriterien beruhen auf der Rspr. des EGMR (EGMR 46344/06, NJW 2010, 3355 – Rumpf/Deutschland) und des BVerfG (BVerfG 1 BvR 1196/04, NJW 2004, 3320 unter II.2.a; 1 BvR 1098/11, JZ 2013, 21, Verfahrensdauer von 30 Monaten genügt verfassungsrechtlichen Anforderungen nicht; s. dazu BFH X K 3/12, BStBl. II 2013, 547, Rn. 39 ff.; X K 2/20, BStBl. II 2023, 38, Rn. 25; X K 5/21 (X K 2/19), BFH/NV 2023, 31, Rn. 26). Damit ist es ausgeschlossen, konkrete Fristen für die Angemessenheit der Dauer eines Verfahrens aufzustellen (BFH X K 13/12, BStBl. II 2014, 179,

Rn. 56; X K 1/16, BStBl. II 2018, 132, Rn. 26). Aufgrund der gebotenen Einzelfallbetrachtung ist der Begriff der „Angemessenheit“ vielmehr für **Wertungen** offen, die es ermöglichen, dem Spannungsverhältnis zwischen einem möglichst zügigen Abschluss des Rechtsstreits und anderen, ebenfalls hochrangigen sowie verfassungs- und menschenrechtlich verankerten prozessualen Grundsätzen, wie insbes. der Gewährung eines effektiven Rechtsschutzes, Rechnung zu tragen (BFH X K 13/12, BStBl. II 2014, 179, Rn. 51; X K 8/13, BStBl. II 2014, 584, Rn. 17; X K 1/16, BStBl. II 2018, 132, Rn. 26; X K 2/20, BStBl. II 2023, 38, Rn. 25; X K 5/21 (X K 2/19), BFH/NV 2023, 31, Rn. 26). Dementsprechend darf die zeitliche Grenze bei der Bemessung der Angemessenheit der Dauer eines Verfahrens nicht zu eng gezogen werden, so dass eine unangemessene Verfahrensdauer nicht bereits bei einer Abweichung vom Optimum vorliegt, sondern erst dann, wenn die äußersten Grenzen des Angemessenen deutlich überschritten sind (BFH X K 13/12, BStBl. II 2014, 179, Rn. 53; X K 8/13, BStBl. II 2014, 584, Rn. 17; X K 11/13, BFH/NV 2014, 1748, Rn. 42; BSG B 10 ÜG 1/12 KL, BSGE 113, 75 unter 2.a aa). Damit hat das Gericht einen erheblichen **Spielraum** bei der Gestaltung seines Verfahrens, der im Entschädigungsprozess nicht auf seine Richtigkeit, sondern nur auf seine Vertretbarkeit überprüft werden darf (BFH X K 2/20, BStBl. II 2023, 38, Rn. 28). Dieser Spielraum ermöglicht es dem Gericht ua, einzelne (ältere und jüngere) Verfahren aus Gründen eines sachlichen, rechtlichen, persönlichen oder organisatorischen Zusammenhangs zu bestimmten Gruppen zusammenzufassen oder die Entscheidung einer bestimmten Sach- oder Rechtsfrage als dringlicher anzusehen als die Entscheidung anderer Fragen, auch wenn eine solche zeitliche „Bevorzugung“ einzelner Verfahren zu einer längeren Dauer anderer Verfahren führt (BFH X K 13/12, BStBl. II 2014, 179, Rn. 54; X K 11/13, BFH/NV 2014, 1748, Rn. 53, ex-ante-Betrachtung maßgebend; BVerwG 5 C 23/12 D, NJW 2014, 96 unter 1b bb (3); X K 3/17, BFH/NV 2018, 27, Rn. 81 f. mwN zur Behandlung eines von mehreren Verfahren als Leitverfahren). Umstände, die im **Verantwortungsbereich des Staates** liegen, wie zB die **Überlastung** des Gerichts, des konkreten Spruchkörpers oder des zuständigen Richters, **rechtfertigen** eine überlange Verfahrensdauer hingegen **nicht** (BFH X K 3/12, BStBl. II 2013, 547, Rn. 43; X K 2/20, BStBl. II 2023, 38, Rn. 44; BT-Drs. 17/3802, 19; s. auch BFH X K 2/15, BStBl. II 2017, 350 Rn. 44 zum Berichterstatterwechsel), sie sind vielmehr Voraussetzung für den Entschädigungsanspruch (BFH X K 5/20, BFH/NV 2022, 668, Rn. 34 ff.). Auch die **Erkrankung** eines Richters kann nur eine kurzfristige Verzögerung rechtfertigen, zumal die nach dem Geschäftsverteilungsplan zur Vertretung berufenen Richter zur Förderung des Verfahrens verpflichtet sind (BFH X K 2/20, BStBl. II 2023, 38, Rn. 43); kurzfristige Krankheits- und Urlaubszeiten sind zudem iRd Typisierung (→ Rn. 46) berücksichtigt (BFH X K 1/19, BFH/NV 2020, 98, Rn. 52). Demgegenüber führen Verzögerungen des Rechtsstreits, die auf Umständen beruhen, die außerhalb des staatlichen bzw. dem Staat zurechenbaren Einflussbereichs liegen, nicht zu einer unangemessenen Verfahrensdauer (BFH X K 5/20, DStR 2022, 881 zur **Corona-Pandemie**). Ebenso kann die **mangelnde Mitwirkung** des Klägers eine längere Verfahrensdauer rechtfertigen (BFH X K 3/17, BFH/NV 2019, 27, Rn. 69 zum deswegen notwendigen Austausch von Schriftsätzen). Dem steht aber die Pflicht des Gerichts entgegen, sich mit zunehmender Verfahrensdauer um eine Beschleunigung des Verfahrens zu bemühen (BVerfG 1 BvR 1196/04, NJW 2004, 3320 unter II.2.a) und ggf. unter Anwendung eines reduzierten Beweismaßes zu entscheiden (BFH X K 3/12, BStBl. II

2013, 547, Rn. 44 mwN; s. auch BFH X K 10/13, BFH/NV 2014, 1393; X K 12/13, BFH/NV 2014, 1844, Rn. 38 zur verweigerten Einwilligung in ein Ruhen des Verfahrens).

45 Für das typische finanzgerichtliche Verfahren (zu Ausnahmen → Rn. 48) geht der BFH von einer Einteilung in **drei Phasen** aus. Die 1. Phase betrifft die Einreichung und den Austausch vorbereitender Schriftsätze, die so lange andauert, wie die Beteiligten ihren Anspruch auf rechtliches Gehör wahrnehmen (BFH X K 11/13, BFH/NV 2014, 1748, Rn. 50; X K 7/13, BFH/NV 2015, 33, Rn. 43; X K 7/14, BStBl. II 2016, 405, Rn. 31); hier wird das Gericht nur sehr eingeschränkt tätig. In der anschließenden 2. Phase bleibt das Verfahren wegen anderer zu bearbeitender Fälle idR unbearbeitet. Erst die **3. Phase** ist dadurch gekennzeichnet, dass das Gericht Maßnahmen trifft, die das Verfahren **fördern,** also einer Entscheidung zuführen sollen (**ablehnend** für Standardantworten des Gerichts auf Sachstandsanfragen oder die Weiterleitung der Verzögerungsrüge an den anderen Beteiligten: BFH X K 8/13, BStBl. II 2014, 584; X K 7/13, BFH/NV 2015, 33, Rn. 51; X K 3/15, BFH/NV 2017, 159, Rn. 32; X K 2/20, BStBl. II 2023, 38, Rn. 38; **bejahend** für eine individuelle Antwort des Gerichts auf eine Verzögerungsrüge, wenn die richterliche Befassung mit dem Verfahren dazu geführt hat, dass bereits im Folgemonat die Ladung zur mündlichen Verhandlung erging: BFH X K 5/13, BFH/NV 2015, 30, Rn. 37; für die Aktenanforderung: BFH X K 2/15, BStBl. II 2017, 350, Rn. 37; für die Bearbeitung eines gleichzeitig gestellten PKH-Verfahrens, wenn dieses erkennbar eine verfahrensbeendende Zielrichtung hat: BFH X K 6/20, BStBl. II 2022, 811, Rn. 28; für die Weiterleitung von Schriftsätzen mit einem gewissen Umfang, die sich inhaltlich mit Fragen des Verfahrens befassen: BSG B 10 ÜG 12/13 R, SozR 4–1720 § 198 Nr. 4, Rn. 57, dies aber offengelassen durch BFH X K 5/21 (X K 2/19), BFH/NV 2023, 31, Rn. 42 f.). Diese Phase hängt in besonderem Maße von dem – ausschließlich vom Entschädigungsgericht zu beurteilenden (BFH X K 2/15, BStBl. II 2017, 350, Rn. 42) – Schwierigkeitsgrad des Verfahrens, dem Verhalten der Verfahrensbeteiligten und Dritter und der Intensität der Bearbeitung durch den hierfür berufenen Richter ab und entzieht sich damit ebenso wie die 1. Phase, auf die das Gericht auch nur in beschränktem Maße Einfluss hat, jedem Versuch der Typisierung oder zeitlichen Konkretisierung (BFH X K 13/12, BStBl. II 2014, 179, Rn. 67; X K 5/13, BFH/NV 2015, 30). Folglich kommt es zur Beurteilung der Angemessenheit der Dauer eines Verfahrens insbes. auf die Länge der 2. Phase an, zumal diese in erster Linie gerichtsorganisatorisch bedingt ist (BFH X K 13/12, BStBl. II 2014, 179, Rn. 68). Dabei ist hinsichtlich der 1. und 3. Phase aber zu beachten, dass sich nach der Rspr. des BVerfG mit zunehmender Verfahrensdauer die **Pflicht** des Gerichts verdichtet, **sich nachhaltig um eine Förderung, Beschleunigung und Beendigung des Verfahrens zu bemühen** (BVerfG 1 BvR 1196/04, NJW 2004, 3320 unter II.2.a; dem folgend BFH X K 3/17, BFH/NV 2019, 27, Rn. 69: bloßer Austausch von Schriftsätzen genügt nicht, wenn diese keine neuen Tatsachen enthalten).

46 Ausgehend davon, dass die Fallstruktur in der Finanzgerichtsbarkeit im Unterschied zu anderen Gerichtsbarkeiten eher homogen ist und dies eine relativ einheitliche Bearbeitungsweise der einzelnen Gerichte und Spruchkörper mit sich bringt (BFH X K 13/12, BStBl. II 2014, 179, Rn. 62, 65; X K 12/13, BFH/NV 2014, 1844, Rn. 25 ff.; X K 5/13, BFH/NV 2015, 30, Rn. 28), geht der **BFH** in stRspr davon aus, dass bei einem finanzgerichtlichen **Klageverfahren,** das im Vergleich zu dem dargestellten Verfahrensablauf keine wesentlichen Besonderhei-

ten aufweist, eine Vermutung dafür spricht, dass die Dauer des Verfahrens angemessen ist, wenn das Gericht gut **zwei Jahre** nach dem Eingang der Klage mit Maßnahmen beginnt, die das Verfahren einer Entscheidung zuführen sollen und die damit begonnene 3. Phase des Verfahrensablaufs nicht durch nennenswerte Zeiträume unterbrochen wird, in denen das Gericht die Akte unbearbeitet lässt (BFH X K 13/12, BStBl. II 2014, 179, Rn. 69; X K 8/13, BStBl. II 2014, 584, Rn. 17; X K 4/13, BFH/NV 2014, 624, Rn. 23; X K 4/14, BFH/NV 2016, 758, Rn. 31; X K 6/14, BFH/NV 2016, 755, Rn. 24 ff.; X K 1/15, BStBl. II 2016, 694, Rn. 24; X K 3/15, BFH/NV 2017, 159, Rn. 19; X K 3–7/16, BStBl. II 2018, 103, Rn. 31; X K 1/16, BStBl. II 2018, 132, Rn. 26; X K 2/16, BFH/NV 2018, 1149, Rn. 34 f.; X K 1/19, BFH/NV 2020, 98, Rn. 29; X K 5/20, DStR 2022, 881, Rn. 17; X K 6/20, BStBl. II 2022, 811, Rn. 19; X K 2/20, BStBl. II 2023, 38, Rn. 26; X K 5/21 (X K 2/19), BFH/NV 2023, 31, Rn. 27; s. auch BFH X K 1/19, BFH/NV 2020, 98, Rn. 48: keine Rechtfertigung der Untätigkeit bei einem bereits erheblich verzögerten Verfahren, weil die Akten wegen eines Parallelverfahrens an den BFH zu übersenden waren; BFH X K 6/20, BStBl. II 2022, 811, Rn. 23: keine Rechtfertigung der Überschreitung wegen versagter Aktenüberlassung durch einen anderen Senat). Dabei ist eine im 25. Monat nach Klageerhebung zu verzeichnende Untätigkeit des Ausgangsgerichts noch nicht als unangemessen anzusehen, wenn bereits zu Beginn des 26. Monats ein Umstand eintritt, der dem Ausgangsgericht eine Förderung des Verfahrens auf unabsehbare Zeit unmöglich macht (BFH X K 1/21, X K 2/21, BFH/NV 2023, 720, Rn. 39 zur Insolvenz). – Für **PKH-Verfahren** hat der BFH im Wege der Typisierung die Vermutung aufgestellt, dass die Verfahrensdauer dann noch angemessen ist, wenn das Gericht gut **acht Monate** nach der Einleitung des Verfahrens mit Maßnahmen zur Entscheidungsfindung beginnt und ab diesem Zeitpunkt nicht für nennenswerte Zeiträume inaktiv wird (BFH X K 4/18, BStBl. II 2020, 16, Rn. 56 ff.; X K 3/20, BFH/NV 2021, 1507, Rn. 28). – Für ein vor dem BFH geführtes **NZB-Verfahren** und für **sonstige Beschwerdeverfahren** iSd § 128, die mit einer NZB in einem Sachzusammenhang stehen, soll die Verfahrensdauer dann noch angemessen sein, wenn sie einen Zeitraum von **zwölf Monaten** nicht überschreiten, was auch dann gilt, wenn die Verfahren keine besonderen Schwierigkeiten aufweisen (BFH X S 31-36/16 (PKH), BFH/NV 2017, 612; BSG B 10 ÜG 1/12 KL, BSGE 113, 75, Rn. 32; BVerwG 5 C 31/15 D, NJW 2016, 3464).

Dieser „Karenzzeitraum" ergibt sich nach Auffassung des BFH aus der Abwägung der widerstreitenden Gesichtspunkte. Er sei einerseits ausreichend, um der Tatsache Rechnung zu tragen, dass zu einem richterlichen Dezernat zahlreiche Verfahren gehörten (dazu auch BFH X K 8/13, BStBl. II 2014, 584, Rn. 18) und ermögliche es dem Richter an einem oberen Landesgericht in Verantwortung für die inhaltliche Richtigkeit und das qualitativ hohe Niveau seiner Entscheidung sowie in Ausübung seiner richterlichen Unabhängigkeit von dem ihm zustehenden Gestaltungsspielraum (→ Rn. 42) Gebrauch zu machen. Andererseits sei es den Verfahrensbeteiligten zuzumuten, bis zu zwei Jahre auf den Beginn der zielgerichteten Bearbeitung durch das FG zu warten, zumal finanzgerichtliche Klageverfahren – anders als Klageverfahren in anderen Gerichtszweigen – idR nicht eilbedürftig seien, sofern die Verfahrensbeteiligten keine **besonderen Gründe für eine Eilbedürftigkeit vortragen** würden (BFH X K 13/12, BStBl. II 2014, 179, Rn. 70 f., 73; X K 8/13, BStBl. II 2014, 584, Rn. 17; X K 5/13, BFH/NV 2015, 30, Rn. 32 ff. unter Einbeziehung eines nach § 74 ausgesetzten Verfahrens; 47

X K 11/13, BFH/NV 2014, 1748, Rn. 38f.; X K 7/13, BFH/NV 2015, 101, Rn. 45; X S 31-36/16 (PKH), BFH/NV 2017, 612, Rn. 19 zur NZB; X K 1/16, BStBl. II 2018, 132, Rn. 29; X K 2/16, BFH/NV 2018, 1149, Rn. 39: Alter von 68 und 70 reicht nicht; X K 3/17, BFH/NV 2019, 27, Rn. 58: keine Verpflichtung des Gerichts zur Überprüfung der Akten, um das Alter des Klägers zu ermitteln; X K 1/19, BFH/NV 2020, 98, Rn. 29; X K 1/21, X K 2/21, BFH/NV 2023, 720, Rn. 33; zu Ausnahmen → Rn. 48). Damit hat der BFH der zT in der Lit. vertretenen Ansicht, dass sich aus der Rspr. des EGMR eine maximale Verfahrensdauer von einem Jahr ableiten lasse (so Böcker DStR 2011, 2173 (2175), DB 2013, 1930 (1931)) eine Absage erteilt (s. dazu iE BFH X K 13/12, BStBl. II 2014, 179, Rn. 57f.; X S 18/12 (PKH), BFH/NV 2012, 1822). Die gegen diese Rspr. erhobenen **Verfassungsbeschwerden** hat das BVerfG nicht zur Entscheidung angenommen (BVerfG 2 BvR 1495/14, StEd 2015, 471; 2 BvR 1738/14, StEd 2015, 662). – Zur **Berechnung der Verzögerung** s. auch BFH X K 7/13, BFH/NV 2015, 33, Rn. 47ff.; X K 5/21 (X K 2/19), BFH/NV 2023, 31, Rn. 33ff. sowie X K 6/20, BStBl. II 2022, 811, Rn. 33: zwei- oder dreimonatiger Vorlauf bei der Terminierung ist entschädigungsrechtlich unbedenklich.

48 Der BFH setzt sich mit der von ihm aufgestellten Vermutung **nicht in Widerspruch zur Rspr. des BVerwG und des BSG.** Sowohl das BVerwG als auch das BSG gehen in stRspr davon aus, dass bei der Prüfung der Angemessenheit der Verfahrensdauer nicht von festen Zeitvorgaben oder abstrakten Orientierungs- oder Anhaltswerten ausgegangen werden kann, sondern dass stets eine Einzelfallprüfung stattzufinden hat (BVerwG 5 C 1/13 D, NVwZ 2014, 1523 unter 2.a aa mwN; 5 C 23/12 D, BVerwGE 147, 146 unter II.1.b aa; BSG B 10 ÜG 1/12 KL, NJW 2014, 248 unter 2.a aa). Dies entspricht auch der Rspr. des BFH, der aber zutreffend darauf hinweist, dass für bestimmte typischerweise zu durchlaufende Abschnitte finanzgerichtlicher Verfahren zeitraumbezogene Konkretisierungen gefunden werden können, die aber hinter einer Einzelfallbetrachtung stets zurückzutreten haben (BFH X K 13/12, BStBl. II 2014, 179, Rn. 56, 62; X K 5/13, BFH/NV 2015, 30, Rn. 28; X K 7/13, BFH/NV 2015, 33, Rn. 30ff.). Derartige zeitraumbezogene Konkretisierungen nehmen auch das BVerwG und das BSG vor. So geht das BVerwG davon aus, dass dem Gericht nach Eintritt der Entscheidungsreife in erstinstanzlichen Verfahren acht Monate und in Berufungszulassungsverfahren fünf Monate zur Verfügung stehen (BVerwG 5 C 1/13 D, NVwZ 2014, 1523, Rn. 31, 27; 2 WA 1/17 D, NJW 2019, 320, Rn. 34). Das BSG geht sowohl für erstinstanzliche Verfahren als auch für NZB-Verfahren davon aus, dass diese idR nicht verzögert sind, wenn sie pro Instanz in einer Zeit von jeweils bis zu zwölf Monaten nach deren Einlegung abgeschlossen sind (BSG B 10 ÜG 1/12 KL, NJW 2014, 248 unter 2.a bb aE; B 10 ÜG 2/13 R, BSGE 117, 21; B 10 ÜG 9/13 R, SozR 4–1720 § 198 Nr. 6 unter 2.c hh; B 10 ÜG 2/21 R, NZS 2024, 19, Rn. 29). Diese vom BVerwG und vom BSG zugrunde gelegten Zeiträume werden jedoch – wie der BFH zutreffend hervorhebt – den Besonderheiten des finanzgerichtlichen Verfahrens nicht gerecht, so dass für dieses eigene Zeitmaßstäbe anzulegen sind (vgl. BFH X K 3/13, BFH/NV 2014, 1053, Rn. 31; X K 4/14, BFH/NV 2016, 758, Rn. 31 sowie X K 6/14, BFH/NV 2016, 755, Rn. 28f. und X K 7/14, BStBl. II 2016, 405, Rn. 25f. auch zur Rspr. des EGMR; X K 2/15, BStBl. II 2017, 350, Rn. 33f.).

49 Besonderheiten, die zu einer **Abweichung von der Zwei-Jahres-Vermutung führen,** nimmt der BFH zB dann an, wenn

- **Ermittlungen im Ausland** anzustellen sind (BFH X K 13/12, BStBl. II 2014, 179, Rn. 56, 81, Verlängerung der Regelfrist um sechs Monate),
- das anhängige **Verfahren vorgreiflich** ist für ein älteres beim FG oder einem anderen Gericht anhängiges Verfahren,
- das Verfahren für den Kläger eine **hohe Bedeutung** hat und eine **Grundrechtsrelevanz** aufweist (BFH X K 2/20, BStBl. II 2023, 38, Rn. 27 zur Überprüfung der **Steuerberaterprüfung,** die angemessene Bearbeitungsdauer aber offenlassend),
- das Gericht ein bereits verzögertes Verfahren von einem anderen (unzuständigen) Gericht **übernimmt** (BFH X K 3/20, BFH/NV 2021, 1507, Rn. 28 ff: Verfahren muss unverzüglich gefördert werden) oder
- die Beteiligten Gründe für eine besondere **Eilbedürftigkeit** darlegen (BFH X K 13/12, BStBl. II 2014, 179, Rn. 70 f., 73; X K 8/13, BStBl. II 2014, 584, Rn. 17, 24 ff.; X K 11/13, BFH/NV 2014, 1748, Rn. 38 f.; X K 5/13, BFH/NV 2015, 30, Rn. 32 ff. unter Einbeziehung eines nach § 74 ausgesetzten Verfahrens; X K 7/13, BFH/NV 2015, 33, Rn. 45).

Derartige Gründe können zB dann bestehen, wenn der Kläger oder ein Zeuge sehr alt oder sehr krank ist oder wenn die Gefahr besteht, dass eine in Augenschein zu nehmende Sache bei einer weiteren Verzögerung des Rechtsstreits nicht mehr existiert. Demgegenüber ergibt sich allein aus dem bloßen Umstand, dass im Ausgangsverfahren eine Untätigkeitsklage erhoben wurde und über lange zurückliegende Streitjahre gestritten wird, kein besonderes Beschleunigungsbedürfnis (BFH X K 1/21, X K 2/21, BFH/NV 2023, 720, Rn. 32 f.).

5. Nachteil

Der Anspruchsberechtigte (→ Rn. 41) muss nach § 198 I 1 GVG durch die Verzögerung einen Nachteil erleiden. Das kann zunächst ein **Vermögensnachteil** sein. Ein solcher liegt mE aber nicht schon dann vor, wenn die Vollziehung des in dem gerichtlichen Verfahren streitgegenständlichen Steueranspruchs nach § 69 ausgesetzt ist und hierfür nach § 237 AO Zinsen anfallen. Die Zinsen werden nach § 237 II 1 AO zwar bis zu dem Tag erhoben, an dem die AdV endet, so dass bei einem verzögerten Gerichtsverfahren, insgesamt höhere **Aussetzungszinsen** anfallen als bei einem innerhalb angemessener Zeit beendeten Verfahren. Demgegenüber ist aber zu beachten, dass die Aussetzungszinsen nach der Rspr. des BFH das laufzeitabhängige Entgelt für die durch die Aussetzung gewährte Kapitalnutzung sind und den Zinsvorteil des Stpfl. ausgleichen, den dieser dadurch erhält, dass er den Abgabenbetrag nicht schon bei Fälligkeit, sondern erst nach Beendigung der AdV zahlen muss (stRspr, s. stellvertretend BFH XI B 74/09, BFH/NV 2011, 194 mwN). Ausgehend von diesem Zweck der Aussetzungszinsen sind diese nicht als Vermögensnachteil iSv § 198 I 1 GVG zu berücksichtigen. Gleiches gilt auch für **Zinsen** auf den Steueranspruch nach **§ 233a AO** (s. zum Zweck dieser Zinsen FG BW 6 K 211/05, EFG 2006, 1482). 54

Etwas anderes kann aber dann gelten, wenn dem Stpfl. zB iRd Veranlagung der Folgejahre **Steuerberatungskosten** entstehen, die durch einen früheren Abschluss des verzögerten Gerichtsverfahrens hätten vermieden werden können. Das kann der Fall sein, wenn in dem gerichtlichen Verfahren darüber gestritten wird, ob der Kläger seinen Gewinn zutreffend nach § 4 III EStG ermittelt hat oder ob er – wie das FA meint – zur Bilanzierung verpflichtet ist. Lässt der Stpfl. für die Folgejahre weiterhin Gewinnermittlungen nach § 4 III EStG erstellen, 55 erkennt das Gericht dann aber – verzögert – auf eine Bilanzierungspflicht, so entsteht dem Stpfl. insofern ein Vermögensnachteil, als er nunmehr neue Gewinnermittlungen für das Streitjahr und die Folgejahre erstellen lassen muss. Diesen Vermögensnachteil kann er mE im Entschädigungsverfahren insoweit geltend machen, als er Veranlagungszeiträume betrifft, für die der Stpfl. bei einer rechtzeitigen gerichtlichen Entscheidung unmittelbar eine Bilanz hätte erstellen lassen können, so dass die doppelten Aufwendungen für die Gewinnermittlung nicht angefallen wären.

56 Auch **Säumniszuschläge** können zu einem Vermögensnachteil führen. Diese fallen nach § 240 I 1 AO an, wenn eine Steuer nicht bis zum Ablauf des Fälligkeitstages entrichtet wird; sie betragen für jeden angefangenen Monat der Säumnis 1 % des abgerundeten rückständigen Steuerbetrags. Diese Voraussetzungen sind auch dann erfüllt, wenn der Kläger die in dem verzögerten Gerichtsverfahren streitige Steuerschuld nicht begleichen kann und ein von ihm gestellter AdV-Antrag ohne Erfolg bleibt. Obsiegt der Kläger, so fallen die Säumniszuschläge gleichwohl nicht weg, weil sie eine Sanktion für die Nichtzahlung der Steuerschuld darstellen (Tipke/Kruse/Loose AO § 240 Rn. 1, 3). Im Rahmen der Entschädigungsklage kann der Kläger die Säumniszuschläge mE aber insoweit als Vermögensnachteil geltend machen, als sie auf den Zeitraum der Verzögerung entfallen. Geht man mit der Rspr. davon aus, dass den Säumniszuschlägen auch ein Zinscharakter zukommt (dazu Tipke/Kruse/Loose AO § 240 Rn. 1, 5), so sind die Säumniszuschläge zumindest hälftig zu berücksichtigen.

57 Der Vermögensnachteil kann grds. auch auf Seiten des **Beklagten** eintreten, so zB dann, wenn die unangemessene Dauer des Gerichtsverfahrens zum Wegfall von Vollstreckungsmöglichkeiten führt, weil der Kläger zB zwischenzeitlich in Insolvenz gefallen ist. Hätte der Beklagte seinen ggü. dem Kläger bestehenden Anspruch bei Abschluss des Gerichtsverfahrens in angemessener Zeit mit Erfolg durchsetzen können, so steht ihm ein Entschädigungsanspruch nach § 198 I GVG zu.

58 Der Nachteil kann auch ein **Nichtvermögensnachteil** sein. Ein solcher wird nach § 198 II 1 GVG vermutet, wenn das Gerichtsverfahren unangemessen lange gedauert hat (BFH X K 1/16, BStBl. II 2018, 132, Rn. 26; X K 3/20, BFH/NV 2021, 1507, Rn. 50; X K 6/20, BStBl. II 2022, 811, Rn. 36; X K 2/20, BStBl. II 2023, 38, Rn. 48: keine Substantiierung erforderlich; s. zu einer diesbezüglichen **Vermutung** schon EGMR 36813/97, NJW 2007, 1259, Rn. 204 – Scordino/Italien). Diese Vermutung kann der Entschädigungsverpflichtete (→ Rn. 42) **widerlegen** (BFH X K 3/12, BStBl. II 2013, 547, Rn. 56). Das kann dann gelingen, wenn sich die Verzögerung des Rechtsstreits letztendlich günstig für den Kläger auswirkt, zB weil sich inzwischen die höchstrichterliche Rspr. zu seinen Gunsten geändert hat (BFH X K 2/12, BStBl. II 2014, 395; s. auch BVerwG 5 C 3/19, NVwZ 2021, 1309, Rn. 12 f.). Ausgehend von der menschenrechtlichen Grundlage des § 198 GVG (→ Rn. 40) ist eine Widerlegung der Vermutung aber nur im absoluten Ausnahmefall möglich.

6. Verzögerungsrüge als Voraussetzung für die Entschädigung

65 **§ 198 III 1 GVG** schreibt das Erheben einer Verzögerungsrüge als **zwingende Entschädigungsvoraussetzung** vor (BFH X K 1/15, BStBl. II 2016, 694, Rn. 40; X K 2/15, BStBl. II 2017, 350, Rn. 53; X K 1/16, BStBl. II 2018, 132, Rn. 40; Steinbeiß-Winkelmann/Ott/Ott, Gesetz über den Rechtsschutz bei

überlangen Gerichtsverfahren, 2013, GVG § 198 Rn. 170; sowie zur Kritik GVG § 198 Rn. 181 ff.; zur Entbehrlichkeit der Verzögerungsrüge bei bloßer Feststellung der Verzögerung → Rn. 76 f.). Die Verzögerungsrüge soll das Gericht vorwarnen und ihm die Möglichkeit geben, eine Beschleunigung des Verfahrens zu prüfen (BT-Drs. 17/3802, 16 u. 20; Stahnecker, Entschädigung bei überlangen Gerichtsverfahren, 2013, Rn. 112). Sie muss von demjenigen **Verfahrensbeteiligten** (→ Rn. 41) erhoben werden, der später eine Entschädigung begehrt (Steinbeiß-Winkelmann/Ott/Ott, Gesetz über den Rechtsschutz bei überlangen Gerichtsverfahren, 2013, GVG § 198 Rn. 179: Verzögerungsrüge des Beklagten wirkt nicht auch für den Kläger). Sie ist **Prozesshandlung** und bedarf der **Schriftform** (Kopp/Schenke/Schenke VwGO § 173 Rn. 17; aA Guckelsberger DÖV 2012, 289 (293)). Ein eigenständiges Rechtsbehelfsverfahren wird dadurch indes nicht in Gang gesetzt. Das **Gericht ist weder verpflichtet,** unverzüglich mit der Bearbeitung des Ausgangsverfahrens zu beginnen (BFH X K 2/15, BStBl. II 2017, 350, Rn. 43) noch die Verzögerungsrüge **förmlich zu bescheiden.** Gleichwohl empfiehlt es sich, hierauf zu reagieren (BFH X K 8/13, BStBl. II 2014, 584, Rn. 35) und den Kläger ggf. aufzufordern, Gründe vorzutragen, die für eine besondere Eilbedürftigkeit des Verfahrens sprechen und die es uU rechtfertigen, dieses vorrangig vor anderen Verfahren zu bearbeiten (BFH X K 13/12, BStBl. II 2014, 179, Rn. 70 f., 73; X K 8/13, BStBl. II 2014, 584, Rn. 17, 24 ff.).

Die Verzögerungsrüge kann nach **§ 198 III 2 Hs. 1 GVG** erst erhoben werden, **66**
wenn Anlass zu der **Besorgnis** besteht, dass das Verfahren nicht in einer angemessenen Zeit abgeschlossen wird, andernfalls ist sie unwirksam (BT-Drs. 17/3802, 20, „geht ins Leere") und wird auch dann nicht wirksam, wenn später tatsächlich eine unangemessene Verfahrensdauer eintritt (BFH X K 2/15, BStBl. II 2017, 350, Rn. 45 f.; X K 1/16, BStBl. II 2018, 132, Rn. 40; s. aber BFH X K 2/16, BFH/NV 2018, 1149, Rn. 59: Es kann offenbleiben, ob die verfrüht erhobene Verzögerungsklage in die Zulässigkeit hineinwächst). In Anlehnung an die Rspr. zur Besorgnis der Befangenheit iSv § 51 FGO iVm § 42 ZPO (→ § 53 Rn. 45) ist eine Besorgnis der Verzögerung anzunehmen, wenn ein Beteiligter von seinem Standpunkt aus **bei objektiver und vernünftiger Betrachtung** davon ausgehen darf, dass das Verfahren keinen angemessen zügigen Fortgang nimmt und sich verzögern wird (BFH X K 1/16, BStBl. II 2018, 132, Rn. 40; BGH III ZR 355/13, NJW 2014, 2443, unter II.3.a; Steinbeiß-Winkelmann/Ott/Ott, Gesetz über den Rechtsschutz bei überlangen Gerichtsverfahren, 2013, GVG § 198 Rn. 188). Erforderlich ist dafür eine konkrete Möglichkeit der Verzögerung (BT-Drs. 17/3802, 20), dh es müssen **konkrete Anhaltspunkte** dafür vorliegen, dass das Verfahren nicht in angemessener Zeit abgeschlossen wird (BFH X K 2/15, BStBl. II 2017, 350, Rn. 47 ff.; X K 1/19, BFH/NV 2020, 98, Rn. 62 f. zu bereits verzögertem Parallelverfahren). Die Verzögerung muss aber – schon wegen der Warnfunktion (→ Rn. 65) – noch nicht eingetreten sein (Steinbeiß-Winkelmann/Ott/Ott, Gesetz über den Rechtsschutz bei überlangen Gerichtsverfahren, 2013, GVG § 198 Rn. 189). An dieser konkreten Möglichkeit der Verzögerung fehlt es aber, wenn die Verzögerungsrüge mehrere Monate vor Ablauf der Zweijahresfrist (→ Rn. 46) erhoben wird und keine Anhaltspunkte für eine Eilbedürftigkeit des Verfahrens (→ Rn. 49) vorliegen (BFH X K 1/16, BStBl. II 2018, 132, Rn. 41; X K 1/21, X K 2/21, BFH/NV 2023, 720, Rn. 29: Verzögerungsrüge nach 13 Monaten). Wie sich aus dem Wortlaut des § 198 III 2 Hs. 1 GVG ergibt („erst"), kann die Verzögerungsrüge auch nach dem Zeitpunkt erhoben werden, zu dem die Besorgnis der Verzögerung erstmals besteht. Nach der Rspr.

des BFH wirkt die **erst später erhobene Verzögerungsrüge** im Regelfall allerdings **maximal sechs Monate zurück,** weil die – neben der Entschädigungszahlung – mit der Verzögerungsrüge intendierte konkret-präventive Beschleunigungswirkung entwertet würde, wenn es für den Erhalt bzw. die Höhe einer Geldentschädigung überhaupt nicht darauf ankäme, zu welchem Zeitpunkt nach Eintritt der Verzögerung sie erstmals erhoben wurde (BFH X K 1/15, BStBl. II 2016, 694, Rn. 40 ff.; X K 3/15, BFH/NV 2017, 159, Rn. 35 ff.; X K 6/20, BStBl. II 2022, 811, Rn. 35; aA BGH III ZR 335/13, NJW 2014, 1967, Rn. 31; BVerwG 5 C 31/15 D, NJW 2016, 3464, Rn. 33, BSG B 10 ÜG 8/14 R, Sozialrecht 4 1710 Art. 23 Nr. 4 Rn. 24; B 10 ÜG 3/16 R, Sozialrecht 4 1720 § 198 Nr. 14; Gosch/Stiepel § 155 Rn. 109; Kissel/Mayer/Mayer GVG § 198 Rn. 20; Tipke/Kruse/Brandis § 155 Rn. 14). Das gilt aber dann nicht, wenn die besonderen Umstände des Einzelfalls eine hierüber hinausgehende Rückwirkung erfordern, so zB dann, wenn der Kläger im Vertrauen auf die Mitteilung, das Verfahren solle zu einem bestimmten Zeitpunkt voraussichtlich abgeschlossen werden, erst später eine Verzögerungsrüge erhebt (BFH X K 1/16, BStBl. II 2018, 132, Rn. 44) oder wenn der Verfahrensbeteiligte aufgrund einer Sachstandsanfrage eines anderen Verfahrensbeteiligten zunächst die Reaktion des Gerichts abwartet (BFH X K 2/20, BStBl. II 2023, 38, Rn. 46 f.). Die Erhebung der Verzögerungsrüge ist aber nur so lange möglich, wie das **Verfahren bei dem Gericht anhängig** ist (Steinbeiß-Winkelmann/Ott/Ott, Gesetz über den Rechtsschutz bei überlangen Gerichtsverfahren, 2013, GVG § 198 Rn. 190, 194 ff.; Stahnecker, Entschädigung bei überlangen Gerichtsverfahren, 2013, Rn. 123).

67 Die Verzögerungsrüge muss **pro Instanz nur einmal** erhoben werden, selbst wenn später noch weitere Verzögerungen hinzukommen (Stahnecker, Entschädigung bei überlangen Gerichtsverfahren, 2013, Rn. 124; zur Fortwirkung einer vor einem unzuständigen Gericht erhobenen Verzögerungsrüge nach Übernahme des Verfahrens durch das FG s. BFH X K 3/20, BFH/NV 2021, 1507, Rn. 49). Gleichwohl ist eine **Wiederholung** der Verzögerungsrüge zulässig, allerdings nach **§ 198 III 2 Hs. 2 GVG** nur dann, wenn seit der ersten Verzögerungsrüge **sechs Monate** vergangen sind (BFH X S 12/13 (PKH), BFH/NV 2013, 961, Rn. 26). Damit sollen die Gerichte vor Rügewiederholungen in kurzen Abständen geschützt werden (BT-Drs. 17/3802, 21). Wird die weitere Verzögerungsrüge vor Ablauf dieser Frist erhoben, so ist sie **unwirksam.** Diese Unwirksamkeit wirkt sich aber nicht aus, wenn der Entschädigungsanspruch bereits durch die erste Verzögerungsrüge begründet worden ist (Steinbeiß-Winkelmann/Ott/Ott, Gesetz über den Rechtsschutz bei überlangen Gerichtsverfahren, 2013, GVG § 198 Rn. 200). Eine kürzere Frist kann ausnahmsweise geboten sein, so zB dann, wenn ein neuer schwerwiegender Nachteil droht (Steinbeiß-Winkelmann/Ott/Ott, Gesetz über den Rechtsschutz bei überlangen Gerichtsverfahren, 2013, GVG § 198 Rn. 202).

68 Die Verzögerungsrüge muss zum Ausdruck bringen, dass der Beteiligte mit der **Verfahrensdauer nicht einverstanden** ist. Das ist insbes. bei nicht vertretenen Beteiligten ggf. durch **Auslegung** zu ermitteln; es sind keine allzu hohen Anforderungen zu stellen. Eine **Begründung** muss die Anhörungsrüge grds. nicht enthalten, wenngleich sie zu empfehlen ist (Stahnecker, Entschädigung bei überlangen Gerichtsverfahren, 2013, Rn. 117 ff.). Etwas anderes gilt nach **§ 198 III 3 GVG** nur dann, wenn es für die Verfahrensförderung auf Umstände ankommt, die noch nicht in das Verfahren eingeführt worden sind. Diese müssen in der Rüge dargelegt werden; eine Glaubhaftmachung (§ 294 ZPO) ist in diesem Verfahrensstadium nicht erforderlich (Stahnecker, Entschädigung bei überlangen Gerichtsverfahren, 2013, Rn. 118, Nachweis erst im Entschädigungsverfahren). Zu den **noch nicht in das Verfahren eingeführten Umständen** gehören insbes. die drohenden Nachteile, die in dem zu Grunde liegenden (verzögerten) Verfahren oftmals keine Rolle spielen und dem Gericht deshalb unbekannt sind. Kommt der Beteiligte der Einführung der Umstände in das Verfahren nicht nach, so werden diese nach **§ 198 III 4 GVG** von dem Entschädigungsgericht bei der Bestimmung der angemessenen Verfahrensdauer **nicht berücksichtigt.**

Verzögert sich das Verfahren bei einem anderen Gericht weiter, bedarf es gem. 69 **§ 198 III 5 GVG** einer erneuten Verzögerungsrüge. Das bedeutet, dass **für jede Instanz,** für die die Besorgnis der Verzögerung iSv § 198 III 2 GVG besteht, **eine gesonderte Verzögerungsrüge** zu erheben ist. Eine Verzögerungsrüge ist auch dann erforderlich, wenn die Verzögerung **vor Inkrafttreten des G** über den Rechtsschutz bei überlangen Gerichtsverfahren eingetreten ist (BFH X K 3/12, BStBl. II 2013, 547, Rn. 46 ff., 68 ff.; X K 8/13, BStBl. II 2014, 584, Rn. 12). Nach Art. 23 des G über den Rechtsschutz bei überlangen Gerichtsverfahren (BFH X K 3/12, BStBl. II 2013, 547, Rn. 46 ff., 68 ff.; X K 8/13, BStBl. II 2014, 584, Rn. 12) muss diese unverzüglich nach Inkrafttreten des G (3.12.2011, → Rn. 40) erhoben werden, wobei der BFH typisierend von einer Frist von drei Monaten ausgeht (BFH X K 13/12, BStBl. II 2014, 179). Verpasst der Entschädigungskläger diese Frist, so kommt weder eine Entschädigungszahlung noch eine Wiedergutmachung auf andere Weise in Betracht (BFH X K 9/13, BStBl. II 2015, 33; X K 12/12, BFH/NV 2015, 208, Rn. 14 f.; BGH III ZR 335/13, NJW 2014, 1967).

7. Art und Höhe der Entschädigung

a) Materieller Nachteil. Die Entschädigung umfasst nach § 198 I 1 GVG 75 zunächst den **materiellen Nachteil,** der „infolge" der überlangen Verfahrensdauer eingetreten ist. Dies erfordert ein **Kausalitätsverhältnis** zwischen Verfahrensdauer und Nachteil (BFH X K 6/20, BStBl. II 2022, 811, Rn. 38; BT-Drs. 17/3802, 19; Stahnecker, Entschädigung bei überlangen Gerichtsverfahren, 2013, Rn. 136). Zur Ermittlung des materiellen Nachteils sind also die wirtschaftlichen Folgen des tatsächlichen Geschehensablaufs mit denen eines Verfahrensverlaufs ohne die unangemessene Verzögerung zu vergleichen (BFH X K 1/15, BStBl. II 2016, 694, Rn. 34 ff. zur Tragung der Kosten für eine Bankbürgschaft; abl. BFH X K 8/13, BStBl. II 2014, 584, Rn. 38 für die dem Kläger auferlegten Kosten des Ausgangsverfahrens, weil diese auch bei nicht verzögerter Behandlung angefallen wären). Die **Entschädigung ist kein Schadensersatz,** sondern bleibt hinter diesem zurück, was sich bereits aus dem Wortlaut des § 198 I 1 GVG ergibt, wonach der Betroffene **„angemessen entschädigt"** wird. Folglich muss der Betroffene nicht so gestellt werden, als wäre es nie zu Nachteilen infolge der überlangen Verfahrensdauer gekommen; §§ 249 ff. BGB finden keine Anwendung, so dass insbes. entgangener Gewinn nicht zu entschädigen ist (Marx/Roderfeld/Marx, Rechtsschutz bei überlangen Gerichts- und Ermittlungsverfahren, 2013, GVG § 198 Rn. 64; Steinbeiß-Winkelmann/Ott/Ott, Gesetz über den Rechtsschutz bei überlangen Gerichtsverfahren, 2013, GVG § 198 Rn. 190, 221 f.; Stahnecker, Entschädigung bei überlangen Gerichtsverfahren, 2013, Rn. 137; teilweise abw. Guckelberger DÖV 2012, 289 (296)). Entschädigt wird lediglich der **Substanzverlust.** Dazu gehören insbes. bei dem Betroffenen angefallene Mehraufwendungen (Stahnecker, Entschädigung bei überlangen Gerichtsverfahren, 2013, Rn. 139 f.; s. auch Marx/Roderfeld/Marx, Rechtsschutz bei überlangen Gerichts- und Ermittlungsverfahren, 2013, GVG § 198 Rn. 65: der eingetretene Schaden muss durch die Geldentschädigung so weit wie möglich ersetzt werden; zu Einzelfällen s. Marx/Roderfeld/Marx, Rechtsschutz bei überlangen Gerichts- und Ermittlungsverfahren, 2013, GVG § 198 Rn. 68 ff.). Zu Anwaltskosten für die außergerichtliche Geltendmachung des Anspruchs s. BFH X K 3/17, BFH/NV 2019, 27, Rn. 104 f.

76 **b) Immaterieller Nachteil. aa) Wiedergutmachung auf andere Weise/ Feststellung der Verzögerung.** Für einen **Nichtvermögensnachteil** kann nach § 198 II 2 eine Entschädigung nur beansprucht werden, soweit nicht nach den Umständen des Einzelfalles **Wiedergutmachung auf andere Weise** ausreichend ist (BFH X E 8/13, BFH/NV 2014, 867, Rn. 49: keine Wiedergutmachung auf andere Weise durch Erlass der Gerichtskosten des überlange dauernden Verfahrens). Wiedergutmachung auf andere Weise ist gem. **§ 198 IV 1 GVG** insbes. möglich durch die **Feststellung** des Entschädigungsgerichts, dass die Verfahrensdauer unangemessen war, was nach S. 2 der Norm keinen Antrag und nach § 198 III 1 GVG auch **keine Verzögerungsrüge** voraussetzt (BFH X K 1/ 21, X K 2/21, BFH/NV 2023, 720, Rn. 35). Damit gibt § 198 II 2 GVG ein **Stufenverhältnis** vor, so dass vor der Zuerkennung einer Geldentschädigung zu prüfen ist, ob die Wiedergutmachung durch einen bloßen **Feststellungsausspruch ausreicht** (BFH X K 3/12, BStBl. II 2013, 547, Rn. 57 aE; aA Boecker DStR 2011, 2173 (2177): Feststellungsausspruch ist auf die Fälle beschränkt, in denen sich der Entschädigungskläger im Ausgangsverfahren rechtsmissbräuchlich verhalten hat; s. zu der Prüfung auch BFH X K 8/13, BStBl. II 2014, 584, Rn. 35). Das ist aber **nur ausnahmsweise** der Fall (s. BFH X K 1/15, BStBl. II 2016, 694, Rn. 39 und X K 3/15, BFH/NV 2017, 159, Rn. 42: Feststellung nicht ausreichend, wenn der Kläger vergeblich versucht hat, eine Beschleunigung des Verfahrens zu erreichen; BFH X K 6/20, BStBl. II 2022, 811, Rn. 47: Der Umstand, dass der Entschädigungskläger neben der Überlänge des Verfahrens keinen weitergehenden immateriellen Nachteilen ausgesetzt war, ist nicht geeignet, ihm eine Geldentschädigung zu versagen und ihn auf eine Wiedergutmachung in anderer Weise zu verweisen). So ist ein Feststellungsausspruch ausreichend, wenn das Ausgangsverfahren für den Entschädigungskläger keine besondere Bedeutung hat, er durch sein Verhalten erheblich zur Verzögerung des Ausgangsverfahrens beigetragen hat oder der Beklagte darlegt, dass der Entschädigungskläger – abgesehen von der Überlänge des Verfahrens als solcher – keinen weitergehenden immateriellen Schaden erlitten hat (BT-Drs. 17/3802, 20; krit. zu den letzten beiden Gesichtspunkten BFH X K 3/12, BStBl. II 2013, 547, Rn. 61). Von einer **fehlenden Bedeutung des Ausgangsverfahrens** für den Entschädigungskläger geht der BFH dabei dann aus, wenn die **Klage bereits von Beginn an unschlüssig** war (BFH X K 3/12, BStBl. II 2013, 547, Rn. 62 ff.). Die Unschlüssigkeit muss allerdings **offensichtlich** sein. Ist dies nicht der Fall und stellt sich die Erfolglosigkeit der Klage erst während des Klageverfahrens heraus, so ist die Wiedergutmachung nicht auf einen bloßen Feststellungsausspruch nach § 198 II 2 GVG beschränkt, weil es nicht Aufgabe des Entschädigungsgerichts ist, zu überprüfen, ob das Ausgangsgericht den Rechtsstreit rechtlich richtig behandelt hat (BFH X K 7/13, BFH/NV 2015, 33, Rn. 55; X K 5/13, BFH/NV 2015, 30, Rn. 42: keine Anwendung, wenn dem klägerischen

Begehren zumindest teilweise durch einen Änderungsbescheid entsprochen wurde). Die bloße Feststellung der Verzögerung kommt gem. **§ 198 IV 3 Hs. 2 GVG** ferner dann in Betracht, wenn **eine oder mehrere** der in § 198 III GVG genannten **Voraussetzungen nicht erfüllt** sind (zur fehlenden Verzögerungsrüge: BFH X K 3/12, BStBl. II 2013, 547, Rn. 72; X K 2/15, BStBl. II 2017, 350, Rn. 54; X K 1/21, X K 2/21, BFH/NV 2023, 720, Rn. 35) oder wenn objektiv ein Grund besteht, ein Verfahren zum **Ruhen** zu bringen, die Beteiligten dem Ruhen aber trotz einer entsprechenden Anfrage des FG nicht zustimmen (BFH X K 12/13, BStBl. II 2014, 933, Rn. 38; X K 4/14, BFH/NV 2016, 758, Rn. 43; X K 6/14, BFH/NV 2016, 755, Rn. 40 f.; aA für den Fall, dass das Gericht das Ruhen nicht angeregt hat: BFH X K 7/14, BStBl. II 2016, 405).

Die **Feststellung** der Verzögerung kann nach **§ 198 IV 3 Hs. 1 GVG** in 77 schwerwiegenden Fällen auch **neben der Entschädigung** ausgesprochen werden, so insbes. dann, wenn die Nachteile für den Betroffenen besonders schwer wiegen oder die Verzögerung sehr umfangreich war.

bb) Entschädigung. Reicht die Feststellung der Verzögerung zur Wiedergut- 78 machung des Nichtvermögensnachteils nicht aus, so ist eine Entschädigung zu zahlen. Diese beträgt nach **§ 198 II 3 GVG 1.200 EUR für jedes Jahr der Verzögerung.** Das bedeutet nicht, dass der Betrag von 1.200 EUR für jedes angefangene Jahr der Verzögerung zu zahlen ist. Die Entschädigungszahlung ist vielmehr **nach den Monaten der Verzögerung zu bemessen,** so dass pro Verzögerungsmonat ein Betrag von 100 EUR anzusetzen ist (BFH X K 8/13, BStBl. II 2014, 584, Rn. 37; X K 5/13, BFH/NV 2015, 30, Rn. 44; X K 1/15, BStBl. II 2016, 694, Rn. 39; X K 3/15, BFH/NV 2017, 159, Rn. 44; X K 3/20, BFH/NV 2021, 1507, Rn. 51; X K 5/21 (X K 2/19), BFH/NV 2023, 31, Rn. 53; BSG B 10 ÜG 1/12 KL, BSGE 113, 75 unter 2.c d; BT-Drs. 17/3802, 20; s. auch BFH X K 2/20, BStBl. II 2023, 38, Rn. 48: keine Substantiierung erforderlich). Einen **höheren oder niedrigeren Betrag** kann das Gericht festsetzen, wenn der vom G vorgesehene Betrag nach den Umständen des Einzelfalles unbillig ist **(§ 198 II 4 GVG).** Dafür reicht es nicht aus, dass es sich bei der Klägerin um eine **GmbH** handelt (BFH X K 1/16, BStBl. II 2018, 132, Rn. 37 mit einer Auseinandersetzung mit der zT abweichenden sozialgerichtlichen Rspr.), dass der Kläger im Ausgangsverfahren mehrere angefochtene Steuerbescheide im Rahmen einer objektiven Klagehäufung in einer einzigen Klage zusammengefasst hat (BFH X K 3–7/16, BStBl. II 2018, 103, Rn. 57; X K 3/17, BFH/NV 2019, 27, Rn. 101: zusätzlicher Anspruch kann aber ggf. nach Abtrennung für die Zukunft entstehen), dass dem Kläger des Ausgangsverfahrens die Kosten auferlegt worden sind, weil diese auch bei nicht verzögerter Behandlung angefallen wären (BFH X K 8/13, BStBl. II 2014, 584 Rn. 36 ff.; X K 5/13, BFH/NV 2015, 30 Rn. 45), oder dass die Verzögerung besonders lang war (BFH X K 5/21 (X K 2/19), BFH/NV 2023, 31, Rn. 52 zu 43-monatiger Verzögerung). Erforderlich ist vielmehr ein atypischer Sonderfall, der ausnahmsweise vorliegen kann, wenn das Verfahren für den Betroffenen von überragender Bedeutung war (Stahnecker, Entschädigung bei überlangen Gerichtsverfahren, 2013, Rn. 148). Für das finanzgerichtliche Verfahren dürfte dies kaum einschlägig sein, weil derartige Ausnahmefälle idR Freiheitsentziehungen oder schwerwiegende Verletzungen von Persönlichkeitsrechten betreffen (s. zur nur eingeschränkten Übertragbarkeit der Rspr. des EGMR auch Marx/Roderfeld/Marx, Rechtsschutz bei überlangen Gerichts- und Ermittlungsverfahren, 2013, GVG § 198 Rn. 81 ff.).

8. Geltendmachen der Entschädigung/Entschädigungsklage

85 §§ 198 ff. GVG treffen Regelungen zu der auf Entschädigung gerichteten Klage (s. auch BFH VIII B 107/16, BFH/NV 2017, 1458: keine Geltendmachung der Verzögerung im NZB-Verfahren). Da die Klage auf die Leistung einer Entschädigungszahlung und damit auf ein „Tun" gerichtet ist, handelt es sich um eine allgemeine **Leistungsklage** (BSG B 10 ÜG 1/12 KL, NJW 2014, 248 unter 1.c; allg. zur Leistungsklage → § 40 Rn. 31). Für die Zuständigkeit und das Verfahren trifft § 155 S. 2 eine Sonderregelung, die die allg. Vorschriften in § 201 GVG verdrängt. **Zuständig** für die Klage ist im finanzgerichtlichen Verfahren der **BFH** (zum PKH-Verfahren BFH X S 40/13 (PKH), BFH/NV 2014, 569).

86 Für die vor dem BFH zu erhebende Entschädigungsklage gilt der **Vertretungszwang** des § 62 IV FGO (BFH X K 11/12, BStBl. II 2013, 447). Das gilt allerdings nicht für **PKH-Verfahren** (→ § 62 Rn. 66 mwN; zu den inhaltlichen Anforderungen an einen PKH-Antrag s. BFH X S 40/13 (PKH), BFH/NV 2014, 569 sowie zum Nachweis der Mittellosigkeit BFH X S 9/17 (PKH), BFH/NV 2018, 203; zur Frist → Rn. 88). Für die Entschädigungsklage ist ein **Gerichtskostenvorschuss** zu zahlen; erst nach Eingang des Gerichtskostenvorschusses soll die Entschädigungsklage nach der ausdrücklichen Regelung in **§§ 12a, 12 I 1 GKG** zugestellt werden (BFH X K 10/12, BFH/NV 2013, 953, Rn. 7; X S 20-23/13, BFH/NV 2013, 1437). Der **Streitwert** für den Gerichtskostenvorschuss richtet sich nach dem – ggf. auszulegenden – Begehren des Entschädigungsklägers, also nach der Entschädigung, die er beansprucht; der Mindeststreitwert gem. § 52 IV Nr. 1 GKG ist in Entschädigungsklagen nicht anwendbar. Zuständig für die Festsetzung des vorläufigen Gebührenstreitwerts ist der Berichterstatter (s. insges. BFH X K 10/12, BFH/NV 2013, 953). Zur **Erinnerung gegen die Kostenrechnung zum Gerichtskostenvorschuss** s. BFH X E 8/12, BFH/NV 2013, 763: zuständig ist der Berichterstatter.

87 Die Erhebung der Klage setzt nicht voraus, dass das verzögerte Verfahren beendet ist (BFH X K 2/16, BFH/NV 2018, 1149; X K 5/21 (X K 2/19), BFH/NV 2023, 31, Rn. 20). § 198 V 1 GVG sieht aber eine **Wartefrist von sechs Monaten** nach Erhebung der Verzögerungsrüge vor. Dadurch soll das Gericht, bei dem das verzögerte Verfahren anhängig ist, die Möglichkeit erhalten, das Verfahren zu beschleunigen und ggf. zu beenden (Steinbeiß-Winkelmann/Ott/Ott, Gesetz über den Rechtsschutz bei überlangen Gerichtsverfahren, 2013, GVG § 198 Rn. 245; Marx/Roderfeld/Marx, Rechtsschutz bei überlangen Gerichts- und Ermittlungsverfahren, 2013, GVG § 198 Rn. 149). Hält der Entschädigungskläger diese Wartefrist, die sich nach § 222 ZPO iVm §§ 187 f. BGB berechnet, nicht ein, so ist die erhobene **Entschädigungsklage unzulässig;** eine Heilung ist nicht möglich, weil es sich um eine besondere Sachurteilsvoraussetzung handelt, die in jeder Lage des Verfahrens von Amts wegen zu prüfen ist (BFH X S 12/13 (PKH), BFH/NV 2013, 961; X K 11/14, BFH/NV 2015, 1255, Rn. 9 mwN; Steinbeiß-Winkelmann/Ott/Ott, Gesetz über den Rechtsschutz bei überlangen Gerichtsverfahren, 2013, GVG § 198 Rn. 250; zur Übergangsfrist in sozialrechtlichen Fällen s. BSG B 10 ÜG 2/14 R, SozR 4–1720 § 198 Nr. 5 Rn. 18, dazu BFH X K 11/14, BFH/NV 2015, 1255, Rn. 18). Etwas anderes muss aber ausnahmsweise dann gelten, wenn das **verzögerte Verfahren vor Ablauf der Wartefrist beendet** wird. Da die Wartefrist in diesem Fall ihren Sinn verliert, kann der Entschädigungskläger die Entschädigungsklage unverzüglich erheben (BFH X K 11/14, BFH/NV 2015,

1255, Rn. 14; X S 31-36/16 (PKH), BFH/NV 2017, 612, Rn. 23; BGH III ZR 355/13, NJW 2014, 2443, Rn. 17; III ZR 228/13, NJW 2014, 2588, Rn. 18 für den Fall, dass das Ausgangsverfahren bereits in sämtlichen Instanzen rechtskräftig beendet ist; Steinbeiß-Winkelmann/Ott/Ott, Gesetz über den Rechtsschutz bei überlangen Gerichtsverfahren, 2013, GVG § 198 Rn. 246; zur Klagefrist → Rn. 88). Schließt sich an das Verfahren vor dem FG noch ein solches vor dem BFH an, so tritt Verfahrensbeendigung erst mit Abschluss des BFH-Verfahrens ein, weil es noch möglich ist, das zunächst verzögerte Verfahren in einer höheren Instanz besonders zügig zu führen (BFH X K 11/14, BFH/NV 2015, 1255, Rn. 15 zur NZB; BGH III ZR 228/13, NJW 2014, 2588, Rn. 18 ff.). Ist die **Wartefrist abgelaufen, ohne dass das verzögerte Verfahren abgeschlossen worden ist,** so kann der Entschädigungskläger die Entschädigungsklage erheben (Steinbeiß-Winkelmann/Ott/Ott, Gesetz über den Rechtsschutz bei überlangen Gerichtsverfahren, 2013, GVG § 198 Rn. 251; Marx/Roderfeld/Marx, Rechtsschutz bei überlangen Gerichts- und Ermittlungsverfahren, 2013, GVG § 198 Rn. 149 ff.). Er muss den Entschädigungsanspruch **nicht zuerst außergerichtlich** bei dem potenziellen Beklagten geltend machen; ein solcher Antrag kann aber wegen der Kostenfolge sinnvoll sein (→ Rn. 91). Wird die Entschädigungsklage vor Abschluss des verzögerten Verfahrens erhoben, so kann das Entschädigungsgericht das Verfahren nach **§ 201 III GVG** bis zur Beendigung des verzögerten Verfahrens **aussetzen,** was idR schon deshalb sachdienlich ist, weil die Dauer der Verzögerung vor Abschluss des verzögerten Verfahrens nicht bestimmt werden kann. Das Entschädigungsgericht kann statt der Aussetzung auch nach § 99 I ein **Grundurteil** erlassen. Innerhalb der Frist des § 198 V 2 GVG (→ Rn. 88) kann der Kläger die Entschädigungsforderung für eine bereits vor Beendigung des Ausgangsverfahrens erhobene Entschädigungsklage im Wege der **Klageerweiterung** erhöhen (BFH X K 5/21 (X K 2/19), BFH/NV 2023, 31, Rn. 49; zu den Prozesszinsen → Rn. 90).

Ist das verzögerte Verfahren beendet, so muss die Klage nach § 198 V 2 GVG spätestens **sechs Monate** nach Eintritt der Rechtskraft der verfahrensbeendenden Entscheidung erhoben werden. Die Nichteinhaltung dieser **Klagefrist** führt zur Unzulässigkeit der Entschädigungsklage. Maßgeblich ist, dass die Klage innerhalb dieser Frist beim BFH eingeht; auf den Zeitpunkt der nach § 66 S. 2 erst mit der Zustellung der Klage eintretenden Rechtshängigkeit kommt es nicht an (BFH X K 3–7/16, BStBl. II 2018, 103). Bei Beantragung von **Prozesskostenhilfe** muss der Antragsteller innerhalb dieser Frist seine Mittellosigkeit nachweisen (BFH X S 9/17 (PKH), BFH/NV 2018, 203: PKH-Formulare sind grds. zu verwenden; ferner → Rn. 86). 88

Wird die Höhe des Entschädigungsanspruchs maßgeblich durch die Dauer der Verzögerung bestimmt, die nach § 198 II 3 GVG mit 1.200 EUR für jedes Jahr der Verzögerung anzusetzen ist, so muss die Entschädigungsklage einen **bestimmten Antrag** enthalten, über den der BFH in seiner Entscheidung nicht hinausgehen darf. Der Entschädigungskläger muss sich also auf die Annahme einer bestimmten Dauer der Verzögerung festlegen, seinen Antrag danach ausrichten und den Entscheidungsumfang des Gerichts sowie sein eigenes Kostenrisiko damit begrenzen. Das bedeutet, dass er sich nicht auf die Benennung eines Mindestbetrags beschränken und die Höhe der Entschädigung im Übrigen in das Ermessen des Gerichts stellen darf (BFH X K 3–7/16, BStBl. II 2018, 103, Rn. 48 ff.; X K 1/16, BStBl. II 2018, 132, Rn. 47; X K 2/16, BFH/NV 2018, 1149, Rn. 54; aA noch BFH X K 4/14, BFH/NV 2016, 758, Rn. 22 ff.; X K 7/14, BStBl. II 2016, 405, 89

Rn. 15 ff.; X K 6/14, BFH/NV 2016, 755, Rn. 17 ff.; zur Bedeutung eines Hilfsantrags: X K 5/21 (X K 2/19), BFH/NV 2023, 31, Rn. 33). Etwas anderes gilt aber dann, wenn es nach § 198 II 4 GVG in Fällen der „Unbilligkeit" um einen **höheren oder niedrigeren** als den im Gesetz genannten **Pauschalbetrag für Nichtvermögensnachteile** geht. In diesem Fall soll ein bestimmter Antrag nicht geboten sein und eine Bindung des BFH an den Antrag nicht bestehen (BFH X K 3–7/16, BStBl. II 2018, 103, Rn. 48 ff.; X K 1/16, BStBl. II 2018, 132, Rn. 47; X K 2/16, BFH/NV 2018, 1149, Rn. 55; mE fraglich). – Das **Verfahren der Entschädigungsklage** richtet sich gem. § 155 S. 2 FGO iVm § 201 II GVG nach den **Vorschriften der FGO für den ersten Rechtszug.** Der BFH entscheidet damit nach denselben Grundsätzen, nach denen ansonsten die FG entscheiden. Damit kann der BFH uU verpflichtet sein, Beweis zu erheben, etwa über die Frage, ob der Entschädigungskläger das Gericht über die besondere Eilbedürftigkeit informiert hatte. Bis zur rechtskräftigen Entscheidung über die Klage ist der Anspruch nach **§ 198 V 3 GVG nicht übertragbar.** Damit ist eine vorherige Abtretung ebenso ausgeschlossen wie eine Pfändung des Entschädigungsanspruchs oder eine diesbezügliche Aufrechnung (Marx/Roderfeld/Marx, Rechtsschutz bei überlangen Gerichts- und Ermittlungsverfahren, 2013, GVG § 198 Rn. 183 ff.; Steinbeiß-Winkelmann/Ott/Ott, Gesetz über den Rechtsschutz bei überlangen Gerichtsverfahren, 2013, GVG § 198 Rn. 264 ff.). Entschädigungsklageverfahren werden durch die Eröffnung des **Insolvenzverfahrens** über das Vermögen des Klägers nicht unterbrochen (BFH X K 1/21, X K 2/21, BFH/NV 2023, 720, Rn. 24).

90 Die Entschädigungsleistung ist nach § 291 iVm § 288 I 2 BGB iHv fünf Prozentpunkten über dem Basiszinssatz vom Zeitpunkt des Eintritts der Rechtshängigkeit der Entschädigungsklage an zu **verzinsen** (ausf. BFH X K 8/13, BStBl. II 2014, 584, Rn. 39 ff.; X K 5/13, BFH/NV 2015, 30, Rn. 46; X K 3–7/16, BStBl. II 2018, 103, Rn. 58; X K 1/16, BStBl. II 2018, 132, Rn. 48; zu Verzugszinsen nach § 288 I 1 BGB s. BFH X K 1/19, BFH/NV 2020, 98, Rn. 68). **Rechtshängig** wird eine Entschädigungsklage nach § 66 S. 2 erst mit der Zustellung der Klage und nicht bereits mit deren Erhebung (BFH X K 3/15, BFH/NV 2017, 159, Rn. 47; X K 1/16, BStBl. II 2018, 132, Rn. 49; X K 3/20, BFH/NV 2021, 1507, Rn. 52; X K 6/20, BStBl. II 2022, 811, Rn. 51; X K 5/21 (X K 2/19), BFH/NV 2023, 3,1 Rn. 56 ff.). Bei **Klageerweiterung** (→ Rn. 87 aE) sind Prozesszinsen für den Erhöhungsbetrag erst ab dessen Geltendmachung zu zahlen (BFH X K 5/21 (X K 2/19), BFH/NV 2023, 31, Rn. 56 ff.). – Zu Verzugszinsen bei vorgerichtlichem Anerkenntnis ohne Zahlung: BFH X K 3/17, BFH/NV 2019, 27, Rn. 108 f.

91 Die vom Entschädigungsgericht zu treffende **Kostenentscheidung** richtet sich bei Abweisung der Entschädigungsklage und bei Zuerkennen einer Entschädigung nach den allg. Vorschriften der §§ 135 ff. (BFH X K 3/17, BFH/NV 2019, 27, Rn. 113: kein Verstoß gegen EMRK; s. aber BFH X S 31-36/16 (PKH), BFH/NV 2017, 612, Rn. 24: In Verfahren betr. die Bewilligung von **Prozesskostenhilfe** für eine Erstattungsklage ist keine Kostenentscheidung zu treffen; zur Berücksichtigung von zwei Streitwerten bei schriftsätzlicher Reduzierung des Klageantrags s. BFH X K 4/14, BFH/NV 2016, 758, Rn. 51; zur Anwendung von § 136 I 3 s. BFH X K 1/19, BFH/NV 2020, 98, Rn. 70; X K 3/20, BFH/NV 2021, 1507, Rn. 56 f.). Besteht ein Entschädigungsanspruch nicht oder nicht in der geltend gemachten Höhe, wird aber eine **unangemessene Verfahrensdauer festgestellt,** so entscheidet das Ent-

schädigungsgericht gem. § 201 IV GVG über die Kosten nach **billigem Ermessen.** Dabei geht der BFH davon aus, dass dem entschädigungsverpflichteten Beklagten der weitaus überwiegende Teil der Verfahrenskosten aufzuerlegen ist, wenn es tatsächlich zu einer erheblichen Verfahrensverzögerung gekommen ist, die Größenordnung der Verfahrensverzögerung weitgehend mit derjenigen Zeitspanne deckungsgleich ist, die der Kläger seiner monetären Entschädigungsforderung zugrunde gelegt hat, und der Kläger die Höhe seiner Entschädigungsforderung auf den gesetzlichen Regelbetrag des § 198 II 3 GVG beschränkt hat (BFH X K 3/12, BStBl. II 2013, 547, Rn. 76 ff.; X K 4/14, BFH/NV 2016, 758, Rn. 56: Kostenquote von 75 % (Beklagter) zu 25 % (Kläger) ist angemessen). Dem ist mE nicht zu folgen. Angesichts des durch § 198 II 2 GVG vorgegebenen Stufenverhältnisses zwischen der Feststellung der Verzögerung und der Zuerkennung einer Entschädigung (→ Rn. 76) ist die Feststellung der Verzögerung ein Minus im Vergleich zur Entschädigungsleistung. Begehrt der Kläger im Entschädigungsverfahren eine Entschädigung, stellt das Entschädigungsgericht stattdessen aber lediglich eine Verzögerung fest, so bleibt es damit zum überwiegenden Teil hinter dem Begehren des Klägers zurück, so dass diesem der überwiegende Teil der Verfahrenskosten aufzuerlegen ist; im äußersten Fall kommt eine hälftige Kostentragung für beide Beteiligten in Betracht (s. auch BFH X K 5/13, BFH/NV 2015, 30, Rn. 47: Kostenverteilung nach Obsiegen und Unterliegen, weil Bezifferung der Entschädigung zum Risikobereich der Entschädigungsklägerin gehört). **Erkennt der Beklagte** den Entschädigungsanspruch innerhalb der Klageerwiderungsfrist **ganz oder zum Teil an** und hatte der Entschädigungskläger diesen vor der Klageerhebung nicht beim Beklagten geltend gemacht und hatte der Beklagte auch ansonsten durch sein Verhalten keine Veranlassung zur Klageerhebung gegeben (zB durch eine generelle Ablehnung von Ansprüchen), so sind die Kosten gem. § 155 S. 1 iVm § 93 ZPO insoweit dem Kläger aufzuerlegen (BFH X K 1/16, BStBl. II 2018, 132, Rn. 53 ff., der von einer Kostenauferlegung im Einzelfall aber aus Billigkeitsgründen abgesehen hat). – Zur (einseitigen) **Hauptsacheerledigung** s. BFH X K 3/23 (X K 1/22), BFH/NV 2025, 166: Ob die Klage nach dem ursprünglichen Sachantrag begründet war, ist jedenfalls dann unerheblich, wenn der Kläger an diesem nicht hilfsweise festhält; die dazu vom BFH entwickelten Grundsätze gelten auch für das Entschädigungsklageverfahren. – Zur Berücksichtigung von Anwaltskosten für die außergerichtliche Geltendmachung des Anspruchs bei der **Kostenfestsetzung,** s. BFH X K 3/17, BFH/NV 2019, 27, Rn. 104 f.

§ 156 [§ 6 EGGVG]

§ 6 des Einführungsgesetzes zum Gerichtsverfassungsgesetz gilt entsprechend.

§ 6 EGGVG [Wahl, Ernennung und Amtsperiode ehrenamtlicher Richter]

(1) Vorschriften über die Wahl oder Ernennung ehrenamtlicher Richter in der ordentlichen Gerichtsbarkeit einschließlich ihrer Vorbereitung, über die Voraussetzung hierfür, die Zuständigkeit und das dabei einzuschlagende Verfahren sowie über die allgemeinen Regeln über Auswahl und Zuziehung dieser ehrenamtlichen Richter zu den einzelnen Sitzungen sind erstmals auf die erste Amtsperiode der

ehrenamtlichen Richter anzuwenden, die nicht früher als am ersten Tag des auf ihr Inkrafttreten folgenden zwölften Kalendermonats beginnt.

(2) Vorschriften über die Dauer der Amtsperiode ehrenamtlicher Richter in der ordentlichen Gerichtsbarkeit sind erstmals auf die erste nach ihrem Inkrafttreten beginnende Amtsperiode anzuwenden.

§ 157 [Folgen der Nichtigkeitserklärung von landesrechtlichen Vorschriften]

[1]Hat das Verfassungsgericht eines Landes die Nichtigkeit von Landesrecht festgestellt oder Vorschriften des Landesrechts für nichtig erklärt, so bleiben vorbehaltlich einer besonderen gesetzlichen Regelung durch das Land die nicht mehr anfechtbaren Entscheidungen der Gerichte der Finanzgerichtsbarkeit, die auf der für nichtig erklärten Norm beruhen, unberührt. [2]Die Vollstreckung aus einer solchen Entscheidung ist unzulässig. [3]§ 767 der Zivilprozessordnung gilt sinngemäß.

Vgl. § 183 VwGO.

§ 158 [Entsprechende Anwendung der §§ 94, 96 AO]

[1]Die eidliche Vernehmung eines Auskunftspflichtigen nach § 94 der Abgabenordnung oder die Beeidigung eines Sachverständigen nach § 96 Abs. 7 Satz 5 der Abgabenordnung durch das Finanzgericht findet vor dem dafür im Geschäftsverteilungsplan bestimmten Richter statt. [2]Über die Rechtmäßigkeit einer Verweigerung des Zeugnisses, des Gutachtens oder der Eidesleistung entscheidet das Finanzgericht durch Beschluss.

Zum Verfahren s. BFH VII B 148/95, BFH/NV 1996, 200; Tipke/Kruse/Brandis § 158 Rn. 2.

§ 159 [§ 43 EGGVG]

§ 43 des Einführungsgesetzes zum Gerichtsverfassungsgesetz gilt entsprechend.

1 § 159 wurde – ebenso wie § 43 EGGVG – mit Wirkung zum 19.10.2017 eingeführt durch Art. 5 des Gesetzes zur Erweiterung der Medienöffentlichkeit in Gerichtsverfahren und zur Verbesserung der Kommunikationshilfen für Menschen mit Sprach- und Hörbehinderungen (G über die Erweiterung der Medienöffentlichkeit in Gerichtsverfahren – EMöGG – v. 8.10.2017, BGBl. 2017 I 3546).

2 Nach der im finanzgerichtlichen Verfahren entsprechend anwendbaren Regelung des § 43 EGGVG findet § 169 II GVG, wonach das Gericht Tonaufnahmen zu wissenschaftlichen und historischen Zwecken zulassen kann, keine Anwendung auf Verfahren, die am 18.4.2018 bereits anhängig sind (→ § 52 Rn. 3 aE).

§ 160 [Beteiligung und Beiladung]

Soweit der Finanzrechtsweg auf Grund des § 33 Abs. 1 Nr. 4 eröffnet wird, können die Beteiligung am Verfahren und die Beiladung durch Gesetz abweichend von den Vorschriften dieses Gesetzes geregelt werden.

§ 160 II aufgehoben durch Art. 1 des G v. 21.12.1992 (BGBl. I 2109) mWv 1.1.1993.

§ 161 (Aufhebung von Vorschriften)

§ 162 [Verschlusssachen und Verordnungsermächtigung für Ausnahmen von § 52b]

(1) [1]**Dokumente und Aktenteile, die nach den Verschlusssachenanweisungen des Bundes oder der Länder als Verschlusssache höher als VS-NUR FÜR DEN DIENSTGEBRAUCH eingestuft sind, dürfen bis zum 31. Dezember 2035 abweichend von den §§ 52a bis 52d in Papierform erstellt, geführt und übermittelt werden.** [2]**Dokumente und Aktenteile, die nach den Verschlusssachenanweisungen des Bundes oder der Länder als Verschlusssache VS-NUR FÜR DEN DIENSTGEBRAUCH eingestuft sind, dürfen bis zum 31. Dezember 2035 abweichend von den §§ 52a bis 52d in Papierform übermittelt werden.** [3]**Die für die Handhabung von Verschlusssachen geltenden Geheimschutzvorschriften bleiben unberührt.**

(2) [1]**Die Bundesregierung und die Landesregierungen können abweichend von § 52b jeweils für ihren Bereich durch Rechtsverordnung bestimmen, dass Akten, die elektronisch angelegt wurden, ab einem bestimmten Ereignis bis zum 31. Dezember 2025 in Papierform weitergeführt werden.** [2]**Die Zulassung der Weiterführung in Papierform kann auf einzelne Gerichte oder Verfahren beschränkt werden; wird von dieser Möglichkeit Gebrauch gemacht, kann in der Rechtsverordnung bestimmt werden, dass durch Verwaltungsvorschrift, die öffentlich bekanntzumachen ist, geregelt wird, in welchen Verfahren Akten in elektronischer Form weitergeführt werden.** [3]**Die Rechtsverordnung der Bundesregierung bedarf nicht der Zustimmung des Bundesrates.** [4]**Die Ermächtigung kann durch Rechtsverordnung auf die zuständige oberste Bundesbehörde oder auf die für die Finanzgerichtsbarkeit zuständigen obersten Landesbehörden übertragen werden.**

[Fassung ab 1.1.2026 bis 31.12.2035:

§ 162 [Verschlusssachen]

[1]**Dokumente und Aktenteile, die nach den Verschlusssachenanweisungen des Bundes oder der Länder als Verschlusssache höher als VS-NUR FÜR DEN DIENSTGEBRAUCH eingestuft sind, dürfen bis zum 31. Dezember 2035 abweichend von den §§ 52a bis 52d in Papierform erstellt, geführt und übermittelt werden.** [2]**Dokumente und Aktenteile, die nach den Verschlusssachenanweisungen des Bundes oder der Länder als Verschlusssache**

VS-NUR FÜR DEN DIENSTGEBRAUCH eingestuft sind, dürfen bis zum 31. Dezember 2035 abweichend von den §§ 52a bis 52d in Papierform übermittelt werden. [3]Die für die Handhabung von Verschlusssachen geltenden Geheimschutzvorschriften bleiben unberührt.]

Vgl. § 43 EGZPO; § 112 III und IVArbGG; § 211 SGG; § 177 VwGO

I. Vorbemerkungen

1 Die Regelung wurde durch Art. 31 des G zur weiteren Digitalisierung der Justiz v. 12.7.2024 (BGBl. 2024 I Nr. 234) eingefügt. Art. 32 des G sieht die Streichung des Abs. 2 ab dem 1.1.2026 vor. Ab dem 1.1.2036 wird die Regelung nach Art. 33 des G ersatzlos gestrichen.

2 **Inhaltlich** betrifft § 162 **zwei Regelungsbereiche,** nämlich in Abs. 1 die Behandlung von Verschlusssachen im finanzgerichtlichen Verfahren und in Abs. 2 eine Verordnungsermächtigung zur Schaffung von Ausnahmeregelungen zur in § 52b vorgesehenen elektronischen Aktenführung. Warum der Gesetzgeber Regelung in § 162 untergebracht hat und nicht in den §§ 52a–52d, die inhaltlich angesprochen sind, erschließt sich nicht.

II. Behandlung von Verschlusssachen (§ 162 I)

3 § 162 I betrifft die Behandlung von Verschlusssachen im finanzgerichtlichen Verfahren. **Verschlusssachen** sind nach § 2 I der Verschlusssachenanweisung des Bundes (VSA) im öffentlichen Interesse, insbesondere zum Schutz des Wohles des Bundes oder eines Landes, geheimhaltungsbedürftige Tatsachen, Gegenstände oder Erkenntnisse, unabhängig von ihrer Darstellungsform (zum Beispiel Schriftstücke, Zeichnungen, Karten, Fotokopien, Lichtbildmaterial, elektronische Dateien und Datenträger, elektrische Signale, Geräte, technische Einrichtungen oder das gesprochene Wort). Geheimhaltungsbedürftig im öffentlichen Interesse können danach auch Geschäfts-, Betriebs-, Erfindungs-, Steuer- oder sonstige private Geheimnisse oder Umstände des persönlichen Lebensbereichs sein. Die Verschlusssachen werden nach § 2 II VSA entsprechend ihrer Schutzbedürftigkeit von einer Dienststelle oder auf deren Veranlassung nach § 4 II SÜG in die Geheimhaltungsgrade STRENG GEHEIM, GEHEIM, VS-VERTRAULICH und VS-NUR FÜR DEN DIENSTGEBRAUCH eingestuft. Da es im finanzgerichtlichen Verfahren so gut wie keine Verschlusssachen gibt, hat die Regelung eine **sehr geringe praktische Bedeutung.**

4 § 162 I bestimmt, dass Dokumente und Aktenteile, die nach den Verschlusssachenanweisungen des Bundes oder der Länder als Verschlusssache VS-NUR FÜR DEN DIENSTGEBRAUCH oder als Verschlusssache höher als VS-NUR FÜR DEN DIENSTGEBRAUCH eingestuft sind, bis zum 31.12.2035 abweichend von den §§ 52a–52d **in Papierform** erstellt, geführt und übermittelt werden dürfen. § 162 I enthält damit für die genannten Verschlusssachen eine **Ausnahme von der Verpflichtung der elektronischen Aktenführung und der elektronischen Übermittlung** von Dokumenten. Nach der Gesetzesbegründung besteht der **Zweck der Regelung** darin, eine Öffnungsklausel zu schaffen, die für einen Übergangszeitraum von zehn Jahren die Erstellung, Übermittlung und Aktenführung von Dokumenten und Aktenbestandteilen, die als Verschlusssachen

„STRENG GEHEIM", „GEHEIM" oder „VS-VERTRAULICH" eingestuft sind, weiterhin in Papierform gestattet. Für die Konstellationen, in denen Aktenbestandteile als Verschlusssache höher als „VS-NUR FÜR DEN DIENSTGEBRAUCH" eingestuft sind, soll die Führung einer Akte in hybrider Form, d.h. mit den nicht eingestuften Aktenbestandteilen in elektronischer Form und den eingestuften Bestandteilen in Papierform, als Ausnahmefall von der ab dem 1.1.2026 obligatorischen elektronischen Aktenführung ausdrücklich zugelassen werden. Ebenso sollen für diesen Zeitraum die Pflichten zur elektronischen Übermittlung von Dokumenten und Aktenteilen, die als Verschlusssache „VS-NUR FÜR DEN DIENSTGEBRAUCH" oder höher eingestuft sind, nicht bestehen. Dies beruht darauf, dass die ausnahmslos **elektronische Aktenführung von Verschlusssachen,** die höher eingestuft sind als VS-NUR FÜR DEN DIENSTGEBRAUCH und die Übermittlung von Verschlusssachen, die als VS-NUR FÜR DEN DIENSTGEBRAUCH oder höher eingestuft sind, **technisch derzeit noch nicht gewährleistet** werden kann (so insgesamt die Gesetzesbegründung, s. BR-Drs. 126/24, 56 ff., 69).

III. Verordnungsermächtigung für Ausnahmen von der nach § 52b vorgeschriebenen elektronischen Aktenführung (§ 162 II)

§ 162 II enthält eine Verordnungsermächtigung für Ausnahmen von der nach § 52b vorgeschriebenen elektronischen Aktenführung. Wurden die **Akten bereits elektronisch angelegt,** so können die Bundesregierung und die Landesregierungen nach § 162 II **abweichend von § 52b** jeweils für ihren Bereich durch Rechtsverordnung ohne Zustimmung des Bundesrates bestimmen, dass die Akten ab einem bestimmten Ereignis bis zum 31.12.2025 **in Papierform weitergeführt** werden, was auf einzelne Gerichte oder Verfahren beschränkt werden kann. In diesem Fall kann in der Rechtsverordnung bestimmt werden, dass durch öffentlich bekanntzumachende Verwaltungsvorschrift geregelt wird, in welchen Verfahren die Akten in elektronischer Form weitergeführt werden. Die Rechtsverordnung der Bundesregierung bedarf nicht der Zustimmung des Bundesrates. Die Ermächtigung kann durch Rechtsverordnung auf die zuständige oberste Bundesbehörde oder auf die für die Finanzgerichtsbarkeit zuständigen obersten Landesbehörden **(Ministerien)** übertragen werden. 5

Der **Zweck** der in § 162 II enthaltenen Verordnungsermächtigung besteht darin, für den Zeitraum der bis zum 31.12.2025 laufenden Pilotierung der elektronischen Akte eine Möglichkeit zu schaffen, dass elektronisch begonnene Akten insbesondere bei einem Wechsel der funktionalen Zuständigkeit innerhalb des Verfahrens in Papierform weitergeführt werden können. Dies ist nach der Begründung des Gesetzgebers erforderlich, weil es bis zur flächendeckenden Einführung der elektronischen Akte immer wieder zu Fällen kommen kann, in denen eine **elektronisch geführte Akte an eine andere Stelle abgegeben wird, die ihre Akten noch nicht elektronisch führt.** Aus Gründen der Ressourcenschonung und Nachhaltigkeit soll vermieden werden, dass die elektronisch geführte Akte ausgedruckt und als Papierakte fortgeführt wird (so die Gesetzesbegründung, BR-Drs. 126/24, 56 ff., 69). Die Regelung soll dabei sowohl Akten umfassen, die ausschließlich elektronisch vorliegen, als auch solche, die bereits als Hybridakte in Papierform und elektronischer Form geführt werden. In letzterem Fall soll es 6 nach der weiteren Gesetzesbegründung damit auch möglich sein, eine beispielsweise **in der ersten Instanz in Papier und in der Revisionsinstanz elektronisch geführte Akte nach Zurückverweisung in der ersten Instanz in Papierform weiterzuführen,** ohne zwischenzeitlich Aktenteile in die eine oder andere Form überführen zu müssen. Es soll die Möglichkeit bestehen, die Hybridaktenführung auf einzelne Gerichte oder auf allgemein bestimmte Verfahren zu beschränken und für diesen Fall durch öffentlich bekanntzumachende Verwaltungsvorschrift zu regeln, in welchen Verfahren die Akten in (voll)elektronischer Form zu führen sind (so insgesamt die Gesetzesbegründung, s. BR-Drs. 126/24, 56 ff., 69).

7 **Elektronisch begonnene Akten, die nach § 162 II in Papierform weitergeführt werden** und somit am 1.1.2026 in hybrider Form vorliegen, können entweder aufgrund einer Verordnung nach § 52b I 2 in Papierform oder aufgrund einer Verordnung nach § 52b Ib (idF ab 1.1.2026) in elektronischer Form weitergeführt werden. In beiden Fällen muss der vor dem 1.1.2026 angelegte Papierteil der Akte nicht nachdigitalisiert werden. Der Gesetzgeber sieht darin eine **Klarstellung,** weil eine entsprechende Auslegung des § 52b bereits heute vertreten werde (s. die Gesetzesbegründung, BR-Drs. 126/24, 56 ff., 69).

§§ 163 bis 183 (weggefallen)

§ 184

(1) **(Inkrafttreten)**[1]

(2) **(Überleitungsvorschriften)**

[1] § 184 betrifft das Inkrafttreten der FGO in der ursprünglichen Fassung v. 6.10.1965. Das Inkrafttreten der späteren Änderungen ergibt sich aus den jeweiligen Änderungsgesetzen.

Sachverzeichnis

Die fettgedruckten Zahlen bezeichnen die Paragraphen, die mageren Zahlen beziehen sich auf die jeweiligen Randziffern.

Abänderung *s. Änderung*
Abgaben
– Begriff **33** 15
– Gesetzgebungskompetenz und Verwaltungshoheit **33** 18 f.
Abgabenangelegenheiten 33 30 ff.; *s. auch Finanzrechtsweg*
– Begriff **33** 14 ff.
– Rechtsweg **33** 1
Abgabenordnung
– Anwendung von Vorschriften **150** 1
Abgabenrechtliche Rechtsposition 40 75
Abgabenvergütungen
– Rechtsweg **33** 15
Abgeordnete
– Ausschließung vom Amt des ehrenamtlichen Richters **19** 2
– Zeugnisverweigerungsrecht **84** 4, 7 f.
Abhilfe
– bei Anhörungsrüge **133a** 18
– Begründung der Entscheidung bei Nichtabhilfe **130** 7
– bei Beschwerde **130** 1
– Entscheidung **130** 4
– rechtliches Gehör **130** 3
– bei Unzulässigkeit der Beschwerde **130** 2
Abhilfebescheid 68 61 ff.
– Kosten **138** 52
Abhilfezusage
– Rechtsschutz **68** 68
Ablehnung
– des Amts des ehrenamtlichen Richters **20** 1 ff.
– Beitritt **122** 17
Ablehnung von Gerichtspersonen
– Ablehnung des gesamten Senats **51** 27
– Ablehnungsgesuch bei Vorliegen von Ausschließungsgründen **51** 60
– Ablehnungsgründe **51** 46
– von Amts wegen **51** 65
– Anwendungsbereich **51** 2
– Ausforschungsbeweis **51** 67
– Bedeutung **51** 1
– Befangenheit **51** 47
– Begriff **51** 25
– Beschwerde **128** 9
– Bestimmtheit **51** 32
– Bevorzugung eines Beteiligten **51** 58
– Darlegung der Ablehnungsgründe **51** 32, 67
– dienstliche Äußerung **51** 57, 68
– Einlassen auf mündliche Verhandlung **51** 39
– Entscheidung **51** 69
– Form **51** 32
– Geschäftsverteilungsplan **51** 51
– Glaubhaftmachung der Ablehnungsgründe **51** 67
– Individualablehnung **51** 27, 36, 50
– Missbrauch **51** 73
– Mitwirkung bei Entscheidung **51** 71
– mündliche Verhandlung **51** 75
– Nachprüfung im Revisionsverfahren **124** 3
– präsente Beweismittel **51** 67
– Prozesshandlung **51** 28
– Prozessverschleppung **51** 36
– rechtliches Gehör **51** 67 f.
– Rechtsfehler des Richters **51** 53
– Rechtsmissbrauch **51** 35
– Rechtsmittel **51** 76
– Rechtsschutzbedürfnis **51** 36
– Rechtsschutzinteresse **51** 29
– Selbstablehnung **51** 65, 79
– Strafanzeige gegen den Richter **51** 57
– unaufschiebbare Amtshandlungen **51** 83
– Verfahren **51** 67
– verfahrensfremde Zwecke **51** 36
– Verfahrenshandlungen als Ablehnungsgrund **51** 52
– Verhalten des Richters **51** 58
– Verlust des Ablehnungsrechts **51** 38
– Vorbefassung des Richters **51** 56
– bei Vorliegen eines Ausschlussgrundes **51** 46
– Wiederholung des Gesuchs **51** 34
– Wirkung **51** 82
– zeitliche Grenze **51** 39, 67
– Zulässigkeitsvoraussetzungen **51** 27
– Zuständigkeit **51** 70
Ablehnung von Sachverständigen
– Ablehnungsgründe **82** 35; **88** 1 f.

– Befangenheit **82** 35
– Gesuch **82** 35
– Rechtsmittel **82** 35; **88** 2
– Verfahren **82** 35; **88** 2
Ablehnungsbescheid Vor 40 36
– Aufhebung bei Verpflichtungsklage **40** 12
– Beseitigung **40** 34
– bei doppelter Untätigkeit **46** 29
– Einspruch **44** 5
– isolierte Anfechtungsklage **40** 26
– Kassation **40** 14
– Kindergeldverfahren **44** 17
– Lohnsteuerabzugsmerkmale **40** 56
– Qualifizierung des Begehrens
  – Grund der Ablehnung **40** 17 f.
– Verpflichtungsklage **40** 19, 25
– während des Rechtsbehelfsverfahrens über Untätigkeitseinspruch **40** 28
Ablehnungsgesuch
– Vertagungsgrund **91** 4 f.
Abrechnung *s. Anrechnung*
Abrechnungsbescheid
– Aussetzung des Verfahrens **74** 46
– Ehegatten **60** 50
– nach Klageerhebung **68** 50
– Rechtsweg **33** 30
Abschöpfungen
– Rechtsweg **33** 31
Abschrift
– Zustellung **53** 12, 26
  – von Urteilen **104** 20
Absolute Revisionsgründe
– Aufhebung des FG-Urteils ohne Sachprüfung **119** 3
– Begriff **119** 1
– Beruhensfiktion **115** 305
– Besetzung des Gerichts **119** 6 ff.
– Ergebnisrichtigkeit **119** 1; **126** 10
– Fehlen der Gründe **119** 35 ff.
– Mangel der Vertretung **119** 27 ff.
– Mitwirkung eines ausgeschlossenen Richters **119** 12
– Mitwirkung eines mit Erfolg abgelehnten Richters **119** 12
– Rüge **119** 2
– Verletzung der Öffentlichkeit **119** 31 f.
– Verletzung des rechtlichen Gehörs **119** 13 ff.
Abstimmung
– Urteil und Beschluss **52** 40
Abtretung *s. auch Zessionar*
– Rechtsweg **33** 32
– Vollstreckung **151** 8
Abweichendes Wirtschaftsjahr
– Klage auf Zustimmung **40** 66
Abweichung *s. auch Divergenz*
– Begriff **115** 172
– im Grundsätzlichen **115** 200 ff.
Abweichungsverbot 107 1
Abweisung der Klage *s. Klageabweisung*
Adoption
– Zeugnisverweigerungsrecht **84** 4 ff.
AdV *s. Aussetzung der Vollziehung*
Akten
– Beiziehung **76** 20
– Eingang **45** 28
– Pflicht zur Vorlage **86** 2 ff.
Akteneinsicht Vor 1 40; **96** 202
– nach Abschluss des Verfahrens **78** 28 ff.
– Antrag **78** 25
– Ausfluss des Anspruchs auf rechtliches Gehör **78** 1
– Ausschluss **78** 6
– Berechtigter **78** 10
– im Beschwerdeverfahren **78** 1
– elektronische **Vor 1** 22; **78** 4, 11, 19
– Erteilung von Abschriften **78** 22
– Hinweispflicht des Gerichts **78** 7
– in Diensträumen **78** 14
– Inhalt **78** 5
– kein Vertagungsgrund **91** 6
– Kindergeldverfahren **78** 16
– Ort **78** 14
– rechtliches Gehör **119** 24
– Rechtsbehelfe **78** 30
– Rechtsmissbrauch **78** 6
– Rechtsschutzbedürfnis **Vor 33** 23 f.; **78** 31
– Rechtsstreit über A.
  – Aktenvorlage **86** 7
– Rechtsweg **33** 33
– Substantiierung **78** 25
– Überprüfung von Ermessensentscheidungen **102** 9
– umfasste Akten **78** 3
– unvollständige Akten **78** 3
– Unzulässigkeit der Klage **Vor 33** 5
– Versendung der Akten **78** 15
– Verweigerung **78** 2
– Verwirkung **78** 7
– Vollstreckung **151** 10
– Vorlage einer Prozessvollmacht **62** 104
– wiederholter Antrag **78** 6
– zeitliche Dauer des Anspruchs **78** 6
– Zuständigkeit **78** 26
Aktenkonvolut 76 21
Aktenvorlage *s. auch Beiziehung von Akten*
– Anforderungspflicht des FG **71** 6 f.
– Aufforderung **86** 14
– durch Behörden zur Sachaufklärung **86** 4 ff.; **89** 3
  – Anordnung **86** 5

  - Entscheidung **86** 5, 15
  - Weigerung **86** 6 ff.
- Beweisbeschluss **86** 5
- elektronische Akte **71** 5
- Entscheidung über Verweigerung **86** 14 ff.
- Finanzbehörde nach Klageerhebung **71** 1, 5 ff.
  - Weigerung **71** 5 ff.
- Geheimhaltungspflicht **86** 10 f.
- Gesetzgebungsgeschichte **86** 1
- Mitteilung an Beteiligte **86** 4
- bei Rechtsstreit
  - über Akteneinsicht **86** 7
- mit Sperrvermerk **86** 12
- Überprüfung der Verweigerung **86** 16 ff.
  - „in camera" -Verfahren **86** 19
  - Zuständigkeit des BFH **86** 16
- Unabhängigkeit von Erfolgsaussicht **86** 12
- Unterlassen
  - Rechtsbehelfe **71** 8 ff.
  - Rechtsmittel **86** 5
- Weigerung
  - Aufsichtsbehörde **86** 8 ff.
  - drohender Nachteil **86** 9
- Wirkung der Entscheidung über Verweigerung **86** 23
- Zwischenverfahren **86** 18 ff.

Aktivlegitimation *s. Beteiligtenfähigkeit*
Akzessorietät
- Anschlussrevision **120** 86

Allgemeine Rechtsgrundsätze Vor 76 23 ff.; *s. auch Missbrauch*
- Bundesrecht **118** 32

Allgemeininteresse
- Einheitlichkeit der Rechtsprechung **115** 173
- grundsätzliche Bedeutung **115** 105
- qualifizierter Rechtsfehler **115** 220
- Revisionszweck **115** 13

Allgemeinkundige Tatsachen
- nicht beweisbedürftig **81** 3

Allgemeinverfügung
- Beklagter **63** 10

Alter
- Ablehnung des Amts des ehrenamtlichen Richters **20** 2

Alternative Begründung
- Anrufung des GrS **11** 11
- Entscheidungserheblichkeit **115** 118

Altersvorsorgezulage
- Rechtsweg **33** 140, 15

Amtliche Auskunft 81 18; **86** 4 ff.
Amtsbetrieb Vor 76 1, 6
Amtsermittlung
- Wiedereinsetzung in den vorigen Stand **56** 111

Amtsermittlungsgrundsatz *s. Untersuchungsgrundsatz*
Amtsgrundsatz Vor 76 1
Amtshaftung
- Rechtsweg **33** 24, 34

Amtshaftungsansprüche
- Aufrechnung **Anhang 33** 14
- Verweisung **Anhang 33** 23

Amtshilfe 13 1, 3; **86** 2
- Datenschutz **13** 1
- Kosten **13** 5
- Rechtsweg **33** 35
- Verweigerung **86** 6 ff.
- zwischenstaatliche **13** 4

Amtsverschwiegenheit
- ehrenamtlicher Richter **16** 5

Anbringen der Klage 47 19 ff.
- Begriff **47** 19 ff.
- Formvorschriften **47** 22
- Prozesshandlung
  - Auslegung **47** 21

Ändern *s. Ersetzen; Korrektur*
Änderung *s. auch Änderungsbescheid; s. auch Korrektur*
- des angefochtenen VA im Revisionsverfahren **123** 3
- Gerichtsbezirke **3** 6
- Streitgegenstand
  - Streitwert **Vor 135** 115
- Streitwertfestsetzung **Vor 135** 152
- des VA im Revisionsverfahren **127** 1 f.
- Verwaltungsakt **42** 8 ff., 16 ff.

Änderung der Klage *s. Klageänderung*
Änderung von Steuerbescheiden
- Überprüfung von Ermessensentscheidungen **102** 9

Änderungsbegehren 40 14 ff.
Änderungsbescheid 65 43
- Anpassung des Revisionsantrags **120** 56
- Beklagtenwechsel **63** 22
- Beklagter **63** 13
- Berücksichtigung im Urteil **104** 2, 17
- Erlass während des Vorverfahrens **44** 16
- fehlerhafte Nichtberücksichtigung **68** 92 ff.
- nach Klageerhebung **68** 1 ff.
  - Anwendungsbereich **68** 10 ff.
  - Regelungszweck **68** 2
  - Sachentscheidungsvoraussetzungen **68** 60 ff.
- im Klageverfahren
  - Antragserfordernis **Vor 1** 12
- im laufenden Verfahren
  - als Klageänderung **67** 3
- nach Bekanntgabe
  - der Einspruchsentscheidung **68** 55 ff.

– Nichtzulassungsbeschwerde **116** 76
– Rechtsbehelfsbelehrung **68** 86
– Rechtsfolgen **68** 75 ff.
– im Revisionsverfahren **123** 3; **127** 1 ff.
– nach Schluss der mündlichen Verhandlung **68** 57
– Steuererhöhung **42** 28
– Übermittlungspflicht **68** 90
– Urteilsergänzung **109** 4
– Verfahrenskonzentration **68** 85
Änderungsverbot 107 1
Änderungszusage Vor 76 24
Anerkenntnis 96 120; **155** 10
Anerkenntnisurteil 76 5; **95** 5; *s. Urteil*
Anerkennung
– von Urteilen **110** 4
Anfechtbarkeit *s. auch Unanfechtbarkeit*
– im Abhilfeverfahren **130** 4
Anfechtung
– Klagerücknahme **72** 19
– trotz Nichtigkeit **41** 24
– Prozesshandlung **Vor 33** 37
– von Steuerbescheiden **40** 95
– Verzicht auf mündliche Verhandlung **90** 15
Anfechtungsbeschränkung
– Begründetheitsfrage **42** 38
– Beiladung **42** 39
Anfechtungsklage 40 10, 77; **41** 24; **45** 3; **47** 5; *s. auch isolierte Anfechtungsklage; s. auch Urteil bei Anfechtungsklage*
– Abänderungsklage **40** 13 ff.
– Abgrenzung zur Verpflichtungsklage **40** 15
– Änderungsbescheid **68** 10
– Aufhebungsklage **40** 13 ff.
– außergerichtlicher Rechtsbehelf **44** 5
– Beklagter **63** 10 ff.
– Beschränkung der Anfechtungsbefugnis **42** 3
– isolierte
  – gegen Ablehnungsbescheid **40** 26
– Klagebefugnis **40** 86, 88
– Klagefrist **47** 2
– Rechtsverletzung
  – Tenor **40** 88
– spezielle Sachentscheidungsvoraussetzung **42** 37
– Sprungklage **45** 3
– Untätigkeitsklage **46** 1
– USt-Voranmeldung **40** 64
– Verfahrensgegenstand **44** 2
– gegen zu niedrige Steuerfestsetzung **40** 95
– Zulässigkeit **40** 20
Anfechtungssperre 42 16 f., 26
Angehörige
– Begriff **84** 6
– Eidesverweigerungsrecht **84** 9
– Zeugnisverweigerungsrecht **84** 4 ff., 8
Angehörigenverträge
– Beiladung **60** 131
Angestellte
– Dienstaufsicht **31**
– öffentliche
  – als Zeugen **82** 19
– der Steuerverwaltung **19** 4
Angriffs- oder Verteidigungsmittel 105 43
– Fehlen der Gründe **119** 37
Anhängigkeit 66 1
– doppelte **Vor 33** 27
Anhörung *s. auch Rechtliches Gehör*
– Berufsvertretungen **25**
– durch Präsidium **4** 26, 35
– Verfahren nach § 126a **126a** 6
Anhörungsrüge 108 18
– Abhilfeentscheidung **133a** 18
– Anwendungsbereich **133a** 3
– Darlegungspflicht **133a** 13
– Entscheidung durch Einzelrichter **79a** 4
– Erinnerungsentscheidung **Vor 135** 81
– Gegenstand **133a** 7
– gegen Kostenentscheidung **145** 5
– Nichtzulassungsbeschwerde **116** 69
– Rügefrist **133a** 11
– Statthaftigkeit **133a** 6
– Subsidiarität **133a** 6
– Verfahren **133a** 15 ff.
– Vertretungszwang **133a** 12
– kein Vertretungszwang **Vor 135** 82
– Vertretungszwang beim BFH **62** 65
– vorläufiger Rechtsschutz **133a** 8
AnhörungsrügenG Vor 1 20
Anknüpfungstatsachen
– Vorgabe an Sachverständigen **82** 34
Anlagen
– zur Klageschrift **65** 48
Anlagenkonvolut 76 21
Anordnung
– Entsendung eines Beamten zur mündlichen Verhandlung **80** 15 ff.
  – Erzwingbarkeit **80** 18
  – Folgen des Nichterscheinens **80** 18
  – Form **80** 17
– des persönlichen Erscheinens eines Beteiligten **80** 1 ff.
  – Adressat **80** 3
  – Androhung eines Ordnungsgeldes **80** 6
  – erzwingbar **80** 1 ff.
  – Form **80** 5

– Gerichtsbesetzung **80** 5
– Kosten bei Ausbleiben **80** 13
– Mitwirkungspflicht **80** 11
– Nichtbeachtung **80** 9 ff.
– Ordnungsgeldfestsetzung **80** 10
– Rechtsmittel **80** 8
– sachkundiger Vertreter **80** 9
– Steuerhinterziehung **80** 4
– vertretungsberechtigte Person **80** 3
– Videokonferenz **80** 4a
– Zustellung **80** 7
– Zweck **80** 1 f.
Anrechnung *s. Vorauszahlungen*
Anrechnungsverfügung
– Rechtschutzbedürfnis **Vor 33** 20
Anrufung
– des BVerfG
  – Besetzung **10** 4
– des GrS
  – Besetzung **10** 4; **11** 28
  – Form **11** 28
  – Verfahren **11** 31 ff.
  – Voraussetzungen **11** 4 ff.
  – Vorlageverfahren **11** 28 f.
  – Wechsel der Zuständigkeit **11** 28
– des GrS bei Divergenz
  – Anfrageverfahren **11** 20 ff.
Anrufung des GrS
– Anfrageverfahren
  – Begründung **11** 22
– Bindungswirkung **11** 23
– kumulative Anrufungsgründe **11** 27
– Sperrwirkung **11** 23, 29
– Verfahrenscharakter **11** 2
Anschaffungskosten
– Beiladung **60** 128
Anscheinsbeweis **96** 146 ff.
– Erfahrungssätze **118** 76
– Verhältnis zur Sachaufklärung **96** 36
Anschlussbeschwerde **128** 19
– keine Frist für Einlegung der A. **129** 4
– Nichtzulassungsbeschwerde **116** 4
Anschlussrechtsmittel
– gegen Kostenentscheidung **145** 4
– Kostenpflicht **135** 14 f.
– Kostenverteilung **136** 2
Anschlussrevision
– Akzessorietät **120** 86
– Anfechtung der Kostenentscheidung **120** 88; **145** 6
– bedingte Einlegung **120** 84
– Begriff **120** 77
– Begründungsfrist **120** 84
– Beschwer **Vor 115** 102; **120** 88
– Einlegung **120** 83
– Einlegungsfrist **120** 84
– Entscheidung **120** 89
– Entscheidung bei Unzulässigkeit **126** 4
– Kosten bei Rücknahme der Revision **136** 10
– Kostenentscheidung **120** 89
– Rechtsgrundlagen **120** 80
– kein Rechtsmittel **120** 78
– Rücknahme der Revision **125** 10
– Streitwert **Vor 135** 121
– Zulässigkeitsvoraussetzungen **120** 83 ff.
Anschrift
– ladungsfähige **65** 15 ff.
Anspruch auf Rechnungserteilung
– Rechtsweg **33** 36
Anspruch auf rechtliches Gehör
– Hinweispflicht des Gerichts **76** 64 ff.
Ansprüche aus dem Arbeitsverhältnis
– Rechtsweg **33** 37
Ansprüche aus dem Steuerschuldverhältnis *s. auch Erstattungsanspruch; Steueranspruch*
– Rechtsweg **33** 38
Antrag *s. auch Klageantrag; s. auch Revisionsantrag*
– Änderung im Beschwerdeverfahren **132** 6
– Berichtigung **108** 13
– auf Erörterung des Sach- und Rechtsstands
  – isolierte Aufhebung der Einspruchsentscheidung **100** 21
– Übergehen im Urteil **109** 2
– auf Überprüfung der Verweigerung der Aktenvorlage **86** 17
– unvollständiger **76** 69
Antrag auf mündliche Verhandlung
– Auslegung **90a** 21
– beigetretene Behörde **122** 15
– Entscheidung bei Unzulässigkeit **126** 3
– Gerichtsbescheid **90a** 14 ff., 19 ff.
  – Antragsbefugnis **90a** 20
  – Frist, Form, Inhalt **90a** 19
– Rechtsschutzbedürfnis **Vor 33** 23
– Rücknahme **90a** 23
– Verfahren nach billigem Ermessen **94a** 6
Antragsänderung **67** 1
Antragsgegner **63** 8
Antragsteller
– Gerichtskosten **Vor 135** 21
Antragstellung *s. Antrag*
Antragsverfahren
– Anhängigkeit **66** 1
– Zuständigkeit
  – örtliche **38** 2
Apotheker
– Ablehnung des Amts des ehrenamtlichen Richters **20** 1 ff.

– Zeugnisverweigerungsrecht **84** 4, 7 f.
Appellentscheidung
– Grundsätzliche Bedeutung **115** 133
Arbeiter
– Dienstaufsicht **31**
Armenrecht *s. Prozesskostenhilfe*
Arrestverfahren
– nach §§ 324 ff. AO **44** 8
Ärzte
– Ablehnung des Amts des ehrenamtlichen Richters **20** 1 ff.
– Zeugnisverweigerungsrecht **84** 4, 7 f.
AStG 40 117
Atypisch stille Gesellschaft *s. auch Stille Gesellschaft*
– Beiladung **60** 52
Aufenthalt *s. auch Zustellung, öffentliche*
– gewöhnlicher **38** 12
Auffangstreitwert Vor 135 141
Aufforderung zum Beitritt 122 14
Aufhebung *s. auch Anfechtungsklage; Aufhebung der Vollziehung; Kassation; Verwaltungsakt; s. auch Korrektur, Änderung*
– iSd Kassation **40** 14
– Kosten **136** 3
– Termin **91** 2 ff.
  – unberechtigte Ablehnung als Verfahrensmangel **91** 8
Aufhebung der Vollziehung *s. Aussetzung der Vollziehung*
Aufhebungsbegehren 40 14
Auflösung oHG/KG
– keine Verfahrensunterbrechung **74** 68
Aufnahme
– Insolvenzverfahren
  – Klageänderung **67** 12
Aufnahme des Verfahrens 74 99 f.
Aufrechnung
– Kostenfestsetzung **149** 1
– Rechtsweg **33** 39
– rechtswegfremde Forderung **Anhang 33** 14
– Streitwert **Vor 135** 114
– Vollstreckung **152** 3
Aufruf
– Öffentlichkeit **119** 33
Aufschiebende Wirkung
– Beschwerde **131** 1
– Erinnerung gegen Kostenansatz **Vor 135** 66
Aufsichtsbehörde
– Weigerung
  – Aktenvorlage **86** 8 ff.
  – Auskunftserteilung **86** 8 ff.
Aufwendungen *s. auch Kosten*
Aufzeichnungen
– Pflicht zur Vorlage **85** 2 ff.
Aufzeichnungspflichten
– Sachaufklärung **76** 58
Augenscheinsbeweis
– Beweisantritt **82** 15
– Durchführung **82** 16; **85** 2 ff.
– Internetrecherchen **82** 15
Ausbleiben
– Beteiligte im Termin **82** 45; **91** 16 ff.; **92** 13
  – Wartepflicht **91** 16
– eines Beteiligten
  – kein Vertagungsgrund **91** 5
– Sachverständige **82** 21 f., 32
– Zeugen **82** 21 f.
  – genügende Entschuldigung **82** 22
Ausfertigung
– Berichtigung **107** 4
– Zustellung **53** 13
Ausforschungsbeweis
– Ablehnung von Gerichtspersonen **51** 67
– Antrag **76** 32
Ausgeschiedene Gesellschafter
– einheitliche und gesonderte Feststellungsbescheide **48 aF** 74 ff.
  – nicht rechtsfähige Gemeinschaften (§ 48 nF) **48 nF** 74 f.
  – rechtsfähige PersGes (§ 48 nF) **48 nF** 70 f.
Aushang
– Öffentlichkeit **119** 33
Auskunft *s. Zusage*
– amtliche **81** 18; **86** 4 ff.
– Rechtsweg **33** 40
Auskunftsansprüche
– Finanzrechtsweg **Vor 1** 47
Auskunftsbegehren
– Überprüfung von Ermessensentscheidungen **102** 9
Auskunftserteilung
– durch Behörden **86** 4 ff.
– Weigerung
  – Aufsichtsbehörde **86** 8 ff.
Auskunftspflicht
– Behörden **86** 4 ff.
– Beweisbeschluss **86** 5
– Dritter
  – Sachaufklärung **76** 49
Auskunftsverweigerungsrecht *s. auch Zeugnisverweigerungsrecht*
– Behörden **86** 6 ff.
Auslagen *s. auch Außergerichtliche Kosten, Gerichtskosten; s. auch Kosten*
– Auslagenschuldner **Vor 135** 40
– Gerichtskosten **Vor 135** 39 ff.
Auslagen des Bevollmächtigten
– Begriff **139** 105

– Erstattungsfähigkeit **139** 106
– Fahrtkosten **139** 110
– Geschäftsreise **139** 110
– gesetzlich nicht vorgesehene **139** 112
– Kopien und Ausdrucke **139** 108
– Postgebühren **139** 109
– Telefax **139** 108
– Telefongebühren **139** 109
– Transportkosten **139** 109
– Umsatzsteuer **139** 111
Ausland *s. Zustellungsmängel*
– Beweisaufnahme
  – im Ausland **82** 9 f.
  – ausländische **82** 14
– Konten im A. **76** 47
– Zahlungen in das A. **76** 47
– Zeugen mit Wohnsitz im A. **76** 31
– Zeugenvernehmung **76** 47 f.
Ausländer
– Wiedereinsetzung in den vorigen Stand **56** 23
Ausländische Urteile *s. auch Anerkennung*
– Anerkennung kraft Gesetzes **110** 4
Ausländischer Wohnsitz/Sitz
– Zustellungsbevollmächtigter **53** 143
Ausländisches Recht 76 11, 24; **96** 32; **155** 8
– Beweisbedürftigkeit ausländischer R. **81** 5
Auslandsbeziehungen *s. AStG*
Auslandszeugen 82 20
Auslaufendes Recht
– grundsätzliche Bedeutung **115** 132
Auslegung *s. auch Klagebegehren; Verwaltungsakt*
– Grundsätze
  – anerkannte **96** 130
– von Prozesserklärungen **118** 64
– Prozesshandlung **Vor 33** 40 ff.
– Rechtsschutz gewährende A. **Vor 33** 41 ff.
– von Verwaltungsakten **118** 60
– von Willenserklärungen **118** 50
– Willkür **115** 236
Auslegungsgrundsätze
– anerkannte **118** 54
Aussagegenehmigung 82 19
– Verweigerung **82** 19
Ausschließung *s. Öffentlichkeit der mündlichen Verhandlung*
– vom Amt des ehrenamtlichen Richters **18** 1 ff.; **19** 1 ff.
– von Gerichtspersonen
  – Anwendungsbereich **51** 2
  – Ausschließungsgründe **51** 5
  – Bedeutung **51** 1
  – Begriff **51** 4
  – Urkundsbeamte der Geschäftsstelle **51** 7
  – Wirkung **51** 20
Ausschluss *s. auch Ehrenamtlicher Richter, Ausschließungsgründe*
Ausschlussfrist Vor 1 5; *s. auch Ausschlussfrist zur Angabe von Tatsachen und Beweismitteln; s. auch Ausschlussfrist zur Darlegung der Beschwer; s. auch Präklusion*
– nach § 364b AO **76** 75 ff.
  – Folgen der Versäumung **76** 75 ff.
  – hinsichtlich der Beschwer **76** 86
  – Kostentragung **76** 90
  – Mitwirkung des Finanzamts im Verfahren **76** 87
  – Rechtsfolgen bei Fortwirken **76** 90 ff.
– absolute **65** 5, 56 ff.
  – Entstehungsgeschichte **65** 1
  – Wirkung **65** 71 ff.
– Fristverlängerung **65** 57, 63
– Fristwahrung **65** 65
– Klagebegehren **65** 56 ff.
– Konzentrationsmaxime **79b** 1
– Länge **65** 60
– Rechtsmittel **65** 69
– Revisionsverfahren **79b** 3
– Sachentscheidungsvoraussetzungen **65** 56 ff.
– Unterschrift **65** 57
– Unwirksamkeit
  – Rechtsfolgen **65** 73
– Versäumung
  – Rechtsfolgen **65** 71
– im Verwaltungsverfahren **Vor 1** 8
– Voraussetzungen **65** 58 ff.
– Wiedereinsetzung **65** 67
– Zulässigkeit
  – von Klageerweiterungen **65** 77
– zuständiger Richter **65** 51
– Zustellung **65** 57
Ausschlussfrist zur Angabe von Tatsachen und Beweismitteln
– Adressat **79b** 15
– Anforderungen **79b** 20
– Anwendungsbereich **79b** 15
– Belehrung über die Rechtsfolgen **79b** 43
– Beweismittel **79b** 22
– Dauer **79b** 20
– zur Einreichung der Steuererklärung **79b** 22
– elektronische Dokumente **79b** 23
– Entschuldigung der Verspätung **79b** 40
– Ermessen des Richters **79b** 20
– Formalien **79b** 24
– Fristberechnung **79b** 31

– Konkretisierung **79b** 21
– Präklusion **79b** 30
– Rechtsfolge **79b** 50
– Rechtsmittel **79b** 24
– Sachverhaltsaufklärung mit geringem Aufwand **79b** 45
– Schätzungsfälle **79b** 22
– substantiierter Vortrag **79b** 32
– Tatsachen **79b** 22
– Urkundenvorlage **79b** 23
– Verzögerung des Rechtsstreits **79b** 35
– Wiedereinsetzung in den vorigen Stand **79b** 31
– Zuständigkeit **79b** 20
Ausschlussfrist zur Darlegung der Beschwer
– Adressat **79b** 5
– Anforderungen **79b** 10
– Anwendungsbereich **79b** 5
– Belehrung über die Rechtsfolgen **79b** 43
– Entschuldigung der Verspätung **79b** 40
– Ermessen des Richters **79b** 11
– Formalien **79b** 13
– Fristberechnung **79b** 31
– Präklusion **79b** 30
– Rechtsmittel **79b** 13
– Sachverhaltsaufklärung mit geringem Aufwand **79b** 45
– substantiierter Vortrag **79b** 32
– Verlängerung **79b** 12
– Verzögerung des Rechtsstreits **79b** 35
– Wiedereinsetzung in den vorigen Stand **79b** 31
– Zuständigkeit **79b** 10
Außenprüfung *s. auch Prüfungsanordnung*
– Rechtsweg **33** 41
– Überprüfung von Ermessensentscheidungen **102** 9
Außergerichtliche Kosten *s. auch Kosten*
– Begriff **Vor 135** 1
– Rechtsgrundlagen **Vor 135** 12
Außergerichtlicher Rechtsbehelf **44** 1 ff.; **45** 17; *s. auch Vorverfahren*
– andere Formen **44** 7
– Änderungsbescheid (§ 68 I 2) **44** 8
– Anfechtungsklage **44** 5
– Einspruch **44** 1
– Entbehrlichkeit **44** 8
– keine Entbehrlichkeit durch rügelose Verhandlung **44** 33
– Erfolglosigkeit **44** 27
  – Rechtsschein **44** 29
  – Teilabhilfe **44** 28
  – Teileinspruchsentscheidung **44** 32
  – trennbare Einzelfallregelungen **44** 32
  – unzulässiger Einspruch **44** 30
– Erlass eines Änderungsbescheides **44** 16
– erstmalige Beschwer **44** 9
– förmlicher Abschluss **44** 22 ff.
– Fortsetzungsfeststellungsklage **44** 5
– Funktion **44** 1
– Hinzuziehung **44** 20
– isolierte Anfechtungsklage **44** 9
– Massenrechtsbehelf **44** 25
– Nachholbarkeit im Klageverfahren **44** 33
– Prozessurteil **44** 37
– Sachentscheidungsvoraussetzung **44** 1, 33
– Sprungklage **44** 8
– Statthaftigkeit **44** 3 ff.
– Teilabhilfe **44** 16
– Unbegründetheit **44** 27
– Untätigkeitsklage **44** 8
– unzulässiger Einspruch **44** 38
– Unzulässigkeit **44** 30
– Verpflichtungsklage **44** 5
– Vollabhilfe **44** 24
Außergerichtliches Rechtsbehelfsverfahren
– Aussetzung **46** 21
– beendetes **46** 3
– Untätigkeit **46** 3
Außergerichtliches Vorverfahren *s. auch Einspruchsverfahren;s. auch Vorverfahren*
– Erfolglosigkeit **44** 10 ff.
– Eröffnung des Insolvenzverfahrens **44** 18
Außerordentliche Beschwerde **Vor 115** 50 ff.; **128** 16
Außerordentlicher Rechtsbehelf
– außerordentliche Beschwerde **Vor 115** 50 ff.
– Begriff **Vor 115** 8
– Gegenvorstellung **Vor 115** 40 ff.
Äußerungsrecht
– der Beteiligten **96** 190 ff.
– rechtliches Gehör **119** 14
Aussetzung
– Rechtsbehelfsverfahren **46** 21
Aussetzung der Vollziehung *s. auch Aufhebung der Vollziehung;s. auch Aufschiebende Wirkung*
– ABC der aussetzungsfähigen Verwaltungsakte **69** 42
– Abgrenzung **69** 10
– Abgrenzung einstweilige Anordnung **69** 4
– ablehnende Verwaltungsakte **69** 42
– Ablehnung durch die Behörde **69** 145
– Abrechnungsbescheid **69** 43
– Abzugsanordnung **69** 44
– Amtshilfeersuchen **69** 45

– Änderungsbescheid **69** 46
– Androhung der Vollstreckung **69** 48
– Androhung von Zwangsmitteln **69** 47
– Anfechtung des Verwaltungsakts **69** 32
– Anrechnungsverfügung **69** 50
– Anrufungsauskunft **69** 51
– Antragsbefugnis **69** 135
– Arrestanordnung **69** 52, 116, 138, 155
– Aufhebung der Vollziehung **69** 175
– Aufhebungsbescheid **69** 53
– Aufrechnung **69** 55, 139, 155, 175
– Aufteilungsbescheid **69** 56
– Ausfuhrerstattung **69** 57
– Außenprüfung **69** 58
– Bedeutung **69** 2
– Begründung des Antrags **69** 139
– Beitreibungsersuchen **69** 60
– Benennungsverlangen **69** 61
– Berechnung des auszusetzenden Betrags **100** 2
– Beschränkung **Vor 1** 10
– Beschwer **69** 136
– Billigkeitsentscheidung **69** 62
– Buchführungspflicht **69** 63
– Drohen der Vollstreckung **69** 154
– Duldungsbescheide **69** 65
– eidesstattliche Versicherung **69** 67, 116
– Einheitswertbescheid **69** 68
– Einkommensteuerbescheid **69** 69
– Einstellung der Zwangsvollstreckung **69** 139
– Entscheidung ohne Betragsfestsetzung **100** 42
– Erledigung der Hauptsache **138** 86
– Ermessen des Gerichts **69** 185
– Ermessensentscheidungen **69** 160, 181
– Ermittlungen **69** 197
– ernstliche Zweifel **69** 160 ff.
– Erstattungsbeträge **69** 70
– EU-Richtlinie **69** 162
– EU-Vertrag **69** 162
– Feststellungsbescheid **69** 72, 81
– Feststellungslast **69** 196
– Finanzbefehl **69** 73
– durch die Finanzbehörde **69** 10
– Finanzbehörde **69** 30
  – zuständige **69** 210
– Finanzrechtsweg **69** 131
– Folgebescheid **69** 26, 74, 138 f., 211
– Form des Antrags **69** 133
– Freibetrag **69** 75
– Freistellungsbescheid **69** 76
– Gebühren des Bevollmächtigten **139** 67, 71, 87
– durch Gericht **69** 10
– Gericht **69** 30
– Gewerbesteuerbescheid **69** 78
– Gewerbesteuermessbescheid **69** 74, 79
– Gewerbeuntersagung **69** 80
– Glaubhaftmachung **69** 196
– Grundlagenbescheid **69** 81, 155, 171
– Haftungsbescheid **69** 83
– Insolvenz **69** 139
– Insolvenzverfahren **69** 85
– Interessenabwägung **69** 186
– Justizverwaltungsakt **69** 3
– keine Bescheidung in angemessener Frist **69** 152
– keine Vorwegnahme der Hauptsache **69** 199
– Kindergeld **69** 87
– Kirchensteuer **69** 139
– Kirchensteuerbescheid **69** 88
– Kontrollmitteilung **69** 89
– Körperschaftsteuerbescheid **69** 90
– Kosten des Vorverfahrens **139** 150
– Kostenerstattung **139** 121
– Leistungsgebot **69** 92
– Lohnsteuerkarte **69** 75
– Mahnung **69** 116
– Milchgarantiemenge **69** 74
– negativer Gewinnfeststellungsbescheid **69** 5
– nichtige Bescheide **69** 96
– Nichtigkeit eines Gesetzes **69** 163
– Pfändung **69** 116
– präsente Beweismittel **69** 196
– Prüfung **69** 180
– rechtliche Prüfung **69** 198
– rechtliches Gehör **69** 195
– Rechtsschutzbedürfnis **69** 38, 137
– Rechtsschutzbegehren **69** 34
– Revisionsinstanz **69** 182
– Rückforderungsbescheid **69** 101
– Rücknahme des Antrags **72** 1
– Rücknahme von Verwaltungsakten **69** 102
– Säumniszuschläge **69** 105, 138, 175
– Schriftform
  – bei Antragstellung **64** 2
– Sicherheitsleistung **69** 13, 106, 139
– Solidaritätszuschlag **69** 139
– Steueranmeldung **69** 107
– Stundung **69** 138
– Subsidiarität **69** 3
– summarisches Verfahren **69** 195
– Suspensiveffekt **69** 25
– Umsatzsteuerbescheid **69** 109
– unbillige Härte **69** 170 ff.
– Unionsrecht **69** 19
– Untersagungsverfügung **69** 110
– Verböserungsverbot **69** 181

– Verfassungswidrigkeit **69** 187
– Verfassungswidrigkeit einer Norm **69** 164
– Vergütungsgläubiger **69** 138
– Verlustabzug **69** 112
– Vermögensverzeichnis **69** 116
– Verspätungszuschlag **69** 115
– Vertretungszwang beim BFH **62** 65
– Vollstreckungsmaßnahmen **69** 116
– Vollziehbarkeit des Verwaltungsakts **69** 38
– Vorauszahlungsbescheid **69** 117, 139
– Vorbehalt der Nachprüfung **69** 118
– vorläufige Steuerfestsetzung **69** 139
– vorläufige Vollstreckbarkeit **151** 2
– Vorläufigkeitsvermerk **69** 118
– Wahlrecht des Steuerpflichtigen **69** 11
– Widerruf von Verwaltungsakten **69** 102
– Widerrufsvorbehalt **69** 139
– Wiederholungsantrag **69** 139
– Wirkung der Klageerhebung **69** 25
– Zerlegungsbescheid **69** 122
– Zinsbescheid **69** 74, 123
– Zollbescheid **69** 124, 173, 191
– Zollkodex **69** 16
– Zugangsvoraussetzungen **Vor 1** 5; **69** 145
– Zuständigkeit
  – örtliche **38** 2; **69** 132
– Zuteilungsbescheid **69** 122
– Zwangsgeldfestsetzung **69** 116
– Zweck **69** 2
– Zweigleisigkeit **Vor 1** 5

Aussetzung des Verfahrens
– §§ 239 ff. ZPO
  – Aufnahme nach A. **74** 99 f.
  – Nacherbfolge **74** 85 f., 89 ff.
  – Nachlassverwaltung **74** 85 f., 89 ff.
  – Prozessbevollmächtigter **74** 89 ff.
  – Tod des Beteiligten **74** 66 ff., 89 ff.
  – Verfahrensgrundsätze **74** 95 ff.
  – Verlust der Prozessfähigkeit **74** 83 f., 89 ff.
  – Voraussetzungen **74** 65 ff.
  – Wegfall des gesetzlichen Vertreters **74** 83 f., 89 ff.
  – Wirkungen **Vor 74** 4; **74** 97 f.
– Art. 100 I, II GG **Vor 74** 5 f.
– begriffliche Abgrenzung **Vor 74** 3
– mangelnde Vorgreiflichkeit **74** 48 f.
  – Abrechnungsbescheid **74** 49
  – Entscheidung der EU-Kommission **74** 49
  – mögliche rückwirkende Rechtsänderung **74** 48
  – Musterverfahren vor BFH oder FG **74** 39
  – Musterverfahren vor EGMR **74** 38
– überlange Verfahrensdauer **74** 11
– bei Untätigkeitsklage **46** 21 ff.
– bei Verfassungswidrigkeit eines Gesetzes **Vor 74** 6
– im vorbereitenden Verfahren **79a** 11
– wegen Vorgreiflichkeit **74** 1 ff.
  – Abhängigkeit **74** 1
  – Abrechnungsbescheid **74** 46
  – allgemeine Verwaltungsbehörde **74** 32
  – Anhängigkeit, Feststellungskompetenz **74** 7 ff.
  – Anwendungsbereich **Vor 74** 1 f.
  – Aufhebung **74** 19
  – Aufrechnung **74** 41
  – Benennungsverlangen **74** 47
  – Bilanzansatz **74** 47
  – Billigkeitsentscheidung **74** 31
  – Billigkeitsverfahren **74** 46
  – Dauer **74** 13, 19
  – einheitliche und gesonderte Feststellung **74** 26 ff.
  – Erbenfeststellung **74** 42
  – Erhebungsverfahren **74** 46
  – Ermessen **74** 11
  – Folgebescheid **74** 13, 22 ff.
  – Form der Entscheidung **74** 17
  – Fristsetzung zur Anhängigmachung **74** 8 f.
  – gesonderte Feststellung **74** 26 ff.
  – Grundlagenbescheid **74** 22 ff.
  – Koordinierungsverfahren **74** 47
  – Maßstabsteuern **74** 32
  – Musterverfahren **74** 34 ff.
  – Musterverfahren vor BVerfG **74** 34 f.
  – Musterverfahren vor EuGH **74** 37
  – notwendige **33** 5; **74** 11
  – rechtliches Gehör **74** 12
  – Rechtsmittel **74** 20
  – Rechtsverhältnis **74** 5 ff.
  – Sachentscheidungsvoraussetzungen **74** 4, 11
  – Steuerberaterprüfung **74** 47
  – Strafverfahren **74** 40
  – teilweise **74** 14
  – Urteilzustellung **74** 47
  – Verständigungsverfahren **74** 47
  – verwaltungsgerichtliche Entscheidungen **74** 43
  – Verwaltungsverfahren **74** 9
  – Voraussetzungen **74** 3 ff., 7 ff.
  – Widerruf einer verbindlichen Auskunft **74** 47
  – Wirkungen **Vor 74** 4; **74** 18
  – zivilgerichtliche Entscheidungen **74** 42

– Zuordnung von Kindern **74** 42
– Zuschlagsteuern **74** 32
– Zuständigkeit **74** 17
– Zweck **74** 2
– bei Vorlage an den EuGH/EuG **Vor 74** 7
– Dauer **Vor 74** 7
– Form **Vor 74** 7
Aussetzungsgrund
– Vertagungsgrund **91** 4
Aussetzungsverfügung
– Änderung **68** 43
Ausstellung Lohnsteuerkarte
– Rechtsweg **33** 42
Auswärtige Senate 3 4

Baukindergeld
– Rechtsweg **33** 45
Baumbach'sche Formel
– Kostenverteilung **136** 2a
Beachtungspflicht 96 21
– rechtliches Gehör **119** 14
Beamte
– Aussagegenehmigung **82** 19
– Dienstaufsicht **31**
– als Sachverständige **82** 36
– der Steuerverwaltung **19** 4
– als Zeugen **82** 19
Beanstandung
– von Fragen im Beweistermin **83** 5
Beauftragter Richter
– Antrag auf Entscheidung des Gerichts **133** 1
– Auswahl des Sachverständigen **82** 35
– Begriff **81** 14
– Beweisaufnahme **81** 14 ff.; **82** 7, 18
– Abgabe des Ersuchens **82** 11
– Benachrichtigung der Beteiligten **83** 3
Bedeutung der Sache
– Streitwert **Vor 135** 135
Bedingungsfeindlichkeit
– von Prozesshandlungen **Vor 33** 33
Beeidigung
– Belehrung
– Bedeutung des Eides **82** 47
– Eidespflicht **82** 27
– Eidesverweigerungsrecht **84** 4, 9
– Beteiligte **82** 43
– Beteuerungsformel **82** 47
– Eidesfähigkeit
– Beteiligte **82** 43
– Zeugen **82** 27
– Eidesformel **82** 47
– eidesgleiche Bekräftigung **82** 47
– Eidesnorm
– Beteiligte **82** 43
– Sachverständige **82** 37
– Zeugen **82** 27
– Erforderlichkeit **82** 26
– Sachverständige **82** 37
– Stumme **82** 47
– Taube **82** 47
– unberechtigte Verweigerung der Eidesleistung
– Beteiligte **82** 44
– Zeugen **82** 26
– Verweigerungsrecht **84** 4, 9
– Videokonferenz **82** 46
– Zeugen **82** 26 f.
Befangenheit *s. auch Ablehnung von Gerichtspersonen*
– Besetzungsmangel **119** 9
– Rechtsschutzbedürfnis **Vor 33** 24
Begründetheit der Klage *s. Klage*
Begründung
– der Anschlussrevision **120** 87
– der Revision **120** 53 ff.
– Urteil **105** 30
Begründungserleichterung 105 63 ff.
– Fehlen der Gründe **119** 39
– nach Gerichtsbescheid **90a** 27
Begründungsfrist
– Nichtzulassungsbeschwerde **116** 20
– bei Prozesskostenhilfe **116** 24a
Begründungspflicht 96 7, 175; *s. auch Begründungszwang; s. auch Verwaltungsakt*
– bei Beschlüssen **113** 5 ff.
– Bezugnahme **105** 44
– Einschränkungen **105** 28
– Entscheidung nach Feststellungslast **96** 186
– Nichtzulassungsbeschwerde **116** 60
– Urteil **105** 1, 24 ff.
Begründungszwang
– Erleichterung **Vor 1** 5
– Fehlen der Gründe **119** 35 ff.
– bei Nichtabhilfeentscheidung **130** 7
– zu späte Begründung **119** 40
– bei Zurückweisung der Revision durch Beschluss **126a** 8
Begutachtungspflicht
– Sachverständige **82** 36
Behauptung
– ins Blaue hinein **76** 32
Behörde *s. auch Finanzbehörden*
– Bestellung eines Beistands **62** 121
– Entsendung eines Beamten zur mündlichen Verhandlung **80** 15 ff.
– Vertretung **62** 30
– Vertretung beim BFH **62** 68
– Vertretungsmacht **62** 4
– Vollstreckung gegen die Behörde **151** 1
– Vorlage von Akten und Urkunden **86** 4 f.

– Zeugenvernehmung **87** 1 f.
– Zustellung **53** 30
Behördenprinzip **63** 2
Beibringungsgrundsatz *s. auch Verhandlungsgrundsatz*
– Zivilprozess **155** 4
Beigeladene
– Prozesskostenhilfe **142** 9
– Vertretungszwang beim BFH **62** 66
Beigeladener *s. auch Beiladung; s. auch Notwendige Beiladung*
– Anspruch auf rechtliches Gehör **119** 18
– Antragstellung **60** 142
– außergerichtliche Kosten **139** 157; **143** 18
– Beschwer für Rechtsmittel **Vor 115** 122 ff.
– Beteiligter im Revisionsverfahren **122** 1
– Bindungswirkung **60** 145
– Dispositionsbefugnis **60** 143
– Einlegung der Revision **115** 27
– Kostenpflicht **135** 18 ff.
– Nichtzulassungsbeschwerde **60** 144; **122** 8
– Prozesskostenhilfe **60** 144
– Rechtsmittelbefugnis **60** 144
– Verfahrensrechte **60** 140 ff.
– Vollstreckung von Kosten **150** 5
– Wiederaufnahmeklage **60** 144
Beigetretene Behörde
– Beschwer für Rechtsmittel **Vor 115** 125
Beiladung **60** 1 ff.; *s. auch Anhörung; s. auch Beigeladener; s. auch Notwendige Beiladung*
– (einfache) Entscheidung des FG **60** 29
– (notwendige) Anwendungsfälle (Überblick) **60** 23a ff.
– (notwendige) Drittanfechtung **60** 23e
– (notwendige) Entscheidung des FG
  – Erfolgsaussichten der Klage **60** 30
– (notwendige) Feststellungsbescheide **60** 23a ff.
– Abgrenzung Hinzuziehung **60** 6
– Abgrenzung Streitverkündung **60** 7
– Abgrenzung zur Nebenintervention **60** 1
– Abgrenzung zur Streitgenossenschaft **60** 7
– Abgrenzung zur Streitverkündung **60** 1
– Ablehnung im Urteil **60** 158
– Abrechnungsbescheid **60** 50
– Abtretung **60** 51
– Abzweigung Kindergeld **60** 92
– allgemeine Voraussetzungen **60** 16 ff.
– Änderung, Aufhebung **60** 154
– Anhörung **60** 27
– atypisch stille Gesellschaft **60** 52
– Aufteilungsbescheid **60** 53
– ausgeschiedene Gesellschafter (§ 48 I Nr. 3 aF) **48 aF** 76 ff.
– Auskunftsverlangen **60** 54
– Beendigung **60** 150
– Beiladung gem. § 174 V 2 AO **60** 8 ff.
  – Beschluss **60** 11
  – Rechtsfolgen **60** 12
  – Rechtsschutz **60** 13
  – Stellung **60** 9
  – Voraussetzungen **60** 10
  – Zweck **60** 9
– Beiladungsbeschluss **60** 34 ff.
– berufsrechtliche Streitigkeiten **60** 55
– Berührtwerden durch Entscheidung **60** 16
– Beschwerde **60** 155
– Betriebsaufspaltung **60** 56
– Bindungswirkung der Entscheidung **60** 2, 145
– Datenschutz **60** 56a
– Duldungspflicht **60** 57
– Ehegatten **60** 137
– einfache (Abgabenberechtigter) **60** 21
– einfache (Einzelfälle)
  – Rechtsschutzbedürfnis **60** 18
– einfache (gerichtliches Ermessen)
  – Ermessen **60** 19
– einfache (Interesse aus Steuergesetzen)
  – rechtliches Interesse **60** 18
– einfache (rechtliches Interesse) **60** 17
– einfache (Rechtsschutz) **60** 20
– Einlagekonto (§ 27 KStG) **60** 71
– Einzelfälle (ABC) **60** 50 ff.
– endgültig unterbliebene **60** 151
  – Bindungswirkung **60** 152 ff.
  – Verfahrensfehler **60** 151
– Entscheidung im vorbereitenden Verfahren **79a** 17
– Entscheidung von Amts wegen **60** 25
– Erfolgsaussichten der Klage oder des Antrags **60** 16
– Erfolgsaussichten Rechtsbehelf **60** 31
– Erledigung der Hauptsache **60** 143
– Feststellung des Bedarfswerts (GrESt/ErbSt) **60** 69
– Feststellung investmentsteuerliche Grundlagen **60** 70
– Feststellung von Einheitswerten **60** 68
– Feststellung von Grundsteuerwerten **60** 68
– Formen **60** 1
– Freibetrag Ausbildung/Erziehung/Betreuung **60** 89
– Gesamtgläubiger **60** 74

– Gesamtschuldner **60** 74
– gesonderte und einheitliche Feststellungen **60** 59 ff.
  – AbgeltungSt **60** 59a
  – Anwachsung **60** 59a
  – atypisch stille Gesellschaft **60** 59a
  – atypische/typische Unterbeteiligung **60** 59a
  – ausgeschiedene Gesellschafter/Gemeinschafter **60** 59b
  – ausländische Gesellschaft **60** 59b
  – Bauherrengemeinschaft etc **60** 59c
  – doppelstöckige Personengesellschaft **60** 59d
  – Einkunftsart **60** 59e
  – Einzelfragen **60** 59a ff.
  – Empfangsbevollmächtigter **60** 59e
  – Entnahmegewinne **60** 59e
  – Erbfall **60** 59f
  – Ergänzungsbilanzen **60** 59f
  – Gemeinschafter **60** 59g
  – Gesamtgewinn **60** 59g
  – Gesamthandsgewinn **60** 59g
  – Geschäftsführer **60** 59g
  – Gesellschaftszugehörigkeit **60** 59g
  – Gewinnverteilung **60** 59h
  – GmbH & Co. KG **60** 59h
  – Grundsätze **60** 59
  – Hinzurechnungsbesteuerung **60** 59i
  – Insolvenz der Gesellschaft **60** 59j
  – Insolvenz des Gesellschafters **60** 59k
  – Liquidation **60** 59l
  – mehrfache Klagebefugnis **60** 59m
  – negativer Feststellungsbescheid **60** 59n
  – negatives Kapitalkonto **60** 59n
  – Nichtgesellschafter **60** 59n
  – Pensionszusage **60** 59o
  – privates Veräußerungsgeschäft **60** 59o
  – Progressionsvorbehalt **60** 59o
  – Rechtsnachfolge beim Gesellschafter **60** 59p
  – Sonderbetriebsausgaben **60** 59q
  – Sonderbetriebseinnahmen **60** 59q
  – Sonderbetriebsvermögen **60** 59q
  – Sonderbilanz **60** 59q
  – Sondervergütungen **60** 59q
  – Sonderwerbungskosten **60** 59r
  – Steuerermäßigung § 35 EStG **60** 59r
  – stille Gesellschaft **60** 59r
  – Treuhand **60** 59s
  – Unzulässigkeit der Klage **60** 59t
  – Veräußerungsgewinn (§ 16 EStG) **60** 59u
  – verdeckte Gewinnausschüttung **60** 59u
  – verrechenbarer Verlust (§§ 15a und 15b EStG) **60** 59v
  – Verteilung der Einkünfte **60** 59w
  – Vollbeendigung **60** 59w
  – Zebragesellschaft **60** 59x
– Gewerbesteuer **60** 80
– Grunderwerbsteuer **60** 81
– Haftung **60** 83
– Hinzuziehung (§ 360 AO) **60** 84
– Höhe der Anschaffungskosten **60** 128
– In-Camera-Verfahren **60** 3
– Insolvenz **60** 85
– Kapitalertragsteuerhaftung **60** 83
– Kinderfreibetrag **60** 89
– Kindergeld **60** 92
– Klagerücknahme **60** 143
– Körperschaftsteuer **60** 95
– Kostenentscheidung **143** 18
– Kostenerstattung **60** 149
– Lohnsteuerfragen **60** 100
– Lohnsteuerhaftung **60** 83
– Lohnsteuerhilfeverein **60** 100
– Lohnsteuer-Voranmeldung **60** 100
– Massenbeiladung **60a** 1 ff.
– Milchquote **60** 101
– Miterben **60** 104
– Nachholung im Revisionsverfahren **60** 147
– notwendige **60** 22 ff.
– notwendige (Entbehrlichkeit)
  – einheitliche Entscheidung **60** 24 ff.
– notwendige (Voraussetzungen)
  – Beispiele **60** 23 ff.
– Organschaft **60** 107
– persönlicher Anwendungsbereich **60** 3 ff.
– Prüfungsanordnung bei Personengesellschaften **60** 110
– Realsplitting **60** 58
– Rechtskrafterstreckung **60** 145
– Rechtsnachfolge **60** 113
– Revisionsrücknahme **60** 144
– im Revisionsverfahren **Vor 1** 12
– Revisionsverfahren **123** 4; **126** 17
– Rückforderungsanspruch Kindergeld **60** 92
– sachlicher Anwendungsbereich **60** 4 ff.
– Steuerabzug bei beschränkt Steuerpflichtigen **60** 116
– Steuergeheimnis **60** 2
– Umsatzsteuer **60** 107, 122
– Umwandlungen **60** 123
– unterbliebene (Heilung) **60** 147
– Unzulässigkeit der Klage **Vor 33** 5; **60** 24c, 31
– Verbindung von Verfahren **60** 1, 14
– verdeckte Einlage (§ 32a KStG) **60** 132
– verdeckte Gewinnausschüttung (§ 32a KStG) **60** 132

– Verfahren **60** 26 ff.
– Verfahrensarten **60** 4
– Verfahrensunterbrechung **60** 146
– Vermögensübergabe gegen Versorgungsleistungen **60** 125
– Verträge unter Angehörigen **60** 131
– Voraussetzungen (einfache) **60** 17 ff.
– Vorsteuer **60** 122
– Wohneigentümergemeinschaft **60** 133
– zeitlicher Anwendungsbereich **60** 5
– Zerlegung (GewSt) **60** 134
– Zerlegung des GewStMessbetrags **60** 80
– zu Unrecht beschlossene **60** 155
– Zurechnung von Einkünften **60** 135
– Zusammenveranlagung **60** 137
– Zweck **60** 2
Beiladungsfähigkeit *s. Beteiligtenfähigkeit; s. Prozessfähigkeit*
Beistand *s. auch Anordnung; s. auch Zurückweisung von Prozessbevollmächtigten*
– Befugnisse **62** 120
– Begriff **62** 117
– Behörde **62** 121
– zugelassene Personen **62** 118
– Zulassung **62** 118
– Zurückweisung **62** 119
Beiträge
– Rechtsweg **33** 15
Beitritt
– Ablehnung durch BFH **122** 17
– Aufforderung zum B. **122** 14
– begriffliche Abgrenzung **57** 11 ff.
– Beschwer der beigetretenen Behörde **Vor 115** 125
– Einlegung der Revision **115** 28
– zum Revisionsverfahren **122** 10
Beiziehung von Akten
– Benachrichtigung der Beteiligten **71** 7
– Weigerung des FG **71** 9
Bekanntgabe *s. auch Zustellung*
– elektronischer Steuerbescheid **Vor 40** 57
– von Rechtsbehelfsentscheidungen **47** 9
Bekanntgabewille *s. Verwaltungsakt*
Beklagtenwechsel **63** 7; *s. auch Parteiwechsel*
– Rechtsweg **Anhang 33** 11
– keine Verfahrensunterbrechung **74** 68
Beklagter **63** 1 ff.
– Änderung **63** 7
– Änderung der Verwaltungszuständigkeit **63** 11, 20 ff.
– Änderungsbescheid **63** 13
– Behörde **63** 1 ff.
– Beschwer für Rechtsmittel **Vor 115** 118 ff.
– Bezeichnung **65** 23 ff.; **67** 14
  – Auslegung **63** 7
– Einlegung der Revision **115** 26
– Einwilligung in Klagerücknahme **72** 2, 22 ff., 26
– Entsendung eines Beamten zur mündlichen Verhandlung **80** 15 ff.
– Erhebung von Kindergeldansprüchen **63** 16
– maßgebliches Organisationsrecht **63** 3
– Normalfall **63** 10
– Privatrechtssubjekt **63** 6
  – örtliche Zuständigkeit **38** 22
– Sachentscheidungsvoraussetzung **63** 4
– Sonderfälle **63** 6
– Stellungnahme zur Klage **71** 3
– Terminologie **63** 5
– Wechsel
  – durch Änderungsbescheid **63** 22
  – durch Organisationsakt **63** 21
– nach Zuständigkeitsmängeln **63** 16
– Zuständigkeitswechsel **63** 15 f.
Bekräftigung
– statt Eidesleistung **82** 47
Belehrung *s. auch Rechtsbehelfsbelehrung; s. auch Rechtsmittelbelehrung*
– Bedeutung des Eides **82** 47
– Eidespflicht **82** 27
– Eidesverweigerungsrecht **84** 4, 9
– Wahrheitspflicht **82** 27
– Zeugnisverweigerungsrecht **84** 8
Benachrichtigung
– Anordnung des persönlichen Erscheinens **80** 7
– Beweistermin **83** 3
  – im vorbereitenden Verfahren **83** 3
– Entsendungsaufforderung **80** 17
Benennung
– von Gläubigern und Zahlungsempfängern **96** 110 ff.
Benennungsverlangen
– Überprüfung von Ermessensentscheidungen **102** 9
Beratung
– Anwesenheit von Dritten **52** 42
– Urteil und Beschluss **52** 40
– per Videokonferenz **90** 68
Beratungsgeheimnis **16** 5
Berechtigtes Interesse *s. auch Rechtsschutzinteresse*
– Antrag auf mündliche Verhandlung **90a** 20
Berichterstatter **Vor 1** 5; *s. auch Beauftragter Richter; s. auch Vorbereitendes Verfahren*
– Besetzung des Gerichts **119** 6
– beim Bundesfinanzhof
  – Entscheidungsbefugnis **10** 2
– Entscheidungen im Einverständnis der Beteiligten **79a** 25

– Gerichtsbescheid **79a** 21
– Pflichten **76** 63 ff.
– Zustellung
  – der Klageschrift **71** 3
Berichtigung 107 1 ff.
– von Beschlüssen **113** 4
– der Kostenentscheidung **107** 9
– des Rubrums im Revisionsverfahren **122** 1
– Tatbestand **108** 1 ff.
– Urteilstatbestand **119** 35
– Verfahren **107** 10
– Verwaltungsakt **42** 14
Berichtigungsantrag
– Rechtsschutzbedürfnis **Vor 33** 24
Berufsausübungsgesellschaften
– Leitungsorgane
  – Ausschließung vom Amt des ehrenamtlichen Richters **19** 6
Berufsgeheimnis
– Zeugnisverweigerungsrecht **84** 7
Berufssoldaten
– Ausschließung vom Amt des ehrenamtlichen Richters **19**
Berufsvertretungen
– Anhörung **25**
Berufung ehrenamtlicher Richter
– Ablehnung **20** 1 ff.
Beruhen 119 1
– Darlegungsanforderungen
  – bei Verfahrensmangel **116** 48
– rechtliches Gehör **119** 19
– Rechtsverletzung **118** 95 ff.
– Verfahrensrüge **120** 66
Bescheidungsurteil *s. Urteil bei Verpflichtungsklage*
– Kosten **136** 1
– Sachaufklärungspflicht **76** 12
Bescheinigungen
– Rechtsweg **33** 46
Beschlagnahme
– Rechtsweg **33** 47
Beschluss 113 1
– Abstimmung **52** 40
– Begründung **45** 30; **113** 5 ff.
– Beratung **52** 40
– Berichtigung **107** 1 ff.
– Besetzung des BFH **10** 2 ff.
– Besetzung des Gerichts **5** 5
– mündliche Verhandlung **90** 5
– Teilentscheidung **98** 1
– zur Übertragung auf den Einzelrichter **6** 8
– unanfechtbarer
  – Nachprüfung im Revisionsverfahren **124** 2 ff.
– über unbegründete Revision **126a** 1
– Verkündung **104** 3
– über Wiederaufnahme des Verfahrens **10** 6
– Zulässigkeit des Rechtswegs **Anhang 33** 19, 26
– Zustellung **53** 3; **104** 3
– Zwischenentscheidung **99** 1
Beschlusssachen *s. auch Antragsverfahren*
– Anhängigkeit **66** 1
– Form **64** 2 ff.
Beschlussverfahren
– Änderungsbescheid **68** 15
Beschränkung
– des Revisionsantrags **120** 56
– der Revisionszulassung **115** 70 ff.
Beschwer 40 75; *s. auch Klagebefugnis*
– Arten **Vor 115** 105
– Ausschlussfrist nach § 365b AO
  – Wirkung **76** 86
– Begriff **Vor 115** 100
– Beigeladener **Vor 115** 122
– formelle **Vor 115** 112 ff.
– materielle **Vor 115** 118 ff.
– Nichtzulassungsbeschwerde **116** 8
– Zeitpunkt **Vor 115** 109
Beschwerde 113 1; *s. auch Rechtsmittel*
– anfechtbare Entscheidungen **128** 4
– Anschlussbeschwerde **128** 19
– Antrag **129** 6
– anwendbare Vorschriften **128** 2
– keine aufschiebende Wirkung **131** 1
– außerordentliche **128** 16
  – nach Verweisung **Anhang 33** 38
– Begründung **129** 6
– Berechtigte **128** 17
– Einlegung **129** 1 ff.
– Einstellungsbeschluss **128** 10
– einstweilige Aussetzung der Vollziehung **131** 3 ff.
– Entscheidung **132** 1 ff.
  – des beauftragten Richters **133** 1
  – über den Rechtsweg **128** 15
– gegen Entscheidung über Rechtsweg **Anhang 33** 38 f.
– keine Erweiterung des Antrags **129** 6
– Frist **129** 4
– Gebühren des Bevollmächtigten **139** 93
– Kostenentscheidung **128** 12
– mehrfache Einlegung **129** 5
– nicht anfechtbare Entscheidungen **128** 6 ff.
– Ordnungsgeldfestsetzung
  – Anordnung des persönlichen Erscheinens **80** 14
– Prozesskostenhilfe **128** 11

– gegen prozessleitende Maßnahmen **128** 7
– Rechtsschutzbedürfnis **128** 18
– Richterablehnung **128** 9
– Rücknahme **129** 7
– Schriftlichkeit **129** 2
– Statthaftigkeit **128** 3 ff.
  – Einschränkung **Vor 1** 4, 12
  – nicht gegen Erinnerungsentscheidungen **Vor 135** 78
  – nicht gegen isolierte Kostenentscheidung **145** 1
– Verzicht **129** 7
– des Zeugen gegen Ladung **82** 20
– des Zeugen gegen Ordnungsmittel **82** 21
– Zulassung bei AdV **128** 14
Beschwerdeentscheidung 132 1 ff.; *s. auch Beschwerde*
Beschwerdeverfahren
– Anwendung der ZPO **132** 5
– Entscheidung über Begründetheit **132** 10
– Entscheidung über Zulässigkeit **132** 9
– neuer Tatsachenvortrag **132** 6
– rechtliches Gehör **132** 7
– Verbot der reformatio in peius **132** 8
Besetzug
– des BFH
  – Verstoß **10** 7
Besetzung
– bei Abhilfeentscheidung **130** 1
– bei Beschluss über unbegründete Revision **126a** 1
– des BFH
  – bei Anrufung des BVerfG **10** 4
  – bei Anrufung des GrS **10** 4
  – bei Beschluss innerhalb der mV **10** 5
  – bei Beschlüssen **10** 2 ff.
  – bei Gerichtsbescheiden **90a** 7
  – bei Urteilen **10** 1
  – bei Vorlage an den EuGH **10** 4
– des FG
  – bei Beschlüssen **5** 5
  – bei Gerichtsbescheiden **5** 5; **90a** 7
  – bei Urteilen **5** 5
  – bei Vorlagebeschlüssen **5** 5
– des Gerichts
  – Verzicht auf mündliche Verhandlung **90** 21
– nicht vorschriftsmäßige B.
  – als Revisionsgrund **119** 6 ff.
– Spruchkörper, Präsidium **4** 25 ff.
Besetzungsfehler 5 6
Besetzungsrüge 119 6 ff.; *s. auch Ehrenamtlicher Richter; s. auch Wahlverfahren, ehrenamtliche Richter, Fehler*
– abgelehnter oder ausgeschlossener Richter **119** 12
– ehrenamtlicher Richter
  – ohne Berufungsvoraussetzung **17** 3
– bei Entscheidung
  – durch den Einzelrichter **6** 18, 24, 26, 28, 34 ff.
– Verstoß
  – gegen Geschäftsverteilungsplan **4** 37
  – gegen Geschäftsverteilungsplan im Spruchkörper **4** 52 f.
– Vorsitzender
  – unzulässige Vertretung **4** 45
– wegen Wahlanfechtung
  – gegen Präsidium **4** 17
Besoldung
– Richter **1** 16; **2** 7
Besondere Verwaltungsgerichte 1 1
Besorgnis der Befangenheit *s. Ablehnung von Gerichtspersonen*
beSt
– Einführung **Vor 1** 49
Bestandkraft
– Nichtzulassungsbeschwerde **116** 70
Bestellung des Bevollmächtigten
– Vertagungsgrund **91** 4 f.
Besteuerung
– Gesetzmäßigkeit **Vor 76** 4
Besteuerungsformel *s. Beeidigung*
Besteuerungsgrundlagen 67 12; *s. auch Feststellung von Besteuerungsgrundlagen*
– Mitteilung **75**
– Schätzung **96** 114 ff.
– Unselbständigkeit **40** 95 ff.
Besteuerungsverfahren
– Modernisierung **Vor 40** 56
– ModernisierungsG **Vor 1** 38
Bestimmung
– Gerichtsbezirke **3** 1
– zuständiges Gericht **39** 1 ff.
Beteiligte 57 1 ff.; *s. auch Akteneinsicht; s. auch Anhörung; s. auch Benachrichtigung; s. auch Beweisaufnahme; s. auch Anordnung persönlichen Erscheinens eines Beteiligten; s. auch Rechtliches Gehör*
– Anträge
  – Protokollierung **94** 6
– Anwesenheit bei Beweisaufnahme **81** 2; **83** 2 f.
– Aufsichtsbehörde als B. **86** 18
– Beeidigung **82** 43
– Begriff
  – Beteiligtenvernehmung **82** 42
– beigetretene Behörde **122** 15
– Einlegung der Revision **115** 22 ff.
– Fragerecht **83** 4 f.
– des Revisionsverfahrens **122** 1
– Vernehmung **76** 31; **82** 42

– vollmachtloser Vertreter **57** 4
Beteiligtenbegriff
– Anwendungsbereich **57** 6 ff.
Beteiligteneigenschaft 57 1
Beteiligtenfähigkeit 57 1, 11 f.; *s. auch Steuerrechtsfähigkeit*
– Abgabenrecht **57** 31
– Abgrenzung
  – Klagebefugnis **57** 14
  – Parteifähigkeit **57** 13
  – Prozessfähigkeit **57** 14
  – Sachbefugnis **57** 14
– Adressatentheorie **57** 15
– atypisch stille Gesellschaft **57** 25
– Beginn **57** 17
– Beginn bei juristischer Person **57** 17
– Beginn bei natürlicher Person **57** 17
– Beginn bei Personengesellschaften **57** 18
– Begriff **57** 11
– begriffliche Abgrenzung **Vor 76** 4
– Betriebssteuern **57** 18
– Bruchteilsgemeinschaft **57** 25
– Datenschutzrecht **57** 31
– Einkommensteuer **57** 25
– Einzelfälle **57** 25 ff.
– Ende **57** 20 ff.
  – bei juristischer Person **57** 22
  – bei natürlicher Person **57** 21
  – bei Personengesellschaft **57** 22
– Erbschaftsteuer **57** 26
– Erstattungsanspruch **57** 31
– Gewerbesteuer **57** 27
– Grunderwerbsteuer **57** 28
– Grundsteuer **57** 28
– Grundstücksgemeinschaft **57** 25
– Haftung **57** 25
– Insolvenz **57** 38 f.
– Investitionszulage **57** 31
– Kapitalgesellschaften **57** 29
– Körperschaftsteuer **57** 29
– Kosten **135** 7
– Personengesellschaft **57** 18, 25
– Sachentscheidungsvoraussetzung **Vor 33** 16; **57** 12
– Steuerrechtsfähigkeit **57** 25
– Umsatzsteuer **57** 30
– Umwandlung Kapitalgesellschaften **57** 29
– Wohnungseigentümergemeinschaft **57** 25
Beteiligtenöffentlichkeit 81 2, 8; **83** 2 ff.
– Fehlerfolgen **83** 6
– Rügeverzicht **83** 6
– im vorbereitenden Verfahren **83** 3
Beteiligtenrollen
– Vollbeendigung der Personengesellschaft **57** 42
Beteiligtenstellung
– andere Beteiligte **57** 43 ff.
– Begründung **57** 33
– Beigeladener **57** 8, 44
– Beitritt des BMF **57** 45
– Beteiligtenrollen **57** 40
– Beteiligtenwechsel (Kläger) **57** 38 f., 38
– Geltendmachung **57** 35
– Insolvenzverfahren (Aktivprozess) **57** 39
– Nichtzulassungsbeschwerde **57** 7
– Prozesshandlung **57** 11
– Prozesskostenhilfeverfahren **57** 6
– Rechtsfolgen **57** 37
– Rechtsmittelverfahren **57** 7
– Revisionsverfahren **57** 7
– vollmachtloser Vertreter **57** 8
– Wechsel **57** 40
– Wiederaufnahmeverfahren **57** 9
– Zeugenstellung **57** 37
Beteiligtenvernehmung 76 31; **82** 41 ff.
– gesetzliche Vertreter **82** 42
– Protokoll **82** 43
– Videokonferenz **82** 43
Beteiligtenwechsel 67 14; **70** 6
– Beklagter **57** 43
– Beteiligtenstellung **57** 44
– gesetzlicher **63** 20 ff.
– insolvenzfreie Angelegenheiten **57** 41
– Insolvenzverfahren **57** 38 ff.
– Klageänderung **67** 9
– Rechtsnachfolge **122** 6
– im Revisionsverfahren **122** 5
– Vollbeendigung Personengesellschaft **57** 42
Betragsberechnung 68 50
Betragsberechnungsbescheid 68 43
Betragserrechnungsbescheid
– Klageart **40** 69
Betreten
– Grundstücke und Räume **85** 2, 4
Betreuung
– geschäftsunfähiger Volljähriger **58** 30
– Minderjährige **58** 31
– Prozessfähigkeit **58** 27 ff.
Betroffenheit *s. Beschwer; s. Klagebefugnis*
Beurteilungen
– Richter **1** 9
Bevollmächtigte *s. auch Prozessbevollmächtigter; s. auch Prozessvollmacht; s. auch Vollmachtloser Vertreter; s. auch Zustellungsbevollmächtigter*
– Anscheinsvollmacht **62** 6
– ausländische **62** 22
– Auslegung von Erklärungen **Vor 33** 41 ff.
– Beendigung der Bevollmächtigung **62** 14

– Befähigung zum Richteramt **62** 31
– Behörden **62** 30
– Behördenvertreter, Zurückweisung **62** 44
– Beschäftigte **62** 29
– Beschränkung der Bevollmächtigung **62** 11
– Bestellung **62** 110
  – durch den BFH **62** 72
– beim Bundesfinanzhof **62** 55
– Dauer der Bevollmächtigung **62** 13
– Erteilung der Vollmacht **62** 6
– europäische Rechtsanwälte **62** 22
– europäische Rechtsanwaltsgesellschaften **62** 26
– EU-Steuerberater **62** 32
– Familienangehörige **62** 31
– im finanzgerichtlichen Verfahren **62** 1
– Gebühren **139** 23
– Gebührenordnung **139** 136
– Gesellschaften **62** 24
– Gewerkschaften **62** 34
– juristische Personen **62** 30
– landwirtschaftliche Buchstelle **62** 33
– Lohnsteuerhilfeverein **62** 33, 101
– Mandatsniederlegung **62** 14
– mehrere **62** 12, 113
– Notanwalt **155** 9
– Professoren **62** 20
– Prozessfähigkeit **58** 13
– Reisekosten **139** 6
– Richter und ehrenamtliche Richter als Bevollmächtigte **62** 78
– Sozietät **62** 113
– Tätigwerden in eigener Sache **139** 20
– Tod **62** 14
– Umdeutung **Vor 33** 41 ff.
– Umfang der Bevollmächtigung **62** 8
– unbekannter Aufenthalt **62** 112
– Untersagung der Vertretung **62** 43
– Untervollmacht **62** 88
– Verschulden **155** 8
– Verschuldenszurechnung **56** 8
– Vertretungszwang **62** 55
– vollmachtloser Vertreter **62** 89
– Vorlage der Vollmacht **62** 80
– weitere Personen **62** 28
– Wesen und Wirkung der Bevollmächtigung **62** 5
– zugelassene Personen **62** 20
– Zurückweisung **62** 40
– Zustellung **62** 110

Bevollmächtigung *s. Bevollmächtigte; Prozessvollmacht*

Beweis *s. auch Beweisaufnahme; s. auch Beweisbedürftigkeit; s. auch Beweismittel; s. auch Beweisregeln; s. auch Beweiswürdigung; s. auch Unmittelbarkeit der Beweiserhebung*
– amtliche Auskunft **81** 18; **86** 4 f.
– beweiserhebliche Tatsachen **81** 3 ff.
– Beweiserheblichkeit **81** 3
– Beweisregeln **81** 1 f.; **83** 1 ff.
– Beweistermin
  – Benachrichtigung der Beteiligten **83** 1 ff.
– Gegenstand **81** 3 ff.
  – beweiserhebliche Tatsachen **81** 3
  – Erfahrungssätze **81** 4
  – Rechtsnormen **81** 5
– des Gegenteils **96** 152
– Geständnis **81** 3
– Grundsätze **81** 1 ff.
– Internetrecherchen **81** 3
– mittelbarer **81** 11
– offenkundige Tatsachen **81** 3
– privates Wissen **81** 3
– durch Protokoll **94** 4, 22
– rechtliches Gehör **81** 3; **83** 1 ff.
– Verwertung von Beweisergebnissen aus anderen Verfahren **81** 11
– Vorwegerhebung **81** 14

Beweisantrag
– Ausforschung **76** 32
– Beachtlichkeit **76** 31 f.
– ins Blaue hinein **76** 32
– Protokoll **94** 7
– Protokollierung **76** 37
– Substantiierung **76** 31 ff.
– Unbeachtlichkeit **76** 31 ff.
– unsubstantiierter **76** 31 ff.
– unterlassener
  – Rechtsfolgen **76** 37 ff.
– Vertagung **76** 33
– Wahrunterstellung **76** 31
– Zurückweisung **76** 31 ff.

Beweisaufnahme *s. auch Beweisbeschluss; s. auch Ladung*
– Ausbleiben des Beteiligten **82** 12 f.
– im Ausland **82** 9 f.
– ausländische **82** 14
– Beanstandung von Fragen im Termin **83** 5
– Benachrichtigung **83** 1 ff.
– Beteiligtenöffentlichkeit **81** 2, 8; **83** 2 f.
– Durchführung **82** 1 ff.
– Fehlerfolgen
  – im Rechtsmittelverfahren **83** 6 f.
– Fragerecht der Beteiligten **83** 4 f.
– gerichtliche Prüfungsbeamte **81** 13
– mündliche Verhandlung **81** 8
  – vor der mündlichen Verhandlung **81** 14 ff.

– Öffentlichkeit **119** 32
– Protokoll **81** 20; **94** 2 ff.
– Rechtshilfe **81** 14; **82** 8 f., 14, 16
– Richterwechsel **81** 9
– Sachaufklärung **76** 20 ff.
– Unmittelbarkeit **81** 8 ff.
  – Ausnahmen **81** 9, 14 ff.
  – Rügeverzicht **81** 10
– verordneter Richter **81** 14 ff.; **82** 7 ff., 18
  – Abgabe des Ersuchens **82** 11
– Videokonferenz **81** 8; **82** 1 ff.
– vorab durch Vorsitzenden oder Berichterstatter **81** 16
– Wiederholung **81** 9, 11, 15
Beweisbedürftigkeit
– ausländisches Recht **81** 5
– Begriff **81** 3
– inländisches Gewohnheitsrecht **81** 5
– offenkundige Tatsachen **81** 3
Beweisbeschluss 82 3 ff.
– Änderung **82** 6
– Aufhebung **82** 6
– Beweisthema **82** 5
– förmlicher **82** 3
– Hinweispflicht vor Aufhebung **119** 16
– Inhalt **82** 5
– vor der mündlichen Verhandlung **82** 4
– Notwendigkeit **81** 14, 18 f.; **82** 3 ff.
– Protokollierung **82** 3
– prozessleitende Beweisanordnung **82** 3
– rechtliches Gehör **82** 6
– Unanfechtbarkeit **82** 3
Beweisergebnis 96 30, 128
– fremdes
  – Verwertung **76** 26 f.
Beweiserhebung *s. auch Beweisaufnahme*
– Unmittelbarkeit **76** 25 ff.
– Vertagungsgrund **91** 4
Beweiskraft 155 12
– der Buchführung **96** 106 ff.
– Sitzungsprotokoll **94** 4, 22
– Tatbestand **108** 2
– Urkunden **82** 40
Beweislast 96 180 ff.; *s. auch Feststellungslast*
– gesetzliche Regelungen **76** 15
– Umkehr **96** 183
Beweismaß 96 82 ff.
– reduziertes **76** 60
– Verringerung **96** 86
Beweismittel *s. auch Augenscheinsbeweis; s. auch Beteiligtenvernehmung; s. auch Glaubhaftmachung; s. auch Sachverständigenbeweis; s. auch Zeugenbeweis; s. auch Urkundenbeweis*
– Ablehnung von Gerichtspersonen **51** 67
– Akten **86** 2 ff.
– amtliche Auskunft **81** 18; **86** 4 f.
– Augenschein **81** 17; **82** 15 f.
  – elektronisches Dokument **82** 15
– Auslandszeugen **76** 31
– Auswahl **76** 27
– Beteiligtenvernehmung **76** 31; **81** 17; **82** 41 ff.
– Gutachterausschüsse **81** 18
– präsente **76** 12
– Sachverständige **81** 17; **82** 31 f.
– unerhebliches **76** 31
– unerreichbares **76** 31
– untaugliches **76** 31
– Urkunden **81** 17; **82** 40; **85** 2 ff.; **86** 2 ff.; **89** 1 ff.
– verfügbare **76** 20 ff.
– Zeugen **81** 17; **82** 17 ff.
Beweisnähe
– Mitwirkungspflicht
  – erhöhte **76** 59
Beweisregeln 96 102 ff.
– Freibeweis **81** 2
– Strengbeweis **81** 1 f.; **83** 1
Beweissicherung *s. Selbstständiges Beweisverfahren*
Beweistermin
– Benachrichtigung der Beteiligten **83** 1 ff.
Beweisthema
– Beweisbeschluss **82** 5
Beweisvereitelung
– Reduzierung des Beweismaßes **96** 92
Beweisverfahren *s. Selbstständiges Beweisverfahren*
Beweiswürdigung 96 6; *s. auch Gesamtergebnis des Verfahrens; s. auch Tatsachenwürdigung; s. auch Verfahrensmangel*
– Anforderungen an die Überzeugungsbildung **96** 126 ff.
– Beteiligtenvernehmung **82** 44
– Beteiligtenvortrag **96** 165
– Fehlen der Gründe **119** 38
– Grundsatz **96** 100 ff.
– Rationalitätsgebot **96** 127
– Revisibilität **118** 80
– Sachverständigengutachten **96** 170
– schriftliche Zeugenaussage **81** 12; **82** 20
– im Urteil **105** 38
– vorweggenommene **76** 31; **96** 142
– Willkür **115** 237
– Zeugenaussagen **96** 167
Bewertungsfragen
– Sachverständigenbeweis **76** 23
Bewirkungshandlung Vor 33 30
Bezifferte Geldleistung
– Streitwert **Vor 135** 129

Sachverzeichnis

Bezugnahme *s. auch Verweisung*
– Begründung **105** 44
– Fehlen der Gründe **119** 39
– in Revisionsbegründung **120** 59
– tatsächliche Feststellungen **118** 118
BFHEntlG Vor 1 2, 4; *s. auch Entlastung des BFH*
– Auslaufen **Vor 1** 11
Billigkeitsentscheidung 68 50
– Aussetzung des Verfahrens **74** 31
Billigkeitserlass 67 12
Billigkeitsmaßnahmen 40 65
– grundsätzliche Bedeutung **115** 147
– Klage auf Erlass **40** 65
Bindung
– des BFH
  – an Entscheidungen des GrS **11** 34
  – an Zulassung der Revision **115** 311 ff.
– an Feststellungen aus anderen Verfahren **81** 11
– des FG
  – an rechtliche Beurteilung durch BFH **126** 21
– bei Zurückverweisung der Beschwerde **132** 11
Bindungswirkung 42 30; *s. auch Rechtskraft; s. auch Verwaltungsakt*
– von Gerichtsentscheidungen **Vor 115** 2
– innerprozessuale **107** 1
– negative **118** 150 ff.
– positive **118** 104 ff.
– Rechtswegverweisung **Anhang 33** 28 ff.
– der Tatsachenfeststellung **118** 100 ff.
– Urteil **110** 10 ff.
– Verweisung **70** 11
– Wegfall
  – bei Tatsachenfeststellungen **118** 124 ff.
Blinder Richter
– Besetzungsmangel **119** 9
Blockwahlsystem
– Präsidium **4** 11
Branntweinmonopol
– Rechtsweg **33** 48
Breitenwirkung
– grundsätzliche Bedeutung **115** 128
Bruchteilsgemeinschaft
– einheitliche und gesonderte Feststellungsbescheide
  – Klagebevollmächtigter **48 aF** 62a
Bücher
– Pflicht zur Vorlage **85** 2 ff.
Buchführungspflicht
– Rechtsweg **33** 50
– Überprüfung von Ermessensentscheidungen **102** 9
Bundes- und Landesfinanzbehörden
– Vollstreckung
  – abgabenfremde Verwaltungsakte **33** 133 f.
Bundesfinanzgericht (Österreich) 2 4
Bundesfinanzhof *s. BFHEntlG*
– Anhörungsrüge **62** 65
– Aussetzung der Vollziehung **62** 65
– Beigeladene **62** 66
– Beistand **62** 117
– Besetzung bei Urteilen **10** 1
– Entscheidung durch den Berichterstatter **10** 2
– Entscheidung durch den Einzelrichter **10** 2
– Entscheidung durch den Vorsitzenden **10** 2
– Gegenvorstellung **62** 65
– Sitz **2** 8
– Stellung der Beteiligten **62** 56
– Tatbestandsberichtigung **62** 65
– Vertretungszwang **62** 55
– Vorgänger **2** 8
– Zuständigkeit **2** 8
  – Beschwerden **36** 2
  – Nebenverfahren **36** 3
  – Revisionen **10** 1 ff.; **36** 2
  – Zuständigkeitsbestimmung **39** 1 ff.
Bundesminister der Finanzen
– Beitrittsrecht **122** 10
Bundespräsident
– Eidesleistung **82** 46
– kein Erscheinen vor Gericht **91** 23
– Vernehmung als Zeuge **82** 18
– Zeugnisverweigerungsrecht **82** 19
Bundesrat
– Mitglieder
  – Zeugenvernehmung **82** 23
  – Zeugnisverweigerungsrecht **84** 4, 7 f.
Bundesrecht
– Begriff **118** 30 ff.
Bundesregierung
– Mitglieder
  – Ausschließung vom Amt des ehrenamtlichen Richters **19**
  – Zeugenvernehmung **82** 23
Bundestag
– Mitglieder
  – Ausschließung vom Amt des ehrenamtlichen Richters **19** 2
  – Zeugenvernehmung **82** 23
  – Zeugnisverweigerungsrecht **84** 4, 7 f.
Bürgerlich-rechtliche Streitigkeiten
– Rechtsweg **33** 1
Bürgschaft
– Rechtsweg **33** 49

Büroorganisation
– Wiedereinsetzung in den vorigen Stand **56** 29
Büroversehen
– Wiedereinsetzung in den vorigen Stand **56** 20, 113
Computerfax **64** 17 f.
Darlegung
– Vertretungszwang **116** 26
– Zulassungsgrund **116** 25 ff.
Darlegungsanforderungen
– Divergenz **116** 40
– grundsätzliche Bedeutung **116** 30 ff.
– qualifizierter Rechtsanwendungsfehler **116** 45
– Rechtsfortbildung **116** 38
– Verfahrensmangel **116** 48
– Verfassungswidrigkeit **116** 32
Darlegungspflicht
– Anhörungsrüge **133a** 13
– Klagebefugnis **40** 83
Darstellungsrüge **105** 58
Datenschutz
– Amtshilfe **86** 10
– Rechtsweg **33** 53
Datenschutz-GrundVO **Vor 1** 42
– Beklagter **63** 2, 11
– Rechtsweg **33** 141
– Zuständigkeit
  – örtliche **38** 21
Denkgesetze **96** 131; **118** 70
Detachierte Senate **3** 4; *s. auch Auswärtige Senate*
Deutsche Gerichtsbarkeit **Vor 33** 16
Deutsche Post AG *s. Postbeförderung*
Deutsche Staatsangehörigkeit
– ehrenamtlicher Richter **17** 2
Deutschsprachigkeit **Vor 33** 16
Devolutiveffekt **Vor 115** 10
Dienstaufsicht **1** 11; **31**
– Beurteilungen **31** 4
– Erledigungszahlen **31** 3
– Grenzen **31** 3 ff.
– Inhalt **31** 2 ff.
– Maßnahmen **31** 6
– Rechtsschutz
  – für Richter **31** 7
Dienstaufsichtsbeschwerde
– gegen Richter **31** 2 f.
Dienstliche Äußerung *s. Ablehnung von Gerichtspersonen*
Dinglicher Arrest *s. Arrestverfahren*
Dispositionsmaxime **72** 1; **Vor 76** 1, 3 f.; **76** 5; **96** 46
– Dispositionsentscheidung **Vor 115** 5
– Gegenstand des Verzichts **50** 10
Divergenz
– Abweichung von einem Vorlagebeschluss **11** 8
– Anrufung des GrS **11** 4 ff.
  – Ausnahmen von der Anrufungspflicht **11** 17 ff.
– Besetzung bei der Abweichungsanfrage **11** 21
– Darlegungsanforderungen **116** 40
– bei Fragen des EU-Rechts **11** 19
– Gegenstand **11** 4 ff.
– mögliche Divergenzentscheidungen **115** 185
– nachträgliche **115** 205
– bei obiter dicta **11** 11
– bei verfassungsrechtlichen Fragen **11** 19
– bei Wechsel der Senatszuständigkeit **11** 9
– Wegfall nach Anrufung des GrS **11** 18
– Zulassung der Revision **115** 180 ff.
Dokumente
– elektronische **89** 1 ff.
Dokumentenpauschale **Vor 135** 41
Dolmetscher **Vor 33** 16
– Beiziehung **52** 30 ff.
– Kosten **52** 30
Doppelbesteuerung *s. Völkerrecht*
Doppelstöckige Personengesellschaft *s. auch Mehrstöckige Gesellschaft*
– gesonderte und einheitliche Feststellung **48 aF** 24b
– Sonderbetriebsvermögen **48 aF** 24d
Doppelte Untätigkeit *s. Untätigkeit*
Drittanfechtung **40** 127
Drittbeteiligung am Steuerrechtsverhältnis *s. Rechte Dritter*
Drittbetroffenheit **40** 127; **44** 9; *s. auch Konkurrentenklage*
Dritte *s. Beiladung*
Drittwiderspruchsklage
– Rechtsweg **33** 24
Duldung
– Rechtsweg **33** 54
Duldungsbescheid
– Überprüfung von Ermessensentscheidungen **102** 9
Duldungspflicht
– Beiladung **60** 57
Durchsuchungsanordnung
– Rechtsweg **33** 55
Effektiver Rechtsschutz
– Gebot **Vor 115** 15
– Nichtzulassungsbeschwerde **116** 5
Effektivität des Rechtsschutzes
– Rechtswegprüfung **Anhang 33** 2
EG *s. EU*
EGH *s. EuGH*

Sachverzeichnis

Ehegatten *s. auch Zusammenveranlagung von Ehegatten*
– Aufteilungsbescheid **60** 53
– Beiladung **60** 74
– Beiladung bei Realsplitting **60** 58
– Eidesverweigerungsrecht **84** 9
– KiSt-Angelegenheiten **40** 128
– Zeugnisverweigerungsrecht **84** 4 ff., 8
– Zustellung **53** 40
Ehrenamtlicher Richter *s. auch Anhörung; s. auch Entbindung*
– Ablehnung der Berufung **20**
– Ablehnung des Amts **20** 1 ff.
  – Verfahren **20** 4 f.
– Altersgrenze **17** 1, 4
– Amtsentbindung **21**
– Amtsperiode **22** 1 ff.
  – Beginn **22** 2
– Amtspflichtverletzung
  – Entbindung **21** 3
– Anzahl **24**
– Ausschlussgründe **18** 1 ff.; **19** 1 ff.
  – fehlendes Wahlrecht **18** 3
  – Folgen bei Verstoß **19** 7
  – maßgeblicher Zeitpunkt **19** 1
  – Strafverfahren **18** 2
  – Tätigkeit für die Staatssicherheit der DDR **18** 7
  – Verlust öffentlicher Ämter **18** 2, 4
  – Vermögensverfall **18** 5 f.
– Besetzungsmangel **119** 9
– als Bevollmächtigte **62** 78
– Entschädigung **Vor 1** 18; **29**
  – Steuerpflicht **29** 2
– fehlende Berufungsvoraussetzung
  – Rechtsfolgen **17** 2 f.
– fehlerhafte Heranziehung **27** 11
– Härtefall
  – Entbindung **21** 4 f.
– Heranziehung **27** 2 ff.
– Informationsrecht **16** 4
– Ladung **27** 4
– Mitwirkung **5** 5
– Nichterscheinen **30**
– Ordnungsstrafen **30**
– Staatsangehörigkeit **17** 2
– Stellung **16** 1
– Umfang
  – der Mitwirkung **16** 4
– Unabhängigkeit **1** 6; **16** 3
  – persönliche **1** 15
– Vereidigung **28**
  – Bedeutung **28** 2
  – nach erneuter Wahl **28** 5
  – Fehlerfolgen **28** 6
  – Verfahren **28** 3 f.
– Verhinderung **27** 5 f., 8 f.
– Voraussetzungen der Berufung **17** 1 ff.
– Vorschlagsliste ehrenamtliche Richter **25**
– Wahl
  – Ergänzungswahl **22** 3
  – auf Stichtag **22** 2
– Wahlausschuss **23** 1 ff.
– Wahlverfahren **26**
– Wohnsitz **17** 1
– Zweck der Beteiligung **16** 2
Eid *s. Beeidigung*
Eidesformel *s. Beeidigung*
Eidesnorm *s. Beeidigung*
Eidesstattliche Versicherung
– Überprüfung von Ermessensentscheidungen **102** 9
– Wiedereinsetzung in den vorigen Stand **56** 117
Einfache Beiladung *s. Beiladung*
Einfuhrgenehmigung
– Rechtsweg **33** 58
Einfuhrvergütung
– Rechtsweg **33** 131
Einheitliche Fachgerichte
– Optionsmodell **Vor 1** 23
Einheitliche und gesonderte Feststellung
– Aufgabe- und Veräußerungsgewinn (§ 16 EStG) **48 aF** 18k
– Aussetzung des Verfahrens **74** 26 ff.
– Bekanntgabemängel
  – Aussetzung des Verfahrens **74** 27
– doppelstöckige Personengesellschaften **48 aF** 24b ff.
– Klagebefugnis
  – bei der Partnerschaftsgesellschaft **48 aF** 38
– Überschusseinkünfte **48 aF** 18 ff.
– Vermietungseinkünfte (§ 21 EStG) **48 aF** 20a
Einheitliche und gesonderte Feststellung von Einkünften *s. auch Einkünfte; Feststellung*
Einheitliche und gesonderte Feststellungsbescheide
– Anwendungsfälle **48 aF** 12 ff.
– Art der Einkünfte **48 aF** 18a
– Außensteuergesetz **48 aF** 29c
– Bedarfsbewertung (§ 153 BewG) **48 aF** 29e
– Bestehen Mitunternehmerschaft **48 aF** 18e
– Beteiligung § 17 EStG **48 aF** 20c
– Billigkeitsmaßnahmen (§ 163 AO) **48 aF** 29
– einbehaltene Gewinne (§ 34a EStG) **48 aF** 21

– einheitliche und gesonderte Feststellungsbescheide
  – vermögensverwaltende Personenmehrheit **48 aF** 42
– Empfangsbevollmächtigter **48 aF** 58
– Erbengemeinschaft **48 aF** 42
– Ergänzungsbilanz **48 aF** 18d
– Feststellung gem. § 180 V AO **48 aF** 19
– Feststellungen nach dem InvStG **48 aF** 29b
– Geringfügigkeit **48 aF** 18g
– Gesamtgewinn **48 aF** 18c
– Gewinnfeststellungsbescheid **48 aF** 18 ff.
  – eigenständige Feststellungen **48 aF** 16
– Grundlagenbescheid **48 aF** 13
– bei Innengesellschaften **48 aF** 43
– Kapitalerträge (§ 20 EStG) **48 aF** 20d
– KGaA **48 aF** 18l
– Klagebefugnis
  – bei der Einheits-GmbH & Co. KG **48 aF** 40
  – Feststellungsbeteiligte (§ 48 I Nr. 4/ Nr. 5 aF) **48 aF** 80 ff.
  – bei der GbR **48 aF** 36
  – Geschäftsführer **48 aF** 32
  – der GmbH & Co. KG **48 aF** 40
  – Innengesellschaften **48 aF** 43
  – bei der Kommanditgesellschaft **48 aF** 39
  – bei der OHG **48 aF** 37
  – der Publikumspersonengesellschaft **48 aF** 41
  – Rechtslage ab 2024 (§ 48 nF) **48 nF** 1 ff.
  – Regelfall **48 aF** 32
– mehrstufige Feststellungsverfahren **48 aF** 24
– Mitunternehmerstellung **48 aF** 18f
– modellhafte Gestaltung (§ 15b) **48 aF** 23c
– Ordnungsmäßigkeit der Buchführung **48 aF** 18h
– Organschaft (§ 14 KStG) **48 aF** 29d
– Private Veräußerungsgeschäfte **48 aF** 20b
– Publikumspersonengesellschaft **48 aF** 24
– Sanierungsgewinn (§ 3a EStG) **48 aF** 29a
– Selbständigkeit der Feststellungen **48 aF** 16
– Sonderbetriebsvermögen **48 aF** 18j
– Steuerbilanzgewinn **48 aF** 18b
– Steuerermäßigung für gewerbliche Einkünfte (§ 35 EStG) **48 aF** 22
– Tarifbegünstigung (§ 34 EStG) **48 aF** 18k
– Teilbestandskraft **48 aF** 16
– Trennbarkeit der Feststellungen **48 aF** 16
– Treuhandverhältnisse **48 aF** 24
– Überschusseinkünfte (Grundsätze) **48 aF** 20
– Unterbeteiligungen **48 aF** 24a
– Verlustfeststellung (§ 15a EStG) **48 aF** 23a f.
– vermögensverwaltende Personenmehrheit **48 aF** 20
– Verteilung der Einkünfte **48 aF** 18i

Einheitlichkeit
– Grundsatz der E. der Kostenentscheidung **143** 7
– der Kostenentscheidung **135** 3, 12; **136** 2; **143** 1, 17
  – Ausnahme **136** 5
  – Nichtzulassungsbeschwerde **116** 68
– der Rechtsprechung
  – Zulassung der Revision **115** 170 ff.

Einheitswertbescheid 40 115

Einkünfte
– Qualifizierung **40** 104
– Verteilung **40** 105
– Zuordnung **40** 103

Einlagekonto
– Beiladung **60** 71

Einlassung 67 22

Einschreiben *s. Zustellung*

Einsicht *s. Akteneinsicht*
– in Bücher **85** 2 ff.

Einspruch 44 1; *s. auch Außergerichtlicher Rechtsbehelf*
– Ehegatten **44** 12
– rechtsschutzgewährende Auslegung **44** 11 f.
– Umwandlung Sprungklage **45** 17

Einspruchsentscheidung *s. auch Teileinspruchsentscheidung*
– Begründungsmangel bei Bezugnahme **119** 39
– Bezeichnung **65** 40 ff.
– Bezugnahme **118** 120
– Bezugnahme auf die E. **105** 63 ff.
– Entscheidung über weiteren Gegenstand **44** 16
– erstmalige Beschwer **44** 12
– isolierte Aufhebung **100** 21; **102** 21

Einspruchsverfahren
– Gebühren des Bevollmächtigten **139** 138
– notwendige Streitgenossen **44** 13

Einstehen für Verbindlichkeiten aus einem fremden Steuerschuldverhältnis
– Rechtsweg **33** 59

Sachverzeichnis

Einstellung des Verfahrens
– nach Klagerücknahme **72** 32, 34 ff.
Einstellungsbeschluss
– nicht beschwerdefähig **128** 10
– Rechtsmissbrauch **72** 40
Einstweilige Anordnung
– Abgrenzung der Anordnungsarten **114** 32
– Abgrenzung zur Aussetzung der Vollziehung **69** 4
– Änderung **114** 105
– Anhängigkeit **114** 28
– Antrag **114** 2, 9
– Antragsbefugnis **114** 11
– Antragsgegner **114** 12
– Antragssperre **114** 28
– Aufhebung **114** 105
– Auflage der Rechtsbehelfseinlegung **114** 94
– Bedeutung **114** 4
– Bedingungsfeindlichkeit **114** 27
– bestimmter Antrag **114** 25
– Darlegung der Antragsvoraussetzungen **114** 24
– Dauer **114** 97
– Eilverfahren **114** 66
– Einstellung oder Beschränkung der Vollstreckung **114** 36 ff.
– Entscheidung **114** 78
– Ermessen des Gerichts **114** 85 ff.
– Ermessensentscheidung der Finanzbehörde **114** 39
– Existenzbedrohung **114** 43, 57
– Finanzrechtsweg **114** 6
– Gebühren des Bevollmächtigten **139** 67, 71
– Glaubhaftmachung **114** 26, 66
– Glaubhaftmachung, entbehrliche **114** 93
– keine Vorwegnahme der Hauptsache **114** 88
– mündliche Verhandlung **114** 77
– Prüfungsmaßstab **114** 65 ff.
– Realisierbarkeit des Anspruchs **114** 90
– Rechtsbehelfe **114** 101
– Rechtskraftwirkung **114** 28
– Rechtsschutzbedürfnis, allgemeines **114** 15
– Rechtsschutzbedürfnis, besonderes **114** 20
– Regelungsanordnung
  – Anordnungsanspruch **114** 50 ff.
  – Anordnungsgrund **114** 56 ff.
– richtige Antragsart **114** 20
– Schadensersatzpflicht **114** 110
– Schriftform
  – bei Antragstellung **64** 2
– Sicherheitsleistung **114** 92
– Sicherungsanordnung
  – Anordnungsanspruch **114** 35 ff.
  – Anordnungsgrund **114** 42 ff.
– Subsidiarität **114** 1, 20
– summarisches Verfahren **114** 3
– Umdeutung des Antrags **114** 10
– Unbilligkeit der Vollstreckung **114** 37 ff.
– Untersuchungsgrundsatz **114** 65
– Verfahrensgrundsätze **114** 76
– Vollstreckung **151** 7
– Vollziehung **114** 97
– Wirkung **114** 97
– Zeitpunkt der Beurteilung **114** 66
– Zuständigkeit **114** 7, 75
  – örtliche **38** 2
– Zweck **69** 2
Einstweilige Aussetzung der Vollziehung
– Beschwerde **131** 3 ff.
Einstweiliger Rechtsschutz *s. auch Einstweilige Anordnung*
– Gebühren **139** 55
– Prüfung bei Ermessensentscheidung **102** 1
Einvernehmen
– kein Vertagungsgrund **91** 5
Einwilligung
– Fiktion der E.
  – bei Klagerücknahme **72** 26
– Klagerücknahme **72** 2, 22 ff., 26
– zur Rücknahme der Revision **125** 9
Einwilligungsfiktion 72 26
Einwirkung
– unzulässige
  – bei Klagerücknahme **72** 21
Einzelfallgerechtigkeit
– Revisionszweck **115** 11
– Zulassungsgründe **115** 81
Einzelfallzuweisung 4 27
Einzelrichter Vor 1 5
– Ablehnung wegen Befangenheit **6** 22, 19
– Besetzungsmangel **119** 9
– besondere Schwierigkeiten **6** 11
– beim Bundesfinanzhof
  – Zuständigkeit **10** 2
– Entscheidung des Senats trotz Übertragung
  – Rechtsmittel **6** 29
– Gerichtsbescheid
  – Rechtsmittel **6** 27
– grundsätzliche Bedeutung **6** 12
– konsentierter **79a** 25
– in Kostensachen **Vor 135** 7, 74
– Leitung
  – mündliche Verhandlung **92** 2 ff.

– Mitwirkungsplan **4** 53
– mündlich verhandelt **6** 13 f.
– Nebenverfahren **6** 19
– Pflichten **76** 63 ff.
– Protokoll
  – Unterschrift **94** 17 f.
– Rechtsgespräch **93** 2 ff.
– Richterwechsel **103** 5
– Sprungklage **45** 29
– Termine
  – Aufhebung, Verlegung **91** 2 ff.
– Terminsbestimmung **91** 1
– Übertragung des Rechtsstreits **6** 1 ff.
  – Anwendungsbereich **6** 4
  – Auswahl des Richters **6** 18
  – Ermessen **6** 10 ff.
  – Inhalt der Entscheidung **6** 10 ff.
  – rechtliches Gehör **6** 7
  – Rechtsmittel bei unterlassener Übertragung **6** 28
  – Rechtsmittel gegen Entscheidungen des Einzelrichters **6** 26 f.
  – Rechtsmittel gegen Zuweisungsbeschluss **6** 24
  – Stellung des Einzelrichters **6** 22
  – nach Teilurteil **6** 14
  – Überbesetzung **6** 5
  – Umfang der Übertragung **6** 19 f.
  – Unzulässigkeit **6** 11 ff.
  – Verfahren **6** 7 f.
  – Verfassungsmäßigkeit **6** 3
  – Voraussetzungen **6** 10 ff.
  – nach Vorbehaltsurteil **6** 14
  – Wirkung der Übertragung **6** 22
  – Zeitpunkt **6** 5, 16
  – Zuständigkeit **6** 5
  – Zuständigkeit des Vollsenats **6** 22
  – nach Zwischenurteil **6** 14
– Übertragungsbeschluss **6** 8
– Verzicht auf mündliche Verhandlung
  – Erstreckung **90** 13
– Vorlagebeschlüsse **6** 12
– Zurückübertragung an den Senat **6** 30 ff., 15
  – Einschränkung des Ermessens **6** 30
  – Inhalt der Entscheidung **6** 32
  – rechtliches Gehör **6** 31
  – Rechtsmittel gegen Beschluss **6** 34
  – Rechtsmittel gegen Entscheidungen **6** 35 f.
  – Verfahren **6** 31
  – Voraussetzungen **6** 30
  – Wirkung **6** 33
– Zurückverweisung durch BFH **6** 22
– Zustellung
  – der Klageschrift **71** 3
– Zweck **6** 1 f.
– Zwischenverfahren **6** 19

Einzelrichterplan 4 53
Einzelvernehmung
– Zeugen **82** 28
Elektronische Akte 52b 1 ff.
– Aktenvorlage **71** 5
– Ausnahme **162** 5
Elektronische Aktenführung Vor 1 22, 35, 40, 54
Elektronische Datenübermittlung Vor 1 22
Elektronische Dokumente *s. auch Elektronischer Rechtsverkehr*
– Ausschlussfrist zur Übermittlung **79b** 23
– Beweismittel **82** 15
– Erzwingung der Vorlage **89** 1 ff.
– Urkundenbeweis **82** 40
– Zustellung **53** 26a, 54
Elektronische Form
– Nichtzulassungsbeschwerde **116** 14
– Revision **120** 6
– Revisionsbegründung **120** 37
– bei Urteil **105** 6
Elektronische Kommunikation Vor 1 15, 22, 35
Elektronische Prozessakte 52b 1
– Ausnahme **162** 5
Elektronischer Rechtsverkehr Vor 1 35, 40 f., 50
– Abschriften **52a** 37
– Formulare **52c** 1
– Hinweispflicht des Gerichts **52a** 40
– Nutzungspflicht **52d** 2
– qualifizierte elektronische Signatur **52a** 9
– Schriftform **64** 4
– Übermittlung von Dokumenten **52a** 3
– Wiedereinsetzung in den vorigen Stand **56** 38
– Zeitpunkt des Zugangs **52a** 37
– Zulässigkeit **52a** 2
ELStAM-Merkmale
– Klage auf Eintragung **40** 56
E-Mail *s. auch Elektronischer Rechtsverkehr*
– Wiedereinsetzung in den vorigen Stand **56** 4
Emmott'sche Fristenhemmung
– Revisionsfrist **120** 22
Empfangsbehörde 47 24
Empfangsbekenntnis 96 118; *s. auch Zustellung*
Empfangsbevollmächtigter
– Formen **48 aF** 57 ff.
– Prozessstandschafter **48 aF** 57 ff.
EMRK
– Art. 6
  – Anwendbarkeit **Vor 76** 20

– Individualbeschwerde (Art. 34) **Vor 76** 20
Endfälligkeit
– Gerichtskosten **Vor 135** 52
Endurteil *s. auch Urteil*
– Klageänderung **67** 27 f.
– Sprungklage **45** 35
– Urteil bei Verpflichtungsklage **101** 1
Energiepreispauschale
– Rechtsweg **33** 37
Entbindung
– ehrenamtlicher Richter **21**
  – Amtspflichtverletzung **21** 3
  – Aufhebung **21** 9
  – Beschwerdebefugnis **21** 8
  – Härtefall **21** 4 f.
  – Tätigkeit für die Staatssicherheit der DDR **21** 2
  – Verfahren **21** 6 ff.
  – vorläufige **21** 10
  – Wirkungszeitpunkt **21** 7
– Sachverständiger **82** 36
Entlastungsgesetze Vor 1 2; *s. auch BFHEntlG; s. auch Entlastung des BFH*
Entlastungstenor Vor 1 5
Entschädigung
– Klage
  – Gerichtskosten **Vor 135** 50
– Sachverständige **82** 39
– wegen überlanger Verfahrensdauer **155** 40
  – außergerichtliche Kosten **139** 14
  – Einzelrichterentscheidung **79a** 3, 14, 16
  – Gebühren des Bevollmächtigten **139** 97
  – Rechtshängigkeit **Vor 1** 39
– Zeugen **82** 30
Entschädigungsklagen
– Klagefrist **66** 10
– Rechtshängigkeit **66** 10
Entscheidung *s. Bekanntgabe; Urteil; Zustellung*
Entscheidungserheblichkeit 96 56 ff.; **115** 193
– Anhörungsrüge **133a** 14
– Beweiserhebung **81** 3
– Ergebnisrichtigkeit **115** 158
– grundsätzliche Bedeutung **115** 115
– Klärungsfähigkeit **115** 152
Entscheidungsgegenstand
– Umfang der Rechtskraft **110** 35
Entscheidungsgründe 105 37 ff.
– Absehen von der Darstellung **105** 63
– Darstellung **105** 43 ff.
Entscheidungskompetenz
– Finanzgerichte **33** 5
– rechtswegfremde Ansprüche **Anhang 33** 14 f.
– Vorfragen **33** 5 f.
Entscheidungssatz 105 20
E-Post-Brief
– Klageerhebung **64** 23
Erben
– unbekannte
  – Aussetzung des Verfahrens **74** 93
Erbengemeinschaft
– einheitliche und gesonderte Feststellungsbescheide
  – Klagebevollmächtigter **48 aF** 62c
Erfahrungssätze 96 9, 132; **115** 113
– allgemeine **118** 74
– Begriff **81** 4
– spezielle **118** 78
Ergänzungsbescheid 68 50
Ergänzungsbeschluss 109 8
Ergänzungsurteil 109 1, 8
– keine Zulassung der Revision **115** 54
Ergebnisrichtigkeit
– absolute Revisionsgründe **119** 1
– bei Divergenz **115** 215
– Entscheidung über Revision **126** 7
– grundsätzliche Bedeutung **115** 158
– Verfahrensmangel **115** 309
Erheblichkeit
– Verfahrensmangel **115** 303
Erinnerung
– Anhörungsrüge **Vor 135** 81
– Gebühren des Bevollmächtigten **139** 93
– Gerichtsgebühren **Vor 135** 76
– gegen Kostenansatz **Vor 135** 65 ff.
– Kostenfestsetzungsbeschluss **149** 16
– Nichterhebung von Gerichtskosten **Vor 135** 67
– Rechtsschutzbedürfnis **Vor 135** 68
– reformatio in peius **149** 18
– kein Vertretungszwang **Vor 135** 67
– weitere Rechtsbehelfe **Vor 135** 79
– zulässige Einwendungen **Vor 135** 69
– Zuständigkeit **Vor 135** 73 ff.
Erkennendes Gericht
– Besetzungsmangel **119** 8
Erkenntnisverfahren 105 33
Erklärungsbewusstsein *s. Verwaltungsakt*
Erklärungsmangel
– Berichtigung **107** 5
Erklärungspflichten
– Sachaufklärung **76** 58
Erlass *s. auch Billigkeitserlass*
– Überprüfung im Urteil **102** 8
Erledigung der Hauptsache
– Änderung des VA **138** 52 ff.
– Aufhebung des VA nach § 100 III FGO **138** 59

– Aussetzung der Vollziehung **138** 86
– Begriff **138** 1 ff.
– Beschwerde **128** 18
– keine Erledigungserklärung **138** 105
– Fortsetzungsfeststellungsklage **138** 108
– Kostenentscheidung **138** 3 ff.; **143** 4
  – nach § 138 II FGO **138** 50 ff.
  – bei teilweiser E. **138** 56
– nachträglicher Streit **138** 27
– Nichtzulassungsbeschwerde **116** 74
– Rechtsschutzbedürfnis **Vor 33** 20
– Stundung **138** 86
– teilweise **138** 29
– Untätigkeitsklage **46** 26; **138** 81
– Verhältnis zur Klagerücknahme **72** 2
– Voraussetzungen **138** 65 ff.
– im vorbereitenden Verfahren **79a** 13
– Wegfall des Rechtsschutzbedürfnisses **Vor 115** 130 ff.
– Wirkungen **138** 75 ff.
– Zurücknahme des VA **138** 52 ff.
Erledigungserklärung
– Ausfluss der Dispositionsmaxime **Vor 76** 3
– bedingte **138** 12
– einseitige
  – des Beklagten **138** 100 ff.
  – des Klägers **138** 90 ff.
– hilfsweise **138** 13
– Inhalt **138** 18
– Rechtsmittelverfahren **138** 60
– Rechtsnatur **138** 7
– Schweigen **138** 8
– übereinstimmende **138** 5 ff.
  – Wirkung **138** 25
– in unzulässigem Klageverfahren **138** 9, 92
– in unzulässigem Rechtsmittelverfahren **138** 10
– Zeitpunkt der Abgabe **138** 9 ff.
Ermessen *s. auch Verwaltungsakt*
– Anordnung persönlichen Erscheinens
  – Ermessen **80** 4
– Aussetzung des Verfahrens **74** 11
– billiges **Vor 1** 5
– Entscheidung über Terminsaufhebung **91** 3
– Gericht
  – bei Ausschlussfrist nach § 364b AO **76** 84 ff.
  – Sachaufklärung **76** 27
– grundsätzliche Bedeutung **115** 146
– Kostenentscheidung nach § 138 I FGO **138** 40 ff.
– Trennung von Verfahren **73** 22 ff.
– Umfang der Rechtskraft **110** 50
– Verbindung von Verfahren **73** 2
Ermessensanmaßung
– Prüfung im Urteil **102** 4
Ermessensentscheidung *s. auch Urteil bei Ermessensentscheidung*
– Änderungsbescheid **68** 10
– Festsetzung und Feststellung durch das Gericht **100** 32
– Sachaufklärung **76** 13
– Urteil bei Verpflichtungsklage **101** 2 ff., 8, 10
– Zeitpunkt der Beurteilung **101** 2
Ermessensreduzierung auf Null *s. Urteil bei Ermessensentscheidung*
Ermittlungspflicht
– Behörde **76** 94 f.
Erörterung
– des Sach- und Streitstands
  – Rechtsschutzbedürfnis **Vor 33** 20
– der Streitsache **93** 2 ff.
  – Fehlerfolgen **93** 4
Erörterungstermin
– Durchführung **79** 5
– Ermessen zur Durchführung **79** 5
– Ladung **79** 5
– Öffentlichkeit **119** 32
– Parteiöffentlichkeit **79** 5
– Protokoll **79** 5; **94** 5
– zur Vorbereitung der mündlichen Verhandlung **79** 5
Error in iudicando 115 258
Error in procedendo 115 258
Ersatzzustellung *s. Zustellung*
Erscheinen
– Pflicht
  – Beteiligte **80** 3 ff.
  – Sachverständige **82** 37
Ersetzen *s. auch Ändern;s. auch Korrektur*
– eines Verwaltungsakts **42** 21
Erstattung *s. Außergerichtliche Kosten, Beigeladener, Gerichtskosten, Kostenfestsetzung*
– von Abgaben **40** 131
Erstattungsanspruch
– Abtretung **40** 131
Erstinstanzliche Zuständigkeit
– Finanzgerichte **35** 1
Ersuchter Richter
– Antrag auf Entscheidung des Gerichts **133** 1
– Auswahl des Sachverständigen **82** 35
– Begriff **81** 14
– Benachrichtigung, Beweistermin **83** 3
– Beweisaufnahme **82** 8, 18
  – Abgabe des Ersuchens **82** 11
Erweiterung *s. auch Klageerweiterung*
– des Klageantrags
  – im Revisionsverfahren **123** 2

– des Revisionsantrags **120** 56
Erwirkungshandlung Vor 33 30
Erzwingung
– Erscheinen
  – von Sachverständigen **82** 37
  – von Zeugen **82** 21
– Gutachten **82** 37
– Vorlage von Akten, Urkunden usw **86** 23; **89** 2 f.
Erzwingungsgeld *s. Ordnungsgeld*
Erzwingungshaft
– bei Nichterscheinen eines Beteiligten **80** 10
EU
– EU-Verordnungen und -Richtlinien **33** 6
EU-Recht *s. Zollkodex*
– Bundesrecht **118** 31
– Prüfungskompetenz der Finanzgerichte **33** 6
Europäische Rechtsanwälte
– Bevollmächtigte **62** 22
Europäische Union
– Zustellung **53** 116
EU-Steuerberater
– als Bevollmächtigte **62** 32
Eventualaufrechnung
– Streitwert **Vor 135** 114
Fachaufsicht Vor 115 1
Fachgerichtsbarkeiten
– Zusammenführung **2** 3 ff.
Fahrtenbuch
– Anscheinsbeweis **96** 154
Faires Verfahren Vor 76 13 ff.; **76** 64 f.; **93** 1
Fälligkeit
– Gerichtskosten **Vor 135** 45
Familienkasse *s. auch Kindergeld*
– außergerichtliche Kosten **139** 14
Festgebühr Vor 135 34
Festlegung
– Gerichtssitz **3** 1 f.
Festsetzung
– durch das Gericht **100** 30
– Streitwert **Vor 135** 146 ff.
Festsetzungsfrist
– Ablaufhemmung **66** 9
Feststellung *s. auch Einheitliche und gesonderte Feststellung von Einkünften; Gewinn; Grundlagenbescheid*
– nach § 18 I AStG **40** 117
– Begriff **118** 105
– Einlagenkonto (§ 27 KStG) **40** 113
– durch das Gericht **100** 30
– Insolvenztabelle **68** 40
– negative **118** 106
Feststellungsbescheid 40 102 ff.; **42** 30 ff.; **67** 12; *s. auch Grundlagenbescheid;* **Vor 40** 44 ff.
– abändernde Feststellung durch das Gericht **100** 30
– Änderung **42** 30 ff.; **68** 33
– Anfechtungsklage/Verpflichtungsklage **40** 60
– Insolvenzverfahren **68** 40
– Klage auf Erlass **40** 59
– Klage auf Feststellung von Einkünften **40** 59 f.
– Prozessstandschaft **40** 102
– teilweise Aufhebung **100** 23
Feststellungsbeteiligte
– ausgeschiedene Gesellschafter (§ 48 I Nr. 3 aF) **48 aF** 74
– Klagebefugnis
  – Rechtslage ab 2024 (§ 48 nF) **48 nF** 1 ff., 55, 71, 82 f.
Feststellungsinteresse 41 16, 28 ff.
Feststellungsklage Vor 33 16; **40** 9 f.; **41** 1 ff.; **44** 8; **47** 5
– Auffangtatbestand **41** 2
– Beklagter **63** 11
– Feststellungsinteresse **Vor 33** 16; **41** 16, 28 ff.
– Klagebefugnis **41** 7
– negative **41** 1
– Prozessurteil **41** 41
– Rechtskraft **41** 40
– Rechtsschutzbedürfnis **Vor 33** 22
– Rechtsverhältnis
  – Einzelfälle **41** 23 ff.
– Rehabilitationsinteresse **41** 28
– Sachentscheidungsvoraussetzungen **41** 38
– Subsidiarität **Vor 33** 16; **41** 9, 32 ff.
  – Drittanfechtung **41** 35
  – Finanzrechtsweg **41** 34
  – Konkurrentenklage **41** 35
  – Nichtgeltung **41** 36
  – Nichtigkeit **41** 33
  – Steuerbescheide **41** 35
– Tenor **100** 3
– Urkundenfeststellungsklage **41** 47
– Verfahrensfehler **41** 41
– Vorbereitung Zivilprozess **41** 28
– Vorläufiger Rechtsschutz **41** 42
– Wiederholungsgefahr **41** 28
– Zwischenfeststellungsklage **41** 43 ff.
Feststellungslast 96 11, 180 ff.; *s. auch Beweislast*
– Aussetzung der Vollziehung **69** 196
– Bedeutung
  – bei der Sachaufklärung **76** 24
– Wiedereinsetzung in den vorigen Stand **56** 138

– Zugehen der Klage **47** 17
Feststellungsurteil *s. Urteil*
Feststellungszeitraum 40 95
FGO
– Geschichte **Vor 1** 1 f.
– Neubekanntmachung **Vor 1** 13
FGO-ÄndG
– Inkrafttreten **Vor 1** 4
FGO-ÄndG 1992 Vor 1 4 ff.
2. FGO-ÄndG Vor 1 11 ff.
Finanzbehörden
– Aktenvorlage **71** 5 ff.
– außergerichtliche Kosten **139** 14
– Aussetzung der Vollziehung **69** 10
– Ermittlungspflicht **76** 94 f.
– Mitwirkungspflicht
  – nach Ausschlussfrist nach § 364b AO **76** 87
– unzureichende Aufklärung des Sachverhalts **100** 57
– Wiedereinsetzung in den vorigen Stand **56** 43
Finanzgericht Berlin-Brandenburg 2 6; **3** 6
– Richter **14** 2
Finanzgerichte 1 1 ff.; **2** 1 ff.; **5** 1 ff.; *s. auch Präsidium; s. Örtliche Zuständigkeit; Sachliche Zuständigkeit*
– Besetzung der Senate **5** 3; **14** 2
– Besetzungsfehler **5** 6
– Bindung an andere Entscheidungen **33** 5
– Bindung an Gesetz und Recht **1** 8
– detachierte Senate **3** 4
– Dienstaufsicht **1** 11
– erstinstanzliche Zuständigkeit **35** 1
– gemeinsame F. **3** 6
– gemeinsame Senate **3** 6
– örtliche Zuständigkeit **35** 2
– Prüfung von EU-Recht **33** 6
– sachliche Zuständigkeit **35** 1 f.
– Senatsverfassung **5** 2
– Statistik **2** 6, 9
– Status **2** 7
– Übergang anhängiger Verfahren **3** 5
– umfassende Prüfungskompetenz **33** 5
– Verbot der Übertragung von Verwaltungsgeschäften **32**
– Vorlagepflicht BVerfG **1** 10
– Vorlagepflicht EuGH **1** 10
– Zusammensetzung **5** 1
Finanzgerichtliches Verfahren
– kein Vertretungszwang **62** 2
– Unterschiede zum Zivilprozess **155** 4
Finanzgerichtsbarkeit *s. auch Präsidium*
– Aufbau und Organisation **2** 1 ff.; **3** 1 ff.; **5** 1 f.
– Begriff **1** 1 f.
– Beschränkung des Instanzenzugs **2** 1
– Eigenständigkeit **Vor 1** 23; **1** 3; **2** 3 ff.
– Geschichte **Vor 1** 1 f.
– Rechtsweg **1** 1
– Richter **14** 1
– Trennung von den Finanzbehörden **1** 3
– Unabhängigkeit **1** 3
– Zweistufigkeit **2** 1
Finanzmonopolsachen
– Finanzgericht **5**
– Rechtsweg **33** 15
Finanzrechtsweg Vor 33 16; *s. auch Rechtsweg*
– Abgabenangelegenheiten
  – Begriff **33** 14 ff.
– kraft ausdrücklicher Zuweisung **33** 140 ff.
– Auskunftsansprüche **Vor 1** 47
– Datenschutz-GrundVO **Vor 1** 42
– Gewerbesteuer **33** 19
– Kirchensteuer **33** 143 ff.
– öffentlich-rechtliche Streitigkeiten **33** 9 ff.
  – Abgabenangelegenheiten **33** 17 ff.
  – berufsrechtliche **33** 136 f.
– Prüfungskompetenz **33** 7
– Sachentscheidungsvoraussetzung **33** 7
– Straf- und Bußgeldverfahren **33** 21 f.
  – Auskunftsersuchen **33** 22
  – Entschädigungsansprüche **33** 22
  – Ermittlung von Besteuerungsgrundlagen **33** 21
– Vollstreckung von Verwaltungsakten
  – keine Abgabenangelegenheit **33** 133 f.
– Vorfragenkompetenz **33** 5 f.
Folgebescheid 42 34; **48 aF** 13
– Aussetzung des Verfahrens **74** 22 ff.
– Klage auf Korrektur eines Folgebescheids **40** 61
Folgenbeseitigungsanspruch
– Rechtsweg **33** 63
Formulare
– elektronische **52c** 1
Fortbildung des Rechts
– Anrufung des GrS **11** 26 f.
Fortführung
– des Verfahrens
  – trotz übereinstimmender Erledigungserklärungen **138** 27
Fortsetzung des Verfahrens
– Antrag nach Einstellung des V. **72** 45 f.
– unwirksame Klagerücknahme **72** 28
Fortsetzungsfeststellungsklage Vor 33 20; **40** 10; **41** 5
– Erledigung der Hauptsache **138** 108

– Urteil bei Anfechtungsklage **100** 80 ff.
– Urteil bei Verpflichtungsklage **101** 1
Fragerecht
– mögliche Rügen
 – im Rechtsmittelverfahren **83** 7
– mündliche Verhandlung **93** 5
Freibeweis **81** 2; **96** 18; *s. auch Beweisregeln*
– Feststellung der Beschwer **Vor 115** 100
– Verfahrensmangel **115** 300
– Zulässigkeit der Revision **124** 1
Freistellungsbescheid **Vor 40** 36
Freitextfeld
– qualifiziertes **Vor 40** 56
Fremdvergleich **76** 6
Frist *s. auch Ausschlussfrist; s. auch Fristbeginn; s. auch Rechtsmittelbelehrung; s. auch Wiedereinsetzung; s. auch Jahresfrist*
– Anhörungsrüge **133a** 10
– Ausnutzung bis zum letzten Tag **56** 1
– Begriff und Arten **54** 3
– Beschwerde **129** 4
– Einlegung der Anschlussrevision **120** 84
– Erhebung von Gegenrügen **120** 75
– gesetzliche **45** 13; **56** 2
– Klageerwiderung **71** 3 f.
– Ladung **91** 11 ff.
– prozessuale F. und Verfahrensstillstand **Vor 74** 4
– Revision **120** 21 ff.
– Revisionsbegründung **120** 41 ff.
– richterliche **56** 3; **71** 4
– schriftliches Gutachten **82** 37
– Sprungklage **45** 13 ff., 28
– Verkürzung **54** 13
– Verlängerung **54** 13; **120** 48 ff.
– Wiedereinsetzung in den vorigen Stand **56** 2
Fristbeginn
– Bekanntgabe der Entscheidung **54** 8
– gerichtliche Fristen **54** 1
– Hinausschieben **54** 8
– Ladungsfrist **54** 8
– mehrere Beteiligte **54** 8
– mit Zustellung **53** 139
– ordnungsgemäße Rechtsmittelbelehrung **55** 2
– Revisionsbegründung **54** 8
– richterliche Fristen **54** 9
– Samstag, Sonntag, Feiertag **54** 8
Fristberechnung **54** 10
Fristbindung *s. Klage*
Fristenkontrolle
– Wiedereinsetzung in den vorigen Stand **56** 45, 112
Fristgebundene Klage **46** 4; *s. auch Klage*
Fristsetzung *s. auch Ausschlussfrist*
– zur Entrichtung verkürzter Steuern
 – Rechtsweg **33** 23
– zur Nachholung der Rechtsbehelfsentscheidung **46** 22
Fristverlängerung
– Ausschlussfrist **65** 57, 63
– Überprüfung von Ermessensentscheidungen **102** 9
Fristwahrung
– Verweisung **Anhang 33** 43
Fünfmonatsfrist **105** 61
– Fehlen der Gründe **119** 40
Funktionelle Unzuständigkeit **70** 5
Funktionelle Zuständigkeit
– Begriff **Vor 35–39** 2
– BFH **36** 1 ff.
Fürsorgepflicht *s. Hinweispflicht*
Gas-/Wärmepreisbremse
– Rechtsweg **33** 67
Gebühren *s. auch Außergerichtliche Kosten; Gerichtskosten;s. auch Kosten*
– Begriff **Vor 135** 17
– Rechtsweg **33** 15
– Verfassungsmäßigkeit **Vor 115** 25
Gebühren des Bevollmächtigten
– Anrechnung Geschäftsgebühr **139** 140
– Anwendbarkeit des RVG **139** 23
– außergerichtliche Termine und Besprechungen **139** 68
– Aussetzung der Vollziehung **139** 87
– Begriff der Angelegenheit **139** 29
– Beratungsgebühr **139** 56
– Beschwerde **139** 93
– Besprechung mit Finanzamt **139** 69
– Besprechung über nicht rechtshängige Ansprüche **139** 74
– Betragsrahmen **139** 37
– Bevollmächtigtenwechsel **139** 140
– Darlegungslast **139** 78
– Einigungsgebühr **139** 82
– Einspruchsverfahren **139** 138
– einstweiliger Rechtsschutz **139** 55, 67, 71
– Erinnerung **139** 93
– Erledigungsgebühr **139** 84
– Festgebühren **139** 37
– Festsetzung durch das Gericht **139** 41
– Gebührensatzrahmen **139** 36, 39
– Gegenstandswert **139** 35
– gerichtlicher Termin **139** 65
– Gerichtsbescheid **139** 67
– Geschäftsgebühr **139** 137, 147
 – Ermäßigung und Kürzung **139** 148
– Hauptsacheerledigung **139** 67
– Klagerücknahme **139** 71

– Korrespondenzanwalt **139** 58
– Mediationsverfahren **139** 94
– mehrere Auftraggeber **139** 38
– mehrere Rechtszüge **139** 33
– mehrere Streitjahre/Steuerarten **139** 139
– Nichtzulassungsbeschwerde **139** 96
– Prozesskostenhilfe **139** 67
– Rahmengebühr **139** 42
– Rechtsmittelprüfung **139** 92
– Revisionsverfahren **139** 96
– Schreiben einfacher Art **139** 142
– Schwellengebühr **139** 38
– tatsächliche Verständigung **139** 71
– Telefonat **139** 73
– Terminsgebühr **139** 64
  – Erhöhung **139** 74
– Trennung **139** 34
– Urteil ohne mündliche Verhandlung **139** 66
– Verbindung **139** 34
– Verfahren wegen überlanger Verfahrensdauer **139** 97
– Verfahrensgebühr **139** 56
– Verkehrsanwalt **139** 58
– Vertretung einer Personengesellschaft **139** 40
– Verwaltungsverfahren **139** 137, 147
– Videokonferenz **139** 73
– Vorabentscheidungsverfahren **139** 100
– Vorverfahren **139** 137, 147
– Wertgebühren **139** 35
– Zeitgebühr **139** 147
Gebührenanspruch
– steuerlicher Berater
  – Rechtsweg **33** 69
Gebührenordnung
– anzuwendende **139** 136
Gebührensatzrahmen 139 36
Gebührentabelle Vor 135 181
Gefahr der Strafverfolgung
– Zeugnisverweigerungsrecht **84** 7 f.
Gefährdung
– Betriebsgeheimnis *s. dort*
– Geschäftsgeheimnis *s. dort*
– öffentliche Ordnung *s. dort*
– Sittlichkeit *s. dort*
– Staatssicherheit *s. dort*
– Steuergeheimnis *s. dort*
Gegenbeweis 96 152
Gegenrüge
– Begriff **120** 75
– Frist zur Geltendmachung **120** 75
Gegenstandswert Vor 135 13
– Bemessung der Gebühren **139** 35
– Kostenfestsetzung **149** 1
Gegenvorstellung Vor 115 40 ff.
– gegen Kostenentscheidung **145** 5
– Vertretungszwang beim BFH **62** 65
– nach Verweisung **Anhang 33** 38
Geheimhaltung *s. Beratung; s. Beratungsgeheimnis; s. Zeugnisverweigerungsrecht*
Gehör *s. auch Anhörung; s. auch Rechtliches Gehör*
– rechtliches **76** 65
Geistliche
– Ablehnung des Amts des ehrenamtlichen Richters **20** 2
– Zeugnisverweigerungsrecht **84** 4, 7 f.
Geldbescheide 42 11
– Beschränkung auf **42** 13
Gemeinsamer Senat
– mehrerer Finanzgerichte **3** 6
– der obersten Gerichtshöfe **11** 35
Gemeinsames Finanzgericht 3 6
Gemeinschaftsrecht *s. EU-Recht; s. Unionsrecht*
Gericht *s. Finanzgerichte; Finanzgerichtsbarkeit*
Gerichtlicher Prüfungsbeamter 12 3; **81** 13, 19
– Ablehnung **82** 35
– Sachverständiger **82** 34
Gerichtsakte 96 38
Gerichtsbarkeit
– deutsche **Vor 33** 16
Gerichtsbescheid Vor 1 5; **90a** 1 ff.; *s. Entscheidung im vorbereitenden Verfahren*
– anstelle eines Urteils **90a** 4
– Antrag auf mündliche Verhandlung **90a** 14 ff., 19 ff.
  – Beschränkung **90a** 22
  – Rechtsmissbrauch **90a** 24
  – Rücknahme **90a** 23
  – im Verfahren nach § 94a FGO **94a** 10
  – verspätet **90a** 25
  – Verzicht auf mündliche Verhandlung **90a** 23
  – Wirkung **90a** 14, 24
– Anwendungsbereich **90a** 3 f.
– Besetzung des Gerichts **5** 5; **90a** 7
– Entscheidung ohne Betragsfestsetzung **100** 42
– Entscheidung über das „Ob" **90a** 9 f.
– Ermessen **90a** 9 f.
– Form **90a** 8
– Förmlichkeiten **90a** 8
– Gebühren des Bevollmächtigten **139** 67
– Geltung der Urteilsvorschriften **106**
– Kosten **90a** 13
– Rechtsbehelfsbelehrung **55** 12
– Rechtsmittel **Vor 1** 12; **90a** 26
– Rechtsmittel, Rechtsbehelfe **90a** 15 ff.
  – Vorrang des Antrags auf mündliche Verhandlung **90a** 17

– Rechtsmittel, Rechtsbehelfe gegen G. des BFH
  – Antrag auf mündliche Verhandlung **90a** 15
– Rechtsmittel, Rechtsbehelfe gegen G. des FG
  – bei Einzelrichterentscheidung **6** 27
  – Revision **90a** 16 ff.
  – wahlweise Revision oder Antrag auf mündliche Verhandlung **90a** 16
– Rechtsmittelbelehrung **90a** 8
– Revisionsverfahren **100** 42
– Statthaftigkeit der Revision **115** 35
– Urteil bei Verpflichtungsklage **101** 1
– Urteilstenor nach Antrag auf mündliche Verhandlung **90a** 14
– Verbot der Schlechterstellung **100** 42
– Verfahren **90a** 6 ff.
– Verfahren mit besonderen Schwierigkeiten **90a** 5
– Verfahren mit grundsätzlicher Bedeutung **90a** 5
– Voraussetzungen **90a** 5
– vorläufige Vollstreckbarkeit **90a** 8; **151** 3
– durch Vorsitzenden oder Berichterstatter **79a** 21
– Wirkung **90a** 14, 12
– Zeitrahmen für Beteiligtenvortrag **90a** 8
– Zustellung **104** 3
– nach Zustellung
  – Klagerücknahme **72** 25

Gerichtsbesetzung
– bei Festsetzung und Feststellung durch das Gericht **100** 38

Gerichtsbezirke
– Änderung **3** 6
– Festlegung **3** 1

Gerichtsentscheidung
– Änderung **Vor 115** 1
– Bindungswirkung **Vor 115** 1
– Rechtsschutz **Vor 115** 1 ff.
– Veröffentlichung
  – Rechtsweg **33** 123

Gerichtsferien
– kein Vertagungsgrund **91** 5

Gerichtsgebühren *s. Gerichtskosten*

Gerichtskosten
– Auslagen **Vor 135** 39
– Begriff **Vor 135** 5, 16
– Endfälligkeit **Vor 135** 52
– feste Gebühr **Vor 135** 29 f., 34
– Gebührenermäßigung **Vor 135** 32
– Gebührentatbestände **Vor 1** 18; **Vor 135** 26 ff.
– Kostenansatz **Vor 135** 55 ff.
– Kostenbefreiung **Vor 135** 18
– Kostenhaftung **Vor 135** 22
– Nachforderung **Vor 135** 62
– Nichterhebung **Vor 135** 85 ff.
  – Entscheidung **143** 19
– Prozesskostenhilfe **Vor 135** 85
– Rechtsgrundlagen **Vor 135** 16
– Rechtsweg **33** 140
– Rechtszug **Vor 135** 27
– Trennung und Verbindung von Verfahren **Vor 135** 29 f.
– Verfahrensgebühr **Vor 135** 26 ff.
– Verfassungsmäßigkeit **Vor 115** 25
– Verfassungsmäßigkeit der Gebührenerhebung **Vor 135** 14
– Verjährung **Vor 135** 19
– Verzögerungsgebühr **Vor 135** 36
– Videokonferenz **Vor 1** 31
– Vollstreckung **150** 3
– Vorfälligkeit **Vor 1** 18, 39; **Vor 135** 45

Gerichtskostengesetz
– Änderung durch das KostRMoG **Vor 135** 6
– zeitlicher Anwendungsbereich **Vor 135** 9

Gerichtskostenvorschuss
– Entschädigungsklagen **66** 10

Gerichtskundige Tatsachen
– nicht beweisbedürftig **81** 3

Gerichtspersonen *s. auch Ehrenamtlicher Richter; s. auch Richter; s. auch Urkundsbeamter*

Gerichtssitz
– Festlegung **3** 1
– Verlegung **3** 2

Gerichtssprache **52** 30

Gerichtsstandsvereinbarung **38** 3

Gerichtsverfahrensrecht
– Verfahrensmangel **115** 256

Gerichtsverfassung *s. Finanzgerichte; s. Präsidium; s. Finanzgerichtsbarkeit*

Gerichtsverfassungsgesetz
– Anwendung von Vorschriften **155** 1

Gerichtsverwaltung **1** 1; **12** 1 f.; **31; 32**

Gesamtablehnung *s. Ablehnung von Gerichtspersonen*

Gesamtergebnis des Verfahrens **96** 30 ff.
– Anforderungen an die Verfahrensrüge **120** 72
– Verfahrensrüge **120** 72

Gesamtgläubiger
– Beiladung **60** 74

Gesamtschulden
– Miterben **40** 129

Gesamtschuldner **40** 129
– Auswahl
  – Überprüfung von Ermessensentscheidungen **102** 9

– Beiladung **60** 74
– Klagebefugnis **40** 129
– Kostenpflicht **135** 25
Geschäftsbücher *s. Bücher*
Geschäftsfähigkeit 58 19
– Prozessfähigkeit **58** 19
Geschäftsführer
– Beteiligtenvernehmung **82** 42
– als Zeuge **76** 31; **82** 17
Geschäftsgeheimnis
– Gefahr der Verletzung
 – Ablehnung von Sachverständigen **88** 1 f.
Geschäftsjahr
– Präsidium **4** 22
Geschäftsleitung
– Ladung **87** 1 f.
– Zuständigkeit
 – örtliche **38** 12
Geschäftsmäßige Besorgung von Rechtsangelegenheiten
– Ausschließung vom Amt des ehrenamtlichen Richters **19** 6
Geschäftspapiere
– Pflicht zur Vorlage **85** 2 ff.
Geschäftsstelle 12
– Übermittlung des Urteils **104** 12
– Zustellung **53** 15
Geschäftsverteilung *s. auch Mitwirkungsplan*
– Abstraktionsprinzip **4** 27, 32
– senatsintern **65** 51
– im Spruchkörper **4** 48 ff.
 – Abstraktionsprinzip **4** 50
 – Jährlichkeitsprinzip **4** 50
 – Mitwirkungsplan **4** 50
 – Schriftform **4** 50
 – Senatsbeschluss **4** 49
 – Überbesetzung **4** 50
– Verstoß
 – Rechtsfolgen **4** 27
Geschäftsverteilungsplan 4 25 ff.
– Ablehnung von Gerichtspersonen **51** 51
– Anhörung **4** 26, 32, 35
– Auflegung **4** 36
– Auslegung **4** 26
– Besetzungsmangel **119** 6a
– BFH **4** 36
– Folgen
 – von Wahlanfechtung **4** 17
– Informationspflichten **4** 36
– Inhalt **4** 26
– Jährlichkeitsprinzip **4** 26
– lückenhafter **4** 26
– nachträgliche Änderung **4** 32
– Rechtsverletzung **4** 30
– Richter kraft Auftrags **14** 2
– richterliche Unabhängigkeit **4** 2
– im Spruchkörper
 – Berichterstatter **4** 52
 – Einsichtnahme **4** 56
– Unabhängigkeit
 – Richter **1** 15; **4** 30
– Veröffentlichung **4** 36
– Verstoß
 – Rechtsfolgen **4** 37
– willkürliches Abweichen **4** 27
– Zuteilung der ehrenamtlichen Richter **27** 2 ff.
Geschiedene
– Zeugnisverweigerungsrecht **84** 5 f.
Gesellschaft *s. auch Personengesellschaft*
Gesellschafter
– Beteiligtenvernehmung **82** 42
– als Zeuge **76** 31; **82** 17
Gesetzesänderungen
– 2001 **Vor 1** 14 f.
– 2004, 2005 **Vor 1** 18 ff.
– 2006-2009 **Vor 1** 25
– 2011-2013 **Vor 1** 27 ff.
– 2015-2017 **Vor 1** 36 ff.
– 2019-2024 **Vor 1** 44 ff.
Gesetzgebende Körperschaften
– Mitglieder
 – Ausschließung vom Amt des ehrenamtlichen Richters **19** 2
 – Zeugenvernehmung **82** 23
 – Zeugnisverweigerungsrecht **84** 4, 7 f.
Gesetzgebungskompetenz
– Abgaben **33** 18
Gesetzliche Vermutung 76 15
Gesetzlicher Richter 4 25 ff.; **Vor 115** 26; **119** 6
– Bedeutung
 – des Geschäftsverteilungsplans **4** 2, 27
– ehrenamtliche Richter **27** 1, 5 f.
– Entbindung
 – von ehrenamtlichen Richtern **21** 1
– bei Übertragung des Rechtsstreits an Einzelrichter **6** 22
– im vorbereitenden Verfahren **79a** 4 f.
Gesetzlicher Vertreter
– Aussetzung, Unterbrechung des Verfahrens **74** 83 f., 89 ff.
– Beteiligtenvernehmung **82** 42
– Prozessfähigkeit **58** 4
Gesetzmäßigkeit der Besteuerung Vor 76 4
Gesonderte Feststellung
– Aussetzung des Verfahrens **74** 26 ff.
Gestaltungsklage 40 9
Gestaltungsurteil *s. auch Urteil*
– Vollstreckung **151** 7

Geständnis 96 120
Gewaltenteilung 1 3
Gewerbesteuer
– Beiladung **60** 80, 81
– Kapitalgesellschaften **57** 27
– Rechtsweg **33** 19, 70
– Steuerrechtsfähigkeit der Personengesellschaft **57** 27
– Zerlegung **40** 62
Gewerbesteuermessbescheid 40 140
Gewerbeuntersagung
– Rechtsweg **33** 71
Gewinn *s. auch Feststellung; s. auch Feststellungsbescheide*
– entnommener **40** 109
– Gesamtgewinn **40** 106
– Höhe **40** 106
– laufender **40** 109
– Qualifizierung **40** 109
– Sanierungsgewinn **40** 109
– Veräußerungsgewinn **40** 109
– Verteilung **40** 105
Gewinn- und Verlustfeststellungsbescheide
– Aussetzung der Vollziehung **69** 81
– Grundlagenbescheid **69** 81
Gewinnanteil
– Feststellung **40** 106
Gewinnfeststellung *s. Einheitliche und gesonderte Feststellung von Einkünften*
Gewinnfeststellungsbescheid, negativer
– Aussetzung der Vollziehung **69** 5
Gewohnheitsrecht 96 32
– Beweisbedürftigkeit **81** 5
Gewöhnlicher Aufenthalt
– Zuständigkeit
  – örtliche **38** 12
Glaubhaftmachung 96 88; **155** 8; *s. auch Präsente Beweismittel*
– der Gründe für die beantragte Terminsaufhebung **91** 3 ff.
– Wiedereinsetzung in den vorigen Stand **56** 117
Greifbare Gesetzwidrigkeit 115 242
GrenzpendlerG Vor 1 8
Großer Senat
– Anrufung
  – wegen Abweichung **11** 4 ff.
  – erneute, wegen derselben Rechtsfrage **11** 34
  – fakultative **11** 1
  – wegen grundsätzlicher Bedeutung **11** 26 f.
  – obligatorische **11** 1
– Aufgaben **11** 1
– Bindung an den Anrufungsgrund **11** 31
– Divergenz
  – Entscheidungserheblichkeit **11** 11 f.
– Entscheidung über vorgelegte Rechtsfrage **11** 31
– Missachtung der Vorlagepflicht
  – Rechtsfolgen **11** 3, 10
– rechtliches Gehör **11** 28, 32
– Wirkung der Entscheidung **11** 34
– Zusammensetzung **11** 30
– Zwischenverfahren **11** 2
Grunderwerbsteuer 57 28
– Beiladung **60** 81
Grundgerichtsbescheid 90a 4
Grundlagenbescheid 42 33 ff.; **48 aF** 13
– Änderung **42** 30 ff.
– Aussetzung des Verfahrens **74** 22 ff.
– Formen **42** 34
– mehrstufiger **42** 36
– Verfahren nach billigem Ermessen **94a** 3
Grundordnung des Verfahrens 96 53
– Beruhensfiktion **115** 305
– Darlegungsanforderungen **116** 50
– Entscheidung über Revision **126** 12
– Revisionsrecht **115** 17
Grundsatz rechtsschutzgewährender Auslegung Vor 33 43
Grundsätzliche Bedeutung 115 100 ff.
– Anrufung des GrS **11** 26 f.
– Begriff **115** 125 ff.
– Darlegungsanforderungen **116** 30 ff.
– Entscheidung durch Gerichtsbescheid **90a** 5
– Entscheidungserheblichkeit **115** 115
– Rechtssache, Rechtsfrage **115** 110 ff.
Grundsteuer 57 28
– Rechtsweg **33** 19, 70
Grundstücke
– Betreten von Grundstücken und Räumen **76** 52 f.
Grundurteil *s. auch Zwischenurteil*
– als Gerichtsbescheid **90a** 4
– Kostenentscheidung **143** 2; **145** 3
Gutachten *s. auch Sachverständigenbeweis*
– Rechtsgutachten **120** 40
Gutachterausschuss
– Beweismittel **81** 18
– Sachverständiger
  – Ablehnung wegen Befangenheit **82** 35
Güterichter Vor 1 29
– Ausschließung im weiteren Verfahren **51** 15
– Verfahren **155** 21

Haager Übereinkommen
– Zustellung **53** 118
Haft *s. Ordnungshaft*

Haftung
– Beiladung **60** 84
– Rechtsweg **33** 74
Haftungsbescheid
– Änderung **68** 10, 37
– Ersetzung **68** 10, 37
– Teilrücknahme **68** 37
– Überprüfung von Ermessensentscheidungen **102** 9
Handelsbrauch
– Revisibilität **118** 90
Härtefälle
– Befreiung vom Amt des ehrenamtlichen Richters **20** 3
Haupt- und Hilfsantrag 43 15 ff.
Hauptbeteiligte 57 3
Hauptliste
– Heranziehung ehrenamtlicher Richter **27** 2 ff.
Hauptsacheerledigung
– Kostenentscheidung **143** 2
Haushaltsplan
– Unabhängigkeit
  – Richter **1** 11
Hausverbot
– Rechtsweg **33** 75
Hebammen
– Ablehnung des Amts des ehrenamtlichen Richters **20**
– Zeugnisverweigerungsrecht **84** 4, 7 f.
Heilung *s. Zustellungsmängel*
Hemmende Wirkung *s. Aufschiebende Wirkung*
Herausgabe
– von Beweismitteln und Steuerakten
  – Rechtsweg **33** 76
– Versteigerungserlös
  – Rechtsweg **33** 77
Hilfsantrag
– Erledigungserklärung **138** 91
– Kosten **136** 1
– Prozesshandlung **Vor 33** 33
– Rechtsweg **Anhang 33** 15
– Streitwert **Vor 135** 110
Hilfsaufrechnung
– Streitwert **Vor 135** 114
Hilfsliste
– Heranziehung ehrenamtlicher Richter **27** 5 f., 8 ff.
Hilfspersonen
– Zeugnisverweigerungsrecht **84** 4, 7 f.
Hinterlegung
– Rechtsweg **33** 78
Hinweispflicht
– Absehen von Beweiserhebung **119** 16
– Anforderungen an die Verfahrensrüge **120** 71
– Anspruch auf rechtliches Gehör **76** 64 ff.
– beigezogene Akten **78** 7
– elektronischer Rechtsverkehr **52a** 40
– fachkundiger Vertreter **76** 67
– fehlende Substantiierung **76** 69 f.
– Grenze **76** 66 ff.
– Inhalt **76** 64 ff.
– Mitwirkung der Beteiligten **76** 68
– Möglichkeit der Verhandlung ohne Beteiligte **91** 10
– Nichterscheinen der Beteiligten **76** 68
– Rechtsfragen **76** 71
– Rügeverzicht **76** 72
– Sachentscheidungsvoraussetzungen **76** 70 f.
– Tatsachen
  – offenkundige **76** 67
– Überraschungsentscheidung **119** 16
– Umfang **76** 64 ff.
– Verletzung
  – Rechtsfolgen **76** 72
– vorläufige Rechtsauffassung **96** 58
Hinzugezogener 40 127
Hinzuziehung 45 20
– Beiladung **60** 85
– zum Vorverfahren **44** 20
Höchststreitwert Vor 135 127
Hoheitliche Maßnahme *s. auch Verwaltungsakt*
– Rechtsweg **33** 1, 9 ff.
Höhere Gewalt
– Ablauf von Fristen **55** 29
– Fristversäumung
  – Geltendmachung der Unwirksamkeit der Klagerücknahme **72** 48
– Wiedereinsetzung in den vorigen Stand **56** 131

Identitätserfordernis
– Hinzuziehung **44** 20
– objektives **44** 14 ff.
– subjektives **44** 19
Identitätsgrundsatz 42 5
Im Namen des Volkes 105 4 ff.; **113** 4
In dubio pro reo 96 95
In-Camera-Verfahren Vor 1 22
– Einschränkung **Vor 1** 38
– Geheimhaltungspflicht **86** 19
Individualablehnung *s. Ablehnung von Gerichtspersonen*
Individualbeschwerde (Art. 34 EMRK) Vor 76 20
Individualisierungstheorie *s. Streitgegenstand*
Individualrechtsschutz
– Revisionszweck **115** 11
Indizienbeweis 96 144

Informationsfreiheitsgesetze
– Rechtweg **33** 81
Informationspflicht
– des Gerichts **96** 201
Inkorrekte Entscheidung
– Rechtsmittel **Vor 115** 90 ff.
Inquisitionsmaxime *s. Untersuchungsgrundsatz*
Insichprozess 40 140
Insolvenz 67 9
– Beiladung **60** 85
– Genehmigung der Prozessführung **67** 15
– Kostenentscheidung **143** 7
– Rechtsweg **33** 81
– Verfahrensaufnahme
– Aktivprozess **74** 79
– Passivprozess **74** 79
– Verfahrensunterbrechung **74** 75 ff.
– zulässige Verfahrenshandlungen **74** 79
Insolvenzantrag
– Überprüfung von Ermessensentscheidungen **102** 9
Insolvenzfeststellungsklage 41 5
Insolvenzschuldner
– als Zeuge **82** 17
Insolvenzverfahren 57 39 f.
– Kostenansatz **Vor 135** 60
– Vorgänge nach Klageerhebung **68** 40
Insolvenzverwalter 40 79
– Erteilung einer Prozessvollmacht **62** 6
– Vertretung beim BFH **62** 70
– Zustellung **53** 6
Instanzenzug Vor 76 10
– keine Gewährleistung **Vor 115** 15
Instanzielle Zuständigkeit
– Begriff **Vor 35–39** 2
Internet
– Überraschungsentscheidung **96** 193
Internetrecherchen
– Beweisbedürftigkeit **81** 3
– als Beweismittel **82** 15
– Urkundenbeweis **82** 40
Interpretationsfehler 118 11
Investitionszulage
– Rechtsweg **33** 15
Irrevisibles Recht 118 40
– Ermittlungspflicht des FG **118** 193
– Feststellung durch BFH **118** 202
– Tatsachenfeststellung **118** 180 ff.
Isolierte Anfechtungsklage *s. auch Anfechtungsklage*
– Begründetheit **44** 48
– Beklagter **63** 10
– Ehegatten **44** 12
– Einzelfälle **44** 45 ff.
– Entscheidung über nicht erhobenen Einspruch **44** 46
– erstmalige Beschwer durch Einspruchsentscheidung **44** 12, 46
– fehlerhaft angenommener unzulässiger Einspruch **44** 46
– Klageänderung **44** 47
– unterlassen der notwendigen Hinzuziehung **44** 46
– Verfahrensfehler **44** 47

Jahresfrist
– Geltendmachung der Unwirksamkeit der Klagerücknahme **72** 48
– Verwirkung **Vor 33** 27
Jahressteuerbescheid
– Ersetzung
– des Vorauszahlungsbescheids **68** 30
Journalisten
– Zeugnisverweigerungsrecht **84** 4
JStG 1997 Vor 1 10
Justiz
– Selbstverwaltung **1** 4
Justizbeitreibungsordnung
– Vollstreckung **150** 4
Justizgewährungsanspruch 95 1; **Vor 115** 15; **Vor 135** 14; **Vor 76** 7 ff.
Justizgrundrechte
– Rechtsschutz bei Verletzung **Vor 115** 19
1. JustizmodernisierungsG Vor 1 22
Justizverwaltungsakt 33 22
– Aussetzung der Vollziehung **69** 3

Kanzleiberichtigung 107 4
Kapitalertragsteuer 40 63
Kapitalertragsteueranmeldung 68 50
Kapitalgesellschaft
– Erteilung einer Prozessvollmacht **62** 6
Kappungsgrenze
– Streitwert **Vor 135** 6
Kassation *s. auch Aufhebung;s. auch Urteil bei Anfechtungsklage*
– als Rechtsmittelziel **Vor 115** 12
– Umfang der Rechtskraft **110** 47
Kinder
– in Kindergeldverfahren
– Zeugnisverweigerungsrecht **84** 6
Kindergeld
– ausländisches Recht **155** 8
– Rechtsweg **33** 15
– Rückgängigmachen der Vollziehung **100** 72
– Streitwert **Vor 135** 133
– Überprüfung von Ermessensentscheidungen **102** 8, 9
– Urteil bei Verpflichtungsklage **101** 6
– Zuständigkeit
– örtliche **38** 5, 15 ff.
– sachlich unzuständige Behörde
– Beklagter **63** 16

Kindergeldangelegenheiten
– Rechtsweg **33** 84
Kindergeldbescheid
– Änderung **68** 34
Kindergeldverfahren
– Akteneinsicht **78** 16
– ausländisches Recht **76** 24
– außergerichtliches Rechtsbehelfsverfahren **44** 17
– Verpflichtungsklage **44** 17
Kirchensteuer 40 128
– Finanzrechtsweg **33** 143 ff.
– Verwaltungsrechtsweg **33** 143 ff.
Klage *s. auch Klageerhebung; s. auch Sachentscheidungsvoraussetzungen; Unzulässigkeit*
– Anbringen **47** 22; **66** 3
– Auslegung **40** 3
– Begehren **40** 3
– Begriff **40** 3
– Bestimmtheit **40** 3
– Frist **Vor 33** 16
– Fristgebundenheit **67** 19
– Klagearten **40** 9 ff.
– Prozesserklärung **40** 3
– Rechtshängigkeit **40** 7
– Rücknahme **Vor 76** 3
  – Rechtsschutzbedürfnis **Vor 33** 20
– Schriftlichkeit **Vor 33** 16
– Streitgegenstand **66** 4; **67** 2
– Unzulässigkeit **42** 25
– verwaltungsaktbezogene **40** 10
– Zugang **47** 20; **64** 5; **66** 3
– Zulässigkeit **Vor 33** 1 ff.
Klageabweisung
– Tenor **100** 3
Klageänderung 67 1 ff.; **68** 1
– Änderung der Klagebegründung **67** 8
– Aufnahme
  – bei Insolvenzverfahren **67** 12
– Beklagtenänderung **63** 7
– Beteiligtenwechsel **67** 9
– bloße Klarstellung **67** 7
– Einwilligung der Beteiligten **67** 22
– Entscheidung **67** 27 f.
– Negativbeispiele **67** 7 ff.
– objektiv **67** 12
– Parteiwechsel **63** 7
– Positivbeispiele **67** 12 ff.
– Prozessökonomie **67** 1, 4, 25
– Rechtshängigkeit **66** 5
– Rechtsweg **Anhang 33** 11
– im Revisionsverfahren **67** 1; **123** 1 ff.
– Sachdienlichkeit **67** 24 f.
– Sachentscheidungsvoraussetzungen **67** 18 f., 25
– subjektive **67** 14
Klageantrag 65 32, 46; *s. auch Klagebegehren*
– Einschränkung im Revisionsverfahren **123** 2
– Ermäßigung **67** 8
– Erweiterung **67** 8
– keine Erweiterung im Revisionsverfahren **123** 2
– in mündlicher Verhandlung **92** 11 ff.
– nach Änderungsbescheid **68** 77
Klageart 110 42
– DS-GVO **40** 52
– keine eigenständige **46** 1
– nach Änderungsbescheid **68** 79
– Wechsel **67** 12
Klagebefugnis Vor 1 8; **Vor 33** 16; **40** 75 ff.; **Vor 76** 4; *s. auch Beschwer*
– Adressatentheorie **40** 83
– ausgeschiedene Gesellschafter (§ 48 I Nr. 3 aF) **48 aF** 74
  – neben Prozesstandschafter **48 aF** 74 ff.
– Begrenzung durch Verwaltungsakt **42** 5
– Beschlussverfahren **40** 78
– Beschwerdeverfahren **40** 78
– Besteuerungsgrundlagen **40** 95
– Betriebssteuerbescheide **48 aF** 14
– Betriebssteuerbescheide Personengesellschaft
  – Insolvenz **48 aF** 50a
  – Liquidation **48 aF** 49b
– Drittanfechtung **40** 127
– Drittbetroffener **40** 127
– Ehegatten **40** 128
– einheitliche und gesonderte Feststellungsbescheide
  – § 48 nF zur Beiladung **48 nF** 39
  – § 48 nF zur Beteiligtenfähigkeit **48 nF** 40
  – § 48 nF zur Prozessfähigkeit **48 nF** 40
  – ausgeschiedener Gemeinschafter **48 nF** 74 f.
  – ausgeschiedener Gesellschafter **48 aF** 74 ff.; **48 nF** 70 f.
  – Auslegung Einspruchsentscheidung **48 aF** 44
  – Auslegung Klageschriften **48 aF** 44
  – Bedeutung Klagebegehren **48 aF** 15
  – bei Meinungsverschiedenheiten (§ 48 I Nr. 3 nF) **48 nF** 70 f.
  – Bekanntgabe an rechtsfähige PersGes **48 nF** 3 f.
  – Bekanntgabe bei Innengesellschaft **48 nF** 7 ff.
  – Bekanntgabe bei nichtrechtsfähiger Gemeinschaft **48 nF** 7 ff.
  – Belehrung (§ 48 II 3 nF) **48 nF** 68

– besondere Sachurteilsvoraussetzung **48 aF** 1
– Bruchteilsgemeinschaft **48 aF** 62a
– Einspruchsbefugnis (§ 352 AO nF) **48 nF** 10 ff.
– Einspruchsbefugnis Innengesellschaften **48 nF** 25 ff.
– Einspruchsbefugnis nichtrechtsfähige Gemeinschaft **48 nF** 19 ff.
– Einspruchsbefugnis rechtsfähige PersGes **48 nF** 13 ff.
– Einzelbekanntgabe **48 aF** 64
– Erbengemeinschaft **48 aF** 62b
– Ergänzungstatbestand (§ 48 I Nr. 3 nF) **48 nF** 72 ff.
– Ergehen(müssen) Feststellungsbescheid **48 nF** 78
– Ewigkeitsrechtsprechung **48 aF** 52
– faktische Vollbeendigung **48 aF** 51
– Feststellungsbeteiligte **48 aF** 81, 82; **48 nF** 71, 82
– Formwechsel **48 aF** 48
– bei der GbR **48 aF** 36
– GmbH & Co. KG **48 aF** 40
– Innengesellschaften **48 aF** 43, 62; **48 nF** 58
– Klagearten **48 aF** 10; **48 nF** 44
– Klagebefugnis Feststellungsbeteiligte **48 nF** 55
– Klagebevollmächtigter **48 aF** 55
– Kommanditgesellschaft **48 aF** 39
– nicht rechtsfähige Gemeinschaften (§ 48 nF) **48 nF** 57
– Normsystematik **48 aF** 9
– bei der OHG **48 aF** 37
– bei der Partnerschaftsgesellschaft **48 aF** 38
– PersGes als Prozesstandschafterin **48 nF** 48 ff.
– Prozessführungsbefugnis **48 aF** 6
– Prozessstandschaft **48 aF** 1
– Prozesstandschaft Klagebefugter (§ 48 nF) **48 nF** 60
– Prozesstandschafter **48 aF** 17; **48 nF** 1 ff.
– prozessuale Rechtsnachfolge **48 aF** 53
– Publikumspersonengesellschaft **48 aF** 41
– rechtsfähige PersGes **48 nF** 1 ff., 47 f.
– Rechtslage ab 2024 (§ 48 nF) **48 nF** 1 ff.
– Regelungssystematik **48 aF** 2 ff.
– Regelungsumfeld (§ 48 nF) **48 nF** 1 ff.
– Rspr. zur Neufassung (§ 48 nF) **48 nF** 37
– sachlicher Anwendungsbereich **48 aF** 7; **48 nF** 43
– Streitgegenstände (§ 48 nF) **48 nF** 43
– Umwandlung **48 aF** 48
– Unterschiede zu § 48 aF **48 nF** 28 ff.
– Verfahrensarten (§ 48 nF) **48 nF** 44
– Vollbeendigung rechtsfähige PersGes **48 nF** 51 ff.
– Wegfall bei Insolvenz **48 aF** 50 ff.
– Wegfall bei Vollbeendigung **48 aF** 46 f.
– Wegfall Klagebefugter (§ 48 II nF) **48 nF** 66
– Wegfall Prozessstandschafterin **48 nF** 51 ff.
– Wegfall bei Liquidation **48 aF** 49 f.
– Weitere Rechtsfolgen **48 aF** 83 f.
– weitere Rechtsfolgen (§ 48 nF) **48 nF** 85 f.
– zeitliche Anwendung **48 aF** 8; **48 nF** 33 ff.
– Einschränkung **40** 81
– Empfangsbevollmächtigter
  – Belehrung **48 aF** 61
– Ergänzungstatbestände
  – mehrfache Klagebefugnis **48 aF** 54
– fehlende **40** 135
– Feststellungsbescheide **40** 102 ff.
  – anfechtbare Feststellungen **40** 102 ff.
– Feststellungsbeteiligte
  – Anwendungsfälle **48 aF** 68, 81 f.; **48 nF** 83
  – Beschwer **48 nF** 79, 82
  – Ergänzungstatbestände **48 nF** 82
  – nach Vollbeendigung **48 aF** 68
  – neben Prozesstandschafter **48 aF** 80 ff.
  – notwendige Beiladung **48 aF** 72
  – prozessuale Rechtsnachfolge **48 aF** 72
  – Rechtsfolgen **48 aF** 70 ff.
  – Subsidiarität **48 aF** 67
– Feststellungsklage **41** 7
– Fortbestehen bis Prozessende **40** 75 f.
– gemeinsamer Empfangsbevollmächtigter **48 aF** 57
– Gemeinschafter **48 aF** 3
– Gesamtschuldner **40** 129
– Gesellschafter **48 aF** 3
– gesetzliche Rückausnahme **40** 79
– Haftung **40** 130
– Hinzugezogener **40** 127
– Insolvenzverwalter **40** 79
– keine vertragliche Zuweisung **40** 80
– Klagearten **40** 78
– Konkurrentenklage **40** 134
– Miterben **40** 129
– Möglichkeitstheorie **40** 83

– Muss-Angaben **40** 84
– objektive **40** 95 ff.
– Organschaft **40** 133
– Popularklage **40** 75
– Prozessstandschaft **40** 79
  – Beteiligtenfähigkeit **48 aF** 6
  – Prozessfähigkeit **48 aF** 6
  – Rechtsfähigkeit Gesellschaft **48 aF** 7
– Prozesstandschafter
  – Geschäftsführer **48 aF** 32 f.
– Prozessurteil **40** 135
– Rechtsfolgen **40** 135 ff.
– ressortfremde Grundlagenbescheide **48 aF** 13
– sachliche Grenzen **42** 1 ff.
– Sachurteil **40** 135
– Sammelverfügungen **40** 98
– Schutznorm **40** 85
– Schutznormtheorie **40** 127
– Steuerbescheide **40** 95
  – Folgewirkungen **40** 97
  – Höhe der Steuerfestsetzung **40** 95
  – höhere Steuerfestsetzung **40** 95
  – Nullbescheide **40** 99 ff.
  – Tatbestandswirkung **40** 96
  – unrichtiger Bilanzansatz **40** 96
– subjektive **40** 125 ff.
– Testamentsvollstrecker **40** 79
– trennbare Einzelregelungen **40** 98
– Treuhand **40** 133
– Verfahrensfehler **40** 135
– Verhältnis zur Beschwer **48 aF** 4
– Verletzung eigener Rechte **40** 125 ff.
– Zession **40** 132
– Zusammenveranlagung **40** 128

Klagebefugter
– einheitliche und gesonderte Feststellungsbescheide
  – Anwendungsbereich **48 nF** 61
  – bestimmter Empfangsbevollmächtigter **48 nF** 61
  – Einzelfälle **48 nF** 63
  – gemeinsamer Empfangsbevollmächtigter **48 nF** 61
  – Widerspruch der Feststellungsbeteiligten **48 nF** 61 f.

Klagebegehren 65 30 ff.; *s. auch Streitgegenstand*
– Änderungsbescheid **68** 61
– Anfechtungsklage **40** 12
– Bindung **96** 45 ff.
– Einschränkung der Sachaufklärung **76** 12
– Mindestanforderungen **47** 15
– Mindestinhalt **47** 15
– Revisionsantrag **120** 56
– Umdeutung **42** 40
– Verpflichtungsklage **40** 12

Klagebegründung 65 47

Klagebevollmächtigter
– Begriff **48 aF** 55
– benannter, fingierter Empfangsbevollmächtigter **48 aF** 58
  – Widerspruch der Feststellungsbeteiligten **48 aF** 60
– einheitliche und gesonderte Feststellungsbescheide **48 aF** 3
  – Belehrung **48 aF** 61
– Empfangsbevollmächtigter
  – Anwendungsfälle **48 aF** 62 ff.
– gemeinsamer Empfangsbevollmächtigter **48 aF** 57
– Prozessstandschafter **48 aF** 56
– Wegfall **48 aF** 66

Klageergänzung
– zuständiger Richter **65** 51

Klageerhebung Vor 33 16; *s. auch Klageantrag*
– Adressat **64** 5
– bedingte **40** 4
– vor Bekanntgabe der Rechtsbehelfsentscheidung **47** 11
– E-Post-Brief **64** 23
– Form **64** 1 ff.
– nach Klagerücknahme **72** 31
– Ordnungsmäßigkeit **Vor 33** 16; **64** 1
– zu Protokoll **64** 28
– Prozesskostenhilfe **40** 5
– rechtschutzgewährende Auslegung **40** 3
– Rechtshängigkeit **66** 2
– schriftlich **64** 7 ff.
  – Fehlerfolgen **64** 29
– telefonische **64** 28
– telegrafische **64** 23
– Unzulässigkeit
  – fehlende Schriftform **64** 29
– per Videokonferenz **64** 28
– Wirksamkeit **Vor 33** 16

Klageermäßigung *s. Klageerweiterung*

Klageerweiterung 65 77; **67** 8; *s. auch Erweiterung*
– nach Ablauf der Klagefrist **155** 4

Klagefrist Vor 33 16; **47** 1 ff.; *s. auch Frist*
– Anbringen bei der Behörde **47** 19 ff.
– Beginn **47** 8; **55** 2
– Bekanntgabe der Einspruchsentscheidung **47** 9
– Bekanntgabe von einheitlichen und gesonderten Feststellungsbescheiden **47** 8
– Bekanntgabeformen **47** 9
– Berechnung **47** 14
– Dauer **47** 8

– Emmott'sche Fristenhemmung **47** 3
– Feststellungsklage **47** 5
– Fortsetzungsfeststellungsklage **47** 5
– Fristversäumnis **47** 26
– Fristwahrung **47** 15, 28
– Funktion **47** 1
– Jahresfrist **47** 2, 9
– Klageänderung **67** 19
– Klagearten **47** 5 ff.
– Leistungsklage **47** 5
– nichtiger Verwaltungsakt **47** 6
– PKH **47** 26
– Prozessurteil **47** 27
– Sachentscheidungsvoraussetzung **47** 1
– Sachurteil **47** 27
– Sonderfälle **47** 2
– Unionsrechtskonformität **47** 3
– Untätigkeits-Verpflichtungsklage **47** 7
– Vollständigkeit der Einspruchsentscheidung **47** 10
– Wahrung **47** 15
  – bei Rechtswegverweisung **Anhang 33** 43
– Wechselwirkung mit Bestandskraft **47** 1
Klagegegenstand
– nach § 73 II FGO
  – Begriff **73** 13
Klagehäufung **67** 8; *s. auch Klageverbindung; Objektive Klagenhäufung; Subjektive Klagenhäufung*
– alternative **43** 10
– Begriff **43** 1
– Eventualklagenhäufung **43** 15
– eventuelle **43** 11
– Formen **43** 8 ff.
– gemeinsame Verhandlung und Entscheidung **43** 3
– Grenzen **43** 12
– Klagearten **43** 2
– Kosten **43** 18
– kumulative **43** 9
– objektive **43** 1
  – Rechtsweg **Anhang 33** 15
– Rechtsfolgen **43** 14 ff.
– Rechtsmittelverfahren **43** 19 f.
– Revisionsverfahren **43** 2
– Streitwert **Vor 135** 108 ff.
– Verfahrensökonomie **43** 3
– Voraussetzungen **43** 5 ff.
– Zusammenhang
  – tatsächlicher oder wirtschaftlicher **43** 7
Klagentrennung *s. Trennung von Verfahren*
Kläger
– Beschwer für Rechtsmittel **Vor 115** 112 ff.
– Bezeichnung **65** 13 ff.
– Einlegung der Revision **115** 25
– ladungsfähige Anschrift **65** 15 ff.
Klagerücknahme *s. auch Rücknahme;* **Vor 33** 27
– Adressat der Erklärung **72** 15
– Anfechtung **72** 19
– Antrag auf Fortsetzung des Verfahrens **72** 45 f.
– außergerichtliche Vereinbarungen **72** 4
– Begriff **72** 1
– begriffliche Abgrenzung **72** 2
– Einstellungsbeschluss **72** 32, 34 ff.
– Einwilligung des Beklagten **72** 2, 22 ff., 26
– einzelne Streitpunkte **72** 13
– Erklärung **72** 5 ff., 18 ff.
  – Bedingungsfeindlichkeit **72** 10
  – Form **72** 6 f.
  – Inhalt **72** 8
– Ermäßigung der Gerichtsgebühren **Vor 135** 28
– Fortsetzung des Verfahrens **72** 28
– Gebühren des Bevollmächtigten **139** 71
– Geltendmachung der Unwirksamkeit **72** 38 ff., 46 f.
– Gestaltungswirkung **72** 1
– zwischen den Instanzen **72** 15
– Kosten **72** 32 f., 50
– Kostenentscheidung **72** 34; **143** 2, 4; **144** 1
– kostenfrei
  – Abschaffung **Vor 1** 18
– Nichterteilung der Einwilligung **72** 28
– objektive und subjektive Klagenhäufung **72** 12
– Prozessbevollmächtigter **72** 18
– Prozessfähigkeit **72** 18
– Prozesshandlung **72** 1, 10, 18 ff.
– Rechtsmittel **72** 49 f.
  – Kostenentscheidung **72** 50
– Rechtsschutzbedürfnis **Vor 33** 20
– nach Schluss der mündlichen Verhandlung **72** 23
– keine stillschweigende **72** 7
– Streit über Wirksamkeit **72** 37 ff.
– Teilerledigung **72** 13
– Teilrücknahme **72** 12 ff.
  – bei zwischenstaatlicher Einkunftsabgrenzung **72** 14
– unwirksame **72** 36 ff.
  – Beschluss **72** 34
– unzulässige Einwirkung **72** 21
– Verlust des Klagerechts **72** 31
– verspätete Erteilung der Einwilligung **72** 28
– nach Verzicht auf mündliche Verhandlung **72** 24

– durch vollmachtlosen Vertreter **72** 18
  – Kostenentscheidung **144** 4
– im vorbereitenden Verfahren **79a** 12
– Widerruf **72** 19 f.
– Wiederaufnahme nach K. **72** 51
– Wirksamkeitsvoraussetzungen **72** 5 ff., 18 ff., 22 ff., 28
– Wirksamwerden **72** 5, 15, 22 ff.
– Wirkungen **72** 29 ff.
– zeitliche Grenzen **72** 16
– Zeitpunkt **72** 5, 15
– nach Zustellung eines Gerichtsbescheids **72** 25
– Zwischenurteil **72** 38 f.
Klägervortrag
– Ergänzungsaufforderung
  – einfache **65** 53
– zwingender Inhalt **65** 4 ff.
  – Funktion **65** 4
  – Vorlagezeitpunkt **65** 5, 52
Klageschrift
– Abschriften **64** 30
– Anlagen **64** 30
– Auslegung **65** 10, 14, 23 ff., 32 ff., 42 f.
– Beklagtenbezeichnung **65** 23 ff.
– Ergänzbarkeit **65** 5, 52
– ergänzende Angaben und Unterlagen **65** 6, 46 ff., 75
– Inhalt **65** 4 ff.
– Klagebegehren **65** 30 ff.
– Klägerbezeichnung **65** 13 ff.
– Mindestinhalt **47** 15
– Verlust **47** 23
– Zugang **47** 9
– Zugang beim Gericht **47** 16 f.
– Zustellung **47** 9; **71** 2 ff.
Klagesperre Anhang 33 5, 12; **66** 6; **70** 7
Klageverbindung 43 5; *s. auch Klagenhäufung; Verbindung von Verfahren*
– Selbständigkeit der Klagebegehren **43** 14
– Trennbarkeit der Klagebegehren **43** 14
Klageverfahren
– Fortsetzung nach Unterbrechung im Rahmen des § 46 **46** 26
Klageverzicht Vor 33 27; **50** 1 ff., 17 ff.; **72** 2
– Adressat **50** 21
– Anwendungsbereich **50** 14
– Bedingungsfeindlichkeit **50** 26
– besondere Anforderungen **50** 19 f.
– Einspruchsverzicht **50** 1
– Erklärender **50** 22
– Geltendmachung der Unwirksamkeit **50** 27
– Grundlagenbescheid **50** 10
– inhaltliche Bestimmtheit **50** 24
– Jahresfrist **50** 29
– Prozesshandlung **50** 7
– Prozessurteil **50** 15
– Sachentscheidungsvoraussetzung **50** 7
– Schriftformerfordernis **50** 21
– Steueranmeldung **50** 10
– Steuerfestsetzung **50** 10
– tatsächliche Verständigung **50** 4
– Teilverzicht **50** 17 ff.
– Treu und Glauben **50** 5
– Unanfechtbarkeit **50** 27
– Unwiderruflichkeit **50** 27
– Unwirksamkeitsgründe **50** 28
– Verfahren **50** 30
– Verständigungsverfahren (DBA) **50** 17
– Verzichtserklärung **50** 24 f.
– zeitliche Grenzen **50** 13
– Zweck **50** 2
Klageziel *s. auch Klagebegehren*
– Begrenzung der Sachaufklärung **76** 12
Klärungsbedürftigkeit
– Darlegungsanforderungen **116** 33
– Einheitlichkeit der Rechtsprechung **115** 174
– grundsätzliche Bedeutung **115** 140 ff.
– Rechtsfortbildung **115** 165
Klärungsfähigkeit
– Darlegungsanforderungen **116** 34
– Einheitlichkeit der Rechtsprechung **115** 174
– grundsätzliche Bedeutung **115** 150 ff.
– Rechtsfortbildung **115** 165
Kommunalparlamente
– Mitglieder
  – Amt des ehrenamtlichen Richters **19** 2
Kompetenzkonflikte Anhang 33 17; **39** 3 ff.; **70** 15
Konkretisierung
– Rechtsverhältnis **41** 16
Konkurrentenklage 40 134; *s. auch Drittbetroffener*
Konkursantrag *s. Insolvenz*
Kontrollmitteilung
– Rechtsweg **33** 85
Konzentrationsmaxime 76 7; **80** 1; **91** 1
– Vorbereitung der mündlichen Verhandlung **79** 1
Kopien
– Auslagen des Bevollmächtigten **139** 108
Körperschaftsteuer *s. Organschaft; s. Zweckvermögen*
Korporationsrechtliche Vereinbarungen
– Auslegung durch den BFH **118** 57

Korrektur
– bestandskräftiger Steuerbescheid
  – Klage auf **40** 57
– elektronischer Steuerbescheid **Vor 40** 59
Kosten 43 18; *s. auch Kostenentscheidung*
– Anschlussrechtsmittel **136** 2
– Aufhebung der K. **136** 3
– Ausbleiben des Beteiligten **80** 13
– Ausschlussfrist nach § 365b AO **76** 90
– außergerichtliche
  – Abschriften **139** 13
  – Anwendbarkeit des RVG **139** 23
  – Auslagen der Beteiligten **139** 10
  – Begriff **139** 3
  – Bevollmächtigter **139** 18
  – Bevollmächtigter in eigener Sache **139** 20
  – Bürgschaften **139** 12
  – Fachliteratur **139** 13
  – der Familienkasse **139** 14
  – der Finanzbehörde **139** 14
  – Fotokopien **139** 13
  – Gebühren des Bevollmächtigten **139** 23
  – Gutachten **139** 11
  – mehrere Bevollmächtigte **139** 7
  – Notwendigkeit **139** 4
  – Provisionen **139** 12
  – Reisekosten der Beteiligten **139** 10
  – Reisekosten des Bevollmächtigten **139** 6
  – Sicherheitsleistung **139** 12
  – Übersetzungen **139** 13
  – Verdienstausfall der Beteiligten **139** 10
  – Verfahren wegen überlanger Verfahrensdauer **139** 14
  – Wechsel des Bevollmächtigten **139** 7
  – Zeitaufwand **139** 10
– Begriff **Vor 135** 1; **139** 1
– Entscheidung im vorbereitenden Verfahren **79a** 15
– bei Erledigung der Hauptsache **138** 3 ff., 30 ff.
– Kostenentscheidung **143** 1 ff.
– Kostenpflicht bei Unterliegen **135** 1 ff.
– Kostenverteilung
  – nach Abschnitten **136** 5
  – nach Quoten **136** 4
– bei Präklusion im Einspruchsverfahren **137** 10
– Rechtsmittelverfahren **135** 14 f.
– bei Rücknahme eines Rechtsbehelfs **136** 8
– wegen Verschuldens **137** 3
– wegen verspäteten Vorbringens **137** 7
– bei Verweisung **136** 14
  – Unzulässigkeit des Rechtswegs **Anhang 33** 44
  – Unzuständigkeit **70** 14
– vollmachtloser Vertreter **135** 9 f.
– Wiederaufnahmeverfahren **135** 22
– Wiedereinsetzung in den vorigen Stand **136** 12
Kosten des Beigeladenen
– außergerichtliche **139** 157
Kosten des Vorverfahrens
– Antrag **139** 131
– Aussetzung der Vollziehung **139** 121, 150
– Besprechung **139** 149
– Eigenvertretung **139** 126
– Entscheidung des Gerichts **139** 130
– Erledigungsgebühr **139** 151
– Erstattung **139** 120
– erstattungsfähige Aufwendungen **139** 135
– Gebühren nach RVG **139** 137
– Gebühren nach StBVV **139** 147
– Gebührenordnung **139** 136
– mehrere Einsprüche **139** 149
– Notwendigkeit der Zuziehung eines Bevollmächtigten **79a** 15; **139** 128
– Sprungklage **139** 122
– Untätigkeitseinspruch **139** 122
– Untätigkeitsklage **139** 122
– Zuziehung eines Bevollmächtigten **139** 125
Kostenansatz Vor 135 55 ff.
– Abgrenzung zur Kostenfestsetzung **149** 2
– Begriff **149** 2
– Berichtigung **Vor 135** 57
– Nachforderung von Gerichtskosten **Vor 135** 62
– Nichterhebung von Gerichtskosten **Vor 135** 85 ff.
– Rechtsbehelfe **Vor 135** 65 ff.
– Reformatio in peius **Vor 135** 75
Kostenaufhebung 136 3
– bei Erledigung der Hauptsache **138** 42
Kostenbeamter Vor 135 55
Kostenentscheidung 143 1 ff.
– Abänderung in Rechtsmittelinstanz **143** 8
– von Amts wegen **143** 1
– Anfechtung der K. **145** 1 ff.
– bei Anhörungsrüge **133a** 17
– bei Anschlussrevision **120** 89
– bei Antrag auf Kostenerstattung **144** 5
– Anwendungsfälle **143** 2
– bei beantragter Kostenerstattung **144** 5
– Beiladung **143** 18
– keine Beschwerde **128** 12
– Einheitlichkeit **135** 12; **143** 7
– Entscheidung über Nichterhebung der Gerichtskosten **143** 19

– bei Erledigung der Hauptsache **138** 3 ff., 30 ff.
  – nach Ermessen **138** 40
  – maßgeblicher Zeitpunkt **138** 32
  – Umfang der Entscheidung **138** 34
  – Verfahren **138** 38
– bei Erledigung der Untätigkeitsklage **138** 51, 58
– Fehlen der Gründe **119** 37
– fehlende **143** 9
– Form **143** 12
– Gegenstand **143** 16
– Grundurteil **145** 3
– keine in unselbständigen Verfahren **143** 6
– Inhalt **143** 18
– Insolvenz **143** 7
– isolierte **143** 13; **145** 5
– Klagerücknahme im Revisionsverfahren **144** 3
– Kosten des Beigeladenen **143** 18
– Nichterhebung von Kosten **143** 19
– nach Rechtsänderung **138** 44, 55
– kein Rechtsbehelf gegen unselbständige K. **145** 1
– bei Rechtsmittel gegen Zwischenverfahren **143** 10
– Reformatio in peius **143** 14
– Rücknahme eines Rechtsbehelfs **144** 1 ff.
– Schlussurteil **145** 3
– Teilurteil **143** 6; **145** 3
– bei teilweiser Erledigung der Hauptsache **138** 56
– Übergehen im Urteil **109** 2
– bei Untätigkeitsklage **46** 26
– Urteil bei Verpflichtungsklage **101** 9, 12
– Urteilsergänzung **143** 5
– Verfassungsbeschwerde **145** 5
– vollmachtloser Vertreter **62** 96; **144** 2
– Zulässigkeit der Anschlussrevision **120** 88
– bei Zurückverweisung **143** 22 ff.
– Zuständigkeit, Form, Verfahren **143** 12 ff.
– Zuziehung eines Bevollmächtigten **143** 19
– Zwischenurteil **143** 6
– in Zwischenverfahren **143** 8

Kostenerinnerung
– Zuständigkeit für die Entscheidung **79a** 16

Kostenerstattung
– Entstehung **139** 170
– Kostenentscheidung bei Antrag auf K. **144** 5
– Verjährung **139** 172
– Verzinsung **139** 171

Kostenfestsetzung *s. auch Kostenfestsetzungsbeschluss*
– Abgrenzung zum Kostenansatz **149** 2
– Abgrenzung zum Vergütungsanspruch **149** 2
– Abgrenzung zur Kostenentscheidung **143** 17
– Anhörung **149** 9
– Antrag **149** 8
– Aufrechnung **149** 1
– Begriff **149** 1
– Entscheidung **149** 9
– Gegenstandswert **149** 1
– materielle Rechtskraft **149** 11
– Nachtragsliquidation **149** 12
– Schadensersatz **149** 9
– Streitgenossen **149** 10
– Umsatzsteuer **149** 9
– Urkundsbeamter der Geschäftsstelle **149** 6
– Verfahren **149** 4
– Verjährung des Gebührenanspruchs **149** 9
– vollstreckungsfähiger Titel **149** 5
– Zinsen **149** 10
– Zuständigkeit **149** 6
– Zuziehung eines Bevollmächtigten zum Vorverfahren **149** 9

Kostenfestsetzungsbeschluss
– Erinnerung **149** 16
– Funktion **149** 1
– Rechtsbehelfe **149** 15
– Rechtsbehelfsbelehrung **149** 15
– als vollstreckbarer Titel **149** 11
– Vollstreckung **151** 8; **153** 1

Kostenfestsetzungsverfahren
– Anrechnung Geschäftsgebühr **139** 141

Kostenfreiheit Vor 135 18

Kostengrundentscheidung
– Begriff **Vor 135** 3
– Urteilsergänzung **109** 5

Kostenhaftung
– Gerichtskosten **Vor 135** 22

Kostenpflicht *s. auch Kostenentscheidung*
– Beigeladener **135** 18 ff.
– Gesamtschuld **135** 25
– mehrerer Personen **135** 24
– bei Obsiegen **137** 1 ff.
– bei teilweisem Unterliegen **136** 1

Kostenquote 136 4

Kostenrechnung
– Zustellung **62** 110

Kostenrecht
– 2. KostenrechtsmodernisierungsG **Vor 1** 33

– formelles **Vor 135** 3
– KostenrechtsänderungsG 2021 **Vor 1** 46
– KostenrechtsmodernisierungsG **Vor 1** 18
– materielles **Vor 135** 3
Kostenschuldner Vor 135 21
– mehrere Kostenpflichtige **Vor 135** 23
– vollmachtloser Vertreter **Vor 135** 21
Kostenverfügung Vor 135 10
Kostenverzeichnis Vor 135 180
Kraftfahrzeugsteuer 33 19
Krankenpfleger
– Ablehnung des Amts des ehrenamtlichen Richters **20**
Krankheit
– Vertagungsgrund **91** 4
– Wiedereinsetzung in den vorigen Stand **56** 113
Kumulative Begründung
– absolute Revisionsgründe **119** 3
– Anrufung des GrS **11** 11
– Entscheidung über Revision **126** 7
– Entscheidungserheblichkeit **115** 119
– Nichtzulassungsbeschwerde **116** 27
Kurierdienst
– Wiedereinsetzung in den vorigen Stand **56** 57
Kurzbegründung *s. Begründungszwang*
Kurzschrift
– Protokoll **94** 10

Ladung
– Inhalt **91** 10
– mündliche Verhandlung **91** 9 f.
 – Beschwerde **74** 78
 – Entscheidung trotz Ausbleibens **91** 16 ff.
 – nicht ordnungsmäßige L. **91** 14 f.
– nicht ordnungsgemäße
 – Heilung **91** 15
– rechtliches Gehör **119** 24
– Zeugen **82** 20
 – Rechtsmittel **82** 20
– Zuständigkeit **91** 9
– Zustellung **91** 9
– Zustellungsadressat **91** 9
Ladungsfrist
– Abkürzung **91** 12 f.
– Beginn **54** 8
– Begriff **91** 11 ff.
– Nichteinhaltung **91** 14 f.
– Zeugenladung **82** 20
Landesrecht 118 35 ff.
– Tatsachenfeststellung **118** 191
Landesregierung
– Mitglieder
 – Ausschließung vom Amt des ehrenamtlichen Richters **19**
 – Vernehmung als Zeugen **82** 23
 – Zeugnisverweigerungsrecht **84** 4, 7 f.
Landessteuern
– Rechtsweg **33** 142
Landtag
– Mitglieder
 – Ausschließung vom Amt des ehrenamtlichen Richters **19**
 – Vernehmung als Zeugen **82** 23
 – Zeugnisverweigerungsrecht **84** 4, 7 f.
Landwirtschaftliche Buchstelle
– als Bevollmächtigte **62** 33
Lebenserfahrung *s. Erfahrungssätze*
Lebenssachverhalt *s. Streitgegenstand*
Leistungsantrag
– Rechtsschutzbedürfnis **Vor 33** 20
Leistungsklage 40 9 f., 31 ff., 77; **47** 5
– Abwehr von Mitwirkungshandlungen **40** 44
– Akteneinsicht **40** 42
– allgemeine
 – Rechtsschutzbedürfnis **Vor 33** 21
– Außenprüfung **40** 43 ff.
– Begründetheit **40** 37
– Einzelfälle **40** 42 ff.
– Feststellungsklage
 – Abgrenzung zur F. **40** 36
– Herausgabe von Unterlagen **40** 45
– Klage auf Auszahlung **40** 50
– Klagebefugnis **40** 90
– Realakt **40** 32
– Rücknahme Insolvenzeröffnungsantrag **40** 46
– Subsidiarität **40** 33 ff.
– Tenor **100** 3
– Verpflichtungsklage
 – Abgrenzung zur V. **40** 31 ff.
– vorbeugende Unterlassungsklage **40** 47
– Weitergabe von Kontrollmitteilungen **40** 44
– Zahlungsanspruch **40** 35
Leistungsurteil *s. Urteil*
Lohnsteuerabzugsmerkmale
– Rechtsschutzbedürfnis **Vor 33** 20
– Rechtsweg **33** 88
Lohnsteuerbescheinigung
– Rechtsschutzbedürfnis **Vor 33** 21
Lohnsteuerermäßigungsverfahren 68 50
Lohnsteuerhilfeverein
– Bevollmächtigte **62** 101
– als Bevollmächtigter **62** 33
– Prozessvollmacht **62** 101
Lohnsteuerkarte
– Klage auf Eintragungen **40** 56
Lohnsteuer-Voranmeldung
– Beiladung **60** 100

Löschung
– einer Kapitalgesellschaft **74** 84
Löschung im Prozessregister 72 3
Mandatsniederlegung
– Begründungsfrist für Nichtzulassungsbeschwerde **116** 24
– Vertagungsgrund **91** 4 f.
Mangelnde Vorbereitung
– kein Vertagungsgrund **91** 5 f.
Markenverfahren *s. Kraftfahrzeugsteuer*
Marktordnung
– Rechtsweg **33** 140
Massenbeiladung 60a 1 ff.
Massenverfahren *s. Notwendige Beiladung*
Materielle Rechtskraft *s. Rechtskraft*
Materielles Recht
– Abspaltung der Klagebefugnis **48 aF** 1
– Verfahrensrecht **Vor 76** 4
Mediation Vor 1 29; **155** 30
– Ausschließung des Richters im weiteren Verfahren **51** 15
Mediationsverfahren
– Gebühren des Bevollmächtigten **139** 94
Medienöffentlichkeit 119 31
Mehrere Kostenschuldner Vor 135 23
Mehrere Rechtsmittel
– desselben Beteiligten **120** 35
Mehrmütterorganschaft 40 133
Mehrstöckige Gesellschaft *s. auch Organschaft;s. auch Treuhand*
Mehrstufiger Verwaltungsakt *s. Verwaltungsakt*
Meistbegünstigung
– Beschwerde bei inkorrekter Entscheidung **128** 3
– Revision gegen Gerichtsbescheid **115** 38
Milchgarantiemengenregelung *s. Aussetzung der Vollziehung*
Milchquote
– Rechtsweg **33** 92
Mindeststreitwert Vor 1 18; **Vor 135** 6, 127
– Erhöhung **Vor 1** 33
Minister
– Ausschließung vom Amt des ehrenamtlichen Richters **19**
– als Sachverständige **82** 36
– als Zeugen **82** 23
Missbrauch *s. Allgemeine Rechtsgrundsätze*
Mitgesellschafter 40 110
Mitglieder
– Finanzgericht **5** 1 ff.
– Präsidium **4** 5
Mittelloser Beteiligter
– Reiseentschädigung
  – für mündliche Verhandlung **90** 7
Mitwirkungsanordnung *s. Mitwirkungsplan*
Mitwirkungspflicht Vor 76 5; **76** 1 f.
– Auslandszahlungen **76** 47
– Auslandszeugen **76** 47 f.
– Beteiligte als Verpflichtete **76** 44 ff.
– Beweisnähe **76** 59
– Finanzamt
  – nach Ausschlussfrist nach § 364b AO **76** 87
– Folgen der Verletzung **100** 59
– gemäß der AO **76** 46 ff.
– Geschehensablauf
  – abweichender **76** 59
– Hinweispflicht durch das Gericht **76** 68
– Konten im Ausland **76** 47
– Kosten bei Verletzung der M. **137** 2
– Möglichkeit der Mitwirkung **76** 59
– Sachaufklärung **76** 21 f., 30, 44 ff.
– Sachverhalt
  – unübersichtlicher **76** 59
– Sphärentheorie **76** 58 f.
– Verfahrensmangel **119** 17
– Verhältnismäßigkeit **76** 59
– Verletzung **80** 11
  – in dubio pro reo **76** 59
  – bei Nichterscheinen zum Termin **91** 17
  – Rechtsfolgen **76** 47 f., 59 f.
  – reduziertes Beweismaß **76** 60
– Verschwiegenheitspflicht **76** 44
– vorangegangenes Tun oder Unterlassen **76** 59
– Zumutbarkeit **76** 59
Mitwirkungsplan 4 50
– Änderung **4** 51
– Besetzungsmangel **119** 9
– Bundesfinanzhof **10** 1
– Einsichtnahme **4** 56
– bei Einzelrichter **4** 53; **6** 8, 18
– Vertretungsregelung **4** 50
Mobilitätsprämie
– Rechtsweg **33** 15, 93
MoPeG
– Folgeänderungen **Vor 1** 53
Mündliche Verhandlung 108 10; *s. auch Mündlichkeitsgrundsatz;s. auch Sitzungspolizei; s. auch Verzicht auf mündliche Verhandlung; s. auch Vorbereitung der mündlichen Verhandlung*
– Ablauf **92** 2 ff., 6 ff.; **93** 2 ff.; **94** 2 ff.
  – Fragerecht der Beisitzer **93** 5
  – Sachvortrag **92** 6 ff.
  – Schließung **93** 6
  – Stellung der Anträge **92** 11 ff.
  – Vortrag der Beteiligten **92** 9 f.

– Ablehnung von Gerichtspersonen **51** 75
– Anwesenheitspflicht der Mitglieder des Spruchkörpers **91** 19
– Aufruf der Sache **92** 6
– Aufruf des Verfahrens **52** 4
– Aushang **52** 4
– Ausnahmen **90** 1, 10 ff., 25
– Ausschluss der Öffentlichkeit **52** 9
– Beweisaufnahme **92** 10
– Dolmetscher **52** 30
– Eingangskontrollen **52** 4
– Fotografierverbot **52** 3
– vor dem GrS **11** 32
– Ladung **91** 9 ff.
– Leitung **92** 2 ff.
– nachträgliches Vorbringen **93** 7
– nichtöffentliche **52** 3
– Notwendigkeit **90** 1 ff.
– Protokoll **92** 11 f.; **94** 2 ff.
– rechtliches Gehör **119** 24
– Richterwechsel **81** 9; **103** 4
– sachliche Leitung **92** 5
– Schriftsatzübergabe **92** 10
– Stellung der Anträge **92** 11 f.
  – Weigerung **92** 13
– Terminsbestimmung **91** 1
– Ton- und Fernsehaufnahmen **52** 3
– Unterbrechung **27** 7; **81** 9
– Verfahrensgrundsätze **92** 1
– verspäteter Beginn **92** 6
– Vortrag des Berichterstatters **92** 6
– Wartepflicht des Gerichts bei Nichterscheinen eines Beteiligten **91** 16
– Wiedereröffnung **91** 16; **93** 7 ff.; **103** 3; **104** 2
– Zutrittsbeschränkung **52** 15
– Zweck **90** 3

Mündlichkeitsgrundsatz 90 1 ff.
– Ausnahmen **90** 1, 10 ff., 25; **90a** 2
– Bedeutung **90** 7 f.
– Geltungsbereich **90** 4 ff.
– Verletzung **90** 27 ff.

Nacherbfolge
– Aussetzung, Unterbrechung des Verfahrens **74** 85 f.

Nacherhebungsbescheid
– nach Klageerhebung **68** 43

Nachgelassene Schriftsätze 93 7

Nachgereichte Schriftsätze 90 8, 22 f.; **93** 7

Nachlassverwaltung
– Aussetzung des Verfahrens **74** 89 ff.

Nachprüfungsvorbehalt Vor 40 39 f.; **44** 16

Nachreichung
– Schriftsätze **90** 22 f.; **93** 7

Nachrücken
– Präsidium **4** 20

Nachschieben von Gründen
– in der Nichtabhilfeentscheidung **130** 6

Nachsicht *s. Wiedereinsetzung*

Nachträgliche Divergenz 115 205

Nachträgliches Vorbringen *s. Nachgereichte Schriftsätze*

Nachtragsliquidation
– Kostenfestsetzung **149** 12
– Nachtragsliquidator
  – Erteilung einer Prozessvollmacht **62** 6

Nachweispflichten
– Sachaufklärung **76** 58

Nahe Angehörige
– Zeugnisverweigerungsrecht **84** 4 ff.

Ne bis in idem 110 12

Ne ultra petita 96 48
– Umfang der Rechtskraft **110** 35

Nebenbestimmungen *s. auch Verwaltungsakt*
– teilweise Aufhebung **100** 24

Nebenentscheidungen *s. Vorbereitendes Verfahren*
– Verfahrensmangel **115** 259
– Zulassungsgründe **115** 94

Nebenforderungen
– Streitwert **Vor 135** 106

Nebenintervention 57 2; **60** 1

Nebenstimmungen
– Änderung usw.
  – nach Klageerhebung **68** 22

Negativauskünfte
– Klagearten **40** 68

Negative verbindliche Auskunft
– Klagearten **40** 66

Nettolohnvereinbarung
– Rechtsweg **33** 94

Neue Tatsachen
– bei Abhilfeentscheidung **130** 1
– im Beschwerdeverfahren **132** 6
– Nichtzulassungsbeschwerde **116** 29
– Tatsachenfeststellung **118** 176

Nicht revisibles Recht
– Tatsachenfeststellung **118** 92

Nichtanwendungserlass 1 9
– grundsätzliche Bedeutung **115** 144

Nichtbestreiten von Tatsachen 81 3

Nichtbetreiben
– des Verfahrens
  – Rechtsfolgen **72** 3

Nichterhebung von Gerichtskosten Vor 135 85 ff.
– Entscheidung **143** 19
– Erinnerung **Vor 135** 67
– Kausalität **Vor 135** 93

– unverschuldete Unkenntnis **Vor 135** 94 f.
– Verfahren **Vor 135** 97 ff.
Nichterscheinen
– Beteiligte **80** 1 ff., 9 ff.; **92** 13
– ehrenamtlicher Richter **30**
– Hinweispflicht **76** 68
– Sachverständige **82** 37
– Zeuge **82** 21 f.
Nichtiger Verwaltungsakt *s. Verwaltungsakt*
Nichtigkeit
– Urteil **105** 22
– Verwaltungsakt **41** 24 ff.
  – Voraussetzungen **41** 26
Nichtigkeitsfeststellungsklage 41 24 ff.
– Änderungsbescheid **68** 15
– besonderes Feststellungsinteresse **41** 24
– Einzelfälle **41** 37 ff.
– Nichtigkeitsfeststellungsbescheid **41** 37
Nichtigkeitsklage 134 1 ff.
Nichtrüge *s. Verzicht*
Nichturteil 95 7; *s. Urteil*
Nichtvorschriftsmäßige Besetzung *s. Besetzung*
Nichtzulassungsbeschwerde Vor 1 12
– Änderungsbescheid **68** 11; **116** 76; **127** 5
– Anhörungsrüge **116** 69
– Begriff **116** 1
– Begründung **116** 19 ff., 60
– Beigeladene **122** 8
– Darlegung **116** 25
– Divergenz **116** 40
– Einlegung beim BFH **116** 10
– Einlegungsfrist **116** 16 ff.
– Gebühren des Bevollmächtigten **139** 96
– grundsätzliche Bedeutung **116** 30 ff.
– inhaltliche Beschränkung **116** 13
– Prozesskostenhilfe **116** 17; **142** 106
– qualifizierter Rechtsanwendungsfehler **116** 45
– Rechtsfortbildung **116** 38
– Rücknahme **125** 3
– Statthaftigkeit **116** 6 ff.
– Streitwert **Vor 135** 123
– Verfahrensmangel **116** 48
– Wiedereinsetzung in den vorigen Stand **56** 61
– Zurücknahme der Beschwerde **116** 73
Niederlegung *s. Zustellung*
Niederschrift *s. auch Protokoll*
– Klageerhebung **64** 28
Non liquet 96 180
Normenkontrollverfahren *s. auch Normenkontrolle*
Notanwalt
– Rechtsschutzbedürfnis **Vor 33** 24
Notare
– Ausschließung vom Amt des ehrenamtlichen Richters **19** 6
– Zeugnisverweigerungsrecht **84** 4, 7 f.
Notwendige Beiladung 48 aF 5; *s. auch Beiladung*
– Verbindung von Verfahren **73** 13, 19
Notwendigkeit *s. Anordnung*

Obergesellschaft *s. Gesellschaft*
Obersatzvergleich 115 181
Oberste Landesbehörde
– Beitrittsrecht **122** 10
Obiter dicta
– keine Bindung des FG nach Zurückverweisung **126** 24
– keine Bindungswirkung **110** 38
– Entscheidungserheblichkeit **115** 117
Objektive Klagenhäufung 72 12; *s. auch Klagenhäufung; s. auch Klagerücknahme*
– Streitwert **Vor 135** 108
– Trennung von Verfahren **73** 20
– Verbindung von Verfahren **73** 15
Obsiegen
– Kostenpflicht trotz O. **137** 1 ff.
Offenbare Unrichtigkeiten
– Berichtigung **107** 1 ff.
Offenkundige Tatsachen
– Feststellung durch BFH **118** 154
– nicht beweisbedürftig **81** 3
Öffentliche Zustellung *s. Zustellung*
Öffentlichkeit
– absoluter Revisionsgrund **119** 31 f.
– der mündliche Verhandlung **155** 7
– Rügeverzicht **119** 33
Öffentlichkeit der Verhandlung
– Anforderungen **52** 4
– Anwendungsbereich **52** 3
– Aufruf des Verfahrens **52** 4
– Aushang **52** 4
– Ausnahmen **52** 3
– Ausschluss **52** 9
– Ausschluss der Öffentlichkeit
  – Videokonferenz **90** 55
– Beeinträchtigungen **52** 6
– Eingangskontrollen **52** 4
– Fotografierverbot **52** 3
– Protokoll als Nachweis **52** 10
– Ton- und Fernsehaufnahmen **Vor 1** 43; **52** 3
– Urteilsverkündung **52** 10
– Verfahrensmangel **52** 6
– Videokonferenz **90** 55
– Zutrittsbeschränkung **52** 15

Öffentlich-rechtliche Körperschaft
– Entsendung eines Beamten zur mündlichen Verhandlung **80** 15 ff.
Öffentlich-rechtliche Streitigkeiten 33 9 ff.
– Rechtsweg **33** 1
Offizialmaxime *s. Amtsgrundsatz*
Ordentlicher Rechtsbehelf
– Begriff **Vor 115** 8
Ordentlicher Rechtsweg 33 1
– Straf- und Bußgeldverfahren **33** 21 ff.
– Vollstreckungsmaßnahmen **33** 24
– kraft Zuweisung **33** 24
Ordnungs- und Zwangsmittel
– aufschiebende Wirkung der Beschwerde **131** 2
Ordnungsgeld
– Anordnung des persönlichen Erscheinens
  – Festsetzung **80** 10
  – Höhe **80** 10
  – Nichtbeachtung **80** 6, 14
– bei Anordnung des persönlichen Erscheinens
  – Rechtsmittel **80** 14
– bei Ausbleiben
  – ehrenamtlicher Richter **30**
  – Zeugen **82** 21 f.
– gegen Sachverständige **82** 37
– Vertretungszwang beim BFH **62** 65
– Vollstreckung **150** 4
– gegen Zeugen
  – Festsetzung **82** 21
  – Höhe **82** 21
Ordnungsgeldfestsetzung
– Anordnung des persönlichen Erscheinens
  – Beschwerde **80** 14
  – Zustellung **80** 14
Ordnungshaft
– bei Nichtvorlage von Urkunden usw **89** 1 ff.
– Unzulässigkeit bei Ausbleiben ehrenamtlicher Richter **30**
– gegen Zeugen **82** 21 f., 26
Ordnungsmäßigkeit *s. Prozessvollmacht*
– der Klageerhebung **Vor 33** 16
– der Ladung **91** 9 ff.
Ordnungsstrafe *s. Ordnungsgeld; s. Ordnungshaft*
Ordnungsvorschrift
– Verfahrensmangel **115** 255
Organisationsakt
– Beklagter **63** 21
Organschaft 40 133; *s. auch Mehrmütterorganschaft*
– Beiladung **60** 107
Örtliche Unzuständigkeit 70 1 ff.
Örtliche Verbrauch- und Aufwandsteuern
– Rechtsweg **33** 18
Örtliche Zuständigkeit *s. auch Verweisung;* **38**
– Änderungsbescheid **38** 9
– Antragsverfahren **38** 2
– Begriff **Vor 35–39** 2
– Behördensitz **38** 7
– Bestimmung
  – durch den BFH **39** 1 ff.
– Entscheidung über Zulässigkeit des Rechtswegs **Anhang 33** 25
– Finanzgerichte **35** 2
– Gerichtsstandsvereinbarungen **38** 3
– Kindergeld **38** 5, 15 ff.
– Klagen
  – gegen Privatrechtssubjekte **38** 22
– Merkmale **38** 7 ff.
– Oberste Finanzbehörde **38** 12
  – Zollsachen **38** 13
– perpetuatio fori **38** 2
– Sachentscheidungsvoraussetzung **Vor 33** 16
– Sonderfälle **38** 20 ff.
– Weiterverweisung
  – nach Rechtswegverweisung **Anhang 33** 34
– Zuständigkeitswechsel **38** 8
Ortsabwesenheit
– Vertagungsgrund **91** 4
Ortstermin
– Öffentlichkeit **119** 32

Partei *s. Beteiligte;s. Verfahrensbeteiligte*
Parteibetrieb Vor 76 1
Parteifähigkeit *s. auch Beteiligtenfähigkeit*
– mangelnde Vertretung **119** 27
Parteiöffentlichkeit *s. Beteiligtenöffentlichkeit*
Parteivernehmung *s. Beteiligtenvernehmung*
Parteiwechsel 63 7; *s. auch Beteiligtenwechsel*
– gesetzlicher **63** 20 ff.
Passivlegitimation 63 4; *s. auch Sachbefugnis*
Patentanwälte
– Ausschließung vom Amt des ehrenamtlichen Richters **19** 6
– Zeugnisverweigerungsrecht **84** 4, 7 f.
Pauschalierungen 76 15
Perpetuatio fori Anhang 33 10; **38** 2; **66** 8; **70** 6
– Änderungsbescheid **38** 9
Personalakten 86 11

Personengesellschaft *s. auch Gesellschaft*
– atypisch stille Gesellschaft **57** 25
– Beteiligtenfähigkeit **57** 18
– Bruchteilsgemeinschaft **57** 25
– einheitliche und gesonderte Feststellungsbescheide
  – Vollbeendigung **48 aF** 46
– Einkommensteuer **57** 25
– Feststellungsverfahren **57** 25
– Fortbestand der Steuerrechtsfähigkeit **57** 22
– Gewerbesteuer **57** 27
– Grunderwerbsteuer **57** 28
– Grundstücksgemeinschaft **57** 25
– Klagebefugnis
  – MoPeG-Folgeänderungen **Vor 1** 53
– Vollbeendigung **57** 23; **67** 14
  – Unterbrechung des Verfahrens **74** 68
– Zebragesellschaft **57** 25
Persönliche Unabhängigkeit
– Richter **1** 6, 15 ff.
Persönliches Erscheinen *s. Anordnung*
– Anordnung **79** 8
Pfändung
– steuerlicher Erstattungsansprüche
  – Rechtsweg **33** 97
Pflegeeltern
– Begriff **84** 6
– Eidesverweigerungsrecht **84** 9
– Zeugnisverweigerungsrecht **84** 4 ff., 8
Pflegekinder
– Begriff **84** 6
– Eidesverweigerungsrecht **84** 9
– Zeugnisverweigerungsrecht **84** 4 ff., 8
Popularklage
– Ausschluss **40** 75
Postausgangskontrolle
– Wiedereinsetzung in den vorigen Stand **56** 66
Postbeförderung
– Wiedereinsetzung in den vorigen Stand **56** 67, 112
Postulationsfähigkeit
– Verlust **74** 86
Postzustellungsurkunde *s. auch Zustellungsurkunde*
– Beweiskraft **96** 121
Präferenznachweise
– Rechtsweg **33** 98
Präjudizialität 110 13
Präklusion Vor 1 8; **Vor 76** 5; **76** 1 f.; **96** 61; *s. auch Ausschlussfrist zur Angabe von Tatsachen und Beweismitteln; s. auch Ausschlussfrist zur Darlegung der Beschwer*
– bei Ausschlussfrist nach § 364b AO **76** 79 ff.
  – Belehrungspflicht **76** 88
– außergerichtliche
  – hinsichtlich der Beschwer **76** 86
  – Fortwirken **76** 75 ff.
– Beweisantrag **76** 33
– im Einspruchsverfahren
  – Kosten **137** 10
– Ermessen des Gerichts **76** 84 ff.
– Wirkung **76** 90 ff.
Präklusionswirkung
– Rechtskraft **110** 18
Präsente Beweismittel 76 12; *s. auch Beweismittel*
Präsident des Finanzgerichts 5
– Antrag auf Entbindung ehrenamtlicher Richter **21** 6
– Bestimmung der Zahl der ehrenamtlichen Richter **24**
– Dienstaufsicht **31**
– Ersatzanordnungen **4** 60 f.
– richterliche Aufgaben **4** 25 f.
– Vertretung **4** 57
– Vorschlagsliste ehrenamtliche Richter **25**
– Vorsitz
  – im Präsidium **4** 5, 20
  – im Spruchkörper **4** 40 f.
  – im Wahlausschuss **23** 3
Präsidium
– Ablehnung der Wahl **4** 12
– Abstimmung **4** 25 f.
  – Umlaufverfahren **4** 59
– Amtszeit **4** 15
– Anhörungspflicht **4** 26, 35
– Aufgaben, Geschäftsverteilung **4** 25 ff.
– Beratungs- und Abstimmungsgeheimnis **4** 26
– Beschlüsse
  – Form **4** 59
– Beschlussfähigkeit **4** 58
  – Ersatzanordnung **4** 60
– Besetzung der Spruchkörper **4** 25 ff.
– Blockwahlsystem **4** 11
– Ersatzanordnungen **4** 60
– gerichtliche Überprüfung der Beschlüsse **4** 5
– Geschäftsjahr **4** 22, 26
– Geschäftsordnung **4** 26
– Geschäftsverteilung **4** 2
– Geschäftsverteilungsplan **4** 2
– Größe **4** 5, 22
– Niederlegung des Amtes **4** 12
– Rechtsgrundlagen **4** 1
– Richteröffentlichkeit **4** 35
– Selbstverwaltung **4** 5, 27
– Unabhängigkeit **4** 5
– Vertretung, Wechsel **4** 20
– Wahl **4** 8 ff.

– Wahlanfechtung **4** 17
– Wahlberechtigung **4** 10
– Wahlpflicht **4** 10
– Wahlverfahren **4** 13, 16
– Zusammensetzung **4** 5
  – bei der Errichtung von Gerichten **4** 61
– Zuteilung der ehrenamtlichen Richter **27** 2 ff.
Presseangehörige
– Zeugnisverweigerungsrecht **84** 4
Privatgutachten 96 166
Prognose
– Revisibilität **118** 88
Protokoll
– Anträge **94** 8
– Aufnahme **94** 2 ff.
– äußerer Hergang der Verhandlung **94** 7
– beauftragte oder ersuchte Richter **94** 2 ff.
– Bedeutung **94** 4
– Beisitzer als Protokollführer **94** 3
– Beweisantrag **76** 37; **94** 7
– Beweisaufnahme **94** 2 ff.
– Beweiskraft **94** 4, 22; **96** 119
– Bild- und Tonaufnahmen **94** 10 ff.
  – Abspielen **94** 14
– entbehrliche Feststellungen **94** 13 f.
– Ergänzungsantrag **94** 9
– Erörterungstermin **94** 2 ff., 5
– Genehmigung **94** 14 ff.
– Hinzuziehung eines Protokollführers
  – Voraussetzungen **94** 2 f.
– Inhalt **94** 6 ff.
– Klageerhebung **64** 28
– mündliche Verhandlung **94** 2 ff.
– Nachweis der Öffentlichkeit der Verhandlung **52** 10
– qualifizierte elektronische Signatur **94** 18
– Terminologie **Vor 1** 40
– Unterschrift **94** 17 f.
– Verkündung
  – von Entscheidungen **94** 8
– Verlesung
  – Vorlage zur Durchsicht **94** 14 f.
– Vernehmung, Zeugen, Sachverständige **94** 6, 8
– Verzicht auf Verlesung **94** 14 ff.
– Videokonferenz **90** 61
– vorläufige Aufzeichnung **94** 10 ff.
– wesentliche Vorgänge **94** 7
– zentrale Datenspeichereinrichtung **94** 10
Protokollberichtigung 94 19 ff.
– Ablehnung
  – Rechtsmittel **94** 21
– Entscheidungsbefugnis **94** 20
Protokollergänzung 94 9
Protokollführer
– Entscheidung über Hinzuziehung **94** 3
– Hinzuziehung **94** 2 f.
Prozessakten *s. Akten*
Prozessbeteiligte *s. Beteiligte*
Prozessbetrieb Vor 76 6
Prozessbevollmächtigte *s. auch Anordnung; s. auch Prozessvollmacht; s. auch Vertretungszwang vor dem BFH; s. auch Zurückweisung von Prozessbevollmächtigten*
– mehrere **72** 5
– Notwendigkeit der Zuziehung im Vorverfahren
  – Entscheidung **143** 19
– Unterbrechung
  – des Verfahrens **74** 89 ff.
– Wiedereinsetzung in den vorigen Stand **56** 68
– Zustellung **53** 6, 43
Prozesserklärung *s. auch Prozesshandlung*
– Auslegung durch den BFH **118** 64
– Einwilligung in Klageänderung **67** 22
– Klage **40** 3
– Nichtzulassungsbeschwerde **116** 12
– Rechtsmittelverzicht **Vor 115** 81
– Schweigen **Vor 1** 19
Prozessfähigkeit Vor 33 16; **58** 1 ff.
– Abgrenzung **58** 2 ff.
– Ablehnung **58** 11 ff.
– Amtsermittlungspflicht **58** 11
– Anerkennung **58** 13
– Aufgabenkreis **58** 29
– Ausschließlichkeitserklärung **58** 62
– Bedeutung **58** 7
– Beschränkung bei Betreuung **58** 62
– Beteiligte, Bevollmächtigte, Beistände **58** 2
– Beteiligtenfähigkeit **58** 3
– Betreuung **58** 27 ff.
– Betreuung (Einzelfragen) **58** 62 ff.
– Einwilligungsvorbehalt **58** 62, 29
– Einzelfälle **58** 11
– Freibeweis **81** 2
– Genehmigung von Prozesshandlungen **58** 14
– Geschäftsunfähigkeit **58** 19
– Handlungsfähigkeit **58** 6
– Heilungsmöglichkeiten **58** 14
– Insolvenz Kapitalgesellschaft **58** 50
– Insolvenz Personengesellschaft **58** 53 ff.
– Investmentfonds **58** 46
– juristische Personen **58** 36
– Liquidation Kapitalgesellschaft **58** 51
– Liquidation Pesonengesellschaft **58** 57 ff.
– Löschung Personengesellschaft **58** 60

– Minderjährige **58** 23 ff.
– Nachtragsliquidation Kapitalgesellschaft **58** 51
– natürliche Personen **58** 19
– nicht rechtsfähige Personenvereinigungen **58** 44
– Nichtigkeitsklage **58** 17
– Nichtprozessfähige **58** 35
– Nichtzulassungsbeschwerde **58** 17
– Notgeschäftsführung Personengesellschaft **58** 52
– partielle **58** 21
– Personenvereinigung **58** 37
– Postulationsfähigkeit **58** 5
– Prozessführungsbefugnis **58** 4
– Prozesshandlungsvoraussetzung **58** 8
– Prozesspfleger **58** 15, 61
– Prozessstandschaft **58** 4
– Prozessvollmacht **58** 6a
– Prozessvollmacht bei Wegfall **58** 15
– Prüfung von Amts wegen **58** 9 f.
– rechtsfähige Personenvereinigungen **58** 42 ff.
– Revisionsverfahren **58** 17
– Sachaufklärungsverstoß **58** 17
– Sachentscheidungsvoraussetzung **58** 1, 8
– Simultaninsolvenz GmbH & Co. KG **58** 56
– Tatsachenfeststellung **58** 12
– Überzeugungsbildung des Gerichts **58** 11
– Unterbrechung bei Verlust **58** 33
– Verfahrenshandlungen **58** 7
– Verfahrensmangel **58** 14 ff.
– Verlust
  – Unterbrechung des Verfahrens **74** 83 f.
– Vertretung juristischer Personen **58** 39 ff.
– Vertretung natürlicher Personen **58** 38
– Vertretungsmacht **58** 6a
– Verweis auf ZPO **58** 61
– Volljährige **58** 20
– Vorsorgevollmacht **58** 38
– Wegfall des Beteiligten **58** 48
– Wegfall des Organs **58** 49
– Wegfall Gesamtvertreter Personengesellschaft **58** 52
– Zulassungsstreit **58** 12
– Zustellung **53** 27
– Zweckvermögen **58** 45

Prozessförderungspflicht 76 65
– Sachaufklärung **76** 44 ff.

Prozessführungsbefugnis
– mangelnde Vertretung **119** 27

Prozessfürsorgepflicht 76 64 ff.

Prozessgegenstand Vor 76 3; *s. Dispositionsmaxime*

Prozessgeschehen
– Vorsitzender
  – Einwirkung **76** 63 ff.

Prozesshandlung Vor 33 30 ff.; **50** 8; *s. auch Prozesserklärung*
– Ablehnung von Gerichtspersonen **51** 28
– Auslegung **Vor 33** 40 ff.
  – Bedeutung der Steuerakten **Vor 33** 42
– Einwilligung in Klagerücknahme **72** 22 ff., 26
– Erledigungserklärung **138** 7
– Form **Vor 33** 32
– Gerichtssprache **52** 30
– Klagerücknahme **72** 1, 5 ff., 10, 18 ff.
– Klageverzicht **50** 10
– offenbare Irrtümer **Vor 33** 39
– Tatsachenfeststellung **118** 170
– Umdeutung **Vor 33** 43
– Unbedingtheit **Vor 33** 33
– Unwiderrufbarkeit **Vor 33** 38; **50** 8
– Unwirksamkeit
  – wegen Willensmängeln **Vor 33** 37
– Verfahrensstillstand **Vor 74** 4
– Verzicht auf mündliche Verhandlung **90** 10
– Vollmachterteilung **Vor 33** 16
– Zugang **Vor 33** 34 ff.
– Zustimmung zur Sprungklage **45** 9

Prozesshandlungsvoraussetzungen Vor 33 31
– Prozessfähigkeit **58** 1

Prozesskosten
– Rechtsweg **33** 99

Prozesskostenhilfe Vor 1 34; **40** 5
– abzusetzende Beträge **142** 19
– Änderung der Entscheidung **142** 114
– Anforderungen **142** 8, 39
– Anhörung des Beklagten **142** 80
– Antrag **142** 57
– Aufhebung der Entscheidung **142** 119
– Ausländer **142** 10
– ausländische juristische Personen und Personenvereinigungen **142** 51
– ausländischer Wohnsitz **142** 20 f.
– Begründung **142** 68
– Begründung der Entscheidung **142** 99
– Beigeladene **142** 9, 84
– Beiordnung eines Bevollmächtigten **142** 97
– Bekanntgabe der Entscheidung **142** 107
– Belegvorlage **142** 74
– berufsbedingte Aufwendungen **142** 19
– Beschluss **142** 91
– keine Beschwerde **128** 11
– Beschwerde **142** 75
– besondere Belastungen **142** 24
– Beteiligte **142** 9, 56

– Beteiligte kraft Amtes **142** 49, 52
– Beweismittel **142** 82
– Bewilligungsverfahren **142** 56
– Bezug von Sozialleistungen **142** 73
– Datenschutz **142** 56
– Ehegatteneinkommen **142** 18
– Eheleute **142** 72
– Einsatz eines Hausgrundstücks **142** 31
– Einsatz von Einkommen **142** 17
– Einsatz von Vermögen **142** 29
– Elterngeld **142** 17
– Entscheidung
  – bei örtlicher, sachlicher Unzuständigkeit **70** 9
– erfasste Verfahren **142** 11
– Erklärung über die persönlichen und wirtschaftlichen Verhältnisse **142** 71
– Erwerbstätigenfreibetrag **142** 20
– Fristen **142** 59
– Gebühren des Bevollmächtigten **139** 67
– Gebührenbeitreibung durch Bevollmächtigten **142** 105
– Geldrente **142** 21
– Gerichtsgebühren **142** 98
– Gesamtrechtsnachfolge **142** 9
– Glaubhaftmachung **142** 81
– hinreichende Erfolgsaussichten der Klage **142** 39
– Hinweis des Gerichts **142** 72
– Insolvenzverwalter **142** 49
– juristische Personen **142** 50, 52
– Kindergeld **142** 17
– vor Klageerhebung **142** 59
– Kosten der Prozessführung **142** 15
– Kostenentscheidung **142** 98
– Kostentragung durch den Kläger im Hauptsacheverfahren **142** 45
– Kreditaufnahme **142** 34
– Lebensversicherung **142** 34
– Mehrbedarfe **142** 23
– Mindeststreitwert **142** 96
– Missbrauch **142** 36
– Mitteilungspflichten **142** 116
– Mutwilligkeit der Klageerhebung **142** 43
– nach Beendigung der Instanz **142** 62
– Nachlassverwalter **142** 49
– natürliche Personen **142** 14
– Nichterhebung von Gerichtskosten **Vor 135** 85
– Nichtzulassungsbeschwerde **116** 17; **142** 106, 110
– parteifähige Vereinigungen **142** 50, 52
– persönliche und wirtschaftliche Verhältnisse, Begriff **142** 16
– persönliche Voraussetzungen **142** 14, 48
– Prozesskostenvorschuss **142** 30
– Prüfungsmaßstab **142** 79
– Prüfungsverfahren **142** 78
– Ratenzahlung **142** 25, 95
– rechtliche Fragen **142** 40
– rechtliches Gehör **119** 24; **142** 80
– Rechtsbehelf **142** 109
– Rechtsgrundlagen **142** 1
– Rechtsmittelverfahren **142** 41, 63, 69, 75, 83, 87
– Rechtsschutzbedürfnis **142** 83
– für Revision **120** 18
– rückständige Ansprüche **142** 103
– sachliche Voraussetzungen **142** 38, 52
– Schadensersatz **142** 32
– Schätzung **142** 40
– Sozialhilfe **142** 17
– Sozialversicherungsbeiträge **142** 19
– Staatenlose **142** 10
– Substantiierung **142** 67
– summarische Prüfung **142** 39, 79, 82
– Teilstattgabe **142** 96
– Telefax **142** 71
– Testamentsvollstrecker **142** 49
– Tod des Beteiligten **142** 9
– Treu und Glauben **142** 38, 45
– Übertragung auf Urkundsbeamten der Geschäftsstelle **142** 88
– Umfang der Bewilligung **142** 95
– Unterhalt **142** 17
– Unterhaltsleistungen **142** 21
– Unterhaltsverpflichtete **142** 16
– Untersuchungsgrundsatz **142** 81
– bei Unzulässigkeit des Rechtswegs **Anhang 33** 22
– Unzumutbarkeit der Verwertung **142** 35
– Urkundsbeamter der Geschäftsstelle **142** 88
– Verfahrensmangel bei fehlerhafter Ablehnung **142** 110
– Vergütungsanspruch beigeordneter Bevollmächtigter **142** 104
– Versäumung der Revisionsfrist **120** 30 f.
– Versicherungsbeiträge **142** 19
– Vertretungszwang **142** 97
– Vertretungszwang vor dem BFH **62** 66; **142** 41, 63
– Verweisung **Anhang 33** 17
– Verwertung von Gegenständen **142** 34
– Wiedereinsetzung in den vorigen Stand **56** 69, 104; **142** 41
– Wiederholung des Antrags **142** 61
– Wirkung der Bewilligung **142** 102
– Wohnaufwendungen **142** 22
– Zeitpunkt der Entscheidung **142** 93
– Zeuge **142** 9
– für zu erhebende Klage **142** 60

– Zuständigkeit **142** 87
Prozessleitende Maßnahmen *s. auch Anordnung*
– Beschwerde **128** 7
– Korrektur **155** 7
Prozessleitende Verfügung
– Beschwerde **128** 8
Prozessökonomie *s. auch Verfahrensvereinfachung*
– Klageänderung **67** 1, 4, 25
Prozesspfleger 155 3
– Zustellung **53** 28
Prozessregister
– Löschung des Verfahrens **72** 3
Prozessstandschaft 40 79
– bei Vollbeendigung Gesellschaft/Gemeinschaft **48 aF** 47
– einheitliche und gesonderte Feststellungsbescheide **48 aF** 3
  – Anwachsung **48 aF** 48
  – Ergänzungstatbestände **48 aF** 54
– Klagebevollmächtigter **48 aF** 56
– Verhältnis zur Beiladung **48 aF** 5
– Vollbeendigung
  – prozessuale Rechtsnachfolge **48 aF** 53
– Wegfall **48 aF** 46 ff.
Prozessstandschafter
– einheitliche und gesonderte Feststellungsbescheide
  – Klagebefugter (§ 48 II nF) **48 nF** 60
  – rechtsfähige PersGes (§ 48 nF) **48 nF** 48 ff.
– Empfangsbevollmächtigter **48 aF** 57, 65
Prozessurteil Vor 33 1, 3; **44** 37; **47** 27; *s. auch Sachentscheidungsvoraussetzungen; s. auch Urteil*
– Gegenstand des Verzichts **50** 10
– Klageänderung **67** 27
– Sprungklage **45** 34
– Umfang der Rechtskraft **110** 45
Prozessvergleich *s. Vergleich*
Prozessverschleppungsabsicht 91 6
Prozessvollmacht *s. auch Anordnung; s. auch Prozessbevollmächtigter; s. auch Vertretungszwang vor dem BFH*
– Akteneinsicht **62** 104
– Anforderung als Ermessensentscheidung **62** 102
– Anscheinsvollmacht **62** 6
– Anwendung der ZPO **155** 8
– ausländische **62** 9, 16
– Ausschlussfrist **Vor 1** 6, 25
– Beschränkung **62** 11
– Blankovollmacht **62** 81
– Dauer der Bevollmächtigung **62** 13
– Erlöschen **62** 14
– Erteilung
  – bei juristischen Personen und Personenvereinigungen **62** 7
  – bei Kapitalgesellschaften **62** 6
  – bei Minderjährigen **62** 7
  – durch Nachtragsliquidator **62** 6
  – bei Streitgenossen **62** 7
  – von Untervollmachten **62** 9
  – Wirksamkeit **Vor 33** 16
– Erteilung bei Ehegatten
  – bei Ehegatten **62** 7
– fehlende **57** 4
– Form **62** 7
– Fristsetzung zur Vorlage **62** 92
– Geltendmachung des Mangels **62** 98
– Inhalt **62** 86
– Insolvenzverwalter **62** 6
– Kosten bei fehlender P. **135** 9 f.
– Lohnsteuerhilfeverein **62** 101
– Mandatsniederlegung **62** 14
– Mangel
  – Berücksichtigung von Amts wegen **62** 100
  – Rüge durch Beteiligten **62** 102
– Nachreichung **62** 90
– Schriftform **62** 81
– Telefax **62** 84
– Telegramm **62** 84
– Umfang der Bevollmächtigung **62** 8
– Untervollmacht **62** 88
– Vorlage im gerichtlichen Verfahren **62** 80
– Vorlage im Original **62** 83
– Zweifel an Bevollmächtigung **62** 103
Prozessvoraussetzungen *s. Sachentscheidungsvoraussetzungen*
Prozesswirtschaftlichkeit *s. Prozessökonomie*
Prozesszinsen 111; 112
Prüfungsakten
– Einsicht **86** 11
Prüfungsanordnung
– Rechtsschutzbedürfnis **Vor 33** 20
Prüfungsanordnung bei Personengesellschaften
– Beiladung **60** 110
Prüfungsentscheidung
– Überprüfung im Urteil **102** 6
– Urteil bei Verpflichtungsklage **101** 10
Prüfungskompetenz des Gerichts
– Begrenzung bei Ermessensentscheidungen **102** 15
Prüfungsmaßnahmen *s. Prüfungsanordnung*
Psychotherapeuten
– Zeugnisverweigerungsrecht **84** 4

Sachverzeichnis

Qualifizierte elektronische Signatur
– Protokoll **94** 18
Qualifizierter Rechtsanwendungsfehler
– Darlegungsanforderungen **116** 45
Qualifizierter Rechtsfehler 115 220 ff.
– Begriff **115** 221
– Willkür **115** 230 ff.

Rahmengebühr *s. Gebührensatzrahmen*
Realsplitting
– Rechtsweg **33** 102
Rechenfehler *s. auch Offenbare Unrichtigkeiten*
– Berichtigung **107** 1 ff.
– Verfahrensmangel **115** 275
Rechnungserteilung
– Rechtsweg **33** 36
Recht auf Information 119 16
Rechte Dritter 40 79
Rechtliches Gehör 76 65; **Vor 76** 14
– Abhilfeentscheidung **130** 3
– absoluter Revisionsgrund **119** 13
– Akteneinsicht **96** 202
– Änderung, Aufhebung von Beweisbeschlüssen **82** 6
– Anhörungsrüge **133a** 3
– Anordnung persönlichen Erscheinens **80** 11
– Äußerungsrecht **119** 14
– Äußerungsrecht der Beteiligten **96** 190 ff.
– Aussetzung des Verfahrens **74** 12
– Beigeladener **119** 18
– im Beschwerdeverfahren **132** 7
– beweisbedürftige Tatsachen **81** 3
– Beweistermin **83** 1 ff.
– Einzelfälle **119** 24
– Einzelrichter
  – Zurückübertragung an den Senat **6** 31
– vor Erlass eines Gerichtsbescheides **90a** 6
– Gewährung **96** 200
– vor dem GrS des BFH **11** 28, 32
– mündliche Verhandlung **90** 3 ff.; **92** 6 ff.; **93** 1 ff.; **96** 198
– offenkundige Tatsachen **81** 3
– im PKH-Verfahren **96** 194
– Rechtsgrundlagen **119** 13
– Rüge **119** 20
– bei Übertragung des Rechtsstreits an Einzelrichter **6** 7
– Verbindung und Trennung von Verfahren **73** 25
– Verfahren nach billigem Ermessen **94a** 5, 8
– Verfassungsrecht **119** 13
– Verletzung
  – bei fehlerhafter Ablehnung einer Terminsänderung **91** 8
  – bei fehlerhafter Ladung **91** 14
  – bei Verstoß gegen den Mündlichkeitsgrundsatz **90** 27 f.
– Verschaffungsobliegenheit **119** 21
– Vertagungsgrund **91** 4
– Verweisung **70** 5, 10
– Verwertungsverbot **96** 54
– Zeitpunkt **96** 197
Rechtsänderung
– Kostenentscheidung **138** 44, 55
– Revision **118** 15
Rechtsantragsstelle 64 28
Rechtsanwalt *s. auch Prozessbevollmächtigter*
– Ausschließung vom Amt des ehrenamtlichen Richters **19** 6
– Zeugnisverweigerungsrecht **84** 4, 7 f.
Rechtsanwaltsvergütungsgesetz Vor 135 12; *s. auch Kosten*
Rechtsbegriffe
– Nachprüfung durch den BFH **118** 66
Rechtsbehelf *s. auch Außergerichtlicher Rechtsbehelf; s. auch Klage*
– Anhörungsrüge **133a** 2
– Antrag auf mündliche Verhandlung **90a** 15 f., 19 ff.
– aufschiebende Wirkung **69** 1
– Begriff **55** 5
– ordentlicher **Vor 115** 8
– prozessuale Rechtsbehelfe **Vor 115** 8
Rechtsbehelfsbefugnis *s. Klagebefugnis*
Rechtsbehelfsbelehrung *s. auch Rechtsmittelbelehrung*
– Begriff des Rechtsbehelfs **55** 5
– als Bestandteil der Entscheidung **55** 20
– finanzgerichtliches Verfahren **55** 1
– Form **55** 6, 19
– Gerichtsbescheid **55** 12
– Inhalt **55** 11
– irreführende **55** 25
– Kosten bei fehlerhafter R. **137** 3
– Kostenfestsetzungsbeschluss **149** 15
– missverständliche **55** 25
– mündliche Entscheidungen **55** 6
– Nachholung **55** 22
– Rechtsfolge bei Fehlern **55** 27
– Sprache **55** 20
– über Nichtzulassungsbeschwerde **55** 12
– unrichtige **55** 23
– bei zugelassener Revision **55** 12
Rechtsbehelfsentscheidung *s. auch Einspruchsentscheidung*
– Vorliegen einer **44** 23
Rechtsbehelfsfrist *s. auch Klagefrist*
– Beginn **55** 27

– bei fehlerhafter Rechtsmittelbelehrung **55** 28
– höhere Gewalt **55** 29
– Jahresfrist **55** 29
– Verlängerung **55** 28
Rechtschutzinteresse 41 8
Rechtseinheit
– als Revisionszweck **115** 13
Rechtsfehler *s. qualifizierter Rechtsfehler*
– keine Berichtigung **107** 5
Rechtsfolgeregelung 42 31
Rechtsfortbildung
– Begriff **115** 161
– Darlegungsanforderungen **116** 38
– als Revisionszweck **115** 13
– Zulassung der Revision **115** 160 ff.
Rechtsfrage
– Divergenz **115** 190
– grundsätzliche Bedeutung **115** 111
– Hinweispflicht **76** 71
Rechtsfriede 110 2
Rechtsgespräch 93 1 ff.
– rechtliches Gehör **119** 15
Rechtshängigkeit 66 1 ff.
– durch Anbringen bei der Behörde **66** 3
– anderweitige
  – Beseitigung **66** 7
– doppelte
  – Verbindung **73** 16
– Ende **66** 2
– Entschädigung wegen überlanger Verfahrensdauer **Vor 1** 39; **66** 10
– frühere **Vor 33** 27
– Klageänderung **67** 2
– und Klagerücknahme **72** 30
– Klagesperre **Anhang 33** 12
– Löschung des Verfahrens **72** 3
– Rechtsfolgen **66** 6 ff.
– Umfang **66** 4
– bei Verweisung **Anhang 33** 43; **70** 6
– Wegfall bei übereinstimmenden Erledigungserklärungen **138** 25
Rechtshilfe 13 1 f.; **82** 8 f., 14, 16
– Kosten **13** 5
– zwischenstaatliche **13** 4
Rechtshilfeabkommen
– Zustellung **53** 117
Rechtsirrtum
– Wiedereinsetzung in den vorigen Stand **56** 74
Rechtskraft Vor 33 27; **110** 1 ff.
– bei Ablehnung der Nichtzulassungsbeschwerde **116** 69
– keine Änderung von Steuerbescheiden **110** 20
– Anhörungsrüge **133a** 19
– Beschlüsse **110** 3
– Durchbrechung bei Wiederaufnahme des Verfahrens **134** 1
– formelle **110** 8 ff.
– Funktion **110** 2
– Kostenfestsetzungsbeschluss **149** 11
– materielle **110** 10 ff.; **155** 9
– neue Tatsachen **110** 16
– persönlicher Umfang **110** 25 ff.
– Präklusionswirkung **110** 18
– sachlicher Umfang **110** 35 ff.
– Teilurteil **98** 4
– Unzulässigkeit der Klage **Vor 33** 3
– des Verwerfungsbeschlusses **126** 5
– Vorrang **110** 20
Rechtskraftwirkung
– Behördenprinzip **63** 2
Rechtsmissbrauch Vor 33 27; **Vor 76** 25
– Ablehnung von Gerichtspersonen **51** 35
– Einstellungsbeschluss **72** 40
Rechtsmittel *s. auch Revision; Beschwerde*
– Anschlussrevision kein R. **120** 78
– Arten **Vor 115** 35
– aufschiebende Wirkung **69** 1
– Begriff **Vor 115** 10
– Beschwerde **128** 1 ff.
– Einlegung **Vor 1** 12
– bei Entscheidung durch konsentierten Einzelrichter **79a** 32
– Gerichtsbescheid
  – des Einzelrichters **90a** 26
– Gestaltungsrecht
  – des Gesetzgebers **Vor 76** 10
– gegen inkorrekte Entscheidung **Vor 115** 90 ff.
– Nichtzulassungsbeschwerde **116** 3
– Statthaftigkeit **Vor 115** 70 ff.
– Zulässigkeit **Vor 115** 60 ff.
Rechtsmittelbelehrung 105 48
– bei Beschlüssen **113** 3
– Nichterhebung von Gerichtskosten **Vor 135** 92
– Revisionsfrist **120** 23
Rechtsmittelfrist
– Beginn **55** 2
– bei Berichtigung des Urteils **107** 9
Rechtsmittelklarheit Vor 115 31
– Auslegung der Zulassungsgründe **115** 87
Rechtsmittelrücknahme 72 2
Rechtsmittelverfahren
– Erledigungserklärung **138** 60
  – in unzulässigem R. **138** 10
– Kosten **135** 14 f.
– Streitwert **Vor 135** 119
Rechtsmittelverzicht
– Abgrenzung zur Rücknahme des Rechtsmittels **125** 1

– Revisionsantrag **120** 56
– Statthaftigkeit **Vor 115** 80 ff.
Rechtsnachfolge 67 9
– Beiladung **60** 113, 116
– Beteiligtenwechsel **122** 6
Rechtsnachfolger
– Vollstreckung **151** 8
Rechtsnormen
– Begriff **118** 20
– Beweisbedürftigkeit ausländischer R. **81** 5
Rechtsprüfung
– Revision **118** 1
Rechtssache
– grundsätzliche Bedeutung **115** 110
Rechtsschein 41 24; *s. auch Verwaltungsakt*
– der Bekanntgabe eines Verwaltungsakts **47** 12
Rechtsschutz
– Effektivität **Vor 115** 18 ff.
  – durch Auslegung **Vor 33** 41
– gegen Gerichtsentscheidungen
  – verfassungsrechtliche Grundlagen **Vor 115** 15 ff.
– effektiver **Vor 76** 8
Rechtsschutzbedürfnis Vor 33 18 ff.; *s. auch Beschwer; s. auch Rechtsschutzinteresse*
– Anfechtungsklage **Vor 33** 20
– Antrag auf mündliche Verhandlung **90a** 20
– Beschwer
  – Abgrenzung **Vor 33** 19
– Einzelfälle **Vor 33** 20 ff.
– Entbehrlichkeit
  – der Prüfung **Vor 33** 6
– Erinnerung gegen Kostenansatz **Vor 135** 68
– Grundrechtseingriffe
  – schwerwiegende **Vor 33** 19
– Leistungsklage **Vor 33** 21
– Nebenverfahren **Vor 33** 24
– Prozesskostenhilfe **142** 83
– Rechtsmissbrauch **Vor 33** 19
– für Rechtsmittel **Vor 115** 101
– Verpflichtungsklage **Vor 33** 20
– Wegfall bei Erledigung der Hauptsache **138** 65
– Zweckerreichung **Vor 33** 19
– Zweckverfehlung **Vor 33** 19
Rechtsschutzgewährung Vor 1 1
– Rechtswege **33** 1
Rechtsschutzinteresse *s. auch Rechtsschutzbedürfnis*
– Abhilfebescheid **68** 61, 65 ff.
Rechtssicherheit 110 2
Rechtsstaatliches Verfahren Vor 76 13 ff.
Rechtsstreit
– Beendigung **76** 4
– Verzögerung **76** 87
Rechtstatsache 118 68
– tatsächliche Feststellungen **118** 112
Rechtsträgerprinzip 63 2
Rechtsverhältnis 41 12 ff.
– Begriff **41** 12
– Gültigkeit von Normen **41** 13
– Konkretisierung **41** 16
Rechtsverletzung
– Begriff **118** 10
– Beruhen **118** 95 ff.
– bei Feststellungsbescheiden **40** 102 ff.
– bei Steuerbescheiden **40** 95
Rechtsweg *s. auch Finanzrechtsweg*
– Abrechnungsbescheide **33** 30
– Abtretung **33** 32
– Akteneinsicht **33** 33
– Amtshaftung **33** 34
– Amtshilfe **33** 35
– Anspruch auf Rechnungserteilung **33** 36
– Ansprüche
  – aus dem Arbeitsverhältnis **33** 37
  – aus dem Steuerschuldverhältnis **33** 38
– Aufrechnung **33** 39
– Auskunft **33** 40
– Außenprüfung **33** 41
– Baukindergeld **33** 45
– Bescheinigungen **33** 46
– Beschlagnahme **33** 47
– Beschwerde **128** 15
– Bestimmung **155** 8
– Branntweinmonopol **33** 48
– Buchführungspflicht **33** 50
– Bürgschaft **33** 49
– Datenschutz **33** 53
– Duldung **33** 54
– Durchsuchungsanordnung **33** 55
– Einfuhrgenehmigung **33** 58
– Einfuhrvergütung **33** 131
– Einstehen für Verbindlichkeiten aus einem fremden Steuerschuldverhältnis **33** 59
– Einzelfälle **33** 30 ff.
– Energiepreispauschale **33** 37
– Entscheidung bei Unzulässigkeit des Rechtswegs **Anhang 33** 22 ff.
– Entscheidung bei Zulässigkeit des Rechtswegs **Anhang 33** 18 f.
– Entscheidung über Zulässigkeit
  – Bindungswirkung **Anhang 33** 28 ff.
  – Rechtsmittel **Anhang 33** 38 ff.
  – Unanfechtbarkeit mit der Hauptsache **Anhang 33** 40
  – Wahrung der Klagefrist bei Verweisung **Anhang 33** 43

– Folgen der Verweisung **Anhang 33** 42 ff.
– Folgenbeseitigungsanspruch **33** 63
– Fristsetzung zur Entrichtung verkürzter Steuern **33** 64
– Gebühren **33** 15
– Gebührenanspruch des steuerlichen Beraters **33** 69
– Gewerbesteuer **33** 70
– Gewerbeuntersagung **33** 71
– Grundsteuer **33** 70
– Haftung **33** 74
– Hausverbot **33** 75
– Herausgabe des Versteigerungserlöses **33** 77
– Herausgabe von Beweismitteln und Steuerakten **33** 76
– Hilfsantrag **Anhang 33** 15
– Hinterlegung **33** 78
– Informationsfreiheitsgesetze **33** 81
– Insolvenz **33** 81
– Kindergeldangelegenheiten **33** 84
– Kontrollmitteilungen **33** 41
– Konzept der Regelungen **Anhang 33** 1 f.
  – Effektivität des Rechtsschutzes **Anhang 33** 2
– Kosten nach Verweisung **Anhang 33** 44
– Lohnsteuerabzugsmerkmale **33** 88
– Mobilitätsprämie **33** 93
– negative Kompetenzkonflikte **Anhang 33** 32
– Nettolohnvereinbarung **33** 37
– Pfändung steuerlicher Erstattungsansprüche **33** 97
– Präferenznachweise **33** 98
– Prozesskosten **33** 99
– Prüfungsgegenstand **Anhang 33** 14 f.
– Prüfungsverfahren **Anhang 33** 7
– Realsplitting **33** 102
– Rückgriffsansprüche **33** 103
– Rückzahlungsansprüche bei Leistungen für Dritten **33** 104
– Schadenersatzansprüche
  – gegen Berater **33** 108
  – wegen einstweiliger Anordnung und Steuerarrest **33** 107
– Spielbankabgabe **33** 142
– Steuerfahndungsprüfung **33** 109
– Steuergeheimnis **33** 110
– Steuersicherungsverträge **33** 111
– Steuerstraf- und Bußgeldverfahren **33** 21 ff., 112
– Stundung von Gerichtskosten **33** 113
– Umsatzsteuer **33** 117
– Unbedenklichkeitsbescheinigung **33** 46
– Unzulässigkeit
  – Heilung **Anhang 33** 10
  – Prüfungskompetenz **Anhang 33** 22
– Veröffentlichung
  – von Gerichtsentscheidungen **33** 123
– Verspätungsgeld **33** 121
– Verständigungsverfahren nach DBA **33** 122
– Verweisung **Anhang 33** 22 ff.
  – Anwendung der Hausverfahrensordnung **Anhang 33** 35
  – Klagenhäufung **Anhang 33** 23
  – Prozesskostenhilfe **Anhang 33** 17
– Vorabentscheidung **Anhang 33** 18 f.
  – Verfahren **Anhang 33** 19
– Warenverkehr **33** 127
– Widerrufs- und Unterlassungsansprüche **33** 128
– Zölle **33** 131
– Zulässigkeit **Anhang 33** 5 ff.
  – Beklagtenwechsel **Anhang 33** 11
  – Entscheidungskompetenz **Anhang 33** 7, 14 f.
  – Fortdauer **Anhang 33** 5, 10
  – Klageänderung **Anhang 33** 11
  – Klagesperre **Anhang 33** 5, 12
  – Sachentscheidungsvoraussetzung **Anhang 33** 6
– Zuständigkeit mehrerer Gerichte **Anhang 33** 25
– kraft Zuweisung **33** 21 ff.
– Zwangsvollstreckung **33** 132 ff.

Rechtswegezuweisung 33 1 f.
– Grundsätze **33** 10

Rechtsweggarantie Vor 115 15

Rechtswegvereinbarung Anhang 33 7

Rechtszug
– Gerichtskosten **Vor 135** 27
– Streitwert **Vor 135** 150

Reduziertes Beweismaß 76 60

Referendare
– Anwesenheit bei der Beratung **52** 42

Reformatio in peius 96 51; *s. auch Verböserungsverbot*
– im Beschwerdeverfahren **132** 8
– Erinnerung **149** 18
– Erinnerung gegen Kostenansatz
  – gegen Kostenansatz **Vor 135** 75
– Kostenentscheidung **143** 14
– Umfang der Rechtskraft **110** 35

Reformation *s. Abänderung, Verwaltungsakt*
– als Rechtsmittelziel **Vor 115** 12

Reiseentschädigung
– für mündliche Verhandlung
  – mittelloser Beteiligter **90** 7

Reisekosten
– Notwendigkeit **139** 6

Sachverzeichnis

Relevanz *s. Entscheidungserheblichkeit*
Religionsdiener
– Ablehnung des Amts des ehrenamtlichen Richters **20** 2
Ressortfremder Grundlagenbescheid **42** 35
Restitutionsklage **134** 1 ff.
Restschuldbefreiung
– Rechtsschutzbedürfnis **Vor 33** 20
Revisibilität
– von Denkgesetzen **118** 70
Revisibles Recht
– Revision **118** 2
Revision *s. auch Rechtsmittel*
– Anschlussrevision **155** 7
– Besetzung
  – bei Streit über Zulässigkeit der R. **10** 2
  – bei teilweise unzulässiger R. **10** 3
– Einlegung **120** 3 ff.
– Einlegung vor Fristbeginn **120** 28
– Entscheidung **126** 1 ff.
– Entscheidung bei Begründetheit **126** 11 ff.
– Entscheidung bei Unbegründetheit **126** 7 ff.
– Entscheidung bei Unzulässigkeit **126** 3 ff.
– Form der Entscheidung bei teilweise unzulässiger R. **10** 3
– Gegenrüge **120** 75
– Gegenstände **115** 30 ff.
– Inhalt der Revisionsschrift **120** 12 ff.
– Kosten bei Rücknahme **136** 9
– mehrfache Einlegung **120** 35
– Prüfung der Zulässigkeit
  – Zulässigkeit **124** 1
– Revisionszwecke **115** 10 ff.
– Rücknahme **125** 1 ff.
– neuer Sachvortrag **118** 151
– Schriftform **120** 6
– Statthaftigkeit **115** 20 ff.
– Streitwert **Vor 135** 121
– teilweise Rücknahme **125** 7
– Urteil bei Verpflichtungsklage **101** 8
– Vertretungszwang **120** 6
– Wirkung des Verwerfungsbeschlusses **126** 5
– Zugang **115** 1 ff.
– Zulassung **115** 40 ff.
– Zulassung wegen Divergenz **115** 180 ff.
– Zulassung wegen Einheitlichkeit **115** 170 ff.
– Zulassung wegen grundsätzlicher Bedeutung **115** 100 ff.
– Zulassung wegen qualifiziertem Rechtsfehler **115** 220 ff.
– Zulassung wegen Verfahrensmangel **115** 250 ff.
– Zulassung zur Rechtsfortbildung **115** 160 ff.
– Zulassungsgründe **115** 80 ff.
– Zurückverweisung an einen anderen Senat **155** 7
– Zurückweisung der R. **Vor 1** 12; **126** 12 ff.
– Zurückweisung durch Beschluss **126a** 1
– Zwischenurteil **99** 1
Revisionsantrag
– nach Ablauf der Begründungsfrist **120** 55
– Anpassung bei Änderungsbescheid **123** 3
– Beschränkung **120** 56
– Bestimmtheit **120** 53
– Bezugnahme auf Klageantrag **120** 54
– Erweiterung unzulässig **120** 56
– Folgen bei fehlendem R. **120** 55
– bei objektiver Klagehäufung **120** 54
Revisionsbegründung
– Bezeichnung der Rechtsverletzung **120** 58
– Bezugnahme auf Schriftsätze **120** 59
– Frist **120** 41 ff.
– Inhalt **120** 53 ff.
– Revisionsantrag *s. dort*
– richtiger Empfänger **120** 38
– Sachrüge **120** 63
– Schriftform **120** 37
– Verfahrensrüge **120** 66
– Verlängerung der Begründungsfrist **120** 48 ff.
Revisionsbegründungsfrist
– Beginn **54** 8; **120** 42
– Verlängerung **120** 48
– Wiedereinsetzung in den vorigen Stand **56** 76
Revisionsfrist
– Beginn **120** 22 ff.
– Einlegung der Revision vor Fristbeginn **120** 28
– bei fehlerhafter Rechtsmittelbelehrung **120** 23
– Nachweis der Fristwahrung **120** 32
– bei Revisionszulassung durch BFH **120** 25
– bei Tatbestandsberichtigung **120** 24
– bei Urteilsberichtigung **120** 24
– bei Urteilsergänzung **120** 24
– Wiedereinsetzung bei Versäumung **120** 30 f.
Revisionsrügen *s. Verfahrensrüge; Absolute Revisionsgründe*
Revisionsverfahren
– Änderungsbescheid **68** 11

– Beiladung **123** 4
– Beitritt **122** 10
– Beteiligte **122** 1
– Entscheidung ohne Betragsfestsetzung **100** 42
– Gebühren des Bevollmächtigten **139** 96
– gesetzlicher Parteiwechsel **122** 5
– Klagerücknahme **144** 3
– Nachprüfung vorausgegangener Entscheidungen **124** 2 ff.
– Rückgängigmachen der Vollziehung **100** 72
– Rücknahme der Revision **125** 1 ff.
– unterlassene Beiladung **60** 5
– Unzulässigkeit der Klageänderung **123** 2
– Urteil bei Anfechtungsklage **100** 2
– Verböserungsverbot **121** 1
– Verfahrensvorschriften **121** 1 ff.
– vollmachtloser Vertreter **62** 97
– Zurückverweisung **126** 14 ff.
– Zustellungsmängel **53** 135

Revisionszulassung Vor 1 12; *s. auch Zulassung der Revision*

Revisionszwecke 115 10 ff.

Richter *s. auch Ablehnung von Gerichtspersonen; s. auch Beauftragter Richter; s. auch Ehrenamtlicher Richter; s. auch Ersuchter Richter; s. auch Gesetzlicher Richter; s. auch Ausschließung von Gerichtspersonen*
– abgeordnete R. **14** 1
– kraft Auftrags **15** 2
– Ausschließung
  – vom Amt des ehrenamtlichen Richters **19** 3
– Beförderung **1** 16
– Berufsrichter **5** 3 ff.; **14** 1 f.; **15** 1 f.
  – Richtereid **5** 4
– Besoldung **1** 16; **2** 7
– Beteiligung am Urteil **103** 1
– als Bevollmächtigte **62** 78
– am Bundesfinanzhof **14** 2
– dauernde Verhinderung **4** 32
– Dienstaufsicht **31**
– Ernennung **14** 2
– am Finanzgericht Berlin-Brandenburg **14** 2
– frühere Finanzbeamte **1** 17
– Gerichtsverwaltung **31** 5; **32**
– auf Lebenszeit **14** 1
– Meinungsäußerungen **1** 19
– mündliche Verhandlung
  – Anwesenheitspflicht **91** 19
– im Nebenamt **14** 1
– Neutralität **1** 18 f.
– auf Probe **15** 2
– Rechtsschutz
  – gegen Maßnahmen der Dienstaufsicht **31** 7
– Rechtsverletzung durch Geschäftsverteilungsplan **4** 30
– als Sachverständiger **82** 36
– Unabhängigkeit **1** 6 ff.; **31** 3
  – Entbindung ehrenamtlicher Richter **21** 1
  – durch Geschäftsverteilungsplan **4** 2
  – innerliche **1** 17
– unabsetzbar, unversetzbar **1** 15
– Unparteilichkeit **1** 18 f.
– Verhandlungsteilnahme
  – per Videokonferenz **90** 65 f.
– als Zeuge **82** 19

Richterablehnung *s. Ablehnung von Gerichtspersonen*

Richterbank *s. Besetzung*

Richterliche Frist *s. Frist*

Richteröffentlichkeit
– Präsidium **4** 35

Richterwahlausschuss
– Berufsrichter **14** 2

Richterwechsel 4 26 ff., 32; **27** 7; **81** 9
– Einzelrichter **103** 5
– nach mündlicher Verhandlung **103** 4

Richtigstellungsbescheid 68 43

Rubrum 105 15 ff.
– Berichtigung im Revisionsverfahren **122** 2

Rückgriffsansprüche
– Rechtsweg **33** 103

Rücknahme *s. auch Klagerücknahme*
– der Anschlussrevision
  – Streitwert **Vor 135** 122
– Antrag **72** 1
  – auf mündliche Verhandlung **90a** 23
– der Beschwerde **129** 7; **132** 4
– der Klage
  – Kosten **136** 9
  – Streitwert **Vor 135** 116
– der Nichtzulassungsbeschwerde **125** 3
– eines Rechtsbehelfs
  – Kosten **136** 8
– der Revision **125** 1 ff.
  – Kosten **136** 9
– Streit über die R. **125** 11

Rückwirkendes Ereignis
– Berücksichtigung im Urteil **100** 12

Rückwirkung
– Rechtsänderung **118** 16

Rückzahlungsansprüche
– bei Leistungen für Dritte
  – Rechtsweg **33** 104

Rüge *s. Verfahrensrüge, Verfahrensmangel, Verzicht, absolute Revisionsgründe*
– schlichte **119** 16

Rügerecht
– Darlegungsanforderungen **116** 51

– Verlust **115** 287 ff.; **155** 7
Rügeverzicht 76 37 ff.; *s. auch Verzicht*
– absolute Revisionsgründe **119** 3
– Besetzungsrüge **119** 11
– Beteiligtenöffentlichkeit **83** 6
– Beteiligter
 – ohne rechtskundigen Vertreter **76** 39
– Fragerecht **83** 6
– Hinweispflicht **76** 72
– Nichterscheinen eines Beteiligten **76** 38
– Öffentlichkeit **119** 33
– rechtliches Gehör **119** 23
– Unmittelbarkeit
 – der Beweisaufnahme **81** 10
– Verfahrensmangel **115** 291; **120** 67
– Verzicht auf mündliche Verhandlung **76** 37
Ruhen des Verfahrens
– Anwendungsbereich **Vor 74** 1 f.
– begriffliche Abgrenzung **Vor 74** 3
– Dauer **74** 61
– Form der Entscheidung **74** 59
– Musterverfahren vor BFH oder FG **74** 58
– Musterverfahren vor BVerfG **74** 58
– Rechtsmittel **74** 60
– Verfahrensgrundsätze **74** 59
– Voraussetzungen **74** 55 ff., 57 f.
– im vorbereitenden Verfahren **79a** 11
– Wiederaufnahme **74** 61
– Wirkungen **Vor 74** 4; **74** 60
Rundfunk
– Zeugnisverweigerungsrecht **84** 4, 7 f.

Saalöffentlichkeit 119 31
Sachaufklärung Vor 76 5; **76** 1 ff.; **96** 35; *s. auch Aussetzung der Vollziehung*
– Anlass zur Aufklärung **76** 16
– Antragsfristen **76** 15
– Aufzeichnungspflichten **76** 58
– Auskunftspflicht Dritter **76** 49
– im Ausland **76** 28
– ausländisches Recht **76** 11, 24
– Auslandszahlungen **76** 47
– Auslandszeugen **76** 47 f.
– nach Ausschlussfrist **76** 87
– Ausschlussfristen **76** 15
– Bedeutung
 – der Feststellungslast **76** 24
– Beiziehung von Steuerakten **76** 20
– Bescheidungsurteil **76** 12
– Beschränkung
 – durch materielles Recht **76** 15
 – auf Tatsachen **76** 11
– Betreten von Grundstücken und Räumen **76** 52 ff.
– Beweisantrag
 – unterlassener **76** 37 ff.
– Beweiserhebung **76** 20
– Beweislastregelungen **76** 15
– Beweismittel
 – Auswahl **76** 27
– Beweisnähe **76** 59
– Durchführung **76** 20 ff.
– eigene Anschauung des Gerichts **76** 25
– eigene Sachkunde **76** 16
– Einfluss
 – des modernisierten Besteuerungsverfahrens **76** 9
– Einschränkung
 – bei Verletzung **76** 59 f.
 – nach verpasster Ausschlussfrist nach § 364b AO **76** 90
– entscheidungserheblicher Sachverhalt **76** 12 ff.
– Erklärungs- und Nachweispflichten **76** 58
– Ermessen des Gerichts **76** 27
– Ermessensentscheidung **76** 13
– Ermittlungspflicht der Behörde **76** 94 f.
– Fehler
 – Rügepflicht **76** 3
– fremde Beweisergebnisse **76** 26 f.
– gerichtsbekannte Tatsachen **76** 16
– Geschehensablauf
 – abweichender **76** 59 f.
– gesetzliche Vermutung **76** 15
– Grenzen **76** 20
– Grundlagen- und Folgebescheid **76** 13
– Mitwirkungspflicht **76** 1 f., 44 ff.
 – der Beteiligten **76** 21 f., 30
– nicht bestrittene Tatsachen **76** 17
– offenkundige Tatsachen **76** 16
– Pauschalierungen **76** 15
– Rechtsfolgen bei Verletzung von Mitwirkungspflicht **76** 59 f.
– Revisionsgericht **Vor 33** 14
– Rügeverzicht **76** 37 ff.
– Sachverhalt
 – unübersichtlicher **76** 59
– Sachverständige **76** 23
– Saldierung **76** 14
– Schätzungsfälle **76** 12
– Sphärentheorie **76** 58 f.
– Strafurteil
 – Verwertung **76** 26
– summarisches Verfahren **76** 12
– Territorialitätsprinzip **76** 28
– Typisierung **76** 15
– Umfang **76** 12 ff.
– Unmittelbarkeit der Beweiserhebung **76** 25 ff.

- unzureichende **45** 22 ff.
- Urkundenvorlage **76** 44 f.
- Verfahrenshandlungen
  - Anfechtbarkeit **76** 40
- Verfahrensrüge **120** 68
- verfügbare Beweismittel **76** 21 f.
- Verletzung
  - Rechtsfolgen **76** 36 ff.
- Verwertungsverbote **76** 26
- Verzicht auf mündliche Verhandlung **76** 24
- Vollständigkeitsgebot **76** 22
- vorangegangenes Tun oder Unterlassen **76** 59
- Vorbehalt der Nachprüfung **76** 13
- Wertsachenvorlage **76** 50 f.
- Zuständigkeit **76** 10

Sachdienlichkeit 45 26
- Klageänderung **67** 24 f.

Sachentscheidungsvoraussetzungen Vor 33 1 ff.; **40** 75; **41** 38; **42** 3 ff.; **44** 33; **65** 4 f., 71; **Vor 76** 4
- Änderungsbescheid **68** 60 ff.
- Begriff **Vor 33** 1 f.
- Dahingestelltsein **Vor 33** 6 ff.
- Darlegungspflicht **Vor 33** 11
- Durchführung des außergerichtlichen Vorverfahrens **44** 1
- Fehlen
  - Rechtsfolgen **Vor 33** 5
- Feststellungsklage **41** 6 ff.
- Hinweispflicht **76** 70 f.
- Klageänderung **67** 18 f., 25
- negative **Vor 33** 27; **66** 6
- positive **Vor 33** 16
- Prozessfähigkeit **58** 1
- Prüfung
  - durch BFH **Vor 33** 14
- Prüfungsreihenfolge **Vor 33** 4
- Prüfungszeitpunkt **Vor 33** 13
- Rechtshängigkeit **66** 6
- für Rechtsmittel
  - Freibeweis **81** 2
- Rechtsschutzbedürfnis
  - Dahingestelltsein **Vor 33** 6
- Tatsachenfeststellung **118** 164
- Vorrang vor Sachprüfung **Vor 33** 3 ff.
- Wahrung der Klagefrist **47** 1
- Zulässigkeit des Rechtswegs **Anhang 33** 6
- Zuständigkeit
  - örtliche, sachliche **70** 6
  - örtliche, sachliche, funktionelle **Vor 35–39** 1 f.

Sachkunde des Gerichts
- Sachaufklärung **76** 16

Sachkundiger Vertreter
- Entsendungsaufforderung **80** 15 ff.

Sachliche Unabhängigkeit
- Richter **1** 6 ff.

Sachliche Unzuständigkeit 70 1 ff.

Sachliche Zuständigkeit *s. auch Verweisung*
- Begriff **Vor 35–39** 2
- Bestimmung
  - durch den BFH **39** 1 ff.
- und Entscheidung über Zulässigkeit des Rechtswegs **Anhang 33** 25
- Finanzgerichte **35** 1 f.
- Sachentscheidungsvoraussetzung **Vor 33** 16
- Weiterverweisung nach Rechtswegverweisung **Anhang 33** 34

Sachnähe *s. Beweisnähe*

Sachrüge
- Begriff **120** 63
- Prüfungsumfang **118** 225

Sachstand 105 51

Sachurteil 47 27; *s. auch Urteil*
- Umfang der Rechtskraft **110** 47 ff.

Sachurteilsvoraussetzungen 48 aF 1; *s. auch Sachentscheidungsvoraussetzungen*

Sachverhalt 96 1 ff.; **105** 33
- entscheidungserheblicher
  - Sachaufklärung **76** 12 ff.
- tatsächliche Feststellungen **118** 105

Sachverhaltsermittlung *s. Sachaufklärung*

Sachverständigenbeweis 82 31 ff.
- Ablehnung von Sachverständigen *s. dort*
- Androhung des Ordnungsgelds **82** 37
- Anhörungspflicht **82** 34
- Anknüpfungstatsachen
  - Vorgabe durch das FG **82** 34
- Anordnung des Erscheinens **82** 37
- Ausbleiben des Sachverständigen **82** 21 f., 32
- Auswahl des Sachverständigen **82** 34 f.
- Beeidigung des Sachverständigen **82** 37
- Beweisantritt **82** 33
- Entbindung des Sachverständigen **82** 36
- Erläuterung des Gutachtens **82** 37
- Folgen der Nichterstattung des Gutachtens **82** 32, 37
- Frist für Gutachten **82** 37
- Gegenüberstellung von Sachverständigen **82** 37
- Hilfskräfte **82** 36
- Leitung der Tätigkeit des Sachverständigen **82** 34
- neues Gutachten **82** 38
- Ordnungsgeld **82** 37
- Pflicht zur Gutachtenerstattung **82** 36
- Protokoll **94** 6, 8
- Recht der Verweigerung der Gutachtenerstattung **85** 2

Sachverzeichnis

– Regeln des Zeugenbeweises **82** 32
– Sachaufklärung **76** 23
– schriftliches Gutachten **82** 37
– Steuergeheimnis **82** 36
– Verweigerung der Gutachtenerstattung **82** 36
Sachverständigengutachten
– gerichtlich oder staatsanwaltschaftlich eingeholte S.
  – Verwertung durch FG **82** 37a
– Revisibilität **118** 94
Sachverständiger *s. auch Sachverständigenbeweis*
– Ablehnung **88** 1 f.
– Entschädigung **82** 39
– mündliche Erläuterung
  – Videokonferenz **82** 2a
– Zeuge **82** 39
Sachvortrag 92 6 ff.
– im Revisionsverfahren **118** 151
– Verzicht **92** 8
Saldierung 42 28; **43** 14; **96** 52
– Sachaufklärung **76** 14
– Streitwert **Vor 135** 105
– Umfang der Rechtskraft **110** 39
Sammelbescheid *s. auch Sammelverfügung*
– Änderung **68** 32
Sammelverfügung *s. auch Sammelbescheid*
Sanierungsgewinn 40 109
Schadenersatzansprüche
– gegen Berater
  – Rechtsweg **33** 108
– wegen einstweiliger Anordnung und Steuerarrest
  – Rechtsweg **33** 107
– Kostenfestsetzung **149** 9
Schätzung
– der Besteuerungsgrundlagen **96** 114 ff.
  – Urteil **100** 64
– Beweismaß **96** 90
– Einschränkung der Sachaufklärung **76** 12
– Revisibilität **118** 84
– Verfahrensmangel **115** 283
– Willkür **115** 237
Schätzungsbescheid
– Festsetzung der Steuer durch das Gericht **100** 33
– Kosten bei Klage gegen S. **137** 8
Scheinurteil 95 7; *s. Urteil*
Schlafender Richter
– Besetzungsmangel **119** 7
Schlechterstellung *s. Reformatio in peius*
Schluss der mündlichen Verhandlung
– Klagerücknahme **72** 23
Schlussfolgerungen
– tatsächliche Feststellungen **118** 111
Schlüssigkeit 40 83
Schlussurteil
– Kostenentscheidung **145** 3
Schöffen
– Ablehnung des Amts des ehrenamtlichen Richters **20**
Schreibfehler *s. auch Offenbare Unrichtigkeiten*
– Berichtigung **107** 1 ff.
– Verfahrensmangel **115** 275
Schriftform *s. auch Klage; s. auch Klageerhebung*
– Anforderungen an Unterschrift **64** 11 ff.
– Antragstellung **64** 2
– bei Beschlüssen **113** 4
– bei Computerfax **64** 17 f.
– elektronischer Rechtsverkehr **64** 4
– Funktion **64** 7
– Klageerhebung **64** 7 ff.
– bei Papierform **64** 10 ff.
– durch Protokoll **94** 4
– Prozesshandlung **Vor 33** 32
– bei Telefax **64** 16 ff.
– bei Urteil **105** 6
Schriftliche Beantwortung
– einer Beweisfrage **81** 12; **82** 4, 20
Schriftliche Vernehmung
– Zeugen **76** 31; **82** 20
Schriftliches Verfahren *s. Verzicht auf mündliche Verhandlung*
Schriftlichkeit der Klage Vor 33 16; *s. auch Schriftform*
Schriftsätze
– Beifügung von Urkunden **77** 2
– Fristsetzung **77** 3
– nachgereichte **77** 3; **90** 8, 22 f.; **93** 7; **104** 2
– zur Vorbereitung der mündlichen Verhandlung **77** 1
Schriftsatzübergabe
– in mündlicher Verhandlung **92** 10
Schriftstücke
– Pflicht zur Vorlage **85** 2 ff.
– Vorlagepflicht des Zeugen **82** 20
Schutznormtheorie 40 127
Schwarzarbeitsbekämpfung
– Rechtsweg **33** 140
Schweigen
– als Erledigungserklärung **138** 8
Schwierigkeiten
– besondere, rechtlicher oder tatsächlicher Art
  – Entscheidung durch Gerichtsbescheid **90a** 5
Selbstablehnung *s. Ablehnung von Gerichtspersonen*

Selbständiges Beweisverfahren 82 48 f.
– Antragserfordernis **82** 48 f.
– Bedeutung **82** 49
– Durchführung **82** 49
– Entscheidung über das Gesuch **82** 49
– Frist zur Klageerhebung **82** 49
– Inhalt des Gesuchs **82** 49
– Ladung **82** 49
– Protokoll **82** 49
– unbekannter Gegner **82** 49
– Zulässigkeit **82** 48
– Zuständigkeit **82** 49
Selbstbindung
– des BFH
  – nach Zurückweisung **126** 30
– bei Gerichtsentscheidungen **Vor 115** 4
– nach Zurückverweisung der Beschwerde **132** 11
Selbstverwaltung
– Justiz **1** 4
Senate
– Anzahl
  – Entscheidungsbefugnis **5** 1
– auswärtige (detachierte) **3** 4
– Besetzung **4** 25 ff.; **5** 3
– gemeinsame **3** 6
– Geschäftsverteilung **4** 25 ff., 49 ff.
– Vorsitz **4** 40 ff.
– Zoll-, Verbrauchsteuer- und Finanzmonopolsachen **5**
Senatsinterne Mitwirkungsanordnung *s. Mitwirkungsplan*
Senatsverfassung 5 2
Serviceeinheit 12
Sicherheitsleistung
– einstweilige Anordnung **114** 92
– einstweilige Aussetzung der Vollziehung **131** 5
– Streitwert **Vor 135** 105
– vorläufige Vollstreckbarkeit **151** 3
Sicherung einheitlicher Rechtsprechung *s. Einheitlichkeit der Rechtsprechung*
Sicherungsverfahren *s. Arrestverfahren*
Sitzung
– Ablauf
  – Erörterung der Streitsache **93** 2 ff.
Sitzungsniederschrift *s. Protokoll*
Sitzungsort 91 20 ff.
Sitzungspolizei
– Anhörung **52** 26
– Begriff **52** 24
– Beschluss **52** 26
– Maßnahmen **52** 25
– in mündlicher Verhandlung **92** 4
– Ordnungsgeld **52** 26
– Übermaßverbot **52** 25
– Unanfechtbarkeit der Maßnahmen **52** 25
– ungebührliches Verhalten **52** 26
– Videokonferenz **52** 24
– Vollstreckung der Zwangsmaßnahmen **52** 27
– Zwangsmaßnahmen **52** 26
Sofort zu entrichtende Gebühr Vor 135 46 ff.
Soldaten
– Ausschließung vom Amt des ehrenamtlichen Richters **19** 5
Sommermonate („Gerichtsferien")
– kein Vertagungsgrund **91** 5
Sonderabgaben
– Rechtsweg **33** 15
Sonderbetriebsausgaben 40 108
Sonderbetriebseinnahmen 40 108
Sperrvermerk
– bei Aktenvorlage **86** 12
Sphärentheorie
– Mitwirkungspflicht
  – erhöhte **76** 58 f.
– Sachaufklärung **76** 58 f.
Spielbankabgabe
– Rechtsweg **33** 142
Spruchreife 45 25; **126** 12 f.
– bei Änderungsbescheid im Revisionsverfahren **127** 2
– Urteil bei Verpflichtungsklage **101** 5 f., 10
Sprunganfechtungsklage
– Voraussetzungen **45** 6
Sprungklage 40 10; **44** 8; **45** 1 ff.
– Abgabe **45** 22 ff.
  – Voraussetzungen **45** 22 ff.
– Abgabe an die Behörde **45** 21
– Abgabefrist **45** 28
– Abgabegründe **45** 23
– Abgabeverfahren **45** 29 ff.
– Änderungsbescheid **68** 15; **45** 32
– Arrestanordnung nach §§ 324, 325 AO **45** 36 f.
– Dispens vom erfolglosen Vorverfahren **45** 1
– Einzelrichter **45** 29
– Endurteil **45** 35
– Ermessens-VA **45** 8
– gescheiterte **45** 33 ff.
– Kosten des Vorverfahrens **139** 122
– Kostenentscheidung bei fehlender Zustimmung **143** 4
– mehrere Berechtigte **45** 18
  – Gleichlauf der Verfahren **45** 19
– praktische Anwendungsfälle **45** 2
– Prozessurteil **45** 34
– Rechtsfolgen **45** 32 ff.

– Sachdienlichkeit der Abgabe **45** 26 f.
– Sachentscheidungsvoraussetzungen **45** 5
– Spruchreife (Prognoseentscheidung) **45** 25
– Steueranmeldung **45** 32
– Umwandlung Einspruch **45** 17
– unzureichende Sachaufklärung **45** 24
– Verfahrensvereinfachung **45** 1
– Verhältnis zur AdV **45** 4
– Verhältnis zur Feststellungsklage **45** 4
– Verhältnis zur Leistungsklage **45** 4
– Verhältnis zur Untätigkeitsklage **45** 1
– verwaltungsaktbezogene Klage **45** 1
– Voraussetzungen **45** 5 ff.
– Zulässigkeit ohne Vorverfahren **45** 16
– Zustimmung des FA **45** 9 ff.
Sprungverpflichtungsklage
– Voraussetzungen **45** 7
Staatliche Dienstkräfte
– als Zeuge **82** 19
Staatsvertrag
– gemeinsame Senate **3** 6
– gemeinsames Finanzgericht **3** 6
Statistik
– Finanzgerichte **2** 6, 9
Statthaftigkeit
– Begriff **Vor 115** 70
– der Beschwerde **128** 3 ff.
– Nichtzulassungsbeschwerde **116** 6 ff.
– der Revision **115** 20 ff.
Steueranmeldung *s. auch Nebenbestimmungen*
– Zustimmung **40** 63
Steuerberater
– Ausschließung vom Amt des ehrenamtlichen Richters **19** 6
– berufsrechtliche Streitigkeiten
  – Rechtsweg **33** 136 f.
– Zeugnisverweigerungsrecht **84** 4, 7 f.
Steuerberaterprüfung
– Prüfungszulassung **40** 67
Steuerbescheid *s. auch Steuerfestsetzung; s. auch Steuerverwaltungsakt; s. auch Verwaltungsakt*
– abändernde Festsetzung durch das Gericht **100** 30
– Änderung **42** 8 ff.
– Beurteilungsmaßstab für Rechtswidrigkeit **100** 8
– elektronischer **Vor 40** 56 f.
– Klage auf Erlass **40** 22
– Saldierung **42** 28
– Teilbarkeit **100** 23
– teilweise Aufhebung **100** 23
Steuerbevollmächtigte *s. auch Steuerberater*
Steuererklärung
– Ausschlussfrist zur Einreichung **79b** 22
Steuererlass *s. Erlass*
Steuerfahndungsprüfung
– Rechtsweg **33** 109
Steuerfestsetzung **40** 95; *s. auch Steuerbescheid*
Steuergeheimnis
– Aktenvorlage **86** 7
– Rechtsweg **33** 110
– bei Sachverständigenbeweis **82** 36
– Verbindung von Verfahren **73** 2, 14
Steuerhaftung **40** 130; *s. auch Haftung*
Steuerhinterziehung
– Anordnung persönlichen Erscheinens **80** 4
Steuerrate *s. Beitrittsgebiet*
Steuerrechtsfähigkeit **57** 25; *s. auch Beteiligtenfähigkeit*
– Personengesellschaft **57** 25
Steuerrechtssubjekt *s. Beteiligtenfähigkeit; s. Steuerrechtsfähigkeit*
Steuerrechtsverhältnis **41** 14, 16
– gegenwärtiges **40** 19
Steuerschuld **40** 130
Steuerschuldverhältnis
– Rechtsweg **33** 38
Steuersicherungsverträge
– Rechtsweg **33** 111
Steuerstraf- und Bußgeldverfahren
– Akteneinsicht
  – Rechtsweg **33** 33
– Auskunfterteilung
  – Rechtsweg **33** 40
– Fristsetzung zur Entrichtung verkürzter Steuern **33** 23
– Rechtsweg **33** 21 ff.
Steuersubjekt *s. Steuerrechtsfähigkeit*
Steuerverwaltungsakt *s. auch Steuerbescheid; s. auch Verwaltungsakt;* **42** 10
– Änderung **42** 8 ff.
– begünstigender **42** 15
– sonstiger **Vor 40** 48 ff.
– Unanfechtbarkeit **42** 16 ff.
– vollautomatischer **Vor 40** 55 f.
Stillstand des Verfahrens *s. Aussetzung des Verfahrens;s. Ruhen des Verfahrens;s. Unterbrechung des Verfahrens*
Straf- und Bußgeldverfahren *s. Steuerstraf- und Bußgeldverfahren*
Strafurteil
– Verwertung von Beweisergebnissen **76** 26; **81** 11
Strafverfahren
– als Grund
  – für die Aussetzung des Verfahrens **74** 40

Streitgegenstand 65 30; **Vor 76** 3; *s. auch Klagebegehren*
– Änderung **67** 2
– außergerichtliches Rechtsbehelfsverfahren **44** 14
– Bewertung **Vor 135** 126 ff.
– bei einseitiger Erledigungserklärung **138** 90
– Identität **66** 6
– kostenrechtlicher **Vor 135** 104 f.
– mehrere
  – Trennung **73** 20 ff.
– Revisionsbegründung bei mehreren S. **120** 58
– Tatsachenfeststellung **96** 17
– Umfang der Rechtskraft **110** 35
Streitgenossenschaft 59 1 ff.
– Beginn **59** 10
– Begriff **59** 3
– Beiladung (notwendige) **59** 16
– Beispiele (einfache) **59** 7
– Beispiele (notwendige) **59** 9
– Beklagtenseite **59** 6
– Beteiligung am Revisionsverfahren **122** 4
– einfache **59** 4
– einfache (Anwendungsbereich) **59** 5
– Einzelfragen (notwendige) **59** 15
– Ende **59** 10
– Formen **59** 3
– Hinzuziehung (notwendige) **59** 16
– Kostenentscheidung **59** 18
– Kostenfestsetzung **149** 10
– Kostenverteilung **136** 2a
– notwendige **59** 8
– Sachentscheidungsvoraussetzung **59** 11
– Steuergeheimnis **59** 17
– Streitverkündung **59** 1
– Trennungsprinzip **59** 3, 14
– verbindliche Auskunft **59** 19
– Verfahren **59** 10 ff.
– Vertetrungsfiktion (notwendige) **59** 16
– Wirkung (einfache) **59** 12 ff.
– Wirkung (notwendige)
  – Trennung der Verfahren **59** 14 ff.
Streitprogramm Vor 76 3
Streitstand 105 51
Streitwert *s. auch Streitwertfestsetzung*
– Änderung der Festsetzung **Vor 135** 152
– Auffangstreitwert **Vor 135** 141
– Bedeutung der Sache **Vor 135** 135
– bezifferte Geldleistung **Vor 135** 129
– Festsetzung **Vor 135** 146 ff.
– in Kindergeldangelegenheiten **Vor 135** 8
– Klagehäufung **Vor 135** 108 ff.
– Rechtsgrundlagen **Vor 135** 13, 100 ff.
– Rechtszug **Vor 135** 150
– bei Revision und Anschlussrevision **120** 89
– Urteil bei Verpflichtungsklage **101** 12
– bei zeitlicher Verschiebung der Steuerschuld **Vor 135** 139
Streitwerte
– ABC **Vor 135** 160ff
Streitwertfestsetzung
– Rechtsschutzbedürfnis **Vor 33** 24
Streitwertkatalog Vor 135 101, 156
Streitwertrevision 115 40
Strengbeweis *s. Beweisregeln*
Studenten
– Anwesenheit bei der Beratung **52** 42
Stumme
– Eidesleistung **82** 47
Stundung
– Erledigung der Hauptsache **138** 86
– Überprüfung im Urteil **102** 8
Stundung von Gerichtskosten
– Rechtsweg **33** 113
Subjektive Klagenhäufung 72 12; *s. auch Klagenhäufung; s. auch Rücknahme der Klage*
– Beteiligte im Revisionsverfahren **122** 3
– Streitwert **Vor 135** 112
– Trennung von Verfahren **73** 23
– Verbindung von Verfahren **73** 15
– Voraussetzungen **59** 6
Subsidiarität
– Feststellungsklage **41** 9
– der Feststellungsklage **41** 32 ff.
  – Nichtigkeit **41** 33
– Leistungsklage **40** 33 ff.
Substantiierung
– Beweisantrag **76** 31 ff.
– Hinweispflicht **76** 69 f.
– Vorbringen **76** 31 ff.
Subsumtion 115 112
– keine Abweichung im Grundsätzlichen **115** 204
Subsumtionsfehler 118 11
Summarisches Verfahren *s. auch Aussetzung der Vollziehung; s. auch Einstweilige Anordnung*
– Sachaufklärung **76** 12
Suspensiveffekt Vor 115 10; *s. auch Aufschiebende Wirkung*
Symptomatische Bedeutung
– qualifizierter Rechtsfehler **115** 224

Tatbestand 105 33 ff.
– Berichtigung **105** 108; **108** 1 ff.; **119** 35
  – Antrag **108** 15
  – Verhältnis zum Rechtsmittelrecht **108** 3

– Vertretungszwang beim BFH **62** 65
– Beweiswirkung **105** 35
– Bezugnahme **105** 55
– Darstellung **105** 50 ff.
Tatfrage
– Faustformel **118** 49
Tatsachen *s. auch Tatsachenfeststellung*
– Begriff **79b** 22
– beweiserhebliche **81** 3
– Feststellung **96** 1 ff.
– gerichtsbekannte **76** 16
– gerichtskundige **81** 3
– als Grundlage der Überzeugungsbildung **96** 128
– innere **96** 85
– nicht bestrittene **76** 17
– offenkundige **76** 16, 67; **81** 3; **96** 41; **155** 8
– keine Rechtskraft **110** 41
– Sachaufklärung **76** 11
Tatsachenfeststellung 96 1 ff., 15 ff.
– Abgrenzung von der Rechtsanwendung **118** 45 ff.
– Bezugnahme auf Schriftsätze **118** 118
– durch BFH **118** 160 ff.
– Bindungswirkung **118** 100 ff.
– Gegenrüge **120** 75
– in Strafurteilen **96** 124
– Verfahrensmangel **115** 267
– Verletzung rechtlichen Gehörs **119** 16
– Willkür **115** 237
Tatsachenvortrag 65 47
Tatsächliche Feststellungen *s. Tatsachenfeststellung*
Tatsächliche Verständigung 50 4; **76** 4
– Gebühren des Bevollmächtigten **139** 71
– Willkür **115** 237
Taube *s. auch Hörbehinderte*
– Eidesleistung **82** 47
Teilanfechtung
– Beschränkung der Revision **115** 39, 78
Teilbarkeit *s. auch Verwaltungsakt*
Teilbestandskraft 48 aF 16; **72** 14
Teileinspruchsentscheidung 44 32, 43
– Aufhebung **100** 21
Teilgerichtsbescheid 90a 4
Teilobsiegen
– Kosten **136** 1
Teilrechtsfähigkeit *s. Steuerrechtsfähigkeit*
Teilrücknahme
– Streitwert **Vor 135** 116
Teilunterliegen
– Kosten **136** 1
Teilurteil *s. auch Urteil*
– Abgrenzung zum Zwischenurteil **98** 1
– Anwendung in Beschlussverfahren **98** 1
– Anwendungsfälle **98** 2
– Begriff **98** 1
– als Endurteil **98** 1
– Ergänzungsurteil **109** 9
– als Gerichtsbescheid **90a** 4
– Kostenentscheidung **143** 2, 6; **145** 3
– Rechtskraft **98** 4
– Rechtsmittel **98** 4
– im Rechtsmittelverfahren **98** 1
Teilweise Klagerücknahme 72 12 f.
Telefax 64 16 ff.
– Auslagen des Bevollmächtigten **139** 108
– Erklärung über die persönlichen und wirtschaftlichen Verhältnisse **142** 71
– Wiedereinsetzung in den vorigen Stand **56** 80, 113
– Zugang von Prozesshandlungen **Vor 33** 36
Telekopie *s. Telefax*
Tenor 105 20; *s. auch Urteil; s. auch Verwaltungsakt*
– bei Entscheidung ohne Betragsberechnung **100** 44 f.
– Festsetzung und Feststellung durch das Gericht **100** 37
– Feststellungsklage **100** 3
– Klageabweisung **100** 3
– Leistungsklage **100** 3
– Urteil bei Ermessensentscheidung **102** 21
– Urteil bei Verpflichtungsklage **101** 9, 11
Termin
– Änderung
  – fehlerhafte Ablehnung **91** 8
– Aufhebung **91** 2 ff.
– auswärtiger **91** 21 f.
  – Entscheidungsbefugnis **91** 21
– Entscheidung über Änderung **91** 3, 7 f.
  – Unanfechtbarkeit **91** 8
– Gründe für Änderung **91** 4 ff.
– mündliche Verhandlung **91** 1
– Nichterhebung gerichtlicher Auslagen **Vor 135** 94
– Überschneidung
  – Vertagungsgrund **91** 4
– Verlegung
  – Darlegungspflicht **91** 2 ff.
  – mehrere Bevollmächtigte **91** 3
  – Prozessverschleppungsabsicht **91** 6
  – Verhinderung eines Beteiligten **91** 3
– Vertagung **91** 2 ff.
– Wartepflicht des Gerichts bei Nichterscheinen eines Beteiligten **91** 16
Terminkollision
– Vertagungsgrund **91** 4
Terminsbestimmung 91 1
– Unterschrift **91** 1

Territorialitätsprinzip 76 28
Testamentsvollstrecker 40 79
Tod
– des Beteiligten
  – Unterbrechung oder Aussetzung des Verfahrens **74** 66 ff., 85 f.
– des gesetzlichen Vertreters
  – Unterbrechung oder Aussetzung des Verfahrens **74** 83 f., 89 ff.
– des notwendig Beigeladenen
  – Unterbrechung des Verfahrens **74** 66 ff.
– des Prozessbevollmächtigten
  – Unterbrechung des Verfahrens **74** 85 f.
– Wiedereinsetzung in den vorigen Stand **56** 113
Ton- und Bildaufnahmen
– Protokoll **94** 10 ff.
Ton- und Fernsehaufnahmen
– mündliche Verhandlung **52** 3
Tonaufnahme
– Augenscheinsbeweis **82** 15
Trennung von Verfahren
– Begriff **73** 1
– bei Entscheidungsreife **73** 23 f.
– Ermessen **73** 22 ff.
– Ermessensentscheidung **73** 2
– Form **73** 25 f.
– Gebühren des Bevollmächtigten **139** 34
– Gerichtskosten **Vor 135** 29 f.
– Haupt- und Hilfsantrag **73** 24
– Nichtzulassungsbeschwerde **116** 55
– Rechtsmittel **73** 31
– bei Unzulässigkeit der Streitgenossenschaft **73** 23
– Voraussetzungen **73** 20 f.
– im vorbereitenden Verfahren **79a** 13
– willkürliche Trennung **73** 30
– Wirkungen **73** 29 f.
– Zuständigkeit **73** 25
– Zweck **73** 1
Treu und Glauben Vor 33 27; **Vor 76** 23 f.; **76** 4; *s. auch Allgemeine Rechtsgrundsätze; s. auch Verwirkung*
– Prozesserklärung **50** 7
Treuhand 40 133
Typisierung 76 15; **96** 162 ff.

Überbesetzung
– Besetzungsmangel **119** 9
– des Spruchkörpers **4** 50
Übergangsregelungen Vor 76 26
Übergangsvorschriften
– grundsätzliche Bedeutung **115** 132
Übergehen eines Beweisantrags
– Verfahrensrüge **120** 69
Überlange Verfahren Vor 1 27
Überlange Verfahrensdauer
– Nichtzulassungsbeschwerde **116** 49
Überraschungsentscheidung 76 65 ff.; **96** 193
– rechtliches Gehör **119** 16, 24
– Vermeidung **93** 1, 3
Übersehen einer Rechtsnorm
– qualifizierter Rechtsfehler **115** 235
Übersetzung von Schriftstücken 52 30
Übertragung *s. Einzelrichter*
– Kostenentscheidung bei Zurückverweisung **143** 23 ff.
Überzeugung 96 80 ff.
Überzeugungsbildung
– Verfahrensmangel **115** 267
Umdeutung 42 40; *s. auch Klagebegehren*
– Nichtzulassungsbeschwerde in Revision **120** 12
– Prozesshandlung **Vor 33** 43
– Revision in Anschlussrevision **120** 83
– Revision in Nichtzulassungsbeschwerde **120** 19
Umsatzsteuer 57 30; *s. auch Rechtsnachfolge*
– Beiladung **60** 122
– Kostenfestsetzung **149** 9
– Rechtsweg **33** 117
Umwandlungen
– Beiladung **60** 123
Umzug
– Wiedereinsetzung in den vorigen Stand **56** 83
Unabhängigkeit
– ehrenamtliche Richter **1** 6
– Finanzgerichte
  – Grenzen **1** 4
– Richter
  – Arbeitszeit **1** 16
  – Berufungsrecht **1** 6
  – Besoldung **1** 16
  – Bindung an Gesetz und Recht **1** 8
  – ehrenamtlicher Richter **1** 15
  – flexible Altersgrenze **1** 15
  – frühere Finanzbeamte **1** 17
  – Geschäftsverteilungsplan **1** 15; **4** 30
  – Haushaltsplan **1** 11
  – innerliche **1** 17
  – IT-Ausstattung **1** 11
  – Organisationsentscheidungen **1** 11
  – persönliche **1** 15
  – Sanktionsbegrenzung **1** 16
  – Vorlagepflichten **1** 10
  – weiteres Richteramt **1** 15
Unanfechtbare Entscheidung
– Willkür **115** 261

Unanfechtbarkeit *s. auchBestandskraft;s. auchRechtskraft*
– Verweisungsbeschluss **70** 12
Unbedenklichkeitsbescheinigung
– Rechtsweg **33** 46
Unbedingtheit
– Prozesshandlung **Vor 33** 33
Unbestimmte Rechtsbegriffe mit Beurteilungsspielraum
– Überprüfung im Urteil **102** 6
Unionsrecht
– Einfluss auf das Prozessrechtsverhältnis **Vor 76** 19
Unkenntnis
– Nichterhebung von Gerichtskosten **Vor 135** 94f.
Unmittelbarkeit
– der Beweiserhebung **76** 25ff.; **81** 2, 8ff.
  – Fehlerfolgen **81** 22
Unrichtige Sachbehandlung
– Gerichtskosten **Vor 135** 87
– Voraussetzungen **Vor 135** 90
Unrichtigkeiten
– Tatbestand **108** 11
Unstreitige Tatsachen
– Feststellung durch BFH **118** 154
– Tatsachenfeststellung **118** 176
Untätigkeit
– doppelte **46** 29
– der Verwaltung **44** 8
Untätigkeitsbeschwerde 128 3
Untätigkeitseinspruch
– Kosten des Vorverfahrens **139** 122
Untätigkeitsklage 40 10; **46** 1ff.
– allgemeine Sachentscheidungsvoraussetzungen **46** 1
– Änderungsbescheid **68** 15
– Anfechtungsklage **46** 4
– Aussetzungsbeschluss **46** 21
– begonnenes außergerichtliches Rechtsbehelfsverfahren **46** 3
– Begriff **46** 2f.
– Beklagter **63** 15
– besondere Sachentscheidungsvoraussetzungen **46** 2ff., 6
– doppelte Untätigkeit **46** 5, 29
– echte Untätigkeitsklage **46** 31
– nach Erlass
  – der Einspruchsentscheidung **67** 8
– Erlass der Einspruchsentscheidung **46** 24
– Erledigung der Hauptsache **138** 51, 58
– Frist **46** 6ff.
– Fristablauf **46** 8
– Funktion **46** 1ff.
– gesetzliche Erledigung der Hauptsache **46** 26
– Hineinwachsen in die Zulässigkeit **46** 9
– Identitätserfordernis **46** 3
– Kosten des Vorverfahrens **139** 122
– Mitteilung
  – Form **46** 18f.
– Mitteilung eines zureichenden Grundes **46** 11ff.
– Nichtabhilfe durch die Behörde **46** 28
– Rechtsschutzbedürfnis **Vor 33** 20
– Sechsmonatsfrist **46** 7f.
– übereinstimmende Erledigungserklärungen **46** 27
– unheilbar unzulässig **46** 5a
– Untätigkeitseinspruch **46** 5
– Unzulässigkeit **46** 5
– Verfahrensaussetzung **46** 21
– verfrühte Klageerhebung **46** 10
– Verhalten der Behörde nach Klageerhebung **46** 25ff.
– Verpflichtungsklage **46** 5
– Verwirkung des Klagerechts **46** 30
– zureichender Grund
  – Einzelfälle **46** 11ff.
Unterbrechung
– des Verfahrens **155** 7
  – Anwendungsbereich **Vor 74** 1f.
  – Aufnahme **74** 69ff., 79
  – Aufnahme nach U. **74** 99f.
  – begriffliche Abgrenzung **Vor 74** 3
  – Dauer **74** 79
  – Gesamtrechtsnachfolge **74** 68
  – höchstpersönliches Recht **74** 70
  – Insolvenz **74** 75ff., 85f.
  – Nacherbfolge **74** 85f.
  – Personengesellschaften **74** 68
  – Prozessbevollmächtigter **74** 89ff.
  – Stillstand der Rechtspflege **74** 88f.
  – Tod des Beteiligten **74** 66f.
  – Tod des notwendig Beigeladenen **74** 66f.
  – Verlust der Prozessfähigkeit **74** 83f., 89ff.
  – Verlust des Anwalts **74** 85f.
  – Vermächtnisnehmer **74** 69
  – Voraussetzungen **74** 65ff.
  – Wegfall des gesetzlichen Vertreters **74** 83f., 89ff.
  – Wirkungen **Vor 74** 4; **74** 72, 78, 86, 97f.
– der Verhandlung
  – Fortsetzung mit anderen Richtern **27** 7; **81** 9
Unterbrechungsgrund
– Vertagungsgrund **91** 4
Unterlassungsklage
– vorbeugende **41** 21

Unterliegen 135 2 ff.
– geringfügiges **136** 6
– Maß des U. **136** 1
Unterschrift 64 11 ff.
– Protokoll **94** 17 f.
– Urteil **105** 7
– Verhinderung **105** 11
Untersuchungsgrundsatz Vor 76 1, 5; **76** 1 ff.
– Prozesskostenhilfe **142** 81
– Verfahren nach billigem Ermessen **94a** 8
Untervollmacht
– Zustellung **62** 110
Unwiderrufbarkeit
– Prozesshandlung **Vor 33** 38
Unwirksamkeit eines Verwaltungsakts *s. Nichtigkeit;s. Verwaltungsakt*
Unzulässigkeit *s. auch Klage; s. auch Sachentscheidungsvoraussetzungen; s. Revision*
– der Beschwerde **132** 9
Unzuständigkeit *s. Funktionelle Zuständigkeit; Örtliche Zuständigkeit; Sachliche Zuständigkeit*
Urkunden
– Erzwingung der Vorlage **89** 1 ff.
– Pflicht zur Vorlage
  – Behörde **86** 2 ff.
  – Beteiligte und Zeugen **85** 2 ff.
  – keine P. bei Zeugnisverweigerungsrecht **85** 2 ff.
– Vorlage **77** 2
– Vorlagepflicht **76** 50 f.
  – des Zeugen **82** 20
Urkundenbeweis 81 17; **82** 40
– elektronische Dokumente **82** 40
– Entkräftung der Beweiswirkung **82** 40
– Internetrecherchen **82** 40
– Vernehmungsprotokoll **82** 40
Urkundsbeamter *s. auch Geschäftsstelle*
– Antrag auf Entscheidung des Gerichts **133** 1
– Aufgaben **12** 2
– Bürobeamter **12** 2
– dienstrechtliche Stellung **12** 2
– Dolmetscher **12** 2
– gerichtlicher Prüfungsbeamter **12** 3
– der Geschäftsstelle
  – Ausschließung **51** 7
  – Kostenfestsetzung **149** 6
  – Prozesskostenhilfe **142** 88
  – Vergütungsfestsetzung **139** 41
– Kostenbeamter **12** 2
– Protokollführer **94** 2 ff.
– Urkundsperson **12** 2
– Vermerk **105** 67
– Zustellung **53** 15, 126

Urlaub
– Vertagungsgrund **91** 4
Urteil 95 3; *s. auch Entscheidung; s. auch Teilurteil; s. auch Urteil bei Anfechtungsklage; s. auch Urteil bei Ermessensentscheidung; s. auch Urteil bei Feststellungsklage; s. auch Urteil bei Leistungsklage; s. auch Urteil bei Verpflichtungsklage; s. auch Zwischenentscheidung und Zwischenurteil; s. auch Zwischenurteil*
– Abgrenzung zum Beschluss **95** 3
– Abstimmung **52** 40
– Änderbarkeit durch das erkennende Gericht **104** 2
– Änderungsbescheid **104** 2, 17
– Anerkenntnisurteil **95** 5
– Aufbau **105** 49
– Begründungserleichterung
  – nach Antrag auf mündliche Verhandlung gegen Gerichtsbescheid **90a** 14
  – nach Gerichtsbescheiden **90a** 27
– Begründungspflicht **105** 1
– Beratung **52** 40
– Berichtigung **107** 1 ff.; **155** 9
– Besetzung des Gerichts **5** 5
– beteiligte Richter **103** 1
– Betragsberechnung **68** 50
– Betragsberechnungsbescheid **68** 43
– Bindungswirkung **104** 1
– als Entscheidungsform **95** 1
– Entscheidungssatz **105** 20
– Ergänzung **109** 1 ff.
– Erlass **103** 6
– Fällen **103** 2
– Fehlen der Gründe **119** 35 ff.
– Form **105** 1 ff.
– Formmängel **104** 12
– Frist für Beschlussfassung **104** 17
– Inhalt **105** 1 ff.
– Klageabweisung
  – doppelte Begründung **Vor 33** 7 ff.
– nachträgliche Schriftsätze **104** 2
– Nichtigkeit **95** 8; **105** 22
– Nichturteil **95** 7, 9
– Rechtsanspruch auf Auskunfterteilung **104** 18
– Rechtskraft **110** 10 ff.
– Richterwechsel **103** 4
– Scheinurteil **95** 7, 9
– Schriftlichkeit **105** 6
– Statthaftigkeit der Revision **115** 32
– Tenor
  – nach Gerichtsbescheiden **90a** 14, 25
– Übermittlung an Geschäftsstelle **104** 12, 15
– Unterschrift **105** 7

– Urteilsarten **95** 4
– Verkündung **104** 1
– Verkündungstermin **104** 7
– Versäumnisurteil **95** 5
– Vervollständigung **105** 60 ff.
– Verzicht auf mündliche Verhandlung **104** 14
– Verzichturteil **95** 5
– Wirksamkeit **104** 1
– Wirksamkeit trotz Fehlerhaftigkeit **95** 6
– Zustellung **104** 1; **155** 9
– Zustellung einer Abschrift **104** 20

Urteil bei Anfechtungsklage
– Ablaufhemmung **100** 28
– Änderung der Rechtsgrundlage **100** 11
– Aufhebung des Verwaltungsakts **100** 17
– Aufhebung ohne Sachentscheidung **100** 56
– Begriff **100** 1
– Beschlüsse **100** 42
– Beschlussverfahren **100** 2
– Betragsberechnung durch die Finanzbehörde **100** 44
– Beurteilungsmaßstab **100** 8
– Durchführung weiterer Ermittlungen **100** 57
– Entscheidung ohne Betragsfestsetzung **100** 42
– Ermessen des Gerichts **100** 61
– Ermessensentscheidungen **100** 32
– Festsetzung und Feststellung durch das Gericht **100** 30
– Fortsetzungsfeststellungsklage **100** 80 ff.
– Gegenstand **100** 20
– Gerichtsbescheid **100** 42
– Gerichtsbesetzung **100** 38
– isolierte Aufhebung der Einspruchsentscheidung **100** 21
– Kassation **100** 17
– Mitteilung der Steuerberechnung durch Finanzamt **100** 46
– Mitwirkungspflichten des Klägers **100** 59
– Nachschieben von Gründen **100** 11
– Nebenbestimmungen **100** 24
– Nebenentscheidungen bei Aufhebung ohne Sachentscheidung **100** 65
– Neubekanntgabe des geänderten Verwaltungsakts **100** 47
– neue Tatsachen **100** 27
– nichtiger Verwaltungsakt **100** 9
– Normadressat **100** 2
– rechtliches Gehör **100** 60
– Rechtmäßigkeitsprüfung **100** 11
– Rechtsfolge bei Aufhebung des Verwaltungsakts **100** 25
– Rechtsfolge bei Entscheidung ohne Betragsberechnung **100** 44
– Rechtsfolge bei Festsetzung oder Feststellung durch das Gericht **100** 34
– Rechtsverletzung des Klägers **100** 13
– Rechtswidrigkeit des angefochtenen Verwaltungsakts **100** 9
– Revisionsverfahren **100** 2, 72
– Rückgängigmachen der Vollziehung **100** 70
– rückwirkendes Ereignis **100** 12
– Schätzungsbescheid **100** 33
– Schätzungsfälle **100** 64
– Teileinspruchsentscheidung **100** 21
– teilweise Aufhebung des Verwaltungsakts **100** 22
– Tenor **100** 37
– Tenor bei Entscheidung ohne Betragsberechnung **100** 44, 45
– Tenor bei Klageabweisung **100** 3
– unzureichende Aufklärung durch Finanzbehörde **100** 57
– Verbindung mit Leistungsurteil **100** 96 ff.
– Verbot der Schlechterstellung **100** 36
– Verlustfeststellung **100** 42
– Vollstreckung **100** 39; **151** 1 f.
– zeitliche Grenze bei Aufhebung ohne Sachentscheidung **100** 67
– Zeitpunkt der Rechtswidrigkeit des angefochtenen Verwaltungsakts **100** 10

Urteil bei Ermessensentscheidung
– Anspruch auf fehlerfreien Ermessensgebrauch **102** 16
– Aufhebung der Einspruchsentscheidung **102** 21
– Bedeutung der Einspruchsentscheidung **102** 14
– Begrenzung der gerichtlichen Prüfungskompetenz **102** 15
– Begründungspflicht für die Finanzbehörde **102** 19
– Darlegung der Ermessensgründe **102** 17
– einstweiliger Rechtsschutz **102** 1
– Einzelfälle **102** 9
– Entscheidungsmöglichkeiten **102** 21
– Erlass **102** 8
– Ermessensanmaßung **102** 4
– Ermessensentscheidung der Finanzbehörde **102** 2
– Ermessensreduzierung auf Null **102** 13, 17, 21
– Ermessensrichtlinien **102** 20
– Ermessensunterschreitung **102** 17
– intendiertes Ermessen **102** 5
– Kindergeld **102** 8 f.

– Kostenentscheidung **102** 22, 31
– Nachschieben von Gründen **102** 25
– Prüfung **102** 1, 3, 19
– Prüfungsentscheidungen **102** 6
– Rechtsfolgenermessen **102** 3
– Rechtsmittel **102** 23
– Sachverhaltsermittlung **102** 17, 19
– Streitwert **102** 22
– Stundung **102** 8
– Tenor **102** 21
– Überschreitung der gesetzlich gezogenen Grenzen **102** 17
– unbestimmte Koppelungsvorschriften **102** 7
– unbestimmte Rechtsbegriffe mit Beurteilungsspielraum **102** 6
– Verspätungszuschlag **102** 7
– Verwaltungsvorschriften **102** 20
– vorgeprägtes Ermessen **102** 5
– Zeitpunkt der Überprüfung **102** 13
– Zweck der Ermächtigung **102** 5
– Zweck der Ermächtigungsnorm **102** 17
Urteil bei Feststellungsklage
– Vollstreckung **151** 2
Urteil bei Leistungsklage
– Vollstreckung **151** 2
Urteil bei Verpflichtungsklage
– Anspruch auf Erlass eines Verwaltungsakts **101** 4
– Begriff **101** 1
– Bescheidungsurteil **101** 10
– Bindungswirkung **101** 1
– Endurteil **101** 1
– Ermessensentscheidung **101** 2 ff., 8, 10
– Fortsetzungsfeststellungsklage **101** 1
– gebundener Verwaltungsakt **101** 4
– Gerichtsbescheid **101** 1
– Kindergeld **101** 6
– Kostenentscheidung **101** 9, 12
– materielle Rechtslage **101** 1
– Prüfungsentscheidung **101** 10
– Rechtsverletzung des Klägers **101** 3, 10
– Rechtswidrigkeit der Ablehnung eines Verwaltungsakts **101** 4, 10
– Revision **101** 8
– Spruchreife **101** 5 f., 10
– Streitwert **101** 12
– teilweise Stattgabe **101** 7, 11
– Tenor **101** 9, 11
– Verpflichtungsurteil **101** 4
– Vollstreckbarkeit **101** 1
– Vollstreckung **151** 1 f.
– Zeitpunkt der Beurteilung **101** 2
– Zeitpunkt der Rechtswidrigkeit der Ablehnung **101** 1
Urteilsentwurf 96 24
Urteilsergänzung
– Änderungsbescheid **68** 93, 95
– Kostenentscheidung **143** 5
Urteilsformel
– Übermittlung an Geschäftsstelle **104** 15
– Umfang der Rechtskraft **110** 40
– Verkündung **104** 10
Urteilskopf *s. Rubrum*
Urteilsstil 105 45
Urteilsverkündung
– Öffentlichkeit **52** 10

Venire contra factum proprium Vor 76 23
Veranlagung
– einzelne
  – nach Klageerhebung **68** 50
Veranlagungsart
– Änderung
  – Aufhebung des Ablehnungsbescheids **40** 55
Veranlassungsprinzip
– Kosten **138** 48
Veräußerungsgewinn 40 109
Verbindliche Auskunft
– Überprüfung von Ermessensentscheidungen **102** 9
Verbindung
– Gebühren des Bevollmächtigten **139** 34
Verbindung von Verfahren
– wegen anderweitiger Rechtshängigkeit **66** 7
– Begriff **73** 1, 18
– doppelte Rechtshängigkeit **73** 16
– Ermessensentscheidung **73** 2, 14 ff.
– Form **73** 25 f.
– zur gemeinsamen Entscheidung **73** 18
– nur zur gemeinsamen Verhandlung **73** 4
– zur gemeinsamen Verhandlung **73** 18
– Gerichtskosten **Vor 135** 29 f.
– mehrere Beteiligte **73** 9
– notwendige **73** 3, 13, 19
– Rechtsmittel **73** 31
– in der Revisionsinstanz **73** 12
– senatsübergreifende **73** 6
– Voraussetzungen **73** 6 ff.
– Wirkungen **73** 27 f.
– zeitliche Grenzen **73** 12
– Zuständigkeit **73** 25
– Zweck **73** 1
Verböserungsverbot 96 51; *s. auch Reformatio in peius*
– im Revisionsverfahren **121** 1
Verbot der Schlechterstellung
– Entscheidung ohne Betragsfestsetzung **100** 42

– bei Festsetzung und Feststellung durch das Gericht **100** 36
Verbrauchsteuersenat
– Finanzgericht **5**
Vereidigte Buchprüfer
– Ausschließung vom Amt des ehrenamtlichen Richters **19** 6
– Zeugnisverweigerungsrecht **84** 4, 7 f.
Vereidigung *s. auch Beeidigung*
– ehrenamtlicher Richter **28**
Verfahren *s. auch Aussetzung der Vollziehung; s. auch Einstellung des Verfahrens; s. auch Ruhen des Verfahrens; s. auch Trennung von Verfahren; s. auch Unterbrechung des Verfahrens; s. auch Verbindung von Verfahren; s. auch Verfahren nach billigem Ermessen; s. auch Vorbereitendes Verfahren*
– faires **76** 64 f.
– summarisches
  – Sachaufklärung **76** 12
– Trennung von Verfahren **73**
– Verbindung von Verfahren **73**
Verfahren nach billigem Ermessen 94a 1 ff.
– Antrag auf mündliche Verhandlung **94a** 6
– Anwendungsbereich **94a** 1 f.
– Gerichtsbescheid nach Antrag auf mündliche Verhandlung **94a** 10
– grundsätzliche Bedeutung **94a** 9
– Hinweispflicht **94a** 5
– Kosten **94a** 11
– rechtliches Gehör **94a** 8
– Rechtsmittel **94a** 13
– Streitwertgrenze **94a** 3
– Untersuchungsgrundsatz **94a** 8
– Urteil
  – anwendbare Vorschriften **94a** 11
– Voraussetzungen **94a** 3 ff.
Verfahren vor dem BFH *s. Vertretungszwang vor dem BFH*
Verfahrensaufsicht
– Revisionszweck **115** 17
Verfahrensaussetzung 46 22 f.; *s. auch Aussetzung des Verfahrens*
Verfahrensbeschleunigung Vor 1 2, 5
Verfahrensbeteiligte *s. auch Beteiligte*
Verfahrensdauer Vor 1 2, 27; **1** 9
– überlange **Vor 76** 9; **155** 40
Verfahrensfehler
– Klagebefugnis **40** 135
Verfahrensgebühr Vor 135 26 ff.
– einheitliche
  – Begriff **Vor 135** 6
Verfahrensgegenstand 44 2; **Vor 76** 3
– außergerichtliches Rechtsbehelfsverfahren **44** 14
– Auswechslung **68** 75
– Klageverfahren **44** 40
Verfahrensgrundsätze Vor 76 1 ff.; *s. auch Mündlichkeitsgrundsatz; Öffentlichkeit; Unmittelbarkeit*
Verfahrenshandlungen
– Sachaufklärung **76** 40
Verfahrenshindernisse Vor 33 27
Verfahrensmangel 115 250 ff.; *s. Rechtliches Gehör*
– Abgrenzung zum materiellen Rechtsfehler **115** 265 ff.
– Begriff **115** 255
– Beruhen **119** 1
– Bindung des FG nach Zurückverweisung **126** 25
– Darlegungsanforderungen
  – bei Nichtzulassungsbeschwerde **116** 48
– Freibeweis **81** 2
– Gehörsrüge **119** 22
– Geltendmachen **115** 285 ff.
– Gesamtergebnis des Verfahrens **120** 72
– materiell-rechtlicher Standpunkt des FG maßgeblich **120** 68
– Nichterhebung von Gerichtskosten **Vor 135** 91
– Revisionsbegründung **120** 66
– Tatsachenfeststellung **118** 172
– Vorliegen **115** 300
Verfahrensrevision 118 4
– Prüfungsumfang **118** 212 ff.
– Verstoß gegen die Grundordnung des Verfahrens **118** 215
Verfahrensrüge
– Anforderungen **120** 66
– Besetzungsmangel **119** 11
– Gegenrüge **120** 75
– mangelnde Sachaufklärung **120** 69
– Übergehen eines Beweisantrags **120** 69
– Verletzung der Hinweispflicht **120** 71
Verfahrensstillstand
– Anwendungsbereiche **Vor 74** 2
– begriffliche Abgrenzung **Vor 74** 1 ff.
– Wirkungen **Vor 74** 4
Verfahrensunterbrechung *s. Unterbrechung des Verfahrens*
Verfahrensverbund 44 2
– Bedeutung für Klageverfahren **44** 42
– erneuter Einspruch **44** 43
– isolierte Anfechtungsklage **44** 43
– Steuerbescheid und Einspruchsentscheidung **44** 41
– Teileinspruchsentscheidung **44** 43
Verfahrensvereinfachung Vor 1 5; *s. auch Prozessökonomie*

Verfassungsbeschwerde
– außerordentlicher Rechtsbehelf **Vor 115** 53
– nach erfolgloser Anhörungsrüge **133a** 20
– Subsidiarität **Vor 33** 1
Verfassungskonforme Auslegung Vor 76 8
Verfassungsrecht
– Einfluss
  – auf das Prozessrechtsverhältnis **Vor 76** 7 ff.
– Massenverfahren **47** 9
Verfassungsrechtliche Streitigkeit 33 1
– Verweisung **Anhang 33** 17
Verfassungswidrigkeit
– Darlegungsanforderungen **116** 32
– Kosten **135** 5
– Kostenentscheidung **138** 44
Verfügungsgrundsatz *s. Dispositionsmaxime*
Vergleich 76 4
Vergütungsanspruch
– Abgrenzung zur Kostenfestsetzung **149** 2
Vergütungsbescheid Vor 40 36, 42
Vergütungsschuldner 40 127
Verhandlungsfähigkeit *s. Prozessfähigkeit*
Verhandlungsgrundsatz Vor 76 1
Verhinderung
– ehrenamtlicher Richter **27** 5 f.
– Unterschrift **105** 11
– Vorsitzender **4** 40 ff.
– des zuständigen FG **39** 3
Verjährung
– Ablaufhemmung nach Urteil **100** 28
– Gerichtskosten **Vor 135** 19
– Kostenfestsetzung **149** 9
Verkehrsanschauung 81 4
– Revisibilität **118** 90
Verkündung
– von Beschlüssen **113** 4
– gerichtliche Entscheidungen
  – Protokollierung **94** 6 ff.
– nachfolgende Zustellung **53** 4
– Öffentlichkeit **119** 32
– per Videokonferenz **90** 70
Verkündungstermin
– gesonderter **104** 7
Verlegung
– Termin **91** 2 ff.
  – fehlerhafte Ablehnung **91** 8
Verletzung eigener Rechte 40 75, 125 ff.; **42** 6
– Anfechtungslage **40** 77
– Feststellungsklage **40** 77
– Fortsetzungsfeststellungsklage **40** 77
– Leistungsklage **40** 77
– Verpflichtungsklage **40** 77
Verlust *s. Verzicht*
Verlustfeststellung
– Entscheidung ohne Verlustverteilung durch das Gericht **100** 42
– erstmalig
  – nach Klageerhebung **68** 43
Verlustfeststellungsbescheid
– nach § 15b IV EStG **40** 118
Vermögensübergabe gegen Versorgungsleistungen
– Beiladung **60** 128
Vermutung
– gesetzliche **76** 15
– tatsächliche **96** 158 ff.
Vernehmung *s. auch Beteiligtenvernehmung; s. auch Sachverständigenbeweis; s. auch Zeugenbeweis*
– von Beteiligten **76** 31
Vernehmungsprotokoll
– Urkundenbeweis **82** 40
– Verlesung **82** 40
– Verwertung als Beweismittel **81** 11
Veröffentlichung
– von Gerichtsentscheidungen
  – Rechtsweg **33** 123
Verordneter Richter
– Auswahl von Sachverständigen **82** 35
– Beeidigung von Zeugen **81** 16; **82** 46
– Begriff **81** 14
– Beweisaufnahme **81** 14 ff.; **82** 18
  – Befugnisse **82** 30
Verpflichtungsklage 40 10, 22 ff., 77; **42** 3 ff.; **45** 3; **47** 5
– Abgrenzung zur Abänderungsklage **40** 17 ff.
– Abgrenzung zur Anfechtungsklage **40** 15
– Abgrenzung zur Aufhebungsklage **40** 16
– Ablehnungsbescheid **40** 25 ff.
– Änderungsbescheid **68** 15
– Anfechtungsklage
  – Einzelfälle zur Abgrenzung **40** 54 ff.
– außergerichtlicher Rechtsbehelf **44** 5
– Beklagter **63** 11
– Entscheidung des Gerichts **40** 29
– Klage auf Erlass eines VA
  – Einzelfälle **40** 54
– Klagebefugnis **40** 89
– Klagefrist **47** 2
– Leistungsklage
  – Abgrenzung zur **40** 31
– Sprungklage **45** 3
– Umfang der Rechtskraft **110** 50
– Untätigkeitseinspruch **40** 27
– Untätigkeitsklage **40** 23, 27 f.; **46** 1, 5
– Untätigkeitssprungklage **40** 25

– Verfahrensgegenstand **44** 2
– Vornahmeklage **40** 23, 26
– Zusammenveranlagung **40** 55
Verpflichtungsurteil *s. Urteil bei Verpflichtungsklage*
Versäumnisurteil 155 10; *s. auch Urteil*
– unstatthaft **91** 18; **95** 5
Verschlusssachen 162 3
Verschulden
– Kosten **137** 3
– Verzögerungsgebühr **Vor 135** 36
– Zurechnung **56** 8
Verschwägerte
– Begriff **84** 6
– Eidesverweigerungsrecht **84** 9
– Zeugnisverweigerungsrecht **84** 4 ff.
Verschwiegenheitspflicht
– Mitwirkungspflicht **76** 44
Versehen *s. Offenbare Unrichtigkeiten*
Verspätetes Vorbringen 76 75 ff.
– Kosten **137** 7
Verspätungsgeld
– Rechtsweg **33** 121
Verspätungszuschlag
– Überprüfung im Urteil **102** 7
Verständigung
– nach DBA
  – Rechtsweg **33** 122
– im Tatsächlichen **76** 4
Verstoß gegen die Grundordnung des Verfahrens
– Verfahrensrevision **118** 215
Vertagung
– bei Anordnung persönlichen Erscheinens **80** 12
– Begriff **91** 2
– Beweisantrag **76** 33
– Darlegungspflicht **91** 2 ff.
– Entscheidung
  – Begründung **91** 7
  – Formalien **91** 7
– fehlerhafte Ablehnung **91** 8
– mehrere Bevollmächtigte **91** 3
– Prozessverschleppungsabsicht **91** 6
– Termin **91** 2 ff.
– Verhinderung eines Beteiligten **91** 3
– Verkündung **91** 7
– Videokonferenz
  – technische Störungen **90** 60
– Zuständigkeit **91** 2
Verteidiger
– Zeugnisverweigerungsrecht **84** 4, 7 f.
Verteidigung
– Streitwert **Vor 135** 114
Verteilung
– Kosten **136** 4
Vertrauensschutz Vor 76 23 ff., 26; *s. auch Allgemeine Rechtsgrundsätze*
Vertreter *s. auch Gesetzlicher Vertreter; Prozessbevollmächtigter; Verschulden*
– Verschuldenszurechnung **56** 8
– Zustellung **53** 27
Vertreter des öffentlichen Interesses Vor 115 125
Vertreter ohne Vertretungsmacht
– Kosten **135** 9 f.
Vertretung *s. auch Prozessvollmacht*
– absoluter Revisionsgrund **119** 27 ff.
– Besetzungsmangel **119** 9
– des Präsidenten **4** 57
– Rüge mangelnder V. **119** 30
– im Senat **4** 26
– des Vorsitzenden **4** 41 ff.
  – Doppelvorsitz **4** 44
Vertretungsmacht
– Behörde **62** 4
– im finanzgerichtlichen Verfahren **62** 3
Vertretungszwang 62 2
– Anhörungsrüge **133a** 12
– Begründung der Nichtzulassungsbeschwerde **116** 19
– Beschwerde **129** 3
– Darlegung von Zulassungsgründen **116** 26
– Nichtzulassungsbeschwerde **116** 15
– Rücknahme der Revision **125** 5
– kein V. bei Anhörungsrüge **Vor 135** 82
– kein V. bei Erinnerung **Vor 135** 67
– kein V. bei Erledigungserklärung **138** 7
– Wiedereinsetzung in den vorigen Stand **56** 92
– Zurücknahme der Beschwerde **116** 73
Vertretungszwang vor dem BFH
– Anhörungsrüge **62** 65
– Anschlussrevision **120** 86
– Ausnahme **62** 70
– Aussetzung der Vollziehung **62** 65
– Begründung der Revision **120** 39 f.
– Beigeladene **62** 66
– Beschwerde
  – gegen Ordnungsgeld **62** 65
  – eines Zeugen **82** 21
– Bestellung eines Bevollmächtigten durch den BFH **62** 72
– Beteiligter kraft Amtes **62** 70
– Dauer **62** 57
– Eigenvertretung **62** 70
– Gegenvorstellung **62** 65
– Heilung von Mängeln **62** 74
– Insolvenzverwalter **62** 70
– Prozesskostenhilfe **62** 66
– Rechtsfolge **62** 73

– Revisionseinlegung **120** 6
– Stellung der Beteiligten **62** 56
– Tatbestandsberichtigung **62** 65
– Umfang **62** 60
– Verfassungsmäßigkeit **62** 58
– Vertretung von Behörden **62** 68
– vertretungsbefugte Personen **62** 67
– Wiedereinsetzung in den vorigen Stand **62** 75
– Zweck **62** 55
Verwaltungsakt *s. auch Hoheitliche Maßnahme; Steuerbescheid; Steuerverwaltungsakt*
– ablehnender **40** 17
– Ablehnung und Unterlassung **101** 2
– Änderung **42** 8 ff., 16 ff.; **68** 1 ff., 20 ff.
  – im laufenden Verfahren **67** 3
  – der Rechtsgrundlage **100** 11
– anfechtbarer **Vor 40** 23
– angefochtener **65** 40 ff.
– Anspruch auf Erlass **101** 4
– Auslegung durch den BFH **118** 60
– Begriffsbestimmung **Vor 40** 10 f.
– begünstigender **Vor 40** 17
– Bekanntgabe **47** 9
– belastender **Vor 40** 17
– Berichtigung **42** 14; **68** 27
– Bestandskraft **42** 8, 16 f.; **47** 1
– Beurteilungsmaßstab für Rechtswidrigkeit **100** 8
– Bindungswirkung **42** 30
– Dauerwirkung **Vor 40** 19
– Drittbetroffener **40** 127
– endgültiger **42** 18 f.
– Ermessensakt **Vor 40** 18
– Ersetzung **42** 21; **67** 3; **68** 1 ff., 20 ff., 27
– Funktionen **Vor 40** 2
– gebundener **101** 4; **Vor 40** 18
– Identität von angefochtenem und rechtsverletzendem V. **42** 5
– Konkretisierungsfunktion **Vor 40** 3 f.
– mitwirkungsbedürftiger **Vor 40** 20
– Nachschieben von Gründen **100** 11
– neuer **68** 1
– nichtiger **Vor 40** 24 f.
– Nichtigkeit **41** 1, 24 ff.; **100** 9
– rechtmäßiger **Vor 40** 21
– Rechtmäßigkeitsprüfung **100** 11
– rechtsfeststellender **Vor 40** 16
– rechtsgestaltender **Vor 40** 16
– Rechtsschein
  – der Bekanntgabe **47** 12
– rechtswidriger **Vor 40** 21 ff.
– Rechtswidrigkeit **100** 9
– Regelungsgehalt
  – Sachaufklärung **76** 13
– Rücknahme **42** 12
– Sammelhaftungsbescheid **Vor 40** 29
– sofortige Vollziehbarkeit **69** 2
– teilbarer **Vor 40** 31 f.
– Teilbarkeit **67** 8
– teilweise Aufhebung **100** 22
– Tenor **40** 87; **42** 26
– Titelfunktion **Vor 40** 6
– Typologie **Vor 40** 15 ff.
– Verfahrensfunktion **Vor 40** 7 f.
– Widerruf **42** 12
– wiederholender **42** 21
Verwaltungsaktbezogene Klage 40 10; **42** 3; **46** 2 ff.
– Einzelfälle **40** 54 ff.
– Klagefrist **47** 2, 5
– Klageverzicht **50** 10
Verwaltungsanweisung
– keine Rechtsnorm **118** 21
Verwaltungsermessen *s. Ermessen*
Verwaltungsgeschäfte
– Verbot der Übertragung **32**
Verwaltungshandeln *s. Verwaltungsakt*
Verwaltungshoheit
– Abgaben **33** 19
Verwaltungsrechtsweg
– Kirchensteuer **33** 143 ff.
Verwaltungsvorschriften *s. auch Urteil bei Ermessensentscheidung*
– keine Bindungswirkung für das Gericht **100** 9
Verweigerung *s. Sachverständigenbeweis*
– Vorlage von Büchern usw **85** 2 ff.
Verweisung *s. auch Rechtsweg*
– Anwendungsbereich **Anhang 33** 17
– Gehörsverletzung **Anhang 33** 32
– wegen instanzieller Unzuständigkeit **70** 4
– Konzept der Regelungen **Anhang 33** 1 f.
– Kosten **136** 14
– Nebenverfahren **Anhang 33** 33
– örtliche, sachliche Unzuständigkeit
  – Anwendungsbereich **70** 2 ff.
  – Bindungswirkung **70** 11
  – Kosten **70** 14
  – Rechtshängigkeit **70** 6
  – Rechtsmittel **70** 12
  – Vorabentscheidung **70** 10
– örtliche, sachliche Zuständigkeit
  – Entscheidung **70** 8 ff.
– Prozesskostenhilfe **Anhang 33** 17
– Rechtsfolgen **Anhang 33** 42 ff.
– wegen Unzulässigkeit des Rechtswegs
  – Kosten **Anhang 33** 44
– an Verfassungsgericht **Anhang 33** 17
– willkürlich falsche **Anhang 33** 32
Verwertung
– von Beweisergebnissen aus anderen Verfahren **81** 11

Sachverzeichnis

Verwertungsverbot 76 26; **96** 22, 64 ff.
– bei Aussage trotz Zeugnisverweigerungsrecht **84** 7
– Fernwirkung **96** 78
– Verfahrensmangel **96** 76
– Zeugenaussage
  – unterlassene Belehrung **84** 8
Verwirkung Vor 33 27; *s. auch Treu und Glauben*
Verzicht
– auf Aktenvortrag **92** 8
– auf Beteiligtenöffentlichkeit **83** 6
– auf mündliche Verhandlung *s. dort*
– auf Protokollverlesung **94** 14 ff.
Verzicht auf mündliche Verhandlung
– Änderung der Prozesslage **90** 16 f.
– Anfechtung, Widerruf **90** 15 f.
– Auslegung **90** 10a, 13
– begrenzte Geltung **90** 16 f.
– Beschränkung
  – zB auf Entscheidung durch Vollsenat **90** 13
– Beweisantrag **76** 37
– Bindung der Beteiligten **90** 15 ff.
– Erstreckung auf Einzelrichterentscheidung **90** 13
– Form **90** 11
– Fristen für Urteilsübergabe **90** 23
– Inhalt **90** 10 f.
– Klagerücknahme **72** 24
– Kosten **90** 24
– nachträgliches Vorbringen **90** 22 f.
– Sachaufklärung **76** 24
– Unwirksamkeit **119** 27
– Verbrauch durch Sachentscheidung **90** 17
– Wirkungen **90** 20 ff.
– Zeitpunkt **90** 12
– Zeitrahmen für Beteiligtenvortrag **90** 22 f.
– Zurückverweisung **90** 18
– Zustellung des Urteils **104** 14
– Zweckmäßigkeit **90** 2
Verzichtsurteil 95 5; *s. Urteil*
Verzögerung des Rechtsstreits 76 87
Verzögerungsgebühr Vor 135 36
Verzögerungsgeld
– Überprüfung von Ermessensentscheidungen **102** 9
VGFGEntlG Vor 1 2, 4
Videokonferenz Vor 1 12, 31; **90** 35 ff.
– Anordnung **90** 48 ff.
  – des persönlichen Erscheinens eines Beteiligten **80** 4a
– Antragsrecht **90** 50
– Anwendungsbereich **90** 37
– Aufzeichnungsverbot **90** 59
– Auslagen **Vor 135** 41
– Ausschluss der Öffentlichkeit **90** 55
– Beeidigung **82** 46
– Beratung **90** 68
– Besetzungsmangel **119** 7
– Beteiligtenvernehmung **82** 43
– Beweisaufnahme **82** 1 ff.; **90** 51
  – Aufzeichnung **90** 59
  – Zuschaltung aus dem Ausland **90** 45
– Definition **90** 40
– Durchführung **90** 55 ff.
– Einspruch **90** 73
– Einspruch gegen Anordnung **128** 6
– Einverständnis **65** 49; **71** 4a
– Entscheidung über Durchführung **90** 48 ff.
  – Ermessenskriterien **90** 50 f.
  – Form **90** 49 f.
  – gerichtsinterne Zuständigkeit **90** 48
– Erläuterung des Sachverständigengutachtens **82** 37
– Fernbleiben **90** 52
– Gebühren des Bevollmächtigten **139** 73
– gesetzliche Neuregelung **90** 35 ff.
– Gestattung **90** 48 ff.
– für Klageerhebung
  – zu Protokoll **64** 28
– Kosten **Vor 1** 31; **90** 72
– Ladung **90** 52
– Neuregelung 2024 **Vor 1** 55; **82** 1 ff.
– Öffentlichkeit **119** 33
– Öffentlichkeit der Verhandlung **90** 55
– Präsenzteilnahme **90** 56
– Protokoll **90** 61
– Rechtsbehelfe **90** 73
– Relevanz
  – für Terminverschiebung **91** 5
– Richter
  – als Teilnehmer **90** 55
– Schriftsatzübergabe **90** 57
– Sitzungspolizei **52** 24
– Technik **90** 42 ff.
  – Bilddarstellung **90** 58
  – Störungen **90** 60
– Teilnehmer **90** 55
– Verfahrensfehler **90** 74
– Verkündung **90** 70
– Voraussetzungen **90** 41 ff.
– von welchem Ort **90** 44
– wesentliche gesetzliche Neuregelungen **90** 38
– Zeugenvernehmung **82** 20
– Zuschaltung aus dem Ausland **90** 45
– Zuschaltung von Richtern **90** 65 f.
Vizepräsident des Finanzgerichts
– Mitgliedschaft im Präsidium **4** 5, 20

– Vertretung **4** 57
Völkerrecht
– Bundesrecht **118** 31
– Einfluss auf das Prozessrechtsverhältnis **Vor 76** 20
Vollabhilfebescheid **42** 20; **44** 24
Vollbeendigung
– Unterbrechung **48 aF** 53
Vollbeendigung Personengesellschaft *s. auch Personengesellschaft*
Vollmacht *s. auch Bevollmächtigte; s. auch Prozessbevollmächtigter; s. auch Prozessvollmacht*
– Nachweis **Vor 1** 12
Vollmachtloser Vertreter *s. auch Prozessvollmacht; s. auch Vertreter ohne Vertretungsmacht; s. auch Vertretungszwang vor dem BFH*
– Befugnisse **62** 91
– Begriff **62** 89
– Genehmigung der Prozessführung **62** 90, 93
– Gerichtskosten
  – Kostenschuldner **Vor 135** 21
– Klageabweisung **62** 95
– Klagerücknahme
  – Kostenentscheidung **144** 4
– Klageverfahren **57** 4
– Kosten **62** 96
– Kostenentscheidung **144** 2
– Kostenpflicht **135** 9 f.
– Revisionsverfahren **62** 97
– Rücknahme der Revision **125** 5
– Zurücknahme der Beschwerde **116** 73
Vollrevision **118** 210
– Grundsatz **115** 67
Vollstreckbarkeit, vorläufige *s. auch Vollstreckung*
– Abwendungsbefugnis **151** 4
– Anwendungsfälle **151** 2
– Beschlüsse zur Aussetzung der Vollziehung **151** 2
– Gerichtsbescheid **151** 3
– Rechtsschutz **151** 4
– ohne Sicherheitsleistung **151** 3
Vollstreckung *s. auch Vollstreckbarkeit, vorläufige; s. auch Zwangsvollstreckung*
– Abtretung **151** 8
– Akteneinsicht **151** 10
– Androhung von Zwangsgeld **151** 10
– von Anfechtungsurteilen **151** 1 f.
– Aufrechnung **152** 3
– gegen die Behörde **151** 1
– Beschwerde **152** 4
– wegen der Kosten **151** 1
– gegen die öffentliche Hand **151** 1
– einstweilige Anordnung **151** 7
– von Feststellungsurteilen **151** 2
– gegen das Finanzamt
  – bei Festsetzung und Feststellung durch das Gericht **100** 39
– wegen Geldforderungen **152** 1
– Gerichtskosten **150** 3
– Gerichtsvollzieher **152** 2
– Gestaltungsurteil **151** 7
– zu Gunsten eines Abgabenberechtigten **150** 1
– Herausgabeanspruch **151** 10
– Justizbeitreibungsordnung **150** 4
– bei Klageabweisung **150** 2
– wegen der Kosten **151** 2
– Kosten des Beigeladenen **150** 5
– Kostenfestsetzungsbeschluss **151** 8; **153** 1
– Leistungsgebot **150** 7
– von Leistungsurteilen **151** 2
– bei Neufestsetzung der Steuer **150** 2
– gegen die öffentliche Hand **152** 1; **154** 1
– Ordnungsgeld **150** 4
– von Ordnungsmitteln **52** 27
– Rechtsnachfolge **153** 1, 8
– Überprüfung von Ermessensentscheidungen **102** 9
– unvertretbare Handlungen **154** 1
– der Verfahrenskosten **150** 3
– von Verpflichtungsurteilen **151** 1 f.
– Vollstreckungsabwehrklage **151** 9; **152** 1
– Vollstreckungsgericht **152** 2
– Vollstreckungsklausel **150** 6; **151** 10; **153** 1; **154** 1
– aus vorläufig vollstreckbaren Entscheidungen **151** 2
– vorläufiger Rechtsschutz **150** 8
– Vorschriften der Abgabenordnung **150** 1
– Vorschriften der Zivilprozessordnung **151** 1
– weitere Vollstreckungstitel **151** 7
– zuständige Behörde **150** 7
– Zuständigkeit **150** 4
– Zwangsgeld **154** 1
Vollstreckungsabwehrklage **151** 9
– Vollstreckung gegen die öffentliche Hand **152** 1
Vollstreckungsklausel *s. Vollstreckung*
– Erzwingung unvertretbarer Handlungen **154** 1
– Vollstreckung gegen die öffentliche Hand **153** 1
Vollstreckungsmaßnahmen
– Rechtsweg **33** 24
Vollstreckungsverfahren
– Verweisung **Anhang 33** 17
Vollurteil *s. Urteil*

Vollvirtuelle Videokonferenz
– Öffentlichkeit **119** 34
Vollziehung *s. auch Aufhebung der Vollziehung; s. auch Aussetzung der Vollziehung*
– Überprüfung von Ermessensentscheidungen **102** 9
Vollziehung eines Verwaltungsakts
– Rückgängigmachen im Urteil **100** 70
Vorabentscheidung *s. auch Zwischenurteil*
– örtliche, sachliche Zuständigkeit **70** 8
  – Bindungswirkung **70** 13
– Rechtsweg **Anhang 33** 18 f.
– Verfahrensmangel **115** 273
Vorabentscheidungsverfahren
– Gebühren des Bevollmächtigten **139** 100
Vorauszahlungen *s. Anrechnung; Vorauszahlungsbescheid*
Vorauszahlungsbescheid
– Ersetzung **68** 30, 76
Vorbehalt der Nachprüfung *s. auch Nachprüfungsvorbehalt*
– Klage auf Aufhebung **40** 58
– Sachaufklärung **76** 13
Vorbehaltsurteil *s. Urteil*
Vorbereitendes Verfahren *s. auch Prozessleitende Anordnungen*
– Aussetzung des Verfahrens **79a** 11
– Begriff **79a** 5
– Entscheidung
  – über Beiladung **79a** 17
  – über Hinzuziehung eines Bevollmächtigten im Vorverfahren **79a** 15
  – über Kosten **79a** 15
  – über Kostenerinnerung **79a** 16
  – durch den Vorsitzenden oder Berichterstatter **Vor 1** 19; **79a** 1
– Erledigung der Hauptsache **79a** 13
– gesetzlicher Richter **79a** 4
– Prozesskostenhilfeantrag **79a** 12
– Rechtsmittel **79a** 20
– Ruhen des Verfahrens **79a** 11
– Trennung von Verfahren **79a** 13
– Zurücknahme der Klage **79a** 12
Vorbereitung *s. Mündliche Verhandlung; Vorbereitung der mündlichen Verhandlung*
Vorbereitung der mündlichen Verhandlung
– Benachrichtigung über Maßnahmen **79** 13
– Beweiserhebung **79** 11
– Einholung von Auskünften **79** 7
– Erörterungstermin **79** 5
– Konzentrationsmaxime **79** 1
– Mitwirkungspflichten **79** 6
– Nichtbefolgung von angeordneten Maßnahmen **79** 14
– persönliches Erscheinen **79** 8
– Rechtsmittel gegen angeordnete Maßnahmen **79** 15
– Vorlage von Urkunden **79** 7
– Zeugenladung **79** 9
– zulässige Maßnahmen **79** 4
– zuständiger Richter **79** 2
Vorbeugende Feststellungsklage 41 20, 30
Vorbeugende Unterlassungsklage 41 21 f.
– Auskunftserteilung **40** 47 f.
Vorbringen der Beteiligten
– ins Blaue hinein **76** 32
– Substantiierung **76** 31 ff.
– verspätetes **76** 75 ff.
Vorfälligkeit Vor 135 45
Vorfragen
– Entscheidungskompetenz **33** 5 f.
Vorführung *s. Zwangsweise Vorführung*
Vorgreiflichkeit 110 13
Vorlage *s. Anrufung des GrS; Großer Senat; s. auch Aktenvorlage; s. auch Bücher; s. auch Urkunden*
– der Beschwerde bei Nichtabhilfe **130** 5
– an das BVerfG **Vor 74** 5 f.
  – Besetzung **5** 4
– an den EuGH/EuG **Vor 74** 7
  – Besetzung **5** 4
Vorlagebeschluss *s. Vorlage*
Vorlagepflicht
– Besetzungsmangel **119** 6a
– BVerfG **1** 10
– EuGH **1** 10
– Verfahrensmangel **115** 272
Vorläufige Vollstreckbarkeit
– Gerichtsbescheid **90a** 8
Vorläufiger Rechtsschutz *s. auch Aufhebung der Vollziehung; s. auch Aussetzung der Vollziehung; s. auch Aussetzung der Vollziehung; Einstweilige Anordnung; s. auch Einstweilige Anordnung*
– Beschränkung **Vor 1** 10
– Vollstreckung **150** 8
Vorläufiger Steuerbescheid *s. Nebenbestimmungen; Rechtsschutzbedürfnis*
Vorläufiger Verwaltungsakt *s. Verwaltungsakt*
Vorläufigkeitserklärung
– Aussetzung des Verfahrens **74** 35
Vorläufigkeitsvermerk *s. auch Nebenbestimmungen*
– Klage auf Erlass/Erweiterung **40** 58
– Rechtsschutzbedürfnis **Vor 33** 20
– Überprüfung von Ermessensentscheidungen **102** 9

Vornahmeklage
– Verpflichtungsklage **40** 23
Vorschlagsliste
– ehrenamtliche Richter **25**
Vorsitz
– Präsidium **4** 57
– Senat **4** 40 ff.
– Wahlausschuss ehrenamtliche Richter **23** 3
Vorsitzender
– beim Bundesfinanzhof
  – Entscheidungsbefugnis **10** 2
– Eilzuständigkeit
  – für Geschäftsverteilung im Spruchkörper **4** 55
– Einwirkung auf Prozessgeschehen **76** 63 ff.
– als Einzelrichter **4** 53
– endgültige Verhinderung
  – Vertretung **4** 44
– Entscheidungen im Einverständnis der Beteiligten **79a** 25
– Gerichtsbescheid **79a** 21
– Geschäftsverteilung **4** 48 ff.
– Leitung
  – mündliche Verhandlung **92** 2 ff.
– Pflichten **76** 63 ff.
– Protokoll **94** 17 f.
– Rechtsgespräch **93** 2 ff.
– Termine
  – Aufhebung, Verlegung **91** 2 ff.
– Terminsbestimmung **91** 1
– Verhinderung **4** 41 ff.
– Vertretung **4** 41 ff.
  – Doppelvorsitz **4** 44
  – Lebenszeitrichter **4** 43
– Zustellung
  – der Klageschrift **71** 3
Vorstand von Körperschaften
– Zeugenvernehmung **87** 1 f.
Vorsteuer *s. Umsatzsteuer*
– Beiladung **60** 122
Vortrag
– Berichterstatter **92** 6, 8
Vorverfahren Vor 33 16; *s. auch Außergerichtlicher Rechtsbehelf; s. auch Kosten des Vorverfahrens*
– Änderungsbescheid **68** 2
– Datenschutz-GrundVO **Vor 1** 42
– Einspruch **44** 1
Votum 92 6
– in Urteilsform
  – Verwertung **90** 3
VwPO Vor 1 3

Waffengleichheit Vor 76 15
Wahl
– Präsidium **4** 8 ff., 10 ff.
– Richter **14** 2
Wahlausschuss
– ehrenamtliche Richter **23** 1 ff.
  – Beschlussfähigkeit **26** 1
  – Vertrauensleute **23** 3
  – Zusammensetzung **23** 3
Wahlrechte 42 27
Wahlverfahren
– ehrenamtliche Richter **26**
  – Auswahlkriterien **26** 2
  – Fehler **26** 3 f.
  – Rechtsbehelfe **26** 3
  – Rechtscharakter **26** 3
  – Wirksamkeit **26** 3 ff.
Wahrscheinlichkeit 96 83
Währungsausgleichsbeträge
– Rechtsweg **33** 126
Warenverkehr
– Rechtsweg **33** 127
Wechsel
– Besetzung der Spruchkörper **4** 26 ff., 32; **81** 9
– des Bevollmächtigten
  – Vertagungsgrund **91** 4 f.
– Richterbank **27** 7; **81** 9
Wegfall *s. Aussetzung des Verfahrens; Unterbrechung des Verfahrens*
Weitergeltungsanordnung
– grundsätzliche Bedeutung **115** 155
Wertsachen
– Pflicht zur Vorlage **85** 2 ff.
– Vorlage **76** 53 f.
Widerklage 155 10
Widerruf
– Erledigungserklärung **138** 16
– Klagerücknahme **72** 19 f.
– Verzicht auf mündliche Verhandlung **90** 15 f.
Widerruf- und Unterlassungsansprüche
– Rechtsweg **33** 128
Widerruflichkeit von Prozesshandlungen *s. Prozesshandlung*
Widerspruch
– gegen Fiktion der Erledigungserklärung **138** 20
Widersprüchlichkeit
– Willkür **115** 230
Wiederaufnahme
– Tatsachenfeststellung **118** 174
– des Verfahrens **134** 1 ff.
  – Entscheidung bei Begründetheit **134** 6
  – nach Klagerücknahme **72** 51
  – Wiederaufnahmegrund **134** 5
  – Zulässigkeit **134** 4
Wiederaufnahmegrund
– im Revisionsverfahren **118** 152

Wiederaufnahmeverfahren
– Beigeladene **122** 8
– bei Entscheidung durch konsentierten Einzelrichter **79a** 34
– Kosten **135** 22
Wiedereinsetzung in den vorigen Stand 142 60
– Abwesenheit **56** 20
– Amtsermittlung **56** 111
– Änderungsbescheid **68** 67
– Angestellte **56** 10
– Antrag **56** 100
– Antragsbegründung **56** 110
– Antragsfrist **56** 103, 115, 129
– antragslose **56** 122
– Anwendungsbereich **56** 2
– Arbeitsüberlastung **56** 21
– Ausländer **56** 23
– Ausschlussfrist **56** 129; **65** 67; **79b** 31
– Bedeutung **56** 1
– Begriff **56** 1
– Bevollmächtigter **56** 27
– Bote **56** 10, 28
– Büroorganisation **56** 29
– Büroversehen **56** 30, 113
– Computerabsturz **56** 34
– Ehegatten **56** 37
– eidesstattliche Versicherung **56** 117
– elektronischer Rechtsverkehr **56** 38
– E-Mail **56** 4
– Entscheidung **56** 133
– Exkulpation **56** 10
– Fehler des Beteiligten **56** 42
– Feststellungslast **56** 138
– Finanzbehörde **56** 43
– bei Formfehlern **56** 4
– Fristberechnung **56** 44
– Fristenkontrolle **56** 45, 112
– Fristversäumnis **56** 5
– Geburt **56** 50
– gesetzliche Fristen **56** 2
– Gewerbebetrieb **56** 51
– Glaubhaftmachung **56** 117
– höhere Gewalt **56** 131
– Jahresfrist **56** 129
– Kausalität der Verhinderung **56** 6
– Kosten **136** 12
– Krankheit **56** 56, 113
– Kurierdienst **56** 57
– mehrere Bevollmächtigte **56** 11
– Nachholung der versäumten Rechtshandlung **56** 122
– Nichtzulassungsbeschwerde **56** 61
– Notanwalt **56** 62
– Postausgangsbuch **56** 117
– Postausgangskontrolle **56** 66
– Postbeförderung **56** 67, 112
– Prozessbevollmächtigter **56** 68
– Prozesskostenhilfe **56** 69, 104; **142** 60
– Prozessvollmacht **56** 70
– Rechtsirrtum **56** 75
– Rechtsmittel **56** 142
– Revisionsbegründungsfrist **56** 76; **120** 44
– Revisionsfrist **120** 30
– Revisionsverfahren **56** 116
– richterliche Fristen **56** 3
– bei sonstigen Mängeln **56** 4
– Sozius **56** 10
– Substantiierung **56** 111
– Telefax **56** 80, 113
– Terminsversäumung **56** 2
– Umzug **56** 83
– Unterschrift **56** 84
– unvorhersehbare Ereignisse **56** 85
– Urlaub **56** 20
– Verantwortlichkeit des Gerichts **56** 90, 104
– Verfahren **56** 101
– Vergesslichkeit **56** 91
– bei Verletzung des Vertretungszwangs **62** 75
– Versäumung der Revisionsfrist **120** 30 f.
– Verschulden der Verhinderung **56** 7
– Verschuldenszurechnung **56** 8
– Vertretungszwang **56** 92
  – beim BFH **56** 102
– Wegfall des Hindernisses **56** 105
– Zurückverweisung **Vor 33** 14
Wiedereröffnung der mündlichen Verhandlung
– auf Antrag von Amts wegen **93** 8
– Beschluss
  – Rechtsmittel **93** 12
– Besetzung der Richterbank **93** 12 f.
– Einzelfälle **93** 10 f.
– Entscheidungsform **93** 12
– Ermessen **93** 9 ff., 12
– fehlerhafte Ablehnung **93** 14
– rechtliches Gehör **119** 24
Wiederholende Verfügung
– nach Klageerhebung **68** 23
Wiederholung
– Beweisaufnahme **81** 9, 15
– Gutachten **82** 38
– Zeugenvernehmung **82** 28
Wiederholungsgefahr
– qualifizierter Rechtsfehler **115** 224
Willenserklärung
– Auslegung durch den BFH **118** 50
Willkür
– Nachprüfung im Revisionsverfahren **124** 3

– Zulassung der Revision **115** 230
Willkürfreiheit Vor 76 16
Wirtschaftsjahr 40 66
Wirtschaftsprüfer
– Ausschließung vom Amt des ehrenamtlichen Richters **19** 6
– Zeugnisverweigerungsrecht **84** 4, 7 f.
Wissenschaftliche Hilfskräfte
– Anwesenheit bei der Beratung **52** 42
Wissenserklärung *s. Verwaltungsakt*
Wohneigentümergemeinschaft
– Beiladung **60** 133
Wohnsitz
– Zuständigkeit
  – örtliche **38** 12
Wohnungseigentümergemeinschaft
– einheitliche und gesonderte Feststellungsbescheide
  – Klagebefugnis **48 aF** 62b
Zahlungsverjährung
– Erledigung der Hauptsache **138** 85
Zahnärzte
– Zeugnisverweigerungsrecht **84** 4, 7 f.
Zedent 40 131
Zerlegung 40 140
– Beiladung **60** 134
Zerlegungsbescheide
– Anfechtungsklage/Verpflichtungsklage
  – Abgrenzung **40** 62
Zession 40 132; *s. Abtretung*
Zessionar 40 131; *s. auch Abtretung*
Zeugen
– Anwesenheit in der mündlichen Verhandlung **82** 28
– im Ausland **76** 31
– Beistand **82** 28
– Entschädigung **82** 30
– Geschäftsführer **76** 31
– Gesellschafter **76** 31
– vom Hörensagen **81** 11
– Prozesskostenhilfe **142** 9
– Rechtsmittel
  – Zeugenladung **82** 20
– sachverständige **82** 39
– Vernehmung **76** 49
  – von Auslandszeugen **76** 47 f.
  – Videokonferenz **82** 2a
Zeugenaussage
– schriftliche **76** 31
Zeugenbeistand 82 28
Zeugenbeweis 82 17 ff.; *s. auch Beeidigung; s. auch Zeugnisverweigerungsrecht*
– Ausbleiben von Zeugen
  – Entschuldigungsgründe **82** 22
– Auslandszeugen **82** 20
– Beamte **82** 19
– beauftragte, ersuchte Richter **81** 14 ff.; **82** 18
– Beeidigung **82** 26 f.
– Behörden, Verbände, Unternehmen **87** 1 f.
– Belehrung über Wahrheitspflicht **82** 28
– Beweisantritt **82** 17
– Durchführung **82** 28 ff.
– Eidesformel **82** 47
– Einzelvernehmung **82** 28
– Fragerecht der Beteiligten **82** 28; **83** 4 f.
– geeignete Personen **82** 17
– Haftender **82** 42
– Identitätsfeststellung **82** 28
– Informationspflicht des Zeugen **82** 20; **85** 1 f.
– Ladung **82** 20
  – von Arbeitnehmern **87** 1 ff.
– öffentliche Angestellte **82** 19
– Ordnungsgeld **82** 21, 26
– Ordnungshaft **82** 21, 26
– Parlamentsmitglieder **82** 19, 23
– Pflicht zum Erscheinen **82** 21
– Protokoll **94** 6
– Regierungsmitglieder **82** 19, 23
– Richter **82** 19
– schriftliche Aussagen **76** 31; **81** 12; **82** 4, 20
– Unternehmen **87** 1 f.
– Verstoß
  – gegen Belehrungspflicht **84** 8
  – gegen Verschwiegenheitspflicht **84** 7
– Verzicht auf Z. **82** 17, 29
– Vorhalte **82** 28
– Vorlegung von Urkunden **85** 1 f.
– wiederholte Vernehmung **81** 9, 15; **82** 28
– bei Zeugnisverweigerung **82** 24 ff.
Zeugenvernehmung
– Videokonferenz **82** 20
Zeugnisverweigerungsrecht
– Angehörige
  – von gesetzlichen Vertretern **84** 6
– Belehrung **84** 8
– Berufsgeheimnisse **84** 7
– in einzelnen Punkten **84** 5, 7
– im Ganzen **84** 5 f.
– Gefahr der Strafverfolgung **84** 7 f.
– Inhalt und Umfang **84** 1 ff.
– Kinder
  – in Kindergeldverfahren **84** 6
– unberechtigte Weigerung **82** 26; **84** 2
– unterlassene Belehrung **84** 8
– Verfahren **84** 2
  – bei Weigerung **82** 24 ff.
Zinsanspruch 66 9

Sachverzeichnis

Zinsbescheid 68 50
Zinsverzicht
– Überprüfung von Ermessensentscheidungen **102** 9
Zivilprozessordnung
– Anwendung von Vorschriften **155** 1
Zollbehörden
– Beklagter
  – bei deren Mitwirkung **63** 18
Zölle
– Rechtsweg **33** 15, 131, 18
Zollkodex 44 6; *s. auch EU-Recht*
– Aussetzung der Vollziehung **69** 16
Zollsenate
– Finanzgericht **5**
– gemeinsame **3** 3, 6
Zugang *s. Klage*
– zu Gericht **Vor 115** 20
– Klage **47** 20
– von Prozesshandlungen **Vor 33** 34 ff.
– zur Revision **115** 1 ff.
Zugangsfiktion Vor 1 56
Zugangskontrolle *s. Revisionszulassung*
Zugehen
– der Klage **47** 16
  – Feststellungslast **47** 16
Zukünftige Auswirkungen
– Streitwert **Vor 135** 132
Zulässigkeit *s. auch Klage; s. auch Rechtsbehelf; s. auch Rechtsmittel; s. auch Revision; s. auch Sachentscheidungsvoraussetzungen*
– Anschlussrevision **120** 83 ff.
– der Beschwerde **132** 9
– Feststellungsklage **41** 6 ff.
– der Rechtsmittel allgemein **Vor 115** 60 ff.
– des Rechtswegs **Anhang 33** 5 ff.
– Revision **124** 1
– Wiederaufnahme des Verfahrens **134** 4
Zulassung der Beschwerde 128 14
Zulassung der Revision 115 40 ff.; *s. auch Grundsätzliche Bedeutung*
– Beschränkung **115** 70 ff.
– durch BFH **116** 71
– Divergenz **115** 180 ff.
– Ermöglichung der Revision **115** 90
– grundsätzliche Bedeutung **115** 100 ff.
– qualifizierter Rechtsfehler **115** 220 ff.
– Rechtsfortbildung **115** 160 ff.
– Verfahrensmangel **115** 250 ff.
– Willkür **115** 230
– Wirkungen **115** 62 ff.
– Zulassungsgründe **115** 80 ff.
  – maßgeblicher Zeitpunkt **115** 96
Zurücknahme *s. auch Klagerücknahme; s. Rücknahme; Revisionsrücknahme*
– der Nichtzulassungsbeschwerde **116** 73
Zurückverweisung
– an anderen Senat **116** 67; **126** 15
– bei Änderung des angefochtenen Verwaltungsakts **127** 1 ff.
– Ausnahmen von der Bindung **126** 27 ff.
– nach Beiladung im Revisionsverfahren **126** 17
– im Beschwerdeverfahren **132** 10
– Kostenentscheidung **143** 23 ff.
– im Revisionsverfahren **126** 14 ff.
– Selbstbindung des BFH **126** 30
– Umfang der Bindung des FG **126** 21 ff.
– Wirkung **126** 20 ff.
Zurückweisung *s. auch Beistand*
– der Revision **126** 7 ff.
  – durch Beschluss **126a** 1
Zusage
– der Klagerücknahme **Vor 33** 27
Zusammenfassung *s. Sammelverfügung*
– Klagebegehren **43** 5 ff.
Zusammenführung
– Fachgerichtsbarkeiten **2** 3 ff.
Zusammenführungsgesetz
– Optionsmodell **Vor 1** 23
Zusammengefasster VA *s. Sammelbescheid*
Zusammenveranlagung 40 129
– Beiladung **60** 137
– von Ehegatten **40** 128
– Ersetzung
  – nach Klageerhebung **68** 43
– Klagebefugnis **40** 129
– nach Einzelveranlagung **68** 50
– Verpflichtungsklage **40** 55
Zuschlagsteuern *s. Folgesteuern*
– Aussetzung des Verfahrens **74** 32
Zuständigkeit
– Gericht **66** 8
– gerichtliche
  – Begriffe **Vor 35–39** 2
– örtliche **38**
  – Datenschutz-GrundVO **Vor 1** 42
  – Kindergeld **Vor 1** 30, 37
– sachliche
  – Finanzgerichte **35** 1 f.
Zuständigkeitswechsel
– Beklagter **63** 11, 15 f.
Zustellung *s. auch Bekanntgabe; s. auch Zustellungsmängel*
– Abschrift **53** 12, 26
– Adressat **53** 5
– von Amts wegen **53** 11
– Angestellter **53** 77, 84
– Annahmeverweigerung **53** 95
– Anordnung der Entsendung eines Beamten **80** 17
– Anordnung persönlichen Erscheinens **80** 7

– Arten der Zustellung **53** 16
– Ausfertigung **53** 13
– Aushändigung an Amtsstelle **53** 48
– im Ausland **53** 117
– ausländischer Wohnsitz/Sitz **53** 143
– Bedeutung **53** 1
– Begriff **53** 10
– Behörden **53** 30
– Beigeladener **53** 115
– Bereitschaft zur Entgegennahme **53** 50
– Bescheinigung des Zeitpunkts **53** 25
– Beschlüsse **53** 3; **113** 4
– Beurkundung **53** 10, 80
– Bevollmächtigte **62** 110
– Beweiskraft **53** 57
– Briefkasten **53** 96, 102
– Datum **53** 97, 112
– Ehegatten **53** 40
– Einschreiben **53** 68
– elektronische **53** 26a
– elektronischer Zustellungsauftrag **53** 73
– elektronisches Dokument **53** 26a, 54
– gegen Empfangsbekenntnis **53** 49 ff.
  – Beweiskraft **53** 61
  – elektronisches **53** 58
  – Form **53** 52
  – nachträgliche Erteilung **53** 60
– Ermessen **53** 15, 18, 38, 55, 87
– Ersatzempfänger **53** 69
– Ersatzzustellung **53** 75
  – berechtigte Personen **53** 84
  – Briefkasten **53** 96
  – fehlerhafte **53** 89, 98
  – Ort **53** 86
– Europäische Union **53** 116
– Familienangehörige **53** 69, 81
– fehlerhafte **53** 89, 98, 105
– Fiktion **53** 144
– Fristbeginn **53** 139
– Gegenstand **53** 2
– Gemeinschaftseinrichtung **53** 78, 85, 96
– durch Gerichtsbedienstete **53** 17
– Gerichtsvollzieher **53** 18
– Geschäftsführer **53** 87
– Geschäftsräume **53** 77
– Gesellschaften **53** 123
– Haager Übereinkommen **53** 118
– Hausangestellte **53** 82
– Heilung von Mängeln **53** 135
– Insolvenz **53** 6
– der Klageschrift **47** 9
– Klageschrift **71** 2 ff.
– Kostenrechnung **62** 110
– Mängel **53** 1
– mehrere Schriftstücke **53** 52
– mehrfache **53** 50
– Mitbewohner **53** 83
– Mitteilung über Niederlegung **53** 102
– Nachsendeauftrag **53** 102, 104
– Nachweis **53** 10
– Niederlegung **53** 70, 101
  – fehlerhafte **53** 105
  – Zeitpunkt **53** 104
– öffentliche **53** 121
  – Aushang **53** 128
  – Benachrichtigung **53** 127, 130
  – Unwirksamkeit **53** 132
  – Zeitpunkt **53** 131
  – Zuständigkeit **53** 126
– Ordnungsgeldfestsetzung
  – bei Anordnung persönlichen Erscheinens **80** 14
– Ort **53** 48, 74, 86
– persönliche Entgegennahme **53** 51
– Postfach **53** 102
– Protokollierung **53** 97
– Prozessbevollmächtigter **53** 6, 43
– Prozessfähigkeit **53** 27
– Prozesspfleger **53** 28
– Rechtsbehelfsentscheidung **47** 9
– Rechtshilfeabkommen **53** 117
– Revisionsverfahren **53** 135
– Rügeverzicht **53** 1
– Samstag **53** 104
– Telefax **53** 53
– Überprüfung von Ermessensentscheidungen **102** 9
– Uhrzeit **53** 111
– Unterschrift **53** 56
– Untervollmacht **62** 110
– Unwirksamkeit **53** 132
– Urkundsbeamter **53** 15, 126
– Urlaub **53** 87
– Urteil als Abschrift **104** 20
– nach Verkündung **53** 4
– an Vertreter **53** 27
– Vertreter
  – mehrere **53** 32
  – rechtsgeschäftlicher **53** 36
– Verwaltungsakt **47** 9
– Verweigerung der Annahme **53** 70
– weiterer Zustellversuch **53** 87, 96
– Wohngemeinschaft **53** 83
– Wohnung **53** 76
– Zeitpunkt **53** 104, 131, 139
– Zurückweisung **53** 50
– Zuständigkeit **53** 15, 126
– Zustelldatum **53** 57
– Zustellungsabsicht **53** 10
– Zustellungsbevollmächtigter **53** 51, 115, 120, 143
– Zustellungsformulare **53** 142

– gegen Zustellungsurkunde **53** 73
– Zustellungsurkunde **53** 109
  – Berichtigung **53** 111
  – fehlerhafte **53** 112
  – notwendige Angaben **53** 111
– Zustellungsvollmacht **53** 81
Zustellungsbevollmächtigter *s. Zustellung*
Zustellungsmängel *s. Zustellung*
ZustellungsreformG Vor 1 14
Zustellungsurkunde *s. Zustellung*
Zustimmung
– zum abweichenden Wirtschaftsjahr **40** 66
– des FA zur Klageerhebung
  – Adressat **45** 11
  – Form **45** 10
  – Frist **45** 13 ff.
  – Fristberechnung **45** 14
  – frühestmögliche Abgabe **45** 15
  – Prozesserklärung **45** 9
  – Voraussetzungen **45** 9 ff.
  – zuständiges Finanzamt **45** 12
Zuteilungsbescheide *s. Zerlegungsbescheide*
Zuziehung eines Bevollmächtigten
– Kostenentscheidung **143** 19
– zum Vorverfahren
  – Kostenfestsetzung **149** 9
Zwangsgeld
– Androhung **151** 10
– zur Erzwingung unvertretbarer Handlungen **154** 1
Zwangsmaßnahmen *s. Sitzungspolizei*
Zwangsmittel *s. auch Ordnungsgeld; s. auch Ordnungshaft; s. auch Zwangsgeld*
– Überprüfung von Ermessensentscheidungen **102** 9
– Verletzung von Vorlagepflichten
  – durch Zeugen **85** 4
Zwangsvollstreckung *s. auch Vollstreckung*
– Rechtsweg **33** 132 ff.
Zwangsweise Vorführung
– eines Beteiligten
  – unzulässig **80** 10
– Zeugen **82** 21
Zweistufigkeit Vor 1 1; **2** 1; *s. auch Finanzgerichtsbarkeit*
Zweitgutachten 82 38
Zwischenentscheidung *s. auch Zwischenurteil*
– Begriff **97** 1
– in Beschlussverfahren **99** 1
– über Zulässigkeitsfragen **97** 5
Zwischengerichtsbescheid 90a 4
Zwischenstaatliche Rechts- und Amtshilfe 13 4
Zwischenstreit
– bei verordnetem Richter **82** 11
– über Verweigerung der Aktenvorlage
  – In-Camera-Verfahren **86** 18 ff.
Zwischenurteil *s. auch Grundurteil; s. auch Urteil; s. auch Zwischenentscheidung; s. auch Zwischenstreit*
– Allgemeines **99** 1
– in Beschlussverfahren **99** 1
– als Gerichtsbescheid **90a** 4
– über den Grund des Anspruchs
  – Voraussetzungen **99** 3
– Klageänderung **67** 27 f.
– Klagerücknahme **72** 38 f.; **143** 6
– Kostenentscheidung **143** 2
– im Revisionsverfahren **99** 1
– selbstständiges **97** 2
– unselbstständiges **97** 2
– Verfahrensvereinfachung **99** 2
– Verletzung von Vorlagepflichten
  – durch Zeugen **85** 4
– Zeugnisverweigerung **82** 25 f.
Zwischenverfahren
– Kostenentscheidung **143** 3 ff.